Insolvenzrecht

Band I

InsO · COVInsAG · InsVV · EuInsVO

Kommentar

Herausgegeben von

Dr. Alexander Fridgen
Rechtsanwalt, SPLIEDT Rechtsanwälte, München

Dipl.-Kfm. Arndt Geiwitz
Wirtschaftsprüfer und Steuerberater, SGP Schneider Geiwitz & Partner, Neu-Ulm

Dr. Burkard Göpfert, LL.M.
Rechtsanwalt, Kliemt & Vollstaedt, München

2022

C.H.BECK

Zitiervorschlag:
Fridgen/Geiwitz/Göpfert/*Bearbeiter* Gesetz § … Rn. …

www.beck.de

ISBN 978 3 406 77763 9

© 2022 Verlag C. H. Beck oHG
Wilhelmstraße 9, 80801 München
Druck: Eberl & Koesel GmbH & Co.KG
Am Buchweg 1, 87452 Altusried-Krugzell

Satz: Meta Systems Publishing & Printservices GmbH, Wustermark
Umschlaggestaltung: Druckerei C.H.Beck Nördlingen

CO₂ neutral
chbeck.de/nachhaltig

Gedruckt auf säurefreiem, alterungsbeständigem Papier
(hergestellt aus chlorfrei gebleichtem Zellstoff)

Bearbeiterverzeichnis

Aurich, Dipl.-Kffr. (FH) Dorit .... Steuerberaterin, ECKERT Rechtsanwälte Steuerberater Partnerschaftsgesellschaft mbB, Leipzig

Berberich, Dr. Matthias, LL.M. (Cambridge) .... Rechtsanwalt, Hengeler Mueller, Berlin

Bodungen von, Prof. Dr. Benjamin, LL.M. .... Rechtsanwalt, Bird & Bird, Frankfurt a.M.

Boscheinen-Duursma, Priv.-Doz. Mag. Dr. Henriette, LL.M. (Passau), M.A.S. (European Law) .... Rechtsanwältin, Deutschmann Rechtsanwälte, Universitätsdozentin, akademische Finanzmanagerin, Linz

Bruder, Florian, M.Jur. (Oxford) .... Rechtsanwalt, DLA Piper, München/Frankfurt a.M.

Budnik, Andreas .... Rechtsanwalt, AndresPartner, Düsseldorf

Cymutta, Dr. Claudia R. .... Rechtsanwältin, Mannheim

Dachner, Dr. Christoph .... Rechtsanwalt, DLA Piper, München

Dammann, Prof. Dr. Reinhard .... Rechtsanwalt, Dammann Avocat, Paris

Danckelmann von, Dr. Volker .... Rechtsanwalt, SGP Schneider Geiwitz & Partner, Stuttgart

Desch, Dr. Wolfram, LL.M. .... Rechtsanwalt, GvW Graf von Westphalen, München

Ellers, Dr. Holger .... Rechtsanwalt, Dentons, Berlin

Erdmann, Dr. Sven .... Rechtsanwalt, GÖRG, Köln

Farian, Dr. Matthias .... Rechtsanwalt, HF+P legal, Stuttgart

Fernández, Carlos .... Rechtsanwalt, Lozano Schindhelm, Valencia/Spanien

Flöther, Prof. Dr. Lucas F. .... Rechtsanwalt, FLÖTHER & WISSING Rechtsanwälte · Insolvenzverwaltung · Sanierungskultur, Halle (Saale)

Fridgen, Dr. Alexander .... Rechtsanwalt, SPLIEDT Rechtsanwälte, München

Frind, Frank .... Richter am Amtsgericht Hamburg

Geiwitz, Dipl.-Kfm. Arndt .... Wirtschaftsprüfer und Steuerberater, SGP Schneider Geiwitz & Partner, Neu-Ulm

Gelbrich, Dr. Katharina .... Martin-Luther-Universität, Halle

Göcke, Dr. Torsten .... Rechtsanwalt, Ernst & Young Law, Berlin

Göpfert, Dr. Burkard, LL.M. .... Rechtsanwalt, Kliemt & Vollstaedt, München

Gossak, Dr. Andree .... Rechtsanwalt, WINKLER GOSSAK Rechtsanwaltsgesellschaft mbH, Stuttgart

Haneke, Severin .... Rechtsanwalt, Müller-Heydenreich Bierbach & Kollegen, München

Hochdorfer, Uli .... Rechtsanwalt, GvW Graf von Westphalen, München

Happe, Dr. Eike Edo .... Rechtsanwalt, Eckert Rechtsanwälte Steuerberater, Frankfurt a.M.

Bearbeiterverzeichnis

Jungmann, Prof. Dr. Carsten, LL.M. (Yale), M.Sc. in Finance (Leicester) . . . Bucerius Law School, Hochschule für Rechtswissenschaft, Hamburg

Karg, Dr. Thomas . . . . Rechtsanwalt, Dr. Karg Puhlmann & Kollegen, Memmingen

Kaubisch, Arndt, LL.M. (East Anglia) . . . . Rechtsanwalt, Eversheds Sutherland, Berlin/München

Kirchner, Dr. Sven . . . . Rechtsanwalt, Leonhardt Rattunde, Berlin

Kopp, Wolfgang . . . . Richter am Oberlandesgericht München

Kramer, Dr. Adrian Sebastian . . . . Richter am Amtsgericht Hannover

Krawczyk, Dr. Aleksandra, LL.M. corp. restruc. . . . . adwokat (Rechtsanwältin PL), doradca restrukturyzacyjny (Restrukturierungsberaterin PL), Breslau

Kreutz, Dr. Giannina . . . . Rechtsanwältin, Dentons, Berlin

Lozano, Fernando . . . . Rechtsanwalt, Steuerberater, Lozano Schindhelm, Valencia, Madrid/Spanien

Liefke, Dr. Johannes, LL.M. (Columbia) . . . . Rechtsanwalt/Attorney-at-Law (NY), Düsseldorf/London

Lütcke, Niklas . . . . Rechtsanwalt, CMS Hasche Sigle, Berlin

Madaus, Prof. Dr. Stephan . . . . Lehrstuhl für Bürgerliches Recht, Zivilprozess- und Insolvenzrecht, Martin-Luther-Universität Halle-Wittenberg

Magers, Jens . . . . Rechtsanwalt, Avvocato Stabilito (Mailand), RITTERSHAUS Rechtsanwälte, München

Marković, Dr. Dejan, LL.M. Eur . . . . Rechtsanwalt, Spliedt Rechtsanwälte, München

Martin, R. Craig, J.D. (Houston), M.Sc. (Edinburgh) . . . . DLA Piper LLP (US), Wilmington, Delaware

Martini, Prof. Dr. Torsten . . . . Rechtsanwalt, Leonhardt Rattunde, Berlin

Matthies, Dr. Stefan . . . . Rechtsanwalt, Kapellmann und Partner Rechtsanwälte, Düsseldorf

Meier, Dr. Anke, LL.M. . . . . Rechtsanwältin, Noerr, Frankfurt a.M.

Miller, Anna Maria, LL.M. . . . . Rechtsanwältin, München

Mock, Prof. Dr. Sebastian, LL.M. (NYU), Attorney-at-Law (New York) . . . . Institut für Zivil- und Zivilverfahrensrecht – Abteilung für Unternehmens- und Insolvenzrecht, Wirtschaftsuniversität Wien

de Muro, Barbara . . . . Avvocata, LCA Studio Legale, Mailand

Nicht, Prof. Dr. Matthias . . . . Hochschule für Wirtschaft und Recht (HWR) Berlin

Pienicka, Emilia, LL.M. . . . . adwokat (Rechtsanwältin PL), Danzig

Plaßmeier, Dr. Heiko, LL.M. (Cantab.) . . . . Rechtsanwalt, Baker McKenzie, Düsseldorf

Platzer, Dr. Matthias . . . . Rechtsanwalt, leffler schlitt Rechtsanwälte Partnerschaft mbB, München

Bearbeiterverzeichnis

Prosteder, Dr. Dorothee	Rechtsanwältin, Noerr, München
Raupach, Dr. Karsten	Rechtsanwalt, Ashurst, München
Riedel, Dipl.-Rpfl. Ernst	Hochschule für den öffentlichen Dienst in Bayern, Fachbereich Rechtspflege, Starnberg
Riewe, Dr. Anne Deike	Rechtsanwältin, Eversheds Sutherland, München
Roth, Axel	Rechtsanwalt, Lozano Schindhelm, Barcelona/Spanien
Ruland, Dr. Yorick	Rechtsanwalt, GÖRG, Köln
Sanzo, Salvatore	Avvocato, LCA Studio Legale, Mailand
Savini, Dipl.-Rpfl. Peter	Hochschule für den öffentlichen Dienst in Bayern, FB Rechtspflege, Starnberg
Schillig, Prof. Dr. Michael Anderson, LL.M.	Professor of Law, King's College London
Schoon, Sebastian	Rechtsanwalt, Gibson Dunn & Crutcher LLP, Frankfurt a.M.
Stadler, Prof. Dr. Markus, LL.M./M.B.A.	Rechtsanwalt, WELLENSIEK Rechtsanwälte, München, Professor für Betriebswirtschaftslehre, FOM Hochschule
Strub, Benno, LL.M. (Chicago)	Rechtsanwalt, Schellenberg Wittmer AG, Rechtsanwälte, Zürich
Theiselmann, Dr. Rüdiger	Rechtsanwalt, Theiselmann & Cie. Rechtsanwälte, Kronberg im Taunus
Verhoeven, Dr. Alexander	Rechtsanwalt, Buchalik Brömmekamp, Frankfurt a.M.
Voda, JUDr. Jiří, LL.M.	advokát (Rechtsanwalt), insolvenční správce (Insolvenzverwalter), Prag
Weissinger, Dr. Matthias, LL.M. (UPenn)	Rechtsanwalt, Ashurst, München
Wolfer, Hendrik	Rechtsanwalt, GRUB BRUGGER Partnerschaft von Rechtsanwälten mbB, München
Zenker, Wolfgang	Rechtsanwalt, Berlin
Zimny, Marcin	doradca podatkowy (Steuerberater PL), Warschau

Bearbeiterverzeichnis

Proesler, Dr. Dorothee	Rechtsanwältin, Noerr, München
Raupach, Dr. Karsten	Rechtsanwalt, Ashurst, München
Riedel, Dipl.-Rpfl. Ernst	Hochschule für den öffentlichen Dienst in Bayern, Fachbereich Rechtspflege, Starnberg
Riewe, Dr. Anne Deike	Rechtsanwältin, Everheds Sutherland, München
Roth, Axel	Rechtsanwalt, Lozano Schindhelm, Barcelona/Spanien
Ruland, Dr. Yorck	Rechtsanwalt, GÖRG, Köln
Sanzo, Salvatore	Avvocato, LCA Studio Legale, Mailand
Savini, Dipl.-Rpfl. Peter	Hochschule für den öffentlichen Dienst in Bayern, FB Rechtspflege, Starnberg
Schilfig, Prof. Dr. Michael Anderson, LL.M.	Professor of Law, King's College London
Schoon, Sebastian	Rechtsanwalt, Gibson Dunn & Crutcher LLP, Frankfurt a.M.
Stadler, Prof. Dr. Markus, LL.M./M.B.A.	Rechtsanwalt, WEILENSIEK Rechtsanwälte, München, Professor für Betriebswirtschaftslehre, FOM Hochschule
Strub, Benno, LL.M. (Chicago)	Rechtsanwalt, Schellenberg Wittmer AG, Rechtsanwälte, Zürich
Thesenmann, Dr. Rüdiger	Rechtsanwalt, Thoiselmann & Cie Rechtsanwälte, Kronberg im Taunus
Verhoeven, Dr. Alexander	Rechtsanwalt, Buchalik Brömmekamp, Frankfurt a.M.
Voda, JUDr. Jiří, LL.M.	advokát (Rechtsanwalt), insolvenční správce (Insolvenzverwalter), Prag
Weissinger, Dr. Martius, LL.M. (UPenn)	Rechtsanwalt, Ashurst, München
Wolter, Hendrik	Rechtsanwalt, GRUB BRUGGER Partnerschaft von Rechtsanwälten mbB, München
Zenker, Wolfgang	Rechtsanwalt, Berlin
Zimny, Marcin	doradca podatkowy (Steuerberater PL), Warschau

Im Einzelnen haben bearbeitet

Aurich, Dipl.-Kffr. (FH) Dorit	Steuerrecht in der Insolvenz (Ertragssteuerrecht, Umsatzsteuer, sonstige Steuern und Nebenleistungen)
Berberich, Dr. Matthias, LL.M. (Cambridge)	§§ 103–112, 115–119 InsO
Bodungen von, Prof. Dr. Benjamin, LL.M.	§§ 148–155 InsO
Boscheinen-Duursma, Priv.-Doz. Mag. Dr. Henriette, LL.M. (Passau), M.A.S. (European Law)	Länderbericht Österreich
Bruder, Florian, M.Jur. (Oxford) ..	Länderbericht USA (zusammen mit Martin)
Budnik, Andreas	§§ 1–20 InsVV
Cymutta, Dr. Claudia R.	§§ 85–93 InsO
Dachner, Dr. Christoph	§§ 39, 44a, 135 InsO (zusammen mit Prosteder)
Dammann, Prof. Dr. Reinhard ...	Länderbericht Frankreich
Danckelmann von, Dr. Volker	§§ 217–253 InsO (zusammen mit Geiwitz)
Desch, Dr. Wolfram, LL.M.	§§ 60–62 InsO (zusammen mit Hochdorfer)
Ellers, Dr. Holger	§§ 270–270d InsO aF; § 270, 270a (zusammen mit Kreutz), 270b, 270c (zusammen mit Kreutz), 270d, 270e (zusammen mit Kreutz), 270f (zusammen mit Plaßmeier), 270g, 271, 272 (zusammen mit Kreutz), 273, 276a, 279–285 (zusammen mit Kreutz) InsO; §§ 5, 6 COVInsAG
Erdmann, Dr. Sven	§§ 45–46, 53–55 InsO
Farian, Dr. Matthias	§§ 26–34 InsO
Fernández, Carlos	Länderbericht Spanien (zusammen mit Lozano und Roth)
Flöther, Prof. Dr. Lucas F.	§§ 3a–3e, 269a–269i InsO (zusammen mit Gelbrich)
Fridgen, Dr. Alexander	§§ 315–334 InsO; § 7 COVInsAG
Frind, Frank	§§ 67–73 InsO
Geiwitz, Dipl.-Kfm. Arndt	§§ 217–253 InsO (zusammen mit von Danckelmann)
Gelbrich, Dr. Katharina	§§ 3a–3e, 269a–269i InsO (zusammen mit Flöther)
Göcke, Dr. Torsten	§§ 56–59 InsO
Göpfert, Dr. Burkard, LL.M.	§§ 128, 337 (zusammen mit Gossak) InsO
Gossak, Dr. Andree	§§ 113, 120–127, 337 InsO
Haneke, Severin	§§ 47–52 InsO
Hochdorfer, Uli	§§ 60–62 InsO (zusammen mit Desch)
Happe, Dr. Eike Edo	Steuerrecht in der Insolvenz (Steuerverfahrensrecht)
Jungmann, Prof. Dr. Carsten, LL.M. (Yale), M.Sc. in Finance (Leicester)	§§ 40–44 InsO
Karg, Dr. Thomas	§§ 63–66, 74–79 InsO
Kaubisch, Arndt, LL.M. (East Anglia)	§§ 80–84 InsO (zusammen mit Riewe)
Kirchner, Dr. Sven	§§ 35–38 InsO
Kopp, Wolfgang	§§ 20–25 InsO
Kramer, Dr. Adrian Sebastian	§§ 97–102 InsO
Krawczyk, Dr. Aleksandra, LL.M. corp. restruc.	Länderbericht Polen (zusammen mit Miller, Pienicka und Zimny)
Kreutz, Dr. Giannina	§§ 270a, 270c, 270e, 272, 279–285 InsO (zusammen mit Ellers)
Lozano, Fernando	Länderbericht Spanien (zusammen mit Fernández und Roth)
Liefke, Dr. Johannes, LL.M. (Columbia)	§§ 94–96 InsO
Lütcke, Niklas	§§ 165–173 InsO
Madaus, Prof. Dr. Stephan	§§ 1–10a InsO
Magers, Jens	Länderbericht Italien (zusammen mit de Muro und Sanzo)
Marković, Dr. Dejan, LL.M. Eur ..	Immobilienverwertung in der Insolvenz
Martin, R. Craig, J.D. (Houston), M.Sc. (Edinburgh)	Länderbericht USA (zusammen mit Bruder)
Martini, Prof. Dr. Torsten	§§ 335, 336, 338–342 InsO
Matthies, Dr. Stefan	Bau- und Architektenrecht in der Insolvenz
Meier, Dr. Anke, LL.M.	Geschichte und Chronik Teil I

Im Einzelnen haben bearbeitet

Miller, Anna Maria, LL.M.	Länderbericht Polen (zusammen mit Krawczyk, Pienicka und Zimny)
Mock, Prof. Dr. Sebastian, LL.M. (NYU), Attorney-at-Law (New York)	Art. 1–92 EuInsVO
de Muro, Barbara	Länderbericht Italien (zusammen mit Magers und Sanzo)
Nicht, Prof. Dr. Matthias	§§ 187–206 InsO
Pienicka, Emilia, LL.M.	Länderbericht Polen (zusammen mit Krawczyk, Miller und Zimny)
Plaßmeier, Dr. Heiko, LL.M. (Cantab.)	§§ 270f, 274–278 InsO (zusammen mit Ellers)
Platzer, Dr. Matthias	Datenschutz in der Insolvenz
Prosteder, Dr. Dorothee	§§ 39, 44a, 135 InsO (zusammen mit Dachner)
Raupach, Dr. Karsten	§§ 129–134 InsO, § 2 COVInsAG
Riedel, Dipl.-Rpfl. Ernst	§§ 286–303a InsO
Riewe, Dr. Anne Deike	§§ 80–84 InsO (zusammen mit Kaubisch)
Roth, Axel	Länderbericht Spanien (zusammen mit Fernández und Lozano)
Ruland, Dr. Yorick	§§ 207–2016 InsO
Sanzo, Salvatore	Länderbericht Italien (zusammen mit de Muro und Magers)
Savini, Dipl.-Rpfl. Peter	§§ 304–314 InsO
Schillig, Prof. Dr. Michael Anderson, LL.M.	Länderbericht England
Schoon, Sebastian	§§ 136–147 InsO
Stadler, Prof. Dr. Markus, LL.M./M.B.A.	§§ 254–269 InsO
Strub, Benno, LL.M. (Chicago)	Länderbericht Schweiz
Theiselmann, Dr. Rüdiger	§§ 156–164 InsO (zusammen mit Verhoeven)
Verhoeven, Dr. Alexander	§§ 156–164 InsO (zusammen mit Theiselmann)
Voda, JUDr. Jiří, LL.M.	Länderbericht Tschechische Republik
Weissinger, Dr. Matthias, LL.M. (UPenn)	§§ 343–359 InsO
Wolfer, Hendrik	§§ 11–19 InsO; §§ 1, 3–4 COVInsAG
Zenker, Wolfgang	§§ 174–186 InsO
Zimny, Marcin	Länderbericht Polen (zusammen mit Krawczyk, Miller und Pienicka)

Vorwort

Sehr verehrte, liebe Leserinnen und Leser,
das Insolvenzrecht ist der Fluchtpunkt des Zivilrechts. Unser Bestreben ist es daher, allen, die mit dem Insolvenzrecht in Berührung kommen, einen dauerhaft aktuellen, praktisch anwendbaren und übersichtlichen Zugang zum gesamten Insolvenzrecht an die Hand zu geben, ohne den wissenschaftlichen Ansatz und den Blick für die Einbettung des Verfahrens in das System des Wirtschaftsrechts vermissen zu lassen. Unsere rund 70 Autoren und Autorinnen aus Wissenschaft, Justiz und Praxis beobachten, dokumentieren und kommentieren zu diesem Zweck das praktisch gesamte in Deutschland geltende und sich entwickelnde Recht aus diesem Blickwinkel.

Weil aber Insolvenzverfahren häufig grenzüberschreitende Berührungspunkte haben, stellen wir in Länderberichten auch die Insolvenzrechte verschiedener Länder dar, mit denen die deutsche Wirtschaft häufig Berührungspunkte hat. Die Länderberichte bieten einen angemessenen Tiefgang, der es ermöglicht, eine erste Einschätzung und einen substanziellen Überblick über das im jeweiligen Ausland geltende Recht zu gewinnen. Das kann insbesondere dann von Vorteil sein, wenn in einem Insolvenzverfahren entsprechende Rechtsfragen ersichtlich werden, aber keine Mittel zur Beauftragung ausländischer Rechtsberater vorhanden sind.

Die bloße Kommentierung der InsO, der InsVV und des COVInsAG reicht aber alleine nicht aus, um das tatsächliche Geschehen auch nur eines deutschen Insolvenzverfahrens ausreichend zu beleuchten. Vor diesem Hintergrund haben wir uns schon vor einiger Zeit dazu entschlossen, auch für die Behandlung von Spezialthemen einen besonderen Raum zu schaffen. Dazu gehören die Schilderungen des Datenschutzrechts, des Bau-, Architekten- und Immobilienrechts sowie insbesondere die sehr umfangreiche und wirtschaftlich außerordentlich bedeutsame Darstellung des Steuerrechts. Es ist heutzutage undenkbar, die dort auftretenden Rechtsfragen bei der Abwicklung von Insolvenzverfahren außer Acht zulassen.

Seit Inkrafttreten der Insolvenzordnung am 1.1.1999 gab es mehr als 50 – mehr oder weniger umfangreiche – Änderungen an diesem Gesetz. Seit 2016 veröffentlicht der Verlag C.H.Beck den BeckOK Insolvenzrecht (ursprüngliche Bezeichnung: Beck'scher Online-Kommentar zur Insolvenzordnung), der von rund 70 Autorinnen und Autoren in quartalsweise erfolgenden Updates laufend auf dem aktuellsten Stand gehalten wird. Diese waren es auch, die die Flut von Gesetzesänderungen und die auch ansonsten sehr dynamische rechtliche Situation der letzten Monate und Jahre zeitnah in die Kommentierung eingearbeitet haben. Dies umfasst sowohl die durch das SanInsFoG eingetretenen Änderungen als auch die wegen der COVID-Pandemie geschaffenen besonderen Regeln. Den Autorinnen und Autoren gebührt daher der allergrößte Dank für ihren persönlichen, oft mühevollen und überobligatorischen Einsatz, mit dem sie den BeckOK Insolvenzrecht zu dem aktuellsten am Markt verfügbaren Kommentar machen. Die Texte der nunmehr 24. Edition des BeckOK Insolvenzrecht liegen nun als Printausgabe vor. Das Werk bietet daher eine profunde und umfassende Momentaufnahme des derzeitigen Rechtsstandes.

Die Darstellung des am 1.1.2021 in Kraft getretenen Gesetzes über den Stabilisierungs- und Restrukturierungsrahmen für Unternehmen – StaRUG hätte thematisch ebenfalls gut zur Kommentierung der InsO gepasst. Den Rahmen dieses Werkes hätte das allerdings deutlich gesprengt, so dass insoweit auf den in der gleichen Reihe erscheinenden BeckOK StaRUG verwiesen werden kann.

An dieser Stelle ist aber auch dem Verlag C.H.Beck und dem Team von Herrn Dr. Klaes und Herrn Dr. Pech zu danken. Sie haben stets ein offenes Ohr für die Anpassung des Werkes an sich ändernde Umstände, stellen zur Bearbeitung die entsprechenden Ressourcen zur Verfügung und arbeiteten stetig daran, das Werk zum Erscheinen zu bringen.

Sollten Sie, sehr verehrte, liebe Leserinnen und Leser, Anlass zu Kritik an unserem Werk haben oder wenn Sie interessante Themen vermissen, fühlen Sie sich bitte herzlich eingeladen, Kontakt mit uns aufzunehmen.

Im September 2021

Die Herausgeber

Dr. Alexander Fridgen   Arndt Geiwitz   Dr. Burkard Göpfert

Inhaltsübersicht

Seite

Band I

Insolvenzordnung (InsO) 1
Eigenverwaltung idF bis 31.12.2020 (InsO aF) 2008
Gesetz zur vorübergehenden Aussetzung der Insolvenzantragspflicht und zur Begrenzung der Organhaftung bei einer durch die COVID-19-Pandemie bedingten Insolvenz (COVInsAG) . 2069
Insolvenzrechtliche Vergütungsverordnung (InsVV) 2094
Europäische Insolvenzverordnung (EUInsVO) 2225

Band II
Länderberichte

Länderbericht England 3
Länderbericht Frankreich 99
Länderbericht Italien 222
Länderbericht Österreich 294
Länderbericht Polen 398
Länderbericht Schweiz 593
Länderbericht Spanien 670
Länderbericht Tschechische Republik 855
Länderbericht USA 937

Spezialthemen

Geschichte 995
Bau- und Architektenrecht in der Insolvenz 1007
Datenschutz in der Insolvenz 1111
Immobilienverwertung im Insolvenzverfahren 1133
Steuerrecht in der Insolvenz – Ertragssteuerrecht 1271
Steuerrecht in der Insolvenz – Umsatzsteuer 1321
Steuerrecht in der Insolvenz – Sonstige Steuern und Nebenleistungen 1387
Steuerrecht in der Insolvenz – Steuerverfahrensrecht 1406

Inhaltsverzeichnis

	Seite
Bearbeiterverzeichnis	V
Im Einzelnen haben bearbeitet	IX
Vorwort	XI
Literaturverzeichnis	XXVII

Band I
Insolvenzordnung (InsO)
Erster Teil. Allgemeine Vorschriften

§ 1	Ziele des Insolvenzverfahrens	1
§ 2	Amtsgericht als Insolvenzgericht	19
§ 3	Örtliche Zuständigkeit	26
§ 3a	Gruppen-Gerichtsstand	36
§ 3b	Fortbestehen des Gruppen-Gerichtsstands	43
§ 3c	Zuständigkeit für Gruppen-Folgeverfahren	44
§ 3d	Verweisung an den Gruppen-Gerichtsstand	46
§ 3e	Unternehmensgruppe	48
§ 4	Anwendbarkeit der Zivilprozeßordnung	50
§ 4a	Stundung der Kosten des Insolvenzverfahrens	58
§ 4b	Rückzahlung und Anpassung der gestundeten Beträge	65
§ 4c	Aufhebung der Stundung	69
§ 4d	Rechtsmittel	75
§ 5	Verfahrensgrundsätze	77
§ 6	Sofortige Beschwerde	84
§ 7	aufgehoben	92
§ 8	Zustellungen	92
§ 9	Öffentliche Bekanntmachung	96
§ 10	Anhörung des Schuldners	101
§ 10a	Vorgespräch	107

Zweiter Teil. Eröffnung des Insolvenzverfahrens. Erfaßtes Vermögen und Verfahrensbeteiligte
Erster Abschnitt. Eröffnungsvoraussetzungen und Eröffnungsverfahren

§ 11	Zulässigkeit des Insolvenzverfahrens	110
§ 12	Juristische Personen des öffentlichen Rechts	112
§ 13	Eröffnungsantrag	113
§ 13a	Antrag zur Begründung eines Gruppen-Gerichtsstands	121
§ 14	Antrag eines Gläubigers	122
§ 15	Antragsrecht bei juristischen Personen und Gesellschaften ohne Rechtspersönlichkeit	130
§ 15a	Antragspflicht bei juristischen Personen und Gesellschaften ohne Rechtspersönlichkeit	134
§ 15b	Zahlungen bei Zahlungsunfähigkeit und Überschuldung; Verjährung	145
§ 16	Eröffnungsgrund	156
§ 17	Zahlungsunfähigkeit	156
§ 18	Drohende Zahlungsunfähigkeit	163
§ 19	Überschuldung	167
§ 20	Auskunfts- und Mitwirkungspflicht im Eröffnungsverfahren. Hinweis auf Restschuldbefreiung	177
§ 21	Anordnung vorläufiger Maßnahmen	184
§ 22	Rechtsstellung des vorläufigen Insolvenzverwalters	203
§ 22a	Bestellung eines vorläufigen Gläubigerausschusses	218
§ 23	Bekanntmachung der Verfügungsbeschränkungen	227
§ 24	Wirkungen der Verfügungsbeschränkungen	230

Inhaltsverzeichnis

		Seite
§ 25	Aufhebung der Sicherungsmaßnahmen	233
§ 26	Abweisung mangels Masse	235
§ 26a	Vergütung des vorläufigen Insolvenzverwalters	239
§ 27	Eröffnungsbeschluß	240
§ 28	Aufforderungen an die Gläubiger und die Schuldner	243
§ 29	Terminbestimmungen	245
§ 30	Bekanntmachung des Eröffnungsbeschlusses	247
§ 31	Handels-, Genossenschafts-, Partnerschafts- und Vereinsregister	248
§ 32	Grundbuch	250
§ 33	Register für Schiffe und Luftfahrzeuge	253
§ 34	Rechtsmittel	254

Zweiter Abschnitt. Insolvenzmasse. Einteilung der Gläubiger

§ 35	Begriff der Insolvenzmasse	257
§ 36	Unpfändbare Gegenstände	274
§ 37	Gesamtgut bei Gütergemeinschaft	282
§ 38	Begriff der Insolvenzgläubiger	284
§ 39	Nachrangige Insolvenzgläubiger	292
§ 40	Unterhaltsansprüche	326
§ 41	Nicht fällige Forderungen	330
§ 42	Auflösend bedingte Forderungen	337
§ 43	Haftung mehrerer Personen	341
§ 44	Rechte der Gesamtschuldner und Bürgen	347
§ 44a	Gesicherte Darlehen	350
§ 45	Umrechnung von Forderungen	357
§ 46	Wiederkehrende Leistungen	364
§ 47	Aussonderung	367
§ 48	Ersatzaussonderung	390
§ 49	Abgesonderte Befriedigung aus unbeweglichen Gegenständen	396
§ 50	Abgesonderte Befriedigung der Pfandgläubiger	404
§ 51	Sonstige Absonderungsberechtigte	410
§ 52	Ausfall der Absonderungsberechtigten	412
§ 53	Massegläubiger	417
§ 54	Kosten des Insolvenzverfahrens	419
§ 55	Sonstige Masseverbindlichkeiten	425

Dritter Abschnitt. Insolvenzverwalter. Organe der Gläubiger

§ 56	Bestellung des Insolvenzverwalters	443
§ 56a	Gläubigerbeteiligung bei der Verwalterbestellung	462
§ 56b	Verwalterbestellung bei Schuldnern derselben Unternehmensgruppe	470
§ 57	Wahl eines anderen Insolvenzverwalters	476
§ 58	Aufsicht des Insolvenzgerichts	479
§ 59	Entlassung des Insolvenzverwalters	487
§ 60	Haftung des Insolvenzverwalters	495
§ 61	Nichterfüllung von Masseverbindlichkeiten	514
§ 62	Verjährung	522
§ 63	Vergütung des Insolvenzverwalters	525
§ 64	Festsetzung durch das Gericht	537
§ 65	Verordnungsermächtigung	540
§ 66	Rechnungslegung	541
§ 67	Einsetzung des Gläubigerausschusses	546
§ 68	Wahl anderer Mitglieder	555
§ 69	Aufgaben des Gläubigerausschusses	557
§ 70	Entlassung	564
§ 71	Haftung der Mitglieder des Gläubigerausschusses	569
§ 72	Beschlüsse des Gläubigerausschusses	574
§ 73	Vergütung der Mitglieder des Gläubigerausschusses	577
§ 74	Einberufung der Gläubigerversammlung	584
§ 75	Antrag auf Einberufung	588

Inhaltsverzeichnis

Seite

§ 76	Beschlüsse der Gläubigerversammlung	591
§ 77	Feststellung des Stimmrechts	592
§ 78	Aufhebung eines Beschlusses der Gläubigerversammlung	595
§ 79	Unterrichtung der Gläubigerversammlung	597

Dritter Teil. Wirkungen der Eröffnung des Insolvenzverfahrens
Erster Abschnitt. Allgemeine Wirkungen

§ 80	Übergang des Verwaltungs- und Verfügungsrechts	599
§ 81	Verfügungen des Schuldners	614
§ 82	Leistungen an den Schuldner	620
§ 83	Erbschaft. Fortgesetzte Gütergemeinschaft	623
§ 84	Auseinandersetzung einer Gesellschaft oder Gemeinschaft	628
§ 85	Aufnahme von Aktivprozessen	633
§ 86	Aufnahme bestimmter Passivprozesse	642
§ 87	Forderungen der Insolvenzgläubiger	647
§ 88	Vollstreckung vor Verfahrenseröffnung	651
§ 89	Vollstreckungsverbot	657
§ 90	Vollstreckungsverbot bei Masseverbindlichkeiten	663
§ 91	Ausschluss sonstigen Rechtserwerbs	665
§ 92	Gesamtschaden	670
§ 93	Persönliche Haftung der Gesellschafter	674
§ 94	Erhaltung einer Aufrechnungslage	679
§ 95	Eintritt der Aufrechnungslage im Verfahren	690
§ 96	Unzulässigkeit der Aufrechnung	696
§ 97	Auskunfts- und Mitwirkungspflichten des Schuldners	704
§ 98	Durchsetzung der Pflichten des Schuldners	715
§ 99	Postsperre	727
§ 100	Unterhalt aus der Insolvenzmasse	739
§ 101	Organschaftliche Vertreter. Angestellte	747
§ 102	Einschränkung eines Grundrechts	758

Zweiter Abschnitt. Erfüllung der Rechtsgeschäfte. Mitwirkung des Betriebsrats

§ 103	Wahlrecht des Insolvenzverwalters	759
§ 104	Fixgeschäfte, Finanzleistungen, vertragliches Liquidationsnetting	790
§ 105	Teilbare Leistungen	805
§ 106	Vormerkung	815
§ 107	Eigentumsvorbehalt	826
§ 108	Fortbestehen bestimmter Schuldverhältnisse	837
§ 109	Schuldner als Mieter oder Pächter	864
§ 110	Schuldner als Vermieter oder Verpächter	873
§ 111	Veräußerung des Miet- oder Pachtobjekts	878
§ 112	Kündigungssperre	882
§ 113	Kündigung eines Dienstverhältnisses	889
§ 114	aufgehoben	898
§ 115	Erlöschen von Aufträgen	898
§ 116	Erlöschen von Geschäftsbesorgungsverträgen	903
§ 117	Erlöschen von Vollmachten	909
§ 118	Auflösung von Gesellschaften	914
§ 119	Unwirksamkeit abweichender Vereinbarungen	917
§ 120	Kündigung von Betriebsvereinbarungen	928
§ 121	Betriebsänderungen und Vermittlungsverfahren	931
§ 122	Gerichtliche Zustimmung zur Durchführung einer Betriebsänderung	932
§ 123	Umfang des Sozialplans	939
§ 124	Sozialplan vor Verfahrenseröffnung	945
§ 125	Interessenausgleich und Kündigungsschutz	948
§ 126	Beschlußverfahren zum Kündigungsschutz	960
§ 127	Klage des Arbeitnehmers	964
§ 128	Betriebsveräußerung	966

XVII

Inhaltsverzeichnis

Seite

Dritter Abschnitt. Insolvenzanfechtung

§ 129	Grundsatz	973
§ 130	Kongruente Deckung	998
§ 131	Inkongruente Deckung	1009
§ 132	Unmittelbar nachteilige Rechtshandlungen	1019
§ 133	Vorsätzliche Benachteiligung	1025
§ 134	Unentgeltliche Leistung	1046
§ 135	Gesellschafterdarlehen	1055
§ 136	Stille Gesellschaft	1080
§ 137	Wechsel- und Scheckzahlungen	1083
§ 138	Nahestehende Personen	1085
§ 139	Berechnung der Fristen vor dem Eröffnungsantrag	1093
§ 140	Zeitpunkt der Vornahme einer Rechtshandlung	1096
§ 141	Vollstreckbarer Titel	1100
§ 142	Bargeschäft	1101
§ 143	Rechtsfolgen	1108
§ 144	Ansprüche des Anfechtungsgegners	1123
§ 145	Anfechtung gegen Rechtsnachfolger	1127
§ 146	Verjährung des Anfechtungsanspruchs	1131
§ 147	Rechtshandlungen nach Verfahrenseröffnung	1134

Vierter Teil. Verwaltung und Verwertung der Insolvenzmasse
Erster Abschnitt. Sicherung der Insolvenzmasse

§ 148	Übernahme der Insolvenzmasse	1138
§ 149	Wertgegenstände	1145
§ 150	Siegelung	1148
§ 151	Verzeichnis der Massegegenstände	1150
§ 152	Gläubigerverzeichnis	1155
§ 153	Vermögensübersicht	1159
§ 154	Niederlegung in der Geschäftsstelle	1163
§ 155	Handels- und steuerrechtliche Rechnungslegung	1164

Zweiter Abschnitt. Entscheidung über die Verwertung

§ 156	Berichtstermin	1175
§ 157	Entscheidung über den Fortgang des Verfahrens	1177
§ 158	Maßnahmen vor der Entscheidung	1179
§ 159	Verwertung der Insolvenzmasse	1181
§ 160	Besonders bedeutsame Rechtshandlungen	1183
§ 161	Vorläufige Untersagung der Rechtshandlung	1185
§ 162	Betriebsveräußerung an besonders Interessierte	1187
§ 163	Betriebsveräußerung unter Wert	1189
§ 164	Wirksamkeit der Handlung	1192

Dritter Abschnitt. Gegenstände mit Absonderungsrechten

§ 165	Verwertung unbeweglicher Gegenstände	1193
§ 166	Verwertung beweglicher Gegenstände	1202
§ 167	Unterrichtung des Gläubigers	1214
§ 168	Mitteilung der Veräußerungsabsicht	1216
§ 169	Schutz des Gläubigers vor einer Verzögerung der Verwertung	1221
§ 170	Verteilung des Erlöses	1227
§ 171	Berechnung des Kostenbeitrags	1232
§ 172	Sonstige Verwendung beweglicher Sachen	1237
§ 173	Verwertung durch den Gläubiger	1242

Fünfter Teil. Befriedigung der Insolvenzgläubiger. Einstellung des Verfahrens
Erster Abschnitt. Feststellung der Forderungen

§ 174	Anmeldung der Forderungen	1245
§ 175	Tabelle	1262

Inhaltsverzeichnis

		Seite
§ 176	Verlauf des Prüfungstermins	1268
§ 177	Nachträgliche Anmeldungen	1272
§ 178	Voraussetzungen und Wirkungen der Feststellung	1277
§ 179	Streitige Forderungen	1285
§ 180	Zuständigkeit für die Feststellung	1290
§ 181	Umfang der Feststellung	1299
§ 182	Streitwert	1301
§ 183	Wirkung der Entscheidung	1304
§ 184	Klage gegen einen Widerspruch des Schuldners	1306
§ 185	Besondere Zuständigkeiten	1310
§ 186	Wiedereinsetzung in den vorigen Stand	1313

Zweiter Abschnitt. Verteilung

§ 187	Befriedigung der Insolvenzgläubiger	1315
§ 188	Verteilungsverzeichnis	1322
§ 189	Berücksichtigung bestrittener Forderungen	1325
§ 190	Berücksichtigung absonderungsberechtigter Gläubiger	1327
§ 191	Berücksichtigung aufschiebend bedingter Forderungen	1329
§ 192	Nachträgliche Berücksichtigung	1331
§ 193	Änderung des Verteilungsverzeichnisses	1332
§ 194	Einwendungen gegen das Verteilungsverzeichnis	1332
§ 195	Festsetzung des Bruchteils	1335
§ 196	Schlußverteilung	1337
§ 197	Schlußtermin	1338
§ 198	Hinterlegung zurückbehaltener Beträge	1341
§ 199	Überschuß bei der Schlußverteilung	1342
§ 200	Aufhebung des Insolvenzverfahrens	1344
§ 201	Rechte der Insolvenzgläubiger nach Verfahrensaufhebung	1346
§ 202	Zuständigkeit bei der Vollstreckung	1349
§ 203	Anordnung der Nachtragsverteilung	1351
§ 204	Rechtsmittel	1356
§ 205	Vollzug der Nachtragsverteilung	1357
§ 206	Ausschluß von Massegläubigern	1358

Dritter Abschnitt. Einstellung des Verfahrens

§ 207	Einstellung mangels Masse	1359
§ 208	Anzeige der Masseunzulänglichkeit	1365
§ 209	Befriedigung der Massegläubiger	1368
§ 210	Vollstreckungsverbot	1372
§ 210a	Insolvenzplan bei Masseunzulänglichkeit	1375
§ 211	Einstellung nach Anzeige der Masseunzulänglichkeit	1377
§ 212	Einstellung wegen Wegfalls des Eröffnungsgrunds	1379
§ 213	Einstellung mit Zustimmung der Gläubiger	1381
§ 214	Verfahren bei der Einstellung	1384
§ 215	Bekanntmachung und Wirkungen der Einstellung	1386
§ 216	Rechtsmittel	1388

Sechster Teil. Insolvenzplan
Erster Abschnitt. Aufstellung des Plans

§ 217	Grundsatz	1390
§ 218	Vorlage des Insolvenzplans	1397
§ 219	Gliederung des Plans	1402
§ 220	Darstellender Teil	1403
§ 221	Gestaltender Teil	1411
§ 222	Bildung von Gruppen	1421
§ 223	Rechte der Absonderungsberechtigten	1430
§ 223a	Gruppeninterne Drittsicherheiten	1432
§ 224	Rechte der Insolvenzgläubiger	1433

Inhaltsverzeichnis

		Seite
§ 225	Rechte der nachrangigen Insolvenzgläubiger	1435
§ 225a	Rechte der Anteilsinhaber	1437
§ 226	Gleichbehandlung der Beteiligten	1445
§ 227	Haftung des Schuldners	1447
§ 228	Änderung sachenrechtlicher Verhältnisse	1449
§ 229	Vermögensübersicht. Ergebnis- und Finanzplan	1451
§ 230	Weitere Anlagen	1453
§ 231	Zurückweisung des Plans	1455
§ 232	Stellungnahmen zum Plan	1459
§ 233	Aussetzung von Verwertung und Verteilung	1461
§ 234	Niederlegung des Plans	1463

Zweiter Abschnitt. Annahme und Bestätigung des Plans

§ 235	Erörterungs- und Abstimmungstermin	1464
§ 236	Verbindung mit dem Prüfungstermin	1466
§ 237	Stimmrecht der Insolvenzgläubiger	1467
§ 238	Stimmrecht der absonderungsberechtigten Gläubiger	1469
§ 238a	Stimmrecht der Anteilsinhaber	1470
§ 238b	Stimmrecht der Berechtigten aus gruppeninternen Drittsicherheiten	1472
§ 239	Stimmliste	1472
§ 240	Änderung des Plans	1473
§ 241	Gesonderter Abstimmungstermin	1474
§ 242	Schriftliche Abstimmung	1476
§ 243	Abstimmung in Gruppen	1477
§ 244	Erforderliche Mehrheiten	1478
§ 245	Obstruktionsverbot	1480
§ 245a	Schlechterstellung bei natürlichen Personen	1486
§ 246	Zustimmung nachrangiger Insolvenzgläubiger	1486
§ 246a	Zustimmung der Anteilsinhaber	1487
§ 247	Zustimmung des Schuldners	1487
§ 248	Gerichtliche Bestätigung	1489
§ 248a	Gerichtliche Bestätigung einer Planberichtigung	1490
§ 249	Bedingter Plan	1492
§ 250	Verstoß gegen Verfahrensvorschriften	1493
§ 251	Minderheitenschutz	1495
§ 252	Bekanntgabe der Entscheidung	1498
§ 253	Rechtsmittel	1500

Dritter Abschnitt. Wirkungen des bestätigten Plans. Überwachung der Planerfüllung

§ 254	Allgemeine Wirkungen des Plans	1504
§ 254a	Rechte an Gegenständen. Sonstige Wirkungen des Plans	1506
§ 254b	Wirkung für alle Beteiligten	1508
§ 255	Wiederauflebensklausel	1510
§ 256	Streitige Forderungen. Ausfallforderungen	1511
§ 257	Vollstreckung aus dem Plan	1514
§ 258	Aufhebung des Insolvenzverfahrens	1516
§ 259	Wirkungen der Aufhebung	1518
§ 259a	Vollstreckungsschutz	1519
§ 259b	Besondere Verjährungsfrist	1521
§ 260	Überwachung der Planerfüllung	1522
§ 261	Aufgaben und Befugnisse des Insolvenzverwalters	1524
§ 262	Anzeigepflicht des Insolvenzverwalters	1526
§ 263	Zustimmungsbedürftige Geschäfte	1527
§ 264	Kreditrahmen	1528
§ 265	Nachrang von Neugläubigern	1530
§ 266	Berücksichtigung des Nachrangs	1531
§ 267	Bekanntmachung der Überwachung	1531
§ 268	Aufhebung der Überwachung	1532
§ 269	Kosten der Überwachung	1533

Inhaltsverzeichnis

Seite

§ 269a Zusammenarbeit der Insolvenzverwalter 1534
§ 269b Zusammenarbeit der Gerichte 1539
§ 269c Zusammenarbeit der Gläubigerausschüsse 1541
§ 269d Koordinationsgericht 1546
§ 269e Verfahrenskoordinator 1548
§ 269f Aufgaben und Rechtsstellung des Verfahrenskoordinators 1550
§ 269g Vergütung des Verfahrenskoordinators 1554
§ 269h Koordinationsplan 1556
§ 269i Abweichungen vom Koordinationsplan 1561

Siebter Teil. Eigenverwaltung

§ 270 Grundsatz 1564
§ 270a Antrag; Eigenverwaltungsplanung 1575
§ 270b Anordnung der vorläufigen Eigenverwaltung 1583
§ 270c Vorläufiges Eigenverwaltungsverfahren 1593
§ 270d Vorbereitung einer Sanierung; Schutzschirm 1607
§ 270e Aufhebung der vorläufigen Eigenverwaltung 1620
§ 270f Anordnung der Eigenverwaltung 1625
§ 270g Eigenverwaltung bei gruppenangehörigen Schuldnern 1629
§ 271 Nachträgliche Anordnung 1631
§ 272 Aufhebung der Anordnung 1635
§ 273 Öffentliche Bekanntmachung 1642
§ 274 Rechtsstellung des Sachwalters 1644
§ 275 Mitwirkung des Sachwalters 1651
§ 276 Mitwirkung des Gläubigerausschusses 1657
§ 276a Mitwirkung der Überwachungsorgane 1659
§ 277 Anordnung der Zustimmungsbedürftigkeit 1671
§ 278 Mittel zur Lebensführung des Schuldners 1676
§ 279 Gegenseitige Verträge 1679
§ 280 Haftung. Insolvenzanfechtung 1681
§ 281 Unterrichtung der Gläubiger 1684
§ 282 Verwertung von Sicherungsgut 1688
§ 283 Befriedigung der Insolvenzgläubiger 1690
§ 284 Insolvenzplan 1694
§ 285 Masseunzulänglichkeit 1697

Achter Teil. Restschuldbefreiung

§ 286 Grundsatz 1699
§ 287 Antrag des Schuldners 1701
§ 287a Entscheidung des Insolvenzgerichts 1712
§ 287b Erwerbsobliegenheit des Schuldners 1717
§ 288 Bestimmung des Treuhänders 1720
§ 289 Einstellung des Insolvenzverfahrens 1722
§ 290 Versagung der Restschuldbefreiung 1723
§ 291 aufgehoben 1738
§ 292 Rechtsstellung des Treuhänders 1738
§ 293 Vergütung des Treuhänders 1744
§ 294 Gleichbehandlung der Gläubiger 1747
§ 295 Obliegenheiten des Schuldners 1752
§ 295a Obliegenheiten des Schuldners bei selbständiger Tätigkeit 1758
§ 296 Verstoß gegen Obliegenheiten 1761
§ 297 Insolvenzstraftaten 1767
§ 297a Nachträglich bekannt gewordene Versagungsgründe 1768
§ 298 Deckung der Mindestvergütung des Treuhänders 1769
§ 299 Vorzeitige Beendigung 1770
§ 300 Entscheidung über die Restschuldbefreiung 1771
§ 300a Neuerwerb im laufenden Insolvenzverfahren 1779
§ 301 Wirkung der Restschuldbefreiung 1781
§ 302 Ausgenommene Forderungen 1788

Inhaltsverzeichnis

		Seite
§ 303	Widerruf der Restschuldbefreiung	1794
§ 303a	Eintragung in das Schuldnerverzeichnis	1796

Neunter Teil. Verbraucherinsolvenzverfahren

§ 304	Grundsatz	1799
§ 305	Eröffnungsantrag des Schuldners	1804
§ 305a	Scheitern der außergerichtlichen Schuldenbereinigung	1814
§ 306	Ruhen des Verfahrens	1815
§ 307	Zustellung an die Gläubiger	1819
§ 308	Annahme des Schuldenbereinigungsplans	1825
§ 309	Ersetzung der Zustimmung	1828
§ 310	Kosten	1837
§ 311	Aufnahme des Verfahrens über den Eröffnungsantrag	1838

§§ 312–314 [aufgehoben]

§ 312	aufgehoben	1839
§ 313	aufgehoben	1840
§ 314	aufgehoben	1843

Zehnter Teil. Besondere Arten des Insolvenzverfahrens
Erster Abschnitt. Nachlaßinsolvenzverfahren

§ 315	Örtliche Zuständigkeit	1847
§ 316	Zulässigkeit der Eröffnung	1858
§ 317	Antragsberechtigte	1861
§ 318	Antragsrecht beim Gesamtgut	1865
§ 319	Antragsfrist	1867
§ 320	Eröffnungsgründe	1869
§ 321	Zwangsvollstreckung nach Erbfall	1874
§ 322	Anfechtbare Rechtshandlungen des Erben	1878
§ 323	Aufwendungen des Erben	1881
§ 324	Masseverbindlichkeiten	1884
§ 325	Nachlassverbindlichkeiten	1889
§ 326	Ansprüche des Erben	1893
§ 327	Nachrangige Verbindlichkeiten	1897
§ 328	Zurückgewährte Gegenstände	1901
§ 329	Nacherbfolge	1904
§ 330	Erbschaftskauf	1905
§ 331	Gleichzeitige Insolvenz des Erben	1909

Zweiter Abschnitt. Insolvenzverfahren über das Gesamtgut einer fortgesetzten Gütergemeinschaft

§ 332	Verweisung auf das Nachlassinsolvenzverfahren	1912

Dritter Abschnitt. Insolvenzverfahren über das gemeinschaftlich verwaltete Gesamtgut einer Gütergemeinschaft

§ 333	Antragsrecht. Eröffnungsgründe	1915
§ 334	Persönliche Haftung der Ehegatten	1919

Elfter Teil. Internationales Insolvenzrecht
Erster Abschnitt. Allgemeine Vorschriften

§ 335	Grundsatz	1921
§ 336	Vertrag über einen unbeweglichen Gegenstand	1924
§ 337	Arbeitsverhältnis	1925
§ 338	Aufrechnung	1926
§ 339	Insolvenzanfechtung	1928
§ 340	Organisierte Märkte. Pensionsgeschäfte	1931
§ 341	Ausübung von Gläubigerrechten	1932
§ 342	Herausgabepflicht. Anrechnung	1934

Inhaltsverzeichnis

Seite

Zweiter Abschnitt. Ausländisches Insolvenzverfahren

§ 343	Anerkennung	1936
§ 344	Sicherungsmaßnahmen	1943
§ 345	Öffentliche Bekanntmachung	1947
§ 346	Grundbuch	1952
§ 347	Nachweis der Verwalterbestellung. Unterrichtung des Gerichts	1957
§ 348	Zuständiges Insolvenzgericht. Zusammenarbeit der Insolvenzgerichte	1960
§ 349	Verfügungen über unbewegliche Gegenstände	1964
§ 350	Leistung an den Schuldner	1967
§ 351	Dingliche Rechte	1971
§ 352	Unterbrechung und Aufnahme eines Rechtsstreits	1975
§ 353	Vollstreckbarkeit ausländischer Entscheidungen	1981

Dritter Abschnitt. Partikularverfahren über das Inlandsvermögen

§ 354	Voraussetzungen des Partikularverfahrens	1984
§ 355	Restschuldbefreiung. Insolvenzplan	1990
§ 356	Sekundärinsolvenzverfahren	1993
§ 357	Zusammenarbeit der Insolvenzverwalter	1999
§ 358	Überschuss bei der Schlussverteilung	2004

Zwölfter Teil. Inkrafttreten

§ 359	Verweisung auf das Einführungsgesetz	2007

Eigenverwaltung idF bis 31.12.2020 (InsO aF)

§ 270	Voraussetzungen	2008
§ 270a	Eröffnungsverfahren	2030
§ 270b	Vorbereitung einer Sanierung	2049
§ 270c	Bestellung des Sachwalters	2065
§ 270d	Eigenverwaltung bei gruppenangehörigen Schuldnern	2066

Gesetz zur vorübergehenden Aussetzung der Insolvenzantragspflicht und zur Begrenzung der Organhaftung bei einer durch die COVID-19-Pandemie bedingten Insolvenz (COVInsAG)

§ 1	Aussetzung der Insolvenzantragspflicht	2069
§ 2	Folgen der Aussetzung	2073
§ 3	Eröffnungsgrund bei Gläubigerinsolvenzanträgen	2080
§ 4	Prognosezeitraum für die Überschuldungsprüfung	2080
§ 5	Anwendung des bisherigen Rechts	2081
§ 6	Erleichterter Zugang zum Schutzschirmverfahren	2089
§ 7	Sicherstellung der Gläubigergleichbehandlung bei Stützungsmaßnahmen anlässlich der COVID-19-Pandemie	2092

Insolvenzrechtliche Vergütungsverordnung (InsVV)
Erster Abschnitt. Vergütung des Insolvenzverwalters

§ 1	Berechnungsgrundlage	2094
§ 2	Regelsätze	2108
§ 3	Zu- und Abschläge	2115
§ 4	Geschäftskosten. Haftpflichtversicherung	2133
§ 5	Einsatz besonderer Sachkunde	2140
§ 6	Nachtragsverteilung. Überwachung der Erfüllung eines Insolvenzplans	2143
§ 7	Umsatzsteuer	2148
§ 8	Festsetzung von Vergütung und Auslagen	2150
§ 9	Vorschuß	2157

Zweiter Abschnitt. Vergütung des vorläufigen Insolvenzverwalters, des Sachwalters und des Insolvenzverwalters im Verbraucherinsolvenzverfahren

§ 10	Grundsatz	2162

XXIII

Inhaltsverzeichnis

		Seite
§ 11	Vergütung des vorläufigen Insolvenzverwalters	2163
§ 12	Vergütung des Sachwalters	2174
§ 12a	Vergütung des vorläufigen Sachwalters	2185
§ 13	Vergütung des Insolvenzverwalters im Verbraucherinsolvenzverfahren	2193

Dritter Abschnitt. Vergütung des Treuhänders nach § 293 der Insolvenzordnung

§ 14	Grundsatz	2198
§ 15	Überwachung der Obliegenheiten des Schuldners	2201
§ 16	Festsetzung der Vergütung. Vorschüsse	2202

Vierter Abschnitt. Vergütung der Mitglieder des Gläubigerausschusses

§ 17	Berechnung der Vergütung	2206
§ 18	Auslagen. Umsatzsteuer	2218

Fünfter Abschnitt. Übergangs- und Schlußvorschriften

§ 19	Übergangsregelung	2221
§ 20	Inkrafttreten	2224

Europäische Insolvenzverordnung (EUInsVO)
Kapitel I. Allgemeine Bestimmungen

Artikel 1	Anwendungsbereich	2225
Artikel 2	Begriffsbestimmungen	2229
Artikel 3	Internationale Zuständigkeit	2238
Artikel 4	Prüfung der Zuständigkeit	2247
Artikel 5	Gerichtliche Nachprüfung der Entscheidung zur Eröffnung des Hauptinsolvenzverfahrens	2249
Artikel 6	Zuständigkeit für Klagen, die unmittelbar aus dem Insolvenzverfahren hervorgehen und in engem Zusammenhang damit stehen	2250
Artikel 7	Anwendbares Recht	2255
Artikel 8	Dingliche Rechte Dritter	2271
Artikel 9	Aufrechnung	2276
Artikel 10	Eigentumsvorbehalt	2278
Artikel 11	Vertrag über einen unbeweglichen Gegenstand	2280
Artikel 12	Zahlungssysteme und Finanzmärkte	2283
Artikel 13	Arbeitsvertrag	2284
Artikel 14	Wirkung auf eintragungspflichtige Rechte	2287
Artikel 15	Europäische Patente mit einheitlicher Wirkung und Gemeinschaftsmarken	2289
Artikel 16	Benachteiligende Handlungen	2290
Artikel 17	Schutz des Dritterwerbers	2295
Artikel 18	Wirkungen des Insolvenzverfahrens auf anhängige Rechtsstreitigkeiten und Schiedsverfahren	2297

Kapitel II. Anerkennung der Insolvenzverfahren

Artikel 19	Grundsatz	2300
Artikel 20	Wirkungen der Anerkennung	2301
Artikel 21	Befugnisse des Verwalters	2303
Artikel 22	Nachweis der Verwalterbestellung	2306
Artikel 23	Herausgabepflicht und Anrechnung	2308
Artikel 24	Einrichtung von Insolvenzregistern	2310
Artikel 25	1 Vernetzung von Insolvenzregistern	2311
Artikel 26	Kosten für die Einrichtung und Vernetzung der Insolvenzregister	2311
Artikel 27	Voraussetzungen für den Zugang zu Informationen über das System der Vernetzung	2311
Artikel 28	Öffentliche Bekanntmachung in einem anderen Mitgliedstaat	2312
Artikel 29	Eintragung in öffentliche Register eines anderen Mitgliedstaats	2314
Artikel 30	Kosten	2315
Artikel 31	Leistung an den Schuldner	2316
Artikel 32	Anerkennung und Vollstreckbarkeit sonstiger Entscheidungen	2319

Inhaltsverzeichnis

	Seite
Artikel 33 Öffentliche Ordnung	2321

Kapitel III. Sekundärinsolvenzverfahren

Artikel 34	Verfahrenseröffnung	2325
Artikel 35	Anwendbares Recht	2329
Artikel 36	Recht, zur Vermeidung eines Sekundärinsolvenzverfahrens eine Zusicherung zu geben	2329
Artikel 37	Recht auf Beantragung eines Sekundärinsolvenzverfahrens	2334
Artikel 38	Entscheidung zur Eröffnung eines Sekundärinsolvenzverfahrens	2335
Artikel 39	Gerichtliche Nachprüfung der Entscheidung zur Eröffnung des Sekundärinsolvenzverfahrens	2338
Artikel 40	Kostenvorschuss	2338
Artikel 41	Zusammenarbeit und Kommunikation der Verwalter	2339
Artikel 42	Zusammenarbeit und Kommunikation der Gerichte	2341
Artikel 43	Zusammenarbeit und Kommunikation zwischen Verwaltern und Gerichten	2342
Artikel 44	Kosten der Zusammenarbeit und Kommunikation	2344
Artikel 45	Ausübung von Gläubigerrechten	2344
Artikel 46	Aussetzung der Verwertung der Masse	2345
Artikel 47	Recht des Verwalters, Sanierungspläne vorzuschlagen	2347
Artikel 48	Auswirkungen der Beendigung eines Insolvenzverfahrens	2348
Artikel 49	Überschuss im Sekundärinsolvenzverfahren	2348
Artikel 50	Nachträgliche Eröffnung des Hauptinsolvenzverfahrens	2349
Artikel 51	Umwandlung von Sekundärinsolvenzverfahren	2349
Artikel 52	Sicherungsmaßnahmen	2350

Kapitel IV. Unterrichtung der Gläubiger und Anmeldung ihrer Forderungen

Artikel 53	Recht auf Forderungsanmeldung	2352
Artikel 54	Pflicht zur Unterrichtung der Gläubiger	2352
Artikel 55	Verfahren für die Forderungsanmeldung	2354

Kapitel V. Insolvenzverfahren über das Vermögen von Mitgliedern einer Unternehmensgruppe

Artikel 56	Zusammenarbeit und Kommunikation der Verwalter	2358
Artikel 57	Zusammenarbeit und Kommunikation der Gerichte	2359
Artikel 58	Zusammenarbeit und Kommunikation zwischen Verwaltern und Gerichten	2360
Artikel 59	Kosten der Zusammenarbeit und Kommunikation bei Verfahren über das Vermögen von Mitgliedern einer Unternehmensgruppe	2361
Artikel 60	Rechte des Verwalters bei Verfahren über das Vermögen von Mitgliedern einer Unternehmensgruppe	2361
Artikel 61	Antrag auf Eröffnung eines Gruppen-Koordinationsverfahrens	2363
Artikel 62	Prioritätsregel	2364
Artikel 63	Mitteilung durch das befasste Gericht	2364
Artikel 64	Einwände von Verwaltern	2365
Artikel 65	Folgen eines Einwands gegen die Einbeziehung in ein Gruppen-Koordinationsverfahren	2366
Artikel 66	Wahl des Gerichts für ein Gruppen-Koordinationsverfahren	2367
Artikel 67	Folgen von Einwänden gegen den vorgeschlagenen Koordinator	2368
Artikel 68	Entscheidung zur Eröffnung eines Gruppen-Koordinationsverfahrens	2368
Artikel 69	Nachträgliches Opt-in durch Verwalter	2369
Artikel 70	Empfehlungen und Gruppen-Koordinationsplan	2370
Artikel 71	Der Koordinator	2371
Artikel 72	Aufgaben und Rechte des Koordinators	2371
Artikel 73	Sprachen	2373
Artikel 74	Zusammenarbeit zwischen den Verwaltern und dem Koordinator	2374
Artikel 75	Abberufung des Koordinators	2375
Artikel 76	Schuldner in Eigenverwaltung	2376
Artikel 77	Kosten und Kostenaufteilung	2376

Inhaltsverzeichnis

Seite

Kapitel VI. Datenschutz

Artikel 78	Datenschutz	2379
Artikel 79	Aufgaben der Mitgliedstaaten hinsichtlich der Verarbeitung personenbezogener Daten in nationalen Insolvenzregistern	2379
Artikel 80	Aufgaben der Kommission im Zusammenhang mit der Verarbeitung personenbezogener Daten	2379
Artikel 81	Informationspflichten	2380
Artikel 82	Speicherung personenbezogener Daten	2380
Artikel 83	Zugang zu personenbezogenen Daten über das Europäische Justizportal	2380

Kapitel VII. Übergangs- und Schlussbestimmungen

Artikel 84	Zeitlicher Anwendungsbereich	2381
Artikel 85	Verhältnis zu Übereinkünften	2381
Artikel 86	Informationen zum Insolvenzrecht der Mitgliedstaaten und der Union	2383
Artikel 87	Einrichtung der Vernetzung der Register	2383
Artikel 88	Erstellung und spätere Änderung von Standardformularen	2383
Artikel 89	Ausschussverfahren	2384
Artikel 90	Überprüfungsklausel	2384
Artikel 91	Aufhebung	2384
Artikel 92	Inkrafttreten	2385
Schlussformel		2385
Anhang A		2385
Anhang B		2388
Anhang C		2390
Anhang D		2391

Sachverzeichnis 2395

Literaturverzeichnis

Adamus PrRest	Adamus, Prawo restrukturyzacyjne, 2. Aufl. 2018
Adamus PrUp	Adamus, Prawo upadłościowe, 2. Aufl. 2018
AGR	Ahrens/Gehrlein/Ringstmeier, Insolvenzrecht, Kommentar, 4. Aufl. 2020
Andres/Leithaus	Andres/Leithaus, Insolvenzordnung, Kommentar, 4. Aufl. 2018
Bauer/Schaub	Bauer/Schaub, GBO, Kommentar, 4. Aufl. 2018
Bauer/v. Oefele	Bauer/v. Oefele, Grundbuchordnung, 34. Aufl. 2018
Baumbach/Hopt	Baumbach/Hopt, Handelsgesetzbuch: HGB, Kommentar, 40. Aufl. 2021
Baumbach/Hueck	Baumbach/Hueck, GmbHG, Kommentar, 22. Aufl. 2019
BeckBilKo	Grottel/Schmidt/Schubert/Störk, Beck'scher Bilanz-Kommentar, Kommentar, 12. Aufl. 2020
BeckHdB GmbH	Prinz/Winkeljohann, Beck'sches Handbuch der GmbH, Handbuch, 6. Aufl. 2021
BK-InsR	Blersch/Goetsch/Haas, Berliner Kommentar Insolvenzrecht, Kommentar, Loseblattwerk
BK-VVG	Honsell, Berliner Kommentar zum Versicherungsvertragsgesetz, Kommentar, 1. Aufl. 2012
BLHAG	Baumbach/Lauterbach/Hartmann/Anders/Gehle, Zivilprozessordnung: ZPO, Kommentar, 79. Aufl. 2021
Böttcher	Böttcher, ZVG, 6. Aufl. 2016
Bork/Hölzle InsR-HdB	Bork/Hölzle, Handbuch Insolvenzrecht, Handbuch, 2. Aufl. 2019
Bork InsAnfechtungsR	Bork, Handbuch des Insolvenzanfechtungsrechts, Handbuch, 1. Aufl. 2006
Braun	Braun, Insolvenzordnung: InsO, Kommentar, 8. Aufl. 2020
CPM	Cranshaw/Paulus/Michel, Bankenkommentar zum Insolvenzrecht, Kommentar, 3. Aufl. 2016
Depré ZVG	Depré, ZVG, 2 Aufl. 2019
DKW	Däubler/Klebe/Wedde, BetrVG: Betriebsverfassungsgesetz, Kommentar, 17. Aufl. 2020
FAHdB InsR	Wimmer/Dauernheim/Wagner/Gietl, Handbuch des Fachanwalts Insolvenzrecht, Handbuch, 8. Aufl. 2019
Fitting	Fitting, Betriebsverfassungsgesetz, Kommentar, 30. Aufl. 2020
FK-InsO	Wimmer, FK-InsO: Frankfurter Kommentar zur Insolvenzordnung, Kommentar, 9. Aufl. 2018
FKR InsR	Frege/Keller/Riedel, Insolvenzrecht, Handbuch, 8. Aufl. 2015
Flöther KonzernInsR-HdB	Flöther, Konzerninsolvenzrecht, Handbuch, 2. Aufl. 2018
Foerste InsR	Foerste, Insolvenzrecht, Lehrbuch, 7. Aufl. 2018
Frotscher Besteuerung Insolvenz	Frotscher, Besteuerung bei Insolvenz, 9. Aufl. 2021
GK-BetrVG	Wiese/Kreutz/Oetker/Raab/Weber/Franzen/Gutzeit/Jacobs, Gemeinschaftskommentar zum Betriebsverfassungsgesetz (GK-BetrVG), Kommentar, 11. Aufl. 2018
Gottwald/Haas InsR-HdB	Gottwald/Haas, Insolvenzrechts-Handbuch, Handbuch, 6. Aufl. 2020
Graeber/Graeber	Graeber/Graeber, InsVV – Kommentar zur Insolvenzrechtlichen Vergütungsverordnung, Kommentar, 3. Aufl. 2019
Graf-Schlicker	Graf-Schlicker, InsO, Kommentar, 5. Aufl. 2020
Gurgul PrUpPrRest	Gurgul, Prawo upadłościowe Prawo restrukturyzacyjne Komentarz, 10. Aufl. 2016
Haarmeyer/Mock InsVV	Haarmeyer/Mock, Insolvenzrechtliche Vergütungsverordnung, Kommentar, 6. Aufl. 2019
Hess InsR	Hess, Insolvenzrecht, Kommentar, Band 1, 2, 3, 2. Aufl. 2001 ff.
HGHF PrRest	Hrycaj/Groele/Hrycaj/Filipiak, Prawo restrukturyzacyjne, 1. Aufl. 2017
HHGH	Haß/Huber/Gruber/Heiderhoff, EU-Insolvenzverordnung (EuInsVO), Kommentar, 1. Aufl. 2005
HHS	Hübschmann/Hepp/Spitaler, Abgabenordnung, Finanzgerichtsordnung, Loseblatt
HK-InsO	Kayser/Thole, Insolvenzordnung, Kommentar, 10. Aufl. 2020

XXVII

Literaturverzeichnis

HK-ZV	Kindl/Meller-Hannich, Gesamtes Recht der Zwangsvollstreckung, Kommentar, 4. Aufl. 2021
HmbKommInsR	Schmidt, Hamburger Kommentar zum Insolvenzrecht, Kommentar, 7. Aufl. 2018
Hofmann Eigenverwaltung	Hofmann, Eigenverwaltung, Handbuch, 3. Aufl. 2021
HWF InsVV	Haarmeyer/Wutzke/Förster, Insolvenzrechtliche Vergütung (InsVV), Kommentar, 4. Aufl. 2006
Häsemeyer InsR	Häsemeyer, Insolvenzrecht, Handbuch, 4. Aufl. 2007
Jaeger	Jaeger, Insolvenzordnung, Kommentar, Band 1, 2, 3, 4, 5/1, 5/2, 6, 7, 8, 9, 1. Aufl. 2004 ff.(Reprint 2012)
Janda PrUp	Janda, Prawo upadłościowe, 2. Aufl. 2018
K. Schmidt InsO	Schmidt, Insolvenzordnung: InsO, Kommentar, 19. Aufl. 2016
Keller Insolvenzverfahren	Keller, Vergütung und Kosten im Insolvenzverfahren, Handbuch, 4. Aufl. 2016
Keller InsR	Keller, Insolvenzrecht, 2. Aufl. 2020
Kindler/Nachmann/Bitzer InsR-HdB	Kindler/Nachmann/Bitzer, Handbuch Insolvenzrecht in Europa, Kommentar, 7. Aufl. 2020
KKRD	Koller/Kindler/Roth/Drüen, HGB, Kommentar, 9. Aufl. 2019
Klein	Klein, Abgabenordnung, 15. Aufl. 2020
KPB	Kübler/Prütting/Bork, InsO, Kommentar zur Insolvenzordnung, Kommentar, 86. Aufl. 2020
KR	Etzel/Bader/Friedrich/Fischermeier/Griebeling/Klose/Kreft/Link/Lipke/Rachor/Rinck/Rost/Spilger/Treiber/Vogt/Weigand, KR – Gemeinschaftskommentar zum Kündigungsschutzgesetz und zu sonstigen kündigungsschutzrechtlichen Vorschriften, Kommentar, 13. Aufl. 2021
KVV Insolvenz-HdB	Kraemer/Vallender/Vogelsang, Handbuch zur Insolvenz, Handbuch, 95. Aufl. 2020
Kölner Komm InsO	Hess, Kölner Kommentar zur Insolvenzordnung, Kommentar, Band 1, 2, 3, 4, 5, 1. Aufl. 2016 ff.
Kölner Schrift InsO	Arbeitskreis für Insolvenz- und schiedsgerichtswesen e.V, Kölner Schrift zur Insolvenzordnung, Monografie, 3. Aufl. 2009
Koenig	Koenig, Abgabenordnung, 4. Aufl. 2021
Kühling/Buchner	Kühling/Buchner, DS-GVO BDSG, Kommentar, 3. Aufl. 2020
Lorenz/Klanke	Lorenz/Klanke, InsVV, GKG, RVG – Kommentar zu Vergütung und Kosten in der Insolvenz, Kommentar, 3. Aufl. 2016
LSZ InsVV	Leonhardt/Smid/Zeuner, Insolvenzrechtliche Vergütungsverordnung (InsVV), Kommentar, 1. Aufl. 2014
MMS	Mankowski/Müller/Schmidt, EuInsVO 2015, Kommentar, 1. Aufl. 2016
Musielak/Voit	Musielak/Voit, ZPO, Kommentar, 17. Aufl. 2020
MüKoAktG	Goette/Habersack/Kalss, Münchener Kommentar zum Aktiengesetz: AktG, Kommentar, Band 1, 2, 4, 5, 5. Aufl. 2019 ff.
MüKoGmbHG	Fleischer/Goette, Münchener Kommentar zum Gesetz betreffend die Gesellschaften mit beschränkter Haftung: GmbHG, Kommentar, Band 1, 2, 3, 3. Aufl. 2018 ff.
MüKoInsO	Stürner/Eidenmüller/Schoppmeyer, Münchener Kommentar zur Insolvenzordnung: InsO, Kommentar, Band 1, 2, 3, 4. Aufl. 2019 ff.
MüKoZPO	Krüger/Rauscher, Münchener Kommentar zur ZPO, Kommentar, Band 1, 2, 6. Aufl. 2020
Nerlich/Römermann	Nerlich/Römermann, Insolvenzordnung (InsO), Kommentar, Loseblattwerk
NK-DatenschutzR	Simitis/Hornung/Spiecker gen. Döhmann, Datenschutzrecht, Kommentar, 1. Aufl. 2019
Palandt	Palandt, Bürgerliches Gesetzbuch, Kommentar, 80. Aufl. 2021
Pahlke/Koenig	Pahlke/Koenig, AO, 2. Aufl. 2009
Prölss/Martin	Prölss/Martin, Versicherungsvertragsgesetz: VVG, Kommentar, 31. Aufl. 2021
PWW	Prütting/Wegen/Weinreich, BGB Kommentar, Kommentar, 15. Aufl. 2020
Roth InsSteuerR	Roth, Insolvenzsteuerrecht, 3. Aufl. 2020
RSZ InsO	Rattunde/Smid/Zeuner, Insolvenzordnung (InsO), Kommentar, 4. Aufl. 2018
SBL BankR-HdB	Schimansky/Bunte/Lwowski, Bankrechts-Handbuch, Handbuch, Band I, II, 5. Aufl. 2017

Literaturverzeichnis

Schaub ArbR-HdB	Schaub, Arbeitsrechts-Handbuch, Handbuch, 18. Aufl. 2019
Staub	Staub/Canaris/Habersack, Handelsgesetzbuch: HGB, Kommentar, Band 1, 2, 3, 4, 5, 6, 7/1, 7/2, 8/1, 8/2, 9, 10, 11/1, 11/2, 12, 13, 14, 15, 5. Aufl. 2008 ff.
Sonnleitner InsSteuerR	Sonnleitner, Insolvenzsteuerrecht, 1. Aufl. 2017
SPH	Hrycaj/Jakubecki/Witosz, Prawo restrukturyzacyjne i upadłościowe. System Prawa Handlowego, 6. Aufl. 2016
Staudinger	Staudinger, BGB – J. von Staudingers Kommentar zum Bürgerlichen Gesetzbuch mit Einführungsgesetz, Kommentar, 18. Aufl. 2018
Stephan/Riedel	Stephan/Riedel, Insolvenzrechtliche Vergütungsverordnung, Kommentar, 1. Aufl. 2010
Thomas/Putzo	Thomas/Putzo, ZPO, Kommentar, 41. Aufl. 2020
Tipke/Kruse	Tipke/Kruse, AO/FGO, Loseblatt
Tipke/Lang SteuerR	Tipke/Lang, Steuerrecht, 24. Aufl. 2021
TWW	Torbus/Witosz/Witosz, Prawo restrukturyzacyjne, 1. Aufl. 2016
Uhlenbruck	Uhlenbruck, InsO, 15. Aufl. 2015
WUS Insolvenzen	Waza/Uhländer/Schmittmann, Insolvenzen und Steuern, 13. Aufl. 2021.
Witosz PrUpad	Witosz, Prawo Upadłosciowe Komentarz, 1. Aufl. 2017
Zimmerman PrUpPrRest	Zimmerman, Prawo upadłościowe. Prawo restrukturyzacyjne, 5. Aufl. 2018
Zöller	Zöller, ZPO, 32. Aufl. 2018

Insolvenzordnung (InsO)

vom 5. Oktober 1994 (BGBl. I S. 2866), zuletzt geändert durch Artikel 35 des Gesetzes vom 10. August 2021 (BGBl. I S. 3436)

Erster Teil. Allgemeine Vorschriften

§ 1 Ziele des Insolvenzverfahrens

¹Das Insolvenzverfahren dient dazu, die Gläubiger eines Schuldners gemeinschaftlich zu befriedigen, indem das Vermögen des Schuldners verwertet und der Erlös verteilt oder in einem Insolvenzplan eine abweichende Regelung insbesondere zum Erhalt des Unternehmens getroffen wird. ²Dem redlichen Schuldner wird Gelegenheit gegeben, sich von seinen restlichen Verbindlichkeiten zu befreien.

Überblick

Die Norm beschreibt ausweislich ihrer amtlichen Überschrift die „Ziele des Insolvenzverfahrens". Dennoch lässt sich § 1 kein materielles Verfahrensziel entnehmen; es werden lediglich **Verfahrensfunktionen** fixiert (Vollstreckungs-/Befriedigungsfunktion, Entschuldungsfunktion). Die Norm kann daher als **Präambel der Insolvenzordnung** verstanden werden (K. Schmidt InsO/K. Schmidt Rn. 3) und verdeutlicht die finale Auffassung des historischen Gesetzgebers am Ende einer umfassenden Diskussion über die Funktion eines modernen Insolvenzrechts. Bedeutung erlangt die Norm insofern bei der **Auslegung** der Vorschriften der InsO.

Übersicht

	Rn.		Rn.
A. Ziele des deutschen Insolvenzverfahrens	1	I. Vermögens- und Marktorientierung	22
I. Die gemeinschaftliche Gläubigerbefriedigung (S. 1 Alt. 1)	2	II. Gläubigerherrschaft	24
II. Die marktkonforme Insolvenzbewältigung (S. 1 Alt. 2)	4	III. Die Legitimation eines Insolvenzverfahrens	26
1. Die „bestmögliche" Gläubigerbefriedigung als Verfahrensziel?	5	IV. Die Rechtsgemeinschaft der Insolvenzgläubiger	30
2. Die privatautonome Insolvenzbewältigung	6	V. Der Grundsatz der Gläubigergleichbehandlung	31
3. Der Erhalt des Schuldnerunternehmens	9	VI. Gerichtsaufsicht und Beschleunigungsgrundsatz	33
4. Das Primat der privatautonomen Insolvenzbewältigung	12	VII. Das Schuldnervermögen als Verfahrensgegenstand	35
III. Die Restschuldbefreiung (S. 2)	14	VIII. Fremdverwaltung	40
1. Die Restschuldbefreiung als Folge insolvenzrechtlicher Verfahren	14a	IX. Einheitsverfahren	42
2. Das Verhältnis von Haftungs- und Entschuldungsfunktion	16	1. Keine vor-/außerinsolvenzliche Sanierungshilfe	43
IV. Die (Voll-)Abwicklung der Schuldnergesellschaft	18	2. Keine Sonderverfahren in der Insolvenz	45
B. Prinzipien des deutschen Insolvenzverfahrens	22	X. Keine Bestrafung oder Stigmatisierung des Schuldners	49

A. Ziele des deutschen Insolvenzverfahrens

Der Insolvenzgesetzgeber gab mit Schaffung der Insolvenzordnung das Nebeneinander von Konkurs- und Vergleichsrecht auf und sah sich vor diesem Hintergrund veranlasst, die „Ziele" 1

InsO § 1   Erster Teil. Allgemeine Vorschriften

des neuen Einheitsverfahrens gesetzlich zu definieren. § 1 ist dabei das Resultat einer durch den Rechtsausschuss erfolgten, **redaktionellen Straffung des Regierungsentwurfs,** der noch aus drei Absätzen bestand (→ Rn. 1.1). Hierdurch sollte der Text auf die „wesentlichen Elemente" zurückgeführt und zugleich eine mögliche Unternehmenssanierung mittels Insolvenzplan hervorgehoben werden (BT-Drs. 12/7302, 155, sprachlich korrigiert in BT-Drs. 12/8506, 2).

1.1   Der Text des **Regierungsentwurfs** (BT-Drs. 12/2443, 9) lautete:

(1) Das Insolvenzverfahren dient dazu, die Gläubiger eines Schuldners gemeinschaftlich zu befriedigen, indem das Vermögen des Schuldners verwertet und der Erlös verteilt wird.

(2) Die Interessen des Schuldners und seiner Familie sowie die Interessen der Arbeitnehmer des Schuldners werden im Verfahren berücksichtigt. Dem redlichen Schuldner wird Gelegenheit gegeben, sich von seinen restlichen Verbindlichkeiten zu befreien. Bei juristischen Personen und Gesellschaften ohne Rechtspersönlichkeit tritt das Verfahren an die Stelle der gesellschafts- oder organisationsrechtlichen Abwicklung.

(3) Die Beteiligten können ihre Rechte in einem Insolvenzplan abweichend von den gesetzlichen Vorschriften regeln. Sie können insbesondere bestimmen, dass der Schuldner sein Unternehmen fortführt und die Gläubiger aus den Erträgen des Unternehmens befriedigt werden.

I. Die gemeinschaftliche Gläubigerbefriedigung (S. 1 Alt. 1)

2   Der Katalog der Verfahrensaufgaben beginnt mit der Festschreibung der **vollstreckungsrechtlichen Funktion** des Insolvenzverfahrens. Dieses dient der „Verwirklichung der Vermögenshaftung in Fällen, in denen der Schuldner zur vollen Befriedigung aller Gläubiger nicht mehr in der Lage ist" (BT-Drs. 12/2443, 108). Das deutsche Insolvenzrecht bleibt insofern dem römisch-rechtlich geprägten Konkursrecht als Recht der Haftungsverwirklichung bei insolventen Schuldnern verbunden (→ Rn. 2.1).

2.1   Das römische Recht nutzte die Gesamtvollstreckung im Wege der missio in bona als **Regelform der Vollstreckung** eines Urteils aus dem Formularprozess gegen den nicht leistenden Schuldner. Eine Insolvenz musste dazu nicht nachgewiesen werden, konnte aufgrund der negativen Folgen der Vollstreckung aber sicher vorausgesetzt werden. Der römische Konkurs, also das „Zusammenlaufen" (concursus) der Gläubiger, diente dann der Durchsetzung der Vermögenshaftung. Das Schuldnervermögen wurde beschlagnahmt, verwaltet und veräußert, um aus dem Veräußerungserlös die Gläubiger gleichmäßig quotal (**par conditio creditorum**) zu befriedigen; ihre Restforderungen erloschen dabei nicht (s. zum Ganzen Kaser/Hackl, Der römische Zivilprozess, 2. Aufl. 1996, 388 ff.; zu den Infamiefolgen auch Kroppenberg, Die Insolvenz im klassischen römischen Recht, 2001, 345).

3   Die Aufgabe der gemeinschaftlichen Gläubigerbefriedigung (BT-Drs. 12/2443, 83) wird (wie schon im römischen Recht) dadurch erreicht, dass der individuelle Zugriff der Gläubiger auf das Schuldnervermögen im Insolvenzfall unterbunden wird (vgl. § 89), was den **Gläubigerwettlauf** um das unzureichende Schuldnervermögen **beendet.** Sodann wird das Schuldnervermögen (unter Eigen- oder Fremdverwaltung) verwertet und der Erlös unter allen Gläubigern verteilt, soweit die Gläubiger keine andere Verwertungslösung mit dem Schuldner im Wege eines Insolvenzplans vereinbaren. Auf diesem Verfahrensweg kann das Insolvenzrecht eine ungeregelte Selbsthilfe der Gläubiger verhindern (so schon Kohler, Lehrbuch des Konkursrechts, 1891, 3), **Verteilungsgerechtigkeit** herstellen und **sozialen Frieden** schaffen (Häsemeyer, Insolvenzrecht, 4. Aufl. 2007, Rn. 2.01). Letzteres sind die eigentlichen Verfahrensziele klassischer Insolvenzverfahren.

II. Die marktkonforme Insolvenzbewältigung (S. 1 Alt. 2)

4   Der Wortlaut des § 1 definiert **kein materielles Verfahrensziel,** sondern lediglich Verfahrensfunktionen (Vollstreckungs-/Befriedigungsfunktion, Entschuldungsfunktion). S. 1 macht zudem deutlich, dass die Befriedigung der Gläubigerforderungen grundsätzlich durch die Liquidation des Schuldnervermögens und anschließende Erlösverteilung erreicht werden soll (vgl. §§ 159 ff., → § 159 Rn. 1 ff.). Eine abweichende Regelung ist allerdings im Wege eines Insolvenzplans möglich (S. 1 Alt. 2). Im Zusammenspiel beider Wege erlaubt die Insolvenzordnung den Verfahrensbeteiligten, frei über den Umgang mit dem Schuldnervermögen zu verhandeln und – vor dem Hintergrund der Regelverwertung durch Liquidation – andere Lösungen zu vereinbaren. Hierin spiegelt sich das Hauptanliegen des Reformgesetzgebers wider, eine marktkonforme Insolvenzbewältigung zu ermöglichen, indem noch im gerichtlichen Verfahren eine **Verhandlungslösung gefördert** wird (BT-Drs. 12/2443, 77). „Das Insolvenzverfahren soll die Marktgesetze nicht außer Kraft setzen oder durch hoheitliche Regelung überformen, sondern Marktprozesse stimulieren" (BT-Drs. 12/2443, 75).

1. Die „bestmögliche" Gläubigerbefriedigung als Verfahrensziel?

Das (materielle) Verfahrensziel der bestmöglichen Gläubigerbefriedigung ist in § 1 nicht explizit erwähnt. Tatsächlich dient ein Insolvenzverfahren auch nicht in erster Linie der bestmöglichen Gläubigerbefriedigung, sondern der Sicherung des sozialen Friedens durch die Sicherstellung der **gerechten** Verteilung knapper Ressourcen unter den Berechtigten (→ Rn. 3). Die Gemeinschaft der Gläubiger ist in der Insolvenz insofern vor allem und primär eine Verlustgemeinschaft (Paulus NZI 2015, 1001). Die dem Insolvenzverfahren dabei obliegende Verwaltung und Verwertung der knappen Ressourcen muss die Verluste dabei so gering wie möglich halten. Der aus der Verwertung des Schuldnervermögens fließende Erlös sollte also der bestmögliche sein, wobei die Preisbildung wiederum (im Einklang mit der Wirtschaftsordnung) dem **Markt** überlassen wird (→ Rn. 4). Strukturelle Störungen in der Preisbildung (etwa die Veräußerung an Insider) oder das Ignorieren des Marktpreises erzwingen allerdings eine Beteiligung der potenziell von einer Quotenminderung betroffenen Gläubiger (vgl. §§ 162, 163). Die bestmögliche Verwertung des Schuldnervermögens ist also durchaus grundlegende Aufgabe des Verfahrens (s. etwa BT-Drs. 12/2443, 77 und 108: „einheitliches Hauptziel"; auch Uhlenbruck/Pape Rn. 1). Die ESUG-Begründung sprach von einem (gegenüber der Unternehmenssanierung) vorrangigen Ziel (BT-Drs. 17/5712, 17). Hieraus soll im Regelfall eine bestmögliche Gläubigerbefriedigung aus den verbliebenen Ressourcen folgen – sie ist das Resultat eines effizient funktionierenden (Regel-)Insolvenzverfahrens (für die Besonderheiten des Planverfahrens → Rn. 8). Der mit der Verwertung notwendigerweise erfolgende Zugriff des Staats auf das Schuldnervermögen zum Zwecke der Liquidation und Erlösausschüttung an die Gläubiger rechtfertigt es, dem Insolvenzverfahren insofern eine vollstreckungsrechtliche Wirkung („Gesamtvollstreckung") zuzuschreiben (→ Rn. 2).

2. Die privatautonome Insolvenzbewältigung

§ 1 S. 1 Alt. 2 stellt klar, dass es den Beteiligten unbenommen bleibt, im eröffneten Insolvenzverfahren nach einer Lösung für die Insolvenzsituation zu suchen, die vom Liquidationsprogramm der §§ 166 ff. abweicht. Hierzu bedarf es eines **Insolvenzplans** (§ 217), der nach den zwingenden Vorschriften der §§ 218 ff. zustande kommt (BT-Drs. 12/2443, 109). § 217 bringt die **Inhaltsoffenheit** eines solchen Plans zum Ausdruck; lediglich ein Abweichen von zwingenden insolvenzrechtlichen Vorschriften ist nicht möglich (BGH NJW-RR 2009, 839 Rn. 25 f.; dazu ausf. Madaus ZIP 2016, 1141). Die Verfahrensbeteiligten sollen also noch im Insolvenzverfahren jede Form der Insolvenzbewältigung vereinbaren können, die aus ihrer Sicht einer Liquidation im Regelverfahren überlegen ist.

Klassischer Gegenstand eines solchen Insolvenzplans ist das Angebot des Schuldners an seine Gläubiger, Planleistungen zu erbringen und im Gegenzug sein Unternehmen oder sonstiges Vermögen vor der Liquidation zu bewahren. Ein derartiger **Akkord** ist seit dem Mittelalter geläufige Option in vielen Rechtsordnungen und war Inhalt des Vergleichs der VglO bzw. des Zwangsvergleichs der KO (s. schon J. Kohler, Lehrbuch des Konkursrecht, 1891, 446 ff.). Die Gläubiger sollten ein solches Angebot bei ökonomischer Betrachtung als „homo oeconomicus" nur akzeptieren, wenn es ihnen eine gegenüber der Liquidation im Insolvenzverfahren höhere oder aber zumindest schnelle Befriedigung verspricht. Im theoretischen Idealfall ermöglicht der Insolvenzplan also die Vereinbarung einer effizienten Insolvenzlösung im Sinne eines **Pareto-Optimum**, also ein Zustand, in dem eine Besserstellung einzelner Individuen nicht mehr ohne die gleichzeitige Schlechterstellung anderer möglich ist (hierzu etwa Posner, Economic Analysis of Law, 9. Aufl. 2014, 14; überzeugend krit. Mokal, Corporate Insolvency Law, 2008, 20 ff.). Der Insolvenzplan soll bei einer ökonomischen Analyse also zum Zuge kommen, wenn er eine Lösung beinhaltet, die **der Liquidationslösung ökonomisch überlegen** ist, indem sie noch im Verfahren einen höheren Wert generiert (vgl. Eidenmüller, Unternehmenssanierung zwischen Markt und Gesetz, 1999, 26 f.; auch BT-Drs. 17/5712, 17).

Die Verwendung des Insolvenzplans sollte allerdings nicht auf solche Fälle einer **Quotenoptimierung** beschränkt werden, würde so doch die Inhaltsoffenheit eines Insolvenzplans **unnötig** beschränkt. Tatsächlich steht es allen Stakeholdern in einer Insolvenz offen, den Insolvenzplan zu nutzen, um eine aus ihrer Gesamtschau optimale Lösung für die wirtschaftliche Krise des Schuldners zu finden. Dabei sind – natürlich nur mit dem Einverständnis der Betroffenen – auch Einbußen gegenüber dem Verfahrensergebnis einer schnellen Liquidation denkbar, wenn sich für diesen Personenkreis größere (auch nicht-ökonomische) Vorteile aus einem Fortbestand des Schuldnerunternehmens ergeben, was etwa für Arbeitnehmer, Zulieferer oder Abnehmer denkbar ist. Die Bestimmung des **Optimums** der Insolvenzbewältigung lässt sich schwerlich nur in abstrakten ökonomischen Kategorien messen, zumal wenn diese auch noch allein das Verfahrensergebnis, also die Befriedigungsquote, zum Maßstab nehmen (hierzu ausführlicher → Rn. 22.1 ff.). Der Insolvenzplan steht eben auch Beteiligten und selbst Dritten (vgl. § 230 Abs. 3) offen, die aufgrund eines persönlichen oder längerfristigen Interesses am Fortbestand des Schuldners, und damit am Vermeiden des gesetzlichen Liquidationsprogramms, eine abweichende Regelung unterstützen, die zunächst ein Verfahrensergebnis unter dem Liquidationshorizont erreicht. Erreicht ein solcher Plan die notwendige Zustimmung (vgl. die dann hohe Hürde des § 251), so ist er nicht als rechtsmissbräuchlich oder zweckwidrig zu verwerfen, sondern zu bestätigen, da das gegenüber der bestmöglichen Gläubigerbefriedigung vorrangige Ziel der **privatautonomen Insolvenzbewältigung** (→ Rn. 12) erreicht wird.

3. Der Erhalt des Schuldnerunternehmens

9   Gegenstand eines Insolvenzplans soll ausweislich des § 1 S. 1 Alt. 2 „insbesondere" eine Regelung „zum **Erhalt des Unternehmens**" des Schuldners sein. Eine Zerschlagungsautomatik, die der Gesetzgeber noch für die Rechtslage unter KO und VglO festgestellt hatte (BT-Drs. 12/2443, 73 (77)), soll es unter Geltung der InsO nicht geben. Der Erhalt des Unternehmens, also dessen Sanierung, kann heute allerdings nicht nur aufgrund eines Insolvenzplans, sondern auf zwei Wegen erreicht werden.

10 Erkennt man im Schuldnerunternehmen eine weitgehend übertragbare Sach- und Rechtsgesamtheit, so kann es vom Schuldner an einen neuen Rechtsträger veräußert werden und dabei – zumindest in der Insolvenz – seine Verbindlichkeiten beim Schuldner zurücklassen. Ein solcher Sanierungseffekt im Wege eines Asset Deals wird im Anschluss an K. Schmidt (ZIP 1980, 328 (336)) auch **übertragende Sanierung** genannt. Insolvenzrechtlich betrachtet wird bei diesem Vorgang das Schuldnervermögen verwertet (vgl. § 160 Abs. 1, Abs. 2 Nr. 1). Die Besonderheit dieser Liquidationsvariante besteht allein darin, dass die Vermögensgegenstände des Schuldners nicht einzeln veräußert werden, wodurch nur ihr **Zerschlagungswert** am Markt generiert wird, sondern sein Unternehmen (bzw. Teile davon) als ertragfähige Einheit kommerzialisiert wird, wodurch der (im Regelfall höhere) **Fortführungswert** (auch Going-Concern-Wert) für die Gläubiger erlöst und zugleich das Unternehmen (wenngleich beim Käufer als neuem Rechtsträger) erhalten werden kann. Der „Erhalt des Unternehmens" kann also – entgegen der insofern missverständlichen Formulierung in § 1 S. 1 Alt. 2 – nicht nur mittels Insolvenzplan, sondern auch im Liquidationsweg erfolgen.

11 Der Gesetzgeber hatte bei seiner Formulierung tatsächlich nicht den Erhalt des Unternehmens, sondern die **Sanierung des Unternehmensträgers** im Sinn (vgl. BT-Drs. 12/2443, 109). Im Regierungsentwurf wird diese Sichtweise auch noch explizit wiedergegeben (s. § 1 Abs. 3 S. 2, → Rn. 1.1); die redaktionelle Straffung (→ Rn. 1) ist insofern missglückt. Zu beachten ist jedoch, dass der Rechtsausschuss die Rechtsträgersanierung durch einen Insolvenzplan als Verwertungsoption „neben der Gläubigerbefriedigung" hervorheben wollte (Begründung des Rechtsausschusses in der sprachlich korrigierten Fassung in BT-Drs. 12/8506, 2). Das Insolvenzplanverfahren, das zu Beginn des Gesetzgebungsverfahrens im Ersten Bericht der Kommission für Insolvenzrecht (1985) noch als reines Reorganisationsverfahren vorgeschlagen wurde (s. Ls. 2.1.2), ist mithin zum inhaltsoffenen Instrument privatautonomer Insolvenzbewältigung entwickelt worden (→ Rn. 6), das insbesondere, aber eben nicht allein zur Rechtsträgersanierung verwendet werden kann (zu den rechtspolitischen Hintergründen dieser Neuorientierung Flessner KTS 2010, 127 (142 f.)). Auch die Begründung des ESUG macht diese **Einbindung des Sanierungsziels** deutlich, indem betont wird, dass die Gläubiger (im vorausgesetzten Einverständnis mit dem Schuldner) über die Sanierungsoption entscheiden sollen, da sie das wirtschaftliche Risiko des Gelingens oder Scheiterns einer Sanierung [tragen] und daher stärker darüber entscheiden können [sollen], ob und wenn ja, mit wem eine Sanierung versucht wird." (BT-Drs. 17/5712, 17). Insoweit unterscheidet sich das Insolvenzplanverfahren klar vom Restrukturierungsplan des StaRUG, der primär – wenngleich nicht ausschließlich – der Rechtsträgersanierung von Krisenunternehmen dient. Dieser Unterschied kann zugleich die Gemeinsamkeiten aller Planlösungen nicht relativieren. Stets handelt es sich um privatautonome Lösungen einer eingetretenen oder absehbaren Insolvenz (s. Madaus DB 2019, 592 (595)), die zur Sicherung des Pareto-Optimums gerichtlich auch gegen Akkordstörer verbindlich gemacht werden kann. Sie fügen sich insofern in ein dogmatisches Grundkonzept ein, das **Restrukturierungen als privatautonome Anpassung von Rechtsverhältnissen** begreift, den im Kern vertragsrechtlichen Mechanismen (Änderungsverträge, Kündigungen und andere Gestaltungsrechte) und Grundsätzen (Privatautonomie) folgt und unabhängig von der Solvenz oder Insolvenz des Rechtsträgers möglich ist und sinnvoll sein kann. Der Gesetzgeber kann solche Anpassungen fördern, indem er Gestaltungsrechte schafft (etwa Sonderkündi-

gungs- oder Anpassungsrechte) oder die zu schließenden Änderungsverträge erleichtert (etwa durch Kontrahierungszwänge oder Haftungserleichterungen). Die Summe solcher Regeln bildet das **Gebiet des Restrukturierungsrechts**; sie waren in Deutschland bislang primär in der InsO, aber auch im Schuldverschreibungsgesetz zu finden. Seit 2021 ergänzt das StaRUG diesen Kanon. Hervorzuheben ist die Erkenntnis, dass das Restrukturierungsrecht **keine Domäne** oder auch nur ein Teilbereich **des Insolvenzrechts** ist und dessen Prinzipien unterliegt. Es kommt vielmehr ab Eintritt der materiellen Insolvenz zu Überlagerungen (ausführlich Madaus Eur Bus Org Law Rev (2018) 19:615–647; nun auch Casey, Chapter 11's Renegotiation Framework and the Purpose of Corporate Bankruptcy, 120 Col L Rev 1709 (2020); für die Besonderheiten der Rechtsträgersanierung oder Reorganisation auch → Rn. 22.10).

4. Das Primat der privatautonomen Insolvenzbewältigung

§ 1 S. 1 postuliert die **verfahrensrechtliche Funktion** des Insolvenzverfahrens (Verwertung des Schuldnervermögens zum Zwecke der verteilungsgerechten Gläubigerbefriedigung → Rn. 3) sowie die Befugnis der Beteiligten zur **privatautonomen Lösungsfindung** (→ Rn. 8). Das Insolvenzverfahren bleibt insofern ganz den zivilprozessualen Grundsätzen verhaftet; es ist eine Form des Zivilprozesses (§ 4). **Materielle Verfahrensziele** (bestmögliche Gläubigerbefriedigung, Unternehmenssanierung) werden weder formuliert noch ins Verhältnis gesetzt, woraus man auf deren **Gleichrang** schließen darf. Dies ergibt sich auch deutlich aus der Gesetzesbegründung. 12

Der Gesetzgeber stellt mit dem Insolvenzverfahren „einen rechtlichen Rahmen [zur Verfügung], in dem die Verhandlungen über die Fortführung oder die Stilllegung eines insolventen Unternehmens nach marktwirtschaftlichen Grundsätzen stattfinden können" (BT-Drs. 12/2443, 109). Dabei wird als „Ziel des Insolvenzverfahrens neben der Gläubigerbefriedigung […] die Erhaltung von Unternehmen durch einen Insolvenzplan hervorgehoben" (Begründung des Rechtsausschusses in der sprachlich korrigierten Fassung in BT-Drs. 12/8506, 2). Das ökonomisch rationale Interesse der Gläubiger an einer maximalen Befriedigung aus dem unzureichenden Schuldnervermögen und das ggf. vorhandene Interesse des Schuldners, aber auch anderer Stakeholder oder Gläubiger an einer Unternehmenssanierung werden dabei respektiert und ohne Festlegung einer Rangfolge dem Verhandlungsprozess überlassen (vgl. BT-Drs. 12/2443, 77 f.: „**Gleichrang von Liquidation, übertragender Sanierung und Sanierung des Schuldners**"). Die Normen des Insolvenzrechts sollen „der privatautonomen Abwicklung des Insolvenz so wenig Schranken wie möglich setzen" (BT-Drs. 12/2443, 76; krit. Henckel KTS 1989, 477 ff.; Uhlenbruck/Pape Rn. 9). Im Idealfall führt die (ggf. auch übertragende) Sanierung zu einer besseren Befriedigungsquote und damit zu einem Interessengleichlauf von Schuldner und Gläubigern, woraus entsprechende Verhandlungslösungen sowie die notwendige Unterstützung eines Insolvenzplans oder auch einer Unternehmensveräußerung (vgl. § 160 Abs. 2 Nr. 1) folgen. Aber auch im umgekehrten Fall entscheidet das Primat der Privatautonomie (eing. → Rn. 8). Die Praxis wird ohnehin von Fällen der dritten Art dominiert, bei denen insolventen Unternehmens jede Sanierungsaussicht fehlt. Hier bleibt das Befriedigungsinteresse der Gläubiger unbestritten und wird im Liquidationsverfahren durchgesetzt. Das Insolvenzverfahren übernimmt dann allein seine vollstreckungsrechtliche Funktion. 13

III. Die Restschuldbefreiung (S. 2)

S. 2 bestimmt als **Verfahrensaufgabe,** dass dem redlichen Schuldner die Gelegenheit gegeben wird, sich von seinen restlichen Verbindlichkeiten zu befreien. Hier löst sich das moderne deutsche Insolvenzverfahren von seiner vollstreckungsrechtlichen Funktion und damit auch von seinen römischen Wurzeln (→ Rn. 14.1). 14

Eine Entschuldung des in der Insolvenz vermögenslos gewordenen Schuldners war dem **römischen Recht** fremd. Selbst durch die freiwillige Abtretung seines gesamten (überschuldeten) Vermögens an einen Gläubiger zum Zwecke der Gesamtvollstreckung (cessio bonorum) vermied der römische Schuldner lediglich die Infamiefolgen eines Konkurses (hierzu eing Kroppenberg, Die Insolvenz im klassischen römischen Recht, 2001, 345) sowie eine eventuelle Personalexekution (s. auch Paulus KTS 2000, 239 (240); auch JZ 2009, 1148 (1151)). Eine Restschuldbefreiung war mit ihr jedoch nicht verbunden (Kaser/Hackl, Der römische Zivilprozess, 2. Aufl. 1996, 405). 14.1

1. Die Restschuldbefreiung als Folge insolvenzrechtlicher Verfahren

Heute wird dem Insolvenzverfahren die Aufgabe zugewiesen, dem insolventen (und vermögenslosen) natürlichen Schuldner eine Restschuldbefreiung zu gewähren (§ 1 S. 2, §§ 286 ff.). Diese 14a

Aufgabenzuweisung lässt sich nicht mit den klassischen haftungsrechtlichen Zielen des Insolvenzrechts begründen; sie erzeugt aber – zumindest für den rechtlichen Rahmen – einen Gleichlauf der Enthaftung von lebenden natürlichen Personen mit der Enthaftung von Nachlässen und Gesellschaften (Madaus JZ 2016, 548 (550)). Denn die als Kehrseite der Enthaftung bzw. Restschuldbefreiung stattfindende **Vernichtung wirtschaftlich wertloser Forderungen** lässt sich ohnehin als Folge eines Insolvenzverfahrens feststellen (Flessner KTS 2010, 127 (142)) (→ Rn. 14.2 ff.).

14.2 Die klassische Form der Vernichtung wertloser Gläubigerforderungen durch ein Insolvenzverfahren findet sich in der Insolvenz einer **(Kapital-)Gesellschaft**. Hier haftet dem Gläubiger für seine Forderung (nur) die Gesellschaft. Ist diese Gesellschaft am Ende des Insolvenzverfahrens vermögenslos, so beendet sie mit der nachfolgenden registerrechtlichen Löschung (vgl. § 394 FamFG) ihre Existenz. Mit dem Schuldner entfällt dann auch die im Verfahren nicht befriedigte Restschuld. Es kommt mithin automatisch zu einer Vernichtung wertloser Nominalforderungen oder – mit anderen Worten – zu einer Entschuldung ohne Schuldtilgung.

14.3 Dasselbe Ergebnis lässt sich feststellen, wenn der Schuldner eine natürliche Person ist und als solche seine Existenz beendet. Hinterlässt er seinen Erben einen überschuldeten **Nachlass**, so können diese gem. §§ 1975, 1980 BGB ein Nachlassinsolvenzverfahren initiieren, in dessen Folge nicht gedeckte Forderungen ebenfalls endgültig ausfallen und damit wiederum mangels Schuldner erlöschen. Auch hier werden wertlose Nominalforderungen vernichtet und damit eine Entschuldung ohne Schuldtilgung bewirkt.

14.4 Eine direkte Form der Entschuldung des Schuldners ohne Schuldtilgung, dieses Mal aber auch ohne die Vernichtung der Existenz des Schuldners bezweckt schließlich ein **Erlassvertrag** (§ 397 BGB) zwischen dem Schuldner und seinem Gläubiger. Das Insolvenzrecht hat solche Erlassverträge schon seit dem späten Mittelalter dadurch unterstützt, dass es einen **Gesamterlass** zulasten aller Gläubiger unter der Bedingung ermöglicht, dass eine qualifizierte Mehrheit der Gläubiger dem Vertrag zustimmt (ausführlich Kohler, Lehrbuch des Konkursrechts, 1891, 446 ff.). Solche Akkordvereinbarungen waren Gegenstand der Regelungen zum Zwangsvergleich der Konkursordnung und zum Vergleich der Vergleichsordnung. In der Insolvenzordnung bedient der **Insolvenzplan** (§§ 217 ff.) das Interesse der Beteiligten an einer solchen Entschuldungslösung, die mit der Streichung des § 312 seit 2014 auch natürlichen Personen offensteht.

15 Das Verfahrensziel der Restschuldbefreiung wird in § 1 S. 2 nur für den redlichen Schuldner festgeschrieben. Es wird sich daher auf **natürliche Personen** beschränken (unstr. vgl. K. Schmidt InsO/K. Schmidt Rn. 11), da nur diese sich redlich verhalten können. Eine solche Beschränkung berücksichtigt auch die Entstehungsgeschichte der Regelung, die wiederum aus einer redaktionellen Straffung des § 1 Abs. 2 des Regierungsentwurfs entstanden ist (→ Rn. 1.1), in dem sich der wortgleiche Satz 2 eindeutig auf Satz 1 bezog und daher nur natürliche Personen erfasste. Diese Hervorhebung ist insofern verständlich, als die Restschuldbefreiung nur für natürliche Personen ein Novum ist. Dieses Novum schließt eine Gerechtigkeitslücke, indem sie die Entschuldungswirkung eines Insolvenzverfahrens von Gesellschaften und Nachlässen (unter den weiteren Anforderungen der §§ 286 ff. oder auch der §§ 217 ff.) auf Insolvenzverfahren über natürliche Personen erstreckt (vgl. AGR InsO/Ahrens Rn. 16; Madaus JZ 2016, 548 (550)). Aus Gläubigersicht entsteht insofern nichts anderes als ein **Gleichlauf der Haftung von natürlichen Personen und Kapitalgesellschaften,** indem nun auch für natürliche Personen eine Art beschränkter Haftung besteht (so schon Balz ZIP 1988, 1438 (1444); Eidenmüller, Unternehmenssanierung zwischen Markt und Gesetz, 1999, 17).

2. Das Verhältnis von Haftungs- und Entschuldungsfunktion

16 Die Restschuldbefreiung lässt sich nicht aus der klassischen haftungsrechtlichen Funktion des Insolvenzverfahrens heraus begründen; sie begrenzt stattdessen die Befriedigungsaussichten des Gläubigers aus einem nach dem Verfahren denkbaren Neuerwerb. Der sich damit ergebende **Konflikt der Verfahrensaufgaben** in S. 1 (Gläubigerbefriedigung) und S. 2 (Restschuldbefreiung) kann nicht schon dadurch aufgelöst werden, dass man S. 2 die **Qualität einer Aufgabenbestimmung** für das Insolvenzverfahren abspricht, da hier nicht vom „dienen" als Funktionszuweisung wie in S. 1, sondern vom „Gelegenheit geben" gesprochen werde (so Jaeger/Henckel Rn. 20; MüKoInsO/Ganter/Bruns Rn. 97; Smid/Smid/Leonhardt Rn. 46). Die sprachlichen Unterschiede machen lediglich deutlich, dass es derzeit zur Erlangung einer Restschuldbefreiung häufig mehr bedarf als der bloßen Absolvierung eines Insolvenzverfahrens, da sich ohne die Vereinbarung einer Planentschuldung ein erfolgreiches Restschuldbefreiungsverfahren anschließen muss. Auf diesen Umstand wird dann wiederum verwiesen, um das Verfahrensziel der Restschuldbefreiung allein den gesondert zu betrachtenden Restschuldbefreiungsverfahren der §§ 286 ff., nicht aber dem Insolvenzverfahren zuzuweisen, das allein dem Ziel der Gläubigerbefriedigung verpflichtet

sei (MüKoInsO/Ganter/Bruns Rn. 98, 101). Dem ist entgegenzuhalten, dass der Gesetzgeber nach der Gesetzesbegründung zu § 1 Abs. 2 des Regierungsentwurfs durchaus die **Interessen des Schuldners** gegenüber dem Befriedigungsinteresse der Gläubiger besonders **betonen** wollte (BT-Drs. 12/2443, 108). Auch sollte die nach der Aufgabenbestimmung postulierte Schuldbefreiung gerade nicht nur durch das Restschuldbefreiungsverfahren, sondern auch durch einen Insolvenzplan erfolgen können (BT-Drs. 12/2443, 109).

Die Aufgabe der Restschuldbefreiung beschränkt sich also keinesfalls auf Verfahren nach §§ 286 ff. Sie verankert vielmehr die Entschuldungsfunktion als **gleichrangige Verfahrensfunktion** aller Insolvenzverfahren von natürlichen Personen (ebenso die inzwischen wohl hM; vgl. AGR InsO/Ahrens Rn. 8, 10, 18; FK-InsO/Kothe § 4a Rn. 2; FK-InsO/Schmerbach Rn. 13; K. Schmidt InsO/K. Schmidt Rn. 10; s. auch BGH NJW 2004, 3260 (3261 f.)). Der nur scheinbare Konflikt beider Verfahrensfunktionen löst sich auf, wenn man berücksichtigt, dass jedes Insolvenzverfahren das Problem zu lösen hat, dass einer nominalen Schuldensumme ein unzureichendes gegenwärtiges Schuldnervermögen gegenübersteht. Das Insolvenzrecht muss also gewährleisten, dass das noch **vorhandene Schuldnervermögen** im Sinne aller Gläubiger (privatautonom und im Zweifel bestmöglich → Rn. 7 f.) verwertet und gerecht verteilt wird (→ Rn. 3). Es muss darüber hinaus aber auch eine Regelung dahingehend treffen, ob und ggf. wie lange die Altgläubiger auf das nach der Verfahrensbeendigung **erworbene Schuldnervermögen** zugreifen dürfen. Das deutsche Insolvenzrecht kennt für die letztgenannte Frage zwei mögliche Antworten: Im Fall eines Insolvenz- oder Schuldenbereinigungsplans wird einheitlich der Zugriff der Gläubiger auf beide Vermögensmassen durch privatautonome Entscheidungen der Beteiligten geregelt. Gelingt eine solche konsensuale Lösung nicht, erlaubt § 201 Abs. 1 den unbeschränkten Zugriff auf das künftig Erworbene, es sei denn, der Schuldner durchläuft das Restschuldbefreiungsverfahren, das den Zugriff zeitlich und damit auch gegenständlich beschränkt (vgl. § 300a, → § 300a Rn. 1). In der Summe bestimmt **jedes Insolvenzrecht** auf diese (oder ähnliche Weise) bei insolventen Schuldnern den erreichbaren Umfang an Aktiva und – in einem zweiten Schritt (unter Beachtung einer normierten Befriedigungsrangfolge) – den noch zu bedienenden Teil der offenen Verbindlichkeiten. Das Insolvenzverfahren ist damit eine **Screening-Instrument zur Identifizierung des Anteils an „Non-Performing Loans"** und erreicht über die Entschuldungsfunktion zugleich dessen Abschreibung bei den Gläubigern und damit die makroökonomisch wichtige Vernichtung dieser Kreditvolumina (Madaus JZ 2016, 548 (550 f.)). Erkennt man aber in jedem Insolvenzverfahren primär ein **Schuldenregulierungsverfahren,** in dessen Rahmen zwangsläufig die (bestmögliche oder privatautonom gewollte) Gläubigerbefriedigung enthalten ist, so fügt sich nicht nur die Funktion der Restschuldbefreiung zwanglos neben die Funktion der Gläubigerbefriedigung ein. Es wird auch deutlich, dass moderne (auch vorinsolvenzliche) Sanierungsverfahren lediglich andere Varianten von Schuldenregulierungsverfahren sind.

IV. Die (Voll-)Abwicklung der Schuldnergesellschaft

Im Regierungsentwurf enthielt § 1 noch einen Abs. 2 S. 3 mit folgendem Inhalt: „Bei juristischen Personen und Gesellschaften ohne Rechtspersönlichkeit tritt das Verfahren an die Stelle der gesellschafts- oder organisationsrechtlichen Abwicklung." Diese Regelung fiel dann einer „redaktionelle Straffung" durch den Rechtsausschuss zum Opfer, mit der er die Zurückführung des Normtexts auf seine „wesentliche Elemente" bezweckte (→ Rn. 1). Wengleich seither das Verhältnis zwischen gesellschafts- und insolvenzrechtlicher Liquidation in § 1 nicht mehr explizit definiert wird, hat sich doch am dahinterstehenden Regelungskonzept des Gesetzgebers nichts geändert. Die **Vollabwicklung einer insolventen Gesellschaft** hat im Insolvenzverfahren zu erfolgen; sie ist ein **Ziel des Insolvenzverfahrens als Liquidationsverfahren** (BT-Drs. 12/2443, 83 f.). Die insoweit erfolgende Überlagerung des Gesellschaftsrechts mit den Sonderregeln des Insolvenzrechts (K. Schmidt ZIP 2000, 1913 (1917): „Sonder-Liquidationsverfahren") ist durch die ESUG-Reformen noch verstärkt worden, können doch seither Gesellschafterbeschlüsse im Wege eines Insolvenzplans zustande kommen (vgl. §§ 225a, 238a, 244 Abs. 3, 245 Abs. 3, 246a; MüKoInsO/Madaus § 254a Rn. 10).

Das Zusammenspiel zwischen Gesellschafts- und Insolvenzrecht beginnt mit der Auflösung der Gesellschaft aufgrund der Eröffnung des Insolvenzverfahrens (vgl. §§ 42 BGB, 131 Abs. 1 Nr. 3 HGB, 262 Abs. 1 Nr. 3 AktG; 60 Abs. 1 Nr. 4 GmbHG. Die anschließend gesellschafts- wie auch insolvenzrechtlich gebotene Liquidation des Gesellschaftsvermögens übernimmt dann allein das Insolvenzverfahren im Wege des Insolvenzverfahrens. Dieses Insolvenzverfahren **kann** unstreitig zur **Vollabwicklung** des Gesellschaftsvermögens führen (vgl. § 199 S. 2), sodass nach seiner Aufhebung nur noch die registerrechtliche Löschung der Gesellschaft erfolgen muss (vgl. § 394

FamFG; eine Weiterverwendung des Rechtsträgers nach der Verfahrensaufhebung schließt der BGH aus; vgl. BGH ZIP 2015, 1533; WM 2004, 382 (386)). Die Liquidation kann allerdings auch abgewendet werden, indem entweder der Eröffnungsgrund beseitigt und das Verfahren gemäß §§ 212, 213 aufgehoben wird oder aber durch einen Insolvenzplan die Fortführung und **Sanierung** der Gesellschaft beschlossen wird.

20   Umstritten ist die Frage, ob im Fall einer Gesellschaftsinsolvenz die Liquidation des gesamten Gesellschaftsvermögens **ausschließlich** im Insolvenzverfahren erfolgen muss. Die hM verneint eines solche Ausschließlichkeit, da das „Ziel einer Vollbeendigung der Gesellschaft im Insolvenzverfahren jedenfalls dort zurücktreten muss, wo es in Widerspruch zu den Belangen der Gläubigergesamtheit gerät" (BGHZ 163, 32 (35) = NJW 2005, 2015). Die Befriedigungsfunktion des Insolvenzverfahrens (§ 1 S. 1) hat danach im Konfliktfall Vorrang vor dem Ziel der Liquidation des gesamten Gesellschaftsvermögens im Insolvenzverfahren. Hieraus folgt das Recht, aber auch die Pflicht des Insolvenzverwalters, im Interesse der **Masseschonung** solche Vermögensgegenstände freizugeben, deren Verwertung das Liquidationsergebnis verschlechtern (hM; BGHZ 163, 32 (35) = NJW 2005, 2015; BGHZ 148, 252 (258) = NJW 2001, 2966; BVerwGE 122, 75 (81) = NZI 2005, 51; Uhlenbruck/Hirte § 35 Rn. 72; MüKoInsO/Peters § 35 Rn. 113 mwN; **aA** vor allem K. Schmidt ZIP 2000, 1913 (1916 ff.); auch Jaeger/Müller § 35 Rn. 148; Uhlenbruck/Pape Rn. 11). Werden danach etwa streitbefangene Masseforderungen oder wertausschöpfend belastete bzw. erheblich kontaminierte Grundstücke freigeben, so bilden diese Gegenstände ein (oft negatives) **insolvenzfreies Gesellschaftsvermögen,** das von ihren Organen zu verwalten bzw. zu liquidieren ist. Vor allem aber kann sich die Masse (und damit auch der Insolvenzverwalter) durch die Freigabe von jeder (noch nicht titulierten – s. BGH NJW-RR 2006, 989 Rn. 14) Kostenlast bezüglich dieser Gegenstände befreien, was insbesondere bei Fragen einer kostenträchtigen Altlastenbeseitigungspflicht (dazu zuletzt BVerwGE 122, 75 (82) = NZI 2005, 51 mzustAnm Segner NZI 2005, 54) von entscheidender Bedeutung ist. Die damit von der hM im Interesse der Gläubiger erlaubte Sozialisierung der Passiva bei gleichzeitiger Privatisierung der Aktiva (so zutreffend (K. Schmidt ZIP 2000, 1913 (1917)) kann nicht überzeugen (→ Rn. 20.1).

20.1   Die hM ignoriert den **historischen Willen** des Gesetzgebers (→ Rn. 18) im Interesse der Masseschonung. Die Gläubiger erhalten durch die Eröffnung des Insolvenzverfahrens einen Vorteil, den sie außerhalb der Insolvenz in einer gesellschaftsrechtlichen Liquidation nicht hätten, da sich ihre Befriedigungsquote allein durch das Abschieben belasteten Vermögens im Wege der nur in einer Insolvenz möglichen Freigabe erhöht. Die Zulassung insolvenzfreien Gesellschaftsvermögens, das allein aus kostenträchtigen oder wertlosen Vermögensgegenständen besteht, erlaubt die Nutzung des insolventen und fremdverwalteten Rechtsträgers als „bad bank", dessen Abwicklungskosten nach gesellschaftsrechtlichen Grundsätzen nicht die Gläubiger, sondern allenfalls die Gesellschafter (ggf. Fehlbetragshaftung nach § 735 BGB, ggf. iVm § 105 Abs. 3 HGB) und im Regelfall die Allgemeinheit tragen. Die hierin liegende **Umverteilung von Vermögen** ist nicht Aufgabe des Insolvenzverfahrens. Sie basiert auf zwei unzutreffenden rechtsdogmatischen Prämissen: der Anerkennung freien Vermögens in der Gesellschaftsinsolvenz und der gewohnheitsrechtlichen Anerkennung der Freigabe. So bedarf es im Fall einer Gesellschaftsinsolvenz im Gegensatz zur Insolvenz einer natürlichen Person **keines insolvenzfreien Vermögens** zur Sicherung des Lebensunterhalts des Schuldners (vgl. § 36; zu dessen Zweck etwa MüKoInsO/Peters § 36 Rn. 1). Das gesamte Gesellschaftsvermögen unterfällt daher dem Insolvenzbeschlag der §§ 35 Abs. 1, 80 Abs. 1 (zutr. K. Schmidt ZIP 2000, 1913 (1917); insoweit wohl allgM). Erst eine Freigabe von Gesellschaftsvermögen würde daher überhaupt insolvenzfreies Vermögen der aufgelösten Gesellschaft schaffen und auch dieses wäre dann unmittelbar (gesellschaftsrechtlich) zu liquidieren; Erlöse (etwa aus einer streitbefangenen Forderung) wären wieder an die Gläubiger auszuschütten. Eine derartige Freigabe erzeugt mithin lediglich eine Parallelität von Liquidationsverfahren unter Privilegierung des Insolvenzverfahrens und unterscheidet sich auch insofern grundlegend von der **Freigabe** von Massegegenständen an den **natürlichen Schuldner,** die zwar nicht gesetzlich geregelt, aber seit gewohnheitsrechtlich anerkannt ist (vgl. auch § 32 Abs. 3). Eine derart reduzierte Freigabebefugnis (so schon K. Schmidt ZIP 2000, 1913 (1919)) steht dann auch im Einklang mit § 1 Abs. 2 S. 3 des Regierungsentwurfs zur InsO.

21   Muss mithin entgegen der hM das Verfahrensziel der Vollabwicklung der Schuldnergesellschaft nicht dem der Gläubigerbefriedigung weichen, so bedeutet dies zunächst, dass die Gläubiger nur diejenige Befriedigungsquote erwarten dürfen, die sich aus der Gesamtschau des Gesellschaftsvermögens – inklusive aller wertlosen Gegenstände – erzielen lässt. Die Insolvenz erzeugt **keinen automatischen „windfall profit"** gegenüber der außerinsolvenzlichen Befriedigungsaussicht. Altlastenbeseitigungspflichten treffen die (fremdverwaltete) Masse, nicht hingegen den Verwalter persönlich (ungenau insofern BVerwGE 122, 75 (80) = NZI 2005, 51) und sind je nach Entstehungszeitpunkt als Insolvenz- oder Masseverbindlichkeit zu erfüllen (zutr. K. Schmidt ZIP 2000,

Ziele des Insolvenzverfahrens   § 1 InsO

1913 (1920)). Das Verfahrensziel der Vollabwicklung erfordert es jedoch nicht, den Insolvenzverwalter wie den Eigenverwalter (vgl. § 270 Abs. 1) als Organ der Schuldnergesellschaft zu qualifizieren (so insbesondere K. Schmidt ZIP 2000, 1913 (1918); Organtheorie in Abkehr von der herrschenden Amtstheorie vgl. § 56). Beide – auch der Eigenverwalter – unterliegen einer besonderen insolvenzrechtlichen Pflichtenbindung, die mit der Amtstheorie plausibel hervorgehoben wird.

B. Prinzipien des deutschen Insolvenzverfahrens

I. Vermögens- und Marktorientierung

Das Insolvenzverfahren der InsO basiert auf dem gesetzgeberischen Wunsch, das „Insolvenzrecht so anzulegen, dass die Gesetzmäßigkeiten des Marktes auch die gerichtliche Insolvenzabwicklung steuern" und so eine „marktkonforme Insolvenzbewältigung ermöglichen" (BT-Drs. 12/2443, 77). Der Insolvenzeintritt signalisiere keinen Notstand des Privatrechts und sei kein Anlass, Marktmechanismen durch hoheitliche Wirtschaftsregulierung in Form richterlicher Sozialgestaltung zu verdrängen (S. 75). Das Insolvenzverfahren soll stattdessen „marktkonforme Rahmenbedingungen für die Entscheidung über Liquidation oder Sanierung eines Unternehmens" herstellen und müsse als „marktkonformes Verfahren an den Vermögensinteressen der Geldgeber des Schuldners" ausgerichtet sein (S. 77). Die **Marktkonformität** des Verfahrens gebiete es, „die Entscheidung über die Verwertung der Insolvenzmasse allein den **Geldgebern** (Gläubigern und Eigenkapitalgebern) des Schuldners vorzubehalten, soweit deren Rechte einen positiven Vermögenswert besitzen. Interessen Außenstehender sind im Verfahren nicht zu repräsentieren" (S. 80); dieses ist rein „**vermögens-, nicht aber organisationsorientiert**" (S. 77). Interessen außenstehender Dritter dürften diese Entscheidung ebenso wenig beeinflussen wie Interessen der „Industrie-, Regional-, Arbeitsmarkt- oder Stabilitätspolitik" (S. 76). Das deutsche Insolvenzrecht basiert damit offen auf dem theoretischen Fundament einer Doktrin, die seit den 1980iger Jahren versucht, die Funktionen des Insolvenzrechts in alleiniger (!) Anwendung der Methodik der **ökonomischen Analyse** des Rechts zu definieren (siehe Balz ZIP 1988, 1438 ff. mit ausdrücklichem Anschluss an die Theorie von Jackson, The Logic and Limits of Bankruptcy Law, 1986; zum dahinterstehenden **Theorienstreit** → Rn. 22.1 ff.). Dies ist im internationalen Vergleich eine bemerkenswerte Besonderheit (kritisch etwa Flessner KTS 2010, 127 (142 f.)), hat sich doch insbesondere im U.S. Insolvenzrecht diese Doktrin bislang nicht durchsetzen können (vgl. Skeel, Debt's Dominion, 2001, 225 ff., 227; die Gründe für dieses Scheitern finden sich eindrucksvoll bei Mokal, Corporate Insolvency Law, 2008, 33 ff.).

22

Die Frage, warum es überhaupt eines Insolvenzrechts bedarf, wird durchaus unterschiedlich beantwortet und folgerichtig entwickeln die verschiedenen Auffassungen zur **Legitimation und Funktion des Insolvenzrechts** auch unterschiedliche Vorschläge zur gesetzlichen Ausgestaltung desselben.

22.1

In seiner **historischen Tradition** ist das Insolvenzrecht **Haftungsrecht**, dh es dient allein der Durchsetzung der haftungsrechtlichen Ansprüche der Gläubiger gegen den zahlungsunfähigen Schuldner. Schon das römische Recht nutzte die Gesamtvollstreckung als Regelform der Vollstreckung gegen den verurteilten, aber nicht leistenden Schuldner (Kaser/Hackl, Der römische Zivilprozess, 2. Aufl. 1996, 388). Im spätmittelalterlichen Stadtrecht sicherte das Insolvenzrecht die Gläubigerrechte dann vor allem auch durch die Verhaftung des Schuldners, der sich ansonsten durch einfache Flucht ihrem Zugriff entziehen konnte; das Insolvenzrecht erhielt eine strafrechtliche Komponente, die über die Infamiefolgen des römischen Rechts hinausging (vgl. Paulus JZ 2009, 1148 (1150)). Während dieser Aspekt (ebenso wie die Flucht als Handlungsoption des Schuldners) inzwischen weitgehend obsolet ist, kennzeichnet die haftungsrechtliche Funktion weiterhin das Insolvenzrecht. Es dient der **gemeinschaftlichen Gläubigerbefriedigung** (§ 1 S. 1), also der Verwirklichung der zivilrechtlichen Haftung des Schuldners gegenüber all seinen Gläubigern (vgl. etwa Häsemeyer Rn. 1.12). Insofern verdrängt das Insolvenzrecht das Recht der Einzelzwangsvollstreckung, dessen Prioritäts- und Wettbewerbsprinzip im Fall eines zur Schuldentilgung nicht mehr fähigen Schuldners durch ein **Konflikte vermeidendes, gemeinschaftliches Verwertungssystem** verdrängt wird. Aus dieser klassischen (historischen) Sicht auf das Insolvenzverfahrens ist dieses ein (kollektives) **Zivilverfahren** (vgl. § 4; siehe auch Häsemeyer Rn. 3.03; dies wird übrigens auch für das U.S. Insolvenzrecht vertreten – vgl. Mooney, 61 Wash. & Lee L. Rev. 931, 937 (2004)). Eine Abwendung des typischen Verfahrensergebnisses (Liquidation des Schuldnervermögens) ist folgerichtig **privatautonom** im Wege eines Vergleichs der Parteien möglich, der im kollektiven Verfahren (Gesamtverfahren) auch mit nur mehrheitlicher Zustimmung auf Gläubigerseite zustande kommen kann (daher auch die Bezeichnung als „Zwangsvergleich" in §§ 173 ff. KO). Diese **traditionelle, prozessbetonte Insolvenzrechtstheorie** lag der KO zugrunde (vgl. Kohler, Lehrbuch des Konkursrechts, 1891, 2 f.) und prägt auch heute noch das deutsche Insolvenzrecht

22.2

(vgl. Gerloff, Funktionen und Aufgaben des Insolvenzgerichts, 2008, 70 f.; Häsemeyer Rn. 1.11 ff.). Man mag ihre Vertreter als „Traditionalisten" oder auch „Prozessualisten" bezeichnen.

22.3 Das Aufkommen der **ökonomischen Analyse des Rechts** und ihre Anwendung auf das Insolvenzrecht führte in den 1980iger Jahren zu einer Bestätigung der Grundaussagen der prozessualen Theorie, zugleich aber auch zu einer Einengung der Funktion des Insolvenzverfahrens und seiner Verfahrensorgane. Das Ziel der bestmöglichen Gläubigerbefriedigung legitimierte eine allein (!) am **Effizienzziel** ausgerichtete Theorie des Insolvenzrechts, die grundlegend von **Thomas H. Jackson** entwickelt wurde (erstmals in Jackson, „Bankruptcy, Non-Bankruptcy Entitlements, and the Creditors' Bargain", 91 Yale L.J. 857 (1982); Jackson, The Logic and Limits of Bankruptcy Law, 1986) und ausgehend vom Problem des geordneten Gläubigerzugriffs auf ein unzureichendes Vermögen (Common-Pool Problem) nach dem Ordnungssystem mit der besten Kosten-Nutzen-Relation sucht. Dieses fand er in einem Insolvenzrecht, dass die freiwillige Vereinbarung der Gläubiger widerspiegelt, die diese idealerweise getroffen hätten, wenn sie hierzu vor der Insolvenz (ex ante) in der Lage gewesen wären. Ein ideales Insolvenzrecht sollte folglich die optimale Verwertungsvereinbarung aller Gläubiger für den Insolvenzfall („**the creditors' bargain**") imitieren (Jackson, 91 Yale L. J. 857, 860 (1982)). Folgerichtig dient das Insolvenzrecht allein den Interessen der vorhandenen Gläubiger und beinhaltet allein eine Verwertungsregelung auf der Basis der außer-insolvenzrechtlichen Rechte und Vorränge. Sicherungsrechte sind danach anzuerkennen; insolvenzbedingte Vorränge oder Sonderrechte hingegen auszuschließen, soweit nicht alle Gläubiger ihnen ex ante zustimmen würden. Es ist nach der Theorie des Creditors' Bargain also allein die tatsächliche Unmöglichkeit, eine solche Vereinbarung privatautonom abzuschließen, obwohl sie für alle optimal wäre, die eine gesetzliche Verankerung des Insolvenzverfahrens und dessen Gesamtwirkung rechtfertigt (vgl. Jackson, 91 Yale L. J. 857, 866 (1982)).

22.4 Während sich die Ergebnisse der traditionellen Theorie und der des Creditors' Bargain weitgehend entsprechen, wenn es um die **Liquidation** des Schuldnervermögens geht, lässt sich die ökonomische Analyse einer **Rechtsträgersanierung (Reorganisation)** als Verfahrensergebnis sowie die darauf gerichteten Verfahrensregeln (Planverfahren) nicht allein unter Hinweis auf die Existenz eines Common-Pool-Problems rechtfertigen. Die haftungsrechtliche Perspektive müsste eine Reorganisation als Form der Liquidation des Pools begreifen, die Creditors' Bargain-Theorie als Erweiterung der fiktiven optimalen Verwertungsvereinbarung. Eine Parallelität zu einem Liquidationsakt ließe sich konstruieren, indem man im schuldenbereinigenden Insolvenzplan unter streng wirtschaftlicher Betrachtung den Verkauf des Unternehmens von seinen wirtschaftlichen Eigentümern (den Gläubigern → Rn. 24) zurück an den Schuldner erkennt, wobei die Planquote den Kaufpreis repräsentiert. Werden die Gläubiger hingegen infolge eines planbedingten Debt-to-Equity-Swap sogar rechtlich zu Eigentümern des Unternehmens, so soll eine (echte) Veräußerung des Unternehmens vom Schuldner erfolgt sein, bei der der Unternehmenswert den Kaufpreis darstellt; die Befriedigungsquote besteht hier allein im schwer zu bemessenden Anteil des einzelnen Gläubigers am Unternehmenswert (vgl. Jackson, „Bankruptcy, Non-Bankruptcy Entitlements, and the Creditors' Bargain", 91 Yale L. J. 857, 894 (1982); Jackson, The Logic and Limits of Bankruptcy Law, 1986, 211). Ein solches Verkaufsangebot müsste der Schuldner allerdings annehmen. Ohne seine Zustimmung gäbe es keinen Plan. Die Abhängigkeit einer Liquidationsmaßnahme von der Zustimmung des Schuldners lässt sich mit vollstreckungsrechtlichen Prinzipien nun aber kaum vereinbaren.

22.5 Eine ganze Reihe von Vertretern des Creditors'-Bargain-Ansatzes stellten vor diesem Hintergrund die **Berechtigung einer Reorganisationsoption,** also eines Planverfahrens in der Insolvenz, insgesamt in Frage (prominent etwa Baird/Jackson, 51 U. Chi. L. Rev. 97, 102 ff. (1984); Baird, 15 J. Legal Studies 127, 133 (1986); Jackson, The Logic and Limits of Bankruptcy Law, 1986, 218 ff.) und plädieren stattdessen für eine schnelle oder gar automatische Veräußerung des Schuldnerunternehmens im Wege der Auktion (sog. **Auktionsmodelle;** vgl. Baird, 36 J. L. & Econ. 633, 635 (1993); nachfolgend auch Adler, 77 Cornell L. Rev. 439, 468 f./488 (1991–1992); Adler, 45 Stan. L. Rev. 311, 320 f. (1992–1993); Baird/Morrison, 2001 J. L. Econ. & Org. 356, 366 ff. (2001); Baird/Rasmussen, 87 Va. L. Rev. 921, 939 ff. (2001) und 55 Stan. L. Rev. 751, 752 (2002–2003); Berkovitch/Israel/Zender, 41 Eur. Econ. Rev. 487, 492 (1997); Dilger, Auktionen in Insolvenzen, 1998, 290 ff.; Hahn, 11 Stan. J. L. Bus. & Fin. 28, 39 ff. (2005); auch Jackson, 36 J. L. & Econ. 655 (1993)) oder im Wege eines optionalen oder gar automatischen Tausches von Forderungen in Anteilsrechte (für sog. **Optionsmodelle** s. etwa Bebchuk, 101 Harv. L. R. 775, 785 ff. (1987–1988); Roe, 83 Colum. L. Rev. 527, 549 ff. (1983); nachfolgend Branch, 27 Fin. Mgmt. 57 ff. (1998); Aghion/Hart/Moore, 8 J. L. Econ. & Org. 523 ff. (1992); Aghion/Hart/Moore, Insolvency Law & Practice 67 ff. (1995); hierzu auch Achsnick, Options-Modelle, 2002, 71, 96; Eidenmüller, Unternehmenssanierung, 1998, 111 f.; ähnlich Adler/Ayres, 111 Yale L. J. 83 ff. (2001–2002) und Adler, 45 Stan. L. Rev. 311 ff. (1992–1993); für automatische Swaplösungen plädierten Bradley/Rosenzweig 101 Yale L. J. 1043, 1078 ff. (1991–1992); s. ausf. zu dieser Diskussion auch Madaus, Der Insolvenzplan, 2011, 445 ff. Da die Insolvenzordnung ursprünglich keinen Forderungstausch in Anteile vorsah, entwickelte diese Diskussion kaum Relevanz für das deutsche Recht. Wenngleich dieses Hindernis mit Einführung des § 225a Abs. 1 gefallen ist, dürfte die Relevanz dieser Modelle gering bleiben, da die Effizienzvorteile nur für perfekte Kapitalmärkte und ganz überwiegend nur für börsennotierte Aktiengesellschaften postuliert werden (vgl. ausf. Madaus, Der Insolvenzplan, 2011, 473 ff.). Es sind ökonomische Modellspiele ohne eine reale Chance, tatsächlich die Insolvenz aller Arten von Unternehmen in der realen Ökonomie zu adressieren.

Der Einfluss, den die ökonomische Analyse (insbesondere in Form der Creditors' Bargain Theory) auf das deutsche Insolvenzrecht hatte und – wie die ESUG-Reformen verdeutlichen – weiterhin ausübt, erfordert gerade in einer Kommentierung des deutschen Insolvenzrechts die Darstellung der **alternativen Insolvenztheorien:** 22.6

So geht etwa der „**Contract Theory Approach**" von Alan Schwartz auf den Ausgangspunkt der Creditors' Bargain Theory zurück und schlägt statt der Nachbildung des hypothetischen optimalen Insolvenzbewältigungsvertrags durch die Gläubiger am Vorabend der Insolvenz die Etablierung eines echten Vertragsschlusses vor (Schwartz, 36 J. L. & Econ 595 ff. (1993); fortgeführt in Schwartz, 13 J. L. Econ. & Org. 127 ff. (1997); Schwartz, 107 Yale L. J. 1807 ff. (1997–1998); Schwartz, 109 Yale L. J. 343 ff. (1999–2000); Schwartz, 91 Va. L. Rev. 1199 ff. (2005); dazu Madaus, Der Insolvenzplan, 2011, 530 ff.). Der Schuldner soll mit jedem seiner Gläubiger gleichlautende Vertragsklauseln für den Insolvenzfall formulieren. Die Funktion des Insolvenzverfahrens würde sich entsprechend auf die Schaffung einer nur subsidiär zum Zuge kommenden Auffanglösung und eines ungestörten Verhandlungsrahmens beschränken. Das Problem der Vereinbarung stets gleichlautender Vertragsklauseln adressieren Robert K. Rasmussen und David A. Skeel, Jr., indem sie Insolvenzvereinbarungen nicht in den Schuldverträgen des Schuldners, sondern in der Satzung der Schuldnergesellschaft zulassen wollen (sog. „**Menue Approach**", vgl. Rasmussen, 8 Bankr. Dev. J. 319, 332 (1991); Rasmussen, 71 Tex. L. Rev. 51, 100 ff. (1992–1993); Rasmussen/Skeel, 3 Ant. Bankr. Inst. L. Rev. 85, 111 (1995)). Die grundlegende Schwäche beider Modelle liegt vor allem in der Unfähigkeit, auch Zwangsgläubiger in den gewünschten Vertrag über eine Insolvenzlösung einzubeziehen, sowie in der weiten Vorverlagerung einer Wahl der Verwertungsoption, die sich später nicht zwingend als richtig erweisen muss (ausf. Block-Lieb, 2001 U. Ill. L. Rev. 503, 525 ff. (2001); s. auch Madaus, Der Insolvenzplan, 2011, 530 ff.). 22.7

Eine grundlegende **Gegenposition zur Creditors' Bargain Theory,** aber auch zur traditionell rein vollstreckungsrechtlichen Insolvenzrechtstheorie findet sich in den Theorien, die die Funktion des Insolvenzrechts nicht auf die der Haftungsverwirklichung der Insolvenzgläubiger beschränken und folglich nicht nur dem (Befriedigungs-)Interesse der Gläubiger, sondern auch den **Interessen anderer Stakeholder** in einer Insolvenz Relevanz verleihen. Auch eine ökonomische Analyse des Insolvenzrechts dürfe nicht allein das Wohl der Gläubiger als Effizienzziel verfolgen, sondern das davon durchaus verschiedene Gemeinwohl, indem es dem **Wohlstand aller** von dem finanziellen Schwierigkeiten des Schuldners **betroffenen Personen** dient (Block-Lieb, 2001 U. Ill. L. Rev. 503, 519 f. (2001)). Hierzu bedürfe es natürlich einerseits Regeln, die den Wert des Vermögens eines insolventen Schuldners bestmöglich erhalten und Zerschlagungsautomatismen verhindern. Die so erhaltenen Werte müssten andererseits nicht zwingend bestmöglich liquidiert und im Wege der Erlösverteilung allein an die (in der Regel gesicherten) Gläubiger ausgeschüttet werden. Insbesondere die Reorganisationsoption in einer Insolvenz diene auch den Interessen von Betroffenen, die nicht Gläubiger des Schuldners sind (insbesondere Arbeitnehmern, ggf. auch Lieferanten, Kunden, Gemeinden als Wirtschaftsstandort; s. insbesondere Elisabeth Warren, 54 U. Chi. L. Rev. 775, 787 f. (1987); auch Karen Gross, 72 Wash. U. L. Q. 1031 (1994): „community interests"; Korobkin 91 Colum. L. Rev. 717, 764 (1991); Martin, 59 Ohio St. LJ 429 (1998); Ponoroff 23 Cap. U. L. Rev. 441, 465 (1994): „corporate stakeholder"; Roy Goode, Principles of Corporate Insolvency Law, 4. Aufl. 2011, Rn. 2–16 ff.; Mokal, Corporate Insolvency Law, 2008, S. 32-60, 69. Das Plädoyer für eine Einbeziehung der Interessen aller **Stakeholder** in die Reorganisationsentscheidung endet dann leider nicht selten, ohne dass konkret beschrieben wird, wie dies geschehen soll (s. etwa Warren, 54 U. Chi. L. Rev. 775, 796 (1987), die einen entsprechenden Forschungsauftrag formuliert; ähnl. Ponoroff 23 Cap. U. L. Rev. 441, 492 (1994), wenn er sich auf ein Teilproblem beschränkt). Nur vereinzelt finden sich umfassende Theorien. So schlug Natalie D. Martin vor, „substanziell betroffene" Nicht-Gläubiger bei der Entscheidungsfindung im Insolvenzverfahren zu berücksichtigen, indem man sie anhört und bei Verwertungsentscheidungen (ggf. als eigene Gruppe) im Rang nachrangiger Gläubiger abstimmen lässt (Martin, 59 Ohio St. LJ 429, 502 f. (1998)). Lynn M. LoPucki entwickelte eine „**Team Production Theory of Bankruptcy Reorganization**" (auf der Grundlage einer Team Production Theory für Gesellschaften), nach der die Interessen aller von der Unternehmenstätigkeit erfassten Personen (dem Team) auch in der Insolvenz dadurch zu berücksichtigen sind, dass das Unternehmen durch seine außerinsolvenzliche Struktur, also in Eigenverwaltung, fortgeführt und der Reorganisationsplan durch die Unternehmensleitung verhandelt wird (LoPucki 57 Vand. L. Rev. 741, 754 ff./771 (2004)). Michelle M. Harner wieder sah in den ertragssichernden unternehmensinternen Strukturen und Personen („**soft variables**") einen immateriellen Wert, der es rechtfertigt, die Personen, die diesen Wert verkörpern, sowohl am Reorganisationsverfahren als auch am Reorganisationserfolg zu beteiligen (Harner U. Ill. L. Rev. 2015, 509, 534). Schließlich wurde von Donald R. Korobkin eine Insolvenzbewältigung im Abstimmungsverfahren ohne Bewertung und Gewichtung der vorinsolvenzlichen Rechte aller Stakeholder propagiert; sog. „**Bankruptcy Choice Model**"; Korobkin, 71 Tex. L. Rev. 541, 573 (1992–1993); ähnlich Mokal, Corporate Insolvency Law, 2008, 691 ff. („Authentic Consent Model"). 22.8

Das Insolvenzverfahren würde nach all diesen Ideen zu einem Ort der Bewältigung der Insolvenz als Verursacher wirtschaftlicher wie auch sozialer Konflikte.

22.9 Eine **kritische Auseinandersetzung** mit den aufgezeigten Theorien kann an dieser Stelle nur auszugsweise erfolgen. Primäres Ziel der detaillierten Darstellung ist vor allem die Schaffung eines **Bewusstseins**, dass ein Insolvenzverfahren keineswegs unumstößlich allein der Gläubigerbefriedigung dienen muss. Die Möglichkeiten sind weitreichender als es in den Gesetzesbegründungen zur InsO und zum ESUG anklingt und es verwundert insofern kaum, dass andere Rechtsordnungen dem Insolvenzrecht andere Primärziele zuweisen (etwa Frankreich, aber auch die USA; dazu etwa Paulus NZI 2016, 1001 f.). Im Übrigen lässt sich ein Insolvenzverfahren auch schlicht als **Ordnungsverfahren** begreifen, ohne es zugleich wirtschaftspolitisch aufzuladen (so etwa Flessner KTS 2010, 127 (142 ff.)). Aus meiner Sicht sollte man den Blickwinkel erweitern und Insolvenzverfahren nicht nur über ihre Wirkung auf die Aktiva das Schuldners, den Common Pool, sondern auch über ihre Wirkungen auf dessen Passiva begreifen. Ihre makroökonomische Grundfunktion liegt in der Bereitstellung eines **Schuldenregulierungsmechanismus** (ausf. Madaus FS Wimmer, 2017, 446 (448)), in dessen Rahmen zwangsläufig die (bestmögliche) Gläubigerbefriedigung enthalten ist. Denn **jedes Insolvenzrecht** bestimmt bei insolventen Schuldnern den erreichbaren Umfang an Aktiva und – in einem zweiten Schritt (unter Beachtung einer normierten Befriedigungsrangfolge) – den hieraus noch zu bedienenden Teil der offenen Verbindlichkeiten. Das Insolvenzverfahren ist damit eine Screening-Instrument zur Identifizierung des Anteils an „Non-Performing Loans" und erreicht über die Entschuldungsfunktion (Restschuldbefreiung) zugleich dessen Abschreibung bei den Gläubigern und damit die makroökonomisch wichtige Vernichtung dieser nicht werthaltigen Kreditvolumina (Madaus JZ 2016, 548 (550 f.)). Diese Schuldenregulierungsfunktion teilen Insolvenzverfahren mit Restrukturierungsverfahren, die im Wege privatautonomer Verhandlungen den Anteil an zu erlassenden Forderungen ermitteln und abschreiben. Im Gegensatz zu Restrukturierungsverfahren sind Insolvenzverfahren auf insolvente Schuldner beschränkt; Restrukturierungsverfahren finden hingegen als Planfahren vor wie in der Insolvenz, ja sogar in Einheitsverfahren wie dem deutschen Insolvenzverfahren statt.

22.10 Zur Bestimmung (und Begrenzung) des Anwendungsbereichs der Prinzipien des Insolvenzrechts scheint es sodann naheliegend, zwischen einem **Liquidations- und einem Reorganisationsszenario** zu **unterscheiden** (eingehend Madaus FS Wimmer, 2017, 446 (455 ff.); ausführlicher Madaus Eur Bus Org Law Rev (2018) 19:615–647). In einem **Liquidationsszenario** geht es allein um den **geordneten Marktaustritt** des Schuldners und die Liquidation der bei ihm nicht mehr produktiven Unternehmensgegenstände. Die Ertragspotenziale des Unternehmens werden dem Schuldner – und damit auch seinen Gläubigern – entzogen; der dafür erzielte Erlös ist zu verteilen. Hier dient das Insolvenzrecht der Herstellung von **Verteilungsgerechtigkeit** im Hinblick auf das gegenwärtige Schuldnervermögen. Maßstab dieser Verteilungsgerechtigkeit wird – mangels eines Besseren – die außerinsolvenzlich, also durch die Rechtsordnung (etwa durch Anerkennung von Kreditsicherheiten oder einer gesellschaftsrechtlichen Verteilungsregel) bestimmte, Rangfolge der Rechtsinhaber sein dürfen (ebenso Roy Goode, Principles of Corporate Insolvency Law, 4. Aufl. 2011, Rn. 3-02/3-04), wobei es dem Insolvenzrecht unbenommen bleibt, im Interesse der Sicherung der Verteilungsgerechtigkeit angemessene Umverteilungen (insbesondere durch Kostenbeiträge bei Sicherungsrechten oder Rückholung von missbilligten Vermögensverschiebungen etc.) vorzunehmen. Eine schnelle und geordnete Liquidation kann zudem auch den Fortführungswert des Unternehmens erlösen (übertragende Sanierung) und so mittelbar auch den Corporate Stakeholdern (Arbeitnehmer, Gemeinde etc.) und damit insgesamt dem Gemeinwohl dienen. Die unmittelbare Berücksichtigung all dieser Interessen im Liquidationsverfahren im Sinne eines originären Beteiligungsrechts schafft Verzögerungsgefahren und scheint aufgrund des typischen **Gleichlaufs der Interessenlage** aller Stakeholder vor dem Hintergrund einer Liquidation (bestmöglicher Erlös heißt Fortführungswert, also Betriebsfortführung durch übertragende Sanierung) unnötig.

22.11 In einem **Reorganisationsszenario** bleibt hingegen die **Ertragskraft des Schuldners** erhalten (folgerichtig zählt hierzu nicht nur die Sanierung des Schuldners, sondern auch die Privatinsolvenz natürlicher Personen). Die Verfahrenslösung erfasst hier nicht nur das vorhandenen Schuldnervermögen, sondern beinhaltet auch den Zugriff auf das vom Schuldner **künftig erzielte Einkommen** (etwa in Form einer Debt-to-Equity-Swap bei Schuldnergesellschaften, eines Besserungsscheins oder eine in Raten zu zahlenden Planquote, aber eben auch in Form einer gesetzlichen Wohlverhaltensperiode, in der der private Schuldner für seine Altgläubiger arbeitet). Eine Reorganisationslösung ist mithin nicht an die Limitierungen eines Common-Pool gebunden, sondern lässt diese hinter sich. Sie liegt daher auch nicht allein in den Händen der Gläubiger (ihr wirtschaftliches Eigentum beschränkt sich auf den Common-Pool), sondern bedarf einer vertraglichen Einbindung des Schuldners – eines Plans. Ein solcher Plan kann eine Insolvenz abwenden (außergerichtlicher oder vorinsolvenzlicher Sanierungsplan; Workout), aber auch eine eingetretene Insolvenz bewältigen (Insolvenzplan). Stets handelt es sich um einen Vertrag, dessen Zustandekommen und Wirkungen primär nicht insolvenzrechtlichen, sondern vertragsrechtlichen Prinzipien unterworfen sein sollte (Madaus FS Wimmer, 2017, 446 (457 ff.)).

Ziele des Insolvenzverfahrens § 1 InsO

Der Zugriff auf künftige Erträge ist für die im Insolvenzverfahren definitionsgemäß nicht vollständig 22.12
befriedigten Gläubiger stets attraktiv. Sind diese Erträge wahrscheinlich, wie es bei insolventen natürlichen
Personen grundsätzlich der Fall ist, wird man den Gläubigerwillen zum Zugriff auf künftiges Vermögen
unterstellen und es obliegt dem Gesetzgeber, diesen Willen zu respektieren (vgl. § 201) und zu limitieren
(vgl. §§ 286 ff.). In der Insolvenz eines **Kaufmanns** oder einer **unternehmenstragenden Gesellschaft**
ist hingegen nur mit künftigen Erträgen zu rechnen, wenn das Unternehmen solche nach der Insolvenz
wieder erwirtschaften kann. Die dazu notwendigen Sanierungsopfer beinhalten in der Regel Forderungsverzichte der Gläubiger, sodass im Angesicht einer Reorganisationsoption jeder Gläubiger entscheiden
muss, ob er für die Aussicht auf die im Reorganisationsplan beschriebenen künftigen Erträge aktuell Opfer
in Kauf nehmen will. Diese Entscheidung impliziert die Beantwortung der Frage, ob auf der Grundlage des
Reorganisationsplans das Schuldnerunternehmen wieder Erträge erwirtschaften wird, die die versprochene
Planquote ermöglichen. Diese Entscheidung ist eine **Prognoseentscheidung über den künftigen Erfolg
eines Krisenunternehmens**, der von vielen Faktoren abhängt, deren Eintritt derzeit unsicher und sogar
ungewiss ist, weshalb man von einer **Entscheidung unter Unsicherheit,** genauer unter **Ungewissheit,**
im Sinne der Entscheidungstheorie sprechen muss. Die höchste Richtigkeitsgewähr für solche Entscheidungen bieten Entscheidungsmechanismen, die die privaten Informationen möglichst vieler Wissensträger
aggregieren und gewichten (sog. „Collective Intelligence"; ausführlicher dazu Madaus FS Wessels, 2014,
215 (219 ff.)). **Privates Wissen** über die Ertragspotenziale und -hindernisse haben nun aber nicht nur die
Gläubiger, sondern auch die Eigentümer des Unternehmens sowie andere Insider (Arbeitnehmer) und
ihre eigenständigen oder den Gläubigern gar diametrale entgegengesetzten Interessen erhöhen sogar die
Richtigkeitsgewähr der Gesamtentscheidung. Ihre Einschätzungen sollten daher auch **erfasst** und **gewichtet** berücksichtigt werden. Der „Corporate Stakeholder"-Ansatz findet insofern eine auf die Reorganisationsentscheidung beschränkte Stütze in der Entscheidungstheorie und sollte über diese Eingang in das
Insolvenzplanverfahren finden (so schon Madaus, Der Insolvenzplan, 2011, 504 ff.; Madaus FS Wessels,
2014, 215 (225 ff.)). Die Beteiligung der Gesellschafter an der Planabstimmung ist insofern ein erster Schritt
in die richtige Richtung, wenngleich sie natürlich nicht vor diesem theoretischen Hintergrund geschaffen
wurde und durch ein weitgehendes Obstruktionsverbot relativiert wird (kritisch dazu schon Madaus ZGR
2011, 749). Eine Negierung der in der Planabstimmung gesammelten Einschätzung von Insidern, die
nicht Gläubiger sind, machte deren Beteiligung obsolet; ein gegenüber gesicherten oder ungesicherten
Insolvenzgläubigern geringeres Stimmgewicht ist demgegenüber durchaus legitim. Zugleich wird den „soft
variables" in einem Unternehmen, also den auf den Persönlichkeiten und Kenntnissen der Insider beruhenden Ertragspotenzialen (vgl. Harner, U. Ill. L. Rev. 2015, 509, 519), eine Stimme in einem Entscheidungs-
prozess gegeben, der Ausgang jedenfalls auch ihre Interessen unmittelbar betrifft (hierfür plädieren etwa
auch Harner, U. Ill. L. Rev. 2015, 509, 534; Martin, 59 Ohio St. LJ 429, 502 f. (1998)).

Folge dieser (kritikwürdigen → Rn. 22.9) Doktrin ist eine **rein vermögensorientierte** 23
Bestimmung der Verfahrensrechte der Beteiligten (BT-Drs. 12/2443, 79), die durch das ESUG
auch auf die Beteiligung von Gesellschaftern einer Schuldnergesellschaft am Planverfahren übertragen wurde (vgl. §§ 244 Abs. 3, 245 Abs. 3, 246a; BT-Drs. 17/5712, 18; krit. etwa Madaus ZGR
2011, 749; auch → Rn. 22.11).

II. Gläubigerherrschaft

Die auf der ökonomischen Analyse beruhende und auf Marktentscheidungen (erst) im eröffne- 24
ten Verfahren vertrauende Gesetzeslage bedingt zugleich, dass das Einheitsinsolvenzverfahren **kein
geschütztes Sanierungsverfahren** kennt, sondern die Sanierungsentscheidung dem Primat der
privatautonomen Entscheidungsfindung der Investoren überlässt. Dem liegt die Überlegung
zugrunde, dass das unzureichende Vermögen eines insolventen Schuldners rechtlich zwar weiter
dem Schuldner zugeordnet ist, wirtschaftlich aber gänzlich den vollstreckungsberechtigten Gläubigern zusteht. Diese seien nun (bei ökonomischer Sichtweise) Eigentümer des Schuldnervermögens
und müssten daher auch entscheiden, wie dieses Eigentum verwertet wird. Es sind also die Gläubiger, die „das **wirtschaftliche Risiko** des Gelingens oder Scheiterns einer Sanierung [tragen] und
daher stärker darüber entscheiden können [sollen], ob und wenn ja, mit wem eine Sanierung
versucht wird." (BT-Drs. 17/5712, 17). Aus dieser ökonomischen Sichtweise folgt zugleich die
Legitimation der **Gläubigerherrschaft** über das Insolvenzverfahren. Nicht das Gericht oder der
Insolvenzverwalter, sondern die Gläubiger entscheiden über die Verwertung der Insolvenzmasse.

Während diese Sichtweise für ein reines Liquidationsverfahren durchaus überzeugen kann, hat 25
sie für **sanierungswillige Schuldner** den entscheidenden Nachteil, dass es in einem solchen
Verfahren ex ante **weder Planungssicherheit noch Kontrolle** über den Sanierungsversuch
für den Schuldner bzw. das Sanierungsmanagement des Schuldnerunternehmens geben kann.
Folgerichtig fehlt jeder Anreiz zu einer frühzeitigen Antragstellung zu Sanierungszwecken und

§ 18 bleibt in der Praxis ohne Bedeutung (vgl. Pape ZInsO 2009, 1 (4)). Zugleich wird die Entscheidung über die Tragfähigkeit eines Sanierungskonzepts unnötig auf die Sichtweise einer Stakeholder-Gruppe (Gläubiger) verengt und das private Wissen anderer Stakeholder (etwa Gesellschafter, Arbeitnehmer ohne offene Forderungen) über sanierungsrelevante Umstände und Potenziale ignoriert, worunter die **Richtigkeitsgewähr** der Entscheidung über eine Plansanierung leidet (hierzu Madaus FS Wessels, 2014, 215 ff.). Die Entscheidung über einen Reorganisationsplan sollte insofern de lege ferenda nicht allein den Gläubigern überlassen werden, wenngleich ihrem Willen natürlich weiterhin ein besonderes Gewicht zugestanden werden muss.

III. Die Legitimation eines Insolvenzverfahrens

26 Der klassische Ausgangspunkt für die Legitimation eines Insolvenzverfahrens ist der Verweis auf die **Mangelsituation beim Schuldner.** Reicht das Schuldnervermögen nicht (mehr) aus, um alle Gläubiger im Fälligkeitszeitpunkt zu befriedigen, so kommt es zu Interessenkonflikten zwischen den Gläubigern, die im Interesse des **sozialen Friedens** nicht durch einen Gläubigerwettlauf, sondern durch ein geordnetes Verfahren gelöst werden (vgl. BT-Drs. 12/2443, 108; → Rn. 2).

27 Aus Sicht der ökonomischen Analyse ist es weniger der soziale Friede als die Sicherung des gemeinsamen Gläubigerinteresses an einer möglichst **wertmaximierenden Verwertung des unzureichenden Schuldnervermögens,** die ein Insolvenzverfahren rechtfertigt, in dem die Gläubiger von egoistischen gemeinschädlichen Zerschlagungsstrategien abgehalten und zur privatautonomen Vereinbarung der wertmaximierenden Verwertungslösung motiviert werden. Das Insolvenzverfahren dient danach primär der Überwindung von (spieltheoretisch hergeleiteten) Verhandlungshindernissen (sog. **„Collective Action"-Problem;** vgl. grundlegend Jackson, The Logic and Limits of Bankruptcy Law, 1986, 10 ff.; später auch Eidenmüller, Unternehmenssanierung, 1999, 18 ff.; Eidenmüller ZIP 2016, 145; jeweils mit den typischen Verweis auf das spieltheoretische „Prisoners' Dilemma"; krit. dazu Skeel, Debt's Dominion, 2001, 225; Madaus, Insolvenzplan, 2011, 516 ff.).

28 Im Ausgangspunkt leuchtet die Rückführung jedes Insolvenzverfahrens auf die Notwendigkeit der Adressierung eines Common-Pool-Problems durch den Staat und seine Organe durchaus ein, ist es doch den Gläubigern faktisch nicht möglich, kollektiv zu agieren und einen Wettlauf auf den Common Pool zu unterlassen (→ Rn. 22.3). Auch besteht die Gefahr, dass der Schuldner den Pool ungerecht verteilt. Der Staat sorgt also über ein (gerichtliches) Verfahren für Gerechtigkeit und Rechtsfrieden, wo privatautonome Selbstorganisation typischerweise nicht gelingt. Allerdings sind hier **zwei verschiedene Collective-Action-Probleme** zu unterscheiden. Das (klassische) Insolvenzrecht reagiert durch Moratorium und Fremdverwaltung auf ein **Commons-Problem,** um die bestmögliche und gerechte Verwaltung eines gemeinsamen Gutes zu sichern. Soll demgegenüber nicht nur die Verwertung des aktuellen Pools geregelt, sondern die Befriedigung der Gläubiger durch künftige Leistungen des Schuldners oder Drittleistungen im Gegenzug zu einem Schuldenerlass erfolgen, so bedarf es entsprechender Vereinbarungen aller Betroffenen. Kommt es hier zu Akkordstörern, wird ein andersartiges Problem ggf. auch gesetzlich adressiert: ein **Anticommons-Problem.** Letzteres kann unabhängig von einem Common-Pool-Problem entstehen und wird durch das Restrukturierungsrecht adressiert (→ Rn. 11).

29 Übersieht man diese Unterschiede, so scheint auch jede Restrukturierungshilfe nach eine Common-Pool-Problem zu verlangen, um gesetzliche (Zwangs-)Hilfen zu legitimieren. Da aber vor der Insolvenz des Schuldners ein solches Problem allenfalls droht oder auch nur als eines unter mehreren Zukunftsszenarien denkbar ist, muss allein der **Zweck der Verhinderung eines solchen Problems** bei „modernen" Insolvenz- und Restrukturierungsverfahren genügen, um sie als Insolvenzverfahren zu erfassen und insolvenzrechtlichen Prinzipien zu unterwerfen (s. Art. 1 Abs. 1 EuInsVO; aus der Literatur vor allem Eidenmüller ZIP 2016, 145 (150)). Balz, der „Vater" der InsO, ist insofern konsequent, wenn er ganz auf eine Anknüpfung an ein Common-Pool-Problem verzichtet und Insolvenzverfahren schlicht dadurch gekennzeichnet sieht, dass bei ihnen der Schuldner den Verfahrensausgang nicht einseitig bestimmen kann, sodass im Fall des Scheiterns der Planlösung auch stets eine Liquidation möglich ist (Balz in Ebke/Seagon/Blatz, Unternehmensrestrukturierung im Umbruch?!, 2017, 71 (76)). Trennt man aber das **Insolvenz- vom Restrukturierungsrecht,** so reagiert ersteres auf die Bewältigung eines aktuellen Common-Pool-Problems (insbesondere durch Fremdverwaltung und kollektive Beschränkungen der Gläubigerrechte), während letzteres gerichtliche Vertragshilfe leistet, um ein Anticommons-Problem zu lösen (Madaus FS Wimmer, 2017, 446 (457 ff.)). Beide adressieren Fragen der Verwertung eines kollektiven Gutes („Collective Action"-Problem). Beide fungieren makroökonomisch als Instru-

ment der **Schuldenregulierung** und der Identifikation nicht erfüllbarer Verbindlichkeiten („Non-Performing Loans", → Rn. 17 aE; auch → Rn. 22.9). Auch die Verfahrenshilfen des StaRUG passen sich in diese Systematik ein, sind sie doch der gerichtlichen Vertragshilfe zuzurechnen.

IV. Die Rechtsgemeinschaft der Insolvenzgläubiger

Unabhängig von der konkreten Begründung der Legitimation eines Insolvenzverfahrens ist die (unstreitige) Folge der Mangelsituation eine Zuweisung des Schuldnervermögens an die **Gesamtheit der Gläubiger**. Diesen steht der Zugriff auf diese Vermögensmasse (die Insolvenzmasse) nicht mehr individuell (vgl. § 89), sondern nur noch gemeinschaftlich zu. Die Forderungen der Insolvenzgläubiger werden mithin kollektiviert; es entsteht die **(echte) Rechtsgemeinschaft der Insolvenzgläubiger** mit dem Beschlagsrecht als gemeinschaftlichem Recht (Madaus, Insolvenzplan, 2011, 201 mwN; auch Uhlenbruck/Pape Rn. 3/13: „Verlustgemeinschaft"; krit. hinsichtlich des Erkenntniswerts Häsemeyer Rn. 2.25). 30

V. Der Grundsatz der Gläubigergleichbehandlung

Aus der Vergemeinschaftung der Gläubigerrechte folgt dann auch der – in der Insolvenzordnung nicht explizit verankerte (s. dazu zuletzt Paulus NZI 2016, 1001 (1005 f.)) – Grundsatz der **Gleichbehandlung der Gläubiger.** Sie tragen gemeinschaftlich die Kosten der Verwaltung und Verwertung der Masse (vgl. § 53; s. auch § 748 BGB) und sie werden entsprechend ihrer Anteile (vgl. § 752 BGB) aus dem verwerteten Schuldnervermögen befriedigt. Dieser „Anteil" ist der Nominalwert ihrer Forderung (vgl. Madaus AcP 212 (2012), 252 (264)), nicht nur das Teilnahmerecht am Verfahren (so aber Häsemeyer Rn. 2.32). Es bedarf mithin keines Rückgriffs auf allgemeine Gerechtigkeitserwägungen (hierzu Zipperer FS Vallender, 2015, 843) oder auf die Idee einer wechselseitigen Haftung der Insolvenzgläubiger, um den Gleichbehandlungsgrundsatz als „haftungsrechtliches Ausgleichsprinzip" zu definieren (so Häsemeyer Rn. 2.33). Der Gleichbehandlungsgrundsatz ist vielmehr im Recht der Rechtsgemeinschaft verankert und die Ausgleichs- und Beschränkungseffekte für den einzelnen Insolvenzgläubiger lassen sich auf die beschränkende Wirkung der **Rechtsgemeinschaft im Innenverhältnis** zurückführen (dazu allg. Madaus AcP 212 (2012), 252 (285); ähnlich für das englische Recht etwa Roy Goode, Principles of Corporate Insolvency Law, 4. Aufl. 2011, Rn. 3-07; diese Verankerung verkennt Knospe, Die Insolvenzanfechtung von Sozialversicherungsbeiträgen, 2014, 74). 31

Die Rechtsstellung des einzelnen Insolvenzgläubigers innerhalb der Gemeinschaft wird von seinem jeweiligen „**Anteil**" bestimmt und richtet sich damit nach dessen jeweiliger **Forderung.** Aus dieser ergibt sich nicht nur die Befriedigungsquote, sondern auch der **Grundsatz der Anerkennung vorinsolvenzlich erlangter Befriedigungen und Sicherheiten.** Der Grundsatz der Gläubigergleichbehandlung wird auf diese Weise von vornherein erheblich beschränkt. Zugleich wird die Bedeutung der privatautonomen Entscheidungen des Schuldners und seiner Gläubiger vor der Insolvenz gestärkt. Der **Ausgleich** beider Rechtsgrundsätze liegt in der Regelungshoheit des Gesetzgebers und wird insbesondere durch das Recht der Insolvenzanfechtung (§§ 129 ff.) und die Regelungen zur Verwertung von besicherten Gegenständen (§§ 165 ff.) geleistet (→ Rn. 32.1). Ein prinzipieller Vorrang des Gleichbehandlungsgrundsatzes, vor dem sich alle Ausnahmen rechtfertigen müssten (so Häsemeyer Rn. 2.27), lässt sich folglich nicht herleiten. 32

Die Regeln der **Insolvenzanfechtung** erstrecken den Grundsatz der Gleichbehandlung der Gläubiger auf einen Zeitraum vor Insolvenzeröffnung (Würdinger, Insolvenzanfechtung im bargeldlosen Zahlungsverkehr, 2012, 33) und verweigern in ihrem Wirkungsbereich die Anerkennung privatautonom gestalteter Rechtsverhältnisse im Insolvenzverfahren. Sie bezwecken – ähnlich wie die Rückschlagsperre in § 88 – eine Stärkung der Gläubigergleichbehandlung zulasten **nicht schutzwürdig** erscheinender Gläubiger. Findet sich hingegen (aus Sicht des Gesetzgebers) kein Anhaltspunkt für eine mangelnde Schutzwürdigkeit des Gläubigerrechts, so bleibt es bei der Anerkennung desselben. Der vorinsolvenzlich **befriedigte** Gläubiger wird kein Insolvenzgläubiger. Der vorinsolvenzlich **gesicherte** Gläubiger wird zwar Teil der Rechtsgemeinschaft, muss aber Befriedigung vorrangig aus seinem Sicherungsrecht ziehen (vgl. § 52). Als Angehöriger der Gemeinschaft ist es ihm aber im Innenverhältnis zumutbar, die zulasten der Gemeinschaft anfallenden Verwaltungs- und Verwertungskosten zu tragen (§ 170 Abs. 1). 32.1

VI. Gerichtsaufsicht und Beschleunigungsgrundsatz

Das Insolvenzverfahren ist ein **gerichtliches Verfahren,** das vor einer besonderen Abteilung des Amtsgerichts am Sitz eines Landgerichts (§ 2 Abs. 1) stattfindet. Die gesamte Entscheidungsfin- 33 dung der Verfahrensbeteiligten (Gläubiger, Schuldner, auch Gesellschafter) über die Frage der Insolvenzbewältigung erfolgt im gerichtlichen Forum unter gerichtlicher Aufsicht (vgl. §§ 76 Abs. 1, 235 Abs. 1 S. 1). Das Verfahren beginnt (§ 13) und endet (§§ 207 ff., 259) durch gerichtliche Entscheidungen; das Gericht bestellt den Verwalter des schuldnerischen Vermögens (§ 56), der als Amtswalter (§ 56) tätig wird. Insoweit bleiben die **Einflüsse des spanischen Konkursprozesses** nach Francisco Salgado de Somoza spürbar (hierzu Kohler, Lehrbuch des Konkursrechts, 1891, 24 ff.; Smid FS Gero Fischer, 2008, 489 ff.). Diese Tradition blockiert derzeit noch Verfahrensalternativen, die eine vorinsolvenzliche (und damit außergerichtliche) Entscheidungsfindung akzeptieren und zum verbindlichen Gegenstand des Insolvenzverfahrens machen („Prepackaged Bankruptcy"). Hier scheint eine Modernisierung geboten und – etwa im Wege eines „Bestätigungsverfahrens" (dazu Madaus KSzW 2015, 183 (188)); ausführlicher Madaus, Insolvenzplan, 2011, 557 ff.) – ohne Systembrüche möglich.

34 In deutlicher Abkehr von den Schwächen spanischer Konkursprozesse der frühen Neuzeit obliegt dem Insolvenzgericht weder die Entscheidung über die beste Verwertungsmethode noch die über das Bestehen angemeldeter Forderungen oder über Rückgewähransprüche aus Insolvenzanfechtungen. Dem deutschen Insolvenzverfahren fehlt jede „vis attractiva concursus", wie sie das spanische Verfahren kennzeichnete, welches gerade auch aufgrund dieser Überladung retrospektiv als „einförmiges, pedantischen, doktrinäres [...] übergründliches, schleppendes Verfahren" bewertet wurde (besonders kritisch etwa Kohler, Lehrbuch des Konkursrechts, 1891, 31). Eine **schnelle Entscheidungsfindung** wie auch eine dementsprechend zügige Verwertung des Schuldnervermögens sowie eine schnellstmögliche Ausschüttung des Erlöses an die Gläubiger können unnötig hohe Verfahrenskosten ebenso vermeiden wie einen Wertverfall der Vermögensgegenstände. Zügiges Handeln liegt also im originären Interesse der Gläubiger und ist vom Verfahrenszweck her geboten. Der **Zeitfaktor** ist eine entscheidende Größe im Insolvenzverfahren, weshalb sich der **Beschleunigungsgrundsatz** in vielen Verfahrensvorschriften (bspw. in kurzen Fristen wie in §§ 29 Abs. 1, 75 Abs. 2, 231 Abs. 1 S. 2, 235 Abs. 1 S. 2) wiederfindet. Der Grundsatz rechtfertigt auch die Auslagerung langwieriger Prozesse (etwa Feststellungsprozesse, § 180 Abs. 1; Ausgleichsprozesse, § 251 Abs. 3; Schadenersatzprozesse, § 253 Abs. 4 S. 4).

VII. Das Schuldnervermögen als Verfahrensgegenstand

35 Gegenstand des Insolvenzverfahrens ist (nur) das gegenwärtige und im Verfahren erworbene (pfändbare) **Vermögen des Schuldners** (§ 35 Abs. 1; BT-Drs. 12/2443, 83; ebenso für das englische Recht etwa Roy Goode, Principles of Corporate Insolvency Law, 4. Aufl. 2011, Rn. 3-03). Fremdvermögen im (treuhänderischen) Besitz des Schuldners ist daher auszusondern (§ 47), soweit nicht die Rechtsposition des Dritten **rein formaler Natur** ist, da sie durch den Sicherungsvertrag überlagert wird (vgl. § 51 Nr. 1 für das Sicherungseigentum bzw. die Sicherungszession als besitzloses Pfandrecht; dazu MüKoInsO/Ganter § 51 Rn. 9) und daher als Sicherungsrecht der Regelungshoheit und den Zielen des Insolvenzverfahrens unterliegt.

36 Ein Zugriff auf Fremdvermögen findet im Insolvenzverfahren aus Sicht des betroffenen Dritten im Fall der **Insolvenzanfechtung** statt (vgl. § 143 Abs. 1). Aus Sicht des Insolvenzrechts dienen diese Regeln allerdings der Massesicherung, indem masse- und damit gläubigerbenachteiligende Rechtshandlungen rückabgewickelt werden. Der **maßgebliche Zeitpunkt für die Bestimmung der Massezugehörigkeit** eines Gegenstands wird also – unter gewissen (auch subjektiven) Voraussetzungen – vom Eröffnungszeitpunkt (§ 35 Abs. 1) auf den Eintritt der Krise (§§ 130–132) oder der masseschädigenden Handlung (§§ 133 ff.) vorverlegt, wo der Gegenstand noch zur Masse gehörte.

37 Weder die Behandlung von Sicherungseigentum und -zession in § 51 Nr. 1 noch die Insolvenzanfechtung können daher aus der insolvenzrechtlichen Perspektive als Zugriff auf schuldnerfremdes Vermögen begriffen werden (aA Haas NZG 2012, 961 (963 f.)). Ein solcher Zugriff liegt schließlich auch nicht im Fall der Geltendmachung eines **Gläubigergesamtschadens** (§ 92) oder einer **Gesellschafterhaftung** (§ 93) durch den Insolvenzverwalter vor (aA wiederum Haas NZG 2012, 961 (963)). Zwar wird in beiden Fällen die Einziehung einer Gläubigerforderung gesperrt und allein dem Insolvenzverwalter übertragen, worin natürlich eine Beeinträchtigung des Gläubigervermögens liegt. Dieser Eingriff folgt aber aus der beschränkenden Wirkung der Rechtsgemeinschaft der Insolvenzgläubiger (→ Rn. 30 f.), die es rechtfertigt, die Geltendmachung gleichgerichteter Ansprüche zu kollektivieren und effizienter gemeinschaftlich geltend zu machen. Regelungszweck der §§ 92, 93 ist folgerichtig das Gesamtinteresse der Gläubiger (Uhlenbruck/Hirte § 93 Rn. 3). Zum Befriedigungsgegenstand eines Verteilungsverfahrens werden diese Forderungen nicht.

Der Grundsatz der Beschränkung des Haftungszugriffs auf das Schuldnervermögen wird damit 38
zwar nicht im Regelinsolvenzverfahren, wohl aber im Planverfahren durchbrochen, indem hier
nun im Fall der Gesellschaftsinsolvenz eine **Einbeziehung der Anteils- und Mitgliedschaftsrechte** möglich ist (§ 217 S. 2), um diese insbesondere auch den Gläubigern zuzuweisen (vgl.
§ 225a Abs. 2 und 3). Es erfolgt ein Zugriff auf Gesellschaftervermögen, das zu keiner Zeit Gesellschaftsvermögen war, und dieser Zugriff erfolgt weder im Interesse der Betroffenen (wie bei §§ 92,
93) noch ist deren Einverständnis erforderlich (vgl. §§ 244 Abs. 3, 245 Abs. 3, 246a). Die Gläubiger
können damit im Planverfahren – im Interesse der Erleichterung von Sanierungen (vgl. BT-Drs.
17/5712, 18) – auf Vermögensgegenstände Dritter (Mitgliedschaftsrechte, aber auch rechtsträgergebundene Rechte) zugreifen, die ihnen weder in der Einzelzwangsvollstreckung noch im Regelinsolvenzverfahren zur Verfügung stehen (krit. schon Madaus ZGR 2011, 749 (757)).

Haben die Gläubiger kein Interesse an der Verwertung eines Gegenstandes aus dem Schuldner- 39
vermögen, so kann der Insolvenzverwalter ihn im Wege der **Freigabe** aus dem Verfahren herauslösen. Diese Option ist im Gesetz nicht explizit normiert, wird aber etwa in § 32 Abs. 3 S. 1
vorausgesetzt und ist zumindest für die Insolvenz natürlicher Personen allgemein anerkannt (vgl.
MüKoInsO/Peters § 35 Rn. 118; zur Diskussion um die Freigabe von Gesellschaftsvermögen →
Rn. 20).

VIII. Fremdverwaltung

Die Eröffnung des Insolvenzverfahrens führt im Regelfall zu einer Fremdverwaltung des Schuld- 40
nervermögens durch den **Insolvenzverwalter** (§ 80 Abs. 1). Das deutsche Insolvenzrecht folgt
insofern einer schon im römischen Recht festzustellenden Tradition → Rn. 2.1. Der Insolvenzverwalter wird allerdings vom Insolvenzgericht bestellt (§§ 56, 57) und ist infolgedessen nach hM
Amtstreuhänder (Amtstheorie; zum Theorienstreit vgl. § 56).

Die Insolvenzordnung erlaubt allerdings auch die Durchführung eines Insolvenzverfahrens in 41
Eigenverwaltung (§ 270 Abs. 1 S. 1), wobei seit 2021 hierzu eine Eigenverwaltungsplanung vorzulegen ist (§ 270a Abs. 1). Die Eigenverwaltungsoption wird damit endlich auf Verfahren mit
Sanierungsziel (Reorganisation oder übertragende Sanierung) zugeschnitten (zur alten Rechtslage
nach dem ESUG: Madaus KTS 2015, 115 (136 f.)). Wird die Eigenverwaltung angeordnet, behält
der Schuldner seine Verwaltungs- und Verfügungsbefugnis, muss allerdings im Rahmen der Verwaltung dann die besonderen Ziele des Insolvenzverfahrens berücksichtigen. Er verwaltet also sein
eigenes Vermögen im Interesse der bestmöglichen Gläubigerbefriedigung (§ 1). Die Berücksichtigung dieser Zweckbindung wird durch das Insolvenzgericht und einem vom Gericht bestellten
Sachwalter kontrolliert (§§ 270 Abs. 1 S. 1, 274). Offen ist noch, inwieweit die Befugnisse des
eigenverwaltenden Schuldners weiter aus seiner vorinsolvenzlichen Rechtsstellung hergeleitet werden können. Alternativ würde es sich anbieten, die besondere insolvenzrechtliche Pflichtenbindung in der Eigenverwaltung wie bei einem Insolvenzverwalter als **Amt** zu qualifizieren, sodass
der Eigenverwalter neben dem Sachwalter als zweiter Inhaber eines privaten Amts auftritt. Relevant
wird diese Qualifikation vor allem bei Fragen der Haftung für Pflichtverletzungen (vgl. MüKoInsO/Tetzlaff § 270 Rn. 167 mwN; vgl. § 270) und der umsatzsteuerrechtlichen Organschaft
(hierzu Kahlert ZIP 2013, 2348). Der mit dem SanInsFoG eingeführte Haftungstatbestand des
§ 276a Abs. 2 scheint in die letztere Richtung zu deuten.

IX. Einheitsverfahren

Das Insolvenzverfahren der InsO ist als „einheitliches Verfahren" konzipiert (BT-Drs. 12/2443, 42
82 f.). Die damit beschriebene Einheitlichkeit definierte sich im Gegensatz zur **Dualität von
Konkurs- und Vergleichsverfahren** (vgl. Uhlenbruck/Pape Rn. 4), die überwunden werden
sollte, um die Entscheidung über die Sanierung oder Liquidation eines insolventen Unternehmens
nicht schon durch die entsprechend ausgerichtete Verfahrensart zu „präjudizieren". Stattdessen
soll im Rahmen eines ergebnisoffenen Einheitsverfahrens jede Verwertungsart in jedem Verfahrensstadium durch die Beteiligten **flexibel** gewählt werden können (vgl. BT-Drs. 12/2443, 83).

1. Keine vor-/außerinsolvenzliche Sanierungshilfe

Das Primat der Insolvenzbewältigung durch privatautonome Lösungsfindung noch im Insol- 43
venzverfahren (→ Rn. 12) bedingt natürlich eine inhalts- und damit ergebnisoffene Gestaltung
des Verfahrens. Die Zuweisung der maßgeblichen Entscheidungsmacht an die Gläubiger aufgrund
einer rein wertorientierten Betrachtung (zur Gläubigerherrschaft → Rn. 24) hat dann aber zur
Folge, dass ein Schuldner, der nach dem Scheitern außergerichtlicher Sanierungsverhandlungen

eine Sanierung in der Insolvenz erwägt, sich auf die fortlaufende Unterstützung der maßgeblichen Gläubiger verlassen muss. Eine verbindliche vorinsolvenzliche Planzustimmung der Gläubiger (Pre-voted Bankruptcy) kennt die InsO nicht (ausf. Madaus, Insolvenzplan, 2011, 557 ff.). Die **Ergebnisoffenheit** des einheitlichen Insolvenzverfahrens wirkt hier **als Sanierungshindernis** aus. Die fehlende Planungssicherheit verhindert zugleich die gewünschte frühzeitige (freiwillige) Antragstellung durch den Schuldner. Das ESUG hat insofern durch das Schutzschirmverfahren und die vorläufige Eigenverwaltung nur den Einstieg attraktiver gemacht, an der **Planungsunsicherheit** im eröffneten Verfahren aber nichts geändert. Und auch das SanInsFoG hat hier keine neuen Garantien geschaffen.

44 Der gesetzgeberische Verzicht auf ein eigenständiges vor- oder außerinsolvenzliches Sanierungsverfahren wurde schon zehn Jahre nach Inkrafttreten der InsO vereinzelt als **Fehlentscheidung** kritisiert (vgl. Beissenhirtz ZInsO 2011, 57; Bork ZIP 2011, 2035; Bork ZIP 2010, 397; A. Braun, Die vorinsolvenzliche Sanierung von Unternehmen, 2015, 22 ff.; Geldmacher, Das präventive Sanierungsverfahren als Teil eines reformierten Insolvenz- und Sanierungsrechts in Deutschland, 2012, 155 ff.; Jacoby ZGR 2010, 359–384; Jaffé/Friedrich ZIP 2008, 1849 (1856 ff.)). Diese Einschätzung wurde durch Fälle genährt, in denen deutsche Unternehmen nach Restrukturierungslösungen im englischen Recht suchten; erst im Company Voluntary Arrangement (vgl. Schefenacker AG; Deutsche Nickel AG), nun im Scheme of Arrangement (s. Telecolumbus GmbH; Rodenstock GmbH; PrimaCom Holding GmbH; APCOA Parking Holding GmbH). Schon im zweiten Jahrzehnt der InsO wurde so der Ruf nach vorinsolvenzlichen Sanierungshilfen lauter (s. die ESUG Evaluierung, Forschungsbericht, 2019, 134). Der Vorstoß der EU-Kommission, über eine Richtlinie in allen Mitgliedstaaten einen vorinsolvenzlichen Restrukturierungsrahmen mit einheitlichem Mechanismus zu schaffen, fiel daher gerade auch in Deutschland auf einen fruchtbaren Boden (ein „deutsches Scheme"; s. etwa Madaus KSzW 2015, 183 (188 ff.)) und führte zur Schaffung des **Restrukturierungsrahmens des StaRUG**. Damit ist die Idee des Einheitsverfahrens im Kern aufgegeben. Insolvenznahen Unternehmen stehen zwei getrennte Verfahrensoptionen zur Verfügung: der Weg in die Insolvenz über § 18 InsO und der in den Restrukturierungsrahmen über § 29 StaRUG.

2. Keine Sonderverfahren in der Insolvenz

45 Die Idee des Einheitsverfahrens scheint aber nicht nur im Hinblick auf die Sanierungschancen deutscher Unternehmen überholt. Sie wird auch in Bezug auf die **Typenvielfalt insolventer Vermögen und Personen** in der InsO kaum stringent durchgehalten. Der in § 11 weit gezogene Kreis an insolvenzfähigen Vermögensmassen wird allenfalls im Grundsatz einem einheitlichen Insolvenzverfahren unterworfen.

46 Spezielle Sonderregeln finden sich dann für Nachlässe (§§ 315 ff.) und natürliche Personen, die kein Unternehmen führen und auch allenfalls ein überschaubares Unternehmen geführt hatten (§ 304 Abs. 1). Nach Ausklammerung von Nachlass- und Privatinsolvenzen erfasst das **Regelinsolvenzverfahren** mithin allein **Unternehmensinsolvenzverfahren**.

47 Zugleich findet sich in diesen Unternehmensinsolvenzen keine Differenzierung danach, ob der insolvente Unternehmensträger eine Gesellschaft oder aber eine natürliche Person ist. Die InsO bietet insofern nur sehr vereinzelt Regelungen für **Gesellschaftsinsolvenzen** (etwa in §§ 93, 199 oder 217, 225a), geht aber im Kern von einem einheitlichen Schuldnerbegriff aus. Ein kohärentes Gesellschaftsinsolvenzrecht wird vermisst (vgl. auch K. Schmidt InsO/K. Schmidt Rn. 12; zum sich daraus ergebenden Streit um die Freigabe in der Gesellschaftsinsolvenz auch → Rn. 20).

48 Schließlich erscheint ein Einheitsverfahren für Unternehmen auch insofern ineffizient, als es gleiche Regeln und vor allem Anforderungen für die Insolvenz von großen wie von kleinen Unternehmen aufstellt. Gerade in den letzten zwei Jahrzehnten haben sich Finanzstruktur und Corporate Governance bei größeren Unternehmen ganz erheblich von der Realität kleiner Unternehmen (zum Teil auch als KMU oder SME bezeichnet) und noch viel mehr von der in den Kleinstunternehmen (MSE) entfernt. Die **besondere Situation in kleinen Unternehmen** (plastisch etwa Korobkin 23 Cap. U. L. Rev. 413, 422 ff. (1994); Davis et al, Micro, Small and Medium Enterprise Insolvency, OUP 2018), insbesondere deren begrenzte Ressourcen an Liquidität und Knowhow, wird in den bisherigen gesetzgeberischen Bemühungen noch weitgehend ignoriert (etwa in den insoweit zu anspruchsvollen Vorbereitungshandlungen für ein Schutzschirmverfahren). Vielleicht kann das neue UNCITRAL Modellgesetz hier Anregungen für eine Reform des deutschen Rechts geben.

X. Keine Bestrafung oder Stigmatisierung des Schuldners

Die Insolvenz eines Schuldners ist für sich allein kein Straftatbestand im deutschen Recht. Die **Insolvenzstraftaten** der §§ 283–283d StGB zielen nicht auf eine Kriminalisierung des bankrotten Schuldners, sondern beschränken sich auf **gläubigerschädigende Handlungen** des Schuldners in der vorinsolvenzlichen Krise (vgl. MüKoStGB/Radtke/Petermann StGB Vor §§ 283 ff. Rn. 11). Entsprechendes gilt für den Insolvenzverschleppungstatbestand des § 15 Abs. 4. Das deutsche Insolvenzrecht hat sich insofern schon seit den Zeiten der Konkursordnung von der im Mittelalter bis in die Neuzeit verbreiteten Bestrafung des Bankrotteurs (vgl. Paulus JZ 2009, 1148 (1150)) verabschiedet. 49

Von der Frage der strafrechtlichen Verfolgung zu unterscheiden ist der gesellschaftliche Umgang mit einem wirtschaftlich scheiternden Schuldner. Gerade der Ehrverlust durch den „**Makel des Konkurses**" wirkte in Deutschland deutlich länger als jede Strafandrohung (vgl. wieder Paulus JZ 2009, 1148 (1149 ff.); zu den Ursprüngen der Infamiefolgen im römisch-rechtlichen Konkurs: Kroppenberg, Die Insolvenz im klassischen römischen Recht, 2001, 345). Noch heute wird ein Schuldner, der seine Rückzahlungsversprechen nicht hält, den gesellschaftlichen Moralvorstellungen nicht gerecht und muss sich „entschuldigen", um eine zweite Chance zu verdienen, denn nur dem „redlichen Schuldner" wird nach § 1 S. 2 die Gelegenheit zur Restschuldbefreiung gegeben. Ein **Paradigmenwechsel** (Paulus JZ 2009, 1148 (1151)) hin zu einer Kultur des Scheiterns als Lernerfahrung und des „fresh start" hat allenfalls gerade erst begonnen und bislang weder den Gesetzgeber noch breite Bevölkerungsschichten erreicht. 50

§ 2 Amtsgericht als Insolvenzgericht

(1) Für das Insolvenzverfahren ist das Amtsgericht, in dessen Bezirk ein Landgericht seinen Sitz hat, als Insolvenzgericht für den Bezirk dieses Landgerichts ausschließlich zuständig.

(2) ¹Die Landesregierungen werden ermächtigt, zur sachdienlichen Förderung oder schnelleren Erledigung der Verfahren durch Rechtsverordnung andere oder zusätzliche Amtsgerichte zu Insolvenzgerichten zu bestimmen und die Bezirke der Insolvenzgerichte abweichend festzulegen. ²Die Landesregierungen können die Ermächtigung auf die Landesjustizverwaltungen übertragen.

(3) ¹Rechtsverordnungen nach Absatz 2 sollen je Bezirk eines Oberlandesgerichts ein Insolvenzgericht bestimmen, an dem ein Gruppen-Gerichtsstand nach § 3a begründet werden kann. ²Die Zuständigkeit des bestimmten Insolvenzgerichts kann innerhalb eines Landes auch über den Bezirk eines Oberlandesgerichts erstreckt werden.

Überblick

§ 2 Abs. 1 regelt die **sachliche Zuständigkeit für Insolvenzverfahren** und bestimmt mithin, welches Gericht die Aufgaben des Insolvenzgerichts wahrnimmt. Diese Aufgabe wird dem **Amtsgericht** zugewiesen, in dessen Bezirk ein Landgericht seinen Sitz hat (→ Rn. 1). Dieses Amtsgericht erhält die ausschließliche sachliche Zuständigkeit für den gesamten **Landgerichtsbezirk**. Wenngleich mithin auf ein räumliches Kriterium abgestellt wird, erfolgt die Regelung der örtlichen Zuständigkeit gesondert durch § 3 (→ § 3 Rn. 1). Ist die nach Abs. 1 vorgesehene Konzentration aufgrund der besonderen örtlichen Verhältnisse in einzelnen Landgerichtsbezirken nicht zweckdienlich, sind die Landesregierungen nach Abs. 2 zu abweichenden Regelungen ermächtigt (→ Rn. 27). Für Konzerninsolvenzverfahren sollen die Länder im Wege der Rechtsverordnung zudem ein Insolvenzgericht je OLG-Bezirk bestimmen, an dem ein Gruppen-Gerichtsstand nach § 3a begründet werden kann (→ Rn. 30).

Übersicht

	Rn.		Rn.
A. Sachliche Zuständigkeit	1	2. Annexverfahren	6
I. Amtsgericht am Sitz des Landgerichts – Sachliche Zuständigkeit	1	III. Zuständigkeit des Insolvenzgerichts als Vollstreckungsgericht	8
II. Zuständigkeit des Insolvenzgerichts für das Insolvenzverfahren	4	IV. Zuständigkeitsprüfung von Amts wegen	13
1. Das Insolvenzverfahren	5	B. Funktionelle Zuständigkeit	17

InsO § 2 Erster Teil. Allgemeine Vorschriften

	Rn.		Rn.
I. Richterzuständigkeit	17	C. Ermächtigung der Länder zur abweichenden Regelung der Gerichtsstruktur	27
II. Rechtspflegerzuständigkeit	22	D. Ermächtigung der Länder zur Bestimmung des Gerichts des Gruppen-Gerichtsstands	30

A. Sachliche Zuständigkeit

I. Amtsgericht am Sitz des Landgerichts – Sachliche Zuständigkeit

1   Für das Insolvenzverfahren ist das Amtsgericht am Sitz des Landgerichts als **Insolvenzgericht** sachlich zuständig. Anders als im Konkurs- und Vergleichsrecht (dazu → Rn. 1.1) ist damit in jedem Landgerichtsbezirk grundsätzlich nur ein Amtsgericht für Insolvenzsachen zuständig. Für dieses wird ein **ausschließlicher Gerichtsstand** normiert, der die sachliche Zuständigkeit **derogationsfest** begründet; eine anderweitige Vereinbarung ist gem. § 40 Abs. 2 S. 1 Nr. 2 ZPO unwirksam.

1.1   Die Konzentration auf bestimmte Amtsgerichte erfolgte erst mit der Einführung der Insolvenzordnung. Zuvor bestimmte **§ 71 KO**, dass für das Konkursverfahren **alle Amtsgerichte** als Konkursgericht sachlich zuständig werden konnten. Aufgrund einer Ermächtigung der Landesregierung in Abs. 3 konnte durch Rechtsverordnung jedoch eine Konzentration der Konkurssachen an einem Amtsgericht erreicht werden (für eine Übersicht entsprechender Landesregelungen s. MüKoInsO/Ganter/Lohmann Rn. 4 Fn. 8). Das Regel-Ausnahme-Verhältnis des § 71 KO wird in § 2 also umgekehrt.

2   Die **Konzentration** der Insolvenzverfahren an einem einzelnen Amtsgericht beruht sowohl auf faktischen als auch auf ökonomischen Erwägungen. Zum einen soll so dazu beitragen, dass die Richter und Rechtspfleger an den Insolvenzgerichten die in dem Gebiet des Insolvenzrechts benötigte **Sachkunde** und besonderen Erfahrungen erlangen können, um damit den zum Teil erhöhten Anforderungen der (neuen) Insolvenzverfahren gewachsen zu sein. Zum anderen ist die Ausstattung nur einzelner Gerichte mit derartigen **technischen Hilfsmitteln,** die insbesondere für die Abwicklung großer Verfahren erforderlich sind, unter Beachtung finanzieller Aspekte leichter zu bewältigen (BT-Drs. 12/2443, 109). Die Einsetzung eines Kollegialgerichts sah der Gesetzgeber zur Erreichung des Ziels einer zügigen Abwicklung des Insolvenzverfahrens als weniger geeignet an (BT-Drs. 12/2443, 109).

3   Die in Abs. 1 erfolgende Erweiterung des Amtsgerichtsbezirks auf den Bezirk des jeweiligen Landgerichts hat zur Folge, dass ein **Rechtshilfeersuchen** des Insolvenzgerichts an ein anderes Amtsgericht innerhalb seines erweiterten Bezirks unzulässig ist (BT-Drs. 12/2443, 110; LG Hamburg NZI 2006, 410; OLG Brandenburg ZInsO 2002, 372 (373); OLG Koblenz MDR 1977, 59 (60)). Die Vornahme der ersuchten Amtshandlung ist eben nicht mehr dem Bezirk eines anderen Gerichts iSd § 157 Abs. 1 GVG zuzuordnen. Ein Rechtshilfeersuchen **über die durch Abs. 1 gezogene Bezirksgrenze hinaus** ist hingegen zulässig. Folgerichtig kann etwa eine Anhörung des organschaftlichen Vertreters der Schuldnerin auf Ersuchen eines auswärtigen, aber für die Schuldnerin örtlich zuständigen Insolvenzgerichts im Wege der Rechtshilfe durch das am Wohnsitz des Anzuhörenden befindliche Amtsgericht erfolgen (vgl. LG Hamburg NZI 2006, 410). § 157 Abs. 1 GVG bestimmt dazu dasjenige Amtsgericht als rechtshilfepflichtig, in dessen Bezirk die Amtshandlung vorgenommen werden soll. Die Zuständigkeitskonzentration des Abs. 1 bleibt dabei unbeachtet, weshalb das Rechtshilfeersuchen nicht an das Insolvenzgericht am Rechtshilfeort, sondern an das am Wohnsitz des Anzuhörenden nach allgemeinen Grundsätzen örtlich zuständige **Amtsgericht** zu richten ist, soweit nicht der jeweilige Landesgesetzgeber eine (empfehlenswerte) Zuständigkeitskonzentration in Rechtshilfesachen nach § 157 Abs. 2 GVG geschaffen hat (LG Hamburg NZI 2006, 410).

II. Zuständigkeit des Insolvenzgerichts für das Insolvenzverfahren

4   Das Insolvenzgericht ist die Abteilung des Amtsgerichts, die nach dem Geschäftsverteilungsplan für Insolvenzverfahren zuständig ist (MüKoInsO/Ganter/Bruns Rn. 4). Gemäß § 22 Abs. 1 GVG ist das Insolvenzgericht mit einem **Einzelrichter** besetzt. Das Amtsgericht führt das Insolvenzverfahren **abschließend** durch. Das Landgericht ist gem. § 72 GVG lediglich als Beschwerdegericht in einzelnen, durch die Insolvenzordnung ausdrücklich vorgesehenen Fällen (→ § 6 Rn. 3) tätig.

Amtsgericht als Insolvenzgericht § 2 InsO

1. Das Insolvenzverfahren

Der mit der Zuständigkeitsbestimmung des Insolvenzgerichts gem. § 2 Abs. 1 fixierte Gegen- 5
stand umfasst dem Wortlaut nach das Insolvenzverfahren. Damit sind alle Entscheidungen gemeint, die dem Gericht iRd Gesamtvollstreckungsverfahrens nach der **Insolvenzordnung** zugewiesen sind. In diese Kompetenz fallen auch Entscheidungen innerhalb des Insolvenzeröffnungsverfahrens sowie Entscheidungen, für deren Aufgabenzuweisung im vorherigen Recht der KO, VerglO und GesO keine Grundlage bestand, zB für die im Rahmen eines Insolvenzplanverfahrens zu erfolgende gerichtliche Planprüfung und -bestätigung (Verweis § 231 und § 248) oder auch die dem Insolvenzgericht obliegenden Entscheidungen zur Restschuldbefreiung natürlicher Personen (vgl. §§ 287a, 296 ff., 300, 303). Die Zuständigkeitsbestimmung gilt für **jedes Insolvenzverfahren** ohne Rücksicht auf die Person des Schuldners oder die Organisationsform des jeweiligen Rechtsträgers, der Größe der Vermögensmasse oder der Verschuldung.

2. Annexverfahren

Die sachliche Zuständigkeit des Insolvenzgerichts umfasst nicht die im Zusammenhang mit 6
dem Insolvenzverfahren stehenden Rechtsstreitigkeiten. Eine derartige **Attraktivzuständigkeit** (**vis attractiva concursus**), wie sie im spanischen Konkursprozess von Francisco Salgado de Somoza entwickelt wurde (hierzu Kohler, Lehrbuch des Konkursrechts, 1891, 24 ff.; Smid FS Gero Fischer, 2008, 489 ff.) und auch das deutsche gemeine Konkursrecht prägte, war schon bei den Beratungen zur Konkursordnung von 1877 aufgrund der „Schwerfälligkeiten und Verschleppungen" eines solchen Verfahrens **abgelehnt** worden (vgl. Motive zu dem Entwurf einer Deutschen Gemeinschuldordnung, II, 3; Häsemeyer InsR Rn. 2.10). Auch die **Insolvenzordnung kennt sie nicht.** Anderen Rechtsordnungen ist eine solche Zuständigkeitskonzentration hingegen weiter vertraut, weshalb nun auch das Europäische Insolvenzrecht Annexverfahren dem Mitgliedstaat des Insolvenzverfahrens zuweist (s. Art. 6 Abs. 1 EuInsVO, zur EuInsVO 2002 schon EuGH NZI 2009, 199 Rn. 21 – Seagon/Deko Marty). Nach deutschem Recht ist das Insolvenzgericht dennoch lediglich für die innerhalb des Insolvenzverfahrens zu treffenden Entscheidungen zuständig. Alle anderen materiell-rechtlichen Streitigkeiten, wie zB über die Zugehörigkeit von Forderungen und Vermögensgegenständen zur Insolvenzmasse (BGHZ 92, 339 (340) = NJW 1985, 976; AG Duisburg NZI 2000, 385), das Bestehen von Aus- oder Absonderungsrechten, der Haftung des Insolvenzverwalters oder auch über Ansprüche aus Insolvenzanfechtung (BGHZ 187, 105 = NZI 2011, 15; LG Hamburg ZIP 1998, 480), sind durch das **Prozessgericht** zu entscheiden. Grenzüberschreitende Annexverfahren, die Art. 6 Abs. 1 EuInsVO einem deutschen Gericht aufgrund des hier eröffneten Insolvenzverfahrens zuweist, sind daher auch vor dem Prozessgericht zu führen.

Eine der Attraktivzuständigkeit angenäherte Zuständigkeitskonzentration am **Ort** des Insol- 7
venzverfahrens findet sich allerdings in zwei Ausnahmefällen. Zum einen sieht § 180 Abs. 1 S. 2 vor, dass Streitigkeiten über die **Feststellung von Forderungen** zur Insolvenztabelle in die ausschließliche Zuständigkeit des Amtsgerichts fallen, bei dem das Insolvenzverfahren anhängig ist oder war, sofern der Streitgegenstand selbst in die sachliche Zuständigkeit der Amtsgerichte fällt; andernfalls ist das Landgericht am Sitz des Insolvenzgerichts ausschließlich zuständig. Hier wird also ein außerhalb des Insolvenzverfahrens zu führender Zivilprozess örtlich am Sitz des Insolvenzgerichts konzentriert. Ein ähnliches Ergebnis bewirkt zum anderen § 19a ZPO, der für **Klagen gegen die Insolvenzmasse,** also nur für Passivprozesse (OLG Schleswig ZInsO 2001, 968 (969)), den Sitz des Insolvenzgerichts zum allgemeinen Gerichtsstand des beklagten Insolvenzverwalters erklärt.

III. Zuständigkeit des Insolvenzgerichts als Vollstreckungsgericht

Das Insolvenzgericht nimmt nach der InsO auch Aufgaben als **Vollstreckungsgericht** wahr. 8
Darunter fällt etwa die Abnahme der eidesstattlichen Versicherung (§ 98 und § 153), vor allem aber auch die Entscheidung über die Vollstreckungserinnerung nach **§ 89 Abs. 3,** die im Hinblick auf das Vollstreckungsverbot erhoben wird (BGH NZI 2008, 50 (Rn. 4)). Die (ggf. zu begründende) Zuständigkeit des Vollstreckungsgerichts (vgl. OLG Jena NZI 2002, 156 (157)) geht hier für die **Dauer des Insolvenzverfahrens** auf das Insolvenzgericht über, da eine gesteigerte Sachnähe des Insolvenzgerichts zu den die Vollstreckungsmaßnahme umgebenden Umständen vermutet wird (vgl. BT-Drs. 12/2443, 138; BGH NZI 2008, 50 Rn. 4; OLG Köln ZInsO 2002, 495).

Ist das Insolvenzverfahren noch nicht eröffnet worden, so findet § 89 Abs. 3 keine Anwendung. 9
Dies gilt auch für das **Eröffnungsverfahren,** es sei denn, das Insolvenzgericht hat bereits gem.

Madaus 21

§ 21 Abs. 2 Nr. 3 Zwangsvollstreckungsmaßnahmen untersagt oder einstweilen einstellen lassen. Dann werden die Wirkungen des § 89 in das Eröffnungsverfahren vorgezogen und der Regelungszweck des § 89 Abs. 3 (Sachnähe) greift ein. Das Insolvenzgericht ist mithin **analog** § 89 Abs. 3 sachlich zuständig, über Rechtsbehelfe wegen eines Verstoßes gegen das Vollstreckungsverbot zu entscheiden (ebenso die wohl hM, vgl. AG Göttingen ZInsO 2003, 770 (771); FK-InsO/Schmerbach § 21 Rn. 271; MüKoInsO/Haarmeyer § 21 Rn. 75; Vallender ZIP 1997, 1993 (1996); aA AG Dresden ZIP 2004, 778 (780); AG Rostock NZI 2000, 142).

10 Gemäß **§ 36 Abs. 4** ist das Insolvenzgericht auch für die Entscheidung zuständig, ob ein Gegenstand nach den §§ 850, 850a, 850c, 850e, 850f Abs. 1, §§ 850g bis 850k, 851c und 851d ZPO der Zwangsvollstreckung unterliegt und damit in die **Insolvenzmasse** fällt. Für diesen Fall erweitert § 36 Abs. 4 S. 3 die Regelung ausdrücklich auch für die Zeit des Eröffnungsverfahrens.

11 Erweitert sich das Vollstreckungsverbot im Fall der **Masseunzulänglichkeit** gemäß **§ 210** auf Altmasseverbindlichkeiten, so ist das Insolvenzgericht auch für Entscheidungen über diesbezügliche Vollstreckungserinnerungen analog § 89 Abs. 3 (BGH NZI 2006, 697 (698) Rn. 10) sachlich zuständig. Dasselbe gilt für Erinnerungen bezüglich des Vollstreckungsverbots aus **§ 90** für Masseverbindlichkeiten (BGH NZI 2006, 697 (698) Rn. 8) sowie über Anträge nach § 765a ZPO (AG Göttingen ZInsO 2001, 275 (276)). Dabei ist unerheblich, ob das Insolvenzverfahren vor der abschließenden Entscheidung aufgehoben wird, solange der Rechtsbehelf nur bereits zuvor eingelegt worden ist (AG Göttingen NZI 2006, 714 (715)).

12 Gemäß § 294 Abs. 1 sind Zwangsvollstreckungsmaßnahmen in das Vermögen des Schuldners auch während der Laufzeit der Abtretungserklärung und damit in der **Wohlverhaltensphase** unzulässig. Das Insolvenzverfahren ist in diesem Zeitraum beendet, weshalb man an der sachlichen Zuständigkeit des Insolvenzgerichts analog § 89 Abs. 3 zweifeln könnte (so LG Saarbrücken ZInsO 2012, 1136 (1137)). Die **Sachnähe** des Insolvenzgerichts ist allerdings weiter gegeben und das Verfahren bleibt als Restschuldbefreiungsverfahren bis zur Entscheidung über die Restschuldbefreiung (§ 300) oder deren vorzeitige Versagung (§ 299) in den Händen des Insolvenzgerichts. Es sollte daher analog § 89 Abs. 3 auch als Vollstreckungsgericht tätig werden.

IV. Zuständigkeitsprüfung von Amts wegen

13 Das angerufene Gericht hat seine sachliche Zuständigkeit von Amts wegen zu prüfen (§ 5 Abs. 1 S. 1). Die Feststellung der sachlichen Unzuständigkeit hängt also **nicht** von der Erhebung einer **Rüge** ab.

14 Hält sich das **sachlich zuständige** Insolvenzgericht für unzuständig und lehnt es die Eröffnung des Insolvenzverfahrens ab, so ist die sofortige Beschwerde nach § 34 Abs. 1 zulässig.

15 Wird das Insolvenzverfahren durch ein **sachlich unzuständiges** Gericht eröffnet, steht dem Schuldner gem. § 34 Abs. 2 die sofortige Beschwerde zu. Eine Heilung des Zuständigkeitsmangels durch rügeloses Einlassen ist gem. § 4 iVm § 40 Abs. 2 S.2 ZPO nicht möglich.

16 Auf Antrag des Insolvenzantragstellers **verweist** das angerufene Gericht die Sache gem. § 4 iVm § 281 Abs. 1 S. 1 ZPO an das zuständige Insolvenzgericht. Das Gericht eines anderen Gerichtszweiges verweist die Sache von Amts wegen an das zuständige Insolvenzgericht, § 17a Abs. 2 GVG iVm § 48 Abs. 1 ArbGG, § 173 VwGO, § 155 FGO oder § 202 SGG.

B. Funktionelle Zuständigkeit

I. Richterzuständigkeit

17 Dem Richter sind die in § 18 Abs. 1 RPflG enumerativ aufgezählten Geschäfte vorbehalten, es sei denn, er behält sich gem. § 18 Abs. 2 RPflG das Insolvenzverfahren im Ganzen oder in weiteren Teilen vor. Diese **originären,** dem Rechtspfleger nicht übertragbaren **Zuständigkeitskompetenzen** umfassen:

- das gesamte **Eröffnungsverfahren** unter Einschluss der Entscheidung über den Eröffnungsantrag und der Ernennung des Insolvenzverwalters sowie das Verfahren über einen Schuldenbereinigungsplan nach den §§ 305–310 (§ 18 Abs. 1 Nr. 1 RPflG),
- das Verfahren über einen **Insolvenzplan** nach den §§ 217–256 und den §§ 258–269 (§ 18 Abs. 1 Nr. 2 RPflG; die Übertragung vom Rechtspfleger auf den Richter erfolgte erst durch das ESUG, siehe BGBl. I 2582 (2589)),
- die Entscheidung über die Begründung des Gruppen-Gerichtsstands nach § 3a Abs. 1, die Entscheidung über den Antrag auf Verweisung an das Gericht des Gruppen-Gerichtsstands nach § 3d Abs. 1 sowie das Koordinationsverfahren nach den §§ 269d–269i (§ 18 Abs. 1 Nr. 3 RPflG),

- die Entscheidungen nach den §§ 287a, 290, 296–297a und 300 bei einem Antrag des Schuldners auf Erteilung der **Restschuldbefreiung,** sofern ein Insolvenzgläubiger die Versagung der Restschuldbefreiung beantragt, sowie die Entscheidung über den Widerruf der Restschuldbefreiung nach § 303 (§ 18 Abs. 1 Nr. 4 RPflG),
- sowie bei **grenzüberschreitenden Insolvenzverfahren** die Entscheidungen nach den §§ 344–346 (§ 18 Abs. 1 Nr. 5 RPflG).
- Des Weiteren ist gem. § 4 Abs. 2 RPflG allein der Richter befugt, eine **Beeidigung** anzuordnen oder einen Eid abzunehmen (Nr. 1) sowie **Freiheitsentziehungen** anzudrohen oder anzuordnen, sofern es sich nicht um Maßnahmen zur Vollstreckung handelt (Nr. 2). Zur Abnahme der eidesstaatlichen Versicherung ist nach der Eröffnung des Insolvenzverfahrens jedoch auch der Rechtspfleger befugt (MüKoInsO/Stephan § 98 Rn. 12).

Der Richter kann sich das Insolvenzverfahren gem. § 18 Abs. 2 S. 1 RPflG ganz oder teilweise **18** vorbehalten, soweit er dies für geboten erachtet (**Vorbehaltsrecht**). Hierbei ist dem Richter zwar ein Beurteilungsspielraum eingeräumt (Jaeger/Gerhardt Rn. 56 f.), ein freies Ermessen hat er hingegen nicht (MüKoInsO/Ganter/Bruns Rn. 21). Die Ausübung des Vorbehaltsrechts kann im Einzelfall etwa im Umfang, in der rechtlichen Komplexität oder auch der besonderen rechtlichen oder tatsächlichen Bedeutung des Verfahrens begründet liegen (Uhlenbruck/Pape Rn. 6). Die Ausübung durch den Richter ist unanfechtbar (Jaeger/Gerhardt Rn. 58). Die ausdrücklich zulässige Möglichkeit eines teilweisen Vorbehalts erlaubt die **gemeinsame Bearbeitung** eines Verfahrens durch Richter und Rechtspfleger (zu den Varianten einer Aufgabenverteilung s. Frind ZInsO 2001, 993).

Hält der Richter den Vorbehalt nicht mehr für erforderlich, kann er das Verfahren dem Rechts- **19** pfleger (zurück)übertragen, § 18 Abs. 2 S. 2 RPflG. Er kann nachfolgend das Verfahren gem. § 18 Abs. 2 S. 3 RPflG auch wieder an sich ziehen, wenn und solange er dies für erforderlich hält (**Evokationsrecht**). Wenngleich es hierzu keines Beschlusses bedarf, sollte der Vorgang zumindest durch einen Vermerk oder eine Verfügung aktenkundig gemacht werden (BGHZ 50, 258 (261) = NJW 1968, 1675; Mohrbutter/Drischler NJW 1971, 361 Fn. 10).

Streitig ist, ob der Richter ein vom Rechtspfleger geführtes Verfahren auch dann an sich ziehen **20** kann, wenn er sich dies zuvor nicht ausdrücklich nach § 18 Abs. 2 S. 1 RPflG vorbehalten hat. Ein **vorbehaltsloses Evokationsrecht** scheint § 18 Abs. 2 S. 3 RPflG nicht zu gewähren (Frege/Keller/Riedel, Insolvenzrecht, 8. Aufl. 2015, Rn. 200; Bernsen, Kölner Schrift, 2. Aufl. 2000, 1843 (1846); Schneider Rpfleger 1999, 173). Eine derart strenge Handhabung verkennt allerdings den Regelungszweck des § 18 Abs. 2, der es dem Richter im Einzelfall ermöglichen soll, sich flexibel in das Verfahren einzuschalten (zutr. Dallmayer/Eickmann RPflG § 18 Rn. 13). Die aus § 3 Abs. 2e RPflG folgende Zuständigkeit des Rechtspflegers kann daher über § 18 Abs. 2 S. 3 RPflG durch den Richter verdrängt werden (AG Köln NZI 2000, 331 (332); Fuchs ZInsO 2001, 1033 (1034); Uhlenbruck Rpfleger 1997, 356 (359); zur Evokation sachlicher Teilbereiche: Uhlenbruck/Pape Rn. 6; Frind ZInsO 2001, 993; verneinend Fuchs ZInsO 2001, 1033 (1034)). Das Evokationsrecht stellt sich insofern als Verlängerung des Vorbehalts aus § 18 Abs. 2 S. 1 RPflG dar, dessen Ausübung in jedem Verfahrensstadium möglich wird. Seine Ausübung darf natürlich nicht dazu missbraucht werden, eigene Vorstellungen des Richters durchzusetzen oder bereits ergangene Sachentscheidungen des Rechtspflegers mutwillig aufzuheben oder abzuändern (Frege/Keller/Riedel, Insolvenzrecht, 8. Aufl. 2015, Rn. 200).

Auch an die **Qualifikation des Insolvenzrichters** stellt das Gesetz Anforderungen. Er muss **21** belegbare Kenntnisse in den für das Insolvenzverfahren wesentlichen Rechtsgebieten aufweisen (§ 22 Abs. 6 S. 2 GVG). Fehlen diese, so darf die Justizverwaltung einen Richter nur als Insolvenzrichter einsetzen, wenn der alsbaldige Erwerb der Kenntnisse zu erwarten ist (§ 22 Abs. 6 S. 3 GVG). Ein Richter auf Probe darf gem. § 22 Abs. 6 S. 1 GVG nicht bereits im ersten Jahr nach seiner Ernennung Geschäfte in Insolvenzsachen wahrnehmen.

II. Rechtspflegerzuständigkeit

Die funktionelle Zuständigkeit in Insolvenzsachen ist – ab Eröffnung des Insolvenzverfahrens – **22** gem. **§ 3 Nr. 2e RPflG** grundsätzlich dem Rechtspfleger zugewiesen. Dieser bestellt daher etwa auch den Insolvenzverwalter im Fall der Aufhebung einer Eigenverwaltung (AG Hamburg ZIP 2018, 1896 mzustAnm Laroche EWiR 2018, 693). Der Rechtspfleger erledigt gem. §§ 4 Abs. 1, 9 RPflG alle Maßnahmen, die zur Erledigung der ihm übertragenen Geschäfte erforderlich sind, **weisungsfrei** und sachlich unabhängig, er ist nur an Recht und Gesetz gebunden. Die Unabhängigkeit des Rechtspflegers endet aber in den Fällen, in denen der Richter von seinem Evokationsrecht Gebrauch macht (→ Rn. 19) oder dem Rechtspfleger die vorgelegte Sache zurückgibt, wodurch jener an die ihm mitgeteilte Rechtsauffassung des Richters gebunden ist, § 5 Abs. 3 S. 3 RPflG.

23 Den Rechtspfleger treffen verschiedentlich ausgestaltete Vorlagepflichten und -rechte. Neben den **Vorlagepflichten** aus § 5 Abs. 1 Nr. 1 und 2 sowie § 6 RPflG (Verfassungszweifel, Sachzusammenhang zur Richterzuständigkeit), die zur Vorlage des gesamten Verfahrens an den Richter führen (Kindl/Meller-Hannich/Wolf/Radke, Gesamtes Recht der Zwangsvollstreckung, 3. Aufl. 2016, RPflG § 4 Rn. 8), hat der Rechtspfleger, der eine Maßnahme für geboten hält, zu der er nach § 4 Abs. 2 Nr. 1 und 2 RPflG nicht befugt ist (Eidesabnahme, Freiheitsentziehung), die konkrete Sache gem. § 4 Abs. 3 RPflG dem Richter zur Entscheidung vorzulegen. Ein **Vorlagerecht** hat der Rechtspfleger gem. § 5 Abs. 2 RPflG hinsichtlich der ihm übertragenen Geschäfte, wenn die Anwendung ausländischen Rechts in Betracht kommt.

24 **Überschreitet** der Rechtspfleger seine Zuständigkeitskompetenzen, indem er ein Geschäft des Richters wahrnimmt, das ihm weder kraft Gesetzes übertragen ist, noch durch den Richter übertragen werden kann, so sind die von ihm getroffenen Maßnahmen gem. § 8 Abs. 4 S. 1 RPflG unwirksam, ohne dass eine Heilungsmöglichkeit besteht (BGH NZI 2005, 520; LG Berlin ZInsO 2004, 987 (988); LG Göttingen ZInsO 1999, 300; Jaeger/Gerhardt Rn. 59). Trotz sachlicher Richtigkeit ist eine solch unwirksame Maßnahme aufzuheben, selbst wenn das Beschwerdegericht die Entscheidung in der Sache geprüft und gebilligt hat (BGH NZI 2010, 977 Rn. 22). Die Verletzung der funktionellen Zuständigkeit ist **von Amts wegen zu prüfen** und hängt nicht von der Erhebung einer Rüge nach § 577 Abs. 2 S. 3 ZPO ab (BGH NZI 2010, 977 Rn. 22). Eine **Ausnahme** von der Unwirksamkeitsfolge besteht allerdings nach § 8 Abs. 4 S. 2 iVm § 7 RPflG dann, wenn der Richter zur Behebung eines Kompetenzkonfliktes über die Zuständigkeit durch Beschluss zugunsten des Rechtspflegers entschieden hatte. Bei Zweifeln hinsichtlich des funktionell zuständigen Organs der Rechtspflege hat der Richter folglich die Wahl zwischen der Evokation (→ Rn. 20; hierfür etwa AG Hamburg ZIP 2018, 1896) und der Zuständigkeitsbestimmung nach § 7 RPflG (hierfür etwa Laroche EWiR 2018, 693 (694)). Auch die Verletzung der Vorlagepflicht aus § 5 Abs. 1 RPflG führt gem. § 8 Abs. 3 RPflG nicht zur Unwirksamkeit der Maßnahme.

25 Ein Geschäft, das dem **Rechtspfleger übertragen** war, wird nach § 8 Abs. 1 RPflG nicht dadurch unwirksam, dass der Richter es wahrnimmt, ohne sich das Insolvenzverfahren nach § 18 Abs. 2 RPflG vorbehalten zu haben.

26 Hinsichtlich der **Qualifikation** gilt für den Rechtspfleger (wie für den Richter → Rn. 21) in Insolvenzsachen: ein Beamter auf Probe darf nicht bereits im ersten Jahr nach seiner Ernennung Geschäfte in Insolvenzsachen wahrnehmen, § 18 Abs. 4 S. 1 RPflG. Zudem muss auch er Kenntnisse der für das Insolvenzverfahren notwendigen Rechtsgebiete aufweisen bzw. deren alsbaldiger Erwerb muss erwartet werden dürfen, vgl. § 18 Abs. 4 S. 2 und 3 RPflG.

C. Ermächtigung der Länder zur abweichenden Regelung der Gerichtsstruktur

27 Die in Abs. 1 normierte Konzentration auf Amtsgerichte am Sitz eines Landgerichts kann aufgrund der Ermächtigung in Abs. 2 durch die **Landesregierungen** im Verordnungsweg verändert werden. Die Ermächtigung ist notwendig, da die Bestimmung der sachlichen Zuständigkeit im Wege der abstrakten Zuweisung an die Gerichte aller Bundesländer ein **Element der Gerichtsverfassung** betrifft, das eben nicht der Gerichtsorganisation als Länderkompetenz, sondern der bundesrechtlichen Gesetzgebungskompetenz unterliegt (Holch DÖV 1969, 535 (537)). Sollen die Länder hier eigenständige Regelungen treffen, bedarf es einer Übertragung an die Landesgesetzgeber wie in Abs. 2.

28 Der **Inhalt** der geänderten Gerichtsstruktur ist nicht vorgegeben. Die Länder können andere oder auch zusätzliche Amtsgerichte zu Insolvenzgerichte bestimmen. Sie können ebenso die **Bezirke** der Insolvenzgerichte abweichend festlegen. Insgesamt soll die Möglichkeit geschaffen werden, den besonderen geographischen und infrastrukturellen Gegebenheiten sowie wirtschaftlichen Schwerpunkten Rechnung zu tragen. Einzig zu erfüllende inhaltliche Anforderung ist die in Abs. 2 S. 1 genannte **sachdienliche Förderung** oder **schnellere Erledigung der Verfahren**. Die angepasste Gerichtsstruktur muss also die Verfahrensökonomie erhöhen. Im Interesse einer Konzentration der notwendigen Richterkompetenz gerade auch mit Blick auf moderne, komplexe Unternehmens- oder Konzernsanierungsfälle in der Insolvenz ist den Ländern anzuraten, diese Kompetenz zu nutzen und Insolvenzgericht örtlich, zugleich aber auch personell zu konzentrieren. Idealerweise sollten im Ergebnis Richter mit ihrem vollen Deputat dem Insolvenzgericht zugewiesen sein.

29 Die **Bundesländer** haben bislang von der Kompetenz des Abs. 2 sehr unterschiedlich Gebrauch gemacht. Eine ganze Reihe Bundesländer haben in Abkehr von den einzelnen Landgerichtsbezir-

ken **zusätzliche Insolvenzgerichte** eingerichtet (Baden-Württemberg, Bayern, Berlin, Bremen, Hessen, Niedersachsen, Rheinland-Pfalz und Schleswig-Holstein) und so die Zersplitterung der Insolvenzgerichte weiter erhöht. Andere haben **keine Regelungen** getroffen (Hamburg, Mecklenburg-Vorpommern, Nordrhein-Westfalen, Sachsen-Anhalt und Thüringen), was insbesondere in den neuen Bundesländern an der ohnehin schlanken Gerichtsstruktur liegen mag. Sachsen hat die Ermächtigung genutzt, um bei sechs Landgerichtsbezirken nur drei Insolvenzgerichte einzuführen. In Berlin wurde die Regelung weiter dahingehend genutzt, die Unternehmensinsolvenzen getrennt von den Verbraucherinsolvenz- und sonstigen Kleinverfahren an verschiedenen Insolvenzgerichten zu konzentrieren (zu diesbezüglichen Reformversuchen → Rn. 29.1).

Deutschland hat derzeit **182 Insolvenzgerichte,** 11 weitere Berliner Gerichte bearbeiten nur Verbraucherinsolvenzverfahren. An vielen dieser Gerichte finden so nur wenige Unternehmensinsolvenzen im Jahr statt; Eigenverwaltungen und EuInsVO-Verfahren sind eine Rarität (s. Forschungsbericht ESUG Evaluierung, 2018, 13). Richterliche Kompetenz, die sich aus Erfahrung speist und gerade in immer komplexer werdenden Unternehmensinsolvenzverfahren gefragt sind, kann so nur punktuell entstehen. Folgerichtig wollte schon der ESUG-Regierungsentwurf eine **stärkere Konzentration der Insolvenzgerichte** dadurch erreichen, dass die Ermächtigung in § 2 Abs. 2 darauf beschränkt wird, ein anderes Amtsgericht als das am Sitz des Landgerichts zum Insolvenzgericht zu bestimmen oder aber die Zuständigkeit des Insolvenzgerichts über den Landgerichtsbezirk hinaus zu erstrecken. Hintergrund des Vorschlags war der Wunsch nach einer Erhöhung der Fachkompetenz des Personals am zuständigen Insolvenzgericht, insbesondere im Hinblick auf die effiziente Behandlung von Unternehmensinsolvenzen (vgl. BT-Drs. 17/5712, 22). Er ist leider an der Ablehnung der Länderkammer gescheitert (BR-Drs. 127/1/11, 1 ff.). Dasselbe Schicksal ereilte den gleichlautenden Regelungsvorschlag in Art. 5 Nr. 1 SanInsFoG-RegE (BT-Drs. 19/24181, 56) im Dezember 2020.

29.1

D. Ermächtigung der Länder zur Bestimmung des Gerichts des Gruppen-Gerichtsstands

Der seit dem 21.4.2018 geltenden Abs. 3 verlangt von den Bundesländern die Bestimmung **eines Insolvenzgerichts je OLG-Bezirk** zum Gericht am Gruppen-Gerichtsstand nach § 3a. Soweit in einem Bundesland mehrere OLG-Bezirke existieren, erlaubt S. 2 auch die Bestimmung nur eines Insolvenzgerichts für mehrere oder auch alle OLG-Bezirke desselben Bundeslandes. Die Bundesländer haben von dieser Kompetenz inzwischen Gebrauch gemacht (→ Rn. 30.1).

30

Bislang haben – soweit ersichtlich – folgende Bundesländer **Gruppen-Gerichtsstände** bestimmt:
- **Baden-Württemberg:** AG Karlsruhe im OLG-Bezirk Karlsruhe und AG Stuttgart im OLG-Bezirk Stuttgart (§ 9b Abs. 1 ZuVOJu)
- **Bayern:** AG München im OLG-Bezirk München und AG Nürnberg im OLG-Bezirk Nürnberg (§ 52 Abs. 4 GZVJu)
- **Berlin:** AG Charlottenburg (§ 8 der Verordnung über die Zuweisung amtsgerichtlicher Zuständigkeiten)
- **Brandenburg:** AG Potsdam als Insolvenzgericht im Bezirk des Brandenburgischen Oberlandesgericht
- **Bremen:** AG Bremen (§ 1 Abs. 2 InsGerBestVO)
- **Hamburg:** AG Hamburg (Mitte) als das allein zuständige Gericht (auch) für Konzerninsolvenzen
- **Hessen:** AG Frankfurt am Main (§ 6 Abs. 2 Justizzuständigkeitsverordnung Hessen)
- **Mecklenburg-Vorpommern:** voraussichtlich AG Rostock (ZuständigkeitsVO 1. HJ 2020 erwartet)
- **Niedersachsen:** AG Göttingen im OLG-Bezirk Braunschweig, AG Hannover im OLG-Bezirk Celle und AG Oldenburg im OLG-Bezirk Oldenburg (§ 8 Abs. 4 ZustVO-Justiz)
- **Nordrhein-Westphalen:** AG Düsseldorf im OLG-Bezirk Düsseldorf, AG Köln im OLG-Bezirk Köln und im OLG-Bezirk Hamm das AG Essen für die Landgerichtsbezirke Bochum, Dortmund, Essen, Hagen und Siegen sowie das AG Bielefeld für die Landgerichtsbezirke Arnsberg, Bielefeld, Detmold, Münster und Paderborn (§ 1 NRWKonzVOGGI)
- **Rheinland-Pfalz:** derzeit keine Umsetzung geplant
- **Saarland:** Umsetzung unbekannt
- **Sachsen:** AG Leipzig (§ 16a SächsJOrgVO)
- **Sachsen-Anhalt:** AG Halle/Saale (§ 1 ZivilAGZustV)
- **Schleswig-Holstein:** Umsetzung derzeit in Arbeit
- **Thüringen:** derzeit keine Umsetzung geplant

30.1

Hintergrund dieser Ermächtigung ist der Wunsch des Bundesgesetzgebers nach einer **Konzentration von Konzerninsolvenzverfahren** an wenigen Insolvenzgerichten im Bundesgebiet, denen so ermöglicht werden soll, sachliche wie auch personelle Ressourcen aufzubauen und vorzuhalten, um solche größeren Verfahren effizient und kompetent zu bewältigen (BT-Drs. 18/

31

407, 25 f.). Diese Argumentation trägt bei genauer Betrachtung aber nicht nur die Konzentration von Konzerninsolvenzen, sondern die von Unternehmensinsolvenzen insgesamt bei wenigen, dafür aber hinreichend ausgestatteten Insolvenzgerichten mit erfahrenen Richtern und Rechtspflegern (→ Rn. 29.1). Abs. 3 darf insofern als **Anstoß für die Bundesländer** verstanden werden, entsprechende Überlegungen voranzutreiben. Diese könnten insbesondere vorsehen, Privatinsolvenzen wie bislang „vor Ort" zu bewältigen, für Unternehmensinsolvenzen inklusive Konzernsachverhalte und EuInsVO-Verfahren hingegen ein zentralisiertes Insolvenzgericht oder – in größeren Bundesländern – wenige solcher Insolvenzgerichte zu schaffen. Die damit einhergehende Parallelität der konzentrierten örtlichen Zuständigkeit für Unternehmensinsolvenzen und Konzerninsolvenzen vermeidet schließlich von vornherein ein Auseinanderfallen des nach § 3 „zuständigen" Gerichts vom Gericht des Gruppengerichtsstands nach § 3a (Einzelheiten dazu etwa bei Berner/Zenker FS Graf-Schlicker, 2018, 171 (176 f.); Schaaf/Filbinger BB 2019, 1801).

§ 3 Örtliche Zuständigkeit

(1) ¹Örtlich zuständig ist ausschließlich das Insolvenzgericht, in dessen Bezirk der Schuldner seinen allgemeinen Gerichtsstand hat. ²Liegt der Mittelpunkt einer selbständigen wirtschaftlichen Tätigkeit des Schuldners an einem anderen Ort, so ist ausschließlich das Insolvenzgericht zuständig, in dessen Bezirk dieser Ort liegt.

(2) Hat der Schuldner in den letzten sechs Monaten vor der Antragstellung Instrumente gemäß § 29 des Unternehmensstabilisierungs- und -restrukturierungsgesetzes in Anspruch genommen, ist auch das Gericht örtlich zuständig, das als Restrukturierungsgericht für die Maßnahmen zuständig war.

(3) Sind mehrere Gerichte zuständig, so schließt das Gericht, bei dem zuerst die Eröffnung des Insolvenzverfahrens beantragt worden ist, die übrigen aus.

Überblick

§ 3 Abs. 1 regelt die **örtliche Zuständigkeit** für Insolvenzverfahren natürlicher und juristischer Personen sowie insolvenzfähiger Gesellschaften (§ 11). Für Nachlassinsolvenzverfahren statuiert § 315 eine dem § 3 Abs. 1 entsprechende Spezialregelung. Im Falle eines Zuständigkeitskonflikts bestimmt Abs. 3, dass das Erstgericht alle übrigen Gerichte ausschließt. Es gilt in der Konkurrenzsituation also das Prioritätsprinzip. Einen Wahlgerichtsstand eröffnet hingegen Abs. 2 für Fälle, in denen der Insolvenz ein StaRUG-Verfahren vorausging. Bei Insolvenzverfahren über inländische Unternehmensgruppen findet sich in § 3a zusätzlich die Option eines Gruppen-Gerichtsstands im Interesse der Verfahrenskonzentration und -koordination. Für grenzüberschreitende Sachverhalte gilt zudem hinsichtlich der **internationalen Zuständigkeit** die EuInsVO. Bei Insolvenzen mit Auslandsberührung, die nicht in den Anwendungsbereich der EuInsVO fallen, bestimmt § 3 in analoger Anwendung auch die internationale Zuständigkeit inländischer Insolvenzgerichte.

Übersicht

	Rn.		Rn.
A. Örtliche Zuständigkeit	1	3. Verweisung an das zuständige Gericht	23
I. Ausgangspunkt: Allgemeiner Gerichtsstand des Schuldners (Abs. 1 S. 1)	4	V. Die Wahl des Restrukturierungsgerichts als Insolvenzgericht (Abs. 2)	24a
II. Sonderanknüpfung: COMI (Abs. 1 S. 2)	9	VI. Die Wahl des Gerichtsstands durch Sitzverlegung	25
1. Ausübung einer selbstständigen wirtschaftlichen Tätigkeit	9	B. Internationale Zuständigkeit	28
2. Im Zeitpunkt der Antragstellung	11	I. Bestimmung des Anwendungsbereichs der EuInsVO	29
3. Der Mittelpunkt	14	II. Innerhalb des Anwendungsbereichs der EuInsVO	30
III. Mehrfache örtliche Zuständigkeit (Abs. 2)	17	III. Außerhalb des Anwendungsbereichs der EuInsVO	31
IV. Entscheidung des Gerichts	21	IV. Mögliche Zuständigkeitskonzentration	32
1. Prüfung von Amts wegen	21		
2. Annahme der Zuständigkeit	22		

A. Örtliche Zuständigkeit

Die Bestimmung des örtlich zuständigen Insolvenzgerichts, die sowohl Gerechtigkeits- als auch **1** Zweckmäßigkeitserwägungen folgt (AG Köln NZI 2008, 254 (255); Hölzle/Jacoby ZIP 2021, 337), knüpft in Abs. 1 S. 1 an den **allgemeinen Gerichtsstand** und in Abs. 1 S. 2 an den **Mittelpunkt der selbstständigen wirtschaftlichen Tätigkeit** des insolvent gewordenen Schuldners an, wobei zwischen beiden Anknüpfungspunkten kein Wahlrecht besteht (Jaeger/Gerhardt, Insolvenzordnung, 2004, Rn. 2 ff.), sondern bei Ausübung einer selbstständigen wirtschaftlichen Tätigkeit deren Mittelpunkt einzig maßgebend ist (Uhlenbruck/Pape Rn. 3). Der Wortlaut des Abs. 1 ist insofern eindeutig. Übt der Schuldner hingegen im Zeitpunkt der Antragstellung keinerlei selbstständige wirtschaftliche Tätigkeit (mehr) aus, ist die örtliche Zuständigkeit nach dem allgemeinen Gerichtsstand des Schuldners zu bestimmen. In beiden Fällen wird ein **ausschließlicher** Gerichtsstand normiert, der die örtliche Zuständigkeit derogationsfest begründet. Eine anderweitige Vereinbarung ist gem. § 40 Abs. 2 S. 1 Nr. 2 ZPO unwirksam.

Die örtliche Zuständigkeit des Gerichts für **Aktiv- und Passivprozesse des Insolvenzver- 2 walters** wird durch § 3 nicht geregelt. Welches Prozessgericht über solche Annexverfahren entscheidet, richtet sich nach den allgemeinen Vorschriften (vgl. für den Passivprozess des Insolvenzverwalters § 19a ZPO, der eine Konzentrationswirkung zeitigt) (BGH WM 2012, 1449 Rn. 8; BGH NJW 2003, 2916; Herbst DZWIR 2001, 190; aA Wessel DZWIR 2000, 196 (197)).

Maßgeblicher Zeitpunkt für das Vorliegen der die örtliche Zuständigkeit begründenden **3** Anknüpfungsmomente ist der **Eingang des Insolvenzantrags bei Gericht** (BGH NZI 2007, 344 Rn. 5; BayObLG BeckRS 2019, 32702 Rn. 20; OLG Hamm NZI 2019, 998 Rn. 19; OLG Naumburg NZI 2001, 476; OLG Köln NZI 2003, 567 (568); HK-InsO/Kirchhof Rn. 5). Ist im Antragszeitpunkt die örtliche Zuständigkeit gegeben, so sind spätere Veränderungen der maßgeblichen Verhältnisse selbst dann unerheblich, wenn sie noch vor der Entscheidung des Gerichts über den Eröffnungsantrag eintreten (BGH NZI 2007, 344 Rn. 5; OLG Hamm NZI 2019, 998 Rn. 20; vgl. auch § 261 Abs. 3 Nr. 2 ZPO iVm § 4). Ist hingegen die Zuständigkeit im Antragszeitpunkt noch nicht gegeben und treten nachfolgend bis zur Eröffnungsentscheidung Änderungen ein, die die Zuständigkeit des angerufenen Gerichts begründen, so sind diese Änderungen zu berücksichtigen, um zu vermeiden, dass sich ein nun zuständiges Gericht für unzuständig erklärt (AG Köln NZI 2008, 254 (255); MüKoInsO/Ganter/Bruns Rn. 5; Hölzle/Jacoby ZIP 2021, 337 (339)). Die Motivation einer kurzfristigen Sitzverlegung wird dabei genau zu prüfen sein (zur rechtsmissbräuchlichen und daher unbeachtlichen Sitzverlegung → Rn. 26).

I. Ausgangspunkt: Allgemeiner Gerichtsstand des Schuldners (Abs. 1 S. 1)

Der nach § 3 Abs. 1 S. 1 maßgebliche allgemeine Gerichtsstand des Schuldners folgt aus der **4** entsprechenden Anwendung der **§§ 13–17 ZPO** (vgl. § 4). § 12 ZPO findet keine Anwendung, da der dort für alle gegen eine Person zu erhebenden Klagen definierte Begriff eines allgemeinen Gerichtsstands durch den ausschließlichen Gerichtsstand des § 3 verdrängt wird.

Ist der Schuldner eine **natürliche Person,** so ist gem. § 13 ZPO auf den **Wohnsitz** abzustellen **5** (vgl. dazu AG Düsseldorf NZI 2017, 63). Fehlt ein Inlandswohnsitz, so gelten die §§ 15 und 16 ZPO entsprechend. Hat der Schuldner eine **Strafhaft** angetreten, so wird in der JVA kein zuständigkeitsbegründender Wohnsitz begründet (BGH NJW-RR 1996, 1217). Es ist vielmehr zu klären, ob der Schuldner seinen bisherigen Wohnsitz für die Haftzeit gem. § 7 Abs. 3 BGB willentlich aufgegeben hat. Eine solche Wohnsitzaufgabe wird durch die polizeiliche Abmeldung oder die Aufgabe der Wohnung allenfalls indiziert, bleibt aber irrelevant, wenn die Beziehungen des Schuldners zum bisherigen Wohnort aufrechterhalten bleiben (OLG Hamm ZInsO 2017, 163 (164)). Sind solche Beziehungen, insbesondere aufgrund der Dauer der Haft, nicht mehr feststellbar, so findet § 16 ZPO Anwendung, der zum Ort der JVA führt (so im Einzelnen auch Greiner ZInsO 2016, 1928 (1931)). Entsprechendes gilt, wenn der Schuldner sich **zum Zwecke der Eingliederung in eine Einrichtung** begibt. Auch hier wird in der Einrichtung kein Wohnsitz begründet, weil es insoweit an dem Willen des Schuldners fehlt, diesen Ort zu seinem ständigen Wohnsitz zu machen. Hat der Schuldner aktuell (Zukunftspläne sind insoweit irrelevant) keinen anderen Wohnsitz, so findet man in der Einrichtung seinen Aufenthaltsort (§ 4 InsO, § 16 ZPO – AG Göttingen BeckRS 2019, 21137).

Ist der Schuldner eine **juristische Person** oder eine rechts- und insolvenzfähige **Gesellschaft, 6** so ist gem. § 17 ZPO ihr Sitz maßgebend. Damit ist der **Satzungssitz** zuständigkeitsbestimmend, wobei umstritten ist, ob auch rechtsfähige Personengesellschaften einen solchen Sitz aufweisen (s. BeckOK ZPO/Toussaint ZPO § 17 Rn. 9.2). Dieser Satzungssitz ist von der (eingetragenen) Geschäftsadresse des Schuldners zu unterscheiden, weshalb eine Änderung nur der Geschäftsadresse ohne gleichzeitige Änderung des Satzungssitzes für die Zuständigkeitsbestimmung keine Wirkungen erzeugt (BayObLG BeckRS 2019, 32702 Rn. 23). Fehlt ein maßgeblicher Satzungssitz, so bleibt es bei der Vermutung des § 17 Abs. 1 S. 2 ZPO, sodass auf den Ort abzustellen ist, an dem die **Verwaltung** des Schuldners geführt wird (BayObLG NZI 1999, 457 – Verwaltungssitz).

7 Die örtliche Zuständigkeit für ein Insolvenzverfahren über das Vermögen eines **Gesellschafters** ist aufgrund der rechtlichen Selbstständigkeit des Verfahrens **unabhängig** vom Sitz der Gesellschaft zu bestimmen. Eine Verfahrenskonzentration am Satzungssitz sieht § 3 Abs. 1 nicht vor (vgl. KG ZInsO 2000, 44 (46)). Maßgeblich ist daher gem. § 3 Abs. 1 S. 1, § 4 iVm § 13 ZPO grundsätzlich das Insolvenzgericht am Wohnsitz des Gesellschafters (bei Gesellschaften als Gesellschafter gilt → Rn. 6).

8 Ist der Gesellschafter zugleich **aktiver Geschäftsführer** der Gesellschaft und trifft ihn ein **persönliches Haftungsrisiko** (OHG/KG), so übt er eine selbstständige wirtschaftliche Tätigkeit iSd § 3 Abs. 1 S. 2 (→ Rn. 9) aus, womit es nun auf den Mittelpunkt seines wirtschaftlichen Daseins ankommt. Ist der Schuldner nur für eine Gesellschaft als deren Geschäftsführer tätig, so wird der Sitz der Gesellschaft in der Regel auch sein wirtschaftlicher Tätigkeitsort sein und in der Folge der Insolvenzgerichtsstand der Gesellschaft und des Gesellschafters am Gesellschaftssitz zusammenfallen (vgl. BayObLG ZInsO 2001, 669; KG ZIP 2000, 1170 (1172); MüKoInsO/Ganter/Bruns Rn. 15). Ist er hingegen für mehrere Gesellschaften tätig, so lässt sich der Mittelpunkt seines wirtschaftlichen Daseins nicht pauschal mit dem Sitz einer (der insolventen) Gesellschaft verbinden. Es ist vielmehr zu schauen, ob der Schuldner seine Geschäftsführertätigkeit für alle Gesellschaften vom selben Ort aus wahrnimmt (vgl. KG NZI 2001, 156 (157)). Ist dies nicht der Fall, so lässt sich ein Mittelpunkt seiner Tätigkeit iSd § 3 Abs. 1 S. 2 nicht feststellen und der Wohnsitz wird wieder allein maßgeblich (MüKoInsO/Ganter/Bruns Rn. 15; Uhlenbruck/Pape Rn. 10).

II. Sonderanknüpfung: COMI (Abs. 1 S. 2)

1. Ausübung einer selbstständigen wirtschaftlichen Tätigkeit

9 Unter einer selbstständigen wirtschaftlichen Tätigkeit versteht man jede Tätigkeit, die in **unabhängiger Stellung** erfolgt (keine Arbeitnehmereigenschaft) und auf **Gewinnerzielung** gerichtet ist, ohne dass jedoch ein Gewinn erzielt zu werden braucht (OLG Hamm ZInsO 1999, 533 (534)). Ein Gewerbe im Rechtssinne muss hierfür nicht notwendig ausgeübt werden (BT-Drs. 12/2443, 110; HK-InsO/Kirchhof Rn. 7). Umfasst sind auch landwirtschaftliche und freiberufliche Tätigkeiten (MüKoInsO/Ganter/Bruns Rn. 7).

10 Wird neben einer selbstständigen **auch eine unselbstständige** Tätigkeit ausgeführt, so ist die vom Wohnsitz des Schuldners (S. 1 → Rn. 5) abweichende Eröffnung des Insolvenzverfahrens am Mittelpunkt der selbstständigen wirtschaftlichen Tätigkeit bereits dann gerechtfertigt, wenn der selbstständigen Tätigkeit keine völlig untergeordnete Bedeutung zuzuschreiben ist (Nerlich/Römermann/Becker Rn. 34).

2. Im Zeitpunkt der Antragstellung

11 Die maßgebliche wirtschaftliche Tätigkeit muss im Zeitpunkt der Antragstellung bereits aufgenommen worden sein (BayObLG Rpfleger 1980, 486). Vor allem aber darf sie zu diesem Zeitpunkt noch nicht vollständig eingestellt sein (BayObLG NZI 2004, 90 (91); OLG Braunschweig NZI 2000, 266 (267); OLG Hamm NZI 2000, 220 (221)). Es bedarf bei Antragstellung also einer zumindest im geringen Umfang ausgeführten **werbenden Tätigkeit** (OLG Schleswig NZI 2004, 264; BayObLG NZI 2020, 580 Rn. 33; 2004, 90 (91); 2004, 88 (89); NZI 2001, 372 (373); HK-InsO/Kirchhof Rn. 8).

12 Übt der Schuldner im Zeitpunkt der Antragstellung eine selbstständige wirtschaftliche Tätigkeit aus, so ist die Durchführung eines **Verbraucherinsolvenzverfahrens** gem. § 304 Abs. 1 S. 1 ausgeschlossen. In Verbraucherinsolvenzverfahren kommt die Zuständigkeitsbegründung über § 3 Abs. 1 S. 2 folglich nicht in Betracht (HK-InsO/Kirchhof Rn. 8). Hat der Schuldner hingegen seine frühere selbstständige wirtschaftliche Tätigkeit vollständig aufgegeben, so kommt zwar die Durchführung eines Verbraucherinsolvenzverfahrens gem. § 304 Abs. 1 S. 2 in Betracht; eine Zuständigkeitsbegründung über § 3 Abs. 1 S. 2 ist mangels werbender Tätigkeit damit aber nicht möglich.

13 Problematisch ist, ob **reine Abwicklungstätigkeiten** unter den Begriff der ausgeübten selbstständigen wirtschaftlichen Tätigkeit fallen und damit zuständigkeitsbegründend relevant sein kön-

Örtliche Zuständigkeit § 3 InsO

nen. Bejaht man diese Frage, so vereinfacht man die Wahl des Insolvenzgerichts zur sog. „Firmenbestattung" (→ Rn. 26.1), da es keiner Satzungsänderung zur Sitzverlegung nach § 3 Abs. 1 S. 1 mehr bedarf, sondern nur der Ort der Abwicklung durch den Bestatter verändert werden muss, um dort über § 3 Abs. 1 S. 2 einen Insolvenzantrag zu stellen. Insofern spricht viel dafür, danach zu differenzieren, ob eine Schuldnergesellschaft in Abwicklung bei Antragstellung noch in ihrem ursprünglichen Geschäftsfeld nach außen in Erscheinung tritt (**auslaufender Geschäftsbetrieb**) oder aber nur noch eine Verwaltung der Vermögenswerte (auch mit Außenwirkung, etwa durch einen Zahlungseinzug) stattfindet (eingestellter Geschäftsbetrieb; wohl hL; vgl. MüKoInsO/Ganter/Bruns Rn. 7b; FK-InsO/Schmerbach Rn. 13; Hölzle/Jacoby ZIP 2021, 337 (338); zur uneinheitlichen Rechtsprechung → Rn. 13.1).

Die **bloße Abwicklung** des Schuldnervermögens bei Antragstellung genügte als Tätigkeit etwa: OLG Karlsruhe NZI 2004, 262 (263); OLG Braunschweig NZI 2000, 266 (267). Nach OLG Schleswig ZInsO 2010, 574 (577); KG NZI 1999, 499 kann das (Noch-)Vorhandensein von **Geschäftsräumen** die dortige Zuständigkeit nach § 3 Abs. 1 S. 2 begründen. Nicht ausreichend ist hingegen die bloße Aufbewahrung der **Geschäftsunterlagen** (BayObLG NZI 2020, 580 Rn. 33; OLG Braunschweig NZI 2000, 266 (267); KG NZI 1999, 499). Selbst wenn also der (zur Abwicklung bestellte) organschaftliche Vertreter die Geschäftsunterlagen an seinen Wohnsitz mitnimmt, der Betrieb ansonsten eingestellt und die Geschäftsräume aufgegeben sind, bestimmt sich die örtliche Zuständigkeit nicht nach dem Wohnsitz des Geschäftsführers/Liquidators (OLG Celle ZIP 2006, 2098; OLG Schleswig NZI 2004, 264; OLG Braunschweig NZI 2000, 266 (267); MüKoInsO/Ganter/Bruns Rn. 8; aA LG Hamburg ZInsO 2000, 118; KG NZI 1999, 499; OLG Schleswig NZI 1999, 416), sondern nach dem allgemeinen Gerichtsstand der Gesellschaft (→ Rn. 6). Nach Einstellung des Geschäftsbetriebes einer Gesellschaft bestimmt sich der Insolvenzgerichtsstand mithin allein nach dem Sitz der Gesellschaft als allgemeiner Gerichtsstand (BayObLG NZI 2020, 580 Rn. 34 f.; 1999, 457; OLG Hamm ZInsO 1999, 533).

13.1

3. Der Mittelpunkt

Für die Lokalisierung des Gerichtsstands ist auf den „Mittelpunkt" der Tätigkeit abzustellen. Wie dieser zu bestimmen ist, normiert § 3 Abs. 1 S. 2 nicht; die Definition des europäischen Gesetzgebers im gerade überarbeiteten Art. 3 Abs. 1 letzter Hs. EuInsVO ist nicht übertragbar (→ Rn. 14.1). Gesucht wird der Ort, an dem sich das Zentrum des unternehmerischen Daseins des Schuldners und mithin der Schwerpunkt seiner wirtschaftlichen Aktivität befindet. Wenngleich damit eine reine Binnenbetrachtung der Entscheidungsstrukturen im Schuldnerunternehmen plausibel scheint (mind-of-management-Ansatz; etwa Jaeger/Gerhardt, Insolvenzordnung, 2004 ff., Rn. 16), sollte doch der Aspekt der Rechtssicherheit nicht verkannt werden, der bei Bestimmung der örtlichen Zuständigkeit verlangt, dass es nicht nur für den Schuldner, sondern auch für dessen Gläubiger erkennbar ist, wo ggf. ein Insolvenzverfahren stattfindet. Es wird daher überwiegend auf den Ort abgestellt, an dem der Schuldner **für Dritte erkennbar** sein Unternehmen führt. Erforderlich ist eine Manifestation der Willensbildung nach außen (AG Hannover ZIP 2018, 2285 (2286); AG Köln NZI 2008, 254 (255)). Maßgeblich ist danach der **effektive Verwaltungssitz** des Schuldnerunternehmens, also der Ort, an dem die unternehmerischen Entscheidungen getroffen und in laufende Geschäftsführungsakte umgesetzt werden (Uhlenbruck/Pape Rn. 4a; HK-InsO/Kirchhof Rn. 9; ähnlich auch MüKoInsO/Ganter/Bruns Rn. 10). Dabei sind die tatsächlichen Verhältnisse, nicht aber der bloße Rechtsschein nach außen maßgeblich (AG Göttingen ZIP 2007, 1282; Uhlenbruck/Pape Rn. 4). Relevante Indizien zur Widerlegung der Sitzvermutung sind daher (mit dem AG Hannover ZIP 2018, 2285 (2286)) etwa der Ort,
- der als Geschäftsadresse auf Schreiben und auf der Internetseite des Unternehmens angegeben wird;
- an dem die Post zentral angenommen und weiterbearbeitet wird;
- an dem sich die zentrale Infrastruktur in Form des Servers befindet;
- an dem sich ein Büro der Geschäftsführer befindet und an dem das Unternehmen beim Finanzamt veranlagt wird.

14

Die Bestimmung des Mittelpunkts iSd § 3 Abs. 1 S. 2 erfolgt **unabhängig von der Auslegung** des **der EuInsVO** zugrunde liegenden Begriffs des „centre of main interests" (COMI). Eine Übereinstimmung ist bereits aufgrund der differierenden Regelungsgeber nicht notwendig, eine Anlehnung aber auch nicht ausgeschlossen (so K. Schmidt InsO/Stephan Rn. 8). Zum COMI-Begriff → Rn. 30.

14.1

Sind mehrere Niederlassungen des Schuldnerunternehmens vorhanden, so ist der Ort der **Hauptniederlassung** zuständigkeitsbegründend (BT-Drs. 12/2443, 110). Eine (rechtlich unselbstständige) Zweigniederlassung (Betriebsstätte) kann für sich nur dann einen Gerichtsstand

15

nach Abs. 1 S. 2 begründen, wenn es sich um eine **inländische Niederlassung** eines im Ausland ansässigen Schuldners handelt und im Inland daher ein Partikularinsolvenzverfahren nach § 354 Abs. 1 und 3 stattfinden soll. Entsprechendes gilt gem. Art. 3 Abs. 2 EuInsVO für inländische Sekundärinsolvenzverfahren über Schuldner mit COMI im EU-Ausland. Führt ein Unternehmer **mehrere unterschiedliche Geschäfte** gleichberechtigt an mehreren Orten, so ist ebenfalls der Ort der Lenkung entscheidend, im Zweifel also sein Bürositz („Zentrale", MüKoInsO/Ganter/ Bruns Rn. 11). Ist er hingegen an allen Orten gleichmäßig tätig, so ergibt sich über Abs. 1 S. 2 eine mehrfache örtliche Zuständigkeit iSd Abs. 2 (→ Rn. 17).

16   Eine **Konzernverbundenheit** des Schuldnerunternehmens erlaubt es nicht, allein aus diesem Umstand heraus auf den Ort der Konzernleitungsmacht als Mittelpunkt abzustellen. Stattdessen ist das zuständige Insolvenzgericht für **jede Konzerngesellschaft gesondert** zu bestimmen, sodass jedes einzelne Konzernunternehmen seinen jeweils eigenen Insolvenzgerichtsstand hat (BGHZ 138, 40 (45) = BGH ZIP 1998, 477; AG Köln NZI 2008, 254 (255); HK-InsO/Kirchhof Rn. 12; K. Schmidt InsO/Stephan Rn. 9). Diese Gerichtsstände können allerdings zusammenfallen, wenn für mehrere Konzerngesellschaften im selben Gerichtsbezirk der Mittelpunkt ihrer wirtschaftlichen Tätigkeit nach den genannten Kriterien (→ Rn. 14) festzustellen ist. Dies ist auch dann der Fall, wenn in einem **integrierten Konzern** das operative Geschäft der Tochtergesellschaft nach außen erkennbar durch die Muttergesellschaft gelenkt wird (OLG Brandenburg NZI 2002, 438; Uhlenbruck KTS 1986, 419 (424); HK-InsO/Kirchhof Rn. 12). Hierfür genügt allerdings die bloße Feststellung einer konzerntypischen allgemeinen Weisungsmacht nicht (MüKoInsO/Ganter/Bruns Rn. 14). Insbesondere bei Konzerngesellschaften mit eigenständiger Verwaltungsstruktur in einem anderen Gerichtsbezirk wird daher eingehend zu prüfen sein, ob die unternehmerischen Entscheidungen tatsächlich und nach außen erkennbar nicht vor Ort, sondern durch die Konzernmutter getroffen und lediglich vor Ort umgesetzt werden. Wird etwa das wesentliche Tagesgeschäft durch einen „zentralen Lenkungsausschuss" konzernweit koordiniert, so kann dies ausreichen, um einen **faktischen Konzerngerichtsstand** für alle gelenkten Gesellschaften zu begründen (vgl. AG Köln NZI 2008, 254 (255 ff.) – PIN I). Jenseits dieses faktischen Konzerngerichtsstands erlaubt § 3a die Verfahrenseröffnung für gruppenangehörige Schuldner an demselben **Gruppen-Gerichtsstand,** der nicht nach dem COMI-Prinzip ermittelt wird, sondern aus dem (eingeschränkten) Prioritätsprinzip folgt (s. Flöther/v. Wilken § 4 Rn. 30 ff.; Grell/Splittgerber DB 2017, 1497 (1499 f.)).

III. Mehrfache örtliche Zuständigkeit (Abs. 2)

17   Die Anwendung des Abs. 1 kann im Einzelfall zu dem Ergebnis kommen, dass mehrere Insolvenzgerichte örtlich zuständig wären. Denkbar ist etwa, dass der Schuldner mehrere Wohnsitze hat (RGZ 102, 82 (84)), neben dem allgemeinen Gerichtsstand ein durch Statut oder in anderer Weise besonders geregelter Gerichtsstand besteht (§ 17 Abs. 3 ZPO) oder der Mittelpunkt eines an mehreren Orten selbstständig wirtschaftlichen Schuldners schlicht nicht feststellbar ist (OLG München ZInsO 2009, 838 (839); → Rn. 15 aE). Auch kann sich aus Unterstützungsmaßnahmen für ausländische Insolvenzverfahren eine parallele Zuständigkeit mehrerer Insolvenzgerichte ergeben (vgl. Art. 102 § 1 Abs. 2 und 3 EGInsO; zu letzterem Abs. AG Mannheim NZI 2017, 221 mit korrigierender Anm. Mankowski). Für diese Fälle ordnet Abs. 2 an, dass das Gericht, bei dem **zuerst** die Eröffnung des Insolvenzverfahrens **beantragt** worden ist (Erstgericht), die übrigen Gerichte (Zweitgerichte) ausschließt. Die Konkurrenzsituation zwischen mehreren zuständigen Gerichten wird also durch das **Prioritätsprinzip** entschieden, was dem ersten Antragsteller die Wahl unter mehreren Gerichtsständen eröffnet.

18   Maßgeblich für die Bestimmung der Reihenfolge der Anträge ist deren **Eingang beim jeweiligen Insolvenzgericht** (vgl. BGH NZI 2006, 364 Rn. 13). Die örtliche Zuständigkeit des Erstgerichts bleibt auch dann bestehen, wenn die zuständigkeitsbegründenden Tatsachen später wegfallen (etwa infolge einer Sitzverlegung; vgl. BGH NZI 2006, 364 Rn. 13; schon → Rn. 3). Ein Zweitgericht kann also nur dann noch das Insolvenzverfahren eröffnen, wenn der Antrag an das Erstgericht infolge einer Erledigung, Rücknahme oder Zurückweisung nicht zur Eröffnung führt (BGH NZI 2006, 364 Rn. 13).

19   Erfährt ein Zweitgericht erst vom Antrag beim Erstgericht und seiner daraus folgenden Unzuständigkeit, nachdem es aufgrund des Zweitantrags **Sicherungsmaßnahmen** iSd § 21 erlassen hat, so bleiben dessen Entscheidungen trotz der Unzuständigkeit wirksam, bis sie abgeändert oder aufgehoben werden. Streitig ist, welches Gericht für die **Aufhebungs- oder Abänderungsentscheidung** zuständig ist. Verbreitet wird diese Befugnis dem Erstgericht unter Hinweis auf den Rechtsgedanken des Abs. 2 gegeben (FK-InsO/Schmerbach Rn. 21; KPB/Prütting Rn. 18;

Uhlenbruck/Pape Rn. 6). Es ist allerdings fraglich, ob allein die Ausschlusswirkung des Abs. 2 auch eine Befugnis zur Korrektur erstinstanzlicher Entscheidungen anderer Gerichte beinhaltet. Näher liegt es daher, diese Befugnis nicht dem Erstgericht, sondern dem im Instanzenzug nächsthöheren Gericht vorzubehalten (so MüKoInsO/Ganter/Bruns Rn. 20), soweit nicht das Zweitgericht die Sicherungsmaßnahme eigenständig aufhebt (vgl. § 572 Abs. 1 ZPO; AGR/Ahrens Rn. 30).

Hat ein Zweitgericht nicht nur Sicherungsmaßnahmen angeordnet, sondern bereits über den **Insolvenzantrag entschieden,** so ist zu differenzieren: Hat es das Verfahren antragsgemäß eröffnet und erwächst dieser Eröffnungsbeschluss in Rechtskraft, so entfällt die Zuständigkeit des Erstgerichts und mithin seine Befugnis, Entscheidungen zu treffen. (OLG München NZI 2014, 818; Uhlenbruck/Pape Rn. 6; FK-InsO/Schmerbach Rn. 23). Der Mangel der Zuständigkeit des Zweitgerichts wird durch die Rechtskraft des Eröffnungsbeschlusses geheilt (Jaeger/Gerhardt, Insolvenzordnung, 2004 ff., Rn. 43). Hat das Zweitgericht hingegen die Eröffnung mangels Masse abgelehnt (§ 26), so kann ein Erstantrag, der aufrecht erhalten bleibt, erneut beschieden werden, wenn neue Tatsachen das Vorhandensein hinreichender Masse belegen. 20

IV. Entscheidung des Gerichts

1. Prüfung von Amts wegen

Die örtliche Zuständigkeit hat das angerufene Gericht gem. § 5 Abs. 1 S. 1 **von Amts wegen** zu prüfen (BGH NZI 2012, 151 Rn. 12; NZI 2006, 164; OLG Frankfurt a. M. ZInsO 2005, 822 (823); HK-InsO/Kirchhof Rn. 22; Jaeger/Gerhardt, Insolvenzordnung, 2004 ff., Rn. 42). Eine Prüfung von Amts wegen ist allerdings nicht gleichbedeutend mit einer Ermittlung von Amts wegen. Diese **Ermittlungspflicht** von Amts wegen setzt erst dann ein, wenn das Insolvenzgericht den Eröffnungsantrag zugelassen hat (→ § 5 Rn. 2) und der Verfahrensstand Anlass für Ermittlungen bietet (BGH NZI 2012, 151 Rn. 11). Folglich muss ein Antragsteller, um die Prüfung der örtlichen Zuständigkeit des angerufenen Gerichts zu ermöglichen und so seinen Antrag zulässig zu machen, alle die örtliche Zuständigkeit des angerufenen Gerichts begründenden **Tatsachen angeben.** Bei Unvollständigkeit hat das Gericht eine Nachbesserung anzuregen und bei deren Ausbleiben den Antrag als unzulässig abzuweisen (Uhlenbruck/Pape Rn. 14). Erst nachdem das Gericht aufgrund der vorgetragenen Tatsachen seine Zuständigkeit bejaht und daher den Antrag zugelassen hat, ist es gem. § 5 Abs. 1 S. 1 zur Amtsermittlung verpflichtet, wenn im Eröffnungsverfahren neue Umstände vorgetragen werden, die seine Zuständigkeit in Frage stellen (BGH NZI 2012, 151 Rn. 12). Dabei sind die Ermittlungshürden im Interesse der Verfahrensbeteiligten nicht hoch anzusetzen; jeder Zweifel des Gerichts – etwa aufgrund des Vortrags einer kurzfristigen Sitzverlegung (→ Rn. 26) – rechtfertigt Ermittlungen, die in der Regel der vorläufige Insolvenzverwalter oder Sachwalter durchführen wird. 21

2. Annahme der Zuständigkeit

Hält sich das angerufene Gericht für zuständig, so prüft es die weiteren Antragsvoraussetzungen und **entscheidet in der Sache.** Eine gesonderte Entscheidung über die örtliche Zuständigkeit ergeht nicht. Den Verfahrensbeteiligten steht infolgedessen auch keine Möglichkeit zu, diese Entscheidung anzufechten. Eine „rechtsmittelbewehrte Zuständigkeitsrüge" kennt das deutsche Recht – jenseits Art. 5 EuInsVO – nicht (insofern krit. Frind NZI 2019, 697 (702)). Das Gericht hat daher seine Zuständigkeit sorgfältig zu prüfen und die entsprechenden Umstände, insbesondere zum COMI des Schuldners, aufzuklären. Es darf sich nicht allein auf die Angaben des Schuldners verlassen und muss auf eigene Zweifel reagieren (→ Rn. 21). 22

3. Verweisung an das zuständige Gericht

Hält sich das angerufene Gericht für unzuständig, ist dem Antragsteller Gelegenheit zu geben, einen Antrag auf Verweisung an das zuständige Insolvenzgericht zu stellen (§ 4 iVm § 139 ZPO). Reagiert der Antragsteller trotz des **gerichtlichen Hinweises** nicht, ist der Insolvenzantrag durch das Gericht als unzulässig zurückzuweisen (MüKoInsO/Ganter/Bruns Rn. 27; HK-InsO/Kirchhof Rn. 23). Wird ein **Verweisungsantrag** gestellt, so muss im Fall eines Fremdantrags dem Schuldner rechtliches Gehör gewährt werden (OLG Brandenburg BeckRS 2010, 28559), wodurch er Gelegenheit erhält, den Angaben im Fremdantrag zu widersprechen und so die Verweisung zu verhindern. Geschieht dies nicht, hat sich das angerufene Gericht für unzuständig zu erklären und den Insolvenzantrag an das zuständige Gericht zu verweisen (§ 4 iVm § 281 Abs. 1 ZPO). Der 23

Verweisungsbeschluss ist zu begründen, um den Vorwurf der Willkürlichkeit auszuschließen. Gemäß § 281 Abs. 2 S. 2 und 4 ist er unanfechtbar und für das verwiesene Gericht bindend (BGH NZI 2006, 164 Rn. 12; BayOblG NZI 2020, 580 Rn. 39). Diese Bindungswirkung entfällt ausnahmsweise dann, wenn die Verweisung willkürlich erscheint (BGH NZI 2006, 164 Rn. 12; BayObLG NZI 2020, 580 Rn. 40; BeckRS 2019, 32702 Rn. 26; OLG Brandenburg NZI 2019, 667 Rn. 8; OLG Hamm NZI 2019, 998 Rn. 26; KG NZI 2001, 156), auf groben Rechtsirrtümern beruht (BGH NJW-RR 1992, 383), der offensichtlich unzureichenden Erfassung des Sachverhalts geschuldet ist (BGH NJW 1996, 3013; OLG Brandenburg NZI 2019, 667 Rn. 9) oder an schweren Verfahrensmängeln leidet, wie bspw. im Falle der Verletzung des rechtlichen Gehörs (BGHZ 71, 69 (72) = NJW 1978, 1163). Letzteres ist etwa anzunehmen, wenn der Schuldner vor dem Verweisungsbeschluss nicht gehört wurde (OLG Brandenburg BeckRS 2010, 28559; OLG Köln NZI 2000, 75).

24 Sieht sich das Gericht, an das verwiesen wurde, an die Verweisung nicht gebunden und lehnt es seine Übernahme rechtskräftig im Beschlusswege ab, so kann das Erstgericht die Rückverweisung annehmen. Anderenfalls kann die Insolvenzsache gem. § 4 iVm § 36 Abs. 1 Nr. 6 ZPO dem übergeordneten Gericht zur **gerichtlichen Zuständigkeitsbestimmung** vorgelegt werden (BGH NZI 2006, 164 Rn. 9; BayOblG BeckRS 2019, 32702 Rn. 12). Für letzteres genügt die bloß formlose, akteninterne Rückgabeverfügung des verwiesenen Gerichts nicht (BGH NZI 2006, 164 Rn. 9; OLG Schleswig NZI 2010, 260 (261); OLG Köln NZI 2000, 75; MüKoInsO/Ganter/Bruns Rn. 29, aA Uhlenbruck/Pape Rn. 17; FK-InsO/Schmerbach Rn. 50, die eine formlose Rückgabe genügen lassen). Der Zuständigkeitskonflikt wird durch das OLG entschieden, in dessen Bezirk beide Amtsgerichte ihren Sitz haben (OLG Schleswig NZI 2010, 260; Uhlenbruck/Pape Rn. 7). Streiten sich Insolvenzgerichte verschiedener Oberlandesgerichtsbezirke, so wird gem. § 36 Abs. 2 ZPO das zuständige Gericht durch das OLG bestimmt, zu dessen Bezirk das zuerst mit der Sache befasste Gericht gehört. Wurde von der Ermächtigung des § 2 Abs. 2 Gebrauch gemacht und zusätzliche Insolvenzgerichte geschaffen (→ § 2 Rn. 29), kann ein Kompetenzkonflikt auch zwischen den Insolvenzgerichten eines Landgerichtsbezirks entstehen. Wird im Fall eines positiven Kompetenzkonflikts das Insolvenzverfahren durch das zuständige als auch durch ein unzuständiges Gericht eröffnet (kein Fall des Abs. 2!), so bestimmt gem. § 4 iVm § 36 Abs. 1 Nr. 5 ZPO ebenfalls das im Instanzenzug nächsthöhere Gericht das zuständige Insolvenzgericht.

V. Die Wahl des Restrukturierungsgerichts als Insolvenzgericht (Abs. 2)

24a Hat der Schuldner vor dem Insolvenzverfahren bereits **Instrumente des Restrukturierungsrahmens** des StaRUG genutzt, so existiert bereits beim Restrukturierungsgericht eine Verfahrensakte. Das Gericht ist also bereits mit dem schuldnerischen Unternehmen und den handelnden Personen vertraut, sodass es sich anbieten kann, im Interesse einer **effizienten und erleichterten Verfahrensbearbeitung** sowie der Kontinuität bei den Gerichten dasselbe Gericht auch zum Insolvenzgericht zu bestimmen (RegE SanInsFoG, BT-Drs. 19/24181, 191).

24b Voraussetzung hierfür ist zum einen, dass das Amtsgericht, das als Restrukturierungsgericht zuständig war, auch eine Insolvenzabteilung hat. Abs. 2 setzt zudem voraus, dass in der Restrukturierungssache **nicht nur eine Anzeige** (§ 31 StaRUG) erfolgte; es muss zumindest eines der Instrumente (§ 29 Abs. 2 StaRUG) zur Anwendung gekommen sein. Schließlich dürfen zwischen der Inanspruchnahme dieses Instruments und dem Eingang des Insolvenzantrags bei Gericht **maximal sechs Monate** vergangen sein. Maßgeblich für den Beginn der Frist ist dabei nicht zwingend der Moment der Anordnung des Instruments, sondern das Ende seiner Inanspruchnahme, insbesondere bei der Stabilisierungsanordnung also deren Aufhebung (§ 59 StaRUG).

24c Der Wahlgerichtsstand des Restrukturierungsgerichtsortes kann durch **jeden Antragsteller** genutzt werden, auch wenn die Gesetzesbegründung nur den Schuldnerantrag in den Blick nahm (BT-Drs. 19/24181, 191). Der Wortlaut der Norm ist insofern offen. Sinn und Zweck des Wahlgerichtsstands lassen sich auch und gerade bei Gläubigerinsolvenzanträgen nach gescheiterter vorinsolvenzlicher Sanierung verwirklichen.

VI. Die Wahl des Gerichtsstands durch Sitzverlegung

25 § 3 normiert den Insolvenzgerichtsstand als ausschließlichen Gerichtsstand. Eine Gerichtsstandsvereinbarung ist damit unzulässig (§ 4 iVm § 40 Abs. 2 S. 1 Nr. 2 ZPO). Der Schuldner kann folglich nur in der Weise auf den Insolvenzgerichtsstand Einfluss nehmen, dass er die tatsächlichen Anknüpfungspunkte an die Gerichtsstandsbestimmung (COMI, Wohnsitz, Satzungssitz) ändert. Eine zu diesem Zweck erfolgende **Verlegung seines Wohn- bzw. Gesellschaftssitzes** ist – insbesondere auch vor dem Hintergrund der europarechtlichen Grundfreiheiten wie der Nieder-

lassungsfreiheit, die unmittelbar allerdings nur bei grenzüberschreitenden Sitzverlegungen relevant wird – grundsätzlich **zulässig** und mithin als relevante Tatsache bei der Bestimmung des Insolvenzgerichtsstands zu berücksichtigen („forum choice"; s. auch Hölzle/Jacoby ZIP 2021, 337 (340); Meckbach NZG 2014, 526 (528 f.); kritischer Frind NZI 2019, 697).

Die Folgen einer wirksamen Sitzverlegung dürfen von dem seine örtliche Zuständigkeit prüfenden Insolvenzgericht nur dann außer Acht gelassen werden, wenn die Sitzverlegung als **rechtsmissbräuchliche Zuständigkeitserschleichung** („forum shopping"; vgl. allgemein Thole ZZP 122 (2009), 423 (425)) anzusehen ist. Der BGH war diesbezüglich zunächst sehr zurückhaltend (vgl. BGHZ 132, 195 = DtZ 1996, 210), verlangt inzwischen aber von den Insolvenzgerichten, **von Amts wegen zu ermitteln** (§ 5 Abs. 1 S. 1), ob eine kurzfristig erfolgte Sitzverlegung eine Zuständigkeitserschleichung bezweckt hat (BGH NZI 2006, 164 Rn. 13) oder die Antragstellung insgesamt rechtsmissbräuchlich erfolgt (BGH NZI 2020, 679 Rn. 13). Sitzverlegungen sind dann als rechtsmissbräuchlich zu qualifizieren, wenn sie allein dazu dienen, das bevorstehende Insolvenzverfahren zur Verbesserung der Rechtsstellung des Schuldners bzw. seiner (ehemaligen) Gesellschafter und Geschäftsführer und zum **Nachteil der Gläubiger** andernorts zu eröffnen. Hiermit sind vor allem **Firmenbestattungen** (→ Rn. 26.1 ff.) gemeint; im europäischen Kontext spielt der **Restschuldbefreiungstourismus** (→ Rn. 26.4) eine Rolle. 26

Als „**Firmenbestattung**" wird ein Vorgehen bezeichnet, das zum Ziel hat, durch ein Insolvenzverfahren in möglichst weiter Entfernung vom Ort des Geschäftsbetriebs die Gläubigerbeteiligung und damit die **Durchsetzung von Haftungsansprüchen** zu erschweren. Dazu werden die Geschäftsanteile einer insolvenzreifen GmbH unter Einstellung des Geschäftsbetriebs durch einen professionellen Firmenbestatter auf einen Strohmann übertragen, der zum neuen Geschäftsführer bestellt wird. Der alte Geschäftsführer wird abberufen und entlastet; Geschäftsunterlagen erhält der Strohmann in der Regel nicht, sodass ihm die Erstellung der Verzeichnisse nach § 13 (insbesondere das Gläubigerverzeichnis) und die Erteilung von Auskünften nach § 97 unmöglich ist. Die Gesellschaft wird dann durch Gesellschafterbeschluss an einen neuen (weit entfernten) Ort verlegt und dort im Handelsregister eingetragen, um danach dort den Insolvenzantrag zu stellen (BGH NZI 2020, 679 Rn. 10; vgl. auch den Tatbestand in BayObLG NZI 2004, 147 oder auch in BayObLG BeckRS 2019, 32702). Kommt es dann zu einer Abweisung mangels Masse und wird die GmbH in der Folge im Handelsregister gelöscht, so wird den Gläubigern die Durchsetzung von Haftungsansprüchen gegen frühere Verantwortliche faktisch genommen. Eine dies bezweckende Zuständigkeitserschleichung ist rechtsmissbräuchlich und daher nicht zuständigkeitsbegründend (vgl. zuletzt BGH NZI 2006, 164; Uhlenbruck/Pape Rn. 12). Das Insolvenzverfahren ist an das zuständige Gericht am ursprünglichen Sitz der GmbH zu verweisen (§ 281 ZPO; BGH NZI 2006, 164 Rn. 12), wenn der Antragsteller dies beantragt; unterbleibt ein solcher Antrag, so weist es den Insolvenzantrag als unzulässig zurück (LG Magdeburg ZIP 1996, 2027 (2028)). 26.1

Schwierigkeiten bereitet die **Feststellung,** dass eine Firmenbestattung gegeben ist. Eine Sitzverlegung innerhalb der 3-Wochen-Frist des § 15a ist nur ein **Indiz**, das keinen sicheren Schluss erlaubt (vgl. LG Magdeburg ZIP 1996, 2027; FK-InsO/Schmerbach Rn. 20; zurückhaltend noch BGHZ 132, 195 = DtZ 1996, 210); entsprechendes gilt für die Einschaltung eines gewerbsmäßigen Firmenbestatters (HK-InsO/Kirchhof Rn. 20; wiederum zurückhaltend BGHZ 132, 195 = DtZ 1996, 210). Auch das Fehlen einer werbenden Tätigkeit am neuen Sitz wird für sich allein nicht ausreichen, aber im Zusammenhang mit den anderen Indizien eine Zuständigkeitserschleichung belegen (ebenso AGR/Ahrens Rn. 39; MüKoInsO/Ganter/Bruns Rn. 42; weitergehend FK-InsO/Schmerbach Rn. 31; Pape ZIP 2006, 877 (880, 882)). 26.2

Fehlt es hingegen bereits an der **gesellschaftsrechtlich wirksamen Sitzverlegung** (dazu etwa Meckbach NZG 2014, 526), so bedarf es der Prüfung des Rechtsmissbrauchs nicht. Wird etwa im Falle einer GmbH nach Einstellung des Geschäftsbetriebs der Verwaltungssitz verlegt, der satzungsmäßige Sitz hingegen nicht entsprechend abgeändert, so hat die Sitzverlegung keine Auswirkungen auf den Insolvenzgerichtsstand (BGH BeckRS 2008, 00720 Rn. 7), denn der Sitz der Verwaltung ist gem. § 17 Abs. 1 S. 2 ZPO nur dann maßgebend, wenn in der Satzung ein Sitz nicht festgelegt wurde. Ebenso entfaltet eine Abänderung des Gesellschaftsvertrags bezüglich des satzungsmäßigen Sitzes keine Wirkung, sofern sie der notariellen Form (§ 53 Abs. 2 GmbHG, dazu LG Magdeburg ZIP 1996, 2027) oder der Eintragung ins Handelsregister (§ 54 Abs. 3 GmbHG) mangelt. Auch eine bloße Änderung der Geschäftsadresse ohne gleichzeitige Änderung des Satzungssitzes ist irrelevant (BayObLG BeckRS 2019, 32702 Rn. 23). 26.3

Für **natürliche Personen** hat eine Verlegung des Wohnsitzes innerhalb Deutschlands mit dem Zweck einer rechtsmissbräuchlichen Zuständigkeitserschleichung bei einem anderen deutschen Insolvenzgericht keine praktische Bedeutung. Die Anforderungen an eine rechtsmissbräuchliche Zuständigkeitserschleichung werden andernorts gleichmäßig gehandhabt. Ein relevanter „**Restschuldbefreiungstourismus**" lässt sich allenfalls als grenzüberschreitendes Phänomen feststellen, da es den Schuldnern dann darum geht, mittels Wohnsitz- und damit COMI-Verlegung (→ Rn. 30) in den Genuss einer schnelleren Restschuldbefreiung nach ausländischem Recht zu gelangen (ausf. zu diesem Phänomen etwa Hergenröder DZWIR 2009, 309). Eine 26.4

ernsthafte und auf Dauer angelegte Wohnsitzverlagerung wird aber auch hier nicht als Rechtsmissbrauch anzusehen sein. Wird hingegen der Wohnsitzwechsel nur inszeniert oder vorübergehend zum Zwecke der Restschuldbefreiung beabsichtigt und dies den – inzwischen sensibilisierten – ausländischen Gerichten bekannt, scheitert der Versuch eines ausländischen Insolvenzverfahrens bereits im Ausland an der fehlenden internationalen Zuständigkeit dortiger Gerichte. Im Geltungsbereich der EuInsVO gilt Art. 3 Abs. 1 EuInsVO mit der Rechtsmittelgarantie in Art. 5 EuInsVO. Dabei ist zu beachten, dass ein neuer Wohnsitz nicht schon durch eine bloße Briefkastenanschrift begründet wird (BGH NJW-RR 2017, 552 Rn. 10; MüKoInsO/Ganter/Bruns Rn. 38). Hält ein ausländisches Gericht sich hingegen **täuschungsbedingt** für zuständig, so können deutsche Gerichte und Gläubiger einer ausländischen Restschuldbefreiung die Anerkennung verweigern (BGH NZI 2016, 93; BFH NZI 2016, 929).

27   Jenseits der Firmenbestattung reicht eine **kurzfristig vor Antragstellung erfolgte Sitzverlegung** weder aus, um einen Rechtsmissbrauch anzunehmen, noch um einen solchen Rechtsmissbrauch zu indizieren (so aber Blankenburg ZInsO 2020, 2523 (2525 f.)). Die nicht nur vorgetäuschte, sondern tatsächlich erfolgte Veränderung maßgeblicher Tatsachen vor dem für die rechtliche Prüfung relevanten Zeitpunkt ist selbst bei Verfolgung **strategischer Motive** grundsätzlich **legitim** und im gesetzlichen Zuständigkeitsregime angelegt (zu strategischen Insolvenzen allg. Eidenmüller ZIP 2014, 1197). Sperrfristen wie in Art. 3 Abs. 1 EuInsVO kennt das deutsche Recht nicht. Nicht die Berücksichtigung der zum maßgeblichen Zeitpunkt relevanten Tatsachen, sondern deren Ignorieren nimmt den Parteien den gesetzlichen Richter (Art. 101 Abs. 1 S. 2 GG; Hölzle/Jacoby ZIP 2021, 337 (341) gegen Blankenburg ZInsO 2020, 2523 (2525 f.) und Anm. Hellfeld zu LG Bremen NZI 2021, 83 (85)). Die Wahl eines schnell arbeitenden, kommunikationsbereiten Gerichts kann hier einen entscheidenden **Vorteil für alle Beteiligten** bieten (vgl. Mankowski NZI 2008, 355 (356)). Auch Vorabsprachen des neuen, in Insolvenzsachen spezialisierten Geschäftsführers mit dem neuen Insolvenzgericht, insbesondere im Hinblick auf die Person des Verwalters, sind – wie § 10a Abs. 1 verdeutlicht – kein Indiz für einen Missbrauch, sondern eher für ein gut vorbereitetes Verfahren. Es obliegt dann den Gläubigergremien im Verfahren, ggf. den Verwalter auszutauschen oder aussichtslose Sanierungsbemühungen in Eigenverwaltung zu stoppen. Erst wenn die Sitzverlegung daher erkennbar auf ein „Abschütteln" der Gläubiger, und damit – wie eine Firmenbestattung – auf ein Unterlaufen der Gläubigerrechte, angelegt ist, muss bereits die Verfahrenseröffnung selbst unterbunden werden (ebenso LG Bremen NZI 2021, 83; restriktiver zuvor schon Frind ZInsO 2008, 614 und NZI 2019, 697). Erfolgt die Sitzverlegung strategisch, um im nun zuständigen Gericht eine dort übliche Verwalterauswahl („closed shop") zu nutzen, so berührt dieser Umstand nicht die Zuständigkeit des Gerichts, sondern allein dessen Auswahlentscheidung, die bei sachfremden Erwägungen oder dem bewussten Ignorieren einer fehlenden Unabhängigkeit nicht nur rechtswidrig, sondern auch willkürlich sein kann und entsprechend zu sanktionieren wäre.

B. Internationale Zuständigkeit

28   Die Bestimmung des international zuständigen Gerichts wird **durch die InsO nicht normiert**. Weder § 3 noch der 11. Teil der InsO zum internationalen Insolvenzrecht enthält hierzu eine Regelung. Die maßgebliche rechtliche Grundlage ist davon abhängig, ob der Insolvenzsachverhalt im Anwendungsbereich der EuInsVO verortet ist.

I. Bestimmung des Anwendungsbereichs der EuInsVO

29   Im Bereich der Mitgliedstaaten der EU (mit Ausnahme Dänemarks) regelt die Verordnung über Insolvenzverfahren (EuInsVO) die internationale Zuständigkeit in Insolvenzsachverhalten mit **grenzüberschreitendem Bezug.** Ein solcher ist dann gegeben, wenn der Sachverhalt Anknüpfungspunkte zu mindestens zwei Mitgliedstaaten aufweist. Der Schuldner, der den Mittelpunkt seiner hauptsächlichen Interessen in einem Mitgliedstaat hat, muss damit zu mindestens einem anderen Mitgliedstaat einen grenzüberschreitenden Bezug aufweisen, zB in Form des dortigen gewöhnlichen Aufenthalts oder Wohnsitzes oder auch in Form der Ansässigkeit eines Drittschuldners (AG Hamburg NZI 2006, 652 mAnm Klöhn NZI 2006, 653; AG Hamburg NZI 2009, 343 (344)). Besteht der grenzüberschreitende Bezug nur zu einem Drittstaat außerhalb der Europäischen Union, so bedarf dies die Anwendung solcher Regeln der EuInsVO nicht, die keinen mitgliedstaatlichen Bezug verlangen (EuGH NZI 2014, 134 – Schmid; dem folgend BGH NZI 2014, 672; zuvor bereits Geimer, Internationales Zivilprozessrecht, 7. Aufl. 2014, Rn. 3357c; Leible/Staudinger KTS 2000, 533 (538); aA noch Duursma-Kepplinger/Duursma/Chalupsky/ Durrsma-Kepplinger, Europäische Insolvenzverordnung, 2002, Rn. 4; Häsemeyer, Insolvenzrecht,

Örtliche Zuständigkeit § 3 InsO

4. Aufl. 2007, Rn. 35.03; Paulus NZI 2001, 505 (507)). Voraussetzung der Anwendung der EuInsVO bleibt aber stets, dass der **COMI des Schuldners** (Art. 3 EuInsVO) in einem Verordnungsstaat liegt. Liegt hingegen schon der Mittelpunkt der hauptsächlichen Interessen des Schuldners in einem Drittstaat, ist im Umkehrschluss zum Erwägungsgrund 25 EuInsVO die EuInsVO weiter nicht anwendbar. Schließlich findet die EuInsVO unabhängig vom hinreichenden grenzüberschreitenden Bezug nach Art. 1 Abs. 2 EuInsVO keine Anwendung auf Insolvenzverfahren über das Vermögen von Versicherungsunternehmen oder Kreditinstituten, von Wertpapierfirmen, die Dienstleistungen erbringen, welche die Haltung von Geldern oder Wertpapieren Dritter umfassen (BGH ZIP 2016, 1226 Rn. 33 = NJW 2016, 2328), sowie von Organismen für gemeinsame Anlagen.

II. Innerhalb des Anwendungsbereichs der EuInsVO

Im Anwendungsbereich der EuInsVO richtet sich die internationale Zuständigkeit gem. **Art 3 Abs. 1 EuInsVO** nach dem Mittelpunkt der hauptsächlichen Interessen des Schuldners, dem COMI (**centre of main interests**). Entsprechend der Vermutungsregel des Art. 3 Abs. 1 S. 2 EuInsVO liegt dieser Mittelpunkt **bei Gesellschaften** und juristischen Personen am Ort des satzungsmäßigen Sitzes, sofern nicht der COMI tatsächlich in einem anderen Mitgliedstaat verortet werden kann. Der EuGH verlangt dabei nach Kriterien, aus denen sich der **für Dritte objektiv feststellbare Ort der Verwaltung schuldnerischer Interessen** ergibt (EuGH NZI 2006, 360 Rn. 34–36 – Eurofood; fortführend EuGH NZI 2011, 990 Rn. 51–53 – Interedil; EuGH NZI 2012, 147 Rn. 32–35 – Rastelli. Nicht die Markttätigkeit (business activity), sondern die Geschäftsführungstätigkeit (head office function) ist also aus Sicht eines Dritten zu bestimmen. Relevant ist stets die Sachlage im Zeitpunkt der Stellung des Insolvenzantrags (EuGH NZI 2011, 990 Rn. 55 – Interedil; NZI 2006, 153 Rn. 29 – Staubitz-Schreiber). 30

Bei **natürlichen Personen** ist an den Ort ihres gewöhnlichen Aufenthalts anzuknüpfen (vgl. Art. 3 Abs. 1 letzter UAbs. EuInsVO; BGH NZI 2017, 320 Rn. 10). Für die Ermittlung des danach relevanten tatsächlichen Lebensmittelpunkts des Schuldners ist zu differenzieren: Bei **Kaufleuten, Gewerbetreibenden oder Selbstständigen** ist an die wirtschaftliche oder gewerbliche Tätigkeit des Schuldners anzuknüpfen (BGH NZI 2018, 997 Rn. 6; BeckRS 2009, 26500 Rn. 3). Bei **abhängig** beschäftigten Personen ist der Ort zu ermitteln, an dem der Schwerpunkt der wirtschaftlichen, sozialen und kulturellen Beziehungen des Schuldners liegt (BGH NZI 2017, 320 Rn. 10; bestätigt in BGH NZI 2018, 997 Rn. 6). Entscheidend hierfür sind nach Auffassung des BGH die tatsächlich festzustellenden familiären und erwerbswirtschaftlichen Bindungen des Schuldners, nicht aber (insbesondere bei grenzüberschreitender Erwerbstätigkeit) sein gemeldeter Wohnsitz (BGH NZI 2017, 320 Rn. 10–12 mit für den entschiedenen Einzelfall kritischer Anm. Mankowski; nur diesbezüglich ebenfalls krit. Ehret FD-InsR 2017, 388625). Geht der Schuldner **keiner Erwerbstätigkeit** (mehr) nach, ist der Interessenmittelpunkt „unter Berücksichtigung aller Umstände des Einzelfalls vom Tatrichter vorgenommene Gesamtbewertung" zu bestimmen (BGH NZI 2018, 997 Rn. 7), wobei es wiederum gilt, den Ort des gewöhnlichen Aufenthalts zu ermitteln. Die Schlussfolgerung auf einen Inlandsaufenthalt bei behaupteten Auslandsaufenthalt muss dabei logisch möglich, nicht aber zwingend sein (BGH NZI 2018, 997 Rn. 7). 30a

III. Außerhalb des Anwendungsbereichs der EuInsVO

Ist der Anwendungsbereich der EuInsVO nicht eröffnet oder bereits kein grenzüberschreitender Bezug gegeben, so ist die Bestimmung der internationalen Zuständigkeit aus dem nationalen Recht herzuleiten. In Ermangelung einer geschriebenen Norm zur internationalen Zuständigkeit ist **§ 3 in analoger Form** zur Anwendung zu bringen (unstreitig, vgl. MüKoInsO/Ganter/Bruns Rn. 24). Inländische Insolvenzgerichte werden hiernach nur dann als international zuständig angesehen, wenn der Schuldner den Mittelpunkt seiner selbstständigen wirtschaftlichen Tätigkeit (Abs. 1 S. 2, → Rn. 9) oder, sofern eine solche nicht ausgeübt wird, seinen allgemeinen Gerichtsstand (Abs. 1 S. 1, → Rn. 4) im Inland hat. Auch hierbei gilt das **Vorrangverhältnis der Sonderanknüpfung nach Abs. 1 S. 2:** Hat der Schuldner zwar seinen allgemeinen Gerichtsstand im Inland, den Mittelpunkt seiner selbstständigen wirtschaftlichen Betätigung aber im Ausland, so liegt die internationale Zuständigkeit nicht bei den inländischen Gerichten (AG Münster ZInsO 2000, 49). Die Eröffnung eines Partikularverfahrens über das inländische Vermögen ist dagegen zulässig (OLG Karlsruhe NZI 2002, 387 (388)), vgl. §§ 354 ff. Diese deutsche Rechtslage dürfte die Arbeitnehmerfreizügigkeit (Art. 45 AEUV) angemessen berücksichtigen (vgl. EuGH BeckRS 2019, 14020 zur europarechtswidrigen Notwendigkeit eines Auslandswohnsitzes nach dänischem Recht). 31

IV. Mögliche Zuständigkeitskonzentration

32 Art. 102 § 1 Abs. 3 S. 2 EGInsO ermächtigt die Bundesländer, zur effektiven Abwicklung grenzüberschreitender, der EuInsVO unterliegender Insolvenzverfahren, die Zuständigkeit für mehrere Insolvenzgerichtsbezirke an einem Insolvenzgericht durch Rechtsverordnung zu bündeln. Eine entsprechende **Ermächtigung** zur Zuständigkeitskonzentration in internationalen Insolvenzverfahren, die nicht in den Anwendungsbereich der EuInsVO fallen, enthält § 348 Abs. 3; dessen Abs. 4 erlaubt auch eine länderübergreifende Konzentration der Verfahren. Die Länder haben von diesen Ermächtigungen bislang keinen Gebrauch gemacht (HK-InsO/Stephan EGInsO Art. 102 § 1 Rn. 11).

§ 3a Gruppen-Gerichtsstand

(1) ¹Auf Antrag eines Schuldners, der einer Unternehmensgruppe im Sinne von § 3e angehört (gruppenangehöriger Schuldner), erklärt sich das angerufene Insolvenzgericht für die Insolvenzverfahren über die anderen gruppenangehörigen Schuldner (Gruppen-Folgeverfahren) für zuständig, wenn in Bezug auf den Schuldner ein zulässiger Eröffnungsantrag vorliegt und der Schuldner nicht offensichtlich von untergeordneter Bedeutung für die gesamte Unternehmensgruppe ist. ²Eine untergeordnete Bedeutung ist in der Regel nicht anzunehmen, wenn im vorangegangenen abgeschlossenen Geschäftsjahr die Zahl der vom Schuldner im Jahresdurchschnitt beschäftigten Arbeitnehmer mehr als 15 Prozent der in der Unternehmensgruppe im Jahresdurchschnitt beschäftigten Arbeitnehmer ausmachte und
1. die Bilanzsumme des Schuldners mehr als 15 Prozent der zusammengefassten Bilanzsumme der Unternehmensgruppe betrug oder
2. die Umsatzerlöse des Schuldners mehr als 15 Prozent der zusammengefassten Umsatzerlöse der Unternehmensgruppe betrugen.
³Haben mehrere gruppenangehörige Schuldner zeitgleich einen Antrag nach Satz 1 gestellt oder ist bei mehreren Anträgen unklar, welcher Antrag zuerst gestellt worden ist, ist der Antrag des Schuldners maßgeblich, der im vergangenen abgeschlossenen Geschäftsjahr die meisten Arbeitnehmer beschäftigt hat; die anderen Anträge sind unzulässig. ⁴Erfüllt keiner der gruppenangehörigen Schuldner die Voraussetzungen des Satzes 2, kann der Gruppen-Gerichtsstand jedenfalls bei dem Gericht begründet werden, das für die Eröffnung des Verfahrens für den gruppenangehörigen Schuldner zuständig ist, der im vorangegangenen abgeschlossenen Geschäftsjahr im Jahresdurchschnitt die meisten Arbeitnehmer beschäftigt hat.

(2) Bestehen Zweifel daran, dass eine Verfahrenskonzentration am angerufenen Insolvenzgericht im gemeinsamen Interesse der Gläubiger liegt, kann das Gericht den Antrag nach Absatz 1 Satz 1 ablehnen.

(3) Das Antragsrecht des Schuldners geht mit der Eröffnung des Insolvenzverfahrens auf den Insolvenzverwalter und mit der Bestellung eines vorläufigen Insolvenzverwalters, auf den die Verwaltungs- und Verfügungsbefugnis über das Vermögen des Schuldners übergeht, auf diesen über.

(4) Auf Antrag des Schuldners erklärt sich unter den Voraussetzungen des Absatzes 1 das für Gruppen-Folgeverfahren zuständige Gericht, sofern es nach § 34 des Unternehmensstabilisierungs- und -restrukturierungsgesetzes für Entscheidungen in Restrukturierungssachen zuständig ist, als Restrukturierungsgericht auch für Gruppen-Folgeverfahren in Insolvenzsachen nach Absatz 1 für zuständig.

Überblick

Die Vorschrift stellt für Konzerninsolvenzverfahren neben § 3 eine weitere Gerichtsstandsregelung zur Verfügung. Jeder Schuldner, der nicht von offensichtlich untergeordneter Bedeutung für die Unternehmensgruppe ist (hierzu → Rn. 13 ff.), hat nunmehr die Möglichkeit, einen Antrag auf Begründung eines Gruppengerichtsstands für die gesamte Unternehmensgruppe zu stellen (ausf. zur Antragsberechtigung → Rn. 8 ff.). Der so begründete Gruppengerichtsstand steht für die weiteren konzernangehörigen Unternehmen als Wahlgerichtsstand neben dem Gerichtsstand des § 3 (hierzu → Rn. 6). Bei Zweifeln daran, ob die Begründung eines Gruppengerichtsstands im Interesse der Gläubiger ist, kann das Gericht den Antrag ablehnen (§ 3a Abs. 2).

Übersicht

	Rn.		Rn.
A. Allgemeines	1	III. Antragszuständigkeit	26a
B. Antrag	7	C. Gefährdung der Gläubigerinteressen	27
I. Zulässiger Eröffnungsantrag	7		
II. Antragsberechtigung	8	D. Entscheidung des Gerichts	32
1. Allgemeines	8	E. Kritik	34
2. Gruppenangehöriges Unternehmen	12		
3. Keine offensichtlich untergeordnete Bedeutung	13	F. Zuständigkeit des Restrukturierungsgerichts	38

A. Allgemeines

Das deutsche Recht enthielt bisher keine Regelung für einen einheitlichen Gerichtsstand in der Konzerninsolvenz. Dies war unbefriedigend, weil für das Fortbestehen des Konzerns als wirtschaftliche Einheit die Bestellung eines Einheits-Insolvenzverwalters und die Konzentration an einem Insolvenzgericht in den meisten Fällen von großer Wichtigkeit sind (Flöther KonzernInsR-HdB/v. Wilcken § 4 Rn. 46 ff.; Frind ZInsO 2013, 429 (433)). Eine zweckmäßige Restrukturierung von Konzernen erfordert regelmäßig eine sehr enge Abstimmung mit dem Gericht, weil Gruppeninsolvenzverfahren (ua wegen der Komplexität und der erhöhten Anzahl von Gläubigern) wesentlich mehr Organisationsaufwand mit sich bringen. Zur Vermeidung von erheblichen Mehraufwand für Gerichte und Insolvenzverwalter sowie zur Schaffung von Prozesssicherheit waren daher bisher Besprechungen mit sämtlichen zuständigen Richtern/Rechtspflegern über organisatorische Fragen sinnvoll. Nunmehr lassen sich mithilfe des Gruppengerichtsstands und der Zuständigkeit des gleichen Richters (§ 3c) derartige Besprechungen noch wesentlich leichter durchführen oder werden ggf. sogar überflüssig. 1

§ 3 Abs. 1 sieht die Zuständigkeit des Gerichts vor, bei dem der Schuldner seinen allgemeinen Gerichtsstand hat oder, wo der Mittelpunkt der selbstständigen Tätigkeit des Schuldners belegen ist. Bisher hat man sich insoweit beholfen, dass auf das jeweils günstigere abgestellt wurde, um einen Gruppengerichtsstand zu konstruieren (vgl. zur früheren Rechtslage ausf. Braun/Baumert Rn. 3). Insbesondere konnte über die Konzernmutter ein Konzerngerichtsstand an deren Sitz konstituiert werden, sofern sie lenkend und verwaltend für sämtliche Gruppengesellschaften tätig war. Häufig war dies jedoch mit zahlreichen Unwägbarkeiten und dem Risiko verbunden, dass letztendlich nicht sämtliche Insolvenzverfahren der Unternehmensgruppe durch ein Amtsgericht eröffnet wurden (zur früheren Möglichkeit über die Auslegung von § 3 Abs. 1 S. 2 einen Konzerngerichtsstand zu begründen → § 3 Rn. 16). 2

Nunmehr hat der Gesetzgeber die Möglichkeit eröffnet, einen Antrag auf Begründung eines Konzerngerichtsstands zu stellen (vgl. zu den formellen Voraussetzungen § 13a). Liegt ein zulässiger Eröffnungsantrag vor und stellt ein Schuldner, der nicht offensichtlich von untergeordneter Bedeutung für die Unternehmensgruppe ist, einen solchen Antrag, erklärt sich das angerufene Insolvenzgericht für die Insolvenzverfahren über das Vermögen sämtlicher gruppenangehöriger Schuldner für zuständig. Ausnahmsweise kann das Gericht die Verfahrenskonzentration gem. § 3a Abs. 2 ablehnen, wenn Zweifel daran bestehen, dass die Konzentration im Interesse sämtlicher Gläubiger liegt. 3

Eine untergeordnete Bedeutung liegt in der Regel nicht vor, wenn der Schuldner im vorangegangenen und abgeschlossenen Geschäftsjahr mindestens 15 % der in der Unternehmensgruppe im Jahresdurchschnitt beschäftigten Arbeitnehmer beschäftigt hat und entweder die schuldnerische Bilanzsumme mehr als 15 % der zusammengefassten Bilanzsumme der Unternehmensgruppe betrug oder die Umsatzerlöse des Schuldners mehr als 15 % der zusammengefassten Umsatzerlöse der Unternehmensgruppe betrugen. Erfüllt keiner der gruppenangehörigen Schuldner diese Voraussetzungen, ist eine Begründung des Gruppengerichtsstands beim Gerichtsstand der Gruppengesellschaft möglich, die im vorangegangenen Geschäftsjahr durchschnittlich die meisten Arbeitnehmer beschäftigt hat (§ 3a Abs. 1 S. 4). 4

Grundsätzlich gilt das Prioritätsprinzip, dh der Gruppengerichtsstand wird dort begründet, wo der erste Antrag auf Begründung eines solchen gestellt wird. Ist nicht feststellbar, welcher Antrag zuerst gestellt wurde, ist der Antrag des Schuldners maßgeblich, der im vorangegangenen Geschäftsjahr die meisten Arbeitnehmer beschäftigte (§ 3a Abs. 1 S. 3). 5

6 Damit hat der Gesetzgeber für die Gruppenfolgeverfahren keinen ausschließlichen Gerichtsstand, sondern vielmehr einen Wahlgerichtsstand geschaffen, der gleichberechtigt neben die Gerichtsstände aus § 3 Abs. 1 tritt (hierzu → § 3c Rn. 3). Hinsichtlich der Wahl des Gerichtstands hat man sich für das Prioritätsprinzip entschieden. Danach wird der Gruppengerichtsstand dort begründet, wo der erste gruppenangehörige Schuldner einen Antrag gestellt hat.

B. Antrag

I. Zulässiger Eröffnungsantrag

7 Es muss ein zulässiger Eröffnungsantrag gestellt worden sein. Dabei kommt es nicht darauf an, ob es sich um einen Gläubiger- oder Schuldnerantrag handelt. Es kommt allein auf die Zulässigkeit des Eröffnungsantrages an. Er muss nicht begründet sein (Uhlenbruck/Pape Rn. 10). Der Antrag auf Begründung eines Gruppengerichtsstands ist getrennt vom Insolvenzantrag zu behandeln (Braun/Baumert Rn. 8 f.). Insbesondere sind zwei verschiedene Anträge zu stellen. Körperlich können die Anträge allerdings in einem Anschreiben an das Gericht zusammengefasst werden. An einem zulässigen Eröffnungsantrag fehlt es auch, wenn der Antrag auf Eröffnung des Insolvenzverfahrens bei einem örtlich unzuständigen Gericht gestellt wird. Wenn beide Anträge beim unzuständigen Gericht gestellt wurden, muss nicht nur ein Verweisungsantrag hinsichtlich des Eröffnungsantrages, sondern auch hinsichtlich des Konzentrationsantrages gestellt werden. Zu beachten ist, dass aufgrund des fehlenden zulässigen Eröffnungsantrages eine isolierte Verweisung des Konzentrationsantrages ausscheidet, wenn unterschiedliche aber jeweils falsche Gerichte angerufen wurden. Dann muss zunächst eine Verweisung des Konzentrationsantrages an das für den Eröffnungsantrag angerufene, unzuständige Gericht erfolgen, bevor eine gemeinsame Verweisung erfolgen kann (vgl. ausführlich hierzu MüKoInsO/Bruns Rn. 5 f.).

7a Aus der Norm ergibt sich nicht, ob es sich bei dem Eröffnungsantrag um ein Zulässigkeits- oder Begründetheitserfordernis für den Konzentrationsantrag handelt. Die zentrale Bedeutung des Eröffnungsantrages lässt aber eher auf das Vorliegen eines Begründetheitserfordernisses schließen (MüKoInsO/Bruns Rn. 11).

II. Antragsberechtigung

1. Allgemeines

8 Grundsätzlich ist allein das **gruppenangehörige schuldnerische Unternehmen** zur Stellung des Antrags auf Begründung eines Gruppengerichtsstands berechtigt. Dies gilt auch, wenn der Antrag auf Eröffnung des Insolvenzverfahrens über das Vermögen eines Schuldners von einem Gläubiger gestellt wurde.

9 Ein **Gläubigerantrag** ist nicht zulässig und wäre aus verfahrensökonomischen Gründen auch nicht zielführend. Schließlich ist die Begründung eines Konzerngerichtsstands überwiegend für Konzerne mit dem Ziel der Unternehmenssanierung bestimmt. Hat der Schuldner kein Interesse, daran mitzuwirken, ist dies praktisch aussichtslos.

10 Innerhalb der Organisationsstruktur des Schuldners ist der – nach den gesellschaftsrechtlichen Regelungen – **Vertretungsberechtigte** antragsberechtigt iSd § 3a. Weitere Personen sind mangels Verweisung auf § 15 nicht antragsberechtigt (Braun/Baumert Rn. 12).

11 Machen die Antragsberechtigten zunächst von der Möglichkeit keinen Gebrauch, einen Antrag auf Begründung eines Gruppengerichtsstands zu stellen, geht die Antragsberechtigung nach Bestellung eines **(vorläufigen) Insolvenzverwalters,** mit Verwaltungs- und Verfügungsbefugnis („starker" vorläufiger Verwalter) auf diesen über (§ 3a Abs. 3). Im Fall der Anordnung einer (vorläufigen) Eigenverwaltung verbleibt das Antragsrecht beim Schuldner. Für die Zeit nach Eröffnung des Eigenverwaltungsverfahrens ergibt sich dies aus § 270 Abs. 1 S. 2 iVm § 3a Abs. 1. Für das vorläufige Eigenverwaltungsverfahren ergibt es sich aus der in § 270g fehlenden Verweisung auf § 3a Abs. 3.

11a Aufgrund der gesetzlichen Regelung ist gem. § 496 ZPO, § 4 grundsätzlich eine Antragstellung zu Protokoll der Geschäftsstelle möglich (so zutreffend MüKoInsO/Bruns Rn. 8; aA FK-InsO/Wimmer–Amend Rn. 10). Allerdings erscheint dies lediglich theoretisch denkbar. Schließlich sieht § 13a erhebliche formelle Anforderungen an den Antrag vor, die im Grunde nur in einem schriftlichen Antrag sinnvoll erfüllt werden können. Es ist daher zu empfehlen, den Antrag schriftlich einzureichen.

2. Gruppenangehöriges Unternehmen

Antragsberechtigt sind lediglich Unternehmen, die einer Unternehmensgruppe zugehörig sind. 12
Ob es sich um ein gruppenangehöriges Unternehmen iSd InsO handelt, richtet sich nach § 3e
(→ § 3e Rn. 1 ff.). Hervorzuheben ist die Einführung von § 3e Abs. 2. Diese Vorschrift sieht vor,
dass auch eine Gesellschaft und ihre persönlich haftenden Gesellschafter als Unternehmensgruppe
anzusehen sind. Damit wird zumindest im Insolvenzrecht klargestellt, was im Gesellschaftsrecht
schon seit Jahren umstritten ist: Die GmbH & Co. KG ist ebenfalls unter den Begriff Unternehmensgruppe zu subsumieren (ausf. zur früheren Diskussion und mwN Beck DStR 2013, 2468
(2469)).

3. Keine offensichtlich untergeordnete Bedeutung

a) Allgemeines. Der Schuldner darf zudem nicht von offensichtlich untergeordneter Bedeu- 13
tung für die gesamte Unternehmensgruppe sein (§ 3a Abs. 1 S. 1 Hs. 2). Wann im Regelfall keine
untergeordnete Rolle vorliegt, richtet sich gem. § 3a Abs. 1 S. 2 nach der Anzahl der Arbeitnehmer, der Bilanzsumme und den Umsatzerlösen. Damit hat sich der Gesetzgeber gegen eine Regelung entschieden, die sich lediglich nach dem Sitz der Konzernmutter richtet. Regelmäßig werden
die Verwaltungseinheiten zwar bei der Konzernmutter sein, sodass diese von übergeordneter
Bedeutung ist. Viele Unternehmensgruppen teilen die Verwaltung aber auch auf verschiedene
Gesellschaften auf. Es ist daher grundsätzlich begrüßenswert, dass auf eine starre Regelung verzichtet wurde. Allerdings birgt die nunmehr gewählte Lösung die Gefahr, dass der Gerichtsstand bei
einem Gericht begründet wird, an dem eine vergleichsweise bedeutungslose Gesellschaft ihren
Sitz hat (vgl. hierzu ausf. Frind/Pannen ZIP 2016, 398 (404) und zur Gefahr des „forum shopping"
→ Rn. 36 ff.). Die Richter sind daher gehalten, die Besonderheiten des Einzelfalls hinreichend
zu berücksichtigen (Beck DStR 2013, 2468 (2472)). § 3a Abs. 1 S. 2 bietet damit eine quantitative
Orientierungshilfe. Das Gericht sollte aber nur dann, wenn es tatsächlich davon überzeugt ist, dass
der Antragsteller von untergeordneter Bedeutung ist, den Antrag zurückweisen. Insoweit ist von
einer erhöhten Anforderung an die Überzeugung des Gerichts auszugehen (KPB/Prütting Rn. 6).
Eine gesetzliche Vermutung anzunehmen, dass der Antragsteller zunächst immer von Bedeutung
und nicht von untergeordneter Bedeutung ist (FK-InsO/Wimmer/Amend Rn. 24), dürfte aber
zu weit gehen, da dies schon im Gesetzeswortlaut nicht angelegt ist (ähnlich auch Uhlenbruck/
Pape Rn. 12). Verständlich ist daher die Annahme des AG Hamburg, dass die Stellung der antragstellenden Schuldnerin als „Holding" zunächst indiziert, dass die Schuldnerin im Konzern nicht
von untergeordneter Bedeutung iSd § 3a Abs. 1 S. 2 ist, auch wenn von der Holding keines der
Parameter der dreifachen 15 %-Regel des § 3a Abs. 1 S. 2 erreicht wird (AG Hamburg ZRI 2020,
391). Dies mag zwar in vielen Fällen überzeugen, sollte aber nicht zu der pauschalen Annahme
führen, dass eine Holding in jedem Fall nicht von untergeordneter Bedeutung der Schuldnerin
im Konzern ist, denn dann liefe die Regelung des § 3a Abs. 1 S. 2 leer. Vielmehr sind die Gerichte
gehalten, im Vergleich zu den anderen Gesellschaften die Bedeutung zu prüfen. Eine Verweisung
darauf, dass die Geschäftsleitung der Holding dazu berechtigt ist, den 100%igen Töchtern der
Holding Weisungen zu erteilen, dürfte insoweit nicht genügen (so aber AG Hamburg ZRI 2020,
391).

b) Arbeitnehmer. Im Diskussionsentwurf v. 3.1.2013 war lediglich eine Orientierung an der 14
Bilanzsumme und den Umsatzerlösen der schuldnerischen Einheit vorgesehen (DiskE v. 3.1.2013,
4). Erst die Anhörung des Rechtsausschusses führte dazu, dass die Zahl der Arbeitnehmer als
maßgebliches Kriterium zur Bestimmung der Bedeutung für die Unternehmensgruppe hinzugefügt wurde (BT-Drs. 18/11436). Damit soll ausgeschlossen werden, dass die Bestimmung des
Konzerngerichtsstands von den Arbeitnehmern „abgekoppelt" wird (BT-Drs. 18/11436, 23). Da
die Änderung im Gesetzgebungsverfahren zeigt, dass es dem Gesetzgeber auf die Arbeitnehmer
als maßgebliches Kriterium ankam, dürfte es auch nicht zulässig sein, für Holdinggesellschaften
eine Ausnahme von diesem Kriterium zu machen (so aber Brünkmanns Der Konzern 2017, 518
(520)).

Geregelt ist im Gesetz allerdings lediglich, dass mindestens 15 % der im vorangegangenen 15
Geschäftsjahr in der Unternehmensgruppe im Jahresdurchschnitt beschäftigten Arbeitnehmer beim
antragstellenden Schuldner angestellt gewesen sein müssen. Nicht geregelt ist, was unter dem
Begriff „beschäftigter Arbeitnehmer" zu verstehen ist.

Der Begriff Arbeitnehmer findet sich bereits in § 22a. Er dient auch hier der Bestimmung der 16
Unternehmensgröße. Zur Begriffsbestimmung kann man sich zunächst am Arbeitsrecht orientieren. Danach sind alle natürlichen Personen Arbeitnehmer, die aufgrund eines privatrechtlichen
Vertrags zur Leistung fremdbestimmter Arbeit in persönlicher Abhängigkeit verpflichtet sind. Dazu

wird man auch Aushilfskräfte und Teilzeitbeschäftigte zählen müssen (vgl. MüKoInsO/Haarmeyer § 22a Rn. 86). Da es dem Gesetzgeber überwiegend um den Erhalt von Arbeitsplätzen und um die Vorhersehbarkeit des Gerichtsstandorts geht, sollten auch Personen in Heimarbeit und selbstständige Handelsvertreter mit einbezogen werden (Graf-Schlicker/Graf-Schlicker § 22a Rn. 5; Uhlenbruck/Vallender § 22a Rn. 19). Teilzeitarbeitskräfte und Mitarbeiter in Kurzarbeit sind wie bei § 22a als volle Mitarbeiter zu berücksichtigen (zu § 22a: BeckOK InsO/Windau § 22a Rn. 11; MüKoInsO/Haarmeyer § 22a Rn. 86; aA K. Schmidt InsO/Hölzle § 22a Rn. 20).

17   Nicht geregelt ist ebenfalls, was unter Beschäftigung zu verstehen ist. Problematisch dürfte insbesondere sein, ob ruhende Arbeitsverhältnisse, Leiharbeitnehmer, freigestellte Arbeitnehmer etc mit einzurechnen sind.

18   Der Gesetzeswortlaut schweigt zu diesen Fragen. Zumindest aus der Gesetzesbegründung ergibt sich, dass den Betriebsstandorten und den dort bestehenden Arbeitsplätzen gegenüber den rechnungslegungstechnischen Größen der Bilanzsumme und des Umsatzes ein größeres Gewicht zukommen soll (BT-Drs. 18/11436, 24). Diese Ergänzung spricht eher dafür, dass tatsächlich vor Ort tätige Arbeitnehmer gemeint sind. Zudem gibt es bereits in § 73 SGB IX eine Definition des Begriffs Arbeitsplatz. Danach zählen ua nicht als Arbeitsplätze Stellen, bei denen Personen tätig sind, die Arbeitsbeschaffungsmaßnahmen nachgehen und Personen, deren Arbeits-, Dienst- oder sonstiges Beschäftigungsverhältnis wegen Wehr- oder Zivildienst, Elternzeit, unbezahltem Urlaub, oder bei Altersteilzeitarbeit in der Freistellungsphase ruht, solange für sie eine Vertretung eingestellt ist. Weiterhin sieht das Gesetz in § 5 BetrVG iVm § 9 BetrVG ebenfalls eine Regelung zur Bestimmung der Betriebsgröße anhand von Arbeitnehmern vor. Nach der Rechtsprechung sind hierunter grundsätzlich auch ruhende Arbeitsverhältnisse zu verstehen. Ausgenommen sind lediglich Arbeitnehmer, deren Arbeitsverhältnis endgültig ruht (Richardi BetrVG § 5 Rn. 90; BAG AP BetrVG 1972 § 9 Nr. 7 mAnm Maschmann). Auch einzubeziehen sind Arbeitsverhältnisse von Leiharbeitnehmern (BAG BB 2013, 2045).

19   Diese Vorschriften sind aber nicht vollständig auf § 3a übertragbar. § 3a verfolgt eine stärkere Gewichtung der Betriebsstandorte und der dort bestehenden Arbeitsplätze (BT-Drs. 18/11436, 24). Darüber hinaus sollen insbesondere Arbeitnehmer und Gläubiger durch das Gesetz geschützt werden. Im Ergebnis geht es also vor allem darum, Arbeitsplätze für die Zukunft zu sichern (BT-PlPr. 18/2221, 22349). Damit wird es entsprechend des Wortlauts eher auf die tatsächlich bestehenden Arbeitsplätze ankommen. Ausgeschiedene Arbeitnehmer, die im sozialrechtlichen Sinn berücksichtigt werden, dürften dann nicht berücksichtigt werden. Einzubeziehen sind aber Arbeitnehmer, die wiederkehren oder nur vorübergehend ausscheiden, weil sie sich beispielsweise in Elternzeit befinden oder unbezahlten Urlaub nehmen. Bei Leiharbeitnehmern dürfte dies nur der Fall sein, wenn die Leiharbeitnehmer dauerhaft eingesetzt werden. Insoweit erscheint eine Orientierung an § 14 Abs. 2 S. 6 AÜG sinnvoll, der einen sechsmonatigen Einsatz von Leiharbeitnehmern fordert (Mückl/Göbl ZinsO 2017, 623 (624)). Gleiches muss auch für Arbeitnehmer in befristeten Arbeitsverhältnissen gelten, weil es sich um eine gleichgelagerte Fallgestaltung handelt.

20   **c) Bilanzsumme oder Umsatzerlöse.** Im Diskussionsentwurf des Bundesministeriums der Justiz v. 3.1.2013 musste ein Unternehmen für einen zulässigen Antrag auf Begründung eines Gruppengerichtsstands noch das kumulative Vorliegen von 10 % der zusammengefassten Bilanzsumme und 10 % der zusammengefassten Umsatzerlöse der Unternehmensgruppe vorweisen. Die Anhörung des Rechtsausschusses hat nunmehr dazu geführt, dass 15 % der zusammengefassten Bilanzsumme oder 15 % der zusammengefassten Umsatzerlöse ausreichend sind. Mit der Erhöhung der Schwellenwerte soll die Gefahr des „forum shopping" eingedämmt werden. Da aufgrund der Erhöhung der Schwellenwerte und dem Erfordernis einer bestimmten Anzahl von Arbeitnehmern nunmehr die Gefahr bestand, dass gerade bei größeren Konzernen mit vielen gleich großen Gesellschaften keiner der Gesellschaften die Voraussetzungen erfüllt, müssen die Schwellenwerte von Bilanzsumme und Umsatzerlösen nicht mehr kumulativ, sondern nur noch alternativ vorliegen (BT-Drs. 18/11436, 24).

21   Liegt bei einem Unternehmen kein Konzernabschluss vor, soll das Vorliegen der quantitativen Schwellen anhand untechnischer Zusammenfassungen der Abschlüsse bestimmt werden. Für den Fall, dass trotz der im Insolvenzantrag gemachten Angaben und vorgelegten Unterlagen eine Bestimmung der Werte nicht möglich ist, soll eine Ablehnung des Antrags möglich sein (DiskE, 30). Damit wird es für den Schuldner noch wichtiger als bisher, die Zahlen entsprechend aufzuarbeiten. Ob aufgrund der nunmehr erforderlichen Feststellungen des Gerichts tatsächlich Verfahrensverzögerungen zu erwarten sind (so Frind ZInsO 2013, 429 (430)), bleibt abzuwarten.

22   **d) Zweifelsregelung.** Für den Fall, dass mehrere gruppenangehörige Schuldner zeitgleiche Anträge stellen, ist nicht der Antrag des Schuldners mit der höchsten Bilanzsumme, sondern der Antrag mit der höchsten Arbeitnehmerzahl im vorangegangenen Geschäftsjahr entscheidend (§ 3a

Abs. 1 S. 3). Auch mit dieser Regelung soll die Abkoppelung des Faktors Arbeit vom Konzerngerichtsstand vermieden werden (BT-Drs. 18/11436, 23).

Diese Regelung sollte über ihren Wortlaut hinaus auch Anwendung finden, wenn nicht mehr 23 feststellbar ist, welcher Antrag zuerst gestellt wurde. Dies wäre beispielsweise der Fall, wenn zwei Anträge das gleiche Datum haben, aber nur bei einem die Uhrzeit notiert wurde.

e) **Ausnahmen vom Regelbeispiel § 3a Abs. 1 S. 2/Offensichtlichkeit der untergeord-** 24 **neten Bedeutung.** Die Formulierung **offensichtlich untergeordnete Bedeutung** ist keine Frage des Beweismaßes (so auch MüKoInsO/Bruns Rn. 14; aA KPB/Prütting Rn. 7). Sie bedeutet vielmehr, dass trotz Erreichens der Schwellenwerte eine untergeordnete Bedeutung gegeben und außerdem trotz Nichterreichens der Schwellenwerte und untergeordneter Bedeutung unter Umständen der Antrag dennoch erfolgreich sein kann. Eine Ausnahme vom Regelbeispiel des § 3a Abs. 1 S. 2 gilt daher, wenn offensichtlich ist, dass die antragstellende Gesellschaft trotz Erreichens der Werte von § 3a Abs. 1 S. 2 von untergeordneter Bedeutung ist. Beispiel hierfür wäre ein Konzern bestehend aus zwei Gesellschaften. Dabei beschäftigt eine Gesellschaft 15 % der Arbeitnehmer und hat 17 % der Umsatzerlöse der Unternehmensgruppe. Die andere Gesellschaft erwirtschaftet die übrigen Umsatzerlöse und beschäftigt die übrigen Arbeitnehmer. In einem solchen Fall dürften darüber hinaus häufig Zweifel daran bestehen, dass eine Verfahrenskonzentration am angerufenen Insolvenzgericht im gemeinsamen Interesse aller Gläubiger ist (hierzu → Rn. 27 ff.). Die umgekehrte Ausnahme kann vorliegen, wenn die Schwellenwerte nicht erreicht werden und der antragstellende Schuldner zwar von untergeordneter Bedeutung ist, dies ist aber nur ein marginaler Unterschied. So zB, wenn alle Gesellschaften einen gleichen Teil der Umsatzerlöse der Unternehmensgruppe erwirtschaften und die antragstellende Gesellschaft nur knapp darunter liegt.

Zudem sieht das Gesetz eine Ausnahme von § 3a Abs. 1 S. 2 für den Fall vor, dass die **Schwel-** 25 **lenwerte von keinem der gruppenangehörigen Schuldner erreicht** werden. Der Gruppengerichtsstand kann dann bei dem Gericht begründet werden, das für den gruppenangehörigen Schuldner zuständig ist, der im vorangegangenen abgeschlossenen Geschäftsjahr im Jahresdurchschnitt die meisten Arbeitnehmer beschäftigt hat.

Im Umkehrschluss bedeutet dies in Einzelfällen, dass wenn mehrere gruppenangehörige Schuld- 26 ner einen Antrag stellen und keiner der antragstellenden Schuldner die Schwellenwerte erreicht, diese aber von anderen, nicht-antragstellenden gruppenangehörigen Unternehmen erreicht werden, eine Begründung des Gruppengerichtsstands bei keinem der für die antragstellenden zuständigen Amtsgerichte möglich ist.

III. Antragszuständigkeit

Soweit die landesgesetzlichen Regelungen keinen zentralen Gerichtsstand begründet haben, ist 26a nach § 3a Abs. 1 S. 1 unproblematisch das für den Antrag auf Eröffnung des Insolvenzverfahrens **zuständige Gericht** anzurufen. Schwierigkeiten ergeben sich aber dann, wenn ein zentraler Gerichtsstand nach § 2 Abs. 3 geschaffen wurde (ausf. Blankenburg ZInsO 2019, 169 ff.). In diesen Fällen gibt es zum einen die Ansicht, dass dann sowohl der Antrag auf Eröffnung des Insolvenzverfahrens als auch der Antrag auf Begründung eines Gruppengerichtsstandes beim zentralen Gericht gestellt werden müssen (Braun/Baumert § 2 Rn. 15). Es wird aber auch vertreten, dass der Antrag auf Eröffnung beim zuständigen Insolvenzgericht und der Antrag auf Begründung eines Gruppengerichtsstandes beim zentralen Gericht gestellt werden müssen (ua → § 2 Rn. 31). Denkbar wäre auch die Stellung beider Anträge beim nach § 3 Abs. 1 örtlich zuständigen Insolvenzgericht. Die dogmatisch überzeugendste Lösung, eine Trennung der Zuständigkeiten durchzuführen, wird bei der praktischen Umsetzung erhebliche Probleme mit sich bringen (ausf. Blankenburg ZInsO 2019, 169 (171 ff.)). Aus diesen Gründen wäre hier eine Nachbesserung des Gesetzgebers wünschenswert.

C. Gefährdung der Gläubigerinteressen

Nach § 3a Abs. 2 kann das Gericht den Antrag auf Begründung eines Gruppengerichtsstands 27 abweisen, wenn Zweifel daran bestehen, dass eine Konzentration der Verfahrensführung bei dem angerufenen Gericht im **gemeinsamen Interesse der Gläubiger** liegt.

Dabei ist ausweislich des Regierungsentwurfs nicht nur auf die Interessen der Gläubiger des 28 antragstellenden Schuldners abzustellen, sondern auch auf die Interessen der Gläubiger sämtlicher gruppenangehöriger Schuldner.

Einen Nachteil wird man immer dann annehmen müssen, wenn auch nur ein einzelner Gläubi- 29 ger durch die Verfahrenskonzentration benachteiligt wird.

30 Ein Vorteil soll zumindest dann gegeben sein, wenn sich durch die gemeinschaftliche Abwicklung wirtschaftliche Gewinne erzielen lassen, die einzelnen konzernangehörigen Massen Gewinne zukommen lassen, während andere zumindest nicht geschmälert werden (→ Rn. 30.1).

30.1 Eine positive Feststellung, welche konkreten Vorteile sich aus der gemeinschaftlichen Abwicklung ergeben, muss und kann vom Gericht in dieser Phase des Verfahrens nicht getroffen werden. Das Gericht dürfte auch keine grundsätzliche Ermittlungspflicht hinsichtlich etwaiger Gefährdungen der Gläubigerinteressen treffen (Pleister/Sturm ZIP 2017, 2329 (2334)). Wenn aber erhebliche Zweifel daran bestehen, dass die Verfahrenskonzentration vorteilhaft ist, kann das zuständige Amtsgericht den Antrag ablehnen (BT-Drs. 18/407, 27). Dies ist überzeugend, weil durch die Anordnung eines Gruppengerichtsstands unter Umständen Mehrkosten für die Masse entstehen (Harder/Lojowsky NZI 2013, 327 (330)). Diese sollten nur hingenommen werden müssen, wenn tatsächlich mit Vorteilen zu rechnen ist.

31 Inhalt dieser Prüfung muss folglich sein, welcher **wirtschaftliche Vor- oder Nachteil** unter dem Strich für die Gläubiger bleibt. Dies entspricht auch der Zielsetzung des Gesetzes, der Verbesserung des Verwertungsergebnisses für die Gläubiger (DiskE, 11).

D. Entscheidung des Gerichts

32 Sofern sich das angerufene Insolvenzgericht für zuständig erklärt, besteht ein zusätzlicher Gerichtsstand für später beantragte Verfahren über das Vermögen von Konzerngesellschaften. Dieser Gruppengerichtsstand tritt neben die nach § 3 Abs. 1 bestehenden Gerichtsstände. Dies bedeutet, dass es sich für die nachfolgend antragstellenden Konzerngesellschaften nicht um ausschließliche Gerichtsstände handelt. Vielmehr kann jedes schuldnerische Unternehmen selbst entscheiden, ob es seinen Eröffnungsantrag am nach § 3 oder § 3a zuständigen Gericht stellt. Der Gerichtsstand nach § 3 steht insoweit gleichberechtigt neben dem Gruppengerichtsstand. Es ist schon vom Wortlaut her nicht ersichtlich, warum deswegen die Antragsmöglichkeit auf Begründung eines Gruppengerichtsstandes ausgeschlossen sein soll, wenn für sämtliche Gruppenverfahren nach § 3 dasselbe Gericht zuständig wäre (dieses Problem aber in Betracht ziehend Schaaf/Filbinger BB 2019, 1801 (1802)). Insbesondere, um die Wirkung von § 3c Abs. 1 herbeizuführen, muss auch in diesen Fällen die Möglichkeit zur Stellung eines Antrags auf Begründung eines Gerichtsstandes nach § 3a gegeben sein. Wird der Antrag auf Eröffnung des Insolvenzverfahrens dennoch bei einem anderen Gericht als dem des Gruppengerichtsstandes gestellt, hat das angerufene Gericht die Möglichkeit und ist auf Antrag des Schuldners sogar verpflichtet, an das Gericht des Gruppengerichtsstands zu verweisen (§ 3d Abs. 1 S. 2; hierzu ausführlicher → § 3d Rn. 4).

33 Die Entscheidung des Gerichts ergeht durch Beschluss. Gegen die Entscheidung ist gem. § 6 die sofortige Beschwerde nicht vorgesehen (für die Einführung eines Rechtsmittels MüKoInsO/Brünkmanns, 3. Aufl., Konzerninsolvenzrecht Rn. 50). Das Gericht sollte den Beschluss an den Antragsteller sowie an einen etwaigen (vorläufigen) Insolvenzverwalter übersenden. Zudem sollte der Beschluss nach pflichtgemäßem Ermessen gem. § 9 öffentlich bekannt gemacht werden (Blankenburg ZInsO 2018, 897 (901)).

E. Kritik

34 Aufgrund der Zuständigkeitskonzentration mehrerer Verfahren von unter Umständen auch sehr großen Konzernen, könnte es an den Gerichten zu Infrastrukturproblemen kommen. Schon die plötzlich und kurzfristig auftretende Arbeitsmenge lässt eine Überbelastung der Gerichte befürchten. Darüber hinaus ist davon auszugehen, dass nicht sämtliche Richter über ausreichend betriebswirtschaftliche Sonderkenntnisse verfügen, um Verfahren mit derartigem Umfang sachgerecht zu bewältigen (zu gerichtsverfassungsrechtlichen Problemen der Reform im Einzelnen Smid ZInsO 2016, 1277 ff.; krit. auch Beth ZInsO 2017, 152 ff.). Mithilfe der Zentralisierung der Gerichte, an denen ein Gruppengerichtsstand begründet werden kann (§ 2 Abs. 3 vgl. hierzu im Einzelnen → § 2 Rn. 30 ff.), ist aber damit zu rechnen, dass sich die entsprechenden Richter schnell an den neuen Arbeitsumfang und die neuen betriebswirtschaftlichen Inhalte ihrer Arbeit gewöhnen werden. Allerdings ist eine Zentralisierung der Gerichte nicht zwingend vorgesehen, sodass nicht alle Länder von der Möglichkeit tatsächlich Gebrauch machen. Problematisch dürfte für die Gerichte auch sein, dass unter Umständen an verschiedenen Gerichten gleichzeitig ein Antrag auf Begründung eines Gruppengerichtsstandes gestellt wird, weil sich die Gesellschaften nicht abgestimmt haben. Da der Antrag nach § 13a keine Aussage über etwaige weitere Anträge auf Begründung eines Gruppengerichtsstandes durch andere Gruppengesellschaften enthalten muss und auch eine zwingende Veröffentlichung derartiger Anträge im Gesetz nicht vorgesehen ist,

sollte der Richter die Antragstellung nach § 13a nach pflichtgemäßem Ermessen (zur Zulässigkeit der Veröffentlichung nach pflichtgemäßem Ermessen → § 9 Rn. 2) veröffentlichen (Blankenburg ZInsO 2018, 897 (899)).

Zum Teil wird kritisiert, dass die Regelung die Vorhersehbarkeit des zuständigen Gerichts für Dritte erschweren würde, was insbesondere für die Gläubiger erhebliche Nachteile bedeuten könnte (Stellungnahme Frind zum RegE BT-Drs. 18/407, 12). Schließlich ist für Gläubiger erst mit Nachforschungen im Handelsregister erkennbar, welche Schwesterunternehmen noch existieren und wo diese ihren Sitz haben (vgl. auch Braun/Baumert Rn. 20; anders Stellungnahme Frind zum RegE BT-Drs. 18/407, 12). **35**

Zudem wird befürchtet, dass die Regelung die Gefahr des „forum shopping" steigert und die Druckausübung auf Gerichte begünstigt. Ob durch eine derartige Regelung tatsächlich Druck auf die Insolvenzgerichte ausgeübt werden kann, ist zu bezweifeln, bleibt aber in der Praxis abzuwarten (zu diesem Risiko im Allgemeinen Frind ZInsO 2013, 429; LoPucki ZInsO 2013, 420; Siemon NZI 2014, 55 (61)) (→ Rn. 36.1 f.). **36**

Zumindest gibt es bereits eine TOP-10 Liste von Insolvenzrichtern des JUVE Verlags für juristische Information GmbH (https://www.juve.de/pressemitteilungen/pressemitteilung-24-marz-2014, Stand 16.10.2019). Grundsätzlich wurden die Werte im Vergleich zum Gesetzesentwurf der Bundesregierung, bei der noch 10 % der Gesamtbilanzsumme oder die Gesamtumsatzerlöse gefordert waren, erhöht, um „Gerichts- und Richterhopping" einzudämmen und die Vorhersehbarkeit des Gerichtsstands zu sichern (BT-Drs. 18/11436, 24). Dennoch wird befürchtet, dass durch derartiges Verhalten die Verfahrensteilhabe behindert und die Entwicklung einer Sanierungskultur gestört wird (hierzu ausf. Frind/Pannen ZIP 2016, 398 (404)). Allerdings werden die Befürchtungen insbesondere auf Erfahrungen in den USA zurückgeführt (LoPucki ZInsO 2013, 420). Die Situation in Deutschland und den USA ist aber schon grundlegend nicht vergleichbar. In Deutschland werden Richter auf Lebenszeit verbeamtet. Sie müssen also nicht bei Insolvenzverwaltern um eine Wiederwahl in einer zweiten Amtszeit buhlen (so aber wohl in den USA LoPucki ZInsO 2013, 420 (421)). **36.1**

Für Berater bietet es sich dennoch an, die Chance der Gerichtsstandswahl zu nutzen und vorab genau zu prüfen, welche Amtsrichter ihren Anforderungen voraussichtlich gerecht werden (vgl. zu derartigen Gestaltungsmöglichkeiten (Splittberger/Grell DB 2017, 1497). Unabhängig davon, ob dies rechtspolitisch zu kritisieren ist, ist es zumindest nach der derzeitigen Gesetzeslage möglich und legitim (vgl. hierzu auch Harder/Lojowsky NZI 2013, 327 (328)). **36.2**

Des Weiteren wird befürchtet, dass Untergesellschaften damit drohen könnten, zuerst einen Antrag zu stellen und damit den Gerichtsstand für den gesamten Konzern festzulegen. Da derartige Untergesellschaften aber ohnehin eine Genehmigung ihrer Anträge von den Gesellschaftern und damit auch von der Muttergesellschaft benötigen, sofern keine Insolvenzantragspflicht besteht, erscheint das Risiko recht gering (Birnbreier NZI 2018, 11 (13)). Zudem gelten auch in diesem Fall die Schwellenwerte gem. § 3a Abs. 1, wodurch das Missbrauchsrisiko ebenfalls erheblich gemindert wird. **37**

F. Zuständigkeit des Restrukturierungsgerichts

Abs. 4 wurde mit dem Gesetz zur Fortentwicklung des Sanierungs- und Insolvenzrechts (Sanierungs- und Insolvenzrechtsfortentwicklungsgesetz – SanInsFoG, BGBl. 2020, 3256) eingefügt und gilt seit dem 1.1.2021. Der Absatz soll die Vorschriften zur Zuständigkeitskonzentration (insbesondere § 37) im Gesetz über den Stabilisierungs- und Restrukturierungsrahmen für Unternehmen (StaRUG) ergänzen und die weitgehende Konzentration der Insolvenz- und Restrukturierungssachen innerhalb einer Unternehmensgruppe an einem Insolvenzgericht sicherstellen. Er ermöglicht, dass sich bereits in Restrukturierungssachen das Gericht für zuständig erklärt, das auch für die Gruppen-Folgeverfahren zuständig wäre. Mit Blick auf die erheblichen Vorteile, die eine Zuständigkeitskonzentration mit sich bringt (vgl. hierzu → Rn. 1), ist die Erweiterung auf Restrukturierungssachen zu begrüßen. Insbesondere können so Reibungsverluste und Mehraufwand durch die erneute Einarbeitung eines anderen Gerichts vermieden werden. Darüber hinaus bestimmt § 37 Abs. 2 StaRUG die entsprechende Anwendung von § 3a Abs. 1 S. 2–Abs. 4 für die Bildung des Gruppengerichtsstandes im Rahmen von Restrukturierungssachen. **38**

§ 3b Fortbestehen des Gruppen-Gerichtsstands

Ein nach § 3a begründeter Gruppen-Gerichtsstand bleibt von der Nichteröffnung, Aufhebung oder Einstellung des Insolvenzverfahrens über den antragstellenden Schuld-

ner unberührt, solange an diesem Gerichtsstand ein Verfahren über einen anderen gruppenangehörigen Schuldner anhängig ist.

1 § 3b stellt klar, dass der Gruppengerichtsstand **unabhängig vom Schicksal des antragstellenden Schuldners** bestehen bleibt, sofern ein weiteres gruppenangehöriges Verfahren anhängig ist.

2 Denkbar ist dies in Fällen, in denen ein **zulässiger aber unbegründeter** Insolvenzantrag gestellt wird (für die Zulässigkeit des Antrags auf Begründung eines Gruppengerichtsstands genügt ein zulässiger Insolvenzantrag hierzu → § 3a Rn. 3). In Betracht kommt aber auch, dass ein Antrag zunächst zulässig und begründet ist und **später unbegründet wird,** weil das Verfahren aus irgendeinem Grund früher beendet wird als die anderen Gruppenverfahren. Darunter fällt auch die Rücknahme des Insolvenzantrags durch den antragstellenden Schuldner. Erfolgt die Rücknahme nach Begründung des Gruppengerichtsstandes, besteht unter Umständen die Gefahr, dass sich der Schuldner ein „Wahlgericht" sichern wollte (Uhlenbruck/Pape Rn. 6). Diese Gefahr ist aber hinzunehmen, da das Gesetz derzeit ein solches Verhalten zulässt und das Gericht vorab auch das Vorliegen der Voraussetzungen für die Anordnung eines Gruppengerichtsstandes prüft. Eine völlig willkürliche Festlegung des Gruppengerichtsstandes ist damit ausgeschlossen.

3 Für den Fall, dass das Verfahren bereits beim Gericht des Gruppengerichtsstands anhängig war, bevor der Antrag des Antragstellers unbegründet geworden ist, ergibt sich diese Folge bereits aus § 4 InsO iVm § 261 Abs. 3 Nr. 2 ZPO (perpetuatio fori). Der Gesetzgeber wollte mit § 3b aber darüber hinaus für sämtliche Gruppenfolgeverfahren klarstellen, dass der Gruppengerichtsstand auch für weitere, noch nicht anhängig gemachte Gruppenfolgeverfahren bestehen bleibt, sofern am Gericht des Gruppengerichtsstands zumindest noch über das Vermögen eines gruppenangehörigen Schuldners ein Insolvenzverfahren anhängig ist (BT-Drs. 18/407, 27).

4 Ist kein Verfahren über das Vermögen eines gruppenangehörigen Schuldners mehr beim betroffenen Insolvenzgericht anhängig, besteht auch kein Bedarf, den Gruppengerichtsstand an diesem Gericht aufrechtzuerhalten (BT-Drs. 18/407, 27).

5 Mit diesen Regelungen sollen die Gläubiger vor unnötigen und belastenden Wechseln der Gerichtszuständigkeit geschützt werden (BT-Drs. 18/407, 27).

§ 3c Zuständigkeit für Gruppen-Folgeverfahren

(1) Am Gericht des Gruppen-Gerichtsstands ist für Gruppen-Folgeverfahren die Abteilung zuständig, die für das Verfahren zuständig ist, in dem der Gruppen-Gerichtsstand begründet wurde.

(2) Der Antrag auf Eröffnung eines Gruppen-Folgeverfahrens kann auch bei dem nach § 3 Absatz 1 zuständigen Gericht gestellt werden.

Überblick

§ 3c stellt zum einen klar, dass am Gericht des Gruppengerichtsstands die gleiche Abteilung zuständig ist wie für das Verfahren, in dem der Gruppengerichtsstand begründet wurde (→ Rn. 1 ff.), und zum anderen, dass in Gruppenfolgeverfahren der Antrag auch an dem nach § 3 Abs. 1 zuständigen Gericht gestellt werden kann (→ Rn. 3 ff.).

A. Gesamtzuständigkeit einer Abteilung (Abs. 1)

1 Mit § 3 Abs. 1 wird sichergestellt, dass am selben Insolvenzgericht auch dieselbe Abteilung zuständig ist (zu den praktischen Problemen Beth ZInsO 2017, 152; zu den damit einhergehenden gerichtsverfassungsrechtlichen Problemen Smid ZInsO 2016, 1277). Offen bleibt, was genau unter Abteilung zu verstehen ist. Der Begriff wurde durch das SanInsFoG (Sanierungs- und Insolvenzrechtsfortentwicklungsgesetz, BGBl. 2020 I 3256) eingeführt. Zuvor war geregelt, dass derselbe Richter für sämtliche Gruppen-Folgeverfahren zuständig ist. Eine genauere Erläuterung des Begriffs findet sich in den Gesetzgebungsmaterialien nicht. Ziel der Einführung von § 3c war es, Abstimmungsschwierigkeiten zwischen den einzelnen Richtern zu vermeiden und eine einheitliche Verfahrensabwicklung zu gewährleisten (BT-Drs. 18/407, 8). Zudem ergibt sich aus den Gesetzgebungsmaterialien zum SanInsFoG, dass durch die Umformulierung von Richter in Abteilung praktischen Problemen im Falle von Vertretung wegen Urlaub und Krankheit Rechnung getragen werden soll (BT-Drs. 19/25353, 11 iVm BR-Drs. 619/1/20, 22). Daraus lässt sich schließen, dass auch nach der Änderung durch das SanInsFoG derselbe Richter zuständig sein soll sowie in dessen Abwesenheit die entsprechende Vertretung. Diese Vertretung dürfte auch zuständig sein, wenn der Richter wegen Besorgnis der Befangenheit nicht zuständig sein kann oder er später vom Richteramt ausgeschlossen wird (kritisch zu einer fehlenden Regelung diesbezüglich MüKoInsO/Bruns Rn. 3). Wünschenswert wäre darüber hinaus die Regelung zur Zuständigkeit auch nur eines Rechtspflegers, die bisher fehlt (Laroche ZInsO 2017, 2585 (2589)). Auch das SanInsFoG hat hier leider keine Klarheit gebracht. Zwar spricht das Gesetz nun von Abteilung, allerdings ergibt sich aus BR-Drs. 619/1/20 nicht, dass darunter auch der Rechtspfleger zu verstehen ist, vielmehr scheint die richterliche Abteilung im Sinne des richterlichen Dezernats gemeint zu sein. Eine analoge Anwendung auf den Rechtspfleger (so Uhlenbruck/Pape Rn. 3; KPB/Prütting Rn. 3) dürfte damit auch weiterhin ausscheiden (aA AG Hamburg ZRI 2020, 391), da es an einer planwidrigen Regelungslücke fehlt. Weder der Gesetzeswortlaut noch die Gesetzgebungsmaterialien geben einen Hinweis darauf, dass der Gesetzgeber die Regelung für Rechtspfleger unabsichtlich übersehen hat. Auch wenn daher die Konzentration auf einen Rechtspfleger de lege ferenda wünschenswert wäre, ist davon auszugehen, dass derzeit ein derartig starker Eingriff in die Geschäftsverteilung an den Gerichten nicht gewollt ist (ähnlich auch MüKoInsO/Bruns Rn. 5). Insbesondere die Tatsache, dass der Gesetzgeber Änderungen am Rechtspflegergesetz vorgenommen hat, ohne eine Konzentrationsregelung für den Rechtspfleger vorzunehmen, spricht gegen die Planwidrigkeit der Regelungslücke (ähnlich auch Laroche ZInsO 2017, 2585 (2589)).

Unklar bleibt aber weiterhin, wie ein einzelner Richter, der neben dem Konzern noch weitere **2** Verfahren zu betreuen hat, eine Flut von unter Umständen zig neuen Verfahren in wenigen Wochen bewältigen soll. Betrachtet man, dass in einigen Bundesländern Richterstellen immer noch als ¼ Stellen oder mit noch geringerem Pensum besetzt sind und die Richter somit nicht dauerhaft mit Insolvenzrecht befasst sind, erscheint die zeitlich angemessene Umsetzung einer derartigen Verfahrensflut daher schwer vorstellbar. Dem soll durch die Regelung in § 2 Abs. 2 iVm Abs. 3 entgegengewirkt werden. Diese gibt die Möglichkeit durch Rechtsverordnungen je Bezirk eines Oberlandesgerichts ein Insolvenzgericht zu bestimmen, an dem ein Gruppen-Gerichtsstand begründet werden kann. Für den Fall dieser Zentralisierung ist damit zu rechnen, dass die Geschäftsverteilungspläne eine entsprechende Mehrbelastung berücksichtigen werden. Zudem werden die entsprechenden Richter mit zunehmender Erfahrung in Konzerninsolvenzverfahren diese aufgrund der Routine im Umgang mit der Materie und verbesserten betriebswirtschaftlichen Kenntnisse schneller bearbeiten können als zuvor. § 2 Abs. 2 iVm Abs. 3 ist aber eine reine Sollbestimmung. Die tatsächliche Umsetzung bleibt also abzuwarten.

B. Wahlgerichtsstand (Abs. 2)

§ 3c Abs. 2 stellt klar, dass die übrigen gruppenangehörigen Schuldner neben dem begründeten **3** Gruppengerichtsstand weiterhin bei dem nach § 3 Abs. 1 zuständigen Gericht einen Insolvenzantrag stellen können (hierzu im Einzelnen → § 3 Rn. 1 ff.). Der Gruppengerichtsstand ist damit ein Wahlgerichtsstand neben den sonst bereits existierenden Gerichtsständen.

Damit soll zum einen dem Umstand Rechnung getragen werden, dass bei einigen Verfahren **4** unter Umständen gar kein Konzentrationsbedarf besteht. Zum anderen soll den Organen der Konzerngesellschaften die Möglichkeit gegeben werden ihrer in § 15a strafbewährten Pflicht der Insolvenzantragstellung nachzukommen (BT-Drs. 18/407, 20). Der Gesetzgeber geht zudem davon aus, dass bei fehlender Koordinierung einer gemeinsamen Antragstellung bereits davon auszugehen ist, dass auch ein Koordinationsverfahren wenig Aussicht auf Erfolg hat, weil es an einer konzerninternen Abstimmung grundsätzlich fehlt (BT-Drs. 18/407, 20). Aus diesem Grund sei auch kein Bedarf für eine Sperrwirkung gegeben.

C. Verweisungsentscheidung

Wird die Eröffnung eines Gruppenfolgeverfahrens an einem Gerichtsstand nach § 3 Abs. 1 **5** beantragt, kann das angerufene Gericht das Verfahren an das Gericht des Gruppengerichtsstandes verweisen (§ 3d Abs. 1 S. 1). Im Falle eines Gläubigerantrags besteht sogar die Pflicht zu Verweisung, wenn der Schuldner diese beantragt (§ 3d Abs. 1 S. 2). Die Entscheidung des Gerichts ergeht durch Beschluss. Zuständig ist nach § 18 Abs. 1 Nr. 3 RPflG der Richter. Ein Rechtsmittel hiergegen ist nicht gegeben (§ 6). Der Verweisungsbeschluss ist bindend (BT-Drs. 18/407, 28).

§ 3d Verweisung an den Gruppen-Gerichtsstand

(1) ¹Wird die Eröffnung eines Insolvenzverfahrens über das Vermögen eines gruppenangehörigen Schuldners bei einem anderen Insolvenzgericht als dem Gericht des Gruppen-Gerichtsstands beantragt, kann das angerufene Gericht das Verfahren an das Gericht des Gruppen-Gerichtsstands verweisen. ²Eine Verweisung hat auf Antrag zu erfolgen, wenn der Schuldner unverzüglich nachdem er Kenntnis von dem Eröffnungsantrag eines Gläubigers erlangt hat, einen zulässigen Eröffnungsantrag bei dem Gericht des Gruppen-Gerichtsstands stellt.

(2) ¹Antragsberechtigt ist der Schuldner. ²§ 3a Absatz 3 gilt entsprechend.

(3) Das Gericht des Gruppen-Gerichtsstands kann den vom Erstgericht bestellten vorläufigen Insolvenzverwalter entlassen, wenn dies erforderlich ist, um nach § 56b eine Person zum Insolvenzverwalter in mehreren oder allen Verfahren über die gruppenangehörigen Schuldner zu bestellen.

Überblick

§ 3d regelt Verweisungsmöglichkeiten für den Fall, dass ein Gruppengerichtsstand bereits durch einen anderen gruppenangehörigen Schuldner begründet wurde und der Schuldner oder ein Gläubiger an einem anderen nach § 3 Abs. 1 zuständigen Insolvenzgericht einen Antrag auf Eröffnung des Insolvenzverfahrens gestellt hat.

Das Gericht kann in diesem Fall das Verfahren an das Gericht des Gruppengerichtsstands verweisen. Zudem kann der Schuldner bzw. ein (sog. „starker" vorläufiger) Insolvenzverwalter einen Antrag auf Verweisung stellen. In diesem Fall ist das Gericht an den Antrag gebunden und muss verweisen.

§ 3d Abs. 3 gibt dem Gericht des Gruppengerichtstands im Fall der Verweisung die Möglichkeit den vom zuerst angerufenen Gericht eingesetzten Verwalter zu entlassen.

A. Verweisung von Amts wegen

1   Stellt ein weiteres gruppenangehöriges Unternehmen nach Begründung des Gruppengerichtsstands an einem anderen Gericht als dem Gericht des Gruppengerichtsstands einen Insolvenzantrag, hat das angerufene Gericht die Möglichkeit, von Amts wegen zu verweisen.

2   Die Entscheidung liegt im Ermessen des Gerichts. Das Gericht hat zu prüfen, ob eine Verweisung auch bei Berücksichtigung des erreichten Verfahrensstands im Interesse der Gläubiger liegt (DiskE v. 3.1.2013, 32). Entscheidend dafür soll sein, ob das Verfahren schon über einen längeren Zeitraum angeordnet ist und der eingesetzte Verwalter bereits eine Vielzahl von Entscheidungen getroffen hat (DiskE v. 3.1.2013, 32). Zudem sollten auch etwaige Mehrkosten oder mögliche Ersparnisse für die Masse bei der Entscheidung eine Rolle spielen.

3   Grundsätzlich ist es denkbar, dass das Gericht das Verfahren gegen den Willen des Schuldners verweist. In den wenigsten Fällen (denkbar sind nur Abwicklungsverfahren) wird aber eine Begründung des Gruppengerichtsstands gegen den Willen des Schuldners zielführend sein (hierzu im Einzelnen → § 3a Rn. 9). Insbesondere dann, wenn der Schuldner den Antrag auf Eröffnung des Insolvenzverfahrens bewusst bei einem anderen Gericht als dem Gericht des Gruppengerichtsstandes gestellt hat, dürfte eine Verweisung regelmäßig ermessensfehlerhaft sein. Zur Verhinderung der Verweisung gegen den Willen des Schuldners immer einen Antrag des Schuldners nach § 3d Abs. 2 zu verlangen (so Baumert NZI 2019, 103 (105)), scheint aber aufgrund des Anhörungserfordernisses nicht erforderlich. Insbesondere lässt sich aus der Systematik des Gesetzes nicht schließen, dass sich § 3d Abs. 2 auch auf § 3d Abs. 1 S. 1 beziehen soll, da § 3d Abs. 1 S. 1 eben gerade kein Antragserfordernis vorsieht.

B. Verweisung auf Antrag des Schuldners

4   Stellt ein Gläubiger einen Antrag auf Eröffnung des Insolvenzverfahrens über einen gruppenangehörigen Schuldner an einem anderen Gericht als dem Gericht des Gruppengerichtsstands, besteht für den Schuldner die Möglichkeit, einen Antrag auf Verweisung zu stellen. In diesem Fall hat das Gericht kein Ermessen, es ist verpflichtet, an das Gericht des Gruppengerichtsstands zu verweisen. Nicht von § 3d Abs. 1 S. 2 erfasst ist der Fall, dass der Schuldner versehentlich an einem anderen Gericht als dem des Gruppengerichtsstandes einen Antrag stellt. In diesen Fällen

sollte das Gericht aber von Amts wegen verweisen, wenn dies dem Willen des Schuldners entspricht (Baumert NZI 2019, 103 (104)).

Der schuldnerische Antrag auf Eröffnung des Insolvenzverfahrens beim Gericht des Gruppen-Gerichtsstandes muss unverzüglich nach Kenntnis des Gläubigerantrags gestellt werden. Unverzüglich bedeutet ohne schuldhaftes Zögern (§ 121 BGB) (→ Rn. 5.1). Ausweislich des Wortlautes kann der Antrag nur gestellt werden, wenn bereits ein Gruppengerichtsstand begründet wurde bzw. zumindest ein Antrag auf Begründung eines Gruppengerichtsstandes gestellt wurde. Ein solch enges Verständnis ist aber mit dem Sinn und Zweck des Konzerninsolvenzrechts nicht vereinbar (Uhlenbruck/Pape Rn. 3). Vielmehr muss es dem schuldnerischen Unternehmen auch mit dem Antrag nach § 3 Abs. 1 S. 2 möglich sein, erstmalig einen Antrag auf Begründung eines Gruppengerichtsstandes zu stellen. Es gibt keine Gründe, die gegen eine solche gleichzeitige Antragstellung sprechen (Uhlenbruck/Pape Rn. 3; MüKoInsO/Bruns Rn. 4).

Es ist davon auszugehen, dass der Schuldner spätestens, wenn er nach § 14 Abs. 2 angehört wird bzw. zur Anhörung geladen wird, von dem Fremdantrag erfährt. Um Komplikationen zu vermeiden, sollte er nach der entsprechenden Information des Insolvenzgerichts innerhalb weniger Tage den Antrag auf Verweisung an den Gruppengerichtsstand stellen. Sollte er bereits vorher von dem Antrag erfahren, muss er natürlich schneller reagieren. In der Praxis wird man dem Schuldner aber selten nachweisen können, dass er bereits früher vom Insolvenzantrag erfahren hat.

Ein nach dem Schuldnerantrag gestellter Gläubigerantrag dürfte vom Wortlaut der Norm nicht umfasst sein. In der Regel wird aber in derartigen Fällen das Insolvenzgericht von Amts wegen nach § 3d Abs. 1 S. 1 verweisen. In den übrigen Fällen wird man dann eine Verfahrenskonzentration aufgrund von § 3 Abs. 2 nicht herbeiführen können, wenn das Gericht zuerst über die Eröffnung des Insolvenzverfahrens entscheidet, bei dem der Gläubigerantrag gestellt wurde und bei dem der Gruppengerichtsstand gerade nicht begründet wurde (Blankenburg ZInsO 2018, 897 (902)).

Antragsberechtigt ist lediglich der Schuldner bzw. dessen vertretungsberechtigte Organe (hierzu im Einzelnen → § 3a Rn. 8 ff.). Bei Bestellung eines starken vorläufigen Verwalters bzw. eines Insolvenzverwalters im Rahmen der Verfahrenseröffnung geht der Antragsberechtigung gem. § 3d Abs. 2 S. 2, § 3a Abs. 3 auf diesen über.

C. Die Verweisungsentscheidung

Die Entscheidung ergeht durch Beschluss. Gegen die Entscheidung ist die sofortige Beschwerde gem. § 6 nicht vorgesehen.

Der Beschluss ist bindend (ausf. zur Bindung BeckOK ZPO/Bacher ZPO § 281 Rn. 26 ff.), dies ergibt sich aus dem Rechtsgedanken von § 281 Abs. 2 S. 4 ZPO (DiskE v. 3.1.2013, 32; Thole KTS 2014, 351 (357)), der über § 4 zumindest entsprechend anzuwenden ist (→ Rn. 8.1).

Eine direkte Anwendung von § 281 Abs. 2 S. 4 ZPO (so aber MüKoInsO/Brünkmanns Konzerninsolvenzrecht Rn. 56) scheidet aus, weil das abgebende Gericht gerade nicht unzuständig ist. Vielmehr handelt es sich jeweils um einen zulässigen Wahlgerichtsstand (hierzu → § 3c Rn. 3). Der Rechtsgrundsatz, dass Verweisungsentscheidungen zur Gewährleistung der Rechtssicherheit bindend sind (ua aus § 281 Abs. 2 S. 4 ZPO), ist dennoch anzuwenden, da auch im Insolvenzverfahren ein Bedürfnis nach Rechtssicherheit und schnellstmöglicher Feststellung der Gerichtszuständigkeit besteht. Wäre der Beschluss nicht bindend, könnten die Gerichte ohne weiteres mehrfach verweisen. Dies würde gerade bei den vielen eilbedürftigen Entscheidungen, die in einem Konzerninsolvenzverfahren zur Fortführung des Geschäftsbetriebs zu Beginn notwendig sind, eine Aufrechterhaltung des Geschäftsbetriebs praktisch unmöglich machen.

Aufgrund der Bindungswirkung müsste zur Gewährleistung des rechtlichen Gehörs vor der Verweisung zumindest eine Anhörung des Schuldners und des Verwalters sichergestellt werden (vgl. zum ähnlichen Problem BeckOK ZPO/Bacher ZPO § 281 Rn. 31). Auch mit Blick auf die weitere Verfahrensentwicklung erscheint eine Anhörung beider geboten. Ein gegen den Grundsatz des rechtlichen Gehörs verstoßender Verweisungsbeschluss dürfte ebenfalls nicht bindend sein (vgl. bei Verstoß iRv § 281 ZPO BGH NJW-RR 2008, 1309 Rn. 6; OLG Brandenburg BeckRS 2010, 28559; OLG Schleswig NZI 2010, 260).

Keine Bindungswirkung entfalten auch willkürlich getroffene Verweisungsbeschlüsse (BGH NJW-RR 2008, 1309 Rn. 6). Willkürlichkeit liegt nicht schon vor, wenn keine ausführliche Begründung des Verweisungsbeschlusses erfolgt ist (BeckOK ZPO/Bacher ZPO § 281 Rn. 32.1). Der Verweisungsbeschluss darf aber auch nicht jeglicher Grundlage entbehren (ausf: zur Frage der Willkürlichkeit eines Verweisungsbeschlusses BeckOK ZPO/Bacher ZPO § 281 Rn. 32 ff.).

D. Entlassung des zunächst bestellten vorläufigen Insolvenzverwalters

11 Für den Fall einer Verweisung an den Gruppengerichtsstand besteht für das Gericht des Gruppengerichtsstands die Möglichkeit, einen zuvor von dem anderen Gericht bestellten vorläufigen Insolvenzverwalter zu entlassen, wenn dies erforderlich ist, um eine einheitliche Person zum Verwalter iSd § 56b zu bestellen (äußerst krit. zu dieser Regelung Smid ZInsO 2016, 1277 (1282)).

§ 3e Unternehmensgruppe

(1) Eine Unternehmensgruppe im Sinne dieses Gesetzes besteht aus rechtlich selbständigen Unternehmen, die den Mittelpunkt ihrer hauptsächlichen Interessen im Inland haben und die unmittelbar oder mittelbar miteinander verbunden sind durch
1. die Möglichkeit der Ausübung eines beherrschenden Einflusses oder
2. eine Zusammenfassung unter einheitlicher Leitung.

(2) Als Unternehmensgruppe im Sinne des Absatzes 1 gelten auch eine Gesellschaft und ihre persönlich haftenden Gesellschafter, wenn zu diesen weder eine natürliche Person noch eine Gesellschaft zählt, an der eine natürliche Person als persönlich haftender Gesellschafter beteiligt ist, oder sich die Verbindung von Gesellschaften in dieser Art fortsetzt.

Überblick

Bisher existiert im deutschen Recht kein einheitlicher Konzernbegriff. Mit § 3e wird ein zusätzlicher Konzernbegriff eingeführt. Danach besteht eine Unternehmensgruppe aus rechtlich selbstständigen Unternehmen, die den Mittelpunkt ihrer hauptsächlichen Interessen im Inland haben und die unmittelbar oder mittelbar durch die Möglichkeit der Ausübung eines beherrschenden Einflusses (Abs. 1 Nr. 1) oder eine Zusammenfassung unter einheitlicher Leitung (Abs. 1 Nr. 2) miteinander verbunden sind. Darüber hinaus wird zumindest für das Insolvenzrecht klargestellt, dass auch eine Gesellschaft und ihr persönlich haftender Gesellschafter (zB GmbH & Co. KG) unter den Begriff Unternehmensgruppe fallen (§ 3 Abs. 2).

Der Gesetzgeber hat sich damit bewusst gegen eine Übernahme des Konzernbegriffs aus § 18 AktG bzw. Art. 2 Nr. 13 iVm Nr. 14 EuInsVO entschieden. Vielmehr erfolgt eine Anlehnung an den Begriff aus § 290 HGB, der ebenfalls die Möglichkeit des beherrschenden Einflusses genügen lässt (DiskE v. 3.1.2013, 25). Anders als in § 290 Abs. 2 HGB ist von § 3e InsO auch ein Konzern umfasst, bei dem die Muttergesellschaft nicht als Kapitalgesellschaft verfasst ist.

A. Rechtlich selbstständige Unternehmen

1 Der Begriff Unternehmen wird nicht selbstständig definiert. Umstritten ist daher vor allem, ob auch eine natürliche Person ohne weiteres ein Unternehmen iSd Vorschrift sein kann. Der Wortlaut von Abs. 2 spricht freilich gegen eine solche Annahme (KPB/Prütting Rn. 2; differenzierender Flöther KonzernInsR-HdB/Thole § 2 Rn. 40). Schließlich wäre es nicht notwendig, eine derartige Ausnahme zu formulieren, wenn bereits grundsätzlich natürliche Personen vom Begriff Unternehmen umfasst wären. Für öffentlich-rechtliche Unternehmen dürfte durch die Einschränkung der Insolvenzfähigkeit vorgegeben sein, welche Gesellschaften mit öffentlich-rechtlicher Beteiligung unter den Begriff § 3e fallen (MüKoInsO/Bruns Rn. 5; wiederum differenzierend Flöther KonzernInsR-HdB/Thole § 2 Rn. 40).

1a **Rechtlich selbstständig** ist ein Unternehmen, wenn es als einzelne Kapital- oder Personengesellschaft oder Einzelunternehmung konstituiert und nicht nur unselbstständiger Unterbestandteil einer solchen ist. Es muss demnach selbst Rechtsträger sein (Frodermann/Jannott, Handbuch des Aktienrechts, 9. Aufl. 2017, 14 Rn. 5 zu §§ 15 ff. AktG). Das Vermögen darf nicht einem anderen Rechtsträger im Verbund zugeordnet werden, wie es bspw. bei bloßen Betriebsstätten oder Zweigniederlassungen der Fall ist (Hölters/Hirschmann, Aktiengesetz, 3. Aufl. 2017, AktG § 15 Rn. 4).

B. Mittelpunkt der hauptsächlichen Interessen im Inland

2 Anders als in § 290 HGB muss die Gesellschaft ihren Sitz nicht im Inland haben, sondern es genügt, wenn sie den Mittelpunkt ihrer hauptsächlichen Interessen im Inland hat. Hier orientiert sich der Gesetzgeber an dem bisher bereits bestehenden Grundsatz des COMI (Art. 3 Abs. 1

Unternehmensgruppe § 3e InsO

EuInsVO). Somit sollten auch die bisher entwickelten Grundsätze Anwendung finden (→ Rn. 2.1).

Demnach können unter den Begriff der Unternehmensgruppe durchaus auch Gesellschaften mit einem ausländischen Satzungssitz fallen, sofern sie den Mittelpunkt ihrer wirtschaftlichen Tätigkeit in Deutschland haben. Für den Fall, dass eine Gruppengesellschaft auch den Mittelpunkt ihrer wirtschaftlichen Tätigkeit außerhalb Deutschlands hat, sind die Vorschriften zum Konzerninsolvenzrecht nicht auf diese anwendbar. Allerdings hindert dies nicht die Anwendung auf weitere Gruppengesellschaften, für die die Voraussetzungen von § 3e erfüllt sind. Schließlich kann auch bei den übrigen Gesellschaften ein Bedürfnis für ein abgestimmtes Verfahren mit Hilfe eines Gruppengerichtsstandes oder sogar ein Koordinationsverfahren bestehen (Flöther KonzernInsR-HdB/Thole § 2 Rn. 34). Dies dürfte grundsätzlich auch für den Fall gelten, dass die Konzernmutter den Mittelpunkt der wirtschaftlichen Tätigkeit im Ausland hat (Prosteder NZI 2018, 9; vgl. hierzu ausf. Flöther KonzernInsR-HdB/Thole § 2 Rn. 35 ff.). 2.1

Danach muss es einen lokalisierbaren Schwerpunkt von gewisser Dauer und Beständigkeit geben (MMS/Mankowski EuInsVO Art. 3 Rn. 6). Im Grundsatz wird man hier auf die Formulierung in § 3 EuInsVO zurückgreifen können. Danach ist der Ort maßgeblich, an dem der Schuldner gewöhnlich der Verwaltung seiner Interessen nachgeht und der für Dritte feststellbar ist. Hierauf wird man nicht zuletzt auch deshalb zurückgreifen müssen, um einen Konflikt des deutschen Gruppengerichtsstands nach § 3a mit dem nach Art. 3 EuInsVO zu vermeiden (Prosteder NZI 2018, 9). 3

Bei juristischen Personen und Gesellschaften geht man nach Art. 3 Abs. 1 EuInsVO davon aus, dass dies der Ort ihres Sitzes ist, wenn der Sitz nicht in einem Zeitraum von drei Monaten vor dem Antrag auf Eröffnung des Insolvenzverfahrens verlegt wurde. Es steht dem Schuldner frei zu widerlegen, dass der Mittelpunkt der hauptsächlichen Interessen nicht der satzungsmäßige Sitz ist (vgl. hierzu im Einzelnen Braun/Tashiro/Delzant EuInsVO Art. 3 Rn. 14 ff.). An die Widerlegung der Vermutung ist ein strenger Maßstab anzulegen (LG Berlin ZIP 2018, 140). 4

Bei natürlichen Personen gilt bis zum Beweis des Gegenteils, dass die Hauptniederlassung (bei selbstständiger gewerblicher oder freiberuflicher Tätigkeit) oder der Ort des gewöhnlichen Aufenthalts (andere natürliche Personen) der Mittelpunkt der hauptsächlichen Interessen ist (vgl. hierzu im Einzelnen Braun/Tashiro/Delzant EuInsVO Art. 3 Rn. 19 ff.). 5

Bei selbstständiger gewerblicher oder freiberuflicher Tätigkeit darf die Hauptniederlassung nicht drei Monate vor Eröffnung verlegt worden sein. Eine andere natürliche Person darf nicht sechs Monate zuvor ihren satzungsmäßigen Sitz geändert haben. 6

C. Verbundenheit

I. Verbindung durch Möglichkeit des beherrschenden Einflusses

Das Tatbestandsmerkmal der Möglichkeit des beherrschenden Einflusses wurde in Anlehnung an § 290 Abs. 1 HGB eingeführt, sodass maßgeblich die Konkretisierungen in § 290 Abs. 2 HGB Anwendung finden (DiskE v. 3.1.2013, 31). Damit besteht beherrschender Einfluss stets, wenn dem Unternehmen 7

- bei einem anderen Unternehmen die Mehrheit der Stimmrechte der Gesellschafter zusteht;
- bei einem anderen Unternehmen das Recht zusteht, die Mehrheit der Mitglieder des die Finanz- und Geschäftspolitik bestimmenden Verwaltungs-, Leitungs- oder Aufsichtsorgans zu bestellen oder abzuberufen, und es gleichzeitig Gesellschafter ist;
- das Recht zusteht, die Finanz- und Geschäftspolitik aufgrund eines mit einem anderen Unternehmen geschlossenen Beherrschungsvertrags oder aufgrund einer Bestimmung in der Satzung des anderen Unternehmens zu bestimmen oder
- bei wirtschaftlicher Betrachtung die Mehrheit der Risiken und Chancen eines Unternehmens trägt, das zur Erreichung eines eng begrenzten und genau definierten Ziels des Mutterunternehmens dient (Zweckgesellschaft).

Die Möglichkeit des beherrschenden Einflusses genügt, dh dass nicht geprüft werden muss, ob die Einflussmöglichkeiten praktisch tatsächlich genutzt werden. Dies vermeidet eine umständliche Prüfung und Nachforschung und fördert die für eine Sanierung so bedeutsame Geschwindigkeit des Verfahrens (DiskE v. 3.1.2013, 25). 8

II. Verbindung durch Zusammenfassung unter einheitlicher Leitung

Mit dem Begriffsmerkmal Zusammenfassung unter einheitlicher Leitung werden anders als in Art. 2 Nr. 13 und Nr. 14 EuInsVO auch Gesellschaften erfasst, die gleichgeordnet nebeneinander 9 stehen und auf die die gleiche Muttergesellschaft Einfluss hat (Schwestergesellschaften). Damit unterfallen auch Unternehmen der Regelung, die ohne weitere Verbindung lediglich durch die Leitung einer gemeinsamen Mutter verbunden sind (krit. hierzu Frind, Stellungnahme für den Ausschuss für Recht und Verbraucherschutz des Deutschen Bundestages zum Regierungsentwurf, BT-Drs. 18/407, 4; Frind ZInsO 2013, 429; Verhoeven ZInsO 2014, 217 (218)) (→ Rn. 9.1). Da der Gesetzgeber eine weite Anwendung von § 3e wünscht, ist unter einheitlicher Leitung auch die einheitliche Leitung einzelner wesentlicher Funktionsbereiche ausreichend (Braun/Baumert Rn. 6). Eine gemeinsame Leitung sämtlicher wesentlicher Funktionsbereiche ist nicht erforderlich (ausführlich zu diesem Streit im Aktienrecht Keßler in Henssler/Strohn, GesR, 5. Aufl. 2021, AktG Rn. 3). Nicht umfasst sind bloße Unternehmenskooperationen, bei denen statt einer einheitlichen Leitung lediglich eine bloße Koordinierung der Geschäfte erfolgt (Uhlenbruck/Pape Rn. 7).

9.1 Diese Regelung ist in Fällen notwendig, in denen zunächst lediglich zwei Tochterunternehmen insolvent sind, die Muttergesellschaft aber erst später oder gar nicht nachfolgt. Auch in diesen Fällen besteht ein Bedürfnis für eine gemeinsame Abstimmung des Sanierungsprozesses im Konzern, selbst wenn die Gesellschaften völlig unterschiedliche Geschäftsgegenstände haben. Außerdem ist in Abwicklungsfällen mit erheblichen Vorteilen zu rechnen, wenn die Infrastruktur für die Verwertung der Masse nur einmal gemeinschaftlich aufgebaut werden muss und nicht mehrfach getrennt voneinander. So werden bspw. regelmäßig alle Gesellschaften über IT-Infrastruktur verfügen, deren gemeinschaftliche Verwertung im Normalfall erhebliche Ersparnisse mit sich bringt.

D. Gesellschaft und persönlich haftender Gesellschafter

10 Auch eine GmbH & Co. KG sowie andere Verbindungen von Kapitalgesellschaften mit einem persönlich haftenden Gesellschafter sind eine Unternehmensgruppe iSv § 3e (zur früheren Diskussion vgl. Beck DStR 2014, 2468). Dies wird durch § 3e Abs. 2 ausdrücklich klargestellt. Im gesellschaftsrechtlichen Schrifttum war dies bisher eine sehr umstrittene Frage. Es ist daher zu begrüßen, dass der Gesetzgeber mit § 3e Abs. 2 eine eindeutige Klarstellung wagt, zumal eine Einbeziehung bereits vor der Änderung des Gesetzesentwurfs gefordert wurde (Beck DStR 2013, 2468 (2472); Wimmer jurisPR-InsR 8/2017 Anm. 1 Rn. 7).

§ 4 Anwendbarkeit der Zivilprozeßordnung

¹Für das Insolvenzverfahren gelten, soweit dieses Gesetz nichts anderes bestimmt, die Vorschriften der Zivilprozeßordnung entsprechend. ²§ 128a der Zivilprozessordnung gilt mit der Maßgabe, dass bei Gläubigerversammlungen sowie sonstigen Versammlungen und Terminen die Beteiligten in der Ladung auf die Verpflichtung hinzuweisen sind, wissentliche Ton- und Bildaufzeichnungen zu unterlassen und durch geeignete Maßnahmen sicherzustellen, dass Dritte die Ton- und Bildübertragung nicht wahrnehmen können.

Überblick

Die Regelung in § 4 S. 1 dient der **inhaltlichen Entlastung** der InsO. Der Verweis auf die Regelung der ZPO für den Fall einer fehlenden besonderen Regelung in der InsO erspart dem Gesetzgeber die explizite und damit raumgreifende Wiederholung von Normen und Regelungen aus der ZPO iRd InsO. Die Regelung in S. 2 adaptiert die Möglichkeiten des § 128a ZPO für Insolvenzverfahren.

Übersicht

	Rn.		Rn.
A. Grundsatz der subsidiären Anwendbarkeit der ZPO-Vorschriften	1	1. Gesamtvollstreckungsverfahren	7
		2. Eilbedürftigkeit	13
B. Vorrang abweichender Regelungen der InsO	4	C. Übersicht anwendbarer Vorschriften	14
I. Vorrangige Regelungen in der InsO	5	I. ZPO (nicht abschließend)	14
II. Unvereinbarkeit mit der Natur des Insolvenzverfahrens	6	II. GVG	15

	Rn.		Rn.
D. Virtuelle Versammlungen und Termine (S. 2 iVm § 128a ZPO)	16	I. Option der virtuellen Teilnahme	17
		II. Hinweis auf die Vertraulichkeit des Termins	20

A. Grundsatz der subsidiären Anwendbarkeit der ZPO-Vorschriften

Die in § 4 S. 1 erfolgende Öffnung des Insolvenzrechts für Normen der ZPO ist Folge einer **1 besonderen Technik der Gesetzgebung.** Ein solcher Verweis auf bereits gesetztes Recht entlastet den Gesetzgeber von Wiederholungen. Der Verweis auf die Regelungen der ZPO als älteste geltende Prozessordnung findet sich daher nicht nur in § 4 S. 1, sondern etwa auch in § 167 Abs. 1 VwGO oder § 46 Abs. 2 S. 1 ArbGG. Mit dem Verweis ist daher nicht zwingend eine systematische Zuordnung des Insolvenzverfahrens zu begründen (aA etwa MüKoInsO/Ganter/Bruns Rn. 3; Uhlenbruck/Pape Rn. 1; zur dogmatischen Verortung des Insolvenzverfahrens → Rn. 1.1).

Das Insolvenzverfahren ist in seiner historischen Tradition Haftungsrecht (→ § 1 Rn. 22.2) und zwar **1.1** Teil des Zwangsvollstreckungsrechts (BVerfG NZI 2006, 453 Rn. 34) in Form des Gesamtvollstreckungsrechts. Es ist insofern nicht nur – wie Restrukturierungssachen nach dem StaRUG – ein mehrseitiges, sondern stets ein **kollektives Zivilverfahren,** da es alle Gläubiger des Schuldners erfasst und deren Befriedigung regelt. Moderne Insolvenzverfahren können allerdings mehr. Sie organisieren nicht nur die Verwertung des Schuldnervermögens in einem Liquidationsverfahren, sondern ermöglichen auch eine Sanierungslösung oder zumindest die anschließende Entschuldung des nun vermögenslosen Schuldners. Das Insolvenzverfahren enthält Verfahrensoptionen, die traditionellen Gesamtvollstreckungsverfahren fremd sind. Es verwundert insofern nicht, dass eine einheitliche dogmatische Zuordnung des Insolvenzverfahrens zur streitigen oder freiwilligen Gerichtsbarkeit immer noch ungeklärt ist (eing. MüKoInsO/Ganter/Bruns Vor §§ 2–10 Rn. 3 ff.; auch Madaus, Insolvenzplan, 2011, 340 ff.). Richtigerweise wird man der **Funktionsvielfalt** moderner Insolvenzverfahren nur gebührend Rechnung tragen, wenn man sie als gerichtliche Verfahren mit sowohl (gesamt-)**vollstreckungsrechtlichen als auch rechtsfürsorgenden Elementen** begreift (→ Rn. 10). Insbesondere das Planverfahren ist hier gesondert zu betrachten; die gerichtliche Planbestätigung ist ein Akt der Rechtsprechung (BVerfG NZI 2020, 1112 Rn. 49).

Zusätzlich zu § 4 enthalten einzelne Paragraphen der InsO spezielle Verweisungen auf Regelungen in der ZPO. Diese **speziellen Verweisungen** gehen der allgemeinen Verweisung nach § 4 schon nach dessen Wortlaut vor. Entsprechendes gilt, wenn die ZPO ausnahmsweise selbst eine insolvenzrechtliche Regelung enthält: **§ 240 ZPO** ist daher direkt anwendbar. **2**

§ 4 S. 1 hat **keinen abschließenden Charakter.** Er schließt es insbesondere nicht aus, neben **3** Vorschriften der ZPO auch auf andere Verfahrensregeln in analoger Anwendung lückenfüllend zuzugreifen, insbesondere auf Vorschriften des GVG (→ Rn. 15).

B. Vorrang abweichender Regelungen der InsO

Die Regelungen der ZPO sind nach § 4 S. 1 nur dann heranzuziehen, wenn sich aus der InsO **4** nichts Abweichendes ergibt. Die Vorschriften der ZPO sind daher nicht anzuwenden, wenn ihnen **Verfahrensvorschriften der InsO entgegenstehen** oder wenn sie mit der **Natur des Insolvenzverfahrens unvereinbar** sind (vgl. BGH NJW 1961, 2016). Die Besonderheiten des Insolvenzverfahrens sind also zu respektieren und dürfen über § 4 S. 1 nicht negiert werden. Dies bedeutet im Einzelnen:

I. Vorrangige Regelungen in der InsO

Das Insolvenzverfahrensrecht enthält eine **Vielzahl spezieller verfahrensrechtlicher** **5 Bestimmungen** zum Ablauf des Insolvenzverfahrens (als Liquidations- oder auch Planverfahren, als Verbraucher- oder Nachlassinsolvenzverfahren) sowie zum Restschuldbefreiungsverfahren. All diese Bestimmungen gehen etwaig einschlägigen Regelungen in der ZPO gem. § 4 S. 1 vor. Hervorzuheben sind daneben die besonderen Verfahrensgrundsätze des Insolvenzverfahrens, die in § 5 normiert sind: nach dessen Abs. 1 gilt statt des Beibringungs- der **Untersuchungsgrundsatz** (für Einzelheiten → § 5 Rn. 1); Abs. 2 erlaubt dem Insolvenzgericht in Abkehr vom Grundsatz der **mündlichen Verhandlung,** das Verfahren ganz oder auch nur teilweise schriftlich durchzuführen (Einzelheiten → § 5 Rn. 20). Auch virtuelle Verhandlungsformen (→ § 5 Rn. 22) sind nach § 4 S. 2 nur unter den dort genannten Bedingungen über § 128a ZPO in Insolvenzverfahren zulässig.

Für digitale Kommunikationswege (→ § 5 Rn. 24) gilt über § 4 S. 1 die Regelung in § 130a ZPO.

II. Unvereinbarkeit mit der Natur des Insolvenzverfahrens

6   Fehlt eine vorrangige Regelung in der InsO, so ist eine Anwendung einschlägiger Regelungen der ZPO über § 4 S. 1 nur ausgeschlossen, wenn die sich daraus ergebende Rechtsfolge mit der Natur des Insolvenzverfahrens (zu dessen Prinzipien → § 1 Rn. 22 ff.) nicht vereinbar ist. Hier sind vor allem die Besonderheiten eines Verfahrens der **Gesamtvollstreckung** (→ Rn. 7) mit **Eilbedürftigkeit** (→ Rn. 13) gegenüber einem Erkenntnisverfahren im Zweipersonenverhältnis bzw. einer Einzelzwangsvollstreckung zu beachten.

1. Gesamtvollstreckungsverfahren

7   Das Insolvenzverfahren ist ein **Gesamtverfahren**. Es erfasst den Schuldner und alle seine im Zeitpunkt der Verfahrenseröffnung existenten Gläubiger (§ 38). Insofern unterscheidet sich das Verfahren grundsätzlich von einem Zivilprozess als Zweiparteienverfahren.

8   Aus diesem Grund sind die **Kostenregelungen der §§ 91 ff. ZPO** im Rahmen eines Insolvenzverfahrens nur entsprechend anwendbar, wenn durch das Insolvenzgericht ein mit einem Zivilprozess vergleichbarer Parteienstreit entschieden wird. Dies ist wohl nur im **Eröffnungsverfahren** denkbar und zwar in dem Fall, in dem ein Gläubiger den Insolvenzantrag stellt und der Schuldner das Vorliegen der Eröffnungsvoraussetzungen bestreitet (vgl. BGHZ 149, 178 (181) = NJW 2002, 515; BGH NJW 1961, 2016; Einzelheiten → Rn. 8.1 f.).

8.1   Wird der Eröffnungsantrag des Gläubigers abgewiesen, trägt er folglich gem. **§ 91 ZPO**, § 4 S. 1 die Kosten des Rechtsstreits. § 93 ZPO findet aufgrund des Untersuchungsgrundsatzes in Art. 5 Abs. 1 S. 1 keine Anwendung. § 97 ZPO (Rechtsmittelkosten) ist anwendbar, wobei der Gläubiger, dessen Eröffnungsantrag erst im Beschwerdeverfahren abgelehnt wird, weder die Gebühren noch die Auslagen des Insolvenzverwalters und des Gläubigerausschusses zu bezahlen hat (BGH NJW 1961, 2016).

8.2   Wird der **Eröffnungsantrag** des Gläubigers **nach Antragstellung** unzulässig oder unbegründet, so stehen dem Gläubiger prozessual zwei Wege offen. Zunächst kann er seinen Antrag nach **§ 269 Abs. 3 ZPO**, § 4 zurücknehmen, müsste dann aber gem. § 269 Abs. 3 S. 2 ZPO, § 4 S. 1 die Kosten des Eröffnungsverfahrens tragen. Er kann alternativ auch die Hauptsache für erledigt erklären, solange nicht (aufgrund seines oder eines anderen Antrags) der Eröffnungsbeschluss erlassen wurde (BGH NZI 2005, 108; OLG Celle NZI 2001, 150; OLG Köln NZI 2001, 318 (319)). Schließt sich der Schuldner der Erledigungserklärung an, kommt die Kostenregelung des **§ 91a ZPO** zur Anwendung. Anderenfalls liegt nur eine einseitige Erledigungserklärung vor, sodass dem Schuldner die Kosten gem. **§ 91 ZPO**, § 4 S. 1 aufzuerlegen sind, wenn der Eröffnungsantrag des Gläubigers ursprünglich zulässig und begründet war und sich erst nach Antragstellung erledigt hat (OLG Köln NZI 2002, 157 (158)). Bei der Prüfung der Voraussetzungen ist auf den gegenwärtigen Verfahrensstand abzustellen (OLG Köln NZI 2002, 157 (158)). Erledigt sich der Antrag infolge der **Erfüllung der Insolvenzforderung** des antragstellenden Gläubigers, so sind die Sonderregeln in **§ 14 Abs. 1 S. 2** und **Abs. 3** zu beachten.

9   Die Regelungen zur Prozesskostenhilfe in den §§ 114 ff. ZPO sind in Insolvenzverfahren im Grundsatz anwendbar, weshalb dem Schuldner, jedem Gläubiger, aber auch dem Insolvenzverwalter **Insolvenzkostenhilfe** gewährt werden kann, sofern die erforderlichen Voraussetzungen vorliegen. Es gelten aber Besonderheiten (→ Rn. 9.1 ff.).

9.1   Ist der beantragende **Schuldner** eine **natürliche Person**, wird die Insolvenzkostenhilfe nach den §§ 114 ff. ZPO von den Regelungen zur **Verfahrenskostenstundung** in den §§ 4a–d verdrängt. Eine Insolvenzkostenhilfe kommt daher nur jenseits der Stundungswirkung in Betracht, insbesondere im **Beschwerdeverfahren** gegen Entscheidung des Insolvenzgerichts (BGH NJW-RR 2015, 180 Rn. 2; NJW 2003, 2910 (2911) – insoweit nicht abgedr. in BGHZ 156, 92; BGH NJW 2002, 2793 (2794); LG Würzburg NZI 1999, 417 (419); auch → § 4d Rn. 14). Der Streit um die Zulässigkeit eines Eröffnungsantrags zwischen dem antragstellenden Gläubiger und dem Schuldner ist hingegen im Eröffnungsverfahren zu führen, für das eine Stundung möglich ist und folglich eine Insolvenzkostenhilfe ausscheidet (aA LG Bonn BeckRS 2006, 06674).

9.2   Handelt es sich bei dem **Schuldner** um eine **Gesellschaft**, kann eine Insolvenzkostenhilfe nur gewährt werden, wenn die engen Voraussetzungen des **§ 116 S. 1 Nr. 2 ZPO** erfüllt sind (Ausnahme: zur Verwaltung der Masse in Eigenverwaltung → Rn. 9.4 aE). Neben der Bedingung, dass die Kosten des Verfahrens weder von der Gesellschaft noch von den am Gegenstand des Rechtsstreits wirtschaftlich Beteiligten aufgebracht werden können, muss hier als zweites Erfordernis die Unterlassung der Rechtsverfolgung

Anwendbarkeit der Zivilprozeßordnung § 4 InsO

bzw. -verteidigung **allgemeinen Interessen** zuwiderlaufen, wozu festzustellen ist, dass der Sachverhalt größere Kreise der Bevölkerung oder des Wirtschaftslebens betrifft und entsprechende soziale Wirkungen nach sich ziehen kann. Die Regelung des § 116 S. 1 Nr. 2 ZPO will auf diese Weise Vorsorge dagegen treffen, dass mittellose Vereinigungen ihre wirtschaftlichen Interessen auf Kosten der Allgemeinheit verwirklichen. Ein allgemeines Interesse an einem Rechtsstreit nimmt der BGH nur für bestimmte Fallgruppen an: a) wenn außer den an der Führung des Rechtsstreits wirtschaftlich Beteiligten ein erheblicher Kreis von Personen durch die Unterlassung der Rechtsverfolgung in Mitleidenschaft gezogen würde; b) wenn die Gesellschaft gehindert würde, der Allgemeinheit dienende Aufgaben zu erfüllen; c) wenn von der Durchführung des Prozesses die Existenz eines Unternehmens abhinge, an dessen Erhaltung wegen der großen Zahl an Arbeitsplätzen ein allgemeines Interesse besteht. Nicht von Bedeutung ist dagegen das Einzelinteresse an einer richtigen Entscheidung oder der Umstand, dass Rechtsfragen von allgemeiner Bedeutung zu beantworten seien (s. BGH NZI 2015, 413 Rn. 9 mAnm Madaus NZI 2015, 414; NJW 2011, 1595 Rn. 10); eine Kompatibilität dieser Rechtsprechung mit den vom **EuGH** (NJW 2011, 2496 Rn. 62) auch für Gesellschaften formulierten Anforderungen an die in Art. 47 Abs. 3 der Charta der Grundrechte der Europäischen Union formulierte Prozesskostenhilfegarantie ist fraglich).

Einem **Gläubiger** kann Insolvenzkostenhilfe gewährt werden; die §§ 4a–4d verdrängen insofern die §§ 114 ff. ZPO, § 4 S. 1 nicht (BGH NZI 2005, 595). Entscheidend ist mithin, dass die persönlichen Voraussetzungen der §§ 114, 115 ZPO vorliegen, die Rechtsverfolgung Aussicht auf Erfolg hat und nicht mutwillig erscheint. Eine erfolgreiche Rechtsverfolgung ist dann ausgeschlossen, wenn der Gläubiger im Verfahren nicht mit einer **Quote** auf seine Forderung rechnen kann, da das Schuldnervermögen weder zur Kostendeckung ausreicht noch ein Massekostenvorschuss gem. § 26 Abs. 1 S. 2 geleistet wurde (BGH NZI 2004, 595). Wird Insolvenzkostenhilfe gewährt, so kann unter der Voraussetzung des § 121 Abs. 2 S. 1 ZPO ein **Rechtsanwalt** beigeordnet werden, wenn dies erforderlich erscheint; diese Erforderlichkeit ergibt sich aber weder aus dem Umstand der anwaltlichen Vertretung des Schuldners noch aus der komplizierten Natur des Insolvenzrechts (BGH NZI 2004, 595 f.).

9.3

Der **Insolvenzverwalter** kann im eröffneten Insolvenzverfahren keine Insolvenzkostenhilfe für die Durchführung des Insolvenzverfahrens beanspruchen, da für den Fall der Massearmut die §§ 207, 209 anzuwenden sind. Ihm kann aber nach § 116 S. 1 Nr. 1 ZPO Insolvenzkostenhilfe dann gewährt werden, wenn er für die Masse Prozesse (insbesondere Anfechtungs- und Haftungsprozesse) führt (BGHZ 138, 188 (190) = NJW 1998, 1868; BGH NJW 1998, 1229 (1230); 1997, 3318 (3319); 1994, 3170 (3171); BGHZ 119, 372 (378) = NJW 1993, 135). Dabei liegt solange keine Mutwilligkeit der Rechtsverfolgung vor, wie auch nur ein kleiner Vorteil für die Masse entsteht (KG NZI 2021, 246: Risikoabschlag von 90 %). Ist die **Eigenverwaltung** angeordnet worden (§ 270), so gilt dies auch für Masseprozesse, die Schuldner für die Masse geführt werden (BAG NZI 2018, 47 Rn. 8), nicht aber für Prozesse des Schuldners, die nicht die Masse, sondern seinen Status im Verfahren betreffen (dann gilt § 116 S. 1 Nr. 2; vgl. BGH NZI 2015, 413 Rn. 9 mAnm Madaus NZI 2015, 414).

9.4

Zu beachten ist zudem, dass das Insolvenzgericht in weiten Teilen (→ Rn. 1.1) seine Aufgaben nicht in Form eines Akts der **Rechtsprechung** über materielle Rechte oder Ansprüche eines Verfahrensbeteiligten ausübt, sondern **nur verfahrensleitend** oder **beaufsichtigend** tätig wird. Es kann daher in § 18 RPflG in weiten Teilen dem Rechtspfleger übertragen werden (vgl. Art. 92 GG; zur funktionellen Zuständigkeit → § 2 Rn. 17 ff.). Verfahrensgrundsätze des Zivilprozesses sind dem anzupassen (vgl. § 5 Abs. 1 für den Beibringungsgrundsatz, → § 5 Rn. 1 oder § 5 Abs. 2 für den Mündlichkeitsgrundsatz, → § 5 Rn. 20). Auch der Grundsatz der **Öffentlichkeit** (§ 169 GVG) gilt nur für mündliche Verhandlungen des Insolvenzgerichts (vgl. § 5 Abs. 2 S. 2), nicht aber für dessen rechtsfürsorgende Tätigkeit, etwa die Leitung einer Gläubigerversammlung (§ 76). In diesem Bereich gelten aber zumindest die Regeln für den Zutritt zu nicht-öffentlichen Verhandlungen entsprechend (§ 175 Abs. 2 S. 1 GVG), sodass das Insolvenzgericht einzelnen Personen (insbesondere Journalisten) den Zutritt gestatten sollte, wenn es sich um ein für die gesamte deutsche Wirtschaft bedeutsames Verfahren handelt und das Informationsbedürfnis der Öffentlichkeit durch Pressemitteilungen der Justizverwaltung nicht hinreichend befriedigt werden kann (LG Frankfurt ZIP 1983, 344).

10

Die Stellung der Öffentlichkeit wird auch durch das Recht zur Akteneinsicht bestimmt. Hier ist zunächst zu beachten, dass die InsO in ausgewählten Vorschriften (§ 66 Abs. 2 S. 2, § 150 S. 2, §§ 154, 175 Abs. 1 S. 2, § 188 S. 2, §§ 194 Abs. 3, 234) die **Niederlegung** von Dokumenten in der Geschäftsstelle des Insolvenzgerichts zur Einsicht durch die Beteiligten vorsieht. Außerhalb dieser Fälle bestimmt sich die **Akteneinsicht** im Insolvenzverfahren durch die Verfahrensbeteiligten (→ Rn. 11.1) und durch Dritte (→ Rn. 11.4) nach § 299 ZPO, § 4 S. 1 (BGH NZI 2021, 123 Rn. 10; 2020, 731 Rn. 5). Das Einsichtsrecht erstreckt sich auf von dem Verwalter gem. §§ 174 ff. InsO hinsichtlich Forderungsanmeldungen geführte Akten, die sich bei Gericht befinden

11

(BGH NZI 2020, 731 Rn. 6), nicht hingegen auf die Geschäftsunterlagen des verwalteten Schuldners (OLG Düsseldorf NZI 2021, 508 Rn. 23).

11.1 Einem **Verfahrensbeteiligten** ist nach § 299 Abs. 1 ZPO **grundsätzlich** Akteneinsicht zu **gewähren** (s. zu Art und Umfang der Akteneinsicht Swierczok/Kontny NZI 2016, 566 (567)). Es ist weder das Einverständnis anderer Beteiligter notwendig noch muss der Verfahrensbeteiligte ein rechtliches Interesse an der Akteneinsicht glaubhaft machen. Das Akteneinsichtsrecht kann auch nicht mit der Begründung versagt werden, dass sich der Antragsteller als Verfahrensbeteiligter anderweitig über den Verfahrensstand kundig machen könnte, etwa in der Gläubigerversammlung (OLG Celle ZInsO 2004, 204 (205)). Über eine Ablehnung des Einsichtsgesuchs ist im Wege der sofortigen Beschwerde nach den §§ 567 ff. ZPO und nicht im Antragsverfahren nach den §§ 23 ff. GVG zu entscheiden (BGH BeckRS 2019, 30930 Rn. 9; OLG Celle ZVI 2004, 114 (115)).

11.2 Wer **Verfahrensbeteiligter iSd § 299 Abs. 1 ZPO** ist, hängt vom aktuellen Stand des Insolvenzverfahrens ab. Im **Eröffnungsverfahren** ist dies stets der Schuldner; bei Schuldnergesellschaften also die Gesellschaft durch ihre Vertretungsorgane, nicht jedoch die nicht vertretungsberechtigten Gesellschafter, wie etwa Kommanditisten (BGH NZI 2021, 123 Rn. 11). Im Fall eines Fremdantrags ist auch der antragstellende Gläubiger bereits verfahrensbeteiligt. Alle anderen, zu diesem Zeitpunkt noch rein potentiellen Insolvenzgläubiger sind Dritte iSd § 299 Abs. 2 ZPO, da sie im Eröffnungsverfahren noch nicht beteiligt sind (BGH NZI 2021, 123 Rn. 11; OLG Celle ZIP 2004, 368 (369); Swierczok/Kontny NZI 2016, 566 (568); MüKoInsO/Ganter/Bruns Rn. 59). Auch der vorläufige Insolvenzverwalter ist zur Akteneinsicht berechtigt (AG Göttingen ZInsO 2007, 720). Für den bestellten Sachverständigen ergibt sich das Recht zur Akteneinsicht nicht aus § 299 Abs. 1 ZPO, sondern aus den § 404a Abs. 1 ZPO, § 407a Abs. 4 S. 1 ZPO (MüKoInsO/Ganter/Bruns Rn. 67).

11.3 Sobald das **Insolvenzverfahren** eröffnet ist, erweitert sich der Kreis der Verfahrensbeteiligten. **Insolvenzgläubiger** werden nun aber weder automatisch (§ 38; Uhlenbruck/Pape Rn. 29; K. Schmidt InsO/Stephan Rn. 31) noch bereits durch die Aufforderung zur Anmeldung ihrer Forderung nach § 28 Abs. 1 S. 1 zu Verfahrensbeteiligten mit weitgehendem Akteneinsichtsrecht. Es bedarf vielmehr einer aktiven Verfahrensbeteiligung, die in der Regel erst mit der **Anmeldung** ihrer Forderung gegeben ist (OLG Celle ZIP 2004, 370 (371) in Klarstellung seiner vorangehenden Entscheidung in OLG Celle ZInsO 2004, 204; LG Düsseldorf ZIP 2007, 1388; MüKoInsO/Ganter/Bruns Rn. 61 mwN; aA Swierczok/Kontny NZI 2016, 566 (569)). Wird die angemeldete Forderung (teilweise) festgestellt, ist der Gläubiger zur Akteneinsicht berechtigt (BGH NZI 2020, 731 Rn. 6), auch wenn die Insolvenzforderung nur aufschiebend bedingt besteht (OLG Stuttgart NZI 2021, 274 Rn. 17). Wird sie insgesamt bestritten, so kann von einer Verfahrensbeteiligung nur ausgegangen werden, wenn entweder für die Forderung ein vollstreckbarer Titel oder ein Endurteil vorliegt (vgl. § 189 Abs. 1) oder die Erhebung einer Feststellungsklage nachgewiesen wird (wohl unstr., vgl. LG Düsseldorf ZIP 2007, 1388; LG Karlsruhe NZI 2003, 327 (328); MüKoInsO/Ganter/Bruns Rn. 61; K. Schmidt InsO/Stephan Rn. 31). Im eröffneten Verfahren sind auch **aus- und absonderungsberechtigte Gläubiger** sowie **Massegläubiger** verfahrensbeteiligt iSd § 299, da ihre Rechte gegen den Insolvenzverwalter gerichtet und damit im Rahmen des Insolvenzverfahrens zu befriedigen sind, selbst wenn die konkrete Verwertungshandlung ggf. eigenständig erfolgt (Jaeger/Gerhardt Rn. 21; K. Schmidt InsO/Stephan Rn. 31; aA OLG Köln BeckRS 2017, 116626; OLG Frankfurt NZI 2010, 773 (774); LG Düsseldorf ZIP 2007, 1388; Swierczok/Kontny NZI 2016, 566 (569)). Jede Verfahrensbeteiligung endet im Moment der **Aufhebung des Insolvenzverfahrens**; nachträgliche Akteneinsicht erfolgt allein über § 299 Abs. 2 (aA Swierczok/Kontny NZI 2016, 566 (570)). Besteht nach diesen Grundsätzen ein Einsichtsrecht, so ist das damit verfolgte Erkenntnisinteresse ohne Belang. Hierin liegt der Unterschied zu Abs. 2 (BGH NZI 2020, 731 Rn. 7). Folgerichtig ist auch das Gesuch eines **Loan-to-own-Investors,** der festgestellte Forderungen erst im Laufe des Insolvenzverfahrens erworben und Akteneinsicht mit dem Ziel beantragt hat, weitere verkaufswillige Gläubiger zu finden, **nicht rechtsmissbräuchlich,** da es mit dem Verfahrensziel der InsO (bestmögliche Gläubigerbefriedigung) vereinbar ist und die InsO keine Identität des Gläubigerkreises garantiert (BGH NZI 2020, 731 Rn. 8 mzustAnm Lürken/Parzinger; zustimmend auch Baumert FD-InsR 2020, 429948; Palenker ZIP 2020, 1109 (1113 f.); aA Schuster/Friedrich ZIP 2009, 2418 (2421)). Letzteres führt auch zu der Erkenntnis, dass unredliche Geschäftspraktiken im Distressed-Debt-Markt de lege lata erst im Anwendungsbereich des § 226 Abs. 3 beginnen (vgl. BGHZ 162, 283 = NZI 2005, 325) und dann bereits den Forderungserwerb hindern. Gesetzlich gebilligte Abtretungen bewirken auch ein Akteneinsichtsrecht (BGH NZI 2020, 731 Rn. 9).

11.4 Für Personen, die **nicht** als **Verfahrensbeteiligte** iSd § 299 Abs. 1 ZPO anzusehen sind, richtet sich das Akteneinsichtsrecht nach § 299 Abs. 2 ZPO. Dieser erlaubt im Hinblick auf das Grundrecht des Schuldners auf informationelle Selbstbestimmung eine Akteneinsicht nur, wenn der **Schuldner zustimmt** oder wenn der Dritte ein **rechtliches Interesse** glaubhaft macht. Folgerichtig ist der Schuldner vor der Einsichtsgewährung anzuhören; ebenso der Insolvenzverwalter, wenn das rechtliche Interesse nicht offensichtlich ist (s. Stiller ZInsO 2017, 2141 (2142)). Diese Entscheidung stellt einen Justizverwaltungsakt dar, gegen dessen Ablehnung der Antrag auf gerichtliche Entscheidung nach § 23 Abs. 1 EGGVG statthaft ist (BGH NJW 2015, 1827 Rn. 10; OLG Düsseldorf NZI 2021, 508 Rn. 20) Das rechtliche Interesse muss sich aus der Rechtsordnung selbst ergeben und verlangt als Mindestbedingung ein auf Rechtsnormen beruhendes oder durch solche geregeltes gegenwärtiges Verhältnis einer Person zu einer anderen Person oder Sache (BGH NZI 2006, 472 (473); BGHZ 4, 323 (325) = NJW 1952, 579; RGZ 151, 57 (63); BayObLG NZI 2020, 491 Rn. 22; OLG Düsseldorf NZI 2021, 508 Rn. 21; OLG Hamburg NZI 2002, 99; OLG Brandenburg NZI 2000, 485 (486); OLG Köln BeckRS 2017, 116626).

11.5 Ein solches rechtliches Interesse hat ein **Gläubiger** auch ohne Verfahrensbeteiligung (→ Rn. 11.3) jedenfalls dann, wenn seine persönlichen Rechte durch den Akteninhalt auch nur mittelbar berührt werden können, also ein **rechtlicher Bezug** zum Streitstoff der einzusehenden Akte (bereits) besteht (BayObLG NZI 2020, 491 Rn. 23; 2019, 830 Rn. 17; OLG München Beschl. v. 27.1.2011 – 9 VA 8/10; OLG Köln NJW-RR 1998, 407). Dies ist der Fall bei Massegläubigern, aus- oder absonderungsberechtigten Gläubigern (wenn man diese nicht schon als Verfahrensbeteiligte iSd Abs. 1 ansieht, → Rn. 11.3) sowie für Gläubiger mit Haftungsansprüchen, die nach § 171 Abs. 2 HGB der Insolvenzverwalter einzieht (BayObLG NZI 2020, 491 Rn. 24). Ist ein Insolvenzantrag noch nicht entschieden, wurde er abgewiesen oder wurde das Insolvenzverfahren mangels Masse abgelehnt, hat ein Gläubiger ein rechtliches Interesse bereits dann, wenn er im Falle der Eröffnung Insolvenzgläubiger gewesen wäre und feststellen will, ob der **Schuldner noch über Vermögen verfügt** (BGH NZI 2006, 472 (473 f.); OLG Hamm ZIP 2004, 283 (284); OLG Hamburg NZI 2002, 99 (100 f.)). Will der Gläubiger durch die Akteneinsicht feststellen, ob ihm **Durchgriffs- und Schadensersatzansprüche gegen den Geschäftsführer oder Gesellschafter** der Schuldnerin zustehen, so unterfällt dieses Interesse nicht unmittelbar dem § 299 Abs. 2 ZPO, allerdings steht es in einem rechtlich untrennbaren Zusammenhang mit dem geschützten rechtlichen Interesse iSv § 299 Abs. 2 ZPO an der Feststellung, ob noch Vermögen bei der Schuldnerin (in Form von Ersatzansprüchen) vorhanden ist (BGH NZI 2006, 472 (473 f.); aA OLG Brandenburg NZI 2003, 36; 2002, 49; 2000, 485 (486); OLG Celle NZI 2000, 319 (320); OLG Köln NJW-RR 1998, 407). Ebenso hat derjenige Gläubiger ein rechtliches Interesse, der Akteneinsicht mit der Begründung begehrt, er wolle prüfen, ob die Stammeinlagen erbracht wurden, da er auch hier ermitteln möchte, ob der Schuldner noch über Vermögen verfügt (OLG Köln NZI 1999, 502 (503)). Zugleich entsteht (erst) durch die mögliche Inanspruchnahme und nicht schon allein aus der Gesellschafterposition das rechtliche Interesse des **Kommanditisten,** der allein zu seiner Verteidigung Akteneinsicht benötigt; er hat also darzulegen und glaubhaft zu machen, eine Einlage entweder nicht vollständig erbracht oder Ausschüttungen von der Gesellschaft erhalten zu haben (BGH NZI 2021, 123 Rn. 15–19). Entsprechendes gilt für den **früheren Geschäftsführer der Schuldner-GmbH,** sofern er vom Insolvenzverwalter auf Schadenersatz in Anspruch genommen wird und darlegen kann, warum er zur Verteidigung der Einsicht in die Akte bedarf (OLG Düsseldorf NZI 2021, 508 Rn. 24).

11.6 **Demgegenüber** betrifft die Akteneinsicht eines Gläubigers mit dem Ziel, Schadensersatzansprüche wegen Verletzung der Insolvenzantragspflicht zu prüfen, nicht die Frage nach vorhandenem Schuldnervermögen, da diese Ansprüche nur bei den Gläubigern, nicht aber bei der Schuldnergesellschaft entstehen, weshalb ein rechtliche Interesse an der Akteneinsicht zu Recht verneint wird (OLG Brandenburg NZI 2003, 36; 2002, 49 (50); 2000, 485 (486); OLG Celle NZI 2000, 319 (320); OLG Köln NJW-RR 1998, 407; aA MüKoInsO/Ganter/Bruns Rn. 65). **Kein rechtliches Interesse** hat auch derjenige Gläubiger, der den Akten lediglich Angaben zum Schuldnervermögen entnehmen möchte, um hierauf gestützt einen Anspruch zu begründen, der zum Streitstoff der einzusehenden Akten keinen Bezug aufweist (so für die Auskunft zur Berechnung eines ehelichen Zugewinns OLG Dresden ZInsO 2003, 1148 (1149); BayObLG NZI 2019, 830 Rn. 19 f.). Es fehlt auch, wenn es dem **Dritten** allein darum geht, ein Strafverfahren gegen den Schuldner oder die Geschäftsführer des Schuldners einzuleiten (AG Hamburg NZI 2002, 117). Ein Dritter, der nicht Gläubiger des Schuldners, sondern (als **Rechtsberater eines Gläubigers**) nur Anfechtungsgegner in einem von mehreren durch den Insolvenzverwalter eingeleiteten Insolvenzanfechtungsprozessen wegen derselben Sanierungsberatung ist, hat zum Zweck der Verteidigung im Anfechtungsprozess weder ein Einsichtsrecht in die Akten des Insolvenzverfahrens noch (entgegen OLG Frankfurt a. M. ZInsO 2016, 1698) in die Akten des Parallelprozesses, da seine Rechte durch das Parallelverfahren nicht berührt werden (zutr. krit. Fölsing ZInsO 2016, 1734). Auch ein rein **wissenschaftliches oder publizistisches Interesse** (Art. 5 GG) rechtfertigt im Hinblick auf das Recht auf informationelle Selbstbestimmung des Schuldners keine Akteneinsicht (Haarmeyer ZInsO 2019, 1352 (1354 ff.)).

12 Das Insolvenzverfahren steht als Verfahren der Gesamtvollstreckung im prinzipiellen Gegensatz zum Verfahren der Einzelzwangsvollstreckung der **§§ 703 ff. ZPO** (BGH NZI 2009, 48 Rn. 18). Daher sind die Vorschriften des 8. Buches der ZPO **nicht anwendbar;** es gelten aber folgende **Ausnahmen** (→ Rn. 12.1 ff.):

12.1 Die Bestimmung der **formellen Rechtskraft** in § 705 hat allgemeinen Charakter und ist daher auch im Insolvenzverfahren anwendbar (Jaeger/Gerhardt Rn. 56).

12.2 Die §§ 739, 758, 758a, 766, 775 Nr. 1 sowie 2 ZPO und §§ 883 ff. ZPO finden über **§ 148 Abs. 2** für den Fall Anwendung, dass der Schuldner die sich in seinem Gewahrsam befindlichen Sachen pflichtwidrig nicht freiwillig an den Insolvenzverwalter herausgibt und der Insolvenzverwalter dann die **Herausgabe der Sachen** im Wege der Zwangsvollstreckung durchsetzt. Darüber hinaus kann bei Vollstreckungsmaßnahmen des Insolvenzverwalters nach § 148 Abs. 2 dem Schuldner, der eine natürliche Person ist, auf Antrag **Vollstreckungsschutz** nach **§ 765a ZPO** gewährt werden, wenn dies zur Erhaltung von Leben und Gesundheit des Schuldners erforderlich ist (BGH NZI 2009, 48; LG Dortmund ZInsO 2007, 1357 (1358); aA LG Bochum ZInsO 2007, 1156).

12.3 Daneben ist die Anwendung des **§ 765a ZPO** im Insolvenzverfahren dann nicht ausgeschlossen, wenn die Rechte des Schuldners in **insolvenzuntypischer Weise** schwerwiegend beeinträchtigt werden (BGH NZI 2009, 48 Rn. 20). Insolvenztypische Nachteile können über § 765a ZPO aber nicht abgewehrt werden (vgl. BGH NZI 2011, 138 Rn. 16; ZIP 2011, 90 Rn. 5 ff.; NZI 2008, 93 Rn. 21; BGHZ 161, 371 (374) = NJW 2005, 681; s. zum Ganzen auch ausf. Schur KTS 2008, 471 ff.).

12.4 Einwendungen gegen nach § 178 **festgestellte Forderungen** können im Wege der **Vollstreckungsgegenklage** nach § 767 ZPO geltend gemacht werden, sofern die Gründe, auf denen die Einwendungen beruhen, erst **nach** der Feststellung entstanden sind (BGHZ 113, 381 (383) = NJW 1991, 1615; 100, 222 (224) = NJW 1987, 1691; RGZ 85, 53 (54); 57, 270 (271)).

12.5 Auf die **eidesstattliche Versicherung und Haft** sind in den Fällen der §§ 20, 98, 101 die § 802g Abs. 2 ZPO, §§ 802h, 802j Abs. 1 und 807 ZPO anwendbar. Für die Eintragung in das Schuldnerverzeichnis ordnet § 26 Abs. 2 die Anwendung der §§ 882b, 882c Abs. 3 ZPO und § 882h Abs. 1 ZPO an.

12.6 Die **§§ 850 ff. ZPO** sind im Insolvenzverfahren zu berücksichtigen, wenn es um die Gegenstände geht, die nicht zur **Insolvenzmasse** gehören (§§ 35, 36 Abs. 1).

12.7 Die Einreichung einer **Schutzschrift** kann gem. **§ 945a ZPO** auch für alle ordentlichen Gerichte und damit auch für die Insolvenzgerichte beim Schutzschriftenregister erfolgen. Insolvenzgerichte haben dieses Register im Fall eines Antrags mit Schutzschriftrelevanz (insbesondere Eröffnungsantrag, insbesondere bei gleichzeitigem Eigenverwaltungsantrag) abzufragen (ausführlich Büttner ZInsO 2021, 433).

2. Eilbedürftigkeit

13 Das Insolvenzverfahren ist von einer besonderen Eilbedürftigkeit geprägt (→ § 1 Rn. 34), da eine lange Verfahrensdauer nicht nur unnötige Kosten erzeugt, sondern auch die Gläubiger an einer schnellen Verwertung des Schuldnervermögens interessiert sind. Aber auch eine Sanierung gelingt typischerweise nur, wenn die Unsicherheit über das Schicksal des insolventen Unternehmens schnell beseitigt wird. Diese Eilbedürftigkeit schließt eine Anwendung von Normen der ZPO aus, die zu unnötigen Unterbrechungen führen. Die Vorschriften der **§§ 148 ff., 239 ff. ZPO** über die Aussetzung, Unterbrechung und das Ruhen des Verfahrens kommen (mit Ausnahme des § 240 ZPO, → Rn. 2) im Insolvenzverfahren **nicht** zur Anwendung (BGH NZI 2010, 226 Rn. 11; 2007, 408 Rn. 12; 2006, 642). Stattdessen wird im Fall des Versterben des Schuldners sowohl ein Regel- als auch ein Verbraucherinsolvenzverfahren automatisch als Nachlassinsolvenzverfahren (§§ 315 ff.) fortgeführt (BGHZ 175, 307 Rn. 6, 12 = NZI 2008, 382; BGHZ 157, 350 (354) = NZI 2004, 206). Stirbt bereits der Schuldner nach Eingang des Insolvenzantrags, bleibt dieser Antrag für die Entscheidung über die Eröffnung des Nachlassinsolvenzverfahrens maßgeblich (BGHZ 157, 350 (354) = NZI 2004, 206).

C. Übersicht anwendbarer Vorschriften

I. ZPO (nicht abschließend)

14 §§ 13–19 ZPO, §§ 36 f. ZPO (BGH NZI 2006, 164 Rn. 9), §§ 41–49 ZPO (nicht auf den Insolvenzverwalter; BGH NZI 2007, 284 Rn. 20, 23), § 50 ZPO (nicht auf den Schuldner, hier gilt § 11; OLG Zweibrücken NZI 2001, 32 (33)), §§ 51–58 ZPO (mit Sonderregelung in § 15a für den Fall des Eigenantrags einer führungslosen und damit prozessunfähigen Gesellschaft; danach antragsbefugte Gesellschafter können zulässige Insolvenzanträge stellen; ebenso LG München I BeckRS 2013, 15720; Köhler-Ma/de Bruyn ZInsO 2018, 261 (263); HmbKommInsR/Rüther Rn. 20a; ggf. ist § 57 ZPO anwendbar; AG Duisburg NZI 2008, 621; AG München ZIP 2008, 95; aA aber MüKoInsO/Ganter/Bruns Rn. 45a; LG Kleve NZI 2017, 996 mablAnm Siwzow); § 85 Abs. 2 ZPO (nur bei Versäumung einer Verfahrenshandlung; MüKoBGB/Ganter/Bruns Rn. 52), §§ 88, 89 ZPO (nicht aber im Insolvenzeröffnungsverfahren; MüKoBGB/Ganter/Bruns Rn. 46; Uhlenbruck/Wegener § 13 Rn. 73), § 91 ZPO (LG Bielefeld ZInsO 2000, 118), §§ 91a f. ZPO, § 97 ZPO, § 99 Abs. 1 ZPO (BGH NZI 2008, 736 Rn. 4 f. und 9), §§ 103–107 ZPO, §§ 114 ff. ZPO (Einzelheiten → Rn. 9), §§ 128a, 130a ZPO (aber → Rn. 5); § 133 ZPO (OLG

Anwendbarkeit der Zivilprozeßordnung § 4 InsO

Köln NZI 2000, 80 (81); AG Gießen NZI 2001, 271; FK-InsO/Schmerbach § 14 Rn. 13; aA aber HmbKommInsR/Rüther Rn. 55; MüKoInsO/Vuia § 13 Rn. 90), §§ 136, 139, 142 ZPO (OLG Saarbrücken NZI 2008, 40; LG Köln NZI 2004, 671; LG Ingolstadt ZInsO 2002, 990), § 147 ZPO (nur nach Verfahrenseröffnung OLG Köln NZI 2000, 480 (482 f.)), § 157 ZPO (BGH NZI 2004, 510 (511); AG Duisburg NZI 2003, 455 (455)), §§ 159–165 ZPO, §§ 166–195 ZPO (unter Berücksichtigung der Regelungen in den §§ 8, 307 Abs. 1 S. 3; vgl. LG Koblenz NZI 2019, 999 für § 172 Abs. 1 ZPO), §§ 214–216 ZPO (mit Sonderregelungen in den §§ 28–30, 74 Abs. 2, § 75 Abs. 2, § 197 Abs. 2, §§ 214, 215), § 217 ZPO (nicht im Eröffnungsverfahren, wohl aber bei der Ladung zu Gläubigerversammlungen (FK-InsO/Schmerbach Rn. 13), §§ 218–226, 227 ZPO (LG Bad Kreuznach NZI 2006, 111; AG Hohenschönhausen NZI 2000, 139; mit Ausnahme von Abs. 3 S. 1 (§ 5 Abs. 3 S. 2)), §§ 229, 232 ZPO (BGH NZI 2018, 235 Rn. 13 – Rechtsmittelbelehrung), §§ 233 ff. ZPO (BGH NZI 2014, 77 Rn. 14 ff.; OLG Zweibrücken ZInsO 2001, 811; OLG Köln NZI 2000, 587 (590)), § 253 Abs. 2 Nr. 1 ZPO (LG Hamburg NZI 2010, 865), § 253 Abs. 2 Nr. 2 ZPO (BGH ZInsO 2007, 887 Rn. 8; BGHZ 153, 205 (207) = NZI 2003, 147), § 260 ZPO (AG Köln NZI 2008, 390 (391)), § 261 Abs. 3 Nr. 1 ZPO für neue Insolvenzanträge, solange das eröffnete Insolvenzverfahren nicht abgeschlossen ist (BGH NZI 2004, 444; LG Berlin NZI 2008, 43); wenn die Wohlverhaltensperiode noch läuft und das Vorhandensein von Neuvermögen nicht glaubhaft gemacht wird (AG Köln NZI 2008, 386 (387); AG Oldenburg ZInsO 2004, 1154 (1155); aA AG Göttingen NZI 2008, 56) und bei mehreren Insolvenzanträgen desselben Schuldners (AG Potsdam NZI 2002, 272), § 261 Abs. 3 Nr. 2 ZPO (OLG Köln NZI 2003, 567 (568); OLG Naumburg NZI 2001, 476), § 269 Abs. 3 ZPO, § 280 Abs. 2 ZPO (LG Duisburg NZI 2009, 911 (912)), § 281 ZPO (BGH NZI 2006, 164 Rn. 13), §§ 286 f. ZPO, § 291 ZPO, § 294 ZPO (BGHZ 156, 139 (142) = NZI 2003, 662), § 298a (elektronische Akte; dazu Blankenburg ZInsO 2020, 121); § 299 ZPO (Einzelheiten → Rn. 11 ff.), § 303 ZPO (LG Duisburg NZI 2009, 911), § 319 ZPO (BGH ZInsO 2014, 517 Rn. 4; NZI 2009, 744 Rn. 8; OLG Köln NZI 2001, 98 (99); NZI 2000, 374 (375); AG Marburg NZI 2011, 26), § 320 ZPO (BGH NZI 2010, 530 Rn. 7), § 321 ZPO für die übersehene Kostenentscheidung (FK-InsO/Schmerbach Rn. 18), nicht für Ergänzung der Zulassung der Rechtsbeschwerde (BGH NZI 2009, 744 Rn. 7), § 321a ZPO (BGH NZI 2009, 744 Rn. 11; NJW 2004, 2529; BGHZ 150, 133 (135) = NZI 2002, 398; AG Frankfurt (Oder) ZInsO 2012, 1687; AG Göttingen ZVI 2011, 470; AG Duisburg NZI 2011, 863), § 329 ZPO für die Änderungsbefugnis von Beschlüssen von Amts wegen vor Unanfechtbarkeit (BGH NZI 2006, 599 Rn. 8 f.), die Beschlussform (BGHZ 137, 49 (51) = NJW 1998, 609) und für das Zustellungserfordernis des Abs. 2 S. 2 (OLG Köln NZI 2001, 323 (324)), §§ 383 f. ZPO (mit Sonderregelungen in § 101 Abs. 1 S. 2 iVm § 97 Abs. 1 S. 2), § 385 Abs. 2 ZPO, § 390 ZPO (AG Köln NZI 2004, 671 f.), §§ 402 ff. ZPO (BGHZ 158, 212 (217) = NZI 2004, 312), § 407a Abs. 2 S. 2 ZPO (AG Hamburg NZI 2007, 55), §§ 421 ff. ZPO (AG Mönchengladbach NZI 2003, 103), § 496 ZPO (sofern die InsO keine Schriftform verlangt, s. etwa § 305 Abs. 1 S. 1), §§ 567 ff. ZPO (mit Besonderheiten in § 6), §§ 574 ff. ZPO (BGH ZInsO 2012, 218 Rn. 4), § 578 ff. ZPO (BGH ZInsO 2007, 97 Rn. 5; NZI 2006, 234 Rn. 8), § 705 ZPO (BGH NZI 2008, 45 Rn. 10 f.), §§ 724 ff. ZPO, § 739 ZPO, §§ 758 f. ZPO (BGH NJW-RR 2008, 1271 Rn. 7, 10), § 765a ZPO (→ Rn. 12.2), § 766 ZPO (BGH NZI 2004, 278), § 767 ZPO (→ Rn. 12.4), § 775 Nr. 1, 2 ZPO, § 793 ZPO (BGH NZI 2004, 278), § 794 Abs. 1 Nr. 3 ZPO (für den Eröffnungsbeschluss AG Rosenheim NZI 2017, 87 (88), vgl. § 148 Abs. 2 S. 1), § 802a Abs. 2 Nr. 3 ZPO, § 802l ZPO (LG Düsseldorf NZI 2018, 999 (1000); AG München NZI 2016, 541 mzustAnm Siebert; AG Rosenheim NZI 2017, 87 (88); Büttner ZInsO 2019, 937 (938 f.)), § 807 ZPO, §§ 850 ff. ZPO (→ Rn. 12.6), §§ 883 ff. ZPO, § 945a ZPO (→ Rn. 12.7).

II. GVG

§§ 21e, 156 ff., 176 ff., 184 ff., 198 GVG (im Eröffnungsverfahren; FK-InsO/Schmerbach Rn. 27). **15**

D. Virtuelle Versammlungen und Termine (S. 2 iVm § 128a ZPO)

Die Anwendbarkeit des § 128a ZPO auf Insolvenzverfahren über den Verweis in § 4 S. 1 war **16** umstritten, insbesondere wenn bei Gericht eine Gläubigerversammlung stattfindet (vgl. Preuß ZIP 2020, 1533 (1534)). Der Gesetzgeber sah sich daher zu einer **Klarstellung** veranlasst und beantwortet in S. 2 nicht nur die Frage nach der Zulässigkeit der Teilnahme an Gläubigerversammlungen und Erörterungs- und Abstimmungsterminen **ohne physische Anwesenheit am Ver-**

sammlungsort im Wege der Bild- und Tonübertragung positiv (BT-Drs. 19/24181, 191). Er passt dabei auch § 128a ZPO zumindest ansatzweise an die Besonderheiten eines Insolvenzverfahrens an (detailliert Lissner ZInsO 2020, 1101 (1102 ff.); Pleister/Palenker ZRI 2020, 245 (252 ff.)).

I. Option der virtuellen Teilnahme

17   Die Anwendbarkeit des § 128a ZPO **erlaubt** es den Gerichten, die virtuelle Teilnahme des Schuldners, der Gläubiger oder anderer Teilnahmeberechtigter an Versammlungen oder Terminen zuzulassen. Eine Pflicht zur Eröffnung dieser Teilnahmeform besteht nicht (BT-Drs. 19/24181, 191). Bei der **Ausübung pflichtgemäßen Ermessens** darf auch berücksichtigt werden, ob dem Gericht eine hinreichende technische Ausstattung zur Verfügung steht, immerhin ist nach Ansicht des Gesetzgebers zu gewährleisten, dass die **Technik** im Termin „hinreichend zuverlässig arbeitet, Datenschutz- und Datensicherheitsbelangen Rechnung trägt, die effektive Leitung der Versammlung zulässt, die zuverlässige Prüfung der Identität und Teilnahmeberechtigung sowie der Stimmrechte vor jeder einzelnen Abstimmung sicherstellt und allen Teilnehmern eine effektive Ausübung ihrer Rechte einschließlich der Einsichtnahme in Unterlagen und Kommunikation mit dem Gericht und allen anderen Teilnehmern ermöglicht" (BT-Drs. 19/24181, 191 f.). Soft- und Hardwareausstattung müssen diese Anforderungen grundsätzlich garantieren.

18   Ein Ermessen besteht auch hinsichtlich des **Kreises der Teilnahmeberechtigten,** denen ein virtueller Zugang gestattet werden soll. Dieser Kreis ist in Ausübung pflichtgemäßen Ermessens **sachlich abzugrenzen** (BT-Drs. 19/24181, 192). Damit sind zugleich Diskriminierungen untersagt. Zulässige Differenzierungskriterien finden sich aber etwa in nachgewiesenen Einschränkungen der Reisefähigkeit oder bei besonders großer Entfernung zum Versammlungsort (BT-Drs. 19/24181, 192).

19   Schließlich steht es auch den Teilnahmeberechtigten frei, eine eingeräumte virtuelle Teilnahme zu nutzen oder aber **persönlich im Termin zu erscheinen** (BT-Drs. 19/24181, 192). Die virtuelle Durchführung ersetzt nicht den physischen Termin im Gericht.

II. Hinweis auf die Vertraulichkeit des Termins

20   Ton- und Bildaufzeichnungen sind in Gerichtsverhandlungen grundsätzlich untersagt (§ 169 Abs. 1 S. 2 GVG). Gläubigerversammlungen sind zudem nichtöffentliche Termine. Die Zulassung virtueller Teilnahmeformen soll diese Grundsätze nicht unterlaufen. Vielmehr will der Gesetzgeber auch in diesen Fällen die **Vertraulichkeit** sichergestellt wissen (BT-Drs. 19/24181, 192). Die Regelung in § 4 S. 2 verlangt daher, dass bei Zulassung dieser Teilnahmeform die Beteiligten in der Ladung auf die Verpflichtung hinzuweisen sind, **wissentliche Ton- und Bildaufzeichnungen zu unterlassen** und durch geeignete Maßnahmen sicherzustellen, dass **Dritte** die Ton- und Bildübertragung nicht wahrnehmen können. Werden Aufnahmen angefertigt, so droht ein Strafverfahren (§ 201 StGB). Die Unterlassung „geeigneter Maßnahmen" wird hingegen kaum zu kontrollieren oder sanktionieren sein.

§ 4a Stundung der Kosten des Insolvenzverfahrens

(1) ¹Ist der Schuldner eine natürliche Person und hat er einen Antrag auf Restschuldbefreiung gestellt, so werden ihm auf Antrag die Kosten des Insolvenzverfahrens bis zur Erteilung der Restschuldbefreiung gestundet, soweit sein Vermögen voraussichtlich nicht ausreichen wird, um diese Kosten zu decken. ²Die Stundung nach Satz 1 umfasst auch die Kosten des Verfahrens über den Schuldenbereinigungsplan und des Verfahrens zur Restschuldbefreiung. ³Der Schuldner hat dem Antrag eine Erklärung beizufügen, ob ein Versagungsgrund des § 290 Absatz 1 Nummer 1 vorliegt. ⁴Liegt ein solcher Grund vor, ist eine Stundung ausgeschlossen.

(2) ¹Werden dem Schuldner die Verfahrenskosten gestundet, so wird ihm auf Antrag ein zur Vertretung bereiter Rechtsanwalt seiner Wahl beigeordnet, wenn die Vertretung durch einen Rechtsanwalt trotz der dem Gericht obliegenden Fürsorge erforderlich erscheint. ²§ 121 Abs. 3 bis 5 der Zivilprozessordnung gilt entsprechend.

(3) ¹Die Stundung bewirkt, dass
1. die Bundes- oder Landeskasse
    a) die rückständigen und die entstehenden Gerichtskosten,
    b) die auf sie übergegangenen Ansprüche des beigeordneten Rechtsanwalts

Stundung der Kosten des Insolvenzverfahrens § 4a InsO

nur nach den Bestimmungen, die das Gericht trifft, gegen den Schuldner geltend machen kann;
2. der beigeordnete Rechtsanwalt Ansprüche auf Vergütung gegen den Schuldner nicht geltend machen kann.
²Die Stundung erfolgt für jeden Verfahrensabschnitt besonders. ³Bis zur Entscheidung über die Stundung treten die in Satz 1 genannten Wirkungen einstweilig ein. ⁴§ 4b Abs. 2 gilt entsprechend.

Überblick

Mit den §§ 4a–4d hat der Gesetzgeber eine eigenständige Verfahrenskostenregelung für das Regel- wie auch Verbraucherinsolvenzverfahren natürlicher Personen geschaffen. Der Schuldner bekommt hierdurch die Möglichkeit zur Stundung der anfallenden Verfahrenskosten eingeräumt. § 4a regelt als Eingangsvorschrift neben den Voraussetzungen der Stundung (Abs. 2, → Rn. 2 ff.) auch deren konkrete Rechtsfolge (Abs. 3). Darüber hinaus wird das Recht zur Beiordnung eines Rechtsanwalts normiert (Abs. 2, → Rn. 2 ff.) und dessen Vergütungsanspruch begrenzt (Abs. 3 Nr. 1b).

Übersicht

	Rn.		Rn.
A. Zweck der Stundung	1	V. Kein Ausschlussgrund (Abs. 1 S. 3 und 4)	18
B. Voraussetzungen der Stundung	2	C. Entscheidung durch das Insolvenzgericht	21
I. Anwendungsbereich	3		
II. Person des Schuldners	5	D. Die Stundungswirkung	24
III. Vermögenslosigkeit	6	I. Betroffene Forderungen	25
1. Feststellung des Schuldnervermögens	7	II. Dauer	30
2. Feststellung der voraussichtlichen Verfahrenskosten	11	III. Abänderungsmöglichkeit	32
IV. Anträge des Schuldners	13	IV. Beiordnung eines Rechtsanwalts (Abs. 2)	33

A. Zweck der Stundung

Die verspätete Einführung einer Stundungsmöglichkeit im Jahr 2001 beruht auf dem faktischen 1 Scheitern der Finanzierung von Privatinsolvenzverfahren im ursprünglich gedachten Regelungsmodell. Dieses sah vor, mittellosen Schuldnern im Wege der Prozesskostenhilfe der ZPO (§ 4 iVm §§ 114 ff. ZPO) Zugang zu Verbraucher- oder Regelinsolvenzverfahren zu gewähren, um ihnen so eine Restschuldbefreiung zu ermöglichen. In der praktischen Handhabung erwies sich das Recht der Prozesskostenhilfe in Privatinsolvenzen dann allerdings als zu flexibel handhabbar, erzeugte es doch schnell eine sehr divergente Rechtspraxis mit weit auseinandergehenden Anforderungsprofilen bei den einzelnen Insolvenzgerichten. Die daraus resultierende Zurückhaltung mittelloser Schuldner hinsichtlich der Einleitung von Insolvenz- und Restschuldbefreiungsverfahren veranlasste den Gesetzgeber, umgehend eine planbare Verfahrensweise zu etablieren, die möglichst vielen **mittellosen Schuldnern** die **Chance auf ein geregeltes und effizientes Restschuldbefreiungsverfahren** geben kann (BT-Drs. 14/5680, 13). Die §§ 4a–4d verwirklichen insofern die Forderung des BVerfG, gerichtliche Verfahren so auszugestalten, dass es verhindert wird, dass Verfahrensrechte einzig mangels finanzielle Gründe ungenutzt blieben (BVerfGE 50, 217 (231) = NJW 1979, 1345 (1346)). Inzwischen darf das insolvenzrechtliche Stundungsverfahren als gefestigt und etabliert angesehen werden (vgl. Bruns KTS 2008, 41 (56); Pape NZI 2007, 681 (682 f.); Ahrens NZI 2011, 424 (428)).

B. Voraussetzungen der Stundung

Die tatbestandlichen Voraussetzungen für eine Stundung werden von § 4a **abschließend** definiert. 2

I. Anwendungsbereich

Für den **zeitlichen** Anwendungsbereich ist zu beachten, dass eine Verfahrenskostenstundung 3 nach § 4a nicht für Insolvenzverfahren in Betracht kommt, die vor dem **1.12.2001** eröffnet worden sind (BT-Drs. 14/5680, 35 f.; BGH NZI 2004, 635; aA noch AG Duisburg ZInsO 2003, 386).

4 In sachlicher Hinsicht ist die Verfahrenskostenstundung in **allen Insolvenzverfahren** möglich, die **Zugang zur Restschuldbefreiung** gewähren. Die Kosten eines Nachlassinsolvenzverfahrens können daher nicht gestundet werden (LG Coburg ZInsO 2017, 176). Soll das Insolvenzverfahren über einen **Insolvenzplan** abgeschlossen werden, so ist § 258 Abs. 2 zu beachten, der zwingend die Berichtigung unstreitiger fälliger Masseansprüche vor der Verfahrensaufhebung anordnet und zu diesen Masseansprüchen gehören auch die gestundeten Verfahrenskosten (§ 53). Dies bedeutet jedoch nicht, dass im Fall eines Insolvenzantrags mit Planvorlage eine **Verfahrenskostenstundung für die Dauer des (Plan-)Verfahrens** ausgeschlossen ist (so aber etwa AG Düsseldorf ZInsO 2019, 578; bestätigt durch LG Düsseldorf ZInsO 2019, 913; K. Schmidt InsO/Stephan Rn. 4). Der Plan hat lediglich sicherzustellen, dass die Verfahrenskosten finanziert sind. Eine Stundung über den in § 258 Abs. 2 bestimmten Moment hinaus ist nicht zulässig, da keine Situation entstehen darf, in der die vorhandene Masse unter sonstigen Masse- und die Insolvenzgläubiger verteilt würde, die Verfahrenskosten aber (ganz oder teilweise) weiter von der Staatskasse zu tragen wären. Der Vorrang der Kostenansprüche ist auch im Planverfahren zu wahren (BGH NZI 2011, 683 Rn. 12). Enthält der Plan keine Mittel für die Verfahrenskosten, so ist er schon nach § 231 Abs. 1 Nr. 3 zurückzuweisen (insoweit zutreffend AG Düsseldorf ZInsO 2019, 578; bestätigt durch LG Düsseldorf ZInsO 2019, 913 (914)).

II. Person des Schuldners

5 Die Möglichkeit zur Stundung der Verfahrenskosten können nach Abs. 1 S. 1 nur **natürliche Personen** wahrnehmen. Damit sind nicht nur Verbraucher und ihnen gleichgestellte ehemals selbstständig wirtschaftlich Tätige nach § 304 Abs. 1 S. 2, sondern alle natürlichen Personen gemeint (BGH NZI 2013, 351 (352)). Beantragt der Schuldner nach **Freigabe** seiner selbstständigen Tätigkeit (§ 35 Abs. 2) eine Verfahrenskostenstundung für ein (paralleles) **zweites Insolvenzverfahren** mit dem Ziel der Restschuldbefreiung von Neuverbindlichkeiten, so gelten die §§ 4a–d auch für dieses Verfahren (aA AG Göttingen ZInsO 2017, 884).

III. Vermögenslosigkeit

6 Das Vermögen des Schuldners darf voraussichtlich nicht dazu ausreichen, die Kosten des Verfahrens zu decken. Es bedarf also eines **Vergleichs** der voraussichtlichen Kosten des Verfahrens (§ 54) mit dem Schuldnervermögen.

1. Feststellung des Schuldnervermögens

7 Die Feststellung des Schuldnervermögens erfolgt gleichlaufend mit der Prüfung der Masselosigkeit des Verfahrens nach § 26. Der Wortlaut des Abs. 1 S. 1 ist insofern identisch mit dem des § 26 Abs. 1 S. 1 (BGH NZI 2010, 614 Rn. 6; 2005, 45). Maßgeblich ist danach der Umfang der **Insolvenzmasse,** nicht aber der aller vorhandenen Aktiva (BGH VuR 2012, 158; ZInsO 2010, 1224; 2004, 1307 (1308); LG Münster NZI 2002, 778; AG Duisburg NZI 2003, 508; BT-Drs. 14/5680, 20). Die relevante Insolvenzmasse ist anhand der **§§ 35–37** zu bestimmen (BGH NZI 2008, 47 Rn. 8) und umfasst folglich nicht nur das vorhandene, sondern auch das vom Schuldner kurzfristig realisierbare Vermögen (BGH NZI 2010, 614 Rn. 11: fällige Forderungen; vgl. auch AGR/Ahrens Rn. 33; BK-InsR/Humberg Rn. 23); genauer zu künftigem Einkommen (Neuerwerb) → Rn. 10.

8 **Früheres Schuldnervermögen** ist dabei nicht zu berücksichtigen. Unschädlich ist insbesondere der Umstand, dass der Schuldner für das beabsichtigte Verfahren **keinen Rücklagen** gebildet hat, da dieser Umstand hinreichend über den Ausschlussgrund des § 290 Abs. 1 Nr. 4 Berücksichtigung finden kann (BGH NZI 2010, 614 Rn. 9). Vermögen, welches bereits zum Zwecke des Familienunterhalts verbraucht wurde, fließt folglich nicht in die Berechnung ein (BGH NZI 2006, 712; aA AG Duisburg NZI 2005, 462; LG Duisburg NZI 2005, 48).

9 Wird tatsächlich ein **Verfahrenskostenvorschuss** durch einen Gläubigers oder interessierten Dritten geleistet oder ist ein Dritter hierzu bereit, so scheidet eine Stundung von vornherein aus (BT-Drs. 14/5680, 29; Vallender InVo 1998, 169 (175)). Besteht für Ehegatten oder eingetragene Lebenspartner (§ 5 LPartG) gem. **§ 1360a Abs. 4 BGB** die **Verpflichtung** zum Vorschuss der Verfahrenskosten (Zusammenhang der Schulden zur ehelichen Lebensführung), so ist schon diese Forderung zu berücksichtigen (BGHZ 156, 92 (95) = NJW 2003, 2910 (2911)). Eine Verfahrenskostenstundung kommt dann nur in Betracht, wenn auch der pflichtige Ehegatte oder Lebenspartner den Vorschuss nicht vollständig, sondern allenfalls in Raten leisten kann (LG Duisburg NZI 2011, 949). Die allgemeine unterhaltsrechtliche Kostenvorschusspflicht der Eltern gegenüber ihren

Kindern soll hingegen nur ausnahmsweise eine Stundung ausschließen (vgl. BGH FamRZ 2004, 1633; NJW 2005, 1722 (1723); OLG Zweibrücken NJW-RR 2005, 306; s. für den umgekehrten Fall der Pflichtigkeit der Kinder gegenüber den Eltern auch LG Duisburg NJW 2004, 299).

Künftiges Schuldnervermögen fällt als Neuerwerb in die Insolvenzmasse (§ 35) und wäre 10 daher insoweit zu berücksichtigen. Regelmäßige Einkünfte, insbesondere aus **Arbeitseinkommen,** sind daher relevant. Eine Stundung ist in solchen Fällen nur möglich, wenn der Schuldner unter Berücksichtigung der voraussichtlichen Dauer des Bewilligungszeitraums (§ 4a Abs. 3 S. 2) die in dem jeweiligen Verfahrensabschnitt anfallenden Kosten allenfalls im Wege von Ratenzahlungen, nicht aber in einer Einmalzahlung aufbringen kann (stRspr, vgl. BGH NJW-Spezial 2012, 53; NZI 2008, 47 (48) Rn. 8; NJW 2003, 3780). **Einmalige künftige Einkünfte** sind nur zu berücksichtigen, wenn sie im Zeitpunkt der Stundungsentscheidung sicher prognostizierbar sind. Dies wird vor allem bei kurzfristig realisierbarem Vermögen, insbesondere fälligen Forderungen gegen Drittschuldner angenommen (BGH NZI 2010, 614 Rn. 11; 2008, 46 Rn. 8). Relevant sind hingegen künftige Verwertungskostenbeiträge aus der Verwertung von Sicherungsgütern (§§ 170 f.; BGH WM 2011, 505); auch fällige Steuererstattungsansprüche (BGH NZI 2010, 614 Rn. 8; 2008, 46 Rn. 8).

2. Feststellung der voraussichtlichen Verfahrenskosten

Die zu berechnenden Kosten des Verfahrens sind gem. Abs. 3 S. 2 für jeden **Verfahrensab-** 11 **schnitt** des Insolvenzverfahrens gesondert zu ermitteln. Als Abschnitt gilt jeder Teil des Insolvenzverfahrens, der besondere Kosten verursacht und für den bei der ursprünglichen Stundung noch nicht alle einer Restschuldbefreiung entgegenstehenden Umstände geprüft werden konnten (BT-Drs. 14/5680, 21; BGH NJW 2003, 3780 (3781)). Damit kommen als eigenständige Verfahrensabschnitte das Schuldenbereinigungsplanverfahren (§§ 306–309), das Eröffnungsverfahren, das eröffnete Insolvenzerfahren und das Restschuldbefreiungsverfahren in Betracht (BGH NJW 2003, 3780 (3781); Jaeger/Henckel/Gerhardt/Eckardt, Insolvenzordnung, 2004 ff., Rn. 64 ff.; MüKoInsO/Ganter/Bruns Rn. 9).

Die Kosten für eine nach Abs. 2 angestrebte **anwaltliche Vertretung** sind ebenfalls bei der 12 Stundungsentscheidung zu berücksichtigen (HK-InsO/Kirchhof Rn. 37).

IV. Anträge des Schuldners

Eine von Amts wegen angeordnete Verfahrenskostenstundung ist nicht vorgesehen (BGH NZI 13 2014, 1064 Rn. 2). Es bedarf vielmehr dreier Anträge des Schuldners, um von der Stundung zu profitieren: den **Antrag auf Erteilung der Restschuldbefreiung** (vgl. Abs. 1 S. 1); der **Antrag auf Eröffnung eines Verbraucher- bzw. Regelinsolvenzverfahrens** (vgl. § 287 Abs. 1; BGH NZI 2004, 593; 2004, 511) und der **Antrag auf Stundung der Verfahrenskosten,** welchem gem. Abs. 1 S. 3 zusätzlich noch eine Erklärung darüber beizufügen ist, ob der Versagungsgrund des § 290 Abs. 1 Nr. 1 vorliegt (→ Rn. 13.1).

Für die Erklärung nach Abs. 1 S. 3 ist eine **Rechtsänderung zum 1.7.2014** zu beachten, die 13.1 Erklärungspflicht auf den Versagungsgrund des § 290 Abs. 1 Nr. 1 beschränkt hat. Für Verfahren, die vor dem 1.7.2014 beantragt wurden, war neben den Angaben einer rechtskräftigen Verurteilung des Schuldners nach §§ 283–283c StGB (§ 290 Abs. 1 Nr. 1) noch zusätzlich eine Erklärung dahingehend erforderlich, ob in den letzten zehn Jahren vor dem Antrag auf Eröffnung des Insolvenzverfahrens oder danach dem Schuldner Restschuldbefreiung erteilt oder nach § 296 oder § 297 versagt worden ist (früher § 290 Abs. 1 Nr. 3). Mit der Aufhebung des § 290 Abs. 1 Nr. 3 zum 1.7.2014 beschränkt sich diese Erklärung folgerichtig auf die Angaben nach § 290 Abs. 1 Nr. 1. Zu den Auswirkungen → Rn. 20.

Der Stundungsantrag kann formlos gestellt werden (BGH NZI 2002, 574 (575)), muss jedoch 14 in **substantiierter und nachvollziehbarer Weise** sowohl die wirtschaftlichen Verhältnisse des Schuldners als auch dessen **Vermögensgegenstände darlegen** (BGH NZI 2010, 614 Rn. 6; NZI 2005, 273; 2005, 45 (46); 2003, 556 (558); LG Bochum ZVI 2003, 130 (131); 2003, 70 (71)). Dabei orientieren sich die Anforderungen an § 20 Abs. 1 S. 1 (BGH NZI 2005, 273; ZVI 2004, 281; LG München I ZVI 2005, 540). Ausreichend ist in diesem Zusammenhang der Verweis auf ein zeitnah erstelltes Gutachten (BGH NZI 2005, 45). Genügt der Antrag des Schuldners diesen Anforderungen nicht, hat das Gericht gemäß seiner in Abs. 2 S. 1 angedeuteten Fürsorgepflicht den Schuldner auf eventuelle **Mängel der Anträge** hinzuweisen und ihm unter Wahrung einer angemessenen Frist **Ergänzungen oder Korrekturen** zu ermöglichen (BGHZ 162, 181 (184) = NJW 2005, 1433 (1434); NZI 2004, 45 (46)). Kommt der Schuldner dieser Aufforderung nicht nach und reichen die vorhandenen Angaben für eine Stundungsentscheidung nicht aus (BGH

ZVI 2008, 515 (516); NZI 2005, 273 (274)), ist der Antrag zurückzuweisen (BGH ZInsO 2011, 931 Rn. 6 = BeckRS 2011, 10294; NZI 2005, 232 (233)).

15 Bei **Ansprüchen gegen Ehegatten** nach § 1360a Abs. 4 **oder Lebenspartnern** nach § 5 LPartG (→ Rn. 9) ist auch **die Offenlegung ihrer Vermögensverhältnisse** notwendig (BGH ZVI 2005, 405 (407)).

16 Die Stundung wird gem. Abs. 3 S. 2 für jeden noch nicht rechtskräftig beschiedenen Verfahrensabschnitt gesondert gewährt und ist deshalb auch **für jeden Verfahrensabschnitt einzeln zu beantragen** (vgl. BGH NZI 2010, 948; MüKoInsO/Ganter/Bruns Rn. 33; aA AG Hamburg ZIP 2001, 2241); der Antrag selbst muss dabei nur einmal gestellt werden (AG Neumünster ZInsO 2006, 1007 (1008); KPB/Wenzel Rn. 24; K. Schmidt InsO/Stephan Rn. 15). Der Schuldner ist nicht verpflichtet, einen Antrag auf Stundung der Kosten zu stellen, selbst wenn nur mithilfe des Stundungsantrags die Abweisung eines Gläubigerantrags auf Eröffnung eines Insolvenzverfahrens abgewendet werden könnte (BGH ZInsO 2014, 1758 Rn. 4; NZI 2006, 181 Rn. 14).

17 Stundungsanträge, die sich nur **auf einen Teil der Verfahrenskosten beschränken,** sind unzulässig (BGH ZInsO 2006, 773). Wird die Stundung abgelehnt, kann der Schuldner gleichsam unter Einhaltung aller Voraussetzungen einen **erneuten Antrag** stellen (MüKoInsO/Ganter/Bruns Rn. 41; HK-InsO/Kirchhof Rn. 27).

V. Kein Ausschlussgrund (Abs. 1 S. 3 und 4)

18 Nach Abs. 1 S. 4 ist die Stundung ausgeschlossen, wenn einer der in **§ 290 Abs. 1 Nr. 1** genannten Gründe für eine Versagung der Restschuldbefreiung vorliegt (rechtskräftige Verurteilung des Schuldners nach **§§ 283–283c StGB** zu mehr als 90 Tagessätzen Geldstrafe oder mehr als drei Monaten Haft binnen der letzten fünf Jahre). Der Schuldner hat sich hierzu im Stundungsantrag zu erklären (→ Rn. 13). Ist dem Gericht eine solche Verurteilung bekannt, muss es auf die Nachreichung einer zunächst fehlenden Erklärung des Schuldners (→ Rn. 14) nicht warten.

19 Der explizite Verweis auf den Versagungsgrund des § 290 Abs. 1 Nr. 1 wirft die Frage auf, ob das Vorliegen **anderer Versagungsgründe** eine Stundung der Verfahrenskosten ausschließt. Die hM geht nach wie vor davon aus, dass die Regelung in Abs. 1 S. 3 und 4 nicht abschließend gemeint ist, da nach der Funktion der Verfahrenskostenstundung (Ermöglichung der Restschuldbefreiung → Rn. 1) eine Stundung unterbleiben müsse, wenn unzweifelhaft feststeht, dass der Schuldner im Verfahren keine Restschuldbefreiung erlangen kann (sog. „**Vorwirkungsrechtsprechung** des BGH" – s. BGH NZI 2020, 476 Rn. 11; NZI 2017, 627 Rn. 19 f.; ZInsO 2015, 1790; 2011, 1223; 2011, 931 Rn. 6; NZI 2010, 948 Rn. 13; NJW-RR 2005, 697 f.; LG München ZVI 2003, 301 (302); HK-InsO/Kirchhof Rn. 8; Nerlich/Römermann/Becker Rn. 32 ff.; aA aber schon LG Berlin ZInsO 2002, 680 (681); AG Hannover NZI 2004, 391; KPB/Wenzel Rn. 38). Einzelheiten → Rn. 19.1.

19.1 Relevant sind danach insbesondere **Umstände nach § 287a Abs. 2,** die einen Restschuldbefreiungsantrag unzulässig machen (AG Göttingen ZInsO 2016, 1074 = BeckRS 2016, 09579 im Fall einer erst kürzlich erteilten Restschuldbefreiung), aber auch jede Verletzung der Auskunftspflichten iSd **§ 290 Abs. 1 Nr. 5** (LG Düsseldorf BeckRS 2016, 119264; AG Marburg NZI 2018, 277), jede Vermögensverschwendung nach **§ 290 Abs. 1 Nr. 4,** aber auch der Umstand, dass die wesentliche Forderungen gem. § 302 von der Restschuldbefreiung ausgenommen sind. Eine Verfahrensunterstützung durch Stundung ist nach Ansicht des BGH (NZI 2020, 476 Rn. 13) in Fällen abzulehnen, in denen bereits feststeht, dass die über § 302 bestehen bleibende **Restschuld** den Schuldner weiter **wirtschaftlich überfordert.** Während der BGH diese Überforderung nicht an einen bestimmten Prozentsatz der Restschuld an der Gesamtverschuldung anknüpft, haben Insolvenzgerichte oft primär nicht auf die Überforderung, sondern eben auf solche Prozentsätze geschaut, um die Sinnhaftigkeit einer Stundung einzuschätzen: AG Hannover NZI 2016, 271: 100 % der Verbindlichkeiten; AG Düsseldorf NZI 2006, 415; AG Marburg ZVI 2002, 275 f., AG München ZVI 2003, 369: etwa 90 % der Schulden; LG Düsseldorf NZI 2008, 253: schon bei 75 % aller Schulden (so auch Pape/Pape ZInsO 2017, 793 (802); sogar bei etwas über 50 %: AG Hannover ZInsO 2015, 2235; aA AG Göttingen NZI 2016, 142. Nicht selten geht es in solchen Fällen um eine einzelne hohe privilegierte (oft deliktische) Forderung. Darüber hinaus sei auch das zum Zeitpunkt der Entscheidung über die Stundung bereits **evidente Vorliegen eines Versagungsgrundes nach § 4c** zu beachten (MüKoInsO/Ganter/Bruns Rn. 15).

19.2 Die nach Maßgabe der Vorwirkungsrechtsprechung relevante Verletzung der Erwerbsobliegenheit (**§ 290 Abs. 1 Nr. 7**) kann nicht schon allein darauf gestützt werden, dass der Schuldner im Eröffnungsantrag nicht darlegt, warum er in den Jahren vor Antragstellung keiner Vollzeitbeschäftigung nachgegangen ist (LG Düsseldorf ZInsO 2015, 2503). Auch eine entsprechende Anwendung des § 4c Nr. 4 ist nicht angezeigt (→ § 4c Rn. 22). Tritt der Schuldner während des Verfahrens eine langjährige Haftstrafe an, so kann und muss er seiner Erwerbsobliegenheit in der JVA nachkommen (ebenso AG Göttingen ZInsO 2015, 2341; AG Hamburg ZInsO 2015, 2045; Frind ZInsO 2015, 1667; Heyer ZVI 2015, 367; Pape/Pape ZInsO 2016, 293 (295 f.)). Der bloße Umstand eines **Haftantritts** rechtfertigt also keine Stundungsversagung (so aber AG Fürth ZInsO 2015, 1518 mzustAnm Haarmeyer).

Überzeugen kann die Vorwirkungsrechtsprechung jedenfalls seit Inkrafttreten des Gesetzes zur **20** Verkürzung des Restschuldbefreiungsverfahrens und zur Stärkung der Gläubigerrechte am 1.7.2014 nicht mehr. Durch diese Reform wurde die Regelung in Abs. 1 S. 3 dahingehend angepasst, dass bei Stundungserteilung allein der Versagungsgrund in § 290 Abs. 1 Nr. 1 relevant sein soll; der Verweis auf den Versagungsgrund in § 290 Abs. 1 Nr. 3 wurde gestrichen. Der Gesetzgeber hat damit in Kenntnis der Vorwirkungsrechtsprechung nicht nur am restriktiven Wortlaut der Norm festgehalten, sondern diesen weiter eingeschränkt. Der Vorwirkungsrechtsprechung fehlt so seither die rechtliche wie auch methodische Grundlage. Für eine teleologische Erweiterung relevanter Ausschlussgründe **fehlt** die **planwidrige Regelungslücke**. Richtigerweise ist Abs. 1 wortlautgetreu anzuwenden und eine Stundung nur von vornherein ausgeschlossen, wenn ein Versagungsgrund nach § 290 Abs. 1 Nr. 1 vorliegt. **Andere Versagungsgründe** sind für die Stundungsentscheidung **irrelevant** (ebenso AG Göttingen BeckRS 2016, 18375; HmbKommInsR/Dawe Rn. 19; Ahrens, Das neue Privatinsolvenzrecht, 2. Aufl. 2015, Rn. 257; Grote/Pape ZInsO 2013, 1433 (1440); Dawe ZVI 2014, 433 (438); **aA** aber **BGH** NZI 2020, 476 Rn. 11 (für den Fall der offensichtlich unzureichenden Restschuldbefreiung); LG Düsseldorf ZInsO 2015, 2503; AG Aachen BeckRS 2016, 21057; AG Hamburg ZInsO 2015, 2045; AG Ludwigshafen BeckRS 2016, 20164; Deyda VIA 2017, 57 (59); Frind ZInsO 2015, 542 (543);HK-InsO/Kirchhof § 4a Rn. 8; Pape/Pape ZInsO 2017, 793 (799 ff.); Schmerbach NZI 2014, 990 (991); Uhlenbruck/Sternal § 287a Rn. 6; im Einzelnen auch AG Aachen NZI 2017, 114; noch offengelassen in BGH NZI 2017, 627 Rn. 20). Die so erreichte Stundung ermöglicht die Durchführung eines geordneten Insolvenzverfahrens mit den dort vorhandenen Möglichkeiten der Massegenerierung und Schuldenbereinigung. Das durch die Vorwirkungsrechtsprechung von Amts wegen erfolgende Vorwegnehmen der Prüfung von Versagungsgründen verkennt zudem, dass diese im späteren Restschuldbefreiungsverfahren überhaupt nur relevant sind, wenn sie gerichtsbekannt sind oder aber von Gläubigern vorgetragen und glaubhaft gemacht werden. Eine **Erklärungspflicht des Schuldners besteht** gerade **nicht**; sie sollte aber auch nicht bei der Stundungsentscheidung durch die Hintertür eingeführt werden (zutr. AG Göttingen BeckRS 2016, 18375). Schließlich sind vor diesem Hintergrund erst recht Versuche abzulehnen, eine allgemeine Prüfung der Redlichkeit des Schuldners durch das Insolvenzgericht bei der Stundungsentscheidung zu ermöglichen, indem dem Schuldner das **Rechtsschutzbedürfnis für einen erneuten Stundungsantrag** abgesprochen wird, solange eine in einem früheren Verfahren einmal gewährte Stundung binnen dreier Jahre vor der erneuten Antragstellung aufgehoben worden war (so AG Augsburg VIA 2018, 13). Der BGH ist solchen Versuchen, insbesondere einer analogen Anwendung des § 287a Abs. 2 S. 1 Nr. 2, zu Recht und ausdrücklich entgegengetreten (BGH NZI 2017, 627 Rn. 14, 16 ff.).

C. Entscheidung durch das Insolvenzgericht

Das Insolvenzgericht entscheidet über die Stundung durch **Beschluss**. Die Entscheidung hat **21** „in angemessener Zeit" zu erfolgen, was bedeutet, dass im Hinblick auf die Regelung in Abs. 3 Satz 2 **spätestens zu Beginn eines jeden Verfahrensabschnitts** auch über die Stundung der betreffenden Kosten zu beschließen ist (BGH NZI 2010, 948 Rn. 9; Greiner ZInsO 2016, 2425 (2428)). Eine konkludente Ablehnung durch Nichtbescheidung des Stundungsantrags bei der Entscheidung über den Eröffnungsantrag ist nicht zulässig (BGH NZI 2010, 948 Rn. 9; NZI 2008, 47 Rn. 6). Die Stundung kann nur gewährt oder versagt werden; eine Ratenzahlungsanordnung ist nicht möglich; Alles-oder-Nichts-Prinzip. Verfügt der Schuldner über hinreichende Einkünfte oder Vermögen, um nur einen Teil der Verfahrenskosten zu decken, so ist mithin eine Stundung nicht zu versagen (vgl. BGH ZInsO 2015, 1790). Gegen die Versagung der Stundung oder die Ablehnung der Beiordnung eines Rechtsanwalts kann der Schuldner gem. § 4d Abs. 1 die **sofortige Beschwerde** erheben (→ § 4d Rn. 2). Umgekehrt steht auch der Staatskasse nach Maßgabe des § 4d Abs. 2 die sofortige Beschwerde im Fall der Gewährung einer Stundung zu (→ § 4d Rn. 7).

Über den Stundungsantrag entscheidet der Richter, wenn sie bis zur Eröffnungsentscheidung **22** oder im Schuldenbereinigungsplanverfahren ergeht (vgl. § 18 Abs. 1 Nr. 1 RPflG). Entscheidungen im eröffneten Verfahren und in der Wohlverhaltensperiode fallen hingegen in den **funktionel-**

len Zuständigkeitsbereich des Rechtspflegers nach § 3 Nr. 2 lit. e RPflG, soweit nicht der Richter von seinem Vorbehaltsrecht nach § 18 Abs. 2 S. 1 RPflG Gebrauch gemacht hat (→ § 2 Rn. 18).

23   Bis zur Entscheidung des Gerichts treten die **Stundungswirkungen** kraft Gesetzes **einstweilig** ein (Abs. 3 S. 3). Die Verweisung in Abs. 3 S. 4 auf § 4b Abs. 2 erlaubt es dem Gericht aber, schon diese einstweilige gesetzliche Stundung an wesentliche Änderungen der persönlichen und wirtschaftlichen Verhältnisse des Schuldners anzupassen (näher zu den Anpassungsanforderungen → § 4b Rn. 13).

D. Die Stundungswirkung

24   Die Stundung bewirkt, dass die betroffenen Kostenforderungen (→ Rn. 25) insgesamt bis zum Ende des Stundungszeitraums (→ Rn. 30) **nicht fällig** werden. Sie können eben nur nach Maßgabe des Stundungsbeschlusses gegen den Schuldner geltend gemacht werden (Abs. 3 S. 1 letzter Hs.). Darüber hinaus hat die Stundung zur Folge, dass der Antrag auf Eröffnung des Insolvenzverfahrens nicht nach § 26 Abs. 1 abgewiesen oder das Verfahren nach § 207 Abs. 1 eingestellt werden darf. Die Ansprüche auf die Verfahrenskosten behalten allerdings ihren **Befriedigungsvorrang** (§ 53) und sind daher aus der Insolvenzmasse, insbesondere den pfändbaren Einkünften des Schuldners, laufend zu bedienen.

I. Betroffene Forderungen

25   Von der Stundung werden nach Abs. 1 S. 1 Forderungen auf **sämtliche** gem. §§ 53, 54 von der Masse zu tragenden **„Kosten des Insolvenzverfahrens"** erfasst und zwar sowohl Erstattungs- als auch Vorschussansprüche (vgl. § 17 GKG). Zu den Kosten des Verfahrens zählen:

26   1. die **Gerichtskosten** (§ 54 Nr. 1), also Kosten und Auslagen nach Maßgabe des GKG inklusive etwaiger Schreibgebühren für das Anfertigen von Abschriften, Zustellungs- und Veröffentlichungskosten, Vergütungen für Sachverständige (GKG KV Nr. 9005).

27   2. die Kosten eines (vorläufigen) **Insolvenzverwalters** und eines **Gläubigerausschusses** (§ 54 Nr. 2), also deren Vergütung und Auslagen nach Maßgabe der §§ 63–65 InsVV (für Verwalter) bzw. §§ 73, 63 Abs. 2, 64–65 (für Mitglieder eines Gläubigerausschusses). Für die Zeit der Stundung erhält der Verwalter bzw. ein Mitglied des Gläubigerausschusses gem. § 63 Abs. 2 einen Anspruch gegen die Staatskasse.

28   3. die Kosten des **Treuhänders** im Restschuldbefreiungsverfahren (§ 293) auf Vergütung und Erstattung seiner Auslagen. Sie zählen zwar formal nicht zu den Verfahrenskosten (vgl. § 54), werden aber über die Anordnung in Abs. 1 S. 2 von den Stundungswirkungen erfasst. Auch hier findet sich zudem durch den Verweis auf § 63 Abs. 2 in § 293 Abs. 2 die Haftung der Staatskasse im Stundungsfall.

29   **Nicht** von der Stundung erfasst werden hingegen die besonderen, in **Rechtsbehelfsverfahren** anfallenden Kosten (Gerichts- und Anwaltskosten), auch wenn der Beschwerdegegenstand dem Insolvenzverfahren zuzuordnen ist (BGH NJW-RR 2015, 180 Rn. 2). Der BGH hat den Schuldner auf die Prozesskostenhilfe der §§ 114 ff. verwiesen, wenn er die Kosten eines Beschwerdeverfahrens nicht aufbringen kann, obwohl sich die sofortige Beschwerde gegen die Anordnung einer Nachtragsverteilung im Zeitraum der Wohlverhaltensperiode richtete (zust. Mock NZI 2015, 633 (636)). Gestundet werden danach nur die „erstinstanzlichen" Kosten.

II. Dauer

30   Die Stundung entfaltet ihre Wirkung gem. Abs. 3 S. 2 gesondert **für jeden Verfahrensabschnitt,** selbst wenn keine für jeden Abschnitt einzelnen Anträge, sondern ein umfassender Antrag gestellt wurde (→ Rn. 16). Im Fall eines erfolgreichen Verfahrens endet sie typischerweise mit der rechtskräftigen Erteilung der **Restschuldbefreiung** (§ 300). Das Gericht kann die Stundung aber gem. § 4b Abs. 1 auch hiernach für maximal vier Jahre nach Erteilung der Restschuldbefreiung verlängern (→ § 4b Rn. 1 ff.).

31   Wird dem Schuldner die Restschuldbefreiung versagt (§§ 290, 296 ff.), so endet die Stundung nicht automatisch; sie endet vielmehr gem. § 4c Nr. 5 aufzuheben und endet dann mit der Verkündung dieses **Aufhebungsbeschlusses,** soweit nicht infolge einer sofortigen Beschwerde gegen diesen Beschluss dessen Vollziehung für die Dauer des Beschwerdeverfahrens ausgesetzt wird (→ § 4d Rn. 13).

III. Abänderungsmöglichkeit

Ist der Stundungsbeschluss rechtskräftig (zum Rechtsmittel der Staatskasse → § 4d Rn. 7), so kann er nach Maßgabe des § 4b Abs. 2 abgeändert (→ § 4b Rn. 13) und nach Maßgabe des § 4c Nr. 1–5 aufgehoben werden (→ § 4c Rn. 1). Auch eine Verlängerung der Stundung über den Moment der Restschuldbefreiung hinaus ist gem. § 4b Abs. 1 möglich (→ § 4b Rn. 1). 32

IV. Beiordnung eines Rechtsanwalts (Abs. 2)

Abs. 2 räumt dem Schuldner auf dessen Antrag hin die Möglichkeit zur Beiordnung eines Rechtsanwalts ein. Die Beiordnung setzt die Verfahrenskostenstundung voraus und erfolgt folglich ebenso für jeden Verfahrensabschnitt gesondert (BGH NJW 2004, 3260 (3261)). Folge der Beiordnung ist die rechtliche Beratung und Vertretung des Schuldners im Verfahren **auf Kosten der Staatskasse.** Der beigeordnete Rechtsanwalt hat gem. Abs. 3 S. 1 Nr. 2 keinen durchsetzbaren Vergütungsanspruch gegen den Schuldner bzw. die Insolvenzmasse, sondern einen Anspruch gegen die Landeskasse nach **§ 45 RVG.** Der sich hieraus ergebende Regressanspruch der Landeskasse gegen den Schuldner (§ 59 RVG) wird wiederum von den Stundungswirkungen erfasst (§ 4 Abs. 3 Nr. 1b). Für die Durchführung der Beiordnung verweist Abs. 2 S. 2 auf § 121 Abs. 3–5 ZPO. 33

Die Beiordnung setzt voraus, dass ein **Stundungsbeschluss** nach Abs. 1 vorliegt. Eine nur einstweilige gesetzliche Stundung nach Abs. 3 S. 3 (→ Rn. 23) genügt nicht (LG Mannheim NZI 2010, 866). 34

Abs. 2 S. 1 verlangt zudem, dass die Beiordnung trotz der dem Gericht obliegenden Fürsorge **erforderlich** erscheint. Dem Schuldner muss im konkreten Einzelfall ohne anwaltlichen Beistand eine „deutliche Unterlegenheit" drohen (BVerfG NJW 2011, 2039). Das Wesen des Insolvenzverfahrens als Offizialverfahren mit gerichtlicher Fürsorge schließt eine anwaltliche Vertretung also nicht generell aus, sondern schränkt sie auf erforderliche Einzelfälle ein (vgl. BT-Drs. 14/5680, 21; s. auch BVerfG NJW 1997, 2103; NJW-RR 2007, 1713; OLG Celle NJW 2011, 1460). 35

Die Erforderlichkeit der Beiordnung ist grundsätzlich dann **zu bejahen,** wenn die Rechtslage eine hohe Komplexität aufweist und besondere Fähigkeiten und Kenntnisse erfordert (AG Mannheim NZI 2004, 46; LG Bonn NZI 2009, 445) oder aber dem Grundsatz der Waffengleichheit dient. Im Einzelnen ist eine Beiordnung danach erforderlich, wenn der Schuldner in einem **quasi-kontradiktorischen Verfahren** einem (ggf. anwaltlich vertretenen) Beteiligten gegenübertritt. Dies ist denkbar, wenn der Schuldner gegen Gläubigeranträge (§§ 290, 296) für seine Restschuldbefreiung kämpft (BT-Drs. 14/5680, 21; AG Göttingen NZI 2018, 758), wenn Gläubiger deliktische Ansprüche nach §§ 174, 302 anmelden (BGH NZI 2004, 39 (40)) oder der Schuldner gegen den Widerstand einzelner Gläubiger eine Zustimmungsersetzung nach § 309 erreichen will. Sieht sich der Schuldner hingegen den Anforderungen des Gerichts ausgesetzt, etwa da dieses Ergänzungen, Nachbesserungen oder andere Mitwirkungshandlungen wünscht, so wird eine anwaltliche Betreuung nur ausnahmsweise erforderlich sein (fragwürdig aber LG Göttingen NZI 1999, 277; ZInsO 2001, 627 für Ergänzungen eines Schuldenbereinigungsplans). Eine **besondere Komplexität** kann hingegen eine Beiordnung rechtfertigen (LG Bochum ZVI 2003, 23 (25): Beiordnung für ein Insolvenzplanverfahren). 36

Weißt das Verfahren hingegen **keine Abweichung von herkömmlichen Insolvenzverfahren** auf, spricht dies im Zweifel gegen eine Erforderlichkeit der Beiordnung. Insbesondere eine anwaltliche Vertretung des Schuldners bei der Antragstellung begründet keine Erforderlichkeit (LG Baden-Baden ZVI 2002, 322). Auch eine hohe Zahl von Gläubigern oder eine Vielzahl von Forderungen rechtfertigen nicht per se die Erforderlichkeit eines Beistands (BVerfG NZI 2003, 448 f.; LG Koblenz NZI 2002, 215; LG Bochum ZVI 2003, 23); Sprachproblemen des Schuldners ist durch die Hinzuziehung eines Dolmetschers (§ 185 GVG), nicht aber im Wege der Beiordnung abzuhelfen (BVerfG NJW 2003, 2668; BGH NJW 2003, 2910 (2912)). Das gleiche gilt bei einer **Betreuungsbedürftigkeit** des Schuldners, welche für sich genommen noch keine anwaltliche Beiordnung rechtfertigt (LG Bochum NZI 2003, 164). Auch die Freigabe einer Eigentumswohnung durch einen Treuhänder begründet kein Beistandserfordernis (AG Darmstadt VuR 2010, 188). 37

§ 4b Rückzahlung und Anpassung der gestundeten Beträge

(1) ¹Ist der Schuldner nach Erteilung der Restschuldbefreiung nicht in der Lage, den gestundeten Betrag aus seinem Einkommen und seinem Vermögen zu zahlen, so kann

das Gericht die Stundung verlängern und die zu zahlenden Monatsraten festsetzen. ²§ 115 Absatz 1 bis 3 sowie § 120 Absatz 2 der Zivilprozessordnung gelten entsprechend.

(2) ¹Das Gericht kann die Entscheidung über die Stundung und die Monatsraten jederzeit ändern, soweit sich die für sie maßgebenden persönlichen oder wirtschaftlichen Verhältnisse wesentlich geändert haben. ²Der Schuldner ist verpflichtet, dem Gericht eine wesentliche Änderung dieser Verhältnisse unverzüglich anzuzeigen. ³§ 120a Absatz 1 Satz 2 und 3 der Zivilprozessordnung gilt entsprechend. ⁴Eine Änderung zum Nachteil des Schuldners ist ausgeschlossen, wenn seit der Beendigung des Verfahrens vier Jahre vergangen sind.

Überblick

§ 4b normiert, unter welchen Voraussetzungen eine Veränderung der Stundungswirkung des § 4a möglich ist. So lässt Abs. 1 die Verlängerung der Stundung über die Restschuldbefreiung hinaus zu, um den wirtschaftlichen Neuanfang des Schuldners nicht unnötig zu erschweren (BT-Drs. 14/5680, 22). Abs. 2 erlaubt dem Insolvenzgericht demgegenüber eine flexible Modifizierung der einmal gewährten Stundung aufgrund einer wesentlichen Veränderung der für die Stundung maßgebenden Umstände.

Übersicht

	Rn.		Rn.
A. Verlängerung der Stundung (Abs. 1)	1	3. Funktionelle Zuständigkeit	12
I. Verlängerungsvoraussetzungen	1	B. Abänderbarkeit einer Stundungsentscheidung (Abs. 2)	13
1. Wegfall der Stundung wegen Erteilung der Restschuldbefreiung	1	I. Wesentliche Änderung der persönlichen und wirtschaftlichen Verhältnisse des Schuldners	14
2. Antrag des Schuldners	4	1. Neue Tatsachen („Veränderung")	15
3. Vermögenslosigkeit	6	2. Wesentliche Änderung	16
II. Entscheidung des Gerichts	9	3. Ausschlussfrist (S. 4)	19
1. Die Stundungsverlängerung	9	II. Gerichtliche Entscheidung	20
2. Monatsraten	10		

A. Verlängerung der Stundung (Abs. 1)

I. Verlängerungsvoraussetzungen

1. Wegfall der Stundung wegen Erteilung der Restschuldbefreiung

1 Die Verfahrenskostenstundung nach § 4a erfolgt für jeden Verfahrensabschnitt (§ 4a Abs. 3 S. 2) und endet daher im Moment der Erteilung der Restschuldbefreiung (→ § 4a Rn. 31). Dieser Moment ist daher auch Anknüpfungspunkt für eine Verlängerung der Stundung nach Abs. 1. Dem Schuldner muss also eine **Restschuldbefreiung** gem. § 300 **erteilt** worden sein, in deren Folge die nach § 4a gestundeten Verfahrenskosten wieder fällig werden.

2 **Keine Verlängerung** der Verfahrenskostenstundung ist folglich denkbar, wenn die Stundung zuvor gem. § 4c aufgehoben oder der Antrag auf Restschuldbefreiung zurückgenommen worden war. Sie ist nicht mehr notwendig, wenn der Schuldner inzwischen verstorben ist oder bereits während des Insolvenzverfahrens sämtliche Verbindlichkeiten getilgt hat (K. Schmidt InsO/Stephan Rn. 3).

3 Hat der Schuldner eine Restschuldbefreiung durch die rechtskräftige Bestätigung eines **Insolvenzplans** erlangt (vgl. § 227 Abs. 1, § 254), so bedarf es keiner Stundungsverlängerung nach § 4b Abs. 1. Zwar ist auch in einer Planinsolvenz eine Stundung nach § 4a möglich (→ § 4a Rn. 5). Dann aber ist **§ 258 Abs. 2** zu beachten, der den Plangestalter zwingt, die Verfahrenskosten bis zur Verfahrensaufhebung aufzubringen bzw. zu finanzieren. Folgerichtig sind mit dem Eintritt der Planwirkungen auch die Verfahrenskosten fällig und finanziert, sodass für eine (analoge) Anwendung des § 4b Abs. 1 kein Raum ist (BGH NZI 2011, 683 Rn. 12; K. Schmidt InsO/Stephan Rn. 3; aA FK-InsO/Kothe Rn. 11). Anders stellt sich die Rechtslage hingegen beim **Schuldenbereinigungsplan** in § 308 dar. Kommt ein solcher zustande, so fehlt eine dem § 258 Abs. 2 entsprechende Bestimmung über die Verfahrenskosten. Folgerichtig ist der Schuldner nicht gezwungen, diese unmittelbar aufzubringen, obwohl sie sogleich fällig werden. Ist der Schuldner

dann zur Leistung nicht in der Lage, sollte eine Stundung analog § 4b Abs. 1 möglich sein (FK-InsO/Kothe Rn. 9; MüKoInsO/Ganter/Bruns Rn. 3; offengelassen in BGH NZI 2011, 683 Rn. 12).

2. Antrag des Schuldners

Der Wortlaut des Abs. 1 S. 1 scheint dem Gericht eine Verlängerung der Stundung nach eigenem Ermessen zu erlauben. Eine derart weitreichende Fürsorgepflicht wird man dem Insolvenzgericht hingegen nicht aufbürden können. Es ist vielmehr Sache des Schuldners, auf eine Verlängerung der Stundung hinzuwirken und die dazu notwendigen Auskünfte zu seiner Vermögenslage zu erteilen (→ Rn. 6). Das Insolvenzgericht prüft und entscheidet daher **nicht von Amts wegen** (BGH NZI 2011, 683 Rn. 10; MüKoInsO/Ganter/Bruns Rn. 3; aA HK-InsO/Kirchhof Rn. 8; FK-InsO/Kothe Rn. 7). Es gilt allerdings die allgemeine richterliche **Hinweispflicht:** Hat das Insolvenzgericht Anhaltspunkte dafür, dass der Schuldner die Verfahrenskosten (weiterhin) nicht aufbringen kann, wird es auf die Möglichkeit eines erneuten Stundungsantrags hinzuweisen haben (BGH NZI 2011, 683 Rn. 10). 4

Es bedarf mithin eines **Antrags des Schuldners** auf Stundungsverlängerung. Ein solcher kann schon unmittelbar vor Erteilung der Restschuldbefreiung gestellt werden. 5

3. Vermögenslosigkeit

Eine Stundungsverlängerung setzt voraus, dass der Schuldner nach der Restschuldbefreiung nicht in der Lage ist, den gestundeten Betrag aus seinem Einkommen und Vermögen zu zahlen (Abs. 1 S. 1). Die Beurteilung der Vermögenslage des Schuldners erfolgt dabei nicht wie bei § 4a anhand der Vorgaben der §§ 35–37, sondern aufgrund der Verweisung in S. 2 nach den wirtschaftlichen Voraussetzungen des § 115 Abs. 1–3 ZPO für die Gewährung von **Prozesskostenhilfe.** 6

Das einzusetzende **Einkommen** wird von § 115 Abs. 1 ZPO definiert. Für das einzusetzende **Vermögen** gilt die Zumutbarkeitsgrenze des § 115 Abs. 3 ZPO. Zum Vermögen zählt im vollen Umfang auch jenes Vermögen, das der Schuldner gem. § 295 Abs. 1 Nr. 2 während der Wohlverhaltensperiode im Restschuldbefreiungsverfahren erlangt hat (BT-Drs. 14/5680, 22; BK-InsR/Humberg Rn. 9). Unpfändbares Vermögen (§§ 811, 812 ZPO) ist ebenso wenig verwertbar wie Mittel aus einer der in § 115 Abs. 3 ZPO iVm § 90 Abs. 2 SGB XII genannten Quellen. 7

Das Insolvenzgericht muss die **Informationen** für seine Entscheidung nicht von Amts wegen ermitteln (→ Rn. 4). Vielmehr obliegt es dem Schuldner, in seinem Antrag in substantiierter und nachvollziehbarer Form seine Einkommens- und Vermögensverhältnisse offenzulegen. 8

II. Entscheidung des Gerichts

1. Die Stundungsverlängerung

Liegen die Voraussetzungen des Abs. 1 S. 1 vor, so **hat** das Gericht die Stundung zu verlängern. Eine abschlägige Entscheidung ist entgegen des im Wortlaut der Norm angedeuteten Ermessensspielraumes („kann") nur zulässig, wenn zugleich ein **Aufhebungsgrund nach § 4c** vorliegt (Jaeger/Henckel/Gerhard/Eckard Rn. 29; HK-InsO/Kirchhof Rn. 9; K. Schmidt InsO/Stephan Rn. 10). Ein bewilligender wie auch ein ablehnender Beschluss sind anfechtbar (§ 4d) und daher zu begründen. 9

2. Monatsraten

Wird die Stundung verlängert, so sind gem. Abs. 1 S. 1 Monatsraten festzusetzen. Hierfür gilt über den Verweis in S. 2 die Regelung zur Prozesskostenhilfe in § 115 Abs. 2. Die **Höhe einer Monatsrate** ergibt sich gem. § 115 Abs. 2 S. 1 ZPO aus der Hälfte des einzusetzenden Einkommens. Eine Höchstgrenze findet sich in § 115 Abs. 2 S. 3 ZPO; eine Mindesthöhe von 10 EUR in § 115 Abs. 2 S. 2 ZPO. Eine **Mindestanzahl** an Raten ist nicht normiert; als **Höchstzahl** bestimmt § 115 Abs. 2 S. 4 ZPO 48 Monatsraten. Dabei sind nach herrschender Auffassung auch Monate mitzuzählen, in denen der Schuldner durch gerichtlichen Beschluss von einer Ratenzahlung befreit war (sog. „**Nullraten**", vgl. LG Dresden ZVI 2005, 553 (554); MüKoInsO/Ganter/Bruns Rn. 6; Jaeger/Henckel/Gerhardt/Eckhardt Rn. 32; Pape ZInsO 2001, 587 (588); K. Schmidt InsO/Stephan Rn. 13; aA KPB/Wenzel Rn. 14). Diese insolvenzrechtliche Interpretation des § 115 Abs. 2 S. 4 ZPO weicht insofern von der zivilprozessrechtlich herrschenden Auffassung 10 ab, die Nullraten nicht berücksichtigt (vgl. OLG Bamberg JurBüro 1998, 316 OLG Karlsruhe AnwBl. 1997, 238 (239); OLG Naumburg FamRZ 2011, 130; OLG Stuttgart Rpfleger 1999, 82). Es scheint in der Tat kein hinreichender Grund ersichtlich, weshalb der im Insolvenz- und Restschuldbefreiungsverfahren vorübergehend leistungsunfähige Schuldner durch die Anrechnung von Monaten mit Nullraten einen dauerhaften Rabatt auf die Verfahrenskosten erhalten sollte. Die Belastung seines Neustarts mit dieser „Altlast" wird durch die Regelung des § 115 Abs. 2 ZPO gering gehalten und kann sich bis auf 10 EUR im Monat reduzieren. Ein solcher Kostenbeitrag für ein Verfahren, das die die Restschuldbefreiung erst ermöglicht hat, scheint angemessen.

11 **Höhe und Anzahl der Raten** wird gem. Abs. 1 S. 1 ziffernmäßig vom Gericht festgesetzt. Möglich ist auch die Festsetzung einer Monatsrate für einen in der Zukunft liegenden Zeitpunkt, wenn bei der Entscheidungsfindung bereits abzusehen ist, dass sich die zukünftigen Verhältnisse des Schuldners ändern werden und die Veränderung bereits hinreichend konkretisiert ist (K. Schmidt InsO/Stephan Rn. 10; KPB/Wenzel Rn. 14). Die Ratenzahlung hat gem. Abs. 1 S. 2 iVm § 120 Abs. 2 ZPO an die Landeskasse zu erfolgen.

3. Funktionelle Zuständigkeit

12 Über den Antrag entscheidet gem. § 3 Nr. 2 lit. e RPflG der **Rechtspfleger,** selbst wenn die Stundungsentscheidung nach § 4a zuvor durch den Richter getroffen wurde, es sei denn, der Richter zieht die Entscheidung gem. § 18 Abs. 1 Nr. 2 RPflG an sich.

B. Abänderbarkeit einer Stundungsentscheidung (Abs. 2)

13 Abs. 2 erlaubt dem Insolvenzgericht, eine einmal getroffene Stundungsentscheidung an veränderte wirtschaftliche Verhältnisse beim Schuldner anzupassen. Während die Norm unmittelbar nur für die Anpassung einer Stundungsentscheidung mit Ratenzahlungsfestsetzung nach Abs. 1 gilt, erweitert § 4a Abs. 3 S. 4 ihren **Anwendungsbereich** auch auf Fälle der Stundung nach § 4a.

I. Wesentliche Änderung der persönlichen und wirtschaftlichen Verhältnisse des Schuldners

14 Eine Anpassung der Stundungsentscheidung ist nur zulässig, wenn sich die maßgebenden persönlichen oder wirtschaftlichen Verhältnisse des Schuldners wesentlich geändert haben. Der Schuldner ist gem. Abs. 2 S. 2 verpflichtet, dem Gericht **jede Änderung unverzüglich anzuzeigen.**

1. Neue Tatsachen („Veränderung")

15 Es muss eine Änderung in den Schuldnerverhältnissen eingetreten sein, dh Tatsachen müssen sich erst **nach der Entscheidung des Gerichts** über die Stundung und die Monatsraten geändert haben. Die Veränderung muss im Zeitpunkt der Änderungsentscheidung eingetreten und nicht bloß absehbar sein (KPB/Wenzel Rn. 22). Erfolgte schon die ursprüngliche Stundungsentscheidung auf eine unzutreffenden Tatsachengrundlage, so kommt zwar keine Änderung nach Abs. 2, wohl aber eine Aufhebung nach § 4c Nr. 1 (→ § 4c Rn. 3) oder § 4c Nr. 2 (→ § 4c Rn. 12) in Betracht.

2. Wesentliche Änderung

16 Die notwendige Änderung in den persönlichen und wirtschaftlichen Verhältnissen des Schuldners betrifft alle für die Stundungsentscheidung relevanten Umstände hinsichtlich der **Einkommens- und Vermögenssituation** des Schuldners. Eine Abänderung des Stundungsbeschlusses setzt voraus, dass die festgestellte Veränderung **wesentlich** ist. Eine Veränderung ist unwesentlich, wenn sie nur vorübergehende oder geringfügige Wirkung entfacht (BT-Drs. 14/5680, 22).

17 Eine **Einkommensveränderung** um mehr als 10 % wird verbreitet als wesentlich angesehen (vgl. K. Schmidt InsO/Stephan Rn. 18; FK-InsO/Kothe Rn. 16; BK-InsR/Humberg Rn. 13). Näher liegt es, trotz fehlendem Verweis in S. 3 die Wertung des § 120a Abs. 2 S. 2 ZPO (100 EUR-Grenze) heranzuziehen. Bei einer Verschlechterung der Verhältnisse soll hingegen jedwede Veränderung als wesentlich erachtet werden (KPB/Wenzel Rn. 23; FK-InsO/Kothe Rn. 14; MüKoInsO/Ganter/Bruns Rn. 13).

18 Neben einer Veränderung des Einkommens kann aber auch die einmalige Erlangung von **Vermögen** wesentlich sein, etwa ein Bankguthaben infolge des Widerrufs einer Lastschrift (AG

Hamburg ZVI 2009, 58) oder die Zahlung eines Zugewinnausgleichs. Umgekehrt können **veränderte Lebensverhältnisse** beim Schuldner zu einer Neubewertung des einzusetzenden Einkommens und Vermögens führen, so etwa neue Unterhaltsverpflichtungen, ein Arbeitsplatzverlust, eine Eheschließung oder die Geburt eines Kindes.

3. Ausschlussfrist (S. 4)

Eine Anpassung der Stundungsentscheidung ist **zulasten des Schuldners** ausgeschlossen, wenn 19
seit Beendigung des „Verfahrens" vier Jahre vergangen sind. Der Lauf der Sperrfrist beginnt mit dem **Ende des jeweiligen Verfahrensabschnitts,** für den die Stundung bewilligt wurde (→ § 4a Rn. 30); im Fall der Stundungsverlängerung nach Abs. 1 mit der Erteilung der Restschuldbefreiung (ebenso HK-InsO/Kirchhof Rn. 19; K. Schmidt InsO/Stephan Rn. 19; aA MüKoInsO/Ganter/Bruns Rn. 10: generell ab Restschuldbefreiung). Maßgeblich für den Eintritt der Sperrfrist ist der Zeitpunkt des Anpassungsbeschlusses; dieser muss vor Ablauf der vier Jahre ergehen.

II. Gerichtliche Entscheidung

Die Anpassungsentscheidung hat nach einer pflichtgemäß erfolgten Anzeige des Schuldners (→ 20
Rn. 14) zu ergehen. Erhält das Gericht anderweitig Kenntnis darüber, dass sich die maßgebenden Verhältnisse des Schuldners wesentlich geändert haben könnten, so wird es **von Amts wegen** tätig (HK-InsO/Kirchhof Rn. 8; Graf-Schlicker/Kexel Rn. 9). Der Verweis auf § 120a Abs. 1 S. 3 verpflichtet den Schuldner darüber hinaus zur **Auskunftserteilung** aufgrund jeder Anfrage des Gerichts, die auch anlasslos, aber nicht willkürlich erfolgen kann (vgl. KPB/Wenzel Rn. 29; Uhlenbruck/Mock Rn. 18; Braun/Buck Rn. 9). Anträge des Schuldners auf eine Anpassung der Stundung zu seinen Gunsten sind als bloße Anregung an das Gericht zu werten, wenn sie nicht eine Änderung der jährlich angepassten Abzugsbeträge nach § 4b Abs. 2 S. 3 iVm § 120a Abs. 1 S. 2 ZPO, § 115 Abs. 1 S. 3 Nr. 1 Buchst. b, Nr. 2 ZPO zum Gegenstand haben.

Dem Insolvenzgericht wird in Abs. 2 die Möglichkeit zur **Abänderung des Stundungszeit-** 21
raums oder zur **Anpassung der Ratenzahlungen** zugunsten, aber auch zulasten des Schuldners eingeräumt. Das Gericht kann so flexibel und effizient auf eine veränderte Vermögenslage des Schuldners reagieren, ohne ein eigenständiges Stundungsverfahren unter Zugrundelegung der geänderten Konditionen in Gang setzen zu müssen. Unzulässig ist allerdings im Hinblick auf die besonderen Anforderungen in § 4c eine Anpassung in Form der **Aufhebung der Stundung** (AG Neumünster ZInsO 2006, 1007; HK-InsO/Kirchhof Rn. 11; K. Schmidt InsO/Stephan Rn. 14; aA AG Köln NZI 2014, 229; KPB/Wenzel Rn. 21).

Über die Anpassung entscheidet gem. § 3 Nr. 2 lit. e RPflG der **Rechtspfleger,** selbst wenn die 22
abzuändernde Stundungsentscheidung (insbesondere nach § 4a) zuvor durch den Richter getroffen worden war, es sei denn, der Richter zieht die Entscheidung gem. § 18 Abs. 1 Nr. 2 RPflG an sich.

§ 4c Aufhebung der Stundung

Das Gericht kann die Stundung aufheben, wenn
1. der Schuldner vorsätzlich oder grob fahrlässig unrichtige Angaben über Umstände gemacht hat, die für die Eröffnung des Insolvenzverfahrens oder die Stundung maßgebend sind, oder eine vom Gericht verlangte Erklärung über seine Verhältnisse nicht abgegeben hat;
2. die persönlichen oder wirtschaftlichen Voraussetzungen für die Stundung nicht vorgelegen haben; in diesem Fall ist die Aufhebung ausgeschlossen, wenn seit der Beendigung des Verfahrens vier Jahre vergangen sind;
3. der Schuldner länger als drei Monate mit der Zahlung einer Monatsrate oder mit der Zahlung eines sonstigen Betrages schuldhaft in Rückstand ist;
4. der Schuldner keine angemessene Erwerbstätigkeit ausübt und, wenn er ohne Beschäftigung ist, sich nicht um eine solche bemüht oder eine zumutbare Tätigkeit ablehnt und dadurch die Befriedigung der Insolvenzgläubiger beeinträchtigt; dies gilt nicht, wenn den Schuldner kein Verschulden trifft; § 296 Absatz 2 Satz 2 und 3 gilt entsprechend;
5. die Restschuldbefreiung versagt oder widerrufen wird.

Überblick

Die Norm erlaubt dem Insolvenzgericht die Aufhebung einer gewährten Stundung in Fällen, in denen die Stundungsvoraussetzungen fehlten (Nr. 2), der Schuldner das mit der Stundung verfolgte Ziel nicht mehr erreichen kann (Nr. 5) oder der Schuldner die Wohltat des Einsatzes staatlicher Mittel mangels aufrichtigen (Nr. 1 Alt. 1) oder pflichtgemäßen (Nr. 1 Alt. 2; Nr. 3; Nr. 4) Verhaltens nicht verdient (vgl. BT-Drs. 14/5680, 22). Die Aufhebungsbefugnis sichert damit den **sachgerechten Einsatz öffentlicher Finanzmittel**.

Übersicht

	Rn.		Rn.
A. Die Aufhebungsgründe	1	V. Verletzung der Erwerbsobliegenheit (Nr. 4)	17
I. Aktive Verletzung der Informationspflicht (Nr. 1 Alt. 1)	2	1. Erwerbsobliegenheit	18
		2. Auskunft über seine Erwerbsobliegenheit	22
1. Unrichtige Angaben des Schuldners	3	VI. Versagung oder Widerruf der Restschuldbefreiung (Nr. 5)	24
2. Kausalität zur gerichtlichen Entscheidung	4		
3. Verschulden	6	VII. Aufhebung wegen Zweckverfehlung (Nr. 5 analog)	26
4. Berichtigung	7		
II. Unterlassene Erklärung (Nr. 1 Alt. 2)	8	B. Die Aufhebungsentscheidung	27
III. Fehlende Vermögenslosigkeit (Nr. 2)	12		
IV. Zahlungsrückstand (Nr. 3)	15	C. Die Folgen einer Aufhebung	29

A. Die Aufhebungsgründe

1 Die Gründe für eine Aufhebung der angeordneten Stundung (§ 4a) sind in den Nr. 1–5 **abschließend** aufgezählt (BT-Drs. 14/5680, 22).

I. Aktive Verletzung der Informationspflicht (Nr. 1 Alt. 1)

2 Eine Stundung ist nach Nr. 1 aufzuheben, wenn der Schuldner in zurechenbarer Weise dafür verantwortlich ist, dass das Insolvenzgericht bei seiner Stundungsentscheidung (§ 4a) von einer **falschen Sachlage** ausgegangen war. Dabei ist es unerheblich, ob sich die persönlichen und wirtschaftlichen Umstände des Schuldners inzwischen tatsächlich entsprechend seiner früheren Angaben geändert haben oder unter Zugrundelegung der geänderten Tatsachen eine Anpassung der Stundung nach § 4b Abs. 2 in Betracht käme. Derartige Umstände sind allein für die Ermessensentscheidung des Gerichts relevant (→ Rn. 27). Im Einzelnen ist dann die aktive Form der **Falschinformation** des Gerichts (Nr. 1 Alt. 1) von der passiven Form der **unterlassenen Unterrichtung** (Nr. 1 Alt. 2, → Rn. 8) zu unterscheiden.

1. Unrichtige Angaben des Schuldners

3 Eine Angabe ist dann als unrichtig zu klassifizieren, wenn die in ihr geschilderten Umstände **nicht der Wirklichkeit** entsprechen (Bsp. AG Göttingen ZInsO 2016, 1074 = BeckRS 2016, 09579: unzutreffende Angabe im Antragsformular, in den letzten 10 Jahren keine Restschuldbefreiung erlangt zu haben). Sie ist aber auch dann unrichtig, wenn die vorgetragenen Umstände zwar zutreffend sind, zugleich aber wesentliche Aspekte nicht vorgetragen werden und so ein für die gerichtliche Entscheidung unzutreffendes Gesamtbild entsteht; auch **unvollständige** Angaben sind in diesem Sinne unrichtige Angaben (BGH NZI 2009, 188 Rn. 7; bestätigt durch BGH BeckRS 2013, 04214 Rn. 3; s. etwa AG Kaiserslautern ZInsO 2016, 2100 für eine verschwiegene Forderung aus vorsätzlicher unerlaubter Handlung, die mehr als 90 % aller Forderungen ausmacht). Hat der Schuldner allerdings eine **erkennbar unvollständige** Angabe gemacht, so vermittelt diese Angabe kein unrichtiges, sondern ein lückenhaftes Gesamtbild. Erfolgt die erkennbar unvollständige Angabe auf eine Anfrage des Gerichts, so ist nicht der Aufhebungsgrund der Nr. 1 Alt. 1, sondern derjenige aus Nr. 1 Alt. 2 einschlägig (BGH BeckRS 2013, 04214 Rn. 3).

2. Kausalität zur gerichtlichen Entscheidung

4 Die Falschangabe mag für die gerichtliche Entscheidung über die Eröffnung des Insolvenzverfahrens oder die Stundung **ursächlich** geworden sein; ihre bloße Unrichtigkeit oder Unvollständigkeit genügt nicht (BGH NZI 2009, 188 Rn. 10; aA Schmerbach NZI 2009, 160 (161); auch

Aufhebung der Stundung § 4c InsO

noch AG Göttingen NZI 2004, 47). Wäre also auch auf Basis der richtigen Angaben eine Stundung erfolgt, so ist die Falschangabe (etwa ein falsch eingetragenes Geburtsdatum; vgl. HmbKommInsR/Nies Rn. 3) irrelevant, denn sie war für die Stundung nicht „maßgebend" (BGH NZI 2009, 188 Rn. 10).

Für die **Eröffnungsentscheidung** sind alle Angaben relevant, die Eröffnungsvoraussetzungen 5 betreffen: Angaben über Eröffnungsgründe; über ein Konto, auf dem ein Arbeitseinkommen eingeht (LG Potsdam ZInsO 2002, 941); über den Umstand einer anderswo noch laufenden Wohlverhaltensperiode (AG Göttingen ZVI 2008, 341); auch Angaben hinsichtlich der Zulässigkeit des Eröffnungsantrags, etwa die Behauptung eines inländischen Wohnsitzes (KPB/Wenzel Rn. 5). Beziehen sich die unrichtigen Angaben hingegen allein auf den **Schuldenbereinigungsplan** nach § 308, scheidet eine Aufhebung nach Nr. 1 aus, da die Eröffnungsentscheidung hiervon unberührt bleibt; das Eröffnungsverfahren ruht vielmehr gem. § 306 Abs. 1 S. 1 bis zur Entscheidung über den Schuldenbereinigungsplan (Mäusezahl ZVI 2006, 105 (106)). Für die **Stundungsentscheidung** sind die in § 4a Abs. 1 benötigten Angaben maßgeblich, wobei der Anwendungsbereich des Aufhebungsgrunds hier weitgehend von dem in Nr. 2 (→ Rn. 12) überlagert wird. Unrichtige Angaben zu den persönlichen und wirtschaftlichen Verhältnissen des Schuldners sind ebenso allein nach Nr. 2 beachtlich wie das Verschweigen eines nach § 4a Abs. 1 S. 3 erklärungsbedürftigen Versagungsgrunds (→ § 4a Rn. 18).

3. Verschulden

Der Schuldner muss die unrichtigen Angaben **vorsätzlich** oder **grob fahrlässig** gemacht 6 haben. Vorsatz liegt vor, wenn der Schuldner die Unrichtigkeit seiner Angaben kennt oder für wahrscheinlich hielt und sie im Interesse einer positiven Stundungsentscheidung dennoch abgab. Ein grob fahrlässiges Verhalten des Schuldners ist anzunehmen, wenn er bei seiner Angabe Umstände und Tatsachen ignoriert, die sich im gegebenen Fall schlechthin jedem aufgedrängt hätten (BGH NZI 2010, 655 Rn. 7). Vertiefte Rechtskenntnisse können dabei vom Schuldner nicht erwartet werden; etwaige **Rechtsirrtümer** sind stets entschuldigend zu berücksichtigen (vgl. BGH NZI 2010, 911 Rn. 2). Auch eine individuelle Überforderung des Schuldners und seine unübersichtliche Vermögenslage sind zu beachten (LG Hamburg NZI 2002, 46 (47)). Ein Verschulden ist daher fraglich, wenn der Schuldner die Nichtigkeit einer gegen ihn gerichteten Forderung nicht erkennt. Ein Zurechnung des Verschuldens seines Vertreters über § 85 Abs. 2 ZPO, § 4 InsO findet hier nicht statt; den Schuldner trifft aber selbst der Vorwurf grober Fahrlässigkeit, wenn er das durch seinen Verfahrensbevollmächtigten vorausgefüllte Formular ungeprüft unterzeichnet (BGH NZI 2010, 655 Rn. 9).

4. Berichtigung

Berichtigt der Schuldner vor der Aufhebungsentscheidung oder im Beschwerdeverfahren, so 7 darf das Gericht dies bei seiner **Ermessensentscheidung** berücksichtigen (→ Rn. 27). Eine Heilung tritt nicht ein, da stets über die sachgerechte Verwendung öffentlicher Mittel zu wachen ist.

II. Unterlassene Erklärung (Nr. 1 Alt. 2)

Unabhängig von der Falschangabe nach Nr. 1 Alt. 1 ist eine Aufhebung der Stundung auch 8 möglich, wenn der Schuldner eine vom Gericht verlangte Erklärung über seine Verhältnisse nicht abgegeben hat. Dieser Aufhebungsgrund bezieht sich allein auf die **Auskunftspflicht** des Schuldners über Veränderungen in seinen Verhältnissen nach erteilter Stundung aus **§ 4b Abs. 2 S. 2** (→ § 4b Rn. 14) und beschreibt die dem Schuldner bei Nichtbeachtung drohende Sanktion (BT-Drs. 14/5680, 23; LG München I ZVI 2006, 505).

Das Unterlassen ist nur relevant, wenn sich die allgemeine Auskunftspflicht des § 4b Abs. 2 S. 2 9 durch eine **gerichtliche Aufforderung zur Erklärung** konkretisiert hat. Die Aufforderung muss sich folglich auf eine Erklärung zu den in § 4b Abs. 2 S. 2 bezeichneten Umständen beziehen (persönliche und wirtschaftliche Verhältnisse; LG München I ZVI 2006, 505; aA AG Göttingen NZI 2004, 47), diese bezeichnen, eine Erklärungsfrist setzen und auf die Folgen einer Nichterklärung binnen der Frist hinweisen (Jaeger/Eckardt Rn. 26; K. Schmidt InsO/Stephan Rn. 11).

Das Unterlassen kann nicht ursächlich für die Stundungsentscheidung sein, da die maßgebliche 10 Erklärungspflicht erst nach derselben einsetzt. Hier genügt also im Gegensatz zu Nr. 1 Alt. 1 (→ Rn. 4) die bloße Pflichtwidrigkeit. Es bedarf aber ebenso des Vorwurfs **vorsätzlichen oder zumindest grob fahrlässigen Verhaltens** (LG Mühlhausen BeckRS 2012, 23411; Jaeger/

Eckardt Rn. 30) und ein solcher Vorwurf folgt nicht allein aus dem bloßen Umstand der Nichterklärung (so aber KPB/Wenzel Rn. 21).

11 Reicht der Schuldner die versäumten Angaben nach Fristablauf bis zum Ende des Beschwerdeverfahrens nach, so ist diese **Nachholung** bei der Ermessensausübung zu berücksichtigen (→ Rn. 27; s. auch LG Göttingen NZI 2011, 909; LG Mühlhausen VuR 2009, 30 (31); aA BK-InsR/Humberg Rn. 23); eine Heilung tritt nicht ein. Ist die Aufhebung der Stundung bereits unanfechtbar, so hat die Nachholung der Auskunft keine Bedeutung mehr. Sie rechtfertigt insbesondere **keine erneute Stundung** (BGH NZI 2009, 615 Rn. 6; aA LG Darmstadt ZInsO 2019, 2542).

III. Fehlende Vermögenslosigkeit (Nr. 2)

12 Ist eine Stundung nach den maßgeblichen Schuldnerverhältnissen nicht angezeigt, so ist das Insolvenzverfahren durch den Schuldner, nicht aber durch den Staat zu finanzieren. Folgerichtig ist die Stundung aufzuheben, wenn sich herausstellt, dass eine **Stundungsentscheidung** insofern **zu Unrecht** erfolgt war. Dies ermöglicht der Aufhebungsgrund in Nr. 2. Ein Verschulden des Schuldners ist folgerichtig nicht von Bedeutung (BT-Drs. 14/5680, 23).

13 Die Aufhebung nach Nr. 2 setzt voraus, dass das Insolvenzgericht die Stundungsentscheidung nach § 4a Abs. 1 auf einer zum damaligen Zeitpunkt **unrichtig festgestellten Tatsachengrundlage** getroffen hat, während tatsächlich die Stundungsvoraussetzungen nicht vorlagen (**Kausalität**). Abzustellen ist auf den Zeitpunkt der letzten Tatsachenentscheidung über die Stundung (BGH NZI 2008, 46 Rn. 8). Haben sich die maßgeblichen Umstände beim Schuldner erst danach geändert, ist eine Anpassung der Stundung nach § 4b Abs. 2 vorzunehmen (→ § 4b Rn. 15); eine Aufhebung scheidet aus. Weder eine Anpassung noch eine Aufhebung ist schließlich möglich, wenn lediglich das Insolvenzgericht im Nachhinein seine Bewertung unveränderter gebliebener Tatsachen ändert (FK-InsO/Kothe Rn. 18; HK-InsO/Kirchhof Rn. 13; HmbKommInsR/Nies Rn. 4; aA KPB/Wenzel Rn. 22; Wegener VIA 2012, 33 (34)).

14 Da der Ausschlussgrund der Nr. 2 den Schuldner auch ohne Verschulden treffen kann, ist in Hs. 2 ein **Ausschluss der Aufhebung** nach Ablauf von **vier Jahren** nach der „Beendigung des Verfahrens" vorgesehen. Die Frist beginnt (wie in § 4b Abs. 2 S. 4, → § 4b Rn. 19) mit der Beendigung der jeweiligen Verfahrensabschnitte und ist entsprechend einzeln zu berechnen (HmbKommInsR/Nies Rn. 4; K. Schmidt InsO/Stephan Rn. 22; KPB/Wenzel Rn. 26; aA FK-InsO/Kothe Rn. 20; HK-InsO/Kirchhof Rn. 15).

IV. Zahlungsrückstand (Nr. 3)

15 Nr. 3 erlaubt die Aufhebung der Stundung, wenn der Schuldner seinen Eigenbeitrag zur Verfahrensfinanzierung nicht mehr leistet. Dies wird für festgesetzte **Monatsraten** angenommen, wenn der Schuldner mit der Zahlung einer Monatsrate **mehr als drei Monate** schuldhaft **in Rückstand** ist; bei anderen, im Stundungsbeschluss angeordneten Beträgen genügt der bloße (schuldhafte) Zahlungsrückstand. Verzug ist nicht notwendig, weshalb es auch einer gesonderten Mahnung des Schuldners durch die Staatskasse nicht bedarf (KPB/Wenzel Rn. 29).

16 Das für die Aufhebung festzustellende **Verschulden** des Schuldners ist nur dann anzunehmen, wenn er trotz Leistungsfähigkeit nicht rechtzeitig zahlt. So handelt er schuldhaft, wenn er die fälligen Monatsraten aus pfändbaren Vermögensquellen hätte begleichen können (Uhlenbruck/Mock Rn. 16). Hat er seine Leistungsfähigkeit verloren, so ist maßgeblich, ob ihm die Verschlechterung seiner wirtschaftlichen Lage vorzuwerfen ist (BK-InsR/Humberg Rn. 33). Ist dies zu verneinen (zB bei Kurzarbeit oder unverschuldeter Arbeitslosigkeit), so scheidet eine Aufhebung der Stundung aus und eine Anpassung der Monatsraten hat gem. § 4b Abs. 2 zu erfolgen (MüKo-InsO/Ganter/Bruns Rn. 10).

V. Verletzung der Erwerbsobliegenheit (Nr. 4)

17 Nr. 4 bestimmt gleich zwei unabhängig voneinander geltende Aufhebungstatbestände. Zum einen kann die Stundung aufgehoben werden, wenn der Schuldner **keine angemessene Erwerbstätigkeit** ausübt und, wenn er ohne Beschäftigung ist, sich nicht um eine solche bemüht oder eine zumutbare Tätigkeit ablehnt. Zum anderen kann eine Aufhebung durch Verweis auf § 296 Abs. 2 S. 2 und 3 aber auch dadurch begründet werden, dass der Schuldner seiner **Auskunftspflicht über die Erfüllung seiner Erwerbsobliegenheit** nicht nachkommt (→ Rn. 22).

Aufhebung der Stundung   § 4c InsO

1. Erwerbsobliegenheit

Nr. 4 normiert im Anschluss an die Regelungen in §§ 287b, 295 Abs. 1 Nr. 1, Abs. 2 eine **18**
Erwerbsobliegenheit für den Schuldner, deren Verletzung den Wegfall der Verfahrenskostenstundung bewirkt. Nr. 4 verlangt dabei nach dem Einhalten der **Erwerbsobliegenheit für die gesamte Stundungszeit,** also für jeden einzelnen Verfahrensabschnitt, für den sie gewährt wird (BK-InsR/Humberg Rn. 33). Der Aufhebungsgrund begleitet insofern die Erwerbsobliegenheit im Insolvenzverfahren aus § 287b und die Erwerbsobliegenheit nach Aufhebung des Insolvenzverfahrens bis zum Ende der Abtretungsfrist aus § 295; im Fall einer Stundungsverlängerung (§ 4b Abs. 1) reicht er sogar über diese Zeiträume hinaus. Die Stundung und die damit einhergehende besondere Obliegenheit zum Erwerb bleiben dann bis zur endgültigen Zahlung aller Monatsraten bestehen (KPB/Wenzel Rn. 37; aA Jaeger/Henckel/Gerhardt/Eckardt Rn. 58; für ein Ende der Erwerbsobliegenheit spätestens vier Jahre nach Erteilung der Restschuldbefreiung HK-InsO/Kirchhof Rn. 22). Der Schuldner wird auf diese Weise angehalten, die Kosten des Verfahrens möglichst weitgehend aus eigener Kraft zu tragen und so den Einsatz öffentlicher Mittel gering zu halten (BT-Drs. 14/5680, 23).

Im Hinblick auf die Voraussetzungen, welche an den **Begriff der Erwerbsobliegenheit** des **19**
Schuldners in Nr. 4 zu stellen sind, gelten die gleichen Anforderungen wie in § 287b und § 295 Abs. 1 Nr. 1 (BGH NZI 2012, 852 Rn. 6). Die Erwerbsobliegenheit in Nr. 4 gilt für alle Schuldner; eine Differenzierung in selbstständig und unselbstständig tätige Schuldner findet sich im Gegensatz zu § 295 Abs. 2 nicht (KPB/Wenzel Rn. 34 f.; Hess/Hess Rn. 34; BK-InsR/Humberg Rn. 38; HmbKommInsR/Nies Rn. 6; MüKoInsO/Ganter/Bruns Rn. 11; aA Jaeger/Henckel/Gerhardt/Eckardt Rn. 52; HK-InsO/Kirchhof Rn. 20).

Eine **Verletzung** der Erwerbsobliegenheit ist folglich ebenfalls nach den **Maßstäben der** **20**
§§ 287b, 295 Abs. 1 S. 1 zu prüfen. So rechtfertig die Ausübung einer Teilzeittätigkeit nicht automatisch die Aufhebung der Stundung, auch wenn sich der Schuldner nicht ausreichend um eine Vollzeittätigkeit bemüht (BGH NZI 2010, 228 Rn. 5; ZInsO 2010, 1153 Rn. 7). Auch muss sich ein arbeitsloser Schuldner nicht 20 bis 30mal im Monat bewerben, um seiner Erwerbsobliegenheitspflicht nachzukommen (BGH NZI 2012, 852 Rn. 7; ZInsO 2001, 301), wohl aber zwei bis dreimal pro Woche (BGH NZI 2011, 596 Rn. 17 (zu § 295 Abs. 1 Nr. 1); NZI 2012, 852 Rn. 8). Richtigerweise wird es ausreichen, wenn sich der Schuldner bei Arbeitslosigkeit aktiv und ernsthaft um eine Erwerbsmöglichkeit bemüht (MüKoInsO/Ganter/Bruns Rn. 11), was durch das Absenden von bloßen Scheinbewerbungen nicht gegeben ist (LG Gera ZInsO 2011, 1254; AG Gera NZI 2011, 293). An einer Verletzung fehlt es aber, wenn der Schuldner mangels Ausbildung, Fähigkeiten, schlechtem Gesundheitszustand (vgl. § 1574 Abs. 2 BGB) oder hohem Lebensalter keiner Erwerbstätigkeit nachgehen kann, welche zu hinreichend pfändbaren Einkommen führen kann (BGH ZInsO 2010, 1153 Rn. 8).

Wurde eine Obliegenheitsverletzung festgestellt, so kann der Schuldner eine Stundungsaufhe- **21**
bung verhindern, wenn er vorträgt, dass ihn diesbezüglich kein **Verschulden** trifft (vgl. zur Rechtslage vor dem 1.7.2014 BGH NZI 2012, 852 Rn. 6; ZVI 2011, 92 Rn. 7; ZInsO 2010, 1153 Rn. 8; NZI 2009, 899 Rn. 11).

2. Auskunft über seine Erwerbsobliegenheit

Mit der in Nr. 4 letzter Hs. erfolgenden Verweisung auf § 296 Abs. 2 S. 2 und 3 wird ein **22**
Aufhebungsgrund geschaffen, der unabhängig von der Einhaltung der Erwerbsobliegenheit des Schuldners eingreifen kann. In entsprechender Anwendung des § 296 Abs. 2 S. 2 hat der Schuldner dem Gericht auf Verlangen **Auskunft über die Erfüllung seiner Erwerbsobliegenheit** zu erteilen und die Richtigkeit seiner Angaben ggf. an Eides statt zu versichern, ohne dass es hierzu eines Gläubigerantrags bedürfte, da das Insolvenzgericht hier als Hüter der staatlichen Finanzen im öffentlichen Interesse und damit von Amts wegen tätig wird. Das Auskunftsverlangen liegt im Ermessen des Gerichts, dessen Entschließungsermessen sich wohl nur anlassbezogen zu einer Handlungspflicht verdichten wird (vgl. BT-Drs. 14/5680, 23; HK-InsO/Kirchhof Rn. 25; offengelassen BGH NZI 2008, 507 Rn. 5; für Auskünfte in regelmäßigen Abständen Jaeger/Henckel/Gerhardt/Eckardt Rn. 62). Folgerichtig ist das Fehlen einer unaufgeforderten Auskunft des Schuldners darüber, warum er in den letzten Jahren keiner Vollzeitbeschäftigung nachgegangen sei, weder ein Stundungsversagungs- noch ein Stundungsaufhebungsgrund (vgl. LG Düsseldorf ZInsO 2015, 2503; auch → § 4a Rn. 19).

Kommt der Schuldner einer Aufforderung zur Auskunft oder Abgabe einer eidesstattlichen **23**
Versicherung nicht nach oder nimmt er an einem hierfür vorgesehenen Gerichtstermin ohne hinreichende Entschuldigung nicht teil, kann das Insolvenzgericht bereits wegen seiner **unzurei-**

chenden Mitwirkung die Stundung aufheben (BGH ZVI 2011, 92 Rn. 4; BK-InsO/Humberg Rn. 40). Einer Beeinträchtigung der Befriedigungsaussicht der Gläubiger bedarf es dabei nicht (HmbKommInsR/Nies Rn. 6 mit Verweis auf die Rechtsprechung zu § 296 Abs. 2).

VI. Versagung oder Widerruf der Restschuldbefreiung (Nr. 5)

24 Gemäß Nr. 5 ist eine Aufhebung der Stundung möglich, wenn dem Schuldner die **Restschuldbefreiung** gem. §§ 290, 296–298 **versagt oder** gem. § 303 **widerrufen wird**.

25 Der Wortlaut der Nr. 5 enthält keine eindeutige Aussage zum Zeitpunkt der Versagung oder des Widerrufs. Die hM geht davon aus, dass eine Stundungsaufhebung schon zu einem Zeitpunkt erfolgen kann, in dem sich die **Versagung** der Restschuldbefreiung oder ihr Widerruf **zweifelsfrei abzeichnet** (BGH ZInsO 2008, 111 Rn. 18; NZI 2008, 623 Rn. 13; NZI 2009, 615 Rn. 6; LG Duisburg ZInsO 2017, 882; aA LG Mönchengladbach NZI 2006, 539). Das Gericht wird dann **von Amts wegen** tätig; das Stellen eines notwendigen Versagungsantrags durch einen Gläubiger kann unterstellt werden (BGH NZI 2010, 264 Rn. 6; LG Göttingen ZInsO 2006, 276; 2005, 1340; Pieper ZVI 2009, 241 (247)). Der Aufhebungsgrund der Nr. 5 erfasst danach jedes Bekanntwerden von Tatsachen, die einen Versagungsgrund nach § 290 ergeben, zB die missbräuchliche Wahl einer Steuerklasse (BGH NZI 2008, 624 Rn. 5); die nicht unverzüglich mitgeteilte Wohnsitzänderung des Schuldners (Braun/Buck Rn. 12); die grob fahrlässige Verletzung von Mitwirkungs- und Auskunftspflichten durch die unterbliebene Übersendung von Unterlagen (LG Duisburg ZInsO 2017, 882). Nicht ausreichend ist folgerichtig das Begehen einer Straftat durch den Schuldner nach Eintritt in die Wohlverhaltensphase, soweit dies nicht von vornherein die Erteilung der Restschuldbefreiung ausschließt (BGH NZI 2010, 911 Rn. 9). Überzeugen kann diese weite Auslegung des Wortlauts der Nr. 5 angesichts der existenziellen Bedeutung der erteilten Stundung für den Schuldner nicht. Auch der Gesetzgeber wollte hier keinen allgemeinen Aufhebungstatbestand schaffen, der als Auffangtatbestand Fälle des § 290 erfasst, die nicht in die Aufhebungsgründe der Nr. 1–4 fallen (BT-Drs. 14/5680, 23). Vielmehr sollte es den Gläubigern überlassen bleiben, über einen erfolgreichen Versagungsantrag auch die Stundungsaufhebung zu bewirken. Diese Form der Handhabung scheint angemessen und entspricht der Intention des Gesetzgeber, die Relevanz von Versagungsgründen in der Stundungsentscheidung zurückzudrängen (→ § 4a Rn. 19).

VII. Aufhebung wegen Zweckverfehlung (Nr. 5 analog)

26 Kann das Ziel der Verfahrenskostenstundung nicht mehr erreicht werden, so soll der Aufhebungsgrund in Nr. 5 (in analoger Anwendung) auch diese Fälle der **Zweckverfehlung** erfassen. Beispiele: Rücknahme des Antrags auf Restschuldbefreiung; Einstellung des Insolvenzverfahrens nach §§ 212, 213; Versterben des Schuldners während des Verfahrens (MüKoInsO/Ganter/Bruns Rn. 16; HmbKommInsR/Dawe Rn. 29); aber auch die Privilegierung eines erheblichen Anteils der Gläubigerforderungen nach § 302 (AG Düsseldorf ZInsO 2013, 837 ab 45 % privilegierter Forderungen; dagegen zu Recht HmbKommInsR/Dawe Rn. 27). Überzeugen kann diese Analogie schon im Grundsatz nicht. Es fehlt sowohl an einer planwidrigen Regelungslücke (→ Rn. 1) als auch an einem Aufhebungsbedarf. Endet der Verfahrensabschnitt, für den die Stundung gewährt wurde, so endet ohnehin auch die Stundung; einer Aufhebung bedarf es nicht. Erfasst schließlich die Restschuldbefreiung einen ganz überwiegenden Teil der Forderungen nicht, so ist dieser Umstand bei den Versagungsgründen zu berücksichtigen; führt er zu einer Versagung, greift Nr. 5 unmittelbar.

B. Die Aufhebungsentscheidung

27 Das Insolvenzgericht ermittelt und entscheidet **von Amts wegen** (BGH NZI 2008, 507 Rn. 5); es bedarf keines Antrags durch den Schuldner, Gläubiger, Treuhänder oder die Staatskasse. Liegt ein Aufhebungsgrund vor, so „kann" das Insolvenzgericht die Stundung aufheben. Es hat also eine **Ermessensentscheidung** zu treffen (BGH NZI 2009, 188 Rn. 9; LG Dessau VIA 2012, 54; LG Berlin ZInsO 2007, 824; einschränkend AG Göttingen NZI 2003, 217 (218)). Dieser Ermessensspielraum erlaubt es dem Gericht, die Stundung **nur teilweise** zu widerrufen, wenn in Fällen der Nr. 1 oder 2 die richtige Tatsachengrundlage eine Stundung zu geringeren Monatsraten rechtfertigt (K. Schmidt InsO/Stephan Rn. 36; Jaeger/Eckhardt Rn. 88; aA HK-InsO/Kirchhof Rn. 27). Der Aufhebungsbeschluss ist im Hinblick auf die Anfechtbarkeit nach § 4d zu begründen.

28 Für die **Aufhebungsentscheidung zuständig** ist grundsätzlich nach § 3 Nr. 2 lit. e RPflG der **Rechtspfleger**. Eine abweichende Zuständigkeit zugunsten des Richters gem. § 18 Abs. 1

Nr. 1 RPflG ergibt sich nur für den Fall, dass die Aufhebung vor Verfahrenseröffnung oder gleichzeitig mit dieser stattfindet.

C. Die Folgen einer Aufhebung

Mit dem Aufhebungsbeschluss entfällt die Wirkung der Stundung (§ 4a Abs. 3), sodass die gestundeten **Verfahrenskosten ex nunc fällig** werden (HK-InsO/Kirchhof Rn. 28; offengelassen BGH NZI 2010, 948 Rn. 17; ZInsO 2008, 111 Rn. 10; für eine ex tunc-Wirkung AG Göttingen ZVI 2009, 512 (515)). 29

Die Aufhebung der Stundung beendet auch die **Beiordnung eines Rechtsanwalts** nach § 4a Abs. 2. Sie hat allerdings keine Verkürzung der Ansprüche des beigeordneten Anwalts gegenüber der Staatskasse (→ § 4a Rn. 33) für eine bereits entstandene Vergütung zur Folge (K. Schmidt InsO/Stephan Rn. 42; KPB/Wenzel Rn. 43). Dies gilt auch für die Vergütungsansprüche des **Insolvenzverwalters**, wenn die verbleibende Masse nicht ausreicht, um diese zu decken (BGH ZInsO 2008, 111 Rn. 8). 30

Mittelbare Folge der Stundungsaufhebung ist dann nicht selten die **Einstellung** eines eröffneten Verfahrens mangels Masse (§ 207) bzw. die **Nichteröffnung** eines Verfahrens mangels Masse (§ 26). Erfolgt die Aufhebung während der Wohlverhaltensperiode, so muss der Schuldner die Vergütung des Treuhänders tragen. Gelingt ihm dies nicht, ist auf Antrag des Treuhänders die **Restschuldbefreiung** gem. § 298 zu **versagen**. Die Stundungsaufhebung hat für den Schuldner daher oft erhebliche Nachteile. Eine – im Vergleich zu Aufhebung mildere – Anpassung der Stundung (analog § 4b; vgl. Nerlich/Römermann/Becker Rn. 10; HmbKommInsR/Nies Rn. 9) wird man allein aus diesem Grund (aber → Rn. 27) allerdings nicht begründen können, da die Strenge der Norm vor allem auch der Disziplinierung des mittellosen Schuldners dient. Ein erneuter Stundungsantrag ist allerdings noch für denselben Verfahrensabschnitt denkbar, wenn der Aufhebungsgrund inzwischen weggefallen ist (K. Schmidt InsO/Stephan Rn. 46). 31

§ 4d Rechtsmittel

(1) Gegen die Ablehnung der Stundung oder deren Aufhebung sowie gegen die Ablehnung der Beiordnung eines Rechtsanwalts steht dem Schuldner die sofortige Beschwerde zu.

(2) ¹Wird die Stundung bewilligt, so steht der Staatskasse die sofortige Beschwerde zu. ²Diese kann nur darauf gestützt werden, dass nach den persönlichen oder wirtschaftlichen Verhältnissen des Schuldners die Stundung hätte abgelehnt werden müssen.

Überblick

Die Erfahrungen der ersten zwei Jahre nach Inkrafttreten der InsO haben gezeigt, dass die Verfahrenskostenstundung vielen Schuldnern überhaupt erst den Zugang zu einer Restschuldbefreiung ermöglicht. Die Ablehnung oder Aufhebung der Stundung trifft ihn daher mit besonderer Härte und veranlasste den Gesetzgeber, dem Schuldner in Abs. 1 das **Rechtsmittel der sofortigen Beschwerde** gegen derartige Entscheidungen, aber auch gegen die Ablehnung der Beiordnung eines Rechtsanwalts, einzuräumen. Wird die Stundung hingegen gewährt, so belastet dies die Staatskasse, weshalb es in Anlehnung an die Regelung zur Prozesskostenhilfe in § 127 Abs. 3 ZPO konsequent ist, in Abs. 2 der Staatskasse zu erlauben, eine Überprüfung der Entscheidung im Wege der sofortigen Beschwerde zu initiieren.

A. Die sofortige Beschwerde des Schuldners (Abs. 1)

Abs. 1 bestimmt im Hinblick auf § 6 Abs. 1 die **Statthaftigkeit** der sofortigen Beschwerde des Schuldners und beschränkt diese zugleich auf bestimmte Entscheidungen des Insolvenzgerichts nach den §§ 4a–4c. 1

I. Ablehnung oder Aufhebung der Stundung

Lehnt das Insolvenzgericht eine nach **§ 4a Abs. 1** beantragte Stundung ab oder hebt es eine bewilligte Stundung nach **§ 4c** wieder auf, so steht dem Schuldner nach Abs. 1 Var. 1 und 2 die sofortige Beschwerde (§§ 567 ff. ZPO, § 4) zu. Auch die Ablehnung einer beantragten Stundungs- 2

InsO § 4d Erster Teil. Allgemeine Vorschriften

verlängerung (**§ 4b Abs. 1**) ist nach Wortlaut und Zweck der Norm beschwerdefähig. Entsprechendes gilt für die Aufhebung einer verlängerten Stundung, da auch diese nach Maßgabe des § 4c, nicht aber nach § 4b Abs. 2 erfolgt (→ § 4b Rn. 21; aA AG Köln NZI 2014, 229).

II. Ablehnung der Beiordnung eines Rechtsanwalts

3   Der Schuldner kann die Entscheidung des Insolvenzgerichts, mit der ein Schuldnerantrag auf Beiordnung eines Rechtsanwalts seiner Wahl nach § 4a Abs. 2 abgelehnt wird, mit der sofortigen Beschwerde anfechten (Abs. 1 Var. 3). Eine ablehnende Entscheidung ergeht dabei nicht nur in den Fällen, in denen das Gericht die **Beiordnung** eines Rechtsanwalts schon nicht für **erforderlich** hält, sondern auch dann, wenn es nur die Beiordnung des im Antrag **konkret benannten Anwalts ablehnt** und einen anderen bestimmt (HK-InsO/Kirchhof Rn. 3). Versäumt der Schuldner allerdings eine konkrete Benennung des Anwalts seiner Wahl, so wird kein Aspekt seines Antrags abgelehnt, wenn das Gericht einen Anwalt bestellt, mit dem er nachträglich nicht einverstanden ist; eine Anfechtbarkeit nach Abs. 1 scheidet daher aus (FK-InsO/Kothe Rn. 13).

4   Die sofortige Beschwerde steht dem Schuldner auch zu, wenn sein Antrag, den beigeordneten Anwalt aus wichtigem Grund zu **entpflichten,** abgelehnt wird (K. Schmidt InsO/Stephan Rn. 3).

III. Andere beschwerende Entscheidungen mit Stundungsbezug

5   Das **Enumerationsprinzip** des § 6 Abs. 1 (→ § 6 Rn. 2) bedeutet für die Auslegung des § 4d Abs. 1, dass Entscheidungen, die nicht in Abs. 1 benannt sind, auch nicht im Wege der sofortigen Beschwerde anfechtbar sind. Dies betrifft etwa Anordnungen nach § 4a Abs. 3 Nr. 1 letzter Hs., die das Gericht im Bewilligungsbeschluss hinsichtlich bestimmter Stundungswirkungen trifft. Es gilt vor allem aber auch für **Anpassungsentscheidungen** nach § 4b Abs. 2, selbst wenn diese zum Nachteil des Schuldners ergehen, soweit nicht die Anpassung in ihrer Wirkung einer Aufhebung gleichkommt (Jaeger/Eckardt Rn. 15; Uhlenbruck/Mock Rn. 3; K. Schmidt InsO/Stephan § 4b Rn. 27; MüKoInsO/Ganter/Bruns Rn. 4; aA Nerlich/Römermann/Becker Rn. 9: stets anfechtbar; wiederum anders AG Köln NZI 2014, 229: auch bei Aufhebungswirkung nicht anfechtbar; dazu schon → Rn. 2 aE).

6   Ignoriert das Gericht eine bewilligte Stundung, indem es einen **Kostenvorschuss** anfordert, so steht dem Schuldner diesbezüglich nicht die sofortige Beschwerde nach Abs. 1, sondern die kostenrechtlichen Rechtsbehelfe zur Verfügung (§ 67 GKG; Jaeger/Eckardt Rn. 43).

B. Sofortige Beschwerde der Staatskasse (Abs. 2)

7   Bewilligt das Insolvenzgericht eine Verfahrenskostenstundung, erlaubt Abs. 2 S. 1 der **belasteten Staatskasse** die sofortige Beschwerde. Einer ausufernde Stundungspraxis der Insolvenzgerichte zulasten der Länderhaushalte soll so begegnet werden können (LG Duisburg ZVI 2005, 688).

8   Eine anfechtbare Bewilligung ist dabei nicht nur in der **originären Bewilligung** der Stundung (§ 4a Abs. 1), sondern auch in deren **Verlängerung** nach § 4b Abs. 1 zu sehen (HK-InsO/Kirchhof Rn. 6; MüKoInsO/Ganter/Bruns Rn. 5; aA AG Leipzig BeckRS 2015, 17459 – Rechtspflegererinnerung gem. § 11 Abs. 2 RPflG). Die Beiordnung eines Rechtsanwalts kann demnach nicht angefochten werden. Auch eine Anpassung der Stundung zulasten der Staatskasse nach § 4b Abs. 2 ist nicht rechtsmittelfähig.

9   Abs. 2 S. 2 beschränkt die Angriffsmittel der Staatskasse auf den Vortrag, dass die Stundung nach den **persönlichen und wirtschaftlichen Verhältnisse des Schuldners** hätte abgelehnt werden müssen. Sie folgt dem Vorbild des § 127 Abs. 3 S. 2 ZPO. Die Vermögensbewertung des Insolvenzgerichts ist mithin überprüfbar, nicht aber die sonstigen Stundungsvoraussetzungen des § 4a, etwa die Vorwirkung eines Versagungsgrunds in § 4a Abs. 1 S. 4.

C. Andere Verfahrensbeteiligte

10 Verfahrensbeteiligte, die nicht in § 4d benannt sind, können gegen Beschlüsse nach §§ 4a–4c **keine sofortige Beschwerde** einlegen (Enumerationsprinzip des § 6, → § 6 Rn. 2). Insbesondere Rechtsanwälte können daher die Ablehnung ihrer Beiordnung nicht eigenständig anfechten (MüKoInsO/Ganter/Bruns Rn. 8). Auch Insolvenzgläubiger (LG Göttingen ZInsO 2004, 496 f.), Insolvenzverwalter oder Treuhänder haben keine Beschwerdemöglichkeit.

11 Allen Verfahrensbeteiligten ohne Beschwerderecht nach Abs. 1 bleibt allerdings in Fällen einer Entscheidung durch den Rechtspfleger die Möglichkeit einer **Rechtspflegererinnerung** nach

Verfahrensgrundsätze § 5 InsO

§ 11 Abs. 2 RPflG, sofern sie durch eine Entscheidung im Stundungsverfahren formell beschwert sind (K. Schmidt InsO/Stephan Rn. 6).

D. Das Beschwerdeverfahren

Für das Beschwerdeverfahren gelten über § 4 die Vorschriften der §§ 567 ff. ZPO mit den in § 6 normierten Besonderheiten (→ § 6 Rn. 10). Die Notfrist für die Erhebung der sofortigen Beschwerde beginnt – auch für die Staatskasse – nach § 6 Abs. 2 mit Verkündung der Entscheidung oder, wenn sie nicht verkündet wird, mit deren Zustellung und beträgt gem. § 569 Abs. 1 S. 1 ZPO zwei Wochen. Wird der Schuldner im Insolvenzverfahren durch einen Verfahrensbevollmächtigten vertreten, so ist § 172 Abs. 1 ZPO über § 4 InsO zu beachten und an diesen zuzustellen (LG Koblenz NZI 2019, 999 Rn. 5 ff.). 12

Erhebt der Schuldner sofortige Beschwerde, so bewirkt dies keine Verlängerung der aufgehobenen oder nach § 4a Abs. 3 S. 3 vorläufig wirkenden Stundung, da der sofortigen Beschwerde eine **aufschiebende Wirkung fehlt** (§ 570 Abs. 1 ZPO). Folgerichtig kann auch die sofortige Beschwerde der Staatskasse den Eintritt der bewilligten Stundung nicht verzögern. Eine **Aussetzung der Vollziehung** des angefochtenen Beschlusses ist aber sowohl dem Insolvenzgericht (§ 570 Abs. 2) als auch dem Beschwerdegericht (570 Abs. 3 ZPO) möglich, wodurch die Stundung einstweilig erhalten bzw. verzögert werden kann. Lehnt das Insolvenzgericht eine solche Aussetzung ab, so hat es die diesbezügliche Entscheidung des Beschwerdegerichts abzuwarten, bevor es – gestützt auf die abgelehnte Stundung – weitere Entscheidungen trifft (etwa die Versagung der Restschuldbefreiung nach § 298 und die darauf folgende Aufhebung der Stundung für vorangegangene Verfahrensabschnitte nach § 4c Nr. 5; zutr. LG Koblenz ZVI 2014, 115). 13

Die **Kosten des Beschwerdeverfahrens** können nicht nach § 4a gestundet werden (→ § 4a Rn. 29). Stattdessen kann der Schuldner nach allgemeinen Regeln Prozesskostenhilfe beantragen (BGH NJW-RR 2015, 180 Rn. 2; NJW 2003, 2910 (2911) – insoweit nicht abgedr. in BGHZ 156, 92; BGH NJW 2002, 2793 (2794)). Die Entscheidung zur Prozesskostenhilfe ist dann unter den Voraussetzungen des § 127 Abs. 2 und 3 ZPO, nicht aber nach § 6 anfechtbar (BGH NJW 2003, 2910 (2911) – insoweit nicht abgedr. in BGHZ 156, 92; BGHZ 144, 78 (81) = NJW 2000, 1869). 14

§ 5 Verfahrensgrundsätze

(1) ¹Das Insolvenzgericht hat von Amts wegen alle Umstände zu ermitteln, die für das Insolvenzverfahren von Bedeutung sind. ²Es kann zu diesem Zweck insbesondere Zeugen und Sachverständige vernehmen.

(2) ¹Sind die Vermögensverhältnisse des Schuldners überschaubar und ist die Zahl der Gläubiger oder die Höhe der Verbindlichkeiten gering, wird das Verfahren schriftlich durchgeführt. ²Das Insolvenzgericht kann anordnen, dass das Verfahren oder einzelne seiner Teile mündlich durchgeführt werden, wenn dies zur Förderung des Verfahrensablaufs angezeigt ist. ³Es kann diese Anordnung jederzeit aufheben oder ändern. ⁴Die Anordnung, ihre Aufhebung oder Abänderung sind öffentlich bekannt zu machen.

(3) ¹Die Entscheidungen des Gerichts können ohne mündliche Verhandlung ergehen. ²Findet eine mündliche Verhandlung statt, so ist § 227 Abs. 3 Satz 1 der Zivilprozeßordnung nicht anzuwenden.

(4) ¹Tabellen und Verzeichnisse können maschinell hergestellt und bearbeitet werden. ²Die Landesregierungen werden ermächtigt, durch Rechtsverordnung nähere Bestimmungen über die Führung der Tabellen und Verzeichnisse, ihre elektronische Einreichung sowie die elektronische Einreichung der dazugehörigen Dokumente und deren Aufbewahrung zu treffen. ³Dabei können sie auch Vorgaben für die Datenformate der elektronischen Einreichung machen. ⁴Die Landesregierungen können die Ermächtigung auf die Landesjustizverwaltungen übertragen.

(5) ¹Insolvenzverwalter sollen ein elektronisches Gläubigerinformationssystem vorhalten, mit dem jedem Insolvenzgläubiger, der eine Forderung angemeldet hat, alle Entscheidungen des Insolvenzgerichts, alle an das Insolvenzgericht übersandten Berichte, welche nicht ausschließlich die Forderungen anderer Gläubiger betreffen, und alle die eigenen Forderungen betreffenden Unterlagen in einem gängigen Dateiformat zur Verfügung gestellt werden können. ²Hat der Schuldner im vorangegangenen

Geschäftsjahr mindestens zwei der drei in § 22a Absatz 1 genannten Merkmale erfüllt, muss der Insolvenzverwalter ein elektronisches Gläubigerinformationssystem vorhalten und die in Satz 1 genannten Dokumente unverzüglich zum elektronischen Abruf zur Verfügung stellen. ³Den Einsichtsberechtigten stellt der Verwalter die für den Zugang erforderlichen Daten unverzüglich zur Verfügung.

Überblick

Die Vorschrift schließt an § 4 an, der die Regelungen der ZPO auch dem Insolvenzverfahren zugrunde legt, soweit sich keine abweichenden Regelungen in der InsO finden. Eben solche Abweichungen normiert § 5 für die Verfahrensgrundsätze des Insolvenzverfahrens im Interesse der **beschleunigten Abwicklung** desselben (dazu schon → § 1 Rn. 35). Das Gericht ist für seine Entscheidungsfindung nicht auf den Vortrag der Beteiligten angewiesen (Beibringungsgrundsatz des Zivilprozesses), sondern kann von Amts wegen die relevanten Tatsachen ermitteln (Abs. 1, → Rn. 1). Es kann zudem nach Maßgabe der Abs. 2–4 im schriftlichen Verfahren (Abs. 2, → Rn. 20) oder zumindest ohne mündliche Verhandlung (Abs. 3, → Rn. 21) entscheiden und sich technischer Hilfsmittel (Abs. 4, → Rn. 24) bedienen. Abs. 5 erweitert diese Hilfsmittel um das vom Insolvenzverwalter vorgehaltene elektronische Gläubigerinformationssystem (→ Rn. 26).

Übersicht

	Rn.		Rn.
A. Amtsermittlungsgrundsatz (Abs. 1)	1	3. Ermittlungsumfang	19
I. Anwendungsbereich	1	B. Schriftliches Verfahren (Abs. 2)	20
1. Prüfung der Zulässigkeit des Eröffnungsantrags	2	C. Verzicht auf mündliche Verhandlung (Abs. 3)	21
2. Eröffnungsverfahren	5		
3. Eröffnetes Verfahren	7	D. Tabellen und Verzeichnisse (Abs. 4)	24
II. Inhalt des Untersuchungsgrundsatzes	8	E. Das elektronische Gläubigerinformationssystem des Insolvenzverwalters (Abs. 5)	26
1. Ermittlungsanlass	9		
2. Ermittlungsmittel	10		

A. Amtsermittlungsgrundsatz (Abs. 1)

I. Anwendungsbereich

1 Der Amtsermittlungsgrundsatz (auch Untersuchungsgrundsatz) gilt nach Abs. 1 S. 1 für alle Umstände, die für das **Insolvenzverfahren** von Bedeutung sind. Seine Anwendung setzt also ein zumindest eingeleitetes Verfahren voraus. Es ist daher zu differenzieren.

1. Prüfung der Zulässigkeit des Eröffnungsantrags

2 Ist das Gericht mit einem Eröffnungsantrag konfrontiert, so hat es zunächst dessen Zulässigkeit zu prüfen (sog. **Zulassungsverfahren**). Für den Zeitraum zwischen dem Eingang des Eröffnungsantrags und der Entscheidung über dessen Zulässigkeit existiert noch kein Insolvenzverfahren iSd Abs. 1 und daher auch noch **keine** gerichtliche Ermittlungspflicht (BGH NZI 2012, 823 Rn. 8; 2012, 151 Rn. 11; ZInsO 2011, 1499 Rn. 7; ZIP 2007, 1868 Rn. 8; BGHZ 153, 205 (208) = NJW 2003, 1187).

3 Dies bedeutet zum einen, dass der Antragsteller schon im Antrag alle die **örtliche Zuständigkeit begründenden Tatsachen** angeben muss, um dem Gericht die Prüfung seiner örtlichen Zuständigkeit zu ermöglichen und so seinen Antrag zulässig zu machen (BGH NZI 2012, 151 Rn. 12).

4 Aus dem Fehlen einer Amtsermittlung ergibt sich zum anderen aber auch die Notwendigkeit, im Fall eines Fremdantrags gewisse **Zulässigkeitsanforderungen** (§ 14 Abs. 1, § 15 Abs. 2 S. 1: Antragsberechtigung, Eröffnungsgrund) **glaubhaft** zu **machen**. Der antragstellende Gläubiger muss also schon im Rahmen des Antrags gewisse Tatsachen glaubhaft machen. Wird diese Glaubhaftmachung erst nach der Zulassung des Antrags vom Schuldner erschüttert, bedarf es keiner erneuten Glaubhaftmachung der Antragsvoraussetzungen durch den antragstellenden Gläubiger, da nun die Amtsermittlungspflicht des Eröffnungsverfahrens eingreift; ein Nebeneinander von Glaubhaftmachung und Amtsermittlung (so etwa Uhlenbruck/Pape Rn. 1) ist weder notwendig

noch praktikabel (vgl. insbesondere die kaum handhabbare BGH-Rspr. zu § 14 Abs. 1 S. 2, die (unzutreffend) von einer Pflicht zur erneuten Glaubhaftmachung ausgeht, dann aber grundsätzlich die Fortwirkung der ursprünglichen Glaubhaftmachung bei fortbestehender Wahrscheinlichkeit der Tatsache annimmt, nur um hier wieder eine Gegenglaubhaftmachung zu erlauben; BGH NJW 2015, 1388 Rn. 11 ff.; NZI 2013, 594 Rn. 6; → § 14 Rn. 8). Die Glaubhaftmachungspflicht soll dem Gericht aber lediglich die Entscheidung über die Zulassung des Antrags ermöglichen. Die einmal erfolgte Glaubhaftmachung wirkt insofern im Eröffnungsverfahren fort.

2. Eröffnungsverfahren

Mit dem Eröffnungsverfahren, also **ab Zulassung des Insolvenzantrags,** findet bereits ein 5 Verfahren nach Maßgabe der InsO und damit ein Insolvenzverfahren iSd Abs. 1 statt. Der Untersuchungsgrundsatz findet also nun Anwendung und gilt für das gesamte weitere Insolvenzverfahren (BGH ZInsO 2011, 1499 Rn. 7; ZIP 2007, 1868 Rn. 8; BGHZ 153, 205 (208) = NJW 2003, 1187).

Lässt das Gericht einen Antrag als zulässig zu, so greift der Amtsermittlungsgrundsatz vollum- 6 fänglich ein (→ Rn. 5). Das Gericht hat nun insbesondere zu ermitteln, ob der glaubhaft gemachte **Eröffnungsgrund** tatsächlich vorliegt und hinreichend Masse vorhanden ist (§ 26). Ähnliches gilt auch für die Prüfung der örtlichen **Zuständigkeit** (§ 3). Ergeben sich im Laufe des Eröffnungsverfahrens Zweifel an der zunächst angenommenen örtlichen Zuständigkeit des Gerichts, so hat es die maßgeblichen Umstände nun von Amts wegen zu ermitteln (zutr. BGH NZI 2012, 151 Rn. 12). Auch die Notwendigkeit von **Sicherungsmaßnahmen** (§§ 21, 22) ist von Amts wegen zu ermitteln.

3. Eröffnetes Verfahren

Im eröffneten Verfahren gilt der **Amtsermittlungsgrundsatz** (Abs. 1 S. 1). Lediglich für 7 antragsgebundene Maßnahmen sind Besonderheiten zu beachten: Kann eine gerichtliche Maßnahme nur auf **Antrag** eines Beteiligten hin ergehen, so kann das Gericht erst tätig werden, wenn dieser Antrag gestellt wurde. Verlangt das Gesetz die Glaubhaftmachung gewisser Tatsachen für die **Zulässigkeit** des Antrags, so gelten die für den Eröffnungsantrag bereits aufgezeigten Grundsätze (→ Rn. 2): für die Zulassungsentscheidung ordnet das Gesetz eine Rückkehr zum Beibringungsgrundsatz an und suspendiert damit die diesbezüglichen Amtsermittlungsbefugnisse des Gerichts; im Übrigen bleiben sie bestehen. Relevanz haben solche Bestimmungen vor allem im Insolvenzplanverfahren (→ Rn. 7.1), aber auch im Verbraucherinsolvenz- (→ Rn. 7.2) und Restschuldbefreiungsverfahren (→ Rn. 7.3).

Das **Insolvenzplanverfahren** ist Teil des eröffneten Insolvenzverfahrens und unterliegt daher gem. 7.1 Abs. 1 grundsätzlich dem **Amtsermittlungsgrundsatz** (Eidenmüller NJW 1999, 1837 (1838); Uhlenbruck/Pape Rn. 3 mwN; aA aber Braun/Baumert Rn. 11). Das Insolvenzgericht hat also etwa vom Amts wegen zu ermitteln, ob ein vom Schuldner vorgelegter Plan gem. § 231 Abs. 1 Nr. 2 offensichtlich keine Aussicht auf Annahme durch die Gläubiger oder auf Bestätigung durch das Gericht hat (Uhlenbruck/Pape Rn. 3), wenngleich diese Amtsermittlungen nicht der Entscheidung der Gläubigerversammlung vorgreifen dürfen (vgl. KPB/Spahlinger § 231 Rn. 20). Auch die Gründe für eine Versagung der Planbestätigung nach § 250 sind von Amts wegen zu prüfen (auch das Eingreifen eines Obstruktionsverbots nach § 245); ein Antrag auf **Minderheitenschutz** (§ 251) erweitert diese Prüfung nur, wenn der Antragsteller seine Schlechterstellung rechtzeitig glaubhaft und so seinen Antrag **zulässig** macht (§ 251 Abs. 2); auch in diesem Fall ist die tatsächliche Schlechterstellung wieder von Amts wegen zu untersuchen.

Für das **Verbraucherinsolvenzverfahren** gelten ebenfalls keine grundsätzlichen Besonderheiten; es 7.2 ist also Insolvenzverfahren nach Abs. 1 und folglich gilt der **Amtsermittlungsgrundsatz.** Dieser gilt aber schon nach allgemeinen Grundsätzen nicht für die Zulässigkeit des Antrags und die dafür beizubringenden Informationen und Unterlagen (→ Rn. 4), weshalb die erweiterte Pflicht zur Unterlageneinreichung in § 305 Abs. 1 keine Einschränkung des Amtsermittlungsgrundsatzes bedeutet. Im Rahmen der Zustimmungsersetzung zu einem Schuldenbereinigungsplan sind Einwendungen des betroffenen Gläubigers gem. § 309 Abs. 2 S. 2, aber auch anderer Gläubiger (§ 309 Abs. 3) nur beachtlich, wenn sie glaubhaft gemacht wurden. Die Glaubhaftmachungspflicht betrifft aber wiederum nur die Berücksichtigung (Zulassung) der Einwendung; deren Bestehen ist dann wiederum von Amts wegen zu prüfen. Ist die Einwendung bereits gerichtsbekannt, so ist sie auch ohne Glaubhaftmachung zu berücksichtigen (Uhlenbruck/Sternal § 309 Rn. 46).

Auch das **Restschuldbefreiungsverfahren** der §§ 286 ff. unterliegt dem **Amtsermittlungsgrund-** 7.3 **satz** des Abs. 1, wenngleich es nach Aufhebung des Insolvenzverfahrens stattfindet. Abs. 1 ist insofern umfassend als Regelung zu verstehen, die das gesamte Handeln des Insolvenzgerichts in Verfahren nach der Insolvenzordnung betrifft. Soweit ein Gläubiger seinen Versagungsgrund glaubhaft zu machen hat (vgl. § 290 Abs. 2 S. 1, § 296 Abs. 1 S. 3, § 297 Abs. 2, § 297a Abs. 1 S. 3, auch § 303 Abs. 2 S. 2), betrifft die Glaubhaftmachung wiederum nur die **Zulässigkeit** des Verfahrensantrags; das Bestehen des Versagungsgrunds ist stets von Amts wegen zu überprüfen. Entsprechendes gilt für den Antrag des Schuldners auf Restschuldbefreiung (vgl. § 300 Abs. 2 S. 3).

II. Inhalt des Untersuchungsgrundsatzes

8   Der Untersuchungsgrundsatz verpflichtet das Insolvenzgericht nach Abs. 1, **alle Umstände** zu ermitteln, die für das Verfahren **von Bedeutung** sind.

1. Ermittlungsanlass

9   Die umfassende Ermittlungspflicht setzt (erst) dann ein, wenn der Verfahrenstand Anlass zu Ermittlungen bietet (BGH NZI 2012, 151 Rn. 11). Bei der Frage, wann Ermittlungen erforderlich sind, hat das Gericht einen gewissen **Beurteilungsspielraum** (BGH NZI 2012, 151 Rn. 11). So ist es nicht verpflichtet, ohne jeden Anhaltspunkt Ermittlungen anzustellen, sondern nur dann, wenn es aufgrund **gerichtsbekannter Umstände** oder aufgrund der **Angaben der Verfahrensbeteiligten** hierzu veranlasst wird (BGH NZI 2012, 151 Rn. 11). Soweit das Insolvenzgericht nur auf Antrag tätig wird, greift der Untersuchungsgrundsatz erst ein, wenn ein solcher Antrag in zulässiger Weise gestellt worden ist (→ Rn. 7).

2. Ermittlungsmittel

10   Das Insolvenzgericht entscheidet nach **pflichtgemäßem Ermessen**, welche Ermittlungsmittel es im Einzelfall einsetzt. Als Ermittlungsmittel stehen dem Gericht dabei nicht nur die in Abs. 1 S. 2 aufgezählten **Zeugen** (→ Rn. 11 ff.) und **Sachverständigen** (→ Rn. 14 ff.) zur Verfügung („insbesondere"). Auch alle sonstigen Beweis- und Aufklärungsmittel stehen dem Gericht zur Verfügung, insbesondere die **Auskunft des Insolvenzschuldners** (→ Rn. 17), einzelner **Gläubiger** oder des **Insolvenzverwalters,** aber auch die Einsicht in **Urkunden** und Register.

11   **Zeugen** kann das Insolvenzgericht nach Maßgabe der §§ 373 ff. ZPO, § 4 vernehmen, deren Formalien (etwa Beweisbeschluss oder förmliche Ladung) allerdings nicht eingehalten werden müssen. Eine Eidabnahme ist möglich, hat dann aber durch den Richter zu erfolgen (§ 4 Abs. 2 Nr. 1 RPflG). Als Zeugen kommen insbesondere auch die **Angestellten des Schuldners** in Betracht. Ist der Schuldner eine Gesellschaft, so sind nicht nur deren Organe (§ 101 Abs. 1), sondern auch die Angestellten der letzten zwei Jahre nach § 101 Abs. 2, § 97 Abs. 1 S. 1 zur Auskunft gegenüber dem Gericht verpflichtet. Für andere Zeugen, etwa die Angestellten der Insolvenzgläubiger und die **Angehörigen** des Schuldners, gilt dies nicht. Der **Insolvenzverwalter** ist kein Zeuge, also Dritter, sondern Organ der Rechtspflege und als solches nach § 58 Abs. 1 S. 2 dem Gericht zur Auskunft verpflichtet.

12   Zeugen steht unter den Voraussetzungen der §§ 383 ff. ZPO, § 4 ein **Zeugnisverweigerungsrecht** zu. Für die **Angehörigen des Schuldners** kann ein solches aus den Tatbeständen des § 383, im Einzelfall aber auch aus § 384 Nr. 1 ZPO oder § 385 Abs. 1 Nr. 3 ZPO folgen. Die Angestellten einer Insolvenzgläubigerin (**Hausbank**) haben kein Verweigerungsrecht aus § 383 Abs. 1 Nr. 6 ZPO (Bankgeheimnis; LG Hamburg WM 1988, 1009 (1110)). Das Zeugnisverweigerungsrecht aus § 384 Nr. 1 ZPO kann hingegen **Insolvenzgläubigern** insoweit zukommen, wie sie Fragen in Bezug auf eine gegen sie gerichtete Insolvenzanfechtung beantworten sollen (OLG Düsseldorf NJW 1964, 2357 (2357); MüKoInsO/Ganter/Bruns Rn. 27). Es schützt aber auch vor einer Klage des Insolvenzverwalters auf Auskunftserteilung, mit der dieser wegen des „begründeten Verdachts" einer anfechtbaren Rechtshandlung seine Anfechtungsklage vorbereiten will (BGHZ 74, 379 = NJW 1979, 1832). Eine Auskunftspflicht entsteht hier erst, wenn der Anfechtungsanspruch dem Grunde nach feststeht (BGHZ 74, 379 (380) = NJW 1979, 1832; BGH NJW 1978, 1002 (1003); RGZ 150, 42 (46)).

13   Der Insolvenzverwalter kann die für den Schuldner tätig gewesenen Steuerberater (OLG Düsseldorf NJW-RR 1994, 958 (959); LG Hamburg NStZ-RR 2002, 12; LG Krefeld ZIP 1982, 861), Rechtsanwälte, Wirtschaftsprüfer, Notare und vereidigten Buchprüfer (OLG Düsseldorf NJW-RR 1994, 958 (959)) von ihrer **Verschwiegenheitspflicht entbinden,** denn die Befugnis des Schuldners, Zeugen, die kraft ihres Amtes, Stands oder Gewerbes zur Verschwiegenheit verpflichtet sind (§ 383 Abs. 1 Nr. 6 ZPO), von ihrer Verschwiegenheitspflicht zu entbinden (Dispositionsbefugnis des „Geheimnisherrn"), geht mit Eröffnung des Verfahrens auf den Verwalter über (BGH NJW 1990, 510 (512)) und kann daher in einem Masseprozess durch den Insolvenzverwalter

Verfahrensgrundsätze § 5 InsO

ausgeübt werden, wenn sich das Ergebnis des Prozesses auch zugunsten der Insolvenzmasse auswirken kann (BGHZ 109, 260 (270) = NJW 1990, 510; OLG Nürnberg OLGZ 1977, 370 (372 f.)). Auch zur Aussage gegenüber dem Insolvenzgericht darf der Insolvenzverwalter den Zeugen von seiner Pflicht zur Verschwiegenheit entbinden, wenn sich seine Aussage auf die vermögensrechtliche Situation des Insolvenzschuldners bezieht (LG Hamburg NStZ-RR 2002, 12; Uhlenbruck/Pape Rn. 20). Im Eröffnungsverfahren kann der vorläufige Insolvenzverwalter solche Zeugen folgerichtig nur dann von der Verschwiegenheitspflicht entbinden, wenn bereits die Verwaltungs- und Verfügungsbefugnis auf ihn übergegangen ist („starker" vorläufiger Insolvenzverwalter).

Insbesondere zur Feststellung wirtschaftlicher Umstände (etwa des Umfangs des Schuldnervermögens oder dessen Überschuldung als Eröffnungsgrund) wird das Insolvenzgericht bei Unternehmensinsolvenzen in der Regel einen **Sachverständigen** hinzuziehen. Dessen Bestellung erfolgt durch Beschluss, der den Gutachterauftrag genau zu bezeichnen hat (§ 403 ZPO, § 4) und gem. § 6 Abs. 1 unanfechtbar ist, da es sich um eine vorbereitende und verfahrensfördernde Maßnahme zur Erfüllung der Amtsermittlungspflicht handelt, gegen die die InsO kein Rechtsmittel vorsieht (BGH ZInsO 2011, 1499 Rn. 7; OLG Köln NZI 2001, 598; OLG Celle ZIP 2001, 127; OLG Brandenburg NZI 2001, 42). Der im Beschluss ausgewählte Sachverständige kann allerdings wegen der **Besorgnis der Befangenheit** abgelehnt werden (§ 406 ZPO, § 4); dies gilt auch in dem Fall, in dem das Gericht den vorläufigen Insolvenzverwalter als Sachverständigen beauftragt (aA aber BGH NZI 2007, 284 Rn. 21; AG Frankfurt ZInsO 2006, 107; AG Göttingen ZInsO 2000, 347; wie hier hingegen OLG Köln NJW-RR 1990, 383; AG Köln InVo 1999, 141). Die vom BGH befürwortete Anwendung der §§ 56–59 passen in diesem Fall nicht, da es nicht um die Eignung oder Unabhängigkeit des Verwalters für die (vorläufige) Verwaltung des Schuldnervermögens geht, sondern allein um die Begutachtung des Schuldnervermögens nach § 22 Abs. 1 S. 2 Nr. 3. Zudem fehlt den anderen Beteiligten im Fall des Schutzschirmverfahrens eine den §§ 56 ff. entsprechende Reaktionsmöglichkeit gegen den mitgebrachten und nicht „offensichtlich ungeeigneten" Sachwalter (vgl. § 270b Abs. 2 S. 2 und die Erfahrungen bei Suhrkamp; dazu Madaus ZIP 2014, 500 (503)). Jeder gerichtlich bestellte Sachverständige – auch ein hierzu besonders beauftragter vorläufiger Sach- oder Insolvenzverwalter – ist vielmehr nach § 406 ablehnbar; der Ablehnungsbeschluss ist zudem nach Maßgabe des § 406 Abs. 5 ZPO, §§ 4, 6 Abs. 1 anfechtbar. **14**

Die **Ermittlungsbefugnisse des Sachverständigen** ergeben sich aus § 404a Abs. 4 ZPO, weshalb er über keine Zwangsbefugnisse verfügt und auf die **freiwillige Mitwirkung** der Beteiligten, vor allem des Schuldners, angewiesen ist (Jacobi/Böhme ZInsO 2019, 1357). Auch die Auskunfts- und Mitteilungspflichten der §§ 20, 22 Abs. 3 S. 3 bestehen nur gegenüber dem Insolvenzgericht und dem vorläufigen Insolvenzverwalter, nicht aber gegenüber dem Sachverständigen. Er ist kein „verlängerter Arm des Gerichts" und kann folglich nicht dessen Befugnisse, etwa aus § 5 Abs. 1, ausüben (Jacobi/Böhme ZInsO 2019, 1357 (1359 f.)). Ermächtigungen gem. §§ 21, 22 kann das Insolvenzgericht nur zugunsten des vorläufigen Insolvenzverwalters, nicht aber zugunsten des Sachverständigen treffen (BGHZ 158, 212 (217) = NZI 2004, 312; aA AG Charlottenburg ZInsO 2019, 625). Eine dem Sachverständigen analog der § 21 Abs. 1, § 22 Abs. 3 erteilte gerichtliche Ermächtigung ist rechtswidrig und kann vom Schuldner analog § 21 Abs. 1 S. 2 durch eine sofortigen Beschwerde angegriffen werden (BGHZ 158, 212 (217) = NZI 2004, 312). Wird der vorläufige Insolvenzverwalter hingegen zugleich als Sachverständiger bestellt (vgl. § 22 Abs. 1 S. 2 Nr. 3), so kann er die ihm zustehenden Zwangsbefugnisse auch dazu nutzen, die für die Gutachtenerstellung notwendigen Informationen zu erlangen. **15**

Die **Vergütung des Sachverständigen** richtet sich nach § 9 Abs. 1 JVEG (Stundensätze). Wird der vorläufige Insolvenzverwalter oder Sachwalter als Sachverständiger tätig, so bestimmt sich die Vergütung nach § 9 Abs. 4 S. 2 (95 EUR/h). Die Vergütung wird gem. § 4 Abs. 1 JVEG durch Beschluss festgesetzt, gegen den die sofortige Beschwerde zulässig ist, wenn der Wert des Beschwerdegegenstands 200 EUR übersteigt (§ 4 Abs. 3 JVEG). Für den Aufwendungsersatz gilt § 12 JVEG. **16**

Der **Insolvenzschuldner** ist nicht Zeuge, sondern Partei. Für die Auskunftserteilung des Schuldners oder, wenn der Schuldner keine natürliche Person ist, der Mitglieder des Vertretungs- oder Aufsichtsorgans und der vertretungsberechtigten persönlich haftenden Gesellschafter gelten die Sonderregelungen der §§ 20, 22 Abs. 3 S. 3, §§ 97, 98, 101 Abs. 1 S. 1, Abs. 2, weshalb ein Rückgriff auf die Regeln der Parteivernehmung nach §§ 445 ff. ZPO nicht in Betracht kommt. **17**

Auch **Insolvenzgläubiger** sind Verfahrensbeteiligte und daher als Partei zu betrachten. Eine entsprechende Anwendung der §§ 445 ff. ZPO wird nicht von Sonderregeln der InsO blockiert, weshalb etwa eine Beeidigung eines Auskunft erteilenden Insolvenzgläubigers analog § 452 ZPO möglich ist. Eine Pflicht zur Auskunftserteilung besteht nicht (MüKoInsO/Ganter/Bruns Rn. 47). Verweigern sie die Aussage oder den Eid, gelten die §§ 446, 453 Abs. 2 ZPO analog. **18**

3. Ermittlungsumfang

19 Art und Umfang der Ermittlungen richten sich nach dem **pflichtgemäßen Ermessen** des Insolvenzgerichts (BGH KTS 1957, 12 (13)). Es ist berechtigt, die Ermittlungen so zu führen, wie es sie für erforderlich und angemessen erachtet (Uhlenbruck/Pape Rn. 21).

B. Schriftliches Verfahren (Abs. 2)

20 Abs. 2 S. 1 verpflichtet das Gericht zur schriftlichen Durchführung des Insolvenzverfahrens, wenn die Vermögensverhältnisse des Schuldners überschaubar sind und die Zahl der Gläubiger oder die Höhe der Verbindlichkeiten gering ist. **Kleinverfahren** sollen also so effizient wie möglich durchgeführt werden. Das schriftliche Verfahren ist hier der Regelfall (Frind ZInsO 2018, 2454). Sobald das Gericht allerdings eine mündliche Verhandlung für **verfahrensökonomischer** hält, darf es durch Beschluss nach Abs. 2 S. 2 vom Schriftlichkeitsgrundsatz abweichen. Erweist sich diese Hoffnung als Trugschluss, ist nach Abs. 2 S. 3 auch eine Rückkehr zum schriftlichen Verfahren möglich, die ebenfalls durch Beschluss erfolgt. Der jeweilige Beschluss ist öffentlich bekannt zu machen (Abs. 2 S. 4) und nicht anfechtbar. Wird die Anordnung des mündlichen Verfahrens schon mit der Eröffnungsentscheidung getroffen, so erfolgt sie durch den Insolvenzrichter (§ 18 Abs. 1 Nr. 1 RPflG); ansonsten entscheidet der Rechtspfleger über die Anordnung genauso wie über die Änderung oder Aufhebung der Anordnung. Die der Regelung in Abs. 2 eigene **Flexibilität** sollte auch die Handhabung des schriftlichen Verfahrens und damit die seiner Voraussetzungen prägen. Begriffe wie die „Überschaubarkeit der Vermögensverhältnisse" und „Geringfügigkeit" der Gläubiger und Verbindlichkeiten sind daher stets mit Blick auf die Verfahrensökonomie, nicht aber anhand starrer Grenzwerte zu interpretieren (Frind ZInsO 2018, 2454 (2455) und ZInsO 2020, 1743 (1749)). Regt der Sachverständige angesichts der begutachteten Vermögensverhältnisse ein schriftliches Verfahren an, so bindet dies weder das Insolvenzgericht noch löst das Befolgen der Anregung automatisch einen Abschlag von der Regelvergütung des Insolvenzverwalters aus (Frind ZInsO 2018, 2454 (2456 f.)). Beschlüsse einer Gläubigerversammlung nach § 160 werden in der Regel ein vorübergehendes Abweichen von der Schriftlichkeit erfordern (Frind ZInsO 2018, 2454 (2455)), wobei allerdings bei Auslegung der unbestimmten Rechtsbegriffe in § 160 wieder die Verfahrensökonomie maßgeblich sein sollte. Dass zur Bewältigung von **Pandemieauswirkungen** eine erweiternde Auslegung des Abs. 2 dahingehend geboten ist, ein schriftliches Verfahren auch jenseits der Kleinverfahren durchzuführen (so das AG Hamburg NZI 2020, 789), darf allerdings bezweifelt werden. Der Wortlaut der Norm ist Grenze der Auslegung. Vor allem aber kann sich gerade in der Pandemie, bei kleineren Verfahren aber auch im Übrigen anstelle der rein physischen Versammlung der Gläubiger eine **virtuelle Gläubigerversammlung** als Durchführungsform anbieten. Weder die §§ 74 ff. noch § 5 Abs. 2 stehen dem entgegen (Horstkotte ZInsO 2020, 1820; Pleister/Palenker ZRI 2020, 245 (247 f.); Eckert/Ippen ZInsO 2020, 1105 (1108); kritisch aber Frind ZInsO 2020, 1743 (1744 ff.). Seit dem 1.1.2021 findet sich in § 4 S. 2 zudem eine gesetzliche Grundlage für diese Art der Versammlung bzw. des Termins (→ § 4 Rn. 16 ff.).

C. Verzicht auf mündliche Verhandlung (Abs. 3)

21 Abs. 3 enthält eine Ausnahme Mündlichkeitsgrundsatz des Zivilprozesses (vgl. § 128 Abs. 1 ZPO) für das Insolvenzverfahren. Hier ist es dem Gericht nach S. 1 freigestellt, ob es vor einer Entscheidung mündlich verhandelt (**Grundsatz der fakultativen mündlichen Verhandlung**). Das Gericht entscheidet nach freiem Ermessen. An Anträge der Beteiligten auf Durchführung einer mündlichen Verhandlung ist es nicht gebunden (MüKoInsO/Ganter/Bruns Rn. 65). Schreibt das Gesetz eine **Anhörung** vor (vgl. etwa § 14 Abs. 2), so muss nicht zwingend eine mündliche Verhandlung stattfinden; es reicht vielmehr aus, dem Anzuhörenden die Gelegenheit zur schriftlichen Äußerung zu geben (HK-InsO/Kirchhof Rn. 23). Ordnet das Gericht hingegen eine mündliche Verhandlung an, so gelten für dessen Durchführung die Vorschriften der §§ 79 f., 136, 157, 159 ff. ZPO. Entscheidungen des Gerichts ergehen nicht in Urteilsform, sondern durch verkündeten Beschluss (§ 329 Abs. 1 ZPO, § 4).

22 Keine mündlichen Verhandlungen iSd Abs. 3 sind Termine, in denen das Insolvenzgericht die **Gläubigerselbstverwaltung** organisiert (vgl. §§ 29, 75, 160 Abs. 1 S. 2, §§ 176, 197, 235). Diese hat das Gericht nach Maßgabe der einschlägigen Vorschriften durchzuführen. Die Zulassung einer **virtuellen** Teilnahme an Gläubigerversammlungen nach § 4 S. 2 iVm § 128a ZPO (dazu → § 4 Rn. 16 ff.) bedeutet also ebenfalls keinen Verzicht auf die Mündlichkeit nach Abs. 3, sondern nur eine andere Form der Mündlichkeit (ebenso Eckert/Ippen ZInsO 2020, 1105 (1107); vgl. auch § 128a ZPO).

In Abs. 3 S. 2 findet sich eine Abweichung von § 227 Abs. 3 S. 1 ZPO, weshalb fakultative mündliche Verhandlungen, die aufgrund der Eilbedürftigkeit des Insolvenzverfahrens in die **Gerichtsferien** terminiert werden, nicht auf Antrag verlegt werden müssen. 23

D. Tabellen und Verzeichnisse (Abs. 4)

Abs. 4 S. 1 stellt klar, dass im Insolvenzverfahren Tabellen und Verzeichnisse im Wege der **elektronischen Datenverarbeitung** oder mit anderen maschinellen Einrichtungen erstellt werden können. Dies gilt sowohl für Tabellen und Verzeichnisse **des Gerichts** (etwa die Stimmliste nach § 239) als auch für solche **des Insolvenzverwalters** (etwa die Forderungstabelle, das Verzeichnis der Massegegenstände, das Gläubigerverzeichnis und die Vermögensübersicht sowie die Verteilungsverzeichnisse; vgl. BT-Drs. 12/2443, 110). Im Rahmen der Eigenverwaltung ist auch der **Schuldner** berechtigt, für von ihm aufzustellende Verzeichnisse auf technische Hilfsmittel zurückzugreifen. Im Übrigen gilt auch im Insolvenzverfahren über § 4 die Befugnis des **§ 130a ZPO**, den Schriftverkehr mit dem Gericht durch elektronische Dokumente mit Signatur zu führen. Eine entsprechende Email-Kommunikation ist mithin möglich (auch → § 4 Rn. 14). 24

Durch Abs. 4 S. 2–4 werden die **Landesregierungen** ermächtigt, durch Rechtsverordnungen **nähere Bestimmungen** über die Führung der Tabellen und Verzeichnisse, ihre elektronische Einreichung sowie die elektronische Einreichung der dazugehörigen Dokumente und deren Aufbewahrung zu treffen. Hiervon haben bislang folgende Länder Gebrauch gemacht (→ Rn. 25.1): 25

Bremen (Verordnung über die elektronische Führung der Insolvenztabelle vom 21.9.2017, Brem.GBl. 2017, 383); **Hamburg** (Verordnung über den elektronischen Rechtsverkehr in Hamburg); **Hessen** (Verordnung zur Regelung der elektronischen Kommunikation in der hessischen Justiz vom 29.11.2017); **Niedersachsen** (Niedersächsische Verordnung über den elektronischen Rechtsverkehr in der Justiz v. 21.10.2011); **Nordrhein-Westfahlen** (Verordnung über die elektronische Führung und Einreichung der Tabellen und Verzeichnisse sowie der dazugehörigen Dokumente in Insolvenzsachen im Land Nordrhein-Westfalen – eTab InsO vom 9.4.2020); **Rheinland-Pfalz** (Landesverordnung über den elektronischen Rechtsverkehr in Rheinland-Pfalz (ERVLVO) v. 10.7.2015); **Sachsen** (Sächsische E-Justizverordnung v. 23.4.2013); **Sachsen-Anhalt** (Verordnung über den elektronischen Rechtsverkehr bei den Gerichten und Staatsanwaltschaften des Landes Sachsen-Anhalt (ERVVO LSA) v. 1.10.2007). 25.1

E. Das elektronische Gläubigerinformationssystem des Insolvenzverwalters (Abs. 5)

Die Einführung des Abs. 5 durch das SanInsFoG zum 1.1.2021 reflektiert den Umstand, dass in der insolvenzrechtlichen Praxis alle relevanten Informationen über Verfahrensvorgänge beim Insolvenzverwalter zusammenlaufen und von diesem in der Regel bereits über IT-Systeme elektronisch erfasst und verarbeitet werden. Diese Praxis will der Gesetzgeber – insbesondere zur Entlastung der Justiz von Akteneinsichtsgesuchen – fördern (BT-Drs. 19/24181, 192), indem er zum einen in Abs. 5 S. 2 das Vorhandensein eines solchen Systems für Insolvenzverwalter **verbindlich** macht, die in Verfahren bestellt werden, deren Schuldner zwei der drei in § 22a Abs. 1 genannten **Schwellenwerte** überschreitet. Zum anderen „soll" in kleineren Verfahren der Verwalter nach Abs. 5 S. 1 ein solches System vorhalten. Nur in Ausnahmefällen wird es daher möglich sein, bei der **Verwalterauswahl** nach § 56 auf Personen zurückzugreifen, die ein den Anforderungen des Abs. 5 gerecht werdendes elektronisches Gläubigerinformationssystem nicht vorhalten. 26

Abs. 5 S. 1 beschreibt auch den notwendigen **Leistungsumfang** eines elektronischen Gläubigerinformationssystems. Es muss technisch gewährleisten, dass jedem Insolvenzgläubiger, der eine Forderung angemeldet hat, alle Entscheidungen des Insolvenzgerichts, alle an das Insolvenzgericht übersandten Berichte, welche nicht ausschließlich die Forderungen anderer Gläubiger betreffen, sowie alle die eigenen Forderungen betreffenden Unterlagen in einem gängigen Dateiformat zur Verfügung gestellt werden können. 27

Vorhaltepflichtig ist der **Insolvenzverwalter.** In Fällen der Eigenverwaltung obliegt dem Schuldner die Erstellung und Führung der Verzeichnisse sowie die Rechnungslegung (§ 281), sodass Abs. 5 nicht schlicht über die Wortlautgrenze hinaus auf den Sachwalter entsprechend anzuwenden ist. Die Vorhaltepflicht des Abs. 5 gilt also in der Eigenverwaltung. Sie trifft im Restschuldbefreiungsverfahren auch nicht den Treuhänder. Dies bedeutet jedoch nicht, dass es nicht sinnvoll sein kann, solche Systeme auch in diesen Verfahrensarten zu nutzen. 28

29 Kommt ein elektronisches Gläubigerinformationssystem zum Einsatz, so stellt der Verwalter den **Einsichtsberechtigten** nach Abs. 5 S. 3 die für den Zugang erforderlichen Daten unverzüglich zur Verfügung. Der Kreis der Einsichtsberechtigten wird in S. 1 auf die **Insolvenzgläubiger** beschränkt, die Forderungen **angemeldet** haben; sie erhalten dann in Reaktion auf die Forderungsanmeldung ihre Zugangsdaten, es sei denn, der Insolvenzverwalter bestreitet das Bestehen der angemeldeten Forderung und damit die Gläubigerstellung als solche. In diesem Fall sind Zugangsdaten erst nach einer gerichtlichen Forderungsfeststellung zuzuleiten (BT-Drs. 19/24181, 192). Andere Verfahrensbeteiligte müssen keinen Zugang zum System erhalten; ihnen bleibt ggf. die Akteneinsicht gegenüber dem Gericht nach § 4 S. 1 iVm § 299 ZPO (→ § 4 Rn. 11). Dem Gericht selbst soll der Verwalter hingegen Einsicht in die vorgehaltenen Daten gewähren (BT-Drs. 19/24181, 192); insoweit wirkt § 58 Abs. 1 S. 2.

30 In größeren Insolvenzverfahren mit einer Vorhaltepflicht nach Abs. 5 S. 2 sind dem Einsichtsberechtigten nicht nur die Zugangsdaten unverzüglich zuzuleiten. Hier postuliert S. 2 auch die Pflicht, alle **Informationen** nach S. 1 (alle Entscheidungen des Insolvenzgerichts, alle an das Insolvenzgericht übersandten Berichte, welche nicht ausschließlich die Forderungen anderer Gläubiger betreffen, und alle die eigenen Forderungen betreffenden Unterlagen) **unverzüglich** zum elektronischen Abruf zur Verfügung stellen, also im System **einzustellen und freizugeben**.

§ 6 Sofortige Beschwerde

(1) ¹Die Entscheidungen des Insolvenzgerichts unterliegen nur in den Fällen einem Rechtsmittel, in denen dieses Gesetz die sofortige Beschwerde vorsieht. ²Die sofortige Beschwerde ist bei dem Insolvenzgericht einzulegen.

(2) Die Beschwerdefrist beginnt mit der Verkündung der Entscheidung oder, wenn diese nicht verkündet wird, mit deren Zustellung.

(3) ¹Die Entscheidung über die Beschwerde wird erst mit der Rechtskraft wirksam. ²Das Beschwerdegericht kann jedoch die sofortige Wirksamkeit der Entscheidung anordnen.

Überblick

Die Regelung basiert auf der in § 4 normierten Anwendbarkeit der Vorschriften der ZPO, zu denen auch die über **Rechtsmittel gegen gerichtliche Beschlüsse** (§§ 567 ff. ZPO) gehören. § 6 Abs. 1 beschränkt die Statthaftigkeit einer **sofortigen Beschwerde** auf Fälle der gesetzlichen Anordnung (→ Rn. 2 ff.; vgl. § 567 Abs. 1 Nr. 1 ZPO). Im Übrigen finden sich in § 6 nur punktuelle Anpassungen der §§ 567 ff. ZPO an die Besonderheiten eines Insolvenzverfahrens (→ Rn. 10 ff.). Besondere Bestimmungen zur **Rechtsbeschwerde** enthält § 6 nicht; seit der Aufhebung des § 7 gelten insoweit die Regelungen der §§ 574 ff. ZPO über § 4 (→ Rn. 26 ff.).

Übersicht

	Rn.		Rn.
A. Rechtsmittel gegen Entscheidungen des Insolvenzgerichts	1	C. Beschwerdeverfahren	15
I. Entscheidungen des Urkundsbeamten der Geschäftsstelle	1	I. Keine aufschiebende Wirkung der sofortigen Beschwerde	15
II. Entscheidungen des Richters	2	II. Abhilfeentscheidung des Insolvenzgerichts	17
1. Unanfechtbare Entscheidungen	2	III. Beschwerdeentscheidung des Landgerichts	19
2. Gesetzliche Anordnung der Anfechtbarkeit	3	D. Die Rechtsbeschwerde	26
III. Entscheidungen des Rechtspflegers	8	I. Statthaftigkeit	27
B. Zulässigkeit der Beschwerde	10	II. Zulässigkeit	30
I. Beschwerdeberechtigung	10	1. Beschwer	30
II. Beschwer	11	2. Frist	31
III. Rechtsschutzbedürfnis	13	3. Form	32
IV. Form und Frist	14	III. Die Entscheidung über die Rechtsbeschwerde	34

A. Rechtsmittel gegen Entscheidungen des Insolvenzgerichts

I. Entscheidungen des Urkundsbeamten der Geschäftsstelle

Die Entscheidungen des Urkundsbeamten der Geschäftsstelle fallen nicht in den Anwendungsbereich des § 6. Diesbezüglich ist zunächst allein die (befristete) **Erinnerung** nach § 573 Abs. 1 ZPO (iVm § 4) der statthafte Rechtsbehelf. Erst wenn das angerufene Insolvenzgericht über die Erinnerung entschieden hat, ist diesbezüglich die sofortige Beschwerde statthaft (§ 573 Abs. 2 ZPO, § 4). 1

II. Entscheidungen des Richters

1. Unanfechtbare Entscheidungen

Alle Entscheidungen des Insolvenzgerichts, die ein Richter oder Rechtspfleger (auch → Rn. 8) treffen, fallen in den Anwendungsbereich des § 6. Sie sind gem. Abs. 1 S. 1 – in Einschränkung der Regelung des § 567 Abs. 1 ZPO – durch eine sofortige Beschwerde nur anfechtbar, wenn „dieses Gesetz" (→ Rn. 5) eine Anfechtbarkeit anordnet. Im Umkehrschluss lässt sich feststellen, dass Entscheidungen des Insolvenzgerichts **grundsätzlich unanfechtbar** sind, soweit das Gesetz nicht ausnahmsweise eine sofortige Beschwerde ausdrücklich vorsieht (**Enumerationsprinzip**) (eine Aufzählung dieser Normen der InsO → Rn. 2.1). Dieses Regel-Ausnahme-Verhältnis soll den zügigen Ablauf des Insolvenzverfahrens gewährleisten (BT-Drs. 12/2443, 110). 2

Folgende Vorschriften der InsO (für Anordnungen aus anderen Gesetzen → Rn. 5) enthalten eine **ausdrückliche Anordnung** der sofortigen Beschwerde: § 4d, § 20 Abs. 1 S. 2 iVm § 98 Abs. 3 S. 3, § 21 Abs. 1 S. 2, § 21 Abs. 2 Nr. 1 iVm § 64 Abs. 3 S. 1, § 21 Abs. 2 Nr. 4 iVm § 99 Abs. 3 S. 1, § 21 Abs. 3 S. 3 iVm § 98 Abs. 3 S. 3, § 22 Abs. 3 S. 3 Hs. 2 iVm § 98 Abs. 3 S. 3, § 26a Abs. 3 S. 1, § 34 Abs. 1 und 2, § 57 S. 4, § 58 Abs. 2 S. 3 und Abs. 3, § 59 Abs. 2 S. 1–3, § 64 Abs. 3 S. 1, § 70 S. 3 Hs. 2, § 73 Abs. 2 iVm § 64 Abs. 3 S. 1, § 75 Abs. 3, § 78 Abs. 2 S. 2 und 3, § 98 Abs. 3 S. 3, § 99 Abs. 3 S. 1, § 101 Abs. 1 S. 1 iVm § 98 Abs. 3 S. 3 und § 99 Abs. 3 S. 1, § 101 Abs. 1 S. 3 iVm § 98 Abs. 3 S. 3, § 153 Abs. 2 S. 2 iVm § 98 Abs. 3 S. 3, § 194 Abs. 2 S. 2 und Abs. 3 S. 2, § 197 Abs. 3 iVm § 194 Abs. 2 S. 2 und Abs. 3 S. 2, § 204 Abs. 1 S. 2 und Abs. 2 S. 2, § 211 Abs. 3 S. 2 iVm § 204 Abs. 1 S. 2 und Abs. 2 S. 2, § 216, § 231 Abs. 3, § 248a Abs. 4 S. 1, § 253, § 261 Abs. 1 S. 3 iVm § 22 Abs. 3 S. 3 Hs. 2 iVm § 98 Abs. 3 S. 3, § 269h Abs. 3 S. 1, § 270e Abs. 2 S. 3, § 272 Abs. 2 S. 2, § 274 Abs. 1 iVm § 57 Abs. 4 und § 58 Abs. 2 S. 3 und Abs. 3 und § 59 Abs. 2 S. 1 und 2 und § 64 Abs. 3 S. 1, § 274 Abs. 2 iVm § 22 Abs. 3 S. 3 Hs. 2 iVm § 98 Abs. 3 S. 3, § 290 Abs. 3 S. 2, § 292 Abs. 3 S. 2 iVm § 58 Abs. 2 S. 3 und Abs. 3 und § 59 Abs. 2 S. 1 und 2, § 293 Abs. 2 iVm § 64 Abs. 3 S. 1, § 296 Abs. 3 S. 1, § 297 Abs. 2 iVm § 296 Abs. 3 S. 1, § 298 Abs. 3 iVm § 296 Abs. 3 S. 1, § 300 Abs. 4 S. 2, § 303 Abs. 2 S. 2, § 309 Abs. 2 S. 3, § 344 Abs. 2, § 345 Abs. 3 S. 3, § 346 Abs. 2 S. 2 und Abs. 3. 2.1

2. Gesetzliche Anordnung der Anfechtbarkeit

Abs. 1 S. 1 regelt die Statthaftigkeit einer sofortigen Beschwerde nur für „insolvenzspezifische Entscheidungen", also Entscheidungen, deren Rechtsgrundlagen sich in der **InsO** befinden (K. Schmidt InsO/Stephan Rn. 3). Wird das Insolvenzgericht etwa als Vollstreckungsgericht tätig (vgl. § 36 Abs. 4, § 89 Abs. 3), so sind diesbezügliche Entscheidungen nicht nach Maßgabe des § 6, sondern nach § 793 ZPO anfechtbar (BGH NZI 2006, 246 Rn. 5; ZInsO 2004, 441; NZI 2004, 278). Nimmt das Insolvenzgericht hingegen irrtümlich eine insolvenzspezifische Entscheidungskompetenz an, so bestimmt Abs. 1 S. 1 für beide Seiten die (in der Regel fehlende) Statthaftigkeit eines Rechtsmittels (BGH NZM 2016, 519 Rn. 7 für eine Entscheidung des Insolvenzgerichts über die Zugehörigkeit einer Forderung zur Masse, die richtigerweise durch das Prozessgericht zu treffen ist). 3

Bleibt das Insolvenzgericht untätig oder trifft es lediglich **vorbereitende oder verfahrensleitende Entscheidungen** bzw. Verfügungen, so liegt keine Entscheidung iSd Abs. 1 S. 1 vor und eine sofortige Beschwerde gegen diese „Nicht-Entscheidungen" ist nicht statthaft (BGH NJW-RR 1998, 1579; OLG Celle ZIP 2001, 127 (128)). Derartige Maßnahmen des Insolvenzgerichts sind allerdings **ausnahmsweise** bereits rechtsmittelfähig, wenn sie von vornherein außerhalb derjenigen Befugnisse liegen, die dem Insolvenzgericht von Gesetzes wegen verliehen sind, und sie bereits in den grundrechtlich geschützten räumlichen Bereich des Betroffenen eingreifen (BGH NZI 2012, 823 Rn. 7; ZInsO 2011, 1499 Rn. 7; NZI 2009, 766 Rn. 9; BGHZ 158, 212 (214 ff.) = NZI 2004, 312). Auf dieser Grundlage ist etwa die sofortige Beschwerde gegen die 4

InsO § 6 Erster Teil. Allgemeine Vorschriften

insolvenzgerichtliche Ermächtigung eines Gutachters statthaft, die Wohn- und Geschäftsräume des Schuldners zu betreten und dort Nachforschungen anzustellen (BGHZ 158, 212 (216) = NZI 2004, 312; zu den Ermittlungsbefugnissen von Sachverständigen → § 5 Rn. 16). Ebenso ist die sofortige Beschwerde dann statthaft, wenn der vorläufige Insolvenzverwalter ermächtigt wird, Räume eines am Eröffnungsverfahren nicht beteiligten Dritten zu durchsuchen (BGH NZI 2009, 766 Rn. 9, 13 ff.). Mit Ausnahmen zu § 6 ist allerdings restriktiv umzugehen. So genügt insbesondere die „greifbare Gesetzeswidrigkeit" des gerichtlichen Handelns für sich allein nicht, um eine außerordentliche sofortige Beschwerde entgegen des rechtsstaatlichen Gebots der Rechtsmittelklarheit zu rechtfertigen (LG Göttingen ZIP 2016, 283 unter Hinweis auf BGH NJW-RR 2011, 640 Rn. 6; grundlegend BGHZ 150, 133 (135) =NJW 2002, 1577; aA aber LG Bonn NZI 2016, 845 (846) mkritAnm Laroche). In solchen Fällen ist binnen zweier Wochen eine Gehörsrüge nach § 321a ZPO, § 4 InsO zu erheben. Auch Aufsichtsmaßnahmen des Insolvenzgerichts nach § 58 können von Verfahrensbeteiligten weder verbindlich beantragt noch im Wege eines Rechtsbehelfs erzwungen oder überprüft werden (ganz hM; BGH ZInsO 2011, 131 Rn. 7; NZI 2006, 593; krit. zul. Antoni DZWIR 2015, 399).

5 Die Statthaftigkeit einer sofortigen Beschwerde setzt nach dem Wortlaut des Abs. 1 S. 1 voraus, dass „**dieses Gesetz**" die Anfechtbarkeit zulässt. Die Anordnung muss sich danach aus der InsO ergeben, wozu es allerdings genügt, dass das Insolvenzgericht seine Entscheidung auf eine über § 4 anwendbare Vorschrift der **ZPO** stützt und diese nach den anwendbaren Regeln der ZPO anfechtbar ist. Die Öffnungsvorschrift des § 4 gilt also auch iRd § 6; lediglich § 567 Abs. 1 ZPO wird von § 6 Abs. 1 S. 1 verdrängt (BGH BeckRS 2019, 30930 Rn. 10; NJW 2000, 1869; ausf. Gerhardt FS Uhlenbruck, 2000, 75 (79 ff.); ebenso MüKoInsO/Ganter/Bruns Rn. 6). Entscheidungen über Prozesskostenhilfe (→ § 4 Rn. 10 ff.), über einen Ablehnungsantrag gegen den Richter oder Rechtspfleger, aber auch einen Sachverständigen (→ § 5 Rn. 15 aE) oder über Akteneinsichtsgesuche (BGH BeckRS 2019, 30930 Rn. 10) sind daher einer sofortigen Beschwerde zugänglich. Auch die Gehörsrüge nach **§ 321a ZPO** findet über § 4 im Insolvenzverfahren Anwendung.

6 Findet sich eine gesetzliche Anordnung, so gilt diese nur für den **Entscheidungsgegenstand**, den sie regelt. Erlässt also das Insolvenzgericht einen Beschluss, in dem gleich über mehrere Anträge entschieden oder mehrere Anordnungen getroffen werden, so ist für die Anfechtbarkeit der Entscheidung nicht die äußere Form des einheitlichen Beschlusses, sondern allein der einzelne Entscheidungsgegenstand zu betrachten (BGH NZI 2007, 240 Rn. 10; AG Köln NZI 2005, 633 (634)). Entscheidet etwa das Gericht im Eröffnungsbeschluss auch negativ über den Eigenverwaltungsantrag des Schuldners, so darf dieser die Eröffnung des Insolvenzverfahrens anfechten (§ 34 Abs. 2), nicht aber die Ablehnung der Eigenverwaltung im selben Beschluss (BGH NZI 2007, 240; MüKoInsO/Ganter/Bruns Rn. 13). Der Anfechtbarkeit in § 287a Abs. 1 S. 3 umfasst aufgrund ihres einheitlichen Entscheidungsgegenstandes nicht nur die Ankündigung der Restschuldbefreiung, sondern auch die in diesem Verfahrensabschnitt bereits erfolgende Versagung derselben (AG Nürnberg-Fürth NZI 2018, 363 (364)).

7 Findet sich für einen Entscheidungsgegenstand keine Anordnung der Anfechtbarkeit im Gesetz, so ist die Entscheidung nicht anfechtbar. Eine **analoge Anwendung** vorhandener Anordnungen auf ähnlich gelagerte Sachverhalte scheitert methodisch schon an der fehlenden planwidrigen Regelungslücke, macht das vom Gesetzgeber gewählte Enumerationsprinzip doch deutlich, dass der Gesetzgeber sich die Entscheidung über eine Erweiterung des Kreises anfechtbarer Entscheidungen selbst vorbehalten will (BGH NZI 2010, 159 Rn. 7). Insbesondere eine analoge Anwendung des § 34 Abs. 1 auf Fälle des Scheiterns der Verfahrenseröffnung nach § 305 Abs. 3 (abl. BGH NZI 2005, 403; 2004, 40 (41)) und eine analoge Anwendung des § 34 Abs. 2 auf von der Verfahrenseröffnung betroffene Gesellschafter der Schuldnerin (Brinkmann ZIP 2014, 197 (203)) ist schon aus diesem Grund nicht möglich.

III. Entscheidungen des Rechtspflegers

8 Der Umstand, dass das Insolvenzgericht nicht durch den Richter, sondern durch den Rechtspfleger entschieden hat, ändert nichts an der Anwendbarkeit des § 6. Auch gegen diese Entscheidungen des Insolvenzgerichts ist also nur **nach Maßgabe des Abs. 1 S. 1** eine sofortige Beschwerde statthaft (vgl. auch § 11 Abs. 1 RPflG). Folglich führt der Rechtsmittelzug direkt zum Landgericht als Beschwerdegericht; der Insolvenzrichter des Amtsgerichts wird übergangen (MüKoInsO/Ganter/Bruns Rn. 58).

9 Ist die Entscheidung des Rechtspflegers nach Maßgabe des Abs. 1 S. 1 nicht anfechtbar, so sichert die (befristete) **Erinnerung**, die in diesen Fällen nach § 11 Abs. 2 S. 1 RPflG statthaft ist,

die richterliche Überprüfung der Entscheidung. Die Entscheidung des Insolvenzrichters über die Erinnerung ist dann unanfechtbar. Zu Einzelheiten → Rn. 9.1.

BGH NZI 2017, 213: Meldet der Gläubiger eine Forderung aus vorsätzlicher unerlaubter Handlung an und unterlässt der Insolvenzverwalter die Eintragung dieser Qualifikation in die Forderungstabelle, so ist die erst nach Aufhebung des Insolvenzverfahrens und Ablauf der Wohlverhaltensperiode **beantragte Tabellenberichtigung** nicht als Berichtigung gem. § 4 InsO, § 319 ZPO zu behandeln, da im Fall der Eintragung in die Insolvenztabelle ungeachtet der Rechtskraftwirkung des § 178 Abs. 3 keine gerichtliche Entscheidung ergeht. Vielmehr beurkundet das Insolvenzgericht lediglich Erklärungen des Verwalters, der Insolvenzgläubiger und des Schuldners, ohne hierzu eine Entscheidung zu fällen. Die Berichtigung der Insolvenztabelle muss deshalb in entsprechender Anwendung (§ 4) des § 164 Abs. 1 ZPO erfolgen (NZI 2017, 213 Rn. 8). Die **Ablehnung der Berichtigung durch den Rechtspfleger** ist dann eine Entscheidung, die nicht nach § 6 mit der sofortigen Beschwerde anfechtbar ist, weshalb gem. § 11 Abs. 2 S. 1 RPflG die **Erinnerung** statthaft ist (NZI 2017, 213 Rn. 10). Hilft der Rechtspfleger der Erinnerung nicht ab, so ist sie dem Insolvenzrichter vorzulegen (§ 11 Abs. 2 S. 3 RPflG). Sofortige Beschwerde und Rechtsbeschwerde sind gegen dessen Entscheidung nicht gegeben (NZI 2017, 213 Rn. 10, 11).

B. Zulässigkeit der Beschwerde

I. Beschwerdeberechtigung

Wer beschwerdeberechtigt ist, ergibt sich aus den Vorschriften, die die sofortige Beschwerde für statthaft erklären. Die Beschwerdeberechtigung als **Insolvenzgläubiger** ist für jede Person gegeben, die ihre Forderung im eröffneten Verfahren angemeldet hat; sie endet jedenfalls in dem Zeitpunkt, in dem rechtskräftig festgestellt wird, dass dieser Person die zunächst angemeldete Forderung nicht zusteht (BGH NZI 2007, 241 Rn. 7). Für die Beschwerdeberechtigung als **Insolvenzverwalter** ist danach zu differenzieren, ob die zum Verwalter bestellte Person in ihrer Eigenschaft als Partei kraft Amtes oder als persönlich Betroffener agiert. Ist der **Insolvenzschuldner** eine Gesellschaft, so kann das Beschwerderecht im Namen der Gesellschaft nicht nur durch dessen Organe, sondern entsprechend § 15 Abs. 1 S. 1 durch jedes Vertretungsorgan, aber auch jeden persönlich haftenden Gesellschafter oder den Liquidator ausgeübt werden (BGH NZI 2008, 121 Rn. 2; ZInsO 2006, 822). Bei führungslosen Gesellschaften gilt § 15 Abs. 1 S. 2 entsprechend. Folgerichtig fehlt dem Kommanditisten einer insolventen Kommanditgesellschaft die Beschwerdeberechtigung (OLG Hamm OLGZ 1972, 318). Darüber hinaus kann der nach Gesellschaftsrecht berufene gesetzliche Vertreter der Schuldnerin für diese auch dann Beschwerde gegen die Eröffnung des Insolvenzverfahrens einlegen, wenn der nach § 37 KWG bestellte Abwickler den Insolvenzantrag gestellt hat (BGH NZI 2006, 594 Rn. 12).

II. Beschwer

Der Beschwerdeführer muss durch die angefochtene Entscheidung beschwert sein. Diese Beschwer muss im Zeitpunkt der Entscheidung über die Beschwerde vorliegen; ihr Wegfall macht das Rechtsmittel unzulässig (BGH NZI 2009, 766 Rn. 10; 2007, 34 Rn. 5; NJW-RR 2004, 1365). Der Berechtigte ist durch eine gerichtliche Entscheidung nur dann beschwert, wenn die Entscheidung entweder von dem gestellten Antrag zum Nachteil des Antragstellers abweicht (**formelle Beschwer;** BGH NJW-RR 2007, 765 Rn. 6; BGHZ 140, 335 (338) = NJW 1999, 1339) oder er durch die Entscheidung in seinen Interessen nachteilig betroffen ist (**materielle Beschwer;** MüKoInsO/Ganter/Bruns Rn. 31). Ein formell beschwerter Beschwerdeführer ist in der Regel auch materiell beschwert. Aber auch in dem Ausnahmefall, in dem einmal eine materielle Beschwer trotz gegebener formeller Beschwer nicht feststellbar ist, wird dem Beschwerdeberechtigten seine Beschwerdebefugnis nicht aberkannt werden können (MüKoInsO/Ganter/Bruns Rn. 31). In der Praxis genügt daher die Feststellung der formellen Beschwer.

Entspricht die ergangene Entscheidung hingegen dem Antrag des Beschwerdeführers, so fehlt jede formelle Beschwer. Er hat daher eine **materielle Beschwer** vorzutragen. Diese liegt nicht schon darin, dass ihn die beantragte Entscheidung in der gewollten Weise beeinträchtigt. Die materielle Beschwer des Schuldners infolge eines Eröffnungsbeschlusses (vgl. BGH NZI 2004, 625) ist daher unbeachtlich, wenn der Schuldner ihn zuvor beantragt hat (BGH NZI 2012, 318 Rn. 4; NZI 2008, 557 Rn. 4; NJW-RR 2007, 765) und dies unabhängig davon, ob neben dem Schuldner auch ein Gläubiger einen Insolvenzantrag gestellt hat (BGH NZI 2012, 318 Rn. 5 f.). Hat sich hingegen die Vermögenslage des Schuldners nach Antragstellung so weit gebessert, dass kein Eröffnungsgrund mehr gegeben ist und ignoriert das Insolvenzgericht diesen Umstand, so wird man die materielle Beschwer der Eröffnung für beachtlich halten müssen (offengelassen BGH NZI 2012, 318 Rn. 8; NJW-RR 2007, 765 Rn. 14). Es bedarf also einer geänderten Faktenlage; der bloße Sinneswandel des Schuldners, der sich nicht in einer Antragsrücknahme äußert, genügt nicht (BGH NJW-RR 2007, 765 Rn. 14).

III. Rechtsschutzbedürfnis

13   Das Rechtsschutzbedürfnis wird grundsätzlich durch die vorhandene Beschwer **indiziert**. Es fehlt daher nur in den Ausnahmefällen, in denen der Beschwerdeführer nicht die Beseitigung gerade derjenigen Beschwer anstrebt, derentwegen das Rechtsmittel statthaft ist (zB Beschwerde gegen den Eröffnungszeitpunkt (LG Duisburg ZInsO 2002, 990) oder den bestellten Insolvenzverwalter oder Treuhänder (LG Münster ZInsO 2002, 777)) oder er sich von dem Rechtsmittel materiell nichts erhoffen kann (zB Beschwerde eines Insolvenzgläubigers gegen die Festsetzung der Verwaltervergütung in einem masselosen Verfahren (BGH NZI 2006, 250 Rn. 8)). Ist die angegriffene Entscheidung bereits prozessual überholt, so entfällt das Rechtsschutzbedürfnis nur dann ausnahmsweise nicht, wenn ein besonderes **Fortsetzungsfeststellungsinteresse** besteht (vgl. für rechtswidrige Wohnungsdurchsuchungen durch einen Sachverständigen BGHZ 158, 212 (214 ff.) = NZI 2004, 312).

IV. Form und Frist

14   In Bezug auf die Beschwerdesumme, die Beschwerdefrist, die Einlegung und die Begründung der Beschwerde gelten über § 4 die allgemeinen Vorschriften der **§§ 567 ff. ZPO**. § 6 normiert nur **zwei Besonderheiten:** Zum einen kommt es nach Abs. 2 für den **Fristbeginn** nicht auf den in § 569 Abs. 1 S. 2 ZPO genannten Zeitpunkt (Zustellungszeitpunkt oder fünf Monate nach Verkündung), sondern primär auf den Zeitpunkt der Verkündung der Entscheidung an. Wird die Entscheidung nicht verkündet, läuft die Frist ab dem Moment ihrer Zustellung (BGH NZI 2018, 235 Rn. 9). Diese Zustellung kann gem. § 9 Abs. 3 durch die öffentliche Bekanntmachung nachgewiesen werden (BGH NZI 2018, 235 Rn. 9); erfolgt neben der öffentlichen Bekanntmachung eine Einzelzustellung, so ist für den Fristbeginn der frühere Zeitpunkt maßgeblich (BGH NZI 2016, 397 Rn. 8; 2010, 159 Rn. 9; 2004, 341). Zum anderen kann die Beschwerde wirksam nur **beim Insolvenzgericht** eingelegt werden (Abs. 1 S. 2); ein direktes Anrufen des Beschwerdegerichts, wie es § 569 Abs. 1 S. 1 ZPO ermöglicht, ist damit nicht fristhemmend möglich.

C. Beschwerdeverfahren

I. Keine aufschiebende Wirkung der sofortigen Beschwerde

15   Die zulässige sofortige Beschwerde hat grundsätzlich keine aufschiebende Wirkung (§ 570 Abs. 1 ZPO, § 4). Die **Aussetzung der Vollziehung** der angefochtenen Entscheidung kann aber durch das Insolvenzgericht (§ 570 Abs. 2 ZPO, § 4) oder das Beschwerdegericht (§ 570 Abs. 3 ZPO, § 4) angeordnet werden. Eine solche Aussetzung kommt in Betracht, wenn durch die weitere Vollziehung dem Beschwerdeführer größere Nachteile drohen als den anderen Beteiligten im Falle der Aussetzung, die Rechtslage zumindest zweifelhaft ist und die Beschwerde zulässig erscheint (vgl. BGH ZInsO 2009, 432; NZI 2002, 338). Eine Aussetzung des Eröffnungsbeschlusses kommt danach nur im seltensten Ausnahmefall in Betracht.

16   Eine Ausnahme vom Grundsatz der fehlenden aufschiebenden Wirkung einer sofortigen Beschwerde findet sich im Fall der sofortigen Beschwerde gegen eine **Planbestätigung** nach § 253 Abs. 1. Diese verhindert den Eintritt der Rechtskraft des Bestätigungsbeschlusses und damit wegen der Regelung in § 254 Abs. 1 die Planumsetzung. Sie hat damit aufgrund der Sonderregelung in § 254 Abs. 1 faktisch eine aufschiebende Wirkung.

II. Abhilfeentscheidung des Insolvenzgerichts

17   Gemäß § 572 Abs. 1 ZPO, § 4 entscheidet zunächst das Insolvenzgericht, bei dem die sofortige Beschwerde eingelegt wurde, ob es der Beschwerde abhilft. Dies gilt unabhängig davon, ob der Insolvenzrichter oder der Insolvenzrechtspfleger entschieden hat (MüKoInsO/Ganter/Bruns Rn. 45). Erst wenn das Insolvenzgericht die Beschwerde für unbegründet hält und infolgedessen ihr nicht abhilft, wird sie an das Beschwerdegericht weitergeleitet. Durch die **Abhilfebefugnis** wird das Beschwerdeverfahren idealerweise verkürzt und das Beschwerdegericht entlastet, muss es

Sofortige Beschwerde § 6 InsO

sich doch nicht mehr mit der Nachholung des rechtlichen Gehörs bzw. der Korrektur von Fehlern befassen, die das Ausgangsgericht schon selbst erkennt (BT-Drs. 14/4722, 114).

Das Insolvenzgericht entscheidet über die Abhilfe durch **Beschluss,** aus dem sich ergeben 18 muss, ob und in welchem Umfang der Beschwerde abgeholfen wird. Der Nichtabhilfebeschluss ist zu begründen, wenn der Beschwerdeführer neue Tatsachen vorgebracht hat und das Insolvenzgericht diese nicht berücksichtigen will (OLG Celle NZI 2001, 599). Hilft das Insolvenzgericht der Beschwerde vollständig ab, so ist die Beschwerde erledigt und der Abhilfebeschluss ist mit einer Kostenentscheidung zu versehen (K. Schmidt InsO/Stephan Rn. 18). Werden nun andere Verfahrensbeteiligte durch die Abhilfe beschwert, können diese gegen den Abhilfebeschluss dann eine sofortige Beschwerde einlegen, wenn sie nach Maßgabe des Abs. 1 S. 1 eine Beschwerdemöglichkeit in dem Fall gehabt hätten, dass die im Abhilfebeschluss ergangene Entscheidung als Erstentscheidung ergangen wäre (MüKoInso/Ganter/Bruns Rn. 49 mwN).

III. Beschwerdeentscheidung des Landgerichts

Hilft das Insolvenzgericht der sofortigen Beschwerde nicht ab, ist sie **unverzüglich** dem 19 Beschwerdegericht, also dem **Landgericht** (§ 72 GVG) vorzulegen (§ 572 Abs. 1 S. 1 letzter Hs. ZPO, § 4). Eine in einem Insolvenzverfahren bei einem Oberlandesgericht eingelegte Beschwerde ist als unzulässig zu verwerfen, wogegen kein Rechtsmittel gegeben ist (BGH BeckRS 2020, 20334).

Über die Beschwerde entscheidet das Beschwerdegericht durch **Beschluss** (§ 572 Abs. 4 ZPO, 20 § 4). Kommt das Beschwerdegericht zu dem Ergebnis, dass die Beschwerde unzulässig ist, so ist sie zu verwerfen (§ 572 Abs. 2 S. 2 ZPO, § 4). Ist die Beschwerde dagegen zulässig, aber unbegründet, muss sie vom Landgericht zurückgewiesen werden (MüKoInsO/Ganter/Bruns Rn. 55). Hält das Landgericht die Beschwerde für begründet, so hebt es die angefochtene Entscheidung auf und entscheidet entweder **in der Sache selbst** (vgl. BGH NZI 2008, 391; LG Potsdam NZI 2002, 554) oder verweist die Sache gem. § 572 Abs. 3 ZPO, § 4 an das Insolvenzgericht zurück. Im Falle der **Zurückverweisung** ist das Insolvenzgericht an die rechtliche Beurteilung gebunden, die der Entscheidung des Beschwerdegericht zugrunde liegt (analog § 577 Abs. 4 S. 4 ZPO). Wird die daraufhin erfolgende zweite Entscheidung des Insolvenzgerichts wiederum angefochten, ist das Beschwerdegericht bei seiner zweiten Entscheidung an die eigene Rechtsauffassung gebunden. Es kann seiner Entscheidung nicht eine andere Rechtsauffassung zugrunde legen als die, auf der sein zurückweisender Beschluss beruhte (BGH NZI 2009, 384 Rn. 9; BGHZ 159, 122 (127) = NZI 2004, 440).

Entscheidet das Beschwerdegericht nur über die Beschwerde des Beschwerdeführers, so gilt das 21 **Verschlechterungsverbot** (reformatio in peius; BGH NZI 2007, 45 Rn. 4; BGHZ 159, 122 (124 ff.) = NZI 2004, 440) und zwar auch dann, wenn das Beschwerdegericht die Entscheidung des Insolvenzgerichts aufhebt und zurückverweist (BGHZ 159, 122 (124 f.) = NZI 2004, 440). Der Beschwerdeführer darf also nicht schlechter gestellt werden, als wenn das Beschwerdegericht eine eigene Sachentscheidung getroffen hätte (BGHZ 159, 122 (124 f.) = NZI 2004, 440). Ist hingegen über gegenläufige Beschwerden gegen dieselbe Entscheidung zu entscheiden, kann kein Verschlechterungsverbot zugunsten der Beschwerdeführer gelten.

Über die **Kosten** des Beschwerdeverfahrens entscheidet das Beschwerdegericht über § 4 nach 22 den §§ 91 ff. ZPO (insbesondere § 97 ZPO), sofern ein Beschwerdegegner vorhanden ist. Fehlt ein Beschwerdegegner, so existiert auch für einen erfolgreichen Beschwerdeführer kein Unterlegener als Erstattungsschuldner iSd Kostenrechts. Eine rechtliche Grundlage, die Kosten der Staatskasse aufzuerlegen, ist nicht ersichtlich, solange kein Amtshaftungsanspruch gegen das Insolvenzgericht entstanden ist, das die erfolgreich angefochtene Entscheidung erlassen hat (OLG Köln NZI 2001, 304 (305); MüKoInsO/Ganter/Bruns Rn. 83; aA LG Essen ZInsO 2000, 47 (48)). Kann der Beschwerdeführer die Kosten für das Beschwerdeverfahren nicht aufbringen, ist ihm nach den §§ 114 ff. ZPO Prozesskostenhilfe zu gewähren; eine Verfahrenskostenstundung nach den §§ 4a–d ist nicht möglich (→ § 4a Rn. 29). Für Schuldnergesellschaften als Beschwerdeführer ist eine Prozesskostenhilfe allerdings kaum zu erreichen (fehlendes allgemeines Interesse nach § 116 S. 1 Nr. 2 ZPO). Gelingt keine Drittfinanzierung, so ist die Beschwerde nicht finanzierbar (krit. daher Mock NZI 2015, 633 (636 ff.)). Steht im Fall einer Zurückverweisung der Erfolg des Rechtsmittels noch nicht fest, kann die Kostenentscheidung insgesamt dem Insolvenzgericht übertragen werden.

Wirksam wird die Beschwerdeentscheidung gem. Abs. 3 S. 1 **erst mit Eintritt der (formel-** 23 **len) Rechtskraft.** Dies gilt gem. Art. 102c § 4 S. 2 letzter Hs. EGInsO auch für Beschwerdeverfahren über die internationale Zuständigkeit des Insolvenzgerichts nach Art. 5 EuInsVO (vor der gesetzlichen Klarstellung zum 1.1.2021 war dies streitig; wie hier Deyda ZInsO 2018, 221 (229 f.);

Thole ZIP 2018, 401 (406); aA Zipperer ZIP 2018, 956 (957 f.)). Das Beschwerdegericht hat aber die Möglichkeit, die **sofortige Wirksamkeit der Entscheidung** gem. Abs. 3 S. 2 anzuordnen. Die Anordnung muss zusammen mit der Beschwerdeentscheidung ergehen und ist nur zusammen mit dieser anfechtbar (MüKoInsO/Ganter/Bruns Rn. 75).

24 Im Rahmen der Entscheidung über die sofortige Beschwerde entscheidet das Beschwerdegericht auch über die **Zulassung der Rechtsbeschwerde** (vgl. § 574 Abs. 1 S. 1 Nr. 2 ZPO, § 4). Dabei ist zu beachten, dass das Beschwerdegericht die Rechtsbeschwerde nach § 574 Abs. 3 S. 1 ZPO zulassen muss, wenn die Voraussetzungen des § 574 Abs. 2 ZPO vorliegen, also die Rechtssache entweder grundsätzliche Bedeutung hat (Nr. 1) oder die Fortbildung des Rechts oder die Sicherung einer einheitlichen Rechtsprechung eine Entscheidung des BGH erfordert (Nr. 2). Wird die Rechtsbeschwerde zugelassen, muss der Beschluss des Beschwerdegerichts sowohl eine Sachverhaltsdarstellung als auch eine Begründung enthalten, da das Rechtsbeschwerdegericht die Rechtsanwendung der Vorinstanz ohne eine Tatsachenfeststellung nicht überprüfen kann (vgl. BT-Drs. 14/4772, 115). Erfolgt die Entscheidung des Beschwerdegerichts ohne Wiedergabe des maßgeblichen Sachverhalts, wird die Entscheidung regelmäßig durch den BGH aufgehoben (vgl. BGH NZI 2011, 714; 2009, 325 Rn. 5; 2008, 391 Rn. 3; 2006, 481 Rn. 6; 2002, 575).

25 Die Entscheidung für eine Zulassung muss entsprechend § 568 S. 2 Nr. 2 ZPO vom **Kollegium** (der gesamten Kammer des Beschwerdegerichts) getroffen werden; sie liegt nicht in der Kompetenz des Einzelrichters (MüKoInsO/Ganter/Bruns Rn. 95). Entscheidet der Einzelrichter nicht nur über die sofortige Beschwerde, sondern lässt er auch die Rechtsbeschwerde zu, so ist diese Zulassung zwar insoweit wirksam, als sie den Weg zum BGH eröffnet; dieser wird sie aber allein aufgrund der fehlerhaften Besetzung des Beschwerdegerichts und damit wegen der Verletzung des Verfassungsgebots des **gesetzlichen Richters** (Art. 101 Abs. 1 S. 2 GG) von Amts wegen aufheben und zur Entscheidung in der Sache durch das Kollegium zurückverweisen (grundlegend BGHZ 154, 200 = NZI 2003, 398). Dies hindert den BGH aber nicht, für diese neue Sachentscheidung relevante rechtliche Aspekte bereits mit auf den Weg zu geben und so bereits zur Rechtsklarheit beizutragen (BGH NZI 2020, 731 Rn. 4). Eine erneute Zulassung der Rechtsbeschwerde sollte sich dann erübrigen.

D. Die Rechtsbeschwerde

26 Für die Rechtsbeschwerde finden sich in der InsO seit Aufhebung des § 7 keine Sonderbestimmungen mehr. Es gelten daher über **§ 4** die **§§ 574–577 ZPO** entsprechend.

I. Statthaftigkeit

27 Die Rechtsbeschwerde ist nach § 574 Abs. 1 ZPO nur in zwei Konstellationen statthaft: im Fall einer ausdrücklichen gesetzlichen Bestimmung der Statthaftigkeit (§ 574 Abs. 1 Nr. 1 ZPO iVm Abs. 2) und im Fall einer ausdrücklichen Zulassung der Rechtsbeschwerde durch das Beschwerdegericht (§ 574 Abs. 1 Nr. 2 ZPO). Bis zum 27.10.2011 bestimmte § 7, dass gegen die Entscheidung über die sofortige Beschwerde die Rechtsbeschwerde stattfindet und eröffnete damit den Weg zum BGH über Nr. 1 in § 574 Abs. 1. Seit der Aufhebung des § 7 ist die Rechtsbeschwerde nur noch über Nr. 2 möglich, also im Fall der **ausdrücklichen Zulassung** der Rechtsbeschwerde **durch das Beschwerdegericht** (→ Rn. 24 f.).

28 Für die Statthaftigkeit einer Rechtsbeschwerde ist damit allein maßgeblich, ob das Beschwerdegericht diese gem. § 574 Abs. 1 Nr. 2 ZPO zugelassen hat, wobei die **Zulassung** der Rechtsbeschwerde **im Beschwerdebeschluss** erfolgt sein muss. Eine nachträgliche Zulassung der Rechtsbeschwerde im Rahmen einer Ergänzungsentscheidung (§ 321 ZPO) ist unzulässig (BGH NZI 2014, 334 Rn. 8; 2009, 744 Rn. 7; NJW 2004, 779). Wurde eine beschlossene Zulassung versehentlich nicht in den Beschluss aufgenommen, kann der Beschluss entsprechend § 319 ZPO berichtigt werden. Dafür ist allerdings notwendig, dass sich aus dem Zusammenhang des Beschlusses selbst oder mindestens aus den Vorgängen bei seinem Erlass oder seiner Verkündung ergeben muss, dass die Zulassung der Rechtsbeschwerde beschlossen und nur versehentlich nicht im Beschluss ausgesprochen war (BGH NZI 2014, 334 Rn. 9; 2009, 744 Rn. 8; NJW 2004, 779 (779); BGHZ 78, 22 (22) = NJW 1980, 2813; BGHZ 20, 188 = NJW 1956, 830). Die Zulassung der Rechtsbeschwerde durch das Beschwerdegericht ist für das Rechtsbeschwerdegericht nur dann nicht bindend, wenn die Rechtsbeschwerde gegen die angefochtene Entscheidung nicht statthaft ist (BGH NZM 2016, 519 Rn. 5; NJW-RR 2006, 286 Rn. 4) oder aber wenn schon das Rechtsmittel zum Beschwerdegericht nicht zulässig war (BGH NZI 2017, 213 Rn. 11; NZM 2016, 519 Rn. 5; NZI 2016, 279 Rn. 6; NJW 2009, 3653 Rn. 5; NZI 2006, 239 Rn. 4; NJW 2004, 1112 (1113)).

Sofortige Beschwerde § 6 InsO

Hat sich das Beschwerdegericht gegen die Zulassung der Rechtsbeschwerde entschieden, so ist 29 diese Entscheidung nicht angreifbar (BT-Drs. 14/4772, 116); eine **Nichtzulassungsbeschwerde** ist nicht statthaft; auch der Weg einer außerordentlichen Beschwerde ist nicht eröffnet (BGH BeckRS 2017, 134984 Rn. 2). Der BGH erlaubt den Parteien in diesem Fall allerdings in analoger Anwendung des § 321a ZPO (Gehörsrüge) eine **Gegenvorstellung**, die zur nachträglichen Zulassung der Rechtsbeschwerde durch das Beschwerdegericht führen kann, wenn die Zulassung trotz des Vorliegen eines Zulassungsgrunds (§ 574 Abs. 2 ZPO) unterblieb und der Beschwerdeführer dadurch in seinen Verfahrensgrundrechten verletzt worden ist (BGH NZI 2009, 744 Rn. 11; NJW-RR 2007, 1654; NJW 2004, 2529; grundsätzlich auch BGH NJW-RR 2012, 306 im Anschluss an BGH NJW 2011, 1516). Ausgeschlossen ist demgegenüber, dass der BGH außerhalb der gesetzlich bestimmten Verfahrensregeln auf die Abwicklung eines Insolvenzverfahrens Einfluss nimmt, etwa durch die Erteilung von Weisungen an das Insolvenzgericht, den Verwalter und an Drittschuldner (BGH BeckRS 2020, 20334 Rn. 3).

II. Zulässigkeit

1. Beschwer

Eine zulässige Rechtsbeschwerde setzt zunächst voraus, dass der Rechtsbeschwerdeführer durch 30 die Entscheidung des Beschwerdegerichts **beschwert** ist. Für den Erstbeschwerdeführer ergibt sich dies schon daraus, dass seine sofortige Beschwerde verworfen oder zurückgewiesen wurde. Andere Beteiligte am Beschwerdeverfahren sind nur beschwert, wenn sie durch die Beschwerdeentscheidung erstmals in ihren Rechten beeinträchtigt sind; ihre Rechtsbeschwerde soll dennoch nur in dem Fall statthaft sein, in dem ihnen § 6 Abs. 1 S. 1 schon gegen eine entsprechende erstinstanzliche Entscheidung die sofortigen Beschwerde zugestanden hätte (BGH NZI 2006, 239). Die durch § 6 Abs. 1 S. 1 begrenzte Überprüfungsbefugnis der Verfahrensbeteiligten bei insolvenzgerichtlichen Entscheidungen setzt sich also auch in der Rechtsbeschwerdeinstanz fort.

2. Frist

Die Rechtsbeschwerde ist innerhalb einer **Notfrist von einem Monat ab Zustellung** der 31 Beschwerdeentscheidung beim BGH eingelegt werden (§ 575 Abs. 1 S. 1 ZPO, § 4). Zustellungsmängel werden nach § 189 ZPO geheilt. Funktioniert die Heilung nicht (zB weil eine Zustellung nicht beabsichtigt war oder auch ein tatsächlicher Zugang nicht nachweisbar ist), so läuft keine Rechtsbeschwerdefrist. Da in § 575 Abs. 1 S. 1 ZPO für diesen Fall (anders als etwa in § 569 Abs. 1 S. 2 ZPO) **kein zustellungsunabhängiger Fristbeginn** nach Ablauf von fünf Monaten nach Verkündung normiert wurde, kann die Rechtsbeschwerde unbefristet eingelegt werden (BAG NJW 2008, 1610; BLAH, 73. Aufl. 2015, ZPO § 575 Rn. 4; Zöller/Heßler, ZPO, 29. Aufl. 2012, ZPO § 575 Rn. 2; Stein/Jonas/Jacobs, ZPO, 22. Aufl. 2013, ZPO § 575 Rn. 2); eine analoge Anwendung des § 569 Abs. 1 S. 2 ZPO (so etwa HK-InsO/Kirchhof § 7 Rn. 25; MüKoInsO/Ganter/Bruns Rn. 104; Musielak/Voit/Ball, 12. Aufl. 2015, ZPO § 575 Rn. 5) widerspricht dem Gebot der Rechtsmittelklarheit des Prozessrechts, das auch für das Insolvenzverfahren Geltung beanspruchen kann.

3. Form

Die Rechtsbeschwerde wird durch Einreichen der **Rechtsbeschwerdeschrift** eingelegt, in 32 der die angegriffene Entscheidung zu bezeichnen und die Erklärung abzugeben ist, dass gegen diese Entscheidung Rechtsbeschwerde eingelegt wird (§ 575 Abs. 1 S. 2 ZPO, § 4). Mit der Rechtsbeschwerdeschrift soll zugleich eine Ausfertigung oder beglaubigte Abschrift der angefochtenen Entscheidung vorgelegt werden (§ 575 Abs. 1 S. 3 ZPO, § 4). Einzureichen ist diese Schrift **beim BGH** als Rechtsbeschwerdegericht (§ 133 GVG) durch einen beim BGH zugelassenen Rechtsanwalt (§ 575 Abs. 1 S. 1 ZPO, § 78 Abs. 1 S. 3 ZPO; BGH BeckRS 2017, 134984 Rn. 3).

Die Rechtsbeschwerde ist in der Rechtsbeschwerdeschrift oder durch gesonderten Schriftsatz 33 innerhalb der Rechtsbeschwerdefrist **zu begründen** (§ 575 Abs. 2 ZPO). Die **Begründungsfrist** kann auf Antrag verlängert werden (§ 575 Abs. 2 S. 3 iVm § 551 Abs. 2 S. 5 und 6 ZPO); auch eine Wiedereinsetzung in den vorigen Stand ist unter den Voraussetzungen des §§ 233 f. ZPO möglich. Beantragt eine mittellose Partei Wiedereinsetzung in den vorigen Stand, so läuft die Frist für die Begründung der Rechtsbeschwerde nicht erst ab Bekanntgabe der Bewilligung der Wiedereinsetzung, sondern bereits ab der Bekanntgabe der Gewährung von Prozesskostenhilfe, denn bereits mit der Gewährung von Prozesskostenhilfe entfällt das Hindernis für die Einhaltung der Frist (BGHZ 176, 379 Rn. 8 = NJW 2008, 3500). Hat das Beschwerdegericht die sofortige Beschwerde als unzulässig verworfen und hilfsweise deren Begründetheit verneint, ist die Rechtsbeschwerde nur zulässig, wenn in Bezug auf beide Begründungen die Zulässigkeitsvoraussetzungen des § 574 Abs. 2 ZPO dargelegt werden (BGH NZI 2006, 606).

III. Die Entscheidung über die Rechtsbeschwerde

34 Die Entscheidung des BGH über die Rechtsbeschwerde ergeht durch **Beschluss** (§ 577 Abs. 6 S. 1 ZPO) und ist – abgesehen von den Fällen des § 577 Abs. 6 S. 2 und 3 ZPO – zu begründen.

35 Die Rechtsbeschwerde ist gem. § 577 Abs. 1 S. 2 ZPO **als unzulässig zu verwerfen,** wenn sie nicht statthaft war, nicht in der gesetzlichen Form und Frist eingelegt oder begründet wurde, es an einer allgemeinen Verhandlungsvoraussetzung, dem Rechtsschutzbedürfnis oder der Beschwer fehlt, oder bereits die sofortige Beschwerde unstatthaft war (→ Rn. 26 ff.). War schon die zugrundeliegende sofortige Beschwerde zwar statthaft, aber aus anderen Gründen unzulässig, und wurde sie dennoch vom Beschwerdegericht sachlich beschieden, so fehlt es an einem gültigen und rechtswirksamen Verfahren vor dem Rechtsbeschwerdegericht, da das Verfahren eigentlich schon rechtskräftig beendet ist. Die Rechtsbeschwerde gegen die Aufrechterhaltung der erstinstanzlichen Entscheidung durch das Beschwerdegericht ist daher unzulässig (BGH NJW-RR 2011, 143 Rn. 4). Eine Rechtsbeschwerde gegen die Aufhebung oder Abänderung der erstinstanzlichen Entscheidung durch das Beschwerdegericht ist hingegen zum Zwecke der Wiederherstellung der (rechtskräftig gewordenen) erstinstanzlichen Entscheidung zulässig und begründet (BGH NZI 2004, 447).

36 Ist die Entscheidung des Beschwerdegerichts im Ergebnis richtig, ist die Rechtsbeschwerde **als unbegründet zurückzuweisen.** Dies gilt nach § 577 Abs. 3 ZPO auch für den Fall, dass die angefochtene Entscheidung zwar fehlerhaft war, sich aber im Ergebnis aus anderen Rechtsgründen als zutreffend herausstellt, denn der Rechtsbeschwerdeführer ist durch die fehlerhafte, aber im Ergebnis richtige Entscheidung nicht benachteiligt (BT-Drs. 14/4722, 118).

37 Hält der BGH die Rechtsbeschwerde für **zulässig und begründet,** hebt er die angefochtene Entscheidung auf. Ist die Sache entscheidungsreif, so entscheidet er in der Sache selbst (§ 577 Abs. 5 ZPO). Bedarf es hingegen weiterer Tatsachenfeststellungen, so verweist er die Sache zur erneuten Entscheidung an das Beschwerdegericht zurück (§ 577 Abs. 4 ZPO). Das Beschwerdegericht ist in diesem Fall an die rechtliche Beurteilung gebunden, die der Aufhebung zugrunde liegt (§ 577 Abs. 4 S. 4 ZPO). Diese Bindungswirkung entfällt erst dann, wenn das Gericht neue Tatsachen feststellt und auf der Grundlage eines geänderten maßgeblichen Sachverhaltes entscheidet (BGHZ 159, 122 (127) = NZI 2004, 440). Zugleich muss das Beschwerdegericht das Verbot der Schlechterstellung beachten (BGHZ 159, 122 = NZI 2004, 440). Der BGH hat auch das Recht, die Sache an einen anderen Spruchkörper des Beschwerdegerichts zurück zu verweisen (§ 577 Abs. 4 S. 3 ZPO); er kann zudem an das erstinstanzliche Gericht zurückverweisen, wenn das Beschwerdegericht ebenso verfahren hätte (BGH NJW-RR 2012, 503 Rn. 15; NZI 2011, 939 Rn. 19; 2011, 596 Rn. 23; 2005, 45 (46); BGHZ 160, 176 (185) = NZI 2004, 577) oder wenn schon das Insolvenzgericht den noch klärungsbedürftigen Fragen hätte nachgehen müssen (BGH NZI 2004, 444 (445); NZI 2004, 626 (628)).

§ 7 [aufgehoben]

§ 8 Zustellungen

(1) ¹Die Zustellungen erfolgen von Amts wegen, ohne dass es einer Beglaubigung des zuzustellenden Schriftstücks bedarf. ²Sie können dadurch bewirkt werden, dass das Schriftstück unter der Anschrift des Zustellungsadressaten zur Post gegeben wird; § 184 Abs. 2 Satz 1, 2 und 4 der Zivilprozessordnung gilt entsprechend. ³Soll die Zustellung im Inland bewirkt werden, gilt das Schriftstück drei Tage nach Aufgabe zur Post als zugestellt.

(2) ¹An Personen, deren Aufenthalt unbekannt ist, wird nicht zugestellt. ²Haben sie einen zur Entgegennahme von Zustellungen berechtigten Vertreter, so wird dem Vertreter zugestellt.

(3) ¹Das Insolvenzgericht kann den Insolvenzverwalter beauftragen, die Zustellungen nach Absatz 1 durchzuführen. ²Zur Durchführung der Zustellung und zur Erfassung in

Zustellungen § 8 InsO

den Akten kann er sich Dritter, insbesondere auch eigenen Personals, bedienen. [3]Der Insolvenzverwalter hat die von ihm nach § 184 Abs. 2 Satz 4 der Zivilprozessordnung angefertigten Vermerke unverzüglich zu den Gerichtsakten zu reichen.

Überblick

Die Vorschrift regelt die Zustellung im Insolvenzverfahren und modifiziert insoweit die allgemeinen Zustellungsregeln der §§ 166 ff. ZPO, die über § 4 entsprechende Anwendung finden. Insbesondere die Übertragung notwendiger Zustellungen auf den Insolvenzverwalter nach Abs. 3 soll der **Vereinfachung und Beschleunigung des Verfahrens** dienen und zugleich die Insolvenzgerichte entlasten (BT-Drs. 16/3227, 13). Für Zustellungen in Form der öffentlichen Bekanntmachung finden sich weitere Regelungen in § 9 (→ § 9 Rn. 1).

Übersicht

	Rn.		Rn.
A. Erforderlichkeit einer Zustellung	1	III. Förmliche Zustellung	12
I. Zuzustellende Schriftstücke	2	IV. Heilung fehlerhafter Zustellungen	14
II. Zustellungsadressat	5	C. Keine Zustellung bei unbekanntem Aufenthalt (Abs. 2)	15
III. Zustellungswirkung	7		
B. Art der Zustellung (Abs. 1)	8	D. Zustellung durch den Insolvenzverwalter (Abs. 3)	18
I. Zustellung von Amts wegen	8		
II. Regelfall: Zustellung durch Aufgabe zur Post	9	E. Auslandszustellung	21

A. Erforderlichkeit einer Zustellung

§ 8 regelt allein die **Art und Weise** der Zustellung von „Schriftstücken". Die Frage, ob ein Schriftstück zugestellt werden muss, ergibt sich vorgeschaltet aus den betreffenden Normen der Insolvenzordnung. 1

I. Zuzustellende Schriftstücke

Die Zustellung eines Schriftstücks wird in **folgenden Vorschriften** angeordnet: § 23 Abs. 1 S. 2, § 25 Abs. 1, § 30 Abs. 2, § 64 Abs. 2 S. 1, § 73 Abs. 2, § 186 Abs. 2 S. 1, § 194 Abs. 2 S. 1 sowie Abs. 3 S. 1, § 204 Abs. 2 S. 1, § 208 Abs. 2 S. 2, § 235 Abs. 3, § 307 Abs. 1 sowie Abs. 3 S. 2 (wobei hierauf nur § 8 Abs. 1 S. 1 anzuwenden ist) und § 308 Abs. 1 S. 3. 2

Auch in den Fällen, in denen die InsO eine **besondere Ladung** der Beteiligten anordnet (vgl. § 177 Abs. 3 S. 2, § 235 Abs. 3 S. 1, § 241 Abs. 2 S. 1, § 296 Abs. 3 S. 1), ist von der Erforderlichkeit einer Zustellung der Ladung auszugehen. Demgegenüber genügt in Fällen, in denen die InsO lediglich die **„Unterrichtung" der Beteiligten** anordnet (vgl. § 215 Abs. 1 S. 2 oder § 258 Abs. 3 S. 2), eine bloße Mitteilung, die formlos via Post, Fax, Email oder auch Telefon erfolgen kann (Nerlich/Römermann/Becker Rn. 9). 3

Gerichtliche Entscheidungen, die nicht verkündet worden sind, aber eine Terminbestimmung enthalten oder eine Frist in Lauf setzen, sind nach § 329 Abs. 2 S. 2 ZPO, § 4 zuzustellen. Entsprechendes gilt nach § 329 Abs. 3 ZPO, § 4 unabhängig von einer Verkündung für Entscheidungen, die einen Vollstreckungstitel bilden oder der sofortigen Beschwerde oder Erinnerung unterliegen. 4

II. Zustellungsadressat

Zustellungsadressat ist der/die **Betroffene.** Dies ist jeder, der durch die jeweilige Entscheidung beschwert sein kann. In den meisten Fällen wird der Adressat durch die Insolvenzordnung bereits benannt. Enthalten die insolvenzrechtlichen Normen keine weiteren Ausführungen zum Adressaten der Zustellung, hat diese an alle durch die Entscheidung beschwerten Personen zu erfolgen (K. Schmidt InsO/Stephan Rn. 5). 5

Bei **nicht prozessfähigen Personen** gilt § 170 Abs. 1 ZPO über § 4. So ist bei juristischen Personen an das Vertretungsorgan, bei Gesellschaften ohne Rechtspersönlichkeit an die persönlich haftenden Gesellschafter zuzustellen. Für die Gesellschaft bürgerlichen Rechts ist der geschäftsführende Gesellschafter Zustellungsadressat, sofern nicht grundlegende Angelegenheiten betroffen 6 sind, die der Gestaltung der Gesamtheit der Gesellschafter bedürfen oder den rechtlichen Bestand der Gesellschaft als solcher berühren (BGH NJW 2007, 995 Rn. 14).

III. Zustellungswirkung

7   § 8 regelt **nicht**, ob die zuzustellende **Entscheidung** durch die Zustellung **wirksam** wird. Dies obliegt den jeweiligen Regelungen im Einzelfall (ebenso zur Vorgängerbestimmung des § 73 Abs. 2 KO s. BGH ZIP 1982, 464 (465)). Für nicht verkündete Entscheidungen ist insoweit auf die Regelung in § 6 Abs. 2 hinzuweisen, nach der die Zustellung die Beschwerdefrist in Gang setzt (Einzelheiten → § 6 Rn. 15).

B. Art der Zustellung (Abs. 1)

I. Zustellung von Amts wegen

8   Abs. 1 S. 1 ordnet an, dass Zustellungen im Insolvenzverfahren – im Gegensatz zur Einzelzwangsvollstreckung – nicht im Parteibetrieb, sondern von Amts wegen erfolgen. Über § 4 gelangen so die allgemeinen Regeln der Zustellung im **Amtsbetrieb** (**§§ 166 ff. ZPO**) zur Anwendung. Findet keine Übertragung der Zustellung nach § 168 Abs. 2 ZPO oder § 8 Abs. 3 (Insolvenzverwalter) statt, führt die Geschäftsstelle des Insolvenzgerichts diese aus (§ 168 Abs. 1 ZPO). Einer Beglaubigung des zuzustellenden Schriftstücks (§ 169 Abs. 2 ZPO) bedarf es dabei gem. § 8 Abs. 1 S. 1 Hs. 2 nicht.

II. Regelfall: Zustellung durch Aufgabe zur Post

9   Die Zustellung im Wege der Aufgabe des Schriftstücks zur **Post** (→ Rn. 9.1) ist als Erleichterung der Zustellung gedacht und soll das Verfahren vereinfachen. Sie kann nach Abs. 1 S. 2 schlicht dadurch bewirkt werden, dass das Schriftstück unter der Anschrift des Zustellungsadressaten zur Post gegeben wird und gilt nach Abs. 1 S. 3 im Inland bereits **am dritten Tag** nach Aufgabe zur Post als bewirkt (vgl. die deutliche längere Zweiwochenfrist des § 184 Abs. 2 ZPO). Dies gilt selbst dann, wenn das Schriftstück als unzustellbar zurückkehrt oder der Empfänger es aus anderem Grund nicht erhält (BGH NJW-RR 1996, 387 (388)). Macht der Empfänger allerdings glaubhaft, das Schriftstück tatsächlich nicht erhalten zu haben, so kann er hinsichtlich einer durch die Zustellung in Gang gesetzten Frist immerhin die Wiedereinsetzung in den vorherigen Stand beantragen (§ 233 ZPO, § 4). Gemäß § 8 Abs. 1 S. 2 Hs. 2 iVm § 184 Abs. 2 S. 4 ZPO hat der Urkundsbeamte der Geschäftsstelle (§ 168 Abs. 1 S. 3 ZPO) in den Akten zu vermerken, zu welcher Zeit und unter welcher Anschrift das Schriftstück zur Post gegeben wurde.

9.1   Als **Postzustellunternehmen** kann das Gericht nicht nur die Deutsche Post AG beauftragen, sondern auch jedes andere Dienstleistungsunternehmen, das sich gem. § 33 Abs. 1 PostG mit der Beförderung von Postsendungen befasst (MüKoInsO/Ganter/Bruns Rn. 16a). Hat der Empfänger bei einem bestimmten Dienstleistungsunternehmen ein Postfach eingerichtet, muss er selbst dafür Sorge tragen, dass dieses dem Gericht mitgeteilt wird und kann sich nicht darauf verlassen, dass jedes lizensierte Zustellunternehmen Kenntnis hiervon hat (BGH NZI 2010, 276).

10   Eine Ausnahme von der Möglichkeit der Zustellung durch Aufgabe zur Post besteht im Verbraucherinsolvenzverfahren für die Zustellung des **Schuldenbereinigungsplans** an die Gläubiger, für die § 307 Abs. 1 S. 3 eine förmliche Zustellung vorschreibt.

11   Obwohl als Zustellungsart in Abs. 1 S. 2 nur die Zustellung durch Aufgabe zur Post gesondert erwähnt wird, werden **andere Möglichkeiten der Zustellung** nicht ausgeschlossen. Vielmehr entscheidet das Insolvenzgericht nach **pflichtgemäßen Ermessen**, ob eine erforderliche Zustellung förmlich oder durch Aufgabe zur Post erfolgen soll (BGH ZInsO 2008, 320 Rn. 5). Bei der Ermessensausübung sollte das Gericht im Interesse der Masseschonung vor allem die Kosten denkbarer Zustellungswege berücksichtigen.

III. Förmliche Zustellung

12   Im Insolvenzverfahren können Schriftstücke auch förmlich zugestellt werden; es gelten insoweit über § 4 die Regeln der **§§ 173–182 ZPO** entsprechend. Die danach möglichen **Zustellungswege** sind
• die Zustellung durch Aushändigung an der Amtsstelle gem. § 173,

- die Zustellung gegen Empfangsbekenntnis an Personen, bei denen aufgrund ihres Berufs von einer erhöhten Zuverlässigkeit ausgegangen werden kann, an Behörden, Körperschaften oder Anstalten des öffentlichen Rechts gem. § 174 ZPO,
- die Zustellung durch Einschreiben mit Rückschein gem. § 175 ZPO,
- die Zustellung durch die Post oder einen Justizbediensteten mittels einer Zustellungsurkunde (§ 176) gem. § 168 Abs. 1 S. 2 ZPO. Die Ausführung der Zustellung erfolgt gem. § 176 Abs. 2 ZPO nach den §§ 177–181 ZPO. Insoweit kann das Schriftstück der Person, der zugestellt werden soll, an jedem Ort übergeben werden, an dem sie angetroffen wird (§ 177 ZPO). Wird der Zustellungsadressat nicht angetroffen, kommt eine Ersatzzustellung nach §§ 178, 180, 181 in Betracht. Wird die Annahme unberechtigt verweigert, so ist gem. § 179 S. 1 ZPO das Schriftstück in der Wohnung oder in dem Geschäftsraum zurückzulassen.

Wann die Zustellung als **bewirkt** gilt, richtet sich nach dem jeweiligen Zustellungsweg. 13

IV. Heilung fehlerhafter Zustellungen

Eine **Heilung** einer fehlenden oder mangelhaften Zustellung kann nach § 189 ZPO, § 4 durch 14 den tatsächlichen Zugang des Schriftstückes erfolgen, wenn das Gericht zumindest mit Zustellungswillen gehandelt hat (BGH NJW 2003, 1192 (1193)). Daneben entfaltet die öffentliche Bekanntmachung gem. § 9 Abs. 3 eine heilende Wirkung.

C. Keine Zustellung bei unbekanntem Aufenthalt (Abs. 2)

Gemäß Abs. 2 S. 1 wird an Personen, deren Aufenthalt unbekannt ist, nicht zugestellt. In diesem 15 Fall entfällt die Erforderlichkeit einer Zustellung und es erfolgt **stattdessen eine öffentliche Bekanntmachung** (§ 185 Nr. 1 ZPO, § 4), die nach § 9 Abs. 3 ohnehin zum Nachweis der Zustellung ausreichend ist.

Unbekannt ist der Aufenthalt iSd Abs. 2, wenn der Adressat trotz zumutbarer Nachforschungen 16 nicht ermittelt werden konnte (K. Schmidt InsO/Stephan Rn. 9). Hierzu sind Zustellungen an bekannten Alternativadressen zum Wohn- oder Geschäftssitz zu versuchen (vgl. LG Hamburg NZI 2016, 916 (917)). Auskünfte des Einwohnermelde- und Postamts (BGH ZInsO 2003, 271 (272)) oder auch des Vermieters (Uhlenbruck/Pape Rn. 5) sind einzuholen. Lässt sich nur ein Postfach ermitteln, so ergibt sich hieraus nicht der Aufenthalt iSd Norm (vgl. BayObLG Rpfleger 1978, 446). Ist dem Insolvenzgericht ein zur Entgegennahme der Zustellungen berechtigter **Vertreter** der Person unbekannten Aufenthalts bekannt, so ist gem. Abs. 2 S. 2 an diesen Vertreter zuzustellen, selbst wenn dieser im Ausland wohnt. Bei Gesellschaften als Zustellungsadressat folgt daraus, das ihr „Aufenthalt" erst unbekannt ist, wenn sich weder der Aufenthaltsort der Organe noch (im Fall einer Amtsniederlegung) der Aufenthaltsort der Gesellschafter ermitteln lässt (LG Hamburg NZI 2016, 916 (917)).

Ist eine juristische Person aufgrund der Amtsniederlegung oder Abberufung ihres gesetzlichen 17 Vertretungsorgans **führungslos** geworden, so liegt kein Fall des unbekannten Aufenthalts iSd Abs. 2 vor (AG Hamburg ZInsO 2008, 1331). Für die GmbH und die AG erlauben die § 35 Abs. 1 S. 2 GmbHG bzw. § 78 Abs. 1 S. 2 AktG in diesen Fällen die Zustellung an die Gesellschafter bzw. den Aufsichtsrat. Ist eine juristische Person im Handelsregister bereits gelöscht, so muss das Schriftstück an den Nachtragsliquidator zugestellt werden (FK-InsO/Schmerbach Rn. 31).

D. Zustellung durch den Insolvenzverwalter (Abs. 3)

Abs. 3 S. 1 erlaubt dem Insolvenzgericht, in Ausübung seines pflichtgemäßen Ermessens, alle 18 oder auch nur einen Teil der Zustellungen an den Insolvenzverwalter zu übertragen. Es entscheidet durch **unanfechtbaren Beschluss** (MüKoInsO/Ganter/Bruns Rn. 32; Jaeger/Gerhardt Rn. 12; K. Schmidt InsO/Stephan Rn. 16; aA (Verfügung) Uhlenbruck/Pape Rn. 8; HK-InsO/Kirchhof Rn. 10). Ist der Verwalter mit der Belastung nicht einverstanden, kann er nach § 59 seine Entlassung beantragen.

Als **Insolvenzverwalter** iSd Abs. 3 S. 1 sind auch der **vorläufige Insolvenzverwalter** (allgA, 19 vgl. Uhlenbruck/Pape Rn. 8; MüKoInsO/Ganter/Bruns Rn. 34) sowie der **Sachwalter** bei der Eigenverwaltung (allgA, vgl. AG Göttingen ZInsO 2004, 1351 f.; HK-InsO/Kirchhof Rn. 12; KPR/Prütting Rn. 11a) anzusehen. Eine Übertragung auf den Sachverständigen ist hingegen von Abs. 3 nicht gedeckt (Uhlenbruck/Pape Rn. 8). Für den **Treuhänder** im Restschuldbefreiungsverfahren → Rn. 19.1.

Der **Treuhänder** muss im Restschuldbefreiungsverfahren eine dem Sachwalter ähnliche Überwa- 19.1 chungsfunktion nur übernehmen, wenn ihm der zusätzliche Aufwand gesondert vergütet wird (vgl. § 292

Abs. 2 S. 3). Er steht daher einem Insolvenzverwalter iSd Abs. 3 also nur gleich und kann auf dieser Grundlage mit der Zustellung beauftragt werden, wenn er für diese Sonderaufgabe ebenfalls angemessen vergütet wird. Dies wiederum ist rechtlich nicht mehr gesichert. Während ein Insolvenzverwalter Zustellungskosten als zusätzliche Kosten für die Erledigung einer gesondert übertragenen Aufgabe außerhalb der Regeltätigkeit nach § 4 Abs. 2 InsVV (oder als Pauschale nach § 8 Abs. 3 InsVV) geltend machen kann (BGH NZI 2013, 487 Rn. 18; 2008, 444 Rn. 29; 2007, 244 Rn. 10), fehlt dem Treuhänder der Zugang zu dieser Norm, da die Verweisungsnorm des § 10 InsVV den Treuhänder seit dem 1.7.2014 nicht mehr erwähnt (zur Rechtslage vor der Reform: BGH NZI 2013, 487 Rn. 18; 2008, 444 Rn. 30) und die §§ 14– 16 InsVV keine entsprechende Auslagenerstattung vorsehen. Diesen Umstand hat das Gericht bei seiner Ermessensentscheidung nach Abs. 3 S. 1 zu berücksichtigen, weshalb eine Beauftragung des Treuhänders unterbleiben muss, wenn für Zustellungen mit einem erheblichen Kostenumfang zu rechnen ist (HK-InsO/Kirchhof Rn. 12; KPR/Prütting/Rn. 11a; FK-InsO/Schmerbach Rn. 36; aA Graeber ZInsO 2005, 752 (755)).

20   Dem Insolvenzverwalter stehen sämtliche **Formen der Zustellung** inklusive der Aufgabe zur Post nach Abs. 1 S. 2 offen (BT-Drs. 16/3227, 13). Abs. 3 S. 3 verpflichtet den Verwalter in diesem Fall lediglich dazu, die gem. § 184 Abs. 2 S. 4 ZPO anzufertigenden Vermerke unverzüglich zu den Gerichtsakten zu reichen, um dem Gericht einen Nachweis der Zustellung auch noch zu einem späteren Zeitpunkt ohne besonderen Aufwand zu ermöglichen (BT-Drs. 16/3227, 13). Ein persönliches Tätigwerden des Insolvenzverwalters ist nicht notwendig; Abs. 3 S. 2 macht vielmehr deutlich, dass sich der Insolvenzverwalter zur Durchführung der Zustellung und zur Erfassung derselben in den Akten sowohl außenstehender Dritter als auch des eigenen Personals bedienen kann. Hat der Verwalter Zustellungen tatsächlich persönlich vorgenommen, darf er diese nicht als Drittleistungen zulasten der Masse abrechnen (BGH ZIP 2012, 1187 (1188)).

E. Auslandszustellung

21   Im **Bereich der Mitgliedstaaten der EU** gilt für die Zustellung gerichtlicher Schriftstücke gem. § 183 Abs. 5 ZPO auch die VO (EG) Nr. 1393/2007 (ZustVO). Neben einer förmlichen Zustellung gem. Art. 4 ZustVO (über die Übermittlungs- und Empfangsstellen der betreffenden Mitgliedsstaaten) erlaubt Art. 14 ZustVO auch eine Direktzustellung durch Postdienste per Einschreiben mit Rückschein. Daneben bleibt die Zustellung mittels Aufgabe zur Post nach Abs. 1 S. 2 zulässig; das Schriftstück gilt dann gemäß Abs. 1 S. 2 letzter Hs. iVm § 184 Abs. 2 S. 1 ZPO nach Ablauf von zwei Wochen als zugestellt; die Dreitagesfrist des Absatz 1 Satz 3 gilt für Auslandszustellungen nicht.

22   Für Zustellungen **außerhalb der Mitgliedstaaten der EU** gelten über § 4 die allgemeinen Regeln der §§ 183, 184 ZPO. Die Zustellung ist also nach etwaigen völkerrechtlichen Verträgen (§ 183 Abs. 1 S. 1 ZPO) oder durch die Auslandsvertretungen des Bundes (§ 183 Abs. 2 ZPO) vorzunehmen. Eine Übersetzung des Schriftstückes ist dabei nicht erforderlich (BGH NJW-RR 1996, 387 (388)). Alternativ kann das Insolvenzgericht nach § 184 Abs. 1 S. 1 ZPO auch anordnen, dass der Adressat innerhalb einer angemessenen Frist einen Zustellungsbevollmächtigten im Inland benennt. Eine Zustellung mittels Aufgabe zur Post ist über Abs. 1 S. 2 ohnehin möglich. Ist eine Zustellung im Ausland nicht möglich oder verspricht sie keinen Erfolg, so kann die Zustellung durch öffentliche Bekanntmachung erfolgen (§ 185 Nr. 3 ZPO).

§ 9 Öffentliche Bekanntmachung

(1) ¹Die öffentliche Bekanntmachung erfolgt durch eine zentrale und länderübergreifende Veröffentlichung im Internet; diese kann auszugsweise geschehen. ²Dabei ist der Schuldner genau zu bezeichnen, insbesondere sind seine Anschrift und sein Geschäftszweig anzugeben. ³Die Bekanntmachung gilt als bewirkt, sobald nach dem Tag der Veröffentlichung zwei weitere Tage verstrichen sind.

(2) ¹Das Insolvenzgericht kann weitere Veröffentlichungen veranlassen, soweit dies landesrechtlich bestimmt ist. ²Das Bundesministerium der Justiz wird ermächtigt, durch Rechtsverordnung mit Zustimmung des Bundesrates die Einzelheiten der zentralen und länderübergreifenden Veröffentlichung im Internet zu regeln. ³Dabei sind insbesondere Löschungsfristen vorzusehen sowie Vorschriften, die sicherstellen, dass die Veröffentlichungen
1. unversehrt, vollständig und aktuell bleiben,
2. jederzeit ihrem Ursprung nach zugeordnet werden können.

Öffentliche Bekanntmachung **§ 9 InsO**

(3) Die öffentliche Bekanntmachung genügt zum Nachweis der Zustellung an alle Beteiligten, auch wenn dieses Gesetz neben ihr eine besondere Zustellung vorschreibt.

Überblick

Die in der Vorschrift beschriebene öffentliche Bekanntmachung dient der Schaffung einer größtmöglichen **Publizität des Insolvenzverfahrens** und seiner einzelnen Schritte. Sie gewährleistet die Verfahrensbeteiligung all jener Beteiligten, die noch unbekannt oder durch eine Einzelzustellung sonst nicht zu erreichen sind, deren Interessen aber durch das Insolvenzverfahren berührt werden (vgl. BGHZ 137, 49 (54) = NJW 1998, 609; s. auch BT-Drs. 16/3227, 13 f.). Die öffentliche Bekanntmachung erfolgt heute über das **Internet (insolvenzbekanntmachungen.de)** als effektive und kostensparende Veröffentlichungsform, die zugleich einen höheren Verbreitungsgrad erreicht als eine Veröffentlichung in diversen Printmedien (BT-Drs. 16/3227, 13). Auch die Durchführung von Insolvenzverfahren mit überregionaler und internationaler Reichweite wird durch diesen Publikationsweg erleichtert. Schließlich trägt die öffentliche Bekanntmachung zur Verhinderung der Masseschmälerung bei, indem sie die Möglichkeit einer schuldbefreienden Leistung an den Insolvenzschuldner (vgl. § 82) oder auch einen gutgläubigen Erwerb von Massegegenständen (vgl. § 81 Abs. 1 S. 2, § 91 Abs. 2) kostengünstig ausschließt (BGH NZI 2006, 175 (176); BGH WM 1996, 2078).

Übersicht

	Rn.		Rn.
A. Notwendigkeit einer öffentlichen Bekanntmachung	1	II. Beginn der Rechtsmittelfristen	15
		III. Publizitätswirkung	17
B. Art der öffentlichen Bekanntmachung (Abs. 1 S. 1)	4	E. Der Umgang mit den veröffentlichten Daten (InsIntBekV)	18
C. Inhalt der öffentlichen Bekanntmachung (Abs. 1 S. 2)	7	I. Datensicherung	19
D. Wirkung der öffentlichen Bekanntmachung (Abs. 1 S. 3, Abs. 3)	9	II. Löschung	20
		III. Anforderungen an die Abfrage	21
I. Zustellungsnachweis (Abs. 3)	12	F. Fakultative öffentliche Bekanntmachungen (Abs. 2 S. 1)	22

A. Notwendigkeit einer öffentlichen Bekanntmachung

§ 9 normiert nicht, in welchen Fällen eine öffentliche Bekanntmachung zu erfolgen hat; dies **1** ist den jeweiligen Bestimmungen der InsO zu entnehmen. Folgende Vorschriften enthalten eine **ausdrückliche Anordnung:** § 5 Abs. 2 S. 4, § 23 Abs. 1 S. 1, § 25 Abs. 1, § 26 Abs. 1 S. 3, § 30 Abs. 1, § 34 Abs. 3 S. 1, § 35 Abs. 3 S. 2, § 64 Abs. 2 S. 1, § 73 Abs. 2, § 74 Abs. 2 S. 1, § 78 Abs. 2 S. 1, § 177 Abs. 3 S. 1, § 188 S. 3 Hs. 2, § 197 Abs. 2, § 200 Abs. 2 S. 1, § 208 Abs. 2 S. 1, § 214 Abs. 1 S. 1, § 215 Abs. 1 S. 1, § 235 Abs. 2 S. 1, § 258 Abs. 3 S. 1, § 267 Abs. 1 und 2, § 268 Abs. 2 S. 1, § 273, § 274 Abs. 1, § 277 Abs. 3 S. 1, § 293 Abs. 2, § 296 Abs. 3 S. 2, § 297 Abs. 2, § 298 Abs. 3, § 300 Abs. 4 S. 1, § 303 Abs. 3 S. 3 sowie § 345 Abs. 1 und 2 S. 1.

Die öffentliche Bekanntmachung hat darüber hinaus trotz fehlender gesetzlicher Anordnung **2** auch in den Fällen zu erfolgen, in denen das Insolvenzgericht eine **pflichtgemäßem Ermessen** für **erforderlich** hält (MüKoInsO/Ganter/Bruns Rn. 8; FK-InsO/Schmerbach Rn. 9; aA Keller ZIP 2003, 149).

Für **grenzüberschreitende Insolvenzverfahren** im Anwendungsbereich der **EuInsVO** ist **3** nach Art. 21 die Entscheidung über die Verfahrenseröffnung (und seine Bestellung) auf Antrag des Insolvenzverwalters in jedem anderen Mitgliedstaat öffentlich bekanntzumachen. Eine Bekanntmachung von Amts wegen hat nach Art. 21 Abs. 2 nur zu erfolgen, wenn dies im Mitgliedstaat, in dem der Schuldner eine Niederlassung hat, gesetzlich angeordnet wurde.

B. Art der öffentlichen Bekanntmachung (Abs. 1 S. 1)

Das Gesetz nennt in § 9 Abs. 1 S. 1 Hs. 1 als einzige Bekanntmachungsform die „zentrale und **4** länderübergreifende Veröffentlichung im Internet", welche mit dem in der Fußnote erscheinenden Verweis auf das **gemeinsame Internetportal aller Bundesländer** (www.insolvenzbekanntmachungen.de) näher spezifiziert wird. Die Möglichkeit, eine alternative (private) Datenbank zu wählen, ist damit ausgeschlossen. Werden solche genutzt, so genügen sie nicht, um eine öffentliche Bekanntmachung iSd § 9 durchzuführen, sondern können lediglich als zusätzliches Informationsmedium genutzt werden (Keller ZIP 2003, 149 (153 f.)). Entsprechendes gilt für die Veröffentlichung in Printmedien, die mit dem Gesetz zur Vereinfachung des Insolvenzverfahrens v. 13.4.2007 als regelhaftes Bekanntmachungsmedium aufgegeben wurden (für fakultative öffentliche Bekanntmachungen → Rn. 22). Die Veröffentlichung über das Internet ist nicht nur effektiv, schnell und kostensparend, sondern erreicht auch einen höheren Verbreitungsgrad als mit diversen Printmedien überhaupt erlangt werden könnte (BT-Drs. 16/3227, 13).

5   Gemäß Abs. 1 S. 1 Hs. 2 kann die Veröffentlichung im Internet **auszugsweise** geschehen, wobei sie allerdings den in S. 2 vorgeschriebenen Mindestanforderungen an den Inhalt (Schuldner, Anschrift, Geschäftszweig; → Rn. 7) genügen muss, denn diese Mindestanforderungen gelten für jede Veröffentlichung (BGH BeckRS 2017, 136677 Rn. 24; zu den Kosten → Rn. 5.1).

5.1   Zu den **Kosten** des Verfahrens zählen auch die Auslagen einer öffentlichen Bekanntmachung, die grundsätzlich in voller Höhe aus der Masse (§ 54 Nr. 1) zu erstatten sind (**KV GKG 9004** in der Neufassung seit 1.10.2015). Bei Bekanntmachungen im Internet, wie denen nach § 9 Abs. 1, verzichtet KV GKG 9004 Abs. 1 allerdings auf eine Auslagenerstattung, es sei denn das Entgelt ist für den Einzelfall oder ein einzelnes Verfahren berechnet worden; ferner für die Bekanntmachung eines besonderen Prüfungstermins (§ 177). In Insolvenzverfahren ist eine Erstattung aus der Masse daher nur im Ausnahmefall möglich.

6   Die **EuInsVO** schreibt in den Art. 24 und 25 die internetbasierte Vernetzung der nationalen Insolvenzregister vor, wird insofern aber erst im Sommer 2018 bzw. 2019 in Kraft treten (Art. 92 EuInsVO). Die Website, die seit Sommer 2014 den Zugriff auf die bereits verfügbaren nationalen Insolvenzregister ermöglicht, ist abrufbar unter https://e-justice.europa.eu/content_interconnected_insolvency_registers_search-246-de.do.

C. Inhalt der öffentlichen Bekanntmachung (Abs. 1 S. 2)

7   Die öffentliche Bekanntmachung muss nach Abs. 1 S. 2 **zwingend** enthalten:
• den (bürgerlichen und kaufmännischen) Namen des Schuldners,
• die Anschrift des Schuldners,
• den Geschäftszweig des Schuldners,
• bei einer juristischen Person als Schuldnerin auch deren organschaftliche Vertreter.

8   Ebenfalls **erforderlich** ist die Angabe des jeweils bekanntzumachenden gerichtlichen Vorgangs, das Datum der Veröffentlichung sowie das Insolvenzgericht und ein (bereits bestimmter) Insolvenzverwalter (MüKoInsO/Ganter/Bruns Rn. 17). Gerichtstermine sind mit Ort und Zeit bekannt zu machen (HK-InsO/Kirchhof Rn. 6). In der öffentlich bekanntzumachenden Tagesordnung der Gläubigerversammlung müssen die einzelnen Beschlussgegenstände zumindest schlagwortartig bezeichnet werden (BGH ZInsO 2008, 504). Die InsO kann jeweils weitere Komponenten festlegen. So muss etwa die Bekanntmachung des Eröffnungsbeschlusses die in § 27 Abs. 2 aufgezählten Einzelheiten enthalten. Der nach § 64 Abs. 2 öffentlich bekannt zu machende Vergütungsfestsetzungsbeschluss ist mit Tenor und Gründen zu veröffentlichen; § 64 Abs. 2 S. 2 erlaubt allein die Nichtveröffentlichung der festgesetzten Beträge. Folgerichtig genügt die bloße Veröffentlichung eines Hinweises, der Vergütungsfestsetzungsbeschluss sei ergangen, den Anforderungen nicht (mehr). Vielmehr ist eine Abschrift des Beschlusses zu veröffentlichen, der nur die Beträge nicht enthält (BGH NZI 2018, 235 Rn. 17 ff., 23; bekräftigt in BGH BeckRS 2019, 23182 Rn. 8; ausf. Haarmeyer ZInsO 2019, 1869). Insgesamt muss sich der Umfang der veröffentlichten Angaben an dem Zweck der öffentlichen Bekanntmachung orientieren, ihre Adressaten mit den Daten und Informationen zu versorgen, die sie in den Stand versetzen, ihre Verfahrensrechte ohne Weiteres in vollem Umfang wahrzunehmen (Uhlenbruck/Pape Rn. 4). Eine Begrenzung ergibt sich aus datenschutzrechtlichen Erwägungen allerdings aus § 1 S. 2 InsIntBekV, wonach eine Veröffentlichung im Internet nur solche personenbezogenen Daten enthalten darf, die nach den **Bestimmungen der InsO** bekannt zu machen sind. Die mit der Veröffentlichung eines Vergütungsbeschlusses berührten Persönlichkeitsrechte des Verwalters berücksichtigt die Regelung in § 64 Abs. 2 S. 2; sie sind dann aber auch bei der Auslegung dieser Norm zu beachten und können es rechtfertigen, nicht nur die „Beträge", sondern auch die Berechnungsgrundlage, insbesondere die aufgrund von Zuschlagstatbeständen ausgeworfenen Erhöhungsprozentsätze, nicht so konkret zu veröffentlichen, dass jeder Leser unmittelbar die sich daraus ergebenden Beträge errechnen kann (anders aber BGH NZI 2018, 235 Rn. 20, wenn er die Norm allein mit Blick darauf auslegt, den Rechtsschutz nicht zu verkürzen).

D. Wirkung der öffentlichen Bekanntmachung (Abs. 1 S. 3, Abs. 3)

Die öffentliche Bekanntmachung erfolgt auf Anordnung des Insolvenzgerichts (durch Beschluss). Nach Abs. 1 S. 3 gilt die öffentliche Bekanntmachung mit dem **Ablauf des zweiten Tages nach der Veröffentlichung** als bewirkt (BGH NZI 2016, 397 Rn. 7 „mit Beginn des dritten Tages"). Die Frist beginnt mit der erstmaligen Einstellung der Daten ins Internet (BGH NZI 2016, 397 Rn. 7; LG Göttingen NZI 2007, 735; OLG Rostock ZInsO 2006, 884 (885); HK-InsO/Kirchhof Rn. 8), wobei der Tag des Einstellens für die Fristberechnung nach § 4 iVm § 222 Abs. 1 ZPO, § 187 Abs. 1 BGB nicht mitzuzählen ist. Das Ende der Frist darf zugleich nach § 222 Abs. 2 ZPO nicht auf einen Sonntag, allgemeinen Feiertag oder Sonnabend fallen; dann zählt erst der folgende Werktag, sodass etwa eine am 1. des Monats erfolgende Bekanntmachung mit Verstreichen zwei weiterer Tage am 3. desselben Monats um 24:00 Uhr als bewirkt anzusehen ist, sofern der Tag des Fristendes kein Sonntag, allgemeiner Feiertag oder Sonnabend ist (vgl. BGHZ 64, 1 (3) = NJW 1975, 692). 9

Eine öffentliche Bekanntmachung entfaltet keine Wirkung, wenn sie **gänzlich unterblieben** (BGH NZI 2017, 950 Rn. 7 – Ausdruck des Sendeberichts für die Internetveröffentlichung begründet keinen Anscheinsbeweis; BGH NZI 2018, 235 Rn. 35; BeckRS 2019, 23182 Rn. 8 – keine eigenständige Veröffentlichung des Beschlusses) oder **mangelbehaftet** ist (BGH NZI 2011, 974 Rn. 9; bestätigt in BGH NZI 2016, 397 Rn. 9; NZI 2018, 235 Rn. 11; BGH BeckRS 2019, 23182 Rn. 8). Ist sie **inhaltlich unvollständig** (→ Rn. 7 f.), enthält sie aber zumindest die Person des Schuldners, das Insolvenzgericht und den bekanntzumachenden Vorgang, so wird sie immerhin im Umfang der tatsächlichen Bekanntmachung wirksam (Uhlenbruck/Pape Rn. 4; MüKoInsO/Ganter/Bruns Rn. 17). Ein Beschluss über die Vergütungsfestsetzung muss hierzu zumindest den Beschlusstenor (ohne konkrete Beträge) und die wesentlichen Gründe der Festsetzung enthalten (hierzu BGH NZI 2018, 235 Rn. 26 f.). Die Veröffentlichung eines Beschlusses ohne oder mit fehlerhafter Rechtsbehelfsbelehrung ist für den Eintritt der Veröffentlichungswirkungen unschädlich (BGH NZI 2016, 397 Rn. 12; NZI 2018, 235 Rn. 14). Um die Lücke bezüglich des nicht veröffentlichten Teils zu schließen, hat entweder eine ergänzende oder erneute vollständige Bekanntmachung erfolgen. Ist hingegen bereits der Beschluss unwirksam, kann dieser durch eine dennoch erfolgte öffentliche Bekanntmachung nicht geheilt werden (MüKoInsO/Ganter/Bruns Rn. 29). Allerdings ist die Wirksamkeit der gerichtlichen Entscheidung von der nachfolgenden öffentlichen Bekanntmachung abhängig (BGHZ 133, 307 (313) = WM 1996, 2078). Ist die Entscheidung anfechtbar, so richtet sich der Eintritt der Rechtskraft nach allgemeinen Regeln (vgl. insbesondere § 569 Abs. 1 S. 2 ZPO, § 4 InsO). 10

Eine öffentliche Bekanntmachung, die den formalen Anforderungen entspricht, hat **drei Funktionen:** Sie hat Zustellungswirkung (→ Rn. 12), setzt den Lauf der Rechtsmittelfristen in Gang (→ Rn. 15) und zerstört mit Hilfe der Publizitätswirkung (→ Rn. 17) eine eventuelle Gutgläubigkeit. Für den Eintritt dieser Wirkungen kommt es nach § 103c Abs. 2 S. 2 EGInsO ausschließlich auf die Veröffentlichung im Internet gem. Abs. 1 S. 1 an; vorherige anderweitige Bekanntmachungen, die nicht den Anforderungen des Abs. 1 S. 2 und 2 entsprechen, sind unbeachtlich. 11

I. Zustellungsnachweis (Abs. 3)

Nach Abs. 3 wirkt die öffentliche Bekanntmachung als Nachweis der Zustellung an alle Beteiligten. Sie ist allein maßgeblich, auch wenn später noch eine persönliche Zustellung des Beschlusses erfolgt (BGH NZI 2016, 397 Rn. 8; dies gilt selbst dann, wenn nur in diesem Schriftstück die Höhe der festgesetzten Verwaltervergütung deutlich wird; BGH NZI 2016, 397 Rn. 9). In Verbindung mit der Regelung des Abs. 1 S. 3 wird zudem eine **Zustellungsfiktion** erzeugt. 12

Unterlässt das Gericht zugunsten der öffentlichen Bekanntmachung eine durch das Gesetz eigentlich vorgeschriebene Einzelzustellung, so handelt es zwar pflichtwidrig; der Eintritt der Zustellungswirkung einer öffentlichen Bekanntmachung (Abs. 3) wird durch diese Pflichtwidrigkeit aber nicht verhindert (BGH ZInsO 2004, 199). Die öffentliche Bekanntmachung **ersetzt die Einzelzustellung** vielmehr selbst in Fällen, in denen das Gesetz ausschließlich eine Einzelzustellung anordnet (BGH BeckRS 2009, 04878; BayObLG NZI 2002, 155; Nerlich/Römermann/Becker Rn. 24; aA KPB/Prütting Rn. 17). Erfolgt hingegen zwar eine Einzelzustellung, ist diese aber **mangelbehaftet,** so werden diese Zustellungsmängel spätestens durch die öffentliche Bekanntmachung ex nunc geheilt (MüKoInsO/Ganter/Bruns § 8 Rn. 38a; FK-InsO/Schmerbach § 8 Rn. 32; → § 8 Rn. 15). 13

Abs. 3 erübrigt folglich den Nachweis einer Einzelzustellung und kann insofern als **Beweiserleichterung** eingeordnet werden (vgl. Uhlenbruck/Pape Rn. 5; MüKoInsO/Ganter/Bruns Rn. 24). Der Nachweis einer Einzelzustellung ist insofern nur noch in Fällen von Bedeutung, in 14 denen es auf den Zeitpunkt der Zustellung ankommt und die Einzelzustellung vor der Bekanntmachungswirkung erfolgt ist (zB für den Lauf einer Rechtsmittelfrist → Rn. 15 oder für den Nachweis der Bösgläubigkeit des Adressaten → Rn. 17).

II. Beginn der Rechtsmittelfristen

15 Der Tag, an dem die Bekanntmachung als bewirkt gilt, setzt aufgrund der Zustellungsfiktion (**spätestens**) den Lauf der Rechtsmittelfristen in Gang und zwar für alle Beteiligten. Dies ist vor allem für den Beginn der Beschwerdefrist relevant (vgl. § 6 Abs. 2). Ist eine Entscheidung bereits im Wege der Einzelzustellung nachweislich früher zugegangen, so ist für den Lauf der Rechtsmittelfrist allerdings auf den Zeitpunkt der Einzelzustellung abzustellen, da es dann einer Fiktion nicht mehr bedarf (BGH NZI 2010, 159 Rn. 9; 2004, 341; Uhlenbruck/Pape Rn. 5; aA BayObLG ZInsO 2002, 129; FK-InsO/Schmerbach Rn. 15; Einzelheiten → Rn. 15.1; auch → § 6 Rn. 15). Ist die öffentliche Bekanntmachung hingegen früher erfolgt, bleibt dieser Zeitpunkt maßgebend (BGH NZI 2016, 397 Rn. 8).

15.1 Die Anknüpfung an den jeweils früheren Zeitpunkt einer Zustellung der anzufechtenden Entscheidung entspricht dem **Beschleunigungsgrundsatz** des Insolvenzverfahrens (→ § 1 Rn. 35). Sie bedeutet zugleich eine Abkehr von der konkursrechtlichen Auffassung, nach der im Interesse der Verkehrssicherheit allein und unabhängig von einer zeitlich früheren Einzelzustellung die öffentliche Bekanntmachung den Beginn der Rechtsmittelfrist für alle Beteiligten einheitlich festlegt. Eine historische Auslegung des Abs. 3 mag zwar zu dem Ergebnis gelangen, dass der Gesetzgeber mit der Änderung des Wortlauts des § 76 Abs. 3 KO keine Änderung des geltenden Rechts beabsichtigte (vgl. BT-Drs. 12/2443, 111; FK-InsO/Schmerbach Rn. 15). Der neue Wortlaut der Norm lässt eine solche Interpretation allerdings zu und der Zweck einer schnellen Verfahrensabwicklung gebietet sie.

16 Aus **verfassungsrechtlicher Sicht** ist die Wirkungsentfaltung einer öffentlichen Bekanntmachung nicht zu beanstanden, soweit der gerichtliche Rechtsschutz in der Folge nicht unzumutbar eingeschränkt wird (BGH NZI 2011, 974 Rn. 16 ff.; LG Duisburg NZI 2005, 43; vgl. insbesondere BVerfGE 77, 275 = NJW 1988, 1255 (1256) zu § 119 Abs. 4 VerglO).

III. Publizitätswirkung

17 Mit der öffentlichen Bekanntmachung tritt die Vermutung ein, dass die veröffentlichten Umstände bekannt sind (Umkehrschluss aus § 82 S. 2). Die **Beweislast** hinsichtlich einer Gutgläubigkeit, also etwa einer Unkenntnis bezüglich der Insolvenzeröffnung (BGHZ 182, 85 Rn. 8 = NZI 2009, 680; BGH NZI 2006, 175 Rn. 12), geht auf den **Adressaten** über. Bei juristischen Personen muss dieser Nachweis dann für alle organschaftlichen Vertreter geführt werden (BGHZ 109, 327 (330) = NJW 1990, 975; für Personengesellschaften mit Gesamtvertretung: RGZ 90, 21 (23)). Die Überwachung aller Internetveröffentlichungen kann dabei durchaus als **unzumutbar** angesehen werden. Insofern ist einem Unternehmen mit umfangreichem Zahlungsverkehr, das nach der Insolvenzeröffnung zur Erfüllung einer Verbindlichkeit an den Insolvenzschuldner geleistet hat, trotz der Möglichkeit, durch eine Abfrage auf www.insolvenzbekanntmachungen.de Kenntnis von der Eröffnung zu erlangen, ein Berufen auf ihre Unkenntnis iRd § 82 nicht verwehrt (BGH NZI 2010, 480 Rn. 14). Auch reicht die Veröffentlichung der Anordnung der vorläufigen Verwaltung mit Zustimmungsvorbehalt nicht aus, um einem Gläubiger oder Dritten die Kenntnis vom Eröffnungsantrag zu unterstellen (BGH NZI 2011, 18 Rn. 19 ff.; Bork DB 2012, 33 (39 f.)). Insofern hilft ggf. der Nachweis einer Einzelzustellung.

E. Der Umgang mit den veröffentlichten Daten (InsIntBekV)

18 Durch Abs. 2 S. 2 und 3 wird das Bundesministerium der Justiz dazu ermächtigt, Einzelheiten der Veröffentlichung im Internet, insbesondere Löschungsfristen sowie Fragen der Datensicherheit und Echtheit (Abs. 2 S. 3), zu regeln. Von dieser Ermächtigung machte der Gesetzgeber mit dem Erlass der **Verordnung zu öffentlichen Bekanntmachungen in Insolvenzverfahren und Restrukturierungssachen im Internet** (InsIntBekV) Gebrauch.

I. Datensicherung

19 Zur **Sicherung der übermittelten Daten** und zum Schutz vor Missbrauch sind gem. § 2 Abs. 1 S. 1 Nr. 1 InsIntBekV das Insolvenzgericht und der Insolvenzverwalter verpflichtet, bei der Übermittlung an die für die Veröffentlichung zuständige Stelle eine mindestens fortgeschrittene elektronische Signatur zu verwenden. Darüber hinaus ist nach Nr. 2 sicherzustellen, dass die Daten auch während der Veröffentlichung unversehrt, vollständig und aktuell bleiben.

II. Löschung

§ 3 InsIntBekV statuiert eine **Löschungsfrist** für „in einem elektronischen Informations- und Kommunikationssystem" veröffentlichte Daten. Damit sind nur Veröffentlichungen im **Internet** gemeint, nicht aber Informationen, die nur einem beschränkten Personenkreis zugänglich sind, also etwa solche im elektronischen Gläubigerinformationssystem nach § 5 Abs. 5 (→ § 5 Rn. 27). Nach Abs. 1 hat eine Löschung aller aus einem Insolvenzverfahren veröffentlichten Daten, unabhängig ihrer Einstellung, **spätestens sechs Monate nach der Aufhebung** oder der Rechtskraft der Einstellung des Insolvenzverfahrens zu erfolgen. Im Falle der Nichteröffnung des Insolvenzverfahrens beginnt die sechsmonatige Frist mit der Aufhebung der veröffentlichten Sicherungsmaßnahme (vgl. Abs. 1 S. 2). Für die Veröffentlichungen im Restschuldbefreiungsverfahren einschließlich des Beschlusses nach § 289 der Insolvenzordnung beginnt die Frist mit Rechtskraft der Entscheidung über die Restschuldbefreiung zu laufen. Für alle sonstigen Veröffentlichungen nach der Insolvenzordnung bestimmt Abs. 3 ohne erkennbaren Grund eine abweichende Frist von lediglich einem Monat und legt den Fristbeginn auf den Tag der Veröffentlichung. Mit Blick auf die vor dem Gesetz zur Vereinfachung des Insolvenzverfahrens v. 13.4.2007 geltende Rechtslage, die die Löschungsfrist einheitlich auf einen Monat festsetzte, scheint es sich bei dieser Abweichung der Löschungsfrist um ein Redaktionsversehen zu handeln (Heese DStR 2008, 150 (Fn. 68)).

III. Anforderungen an die Abfrage

§ 4 InsIntBekV gewährt **jedermann** einen Anspruch darauf, in angemessenem Umfang von der öffentlichen Bekanntmachung Kenntnis zu erlangen. Seit der Einführung der Internetveröffentlichung als Regelfall der öffentlichen Bekanntmachung erfolgt die Umsetzung dieses Einsichtsrechts über das Portal **„www.insolvenzbekanntmachungen.de"**. Personen, die über keinen eigenen Internetzugang verfügen, haben über § 4 einen Anspruch, bei dem jeweiligen Insolvenzgericht Einsicht zu nehmen (vgl. BT-Drs. 16/3227, 14). Für den Abruf der Daten ist nach Ablauf von zwei Wochen nach Veröffentlichung allerdings eine **qualifizierte Abfrage** iSd § 2 Abs. 1 S. 1 Nr. 3 erforderlich.

F. Fakultative öffentliche Bekanntmachungen (Abs. 2 S. 1)

Eine neben die regelhafte öffentliche Bekanntmachung im Internet tretende **weitere Veröffentlichung in einem anderen Medium** (zB in Amtsblättern oder lokalen Tageszeitungen) ist gem. Abs. 2 S. 1 nur insoweit möglich, als es die landesrechtlichen Bestimmungen zulassen. Entsprechendes Landesrecht wurde bislang nicht erlassen (LG Dresden DZWiR 2011, 131 (132)).

Die früher den Insolvenzgerichten eingeräumte Möglichkeit, **wiederholte Veröffentlichungen** (im selben Medium) zu veranlassen, wurde mit Blick auf die permanente Abrufbarkeit der Bekanntmachungen im Internet überflüssig und folglich durch das Gesetz zur Vereinfachung des Insolvenzverfahrens v. 13.4.2007 gestrichen.

§ 10 Anhörung des Schuldners

(1) ¹Soweit in diesem Gesetz eine Anhörung des Schuldners vorgeschrieben ist, kann sie unterbleiben, wenn sich der Schuldner im Ausland aufhält und die Anhörung das Verfahren übermäßig verzögern würde oder wenn der Aufenthalt des Schuldners unbekannt ist. ²In diesem Fall soll ein Vertreter oder Angehöriger des Schuldners gehört werden.

(2) ¹Ist der Schuldner keine natürliche Person, so gilt Absatz 1 entsprechend für die Anhörung von Personen, die zur Vertretung des Schuldners berechtigt oder an ihm beteiligt sind. ²Ist der Schuldner eine juristische Person und hat diese keinen organschaftlichen Vertreter (Führungslosigkeit), so können die an ihm beteiligten Personen gehört werden; Absatz 1 Satz 1 gilt entsprechend.

Überblick

Die Vorschrift **begrenzt** im Interesse einer Verfahrensbeschleunigung die rechtliche Verpflichtung des Insolvenzgerichts zur **Anhörung des Schuldners**. Sie normiert das Ergebnis der vom

Gesetzgeber getroffenen Abwägung zwischen dem verfassungsrechtlich geschützten Anspruch auf rechtliches Gehör (Art. 103 Abs. 1 GG) und dem im Gesamtvollstreckungsverfahren notwendig durchzusetzenden Grundsatz der Beschleunigung (→ § 1 Rn. 36) und kann insoweit als immanente Schranke des Art. 103 Abs. 1 GG verstanden werden (Kölner Schrift InsO/Prütting Kap. 1 Rn. 24). Nach Abs. 1 kann das Gericht in bestimmten Fällen, in denen eine Anhörung des Schuldners das Verfahren über Gebühr verzögern würde, von dieser Anhörung absehen. In Abs. 2 wird die Entbehrlichkeit einer Anhörung für Organe einer Schuldnergesellschaft geregelt. Abs. 2 S. 2 wurde mit dem Gesetz zur Modernisierung des GmbH-Rechts und zur Bekämpfung von Missbräuchen v. 23.10.2008 neu eingefügt und regelt die Durchführung einer Schuldneranhörung für den Fall der Führungslosigkeit juristischer Personen.

Übersicht

	Rn.		Rn.
A. Begriff der Anhörung in § 10	1	1. Auslandsaufenthalt und übermäßige Verzögerung	13
B. Notwendigkeit einer Anhörung des Schuldners	4	2. Unbekannter Aufenthaltsort	16
C. Durchführung einer Anhörung	7	3. Anhörung des Vertreters oder Angehörigen	17
D. Entbehrlichkeit einer Anhörung des Schuldners	11	II. Schuldnergesellschaft (Abs. 2)	21
		1. Entsprechende Anwendung des Abs. 1	21
I. Natürliche Person (Abs. 1)	12	2. Führungslosigkeit des Unternehmens	24
		E. Folgen einer unterlassenen Anhörung	27

A. Begriff der Anhörung in § 10

1   Das Recht des Schuldners auf Anhörung im Insolvenzverfahren folgt aus dem in Art. 103 Abs. 1 GG verfassungsrechtlich garantierten **Grundsatz des rechtlichen Gehörs,** der in jedem Verfahren vor staatlichen Gerichten und damit auch im Insolvenzverfahren gilt. Der Anspruch eines Verfahrensbeteiligten auf rechtliches Gehör wird dabei sowohl als Ausprägung des Rechtsstaatsprinzips als auch des Schutzes der Menschenwürde begriffen (vgl. BVerfGE 74, 220 (224)). Für Insolvenzverfahren ist diese Rückführung insofern von Bedeutung, als dass das Verfahrensgrundrecht aus Art. 103 Abs. 1 GG nur für das richterliche Handeln staatlicher Gerichte (Art. 92 GG), nicht aber für Akte des Rechtspflegers gilt (BVerfGE 101, 397 (405)). Vor Entscheidungen des Rechtspflegers sind die Beteiligten daher nicht im Hinblick auf Art. 103 Abs. 1 GG, wohl aber aufgrund des **Rechtsstaatsprinzips** und des dort verankerten Grundsatzes eines fairen Verfahrens anzuhören. Die Anhörung der Beteiligten ist also stets geboten; sie sichert die Möglichkeit der Verfahrensbeteiligten, auf eine gerichtliche Entscheidung Einfluss nehmen zu können.

2   Die rechtsstaatlich gebotene Anhörung ist abzugrenzen von der „Anhörung" des Schuldners zur **Aufklärung des Sachverhalts** im Rahmen der Amtsermittlungspflicht des Insolvenzgerichts (→ § 5 Rn. 19). Die besondere Funktion einer solchen Vernehmung des Schuldners, die dem Informationsbedürfnis aller Verfahrensbeteiligten dient, erlaubt keine Begrenzung der Ermittlungspflicht über § 10 (MüKoInsO/Ganter/Bruns Rn. 5; HK-InsO/Kirchhof Rn. 5), sondern eine Durchsetzung der Ermittlungsrechte über den Einsatz von Zwangsmitteln (vgl. § 98 Abs. 2). Wird demgegenüber die bloße Gelegenheit zur Äußerung zur Gewährung rechtlichen Gehörs durch den Schuldner nicht wahrgenommen, so ist der Einsatz von Zwangsmitteln weder geboten noch zulässig (AG Göttingen NZI 2001, 670 (671); OLG Frankfurt KTS 1971, 285 (286); Skrotzki KTS 1956, 105 (106); aA LG Göttingen ZIP 1996, 144 (145)).

3   Dient eine gesetzlich normierte Anhörung **sowohl** der Gewährung rechtlichen Gehörs **als auch** der Ermittlung von Sachverhalt (zB § 14 Abs. 2; dazu MüKoInsO/Vuia § 14 Rn. 122), ist der Anwendungsbereich des § 10 eröffnet.

B. Notwendigkeit einer Anhörung des Schuldners

4   § 10 enthält keine Aussage darüber, wann eine Anhörung zu erfolgen hat. Der Tatbestand der Norm setzt vielmehr voraus, dass „**in diesem Gesetz**" eine Anhörung des Schuldners vorgeschrieben ist. Die InsO verlangt eine solche Anhörung zur Gewährung rechtlichen Gehörs in folgenden Bestimmungen: § 14 Abs. 2, § 15 Abs. 2 S. 3, Abs. 3, § 21 Abs. 3, § 99 Abs. 1 S. 2 und 3, § 248 Abs. 2, § 272 Abs. 2 S. 2, § 296 Abs. 2 S. 1, § 298 Abs. 2 S. 1, § 300 Abs. 1, § 303 Abs. 3 S. 1, § 314 Abs. 3 S. 3, § 317 Abs. 2 S. 2, Abs. 3, § 318 Abs. 2 S. 2, § 332 Abs. 1, § 333 Abs. 2 S. 2 Hs. 2.

2. Unbekannter Aufenthaltsort

Abs. 1 S. 1 Alt. 2 erlaubt ein Absehen von der Anhörung des Schuldners, wenn dessen **Aufent-** 16
halt gänzlich unbekannt ist. Dieser Umstand lässt eine Anhörung undurchführbar erscheinen; auf die Prüfung einer übermäßigen Verzögerung des Verfahrens kann verzichtet werden. Der Aufenthaltsort des Schuldners ist unbekannt, wenn die insofern nach § 5 Abs. 1 S. 1 gebotene Amtsermittlung ohne Erfolg bleibt (K. Schmidt InsO/Stephan Rn. 13; MüKoInsO/Ganter/Bruns Rn. 14). Im Zulassungsverfahren, in dem noch keine Amtsermittlung erfolgen kann (→ § 5 Rn. 4), müssen die durch den Antragsteller angestellten Bemühungen um eine Ermittlung des Aufenthaltsorts ergebnislos geblieben sein. Dies ist anzunehmen, wenn eine Anfrage an das Einwohnermeldeamt am letzten Wohnort oder Sitz des Schuldners ergibt, dass dieser unbekannt verzogen ist (KPB/Prütting Rn. 8). Ein **untergetauchter Schuldner** ist daher nicht erreichbar und seine Anhörung wird entbehrlich (AG Hamburg NZI 2010, 446 (447); AG Duisburg NZI 2009, 399; LG Frankfurt ZIP 1995, 1836 (1837); Jaeger/Gerhard Rn. 3).

3. Anhörung des Vertreters oder Angehörigen

Ist die Anhörung des Schuldners gem. Abs. 1 S. 1 entbehrlich, so kann das Insolvenzgericht 17
von der Anhörung nur dieser natürlichen Person absehen. Abs. 1 S. 2 verlangt stattdessen die Anhörung einer „**Ersatzperson**", also eines Vertreters oder eines Angehörigen des Schuldners, wenn eine solche vorhanden ist.

Als **Vertreter** ist derjenige anzusehen, der aufgrund gesetzlicher oder rechtsgeschäftlicher Ver- 18
tretungsmacht für den Schuldner auftreten darf (vgl. § 164 BGB), wobei die Vertretungsbefugnisse eine gewisse **Sachnähe zum Insolvenzverfahren** haben müssen. Handlungsbevollmächtigte oder Prokuristen sind daher zwar Vertreter des Schuldners, nicht aber Vertreter iSd Abs. 1 S. 2, da ihren Befugnissen der engere Bezug zum Verfahren fehlt (Uhlenbruck/Pape Rn. 7).

Angehöriger ist jedes Familienmitglied des Schuldners sowie eine ihm sonst **nahe stehende** 19
Personen iSd § 138 Abs. 1, soweit von ihnen erwartet werden kann, dass sie die wirtschaftlichen Interessen des Schuldners gerade auch **im Insolvenzfall** wahren. Hierzu benötigen sie hinreichende Einblicke in die Vermögensverhältnisse des Schuldners (wohl unstreitig – vgl. MüKoInsO/Ganter/Bruns Rn. 18; ebenso Jaeger/Gerhardt Rn. 3).

Eine **Ersatzanhörung** nach Abs. 1 S. 2 kann unterbleiben, wenn auch in der Person der 20
Ersatzperson ein Entbehrlichkeitsgrund iSd Abs. 1 S. 1 festgestellt werden kann.

II. Schuldnergesellschaft (Abs. 2)

1. Entsprechende Anwendung des Abs. 1

Abs. 2 S. 1 ordnet an, dass die Regelung des Abs. 1 S. 1 für Schuldner, die **keine natürlichen** 21
Personen sind, entsprechend gilt und für die Feststellung des Entbehrlichkeitsgrundes nicht auf den Schuldner (also die Gesellschaft), sondern auf die organschaftlichen Vertreter bzw. die Gesellschafter als anzuhörende Personen abzustellen ist.

Die Anhörung einer Schuldnergesellschaft erfolgt über deren **Organe,** also (alle) **vertretungs-** 22
berechtigten Personen (Uhlenbruck/Pape Rn. 8). Vorbehaltlich besonderer Regelungen im Gesellschaftsvertrag sind dies bei der GmbH alle Geschäftsführer (vgl. § 35 Abs. 1 S. 1 GmbHG), bei der AG, der Genossenschaft und dem eingetragenen Verein alle Vorstandmitglieder (vgl. § 78 Abs. 1 S. 1 AktG, § 24 Abs. 1 S. 1 GenG, § 26 Abs. 1 S. 2 BGB), bei der OHG, der KG und der (Außen-)GbR alle persönlich haftenden Gesellschafter (BGH KTS 1978, 24 (27); LG Saarbrücken Rpfleger 1995, 37; OLG Düsseldorf KTS 1959, 175) sowie im Falle eines Nachlassinsolvenzverfahrens alle Erben (LG Köln KTS 1986, 362). Eine Anhörung dieser Personen kann nach Abs. 2 S. 1 Alt. 1 iVm Abs. 1 S. 1 nur unterbleiben, wenn für den betreffenden Vertretungsberechtigten das Vorliegen der Entbehrlichkeitsvoraussetzungen festzustellen ist. Liegen diese nur für einen von mehreren Vertretern des Schuldners vor, so sind die anderen organschaftlichen Vertreter weiterhin anzuhören; ihr Anhörungsrecht wird nicht suspendiert, da es aus dem Gehörsanspruch des Schuldners folgt und damit ihnen als Organ des Schuldners originär zu gewähren ist (vgl. MüKoInso/Ganter/Bruns Rn. 20; aA BK-InsR/Humberg Rn. 27). Findet sich für eine Schuldnergesellschaft nur eine vertretungsberechtigte Person und liegt bei dieser ein Entbehrlichkeitsgrund nach Abs. 1 S. 1 vor, so findet die Regelung des Abs. 1 S. 2 entsprechende Anwendung, sodass grundsätzlich der Vertreter (→ Rn. 18; insbesondere ein Verfahrens- oder Zustellungsbevollmächtigter) oder Angehörige (→ Rn. 19) des verhinderten Organs anzuhören sind, soweit diese einen hinreichenden Bezug zum Schuldner und zum Insolvenzverfahren aufweisen.

23 Die Anhörung des Schuldners erfolgt durch seine Organe, nicht aber durch die (nicht vertretungsbefugten) **Gesellschafter**. Die Anhörung von Personen, die **lediglich** am Schuldner **beteiligt** sind, ohne zugleich vertretungsbefugt zu sein (Abs. 2 S. 1 Alt. 2), wird daher in der Regel nicht notwendig sein, um die Anhörung des Schuldners sicherzustellen; eine derartige gesetzliche Anordnung existiert (abgesehen von Abs. 2 S. 2, → Rn. 24) nicht. Die Entbehrlichkeit einer solchen Anhörung würde sich aus den Anforderungen des Abs. 1 ergeben.

2. Führungslosigkeit des Unternehmens

24 Die Regelung des Abs. 2 S. 2 ist zunächst insofern bemerkenswert, als sie nicht die Anhörungsrechte des Schuldners bzw. seiner Organe beschränkt, sondern den **Kreis der Anzuhörenden** in Hs. 1 **erweitert,** um dann in Hs. 2 auch insoweit die Anwendbarkeit des Abs. 1 S. 1 anzuordnen. Ziel dieser Regelung, die durch das Gesetz zur Modernisierung des GmbH-Rechts und zur Bekämpfung von Missbräuchen (MoMiG) v. 23.10.2008 geschaffen wurde, ist die Erleichterung der verfahrensrechtlichen Behandlung **führungsloser Kapitalgesellschaften,** die sich insbesondere im Eröffnungsverfahren als durchaus schwierig und damit missbrauchs- und verzögerungsanfällig erwiesen hatte (BT-Drs. 16/6140, 54). In diesen Fällen gestattet das Gesetz nun die Anhörung des Schuldners in Form der **Anhörung der Gesellschafter** anstelle des (nicht mehr existenten) organschaftlichen Vertreters. Im Ergebnis wird der Kreis der „Ersatzpersonen" (→ Rn. 17) für den Fall der Führungslosigkeit auf die Gesellschafter ausgeweitet.

25 Die Sonderregel des Abs. 2 S. 2 gilt nur für Schuldner, die **juristische Personen** sind, insbesondere also Kapitalgesellschaften wie die GmbH. Die **Führungslosigkeit** einer solchen Gesellschaft ist in S. 2 unmittelbar dadurch definiert, dass diese juristische Person keinen organschaftlichen Vertreter (mehr) hat. Der Grund für das **Fehlen eines Organs** ist dabei irrelevant; denkbar sind sowohl tatsächliche (Tod, Amtsunfähigkeit) als auch rechtliche (Abberufung, Amtsniederlegung, rechtsunwirksame Bestellung) Gründe. Der rechtliche Wegfall der Organstellung muss dabei wirksam sein, was vom Insolvenzgericht zu prüfen ist; fehlt lediglich die Eintragung des Rechtsänderung im Handelsregister, so wird man dies im Interesse der Verfahrensbeschleunigung ignorieren dürfen. Die historische Auslegung der Norm macht zudem deutlich, dass es der **Nichtexistenz** eines Organs bedarf, um eine Führungslosigkeit anzunehmen. Ist hingegen der organschaftliche Vertreter noch im Amt, aber unerreichbar im Ausland oder ist sein Aufenthaltsort unbekannt, so ist diese Person für den Schuldner zu hören und eine Entbehrlichkeit der Anhörung kann sich allein aus Abs. 1 S. 1 ergeben, der über Abs. 2 S. 1 anwendbar ist (→ Rn. 22). Eine Gesellschafteranhörung über Abs. 2 S. 2 ist hingegen (entgegen der in diese Richtung gehenden Fassung des Referentenentwurfs) nicht zulässig (AG Potsdam NZI 2013, 602; AG Hamburg NJW 2009, 304; aA Mock EWiR 2009, 245; Gehrlein BB 2008, 846). Existiert immerhin ein **faktischer Geschäftsführer** bzw. Vorstand, so werden die Interessen der Schuldnergesellschaft wahrgenommen und folgerichtig ist diese Person als Organ anzuhören; die juristische Person ist dann nicht führungslos iSd Abs. 2 S. 2 (HK-InsO/Kirchhof Rn. 12).

26 Im Fall einer führungslosen juristischen Person „können" die Gesellschafter nach Abs. 2 S. 2 für die Schuldnerin angehört werden. Die Durchführung der Anhörung über diesen Weg steht demgemäß im **pflichtgemäßen Ermessen des Gerichts,** das anhand des konkreten Einzelfalls individuell entscheiden soll, ob eine Anhörung der Gesellschafter notwendig und sinnvoll ist (BT-Drs. 16/6140, 55). Der Gesetzgeber dachte dabei vor allem an Fälle kleiner überschaubarer Kapitalgesellschaften wie der typischen GmbH; bei Publikumsgesellschaften hielt er demgegenüber die Anhörung der Gesellschafter für wenig sinnvoll (BT-Drs. 16/6140, 55). Dem Gericht wird so die Möglichkeit eröffnet, mit dem Anhörungserfordernis bei führungslosen Kapitalgesellschaften flexibel umzugehen, um sowohl die Interessen der Schuldnerin, als auch die Interessen der anderen Verfahrensbeteiligten zu wahren. Zugleich ermöglicht Abs. 2 S. 2 letzter Hs. durch den Verweis auf Abs. 1 S. 1 den Verzicht auf die Anhörung der Schuldnerin auch bei kleinen Kapitalgesellschaften, wenn die betreffenden Gesellschafter nicht zeitnah zur Verfügung stehen.

E. Folgen einer unterlassenen Anhörung

27 Wird die pflichtige Anhörung des Schuldners unterlassen, so liegt eine **Verletzung des Verfahrensgrundrechts auf rechtliches Gehör** aus Art. 103 Abs. 1 GG und damit ein **wesentlicher Verfahrensmangel** vor, der es rechtfertigt, die ergangene Entscheidung aufzuheben (OLG Düsseldorf KTS 1959, 175), wenn sich der Verfahrensmangel auf die gerichtliche Entscheidung ausgewirkt hat (LG Göttingen ZInsO 2002, 682 (683)). Dies wäre vom Schuldner vorzutragen. Ist die ergangene Entscheidung anfechtbar (vgl. § 6 Abs. 1, → § 6 Rn. 3), so kann der Schuldner den

Mangel im Wege der sofortigen Beschwerde rügen. Ist die Entscheidung nicht anfechtbar, aber vom Urkundsbeamten oder vom Rechtspfleger ergangen, so kann der Schuldner die Erinnerung einlegen (§ 573 Abs. 1 ZPO, → § 6 Rn. 3 bzw. § 11 Abs. 2 S. 1 RPflG, → § 6 Rn. 11). Ist die Entscheidung auch danach unanfechtbar, so bleibt die Gehörsrüge nach § 321a ZPO (→ § 6 Rn. 7 aE).

Wird der Anhörungsmangel durch Rechtsmittel geltend gemacht, so ist zu beachten, dass die **Nachholung** der versäumten Anhörung des Schuldners **auch im Beschwerdeverfahren** noch möglich ist, da das Beschwerdegericht erneut vollumfänglich über die angefochtene Maßnahme entscheidet (BGH NZI 2011, 282 Rn. 10; BK-InsR/Blersch Rn. 23; Nerlich/Römermann/Becker Rn. 22; Kölner Schrift zur InsO/Vallender Kap. 5 Rn. 19; FK-InsO/Schmerbach Rn. 20; nun auch Uhlenbruck/Pape Rn. 10; aA noch Hess Rn. 6 und der hM zur KO: LG Baden-Baden ZIP 1983, 205; Kuhn/Uhlenbruck KO § 105 Rn. 10d; Kilger/K. Schmidt KO § 105 Anm. 4b). War zur Abwendung der Gefährdung des Verfahrenszwecks Eile geboten und wurde aus diesem Grund (zulässigerweise) von einer vorherigen Anhörung des Schuldners abgesehen, so ist die Nachholung im Beschwerdeverfahren jedenfalls zulässig (BVerfGE 18, 399 (405)). Erst im Rechtsbeschwerdeverfahren ist eine heilende Nachholung der Schuldneranhörung ausgeschlossen, da das Rechtsbeschwerdegericht nicht mehr vollumfänglich wie das erstinstanzliche Gericht in der Sache entscheiden kann (BGH NZI 2011, 282 Rn. 10; OLG Celle ZInsO 2001, 711 (712)). 28

§ 10a Vorgespräch

(1) ¹Ein Schuldner, der mindestens zwei der drei in § 22a Absatz 1 genannten Voraussetzungen erfüllt, hat an dem für ihn zuständigen Insolvenzgericht Anspruch auf ein Vorgespräch über die für das Verfahren relevanten Gegenstände, insbesondere die Voraussetzungen für eine Eigenverwaltung, die Eigenverwaltungsplanung, die Besetzung des vorläufigen Gläubigerausschusses, die Person des vorläufigen Insolvenzverwalters oder Sachwalters, etwaige weitere Sicherungsanordnungen und die Ermächtigung zur Begründung von Masseverbindlichkeiten. ²Wenn der Schuldner nach Satz 1 keinen Anspruch auf ein Vorgespräch hat, liegt das Angebot eines Vorgesprächs im Ermessen des Gerichts.

(2) Mit Zustimmung des Schuldners kann das Gericht Gläubiger anhören, insbesondere, um deren Bereitschaft für eine Mitgliedschaft in einem vorläufigen Gläubigerausschuss zu erörtern.

(3) Die Abteilung, für die der Richter das Vorgespräch nach Absatz 1 Satz 1 führt, ist in den sechs Monaten nach dem Vorgespräch für das Insolvenzverfahren über das Vermögen des Schuldners zuständig.

Überblick

Die Regelung verankert die bewährte Praxis des Vorgesprächs zur Vorbereitung einer Insolvenzantragstellung im Gesetz und schafft in Abs. 1 zugleich für größere Insolvenzverfahren einen Anspruch des Schuldners auf ein solches Gespräch. Rechtlich verbindliche Folgen erzeugt ein Vorgespräch nicht. Lediglich die funktionelle Zuständigkeit wird in Abs. 3 für sechs Monate an die Abteilung angebunden, die das Gespräch geführt hat.

A. Zugang zum Gericht für ein Vorgespräch (Abs. 1)

Das Insolvenzgericht wird erst nach Eingang eines Insolvenzantrags tätig. Hält es diesen für 1 zulässig, so muss es schon in den ersten Tagen über Sicherungsmaßnahmen entscheiden, die nicht selten den weiteren Gang des Verfahrens entscheidend prägen. Ein vorläufiger Gläubigerausschuss kann einzusetzen sein (§ 21 Abs. 2 S. 1 Nr. 2, § 22a); über die vorläufige Eigenverwaltung und die Person des vorläufigen Sachwalters (§ 270b Abs. 1) oder aber die Bestellung eines schwachen oder starken vorläufigen Insolvenzverwalters (§ 21 Abs. 2 S. 1 Nr. 1 und 2) ist zu entscheiden. Bei all diesen Entscheidungen kommt dem Gericht ein beachtliches Maß an Ermessen und Beurteilungsspielräumen zu, was dem Antragsteller weitgehend die **Planungssicherheit** nimmt. Gerade bei strategischen Insolvenzen zum Zwecke der **Sanierung** in Eigenverwaltung hat es sich daher bewährt, die Planungssicherheit vorab dadurch zu erhöhen, dass das Gericht mit dem potenziellen Antragsteller in einem Vorgespräch thematisiert, welche Gesichtspunkte für die Entscheidungen über die Eigenverwaltung sowie die Besetzung der relevanten Ämter (Sachwalter, Gläubigerausschuss) zu beachten sind. Dem Schuldner ist es so möglich, seine Vorbereitungen auf den Antrag zu perfektionieren, während das Gericht zugleich bereits über die Hintergründe eines Insolvenzantrags informiert wird. Der Gesetzgeber hat diesen beiderseitigen Nutzen eines Vorgesprächs erkannt (BT-Drs. 19/24181, 192) und in § 10a nun das Vorgespräch auf eine gesetzliche Grundlage gestellt. Damit sind auch mögliche Bedenken in der Richterschaft gegenüber der **Rechtmäßigkeit** einer solchen Kommunikation vor Antragstellung ausgeräumt.

2   Abs. 1 S. 1 beinhaltet für Schuldner, die mindestens zwei der drei in **§ 22a Abs. 1** genannten Voraussetzungen erfüllen, einen **Anspruch auf ein Vorgespräch** bei dem Insolvenzgericht, das im Fall einer Antragstellung zuständig wäre. Bei der Kontaktaufnahme mit dem Gericht hat der Schuldner mithin Umstände darzulegen, aus denen sich für das angesprochene Gericht ergibt, dass es örtlich zuständig (§ 3) ist und der Schuldner zwei der relevanten Schwellenwerte erfüllt (BT-Drs. 19/24181, 192).

3   Erreicht der Schuldner nicht die Schwellenwerte, so besteht zwar kein Anspruch auf ein Vorgespräch, wohl aber ein **Anspruch auf fehlerfreie Ermessensentscheidung** über ein solches, legt doch **Abs. 1 S. 2** in diesen Fällen die Durchführung des Gesprächs ins Ermessen des Gerichts. Der Schuldner wird hier also in seinem Kommunikationsersuchen darzulegen haben, warum ein Vorgespräch im Einzelfall sinnvoll ist. Die pauschale Ablehnung jeglicher Vorgespräche durch das Gericht ist jedenfalls ermessensfehlerhaft. Gleichzeitig wird man eine Ermessensreduzierung auf null zugunsten eines Vorgesprächs für kleinere Verfahren aufgrund der gesetzlichen Wertung in Abs. 1 nur in solchen Ausnahmefällen annehmen können, in denen der Aufwand einer Vorbefassung gegenüber einer sofortigen Antragstellung wirtschaftlich gerechtfertigt ist.

B. Inhalt und Parteien des Vorgesprächs

4   Im Rahmen des Vorgesprächs können nach Abs. 1 S. 1 **alle für das Verfahren relevanten Gegenstände** zwischen Schuldner und Gericht besprochen werden. Das Gesetz illustriert relevante Gesprächsthemen durch eine Aufzählung, die nicht abschließend gemeint ist („insbesondere"; BT-Drs. 19/24181, 192 f.): die Voraussetzungen für eine Eigenverwaltung, die Eigenverwaltungsplanung, die Besetzung des vorläufigen Gläubigerausschusses, die Person des vorläufigen Insolvenzverwalters oder Sachwalters, etwaige weitere Sicherungsanordnungen (etwa § 21 Abs. 2 S. 1 Nr. 5) und die Ermächtigung zur Begründung von Masseverbindlichkeiten. Dabei ergibt sich sowohl aus dem Wortlaut als auch aus der Funktion des „Vorgesprächs", dass der Schuldner nicht nur vom Gericht angehört wird, sondern mit ihm ins Gespräch kommt und relevante Punkte **erörtert** werden. Das Gericht soll also eine vorläufige (→ Rn. 7) Einschätzung dieser Punkte mitteilen. Eine abschließende rechtliche Prüfung wird der nachfolgenden Antragsprüfung überlassen bleiben müssen.

5   Am Vorgespräch nehmen grundsätzlich der **Schuldner** sowie das Gericht teil. Auf Schuldnerseite wird dabei aber nicht nur der Schuldner bzw. dessen Geschäftsleitung, sondern gerade auch die Person(en) zuzulassen sein, die zur Erörterung der Fragen fachlich kompetent ist (in der Regel ein Sanierungsberater). Auf Seiten des **Gerichts** wird ein Richter das Gespräch führen (vgl. Abs. 3); die Teilnahme weiterer Richter der Abteilung kann im Hinblick auf Abs. 3 sinnvoll sein. Es gilt der Geschäftsverteilungsplan. Der Antrag auf ein Vorgespräch wird im AR-Register eingetragen. Kommt es zum Vorgespräch, so ist eine Akte anzulegen und das Gespräch zu protokollieren (§ 4 iVm § 159 ZPO). Für die Akteneinsicht gelten die allgemeinen Regeln (→ § 4 Rn. 11 ff.).

6   Abs. 2 erlaubt die Anhörung von **Gläubigern** und damit deren Teilnahme am Gespräch, wenn der **Schuldner zustimmt**. Exemplarisch nennt das Gesetz die Abfrage der Bereitschaft zur Mitgliedschaft im vorläufigen Gläubigerausschuss, wodurch dessen Einsetzung nach Antragstellung vereinfacht wird (BT-Drs. 19/24181, 193). Die Teilnahme wird dann auch telefonisch oder virtuell stattfinden können.

C. Folgen des Vorgesprächs

7   Das Vorgespräch ist hinsichtlich seines Inhalts gänzlich **unverbindlich**. Die Gesetzesbegründung stellt dabei heraus, dass weder eine örtliche Zuständigkeit begründet oder fixiert noch eine inhaltliche Bindung des Gerichts oder gar ein Anspruch des Schuldners auf bestimmte Entscheidungen begründet wird (BT-Drs. 19/24181, 193). Die mit dem Gespräch bezweckte Planungssicherheit für den Schuldner wird daher weiter **allein allenfalls faktisch** erreicht, indem dem Gericht die Zweckmäßigkeit der beabsichtigten Maßnahmen und Anträge verdeutlicht wird. Es

steht allen Beteiligten – Gericht wie Schuldner – frei, ihre Meinungen zu ändern. Das Vorgespräch selbst wäre sonst durch das Gericht in den relevanten Rechtsfragen vorzubereiten, was ein „Vor-Vorgespräch" erfordern würde. Das unverbindliche Vorgespräch schafft daher nur insoweit einen Vertrauenstatbestand zwischen den Beteiligten, als es dem Gericht aufgrund des Rechtsstaatsprinzips verwehrt ist, **willkürlich** von den Ergebnissen des Vorgesprächs abzuweichen.

Die zum Erreichen dieses Effekts erforderliche **Personenidentität** von gesprächsführendem **8** und entscheidendem Richter versucht Abs. 3 dadurch zu fördern, dass der Insolvenzantrag von der **Abteilung** des Insolvenzgerichts bearbeitet wird, die das Vorgespräch geführt hatte. Eine präzisere Anbindung an die Person des einzelnen Richters hat der Gesetzgeber bewusst vermieden, um Problemen aus dem Weg zu gehen, die insbesondere in Vertretungsfällen entstehen könnten (BT-Drs. 19/24181, 193). Die in Abs. 3 vorgegebene funktionelle Zuständigkeit gilt nur für den Fall eines Anspruchs auf ein Vorgespräch und nur, wenn der **Insolvenzantrag binnen sechs Monaten** nach dem Vorgespräch eingeht. Findet das Vorgespräch fakultativ statt, bleibt es bei der Geschäftsverteilungshoheit des Gerichts, das dabei aber auch die Personenidentität anstreben sollte (BT-Drs. 19/24181, 193). Zugleich lässt ein zu großer zeitlicher Abstand befürchten, dass geänderte Umstände den Sinn des Vorgesprächs und die dort gefundenen Lösungen in Frage stellen.

Zweiter Teil. Eröffnung des Insolvenzverfahrens. Erfaßtes Vermögen und Verfahrensbeteiligte

Erster Abschnitt. Eröffnungsvoraussetzungen und Eröffnungsverfahren

§ 11 Zulässigkeit des Insolvenzverfahrens

(1) ¹Ein Insolvenzverfahren kann über das Vermögen jeder natürlichen und jeder juristischen Person eröffnet werden. ²Der nicht rechtsfähige Verein steht insoweit einer juristischen Person gleich.

(2) Ein Insolvenzverfahren kann ferner eröffnet werden:
1. über das Vermögen einer Gesellschaft ohne Rechtspersönlichkeit (offene Handelsgesellschaft, Kommanditgesellschaft, Partnerschaftsgesellschaft, Gesellschaft des Bürgerlichen Rechts, Partenreederei, Europäische wirtschaftliche Interessenvereinigung);
2. nach Maßgabe der §§ 315 bis 334 über einen Nachlaß, über das Gesamtgut einer fortgesetzten Gütergemeinschaft oder über das Gesamtgut einer Gütergemeinschaft, das von den Ehegatten gemeinschaftlich verwaltet wird.

(3) Nach Auflösung einer juristischen Person oder einer Gesellschaft ohne Rechtspersönlichkeit ist die Eröffnung des Insolvenzverfahrens zulässig, solange die Verteilung des Vermögens nicht vollzogen ist.

Überblick

Die Vorschrift definiert die Insolvenzfähigkeit (= Parteifähigkeit im Insolvenzverfahren) und ist insoweit als speziellere und weitergehende Vorschrift zu § 50 ZPO zu sehen. Materiell wird für die Feststellung der Insolvenzfähigkeit des Vermögensträgers im Grundsatz in das bürgerliche Recht verwiesen. Wie an § 11 Abs. 2 Nr. 2 zu sehen ist, regelt die Vorschrift die Insolvenzfähigkeit von Vermögensmassen und hat daher einen sehr weitgehenden Anwendungsbereich. Die Regelung ist auch für die Beurteilung der Insolvenzfähigkeit ausländischer Gesellschaftsformen von Relevanz; auch insoweit ist im Grundsatz das materielle Recht des jeweiligen anzuwendenden Gesellschaftsstatus maßgeblich (→ Rn. 6).

A. Natürliche Personen

1   Die **Insolvenzfähigkeit** natürlicher Personen entspricht ihrer **Rechtsfähigkeit** (§ 1 BGB), sie ist daher unbeschränkt und unabhängig von ihrer Geschäftsfähigkeit, Prozessfähigkeit oder etwa einer Unternehmereigenschaft. Sie erlangt in der praktischen Anwendung ihre Bedeutung in der Vielzahl von Verbraucherinsolvenzverfahren über die in der Konkursordnung noch unbekannten Regelungen der Verbraucherinsolvenz mit Restschuldbefreiung (§§ 304 ff.). Auf diese Weise kann sich der redliche Schuldner von seinen Verbindlichkeiten endgültig befreien. Keine Befreiung tritt demgegenüber für deliktische Verbindlichkeiten ein (§ 302 Nr. 1), sodass sich zB der die Insolvenz einer Gesellschaft verschleppende Geschäftsführer seiner damit im Zusammenhang stehenden Schulden nicht entledigen kann. Mit dem Tod des Schuldners endet die Insolvenzfähigkeit, ein schon laufendes Verfahren wird erforderlichenfalls in ein Nachlassinsolvenzverfahren überführt (zum Nachlassinsolvenzverfahren vgl. §§ 315 ff.).

B. Juristische Personen

2   Für juristische Personen ist die Insolvenzfähigkeit ebenfalls die Folge ihrer Rechtsfähigkeit. Die Insolvenzfähigkeit beginnt danach mit Entstehung der jeweiligen Gesellschaft, dh ihrer Eintragung im Handelsregister. Die Vorgesellschaft ist demgegenüber nach den Voraussetzungen des § 11 Abs. 2 Nr. 1 (→ Rn. 5) insolvenzfähig (MüKoGmbHG/Merkt Rn. 54; selbst dann, wenn die Eintragungsabsicht aufgegeben wird (BGH NJW 2008, 2441). Vorgründungsgesellschaften existieren in vielfältiger Weise, bei ihnen ist danach zu differenzieren, ob es sich um eine reine Innengesellschaft handelt oder schon eine Außengesellschaft entstanden ist (→ Rn. 5).

Uneingeschränkt insolvenzfähig sind **alle juristischen Personen,** dh die GmbH (§ 13 **3** GmbHG), die AG (§ 1 AktG), die KGaA (§ 278 AktG), die eingetragene Genossenschaft (§ 2 GenG), der rechtsfähige Verein (§§ 21, 22 BGB), die Stiftung (§§ 80, 86, 21, 22, 42 BGB), der Versicherungsverein auf Gegenseitigkeit (§ 15 VAG), die SE (Verordnung (EG) Nr. 2157/2001, Titel I, Art. 1 Abs. 3, § 3 SEAG). Nach § 11 Abs. 1 S. 2 wird der nicht rechtsfähige Verein gleichgestellt (zum Sonderfall der Insolvenzfähigkeit des Gebietsverbands einer politischen Partei und den verfassungsrechtlichen Implikationen BGH NZI 2021, 268 Rn. 14 ff.; kritisch und mit praktischem Argument Paulus EWiR 2021, 147). Bislang gibt es kein „echtes" Konzerninsolvenzrecht, sodass im Konzernverbund für die Insolvenzfähigkeit auf die jeweils einzelnen Konzerngesellschaften abgestellt wird (Gesetzesentwurf zum Konzerninsolvenzrecht: http://www.bmjv.de/SharedDocs/Gesetzgebungsverfahren/Archiv/Diskussionsentwurf_Gesetz_zur_Erleichterung_der_Bewaeltigung_von_Konzerninsolvenzen.pdf?__blob=publicationFile&v=4; letzter Abruf v. 22.4.2021; allerdings wurden mit dem im April 2018 in Kraft getretenen Gesetz zur Erleichterung der Bewältigung von Konzerninsolvenzen konzerninsolvenzrechtliche Möglichkeiten im Wesentlichen durch eine Bündelung und Koordination der einzelnen Verfahren über einzelne Konzerngesellschaften an einem Gruppengerichtsstand geschaffen (vgl. §§ 3a, 13a, 56b, 269a ff.).

Die Insolvenzfähigkeit endet entsprechend der Anordnung in § 11 Abs. 3 nicht erst mit Einlei- **4** tung der Liquidation über die Gesellschaft, sondern erst mit der endgültigen Verteilung des Vermögens. Soll über das Vermögen einer gelöschten Gesellschaft ein Insolvenzantrag gestellt werden, ist darzulegen, dass noch verteilbares Vermögen vorhanden ist (BGH NZG 2005, 278). In tatsächlicher Hinsicht stellt sich für einen Gläubiger in solchen Fällen allerdings das Problem, ausreichenden Vortrag zur Darlegung von Vermögenswerten zu leisten (vgl. LG Hamburg NZI 2016, 735).

C. Gesellschaften ohne Rechtspersönlichkeit

Die von § 11 erfassten Gesellschaften ohne Rechtspersönlichkeit sind im Einzelnen benannt **5** (OHG, KG, PartG, GbR, Partenreederei, EWiV). **Reine Innengesellschaften** wie die stille Gesellschaft (§ 230 HGB) sind mangels Gesamthandsvermögens hingegen nicht insolvenzfähig. Diese werden im Rahmen eines Insolvenzverfahrens über einen Inhaber abgewickelt (Andres/Leithaus/Leithaus § 84 Rn. 5). Dem entsprechend sind Bruchteilsgemeinschaften ebenfalls nicht insolvenzfähig (MüKoInsO/Ott/Vuia Rn. 63a; aA AG Göttingen NZI 2001, 102). Dies gilt auch für Erbengemeinschaften. Für Wohnungseigentümergemeinschaften ist die Insolvenzfähigkeit kraft Gesetzes ausgeschlossen (§ 11 Abs. 3 WEG) (auch wenn der BGH deren Rechtsfähigkeit anerkennt, BGH NJW 2005, 2061). Eine besondere Problemlage kann sich ergeben, wenn Personengesellschaften zB durch Ausscheiden des vorletzten Gesellschafters (vgl. BeckOK HGB/Lehmann-Richter HGB § 131 Rn. 27; NZG 2008, 704) oder Vereinigung aller Anteile auf einen Gesellschafter etc liquidationslos vollbeendet werden. Eine Gesellschaft besteht in diesen Fällen nicht mehr, wenngleich noch ein abgrenzbares Vermögen vorhanden ist. Nach allgemeiner Meinung ist auch dieses abgrenzbare Vermögen insolvenzfähig, nach der Rechtsprechung erfolgt dies unter analoger Anwendung der Regelungen der §§ 315 ff. im Rahmen eines Partikularinsolvenzverfahrens (umfassend → § 315 Rn. 55 ff.; LG Essen NZI 2019, 349 mAnm Fridgen; LG Dresden ZIP 2005, 955; MüKoInsO/Ott/Vuia Rn. 71 b).

D. Sonderproblem: Ausländische Gesellschaften

Für Gesellschaften ausländischen Rechts stellen sich spezielle Fragestellungen. Mit Einführung **6** des § 15a und der rechtsformübergreifenden Insolvenzantragspflicht durch das MoMiG stellt sich die Frage einer weiteren Ausdehnung des Anwendungsbereichs von § 11.

Für EU-Inlandsgesellschaften richtet sich das anzuwendende Insolvenzstatut nach der **lex fori** **7** **concursus** (Art. 4 EuInsVO bzw. § 11 Abs. 1, 2 EuInsVO). Ist eine EU-Gesellschaft in Deutschland insolvenzantragspflichtig (Art. 3 Abs. 1 S. 1 EuInsVO), was sich nach dem Center of main interests (COMI) richtet, ist die Insolvenzfähigkeit der Auslandsgesellschaft nach dem Recht des Gründungsstaats zu bestimmen. Der EuGH hat in einer Reihe von Entscheidungen verankert, dass das Recht des Gründungsstaats der EU-Gesellschaften maßgeblich ist (NJW 1999, 2027 – Centros; NJW 2002, 3614 – Überseering; NJW 2003, 3331 – Inspire Art). Es hängt daher vom jeweiligen nach dem Gründungsstatut anwendbaren materiellen Recht ab, ob die Gesellschaft rechtsfähig und damit insolvenzfähig ist, und ob sie unter § 11 Abs. 1 oder § 11 Abs. 2 subsumiert werden kann. Ebenfalls vom jeweiligen nationalen Recht ist abhängig, ob die Gesellschaft im Gründungsstadium schon insolvenzfähig ist und wann die Insolvenzfähigkeit endet.

Verkompliziert wird die Rechtslage gegenwärtig insbesondere deshalb, da für Gesellschaften **8** außerhalb des EU-Raums der BGH die **Sitztheorie** anwendet (NJW 2009, 289 – Trabrennbahn), sodass für diese die Insolvenzfähigkeit besonders zu prüfen ist und, wenn sie bejaht werden kann, sich regelmäßig nach § 11 Abs. 2 Nr. 1 richten wird (OLG Zweibrücken NJW-RR 2001, 341; BGH NZG 2002, 1009). Die Bestrebungen zur Einführung eines Gesetzes zum Internationalen Privatrecht der Gesellschaften, Vereine und juristischen Personen, welches im Referentenentwurf die Gründungstheorie statuierte, sind gegenwärtig zum Stillstand gekommen, sodass jedenfalls eine kurzfristige gesetzliche Regelung nicht zu erwarten ist.

E. Sonstige Vermögensmassen

9   Hinsichtlich der Insolvenz von Nachlassvermögen und den anderen von § 11 Abs. 2 erfassten Sondervermögen wird auf die Kommentierung in §§ 315 ff. verwiesen (→ § 315 Rn. 1 ff.).

§ 12 Juristische Personen des öffentlichen Rechts

(1) Unzulässig ist das Insolvenzverfahren über das Vermögen
1. des Bundes oder eines Landes;
2. einer juristischen Person des öffentlichen Rechts, die der Aufsicht eines Landes untersteht, wenn das Landesrecht dies bestimmt.

(2) Hat ein Land nach Absatz 1 Nr. 2 das Insolvenzverfahren über das Vermögen einer juristischen Person für unzulässig erklärt, so können im Falle der Zahlungsunfähigkeit oder der Überschuldung dieser juristischen Person deren Arbeitnehmer von dem Land die Leistungen verlangen, die sie im Falle der Eröffnung eines Insolvenzverfahrens nach den Vorschriften des Dritten Buches Sozialgesetzbuch über das Insolvenzgeld von der Agentur für Arbeit und nach den Vorschriften des Gesetzes zur Verbesserung der betrieblichen Altersversorgung vom Träger der Insolvenzsicherung beanspruchen könnten.

Überblick

Es gilt als Selbstverständlichkeit, dass der Staat und staatliche Körperschaften nicht insolvenzfähig iSd InsO sind. Selbst wenn es zu einer Staatsinsolvenz käme, müsste hierfür eine Abwicklung außerhalb eines regulären Insolvenzverfahrens erfolgen, da man die Staatsführung wohl kaum einem Insolvenzverwalter übertragen kann. Diesem Gedanken folgend, bildet § 12 Abs. 1 eine Ausnahme vom Grundsatz der Insolvenzfähigkeit aller juristischen Personen und soll nach seiner Gesetzesbegründung die Aufrechterhaltung der Funktionsfähigkeit der Verwaltung erreichen. Die Frage, ob wie ein Staatsinsolvenzverfahren durchgeführt werden kann, hat angesichts der aktuellen Krisenentwicklung mancher Staaten zuletzt wieder an Bedeutung gewonnen (vgl. Paulus ZIP 2011, 2433; von Bogdandy/Goldmann ZaöRV 2013, 61). § 12 Abs. 1 Nr. 2 eröffnet den Ländern die (genutzte) Möglichkeit, Landkreise, Gemeinden (einschließlich Verwaltungsgemeinschaften und Zweckverbänden, → Rn. 3), Anstalten und Stiftungen öffentlichen Rechts von der Insolvenzfähigkeit auszunehmen (→ Rn. 4). Juristische Personen, deren Gesellschafter der Staat ist, sind hingegen ohne Weiteres insolvenzfähig (→ Rn. 5).

A. Allgemeines

1   Die Durchführung eines Insolvenzverfahrens nach dem Vorbild der InsO über den Staat ist nicht vorstellbar. Einerseits dient das Insolvenzverfahren nach der InsO in erster Linie der Gläubigerbefriedigung, während die Reorganisation von **Staatsschulden** letztendlich zum Ziel hat, das Gemeinwesen eines Staats zu erhalten. Die Regelung des § 12 Abs. 1 Nr. 1 ist daher im Zusammenhang mit § 882a ZPO zu sehen, welcher zB in § 882a Abs. 2 ZPO die Zwangsvollstreckung in Sachen zur Erfüllung öffentlicher Aufgaben verbietet. Zudem ist das Insolvenzverfahren auf die Liquidation der juristischen Person angelegt, was bei einem Staat schlechterdings nicht möglich ist. Der materielle Staatsbankrott Deutschlands nach dem Ersten und dem Zweiten Weltkrieg wurde dementsprechend durch Inflation und Währungsreform bzw. durch gesetzliche Regelungen „behoben" (Uhlenbruck/Hirte Rn. 3 f.).

2   Für Kirchen und Religionsgemeinschaften ist danach zu differenzieren, ob sie als Körperschaften des öffentlichen Rechts organisiert sind, dann wird die Insolvenzfähigkeit verneint (BVerfG NJW 1984, 2401 noch zur KO), oder als „gewöhnliche" juristische Person mit der Folge einer Anwendung von § 11.

B. Ausnahmen nach Landesrecht

Abs. 1 Nr. 2 eröffnet den Bundesländern die Möglichkeit, juristische Personen des öffentlichen Rechts per Gesetz für **insolvenzunfähig** zu erklären, wovon die Länder auch in unterschiedlichem Umfang Gebrauch gemacht haben (eine umfassende Übersicht enthält MüKoInsO/Vuia Rn. 23 ff.). Generell werden die Kreise und Gemeinden (Meier/Arts NZI 2007, 698), Zweckverbände und Verwaltungsgemeinschaften von der Insolvenzfähigkeit ausgenommen. 3

Weiterhin können bei expliziter gesetzlicher Regelung Körperschaften, Stiftungen und Anstalten des öffentlichen Rechts sowie rechtsfähige Sondervermögen insolvenzfähig sein, wenn sie auch der Aufsicht durch den Landesgesetzgeber unterliegen, so zB Universitäten in Nordrhein-Westfalen, wie der Fall des OLG Köln NZI 2019, 687 zeigt. Öffentlich-rechtliche Kreditinstitute, namentlich Landesbanken und Sparkassen, sind in den meisten Bundesländern insolvenzfähig (vgl. für Bayern Art. 25 BayAGGVG, wonach alle juristischen Personen des öffentlichen Rechts unter Aufsicht des Freistaats Bayern insolvenzfähig sind, ausgenommen die Landesbank, die Landesbausparkasse und die Sparkassen). Für die Kammern bestehen im jeweiligen Landesrecht unterschiedliche Regelungen. Krankenkassen sind qua Regelung in § 171b SGB V insolvenzfähig. 4

C. Eigenbetriebe und Beteiligungen des Staats

Eigenbetriebe der Kommunen sind zwar organisatorisch selbstständig, verfügen jedoch über keine eigene Rechtspersönlichkeit (oder Prozessfähigkeit) und werden deshalb den Kommunen zugerechnet (Gundlach/Frenzel/Schmidt NZI 2000, 561 (565)). Sie sind wie diese daher nicht insolvenzfähig. Bedient sich der Staat im Rahmen seiner Organisation allerdings bürgerlich-rechtlicher Gesellschaftsformen, gilt für diese wie für alle anderen Gesellschaften die Regelung des § 11, sodass auf gemeindliche GmbHs oder AGs die InsO regulär anzuwenden ist (zur Anwendung der ESUG-Möglichkeiten Flöther LKV 2014, 62). 5

D. Insolvenzgeld (Abs. 2)

Wenn und soweit juristische Personen des öffentlichen Rechts nach Abs. 1 insolvenzunfähig sind, sind diese von der Beitrags- und Umlagepflicht gegenüber der Bundesagentur für Arbeit und dem Pensions-Sicherungs-Verein auf Gegenseitigkeit befreit (§ 358 Abs. 1 S. 2 SGB III, § 17 Abs. 2 BetrAVG). Abs. 2 beinhaltet die Regelung eines Ersatzanspruchs gegenüber dem betroffenen Land, welches die Insolvenzunfähigkeit nach Abs. 1 Nr. 2 festlegt. Soweit landesrechtliche Regelungen deklaratorisch erfolgen, weil sich die Insolvenzunfähigkeit auch aus anderen Rechtsquellen wie der Verfassung oder Abs. 1 Nr. 1 ergibt, greift Abs. 2 nicht ein (vgl. MüKoInsO/Vuia Rn. 21 ff.), praktisch kann aber gleichwohl eine Einstandspflicht des Lands bestehen (BVerfG NJW 1994, 2348 zur öffentlich-rechtlichen Rundfunkanstalt SDR). 6

§ 13 Eröffnungsantrag

(1) [1]Das Insolvenzverfahren wird nur auf schriftlichen Antrag eröffnet. [2]Antragsberechtigt sind die Gläubiger und der Schuldner. [3]Dem Antrag des Schuldners ist ein Verzeichnis der Gläubiger und ihrer Forderungen beizufügen. [4]Wenn der Schuldner einen Geschäftsbetrieb hat, der nicht eingestellt ist, sollen in dem Verzeichnis besonders kenntlich gemacht werden
1. die höchsten Forderungen,
2. die höchsten gesicherten Forderungen,
3. die Forderungen der Finanzverwaltung,
4. die Forderungen der Sozialversicherungsträger sowie
5. die Forderungen aus betrieblicher Altersversorgung.
[5]Der Schuldner hat in diesem Fall auch Angaben zur Bilanzsumme, zu den Umsatzerlösen und zur durchschnittlichen Zahl der Arbeitnehmer des vorangegangenen Geschäftsjahres zu machen. [6]Die Angaben nach Satz 4 sind verpflichtend, wenn
1. der Schuldner Eigenverwaltung beantragt,
2. der Schuldner die Merkmale des § 22a Absatz 1 erfüllt oder
3. die Einsetzung eines vorläufigen Gläubigerausschusses beantragt wurde.
[7]Dem Verzeichnis nach Satz 3 und den Angaben nach den Sätzen 4 und 5 ist die Erklärung beizufügen, dass die enthaltenen Angaben richtig und vollständig sind.

(2) Der Antrag kann zurückgenommen werden, bis das Insolvenzverfahren eröffnet oder der Antrag rechtskräftig abgewiesen ist.

(3) Ist der Eröffnungsantrag unzulässig, so fordert das Insolvenzgericht den Antragsteller unverzüglich auf, den Mangel zu beheben und räumt ihm hierzu eine angemessene Frist ein.

(4) ¹Das Bundesministerium der Justiz wird ermächtigt, durch Rechtsverordnung mit Zustimmung des Bundesrates für die Antragstellung durch den Schuldner ein Formular einzuführen. ²Soweit nach Satz 1 ein Formular eingeführt ist, muss der Schuldner dieses benutzen. ³Für Verfahren, die von den Gerichten maschinell bearbeitet, und für solche, die nicht maschinell bearbeitet werden, können unterschiedliche Formulare eingeführt werden.

Überblick

Erst ein schriftlicher Antrag kann das Insolvenzverfahren eröffnen, von Amts wegen wird das Gericht also nicht initial aktiv. Nach einem zulässigen Antrag wird das Gericht im Weiteren dann allerdings von Amts wegen tätig. Die Anforderungen an die Zulässigkeit des Antrags sind in § 13 geregelt, weitere Anforderungen für einzelne Fallgestaltungen ergeben sich aus § 14 (Gläubigerantrag, → § 14 Rn. 1), § 15 (Eigenantrag bei Gesellschaften, → § 15 Rn. 1), § 18 Abs. 3 (Vertretungsbefugnis bei drohender Zahlungsunfähigkeit, → § 18 Rn. 3); die Begründetheit eines zulässigen Antrags ergibt sich aus den Insolvenzgründen, geregelt in § 17 (Zahlungsunfähigkeit, → § 17 Rn. 3), § 18 (drohende Zahlungsunfähigkeit, → § 18 Rn. 8) und § 19 (Überschuldung, → § 19 Rn. 8).

Übersicht

	Rn.		Rn.
A. Allgemeines	1	IV. Folgen inhaltlicher Mängel (Absatz 3)	32
B. Antragsberechtigte	7		
I. Gläubigerantrag	8	D. Antragsrücknahme, Erledigung des Antrags	35
II. Eigenantrag	15		
1. Natürliche Personen	16	E. Wegfall des Antragsrechts	39
2. Juristische Personen/Personengesellschaften	19	F. Verfahrenskosten	41
III. Antragsrecht der Staatsanwaltschaft	19a	I. Verfahrenseröffnung	42
C. Notwendiger Inhalt des Antrags	20	II. Abweisung des Antrags	43
I. Angaben zur Identifizierung	21	III. Antragsrücknahme, Erledigung des Verfahrens	45
II. Darstellung des Insolvenzgrunds	24		
III. Beifügung von Verzeichnissen	28	G. Formularzwang	46

A. Allgemeines

1   Seit der ESUG-Reform und den damit einhergehenden Änderungen des § 15a ist die Stellung eines korrekten Insolvenzantrags von erheblicher Bedeutung, da ein „nicht richtig" gestellter Insolvenzantrag unter Umständen eine Strafbarkeit begründen kann (→ § 15a Rn. 24). Der **Insolvenzantrag ist Prozesshandlung.** Auf ihn sind – soweit nicht Spezialregelungen der InsO gelten – die allgemeinen Regelungen der ZPO anzuwenden (§ 4), insbesondere also §§ 130, 253 ZPO. Es bedarf daher zB auch der allgemeinen Prozessfähigkeit des Antragstellers (zum Sonderproblem der Prozessunfähigkeit bei Anträgen führungsloser Gesellschaften → § 15a Rn. 16a).

2   Nach dem Wortlaut von Abs. 1 S. 1 muss der Insolvenzantrag schriftlich gestellt werden, was eine Erklärung zu Protokoll der Geschäftsstelle ausschließt. Das Schriftformgebot bedingt die Einreichung des Antrags in Form eines Dokuments, welches den Antragsteller bezeichnet und durch diesen (oder seinen Bevollmächtigten) unterzeichnet ist (§ 130 ZPO). Zulässig ist auch die Einreichung eines Antrags in Form eines elektronischen Dokuments iSv § 130a ZPO. Die Schriftlichkeit des Antrags ist Zulässigkeitsvoraussetzung.

3   **Mehrere Insolvenzanträge** gegen den gleichen Schuldner sind – anders als im Zivilprozessverfahren bei gleichem Streitgegenstand – zulässig, wobei jeder Antragsteller nur einen Antrag stellen darf. Zulässig sind auch ein Eigenantrag und parallele Fremdanträge (Uhlenbruck/Wegener

Rn. 87–88). Mehrere Antragsverfahren werden erst mit Verfahrenseröffnung verbunden, da diese im Eröffnungsverfahren durchaus unterschiedliche Schicksale erfahren können (Unzulässigkeit, Rücknahme, Erledigung). Neben einem bereits eröffneten Verfahren ist ein weiterer Eröffnungsantrag allerdings unzulässig (vgl. BGH NZI 2005, 271).

Aus dem Insolvenzantrag muss sich das angestrebte Verfahrensziel ergeben, also die Eröffnung 4 eines Insolvenzverfahrens.

Wie alle Prozesshandlungen sind Insolvenzanträge **bedingungsfeindlich** (BGHZ 167, 190 = 5 NZI 2006, 469), wenn es sich nicht allein um eine innerprozessuale Bedingung handelt (BGH NZI 2010, 441). Zulässig ist beispielsweise die Bedingung, dass das Gericht seine internationale Zuständigkeit bejaht (BGH NJW-RR 2012, 503). Unzulässig sind aber zB „rein vorsorglich" gestellte Anträge, wenn es diesen an den weiteren Zulässigkeitsvoraussetzungen fehlt (AG Köln NZI 2000, 284).

Weiterhin bedarf es eines **rechtlichen Interesses** des Antragstellers an der Eröffnung eines 6 Insolvenzverfahrens. Ein solches Interesse liegt dann nicht vor, wenn der Antrag nicht ernstlich auf Verfahrenseröffnung oder auf sachfremde Zwecke gerichtet ist (MüKoInsO/Vuia Rn. 86–89). Ein solcher sachfremder Zweck liegt auch vor, wenn der Verfahrensantrag ausschließlich auf eine Abweisung des Antrags mangels einer die Kosten des Insolvenzverfahrens deckenden Masse gerichtet ist, was zB bei Firmenbestattungen der Fall ist (vgl. BGH NZI 2020, 679). Es fehlt ebenfalls am rechtlichen Interesse, wenn die Zehnjahresfrist des § 287a Abs. 2 Nr. 1 unterschritten wurde (BGH BeckRS 2016, 03971). Zu den Besonderheiten beim Gläubigerantrag → Rn. 9 ff.

B. Antragsberechtigte

Antragsberechtigt sind nach § 13 Abs. 1 S. 2 Gläubiger des Schuldners und der Schuldner selbst. 7

I. Gläubigerantrag

Nach dem Wortlaut der Vorschrift ist **jeder Gläubiger des Schuldners** berechtigt, einen 8 Insolvenzantrag zu stellen. Eine Differenzierung danach, welcher Art die Forderung des Gläubigers ist, ob sie durchsetzbar ist, gesichert oder nachrangig, sieht das Gesetz nicht vor. Ebenfalls keine Differenzierung erfolgt danach, ob der Gläubiger überhaupt eines Insolvenzverfahrens zur Durchsetzung seiner Position bedarf. Entscheidend ist zunächst allein, dass der den Antrag stellende Gläubiger einen zur Zeit der Entscheidung über den Eröffnungsantrag begründeten persönlichen Vermögensanspruch gegen den Schuldner hat (BGH NZG 2009, 503). Ausgeschlossen sind daher zB Gläubiger mit nichtvermögensbezogenen Ansprüchen, etwa aus Mitgliedschaftsrechten, höchstpersönlichen Ansprüchen oder Duldungs- und Unterlassungsansprüchen.

Unproblematisch besteht das Antragsrecht also für Gläubiger mit Ansprüchen in Anlehnung an 9 § 38. Auch nachrangige Gläubiger sind uneingeschränkt insolvenzantragsberechtigt, selbst wenn sie keine Aussicht auf Befriedigung im Verfahren haben (BGH NZI 2011, 58), womit der BGH seinerzeit eine in der Literatur streitige Frage für die Praxis abschließend beantwortet hat. Konsequenterweise wird man dann eine Antragsberechtigung auch derjenigen Gläubiger annehmen müssen, die einen qualifizierten Rangrücktritt erklärt haben, deren Forderungen also im Rang noch hinter den Forderungen nach § 39 Abs. 1 Nr. 5 stehen (welche also erst unmittelbar vor Gesellschaftern befriedigt werden, vgl. BGH NZI 2015, 315 (317 f.)).

Es ist streitig, ob allein dinglich gesicherte Gläubiger antragsberechtigt sind, wenn sie nicht 10 daneben auch noch über einen persönlichen Anspruch verfügen, oder es ihnen am rechtlichen Interesse für die Insolvenzantragstellung fehlt. Letzteres kann zB dann der Fall sein, wenn sie keine Forderung glaubhaft machen können, die im Fall der Eröffnung des Verfahrens eine Insolvenzforderung darstellen würde (offen gelassen von BGH NZI 2008, 182 mwN).

Ausgeschlossen ist das Antragsrecht von Gläubigern mit einem Aussonderungsrecht (§ 47). Bei 11 absonderungsberechtigten Gläubigern besteht ein Antragsrecht nur, wenn sie (teilweise) ausgefallen sind, oder auf ihr Absonderungsrecht verzichtet haben (§ 52, vgl. auch Uhlenbruck/Wegener § 14 Rn. 7).

Das **rechtliche Interesse am Insolvenzantrag** ist auch einer gesonderten Prüfung zu unter- 12 ziehen, wenn die Forderung des Antragstellers nicht fällig ist, aufschiebend oder auflösend bedingt (MüKoInsO/Vuia Rn. 35 f.). Nachrangige Gläubiger iSv § 39 unterliegen prinzipiell keiner Einschränkung bei der Antragstellung, dies gilt ebenfalls für Gesellschafter.

Führt der Antrag eines Gläubigers zu einem Verbraucherinsolvenzverfahren, ist nach § 306 13 Abs. 3 S. 1 der Gläubigerantrag dem Schuldner zuzustellen, um ihm die Gelegenheit zu geben, einen eigenen Antrag zu stellen.

14 Es hat sich gezeigt, dass Schuldner dazu neigen, die Forderungen von antragstellenden Gläubigern im Eröffnungsverfahren zu befriedigen, um so die Forderung in Wegfall zu bringen und den Insolvenzantrag unzulässig zu machen. Dieser Tendenz ist der Gesetzgeber mit der Einführung von § 14 Abs. 1 S. 2 entgegengetreten, wonach die Erfüllung der Gläubigerforderung den Antrag nicht unzulässig macht, wenn im Zeitraum von zwei Jahren vor dem betroffenen Antrag bereits ein Insolvenzantrag gestellt worden war (→ § 14 Rn. 8).

II. Eigenantrag

15 Jeder Schuldner ist berechtigt, einen Eigenantrag über sein Vermögen zu stellen.

1. Natürliche Personen

16 Jede natürliche Person kann, so sie prozessfähig ist, einen Eigenantrag über ihr Vermögen stellen. Fehlt die Prozessfähigkeit, kann bzw. muss der Antrag über den gesetzlichen Vertreter erfolgen (MüKoInsO/Vuia Rn. 15 ff.). Unerheblich hingegen ist der Güterstand des Antragstellers: weder besteht eine Zustimmungspflicht des anderen Ehegatten noch Einschränkungen bei der Antragstellung. Lediglich bei einer in der Praxis seltenen Gütergemeinschaft ergeben sich nach § 37 einige Besonderheiten.

17 Natürliche Personen sind **niemals antragspflichtig, aber berechtigt,** einen Insolvenzantrag zu stellen, wenn einer der Insolvenzgründe nach §§ 16 ff. vorliegt. Dies folgt aus der Insolvenzantragspflicht nach § 15a, die nur juristische Personen oder Gesellschaften ohne Rechtspersönlichkeit betrifft, bei denen letztendlich keine natürliche Person persönlich haftet (→ § 15a Rn. 1). Dieses Recht zur Insolvenzantragstellung ist unverzichtbar.

18 Stellt eine natürliche Person einen Insolvenzantrag mit dem Ziel eines Verbraucherinsolvenzverfahrens, sind über den Grundtatbestand des § 13 hinaus ergänzend die Sondervorschriften der §§ 304 ff. zu beachten. Insbesondere sind also die formellen Anforderungen des § 305 zu berücksichtigen. Einerseits geht es vor allem um die vorherige Durchführung eines außergerichtlichen Schuldenbereinigungsversuchs, andererseits soll die im Verfahren dem Gericht bzw. dem von ihm eingesetzten Treuhänder obliegende Erforschungspflicht über die Vermögensverhältnisse dem Schuldner auferlegt werden (→ § 305 Rn. 1 ff.). Es ist hierbei gem. § 305 Abs. 1 darauf zu achten, dass die Formulare gem. § 1 Abs. 1 VbrInsFV verwendet werden.

2. Juristische Personen/Personengesellschaften

19 Die Antragsberechtigung für Gesellschaftsinsolvenzen ist in § 15 im Einzelnen geregelt (→ § 15 Rn. 1 ff.). Grundsätzlich sind die **vertretungsberechtigten Organe** antragsberechtigt; das Insolvenzgericht kann sich insoweit auf die jeweiligen Handelsregistereintragungen verlassen. Dementsprechend sind bei den Kapitalgesellschaften Geschäftsführer bzw. Vorstand oder die Liquidatoren, bei der KG ist der Komplementär (bzw. dessen Geschäftsführer bei der GmbH & Co. KG), bei der OHG und der GbR die einzelnen Gesellschafter antragsberechtigt. Zusätzlich gilt bei Führungslosigkeit ein subsidiäres Antragsrecht der Gesellschafter einer GmbH bzw. des Aufsichtsrats der AG und der KGaA (§ 15 Abs. 2).

III. Antragsrecht der Staatsanwaltschaft

19a Über den Wortlaut von § 13 Abs. 1 S. 2 hinaus besteht gem. § 111i Abs. 2 StPO nunmehr auch ein zusätzliches **Antragsrecht der Staatsanwaltschaft** gegenüber einem Arrestschuldner, wenn im Rahmen von staatsanwaltschaftlichen Vermögensarresten gesichertes Vermögen nicht ausreicht, um die bei der Staatsanwaltschaft geltend gemachten Ansprüche der Verletzten zu befriedigen (§ 111i Abs. 2 S. 1 StPO). Allerdings soll die Staatsanwaltschaft von ihrem Antragsrecht keinen Gebrauch machen, wenn begründete Zweifel daran bestehen, dass das Insolvenzverfahren aufgrund des Antrags eröffnet wird (§ 111i Abs. 2 S. 2 StPO). Ob die Staatsanwaltschaft diese Beurteilung leisten kann, mag bezweifelt werden.

19b Dem Schuldner steht gegen die Antragstellung der Staatsanwaltschaft als solche kein Rechtsschutz nach der InsO zu. Beschwerden nach § 111k Abs. 3 StPO sowie nach § 459o StPO sind unstatthaft. Der BGH lässt über § 23 EGGVG daher dem Betroffenen die Möglichkeit, die Insolvenzantragstellung der Staatsanwaltschaft (nur) mit der schlüssigen Behauptung anzugreifen, ihr sei nach § 111 Abs. 2 StPO die Stellung dieses Antrags versagt gewesen, weil tatsächlich kein Mangelfall vorliege. Allein diese Frage kann dann im Beschwerdeverfahren überprüft werden (im Detail s. BGH NStZ-RR 2020, 254).

C. Notwendiger Inhalt des Antrags

Neben dem in § 13 enthaltenen umfassenden Katalog des Antragsinhalts sind die allgemeinen 20
Prozessvoraussetzungen einzuhalten, sodass ergänzend die Angaben nach §§ 253, 130 ZPO erforderlich sind.

I. Angaben zur Identifizierung

Ein Insolvenzantrag muss die Parteien korrekt benennen, dh bei Gesellschaften einschließlich 21
der ladungsfähigen Anschrift und der Rechtsform, sodass die **Identifizierung** der betroffenen Vermögensmasse, ggf. im Handelsregister möglich ist (AG Hamburg ZInsO 2007, 501). Erleichterungen hinsichtlich der Angabe einer aktuellen Anschrift des Schuldners sind lediglich dann möglich, wenn die Anschrift nicht bekannt ist und die Voraussetzungen einer öffentlichen Zustellung vorliegen (LG Hamburg NZI 2010, 865; BGH NJW 2003, 1530). Zu erwartende Maßnahmen, wie etwa eine Anfrage an das Einwohnermeldeamt, Postanfrage, Registerprüfung, müssen also zuvor ergebnislos verlaufen sein.

Die Angaben zur Identifizierung sind auch zur Prüfung der örtlichen und internationalen 22
Zuständigkeit des Gerichts erforderlich (§ 3). Ein Antragsteller muss hierfür also alle die örtliche Zuständigkeit des angerufenen Gerichts begründenden Tatsachen angeben. Erst dann ermittelt das Gericht, sofern erforderlich, nach § 5 Abs. 1 S. 1 die seine Zuständigkeit begründenden Umstände von Amts wegen.

Für die Bestimmung der internationalen Zuständigkeit gilt Art. 3 EuInsVO. Die Verordnung 22a
vermutet bei juristischen Personen und Gesellschaften den Mittelpunkt der hauptsächlichen Interessen am Satzungssitz. Daraus ergibt sich mit dem BGH eine Darlegungslast des Antragstellers dahin, den satzungsmäßigen Sitz des Schuldners zu benennen, bzw. bei Abweichung des COMI vom Satzungssitz substanziiert zur internationalen Zuständigkeit des Gerichts und zum Interessenmittelpunkt des Schuldners vorzutragen (BGH NZI 2012, 151 (152)).

Enthält der Antrag keine ausreichenden Darstellungen, hat ihm das Gericht mit angemessener 23
Frist Gelegenheit zur Nachbesserung zu geben; gelingt dies nicht, ist der Antrag als unzulässig zurückzuweisen (BGH NZI 2012, 151 (152)).

II. Darstellung des Insolvenzgrunds

Im Insolvenzantrag ist der Insolvenzgrund nach dem Maßstab des § 253 Abs. 2 Nr. 2 ZPO 24
substanziiert darzulegen.

Stellt der Schuldner einen **Eigenantrag,** ist erforderlich, aber auch genügend, dass er Tatsachen 25
mitteilt, welche die wesentlichen Merkmale eines Eröffnungsgrunds erkennen lassen (BGH NZI 2003, 147). Dabei muss der Antrag nicht im technischen Sinn **schlüssig** sein, eine nachvollziehbare Zusammenstellung der Tatsachengrundlage über seine Finanzlage bei (drohender) Zahlungsunfähigkeit bzw. eine Übersicht über den Vermögensstand bei Überschuldung ist ausreichend (BGH NZI 2003, 147). Im Umkehrschluss zu § 14 ist eine Glaubhaftmachung der Tatsachen beim Eigenantrag nicht erforderlich.

Stellt ein **Gläubiger** einen Antrag auf Eröffnung des Insolvenzverfahrens über das Vermögen 26
des Schuldners, müssen die Sachverhaltsdarstellung und der Eröffnungsgrund zusätzlich **glaubhaft** gemacht werden (§ 14 Abs. 1 S. 1, → § 14 Rn. 9). Zu den weiteren Voraussetzungen des Gläubigerantrags nach § 14 → § 14 Rn. 1 ff.

Zu beachten ist, dass der Amtsermittlungsgrundsatz über die Verhältnisse des Schuldners erst 27
greift, wenn die Schwelle zwischen dem Zulassungsverfahren zum Eröffnungsverfahren überschritten ist, vgl. § 5 (Beth NZI 2014, 487).

III. Beifügung von Verzeichnissen

Dem Eigen-Insolvenzantrag ist nach Abs. 1 S. 3 ein Verzeichnis der Gläubiger und ihrer Forde- 28
rungen beizufügen (auch dann, wenn bereits ein Fremdantrag vorliegt, LG Düsseldorf ZInsO 2018, 1265). In den folgenden Regelungen wird der Detailgrad der Darstellung erhöht. Gesetzeszweck der mit dem ESUG eingeführten Regelung ist, den Verfahrensablauf zu verbessern, insbesondere im Hinblick auf die Prüfung der Voraussetzungen und die Einberufung eines vorläufigen Gläubigerausschusses (→ § 22a Rn. 6).

Im **Gläubigerverzeichnis** sind alle Gläubiger anzugeben. Dieses Verzeichnis ist sorgfältig zu 28a
erstellen: Neben dem Namen sind Angaben zur Rechtsform, zu den Vertretungsverhältnissen sowie zu ladungsfähigen Anschriften notwendig, um eine schnelle und zuverlässige Identifizierung

der Gläubiger zu ermöglichen (AG Hannover LSK 2015, 380498). Anderenfalls ist der Insolvenzantrag unzulässig (LG Potsdam BeckRS 2013, 21909; nicht ganz so streng LG Frankenthal NZI 2017, 895). Weiterhin ist die Höhe der Forderung zu beziffern, jedenfalls der Hauptforderung (AG Hannover NZI 2016, 260). Diese Darstellungspflicht betrifft auch Forderungen, welche dem Grunde und/oder der Höhe nach streitig sind sowie Forderungen, die bedingt oder noch nicht fällig sind (vgl. Blankenburg ZInsO 2013, 2196).

29 In Abs. 1 S. 4 ist als Soll-Regelung enthalten, dass der Schuldner, der einen nicht eingestellten Geschäftsbetrieb hat, im Gläubigerverzeichnis kenntlich zu machen hat:
1. Die höchsten Forderungen
2. Die höchsten gesicherten Forderungen
3. Die Forderungen der Finanzverwaltung
4. Die Forderungen der Sozialversicherungsträger
5. Die Forderungen aus betrieblicher Altersversorgung
Die Angaben nach S. 4 sind verpflichtend, wenn
1. der Schuldner Eigenverwaltung beantragt,
2. der Schuldner die Merkmale des § 22a Abs. 1 erfüllt oder
3. die Einsetzung eines vorläufigen Gläubigerausschusses beantragt wurde.

30 In jedem Fall sind bei einem nicht eingestellten Geschäftsbetrieb zwingend Angaben zur Bilanzsumme, zu den Umsatzerlösen und zur durchschnittlichen Zahl der Arbeitnehmer des vorangegangenen Geschäftsjahres zu machen (Abs. 1 S. 5). Daraus ergibt sich letztlich die Pflicht zur Darstellung des Geschäftsbetriebs bzw. den Umständen einer jüngst erfolgten Einstellung.

31 Nach Abs. 1 S. 7 hat der Schuldner eine Erklärung abzugeben, dass das Verzeichnis und die gemachten Angaben (wenn die nach S. 4 genannten Angaben erfolgen) **richtig und vollständig** sind. Diese Regelung ist parallel zu § 305 Abs. 1 Nr. 3 ausgestaltet. Bei dieser Erklärung handelt es sich um eine höchstpersönliche Wissenserklärung, deren Abgabe einer Vertretung nicht zugänglich ist (AG Essen NZI 2015, 286). Um keine Hürde bei der Insolvenzantragstellung aufzubauen, wurde ausdrücklich keine Eidesstattliche Versicherung des Antragstellers verlangt oder eine sonstige Form vorgegeben. Das LG Hannover hält es dementsprechend (folgerichtig) für ausreichend, wenn der Prozessbevollmächtigte die vom Antragsteller unterzeichnete Erklärung als Anlage eines an das Gericht gerichteten Schriftsatzes einreicht (NZI 2016, 734). In der Praxis macht die Abgabe dieser Erklärung mehr Schwierigkeiten als anzunehmen wäre. An einigen Insolvenzgerichten sollen vom Gericht vorgeschlagene Formulare verwendet werden, welche eine entsprechende Erklärung oberhalb der Unterschrift vorsehen. Bei Abgabe eigenständig oder unter Zuhilfenahme anwaltlicher Hilfe formulierter Anträge ist auf eine adäquate Formulierung innerhalb des vom Schuldner persönlich unterzeichneten Antrags zu achten oder eine vergleichbare Erklärung im Original als Anlage beizufügen.

IV. Folgen inhaltlicher Mängel (Absatz 3)

32 In § 13 Abs. 3 ist nunmehr kodifiziert, was bisher unter Anwendung des § 139 ZPO galt: Bei inhaltlichen Mängeln des Antrags hat das Gericht den Antragsteller mit einer Zwischenverfügung auf diese hinzuweisen und ihm eine **Frist zu deren Behebung** setzen. Die Dauer der Frist ist im Gesetz ausdrücklich nicht genannt und beträgt in der Praxis zumeist maximal zwei Wochen (der ursprüngliche Gesetzesentwurf zu § 13 Abs. 3 sah eine Frist von maximal drei Wochen vor, BT-Drs. 18/10823). Wird der Mangel nicht behoben, ist der Insolvenzantrag nach wie vor als unzulässig zurückzuweisen (BGH NZI 2003, 147; AG Stendal NZI 2008, 44 zur Unzulässigkeit des Antrags bei unzureichender Darstellung des Insolvenzgrunds).

33 Für den Schuldner nur schwer kalkulierbar ist die Folge von Fehlern im Gläubigerverzeichnis. Die Gesetzesbegründung (BT-Drs. 17/5712, 23) unterstellt, dass unwesentliche Mängel des Eigenantrags nicht zu dessen Unzulässigkeit führen. Das Fehlen der Angaben zu einzelnen unwesentlichen Gläubigern oder geringe Fehler bei der Darstellung der Forderungshöhen sind daher unmaßgeblich. Das LG Frankenthal hat sich ausführlich damit befasst, welche Fehler bei Rechtsformangaben der Gläubiger und Adressfehlern noch als unwesentlich anzusehen sind und gebührende Anstrengungen des Schuldners aufzeigen (NZI 2017, 895). Wird aber die Gläubigerbeteiligung tangiert, weil zahlreiche Fehler enthalten sind oder die Gläubigerstruktur unzutreffend abgebildet wird, ist der Antrag unzulässig (vgl. Uhlenbruck/Wegener Rn. 104, 134).

33a Nach hier vertretener Auffassung ist diese Sichtweise überholt und entspricht nicht mehr der Realität der Unternehmensführung und Buchhaltung. Es ist in der Vielzahl der Unternehmensinsolvenzen (ausgenommen vielleicht Kleinstunternehmen) selbstverständlich, dass sämtliche relevanten Daten in der Software des Rechnungswesens des Schuldners gespeichert und verfügbar sind (woher der Schuldner seine Angaben für das Gericht ja letztlich auch extrahiert). Der Insolvenzgutachter bzw. der vorläufige Insolvenzverwalter wird sich ohnehin kurzfristig Zugang zu diesen Informationen beschaffen (müssen) und erhält diesen im Regelfall auch sofort und unproblematisch. Der Zwang zur Abgabe eines schriftlichen Verzeichnisses, regelmäßig in Tabellenform aus der verwendeten Software extrahiert und ausgedruckt, ist dann eine Förmelei. Es wäre daher wünschenswert, zur Verbesserung der Datenqualität und zur Förderung des Verfahrens die Pflicht zur Abgabe der Verzeichnisse durch eine Pflicht zur Gewährung von Zugang zu den IT-Systemen und der Buchhaltungssoftware des Schuldners zu ersetzen oder im Hinblick auf die Vergänglichkeit von elektronischen Daten zumindest zu ergänzen. Sinnvoll wäre es daher, wenn die Insolvenzgerichte von einem formalen Ansatz bei der Bewertung der Gläubigerinteressen unter Vorlage eines schriftlichen Verzeichnisses zu einem praktischeren Ansatz übergehen würden. Den Gläubigerinteressen ist mutmaßlich weit besser gedient, wenn ein Verfahren eröffnet und ein Gutachter oder vorläufiger Verwalter bestellt wird, welcher die Insolvenzreife begutachtet und Maßnahmen ergreift, als wenn wegen einer Diskussion um die Vollständigkeit eines schriftlichen Ausdrucks aus der Buchhaltungssoftware ein Insolvenzantrag zurückgewiesen wird und überhaupt kein Verfahren durchgeführt wird, oder erst wesentlich später auf einen Fremdantrag hin (→ Rn. 33a.1).

33a.1 Ein unvollständiges Verzeichnis der Gläubiger kann im Verbraucherinsolvenzverfahren (vgl. zu den besonderen Anforderungen an das Vermögensverzeichnis im Verbraucherinsolvenzverfahren § 305 Abs. 1 Nr. 3) zur Versagung der Restschuldbefreiung führen (BGH NZI 2009, 65).

34 Fehlt die (persönlich abzugebende) Richtigkeitserklärung nach Abs. 1 S. 7 und wird sie auf Hinweis des Gerichts nicht nachgereicht, ist der Antrag nach Auffassung der Rechtsprechung unzulässig (AG Mönchengladbach BeckRS 2012, 24801; AG Essen NZI 2015, 286; vgl. auch Schmidt ZInsO 2014, 2352; aA ohne nähere Begründung K. Schmidt InsO/Gundlach Rn. 19 aE). Unter praktischen Gesichtspunkten spricht für die Mindermeinung klar der Gläubigerschutz, wonach ein Insolvenzverfahren immerhin auf Eigenantrag hin ohne eine solche Erklärung aus Sicht der Gläubiger einer Zurückweisung des Antrags und einem Schwebezustand vorzuziehen sein wird. Eine mögliche Strafbarkeit des jeweiligen zur Antragstellung verpflichteten Organs ist für die Gläubiger schließlich wenig hilfreich (→ Rn. 34.1).

34.1 Eine in der Praxis wenig relevante Besonderheit gilt bei führungslosen Gesellschaften: Die Gesellschafter und die Aufsichtsrat unterliegen keiner Pflicht zur Abgabe der Wissenserklärung nach § 13 Abs. 1 S. 7. Die Erklärungspflicht trifft nach dem Gesetzeswortlaut „den Schuldner", also die Gesellschaft. Da die Gesellschaft selbst aber nicht mehr über ein Organ verfügt, kann der „Schuldner" keine eigene Erklärung abgeben.

D. Antragsrücknahme, Erledigung des Antrags

35 Wie sich aus Abs. 2 ergibt, ist die Möglichkeit, einen Insolvenzantrag zurückzunehmen, zeitlich begrenzt bis zum Erlass des Eröffnungsbeschlusses, ohne dass es auf dessen Rechtskraft ankäme (BGH NJOZ 2006, 3525) bzw. bis zur rechtskräftigen Abweisung des Antrags. Dem liegt die gesetzgeberische Wertung zugrunde, dass ab einmal erfolgter Verfahrenseröffnung Rechtssicherheit gegeben sein soll.

35a Der Zeitpunkt des Erlasses des **Eröffnungsbeschlusses** darf nicht mit dem im Antrag angegebenen Zeitpunkt der Eröffnung des Verfahrens oder dem Zeitpunkt der Zustellung beim Schuldner verwechselt werden. Der Eröffnungsbeschluss ist nach dem BGH in stRspr dann formell erlassen, wenn er mit Zustimmung des zuständigen Richters aufhört, eine innere Angelegenheit des Gerichts zu sein (BGHZ 133, 307; zu Details vgl. MüKoInsO/Busch §§ 27–29 Rn. 119 ff.).

35b Generell gelten auch für die Rücknahme des Insolvenzantrags die allgemeinen Regelungen der ZPO (→ Rn. 35.1), da diese Prozesshandlung ist. Dementsprechend ist sie unteilbar und bedingungsfeindlich.

35.1 Aufgrund der Verweisung der InsO in die ZPO ist bei der Rücknahme der Rechtsgedanke des § 269 ZPO anzuwenden. § 13 Abs. 2 dient insoweit (auch) dem Zweck, das endgültig in ein Amtsverfahren übergegangene Insolvenzverfahren der Dispositionsbefugnis des Antragstellers zu entziehen und die Wirkungen der Verfahrenseröffnung gegenüber Dritten sicherzustellen (vgl. Uhlenbruck/Wegener Rn. 163). Dementsprechend kann der Schuldner über den gesetzlichen Wortlaut des § 13 Abs. 2 hinaus auch über seinen Antrag auf Restschuldbefreiung nicht mehr wirksam disponieren, wenn der Antrag eines Gläubigers bereits zu deren Versagung geführt hat. Der Schuldner erhielte sonst die Möglichkeit, einer sachlich berechtigten Versagung der Restschuldbefreiung nachträglich den Boden zu entziehen (BGH BeckRS 2016, 19923).

36 Berechtigt zur **Antragsrücknahme** ist der jeweilige Antragsteller; soweit **Organe** bzw. gesetzliche Vertreter für juristische Personen handeln, müssen diese auch zum Zeitpunkt der Rücknahmeerklärung noch **vertretungsberechtigt** sein. Dabei muss die Rücknahme bei Vertretung der Gesellschaft nicht unbedingt das den Antrag stellende Organ erklären, vor allem wenn dieses bereits abberufen wurde (BGH NZI 2008, 550; vgl. auch → § 15 Rn. 10). Die Rechtsprechung prüft jedoch, ob bei widersprüchlichen Erklärungen rechtsmissbräuchlich gehandelt wird, wobei der BGH den Dispositionsgrundsatz im Hinblick darauf, dass das Insolvenzverfahren kein Amtsverfahren ist, betont und das Interesse der Gesellschaft an einer eigenen Entscheidung über ihren Fortbestand berücksichtigt (BGH NZI 2008, 550). Es soll nach der genannten Entscheidung ersichtlich vermieden werden, dass bei mehreren Geschäftsführern unterschiedliche Anknüpfungspunkte für Haftungen entstehen, etwa iRv § 64 Abs. 2 GmbHG. Gibt es daher nur einen vertretungsberechtigten Geschäftsführer, ist dieser zur Rücknahme des Antrags berechtigt, auch wenn Anhaltspunkte für eine Insolvenzreife vorliegen. Die Entscheidung des AG Freiburg NZI 2019, 506, wonach ein nach dem gestellten Insolvenzantrag neu bestellter und allein vertretungsberechtigter Geschäftsführer bei Abberufung des Antragstellenden bei Vorliegen von Anhaltspunkten für die Insolvenzreife der Gesellschaft vor der Eröffnungsentscheidung keine Antragsrücknahme erklären kann, mag im Ergebnis wünschenswert sein, methodisch ist sie jedoch nicht korrekt.

37 Eine wirksam erfolgte Rücknahme beseitigt damit alle etwa bisher erlassenen gerichtlichen Maßnahmen, insbesondere Beschlüsse über die Sicherung des Vermögens nach §§ 21, 22, welche durch Beschluss aufgehoben werden sollen.

38 Anträge von **Insolvenzgläubigern** können anstelle einer Rücknahme vom Antragsteller auch nach § 91a ZPO **für erledigt erklärt** werden, eine Zustimmung der übrigen Beteiligten ist grundsätzlich nicht erforderlich (BGH NZI 2002, 515 (516)), es ergeben sich jedoch unterschiedliche Rechtsfolgen. Bei übereinstimmender Erledigungserklärung oder Schweigen des Schuldners erfolgt nur noch eine Kostenentscheidung gem. § 91a ZPO, bei einseitiger Erledigungserklärung des Gläubigers ist über den Feststellungsantrag zur Erledigung und den Kostenantrag des Gläubigers nach § 91 ZPO zu entscheiden.

38a Die Erledigungserklärung muss begründet werden (in der Praxis insbesondere durch Erfüllung des Gläubigeranspruchs). Auch die Erledigungserklärung kann missbräuchlich und damit unzulässig sein, wenn sie dem die Erledigung erklärenden Antragsteller einen unzumutbaren Vorteil verschaffen soll. Dies kann dann der Fall sein, wenn der Schuldner unter offenkundig weiter bestehenden Insolvenzgründen in anfechtbarer Weise die Forderung des antragstellenden Gläubigers erfüllt. Die Dispositionsfreiheit des Insolvenzantragstellers wird dann durch den Zweck der Insolvenzordnung zur gleichmäßigen Gläubigerbefriedigung eingeschränkt (LG Duisburg NZI 2009, 911; AG Hamburg NZI 2003, 104; vgl. auch Schmahl NZS 2003, 239).

E. Wegfall des Antragsrechts

39 Einen Sonderfall stellt der nachträgliche Wegfall des Antragsrechts dar; in praxi durch Erfüllung der Forderung des den Antrag stellenden Gläubigers. Mit Wegfall der Gläubigerstellung verliert dieser seine Antragsberechtigung, sodass dessen Insolvenzantrag unzulässig wird. Wenn der Insolvenzgrund unabhängig vom Bestehen der Gläubigerforderung gegeben ist, genügt zur Verfahrenseröffnung allerdings die Glaubhaftmachung der Insolvenzreife (OLG Köln NZI 2000, 174; vgl. auch LG Nürnberg BeckRS 2010, 02624).

39a Keinen Wegfall der Antragsberechtigung stellt es dar, wenn ein Organ der den Antrag stellenden juristischen Person seine Vertretungsbefugnis verliert. Der einmal vom Organ zulässig gestellte Antrag des Rechtsträgers bleibt dann bestehen.

40 Ist das Insolvenzverfahren einmal eröffnet, tritt die Dispositionsbefugnis des Antragstellers hinter die allgemeinen Eröffnungswirkungen zurück, sodass ein Wegfall der Antragsberechtigung dann unbeachtlich ist (MüKoInsO/Vuia Rn. 150).

F. Verfahrenskosten

41 Für die Kosten des Insolvenzverfahrens ist zu unterscheiden, ob ein Verfahren eröffnet wird oder nicht.

I. Verfahrenseröffnung

42 Im Falle einer Verfahrenseröffnung gilt die Regelung des § 54, wonach die Gerichtskosten, die Kosten des vorläufigen Insolvenzverwalters, des Insolvenzverwalters und des Gläubigerausschusses Kosten des Insolvenzverfahrens sind, also von der Masse getragen werden.

II. Abweisung des Antrags

Bei Abweisung des Insolvenzantrags richtet sich die Auferlegung der Verfahrenskosten nach den allgemeinen Vorschriften, also nach den §§ 29 ff. GKG bzw. über § 4 den Regelungen der ZPO entsprechend der Entscheidung des Gerichts über die Kostentragungspflicht. Unabhängig von der gerichtlichen Entscheidung **haftet stets der Antragsteller für die Gebühren und Auslagen als Zweitschuldner** (§ 31 Abs. 2 S. 1 GKG). Faktisch greift diese Regelung oftmals bei Abweisung des Antrags mangels Masse. 43

Wenn ein Insolvenzantrag als unzulässig oder unbegründet abgewiesen wird, muss der Antragsteller die Verfahrenskosten tragen. Dies sind in erster Linie Gerichtskosten und die Vergütung eines eventuell durch das Gericht bestellten Insolvenzgutachters, sowie eventuell angefallene Rechtsanwaltskosten. Kosten eines vorläufigen Insolvenzverwalters sind gem. § 26a grundsätzlich dem Schuldner aufzuerlegen (eine ausführliche Darstellung hierzu mit Vergleich vor der Änderung der Regelung zum 1.7.2014 findet sich in LG Frankfurt NZI 2015, 530. Zur Rechtslage vor Einführung des § 26a vgl. BGH NZI 2008, 170). 44

III. Antragsrücknahme, Erledigung des Verfahrens

Bei **Antragsrücknahme** trifft die Kostenlast prinzipiell den Antragsteller, soweit die Kosten nicht ausnahmsweise dem Schuldner aufzuerlegen sind (§ 269 Abs. 3 S. 2 ZPO). Da iSd § 269 Abs. 3 S. 3 ZPO Rechtshängigkeit des Verfahrens nach dem AG Hamburg mit Zustellung des Insolvenzantrags an die Schuldnerin eintritt, kann beim Gläubigerantrag eine Auferlegung der Kosten nach Rücknahme des Antrags nur in einem sehr frühen Stadium erfolgen (AG Hamburg NZI 2015, 31, → § 14 Rn. 26 ff.). 45

Unter Kostengesichtspunkten ist daher im Falle einer Erfüllung der Forderung eines antragstellenden Gläubigers eine Rücknahme misslich und die Erledigungserklärung vorzuziehen. Aufgrund der Anwendung des § 91a ZPO sind die Kosten dann regelmäßig dem Schuldner aufzuerlegen. 45a

Gegen die Kostenentscheidung des Amtsgerichts ist die sofortige Beschwerde zum Landgericht möglich, welches sodann verbindlich entscheidet. Gegen die Entscheidung, mit der das Landgericht die sofortige Beschwerde gegen die Kostenentscheidung nach übereinstimmender Erledigterklärung des Insolvenzantrags zurückgewiesen hat, ist die Rechtsbeschwerde nicht zulässig. Das Rechtsbeschwerdeverfahren kennt die Nichtzulassungsbeschwerde nicht (BGH BeckRS 2021, 13208). 45b

G. Formularzwang

Abs. 4 sieht die Möglichkeit vor, einen Formularzwang für Insolvenzanträge einzuführen, von welchem allerdings für das Regelinsolvenzverfahren bisher kein Gebrauch gemacht wurde. Einige Gerichte haben jedoch eigene Formulare entwickelt, welche verwendet werden sollen, manche Gerichte bzw. die Bundesländer stellen entsprechende Formulare im Internet zur Verfügung. Jedenfalls in komplexen Verfahren erfolgt die (professionelle) Antragstellung meist mit individuell erstellten Anträgen. Für **Kleininsolvenzverfahren** ist das bundesweit einheitlich zu verwendende **Formular** (welches gestützt auf § 305 entwickelt wurde), ebenfalls im Internet verfügbar (BMJV | Start | Formulare für das Verbraucherinsolvenzverfahren und das Restschuldbefreiungsverfahren; letzter Abruf vom 2.5.2021). 46

§ 13a Antrag zur Begründung eines Gruppen-Gerichtsstands

(1) In einem Antrag nach § 3a Absatz 1 sind anzugeben:
1. Name, Sitz, Unternehmensgegenstand sowie Bilanzsumme, Umsatzerlöse und die durchschnittliche Zahl der Arbeitnehmer des letzten Geschäftsjahres der anderen gruppenangehörigen Unternehmen, die nicht lediglich von untergeordneter Bedeutung für die Unternehmensgruppe sind; für die übrigen gruppenangehörigen Unternehmen sollen entsprechende Angaben gemacht werden,
2. aus welchen Gründen eine Verfahrenskonzentration am angerufenen Insolvenzgericht im gemeinsamen Interesse der Gläubiger liegt,
3. ob eine Fortführung oder Sanierung der Unternehmensgruppe oder eines Teils davon angestrebt wird,
4. welche gruppenangehörigen Unternehmen Institute im Sinne des § 1 Absatz 1b des Kreditwesengesetzes, Finanzholding-Gesellschaften im Sinne des § 1 Absatz 3a des

Kreditwesengesetzes, Kapitalverwaltungsgesellschaften im Sinne des § 17 Absatz 1 des Kapitalanlagegesetzbuches, Zahlungsdienstleister im Sinne des § 1 Absatz 1 des Zahlungsdiensteaufsichtsgesetzes oder Versicherungsunternehmen im Sinne des § 7 Nummer 33 des Versicherungsaufsichtsgesetzes sind, und

5. die gruppenangehörigen Schuldner, über deren Vermögen die Eröffnung eines Insolvenzverfahrens beantragt oder ein Verfahren eröffnet wurde, einschließlich des zuständigen Insolvenzgerichts und des Aktenzeichens.

(2) ¹Dem Antrag nach § 3a Absatz 1 ist der letzte konsolidierte Abschluss der Unternehmensgruppe beizufügen. ²Liegt ein solcher nicht vor, sind die letzten Jahresabschlüsse der gruppenangehörigen Unternehmen beizufügen, die nicht lediglich von untergeordneter Bedeutung für die Unternehmensgruppe sind. ³Die Jahresabschlüsse der übrigen gruppenangehörigen Unternehmen sollen beigefügt werden.

1   Konzerninsolvenzverfahren finden wesentlich durch eine Zuständigkeitskonzentration statt. Ein Antrag auf Gruppengerichtsstandskonzentration nach § 3a erfordert, dass das angerufene Gericht weitere über die Angaben des Regelinsolvenzantrags hinausgehende Informationen erhält, um seine Zuständigkeit beurteilen und die Pflichten bei der Verwalterauswahl (§ 56b) zur Zusammenarbeit mit anderen Gerichten sowie Sicherungsmaßnahmen (§ 269b) bestimmen zu können. Diese notwendigen Informationen sind in § 13a definiert.

2   Obwohl nach der Formulierung des Gesetzestextes die Angaben des Schuldners nach § 13a für den Antrag nach § 3a verpflichtend sind, haben fehlende oder unvollständige Angaben keine Auswirkung auf die Zulässigkeit des Antrags nach § 3a. Auch die Zulässigkeit des ebenfalls gestellten Insolvenzeröffnungsantrags des entsprechenden Schuldners ist davon nicht betroffen. Die Informationspflichten des § 13 sind allerdings für den gestellten Insolvenzantrag einzuhalten; insofern ergibt sich keine Änderung durch den Antrag nach § 3a.

3   Da die Angaben zur Begründung des Gruppengerichtsstands und der Beurteilung des gemeinsamen Interesses der Gläubiger dienen, führen Informationsdefizite des angerufenen Gerichts aber zum Risiko, dass Zweifel iSv § 3a Abs. 2 vorliegen, welche zu einer Abweisung des Antrags zum Gruppengerichtsstand führen.

4   Die Angaben nach Abs. 1 sollen die Basisinformationen zu den betroffenen bzw. involvierten Gesellschaften liefern, um technische Fragen wie die Zuständigkeiten (etwa die Beurteilung der Bedeutung der antragstellenden Gesellschaft innerhalb der Gruppe nach § 3a Abs. 1) sowie die Pflicht des Gerichts zur Zusammenarbeit (vgl. § 269b) zu klären. Die Angaben nach Abs. 1 Nr. 4 sind essentiell für die Beurteilung der Antragsberechtigung der BaFin in den genannten Sonderfällen (→ § 15 Rn. 8).

5   Die Informationspflicht des Antragstellers nach Abs. 2 hingegen dient dem Zweck, dem Gericht inhaltliche Informationen über die Unternehmensgruppe sowie deren Tätigkeit und Zusammensetzung zukommen zu lassen. Nach der Gesetzesbegründung sollen über den Gesetzeswortlaut hinaus neben den spezifizierten Jahresabschlüssen auch neuere Quartals- oder Halbjahres-Abschlüsse vorgelegt werden, so sie vorliegen.

§ 14 Antrag eines Gläubigers

(1) ¹Der Antrag eines Gläubigers ist zulässig, wenn der Gläubiger ein rechtliches Interesse an der Eröffnung des Insolvenzverfahrens hat und seine Forderung und den Eröffnungsgrund glaubhaft macht. ²Der Antrag wird nicht allein dadurch unzulässig, dass die Forderung erfüllt wird.

(2) Ist der Antrag zulässig, so hat das Insolvenzgericht den Schuldner zu hören.

(3) ¹Wird die Forderung des Gläubigers nach Antragstellung erfüllt, so hat der Schuldner die Kosten des Verfahrens zu tragen, wenn der Antrag als unbegründet abgewiesen wird. ²Der Schuldner hat die Kosten auch dann zu tragen, wenn der Antrag eines Gläubigers wegen einer zum Zeitpunkt der Antragstellung wirksamen nichtöffentlichen Stabilisierungsanordnung nach dem Unternehmensstabilisierungs- und -restrukturierungsgesetz abgewiesen wird und der Gläubiger von der Stabilisierungsanordnung keine Kenntnis haben konnte.

Überblick

Die Regelung des § 14 ist vor dem Hintergrund des besonderen Spannungsfelds der gegensätzlichen Interessen von Schuldner und dem einen Antrag stellenden Gläubiger zu sehen, sie ergänzt

Antrag eines Gläubigers § 14 InsO

daher die in § 13 geregelten allgemeinen Antragsvoraussetzungen. Einerseits wird mit § 14 verhindert, dass ein Gläubiger durch Antragstellung unberechtigte Zahlungen beim Schuldner erzwingen kann, andererseits ist seit einer Reform im Rahmen des Haushaltsbegleitgesetz 2011 die vielfach verbreitete Praktik von Schuldnern, durch Zahlung der Forderung des Antragstellers das Verfahren zu erledigen, begegnet worden (→ Rn. 7). Dementsprechend muss der Gläubiger sein rechtliches Interesse am Insolvenzverfahren darlegen sowie dieses und seine Forderungen glaubhaft machen (→ Rn. 2, → Rn. 9). Abs. 3 regelt die Kostentragungspflicht des Schuldners, wenn dieser die Forderung des Gläubigers erfüllt und der Antrag zulässig und vor Erfüllung begründet war (→ Rn. 26). Für den Zeitraum vom 1.3.2020 bis zum 30.6.2020 sollen Gläubigeranträge nur möglich sein, wenn glaubhaft gemacht wird, dass der Insolvenzgrund bereits am 1.3.2020 vorgelegen hatte, Art. 1 § 3 COVInsAG, der Gesetzestext ist zu finden im Überblick der Kommentierung zu § 15a.

Übersicht

	Rn.		Rn.
A. Gläubigerstellung	1	II. Glaubhaftmachung des Eröffnungsgrunds	16
B. Rechtliches Interesse	2	III. Gegenglaubhaftmachung des Schuldners	19
I. Rechtsschutzinteresse des Gläubigers	3	D. Anhörung des Schuldners (Abs. 2)	21
II. Erfüllung der Forderung nach Antragstellung	7	E. Kostentragungspflicht bei Erfüllung (Abs. 3)	26
C. Glaubhaftmachung	9	F. Sonstiges	27
I. Glaubhaftmachung der Forderung	12		

A. Gläubigerstellung

Die Regelung des § 14 setzt auf den allgemeinen **Antragsvoraussetzungen** nach § 13 auf, 1 wo bereits das Merkmal des Gläubigers näher beleuchtet wurde (→ § 13 Rn. 8). Zusammengefasst ist im Grundsatz derjenige ein antragsberechtigter Gläubiger, welcher einen zur Zeit der Entscheidung über den Eröffnungsantrag begründeten persönlichen Vermögensanspruch gegen den Schuldner hat (BGH NZG 2009, 503). Auf Fälligkeit der Forderung, Bedingungen oder Rangfragen der Forderung kommt es nicht an. Ausgeschlossen sind also (nur) Gläubiger mit allein dinglichen Ansprüchen. Zum besonderen Antragsrecht der Staatsanwaltschaft vgl. → § 13 Rn. 19a.

B. Rechtliches Interesse

Die Rechtsprechung bildet ein Korrektiv zur weitgehenden Antragsberechtigung der Gläubiger 2 durch die Einzelfallprüfung am Merkmal des für einen Insolvenzantrag erforderlichen rechtlichen Interesses des antragstellenden Gläubigers.

I. Rechtsschutzinteresse des Gläubigers

Grundsätzlich ist von einem rechtlichen Interesse des antragstellenden Gläubigers auszugehen, 3 wenn sein Antrag die übrigen Zulässigkeitsvoraussetzungen erfüllt, er also insbesondere eine Forderung und einen Insolvenzeröffnungsgrund glaubhaft macht (BGH NZI 2006, 588).

Ein **rechtliches Interesse** kann beispielsweise fehlen, wenn der Gläubiger völlig unabhängig 3a vom Insolvenzverfahren seine Rechte geltend machen kann und ein Insolvenzverfahren seine Position in keiner Weise verbessert (vgl. zum Fall der offensichtlichen vollständigen dinglichen Sicherung des Gläubigers BGH NZI 2008, 182, durch welche der Gläubiger schneller befriedigt werden kann).

In NZI 2021, 182 hatte der IX. Zivilsenat des BGH den Sonderfall einer Beschwerde gegen die 3a.1 Insolvenzeröffnung zu beurteilen, in welcher sich die Schuldnerin wegen suizidaler psychischer Erkrankung gegen das Insolvenzverfahren und die darin enthaltene Zwangsvollstreckung bzw. Verwertung der von ihr bewohnten Eigentumswohnung wehrte. Die aus der psychischen Erkrankung folgende langfristige Einstellung der Zwangsvollstreckung nach § 765a ZPO stellt ein anerkennenswertes Interesse für eine Insolvenzeröffnung dar.

Das Rechtsschutzinteresse des Antragstellers hängt dabei aber im umgekehrten Fall auch nicht 3b davon ab, ob er in einem eröffneten Verfahren eine Befriedigung erlangen kann. Auch im Falle völliger Masseunzulänglichkeit wird das Rechtsschutzinteresse für einen Eröffnungsantrag nicht

Wolfer

berührt, was sich aus § 26 ergibt (BGH NZI 2016, 950 mAnm Leithaus). Einen Vorrang der Einzelzwangsvollstreckung gibt es ebenfalls nicht, einem Gläubiger, der vor dem Insolvenzantrag keinen Vollstreckungsversuch unternommen hat, kann das rechtliche Interesse nicht abgesprochen werden (BGH NZI 2004, 587).

3b.1 Einen Sonderfall behandelt BGH NZI 2021, 268 im Rahmen des Beschwerdeverfahrens über den Insolvenzantrag des Fiskus gegen den Gebietsverband einer politischen Partei. Der Senat prüft das rechtliches Interesse des Fiskus am Insolvenzverfahren und stellt in Rn. 59 fest: „Betrifft der Insolvenzantrag eines Gläubigers das Vermögen einer politischen Partei oder deren Untergliederung, erfordert die praktische Konkordanz der kollidierenden Verfassungsrechtspositionen, den durch Art. 21 I GG geschützten Status der Partei dadurch zu berücksichtigen, dass bei der Prüfung des rechtlichen Interesses an der Verfahrenseröffnung gem. § 14 I 1 InsO sorgfältig erwogen wird, ob die mit der Verfahrenseröffnung verbundenen Einschränkungen der Parteienrechte im Einzelfall geeignet, erforderlich und verhältnismäßig sind, um den Verfahrenszweck zu verwirklichen." Da der Fiskus als öffentlicher Gläubiger im Unterschied zu privaten Gläubigern kein grundrechtlich geschütztes Interesse an der Verfahrenseröffnung vorweisen kann und weitere Gläubiger nicht ersichtlich waren, lehnte der IX. Zivilsenat im entschiedenen Fall die Erforderlichkeit der Einleitung eines Gesamtvollstreckungsverfahrens ab.

4 Die Relevanz des vom Insolvenzgericht zu prüfenden Rechtsschutzinteresses ergibt sich daraus, im Interesse des Schuldners missbräuchliche Insolvenzanträge gleichsam herauszufiltern. Andererseits ist die Bewertung des mit subjektiven Elementen versehenen Rechtsmissbrauchs sehr schwierig, und stets einzelfallbezogen. Die Causa Suhrkamp (wenngleich nicht als Gläubigerantrag eingeleitet) hat hier in den vergangenen Jahren exemplarisch die Spannungsfelder aufgezeigt, wie sich an der vielfachen gerichtlichen Befassung und Kommentierung zeigt (vgl. Westermann NZG 2015, 134; Lang/Muschalle NZI 2013, 953).

4a Schon vor dieser Auseinandersetzung hat sich der BGH allerdings in einer Reihe von Entscheidungen mit dem Missbrauch im Sinne eines fehlenden Rechtsschutzinteresses für die Antragstellung befasst. **Missbräuchlich** soll die Insolvenzantragstellung sein, um ein lästiges Vertragsverhältnis abzustreifen (BGH NZI 2008, 121). Zuletzt hat der BGH den klaren Rechtssatz aufgestellt, dass der Insolvenzantrag eines Gläubigers nur dann rechtsmissbräuchlich ist, wenn er ausschließlich verfahrensfremde Ziele verfolgt, etwa die Entfernung eines Konkurrenten aus dem Wettbewerb. Solange die Motivation für einen Antrag aber wenigstens die teilweise Befriedigung der Forderungen des Antragstellers ist, ist der Insolvenzantrag gleichwohl nicht missbräuchlich (BGH NZI 2011, 540). Das dürfte auf die absolute Mehrzahl der Fälle zutreffen, da der Gläubiger ohnehin Inhaber einer Forderung sein muss und das Ziel, hierauf eine Zahlung zu erhalten, stets zumindest mitverfolgen wird. Ebenfalls nicht rechtsmissbräuchlich ist die Insolvenzantragstellung nach Ablehnung einer Teilzahlung durch den Schuldner, die bei Vorliegen eines Insolvenzgrunds ihrerseits mutmaßlich hochgradig anfechtungsgefährdet wäre (BGH BeckRS 2009, 13304).

5 Missbräuchlich sind auch sog. **Druckanträge,** die den lediglich zahlungsunwilligen Schuldner zu Zahlungen motivieren sollen (AG Göttingen BeckRS 2011, 27144). Für einen solchen Druckantrag spricht zB, wenn der Gläubiger nach Erhalt einer ersten Teilzahlung und Ratenzahlungsvereinbarung den Antrag zurücknimmt (AG Duisburg NZI 2003, 161; LG Hamburg NZI 2002, 164). Zulässig bleibt ein Insolvenzantrag allerdings dann, wenn die Insolvenzantragstellung im Rahmen einer Zahlungsaufforderung angekündigt wurde, jedoch keine Zahlung erfolgte und der Insolvenzantrag daraufhin auch gestellt wurde selbst dann, wenn im Anschluss hieran die Gläubigerforderung bedient wird (LG Berlin NZI 2021, 632). Weiterhin fehlt es an einem Rechtsschutzinteresse, wenn die Forderung des antragstellenden Sozialversicherungsträgers nach Stellung des Insolvenzantrags erfüllt wird (im Detail → Rn. 7 ff.), wenn der Schuldner das Arbeitsverhältnis des bei dem Gläubiger versicherten Arbeitnehmers gekündigt und die Betriebsstätte geschlossen hat (BGH NZI 2012, 708). Das AG Leipzig (NZI 2017, 846) stellt für das Vorliegen des Rechtsschutzbedürfnisses maßgeblich auf den Entfall der konkreten Gefahr ab, dass der Schuldner neue Verbindlichkeiten beim Gläubiger begründet. Die (unbekannte) endgültige Einstellung der selbstständigen wirtschaftlichen Tätigkeit des Schuldners sei hingegen nicht maßgeblich.

6 An einem Rechtsschutzbedürfnis für ein Insolvenzverfahren fehlt es, wenn die Forderung des antragstellenden Gläubigers rechtlich zweifelhaft ist; Bestehen oder Nichtbestehen einer Forderung sind in einem streitigen Zivilprozess zu klären (LG Meiningen ZIP 2000, 1451). Die sich im Umkehrschluss ergebende Frage, ob bei rechtlich zweifelhafter Forderung eine Antragspflicht iSv § 15a besteht, ist unklar (→ § 17 Rn. 6 f.).

II. Erfüllung der Forderung nach Antragstellung

Die Vorschrift des § 14 Abs. 1 S. 2 wurde mit dem Reformgesetz zur Insolvenzanfechtung v. 16.2.2017 neu gefasst, § 14 Abs. 1 S. 3 gestrichen. Die bisherige (bis einschließlich 4.4.2017 geltende) Textfassung beinhaltete die Möglichkeit für den Antragsteller eines Insolvenzantrags diesen aufrechtzuerhalten, auch wenn die Forderung nach Antragstellung beglichen wurde; sofern innerhalb von zwei Jahren vor Antragstellung bereits ein Antrag gestellt worden war. Um die Antragstellung zu erleichtern, wurde nun die Voraussetzung eines vorherigen Antragsverfahrens gestrichen. Die Regelung dient dazu, dem aufgetretenen Phänomen von **Stapelinsolvenzanträgen** (zumeist durch Sozialversicherungsträger) entgegenzuwirken. Schuldner haben in der Praxis vielfach die Tendenz, die Forderung des einen Antrag stellenden Gläubigers zu erfüllen. Bei einer Erfüllung der Forderung vor Verfahrenseröffnung (bzw. vor der Anordnung von Sicherungsmaßnahmen nach §§ 24, 21 Abs. 2 S. 1. Nr. 2, welche die Erfüllungswirkung verhindert), führt dies dann mangels im Eröffnungszeitpunkt glaubhaft gemachter Forderung zur Unzulässigkeit des Insolvenzantrags (→ Rn. 9, → Rn. 12). Dies hat zur weiteren Folge, dass der Gläubiger zur Vermeidung von ihn treffenden Kostenfolgen seinen Insolvenzantrag für erledigt erklären muss, obwohl der Schuldner regelmäßig gleichwohl insolvent iSv §§ 17, 19 ist. Dem entsprechend besteht für den betroffenen Gläubiger weiterhin evident ein Anfechtungsrisiko im Falle einer späteren erfolgreichen Insolvenzantragstellung.   7

Kritisiert wird die Regelung insbesondere deshalb, weil ein Gläubiger schließlich die Zahlung des Schuldners bei befürchtetem Fortbestehen des Insolvenzgrunds nicht oder nur unter Vorbehalt annehmen muss, weshalb der Insolvenzantrag dann zulässig bleibt (MüKoInsO/Vuia Rn. 48).   7a

Der Tatbestand hat einen engen Anwendungsbereich, welcher von der Rechtsprechung zudem restriktiv gehandhabt wird (vgl. auch AG Leipzig NZI 2017, 846: Erfüllt der Schuldner die Forderung des Gläubigers vor Verfahrenseröffnung, hat dieser die Möglichkeit, an seinem Insolvenzantrag festzuhalten. In diesem Falle hat er das Fortbestehen des Eröffnungsgrunds weiter glaubhaft zu machen (§ 14 Abs. 1)). § 14 Abs. 1 S. 2 substituiert also nur die bestehende Gläubigerforderung. Dabei wendet der BGH den Grundsatz an, dass eine einmal eingetretene, nach außen in Erscheinung getretene Zahlungsunfähigkeit regelmäßig erst beseitigt wird, wenn die geschuldeten Zahlungen an die Gesamtheit der Gläubiger im Allgemeinen wieder aufgenommen werden können (BGH NZI 2015, 220 (221); 2013, 594). Diese Rechtsprechung ist weiterhin anwendbar (anschaulich AG Göttingen NZI 2018, 159). Bei erfolgter Glaubhaftmachung durch den Gläubiger hat das Gericht dem Schuldner nach § 14 Abs. 2 Gelegenheit zur Stellungnahme zu geben. Wird die Glaubhaftmachung der Zahlungsunfähigkeit durch den Gläubiger vom Schuldner erschüttert, etwa indem er glaubhaft macht, dass er die Zahlungen an die Gesamtheit der Gläubiger wieder aufgenommen hat, wird der Eröffnungsantrag nachträglich unzulässig (sog. Gegenglaubhaftmachung, BGH BeckRS 2013, 09461).   8

In den letzten Jahren wurde vielfach Streit darüber geführt, ob ein sog. Druckantrag vorliegt, wenn der Gläubiger nach Befriedigung seiner Forderung den Antrag nicht für erledigt erklärt, weil es dem Gläubiger dann nicht um das Verfahrensziel der Eröffnung des Insolvenzverfahrens, sondern lediglich um die Befriedigung seiner eigenen Forderung außerhalb des Insolvenzverfahrens gehe (Frind NZI 2017, 417). Diese Auffassung übersieht aber, dass dem Gläubiger (auch den Sozialversicherungsträgern) keine ordnungspolitische Aufgabe obliegt. Folge dieser Rechtsprechung ist, dass der Antragsteller bei einer Erledigungserklärung die Verfahrenskosten zu tragen hat. Das LG Ulm hat sich dieser Sichtweise angeschlossen (FD-InsR 2018, 412038).   8a

Nunmehr hat der BGH einen wesentlichen Beitrag geleistet, diesen Streit zu beenden und deutlich gemacht, dass die Erledigungserklärung eines Finanzamts oder Sozialversicherungsträgers im Insolvenzeröffnungsverfahren nach Zahlung der Forderungen durch den Schuldner nicht grundsätzlich den Rückschluss zulässt, es habe sich um einen unzulässigen Druckantrag gehandelt (BGH BeckRS 2020, 28446 Rn. 18). Denn, so führt der Senat fort, „dass ein Zwangsgläubiger seinen Insolvenzantrag nach Erfüllung der Forderung nicht weiterverfolgt, erlaubt noch keinen Rückschluss darauf, dass im maßgeblichen Zeitpunkt der Antragstellung sein einziges Motiv für den Antrag war, eine Erfüllung außerhalb der Gesamtvollstreckung herbeizuführen. Der Fiskus und die Sozialversicherungsträger verfolgen bei Antragstellung regelmäßig ein Motivbündel. Als Vertreter der öffentlichen Hand erfüllen sie in erster Linie die ihnen gesetzlich zugewiesenen Aufgaben, die sie zum Einzug von Steuern (§ 85 AO) und Beiträgen (§ 76 SGB IV) verpflichten." Im Ergebnis ist es also im Einzelfall zu beurteilen, ob besondere Anhaltspunkte für einen Druckantrag vorliegen oder nicht. Die Position der Finanzämter und der Krankenkassen wird damit gestärkt; letztlich wird ihnen aber auch ein Teil des Kostenrisikos genommen, wenn der Schuldner nach einem Eröffnungsantrag Rückstände begleicht.   8b

C. Glaubhaftmachung

9 Nach § 14 Abs. 1 S. 1 muss der den Antrag stellende Gläubiger seine Forderung und den Eröffnungsgrund glaubhaft machen. Das Erfordernis der Glaubhaftmachung ist Teil des Grundprinzips, dass der Amtsermittlungsgrundsatz erst nach Eintritt in das Insolvenzeröffnungsverfahren eingreift.

9a Die **Glaubhaftmachung** im Rahmen des Insolvenzeröffnungsverfahrens entspricht den allgemeinen zivilprozessualen Maßgaben, konkret also insbesondere **§ 294 ZPO** (BGH NJW 2003, 3558 = NZI 2003, 662). Nach ständiger Rechtsprechung setzt die Eröffnung des Insolvenzverfahrens voraus, dass das Insolvenzgericht vom Vorliegen eines Eröffnungsgrunds überzeugt ist (BGH NZI 2021, 266). Erforderlich ist also, dass das Gericht mit überwiegender Wahrscheinlichkeit davon ausgehen kann, dass mehr für das Vorliegen der Behauptung spricht als dagegen. Demzufolge kann bereits eine substantiiert dargestellte, unstreitige Forderung zur Glaubhaftmachung ausreichen (BGH BeckRS 2012, 15958; insofern besteht auch keine Divergenz zu BGH NZI 2006, 172; BeckRS 2015, 12337).

10 Als Mittel der Glaubhaftmachung werden in der Praxis vor allem Urkunden in Betracht kommen, insbesondere (vorläufig) vollstreckbare gerichtliche Entscheidungen, notarielle Urkunden, Buchungsbelege, bestätigte Lieferpapiere, etc. Dabei müssen die Dokumente nicht zwingend im Original vorgelegt werden, grundsätzlich sind auch unbeglaubigte Fotokopien und Lichtbilder geeignet (MüKoInsO/Vuia Rn. 66 ff. mwN). Zur Glaubhaftmachung sind neuerdings auch Ausdrucke von vom Schuldner gefertigten Datensätzen geeignet (BGH BeckRS 2015, 12337; Abkehr von BGH NZI 2004, 587). Dies gilt entsprechend für Ausdrucke von E-Mails (jedenfalls wenn deren Urheberschaft hinreichend erkennbar ist).

11 Ist das Gericht der Auffassung, der Grad an Glaubhaftmachung sei nicht ausreichend, ist der Antragsteller hierauf hinzuweisen und ihm die Gelegenheit zu geben, binnen angemessener Frist den Mangel zu beheben (BGH NZI 2003, 147).

I. Glaubhaftmachung der Forderung

12 Der Gläubiger hat für einen zulässigen Antrag seine Forderung gegen den Schuldner glaubhaft zu machen. Konkret bedeutet dies, dass die Forderung zunächst **schlüssig** darzulegen ist, dieser Forderung zugrunde liegende Sachverhalte sind ggf. zu belegen. Ist die **Forderung bereits tituliert,** reicht die genaue Bezeichnung des Titels und der dort begründeten Forderung grundsätzlich aus. Einwendungen des Schuldners gegen die Forderung oder gegen die Vollstreckbarkeit des Titels können regelmäßig nur in den für den jeweiligen Einwand vorgesehenen Verfahren geltend gemacht werden (BGH NZI 2006, 588 f.).

12a Hat ein Gericht in erster Instanz eine Forderung für begründet erachtet, ist das Insolvenzgericht zu einer eigenen Sachprüfung weder verpflichtet noch berechtigt. Solange die Entscheidung weder aufgehoben noch ihre Vollstreckung eingestellt worden ist, hat das Insolvenzgericht dann vom Bestand der Forderung auszugehen (AG Köln NZI 2015, 552; BGH BeckRS 2008, 26934).

12b Wird vom Antragsteller ein Titel vorgelegt, bei welchem keine vorherige fachgerichtliche Sachprüfung vorgenommen wurde, wie es insbesondere bei einem Vollstreckungsbescheid oder einem Leistungsbescheid eines öffentlich-rechtlichen Gläubigers der Fall ist, kann und darf das Insolvenzgericht nach der Rechtsprechung die Einwendungen des Schuldners ebenfalls nicht berücksichtigen (BGH BeckRS 2010, 13377). Ob bei unstreitigen oder offenkundigen Sachverhalten eine materiell-rechtliche Bewertung durch das Insolvenzgericht erfolgen muss, ist bislang nicht entschieden. Diese „harte" Linie ist in der Literatur allerdings durchaus streitig (vgl. auch MüKoInsO/Vuia § 16 Rn. 39).

12c Der BGH hat die Rechtsprechung für eine vom Schuldner selbst errichtete Urkunde mit Unterwerfung unter die Zwangsvollstreckung ausdrücklich bestätigt (NZI 2016, 732). Damit festigt der BGH seinen **Grundsatz,** dass der Gläubiger seine Forderung belegen muss, sich diese Darlegungslast aber umkehrt und auf den Schuldner übergeht, wenn der Gläubiger eine vollstreckbare Urkunde vorlegen kann.

13 Eine **sachliche Prüfung** der Forderung durch das Insolvenzgericht ist also (nur) dann erforderlich, **wenn kein Titel** über diese Forderung vorgelegt wird. Wenn und soweit eine im Insolvenzeröffnungsverfahren erfolgte Rechtsverteidigung des Schuldners nicht offensichtlich aussichtslos ist, ist die tatsächliche Begründetheit der Forderung von den jeweiligen Fachgerichten zu klären und der Eröffnungsantrag zurückzuweisen. Schwierige rechtliche oder tatsächliche Fragen sollen im hierfür vorgesehenen Erkenntnisverfahren verbleiben (AG Köln NZI 2015, 552) (→ Rn. 13.1). Es reicht dann also die reine Glaubhaftmachung einer Forderung nicht aus, vielmehr hat der

Gläubiger den Bestand seiner Forderung zu beweisen, wenn ihr der Schuldner entsprechend substanziiert widerspricht (BGH NZI 2021, 266 Rn. 7) (vgl. ergänzend → Rn. 17a).

13.1 Folgerichtig hat das AG Bad Kreuznach entschieden, dass bei einem Insolvenzantrag der Staatsanwaltschaft (§ 111i Abs. 2 S. 1 StPO) als Gläubigerin eines staatlichen Einziehungsanspruchs aus einer einheitlichen Forderung über das Vermögen des Angeschuldigten die Anforderungen an die Glaubhaftmachung der Forderung gleichermaßen hoch anzusetzen sind und während eines laufenden Strafverfahrens eine solche Überzeugung regelmäßig allenfalls bei einem vollumfänglich geständigen Täter anzunehmen sein kann. Dies ist zu begrüßen, da es keinen Unterschied machen kann, aus welchem Rechtsgrund die streitige Forderung gegen den Schuldner resultiert.

14 Die Auswechslung einer Gläubigerforderung (zB nach Befriedigung durch den Schuldner) im Eröffnungsverfahren ist ohne weiteres zulässig, wenn im Zeitpunkt der Verfahrenseröffnungsentscheidung sämtliche Eröffnungsvoraussetzungen gegeben sind (AG Köln NZI 2000, 94 f.).

15 Auch wenn sich öffentlich-rechtliche Gläubiger den vorgenannten Regeln ebenfalls unterwerfen müssen, haben sie doch die Möglichkeit, sich einen Titel selbst zu schaffen und daher die Glaubhaftmachung zu vereinfachen (K. Schmidt InsO/Gundlach Rn. 22).

15a Für Eröffnungsanträge eines **Sozialversicherungsträgers** hat der BGH aufgrund einer Neufassung des § 28f SGB IV seine bisherige Rechtsprechung geändert und lässt für die schlüssige Darlegung der Forderungen der Einzugsstelle eine Aufschlüsselung nach Monat ausreichen (BeckRS 2015, 12337). Eine Aufschlüsselung nach Arbeitnehmern ist nicht mehr erforderlich.

II. Glaubhaftmachung des Eröffnungsgrunds

16 Insbesondere zum Schutz vor missbräuchlichen Gläubigeranträgen muss der Gläubiger neben seiner Forderung auch die **Insolvenzreife des Schuldners glaubhaft** machen (→ Rn. 16.1) (§ 294 ZPO), letztlich also die überwiegende Wahrscheinlichkeit eines Insolvenzgrunds darlegen und belegen. Die Schwierigkeit für den Gläubiger besteht praktisch darin, dass er die Vermögensverhältnisse seines Schuldners natürlich nicht kennen kann (soweit ihm keine Einblicke gewährt wurden) und er daher Zahlungsunfähigkeit gem. § 17 Abs. 2 S. 1 oder Überschuldung gem. § 19 Abs. 2 S. 1 regelmäßig nicht belegen kann. Der BGH lässt daher ausdrücklich die Glaubhaftmachung des Eröffnungsgrunds durch die Glaubhaftmachung von **Indizien** zu, die einzeln oder in ihrer Zusammenschau nach allgemeiner Erfahrung den hinreichend sicheren Schluss auf das Vorliegen des Eröffnungsgrunds erlauben (BGH NZI 2006, 591; 2013, 594).

16.1 Über einen Sonderfall hat das LG Hamburg entschieden: Stirbt der Schuldner während des von einem Gläubiger initiierten Insolvenzeröffnungsverfahrens, kann der Antrag auf Eröffnung eines Nachlassinsolvenzverfahrens umgestellt werden. Der Antragsteller hat dann jedoch die Zahlungsunfähigkeit des Nachlasses, seine Forderung als Nachlassforderung und ein rechtliches Interesse an der Eröffnung des Insolvenzverfahrens glaubhaft zu machen (NZI 2016, 743 mAnm Fridgen).

17 Anerkannt ist, dass eine starke **Indizwirkung für eine Zahlungsunfähigkeit** iSv § 17 von einer länger andauernden (mindestens sechsmonatigen) Nichtabführung von Sozialversicherungsbeiträgen ausgehen kann, da aufgrund der drohenden Strafbarkeit anzunehmen ist, dass diese Zahlungen bis zuletzt beglichen werden (BGHZ 149, 178 = NZI 2002, 91; NZI 2015, 220 Rn. 6). Ebenfalls „typische" Indizien für eine Zahlungsunfähigkeit bzw. Zahlungseinstellung sind die Abgabe einer Eidesstattlichen Versicherung, Belege für eine fruchtlose Vollstreckung in jüngerer Zeit (vgl. aber LG Hamburg NZI 2016, 916 mit weitgehenden Anforderungen bei fehlgeschlagener Zwangsvollstreckung wegen unbekannten Aufenthalts der schuldnerischen GmbH sowie LG Hamburg NZI 2021, 627 bei erfolgloser Pfändung geringer Forderungen ohne weitere Vollstreckungsversuche), erhebliche und andauernde Nichtzahlung für betriebsnotwendige Kosten oder etwa ausdrückliche Erklärungen des Schuldners über seine Zahlungsunfähigkeit (vgl. BGH NZI 2002, 34; vgl. MüKoInsO/Schmahl/Vuia Rn. 77; K. Schmidt InsO/Gundlach Rn. 23). Sorgfalt ist bei Fällen mit tituliertee, aber noch nicht rechtskräftiger Forderung des Gläubigers geboten: hier ist sehr genau zwischen Zahlungsunwilligkeit und tatsächlicher Zahlungsunfähigkeit zu unterscheiden (BGH NZI 2006, 34).

17a Ist unabhängig von der Glaubhaftmachung der Forderung des antragstellenden Gläubigers dem Gericht glaubhaft gemacht, dass der Eröffnungsgrund (Zahlungsunfähigkeit oder Überschuldung) gegeben ist, setzt die Eröffnung des Verfahrens hingegen nicht mehr voraus, dass auch die Forderung des antragstellenden Gläubigers gegen den Schuldner besteht und der Richter vom Bestehen dieser Forderung überzeugt ist. In diesem Fall genügt zur Eröffnung des Insolvenzverfahrens – neben der anderweitig gewonnenen Überzeugung des Richters vom Vorliegen des Insolvenzgrunds – die Glaubhaftmachung der Forderung durch den antragstellenden Gläubiger (BGH NZI 2021, 266 Rn. 6; Uhlenbruck/Mock § 16 Rn. 14).

18 Für den Gläubiger ist in der Praxis die Glaubhaftmachung einer insolvenzrechtlichen **Überschuldung** des Schuldners nahezu unmöglich. Zwar kann eine Handelsbilanz Indizwirkung für einen Überschuldungsstatus haben, ist diesem jedoch keinesfalls gleichzusetzen. Auch wenn ein nicht durch Eigenkapital gedeckter Fehlbetrag ausgewiesen ist, können zB stille Reserven bestehen. Nach dem BGH muss dargelegt werden, dass stille Reserven und sonstige aus der Handelsbilanz nicht ersichtliche Veräußerungswerte nicht vorhanden sind. Ausreichend ist, zu naheliegenden Anhaltspunkten wie etwa stillen Reserven bei Grundvermögen, darzulegen, dass gleichwohl Überschuldung besteht; erforderlichenfalls sind die vom Schuldner insoweit aufgestellten Behauptungen zu widerlegen (BGH NZI 2005, 351).

III. Gegenglaubhaftmachung des Schuldners

19 Dem Schuldner ist es nachgelassen, im Wege einer sog. Gegenglaubhaftmachung (ebenfalls mit dem Mitteln des § 294 ZPO) die Glaubhaftmachung des Antragstellers zu erschüttern. Dies setzt einen substanziierten, nachvollziehbaren und in sich widerspruchsfreien Sachvortrag voraus (AG Göttingen NZI 2003, 104). Das Insolvenzgericht hat dann in einer summarischen Bewertung zu prüfen, ob es unter Berücksichtigung aller Erkenntnisse (wenn vorhanden auch solcher eines Sachverständigen oder vorläufigen Insolvenzverwalters) weiterhin davon ausgehen muss, dass das Bestehen einer Forderung des Gläubigers und eines Eröffnungsgrunds beim Schuldner überwiegend wahrscheinlich sind. Der **Schuldner** muss also Tatsachen substanziiert darlegen und glaubhaft machen, die die zuvor glaubhaft gemachte Gläubigerforderung oder den Eröffnungsgrund ernsthaft in Frage stellen, er muss also **zumindest ein non liquet erreichen** (Uhlenbruck/Wegener Rn. 30). Gelingt ihm dies, wird der Insolvenzantrag nachträglich unzulässig.

20 Das Insolvenzgericht wird dabei rechtlich oder tatsächlich zweifelhaften Einwänden gegen eine (titulierte) Forderung nicht nachgehen (BGH NZI 2006, 588), diese sind im ordentlichen Gerichtsweg zu klären. Liegt ein **Titel** zugunsten des Antragstellers vor, muss der Schuldner zumindest die **Einstellung der Zwangsvollstreckung** erreichen, anderenfalls bleiben die Einwendungen unberücksichtigt (BGH NZI 2006, 642; BeckRS 2010, 13377). Dies gilt insbesondere auch für Steuerbescheide, selbst dann wenn diese auf einer Schätzung beruhen; der Einwand der Schätzung reicht zur Gegenglaubhaftmachung nicht aus (AG Köln NZI 2017, 570). Macht der Schuldner erfolgreich Einwendungen gegen den Bestand der glaubhaft gemachten Forderung geltend, ist der Antragsteller seinerseits auf den ordentlichen Rechtsweg zu verweisen (BGH NZI 2007, 350). Das Insolvenzverfahren ist also generell nicht zur Austragung von materiell-rechtlichen Streitigkeiten geeignet.

20a Zur Widerlegung des behaupteten Eröffnungsgrunds kann sich der Schuldner sowohl gegen die vorgebrachten Indizien wenden, als auch andere Tatsachen glaubhaft machen, aus denen sich ergibt, dass nach seiner Vermögens-, Finanz- und Ertragslage der behauptete Eröffnungsgrund nicht vorliegt (BGH BeckRS 2013, 09461).

D. Anhörung des Schuldners (Abs. 2)

21 Die in Abs. 2 statuierte Regelung über die Pflicht zur Anhörung des Schuldners wiederholt letztlich den Grundrechtsschutz aus § 103 Abs. 1 GG. Die Anhörung ist stets durchzuführen, sofern nicht nach § 10 Ausnahmen vorliegen, wie zB Auslandsaufenthalt des Schuldners unter Verfahrensverzögerung oder unbekannter Aufenthalt. Bei Gesellschaften gilt entsprechendes für deren vertretungsberechtigte Organe (→ § 10 Rn. 1 ff.). Das Gericht hat dem Schuldner den Eröffnungsantrag grundsätzlich zuzustellen und soll ihm eine **angemessene Frist** zur Stellungnahme setzen (vgl. BVerfG NZI 2002, 30). Diese wiederum kann – schließlich ist im Insolvenzverfahren Eile geboten – im Einzelfall auch knapp gehalten werden, wobei zwei Tage als zu kurz angesehen werden (OLG Köln NZI 2000, 480 (483 aE)), sodass im Regelfall wohl eine Frist von zumindest **einer Woche** zu setzen ist.

21a Neben einer schriftlichen Anhörung kann der zuständige Insolvenzrichter (in nichtöffentlicher Sitzung) den Schuldner mündlich anhören (vgl. MüKoInsO/Vuia Rn. 137 f.). Ohne weiteres zulässig und möglich ist es, dass der Schuldner eine schriftliche Schutzschrift gegen einen erwarteten Antrag beim Insolvenzgericht eingibt. Irrelevant ist, ob der Schuldner die Gelegenheit zur Stellungnahme tatsächlich nutzt.

22 Ist der Schuldner eine Gesellschaft und verfügt diese über mehrere Vertretungsberechtigte, ist entsprechend den materiell-rechtlichen Grundsätzen der passiven Vertretungsberechtigung die

Antrag eines Gläubigers § 14 InsO

Anhörung einer vertretungsberechtigten Person ausreichend (wobei bei GbR und OHG alle Gesellschafter zu hören sein sollen, wenn nicht nach außen ein geschäftsführender Gesellschafter erkennbar oder dem Gericht sonst bekannt ist (MüKoInsO/Vuia Rn. 125)). Ist eine Gesellschaft führungslos, hat nach § 10 Abs. 2 das Gericht die Gesellschafter zu hören. Bei Eigenanträgen nach § 14 müssen nach § 15 Abs. 2 S. 3 sämtliche Mitglieder des Vertretungsorgans gehört werden (→ § 15 Rn. 10 f.).

Ist über den anzuhörenden Schuldner ein Verbraucherinsolvenzverfahren anhängig, muss das 23 Gericht dem Schuldner nach § 306 Abs. 3 S. 1 mit der Anhörung auch Gelegenheit geben, seinerseits einen Insolvenzantrag zu stellen. Stellt der Schuldner einen eigenen Antrag, ruht das Verfahren über den Gläubigerantrag bis zur Entscheidung über den Schuldenbereinigungsplan des Schuldners (§ 306 Abs. 3 S. 2, Abs. 2 S. 1) für in der Regel nicht mehr als drei Monate.

Entsprechend der Regelung in § 139 ZPO hat das Gericht dem Antragsteller seinerseits noch- 24 mals Gelegenheit zur Stellungnahme zu geben, wenn das Gericht erhebliche Einwendungen bringt.

Unterlässt das Insolvenzgericht die Anhörung, hat der Schuldner die Möglichkeit, im Beschwer- 25 deverfahren Stellung zu nehmen, was bei Erlass der Beschwerdeentscheidung einen Gehörsverstoß heilt (BVerfG NZI 2002, 30; zum besonders unglücklichen Fall der Gehörsverletzung durch das Insolvenzgericht und das Beschwerdegericht OLG Brandenburg NZI 2002, 44).

E. Kostentragungspflicht bei Erfüllung (Abs. 3)

Die in Abs. 3 S. 1 enthaltene Regelung über die Kostentragungspflicht wird heftig kritisiert 26 (vgl. MüKoInsO/Vuia Rn. 151 ff.; AG Deggendorf BeckRS 2011, 22400). Problematisch ist, dass der Wortlaut der Vorschrift auch denjenigen Schuldner bestraft, der bei einem zwar zulässigen, aber unbegründeten Gläubigerantrag die Forderung des Gläubigers nach Antragstellung erfüllt. Den Wortlaut einschränkend wird daher verlangt, dass die Kostentragungspflicht zulasten des Schuldners nur auf Fälle angewendet wird, in denen der Insolvenzantrag zulässig und begründet war, aber wegen der Erfüllung der Forderung des antragstellenden Gläubigers eine Verfahrenseröffnung nicht erfolgte.

Der zum 1.1.2021 neu eingeführte Abs. 3 S. 2 soll nach der Gesetzesbegründung sicherstellen, 26a dass ein antragstellender Gläubiger nicht die Kosten des Verfahrens trägt, wenn der Insolvenzantrag wegen des dem Gläubiger nicht bekannten Umstandes abgewiesen wird, dass in einem **Restrukturierungsrahmen** eine **Stabilisierungsanordnung** erfolgt ist, die nicht öffentlich bekanntgemacht worden ist und von der der Gläubiger keine Kenntnis haben konnte. Die Kosten soll in einem solchen Fall der Schuldner tragen, der die Stabilisierungsanordnung beantragt und damit den Abweisungsgrund herbeigeführt hat. Schwierig für den Gläubiger ist im Einzelfall die nach dem Wortlaut ihm obliegende Darlegungs- und Beweislast, dass er von der Stabilisierungsanordnung keine Kenntnis haben konnte. Man wird also im Streitfall von dem Schuldner im Wege der sekundären Darlegungslast fordern müssen, dass er die Information des betreffenden Gläubigers darlegt.

F. Sonstiges

Der Insolvenzantragstellung durch einen Gläubiger ist der Schuldner zunächst „schutzlos" aus- 27 geliefert – nur im Rahmen der Anhörung kann er Stellung beziehen. Die Möglichkeit einer sofortigen Beschwerde besteht erst gegen eine Entscheidung des Insolvenzgerichts über Sicherungsmaßnahmen (§ 21 Abs. 1 S. 2) bzw. die Eröffnung eines Insolvenzverfahrens (§§ 6, 34 Abs. 1, Abs. 2).

Außerhalb des Zivilrechtswegs bleibt dem Schuldner im Falle einer Antragstellung durch öffent- 27a liche Körperschaften unter Umständen zusätzlich der Verwaltungsrechtsweg, in welchem (allein) überprüft werden kann, ob die Stellung des Insolvenzantrags ermessensgerecht erfolgte (VG Ansbach NZI 2015, 994).

Da die Stellung eines Insolvenzantrags eine gesetzlich vorgesehene Handlungsalternative ist, 28 haftet ein Gläubiger dem Schuldner für einen unbegründeten Insolvenzantrag allenfalls bei Vorliegen entsprechender Merkmale nach § 826 BGB (respektive bei öffentlich-rechtlichen Gläubigern nach § 839 BGB). Dass allein schon die Einleitung des Zulassungs- und Prüfungsverfahrens Nachteile für den Schuldner beinhaltet, hat dieser hinzunehmen (OLG Koblenz NZI 2006, 353). Eröffnet das Insolvenzgericht fälschlich ein Insolvenzverfahren, kommt ebenfalls nur ein Amtshaftungsanspruch in Betracht.

§ 15 Antragsrecht bei juristischen Personen und Gesellschaften ohne Rechtspersönlichkeit

(1) ¹Zum Antrag auf Eröffnung eines Insolvenzverfahrens über das Vermögen einer juristischen Person oder einer Gesellschaft ohne Rechtspersönlichkeit ist außer den Gläubigern jedes Mitglied des Vertretungsorgans, bei einer Gesellschaft ohne Rechtspersönlichkeit oder bei einer Kommanditgesellschaft auf Aktien jeder persönlich haftende Gesellschafter, sowie jeder Abwickler berechtigt. ²Bei einer juristischen Person ist im Fall der Führungslosigkeit auch jeder Gesellschafter, bei einer Aktiengesellschaft oder einer Genossenschaft zudem auch jedes Mitglied des Aufsichtsrats zur Antragstellung berechtigt.

(2) ¹Wird der Antrag nicht von allen Mitgliedern des Vertretungsorgans, allen persönlich haftenden Gesellschaftern, allen Gesellschaftern der juristischen Person, allen Mitgliedern des Aufsichtsrats oder allen Abwicklern gestellt, so ist er zulässig, wenn der Eröffnungsgrund glaubhaft gemacht wird. ²Zusätzlich ist bei Antragstellung durch Gesellschafter einer juristischen Person oder Mitglieder des Aufsichtsrats auch die Führungslosigkeit glaubhaft zu machen. ³Das Insolvenzgericht hat die übrigen Mitglieder des Vertretungsorgans, persönlich haftenden Gesellschafter, Gesellschafter der juristischen Person, Mitglieder des Aufsichtsrats oder Abwickler zu hören.

(3) ¹Ist bei einer Gesellschaft ohne Rechtspersönlichkeit kein persönlich haftender Gesellschafter eine natürliche Person, so gelten die Absätze 1 und 2 entsprechend für die organschaftlichen Vertreter und die Abwickler der zur Vertretung der Gesellschaft ermächtigten Gesellschafter. ²Entsprechendes gilt, wenn sich die Verbindung von Gesellschaften in dieser Art fortsetzt.

Überblick

Die einzelnen Regelungen des § 15 ergänzen das in den §§ 13 und 14 geregelte Insolvenzantragsrecht für die durch natürliche Personen vertretenen Gesellschaften. Eine Besonderheit des Insolvenzrechts ist dabei, dass innergesellschaftliche Beschränkungen der Vertretungsbefugnis irrelevant sind, im Rahmen der Insolvenzantragstellung sind alle Organe gleichgestellt (→ Rn. 1). Ist die Gesellschaft führungslos, bestehen Antragsberechtigungen der Gesellschafter bzw. des Aufsichtsrats (→ Rn. 4). Die Vorschrift enthält weiterhin detaillierte Regelungen für die praktische Vielzahl von Fällen, in welchen eine Gesellschaft von mehreren Personen vertreten wird, der Antrag aber nicht von allen gestellt wird und stellt hierfür besondere Voraussetzungen auf (→ Rn. 10).

Übersicht

	Rn.		Rn.
A. Antragsrecht nach Abs. 1	1	E. Antragstellung durch einzelne Berechtigte (Abs. 2)	10
B. Führungslosigkeit juristischer Personen	4	F. Sonstiges	12
		I. Amtsniederlegung/Abberufung der antragstellenden Person	12
C. Personengesellschaft ohne natürliche Person als Vollhafter	6	II. Antragsrücknahme durch die weiteren Antragsberechtigten	15
D. Sonderfälle/Auslandsgesellschaften	7	III. Beschwerdebefugnis	16

A. Antragsrecht nach Abs. 1

1 § 15 Abs. 1 weist das Recht zur Insolvenzantragstellung für Kapital- und Personengesellschaften „jedem" Mitglied des Vertretungsorgans oder Abwickler zu. Dementsprechend ist für die **Antragsbefugnis** allein die **Organstellung** nach dem materiellen Recht maßgeblich (→ Rn. 1.1), auf eine etwaige statutarische Beschränkung zB durch Gesamtvertretung oder vertragliche Beschränkungen kommt es nicht an (allgemeine Meinung, vgl. AG Göttingen BeckRS 2010, 29052 – zu berücksichtigen ist aber das Erfordernis der Glaubhaftmachung, wenn nicht alle Mitglieder des Organs den Antrag stellen, § 15 Abs. 2 S. 1 → Rn. 10), ebenso wenig auf etwaige Weisungen zur Unterlassung von Gesellschaftsgremien (BGH DStR 2001, 1537).

Zu berücksichtigen ist, dass für den Antrag auf Einstellung des Insolvenzverfahrens nach § 212 InsO die konkrete Vertretungsbefugnis gilt, also ggf. mehrere Mitglieder des Organs den Antrag stellen müssen (BGH NZG 2016, 552 Rn. 14; näher → § 212 Rn. 2). **1.1**

Steht die Organstellung ihrerseits einer juristischen Person oder Personengesellschaft zu, wird § 15 Abs. 3 analog angewendet (MüKoInsO/Klöhn Rn. 8). Ist die Verfügungsbefugnis auf einen Dritten übergegangen, zB auf einen Insolvenzverwalter, steht diesem das Antragsrecht zu. **1a**

Nach dem Gesetzeswortlaut ist die Mitgliedschaft im Organ für die Antragsberechtigung entscheidend. Daher beginnt das Antragsrecht mit der **wirksamen Bestellung** und endet mit **wirksamer Abberufung oder Amtsniederlegung** (BGH NJW 1980, 2415; s. auch → Rn. 12). Auf Eintragungen im Handelsregister kann sich das Insolvenzgericht prinzipiell verlassen (→ Rn. 13). **1b**

Nicht antragsberechtigt sind im Umkehrschluss die Träger der gesetzlich normierten Vollmachten (Prokura, Handlungs- und Generalvollmacht). **1c**

Streitig ist, ob auch der **faktische Geschäftsführer** antragsberechtigt ist. Ausgehend vom Wortlaut des § 15 ist dies zu verneinen (im Detail hierzu Haas DStR 1998, 1359; diff. Brand/Brand NZI 2010, 712). Nachdem der BGH jüngst aber nochmals die Antragspflicht des faktischen Geschäftsführers iSv 15a InsO bestätigt hat (BGH NZI 2015, 186), kann es diesem zur Verhinderung des Eintritts der Strafbarkeit praktisch nicht verwehrt werden, einen Antrag zu stellen (zumal die frühzeitige Antragstellung iSd InsO ist), vgl. im Einzelnen → § 15a Rn. 9. **2**

Bei Gesellschaften ohne Rechtspersönlichkeit (nach Einführung des MoPeG ab 1.1.2024 dann „rechtsfähige Personengesellschaften genannt) sind zusätzlich alle (aufgrund gesellschaftsrechtlicher, nicht vertraglicher Regelungen) **persönlich haftenden Gesellschafter** antragsberechtigt, was im Grunde der gewollten Möglichkeit zur Beschränkung der persönlichen Haftung geschuldet ist. Auch hier kommt es nicht auf eine Vertretungsberechtigung für die Gesellschaft an. Das bedeutet, dass zB jeder BGB-Gesellschafter antragsberechtigt ist (vgl. aber § 15 Abs. 2 S. 1, → Rn. 10), wenn nicht alle Gesellschafter den Antrag stellen), Kommanditisten aber grundsätzlich nicht. Wie bei Organen gilt auch für die Gesellschafter, dass mit dem Ende der Gesellschafterstellung auch die Antragsberechtigung endet (Uhlenbruck/Hirte Rn. 2). **3**

B. Führungslosigkeit juristischer Personen

Abs. 1 S. 2 erweitert das Antragsrecht von juristischen Personen auf die **Gesellschafter**, und bei Aktiengesellschaft und Genossenschaft „zudem" auf den **Aufsichtsrat**, wenn diese „führungslos" sind, spiegelbildlich zur Antragspflicht nach → § 15a Rn. 13. Die Vorschrift wird gemeinhin als unglücklich formuliert bezeichnet. Es besteht Konsens, dass entgegen dem Wort „zudem" bei der Aktiengesellschaft und der Genossenschaft allein der Aufsichtsrat zur Antragstellung berechtigt ist, bei den übrigen juristischen Personen, also insbesondere bei der GmbH (auch wenn ein Aufsichtsrat besteht), der UG und ausländischen juristischen Personen mit Sitz im Inland die Gesellschafter antragsberechtigt sind. Für die Genossenschaft hat das AG Hannover die allgemeine Meinung, wonach die Antragsberechtigung bei Führungslosigkeit ausschließlich dem Aufsichtsrat zusteht, bestätigt (ZInsO 2018, 1982). **4**

Die „Führungslosigkeit" ist in § 10 Abs. 2 S. 2 (bzw. den einzelnen materiellen Gesetzen, etwa in § 35 Abs. 1 S. 2 GmbHG) definiert und bezieht sich auf juristische Personen, die keinen organschaftlichen Vertreter haben. Streitig ist, wann die Führungslosigkeit beginnt. Nach der Rechtsprechung ist entsprechend dem Wortlaut des Gesetzes erforderlich, dass der organschaftliche Vertreter rechtlich oder tatsächlich nicht mehr existiert, faktisch also abberufen wurde, niedergelegt hat oder gestorben ist. Das AG Potsdam (NZI 2013, 602) verneint die Führungslosigkeit demzufolge bei einem auf langer Reise befindlichen und unerreichbaren Geschäftsführer, das AG Hamburg (NZI 2009, 63) lässt einen unbekannten Aufenthaltsort ebenfalls nicht genügen. Die Literatur kritisiert diese Rechtsprechung und unterstellt bei spurlosem Verschwinden und Unauffindbarkeit des Organs eine konkludente Amtsniederlegung (vgl. Gehrlein BB 2008, 848), um die Antragsberechtigung zur Vermeidung von Missbräuchen bei Firmenbestattung auszuweiten. **4a**

Stellen Gesellschafter bzw. der Aufsichtsrat einen Insolvenzantrag, ist die **Führungslosigkeit glaubhaft** zu machen (§ 15 Abs. 2 S. 2) (zu den Anforderungen an diese Glaubhaftmachung rudimentär LG Dresden BeckRS 2011, 21012). In Abhängigkeit davon, ob alle Gesellschafter bzw. der gesamte Aufsichtsrat den Antrag stellen, muss der Insolvenzgrund glaubhaft gemacht werden (§ 15 Abs. 2 S. 1). **5**

C. Personengesellschaft ohne natürliche Person als Vollhafter

6 Abs. 3 regelt in S. 1 eine entsprechende Anwendung der unter Ziffer A. und B. genannten Grundsätze in den Fällen, in denen eine Personengesellschaft nicht über eine natürliche Person als Vollhafter verfügt (insbesondere zB die GmbH & Co. KG und die GmbH & Co. KGaA). Antragsberechtigt sind dann (spiegelbildlich zur Antragspflicht nach § 15a) die **Organe** sowie die Abwickler (und ggf. die Gesellschafter) der vertretungsberechtigten Gesellschaft, praktisch bei der GmbH & Co. KG insbesondere also die Geschäftsführer der Komplementär-GmbH. Hinter diesem Antragsrecht steht der Gedanke, dass stets eine natürliche Person antragsberechtigt (und verpflichtet) sein soll.

6a Für mehrstufige Personengesellschaften gilt dieser Gedanke nach Abs. 3 S. 2 in gleicher Weise. Praktisch relevant ist dies bei der mehrstöckigen GmbH & Co. KG, welche ihrerseits wieder von einer GmbH & Co. KG vertreten wird. Die Organe oder Abwickler deren Komplementär-GmbH sind dann zur Antragstellung bei beiden Kommanditgesellschaften berechtigt. Ist diese GmbH führungslos, sind die Gesellschafter antragsberechtigt (→ Rn. 4).

D. Sonderfälle/Auslandsgesellschaften

7 Als Vorgesellschaft werden Kapitalgesellschaften bezeichnet, deren Satzung bereits notariell beurkundet worden ist, welche aber noch nicht (konstitutiv) im Handelsregister eingetragen wurde (vgl. BeckOK GmbHG/C. Jaeger GmbHG § 11 Rn. 4–7). Da für diese Gesellschaften bereits das Recht der gewählten Gesellschaftsform analog angewendet wird, soweit nicht die Eintragung zwingend erforderlich ist, sind die bereits bestellten **Organe** antragsberechtigt. Die **Gesellschafter der Vorgesellschaft** trifft eine Verlustdeckungshaftung (BeckOK GmbHG/C. Jaeger GmbHG § 11 Rn. 22–28), weshalb sie bei Vorliegen von Insolvenzgründen ebenfalls antragsberechtigt sind.

8 Für dem KWG unterworfene Kredit- und Finanzdienstleistungsunternehmen wird § 15 durch § 46b Abs. 1 S. 4 KWG modifiziert. Danach kann ein Antrag auf Eröffnung des Insolvenzverfahrens über das Vermögen eines Kredit- oder Finanzdienstleistungsinstituts oder einer übergeordneten Finanzholding (§ 10a KWG) nur von der **Bundesanstalt für Finanzdienstleistungen (BaFin)** gestellt werden. Auch für Kapitalverwaltungsgesellschaften iSv § 17 KAGB ist die BaFin zuständig, da § 43 Abs. 1 KAGB ebenfalls auf § 46b Abs. 1 KWG verweist. Kapitalverwaltungsgesellschaften sind diejenigen Gesellschaften in dem KAGB unterliegenden Investmentvermögen tätigen Strukturen, welche mindestens die Letztverantwortung für die Portfolioverwaltung oder das Risikomanagement tragen (Einzelheiten bei Weitnauer/Boxberger/Anders/Winterhalder, KAGB, 2. Aufl. 2017, KAGB § 17 Rn. 57 ff.). Nach § 312 VAG ist allein die BaFin für Versicherungsunternehmen (§ 7 Nr. 33 VAG) antragsberechtigt.

9 Für **Gesellschaften aus dem Ausland** sind – unter der Voraussetzung einer Anwendung des deutschen Rechts als lex fori concursus – nach den vorstehenden Ausführungen entsprechend die organschaftlichen Vertreter und die persönlich haftenden Gesellschafter zur Insolvenzantragstellung berechtigt (vgl. für Gesellschaften aus dem EU-Ausland Art. 4 EuInsVO). Soweit sich materielle Rechtsfragen stellen, etwa nach der Besetzung des Vertretungsorgans, ist das jeweilige ausländische Gesellschaftsstatut maßgeblich.

E. Antragstellung durch einzelne Berechtigte (Abs. 2)

10 Stellen nicht alle zum Insolvenzantrag Berechtigten der jeweiligen Personengruppen (Organmitglieder, Abwickler, Gesellschafter/Aufsichtsrat) gemeinsam einen Insolvenzantrag, greift Abs. 2 ein und der **Insolvenzgrund ist glaubhaft zu machen.** Nicht erforderlich ist die persönliche Unterschrift aller Beteiligten auf dem Antragsdokument, ausreichend ist zB ein Nachweis über die Willensbildung der Beteiligten oder die gemeinsame Bevollmächtigung eines Vertreters. Die den Organen der Gesellschaft nach Abs. 2 eingeräumte Einzelvertretungsmacht geht als Ausnahmeregelung der ansonsten geltenden Vertretungsregelung vor und kann durch die Satzung nicht beseitigt oder beschränkt werden. Sie gilt demzufolge aber ausschließlich für den Eröffnungsantrag, nicht für seine Rücknahme oder einen Einstellungsantrag nach § 212 (BGH NZI 2016, 702).

10a Nach Abs. 2 S. 1 ist bei Antragstellung eines einzelnen Berechtigten zusätzlich zur allgemeinen Darlegungspflicht der Insolvenzgrund mit den Mitteln des § 294 ZPO glaubhaft zu machen. Hintergrund ist, dass nicht ein Einzelner in die Lage versetzt werden soll, missbräuchlich einen Antrag zu stellen.

11 Die verbleibenden Mitglieder des Organs bzw. der Personengruppe sind bei einem solchen Insolvenzantrag **nach S. 3 zu hören.** Das Insolvenzgericht wird ihnen eine (knappe) Frist zur

Antragsrecht bei juristischen Personen und Gesellschaften § 15 InsO

Stellungnahme setzen, innerhalb derer sie sich zum gestellten Antrag äußern können. Bestreiten die weiteren Beteiligten die Antragsberechtigung des Antragstellers, muss das Gericht von Amts wegen in eine Prüfung eintreten (MüKoInsO/Schmahl/Vuia § 13 Rn. 79). Erfolgt innerhalb der Anhörungsfrist Vortrag zu den vom Antragsteller vorgetragenen Insolvenzgründen, muss das Gericht entsprechend dem Vorgehen bei einem Gläubigerantrag in summarischer Prüfung bewerten, ob Insolvenzgründe glaubhaft gemacht sind (→ § 14 Rn. 16) oder eine Gegenglaubhaftmachung erfolgte (→ § 14 Rn. 19). Zu den besonders streitträchtigen Fällen mit Streitigkeiten über die Organstellung → Rn. 12.

Endet ein Insolvenzantragsverfahren über das Vermögen einer GbR erfolglos, steht den Mitgesellschaftern der GbR kein vom Insolvenzgericht festzusetzender Kostenerstattungsanspruch zu, da das Antragsverfahren kein Prozessrechtsverhältnis begründet. Vielmehr sind unter den Gesellschaftern (eventuelle) Schadensersatzansprüche gegen andere Gesellschafter vor den ordentlichen Gerichten geltend zu machen (BGH NZG 2017, 909). **11.1**

F. Sonstiges

I. Amtsniederlegung/Abberufung der antragstellenden Person

Dem Grundsatz folgend, dass die bestehende Organstellung Grundlage der Antragsberechtigung ist, endet das Antragsrecht mit dem Ende der Organstellung (BGH NJW 1980, 2415). Zu berücksichtigen ist dabei, dass Handelsregistereintragungen über die Organschaft nur deklaratorischen Charakter haben und es entscheidend auf die Kundgabe des Beschlusses gegenüber dem Betroffenen Organ ankommt (für die GmbH: Baumbach/Hueck/Zöllner/Noack GmbHG § 38 Rn. 42 f.). Vergleichbares gilt, wenn das Organ zB durch Strafurteil sein Amt verloren hat, da mit Erlass des Strafurteils die Amtsfähigkeit unmittelbar erlischt (AG Dresden BeckRS 2007, 06756). **12**

Das Insolvenzgericht kann sich – soweit **Eintragungen im Handelsregister** erfolgt sind – auf diese verlassen (vgl. § 15 HGB), muss jedoch bei entsprechender Darlegung desjenigen, der sich auf die Fehlerhaftigkeit des Registers beruft, mit der Prozessfähigkeit gesondert befassen (BGH NJW 2004, 2523). **13**

Das den Antrag stellende Mitglied muss im Zeitpunkt der Eröffnungsentscheidung des Gerichts keine Organstellung mehr bekleiden; ausreichend ist, dass die den Antrag stellende Gesellschaft **bei Antragstellung** ausreichend vertreten war (MüKoInsO/Klöhn Rn. 13). **14**

II. Antragsrücknahme durch die weiteren Antragsberechtigten

Bislang noch nicht endgültig geklärt sind Konstellationen, in welchen mehrere Antragsberechtigte (Organmitglieder der Gesellschaft) bestehen und ein Organmitglied einen Antrag gestellt hat, das andere Organmitglied aber nunmehr den Antrag zurücknehmen möchte. Prinzipiell steht die insolvenzgerichtliche Rechtsprechung auf dem Standpunkt, dass gesellschaftsrechtliche Streitigkeiten vor den ordentlichen Gerichten auszutragen sind. **15**

Nach tradierter Auffassung kann der Insolvenzantrag nur von derjenigen Person zurückgenommen werden, welche ihn auch gestellt hat (LG Dortmund NJW-RR 1986, 258). Allerdings hat der BGH in einer viel beachteten Entscheidung (NZI 2008, 550) klargestellt, dass **auch im Insolvenzverfahren der Dispositionsgrundsatz anzuwenden** ist und die letztendlich von ihren Organen vertretene Gesellschaft nicht „auf Gedeih und Verderb" von einem Organmitglied abhängig sein darf, zumal dieses Organmitglied mit Verlust der Organstellung keine Erklärungen im Insolvenzverfahren mehr abgeben kann. Dementsprechend hat der BGH zugelassen, dass bei Ausscheiden des antragstellenden Geschäftsführers aus der Organstellung der letzte noch verbleibende Geschäftsführer den Insolvenzantrag zurücknehmen kann. Der BGH hat in der Entscheidung allerdings ebenfalls zum Ausdruck gebracht, dass die Rücknahme des Insolvenzantrags in einer solchen Situation missbräuchlich sein kann. Hierzu vgl. auch zum parallelen Rechtsgedanken im Rahmen der Rücknahme/Erledigungserklärung zu § 13 → § 13 Rn. 35. Diese Rechtsprechung beugt einer Schädigung der Gesellschaft durch einen Geschäftsführer vor, welcher erst einen Insolvenzantrag stellt und anschließend die Geschäftsführung niederlegt. **15a**

III. Beschwerdebefugnis

Gegen die Entscheidung des Insolvenzgerichts über die Eröffnung eines Insolvenzverfahrens oder die Zurückweisung des Antrags als unzulässig oder unbegründet kann **Beschwerde** eingelegt werden. Die Beschwerdebefugnis steht dem zur Insolvenzantragstellung Berechtigten zu, mithin **16** also der juristischen Person, vertreten durch ihre Organe oder der Personengesellschaft, vertreten durch die persönlich haftenden Gesellschafter. Nach Ausscheiden aus der **Organstellung** entfällt damit auch die Beschwerdebefugnis des (ehemaligen) Vertretungsorgans (BGH NZI 2006, 7009).

§ 15a Antragspflicht bei juristischen Personen und Gesellschaften ohne Rechtspersönlichkeit

(1) ¹Wird eine juristische Person zahlungsunfähig oder überschuldet, haben die Mitglieder des Vertretungsorgans oder die Abwickler ohne schuldhaftes Zögern einen Eröffnungsantrag zu stellen. ²Der Antrag ist spätestens drei Wochen nach Eintritt der Zahlungsunfähigkeit und sechs Wochen nach Eintritt der Überschuldung zu stellen. ³Das Gleiche gilt für die organschaftlichen Vertreter der zur Vertretung der Gesellschaft ermächtigten Gesellschafter oder die Abwickler bei einer Gesellschaft ohne Rechtspersönlichkeit, bei der kein persönlich haftender Gesellschafter eine natürliche Person ist; dies gilt nicht, wenn zu den persönlich haftenden Gesellschaftern eine andere Gesellschaft gehört, bei der ein persönlich haftender Gesellschafter eine natürliche Person ist.

(2) Bei einer Gesellschaft im Sinne des Absatzes 1 Satz 3 gilt Absatz 1 sinngemäß, wenn die organschaftlichen Vertreter der zur Vertretung der Gesellschaft ermächtigten Gesellschafter ihrerseits Gesellschaften sind, bei denen kein persönlich haftender Gesellschafter eine natürliche Person ist, oder sich die Verbindung von Gesellschaften in dieser Art fortsetzt.

(3) Im Fall der Führungslosigkeit einer Gesellschaft mit beschränkter Haftung ist auch jeder Gesellschafter, im Fall der Führungslosigkeit einer Aktiengesellschaft oder einer Genossenschaft ist auch jedes Mitglied des Aufsichtsrats zur Stellung des Antrags verpflichtet, es sei denn, diese Person hat von der Zahlungsunfähigkeit und der Überschuldung oder der Führungslosigkeit keine Kenntnis.

(4) Mit Freiheitsstrafe bis zu drei Jahren oder mit Geldstrafe wird bestraft, wer entgegen Absatz 1 Satz 1 und 2, auch in Verbindung mit Satz 3 oder Absatz 2 oder Absatz 3, einen Eröffnungsantrag
1. nicht oder nicht rechtzeitig stellt oder
2. nicht richtig stellt.

(5) Handelt der Täter in den Fällen des Absatzes 4 fahrlässig, ist die Strafe Freiheitsstrafe bis zu einem Jahr oder Geldstrafe.

(6) Im Falle des Absatzes 4 Nummer 2, auch in Verbindung mit Absatz 5, ist die Tat nur strafbar, wenn der Eröffnungsantrag rechtskräftig als unzulässig zurückgewiesen wurde.

(7) Auf Vereine und Stiftungen, für die § 42 Absatz 2 des Bürgerlichen Gesetzbuchs gilt, sind die Absätze 1 bis 5 nicht anzuwenden.

Überblick

Das Gesetz unterscheidet zwischen Unternehmen mit der unbeschränkten Haftung des Kaufmanns als natürliche Person, der selbst für sich und seine Haftung verantwortlich ist sowie den Unternehmungen in Gesellschaften mit beschränkter Haftung. Für letztgenannte enthält § 15a eine fristgebundene (→ Rn. 20) Insolvenzantragspflicht, über welche sichergestellt werden soll, dass zum Schutz der Gläubiger ab dem definierten Zeitpunkt eine Sanierung des Geschäftsbetriebs mit insolvenzrechtlichen Mitteln (oder seine geordnete Liquidation) stattfindet. Verletzungen der Insolvenzantragspflicht sind mit zivilrechtlichen (→ Rn. 29) und strafrechtlichen (→ Rn. 45) Haftungen sanktioniert, was zur fristgerechten Antragstellung anhalten soll. Aufgrund der rechtsformneutralen Formulierung und der Anknüpfung an das Insolvenzstatut besteht die Insolvenzantragspflicht auch für Gesellschaften ausländischen Rechts mit Sitz und/oder COMI in Deutschland (→ Rn. 6).

Die Insolvenzantragspflichten nach § 15a sind aktuell durch die Covid-19-Pandemie rückwirkend zum 1.3.2020 für einen befristeten Zeitraum sistiert bzw. erheblich modifiziert worden, um Unternehmen die Fortführung auch bei eingetretener Zahlungsunfähigkeit zu ermöglichen, wenn diese auf der COVID-19-Pandemie beruht. Die gesetzlichen Regelungen und die aktuelle Bewertung und Kommentierung zur aktuellen Gesetzeslage ist unter → COVInsAG § 1 Rn. 1 ff. ff.

und → COVInsAG § 3 Rn. 2 ff. dargestellt. In der hier folgenden Kommentierung (i. e. → Rn. 28a) wird auf die jeweiligen Fundstellen verwiesen.

Übersicht

	Rn.		Rn.
A. Antragspflicht	1	5. Modifikation der Insolvenzantragspflicht durch das Aufbauhilfegesetz 2021 (wegen Hochwasser im Juli 2021)	28e
I. Gesellschaftsformen mit Antragspflicht	1		
1. Kapitalgesellschaften	2		
2. Personengesellschaften	5	**B. Zivilrechtliche Haftung**	29
3. Auslandsgesellschaften	6	I. § 823 Abs. 2 BGB iVm § 15a	30
II. Adressaten der Antragspflicht	7	II. § 823 Abs. 2 BGB iVm anderen Schutzgesetzen	37
1. Vertreter/Abwickler	7		
2. Führungslose Gesellschaften	11	III. § 826 BGB	38
3. Kenntnis der Antragspflicht	16	IV. c.i.c.-Haftung	39
III. Inhalt der Pflicht zur Antragstellung	17	V. Kostenvorschusshaftung nach § 26 Abs. 3 und 4	40
1. Vorliegen eines Insolvenzgrunds	18		
2. Insolvenzantragsfrist	20	VI. Haftung für verbotene Zahlungen	41
3. Insolvenzantragstellung als Pflichterfüllung/Beendigung der Antragspflicht	24	**C. Strafrechtliche Haftung**	45
4. Modifikation der Insolvenzantragspflicht durch COVInsAG (wegen Covid-Pandemie)	28b	**D. Sonstige Konsequenzen einer Insolvenzverschleppung**	48

A. Antragspflicht

I. Gesellschaftsformen mit Antragspflicht

Stark vereinfacht ausgedrückt enthält § 15a Abs. 1 rechtsformübergreifend für alle Gesellschaften, bei denen – auch mittelbar – keine natürliche Person unbeschränkt nach außen hin haftet, eine Pflicht zur Insolvenzantragstellung, wenn die Insolvenzgründe Zahlungsunfähigkeit (§ 17, → § 17 Rn. 1 ff.) und/oder Überschuldung (§ 19, → § 19 Rn. 1 ff.) vorliegen. **1**

1. Kapitalgesellschaften

§ 15a Abs. 1 S. 1 statuiert die **Insolvenzantragspflicht für juristische Personen,** insbesondere also für die GmbH (einschließlich der UG), die Aktiengesellschaft, die KGaA, die eG, die SE und die SPE. Für Vereine und Stiftungen ist nach der ausdrücklichen Anordnung in Abs. 7 ausschließlich § 42 Abs. 2 BGB anzuwenden, welcher gleichwohl eine Antragspflicht statuiert, deren Verletzung aber nicht unter Strafe stellt (zur zivilrechtlichen Haftung MüKoBGB/Arnold BGB § 42 Rn. 18 ff.). Wenn auch bisher nicht ausdrücklich geregelt, sollten § 15a Abs. 7 InsO, § 42 Abs. 2 BGB zur Gleichbehandlung im Sinne der Motive des Gesetzgebers für diese Ausnahmeregelung auch auf den nicht rechtsfähigen Verein angewendet werden (vgl. K. Schmidt InsO/Herchen Rn. 8). Streitig ist, ob die Vorgesellschaft unter die Regelung § 15a Abs. 1 S. 1 oder Abs. 1 S. 2 fällt (so K. Schmidt InsO/Herchen Rn. 8; aA Haas DStR 1999, 985 (987)); unzweifelhaft ist jedoch die Insolvenzantragspflicht als solche. **2**

Antragspflichtig sind unzweifelhaft auch Gesellschaften in Liquidation, der Gesetzestext bezieht die „Abwickler" ausdrücklich in die Antragspflicht mit ein. **3**

Für dem KWG unterworfene **Kredit- und Finanzdienstleistungsunternehmen** gilt, wie bei § 15 auch (→ § 15 Rn. 8), eine entsprechende Modifikation durch § 46b Abs. 1 S. 2 KWG. Danach ist der Bundesanstalt für Finanzdienstleistungen (**BaFin**) eine Anzeige zu machen. Dies gilt nach § 88 Abs. 2 VAG gleichermaßen für **Versicherungsunternehmen.** **4**

2. Personengesellschaften

Personengesellschaften sind nach § 15a Abs. 1 S. 2 und Abs. 2 antragspflichtig, wenn keine natürliche Person (mittelbar) aufgrund gesetzlicher Haftung gegenüber den Gläubigern für die Gesellschaftsschulden einstehen muss. Keine Ausnahme von der Antragspflicht besteht daher bei schuldrechtlich vereinbarten Freistellungsansprüchen (etwa Patronatserklärungen). Hintergrund ist die gesetzgeberische Wertung, dass der auf das Gesellschaftsvermögen **beschränkten Außenhaftung** die Insolvenzantragspflicht folgt. **5**

5a Praktisch bedeutsam ist die Antragspflicht vor allem für die GmbH & Co. KG und deren weiteren Formen als Kapitalgesellschaft und Co. KG. Zu beachten ist für die Geschäftsführung regelmäßig, dass der Insolvenz der KG die Insolvenz der Komplementär-Gesellschaft unmittelbar folgt, also für beide Gesellschaften Insolvenzeröffnungsanträge zu stellen sind. Die Antragspflicht besteht aber auch für alle weiteren Gesellschaftsformen des Personengesellschaftsrechts (soweit diese insolvenzfähig sind, ausgeschlossen sind also zB reine Innengesellschaften → § 11 Rn. 5), etwa die GbR, die OHG und die PartG. Besteht eine mehrstufig geschachtelte Beteiligung, bei welcher in der Kette der voll haftenden Gesellschafter eine natürliche Person unbeschränkt für die Gesellschaftsverbindlichkeiten einstehen muss, entfällt die Antragspflicht.

5b Auch Personengesellschaften in Liquidation sind uneingeschränkt antragspflichtig.

3. Auslandsgesellschaften

6 Einer der wesentlichen Gründe für die rechtsformneutrale Regelung der Insolvenzantragspflicht in der InsO war der Umstand, dass der Gesetzgeber den bisherigen Streit über die insolvenzrechtliche oder gesellschaftsrechtliche Anknüpfung der Antragspflicht zugunsten der **insolvenzrechtlichen Anknüpfung** entschieden hat. Damit sind auch alle ausländischen Körperschaften in Deutschland uneingeschränkt insolvenzantragspflichtig, wenn und soweit das deutsche Insolvenzstatut auf sie anwendbar ist (so schon LG Kiel NZI 2006, 482; vgl. aber zur Dogmatik umfassend MüKoInsO/Klöhn Rn. 50).

II. Adressaten der Antragspflicht

1. Vertreter/Abwickler

7 Adressaten der Antragspflicht sind die jeweiligen **Vertretungsorgane** der Gesellschaften, also für die GmbH die Geschäftsführer, für die AG und die eingetragene Genossenschaft und bei den betroffenen Personengesellschaften die jeweiligen organschaftlichen Vertreter der persönlich haftenden Gesellschaften. Befindet sich die jeweilige Gesellschaft in Liquidation, sind die Liquidatoren zum Antrag verpflichtet.

8 Die Pflicht zur Insolvenzantragstellung besteht dabei **ab wirksamer Bestellung** des Organmitglieds (dh ab Zugang des Bestellungsbeschlusses, nicht erst ab Handelsregistereintragung). Auf eine Vergütung des Organs oder das Bestehen eines schuldrechtlichen Dienstvertrages kommt es dabei nicht an. Sind mehrere Organmitglieder bestellt, ist **jedes Organmitglied** unabhängig von einer eventuellen Ressort- oder Geschäftsverteilung verpflichtet (BGH NJW 1994, 2149). Die Antragspflicht kann also nicht delegiert werden.

8a Die Insolvenzantragspflicht endet grundsätzlich mit dem **Ende der Organstellung,** jedenfalls dann, wenn sich im Zeitpunkt des Endes der Organstellung nicht bereits konkret bestanden hat. Aufgrund des deliktsähnlichen Charakters des § 15a entfällt eine einmal entstandene Insolvenzantragspflicht nicht mit der Beendigung der Organstellung, sondern wirkt fort. Das ausscheidende Organ kann einen eigenen Antrag naturgemäß nicht mehr stellen, es muss daher zB eine eventuell bestehende oder ersichtlich drohende Insolvenzantragspflicht informieren (vgl. zu Details MüKoInsO/Klöhn Rn. 73).

9 Faktische Geschäftsleiter von Gesellschaften werden seit je her als antragsverpflichtet angesehen. Der BGH hat dies in Ansehung des Wortlauts von § 15a Abs. 1 S. 1 InsO, welcher auf „Mitglieder des Vertretungsorgans" abstellt, für den faktischen GmbH-Geschäftsführer bestätigt (NZI 2015, 186). Damit sind auch die **faktischen Geschäftsleiter** von anderen Gesellschaftsformen als gleichermaßen antragsverpflichtet anzusehen.

9a Als faktisches Organmitglied wird angesehen, wer als natürliche Person „nach dem **Gesamterscheinungsbild** seines Auftretens nach außen die Geschicke der Gesellschaft über die interne Einwirkung auf die Geschäftsführung hinaus durch eigenes Handeln nachhaltig prägt" (BGH NZG 2005, 816). Ein faktisches Organmitglied kann dabei auch neben bestellten Organen tätig sein (BGH NZI 2002, 395), maßgeblich ist die tatsächliche Übernahme der Geschäftsführung über das Unternehmen. Nicht notwendig ist, wie das OLG München NZG 2019, 1189 richtig feststellt, dass der faktische Geschäftsführer die gesetzliche Geschäftsführung völlig verdrängt. Generell ist zu berücksichtigen, ob sich der Betroffene über seine ggf. schon vorhandenen Kompetenzen, etwa als Prokurist oder Generalbevollmächtigter hinaus wie ein Organ verhalten hat. Auch Gesellschaftern ist es nämlich nicht verwehrt, sich im Rahmen der Sanierung ihres Unternehmens einzubringen, etwa im Rahmen von interner Einflussnahme und Teilnahme an Sitzungen der Unternehmensleitung (OLG München BKR 2010, 505), ohne dass dadurch gleich eine Organstellung begründet würde. Die Grenze zur faktischen Geschäftsführung wird bei hinzukommendem Auftreten gegenüber Dritten, etwa Banken und Lieferanten dann allerdings unscharf und einzelfallabhängig (vgl. etwa BGH NZG 2013, 239).

Die vorstehenden Ausführungen gelten für Liquidatoren nach der Auflösung der Gesellschaft 10 entsprechend, ebenfalls für faktische Liquidatoren.

2. Führungslose Gesellschaften

Eine Gesellschaft ist führungslos, wenn sie keinen organschaftlichen Vertreter hat. Dies ist der 11 Fall bei ausgeschiedenen oder abberufenen Geschäftsführern, fehlende Kommunikationsmöglichkeit zum Geschäftsführer ist grundsätzlich hingegen nicht ausreichend (→ § 15 Rn. 4).

Im Falle der Führungslosigkeit einer GmbH (oder UG) begründet Abs. 3 Fall 1 nach der 12 Gesetzesbegründung eine **Ersatzzuständigkeit** des jeweiligen einzelnen **Gesellschafters** für die Stellung eines Insolvenzantrags. Die Höhe der Beteiligung des Gesellschafters ist unerheblich. Ist der Gesellschafter seinerseits juristische Person, sind seine Vertreter bzw. deren Gesellschafter antragspflichtig (LG München I BeckRS 2013, 15720). Anteilsinhaber von Gesellschaften in anderen Rechtsformen, insbesondere Aktionäre, sind keine Normadressaten.

Für AG und eG sind **ersatzweise die Aufsichtsräte** antragspflichtig (Abs. 3 Fall 2). Streitig 13 und noch ungeklärt ist, ob in der GmbH mit gesetzlich zwingend vorgesehenem Aufsichtsrat die Aufsichtsräte oder die Gesellschafter antragspflichtig sind. Nach der Gesetzesbegründung soll derjenige, welcher die Führungslosigkeit der Gesellschaft beenden kann, antragspflichtig sein, was für die Antragspflicht des Aufsichtsrats in diesen Fällen spricht. Bei einem fakultativen Aufsichtsrat ist weiterhin von einer Antragspflicht der Gesellschafter auszugehen (K. Schmidt InsO/Herchen Rn. 22).

In der Kapitalgesellschaft & Co. KG sind nach dem Wortlaut der Vorschrift allein die Gesell- 14 schafter der Komplementär-Kapitalgesellschaft antragsverpflichtet, da auf der Ebene der Personengesellschaft keine Antragspflicht der Gesellschafter besteht. Der Kommanditist ist also niemals insolvenzantragsverpflichtet.

Unklar ist gegenwärtig die Antragspflicht für die Gesellschafter von **Auslandsgesellschaften**. 15 Einerseits ist der Gesetzeswortlaut in Abs. 3 nicht allgemein auf juristische Personen bezogen, sondern nennt einzelne Gesellschaftsformen. Andererseits sollte nach der Gesetzesbegründung (BT-Drs. 16/6140, 55) die Vorschrift des Abs. 3 mit § 15 Abs. 1 S. 2. korrespondieren, welcher wiederum allgemein auf juristische Personen abstellt. Versteht man den Textteil „Gesellschaft mit beschränkter Haftung" in Abs. 3 nicht in erweiternder Lesart allgemein für Gesellschaften mit beschränkter Haftung und die Regelungen für Aktiengesellschaften und Genossenschaften als speziell geregelter Fall, könnte sich eine Lücke in den Antragspflichten auftun (vgl. Uhlenbruck/Hirte Rn. 61; eine Insolvenzantragspflicht der Gesellschafter klar ablehnend K. Schmidt InsO/Herchen Rn. 21).

In der Praxis stellt sich bei Insolvenzanträgen über führungslose Gesellschaften ein Sonderprob- 15a lem. Eine organschaftlich nicht vertretene Gesellschaft ist nicht iSd §§ 51 ff. ZPO **prozessfähig**, weshalb ein Insolvenzverfahren unzulässig ist (OLG Köln NZI 2000, 134; OLG Dresden NZI 2000, 136; BGH ZIP 2007, 144). In diesen Fällen ist ein Notgeschäftsführer (was regelmäßig praktisch aufgrund Geldmangel und Haftungsgefahren nicht möglich sein wird) oder – vorzugswürdig – ein **Verfahrenspfleger** durch das Gericht zu bestellen. Von der Rechtsprechung wird über § 4 InsO hierfür § 57 ZPO angewendet (LG Berlin NZI 2002, 163; AG München ZIP 2008, 95).

3. Kenntnis der Antragspflicht

Die Antragspflicht nach Abs. 3 bedingt Kenntnis vom Insolvenzgrund und der Führungslosig- 16 keit der Gesellschaft. Sie entfällt daher, wenn der Verpflichtete von einem der Merkmale keine Kenntnis hat. Der positiven Kenntnis steht es gleich, wenn sich der Verpflichtete der Kenntnis bewusst verschließt, das graduell nur geringfügige Weniger eines Kennenmüssens soll grundsätzlich keine Antragspflicht begründen (BT-Drs. 16/6140, 55/56). Dabei obliegt in der praktisch relevanten retrospektiven Betrachtung nach der Gesetzesbegründung dem Verpflichteten die volle Beweislast für seine fehlende Kenntnis. Kennt der Antragsverpflichtete eines der Merkmale, also den Insolvenzgrund oder die Führungslosigkeit, hat er anlassbezogene Nachforschungen anzustellen, deren Intensität von den jeweiligen konkreten Umständen abhängt, gegenwärtig in der Rechtsprechung aber noch nicht konkretisiert wurde. Nach der Begründung in den Gesetzesmaterialien besteht jedenfalls keine „ausufernde" Pflicht, sodass zB ein mit weniger als 10 % am Kapital der Gesellschaft beteiligter Gesellschafter nur geringen Anlass zur Prüfung habe.

III. Inhalt der Pflicht zur Antragstellung

17 Liegt ein Insolvenzgrund nach §§ 17 oder 19 vor, muss der oben definierte Antragspflichtige ohne schuldhaftes Zögern einen Insolvenzantrag stellen. Seit dem 1.1.2021 wird bei der Bemessung der **Höchstfrist** unterschieden. Bei Zahlungsunfähigkeit beläuft sich die Höchstfrist wie bisher auf drei Wochen (→ Rn. 20) und (nur) bei eingetretener Überschuldung wird die Frist zur Antragstellung auf nunmehr höchstens sechs Wochen erstreckt.

1. Vorliegen eines Insolvenzgrunds

18 Eine Insolvenzantragspflicht setzt den Eintritt der Insolvenz des betroffenen Vermögensträgers iSv § 17 (Zahlungsunfähigkeit → § 17 Rn. 3) oder § 19 (Überschuldung → § 19 Rn. 8) voraus. Anmerkung: für Genossenschaften geht § 98 GenG der Regelung des § 19 vor. Die drohende Zahlungsunfähigkeit nach § 18 hingegen löst keine Antragspflicht nach § 15a aus.

19 Unerheblich ist, ob das zur Antragstellung verpflichtete Organ tatsächlich Kenntnis von den Insolvenzgründen hat (BGH NJW 2000, 668 noch zu § 64 Abs. 2 aF GmbHG). Ebenso unerheblich ist, ob der Antrag zu einer Verfahrenseröffnung führen wird, auch bei ersichtlicher Abweisung des Antrags mangels Masse besteht die Antragspflicht (OLG Bamberg BeckRS 1982, 31139942).

2. Insolvenzantragsfrist

20 Die Frist beginnt nach dem Gesetzeswortlaut unzweifelhaft mit dem Eintritt der materiellen Insolvenz, unabhängig von einer Kenntnis oder Erkennbarkeit für das jeweilige Organ. Die Diskussionen zur früheren Rechtslage sind damit obsolet (eine umfassende Darstellung bietet MüKo-InsO/Klöhn Rn. 118 f.). Auf die Kenntnis kommt es demgegenüber (nur) bei einer Verletzung der Antragspflicht für die Beurteilung des Verschuldens des jeweiligen Organs an.

21 Die Antragsfrist ist als **Höchstfrist** ausgestaltet, welche keine Aufschubwirkung hat (BGH NJW 1979, 1823 (1826) bei einer AG; NZG 2007, 396 Rn. 17 für die GmbH). Die Fristberechnung selbst erfolgt nach §§ 187, 188 BGB. Der Insolvenzantrag muss also dann unverzüglich gestellt werden, wenn ein sorgfältig handelnder Dritter den Antrag gestellt hätte. Die Frist darf daher nur dann ausgenutzt werden, wenn ein sorgfältiger Geschäftsleiter im Rahmen eines Sanierungsplans bei objektiv nachprüfbarer Abwägung zum Ergebnis kommt, dass das Zuwarten mit der Antragstellung zur Umsetzung des Sanierungsplans im Interesse der Gläubigergesamtheit ist (vgl. BGH NJW 1979, 1823). Wenn ersichtlich ist, dass Sanierungsbemühungen keine Erfolgsaussichten (mehr) haben, ist der Insolvenzantrag umgehend zu stellen. Denn Ziel der Antragspflicht ist es auch, dass die Gläubiger nach Eintritt der materiellen Insolvenz nach Möglichkeit vor einer weiteren Verkürzung der ihnen zur Verfügung stehenden Haftungsmasse geschützt werden. Dementsprechend hemmen oder unterbrechen Sanierungsbemühungen den Fristlauf auch nicht.

22 Wenn also während der laufenden Antragsfrist keine berechtigten Aussichten auf eine erfolgreiche Sanierung und Fortführung des Unternehmens innerhalb der laufenden Antragsfrist bestehen oder deutlich wird, dass eine Sanierung innerhalb der Frist nicht gelingt, ist der Antrag sofort zu stellen (BGH NJW 1979, 1823). Diese Frist kann daher – zumal bei nicht rechtzeitig erkannter Antragspflicht – sehr knapp bemessen sein. Eine außergerichtliche Sanierung wird in der Praxis daher oftmals nur bei Einleitung eines Sanierungsverfahrens zu einem wesentlich früheren Zeitpunkt erfolgreich (und ohne Verletzung von Insolvenzantragspflichten durch die Organe) möglich sein.

23 Die **Differenzierung der Antragsfrist** bei von höchstens bis zu drei Wochen bei Zahlungsunfähigkeit (§ 17) und bis zu sechs Wochen bei Überschuldung (§ 19) wird damit begründet, dass die Ungewissheit über eine Wiederherstellung der Zahlungsfähigkeit der Gesellschaft wie bisher längstens für die Dauer von drei Wochen hinzunehmen ist. Die Verlängerung der Frist zur Antragstellung bei Überschuldung soll es dem Schuldner ermöglichen, laufende Sanierungsbemühungen außergerichtlich noch zu einem erfolgreichen Abschluss zu bringen, oder ggf. eine Sanierung im präventiven Restrukturierungsrahmen oder auf der Grundlage eines Eigenverwaltungsverfahrens ordentlich und gewissenhaft vorzubereiten. Dieser Gedanke, dass auch eine Insolvenz ausreichend vorbereitet sein muss, ist sicherlich zutreffend. Schon in der jüngeren Vergangenheit bei der Gesetzgebung des CoVInsAG hat sich gezeigt, dass der Gesetzgeber zwischen der Zahlungsunfähigkeit und der Überschuldung differenziert. Die materielle Überschuldung wird also nicht so gravierend angesehen wie die „harte" Zahlungsunfähigkeit.

3. Insolvenzantragstellung als Pflichterfüllung/Beendigung der Antragspflicht

Unter Berücksichtigung der Regelung in Abs. 4 erfüllt der Antragspflichtige seine Pflicht durch die **rechtzeitige und richtige** Stellung eines Eröffnungsantrags. Der Antrag muss daher zulässig sein und jedenfalls die Mindestanforderungen nach § 13 (→ § 13 Rn. 1) bzw. § 15 (→ § 15 Rn. 1) erfüllen. Es ist streitig, welchen Grad an Vollständigkeit und Richtigkeit der Antrag zur Vermeidung der Strafbarkeit nach Abs. 4 aufweisen muss; jedenfalls muss der Antrag so beschaffen sein, dass das zuständige Gericht ohne erhebliche Erschwernis eine Entscheidung über die Eröffnung treffen kann (MüKoInsO/Klöhn Rn. 133; auch → Rn. 47). 24

Die Antragspflicht besteht prinzipiell bis zur Eröffnungsentscheidung des Gerichts; sie entfällt also insbesondere auch nicht durch den Insolvenzantrag eines Gläubigers, vielmehr hat der Geschäftsführer auch einen eigenen Antrag zu stellen (BGH NJW 2009, 157 Rn. 22). 25

Zu beachten ist, dass die Antragspflicht aufgrund der Qualifikation der Verschleppungshaftung als Antragsdelikt stets nur ex nunc wirkt. Eine einmal eingetretene Insolvenzverschleppung entfällt daher nicht rückwirkend durch die spätere Antragstellung. Dementsprechend kann sich ein Antragsverpflichteter auch nicht durch Amtsniederlegung seiner bereits bestehenden Antragspflicht entledigen (BGH NJW 1952, 554). 26

Die Insolvenzantragspflicht ist nicht dispositiv, sodass auch Weisungen der Gesellschafter oder sonstige **Beschlüsse** der Gesellschafterversammlung das Organ von seiner Antragspflicht nicht befreien (BGH NJW 1974, 1088). Dies gilt in gleicher Weise für einen Antragsverzicht der gegenwärtigen Gesellschaftsgläubiger. 27

Ist der Insolvenzgrund (wieder) beseitigt, besteht keine Insolvenzantragspflicht (mehr). 28

Die Pflicht zur Insolvenzantragstellung **ruht** unter den engen Voraussetzungen des **StaRUG,** dort § 42 Abs. 1 StaRUG: „Während der Rechtshängigkeit der Restrukturierungssache ruht die Antragspflicht nach § 15a Absatz 1 bis 3 der Insolvenzordnung und § 42 Absatz 2 des Bürgerlichen Gesetzbuchs. Die Antragspflichtigen sind jedoch verpflichtet, dem Restrukturierungsgericht den Eintritt einer Zahlungsunfähigkeit im Sinne des § 17 Absatz 2 der Insolvenzordnung oder einer Überschuldung im Sinne des § 19 Absatz 2 der Insolvenzordnung ohne schuldhaftes Zögern anzuzeigen." 28a

4. Modifikation der Insolvenzantragspflicht durch COVInsAG (wegen Covid-Pandemie)

Die Insolvenzantragspflicht ist durch diverse Regelungen und Änderungen des COVInsAG zuletzt wiederholt geändert worden, sodass die Anwendung der Vorschriften gegenwärtig Schwierigkeiten bereitet. Zunächst setzt Art. 1 § 1 S. 1 COVInsAG die **Pflicht** zur Insolvenzantragstellung nach § 15a (sowie nach § 42 Abs. 2 BGB) im **Zeitraum vom 1.3.2020 bis zunächst zum 30.9.2020** pauschal für alle Unternehmen aus. Sowohl die Antragspflicht wegen Zahlungsunfähigkeit (§ 17) als auch wegen Überschuldung (§ 19) ist davon umfasst. In Art. 1 § 1 S. 2 COVInsAG wird dann – negativ formuliert – die Anwendung des S. 1 (also die Aussetzung der Antragspflicht) für zwei Konstellationen wiederum (im Wege der Rückausnahme) ausgeschlossen, nämlich dann, wenn (i) die Insolvenzreife nicht auf den Folgen der Ausbreitung des SARS-CoV-2-Virus (COVID-19-Pandemie) beruht oder wenn (ii) keine Aussichten darauf bestehen, eine bestehende Zahlungsunfähigkeit zu beseitigen. Beide Merkmale werden gem. Art. 1 § 1 S. 3 COVInsAG jedoch zunächst von Gesetzes wegen **vermutet,** wenn der Schuldner am 31.12.2019 nicht zahlungsunfähig war. **Vom 1.10.2020 bis zum 31.12.2020** ist allein die Pflicht zur Stellung eines Insolvenzantrags wegen Überschuldung nach Maßgabe des Abs. 1 ausgesetzt (Art. 1 § 1 Abs. 2 COVInsAG). Zahlungsunfähige Rechtsträger sind also antragspflichtig. Nach Art. 1 § 1 Abs. 3 COVInsAG gilt aktuell: „**Vom 1. Januar 2021 bis zum 30. April 2021** ist die Pflicht zur Stellung eines Insolvenzantrags nach Maßgabe des Absatzes 1 für die Geschäftsleiter solcher Schuldner ausgesetzt, die im Zeitraum vom 1. November 2020 bis zum 28. Februar 2021 einen Antrag auf die Gewährung finanzieller Hilfeleistungen im Rahmen staatlicher Hilfsprogramme zur Abmilderung der Folgen der COVID-19-Pandemie gestellt haben. War eine Antragstellung aus rechtlichen oder tatsächlichen Gründen innerhalb des Zeitraums nicht möglich, gilt Satz 1 auch für Schuldner, die nach den Bedingungen des staatlichen Hilfsprogramms in den Kreis der Antragsberechtigten fallen. Die Sätze 1 und 2 gelten nicht, wenn offensichtlich keine Aussicht auf Erlangung der Hilfeleistung besteht oder die erlangbare Hilfeleistung für die Beseitigung der Insolvenzreife unzureichend ist." Im Detail wird auf die ausführlichere Kommentierung iRv § 1 COVInsAG verwiesen (→ COVInsAG § 1 Rn. 1 ff. ff.). Bereits an dieser Stelle ist jedoch darauf hinzuweisen, dass die einzelnen Merkmale der Tatbestände genauestens geprüft und dokumentiert werden sollten, um persönliche Haftungsrisiken für die jeweiligen Organe zu verringern. 28b

28c Eine unabhängig von der Corona-Pandemie bestehende Insolvenzantragspflicht sollte durch das COVInsAG jedoch gerade nicht aufgehoben werden. Insolvenzanträge durch Gläubiger schließlich sind nach Art. 1 Abs. 3 COVInsAG bereits seit dem 29.6.2020 wieder möglich, sodass einzelne Unternehmen möglicherweise unabhängig von einer eigenen Antragspflicht bereits ab Sommer 2020 mit Antragsverfahren konfrontiert werden, wenn die Voraussetzungen eines **Gläubigerantrags** vorliegen, sie also zB ihre Zahlungen einstellen und ein Gläubiger die Insolvenzreife glaubhaft machen kann (vgl. § 14). Die erstaunlich geringe Zahl an Unternehmensinsolvenzen im Jahr 2020 und auch bislang in 2021 dürfte zu einem nicht unwesentlichen Teil auf die Zurückhaltung der Finanzämter und der Krankenkassen zurückzuführen sein, als Gläubiger Insolvenzanträge zu stellen.

28d Es soll nicht versäumt werden darauf hinzuweisen, dass das COVInsAG nur die Pflicht zur Stellung eines Insolvenzantrags aussetzt; selbstverständlich besteht weiterhin die **Möglichkeit** der Organe, bei Vorliegen der Antragsgründe einen Insolvenzantrag zu stellen (zu den Voraussetzungen eines Antrags ohne Antragspflicht vgl. die Kommentierung in → § 18 Rn. 3 ff.). Es ist daher den Organen im Eigeninteresse anzuraten, nicht nur die reinen Voraussetzungen des COVInsAG sorgfältig zu prüfen, sondern auch zu erwägen, ob ein gleichwohl bereits jetzt gestellter Insolvenzantrag mit den Möglichkeiten des Insolvenzverfahrens, zB einer Eigenverwaltung, ein ggf. günstigeres Szenario für das Unternehmen darstellt.

5. Modifikation der Insolvenzantragspflicht durch das Aufbauhilfegesetz 2021 (wegen Hochwasser im Juli 2021)

28e Es ist beabsichtigt, die Insolvenzantragspflicht für die von dem Hochwasser im Juli 2021 betroffenen Regionen durch Art. 7 Aufbauhilfegesetz 2021 zu modifizieren. Das Gesetz lautet:

„§ 1 Aussetzung der Insolvenzantragspflicht:

Beruht der Eintritt einer Zahlungsunfähigkeit oder Überschuldung auf den Auswirkungen der Starkregenfälle oder des Hochwassers im Juli 2021, so ist die nach § 15a der Insolvenzordnung und § 42 Absatz 2 des Bürgerlichen Gesetzbuchs bestehende Pflicht zur Stellung eines Insolvenzantrags ausgesetzt, solange die Antragspflichtigen ernsthafte Finanzierungs- oder Sanierungsverhandlungen führen und solange dadurch begründete Aussichten auf Sanierung bestehen. Die Pflicht zur Stellung eines Insolvenzantrags ist längstens bis zum 31. Januar 2022 ausgesetzt."

28f Es ist wohl anzunehmen, dass der Bundesrat dem Gesetz zustimmen wird. Die im Gesetz genannte Frist zur Aussetzung der Antragspflicht ist durch Rechtsverordnung verlängerbar bis zum 30.4.2022.

28g Die gesetzliche Regelung ist sinnvoll und in ihrer Systematik ähnlich wie die vorstehend besprochene Regelung zum CoVInsAG. Zu berücksichtigen ist für die betroffenen Antragspflichtigen, dass die Voraussetzungen für die Begünstigung im Zweifelsfall von ihnen belegt und nachgewiesen werden müssen, was im Einzelfall Schwierigkeiten bereiten kann. Es ist insoweit also auf eine sorgfältige Dokumentation aller Umstände zu achten, insbesondere dazu, weshalb Aussichten auf eine Sanierung bestehen und warum diese begründet sind. Eine überwiegende Erfolgsaussicht (wie es iRv § 19 erforderlich ist) ist damit wohl nicht notwendig. Erklärtes Ziel des Gesetzgebers ist es, den geschädigten Unternehmen und ihren organschaftlichen Vertreterinnen und Vertretern Zeit zu geben, um die notwendigen Finanzierungs- oder Sanierungsverhandlungen zu führen, wenn die Insolvenz durch mögliche öffentliche Hilfen, Entschädigungsleistungen, Versicherungsleistungen, Zins- und Tilgungsmoratorien oder auf andere Weise abgewendet werden kann. Nicht blockiert ist hingegen die Möglichkeit der Gläubiger, Fremdantrag gegen schuldnerische betroffene Unternehmen zu stellen, sodass im Ergebnis nur die straf- und zivilrechtliche Haftung der Antragspflichtigen beseitigt wird.

B. Zivilrechtliche Haftung

29 Die nicht rechtzeitige Stellung eines Insolvenzantrags iSv § 15a, gemeinhin auch als Insolvenzverschleppung bezeichnet, führt zu einer ganzen Palette an Haftungen des zur Antragstellung Verpflichteten. Diese Haftung hat oftmals gravierende wirtschaftliche Folgen (auch bei Bestehen einer sog. D&O-Versicherung). Da die **Haftungstatbestände deliktischer Natur** sind, kann sich ein Geschäftsführer oftmals auch durch ein Privatinsolvenzverfahren von den Verbindlichkeiten nicht befreien. Diese möglichen Folgen werden von den Geschäftsführern, zumal von Gesellschafter-Geschäftsführern, in der Praxis in ihren Konsequenzen meist nicht erkannt, jedenfalls aber nicht entsprechend beachtet.

Antragspflicht bei juristischen Personen und Gesellschaften § 15a InsO

Neben den Antragsverpflichteten kommt insbesondere auch eine Haftung von Beratern in Betracht, 29.1
insbesondere Steuerberatern (vgl. OLG Koblenz DStR 2021, 631) und Sanierungsberatern (hierzu vgl. LG
Aachen BeckRS 2021, 10869 bei unterlassenem Hinweis auf Insolvenzreife als Haftungstatbestand gegenüber dem Geschäftsführer), wobei jedoch stets das Mitverschulden der Antragsverpflichteten bei unterlassener Antragstellung zu berücksichtigen ist.

I. § 823 Abs. 2 BGB iVm § 15a

Es entspricht der allgemeinen Meinung, dass § 15a ein Schutzgesetz iSv § 823 Abs. 2 BGB 30
darstellt (BGH NJW 1959, 623), sodass der zur Antragstellung Verpflichtete den Gesellschaftsgläubigern (und nur diesen) für die aus der Verschleppung resultierenden Schäden haftet. Das Verbot
der Insolvenzverschleppung hat auch den Zweck, insolvenzreife Gesellschaften mit beschränktem
Haftungsfonds vom Geschäftsverkehr fernzuhalten, damit durch das Auftreten solcher Gebilde
nicht Gläubiger geschädigt oder gefährdet werden.

Haftungsbegründend ist die zumindest fahrlässige Verletzung der Antragspflicht (BGH NJW 31
1994, 2220 (2224)), wobei die Rechtsprechung einen abstrakten Ansatz hat, also die Sorgfalt eines
ordentlichen Organs eingehalten werden muss. Fehlende Kenntnisse sind erforderlichenfalls bei
fachkundigen Dritten einzuholen (vgl. im Detail MüKoInsO/Klöhn Rn. 171 ff.). Dabei muss der
jeweilige Verantwortliche sorgfältig auswählen und beigezogene Dritte vollständig informieren
und die ihm erteilten Auskünfte überprüfen (BGH NJW 2007, 2118), was in der Praxis regelmäßig
tatsächlich nicht zureichend erfolgt. Entsprechend der nicht delegierbaren Pflichtenstellung der
Organe bei der Antragstellung (→ Rn. 8) ist eine Exkulpation bei der Haftung ebenfalls nicht
möglich, mehrere Verantwortliche haften daher gemeinsam, unabhängig zB von einer eventuellen
Ressortaufteilung.

Die Rechtsprechung verfolgt eine differenzierende Linie bei der Bestimmung des Schadens: 32
Als sog. **Altgläubiger** werden diejenigen Gläubiger bezeichnet, welche vor Eintritt der Insolvenzantragspflicht schuldrechtliche Beziehungen zur späteren Insolvenzschuldnerin hatten. Diese erleiden einen Schaden in Höhe der Verschlechterung ihrer Insolvenzquote durch eine Verschlechterung der Insolvenzmasse während der Zeit der Verschleppung. Maßgeblich ist also die Differenz
aus dem Vergleich der hypothetischen Insolvenzquote bei rechtzeitiger Insolvenzantragstellung
und der tatsächlichen Quote (Uhlenbruck/Hirte Rn. 42 mwN). Der Quotenschaden kann im
eröffneten Insolvenzverfahren nach § 92 allein vom Insolvenzverwalter, in der Eigenverwaltung
vom Sachwalter geltend gemacht werden (BGH NZG 1998, 424; im Detail → § 92 Rn. 1), nur
bei Ablehnung der Verfahrenseröffnung mangels Masse vom einzelnen Gläubiger selbst.

Als **Neugläubiger** werden die Gläubiger verstanden, welche nach Eintritt der Antragspflicht 33
neu mit der Schuldnerin kontrahieren. In einer Grundsatzentscheidung hat der BGH festgestellt,
dass den Neugläubigern deshalb gegen die Geschäftsführer bei schuldhaftem Verstoß gegen die
Konkursantragspflicht ein Anspruch auf Ausgleich des Schadens zuzubilligen ist, der ihnen dadurch
entsteht, dass sie in Rechtsbeziehungen zu einer überschuldeten oder zahlungsunfähigen Gesellschaft getreten sind (BGH NJW 1994, 2220 (2224)). Es muss also ein innerer Zusammenhang
zwischen der Insolvenzreife der Gesellschaft und dem eingetretenen Schaden bestehen. Dieser
innere Zusammenhang besteht zB nicht, wenn der eingetretene Schaden durch einen Dritten
verursacht wurde, aber die Insolvenzverschleppung den Schadenseintritt begünstigte (BGH NZG
2015, 227). Weiterhin muss der objektive und subjektive Tatbestand einer Insolvenzverschleppung
als Dauerdelikt zur Zeit des zum Schaden des „Neugläubigers" führenden Geschäftsabschlusses
zwischen ihm und der Gesellschaft bzw. in der zum Schaden des Vertragspartners der Gesellschaft
führenden Geschäftssituation noch vorliegen (BGH NZI 2020, 167 Rn. 17), sodass eine vorherige,
tatsächlich beseitigte Insolvenzreife nicht kausal für einen späteren Schaden ist.

Die Neugläubiger haben Anspruch auf Ersatz des negativen Interesses. Hierzu zählen auch 33a
angefallene Kosten der Rechtsverfolgung gegen das insolvente Unternehmen. Neugläubiger haben
ihren Schaden außerhalb des Insolvenzverfahrens selbst geltend zu machen (BGH NZG 1998,
424).

Für die Gläubiger kann es also einen erheblichen Unterschied machen, in welche Gläubiger- 34
gruppe sie einzuordnen sind. Die Abgrenzung kann im Einzelfall schwierig sein, etwa bei Kontokorrentverhältnissen, bei welchen Rechtsprechung die Erhöhung des Kreditvolumens im Verschleppungszeitraum als Neugläubigerschaden einordnet (BGH NZG 2007, 347). Diese
Überlegung muss entsprechend bei den in Lieferketten verbreiteten Sukzessivlieferungsverträgen
gelten, nachdem der Geschäftsführer auch zum Ersatz von Mängelgewährleistungsansprüchen verpflichtet sein kann (BGH NZI 2012, 708). Vermieter gelten regelmäßig als Altgläubiger, da sie

Wolfer

InsO § 15a Zweiter Teil. Eröffnung des Insolvenzverfahrens

sich durch die eingetretene Insolvenzreife nicht vom Mietvertrag lösen können (BGH NZI 2014, 25; auch zur Unwirksamkeit von Lösungsklauseln).

35 Die Verjährung des deliktischen Neugläubigerschadens erfolgt nach den allgemein für das Deliktsrecht geltenden Regeln (BGH NZG 2011, 624). Dies muss dann für Altgläubigerschäden entsprechend gelten. Die Gegenauffassung, wonach die 5-jährigen Verjährungsfristen für Organverschulden (§ 43 Abs. 4 GmbHG, § 130a Abs. 2 HGB, § 93 Abs. 5 AktG) anzuwenden seien, ist abzulehnen.

36 Für die prozessuale Darlegungs- und Beweislast gelten prinzipiell die allgemeinen Regeln. Die den Anspruch reklamierende Partei ist daher darlegungs- und beweisbelastet (instruktiv hierzu BGH BeckRS 2019, 32524), dem Geschäftsführer obliegt bei konkretem Vortrag aber eine sekundäre Darlegungslast (vgl. BGH NZG 2009, 750). Verletzt der Geschäftsführer gegen seine Pflicht zur Aufbewahrung von Unterlagen und kann der Gläubiger infolge dessen nicht hinreichend vortragen, sind die Grundsätze der Beweisvereitelung anzuwenden (BGH NZI 2012, 413).

II. § 823 Abs. 2 BGB iVm anderen Schutzgesetzen

37 Neben der reinen insolvenzrechtlichen Haftung nach § 15a wegen der Insolvenzverschleppung verwirklichen antragspflichtige Organe typischerweise weitere Deliktstatbestände, welche regelmäßig in einem Sachzusammenhang mit dem Niedergang der Unternehmen stehen.

37a Wichtigster Tatbestand in diesem Zusammenhang ist § 263 StGB, welcher als Schutzgesetz iSv § 823 BGB anerkannt ist. Stimmt der Antragspflichtige einer Fortsetzung der Geschäfte der Gesellschaft trotz Zahlungsunfähigkeit zu, liegt in den dann folgenden Warenbestellungen der Gesellschaft zB tatbestandlich ein **Betrug,** da die Zahlung der Waren offensichtlich nicht mehr möglich ist (BGH NJW 1998, 767).

37b Schließlich besteht eine Haftung nach § 823 Abs. 2 BGB in Verbindung mit weiteren Straftatbeständen, insbesondere §§ 265b, 266, 266a StGB (gegenüber den Sozialversicherungsträgern), §§ 283 ff. StGB. Weiterhin ist an die Haftung des § 82 Abs. 2 Nr. 2 GmbHG zu denken. Bei Gesellschaften, welche Empfänger von Baugeld sind, ist zudem die persönliche Haftung über § 1 Bau-FordSiG zu beachten, welcher ebenfalls als Schutzgesetz anerkannt ist (aktuell und zur Beweislast des Empfängers für die Verwendung des Baugelds OLG Celle BeckRS 2018, 14439).

III. § 826 BGB

38 Die Haftung nach § 826 BGB ist neben den vorstehenden Haftungstatbeständen insofern von Bedeutung, als sie nicht nur das antragsverpflichtete Organ treffen kann, sondern auch andere Personen, welchen die Insolvenzreife der Gesellschaft bekannt ist. Hierunter können nach stRspr insbesondere Kreditinstitute fallen, wenn sie an der Verzögerung einer absehbaren Insolvenz um eigener Vorteile willen beteiligt sind (BGH NJW 2001, 2632). Entscheidend ist, ob für das Kreditinstitut abzusehen ist, dass es mit den ergriffenen Stützungsmaßnahmen den (nach den von ihm durchschauten wirtschaftlichen Verhältnissen des Unternehmens) drohenden Zusammenbruch allenfalls verzögern, aber nicht auf die Dauer verhindern kann, und ob es die Insolvenz aus eigensüchtigen Beweggründen hinausschiebt (OLG Köln BeckRS 2010, 03013). Die vorstehenden Überlegungen gelten in gleicher Weise für Gesellschafter (MüKoInsO/Klöhn Rn. 305 f.).

IV. c.i.c.-Haftung

39 Insolvenzgläubigern können, soweit sie eine schuldrechtliche Beziehung zur Schuldnerin verbindet, hieraus prinzipiell auch Ansprüche gegen die handelnden natürlichen Personen unter dem Gesichtspunkt einer Haftung aus culpa in contrahendo haben. Eine solche Haftung ist etwa dann denkbar, wenn der Handelnde selbst am Vertragsschluss mitwirkt, besonderes persönliches Vertrauen in Anspruch nimmt und hierdurch den Vertragsschluss beeinflusst (BGH NJW 1994, 2220) oder qualifiziertes wirtschaftliches Eigeninteresse am Zustandekommen des Rechtsverhältnisses hat (BGH NJW-RR 2002, 1309). Der BGH hat in jüngerer Zeit hierzu allerdings eine deutlich restriktive Linie aufgestellt (vgl. BGH BeckRS 2010, 28655); da die Haftung sowohl bei der c.i.c. als auch bei der Haftung nach § 823 Abs. 2 BGB iVm § 15a auf das negative Interesse richtet, ergibt sich der praktische Anwendungsbereich nur aus der Ausdehnung auf nicht zur Antragstellung Verpflichtete und die Möglichkeit zur Zurechnung des Verhaltens Dritter (§ 278 BGB).

V. Kostenvorschusshaftung nach § 26 Abs. 3 und 4

In § 26 Abs. 3 und Abs. 4 ist ein Regressanspruch derjenigen geregelt, welche im Insolvenzeröffnungsverfahren einen **Kostenvorschuss** geleistet habe. Zur Erstattung ist derjenige verpflichtet, welcher seine Pflicht zur rechtzeitigen Stellung des Insolvenzantrags verletzt hat. In der Praxis ist dieser Haftungsanspruch von untergeordneter Bedeutung. Zur effektiven Durchsetzung des Anspruchs ist nach dem AG München die Bestellung eines vorläufigen Insolvenzverwalters zur Geltendmachung des Anspruchs nach § 26 Abs. 4 als Sicherungsmaßnahme zulässig (AG München BeckRS 2015, 04013). **40**

VI. Haftung für verbotene Zahlungen

Gesellschaftsrechtlich (dh im Wege einer Innenhaftung gegenüber der Gesellschaft respektive dem Insolvenzverwalter) sanktionieren die bis zum 31.12.2020 gültigen und seither aufgehobenen § 64 S. 1 GmbHG, § 92 Abs. 2 AktG und § 130a HGB (ggf. iVm § 177a HGB) die verspätete Insolvenzantragstellung mit einer Haftung für „Zahlungen" der Gesellschaft im Sinne von Leistungen der Schuldnerin, durch welche die den Gläubigern zur Verfügung stehende Vermögensmasse geschmälert wird. Mit dem ab dem 1.1.2021 geltenden SanInsFoG wurden diese Vorschriften aufgehoben und rechtsformneutral in § 15b gefasst. Nach § 103m EGInsO gilt jedoch das bisherige Recht für Zahlungen, welche vor dem 1.1.2021 beantragt worden sind. Die nachfolgenden Ausführungen bilden den Rechtsstand vor dem 1.1.2021 ab: **41**

Diese Haftung tritt **bereits mit Eintritt der materiellen Insolvenz** ein, nicht erst mit Ablauf der Antragsfrist, also einer Verschleppung (BGH NZI 2009, 490), sodass in der Mehrzahl der Insolvenzfälle zumindest für den Zeitraum zwischen eingetretener materieller Insolvenz und Antragstellung eine Haftung besteht. Gemäß Art. 1 § 2 Abs. 1 Nr. 1 COVInsAG gelten von diesem Grundsatz abweichend und **nur** für den Zeitraum, in welchem die Insolvenzantragspflicht ausgesetzt ist, „Zahlungen, die im ordnungsgemäßen Geschäftsgang erfolgen, insbesondere solche Zahlungen, die der Aufrechterhaltung oder Wiederaufnahme des Geschäftsbetriebes oder der Umsetzung eines Sanierungskonzepts dienen, als mit der Sorgfalt eines ordentlichen und gewissenhaften Geschäftsleiters im Sinne der § 64 Satz 2 des Gesetzes betreffend die Gesellschaften mit beschränkter Haftung, § 92 Absatz 2 Satz 2 des Aktiengesetzes, § 130a Absatz 1 Satz 2, auch in Verbindung mit § 177a Satz 1, des Handelsgesetzbuchs und § 99 Satz 2 des Genossenschaftsgesetzes vereinbar" (vgl. auch BeckOK GmbHG/Mätzig GmbHG § 64 Rn. 3a). Prinzipiell trifft diese Haftung alle Geschäftsführer/Vorstände; es werden in mehrköpfigen Organen für die Fälle einer vereinbarten Ressortzuständigkeit nur in ganz engen Grenzen Ausnahmen gemacht, welche im Rahmen des Tatbestandsmerkmals des Verschuldens zu beurteilen sind (BGH NZI 2019, 225). **41a**

Die temporäre Haftungsfreistellung der Organe für Zahlungen bei Insolvenzreife ist notwendig, um überhaupt die Chance auf eine Fortsetzung des Geschäftsbetriebs zu gewährleisten. Es kommt also nicht darauf an, ob die jeweilige Zahlung (oder der Zahlungseingang auf einem im Soll geführten Konto) den Gläubigern unmittelbar zugutekommt oder nicht. Das Tatbestandsmerkmal des „ordnungsgemäßen Geschäftsgangs" wird sicherlich einzelfallbezogen zu würdigen sein und in den zu erwartenden Streitfällen bei nachgelagerten Insolvenzen dann von der Rechtsprechung konkretisiert werden. Das sollten betroffene Organe berücksichtigen. **41b**

Schwieriger für die Organe dürfte sein, dass die allgemeinen strafrechtlichen Regelungen der Insolvenzstraftaten (§§ 283 ff. StGB), des Betruges (§ 263 StGB zB als Eingehungsbetrug beim Eingehen von Zahlungsverpflichtungen im Zustand der Zahlungsunfähigkeit denkbar), Kreditbetrug (§ 265b StGB) und Vorenthalten und Veruntreuen von Arbeitsentgelt (§ 266a StGB) weiterhin gelten. Es ist daher besondere Sorgfalt darauf zu legen, wenn bei Vorliegen von Zahlungsunfähigkeit weiter gewirtschaftet wird, dass die Grenze des geschützten redlichen Kaufmanns nicht aus Versehen überschritten wird. **41c**

Neben dem bestellten Organ und dem faktischen Geschäftsleiter kommt auch eine Haftung der Aufsichtsräte in Betracht, jedenfalls dann, wenn es sich um einen obligatorischen Aufsichtsrat handelt (BGH NZI 2009, 490; 2010, 913). **42**

Diese Haftungsansprüche werden von der Rechtsprechung prinzipiell sehr weitgehend angenommen und erfassen nicht nur Zahlungen und Leistungen an Erfüllungs statt, sondern – in der Praxis hochgradig relevant – insbesondere auch **Zahlungseingänge auf debitorisch geführten Konten**, was zu immensen Haftungen der Organe geführt hat (vgl. im Detail BeckOK GmbHG/Mätzig GmbHG § 64 Rn. 1 ff.). **43**

Neuerdings hat der BGH in einer Kehrtwende seiner bisherigen Rechtsprechung den Haftungstatbestand der verbotenen Zahlungen erheblich eingegrenzt und eine Ersatzpflicht des Organs bei einem **unmittelbaren Ausgleich** der durch die Zahlung verursachten Masseschmälerung abge- **44** lehnt (BGH NZI 2015, 133). Der konkrete Umfang dieser Einschränkung ist noch offen, läuft im Ergebnis aber darauf hinaus, dass ähnlich (aber nicht gleich!) dem Bargeschäftsprivileg der unmittelbare für das Unternehmen gleichwertige (also für eine Fortführung notwendige und wertäquivalente) Leistungsaustausch von der Haftung ausgenommen wird. Dabei muss die in die Masse gelangende Gegenleistung für eine Verwertung durch die Gläubiger geeignet sein, was Arbeits- oder Dienstleistungen in der Regel nicht sind (BGH NZI 2017, 809).

44a Ergänzt wurde diese Rechtsprechungsänderung konsequenter Weise dahin, dass auch die Haftung für den Eingang von Zahlungen auf debitorischen Konten insoweit abgelehnt wird, als diese aus dem Einzug von sicherungsabgetretenen Forderungen resultieren, wenn anschließend die Verrechnung mit dem (gesicherten) Sollsaldo erfolgt. Dies gilt zumindest dann, wenn vor Insolvenzreife die Sicherungsabtretung vereinbart wurde und die Forderung der Gesellschaft entstanden und werthaltig geworden ist (BGH NZG 2015, 998).

44b Erwähnenswert in diesem Zusammenhang ist, dass der BGH (NZI 2021, 41) klargestellt hat, dass „der in § 64 S. 1 GmbHG geregelte Anspruch der Gesellschaft gegen die Geschäftsführer auf Ersatz von nach Eintritt der Zahlungsunfähigkeit der Gesellschaft oder nach Feststellung ihrer Überschuldung geleisteten Zahlungen ist ein gesetzlicher Haftpflichtanspruch auf Schadensersatz iSv Nr. 1.1 ULLA." Damit ist die Rechtsprechung des OLG Düsseldorf der letzten Jahre überholt, wonach D&O-Versicherungen zugunsten der Geschäftsführer für die Schäden aus Ansprüchen nach § 64 GmbHG nicht grundsätzlich greifen (OLG Düsseldorf ZIP 2018, 1542). Begründet wurde dies damit, dass der Anspruch aus § 64 GmbHG kein Schadensersatzanspruch der Gesellschaft im Sinne der Versicherungsbedingungen ist. Maßgeblich für den Deckungsschutz sei daher die konkrete Formulierung der betroffenen Police (vgl. aktuell OLG Düsseldorf ZIP 2020, 2018, wonach eine Eigenschadenklausel, nach welcher kein Versicherungsschutz für den Teil des Anspruchs besteht, welcher der Beteiligung der versicherten Person, die die Pflichtverletzung begangen hat, an der Gesellschaft als Versicherungsnehmerin entspricht, wirksam ist). Der Gesetzgeber hat nun mit der rechtsformneutralen Haftung für verbotene Zahlungen im Wortlaut des § 15b Abs. 4 klargestellt, dass er den Anspruch als Schadensersatzanspruch qualifiziert (→ § 15b Rn. 33).

C. Strafrechtliche Haftung

45 Die Verletzung der Insolvenzantragspflicht ist nach den Abs. 4, 5 und 6 unter strafrechtliche Sanktionen gestellt, was neben der zivilrechtlichen Haftung die rechtzeitige Antragstellung fördern soll. Die Strafdrohung ist prinzipiell (vgl. Abs. 7) nicht an eine Rechtsform geknüpft und soll nach dem ausdrücklichen Willen des Gesetzgebers auch ausländische Gesellschaftsformen erfassen.

46 Tauglicher Täter ist der zur Insolvenzantragstellung **Verpflichtete**, also auch der faktische Geschäftsführer (BGH NStZ 2015, 470; → Rn. 7) einschließlich der subsidiär zur Antragstellung Verpflichteten (→ Rn. 11).

47 Tathandlung ist nach dem Wortlaut (Abs. 4) einen Eröffnungsantrag „nicht", „nicht rechtzeitig" oder „nicht richtig" zu stellen. Schwierigkeiten bereitet der Tatbestand der „nicht richtigen" **Antragstellung,** insbesondere durch unvollständige Angaben nach § 13 Abs. 1. In der strafrechtlichen Praxis wird vertreten, dass selbst dann eine Strafbarkeit in Betracht kommt, wenn der Verpflichtete rechtzeitig einen Antrag stellt, dieser aber aufgrund fahrlässigen Handelns nicht richtig ist und erst nach Ablauf der Antragsfrist des § 15a Abs. 1 berichtigt wird. Mit der Gesetzesänderung zum 26.6.2017 beabsichtigte der Gesetzgeber auch, einer (abschreckend wirkenden) Ausweitung der Strafbarkeit entgegenzuwirken und dem Schuldner eine Chance zur Nachbesserung seines unrichtigen Antrags einzuräumen (vgl. § 13 Abs. 3). Der neu eingefügte Abs. 6 normiert hierzu eine objektive Strafbarkeitsbedingung des „nicht richtig" gestellten Insolvenzantrags nach Abs. 4 Nr. 2 (rechtskräftige Abweisung eines Eröffnungsantrags wegen dessen Unzulässigkeit). Zugleich wird so klargestellt, dass der unzulässige Eröffnungsantrag unter Strafe steht, weil es sich bei diesem nicht um einen Antrag handelt, der die strafbewehrte Insolvenzantragspflicht erfüllt (BT-Drs. 18/10823, 26 f.). Da Abs. 6 als objektive Bedingung der Strafbarkeit formuliert ist, ist der antragspflichtige Schuldner straffrei, wenn das Insolvenzgericht den ursprünglich unzulässigen Antrag zulässt, etwa weil ihm die im Antrag nicht angegebenen Tatsachen auf andere Weise bekannt werden.

47a Nach Abs. 5 ist auch die fahrlässige Tatbegehung strafbar.

D. Sonstige Konsequenzen einer Insolvenzverschleppung

48 Neben der reinen zivilrechtlichen Haftung und der strafrechtlichen Sanktion drohen dem die Insolvenz verschleppenden Organ weitere Konsequenzen. Hervorzuheben ist hier insbesondere das **Bestellungshindernis für die Geschäftsführung** einer GmbH nach § 6 Abs. 2 Nr. 3a und Nr. 3e GmbHG bei einer Verurteilung wegen Insolvenzverschleppung oder wegen des in der Praxis häufigen und leicht abzuurteilenden Vorenthaltens und Veruntreuens von Arbeitsentgelten nach § 266a StGB (vgl. zu weiteren Beispielen MüKoInsO/Klöhn Rn. 317 ff.). Auch darüber hinaus kann aber zB wegen dem sich aus den insolvenzstrafrechtlichen Tatsachen ergebenden unzuverlässigen Verhalten des Betroffenen eine erweiterte gewerberechtliche Untersagung drohen (vgl. VG Bremen NZG 2020, 635).

§ 15b Zahlungen bei Zahlungsunfähigkeit und Überschuldung; Verjährung

(1) ¹Die nach § 15a Absatz 1 Satz 1 antragspflichtigen Mitglieder des Vertretungsorgans und Abwickler einer juristischen Person dürfen nach dem Eintritt der Zahlungsunfähigkeit oder der Überschuldung der juristischen Person keine Zahlungen mehr für diese vornehmen. ²Dies gilt nicht für Zahlungen, die mit der Sorgfalt eines ordentlichen und gewissenhaften Geschäftsleiters vereinbar sind.

(2) ¹Zahlungen, die im ordnungsgemäßen Geschäftsgang erfolgen, insbesondere solche Zahlungen, die der Aufrechterhaltung des Geschäftsbetriebs dienen, gelten vorbehaltlich des Absatzes 3 als mit der Sorgfalt eines ordentlichen und gewissenhaften Geschäftsleiters vereinbar. ²Im Rahmen des für eine rechtzeitige Antragstellung maßgeblichen Zeitraums nach § 15a Absatz 1 Satz 1 und 2 gilt dies nur, solange die Antragspflichtigen Maßnahmen zur nachhaltigen Beseitigung der Insolvenzreife oder zur Vorbereitung eines Insolvenzantrags mit der Sorgfalt eines ordentlichen und gewissenhaften Geschäftsleiters betreiben. ³Zahlungen, die im Zeitraum zwischen der Stellung des Antrags und der Eröffnung des Verfahrens geleistet werden, gelten auch dann als mit der Sorgfalt eines ordentlichen und gewissenhaften Geschäftsleiters vereinbar, wenn diese mit Zustimmung eines vorläufigen Insolvenzverwalters vorgenommen wurden.

(3) Ist der nach § 15a Absatz 1 Satz 1 und 2 für eine rechtzeitige Antragstellung maßgebliche Zeitpunkt verstrichen und hat der Antragspflichtige keinen Antrag gestellt, sind Zahlungen in der Regel nicht mit der Sorgfalt eines ordentlichen und gewissenhaften Geschäftsleiters vereinbar.

(4) ¹Werden entgegen Absatz 1 Zahlungen geleistet, sind die Antragspflichtigen der juristischen Person zur Erstattung verpflichtet. ²Ist der Gläubigerschaft der juristischen Person ein geringerer Schaden entstanden, beschränkt sich die Ersatzpflicht auf den Ausgleich dieses Schadens. ³Soweit die Erstattung oder der Ersatz zur Befriedigung der Gläubiger der juristischen Person erforderlich ist, wird die Pflicht nicht dadurch ausgeschlossen, dass dieselben in Befolgung eines Beschlusses eines Organs der juristischen Person gehandelt haben. ⁴Ein Verzicht der juristischen Person auf Erstattungs- oder Ersatzansprüche oder ein Vergleich der juristischen Person über diese Ansprüche ist unwirksam. ⁵Dies gilt nicht, wenn der Erstattungs- oder Ersatzpflichtige zahlungsunfähig ist und sich zur Abwendung des Insolvenzverfahrens mit seinen Gläubigern vergleicht, wenn die Erstattungs- oder Ersatzpflicht in einem Insolvenzplan geregelt wird oder wenn ein Insolvenzverwalter für die juristische Person handelt.

(5) ¹Absatz 1 Satz 1 und Absatz 4 gelten auch für Zahlungen an Personen, die an der juristischen Person beteiligt sind, soweit diese zur Zahlungsunfähigkeit der juristischen Person führen mussten, es sei denn, dies war auch bei Beachtung der in Absatz 1 Satz 2 bezeichneten Sorgfalt nicht erkennbar. ²Satz 1 ist auf Genossenschaften nicht anwendbar.

(6) Die Absätze 1 bis 5 gelten auch für die nach § 15a Absatz 1 Satz 3 und Absatz 2 zur Stellung des Antrags verpflichteten organschaftlichen Vertreter der zur Vertretung der Gesellschaft ermächtigten Gesellschafter.

(7) ¹Die Ansprüche aufgrund der vorstehenden Bestimmungen verjähren in fünf Jahren. ²Besteht zum Zeitpunkt der Pflichtverletzung eine Börsennotierung, verjähren die Ansprüche in zehn Jahren.

(8) ¹Eine Verletzung steuerrechtlicher Zahlungspflichten liegt nicht vor, wenn zwischen dem Eintritt der Zahlungsunfähigkeit nach § 17 oder der Überschuldung nach § 19 und der Entscheidung des Insolvenzgerichts über den Insolvenzantrag Ansprüche aus dem Steuerschuldverhältnis nicht oder nicht rechtzeitig erfüllt werden, sofern die

Antragspflichtigen ihren Verpflichtungen nach § 15a nachkommen. ²Wird entgegen der Verpflichtung nach § 15a ein Insolvenzantrag verspätet gestellt, gilt dies nur für die nach Bestellung eines vorläufigen Insolvenzverwalters oder Anordnung der vorläufigen Eigenverwaltung fällig werdenden Ansprüche aus dem Steuerschuldverhältnis. ³Wird das Insolvenzverfahren nicht eröffnet und ist dies auf eine Pflichtverletzung der Antragspflichtigen zurückzuführen, gelten die Sätze 1 und 2 nicht.

Überblick

Durch das SanInsFoG hat der Gesetzgeber mit Wirkung zum 1.1.2021 die bisher in den gesellschaftsrechtlichen Gesetzestexten verteilten Regelungen zu Zahlungsverboten nach Eintritt der Insolvenzreife haftungsbeschränkter Rechtsträger vereinheitlicht und in der InsO in § 15b rechtsformneutral formuliert. Der Gesetzgeber stellt damit klar, dass es sich bei den Zahlungsverboten um insolvenzrechtliche Regelungen handelt, die an die Insolvenzreife (→ § 17 Rn. 1 und → § 19 Rn. 1) anknüpfen und dem Schutz der Gläubigerschaft dienen. Stark vereinfacht haftet das für die Gesellschaft verantwortliche **Organ** (→ Rn. 3) (beachte Abs. 6) wie nach bisherigem Recht bei der Vornahme von jeglichen Zahlungen für die juristische Person ab dem Eintritt der **materiellen Insolvenzreife** (Abs. 1) und bis zur Insolvenzverfahrenseröffnung. Ausnahmen greifen dann ein, wenn die Zahlungen vor dem Beginn der Insolvenzantragspflicht erfolgen und mit der **Sorgfalt** eines ordentlichen und gewissenhaften Geschäftsleiters vereinbar sind (Abs. 1 S. 2, Abs. 2, → Rn. 13, → Rn. 16); sie sind in der Regel nicht mehr damit vereinbar, wenn trotz Pflicht zur Insolvenzantragstellung ein solcher Antrag nicht gestellt wurde (Abs. 3, → Rn. 25). Eine Sonderregelung gilt für die steuerlichen Zahlungspflichten (→ Rn. 26, Abs. 8).

Der Höhe nach richten sich die Ansprüche auf Erstattung der geleisteten **Zahlungen**, beschränkt jedoch auf den der Gläubigerschaft entstandenen **Schaden** (→ Rn. 29, Abs. 4). Diese Beschränkung der Ansprüche auf den **Quotenschaden** (→ Rn. 33) ist die bedeutsamste Neuerung des Gesetzgebers. Ergänzt wird die Haftung um einen Kapitalschutz gegenüber den Gesellschaftern, da sich die Haftung auch auf Zahlungen an Gesellschafter erstreckt, wenn und soweit diese zur Zahlungsunfähigkeit führen mussten (→ Rn. 37, Abs. 5). Der Verzicht auf Ersatzansprüche ist ausgeschlossen und **Vergleiche** sind nur in Ausnahmefällen möglich (→ Rn. 39). Die **Verjährung** entspricht den bisherigen Regelungen und beträgt fünf Jahre, bei börsennotierten Rechtsträgern zehn Jahre (→ Rn. 41, Abs. 7). Von Bedeutung ist auch die Übergangsregelung – nach der gesetzgeberischen Intention ist § 15b auf alle Verfahren mit Insolvenzanträgen ab dem 1.1.2021 anzuwenden, was die Frage aufwirft, ob für **Altfälle** nicht eine Rückwirkung zu ihrer Begünstigung angezeigt wäre (→ Rn. 43).

Übersicht

	Rn.		Rn.
A. Zahlungsverbote	1	3. Zahlungen im Insolvenzverfahren	23
I. Sachlicher Anwendungsbereich	1	III. Keine Privilegierung bei Zahlungen während Insolvenzverschleppung	25
II. Persönlicher Anwendungsbereich	3	C. Sonderfall: Steuerliche Zahlungspflichten	26
1. Bestellte Organe	4		
2. Gesamtverantwortung des Organs/Ressortverteilung	5	D. Pflicht zur Erstattung von Zahlungen, Schadensersatz	27
3. Strohmann	6	I. Dogmatische Einordnung	27
4. Beendigung der Organstellung	7	II. Ersatz von Zahlungen	29
5. Faktische Geschäftsführer	8	III. Begrenzung auf Gläubigerschaden	33
6. Haftung von Gesellschaftern	9	IV. Keine Legitimation durch Beschlussfassungen	36
7. Haftung des Aufsichtsrats	10		
III. Zahlung	11	E. Zahlung an Gesellschafter	37
IV. Ausnahme für Zahlungen des ordnungsgemäßen und gewissenhaften Geschäftsleiters	13	F. Verzicht und Vergleich	39
B. Privilegierte Zahlungen	14	I. Verzicht	39
I. Änderung zum bisherigen Recht	15	II. Vergleich	40
II. Zahlungen zur Aufrechterhaltung des Geschäftsbetriebs	16	G. Verjährung	41
1. Grundsatz: Haftungserleichterung für die Antragspflichtigen	16	H. Übergangsrecht/zeitlicher Geltungsbereich	43
2. Zahlungen vor Insolvenzantragstellung	17		

A. Zahlungsverbote

I. Sachlicher Anwendungsbereich

Die Neuregelung in Abs. 1 fasst die bisher in den gesellschaftsrechtlichen Gesetzen enthaltenen Regelungen zu den Zahlungsverboten bei bestehender Insolvenzreife zusammen, soweit diese die juristischen Personen betreffen, bei denen nach § 15a Abs. 1 S. 1 eine Insolvenzantragspflicht besteht. Nicht anwendbar ist Abs. 1 daher für die von der Antragspflicht nach § 15a Abs. 1 ausgenommenen Vereine und Stiftungen, die der Antragspflicht nach § 42 Abs. 2 BGB unterliegen (§ 15a Abs. 7). Dadurch ergibt sich, dass bei Vereinen und Stiftungen keine Zahlungsverbote bestehen. Mit der Anknüpfung an eine nach § 15a Abs. 1 bestehende Antragspflicht wird dies nun auch im Wortlaut und im systematischen Verhältnis der Bestimmung zu § 15a sichtbar. Denn nach § 15a Abs. 7 unterliegen die Vorstände von Stiftungen und Vereinen nicht der Antragspflicht nach § 15a Abs. 1.

Über Abs. 6 S. 1 finden die Regelungen – dem Vorbild der Insolvenzantragspflicht in § 15a Abs. 1 S. 3 und Abs. 2 folgend – auch auf haftungsbeschränkte Gesellschaften ohne Rechtspersönlichkeit Anwendung, soweit für deren Verbindlichkeiten keine natürliche Person unmittelbar oder mittelbar unbeschränkt persönlich haftet.

II. Persönlicher Anwendungsbereich

Nach Abs. 1 S. 1 erfasst das Zahlungsverbot „Mitglieder des Vertretungsorgans und Abwickler einer juristischen Person" im Stadium der Zahlungsunfähigkeit oder Überschuldung des Rechtsträgers. In erster Linie erfasst die Vorschrift damit die **Geschäftsführer** der GmbH und die **Vorstände** der AG, aber natürlich auch sämtliche anderen Organe einschließlich der **Liquidatoren.** Nach der Gesetzesbegründung sind Änderungen gegenüber dem geltenden Recht mit der Neuregelung nicht verbunden, weshalb auf den bisherigen Rechtsstand und insoweit auf die jeweiligen Kommentierungen zum bisherigen Recht verwiesen wird, insbesondere auf die Kommentierung zu § 64 GmbHG (zB BeckOK GmbHG/Mätzig, 47. Ed. 1.2.2021, GmbHG § 64 Rn. 10; Baumbach/Hueck/Haas GmbHG § 64 Rn. 1–255). Da auch bislang die Zahlungsverbote unabhängig vom konkreten und leicht differierenden Wortlaute in den einzelnen gesetzlichen Regelungen einheitlich verstanden und judiziert wurden und die überwiegende Rechtsprechung zur GmbH ergangen ist, wird nachfolgend oftmals zur GmbH ausdrücklich ausgeführt. Die jeweiligen Ausführungen gelten aber sinngemäß in gleicher Weise auch für die übrigen Gesellschaftsformen.

1. Bestellte Organe

Klar ist, dass die Vorschrift die nach den jeweiligen Gesellschaftsformen vertretungsberechtigten Organe erfasst, bei der GmbH also den nach § 35 Abs. 1 S. 1 GmbHG vertretungsberechtigten Geschäftsführer, bei der KG entsprechend den Komplementär bzw. den Geschäftsführer der Komplementär-Gesellschaft (§ 164 HGB), bei der Aktiengesellschaft den Vorstand (§ 76 AktG) (und bei den übrigen Gesellschaftsformen entsprechend). Dementsprechend beginnt die Verantwortlichkeit des Organs mit seiner **wirksamen Bestellung,** was nicht mit der Eintragung im Handelsregister gleichzusetzen ist (vgl. am Beispiel der GmbH: BeckOK GmbHG/Wisskirchen/Kuhn/Hesser GmbHG § 6 Rn. 35 ff.).

2. Gesamtverantwortung des Organs/Ressortverteilung

Weiterhin obliegt die Verantwortung und damit auch die Haftung bei mehreren Personen in der Organstellung dem **Organ insgesamt** und damit allen darin befindlichen Personen (BGH NJW 1994, 2149 zur GmbH). Der BGH führt aus: „Das Vorhandensein eines weiteren Geschäftsführers entbindet den anderen nicht von seiner eigenen Verantwortlichkeit für die ordnungsgemäße Führung der Geschäfte der Gesellschaft, insbesondere für die Erfüllung der den Geschäftsführern vom Gesetz auferlegten Pflichten. Dies gilt selbst dann, wenn diese untereinander in zulässiger Weise eine Aufteilung der Geschäfte vorgenommen haben." Eine wirksame (nicht notwendigerweise schriftliche) **Ressortverteilung** vorausgesetzt, entbindet dies denjenigen Geschäftsführer, dem hiernach nur bestimmte Aufgaben zur Erledigung zugewiesen sind, allerdings nicht von seiner eigenen Verantwortung für die ordnungsgemäße Führung der Geschäfte der Gesellschaft. Auf die Zahlungsverbote übertragen bedeutet dies nach der zentralen Entscheidung des BGH aus neuerer Zeit zugunsten eines nicht mit Buchhaltung/Rechnungswesen befassten Geschäftsführer (NZG

2019, 225; vgl. hierzu auch Hoffmann-Becking NZG 2021, 93): „Der Geschäftsführer, der die Vermutung schuldhaften Verhaltens widerlegen will, muss daher die Gründe vortragen und erläutern, die ihn gehindert haben, eine tatsächlich bestehende Insolvenzreife der Gesellschaft zu erkennen. Bei der Bewertung dieses Vorbringens ist zu berücksichtigen, dass der Geschäftsführer einer Gesellschaft mit beschränkter Haftung für eine Organisation sorgen muss, die ihm die zur Wahrnehmung seiner Pflichten erforderliche Übersicht über die wirtschaftliche und finanzielle Situation der Gesellschaft jederzeit ermöglicht (BGH NJW-RR 1995, 669 = ZIP 1995, 560 [561]). Ob der Geschäftsführer seiner Pflicht zur laufenden Beobachtung der wirtschaftlichen Lage des Unternehmens und näheren Überprüfung im Falle krisenhafter Anzeichen hinreichend nachgekommen ist, ist unter umfassender Berücksichtigung der für die Gesellschaft wirtschaftlich relevanten Umstände zu beurteilen (BGH NZG 2012, 940 = ZIP 2012, 1557 Rn. 13)."

3. Strohmann

6 Folgerichtig kann sich ein Organ auch nicht mit dem Argument aus der Verantwortung ziehen, es sei lediglich als „Strohmann" ohne Einblick in die Verhältnisse anzusehen und handele daher nicht schuldhaft. Die Rechtsprechung geht zu Recht davon aus, dass weder fehlende Sachkenntnis noch mangelndes Interesse das Organ exkulpieren (vgl. beispielhaft OLG Jena ZIP 2002, 631 und OLG Frankfurt a. M. BeckRS 2017, 156837 Rn. 37 f. mit nachfolgender Revisionsentscheidung BGH ZIP 2019, 1719 Rn. 19).

4. Beendigung der Organstellung

7 Die Pflichtstellung des Organs und damit die Verantwortung für verbotene Zahlungen endet prinzipiell mit der wirksamen (und im Streitfall nachzuweisenden, vgl. BGH ZIP 2019, 1719) **Niederlegung.** Allerdings entfällt nach allgemeiner Meinung die bereits entstandene Haftung für verbotene Zahlungen durch eine Amtsniederlegung nicht (vgl. Baumbach/Hueck/Haas GmbHG § 64 Rn. 15). Zudem ist streitig, unter welchen Kriterien eine Amtsniederlegung in der Krise nicht ohnehin rechtsmissbräuchlich und damit unwirksam ist (vgl. zur vergleichbaren Problemlage bei der Insolvenzantragspflicht → § 15a Rn. 8a).

5. Faktische Geschäftsführer

8 **Faktische Geschäftsführer** (bei welchen entweder der Bestellungsakt fehlt oder unwirksam ist) sind nach ständiger Rechtsprechung unabhängig von ihrer formalen Rechtsstellung gleichermaßen verpflichtet wie alle übrigen Organe (vgl. BGH NZI 2006, 63). Der BGH stellt in der genannten Entscheidung im Ls. 2 klar: „Für die Stellung und Verantwortlichkeit einer Person als faktischer Geschäftsführer einer GmbH ist es erforderlich, dass der Betreffende nach dem Gesamterscheinungsbild seines Auftretens die Geschicke der Gesellschaft – über die interne Einwirkung auf die satzungsmäßige Geschäftsführung hinaus – durch eigenes Handeln im Außenverhältnis, das die Tätigkeit des rechtlichen Geschäftsführungsorgans nachhaltig prägt, maßgeblich in die Hand genommen hat." Detailliert zur faktischen Geschäftsführung BeckOK GmbHG/Mätzig GmbHG § 64 Rn. 12–16.

6. Haftung von Gesellschaftern

9 Der bisherige Streit, ob bei Führungslosigkeit der Gesellschaft auch **Gesellschafter** und/oder der Aufsichtsrat oder Beirat Normadressat der Zahlungsverbote sein kann, erhielt Zuspruch durch die Formulierung des § 15a, welcher in § 15a Abs. 3 für die Fälle der Führungslosigkeit explizit die Gesellschafter bzw. den Aufsichtsrat in die Pflicht zur Insolvenzantragstellung nimmt (vgl. BeckOK GmbHG/Mätzig GmbHG § 64 Rn. 17). Die Regelung des § 15b Abs. 1 S. 1 erklärt zu Normadressaten ganz ausdrücklich: „Die nach § 15a Absatz 1 Satz 1 antragspflichtigen …" was nach dem Wortlaut einen „nur" nach § 15a Abs. 3 antragspflichtigen Beteiligten als Haftungsadressaten ausschließt. Insofern dürfte abzuwarten sein, ob sich in der Literatur und der Rechtsprechung eine Analogie durchsetzt, um den Kreis der Pflichtigen um Gesellschafter bei führungslosen Gesellschaften zu erweitern.

7. Haftung des Aufsichtsrats

10 **Aufsichtsratsmitglieder** einer Aktiengesellschaft können allerdings wegen Verstoß gegen ihre Überwachungspflicht in eine Haftung für verbotene Zahlungen gelangen, da in § 116 AktG

explizit eine Verweisung auf § 15b InsO eingefügt worden ist. Der bisherige Streit, ob diese Haftung auch für die Mitglieder eines fakultativen Aufsichtsrats bei der GmbH anzuwenden ist, ist damit offen geblieben, weil der Gesetzgeber an sich keine Änderung mit der bisherigen Rechtslage herstellen wollte, aber § 52 GmbHG auf § 116 AktG verweist und sich dogmatisch nun die Frage stellt, ob diese Verweisung allgemein gilt oder nur insoweit, als § 116 AktG seinerseits auf § 93 AktG Bezug nimmt (vgl. Bitter ZIP 2021, 321; Baumert NZG 2021, 443 (448)).

III. Zahlung

Es ist ein Anliegen des Gesetzgebers, den Begriff der Zahlung weit zu verstehen, wie auch bisher im Rahmen der bestehenden Regelungen und entsprechend der masseschützenden Zielrichtung des Zahlungsverbots (BGHZ 126, 181 Rn. 27 = BeckRS 1994, 4233; BGH BeckRS 2009, 11145 Rn. 12), er umfasst daher neben den klassischen Barzahlungen und bargeldlosen Zahlungen auch solche Vermögensabflüsse, die nicht in Form einer Geldleistung erfolgen.

11

In zeitlicher Hinsicht erfasst der Haftungstatbestand alle Zahlungen nach dem Eintritt der materiellen Insolvenz, also dem Eintritt von Zahlungsunfähigkeit gem. § 17 oder Überschuldung gem. § 19. Eintritt drohender Insolvenzreife iSv § 18 gefährdet noch keine Gesellschaftsgläubiger und löst daher auch (noch) keine insolvenzrechtliche Haftung aus (zu etwaigen gesellschaftsrechtlichen Haftungstatbeständen wie etwa § 30 GmbHG vgl. in den jeweiligen Fachgesetzen).

12

IV. Ausnahme für Zahlungen des ordnungsgemäßen und gewissenhaften Geschäftsleiters

S. 2 nimmt von dem Zahlungsverbot entsprechend der bestehenden Ausnahmeregelungen (§ 64 S. 2 GmbHG, § 92 Abs. 2 S. 2 AktG, § 130a Abs. 1 S. 2, auch iVm § 177a HGB, § 99 S. 2 GenG) solche Zahlungen aus, die mit der **Sorgfalt** eines ordnungsgemäßen und gewissenhaften Geschäftsleiters vereinbar sind. Auch damit sind im Ausgangspunkt und vorbehaltlich der speziellen Regelungen in Abs. 2 keine Änderungen gegenüber dem geltenden Recht verbunden. Insbesondere schützt den Geschäftsführer keine **Weisung** der Gesellschafter, da gegen gesetzliche Pflichten verstoßende Weisungen keinerlei Bindungswirkung beinhalten (unabhängig davon, ob die Weisung bzw. der entsprechende Beschluss als nichtig oder unwirksam angesehen wird, Ziemons in Oppenländer/Trölitzsch, Praxishandbuch der GmbH-Geschäftsführung, 3. Aufl. 2020, § 22 Rn. 31 f.; vgl. ausdrücklich auch BGH NZI 2020, 180 Rn. 17).

13

B. Privilegierte Zahlungen

Nach der Gesetzesbegründung (BT-Drs. 19/24181, 194) gilt, dass die Abs. 2 und 3 den Maßstab für die nach Abs. 1 S. 2 für die Privilegierung von Zahlungen maßgebliche Sorgfalt eines ordentlichen und gewissenhaften Geschäftsleiters konkretisieren.

14

I. Änderung zum bisherigen Recht

Eine wesentliche Neuerung in § 15b ist der Umstand, dass nicht mehr jede Zahlung nach Eintritt der materiellen Insolvenzreife vom Zahlungsverbot erfasst ist. Vielmehr soll der Geschäftsleiter weiter privilegiert bleiben, welcher auch bei bestehender Insolvenzreife den letzten „erlaubten" Zeitrahmen vor einer zwingenden Insolvenzantragstellung noch nicht überschritten hat (insbesondere um die Möglichkeit der Sanierung nutzen zu können oder auch einen ordnungsgemäßen Antrag vorzubereiten). Die bisherige Rechtsprechung des BGH zu den bestehenden Zahlungsverbotsregelungen differenzierte nicht zwischen dem pflichtgemäßen Geschäftsführer und dem bereits deliktischen die Insolvenz verschleppenden Organ (vgl. Bitter ZIP 2021, 321 (326)). Die Neuregelung ist daher wesentlich präziser. Zum einen soll für diejenigen **Geschäftsleiter, welche die Insolvenzantragspflicht nicht verletzen** – sei dies, weil sie im Rahmen der Höchstzeiträume des § 15a Abs. 1 S. 1 und 2 noch Maßnahmen zur Insolvenzabwendung ergreifen dürfen, sei dies, weil sie den erforderlichen Antrag bereits gestellt haben – ein **großzügigerer Maßstab** gelten, als ihn die Rechtsprechung zum geltenden Recht hergibt. Es soll insbesondere möglich sein, den Geschäftsbetrieb ordnungsgemäß fortzuführen (Abs. 2), vorausgesetzt, es entstehen dabei keine Verluste zum Nachteil der Gläubiger. Zum anderen soll künftig eine haftungsrechtliche Privilegierung von Zahlungen, die im Rahmen einer Insolvenzverschleppung, dh nach Ablauf des für eine rechtzeitige Antragstellung maßgeblichen Zeitpunkts, vorgenommen werden, in der Regel ausgeschlossen sein (Abs. 3).

15

II. Zahlungen zur Aufrechterhaltung des Geschäftsbetriebs

1. Grundsatz: Haftungserleichterung für die Antragspflichtigen

16 Nach Abs. 2 S. 1 gelten Zahlungen, die im ordnungsgemäßen Geschäftsgang erfolgen, grundsätzlich und vorbehaltlich des Abs. 3 als mit der Sorgfalt eines ordentlichen und gewissenhaften Geschäftsleiters vereinbar. Das schließt vor allem solche Zahlungen ein, die der **Aufrechterhaltung des Geschäftsbetriebs** dienen. Hierdurch werden die engen Schranken aufgehoben, denen die Notgeschäftsführung nach der Rechtsprechung derzeit unterliegt. So sind nach der Rechtsprechung zB Zahlungen auf Dienstleistungen regelmäßig nicht privilegiert, da sie nicht zu einer Erhöhung der Aktivmasse führen (BGH BeckRS 2017, 120629 Rn. 18). Derart kategoriale Beschränkungen könnten die Entscheidung für einen längeren Antragszeitraum bei der Überschuldung (§ 15a Abs. 1 S. 2, Art. 5 Nr. 8 dieses Entwurfs) ins Leere laufen lassen, da eine Fortführung über einen längeren Zeitraum unter entsprechenden Restriktionen oftmals nicht möglich wäre.

2. Zahlungen vor Insolvenzantragstellung

17 Nach Abs. 2 S. 2 besteht das Privileg des S. 1 im Zeitraum vom Eintritt der Insolvenzreife bis zu dem für eine rechtzeitige Antragstellung maßgeblichen Zeitpunkt allerdings nur dann und solange, wie die Antragspflichtigen Maßnahmen zur **nachhaltigen Beseitigung der Insolvenzreife oder zur Vorbereitung eines Insolvenzantrags** mit der Sorgfalt eines ordentlichen und gewissenhaften Geschäftsleiters betreiben. Gerade durch den erweiterten Sechs-Wochen-Zeitraum für die Pflicht zur Antragstellung bei Vorliegen von Überschuldung dürfte mit einer Vielzahl von Zahlungen zu rechnen sein, was die potenzielle Haftung vergrößert. Die Vorbereitung zur Stellung eines Insolvenzantrags hingegen sollte nicht länger als wenige Tage andauern (was nicht zuletzt bei Handelsgesellschaften mit hohen Umsätzen ebenfalls für massive Haftungsrisiken der Geschäftsführer sorgen kann).

18 Zunächst klingt dies also nach einer fast pauschalen Haftungsfreizeichnung vom Eintritt der Insolvenzreife bis zur Entstehung der Antragspflicht nach § 15a. So einfach, wie es der Gesetzgeber mit den vorstehenden Ausführungen scheinbar annimmt, ist die Sache jedoch nicht.

19 Denn einerseits ist Grundvoraussetzung für die Privilegierung, dass der Antragspflichtige „Maßnahmen" zur nachhaltigen Beseitigung der Insolvenzreife betreibt, oder einen Insolvenzantrag vorbereitet, jeweils natürlich mit der Sorgfalt eines ordentlichen und gewissenhaften Geschäftsleiters. Diese Merkmale werden also im jeweiligen Einzelfall auch weiterhin kritisch zu hinterfragen sein. Ein noch ungeklärtes Sonderproblem stellt sich, wenn die Maßnahmen zwar begonnen, aber dann nicht konsequent umgesetzt wurden und der Insolvenzantrag tatsächlich dann erst viel später erfolgt. Thole (in BB 2021, 1347 (1353)) geht davon aus, dass dann die Privilegierung insgesamt entfällt und Abs. 3 Anwendung findet. Jedenfalls dann, wenn die Verzögerung die Grenze der Höchstfristen überschreitet, ist dies zweifellos. Streitträchtig dürften die Fallgestaltungen im Graubereich kurz vor Ablauf der Höchstfristen sein oder wenn etwa ein Insolvenzverwalter den Stillstand von einmal begonnenen Maßnahmen darlegen kann.

20 **a) Beseitigung der Insolvenzreife.** Das Tatbestandsmerkmal der Maßnahmen zur nachhaltigen Beseitigung der Insolvenzreife ist aus der Perspektive der handelnden Organe höchst risikoaffin. Mit einem Bonmot zusammengefasst lässt sich die Problemlage knapp damit zusammenfassen, dass der Geschichtsschreiber stets schlauer als der Feldherr ist. Denn sind die Maßnahmen der Organe erfolgreich und die Insolvenzreife kann vor einer Insolvenzantragstellung beseitigt werden, kommt es nicht zu einem Insolvenzverfahren und eine Haftung ist nicht relevant. In tatsächlicher Hinsicht werden von dieser Regelung daher ausschließlich diejenigen Angelegenheiten erfasst, in welchen das verantwortliche (ordentliche und gewissenhafte) Organ nach Eintritt der materiellen Insolvenzreife **schlussendlich erfolglose Maßnahmen** durchgeführt hat und es zu einem Insolvenzereignis gekommen ist. Dies wird in der forensischen Praxis zu massivem Druck auf die Geschäftsleiter führen, den Nachweis ihrer Sorgfalt zu führen. Umgekehrt muss zu ihren Gunsten berücksichtigt werden, dass die Aufrechterhaltung des Geschäftsbetriebs als solches durchaus im Interesse der Gläubiger liegen kann. Auch wenn der im Gesetzgebungsverfahren des StaRUG vorgesehene sog. Shift of fiduciary duties bei Eintritt der drohenden Zahlungsunfähigkeit zugunsten der Gläubigergesamtheit schlussendlich nicht eingeführt wurde, sind die Geschäftsleiter gut beraten, sich über die wirtschaftliche Zweckmäßigkeit ihres Handelns vertiefte Gedanken zu machen. Bis zur Konturierung dieses Rechtsbegriffes durch die Rechtsprechung wird sicherlich Zeit vergehen. Es ist in jedem Fall jedem Betroffenen dringend anzuraten, die jeweiligen Maßnahmen und Gründe für die einzelnen Handlungsschritte sorgfältig zu dokumentieren.

b) Vorbereitung des Insolvenzantrags. Ebenfalls privilegiert sind Zahlungen im Zeitraum 21 der Vorbereitung des Insolvenzantrags. Die Länge dieses Zeitraums ist naturgemäß rechnerisch maximal mit den Fristen des § 15a Abs. 1 definiert. Wie viel Vorlauf für das Stellen eines ordnungsgemäßen Insolvenzantrags zugemessen werden kann, wird schon jetzt uneinheitlich beantwortet: Bitter ZIP 2021, 321 (326) hält „ganz **kurze Zeiträume** von wenigen Tagen" für ausreichend, unter Verweis auf die ebenfalls restriktive Darstellung von Gehrlein DB 2020, 2394 f. Klar ist, dass ein den Anforderungen von § 13 (→ § 13 Rn. 1) entsprechender Antrag gerade bei nicht ganz übersichtlichen Rechtsträgern oder im Konzernverbund durchaus mit Sachverstand und Vorbereitungszeit verbunden sein muss. Andererseits kann die Frist keinesfalls lang bemessen sein, denn wenn die Antragspflicht besteht und die Entscheidung zur Antragstellung gefallen ist, ist der Antrag selbst „ohne schuldhaftes Zögern", also umgehend zu stellen (§ 15a Abs. 1 S. 1, → § 15a Rn. 21). Denn Ziel der Antragspflicht ist es auch, dass die Gläubiger nach Eintritt der materiellen Insolvenz nach Möglichkeit vor einer weiteren Verkürzung der ihnen zur Verfügung stehenden Haftungsmasse geschützt werden. Bedenkt man weiterhin, dass spätestens mit der in § 1 StaRUG vorausgesetzten Implementierung von Krisenfrüherkennungs- und Krisenmanagementsystemen bei haftungsbeschränkten Unternehmensträgern die Organe der Gesellschaften rechtzeitig Kenntnis vom Eintritt der Krise der Gesellschaft haben müssen, kann eine frühzeitige Vorbereitung ggf. auch eines prophylaktischen Insolvenzantrags erwartet werden. Diese Überlegung ist unabhängig von der Frage, ob § 1 StaRUG lediglich klarstellende Wirkung hat oder direkten Einfluss auf die Business Judgement Rule (vgl. Arens GWR 2021, 64 (65) mit Verweis auf Thole ZIP 2020, 1985 (1986)). Die für eventuelle Vorbereitungen vom Regelverfahren abweichender Verfahrensarten wie der Eigenverwaltung (§§ 270b ff.) oder Vorschläge zur Benennung von Mitgliedern eines vorläufigen Gläubigerausschusses nach § 22a (→ § 22a Rn. 51) benötigte Zeitspanne kann und sollte daher zeitlich möglichst früh angesetzt werden, jedenfalls darf sie nicht leichtfertig in den Zeitraum nach Eintritt der Antragspflicht gelegt werden und den Geschäftsführer privilegieren. Ein gewissenhafter und sorgfältiger Geschäftsleiter wird diese Fragen bereits im Vorfeld geklärt bzw. die Klärung eingeleitet haben. In der Praxis dürfte davon auszugehen sein, dass ein zulässiger Insolvenzantrag unter Inanspruchnahme qualifizierter Beratung des verantwortlichen Organs im Regelfall innerhalb von ca. zwei bis max. drei Tagen gestellt werden kann, wenn der Geschäftsbetrieb insgesamt gewissenhaft geführt wird, insbesondere die Buchhaltung auf aktuellem Stand gepflegt ist.

c) Zahlungen dienen zur Aufrechterhaltung des Geschäftsbetriebs. Außerdem sind nur 22 Zahlungen privilegiert, die im ordnungsgemäßen Geschäftsgang und zur **Aufrechterhaltung des Geschäftsbetriebs** dienen und damit **im allgemeinen Gläubigerinteresse** liegen. Nach wie vor bleibt also die Prüfung der einzelnen Zahlungsvorgänge erforderlich und es hat eine Abgrenzung stattzufinden. Denn welche Zahlungen der Aufrechterhaltung des Geschäftsbetriebs dienen, ist weiterhin eine Frage des Einzelfalls – der vom BGH in NZG 2017, 1034 Rn. 20 genannte Kaffee für die Mitarbeiter dient sicherlich allenfalls indirekt der Aufrechterhaltung des Geschäftsbetriebs, während die Zahlung von Sachversicherungen, Telekommunikationsdienstleistungen und laufenden Bestellungen privilegiert sein dürfte. Baumert NZG 2021, 443 (446) kritisiert die Neuregelung, wenn und soweit sie Zahlungen auf Dienstleistungen (nach erbrachter Leistung durch den Dienstverpflichteten), insbesondere also die Zahlung von Arbeitslöhnen privilegiert, was den Insolvenzgläubigern im Insolvenzverfahren aber wegen Insolvenzausfallgeldern aber nicht unbedingt zugute komme. Im Rahmen der bisherigen Rechtsprechung zu § 64 GmbHG (und den übrigen gesellschaftsrechtlichen Vorschriften) war die Reihenfolge entscheidend: Erfolgte zuerst die Leistungserbringung des Dritten und anschließend die Zahlung des Schuldners, war der Haftungstatbestand verwirklicht, während bei umgekehrter Reihenfolge und engem zeitlichem Zusammenhang ein Aktiventausch und damit eine Privilegierung möglich war, vgl. zB zuletzt BGH NZG 2021, 66). Ohne Zweifel wird es daher auf die Konturierung der Regelung durch Rechtsprechung im Einzelfall ankommen. Die Frage, ob der II. Zivilsenat oder aufgrund des insolvenzrechtlichen Charakters der Vorschrift der IX. Zivilsenat des BGH zuständig ist, wird unter Umständen von höchster praktischer Relevanz werden.

3. Zahlungen im Insolvenzeröffnungsverfahren

Für Zahlungen im Insolvenzeröffnungsverfahren ist die Gesetzesbegründung sehr ausführlich: 23 „Aus Absatz 2 Satz 3 folgt zunächst, dass die Regelungen zu den Zahlungsverboten auch nach Stellung eines Insolvenzantrags fortgelten. Andererseits bleibt für die Regelungen kein Raum, wenn eine Zahlung mit der Zustimmung des vorläufigen Insolvenzverwalters erfolgt. Das versteht sich bei der Bestellung eines „starken" vorläufigen Verwalters nach § 22 Absatz 1 von selbst, da es hier mit Blick auf den Entzug der Verwaltungs- und Verfügungsbefugnis an der Zurechenbarkeit der Zahlung an den Antragspflichtigen fehlt. Bei einem „schwachen" vorläufigen Verwalter, der seine Zustimmung zur Zahlung erklärt, bleibt für die Anwendung der Regelungen mit Blick auf die Verantwortlichkeit des vorläufigen Verwalters kein Raum. Dieser hat bei seiner Zustimmungsentscheidung eigenständig das Interesse der Gläubiger an einer bestmöglichen Massesicherung zu wahren. Bei der Verletzung seiner dahingehenden Pflichten haftet der vorläufige Verwalter. Im vorläufigen Eigenverwaltungsverfahren und bei der Anordnung von Sicherungsmaßnahmen nach § 270c Absatz 3 InsO besteht hingegen ein die Vorschrift verdrängender Vorrang des § 276a Absatz 2 und 3 InsO.

24 Dies bedeutet letztlich die Klarstellung, dass mit dem **Übergang von Verantwortung** für den Zahlungsverkehr des Rechtsträgers auf den staatlich bestellten vorläufigen Insolvenzverwalter das Organ entlastet wird. Für die Eigenverwaltungsverfahren ist eine Kodifikation der Rechtsprechung des BGH erfolgt, wonach Geschäftsleiter in der Eigenverwaltung den Beteiligten des Insolvenzverfahrens wie ein Insolvenzverwalter (also nach §§ 60, 61 analog) haftet (NZI 2018, 519). Aufgrund des Vorrangs der Haftung gem. § 276a Abs. 2 und 3 vor den Zahlungsverboten wird auf die entsprechende Kommentierung verwiesen (→ § 276a Rn. 51 ff.). Brinkmann/Moritz ZIP 2020, 2361 (2368) weisen zu Recht darauf hin, dass die Beteiligten sich der unterschiedlichen Haftungsverfassungen bewusst sein sollten, ebenso dem Umstand, dass unternehmerisches Ermessen im laufenden Insolvenzverfahren nicht mehr gegeben ist.

III. Keine Privilegierung bei Zahlungen während Insolvenzverschleppung

25 Nach Abs. 3 scheidet eine haftungsrechtliche Privilegierung von Zahlungen in der Regel aus, wenn sie im Zuge einer Insolvenzverschleppung geleistet werden. Mit Eintritt der Antragspflicht sieht der Gesetzgeber die Massesicherungspflicht als oberstes Gebot des Antragspflichtigen an: „Ist der für eine rechtzeitige Antragstellung maßgebliche Zeitraum abgelaufen, lassen sich Zahlungen nur unter Ausnahmebedingungen noch als mit der Sorgfalt eines ordentlichen und gewissenhaften Geschäftsleiters vereinbaren. Denn die primäre Pflicht, der sich eine ordnungsgemäße und gewissenhafte Geschäftsleitung nach Ablauf in einem solchen Stadium zu verschreiben hat, ist auf die Stellung des überfälligen Antrags gerichtet. Durch eine solche Antragstellung kann der Antragspflichtige auch den selbst verschuldeten Pflichtenkollisionen entgehen, die sich im Spannungsfeld des Zahlungsverbots nach Absatz 1 Satz 1 und der strafbewehrten Pflicht zur Abführung des Arbeitnehmerbeitrags zur Sozialversicherung (§ 266a StGB) oder der buß- und haftungsbewehrten Pflicht zur Steuerabführung ergeben mag. Solche Pflichtenkollisionen lassen sich nach Antragstellung dahingehend auflösen, dass das Abführungsgebot hinter der Massesicherungspflicht zurücktritt (BGH, Beschl. v. 30.7.2003 – 5 StR 221/03, BGHSt 48, 307)."

C. Sonderfall: Steuerliche Zahlungspflichten

26 Die zum Schluss des Gesetzgebungsverfahrens noch in Abs. 8 eingeführte besondere Regelung zu den steuerlichen Zahlungspflichten der Antragspflichtigen dient dazu, die **Pflichtenkollision** von Organen im Zeitraum vom Eintritt der Insolvenzreife bis zur Verfahrenseröffnung **aufzulösen**. „Hier unterliegt der Geschäftsführer bislang einerseits der Pflicht zur Masseerhaltung, die es ihm verwehrt, selektiv Ansprüche zu begleichen, die im eröffneten Verfahren nur als Insolvenzforderung durchsetzbar sind. Andererseits unterliegt er einer haftungsbewehrten Pflicht zur Steuerabführung [Anmerkung: nach § 69 AO]. Es wird allgemein als wünschenswert angesehen, diese Pflichtenkollision in einer Weise aufzulösen, die für Geschäftsleiter handhabbar ist und ihnen Möglichkeiten aufzeigen, sich regelkonform und ohne das Risiko einer Haftung zu verhalten. Entlastet werden diejenigen Geschäftsleiter, die ihren Verpflichtungen aus § 15a InsO nachkommen. Wer nach Eintritt der Insolvenzreife unverzüglich die nach § 15a InsO gebotenen Schritte einleitet, also entweder einen Insolvenzantrag stellt oder die Antragsfristen ausnutzt, um Maßnahmen zur nachhaltigen Beseitigung der Insolvenzreife oder zur Vorbereitung eines Insolvenzantrags mit der Sorgfalt eines ordentlichen und gewissenhaften Geschäftsleiters betreiben, sollte nicht gleichzeitig gegenläufigen Pflichten ausgesetzt sein. Der Vorrang der Massesicherungspflicht vor der Pflicht zur Abführung von Abgaben entspringt dem insolvenzrechtlichen Gedanken, dass ab dem Eintritt der Insolvenzreife die selektive Zahlung einzelner Verbindlichkeiten, die ab Verfahrenseröffnung als Insolvenzforderungen geltend zu machen sind, unzulässig sein muss. Dem Grunde nach wird dieser insolvenzrechtliche Gedanke auch vom BFH anerkannt.
Verweigert der vorläufige Verwalter die erforderliche Zustimmung für die Zahlung der Steuern, entfällt auch nach der Rechtsprechung des BFH mangels Verschulden eine Haftung des Geschäfts-

führers (BFH, Urteil vom 22. Oktober 2019 – VII R 30/18, NZI 2020, 585). Da jeder vorläufige Insolvenzverwalter mit Zustimmungsvorbehalt aufgrund der insolvenzrechtlichen Massesicherungspflicht eine Zustimmung zur Entrichtung von Steuern nie erteilen darf, wirkt diese Rechtsprechung formalistisch. Sie hat allein zur Folge, dass schlecht beratene Geschäftsführer in Haftungsfallen geraten. Gut beratene Geschäftsführer hingegen werden die vom BFH geforderten Formalien einhalten und sich – bei gleichem Ergebnis für den Fiskus – haftungsfrei halten können. Nach heutiger Rechtslage und Praxis erhält der Fiskus also Zahlungen allein von solchen Geschäftsleitern, die sich mit den Anforderungen der Rechtsprechung an die zumutbaren Schritte gegen den vorläufigen Insolvenzverwalter mit Zustimmungsvorbehalt nicht hinreichend auskennen. In der vorläufigen Eigenverwaltung fehlt höchstrichterliche Rechtsprechung zum Verhältnis zwischen Massesicherungspflicht und Steuerentrichtungspflicht bisher. Insolvenz- und Finanzgerichte haben uneinheitlich geurteilt (gegen einen Vorrang der Massesicherungspflicht vor der Steuerzahlungspflicht FG Münster, Urteil vom 16. Mai 2018 – 7 K 783/17, EFG 2018, 1156. Der BFH hat die dagegen eingelegte Nichtzulassungsbeschwerde als unbegründet zurückgewiesen, BFH, Beschluss vom 4. Juni 2019 – VII B 101/18 (n.v.); a. A. AG Hamburg, Beschluss vom 14. Juni 2014 – 67b IN 196/14, ZIP 2014, 2101). Beide Pflichten können aber, wenn sie verletzt werden, eine persönliche Haftung des Geschäftsführers nach sich ziehen. Der Geschäftsführer findet sich also in einer Zwickmühle wieder, weil er sich zwei gegenläufigen und haftungsbewehrten Pflichten ausgesetzt sieht.

Diese Pflichtenkollision soll in der Weise aufgelöst werden, dass eine haftungsbewehrte Verletzung der Steuerabführungspflicht ausgeschlossen ist, wenn der Geschäftsleiter seinen insolvenzrechtlichen Pflichten nachkommt. Auch hier werden Ausweichgestaltungen entbehrlich, zum Beispiel die verbreitete Praxis, die Finanzverwaltung zunächst von der Insolvenzreife in Kenntnis zu setzen, dann die Steuerverbindlichkeit zunächst zu tilgen und die Zahlung sodann nach Eröffnung des Insolvenzverfahren im Anfechtungswege zurück zur Masse zu ziehen. Hier kann der Fiskus also nach derzeitiger Rechtslage Zahlungen zwar zunächst vereinnahmen, muss sie aber nach Insolvenzeröffnung wieder an den Insolvenzverwalter herausgeben. Behalten kann er Zahlungen nur, wenn der Geschäftsleiter schlecht beraten ist und nicht wusste, dass er das Finanzamt zunächst über den Eintritt der Insolvenzreife informieren muss, ehe er zahlt. Auch vor diesem Hintergrund würde die Neuregelung dem Fiskus im Ergebnis wenig nehmen, weil gut beratene Geschäftsleiter schon heute ihre persönliche Haftung vermeiden können, dabei aber vorübergehende Liquiditätsbelastungen der von ihnen vertretenen Gesellschaft hinnehmen müssen, welche die Sanierungsaussichten belasten, ohne dem Fiskus einen dauerhaften Vorteil zu bringen. Wenn der Geschäftsleiter seine Pflichten nach § 15a InsO zunächst verletzt hat, dann aber doch noch einen Antrag stellt, oder wenn es aufgrund eines Fremdantrags zur Bestellung eines Verwalters kommt, ist es zwar richtig, den Geschäftsleiter für die bis zum Beginn des vorläufigen Insolvenzverfahrens fällig gewordenen Steuerschulden haften zu lassen. Für die ab diesem Zeitpunkt fällig werdenden Steuerschulden ist deren Nichtbegleichung aber nicht mehr auf die frühere Pflichtverletzung zurückzuführen. Denn auch bei rechtzeitiger Antragstellung hätten die Forderungen nicht beglichen werden können, und der Geschäftsleiter, der seine Pflichten nunmehr wieder erfüllt, sollte sich wiederum nicht der oben dargestellten Pflichtenkollision ausgesetzt sehen, zumal der gut beratene Geschäftsleiter ja auch nach geltendem Recht wiederum die genannten Strategien zur Haftungsvermeidung nutzen könnte. Unberührt bleibt die Haftung nach § 69 AO für die die bereits vor Eintritt der Insolvenzreife begangenen Pflichtverletzungen in Gestalt der Nichtzahlung von Steuern, die bereits vor Eintritt der Insolvenzreife fällig waren. Denn hier lag im Zeitpunkt der Fälligkeit noch keine insolvenzrechtliche Pflicht vor, welche mit der Steuerzahlungspflicht kollidiert haben könnte. Haftungsbewehrt bleibt auch die Nichtbegleichung derjenigen Steuerschulden, die im Zeitraum zwischen dem (fruchtlosen) Ablauf der Insolvenzantragsfrist und der (aufgrund eines später dann doch noch nachgeholten Antrags) Eröffnung des vorläufigen Insolvenzverfahrens fällig werden.

Es werden also keine Anreize zur Pflichtverletzung geschaffen, wohl aber **Anreize zur nachträglichen Erfüllung der Insolvenzantragspflicht.** Ebenfalls unberührt bleibt die Haftung, soweit der Geschäftsleiter durch eine Pflichtverletzung die Eröffnung des Insolvenzverfahrens vereitelt. Dies spricht insbesondere Fälle an, in denen der Geschäftsleiter keine angemessenen Maßnahmen zur Überwachung bestandsgefährdenden Entwicklungen ergreift und deshalb zu spät reagiert oder bei erkannter drohender Zahlungsunfähigkeit seine Pflicht zur Wahrung der Gläubigerinteressen verletzt und es aufgrund dessen zu einer Ablehnung der Eröffnung des Insolvenzverfahrens mangels Masse kommt."

D. Pflicht zur Erstattung von Zahlungen, Schadensersatz

I. Dogmatische Einordnung

27 Die Neuregelung der Haftungsvorschriften für die Vornahme von verbotswidrigen Zahlungen in Abs. 4 ist neu. Dogmatisch ist die Rechtsnatur des Anspruchs sehr streitig. Der Gesetzgeber hat diesen Streit ausdrücklich offen gelassen und stellt heraus, dass dies „auf eine bereits in der reichsgerichtlichen Rechtsprechung (RG, Urt. v. 30.11.1938 – II 39/18, RGZ 159, 211, 229 f.) angelegten Vermutung eines Gesamtgläubigerschadens in Höhe der verbotswidrig geleisteten Zahlungen" hinauslaufe. Der Sache nach wird man demnach davon ausgehen müssen, dass es sich um einen **Anspruch eigener Art** handelt. Der BGH hat jüngst im für die Organe privat so wichtigen Streit über die Deckung von Ansprüchen nach § 64 GmbHG durch D&O-Versicherungen ausdrücklich darauf hingewiesen, dass es sich um einen Anspruch sui generis handelt, aber auch um einen gesetzliche Haftpflichtanspruch auf Schadensersatz iSv Nr. 1.1 ULLA (BGH NJW 2021, 231). Diese Dogmatik ist auf den gleichlautenden Anspruch nach § 15b zu übertragen.

28 Der Anspruch nach § 15b Abs. 4 S. 1 steht der Gesellschaft zu. Dies entspricht auch der bisherigen Gesetzeslage in den gesellschaftsrechtlichen Normen. Er wird nur vom Insolvenzverwalter geltend gemacht, wobei für die gesellschaftsrechtlichen Normen zudem streitig ist, ob nach § 92 oder gem. § 35 als Teil der Insolvenzmasse (vgl. K. Schmidt in Scholz, GmbHG, 12. Aufl. 2018, GmbHG § 64 Rn. 58). Der Anspruch ist damit prinzipiell auch nicht vom Insolvenzverfahren und einer eventuellen Verfahrenseröffnung abhängig.

II. Ersatz von Zahlungen

29 Der Anspruch nach Abs. 4 S. 1 ist zunächst auf den Ersatz der tatsächlich erfolgten Zahlungen gerichtet.

30 Wie bisher auch, ist der Begriff der Zahlung weit auszulegen. Unter „Zahlung" in diesem Sinne sind daher alle die das Gesellschaftsvermögen (als potenzieller Haftungsmasse für die Gläubiger) **schmälernden vermögenswerten Leistungen** aus dem Gesellschaftsvermögen zu verstehen (im Detail vgl. BeckOK GmbHG/Mätzig, 46. Ed. 1.11.2020, GmbHG § 64 Rn. 44–53a).

31 Der „Ersatz" durch den Pflichtigen erfolgt dabei auf einen **Zahlungsanspruch** in Höhe des Wertes der ursprünglichen Zahlung, unabhängig davon, ob die Gesellschaft ihrerseits Geld gezahlt oder eine sonstige Leistung erbracht hatte (vgl. MüKoGmbHG/H.-F. Müller, 3. Aufl. 2018, GmbHG § 64 Rn. 167).

32 Mehrere Geschäftsführer haften als Gesamtschuldner.

III. Begrenzung auf Gläubigerschaden

33 Die wesentlichste mit der Neuregelung des § 15b einhergehende Änderung enthält Abs. 4 S. 2. Nach dem Gesetzgeber ist der Ersatzanspruch nun auf den **tatsächlichen Schaden der Gläubigerschaft begrenzt**. „Hierdurch wird vermieden, dass die Inanspruchnahme des Ersatzpflichtigen über dasjenige hinausgeht, was zur Erreichung des Zwecks der Zahlungsverbote – die Erhaltung der Masse im Interesse der Gläubiger – erforderlich ist. Für den Fall, dass den Mitgliedern des Vertretungsorgans oder dem Abwickler der Gegenbeweis eines die einzelnen Zahlungen unterschreitenden Gesamtschadens gelingt, bedarf es daher künftig nicht mehr der Konstruktion eines im Urteil über die Ersatzpflicht dem Ersatzpflichtigen vorzubehaltenden Verfolgungsrechts in Höhe des Betrags, den der Zahlungsempfänger im Insolvenzverfahren erlöst hätte (BGH, Urt. v. 11.7.2005 – II ZR 235/03; BGH, Urt. v. 8.1.2001 – II ZR 88/99, BGHZ 146, 264, 279)." Im Umkehrschluss bedeutet dies aber, dass, wenn der Geschäftsführer einen entsprechenden Nachweis nicht erbringen oder den **Quotenschaden** nicht berechnen kann, die bisherige Rechtsprechung zum Vorbehalt des Geschäftsführers weiterhin anwendbar ist (insbesondere Anrechnung von bereits erfolgten Anfechtungen und Abtretung von nicht durchgeführten Abtretungen, vgl. hierzu BeckOK GmbHG/Mätzig, 46. Ed. 1.11.2020, GmbHG § 64 Rn. 66).

34 Die nach der bisherigen Rechtsprechung oftmals massive Haftung der Organe vor allem bei Handelsunternehmen mit vielen Zahlungsvorgängen, welche nicht auf den tatsächlichen Schaden der Gläubiger begrenzt war, stieß vielfach auf Kritik und wird durch die Neuregelung nun erheblich entschärft. Der Sache nach muss das betroffene Organ nun (nur noch) für den den Insolvenzgläubigern entstehenden Quotenschaden Ersatz leisten. Damit ist die bisherige Diskussion um die Frage der Gleichwertigkeit eines Leistungsaustauschs zwischen der Schuldnerin und ihrer Gläubigerin und welche Leistung zuerst erfolgen muss, wohl weitestgehend tatsächlich erledigt; dies um den Preis der aufwendigeren Berechnung des Quotenschadens, welchen nun das in

Anspruch genommene Organ erbringen muss, da der Gesetzeswortlaut die **Beweislast** eindeutig dem Organ zuweist (vertiefend sei auf Altmeppen ZIP 2021, 1 sowie Brinkmann/Moritz ZIP 2020, 2361 (2367) verwiesen).

Unklar ist allerdings wiederum ausgehend vom Wortlaut des Abs. 4 S. 2, ob der Insolvenzverwalter die Zahlung einfach vereinnahmen darf oder ob er nicht eine **Sondermasse** bilden muss. Denn wenn der Ersatzanspruch auf den Schaden der Insolvenzgläubiger beschränkt ist und diesen zugute kommen soll, darf der Insolvenzverwalter aus einer Zahlung des Geschäftsführers sicher keine Verfahrenskosten oder Vergütung entnehmen.

IV. Keine Legitimation durch Beschlussfassungen

Eigentlich selbstverständlich, aber in Abs. 4 S. 3 klargestellt ist, dass Beschlüsse eines Organs der Gesellschaft (also zB Gesellschafterbeschlüsse oder Beschlüsse der Geschäftsführung) verbotene Zahlungen nicht legitimieren können und die Ersatzpflicht entfallen lassen.

E. Zahlung an Gesellschafter

Wie auch nach bisherigem Recht (§ 64 S. 3 GmbHG, § 92 Abs. 2 S. 3 AktG, § 130a Abs. 1 S. 3, auch iVm § 177a HGB) übernimmt Abs. 5 schließlich die Regelungen zum Verbot der Zahlungen an die (auch mittelbaren) Gesellschafter, die zur Zahlungsunfähigkeit führen müssen, es sei denn, dies war auch bei der Anwendung der Sorgfalt eines ordentlichen und gewissenhaften Geschäftsleiters nicht vorhersehbar.

Da auch insoweit keine Änderung der bestehenden Rechtslage intendiert ist, nimmt Abs. 5 S. 2 die Genossenschaft aus dem Anwendungsbereich dieser Vorschrift aus. Denn in § 99 GenG fehlt es an einer entsprechenden Regelung. Die Ausnahme bezieht sich allein auf die Insolvenzverursachungshaftung, für die das GenG keine Regelung enthält. Unberührt bleibt eine Haftung wegen Insolvenzverschleppung gegenüber der Genossenschaft nach § 34 GenG und gegenüber deren Gläubigern aus § 823 Abs. 2 BGB iVm § 15a InsO (BT-Drs. 19/24781).

F. Verzicht und Vergleich

I. Verzicht

Nach Abs. 4 S. 4 ist ein Verzicht auf die Haftungsansprüche gegen das Organ durch die Gesellschaft unwirksam. Dies entspricht auch der bisherigen Intention (für die GmbH aus dem Verweis auf § 43 Abs. 3 S. 2 GmbHG, § 9b Abs. 1 S. 1 GmbHG, vgl. im Detail BeckOK GmbHG/ Mätzig, 46. Ed. 1.11.2020, GmbHG § 64 Rn. 93). Da die Ansprüche der Befriedigung der Gläubiger dienen, ist dies selbstverständlich.

II. Vergleich

Allerdings ist nach Abs. 4 S. 5 (ebenfalls wie bisher, vgl. § 9b Abs. 1 S. 2 GmbHG) ein Vergleich über die Ansprüche in bestimmten Konstellationen zulässig, nämlich wenn das Organ zahlungsunfähig ist und sich zur Abwendung des Insolvenzverfahrens mit seinen Gläubigern vergleicht, wenn die Erstattungs- oder Ersatzpflicht in einem Insolvenzplan geregelt wird oder wenn ein Insolvenzverwalter für die juristische Person handelt (bis zur Grenze der Insolvenzzweckwidrigkeit, vgl. BGH NJW 2018, 2494). Nachdem bisher die Haftung der Organe vielfach existenzbedrohend hoch gewesen ist, war auch bislang ein Vergleich für die Organe oftmals von hoher Bedeutung. Dass die Zahlungsverpflichtung im Insolvenzplan geregelt werden kann, ergibt sich zwanglos aus der Rechtsnatur des Anspruchs als Gläubigerschaden.

G. Verjährung

Abs. 7 regelt die Verjährung der Ansprüche nach § 15b. Die Ansprüche verjähren in fünf Jahren und bei einer Börsennotierung entsprechend der Regelung des § 93 Abs. 6 AktG in zehn Jahren. Dabei handelt es sich um eine abweichend von der Regelverjährung des BGB (§§ 195, 199 Abs. 1 BGB) kenntnisunabhängige starre Verjährungsfrist.

Gemäß § 200 S. 1 BGB beginnt die Frist mit der Anspruchsentstehung (BGH NZG 2018, 1301), dh mit der Vornahme der jeweiligen in Rede stehenden Zahlung.

H. Übergangsrecht/zeitlicher Geltungsbereich

43 Eingeführt wurde § 15b mit Wirkung ab dem 1.1.2021 (Art. 103m EGInsO). Der ursprünglich verwendete Wortlaut der Vorschrift, welcher tatbestandlich an die erfolgte Zahlung anknüpft, war insofern unklar gefasst, als er Spielraum gegeben hätte, § 15b InsO auch für Altfälle anzuwenden. Da die Neuregelung in einigen Punkten erheblich günstiger für Organe ausfällt als die bisherigen Fachgesetze wie etwa § 64 GmbHG aF, sind um diese Frage sogleich Diskussionen entstanden. Mit Art. 36 des am 18.8.2021 in Kraft getretenen MoPeG wurde Art. 103m EGInsO zur Klarstellung um zwei Sätze ergänzt: „§ 15b der Insolvenzordnung in der Fassung des Sanierungs- und Insolvenzrechtsfortentwicklungsgesetzes vom 22. Dezember 2020 (BGBl. I S. 3256) ist erstmals auf Zahlungen anzuwenden, die nach dem 31. Dezember 2020 vorgenommen worden sind. Auf Zahlungen, die vor dem 1. Januar 2021 vorgenommen worden sind, sind die bis zum 31. Dezember 2020 geltenden gesetzlichen Vorschriften weiterhin anzuwenden."

44 Damit gilt § 15b nunmehr unzweifelhaft für alle ab dem 1.1.2021 erfolgten Zahlungen, wenn und soweit im Zahlungszeitpunkt Insolvenzreife besteht, unabhängig davon, zu welchem Zeitpunkt der Insolvenzantrag dann tatsächlich gestellt worden ist. Für Zahlungen bis einschließlich 31.12.2020 gilt damit auch innerhalb eines im Jahr 2021 beantragten eröffneten Insolvenzverfahrens das alte Recht – eine für Geschäftsleiter unter Umständen unglückliche Kombination, da beide Tatbestände für unterschiedliche Zeiträume separat geprüft werden müssen und vor allem für die früheren Zahlungen das schärfere alte Recht gilt.

§ 16 Eröffnungsgrund

Die Eröffnung des Insolvenzverfahrens setzt voraus, dass ein Eröffnungsgrund gegeben ist.

1 Diese Vorschrift stellt klar, dass ein materieller Insolvenzgrund der enumerativ in den nachfolgenden Rechtsvorschriften beschriebenen Gründe für die Verfahrenseröffnung bestehen muss (Zahlungsunfähigkeit, § 17, drohende Zahlungsunfähigkeit, § 18, Überschuldung, § 19). Allerdings hat die Vorschrift durch die Spezifikation der Eröffnungsgründe in den folgenden Vorschriften letztlich allein deklaratorischen Charakter.

2 Der Geltungsbereich des § 16 ist allumfassend, er gilt also nicht nur für das Regelverfahren, sondern vielmehr auch für Verbraucherverfahren, Nachlassinsolvenzverfahren, etc sowie für isolierte Partikularinsolvenzverfahren nach § 354. Lediglich in den Fällen des inländischen Sekundärinsolvenzverfahrens nach ausländischem Hauptinsolvenzverfahren muss im Inland kein Insolvenzeröffnungsgrund separat geprüft werden (§ 356, Art. 27 S. 2 EuInsVO).

3 Maßgeblicher **Zeitpunkt** für das Vorliegen des Eröffnungsgrunds ist die Entscheidung über die **Verfahrenseröffnung** (Amtsermittlung, vgl. § 5), auf eine etwaige spätere gerichtliche Entscheidung im Beschwerdeverfahren kommt es ausdrücklich nicht an (BGHZ 169, 17 = NZI 2006, 693 Rn. 8 ff.). Ein ursprünglicher und im Zeitpunkt der Eröffnungsentscheidung unbegründeter Insolvenzantrag ist daher zurückzuweisen, selbst wenn im Zeitpunkt der Beschwerdeentscheidung dann Insolvenzgründe vorliegen, zB weil sich die wirtschaftliche Lage der Schuldnerin verschlechtert hat. Erst auf einen neuen Antrag hin ist eine neue Eröffnungsentscheidung zu treffen (BGH NZI 2006, 693).

§ 17 Zahlungsunfähigkeit

(1) Allgemeiner Eröffnungsgrund ist die Zahlungsunfähigkeit.

(2) ¹Der Schuldner ist zahlungsunfähig, wenn er nicht in der Lage ist, die fälligen Zahlungspflichten zu erfüllen. ²Zahlungsunfähigkeit ist in der Regel anzunehmen, wenn der Schuldner seine Zahlungen eingestellt hat.

Überblick

Der Eintritt der Zahlungsunfähigkeit definiert (neben der Überschuldung nach § 19) den Zeitpunkt des Eintritts der materiellen Insolvenz und liegt neben den Vorschriften über das Recht (§§ 13, 15) bzw. die Pflicht (§ 15a) zur Stellung eines Eröffnungsantrags über das Schuldnervermögen vor allem auch der Insolvenzanfechtung (§§ 129 ff.) sowie den einschlägigen Straftatbeständen

(§§ 283 ff. StGB) zugrunde. Die Zahlungsunfähigkeit stellt damit einen der zentralen Begriffe der InsO dar.

Abzugrenzen ist die Zahlungsunfähigkeit des Schuldners (→ Rn. 16) von der Zahlungsstockung (→ Rn. 13); die in S. 2 genannte Zahlungseinstellung (→ Rn. 30) ist kein eigenes Tatbestandsmerkmal, sondern stellt eine widerlegbare gesetzliche Vermutung für die Zahlungsunfähigkeit auf.

Übersicht

	Rn.		Rn.
A. Allgemeines	1	III. Materielle Illiquidität	16
B. Fällige Zahlungspflichten	4	1. Anzusetzende liquide Mittel	16
I. Anzusetzende Verbindlichkeiten	5	2. Gegenüberstellung der Zahlungspflichten zu den vorhandenen liquiden Mitteln	22
II. Fälligkeitsbegriff	8		
C. Unfähigkeit zur Erfüllung der fälligen Zahlungspflichten	12	IV. „Bugwelle"	27
I. Abgrenzung zur Zahlungsstockung	13	D. Beseitigung eingetretener Zahlungsunfähigkeit	28
II. Abgrenzung zur Zahlungsunwilligkeit	15	E. Zahlungseinstellung	30

A. Allgemeines

Die vergleichsweise rudimentäre Formulierung des Gesetzes wurde in einer Vielzahl von Entscheidungen des BGH und der Instanzgerichte konkretisiert; nach dem BGH ist die sich hieraus ergebende Definition der Zahlungsunfähigkeit nach § 17 im gesamten Bereich des Insolvenzrechts anzuwenden (vgl. BeckRS 2016, 11937 Rn. 9). In der Literatur wird diese Rechtsprechung zum Teil heftig kritisiert (K. Schmidt InsO/K. Schmidt Rn. 25). Dass der Tatbestand der Zahlungsunfähigkeit ständig in der Diskussion steht, darf angesichts seines breiten Anwendungsspektrums und der Vielzahl der unterschiedlichen Interessen bei seiner Anwendung nicht verwundern. **1**

Zu berücksichtigen ist, dass die Subsumtion der Zahlungsunfähigkeit im Insolvenzrecht rein insolvenzrechtlich zu erfolgen hat (BGH BeckRS 2015, 06445). Das Institut der Wirtschaftsprüfer hat mit dem Standard IDW S 11 eine verbandsinterne Definition der Zahlungsunfähigkeit aufgestellt, welche aber grundsätzlich keinerlei verbindliche Aussagen für die Behandlung der Rechtsprechung enthält. Eine schematische Übertragung der dortigen Ausführungen darf also nicht erfolgen (vgl. zur Diskussion zum Entwurf des IDW S 11 Lenger/Nachtsheim NZI 2014, 992). Ebenfalls zu berücksichtigen ist, dass (nur) in strafrechtlichen Entscheidungen nicht nur nach der zivilrechtlich maßgeblichen betriebswirtschaftlichen Sichtweise die Zahlungsunfähigkeit bestimmt wird, sondern auch über wirtschaftskriminalistische Beweisanzeichen (vgl. zB BGH NZI 2019, 247). **2**

Heute bestimmt sich insolvenzrechtlich die Zahlungsunfähigkeit vereinfacht gesagt danach, dass in einer Gegenüberstellung der liquiden Mittel und der Verbindlichkeiten eine **Unterdeckung** vorliegt (Details → Rn. 22). Nach der früheren Rechtslage unter der Konkursordnung, in welcher keine Definition der Zahlungsunfähigkeit enthalten war, wurde von der Rechtsprechung Zahlungsunfähigkeit dann angenommen, wenn der Schuldner (i) dauernd unvermögend war, seine Zahlungsverpflichtungen (ii) im Wesentlichen zu erfüllen (BGH NJW 1992, 624). Diese Merkmale des dauernden Unvermögens und der Möglichkeit zur Zahlungsleistung im Wesentlichen sind in der heutigen Gesetzesfassung nicht mehr vorhanden, werden aber gleichwohl noch regelmäßig für die Bestimmung der Zahlungsunfähigkeit herangezogen; zudem ist das Bewusstsein für diese Begrifflichkeiten für die Einordnung der früheren Rechtsprechung erforderlich. **3**

B. Fällige Zahlungspflichten

Das Gesetz knüpft bei der Bestimmung der Zahlungsunfähigkeit zunächst an die fälligen Zahlungsverpflichtungen des Schuldners im Sinne von gegen ihn gerichteten Geldforderungen an (K. Schmidt InsO/K. Schmidt Rn. 6). **4**

I. Anzusetzende Verbindlichkeiten

Der Rechtsgrund der Zahlungsverpflichtungen ist irrelevant, ebenso, ob die Zahlungsverpflichtung originär vereinbart war oder zB aus einem Schadensersatzanspruch statt der Leistung (§ 281 **5**

BGB) resultiert. Anzusetzen sind auch nachrangige Verbindlichkeiten (zB nach § 39, etwa mit Rangrücktritt versehene Darlehen oder Gesellschafterdarlehen). Nicht erfasst sind Verpflichtungen auf tatsächliche Leistungen, die erst im Insolvenzfall durch Umrechnung nach § 45 wie eine Geldforderung behandelt werden.

6 Verbindlichkeiten sind je zum **Nennwert** anzusetzen. Überraschend ist, dass die Behandlung von **streitigen Verbindlichkeiten** in der Rechtsprechung trotz ihrer praktischen Bedeutsamkeit soweit ersichtlich nicht geklärt ist. Nur im Rahmen der Zulässigkeit des Eröffnungsantrags hat sich die Rechtsprechung dahingehend geäußert, dass die Frage des zivilrechtlichen Bestands einer Gläubigerforderung im Zivilrechtsweg vor den ordentlichen Gerichten zu entscheiden ist (→ § 14 Rn. 11). In der Literatur wird die gesamte Bandbreite möglicher Lösungen vertreten (Übersicht bei Pulte ZInsO 2020, 2695; Höffner DStR 2008, 1787), von einer bilanziellen Betrachtungsweise mit Abschlägen wie bei § 19 (Schmidt/Roth ZInsO 2006, 236) zum Ansatz der Verbindlichkeiten, wenn eine Inanspruchnahme überwiegend wahrscheinlich ist (Uhlenbruck/Mock Rn. 80) über die (mE missbrauchsanfällige) Außerachtlassung streitiger Verbindlichkeiten (Uhlenbruck ZInsO 2006, 338; in diese Richtung auch Brete/Thomsen GmbHR 2008, 912).

7 K. Schmidt (K. Schmidt InsO/K. Schmidt Rn. 8) verfolgt einen davon gänzlich differenzierenden Ansatz: Ausgangspunkt ist, dass die Zahlungsunfähigkeit an den **objektiven Bestand der Verbindlichkeit** anknüpft. Dies ist zutreffend. Die Diskussion um die Pflicht zum Ansatz streitiger Verbindlichkeiten im Zahlungsfähigkeitsstatus bildet letztlich nur die Einschätzung des Schuldners über das objektive Bestehen oder Nicht-Bestehen der Verbindlichkeit ab. Im Nachhinein wird sich (vermutlich) herausstellen, ob die Einschätzung zutreffend war oder eben nicht, was aber eine Verschuldensfrage in Person des jeweiligen Organs darstellt, soweit eine Pflichtverletzung des handelnden (oder eben keinen Antrag stellenden) Organs zB im Streit um eine Haftung in Rede steht. In der praktischen Fallbearbeitung liegt es allerdings nahe, dass das verantwortliche Organ (idealerweise gestützt auf fachkundige Berater) eine Bewertung vornimmt, wie wahrscheinlich das Bestehen oder Nichtbestehen der streitigen Verbindlichkeit ist und danach sodann seine Entscheidung trifft. Stellt sich im Nachhinein heraus, dass die Einschätzung fehlerhaft war und ein Insolvenzantrag hätte gestellt werden müssen, besteht so für das handelnde Organ immerhin die Möglichkeit, sich zu exkulpieren, wenn die Voraussetzungen hierfür vorliegen (vgl. zu den Anforderungen an die Exkulpation BGH NZG 2011, 1271; so wohl auch Leithaus/Wachholtz ZIP 2019, 649).

II. Fälligkeitsbegriff

8 Nach der Grundvorstellung der Vorschrift muss der Schuldner bei der Bestimmung seiner Zahlungsfähigkeit Verbindlichkeiten berücksichtigen, die **einwendungsfrei und fällig** sind. Auf Verzug kommt es hingegen ausdrücklich nicht an (BGH NJW 2005, 3062). Nach dem allgemeinen zivilrechtlichen Verständnis ist eine Forderung fällig, wenn der Gläubiger Zahlung verlangen kann (§ 271 BGB). Das bedeutet insbesondere, dass es auf das Vorliegen oder den Zugang einer Rechnung beim Schuldner nicht ankommt. Der BGH hat demgegenüber für die Auslegung des § 17 aufgrund dessen anderer Zielrichtung in einigen Entscheidungen einschränkend zugelassen, dass Forderungen außer Ansatz bleiben, die „mindestens rein tatsächlich – also auch ohne rechtlichen Bindungswillen – gestundet sind" (BGH NZG 2009, 860). Etwas konkreter ist diese Formulierung des BGH: „Forderungen, deren Gläubiger sich für die Zeit vor Eröffnung eines Insolvenzverfahrens mit einer späteren oder nachrangigen Befriedigung einverstanden erklärt haben, sind bei der Prüfung der Zahlungsunfähigkeit des Schuldners nicht zu berücksichtigen" (BGH NZI 2007, 579). Der BGH begründet dies damit, dass der Übergang des Schuldners in ein Insolvenzverfahren mit Gesamtvollstreckung zugunsten der Gläubiger nur dann gerechtfertigt ist, wenn die Gläubiger die Erfüllung ihrer Forderungen erwarten (BGH NZI 2007, 579). Ausreichend dafür ist ein auch schon geringer Anhaltspunkt dafür, dass der Gläubiger der ihm zustehende Zahlung fordert, etwa durch Übersendung einer Rechnung (BGH NZI 2007, 579; vgl. auch MüKoInsO/Eilenberger Rn. 7 f.). Die vielfach in diesem Zusammenhang verwendete Floskel „ernsthaftes Einfordern" durch den Gläubiger, welche noch aus der Zeit der Konkursordnung stammt, kritisiert K. Schmidt InsO/K. Schmidt Rn. 13.

9 Die **Stundung** ist die wohl wichtigste Begrenzung bei der Feststellung der insolvenzrechtlichen Fälligkeit von Forderungen iSd § 17. Dies gilt wiederum dann nicht, wenn die Stundung offenkundig erzwungen ist (BGH NZI 2008, 299). Aber auch Stillhalteabkommen, die keine Stundung im Rechtssinne enthalten müssen, können ausreichend dafür sein, die Fälligkeit iSv § 17 zu verneinen (typisches Beispiel: die geduldete Kontenüberziehung BGH NZI 2008, 231; 2009, 471). Rangrücktrittsvereinbarungen beseitigen die Fälligkeit anders als Forderungsverzichte mit Besserungsschein zunächst einmal nicht, sofern darin nicht eine Stundung enthalten ist. Eine mit qualifiziertem Rangrücktritt versehene Verbindlichkeit muss jedoch nicht passiviert und damit auch nicht bei der Zahlungsunfähigkeit einbezogen werden (BGH NZI 2015, 315). Tendenziell ist die Rechtsprechung eher schuldnerfreundlich (vgl. BGH BeckRS 2013, 05645 zu zweideutigem Verhalten des Darlehensgebers). Wichtig im Streitfall ist insbesondere für den Geschäftsführer eine hinreichende Dokumentation über Stundungen oder sonstige Absprachen mit Gläubigern zur Fälligkeit (vgl. Heeg in DStR 2017, 109).

Weiterhin werden künftige, einredebehaftete oder betagte Forderungen sowie verbotene Zahlungen etwa nach § 30 GmbHG wegen Verstoß gegen das Kapitalerhaltungsgebot als nicht fällig angesehen (K. Schmidt InsO/K. Schmidt Rn. 10). 10

Zu beachten ist, dass auch die insolvenzrechtlich nicht fälligen Forderungen (i.e. gestundete Forderungen) aber ggf. im Rahmen der Überschuldungsprüfung nach § 19 zu berücksichtigen sind. 11

C. Unfähigkeit zur Erfüllung der fälligen Zahlungspflichten

Nach dem gesetzlichen Tatbestand ist der Schuldner zahlungsunfähig, wenn er nicht in der Lage ist, die fälligen Zahlungspflichten zu erfüllen. 12

I. Abgrenzung zur Zahlungsstockung

In einer richtungsweisenden Entscheidung hat der BGH (NZI 2005, 547) den Eintritt der materiellen Illiquidität iSv § 17 in Abgrenzung zur Zahlungsstockung definiert. Seither gilt, dass die Zahlungsunfähigkeit eingetreten ist, wenn der Schuldner **10 % oder mehr seiner fälligen Verbindlichkeiten** aktuell und mit den innerhalb von drei Wochen voraussichtlich zu generierenden liquiden Mitteln nicht bedienen kann. Beträgt die innerhalb von drei Wochen nicht zu beseitigende Liquiditätslücke des Schuldners allerdings weniger als 10 % seiner fälligen Gesamtverbindlichkeiten, ist regelmäßig Zahlungsunfähigkeit noch nicht eingetreten, es sei denn, es ist bereits absehbar, dass die Lücke demnächst mehr als 10 % erreichen wird. Ein Schuldner, der mit seiner aktuellen Liquidität nicht alle fälligen Verbindlichkeiten bedienen kann, ist damit dann nicht insolvent, wenn er den objektiv bestehenden Mangel an Zahlungsmitteln kurzfristig, dh innerhalb von drei Wochen beheben kann (BGH NZI 2005, 547). Eine Überschreitung der 10 %-Deckungslücke kommt nur in Betracht, wenn „mit an Sicherheit grenzender Wahrscheinlichkeit zu erwarten ist, dass die Liquiditätslücke demnächst vollständig oder fast vollständig beseitigt werden wird und den Gläubigern ein Zuwarten nach den besonderen Umständen des Einzelfalls zuzumuten ist." Diese Rechtssätze werden in stRspr bestätigt (etwa BGH NZI 2012, 567). 13

Soweit nicht eine Zahlungseinstellung iSv § 17 Abs. 2 S. 2 festgestellt werden kann (→ Rn. 30), ist nach dem BGH für die erforderlichen Feststellungen eine „Liquiditätsbilanz" mit eigenständigen insolvenzrechtlichen Feststellungen aufzustellen. Die insolvenzrechtliche Liquiditätsbilanz ist in aller Regel nicht mit einer Handelsbilanz gleichzusetzen (BGH BeckRS 2015, 06445). Es muss also zur Ermittlung der Zahlungsunfähigkeit ein **stichtagsbezogener Finanzstatus** erstellt werden, welcher sodann um einen die folgenden drei Wochen abdeckenden Finanzplan zu ergänzen ist (vgl. hierzu K. Schmidt InsO/K. Schmidt Rn. 5, Rn. 24 f.). 14

II. Abgrenzung zur Zahlungsunwilligkeit

Die bloße Zahlungsunwilligkeit begründet keine Zahlungsunfähigkeit iSv § 17, setzt aber voraus, dass objektiv ausreichende liquide Mittel vorhanden sind. Zahlungsunwilligkeit wird in der Praxis von Schuldnern und/oder ihren Organen immer wieder vorgeschoben. Nach § 17 Abs. 2 S. 2 wird gesetzlich vermutet, dass bei Zahlungseinstellung des Schuldners Zahlungsunfähigkeit vorliegt. Die Zahlungsunfähigkeit durch **Zahlungseinstellung** tritt dann selbst bei in Wirklichkeit nur bestehender Zahlungsunwilligkeit ein, wenn der nach außen hervortretende, objektive Eindruck einer Zahlungseinstellung besteht (BGH NZI 2018, 34) (auch → Rn. 30). Der BGH hat klargestellt, dass bei Vorliegen einer Zahlungseinstellung, auch wenn diese auf behaupteter Zahlungsunwilligkeit beruht, der Schuldner (oder Prozessgegner) die Vermutung der Zahlungsunfähigkeit durch Zahlungseinstellung nach § 17 Abs. 2 S. 2 nur durch den Vollbeweis der Zahlungsfähigkeit des Schuldners widerlegen kann (BGH NZI 2012, 416 Rn. 18; bestätigt von BGH BeckRS 2014, 15812). 15

III. Materielle Illiquidität

1. Anzusetzende liquide Mittel

16 Zu den in der Liquiditätsbilanz anzusetzenden verfügbaren liquiden Mitteln gehören in erster Linie das Barvermögen, also zB Bankguthaben und Kassenbestand, aber auch sämtliche sonst verfügbaren Mittel etwa aus einer Kreditlinie, geduldeten Überziehung oder einem notwendiger Weise entsprechend leistungsfähigen Cash-Pool (Braun/Bußhardt Rn. 28 ff.; BGH NZI 2007, 579).

17 Neben der zum Stichtag vorhandenen Liquidität sind in der Liquiditätsbilanz kurzfristig verwertbare Vermögensbestandteile aufzunehmen. In Betracht kommen Mittel, die innerhalb der Dreiwochenfrist beschafft werden können, in welcher noch eine bloße Zahlungsstockung anzunehmen ist (BGH NJW 1999, 645).

18 Dies betrifft also vor allem für die folgenden drei Wochen **erwartete Zahlungseingänge** auf Forderungen. Ist die Bonität des Schuldners fraglich, sind Abschläge zu machen; Forderungen, welche erst prozessual durchgesetzt werden müssen, scheiden aufgrund des erforderlichen Zeitmoments aus. „Prognostische Ansprüche des Schuldners, deren Entstehung noch nicht als sicher zu berücksichtigen sind, sind in die Beurteilung der Zahlungsunfähigkeit zum Eröffnungszeitpunkt nicht auf der Aktivseite einzustellen" (LG Hamburg BeckRS 2012, 15519).

19 Weiterhin kommt auch der Ansatz von Liquiditätszuflüssen aus weiteren Vermögensbestandteilen in Betracht, wenn diese entsprechend kurzfristig verwertbar sind und der Schuldner auch willens ist, diese zu verwerten. Insbesondere bei Anlagevermögen wie Grundstücken ist dies regelmäßig problematisch (BGH NZI 1999, 70), ebenso bei Geschäftseinrichtung (BGH NZI 2007, 579). Diese Werte sind zumeist nur für die Ermittlung der Insolvenzmasse entscheidend.

20 Nicht ansetzbar sind künftig entstehende Forderungen, ebenso mit Insolvenzeröffnung entstehende Ansprüche, wie Insolvenzanfechtungsansprüche (Uhlenbruck/Mock Rn. 48).

21 Ob der Ansatz von Liquiditätszusagen möglich ist, hängt vom konkreten Inhalt der Zusage ab. Die verbreiteten **Patronatserklärungen** sind zur Beseitigung von Zahlungsunfähigkeit nur dann geeignet, wenn sie eine „harte" Liquiditätsausstattungsverpflichtung unmittelbar (intern) gegenüber der Schuldnerin enthalten und der Patron auch ausreichend wirtschaftlich leistungsfähig und -bereit ist (BGH NZI 2011, 536). Eine gegenüber einem Gläubiger abgegebene (externe) Patronatserklärung oder sonstige Zahlungszusagen, etwa Bürgschaften, geben der Schuldnerin kein eigenes Forderungsrecht und sind deshalb in der Liquiditätsbilanz der Schuldnerin nicht anzusetzen.

2. Gegenüberstellung der Zahlungspflichten zu den vorhandenen liquiden Mitteln

22 Im Finanzstatus bzw. dem daraus zu entwickelnden **Finanzplan** sind die maßgeblichen Verbindlichkeiten den vorhandenen liquiden Mitteln gegenüber zu stellen. Prinzipiell sind dabei die Verbindlichkeiten zum Nennwert anzusetzen, die liquiden Mittel mit ihrem Buchwert (Uhlenbruck/Mock Rn. 68–72). Gerade beim Ansatz der liquiden Mittel ist jedoch der innerhalb des Dreiwochenzeitraums tatsächlich zu erzielende Erlös entscheidend, sodass der Buchwert oftmals zu korrigieren ist. Dementsprechend muss bei fälligen Forderungen, die seit geraumer Zeit offen geblieben sind, ein erheblicher Abschlag erfolgen, (LG Hamburg BeckRS 2012, 15519), dies gilt gleichermaßen für Anlagevermögen.

23 In der Praxis wird zumeist eine Darstellung des Finanzplans mit einer **13-Wochen-Vorschau** vorgenommen, deren Grundstruktur beispielhaft nachfolgend dargestellt ist. Die Erfassung und Darstellung der Daten variiert, bei sorgfältiger Erstellung wird die Monatsvorschau taggenau erstellt, die folgenden zwei Monate auf Wochenbasis (und weitere Darstellungen dann in der Regel auf Monatsbasis).

Zahlungsunfähigkeit § 17 InsO

Name des Schuldners (in T€)	KW	1. KW	2. KW	3. KW	...	13. KW
Einzahlungen						
Debitorenabbau		2.500	1.500			1.000
Umsatzerlöse			4.500	1.000		2.000
Erhaltene Anzahlungen				500		
Sonstige Betriebliche Einzahlungen				50		
Summe Einzahlungen		2.500	6.000	1.550		3.000
Auszahlungen						
Kreditorenabbau		-6.500	-1.000	-1500		-3.000
Materialkosten		-1.000	-1.000	-1.000		-1.000
Personalkosten				-5.000		
sonstige betriebliche Auszahlungen		-50				-500
Investitionen				-100		
Zinszahlungen				-500		-1.000
Steuern		-250		-500		-250
Summe Auszahlungen		-7.800	-2.100	-8.500		-5.750
Cash Flow vor Maßnahmen		-5.300	3.900	-6.950		-2.750
Sondermaßnahmen (Gesellschafterdarlehen)				3.000		
Cash Flow nach Maßnahmen				-3.950		
Liquidität am Ende der Woche	5.000	-300	3.600	-350		-3.500

Dieser Finanzplan ist nun in eine Liquiditätsbilanz einzustellen, dh es ist zum jeweiligen Tag der **24** jeweils vorhandene Liquidität den fälligen Verbindlichkeiten gegenüberzustellen.

Ergibt sich bei dieser **Gegenüberstellung** eine Deckungslücke der Verbindlichkeiten zu **25** Beginn des Erhebungszeitraums von 10 % oder mehr, ist der Schuldner zahlungsunfähig, wenn er nicht am Ende des **Prognosezeitraums** die Liquiditätslücke geschlossen hat (→ Rn. 16). Ist die Liquiditätslücke am Ende des Dreiwochenzeitraums geringer als 10 %, liegt regelmäßig zunächst eine Zahlungsstockung vor. Gerade in einem solchen Fall muss ein weitergehender Liquiditätsplan erstellt werden. Zeigt sich, dass sich die Liquiditätslücke innerhalb eines kurzen Zeitraums von etwa drei Monaten vergrößern und mehr als 10 % betragen wird, liegt allerdings Zahlungsunfähigkeit vor. Ergibt sich am Ende des Dreiwochenzeitraums eine Unterdeckung von 10 % oder mehr, liegt Zahlungsunfähigkeit vor, sofern nicht ausnahmsweise mit an Sicherheit grenzender Wahrscheinlichkeit zu erwarten ist, dass die Liquiditätslücke demnächst (hierzu AG Hamburg BeckRS 2008, 02083) vollständig oder fast vollständig geschlossen wird und den Gläubigern ein Zuwarten nach den besonderen Umständen des Einzelfalls zuzumuten ist (BGH NZI 2007, 36; vgl. im Detail auch MüKoInsO/Eilenberger Rn. 10–25).

Im vorstehenden Beispiel ist die Frage einer Zahlungsunfähigkeit also davon abhängig, wie **26** hoch die fälligen Verbindlichkeiten am Beginn und am Ende des Dreiwochenzeitraums sind. Bestehen am Ende des Dreiwochenzeitraums fällige Verbindlichkeiten von TEUR 3.500 oder mehr, ist Zahlungsunfähigkeit gegeben.

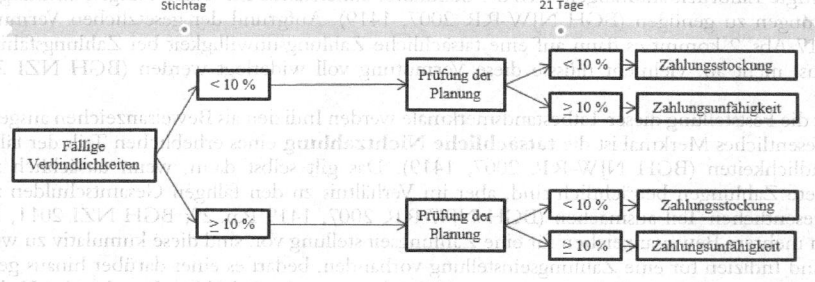

IV. „Bugwelle"

27 Die vorstehend unter Ziffer III. dargestellte Rechtsprechung ließ bisher Interpretationsspielräume zu. Einigkeit besteht darüber, dass sämtliche dem Schuldner im Dreiwochenzeitraum zufließenden Aktiva zu berücksichtigen sind. Es ist aber in der Literatur höchst streitig, ob ausgehend von der Stichtagsbetrachtung auch die im Dreiwochenzeitraum fällig werdenden Verbindlichkeiten (sog. Passiva II) berücksichtigt werden müssen (eine gute Übersicht zum Streitstand bietet K. Schmidt InsO/K. Schmidt Rn. 27 ff.). Werden diese im Dreiwochenzeitraum fällig werdenden Verbindlichkeiten nicht berücksichtigt, entsteht eine „**Bugwelle**" an Verbindlichkeiten. Die überwiegende Auffassung (Uhlenbruck/Mock Rn. 84–86 mwN) lehnt diese Überlegung mit Recht ab: die künftig generierten Aktiva können nicht nur zur Bedienung der gegenwärtigen Passiva dienen, wenn im gleichen Zeitraum weitere Passiva fällig werden, für welche dann keine Aktiva mehr zur Verfügung stehen. Die Frage der Zahlungsunfähigkeit muss sich danach bemessen, ob zum Ende des Prognosezeitraums unter Einbeziehung aller Aktiva und Passiva dann die Kriterien für eine Zahlungsstockung vorliegen oder nicht. Der II. Zivilsenat hat mit Urteil vom 19.12.2017 (NZI 2018, 204 mAnm Haneke) nun richtigerweise klar judiziert, dass die Passiva II bei der Feststellung der Zahlungsunfähigkeit nach § 17 Abs. 2 S. 1 zu berücksichtigen sind.

D. Beseitigung eingetretener Zahlungsunfähigkeit

28 Der BGH betont den Grundsatz, dass „eine einmal eingetretene, nach außen in Erscheinung getretene Zahlungsunfähigkeit regelmäßig erst beseitigt wird, wenn die geschuldeten Zahlungen an die Gesamtheit der Gläubiger im Allgemeinen wieder aufgenommen werden können" (BGH NZI 2002, 88; zuletzt etwa BGH NZI 2015, 220 Rn. 12). Dies bedeutet, dass der Schuldner entweder auf der Aktivseite ausreichende neue Liquidität generieren und zuführen (zB durch Kredit oder durchgeführte Kapitalmaßnahmen), oder auf der Passivseite entsprechende Stundungen mit seinen Gläubigern erreichen muss, die es ihm ermöglichen, alle dann noch verbleibenden Verpflichtungen zu bedienen (vgl. → Rn. 8). Zu beachten ist, dass diese Maßnahmen eine etwa bereits eingetretene Überschuldung nicht beseitigen.

29 In der Praxis ist der **Nachweis** für Beseitigung der Zahlungsunfähigkeit und die Maßnahmen des Schuldners schwierig. Allein die Bedienung einer Verbindlichkeit (zumeist diejenige des antragstellenden Gläubigers) reicht nicht aus; im Antragsverfahren ist erforderlich, dass der Schuldner die **allgemeine Aufnahme der Zahlungen** an die Gesamtheit der Gläubiger glaubhaft macht (BGH NZI 2015, 220 Rn. 14). Dies gilt auch im Rahmen von Anfechtungsstreitigkeiten, insbesondere auch, wenn eine Ratenzahlungsvereinbarung geschlossen wird und der Schuldner die Raten tilgt (selbst wenn die Zahlungseinstellung maßgeblich aus der entsprechenden Forderung resultierte, BGH NJW-RR 2016, 745). Das bedeutet, dass der Schuldner alle Zahlungsverpflichtungen bedienen muss und sich dann nicht mehr auf die 10%-Grenze berufen kann (K. Schmidt InsO/K. Schmidt Rn. 18).

E. Zahlungseinstellung

30 Abs. 2 S. 2 enthält die gesetzliche – und widerlegliche – Vermutung der Zahlungsunfähigkeit bei Zahlungseinstellung des Schuldners. Der BGH versteht die **Zahlungseinstellung** als „dasjenige nach außen hervortretende Verhalten des Schuldners, in dem sich typischerweise ausdrückt, dass er nicht in der Lage ist, seine fälligen Zahlungspflichten zu erfüllen" (BGH NJW 2002, 515; NZI 2011, 589). Mindestens für die beteiligten Verkehrskreise um den Schuldner muss sich der berechtigte Eindruck aufdrängen, dass der Schuldner außerstande ist, seinen fälligen Zahlungsverpflichtungen zu genügen (BGH NJW-RR 2007, 1419). Aufgrund der gesetzlichen Vermutung des § 17 Abs. 2 kommt es dann auf eine tatsächliche Zahlungsunwilligkeit bei Zahlungsfähigkeit zunächst nicht an, vielmehr müsste diese Vermutung voll widerlegt werden (BGH NZI 2018, 34).

31 Für die Feststellung dieser Tatbestandsmerkmale werden Indizien als Beweisanzeichen ausgewertet. Wesentliches Merkmal ist die **tatsächliche Nichtzahlung** eines erheblichen Teils der fälligen Verbindlichkeiten (BGH NJW-RR 2007, 1419). Das gilt selbst dann, wenn tatsächlich noch geleistete Zahlungen beträchtlich sind, aber im Verhältnis zu den fälligen Gesamtschulden nicht den wesentlichen Teil ausmachen (BGH NJW-RR 2007, 1419 Rn. 29; BGH NZI 2011, 589). Liegen mehrere Beweisanzeichen für eine Zahlungseinstellung vor, sind diese kumulativ zu würdigen; sind Indizien für eine Zahlungseinstellung vorhanden, bedarf es einer darüber hinaus gehenden Darlegung und Feststellung der genauen Höhe der gegen den Schuldner bestehenden Verbindlichkeiten oder einer Unterdeckung von mindestens 10 % nicht (BGH NJW-RR 2016, 939

Rn. 18; NZI 2015, 369). Selbst die Nichtzahlung einer einzigen Verbindlichkeit kann eine Zahlungseinstellung begründen, wenn die Forderung von insgesamt nicht unbeträchtlicher Höhe ist (BGH NJW 2002, 515) (→ Rn. 31.1).

Umgekehrt ist bei einem einmaligen Geschäftskontakt die Notwendigkeit einer Zwangsvollstreckung (unter Abschluss eines Vergleichs mit dem Gerichtsvollzieher gem. § 806b aF, jetzt § 802b ZPO) der Entgeltforderung gegen den nachmaligen Schuldner allein kein zwingendes Indiz für eine Zahlungseinstellung abzuleiten (BGH NZI 2017, 850). **31.1**

Typische Indizien für eine Zahlungseinstellung sind die (teilweise) Nichtzahlung von Löhnen und Gehältern, offene Sozialversicherungsbeiträge über mehrere Monate hinweg (nach BGH NZI 2003, 542 belegt die Nichtabführung über sechs Monate die Zahlungseinstellung), monatelanges völliges Schweigen des Schuldners auf die Rechnungen und Mahnungen (BGH NJW 2016, 1168 Rn. 13), eine dauerhaft schleppende Zahlungsweise (BGH BeckRS 2016, 11573 Rn. 23) sowie die Nichteinhaltung von Zahlungszusagen, insbesondere wenn es sich um wichtige, zur Aufrechterhaltung des Geschäftsbetriebs unentbehrliche Lieferanten der Schuldnerin handelt (BGH BeckRS 2016, 11573 Rn. 24), (erfolglose) Vollstreckungsversuche durch den Gerichtsvollzieher sowie die Erklärung des Schuldners, nicht zahlen zu können (auch und gerade, wenn sie mit einer Bitte um Stundung verbunden ist, BGH NZI 2008, 231; ebenso, wenn erklärt wird, es könne nur aus verfügbarer Liquidität gezahlt werden und der Schuldner werde sich bemühen, entsprechende Abschläge zu leisten, BGH NZI 2020, 520) (→ Rn. 31a.1). **31a**

Ob die Nichtabführung von Sozialversicherungsbeiträgen, deren Fälligkeit innerhalb des Zeitraums von § 3 COVInsAG liegt, als Indiz für Zahlungsunfähigkeit im Sinne der Rechtsprechung des BGH (NZI 2006, 591) gilt, ist aktuell umstritten. Das AG Darmstadt lässt aufgrund des Schutzzwecks der pandemiebedingten Norm diese Zeiträume nicht bei der Glaubhaftmachung mitgelten (NZI 2021, 431). Das AG Ludwigshafen (NZI 2021, 673) hingegen hält schon aufgrund der strafbewehrten Sanktion des § 266a StGB das Vorliegen einer bloßen Zahlungsunwilligkeit für unwahrscheinlich, jedenfalls dann, wenn gegenläufige Indizien, die etwa in einem Bestreiten der nichterfüllten Forderungen des Sozialversicherungsträgers liegen können, vom Schuldner nicht vorgetragen werden. Richtig ist, dass in den Fällen, in welchen die Nichtzahlung der Beiträge bereits in Zeiträumen vor dem 1.3.2020 liegt, der Insolvenzgrund der Unfähigkeit zur Zahlung aller Verbindlichkeiten bereits vor dem Stichtag liegt. Dennoch war die gesetzliche Regelung des § 3 COVInsAG zum Schutz der Unternehmen vor Liquiditätslücken in jenem Zeitraum gedacht, sodass die Auffassung des AG Darmstadt nicht von der Hand zu weisen ist. Jedenfalls müssten weitere Indizien vorgetragen werden, die auf eine Zahlungsunfähigkeit vor dem 1.3.2020 schließen lassen. **31a.1**

Eine umfangreiche Übersicht über die von der Rechtsprechung ausgeurteilten Indizien bietet Uhlenbruck/Mock Rn. 158–167. **31b**

In der forensischen Praxis der von den (für die Zahlungsunfähigkeit beweisbelasteten) Insolvenzverwaltern angestrengten Anfechtungsprozessen ist der Rechtssatz bedeutsam, dass die Feststellung von fälligen Verbindlichkeiten im fraglichen Zeitpunkt, die bis zur Verfahrenseröffnung nicht mehr beglichen worden sind, regelmäßig die Zahlungseinstellung belegt (BGH NZI 2007, 36; 2011, 589). Praktisch markiert das **Datum der ältesten zur Tabelle festgestellten Forderung** dann den Beginn der Zahlungseinstellung, also der Vermutung für die Zahlungsunfähigkeit. Nach aktueller Rechtsprechung ist auf zulässigen Beweisantrag des Anfechtungsgegners allerdings gleichwohl ein Sachverständigengutachten zur Frage der Zahlungsunfähigkeit einzuholen (BGH NZI 2015, 511). **32**

§ 18 Drohende Zahlungsunfähigkeit

(1) Beantragt der Schuldner die Eröffnung des Insolvenzverfahrens, so ist auch die drohende Zahlungsunfähigkeit Eröffnungsgrund.

(2) ¹**Der Schuldner droht zahlungsunfähig zu werden, wenn er voraussichtlich nicht in der Lage sein wird, die bestehenden Zahlungspflichten im Zeitpunkt der Fälligkeit zu erfüllen.** ²**In aller Regel ist ein Prognosezeitraum von 24 Monaten zugrunde zu legen.**

(3) Wird bei einer juristischen Person oder einer Gesellschaft ohne Rechtspersönlichkeit der Antrag nicht von allen Mitgliedern des Vertretungsorgans, allen persönlich haftenden Gesellschaftern oder allen Abwicklern gestellt, so ist Absatz 1 nur anzuwenden, wenn der oder die Antragsteller zur Vertretung der juristischen Person oder der Gesellschaft berechtigt sind.

Überblick

Der Insolvenzgrund der drohenden Zahlungsunfähigkeit steht eigenständig neben § 17 und gibt dem Schuldner ein zusätzliches Antragsrecht (→ Rn. 1), ohne dass eine Antragspflicht bestünde. Gesellschaften müssen bei der Antragstellung zum Missbrauchsschutz ordnungsgemäß vertreten sein (Abs. 3, → Rn. 3). Die Feststellung der „drohenden" Zahlungsunfähigkeit beinhaltet zwangsläufig einige prognostische Elemente, was bei der sicheren Feststellung des Tatbestandsmerkmals in der praktischen Anwendung zu ungeklärten Fragen führt (→ Rn. 21).

Übersicht

	Rn.		Rn.
A. Antragsrecht des Schuldners	1	I. Anzusetzende Zahlungsverpflichtungen	10
I. Antragsrecht	1	II. Anzusetzende Zahlungsmittel	17
II. Antragsrecht bei Personen- und Kapitalgesellschaften	3	III. Prognose über drohende Zahlungsunfähigkeit	21
B. Drohende Zahlungsunfähigkeit	8		

A. Antragsrecht des Schuldners

I. Antragsrecht

1 Der Gesetzgeber beabsichtigte, dem Schuldner die Möglichkeit zu geben, möglichst frühzeitig ein Insolvenzverfahren einzuleiten, ohne dass eine Antragspflicht besteht. Auf drohende Zahlungsunfähigkeit kann sich daher jeder Schuldner (auch im Verbraucherinsolvenzverfahren) berufen. Die Regelung ist **als ausschließliches Antragsrecht** des Schuldners ausgestaltet, zur Verhinderung von Missbräuchen können Gläubiger des Schuldners hierauf keinen Fremdantrag stützen, ein solcher wäre unzulässig. Werden Zahlungsunfähigkeit und Überschuldung glaubhaft gemacht, ist ein parallel gestellter Gläubigerantrag nach den allgemeinen Vorschriften zulässig (K. Schmidt InsO/K. Schmidt Rn. 9).

2 In der Praxis zeigt sich, dass Schuldner bei der Antragstellung als Insolvenzgrund gelegentlich (nur) drohende Zahlungsunfähigkeit angeben, um eine bereits verschleppte Insolvenz zu verdecken (was aufgrund der Ermittlungen der Insolvenzgutachter bzw. Insolvenzverwalter und der Vorlage deren Gutachten an die Strafverfolgungsbehörden meist sinnlos ist). Da der Schuldner mit dem Eintritt in das Insolvenzverfahren zumeist die Verfügungsbefugnis verliert, hat das Antragsrecht nach § 18 faktisch erst seit dem ESUG und dem darin enthaltenen Schutzschirmverfahren (§ 270b) mit Eigenverwaltung Bedeutung erlangt (K. Schmidt InsO/K. Schmidt Rn. 6) und wird nun als Zugangsvoraussetzung zum Restrukturierungsrahmen gem. § 29 Abs. 1 StaRUG ergänzt.

II. Antragsrecht bei Personen- und Kapitalgesellschaften

3 Da § 18 keine Pflicht zur Antragstellung begründet, entsteht bei Personen- und Kapitalgesellschaften ein besonderes **Spannungsverhältnis zwischen den vertretungsberechtigten Organen und den Gesellschaftern,** eventuell auch untereinander. Im Außenverhältnis regelt daher Abs. 3, dass die Organe bzw. Vertreter der Gesellschaft einen zulässigen Antrag nur stellen können, wenn sie über eine (nachzuweisende) Vertretungsberechtigung für die Gesellschaft verfügen oder der Antrag von allen gemeinsam gestellt wird. Stellen nicht alle Organe den Antrag, sind die übrigen Organe nach § 15 Abs. 2 (→ § 15 Rn. 5) vom Gericht zu hören.

4 Im Innenverhältnis darf der Geschäftsführer einen Antrag allerdings nur stellen, wenn ein entsprechender **Gesellschafterbeschluss** vorliegt (allgemeine Meinung, vgl. Uhlenbruck/Mock Rn. 75; andere Auffassung Fehrenbach ZIP 2020, 2370). Ein ohne Zustimmung der Gesellschafter gestellter Antrag ist aber gleichwohl zulässig und vom Insolvenzgericht zu entscheiden, der Geschäftsführer kann sich aber ggf. schadensersatzpflichtig machen (OLG München NZI 2013, 542).

5 Dogmatisch stellt bei **Personengesellschaften** die (freiwillige) Antragstellung nach § 18 keine reine Geschäftsführungsmaßnahme, sondern ein von den Gesellschaftern zu entscheidendes **Grundlagengeschäft** dar, für welches also auch die Mehrheit erforderlich ist, die für eine Liquidation erforderlich wäre (für die GmbH & Co. KG: OLG München NZI 2013, 542).

6 Bei der **GmbH** gilt die Qualifikation als **Grundlagengeschäft** entsprechend, § 49 Abs. 2 GmbHG, § 46 Nr. 6 GmbHG (K. Schmidt InsO/K. Schmidt Rn. 31; Lang/Muschalle NZI 2013,

953 (955)). Bei entsprechender Satzungsgestaltung der GmbH ist daher auch die (zustimmende) Beschlussfassung des Aufsichtsrats ausreichend. Spiegelbildlich zu dem Recht der Gesellschafter über die Antragstellung zu entscheiden, soll anders als bei den Antragspflichten nach §§ 17, 19 ein mit der entsprechenden Stimmenmehrheit gefasster Weisungsbeschluss der Gesellschafter über die Unterlassung eines Insolvenzantrags den Geschäftsführer einer GmbH binden (Braun/Bußhardt Rn. 18; so wohl auch LG München BeckRS 2015, 10365). Wird dem Geschäftsführer der GmbH die Antragstellung nicht gestattet, hat er einen Anspruch gegen die Gesellschafter auf umfassende Freistellung, insbesondere vor einer Haftung nach § 64 GmbHG aF (LG München BeckRS 2015, 10365) und damit auch gem. § 15b.

Für die **Aktiengesellschaft** ist eine Zustimmung des Aufsichtsrats zur Entlastung des Vorstands 7 erforderlich. Umstritten ist, ob sogar die Hauptversammlung entscheiden muss oder sollte (K. Schmidt InsO/K. Schmidt Rn. 31 mit Darstellung zum Streitstand); nach § 119 Abs. 2 AktG bestünde für den Vorstand immerhin die Möglichkeit, die Hauptversammlung einzubinden. Der Verweis von Fehrenbach (ZIP 2020, 2370 (2374)) auf die lange Einberufungsfrist für die Hauptversammlung nach § 130 Abs. 1 S. 1 AktG und dem damit eröffneten Spannungsfeld zur Eilbedürftigkeit einer insolvenzrechtlichen Entscheidung ist im Stadium der drohenden Zahlungsunfähigkeit eher nicht zuzustimmen. Dennoch dürfte für den Vorstand einer AG die Abstimmung über eine Antragstellung nach § 18 realistisch wohl nur bei Aktiengesellschaften mit überschaubarem Aktionärskreis sinnvoll möglich sein. Gerichtliche Entscheidungen zu dieser Frage sind nicht ersichtlich; nach der hier vertretenen Auffassung ist eine Einbindung der Hauptversammlung aus der Perspektive einer Haftung des Vorstands nicht notwendig (zur in jedem Fall bestehenden Zulässigkeit der Antragstellung vgl. → Rn. 4).

B. Drohende Zahlungsunfähigkeit

Die drohende Zahlungsunfähigkeit ist in Abs. 2 legal definiert und setzt auf der Definition der 8 Zahlungsunfähigkeit nach § 17 auf; maßgeblich ist danach, dass der Schuldner aktuell zahlungsfähig ist, aber Zahlungspflichten bestehen (→ Rn. 10), welche mit den im Zeitpunkt der jeweiligen Fälligkeit vorhandenen Mitteln (→ Rn. 17) voraussichtlich nicht bedient werden können (→ Rn. 21). Notwendigerweise beinhaltet der Tatbestand also prognostische Elemente, einerseits bezogen auf die erwarteten Zahlungspflichten und der verfügbaren Mittel, andererseits auf die eintretende Zahlungsunfähigkeit.

Eine Vorgabe über die Ermittlungsmethodik der drohenden Zahlungsunfähigkeit enthält das 9 Gesetz nicht, bislang haben auch soweit ersichtlich die Gerichte keine absolute Vorgabe gemacht (so ausdrücklich LG Hamburg NZI 2015, 560 (561)). Auch der IDW S11 enthält kein verbindliches Prüfungsschema. Allgemein wird davon ausgegangen, dass ein **Finanzstatus** aufzustellen ist, aus dem heraus ein **Finanzplan** entwickelt wird (ausf. MüKoInsO/Drukarczyk Rn. 23 ff.).

I. Anzusetzende Zahlungsverpflichtungen

Der BGH legt Wert auf eine insolvenzrechtlich autonome **Liquiditätsbilanz,** weshalb diese 10 in aller Regel nicht mit einer Handelsbilanz gleichgesetzt werden kann (BGH BeckRS 2015, 06445 Rn. 12). Ausgehend vom Wortlaut der Norm sind daher zunächst alle bereits entstandenen Zahlungspflichten (hierzu → § 17 Rn. 4) anzusetzen, weiterhin sind auch die mit überwiegender (also > 50 %) Wahrscheinlichkeit fällig werdenden Verbindlichkeiten in die Betrachtung einzubeziehen (BGH NZI 2010, 698 Rn. 52). Auf den Rechtsgrund der Verbindlichkeiten kommt es nicht an.

Über den Gesetzeswortlaut hinaus müssen auch Verbindlichkeiten angesetzt werden, welche 11 im **Prognosezeitraum überwiegend wahrscheinlich** entstehen werden (BGH NZI 2014, 259), was beispielsweise der Fall ist, wenn es nach den Umständen überwiegend wahrscheinlich ist, dass eine Fälligstellung von Darlehen (zB nach Kündigung) im Prognosezeitraum erfolgt (BGH NZI 2013, 129). Gerade in Konzernstrukturen gilt es, sorgfältig und umfassend zu prüfen. Denn haftet die zu beurteilende Gesellschaft für Forderungen Dritter gegen eine (Konzern-)Gesellschaft, deren Fälligstellung unmittelbar zur Insolvenz dieses Unternehmens geführt hat, sind diese Forderungen in die Prognose, ob der zu beurteilenden Gesellschaft die Zahlungsunfähigkeit droht, einzubeziehen. Dies gilt auch dann, wenn diese Forderungen (noch) nicht gegenüber der zu beurteilenden Gesellschaft fällig gestellt sind, aber ein Ausfall der Gläubiger überwiegend wahrscheinlich ist und die zu beurteilende Gesellschaft weder in der Lage wäre, die Forderungen mit eigenen Mitteln zu erfüllen, noch die sichere Erwartung haben darf, dass (eigene) Umschuldungsverhandlungen hinreichend sicher erfolgreich abgeschlossen und danach sämtliche fälligen Zahlungspflichten erfüllt werden können (OLG Düsseldorf BeckRS 2019, 27861).

12 In der Liquiditätsbilanz sind auch die nach dem gewöhnlichen Geschäftsverlauf zu erwartenden Verbindlichkeiten aus bestehenden Dauerschuldverhältnissen, etwa Miet- und Leasingverträgen oder Lohnzahlungen zu fassen.

13 Weiterhin sind darüber hinaus **alle zu erwartenden Ausgaben** anzusetzen, die voraussichtlich aus dem Geschäftsbetrieb des Schuldners resultieren, auch wenn der Rechtsgrund noch nicht besteht, etwa Materiallieferungen, da diese für die Geschäftstätigkeit unerlässlich sind (Uhlenbruck/Mock Rn. 48). Eine Differenzierung nach der Art der Verbindlichkeit und der Ausschluss von Investitionen aus der Betrachtung, wie sie Mock vornimmt, ist irreführend: maßgeblich ist, was der Schuldner für den prognostizierten Geschäftsbetrieb im Prognosezeitraum tatsächlich aufwenden werden muss (vgl. K. Schmidt InsO/K. Schmidt Rn. 25). Insbesondere ist es zB in der Industrie vielfach üblich, dass der Beginn einer langfristigen Lieferbeziehung Anfangsinvestitionen voraussetzt, welche sich erst über die Laufzeit amortisieren. Investitionen dieser Art sind selbstverständlich in die Liquiditätsbilanz einzustellen, auch wenn ein Rechtsgrund (etwa die Bestellung einer Maschine) selbst im Beurteilungszeitpunkt noch nicht erfolgte, der Auftrag aber bereits Gegenstand der Prognose ist.

14 **Streitbefangene Verbindlichkeiten** sind nur dann in die Prognoseberechnung einzubeziehen, wenn es aufgrund gegebener Umstände überwiegend wahrscheinlich ist, dass sie im Prognosezeitraum uneingeschränkt durchsetzbar werden. Bestehen bezüglich ihrer Berechtigung dagegen ernsthafte Zweifel, die sie als offen erscheinen lassen, so sind sie bei der Prognoseberechnung nicht zu berücksichtigen (BGH NZI 2014, 698 (702)). Im entschiedenen Fall sind daher streitige Steuerverbindlichkeiten, betreffend welchen eine Aussetzung der Vollziehung erfolgt oder ein Stillhalteabkommen geschlossen worden ist, nicht zu berücksichtigen, wenn die Zahlungsverpflichtung nicht innerhalb des Prognosezeitraums fällig werden wird. Diesen Grundsatz hat der BGH (BeckRS 2015, 06445) aktuell positiv formuliert und statuiert, dass eine Fälligstellung im Prognosezeitraum überwiegend wahrscheinlich sein muss.

15 Verbindlichkeiten, für welche eine Rückstellung oder eine Drohverlustrückstellung gebildet wurde, liegt bereits die Wertung der überwiegenden Wahrscheinlichkeit einer Inanspruchnahme zugrunde, diese sind daher ebenfalls zu berücksichtigen (Uhlenbruck/Mock Rn. 49).

16 Übereinstimmung besteht darin, dass Verbindlichkeiten zum Nennwert anzusetzen sind, wobei es noch ungeklärt ist, ob ungewisse und streitige Verbindlichkeiten mit Abschlägen zu berücksichtigen sind (zum Streitstand → § 17 Rn. 6).

II. Anzusetzende Zahlungsmittel

17 Als anzusetzende Zahlungsmittel kommen – wie bei § 17 (→ § 17 Rn. 16) – sämtliche liquiden Mittel in Betracht, insbesondere also Bankguthaben, Kassenbestand und Mittel aus einer Kreditlinie, aber auch aus einer geduldeten Überziehung etc.

18 Darüber hinaus sind – letztlich spiegelbildlich zu den anzusetzenden Zahlungspflichten – auch alle im Prognosezeitraum mit hinreichender Sicherheit zu erwartenden Zuflüsse anzusetzen, insbesondere also die in dieser Zeit aus dem gewöhnlichen Geschäftsbetrieb erwirtschaftete Liquidität (Uhlenbruck/Mock Rn. 40).

19 Maßnahmen zur Beschaffung von Kapital, etwa durch weitere Darlehensaufnahme oder durch Beiträge der Gesellschafter können erst dann berücksichtigt werden, wenn diese verbindlich zugesagt sind (vgl. K. Schmidt InsO/K. Schmidt Rn. 26).

20 Die anzusetzenden Zahlungsmittel sind ebenfalls zum Nennwert anzusetzen (zu den Ausnahmen → § 17 Rn. 18 f.).

III. Prognose über drohende Zahlungsunfähigkeit

21 Basierend auf der Finanzplanung des Schuldners ist die Prognose über die drohende Zahlungsunfähigkeit zu entwickeln. Dabei muss nach dem BGH die **gesamte Finanzlage** des Schuldners bis zur Fälligkeit aller bestehenden Verbindlichkeiten einbezogen werden. Der vorhandenen Liquidität und den Einnahmen, die bis zu diesem Zeitpunkt zu erwarten sind, müssen die Verbindlichkeiten gegenüber gestellt werden, die bereits fällig sind oder die bis zu diesem Zeitpunkt voraussichtlich fällig werden. Ergibt die Prognose, dass der Eintritt der Zahlungsunfähigkeit wahrscheinlicher ist als deren Vermeidung, droht Zahlungsunfähigkeit (BGH NZI 2014, 259 (260); zu den betriebswirtschaftlichen Grundlagen vgl. MüKoInsO/Drukarczyk Rn. 35 ff.; K. Schmidt InsO/K. Schmidt Rn. 22).

22 Anders als bei der Feststellung der Zahlungsunfähigkeit nach § 17 ist dem Schuldner bei der drohenden Zahlungsunfähigkeit nach § 18 **keine (kurzfristige) Liquiditätslücke** zuzugestehen, sondern zu überprüfen, ob im Prognosezeitraum ausnahmslos alle fälligen Verbindlichkeiten des Schuldners erfüllt werden können (Uhlenbruck/Mock Rn. 20 f.).

Über die Länge des relevanten Prognosezeitraums bestand bis Ende 2020 Uneinigkeit: Die Stimmen in der Literatur reichten von der eher zufälligen Frist der Fälligkeit der spätesten im Beurteilungszeitpunkt vorhandenen Verbindlichkeit (so wohl auch BGH NZI 2014, 259 Rn. 10) über starre Fristen von wenigen Monaten bis hin zu mehreren Jahren. Die wohl überwiegende Auffassung plädierte für eine variable Frist in Abhängigkeit des zu beurteilenden Unternehmens und der Fälligkeitsdaten der vorhandenen Verbindlichkeiten bis zu einem Maximum von etwa zwei Jahren (Uhlenbruck/Mock Rn. 21–24 mit Darstellung zum Diskussionsstand) bzw. dem Ablauf des kommenden Wirtschaftsjahres (IDW S 11 Rn. 93). Klar ist, dass die Prognose mit zunehmender Länge aufgrund der dann zwangsläufigen Variablen erheblich ungenauer wird. Der Gesetzgeber hat nun zum 1.1.2021 in Abs. 2 einen S. 2 ergänzt, wonach die Frist für den **Prognosezeitraum** nach gesetzlicher Regelvermutung 24 Monate beträgt. Es ist darauf hinzuweisen, dass es sich um eine gesetzliche Vermutung handelt, sodass von dieser Frist im Einzelfall auch abgewichen werden kann. Es spricht vieles dafür, bei endfälligen und im Verhältnis zur gesamten Verschuldung der Gesellschaft hohen Zahlungsverpflichtungen (etwa Anleihen, Schuldverschreibungen oder Mezzanine Finanzierungen) und unsicherer Refinanzierungsmöglichkeit die zeitliche Grenze aber auch abweichend anzusetzen.

Ist also am Ende des ermittelten Prognosezeitraums mit einer Wahrscheinlichkeit von mehr als 50 % Zahlungsunfähigkeit gegeben, besteht am Stichtag die drohende Zahlungsunfähigkeit iSv § 18 (K. Schmidt InsO/K. Schmidt Rn. 21; OLG Hamm BeckRS 2014, 20911).

Hinweis zum **StaRUG:** Die Feststellung der drohenden Zahlungsunfähigkeit erlangt Bedeutung für die ab diesem Zeitpunkt eröffnete Möglichkeit der Einleitung eines Verfahrens (Stabilisierungs- und Restrukturierungsrahmen) nach dem zum 1.1.2021 eingeführten StaRUG (vgl. § 29 Abs. 1 StaRUG, § 51 Abs. 1 Nr. 3 StaRUG). § 42 Abs. 1 StaRUG lautet: „Während der Rechtshängigkeit der Restrukturierungssache ruht die Antragspflicht nach § 15a Absatz 1 bis 3 der Insolvenzordnung und § 42 Absatz 2 des Bürgerlichen Gesetzbuchs. Die Antragspflichtigen sind jedoch verpflichtet, dem Restrukturierungsgericht den Eintritt einer Zahlungsunfähigkeit im Sinne des § 17 Absatz 2 der Insolvenzordnung oder einer Überschuldung im Sinne des § 19 Absatz 2 der Insolvenzordnung ohne schuldhaftes Zögern anzuzeigen."

§ 19 Überschuldung

(1) Bei einer juristischen Person ist auch die Überschuldung Eröffnungsgrund.

(2) ¹Überschuldung liegt vor, wenn das Vermögen des Schuldners die bestehenden Verbindlichkeiten nicht mehr deckt, es sei denn, die Fortführung des Unternehmens in den nächsten zwölf Monaten ist nach den Umständen überwiegend wahrscheinlich. ²Forderungen auf Rückgewähr von Gesellschafterdarlehen oder aus Rechtshandlungen, die einem solchen Darlehen wirtschaftlich entsprechen, für die gemäß § 39 Abs. 2 zwischen Gläubiger und Schuldner der Nachrang im Insolvenzverfahren hinter den in § 39 Abs. 1 Nr. 1 bis 5 bezeichneten Forderungen vereinbart worden ist, sind nicht bei den Verbindlichkeiten nach Satz 1 zu berücksichtigen.

(3) ¹Ist bei einer Gesellschaft ohne Rechtspersönlichkeit kein persönlich haftender Gesellschafter eine natürliche Person, so gelten die Absätze 1 und 2 entsprechend. ²Dies gilt nicht, wenn zu den persönlich haftenden Gesellschaftern eine andere Gesellschaft gehört, bei der ein persönlich haftender Gesellschafter eine natürliche Person ist.

Überblick

Die insolvenzrechtliche Überschuldung zwingt (neben der Zahlungsunfähigkeit nach § 17) juristische Personen und Personengesellschaften ohne natürliche Person als Vollhafter zur Stellung eines Eröffnungsantrags über das Schuldnervermögen (§ 15a). Der Überschuldungstatbestand beinhaltet zwei zentrale Komponenten: einerseits die Fortbestehensprognose (→ Rn. 10), deren positive Bestätigung eine an und für sich bestehende rechnerische Überschuldung (→ Rn. 18) egalisiert.

InsO § 19   Zweiter Teil. Eröffnung des Insolvenzverfahrens

Übersicht

	Rn.		Rn.
A. Allgemeines	1	III. Prognosezeitraum	16
I. Historie	1	IV. Dokumentation	17
II. Begrifflichkeiten	2	**C. Rechnerische Überschuldung**	18
III. Abgrenzung zur Zahlungsunfähigkeit	4	I. Allgemeines	18
IV. Anwendung auf juristische Personen	5	II. Aktivseite	20
V. Prüfungsreihenfolge der Tatbestandskomponenten	8	1. Ansatz und Bewertung	20
		2. Fallgruppen	23
B. Fortbestehensprognose	10	III. Passivseite	40
I. Inhalt der Prognose	11	1. Ansatz und Bewertung	40
II. Überwiegende Wahrscheinlichkeit	15	2. Fallgruppen	42
		D. Beweislastverteilung	58

A. Allgemeines

I. Historie

1 Der Überschuldungstatbestand für haftungsbeschränkte Rechtssubjekte wurde ursprünglich eingeführt, um als Korrelat zur Haftungsbeschränkung ein Mindestmaß an Haftungsmasse für die Gläubiger sicherzustellen. Damit sollte erreicht werden, dass haftungsbeschränkte Gesellschaften zeitlich noch vor dem Eintritt der Zahlungsunfähigkeit einen Insolvenzantrag stellen (MüKoInsO/Drukarczyk/Schüler Rn. 2). Nach einer wechselvollen Entwicklung des § 19 Abs. 2 (vgl. K. Schmidt InsO/K. Schmidt Rn. 3 ff.) setzte sich schließlich im Jahr 2008 der aktuelle, auf K. Schmidt zugrunde gehende, zweistufige Überschuldungsbegriff durch, wonach eine rechnerische Überschuldung dann nicht zur Insolvenzreife (= rechtliche Überschuldung) führt, wenn für die Gesellschaft eine positive Fortbestehensprognose besteht, sie also mittelfristig eine für die Fortführung des Geschäftsbetriebs ausreichende Finanzkraft hat. Mit Wirkung zum 1.1.2021 wurde der Prognosezeitraum nach Abs. 2 S. 1 auf 12 Monate festgelegt.

II. Begrifflichkeiten

2 Die Handelsbilanz des Unternehmens hat indizielle Bedeutung für die Bestimmung der Überschuldung, die Rechtsprechung legt allerdings großen Wert darauf, dass der **Überschuldungsbegriff** eine eigene insolvenzrechtliche Würdigung erfährt (BGH NZI 2014, 232 Rn. 17 f.; BGH BeckRS 2015, 06445 Rn. 12). Diese Sichtweise ist zwingend, nicht zuletzt, da zB die Einbeziehung von stillen Reserven für die Beantwortung der Frage, ob das Vermögen die Verbindlichkeiten deckt, von erheblicher Bedeutung ist.

3 Die rechtliche Überschuldung ist von der (nominellen/materiellen) Unterkapitalisierung zu unterscheiden, welche dadurch charakterisiert wird, dass das Eigenkapital der Gesellschaft sowie die Fremdmittel bzw. Gesellschaftereinlagen nicht zur Deckung des Finanzbedarfs ausreicht (vgl. im Einzelnen Uhlenbruck/Mock Rn. 23). Insolvenzrechtlich kommt der Unterkapitalisierung keine eigene Bedeutung zu; sie ist jedoch regelmäßig der Überschuldung zeitlich vorgelagert.

III. Abgrenzung zur Zahlungsunfähigkeit

4 Die Überschuldung nach § 19 und die Zahlungsunfähigkeit nach § 17 stehen vollwertig nebeneinander und in keinerlei Abhängigkeitsverhältnis. Die Tatbestände haben einen unterschiedlichen Anknüpfungspunkt: Die Überschuldung knüpft an eine **Bewertung der Vermögenslage** und deren Entwicklung im (in der Praxis längeren) Prognosezeitraum (→ Rn. 16) an; die Zahlungsunfähigkeit basiert auf einem zeitpunktbezogenen Liquiditätsstatus und der kurzen Dreiwochenfrist (→ § 17 Rn. 22) (vgl. die Darstellung in Harz/Bornmann/Conrad/Ecker NZI 2015, 737). Auch wenn bei der Abgrenzung zur drohenden Zahlungsunfähigkeit ein längerer Zeitraum relevant sein kann, ist für § 18 ebenfalls nur die Liquiditätsbetrachtung relevant, auf die Vermögenslage als solche kommt es nicht an.

IV. Anwendung auf juristische Personen

§ 19 Abs. 1 schränkt den Anwendungsbereich der Vorschrift ausdrücklich auf die juristischen 5
Personen ein. Hierbei handelt es sich um die in → § 11 Rn. 2 aufgeführten **Kapitalgesellschaften,** in der Praxis also vor allem die GmbH, die UG und die AG. Kapitalistisch organisierte Personengesellschaften, bei welchen keine natürliche Person als Vollhafter vorhanden ist, werden den juristischen Personen gleichgestellt (§ 19 Abs. 3). Typischerweise betrifft dies die GmbH & Co. KG, in gleicher Weise sind aber zB auch GbR betroffen, deren Gesellschafter ihrerseits ausschließlich Kapitalgesellschaften sind (auch → § 15a Rn. 5).

Weiterhin besteht eine Insolvenzantragspflicht wegen Überschuldung bei der Genossenschaft 6
mit den Modifikationen nach § 98 GenG, bei eingetragenen Vereinen (§ 42 Abs. 2 BGB), Stiftungen (§§ 86 S. 1, 42 Abs. 2 BGB) und für Nachlässe (§ 320). Schließlich ist § 19 auch auf die europäischen Gesellschaftsformen der SE und der SCE anwendbar, wenn entsprechend deutsches Recht als solches gilt (vgl. Uhlenbruck/Mock Rn. 34). Für Kreditinstitute gelten die das Regelinsolvenzverfahren modifizierenden Regelungen nach § 46b KWG mit der Folge einer Anzeigepflicht gegenüber der BaFin anstelle eines Insolvenzantrags.

Für **ausländische Gesellschaften** ist jeweils besonders zu prüfen, ob sie insolvenzrechtlich 7
als eine juristische Person iSv § 11 Abs. 1 angesehen werden, oder ob sie sich nicht auf eine Haftungsbeschränkung berufen können und daher einer Personengesellschaft iSv § 11 Abs. 2 gleichzustellen sind (→ § 11 Rn. 6). Nur für die erstgenannten Gesellschaftsformen kann die Überschuldung und die sich daraus ergebende Insolvenzantragspflicht relevant werden (inkonsequent insoweit AG Hamburg NZI 2003, 442). Zu beachten ist allerdings, dass bei den Personengesellschaften gleichgestellten Gesellschaftsformen eine persönliche Haftung der Gesellschafter besteht.

V. Prüfungsreihenfolge der Tatbestandskomponenten

Der Überschuldungstatbestand besteht aus zwei wesentlichen Komponenten: Die **rechnerische** 8
bilanzielle Überschuldung führt bei negativer Fortbestehensprognose zur juristischen Überschuldung im Sinne der Insolvenzreife. Liegt hingegen eine positive **Fortbestehensprognose** vor, ist unabhängig von einer bilanziellen Überschuldung keine Insolvenzreife gegeben (K. Schmidt InsO/K. Schmidt Rn. 13). Die Vorschrift selbst beinhaltet keine Prüfungsreihenfolge dieser Tatbestandsmerkmale. In der Praxis wird zumeist als vermeintlich einfacherer Weg die Prüfung der Fortbestehensprognose vorgezogen, wenngleich die als Ausgangspunkt vorhandene (handels-)bilanzielle Überschuldung meist überhaupt erst der Anlass für eine Prüfung ist.

Nach der aktuellen Gesetzesfassung ist bei **positiver Fortbestehensprognose** eine eventuelle 9
rechnerische Überschuldung für die Frage der insolvenzrechtlichen Überschuldung unerheblich. Diese Sichtweise ist für den vorsichtigen Geschäftsführer, welcher schließlich bei Fehleinschätzung das persönliche Risiko unter Strafbarkeit und zivilrechtlicher Haftung eingeht, nicht zwingend. Die wenigsten Fälle sind im Wirtschaftsleben so eindeutig. Gerade wenn die Frage nach dem Vorliegen einer positiven Fortbestehensprognose nicht eindeutig zu beantworten ist, macht die Prüfung der rechnerischen Überschuldung Sinn, um für den Fall eines späteren Insolvenzverfahrens die Entscheidung zur Fortführung des Unternehmens zu legitimieren. Liegt von vorneherein eine negative Fortbestehensprognose vor, ist die Frage der rechnerischen Überschuldung für die Insolvenzantragspflicht entscheidend. Insbesondere in dieser Konstellation ist zudem zu berücksichtigen, dass die Beantwortung der Fortbestehensprognose Einfluss auf die Wertansätze bei der Ermittlung der rechnerischen Überschuldung haben kann (vgl. Uhlenbruck/Mock Rn. 43–45).

B. Fortbestehensprognose

Die Fortbestehensprognose ist eine **Prognose der Zahlungsfähigkeit** des zu beurteilenden 10
Unternehmens, auf eine nachhaltige Ertragsfähigkeit kommt es nicht an (MüKoInsO/Drukarczyk/Schüler Rn. 76; IDW S 11 Ziffer 59; str.). Es geht also im Sinne des Gläubigerschutzes darum, ob nach der Planung der künftigen Liquiditätslage der Gesellschaft die zur Bedienung der jeweils fälligen Verbindlichkeiten notwendigen finanziellen Mittel zur Verfügung stehen. Dies ist natürlich dann der Fall, wenn sich der Schuldner aus seinen eigenen Erträgen selbst finanzieren kann, die Selbstfinanzierungskraft ist aber nicht zwingend Voraussetzung einer positiven Fortführungsprognose, sodass diese zB auch dann getroffen werden kann, wenn eine Gesellschaft von dritter Seite gestützt wird (typischerweise bei Projekt- oder Entwicklungsgesellschaften innerhalb eines Kon-

zernverbunds, aber auch bei Start-Ups) und dies hinreichend sicher ist (→ Rn. 15) (vgl. zu Start-Ups ausdrücklich OLG Düsseldorf BeckRS 2021, 19947).

I. Inhalt der Prognose

11 Die Fortbestehensprognose besteht aus dem **subjektiven Fortführungswillen** und zwei objektiven Elementen, nämlich einem **Unternehmenskonzept** und einer darauf aufbauenden, **integrierten Finanzplanung** (vgl. Ganter NZI 2014, 673).

12 Zum Fortführungswillen gehört die Bereitschaft zur **Fortsetzung des Unternehmens** (BGH NZI 2007, 44; OLG Stuttgart BeckRS 2007, 05215), dieser Wille wird zumeist vorliegen (vgl. aber KG BeckRS 2006, 01698 bei Betriebseinstellung). Interessant und in der Rechtsprechung noch ungeklärt ist die Frage, ob eine positive Fortbestehensprognose noch bestehen kann, wenn bereits die Liquidation der Gesellschaft beschlossen wurde und sich die Frage nach der Überschuldung während der Liquidationsphase stellt (ausführlich hierzu Morgen/Rathje ZIP 2018, 1955). Richtigerweise wird sich aufgrund des mit dem Liquidationsbeschluss hin zur Abwicklung geänderten Gesellschaftszwecks die Prognose danach zu bemessen haben, ob die gewollte Abwicklung der Gesellschaft mit den verfügbaren Mitteln abgeschlossen werden kann oder nicht. Insoweit bleibt auch der notwendige Fortführungswille bestehen. Zu beachten ist aber die Frage, welche Werte im Rahmen der Liquidation für die Vermögensgegenstände des Schuldners noch angesetzt werden können.

13 Das **Unternehmenskonzept** ist die planerische Auseinandersetzung mit realistisch anzusetzenden Sanierungsbemühungen, mit welchen in hinreichender Zeitnähe die erforderlichen ertragswirksamen Ziele des Unternehmens und eine Ausräumung der Überschuldungssituation tatsächlich erreicht werden können (OLG Koblenz BeckRS 2015, 11560).

14 Aus diesem Konzept heraus ist die **Finanzplanung** vorzunehmen. Drukarczyk/Schüler (MüKoInsO/Drukarczyk/Schüler Rn. 58 ff.) beschreiben diese Finanzplanung als Basis der Fortbestehensprognose, da sie aufzeigt, ob und wie die Gesellschaft voraussichtlich in den einzelnen Zeitpunkten ihren Zahlungsverpflichtungen nachkommen kann. Die Finanzplanung hat „integriert" zu sein, muss also die (Plan-)Bilanz, (Plan-)GuV sowie (Plan-)Cashflow-Rechnung miteinander verzahnen (vgl. IDW S 6 Rn. 140).

II. Überwiegende Wahrscheinlichkeit

15 Nach dem Gesetzeswortlaut muss die Fortführung der Gesellschaft überwiegend wahrscheinlich sein. Dies ist nach allgemeiner Auffassung dann der Fall, wenn nach Auswertung der Finanzplanung die Wahrscheinlichkeit größer als 50 % ist, dass die Gesellschaft im Prognosezeitraum, hierzu sogleich, ihren Zahlungsverpflichtungen nachkommen kann (Uhlenbruck/Mock Rn. 228, 229). Ungeachtet des notwendigerweise subjektiven Elements bei der Beurteilung der Wahrscheinlichkeit wird im Streitfall geprüft, ob die Beurteilung auch von einem objektiven sachkundigen dritten Geschäftsführer geteilt würde (FKR InsR Rn. 371).

III. Prognosezeitraum

16 Mit Wirkung ab dem 1.1.2021 ist der Prognosezeitraum in Abs. 2 S. 1 mit **12 Monaten** legal definiert. Bisher, dh bis zum Ende des Jahres 2020, wurde die Dauer des Prognosezeitraums nicht einheitlich angesetzt. Die Rechtsprechung hatte keine verbindliche Zeitspanne vorgegeben und eine „**mittelfristige**" Prognose gefordert (BGH NJW 1992, 2891), deren Dauer aber einzelfallabhängig war und etwa ein bis zwei Jahre umfassen sollte (AG Hamburg NZI 2012, 85). Die Wirtschaftsprüfer betrachteten regelmäßig das aktuelle sowie das laufende Wirtschaftsjahr (IDW S 11 Rn. 60), was insofern von Bedeutung ist, als von dieser Berufsgruppe oder in Anlehnung an deren Standards viele Gutachtensaufträge ausgeführt werden. In der juristischen Literatur wurde eine einzelfallabhängige Betrachtungsweise bevorzugt und der Prognosezeitraum in Abhängigkeit von der Erwartung an eine hinreichende Kalkulationssicherheit der Planrechnung auf mindestens 12 Monate und regelmäßig bis 24 Monate festgelegt (vgl. K. Schmidt InsO/K. Schmidt Rn. 49).

16a Mit dem Art. 10 SanInsFoG (Art. 10 Änderung des COVID-19-Insolvenzaussetzungsgesetzes) wurde ein neuer § 4 CoVInsAG eingeführt, welcher für eine begrenzte Zeit bis zum 31.12.2021 den Überschuldungsbegriff für pandemiebetroffene Rechtsträger anpassen und modifizieren soll. Motivation des Gesetzgebers ist die vielfach (auch im Rahmen der Kommentierung bei Art. 1 CoVInsAG → COVInsAG § 1 Rn. 10) thematisierte Schwierigkeit der Unternehmen und ihrer Organe, valide Prognosen aufzustellen. „Um möglichst zu verhindern, dass Insolvenzanträge allein aufgrund der Prognoseunsicherheiten gestellt werden müssen, sieht § 4 COVInsAG (→ COVIn-

Überschuldung **§ 19 InsO**

sAG § 4 Rn. 1) für die Prüfung der Fortführungsprognose des § 19 Absatz 2 Satz 1 InsO eine Verkürzung des Prognosezeitraums vor", konkret auf vier Monate unter bestimmten Bedingungen.

Die Vorschrift lautet: **16a.1**
„**§ 4 Prognosezeitraum für die Überschuldungsprüfung**
Abweichend von § 19 Absatz 2 Satz 1 der Insolvenzordnung ist zwischen dem 1. Januar 2021 und dem 31. Dezember 2021 anstelle des Zeitraums von zwölf Monaten ein Zeitraum von vier Monaten zugrunde zu legen, wenn die Überschuldung des Schuldners auf die COVID-19-Pandemie zurückzuführen ist. Dies wird vermutet, wenn
1. der Schuldner am 31. Dezember 2019 nicht zahlungsunfähig war,
2. der Schuldner in dem letzten, vor dem 1. Januar 2020 abgeschlossenen Geschäftsjahr ein positives Ergebnis aus der gewöhnlichen Geschäftstätigkeit erwirtschaftet hat und
3. der Umsatz aus der gewöhnlichen Geschäftstätigkeit im Kalenderjahr 2020 im Vergleich zum Vorjahr um mehr als 30 Prozent eingebrochen ist."

IV. Dokumentation

Gesetzlich ist der Umfang der Dokumentation für die Prognose nicht vorgegeben, auch die Rechtsprechung hat keine Vorgaben aufgestellt. In der Praxis wird dem Unternehmen, so es bankenfinanziert ist, meist die Vorlage eines **Gutachtens nach IDW-Standard** als Grundlage für eine Entscheidung über die Fortsetzung der Finanzierungstätigkeit abverlangt. Umfang und Qualität der Dokumentation hängen dann von den als Sachverständigen eingesetzten Beratern ab. Für den Geschäftsführer hat die ordnungsgemäße Dokumentation größte Bedeutung, falls zu einem späteren Zeitpunkt doch Insolvenz eintritt, um sich gegen den zu erwartenden Vorwurf der Insolvenzverschleppung verteidigen zu können (vgl. Aleth/Harlfinger NZI 2011, 166). Anzuraten ist daher eine Dokumentation, aus der heraus es einem sachverständigen Dritten möglich ist, innerhalb angemessener Zeit die aufgestellte Prognose, bestehend aus Tatsachengrundlage und Subsumtion, nachzuvollziehen. Zur Beweislastverteilung → Rn. 58 ff. **17**

C. Rechnerische Überschuldung

I. Allgemeines

Die rechnerische Überschuldung ist unter rein dogmatischen Gesichtspunkten nur relevant, wenn die Fortbestehensprognose negativ ist. Die Praxis zeigt allerdings, dass die Prognose oft nicht mit letzter Sicherheit aufgestellt werden kann, und/oder die geschäftsführenden Organe Sicherheit für ihr Handeln verlangen, weshalb zusätzlich zur Fortbestehensprognose die rechnerische Überschuldung geprüft wird. **18**

Zweck der Überschuldungsprüfung ist die Darstellung der Fähigkeit des Schuldnervermögens zur Deckung der Verbindlichkeiten (MüKoInsO/Drukarczyk/Schüler Rn. 105). Es handelt sich dabei um einen **stichtagsbezogenen Status** (Sonderbilanz), der mit einer Handelsbilanz nicht gleichzusetzen ist (→ Rn. 19.1). Dennoch ist die Verwendung des allgemeinen Bilanzgliederungssystems üblich. Die mustermäßige Darstellung eines Überschuldungsstatus findet sich bei FKR InsR Rn. 363. **19**

Erfolgt zu einem späteren Zeitpunkt die Prüfung, wann die Überschuldung eingetreten ist, ist eine ex-ante-Betrachtung anzustellen (OLG Schleswig NZI 2010, 492 (493 aE)). **19.1**

II. Aktivseite

1. Ansatz und Bewertung

Auf der Aktivseite sind bei der Aufstellung der Überschuldungsbilanz sämtliche **Vermögenswerte** der Schuldnerin einzustellen, welche im Insolvenzfall für die Befriedigung der Gläubiger zur Verfügung stünden, also der Insolvenzmasse (§ 35) zugehören würden (BGH NJW 1983, 676; 1992, 2891 (2894); OLG Koblenz BeckRS 2008, 13214). Auf der Aktivseite der Überschuldungsbilanz sind also prinzipiell alle Vermögenswerte der Schuldnerin aus Anlage- und Umlaufvermögen anzusetzen. **20**

Die Feststellung der rechnerischen Überschuldung erfolgt dabei stets nach Liquidationswerten, da sie entsprechend der negativen Fortbestehensprognose unter der Liquidationshypothese erstellt wird (K. Schmidt InsO/K. Schmidt Rn. 22). Die handelsrechtlichen Wertansätze sind daher allen- **21** falls Ausgangspunkt für die Bewertung, maßgeblich ist aber der zu erwartende Veräußerungserlös abzüglich der Verwertungskosten. Dabei ist im Überschuldungsstatus – wenngleich das **handelsrechtliche Vorsichtsprinzip** des § 252 Abs. 1 Nr. 4 HGB nicht unmittelbar gilt – dieses entsprechend anzuwenden (Uhlenbruck/Mock Rn. 62). Etwaig vorhandene stille Reserven und Lasten sind aufzudecken, daraus resultierende steuerliche Wirkungen sind zu beachten (MüKoInsO/Drukarczyk/Schüler Rn. 112). Etwaige bilanzielle Abschreibungen bleiben also unberücksichtigt.

22 Im Rahmen der Liquidationsbewertung ist also eine **Verwertungsprognose** anzustellen. Diese beinhaltet die oftmals schwierige Frage, welches die wahrscheinlichste Verwertungsart ist, welche wiederum erhebliche Auswirkungen auf den zu erwartenden Erlös hat. Grundsätzlich ist von einer Verwertung der einzelnen Vermögensbestandteile auszugehen. Nach der hM kann in Abhängigkeit von den Spielräumen des Finanzplans aber auch die wahrscheinlichste Verwertungsart herangezogen werden, wenn eine konkrete Verwertungsaussicht besteht (IDW S 11 Rn. 74f.; Steffan in Oppenländer/Trölitzsch, Praxishandbuch der GmbH-Geschäftsführung, 3. Aufl. 2020, § 38 Rn. 69–71). Dies beinhaltet dann ggf. auch den Ansatz einer gemeinsamen Verwertung von Vermögensgegenständen, etwa von Unternehmensteilen. Je geringer die Marktgängigkeit eines Vermögenswerts ist, desto höhere Anforderungen sind an seine Realisierbarkeit zu stellen, IDW S 11 Rn. 76.

2. Fallgruppen

23 **a) Anlagevermögen.** Das Anlagevermögen ist zum **Verkehrswert** anzusetzen. Insbesondere bei Grundstücken ist jedoch die zu erwartende Möglichkeit der Verwertung zu beachten (K. Schmidt InsO/K. Schmidt Rn. 26). Dies kann ggf. zu erheblichen Abwertungen führen, etwa bei nicht marktgängigen Vermögensbestandteilen, bei Verdacht auf Altlasten oder spezifisch für den Schuldner hergestellten Anlagenbestandteilen (MüKoInsO/Drukarczyk/Schüler Rn. 112).

24 **b) Finanzanlagen.** Hierunter fallen in erster Linie Beteiligungen an Gesellschaften und Wertpapiere, die mit ihrem **Verkehrs- oder Marktwert** (zB Börsenwert) anzusetzen sind. Soweit Beteiligungen (→ Rn. 24.1) zB aufgrund Vinkulierung etc nicht veräußerlich sind, ist das nach Kündigung der Gesellschaft zu erwartende Abfindungsguthaben einzustellen (Uhlenbruck/Mock Rn. 67).

24.1 Streitig ist, ob eigene Anteile an der Schuldnerin aktiviert werden können (vgl. K. Schmidt InsO/K. Schmidt Rn. 28). Prinzipiell kann dies bejaht werden, ein positiver Wert wird der Beteiligung allerdings nur zuzumessen sein, wenn die Beteiligung als solche verwertbar ist und hierin ein über den Ansatz der einzelnen Vermögenspositionen der Gesellschaft hinausgehender Vermögenswert enthalten ist.

25 **c) Forderungen der Gesellschaft.** Sämtliche Forderungen der Gesellschaft sind zu aktivieren, unabhängig ob sie aus Lieferungen und Leistungen resultieren, oder es sich zB um Steuererstattungsansprüche handelt. Schwierigkeiten im Einzelfall macht die Bewertung der anzusetzenden Forderungen. Zu prüfen sind insbesondere **Verität und Bonität** der Forderung.

26 Ist das Bestehen der Forderung zweifelhaft, sind entsprechende **Abschläge** zu machen. Dies gilt ebenfalls bei Bonitätsrisiken, Mock geht davon aus, dass aufgrund der generellen Schwierigkeiten der Forderungsdurchsetzung in Insolvenz-/Liquidationsszenarien Wertabschläge von 20–50 % vorzunehmen, respektive jedenfalls Kosten der zu erwartenden Forderungsbeitreibung abzuziehen sind (Uhlenbruck/Mock Rn. 143). Bestrittene Forderungen, die gerichtlich durchgesetzt werden müssen, dürfen nach dem Gebot einer vorsichtigen Bewertung überhaupt nicht aktiviert werden (OLG Hamburg BeckRS 2017, 128837). Der Senat spricht sich auch deutlich gegen die Vornahme prozentualer Abschläge durch den Schuldner aus, denn „schließlich kann es unter der Zielsetzung des Gläubiger- und Verkehrsschutzes auch nicht allein der eigenen Einschätzung des Geschäftsführers überlassen werden, eine der Sache nach gebotene Wertberichtigung zu quantifizieren und hierdurch quasi über die Insolvenzreife der Gesellschaft zu disponieren".

27 Wird Factoring durchgeführt, sind die Forderungen der Gesellschaft gegen den Factor voll anzusetzen, jedenfalls solange nicht mit einer Rückübertragung zu rechnen ist (dann ist allerdings der Bewertungsansatz der Forderung zu prüfen).

28 Regelmäßig enthält die Bilanz von inhabergeführten Gesellschaften Forderungen gegen Gesellschafter. Diese sind nur aktivierbar, wenn eine ernsthafte Verwertungsabsicht (also ggf. unter Einleitung von Einziehungsmaßnahmen) vorliegt, welche allerdings in der Person des Insolvenzverwalters zweifelsfrei besteht (K. Schmidt InsO/K. Schmidt Rn. 30). Im Rahmen des Wertansatzes ist die Bonität der Gesellschafter besonders kritisch zu hinterfragen.

Überschuldung **§ 19 InsO**

Künftig fällig werdende Forderungen sind abzuzinsen. Der Ansatz von Forderungen aus schwebenden Geschäften ist davon abhängig, ob die Durchführung des Geschäfts auch unter Liquidationsgesichtspunkten wahrscheinlich ist (K. Schmidt InsO/K. Schmidt Rn. 31). **29**

d) Immaterielle Vermögenswerte/Firmenwert. Immaterielle Vermögenswerte sind grundsätzlich anzusetzen, da § 248 Abs. 2 HGB nicht gilt. Maßgeblich ist allein die Frage, ob diese Werte (Lizenzen, Konzessionen, Schutzrechte, etc) tatsächlich veräußerbar sind und welcher Wert in ihnen enthalten ist (BGH NJW 1992, 2891 (2894); Wolf DStR 1995, 859). **30**

Der Ansatz des Firmenwerts wird weitgehend abgelehnt, da diesem bei einer Liquidation kein Wert mehr beizumessen sei (K. Schmidt InsO/K. Schmidt Rn. 25; Uhlenbruck/Mock Rn. 84f). Richtigerweise muss für den Firmenwert aber das gleiche wie für alle anderen Vermögenspositionen gelten: ist der **Firmenwert** veräußerbar und liegt in ihm (belegbar) ein messbarer Wert, ist er aktivierbar (so wohl auch LG Hamburg DZWIR 2011, 149; vgl. auch Uhlenbruck/Mock Rn. 148). Das eigentliche Problem liegt in der Führung des Nachweises für den angenommenen Wert. Wichtig ist, dass keine Verdoppelung des Wertansatzes erfolgt, falls einzelne Betriebsteile (inkl. ggf. der Firma) bewertet werden. **31**

e) Gesellschaftsrechtliche Ansprüche. Für aus dem Gesellschaftsverhältnis begründete Ansprüche gelten dem Grunde nach keine Besonderheiten: Ist ein Anspruch der Schuldnerin gegen einen Dritten verbindlich begründet, ist er aktivierbar; die Werthaltigkeit des jeweiligen Anspruchs ist aber kritisch zu prüfen (Uhlenbruck/Mock Rn. 89 ff.). Zudem ist gerade auch in solchen Fällen kritisch zu hinterfragen, ob die Ansprüche durchgesetzt werden sollen und können (→ Rn. 28). **32**

Daraus folgt, dass beispielsweise Einlagenansprüche aktiviert werden können, ebenso Nachschussverpflichtungen, verbindliche Kapitalzusagen, harte interne Patronatserklärungen (→ Rn. 33.1) für die Dauer (und den Umfang) ihrer Geltung (BGH NZI 2010, 952) etc. **33**

Nach der Rechtsprechung des BGH ist die Aktivierung einer Patronatserklärung im Überschuldungsstatus dann möglich, wenn die Patronatserklärung (i) „hart" intern gegenüber der patronierten Gesellschaft abgegeben wurde, (ii) werthaltig ist und erfüllt wird und (iii) mit einem Rangrücktritt betreffend den Regressanspruch versehen wurde (anderenfalls muss die Rückzahlungspflicht der Gesellschaft passiviert werden), vgl. STAR 21-Urteil des BGH (BGH NZI 2010, 952). Dies gilt auch dann, wenn die Patronatserklärung kündbar ist, (BGH NZI 2010, 952), in der Literatur allerdings streitig (befürwortend Krüger/Pape NZI 2011, 617; Maier-Reimer/Etzbach NJW 2011, 1110; ablehnend Obermüller ZGR 1975, 1 (31); Kaiser ZIP 2011, 2136). Nach K. Schmidt hat die Möglichkeit der Kündigung einer Patronatserklärung, die nicht erkennbar bevorsteht, keine Auswirkungen auf die Prognose (ZIP 2013, 485, str.). Interessanterweise werden die in der Praxis durchaus ebenfalls verwendeten befristeten Patronatserklärungen in der Rechtsdiskussion bisher kaum thematisiert. Nach hier vertretener Auffassung ist auch bei einer Befristung die Aktivierung im Rahmen des Patronats möglich, aber das Ende des Patronats genau im Auge zu behalten. Das Ende des Patronats ist zu berücksichtigen, wenn es um die Beurteilung der Fortbestehensprognose geht, die über den Auslauf der Befristung hinaus dann ggf. keine Finanzierungszusage mehr vorliegt. Beispielsweise ist bei einer halbjährigen Laufzeit einer Patronatserklärung die über einen längeren Zeitraum zu beurteilende Fortbestehensprognose (→ Rn. 16) jedenfalls durch das Patronat nicht gesichert. **33.1**

Ebenfalls kritisch zu würdigen sind Einschränkungen des Patronats, etwa auf „fällige" Verbindlichkeiten. Denn die Patronatserklärung ist dann natürlich auch nur insoweit aktivierbar und ggf. nicht geeignet, die Überschuldung vollständig zu beseitigen (zudem stellt sich für den Geschäftsführer das Problem der nötigen taggenauen Berechnung ihrer Höhe). **33.2**

Im Hinblick auf die Entscheidung des BGH NZI 2015, 315 zum Rangrücktritt und die darin enthaltene Wertung, dass ein solcher nur auf Dauer angelegt sein kann (Rn. 38) muss konsequenter Weise in Frage gestellt werden, ob diese Wertung auf die Patronatserklärung übertragen werden kann. Sofern die Rechtssätze aus STAR 21 nicht aufgegeben werden sollen, muss dann bei einer Kündbarkeit oder Befristung des Patronats die Fortbestehensprognose insoweit eine besondere Begründung erfahren. **33.3**

Ansprüche, die erst mit der Insolvenzverfahrenseröffnung entstehen, etwa solche gegen die Organe wegen Insolvenzverschleppung (§ 15a Abs. 4) sind nicht aktivierbar. **34**

Auch andere Ansprüche gegen die Organe der Gesellschaften sind dann nicht ansetzbar, wenn sie erst mit Insolvenzverfahrenseröffnung zum Tragen kommen. Dies gilt zB für Ansprüche auf Ersatz verbotener Zahlungen (§ 15b), weil es sich der Sache nach um Ansprüche der Gesellschaftsgläubiger handelt, welche vom Insolvenzverwalter geltend gemacht werden, sowie für Ansprüche wegen existenzvernichtendem Eingriff (vgl. Frystatzki NZI 2013, 16) (→ Rn. 38). Für Ansprüche der Gesellschaft gegen den Geschäftsführer aus § 64 S. 1 GmbHG aF und § 92 Abs. 2 AktG aF ist die Aktivierbarkeit streitig gewesen. Nach der Entscheidung des EuGH NZG 2016, 115 (mAnm Mankowski NZG 2016, 281) handelt es sich um einen insolvenzrechtlichen Anspruch, welcher **34a** dann nicht zu aktivieren ist. Selbst bei einer abweichenden Beurteilung ist die Frage der Aktivierbarkeit solcher Ansprüche bilanziell betrachtet allerdings ein Nullsummenspiel, da dem betroffenen Organ ein Regressanspruch gegen die Gesellschaft zusteht, BGH NJW 2001, 1280.

35 **f) Sonstige Vermögensgegenstände.** Vorratsvermögen, insbesondere Roh-, Hilfs- und Betriebsstoffe, Halb- und Fertigerzeugnisse können zwar dem Grunde nach angesetzt werden, allerdings ist ihre Veräußerbarkeit und damit ihr Liquidationswert zumeist fraglich. Es sind daher erhebliche Abschläge auf die handelsbilanziellen Buchwerte vorzunehmen (zB 30–50 % bei Roh-, Hilfs- und Betriebsstoffen sowie anderen Vorräten, Uhlenbruck/Mock Rn. 142).

36 Wenn und soweit von der Schuldnerin aufgrund eines Eigentumsvorbehalts erworbene Vermögensgegenstände nur mit einem Anwartschaftsrecht (den Ansatz bestätigend OLG Hamburg NZG 2010, 1225) in das Vermögen übergegangen sind, kann dieses nur mit dem von ihm verkörperten Wert angesetzt werden (also maximal der Nennwert der bereits geleisteten Kaufpreisteilzahlungen abzüglich eingetretener Wertverluste).

37 Einem Absonderungsrecht (§§ 49 ff.) unterliegende Gegenstände zählen zum Schuldnervermögen (allerdings ist auf die Passivierung der von ihnen gesicherten Verbindlichkeiten zu achten, K. Schmidt InsO/K. Schmidt Rn. 23).

38 **g) Nicht anzusetzende Vermögensgegenstände.** Ansprüche, die erst mit Insolvenzverfahrenseröffnung entstehen oder den Gläubigern zustehen, sind nicht aktivierbar. Dies betrifft insbesondere Haftungsansprüche der Gesellschaftsorgane wegen Insolvenzverschleppung oder verbotenen Zahlungen (→ Rn. 34, → § 15a Rn. 29 ff., → § 15b Rn. 1) sowie Insolvenzanfechtungsansprüche.

39 Nicht anzusetzen sind weiterhin Vermögensgegenstände, soweit sie einem Aussonderungsrecht iSv § 47 unterliegen, da sie nicht dem Schuldnervermögen zugerechnet werden können.

III. Passivseite

1. Ansatz und Bewertung

40 Die Passivseite der Überschuldungsbilanz hat alle auf Zahlung gerichteten **Verbindlichkeiten** der Gesellschaft auszuweisen, welche im Falle einer Insolvenz zu befriedigen wären. Ausgenommen von der Pflicht zum Ansatz sind lediglich Forderungen, die nicht in Geld umgerechnet werden können (§ 45; vgl. auch K. Schmidt InsO/K. Schmidt Rn. 34). Nicht ansatzpflichtig sind weiterhin insolvenzspezifische Verbindlichkeiten, die erst mit der Verfahrenseröffnung entstehen, etwa die Verwaltervergütung (Nerlich/Römermann/Mönning Rn. 37).

41 Die zu berücksichtigenden Verbindlichkeiten sind mit ihrem jeweiligen Nennwert anzusetzen (Uhlenbruck/Mock Rn. 209 ff.). Rückstellungen sind ebenfalls anzusetzen, wobei die Rückstellungsbildung nach den HGB-Grundsätzen nicht zwangsläufig zu übertragen ist; der auf Liquidation gerichtete Ansatz der Überschuldungsprüfung ist angemessen zu berücksichtigen (vgl. OLG Brandenburg BeckRS 2015, 01192; OLG Hamburg BeckRS 1980, 31390247).

2. Fallgruppen

42 **a) Verbindlichkeiten.** Zunächst sind **sämtliche begründeten Verbindlichkeiten** der Gesellschaft anzusetzen. Irrelevant ist, ob es sich um Verbindlichkeiten aus dem laufenden Geschäftsbetrieb handelt, etwa aus Warenlieferungen oder Bankverbindlichkeiten oder beispielsweise um Steuerschulden.

43 Unerheblich (und anders als bei der Zahlungsunfähigkeitsprüfung → § 17 Rn. 9) ist weiterhin, ob die Verbindlichkeiten gestundet oder sonst nicht fällig sind. Lediglich bei langfristigen unverzinslichen Verbindlichkeiten kann eine Abzinsung erfolgen (Uhlenbruck/Mock Rn. 210).

44 Durch Dritte **gesicherte Verbindlichkeiten** sind zu passivieren. Einerseits handelt es sich um originäre Verbindlichkeiten der Gesellschaft, sodass stets mit einer Inanspruchnahme zu rechnen ist. Andererseits stehen regelmäßig dem Sicherungsgeber Rückgriffsansprüche zu (Uhlenbruck/Mock Rn. 156). Ein Ansatz könnte lediglich dann unterbleiben, wenn eine wirtschaftliche Belastung der Gesellschaft ausgeschlossen ist (so wohl OLG Düsseldorf BeckRS 2011, 27231). Ob dies zB bei einem Rangrücktritt oder Verzicht des Sicherungsgebers auf Regressansprüche der Fall sein kann, ist wegen der originären Verpflichtung der Schuldnerin streitig (vgl. K. Schmidt InsO/ K. Schmidt Rn. 45). Die Sicherheit selbst kann nicht aktiviert werden, da sie nicht im Eigentum der Schuldnerin steht.

Verbindlichkeiten aus Dauerschuldverhältnissen sind entsprechend dem Liquidationsgedanken 45
bis zum nächsten möglichen **Kündigungszeitpunkt** anzusetzen (Uhlenbruck/Mock Rn. 160;
aber auch → Rn. 57).

Aufrechenbare Verbindlichkeiten sind zu passivieren, bis eine **Aufrechnung** wirksam erklärt 46
wurde (K. Schmidt InsO/K. Schmidt Rn. 38). Allerdings ist auf der Aktivseite auch der entsprechende Anspruch der Schuldnerin zu aktivieren. Die Passivierungspflicht gilt auch für Verbindlichkeiten mit sonstigen Einreden, da ein etwaiger Einfluss eines Insolvenzverfahrens auf die Einrede nicht zu berücksichtigen ist.

Arbeitsrechtliche Ansprüche, insbesondere **Sozialplanansprüche** sind zu passivieren, wenn 47
eine entsprechende Vereinbarung besteht und diese unabhängig von der Insolvenzverfahrenseröffnung zu bedienen sind (zB im Rahmen von Restrukturierungsmaßnahmen getroffene Vereinbarungen). Kosten eines im Insolvenzverfahren möglichen Personalabbaus sind hingegen nicht anzusetzen (MüKoInsO/Drukarczyk/Schüler Rn. 124). Zu passivieren sind Personalabbaukosten nur, wenn dieser bereits verbindlich beschlossen ist (KG BeckRS 2006, 01698).

b) Nachrangige Verbindlichkeiten/Gesellschaftsrechtliche Verbindlichkeiten. Auch 48
nachrangige Verbindlichkeiten sind grundsätzlich zu passivieren, wie sich im Umkehrschluss aus der Formulierung des § 19 Abs. 2 S. 2 ergibt. Nachrangige Verbindlichkeiten dürfen erst dann aus dem Überschuldungsstatus entfernt werden, wenn der (schuldrechtlich vereinbarte) Nachrang die im Gesetz genannte Qualität aufweist, wonach die betroffene Verbindlichkeit erst **nach** den in § 39 Abs. 1 Nr. 1–5 genannten Verbindlichkeiten zu bedienen ist. Zudem muss die Nachrangvereinbarung (Rangrücktritt) wegen dem pauschalen Verweis auf § 39, welcher erst im eröffneten Verfahren Anwendung findet, den Zeitraum der Nachrangigkeit bestimmen: Kommt in der Nachrangvereinbarung nicht zum Ausdruck, dass der Nachrang bereits vor Insolvenzverfahrenseröffnung gelten soll, ist die Verbindlichkeit bis zu diesem Zeitpunkt zu passivieren (Baumbach/Hueck/Haas GmbHG Vor § 64 Rn. 55). In seiner wegweisenden Entscheidung vom 5.3.2015 (NZI 2015, 315) hat der IX. Senat die Rahmenbedingung für Rangrücktrittserklärungen umfassend dargestellt. Zwar betrifft diese Entscheidung noch einen qualifizierten Rangrücktritt, wie er vor dem MoMiG oftmals verwendet wurde, gleichwohl gelten die dort judizierten Rechtssätze uneingeschränkt auch im Rahmen der aktuellen Rechtslage. Soweit hier relevant, ist insbesondere darauf hinzuweisen, dass ein wirksamer Rangrücktritt die Vereinbarung einer vorinsolvenzlichen Durchsetzungssperre der Forderung bedarf und nach dem BGH Schutzwirkung auch für Dritte. Er kann daher ab dem Eintritt der Krise ohne Zustimmung aller Gläubiger nicht wieder aufgehoben oder zurückgenommen werden. Das LG Düsseldorf (NZI 2017, 487) hat diese Rechtsprechung aufgegriffen und weiter detailliert: Soweit ein Rangrücktritt formularmäßig in AGB vereinbart wird und sich widersprechende Regelungen bezüglich der Rangtiefe enthält, verstößt er gegen das Transparenzgebot des § 307 Abs. 1 S. 2 BGB. Im konkreten Fall verblieb allenfalls ein Rang „nach § 38" (also vor § 39 Abs. 1), was für eine wirksam vereinbarte vorinsolvenzliche Durchsetzungssperre nicht ausreichend ist.

Steuerlich bestand die Herausforderung darin, einen Weg zu finden, die Verbindlichkeit trotz der 48.1
erwünschten insolvenzrechtlichen Folge des Rangrücktritts und der entfallenen Passivierungspflicht steuerlich passivieren zu dürfen, um den Anfall eines steuerlich wirksamen Gewinns zu vermeiden (§ 5 Abs. 2a EStG). Technisch war dies in der Rechtspraxis dadurch umgesetzt worden, dass eine Erfüllung der im Rang zurücktretenden Forderung aus künftigen Einnahmen oder Gewinnen oder einem etwaigen Liquidationsüberschuss und auch „aus sonstigem freien Vermögen" erfolgen sollte. Die Finanzverwaltung forderte zusätzlich eine gewisse Wahrscheinlichkeit dafür, dass ein solches sonstiges freies Vermögen entsteht. Diese Auffassung hat der BFH nun klar abgelehnt: „...eine Rangrücktrittserklärung ... löst selbst dann weder handels- noch steuerbilanziell ein Passivierungsverbot aus ..., wenn der Schuldner ... aus der Sicht des Bilanzstichtages nicht in der Lage ist, freies Vermögen zu schaffen, und eine tatsächliche Belastung des Schuldnervermögens voraussichtlich nicht eintreten wird. Das wirtschaftliche Unvermögen des Schuldners ist unerheblich; vielmehr kommt es allein auf den rechtlichen Gehalt der Durchsetzungssperre an." (BFH NZI 2021, 53 Rn. 20 mAnm Diemer/Riewe).

Diese grundsätzliche Pflicht zur Passivierung gilt auch für sonstige Verbindlichkeiten gegenüber 49
Gesellschaftern, unabhängig in welcher Weise diese der Gesellschaft Kapital zur Verfügung gestellt haben (zB Stille Beteiligungen, atypisch stille Beteiligungen (BGH NZI 2012, 860), Schuldverschreibungen, Genussrechte, etc). In gleicher Weise besteht (wegen § 44a) eine Pflicht zur Passivierung, wenn Gesellschafter die Verbindlichkeiten gegenüber Dritten besichern (OLG Jena NZI 2009, 650; → Rn. 49.1). Anderes soll nur gelten, wenn der die Sicherheit leistende Gesellschafter die Gesellschaft von der Inanspruchnahme freistellt und für Innenregressansprüche einen ausreichenden Rangrücktritt erklärt hat (K. Schmidt InsO/K. Schmidt Rn. 35).

49.1 Nach dem BGH gilt diese Systematik auch bei einer in Einlage und Darlehen gesplitteten Leistung des Kommanditisten (BGH NJW 2010, 701).

50 Auch alle anderen Verbindlichkeiten gegenüber Gesellschaftern sind nach den vorstehend beschriebenen Maßgaben zu passivieren, etwa aus bereits beschlossenen Gewinnverwendungsansprüchen oder Verbindlichkeiten aus einem Beherrschungsvertrag.

51 Eine Besonderheit stellt die (da zwei getrennte Gesellschaften bestehen) separat zu prüfende Überschuldung des Komplementärs einer Kapitalgesellschaft und Co. KG dar: Der sich aus §§ 161 Abs. 2, 128 HGB ergebende Haftungsanspruch der Komplementärin muss dann (in zu erwartender Höhe) passiviert werden, wenn die Kommanditgesellschaft zahlungsunfähig oder überschuldet ist, denn ab diesem Moment ist die Inanspruchnahme der Haftung absehbar (BGH NJW 1988, 1362).

52 **c) Pensionsverpflichtungen.** Pensionsverpflichtungen sind mit dem versicherungsmathematischen Barwert zu passivieren, unabhängig davon ob sie als laufende Rentenzahlung zu bedienen sind, oder für sie eine Rückstellung gebildet wurde. Lediglich verfallbare Anwartschaften und Zusagen der Schuldnerin, welche kündbar sind und gekündigt wurden, müssen nicht passiviert werden. Wenn und soweit (wirksame) Kürzungsmöglichkeiten für die Krise der Schuldnerin enthalten sind, kann der Ansatz im Überschuldungsstatus entsprechend gekürzt werden (MüKoInsO/Drukarczyk/Schüler Rn. 125 f.). Eventuell vorhandene Ansprüche der Schuldnerin aus eventuell vorhandenen Rückdeckungsversicherungen sind auf der Aktivseite des Überschuldungsstatus aktivierbar (Uhlenbruck/Mock Rn. 215). Es ist also der Wert zu passivieren, mit welchem die Schuldnerin belastet werden könnte.

53 **d) Schwebende Geschäfte.** Unter schwebenden Geschäften werden beiderseits noch nicht erfüllte Verträge verstanden. Diese werden nach HGB grundsätzlich nicht bilanziert. Ein gesonderter Ausweis ist nur erforderlich, wenn und soweit aus dem Geschäft ein Verlust anzunehmen ist (sog. Drohverlustrückstellung). **Drohverlustrückstellungen** respektive die von ihnen abgebildeten Verluste sind im Überschuldungsstatus dementsprechend anzusetzen, wenn sie auch in der Liquidation anfallen (anders K. Schmidt InsO/K. Schmidt Rn. 41).

54 Einen wesentlichen Effekt auf die Bewertung schwebender Geschäfte hat insoweit die Liquidationsprämisse bei der Erstellung der Überschuldungsbilanz bei negativer Fortbestehensprognose: Werden schwebende Geschäfte voraussichtlich nicht durchgeführt, ist eine entsprechende Rückstellung zu bilden. Weiterhin sind drohende Schadensersatzansprüche wegen Nichterfüllung des Vertrages zu passivieren (Baumbach/Hueck/Haas GmbHG Vor § 64 Rn. 53; BGH NZG 2010, 1393 Rn. 12; ebenso wohl auch OLG Hamburg BeckRS 2009, 25551). Vor allem bei Schuldnern mit entsprechend langlaufenden Vertragsbindungen kann dies zu einem hohen Risiko werden (zB wenn aufgrund Branchenübung handelsbilanziell nur Jahresscheiben und nicht die ganze Vertragslaufzeit bilanziert werden).

55 **e) Streitige Verbindlichkeiten.** Streitige Verbindlichkeiten sind in der Überschuldungsbilanz zu berücksichtigen, wenn eine hinreichende Wahrscheinlichkeit ihres Bestehens festgestellt werden kann (OLG Brandenburg BeckRS 2015, 01192; OLG Naumburg DStR 2007, 1220), also dann, wenn für sie eine Rückstellung gebildet worden ist oder zu bilden gewesen wäre (MüKoInsO/Drukarczyk/Schüler Rn. 120), wobei zu berücksichtigen ist, dass die handelsbilanziellen Grundsätze zwar eine Orientierung geben, aber wegen der Unterschiede zur Überschuldungsbilanz eventuelle insolvenzrechtliche Besonderheiten berücksichtigt werden müssen. Nach von Uhlenbruck vertretener Ansicht (Uhlenbruck ZInsO 2006, 338) sei eine streitige Verbindlichkeit allerdings dann nicht zu passivieren, wenn von ihrem Bestehen die Überschuldung abhängt, wofür allerdings erforderlich sei, dass die Forderung substantiiert und mit ernst zu nehmenden Gründen bestritten wird. Diese Auffassung ist höchst streitig. Nach wohl überwiegender Auffassung muss eine Passivierung erfolgen, sofern die entsprechenden Verluste auch unabhängig von der Eröffnung des Insolvenzverfahrens entstehen können (vgl. auch BGH NJW 1983, 42 (45)).

56 **f) Nicht anzusetzende Positionen.** Nicht in den Überschuldungsstatus aufzunehmen sind Eigenkapital, Gewinnvortrag und freie Rücklagen (IDW S 11 Rn. 87; vgl. zum Eigenkapital BGH BeckRS 1959, 31198394).

57 Ebenfalls nicht zu berücksichtigen sind wegen des **Stichtagsprinzips** des Status die erst mit der Eröffnung anfallenden Kosten des Insolvenzverfahrens selbst, etwa Gerichtskosten, Vergütung des Verwalters, etc (Baumbach/Hueck/Haas GmbHG Vor § 64 Rn. 49). In gleicher Weise gilt dies für die weiteren durch ein Insolvenzverfahren bedingten Verbindlichkeiten, etwa sonstige Masseverbindlichkeiten. Streitig ist, ob durch den Insolvenzverwalter aufgrund der ihm zustehenden Beendigungsmöglichkeiten nach §§ 103 ff. verursachte Schadensersatzansprüche in der Höhe bis zur ersten Kündigungsmöglichkeit außerhalb des Insolvenzrechts zu passivieren sind (so der BGH NZG 2010, 1393 Rn. 19; aA Uhlenbruck/Mock Rn. 207 mit dem Argument, dass der Überschuldungsstatus Rechtsfolgen eines eröffneten Verfahrens nicht vorwegnehmen darf).

D. Beweislastverteilung

Im Rahmen des **Insolvenzeröffnungsverfahrens** wird die Überschuldung von Amts wegen geprüft (§ 5). 58

Im **Zivilprozess** gilt eine abgestufte Beweislastverteilung. Der Kläger, zumeist also der Insolvenzverwalter in Verfahren wegen Insolvenzverschleppung oder Haftung für verbotene Zahlungen nach § 64 GmbHG aF bzw. § 15b, muss die rechnerische **Überschuldung darlegen und beweisen**. Dabei ist es für den Insolvenzverwalter ausreichend, wenn er die rechnerische Überschuldung anhand von Liquidationswerten darlegen kann (BGH NZG 2010, 1393). Für den Insolvenzverwalter ist es ausreichend, die indizielle Wirkung zeitigende Handelsbilanz vorzulegen und vorzutragen, dass keine stillen Reserven sowie aus der Bilanz nicht ersichtlichen Vermögenswerte vorhanden sind; den Geschäftsführer trifft dann bereits die sekundäre Darlegungslast, substanziiert zu etwaigen stillen Reserven oder in der Bilanz nicht abgebildeten Werten vorzutragen (BGH NZI 2014, 232; NZG 2009, 750). Liegt eine rechnerische Überschuldung vor, obliegt die Darlegungs- und Beweislast für Umstände, welche auf eine positive Fortbestehensprognose schließen lassen nach stRspr dem Geschäftsführer (BGH NZG 2010, 1393; OLG Koblenz BeckRS 2015, 11560; Uhlenbruck/Mock Rn. 53 mwN). 59

Im Rahmen eines **Strafverfahrens** wegen Insolvenzverschleppung (§ 15a Abs. 4, Abs. 5) gegen Organe der Gesellschaft muss die Überschuldung als Merkmal des Verschleppungstatbestands nachgewiesen werden. Eine eigene Beweislast obliegt dem Organ nicht (K. Schmidt InsO/K. Schmidt Rn. 56). Das AG Frankfurt (Oder) NZG 2020, 27, lässt bei der Beurteilung strafrechtlicher Vorwürfe dem Geschäftsführer weit größere Bewertungsspielräume in Bezug auf streitige Verbindlichkeiten der Schuldnerin als die zivilrechtliche Rechtsprechung. Das Gericht führt aus, dass „ein Ansatz zum Nennwert keineswegs zwingend [ist] und die bestehende rechtliche Unklarheit in der Behandlung streitiger Verbindlichkeiten eröffnet großzügige Bewertungsspielräume für die Geschäftsführung beim Ansatz derartiger Verbindlichkeiten im Überschuldungsstatus, die nach strafrechtlichen Grundsätzen kaum einzuengen sind." Voraussetzung ist danach, dass „die Geschäftsleitung bei der Beurteilung der Sachlage, ggf. unter Zuhilfenahme der Beurteilung durch den Prozessbevollmächtigten bzw. unter sorgfältiger Würdigung vorhandener bzw. verfügbaren Präjudizien, vertretbar vorgeht und objektiv vernünftige Zweifel am Bestehen einer Verbindlichkeit der Gesellschaft verbleiben." 60

§ 20 Auskunfts- und Mitwirkungspflicht im Eröffnungsverfahren. Hinweis auf Restschuldbefreiung

(1) ¹Ist der Antrag zulässig, so hat der Schuldner dem Insolvenzgericht die Auskünfte zu erteilen, die zur Entscheidung über den Antrag erforderlich sind, und es auch sonst bei der Erfüllung seiner Aufgaben zu unterstützen. ²Die §§ 97, 98, 101 Abs. 1 Satz 1, 2, 2 gelten entsprechend.

(2) Ist der Schuldner eine natürliche Person, so soll er darauf hingewiesen werden, dass er nach Maßgabe der §§ 286 bis 303a Restschuldbefreiung erlangen kann.

Überblick

Die Vorschrift regelt zwei völlig unterschiedliche Rechtsmaterien: Soweit ein zulässiger Insolvenzantrag vorliegt (→ Rn. 5 ff.), verpflichtet Abs. 1 den Schuldner dem Gericht gegenüber (→ Rn. 10 ff.) zur Auskunft (→ Rn. 21 ff.) und Mitwirkung (→ Rn. 34 ff.). Durch die Verweisung in Abs. 1 S. 2 gilt die Regelung auch für Mitarbeiter eines vom Schuldner betriebenen Unternehmens (→ Rn. 14 ff.). Diese Pflichten können mit den Zwangsmitteln des § 98 durchgesetzt werden (→ Rn. 46 ff.). Die Regelung in Abs. 2 verpflichtet das Gericht, den Schuldner auf die Möglichkeit der Restschuldbefreiung hinzuweisen, soweit eine Restschuldbefreiung in Betracht kommt (→ Rn. 56 ff.).

Übersicht

	Rn.		Rn.
A. Zweck der Regelungen	1	1. Auskunftspflicht	21
B. Auskunfts- und Mitwirkungspflicht (Abs. 1)	4	2. Mitwirkungs- oder Unterstützungspflicht	34
I. Voraussetzungen und Anwendungsbereich	5	3. Grenzen der Auskunfts- und Mitwirkungspflicht	41
II. Auskunftsberechtigte	10	V. Durchsetzung	46
III. Zur Mitwirkung und Auskunftserteilung Verpflichtete	14	VI. Folgen einer Verletzung der Auskunfts- und Mitwirkungspflichten	53
IV. Inhalt der Auskunfts- und Mitwirkungspflicht	20	C. Hinweis auf Restschuldbefreiung (Abs. 2)	56

A. Zweck der Regelungen

1 Die Regelung in **Abs. 1** soll die Abwicklung des vorläufigen Insolvenzverfahrens erleichtern. Sie begründet während des Eröffnungsverfahrens bestehende **öffentlich-rechtliche Auskunfts- und Mitwirkungspflichten** des Schuldners dem Gericht gegenüber.

2 Das **Insiderwissen** und ggf. auch die Mitwirkung des Schuldners können relevant sein für die Ermittlung des **Insolvenzgrunds,** für die Frage der Kostendeckung gem. § 26 Abs. 1 (vgl. BGH NZI 2015, 380) und für die Frage, ob und ggf. inwieweit das Gericht **Sicherungsmaßnahmen** gem. § 21 zu treffen hat (Braun/Böhm Rn. 2; einschränkend Jaeger/Gerhardt Rn. 3).

3 Die Hinweispflicht in **Abs. 2** hat ihren Hintergrund in der Regelung des § 287 Abs. 1, wonach der Schuldner Restschuldbefreiung nur auf eigenen Antrag hin erlangen kann. Der Schuldner soll durch die Hinweispflicht davor geschützt werden, durch Unkenntnis die Möglichkeit der Restschuldbefreiung zu verlieren (BGHZ 162, 181 (184 f.) = NJW 2005, 1433 (1434) = NZI 2005, 271 (272); AG Duisburg NZI 2008, 753); außerdem soll durch die Hinweispflicht frühzeitig Klarheit darüber geschaffen werden, ob das aufwendige und kostenintensive Restschuldbefreiungsverfahren durchgeführt werden muss (BGH NZI 2010, 195 Rn. 8).

B. Auskunfts- und Mitwirkungspflicht (Abs. 1)

4 Die Pflichten des Abs. 1 treffen den Schuldner nur, wenn ein zulässiger Insolvenzantrag vorliegt (→ Rn. 5 ff.); die Art des Verfahrens ist für die Mitwirkungspflicht ohne Belang (→ Rn. 8). Zur Auskunft berechtigt ist nur das Gericht bzw. ein von ihm bestellter Sachverständiger (→ Rn. 10 ff.); zur Auskunft verpflichtet sind der Schuldner, seine aktuellen und ehemaligen Organvertreter sowie sämtliche Mitarbeiter (→ Rn. 14 ff.). Die Auskunftspflicht betrifft alle Umstände, die für gerichtliche Entscheidungen im Eröffnungsverfahren relevant sein können (→ Rn. 21 ff.). Daneben besteht eine aktive und passive Mitwirkungs- bzw. Unterstützungspflicht des Schuldners (→ Rn. 34 ff.). Auskunft- und Mitwirkungspflicht können mit den Zwangsmitteln des § 98 durchgesetzt werden (→ Rn. 46 ff.). Sie finden ihre Grenzen insbesondere in Zumutbarkeitsgesichtspunkten (→ Rn. 41 ff.).

I. Voraussetzungen und Anwendungsbereich

5 Die Auskunfts- und Mitwirkungspflichten des Abs. 1 S. 1 setzen schon dem Wortlaut der Regelung nach zwingend die **Zulässigkeit des Insolvenzantrags** voraus (BGH NZI 2009, 65 Rn. 9). Der Insolvenzantrag muss den gesetzlichen Mindestanforderungen der §§ 13, 14 genügen und darf nicht insolvenzfremden Zwecken dienen; ein Eröffnungsgrund muss in substanziierter und nachvollziehbarer Weise dargelegt werden (BGHZ 153, 205 (207) = NJW 2003, 1187 = NZI 2003, 147).

6 Die Zulässigkeit des Insolvenzantrags ist stets **von Amts wegen zu prüfen** (§ 4 iVm § 56 ZPO). Sie muss jedoch nicht ausdrücklich bejaht werden, sondern ergibt sich konkludent aus einem auf Abs. 1 gestützten Auskunftsverlangen des Gerichts (BGH NZI 2009, 65 Rn. 9).

7 Die Zulässigkeit des Insolvenzantrags ist auch für den **zeitlichen Anwendungsbereich** der Auskunftspflicht von Bedeutung: Ist auch der Antrag zulässig, besteht die Auskunftspflicht vom Zeitpunkt der Antragstellung an (BGH NZI 2009, 65 Rn. 9). Wird der Antrag später unzulässig, entfällt schon damit die Auskunfts- und Mitwirkungspflicht, und nicht erst mit der Rücknahme oder Zurückweisung des Insolvenzantrags. Denn § 20 Abs. 1 spricht von einem „zulässigen"

Antrag, nicht einem „zugelassenen" Antrag (ebenso HmbKommInsR/Schröder Rn. 5; **aA** MüKo-InsO/Vuia Rn. 11 aE; K. Schmidt InsO/Hölzle Rn. 5).

Die Auskunfts- und Mitwirkungspflichten des Abs. 1 gelten in sämtlichen Verfahren und damit 8 auch bei einem Antrag auf **Eigenverwaltung** und im **Schutzschirmverfahren** (Nerlich/Römermann/Mönning Rn. 14) sowie in **Klein- und Verbraucherinsolvenzverfahren** gem. § 304. Dort hat die Mitwirkungspflicht insbesondere Bedeutung bei der Beurteilung der Frage, ob eine Stundung der Verfahrenskosten gem. § 4a (→ § 4a Rn. 24 ff.) in Betracht kommt (BGHZ 156, 92 = NJW 2003, 2910 = NZI 2003, 445; KPB/Holzer Rn. 9).

Während des **Ruhens des Verfahrens** gem. § 306 beschränkt sich die Auskunftspflicht auf 9 solche Auskünfte, die für die Zulässigkeit des Insolvenzantrags und die Bestimmung der Verfahrensart erforderlich sind (ausf. MüKoInsO/Vuia Rn. 60 ff.).

II. Auskunftsberechtigte

Die Auskunfts- und Mitwirkungspflichten gem. Abs. 1 bestehen grundsätzlich allein **dem** 10 **Insolvenzgericht gegenüber.**

Das Gericht kann den Schuldner aber auch verpflichten, dem von ihm eingesetzten **Sachver-** 11 **ständigen** (→ § 5 Rn. 14 ff.) Auskünfte zu erteilen bzw. den Sachverständigen ermächtigen, die Auskunfts- und Mitwirkungspflichten des Abs. 1 unmittelbar dem Schuldner gegenüber geltend zu machen (BGH NZI 2012, 823 Rn. 11; HmbKommInsR/Schröder Rn. 8; einschränkend Uhlenbruck/Zipperer Rn. 19).

Zur **Durchsetzung der Auskunftspflicht** bedarf der Sachverständige jedoch stets der Hilfe 12 des Gerichts, eigene Zwangsmittel stehen ihm nicht zu. Verweigert der Schuldner die Mitwirkung, wird es bei ausreichender Insolvenzmasse daher in der Regel zweckmäßig sein, einen **vorläufigen Insolvenzverwalter** zu bestellen, dem gem. § 22 Abs. 3 eigene Auskunftsrechte (→ § 22 Rn. 97 ff.) zustehen (AG Köln NZI 2012, 379 (382 aE); HmbKommInsR/Schröder Rn. 8; Uhlenbruck FS Greiner, 2005, 317 (325)).

Auskunftspflichten des Schuldners **gegenüber Gläubigern** – insbesondere dem antragstellen- 13 den Gläubiger – ergeben sich aus § 20 Abs. 1 nicht (MüKoInsO/Vuia Rn. 14). Diese sind darauf verwiesen, dem Gericht gegenüber die Einholung einer Auskunft anzuregen.

III. Zur Mitwirkung und Auskunftserteilung Verpflichtete

Zur Auskunft und Mitwirkung verpflichtet ist gem. Abs. 1 S. 1 zunächst der **Schuldner** selbst. 14 Im Falle der **Prozessunfähigkeit** trifft die Verpflichtung aus Abs. 1 jeden gesetzlichen Vertreter (§ 4 iVm § 455 Abs. 1 ZPO); der Schuldner ist dann – außer in den Sonderfällen des § 455 Abs. 2 ZPO – ggf. als Zeuge zu vernehmen.

Abs. 1 S. 2 verweist auf § 101 Abs. 1 S. 1 und 2, § 101 Abs. 2, sodass die Auskunftspflicht 15 bei **juristischen Personen oder Personengesellschaften** alle organschaftlichen Vertreter oder persönlich haftenden Gesellschafter trifft (vgl. BGH NZI 2021, 123 Rn. 17). Ebenfalls zur Auskunft verpflichtet sind **faktische Organvertreter** wie insbesondere faktische Geschäftsführer (→ § 101 Rn. 8). Befindet sich die Gesellschaft bereits in **Liquidation,** treffen die Pflichten aus Abs. 1 jeden Abwickler bzw. Liquidator. Zur Auskunft verpflichtet sind auch die Mitglieder eines **Aufsichtsorgans** wie zB eines Aufsichtsrats, Beirats, Verwaltungsrats, etc.

Zur Auskunft – nicht aber zur Mitwirkung (→ Rn. 34) – verpflichtet sind entsprechend 16 § 101 Abs. 1 S. 2 auch **ehemalige Organmitglieder,** die innerhalb der letzten zwei Jahren vor Antragstellung ausgeschieden sind (→ § 101 Rn. 10). Nur zur Auskunft verpflichtet sind auch **Angestellte und Mitarbeiter** des Schuldners. Das Gesetz grenzt den Kreis der Verpflichteten nicht auf leitende Mitarbeiter ein, sodass sämtliche Mitarbeiter dem Gericht auf Verlangen Auskunft zu erteilen haben.

Im **Nachlassinsolvenzverfahren** verpflichtet Abs. 1 jeden Erben, der die Erbschaft angenom- 17 men hat, sowie in entsprechender Anwendung von § 101 Abs. 1 auch Nachlassverwalter, Nachlasspfleger und Testamentsvollstrecker (MüKoInsO/Vuia Rn. 21).

Nicht von Abs. 1 erfasst sind **sonstige für den Schuldner tätige Dritte** wie zB Rechtsanwälte 18 oder Steuerberater, Mitarbeiter finanzierender Banken oder des Finanzamts. Diese sind – ggf. mit entsprechender Aussagegenehmigung (LG Göttingen NZI 2003, 38) – als Zeugen zu vernehmen (§ 4 iVm §§ 373 ff. ZPO).

Das Insolvenzgericht kann **Dritte** gem. § 4 iVm **§ 142 ZPO** aber auffordern, **Unterlagen** 19 **vorzulegen** (LG Köln NZI 2004, 671; K. Schmidt InsO/Hölzle § 21 Rn. 36); die Beschränkungen des § 142 ZPO (keine Ausforschung, BeckOK ZPO/von Selle ZPO § 142 Rn. 11) gelten wegen des Amtsermittlungsgrundsatzes nicht.

IV. Inhalt der Auskunfts- und Mitwirkungspflicht

20 Die Auskunfts- und Mitwirkungspflicht verpflichtet den Schuldner, von sich aus sämtliche Auskünfte zu erteilen, die für das Eröffnungsverfahren von Bedeutung sind (→ Rn. 21 ff.) sowie im Rahmen seiner sonstigen Möglichkeiten das Eröffnungsverfahren zu fördern (→ Rn. 34 ff.). Auskunfts- und Mitwirkungspflichten können sich überschneiden, insbesondere wenn der Schuldner Belege oder sonstige Unterlagen vorzulegen hat. Ihre Grenzen findet die Auskunfts- und Mitwirkungspflicht nur in Zumutbarkeitsgesichtspunkten; berufliche Verschwiegenheitspflichten oder die Selbstbezichtigungsfreiheit stehen diesen Pflichten nicht entgegen (→ Rn. 41 ff.).

1. Auskunftspflicht

21 Die Auskunftspflicht umfasst sämtliche rechtlichen, wirtschaftlichen und tatsächlichen Verhältnisse oder Umstände, die für jede Art **gerichtlicher Entscheidungen im Eröffnungsverfahren** von Bedeutung sein können.

22 Ist der Schuldner eine juristische Person, bezieht sich die Auskunftspflicht der Organvertreter lediglich auf die wirtschaftlichen Verhältnisse der Gesellschaft und **nicht auf seine eigenen, persönlichen Vermögensverhältnisse** (BGH NZI 2015, 380).

23 Die Auskunftspflicht betrifft insbesondere die für die **Eröffnungs- bzw. Abweisungsentscheidung** bedeutenden Umstände und damit Fragen betreffend die Zulässigkeit des Insolvenzantrags, den Insolvenzgrund sowie den Umfang der möglichen Insolvenzmasse (vgl. BGH NZI 2015, 380 Rn. 13).

24 Da der Umfang der Insolvenzmasse für die Eröffnungsentscheidung des Gerichts von maßgeblicher Bedeutung ist, hat der Schuldner von sich aus auch Umstände offenzulegen, die **Ansprüche aus Insolvenzanfechtung** begründen könnten (BGH NZI 2010, 264 Rn. 6; vgl. auch BT-Drs. 12/2443, 115).

25 In Bezug auf seine Vermögensverhältnisse hat der Schuldner ein **Verzeichnis seiner Gläubiger und Schuldner** sowie eine geordnete **Übersicht seiner Vermögensgegenstände** vorzulegen (BGHZ 156, 94 (96) = NJW 2003, 2910 (2911)). Vermögensgegenstände sind auch anzugeben, wenn der Schuldner diese für wertlos hält (AG Duisburg NZI 2008, 697 (698); vgl. BGH NZI 2020, 837 Rn. 17) oder Einkünfte unpfändbar sind (OLG Celle NZI 2002, 323 (325)).

26 Die Auskunftspflicht bezieht sich auch auf Umstände, die den **Erlass von Sicherungsmaßnahmen** gem. § 21 (HmbKommInsR/Schröder Rn. 10) relevant sein können, wie beispielsweise unmittelbar bevorstehende Zwangsvollstreckungsmaßnahmen. Ebenfalls von der Auskunftspflicht umfasst Informationen, die für Entscheidungen im Rahmen der **Kostenstundung** von Bedeutung sein können (HWF InsVV § 6 Rn. 8).

27 Weitere Fragen des Eröffnungsverfahrens, insbesondere solche, die für die **Arbeit des vorläufigen Insolvenzverwalters** Bedeutung haben, sind nicht Gegenstand der Auskunftspflicht, weil solche Informationen nicht „zur Entscheidung über den Antrag" erforderlich sind. Diese Fragen sind allerdings Gegenstand der Auskunftspflicht gem. § 22 Abs. 3 S. 3 (Jaeger/Gerhardt Rn. 3; aA KPB/Holzer Rn. 28).

28 Die Auskünfte hat der Schuldner bzw. die sonst zur Auskunft verpflichtete Person **persönlich** zu erteilen (Nerlich/Römermann/Mönning Rn. 14a). Auch durch einen Rechtsanwalt oder Steuerberater kann sich der Schuldner nur mit Zustimmung des Insolvenzgerichts vertreten lassen (vgl. FK-InsO/Schmerbach Rn. 20).

29 Über die **Form** der Auskunftserteilung entscheidet das Gericht. Wegen der Eilbedürftigkeit werden Auskünfte in vielen Fällen mündlich zu erteilen sein. Das Gericht kann dem Schuldner aber auch aufgeben, **schriftliche Übersichten,** Zusammenfassungen oder Aufzeichnungen anzufertigen und einzureichen (LG Duisburg NZI 2001, 384).

30 Um seine Auskunft **vorzubereiten,** hat der Schuldner seine Unterlagen herauszusuchen und einzusehen und sich die erforderliche Kenntnis zu verschaffen (BGH ZInsO 2006, 264 = BeckRS 2006, 2828). Befinden sich die Unterlagen nicht in seinem Besitz, hat er sich darum zu bemühen, Einsicht zu erhalten. Die Auskunfts- und Mitwirkungspflicht umfasst auch die Pflicht, **Belege und sonstige Unterlagen vorzulegen** (BGH NZI 2012, 823 Rn. 11).

31 **Unrichtige oder unvollständige Angaben** muss der Schuldner von sich aus und ohne Aufforderung und Nachfrage des Gerichts korrigieren bzw. ergänzen (BGH NZI 2009, 65 Rn. 11).

32 **Termine zur Anhörung** des Schuldners sind nicht öffentlich, ein Anwesenheitsrecht steht lediglich dem vorläufigen Insolvenzverwalter zu (ausf. → Rn. 33.1 ff.).

33 Zuständig für die Anhörung ist ausschließlich der Richter (§ 18 Abs. 1 Nr. 1 RPflG). Eine Anhörung im Wege der **Rechtshilfe** ist zulässig; der Erlass von Zwangsmaßnahmen, insbesondere

eine Vorführung des Schuldners, bleibt aber dem Insolvenzgericht vorbehalten (OLG Köln ZIP 1999, 459).

Ob dem **Antragsteller** im Anhörungstermin die Anwesenheit gestattet wird, steht im Ermessen des Gerichts (MüKoInsO/Vuia Rn. 31; KPB/Holzer Rn. 23). 33.1

Ein vorläufiger Insolvenzverwalter ist im Anhörungstermin ohne Einschränkungen zur Anwesenheit berechtigt, ihm steht auch im Rahmen der Anhörung das Recht zu, eigene Fragen an den Schuldner zu richten (Nerlich/Römermann/Mönning Rn. 24 aE). Einem **Sachverständigen** kann und wird das Insolvenzgericht regelmäßig die Anwesenheit gestatten. 33.2

Zieht der Schuldner einen Anwalt als **Verfahrensbevollmächtigten** hinzu, ist dieser vom Anhörungstermin zu unterrichten (FK-InsO/Schmerbach Rn. 20); und ist ohne Einschränkungen **berechtigt, an dem Termin teilzunehmen** (aA Zulassung steht im Ermessen des Gerichts: Braun/Böhm Rn. 7; Uhlenbruck/Zipperer Rn. 17). Das Gericht ist aber auch bei Anwesenheit eines Verfahrensbevollmächtigten berechtigt, Fragen unmittelbar an den Schuldner bzw. die sonst verpflichtete Person zu richten (Uhlenbruck ZIP 1996, 529 (530)). 33.3

2. Mitwirkungs- oder Unterstützungspflicht

Nur den Schuldner, nicht die sonstigen zur Auskunft verpflichteten Dritten (vgl. § 20 Abs. 1 S. 2, § 101 Abs. 2, § 97 Abs. 1) trifft außerdem die Pflicht zur **Förderung des Eröffnungsverfahrens**. 34

Dazu gehört zunächst als sog. **passive Mitwirkungspflicht** (s. HK-InsO/Rüntz/Laroche Rn. 16), alles zu unterlassen, was die Arbeit des Gerichts, des Sachverständigen oder eines vorläufigen Insolvenzverwalters behindern könnte. 35

Die **aktive Mitwirkungspflicht** verpflichtet den Schuldner, Dritte wie zB Rechtsanwälte, Steuerberater, Wirtschaftsprüfer, Notare und Kreditinstitute von ihrer **Verschwiegenheitspflicht** zu entbinden, wenn diese unter Berufung darauf Auskünfte verweigern. Alternativ dazu kann das Gericht auch einen starken vorläufigen Insolvenzverwalter bestellen, der Dritte von der Schweigepflicht entbinden kann (→ § 21 Rn. 79; → § 22 Rn. 12). 36

Bestehen Anhaltspunkte für **Auslandsvermögen** des Schuldners, hat der Schuldner dem vorläufigen Insolvenzverwalter eine Vollmacht zu erteilen, wenn dies die Sicherung des Vermögens im Ausland vereinfacht (BGH NZI 2004, 21; ausf. KPB/Holzer Rn. 25). 37

Der Schuldner hat für das Gericht oder den Sachverständigen jedenfalls postalisch jederzeit erreichbar zu sein, eine neue Anschrift muss er unaufgefordert mitteilen (sog. **Bereitschaftspflicht,** AG Duisburg NZI 2007, 596). 38

Dem Schuldner kann gem. § 21 Abs. 1 auch ein **Ausreiseverbot oder eine Aufenthaltsbeschränkung** auferlegt werden, wenn zu besorgen ist, dass dieser seinen Mitwirkungspflichten nicht nachkommen wird (AG München NZI 2013, 1033; ausf. → § 21 Rn. 75 f.). 39

Eine besondere gesetzlich normierte Mitwirkungspflicht ergibt sich aus **§ 22a Abs. 4.** Der Schuldner ist auf Verlangen des Gerichts verpflichtet, geeignete Mitglieder eines vorläufigen Gläubigerausschusses zu benennen (→ § 22a Rn. 56). 40

3. Grenzen der Auskunfts- und Mitwirkungspflicht

Berufliche Verschwiegenheitspflichten des Schuldners als Arzt, Rechtsanwalt, Steuerberater, etc schränken die Auskunftspflicht nicht ein (BGHZ 158, 212 = NZI 2004, 312; LG Berlin BeckRS 2010, 20875). In einem Eigenantrag wird zugleich auch eine weitergehende Entbindung von der Schweigepflicht zu sehen sein (LG Köln NZI 2004, 671). Der Auskunftspflicht gem. Abs. 1 stehen bei **Geschäfts- oder Betriebsgeheimnisse** nicht entgegen, die der Schuldner durch die Auskunft offenbaren müsste (einschränkend Nerlich/Römermann/Mönning Rn. 27). 41

Der Schuldner selbst bzw. bei juristischen Personen deren Organe haben auch Tatsachen zu offenbaren, die geeignet sind, ein **Straf- oder Bußgeldverfahren** gegen sie herbeizuführen (§ 97 Abs. 1 S. 2 InsO). Die im Rahmen eines Auskunftsverlangens gem. Abs. 1 offenbarte Information darf jedoch in einem Straf- oder Bußgeldverfahren nicht gegen den Schuldner oder einen Angehörigen des Schuldners verwendet werden (§ 97 Abs. 1 S. 3; AG Frankfurt (Oder) BeckRS 2018, 40549; ausf. → Rn. 42.1 f.). 42

Das Verwertungsverbot gilt (selbstverständlich) auch für Auskünfte, die der Schuldner dem vom Gericht bestellten **Sachverständigen** erteilt (AG Frankfurt (Oder) BeckRS 2018, 40549 Rn. 10 ff.), und zwar auch unabhängig davon, ob das Gericht dem Schuldner ausdrücklich aufgegeben hat, dem Sachverständigen Auskunft zu geben (LG Münster StraFo 2018, 76–77; **aA** OLG Celle ZIP 2013, 1040; OLG Jena NJW 2010, 3673 = NZI 2011, 382). Denn das Gericht bedient sich bei der Erfüllung seiner Aufgaben 42.1

mangels eigener Sachkenntnis des Sachverständigen, der Sachverständige hat dadurch aber keine eigene verfahrensrechtliche Stellung. Auskünfte dem Sachverständigen gegenüber sind daher immer auch Auskünfte dem Gericht gegenüber (ausf., auch zum taktischen Vorgehen bei unklaren Beschlüssen Kemperdick ZInsO 2013, 1116 ff.).

42.2 Das Verwertungsverbot gilt entsprechend für **Angaben,** die ein vertretungsberechtigtes Organ einer in § 15a Abs. 1, 2 genannten Gesellschaften im Rahmen eines Insolvenzantrages macht, weil die Auskunftspflicht gem. § 13 Abs. 1 S. 3 iVm § 15a zu einer ähnlichen Pflichtenkollision führt (AG Frankfurt (Oder) ZInsO 2019, 2483).

43 Aufgrund der beschränkten Verweisung in § 101 Abs. 2 gilt diese „Selbstbezichtigungspflicht" nicht für Mitarbeiter und Angestellte des Schuldners (MüKoInsO/Vuia Rn. 20).

44 Aus **Zumutbarkeitsgesichtspunkten** können sich im Einzelfall weitere Grenzen der Auskunfts- und Mitwirkungspflichten ergeben, so beispielsweise bei **Krankheit** des Schuldners, in diesem Falle ist aber ein aussagekräftiges ärztliches Attest vorzulegen (ausf. MüKoInsO/Vuia Rn. 28). Auch ist es unzulässig, dem Schuldner „**ausufernde Fragenkataloge**" vorzulegen, die sich auf lange zurückliegende Zeiträume beziehen, wenn die Informationen nicht zweifelsfrei für die Entscheidung über das Eröffnungsverfahren von Bedeutung sind. An eine Unzumutbarkeit sind aber umso strengere Maßstäbe anzulegen, je mehr der Schuldner durch vorangehende eigene Nachlässigkeit eine Auskunftserteilung erschwert hat (MüKoInsO/Vuia Rn. 51).

45 Zu **umfangreicheren Dienstleistungen** ist der Schuldner allein aufgrund der Auskunftspflicht nicht verpflichtet, für derartige Dienstleistungen kann der vorläufige Insolvenzverwalter dem Schuldner eine Vergütung zahlen (MüKoInsO/Vuia Rn. 76).

V. Durchsetzung

46 Aufgrund der Verweisung in S. 2 können die Auskunfts- und Mitwirkungspflichten mittels des **abgestuften Zwangsmittelsystems in § 98** auch zwangsweise durchgesetzt werden. Das wird vor allem bei Gläubigeranträgen in Betracht kommen (Schuldneranträge → Rn. 46.1 ff.).

46.1 Umstritten ist, welche Folgen eine mangelnde Mitwirkung des Schuldners im Falle eines **Eigenantrags** hat. Hier kann sich die Frage stellen, ob es unter Gesichtspunkten der Verhältnismäßigkeit vertretbar ist, gegen den Schuldner Zwangsmittel festzusetzen und – wenn der Antrag nicht zurückgenommen wird – sogar zu vollstrecken, obwohl der Antrag offenkundig nicht (mehr) ernst gemeint ist. Teilweise wird vertreten, es führe zur Unzulässigkeit des Antrags, wenn der Schuldner bei einem Eigenantrag seinen Mitwirkungspflichten nicht nachkomme (LG Hamburg ZInsO 2010, 1651; Frind NZI 2010, 749 (751); vgl. für Klein- und Verbraucherinsolvenzverfahren auch § 305 Abs. 3 S. 2); Zwangsmittel seien in diesem Fall unverhältnismäßig (LG Potsdam NZI 2002, 555; MüKoInsO/Vuia Rn. 65).

46.2 Nach der Rechtsprechung des BGH ist abgestuft vorzugehen. Der Amtsermittlungsgrundsatz des § 5 greift erst, wenn der Schuldner einen Eröffnungsgrund in hinreichend substantiierter Form dargelegt und die **Schwelle vom Zulassungs- zum Eröffnungsverfahren** überschritten hat (BGH NZI 2020, 679 Rn. 13 mAnm Laroche). Kann sich das Insolvenzgericht dann von einem Eröffnungsgrund wegen unzureichender Angaben und fehlender Unterlagen nicht überzeugen, muss es zunächst versuchen, die Ergänzung der Angaben und die Vorlage der Unterlagen mit den Mitteln des § 20 Abs. 1 S. 2 iVm §§ 97, 98, 101 **zu erzwingen** (BGHZ 153, 205 (208) = NJW 2003, 1187). Auch in diesem Verfahrensstadium ist aber noch zu beachten, dass der Schuldnerantrag ernsthaft auf die Eröffnung des Insolvenzverfahrens gerichtet sein muss und nicht sachfremden Zwecken dienen darf (BGH NZI 2020, 679 Rn. 7, 14). Ein **grob obstruktives Verhalten** des Schuldners kann darauf schließen lassen, dass er eine gesetzmäßige Durchführung des Insolvenzverfahrens nicht ernsthaft anstrebt, mit der Folge, dass sein Eigenantrag **als unzulässig abzuweisen** ist (vgl. BGH NZI 2020, 679 Rn. 8 bei Firmenbestattung).

46.3 Einer Abweisung als unzulässig steht es nicht entgegen, wenn der Schuldner **gem. § 15a zur Antragstellung verpflichtet** ist (BGH NZI 2020, 679 Rn. 17 mAnm Laroche). Dem antragspflichtigen Vertreter droht strafrechtliche Verfolgung.

47 Bestehen Zweifel an der Vollständigkeit oder Richtigkeit der Angaben des Schuldners, kann das Insolvenzgericht gem. § 98 Abs. 1 anordnen, dass der Schuldner die Vollständigkeit und Richtigkeit seiner Angaben **an Eides Statt zu versichern** habe.

48 Verweigert der Schuldner die Versicherung an Eides Statt oder kommt er seinen Auskunfts- und Mitwirkungspflichten nicht nach, kann das Gericht ihn vorführen oder in Haft nehmen lassen (§ 98 Abs. 2). Aus Gründen der Verhältnismäßigkeit kommt der Erlass eines **Haftbefehls** aber nur in Betracht, wenn die Abnahme einer eidesstattlichen Versicherung oder eine Vorführung nicht ausreichend sind. Weitere Möglichkeiten der Haftanordnung im Eröffnungsverfahren bieten

§ 22 Abs. 3 S. 3 zur Durchsetzung der Kooperation mit dem vorläufigen Verwalter (→ § 22 Rn. 91, → § 22 Rn. 100) sowie § 21 Abs. 3 zur Sicherung der Masse (→ § 21 Rn. 165 ff.).

Verhängt das Gericht Zwangsmaßnahmen, hat es die zu erteilenden Auskünfte oder die fehlenden Mitwirkungshandlungen so **genau zu bezeichnen,** dass der Schuldner ohne weiteres erkennen kann, durch welche Handlung er die Zwangsmaßnahmen abwenden kann (BGHZ 162, 187 (195 f.) = NJW 2005, 1505 (1507); ausf. KPB/Holzer Rn. 41). 49

Für den Erlass der in § 98 genannten Zwangsmittel ist auch im Falle einer Vernehmung im Rechtshilfewege ausschließlich das **Insolvenzgericht zuständig** (OLG Köln NZI 1999, 459). Eine Anhörung des Schuldners vor Erlass des Zwangsmittels ist regelmäßig entbehrlich, ihm ist aber nachträglich rechtliches Gehör zu gewähren. 50

Gegen die Anordnung der Haft und die Abweisung eines Antrags auf Aufhebung eines Haftbefehls wegen Wegfalls seiner Voraussetzungen findet gem. Abs. 1 S. 2 iVm § 98 Abs. 3 S. 3 die **sofortige Beschwerde** statt. Die Beschwerde hat **keine aufschiebende Wirkung** (LG Göttingen NZI 2005, 339). 51

Gegen **Mitarbeiter und Angestellte** des Schuldners kommen aufgrund der begrenzten Verweisung in § 101 Abs. 2 nur die für Zeugen geltenden Zwangsmittel gem. §§ 380 ff. ZPO in Betracht (HK-InsO/Rüntz/Laroche Rn. 22; K. Schmidt InsO/Jungmann § 101 Rn. 17). 52

Kommt der Schuldner seinen Auskunftspflichten nicht nach oder ist der Schuldner für das Gericht nicht greifbar, kann das Insolvenzgericht gem. § 4 InsO iVm § 802l ZPO den Gerichtsvollzieher beauftragen, die in **§ 802l Abs. 1 ZPO genannten Auskünfte** einzuholen (AG München NZI 2016, 541 mAnm Siebert; AG Köln NZI 2018, 622). 52a

VI. Folgen einer Verletzung der Auskunfts- und Mitwirkungspflichten

Ist der Schuldner eine natürliche Person, so kann die Verletzung der Auskunfts- und Mitwirkungspflichten insbesondere zur Folge haben, dass ihr die **Restschuldbefreiung** gem. § 290 Abs. 1 Nr. 5 versagt wird (vgl. etwa BGH NZI 2020, 837). Die Regelung gilt zwar ihrem Wortlaut nach lediglich für Mitwirkungspflichten im eröffneten Verfahren, ist aber auf die Auskunfts- und Mitwirkungspflichten im Eröffnungsverfahren gem. § 20 Abs. 1 ebenfalls anzuwenden (BGH NZI 2005, 232; NZI 2009, 65; NZI 2018, 702 Rn. 7 mAnm Jess). 53

Im Einzelfall kann ein Verstoß gegen die Auskunfts- und Mitwirkungspflichten im Eröffnungsverfahren auch dazu führen, dass dem Schuldner die **Stundung der Verfahrenskosten** versagt wird (BGH NZI 2005, 232; KPB/Holzer Rn. 11 f.). 54

Ein Verstoß gegen die Auskunftspflicht kann auch eine **Strafbarkeit** gem. § 283 Abs. 1 Nr. 1, 4 StGB begründen (Hess, Insolvenzrecht, 2. Aufl. 2013, Rn. 25). 55

C. Hinweis auf Restschuldbefreiung (Abs. 2)

Das Gericht hat einen Schuldner, der eine natürliche Person ist, auf die Möglichkeit der Restschuldbefreiung gem. §§ 286 ff. hinzuweisen. Hintergrund dieser Regelung ist, dass die Erteilung der Restschuldbefreiung gem. § 287 Abs. 1 voraussetzt, dass der Schuldner einen eigenen **Insolvenzantrag und** einen **Restschuldbefreiungsantrag** stellt (BGH NZI 2004, 511; 2004, 593), und zwar bevor das Insolvenzverfahren (aufgrund eines Gläubigerantrags) eröffnet wird (BGHZ 162, 181 = NJW 2005, 1433). Durch die Hinweispflicht in § 20 Abs. 2 soll möglichst frühzeitig Klarheit über die Frage geschaffen werden, ob der Schuldner eine Restschuldbefreiung anstrebt (BT-Drs. 14/5680, 24; BGH NJW 2016, 327 Rn. 14). 56

Die Hinweispflicht ist eine **Amtspflicht** des Gerichts, die im Falle eines Versäumnisses Amtshaftungsansprüche nach § 839 BGB, Art. 34 GG nach sich ziehen kann (Nerlich/Römermann/Mönning Rn. 44). 57

Die Hinweispflicht des Abs. 2 gilt in **sämtlichen Verfahren** und damit grundsätzlich auch in Verbraucher- und Kleininsolvenzverfahren, auch wenn sie dort wegen § 305 Abs. 1 Nr. 2, Abs. 3 wenig Bedeutung haben dürfte. Entbehrlich ist ein Hinweis hingegen. Abs. 2 in Verfahren, in denen eine Restschuldbefreiung rechtlich nicht möglich ist, dh bei Sekundärinsolvenzverfahren oder Partikularinsolvenzverfahren (HmbKommInsR/Schröder Rn. 15). 58

Der Hinweis gem. Abs. 2 ist **so frühzeitig wie möglich** zu erteilen, nach Möglichkeit unmittelbar nach der Prüfung der Zulässigkeit des Insolvenzantrags (AG Köln NZI 2002, 618; Fuchs NZI 2002, 298 (300)). 59

Der notwendige **Inhalt** des Hinweises richtet sich danach, ob die Eröffnung des Insolvenzverfahrens durch den Schuldner oder durch einen Gläubiger beantragt worden ist: 60

Liegt schon ein **Schuldnerantrag** vor, löst die Zustellung des Hinweises unmittelbar den Lauf der Frist gem. § 287 Abs. 1 S. 2 aus, es handelt sich um eine **Ausschlussfrist**. Der Schuldner ist 61 daher über das Ende dieser Frist, das Erfordernis eines schriftlichen Antrags auf Restschuldbefreiung, auf die Notwendigkeit einer Abtretungserklärung sowie über die Rechtsfolgen einer Fristversäumung zu belehren (LG Memmingen NZI 2004, 44).

62   Im Falle eines **Gläubigerantrags** ist der Schuldner darauf hinzuweisen, dass er neben dem Antrag auf Restschuldbefreiung auch einen eigenen Antrag auf Eröffnung eines Insolvenzverfahrens stellen muss, um Restschuldbefreiung zu erlangen (BGHZ 162, 181 = NJW 2005, 1433 f.; LG Düsseldorf ZInsO 2015, 265 = BeckRS 2015, 4892). Insoweit gilt die in § 287 Abs. 1 S. 2 genannte Frist nicht (BGH NZI 2004, 511; ausf. KPB/Holzer Rn. 52 ff.). Das Insolvenzgericht hat ihm daher zugleich mit dem Hinweis eine **richterliche Frist zur Stellung eines eigenen Insolvenzantrags** zu setzen, vor deren Ablauf das Gericht das Insolvenzverfahren nicht eröffnen darf (BGHZ 162, 181 (186) = NJW 2005, 1433 (1434) = NZI 2005, 271 (272)). Diese Frist ist im Eröffnungsverfahren in der Regel mit **vier Wochen** ausreichend bemessen, weil der Schuldner auch noch darüber entscheiden muss, ob er einen eigenen Insolvenzantrag stellen will (BGH ZInsO 2009, 1171 Rn. 6 = BeckRS 2009, 13338). Es handelt sich dabei aber um **keine Ausschlussfrist;** der Eigenantrag berechtigt auch dann noch zur Restschuldbefreiung, wenn er nach Ablauf der Frist, aber noch vor Eröffnung des Insolvenzverfahrens eingeht (BGH NZI 2015, 79 Rn. 8). Der Hinweis muss auch dann über die Folgen einer Fristversäumung belehren (LG Frankenthal BeckRS 2019, 3806 Rn. 16). Die **Hinweispflicht besteht nicht** gegenüber einem Schuldner, der anlässlich eines noch anhängigen Insolvenzeröffnungsantrags eines anderen Gläubigers ordnungsgemäß belehrt worden ist, und hinreichend Zeit hatte, die zur Erreichung der Restschuldbefreiung erforderlichen Anträge zu stellen (BGH NZI 2016, 879).

63   Wird der **Hinweis im Eröffnungsverfahren nicht oder nicht vollständig** erteilt, kann der Schuldner bis zur Verfahrensaufhebung einen (isolierten) Antrag auf Restschuldbefreiung stellen (BGHZ 162, 181 = NZI 2005, 271 (272 f.); BGH NZI 2020, 953 Rn. 11; LG Frankenthal NZI 2019, 434). Der Schuldner kann das Recht zur nachträglichen Antragstellung verwirken, wenn er die Antragstellung grob fahrlässig verzögert hat (LG Düsseldorf ZInsO 2015, 365); daran sind aber hohe Anforderungen zu stellen (so die den Beschluss des LG Düsseldorf aufhebende Entscheidung des BGH NJW 2016, 327 Rn. 10 ff.). Auch im schon eröffneten Verfahren kann das Gericht dem Schuldner eine Frist setzen, nach deren Ablauf der Schuldner keinen Restschuldbefreiungsantrag mehr stellen kann. Diese Frist ist mit zwei Wochen in der Regel ausreichend bemessen, auf Antrag aber zu verlängern (BGH NJW 2016, 327 Rn. 15 f.).

§ 21 Anordnung vorläufiger Maßnahmen

(1) ¹Das Insolvenzgericht hat alle Maßnahmen zu treffen, die erforderlich erscheinen, um bis zur Entscheidung über den Antrag eine den Gläubigern nachteilige Veränderung in der Vermögenslage des Schuldners zu verhüten. ²Gegen die Anordnung der Maßnahme steht dem Schuldner die sofortige Beschwerde zu.

(2) ¹Das Gericht kann insbesondere
1. **einen vorläufigen Insolvenzverwalter bestellen, für den § 8 Absatz 3 und die §§ 56 bis 56b, 58 bis 66 und 269a entsprechend gelten;**
1a. **einen vorläufigen Gläubigerausschuss einsetzen, für den § 67 Absatz 2, 3 und die §§ 69 bis 73 entsprechend gelten; zu Mitgliedern des Gläubigerausschusses können auch Personen bestellt werden, die erst mit Eröffnung des Verfahrens Gläubiger werden;**
2. **dem Schuldner ein allgemeines Verfügungsverbot auferlegen oder anordnen, daß Verfügungen des Schuldners nur mit Zustimmung des vorläufigen Insolvenzverwalters wirksam sind;**
3. **Maßnahmen der Zwangsvollstreckung gegen den Schuldner untersagen oder einstweilen einstellen, soweit nicht unbewegliche Gegenstände betroffen sind;**
4. **eine vorläufige Postsperre anordnen, für die die §§ 99, 101 Abs. 1 Satz 1 entsprechend gelten;**
5. **anordnen, dass Gegenstände, die im Falle der Eröffnung des Verfahrens von § 166 erfasst würden oder deren Aussonderung verlangt werden könnte, vom Gläubiger nicht verwertet oder eingezogen werden dürfen und dass solche Gegenstände zur Fortführung des Unternehmens des Schuldners eingesetzt werden können, soweit sie hierfür von erheblicher Bedeutung sind; § 169 Satz 2 und 3 gilt entsprechend; ein durch die Nutzung eingetretener Wertverlust ist durch laufende Zahlungen an den Gläubiger auszugleichen. Die Verpflichtung zu Ausgleichszahlungen besteht**

nur, soweit der durch die Nutzung entstehende Wertverlust die Sicherung des absonderungsberechtigten Gläubigers beeinträchtigt. Zieht der vorläufige Insolvenzverwalter eine zur Sicherung eines Anspruchs abgetretene Forderung anstelle des Gläubigers ein, so gelten die §§ 170, 171 entsprechend.
²Die Anordnung von Sicherungsmaßnahmen berührt nicht die Wirksamkeit von Verfügungen über Finanzsicherheiten nach § 1 Abs. 17 des Kreditwesengesetzes und die Wirksamkeit der Verrechnung von Ansprüchen und Leistungen aus Zahlungsaufträgen, Aufträgen zwischen Zahlungsdienstleistern oder zwischengeschalteten Stellen oder Aufträgen zur Übertragung von Wertpapieren, die in Systeme nach § 1 Abs. 16 des Kreditwesengesetzes eingebracht wurden. ³Dies gilt auch dann, wenn ein solches Rechtsgeschäft des Schuldners am Tag der Anordnung getätigt und verrechnet oder eine Finanzsicherheit bestellt wird und der andere Teil nachweist, dass er die Anordnung weder kannte noch hätte kennen müssen; ist der andere Teil ein Systembetreiber oder Teilnehmer in dem System, bestimmt sich der Tag der Anordnung nach dem Geschäftstag im Sinne des § 1 Absatz 16b des Kreditwesengesetzes.

(3) ¹Reichen andere Maßnahmen nicht aus, so kann das Gericht den Schuldner zwangsweise vorführen und nach Anhörung in Haft nehmen lassen. ²Ist der Schuldner keine natürliche Person, so gilt entsprechendes für seine organschaftlichen Vertreter. ³Für die Anordnung von Haft gilt § 98 Abs. 3 entsprechend.

Überblick

Die §§ 21–25 regeln im Zusammenhang die Anordnung von Sicherungsmaßnahmen im vorläufigen Insolvenzverfahren. § 21 enthält als zentrale Vorschrift des vorläufigen Insolvenzverfahrens eine allgemeine Ermächtigung, Sicherungsanordnungen zu erlassen, §§ 22, 22a und 24 regeln Details bestimmter Anordnungen. Gemäß Abs. 1 kann das Gericht alle Maßnahmen erlassen, die es zur Sicherung des schuldnerischen Vermögens für erforderlich hält. Abs. 2 nennt als Regelbeispiele die Bestellung eines vorläufigen Insolvenzverwalters (→ Rn. 25 ff.) und eines vorläufigen Gläubigerausschusses (→ Rn. 59 ff.), die Anordnung eines Verfügungsverbots oder Zustimmungsvorbehalts (→ Rn. 34 ff.), eines Vollstreckungsverbots (→ Rn. 80 ff.), einer Postsperre (→ Rn. 67 ff.) sowie die Anordnung gegenüber absonderungs- und aussonderungsberechtigten Gläubigern, dass diese bestimmte Gegenstände nicht herausverlangen oder verwerten dürfen (→ Rn. 102 ff.). Auf Grundlage der Generalklausel in Abs. 1 sind gegen den Schuldner auch weitere Maßnahmen denkbar (→ Rn. 75 ff.), gegen Gläubiger nur in engen Grenzen (→ Rn. 127 ff.). Sicherungsmaßnahmen werden grundsätzlich mit Erlass wirksam (→ Rn. 144 ff.), eine Anhörung des Schuldners vor Erlass der Sicherungsmaßnahme ist in den meisten Fällen entbehrlich, wenn dies den Sicherungszweck gefährden würde (→ Rn. 139 ff.). Das Gericht kann den Schuldner vorführen oder sogar in Haft nehmen lassen, wenn sich anders eine Verschlechterung der Vermögenslage des Schuldners nicht verhindern lässt (→ Rn. 165 ff.). Rechtsmittel gegen die Anordnung von Sicherungsmaßnahmen stehen nur dem Schuldner zu, soweit er durch die Maßnahme belastet wird, grundsätzlich aber nicht Gläubigern oder dem vorläufigen Insolvenzverwalter (→ Rn. 147 ff.).

Übersicht

	Rn.		Rn.
A. Normzweck	1	3. Verfügungsverbot und starker vorläufiger Insolvenzverwalter	43
B. Allgemeine Anordnungsvoraussetzungen	4	4. Zustimmungsvorbehalt und schwacher vorläufiger Insolvenzverwalter	50
I. Zulässigkeit des Insolvenzantrags	5	5. Isoliertes Verfügungsverbot	53
II. Verhältnismäßigkeit	14	6. Isolierte Bestellung eines vorläufigen Insolvenzverwalters	56
III. Gegenstand der Sicherungsanordnungen	19	II. Einsetzung eines vorläufigen Gläubigerausschusses	59
C. Die einzelnen Sicherungsmaßnahmen	21	III. Weitere Sicherungsmaßnahmen gegen den Schuldner	66
I. Vorläufige Insolvenzverwaltung und Verfügungsbeschränkungen	22	1. Vorläufige Postsperre	67
1. Bestellung eines vorläufigen Insolvenzverwalters (Nr. 1)	25	2. Aufenthaltsbeschränkungen, Beschlagnahme, Durchsuchung	75
2. Verfügungsverbot und Zustimmungsvorbehalt (Nr. 2)	34	IV. Vollstreckungsverbot	80

	Rn.		Rn.
1. Reichweite eines allgemeinen Vollstreckungsverbots	85	VI. Weitere Maßnahmen gegenüber Dritten	127
2. Wirkung des Vollstreckungsverbots	92	**D. Verfahren**	132
3. Verstoß gegen das Vollstreckungsverbot	96	I. Zuständigkeit und Entscheidung	133
V. Verwertungs- und Einziehungsverbote (Abs. 2 S. 1 Nr. 5)	102	II. Rechtliches Gehör	139
1. Allgemeine Voraussetzungen, Verfahren, Anordnung	104	III. Wirksamkeit	144
		IV. Anfechtbarkeit, Rechtsbehelfe	147
2. Anordnungen betreffend zur Sicherung abgetretene Forderungen	111	1. Beschwerdebefugnis	150
		2. Gang des Beschwerdeverfahrens	158
3. Anordnungen bezüglich körperlicher Gegenstände	115	3. Sonderfälle	162
		E. Zwangsmaßnahmen gegen den Schuldner	165
4. Ausgleichsansprüche der betroffenen Gläubiger	122		
5. Privilegierung bestimmter Finanzsicherheiten	126	**F. Haftung wegen Amtspflichtverletzung**	170

A. Normzweck

1 Während des Insolvenzeröffnungsverfahrens unterliegt das Vermögen des Schuldners noch nicht dem Insolvenzbeschlag, es ist kein Insolvenzverwalter bestellt und eine Vollstreckung der Gläubiger in das Vermögen des Schuldners ist weiterhin möglich. § 21 ermächtigt das Gericht daher, dem Schuldner und Dritten gegenüber Anordnungen zu treffen, um **Verschlechterungen in der Vermögenslage des Schuldners** zu verhindern.

2 Anordnungen nach § 21 dienen somit vorrangig dem **Schutz der Vermögensinteressen aller** gesicherten und ungesicherten **Gläubiger** (Jaeger/Gerhardt Rn. 4). Jedenfalls reflexartig schützen Sicherungsanordnungen in der Regel aber auch das Vermögen des Schuldners in dessen eigenem Interesse, weil über die Eröffnung des Verfahrens in diesem Verfahrensstadium noch nicht entschieden ist (vgl. BGHZ 146, 165 (172) = NJW 2001, 1496 (1497); K. Schmidt InsO/Hölzle Rn. 6; **aA** wohl Jaeger/Gerhardt Rn. 4; allg. zur gestärkten Stellung des Schuldners im Eröffnungsverfahren Nerlich/Römermann/Mönning Rn. 31 ff.).

3 Unzulässig sind Anordnungen, die schon im Eröffnungsverfahren vorrangig oder allein der **Gläubigergleichbehandlung** dienen, weil zu diesem Zweck das Insolvenzanfechtungsrecht gem. §§ 129 ff. zur Verfügung steht (Jaeger/Gerhardt Rn. 5).

B. Allgemeine Anordnungsvoraussetzungen

4 Die Anordnung von Sicherungsmaßnahmen setzt voraus, dass der Insolvenzantrag zulässig ist und das Insolvenzgericht ihn jedenfalls vorläufig zulässt (→ Rn. 5 ff.). Außerdem müssen die Sicherungsmaßnahmen zum Schutze des schuldnerischen Vermögens erforderlich und gegenüber dem Eingriff in die Rechte des Schuldners oder Dritter verhältnismäßig sein (→ Rn. 14 ff.). Sicherungsmaßnahmen können alle Gegenstände der Ist-Masse betreffen und damit auch solche, an denen Ab- oder Aussonderungsrechte bestehen (→ Rn. 19 f.).

I. Zulässigkeit des Insolvenzantrags

5 Anordnungen nach § 21 setzen einen **zulässigen Insolvenzantrag** voraus (BT-Drs. 12/2443, 115; BGH NZI 2007, 344 Rn. 9; LG Stuttgart BeckRS 2018, 19822 Rn. 10). Ein Antrag des Schuldners muss die gem. § 13 Abs. 1 S. 3 ff. erforderlichen Angaben (→ § 13 Rn. 18 ff.) enthalten. Ein antragstellender Gläubiger muss gem. § 14 Abs. 1 ein rechtliches Interesse an der Eröffnung des Insolvenzverfahrens darlegen (→ § 14 Rn. 3 ff.) und seine Forderung sowie den Eröffnungsgrund glaubhaft machen (→ § 14 Rn. 9 ff.).

6 Über die Zulässigkeit des Insolvenzantrags muss wegen des Eilcharakters des vorläufigen Insolvenzverfahrens noch **nicht endgültig entschieden** sein; ausreichend ist, dass der Antrag nicht rechtsmissbräuchlich oder offensichtlich rechtswidrig ist und das Gericht den Insolvenzantrag vorläufig zulässt (OLG Köln ZIP 1988, 664; ausf. MüKoInsO/Haarmeyer/Schildt Rn. 16; vgl. auch BT-Drs. 12/2443, 116).

7 Sind beispielsweise für die Feststellung der **örtlichen oder internationalen Zuständigkeit** des Insolvenzgerichts noch weitere Ermittlungen erforderlich, steht dies der Anordnung von Sicherungsmaßnahmen nicht entgegen (BGH NZI 2007, 344 Rn. 11; NZI 2010, 680 Rn. 5). Zu beachten ist aber, dass Art. 4 Abs. 1 EuInsVO das Gericht verpflichtet, die internationale Zuständigkeit zu prüfen und in der „Entscheidung zur Eröffnung des Insolvenzverfahrens" zu begründen. Eröffnungsentscheidung in diesem Sinn ist gem. Art. 2 Nr. 5, Nr. 7 EuInsVO schon die vorläufige Verwalterbestellung (BGH NZI 2021, 187 Rn. 7).

Ergeben sich die **Zweifel an der Zulässigkeit** des Insolvenzantrags aus der Sphäre des Schuldners und trägt dieser zur Aufklärung nichts bei, kann es für den Erlass von Sicherungsmaßnahmen schon ausreichen, wenn das Gericht seine Zuständigkeit nicht ausschließen kann (vgl. BGH NZI 2007, 344 Rn. 12). 8

Dass dem Schuldner zunächst ein **Verfahrenspfleger** bestellt werden muss (§ 4 iVm § 57 ZPO), hindert den Erlass von Sicherungsmaßnahmen nicht (AG Göttingen NZI 2004, 38; AG München BeckRS 2008, 140866). 9

Jedenfalls in Ausnahmefällen ist das Gericht auch berechtigt, schon vorab ein **Sachverständigengutachten** zur Frage der Zulässigkeit des Insolvenzantrags einzuholen, wenngleich § 5 grundsätzlich einen zulässigen Insolvenzantrag voraussetzt (vgl. BGH BeckRS 2011, 20013 Rn. 7; weitergehend Jungmann DZWIR 2002, 363 ff.). 10

Einer **ausdrücklichen Zulassung** des Antrags bedarf es nicht (auch → § 20 Rn. 6); in jeder Anordnung nach § 21 ist zugleich implizit auch eine vorläufige Zulassung des Antrags enthalten (OLG Köln NZI 2000, 130 (131)). 11

Die einstweilige Zulassung des Antrags entbindet das Gericht nicht von der Pflicht, die von Amts wegen zu beachtenden Zulässigkeitsvoraussetzungen (§ 4 iVm § 56 ZPO) auch in der Folge zu prüfen (BGH NZI 2006, 590). 12

Wird der Antrag im Laufe des Verfahrens **unzulässig oder unbegründet** (beispielsweise durch Gegenglaubhaftmachung der Forderung), hindert dies weder den Erlass neuer Anordnungen noch berührt dies die Wirksamkeit bestehender Anordnungen (vgl. BGH NZI 2008, 100; OLG Düsseldorf NJW-RR 1996, 32). Das Gericht hat aber eine Aufhebung bestehender Sicherungsanordnungen gem. § 25 zu prüfen (vgl. BGH NZI 2006, 122 Rn. 11). 13

II. Verhältnismäßigkeit

Das dem Insolvenzrichter eingeräumte weite Ermessen findet seine **allgemeinen Grenzen** einerseits im Zweck, das Vermögen des Schuldners zu erhalten (→ Rn. 2), und andererseits im Grundsatz der Verhältnismäßigkeit (vgl. BGH NZI 2006, 122 Rn. 11). 14

Die Wirkung von Anordnungen im vorläufigen Insolvenzverfahren darf nicht weiter gehen als die **Wirkungen des eröffneten Insolvenzverfahrens** (Haarmeyer ZInsO 2001, 203), die Maßnahmen dürfen Entscheidungen im eröffneten Insolvenzverfahren nicht vorwegnehmen (Jaeger/Gerhardt Rn. 5). 15

Sicherungsmaßnahmen müssen zur Sicherung des schuldnerischen Vermögens **geeignet, erforderlich und angemessen** sein (BGH NZI 2006, 122 Rn. 11; LG Göttingen NZI 2007, 353 (354)). Im Rahmen der Abwägung ist auch der Grundsatz der Masseschonung zu berücksichtigen (vgl. AG Düsseldorf BeckRS 2011, 3289). Zu den Anforderungen an die Verhältnismäßigkeit bei Anordnung der einzelnen Maßnahmen s. jeweils die dortige Kommentierung. 16

Die schutzwürdigen Interessen des Schuldners oder des betroffenen Gläubigers sind in jedem **Einzelfall** (BGH BeckRS 2009, 4302 Rn. 3) gegen das Sicherungsinteresse der Gläubiger abzuwägen; Sicherungsmaßnahmen dürfen nicht routinemäßig angeordnet werden. 17

Unverhältnismäßige Sicherungsmaßnahmen können **Amtshaftungsansprüche** begründen (→ Rn. 170). 18

III. Gegenstand der Sicherungsanordnungen

Zu sichern sind nicht nur Gegenstände, die im Falle einer Eröffnung zur Insolvenzmasse gehören würden, sondern auch solche, an denen **Absonderungs- oder Aussonderungsrechte** bestehen sowie Neuerwerb des Schuldners (BT-Drs. 12/2443, 116). 19

Auch zum Schutz **ausländischen Vermögens** sind Sicherungsmaßnahmen zulässig, soweit über das ausländische Vermögen des Schuldners kein anzuerkennendes, eigenes Insolvenzverfahren eröffnet ist (vgl. BGH NJW 1992, 2026). 20

C. Die einzelnen Sicherungsmaßnahmen

In Abs. 2 Nr. 1–5 sind als Regelbeispiele sechs vorläufige Sicherungsmaßnahmen aufgezählt: Die Bestellung eines vorläufigen Insolvenzverwalters (→ Rn. 25 ff.), die Einsetzung eines vorläufigen Gläubigerausschusses (→ Rn. 59 ff.), die Anordnung eines allgemeinen Verfügungsverbots oder 21

Zustimmungsvorbehalts (→ Rn. 34 ff.), die Anordnung eines Vollstreckungsverbots (→ Rn. 80 ff.), die Verhängung einer Postsperre (→ Rn. 67 ff.) und die Anordnung, dass Gegenstände zur Fortführung des Unternehmens des Schuldners eingesetzt werden können, auch wenn Schuldnern daran Aussonderungs- oder Absonderungsrechte zustehen (→ Rn. 102 ff.). Daneben sind gegen den Schuldner weitere Maßnahmen zulässig (→ Rn. 75 ff.), gegen Dritte nur in Ausnahmefällen (→ Rn. 127 ff.).

I. Vorläufige Insolvenzverwaltung und Verfügungsbeschränkungen

22 Zu den praktisch wichtigsten Maßnahmen gehören neben der Anordnung eines Vollstreckungsverbots insbesondere die Bestellung eines vorläufigen Insolvenzverwalters (→ Rn. 25 ff.) und die Anordnung eines (allgemeinen) Verfügungsverbots (→ Rn. 34 ff.) oder Zustimmungsvorbehalts (→ Rn. 40 ff.). Aus den zuletzt genannten Sicherungsmaßnahmen ergeben sich insgesamt vier denkbare Kombinationsmöglichkeiten:
- Die Anordnung eines allgemeinen Verfügungsverbots zusammen mit der Bestellung eines starken vorläufigen Insolvenzverwalters, auf den die Verwaltungs- und Verfügungsbefugnis übergeht (→ Rn. 43 ff.);
- die Anordnung eines allgemeinen Zustimmungsvorbehalts zusammen mit der Bestellung eines schwachen vorläufigen Insolvenzverwalters (→ Rn. 50 ff.);
- die Anordnung eines isolierten Verfügungsverbots (→ Rn. 53 ff.) und
- die isolierte Bestellung eines vorläufigen Insolvenzverwalters (→ Rn. 56 ff.).

23 Hat der Schuldner einen **Antrag auf Eigenverwaltung** gestellt, so bestellt das Gericht unter den Voraussetzungen des § 270b Abs. 1 statt eines vorläufigen Insolvenzverwalters einen vorläufigen Sachwalter, auf den die §§ 274, 275 anwendbar sind (vorläufige Eigenverwaltung). Gemäß § 270c Abs. 3 S. 1 kann das Gericht vorläufige Maßnahmen nach Abs. 1 und Abs. 2 S. 1 Nr. 1a, Nr. 3–5 anordnen. Die Anordnung, dass Verfügungen des Schuldners der Zustimmung durch den vorläufigen Sachwalter bedürfen, darf das Gericht nur treffen, wenn die Eigenverwaltungsplanung des Schuldners behebbare Mängel aufweist (§ 270b Abs. 1 S. 2, § 270c Abs. 3 S. 2).

24 Auch bei einem Antrag auf Eigenverwaltung ist die Bestellung eines vorläufigen Insolvenzverwalters aber zulässig, wenn nur so eine **konkrete Gefährdung des Schuldnervermögens** abzuwenden ist (vgl. § 270b Abs. 3 S. 2). Das kann beispielsweise anzunehmen sein, wenn kurz vor Antragstellung ein Vorschusshonorar von 290.000 EUR an den Geschäftsführer der Schuldnerin überwiesen wird (vgl. BGH NZI 2004, 216).

1. Bestellung eines vorläufigen Insolvenzverwalters (Nr. 1)

25 Zweck der Bestellung eines **vorläufigen Insolvenzverwalters** ist es, die Verwaltung des schuldnerischen Vermögens in die Hand einer geeigneten, neutralen Person zu legen, um dadurch masseschädigende Handlungen des Schuldners zu verhindern (Jaeger/Gerhardt Rn. 16).

26 Verfügt der Schuldner über **nicht unerhebliches Vermögen oder einen Geschäftsbetrieb**, wird es in der Regel zweckmäßig und geboten sein, einen vorläufigen Insolvenzverwalter zu bestellen (HmbKommInsR/Schröder Rn. 31 ff.). Gleiches gilt, wenn die Vermögensverhältnisse unübersichtlich sind und das Gericht Zweifel an der „Seriosität und Vertrauenswürdigkeit des Schuldners" hat (LG Berlin ZInsO 2002, 837; LG Düsseldorf NZI 2004, 96).

27 Ist hingegen schon absehbar, dass das Vermögen des Schuldners die Kosten des Verfahrens voraussichtlich nicht decken wird (§ 26 Abs. 1) und die **Stundungsvoraussetzungen** (→ § 4a Rn. 2 ff.) nicht gegeben sind, ist die Einsetzung eines vorläufigen Insolvenzverwalters in der Regel nicht zweckmäßig (AG Potsdam DZWIR 2004, 439; KPB/Blankenburg Rn. 41; aA HmbKommInsR/Schröder Rn. 38); das Gericht sollte dann allenfalls einen Sachverständigen bestellen. Bestellt das Gericht trotzdem einen vorläufigen Insolvenzverwalter, kommen **Amtshaftungsansprüche** des Verwalters in Betracht, soweit dieser mit seinem Vergütungsanspruch ausfällt (→ Rn. 173).

28 Im **Verbraucherinsolvenzverfahren** wird nur selten ein Bedürfnis bestehen, einen vorläufigen Insolvenzverwalter zu bestellen (Uhlenbruck/Vallender Rn. 12a aE; Stephan ZVI 2007, 441).

29 Die **Auswahl** des vorläufigen Insolvenzverwalters richtet sich nach §§ 56–56b. Bestellt werden können nur natürliche Personen (vgl. BGHZ 198, 225 = NJW 2013, 3374 zum endgültigen Verwalter; aA Höfling ZIP 2015, 1568 ff.). Diese müssen über die erforderlichen **rechtlichen und ggf. betriebswirtschaftlichen Kenntnisse** verfügen. Außerdem erforderlich ist regelmäßig eine **Haftpflichtversicherung,** deren Deckungssumme deutlich die in § 51 Abs. 4 BRAO, § 52 Abs. 1 DVStB hinausgeht; gefordert werden von Insolvenzgericht in der Regel zwischen 2 und 2,5 Mio. EUR (ausf. von Bühren NZI 2003, 465).

Die Person des vorläufigen Insolvenzverwalters muss vom Schuldner und den Gläubigern **unab-** 30
hängig sein. Der Unabhängigkeit des vorläufigen Insolvenzverwalters steht entsprechend § 56
Abs. 1 S. 3 Nr. 2 eine **vorherige Beratungstätigkeit** für den Schuldner nicht zwingend entgegen
(für anwaltliche Insolvenzverwalter im Hinblick auf § 45 Abs. 2 BRAO einschränkend Nerlich/
Römermann/Mönning Rn. 82). Gehört der Schuldner zu einer **Unternehmensgruppe iSd**
§ 3e, muss sich das Gericht gem. § 56b mit den weiteren zuständigen Insolvenzgerichten darüber
abstimmen, ob es im Interesse der Gläubiger liegt, lediglich eine Person zum Insolvenzverwalter
zu bestellen.

Die Bestellung des Insolvenzverwalters wird grundsätzlich – abweichend von den anderen 31
Sicherungsmaßnahmen (ausf. → Rn. 144) – erst **wirksam**, wenn dieser sein Amt annimmt
(Jaeger/Gerhardt § 22 Rn. 11). Allerdings wird in der Aufnahme in die beim Gericht geführte
Vorauswahlliste eine antizipierte Annahmeerklärung zu sehen sein, sodass die Bestellung eines
schwachen vorläufigen Insolvenzverwalters dann ebenfalls schon mit Erlass des Beschlusses wirksam
wird (MüKoInsO/Haarmeyer/Schildt Rn. 30). Der vorläufige Insolvenzverwalter kann das ihm
angebotene Amt **ablehnen**; war er zuvor in die Vorauswahlliste aufgenommen worden, kommt
in einem solchen Fall aber eine Haftung gem. § 663 BGB in Betracht (Jaeger/Gerhardt § 22
Rn. 13).

Bestellt das Insolvenzgericht lediglich einen **schwachen vorläufigen Insolvenzverwalter,** 32
hat es die Aufgaben und Befugnisse des vorläufigen Insolvenzverwalters genau zu bestimmen (§ 22
Abs. 2 S. 1). Eine allgemeine Ermächtigung, „für den Schuldner" zu handeln, ist unwirksam
(BGHZ 151, 353 (365) = NJW 2002, 3326 (3329 f.)).

Zu Rechtsstellung, Befugnissen und Aufgaben des vorläufigen Insolvenzverwalters s. ausf. die 33
Kommentierung zu § 22; zum starken vorläufigen Insolvenzverwalter insbesondere → § 22
Rn. 6 ff., zum schwachen vorläufigen Insolvenzverwalter insbesondere → § 22 Rn. 52 ff.

2. Verfügungsverbot und Zustimmungsvorbehalt (Nr. 2)

Das Gericht kann die Verfügungsmacht des Schuldners gem. Abs. 2 S. 1 Nr. 2 einschränken, 34
indem es dem Schuldner Verfügungen verbietet oder die Wirksamkeit von Verfügungen des
Schuldners von einer Zustimmung des vorläufigen Insolvenzverwalters abhängig macht.

Unter den **Begriff der Verfügung** iSd Abs. 2 S. 1 Nr. 2 fallen sämtliche Handlungen, mit 35
denen der Schuldner auf dingliche oder obligatorische Rechte unmittelbar einwirkt, diese also
überträgt, belastet, aufhebt oder inhaltlich verändert (BGH NZI 2018, 794 Rn. 19; Jaeger/Gerhardt Rn. 8). Auch **Prozesshandlungen** sind Verfügungen iSd § 21 Abs. 2 S. 1 Nr. 2, so zB
Klagerücknahme, Erledigungserklärung, Einlegung und Rücknahme von Rechtsmitteln (OLG
Bamberg InVo 2006, 184 = BeckRS 2006, 02815; MüKoInsO/Haarmeyer/Schildt § 24 Rn. 12).

Keine Verfügung iSd Abs. 2 S. 1 Nr. 2 ist die Begründung neuer Rechte und Pflichten des 36
Schuldners, insbesondere durch Abschluss eines schuldrechtlichen Vertrags (BGH NZI 2010, 138
Rn. 26; NJW 2018, 2049 Rn. 53). Das Gericht kann auf Grundlage der Generalklausel in Abs. 1
in Einzelfällen aber einen gegenständlich beschränkten **Verpflichtungsvorbehalt** anordnen (HK-
InsO/Rüntz/Laroche Rn. 19).

Allgemeine Verfügungsverbote oder Zustimmungsvorbehalte erfassen das gesamte 37
gegenwärtige Vermögen des Schuldners einschließlich mit Aussonderungs- oder Absonderungsrechten belastete Gegenstände sowie sämtlichen Vermögenserwerb während des Eröffnungsverfahrens, sofern dieses Vermögen später zur Insolvenzmasse gehören würde (Jaeger/Gerhardt
Rn. 21; zum sog. **P-Konto** s. ausf. Büchel ZInsO 2010, 20 (25 f.)).

Über den Wortlaut der Nr. 2 hinaus kann das Gericht Verfügungsbeschränkungen auf **beson-** 38
ders gefährdete Gegenstände des schuldnerischen Vermögens beschränken, zB auf Konten,
Immaterialgüterrechte oder (bestimmte) Forderungen (BT-Drs. 12/2443, 116). Die betroffenen
Gegenstände sind im Beschluss so genau wie möglich zu bezeichnen (Braun/Böhm Rn. 38).
Streitig ist die Zulässigkeit von **Aufrechnungsverboten** (vgl. K. Schmidt InsO/Hölzle Rn. 38).

Die Anordnung eines – allgemeinen oder gegenständlich beschränkten – Verfügungsverbots 39
führt zum **Übergang der Verwaltungs-, Verfügungs- und Prozessführungsbefugnis** auf den
vorläufigen Insolvenzverwalter, wenn ein solcher bestellt ist (BGH NZI 2012, 365 Rn. 18; zur
Prozessführungsbefugnis ausf. → § 22 Rn. 109).

Ordnet das Gericht lediglich einen Zustimmungsvorbehalt an (→ § 22 Rn. 65), umfasst der 40
Begriff der **Zustimmung** iSd Abs. 2 S. 1 Nr. 2 sowohl die vorherige Einwilligung als auch die
nachträgliche Genehmigung (Mankowski NZI 2000, 572 ff.) (→ Rn. 48.1). Die Zustimmung
des Insolvenzverwalters wird nicht durch die Verurteilung des Schuldners zur Abgabe der Willenserklärung ersetzt (BGH NZI 2018, 794 Rn. 22 ff.). Hat der vorläufige Insolvenzverwalter nicht

InsO § 21   Zweiter Teil. Eröffnung des Insolvenzverfahrens

zugestimmt, kann sich der andere Teil entsprechend § 108 Abs. 2 BGB bis zur Genehmigung vom Rechtsgeschäft wieder lösen bzw. seine Willenserklärung entsprechend § 109 BGB widerrufen (Mankowski NZI 2000, 572 ff.).

41   Verfügungen unter Verstoß gegen **allgemeine Verfügungsbeschränkungen** sind gem. § 24 Abs. 1 absolut unwirksam (→ § 24 Rn. 4 ff.). Verstöße gegen **gegenständlich beschränkte Verfügungsbeschränkung** haben nicht die allgemeine Wirkung des § 24 Abs. 1 InsO, sondern führen nur zu einer relativen Unwirksamkeit gem. §§ 135, 136 BGB (→ § 24 Rn. 8). Diese beschränkte Wirkung sollte im Rahmen der **Ermessensausübung** berücksichtigt werden; ein auf bestimmte Gegenstände beschränktes Verfügungsverbot dürfte deshalb nur in Einzelfällen zweckmäßig sein (vgl. LG Berlin ZInsO 2002, 837; HmbKommInsR/Schröder Rn. 49).

42   Verfügt der Schuldner unter Verstoß gegen ein – allgemeines oder gegenständlich beschränktes – Verfügungsverbot, gilt **§ 185 Abs. 2 S. 1 BGB:** Das Rechtsgeschäft kann durch den vorläufigen oder endgültigen Insolvenzverwalter genehmigt werden (BGH NZI 2010, 938 Rn. 16 aE). Die Verfügung wird rückwirkend wirksam, wenn das vorläufige Insolvenzverfahren aufgehoben (MüKoInsO/Haarmeyer/Schildt Rn. 55 aE) oder der Gegenstand vom Insolvenzverwalter freigegeben wird (vgl. BGHZ 166, 74 Rn. 8 = NJW 2006, 1286).

3. Verfügungsverbot und starker vorläufiger Insolvenzverwalter

43   Die **wirksamste Sicherungsmaßnahme** gegen vermögensmindernde Handlungen des Schuldners ist die Anordnung eines allgemeinen Verfügungsverbots mit Bestellung eines (starken) vorläufigen Insolvenzverwalters. Denn in einem solchen Fall ist jede Verfügung des Schuldners über pfändbares Vermögen absolut (schwebend) unwirksam; die §§ 135, 136 BGB gelten nicht (→ § 24 Rn. 8).

44   Damit werden im Ergebnis die **Wirkungen des § 80** schon in das vorläufige Insolvenzverfahren „vorgezogen"; über das Vermögen des Schuldners kann nur noch der vorläufige Insolvenzverwalter verfügen, der Insolvenzverwalter begründet Masseverbindlichkeiten (→ § 22 Rn. 9). Zur Stellung des starken vorläufigen Insolvenzverwalters ausf. → § 22 Rn. 6 ff.

45   Auch im Hinblick auf **Prozesse des Schuldners** werden die Wirkungen des eröffneten Insolvenzverfahrens in das Eröffnungsverfahren vorverlagert, sie werden gem. § 240 S. 2 ZPO unterbrochen (ausf. → § 22 Rn. 102 f.). Auch diese Folge kann im Einzelfall für die Anordnung eines Verfügungsverbots und die Bestellung eines starken vorläufigen Insolvenzverwalters sprechen (Uhlenbruck/Vallender Rn. 18).

46   Im Rahmen der **Ermessensausübung** ist zu berücksichtigen, dass die Anordnung eines allgemeinen Verfügungsverbots und die Bestellung eines vorläufigen Insolvenzverwalters den weitreichendsten denkbaren Eingriff in die Rechtsstellung des Schuldners darstellen. Außerdem ist zu berücksichtigen, dass die Insolvenzmasse gem. § 55 Abs. 2 mit den durch den vorläufigen Insolvenzverwalter begründeten **Masseverbindlichkeiten** belastet wird (Jaeger/Gerhardt Rn. 16). Entgegen der Systematik des § 22 ist die Bestellung eines starken vorläufigen Insolvenzverwalters daher mit Recht in der Praxis der Ausnahmefall.

47   Hat der Schuldner selbst einen Insolvenzantrag wegen nur **drohender Zahlungsunfähigkeit** (§ 18) gestellt, dürfte die Anordnung eines Verfügungsverbots regelmäßig unverhältnismäßig sein (Hölzle ZIP 2011, 1889 (1890)).

48   In Betracht kommt eine derartige Anordnung aber beispielsweise, wenn der Schuldner bei dem Betrieb seines Geschäfts nicht mitwirkt oder wenn es zur Fortführung des Unternehmens notwendig ist, in erheblichem Umfang **Masseverbindlichkeiten** zu begründen (MüKoInsO/Haarmeyer/Schildt § 22 Rn. 16). Gleiches mag gelten, wenn die Bestellung eines starken vorläufigen Insolvenzverwalter geeignet ist, aufseiten der Gläubiger Irritationen zu vermeiden und Vertrauen wiederherzustellen (vgl. LG Bonn NZI 2003, 653 (655); s. zu weiteren Beispielen FK-InsO/Schmerbach Rn. 73).

48.1   Zu weitgehend erscheint die Ansicht des AG Hamburg NZI 2003, 153, dass die Anordnung eines allgemeinen Verfügungsverbots und die Bestellung eines starken vorläufigen Insolvenzverwalters schon dann verhältnismäßig seien, wenn der Schuldner zugestimmt habe. Das berücksichtigt nicht hinreichend, dass die Begründung von Masseverbindlichkeiten die Insolvenzmasse erheblich verringern kann und daher auch die Interessen der Gläubiger zu berücksichtigen sind (anders aber HmbKommInsR/Schröder Rn. 53).

49   Wird dem Schuldner ein allgemeines Verfügungsverbot auferlegt, wird in den meisten Fällen zugleich die Bestellung eines **vorläufigen Insolvenzverwalters** geboten sein, damit das Vermögen des Schuldners nicht zu einer Sondermasse ohne Verfügungsberechtigten wird (Jaeger/Gerhardt Rn. 18; zu Ausnahmen → Rn. 53). Bei gegenständlich beschränkten Verfügungsverboten

ist die Bestellung eines vorläufigen Insolvenzverwalters wegen der nur relativen Unwirksamkeit (→ Rn. 41) hingegen nicht erforderlich (Jaeger/Gerhardt Rn. 10).

4. Zustimmungsvorbehalt und schwacher vorläufiger Insolvenzverwalter

Die Bestellung eines vorläufigen Insolvenzverwalters in Verbindung mit der Anordnung lediglich eines Zustimmungsvorbehalts setzt ein erhebliches Maß an **Abstimmung zwischen vorläufigem Insolvenzverwalter und Schuldner** voraus (Jaeger/Gerhardt Rn. 26). Eine solche Anordnung hat aber den Vorteil, dass der Schuldner bzw. die für ihn handelnden Personen auch weiterhin nach außen hin in Erscheinung treten. Für Geschäftspartner besteht auf diese Weise eine **personelle Kontinuität**, die wichtig sein kann, wenn eine Sanierung und Fortführung des schuldnerischen Unternehmens in Betracht kommt (Hölzle ZIP 2011, 1889 (1890)). In der Praxis ist eine solche Anordnung deshalb deutlich weiter verbreitet als die Anordnung eines allgemeinen Verfügungsverbots (FK-InsO/Schmerbach Rn. 76). 50

Der Vorteil einer Bestellung eines nur schwachen vorläufigen Insolvenzverwalters in Verbindung mit einem allgemeinen Zustimmungsvorbehalt liegt darin, dass zwar die Insolvenzmasse durch den Zustimmungsvorbehalt geschützt ist, diese aber **nicht durch Masseverbindlichkeiten belastet** wird (vgl. BGHZ 151, 353 = NJW 2002, 3326). Dabei ist die Sonderregelung des **§ 55 Abs. 4 für bestimmte Steuerschulden** zu beachten (vgl. AG Düsseldorf ZIP 2011, 443). 51

Da der Umfang der Befugnisse des schwachen vorläufigen Insolvenzverwalters durch das Gericht näher zu bestimmen ist, kann das Gericht dessen Rechtsstellung durch **Einzelermächtigungen** erweitern (ausf. → § 22 Rn. 69). 52

5. Isoliertes Verfügungsverbot

In Einzelfällen kann auch die Verhängung eines **isolierten Verfügungsverbots** in Betracht kommen, wenn beispielsweise der Schuldner eine juristische Person ist, deren Geschäftsbetrieb eingestellt ist (AG Göttingen NZI 1999, 330; K. Schmidt InsO/Hölzle Rn. 52). Das Gericht kann zusätzlich einen **Sachverständigen** bestellen, wenn möglicherweise realisierbare Außenstände bestehen (AG Göttingen NZI 2004, 38). 53

Auch dann ist aber zu beachten, dass sich beispielsweise aus öffentlich-rechtlichen Pflichten Situationen ergeben können, in denen für die Insolvenzmasse schnell gehandelt werden muss (abl. daher Jaeger/Gerhardt Rn. 17, 23). 54

Die Anordnung eines **isolierten Zustimmungsvorbehalts** ist schon denklogisch ausgeschlossen (Jaeger/Gerhardt Rn. 29). 55

6. Isolierte Bestellung eines vorläufigen Insolvenzverwalters

Wird lediglich ein vorläufiger Insolvenzverwalter bestellt, ohne dass ein Verfügungsverbot oder ein Zustimmungsvorbehalt angeordnet wird, kommt dem vorläufigen Insolvenzverwalter lediglich eine **beratende Funktion** zu (ausf. MüKoInsO/Haarmeyer/Schildt § 22 Rn. 138 ff.). 56

Eine solche Anordnung ist zulässig (BGHZ 189, 299 Rn. 49 = NJW 2011, 2960). Sie kann zB Sinn ergeben, wenn der vorläufige Insolvenzverwalter lediglich damit beauftragt wird, einen **Anspruch gem. § 26 Abs. 4** geltend zu machen (AG München ZIP 2015, 491 = BeckRS 2015, 4013) oder bestimmte **Prozesse zu führen** (s. AG Düsseldorf ZIP 2011, 443 = BeckRS 2011, 3289; Uhlenbruck/Vallender § 22 Rn. 6). 57

Verfügt der Schuldner über einen **Geschäftsbetrieb**, kommt eine isolierte Bestellung eines vorläufigen Insolvenzverwalters aber nur in Betracht, wenn das Gericht uneingeschränkt von der Kooperationsbereitschaft des Schuldners überzeugt ist; andernfalls drohen Amtshaftungsansprüche (MüKoInsO/Haarmeyer/Schildt Rn. 48). Das Gericht kann dem Schuldner in einem solchen Fall einen Insolvenzverwalter als „Berater" zur Seite stellen und diesen mit lediglich punktuellen Handlungsermächtigungen ausstatten. Der Vorteil einer solchen Anordnung kann insbesondere darin bestehen, dass überhaupt keine Masseverbindlichkeiten begründet werden, auch nicht gem. § 55 Abs. 4 (vgl. AG Düsseldorf ZIP 2011, 443 = BeckRS 2011, 3289). 58

II. Einsetzung eines vorläufigen Gläubigerausschusses

Die Regelung in Abs. 2 S. 1 Nr. 1a wurde zusammen mit § 22a durch das ESUG (BGBl. 2011 I 2582) eingefügt und durch das SanInsFoG (BGBl. 2020 I 3256) geändert. Das Gericht kann einen Gläubigerausschuss einsetzen und ist unter bestimmten Voraussetzungen sogar dazu ver- 59 pflichtet. Damit soll insbesondere in Großverfahren eine frühzeitige Beteiligung der Gläubiger gewährleistet werden (→ § 22a Rn. 1).

60 Gemäß Abs. 2 S. 1 Nr. 1a kann das Gericht von Amts wegen nach **pflichtgemäßem Ermessen** einen Gläubigerausschuss einsetzen (sog. **Ermessensausschuss**). Demgegenüber regelt § 22a zwei Sonderfälle, in denen dieses Ermessen eingeschränkt bzw. aufgehoben ist: Gemäß § 22a Abs. 1 hat das Gericht einen vorläufigen Gläubigerausschuss einzusetzen, wenn der Geschäftsbetrieb des Schuldners eine gewisse Größe hat (sog. **Pflichtausschuss,** → § 22a Rn. 7 ff.). Auf einen qualifizierten Antrag des Gläubigers soll das Insolvenzgericht gem. § 22a Abs. 2 ein Gläubigerausschuss einrichten (sog. **Antragsausschuss,** → § 22a Rn. 12 ff.).

61 Die Einsetzung eines vorläufigen Gläubigerausschusses auf Grundlage der Regelung in Abs. 2 S. 1 Nr. 1a kommt vor diesem Hintergrund insbesondere in Betracht, wenn – außerhalb von Unternehmensinsolvenzen – **große Insolvenzmassen** betroffen sind oder wenn auch bei kleinen Unternehmensinsolvenzen zu erwarten ist, dass ein vorläufiger Gläubigerausschuss **zur Sanierung beitragen** wird (ausf. → § 22a Rn. 34).

62 Aus § 22a Abs. 3 ergeben sich **Ausschlussgründe,** die aus systematischen Gründen zwar nur für Ausschüsse gelten, die auf Grundlage von § 22a Abs. 1 und 2 eingesetzt werden (→ § 22a Rn. 16); die Ausschlussgründe gem. § 22a Abs. 3 Var. 2 und 3 sind iRv § 21 Abs. 2 S. 1 Nr. 1a aber mittelbar zu berücksichtigen: Würden die Kosten des vorläufigen Gläubigerausschusses die Masse unverhältnismäßig belasten (§ 22a Abs. 3 Var. 2, ausf. → § 22a Rn. 21 ff.), wird eine Einsetzung auf Grundlage von Abs. 2 S. 1 Nr. 1a in aller Regel ermessensfehlerhaft sein. Ebenso wird das Gericht auch bei Abs. 2 S. 1 Nr. 1a vorläufig von einer Einsetzung absehen müssen, wenn sich die Vermögenslage des Schuldners durch die mit der Einsetzung einhergehende Verzögerung verschlechtern würde (§ 22a Abs. 3 Var. 3, → § 22a Rn. 35 ff.).

63 Für die **Zusammensetzung** gelten § 67 Abs. 2 und 3 entsprechend (ausf. → § 22a Rn. 42 ff.).

64 Die **Stellung und die Aufgaben** des vorläufigen Gläubigerausschusses ähneln denen des endgültigen Gläubigerausschusses (ausf. → § 22a Rn. 62 ff.).

65 § 22a Abs. 4 gilt auch bei Einsetzung eines Ermessensausschusses; auf Aufforderung des Gerichts haben der Schuldner bzw. der vorläufige Insolvenzverwalter Personen zu benennen, die als Mitglieder in Betracht kommen (AG Bremen ZInsO 2018, 193).

III. Weitere Sicherungsmaßnahmen gegen den Schuldner

66 Als weitere Sicherungsmaßnahmen gegenüber dem Schuldner in Betracht kommen insbesondere eine Postsperre gem. Abs. 2 S. 1 Nr. 4 (→ Rn. 67 ff.) sowie – gem. § 21 Abs. 1 S. 1 – Aufenthaltsbeschränkungen (→ Rn. 75 ff.) und Durchsuchungsanordnungen für die Wohnung des Schuldners (→ Rn. 78). Abs. 3 ermöglicht zudem die Zwangsmaßnahmen der Vorführung und der Haft (→ Rn. 165 ff.).

1. Vorläufige Postsperre

67 Eine vorläufige Postsperre hat den **Zweck,** frühzeitig einen Überblick über die Vermögenswerte des Schuldners zu erhalten und diese aufzuspüren (HmbKommInsR/Schröder Rn. 72).

68 Die Anordnung einer Postsperre greift tief in das **Postgeheimnis aus Art. 10 Abs. 1 GG** ein. Der **Verhältnismäßigkeitsgrundsatz** (→ Rn. 14 ff.) ist daher in besonderem Maße zu beachten. Eine Anordnung ist nur zulässig, wenn aufgrund konkreter Anhaltspunkte eine Gefährdung der Insolvenzmasse zu befürchten ist (BGH NZI 2003, 647; LG Bonn NZI 2009, 652). Sie kommt insbesondere in Betracht, wenn der Schuldner nur unzureichende Auskünfte (→ § 20 Rn. 4 ff.) über sein Vermögen erteilt (BGH NZI 2003, 647; LG Bonn ZInsO 2004, 818) oder die Arbeit des vorläufigen Insolvenzverwalters behindert (BGH NZI 2007, 34 Rn. 12).

69 Die **Begründung** des Beschlusses darf nicht nur formelhaft sein und muss erkennen lassen, dass sich das Gericht mit dem damit verbundenen Grundrechtseingriff auseinandergesetzt hat (zu den Begründungsanforderungen s. auch LG Bonn NZI 2009, 652).

70 Die Anordnung kann sich auf alle Postsendungen beziehen oder nur auf einzelne, die aber eindeutig zu identifizieren sein müssen. Als allgemeine Postsperre betrifft die Anordnung sämtliche Postdienstleister und sämtliche Mittel textgebundener Kommunikation wie **E-Mail, Fax und Messenger-Dienste** (→ § 99 Rn. 8 ff.). Sie kann sogar **Verteidigerpost** betreffen; dann ist aber das Verwertungsverbot des § 97 Abs. 1 S. 3 zu beachten (BVerfG NZI 2001, 132).

71 Eine Erstreckung der Postsperre auch auf **Telefongespräche** ist hingegen unzulässig (FK-InsO/Schmerbach Rn. 319; MüKoInsO/Haarmeyer/Schildt Rn. 88; → § 99 Rn. 9).

72 Auf die Postsperre ist § 99 entsprechend anwendbar. Der Schuldner ist daher anders als bei sonstigen Sicherungsanordnungen (→ Rn. 139 ff.) gem. § 99 Abs. 1 S. 2 in der Regel vor Erlass

anzuhören, wenn nicht wegen besonderer Umstände des Einzelfalls eine Anhörung den Zweck der Postsperre gefährden würde (**aA** Braun/Böhm Rn. 55, wonach in der Regel von einer Anhörung abgesehen werden soll). Wird von einer Anhörung abgesehen, ist dies zwingend zu begründen und die Anhörung nachzuholen (§ 99 Abs. 1 S. 3). Der Beschluss ist – trotz Postsperre – dem Schuldner persönlich zuzustellen (OLG Braunschweig ZInsO 2001, 627 = BeckRS 2001, 30992258).

Die Anordnung einer Postsperre setzt immer auch die Bestellung eines vorläufigen Insolvenzverwalters voraus, da eine „Postkontrolle" durch das Gericht nicht in Betracht kommt (AG Ludwigshafen ZIP 2016, 1842; Jaeger/Gerhardt Rn. 71). Die Anordnung einer Postsperre ermächtigt den Insolvenzverwalter gem. § 99 Abs. 2, die ihm zugeleiteten Sendungen zu öffnen (FK-InsO/Schmerbach Rn. 314). Diese Aufgabe kann auch ein **schwacher vorläufiger Insolvenzverwalter** wahrnehmen, für die Bestellung eines starken vorläufigen Insolvenzverwalters besteht kein Bedürfnis (Braun/Böhm Rn. 54; HK-InsO/Rüntz/Laroche Rn. 21 aE; **aA** aus Gründen der Verhältnismäßigkeit OLG Celle NZI 2001, 128; Jaeger/Gerhardt Rn. 71). 73

Die Postsperre ist **aufzuheben,** sobald der Sicherungszweck sie nicht mehr erfordert; dies sollte durch das Gericht aufgrund der Schwere des damit einhergehenden Grundrechtseingriffs in regelmäßigen Abständen überprüft werden. Vor der Aufhebung sollte der vorläufige Insolvenzverwalter angehört werden (HmbKommInsR/Schröder Rn. 77). 74

2. Aufenthaltsbeschränkungen, Beschlagnahme, Durchsuchung

Um die Mitwirkung des Schuldners schon im Eröffnungsverfahren sicherzustellen, kann das Gericht entsprechend § 97 Abs. 3 **Aufenthaltsbeschränkungen** gegen den Schuldner erlassen (AG München NZI 2013, 1033; für das eröffnete Verfahren auch LG Göttingen ZIP 2000, 2174; MüKoInsO/Schmahl/Vuia § 20 Rn. 46; HK-InsO/Rüntz/Laroche Rn. 24; **aA** Jaeger/Gerhardt Rn. 15). 75

Ihm kann verboten werden, sich von seinem Wohnsitz zu entfernen, ggf. kann die Hinterlegung oder Einziehung des Reisepasses angeordnet oder im Reisepass ein **Ausreiseverbot** eingetragen werden (AG München NZI 2013, 1033; Uhlenbruck/Vallender Rn. 10; FK-InsO/Schmerbach Rn. 387; Jaeger/Gerhardt Rn. 15; **aA** MüKoInsO/Haarmeyer/Schildt Rn. 93). 76

Das Insolvenzgericht kann die **Schließung und Siegelung** der Geschäftsräume des Schuldners anordnen (Jaeger/Gerhardt Rn. 15; ausf. Frege/Keller/Riedel, Insolvenzrecht, 8. Aufl. 2015, Rn. 671 ff.). In Bezug auf seine Geschäftsräume kann dem Schuldner auch ein **Betretungsverbot** auferlegt (MüKoInsO/Haarmeyer/Schildt Rn. 92) oder der vorläufige Insolvenzverwalter ermächtigt werden, ein Betretungsverbot auszusprechen (BGH NZI 2007, 231 Rn. 16). Einzelne Gegenstände oder Geschäftsunterlagen können beschlagnahmt und in amtliche Verwahrung genommen werden (Jaeger/Gerhardt Rn. 15; MüKoInsO/Haarmeyer/Schildt Rn. 90). 77

§ 22 Abs. 3 ermächtigt den vorläufigen Insolvenzverwalter lediglich, die Geschäftsräume des Schuldners zu betreten. Ist es erforderlich, dass der vorläufige Insolvenzverwalter (nicht: der Sachverständige) auch die **Wohnung** des Schuldners betritt, kann das Gericht entsprechend § 758a ZPO einen **Durchsuchungsbeschluss** erlassen (MüKoInsO/Haarmeyer/Schildt Rn. 91; HK-InsO/Rüntz/Laroche Rn. 25). Dabei ist der Grundsatz der **Verhältnismäßigkeit** aufgrund des damit verbundenen Grundrechtseingriffs in besonderem Maße zu beachten (LG Göttingen NZI 2007, 353 (354)). Übt der Schuldner seinen Geschäftsbetrieb in seiner Wohnung aus, ist § 22 Abs. 3 vorrangig, sodass es dann eines Durchsuchungsbeschlusses nicht bedarf (BGHZ 158, 212 = NZI 2004, 312 (313)). Für Durchsuchungsbeschlüsse gegen Dritte → Rn. 127. 78

Eine **Schweigepflichtentbindung** gegenüber Berufsgeheimnisträgern oder Banken kann weder das Insolvenzgericht erteilen, noch kann es einen Sachverständigen ermächtigen, eine Schweigepflichtentbindung zu erklären (LG Göttingen NZI 2002, 38). Ist es erforderlich, Dritte von der **Schweigepflicht** zu entbinden (vgl. BGH NJW 2021, 1022), kann das Gericht entweder den Schuldner gem. § 20 Abs. 1 S. 2 zwingen, eine entsprechende Erklärung abzugeben, oder einen starken vorläufigen Insolvenzverwalter bestellen (AG Hannover ZInsO 2015, 418). Es kann aber auch einen schwachen Insolvenzverwalter ausdrücklich ermächtigen, eine Schweigepflichtentbindung zu erklären (AG Duisburg NZI 2000, 606; ähnlich Uhlenbruck/Vallender § 22 Rn. 254) oder von einer Schweigepflicht erfasste Unterlagen einzusehen (für Steuerakten s. LG Hamburg NZI 2015, 281). 79

IV. Vollstreckungsverbot

Zum Schutz des schuldnerischen Vermögens kann das Insolvenzgericht gem. Abs. 2 S. 1 Nr. 3 Zwangsvollstreckungsmaßnahmen gegen den Schuldner untersagen oder einstellen. Dem ent- 80 spricht im Restrukturierungsverfahren die Vollstreckungssperre im Rahmen einer Stabilisierungsanordnung (§ 49 Abs. 1 Nr. 1 StaRUG).

81 Ein Vollstreckungsverbot darf nur zu dem **Zweck** angeordnet werden, Pfändungen oder sonstige Zwangsvollstreckungsmaßnamen zu verhindern, damit die Masse ungestört verwaltet und insbesondere der Geschäftsbetrieb des Schuldners fortgeführt werden kann (MüKoInsO/Haarmeyer/Schildt Rn. 72; HmbKommInsR/Schröder Rn. 59). Dazu gehört es beispielsweise auch, die zwangsweise Räumung von Geschäftsräumen vorübergehend zu untersagen (AG Charlottenburg ZInsO 2017, 1327). Unzulässig ist der Erlass eines Vollstreckungsverbots, wenn damit schon im Eröffnungsverfahren der **Gläubigergleichbehandlungsgrundsatz** durchgesetzt werden soll (Jaeger/Gerhardt Rn. 31; HK-InsO/Rüntz/Laroche Rn. 28; auch → Rn. 3; aA Uhlenbruck/Vallender Rn. 5).

82 Die Anordnung eines allgemeinen Vollstreckungsverbots wird in den meisten Fällen **geboten und verhältnismäßig** sein, auch wenn noch keine Zwangsvollstreckungsmaßnahmen ausgebracht wurden (Jaeger/Gerhardt Rn. 50; MüKoInsO/Haarmeyer/Schildt Rn. 71).

83 Beantragt der Schuldner im Rahmen eines **Schutzschirmverfahrens** den Erlass eines Vollstreckungsverbots, hat das Insolvenzgericht ein solches anzuordnen, ohne dass ihm ein Ermessen zukäme (§ 270d Abs. 3).

84 Ein allgemeines Vollstreckungsverbot gem. Abs. 2 S. 1 Nr. 3 betrifft sämtliche Gegenstände des beweglichen Vermögens, sämtliche Vollstreckungsarten und die Vollstreckung aus sämtlichen Arten von Vollstreckungstiteln (→ Rn. 85 ff.). Verstöße gegen ein Vollstreckungsverbot können mit der Erinnerung geltend gemacht werden, über die das Insolvenzgericht entscheidet (→ Rn. 96 ff.).

1. Reichweite eines allgemeinen Vollstreckungsverbots

85 Ein Vollstreckungsverbot iSd Abs. 2 S. 1 Nr. 3 kann auf bestimmte Vermögensgegenstände oder auf bestimmte Gläubiger beschränkt werden (Jaeger/Gerhardt Rn. 30), in der Regel wird es aber zweckmäßig sein, ein allgemeines Vollstreckungsverbot zu verhängen (FK-InsO/Schmerbach Rn. 284).

86 Anordnungen gem. Abs. 2 S. 1 Nr. 3 können sich aber immer nur auf das **bewegliche Vermögen** des Schuldners beziehen. Die Zwangsversteigerung oder Zwangsverwaltung (s. dazu Jungmann NZI 1999, 352 (353 f.)) des unbeweglichen Vermögens kann gem. § 30d Abs. 4 ZVG nur das Vollstreckungsgericht auf Antrag des Insolvenzverwalters einstellen. Gleiches gilt für ins Schiffsregister eingetragene Schiffe (vgl. AG Hamburg ZIP 2015, 940; anders aber LG Bremen ZIP 2012, 1189).

87 Wird ein allgemeines Vollstreckungsverbot erlassen, werden damit die **Wirkungen des § 89** in das Eröffnungsverfahren vorgezogen (BT-Drs. 12/2443, 116; MüKoInsO/Haarmeyer/Schildt Rn. 7; Jaeger/Gerhardt Rn. 33).

88 Ein allgemeines Vollstreckungsverbot wirkt auch gegenüber **absonderungs- und aussonderungsberechtigten Gläubigern**, weil nur so der Zweck des § 21 erfüllt werden kann, das Vermögen des Schuldners bis zur Entscheidung über die Eröffnung des Verfahrens zusammenzuhalten (BT-Drs. 12/1443, 116; OLG Bamberg ZInsO 2015, 1338; K. Schmidt InsO/Hölzle Rn. 71; HK-InsO/Rüntz/Laroche Rn. 32; aA für absonderungsberechtigte Gläubiger LG Traunstein NZI 2000, 438; aA für aussonderungsberechtigte Gläubiger AG Mainz ZInsO 2001, 574; Jaeger/Gerhardt Rn. 54). Die Nutzung solcher Gegenstände im Rahmen der Unternehmensfortführung bedarf einer Anordnung gem. Abs. 2 S. 1 Nr. 5 (→ Rn. 115 ff.).

89 Aus welchem Titel die Zwangsvollstreckung betrieben wird, ist unerheblich, erfasst werden auch öffentlich-rechtliche **Pfändungs- oder Abgabenbescheide** (Jaeger/Gerhardt Rn. 36). Auch Vollstreckungen in Vollziehung eines **Arrests oder einer einstweiligen Verfügung** werden erfasst (OLG Hamm BeckRS 2020, 11854; AG Göttingen NZI 2003, 612 (613); HK-InsO/Rüntz/Laroche Rn. 33); ebenso **strafprozessuale Vollstreckungsmaßnahmen** gem. §§ 111b ff. StPO, nicht aber Beschlagnahmen gem. §§ 94 ff. StPO (HmbKommInsR/Schröder Rn. 71; → Rn. 91 ff.).

90 Ein allgemeines Vollstreckungsverbot iSd Abs. 2 S. 1 Nr. 3 erfasst die Vollstreckung wegen **Geldforderungen** in das bewegliche Vermögen, und zwar auch das Verfahren auf Erzwingung der **eidesstattlichen Versicherung** gem. § 802f ZPO (BGH NZI 2012, 560; Steder NZI 2000, 456; aA noch LG Würzburg NZI 1999, 504; AG Rostock NZI 2000, 142). Erfasst sind auch die **Herausgabevollstreckung** (§ 883 ZPO) und die **Räumungsvollstreckung** (AG Köln NJW-RR 1999, 1278).

Aus Gründen der Rechtssicherheit sind von einem allgemeinen Vollstreckungsverbot auch **91**
Vollstreckungsmaßnahmen zur **Erwirkung von Handlungen** oder **Unterlassungen** erfasst (AG
Göttingen NZI 2003, 612; MüKoInsO/Haarmeyer/Schildt Rn. 72; **aA** LG Mainz NZI 2002,
444). Ggf. sollte in solchen Fällen das Vollstreckungsverbot aber (auf Antrag des vollstreckenden
Gläubigers) beschränkt werden, wenn eine davon betroffene Vollstreckungsmaßnahme ohne Auswirkungen auf die Masse ist (HmbKommInsR/Schröder Rn. 62 aE).

Auch die **Vorpfändung** ist nach Erlass eines Vollstreckungsverbots unzulässig (vgl. BAG NZA- **91.1**
RR 2014, 254), weil sie gem. § 845 Abs. 2 ZPO iVm § 930 ZPO bei fristgerechter Zustellung des
Pfändungsbeschlusses die Wirkung eines vollzogenen Arrests hat und damit zum Entstehen eines Pfandrechts führt (BeckOK ZPO/Riedel ZPO § 845 Rn. 28). Zulässig bleiben Maßnahmen, durch die Vollstreckungsmaßnahmen lediglich vorbereitet werden, wie zB die Erteilung oder **Umschreibung einer Klausel**
(vgl. BGH NJW 2008, 918 Rn. 13) oder die Zustellung, soweit sie keine Vollstreckungswirkung hat
(Jaeger/Gerhardt Rn. 41).

2. Wirkung des Vollstreckungsverbots

Die Anordnung kann als Einstellung bereits **laufende Vollstreckungsmaßnahmen** erfassen **92**
(§ 775 Nr. 2 ZPO). Als Verbot verhindert sie **künftige Vollstreckungsmaßnahmen** (§ 775
Nr. 1 ZPO) und damit schon die Zustellung des Titels mit den Wirkungen des § 750 ZPO oder
§ 930 ZPO (AG Göttingen NZI 2003, 612; FK-InsO/Schmerbach Rn. 255).
Vollstreckungsverbote gem. Abs. 2 S. 1 Nr. 3 werden mit Anordnung wirksam (→ Rn. 144); **93**
trotzdem sollte der Beschluss dem zuständigen **Gerichtsvollzieher zugeleitet** und **Drittschuldnern zugestellt** werden (§ 23 Abs. 1 S. 3; ausf. → § 23 Rn. 11). Sinnvoll ist es auch, dem
Schuldner gleichzeitig mit dem Erlass des Vollstreckungsverbots aufzugeben, keine Gegenstände
an Gläubiger herauszugeben (MüKoInsO/Haarmeyer/Schildt Rn. 73).
Werden mit einem Vollstreckungsverbot gem. Abs. 2 S. 1 Nr. 3 auch Lohnpfändungen unter- **94**
sagt, sollten etwaige **Vorrechtsbeträge gem. § 850d ZPO** vom Vollstreckungsverbot ausdrücklich ausgenommen werden (ausf. Steder ZIP 2002, 65 (66 ff.)), weil diese ohnehin nicht zur Masse
gehören werden (vgl. BGH NZI 2019, 851 Rn. 33). Im Beschluss sollte ausdrücklich angegeben
sein, in welcher Höhe die Lohnpfändungen dem Vollstreckungsverbot unterfallen.
Bereits abgeschlossene Vollstreckungsmaßnahmen können mit einem Vollstreckungsverbot **95**
nicht rückgängig gemacht werden (AG Hamburg WM 2000, 895).

3. Verstoß gegen das Vollstreckungsverbot

Zwangsvollstreckungsmaßnahmen unter Verstoß gegen ein durch das Gericht verhängtes Voll- **96**
streckungsverbot sind nicht nichtig; es entsteht zwar **kein Pfandrecht,** wohl aber eine öffentlichrechtliche Verstrickung der Sache (KPB/Blankenburg Rn. 163; vgl. BGH NZI 2017, 892 zu
§§ 88, 89).
Gegen eine unzulässige Vollstreckung ist die **Erinnerung** (§ 766 ZPO) statthaft, weil ein **97**
Verstoß gegen § 775 ZPO vorliegt.
Erinnerungsbefugt sind der Schuldner, der starke vorläufige Insolvenzverwalter und der end- **98**
gültige Insolvenzverwalter, nicht aber einzelne Gläubiger (Jaeger/Gerhardt Rn. 59; **aA** FK-InsO/
Schmerbach Rn. 269). Der schwache vorläufige Insolvenzverwalter kann vom Gericht ermächtigt
werden, Erinnerung einzulegen (Steder ZIP 2002, 65 (70)).
Über die Erinnerung entscheidet wegen der größeren Sachnähe ausschließlich das **Insolvenz-** **99**
gericht (AG Hamburg NZI 2007, 669; AG Göttingen NZI 2003, 612; AG Dresden ZIP 2004,
778; MüKoInsO/Haarmeyer/Schildt Rn. 75; **aA** AG Köln NZI 1999, 381). Funktionell zuständig
ist der Richter, nicht der Rechtspfleger (§ 20 Abs. 1 Nr. 17 RPflG; AG Köln NZI 2018, 622).
Gegen den Beschluss über die sofortige Erinnerung ist abweichend von § 6 die **sofortige** **100**
Beschwerde gem. § 793 ZPO gegeben, weil zwar das Insolvenzgericht entscheidet, es sich aber
um ein vollstreckungsrechtliches Verfahren handelt (LG Traunstein NZI 2000, 438; HK-InsO/
Rüntz/Laroche Rn. 34; vgl. auch BGH NZI 2019, 941 Rn. 7; zweifelnd AG Göttingen
NZI 2003, 612 (613)).
Für **Anträge gem. §§ 850ff. ZPO** ist im Eröffnungsverfahren entsprechend § 36 Abs. 4 **101**
ebenfalls das Insolvenzgericht ausschließlich zuständig (vgl. BGH NZI 2019, 941 Rn. 7); es entscheidet der **Rechtspfleger,** nicht der Richter (FK-InsO/Schmerbach Rn. 310).

V. Verwertungs- und Einziehungsverbote (Abs. 2 S. 1 Nr. 5)

102 Durch das Gesetz zur Vereinfachung des Insolvenzverfahrens (BGBl. 2007 I 509) wurde die Regelung des Abs. 2 S. 1 Nr. 5 eingefügt. Danach kann das Gericht anordnen, dass bestimmte Gegenstände, die für die Fortführung des Unternehmens von **erheblicher Bedeutung** (→ Rn. 105 f.) sind, während des Eröffnungsverfahrens zum Betrieb des schuldnerischen Unternehmens eingesetzt werden können, obwohl sie der Aussonderung oder Absonderung unterliegen.

103 Anordnungen gem. Abs. 2 S. 1 Nr. 5 können sich beziehen auf Forderungen (→ Rn. 111 ff.) oder körperliche Gegenstände des beweglichen und unbeweglichen Vermögens (→ Rn. 115 ff.), an denen Gläubigern Aus- oder Absonderungsrechte zustehen. Dem betroffenen Gläubiger steht in den meisten Fällen ein Ersatzanspruch lediglich für den Wertverlust während der Nutzung zu (→ Rn. 122).

1. Allgemeine Voraussetzungen, Verfahren, Anordnung

104 Abs. 2 S. 1 Nr. 5 ermächtigt das Gericht, Anordnungen zu erlassen, die dem **Erhalt des wirtschaftlichen Verbunds** eines Unternehmens während des Eröffnungsverfahrens dienen und damit eine Fortführung und Sanierung des schuldnerischen Unternehmens erleichtern (BT-Drs. 16/3227, 15). Zweck einer Anordnung nach dieser Regelung muss es daher sein, zu verhindern, dass einzelne Gläubiger schon im Eröffnungsverfahren ihre Rechte durchsetzen und damit den weiteren Geschäftsbetrieb erheblich stören (vgl. BT-Drs. 16/3227, 15); unzulässig sind Anordnungen, die allein dazu dienen, dem Gläubigergleichbehandlungsgrundsatz schon im Eröffnungsverfahren Geltung zu verschaffen (→ Rn. 3).

105 Eine Anordnung gem. Abs. 2 S. 1 Nr. 5 setzt allgemein voraus, dass der Geschäftsbetrieb des Schuldners fortgeführt wird und dass die Gegenstände für die Fortführung des Unternehmens **von erheblicher Bedeutung** sind. Das ist anzunehmen, wenn ohne deren Verfügbarkeit der Betriebsablauf erheblich gestört oder erschwert würde (KPB/Blankenburg Rn. 213). Ein ausgearbeitetes **Fortführungskonzept** ist in diesem Verfahrensstadium aber nicht erforderlich (Uhlenbruck/Vallender Rn. 38m; Wiche-Wendler ZInsO 2011, 1530 (1532)).

106 **Zur Sicherheit abgetretene Forderungen** können zwar an sich für die Fortführung des Unternehmens keine „erhebliche Bedeutung" haben, weil der Masse allenfalls die Kostenpauschale des § 171 zukommt und der Insolvenzverwalter die eingezogenen Mittel getrennt zu verwahren hat (vgl. AG Hamburg NZI 2011, 407; → Rn. 113). Die „erhebliche Bedeutung" ergibt sich in diesem Fall schon aus der Möglichkeit, nur so die Wirksamkeit der Abtretung prüfen zu können (FK-InsO/Schmerbach Rn. 339) sowie daraus, dass der Masse die Beträge gem. §§ 170, 171 verbleiben (HK-InsO/Rüntz/Laroche Rn. 40). Einer Prüfung der „erheblichen Bedeutung" für den Fortbetrieb des schuldnerischen Unternehmens kommt daher bei Forderungen keine eigenständige Bedeutung zu (AG Hamburg ZInsO 2011, 2045; K. Schmidt InsO/Hölzle Rn. 78; HmbKommInsR/Schröder Rn. 86).

107 Einer Anordnung gem. Abs. 2 S. 1 Nr. 5 wird in der Regel eine entsprechende **Anregung des Insolvenzverwalters** vorausgehen, weil das Gericht von Amts wegen kaum die erforderlichen Kenntnisse haben wird (anders Uhlenbruck/Vallender § 22 Rn. 38l); eine formularmäßige Pauschalermächtigung ist unzulässig (BGHZ 183, 269 Rn. 19 = NZI 2010, 95). In der Anregung sollte dargelegt werden, für welche Gegenstände eine Anordnung begehrt wird, dass der Geschäftsbetrieb des Schuldners fortgeführt wird und warum die Gegenstände für die Fortführung des Unternehmens von erheblicher Bedeutung sind (FK-InsO/Schmerbach Rn. 290; ausf. → Rn. 107.1).

107.1 An die **Darlegung der „erheblichen Bedeutung"** sind wegen des gravierenden und unanfechtbaren (→ Rn. 154) Eingriffs in die Rechtsposition der Gläubiger vergleichsweise **hohe Anforderungen** zu stellen (aA FK-InsO/Schmerbach Rn. 338). Nicht überzeugend ist daher die Ansicht von K. Schmidt InsO/Hölzle Rn. 78, wonach prima facie bei Anlage- und Umlaufvermögen von einer „erheblichen Bedeutung" auszugehen sei und dem Gläubiger im Rahmen der sekundären Darlegungs- und Beweislast die „Gegendarstellung" obliege. Das verlangt im Übrigen vom Gläubiger Unmögliches, weil er kaum Einblick in die Einzelheiten des schuldnerischen Geschäftsbetriebs haben wird.

108 Den betroffenen Gläubigern ist vor dem Erlass einer Anordnung nach Abs. 2 S. 1 Nr. 5 grundsätzlich **rechtliches Gehör** zu gewähren (einschränkend BGHZ 183, 269 Rn. 21 = NZI 2010, 95; HmbKommInsR/Schröder Rn. 79; aA KPB/Blankenburg Rn. 220). Da eine Anordnung nach Nr. 5 nach herrschender Auffassung nicht anfechtbar ist (→ Rn. 154), kommt dem Anspruch auf rechtliches Gehör insoweit besondere Bedeutung zu. Insbesondere bei körperlichen Gegen-

Anordnung vorläufiger Maßnahmen § 21 InsO

ständen im Besitz des Schuldners wird kaum jemals ein Grund vorliegen, von einer Anhörung abzusehen; bei Sicherungszessionen mag anderes gelten, um eine Offenlegung zu verhindern.

Die Anordnung nach Abs. 2 S. 1 Nr. 5 muss die von der Anordnung betroffenen Gegenstände **109** oder Forderungen zum Schutze der betroffenen Gläubiger genau bezeichnen, **Pauschalanordnungen** sind unwirksam (BGHZ 183, 269 Rn. 19 = NZI 2010, 95). Insbesondere bei Eingriffen in Aussonderungsrechte hat das Gericht im Rahmen seiner **Ermessensausübung** sorgfältig zu prüfen, ob dem Gläubiger der Eingriff in seine Rechtsposition zuzumuten ist (Kirchhof ZInsO 2007, 227 (229 f.)). Der Beschluss sollte jedenfalls kurz **begründet** werden (FK-InsO/Schmerbach Rn. 350).

Wird der Insolvenzverwalter ermächtigt, Forderungen mit schuldbefreiender Wirkung einzu- **110** ziehen, sollte eine **Zustellung** des Beschlusses an die Drittschuldner erfolgen, um gem. § 407 BGB schuldbefreiende Zahlungen an den Schuldner zu verhindern (HK-InsO/Rüntz/Laroche Rn. 41).

2. Anordnungen betreffend zur Sicherung abgetretene Forderungen

Das Gericht kann den vorläufigen Insolvenzverwalter gem. Abs. 2 S. 1 Nr. 5 ermächtigen, **111** **sicherungszedierte Forderungen** des Schuldners im eigenen Namen einzuziehen (Andres/Leithaus/Leithaus Rn. 9a; anders noch AG Hamburg NZI 2011, 407). Das erlangt Bedeutung, wenn die Einziehungsermächtigung widerrufen wird (sie erlischt nicht ohne weiteres mit der Stellung des Insolvenzantrages oder der Bestellung eines vorläufigen Insolvenzverwalters, BGHZ 221, 10 Rn. 25 = NZI 2019, 274 mAnm Ganter) oder wenn Zweifel an der Wirksamkeit der Sicherungsabtretung bestehen und verhindert werden soll, dass der Gläubiger die Forderungen selbst einzieht (HmbKommInsR/Schröder Rn. 86).

Zieht der Schuldner oder der starke vorläufige Insolvenzverwalter Forderungen auf Grundlage **112** einer Anordnung gem. Abs. 2 S. 1 Nr. 5 ein, sind die **§§ 170, 171** auf den Erlös entsprechend anwendbar (BGH NZI 2013, 393 Rn. 15). Die Kostenbeiträge kann der vorläufige Insolvenzverwalter gem. Nr. 5 S. 3 zur Masse ziehen und für die Fortführung des Unternehmens einsetzen (BT-Drs. 16/3227, 116).

Den Restbetrag muss der Insolvenzverwalter auf einem gesonderten Konto **treuhänderisch** **113** **separieren** (BGHZ 184, 101 Rn. 28 = NZI 2010, 339). Einen unmittelbaren Auszahlungsanspruch in Höhe des Restbetrags hat der Gläubiger allenfalls, wenn an der Wirksamkeit der Sicherungszession keine Zweifel bestehen (K. Schmidt InsO/Hölzle Rn. 79).

Will der vorläufige Insolvenzverwalter die eingezogenen Beträge über die Pauschale gem. § 171 **114** hinaus **für den Betrieb** des schuldnerischen Unternehmens **verwenden,** muss er eine Verwendungsabrede mit dem betroffenen Gläubiger treffen (vgl. AG Hamburg NZI 2011, 407; Ganter NZI 2010, 551 ff.; Kuder ZIP 2007, 1690 (1696)).

3. Anordnungen bezüglich körperlicher Gegenstände

Ordnet das Gericht ein **Vollstreckungsverbot** gem. Abs. 2 S. 1 Nr. 3 an (→ Rn. 80 ff.), **115** können aussonderungs- oder absonderungsberechtigte Gläubiger ihre Herausgabeansprüche nicht mehr vollstrecken (→ Rn. 88). Durch eine Anordnung gem. Abs. 2 S. 1 Nr. 5 kann dem Schuldner oder dem starken vorläufigen Insolvenzverwalter darüber hinaus **auch die Nutzung** der Gegenstände im Rahmen der Unternehmensfortführung gestattet werden. Dem entspricht im Restrukturierungsverfahren die Verwertungssperre im Rahmen einer Stabilisierungsanordnung (§ 49 Abs. 1 Nr. 2, § 54 StaRUG).

Eine Anordnung gem. Abs. 2 S. 1 Nr. 5 steht einer **Kündigung gem. § 112 Nr. 1** nicht **116** entgegen (Ganter ZIP 2015, 1767 (1770 f.)). Sie berechtigt den Schuldner aber, **geleaste oder gemietete** Fahrzeuge (zum Leasing ausf. Bork NZI 2012, 590 ff.), Maschinen oder andere Gegenstände des Anlagevermögens weiter zu nutzen, auch wenn die zugrundeliegenden schuldrechtlichen Verträge durch die Gläubiger schon gekündigt wurden oder im Laufe des Eröffnungsverfahrens gekündigt werden (Ganter ZIP 2015, 1767 (1769 ff.)). Bezieht sich die Anordnung auf eine vom Schuldner gemietete **Immobilie,** kann der Gläubiger deren Räumung im Insolvenzeröffnungsverfahren bis zu drei Monate nicht verlangen und der Schuldner diese ebenfalls weiternutzen (Braun/Böhm Rn. 61; tendenziell anders MüKoInsO/Haarmeyer/Schildt Rn. 100). Die Anordnung gem. Abs. 2 S. 1 Nr. 5 selbst begründet dabei ein Recht des Schuldners zum Besitz iSd § 986 BGB.

Die aus der Weiternutzung resultierenden **Nutzungsentschädigungsansprüche** sind grund- **117** sätzlich Insolvenzforderungen (→ Rn. 122). Hat das Gericht hingegen einen **starken vorläufigen Insolvenzverwalter** bestellt, ist der Rechtsgedanke des § 55 Abs. 2 zu beachten: Zwar kann

Kopp

das Insolvenzgericht auch ihm bei Kündigung der zugrundeliegenden schuldrechtlichen Verträge die Weiternutzung gestatten; die in den ersten drei Monaten daraus resultierenden Verbindlichkeiten sind aufgrund der Wertung des § 55 Abs. 2 jedoch nicht nur einfache Insolvenzforderungen, sondern Masseverbindlichkeiten (FK-InsO/Schmerbach Rn. 358).

118 Auch Anordnungen aufgrund Abs. 2 S. 1 Nr. 5 können den Schuldner bzw. den starken vorläufigen Insolvenzverwalter aber nur ermächtigen, die Gegenstände auf eine Weise zu nutzen, die das Sicherungsrecht des Gläubigers nicht völlig vereitelt. Ausgeschlossen sind daher grundsätzlich **Verbrauch, Verarbeitung oder Veräußerung** solcher Gegenstände (→ Rn. 118.1).

118.1 Letzteres ergibt sich schon aus dem eindeutigen Willen des Gesetzgebers (BT-Drs. 16/3227, 16), ist aber auch systematisch zwingend: Wenn der Insolvenzmasse bei zur Sicherung abgetretenen Forderungen lediglich die Kostenbeiträge der §§ 170, 171 zustehen sollen und bei Gegenständen des Anlagevermögens lediglich deren Nutzung gestattet ist, erschließt sich nicht, warum sonstige Gegenstände in einer Weise „genutzt" werden dürfen, die das Sicherungsrecht des Gläubigers vollständig entwertet (vgl. Kuder ZIP 2007, 1690 (1695)). Eine so weitgehende Auslegung wäre auch nicht mehr zu rechtfertigender Eingriff in die Rechtsposition der Gläubiger.

119 Will der Schuldner (oder der starke vorläufige Insolvenzverwalter) daher mit Aussonderungs- oder Absonderungsrechten belastete Gegenstände im Geschäftsbetrieb verarbeiten, verbrauchen oder veräußern, muss er mit dem jeweiligen Gläubiger eine **Verwertungsabrede** treffen (BT-Drs. 16/3227, 16).

120 Vorstehendes gilt nach Ansicht des BGH auch dann, wenn – wie zB beim verlängerten Eigentumsvorbehalt – durch die Art des Verbrauchs an die Stelle des verbrauchten Sicherungsguts ein anderer wirtschaftlicher Wert tritt, sodass das Sicherungsrecht im Ergebnis nicht beeinträchtigt wird (BGHZ 221, 10 Rn. 34 = NZI 2019, 274 mAnm Ganter). Denn nach Ansicht des BGH regelt die Vorschrift allein die Nutzung fremden Eigentums (oder die Einziehung abgetretener Forderungen), nicht aber die Folgen einer Verarbeitung oder Veräußerung fremden Eigentums.

121 Entsprechend dem Vorstehenden kann das Gericht einen vorläufigen Insolvenzverwalter auch nicht ermächtigen, Gegenstände in einem **zur Sicherung übereigneten Warenlager** zu veräußern, selbst wenn sichergestellt ist, dass dessen Bestand stetig durch Neuzugänge ersetzt wird (anders Ganter NZI 2007, 549 (551 f.)).

4. Ausgleichsansprüche der betroffenen Gläubiger

122 Der betroffene Gläubiger muss dem Schuldner die Sache nicht unentgeltlich überlassen (so aber offenbar Hölzle ZIP 2014, 1155 (1157)). Absonderungs- und aussonderungsberechtigten Gläubigern stehen dem Grunde nach Ansprüche auf **Nutzungsersatz und Wertersatz** zu (BGH NZI 2012, 369 Rn. 15 ff.) (→ Rn. 123.1).

123 Vertragliche oder vertragsähnliche Ansprüche der betroffenen Gläubiger für die Überlassung der Sache (**Zinsen und Nutzungsersatz oder Nutzungsentschädigung gem. § 546a BGB**) bleiben durch eine Anordnung gem. Abs. 2 S. 1 Nr. 5 unberührt (→ Rn. 123.2). Sie können aber für den Zeitraum der **ersten drei Monaten** nach Erlass der Anordnung lediglich als **Insolvenzforderung** geltend gemacht werden (§ 169 S. 2, BGHZ 183, 269 Rn. 15 = NZI 2010, 95; Ganter ZIP 2015, 1767 (1768); Uhlenbruck/Vallender Rn. 38k). Eine **Masseforderung** ist der Anspruch erst für den Zeitraum ab drei Monaten nach Erlass der Anordnung (BGHZ 183, 269 = NZI 2010, 95; OLG Braunschweig ZIP 2011, 1275); diese Grenze ist verfassungsgemäß (BVerfG NZI 2012, 617). Da vorläufige Insolvenzverfahren selten länger als drei Monate dauern, kommt der Bestimmung kaum praktische Bedeutung zu (FK-InsO/Schmerbach Rn. 312). Etwas anderes gilt allerdings, wenn ein **starker vorläufiger Insolvenzverwalter** bestellt ist: Dann ergibt sich schon aus § 55 Abs. 2, dass die durch die Nutzung der Sache begründeten Verbindlichkeiten Masseverbindlichkeiten darstellen, daran kann auch eine Anordnung gem. Abs. 2 S. 1 Nr. 5 nichts ändern (FK-InsO/Schmerbach Rn. 358).

123.1 Der Anspruch auf Nutzungsersatz besteht auch, wenn die **Anordnung** mangels hinreichender Konkretisierung (→ Rn. 109) **unwirksam** war (BGHZ 183, 269 Rn. 19 = NZI 2010, 95).

123.2 Die **Höhe der geschuldeten Nutzungsentschädigung** bestimmt sich nach dem vertraglich vereinbarten Entgelt, wenn zuvor ein Vertrag bestand, an dessen Stelle die Anordnung gem. Abs. 2 S. 1 Nr. 5 getreten ist. Bestand eine solche vertragliche Vereinbarung nicht, ist das verkehrsübliche Nutzungsentgelt zugrunde zu legen (BT-Drs. 16/3227, 16; HmbKommInsR/Schröder Rn. 83; Heublein ZInsO 2009, 11 (13 ff.)).

124 Neben den Nutzungsausfallansprüchen steht betroffenen Gläubigern von Beginn der Anordnung an ein Anspruch auf **Wertersatz** zu (BGH NZI 2012, 369 Rn. 14; NJW 2016, 3783

Rn. 7 f. = NZI 2016, 946), bei absonderungsberechtigten Gläubigern jedoch nur unter der zusätzlichen Voraussetzung, dass durch den Wertverlust auch die Sicherung beeinträchtigt ist (§ 172 Abs. 1 S. 2; Heublein ZInsO 2009, 11 (12)). Der durch die **gewöhnliche, vertragsmäßige Abnutzung bedingte Wertverlust** ist dabei nur zu ersetzen, soweit nach § 169 S. 2 kein Nutzungsersatzanspruch geltend gemacht werden kann, weil der Nutzungsausfall die gewöhnliche Abnutzung einschließt (BGH NZI 2012, 369 Rn. 22; NZI 2016, 946 Rn. 8). Ein aufgrund **Zerstörung oder übermäßiger Abnutzung** eintretender Wertverlust ist hingegen auch im Dreimonatszeitraum zu ersetzen (BGH NZI 2012, 369 Rn. 23). Der Wertersatzanspruch ist dabei immer **Masseanspruch** (OLG Braunschweig ZIP 2011, 1275).

Die **Höhe des Wertersatzanspruchs** bestimmt sich grundsätzlich nach der Differenz des Werts der Sache bei Beginn und bei Ende der Nutzung (BGH NZI 2012, 369 Rn. 23 aE). Diese Differenz muss nicht in jedem Einzelfall konkret ermittelt werden, es gelten vielmehr die allgemeinen zivilprozessualen Grundsätze, sodass die Höhe des Wertersatzanspruchs gem. § 287 ZPO geschätzt werden kann (BGH NZI 2016, 946 Rn. 10 ff.). Dabei können die vom BMF herausgegebenen Abschreibungslisten auch für eine abstrakte Berechnung anhand der Wertminderung zulässig sein (BGH NZI 2016, 946 Rn. 10 ff.; s. dazu ausf. Christoph/Doghonadze NZI 2016, 809). 125

5. Privilegierung bestimmter Finanzsicherheiten

Mit der Regelung in Abs. 2 S. 2 hat der Gesetzgeber die Finanzdienstleistungsrichtlinie der EU (RL 2002/47/EG) umgesetzt. Zweck der Regelung ist es, Finanzsicherheiten von einer Anordnung gem. Abs. 2 S. 1 Nr. 5 auszunehmen und sicherzustellen, dass diese insoweit auch im Eröffnungsverfahren frei verwertbar sind. Die Vorschrift hat ausschließlich im Interbankenverkehr Bedeutung (s. ausf. Obermüller ZInsO 2004, 187 (190)). 126

VI. Weitere Maßnahmen gegenüber Dritten

Außerhalb der Regelungen des Abs. 2 S. 1 Nr. 3 und Nr. 5 sind Anordnungen Dritten gegenüber unzulässig, soweit sie unmittelbar in Grundrechte der Dritten eingreifen (vgl. BGH NJW 2009, 3438 Rn. 14; LG Göttingen ZInsO 2005, 1280; hierzu auch → Rn. 127.1 f.). 127

Wenig überzeugend ist insoweit die Begründung des BGH, gem. Abs. 1 S. 2 sei nur der Schuldner beschwerdebefugt, deshalb könnten sich Maßnahmen nach Abs. 1 nur gegen den Schuldner richten. Denn auch Abs. 2 S. 1 Nr. 3 und Nr. 5 ermöglichen unmittelbare Eingriffe in die Rechte Dritter, ohne dass ihnen deshalb ein Beschwerderecht zustünde (→ Rn. 154 f.). 127.1

Dass Abs. 1 keine ausreichende Grundlage für Eingriffe in geschützte Rechtspositionen Dritter darstellt, dürfte sich vor allem aus der **mangelnden Bestimmtheit** der Vorschrift ergeben, die bei anderem Verständnis in nahezu unbegrenztem Umfang Eingriffe in grundrechtsrelevante Positionen Dritter ermöglichen würde (beispielsweise bei dem Erlass von Durchsuchungsanordnungen für die Wohnungen Dritter, → Rn. 110). 127.2

Unzulässig ist daher insbesondere eine auf Abs. 1 gestützte Durchsuchungsanordnung in Bezug auf Räume Dritter (BGH NJW 2009, 3438 Rn. 14; **aA** LG Mainz NZI 2001, 384; AG Duisburg NZI 2000, 38; K. Schmidt InsO/Hölzle Rn. 35). Dass **Mitbewohner** des Schuldners Durchsuchungen beim Schuldner zu dulden haben, ergibt sich allerdings schon unmittelbar aus § 4 iVm § 758a Abs. 3 ZPO, sodass insoweit kein Rückgriff auf Abs. 1 erforderlich ist (BGH NZI 2008, 179 Rn. 10 aE). 128

Die **Vorlage von Urkunden** kann das Gericht schon auf Grundlage von § 4 iVm § 142 ZPO anordnen (LG Köln NZI 2004, 671). In diesen Fällen bedarf es keines Rückgriffs auf Abs. 1. 129

Mangels Grundrechtseingriffs wird bei konkreten Anhaltspunkten für schwerwiegende Verdunkelungshandlungen oder Vermögensverschiebungen des Schuldners im Zusammenwirken mit einem Dritten auch eine **vorläufige Kontosperre** Dritten gegenüber zulässig sein (AG München ZIP 2003, 1995; ZVI 2007, 22; K. Schmidt InsO/Hölzle Rn. 34). 130

Ebenfalls zulässig dürfte es sein, die **Herausgabe** oder Beschlagnahme von Gegenständen der Insolvenzmasse anzuordnen, wenn sich diese im Besitz Dritter befinden (für ein Notebook im Besitz eines Kommanditisten LG Aachen BeckRS 2010, 2265; K. Schmidt InsO/Hölzle Rn. 34). 131

D. Verfahren

Maßnahmen sind durch den Richter (→ Rn. 133) von Amts wegen anzuordnen (→ Rn. 134), Anregungen des Insolvenzverwalters oder sonstiger Beteiligter kann das Gericht berücksichtigen. 132

Vor Erlass des Beschlusses ist dem Schuldner nur rechtliches Gehör zu gewähren, wenn dadurch der Zweck der Maßnahme nicht gefährdet wird (→ Rn. 139); etwas anderes gilt vor Erlass einer Postsperre oder einer Haftanordnung. Der Beschluss wird grundsätzlich mit Erlass wirksam (→ Rn. 144).

I. Zuständigkeit und Entscheidung

133   Zuständig für den Erlass von Sicherungsanordnungen ist das **Insolvenzgericht,** im Beschwerdeverfahren auch das zuständige Beschwerdegericht, nicht aber das Rechtsbeschwerdegericht (BGH NZI 2006, 122 Rn. 11 f.). **Funktionell zuständig** für den Erlass von Sicherungsanordnungen nach § 21 ist gem. § 18 Abs. 1 Nr. 1 RPflG ausschließlich der Richter.

134   Sicherungsmaßnahmen bedürfen keines Antrags, sondern sind **von Amts wegen** anzuordnen (LG Stuttgart BeckRS 2018, 19822); sie dürfen sich daher auch gegen den antragstellenden Gläubiger richten (ausf. Jaeger/Gerhardt Rn. 82). Während der gesamten Dauer des Eröffnungsverfahrens hat das Gericht bei entsprechenden Anhaltspunkten die verhängten Maßnahmen auf ihre Wirksamkeit zu überprüfen und ggf. zu ergänzen, abzuändern oder aufzuheben (vgl. BGH NZI 2006, 122 Rn. 11).

135   Werden mehrere Sicherungsmaßnahmen erlassen, sollten diese zweckmäßigerweise **in einem Beschluss zusammengefasst** werden, sofern es sich nicht um die Anordnung einer Postsperre oder freiheitsbeschränkender Maßnahmen handelt (MüKoInsO/Haarmeyer/Schildt Rn. 35; HK-InsO/Rüntz/Laroche Rn. 57).

136   Zu **begründen** ist gem. Art. 4 Abs. 1 EuInsVO die Annahme der internationalen Zuständigkeit, wenn ein vorläufiger Insolvenzverwalter bestellt wird (→ Rn. 7). Im Übrigen müssen die Maßnahmen im anordnenden Beschluss in der Regel nicht begründet werden. Die Begründung ist aber auf Gegenvorstellung oder im Rahmen eines Nichtabhilfebeschlusses gem. § 572 Abs. 1 S. 1 ZPO nachzuholen. Zu den Folgen einer fehlenden Begründung → Rn. 159.

137   Anträge von Gläubigern und vonseiten des vorläufigen Insolvenzverwalters oder Gläubigerausschusses stellen lediglich **Anregungen** dar und binden das Insolvenzgericht nicht (vgl. BGH NZI 2006, 122 Rn. 11 aE).

138   Kommt das Gericht einem Antrag bzw. einer Anregung des vorläufigen Insolvenzverwalters, des vorläufigen Gläubigerausschusses oder eines Gläubigers zum Erlass einer Sicherungsmaßnahme nicht nach, ist eine **förmliche Zurückweisung** mangels Anfechtbarkeit dieses Beschlusses (→ Rn. 149) zwar nicht erforderlich. Im Interesse der Rechtssicherheit und zur Wahrung des rechtlichen Gehörs dürfte ein ablehnender Beschluss mit kurzer Begründung aber geboten sein.

II. Rechtliches Gehör

139   Grundsätzlich folgt aus Art. 103 Abs. 1 GG, dass dem Schuldner oder im Falle des Abs. 2 S. 1 Nr. 3 und Nr. 5 den betroffenen Dritten vor Erlass der Maßnahme **rechtliches Gehör** zu gewähren ist. Davon kann das Gericht absehen, wenn dies den Zweck der Maßnahme gefährden würde; die Anhörung ist dann nach Erlass nachzuholen (BGH NZI 2011, 680 Rn. 11 ff.; OLG Köln NZI 2000, 130 (132 f.)). Mit Zustellung des Anordnungsbeschlusses (→ § 23 Rn. 9) wird nachträglich rechtliches Gehör gewährt (HmbKommInsR/Schröder Rn. 99).

140   Die Anhörung im Rahmen von § 14 Abs. 2 bei **Gläubigeranträgen** (→ § 14 Rn. 21 ff.) stellt eine Anhörung in diesem Sinne nur dann dar, wenn der Schuldner in diesem Zusammenhang auf die Möglichkeit, Sicherungsanordnungen zu erlassen, ausdrücklich hingewiesen wurde (Uhlenbruck/Vallender Rn. 45; unklar BGH NZI 2011, 680 Rn. 13; **aA** OLG Düsseldorf NJW-RR 1994, 1126; HmbKommInsR/Schröder Rn. 99).

141   Hält sich der Schuldner im **Ausland** auf oder ist sein Aufenthaltsort unbekannt, ist eine Anhörung ohnehin gem. § 10 entbehrlich. Eine unterbliebene Anhörung ist unverzüglich nachzuholen; eine Anhörung wird regelmäßig spätestens mit der Zustellung des Beschlusses erfolgen.

142   Will das Gericht eine **Postsperre** erlassen, sind § 99 Abs. 1 S. 2 und 3 entsprechend anwendbar, sodass in aller Regel von einer vorherigen Anhörung nicht abgesehen werden kann (HK-InsO/Rüntz/Laroche Rn. 55).

143   Zur Anhörungspflicht bei Erlass eines **Haftbeschlusses** → Rn. 166.

III. Wirksamkeit

144   Sicherungsanordnungen werden entsprechend § 27 Abs. 2 Nr. 3, Abs. 3 mit Erlass (und nicht erst mit dessen Bekanntmachung bzw. Zustellung an den Schuldner bzw. die Gläubiger) wirksam (BT-Drs. 12/2443, 116; BGH NZI 2001, 203). Der die Sicherungsmaßnahmen anordnende

Beschluss ist in dem **Zeitpunkt** erlassen, in dem die Entscheidung den Herrschaftsbereich des Richters verlässt und in den Geschäftsgang gegeben wird (Frege/Keller/Riedel, Insolvenzrecht, 8. Aufl. 2015, Rn. 595). Auf dem Beschluss ist eine Uhrzeit angegeben (BT-Drs. 12/2443, 116). Fehlt eine solche, gilt der Beschluss entsprechend § 27 Abs. 3 als zur Mittagsstunde erlassen (Jaeger/Gerhardt Rn. 96; K. Schmidt InsO/Hölzle Rn. 16). – Die **Bekanntmachung** des Beschlusses (→ § 23 Rn. 3 ff.) ist nicht Wirksamkeitsvoraussetzung.

Die Bestellung eines vorläufigen Insolvenzverwalters wird abweichend davon erst wirksam, wenn dieser die Bestellung annimmt (→ Rn. 31). **145**

Sicherungsmaßnahmen gem. § 21 treten ohne weitere gerichtliche Handlung **außer Kraft**, wenn das Insolvenzverfahren eröffnet wird (FK-InsO/Schmerbach Rn. 56). Wird der Antrag zurückgewiesen, zurückgenommen oder für erledigt erklärt, müssen Sicherungsmaßnahmen aufgehoben werden (BGH NZI 2008, 100). **146**

IV. Anfechtbarkeit, Rechtsbehelfe

Dem Schuldner steht gem. Abs. 1 S. 2 die sofortige Beschwerde gegen die Anordnung von Sicherungsmaßnahmen zu. Keine Sicherungsmaßnahmen, sondern lediglich Amtsermittlungsmaßnahmen iSd § 5 sind beispielsweise die Einholung eines **Sachverständigengutachtens** (BGH ZInsO 2011, 1499 Rn. 7 = BeckRS 2012, 20013; LG Stuttgart BeckRS 2018, 19822) und die Vernehmung von Zeugen oder Einholung anderer Auskünfte (KPB/Blankenburg Rn. 309). **147**

Gegen die **Nichtanordnung von Sicherungsmaßnahmen** ist keine sofortige Beschwerde eröffnet (BGH NZI 2013, 342; LG München I NZI 2003, 215 (216); **aA** für die Nichteinsetzung eines vorläufigen Gläubigerausschusses MüKoInsO/Haarmeyer/Schildt § 22a Rn. 169 ff.). Ebenso nicht anfechtbar ist die Entscheidung des Insolvenzgerichts, den vorläufigen Insolvenzverwalter nicht zu ermächtigen, Masseverbindlichkeiten zu begründen (BGH NZI 2013, 342). **148**

Das Rechtsmittel kann sich immer nur gegen die Anordnung an sich richten, nicht gegen ihre **Ausgestaltung** (LG Stuttgart BeckRS 2018, 19822); daher kann die Auswahl eines vorläufigen Insolvenzverwalters oder der Mitglieder eines vorläufigen Gläubigerausschusses (LG Kleve NZI 2013, 599) nicht ohne die zugrunde liegende Bestellung angefochten werden (LG Stuttgart BeckRS 2018, 19822). **149**

1. Beschwerdebefugnis

Beschwerdebefugt ist grundsätzlich nur der Schuldner, wie sich aus Abs. 1 S. 2 ergibt. Durch **Maßnahmen gegen Gläubiger** (zB Abs. 2 S. 1 Nr. 5) oder die Anordnung eines Vollstreckungsverbots (Abs. 2 S. 1 Nr. 3) wird der Schuldner in der Regel nicht beschwert sein. **150**

Werden in einem Beschluss **mehrere Maßnahmen** verbunden, erstreckt sich die Anfechtbarkeit lediglich auf die beschwerenden Maßnahmen (HK-InsO/Rüntz/Laroche Rn. 62). **151**

Der **vorläufige Insolvenzverwalter** ist (ausgenommen Fälle des § 344 Abs. 2) nicht beschwerdebefugt (BGH NZI 2007, 99; Jaeger/Gerhardt Rn. 105). – Zur Beschwerdebefugnis eines **ausländischen Insolvenzverwalters** gegen Sicherungsmaßnahmen des international unzuständigen inländischen Gerichts gem. Art. 101 § 3 EGInsO s. Reinhart NZI 2009, 73 (77 f.). **152**

Ebenso steht dem **vorläufigen Gläubigerausschuss** kein Beschwerderecht gegen die Auswahlentscheidung des Insolvenzgerichts zu, wenn es einen anderen als den gem. § 56a Abs. 1 vorgeschlagenen Insolvenzverwalter bestellt (K. Schmidt InsO/Hölzle Rn. 28). **153**

Auch **Gläubigern** steht grundsätzlich kein Rechtsmittel gegen den Beschluss des Insolvenzgerichts zu (Ausnahme → Rn. 155 f.), selbst wenn sie durch Sicherungsmaßnahmen nach Abs. 2 S. 1 Nr. 2 oder Nr. 5 unmittelbar beschwert sind (BGH NZI 2008, 179 Rn. 8 ff. für Durchsuchungsbeschluss; BGHZ 183, 269 Rn. 21 = NZI 2010, 95 für Anordnung nach Abs. 2 S. 1 Nr. 5; LG Göttingen NZI 2004, 502 f.). **154**

Dies ist im Hinblick auf Art. 19 Abs. 4 GG jedenfalls dann nicht tragbar, wenn der Gläubiger konkret Adressat der Maßnahme und erheblich in seinen Grundrechten betroffen ist (weitere Ausnahme → Rn. 155.1). Deshalb ist eine sofortige Beschwerde des Dritten statthaft, wenn die Anordnung **von vornherein außerhalb der gesetzlichen Befugnisse des Gerichts** liegt und in den grundrechtlich geschützten räumlichen Bereich des Schuldners eingreift (BGH ZInsO 2011, 1499 Rn. 7 = BeckRS 2011, 20013 für Durchsuchungsanordnungen gegenüber Dritten). **155**

Gegen einen Beschluss, mit dem das Gericht einen vorläufigen Insolvenzverwalter bestellt, steht neben dem Schuldner auch jedem Gläubiger die sofortige Beschwerde nach Art. 102c § 4 S. 1 EGInsO zu, um das **Fehlen der internationalen Zuständigkeit** für die Eröffnung eines Hauptinsolvenzverfahrens gem. Art. 3 Abs. 1 EuInsVO zu rügen (BGH NZI 2021, 187 Rn. 6 f.). Denn nach Art. 5 Abs. 1 EuInsVO kann **155.1** der Schuldner oder jeder Gläubiger die Entscheidung zur Eröffnung des Hauptinsolvenzverfahrens aus Gründen der internationalen Zuständigkeit anfechten (→ EuInsVO 2017 Art. 5 Rn. 1 ff.). Eine Entscheidung zur Eröffnung des Insolvenzverfahrens ist gem. Art. 2 Nr. 7 EuInsVO auch die Entscheidung eines Gerichts zur Bestellung eines Verwalters. Der vorläufige Insolvenzverwalter fällt gem. Art. 2 Nr. 5 EuInsVO unter diesen Begriff.

156   Sonstige Dritte sind nicht beschwerdebefugt (s. LG Hamburg NZI 2015, 281 für eine Beschwerde des Finanzamts unter Berufung auf § 30 AO; LG Hamburg ZInsO 2017, 883 für den Hauptmieter, wenn der Insolvenzschuldner Untermieter ist).

157   **Entfällt die Anordnung** durch ihre Aufhebung oder die Eröffnung des Insolvenzverfahrens, entfällt damit auch die Beschwer des Schuldners und die Zulässigkeit der sofortigen Beschwerde (BGH NZI 2007, 34 für Postsperre). Bei besonders schwerwiegenden Eingriffen in grundrechtlich geschützte Rechtspositionen kommt ein **Fortsetzungsfeststellungsantrag** in Betracht (s. BGHZ 158, 212 (216 f.) = NJW 2004, 2015 (2016); NZI 2007, 34; NZI 2007, 231 Rn. 10 ff.; LG Göttingen NZI 2007, 353).

2. Gang des Beschwerdeverfahrens

158   Für die sofortige Beschwerde gelten gem. § 4 iVm §§ 567 ff. ZPO die allgemeinen Regeln: Die sofortige Beschwerde hat **keine aufschiebende Wirkung** (§ 4 iVm § 570 Abs. 1 ZPO). Das Beschwerdegericht kann nachträglich bekannt gewordene Umstände berücksichtigen (LG Berlin ZInsO 2009, 526).

159   Die **Begründung des Beschlusses** (→ Rn. 136) ist spätestens im Rahmen des Nichtabhilfebeschlusses nachzuholen (HK-InsO/Rüntz/Laroche Rn. 57; FK-InsO/Schmerbach Rn. 53). Wird auch zu diesem Zeitpunkt die Maßnahme nicht begründet, führt dies nicht zur Rechtswidrigkeit des Anordnungsbeschlusses, sondern lediglich dazu, dass der Vorlagebeschluss rechtswidrig und daher aufzuheben ist.

160   Lehnt der Schuldner den anordnenden Richter ab, kann dieser trotzdem über die **Nichtabhilfe** entscheiden, weil es sich bei der Abhilfeentscheidung um eine unaufschiebbare Maßnahme gem. § 47 ZPO handelt (LG Landshut BeckRS 2011, 1305).

161   Mit der sofortigen Beschwerde wird grundsätzlich der gesamte Beschluss der Überprüfung des Beschwerdegerichts unterworfen; der Schuldner kann seine Anfechtung aber auf bestimmte Maßnahmen beschränken (Andres/Leithaus/Leithaus Rn. 13).

3. Sonderfälle

162   Mangels hoheitlichen Handelns stehen dem Schuldner **gegen Handlungen des vorläufigen Insolvenzverwalters** wie zB den Ausspruch eines Betretungsverbots (LG Gera ZIP 2002, 1737) oder den Widerruf von Lastschriften (MüKoInsO/Haarmeyer/Schildt Rn. 38) keine Rechtsmittel zu. Der Schuldner kann allenfalls Aufsichtsmaßnahmen des Gerichts gegenüber dem vorläufigen Insolvenzverwalter (Abs. 2 S. 1 Nr. 1 iVm § 58) anregen. Auseinandersetzungen zwischen dem Schuldner und dem vorläufigen Insolvenzverwalter darüber, ob ein Gegenstand zur Masse gehört, sind vor dem Prozessgericht auszutragen (BGH NZI 2008, 753).

163   Ein Vollstreckungsschutzantrag gem. **§ 765a ZPO** des Schuldners gegen Sicherungsmaßnahmen dürfte wegen der bestehenden Beschwerdemöglichkeit in der Regel unstatthaft sein (ausf. Schur KTS 2008, 471 (475 f.)).

164   Zur Statthaftigkeit einer Erinnerung (§ 766 ZPO) gegen Vollstreckungsmaßnahmen, die einem **Vollstreckungsverbot** gem. Abs. 2 S. 1 Nr. 3 widersprechen, → Rn. 97 ff.

E. Zwangsmaßnahmen gegen den Schuldner

165   Als ultima ratio gestattet Abs. 3 dem Gericht, den Schuldner zwangsweise vorführen oder in Haft nehmen zu lassen. **Haft- oder Vorführungsanordnungen** auf Grundlage von Abs. 3 dürfen nur dem Zweck dienen, massebeeinträchtigende Handlungen des Schuldners zu verhindern (ausf. MüKoInsO/Haarmeyer/Schildt Rn. 94). Weitere Möglichkeiten der Haftanordnung im Eröffnungsverfahren bieten § 20 Abs. 1 S. 2 zur Durchsetzung der Auskunfts- und Mitwirkungspflicht gegenüber dem Insolvenzgericht (→ § 20 Rn. 48) sowie § 22 Abs. 3 S. 3 zur Durchsetzung der Kooperation mit dem vorläufigen Verwalter (→ § 22 Rn. 91, → § 22 Rn. 100).

166   Vor Erlass einer Verhaftungsanordnung ist der Schuldner gem. § 98 Abs. 2 **zwingend anzuhören,** von der Anhörung kann auch nicht abgesehen werden, wenn dadurch der Sicherungszweck gefährdet würde (BT-Drs. 12/2443, 116; HK-InsO/Rüntz/Laroche Rn. 56; anders offenbar Uhlenbruck/Vallender Rn. 53).

In kritischen Fällen bietet es sich an, den Schuldner zunächst vorführen zu lassen und ihn in 167
diesem Rahmen zum Erlass des Haftbefehls anzuhören und den Haftbefehl ggf. unmittelbar im
Anschluss zu erlassen (Jaeger/Gerhardt Rn. 76).
Für die **Vollstreckung** der Haft gelten über § 98 Abs. 3 die §§ 802g Abs. 2, 802h und 802j 168
Abs. 1 ZPO entsprechend.
Ist die Schuldnerin eine **juristische Person,** sind diese Maßnahmen gegenüber den Mitglie- 169
dern ihrer Vertretungs- und Aufsichtsorgane zulässig, bei Personengesellschaften gegen die persönlich haftenden Gesellschafter bzw. deren Vertretungs- und Aufsichtsorgane (→ § 20 Rn. 15), nicht
aber gegenüber ausgeschiedenen Mitgliedern.

F. Haftung wegen Amtspflichtverletzung

Anordnungen nach § 21 können tief in die Rechtsstellung des Schuldners eingreifen. Verstößt 170
das Gericht fahrlässig gegen die ihm obliegenden Sorgfaltspflichten bei Erlass einer Sicherungsanordnung oder trifft es **unzulässige oder unverhältnismäßige Anordnungen** und entsteht dem
Schuldner dadurch ein Schaden, können sich Schadensersatzansprüche des Schuldners gegen das
jeweilige Bundesland aus § 839 Abs. 1 BGB iVm Art. 34 GG ergeben (vgl. BGH NJW-RR 1986,
1188; HK-InsO/Rüntz/Laroche Rn. 7).
Eine Haftung des Landes kommt ebenso in Betracht, wenn das Gericht weitere ihm im vorläufi- 171
gen Insolvenzverfahren obliegende Pflichten verletzt, beispielsweise bei der **Auswahl** (OLG Stuttgart NZI 2008, 102) oder **Überwachung** (BGH VersR 1965, 1194) **des vorläufigen Insolvenzverwalters.**
Ebenso kann eine haftungsrelevante Pflichtverletzung darin bestehen, dass ein Gericht gebotene 172
Sicherungsmaßnahmen nicht oder zu spät erlässt (vgl. BGH NJW-RR 1992, 919 (920); MüKo-
InsO/Haarmeyer/Schildt Rn. 43). Anordnungen gegenüber Dritten, wie sie gem. Abs. 2 S. 1 Nr. 3
und Nr. 5 möglich sind, können auch individuelle Amtshaftungsansprüche betroffener Gläubiger
begründen.
Im Einzelfall kann sich eine Haftung dem vorläufigen Insolvenzverwalter gegenüber ergeben, 173
wenn das Gericht seine **Fürsorgepflicht** diesem gegenüber verletzt, insbesondere trotz erkennba-
rer Masseunzulänglichkeit einen vorläufigen Insolvenzverwalter bestellt (BGH NZI 2004, 245
(247); KPB/Pape § 26 Rn. 38).
Das **Richterspruchprivileg** gem. § 839 Abs. 2 BGB gilt bei Anordnungen gem. § 21 nicht 174
(OLG Stuttgart NZI 2008, 102 (103)), weil es sich bei einer Sicherungsanordnung nicht um ein
„Urteil in einer Rechtssache" handelt.
Auch außerhalb des Spruchrichterprivilegs des § 839 Abs. 2 BGB ist aber der Verfassungsgrund- 175
satz der **richterlichen Unabhängigkeit** zu beachten, sodass Amtshaftungsansprüche nur bei
besonders groben Verstößen gegen die dem Richter obliegenden Sorgfaltspflichten in Betracht
kommen (BGHZ 155, 306 = NJW 2003, 3052; OLG Frankfurt NJW 2001, 3270; **aA** K. Schmidt
InsO/Hölzle Rn. 85). Sicherungsanordnungen sind daher nicht auf ihre sachliche Richtigkeit
oder Zweckmäßigkeit, sondern nur auf ihre Vertretbarkeit zu überprüfen (vgl. BGHZ 155, 306).
Der auf das Land übergeleitete Amtshaftungsanspruch kann nur auf Geldersatz, **nicht auf** 176
Naturalrestitution gerichtet sein (BGHZ 121, 367 (374) = NJW 1993, 1799 (1800); BeckOK
BGB/Reinert BGB § 839 Rn. 125). Deshalb kann sich aus einem Verstoß gegen § 56a Abs. 1
ein Schadensersatzanspruch in Form eines Folgenbeseitigungsanspruchs (Naturalrestitution) auf
Einsetzung des durch den Gläubigerausschuss vorgeschlagenen Insolvenzverwalters nicht aus § 839
BGB ergeben (**aA** K. Schmidt InsO/Hölzle Rn. 87).

§ 22 Rechtsstellung des vorläufigen Insolvenzverwalters

(1) ¹Wird ein vorläufiger Insolvenzverwalter bestellt und dem Schuldner ein allgemeines Verfügungsverbot auferlegt, so geht die Verwaltungs- und Verfügungsbefugnis über
das Vermögen des Schuldners auf den vorläufigen Insolvenzverwalter über. ²In diesem
Fall hat der vorläufige Insolvenzverwalter:
1. das Vermögen des Schuldners zu sichern und zu erhalten;
2. ein Unternehmen, das der Schuldner betreibt, bis zur Entscheidung über die Eröffnung des Insolvenzverfahrens fortzuführen, soweit nicht das Insolvenzgericht einer
Stilllegung zustimmt, um eine erhebliche Verminderung des Vermögens zu vermeiden;

InsO § 22　　　　　　　　　　　　　　　　　　Zweiter Teil. Eröffnung des Insolvenzverfahrens

3. zu prüfen, ob das Vermögen des Schuldners die Kosten des Verfahrens decken wird; das Gericht kann ihn zusätzlich beauftragen, als Sachverständiger zu prüfen, ob ein Eröffnungsgrund vorliegt und welche Aussichten für eine Fortführung des Unternehmens des Schuldners bestehen.

(2) ¹Wird ein vorläufiger Insolvenzverwalter bestellt, ohne daß dem Schuldner ein allgemeines Verfügungsverbot auferlegt wird, so bestimmt das Gericht die Pflichten des vorläufigen Insolvenzverwalters. ²Sie dürfen nicht über die Pflichten nach Absatz 1 Satz 2 hinausgehen.

(3) ¹Der vorläufige Insolvenzverwalter ist berechtigt, die Geschäftsräume des Schuldners zu betreten und dort Nachforschungen anzustellen. ²Der Schuldner hat dem vorläufigen Insolvenzverwalter Einsicht in seine Bücher und Geschäftspapiere zu gestatten. ³Er hat ihm alle erforderlichen Auskünfte zu erteilen und ihn bei der Erfüllung seiner Aufgaben zu unterstützen; die §§ 97, 98, 101 Abs. 1 Satz 1, 2, Abs. 2 gelten entsprechend.

Überblick

Die Vorschrift regelt und bestimmt die Rechte und Befugnisse eines vorläufigen Insolvenzverwalters (zu Auswahl und Bestellung des vorläufigen Insolvenzverwalters → § 21 Rn. 25 ff.). Die Rechtsstellung eines vorläufigen Insolvenzverwalters hängt maßgeblich davon ab, ob dem Schuldner zugleich ein allgemeines Verfügungsverbot auferlegt wird (Abs. 1, sog. starker vorläufiger Insolvenzverwalter, → Rn. 6 ff.) oder nicht (Abs. 2, sog. schwacher vorläufiger Insolvenzverwalter, → Rn. 52 ff.). Danach richtet sich auch die prozessrechtliche Stellung des vorläufigen Insolvenzverwalters (→ Rn. 101 ff.). Zweckmäßigerweise wird ein vorläufiger Insolvenzverwalter zugleich auch als Sachverständiger bestellt werden (→ Rn. 81). Im Rahmen einer Unternehmensfortführung hat der vorläufige Insolvenzverwalter sich in der Regel um eine Insolvenzgeldvorfinanzierung zu bemühen (→ Rn. 83 ff.). Dem vorläufigen Insolvenzverwalter stehen gem. Abs. 3 bestimmte Zwangsbefugnisse und Auskunftsrechte gegen den Schuldner und weitere Personen zu (→ Rn. 87 ff.).

Übersicht

	Rn.		Rn.
A. Allgemeines	1	II. Insolvenzgeldvorfinanzierung	83
B. Rechtsstellung des starken vorläufigen Insolvenzverwalters (Abs. 1)	6	E. Zwangsbefugnisse des vorläufigen Insolvenzverwalters (Abs. 3)	87
I. Allgemeines	7	I. Durchsuchen und Betreten der Geschäftsräume des Schuldners	88
II. Sicherung und Erhalt des schuldnerischen Vermögens	13		
1. Inbesitznahme	16	II. Einsicht in Bücher und Geschäftspapiere des Schuldners	92
2. Inventarisierung	22		
3. Erhaltung und Verwertung	26	III. Auskunfts- und Mitwirkungspflichten	97
III. Unternehmensfortführung und -stilllegung	31	F. Prozessrechtliche Stellung des vorläufigen Insolvenzverwalters	101
1. Pflicht zur Unternehmensfortführung	32	I. Starker vorläufiger Insolvenzverwalter	102
2. Allgemeine Rechtsstellung bei der Unternehmensfortführung	36	II. Schwacher vorläufiger Insolvenzverwalter	107
3. Pflichten gegenüber aus- und absonderungsberechtigten Gläubigern	40	G. Verantwortlichkeit des vorläufigen Insolvenzverwalters	112
4. Stilllegung des Unternehmens	48	I. Haftung	113
C. Stellung des schwachen vorläufigen Insolvenzverwalters (Abs. 2)	52	1. Allgemeines, Sorgfaltsmaßstab	116
I. Allgemeines	53	2. Haftung wegen Verletzung insolvenzspezifischer Pflichten (§ 60 Abs. 1)	120
II. Pflichten gem. Abs. 1 S. 2	57		
III. Zustimmungsvorbehalt	65	3. Haftung wegen nicht erfüllter Masseverbindlichkeiten	123
IV. Einzelermächtigungen	69		
D. Prüfungspflichten, Sonderaufgaben	78	II. Strafbarkeit	125
I. Prüfungspflichten und Sachverständigentätigkeit	79	H. Rechtsmittel gegen Handlungen des vorläufigen Insolvenzverwalters	128

A. Allgemeines

Die Bestellung eines vorläufigen Insolvenzverwalters als Sicherungsmaßnahme iSd § 21 dient **1** dem **Zweck**, das Vermögen des Schuldners zu sichern und dieses in die Hand einer geeigneten, neutralen Person zu legen (vgl. BT-Drs. 12/2443, 117; → § 21 Rn. 25); an diesem Sicherungszweck hat sich die Amtsführung des vorläufigen Insolvenzverwalters zu orientieren (Jaeger/Gerhardt Rn. 17).

Der Schuldner bleibt unabhängig von der Bestellung eines vorläufigen Insolvenzverwalters **2** selbst Rechtsträger; in der **Insolvenz einer juristischen Person oder Personengesellschaft** beschränken sich die Befugnisse des vorläufigen Insolvenzverwalters daher auf die vermögensrechtlichen Verhältnisse des Schuldners. **Verbandsinterne Belange** des Schuldners wie zB die Abberufung/Bestellung von Geschäftsführern oder die Einberufung einer Gesellschafterversammlung bleiben von der Bestellung eines vorläufigen Insolvenzverwalters unberührt (BGH NZI 2007, 231 Rn. 20 ff.). Gesellschaftsrechtliche Anfechtungsklagen sind weiterhin gegen den Schuldner zu richten (LG Hamburg ZIP 2009, 686 = BeckRS 2009, 9862); Eintragungen zum Handelsregister haben weiterhin die Organe vorzunehmen (OLG Köln NZI 2001, 470).

Ist der Schuldner eine natürliche Person, dürfen sich Handlungen des vorläufigen Insolvenzver- **3** walters nur auf das **der Pfändung unterliegende Vermögen** beziehen (BGHZ 186, 242 = NJW 2010, 3517; NZI 2008, 607); der vorläufige Insolvenzverwalter darf daher beispielsweise nicht über ein **P-Konto** verfügen (vgl. Nerlich/Römermann/Mönning Rn. 149h; ausf. Büchel ZInsO 2010, 20 ff.).

Das Gericht kann zunächst nur einen **Sachverständigen** bestellen (→ § 5 Rn. 14 ff.), dessen **4** Befugnisse jedoch eingeschränkt sind: Einem Sachverständigen können keine Verwaltungs- oder Verfügungsbefugnisse übertragen werden (HK-InsO/Rüntz/Laroche Rn. 6). Ihm stehen auch nicht die Auskunftsrechte aus Abs. 3 S. 3 zu; die Auskunftsrechte des Sachverständigen enden dort, wo sich Dritte auf **Verschwiegenheitspflichten** berufen. Das Gericht kann den Sachverständigen nicht ermächtigen, Dritte von ihrer Schweigepflicht zu befreien (HK-InsO/Rüntz/Laroche § 21 Rn. 7; Uhlenbruck FS Greiner, 2005, 317 (325); AG Hannover ZInsO 2015, 418; LG Göttingen NZI 2002, 38). Es muss entweder den Schuldner gem. § 20 Abs. 1 S. 2 zwingen, diese von ihrer Schweigepflicht zu entbinden, oder aber einen starken vorläufigen Insolvenzverwalter bestellen (→ § 21 Rn. 79).

Ob ein **starker oder schwacher vorläufiger Insolvenzverwalter** bestellt werden sollte, hängt **5** von den Umständen des jeweiligen Einzelfalls ab, insbesondere der zu erwartenden Kooperationsbereitschaft des Schuldners und dem Bedürfnis, Masseverbindlichkeiten zu begründen (dazu ausf. → § 21 Rn. 1 ff.). Die **Vergütung** des vorläufigen Insolvenzverwalters regelt § 63 Abs. 3 (ausf. → § 63 Rn. 11 ff.).

B. Rechtsstellung des starken vorläufigen Insolvenzverwalters (Abs. 1)

Die Stellung des sog. starken vorläufigen Insolvenzverwalters, auf den die Verwaltungs- und **6** Verfügungsbefugnis übergegangen ist, gleicht weitgehend der Stellung des endgültigen Insolvenzverwalters (→ Rn. 7 ff.). Die Pflichten des vorläufigen Insolvenzverwalters sind im Wesentlichen durch Abs. 1 bestimmt: Der vorläufige Insolvenzverwalter hat das Vermögen des Schuldners zu sichern und zu erhalten (→ Rn. 13 ff.), ein Unternehmen des Schuldners fortzuführen (→ Rn. 31 ff.) und zu prüfen, ob die Insolvenzmasse voraussichtlich die Kosten des Verfahrens decken wird (→ Rn. 79 f.). Außerdem kann das Gericht ihm auch die Aufgaben eines Sachverständigen übertragen (→ Rn. 81 ff.).

I. Allgemeines

Der starke vorläufige Insolvenzverwalter hat grundsätzlich die gleiche Rechtsstellung wie der **7** **endgültige Insolvenzverwalter** (BGH NZI 2007, 231 Rn. 17; s. dazu die Kommentierung zu §§ 80–82) und im Außenverhältnis daher die gleichen Befugnisse. Insoweit kann man ihn als Rechtsnachfolger des Schuldners ansehen (vgl. LG Cottbus NZI 2000, 183; → § 80 Rn. 9 ff.).

Rechtshandlungen des starken vorläufigen Insolvenzverwalters sind im Außenverhältnis unab- **8** hängig davon wirksam, ob die Maßnahme im Innenverhältnis zulässig war (BAGE 116, 168 = NZI 2006, 310). Etwas anderes gilt nur bei **Insolvenzzweckwidrigkeit** der Handlung; insoweit sind die Vorschriften über den Missbrauch der Vertretungsmacht (s. BeckOK BGB/Schäfer BGB § 167 Rn. 47 ff.) entsprechend heranzuziehen (vgl. BGHZ 150, 353 = NJW 2002, 648; ausf. Jaeger/Gerhardt Rn. 22 ff.).

9 Begründet der starke vorläufige Insolvenzverwalter durch seine Handlungen Verbindlichkeiten, sind diese gem. § 55 Abs. 2 S. 1 im Falle einer späteren Verfahrenseröffnung **Masseverbindlichkeiten** (für den Fall, dass das Verfahren nicht eröffnet wird, gilt § 25 Abs. 2; dazu → § 25 Rn. 7 ff.). Gemäß § 55 Abs. 2 S. 2 werden auch Verbindlichkeiten aus **Dauerschuldverhältnissen** Masseverbindlichkeiten, soweit der vorläufige Insolvenzverwalter die Gegenleistung für das von ihm verwaltete Vermögen in Anspruch genommen hat. Die von ihm begründeten Verbindlichkeiten darf er – vorbehaltlich einer Masseunzulänglichkeit – auch erfüllen, vgl. § 25 Abs. 2 (Jaeger/Gerhardt Rn. 68 ff.).

10 Auch der starke vorläufige Insolvenzverwalter ist nicht berechtigt, das **Wahlrecht gem. § 103** auszuüben (BGH NZI 2008, 36 Rn. 9; NJW 2017, 3369 Rn. 19; ausf. Jaeger/Gerhardt Rn. 46 f.; einschränkend HK-InsO/Rüntz/Laroche Rn. 41). Die an den vorläufigen Insolvenzverwalter gerichtete Aufforderung, sich gem. § 103 Abs. 2 S. 2 zu erklären, hat daher auch dann nicht die Wirkung des § 103 Abs. 2 S. 3, wenn vorläufiger und endgültiger Insolvenzverwalter personenidentisch sind (BGH NZI 2008, 36). Auch die **Kündigungserleichterungen der §§ 109, 111, 113 ff.** stehen dem vorläufigen Insolvenzverwalter nicht zu (Uhlenbruck/Vallender Rn. 54).

11 Handlungen des vorläufigen Insolvenzverwalters, auf den die Verwaltungs- und Verfügungsbefugnis übergegangen ist, unterliegen nicht der **Insolvenzanfechtung** durch den endgültigen Insolvenzverwalter (MüKoInsO/Haarmeyer/Schildt Rn. 189 ff.).

12 Der starke vorläufige Insolvenzverwalter kann Erklärungen für den Schuldner abgeben und damit beispielsweise Dritte von ihrer **Schweigepflicht** befreien; er kann Auskunft auch von Berufsgeheimnisträgern verlangen (Uhlenbruck NZI 2002, 401 (402 f.)).

II. Sicherung und Erhalt des schuldnerischen Vermögens

13 Dem vorläufigen Insolvenzverwalter obliegt die Aufgabe, das schuldnerische Vermögen im Interesse aller Gläubiger zu schützen und zu erhalten (BGHZ 189, 299 Rn. 49 = NJW 2011, 2960). Zu diesem Zweck kann der vorläufige Insolvenzverwalter, auf den die Verwaltungs- und Verfügungsbefugnis übergegangen ist, das Vermögen des Schuldners in Besitz nehmen (→ Rn. 16 ff.); er hat in der Regel ein Inventar des schuldnerischen Vermögens zu erstellen (→ Rn. 22 ff.). Eine Verwertung ist ihm nur in Ausnahmefällen gestattet (→ Rn. 26 ff.).

14 Eine **Freigabe von Massegegenständen** durch den starken vorläufigen Insolvenzverwalter schon im Eröffnungsverfahren ist nur in Ausnahmefällen zulässig, soweit deren Inbesitznahme mit unverhältnismäßigem Aufwand verbunden wäre oder soweit die Insolvenzmasse durch die Sache beispielsweise aufgrund öffentlich-rechtlicher Pflichten belastet wird (Jaeger/Gerhardt Rn. 35; Heinze ZInsO 2013, 1173 ff.). Der vorläufige Insolvenzverwalter sollte vor der Freigabe von Vermögensgegenständen die **Zustimmung** des Insolvenzgerichts oder des vorläufigen Gläubigerausschusses einholen (vgl. Nerlich/Römermann/Mönning Rn. 36). Bei der Freigabe handelt es sich um eine endgültige Entscheidung, die im eröffneten Insolvenzverfahren nicht mehr rückgängig gemacht werden kann (Jaeger/Gerhardt Rn. 35; **aA** Heinze ZInsO 2013, 1173 (1175)).

15 Auch der starke vorläufige Insolvenzverwalter hat dem Schuldner und dessen unterhaltsberechtigten Familienmitgliedern entsprechend § 100 Abs. 2 einstweilig den notwendigen **Unterhalt** zu gewähren (Keller NZI 2007, 316 (317)). Bedeutung wird dies angesichts der Regelungen in §§ 850c und 850i ZPO kaum haben (s. FK-InsO/Schmerbach Rn. 62).

1. Inbesitznahme

16 Da die Verfügungsbefugnis über das Vermögen des Schuldners auf den starken vorläufigen Insolvenzverwalter übergeht, kann er das Vermögen **in Besitz nehmen,** soweit es gem. §§ 850c, 850i, 850k ZPO iVm § 36 InsO pfändbar ist. Die Inbesitznahme wird in der Regel geboten sein (vgl. Nerlich/Römermann/Mönning Rn. 32; Kor ZInsO 2020, 2256 f.), insbesondere bei besonders gefährdeten Vermögensgegenständen (HK-InsO/Rüntz/Laroche Rn. 8).

17 Mit der Verwaltungs- und Verfügungsbefugnis geht auch das **Hausrecht** über Betriebsgrundstücke auf den starken vorläufigen Insolvenzverwalter über (BGH NZI 2007, 231 Rn. 17); er kann daher unabhängig von Abs. 3 (→ Rn. 88) **Geschäftsräume betreten,** entsprechend § 150 Gebäude, Räume oder einzelne Gegenstände siegeln lassen (Uhlenbruck/Vallender Rn. 25; MüKoInsO/Haarmeyer/Schildt Rn. 45), Schlösser zu Räumen austauschen, Gegenstände einlagern, Betretungsverbote aussprechen oder Dritte mit der Sicherung und Bewachung von Grundstücken oder Gebäuden beauftragen (Nerlich/Römermann/Mönning Rn. 33).

18 Das Recht zur Inbesitznahme erstreckt sich auf die Ist-Masse und umfasst auch Gegenstände, an denen ein **Aussonderungs- oder Absonderungsrecht** besteht (Jaeger/Gerhardt Rn. 28). Nur wenn das Aus- oder Absonderungsrecht feststeht und der Gegenstand zur Unternehmensfortführung nicht benötigt wird, darf der vorläufige Insolvenzverwalter diesen herausgeben (Braun/ Böhm Rn. 50).

Durch die Inbesitznahme wird der Schuldner **mittelbarer (Eigen-)Besitzer** iSd §§ 868, 872 BGB; der Insolvenzverwalter wird unmittelbarer (Fremd-)Besitzer iSd § 854 BGB (HK-InsO/ Rüntz/Laroche Rn. 8; vgl. aber OLG Hamburg ZIP 1996, 386), sodass ihm die Besitzschutzansprüche gem. §§ 859, 861, 862 und 1007 BGB zustehen (Pohlmann, Befugnisse und Funktionen des vorläufigen Insolvenzverwalters, 1998, 61). 19

Geben Dritte zur Insolvenzmasse gehörende Sachen nicht heraus, kann der starke vorläufige Insolvenzverwalter einen **Herausgabeanspruch** im Wege der **einstweiligen Verfügung** geltend machen (MüKoInsO/Haarmeyer/Schildt Rn. 40); liegt keine verbotene Eigenmacht vor, kann sich der Verfügungsgrund aus der Bedeutung der Sache für das Eröffnungsverfahren ergeben (s. LG Berlin ZIP 2006, 962 = BeckRS 2010, 20877). 20

Widersetzt sich der Schuldner der Inbesitznahme, bleibt dem starken vorläufigen Insolvenzverwalter die Möglichkeit der **Vollstreckung aus dem Anordnungs- und Bestellungsbeschluss** gegen den Schuldner (§ 794 Abs. 1 Nr. 3 ZPO iVm § 148 Abs. 2 InsO), indem er gem. § 883 ZPO einen Gerichtsvollzieher beauftragt (KPB/Blankenburg Rn. 64). Der Beschluss bedarf dafür entsprechend § 929 Abs. 2 ZPO keiner Vollstreckungsklausel (AG Duisburg ZInsO 2005, 105 = BeckRS 2004, 31057360). Dem Schuldner steht gegen Vollstreckungshandlungen die Erinnerung zu (→ Rn. 128). 21

2. Inventarisierung

Auch wenn der vorläufige Insolvenzverwalter nicht gleichzeitig zum Sachverständigen bestellt wurde (dazu → Rn. 81), folgt aus der Pflicht zur Sicherung der Insolvenzmasse regelmäßig auch eine Pflicht zur **Inventarisierung** des schuldnerischen Vermögens entsprechend § 151 (Pohlmann, Befugnisse und Funktionen des vorläufigen Insolvenzverwalters, 1998, 67; ähnlich HmbKomm-InsR/Schröder Rn. 34: § 240 HGB). 22

Das Verzeichnis ermöglicht es dem vorläufigen Insolvenzverwalter, das von ihm zu verwaltende Vermögen zu erfassen (Jaeger/Gerhardt Rn. 33) und sachgerechte Entscheidungen über die Fortführung des Unternehmens zu treffen (MüKoInsO/Haarmeyer/Schildt Rn. 42). Ist das schuldnerische Vermögen ohne weiteres zu überblicken oder ist eine Inventarisierung nur mit erheblichem Aufwand möglich, kann das Gericht den Verwalter von der Inventarisierungspflicht befreien (Pohlmann, Befugnisse und Funktionen des vorläufigen Insolvenzverwalters, 1998, 68). 23

Um den Inventarisierungsaufwand gering zu halten, ist es zulässig und häufig geboten, **Gruppen oder Sammelposten** zu bilden (K. Schmidt InsO/Hölzle Rn. 12); das Inventarverzeichnis muss nicht den Anforderungen des § 153 Abs. 1 genügen (Pohlmann, Befugnisse und Funktionen des vorläufigen Insolvenzverwalters, 1998, 68). 24

Zugleich mit der Inventarisierung sollten die Vermögensgegenstände auch **bewertet** werden (Braun/Böhm Rn. 56). Dazu dürfte der vorläufige Insolvenzverwalter schon aufgrund der Pflicht aus Abs. 1 S. 2 Nr. 3 Hs. 1 gehalten sein. Soweit dem vorläufigen Insolvenzverwalter dazu die erforderliche Sachkunde fehlt, hat er sich entsprechend § 151 Abs. 2 S. 2 sachkundiger Unterstützung zu bedienen (K. Schmidt InsO/Hölzle Rn. 13 aE). 25

3. Erhaltung und Verwertung

Neben der Sicherung obliegt dem vorläufigen Insolvenzverwalter die **Erhaltung** des schuldnerischen Vermögens. Die Erhaltungspflicht erstreckt sich auch auf Gegenstände, an denen Aussonderungs- oder Absonderungsrechte bestehen (BGHZ 146, 165 (173 f.) = NJW 2001, 1496 (1497 f.) = NZI 2001, 191 (193)). 26

Der Begriff der **Erhaltung** ist entsprechend § 744 Abs. 2 BGB auszulegen (s. ausf. BeckOK BGB/Gehrlein BGB § 744 Rn. 5). Als Ausfluss dieser Pflicht obliegt es dem starken vorläufigen Insolvenzverwalter beispielsweise, notwendige **Reparaturen** vorzunehmen oder vornehmen zu lassen (BGHZ 146, 165 (173) = NJW 2001, 1496 (1497) = NZI 2001, 191 (192 f.)). Für Gebäude ist der erforderliche **Versicherungsschutz** zu gewährleisten (BGHZ 105, 230 (237 f.) = NJW 1989, 1034 (1035); BGHZ 146, 165 (173) = NJW 2001, 1496 (1497) = NZI 2001, 191 (193); ausf. MüKoInsO/Haarmeyer/Schildt Rn. 47). 27

Eine **Verwertung** des schuldnerischen Vermögens obliegt dem vorläufigen Insolvenzverwalter ohne ausdrückliche Anordnung grundsätzlich nicht (BGHZ 146, 165 = NJW 2001, 1496 = NZI 2001, 191) (→ Rn. 30.1). Zu den Grenzen der Verwertung im Rahmen der Unternehmensfortführung und zu den Folgen einer Anordnung gem. § 21 Abs. 2 S. 1 Nr. 5 → Rn. 40 ff. 28

InsO § 22 Zweiter Teil. Eröffnung des Insolvenzverfahrens

29   Nur wenn ohne die Verwertung erhebliche **Werteinbußen** im Vermögen des Schuldners nicht zu verhindern sind (vgl. BGHZ 189, 299 = NJW 2011, 2960; Jaeger/Gerhardt Rn. 38 spricht insoweit von „**Gefahr im Verzug**"), ist eine Verwertung ausnahmsweise zulässig. So ist es zulässig, leicht verderbliche Waren (BT-Drs. 12/2443, 117) oder mit erheblichen Unterhaltungskosten verbundene Wirtschaftsgüter zu veräußern (HK-InsO/Rüntz/Laroche Rn. 14; Pohlmann, Befugnisse und Funktionen des vorläufigen Insolvenzverwalters, 1998, 201; Kor ZInsO 2020, 2256 (2257)).

30   Ebenso darf der vorläufige Insolvenzverwalter außerhalb des laufenden Geschäftsbetriebs (dazu → Rn. 40) **Forderungen** nur einziehen, wenn deren Uneinbringlichkeit droht (BGHZ 154, 72 (82) = NJW 2003, 2240 (2242) = NZI 2003, 259 (260); BGH NZI 2012, 365 Rn. 11; Kirchhof ZInsO 1999, 436 (437)).

30.1   Zweifelhaft ist, ob auch außerhalb dieser Voraussetzungen eine Verwertung mit Zustimmung des Schuldners möglich ist (bejahend Jaeger/Gerhardt Rn. 40; verneinend Kirchhof ZInsO 1999, 436 (437)). Da eine Veräußerung in der Regel auch die Interessen der Gläubiger betrifft, dürfte eine Zustimmung des Schuldners allein nicht ausreichen; mit Zustimmung eines vorläufigen Gläubigerausschusses (§ 22a) dürfte eine Verwertung aber zulässig sein (enger Kirchhof ZInsO 1999, 436 (437), der Verwertungshandlungen bei Zustimmung aller Beteiligten zulassen will).

III. Unternehmensfortführung und -stilllegung

31   Betreibt der Schuldner ein Unternehmen, besteht eine weitere Kernaufgabe des vorläufigen Insolvenzverwalters darin, das Unternehmen fortzuführen, denn gem. § 157 obliegt der Gläubigerversammlung die Entscheidung, ob das Unternehmen stillgelegt oder fortgeführt werden soll (KPB/Blankenburg Rn. 83). Ziel der Unternehmensfortführung muss es sein, den im Unternehmen verkörperten Wert im Interesse der Gläubiger zu erhalten, und zwar unabhängig davon, ob das Unternehmen saniert oder liquidiert werden soll.

1. Pflicht zur Unternehmensfortführung

32   Der vorläufige Insolvenzverwalter ist zur Fortführung des schuldnerischen Geschäftsbetriebs nur verpflichtet, wenn dieser im Zeitpunkt der Bestellung noch nicht eingestellt ist; zur **Wiederaufnahme** eines eingestellten Geschäftsbetriebs ist er nicht verpflichtet (HK-InsO/Rüntz/Laroche Rn. 18).

33   Die Pflicht zur Fortführung des Unternehmens kann und wird – da das Unternehmen kaum jemals profitabel arbeiten wird – regelmäßig mit der Pflicht zur Sicherung des schuldnerischen Vermögens kollidieren. Deshalb hat der vorläufige Insolvenzverwalter innerhalb kurzer Zeit (in der Regel einer Woche, s. Kirchhof ZInsO 1999, 436 ff.) ein betriebswirtschaftliches **Fortführungskonzept** vorzulegen.

34   Das Fortführungskonzept muss eine **Liquiditätsplanung und Ertragsplanung** enthalten und zeigen, dass die Fortführung nicht dazu führt, dass die Insolvenzmasse in erheblichem Maße aufgezehrt wird (s. ausf. Nerlich/Römermann/Mönning Rn. 67 ff.). Ein sorgfältig begründetes Fortführungskonzept wird dem Insolvenzverwalter im Falle einer Haftung nach § 61 die Darlegung nach § 61 S. 2 erleichtern, dass er nicht erkennen konnte, dass die Masse voraussichtlich zur Erfüllung der Masseverbindlichkeiten nicht ausreichen würde (Braun/Böhm Rn. 46).

35   Nur wenn absehbar ist, dass **keine Sanierungsmöglichkeit** besteht, ist eine **Stilllegung** des Geschäftsbetriebs schon im Eröffnungsverfahren zulässig (→ Rn. 48).

2. Allgemeine Rechtsstellung bei der Unternehmensfortführung

36   In **arbeitsrechtlicher** Hinsicht rückt der vorläufige Insolvenzverwalter in die Arbeitgeberstellung ein (vgl. BAGE 102, 82 = NJW 2003, 989), insbesondere geht das arbeitsrechtliche Direktionsrecht auf ihn über (Jaeger/Gerhardt Rn. 49). Zur Beendigung von Arbeitsverhältnissen → Rn. 38.

37   Den starken vorläufigen Insolvenzverwalter treffen während der Dauer der vorläufigen Insolvenzverwaltung die gleichen **steuerrechtlichen Pflichten** in Bezug auf die Insolvenzmasse wie gem. § 155 Abs. 1 S. 2 den endgültigen Insolvenzverwalter (KPB/Blankenburg Rn. 276). Die **handelsrechtlichen Rechnungslegungspflichten** obliegen dem lediglich vorläufigen Insolvenzverwalter nicht, § 155 Abs. 1 S. 2 ist insoweit nicht entsprechend anwendbar (MüKoInsO/Haarmeyer/Schildt Rn. 202).

38   Der vorläufige Insolvenzverwalter hat sicherzustellen, dass die Insolvenzmasse auch im Fall einer Unternehmensfortführung möglichst wenig belastet wird (vgl. Abs. 1 S. 2 Nr. 1).

(Dauer-)Schuldverhältnisse, aus denen der Masse kein Vorteil erwächst, hat der starke vorläufige Insolvenzverwalter zu kündigen, insbesondere auch **Arbeitsverhältnisse** (HK-InsO/Rüntz/Laroche Rn. 19). Die Erleichterungen der §§ 109, 111, 113 ff. kommen ihm dabei aber nicht zugute, bei Arbeitsverhältnissen sind die allgemeinen Kündigungsschutzbestimmungen zu beachten (ausf. Jaeger/Gerhardt Rn. 51 ff.).

Reicht Liquidität zur Fortführung des Unternehmens nicht aus, kann der starke vorläufige 39 Insolvenzverwalter einen **Massekredit** aufnehmen und zur Absicherung ggf. Vermögensgegenstände belasten (Braun/Böhm Rn. 48; vgl. auch BGH NJW-RR 1987, 1294 für § 744 BGB); ist ein vorläufiger Gläubigerausschuss eingesetzt, ist dieser zuvor anzuhören (→ § 22a Rn. 66).

3. Pflichten gegenüber aus- und absonderungsberechtigten Gläubigern

Führt der vorläufige Insolvenzverwalter das Unternehmen des Schuldners fort, wird er dazu 40 körperliche Gegenstände nutzen und verwerten sowie Forderungen einziehen. Dabei muss er in aller Regel auch über Gegenstände verfügen, an denen Aussonderungs- oder Absonderungsrechte bestehen.

Da der vorläufige Insolvenzverwalter Rechtsnachfolger des Schuldners wird (→ Rn. 7), ist für 41 ihn zunächst der Inhalt der **Vereinbarungen zwischen Gläubiger und Schuldner** maßgeblich, solange die Gläubiger diese nicht gekündigt haben (vgl. BGH NZI 2010, 339 Rn. 18 ff.; Kuder ZIP 2007, 1690 (1691); Kirchhof ZInsO 1999, 436 (437)).

Mit der **Kündigung** der zugrundeliegenden vertraglichen Vereinbarungen zwischen Gläubiger 42 und Schuldner erlischt die vertragliche Verwertungsbefugnis des vorläufigen Insolvenzverwalters; §§ 166 ff. sind im Eröffnungsverfahren nicht anwendbar (BGH NZI 2007, 338 Rn. 12; Braun/Böhm Rn. 52 aE; aA Nerlich/Römermann/Mönning Rn. 143).

Eine **Nutzungsbefugnis** kann sich dann nur noch aus einer Vereinbarung des vorläufigen 43 Insolvenzverwalters mit dem jeweiligen Gläubiger (vgl. Jaeger/Gerhardt Rn. 113) oder einer Anordnung gem. § 21 Abs. 2 S. 1 Nr. 5 ergeben (aA MüKoInsO/Haarmeyer/Schildt Rn. 55). Eine solche Anordnung sollte der starke vorläufige Insolvenzverwalter anregen, wenn die Gegenstände zur Fortführung des Unternehmens von erheblicher Bedeutung sind (dazu → § 21 Rn. 105).

Eine **Verwertungsbefugnis** räumt aber auch eine Anordnung gem. § 21 Abs. 2 S. 1 Nr. 5 44 dem vorläufigen Insolvenzverwalter grundsätzlich nicht ein, dem vorläufigen Insolvenzverwalter kann grundsätzlich nur ein Recht zum Besitz verschafft werden (ausf. → § 21 Rn. 118 ff.).

Die sich aus der Nutzung ergebenden **Nutzungsentschädigungsansprüche** sind unabhängig 45 davon, ob eine gerichtliche Anordnung gem. § 21 Abs. 2 S. 1 Nr. 5 vorliegt, wegen der vorrangigen Regelung des § 55 Abs. 2 stets **Masseverbindlichkeiten** (vgl. FK-InsO/Schmerbach § 21 Rn. 358). Ein „Recht zur kostenlosen Nutzung" (→ § 21 Rn. 116) gibt eine Anordnung gem. § 21 Abs. 2 S. 1 Nr. 5 dem starken vorläufigen Insolvenzverwalter daher nicht.

Ist der vorläufige Insolvenzverwalter gem. § 21 Abs. 2 S. 1 Nr. 5 zum Forderungseinzug ermäch- 46 tigt worden, hat er die abgesonderte Befriedigung der betroffenen Gläubiger sicherzustellen und die eingezogenen Beträge vom sonstigen Vermögen des Schuldners **getrennt zu verwahren** (Jaeger/Gerhardt Rn. 101). Zieht der vorläufige Insolvenzverwalter die Forderungen aufgrund gerichtlicher Ermächtigung ein, darf er die **Kostenbeiträge gem. §§ 170, 171** einbehalten (BGH NZI 2013, 393 Rn. 30; MüKoInsO/Haarmeyer/Schildt Rn. 56).

Gegen ein **unberechtigtes Herausgabeverlangen** aus- oder absonderungsberechtigter Gläu- 47 biger kann sich der starke vorläufige Insolvenzverwalter mit den §§ 859, 861 BGB wehren (→ Rn. 19); der Erlass einer Anordnung gem. § 21 Abs. 2 S. 1 Nr. 5 dürfte bei einem starken vorläufigen Insolvenzverwalter in Bezug auf körperliche Gegenstände nicht notwendig sein.

4. Stilllegung des Unternehmens

Ergibt sich im Rahmen des vom vorläufigen Insolvenzverwalter aufzustellenden Fortführungs- 48 konzepts, dass die Fortführung des Unternehmens zu einer **erheblichen Minderung der Insolvenzmasse** führen würde, darf der vorläufige Insolvenzverwalter das Unternehmen mit Zustimmung des Insolvenzgerichts stilllegen. Eine Stilllegung ist auch betreffend einzelner abgrenzbarer **Unternehmensteile** zulässig (Pohlmann, Befugnisse und Funktionen des vorläufigen Insolvenzverwalters, 1998, 142).

Von einer **erheblichen Minderung** ist auszugehen, wenn den Gläubigern die Fortführung 49 des Unternehmens aufgrund der damit einhergehenden Vermögensverluste nicht mehr zumutbar ist (Nerlich/Römermann/Mönning Rn. 175). Das wird vom jeweiligen Einzelfall abhängen (FK-InsO/Schmerbach Rn. 68); eine Verringerung um bis zu 25 % wird den Gläubigern kaum zumutbar sein (aA MüKoInsO/Haarmeyer/Schildt Rn. 114; Nerlich/Römermann/Mönning Rn. 176), Einbußen von 10 % werden hingegen in der Regel unproblematisch sein (aA HK-InsO/Rüntz/Laroche Rn. 23). Dem Insolvenzverwalter ist aufgrund der erheblichen Prognose- und Bewertungsrisiken ein **großzügiger Beurteilungsspielraum** zuzugestehen (HK-InsO/Rüntz/Laroche Rn. 24).

50 Der vorläufige Insolvenzverwalter muss die beabsichtigte Einstellung zuvor dem Insolvenzgericht anzeigen und die **gerichtliche Zustimmung** zur Einstellung des Geschäftsbetriebs einholen. Auch dem Schuldner ist rechtliches Gehör zu gewähren (HK-InsO/Rüntz/Laroche Rn. 25). Ist ein **vorläufiger Gläubigerausschuss** eingesetzt, muss dieser der Stilllegung ebenfalls zustimmen (→ § 22a Rn. 67). Das Gericht hat zuzustimmen, wenn die Voraussetzungen einer Einstellung vorliegen (AG Aachen NZI 1999, 279).

51 Fehlt die gerichtliche Zustimmung, darf der vorläufige Insolvenzverwalter keine **Stilllegungsmaßnahmen** vornehmen (HmbKommInsR/Schröder Rn. 69).

C. Stellung des schwachen vorläufigen Insolvenzverwalters (Abs. 2)

52 Bestellt das Insolvenzgericht – wie in der Praxis üblich (→ § 21 Rn. 50) – einen vorläufigen Insolvenzverwalter, ohne dem Schuldner zugleich ein allgemeines Verfügungsverbot aufzuerlegen, obliegt es dem Insolvenzgericht, die Befugnisse des vorläufigen Insolvenzverwalters im Einzelnen näher auszugestalten. Unabhängig davon treffen den schwachen vorläufigen Insolvenzverwalter dem Grunde nach auch die in Abs. 1 S. 2 genannten Pflichten, (→ Rn. 57 ff.), insbesondere eine Überwachungspflicht den Schuldner betreffend (→ Rn. 61 f.). Daneben werden häufig ein (allgemeiner) Zustimmungsvorbehalt angeordnet (→ Rn. 65 ff.) und dem vorläufigen Insolvenzverwalter bestimmte Einzelermächtigungen erteilt (→ Rn. 69 ff.).

I. Allgemeines

53 Da der schwache vorläufige Insolvenzverwalter grundsätzlich nicht selbst handelt, haftet er nicht für **Steuerschulden** des Insolvenzschuldners (BFH BeckRS 2009, 25015406) und ist mangels Verfügungsbefugnis nicht ordnungsrechtlich verantwortlich (VGH Kassel NJW 2010, 1545 (1546); OVG Münster BeckRS 2021, 6645 Rn. 19).

54 Der vorläufige Insolvenzverwalter rückt auch nicht in die **Arbeitgeberstellung** des Schuldners ein (Braun/Böhm Rn. 34). Möglich sind insoweit aber Ermächtigungen des Insolvenzgerichts (→ Rn. 70a).

55 Ohne besondere Ermächtigung durch das Insolvenzgericht (→ Rn. 71) begründet der schwache vorläufige Insolvenzverwalter auch bei Anordnung eines Zustimmungsvorbehalts keine **Masseverbindlichkeiten** (BGHZ 151, 353 = NJW 2002, 3326); etwas anderes gilt gem. § 55 Abs. 4 für bestimmte Steuerschulden.

56 Handlungen des Schuldners unterliegen im Eröffnungsverfahren auch bei Zustimmung durch den vorläufigen Insolvenzverwalter grundsätzlich der **Insolvenzanfechtung** (vgl. BGHZ 200, 210 = NJW 2014, 1737). Etwas anderes gilt im Hinblick auf § 242 BGB lediglich dann, wenn der vorläufige Insolvenzverwalter einen schutzwürdigen Vertrauenstatbestand gesetzt hat und der Empfänger der Leistung damit rechnen durfte, ein auch nach Eröffnung des Insolvenzverfahrens nicht mehr entziehbares Recht erhalten zu haben (BGH NZI 2013, 298 Rn. 17 f.).

II. Pflichten gem. Abs. 1 S. 2

57 Den vorläufigen Insolvenzverwalter treffen die in Abs. 1 S. 2 Nr. 1–3 genannten Pflichten grundsätzlich auch dann, wenn das Gericht dem Schuldner nicht gleichzeitig ein allgemeines Verfügungsverbot auferlegt.

58 Auch der schwache vorläufige Insolvenzverwalter ist ohne besondere gerichtliche Anordnung verpflichtet, das **Vermögen** des Schuldners **zu sichern und zu erhalten,** da es sich dabei um den Kern der Aufgaben des vorläufigen Insolvenzverwalters handelt (BGHZ 189, 299 Rn. 49 = NJW 2011, 2960; K. Schmidt InsO/Hölzle Rn. 4).

59 Zur **Inbesitznahme** des Vermögens entsprechend § 148 Abs. 1 ist der schwache vorläufige Insolvenzverwalter hingegen nur mit besonderer Ermächtigung des Insolvenzgerichts befugt (OLG Celle NZI 2003, 97; aA Gundlach/Frenzel/Jahn ZInsO 2010, 122 ff.; Kor ZInsO 2020, 2256 (2257 f.): auch bei Gefahr im Verzug) oder soweit das Gericht ein besonderes Verfügungsverbot verhängt hat. **Besitzschutzansprüche** sind daher grundsätzlich durch den Schuldner weiter zu verfolgen (LG Leipzig ZInsO 2006, 1003).

Unabhängig von der konkreten Ausgestaltung seiner Pflichten konkretisiert sich die allgemeine 60
Pflicht zur Sicherung und Erhaltung des schuldnerischen Vermögens stets in einer **Überwachungspflicht** (BGHZ 189, 299 Rn. 49 = NJW 2011, 2960; KPB/Blankenburg Rn. 124; MüKoInsO/Haarmeyer/Schildt Rn. 130 spricht insoweit von einer „gerichtlich bestellten Aufsichtsperson"). Hinzu kommt eine **Anzeigepflicht** dem Insolvenzgericht gegenüber in Bezug auf massegefährdendes Verhalten des Schuldners (K. Schmidt InsO/Hölzle Rn. 5).

Um dem schwachen vorläufigen Insolvenzverwalter die Überwachung und Kontrolle des Zah- 61
lungsverkehrs des Schuldners zu ermöglichen, wird es in vielen Fällen zweckmäßig sein, dem Verwalter die **Kassenführung** zu übertragen (Pohlmann, Befugnisse und Funktionen des vorläufigen Insolvenzverwalters, 1998, 112 f.; FK-InsO/Schmerbach Rn. 13).

Hat das Gericht zugleich ein (allgemeines) Zustimmungsverbot angeordnet, konkretisiert sich 62
die Pflicht zur Erhaltung und Sicherung des schuldnerischen Vermögens auch dahingehend, dass der vorläufige Insolvenzverwalter der **Herausgabe von Gegenständen** an aussonderungs- oder absonderungsberechtigte Gläubiger oder – außerhalb der Fortführung eines Unternehmens – masseschmälernden Zahlungen nicht zustimmen darf (K. Schmidt InsO/Hölzle Rn. 6).

Schon aufgrund der allgemeinen Insolvenzzielbestimmung in § 1 ist auch der schwache vorläu- 63
fige Insolvenzverwalter entsprechend Abs. 1 S. 2 Nr. 2 verpflichtet, an der **Fortführung eines schuldnerischen Unternehmens** mitzuwirken (ausf. Hölzle ZIP 2011, 1889 (1890 ff.)). Dabei kann er aber ohne besondere Ermächtigung nicht selbst handeln. Seine Pflicht konkretisiert sich daher dahingehend, die Betriebsfortführung zu überwachen (vgl. BGH NZI 2007, 461) und den Schuldner zu erforderlichen Rechtshandlungen anzuhalten (Hölzle ZIP 2011, 1889 (1892)) und nur solchen Verfügungen des Schuldners zuzustimmen, die einer zweckmäßigen Fortführung dienen (MüKoInsO/Haarmeyer/Schildt Rn. 135).

Im Rahmen der Fortführung des schuldnerischen Unternehmens hat der vorläufige Insolvenz- 64
verwalter zu überwachen und den Schuldner dazu anzuhalten, dass für betriebsnotwenige Gegenstände Miet- oder Pachtzinsen gezahlt werden (Ganter ZIP 2015, 1767 (1771)). Er hat insoweit auch zu prüfen, ob Grund für eine **Anordnung gem. § 21 Abs. 2 S. 1 Nr. 5** besteht, und eine solche ggf. beim Insolvenzgericht anzuregen (dazu ausf. → § 21 Rn. 107 f., insbesondere hinsichtlich der Anforderungen an die Darlegung der „erheblichen Bedeutung").

III. Zustimmungsvorbehalt

Ordnet das Gericht einen Zustimmungsvorbehalt an, bleibt der Schuldner als Rechtssubjekt 65
grundsätzlich handlungsfähig. Lediglich soweit das Gericht ein besonderes Verfügungsverbot ausspricht, geht die Verfügungsbefugnis auf den vorläufigen Insolvenzverwalter über. Soweit der angeordnete Zustimmungsvorbehalt reicht (→ § 21 Rn. 40), sind Verfügungen des Schuldners jedoch nur noch mit Zustimmung des vorläufigen Insolvenzverwalters wirksam (vgl. BGHZ 227, 123 Rn. 20 = NZI 2020, 1046; BAGE 103, 123 = NZI 2003, 509).

Zustimmung umfasst sowohl eine vorherige **Einwilligung** als auch eine nachträgliche **Geneh- 66
migung** des vorläufigen Insolvenzverwalters (Mankowski NZI 2000, 572 ff.). Hat der Insolvenzverwalter nicht eingewilligt, kann sich der andere Teil entsprechend § 108 Abs. 2 BGB bis zur Genehmigung vom Rechtsgeschäft wieder lösen (HK-InsO/Rüntz/Laroche § 21 Rn. 16) bzw. seine Willenserklärung entsprechend § 109 BGB widerrufen (Mankowski NZI 2000, 572 (574 f.)).

Die **Rechtsfolgen** einer Verfügung ohne Zustimmung des vorläufigen Insolvenzverwalters 67
ergeben sich bei einem allgemeinen Zustimmungsvorbehalt aus § 24 Abs. 1; die Verfügung ist absolut unwirksam. Bei einem gegenständlich beschränkten Zustimmungsvorbehalt richtet sich die Unwirksamkeit nach §§ 135, 136 BGB (ausf. → § 24 Rn. 8).

Die Anordnung eines Zustimmungsvorbehalts hindert nicht den Abschluss von **Verpflich- 68
tungsgeschäften.** Die vom Schuldner eingegangenen Verbindlichkeiten sind jedoch nur einfache Insolvenzforderungen und nachteilige Verpflichtungsgeschäfte unterliegen außerdem der Insolvenzanfechtung (HmbKommInsR/Schröder Rn. 92).

IV. Einzelermächtigungen

Da die Ausgestaltung der Rechte und Pflichten des schwachen vorläufigen Insolvenzverwalters 69
dem Gericht obliegt (Abs. 2), hat der vorläufige Insolvenzverwalter als Ausfluss der ihm obliegenden Überwachungspflicht den **Erlass von Einzelermächtigungen anzuregen,** wenn diese zur Sicherung der Masse oder zur Fortführung des Unternehmens erforderlich sind (vgl. BGHZ 189, 299 Rn. 54 = NJW 2011, 2960; Hölzle ZIP 2011, 1889 (1893)).

Bei Einzelermächtigungen ist stets zu beachten, dass darin die Befugnisse des vorläufigen Insol- 70
venzverwalters **genau bestimmt** werden (BGHZ 227, 123 Rn. 22 = NZI 2020, 1046). Unzulässig

sind allgemeine Ermächtigungen, „für den Schuldner zu handeln" (BGHZ 151, 353 (365 ff.) = NJW 2002, 3326 (3329 f.)).

70a Das Insolvenzgericht kann den vorläufigen Insolvenzverwalter ermächtigen, bestimmbare Arten von Dauerschuldverhältnissen zu **kündigen** (BGHZ 151, 353 (367) = NJW 2002, 3326 (3329)). Dies gilt auch für die Kündigung von **Arbeitsverhältnissen** (Uhlenbruck/Zobel Rn. 80). Bedenklich mit Blick auf die hinreichende Bestimmtheit (→ Rn. 70) ist eine allgemeine Ermächtigung zur „Ausübung der Arbeitgeberbefugnisse". Sie verschafft dem vorläufigen Verwalter die Kündigungsbefugnis (BAGE 141, 1 Rn. 48 = NJW 2012, 2058; Meyer NZA 2014, 642 (644)), soll aber nicht zur Begründung von Masseverbindlichkeiten ausreichen (OLG Saarbrücken NZI 2014, 804 (805 f.)).

71 Die Ermächtigung, **Masseverbindlichkeiten zu begründen**, hat besondere praktische Bedeutung. Muss der vorläufige Insolvenzverwalter zur Fortführung des schuldnerischen Unternehmens die Befriedigung einzelner Gläubiger sicherstellen, kann das Insolvenzgericht ihn ermächtigen, zulasten der Masse bestimmte Verbindlichkeiten einzugehen (BGHZ 151, 353 = NJW 2002, 3326; aA Jaeger/Gerhardt Rn. 131). Nicht möglich ist aber eine nachträgliche Genehmigung (AG Hannover ZInsO 2016, 1953 = ZIP 2016, 1884) oder die Ermächtigung, Verbindlichkeiten nachträglich zu Masseverbindlichkeiten aufzuwerten (AG Köln BeckRS 2018, 27715). Die Ermächtigung des Gerichts muss sich nicht auf eine Verbindlichkeit beschränken; auch **Gruppen- oder Projektermächtigungen** sind zulässig und überschreiten die Grenze einer unzulässigen Pauschalermächtigung noch nicht (MüKoInsO/Haarmeyer/Schildt Rn. 132; Kirchhof ZInsO 2004, 57 (60); Laroche NZI 2010, 965 (968 f.)).

72 In einer auf den Erlass einer solchen Anordnung abzielenden **Anregung des vorläufigen Insolvenzverwalters** ist insbesondere darzulegen, dass die zu begründende Verbindlichkeit aus der Masse bedient werden kann (HmbKommInsR/Schröder Rn. 100). Im Übrigen reicht es für den Erlass einer solchen Einzelermächtigung aus, dass die Begründung einer Masseverbindlichkeit für das Vermögen des Schuldners voraussichtlich günstiger sein wird als ihr Unterbleiben (ausf. HK-InsO/Rüntz/Laroche Rn. 54).

73 Würde auch eine Einzelermächtigung zur Begründung von Masseverbindlichkeiten den Gläubiger nicht hinreichend absichern, weil möglicherweise Masseunzulänglichkeit eintreten wird, kann der vorläufige Insolvenzverwalter unbedingt notwendige Geschäfte auch im Rahmen eines sog. **Treuhandkontenmodells** abwickeln (AG Hamburg NZI 2004, 386; Jaeger/Gerhardt Rn. 132; FK-InsO/Schmerbach Rn. 1125; ausf. Windel ZIP 2009, 101 ff.; abl. noch AG Hamburg NZI 2003, 153 (154)). Dabei eröffnet der vorläufige Insolvenzverwalter neben dem regulären Konto noch ein weiteres Treuhandkonto, auf das Mittel aus der (vorläufigen) Insolvenzmasse eingezahlt werden und über welches das Geschäft abgewickelt wird (s. ausf. Ganter NZI 2012, 433 (434 ff.)). Die Einrichtung eines solchen Kontos soll auch dann nicht entsprechend § 181 BGB der Zustimmung des Insolvenzgerichts bedürfen, wenn der vorläufige Insolvenzverwalter gleichzeitig Treuhänder ist (Bork NZI 2005, 530; Ganter NZI 2012, 433 (435); **aA** AG Hamburg NZI 2004, 386).

74 Das Insolvenzgericht kann den vorläufigen Insolvenzverwalter auch zum **Forderungseinzug** ermächtigen, soweit die Verjährung oder Uneinbringlichkeit einzelner Forderungen droht (BGH NZI 2012, 365). Ist er (nur) zur Einziehung von Bankguthaben und sonstigen Forderungen des Schuldners ermächtigt, kann er die für ein Gemeinschaftskonto vereinbarte Einzelverfügungsbefugnis nicht wirksam widerrufen (BGHZ 227, 123 = NZI 2020, 1046).

75 Gemäß § 21 Abs. 2 S. 1 Nr. 5 kann das Insolvenzgericht auch den schwachen vorläufigen Insolvenzverwalter ermächtigen, zur Sicherheit abgetretene Forderungen einzuziehen. Der vorläufige Insolvenzverwalter hat dann die abgesonderte Befriedigung des Sicherungsnehmers sicherzustellen (BGHZ 184, 101 = NJW 2010, 2585; ausf. → § 21 Rn. 102).

76 Das Insolvenzgericht kann den vorläufigen Insolvenzverwalter ermächtigen, Dritte von ihrer **Verschwiegenheitspflicht** zu entbinden und Auskünfte von Dritten einzuholen, die dem Schuldner gegenüber einer Verschwiegenheitspflicht unterliegen (AG Duisburg NZI 2000, 606; vgl. auch BGH NJW 2021, 1022).

77 Das Gericht kann den schwachen vorläufigen Insolvenzverwalter **nicht** ermächtigen, **Insolvenzanfechtungsansprüche** gem. §§ 129 ff. geltend zu machen (OLG Hamm ZIP 2005, 361 = BeckRS 2005, 00200), weil diese erst mit Eröffnung des Insolvenzverfahrens entstehen (s. nur BGH NZI 2013, 84 Rn. 13 mwN; → § 143 Rn. 2).

D. Prüfungspflichten, Sonderaufgaben

78 Den vorläufigen Insolvenzverwalter trifft unabhängig von der konkreten Ausgestaltung des Bestellungsbeschlusses die Pflicht zu prüfen, ob das Vermögen des Schuldners die Kosten des

Verfahrens decken wird; er kann daneben als Sachverständiger mit weiteren Prüfungsaufgaben betraut werden (→ Rn. 79 ff.). Verfügt der Schuldner über einen Geschäftsbetrieb, wird es in der Regel zu den Pflichten des Insolvenzverwalters gehören, sich um eine Insolvenzgeldvorfinanzierung zu bemühen (→ Rn. 83 ff.).

I. Prüfungspflichten und Sachverständigentätigkeit

Aufgrund des gesetzlichen Auftrags in Abs. 1 S. 2 Nr. 3 ist der starke vorläufige Insolvenzverwalter verpflichtet zu prüfen, ob eine die **Verfahrenskosten deckende Masse** vorhanden ist. Dabei sind ggf. zu realisierende Anfechtungsansprüche oder sonstiger absehbarer Vermögenserwerb des Schuldners zu berücksichtigen (BT-Drs. 12/2443, 117; HK-InsO/Rüntz/Laroche Rn. 32). 79

Diese Prüfpflicht ist **originäre Aufgabe** und kann daher nicht Gegenstand eines zusätzlichen Gutachtenauftrags sein (KPB/Blankenburg Rn. 340; aA Nerlich/Römermann/Mönning Rn. 195). Bedient sich der vorläufige Insolvenzverwalter insoweit **Hilfskräften,** werden deren Vergütungsansprüche nur dann Masseforderungen, wenn die Verwaltungs- und Verfügungsbefugnis auf den vorläufigen Insolvenzverwalter übergegangen ist oder dem vorläufigen Insolvenzverwalter hierzu eine Einzelermächtigung erteilt wurde (AG Hamburg NZI 2007, 55). 80

Daneben kann das Insolvenzgericht den vorläufigen Insolvenzverwalter gem. Abs. 1 S. 2 Nr. 3 Hs. 2 auch zum **Sachverständigen** bestellen und ihn mit weiteren Prüfungsaufgaben beauftragen, so zB, ob ein **Eröffnungsgrund** vorliegt oder ob die Voraussetzungen einer **Unternehmensfortführung** vorliegen (s. ausf. FK-InsO/Schmerbach Rn. 90 ff.). Ein Gutachtenauftrag kann sich auch darauf beziehen, ob es sich um ein Regel- oder Verbraucherinsolvenzverfahren handelt (HK-InsO/Rüntz/Laroche Rn. 34). Derartige Tätigkeiten sind gesondert nach dem JVEG zu vergüten. Als Sachverständiger darf sich der vorläufige Insolvenzverwalter gem. § 4 InsO, § 407a ZPO auch **Hilfskräften** bedienen, dies ist dem Gericht jedoch zuvor anzuzeigen (AG Hamburg NZI 2007, 55; HK-InsO/Rüntz/Laroche Rn. 33). 81

Eine **Ablehnung des Sachverständigen** wegen Befangenheit gem. § 4 iVm §§ 406, 42 ZPO kommt im Insolvenzeröffnungsverfahren nicht in Betracht, weil die Stellung des Sachverständigen im Zivilprozess und im Insolvenzeröffnungsverfahren nicht vergleichbar ist (AG Göttingen ZInsO 2007, 720 = BeckRS 2007, 18307; FK-InsO/Schmerbach Rn. 157; ebenso Graeber NZI 2002, 345 (346 f.); aA LG München I ZInsO 2001, 813). 82

II. Insolvenzgeldvorfinanzierung

Den Arbeitnehmern des schuldnerischen Unternehmens steht gem. § 165 Abs. 1 SGB III für die letzten drei Monate vor Eröffnung des Insolvenzverfahrens ein Anspruch auf **Insolvenzgeld** zu. Die im Gegenzug gem. § 169 SGB III auf die Bundesagentur für Arbeit übergegangenen Ansprüche auf Arbeitsentgelt sind auch bei einem starken vorläufigen Insolvenzverwalter gem. § 55 Abs. 3 lediglich Insolvenzforderungen. 83

Aus dieser Möglichkeit resultiert ein erheblicher **Finanzierungseffekt,** weil die Insolvenzmasse durch die Nutzung des Insolvenzgelds für eine Dauer von bis zu drei Monaten von Lohn- und Gehaltsforderungen entlastet werden kann. Diese Finanzierungsmöglichkeit wird der Insolvenzverwalter in der Regel nutzen müssen, wenn er das Unternehmen des Schuldners fortführt (Uhlenbruck/Zobel Rn. 178; kritisch Kayser ZIP 2020, 97). 84

Der Anspruch ist im Zeitpunkt der Unternehmensfortführung nach Antragstellung aber noch nicht zur Auszahlung fällig. Ein Vorschuss kann nur unter den Voraussetzungen des § 168 SGB III verlangt werden. Deshalb wird sich der vorläufige Insolvenzverwalter in der Regel um eine **Insolvenzgeldvorfinanzierung** bemühen müssen. Das setzt voraus, dass der Insolvenzverwalter eine zur Vorfinanzierung bereite Bank findet und die Arbeitnehmer ihre später entstehenden Forderungen gegen die Bundesagentur für Arbeit an diese Bank zur Sicherheit abtreten. 85

Außerdem muss sich der Insolvenzverwalter um die gem. § 170 Abs. 4 SGB III erforderliche **Zustimmung der Bundesagentur für Arbeit** bemühen (FK-InsO/Schmerbach Rn. 108; K. Schmidt InsO/Hölzle Rn. 10). Die Zustimmung setzt die Darlegung voraus, dass durch die Vorfinanzierung ein erheblicher Teil der Arbeitsstellen erhalten bleibt. Die Anforderungen an die Glaubhaftmachung sind in dem Dokument „Fachliche Weisungen Insolvenzgeld" der Bundesagentur für Arbeit näher dargelegt (abrufbar unter http://con.arbeitsagentur.de/prod/apok/ct/dam/download/documents/dok_ba016429.pdf). 86

E. Zwangsbefugnisse des vorläufigen Insolvenzverwalters (Abs. 3)

87 Die Zwangsbefugnisse in Abs. 3 gelten unabhängig davon, ob gegen den Schuldner ein allgemeines Verfügungsverbot angeordnet worden ist oder nicht (BT-Drs. 12/2443, 117). Der vorläufige Insolvenzverwalter ist insoweit berechtigt, die Geschäftsräume des Schuldners zu betreten (→ Rn. 88 ff.) und dessen Geschäftsunterlagen einzusehen (→ Rn. 92 ff.). Der Schuldner ist außerdem auch dem vorläufigen Insolvenzverwalter gegenüber zur Auskunft und Mitwirkung verpflichtet (→ Rn. 97 ff.).

I. Durchsuchen und Betreten der Geschäftsräume des Schuldners

88 Abs. 3 S. 1 gestattet dem vorläufigen Insolvenzverwalter, sämtliche Geschäftsräume des Schuldners zu betreten und dort Nachforschungen anzustellen (BGH NZI 2008, 179 Rn. 10). Insoweit ist in dem Beschluss über die Bestellung des vorläufigen Insolvenzverwalters immer zugleich auch eine **richterliche Anordnung iSd Art. 13 Abs. 2 GG enthalten** (MüKoInsO/Haarmeyer/Schildt Rn. 179). Die Befugnis gilt nicht nur für den Insolvenzverwalter persönlich, sondern auch für dessen Hilfskräfte und von ihm beauftragte Dritte.

89 Sein Recht, die Geschäftsräume des Schuldners zu betreten, kann der vorläufige Insolvenzverwalter mit Hilfe des **Gerichtsvollziehers** entsprechend §§ 883, 885 ZPO durchsetzen (HK-InsO/Rüntz/Laroche Rn. 66). Der Bestellungsbeschluss stellt insoweit einen ohne besondere Klausel vollstreckbaren Titel dar (vgl. AG Duisburg ZInsO 2005, 105 = BeckRS 2004, 31057360), der zugleich auch Anordnungen gem. § 758a ZPO entbehrlich macht (vgl. BGH NZI 2008, 179 Rn. 10).

90 **Wohnräume** dürfen der Insolvenzverwalter und die vom ihm beauftragten Personen aufgrund des eindeutigen Wortlauts der Regelung ohne einen Durchsuchungsbeschluss nur dann betreten, wenn diese in überwiegendem Umfang als Geschäftsräume dienen (Irmen/Werres NZI 2001, 579 (580 f.); weniger streng die hM, s. HK-InsO/Rüntz/Laroche Rn. 65; Uhlenbruck/Vallender Rn. 284 aE). Will der Insolvenzverwalter darüber hinaus Wohnräume des Schuldners betreten – auch zum Zwecke der Inbesitznahme (anders für den starken vorläufigen Insolvenzverwalter HmbKommInsR/Schröder Rn. 209; Pohlmann, Befugnisse und Funktionen des vorläufigen Insolvenzverwalters, 1998, Rn. 128) –, benötigt er einen Durchsuchungsbeschluss des Insolvenzgerichts, der gem. § 21 Abs. 1 ergehen kann (HK-InsO/Rüntz/Laroche § 21 Rn. 65; **aA** Irmen/Werres NZI 2001, 579 (581): § 4 iVm §§ 758 f. ZPO). Ein solcher Beschluss wirkt entsprechend § 758a Abs. 3 S. 1 ZPO auch gegenüber Mitbewohnern (BGH NZI 2008, 179 Rn. 10).

91 Das Recht, Nachforschungen anzustellen, gibt dem vorläufigen Insolvenzverwalter und den von ihm beauftragten Personen auch ein **Besichtigungs- und Durchsuchungsrecht** für die Geschäftsräume des Schuldners, um verborgene Gegenstände, Unterlagen oder Aufzeichnungen auffinden zu können. Der dafür notwendige Umfang der Durchsuchung liegt im pflichtgemäßen Ermessen des vorläufigen Insolvenzverwalters (MüKoInsO/Haarmeyer/Schildt Rn. 181). Behindert ihn der Schuldner, kann die Duldung notfalls mittels **Haftanordnung** gem. Abs. 3 S. 3 iVm § 98 Abs. 2 und 3 erzwungen werden. Weitere Möglichkeiten der Haftanordnung im Eröffnungsverfahren bieten § 20 Abs. 1 S. 2 zur Durchsetzung der Auskunfts- und Mitwirkungspflicht gegenüber dem Insolvenzgericht (→ § 20 Rn. 48) sowie § 21 Abs. 3 zur Sicherung der Masse (→ § 21 Rn. 165 ff.).

II. Einsicht in Bücher und Geschäftspapiere des Schuldners

92 Der Schuldner hat dem Insolvenzverwalter Einsicht in sämtliche „Bücher und Geschäftspapiere" (dh insbesondere auf die EDV) zu gestatten, soweit sich aus diesen relevante **Informationen über die Vermögensverhältnisse** ergeben. Berufliche Verschwiegenheitspflichten des Schuldners Dritten gegenüber stehen diesem Einsichtsrecht nicht entgegen, die Bestellung eines vorläufigen Insolvenzverwalters begründet daher zugleich auch dessen „Befugnis" iSd § 203 StGB (LG Berlin ZInsO 2004, 817 = BeckRS 2010, 20875). Dass sich in den Geschäftsunterlagen auch private Dokumente des Schuldners oder seiner Mitarbeiter, insbesondere **private Emails** befinden, steht dem Einsichtsrecht nicht entgegen (K. Schmidt InsO/Hölzle Rn. 45).

93 Soweit „Bücher und Geschäftspapiere" in elektronischer Form vorliegen, ergibt sich aus Abs. 3 S. 2 auch ein Recht des vorläufigen Insolvenzverwalters, die Daten auf eigene **Datenträger zu überspielen** oder die Möglichkeit eines **externen Zugriffs** durch den vorläufigen Insolvenzverwalter und dessen Mitarbeiter einzurichten. Der Insolvenzverwalter ist dann allerdings verpflichtet, persönliche Daten im Besitz des Schuldners gegen Zugriffe unbefugter Dritter hinreichend zu sichern.

Befinden sich **Unterlagen im Besitz Dritter,** kann der **starke** vorläufige Insolvenzverwalter 94
diese herausverlangen; zwar kann er aus dem Bestellungsbeschluss nicht gegen Dritte vollstrecken,
er kann seinen Herausgabeanspruch aber gem. § 935 ZPO durchsetzen (LG Berlin ZIP 2006,
962). Der **schwache** vorläufige Insolvenzverwalter ist darauf verwiesen, beim Insolvenzgericht
eine Vorlageanordnung gem. § 4 iVm § 142 ZPO anzuregen (LG Köln NZI 2004, 671).

Soweit sich Unterlagen des Schuldners im Besitz Dritter (zB Steuerberatern) befinden, steht 95
diesen Dritten nur an ihren eigenen Arbeitsergebnissen, nicht aber an den Unterlagen des Schuldners ein **Zurückbehaltungsrecht** zu (vgl. LG Hannover NZI 2010, 119).

Die Duldung der Einsichtnahme in Unterlagen im Besitz des Schuldners oder der Installation 96
der entsprechenden informationstechnischen Vorrichtungen kann gem. Abs. 3 S. 3 iVm § 98
erzwingen werden, ebenso die Mitteilung von Passwörtern uÄ. Die **Vollstreckung** der Herausgabe körperlicher Unterlagen erfolgt gem. § 883 ZPO (HK-InsO/Rüntz/Laroche Rn. 68).

III. Auskunfts- und Mitwirkungspflichten

Dem vorläufigen Insolvenzverwalter gegenüber ist der Schuldner gem. Abs. 3 S. 3 Hs. 1 umfas- 97
send **zur Auskunft verpflichtet.** Die Auskunftspflicht umfasst sowohl Informationen, die zur
Fortführung des schuldnerischen Unternehmens oder für Zwecke der Sanierung erforderlich sind,
als auch Informationen, die für die Erfüllung der dem vorläufigen Insolvenzverwalter obliegenden
Prüfungspflicht (→ Rn. 79 f.) oder eine dem vorläufigen Insolvenzverwalter übertragene Sachverständigentätigkeit erforderlich sind. Auch Mitarbeiter und ehemalige Organvertreter sind zur Auskunft verpflichtet (Abs. 3 S. 3 Hs. 1 iVm § 101 Abs. 1, Abs. 2).

Berufliche Verschwiegenheitspflichten des Schuldners stehen der Auskunftspflicht nicht 98
entgegen, soweit sie Informationen über Gegenstände betreffen, die voraussichtlich zur Insolvenzmasse gehören werden (für Gebührenforderungen eines Rechtsanwalts s. BGH NZI 2004, 29).

Nicht vorhandene Unterlagen hat der Schuldner ggf. zu erstellen; nicht auffindbare Unterla- 99
gen hat er herauszusuchen (Pohlmann, Befugnisse und Funktionen des vorläufigen Insolvenzverwalters, 1998, 99). Ihm können auch periodische Berichtspflichten auferlegt werden (LG Duisburg
NZI 2001, 384).

Für die Durchsetzung und die Verwertbarkeit der Informationen gelten die Ausführungen zu 100
§ 20 Abs. 1 entsprechend (→ § 20 Rn. 46 ff., → § 20 Rn. 42 ff.).

F. Prozessrechtliche Stellung des vorläufigen Insolvenzverwalters

Der starke vorläufige Insolvenzverwalter wird ebenso wie der endgültige Insolvenzverwalter 101
Partei kraft Amtes; rechtshängige Prozesse werden deshalb gem. § 240 S. 2 ZPO unterbrochen,
er kann unterbrochene Prozesse aufnehmen und selbst klagen (→ Rn. 102 ff.). Dem schwachen
vorläufigen Insolvenzverwalter steht die Prozessführungsbefugnis insoweit zu, als das Gericht ein
gegenständlich beschränktes Verfügungsgebot erlässt (→ Rn. 107 ff.).

I. Starker vorläufiger Insolvenzverwalter

Mit der Verfügungsbefugnis geht auch die Prozessführungsbefugnis auf den starken vorläufigen 102
Insolvenzverwalter über, er wird ebenso wie der endgültige Insolvenzverwalter **Partei kraft
Amtes** (OLG Hamm NZI 2004, 35; OLG Braunschweig NZI 2013, 91).

Rechtshängige (nicht lediglich anhängige, BGH NZI 2009, 169) Prozesse werden daher **gem.** 103
§ 240 S. 2 ZPO unterbrochen. Das gilt auch für arbeits-, verwaltungs-, finanz- und sozialgerichtliche Prozesse sowie für Familienstreitsachen iSd § 112 FamFG, weil die jeweiligen Verfahrensordnungen auf die ZPO verweisen (vgl. etwa BFH ZInsO 2013, 2217; HmbKommInsR/Schröder
§ 21 Rn. 182; zum Verwaltungsprozess ausf. Beaucamp/Seifert NVwZ 2006, 258 (259)).

Keine Unterbrechung tritt ein bei Prozesskostenhilfeprüfungsverfahren (BGH NZI 2006, 543), 104
selbstständigen Beweisverfahren (BGH NZI 2004, 165), Klauselerteilungsverfahren (BGH
NJW 2008, 918 Rn. 13) oder sonstigen Verfahren nach dem FamFG (vgl. OLG Köln NZI 2001,
470).

Der starke vorläufige Insolvenzverwalter kann **im eigenen Namen Klage erheben,** und 105
zwar nicht nur bei unaufschiebbaren Maßnahmen (Uhlenbruck/Vallender Rn. 22). Liegen die
Voraussetzungen der §§ 114 ff. ZPO vor, ist dem starken vorläufigen Insolvenzverwalter **Prozesskostenhilfe** zu bewilligen (vgl. AG Göttingen NZI 2002, 165; HmbKommInsR/Schröder § 21
Rn. 187).

Gemäß § 240 S. 2 ZPO unterbrochene Prozesse kann der starke vorläufige Insolvenzverwalter 106
aufnehmen, ohne dass es dazu der Zustimmung des Insolvenzgerichts bedarf (§ 24 Abs. 2; ausf.

Kopp

→ § 24 Rn. 20). Die Aufnahme eines Rechtsstreits endgültig ablehnen kann hingegen nur der endgültige Insolvenzverwalter; deshalb entfaltet auch nur die ihm gegenüber erklärte Aufforderung die Folgen des § 85 Abs. 1 S. 1 InsO iVm § 239 Abs. 2–4 ZPO (MüKoInsO/Haarmeyer/Schildt Rn. 184; ausf. → § 24 Rn. 21).

II. Schwacher vorläufiger Insolvenzverwalter

107 Ordnet das Insolvenzgericht **kein allgemeines Verfügungsverbot** an, geht mangels Verfügungsbefugnis auch die Prozessführungsbefugnis nicht auf den schwachen vorläufigen Insolvenzverwalter über (LG Essen NZI 2000, 552). Klagen sind daher weiterhin gegen den Schuldner persönlich zu richten (OLG Koblenz ZInsO 2005, 777 = BeckRS 2005, 6737), laufende Verfahren werden nicht gem. § 240 S. 2 ZPO unterbrochen (BGH NZI 2013, 747 Rn. 12). Der schwache vorläufige Insolvenzverwalter kann auf einen laufenden Rechtsstreit grundsätzlich nur Einfluss nehmen, indem er dem Rechtsstreit gem. § 66 ZPO als **Nebenintervenient/Streithelfer** beitritt (MüKoInsO/Haarmeyer/Schildt Rn. 185).

108 Da keine Unterbrechung eintritt, gehört es zu den Überwachungsaufgaben des schwachen vorläufigen Insolvenzverwalters, zu prüfen, inwieweit der Erlass masseschädlicher Titel verhindert werden kann oder gegen bereits erlassene Titel noch **Rechtsmittel** eingelegt werden können (Titz/Tötter ZInsO 2006, 976 (978)).

109 Droht eine masseschädigende Entscheidung rechtskräftig zu werden und ist ein Rechtsmittel gegen diese Entscheidung nicht von vornherein aussichtslos, muss der vorläufige Insolvenzverwalter dem Gericht gegenüber den Erlass eines **gegenständlich beschränkten Verfügungsverbots** anregen. Ein solches Verfügungsverbot kann sich auf den streitgegenständlichen Anspruch oder die streitbefangene Sache, ebenso aber auch auf alle Aktiv- und Passivprozesse des Schuldners beziehen (vgl. BGH NZI 2013, 747). Mit der Verfügungsbefugnis geht auch die Prozessführungsbefugnis auf den schwachen vorläufigen Insolvenzverwalter über, sodass § 240 S. 2 ZPO und § 24 Abs. 2 entsprechend gelten und Unterbrechung eintritt (BGH NZI 2013, 747 Rn. 13 ff.).

110 Für eine **Übertragung (allein) der Prozessführungsbefugnis im Wege einer Einzelermächtigung** ohne einhergehendes Verfügungsverbot besteht daneben kein Bedürfnis, sie ist auch aus Gründen der Rechtsklarheit abzulehnen, weil ansonsten prozessuale und materiell-rechtliche Berechtigung auseinanderfallen (Jaeger/Gerhardt Rn. 144).

111 Zweifelhaft ist die Ansicht, auch der schwache vorläufige Insolvenzverwalter sei ausnahmsweise zur Prozessführung befugt, wenn es sich um **unaufschiebbare Maßnahmen** zur Sicherung der Masse handle (so noch zum Sequester OLG Braunschweig ZIP 1999, 1769; zust. wohl FK-InsO/Schmerbach § 24 Rn. 45 ff.). Für eine derartige „**Notprozessführungsbefugnis**" wird aber nur in Ausnahmefällen ein Bedürfnis bestehen, wenn beispielsweise ein Rechtsmittel noch am gleichen oder am nächsten Tag einzulegen ist. In der Regel ist der vorläufige Insolvenzverwalter darauf zu verweisen, beim Insolvenzgericht ein auf den Streitgegenstand bezogenes gegenständlich beschränktes Verfügungsverbot anzuregen (→ Rn. 109).

G. Verantwortlichkeit des vorläufigen Insolvenzverwalters

112 Eine zivilrechtliche Haftung des vorläufigen Insolvenzverwalters kann sich aus einer Verletzung insolvenzspezifischer Pflichten aus §§ 60, 61 ergeben (→ Rn. 113 ff.). Daneben kommt eine persönliche Haftung des vorläufigen Insolvenzverwalters in Betracht, wenn er gegenüber Gläubigern bestimmte Zusicherungen gibt (→ Rn. 124). Strafrechtlich ist (nur) der starke vorläufige Insolvenzverwalter aus §§ 266, 266a StGB verantwortlich (→ Rn. 125 ff.).

I. Haftung

113 Eine Haftung des vorläufigen Insolvenzverwalters kann sich aus allgemeinen Pflichten (§§ 280, 823, 826 BGB) und aus insolvenzspezifischen Pflichten ergeben, weil gem. § 21 Abs. 2 S. 1 Nr. 1 die **§§ 60, 61 entsprechend anwendbar** sind.

114 Wird der vorläufige Insolvenzverwalter zugleich auch als **Sachverständiger** bestellt (dazu → Rn. 81), haftet er gem. § 839a BGB, wenn er sein Gutachten vorsätzlich oder grob fahrlässig erstattet (vgl. Uhlenbruck FS Greiner, 2005, 317 (325)).

115 Schadensersatzansprüche gegen den vorläufigen Insolvenzverwalter **verjähren** entsprechend § 62 in drei Jahren. Die Verjährungsfrist beginnt grundsätzlich gem. § 199 BGB, spätestens aber mit Eröffnung des Insolvenzverfahrens, Rücknahme oder Erledigung des Antrags oder rechtskräftiger Entscheidung über die Abweisung des Eröffnungsantrags (AGR/Sander Rn. 30).

§ 22 InsO

1. Allgemeines, Sorgfaltsmaßstab

Der ordentliche und gewissenhafte Insolvenzverwalter (§ 60 Abs. 1 S. 2) hat bei unternehmerischen Entscheidungen einen weiten, vom Insolvenzzweck (§ 1) geprägten Ermessensspielraum (BGHZ 225, 90 Rn. 33 = NJW 2020, 1800). Unabhängig von der jeweiligen Anspruchsgrundlage ist im Rahmen des **Verschuldensmaßstabs** immer zu berücksichtigen, dass der vorläufige Insolvenzverwalter seine Entscheidung unter erheblichem Zeitdruck und häufig auf einer nur unsicheren Erkenntnisgrundlage treffen muss (ausf. Uhlenbruck/Vallender Rn. 308). Deswegen ist insbesondere auch die **Haftungserleichterung des § 60 Abs. 2** für Handlungen von Mitarbeitern des schuldnerischen Unternehmens auf den vorläufigen Insolvenzverwalter anwendbar (MüKoInsO/Haarmeyer/Schildt Rn. 212). 116

Zu Beginn seiner Tätigkeit wird der vorläufige Insolvenzverwalter die Liquidität nur schätzen können und auf Grundlage dieser Schätzung entscheiden müssen und dürfen (HK-InsO/Rüntz/Laroche Rn. 81). Er ist jedoch verpflichtet, zeitnah nach seiner Bestellung einen **Liquiditätsplan** aufzustellen (MüKoInsO/Haarmeyer/Schildt Rn. 121); auf die Liquiditätsplanung des Schuldners darf er sich nicht ohne eigene Prüfung verlassen (HmbKommInsR/Schröder Rn. 239). 117

Ergibt sich aus der vorläufigen Schätzung oder dem Liquiditätsplan, dass bei Fortführung wichtige Verbindlichkeiten nicht zu erfüllen sein werden, hat der vorläufige Insolvenzverwalter unverzüglich das Insolvenzgericht (und den vorläufigen Gläubigerausschuss, → Rn. 50) um die Zustimmung zur **Stilllegung** des Betriebs zu ersuchen. Verweigert der vorläufige Gläubigerausschuss die Zustimmung, haften dessen Mitglieder gem. § 21 Abs. 2 S. 1 Nr. 1a iVm § 71. Verweigert das Gericht die Zustimmung, werden Schadensersatzansprüche der Gläubiger gegen das jeweilige Bundesland in Betracht kommen (§ 839 BGB iVm Art. 34 GG). 118

Die **Business Judgement Rule** (vgl. § 93 Abs. 1 S. 2 AktG) ist nicht auf den (vorläufigen) Insolvenzverwalter anwendbar. Bei zutreffendem Verständnis der Rechtsfigur geht es nicht um einen Sorgfaltsmaßstab, sondern um eine aktienrechtliche Sonderregelung, die unternehmerische Entscheidungen in bestimmten Fällen von einer gerichtlichen Kontrolle ausnimmt. Eine Übertragung dieser aktienrechtlichen Besonderheit in das Insolvenzrecht kommt nicht in Betracht (BGHZ 225, 90 Rn. 29 ff. = NJW 2020, 1800; → § 60 Rn. 63). 119

2. Haftung wegen Verletzung insolvenzspezifischer Pflichten (§ 60 Abs. 1)

Eine **Haftung aus § 21 Abs. 2 S. 1 Nr. 1 iVm § 60 Abs. 1** trifft den vorläufigen Insolvenzverwalter, wenn er insolvenzspezifische Pflichten verletzt (Wallner/Neuenhahn NZI 2004, 63 (64)). Besondere Bedeutung hat dabei die den starken wie schwachen Insolvenzverwalter treffende Pflicht zur Sicherung und Erhaltung des schuldnerischen Vermögens (Jaeger/Gerhardt Rn. 201 ff.). Bei einem schwachen vorläufigen Insolvenzverwalter, der selbst keine Entscheidungen trifft und kein Initiativrecht hat, kommt ein Anspruch gem. § 60 Abs. 1 insbesondere in Betracht, wenn er masseschädigenden Handlungen des Schuldners zustimmt (Uhlenbruck/Vallender Rn. 310). 120

Eine Haftung gem. § 60 kommt insbesondere auch gegenüber **absonderungs- und aussonderungsberechtigten Gläubigern** in Betracht, wenn deren Rechte missachtet werden (BGHZ 144, 192 (196 f.) = NJW 2000, 1950 (1951) = NZI 2000, 306 (307); BGHZ 189, 299 Rn. 29 = NJW 2011, 2960; Kuder ZIP 2007, 1690 (1693)). Droht einem aussonderungs- oder absonderungsberechtigten Gläubiger ein Eingriff in das ihm zustehende Recht, kann er sich dagegen im Wege der **einstweiligen Verfügung** gegen den vorläufigen Insolvenzverwalter wehren (OLG Köln NZI 2000, 267). 121

Ansprüche gem. § 21 Abs. 2 S. 1 Nr. 1 iVm § 60 Abs. 1 sind vom (endgültigen) Insolvenzverwalter geltend zu machen (**§ 92**). Die **Beweislastumkehr** des § 93 Abs. 2 S. 2 AktG ist nicht entsprechend anwendbar (für den endgültigen Insolvenzverwalter BGH NZI 2016, 52 Rn. 4 f.). 122

3. Haftung wegen nicht erfüllter Masseverbindlichkeiten

Begründet der vorläufige Insolvenzverwalter **Masseverbindlichkeiten,** so kommt eine **Haftung entsprechend § 61** für die Nichterfüllung dieser Verbindlichkeiten in Betracht (OLG Brandenburg NZI 2003, 552; Pape ZInsO 2003, 1061; Uhlenbruck/Vallender Rn. 313; **aA** Kirchhof ZInsO 1999, 365 (366)). Dieses große Haftungsrisiko des starken vorläufigen Insolvenzverwalters lässt sich eindämmen, wenn die **besonderen Umstände der vorläufigen Insolvenzverwaltung** im Rahmen des Verschuldens berücksichtigt werden (→ Rn. 116 ff.) und an die Erkennbarkeit iSd § 61 S. 2 geringe Anforderungen gestellt werden (vgl. HmbKommInsR/Schröder Rn. 222). 123

124 Daneben kommt eine Haftung des vorläufigen Insolvenzverwalters für sog. „**Befriedigungszusagen**" aus **Verschulden bei Vertragsschluss** (§ 311 Abs. 2 BGB) in Betracht. Sagt der vorläufige Insolvenzverwalter ausdrücklich die Erfüllung einer Verbindlichkeit zu, obwohl er weiß, dass lediglich eine Insolvenzforderung begründet wird, dürfte es sich dabei um einen geradezu klassischen Fall der Inanspruchnahme besonderen Vertrauens gem. § 311 Abs. 3 S. 2 handeln (OLG Frankfurt ZInsO 2007, 548 = BeckRS 2007, 4203; OLG Schleswig NJW 2004, 1257; einschränkend HmbKommInsR/Schröder § 21 Rn. 242; OLG Rostock ZIP 2005, 220 = BeckRS 2010, 27114).

II. Strafbarkeit

125 Da die Verwaltungs- und Verfügungsbefugnis auf den **starken vorläufigen Insolvenzverwalter** übergeht, trifft diesen hinsichtlich des Vermögens des Schuldners eine Vermögensbetreuungspflicht iSd § 266 StGB (Diversy/Weyand ZInsO 2009, 802 (805)). Gegen diese wird er in der Regel verstoßen, wenn er aus dem Vermögen des Schuldners einzelne Insolvenzforderungen begleicht (MüKoInsO/Haarmeyer/Schildt Rn. 22 aE).

126 Führt der starke vorläufige Insolvenzverwalter den Betrieb des Schuldners fort, kann ihn auch eine strafrechtliche Verantwortlichkeit aus **§ 266a StGB** treffen (Richter NZI 2002, 121 (124 ff.)). Verstöße gegen die Buchführungspflicht (→ Rn. 37) können eine Strafbarkeit gem. § 283 StGB begründen (Richter NZI 2002, 121 (123 f.)).

127 Ob auch dem schwachen vorläufigen Insolvenzverwalter eine Vermögensbetreuungspflicht obliegt, wenn ein allgemeiner Zustimmungsvorbehalt angeordnet wurde, ist zweifelhaft (bejahend aber Diversy/Weyand ZInsO 2009, 802 (805)).

H. Rechtsmittel gegen Handlungen des vorläufigen Insolvenzverwalters

128 Der **Schuldner** ist wegen Handlungen des vorläufigen Insolvenzverwalters grundsätzlich darauf verwiesen, aufsichtsrechtliche Maßnahmen des Insolvenzgerichts anzuregen (§ 21 Abs. 2 Nr. 1 iVm § 58 Abs. 2).

129 Vollstreckt der vorläufige Insolvenzverwalter entsprechend **§ 148 Abs. 2 S. 2** aus dem Bestellungsbeschluss, um Gegenstände des Schuldners in Besitz zu nehmen, steht dem Schuldner dagegen die **Erinnerung** (§ 766 ZPO) zu (AG Duisburg ZInsO 2005, 105 = BeckRS 2004, 31057360). Zuständig ist aufgrund größerer Sachnähe das Insolvenzgericht, nicht das Vollstreckungsgericht (AG Duisburg ZInsO 2005, 105 = BeckRS 2004, 31057360; MüKoInsO/Haarmeyer/Schildt Rn. 41 aE; auch → § 21 Rn. 99 für die Erinnerung wegen Verstößen gegen ein Vollstreckungsverbot).

130 Gegen den Beschluss ist abweichend von § 6 die **sofortige Beschwerde gem. § 793 ZPO** gegeben, weil zwar das Insolvenzgericht entscheidet, es sich aber um ein vollstreckungsrechtliches Verfahren handelt (→ § 21 Rn. 100).

§ 22a Bestellung eines vorläufigen Gläubigerausschusses

(1) Das Insolvenzgericht hat einen vorläufigen Gläubigerausschuss nach § 21 Absatz 2 Nummer 1a einzusetzen, wenn der Schuldner im vorangegangenen Geschäftsjahr mindestens zwei der drei nachstehenden Merkmale erfüllt hat:
1. mindestens 6 000 000 Euro Bilanzsumme nach Abzug eines auf der Aktivseite ausgewiesenen Fehlbetrags im Sinne des § 268 Absatz 3 des Handelsgesetzbuchs;
2. mindestens 12 000 000 Euro Umsatzerlöse in den zwölf Monaten vor dem Abschlussstichtag;
3. im Jahresdurchschnitt mindestens fünfzig Arbeitnehmer.

(2) Das Gericht soll auf Antrag des Schuldners, des vorläufigen Insolvenzverwalters oder eines Gläubigers einen vorläufigen Gläubigerausschuss nach § 21 Absatz 2 Nummer 1a einsetzen, wenn Personen benannt werden, die als Mitglieder des vorläufigen Gläubigerausschusses in Betracht kommen und dem Antrag Einverständniserklärungen der benannten Personen beigefügt werden.

(3) Ein vorläufiger Gläubigerausschuss ist nicht einzusetzen, wenn der Geschäftsbetrieb des Schuldners eingestellt ist, die Einsetzung des vorläufigen Gläubigerausschusses im Hinblick auf die zu erwartende Insolvenzmasse unverhältnismäßig ist oder die mit

der Einsetzung verbundene Verzögerung zu einer nachteiligen Veränderung der Vermögenslage des Schuldners führt.

(4) Auf Aufforderung des Gerichts hat der Schuldner oder der vorläufige Insolvenzverwalter Personen zu benennen, die als Mitglieder des vorläufigen Gläubigerausschusses in Betracht kommen.

Überblick

Die Vorschrift ergänzt und konkretisiert die Regelungen in § 21 Abs. 2 S. 1 Nr. 1a und § 56a betreffend den vorläufigen Gläubigerausschuss im Eröffnungsverfahren. Erfüllt der Geschäftsbetrieb des Schuldners bestimmte Größenparameter, muss das Gericht einen vorläufigen Gläubigerausschuss einsetzen (sog. **Pflichtausschuss,** → Rn. 7 ff.). Auf einen qualifizierten Antrag eines Beteiligten hin soll das Gericht einen vorläufigen Gläubigerausschuss einsetzen (sog. **Antragsausschuss,** → Rn. 12 ff.). Ist der Geschäftsbetrieb des Schuldners eingestellt (→ Rn. 17) oder würden die Kosten des vorläufigen Gläubigerausschusses die Masse unverhältnismäßig belasten (→ Rn. 22), hat das Gericht von der Einsetzung eines Gläubigerausschusses abzusehen. Würde die Einsetzung eines vorläufigen Gläubigerausschusses zu erheblichen Verzögerungen führen, hat das Gericht zunächst von einer Einsetzung abzusehen und diese ggf. nachzuholen (→ Rn. 35). Die Zusammensetzung des Ausschusses (→ Rn. 41 ff.) und die Auswahl der Mitglieder (→ Rn. 51 ff.) stehen innerhalb der Grenzen des § 21 Abs. 2 S. 1 Nr. 1a Hs. 2 im pflichtgemäßen gerichtlichen Ermessen. Die Stellung des Ausschusses und seiner Mitglieder entspricht weitgehend der Stellung des endgültigen Gläubigerausschusses (→ Rn. 63 ff.).

Übersicht

	Rn.		Rn.
A. Normzweck und Anwendungsbereich	1	I. Ermittlung der tatsächlichen Grundlagen	27
B. Die Voraussetzungen der Abs. 1 und 2	6	II. Entscheidung über die Einsetzung des Ausschusses	31
I. Pflichtausschuss (Abs. 1)	7	III. Zeitpunkt der Entscheidung und Bedeutung des Abs. 3 Var. 3	35
II. Antragsausschuss (Abs. 2)	12	IV. Zusammensetzung und Auswahl der Ausschussmitglieder	39
C. Ausschlusstatbestände (Abs. 3)	15	1. Größe des Ausschusses	40
I. Einstellung des Geschäftsbetriebs	17	2. Mitgliedschaft, Nichtgläubiger	42
II. Unverhältnismäßige Belastung der Insolvenzmasse	21	3. Auswahl der Mitglieder	50
		V. Rechtsmittel	59
D. Verfahrensrechtliches	26	E. Stellung des Ausschusses, Aufgaben, Haftung	62

A. Normzweck und Anwendungsbereich

Die durch das Gesetz zur Erleichterung der Sanierung von Unternehmen (ESUG, BGBl. 2011 I 2582) gesetzlich geregelte Möglichkeit, einen vorläufigen Gläubigerausschuss einzusetzen (das LG Hamburg spricht entgegen der Terminologie des Gesetzes von einem vor-vorläufigen Gläubigerausschuss, NZI 2018, 955), soll die **Autonomie der Gläubiger** nicht „kleiner" und sanierungsfähiger Unternehmen stärken. Vor allem in Fällen, in denen die Sanierung eines insolventen Unternehmens in Betracht kommt und die Erhaltung von Betriebsstätten und Arbeitsplätzen auf dem Spiel steht, sollen die Gläubiger durch diese Möglichkeit frühzeitig in die Sanierung eingebunden werden (BT-Drs. 17/5712, 17 f. (24)). 1

Die **Praxistauglichkeit** der Regelungen wird vielfach kritisch gesehen (s. nur Pape ZInsO 2011, 1033 (1037 f.)). Insbesondere der zwingende Charakter der Regelung in Abs. 1 ist wenig glücklich; haben die Gläubiger kein Interesse an einer Beteiligung im Verfahren, erscheint es wenig zielführend, sie gerichtlich „zu ihrem Glück zu zwingen". Die Einsetzung eines vorläufigen Gläubigerausschusses kann nur dann einen Mehrwert schaffen, wenn sämtliche Verfahrensbeteiligte (Schuldner, wesentliche Gläubiger, Insolvenzgericht) bereits frühzeitig den Austausch suchen und zusammenarbeiten (MüKoInsO/Haarmeyer/Schildt Rn. 35 ff.; Laroche/Pruskowski/Schöttler/Siebert/Vallender ZIP 2014, 2153 (2154) und passim). Diesem Austausch dient die Möglichkeit eines **Vorgesprächs** mit dem Insolvenzgericht, auf das der Schuldner unter den Voraussetzungen des § 10a Abs. 1 S. 1 einen Anspruch hat. 2

3 Die InsO kennt nunmehr **drei Arten von Gläubigerausschüssen** (auch → § 67 Rn. 7 ff.): Den Gläubigerausschuss im Eröffnungsverfahren gem. § 21 Abs. 2 S. 1 Nr. 1a, § 22a („**vorläufiger Gläubigerausschuss**") und den Gläubigerausschuss zwischen Verfahrenseröffnung und Gläubigerversammlung gem. § 67 Abs. 1 („**Interimsausschuss**"), die beide vom Gericht eingesetzt werden, sowie den **endgültigen Gläubigerausschuss,** über dessen Einsetzung gem. § 68 die Gläubigerversammlung entscheidet.

4 Zwar nimmt Abs. 1 Bezug auf die in § 267 Abs. 1 HGB für „kleine" Kapitalgesellschaften aufgestellten Größenparameter; die Vorschrift gilt aber für Schuldner **sämtlicher Rechtsformen** und auch für Nachlassinsolvenzen, sollte zum Nachlass ein Unternehmen entsprechender Größe gehören. In **Partikular- und Sekundärinsolvenzverfahren** gem. §§ 354, 356 InsO kommt die Einsetzung eines vorläufigen Gläubigerausschusses lediglich auf Grundlage von § 21 Abs. 2 S. 1 Nr. 1a in Betracht; § 22a Abs. 1 und 2 sind aufgrund der erkennbar anderen Interessenlage unbeachtlich (vgl. MüKoInsO/Thole § 344 Rn. 15; **aA** Andres/Leithaus/Leithaus Rn. 8).

5 Besondere Bedeutung hat die Einsetzung eines vorläufigen Gläubigerausschusses, wenn der Schuldner eine **Eigenverwaltung** gem. §§ 270 ff. anstrebt.

B. Die Voraussetzungen der Abs. 1 und 2

6 Aus den Regelungen in § 21 Abs. 2 S. 1 Nr. 1a und § 22a Abs. 1 und 2 ergeben sich insgesamt drei verschiedene Grundlagen für die Einsetzung eines vorläufigen Gläubigerausschusses:
- Der gem. Abs. 1 vorgeschriebene **Pflichtausschuss,** wenn der Geschäftsbetrieb des Schuldners bestimmte Größenparameter überschreitet (→ Rn. 7),
- der gem. Abs. 2 auf Antrag in der Regel einzusetzende **Antragsausschuss,** wenn in dem Antrag mögliche Mitglieder benannt werden (→ Rn. 12) und
- der gem. § 21 Abs. 2 S. 1 Nr. 1a je nach Einzelfall einzusetzende **Ermessensausschuss** (→ § 21 Rn. 60 ff.).

I. Pflichtausschuss (Abs. 1)

7 Das Insolvenzgericht hat gem. Abs. 1 einen Gläubigerausschuss einzusetzen, wenn der Geschäftsbetrieb des Schuldners im vergangenen Geschäftsjahr (dazu ausf. → Rn. 7.1) mindestens **zwei der drei dort aufgelisteten Größenparameter** (Bilanzsumme, Umsatzerlöse, Zahl der Arbeitnehmer) erfüllt. Die Regelung knüpft an die Größe des Geschäftsbetriebs an und überträgt die bilanzrechtliche Definition „kleiner" Kapitalgesellschaften in § 267 Abs. 1 HGB in das Insolvenzrecht. Weitere Rechtsfolge ist gem. § 5 Abs. 5 S. 2 die Pflicht des Insolvenzverwalters, ein elektronisches Gläubigerinformationssystem vorzuhalten.

7.1 Der Anknüpfungszeitraum wird teilweise für wenig sinnvoll gehalten, weil Veränderungen und Sanierungsmaßnahmen im Zeitraum zwischen dem letzten Abschlussstichtag unberücksichtigt bleiben und der Gesetzgeber damit von dem Grundsatz abweicht, dass maßgeblich die Umstände bei Antragstellung sind (K. Schmidt InsO/Hölzle Rn. 18 f.; HmbKommInsR/Frind Rn. 6). Die Regelung ist gleichwohl überzeugend, weil damit rechtssicher zu handhabende Anknüpfungskriterien geschaffen werden (vgl. HK-InsO/Rüntz/Laroche Rn. 3).

8 Die **Bilanzsumme** (Nr. 1) ist gem. § 267 Abs. 1–3 HGB zu ermitteln; ein auf der Aktivseite ausgewiesener Fehlbetrag bleibt gem. § 268 Abs. 3 HGB unberücksichtigt. Liegt ein Jahresabschluss für das vorangegangene Jahr noch nicht vor, ist die Bilanzsumme unter Fortschreibung der letzten vorliegenden Bilanz zu schätzen (K. Schmidt InsO/Hölzle Rn. 17). Schätzungsgrundlage sind die gem. § 13 Abs. 1 S. 5 und 6 verpflichtenden Angaben des Schuldners zu den genannten Größenparametern (→ § 13 Rn. 28).

9 Die Höhe der **Umsatzerlöse** (Nr. 2) bestimmt sich gem. § 277 Abs. 1 HGB. Zu berücksichtigen sind lediglich diejenigen Erlöse, die sich aus der gewöhnlichen Geschäftstätigkeit des Schuldners ergeben (EBJS/Böcking/Gros HGB § 267 Rn. 6). Liegt noch kein Jahresabschluss vor, ist zu schätzen (FK-InsO/Schmerbach Rn. 13).

10 Die **Zahl der Arbeitnehmer** (Nr. 3) berechnet sich gem. § 267 Abs. 5 HGB; die durchschnittliche Arbeitnehmerzahl wird ermittelt, indem die Gesamtzahl der Beschäftigten am Ende jedes Quartals addiert und das Ergebnis durch vier geteilt wird. Ein Abstellen auf kündigungsschutzrechtliche Grundsätze (so aber ausdrücklich K. Schmidt InsO/Hölzle Rn. 20, der auf § 23 Abs. 1 S. 4 KSchG Bezug nimmt) überzeugt aufgrund des unterschiedlichen Normzwecks nicht.

11 Unter den **Begriff des Arbeitnehmers** in Abs. 1 fällt, wer aufgrund eines privatrechtlichen Vertrags einem anderen zur Leistung fremdbestimmter Arbeit in persönlicher Abhängigkeit verpflichtet ist (s. zu den Einzelheiten EBJS/Böcking/Gros HGB § 267 Rn. 8 ff.). Gesetzliche Vertreter von Kapitalgesellschaften werden unabhängig davon unberücksichtigt, ob sie am Kapital der Gesellschaft beteiligt sind; **Teilzeitarbeitskräfte und Mitarbeiter in Kurzarbeit** werden als volle Mitarbeiter berücksichtigt (MüKoInsO/Haarmeyer/Schildt Rn. 86; **aA** K. Schmidt InsO/ Hölzle Rn. 20).

II. Antragsausschuss (Abs. 2)

Erreicht der Umfang des Geschäftsbetriebs des Schuldners die in Abs. 1 definierte Größenordnung nicht, soll das Gericht einen vorläufigen Gläubigerausschuss einsetzen, wenn der Schuldner, der vorläufige Insolvenzverwalter oder irgendein (auch nachrangiger) Gläubiger dies beantragt (zum Begriff des „Gläubigers" ausf. FK-InsO/Schmerbach Rn. 23). **12**

Im Antrag müssen geeignete **Ausschussmitglieder** benannt und deren Einverständniserklärungen beigefügt werden. Einer bestimmten Form der Einverständniserklärungen bedarf es nicht (MüKInsO/Haarmeyer/Schildt Rn. 115; **aA** Frind ZInsO 2011, 2249 (2253)). Allerdings sind allgemein übliche Kontaktdaten der benannten Ausschussmitglieder anzugeben, insbesondere Telefonnummer und E-Mail-Adresse (Uhlenbruck/Vallender Rn. 28). In einem Gläubigerantrag ist außerdem die **Gläubigerstellung** glaubhaft zu machen (Uhlenbruck/Vallender Rn. 22). **13**

Zu benennen sind in der Regel **fünf Mitglieder** (K. Schmidt InsO/Hölzle Rn. 43). Darin enthalten sein müssen **entsprechend § 67 Abs. 2** jeweils ein Repräsentant der absonderungsberechtigten Gläubiger, der ungesicherten Gläubiger, der Kleingläubiger und der Arbeitnehmer (Nerlich/Römermann/Mönning Rn. 25; → Rn. 43 ff.; Muster → Rn. 14.1). **14**

Ein **Musterantrag** nach Abs. 2 mit Erläuterungen findet sich bei Haarmeyer ZInsO 2012, 370. **14.1**

C. Ausschlusstatbestände (Abs. 3)

Der Einsetzung eines vorläufigen Gläubigerausschusses steht es gem. Abs. 3 entgegen, dass der Geschäftsbetrieb des Schuldners eingestellt ist (→ Rn. 17 ff.) oder dass die mit der Einsetzung eines vorläufigen Gläubigerausschusses einhergehenden Kosten im Verhältnis zur Insolvenzmasse unverhältnismäßig wären (→ Rn. 21 ff.). Der Ausschlussgrund des Abs. 3 Var. 3 hat Bedeutung lediglich für den Zeitpunkt der Einsetzung (→ Rn. 35 ff.). **15**

Aufgrund der eindeutigen gesetzlichen Systematik beziehen sich die Ausschlussgründe des Abs. 3 Var. 1 oder 2 lediglich auf **Ausschüsse gem. Abs. 1 und 2** und nicht auf einen aufgrund von § 21 Abs. 2 S. 1 Nr. 1a eingesetzten Gläubigerausschuss (AG Hamburg NZI 2014, 31; Braun/ Böhm Rn. 12; Frind ZInsO 2012, 2028; **aA** Uhlenbruck/Vallender Rn. 33; noch **aA** Haarmeyer/ Horstkotte ZInsO 2012, 1441 (1444 ff.): Anwendung von Abs. 3 nur auf Pflichtausschüsse iSd Abs. 1; → Rn. 16.1). **16**

Die Frage wird praktisch allerdings ausschließlich Relevanz haben, wenn zu entscheiden ist, ob die Einsetzung eines vorläufigen Gläubigerausschusses auch bei einem schon eingestellten Geschäftsbetrieb in Betracht kommt. Insoweit ist aber kein Grund ersichtlich, warum das Gericht zwar ohne Geschäftsbetrieb auf Grundlage von § 21 Abs. 2 S. 1 Nr. 1a einen Gläubigerausschuss einsetzen darf (→ § 21 Rn. 61), daran aber gehindert sein soll, wenn ein solcher zunächst vorhanden war, dieser aber eingestellt worden ist. **16.1**

I. Einstellung des Geschäftsbetriebs

Die Einsetzung eines Gläubigerausschusses auf Grundlage der Abs. 1 und 2 kommt nicht in Betracht, wenn der Geschäftsbetrieb des Schuldners schon **vor Antragstellung** eingestellt worden ist. Eine Einsetzung auf Grundlage von § 21 Abs. 2 S. 1 Nr. 1a bleibt aber möglich (AG Hamburg NZI 2014, 31; → Rn. 16 f.). **17**

Eine **Einstellung des Geschäftsbetriebs** iSd Vorschrift liegt immer dann vor, wenn der Schuldner nicht mehr werbend am Markt tätig ist (AG Hamburg NZI 2014, 31; K. Schmidt InsO/Hölzle Rn. 25; Frind ZInsO 2011, 2249 (2254)). Dass die gesamte oder jedenfalls ein überwiegender Teil der Belegschaft entlassen wurde, stellt insoweit ein erhebliches Indiz dar (vgl. AGR/Sander Rn. 12). **18**

Dass noch **Abwicklungsbedarf** besteht, beispielsweise noch vorhandene Ware abverkauft werden muss oder Teilprodukte noch fertig gestellt werden müssen, steht einer „Einstellung des Geschäftsbetriebs" iSd Abs. 3 Var. 1 nicht entgegen (AG Hamburg NZI 2014, 31; AGR/Sander Rn. 12). **19**

20 Einem bereits eingestellten Geschäftsbetrieb steht es gleich, dass die **Einstellung** unmittelbar bevorsteht oder im Verlauf des Eröffnungsverfahrens **sicher zu erwarten** ist (AG Hamburg NZI 2013, 797; HK-InsO/Rüntz/Laroche Rn. 4; **aA** KPB/Blankenburg Rn. 40; Martini ZInsO 2013, 1783 f.; wohl auch Graf-Schlicker Rn. 12). Zunächst einen Ausschuss einzusetzen und diesen nach Einstellung des Geschäftsbetriebs aufzulösen (so ausdrücklich K. Schmidt InsO/Hölzle Rn. 26), wäre reine Förmelei auf Kosten der Insolvenzmasse und damit zum Nachteil der Gläubiger.

II. Unverhältnismäßige Belastung der Insolvenzmasse

21 Ebenfalls ausgeschlossen ist die Einsetzung eines vorläufigen Gläubigerausschusses, wenn die Kosten des vorläufigen Gläubigerausschusses das Insolvenzergebnis erheblich belasten würden und die Einsetzung daher **im Hinblick auf die zu erwartende Insolvenzmasse unverhältnismäßig** ist. Dazu sind freie Insolvenzmasse (nach Abzug des mit Aus- oder Absonderungsrechten belasteten Vermögens) und die erhöhten Kosten des Insolvenzverfahrens durch das Gericht zu schätzen und ins Verhältnis zu setzen (Rauscher ZInsO 2012, 1201 (1203); Beth ZInsO 2012, 1974 (1977 f.)).

22 Im Rahmen der **Kosten des Gläubigerausschusses** sind nicht nur die Vergütungen der Mitglieder des vorläufigen Gläubigerausschusses gem. § 17 Abs. 2 InsVV zu berücksichtigen (dazu → Rn. 70), sondern auch die Auslagen gem. § 18 InsVV, insbesondere die Kosten einer angemessenen Haftpflichtversicherung der Ausschussmitglieder (Braun/Böhm Rn. 14; Uhlenbruck/Vallender Rn. 37; → Rn. 71) und die dem vorläufigen Insolvenzverwalter ggf. zu gewährenden Zuschläge für die Organisation des Gläubigerausschusses (K. Schmidt InsO/Hölzle Rn. 28).

23 Immer unverhältnismäßig ist die Einsetzung eines vorläufigen Gläubigerausschusses, wenn aufgrund der erhöhten Kosten des Insolvenzverfahrens zu erwarten ist, dass die Eröffnung des Insolvenzverfahrens gem. **§ 26 Abs. 1 S. 1** abgelehnt werden wird (FK-InsO/Schmerbach Rn. 43).

24 In allen anderen Fällen ist es Aufgabe des Insolvenzgerichts, den Begriff der **„Unverhältnismäßigkeit" im Einzelfall zu bestimmen** (Uhlenbruck/Vallender Rn. 39; Pape ZInsO 2013, 2129 (2131); → Rn. 24.1). Dabei hat das Gericht die Belastung der Insolvenzmasse mit dem Interesse der Gläubiger an einer Beteiligung schon im Eröffnungsverfahren abzuwägen. Im **Zweifelsfall** sollte eine Unverhältnismäßigkeit bejaht und von der Einsetzung eines Gläubigerausschusses abgesehen werden, um die Masse nicht unnötig zu belasten (**aA** MüKoInsO/Haarmeyer/Schildt Rn. 150 f.).

24.1 Für eine konkrete Verschlechterung zwischen 0,5 % und 5 %: K. Schmidt InsO/Hölzle Rn. 29. Für eine Schwelle von 5 %: Frind ZInsO 2011, 2249 (2255). Unverhältnismäßigkeit bejaht bei einer Verschlechterung von 7 %: AG Ludwigshafen NZI 2012, 850.

25 Der **Ausschlusstatbestand des Abs. 3 Var. 3** ist systematisch wenig konsistent, denn er steht nicht wie die Var. 1 und 2 der Bestellung eines Gläubigerausschusses insgesamt entgegen, sondern konkretisiert lediglich den Zeitpunkt der Bestellung eines vorläufigen Gläubigerausschusses. Denn die mit der Einsetzung verbundene Verzögerung kann der Einrichtung eines vorläufigen Gläubigerausschusses allenfalls temporär entgegenstehen, weil die Einsetzung eines vorläufigen Gläubigerausschusses vor der Bestellung eines vorläufigen Insolvenzverwalters zwar wünschenswert, aber nicht zwingend ist, wie sich aus Abs. 4 ergibt. Insoweit stellt sich dann aber nur die Frage, wann einstweilen von der Einsetzung eines vorläufigen Gläubigerausschusses abgesehen werden muss (vgl. Uhlenbruck/Vallender Rn. 41 aE), dem vorläufigen Gläubigerausschuss das Recht aus § 56a Abs. 1 genommen und er stattdessen auf die Möglichkeit des § 56a Abs. 3 verwiesen wird (dazu ausf. → Rn. 35 ff.).

D. Verfahrensrechtliches

26 Zuständig für die Entscheidung über die Einsetzung eines vorläufigen Gläubigerausschusses ist – wie im gesamten Eröffnungsverfahren – der **Richter** (§ 18 Abs. 1 S. 1 RPflG). Die für eine Entscheidung über die Einsetzung eines Pflichtausschusses erforderlichen Angaben muss das Gericht nicht von Amts wegen ermitteln (→ Rn. 27 ff.). Inwieweit dem Gericht bei der Einsetzung Ermessen zukommt, richtet sich nach der jeweils anwendbaren gesetzlichen Grundlage (→ Rn. 31 ff.). Der vorläufige Gläubigerausschuss sollte grundsätzlich eingesetzt werden, bevor ein vorläufiger Insolvenzverwalter bestellt wird; im Einzelfall kann davon abgesehen werden (→ Rn. 35).

I. Ermittlung der tatsächlichen Grundlagen

Bei **Eigenanträgen** erlangt das Gericht Kenntnis der relevanten Größenparameter in der Regel 27 schon aufgrund der verpflichtenden Angaben im Rahmen der Antragstellung (§ 13 Abs. 1 S. 5, → § 13 Rn. 28). Sind die entsprechenden Angaben enthalten, beschränkt sich die gerichtliche Kontrolle auf eine Plausibilitäts- bzw. Schlüssigkeitsprüfung (MüKoInsO/Haarmeyer/Schildt Rn. 64; Obermüller ZInsO 2012, 18 (19)). Weitergehende Nachforschungspflichten bestehen nur, wenn das Gericht konkrete Anhaltspunkte dafür hat, dass die Angaben unrichtig sind (weitergehend HmbKommInsR/Frind Rn. 11).

Bei **fehlenden oder unvollständigen Angaben in einem Eigenantrag** muss das Gericht 28 gem. § 4 iVm § 139 ZPO zunächst eine Frist zur Nachbesserung setzen; werden die erforderlichen Angaben innerhalb dieser Frist nicht nachgeholt, ist der Antrag schon als unzulässig zurückzuweisen (→ § 13 Rn. 23).

Gläubigeranträge werden die erforderlichen Angaben zur Größe des schuldnerischen 29 Geschäftsbetriebs kaum jemals enthalten. Kommt es im Fall eines Gläubigerantrags in Betracht, dass der schuldnerische Geschäftsbetrieb die Schwellenwerte gem. Abs. 1 überschreitet, hat das Gericht den Schuldner zur Auskunft über die relevanten Schwellenwerte aufzufordern; ggf. ist der Schuldner auch gem. § 20 Abs. 1 persönlich anzuhören. Die Mitwirkungspflicht des Schuldners ergibt sich insoweit zwar nicht aus § 13 Abs. 1 S. 6, da dieser nur auf die Angaben gem. S. 4 und nicht auch auf S. 5 verweist. Anwendbar ist aber § 20 Abs. 1 (vgl. MüKoInsO/Haarmeyer/Schildt Rn. 79; Jungmann DZWIR 2002, 363 ff.; aA K. Schmidt InsO/Hölzle Rn. 21).

Im Zeitpunkt der Entscheidung über die Zulassung des Insolvenzantrags werden die tatsächli- 30 chen Grundlagen der **Ausschlussgründe des Abs. 3 Var. 2 und 3** kaum jemals belastbar zu ermitteln sein. Das Gericht wird sich daher in erheblichem Umfang auf Schätzungen stützen müssen. Kommt einer der Ausschlussgründe ernsthaft in Betracht, sollte im Zweifel der Ausschlussgrund bejaht und ein vorläufiger Gläubigerausschuss nicht eingesetzt werden, um die Insolvenzmasse nicht unnötig zu belasten (→ Rn. 24).

II. Entscheidung über die Einsetzung des Ausschusses

Die Ausschlusstatbestände gem. Abs. 3 Var. 1 oder 2 stehen der Einsetzung eines vorläufigen 31 Gläubigerausschusses auf Grundlage von Abs. 1 oder 2 zwingend und dauerhaft entgegen. Zweckmäßigerweise sollten daher die Voraussetzungen des Abs. 3 vorab geprüft werden, insbesondere die Einstellung oder unmittelbar bevorstehende Einstellung des schuldnerischen Geschäftsbetriebs (→ Rn. 17).

Kein Entschließungsermessen kommt dem Insolvenzgericht danach zu, wenn die Voraussetzun- 32 gen der Regelung in Abs. 1 (**Pflichtausschuss**) erfüllt sind.

Im Einzelfall ein Entschließungsermessen gesteht das Gesetz („soll") dem Insolvenzgericht im 33 Rahmen der Regelung des Abs. 2 (**Antragsausschuss**) zu: Das Gericht darf auch einen vollständigen und formgerechten Antrag ablehnen, wenn besondere Umstände der Einsetzung eines vorläufigen Gläubigerausschusses entgegenstehen (FK-InsO/Schmerbach Rn. 33; anders offenbar K. Schmidt InsO/Hölzle Rn. 8 aE, der von einer gebundenen Entscheidung ausgeht). Sind die Kosten des vorläufigen Gläubigerausschusses im Verhältnis zur freien Masse unverhältnismäßig, scheidet die Einsetzung eines vorläufigen Gläubigerausschusses schon gem. Abs. 3 Var. 2 aus. Ein Ausnahmefall kann aber vorliegen, wenn die benannten Mitglieder ungeeignet sind und das Gericht keine geeigneten und zur Übernahme des Amtes bereiten Personen finden kann.

Liegen weder die Voraussetzungen von Abs. 1 noch ein den Anforderungen des Abs. 2 genügen- 34 der Antrag vor, steht die Einsetzung eines Ausschusses gem. § 21 Abs. 2 S. 1 Nr. 1a im pflichtgemäßen Ermessen des Gerichts (→ § 21 Rn. 60 ff.; vgl. AG Hamburg NZI 2014, 31). Die Einsetzung eines solchen **Ermessensausschusses** kann dann sinnvoll sein, wenn über einen Antrag auf Eigenverwaltung zu entscheiden ist (s. § 270b Abs. 3; Uhlenbruck/Vallender Rn. 31), wenn wichtige Gläubiger ihre Unzufriedenheit mit der Person des vorläufigen Insolvenzverwalters zum Ausdruck bringen (vgl. § 56a Abs. 3) oder wenn ganz allgemein davon auszugehen ist, dass dies die Sanierung des schuldnerischen Geschäftsbetriebs befördern kann (Graf-Schlicker Rn. 9; auch → § 21 Rn. 61).

III. Zeitpunkt der Entscheidung und Bedeutung des Abs. 3 Var. 3

Im Idealfall und nach der Vorstellung des Gesetzgebers soll der vorläufige Gläubigerausschuss 35 schon **vor Bestellung eines vorläufigen Insolvenzverwalters** eingesetzt werden (vgl. Pape ZInsO 2011, 1033 (1037 f.)). Das ergibt sich schon aus den in § 56a Abs. 1 und 2 normierten

Mitwirkungsrechten. Gleichzeitig bestimmt Abs. 3 Var. 3, dass die Einsetzung eines vorläufigen Gläubigerausschusses das Verfahren nicht zulasten der Insolvenzmasse verzögern darf. Da (potenzielle) Insolvenzschuldner nur selten kostendeckend arbeiten, wird sich aus einer Verzögerung in aller Regel auch eine Minderung der Insolvenzmasse ergeben (Riggert NZI 2011, 121 (123); Vallender MDR 2012, 61 (63)). Und eine leichte Verzögerung wird sich allenfalls dann vermeiden lassen, wenn sich der Ausschuss bereits „vorkonstituiert" hat und die Mitglieder repräsentativ iSd § 67 Abs. 2 ausgewählt worden sind (K. Schmidt InsO/Hölzle Rn. 38; optimistischer BT-Drs. 17/5712, 25 li. Sp.).

36 Der Regelungsgehalt beider Normbefehle lässt sich daher überzeugend nur in Einklang bringen, wenn man von einem Regel-Ausnahme-Verhältnis ausgeht (Uhlenbruck/Vallender Rn. 41). Danach ist der vorläufige Gläubigerausschuss **in der Regel vor der Bestellung** des vorläufigen Insolvenzverwalters einzusetzen. Von dieser Regel kann aber unter den Voraussetzungen des Abs. 3 Var. 3 ausnahmsweise abgewichen werden und der vorläufige Gläubigerausschuss erst nach Bestellung des vorläufigen Insolvenzverwalters bestellt werden (vgl. Abs. 4, der zwingend voraussetzt, dass auch schon vor Bestellung des vorläufigen Gläubigerausschusses ein vorläufiger Insolvenzverwalter eingesetzt sein kann).

37 Da die Mitwirkung bei der Bestellung eines vorläufigen Insolvenzverwalters zu den wichtigsten Aufgaben des vorläufigen Gläubigerausschusses gehört, überzeugt es nicht, schon jede Minderung der Insolvenzmasse ausreichen zu lassen (so aber Uhlenbruck/Vallender Rn. 43). Überzeugender ist es daher, nur solche Masseschmälerungen zu berücksichtigen, die eine **Wesentlichkeitsschwelle** überschreiten (AGR/Sander Rn. 14; wohl auch HK-InsO/Rüntz/Laroche Rn. 6 aE). Das Gericht hat daher vorläufig von der Einsetzung eines vorläufigen Gläubigerausschusses abzusehen, wenn sich aus der Schätzung des Gerichts ergibt, dass eine Verzögerung das Vermögen des Schuldners nicht unwesentlich schmälern würde.

38 Hat das Gericht gem. **Abs. 3 Var. 3** vorläufig von der Einsetzung eines Gläubigerausschusses abgesehen, ist die Einsetzung nachzuholen, wenn die Voraussetzungen für die Einsetzung vorliegen (Obermüller ZInsO 2012, 18 (20)). Der vorläufige Gläubigerausschuss ist dann entsprechend § 56a Abs. 3 berechtigt, eine andere Person zum vorläufigen Insolvenzverwalter zu wählen (MüKoInsO/Haarmeyer/Schildt Rn. 133 ff.; **aA** FK-InsO/Schmerbach Rn. 55 ff.).

IV. Zusammensetzung und Auswahl der Ausschussmitglieder

39 Die Ausgestaltung des vorläufigen Gläubigerausschusses betreffend Größe, Zusammensetzung und Auswahl der Ausschussmitglieder steht grundsätzlich im pflichtgemäßen Ermessen des Gerichts (→ Rn. 50). Vorläufige Gläubigerausschüsse sollten aber aus einer ungeraden Zahl von Mitgliedern bestehen (→ Rn. 40 f.). Mitglied im Gläubigerausschuss können aufgrund der beschränkten Verweisung in § 21 Abs. 2 S. 1 Nr. 1a grundsätzlich lediglich Gläubiger werden (→ Rn. 42 ff.).

1. Größe des Ausschusses

40 Der vorläufige Gläubigerausschuss sollte aufgrund des Mehrheitsprinzips (§ 72) immer aus einer ungeraden Zahl von Mitgliedern bestehen (Frind BB 2013, 265 (266 f.); nach AG Ludwigshafen NZI 2012, 850 sogar zwingend). Ratsam und praktikabel ist eine Größe von **fünf Mitgliedern** (Laroche/Pruskowski/Schöttler/Siebert/Vallender ZIP 2014, 2153 (2156)).

41 Bei sehr **großen Unternehmen** oder einer sehr **heterogenen Gläubigerstruktur** mag im Einzelfall auch eine Größe von sieben Mitgliedern in Betracht kommen (Pape ZInsO 2013, 2129 (2131)). Dabei ist aber immer zu beachten, dass der Organisationsaufwand für eine Beschlussfassung mit steigender Mitgliederzahl zunimmt und der Gläubigerausschuss in der Lage sein muss, schnell zu handeln.

2. Mitgliedschaft, Nichtgläubiger

42 Mitglieder können nicht nur natürliche, sondern auch **juristische Personen oder Behörden** werden (Grell/Klockenbrink DB 2013, 1038 (1039); **aA** Cranshaw/Portisch/Knöpnadel ZInsO 2015, 1 (3)). Zweckmäßigerweise sollte in einem solchen Fall aber im Einsetzungsbeschluss festgelegt werden, welche Person die Aufgaben der jeweiligen juristischen Person oder Behörde im vorläufigen Gläubigerausschuss wahrnimmt.

43 § 21 Abs. 2 S. 1 Nr. 1a verweist auf **§ 67 Abs. 2 und 3**. Deshalb sollen auch im vorläufigen Gläubigerausschuss die in § 67 Abs. 2 genannten **Gläubigergruppen** vertreten sein, dh die absonderungsberechtigten Gläubiger, die Insolvenzgläubiger mit den höchsten Forderungen und die

Kleingläubiger sowie ein Vertreter der Arbeitnehmer (Nerlich/Römermann/Mönning Rn. 132; → § 67 Rn. 7 ff.).

Durch den Verweis auf § 67 Abs. 3 können **auch Nichtgläubiger** dem vorläufigen Gläubigerausschuss angehören. Diese Gesetzesänderung zum 1.1.2021 soll vor allem ermöglichen, dass Vertreter von Gewerkschaften als Mitglieder eines vorläufigen Gläubigerausschusses berufen werden können (RegE, BT-Drs. 19/24181, 197). Durch die Gesetzesänderung kann jetzt eine personelle Kontinuität zwischen vorläufigen und späteren Gläubigerausschüssen erreicht werden. 44

Gemäß Art. 103m EGInsO sind auf **Insolvenzverfahren, die vor dem 1.1.2021 beantragt wurden,** die bis dahin geltenden Vorschriften weiter anzuwenden, dh die Fassung vor der Änderung durch das SanInsFoG (BGBl. 2020 I 3256). In der alten Fassung verwies § 21 Abs. 2 S. 1 Nr. 1a nicht auf § 67 Abs. 3, weshalb Mitglieder des vorläufigen Gläubigerausschusses nur aktuelle oder künftige Gläubiger oder deren Vertreter werden konnten (ausf. BeckOK InsO/Windau/Kopp, 21. Ed. 15.10.2020, InsO § 21). Auch in Altfällen dürfte aber eine Repräsentation der Arbeitnehmer durch einen Gewerkschaftsvertreter zulässig sein, weil § 67 Abs. 2 S. 2 von einem „Vertreter der Arbeitnehmer" spricht (ausf. Kolbe NZI 2015, 400). 45

Bei einer **Insolvenzgeldvorfinanzierung** ist ein Mitglied der Arbeitsverwaltung in den vorläufigen Gläubigerausschuss zu berufen (K. Schmidt InsO/Hölzle Rn. 45). 46

Die Formulierung in § 21 Abs. 2 S. 1 Nr. 1a Hs. 2 dürfte durch die Gesetzesänderung zum 1.1.2021 (→ Rn. 44 f.) ihre Bedeutung verloren haben. Sie ermöglichte es, dass der **Pensionssicherungsverein** (PSVaG) oder **Kreditversicherer** schon Mitglied des vorläufigen Gläubigerausschusses wurden (BT-Drs. 17/7511, 33). Nach neuem Recht ermöglicht dies auch § 67 Abs. 3. 47

Schwierig kann es sein, einen geeigneten Vertreter für die **Kleingläubiger** zu finden, weil diese regelmäßig in die Vorbereitung eines Antrags nicht eingebunden sein werden. In Einzelfällen dürfte es daher zulässig sein, von einer Einbeziehung der Kleingläubiger abzusehen, insbesondere wenn die Zahl der Kleingläubiger und die Summe ihrer Forderungen voraussichtlich sehr gering sein werden (vgl. AG Hamburg ZInsO 2011, 2337). 48

In Einzelfällen kommt auch eine **sukzessive Besetzung** des vorläufigen Gläubigerausschusses in Betracht (FK-InsO/Schmerbach Rn. 80; Frind ZIP 2013, 2244 (2246)); dann ist aber schon im Einsetzungsbeschluss genau zu bestimmen, wie viele Mitglieder der vorläufige Gläubigerausschuss haben wird und welche Gläubiger/Gläubigergruppen vertreten sein sollen. Außerdem ist eine einstimmige Beschlussfassung (§ 56a Abs. 2 und 3, § 270b Abs. 3 S. 3 oder S. 4) nicht möglich, bevor sämtliche Mitglieder bestellt sind (HmbKommInsR/Frind Rn. 13). Zur Nachbesetzung bzw. Ergänzung → Rn. 58. 49

3. Auswahl der Mitglieder

Bei der **Auswahl** der Mitglieder hat das Gericht die Eigenheiten des schuldnerischen Unternehmens und der Gläubigerstruktur, der Sachkunde und Verfügbarkeit möglicher Mitglieder sowie auch die Möglichkeiten einer Sanierung gem. §§ 270 ff. zu berücksichtigen (ausf. Frind BB 2013, 265 (268 f.)). 50

An **Vorschläge** des Schuldners oder des Antragstellers betreffend die Mitglieder des vorläufigen Gläubigerausschusses ist das Gericht in keinem Fall gebunden, die Auswahl der Ausschussmitglieder steht vielmehr stets im pflichtgemäßen Ermessen des Insolvenzgerichts (Nerlich/Römermann/Mönning Rn. 27; Grell/Klockenbrink DB 2013, 1038 (1039); aA MüKoInsO/Haarmeyer/Schildt Rn. 41, die ein gerichtliches Benennungsrecht unter Berufung auf die Gläubigerautonomie insgesamt in Abrede stellen). Haben der Schuldner oder ein antragstellender Gläubiger im Falle des **Abs. 2** potenzielle Mitglieder benannt, sollte das Gericht diesem Vorschlag aber im Zweifel folgen, wenn die benannten Ausschussmitglieder nicht ungeeignet sind (Haarmeyer/Horstkotte ZInsO 2012, 1441 (1448)). 51

Ein **Anspruch** einzelner Gläubiger **auf Teilhabe und Ernennung** kann sich allenfalls in absoluten Ausnahmefällen aus den Grundsätzen einer Ermessensreduzierung auf null ergeben; so wird das Gericht einen Gläubiger, dessen Forderungen einen überwiegenden Teil der Verbindlichkeiten des Schuldners ausmachen, nicht bei der Besetzung des vorläufigen Gläubigerausschusses übergehen dürfen (gegen jeden Anspruch K. Schmidt InsO/Hölzle Rn. 42). 52

Problematisch und praktisch nur schwierig zu handhaben ist eine Situation, in der zwar die Voraussetzungen des Abs. 1 erfüllt sind, aber niemand potenzielle Mitglieder eines vorläufigen Gläubigerausschusses benennt. Hier zeigt sich, dass die zwingende Regelung in Abs. 1 kaum sinnvoll ist, wenn nicht der Schuldner und die (wichtigsten) Gläubiger zusammenarbeiten (→ Rn. 2). 53

54 Das Gericht kann in einem solchen Fall versuchen, aufgrund der Angaben im **qualifizierten Gläubigerverzeichnis des § 13 Abs. 1 S. 4** geeignete Mitglieder zu finden. Fehlt dieses Verzeichnis, ist dem Schuldner gem. § 13 Abs. 1 S. 6 Nr. 3 eine kurze Frist setzen, um die entsprechenden Angaben nachzuholen (AG München NZI 2012, 566 f.: drei Tage). Werden diese Angaben nicht nachgeholt, führt dies entgegen teilweise vertretener Auffassung aber nicht dazu, dass der Insolvenzantrag nachträglich unzulässig wird (wie hier Römermann/Praß GmbHR 2012, 425 (428 f.); **aA** Frind ZInsO 2011, 2249 (2254)).

55 Mit Zustimmung des Schuldners kann das Gericht **Gläubiger anhören,** um deren Bereitschaft für eine Mitgliedschaft zu erörtern (§ 10a Abs. 2). Fraglich ist, ob das Gericht darüber hinaus im Rahmen seiner Amtsermittlungspflicht Gläubiger bitten darf, Kandidaten vorzuschlagen (dafür MüKoInsO/Haarmeyer/Schildt Rn. 116 ff.; dagegen Uhlenbruck/Vallender Rn. 48).

56 **Abs. 4** ermächtigt das Gericht, den Schuldner oder den schon bestellten vorläufigen Insolvenzverwalter aufzufordern, geeignete Personen als Ausschussmitglieder vorzuschlagen. Die Vorschrift gilt für sämtliche Arten von Gläubigerausschüssen (Uhlenbruck/Vallender Rn. 48). Zu benennen sind in der Regel insgesamt fünf Mitglieder, die den Anforderungen des § 67 Abs. 2 entsprechen; den nicht rechtskundigen oder rechtlich beratenen Schuldner hat das Gericht auf diese Anforderungen hinzuweisen (§ 4 InsO iVm § 139 ZPO; → Rn. 56.1).

56.1 Keinesfalls sind Insolvenzverwalter und Schuldner aber verpflichtet, entsprechend Abs. 2 dem jeweiligen Vorschlag schriftliche Bereitschaftserklärungen der benannten Mitglieder beizufügen (so aber K. Schmidt InsO/Hölzle Rn. 40 aE), denn die Bereitschaft der benannten Mitglieder steht nicht zur Disposition der Verpflichteten.

57 Die Verpflichtung gem. Abs. 4 ist gem. § 58 bzw. § 98 **durchsetzbar.**

58 Eine **Nachbesetzung** kommt in Betracht, wenn eines der Mitglieder während der Amtszeit des vorläufigen Gläubigerausschusses abberufen wird (→ Rn. 75) oder wenn sich herausstellt, dass der Ausschuss unzweckmäßig besetzt ist, weil zB wichtige Gläubiger (aufgrund unzureichender Information des Gerichts) nicht oder nicht ausreichend vertreten sind (ausf. Frind ZIP 2013, 2244 ff.).

V. Rechtsmittel

59 Für die **Anfechtbarkeit** der Entscheidung gilt das bei → § 21 Rn. 147 ff. Gesagte: Die Einsetzung ist als Sicherungsmaßnahme gem. § 21 Abs. 2 S. 2 (nur) durch den Schuldner anfechtbar. An einer Beschwer wird es fehlen, wenn der Schuldner selbst einen Antrag auf Einsetzung eines vorläufigen Gläubigerausschusses gestellt hat (Uhlenbruck/Vallender Rn. 82; Graf-Schlicker Rn. 33).

60 Die **Ablehnung** der Einsetzung eines vorläufigen Gläubigerausschusses ist weder durch den Schuldner noch durch die Gläubiger anfechtbar (vgl. BGH NZI 2013, 342 Rn. 6; LG Dessau-Roßlau BeckRS 2013, 7431; Frind ZInsO 2013, 279 (285 f.); anders für den Fall der Ablehnung eines Gläubigerantrags MüKoInsO/Haarmeyer/Schildt Rn. 170 ff.; Römermann/Praß ZInsO 2012, 1923 ff.; Horstkotte ZInsO 2012, 1930 (1932)).

61 Trotz der Unanfechtbarkeit gebietet es die Rechtsklarheit, einen Antrag auf Einsetzung eines vorläufigen Gläubigerausschusses durch (kurz) **begründeten Beschluss** zu bescheiden (Uhlenbruck/Vallender Rn. 81; Beth ZInsO 2012, 1974 (1981); **aA** Frind ZInsO 2011, 2249 (2254)).

E. Stellung des Ausschusses, Aufgaben, Haftung

62 Der vorläufige Gläubigerausschuss ist ein **unabhängiges und selbstständiges Organ der Insolvenzverwaltung** (vgl. BGH NZI 2008, 306 Rn. 15). Seine Mitglieder sind weder an Weisungen der sie entsendenden Gläubiger noch an Weisungen des Insolvenzverwalters oder Insolvenzgerichts gebunden (Uhlenbruck/Vallender Rn. 2). Dem vorläufigen Gläubigerausschuss obliegt es, das „Gesamtinteresse der Gläubigergemeinschaft" (vgl. BGH NZI 2008, 306 Rn. 15) schon im Eröffnungsverfahren wahrzunehmen.

63 Die **Aufgaben** des vorläufigen Gläubigerausschusses entsprechen denen eines endgültigen Gläubigerausschusses (→ § 69 Rn. 5 ff.), und zwar unabhängig davon, auf Grundlage welcher Bestimmung der vorläufige Gläubigerausschuss eingesetzt wird (K. Schmidt InsO/Hölzle Rn. 47; **aA** Obermüller ZInsO 2012, 24). Der vorläufige Gläubigerausschuss hat deshalb insbesondere den vorläufigen Insolvenzverwalter zu unterstützen und zu überwachen (ausf. Grell/Klockenbrink DB 2013, 1040; für eine Parallele zum aktienrechtlichen Aufsichtsrat Cranshaw ZInsO 2012, 1151 ff.; MüKoInsO/Haarmeyer/Schildt Rn. 124).

Wichtigste Befugnis des vorläufigen Gläubigerausschusses ist es, bei der **Bestellung des vorläu-** 64
figen und des endgültigen Insolvenzverwalters mitzuwirken. Der Ausschuss ist vor der Entscheidung anzuhören (§ 56a). Ist eine Restrukturierungssache vorausgegangen, kann gem. § 56 Abs. 1 S. 2 die Zustimmung des Ausschusses notwendig sein.

Ebenfalls anzuhören ist der vorläufige Gläubigerausschuss nach § 270b Abs. 3 vor Anordnung 65
der **vorläufigen Eigenverwaltung** und gem. § 270f Abs. 3 vor Anordnung der **Eigenverwaltung**.

Auch vor **anderen wichtigen Entscheidungen** im Eröffnungsverfahren ist der Ausschuss 66
anzuhören, so zB vor der Aufnahme eines Massekredits, vor einer Entscheidung über eine Insolvenzgeldvorfinanzierung oder der Schließung einzelner Filialen oder der sonstigen Umorganisation des schuldnerischen Geschäftsbetriebs. Eine Zustimmung des vorläufigen Gläubigerausschusses setzen solche Maßnahmen jedoch nicht voraus (Frind BB 2013, 265).

Die Zustimmung des vorläufigen Gläubigerausschusses ist aber entsprechend § 158 zwingend 67
erforderlich vor einer **Stilllegung des Geschäftsbetriebs** gem. § 22 Abs. 1 S. 2 Nr. 2 InsO (Uhlenbruck/Vallender § 22 Rn. 65; → § 22 Rn. 50). Auch vor einer **Freigabe von Vermögensgegenständen** (→ § 22 Rn. 14) wird sie für erforderlich gehalten (Nerlich/Römermann/Mönning § 22 Rn. 36).

Der vorläufige Gläubigerausschuss kann gem. § 270e Abs. 1 Nr. 4 die **Aufhebung der vorläu-** 68
figen Eigenverwaltung beantragen.

Für die **Haftung** der Mitglieder des vorläufigen Gläubigerausschusses gilt § 71 entsprechend 69
(→ § 71 Rn. 3 ff.; zu möglichen Haftungsszenarien s. Frind ZIP 2012, 1380 (1383 ff.)). Die Anwendung der **Business Judgement Rule** ist im Hinblick auf den vorläufigen Gläubigerausschuss ebenso verfehlt wie bei der Haftung des vorläufigen Insolvenzverwalters (ausf. → § 22 Rn. 119).

Die **Vergütung** der Mitglieder des vorläufigen Gläubigerausschusses richtet sich nach § 73 70
InsO, § 17 InsVV (grundlegend BGH NZI 2021, 457; 2021, 461).

Zu den gem. § 18 InsVV zu ersetzenden **Auslagen** gehören aufgrund der erheblichen Haf- 71
tungsrisiken auch die Kosten einer angemessenen Haftpflichtversicherung (vgl. BGH ZIP 2012, 876; ausf. → InsVV § 18 Rn. 10; Grell/Klockenbrink DB 2013, 1038 (1044 f.)).

Beendigung des Amtes des vorläufigen Gläubigerausschusses bzw. seiner Mitglieder tritt ohne 72
ausdrückliche Entpflichtung mit der Eröffnung des Insolvenzverfahrens ein (Uhlenbruck/Vallender Rn. 9; MüKoInsO/Haarmeyer/Schildt Rn. 164). Wird der Insolvenzantrag zurückgenommen oder für erledigt erklärt, bedarf es eines gesonderten Beschlusses zur Aufhebung der Anordnung (vgl. BGH NZI 2008, 100; → § 21 Rn. 146).

Wird der **Geschäftsbetrieb** des Schuldners im Eröffnungsverfahren **eingestellt,** hat das 73
Gericht grundsätzlich einen Pflichtausschuss zu entlassen und aufzulösen (ausf. FK-InsO/Schmerbach Rn. 38; HmbKommInsR/Frind Rn. 25 aE; aA MüKoInsO/Haarmeyer/Schildt Rn. 128). Gleiches muss gelten, wenn sich herausstellt, dass die Voraussetzungen des Abs. 3 Var. 2 vorliegen und sich durch eine Auflösung erhebliche Kosten noch vermeiden lassen. Das Gericht wird insoweit aber immer prüfen müssen, ob es gem. § 21 Abs. 2 S. 1 Nr. 1a zweckmäßig ist, den vorläufigen Gläubigerausschuss bestehen zu lassen (vgl. K. Schmidt InsO/Hölzle Rn. 49).

Hat das Gericht einen Antrags- oder Ermessensausschuss eingesetzt und erweist sich diese 74
Entscheidung **im Nachhinein als nicht zweckmäßig,** kommt eine Auflösung nur in Betracht, wenn sich nur durch die Auflösung eine Abweisung des Insolvenzantrags gem. § 26 vermeiden lässt.

Eine **Abberufung oder Entlassung** einzelner Mitglieder kommt gem. § 21 Abs. 2 S. 1 Nr. 1a 75
iVm § 70 S. 1 in Betracht, wenn es unter Abwägung aller Umstände unzumutbar ist, dass diese ihr Amt fortsetzen (Uhlenbruck/Vallender Rn. 76; vgl. Mock ZInsO 2019, 1991). Das kann beispielsweise der Fall sein bei einem Verstoß gegen die Schweigepflicht oder bei andauernder Krankheit (Frind ZIP 2013, 2244 (2248 f.)). Dem entlassenen Mitglied steht gegen diese Entscheidung entsprechend § 70 Abs. 3 die sofortige Beschwerde zu (FK-InsO/Schmerbach Rn. 79 aE). In der Regel dürfte eine **Nachbesetzung** der Stelle des entlassenen bzw. abberufenen Mitglieds geboten sein (dazu → Rn. 58; vgl. auch Laroche/Pruskowski/Schöttler/Siebert/Vallender ZIP 2014, 2153 (2156 f.)).

§ 23 Bekanntmachung der Verfügungsbeschränkungen

(1) ¹Der Beschluss, durch den eine der in § 21 Abs. 2 Nr. 2 vorgesehenen Verfügungsbeschränkungen angeordnet und ein vorläufiger Insolvenzverwalter bestellt wird, ist

öffentlich bekanntzumachen. ²Er ist dem Schuldner, den Personen, die Verpflichtungen gegenüber dem Schuldner haben, und dem vorläufigen Insolvenzverwalter besonders zuzustellen. ³Die Schuldner des Schuldners sind zugleich aufzufordern, nur noch unter Beachtung des Beschlusses zu leisten.

(2) Ist der Schuldner im Handels-, Genossenschafts-, Partnerschafts- oder Vereinsregister eingetragen, so hat die Geschäftsstelle des Insolvenzgerichts dem Registergericht eine Ausfertigung des Beschlusses zu übermitteln.

(3) Für die Eintragung der Verfügungsbeschränkung im Grundbuch, im Schiffsregister, im Schiffsbauregister und im Register über Pfandrechte an Luftfahrzeugen gelten die §§ 32, 33 entsprechend.

Überblick

Ein Beschluss nach § 21, in dem allgemeine Verfügungsbeschränkungen angeordnet werden und zugleich ein vorläufiger Insolvenzverwalter bestellt wird, ist gem. Abs. 1 S. 1 zu veröffentlichen (→ Rn. 3 ff.). Außerdem ist ein solcher Beschluss an den Schuldner, den vorläufigen Insolvenzverwalter und Drittschuldner zuzustellen (→ Rn. 9 ff.). Falls der Schuldner in eines der in Abs. 2 genannten Register eingetragen ist, hat das Insolvenzgericht einen Beschluss iSd Abs. 1 auch diesem Register mitzuteilen (→ Rn. 12 f.). Betrifft der Beschluss Grundeigentum oder dem gleichgestellte Gegenstände, hat das Insolvenzgericht das jeweilige Registergericht gem. Abs. 3 um Eintragung zu ersuchen (→ Rn. 16 f.).

A. Normzweck

1   Die Bekanntmachung der Verfügungsbeschränkungen gen. § 23 dient dem **Schutz der Gläubigergesamtheit,** indem sie verhindern soll, dass der Schuldner zulasten der Insolvenzmasse an einen gutgläubigen Dritten verfügt oder Dritte mit befreiender Wirkung an den Schuldner leisten (vgl. BGH NZI 2006, 175 Rn. 9). Soweit der gute Glaube Dritter nicht geschützt ist (vgl. § 24 Abs. 1 iVm §§ 81, 82), dient sie auch dem Schutz dieser Dritten (HK-InsO/Rüntz/Laroche Rn. 1).

B. Veröffentlichung, Zustellung und Übermittlung (Abs. 1 und 2)

2   Abs. 1 und 2 betreffen unmittelbar nur Beschlüsse, in denen ein vorläufiger Insolvenzverwalter bestellt wird und in denen gleichzeitig ein **allgemeines Verfügungsverbot oder ein allgemeiner Zustimmungsvorbehalt** angeordnet wird (BT-Drs. 12/2443, 117; Jaeger/Gerhardt Rn. 5; FK-InsO/Schmerbach Rn. 4; **aA** MüKoInsO/Haarmeyer Rn. 9 ff.). Ob die Verwaltungs- und Verfügungsbefugnis auf den vorläufigen Insolvenzverwalter übergegangen ist (§ 22 Abs. 1 S. 1), ist unerheblich. Zur Veröffentlichung von Beschlüssen mit anderem Inhalt → Rn. 5 ff.

I. Veröffentlichung (Abs. 1 S. 1)

3   Liegen die Voraussetzungen des Abs. 1 S. 1 vor (Bestellung eines vorläufigen Insolvenzverwalters und Anordnung einer allgemeinen Verfügungsbeschränkung), ist der Beschluss **zwingend zu veröffentlichen** (vgl. BGHZ 221, 10 Rn. 27 = NJW 2019, 1940). Für die Veröffentlichung zuständig ist die Geschäftsstelle des Insolvenzgerichts (vgl. § 30 Abs. 1); und zwar auch dann, wenn die Sicherungsmaßnahmen (erst) durch das Landgericht als Beschwerdegericht angeordnet wurden (AGR/Sander Rn. 5).

4   Die Veröffentlichung erfolgt gem. Abs. 1 S. 1 iVm. § 9 Abs. 1 S. 1 unter **www.insolvenzbekanntmachungen.de** (zu den Einzelheiten → § 9 Rn. 1 ff.). Die Zulässigkeit einer Veröffentlichung in anderen (Print-)Medien richtet sich gem. § 9 Abs. 2 nach den jeweiligen landesrechtlichen Regelungen. Der **Inhalt der Veröffentlichung** wird durch Abs. 1 S. 1 nicht näher konkretisiert; insoweit gilt § 9 Abs. 1 S. 1, der Beschluss kann auch nur auszugsweise bekannt gemacht werden.

5   Trifft das Gericht **andere Sicherungsordnungen** als die in Abs. 1 S. 1 genannten, steht deren Veröffentlichung im pflichtgemäßen Ermessen des Gerichts (AG Göttingen NZI 2012, 1008; HK-InsO/Rüntz/Laroche Rn. 2; Uhlenbruck/Vallender Rn. 2; einschränkend FK-InsO/Schmerbach Rn. 7; **aA** K. Schmidt InsO/Hölzle Rn. 3: Veröffentlichung unzulässig). Gegeneinander abzuwägen sind einerseits das Interesse des Schuldners daran, dass seine Kreditwürdigkeit nicht öffentlich

in Zweifel gezogen wird und Sanierungsmaßnahmen nicht gefährdet werden, sowie andererseits das Interesse der Gläubiger an einem effektiven Schutz der Insolvenzmasse (Braun/Böhm Rn. 11).

Gerade bei **Verfügungsbeschränkungen** sprechen das Interesse an einem wirksamen Schutz 6 der Insolvenzmasse und der Schutz des Rechtsverkehrs für eine Veröffentlichung (für Ermessensreduzierung auf null MüKoInsO/Haarmeyer/Schildt Rn. 9, 11; ähnl. Jaeger/Gerhardt § 21 Rn. 100).

Zum Schutz Dritter und der Insolvenzmasse nicht erforderlich und für die wirtschaftliche 7 Situation des Schuldners schädlich ist eine Veröffentlichung, wenn lediglich ein **Sachverständiger** oder isoliert ein vorläufiger Insolvenzverwalter bestellt wird; eine Veröffentlichung hat daher in der Regel zu unterbleiben (K. Schmidt InsO/Hölzle Rn. 3). Wenig zweckmäßig dürfte auch die öffentliche Bekanntmachung einer **Postsperre** sein (AGR/Sander Rn. 11).

Ebenfalls schädlich dürfte in der Regel die Veröffentlichung von Anordnungen im Rahmen 8 des **Schutzschirmverfahrens** sein, insbesondere der Bestellung eines **vorläufigen Sachwalters**. Die Veröffentlichung ist aber nicht generell unzulässig (so aber HmbKommInsR/Schröder Rn. 4; Keller ZIP 2012, 1895 (1899 f.); Horstkotte ZInsO 2012, 1161 (1163 f.)), sondern steht im Ermessen des Gerichts (AG Göttingen NZI 2012, 1008; Uhlenbruck/Vallender Rn. 1 aE).

II. Zustellungen (Abs. 1 S. 2 und 3)

Ein Beschluss iSd Abs. 1 S. 1 ist gem. Abs. 1 S. 2 **zuzustellen,** und zwar dem Schuldner, dem 9 vorläufigen Insolvenzverwalter und den Drittschuldnern. Die Zustellung ist gesetzlich verpflichtend, von der Zustellung kann deshalb auch nicht abgesehen werden, wenn zu erwarten ist, dass dies den Geschäftsbetrieb des Schuldners erheblich stören wird (HmbKommInsR/Schröder Rn. 5).

Für die **Durchführung der Zustellung** gilt § 8 Abs. 1. Mit der Zustellung kann das Insolvenz- 10 gericht den vorläufigen Insolvenzverwalter beauftragen (HK-InsO/Rüntz/Laroche Rn. 7; HmbKommInsR/Schröder Rn. 5; auch → § 8 Rn. 19 f.). Bei **Führungslosigkeit** einer Kapitalgesellschaft kann gem. § 35 Abs. 1 S. 2 GmbHG auch an einen Gesellschafter zugestellt werden.

Drittschuldner sind gem. Abs. 1 S. 3 zusammen mit der Zustellung aufzufordern, nur noch 11 unter Beachtung des Beschlusses (in der Regel an den vorläufigen Insolvenzverwalter) zu leisten. Dieser Aufforderung kommt aber Bedeutung nur zu, wenn der Schuldner noch Inhaber der Forderungen ist oder der vorläufige Insolvenzverwalter gem. § 21 Abs. 2 S. 1 Nr. 5 zur Einziehung ermächtigt wurde (BGH NZI 2007, 338 Rn. 13). Ist nicht sicher, ob Forderungen des Schuldners abgetreten sind bzw. ob die Abtretung wirksam ist, sollte der Beschluss zugestellt werden (K. Schmidt InsO/Hölzle Rn. 5; Uhlenbruck/Vallender Rn. 3).

III. Übermittlung (Abs. 2, MiZi)

Ist der Schuldner in eines der in Abs. 2 genannten Register (Handelsregister, Genossenschaftsre- 12 gister, Partnerschaftsregister, Vereinsregister) eingetragen, hat die Geschäftsstelle des Insolvenzgerichts dem jeweiligen **Registergericht** eine Ausfertigung des Beschlusses zu übermitteln, damit die Bestellung des vorläufigen Insolvenzverwalters und die Anordnung der Verfügungsbeschränkung in das Register eingetragen werden kann (§ 75 Abs. 1 S. 2 Nr. 2 BGB, § 32 Abs. 1 S. 2 Nr. 2 HGB, § 102 Abs. 1 S. 2 Nr. 2 GenG, § 5 Abs. 4 S. 2 Nr. 3 PRV).

Die Übermittlungspflicht betrifft nur dasjenige Register, in das der Schuldner selbst eingetragen 13 ist; die Eintragung eines Insolvenzvermerks in die **Gesellschafterliste** (§ 40 GmbHG) einer anderen Gesellschaft kommt nicht in Betracht (K. Schmidt InsO/Hölzle Rn. 8).

Weitere Mitteilungspflichten ergeben sich aus Nr. IX/1 **MiZi**. Die Bestellung eines vorläufigen 14 Insolvenzverwalters, eines vorläufigen Gläubigerausschusses und die Anordnung allgemeiner Verfügungsbeschränkungen sind mitzuteilen der Gerichtsvollzieherverteilerstelle und dem Finanzamt sowie ggf. dem Arbeitsgericht, der Agentur für Arbeit sowie dem Direktor oder Präsidenten des Amtsgerichts und dem Präsidenten des Landgerichts am Wohnsitz des Schuldners (Nr. IX/1 Abs. 3 MiZi). Die Anordnung eines Vollstreckungsverbots ist ua mitzuteilen dem Vollstreckungsgericht, der Gerichtsvollzieherverteilerstelle und der Gerichtskasse (Nr. IX/1 Abs. 4 MiZi).

Gehört eine angemeldete oder eingetragene **Unionsmarke** zur Insolvenzmasse, ergeben sich 15 Mitteilungspflichten aus § 125h Abs. 1 Nr. 1 MarkenG.

C. Eintragung ins Grundbuch und weitere Register (Abs. 3)

Abs. 3 regelt die Mitteilung der Verfügungsbeschränkung an das Grundbuch und in die Schiffs-, 16 Schiffsbau und Luftfahrzeugregister. In das Grundbuch sowie gleichgestellte Register einzutragen

InsO § 24

sind **auch gegenständlich beschränkte Verfügungsbeschränkungen,** wenn sie den dort eingetragenen Gegenstand betreffen (HK-InsO/Rüntz/Laroche Rn. 10; HmbKommInsR/Schröder Rn. 9; **aA** Jaeger/Gerhardt § 21 Rn. 102).

17 Zuständig für das Eintragungsersuchen nach Abs. 3 ist nicht die Geschäftsstelle des Insolvenzgerichts, sondern gem. **§ 18 Abs. 1 Nr. 1 RPflG** der Richter (vgl. FK-InsO/Schmerbach Rn. 39).

§ 24 Wirkungen der Verfügungsbeschränkungen

(1) **Bei einem Verstoß gegen eine der in § 21 Abs. 2 Nr. 2 vorgesehenen Verfügungsbeschränkungen gelten die §§ 81, 82 entsprechend.**

(2) **Ist die Verfügungsbefugnis über das Vermögen des Schuldners auf einen vorläufigen Insolvenzverwalter übergegangen, so gelten für die Aufnahme anhängiger Rechtsstreitigkeiten § 85 Abs. 1 Satz 1 und § 86 entsprechend.**

Überblick

Die Vorschrift regelt materiell-rechtliche und prozessrechtliche Folgen gem. § 21 angeordneter Verfügungsbeschränkungen durch Verweisung auf die entsprechenden Vorschriften des eröffneten Verfahrens. Gemäß Abs. 1 sind Verfügungen unter Verstoß gegen ein allgemeines Verfügungsverbot oder einen allgemeinen Zustimmungsvorbehalt entsprechend § 81 Abs. 1 S. 1 absolut unwirksam (→ Rn. 4 ff.); Leistungen an den Schuldner befreien einen Drittschuldner entsprechend § 82 nur, wenn dieser die Verfügungsbeschränkung nicht kannte (→ Rn. 13 ff.). Gemäß Abs. 2 kann der vorläufige Insolvenzverwalter gem. § 240 S. 2 ZPO unterbrochene Aktivprozesse entsprechend § 85 Abs. 1 S. 1 aufnehmen (→ Rn. 20); die in § 86 genannten Passivprozesse können, wenn die Verfügungsbefugnis insoweit auf einen vorläufigen Insolvenzverwalter übergegangen ist, von diesem und vom Gläubiger aufgenommen werden (→ Rn. 22 f.).

Übersicht

	Rn.		Rn.
A. Rechtsfolgen allgemeiner Verfügungsbeschränkungen (Abs. 1)		II. Entsprechende Anwendung von § 82	13
I. Entsprechende Anwendung von § 81	4	**B. Prozessuale Wirkungen (Abs. 2)**	18

A. Rechtsfolgen allgemeiner Verfügungsbeschränkungen (Abs. 1)

1 Der **Begriff der Verfügung** iSd Abs. 1 erfasst entsprechend der allgemeinen zivilrechtlichen Definition jedes Rechtsgeschäft, durch das auf ein dingliches oder obligatorisches Recht unmittelbar eingewirkt wird, dieses also übertragen, aufgehoben, belastet oder inhaltlich verändert wird (→ § 21 Rn. 35). Verfügungen iSd Abs. 1 sind auch **Prozesshandlungen,** so zB Klagerücknahme, Erledigungserklärung, Rechtsmitteleinlegung und -rücknahme (OLG Bamberg InVo 2006, 184 = BeckRS 2006, 02815; MüKoInsO/Haarmeyer Rn. 12).

2 Da Abs. 1 nicht auf § 91 verweist, hindert die Anordnung einer Verfügungsbeschränkung nach § 21 Abs. 2 S. 1 Nr. 2 nicht den **Rechtserwerb auf sonstige Weise** (BGH NJW 2018, 2049 Rn. 49), beispielsweise kraft Gesetzes gem. §§ 946 ff. BGB (MüKoInsO/Haarmeyer/Schildt Rn. 12), durch Realakt, wie beim Erwerb eines Vermieterpfandrechts durch Einbringung von Sachen (BGHZ 170, 196 Rn. 8 = NJ 2007, 1588 = NZI 2007, 158; BGH NZI 2010, 138 Rn. 27) oder durch Valutierung von Grundschulden (BGH NJW 2018, 2049). Ebenfalls nicht von einer Verfügungsbeschränkung erfasst werden vom Schuldner während des Eröffnungsverfahrens eingegangene **Verpflichtungen** (BGH NJW 2018, 2049 Rn. 53, → § 21 Rn. 36).

3 An die Stelle des Zeitpunkts der Verfahrenseröffnung in § 81 Abs. 2 S. 1, § 82 S. 1 tritt iRv Abs. 1 die **Anordnung der Verfügungsbeschränkung** (AGR/Sander Rn. 5), da Verfügungsbeschränkungen gem. § 21 Abs. 1, § 21 S. 1 Nr. 2 bereits mit ihrer Anordnung wirksam werden (→ § 21 Rn. 144 ff.). Hat der Schuldner am Tag der Anordnung verfügt, wird entsprechend § 81 Abs. 3 vermutet, dass er nach Wirksamwerden der Anordnung verfügt hat.

I. Entsprechende Anwendung von § 81

Verfügungen des Schuldners unter Verstoß gegen ein **allgemeines Verfügungsverbot** oder 4 einen allgemeinen Zustimmungsvorbehalt über einen Gegenstand der künftigen Insolvenzmasse sind entsprechend § 81 Abs. 1 S. 1 nicht nur relativ, sondern absolut unwirksam (BGHZ 166, 74 Rn. 15 = NJW 2006, 1286 = NZI 2006, 224).

Der **Begleichung der Forderung des antragstellenden Gläubigers** durch eine Zahlung 5 des Schuldners aus Mitteln der Insolvenzmasse kommt deshalb keine Erfüllungswirkung zu (LG Hamburg ZInsO 2008, 679 = BeckRS 2008, 12714; AG Göttingen NZI 2011, 594), wenn nicht der vorläufige Insolvenzverwalter diese Zahlung genehmigt. Erklärt der antragstellende Gläubiger den Insolvenzantrag trotzdem für erledigt, begründet die Zahlung keine Erledigung. Ob das Gericht dann – durch Zwischenentscheidung gem. § 4 iVm § 303 ZPO – die Unwirksamkeit der **Erledigungserklärung** wegen Rechtsmissbrauchs feststellen kann (LG Duisburg NZI 2009, 911), erscheint fraglich (vgl. BGH NZI 2020, 1043 Rn. 9). Zweckmäßigerweise sollte der Gläubiger wohl die Zahlung dem Insolvenzgericht gegenüber anzeigen und um einen Hinweis bitten, ob einer Erledigungswirkung Bedenken entgegenstehen (vgl. AG Hamburg ZInsO 2005, 158 = ZVI 2005, 42).

Bei der **Vorausabtretung** von Forderungen ist der Zeitpunkt der Vollendung des Verfügungs- 6 tatbestands maßgeblich, nicht der Zeitpunkt des Entstehens der im Voraus abgetretenen Forderung. War der Schuldner im Zeitpunkt der Vorausabtretung verfügungsbefugt, hindert die spätere Anordnung von Verfügungsbeschränkungen den Rechtserwerb nicht (BGH NZI 2009, 888 Rn. 9 ff.; NZI 2010, 138 Rn. 25 ff.; noch zur KO BGHZ 135, 140 (144 ff.) = NJW 1997, 1857; OLG Köln BeckRS 2008, 08454; FK-InsO/Schmerbach Rn. 10; Krüger/Opp NZI 2010, 672 (673 f.); **aA** OLG Dresden ZInsO 2006, 1057 = BeckRS 2006, 10822; OLG Naumburg ZInsO 2008, 1931 = BeckRS 2008, 21162; Jaeger/Gerhardt Rn. 6; HmbKommInsR/Schröder Rn. 8; Simokat NZI 2012, 57 (58 ff.)). Die spätere Begründung der im Voraus abgetretenen Forderung ist keine Verfügung iSd Abs. 1, sondern ein Rechtserwerb in sonstiger Weise iSd § 91, auf den Abs. 1 gerade nicht verweist und der deshalb von einer Verfügungsbeschränkung nicht beeinträchtigt wird (vgl. BGH NZI 2009, 888 Rn. 14).

Beim **Erwerb von Grundstücken oder Rechten an Grundstücken** gem. § 878 BGB 7 ist der Zeitpunkt des Eintragungsantrags maßgeblich; wird der Antrag vor der Anordnung der Verfügungsbeschränkung gestellt, hindert die spätere Anordnung von Verfügungsbeschränkungen den Eintritt des Verfügungserfolgs nicht (BGH NZI 2012, 614).

Nicht von § 24 Abs. 1 erfasst sind Verfügungen unter Verstoß gegen ein **gegenständlich** 8 **beschränktes Verfügungsverbot** oder einen gegenständlich beschränkten Zustimmungsvorbehalt (HK-InsO/Rüntz/Laroche Rn. 3; **aA** Häsemeyer Rn. 7, 37b; MüKoInsO/Haarmeyer/Schildt Rn. 8 f.; Kießling/Singhof DZWIR 2000, 353 ff.). Das ergibt sich schon aus dem Wortlaut von Abs. 1, der auf die in § 21 Abs. 2 S. 1 Nr. 2 genannten allgemeinen Verfügungsbeschränkungen verweist und entspricht auch dem erklärten Willen des Gesetzgebers, der in § 24 Abs. 1 nur allgemeine Verfügungsbeschränkungen regeln wollte (BT-Drs. 12/2443, 117). Die unterschiedliche Behandlung absoluter und relativer Verfügungsbeschränkungen ist auch insoweit systematisch stimmig, weil die Anordnung einer lediglich auf einzelne Gegenstände beschränkten Verfügungsbeschränkung ohnehin ein nur eingeschränktes Schutzniveau gewährleistet (Jaeger/Gerhardt § 21 Rn. 8 ff.). Die Rechtsfolgen eines Verstoßes gegen eine gegenständlich beschränkte Verfügungsbeschränkung richten sich daher nach den allgemeinen Regelungen der §§ 135, 136 BGB (Uhlenbruck/Vallender Rn. 2; FK-InsO/Schmerbach Rn. 27; KPB/Blankenburg § 21 Rn. 117; Gerhardt ZZP 109 (1996), 413 (423)).

Ein **gutgläubiger Erwerb** ist im Falle eines allgemeinen Verfügungsverbots oder Zustim- 9 mungsvorbehalts ausgeschlossen, soweit nicht einer der in § 81 Abs. 1 S. 2 genannten Gegenstände (Grundstücke, Rechte an eingetragenen Schiffen, Schiffsbauwerken und Luftfahrzeugen) betroffen ist. Bei den genannten Gegenständen kommt ein gutgläubiger Erwerb in Betracht, wenn die Verfügungsbeschränkung (noch) nicht im Grundbuch eingetragen ist (s. dazu OLG Köln BeckRS 2019, 254). Bei gegenständlich beschränkten Verfügungsbeschränkungen ist ein gutgläubiger Erwerb gem. § 135 Abs. 2 BGB möglich (dazu BeckOK BGB/Wendtland BGB § 135 Rn. 11).

Verfügungen unter Verstoß gegen eine gem. § 21 Abs. 2 S. 1 Nr. 2 angeordnete Verfügungsbe- 10 schränkung sind nicht nichtig, sondern nur schwebend unwirksam. Möglich ist daher eine **Genehmigung** durch den vorläufigen oder endgültigen Insolvenzverwalter entsprechend § 185 Abs. 2 S. 1 Var. 1 (OLG Köln ZInsO 2009, 390 = BeckRS 2008, 25333). Durch die Genehmigung wird die Verfügung **ex tunc** wirksam (vgl. Mankowski NZI 2000, 573 f.).

11 Wenn die Verfügungsbeschränkung aufgehoben wird und der Schuldner die **Verfügungsbefugnis zurückerlangt**, wird die Verfügung gem. § 185 Abs. 2 S. 1 Var. 2 BGB ex nunc wirksam (vgl. BGH NJW 2001, 1500 (1501); FK-InsO/Schmerbach Rn. 22; aA AG Hamburg ZIP 2007, 388).

12 Ist eine Verfügung gem. Abs. 1 unwirksam, ist die Leistung gem. §§ 812 ff. zur Masse **zurückzugewähren**. Dem Gläubiger steht ein Anspruch gegen die Masse entsprechend § 81 Abs. 1 S. 3 nur zu, soweit die Masse noch bereichert ist.

II. Entsprechende Anwendung von § 82

13 **Leistungen an den Schuldner** haben bei Anordnung eines allgemeinen Verfügungsverbots oder Zustimmungsvorbehalts entsprechend § 82 nur dann befreiende Wirkung, wenn der Leistende die Verfügungsbeschränkung im Zeitpunkt der Leistung nicht kannte. Das gilt entsprechend, wenn der Schuldner gem. § 362 Abs. 2 BGB, § 185 Abs. 1 BGB eine andere Person zum Empfang der Leistung ermächtigt (OLG Koblenz BeckRS 2017, 147643).

14 Unter den **Begriff der Leistung** iSd § 82 fällt auch die Ausführung eines Überweisungsauftrags zulasten des Kontos des Schuldners (BGH NZI 2006, 175 Rn. 8) oder eine Leistung, die der Auftraggeber gem. § 16 Nr. 6 VOB/B nicht an den Schuldner als Auftragnehmer, sondern an den Subunternehmer überweist (HK-InsO/Rüntz/Laroche Rn. 19).

15 Hat der Drittschuldner **vor der öffentlichen Bekanntmachung** der Verfügungsbeschränkung (§ 23 Abs. 1 S. 1) geleistet, wird entsprechend § 82 S. 2 vermutet, dass er die Anordnung nicht kannte. Wird dem Drittschuldner die Anordnung gem. § 23 Abs. 1 S. 3 vor der Bekanntmachung zugestellt (→ § 23 Rn. 11), gilt die Vermutungswirkung des § 82 S. 2 nur für Leistungen vor der Zustellung (vgl. FK-InsO/Schmerbach Rn. 26).

16 Bei **Leistungen nach Bekanntmachung** bzw. Zustellung obliegt dem Drittschuldner der Beweis, dass er die Anordnung der Verfügungsbeschränkung nicht kannte; für die Zurechnung der Kenntnis gilt § 166 BGB entsprechend. Kreditinstitute müssen darlegen, dass sie organisatorische Vorsorge dafür getroffen haben, dass Informationen über die Eröffnung von Insolvenzverfahren oder die Anordnung von Sicherungsmaßnahmen von den jeweiligen Entscheidungsträgern zur Kenntnis genommen werden (BGH NZI 2006, 175).

17 Kann der Drittschuldner seine Unkenntnis nicht beweisen, tritt **keine Erfüllung gem. § 362 BGB** ein, der Drittschuldner hat nochmals an die Masse zu leisten. Den an den Schuldner geleisteten Betrag kann der Drittschuldner gem. § 812 Abs. 1 S. 2 Var. 2 BGB zurückfordern; der Anspruch ist aber nur einfache Insolvenzforderung iSd § 38.

B. Prozessuale Wirkungen (Abs. 2)

18 Bestellt das Insolvenzgericht einen vorläufigen Insolvenzverwalter und erlegt dem Schuldner ein **allgemeines Verfügungsverbot** auf, geht mit der Verwaltungs- und Verfügungsbefugnis auch die Prozessführungsbefugnis auf den vorläufigen Insolvenzverwalter über; rechtshängige Prozesse werden deshalb schon in den Eröffnungsverfahren gem. § 240 S. 2 ZPO unterbrochen (zur Reichweite der Unterbrechung ausf. → § 22 Rn. 103).

19 Erlässt das Gericht ein auf den jeweiligen Streitgegenstand **gegenständlich beschränktes Verfügungsverbot**, geht damit insoweit ebenfalls die Prozessführungsbefugnis auf den vorläufigen Insolvenzverwalter über, auch dann wird der Rechtsstreit entsprechend § 240 S. 2 ZPO unterbrochen (BGH NZI 2013, 747 Rn. 13 ff.; ausf. → § 22 Rn. 109).

20 Ist die Prozessführungsbefugnis für einen **Aktivprozess** auf den vorläufigen Insolvenzverwalter übergegangen und dieser deshalb gem. § 240 S. 2 ZPO unterbrochen, kann der vorläufige Insolvenzverwalter den Rechtsstreit gem. § 85 Abs. 1 S. 1 aufnehmen. Die Aufnahme erfolgt gem. § 250 ZPO durch Zustellung eines bei Gericht einzureichenden Schriftsatzes an den Prozessgegner (s. ausf. BeckOK ZPO/Jaspersen ZPO § 250 Rn. 2 ff.).

21 Nicht entsprechend anwendbar ist aufgrund der eindeutigen Formulierung des Abs. 2 die Regelung des § 85 Abs. 1 S. 2; der vorläufige Insolvenzverwalter kann daher nicht vom Prozessgegner gem. § 239 Abs. 2–4 ZPO (s. ausf. BeckOK ZPO/Jaspersen ZPO § 239 Rn. 46 ff.) zur **Entscheidung über die Aufnahme** gezwungen werden (ausf. MüKoInsO/Haarmeyer/Schildt Rn. 23). Dem Prozessgegner ist es in diesen Fällen zuzumuten, die Entscheidung über die Verfahrenseröffnung abzuwarten (BT-Drs. 12/2443, 117).

22 Die in § 86 genannten **Passivprozesse** auf Aussonderung eines Gegenstands aus der Insolvenzmasse, auf abgesonderte Befriedigung und auf Zahlung einer Masseverbindlichkeit gem. § 55 Abs. 2 (s. Jaeger/Gerhardt Rn. 15) können im Eröffnungsverfahren sowohl durch den starken vorläufigen Insolvenzverwalter als auch durch den Gegner aufgenommen werden.

Aufhebung der Sicherungsmaßnahmen § 25 InsO

Nimmt der Gläubiger einen Rechtsstreit iSd § 86 Abs. 1 auf, kann der vorläufige Insolvenzverwalter entsprechend § 86 Abs. 2 ein **sofortiges Anerkenntnis** abgeben (ausf. → § 86 Rn. 28 ff.), mit der Folge, dass die Kosten des Rechtsstreits keine Masseverbindlichkeiten, sondern lediglich Insolvenzforderungen darstellen. 23

§ 25 Aufhebung der Sicherungsmaßnahmen

(1) Werden die Sicherungsmaßnahmen aufgehoben, so gilt für die Bekanntmachung der Aufhebung einer Verfügungsbeschränkung § 23 entsprechend.

(2) ¹Ist die Verfügungsbefugnis über das Vermögen des Schuldners auf einen vorläufigen Insolvenzverwalter übergegangen, so hat dieser vor der Aufhebung seiner Bestellung aus dem ihm verwalteten Vermögen die entstandenen Kosten zu berichtigen und die von ihm begründeten Verbindlichkeiten zu erfüllen. ²Gleiches gilt für die Verbindlichkeiten aus einem Dauerschuldverhältnis, soweit der vorläufige Insolvenzverwalter für das von ihm verwaltete Vermögen die Gegenleistung in Anspruch genommen hat.

Überblick

Die Vorschrift regelt die Folgen einer Aufhebung von Sicherungsanordnungen, wenn es nicht zur Eröffnung eines Insolvenzverfahrens kommt. Gemäß Abs. 1 ist die Aufhebung der Sicherungsmaßnahmen entsprechend § 23 bekanntzumachen (→ Rn. 4 f.). Soweit die Verfügungsbefugnis während des Eröffnungsverfahrens auf einen vorläufigen Insolvenzverwalter übergegangen ist, bestimmt Abs. 2, dass dieser aus der Insolvenzmasse die Kosten und die von ihm begründeten Masseverbindlichkeiten zu erfüllen hat, bevor seine Bestellung aufgehoben wird (→ Rn. 7 ff.).

A. Aufhebung von Sicherungsanordnungen

Beide Absätze des § 25 gelten in sämtlichen Fälle, in denen ein Insolvenzverfahren nicht eröffnet wird und zuvor erlassene Sicherungsanordnungen aufgehoben werden. 1

Sicherungsanordnungen treten nicht allein dadurch außer Kraft, dass der Eröffnungsantrag für erledigt erklärt oder zurückgenommen wird (BGH NZI 2008, 100); das Insolvenzgericht hat daher im Falle einer **Rücknahme oder Erledigung** des Antrags die zuvor erlassenen Sicherungsanordnungen unverzüglich aufzuheben. Gleiches gilt, wenn der Insolvenzantrag **mangels Masse** gem. § 26 Abs. 1 S. 1 abgewiesen wird. 2

§ 25 ist außerdem anwendbar bei der **isolierten Aufhebung einzelner oder aller Sicherungsanordnungen** durch das Insolvenzgericht oder das Beschwerdegericht (Prager/Thiemann NZI 2001, 634 (636)), beispielsweise weil die Sicherungsanordnungen unverhältnismäßig geworden sind. 3

B. Bekanntmachung der Aufhebung (Abs. 1)

Die Aufhebung von Verfügungsbeschränkungen ist entsprechend § 23 bekannt zu machen. Anwendbar sind die Vorschriften über die **Veröffentlichung** (→ § 23 Rn. 1 ff.), die Mitteilungen an **Registergerichte** (→ § 23 Rn. 12 f.) und das **Grundbuchamt** bzw. entsprechende Register (→ § 23 Rn. 16 f.). 4

Eine **Zustellung** des Beschlusses an den Schuldner, an den vorläufigen Insolvenzverwalter und Drittschuldner entsprechend § 23 Abs. 1 S. 2 ist zulässig, aber nicht erforderlich (aA AGR/Sander Rn. 8: auch Zustellungen gem. § 23 Abs. 1 S. 2 zwingend). 5

Zweckmäßig dürfte es sein, Antragsteller, Schuldner und vorläufigem Insolvenzverwalter sowie sämtlichen Stellen, die eine Abschrift der Anordnungen erhalten haben, jedenfalls eine **formlose Mitteilung** über die Aufhebung der Sicherungsmaßnahmen zu übersenden (→ § 23 Rn. 14; ausf. FK-InsO/Schmerbach Rn. 16). 6

C. Abwicklung einer vorläufigen Insolvenzverwaltung (Abs. 2)

Im Falle einer Eröffnung des Insolvenzverfahrens sind die Massegläubiger durch § 55 Abs. 2 geschützt; die Kosten des Insolvenzverfahrens und damit auch der Vergütungsanspruch des vorläufigen Insolvenzverwalters sind gem. §§ 53, 54 Nr. 2 vorrangig zu bedienen. Wird das Verfahren nicht eröffnet, fehlt ein solcher Schutz weitgehend (s. zum Vergütungsanspruch des vorläufigen 7

Kopp

Insolvenzverwalters ausf. Graeber ZInsO 2013, 2083). Die Regelung in Abs. 2 soll vor diesem Hintergrund verhindern, dass über die durch einen vorläufigen Insolvenzverwalter begründeten Verbindlichkeiten nach der Aufhebung der Anordnung später Streit entsteht (BT-Drs. 12/2443, 118).

8 Die Regelung ist entsprechend anwendbar auf die Erfüllung von **Ersatzaussonderungs- und Ersatzabsonderungsansprüchen** (HK-InsO/Rüntz/Laroche Rn. 6; vgl. BGH NZI 2007, 338 (339)), insbesondere wenn der vorläufige Insolvenzverwalter aufgrund gerichtlicher Ermächtigung gem. **§ 21 Abs. 2 S. 1 Nr. 5** zur Sicherheit abgetretene Forderungen eingezogen hat (Kuder ZIP 2007, 1690 (1695); vgl. auch BGH NZI 2007, 338).

I. Abwicklung durch den starken vorläufigen Insolvenzverwalter

9 Dem umfassend verfügungsbefugten **starken vorläufigen Insolvenzverwalter** (→ § 21 Rn. 43) ist die Möglichkeit zu geben, die Verfahrenskosten gem. § 54 zu berichtigen und sämtliche Masseverbindlichkeiten zu erfüllen, auch diejenigen, die sich aus einem Dauerverhältnis ergeben, soweit der starke vorläufige Insolvenzverwalter die Gegenleistung in Anspruch genommen hat (Abs. 2 S. 2 iVm § 55 Abs. 2 S. 2).

II. Abwicklung durch den schwachen vorläufigen Insolvenzverwalter

10 Einer Anwendung des Abs. 2 auf den mit Einzelermächtigung ausgestatteten **schwachen vorläufigen Insolvenzverwalter** (→ § 21 Rn. 50 ff.) steht entgegen, dass die Vorschrift ausdrücklich von dem vom vorläufigen Insolvenzverwalter „verwalteten Vermögen" spricht, es ein solches bei einem schwachen vorläufigen Insolvenzverwalter aber grundsätzlich nicht gibt (MüKoInsO/ Haarmeyer/Schildt Rn. 8). Auch mit der Einzelermächtigung zur Begründung von Masseverbindlichkeiten werden dem vorläufigen Insolvenzverwalter keine Verfügungsbefugnisse, sondern lediglich „Verpflichtungsbefugnisse" verliehen; Ähnliches gilt im Falle einer Ermächtigung gem. § 21 Abs. 2 S. 1 Nr. 5 (N. Schmidt/Frenzel/Gundlach DZWIR 2003, 309 (310)).

11 Trotzdem wird eine **entsprechende Anwendung** auf den schwachen vorläufigen Insolvenzverwalter befürwortet, insbesondere wenn das Gericht diesen ermächtigt hatte, Masseverbindlichkeiten zu begründen (vgl. BGH NZI 2007, 338 Rn. 12 ff.; LG Frankenthal NZI 2013, 1030; AG Duisburg DZWIR 2000, 306; HmbKommInsR/Schröder Rn. 11; MüKoInsO/Haarmeyer/ Schildt Rn. 8; Uhlenbruck/Vallender Rn. 6; FK-InsO/Schmerbach Rn. 19; Braun/Böhm Rn. 8). Dies dürfte insbesondere der praktischen Erwägung Rechnung tragen, dass Forderungen von Massegläubigern auch im Falle einer Nichteröffnung abgesichert sein sollen.

12 Unabhängig davon kann das Insolvenzgericht dem vorläufigen Insolvenzverwalter vor der Aufhebung seiner Bestellung im Wege einer weiteren, auf § 21 Abs. 1 gestützten **Einzelermächtigung** die Verfügungsbefugnis über das Vermögen des Schuldners insoweit verleihen, als dies **zur Erfüllung** der vom vorläufigen Verwalter begründeten Masseverbindlichkeiten oder der sich sonst ergebenden Ersatzabsonderungsansprüche erforderlich ist (ähnlich MüKoInsO/Haarmeyer, 3. Aufl. 2013, Rn. 8).

13 Der **Umfang** der im Rahmen einer solchen „Nachtragsermächtigung" verliehenen Verfügungsbefugnis kann aber nicht weiter gehen, als dies zum Schutz der Massegläubiger oder Absonderungsberechtigten erforderlich ist. Ist der Insolvenzverwalter ermächtigt worden, Masseverbindlichkeiten zu begründen, muss das Gericht ihm die Befugnis verleihen, diese vor der Aufhebung der Bestellung zu erfüllen; ist der schwache vorläufige Insolvenzverwalter gem. § 21 Abs. 2 S. 1 Nr. 5 zum Forderungseinzug ermächtigt worden, ist ihm vor der Aufhebung seiner Bestellung die Befugnis zu verleihen, aus den gesondert verwahrten Mitteln die ersatzabsonderungsberechtigten Gläubiger zu befriedigen (→ Rn. 8).

14 Zur Berichtigung der **Kosten des Verfahrens** gem. § 54 Nr. 2 kann der schwache vorläufige Insolvenzverwalter nur ermächtigt werden, wenn ihm im Eröffnungsverfahren die Kassenführungsbefugnis übertragen worden ist und er damit über die Massemittel des Schuldners ähnlich wie ein starker vorläufiger Insolvenzverwalter verfügen konnte (Jaeger/Gerhardt Rn. 4; weitergehend AG Duisburg DZWIR 2000, 306; K. Schmidt InsO/Hölzle Rn. 7; Gundlach/Frenzel/N. Schmidt DZWIR 2003, 309 (310 f.)).

III. Störungen der Abwicklung

15 Kommt es bei der Abwicklung gem. Abs. 2 zu **Verzögerungen,** kann das Gericht die Sicherungsanordnungen insoweit aufheben bzw. dahingehend einschränken, dass der vorläufige Insolvenzverwalter lediglich noch ermächtigt bleibt, aus der Insolvenzmasse einen Betrag zurückzuhalten und zu ver-

walten, der erforderlich ist, um Kosten und Masseverbindlichkeiten zu erfüllen (LG Duisburg NZI 2001, 382; FK-InsO/Schmerbach Rn. 20; HmbKommInsR/Schröder Rn. 6, 11 aE).

Sind Masseverbindlichkeiten **noch nicht fällig oder streitig,** kann der vorläufige Insolvenz- 16 verwalter die zur Erfüllung erforderlichen Beträge entsprechend § 198 hinterlegen (FK-InsO/ Schmerbach Rn. 31; MüKoInsO/Haarmeyer/Schildt Rn. 25).

Reicht die Masse des vorläufigen Insolvenzverfahrens nicht zur Berichtigung sämtlicher Masse- 17 verbindlichkeiten, gilt **§ 209 Abs. 1 Nr. 1, 3** entsprechend, sodass der vorläufige Insolvenzverwalter zunächst die Kosten des Verfahrens einschließlich seiner Vergütung berichtigen darf (AG Duisburg DZWIR 2000, 306).

Verstößt das Gericht gegen die Regelung in Abs. 2 und hebt die Bestellung des vorläufigen 18 Insolvenzverwalters vorzeitig auf, kann dies **Amtshaftungsansprüche** des vorläufigen Insolvenzverwalters und geschädigter Massegläubiger nach sich ziehen (HK-InsO/Rüntz/Laroche Rn. 4).

§ 26 Abweisung mangels Masse

(1) ¹Das Insolvenzgericht weist den Antrag auf Eröffnung des Insolvenzverfahrens ab, wenn das Vermögen des Schuldners voraussichtlich nicht ausreichen wird, um die Kosten des Verfahrens zu decken. ²Die Abweisung unterbleibt, wenn ein ausreichender Geldbetrag vorgeschossen wird oder die Kosten nach § 4a gestundet werden. ³Der Beschluss ist unverzüglich öffentlich bekannt zu machen.

(2) ¹Das Gericht ordnet die Eintragung des Schuldners, bei dem der Eröffnungsantrag mangels Masse abgewiesen worden ist, in das Schuldnerverzeichnis nach § 882b der Zivilprozessordnung an und übermittelt die Anordnung unverzüglich elektronisch dem zentralen Vollstreckungsgericht nach § 882h Abs. 1 der Zivilprozessordnung. ²§ 882c Abs. 3 der Zivilprozessordnung gilt entsprechend.

(3) ¹Wer nach Absatz 1 Satz 2 einen Vorschuß geleistet hat, kann die Erstattung des vorgeschossenen Betrages von jeder Person verlangen, die entgegen den Vorschriften des Insolvenz- oder Gesellschaftsrechts den Antrag auf Eröffnung des Insolvenzverfahrens pflichtwidrig und schuldhaft nicht gestellt hat. ²Ist streitig, ob die Person pflichtwidrig und schuldhaft gehandelt hat, so trifft sie die Beweislast.

(4) ¹Zur Leistung eines Vorschusses nach Absatz 1 Satz 2 ist jede Person verpflichtet, die entgegen den Vorschriften des Insolvenz- oder Gesellschaftsrechts pflichtwidrig und schuldhaft keinen Antrag auf Eröffnung des Insolvenzverfahrens gestellt hat. ²Ist streitig, ob die Person pflichtwidrig und schuldhaft gehandelt hat, so trifft sie die Beweislast. ³Die Zahlung des Vorschusses kann der vorläufige Insolvenzverwalter sowie jede Person verlangen, die einen begründeten Vermögensanspruch gegen den Schuldner hat.

Überblick

§ 26 ist eine der zentralsten Vorschriften der InsO. Sie ist die Weichenstellung dafür, ob das Insolvenzverfahren eröffnet wird und damit das Schuldnervermögen dem Regime der InsO unterworfen wird. Dies ist dann der Fall, wenn das Schuldnervermögen ausreichend ist (→ Rn. 13), wobei eine Abweisung auch durch Vorschuss eines ausreichenden Betrags (→ Rn. 16) oder die Stundung der Kosten (→ Rn. 19) vermieden werden kann. Wird gegen die Vorschusspflicht verstoßen, besteht ein Rückgriffsanspruch desjenigen, der den Vorschuss geleistet hat (→ Rn. 20).

Übersicht

	Rn.		Rn.
A. Normzweck	1	7. Rückgriffsanspruch gegen antragspflichtige Person	20
B. Regelungsinhalt	6		
I. Entscheidung des Gerichts	6	II. Folgen der Abweisung	22
1. Prognoseentscheidung	8	1. Abweisung mangels Masse	22
2. Verfahrenskosten	11	2. Öffentliche Bekanntmachung	23
3. Ausreichendes Schuldnervermögen	13	3. Eintragung in das Schuldnerverzeichnis	24
4. Kostendeckung	15	4. Rechtsmittel gegen den Abweisungsbeschluss	26
5. Massekostenvorschuss	16		
6. Stundung der Kosten	19	5. Kosten	29

A. Normzweck

1 Die Vorschrift verfolgt den Zweck, dass ein Insolvenzverfahren nur dann stattfinden soll, wenn die vorhandene Masse ausreicht, die Kosten zur Verfahrensdurchführung zu decken. Steht also schon vor Eröffnung des Insolvenzverfahrens fest, dass dies nicht der Fall sein wird, haben weder das Gericht noch die Gläubiger ein Interesse an einer Verfahrensdurchführung.

2 Im Sinne der Warnfunktion des Schuldnerverzeichnisses soll der Rechtsverkehr durch Abs. 2 vor Geschäften mit unzuverlässigen Schuldnern geschützt werden (BVerfG NJW 1988, 3009). Daher wird die Abweisung mangels Masse in das Schuldnerverzeichnis eingetragen.

3 Zum Zwecke der Missbrauchsvermeidung gewährt Abs. 3 dem Vorschussleistenden einen Ersatzanspruch gegen die zur Antragsstellung verpflichteten Organe. Anwendung findet Abs. 3 auch in den Fällen der Einstellung des Verfahrens (§ 207 Abs. 1 S. 2).

4 Abs. 4 normiert einen Haftungstatbestand zulasten des Insolvenzantragspflichtigen und soll diese anhalten, rechtzeitig Insolvenzantrag zu stellen. Damit sollen im Sinne der Ordnungsfunktion des Insolvenzrechts (HmbKommInsR/Schmidt § 1 Rn. 21) mehr Verfahren zur Eröffnung gelangen.

5 Die Möglichkeit der Abweisung mangels Masse besteht bei sämtlichen Arten von Insolvenzverfahren (MüKoInsO/Haarmeyer Rn. 1).

B. Regelungsinhalt

I. Entscheidung des Gerichts

6 Die Ermittlung der Verfahrenskostendeckung erfolgt von Amts wegen (§ 5 Abs. 1) durch das Insolvenzgericht (BGH NZI 2011, 106). Maßgebend hierfür ist der Zeitpunkt des Insolvenzantrags. Das Gericht bedient sich bei dieser Aufgabe ggf. Sachverständiger oder gem. § 22 Abs. 1 S. 2 Nr. 3 des vorläufigen Insolvenzverwalters. Es hat eine umfassende Ermittlung aller entscheidungsrelevanter Umstände zu erfolgen. Das Gericht darf sich insbesondere nicht ohne weiteres auf die Angaben des Schuldners verlassen (BGH NZI 2009, 233 (234)).

7 Vor Erlass des Abweisungsbeschlusses ist dem Schuldner rechtliches Gehör zu gewähren (Jaeger/Schilken Rn. 34).

1. Prognoseentscheidung

8 In jedem Fall bleibt die Entscheidung des Gerichts aber eine Prognoseentscheidung. Neben den Erkenntnissen des Sachverständigen oder des vorläufigen Insolvenzverwalters lässt das Gericht auch seine eigenen Erfahrungswerte in diese Entscheidung einfließen.

9 Als Leitlinie kann zudem die von der BAKinso am 20.11.2008 herausgegebene „Empfehlung an die Insolvenzgerichte" für eine Gutachtenerstellung im Unternehmensinsolvenzverfahren dienen (ZInsO 2009, 22 ff.).

10 In der Prognoseentscheidung unberücksichtigt bleiben vorhandene und voraussichtlich entstehende Masseverbindlichkeiten wie etwa Sicherungs- und Verwaltungskosten.

2. Verfahrenskosten

11 Die Kostendeckung bezieht sich auf die gesamten Kosten des Verfahrens (Uhlenbruck/Vallender/Hirte Rn. 5 ff.). Davon erfasst sind nach § 54 die Gerichtskosten für das Insolvenzverfahren sowie die Vergütungen und Auslagen des vorläufigen Insolvenzverwalters, des Insolvenzverwalters und der Mietglieder des Gläubigerausschusses (BGH NZI 2011, 6). Nicht zu den Kosten zählen die in § 55 genannten sonstigen Masseverbindlichkeiten (hM, vgl. AG Hamburg NZI 2000, 140; FK-InsO/Schmerbach Rn. 11 mwN; aA Nerlich/Römermann/Mönning/Zimmermann Rn. 52).

12 Da sich die Verfahrenskosten überwiegend nach dem Wert der Insolvenzmasse zum Zeitpunkt der Verfahrensbeendigung berechnen (vgl. etwa § 58 GKG), sind die angenommenen Werte mit Unsicherheiten behaftet, worin sich der Prognosecharakter der Entscheidung widerspiegelt.

3. Ausreichendes Schuldnervermögen

13 Im Vergleich zu den Verfahrenskosten muss ein ausreichendes Schuldnervermögen, die sog. Teilungsmasse, vorhanden sein. Entscheidend ist auch insofern der Wert der Masse zum voraussichtlichen Verfahrensende. Angesichts der offenkundigen Schwierigkeiten, diesen Wert bereits im Insolvenzeröffnungsverfahren zu bestimmen, kann es sich nur um Schätzungen handeln.

Zum Schuldnervermögen sind alle Vermögensgegenstände zu zählen, auf welche im eröffneten **14**
Verfahren zugegriffen werden kann. Erfasst ist nicht nur pfändbares bestehendes Vermögen, sondern auch pfändbares Vermögen, das der Schuldner während des Insolvenzverfahrens erlangt. Hiervon erfasst sind Organhaftungsansprüche der Schuldnerin, Vermögenswerte aus Insolvenzanfechtung nach den §§ 129 ff. oder Ersatzleistungen aus Haftungsansprüchen (§§ 92, 93), welche jeweils durch den Insolvenzverwalter realisiert werden. Bei Forderungen des Schuldners ist aber eine vorsichtige Betrachtungsweise angezeigt, ggf. eine Wertberichtigung vorzunehmen und der voraussichtliche Realisierungswert anzusetzen (HK-InsO/Kirchhof Rn. 6, AG Hamburg ZInsO 2006, 51).

4. Kostendeckung

Eine Kostendeckung ist dann gegeben, wenn das Schuldnervermögen die Verfahrenskosten **15**
übersteigt. Nach Ansicht des BGH muss dies für eine angemessene Zeit nach Verfahrenseröffnung der Fall sein und das Schuldnervermögen liquide vorhanden sein, wobei auf einen Zeitraum von einem Jahr nach Verfahrenseröffnung abgestellt werden kann (BGH NZI 2004, 30).

5. Massekostenvorschuss

Die Abweisung mangels Masse unterbleibt, wenn ein ausreichender Geldbetrag vorgeschossen **16**
wird. Hierzu sind alle von der Insolvenz Betroffenen berechtigt, dh die Insolvenzgläubiger und auch der Schuldner. Letzterer kann den Vorschussbetrag etwa aus seinem unpfändbaren Einkommen leisten. Ferner kommen auch unbeteiligte Dritte in Betracht (HmbKommInsR/Denkhaus Rn. 36). Nicht vorschussberechtigt ist hingegen der Insolvenzverwalter selbst. Nach Abs. 4 kann eine Vorschusspflicht bestehen, wenn entgegen gesetzlicher Vorschriften pflichtwidrig und schuldhaft kein Antrag auf Eröffnung des Insolvenzverfahrens gestellt wurde. Dann können die Personen, welche zur Antragstellung gesetzlich verpflichtet sind, gerichtlich zur Vorschussleistung verpflichtet werden. Nach richtiger Ansicht sind hierfür die ordentlichen Gerichte zuständig, eine eigene Entscheidungsermächtigung des Insolvenzgerichts enthält die Norm nicht (AG Hannover NZI 2020, 111 mAnm Farian; aA AG Hamburg BeckRS 2016, 130024).

Der Vorschuss kann entweder unmittelbar einbezahlt werden oder durch eine entsprechende **17**
Garantieerklärung geleistet werden (sog. Massekostengarantie) (BGH NZI 2002, 601 (602)). Ein nicht aufgebrauchter Vorschuss ist an den Vorschussleistenden zurückzubezahlen (OLG Frankfurt ZIP 1986, 931).

Ein förmlicher Beschluss zur Aufforderung der Vorschussleistung ist gesetzlich nicht geregelt **18**
und auch nicht erforderlich (KPB/Pape Rn. 18). Zwar erfolgt die Vorschussleistung regelmäßig durch Aufforderung des Gerichts. In Rechtskraft erwachsen kann sie jedoch nicht (Jaeger/Schilken Rn. 67).

6. Stundung der Kosten

Im Verbraucher- und Restschuldbefreiungsverfahren besteht eine Erleichterung dahingehend, **19**
dass bei Vorliegen der Voraussetzungen der §§ 4a–d und entsprechender Antragstellung durch den Schuldner als natürliche Person die Möglichkeit der Stundung der Kosten besteht. Ein solcher Antrag ist vor dem Erlass des Abweisungsbeschlusses nach § 26 Abs. 1 zu prüfen (BGH NJW-RR 2012, 503).

7. Rückgriffsanspruch gegen antragspflichtige Person

Wird gegen die Pflicht zur Insolvenzantragstellung verstoßen, so hat der Vorschussleistende **20**
gegen die antragspflichtige Person einen Anspruch auf Erstattung des vorgeschossenen Betrags. Mehrere antragspflichtige Personen haften dabei gesamtschuldnerisch (HK-InsO/Kirchof Rn. 42). Der Erstattungsanspruch erfasst nur die Beträge, die zum Zwecke der Verhinderung der Abweisung mangels Masse vorgeschossen wurden (BGH ZInsO 2003, 28).

Gemäß Abs. 3 S. 2 besteht insofern eine die Durchsetzung des Erstattungsanspruchs erleich- **21**
ternde Vermutung. Die antragspflichtige Person kann im Hinblick auf die Pflichtwidrigkeit und das Verschulden den Entlastungsbeweis führen. Hierfür muss er darlegen, dass die Antragstellung rechtzeitig erfolgte oder dass besondere Umstände vorgelegen haben, wegen derer die Verzögerung nicht pflichtwidrig und nicht schuldhaft verursacht wurde (HmbKommInsR/Denkhaus Rn. 53; → Rn. 21.1).

21.1 Für den Rückgriffsanspruch unerheblich ist es, wenn das Insolvenzgericht fehlerhaft vom Fehlen einer verfahrenskostendeckenden Masse ausgegangen ist (BGH NZI 2009, 233). Der Prognosecharakter der Entscheidung des Insolvenzgerichts zur Abweisung mangels Masse darf nicht zum Verlust des Rückgriffsanspruchs führen; der Vorschussleistende darf darauf vertrauen, dass ihm die Regressmöglichkeit nach Abs. 3 erhalten bleibt, wenn das Gericht den Insolvenzantrag ohne Vorschussleistung mangels Masse abweisen würde.

II. Folgen der Abweisung

1. Abweisung mangels Masse

22 Die Abweisung mangels Masse führt bei der GmbH, der AG, der KGaA und der Genossenschaft zur Auflösung (§ 60 Abs. 1 Nr. 5 GmbHG, § 262 Abs. 1 Nr. 4 AktG, § 289 Abs. 2 Nr. 1 AktG, § 81a Nr. 1 GenG). Auch die OHG, die KG und die GmbH & Co. KG wird bei Abweisung des Insolvenzantrags mangels Masse aufgelöst (§§ 161 Abs. 2, 131 Abs. 2 Nr. 1 HGB), bei denen kein letztlich persönlich haftender Gesellschafter eine natürliche Person ist. Gleiches gilt für die PartG und die PartGmbB (§ 9 Abs. 1 PartGG, § 131 Abs. 2 Nr. 1 HGB). Maßgeblich dafür ist die Rechtskraft des Beschlusses.

2. Öffentliche Bekanntmachung

23 Die Entscheidung des Gerichts über die Abweisung mangels Masse ist unverzüglich, dh nicht erst nach Rechtskraft, öffentlich bekanntzumachen (§ 9). Sie löst die Zustellungsfiktion des § 9 Abs. 3 aus (K. Schmidt InsO/Keller Rn. 48).

3. Eintragung in das Schuldnerverzeichnis

24 Die Abweisung mangels Masse ist in das Schuldnerverzeichnis einzutragen, das bei den Vollstreckungsgerichten geführt wird (§§ 882b ff. ZPO). Hierdurch soll der Rechtsverkehr vor Personen geschützt werden, bei denen der Eröffnungsantrag mangels Masse abgewiesen worden ist.

25 Die Eintragung in das Schuldnerverzeichnis erfolgt erst nach Eintritt der Rechtskraft des Beschlusses über die Abweisung mangels Masse (Uhlenbruck/Vallender Rn. 46).

4. Rechtsmittel gegen den Abweisungsbeschluss

26 Im Falle der Abweisung mangels Masse steht dem Antragsteller und auch dem Schuldner das Rechtsmittel der sofortigen Beschwerde zu. Das Beschwerdegericht hat dann alle Voraussetzungen des § 26 zu überprüfen (MüKoInsO/Haarmeyer Rn. 38).

27 Der antragstellende Gläubiger kann die Aufhebung des Abweisungsbeschlusses auch noch in der Beschwerdeinstanz erreichen, indem er einen Kostenvorschuss einzahlt oder den Antrag zurücknimmt (LG Potsdam ZInsO 2002, 779).

28 Nicht anfechtbar ist die mit der Abweisungsentscheidung ergehende Kostenentscheidung (LG München I ZInsO 2002, 42).

5. Kosten

29 Bei Abweisung des Insolvenzantrags eines Gläubigers nach Abs. 1 werden die Verfahrenskosten einschließlich der Auslagen nach hM in entsprechender Anwendung von § 91 ZPO dem Schuldner auferlegt. Der Antragsteller ist dabei so zu behandeln, als habe er vollumfänglich obsiegt. Sein Antrag wurde nur aus Gründen abgewiesen, die ausschließlich in der Person des Schuldner liegen (OLG Köln NZI 2000, 374; Nehrlich/Römermann/Mönning/Zimmermann Rn. 154; aA LG Münster NZI 2000, 383; zum Streitstand Jaeger/Schilken Rn. 72 ff.). Zu beachten ist jedoch, dass der Gläubiger nach §§ 23 Abs. 1, 31 GKG Zweitschuldner ist.

30 Aus Sicht des Gläubigers besteht das Kostenrisiko darin, die gerichtlichen Kosten und Auslagen zu tragen. Hierzu zählen neben der Gebühr gem. § 3 Abs. 2 GKG iVm Nr. 2311 KV GKG für das Eröffnungsverfahren auch die gerichtliche Auslagen des Verfahrens (KV GKG 9000 ff.), etwa die Kosten gerichtlicher Zustellungen nach KV GKG 9002 und die Kosten öffentlicher Bekanntmachungen nach KV GKG 9004. Die Kosten für die Vergütung des vorläufigen Insolvenzverwalters hat der Gläubiger als Zweitschuldner jedoch grundsätzlich nicht zu tragen. Diese gehören nicht zu den nach § 23 Abs. 1 S. 2 GKG erstattungsfähigen Auslagen (BGH ZIP 2008, 228 (229)). Auch etwaige Sachverständigenkosten sind nicht vom Gläubiger zu tragen (AG Göttingen ZIP 2009, 1532; aA OLG Düsseldorf ZIP 2009, 1172).

§ 26a Vergütung des vorläufigen Insolvenzverwalters

(1) Wird das Insolvenzverfahren nicht eröffnet, setzt das Insolvenzgericht die Vergütung und die zu erstattenden Auslagen des vorläufigen Insolvenzverwalters durch Beschluss fest.

(2) ¹Die Festsetzung erfolgt gegen den Schuldner, es sei denn, der Eröffnungsantrag ist unzulässig oder unbegründet und den antragstellenden Gläubiger trifft ein grobes Verschulden. ²In diesem Fall sind die Vergütung und die zu erstattenden Auslagen des vorläufigen Insolvenzverwalters ganz oder teilweise dem Gläubiger aufzuerlegen und gegen ihn festzusetzen. ³Ein grobes Verschulden ist insbesondere dann anzunehmen, wenn der Antrag von vornherein keine Aussicht auf Erfolg hatte und der Gläubiger dies erkennen musste. ⁴Der Beschluss ist dem vorläufigen Verwalter und demjenigen, der die Kosten des vorläufigen Insolvenzverwalters zu tragen hat, zuzustellen. ⁵Die Vorschriften der Zivilprozessordnung über die Zwangsvollstreckung aus Kostenfestsetzungsbeschlüssen gelten entsprechend.

(3) ¹Gegen den Beschluss steht dem vorläufigen Verwalter und demjenigen, der die Kosten des vorläufigen Insolvenzverwalters zu tragen hat, die sofortige Beschwerde zu. ²§ 567 Absatz 2 der Zivilprozessordnung gilt entsprechend.

Überblick

Sofern das Insolvenzverfahren nicht eröffnet wird, setzt das Insolvenzgericht (→ Rn. 3) die Vergütung (→ Rn. 4) des Insolvenzverwalters fest. Sie ist grundsätzlich vom Schuldner (→ Rn. 5), in Ausnahmefällen vom antragstellenden Gläubiger (→ Rn. 6) zu tragen.

A. Normzweck

Die durch das ESUG neu eingeführte und mit dem Gesetz zur Verkürzung des Restschuldbefreiungsverfahrens und zur Stärkung der Gläubigerrechte v. 15.7.2013 (BGBl. I 2379) modifizierte Vorschrift stellt klar, dass auch im Falle der Nichteröffnung des Insolvenzverfahrens das Insolvenzgericht für die Festsetzung der Vergütung und Auslagen des vorläufigen Insolvenzverwalters zuständig ist. Ohne Relevanz ist dabei die Frage, ob die Verfügungsbefugnis über das Vermögen des Schuldners bereits auf den vorläufigen Insolvenzverwalter übergegangen ist, da das Gesetz nicht nach der Art des vorläufigen Verwalters unterscheidet (K. Schmidt InsO/Vuia Rn. 3). Ebenso wenig ist entscheidend, ob das Verfahren mangels Masse, infolge einer Rücknahme oder sonstigen Erledigung des Eröffnungsantrags nicht eröffnet wurde. 1

Die Vorschrift gilt analog auch für die Bestellung eines Sachwalters (AG Hamburg ZIP 2014, 237) und ist nur für Insolvenzanträge ab dem 1.7.2014 anwendbar. 2

B. Regelungsinhalt

Für die durch Beschluss ergehende Entscheidung ist der Richter gem. § 18 Abs. 1 Nr. 1 RPflG funktionell zuständig (AG Hamburg NZI 2015, 224). Der vorläufige Verwalter erhält einen vorläufig vollstreckbaren Titel iSd § 794 Abs. 1 Nr. 2 ZPO (Abs. 2 S. 5). 3

I. Vergütung und Auslagen

Die Vergütung und die Auslagen des vorläufigen Verwalters materiell ergeben sich über die Verweisung in § 21 Abs. 2 Nr. 1 aus § 65 iVm §§ 10 ff. InsVV. 4

II. Kostenlast

Grundsätzlich sind die Kosten für den vorläufigen Verwalter gegen den Schuldner festzusetzen. 5

Eine Ausnahme sieht die Vorschrift in engen Grenzen jedoch für den Fall eines unzulässigen oder unbegründeten Gläubigerantrags vor. Sofern den antragstellenden Gläubiger insofern ein grobes Verschulden trifft, erfolgt die Festsetzung gegen den antragstellenden Gläubiger. Nach Formulierung des Rechtsausschusses ist dies der Fall bei Vorsatz oder eine Außerachtlassung der nach den Umständen erforderlichen Sorgfalt in besonders schwerem Maße, also die Nichtbeachtung dessen, was im gegebenen Fall jedem einleuchten musste (BT-Drs. 17/13535, 27). Nach dem Regelbeispiel des Abs. 2 S. 3 liegt ein solches grobes Verschulden insbesondere dann vor, 6 wenn der Antrag bereits anfänglich keine Aussicht auf Erfolg hatte und dies für den antragsstellenden Gläubiger subjektiv auch erkennbar war. Abgesehen von Fällen eines missbräuchlichen Druckantrags dürfte das grobe Verschulden im vorbeschriebenen Sinne kaum nachzuweisen sein, sodass die Kostenlast des antragsstellenden Gläubigers auch tatsächlich die Ausnahme sein dürfte (ebenso KPB/Prasser Rn. 11).

III. Zustellung

7 Nach Abs. 2 S. 4 ist der Beschluss an den vorläufigen Verwalter und den Kostenschuldner gesondert zuzustellen.

8 Eine öffentliche Bekanntmachung sieht die Vorschrift nicht vor. Sie ist insofern auch spezieller und geht der Verweisung gem. § 21 Abs. 2 Nr. 1, § 64 Abs. 2 vor (auch Uhlenbruck/Vallender Rn. 23; aA Braun/Herzig Rn. 15).

IV. Rechtsmittel

9 Gegen die durch Beschluss ergehende Entscheidung ist die sofortige Beschwerde (§ 6) zum Insolvenzgericht eröffnet. Beschwerdebefugt sind sowohl der vorläufige Verwalter als auch derjenige, der die Kosten zu tragen hat, sofern er durch den Beschluss beschwert ist. Der Beschwerdegegenstand muss einen Wert von 200 EUR übersteigen (Abs. 3 S. 2 iVm § 567 Abs. 2 ZPO).

§ 27 Eröffnungsbeschluß

(1) ¹Wird das Insolvenzverfahren eröffnet, so ernennt das Insolvenzgericht einen Insolvenzverwalter. ²§ 270 bleibt unberührt.

(2) Der Eröffnungsbeschluß enthält:
1. Firma oder Namen und Vornamen, Geburtsdatum, Registergericht und Registernummer, unter der der Schuldner in das Handelsregister eingetragen ist, Geschäftszweig oder Beschäftigung, gewerbliche Niederlassung oder Wohnung des Schuldners;
2. Namen und Anschrift des Insolvenzverwalters;
3. die Stunde der Eröffnung;
4. die Gründe, aus denen das Gericht von einem einstimmigen Vorschlag des vorläufigen Gläubigerausschusses zur Person des Verwalters abgewichen ist; dabei ist der Name der vorgeschlagenen Person nicht zu nennen.
5. eine abstrakte Darstellung der für personenbezogene Daten geltenden Löschungsfristen nach § 3 der Verordnung zu öffentlichen Bekanntmachungen in Insolvenzverfahren im Internet vom 12. Februar 2002 (BGBl. I S. 677), die zuletzt durch Artikel 2 des Gesetzes vom 13. April 2007 (BGBl. I S. 509) geändert worden ist.

(3) Ist die Stunde der Eröffnung nicht angegeben, so gilt als Zeitpunkt der Eröffnung die Mittagsstunde des Tages, an dem der Beschluß erlassen worden ist.

Überblick

Der Eröffnungsbeschluss enthält neben den Angaben zum Schuldner (→ Rn. 6) insbesondere Informationen zu dem durch das Insolvenzgericht (→ Rn. 3) bestellten Insolvenzverwalter (→ Rn. 8) und den Zeitpunkt der Eröffnung des Insolvenzverfahrens (→ Rn. 10). Neben den in der Vorschrift genannten Bestimmungen kann der Eröffnungsbeschluss weitere enthalten (→ Rn. 17).

Übersicht

	Rn.		Rn.
A. Normzweck	1	I. Angaben zum Schuldner (Abs. 2 Nr. 1)	6
B. Funktionelle Zuständigkeit	3	II. Angaben zum Insolvenzverwalter (Abs. 2 Nr. 2)	8
C. Entscheidung über Eigenverwaltung	4	III. Stunde der Eröffnung (Abs. 2 Nr. 3)	10
		IV. Abweichende Verwalterbestellung (Abs. 2 Nr. 4)	13
D. Zwingender Inhalt des Eröffnungsbeschlusses	5	V. Löschungsfristen für personenbezogene Daten (Abs. 2 Nr. 5)	14a

Eröffnungsbeschluß § 27 InsO

	Rn.		Rn.
VI. Aufforderung an Gläubiger und Dritte; Leistungsverbot	15	E. Fakultativer Inhalt des Eröffnungsbeschlusses	17
VII. Terminbestimmung	16	F. Rechtsmittel	19

A. Normzweck

Vor dem Hintergrund der Bedeutung der Verfahrenseröffnung und der damit verbundenen 1
Auswirkungen auf den Rechtsverkehr dient die Vorschrift vorrangig der Rechtsklarheit (HK-InsO/Kirchhof Rn. 2). Für alle Beteiligten muss ab Verfahrenseröffnung klar sein, in welcher Form und auf welcher Weise sie ihre Rechte im Zusammenhang mit dem Schuldnervermögen wahrnehmen können (KPB/Pape Rn. 7).

Die Eröffnung des Insolvenzverfahrens beendet das Eröffnungsverfahren und ist stattgebende 2
Entscheidung des Insolvenzgerichts über den Antrag auf Eröffnung nach § 13. Neben den unmittelbaren Auswirkungen auf die Insolvenzmasse und die Verfahrensbeteiligten (§§ 80 ff.) hat die Verfahrenseröffnung auch sonstige zivilrechtliche Auswirkungen (etwa §§ 42, 728 BGB, § 240 ZPO).

B. Funktionelle Zuständigkeit

Für die Wirksamkeit des Eröffnungsbeschlusses ist die Unterschrift des Richters erforderlich, 3
die bei Fehlen zwar nachgeholt werden kann, dann aber lediglich ex nunc wirkt (BGH NJW 1998, 609). Die aufgrund des nicht durch den Richter unterschriebenen Eröffnungsbeschlusses vorgenommenen Verfahrenshandlungen bleiben unwirksam. Erst mit Eröffnung geht das Verfahren auf den Rechtspfleger über (§ 18 Abs. 1 RPflG, Uhlenbruck/Zipperer Rn. 3).

C. Entscheidung über Eigenverwaltung

Auf Antrag des Schuldners und unter den weiteren Voraussetzungen des § 270 kann das Gericht 4
im Eröffnungsbeschluss die Eigenverwaltung anordnen (Abs. 1 S. 2). Anstelle des Insolvenzverwalters wird dann ein Sachwalter bestellt, unter dessen Aufsicht der Schuldner zur Verwaltung der Insolvenzmasse berechtigt ist.

D. Zwingender Inhalt des Eröffnungsbeschlusses

Eine Begründung des Eröffnungsbeschlusses hat das Gericht nicht anzugeben (Gottwald InsR- 5
HdB/Gundlach § 16 Rn. 24), wenngleich die Angabe des Eröffnungsgrunds empfehlenswert ist. Die Vorschrift gibt jedoch diejenigen Informationen vor, die der Eröffnungsbeschluss zwingend angeben muss.

I. Angaben zum Schuldner (Abs. 2 Nr. 1)

Zunächst hat der Eröffnungsbeschluss die in Abs. 2 Nr. 1 bezeichneten Angaben zum Schuldner 6
zu enthalten, welche eine zweifelsfreie Identifizierung des Schuldners sicherstellen soll. Bei juristischen Personen oder anderen Gesellschaften sind ferner die gesetzlichen Vertreter anzugeben (Uhlenbruck/Zipperer Rn. 5). Uneinheitlich werden die Angaben in Bezug auf Handelsgesellschaften ohne Rechtspersönlichkeit (OHG, KG, Partnerschaftsgesellschaft, EWIV) beurteilt, ob etwa auch die persönlich haftenden Gesellschafter zu benennen sind (hierzu Jaeger/Schilken Rn. 25). Bei einer BGB-Gesellschaft sind alle Gesellschafter anzugeben (BGH NJW 2011, 616).

Verstößt der Eröffnungsbeschluss gegen diese Vorgaben, bleibt er wirksam, wenn der Schuldner 7
eindeutig und zweifelsfrei zu identifizieren ist (HK-InsO/Kirchhof Rn. 20). So ist es etwa unschädlich, wenn der Eröffnungsbeschluss den Namen des Schuldners nicht explizit angibt, sondern insofern auf einen anderen Aktenbestandteil verweist und der Schuldner dadurch identifiziert werden kann (BGH NZI 2004, 87).

II. Angaben zum Insolvenzverwalter (Abs. 2 Nr. 2)

Im Eröffnungsbeschluss ist ferner der Insolvenzverwalter mit Name und Anschrift zu benennen. 8
Für den Fall der Eigenverwaltung gilt dies für den Sachwalter.

Unterbleibt die Ernennung und Angabe des Insolvenzverwalters im Eröffnungsbeschluss, so 9
bleibt der Beschluss wirksam (hM Uhlenbruck/Zipperer Rn. 7 mwN; aA Nerlich/Römermann/

Mönning/Schweizer Rn. 12). Die Ernennung kann nachgeholt werden, wozu dann regelmäßig der Rechtspfleger funktionell zuständig ist (KPB/Pape Rn. 21).

III. Stunde der Eröffnung (Abs. 2 Nr. 3)

10 Angesichts der weitreichenden Rechtsfolgen der Eröffnung des Insolvenzverfahrens muss der Beschluss den Zeitpunkt (Tag und Stunde) der Eröffnung enthalten. Da die Bekanntgabe des Eröffnungsbeschlusses gegenüber dem Rechtsverkehr zeitlich nach der im Beschluss angegebenen Stunde der Eröffnung liegt, treten die insolvenzrechtlichen Folgen der Verfahrenseröffnung rückwirkend zu dem im Beschluss genannten Zeitpunkt ein (FK-InsO/Schmerbach § 30 Rn. 10; → Rn. 10.1).

10.1 Vom Zeitpunkt des Eintritts der insolvenzrechtlichen Folgen zu unterscheiden ist die formelle Wirksamkeit des Eröffnungsbeschlusses an sich. Diese tritt erst ein, wenn der Beschluss keine nur interne Angelegenheit des Gerichts mehr ist, wenn er also die unmittelbaren Zweckbestimmung erlangt hat, den Parteien bekannt gegeben zu werden (BGH NJW-RR 2004, 1575). Einer Zustellung bedarf es hierzu aber nicht (BGH NJW 1982, 2075).

11 Die Vordatierung des Insolvenzeröffnungsbeschlusses ist zwar rechtswidrig, lässt die Wirksamkeit des Beschlusses aber unberührt (BGH NZI 2004, 316).

12 Abs. 3 enthält eine gesetzliche Festlegung für die Fälle, in denen der Beschluss unvollständig ausgefertigt wurde und keine Zeitbestimmung enthält. Der Zeitpunkt der Eröffnung ist dann 12:00 Uhr.

IV. Abweichende Verwalterbestellung (Abs. 2 Nr. 4)

13 Das Gericht kann von einem einstimmigen Vorschlag des vorläufigen Gläubigerausschusses zur Person des Verwalters abweichen. Es muss dann aber die vollständigen Gründe dieser Entscheidung angeben, nur der Tenor oder Teile der Begründung reichen nicht aus (Uhlenbruck/Zipperer Rn. 17). Die Gläubigerversammlung soll dadurch die Möglichkeit eröffnet werden, sich mit den Gründen auseinanderzusetzen, um dann doch die ursprünglich vorgeschlagene Person wählen zu können (BT-Drs. 17/5712, 25).

14 Aus Gründen des Persönlichkeitsschutzes ist die durch das Gericht abgelehnte Person nicht zu nennen.

V. Löschungsfristen für personenbezogene Daten (Abs. 2 Nr. 5)

14a Der Eröffnungsbeschluss hat eine abstrakte Darstellung der für personenbezogene Daten geltenden Löschungsfristen nach § 3 der Verordnung zu öffentlichen Bekanntmachungen in Insolvenzverfahren im Internet v. 12.2.2002 zu enthalten.

14b Die Regelung wurde durch Art. 2 Nr. 3 des Gesetzes zur Durchführung der Verordnung (EU) 2015/848 über Insolvenzverfahren v. 5.6.2017 (BGBl. I 1476) in die Vorschrift aufgenommen. Nach Art. 79 Abs. 5 dieser EU-Verordnung ist betroffenen Personen angesichts ihres Rechts auf Löschung personenbezogener Daten mitzuteilen, für welchen Zeitraum ihre in Insolvenzregistern gespeicherten personenbezogenen Daten zugänglich sind (→ Rn. 14b.1).

14b.1 Wenngleich die genannte EU-Verordnung im deutschen Recht allgemein und unmittelbar Anwendung findet (Art. 288 AEUV), wurde die Regelung des Art. 79 Abs. 5 an das deutsche Verfahrensrecht angepasst und in die vorliegende Regelung umgesetzt.

VI. Aufforderung an Gläubiger und Dritte; Leistungsverbot

15 Nach zutreffender Ansicht sind in den Eröffnungsbeschluss ferner die Aufforderung der Gläubiger zur Forderungsanmeldung (§ 28 Abs. 1), die Aufforderung der gesicherten Gläubiger, ihre beanspruchten Sicherungsrechte mitzuteilen (§ 28 Abs. 2) und das Leistungsverbot nach § 28 Abs. 3 aufzunehmen. Nur so waren die jeweiligen Adressaten der Angabe ihre entsprechenden Rechte (Uhlenbruck/Zipperer Rn. 12 ff.).

VII. Terminbestimmung

16 Abschließend sind richtigerweise zwingend auch der Berichtstermin und der Prüfungstermin gem. § 29 Abs. 1 im Eröffnungsbeschluss anzugeben (KPB/Pape § 29 Rn. 1a). Dies fordert das Ziel eines zügigen Verfahrensablaufs.

E. Fakultativer Inhalt des Eröffnungsbeschlusses

Neben den zwingenden Inhaltserfordernissen kann das Gericht zum Schutze der Insolvenzmasse und zur Klarstellung der an die Verfahrenseröffnung geknüpften Rechtsfolgen weitere Regelungen in den Eröffnungsbeschluss aufnehmen. So kann es etwa die Einsetzung eines vorläufigen Gläubigerausschusses (§ 67 Abs. 1) angeben, auf den Übergang des Verwaltungs- und Verfügungsrechts auf den Insolvenzverwalter (§§ 80 ff.) hinweisen, eine Postsperre (§ 99) anordnen, den Insolvenzgrund bekanntgegeben, eine vorläufige Hinterlegungsstelle für Wertgegenstände (§ 149 Abs. 1 S. 2) bestimmen. Ferner kann das Insolvenzgericht einzelne Maßnahmen anordnen, welche der Sicherung der Insolvenzmasse dienen und unberechtigte Verfügungen über Vermögensgegenstände des Schuldners verhindern sollen. 17

Zweckmäßig ist es ferner, die Verfahrensart im Eröffnungsbeschluss anzugeben (ebenso MüKo-InsO/Schmahl/Busch Rn. 28; zu weitgehend, da zwingend, Uhlenbruck/Zipperer Rn. 6). 18

F. Rechtsmittel

Gegen den Eröffnungsbeschluss kann der Schuldner gem. § 34 Abs. 2 mit der sofortigen Beschwerde (§ 6) vorgehen. Er muss dabei den Eröffnungsbeschluss insgesamt angreifen und kann nicht etwa lediglich die Bestellung des Insolvenzverwalters (LG Münster NZI 2002, 445) oder den Eröffnungszeitpunkt (LG Duisburg NZI 2002, 666) überprüfen lassen. 19

§ 28 Aufforderungen an die Gläubiger und die Schuldner

(1) ¹Im Eröffnungsbeschluß sind die Gläubiger aufzufordern, ihre Forderungen innerhalb einer bestimmten Frist unter Beachtung des § 174 beim Insolvenzverwalter anzumelden. ²Die Frist ist auf einen Zeitraum von mindestens zwei Wochen und höchstens drei Monaten festzusetzen.

(2) ¹Im Eröffnungsbeschluß sind die Gläubiger aufzufordern, dem Verwalter unverzüglich mitzuteilen, welche Sicherungsrechte sie an beweglichen Sachen oder an Rechten des Schuldners in Anspruch nehmen. ²Der Gegenstand, an dem das Sicherungsrecht beansprucht wird, die Art und der Entstehungsgrund des Sicherungsrechts sowie die gesicherte Forderung sind zu bezeichnen. ³Wer die Mitteilung schuldhaft unterläßt oder verzögert, haftet für den daraus entstehenden Schaden.

(3) Im Eröffnungsbeschluß sind die Personen, die Verpflichtungen gegenüber dem Schuldner haben, aufzufordern, nicht mehr an den Schuldner zu leisten, sondern an den Verwalter.

Überblick

§§ 28 und 29 sind im Zusammenhang mit § 27 zu sehen, sie betreffen ebenfalls den Inhalt des Eröffnungsbeschlusses. Die Gläubiger werden aufgefordert, einerseits ihre Forderungen anzumelden (→ Rn. 3) und andererseits die von ihnen in Anspruch genommenen Sicherheiten mitzuteilen (→ Rn. 8). Zur schnellen Realisierung von Forderungen des Schuldners wird Drittschuldnern mitgeteilt, fortan nur noch an den Insolvenzverwalter zu leisten (→ Rn. 14).

A. Normzweck

Als reine Verfahrensvorschrift verfolgt § 28 den Zweck, die Schuldenmasse durch Anmeldung der Gläubigerforderungen festzustellen und die Arbeit des Insolvenzverwalters durch Mitteilung von Sicherungsrechten an beweglichen Sachen oder Rechten zu erleichtern. Letzteres ist im Hinblick auf unbewegliche Vermögensgegenstände entbehrlich, da sich deren Zuordnung aus den entsprechenden Registern ergeben (dazu Jaeger/Schilken Rn. 1). 1

Das Leistungsverbot des Abs. 3 warnt den Rechtsverkehr, nicht mehr an den Schuldner zu leisten. 2

B. Forderungsanmeldung

Sämtliche Gläubiger sind aufgefordert, ihre Forderungen nach den formellen Voraussetzungen des § 174 beim Insolvenzverwalter anzumelden. Nur dann können ihre Forderungen im Insolvenz- 3 verfahren berücksichtigt werden. Eine Anmeldung von Amts wegen erfolgt nicht (Nerlich/Römermann/Mönning/Schweizer Rn. 10).

4   Als Insolvenzgläubiger gelten nach § 38 diejenigen Personen, **die einen zur Zeit der Eröffnung des Insolvenzverfahrens begründeten Vermögensanspruch gegen den Schuldner haben** (→ § 38 Rn. 4 ff.).

5   Zu berücksichtigen sind auch diejenigen Forderungen, die bereits vor Verfahrenseröffnung und Bestimmung der Anmeldefrist iSd Abs. 1 beim vorläufigen Insolvenzverwalter angemeldet werden (Nerlich/Römermann/Mönning/Schweizer Rn. 25).

I. Anmeldefrist

6   Die Insolvenzforderungen sind innerhalb einer vom Insolvenzgericht im Eröffnungsbeschluss zu bestimmenden Frist von mindestens zwei Wochen und höchstens drei Monaten anzumelden. Diese Frist beginnt in dem Zeitpunkt, zu dem die Bekanntmachung des Eröffnungsbeschlusses als bewirkt gilt (§ 9 Abs. 1 S. 3), also zwei Tage nach dem Tag, der der ersten Veröffentlichung im Internet folgt.

II. Versäumen der Anmeldefrist

7   Die Anmeldefrist ist weder eine Not- noch eine Ausschlussfrist (Uhlenbruck/Zipperer Rn. 3). Forderungen, welche nach Ablauf der Anmeldefrist angemeldet werden, sind nach § 177 zu prüfen (→ § 177 Rn. 7 ff.). Eine zeitliche Grenze ergibt sich jedoch aus den §§ 189, 192, 197.

7a Für die gesonderte Prüfung der verspätet angemeldeten Forderung hat der Gläubiger nach KV 2340 GKG eine besondere Gebühr zu zahlen, die Kosten der Bekanntmachung des besonderen Prüfungstermins sind hingegen nicht zu entrichten.

C. Mitteilung von Sicherheiten

I. Mitteilungspflicht

8   Abs. 2 enthält ferner die Aufforderung an die Gläubiger, sämtliche Sicherungsrechte an beweglichen Sachen und Rechten des Schuldners, sowie den Sachverhalt, aus dem sich Art und Entstehungsgrund des Sicherungsrechts ergeben, an den Insolvenzverwalter mitzuteilen. An eine Form ist die Mitteilung nicht gebunden und kann daher auch mündlich erfolgen (Uhlenbruck/Zipperer R. 4).

9   Der Begriff des Sicherungsrechts ist weit und unabhängig von ihrer rechtlichen Einordnung zu verstehen. So sind davon auch Rechte aus einem Eigentumsvorbehalt erfasst (HK-InsO/Kirchhof Rn. 8). Ohne Bedeutung ist auch, ob sich die Sache im Besitz des Gläubigers oder des Insolvenzverwalters bzw. des Schuldners befindet (Uhlenbruck/Zipperer Rn. 4).

10 Sicherungsrechte an unbeweglichen Vermögenswerten müssen nicht mitgeteilt werden, da sie sich ohnehin aus den entsprechenden Registern – etwa dem Grundbuch – ergeben (→ Rn. 1).

II. Verspätete oder unterlassene Mitteilung

11 Die Mitteilung muss unverzüglich, also ohne schuldhaftes Zögern (§ 121 BGB) erfolgen (vgl. auch Nerlich/Römermann/Mönning/Schweizer Rn. 43). Anders als in Abs. 1 erfolgt keine Fristsetzung durch das Gericht (→ Rn. 11.1).

11.1 Werden dem Insolvenzverwalter Sicherungsrechte nicht angezeigt, besteht eine Eigentumsvermutung zugunsten der Insolvenzmasse. Diese führt auch dazu, dass der Insolvenzverwalter im Falle der Verwertung dann nicht fahrlässig handelt, wenn der dem Sicherungsrecht zugrundeliegende Sachverhalt nicht hinreichend bezeichnet wird (BGH ZIP 1996, 1181). Aus diesem Grund sollte der Gläubiger aus eigenem Interesse seine Mitteilung so genau und umfassend als möglich formulieren.

12 Ein schuldhaftes Unterlassen oder Verzögern der Mitteilung durch den Gläubiger ist mit einem entsprechenden Schadensersatzanspruch des Insolvenzverwalters zugunsten der Insolvenzmasse sanktioniert. Gleiches gilt für eine unrichtige oder unvollständige Mitteilung (MüKoInsO/Schmahl/Busch § 29 Rn. 65). Schuldhaft ist das Fehlverhalten dann, wenn der Gläubiger Kenntnis oder fahrlässige Unkenntnis vom Eröffnungsbeschluss hatte.

13 Das Fehlverhalten muss für den Schaden ursächlich geworden sein. Dies ist dann nicht der Fall, wenn der Insolvenzverwalter von den Rechten des Gläubigers ohne dessen Mitteilung bereits Kenntnis hatte (Uhlenbruck/Zipperer Rn. 6). Der Umfang der Schadensersatzpflicht ergibt sich

aus §§ 249 ff. BGB. Ein Schaden kann etwa durch Entgehen einer besseren Verwertungsmöglichkeit oder ein Untergehen oder Wertminderung der Sache entstehen (FK-InsO/Schmerbach Rn. 13).

D. Leistungsverbot (Abs. 3)

Als ebenfalls notwendiger Inhalt des Eröffnungsbeschlusses ist die Aufforderung an Drittschuldner aufzunehmen, nicht mehr an den Schuldner zu leisten. Leistungsbefreiend können Schuldner des Schuldners nach Verfahrenseröffnung damit nur noch an den Insolvenzverwalter leisten. 14

Die Folgen eines Verstoßes gegen dieses Leistungsverbot ergeben sich aus § 82. Danach entscheidet die Kenntnis des Leistungspflichtigen von der Verfahrenseröffnung, ob seine Leistung befreiend wirkt (→ § 82 Rn. 6 ff.). 15

Das Leistungsverbot gewährt den Drittschuldnern kein (vorübergehendes) Leistungsverweigerungsrecht iSd § 205 BGB und hat keine dingliche Wirkung (BGH NJW 1963, 2019). Die Vorschrift hat damit lediglich warnende Wirkung. In der Eigenverwaltung unterbleibt die Aufforderung, da der Schuldner verfügungsbefugt bleibt (HK-InsO/Kirchhof Rn. 17). 16

§ 29 Terminbestimmungen

(1) Im Eröffnungsbeschluß bestimmt das Insolvenzgericht Termine für:
1. eine Gläubigerversammlung, in der auf der Grundlage eines Berichts des Insolvenzverwalters über den Fortgang des Insolvenzverfahrens beschlossen wird (Berichtstermin); der Termin soll nicht über sechs Wochen und darf nicht über drei Monate hinaus angesetzt werden;
2. eine Gläubigerversammlung, in der die angemeldeten Forderungen geprüft werden (Prüfungstermin); der Zeitraum zwischen dem Ablauf der Anmeldefrist und dem Prüfungstermin soll mindestens eine Woche und höchstens zwei Monate betragen.

(2) ¹Die Termine können verbunden werden. ²Das Gericht soll auf den Berichtstermin verzichten, wenn die Vermögensverhältnisse des Schuldners überschaubar sind und die Zahl der Gläubiger oder die Höhe der Verbindlichkeiten gering ist.

Überblick

Der Eröffnungsbeschluss enthält die Bestimmung des Berichtstermins (→ Rn. 2) sowie des Prüfungstermins (→ Rn. 7), in welchen die Gläubiger über den Stand des Insolvenzverfahrens sowie den Status der zur Insolvenztabelle angemeldeten Forderungen informiert werden und über den Fortgang des Verfahrens entscheiden. Die Terminierung erfolgt durch den Insolvenzrichter (→ Rn. 10) und kann nachträglich auch geändert werden (→ Rn. 12). Beide Termine können verbunden werden (→ Rn. 11).

A. Normzweck

Die Angabe von Berichts- und Prüfungstermin im Eröffnungsbeschluss dient der Verfahrensbeschleunigung. Die Möglichkeit der Verbindung beider Termine gem. Abs. 2 führt zu einer Kostenersparnis und ebenfalls der Beschleunigung des Verfahrens (KPB/Pape Rn. 1a). Ein Ermessen des Gerichts in Bezug auf das „ob" der Terminbestimmung besteht nicht (MüKoInsO/Schmahl/Busch Rn. 78). 1

B. Berichtstermin

Mit Verfahrenseröffnung soll ein Termin für eine Gläubigerversammlung festgelegt sein, welche die Wahl eines anderen Insolvenzverwalters, die Bestellung eines Gläubigerausschusses zu Gegenstand hat und ferner über den Fortgang des Insolvenzverfahrens beschließt. Letzteres erfolgt auf Grundlage eines Berichts des Insolvenzverwalters und entscheidet über den weiteren Verlauf des Verfahrens. Zur Vorbereitung der Gläubiger muss die Tagesordnung der Gläubigerversammlung zumindest schlagwortartig bezeichnet werden (BGH NZI 2008, 430). Der Inhalt und Ablauf des Berichtstermins ergibt sich aus §§ 156, 157. 2

Farian

I. Gesetzliche Frist

3   Nach Abs. 1 Nr. 1 soll der Berichtstermin nicht über sechs Wochen und darf nicht über drei Monaten hinaus angesetzt werden. Fristbeginn ist insoweit das Wirksamwerden des Eröffnungsbeschlusses, dh die Zustellungswirkung der öffentlichen Bekanntmachung iSd § 9 Abs. 1 S. 3. Die Höchstfrist für den spätmöglichsten Berichtstermin ist nach dem Wortlaut der Vorschrift zwingend (MüKoInsO/Schmahl/Busch Rn. 83; Uhlenbruck/Zipperer Rn. 2).

4   Die Terminierung steht im pflichtgemäßen Ermessen des Gerichts. Dabei ist einerseits der Zweck der Vorschrift – die Verfahrensbeschleunigung – zu berücksichtigen, andererseits aber eine angemessene Vorbereitung aller Beteiligten zu gewährleisten. Insbesondere die Berichtspflichten des Insolvenzverwalters gem. § 156 Abs. 1 sind zu berücksichtigen. Sofern der Insolvenzverwalter bereits im Eröffnungsverfahren als vorläufiger Verwalter mit der Prüfung der Fortführungsaussichten des Schuldnerunternehmens beauftragt war (§ 22 Abs. 1 S. 2 Nr. 3), kann der Berichtstermin entsprechend früh festgelegt werden (HK-InsO/Kirchhof Rn. 4). In dringenden Fällen, etwa bei der Übertragung des Schuldnerunternehmens auf einen neuen Rechtsträger, erlaubt die Soll-Vorschrift des Abs. 1 Nr. 1 eine frühere Terminierung des Berichtstermins.

5   Bis zur Abhaltung des Berichtstermins sind absonderungsberechtigte Gläubiger an der Durchsetzung ihrer Rechte gehindert (Jaeger/Schilken Rn. 5).

II. Verzicht

6   In Verbraucher- und Kleininsolvenzverfahren kann auf den Berichtstermin gänzlich verzichtet werden (Abs. 2 S. 2). In solchen Verfahren haben Gläubiger derart bedeutende Entscheidungen wie etwa über die Fortführung des Geschäftsbetriebs oder die Sanierung des Unternehmens grundsätzlich nicht zu treffen. Vielmehr werden solche Verfahren regelmäßig schriftlich durchgeführt (§ 5 Abs. 2). Die Entscheidung über den Verzicht auf den Berichtstermin liegt im pflichtgemäßen Ermessen des Gerichts (Uhlenbruck/Zipperer Rn. 7).

C. Prüfungstermin

7   Mit Verfahrenseröffnung soll ferner ein Termin für eine Gläubigerversammlung festgelegt sein, in welcher Betrag und Rang der zur Insolvenztabelle angemeldeten Forderungen geprüft werden. Der Ablauf sowie das Ergebnis und die Rechtsfolgen der Prüfung ergeben sich aus §§ 176 ff.

8   Die Terminierung soll gem. Abs. 1 Nr. 2 eine Woche bis zwei Monate nach Ablauf der Anmeldefrist iSd § 28 Abs. 1 S. 2 erfolgen. Angesichts des Wortlauts der Vorschrift ist eine Abweichung möglich (Nerlich/Römermann/Mönning/Schweizer Rn. 20), die insbesondere eine Verlängerung der Frist ermöglicht. Der Prüfungstermin sollte so terminiert werden, dass der Insolvenzverwalter nach Ablauf der Anmeldefrist ausreichend Zeit zur Erstellung der Tabelle (§ 175) zur Verfügung hat.

9   Richtigerweise sollte der Prüfungstermin nach dem Berichtstermin liegen (Jaeger/Schilken Rn. 7; aA Uhlenbruck/Zipperer Rn. 3). Dies entspricht der gesetzlichen Systematik.

D. Zuständigkeit

10 Gemäß § 18 Abs. 1 Nr. 1 RPflG ist der Richter für die Terminfestsetzung funktionell zuständig. Die Abhaltung der Termine selbst obliegt dann dem Rechtspfleger (§ 18 Abs. 2 RPflG), weshalb die Terminierung in Abstimmung mit dem Rechtspfleger erfolgen sollte (KBP/Pape Rn. 6).

E. Verbindung, Änderung

11 Nach Abs. 2 können Berichts- und Prüfungstermin nach pflichtgemäßem Ermessen des Gerichts auch verbunden werden und an einem Termin stattfinden. Dann ist im Hinblick auf die Fristen allerdings zu beachten, dass die Mindestfrist bis zum Beginn des Prüfungstermins und die Höchstfrist zwischen Ablauf der Anmeldefrist und dem Prüfungstermin gewahrt sind. Der Termin muss also spätestens zwei Monate nach Ablauf der Anmeldefrist stattfinden (HK-InsO/Kirchhof Rn. 8). Eine solche Verbindung erscheint dann zweckmäßig, wenn das Verfahren einfach gelagert ist und die Vermögensverhältnisse des Schuldners überschaubar sind (MüKoInsO/Schmahl/Busch Rn. 84). In dem einheitlichen Termin ist die gebotene Reihenfolge von Berichts- und Prüfungstermin einzuhalten (Jaeger/Schilken Rn. 11).

12 Eine nachträgliche Änderung festgesetzter Termine ist möglich, sofern sie die Soll-Fristen betrifft und im Übrigen erhebliche Gründe für eine Verlegung vorliegen (§ 227 ZPO iVm § 4).

Angesichts des mit einer Terminverlegung einhergehenden Aufwands ist insofern ein strenger Maßstab anzulegen (Uhlenbruck/Zipperer Rn. 7). Gegen die Ablehnung der Vertagung findet kein Rechtsmittel statt (BGH NZI 2006, 404), es bleibt lediglich die Erinnerung nach § 11 Abs. 2 RPflG. Auch bei der Neuterminierung sind die gesetzlichen Höchstfristen ab Verfahrenseröffnung zu beachten. Werden diese nicht eingehalten, führt dies nicht zur Unwirksamkeit des Eröffnungsbeschlusses (HmbKommInsR/Denkhaus Rn. 5).

§ 30 Bekanntmachung des Eröffnungsbeschlusses

(1) Die Geschäftsstelle des Insolvenzgerichts hat den Eröffnungsbeschluß sofort öffentlich bekanntzumachen.

(2) Den Gläubigern und Schuldnern des Schuldners und dem Schuldner selbst ist der Beschluß besonders zuzustellen.

Überblick

Zur schnellen Bekanntmachung der Insolvenzeröffnung gegenüber dem Rechtsverkehr erfolgt die Bekanntmachung (→ Rn. 3 ff.) des Eröffnungsbeschlusses durch die Geschäftsstelle des Insolvenzgerichts (→ Rn. 4). Gesondert zuzustellen ist der Eröffnungsbeschluss den am Verfahren unmittelbar Beteiligten (→ Rn. 9).

A. Normzweck und Anwendungsbereich

Die sofortige Bekanntmachung des Eröffnungsbeschlusses dient dazu, allen am Insolvenzverfahren als Gläubiger oder Schuldner des Schuldners nicht Beteiligte oder nicht als solche Bekannte Kenntnis über die Verfahrenseröffnung zu verschaffen. Hierdurch soll ihnen die Möglichkeit verschafft werden, ihre Rechte und Pflichten im Insolvenzverfahren entsprechend wahrnehmen zu können (Nerlich/Römermann/Mönning/Schweizer Rn. 7). **1**

Die Bekanntmachung ist vor allem im Hinblick auf die mit ihrem Zeitpunkt verbundenen Wirkungen relevant. So beurteilt sich danach die Beweislast im Hinblick auf die Erfüllungswirkung von Leistungen an den Schuldner (§ 82 S. 2). In diesem Zusammenhang erschüttert sie auch den guten Glauben der Adressaten an die unbeschränkte Verfügungsbefugnis des Schuldners (Jaeger/Schilken Rn. 3). **2**

Die Vorschrift gilt für alle Arten von Insolvenzverfahren. Auf Antrag des ausländischen Insolvenzverwalters ist die Anerkennung eines ausländischen Insolvenzverfahrens nach § 345 iVm Art. 102 § 5 EGInsO bekanntzumachen (vgl. HK-InsO/Stephan § 345 Rn. 6 ff.). **2a**

B. Öffentliche Bekanntmachung

Die öffentliche Bekanntmachung erfolgt gem. § 9 Abs. 1 durch Veröffentlichung im Internet (www.insolvenzbekanntmachungen.de). Einzelheiten ergeben sich aus der Verordnung zur öffentlichen Bekanntmachung von Insolvenzverfahren im Internet (InsNetV) (→ Rn. 3.1). **3**

Weitergehende Publikationspflichten treffen Kreditinstitute und Versicherungsunternehmen. Diese haben gem. §§ 46e, 46f KWG bzw. §§ 88, 88a VAG zusätzlich eine Veröffentlichung im Amtsblatt der Europäischen Union und in mindestens zwei überregionalen Zeitungen derjenigen Vertragsstaaten des EWR-Abkommens (Island, Norwegen und Lichtenstein) zu veranlassen. Das Bundesministerium der Justiz stellt hierzu ein Formblatt zur Verfügung (MüKoInsO/Schmahl/Busch Rn. 17 f.). **3.1**

I. Zuständigkeit

Die Bekanntmachung obliegt der Geschäftsstelle des Insolvenzgerichts (§ 153 GVG). Sie erfolgt von Amts wegen und ohne Anordnung durch den Richter oder Rechtspfleger (BGH NJW 1998, 609). Sofern der Schuldner über Vermögen in einem Mitgliedstaat der Europäischen Union verfügt, trifft die Verantwortlichkeit zur öffentlichen Bekanntmachung gem. Art. 21 Abs. 2 EuInsVO den Insolvenzverwalter (K. Schmidt InsO/Keller Rn. 5). Im Falle eines in Deutschland befindlichen Vermögensgegenstands eines Schuldners aus einem Mitgliedstaat der Europäischen Union erfolgt die öffentliche Bekanntmachung auf Betreiben des ausländischen Insolvenzverwalters durch das Insolvenzgericht am Ort des Vermögensgegenstands (§ 345 iVm Art. 102 § 5 EGInsO, Art. 21 Abs. 1 EuInsVO). **4**

II. Inhalt der Bekanntmachung

5   Die Bekanntmachung kann nach § 9 Abs. 1 S. 1 Hs. 2 auszugsweise erfolgen. Dem steht der Wortlaut des Abs. 1 nicht entgegen. Allerdings muss der sich aus den §§ 27–29 ergebende wesentliche Inhalt des Eröffnungsbeschlusses enthalten sein. Hierzu zählen die Angaben über den Schuldner, Anordnungen, Aufforderungen, Fristen und Termine (HK-InsO/Kirchhof Rn. 5; Nerlich/Römermann/Mönning/Schweizer Rn. 18). Ferner sind die im Eröffnungsbeschluss anzugebenden Informationen zu Gläubigerversammlungen einschließlich der Tagesordnung bekanntzumachen (§ 74 Abs. 2).

6   Öffentlich bekannt zu machen sind auch nachträgliche Änderungen oder Berichtigungen des Eröffnungsbeschlusses (MüKoInsO/Schmahl/Busch Rn. 7).

III. Wirkung der öffentlichen Bekanntmachung

7   Maßgeblich ist das Wirksamwerden der öffentlichen Bekanntmachung (§ 9 Abs. 1 S. 3) insbesondere für den Schutz der Drittschuldner gem. § 83 S. 2 und den Beginn der Rechtsmittelfrist nach § 34 Abs. 2. Grundsätzlich unbeachtlich ist insofern der Zeitpunkt der gesonderten Zustellung nach Abs. 2. Auf diesen ist jedoch abzustellen, wenn die öffentliche Bekanntmachung zeitlich nachfolgend erfolgt (BGH NZI 2004, 341).

8   Von der Wirksamkeit der öffentlichen Bekanntmachung zu unterscheiden ist der Zeitpunkt der Wirksamkeit des Eröffnungsbeschlusses selbst (Jaeger/Schilken Rn. 5).

C. Zustellung

9   Abs. 2 sieht eine gesonderte Zustellung des Eröffnungsbeschlusses an den Schuldner selbst, dessen Gläubiger sowie Drittschuldner vor. Gegenstand dieser Zustellung ist der vollständige Text des Eröffnungsbeschlusses und nicht etwa nur ein Auszug (KBP/Pape Rn. 25), da die Adressaten über den Inhalt des Beschlusses umfassend informiert werden sollen. Die Gläubiger und Schuldner, an welche zuzustellen ist, ergeben sich aus dem im Eröffnungsverfahren aufgestellten Verzeichnis. Sofern spätere weitere Gläubiger oder Schuldner bekannt werden, ist die Zustellung an diese nachzuholen (Jaeger/Schilken Rn. 10).

10 Die Zustellung setzt nach § 8 Abs. 2 voraus, dass der Aufenthalt der genannten Personen bekannt ist. Nachforschungen sind insofern nicht anzustellen (Uhlenbruck/Zipperer Rn. 6). Sie wird nach pflichtgemäßem Ermessen des Gerichts förmlich (§§ 166 ff. ZPO) oder durch Aufgabe zur Post (§ 8 Abs. 1 S. 2) durch die Geschäftsstelle durchgeführt. Die Zustellung kann gem. § 8 Abs. 3 dem Insolvenzverwalter übertragen werden, welchem dieselben Zustellungsmöglichkeiten zur Verfügung stehen, welcher sich auch das Insolvenzgericht bedienen kann (HK-InsO/Kirchhof § 8 Rn. 10).

§ 31 Handels-, Genossenschafts-, Partnerschafts- und Vereinsregister

Ist der Schuldner im Handels-, Genossenschafts-, Partnerschafts- oder Vereinsregister eingetragen, so hat die Geschäftsstelle des Insolvenzgerichts dem Registergericht zu übermitteln:
1. im Falle der Eröffnung des Insolvenzverfahrens eine Ausfertigung des Eröffnungsbeschlusses,
2. im Falle der Abweisung des Eröffnungsantrags mangels Masse eine Ausfertigung des abweisenden Beschlusses, wenn der Schuldner eine juristische Person oder eine Gesellschaft ohne Rechtspersönlichkeit ist, die durch die Abweisung mangels Masse aufgelöst wird.

Überblick

In Ergänzung zu § 30 erfolgt die Verlautbarung der Entscheidung über den Antrag auf Eröffnung des Insolvenzverfahrens auch durch die Eintragung in die in der Norm genannten Register (→ Rn. 2 ff.).

Handels-, Genossenschafts-, Partnerschafts- und Vereinsregister **§ 31 InsO**

A. Normzweck

Mit der Eintragung des Insolvenzvermerks soll die Aktualität und Vollständigkeit des entspre- **1** chenden Registers sichergestellt werden. Dadurch soll der Rechtsverkehr über die Vermögensverhältnisse des Schuldners informiert werden und dessen öffentlicher Glaube in die Richtigkeit des Registers gewährleistet werden (Nerlich/Römermann/Mönning Rn. 4). So soll ein gutgläubiger Erwerb von Rechten an Gegenständen der Insolvenzmasse vermieden werden.

B. Regelungsinhalt

I. Registereintragung des Schuldners

Die in § 31 vorgesehene Übermittlungspflicht des Insolvenzgerichts setzt die Eintragung des **2** Schuldners in eines der genannten Register voraus.

Von der Vorschrift erfasst sind zunächst die im Handelsregister eingetragenen Kaufleute (§§ 19, **3** 29 HGB), die OHG (§ 106 HGB) und die KG (§§ 161 Abs. 2, 106 HGB) sowie die GmbH und die UG (haftungsbeschränkt) (§ 7 GmbHG), die AG (§ 36 AktG), die KGaA (§§ 278 Abs. 3, 36 AktG), die EWIV (§ 2 EWIVAG), die SE (§ 3 SEAG, § 36 AktG) und eingetragene inländische Zweigniederlassung eines Unternehmens mit Sitz oder Hauptniederlassung im Ausland (§§ 13d ff. HGB).

Ferner gilt die Übermittlungspflicht für die beim Genossenschaftsregister eingetragene eG (§ 10 **4** GenG) und Europäische Genossenschaft (Art. 11 SCEVO), die im Partnerschaftsregister eingetragene PartG und PartGmbB (§ 4 PartGG, § 106 HGB) und den beim Vereinsregister eingetragenen eV (§ 59 BGB).

Infolge der Anerkennung ausländischer Insolvenzverfahren (§§ 335 ff., 343 ff.) sind die register- **4a** rechtlichen Regelungen auch auf ausländische Insolvenzverfahren anwendbar. Für Verfahren eines EU-Mitgliedstaates ergibt sich dies aus Art. 22 EuInsVO iVm Art. 102 § 6 Abs. 1 EGInsO. Danach ist das der Vorschrift gegenständliche Verfahrensereignis in das entsprechende Register einzutragen.

II. Verfahrenseröffnung (§ 31 Nr. 1)

Für die unter Rn. 3 f. genannten Schuldner ist die registerrechtliche Eintragung der Eröffnung **5** des Insolvenzverfahrens vorgeschrieben (vgl. § 32 Abs. 1 HGB, § 65 Abs. 1 GmbHG, § 262 Abs. 1 Nr. 3 AktG, § 278 Abs. 3 AktG, § 102 Abs. 1 GenG, § 2 Abs. 2 PartGG, § 75 BGB). Diese Eintragung erfordert eine Benachrichtigung der entsprechenden Register, welche durch die vorliegende Vorschrift sichergestellt wird.

III. Abweisung mangels Masse (§ 31 Nr. 2)

Im Falle der Abweisung mangels Masse (§ 26 Abs. 1) besteht die Mitteilungspflicht nur in **6** Bezug auf Schuldner, die entweder eine juristische Person oder eine Gesellschaft ohne Rechtspersönlichkeit darstellen, welche durch die Abweisung mangels Masse aufgelöst werden (→ § 26 Rn. 22).

IV. weitere Beschlüsse

Dem jeweiligen Registergericht sind auch die folgenden weiteren Beschlüsse zu übermitteln, **7** wie sich dies über die jeweilige Verweisung auf § 31 ergibt:
- rechtskräftige Aufhebung des Eröffnungsbeschlusses (§ 34 Abs. 3 S. 2, § 200 Abs. 2 S. 2);
- Anordnung eines Zustimmungsvorbehalts im Falle der Eigenverwaltung (§ 277 Abs. 3 S. 2);
- Einstellung des Insolvenzverfahren (§ 215 Abs. 1 S. 3, § 200 Abs. 2 S. 2);
- Aufhebung des Insolvenzverfahrens (§ 258 Abs. 3 S. 2, § 200 Abs. 2 S. 2);
- Überwachung der Erfüllung des Insolvenzplans und Aufhebung dieser Überwachung (§§ 268, 267 Abs. 3 S. 1);
- Anordnung und Aufhebung der Eigenverwaltung (KPB/Holzer § 26 Rn. 11a).

V. Verfahren der Übermittlung

Die Mitteilung an die entsprechenden Register erfolgt durch die zuständige Geschäftsstelle des **8** Insolvenzgerichts von Amts wegen (§§ 31, 277 Abs. 3 S. 2). Im Falle des § 31 Nr. 1 hat die Mitteilung wegen der mit der Eröffnung des Verfahrens verbundenen Verfügungsbeschränkungen alsbald nach Erlass des Beschlusses zu erfolgen, nicht erst nach Rechtskraft (Jaeger/Schilken Rn. 8; aA KPB/Holzer § 26 Rn. 6). Da die Auflösung des Schuldners erst mit Rechtskraft des abweisenden Beschlusses eintritt, ist die Mitteilung im Falle des § 31 Nr. 2 auch erst nach deren Eintreten abzugeben (KPB/Holzer § 26 Rn. 9).

9 Die Übermittlung des jeweiligen Beschlusses ist an das Register der Hauptniederlassung oder des Sitzes des Schuldners zu richten (MüKoInsO/Schmahl/Busch Rn. 36; → Rn. 9.1).

9.1 Bei Verfahren über das inländische Vermögen eines ausländischen Rechtsträgers ist der jeweilige Beschluss dem Registergericht der inländischen Zweigniederlassung zu übermitteln (Art. 22 Abs. 2 EuInsVO).

10 Die Mitteilung erfolgt formlos mittels Übermittlung einer Ausfertigung des Beschlusses. Eine wirksame Mitteilung ist auch in der Übermittlung einer beglaubigten Abschrift (anstelle einer Ausfertigung) des jeweiligen Beschlusses zu sehen (FK-InsO/Schmerbach Rn. 2).

§ 32 Grundbuch

(1) Die Eröffnung des Insolvenzverfahrens ist in das Grundbuch einzutragen:
1. **bei Grundstücken, als deren Eigentümer der Schuldner eingetragen ist;**
2. **bei den für den Schuldner eingetragenen Rechten an Grundstücken und an eingetragenen Rechten, wenn nach der Art des Rechts und den Umständen zu befürchten ist, daß ohne die Eintragung die Insolvenzgläubiger benachteiligt würden.**

(2) ¹Soweit dem Insolvenzgericht solche Grundstücke oder Rechte bekannt sind, hat es das Grundbuchamt von Amts wegen um die Eintragung zu ersuchen. ²Die Eintragung kann auch vom Insolvenzverwalter beim Grundbuchamt beantragt werden.

(3) ¹Werden ein Grundstück oder ein Recht, bei denen die Eröffnung des Verfahrens eingetragen worden ist, vom Verwalter freigegeben oder veräußert, so hat das Insolvenzgericht auf Antrag das Grundbuchamt um Löschung der Eintragung zu ersuchen. ²Die Löschung kann auch vom Verwalter beim Grundbuchamt beantragt werden.

Überblick

Mit einem Insolvenzvermerk ist neben den durch §§ 31 und 33 geregelten Registern auch das Grundbuch in Bezug auf Eigentum und grundstücksgleiche Rechte (→ Rn. 3 ff.) sowie sonstige eingetragenen Rechten (→ Rn. 7 ff.) des Schuldners zu versehen. Dies erfolgt auf Veranlassung des Insolvenzgerichts (→ Rn. 9 ff.) oder des Insolvenzverwalters (→ Rn. 14 ff.). In bestimmten Fällen ist der Insolvenzvermerk wieder zu löschen (→ Rn. 20 ff.).

Übersicht

	Rn.		Rn.
A. Normzweck	1	C. Verfahren	9
		I. Insolvenzgericht	9
B. Eintragung der Verfahrenseröffnung (Abs. 1)	3	II. Insolvenzverwalter	14
		III. Vollzug der Eintragung	17
I. Eigentum und grundstücksgleiche Rechte (Abs. 1 Nr. 1)	3	D. Wirkung der Eintragung	18
II. Eingetragene Rechte (Abs. 1 Nr. 2)	6	E. Löschung	20

A. Normzweck

1 Die Vorschrift bezweckt die Sicherung der Insolvenzmasse sowie die Verhinderung eines gutgläubigen Erwerbs von Grundstücken oder sonstigen Grundstücksrechten des Schuldners durch Dritte (§ 892 Abs. 1 BGB) (LG Duisburg NZI 2006, 534). Mit Eintragung des Insolvenzvermerks im Grundbuch steht im Gläubigerinteresse fest, dass Grundstücke und sonstige Grundstücksrechte zur Masse gehören. Abs. 2 stellt eine effektive Durchsetzung des zwingenden Eintragungserfordernisses sicher, wonach das Insolvenzgericht verpflichtet und der Insolvenzverwalter befugt ist, eine entsprechende Mitteilung an das Grundbuchamt abzugeben (Jaeger/Schilken Rn. 3).

Grundbuch § 32 InsO

Sofern ein Grundstück oder sonstiges Buchrecht durch den Insolvenzverwalter freigegeben 2
oder veräußert, entspricht der Grundbuchinhalt nicht mehr der tatsächlichen Rechtslage. Deshalb
gewährt Abs. 3 jedem Betroffenen und dem Insolvenzverwalter selbst das Recht, die Löschung
des Insolvenzvermerks beim Grundbuchamt zu beantragen.

B. Eintragung der Verfahrenseröffnung (Abs. 1)

I. Eigentum und grundstücksgleiche Rechte (Abs. 1 Nr. 1)

Nach Nr. 1 ist der Insolvenzvermerk bei den im Eigentum des Schuldners stehenden Grundstü- 3
cken einzutragen. Dies gilt auch im Falle des Bestehens einer echten Treuhand und Eigentümergrundschulden, bei welchen noch der frühere Grundpfandrechtsgläubiger eingetragen ist (Jaeger/
Schilken Rn. 6). Auch in diesen Fällen muss ein gutgläubiger Erwerb zu Lasten der Masse ausgeschlossen werden.

Bei der Insolvenz des Miterben ist der Insolvenzvermerk als Verfügungsbeschränkung des betrof- 4
fenen Miterben (§ 47 GBO) einzutragen (BGH NZI 2011, 650), weil es wegen § 2040 Abs. 1
BGB dem Schuldner ansonsten möglich wäre, an gemeinschaftlichen Verfügungen über das
Grundstück unter Umgehung des Insolvenzverwalters mitzuwirken, was gutgläubigen Erwerb
eines Dritten ermöglichen würde. Ist zugunsten des Schuldners ein Nacherbenvermerk eingetragen (§ 51 GBO), so ist auch hier der Insolvenzvermerk beizuschreiben (MüKoInsO/Schmahl/
Busch § 33 Rn. 22). Bei einem Grundstück, das im Eigentum einer GbR steht, ist im Falle der
Gesellschafterinsolvenz (welche gem. § 728 Abs. 2 BGB zur Auflösung der Gesellschaft führt) ein
auf seinen Anteil bezogener Insolvenzvermerk einzutragen (BGH NZI 2017, 993; OLG Dresden
NZG 2012, 679). Ebenso verhält es sich, wenn die GbR gem. § 727 Abs. 1 BGB mangels
abweichender Vereinbarung durch den Tod eines Gesellschafters aufgelöst wird und über dessen
Nachlass ein Insolvenzverfahren eröffnet wird (BGH NZI 2017, 993). Wenn der Gesellschaftsvertrag in diesem Fall aber eine erbrechtliche Nachfolgeklausel enthält und die GbR nicht aufgelöst
wird, wird die Befugnis des Gesellschaftererben zur Verfügung über grundbuchlich eingetragene
Rechte der GbR nicht gem. §§ 80 f. InsO eingeschränkt. Ein Insolvenzvermerk ist dann nicht
einzutragen (BGH NZI 2017, 993).

Erfasst sind nach einhelliger Auffassung ferner grundstücksgleiche Rechte (FK-InsO/Schmer- 5
bach Rn. 3, HK-InsO/Kirchhof Rn. 10 f.), wie etwa das Erbbaurecht (§ 11 ErbbauRG), Wohnungs- und Teileigentum (§ 1 WEG), Bergwerkseigentum oder Fischereirechte nach Landesrecht
(Art. 96, 196 EGBGB) und Stockwerkseigentum vor 1900 (Art. 182 EGBGB) (MüKoInsO/
Schmahl/Busch § 33 Rn. 18).

II. Eingetragene Rechte (Abs. 1 Nr. 2)

Ein Insolvenzvermerk ist auch in Bezug auf sonstige beschränkt dingliche Rechte an fremden 6
Liegenschaften oder Liegenschaftsrechten einzutragen. Erfasst werden insbesondere Grundpfandrechte (§§ 1113 ff. BGB), Nießbrauch (§§ 1030 ff. BGB), Dienstbarkeiten (§§ 1090 ff. BGB),
dingliches Vorkaufsrecht (§ 1094 ff. BGB) und Reallasten (§§ 1105 ff. BGB).

Bei den nach Nr. 2 einzutragenden Rechten ist, anders als bei den von Nr. 1 erfassten Rechten, 7
die Feststellung einer Gläubigergefährdung erforderlich. Dies ist nicht erst bei massegefährdenden
Handlungen des Schuldners in Bezug auf das entsprechende Recht der Fall, sondern stets dann,
wenn ein gutgläubiger Erwerb des Rechts allgemein und abstrakt möglich ist (HmbKommInsR/
Schröder Rn. 14; Uhlenbruck/Zipperer Rn. 7). Entbehrlich ist die Eintragung des Insolvenzvermerks hingegen dann, wenn über das Grundstücksrecht ein Brief erteilt ist und dieser sich in der
Hand des Insolvenzverwalters befindet (KPB/Holzer Rn. 4).

Die Eintragung ist ferner bei Vormerkungen zur Sicherung von Übertragungs- oder Rückge- 8
währansprüchen zugunsten der Masse erforderlich, um deren Löschung zu verhindern (Jaeger/
Schilken Rn. 11).

C. Verfahren

I. Insolvenzgericht

Grundsätzlich obliegt dem Insolvenzgericht die Pflicht, von Amts wegen das Grundbuchamt um 9
Eintragung des Insolvenzvermerks zu ersuchen. Dies gilt immer dann, wenn dem Insolvenzgericht
Grundstücke oder Grundstücksrechte des Schuldners bekannt sind. Insofern trifft das Insolvenzge-

richt eine eingeschränkte Ermittlungspflicht, wenn es konkrete Anhaltspunkte für das Bestehen entsprechender Grundstücke oder Rechte hat (MüKoInsO/Schmahl/Busch § 33 Rn. 24). Sobald diese Kenntnis vorliegt, hat das Eintragungsersuchen unverzüglich zu erfolgen. Rechtskräftig muss der Eröffnungsbeschlusses noch nicht geworden sein (HK-InsO/Kirchhof Rn. 14).

10   Das Insolvenzgericht hat den Antrag auch dann zu stellen, wenn es zugleich Grundbuchamt ist (BK-InsR/Humberg Rn. 10).

11   **Funktionell zuständig** ist im Eröffnungsverfahren der **Richter,** nach Eröffnung und soweit nicht nach § 18 Abs. 1 S. 1 RPflG ein Richtervorbehalt besteht, der **Rechtspfleger** (FK-InsO/Schmerbach Rn. 13).

12   Das Ersuchen erfolgt gem. § 38 GBO und ersetzt alle sonstigen formellen grundbuchmäßigen Voraussetzungen und Erklärungen nach §§ 19, 22, 29 GBO (BayObLG NJW 1956, 1639; OLG Karlsruhe OLGRspr. 11, 321). Es genügt eine allgemein gehaltene Insolvenzanzeige, die eine Eintragung bei sämtlichen Rechten des Schuldners bewirkt (Jaeger/Schilken Rn. 19).

13   Das Eintragungsersuchen bedarf keiner Begründung und kann vor Vollzug der Eintragung zurückgenommen und/oder berichtigt werden. In formeller Hinsicht genügt die Wahrung von § 29 Abs. 3 GBO.

II. Insolvenzverwalter

14   Nach Abs. 2 S. 2 ist der Insolvenzverwalter berechtigt, die Eintragung des Insolvenzvermerks im Grundbuch zu beantragen. Angesichts der sich aus § 60 Abs. 1 ergebenden Haftung trifft den Insolvenzverwalter aber auch eine Verpflichtung, sämtliche zur Masse gehörenden Vermögensgegenstände festzustellen und zu sichern (LG Zweibrücken NZI 2000, 327).

15   Anders als für das Ersuchen des Insolvenzgerichts gelten für den Antrag des Insolvenzverwalters die §§ 13 ff. GBO (Uhlenbruck/Zipperer Rn. 14). Der Grundbuchinhalt ist im Hinblick auf die Verfahrenseröffnung auf Antrag des Insolvenzverwalters zu berichtigen (BGH NZI 2000, 311).

16   Abs. 2 S. 2 gilt entsprechend für den vorläufigen Insolvenzverwalter gem. § 23 Abs. 3, in der **Eigenverwaltung** bei angeordnetem **Zustimmungsvorbehalt** (§ 277 Abs. 3) für den **Sachwalter** (HK-InsO/Kirchhof Rn. 19; Jaeger/Schilken Rn. 22). Für einen **ausländischer Insolvenzverwalter** ergibt sich das Antragsrecht aus § 346 (Art. 22 Abs. 1 EuInsVO). Allerdings ist der Antrag nur über das **deutsche Insolvenzgericht** an das zuständige Grundbuchamt zu leiten (AG Duisburg NZI 2010, 199).

III. Vollzug der Eintragung

17   Das Grundbuchamt überprüft das Ersuchen bzw. den Antrag um Eintragung des Insolvenzvermerks lediglich darauf, ob die erforderliche Form eingehalten und die nicht ersetzten Eintragungsvoraussetzungen nach der GBO gegeben sind. Nicht überprüft werden dagegen die Ersuchensbefugnis des Insolvenzgerichts (BayObLG DNotZ 1988, 781) sowie die materiellen Voraussetzungen zur Eintragung des Insolvenzvermerks (MüKoInsO/Schmahl/Busch § 33 Rn. 54).

D. Wirkung der Eintragung

18   Die Eintragung des Insolvenzvermerks schließt den gutgläubigen Erwerb von Grundstücken und Grundstücksrechten des Schuldners entgegen der bereits außerhalb des Grundbuches durch gesetzliche Anordnung oder aufgrund gerichtlicher Anordnung eingetretenen Verfügungsbeschränkung aus (§§ 892, 893, 135 Abs. 2, 136 BGB). Mit der Verlautbarung der Verfügungsbeschränkung durch Eintragung des Insolvenzvermerks wird der gute Glaube in die uneingeschränkte Verfügungsbefugnis des eingetragenen Berechtigten zerstört (KPB/Holzer Rn. 19). Eine eigene konstitutive Bedeutung kommt dem Insolvenzvermerk nicht zu (OLG Zweibrücken NJW 1990, 648).

19   Nach Eintragung des Insolvenzvermerks sind Eintragungen aufgrund entsprechender Verfügungen oder Bewilligungen des Schuldners gesperrt (Grundbuchsperre). Diese dürfen wegen § 81 Abs. 1 nicht mehr vollzogen werden.

E. Löschung

20   Wenn ein mit einem Insolvenzvermerk im Grundbuch eingetragener Vermögensgegenstand aus der Insolvenzmasse ausscheidet, wird das Grundbuch insoweit unrichtig. Nach Abs. 3 der Vorschrift endet die Massezugehörigkeit eines Grundstücks oder sonstigen Grundstücksrechts dann, wenn der Insolvenzverwalter den Vermögensgegenstand freigibt oder veräußert. Spiegelbil-

dich zur Eintragung des Insolvenzvermerks erfolgt dessen Löschung auf Ersuchen des Insolvenzgerichts oder auf Antrag des Insolvenzverwalters. Dabei gelten die bei der Eintragung dargestellten Grundsätze (→ Rn. 9 ff.). Die Bestimmung soll eine einfache und beschleunigte Löschung des Insolvenzvermerks ermöglichen (LG Berlin RNotZ 2004, 36).

Angesichts der offenen Formulierung des Abs. 3 kann jeder Betroffene die Löschung betreiben 21 und einen Antrag beim Insolvenzgericht stellen; namentlich der Erwerber nach Veräußerung oder der Schuldner oder Gläubiger nach Freigabe (Jaeger/Schilken Rn. 41).

In den Fällen der **allgemeinen Aufhebung oder Modifizierung des Insolvenzbeschlags** 22 (etwa Aufhebung einer vorläufigen Verfügungsbeschränkung, Aufhebung des Verfahrens, Einstellung des Verfahrens), ist das Insolvenzgericht entsprechend Abs. 2 S. 1 von Amts wegen verpflichtet, um die Löschung zu ersuchen, soweit ihm zu Unrecht fortbestehende Eintragungen des Insolvenzvermerks im Grundbuch bekannt sind (Uhlenbruck/Zipperer Rn. 24).

§ 33 Register für Schiffe und Luftfahrzeuge

¹**Für die Eintragung der Eröffnung des Insolvenzverfahrens in das Schiffsregister, das Schiffsbauregister und das Register für Pfandrechte an Luftfahrzeugen gilt § 32 entsprechend.** ²**Dabei treten an die Stelle der Grundstücke die in diese Register eingetragenen Schiffe, Schiffsbauwerke und Luftfahrzeuge, an die Stelle des Grundbuchamts das Registergericht.**

Überblick

Die Publizität der Verfahrenseröffnung wird in Ergänzung zu §§ 31, 32 auch durch Eintragung des Insolvenzvermerks in Schifffahrtsregister und Schiffsbauregister (→ Rn. 5 f.) sowie in das Register für Pfandrechte an Luftfahrzeugen (→ Rn. 7 f.) gewährleistet.

A. Normzweck und Inhalt

Auch § 33 beruht auf der Intention, die Insolvenzmasse zu sichern. Die in der Vorschrift 1 genannten Register genießen ebenfalls öffentlichen Glauben (§§ 16, 17, 77 SchRG, §§ 16, 17 LuftfzRG), sodass durch die Möglichkeit eines gutgläubigen Erwerbs entsprechender Rechte auch insoweit eine Massegefährdung besteht, welche es im Gläubigerinteresse durch Eintragung eines Insolvenzvermerks auszuschließen gilt.

Nach der Verweisung auf § 32 gilt die Kommentierung zur Verlautbarung des Insolvenzbe- 2 schlags im Grundbuch entsprechend auch für die hier genannten Register. Deren Verfahrensrecht ist weitgehend den Regelungen der GBO nachgebildet (MüKoInsO/Schmahl/Busch Rn. 90).

Das Eintragungs- bzw. Löschungsersuchen durch das Insolvenzgericht ist im Original vom 3 Insolvenzrichter oder dem Rechtspfleger zu unterschreiben und mit Siegel oder Stempel zu versehen (§§ 45, 37 Abs. 3 SchRegO, § 86 Abs. 1 LuftfzRG).

Im Falle des Eintragungsantrags durch den Insolvenzverwalter handelt es sich ebenfalls um eine 4 Berichtigung des Registers (§ 18 SchiffRG, § 31 Abs. 1 SchRegO, §§ 18, 86 Abs. 1 LuftfzRG).

B. Eintragung im Schiffsregister und Schiffsbauregister

Bei Schiffen (zur Definition BGH NJW 1952, 1135) sind grundsätzlich drei Register zu unter- 5 scheiden, das Seeschiffsregister, das Binnenschiffsregister (§ 3 SchRegO) und das Schiffsbauregister (§ 65 SchRegO). Letzteres gilt auch für Schwimmdocks (§ 54 SchRegDV, §§ 76, 81a SchiffRG) (KPB/Holzer Rn. 2).

Schiffsbauwerke werden nach § 66 SchRegO grundsätzlich nur dann in das Schiffsbauregister 6 eingetragen, wenn zugleich eine Schiffshypothek an dem Schiffsbauwerk eingetragen wird oder wenn dessen Zwangsversteigerung beantragt ist. Nach überzeugender Ansicht besteht dieses Sicherungsbedürfnis wegen dem umfassenden Sicherungszweck des Insolvenzverfahrens auch bei Verfahrenseröffnung (HK-InsO/Kirchhof Rn. 4). Liegt noch keine Eintragung vor, hat der Insolvenzverwalter gleichzeitig eine derartige Eintragung in das Register und die Eintragung des Insolvenzvermerkes zu veranlassen (Nerlich/Römermann/Mönning Rn. 5).

C. Eintragung im Register für Pfandrechte an Luftfahrzeugen

7 Die Vorschrift erfasst lediglich das für privatrechtliche Zwecke geführte Register für Pfandrechte an Luftfahrzeugen. (§§ 78 ff. LuftfzRG), nicht hingegen die Luftfahrzeugrolle (§ 64 LuftVG), welche der öffentlich-rechtlichen Erfassung von Luftfahrzeugen dient (MüKoInsO/Schmahl/ Busch Rn. 96). Über den Verweis des § 86 LuftFzgG gelten für das Eintragungsverfahren die Grundsätze der SchRegO.

8 Sofern das Luftfahrzeug bei Inbesitznahme durch den Insolvenzverwalter noch nicht im Luftfahrzeugpfandrechtsregister eingetragen ist, ist zunächst das Luftfahrzeug zur Eintragung in das Register nach §§ 79, 80 LuftfzRG anzumelden (FK-InsO/Schmerbach Rn. 3; HK-InsO/Kirchhof Rn. 6). Hierfür ist nach § 78 LuftFzgG sachlich und örtlich ausschließlich das Amtsgericht Braunschweig zuständig. Erst nach Eintragung kann auf dem Registerblatt des Luftfahrzeuges das Verfügungsverbot oder die Eröffnung des Insolvenzverfahrens eingetragen werden, wobei der Antrag des Insolvenzverwalters auf Eintragung des Insolvenzvermerks mit dem vorrangigen Antrag auf Eintragung des Luftfahrzeuges verbunden werden kann (HK-InsO/Kirchhof Rn. 6).

§ 34 Rechtsmittel

(1) Wird die Eröffnung des Insolvenzverfahrens abgelehnt, so steht dem Antragsteller und, wenn die Abweisung des Antrags nach § 26 erfolgt, dem Schuldner die sofortige Beschwerde zu.

(2) Wird das Insolvenzverfahren eröffnet, so steht dem Schuldner die sofortige Beschwerde zu.

(3) ¹Sobald eine Entscheidung, die den Eröffnungsbeschluß aufhebt, Rechtskraft erlangt hat, ist die Aufhebung des Verfahrens öffentlich bekanntzumachen. ²§ 200 Abs. 2 Satz 2 gilt entsprechend. ³Die Wirkungen der Rechtshandlungen, die vom Insolvenzverwalter oder ihm gegenüber vorgenommen worden sind, werden durch die Aufhebung nicht berührt.

Überblick

Die Vorschrift regelt das Rechtsmittel gegen die jeweiligen Entscheidungen des Insolvenzgerichts im Eröffnungsverfahren. Gegen die Ablehnung des Antrags auf Verfahrenseröffnung (→ Rn. 7 ff.) als auch die Eröffnung des Verfahrens (→ Rn. 11 ff.) kann das Rechtsmittel der sofortigen Beschwerde (→ Rn. 3 ff.) erhoben werden. Zugleich legt die Norm die Wirkungen und Grundsätze für die Rückabwicklung des Verfahrens nach Aufhebung des Eröffnungsbeschlusses im Beschwerdeverfahren fest (→ Rn. 16 ff.).

Übersicht

	Rn.		Rn.
A. Normzweck	1	1. Beschwerdebefugnis des Antragsteller	9
B. Regelungsinhalt	3	2. Beschwerdebefugnis des Schuldners	10
I. Allgemeines zur sofortigen Beschwerde	3	III. Sofortige Beschwerde bei Eröffnung des Insolvenzverfahrens (Abs. 2)	11
1. Zuständigkeit	3		
2. Beschwerdefrist	4		
3. Beschwerdeinhalt	5	IV. Aufhebung des Eröffnungsbeschlusses (Abs. 3)	16
4. Wirkung	6		
II. Sofortige Beschwerde bei Ablehnung der Eröffnung (Abs. 1)	7	C. Kosten	21

A. Normzweck

1 Wie sich aus dem Zusammenspiel der vorliegenden Vorschrift mit § 6 ergibt, geht die InsO davon aus, dass Entscheidungen des Insolvenzgerichts nur dann angefochten werden können, wenn die Vorschriften der InsO dies ausdrücklich vorsehen. Der Entscheidung, durch welche das Insolvenzverfahren eröffnet oder die Eröffnung abgelehnt wird, kommt im Insolvenzverfahren entscheidende Bedeutung zu. Sie muss daher beschwerdefähig und damit der richterlichen Prüfung zugänglich sein (Jaeger/Schilken Rn. 4). Die Klarstellung der Zulässigkeit und Beschwerdebefugnis

führt zu Rechtsklarheit und zur Verfahrensbeschleunigung (Nerlich/Römermann/Mönning Rn. 5).
Die Regelung der Wirkungen und Formalien der Aufhebung der Verfahrenseröffnung in Abs. 3 dient dem Schutz des Rechtsverkehrs, der von einer wirksamen Verfahrenseröffnung ausgegangen ist. Sie sichert die Wirksamkeit von Rechtshandlungen des Insolvenzverwalters (KPB/Pape Rn. 7). **2**

B. Regelungsinhalt

I. Allgemeines zur sofortigen Beschwerde

1. Zuständigkeit

Das Rechtsmittel der sofortigen Beschwerde muss beim Insolvenzgericht (§ 6 Abs. 1 S. 2) **3** eingelegt werden. Eine wirksame Einlegung der sofortigen Beschwerde beim Beschwerdegericht ist anders als bei § 569 Abs. 1 S. 1 BGB nicht möglich (→ § 6 Rn. 14).

2. Beschwerdefrist

Die Beschwerdefrist beträgt zwei Wochen (§ 4, § 569 Abs. 1 ZPO) und beginnt nach § 6 **4** Abs. 2 mit der förmlichen Verkündung der Entscheidung in einem protokollierten Termin. Unterbleibt die Verkündung, ist für den Fristbeginn auf die Zustellung der Entscheidung abzustellen (KPB/Pape Rn. 14). Ist neben der besonderen Zustellung der Entscheidung deren öffentliche Bekanntmachung als allgemeine Zustellung vorgeschrieben (wie im Fall der Verfahrenseröffnung, § 30 Abs. 1, 2), so beginnt die Beschwerdefrist für jeden Beteiligten mit der frühesten, ihm gegenüber bewirkten Zustellung. Zwar genügt nach § 9 Abs. 3 die öffentliche Bekanntmachung zum Nachweis der Zustellung an alle Beteiligten. Ist aber eine Einzelzustellung bereits zu einem früheren Termin erfolgt, ist dieser maßgeblich (hM, BGH NZI 2004, 341; 2010, 159).

3. Beschwerdeinhalt

Mit der sofortigen Beschwerde nach § 34 Abs. 1 kann grundsätzlich nur die Eröffnung des **5** Verfahrens bewirkt werden. Bei der sofortigen Beschwerde nach § 34 Abs. 2 kann nur die Aufhebung des Eröffnungsbeschlusses bezweckt werden (HK-InsO/Kirchhof Rn. 10). Das Ziel, die Eröffnung unter anderen Bedingungen oder zu einem anderen Zeitpunkt zu erreichen, ist nicht statthaft (LG Duisburg ZInsO 2002, 988). Auch kann nicht die Einsetzung eines anderen Insolvenzverwalters erreicht werden (LG Münster NZI 2002, 445).

4. Wirkung

Die sofortige Beschwerde hat grundsätzlich keine aufschiebende Wirkung (§ 570 Abs. 1 ZPO, **6** § 4). Im Übrigen → § 6 Rn. 1 ff.

II. Sofortige Beschwerde bei Ablehnung der Eröffnung (Abs. 1)

Als Ablehnung der Eröffnung gilt zunächst die Zurückweisung des Eröffnungsantrags als unzu- **7** lässig (formell) oder unbegründet (materiell) (Nerlich/Römermann/Mönning Rn. 9). Nicht beschwerdefähig sind jedoch Entscheidungen über die örtliche Zuständigkeit (OLG München NZI 2014, 818). Ferner kann die Ablehnung auch mangels Masse erfolgen.
Für das Vorliegen eines Eröffnungsgrunds kommt es nur auf den Zeitpunkt der Verfahrenseröff- **8** nung an (BGH NZI 2011, 712). Treten die Eröffnungsvoraussetzungen erst im Beschwerdeverfahren ein, ist gleichwohl auf den Eröffnungszeitpunkt abzustellen (BGH NJW 2006, 3553).

1. Beschwerdebefugnis des Antragsteller

Der Antragsteller ist grundsätzlich bezüglich aller Ablehnungsentscheidungen beschwerdebe- **9** fugt. Gläubiger haben also nur im Falle ihrer eigenen Antragstellung eine Beschwerdebefugnis. Der **Insolvenzverwalter** hat **kein Beschwerderecht,** weder gegen die Ablehnung der Eröffnung des Verfahrens noch gegen die Ablehnung der Eröffnung mangels Masse (BGH NZI 2007, 349).

2. Beschwerdebefugnis des Schuldner

10 Dem Schuldner steht das Rechtsmittel der sofortigen Beschwerde nur dann offen, wenn die Eröffnung des Verfahrens mangels Masse gem. § 26 abgelehnt wird. Ohne Relevanz ist dabei, ob er den Antrag selbst gestellt hat. Dies begründet sich damit, dass mit der Abweisung der Eröffnung mangels Masse die Eintragung in das Schuldnerverzeichnis gem. § 26 Abs. 2 (→ § 26 Rn. 24), sowie die Eintragung in die öffentlichen Register gem. § 31 Nr. 2 (→ § 31 Rn. 6) verbunden ist. Die daraus resultierende Beeinträchtigung der Kreditwürdigkeit des Schuldners gebietet eine entsprechende Beschwerdebefugnis schon aus verfassungsrechtlichen Gesichtspunkten (Pape ZIP 1989, 1035).

III. Sofortige Beschwerde bei Eröffnung des Insolvenzverfahrens (Abs. 2)

11 Im Falle der Verfahrenseröffnung steht ausschließlich dem Schuldner die Beschwerdebefugnis zu. Gesellschafter oder Aktionäre des Schuldners als lediglich mittelbar Betroffene haben sind nicht beschwerdebefugt (BGH BeckRS 2009, 08768; Nerlich/Römermann/Mönning Rn. 18). Auch nicht eine ehemaliger (BGH NZI 2006, 700) oder faktischer Geschäftsführer (MüKoInsO/Schmahl/Busch Rn. 58).

12 Der Schuldner hat darzulegen, dass die Entscheidung über die Verfahrenseröffnung rechtswidrig ist. Dies ist regelmäßig dann der Fall, wenn die formellen Antragsvoraussetzungen nicht gegeben sind oder materiell kein Insolvenzgrund vorliegt. Abzustellen ist insofern auf den Zeitpunkt der Verfahrenseröffnung, sodass neues Vorbringen, welches die Sachlage zu diesem Zeitpunkt betrifft, beachtlich ist (BGH ZInsO 2007, 1275).

13 Das Rechtsschutzbedürfnis ist selbst dann zu bejahen, wenn sich der Schuldner im Falle des Fremdantrags nicht gegen die Feststellung eines Insolvenzgrundes wendet, sondern die Abweisung mangels Masse anstrebt (BGH NZI 2004, 625).

14 Etwas anderes gilt, wenn der Schuldner selbst den Antrag auf Eröffnung des Verfahrens gestellt hat. Zwar ist er dann gem. Abs. 2 beschwerdeberechtigt, es fehlt ihm aber an einer formellen Beschwer (BGH NJW-RR 2007, 765). Ihm ist in diesem Zusammenhang auch die Begründung verwehrt, dass Gericht hätte den Antrag mangels Masse (§ 26) abweisen müssen (BGH NZI 2008, 557). Eine Ausnahme besteht hiervon aber dann, wenn die Beschwerde mit einer nach Antragstellung eingetretenen Verbesserung der Vermögenslage begründet wird (HK-InsO/Kirchhof Rn. 11).

15 Gläubiger haben gegen die Verfahrenseröffnung kein Beschwerderecht (BGH ZInsO 2009, 1221).

IV. Aufhebung des Eröffnungsbeschlusses (Abs. 3)

16 Das Insolvenzgericht hat die Aufhebungsentscheidung mit Rechtskraft öffentlich bekanntzumachen. Der Eröffnungsvermerk wird im Grundbuch und allen weiteren Registern gelöscht (§ 34 Abs. 3 S. 2 iVm § 200 Abs. 2 S. 2, §§ 31–33).

17 Rechtsgeschäfte bzw. Rechtshandlungen, welche bis zur Aufhebung des Eröffnungsbeschlusses mit Wirkung für und gegen den Schuldner vom Insolvenzverwalter oder diesem gegenüber vorgenommen worden sind, bleiben im Interesse der Rechtssicherheit weiterhin wirksam (Abs. 3 S. 3). Die Wirkungen der Verfahrenseröffnung entfallen bei Aufhebung des Eröffnungsbeschlusses damit nur ex nunc. So werden etwa Kündigungserklärungen in Bezug auf Miet- oder Arbeitsverhältnisse nicht wieder zurückgenommen. Auch bleiben Verfügungen des Verwalters über Vermögensgegenstände des Schuldners wirksam. Masseverbindlichkeiten werde aus dem Schuldnervermögen befriedigt.

18 Im Übrigen fallen die Wirkungen der Verfahrenseröffnung mit Rechtskraft rückwirkend wieder weg (MüKoInsO/Schmahl/Busch Rn. 87). Dies gilt aber nicht für Fixgeschäften und Finanztermingeschäften (§ 104).

19 War im Eröffnungsverfahren bereits ein vorläufiger Verwalter mit Verwaltungs- und Verfügungsbefugnis bestellt worden, so bleiben auch dessen Rechtshandlungen nach Aufhebung des Eröffnungsbeschlusses wirksam (FK-InsO/Schmerbach Rn. 70).

20 Sofern Insolvenzschuldner und Insolvenzverwalter rechtsgeschäftliche Verfügungen über den gleichen Vermögensgegenstand treffen, haben die Handlungen des Verwalters im Interesse der Rechtssicherheit ohne Rücksicht auf die zeitliche Reihenfolge der Vornahme absoluten Vorrang vor den Rechtshandlungen des Insolvenzschuldners (BGH NJW 1959, 1873; KPB/Pape Rn. 83). Im Falle des Widerspruchs zwischen Verfügungen des Schuldners und Verfügungen des Insolvenzverwalters ist die Verwalterhandlung als vorrangig anzusehen (Jaeger/Schilken Rn. 34).

C. Kosten

Für die Kosten gelten über § 4 die §§ 91–93, 97 ZPO entsprechend. Die Gerichtsgebühr für das Beschwerdeverfahren nach § 34 Abs. 1, 2 richtet sich nach den § 58 Abs. 3, § 3 GKG, Nr. 2360 KV GKG. Für die Rechtsanwaltsgebühren gelten § 28 RVG, Nr. 3500, 3513 VV RVG. 21

Zweiter Abschnitt. Insolvenzmasse. Einteilung der Gläubiger

§ 35 Begriff der Insolvenzmasse

(1) Das Insolvenzverfahren erfaßt das gesamte Vermögen, das dem Schuldner zur Zeit der Eröffnung des Verfahrens gehört und das er während des Verfahrens erlangt (Insolvenzmasse).

(2) ¹Übt der Schuldner eine selbstständige Tätigkeit aus oder beabsichtigt er, demnächst eine solche Tätigkeit auszuüben, hat der Insolvenzverwalter ihm gegenüber zu erklären, ob Vermögen aus der selbstständigen Tätigkeit zur Insolvenzmasse gehört und ob Ansprüche aus dieser Tätigkeit im Insolvenzverfahren geltend gemacht werden können. ²§ 295a gilt entsprechend. ³Auf Antrag des Gläubigerausschusses oder, wenn ein solcher nicht bestellt ist, der Gläubigerversammlung ordnet das Insolvenzgericht die Unwirksamkeit der Erklärung an.

(3) ¹Der Schuldner hat den Verwalter unverzüglich über die Aufnahme oder Fortführung einer selbstständigen Tätigkeit zu informieren. ²Ersucht der Schuldner den Verwalter um die Freigabe einer solchen Tätigkeit, hat sich der Verwalter unverzüglich, spätestens nach einem Monat zu dem Ersuchen zu erklären.

(4) ¹Die Erklärung des Insolvenzverwalters ist dem Gericht gegenüber anzuzeigen. ²Das Gericht hat die Erklärung und den Beschluss über ihre Unwirksamkeit öffentlich bekannt zu machen.

Überblick

§ 35 definiert die Insolvenzmasse, die den Gläubigern zur Befriedigung ihrer Ansprüche in der Gesamtvollstreckung zur Verfügung stehen (→ Rn. 5 ff.). Neben dem Vermögen, dass dem Schuldner zum Zeitpunkt der Verfahrenseröffnung gehört, fällt hierunter auch der Neuerwerb (→ Rn. 46 ff.). Nicht in die Insolvenzmasse fallen dagegen Vermögenswerte die nicht der Zwangsvollstreckung unterliegen, höchstpersönliche Rechte des Schuldners oder solche Vermögenswerte, die der Insolvenzverwalter ausdrücklich freigegeben hat (→ Rn. 57). Einen besonderen Fall der Freigabe regelt § 35 Abs. 2–4. Danach ist der Insolvenzverwalter verpflichtet, gegenüber demjenigen der zum Zeitpunkt der Verfahrenseröffnung selbstständig tätig ist oder beabsichtigt eine solche Tätigkeit demnächst auszuüben zu erklären, ob Vermögen aus der selbstständigen Tätigkeit zur Insolvenzmasse gehören soll (→ Rn. 65 ff.).

Übersicht

	Rn.		Rn.
A. Normzweck	1	5. Internet Domain	37
		6. Kryptowährungen	37a
B. Begriff der Insolvenzmasse	3	V. Beteiligungen	38
C. Einzelne Gegenstände der Insolvenzmasse	5	VI. Treuhand	40
		VII. Behördliche Genehmigungen	44
I. Bewegliche Sachen	6	D. Neuerwerb	46
II. Grundstücke und grundstücksgleiche Rechte	8	E. Insolvenzfreie Masse	54
		I. Höchstpersönliche Rechte	55
III. Forderungen	10	II. Freigabe von Vermögensgegenständen	57
IV. Immaterialgüterrechte	27	III. Freigabe von selbstständiger Arbeit	65
1. Gewerbliche Schutzrechte	27		
2. Urheberrecht	32	F. Streit über Massezugehörigkeit	78
3. Lizenzen und Nutzungsrechte	33		
4. Software	36	G. Rechtslage ab dem 1.1.2022	83

A. Normzweck

1 Das Insolvenzverfahren dient der **gemeinschaftlichen Befriedigung** der **Gläubiger** eines Schuldners, § 1. Die §§ 35, 36 enthalten zu diesem Zweck und in Anlehnung an § 1 Abs. 1 KO die Legaldefinition der Vermögenswerte (Begr. zu § 42 RegE, BT-Drs. 12/2443), die in ihrer Gesamtheit als sog. „Soll-Masse" (MüKoInsO/Peters Rn. 19) der Verfügungsbefugnis des Schuldners entzogen und der Verwaltungs- und Verfügungsbefugnis des Insolvenzverwalters unterworfen werden (§ 80).

2 Der in der KO geltende Grundsatz (zur Definition der Insolvenzmasse nach § 1 KO s. MüKoInsO/Peters Rn. 7), wonach der Neuerwerb des Schuldners während der Dauer des Insolvenzverfahrens nicht der, den Gläubigern haftenden Masse zuzuordnen ist, wurde mit dem Inkrafttreten der InsO aufgegeben (Begr. zu § 42 RegE, BT-Drs. 12/2443, 122). Hinter dieser Erweiterung der Insolvenzmasse stand nicht zuletzt das gesetzgeberische Ziel, die Aussichten der Gläubiger auf eine bessere „Quote" zu erhöhen (Begr. zu Art. 1 Nr. 12 Buchst. b, BT-Drs. 16/3227, 24) bzw. überhaupt die Eröffnung eines Insolvenzverfahrens zu ermöglichen, nachdem in den Jahren vor dem Inkrafttreten der InsO (1985–1990) 75 % der Konkursanträge mangels Masse abgewiesen wurden (Begr. RegE, BT-Drs. 12/2443, 72). Gleichzeitig wurde damit eine im internationalen Vergleich bestehende Besonderheit aufgegeben, nachdem die Praxis gezeigt hatte, dass die Argumente, die diese rechtfertigen sollten, nicht überzeugten. Insbesondere der hiermit angestrebte Schutz der Neugläubiger konnte durch die Zugriffsmöglichkeiten von (einzelnen) Altgläubigern untergraben werden (Begr. zu § 42 RegE, BT-Drs. 12/2443, 122). Das gesetzgeberische Ziel einer gleichmäßigen gemeinschaftlichen Befriedigung der Gläubiger war durch das Informationsgefälle und die ungleichmäßig verteilte Durchsetzungskraft von Altgläubigern gefährdet (Begr. RegE, BT-Drs. 12/2443, 73). § 35 trägt diesem Ziel Rechnung.

B. Begriff der Insolvenzmasse

3 In der Begründung zum Entwurf einer InsO wird als einheitlicher Hauptzweck des Insolvenzverfahrens die gemeinschaftliche Verwirklichung der **Vermögenshaftung** festgehalten. Als Gegenstand dieser Haftung dient das Vermögen des Schuldners (Begr. RegE, BT-Drs. 12/2443, 83). Als Insolvenzmasse definiert § 35 der Zielsetzung der **bestmöglichen Befriedigung** der (Insolvenz-)Gläubiger folgend das gesamte Vermögen, das zum Zeitpunkt der Eröffnung des Insolvenzverfahrens dem Schuldner gehört und das dieser während des Insolvenzverfahrens, dh also spätestens bis zu seiner Aufhebung (§ 200), erwirbt. Zwar bleibt der Schuldner weiterhin Inhaber der Rechte, die in ihrer Gesamtheit die Insolvenzmasse bilden, verliert aber im Zeitpunkt der Eröffnung des Insolvenzverfahrens das Recht, über diese frei zu verfügen. Eine Ausnahme hiervon bilden lediglich solche Vermögensgegenstände, die nach der Definition des § 36 nicht in die Insolvenzmasse fallen bzw. solche, die durch den Insolvenzverwalter freigegeben werden (das Recht zur Freigabe wird in § 32 Abs. 3, S. 1 vorausgesetzt und in § 35 Abs. 2–4 für den Fall der selbstständigen Tätigkeit des Schuldners ausdrücklich normiert) und nicht zuletzt höchstpersönliche Rechte.

4 Die so durch die §§ 35, 36 definierte Insolvenzmasse wird auch als „**Soll-Masse**" bezeichnet. Sie stellt das Ergebnis der Arbeit des Insolvenzverwalters dar, der die Gesamtheit der Vermögenswerte, die durch den Insolvenzbeschlag erfasst und den Gläubigern haftungsrechtlich zugewiesen werden, festzustellen hat (MüKoInsO/Peters Rn. 19). Ausgangspunkt ist dabei die sog. „**Ist-Masse**", dh die Gesamtheit derjenigen Vermögensgegenstände, die der Insolvenzverwalter bei seinem Amtsantritt bei dem Schuldner zunächst vorfindet und in Besitz zu nehmen hat (Uhlenbruck/Hirte/Praß Rn. 46; Uhlenbruck/Sinz § 148 Rn. 2). Diese ist um diejenigen Vermögensgegenstände zu bereinigen, an denen Aussonderungsrechte bestehen (§§ 47, 48), oder die insolvenzfrei, da unpfändbar sind (§ 36). Mit dem Tod des Schuldners erfolgt die Überleitung des Regelverfahrens in ein Nachlassinsolvenzverfahren. Hierbei entfällt der Pfändungsschutz weitestgehend, sodass die Soll-Masse um die Gegenstände und Rechte, die bislang dem Pfändungsschutz unterlagen, angereichert wird. Daneben hat der Insolvenzverwalter Vermögenswerte, die in anfechtbarer Weise aus der haftenden Masse entfernt wurden, wieder zur Masse zu holen, bzw. Forderungen, die in anfechtbarer Weise begründet wurden abzuwehren (HWF InsVerw-HdB § 8 Rn. 20).

4a Zweck der Insolvenzmasse ist es, den Gläubigern als **Haftungsmasse** zur gemeinschaftlichen Befriedigung zu dienen. Aus dieser **haftungsrechtlichen Zuweisung** des Schuldnervermögens an die Gläubiger (Uhlenbruck/Hirte Rn. 6) folgt, dass sinnvoller Weise nur solche Vermögensgegenstände Eingang in die Insolvenzmasse finden, die **geldwert** sind (Uhlenbruck/Hirte/Praß Rn. 7, 13; MüKoInsO/Peters Rn. 16).

C. Einzelne Gegenstände der Insolvenzmasse

Vermögen iSd § 35 Abs. 1 ist der Inbegriff aller geldwerten Güter einer Person. Abzustellen ist also auf eine rein **wirtschaftliche Betrachtungsweise,** nach der sämtliche Aktiva, unbewegliche sowie bewegliche Sachen, Rechte, Forderungen und sonstige Vermögenswerte zur Masse gehören, die einen geldwerten Vorteil ergeben (OLG Düsseldorf BeckRS 2015, 05345; Uhlenbruck/Hirte/Praß Rn. 13). 5

I. Bewegliche Sachen

Bewegliche Sachen, an denen Eigentum des Schuldners besteht, gehören grundsätzlich zur Insolvenzmasse, soweit sie der Zwangsvollstreckung unterliegen (vgl. zur negativen Abgrenzung § 36). Das Eigentum und damit die Massezugehörigkeit eines Gegenstandes bei Verarbeitung, Vermengung oder Vermischung richtet sich nach den allgemeinen zivilrechtlichen Vorschriften und zwar unabhängig davon, ob der Schuldner vor Eröffnung handelte oder der Insolvenzverwalter nach Eröffnung. Wird nach BGB **Miteigentum** festgestellt, so ist dies ebenso Insolvenzmasse. Beim Zusammentreffen immaterieller und materieller Güter ist zu differenzieren. Für das materielle Gut, beispielsweise **Datenträger,** auf dem Computerprogramme (Software) gespeichert sind, kann Eigentum und damit die Zugehörigkeit zur Insolvenzmasse bejaht werden (Uhlenbruck/Hirte/Praß Rn. 151). Ob die Softwaren für den Insolvenzverwalter verwertbare Massebestandteile darstellen, ist danach zu beurteilen, ob entsprechende verwertbare Nutzungsrechte bestehen (→ Rn. 33, zu der Problematik bei Individualsoftware → Rn. 36). 6

Anwartschaftsrechte an einer Sache stellen ebenfalls einen Bestandteil der Insolvenzmasse dar (OVG Lüneburg NJW 2010, 2453). Umgekehrt gehört eine bewegliche Sache, die grundsätzlich nach den Vorschriften der §§ 811 ff. ZPO dem Pfändungsschutz unterliegt, allerdings auch dann nicht zur Insolvenzmasse, wenn der Schuldner diese bereits vor seiner Insolvenz zur Sicherung einer bestehenden Verpflichtung an einen Dritten sicherungsübereignet hat. Der Schuldner vergibt sich damit, abgesehen davon, dass die fragliche Sicherungsabrede ohnehin nur inter partes wirkt, nicht des gesetzlichen Pfändungsschutzes (LG Aachen NZI 2006, 643 – für Praxis- und Laborgegenstände eines Arztes). 7

Schiffe und Flugzeuge sind bewegliche Sachen, werden jedoch aufgrund ihrer Eintragung ins Schiffregister bzw. die Luftfahrzeugrolle entsprechend Grundstücken und grundstücksgleicher Rechte behandelt. 7a

II. Grundstücke und grundstücksgleiche Rechte

Grundstücke und **grundstücksgleiche Rechte** des Schuldners sind Bestandteile der Insolvenzmasse. Das Wohnungseigentum, aber auch Stockwerkseigentum und das selbstständige Gebäudeeigentum, wird, wie auch das (fiktive) Entgelt des Schuldners dafür, eine in seinem Eigentum stehende Wohnung nutzen zu können, vom Insolvenzbeschlag erfasst (BGH NZM 2016, 206). Weitere grundstücksgleiche Rechte, die der Insolvenzmasse zuzurechnen sind, stellen beispielsweise das **Erbbaurecht** (BGH NZM 2006, 116), **Jagd- und Fischereirechte** und sonstige, gem. § 864 ZPO der Immobiliarvollstreckung unterliegende Rechte dar (MüKoInsO/Peters Rn. 180 mwN). 8

Daneben zählen sonstige dingliche Rechte, wie beispielsweise **Hypotheken** und **Grundschulden** sowie die von solchen Grundpfandrechten erfassten beweglichen Sachen zur Insolvenzmasse (Uhlenbruck/Hirte/Praß Rn. 139). Gleiches gilt für das gem. § 33 Abs. 1 WEG veräußerliche und vererbliche **Dauerwohnrecht** (§ 30 WEG). Dagegen wird weder das **schuldrechtliche** noch das **dingliche Wohnungsrecht** vom Insolvenzbeschlag erfasst. Das schuldrechtliche Wohnungsrecht ist als Leihe zu qualifizieren (BGH NJW 1982, 820) und damit nicht übertragbar, also auch nicht pfändbar. Anderes gilt ausnahmsweise dann, wenn dem Berechtigten die Übertragbarkeit explizit gestattet ist (§ 603 S. 2 BGB), wobei das Motiv, das bei der Einräumung des Rechts zugrunde lag, bei der Beurteilung, ob eine solche Gestattung vorliegt, unbeachtlich ist (AG Hamburg BeckRS 2009, 06161). Gleiches gilt für **beschränkt persönliche Dienstbarkeiten,** wie ein dingliches Wohnungsrecht (§ 1092 Abs. 1 S. 1 BGB). Auch hier richtet sich der Insolvenzbeschlag nach der Frage, ob der Berechtigte die Ausübung Dritten gestatten kann (LG Hamburg BeckRS 2009, 12765), wobei sich dies nicht aus dem Grundbuch ergeben muss. Vielmehr reicht es aus, dass sich dies aus der Eintragungsbewilligung ergibt (BGH BeckRS 2006, 12767 mwN). 9

Massezugehörig ist eine aus einer eingetragenen Eigentümerhypothek resultierende **Eigentümergrundschuld**. **Zwangssicherungen** sind auch dann massezugehörig, wenn im Rahmen der Verwertung eine Umschreibung auf den Verwalter in Person ohne Funktionszusatz erfolgt (OLG Jena BeckRS 2020, 22400).

III. Forderungen

10 Gemäß § 398 BGB sind Forderungen übertragbar, soweit durch die Übertragung die **Identität** der Forderung unberührt bleibt (Palandt/Grüneberg BGB § 398 Rn. 1). Forderungen sind danach grundsätzlich pfändbar (§ 851 Abs. 1 ZPO), und fallen in die Insolvenzmasse. Ausnahmen hiervon gelten dort, wo das Gesetz eine Übertragbarkeit ausschließt, also insbesondere dort, wo die Übertragung der Forderung zu einer **Inhaltsänderung** führt oder einer getroffenen Vereinbarung zuwiderläuft (§ 399 BGB), wobei letzteres einer Pfändung der Forderung nur begrenzt entgegensteht, § 851 Abs. 2 ZPO (vgl. ausf. bei Uhlenbruck/Hirte/Praß Rn. 153 ff.).

11 **Arbeitseinkommen** fällt danach in die Insolvenzmasse, soweit es pfändbar ist. Die Pfändbarkeit bestimmt sich dabei gem. § 36 Abs. 1, S. 2 InsO nach §§ 850 ff. ZPO (BAG NJW 2014, 171). **Corona-Prämien** sollen, soweit zweckgebunden, aufgrund § 850a Nr. 3 ZPO nicht pfändbar sein (AG Cottbus InsbürO 2021, 253). Zum Arbeitseinkommen iSv § 850 ZPO gehören auch die **Abfindungsansprüche**, die der Arbeitnehmer aus Anlass der Beendigung des Arbeitsverhältnisses erhält. Dies unabhängig davon, ob es sich um gesetzliche Abfindungsansprüche, beispielsweise nach §§ 9, 10 KSchG, oder um vertraglich vereinbarte handelt (BAG NJW 1997, 1868). Als Abfindung in diesem Sinne gilt eine nicht wiederkehrend zahlbare Vergütung iSv § 850i ZPO, die nicht als Gegenleistung für die in einem bestimmten Zeitraum erbrachte Arbeitsleistung geleistet wird (BAG NJW 1997, 1868), wobei eine Zahlung in mehreren **Raten** nichts an dem Charakter als Einmalzahlung ändert (BAG NJW 2015, 107). **Mehrarbeitsstunden** fallen zur Hälfte in die Insolvenzmasse (§ 36 Abs. 1 S. 2 InsO, §§ 850i, 850a Nr. 1 ZPO). Als Mehrarbeitsstunden ist auch eine freiberufliche Tätigkeit eines Rentners zu bewerten, der, bereits durch seine Altersvorsorge entsprechende finanzielle Sicherheit genießt, indem er durch diese Altersvorsorge bereits einen über dem Pfändungsfreibetrag liegenden monatlichen Betrag erhält (BGH BeckRS 2014, 14133). § 850i Abs. 1 S. 1 Fall 2 ZPO ist hier anzuwenden, da der Pfändungsschutz aus § 850i Abs. 1 S. 1 Fall 2 ZPO alle selbst erzielten, also eigenständig erwirtschafteten Einkünfte erfasst (Musielak/Voit/Flockenhaus ZPO § 850i Rn. 3). Ist die Frage streitig, ob ein Rentenzahlungsanspruch zur Masse gezogen werden kann oder nicht, ist diese Frage durch das Sozialgericht als Prozessgericht zu klären (LSG Bln-Bbg BeckRS 2021, 2241).

12 Auch **Angespartes** aus **unpfändbaren Arbeitseinkommen** fällt in die Insolvenzmasse (BGH NZI 2013, 968). Gleiches gilt für **Eigengeld,** das ein arbeitspflichtiger Strafgefangener durch Gutschrift aus Arbeitsentgelt erhält (BGH BeckRS 2013, 15531). **Taschengeld von Heimbewohnern** ist pfändbar, soweit der Betrag den in § 27b Abs. 3 SGB XII bezeichneten Barbetrag übersteigt (BGH NJW-RR 2020, 820). Die einzelnen Bedarfsstufen und die daraus resultierenden Barbeträge sind der Anlage zu § 28 SGB XII zu entnehmen.

13 Dagegen ist die **Arbeitskraft** des Insolvenzschuldners Ausdruck der eigenen Persönlichkeit, also kein Vermögensobjekt, und fällt nicht in die Insolvenzmasse. Dies folgt schon daraus, dass Arbeitsleistung als Ausfluss der Menschenwürde gem. § 888 Abs. 3 ZPO nicht mit Zwangsmitteln durchgesetzt werden kann und damit nicht dem haftenden Vermögen des Schuldners zuzuweisen ist (BAG NJW 2014, 171; NZI 2013, 942). Gleiches gilt für das **Arbeitsverhältnis** als solches, da es dem Schuldner frei steht, wie er über seine Arbeitskraft verfügen will. Die Entscheidung über eine Klage gegen eine Arbeitgeberkündigung und die Prozessführungsbefugnis verbleiben daher beim Insolvenzschuldner (BAG NJW 2014, 171; NJW 2015, 107).

14 Zahlt der Arbeitgeber aufgrund einer Vereinbarung mit dem Arbeitnehmer zu Gunsten des Arbeitnehmers Beiträge in eine **Direktversicherung** ein, liegt ebenfalls kein pfändbares Arbeitseinkommen iSd § 850 Abs. 2 ZPO vor, da es sich bei der Zahlung nicht um eine Leistung handelt, die an den Arbeitnehmer in Geld zahlbar ist (BAG NJW 2009, 167). Der Arbeitgeber schuldet dem Arbeitnehmer in diesem Fall nur Leistungen nach dem Recht der betrieblichen Altersversorgung. Solche Beiträge sind daher nur dann pfändbar und fallen als pfändbares Arbeitseinkommen in die Masse, wenn der Vereinbarung über die Zahlung von Beiträgen an die Direktversicherung eine **Entgeltumwandlung** zugrunde liegt, die erst nach der Eröffnung des Insolvenzverfahrens getroffen worden ist. In diesem Fall ist die Vereinbarung nach § 81 unwirksam (BAG NJW 2009, 167; LAG Berlin NZI 2014, 463).

15 Forderungen, die mangels Übertragbarkeit (§ 851 Abs. 1 ZPO) nur im Rahmen ihrer **Zweckbestimmung** pfändbar sind, unterliegen nur dann nicht dem Insolvenzbeschlag, wenn die

Unpfändbarkeit gerade dem Schutz des Gemeinschuldners dient. Andernfalls fallen Sie in die Insolvenzmasse (BGH NZI 2001, 539). So fallen **Schuldbefreiungsansprüche**, obwohl sie gem. § 399 Alt. 1 BGB aufgrund der andernfalls eintretenden Inhaltsänderung nur an den Drittgläubiger abtretbar und damit gem. § 851 Abs. 1 ZPO unpfändbar sind, zur Insolvenzmasse. Sie wandeln sich bei Eröffnung des Insolvenzverfahrens über das Vermögen des Befreiungsgläubigers in einen in die Masse fallenden Zahlungsanspruch in Höhe der zu tilgenden Schuld um. Denn die Unpfändbarkeit des Anspruches dient weder dem Schutz des Gemeinschuldners noch hat sie den Zweck, dem Drittgläubiger eine konkursfeste haftungsrechtliche Zuweisung zu verschaffen (BGH NJW 1994, 49).

Der Anspruch eines Schuldners aus einem Bescheid auf Gewährung der **Corona-Soforthilfe** 15a ist ein nach § 851 Abs. 1 ZPO unpfändbarer Anspruch, da die Zweckbindung als Pfändungshindernis eingreift (BGH InsbürO 2021, 249; LG Köln NZI 2020, 494; BeckRS 2020, 6671) (→ § 36 Rn. 10).

Personalsicherheiten wie die **Bürgschaft** (§ 765 BGB), **Garantien** (OLG Brandenburg 16 BeckRS 2009, 05887) oder auch **Schuldübernahmen** fallen in die Insolvenzmasse (MüKoInsO/ Peters Rn. 432). Bei **Patronatserklärungen** ist zu differenzieren. **Weiche Patronatserklärungen**, bei denen es sich um bloße Informationen über die Zahlungsfähigkeit einer Tochtergesellschaft oder um allenfalls moralisch verpflichtende Goodwill-Erklärungen handelt, haben keinen rechtsgeschäftlichen Charakter und begründen damit keine irgendwie geartete Verbindlichkeit des Patrons. Sie fallen daher nicht in die Insolvenzmasse (BGH NZI 2011, 536; OLG Karlsruhe DStR 1993, 486). Dagegen statuiert die **harte Patronatserklärung** eine rechtsgeschäftliche Einstandspflicht des Patrons gegenüber dem **Adressaten** der Erklärung (BGH NJW 1992, 2093; NZI 2011, 536). Im Falle der Insolvenz des unterstützten Schuldners wandelt sich die harte Patronatserklärung in einen **Direktzahlungsanspruch** gegen den Patron (BGH NJW 1992, 2093; Uhlenbruck/ Hirte/Praß Rn. 169). Auch solche Patronatserklärungen fallen damit nicht in die Insolvenzmasse. Harte Patronatserklärungen, die im **Innenverhältnis** gegenüber dem Schuldner abgegeben wurden, fallen dagegen in die Insolvenzmasse (OLG München BeckRS 2004, 30471040; str., aA OLG Celle BeckRS 2000, 30119818). Sie stellen ein aufschiebend bedingtes **Darlehensversprechen** iSv § 607 BGB des Patrons gegenüber dem Erklärungsempfänger dar. Zu Recht weist das OLG München in seiner Entscheidung darauf hin, dass die Gegenansicht, nach der eine harte Patronatserklärung im Innenverhältnis zum Schuldner im Falle der Insolvenz des Schuldners untergehen soll, dem Sinn und Zweck einer solchen Erklärung als Sicherungs- und Kapitalersatzmittel zuwiderlaufe. Es bejaht daher folgerichtig einen Anspruch auf Schadensersatz wegen Nichterfüllung des gegebenen **Kapitalausstattungsversprechens** gegen den Patron, der in die Insolvenzmasse fällt (OLG München BeckRS 2004, 30471040). Im Übrigen ist auch nicht einzusehen, den Patron in solchen Fällen besserzustellen als den Bürgen.

Ansprüche auf **Erstattung von Steuern**, Haftungsbeträgen, steuerlichen Nebenleistungen und 17 auf Steuervergütungen können abgetreten, verpfändet und gepfändet werden (§ 46 Abs. 1 AO). Solche Ansprüche fallen damit in die Insolvenzmasse, soweit der Sachverhalt, der die Erstattungspflicht begründet, vor bzw. während des Insolvenzverfahrens verwirklicht worden ist. Maßgeblich ist dabei der **Zeitpunkt**, in dem der Rechtsgrund für den Anspruch gelegt worden ist, im Falle der Lohnsteuer also der Zeitpunkt der Abführung, da mit der Vorauszahlung die Anwartschaft auf die Erstattung entsteht (BGH NJW 2006, 1127; NJW-RR 2007, 1205; Uhlenbruck/Hirte/ Praß Rn. 181 ff.).

Eine **Erbschaft** (§§ 1942 ff. BGB) bzw. ein **Vermächtnis** (§§ 2176 ff. BGB), das dem Schuld- 18 ner vor bzw. während des Insolvenzverfahrens anfällt, gehört zur Insolvenzmasse, wenn und sobald der Schuldner dieses angenommen hat (§ 1943 BGB). Bis zur Annahme hat der Schuldner aber das höchstpersönliche und damit durch den Insolvenzverwalter nicht beeinflussbare Recht, die Erbschaft bzw. das Vermächtnis auszuschlagen (§ 83). Gleiches gilt für den Nachlass, über den die **Testamentsvollstreckung** eröffnet ist. Auch dieser fällt mit dem Erbfall vorläufig und mit der Annahme durch den Erben endgültig in die Insolvenzmasse, wenn über das Vermögen eines Erben die Insolvenz eröffnet wird. Dem steht § 2214 BGB nicht entgegen, der dem Testamentsvollstrecker die Erfüllung seiner Aufgaben erleichtern soll, nicht aber den Schutz der unantastbaren persönlichen und lebensnotwendigen Güter des Schuldners (§ 36) bezweckt (BGH NJW 2006, 2698). In diesem Fall bildet der, der Testamentsvollstreckung unterstehende Nachlass eine Sondermasse, aus der nur die Nachlassgläubiger zu befriedigen sind (BGH NJW 2006, 2698). Dagegen entsteht der **Pflichtteilsanspruch** mit dem Erbfall. Er gehört ab diesem Zeitpunkt zum Vermögen des Pflichtteilsberechtigten und damit zur Insolvenzmasse (BGH NJW 2011, 1448).

Unterlassungsansprüche wegen Schutzrechtsverletzung fallen in die Masse, soweit der 19 Gegenstand, deren Schutz diese dienen in die Masse fällt (OLG Frankfurt NZI 2015, 891 (Patent);

nicht aber dann, wenn der Unterlassungsanspruch beispielsweise dem Schutz der Persönlichkeitsrechte des Schuldners dient). Gleiches gilt für **Vertragsstrafen** aus zugunsten des Schuldners abgegebenen Unterlassungserklärungen, soweit das Unterlassungsversprechen vor oder während des Insolvenzverfahrens verletzt wird (Uhlenbruck/Hirte/Praß Rn. 196).

20 Ansprüche auf **Versicherungsleistungen** fallen als vermögenswerte Rechte grundsätzlich in die Insolvenzmasse des Versicherungsnehmers (vgl. ausführlich Uhlenbruck/Hirte/Praß Rn. 207 ff.) soweit diese der Pfändung unterliegen (§§ 850 ff. ZPO). Insbesondere ist § 850b ZPO im Insolvenzverfahren entsprechend anwendbar, sodass die unter diese Regelung fallenden, bedingt pfändbaren Ansprüche grundsätzlich nicht vom Insolvenzbeschlag erfasst werden. Das gilt vor allem für Leistungen aus privaten Krankenversicherungsverträgen (BGH NJW-RR 2014, 683; LG Köln NJW-RR 2004, 552).

21 Anderes gilt ausnahmsweise für solche Versicherungsleistungen, die zwar nur bedingt pfändbar sind (§ 850b ZPO), die aber im Rahmen einer **Billigkeitsentscheidung** nach den für Arbeitseinkommen geltenden Vorschriften für vollstreckbar zu erklären sind (BGH NJW-RR 2010, 474 für die Massezugehörigkeit einer **Berufsunfähigkeitsversicherung**). Solche fallen in die Insolvenzmasse. Dass § 850b Abs. 2, 3 ZPO in § 36 Abs. 1 S. 2 nicht explizit erwähnt wird, spricht in diesem Fall nicht gegen die Anwendung. § 850 ZPO soll einerseits gewährleisten, dass dem Schuldner ein **Existenzminimum** verbleibt (BGH NJW 1978, 950; NZI 2008, 244), dient gleichzeitig aber auch dem Interessenausgleich zwischen Schuldner und Gläubiger. Danach soll ein Zugriff auf das bedingt pfändbare Vermögen dann möglich sein, wenn die Vollstreckung in das sonstige bewegliche Vermögen des Schuldners nicht zu einer Befriedigung geführt hat und die Pfändung der Billigkeit entspricht (LG Frankfurt a. M. LSK 2020, 11470). Eine Bevorzugung des Schuldners im Insolvenzverfahren gegenüber der Einzelvollstreckung lehnt der BGH in diesem Fall daher im Lichte der zu beachtenden **Gläubigerinteressen** zu Recht ab. Beantragt der Insolvenzverwalter bedingt pfändbare Bezüge für vollstreckbar zu erklären, obliegt die anzustellende Billigkeitsprüfung dem Insolvenzgericht (BGH NJW-RR 2010, 474). Der Billigkeit entspricht eine Pfändung jedenfalls dann, wenn im Rahmen einer Abwägung der Nachzahlungsbetrag und die darauf umgerechnete monatliche Leistung berücksichtigt werden (BeckRS 2011, 16503), wobei die Berücksichtigung weiterer Einkommens (entsprechend der Zusammenlegung) in der Abwägung Berücksichtigung finden muss. Sich in der zeitlichen Periode nach dem entsprechenden Nachzahlungszeitraum verringernde Einnahmen im Rahmen einer freigegebenen selbstständigen Tätigkeit stellen jedenfalls keinen zugunsten des Schuldners zu berücksichtigenden Punkt dar, sondern die Verwirklichung des von ihm gewählten Risikos der selbstständigen Tätigkeit (LG Bonn Beschl. v. 18.6.2020 – 6 T 1/20).

22 Der Rückkaufswert einer **Lebensversicherung** mit widerruflichem Bezugsrecht fällt in der Insolvenz des Versicherungsnehmers in die Insolvenzmasse, wenn der Versicherungsfall noch nicht eingetreten ist und der Insolvenzverwalter die Versicherung kündigt, wobei hierin stets auch der konkludente Widerruf der Bezugsberechtigung zu erkennen ist (BGH NJW 2005, 2231; NZI 2012, 76). Ist der **Versicherungsfall** zum Zeitpunkt der Insolvenzeröffnung bereits eingetreten erwirbt der Bezugsberechtigte das Recht, die Leistung vom Versicherer zu fordern (§§ 328, 331 BGB). Die Versicherungssumme fällt dann nicht in die Insolvenzmasse. Es ist allenfalls eine **Insolvenzanfechtung** wegen unentgeltlicher Leistung an den Bezugsberechtigten in Betracht zu ziehen (BGH NJW 2004, 214). Wurde das Bezugsrecht dagegen unwiderruflich eingeräumt, erwirbt der Berechtigte die Ansprüche sofort (BGH NZI 2012, 661). In diesem Fall fällt der Rückkaufswert bei Kündigung des Vertrags durch den Insolvenzverwalter nicht in die Insolvenzmasse (BGH NJW 2013, 232), jedoch ist die Einräumung der unwiderruflichen Bezugsberechtigung anfechtungsrechtlich zu prüfen.

23 Der Rückkaufswert einer **Direktversicherung** die zum Zwecke der **betrieblichen Altersversorgung** geschlossen wurde, fällt in der Insolvenz des Arbeitnehmers nach der Kündigung durch den Insolvenzverwalter nicht in die Insolvenzmasse. Der Gesetzgeber wollte mit der Grundkonzeption der §§ 1b, 2 BetrAVG den Versorgungszweck von Versorgungsanwartschaften möglichst lückenlos sichern, indem er diese beim vorzeitigen Ausscheiden des Arbeitnehmers aufrecht erhält und die Fälligkeit unangetastet bleibt. Damit korrespondiert das Pfändungsverbot des § 851 Abs. 1 ZPO (BGH NJW-RR 2014, 163). Pfändbar sind dagegen die künftigen Forderungen, die nach Eintritt des Versicherungsfalls fällig werden. Hierdurch wird einerseits die Anwartschaft als solche nicht beeinträchtigt. Andererseits wird dem Umstand Rechnung getragen, dass auch schuldrechtliche Forderungen zu den Eigentumsrechten iSv Art. 14 Abs. 1 GG gehören und der verfassungsrechtlich gewährleistete Schutz sich insbesondere auf das Befriedigungsrecht des Gläubigers erstreckt (BGH NJW-RR 2011, 283).

Der **Kostenerstattungsanspruch** nach § 13 Abs. 2, Abs. 3 SGB V ist (als lex generalis zu § 37 Abs. 1 S. 4 SGB V) dann massezugehörig, wenn der Sozialversicherer eine Leistung rechtswidrig abgelehnt hat und der Versicherte sich deshalb die Leistung selbst beschaffen musste (BeckOK SozR/Knispel SGB V § 37 Rn. 42 mit Verweis auf BSG BeckRS 2017, 146194). Dieser Anspruch auf Kostenerstattung gegenüber dem Sozialversicherer fällt in die Insolvenzmasse, da es sich um eine Forderung gegen einen Dritten handelt (→ Rn. 10). Stirbt der Leistungsempfänger, kann dieser Anspruch auf Kostenerstattung auf einen Sonderrechtsnachfolger iSd § 56 SGB I übergehen (BSG BeckRS 2012, 72236). Wird nun ein Nachlassinsolvenzantrag gestellt, ist dieser Kostenerstattungsanspruch zur Masse zu ziehen. 23a

Gestaltungsrechte können zur Masse gehören, wenn ihre Ausübung alleine in das Belieben des Berechtigten gestellt ist und von ihnen das Entstehen des Hauptanspruchs abhängt (BGH NJW 2003, 1858 für das Recht, die Rückübertragung eines Grundstücks zu verlangen als Voraussetzung für das Entstehen des Rückübertragungsanspruchs). Besteht das Gestaltungsrecht jedoch infolge einer ehebedingten Zuwendung mit **Scheidungsklausel** geht der BGH davon aus, dass das Rückforderungsrecht im Fall der Scheidung zu einem höchstpersönlichen Gestaltungsrecht mutiert und damit im Fall der Insolvenz des ausübungsberechtigten Ehegatten in analoger Anwendung von § 852 Abs. 2 ZPO nicht der Pfändung unterliegt, damit also auch nicht in die Insolvenzmasse fällt (BGH BeckRS 2016, 001104). Gestaltungsrechte, die dem Hauptanspruch akzessorisch folgen sind dagegen nicht isoliert pfändbar und gehören somit nicht zur Masse (BGH NJW 1973, 1793). In diesem Fall gehört der Hauptanspruch zur Masse. 24

Auch ein **Vertragsangebot** stellt, soweit nicht die Bindung an das Angebot ausgeschlossen wurde, eine geschützte Rechtsposition dar, die zur Masse gehören kann. Voraussetzung ist, dass der Anbietende eine Übertragung auf einen Dritten zugelassen hat. Ist dies nicht der Fall, gilt der Grundsatz, dass sich niemand einen Vertragspartner aufdrängen lassen muss (BGH NJW-RR 2015, 735). 25

Der Saldo des **Girokontos** bei Eröffnung des Insolvenzverfahrens steht der Insolvenzmasse zu, soweit kein Pfändungsschutz nach § 850k ZPO besteht. Salden sonstiger Konten unterliegen vollständig dem Insolvenzbeschlag, grundsätzlich unabhängig von der Herkunft des Saldos. Sind im Bestand des Pfändungsschutzkontos allerdings unpfändbare Zahlungseingänge – so **Corona-Soforthilfen** (BGH NJW 2021, 1322) – ist der Schutzsaldo entsprechend auf Antrag zu erhöhen. Werden diese Beträge durch das Kreditinstitut auf das Sonderkonto des Verwalters ausgekehrt, soll die Masse ungerechtfertigt bereichert sein und ein entsprechender Anspruch des Schuldners auf Auskehr bestehen (für die pfändungsgeschützte Nachzahlung einer Berufsunfähigkeitsrente OLG Düsseldorf BeckRS 2011, 16503). 25a

Der Anspruch des Schuldners als Vermieter gegenüber seinem **Untermieter** auf Zahlung des Untermietzinses fällt in die Insolvenzmasse, wenn keine Enthaftungserklärung nach § 109 Abs. 1 S. 2 abgegeben wird (KG NZI 2021, 80 mAnm Cymatta). Relevanz erfährt diese Konstellation vor allem, wenn durch die bereits vorinsolvenzlich betriebene Untervermietung der eigenen Wohnräume durch den Schuldner ein Überschuss erzielt wird (KG NZI 2021, 80 mAnm Cymatta). 25b

Der Anspruch auf den Ersatz **immaterieller Schäden** ist übertragbar und damit pfändbar. Solche Ansprüche, wie beispielsweise der Schmerzensgeldanspruch, fallen daher in die Insolvenzmasse (BGH NJW 1995, 783). Aus diesem Grund fällt die **Kapitalentschädigung** gem. § 17 StrRehabG als Schmerzensgeld für den Freiheitsentzug in die Insolvenzmasse (BGH NZI 2011, 979). Hiervon abzugrenzen sind Ansprüche, die aus der Verletzung der gem. Art. 1, 2 GG geschützten **Persönlichkeitsrechte** resultieren. Soweit der Schutz insoweit ideellen Interessen dient ist dieser unmittelbar mit der Person verbunden und als höchstpersönliches Recht unübertragbar. So sind beispielsweise Ansprüche aus Art. 41 EMRK auf **Opferentschädigung** über die dahinterstehende, konstruktive Ermessensentscheidung des Gerichts derart mit der Person des Empfängers verknüpft, dass die Leistung an einen anderen eine Inhaltsänderung begründen würde. Solche Ansprüche fallen daher nicht in die Insolvenzmasse (BGH NJW 2011, 2296), anders als Entschädigungsansprüche aufgrund Benachteiligungsverboten (BGH NJW-RR 2020, 995). 26

IV. Immaterialgüterrechte

1. Gewerbliche Schutzrechte

Gewerbliche Schutzrechte sind vermögenswerte Rechte und fallen in die Insolvenzmasse. 27

Gemäß § 15 Abs. 1 PatG sind das Recht auf das Patent, der Anspruch auf Erteilung des Patents und das Recht aus dem Patent übertragbar und damit pfändbar (§ 815 ZPO, BGH GRUR 1994, 28

602). Gleiches gilt für Gebrauchsmuster (§ 22 Abs. 1 GebrMG), Designs (ehemals Geschmacksmuster), § 29 Abs. 1 DesignG (BGH NJW-RR 1998, 1057 für das Anwartschaftsrecht auf Geschmacksmuster, wenn das Recht zur Anmeldung durch den Gestalter eingeräumt wurde), aber auch schon vor deren Anmeldung für die Erfindung selbst (Uhlenbruck/Hirte/Praß Rn. 239). Voraussetzung für den Insolvenzbeschlag der genannten Schutzrechte vor deren Anmeldung ist allerdings, dass der Erfinder kundgetan hat, die Erfindung wirtschaftlich nutzen zu wollen (BGH NJW-RR 1998, 1057; OLG Karlsruhe GRUR-RR 2013, 47). Entscheidet sich der Schuldner gegen eine wirtschaftliche Verwertung, lässt er sie also ungenutzt, besteht die Möglichkeit des Insolvenzbeschlags nicht (OLG Karlsruhe GRUR-RR 2013, 47).

29   Handelt es sich bei der Erfindung um eine Diensterfindung, stellt das Recht des Arbeitgebers zur Inanspruchnahme der Diensterfindung (§ 6 ArbnErfG) kein Anwartschaftsrecht, sondern ein höchstpersönliches Recht eigener Art dar. Es ist danach weder übertragbar noch pfändbar und fällt demzufolge nicht in die Insolvenzmasse (OLG Karlsruhe GRUR-RR 2013, 47). Hat der Arbeitgeber die Diensterfindung in Anspruch genommen (§ 6 Abs. 2 ArbnErfG), richten sich die Folgen der Insolvenz des Arbeitgebers nach § 27 ArbnErfG. Im Falle einer Veräußerung des Geschäftsbetriebs durch den Insolvenzverwalter tritt der Erwerber in die Vergütungspflicht des Arbeitgebers ein (§§ 27 Nr. 1, 9 ArbnErfG, LG Düsseldorf NZI 2012, 627). Wird die Erfindung im Unternehmen des Schuldners verwertet, ist dem Arbeitnehmer eine angemessene Vergütung für die Verwertung zu leisten (§ 27 Nr. 2 ArbnErfG). Findet dagegen keine Verwertung im vorstehenden Sinne statt, hat der Insolvenzverwalter dem Arbeitnehmer die Diensterfindung sowie darauf bezogene Schutzrechtspositionen spätestes nach Ablauf eines Jahres nach Eröffnung des Insolvenzverfahrens anzubieten (§ 27 Nr. 3 ArbnErfG).

30   Ein Vorbenutzungsrecht (§ 12 PatG), das dem Berechtigten die Möglichkeit einräumt, von der Lehre eines Patents oder Gebrauchsmusters (§ 13 Abs. 3 GebrMG), Gebrauch zu machen und dem damit ein wirtschaftlicher Wert zukommt, fällt in die Insolvenzmasse (BGH GRUR 2010, 47). Dagegen spricht nicht, dass das Vorbenutzungsrecht nur zusammen mit dem Betrieb, in dem es entstanden ist, übertragen werden kann (§ 12 Abs. 1 S. 3 PatG), und damit nicht separat pfändbar ist (§ 857 Abs. 3 ZPO). Letzteres führt allerdings dazu, dass der Verwalter das Vorbenutzungsrecht nur gemeinsam mit dem Betrieb verwerten kann (Uhlenbruck/Hirte/Praß Rn. 242).

31   Markenrechte sind verpfändbar und damit übertragbar (§ 29 Abs. 1 MarkenG). Sie sind damit Bestandteil der Insolvenzmasse, was in der Insolvenz des Markeninhabers auf Antrag des Insolvenzverwalters auch in das Register eingetragen werden kann (§ 29 Abs. 3 MarkenG). Anders als das Unternehmenskennzeichen und Werktitel, die ebenfalls in die Insolvenzmasse fallen, können Markenrechte dabei seit der Aufhebung der Akzessorietät zwischen Marke und Geschäftsbetrieb isoliert verwertet werden (§ 27 MarkenG). Das Unternehmenskennzeichen ist dagegen wegen der Bindung an das Unternehmen (BGH GRUR 1973, 363; 2002, 972), der Werktitel wegen der Akzessorietät zum Werk (BGH GRUR 1997, 902) jeweils nicht isoliert verwertbar.

2. Urheberrecht

32   Das **Urheberrecht** stellt kein übertragbares Recht dar (§ 29 UrhG) und fällt damit nicht in die Insolvenzmasse. Dies ist Ausfluss der herrschenden monistischen Auffassung, wonach das Urheberrecht untrennbar persönlichkeitsrechtliche und verwertungsrechtliche Elemente vereint, wobei das Urheberpersönlichkeitsrecht als höchstpersönliches Recht unübertragbar ist (Schricker/Loewenheim, Urheberrecht, 6. Aufl. 2019, UrhG § 29 Rn. 11). Soweit die Persönlichkeitsrechte dem Schutz ideeller Interessen dienen, sind sie unauflöslich an die Person ihres Trägers gebunden und als höchstpersönliche Rechte unverzichtbar und unveräußerlich, also nicht übertragbar und nicht vererblich (vgl. BGHZ 50, 133 (137)). Allerdings sind Vermögenswerte als Bestandteile des Persönlichkeitsrechts vererblich (BGH NJW 2000, 2195). Als solches ist das gem. § 28 UrhG vererbliche Recht zu bewerten. Mithin steht dieses Recht auch bei Eröffnung eines Nachlassinsolvenzverfahrens den Erben und nicht der Masse zu (MüKoInsO/Peters Rn. 362; Ulmer, Urheber- und Verlagsrecht, 1980, 571; Schwab KTS 199, 49 (50)). Soweit der Urheber Dritten jedoch Nutzungsrechte eingeräumt hat, können diese, abhängig von der vertraglichen Ausgestaltung, der Pfändung unterliegen und damit in die Masse fallen. Somit ist es grundsätzlich möglich, dass Forderungen eines/r Schauspielenden gegen den Urheber, welche aufgrund der Verwendung von persönlichem Bildmaterial vertraglich vereinbart wurden, pfändbar sind (zur Pfändbarkeit von Tantiemen: OLG München BeckRS 2018, 29487).

3. Lizenzen und Nutzungsrechte

Nutzungsrechte an gewerblichen Schutzrechten können Dritten durch Lizenzen eingeräumt werden (§ 15 Abs. 2 PatG; § 30 MarkG; § 31 Abs. 1 DesignG; § 22 Abs. 2 GebrMG). Bei Urheberrechten ist eine Nutzungsrechtseinräumung nur iRd §§ 31, 32 UrhG möglich. Die rechtliche Einordnung von Nutzungsrechten ist umstritten. Zu differenzieren ist jedenfalls zwischen sog. einfachen und ausschließlichen Lizenzen. 33

Einfache Lizenzen räumen dem Inhaber lediglich ein einfaches Nutzungsrecht ein. Die Befugnis Dritten die Nutzung zu untersagen (negatives Verbotsrecht) bzw. selbst Dritten Nutzungsrechte einzuräumen, ist mit der Rechteeinräumung nicht verbunden (BGH GRUR 1974, 463). Einfache Lizenzen bzw. Nutzungsrechte sind daher unübertragbar und nicht pfändbar, §§ 857 Abs. 1, 851 Abs. 1 ZPO (BGH GRUR 1974, 463; Abel NZI 2003, 121). Sie fallen in der Insolvenz des Lizenznehmers nicht in die Insolvenzmasse, das Nutzungsrecht hieran jedoch schon. In der Insolvenz des Lizenzgebers richtet sich das Schicksal einfacher Lizenzen nach der Entscheidung des Insolvenzverwalters von seinem Wahlrecht gem. § 103 (nach aA § 108 Abs. 1 S. 2) Gebrauch zu machen. 34

Von einer **ausschließlichen Lizenz** spricht man, wenn der Lizenzgeber dem Lizenznehmer das alleinige positive Recht zur Ausübung aller oder einzelner Befugnisse erteilt, die das Recht dem Inhaber gewährt. Der Inhaber ist damit unter Ausschluss aller anderen Personen berechtigt, das Recht auf die Art zu nutzen, die seinen Inhalt bildet, insbesondere also selbst Dritten Nutzungsrechte einzuräumen bzw. die Nutzung zu verbieten (Mes, Patentgesetz, 5. Aufl. 2020, PatG § 15 Rn. 41; Benkard/Ullmann/Deichfuß, PatG, 11. Aufl. 2015, PatG § 15 Rn. 89; Abel NZI 2003, 121). Das ausschließliche Nutzungsrecht bzw. die ausschließliche Lizenz haben damit eine dem Sachenrecht angenäherte, gleichsam quasi-dingliche, absolute Natur (OLG München NJW-RR 1997, 1266 (für das Markenrecht); BGH GRUR 2009, 946; Abel NZI 2003, 121). Sie sind damit pfändbar (§§ 857 Abs. 1, 851 Abs. 1 ZPO) und fallen in der Insolvenz des Lizenznehmers in die Insolvenzmasse. 35

Zu beachten ist, dass **zweckgebundene Lizenzen** durch die Aufgabe des Nutzungszwecks und Nutzungswillens durch den Lizenznehmer bereits vorinsolvenzlich erloschen sein können. 35a

Verträge, die als **gemischte Werk- und Lizenzverträge** zu klassifizieren sind, sind in ihrer Pfändbarkeit gesondert zu bewerten. Verträge dieser Art enthalten für den Schaffenden die Hauptpflichten der Schaffung eines Werkes und der Einräumung der vertraglich vereinbarten Nutzungsrechte (Loewenheim, Handbuch des Urheberrechts, 3. Aufl. 2021, § 79 Rn. 50). Somit bedarf es der Zustimmung zur Zwangsvollstreckung in urheberrechtliche Nutzungsrechte des Urhebers mit Abschluss des Werkvertrages nicht mehr (Kindl/Meller-Hannich/Malte Stieper, Gesamtes Recht der Zwangsvollstreckung, 4. Aufl. 2021, 5. II.6b Rn. 30). Unter Werkverträge iSd § 631 BGB fallen sowohl Autorenverträge (MüKoBGB/Busche BGB § 631 Rn. 132), Filmverträge (MüKoBGB/Busche BGB § 631 Rn. 146) und Verträge zur Erbringung von Fotografien (Loewenheim, Handbuch des Urheberrechts, 3. Aufl. 2021, § 79 Rn. 50). Gleiches dürfte für den Verlagsvertrag iSd § 8 VerlG aufgrund seiner Artverwandheit zum Werkvertrag treffen (MüKoBGB/Busche BGB § 631 Rn. 170). 35b

4. Software

Bei **Individualsoftware** ist der Source Code von herausragender wirtschaftlicher Bedeutung für den Lizenzgeber aber auch für den Lizenznehmer. Er wird benötigt um die Software anzupassen und weiterzuentwickeln. Das in diesem enthaltene geistigen Eigentum stellt häufig den Großteil des Vermögens des Lizenzgebers dar (Meyer RNotZ 2011, 385). In der Insolvenz des Lizenzgebers fallen sowohl der **Source Code** als auch die Nutzungsrechte hieran in die Insolvenzmasse. Der Lizenznehmer kann sich gegen die **Nichterfüllungswahl** des Insolvenzverwalters (§ 103) nur schützen, indem er sich bereits bei Vertragsschluss mit dem Lizenzgeber für den Fall der Kündigung des Vertrages eine einseitige Kaufoption hinsichtlich der ausschließlichen Nutzungsrechte sichert (BGH NZI 2006, 229). 36

5. Internet Domain

Der Inhaber einer Internet Domain erwirbt an dieser weder das Eigentum noch ein sonstiges absolutes Recht, welches ähnlich der Inhaberschaft an einem Immaterialgüterrecht verdinglicht wäre sondern ein relativ wirkendes, vertragliches Nutzungsrecht. Dieses Nutzungsrecht stellt einen rechtlich geschützten Vermögenswert dar. Es ist dem Inhaber der Domain ebenso ausschließlich zugewiesen wie Eigentum an einer Sache (BVerfG GRUR 2005, 261). Die Internetdomain ist 37 als solche daher nicht pfändbar (§ 857 Abs. 1 ZPO) und fällt damit nicht in die Masse. Allerdings stellen die **schuldrechtlichen Ansprüche** des Domaininhabers gegenüber der DENIC nach den Feststellungen des BVerfG einen geschützten und damit pfändbaren Vermögenswert dar, der in die Insolvenzmasse fällt (BGH NJW 2005, 3353; FG Münster MMR 2016, 42). Die zwischen dem Inhaber der Internetdomain und der Vergabestelle bestehenden schuldrechtlichen Ansprüche sind als anderes Vermögensrecht nach § 321 Abs. 1 AO zu klassifizieren und damit pfändbar (BFH BeckRS 2017, 121604).

6. Kryptowährungen

37a Kryptowährungen sind weder Gegenstände noch Forderungen, sondern sonstige Gegenstände und somit massebefangen (MüKoInsO/Peters Rn. 407).

V. Beteiligungen

38 Anteile an **Kapitalgesellschaften** fallen in der Insolvenz des Gesellschafters in die Insolvenzmasse (Roth/Altmeppen, GmbHG, 9. Aufl. 2019, GmbHG § 15 Rn. 64). Daran ändert auch eine Vinkulierung des Gesellschaftsanteils gem. § 15 Abs. 5 GmbHG nach herrschender Auffassung nichts, da derartige Abtretungsverbote nur für die freiwillige Übertragung nicht aber für die Zwangsverwertung Geltung beanspruchen (MüKoGmbHG/Reichert/Weller GmbHG § 15 Rn. 558; Roth/Altmeppen, GmbHG, 9. Aufl. 2019, GmbHG § 15 Rn. 64; aA Skauradszun NZG 2012, 1244). Die **Einziehung** der Gesellschaftsanteile bleibt jedoch möglich, wenn die Satzung für den Fall der Insolvenz des Gesellschafters diese vorsieht oder ein Ausschluss des Gesellschafters aus wichtige Grund in Betracht kommt (MüKoGmbHG/Reichert/Weller GmbHG § 15 Rn. 551). In diesem Fall setzt sich der Insolvenzbeschlag an dem **Abfindungsguthaben** des Gesellschafters fort (LSG Bln-Bbg LSK 2019, 25094). Beschränkende Abfindungsklauseln sind dabei zu beachten, soweit sie nach der gesellschaftsvertraglichen Regelung für alle Fälle des Ausscheidens gelten bzw. durch ihre Beschränkung nicht offensichtlich auf eine Gläubigerdiskriminierung abzielen (BGH DStR 2000, 1443; DStR 2002, 461) Daneben fallen Ansprüche des Gesellschafters auf Auszahlung **rückständigen Gewinns** bzw. auf Rückzahlung von **Gesellschafterdarlehen** in die Insolvenzmasse (MüKoGmbHG/Reichert/Weller GmbHG § 15 Rn. 553). Das **Stimmrecht** für den Gesellschaftsanteil wird nach Insolvenzbeschlag und bis zu einer etwaigen Verwertung durch den Insolvenzverwalter ausgeübt (MüKoGmbHG/Reichert/Weller GmbHG § 15 Rn. 556; OLG München NJW-RR 2010, 1715).

39 Ebenso fallen in der Insolvenz des Gesellschafters einer **Personengesellschaft** dessen Gesellschaftsanteile in die Insolvenzmasse (§ 859 Abs. 1 ZPO). Die Gesellschafterbefugnisse werden ab diesem Zeitpunkt durch den Insolvenzverwalter ausgeübt (KG BeckRS 2011, 01787). Als Folge der Insolvenz über das Vermögen eines Gesellschafters sieht das Gesetz teilweise die **Auflösung** der Gesellschaft vor (§ 728 Abs. 2 BGB). In diesem Fall fällt der anteilige **Liquidationserlös** in die Insolvenzmasse (K. Schmidt InsO/Büteröwe Rn. 26), es sei denn der Gesellschaftsvertrag sieht die Fortsetzung der Gesellschaft vor. In letzterem Fall fällt das **Abfindungsguthaben** des Gesellschafters in die Insolvenzmasse (Palandt/Sprau BGB § 728 Rn. 2). In anderen Fällen sieht das Gesetz das Ausscheiden des insolventen Gesellschafters vor (§ 131 Abs. 3 Nr. 2 HGB, § 161 Abs. 2 HGB, § 9 Abs. 1 PartGG). Auch in diesen Fällen fällt das **Abfindungsguthaben** des Gesellschafters in die Insolvenzmasse (MüKoHGB/Schmidt HGB § 131 Rn. 69).

39a Auch die Beteiligung des Schuldners an einer **Erbengemeinschaft** ist massezugehörig, wobei das Recht des Schuldners auf Auflösung dem Insolvenzverwalter zusteht (→ § 84 Rn. 5). Hintergrund ist, dass die Erbengemeinschaft als Gemeinschaft iSd § 84 InsO zu qualifizieren ist. Nach dieser Norm werden Gemeinschaften nach Bruchteilen, andere Gemeinschaften oder Gesellschaften ohne Rechtspersönlichkeit auseinandergesetzt.

VI. Treuhand

40 Ist der Vermögensgegenstand Gegenstand eines Treuhandverhältnisses, richtet sich die Frage der Massezugehörigkeit nach der Ausgestaltung dieses Treuhandverhältnisses. Die Besonderheit von Treuhandverhältnissen liegt dabei darin, dass die **Rechteinhaberschaft** an einem Gegenstand von seiner haftungsrechtlichen Zuweisung zum Vermögen des Rechtsinhabers abweichen kann (vgl. hierzu ausf. Uhlenbruck/Hirte/Praß Rn. 26 ff.). Bleibt dagegen die **haftungsrechtliche Zuweisung** zum Vermögen des Rechtsinhabers und Treugebers von der Treuhand unberührt, was beispielsweise der Fall ist, wenn dem Treuhänder lediglich Verfügungsbefugnisse über das Treugut eingeräumt werden (Ermächtigungstreuhand, vgl. MüKoBGB/Bayreuther BGB § 185

Rn. 38; **unechte Treuhandschaft**) fällt das Treugut in der Insolvenz des Treugebers in die Insolvenzmasse (Uhlenbruck/Hirte/Praß Rn. 26 ff.).

Bei sog. **echten Treuhandverhältnissen,** hierzu gehören die Sicherungsübereignung und die **41** Sicherungsabtretung (sog. eigennützige (Sicherungs-)Treuhand) und die Übertragung zum Zweck der Rechtsausübung (sog. fremdnützige (Verwaltungs-)Treuhand), kommt es zu einem Vollrechtsübergang auf den Treuhänder (K. Schmidt InsO/Büteröwe § 35 Rn. 29 f.). Für die Zugehörigkeit des Treuguts zur Masse in der Insolvenz des Treugebers bzw. Treuhänders hat dies folgende Auswirkungen:

In der Insolvenz des **Treugebers** erlischt der Treuhandvertrag gem. §§ 115, 116 mit Verfahrens- **42** eröffnung. Der Insolvenzverwalter kann dann das Treugut als wirtschaftlichen Bestandteil der Insolvenzmasse an sich ziehen (BGH NZI 2012, 803).

In der Insolvenz des **Treuhänders** wirkt dagegen zunächst die Rechteinhaberschaft an dem **43** Treugut als vermögensrechtliche Zuordnung. Danach fällt das Treugut grundsätzlich in die Insolvenzmasse des Treuhänders. Dies gilt jedenfalls zum Schutz der Gläubiger des Treuhänders dann, wenn der Treuhänder vor der Begründung des Treuhandverhältnisses selbst Rechteinhaber war und der Gegenstand durch ihn lediglich mit der schuldrechtlichen Einschränkungen der Eigentümerrechte zugunsten des Treugebers belastet wurde (BGH NZI 2003, 594). Wurde dem Treuhänder der Gegenstand dagegen unmittelbar aus dem Vermögen des Treugebers übertragen (sog. **Unmittelbarkeitsprinzip**) und behält sich der Treugeber mit der Treuhandabrede **Weisungsbefugnis** gegenüber dem Treuhänder vor, nach denen er weiterhin wirtschaftlich Berechtigter hinsichtlich des Treuguts bleibt, während der Treuhänder lediglich eine formelle Rechtsposition einnimmt (BGH NJW 1993, 2041), soll das **Treugut** vermögensmäßig weiterhin dem Treugeber zuzuordnen sein (BGH NZI 2003, 594; aA Bitter, Rechtsträgerschaft für fremde Rechnung, 2006, 289 ff., der auf das manipulierbare Moment der Eigentumsübertragung verzichten und stattdessen bei der vermögensrechtlichen Zuordnung auf die Gefahrtragung abstellen will). Begründet wird dies damit, dass die **vermögensrechtliche Zuordnung,** die in der Regel wegen der absoluten Wirkung als Herrschaftsrecht nach dinglichen Gesichtspunkten vorzunehmen ist, in Ausnahmefällen auch über **schuldrechtliche Gesichtspunkte** erfolgen kann. Bei einer Treuhand, bei der dem Treuhänder das dingliche Recht von vornherein nur in einer die Ausübungsbefugnis im Interesse eines anderen, des Treugebers, einschränkenden Gestalt übertragen wurde, ist es daher gerechtfertigt, das Treugut vermögensmäßig dem Treugeber zuzuordnen (BGH NZI 2003, 594; BAG NZI 2014, 167; Uhlenbruck/Hirte/Praß Rn. 28 ff.). In diesem Fall steht dem Treugeber in der Insolvenz des Treuhänders ein Aussonderungsrecht bezüglich des Treuguts zu (auch → § 47 Rn. 106 ff.).

Auch der Verwalter hält unter Umständen Liquidität treuhänderisch für die Insolvenzmasse, **43a** wenn er anstelle eines Sonderkontos ein **offenes Treuhandkonto** für das jeweilige Verfahren führt. Führt er ein **Sonderkonto,** wird er als Ermächtigungstreuhänder tätig (BGH NJW 2019, 1483).

VII. Behördliche Genehmigungen

Behördliche Genehmigungen fallen dann in die Insolvenzmasse, wenn der auf ihre Erteilung **44** gerichtete Anspruch einen **wirtschaftlichen Wert** verkörpert und die Erteilung nicht an die Person des Antragstellers anknüpft (BVerwG NVwZ 2002, 862 für die Unbedenklichkeitsbescheinigung des Herstellers oder Vertreibers von Spielgeräten gem. § 33d GewO; BGH NZI 2015, 127 für den wirtschaftlichen Wert der Netzentgeltbefreiung durch die BNetzA).

Anderes gilt, wenn die behördliche Genehmigung bzw. Zulassung an Voraussetzungen **45** anknüpft, die durch den Inhaber der Zulassung zu erfüllen sind (OVG Magdeburg NZI 2014, 519 zur Zulassung des Betriebes einer Spielbank; LSG NRW BeckRS 2016, 117575 zur Zulassung als Vertragsarzt). In diesem Fall stellt die Zulassung ein höchstpersönliches und damit nicht der Pfändung unterliegendes Recht dar. Gleiches gilt für Rechtspositionen, die mit der Zulassung untrennbar verbunden sind (BSG NZS 2001, 160 zur Pfändbarkeit eines Vertragsarztsitzes).

D. Neuerwerb

Neben den Vermögenswerten, die dem Schuldner bereits bei Eröffnung des Verfahrens gehört **46** haben, fallen nach § 35 Abs. 1 auch solche Vermögenswerte in die Insolvenzmasse, die der Schuldner erst während des Insolvenzverfahrens erwirbt. Der Begriff der Vermögenswerte, die unter Neuerwerb iSd § 35 zu fassen sind, geht dabei über den von § 287 Abs. 2 für die Abtretungserklärung im Rahmen des Restschuldbefreiungsantrags gesetzten Rahmen hinaus. Erfasst werden grundsätzlich sämtliche Vermögenswerte, die der Schuldner nach Eröffnung des Insolvenzverfahrens erwirbt, gleich ob aufgrund Kauf oder Delikt. Rechtsgründe können auch Schenkungen, Erbschaften, Lottogewinne sowie Steuererstattungsansprüche sein (RegE zur Verkürzung des Restschuldbefreiungsverfahrens und zur Stärkung der Gläubigerrechte, BT-Drs. 17/11268, 31). Relevant wird die Frage, wann ein Neuerwerb nach Verfahrenseröffnung zur Insolvenzmasse zählt, nur in Verfahren, die eine Restschuldbefreiung vorsehen, mithin in Insolvenzverfahren über das Vermögen natürlicher Personen. In Insolvenzverfahren ohne Restschuldbefreiungsmöglichkeit (Insolvenzverfahren juristischer Personen und Gesellschaften ohne Rechtspersönlichkeit) wird das nach Verfahrenseröffnung erworbene Vermögen kraft Surrogation Gegenstand der Insolvenzmasse (MükoInsO/Peters Rn. 44).

47 Maßgeblicher Zeitpunkt für die Beurteilung, ob ein Neuerwerb nach Verfahrenseröffnung noch in die Insolvenzmasse fällt, ist der Zeitpunkt der Verfahrensbeendigung (§ 200). Wurde dem Schuldner auf Antrag und vor Abschluss des Insolvenzverfahrens die Restschuldbefreiung erteilt, so fällt trotz Fortdauer des Insolvenzverfahrens Neuerwerb, der nach Ablauf der Abtretungsfrist (§ 287 Abs. 2) erzielt wurde, nicht mehr in die Insolvenzmasse. Dies gilt unabhängig davon, ob der Neuerwerb der Abtretungserklärung unterfallen würde (BGH NZI 2010, 111) oder nicht (BGH NZI 2014, 312; 2010, 577). Begründet wird dies damit, dass dem redlichen Schuldner, auch dem selbständig Tätigen, dessen Einkünfte regelmäßig nicht von der Abtretungserklärung (§ 287 Abs. 2) erfasst werden, nach Ablauf der in § 287 Abs. 2 normierten Wohlverhaltensphase von 6 Jahren ein wirtschaftlicher Neuanfang möglich sein soll (BGH NZI 2014, 312). Dem gesetzgeberischen Ziel, dem Schuldner einen „fresh start" zu ermöglichen, würde der Insolvenzbeschlag solchen Neuerwerbs entgegenstehen, der nach dem Antrag auf Restschuldbefreiung erfolgt und für den es an einer Freigabe durch den Insolvenzverwalter gem. § 35 Abs. 2 fehlt. (BGH NZI 2014, 312; Begr. RegE zur Verkürzung des Restschuldbefreiungsverfahrens und zur Stärkung der Gläubigerrechte, BT-Drs. 17/11268, 17).

48 Dies gilt jedoch nicht, wenn der Schuldner einen Antrag auf **vorzeitige Restschuldbefreiung** gestellt hat (§ 300 Abs. 1 S. 2). In diesem Fall endet der Insolvenzbeschlag von Neuerwerb, anders als im Fall des Ablaufs der Abtretungsfrist vor Erteilung der Restschuldbefreiung, erst, wenn die weiteren Voraussetzungen für die vorzeitige Erteilung der Restschuldbefreiung vorliegen und die Restschuldbefreiung im Verfahren erteilt wird (§ 300a Abs. 1 S. 1; vgl. Begr. RegE zur Verkürzung des Restschuldbefreiungsverfahrens und zur Stärkung der Gläubigerrechte, BT-Drs. 17/11268, 17). Bis zu diesem Zeitpunkt fallen neu erworbene Vermögenswerte in die Insolvenzmasse. Mit dem am 1.10.2020 in Kraft getretenen Gesetz zur Verkürzung des Restschuldbefreiungsverfahrens (BT-Drs. 439/20, 16, 17) wurde § 300 neu gefasst. Aufgrund der generellen Verkürzung der Abtretungsfrist auf drei Jahre wurden die besonderen Voraussetzungen, welche ein Schuldner für eine vorzeitige Restschuldbefreiung erfüllen wurde, ersatzlos gestrichen. Art 103k EGInsO schafft hierbei den Übergang ins Neu-Recht. Grundsätzlich werden nur Verbraucherinsolvenzverfahren, welche vor dem 1.10.2020 beantragt wurden, nicht von der dreijährigen Abtretungsfrist begünstigt. Für Betroffene ist eine Abstufung der Verkürzung der Abtretungsfrist vorgesehen.

49 Pfändbarer Neuerwerb, der nach Ablauf der Abtretungsfrist aber vor der Entscheidung über den Antrag auf Restschuldbefreiung erworben wird, ist durch den Insolvenzverwalter einzuziehen und treuhänderisch für die Masse zu sichern. Erst nach der Entscheidung über die Restschuldbefreiung ist dieser an den Schuldner auszukehren oder zur Masse zu ziehen (§ 300a Abs. 2, BGH NZI 2010, 111; Begr. RegE zur Verkürzung des Restschuldbefreiungsverfahrens und zur Stärkung der Gläubigerrechte, BT-Drs. 17/11268, 17, 31).

50 Erwirbt der Schuldner während der Dauer des Insolvenzverfahrens und vor den zuvor genannten Zeitpunkten mit seinem insolvenzfreien Vermögen Vermögenswerte, die nicht dem Pfändungsschutz des § 36 unterliegen, so gelten auch diese Vermögenswerte als Neuerwerb, die in die Insolvenzmasse fallen (→ § 36 Rn. 31 ff.). Gibt der Schuldner freiwillig eine pfändungsschutzrechtlich gesicherte Position auf, stellt er zB seine selbständige Tätigkeit ein, erlischt der diesbezügliche Pfändungsschutz (hier § 811 Abs. 1 Nr. 5 ZPO). Anders beurteilte der BGH richtigerweise den Fall, dass nach Erklärung gem. § 109 Abs. 1 S. 2 und zeitlich nachgelagertem Auszug die Mietkaution nicht Massebestandteil wird (BGH NJW 2017, 1747). Insoweit wird die Erklärung nach § 109 Abs. 1 S. 2 wie eine echte Freigabe gewertet, sodass der Gegenstand – hier die Kaution – nicht mehr massebefangen ist. Im Umkehrschluss – hat der Schuldner nach Eröffnung eine Wohnung bezogen, ohne dass sich der Verwalter diesbezüglich erklärt hat – ist die Mietkaution bei Auszug Neuerwerb und zur Masse zu ziehen; dies aus dem Gedanken, dass eben gerade keine einer Freigabe ähnliche Erklärung bezüglich dieses Vermögenswertes durch den Verwalter abgegeben wurde. Der Sachverhalt ist mit dem Ansparen aus pfändungsgeschützten Einnahmen

(zur Massezugehörigkeit von Sparguthaben aus pfändungsgeschütztem Lohn Gottwald/Haas InsR-HdB/Wimmer § 25 Rn. 21) zu vergleichen.

Vermögenswerte, die erst nach antragsgemäß erteilter Restschuldbefreiung in Folge der Tätigkeit des aus der Masse vergüteten Insolvenzverwalters zufließen, fallen ebenfalls in die Insolvenzmasse (§ 300a Abs. 1 S. 2). Insoweit wäre es, so die zutreffende Begründung des Gesetzgebers, unbillig, den Schuldner zu Lasten der Gläubiger von langen Verfahrensdauern profitieren zu lassen (Begr. RegE zur Verkürzung des Restschuldbefreiungsverfahrens und zur Stärkung der Gläubigerrechte, BT-Drs. 17/11268, 31). 51

Keinen Neuerwerb stellen **Schenkungen** oder **Erbschaften** dar, die zwar nach Verfahrenseröffnung anfallen, jedoch durch den Schuldner nicht angenommen bzw. ausgeschlagen werden. Gleiches gilt für den Fall, dass der Schuldner auf die Geltendmachung von Pflichtteilsansprüchen verzichtet. Diese Rechte liegen in der alleinigen persönlichen Entscheidungsmacht des Schuldners und sind daher nicht pfändbar (BGH NJW-RR 2010, 121; OLG München ZEV 2015, 219). Aufgrund der **Höchstpersönlichkeit** dieser Rechte entstehen insoweit noch nicht einmal Obliegenheiten in der Wohlverhaltensphase (BGH NZI 2011, 329; auch → § 83 Rn. 1 ff.). 52

Abzugrenzen ist der Neuerwerb iSd § 35 Abs. 1 von der **Massesurrogation.** Die InsO enthält zur Massesurrogation keine ausdrücklichen Regelungen, setzt diese aber analog § 2041 BGB voraus (MüKoInsO/Peters Rn. 55). Danach fallen alle vermögenswerten Gegenstände zur Masse, die der Insolvenzverwalter aus Rechtsgeschäften, Verwaltungs- und Verwertungsgeschäften mit Mitteln der Masse für die Masse erwirbt (MüKoInsO/Peters Rn. 55; Uhlenbruck/Hirte/Praß Rn. 123). 53

E. Insolvenzfreie Masse

Vom Insolvenzbeschlag ausgenommen sind Gegenstände, die nicht der Pfändung unterliegen (§ 36, → § 36 Rn. 1 ff.) oder höchstpersönliche Rechte. Zu der Möglichkeit, auf den Pfändungsschutz zu verzichten, → § 36 Rn. 21 ff.). Daneben sieht § 35 die Freigabe der selbstständigen Tätigkeit vor. Aus dieser Norm sowie aus den §§ 32 Abs. 3, 85 Abs. 2, 170 Abs. 2 und § 207 Abs. 3 S. 2, denen gemeinsam ist, dass sie die Möglichkeit der Freigabe von Vermögensgegenständen aus dem Insolvenzbeschlag voraussetzen, folgt, dass es dem Insolvenzverwalter auch möglich sein muss, Gegenstände aus der Insolvenzmasse freizugeben (BGH NZI 2007, 407). Auch diese werden durch die Freigabe insolvenzfrei. Der Insolvenzbeschlag von Rentenansprüchen kann durch eine rechtskräftige Entscheidung über den Versorgungsausgleich entfallen (BGH WM 2021, 1346). 54

I. Höchstpersönliche Rechte

Höchstpersönliche Rechte des Schuldners fallen nicht in die Insolvenzmasse. Sie sind untrennbar mit der Person des Schuldners verknüpft und somit einer von der Person des Schuldners losgelösten Verwertung nicht zugänglich. Entsprechend fallen das **allgemeine Persönlichkeitsrecht** sowie seine besonderen Ausgestaltungen, das **Recht am eigenen Bild** sowie **Namensrechte,** die in erster Linie der **ideellen Interessen** des Schuldners dienen, aufgrund des grundrechtlich gewährleisteten Schutzes von Menschenwürde und Selbstbestimmung nicht in die Insolvenzmasse (Uhlenbruck/Hirte/Praß Rn. 17; K. Schmidt InsO/Büteröwe Rn. 36). Dies schränkt in der Praxis die Verwertungsmöglichkeit eines Einzelunternehmens wegen der Kollision des geschützten Namensrechtes mit der Firmierung und damit dem Good Will ein. Gleiches gilt für das Urheberrecht aufgrund seiner unauflösbaren Verbindung mit dem **Urheberpersönlichkeitsrecht.** Der Auskunftsanspruch nach Art. 15 Abs. 1 DS-GVO ist höchstpersönlicher Natur, da Betroffener im Sinne dieser Vorschrift nur der Schuldner selbst ist (und nicht der Insolvenzverwalter) und zudem der Anspruch weder abtretbar noch übertragbar ist (BVerwG BeckRS 2020, 24289). 55

Daneben können Rechte aufgrund der **vertraglichen Gestaltung,** aufgrund derer sie eingeräumt werden, höchstpersönlicher Natur sein. So stellen beispielsweise dem Gesellschafter einer Kapitalgesellschaft persönlich eingeräumte Recht zur Geschäftsführung, der Anspruch auf einen Sitz im Aufsichtsrat bzw. ähnlichen Gremien, Entsendungsrechte oder ähnliche Sonderrechte höchstpersönliche Rechte dar, die nicht in die Insolvenzmasse fallen (MüKoGmbHG/Reichert/Weiler GmbHG § 15 Rn. 554). 56

II. Freigabe von Vermögensgegenständen

Von einer **echten Freigabe** wird gesprochen, wenn der Insolvenzverwalter gegenüber dem Schuldner erklärt, dass er einen Vermögensgegenstand aus der Insolvenzmasse freigibt. Durch diese 57

Erklärung endet der Insolvenzbeschlag (BGH NZI 2005, 387; 2007, 173). Die Freigabeerklärung stellt eine einseitige, empfangsbedürftige Willenserklärung dar. Diese muss den Willen, die Massezugehörigkeit auf Dauer aufzugeben, bestimmt erkennen lassen (BGH NJW 1994, 3232), was auch konkludent geschehen kann (BGH NZI 2003, 666). Die Erklärung wirkt konstitutiv. Erst durch die wirksame Freigabeerklärung scheidet der betreffende Gegenstand aus der Insolvenzmasse aus und wird der Verwaltungs- und Verfügungsbefugnis des Schuldners unterstellt (BGH NZI 2007, 407).

58 Die **Entscheidung** über die Freigabe eines Gegenstandes trifft der Insolvenzverwalter nach **pflichtgemäßem Ermessen.** Die Freigabe eines Gegenstands entspricht immer dann dem pflichtgemäßen Ermessen des Verwalters, wenn die Kosten der Verwaltung und Verwertung den voraussichtlichen Verwertungserlös übersteigen werden (zB Altlastenkontamination bei Grundstücken; vgl. für eine Übersicht der Gründe, die Anlass zur Freigabe geben können, MüKoInsO/Peters Rn. 90 ff.; Uhlenbruck/Hirte/Praß Rn. 74 ff.). Ein **Anspruch** des Schuldners auf Freigabe besteht nicht (BGH NZI 2007, 407; LG Stuttgart NZI 2008, 442). Wurde die Freigabe eines Gegenstands rechtswirksam erklärt, so kann diese Erklärung weder widerrufen (BGH NJW-RR 2007, 845) noch wegen Irrtums angefochten werden (K. Schmidt InsO/Büteröwe Rn. 38).

59 Die Freigabeerklärung kann in **jedem Zeitpunkt** des Verfahrens erfolgen. Vor Erklärung der Freigabe muss der Verwalter die Zustimmung der Gläubigerorgane nicht einholen, es sei denn die Freigabe ist als Rechtshandlung von besonderer Bedeutung für das Insolvenzverfahren zu qualifizieren (§ 160 Abs. 1). Im Übrigen kann die Einholung der Zustimmung der Gläubigerorgane vor der Freigabeerklärung zur Vermeidung der persönlichen Haftung (§ 60), aber sinnvoll sein (MüKoInsO/Peters Rn. 102).

60 Nach zutreffender und herrschender Ansicht ist die Freigabe auch in der **Gesellschaftsinsolvenz** zulässig (BGH NZI 2005, 387). Die Gegenansicht, die ihre Auffassung damit zu begründen sucht, dass der Regierungsentwurf zur InsO zunächst eine Regelung vorsah, nach der das Ziel der Vollbeendigung von juristischen Personen und Gesellschaften im Insolvenzverfahren ausdrücklich geregelt werden sollte (§ 1 Abs. 2 S. 3, BT-Drs. 12/2443, 109), überzeugt nicht. Sie übersieht, dass als Hauptziel des Insolvenzverfahrens auch nach der Begründung des Regierungsentwurfs die bestmögliche Befriedigung der Gläubiger hervorgehoben wurde (BT-Drs. 12/2443, 108). Das berechtigte Interesse der Gläubiger, aus der Masse eine Befriedigung ihrer Ansprüche zu erhalten und deshalb möglichst die Entstehung von Verbindlichkeiten zu vermeiden, die das zur Verteilung zur Verfügung stehende Vermögen schmälern, hat im Rahmen der insolvenzrechtlichen Abwicklung unbedingten Vorrang (BGH NZI 2005, 387; MüKoInsO/Peters Rn. 128; BT-Drs. 16/3227, 11).

61 Erklärt der Insolvenzverwalter dagegen lediglich, dass ein Gegenstand in die Insolvenzmasse fällt, hat dies im Hinblick auf einen gegebenen Rechtszustand lediglich deklaratorischen Charakter. Man spricht in diesem Fall von einer **unechten Freigabe** (Braun/Bäuerle Rn. 19).

62 **Sicherungsgut** kann der Insolvenzverwalter gem. § 170 Abs. 2 zur Verwertung freigeben.

63 Schließlich hat der Insolvenzverwalter die Möglichkeit, einer modifizierten Freigabe, wenn er an einer künftigen Verwertung des freigegebenen Gegenstandes beteiligt bleiben will. In diesem Fall erfolgt die Freigabe Zug um Zug gegen die Verpflichtung des Schuldners, etwaige Erlöse aus der Verwertung des Gegenstands (teilweise) in die Masse abzuführen. Die bedingte Freigabe ist jedoch nicht statthaft (Nerlich/Römermann/Andres § 148 Rn. 51).

64 Oftmals erfolgt eine solche modifizierte Freigabe, um die **Prozesskostenrisiken** der Prozessführung durch den Insolvenzverwalter von der Insolvenzmasse abzuwenden. Da im Falle des Unterliegens des Schuldners dem Prozessgegner regelmäßig nur das insolvenzfreie Vermögen des Schuldners haftet, wird der Prozessgegner im Regelfall keine Möglichkeit haben, seine Prozesskosten erstattet zu erhalten. Steht gerade dieser **Zweck** hinter der dem Schuldner durch den Insolvenzverwalter eingeräumten Prozessführungsbefugnis, wird eine solche Vereinbarungen von der Rechtsprechung teilweise als **sittenwidrig** angesehen (§ 138 BGB, BGH NJW-RR 1986, 394). Dies jedenfalls dann, wenn der Verwalter in der Lage gewesen wäre, die Mittel für den Prozess aus der Masse aufzubringen und er sich des Schuldners als **mittelloses Vehikel** benutzt, um den Prozessgegner im Falle des Unterliegens zu schädigen. Realisiert sich dagegen für den Beklagten lediglich das Risiko, von einem Kläger in Anspruch genommen zu werden, der bei erfolgloser Klage Kostenerstattungsansprüche nicht befriedigen kann, ohne dass die besonderen Merkmale eines sittenwidrigen Handelns hinzutreten, sind solche Vereinbarungen wirksam (BGH NJW-RR 186, 394; NJW 1987, 2018).

III. Freigabe von selbstständiger Arbeit

Mit der Begründung zum Entwurf eines Gesetzes zur Vereinfachung des Insolvenzverfahrens 65 (BT-Drs. 16/3227, 11) hat der Gesetzgeber die Zielsetzung deutlich gemacht, dass der Schuldner motiviert werden soll, sich trotz der Insolvenz eine durch eine gewerbliche oder freiberufliche Tätigkeit eine neue **wirtschaftliche Existenz** zu schaffen (BT-Drs. 16/3227, 17). Zugleich soll aber die Gefährdung der Masse durch die Verpflichtung aus einer solchen Tätigkeit verhindert werden. Vor dem Inkrafttreten des Gesetzes zur Vereinfachung des Insolvenzverfahrens war die selbständige Tätigkeit des Schuldners faktisch unmöglich, da Einkünfte aus dieser ohne Abzug der durch die Tätigkeit anfallenden Kosten als Neuerwerb in die Masse fiel (§ 35 Abs. 1). Eine Freigabe zugunsten des Schuldners war nur auf Antrag und in den Grenzen des § 850i ZPO möglich (Uhlenbruck/Hirte/Praß Rn. 90). Andererseits war nach alter Gesetzeslage unklar, ob die durch den Schuldner mit seiner selbstständigen Tätigkeit begründeten Verpflichtungen Masseverbindlichkeiten wurden und damit bei einer Duldung Haftungsrisiken für den Insolvenzverwalter begründeten (§ 60, Ahrens NZI 2007, 622). Mit dem Inkrafttreten von § 35 Abs. 2, 3 aF wurde eine selbstständige Tätigkeit des Schuldners ermöglicht. Durch das Gesetz zur weiteren Verkürzung des Restschuldbefreiungsverfahrens und zur Anpassung pandemiebedingter Vorschriften im Gesellschafts-, Genossenschafts-, Vereins- und Stiftungsrechts sowie im Miet- und Patentrecht wurden in § 35 Abs. 3 neben einer Anzeigepflicht für entsprechende selbstständige Tätigkeiten auch eine Erklärungspflicht des Verwalters eingeführt, was im Ergebnis bei Existenz einer selbstständigen Tätigkeit die Zuordnung von Ansprüchen erleichtert.

Gemäß § 35 Abs. 2 kann der Insolvenzverwalter durch eine einseitige empfangsbedürftige Erklä- 66 rung gegenüber dem Schuldner endgültig, unbedingt und unwiderruflich auf seine Verwaltungs- und Verfügungsbefugnis hinsichtlich des Vermögens aus der selbstständigen Tätigkeit verzichten (BSG NZI 2015, 620). Diese Erklärung unterliegt keinen Formvorschriften. Zu Beweiszwecken sollte sie jedoch schriftlich dokumentiert werden (Braun/Bäuerle Rn. 137). Die Erklärung wirkt konstitutiv. Sie verwirklicht sich ohne die Notwendigkeit zusätzlicher Erklärungen bereits mit dem Zugang der Freigabeerklärung bei dem Schuldner (ex nunc) und zerschneidet das rechtliche Band zwischen der Insolvenzmasse und der durch den Schuldner ausgeübten selbstständigen Tätigkeit. Die der selbstständigen Tätigkeit dienenden Vertragsverhältnisse gehen damit von der Masse auf die Person des Schuldners über (BGH NZI 2012, 409). Die Freigabe ist öffentlich bekannt zu machen (Braun/Bäuerle Rn. 145). Dennoch wirkt die Freigabe unabhängig von der öffentlichen Bekanntmachung bereits nach Zugang der Freigabeerklärung beim Freigabeersuchenden (Gehrlein NZI 2020, 504).

Eine Freigabe einer selbstständigen Tätigkeit umfasst stets all jene **Gegenstände und Werte**, 67 welche zur Durchführung der gewerblichen Tätigkeit werden, einschließlich der dazu gehörenden Vertragsverhältnisse (BGH NZI 2011, 633). Aufgrund der Erstreckung auf die Gesamtheit von Gegenständen und Werten und im Hinblick auf den Zweck des Masseschutzes ist zunächst davon auszugehen, dass grundsätzlich alle Dauerschuldverhältnisse iRd § 35 Abs. 2 InsO übergehen sollen (MüKoInsO/Peters Rn. 53). Vor dem Hintergrund, dass ohne die Freigabe der Dauerschuldverhältnisse diese bis zur Kündigung oder der Erfüllungswahl durch den Insolvenzverwalter ohnehin die Masse belasten würden (Ganter ZIP 2019, 97), stellt sich die Frage, ob vor der Freigabe der selbstständigen Tätigkeit eine Kündigung oder eine Erfüllungsablehnung durch den Insolvenzverwalter in der Art ausgestaltet werden kann, sodass **unliebsame Dauerschuldverhältnisse** für den Schuldner über die Sonderrechte der InsO beendet werden können und somit die selbstständige Tätigkeit den Gläubigern aufgrund der Zahlungen nach §§ 35 Abs. 2, 295a Abs. 1 (→ § 295a Rn. 1) zugutekommt. Hier muss eine Abwägung erfolgen, ob es dem Schuldner finanziell möglich oder für die Masse sinnvoll ist, alle Dauerschuldverhältnisse zu übernehmen. Hängt die selbstständige Tätigkeit von einer Reduzierung der finanziellen Belastungen aus den Dauerschuldverhältnissen ab, wäre es wirtschaftlich betrachtet (OLG Düsseldorf BeckRS 2015, 05345) für die Insolvenzmasse günstiger, mit sofortiger Wirkung einige Dauerschuldverhältnisse auf den Schuldner zu übertragen, statt diese mit den entsprechenden Fristen zu beenden und die daraus resultierenden Masseverbindlichkeiten vorrangig zu begleichen (Braun/Bäuerle Rn. 131), wenn diese stattdessen durch die neue selbstständige Tätigkeit des Schuldners gedeckt werden könnten.

Denn der Betrag, welcher den Gläubigern maximal zufließt, ist entsprechend § 295a Abs. 1 67a in Verbindung mit der Einschätzung des Insolvenzverwalters gleich (MüKoInsO/Stephan § 295 Rn. 145). Bestimmte übergehende Vertragsverhältnisse, wie Miet,- Arbeits-, Leasing-, oder sonstige Verträge, sind häufig für die selbstständige Tätigkeit des Schuldners unerlässlich. § 35 Abs. 2 setzt also Voraussetzungen, unter welchen der Verwalter die Vertragsverhältnisse zur selbstständigen Tätigkeit an den Schuldner freigeben kann, ohne diese zu kündigen, oder eine Ablehnung der

Erfüllung nach § 103 Abs. 2 erklären zu müssen (Braun/Bäuerle Rn. 131). Darüber hinaus ist es im Ermessen des Verwalters, welche Verträge er mittels der Sonderkündigungsrechte des Insolvenzrechts beendet, oder die Nichterfüllung erklärt (zur Grenze der Rechtsmacht des Verwalters: MüKoInsO/Vuia § 80 Rn. 60). Nach der hier vertretenden Ansicht beinhaltet die Erklärung jedoch keine echte Freigabe der der Unternehmung zuzuordnenden Gegenstände (zB Geschäftsausstattung), da diese aufgrund des Pfändungsschutzes nach § 811 Abs. 1 Nr. 5 ZPO nicht dem Massebeschlag unterfallen. Wird die Tätigkeit während des Verfahrens aufgegeben, entfällt der Pfändungsschutz und die Gegenstände werden massebefangen und sind zu verwerten.

68 Die Freigabe der selbstständigen Tätigkeit hat somit zur Folge, dass der **Neuerwerb** des Schuldners aus der selbstständigen Tätigkeit nicht mehr in die Masse fällt. Ansprüche aus dem freigegebenen Vertragsverhältnis können nur vom Schuldner geltend gemacht werden. Die von dem Schuldner ab dem Wirksamwerden der Freigabeerklärung aus der selbstständigen Tätigkeit erzielten Einkünfte stehen als ihm gehörendes Vermögen grundsätzlich allein den Gläubigern als Haftungsmasse zur Verfügung, deren Forderungen nach der Freigabeerklärung entstanden sind (BSG NZI 2015, 620; BGH NZI 2011, 633; 2012, 409). Bei Honoraransprüchen des selbstständigen Schuldners ist auf den Zeitpunkt des Entstehens der Ansprüche abzugrenzen. Ansprüche, die bis zur Freigabe entstanden sind, zB Honorarforderungen eines Arztes aus privatärztlicher Liquidation (→ § 36 Rn. 17), stehen der Masse zu.

69 **Adressat** einer Freigabe kann nach der Gesetzesbegründung nur derjenige sein, der eine selbstständige Tätigkeit ausübt, also der Gewerbetreibende, Einzelunternehmer oder Freiberufler. Ob es sich bei der ausgeübten Tätigkeit um eine Haupt- oder um eine Nebentätigkeit handelt, ist unerheblich (Ahrens NZI 2007, 622).

70 Der Insolvenzverwalter kann hinsichtlich der selbstständigen Tätigkeit des Schuldners entweder erklären, dass Einkünfte und Vermögen aus der selbstständigen Tätigkeit in die Insolvenzmasse fallen und Ansprüche hieraus im Insolvenzverfahren als Masseverbindlichkeiten geltend gemacht werden können (**Positiverklärung**) oder dass Einkünfte und Vermögen aus der selbstständigen Tätigkeit nicht vom Insolvenzbeschlag erfasst werden und Ansprüche hieraus keine Masseverbindlichkeiten darstellen (**Negativerklärung**) (Uhlenbruck/Hirte/Praß Rn. 96; BSG NZI 2015, 620). Eine **Beschränkung** der Erklärung auf einen bestimmten Teil der Tätigkeit ist unzulässig (Uhlenbruck/Hirte/Praß Rn. 98). Der Insolvenzverwalter hat also im Rahmen einer **Prognoseentscheidung** abzuwägen in welcher Form er dem Ziel der Gläubigerbefriedigung am besten dient (BT-Drs. 16/3227, 17). Er hat eine **Entweder-oder-Entscheidung** zu treffen.

71 Hat der Insolvenzverwalter **Kenntnis** von der selbstständigen Tätigkeit des Schuldners, hat er eine Entscheidung über die Freigabe zu treffen. Hierbei hat er zwar keine gesetzlichen Fristen zu beachten. Er sollte die Entscheidung aber ohne schuldhaftes Zögern treffen, da ein pflichtwidriges Unterlassen der Entscheidung zur Haftung nach § 55 Abs. 1 Nr. 1, § 60 führen kann (BFH DStR 2020, 1200; Uhlenbruck/Hirte/Praß Rn. 94).

71a Nach § 35 Abs. 3 S. 1 hat der Schuldner nunmehr dem Verwalter gegenüber zu erklären, ob er eine selbstständige Tätigkeit ausübt oder ob er beabsichtigt, demnächst eine solche Tätigkeit aufzunehmen. Erfolgt eine solche Anzeige isoliert, gelten die bisherigen Pflichten des Verwalters fort (→ Rn. 71). Neu eingeführt ist die Verpflichtung des Verwalters nach Aufforderung durch den Schuldner, sich spätestens einen Monat nach dem Ersuchen des Schuldners zu erklären, ob eine Tätigkeit freigegeben wird. Nicht geregelt ist, welche Rechtsfolge eine ausbleibende Erklärung des Verwalters hat. Da der Gesetzgeber, anders als bei § 103 Abs. 2 S. 3, hier keine Regelung getroffen hat, wird dem Verwalter dieses Unterlassen auch nach aktueller Rechtslage als konkludente Erklärung auszulegen sein, mit den entsprechenden Rechtsfolgen (→ Rn. 72).

72 Enthält sich der Insolvenzverwalter zu lange einer Erklärung gem. § 35 Abs. 2 S. 1 kann ihm dies als **konkludente Erklärung** ausgelegt werden, mit den entsprechenden Haftungsfolgen für die Insolvenzmasse (Smid DZWIR 2008, 133). Dies gilt jedoch nicht, wenn der Insolvenzverwalter keine Kenntnis von der selbstständigen Tätigkeit des Schuldners hatte bzw. nicht haben konnte (K. Schmidt InsO/Büteröwe Rn. 51). Die **Beweislast** für die Kenntnis bzw. das Kennenmüssen trägt im Streitfall der Gläubiger (BFH BeckRS 2010, 25016513).

73 Hat der Insolvenzverwalter eine Negativerklärung abgegeben, kommt § 295a (bislang § 295 Abs. 2 aF) zur Anwendung. Der Schuldner muss allerdings nur dann etwas abführen, wenn er tatsächlich Gewinn aus seiner selbstständigen Tätigkeit erzielt hat. Die **Abführungspflicht** ist dann der Höhe nach gemäß dem Maßstab des § 295a und ohne Rücksicht auf den tatsächlichen wirtschaftlichen Erfolg der selbstständigen Tätigkeit beschränkt auf das fiktive Nettoeinkommen. Das anzunehmende fiktive Nettoeinkommen ist aus einem angemessenen Dienstverhältnis zu berechnen. Angemessen ist nur eine dem Schuldner mögliche abhängige Tätigkeit (BGH NJW-RR 2006, 1138; NZI 2011, 596). Der Schuldner ist nach § 295a Abs. 2 insoweit verpflichtet

Angaben gegenüber dem Insolvenzgericht und dem Insolvenzverwalter zu machen, aus denen sich die ihm mögliche abhängige Tätigkeit und das anzunehmende fiktive Nettoeinkommen ableiten lassen.

Die bereits nach der Rechtsprechung anerkannte **Abführungspflicht** des Schuldners nach § 35 Abs. 2 iVm § 295 Abs. 2 aF, auf deren Einhaltung der Insolvenzverwalter einen **unmittelbaren Anspruch** hat, den dieser im laufenden Insolvenzverfahren gegen den Schuldner geltend machen kann (BGH NZI 2013, 797; 2014, 461), ist nunmehr in § 295a Abs. 1 S. 1 normiert. § 295a Abs. 1 S. 2 konkretisiert insoweit und bestimmt die Fälligkeit kalenderjährig auf den 31.1.2021. 74

Die bisher im Ergebnis im Rahmen des Abführungsprozesses (oder bei Versagungsanträgen) zu behandelnden strittigen Fragen zur Höhe des abzuführenden Betrages werden dadurch entschärft, dass unter Berücksichtigung der bisherigen Rechtsprechung zur Angemessenheit (→ Rn. 73) das Insolvenzgericht auf Antrag des Schuldners durch beschwerdefähigen Beschluss den abzuführenden Betrag feststellt. Zu beachten ist, dass sämtliche Beträge, die während des eröffneten Verfahrens aufgrund der Abführung zur Masse gezogen werden, Massebestandteil sind und damit auch Grundlage für die Berechnung der Verwaltervergütung (BGH ZIP 2021, 52). 75

Gemäß § 35 Abs. 2 S. 3 besteht zur Sicherung der **Gläubigerautonomie** die Möglichkeit, beim Insolvenzgericht die Anordnung der Unwirksamkeit der durch den Insolvenzverwalter abgegebenen Freigabeerklärung zu beantragen. Antragsbefugt ist der Gläubigerausschuss bzw., gibt es einen solchen nicht, die Gläubigerversammlung. 76

§ 35 Abs. 4 sieht die Mitteilung der Freigabeerklärung an das sowie die öffentliche Bekanntmachung derselben durch das Insolvenzgericht vor. Beides hat jedoch auf die Wirksamkeit der Erklärung keine Auswirkungen und erfolgt im Wesentlichen zum Zweck der **Information** der Geschäftspartner (Braun/Bäuerle Rn. 145, → Rn. 67). 77

F. Streit über Massezugehörigkeit

Ist zwischen dem Insolvenzverwalter und dem Schuldner streitig, ob ein bestimmter Gegenstand zur **Soll-Masse** gehört, kann der Insolvenzverwalter Klage auf Feststellung zu den **ordentlichen Gerichten** erheben, es sei denn, zwischen den Parteien ist streitig, ob der Gegenstand der Zwangsvollstreckung unterliegt (§ 36 Abs. 4, BGH NZI 2010, 584; vgl. auch → § 36 Rn. 35 f.). 78

Der Insolvenzverwalter kann den Gegenstand jedoch unabhängig von dem Streit über die Zugehörigkeit zur Masse in Besitz und Verwaltung nehmen (§ 148). Der Schuldner kann sich hiergegen nur mit einer **Klage auf Herausgabe** zur Wehr setzen, da es sich bei der Inbesitznahme gem. § 148 um eine Maßnahme der Insolvenzverwaltung handelt (Uhlenbruck/Hirte/Praß Rn. 127, 129). 79

Setzt sich der Schuldner erfolgreich gegen den Versuch der Inbesitznahme des Insolvenzverwalters zur Wehr, kann der Insolvenzverwalter diese durch den Gerichtsvollzieher durchsetzen. Der Eröffnungsbeschluss stellt einen **Vollstreckungstitel** dar (§ 148 Abs. 2 S. 2). Hiergegen kann sich der Schuldner mit der Vollstreckungserinnerung zur Wehr setzen (§ 766 ZPO, Uhlenbruck/Hirte/Praß Rn. 128). 80

Streiten dagegen der Insolvenzverwalter und ein Dritter um die Massezugehörigkeit, ist eine Vollstreckung aus dem Eröffnungsbeschluss nicht möglich (§ 148 Abs. 2 S. 2, BGH NJW 2004, 3041). Der **Aussonderungsstreit** ist im Klageweg auszutragen. 81

Ist die Frage streitig, ob ein **Rentenzahlungsanspruch** zur Masse gezogen werden kann oder nicht, ist diese Frage durch das Sozialgericht als Prozessgericht zu klären (LSG Bln-Bbg BeckRS 2021, 2241). 82

G. Rechtslage ab dem 1.1.2022

Durch das Gesetz zur Verbesserung des Schutzes von Gerichtsvollziehern vor Gewalt sowie zur Änderung weiterer zwangsvollstreckungsrechtlicher Vorschriften und zur Änderung des Infektionsschutzgesetzes wurde eine bisherige Schwachstelle in Bezug auf die Freigabe der zur Selbstständigkeit notwendigen Gegenstände geschlossen. Gemäß § 36 Abs. 2 Nr. 2 nF unterliegen alle Sachen, die im Falle einer selbstständigen Tätigkeit des Schuldners nach § 811 Abs. 1 lit. b ZPO und Tiere nach § 811 Abs. 1 Nr. 8 lit. b ZPO, dem Insolvenzbeschlag. Die Rückausnahme des Hs. 2 umfasst Sachen, die für die Fortsetzung einer Erwerbstätigkeit erforderlich sind, welche in der Erbringung persönlicher Leistungen besteht. Hieraus ergibt sich ein umfassender Insolvenzbeschlag mit der Möglichkeit, gezielt einzelne Sachen, welche tatsächlich notwendig sind, dem Pfändungsschutz unterfallen zu lassen. Darüber hinaus wird der Pfändungsschutz nur solange erhalten, wie die Selbstständigkeit aufrechterhalten wird (BT-Drs. 19/27636, 35). 83

§ 36 Unpfändbare Gegenstände

(1) ¹Gegenstände, die nicht der Zwangsvollstreckung unterliegen, gehören nicht zur Insolvenzmasse. ²Die §§ 850, 850a, 850c, 850e, 850f Abs. 1, §§ 850g bis 850k, 851c und 851d der Zivilprozessordnung gelten entsprechend.

(2) Zur Insolvenzmasse gehören jedoch
1. die Geschäftsbücher des Schuldners; gesetzliche Pflichten zur Aufbewahrung von Unterlagen bleiben unberührt;
2. die Sachen, die nach § 811 Abs. 1 Nr. 4 und 9 der Zivilprozeßordnung nicht der Zwangsvollstreckung unterliegen.

(3) Sachen, die zum gewöhnlichen Hausrat gehören und im Haushalt des Schuldners gebraucht werden, gehören nicht zur Insolvenzmasse, wenn ohne weiteres ersichtlich ist, daß durch ihre Verwertung nur ein Erlös erzielt werden würde, der zu dem Wert außer allem Verhältnis steht.

(4) ¹Für Entscheidungen, ob ein Gegenstand nach den in Absatz 1 Satz 2 genannten Vorschriften der Zwangsvollstreckung unterliegt, ist das Insolvenzgericht zuständig. ²Anstelle eines Gläubigers ist der Insolvenzverwalter antragsberechtigt. ³Für das Eröffnungsverfahren gelten die Sätze 1 und 2 entsprechend.

Überblick

Für das Insolvenzverfahren über das Vermögen natürlicher Personen schränkt § 36 den Insolvenzbeschlag vermögenswerter Gegenstände insoweit ein, als danach solche Gegenstände ausgenommen werden, die nicht der Zwangsvollstreckung unterliegen (→ Rn. 1 ff.) bzw. die dem Schuldner zur angemessenen Haushaltsführung zu belassen sind (→ Rn. 32 ff.), soweit § 36 Abs. 2 hiervon nicht ausdrücklich Ausnahmen vorsieht (→ Rn. 26 ff.) § 36 dient damit dem Schutz des Schuldners vor der Kahlpfändung und soll gewährleisten, dass dieser trotz der Insolvenz nicht auf Transferleistungen des Sozialstaats angewiesen ist, um sein Leben bestreiten zu können. Dem Schuldner soll im Rahmen des grundrechtlich garantierten Schutzbereichs der Art. 1, 2 GG trotz Insolvenz ein menschenwürdiges Leben möglich bleiben, in dem er seine Persönlichkeit frei entfalten kann (MüKoInsO/Peters Rn. 1). Dass die durch § 36 in Bezug genommenen Pfändungsschutzvorschriften der Einzelzwangsvollstreckung dabei vorwiegend auf den Schutz natürlicher Personen ausgerichtet sind, ist bei der Anwendung in der Insolvenz juristischer Personen zu beachten (MüKoInsO/Peters Rn. 1; Uhlenbruck/Hirte/Praß Rn. 13). Im Streitfall über die konkrete Zuordnung eines Gegenstandes entscheidet das Insolvenzgericht (→ Rn. 35 f.).

Übersicht

	Rn.		Rn.
A. Keine Massezugehörigkeit unpfändbarer Gegenstände	1	B. Insolvenzbeschlag unpfändbarer Gegenstände	26
I. Bewegliche Sachen	2	I. Geschäftsbücher (§ 811 Abs. 1 Nr. 11 ZPO)	27
II. Forderungen und sonstige vermögenswerte Rechte	8	II. Landwirtschaftliche Betriebsmittel (§ 811 Abs. 1 Nr. 4 ZPO) und Apothekeninventar (§ 811 Abs. 1 Nr. 9 ZPO)	30
1. Forderungen	8	III. Keine dingliche Surrogation	31
2. Arbeitseinkommen und sonstige Leistungen	10	C. Hausrat (Abs. 3)	32
3. Versicherungen	14	D. Rechtswegzuständigkeit (Abs. 4)	35
4. Riester-Rente	16	E. Rechtslage ab dem 1.1.2022	37
5. Honorarforderungen schweigepflichtiger Berufe	17	I. Allgemein	37
6. Urheberrechte	18	II. Pfändbare Sachen	39
7. Sozialgesetzliche Pfändungsschranken	19	III. Pfändbares Bargeld	41
8. Forderungen gegen Kreditinstitute	20a	IV. Persönlichkeitsrechte	42
9. Datenschutzrechtlicher Auskunftsanspruch	20b		
III. Verzicht auf Pfändungsschutz	21		

A. Keine Massezugehörigkeit unpfändbarer Gegenstände

1 § 36 Abs. 1 S. 1 nimmt solche Gegenstände vom Insolvenzbeschlag aus, die nicht der Pfändung unterliegen. Da § 36 im Zusammenhang mit § 35 zu lesen ist, ist unter Gegenständen iSd Regelung

jeder Vermögensbestandteil zu verstehen, der einen wirtschaftlichen Wert verkörpert (MüKoInsO/ Peters Rn. 5).

I. Bewegliche Sachen

Als Gegenstände iSd § 36 Abs. 1 S. 1 gelten zunächst bewegliche Sachen wie auch Sachgesamt- 2 heiten, die gem. § 811 Abs. 1 ZPO nicht der Zwangsvollstreckung unterliegen (MüKoInsO/ Peters Rn. 7 ff.; Uhlenbruck/Hirte/Praß Rn. 14 ff.).

Hierunter fallen beispielsweise die dem **persönlichen Gebrauch** oder **Haushalt** dienenden 3 Sachen des Schuldners (§ 811 Abs. 1 Nr. 1 ZPO), die dieser zu einer seiner Berufstätigkeit und Verschuldung angemessenen, bescheidenen Lebens- und Haushaltsführung benötigt (Zöller/Stöber ZPO § 811 Rn. 13). Ziel der Zwangsvollstreckung ist es nicht, den Schuldner auf den Stand äußerster Dürftigkeit und völliger Ärmlichkeit herabzudrücken. So gehören im Einzelfall beispielsweise ein Esstisch und vier Stühle sowie ein Sideboard neben einer Polstergruppe und einem kleinen Couchtisch selbst dann zum unpfändbaren Hausrat eines Schuldners, wenn sie von besonderem Wert sind (LG Heilbronn MDR 1992, 1002). Bargeld ist lediglich unter den Voraussetzungen des § 811 Abs. 1 Nr. 8 ZPO pfändungsgeschützt.

Der private PKW ist jedenfalls dann nicht pfändbar, wenn er wegen Gebrechlichkeit benötigt 3a wird (BGH WM 2011, 1418) oder zur Aufrechterhaltung der Erwerbstätigkeit (→ Rn. 4). Ansonsten ist er pfändbar und massezugehörig.

Soweit durch § 811 Abs. 1 Nr. 5 ZPO solche Gegenstände als unpfändbar erklärt werden, die 4 der Schuldner zur Fortsetzung seiner **Erwerbstätigkeit** benötigt, wird in der Literatur die Auffassung vertreten, dass der hierdurch vermittelte Pfändungsschutz im Insolvenzverfahren nur begrenzt Anwendung finden kann und einer teleologischen Reduktion bedarf (MüKoInsO/Peters Rn. 24; K. Schmidt InsO/Büteröwe Rn. 6; Uhlenbruck/Hirte/Praß Rn. 15; zust. jedoch im Ergebnis ohne Auswirkung im konkreten Fall AG Köln NJW-RR 2003, 987).

Zunächst besteht Einigkeit darüber, dass **juristische Personen** wie die AG und GmbH nicht 5 unter den Schutz des § 811 Abs. 1 Nr. 5 ZPO fallen (Musielak/Voit/Flockenhaus ZPO § 811 Rn. 18; OLG Oldenburg NJW 1964, 505; MüKoZPO/Gruber ZPO § 811 Rn. 28; Stein/Jonas/ Würdinger ZPO § 811 Rn. 43). Gleiches gilt für die KG und die OHG, wobei § 811 Abs. 1 Nr. 5 ZPO bei der **OHG** ausnahmsweise dann einschlägig sein soll, wenn der Gegenstand der OHG kein kaufmännischer Warenumsatz ist und wenn alle Gesellschafter ihren Erwerb aus körperlicher Arbeit im Gewerbebetrieb der OHG ziehen (BGH NJW 1964, 505 für den Betrieb einer Werkstatt für Fahrzeugbau und -reparaturen).

Darüber hinaus soll eine Anwendung des § 811 Abs. 1 Nr. 5 ZPO im Insolvenzverfahren jedoch 6 auch dann nicht in Betracht kommen, wenn es dem Schuldner beispielsweise angesichts seiner Qualifikation, seiner persönlichen Umstände und der Arbeitsmarktlage zuzumuten ist, einer angestellten Erwerbstätigkeit nachzugehen (MüKoInsO/Peters Rn. 23 ff.). In diesem Fall sollen die **Arbeitsmittel** in die Insolvenzmasse fallen. Begründet wird dies damit, dass andernfalls die Gläubigerinteressen in Konstellationen, in denen üblicherweise die Arbeitsmittel die einzigen wesentlichen Vermögensgegenstände darstellen, regelmäßig hinter denen des Schuldners zurückzutreten hätten, oder die Möglichkeit hat, im Insolvenzverfahren eine Restschuldbefreiung zu erlangen (MüKoInsO/Peters Rn. 25; K. Schmidt InsO/Büteröwe Rn. 6). Für diese Auffassung spricht, dass dem Gläubiger in der Einzelzwangsvollstreckung die Möglichkeit bleibt, seine Forderung aus der Pfändung des Einkommens zu befriedigen, das der Schuldner gerade mit den belassenen Arbeitsmitteln erzielt. Dies rechtfertigt in der Einzelzwangsvollstreckung den Pfändungsschutz in Abwägung zu den Gläubigerinteressen. Dagegen ist der (Alt-)Gläubiger im Insolvenzverfahren im Falle der Restschuldbefreiung des Schuldners darauf angewiesen, dass seine Forderung aus der Insolvenzmasse befriedigt werden kann. Zu beachten ist allerdings, dass den Schuldner im laufenden Insolvenzverfahren nicht die Pflicht trifft, ein abhängiges Dienstverhältnis einzugehen (BGH NJW 2013, 2973). Nimmt man ihm durch die Pfändung seiner Arbeitsmittel die Möglichkeit seiner selbstständigen Tätigkeit weiter nachzugehen, dürfte dies gegen das in § 35 Abs. 2 zum Ausdruck kommende Ziel, dem Schuldner trotz Insolvenzverfahren die Aufnahme einer selbstständigen Tätigkeit zum Aufbau einer neuen Existenz zu ermöglichen, verstoßen (vgl. auch BT-Drs. 16/3227, 17). Zur Regelung ab 1.1.2022 → Rn. 38.

Andererseits dürfte auch eine teleologische Einschränkung der Anwendung des § 811 Abs. 1 7 Nr. 5 ZPO im Insolvenzverfahren nur selten zu abweichenden Ergebnissen im Hinblick auf das Eingreifen des Pfändungsschutzes im Vergleich zur Einzelzwangsvollstreckung führen. Denn auch im Rahmen der Einzelzwangsvollstreckung wirkt der Pfändungsschutz des § 811 Abs. 1 Nr. 5 ZPO für Selbstständige nur dann, wenn der Schuldner seine eigene Arbeitskraft maßgeblich einbringt (Musielak/Voit/Flockenhaus ZPO § 811 Rn. 17a), nicht aber dann, wenn der Erwerb im Wesentlichen aus Warenumsatz, der Nutzung von Betriebsanlagen und der Arbeitskraft von Arbeitnehmern resultiert, der persönliche Arbeitseinsatz des Schuldners dagegen in den Hintergrund tritt (BGH NJW 1993, 921). Hinzu kommt, dass auch im Insolvenzverfahren die Austauschpfändung (§ 811a ZPO) zugunsten der Insolvenzmasse in Betracht kommt, wodurch der Pfändungsschutz des § 811 Abs. 1 Nr. 5 ZPO ebenfalls eingeschränkt wird und sich der Zugang zu wertvollen Arbeitsmitteln des Schuldners über eine teleologische Reduktion des Pfändungsschutzes im Insolvenzverfahren weiter reduziert.

7a   Bei **Tieren** ist zu differenzieren zwischen gem. § 811c Abs. 1 ZPO unpfändbaren nicht zu Erwerbszwecken im Haushalt gehaltenen Tieren und zur Ernährung dienender Tiere, die unter Beachtung des § 811 Abs. 1 Nr. 3 ZPO pfändbar sind. Bei zu Erwerbszwecken gehaltenen Tieren richtet sich der Pfändungsschutz nach § 811 Abs. 1 Nr. 5 ZPO (→ Rn. 6).

II. Forderungen und sonstige vermögenswerte Rechte

1. Forderungen

8   Forderungen sind pfändbar, soweit sie übertragbar sind (§ 851 Abs. 1 ZPO). Übertragbar sind Forderungen, soweit sie abtretbar sind. Dies ist beispielsweise dann nicht der Fall, wenn die Abtretung eine Inhaltsänderung nach sich zieht (§ 399 Alt. 1 BGB), was insbesondere bei höchstpersönlichen Ansprüchen in der Regel der Fall ist (Palandt/Grüneberg BGB § 399 Rn. 6 ff.). Unpfändbar, da nicht abtretbar, sind danach beispielsweise Ansprüche auf **höchstpersönliche Dienstleistungen** (NZI 2013, 434). Der **Pflichtteilsanspruch** bzw. der Anspruch des Ehegatten auf **Zugewinnausgleich** sind dagegen zwar höchstpersönlicher Natur. Sie werden aber pfändbar, sobald sie vertraglich geregelt oder rechtshängig geworden sind (Uhlenbruck/Hirte/Praß Rn. 35). Bereits davor sind sie als aufschiebend bedingte Rechte pfändbar und gehören somit zur Insolvenzmasse (BGH NJW 2011, 1448).

9   Forderungen, die aufgrund einer vertraglichen Regelungen mit dem Schuldner unabtretbar sein sollen (§ 399 Alt. 2 BGB), bleiben dagegen unter den Voraussetzungen des § 851 Abs. 2 ZPO pfändbar (Palandt/Grüneberg BGB § 399 Rn. 10; Uhlenbruck/Hirte/Praß Rn. 10). Andernfalls läge es in der Hand des Schuldners und des Drittschuldners, den Gläubigern des Schuldners pfändbares Vermögen zu entziehen.

2. Arbeitseinkommen und sonstige Leistungen

10   Das gem. §§ 850 ff. ZPO unpfändbare Arbeitseinkommen fällt nicht in die Insolvenzmasse. Die Berechnung des pfändbaren Teils des Arbeitseinkommens richtet sich nach den Vorschriften der ZPO (hierzu ausf. Musielak/Voit/Flockenhaus ZPO § 850e Rn. 2 ff.). Zu den unpfändbaren Leistungen des Arbeitgebers und damit mangels Pfändbarkeit nicht in die Insolvenzmasse zählt beispielsweise **Urlaubsgeld**, soweit es den Rahmen des Üblichen bei vergleichbaren Unternehmen nicht überschreitet und damit nicht geeignet ist zu einer Lohnverschleierung zu führen (§ 850a Nr. 2 ZPO, BGH NZI 2012, 457). Gleiches gilt für das **Weihnachtsgeld**, das in voller Höhe brutto bis zu dem in § 850a Nr. 4 ZPO vorgesehenen Höchstbetrag von 500 EUR unpfändbar ist (LG Mönchengladbach NZI 2006, 49). Die **Wechselschichtzulage** und die Zulagen, die dem Schuldner für **Nacht-, Feiertags- und Sonntagsarbeit** gezahlt werden, sind als unpfändbare Erschwerniszulagen im Sinne der §§ 36, 850a Nr. 3 ZPO anzusehen (LG Kaiserslautern BeckRS 2016, 05118; AG Dortmund BeckRS 2015, 09249). Als unpfändbare **Aufwandsentschädigung** iSd § 850a Nr. 3 ZPO gelten, unabhängig von deren tatsächlicher Bezeichnung in der Abrechnung, nur tatsächlich entstandene Auslagen, für die der Empfänger der Vergütung bereits seine Gegenleistung aus seinem Vermögen erbracht hat oder noch erbringen muss (BGH NZI 2017, 461). **Coronaprämien** des Arbeitgebers sind auch außerhalb der Pflege soweit zweckgebunden gem. § 850a Nr. 2 ZPO nicht pfändbar (AG Cottbus InsbürO 2021, 252).

10a   Geht ein Arbeitnehmer mehreren Beschäftigungen nach und erwirtschaftet dadurch von mehreren Arbeitgebern Arbeitseinkommen, stünden dem Arbeitnehmer aufgrund der jeweils einzelnen Drittschuldnerpfändungen zu jedem Arbeitseinkommen entsprechende Freibeträge zu (Musielak/Voit/Flockenhaus ZPO § 850e Rn. 9). Darüber hinaus bestünde die Notwendigkeit, jedem Arbeitgeber einen Drittschuldnerbeschluss zustellen zu lassen (BeckOK ZPO/Riedel ZPO § 850e Rn. 15). Um diese Erschwernis der Vollstreckung zu vermeiden, gibt § 850e Abs. 2 ZPO die Möglichkeit, auf Antrag des Gläubigers mehrere Arbeitseinkommen durch das Gericht zusammenrechnen zu lassen. Darüber hinaus inkludiert § 850e Abs. 3 ZPO auch Naturalleistungen im

Unpfändbare Gegenstände § 36 InsO

sog. Zusammenrechnungsbeschluss. Der Zusammenrechnungsbeschluss beschließt lediglich die Zusammenrechnung. Der Zusammenrechnungsbeschluss ist dem Drittschuldner zuzustellen. Andere Drittschuldner werden regelmäßig auf Anordnung des Gerichts durch den Drittschuldner in Kenntnis gesetzt, dem der Zusammenrechnungsbeschluss zuerst zugestellt wird (BeckOK ZPO/Riedel ZPO § 850e Rn. 33). Die Zusammenrechnung ist nicht nur auf mehrere Arbeitseinkommen anwendbar, vielmehr gewährt § 850e ZPO die Zusammenrechnung ua von Arbeitseinkommen und Altersrente (BeckOK ZPO/Riedel ZPO § 850e Rn. 44).

Im Zuge der Abmilderung der wirtschaftlichen Folgen der COVID-19-Pandemie brachte die Bundesregierung diverse wirtschaftliche Hilfen für Unternehmen und Selbstständige auf den Weg (Zwirner/Vodermeier BC 2020, 451). Liquiditätshilfen durch Programme wie „**Corona-Soforthilfen**" für Kleinstunternehmen und Selbstständige" oder „NRW-Soforthilfe 2020" sind nicht pfändbar (BGH BeckRS 2021, 6247). Diese Liquiditätshilfen sind nach § 851 Abs. 1 ZPO nicht pfändbare Forderungen, da die Liquiditätshilfen eindeutig zweckgebunden sind und dazu „diene, der Schuldnerin ein wirtschaftliches Überleben und damit eine dauerhafte Existenzsicherung zu ermöglichen" (vgl. BGH BeckRS 2021, 6247 Rn. 7, 8). Die Abtretbarkeit der Forderung hängt daran, ob Leistungen ohne Veränderungen des Inhalts an einen Dritten erfolgen können (vgl. BGH NJW-RR 2020, 820 Rn. 17). Dies ist aufgrund der individuell über den Antrag auf Erteilung der Liquiditätshilfen erfolgten Entscheidung nicht möglich (LG Köln BeckRS 2020, 6671). **10b**

Ist der Schuldner Dritten gesetzlich zu **Unterhaltsleistungen** verpflichtet, mindert dies den pfändbaren Teil seines Arbeitseinkommens (§ 850c ZPO) oder einer Abfindungszahlung nach Kündigung des Arbeitsverhältnisses (AG Dortmund NZI 2021, 585). Eine Unterhaltsverpflichtung liegt im Rahmen einer sozialrechtlichen Bedarfsgemeinschaft vor (LG Bielefeld BeckRS 2020, 13575). Erzielt die unterhaltsberechtigte Person jedoch eigene Einkünfte, ist dies zu berücksichtigen (§ 850c Abs. 4 ZPO). Zu den insoweit zu berücksichtigenden eigenen Einkünften zählen neben Unterhaltszahlungen, die der Unterhaltsberechtigte vom anderen Elternteil oder Dritten in Geld bezieht (BGH NZI 2009, 443) auch Zuwendungen, die in Natur geleistet werden, beispielsweise unentgeltliches Wohnen und freie Kost. Auch solche Leistungen reduzieren die Unterhaltspflicht des Schuldners (BGH NZI 2015, 661). Maßstab für die Bestimmung, in welcher Höhe die Unterhaltsleistung des Dritten Berücksichtigung findet, ist das Verhältnis der Einkünfte der Verpflichteten (BGH NZI 2020, 274). Kindergeld findet keine Berücksichtigung bei der Berechnung des pfändbaren Einkommens des Schuldners (BGH BeckRS 2020, 17794). **11**

Bezieht der Schuldner eine **Altersrente** und ist er daneben zur Aufbesserung der Rente selbstständig tätig, können auf seinen Antrag eine Einnahmen aus der selbstständigen Tätigkeit als Mehrarbeitsvergütung bis zur Hälfte pfandfrei gestellt werden. Insoweit kommt der Rechtsgedanke des § 850a Nr. 1 ZPO zur Anwendung (BGH NJW-RR 2014, 1198). Die Entscheidung über den Antrag ist nach Abwägung der Belange von Schuldner und Gläubiger zu treffen (BGH NZI 2010, 777; 2017, 461). **12**

Nachzahlungen aus (Witwer-)Renten sind nur eingeschränkt pfändbar (→ § 35 Rn. 21). **12a**

Mit der Änderung von § 850i ZPO durch das Gesetz zur Reform des Kontopfändungsschutzes v. 7.7.2009, in Kraft ab dem 1.7.2010 (BGBl. 2009 I 1707), auf den § 36 Abs. 1 S. 2 ausdrücklich Bezug nimmt, hat der Gesetzgeber den Pfändungsschutz auf „sonstige Einkünfte, die kein Arbeitseinkommen sind", erweitert. Danach unterliegen nunmehr sämtliche **Einkünfte**, soweit sie selbst erzielt, also eigenständig erwirtschaftet sind, dem nach § 850i ZPO gewährten Pfändungsschutz. Dies unabhängig davon, ob die Einkünfte auf persönlich geleisteten Arbeiten oder Diensten beruhen oder auf dem Einsatz von Personal oder Kapital. Auch Einkünfte aus sogenannter kapitalistischer Tätigkeit zählen hierzu, etwa aus Kapitalvermögen, aus Vermietung und Verpachtung, auch Werklohnansprüche und Verkaufserlöse (BGH NZI 2014, 772; 2015, 661 für aus Untervermietung erzielte Einkünfte; für Kaufpreisraten BGH DNotZ 2020, 541). Die Gegenmeinung, die den Pfändungsschutz des § 850i ZPO auf das Einkommen Erwerbstätiger begrenzen will (LSG LSA BeckRS 2012, 70474) übersieht, dass der Wortlaut des § 850i ZPO, die systematische Auslegung und nicht zuletzt der gesetzgeberische Wille für eine weite Auslegung des Pfändungsschutzes spricht (BGH NZI 2014, 772). Gleiches gilt für **Kaufpreisrentenansprüche** (BGH BeckRS 2019, 27798) und **Kaufpreisraten** (BGH BeckRS 2019, 26916), welche aufgrund von vertraglichen Regelungen als Entgelt im Rahmen einer Veräußerung von Gesellschaftsanteilen vor der Insolvenzeröffnung entstanden. Unter die Vorschrift des § 850i Abs. 1 S. 1 Alt. 2 ZPO fallen auch jene Forderungen, die aus der Verwertung von Eigentum des Schuldners entstehen. Nicht relevant ist dabei, ob das Kapital erarbeitet wurde, lediglich von Belangen ist die Tatsache, dass diese Einkünfte selbst erzielt wurden (BGH NZI 2018, 899 mwN). **13**

3. Versicherungen

14 Unter der Maßgabe der §§ 851c, 851d ZPO, auf die § 36 Abs. 1 S. 2 Bezug nimmt, sind **private Lebensversicherungen** pfändungsfrei und fallen damit nicht in die Insolvenzmasse. Ansprüche auf Leistungen aus Verträgen, die die Anforderungen des § 851c ZPO erfüllen, unterfallen danach nur insoweit dem Insolvenzbeschlag, als sie wie Arbeitseinkommen gepfändet werden dürfen. Pfändungsschutz nach § 851c ZPO besteht jedoch erst dann, wenn sämtliche der in § 851c ZPO geregelten Voraussetzungen im Zeitpunkt der Pfändung vorliegen (BGH NJW-RR 2011, 492). Für die Insolvenz ist dabei auf den Zeitpunkt der Insolvenzeröffnung abzustellen. Eine Vorverlegung des Pfändungsschutzes auf den Zeitpunkt, zu dem dem Versicherer das Verlangen des Versicherungsnehmers zugeht, eine Lebensversicherung in eine, den Anforderungen des § 851c ZPO entsprechende Versicherung umzuwandeln, ist entgegen der vielfach in der Literatur geäußerten Auffassung (Prölss/Martin/Reiff § 167 Rn. 14 mwN) nicht zulässig. Sie entspricht nicht der gesetzlichen Regelung, die für die Unpfändbarkeit im Interesse der Rechtssicherheit und des Gläubigerschutzes voraussetzt, dass die Umgestaltung des Versicherungsvertrages **vollzogen** ist (vgl. BGH NJW 2015, 3506). Pfandfrei können auf Antrag auch Auszahlungsansprüche aus einer dem Schuldner zur Sicherung von Pensionsansprüchen abgetretenen Kapitalversicherung gestellt werden (BGH ZIP 2021, 1403).

15 **Private Krankheitskostenversicherungsverträge** und Ansprüche aus diesen werden ebenfalls nicht vom Insolvenzbeschlag erfasst (BGH NJW-RR 2014, 683). Dies würde voraussetzen, dass der Verwalter die Forderungen aus dem Versicherungsvertrag zu Masse ziehen könnte. Leistungsansprüche aus einer privaten Krankheitskostenversicherung, die aus der Erstattungspflicht des Versicherers im Hinblick auf (künftig notwendig werdende) ärztliche Behandlungsmaßnahmen im Krankheitsfall resultieren, unterliegen jedoch nicht der Pfändung (§ 850b Abs. 1 Nr. 4 ZPO). Eine solche kommt aus Billigkeitserwägungen grundsätzlich nicht in Betracht (§ 850b Abs. 2 ZPO, BGH NJW-RR 2007, 1510).

15a Ansprüche gegen Versicherungen sind sonst grundsätzlich pfändbar und damit massezugehörig, soweit § 17 VVG keine Einschränkung vornimmt. Zu beachten ist, dass § 110 VVG für den Insolvenzfall bei Ansprüchen Dritter ein Absonderungsrecht begründet.

4. Riester-Rente

16 Das nach § 10a EStG **geförderte Altersvorsorgevermögen** einschließlich seiner Erträge, die geförderten laufenden Altersvorsorgebeiträge und der Anspruch auf die Zulage sind nicht übertragbar (§ 97 S. 1 EStG) und fallen damit mangels Pfändbarkeit (§ 851 Abs. 1 ZPO) nicht in die Insolvenzmasse. Der Pfändungsschutz bezieht sich nach der Systematik des Gesetzes und dem Sinn und Zweck der Regelung dabei auch auf Kapital, das **förderungswürdig** ist, aber (noch) nicht gefördert wurde (LG Aachen NZI 2014, 573). Beiträge, die dagegen nicht förderungswürdig iSd § 82 EStG waren, beispielsweise weil sie jenseits der Höchstgrenzen lagen, stellen kein gefördertes Vermögen dar und fallen damit in die Insolvenzmasse (LG Aachen NZI 2014, 573).

5. Honorarforderungen schweigepflichtiger Berufe

17 Honorarforderungen von **Steuerberatern, Rechtsanwälten, Wirtschaftsprüfern** und **Ärzten** sind grundsätzlich pfändbar; sie gehören zur Insolvenzmasse (BGH NZI 1999, 191 (Steuerberater); NJW 2004, 2015 (Rechtsanwalt); NZI 2005, 263 (Arzt)). Die betreffenden Forderungen sind genau nach Namen und Anschrift des Drittschuldners sowie nach dem Grund der Forderung zu bezeichnen (ausf. zum Meinungsstand Uhlenbruck/Hirte/Praß Rn. 24 ff.). Im Falle der Freigabe der selbstständigen Tätigkeit nach § 35 Abs. 2 ist bei (privatärztlichen) Honoraransprüchen (→ § 35 Rn. 68) nach dem Zeitpunkt der Leistungserbringung, mithin der Verwirklichung des Gebührentatbestandes, abzugrenzen (OLG Koblenz BeckRS 2020, 29464).

6. Urheberrechte

18 Das Urheberrecht ist gem. § 29 UrhG unübertragbar und damit unpfändbar (→ § 35 Rn. 32). Soweit der Urheber Dritten jedoch Nutzungsrechte an seinen Rechten eingeräumt hat, können diese je nach Ausgestaltung der Pfändung unterliegen (→ § 35 Rn. 32).

7. Sozialgesetzliche Pfändungsschranken

19 In Sozialgesetzen finden sich ebenfalls zahlreiche Pfändungsschranken. Eine Übersicht gibt Peters (MüKoInsO/Peters Rn. 60).

Die §§ 53, 54 SGB I sehen Pfändungsschutz für besondere Geldleistungen vor. Nicht unter 20
diesen Schutz fällt aber eine **Verletztenrente** nach § 56 SGB VII. Eine solche ist gem. § 850c
ZPO pfändbar. Bei ihr handelt es sich nicht um eine Geldleistung, die dazu bestimmt ist, den
durch einen Körper- oder Gesundheitsschaden bedingten Mehraufwand auszugleichen. Sie stellt
damit keine laufenden Geldleistungen dar, die gem. § 54 Abs. 3 Nr. 3 SGB I unpfändbar ist (LG
Heilbronn NZS 2015, 588).

8. Forderungen gegen Kreditinstitute

Forderungen gegen Kreditinstitute unterliegen iRd § 850k ZPO dem Pfändungsschutz. Sons- 20a
tige Guthaben fallen in die Insolvenzmasse, soweit nicht eine Zweckbindung besteht (für Corona
Soforthilfe: BGH ZInsO 2021, 781; LG Köln NZI 2020, 494; BeckRS 2020, 6671; → § 35
Rn. 25a). Zahlungseingänge, die nicht der Zweckbindung unterliegen, sondern aus unpfändbaren
Ansprüchen resultieren, sind nach Eingang auf dem Pfändungsschutzkonto pfändbar, sofern kein
Schutzantrag positiv beschieden ist. Lässt der Schuldner seine Sozialleistungen auf das Konto eines
Dritten einzahlen, greift der Pfändungsschutz nach § 850k ZPO nicht. Jedoch kann der Schuldner
auf Antrag hier Schutz nach § 765a ZPO erlangen (LG Berlin NZI 2020, 81).

9. Datenschutzrechtlicher Auskunftsanspruch

Der datenschutzrechtliche Auskunftsanspruch nach Art. 15 Abs. 1 DS-GVO ist als Ausfluss des 20b
in Art. 8 Abs. 1 GRCh normierten grundrechtlichen Schutzes personenbezogener Daten weder
übertragbar noch abtretbar (BVerwG BeckRS 2020, 24289). Daher handelt es sich hierbei um
ein höchstpersönliches Recht, welches nicht durch Eröffnung des Insolvenzverfahrens gem. § 80
auf den Insolvenzverwalter übergeht (→ § 35 Rn. 55). Dennoch trifft den Schuldner auch in
dieser Hinsicht die allgemeine Auskunfts- und Mitwirkungspflicht des Insolvenzverfahrens gem.
§ 97. Daher hat der Schuldner alle zumutbaren Anstrengungen zu unternehmen, aufkommende
Fragen im Insolvenzverfahren zu beantworten. Der Umfang der Auskunftspflicht beschränkt sich
dabei auf Tatsachen im konkreten Insolvenzverfahren, mithin auf massezugehörige Rechte und
Ansprüche (Braun/Kroth § 97 Rn. 9). Der nicht massezugehörige Auskunftsanspruch kann somit
nicht mittelbar durch die Auskunftspflichten zur Masse qualifiziert werden.

III. Verzicht auf Pfändungsschutz

Ein **Vorausverzicht** des Schuldners auf den Pfändungsschutz wird in der Einzelzwangsvollstre- 21
ckung für nichtig erachtet, da es sich bei den Pfändungsschutzvorschriften um zwingende gesetzliche Regelungen handelt (§ 134 BGB, Musielak/Voit/Flockenhaus ZPO § 811 Rn. 17). Dies soll
auch im Insolvenzverfahren gelten, soweit solche Vereinbarungen vor Eröffnung des Insolvenzverfahrens getroffen wurden (Uhlenbruck/Hirte/Praß Rn. 41).

In der Rechtsprechung bisher ungeklärt ist dagegen die Frage, ob der Schuldner einen Verzicht 22
auf die ihn vor Pfändung schützenden Normen bei oder nach der Pfändung erklären kann. Wäre
dies zu bejahen, so würden die von dem Verzicht erfassten Gegenstände in die Insolvenzmasse
fallen.

In der Einzelzwangsvollstreckung geht die herrschende Meinung davon aus, dass ein Verzicht 23
auf Pfändungsverbote aufgrund der zwingenden öffentlich-rechtlichen Schranken staatlicher Voll-
streckungsgewalt grundsätzlich unbeachtlich ist. Pfändungsverbote sind Ausfluss der in Art. 1 GG
(„Würde des Menschen") und Art. 2 GG („freie Entfaltung der Persönlichkeit") normierten
Grundrechte und müssen als Konkretisierung des Sozialstaatsprinzips (Art. 20, 28 GG) verstanden
werden (BFH NJW 1990, 1871; Musielak/Voit/Becker ZPO § 811 Rn. 9; MüKoZPO/Gruber
ZPO § 811 Rn. 2).

Für das Insolvenzverfahren wird dagegen in der Literatur teilweise die Auffassung vertreten, 24
dass ab Eröffnung des Insolvenzverfahrens ein wirksamer Verzicht möglich sein soll, soweit dieser
nicht unpfändbare Forderungen und Rechte betrifft (MüKoInsO/Peters Rn. 91 ff.; Uhlenbruck/
Hirte/Praß Rn. 42). Begründet wird dies einerseits damit, dass der Schuldner ab diesem Zeitpunkt
die Tragweite seines Verzichts einschätzen kann (MüKoInsO/Peters Rn. 94), andererseits damit,
dass das öffentliche Interesse nur gebiete keinen Zwang gegen den Schuldner anzuwenden, ihm
der Verzicht im Rahmen des Restschuldbefreiungsverfahrens jedoch hilfreich sein könne (Uhlen-
bruck/Hirte/Praß Rn. 41).

Die Argumentation überzeugt nicht, beachtet man den hinter den Pfändungsschutzvorschriften 25
stehenden Schutzzweck, der über den Verweis in § 36 in das Insolvenzverfahren übertragen wurde.
Zwar ist hinzunehmen, wenn der Schuldner selbst einen vom Pfändungsschutz erfassten Gegen-

stand veräußert und hierdurch den Zugriff auf den Erlös eröffnet (→ Rn. 31). Dort wo der Staat jedoch darauf einwirken kann, dass der Schuldner die ihm als Existenzminimum zugewiesenen Gegenstände behalten kann, sollte er dies nicht unterlaufen, indem er den Verzicht des Schuldners auf den Pfändungsschutz akzeptiert (Musielak/Voit/Flockenhaus ZPO § 811 Rn. 9). Nichts anderes kann im Insolvenzverfahren gelten, in dem der Schuldnerschutz mit gleichen Gedanken über § 36 Eingang gefunden hat. Soweit darauf hingewiesen wird, der Verzicht könne dem Schuldner im Restschuldbefreiungsverfahren hilfreich sein, ist dem entgegenzuhalten, dass dem Schuldner das Berufen auf den Pfändungsschutz im Restschuldbefreiungsverfahren aber auch nicht zur Last gelegt werden kann.

25a Praktisch relevant ist diese Problematik insbesondere bei einer angestrebten übertragenden Sanierung eines Einzelunternehmens für dessen Betriebsfortsetzung gem. § 811 Abs. 1 Nr. 5 ZPO pfändungsgeschützte Gegenstände erforderlich sind. Soweit kein Verzicht auf Pfändungsschutz ausgesprochen werden kann, verbleibt nur die (kurzzeitige) Aufgabe der selbstständigen Tätigkeit durch den Schuldner und damit der Entfall des Pfändungsschutzes nach § 811 Abs. 1 Nr. 5 ZPO.

B. Insolvenzbeschlag unpfändbarer Gegenstände

26 § 36 Abs. 2 unterwirft bestimmte Gegenstände, die gem. § 811 ZPO an sich nicht der Pfändung unterliegen, dem Insolvenzbeschlag. Gerechtfertigt wird dies aus dem Zweck des Insolvenzverfahrens eine möglichst umfassende Befriedigung der Gläubiger zu erreichen.

I. Geschäftsbücher (§ 811 Abs. 1 Nr. 11 ZPO)

27 Die Geschäftsbücher des Schuldners fallen trotz ihrer Unpfändbarkeit (§ 811 Abs. 1 Nr. 11 ZPO) in die Insolvenzmasse (§ 36 Abs. 2 Nr. 1). Dahinter steht der Gedanke, dass es dem Insolvenzverwalter ohne den Zugriff auf die Geschäftsbücher nicht möglich wäre, das Geschäft des Schuldners fortzuführen bzw. abzuwickeln. Unter den insoweit weit zu fassenden Begriff der **Geschäftsbücher** fallen sämtliche Unterlagen, die es dem Insolvenzverwalter ermöglichen, das zur Insolvenzmasse gehörende Schuldnervermögen festzustellen und dieses auf die Soll-Masse zu berichtigen (Uhlenbruck/Hirte/Praß Rn. 47). Der Begriff Geschäftsbücher erfasst danach neben dem gesamten Rechnungswesen, Umsatzsteuerunterlagen, Lohnlisten Tagesnotizbüchern, Beibüchern und Kontobüchern (Uhlenbruck/Hirte/Praß Rn. 46) insbesondere Rechnungen, Quittungen und Geschäftsbriefe (BAG BB 2016, 442), aber auch Abonnentenverzeichnisse, Kundenlisten und Kundenbücher (OLG Saarbrücken NJW-RR 2001, 419; MüKoInsO/Peters Rn. 101).

28 Der Insolvenzverwalter hat die Geschäftsbücher nach der Eröffnung des Insolvenzverfahrens in Besitz und Verwaltung zu nehmen (§ 148). Wird die Herausgabe verweigert, kann der Insolvenzverwalter aus dem Insolvenzeröffnungsbeschluss vollstrecken (§ 148 Abs. 2 S. 1). Befinden sich die Geschäftsbücher im Besitz Dritter, so kann der Insolvenzverwalter sein Herausgabeverlangen gegen diese richten, wobei zu beachten ist, dass das vertraglich geschuldete **Arbeitsergebnis** nicht zu den herauszugebenden Unterlagen zählt (BGH NJW 1989, 1216). Befinden sich die Geschäftsbücher bei dem Steuerberater, dem Wirtschaftsprüfer oder dem Rechtsanwalt des Schuldners, so können sich diese gegen das Herausgabeverlangen nicht auf ein Zurückbehaltungsrecht wegen offener Honorarforderungen berufen (OLG Stuttgart BeckRS 2007, 10717; Uhlenbruck/Hirte/Praß Rn. 48). Wird die Herausgabe verweigert, kann diese im Wege der einstweiligen Verfügung erzwungen werden (OLG Düsseldorf BeckRS 1982, 30991715).

29 Der Insolvenzverwalter ist schließlich verpflichtet die gesetzlichen, insbesondere die handels- und steuerrechtlichen **Aufbewahrungspflichten** im Zusammenhang mit den Geschäfts- und Steuerunterlagen zu beachten. Anderes gilt nur, wenn das Unternehmen aufgrund eines Insolvenzplans oder im Rahmen der Eigenverwaltung fortgeführt wird. Ist dies der Fall, treffen die genannten Aufbewahrungspflichten weiterhin den Schuldner bzw. bei Gesellschaften den Geschäftsführer, Vorstand oder Liquidator (ausf. Uhlenbruck/Hirte/Praß Rn. 49, 50). Reicht die Masse dagegen nicht aus, die Aufbewahrungskosten zu decken, so verbleibt die Aufbewahrungspflicht bei den nach den gesetzlichen Regeln jeweils verpflichteten Personen (K. Schmidt InsO/Büteröwe Rn. 10).

II. Landwirtschaftliche Betriebsmittel (§ 811 Abs. 1 Nr. 4 ZPO) und Apothekeninventar (§ 811 Abs. 1 Nr. 9 ZPO)

30 Hinter der gesetzgeberischen Entscheidung, landwirtschaftliche Betriebsmittel und Apothekeninventar von der Einzelzwangsvollstreckung auszunehmen, stand die Zielsetzung, die Versorgung der Bevölkerung mit landwirtschaftlichen und medizinischen Produkten zu gewährleisten (BGH NJW 1961, 975). In der Gesamtvollstreckung des heutigen Insolvenzverfahrens hat dieser Schutz-

Unpfändbare Gegenstände § 36 InsO

zweck keine Berechtigung mehr und wurde daher mit § 36 Abs. 2 Nr. 2 aufgegeben (Uhlenbruck/ Hirte/Praß Rn. 51).

III. Keine dingliche Surrogation

Die Unpfändbarkeit einer Sache setzt sich schließlich nicht an dem Erlös, der aus der Veräuße- 31
rung dieser Sache durch den Schuldner erzielt wird, fort. Dies gilt umgekehrt auch für vermögenswerte Gegenstände, die aus unpfändbarem Arbeitseinkommen erworben werden, selbst aber nicht dem Pfändungsschutz unterliegen. Eine dingliche Surrogation findet im Insolvenzverfahren nicht statt (BGH NZI 2013, 968; LG Ansbach NZI 2015, 980; Uhlenbruck/Hirte Rn. 54). Hierfür spricht auch die gesetzliche Systematik, nach der eine Ausnahme vom Insolvenzbeschlag nur in den durch § 36 vorgesehenen Grenzen vorgesehen ist (LG Ansbach NZI 2015, 980). Es ist, hierauf weist Hirte zu Recht hin, nicht einzusehen, dass der Neugläubiger auf einen solchen Gegenstand im Wege der Pfändung zugreifen könnte, während eine Verwertung im Insolvenzverfahren wegen des zunächst bestehenden Pfändungsschutzes nicht möglich sein soll (Uhlenbruck/Hirte Rn. 54). Die Pfändbarkeit tritt **ipso iure** mit der Veräußerung des unpfändbaren Gegenstandes bzw. mit dem Erwerb eines pfändbaren Gegenstandes mit unpfändbaren Arbeitseinkommen ein.

C. Hausrat (Abs. 3)

Gemäß § 36 Abs. 3 sind auch Gegenstände die zum gewöhnlichen Hausrat gehören, jedoch 32
nicht bereits dem über § 36 Abs. 1 zu beachtenden Pfändungsschutz des § 811 Abs. 1 Nr. 1 ZPO unterliegen, vom Insolvenzbeschlag ausgenommen. Dahinter steht das, auch bei § 812 ZPO zugrundeliegende, gesetzgeberische Motiv, dem Schuldner Sachen, die für ihn persönlich große Bedeutung haben können, die aber andererseits im Rahmen einer Verwertung aufgrund ihres Alters oder ihrer Abnutzung regelmäßig nur, wenn überhaupt, einen geringen Verwertungserlös erwarten lassen, zu belassen (MüKoZPO/Gruber ZPO § 812 Rn. 1).

Als gewöhnlicher Hausrat iSd § 36 Abs. 3 gelten nur solche Gegenstände, die üblicherweise im 33
Rahmen der täglichen Lebensgestaltung benutzt werden, wobei diese nicht mehr Gegenstände einer bescheidenen Lebensführung iSd § 811 Abs. 1 Nr. 1 ZPO aber auch noch nicht Luxusgegenstände oder Gegenstände mit Sammlerwert darstellen dürfen (MüKoZPO/Gruber ZPO § 812 Rn. 4): Die Einordnung von Gegenständen hat sich im Einzelfall an den stets ändernden allgemeinen als auch den konkreten persönlichen Lebensbedingungen des Schuldners auszurichten (vgl. hierzu auch Uhlenbruck/Hirte/Praß Rn. 55).

Die Entscheidung darüber, ob aus der Verwertung lediglich ein Erlös erzielt würde, der in 34
keinem Verhältnis zu dem (Anschaffungs-)Wert des Gegenstands steht, hat der Insolvenzverwalter zu treffen. Gegen die Entscheidung des Insolvenzverwalters, einen Gegenstand danach nicht als insolvenzfrei zu behandeln, steht dem Schuldner das Rechtsmittel der Erinnerung (§ 766 ZPO) zur Verfügung.

D. Rechtswegzuständigkeit (Abs. 4)

Ist streitig, ob ein bestimmter Gegenstand gem. § 36 Abs. 1 S. 2 der Zwangsvollstreckung 35
unterliegt, entscheidet hierüber auf Antrag das Insolvenzgericht (ausf. hierzu Uhlenbruck/Hirte/ Praß Rn. 57 f.). Dies gilt aufgrund der Verweisung in § 36 Abs. 1 S. 2 auf § 850f ZPO auch für den Antrag des Schuldners, ihm einen Teil seines nach den Bestimmungen der §§ 850c, 850d, 850i ZPO pfändbaren Einkommens zu belassen (BGH NZI 2003, 389). Da das Insolvenzgericht hierbei kraft besonderer Zuweisung funktional als Vollstreckungsgericht handelt, richtet sich auch der Rechtszug nach den allgemeinen vollstreckungsrechtlichen Vorschriften (BGH NZI 2004, 278). Antragsberechtigt ist in einem solchen Verfahren der Schuldner und der Insolvenzverwalter, letzterer anstelle der Gläubiger (§ 36 Abs. 4 S. 3).

Ist dagegen streitig ob sonstige, nicht von der Verweisung des § 36 Abs. 1 S. 2 erfasste Gegen- 36
stände pfändbar und damit Gegenstand der Insolvenzmasse sind, bleibt das Vollstreckungsgericht zuständig (AG Köln NZI 2003, 387).

E. Rechtslage ab dem 1.1.2022

I. Allgemein

Im Rahmen des Gesetzes zur Verbesserung des Schutzes von Gerichtsvollziehern vor Gewalt 37
sowie zur Änderung weiterer zwangsvollstreckungsrechtlicher Vorschriften und zur Änderung des

Kirchner 281

Infektionsschutzgesetzes werden mit Wirkung zum 1.1.2022 die Pfändungsschutzvorschriften für Sachen und Tiere und die Forderungspfändung grundlegend geändert (Ahrens NZI 2021, 531).

38 Der persönliche Anwendungsbereich wird durch die Neufassung des § 811 ZPO auf Personen, die mit dem Schuldner in einem Haushalt leben, aber nicht seiner Familie angehören oder dem Schuldner im Haushalt helfen, erweitert. Die Erweiterung des Pfändungsschutzes auf diesen Personenkreis soll der Anpassung der Norm an zeitgemäße Lebensformen dienen (BT-Drs. 19/27636, 28).

II. Pfändbare Sachen

39 § 811 Abs. 1 Nr. 1 nF gewährt künftig Pfändungsschutz für Gegenstände, die der Aus- und Fortbildung des Schuldners oder einer mit ihm zusammenlebenden Person dienen (Ahrens NZI 2021, 531), wie auch für besonders hochleistungsfähige Elektrogeräte, falls diese benötigt werden (BT-Drs. 19/27636, 29), so bei Erwerbstätigen in der Medien-/IT-Branche. Die Möglichkeit einer Austauschpfändung nach § 811a Abs. 1 ZPO bleibt, falls die Leistungsfähigkeit nicht bedarfsgerecht ist (BT-Drs. 19/27636, 29), erhalten.

40 § 811 Abs. 1 Nr. 1 lit. c ZPO nF schützt Gegenstände von der Pfändung, welche eine Person des geschützten Personenkreises aus gesundheitlichen Gründen benötigt, so zB medizinische Messgeräte oder eine Therapiegegenstände, wie eine Staffelei (BT-Drs. 19/27636, 29). „Aus gesundheitlichen Gründen" ist als unbestimmter Rechtsbegriff auszulegen.

III. Pfändbares Bargeld

41 § 811 Abs. 1 Nr. 3 ZPO nF regelt den Pfändungsschutz für Bargeld für natürliche Personen. Dem Schuldner muss ein Fünftel des täglichen Freibetrages des § 850c Abs. 1 Nr. 3, Abs. 4 Nr. ZPO (PKoFoG) pro Kalendertag seit der Pfändung bis zum Ende des Monats belassen werden (BT-Drs. 19/27636, 30).

IV. Persönlichkeitsrechte

42 Pfändungsschutz für private Auszeichnungen, durch deren Verwertung in Persönlichkeitsrechte eingegriffen werden würde (§ 811 Abs. 1 Nr. 5 ZPO nF), greift nur, solange die Persönlichkeitsrechte nicht erloschen sind (BT-Drs. 19/27636, 31). Hierbei von besonderem Interesse dürften Briefe, Gemälde oder andere persönliche Aufzeichnungen sein, soweit diese wertbehaftet sind und die Persönlichkeitsrechte erloschen sind (zum Erlöschen von Persönlichkeitsrechten durch Tod des Künstlers Wiebe in Spindler/Schuster, Recht der elektronischen Medien, 4. Aufl. 2019, UrhG § 76 Rn. 1, 2).

§ 37 Gesamtgut bei Gütergemeinschaft

(1) ¹Wird bei dem Güterstand der Gütergemeinschaft das Gesamtgut von einem Ehegatten allein verwaltet und über das Vermögen dieses Ehegatten das Insolvenzverfahren eröffnet, so gehört das Gesamtgut zur Insolvenzmasse. ²Eine Auseinandersetzung des Gesamtguts findet nicht statt. ³Durch das Insolvenzverfahren über das Vermögen des anderen Ehegatten wird das Gesamtgut nicht berührt.

(2) Verwalten die Ehegatten das Gesamtgut gemeinschaftlich, so wird das Gesamtgut durch das Insolvenzverfahren über das Vermögen eines Ehegatten nicht berührt.

(3) Absatz 1 ist bei der fortgesetzten Gütergemeinschaft mit der Maßgabe anzuwenden, daß an die Stelle des Ehegatten, der das Gesamtgut allein verwaltet, der überlebende Ehegatte, an die Stelle des anderen Ehegatten die Abkömmlinge treten.

(4) Die Absätze 1 bis 3 gelten für Lebenspartner entsprechend.

Überblick

Zur Eröffnung des Anwendungsbereiches bedarf es einer Ehe iSd § 1353 Abs. 1 BGB. Zudem muss Gütergemeinschaft vereinbart sein. Wird über das Vermögen eines Ehegatten, der im gesetzlichen Güterstand der Gütergemeinschaft (→ Rn. 1) lebt, das Insolvenzverfahren eröffnet, wird die Zuordnung des Gesamtguts zur Insolvenzmasse durch § 37 geregelt. Dabei ist danach zu differenzieren, ob das Gesamtgut durch einen Ehegatten alleine (→ Rn. 3) oder durch die Ehegatten gemeinsam (→ Rn. 8) verwaltet wird. Die getroffenen Regelungen gelten dabei entsprechend für Lebenspartner iSd § 1 Abs. 1 S. 2 LPartG, § 37 Abs. 4.

A. Allgemeines

Ehegatten können durch Ehevertrag **Gütergemeinschaft** vereinbaren (§§ 1415, 1408 BGB). **1** Durch die Vereinbarung der Gütergemeinschaft entsteht eine **Gemeinschaft zur gesamten Hand** (Palandt/Brudermüller BGB § 1415 Rn. 1). Das Vermögen der einzelnen Ehegatten wird dabei, ohne dass es hierzu einer rechtsgeschäftlichen Übertragung bedarf, kraft Gesetz zum gemeinschaftlichen Vermögen beider Ehegatten (**Gesamtgut**, § 1415 Abs. 1 BGB). Ausgenommen vom Gesamtgut sind lediglich solche Gegenstände, die nicht übertragbar sind (**Sondergut**, § 1416 BGB), und damit solche Gegenstände, die unabhängig von § 37 nicht in die Insolvenzmasse des jeweiligen Ehegatten fallen würden. Ebenfalls nicht zum Gesamtgut zählt das **Vorbehaltsgut** (§ 1417 BGB). Welche Vermögensgegenstände als Vorbehaltsgut in Betracht kommen, wird dabei durch § 1417 BGB erschöpfend aufgezählt; darunter fallen Vermögensgegenstände, die die Ehegatten bei Abschluss des Ehevertrages explizit aus dem Gesamtgut ausgenommen haben (§ 1417 Abs. 2 Nr. 1 BGB), Vermögensgegenstände, die der Ehegatte von Todes wegen oder durch unentgeltliche Zuwendung erwirbt, wobei durch den Erblasser bzw. Dritten bestimmt wurde, dass der Vermögensgegenstand Vorbehaltsgut des Empfängers sein soll (§ 1417 Abs. 2 Nr. 2 BGB) und solche Vermögensgegenstände, die aufgrund des Vorbehaltsguts, als Ersatz hierfür oder im Zusammenhang mit einem Rechtsgeschäft, das sich auf das Vorbehaltsgut bezieht, erworben werden (§ 1417 Abs. Nr. 3 BGB).

B. Verwaltung des Gesamtgutes durch einen Ehegatten

Die Ehegatten können mit dem **Ehevertrag** eine Regelung dazu treffen, welcher Ehegatte das **2** Gesamtgut verwalten soll. Fehlt es an einer solchen, so verwalten die Ehegatten das Gesamtgut gemeinschaftlich (§ 1421 BGB).

Wird in einer Gütergemeinschaft das Gesamtgut durch einen Ehegatten alleine verwaltet, so **3** ist, wird über das Vermögen eines Ehegatten die Insolvenz eröffnet, zu differenzieren:

In der Insolvenz des verwaltenden Ehegatten gehört das Gesamtgut insgesamt zur Insolvenz- **4** masse (§ 37 Abs. 1 S. 1).

In der Insolvenz des nicht verwaltenden Ehegatten gehört dessen Anteil am Gesamtgut nicht **5** zur Insolvenzmasse (§ 37 Abs. 1 S. 3). Der verwaltende Ehegatte kann im Insolvenzverfahren des nicht verwaltenden Ehegatten die Gegenstände des Gesamtguts aussondern (§ 47, § 1422 BGB). Dies ergibt sich sowohl aus dem eindeutigen Wortlaut des § 37 Abs. 1 S. 3 als auch aus der Unpfändbarkeit des jeweiligen Anteils am Gesamtgut gem. § 860 Abs. 1 ZPO iVm § 36 Abs. 1 (BGH NZI 2006, 402).

Eine **Veränderung der Verwaltungsregelung** ist nur durch Ehevertrag möglich (MüKoBGB/ **6** Brudermüller BGB § 1421 Rn. 1). Aufgrund der insoweit schutzwürdigen Vertragsfreiheit der Eheleute kann diese aber grundsätzlich auch noch nach Eröffnung des Insolvenzverfahrens vorgenommen werden (BGH NJW 1972, 48). Erfolgt eine für die Insolvenzmasse nachteilige Veränderung im Vorfeld, ist zu prüfen, ob eine Anfechtung gem. §§ 129, 133, 134 in Betracht kommt (MüKoInsO/Schumann Rn. 49). Auch eine Änderung nach Eröffnung des Insolvenzverfahrens könnte für Masse wirtschaftlich nachteilig sein, ist jedoch nicht anfechtbar. Für den für die Masse nachteiligen Wechsel der Steuerklasse ist anerkannt, dass dies ein Grund zur Versagung der Restschuldbefreiung sein kann (BGH NZI 2009, 326), da darin ein Verstoß gegen die Erwerbsobliegenheit gesehen werden kann. Ein solcher liegt hier nicht vor, sodass lediglich die strafrechtlichen Schranken gelten.

Ebenso ist es den Ehegatten möglich, nach Eröffnung des Insolvenzverfahrens Vermögenswerte **7** zum **Vorbehaltsgut** zu **bestimmen** (§ 1417 Abs. 2 Nr. 1 BGB). Dies jedenfalls soweit die Gütergemeinschaft hierdurch hinsichtlich des künftigen Vermögenszuwachses gestaltet wird (für das Arbeitseinkommen bejahend MüKoInsO/Schumann Rn. 21), wobei hieran in entsprechender Anwendung der Grundsätze zum nachteiligen Wechsel der Steuerklasse ein Obliegenheitsverstoß und damit ein Versagungsgrund in Bezug auf die Restschuldbefreiung im Einzelfall gesehen werden kann (→ Rn. 6).

C. Gemeinschaftliche Verwaltung des Gesamtguts

Verwalten die Ehegatten das Gesamtgut gemeinschaftlich, so fällt dieses in der Insolvenz eines **8** Ehegatten ebenfalls nicht in die Insolvenzmasse (§ 37 Abs. 2). Allerdings ist ein Insolvenzverfahren über das Vermögen des Gesamtgutes statthaft (§ 11 Abs. 2 Nr. 2).

D. Fortgesetzte Gütergemeinschaft nach dem Tod eines Ehegatten

9 Haben die Ehegatten in ihrem Ehevertrag bestimmt, dass die Gütergemeinschaft nach dem Tod eines Ehegatten zwischen dem überlebenden Ehegatten und den gemeinschaftlichen Abkömmlingen fortgesetzt wird, sog. fortgesetzte Gütergemeinschaft (§ 1483 BGB), so gilt gem. § 37 Abs. 3 im Falle der Insolvenz § 37 Abs. 1 entsprechend unter der Maßgabe, dass der überlebende Ehegatte in diesem Fall die rechtliche Stellung des Ehegatten einnimmt, der das Gesamtgut alleine verwaltet (§ 1487 Abs. 1 BGB). Lehnt der überlebende Ehegatte die Fortsetzung der Gütergemeinschaft fristgerecht ab (§ 1484 BGB), so fällt das Gesamtgut im Fall der Insolvenz über sein Vermögen nicht in die Insolvenzmasse (Palandt/Brudermüller BGB § 1484 Rn. 1).

§ 38 Begriff der Insolvenzgläubiger

Die Insolvenzmasse dient zur Befriedigung der persönlichen Gläubiger, die einen zur Zeit der Eröffnung des Insolvenzverfahrens begründeten Vermögensanspruch gegen den Schuldner haben (Insolvenzgläubiger).

Überblick

§ 38 enthält die Legaldefinition des Insolvenzgläubigers. Danach ist Insolvenzgläubiger, wer zum Zeitpunkt der Verfahrenseröffnung persönlicher Gläubiger des Schuldners ist (→ Rn. 4 ff.) und gegen diesen zum gleichen Zeitpunkt einen begründeten Vermögensanspruch inne hat (→ Rn. 7). Als Vermögensanspruch in diesem Sinne gilt nur ein Anspruch, der auf Geld gerichtet ist oder sich gem. §§ 45, 46 in einen Geldanspruch umwandeln lässt (→ Rn. 8 ff.). Begründet ist ein solcher Anspruch iSd § 38 nur dann, wenn der anspruchsbegründende Tatbestand vor Eröffnung des Insolvenzverfahrens bereits abgeschlossen war (→ Rn. 20). In Einzelfällen ist bei der Beurteilung der Stellung als Insolvenzgläubiger eine differenzierte Betrachtung anzustellen (→ Rn. 21 ff.).

Übersicht

	Rn.		Rn.
A. Normzweck	1	1. Umsatzsteuer	30
B. Persönlicher Gläubiger	4	2. Einkommen-, Körperschaft- und Gewerbesteuer	31
C. Begründeter Vermögensanspruch	7	3. Lohnsteuer	34
I. Vermögensanspruch	8	4. Grundsteuer	35
II. Begründeter Vermögensanspruch	20	V. Kosten des gemeinsamen Vertreters gem. SchVG	36
D. Einzelfälle	21	VI. Europarechtswidrige Beihilfen	37
I. Dauerschuldverhältnisse	21	VII. Verfahrenskosten	38
II. Rückgriffs- und Ausgleichsansprüche	25	VIII. Insolvenzgläubiger kraft Umqualifizierung	40
III. Schadensersatzansprüche	27	IX. Öffentlich-rechtliche Erstattungsansprüche	41
IV. Steuerforderungen	29		

A. Normzweck

1 Nach § 38 dient die **Insolvenzmasse** als Liquidationsvermögen der **gemeinschaftlichen Befriedigung** der **Gläubiger** und legt fest, welche Gläubiger gemäß dem in § 1 Abs. 1 definierten Ziel an der gemeinschaftlichen Befriedigung teilhaben (MüKoInsO/Ehricke/Behme Rn. 1 f.). Die Entscheidung des Gläubigers, sich an dem Verfahren nicht zu beteiligen, ändert, sind die in § 38 genannten Tatbestandsmerkmale für ihn gegeben, nichts an seinem formalen Status als Insolvenzgläubiger (OLG Zweibrücken NZI 2001, 423). Um seine Rechte nach Abschluss des Insolvenzverfahrens gegen den Schuldner geltend machen zu können, hat er verjährungsunterbrechende Maßnahmen zu ergreifen. Im Falle bereits anhängiger Rechtsstreitigkeiten gilt § 240 ZPO.

2 Aus der Stellung als Insolvenzgläubiger resultieren zahlreiche Rechte. Zunächst kann der Insolvenzgläubiger seine Forderungen zur Tabelle anmelden (§§ 174 ff.) mit dem Ziel der Tabellenfeststellung, an der Verteilung der Insolvenzmasse teilzunehmen (§§ 178, 187 ff.). Hat der Insolvenzgläubiger den Sachverhalt, aus dem er seinen Zahlungsanspruch herleitet, schlüssige dargelegt

(BGH NZI 2016, 301), folgen daraus diverse Beteiligungsmöglichkeiten für den Insolvenzgläubiger im Insolvenzverfahren (vgl. Übersicht bei K. Schmidt InsO/Büteröwe Rn. 2). Demnach ist einem Verfahrensbeteiligten auch Akteneinsicht gem. § 4 InsO iVm § 299 Abs. 2 ZPO zu gewähren, wenn dieser seine Forderung aufschiebend bedingt zur Insolvenztabelle angemeldet hat (OLG Stuttgart NZI 2021, 274). Folgerichtig knüpft ein Recht zur Akteneinsicht im Eröffnungsverfahren auch nicht an der (noch nicht gegebenen) Eigenschaft als Insolvenzgläubiger an, sondern ergibt sich aus § 4 iVm § 299 Abs. 2 ZPO (Gottwald/Haas InsR-HdB/Vuia § 13 Rn. 28). Den Rechten des Gläubigers, seine Forderung geltend zu machen und ggf. durch klagestattgebendes Urteil feststellen zu lassen, steht kein spiegelbildliches Recht einer negativen Feststellungsklage des Verwalters entgegen (OLG Hamm 24.2.2021 – I – 8 U 2/20).

Keine Insolvenzgläubiger sind **Aussonderungsberechtigte** (§ 47 S. 1), **Neugläubiger,** die 3 ihren Anspruch erst nach der Eröffnung des Insolvenzverfahrens erlangt haben (BGH NJW 2012, 609; OLG Köln VIA 2020, 67), und **Massegläubiger** (§ 53). **Absonderungsberechtigte** können Insolvenzgläubiger sein, soweit ihnen der Schuldner persönlich haftet (§ 52). Auch vor Verfahrenseröffnung begründete Kosten eines Strafverfahrens sind keine Insolvenzforderungen, da die Kostenentscheidung unter der aufschiebenden Bedingung der Rechtskraft der Verurteilung steht (OLG Celle NZI 2020, 284).

Im Verfahren der Nachlassinsolvenz werden bestimmte Insolvenzforderungen zu Masseverbind- 3a lichkeiten erhoben (→ § 324 Rn. 1), wozu jedoch nicht die Kosten des Kanzleiabwicklers zählen. Eine analoge Anwendung der Vorschrift des § 324 Abs. 1 scheidet aus. Diese stellen Insolvenzforderungen dar (BGH NJW 2020, 1303; BeckRS 2019, 36606).

B. Persönlicher Gläubiger

Voraussetzung für die Stellung als Insolvenzgläubiger ist, dass der Schuldner dem Gläubiger mit 4 seinem gesamten Vermögen bzw. mit Sondervermögen (zB dem Gesamtgut, § 333 oder der freigegebenen selbstständigen Tätigkeit: BGH NZI 2015, 289) haftet und nicht nur mit einem einzelnen Gegenstand (Uhlenbruck/Sinz Rn. 5; K. Schmidt InsO/Büteröwe Rn. 4). In diesem Fall spricht man von einem **persönlichen Gläubiger** iSd § 38. Auf den Rechtsgrund des Anspruchs kommt es für die Qualifikation als persönlicher Gläubiger nicht an.

Hiervon abzugrenzen sind **dingliche Gläubiger,** deren Befriedigung durch die Belastung eines 5 Gegenstandes der Insolvenzmasse mit einem rechtsgeschäftlichen, einem durch Pfändung erlangten bzw. gesetzlichen Pfandrecht oder durch Sicherungsübertragung gesichert ist. Diese sind nicht Insolvenzgläubiger (vgl. § 47 für Aussonderungsberechtigte). Absonderungsberechtigte, denen der Schuldner auch persönlich haftet, sind Insolvenzgläubiger, wenn sie auf eine abgesonderte Befriedigung verzichten bzw. soweit sie bei ihr ausgefallen sind (§ 52 S. 2).

Haftet der Schuldner dem Gläubiger nur **summenmäßige beschränkt** jedoch dennoch 6 gegenständlich unbeschränkt mit seinem gesamten Vermögen, so ändert dies ebenfalls nichts an der Stellung als persönlicher Gläubiger (zB Haftung des Kommanditisten für die Gesellschaftsschuld in Höhe der rückständigen Stammeinlage (§§ 171 ff. HGB, MüKoInsO/Ehricke/Behme Rn. 16). Anderes gilt im Falle **gegenständlich beschränkter** Haftung, wie sie häufig im Familien- oder Erbrecht anzutreffen ist (zB Haftung des Erben für Nachlassverbindlichkeiten, § 1975 BGB). In Fällen der beschränkten Haftung kann ein Sonderinsolvenzverfahren die Folge sein (MüKoInsO/Ehricke/Behme Rn. 17; Uhlenbruck/Sinz Rn. 9 jeweils mit weiteren Nachweisen).

C. Begründeter Vermögensanspruch

Das Insolvenzverfahren dient nur der Befriedigung von Gläubigern, die im Zeitpunkt der 7 Eröffnung des Insolvenzverfahrens einen begründeten Vermögensanspruch gegen den Schuldner haben (BGH BeckRS 2005, 05085).

I. Vermögensanspruch

Vermögensanspruch iSd § 38 ist nur der Anspruch, der auf Geld gerichtet ist oder sich gem. 8 §§ 45, 46 in einen Geldanspruch umwandeln lässt. Soweit eine Forderung ursprünglich nicht auf einen Geldbetrag gerichtet war, hat der Gläubiger für diese bei der Anmeldung zur Tabelle einen Schätzbetrag anzugeben (MüKoInsO/Ehricke/Behme Rn. 20 mwN).

Nicht als Vermögensanspruch in diesem Sinne gelten Forderungen, die keinen in Geld umre- 9 chenbaren Inhalt haben (MüKoInsO/Ehricke/Behme Rn. 42; Uhlenbruck/Sinz Rn. 10). Danach stellen beispielsweise folgende Ansprüche keine Vermögensansprüche iSd § 38 dar (Uhlenbruck/Sinz Rn. 11 ff.; MüKoInsO/Ehricke/Behme Rn. 43 ff. jeweils mit weiteren Beispielen).

10 **Besserungsabreden** stellen ein probates Mittel dar, um in der Krise des Schuldners die Liquidität zu erhalten. Umstritten ist, ob es sich hierbei um einen pactum de non petendo bzw. eine Stundungsabrede oder um einen, durch den Besserungsfall auflösend bedingten Forderungsverzicht handelt, ggf. verbunden mit einem für diesen Fall aufschiebend bedingten Schuldanerkenntnis (K. Schmidt InsO/Büteröwe Rn. 12; zum Meinungsstand Jaeger/Henckel Rn. 12). Für die Frage, ob im Falle des Vorliegens einer Besserungsabrede ein Vermögensanspruch vorliegt oder nicht, kommt es unabhängig hiervon maßgeblich darauf an, ob der Anspruch nach dem Parteiwillen im Falle der Insolvenz wieder geltend gemacht werden können soll. In diesem Fall liegt im Falle des Scheiterns der Sanierungsbemühungen ein Vermögensanspruch vor (LAG Rheinland-Pfalz BeckRS 2009, 72190). Soll der Anspruch dagegen nach dem Parteiwillen nur dann geltend gemacht werden können, wenn die Sanierung gelingt, stellt er im Insolvenzfall keinen Vermögensanspruch dar (MüKoInsO/Ehricke/Behme Rn. 59; K. Schmidt InsO/Büteröwe Rn. 12).

11 **Dingliche Ansprüche** der Aussonderungsberechtigten stellen keine Vermögensansprüche iSd § 38 dar (§ 47).

12 **Höchstpersönliche Ansprüche** stellen keine Vermögensansprüche iSd § 38 dar. Das gilt auch für familien- und erbrechtliche Ansprüche, soweit sie nicht vermögensrechtlicher Art, dh nicht auf das Vermögen des Schuldners gerichtet sind. Hierunter fallen beispielsweise elterliche Umgangsrechte, der Anspruch auf Anerkennung bzw. Anfechtung der Vaterschaft, das Recht auf Ehescheidung (Uhlenbruck/Sinz Rn. 11). **Schadensersatzansprüche** aus der Verletzung höchstpersönlicher Rechte stellen dagegen Vermögensansprüche iSd § 38 dar. Ebenso stellen Pflichtteils- und Pflichtteilsergänzungsansprüche Vermögensansprüche dar, die zur Insolvenztabelle angemeldet werden können (BGH NJW 2006, 2698).

13 Der Anspruch auf eine **unvertretbare Handlungen,** also auf eine solche Handlungen, die nur durch den Schuldner persönlich zu erfüllen sind (vgl. hierzu MüKoZPO/Gruber ZPO § 888 Rn. 2), stellt ebenfalls keinen Vermögensanspruch iSd § 38 dar. Unvertretbar ist beispielsweise die Beglaubigung einer Abtretungserklärung, die Abgabe einer Steuererklärung, die Gegendarstellung uÄ (vgl. zu weiteren Beispielen MüKoZPO/Gruber ZPO § 887 Rn. 46). Zwangsmittel, die den Schuldner anhalten sollen, nur durch ihn persönlich zu erbringende Handlungen vorzunehmen, richten sich gegen dessen Person, nicht gegen das Vermögen des Schuldners.

14 **Unterlassungsansprüche** können eine besondere Art unvertretbaren Handelns darstellen. Auch ihre Durchsetzung erfolgt mittels Zwang gegen die Person des Schuldners, ohne das hierbei auf das Vermögen des Schuldners zugegriffen wird. Soweit die zu erzwingenden Handlungen **höchstpersönlich** nur durch den Schuldner geleistet werden können, wohnt diesen kein Vermögenswert inne. Aus dem Unterlassungsanspruch ergibt sich dann kein Vermögenswert (Uhlenbruck/Sinz Rn. 12). Zielt der Unterlassungsanspruch dagegen nicht auf eine höchstpersönliche Pflicht ab sondern stellt dieser einen schuldrechtlich begründeten, nicht jedoch dinglich gesicherten Anspruch dar, beispielsweise in Form eines Verfügungsverbots (§ 137 BGB), so kommt diesem Vermögenswert zu (BGH ZIP 2016, 828; NJW 2003, 3060). Der Insolvenzverwalter ist zwar nicht an den schuldrechtlich begründeten Anspruch gebunden. Der Vermögenswert ist in diesem Fall jedoch zu schätzen und zur Tabelle anzumelden (§ 45, BGH ZIP 2016, 828). Ebenso stellen Vertragsstrafen aus der Zuwiderhandlung gegen vertragliche Unterlassungsversprechen bzw. gerichtlichen Unterlassungsgeboten, die nicht auf eine nur höchstpersönlich durch den Schuldner zu leistende Handlung abzielen, Vermögensansprüche und damit mögliche Insolvenzforderungen dar (BGH NJW 2003, 3060).

15 Die bloße Rechtsposition, sich durch Rücktritt, Kündigung oder Anfechtung von einer vertraglichen Bindung zu lösen, begründet noch kein Vermögensrecht des Inhabers solcher **Gestaltungsrechte.** Aus der Ausübung des Gestaltungsrechts kann dagegen ein auf Geld gerichteter oder in Geld umwandelbarer Anspruch entstehen (K. Schmidt InsO/Büteröwe Rn. 7; Uhlenbruck/Sinz Rn. 16).

16 **Mitgliedschaftsrechte** der Teilhaber einer Gesellschaft (ua Kapitalkonten, Einlagen, gewinnunabhängige Ausschüttungen) begründen in der Insolvenz der Gesellschaft keine Insolvenzforderung (BGH BeckRS 2009, 205309; OLG Hamburg NZI 2015, 987; NZG 2015, 1192; AG Berlin-Charlottenburg NZI 2013, 355). Die Einlage stellt das haftende Kapital der Gesellschafter dar (MüKoInsO/Ehricke/Behme Rn. 63; Uhlenbruck/Sinz Rn. 8). Anderes gilt nur für den stillen Gesellschafter. Dieser kann wegen seiner Einlage einen Vermögensanspruch innehaben, soweit dieser den Betrag des auf seine Einlage entfallenden Anteils am Verlust übersteigt (§ 236 Abs. 1 HGB, Uhlenbruck/Sinz Rn. 8).

17 **Naturalobligationen** (zB Spiel- und Wettschulden, § 762 BGB, Ehemäklerprovisionen, § 656 BGB) kommt lediglich die Funktion eines Rechtsgrundes iSd § 812 Abs. 1 BGB zu. Sie sind weder prozessual einklagbar noch bilden sie einen Erwerbsgrund für die freiwillige Leistung (Jauernig/Mansel BGB § 241 Rn. 20). Sie stellen damit keinen Vermögensanspruch iSd § 38 dar.

Verjährte Steuerforderungen erlöschen mit Eintritt der Verjährung (§§ 47, 232 AO). Andere **18** Ansprüche bestehen trotz Verjährung fort und stellen damit grundsätzlich Insolvenzforderungen dar. Der Insolvenzverwalter hat bei deren Anmeldung durch den Gläubiger der Feststellung zur Tabelle mit der Einrede der Verjährung zu widersprechen.

Hat der Schuldner zum Zwecke der Befriedigung des Gläubigers diesem gegenüber eine neue **19** Verbindlichkeit übernommen, so besteht die alte Verbindlichkeit im Zweifel daneben fort (§ 364 Abs. 2 BGB). Der Gläubiger erhält dabei aber bei Weiterbestehen der bisherigen Forderung nur eine **zusätzliche** Befriedigungsmöglichkeit für diese (Palandt/Grüneberg BGB § 364 Rn. 7), nicht einen über den ursprünglichen Anspruch hinausgehenden Anspruch. Er kann seinen Anspruch daher nur einmal zur Tabelle anmelden. Hat er die auf diese Weise erhaltene neue Verbindlichkeit an einen Dritten abgetreten, während er seine Kausalforderung behalten hat, so kann er Ansprüche gegen die Masse nur im Namen des Dritten geltend machen (Uhlenbruck/Sinz Rn. 44).

II. Begründeter Vermögensanspruch

Insolvenzgläubiger ist nur derjenige, dessen Vermögensanspruch im Zeitpunkt der Eröffnung **20** des Insolvenzverfahrens auch begründet war. **Begründet** iSd § 38 ist ein Vermögensanspruch dann, wenn der **anspruchsbegründende Tatbestand** vor Eröffnung des Insolvenzverfahrens bereits **abgeschlossen** war (BGH BeckRS 2005, 05085). Dabei muss nur die schuldrechtliche Grundlage des Anspruchs schon vor Eröffnung des Insolvenzverfahrens entstanden sein. Unerheblich ist, ob die Forderung selbst schon entstanden oder fällig ist (BGH NZI 2011, 953). Dies ergibt sich für nicht fällige (sog. **betagte**) und **befristete** (erst in Zukunft bestehende) Forderungen bereits aus § 41, für **auflösend bedingte** Forderungen aus § 42. Hat der Gläubiger also eine Rechtsposition erlangt, die, gleich einer gesicherten **Anwartschaft**, nicht mehr einseitig durch den Schuldner verhindert werden kann, ist von einem begründeten Vermögensanspruch iSd § 38 auszugehen (K. Schmidt InsO/Büteröwe Rn. 16). Künftig entstehende Ansprüche stellen, soweit das haftungsbegründende Rechtsgeschäft erst in Aussicht genommen wurde, jedoch noch kein Anwartschaftsrecht für den Gläubiger entstanden ist, keinen begründeten Vermögensanspruch iSd § 38 dar (BGH NJW 2012, 609; ausf. Uhlenbruck/Sinz Rn. 33 ff.).

Der Moment der Begründetheit bildet auch gleichzeitig die Abgrenzung zur Masseverbindlichkeit (→ § 55 Rn. 5), wobei darauf zu achten ist, dass es für die Begründung von Masseverbindlichkeiten selbst im Rahmen der Eigenverwaltung entweder einer Ermächtigung (→ § 55 Rn. 63) oder des Übergangs der Verwaltungsbefugnis bedarf. Fehlt es hieran, dann verbleibt der Rang des § 38 InsO (für Umsatzsteuer im Rahmen der vorläufigen Eigenverwaltung nach § 270a: BFH NZI 2020, 850). **20a**

D. Einzelfälle

I. Dauerschuldverhältnisse

Die InsO trifft für **gegenseitige Verträge** (§ 103 Abs. 2) und für die wichtigsten **Dauer- 21 schuldverhältnisse** (§ 104 Abs. 3 S. 2 (Fixgeschäfte, Finanzleistungen), 105 S. 2 (teilbare Leistungen), §§ 108 Abs. 2, 109 Abs. 1 S. 3, Abs. 2 S. 2, § 113 Abs. 3 (Miet- und Pachtverhältnisse, Dienstverhältnisse), § 115 Abs. 3 (Aufträge), § 116 (Geschäftsbesorgungsverträge), § 118 S. 2 (Gesellschaften)) Regelungen, wann eine Insolvenzforderung vorliegt.

Fehlt es an einer gesonderten Regelung, so ist bei **wiederkehrenden** Ansprüchen danach zu **22** differenzieren, ob die Ansprüche bereits mit dem vor Verfahrenseröffnung begründeten „**Stammrecht**" entstanden sind, der Gläubiger also die von ihm geschuldete Leistung zur Erlangung der Gegenleistung bereits vollständig erbracht hat (Uhlenbruck/Sinz Rn. 58; K. Schmidt InsO/Büteröwe Rn. 17). Dies ist beispielsweise für den Anspruch auf Zahlung einer Ausgleichsrente gem. § 1578g BGB aF (jetzt § 20 VersAusglG) anzunehmen, soweit die Ehe vor Verfahrenseröffnung geschieden wurde (LG Paderborn BeckRS 2010, 20471). Gleiches gilt für betriebliche Pensions- und Rentenansprüche von Arbeitnehmern (Uhlenbruck/Sinz Rn. 58). Gelangt der Grund der Forderung als Gegenleistung für künftige Leistungen des anderen Teils dagegen stets von neuem zur Entstehung („**Einzelansprüche**"), so sind nur die Ansprüche begründet und damit als Insolvenzforderungen zu behandeln, deren Gegenleistung vor Verfahrenseröffnung schon erbracht ist (OLG Hamm BeckRS 2016, 03330; Uhlenbruck/Sinz Rn. 58; K. Schmidt InsO/

Büteröwe Rn. 17). Ansprüche aus sog. **Wiederkehrschuldverhältnissen** (zB Energielieferverträgen) sind danach nur soweit als Insolvenzforderung zu behandeln, als der Zahlungsrückstand zu einer Lieferung bis zur Verfahrenseröffnung resultiert. Später entstehende Ansprüche sind entweder Masseverbindlichkeiten oder Neuverbindlichkeiten, je nachdem, ob das Schuldverhältnis mit der Masse oder mit dem insolvenzfreien Vermögen des Schuldners fortgesetzt wird (LG Paderborn BeckRS 2010, 20471; AG Krefeld BeckRS 2014, 01996; Uhlenbruck/Sinz Rn. 59).

23 Wurde ein **Mietverhältnis** bereits vor der Eröffnung des Insolvenzverfahrens aufgelöst, so stellen sowohl der Rückgabeanspruch des Vermieters (§ 546 BGB) als auch alle sonstigen **Abwicklungsansprüche** aus dem ehemaligen **Mietverhältnis** Insolvenzforderungen dar, soweit diese bereits vor der Verfahrenseröffnung entstanden sind (BGH NZI 2007, 287; auch → § 55 Rn. 43 ff.). Danach stellen beispielsweise der Anspruch des Vermieters auf **Wiederherstellung** des vertragsgemäßen Zustands (Schönheitsreparaturen und Rückbau; BGH NJW-RR 2002, 1198; NZI 2012, 425; OLG Celle BeckRS 2007, 12336), der Anspruch auf **Rückgabe** der Mietsache (OLG Brandenburg BeckRS 2015, 11640) und der Anspruch auf **Nutzungsentschädigung** für die verspätete Rückgabe der Mietsache (§ 546a BGB) Insolvenzforderungen dar. Nutzt der Insolvenzverwalter die Mietsache **nach** Eröffnung des Insolvenzverfahrens weiter und schließt dadurch den Vermieter **gezielt** vom Besitz aus, so stellt der hieraus resultierende Anspruch auf Nutzungsentschädigung ab Eröffnung des Insolvenzverfahrens dagegen ausnahmsweise eine Masseforderung dar (BGH NJW 1995, 2783; NZI 2007, 287). Hat der Vermieter eine **Mietkaution** abredewidrig nicht getrennt von seinem Vermögen angelegt (§ 551 Abs. 3 BGB), dann stellt der Rückgewähranspruch ebenso wie der Anspruch auf insolvenzfeste Anlage des Kautionsbetrags eine Insolvenzforderung des Mieters in der Insolvenz des Vermieters dar (BGH NJW 2013, 1243). Der Mieter kann sich hieraus gegen rückständige Mietforderungen weder auf eine Einrede aus § 320 BGB noch auf ein Zurückbehaltungsrecht (§ 273 Abs. 1 BGB) berufen (BGH NJW 2013, 1243). Guthaben aus **Betriebskosten- und Heizkostenvorauszahlungen** stellen Insolvenzforderungen dar, auch wenn die Rechnungsperiode vor Verfahrenseröffnung abläuft, da der Rechtsgrund bereits davor gesetzt wurde (Uhlenbruck/Sinz Rn. 60).

24 Offene **Entgeltansprüche** aus einem Arbeitsverhältnis für die Zeit vor Verfahrenseröffnung sind Insolvenzforderungen. Hierzu zählen alle geldwerten Ansprüche aus dem Arbeitsverhältnis (Uhlenbruck/Sinz Rn. 62 mwN; zur Abgrenzung von Masseverbindlichkeiten ausf. → § 55 Rn. 49 ff.). Gleiches gilt für Ansprüche, die durch Vereinbarungen des Schuldners vor Insolvenzeröffnung begründet wurden (zB Sonderzahlungen wie Weihnachtsgeld oder Gratifikationen), jedoch erst nach Verfahrenseröffnung zu erfüllen sind. Sind solche Zahlungen bereits mit der Vereinbarung unbedingt entstanden, so stellen sie insgesamt Insolvenzforderungen dar, knüpfen sie darüber hinaus an die Dauer der Mitarbeit an, entsteht der Anspruch also nur ratierlich, hat eine zeitbezogene Aufteilung zu erfolgen (K. Schmidt InsO/Büteröwe Rn. 20). Pensionszusagen an einen an der Gesellschaft beteiligten Geschäftsführer stellen im Einzelfall eine Insolvenzforderung dar und sind nicht § 39 Abs. 1 Nr. 5 gleichgestellt (BGH NZI 2021, 90). Bei der Bewertung des Einzelfalls ist ausschlaggebend, ob hier eine Finanzierungsfunktion oder ein anderes Anreizsystem (bspw. der Verzicht auf einen Betriebswechsel) beabsichtigt ist (Dahl/Taras NJW-Spezial 2021, 53).

II. Rückgriffs- und Ausgleichsansprüche

25 **Rückgriffs- und Ausgleichsansprüche** des **Mitbürgen** oder des **Gesamtschuldners** stellen im Fall der Insolvenz des Mitbürgen bzw. des anderen Gesamtschuldners Insolvenzforderungen dar, soweit die Verpflichtung vor der Eröffnung des Insolvenzverfahrens begründet wurde. Dies gilt selbst dann, wenn noch keine Zahlung an den Gläubiger erfolgt ist, da die Ausgleichsverpflichtung des Gesamtschuldners gem. § 426 Abs. 1 BGB bereits mit der Begründung der Gesamtschuld entsteht und demzufolge als aufschiebend bedingte Forderungen als Insolvenzforderungen zu behandeln ist (BGH NJW 1991, 1733). Gleiches gilt gem. § 774 Abs. 2 BGB für den Mitbürgen (vgl. hierzu auch Uhlenbruck/Sinz Rn. 39).

26 Tilgt ein **Dritter** eine Insolvenzforderung nach Eröffnung des Insolvenzverfahrens, so stellt sein Rückgriffsanspruch wie die getilgte Forderung eine Insolvenzforderung dar (BeckRS 2008, 00812). Dies ergibt sich bereits aus § 398 BGB.

III. Schadensersatzansprüche

27 Schadensersatzansprüche, die aus einem Schuldverhältnis resultieren, das bereits vor Verfahrenseröffnung bestand, stellen dann Insolvenzforderungen dar, wenn die tatbestandlichen Voraussetzun-

gen für den Anspruch bereits vor Verfahrenseröffnung erfüllt waren (Uhlenbruck/Sinz Rn. 41; zu den Folgen der Nichterfüllungswahl gem. § 103 im eröffneten Verfahren auch → § 103 Rn. 79 ff.).

Im Falle **deliktischer Schadensersatzansprüche** entsteht der Anspruch auf Ersatz der hierdurch adäquat kausal verursachten Schäden grundsätzlich einheitlich auch für die erst in Zukunft hieraus resultierenden Schäden, sobald ein erster Teil des Schadens durch Leistungsklage geltend gemacht werden kann (BGH NJW 1998, 1488). Liegt dieser Zeitpunkt vor der Eröffnung des Insolvenzverfahrens, stellen die Schadensersatzansprüche Insolvenzforderungen dar, wobei die künftig eintretenden Schäden zu schätzen sind (§ 45, MüKoInsO/Ehricke/Behme Rn. 32). In der Literatur wird anhand des Falls der Wirecard AG diskutiert, ob kapitalmarktrechtliche Schadensersatzansprüche als Insolvenzforderungen, als nachrangige Forderungen, oder als Schadensersatzansprüche gem. § 199 S. 2 (Thole ZIP 2020, 2533 ff.; aA Bitter/Jochum ZIP 2021, 653 ff.) zu qualifizieren sind und damit erst nach einer Vollbefriedigung aller Gläubiger und einem verbleibenden Überschuss nach der Schlussverteilung befriedigt werden können (BeckOK InsO/Nicht § 199 Rn. 6). Die entsprechende Einordnung hat nicht zuletzt erhebliche Auswirkungen auf die Quotenerwartungen der Gläubiger. Zu beachten ist, dass der Anspruch auf **Einziehung von Wertersatz** mit der Erlangung des Gegenstandes bereits als begründet anzusehen ist (BGH NJW 2021, 1469). 28

IV. Steuerforderungen

Ob es sich bei einem Steueranspruch um eine Insolvenzforderung oder um eine Masseverbindlichkeit handelt, bestimmt sich nach der stRspr des BFH danach, zu welchem Zeitpunkt der den Steueranspruch begründende **Tatbestand** vollständig **verwirklicht** und damit abgeschlossen ist. Entscheidend ist, wann der gesetzliche Besteuerungstatbestand für die Forderung verwirklicht wird. Auf die steuerliche Entstehung der Forderung (§ 38 AO iVm § 36 Abs. 1 EStG) und deren Fälligkeit kommt es dagegen nicht an (BFH NZI 2013, 709). Welche Anforderungen im Einzelnen an die vollständige Tatbestandsverwirklichung zu stellen sind, richtet sich nach den jeweiligen Vorschriften des Steuerrechts, nicht aber nach Insolvenzrecht (BFH NZI 2008, 59; 2013, 709). Kommt es zur vollständigen Tatbestandsverwirklichung bereits vor Eröffnung des Insolvenzverfahrens, stellt der Steueranspruch in der Regel eine Insolvenzforderung dar (Ausnahme § 55 Abs. 4). Erfolgt die vollständige Tatbestandsverwirklichung dagegen erst nach Verfahrenseröffnung, liegt unter den Voraussetzungen des § 55 eine Masseverbindlichkeit vor (BFH NZI 2009, 447; 2011, 336; 2013, 992; vgl. zu den einzelnen Steuerarten ausf. Uhlenbruck/Sinz Rn. 67 ff.). 29

1. Umsatzsteuer

Vereinnahmt der Insolvenzverwalter das Entgelt für eine vor der Eröffnung des Insolvenzverfahrens ausgeführte steuerpflichtige Leistung, begründet die Entgeltvereinnahmung sowohl bei der Ist- als auch bei der Sollversteuerung eine Masseverbindlichkeit iSv § 55 Abs. 1 Nr. 1 (BFH NZI 2011, 336; 2013, 992). Bei der Ist-Besteuerung folgt dies daraus, dass das für die Tatbestandsverwirklichung entscheidende Merkmal der Ist-Besteuerung nach dem Wortlaut des § 13 Abs. 1 Nr. 1 lit. b UStG die **Vereinnahmung** des Entgelts, nicht aber die Leistungserbringung ist (BFH NZI 2009, 447). Bei der Soll-Besteuerung wird die Entgeltforderung für vor Verfahrenseröffnung erbrachte Leistungen mit der Eröffnung des Insolvenzverfahrens zunächst uneinbringlich. Gleichzeitig besteht das Unternehmen trotz Fortgeltung des Grundsatzes der Unternehmenseinheit nach Verfahrenseröffnung aus mehreren Unternehmensteilen, zwischen denen einzelne umsatzsteuerrechtliche Berechtigungen und Verpflichtungen nicht miteinander verrechnet werden können. Zu unterscheiden ist der vorinsolvenzrechtliche Unternehmensteil, gegen den Insolvenzforderungen zur Tabelle anzumelden sind (§§ 174 ff.), der die Insolvenzmasse betreffende Unternehmensteil, gegen den Masseverbindlichkeiten geltend zu machen sind, sowie ggf. das vom Insolvenzverwalter freigegebene Vermögen, bei dem Steueransprüche gegen den Insolvenzschuldner persönlich ohne insolvenzrechtliche Einschränkungen geltend gemacht werden können (BFH NZI 2011, 336). Ab der Eröffnung des Insolvenzverfahrens kann der Entgeltanspruch aus der Leistung jedoch nicht mehr durch den vorinsolvenzlichen Unternehmensteil vereinnahmt werden, da mit Eröffnung des Insolvenzverfahrens die Empfangszuständigkeit für alle Leistungen, welche auf die zur Insolvenzmasse gehörenden Forderungen erbracht werden, auf den Insolvenzverwalter übergeht (§ 80, BFH NZI 2009, 680). Die spätere **Entgeltvereinnahmung** durch den **Insolvenzverwalter** bedingt eine erneute Berichtigung nach § 17 Abs. 2 S. 2 UStG. Diese Berichtigung ist nach § 17 Abs. 2 iVm Abs. 1 S. 7 UStG erst im **Zeitpunkt** der **Vereinnahmung** vorzunehmen. Die aufgrund der Vereinnahmung entstehende Steuerberichtigung begründet eine Masseverbindlichkeit iSv § 55 Abs. 1 Nr. 1 und keine Insolvenzforderung. Denn der sich aus § 17 Abs. 2 Nr. 1 S. 2 30

UStG ergebende Steueranspruch ist erst mit der Vereinnahmung vollständig verwirklicht und damit abgeschlossen (BFH NZI 2011, 336; 2013, 992; vgl. hierzu und zu der hieran geäußerten Kritik ausf. Uhlenbruck/Sinz Rn. 78 ff.).

30a Verbindlichkeiten, die im Rahmen der vorläufigen Verwaltung mit Zustimmungsvorbehalt begründet werden, sind gem. § 55 Abs. 4 mit Eröffnung Masseverbindlichkeiten. Seit Einführung des SanInsFoG findest diese Regelung auch auf die Eigenverwaltung nach §§ 270 ff. Anwendung. Zu beachten ist, dass für die Abgrenzung zwischen Insolvenzforderung und Masseverbindlichkeit grundsätzlich auf den Übergang der Verwaltungsbefugnis abzustellen ist. Im Umkehrschluss bedeutet dies, dass § 55 Abs. 4 nur dann Anwendung finden kann, wenn die Verbindlichkeit (hier die Steuerschuld) im Rahmen der für den vorläufigen Verwalter bestehenden rechtlichen Befugnis begründet wurde (FG Düsseldorf BeckRS 2020, 36522).

2. Einkommen-, Körperschaft- und Gewerbesteuer

31 Einkommen-, Körperschaft- und Gewerbesteuer entstehen jeweils mit Ablauf des Veranlagungszeitraums und sind für diesen in Form einer Abschlusszahlung als Jahressteuer zu entrichten (K. Schmidt InsO/Büteröwe Rn. 27; Uhlenbruck/Sinz Rn. 72 ff.). Da der Veranlagungszeitraum durch die Eröffnung des Insolvenzverfahrens nicht unterbrochen wird, mit der Folge, dass der Insolvenzschuldner auch während des Insolvenzverfahrens **einheitlich** zu veranlagen ist, ist das **Einkommen,** das im Veranlagungszeitraum erzielt wurde, ggf. in drei **Ermittlungszeiträume** aufzuteilen: Einkommen, das vor Verfahrenseröffnung erzielt wurde und somit hinsichtlich der hierauf zu entrichtenden Einkommensteuer zu einer Insolvenzforderung führt; Einkommen das durch Verwertung im Insolvenzverfahren erzielt wurde und somit hinsichtlich der hierauf zu entrichtenden Einkommensteuer zu einer Masseverbindlichkeit gem. § 55 Abs. 1 Nr. 1 führt; Einkommen, das (unpfändbar) nach Verfahrenseröffnung zugeflossen ist, bei dem hinsichtlich der zu entrichtenden Einkommensteuer das insolvenzfreie Vermögen des Schuldners haftet (BFH DStRE 2010, 1081; Uhlenbruck/Sinz Rn. 74). Da eine Aufteilung der Jahressteuerschuld auf die drei Gruppen im Verhältnis der jeweiligen Teileinkünfte (so der BFH noch 1993, BFH BeckRS 1993, 06266) aufgrund der Progression im Ergebnis für unbillig erachtet wird, wird in der Literatur eine analoge Anwendung von § 38a Abs. 3 EStG vertreten. Danach würde das jeweilige Teileinkommen auf ein Jahreseinkommen umgerechnet und die hieraus errechnete Jahressteuer zeitanteilig angesetzt (vgl. Uhlenbruck/Sinz Rn. 74). Die Aufteilung der Jahressteuerschuld erfolgt nunmehr nach dem Verhältnis der auf die jeweiligen Vermögensbereiche entfallenden Einkünfte zueinander (BFH NZI 2020, 334). Dies ist auch in Ansehung der progressiven Einkommensteuerbelastung sachgerecht, da zur Jahressteuerschuld ununterscheidbar alle Einkommensteile unabhängig von ihrem zeitlichen Anfall beigetragen haben.

32 Für die **Körperschaftssteuer** gelten die gleichen Grundsätze wie in der Einkommensteuer, § 8 Abs. 1 KStG. Die Zuordnung der Gewinne bei der Kapitalgesellschaft hängt damit vom jeweiligen Zeitpunkt des Zuflusses ab (Uhlenbruck/Sinz Rn. 75).

33 Gleiches gilt für die **Gewerbesteuer** (§ 4 Abs. 2 GewStDV). Auch hier ist, wird das Insolvenzverfahren im Laufe des Kalenderjahres eröffnet, ein einheitlicher Gewerbesteuermessbetrag für das gesamte Jahr zu ermitteln und dann aufzuteilen, wobei die auf den Zeitraum vor Verfahrenseröffnung entfallende Gewerbesteuer eine Insolvenzforderung darstellt, die auf den Zeitraum nach Verfahrenseröffnung eine Masseverbindlichkeit (§ 38, Uhlenbruck/Sinz Rn. 91).

3. Lohnsteuer

34 Wurde der Bruttolohnanspruch vor Verfahrenseröffnung begründet, sind Lohnsteuerforderungen in der Insolvenz des Arbeitgebers Insolvenzforderungen. Dies gilt unabhängig davon, ob der Lohnanspruch des Arbeitnehmers ganz, teilweise oder überhaupt nicht erfüllt worden ist (BFH BeckRS 1975, 22003197). Zahlt der Arbeitgeber dagegen in der Krise die Nettolöhne an den Arbeitnehmer aus, erfüllt dies den Tatbestand des Zufließens (§§ 38 Abs. 2, 41a Abs. 1 EStG) und der Arbeitnehmer wird Steuerschuldner. Der daneben gegen den Arbeitgeber aus seiner Abführungspflicht bestehende Lohnsteuerhaftungsanspruch (§ 42d EStG), stellt eine Insolvenzforderung dar (K. Schmidt InsO/Büteröwe Rn. 28; Uhlenbruck/Sinz Rn. 76). Seit Einführung des SanInsfog erstreckt sich die Wirkung des § 55 Abs. 4 Nr. 4 auch auf Lohnsteuern.

4. Grundsteuer

35 Die **Grundsteuer** entsteht gem. §§ 9, 27 GrStG zu Beginn des Kalenderjahres. Sie stellt damit für das Jahr der Insolvenzeröffnung eine Insolvenzforderung dar (K. Schmidt InsO/Büteröwe

Rn. 29). Ansprüche aus einem sonstigen **Abgabenschuldverhältnis** (hier: Anschlussbeitrag) sind gem. § 174 Abs. 1 S. 1 beim Insolvenzverwalter zur Tabelle anzumelden, wenn sie vor Eröffnung des Insolvenzverfahrens iSv § 38 InsO „begründet" wurden, wobei ein Teilbeitragsbescheid gegen den Insolvenzverwalter für Masseverbindlichkeiten weiterhin möglich sei (VG Weimar BeckRS 2021, 8115).

V. Kosten des gemeinsamen Vertreters gem. SchVG

Kosten des gemeinsamen Vertreters der Anleihegläubiger stellen in der Insolvenz des Emittenten eine **Insolvenzforderungen** dar, wenn der **gemeinsame Vertreter** bereits **vor** dem Insolvenzverfahren bestellt wurde (§ 7 SchVG), da der Anspruch auf Vergütung (§ 7 Abs. 6 SchVG), bereits mit der Bestellung durch die Anleihegläubiger entsteht („Stammrecht") und nicht davon abhängt, wann die beauftragte Tätigkeit ausgeführt wird. Dies gilt jedenfalls soweit der Inhalt der Tätigkeit bereits bei Bestellung definiert war und dem gemeinsamen Vertreter mit ihr neben der Anmeldung der Forderung zur Insolvenztabelle keine weiteren Befugnisse, die die Abwicklung des Insolvenzverfahrens betreffen, übertragen wurden (LG Saarbrücken BeckRS 2015, 18786). Wird der gemeinsamen Vertreter erst **nach Eröffnung** des Insolvenzverfahrens bestellt oder werden einem bereits bestellten Vertreter weitere, die Abwicklung des Insolvenzverfahrens betreffende Befugnisse übertragen, sind die hieraus resultierenden Kosten als **Nachrangforderungen** zu behandeln (§ 39 Abs. 1 Nr. 2, LG Saarbrücken BeckRS 2015, 18786). In beiden Fällen sieht § 19 SchVG eine Interessenwahrnehmung der Anleihegläubiger im Insolvenzverfahren durch den gemeinsamen Vertreter vor. Dieser vertritt im Insolvenzverfahren ausschließlich die **Interessen der Anleihegläubiger** und damit Partikularinteressen und nicht die Interessen der Gesamtheit der Gläubiger (§ 19 Abs. 2 SchVG, Nomos-BR/Borowski SchVG/Sascha Borowski SchVG § 19 Rn. 25). Sein Tätigwerden erfolgt auch in der Regel nicht im Auftrag des Insolvenzverwalters. Es gibt daher, egal in welcher Konstellation, keinen Anlass die Vergütung des gemeinsamen Vertreters analog §§ 53 ff. privilegiert als Masseverbindlichkeit zu behandeln, da es hierzu schon an der Voraussetzung einer Regelungslücke fehlt, die durch eine analoge Anwendung der §§ 53 ff. zu füllen wäre (LG Saarbrücken BeckRS 2015, 18786; zust. Grub ZInsO 2016, 897; aA Brenner NZI 2014, 789). Hieran ändert auch der Umstand, dass der Emittent gem. § 7 Abs. 6 SchVG außerhalb des Insolvenzverfahrens die Kosten des gemeinsamen Vertreters zu tragen hat, nichts (LG Saarbrücken BeckRS 2015, 18786). Dass diese Regelung auch im Insolvenzverfahren zur Anwendung kommen soll, ergibt sich insbesondere nicht aus § 19 SchVG, der den Anleihegläubigern im Insolvenzverfahren gegenüber anderen Gläubigern keine weitergehenden Rechte einräumen soll (Grub ZInsO 2016, 897). Im Gegenteil: Mit der Eröffnung des Insolvenzverfahrens sind die dort tragenden Grundsätze zu beachten, allen voran der Grundsatz der gemeinschaftlichen Gläubigerbefriedigung (§ 1 Abs. 1) sowie der Gläubigergleichbehandlung und gehen den Bestimmungen des SchVG vor (Antoniadis NZI 2014, 785). Mit den genannten insolvenzrechtlichen Grundsätzen wäre es nicht zu vereinen, zugunsten einer Gläubigergruppe im Wege der Analogie eine privilegierte Masseverbindlichkeit zu begründen (Grub ZInsO 2016, 897).

VI. Europarechtswidrige Beihilfen

Wurde eine europarechtswidrige Beihilfen gewährt, ist die **Rückforderung**, zu der die Bundesrepublik Deutschland aufgrund einer Entscheidung der Europäischen Kommission verpflichtet wird, im Insolvenzverfahren des Beihilfeempfängers stets als Insolvenzforderung zu behandeln, auch wenn der Rückforderungsanspruch den Regeln über eigenkapitalersetzende Darlehen unterliegt (§ 39 Abs. 1 Nr. 5). Dies folgt aus der Verpflichtung die Rückforderung effektiv und unverzüglich umzusetzen, um die mit der rechtswidrigen Beihilfe verbundene Wettbewerbsverzerrung wirksam zu beseitigen. Der Vorrang der europarechtlichen Regelungen der Art. 88 Abs. 2 EG, Art. 14 Abs. 3 S. 1 EG-Verordnung 659/1999 führt in diesem Fall zur Nichtanwendung des § 39 Abs. 1 Nr. 5 (BGH NZI 2007, 647; für andere staatliche Beihilfen vgl. Uhlenbruck/Sinz Rn. 56).

VII. Verfahrenskosten

Der **prozessuale Kostenerstattungsanspruch** wird mit Rechtshängigkeit der Klage als aufschiebend bedingter Anspruch begründet, wobei die Bedingung darin besteht, dass eine Entscheidung ergeht, die dem Gegner die Kosten auferlegt. Er wandelt sich mit Erlass der Kostenentscheidung in einen auflösend bedingten Erstattungsanspruch um. Er ist auflösend bedingt, weil noch die Möglichkeit besteht, dass er in einem Rechtsmittelverfahren aufgehoben wird. Mit Eintritt der Rechtskraft der Kostenentscheidung wird der Anspruch unbedingt und fällig (BGH NZI

2005, 328; OLG Rostock BeckRS 2001, 31156148; LAG Köln NZI 2014, 1010). Wurde ein Rechtsstreit daher **vor Eröffnung** des Insolvenzverfahrens begonnen, stellt der Kostenerstattungsanspruch zumindest für die zu diesem Zeitpunkt bereits abgeschlossenen bzw. noch laufenden Instanzen eine Insolvenzforderung dar, soweit der Gebührenanspruch zum Zeitpunkt der Verfahrenseröffnung schon entstanden war (OLG Rostock BeckRS 2001, 311452248; LAG Köln NZI 2014, 1010; Uhlenbruck/Sinz Rn. 49). Dies gilt nicht für die Kosten in einem Widerspruchsverfahren. Mit Einlegung des Widerspruchs entstehen die Kosten noch nicht aufschiebend bedingt. Es wird nur der Rechtsboden hierfür bereitet. Voraussetzung für das Entstehen der Kosten ist der Erlass der Kostengrundentscheidung durch die Widerspruchsbehörde (§ 73 Abs. 3, S. 3 VwGO, VG Neustadt an der Weinstrasse BeckRS 2016, 115940).

39 Nimmt der Insolvenzverwalter einen laufenden Rechtsstreit auf, werden nur die von ihm hierdurch **neu ausgelösten Kosten** zu Masseforderungen gem. § 55 Abs. 1 Nr. 1. Die davor bereits entstandenen Gebührentatbestände bleiben Insolvenzforderungen (OLG Rostock BeckRS 2001, 31156148; Uhlenbruck/Sinz Rn. 52; nach aA sind aufgrund des Grundsatzes der Kosteneinheit nach der Aufnahme des Verfahrens durch den Verwalter die Verfahrenskosten insgesamt als Masseverbindlichkeiten zu behandeln, vgl. MüKoInsO/Hefermehl § 55 Rn. 45). Der Gläubiger eines Kostenerstattungsanspruchs, der aus einem gegen den Schuldner geführten Rechtsstreits resultiert, der nach Eröffnung des Insolvenzverfahrens über dessen Vermögen begonnen wurde, ist dagegen nicht Insolvenzgläubiger sondern Neugläubiger. Dies gilt unabhängig davon, ob der Schuldner zusätzlich aus einem vor Insolvenzeröffnung verwirklichten Schuldgrund materiell rechtlich zur Kostenerstattung verpflichtet ist (BGH NJW-RR 2014, 1079).

VIII. Insolvenzgläubiger kraft Umqualifizierung

40 Bekannt und bewährt ist, dass ein Insolvenzgläubiger mit seiner Forderung aus dem Rang des § 38 in den Rang des § 39 als Nachranggläubiger zurücktreten kann (→ § 39 Rn. 107). Weniger alltäglich ist der Rücktritt vom Rang einer Masseverbindlichkeit in den Rang einer Insolvenzforderung. Der freiwillige Rücktritt könnte für einen Gläubiger insbesondere vor dem Hintergrund der Partizipation an Teilnahme- und Stimmrechten, sei es im Rahmen eines Berichttermins oder bei der Abstimmung über einer Insolvenzplan, Sinn ergeben, die ihm als Insolvenzgläubiger zustünden. Gegen eine Umqualifizierung spräche, dass zwischen Insolvenzforderungen und Masseverbindlichkeiten kein Rangverhältnis bestehe (LG Neuruppin BeckRS 2018, 26292). Entschieden ist, dass falls eine Masseverbindlichkeit als Insolvenzforderung angemeldet wird, keine Tabellenfeststellung erfolgen kann (BGH NJW 2006, 3068). In der zitierten Entscheidung führt der BGH aus: „Deshalb ist auch für die Annahme eines Verzichts des Kl. auf die Geltendmachung als Masseforderung kein Raum. Allein in der Anmeldung einer Forderung als Insolvenzforderung liegt kein Verzicht auf die Masseschuld." Ein, wie teilweise vertretenes, allgemeines Verbot der Umqualifizierung ist hierin jedoch nicht zu sehen, sondern lediglich, dass kein konkludenter Verzicht der Qualifikation durch Anmeldung möglich ist. Nach hiesiger Ansicht ist zu differenzieren. Jedenfalls in den Fällen, bei denen es sich ursprünglich um eine Insolvenzforderung gehandelt hat (da zB vor Eröffnung begründet) und diese nur durch (einseitige) Ermächtigung oder kraft Gesetz Masseverbindlichkeit wurde, muss es dem Gläubiger möglich sein, diese ihm aufoktroyierte Sonderstellung mittels Erklärung zur Umqualifizierung wieder rückgängig zu machen.

IX. Öffentlich-rechtliche Erstattungsansprüche

41 Der öffentlich-rechtliche Erstattungsanspruch des § 49a VwVfG entsteht, wenn der Verwaltungsakt, der der Leistung zugrunde liegt, mit Wirkung für die Vergangenheit aufgehoben worden und damit der Rechtsgrund der Leistung beseitigt ist (BVerwG NZI 2015, 629), womit auch der schuldrechtliche Grund für den Zinsanspruch bereits gelegt ist (VG Aachen BeckRS 2020, 32396).

§ 39 Nachrangige Insolvenzgläubiger

(1) ¹Im Rang nach den übrigen Forderungen der Insolvenzgläubiger werden in folgender Rangfolge, bei gleichem Rang nach dem Verhältnis ihrer Beträge, berichtigt:
1. die seit der Eröffnung des Insolvenzverfahrens laufenden Zinsen und Säumniszuschläge auf Forderungen der Insolvenzgläubiger;
2. die Kosten, die den einzelnen Insolvenzgläubigern durch ihre Teilnahme am Verfahren erwachsen;

3. Geldstrafen, Geldbußen, Ordnungsgelder und Zwangsgelder sowie solche Nebenfolgen einer Straftat oder Ordnungswidrigkeit, die zu einer Geldzahlung verpflichten;
4. Forderungen auf eine unentgeltliche Leistung des Schuldners;
5. nach Maßgabe der Absätze 4 und 5 Forderungen auf Rückgewähr eines Gesellschafterdarlehens oder Forderungen aus Rechtshandlungen, die einem solchen Darlehen wirtschaftlich entsprechen.

²Satz 1 Nummer 5 ist nicht anzuwenden, wenn eine staatliche Förderbank oder eines ihrer Tochterunternehmen einem Unternehmen, an dem die staatliche Förderbank oder eines ihrer Tochterunternehmen beteiligt ist, ein Darlehen gewährt oder eine andere einer Darlehensgewährung wirtschaftlich entsprechende Rechtshandlung vorgenommen hat.

(2) Forderungen, für die zwischen Gläubiger und Schuldner der Nachrang im Insolvenzverfahren vereinbart worden ist, werden im Zweifel nach den in Absatz 1 bezeichneten Forderungen berichtigt.

(3) Die Zinsen der Forderungen nachrangiger Insolvenzgläubiger und die Kosten, die diesen Gläubigern durch ihre Teilnahme am Verfahren entstehen, haben den gleichen Rang wie die Forderungen dieser Gläubiger.

(4) ¹Absatz 1 Nr. 5 gilt für Gesellschaften, die weder eine natürliche Person noch eine Gesellschaft als persönlich haftenden Gesellschafter haben, bei der ein persönlich haftender Gesellschafter eine natürliche Person ist. ²Erwirbt ein Gläubiger bei drohender oder eingetretener Zahlungsunfähigkeit der Gesellschaft oder bei Überschuldung Anteile zum Zweck ihrer Sanierung, führt dies bis zur nachhaltigen Sanierung nicht zur Anwendung von Absatz 1 Nr. 5 auf seine Forderungen aus bestehenden oder neu gewährten Darlehen oder auf Forderungen aus Rechtshandlungen, die einem solchen Darlehen wirtschaftlich entsprechen.

(5) Absatz 1 Nr. 5 gilt nicht für den nicht geschäftsführenden Gesellschafter einer Gesellschaft im Sinne des Absatzes 4 Satz 1, der mit 10 Prozent oder weniger am Haftkapital beteiligt ist.

Überblick

§ 39 regelt die nachrangige Befriedigung von Insolvenzforderungen, für die verfahrensrechtliche Besonderheiten gelten (→ Rn. 1 ff.). Die Regelung verfolgt keinen einheitlichen Regelungszweck (→ Rn. 5). Nachrangig sind seit Eröffnung des Verfahrens entstandene Zinsen und Säumniszuschläge auf Insolvenzforderungen, § 39 Abs. 1 S. 1 Nr. 1 (→ Rn. 10 ff.), Kosten für die Teilnahme am Insolvenzverfahren, § 39 Abs. 1 S. 1 Nr. 2 (→ Rn. 21 ff.), Geldsanktionen, § 39 Abs. 1 S. 1 Nr. 3 (→ Rn. 27 ff.) sowie Forderungen auf eine unentgeltliche Leistung, § 39 Abs. 1 S. 1 Nr. 4 (→ Rn. 34). Praktisch besonders relevant ist die Nachrangigkeit von Gesellschafterdarlehen (→ Rn. 39 ff.) und gleichgestellten Rechtshandlungen, § 39 Abs. 1 S. 1 Nr. 5 (→ Rn. 82 ff.) sowie die damit zusammenhängenden Ausnahmetatbestände, namentlich Darlehen von staatlichen Förderbanken, § 39 Abs. 1 S. 2 (→ Rn. 98a), das Kleinbeteiligtenprivileg, § 39 Abs. 5 (→ Rn. 75 ff.) und das Sanierungsprivileg, § 39 Abs. 4 S. 2 (→ Rn. 99 ff.). Darüber hinaus haben Voraussetzungen und Folgen einer Rangrücktrittsvereinbarung besondere praktische Bedeutung, § 39 Abs. 2 (→ Rn. 107 ff.). Durch das COVInsAG ist unter den Voraussetzungen des § 2 Abs. 1 Nr. 2 COVInsAG in Insolvenzverfahren, die bis zum 30.9.2023 beantragt wurden, § 39 Abs. 1 S. 1 Nr. 5 auf ab dem 1.3.2020 neu gewährte Gesellschafterdarlehen und wirtschaftlich entsprechenden Rechtshandlungen weitgehend unanwendbar (→ Rn. 6a, → Rn. 106a ff.).

Übersicht

	Rn.		Rn.
A. Einführung, Normzweck	1	III. Geldsanktionen (S. 1 Nr. 3)	27
B. Die Rangordnung	7	IV. Unentgeltliche Leistungen (S. 1 Nr. 4)	34
C. Nachrangige Forderungen (Abs. 1)	10	V. Gesellschafterleistungen (S. 1 Nr. 5)	39
		1. Grundlagen	39
I. Zinsforderungen und Säumniszuschläge (S. 1 Nr. 1)	10	2. Persönlicher Anwendungsbereich	49
II. Kosten der Verfahrensteilnahme (S. 1 Nr. 2)	21	3. Gesellschafterdarlehen und gleichgestellte Rechtshandlungen (sachliche Entsprechung)	82

	Rn.		Rn.
4. Darlehen staatlicher Förderbanken (Abs. 1 S. 2)	98a	III. Anwendungsbereich des Rangrücktritts	110
5. Sanierungsprivileg (Abs. 4 S. 2)	99	IV. Anforderungen an Rangrücktritt	113
6. Privilegierung neuer Kredite ab 1.3.2020 (§ 2 Abs. 1 Nr. 2 und Abs. 2 COVInsAG)	106a	V. Berücksichtigung nachrangiger Forderungen im Liquiditätsstatus	119
		VI. Prozessuales, Aufhebung, Steuerrechtliche Behandlung	120
D. Rangrücktrittsvereinbarung (Abs. 2)	107	E. Zinsen und Kosten nachrangiger Insolvenzgläubiger (Abs. 3)	126
I. Einführung	107		
II. Rechtsnatur	109	F. Verfahrensfragen	128

A. Einführung, Normzweck

1 § 39 ist eine rein **verfahrensrechtliche Vorschrift** (BGH WM 1987, 584). Bestimmte Arten von Insolvenzforderungen sollen erst nach der vollständigen Befriedigung aller anderen Insolvenzgläubiger beglichen werden. Die Regelung ist eine Durchbrechung des Grundsatzes der gleichmäßigen Gläubigerbefriedigung zugunsten der Insolvenzmasse, der Verfahrensbeschleunigung und der (nicht nachrangigen) Insolvenzgläubiger (CPM/Zenker Rn. 1; FK-InsO/Bornemann Rn. 2; K. Schmidt InsO/K. Schmidt/Herchen Rn. 1; MüKoInsO/Ehricke/Behme Rn. 1). Diese Durchbrechung rechtfertigt sich wie folgt:

2 Vor Inkrafttreten der InsO waren nach Verfahrenseröffnung angelaufene Zinsen, Kosten für die Teilnahme am Verfahren und Geldsanktionen gem. § 63 KO, § 29 VerglO von der Geltendmachung im Verfahren gänzlich ausgeschlossen. Gleiches galt bis Ende 1998 für in der Krise gewährte Gesellschafterdarlehen, § 32a Abs. 1 GmbHG aF (die von der Rechtsprechung aufgestellten Grundsätze gelten iRd § 39 Abs. 1 S. 1 Nr. 5 unverändert fort: Jaeger/Henckel Rn. 2). Das Konzept der nachrangigen Befriedigung galt nur ausnahmsweise im Zusammenhang mit Nachlassverbindlichkeiten, § 226 Abs. 2 KO. Der Gesetzgeber wollte diese Ausnahme mit Inkrafttreten der InsO zur Regel erheben (BT-Drs. 12/2443, 123).

3 Nach heutiger Rechtslage kann wegen einer nach Insolvenzeröffnung erworbenen Forderung nicht mehr in das insolvenzfreie Vermögen des Schuldners vollstreckt werden. Ohne eine Teilnahme derartiger Forderungen am Insolvenzverfahren stünde der betroffene Gläubiger mit gänzlich leeren Händen da. Daher sollte für derartige Forderungen im Sinne der Verteilungsgerechtigkeit eine (theoretische) Befriedigungsmöglichkeit geschaffen werden (BT-Drs. 12/2443, 123; HmbKommInsR/Lüdtke Rn. 2; KPB/Preuß Rn. 3; MüKoInsO/Ehricke/Behme Rn. 6). Sofern alle Insolvenzgläubiger befriedigt sind, sieht der Gesetzgeber es als nicht sachgerecht an, einen verbleibenden Überschuss an den Schuldner (§ 199 S. 1) oder seine Gesellschafter (§ 199 S. 2) zu verteilen, bevor nicht die im Verfahren aufgelaufenen Zins- und Kostenforderungen, Geldstrafen, Forderungen auf unentgeltliche Leistungen sowie Gesellschafterdarlehen getilgt sind (BT-Drs. 12/2443, 123; Braun/Bäuerle Rn. 1; FK-InsO/Bornemann Rn. 1). Nachrangige Forderungen können auch im Rahmen eines Insolvenzplans sachgerecht berücksichtigt werden, §§ 222 Abs. 1 Nr. 3, 225, 246 (BT-Drs. 12/2443, 123).

4 Praktisch dürfte eine Befriedigung nachrangiger Forderungen aber höchst selten vorkommen, wenn die nachrangige Forderung nicht durch ein Absonderungsrecht gesichert ist (CPM/Zenker Rn. 1; Hess InsR/Hess Rn. 8; MüKoInsO/Ehricke/Behme Rn. 5; Nerlich/Römermann/Andres Rn. 3). § 174 Abs. 3 ordnet an, dass nachrangige Forderungen erst nach Aufforderung durch das Insolvenzgericht angemeldet werden dürfen (dazu auch → Rn. 128). Dadurch kommt es zu einer Entlastung des Insolvenzverfahrens, des Insolvenzverwalters und des Insolvenzgerichts (BT-Drs. 12/2443, 123).

5 Da eine Befriedigung unbesicherter nachrangiger Forderungen faktisch nahezu ausgeschlossen ist, hat die Einordnung einer Forderung als nachrangig oder nicht nachrangig erhebliche praktische Konsequenzen (Kölner Komm InsO/Hess Rn. 6). Der **Zweck der einzelnen Nachrangigkeitstatbestände ist nicht einheitlich,** sondern für jede betroffene Forderungsart gesondert zu bestimmen (HmbKommInsR/Lüdtke Rn. 1; KPB/Preuß Rn. 1; s. weitere Kommentierung). So geht der Gesetzgeber beispielsweise davon aus, dass Forderungen, die nach Eröffnung des Insolvenzverfahrens erworben worden sind (und damit zur Insolvenzmasse gehören), einen verminderten Schutz genießen und die Befriedigung aus einer solchen Forderung einfacher eingeschränkt werden dürfte, § 39 Abs. 1 S. 1 Nr. 1 und 2 (auch → Rn. 10, → Rn. 21; MüKoInsO/Ehricke/Behme Rn. 3; KPB/Preuß Rn. 3; Uhlenbruck/Hirte Rn. 1). In § 39 Abs. 1 S. 1 Nr. 4 spiegelt sich die allgemeine Schwäche des unentgeltlichen Erwerbs wider (→ Rn. 34). Geldsanktionen haben keinen ökonomischen Gegenwert, sodass die übrigen Gläubiger mittelbar mitsanktioniert wären, § 39 Abs. 1 S. 1 Nr. 3 (→ Rn. 27). Der Charakter einiger Forderungen, etwa „Nähe zum Schuldner" oder „Finanzierungs-(folgen-)verantwortung", gebiete es, sie nicht mit üblichen Insolvenzforderungen gleichzusetzen, sondern wie haftendes Gesellschaftskapital zu behandeln, § 39 Abs. 1 S. 1 Nr. 5 (→ Rn. 44; BGH NJW 1995, 326; Altmeppen NJW 2008, 3601 (3602); Tillmann GmbHR 2006, 1289 (1291)).

Außerhalb der InsO gibt es rangrelevante Vorrechte, die sich auf gesonderte Vermögensmassen **6** beziehen, zB: § 32 Abs. 3, 4 DepotG, § 30 PfandBG. Gemäß § 327 werden Verbindlichkeiten gegenüber Pflichtteilsberechtigten und Vermächtnisansprüche im Rang nach den in § 39 genannten Forderungen befriedigt. Entsprechend dem Art. 108 Abs. 2 EGInsO iVm § 18 Abs. 2 S. 3 GesO können sich im Falle einer Folgeinsolvenz nach einem Gesamtvollstreckungsverfahren zusätzliche Rangklassen ergeben (K. Schmidt InsO/K. Schmidt/Herchen Rn. 5; Uhlenbruck/Hirte Rn. 6).

Um Gesellschaftern Anreize zu bieten, dem Unternehmen in der coronabedingten Krise zusätz- **6a** liche Liquidität zur Verfügung zu stellen, werden durch das COVInsAG **ab dem 1.3.2020 im Aussetzungszeitraum neu begebene** Gesellschafterdarlehen und Rechtshandlungen, die einem solchen Darlehen wirtschaftlich entsprechen, unter den Voraussetzungen des § 2 Abs. 1 Nr. 2 COVInsAG dahingehend privilegiert, dass sie in Insolvenzverfahren, die bis zum 30.9.2023 beantragt wurden, nicht nach § 39 Abs. 1 S. 1 Nr. 5 nachrangig sind und auch insoweit § 44a keine Anwendung findet (→ Rn. 106a ff.). Bis zum 30.9.2023 erfolgende Rückgewähr von Gesellschafterdarlehen und Zahlungen von Forderungen aus Rechtshandlungen, die einem solchen Darlehen wirtschaftlich entsprechen (§ 135 Abs. 1 Nr. 2), nicht aber deren Besicherung (Fälle des § 135 Abs. 1 Nr. 1), sind unter denselben Voraussetzungen anfechtungsfrei gestellt (→ § 135 Rn. 93 ff.). Rückzahlungen auf im Aussetzungszeitraum bis zum 28.2.2021 gewährte Stundungen sind unter den Voraussetzungen des § 2 Abs. 1 Nr. 5 COVInsAG anfechtungsfrei gestellt (→ § 135 Rn. 93 ff.). Der Aussetzungszeitraum ist dabei unter den Voraussetzungen des § 1 Abs. 3 COVInsAG für Unternehmen, für welche im Zeitraum zwischen dem 1.11.2020 und dem 28.2.2021 ein Antrag auf die Gewährung finanzieller Hilfeleistungen im Rahmen staatlicher Hilfsprogramme gestellt wurde oder (trotz Antragsberechtigung) nicht werden konnte, über den 30.9.2020 bzw. 31.12.2020 hinaus bis zum 30.4.2021 verlängert; dafür darf die Erlangung der beantragten Hilfe nicht offensichtlich aussichtslos sein und sie muss ausreichend sein, um die Insolvenzreife zu beseitigen.

B. Die Rangordnung

§ 39 modifiziert lediglich die **Befriedigungsreihenfolge von Insolvenzforderungen** nach **7** § 38 (Bitter ZHR 181 (2017), 428 (438)). Nicht anwendbar ist die Vorschrift auf Massegläubiger und persönliche Gläubiger, also solche, deren Forderungen erst nach Eröffnung des Insolvenzverfahrens entstanden und keine Masseforderungen sind (CPM/Zenker Rn. 10; Jaeger/Henckel Rn. 3; MüKoInsO/Ehricke/Behme Rn. 1). Der Nachrang einer Insolvenzforderung steht dem **Recht auf abgesonderte Befriedigung** nicht entgegen (BGH NZI 2008, 542; K. Schmidt InsO/K. Schmidt/Herchen Rn. 7; auch → Rn. 17, → Rn. 98).

Trotz des Nachrangs gelten für Forderungen nach § 39, soweit das Gesetz keine Sonderregel **8** anordnet (dazu → Rn. 130), die **Beschränkungen wie für normale Insolvenzforderungen** (BT-Drs. 12/2443, 123; K. Schmidt InsO/K. Schmidt/Herchen Rn. 6; KPB/Preuß Rn. 5). Nachrangige Forderungen müssen, soweit kein wirksamer Rangrücktritt vereinbart wurde, im Überschuldungsstatus grundsätzlich passiviert werden (MüKoInsO/Ehricke/Behme Rn. 2; Uhlenbruck/Mock § 19 Rn. 161). Dies ergibt ein Umkehrschluss aus § 19 Abs. 2 S. 2.

§ 39 bildet **sechs Gruppen nachrangiger Gläubiger**, § 39 Abs. 1 S. 1 Nr. 1–5 sowie § 39 **9** Abs. 2. Diese Reihenfolge (aufsteigend von § 39 Abs. 1 S. 1 Nr. 1) ist für die Befriedigung konstitutiv (Braun/Bäuerle Rn. 3; CPM/Zenker Rn. 3; KPB/Preuß Rn. 8; Paulus DStR 2003, 31 (35)). Die nächste Gruppe wird erst dann bedient, wenn sämtliche Insolvenzgläubiger der vorigen Gruppe vollständig befriedigt sind. Durch eine abweichende Vereinbarung kann nur ein "schlechterer" Rang vereinbart werden (→ Rn. 107). Eine Bildung von Zwischenrangklassen, etwa durch Gerichte, ist nur in sehr beschränktem Umfang zulässig (BVerfG NJW 1984, 475).

Reicht das zu verteilende Vermögen nicht aus, eine Gläubigergruppe vollständig zu befriedigen, **9a** erfolgt die Verteilung im Verhältnis der Forderungsbeträge (Braun/Bäuerle Rn. 4; K. Schmidt InsO/K. Schmidt/Herchen Rn. 1; Kölner Komm InsO/Hess Rn. 169; KPB/Preuß Rn. 8; Uhlenbruck/Hirte Rn. 1).

C. Nachrangige Forderungen (Abs. 1)

I. Zinsforderungen und Säumniszuschläge (S. 1 Nr. 1)

10 Nach § 39 Abs. 1 S. 1 Nr. 1 werden Zinsen und Säumniszuschläge von Insolvenzgläubigern (§ 38), die während des Insolvenzverfahrens auflaufen, im Rang zurückgestuft. Damit wollte der Gesetzgeber Zinsen, die nach § 63 Nr. 1 KO von der Konkursteilnahme ausgeschlossen waren, in das Verfahren einbeziehen, jedoch ohne Nachteil für die Insolvenzgläubiger (BT-Drs. 12/2443, 123). Der erste Nachrang zeigt, dass Zinsen besonders eng mit der Hauptforderung verbunden sind. Darüber hinaus wird klargestellt, dass auch während des Insolvenzverfahrens noch Zinsen auflaufen können (OLG Düsseldorf KTS 1969, 108; MüKoInsO/Ehricke/Behme Rn. 15).

11 Zinsen auf nachrangige Forderungen werden von § 39 Abs. 3 erfasst; solche auf Masseansprüche sind selbst Masseschulden, § 55 Abs. 1 Nr. 1 (BSG BeckRS 1988, 02932; OVG Bln-Bbg NZI 2011, 954 (jeweils zu Säumniszuschlägen); FK-InsO/Bornemann Rn. 16; MüKoInsO/Ehricke/Behme Rn. 16 f.; Uhlenbruck/Hirte Rn. 8). Zinsen und Säumniszuschläge, die vor Eröffnung des Insolvenzverfahrens entstanden sind, teilen den Rang der Hauptforderung (Hess InsR/Hess Rn. 24; Uhlenbruck/Hirte Rn. 8).

12 Die Vorschrift erfasst **unabhängig von ihrem Rechtsgrund alle Zinsen ab Eröffnung des Insolvenzverfahrens,** gleich ob sie auf Vertrag oder Gesetz beruhen (Andres/Leithaus/Leithaus Rn. 4; Braun/Bäuerle Rn. 5; HK-InsO/Ries Rn. 7; HmbKommInsR/Lüdtke Rn. 6; KPB/Preuß Rn. 11; Nerlich/Römermann/Andres Rn. 6; Uhlenbruck/Hirte Rn. 9).

13 Die Rechtsprechung definiert den **Begriff Zins** als „gewinn- und umsatzunabhängige, aber laufzeitabhängige, in Geld zu entrichtende Vergütung für den Gebrauch eines überlassenen oder (unfreiwillig) entbehrten Kapitals" (BGH NJW 1979, 540 (541); NJW 1979, 805 (806); so auch: Canaris NJW 1978, 1891 (1892)). Darunter fallen zunächst Zinsen auf die Rückzahlungsansprüche eines Darlehensgebers.

14 **Kontokorrentverhältnisse** enden mit Verfahrenseröffnung gem. §§ 115, 116 (BGH NJW 1991, 1286; HmbKommInsR/Lüdtke Rn. 7; Hess InsR/Hess Rn. 38), sodass keine Zinseszinsen, sondern nur einfache Zinsen auf den Schlusssaldo anfallen können (Braun/Bäuerle Rn. 5; Jaeger/Henckel Rn. 15; KPB/Preuß Rn. 13; MüKoInsO/Ehricke/Behme Rn. 17).

15 Ferner werden erfasst: **Verzugszinsen** (der einmal eingetretene Verzug bleibt während des Insolvenzverfahrens bestehen: OLG Düsseldorf KTS 1969, 108 (109); CPM/Zenker Rn. 13; Hess InsR/Hess Rn. 27; MüKoInsO/Ehricke/Behme Rn. 19; Uhlenbruck/Hirte Rn. 16; mit Zweifeln betreffend einen nach Insolvenzeröffnung eingetretenen Verzug: Jaeger/Henckel Rn. 10; aA: Jaeger/Lent KO § 63 Rn. 2); Kreditgebühren beim Teilzahlungskreditgeschäft (Jaeger/Henckel Rn. 10); Steuerhinterziehungszinsen (§§ 233 ff. AO; BFH BStBl. II 2012, 491; K. Schmidt InsO/K. Schmidt/Herchen Rn. 9); Verspätungszuschläge für Steuern und öffentliche Abgaben (für Kommunalabgaben: OVG Bln-Bbg NZI 2011, 954); Zinsen an außenstehende, abfindungsberechtigte Aktionäre, § 305 Abs. 3 S. 3 AktG (BGH NZG 2008, 391), Zinsverlustschäden (zB wegen insolvenzbedingter Kündigung durch den Darlehensgeber: OLG Hamburg DZWiR 2003, 79; Braun/Bäuerle Rn. 7; CPM/Zenker Rn. 12; Jaeger/Henckel Rn. 10; K. Schmidt InsO/K. Schmidt/Herchen Rn. 9; KPB/Preuß Rn. 12; aA: Flitsch DZWIR 2003, 80), Zinserweiterungen (zB Überziehungsprovisionen, Hess InsR/Hess Rn. 22; Uhlenbruck/Hirte Rn. 10).

16 Entgelte für eine Sachüberlassung, „Mietzins", oder Erbbauzinsen fallen nicht darunter (CPM/Zenker Rn. 12; Jaeger/Henckel Rn. 10; KPB/Preuß Rn. 12; Uhlenbruck/Hirte Rn. 10). Ebenfalls keine Zinsen sind Gewinnbeteiligungen, Dividenden und Provisionen, da sie nicht gewinnunabhängig sind (CPM/Zenker Rn. 12; Jaeger/Henckel Rn. 10).

17 Zinsen auf Grundschulden und andere absonderungsfähige Sicherungsrechte (§ 51 Nr. 1) sind Teil des Rechts auf **abgesonderte Befriedigung** (BGH NJW 1997, 522; NZI 2008, 542; OLG Köln NZI 2007, 528; OLG Schleswig NZI 2012, 622; Andres/Leithaus/Leithaus Rn. 4; Braun/Bäuerle Rn. 6; FK-InsO/Bornemann Rn. 16; HmbKommInsR/Lüdtke Rn. 8; Hess InsR/Hess Rn. 22; HK-InsO/Ries Rn. 7; K. Schmidt InsO/K. Schmidt/Herchen Rn. 10; Kölner Komm InsO/Hess Rn. 30; KPB/Preuß Rn. 11; Haneke Beck-OK InsO § 49 Rn. 16). Dabei ist die Anrechnungsreihenfolge nach § 367 BGB maßgeblich, nach der, ohne eine ausdrückliche Regelung, zunächst Kosten, dann Zinsen und anschließend die Hauptforderung getilgt werden (BGH NZI 2011, 247; Hess InsR/Hess Rn. 29; aA: OLG Dresden ZInsO 2011, 2131). Das hat für den Gläubiger den Vorteil, dass er den Teil seiner Forderungen, der nicht durch abgesonderte Befriedigung getilgt werden kann, als Insolvenzforderung anmelden kann (Jaeger/Henckel Rn. 13; Uhlenbruck/Hirte Rn. 19).

Trotz der teilweise unterschiedlichen Zweckrichtung sind **Säumniszuschläge** den Zinsen in § 39 Abs. 1 S. 1 Nr. 1 gleichgestellt. Dies habe lediglich klarstellenden Charakter (BT-Drs. 16/3227, 17 f.). Durch Säumniszuschläge werden Mehraufwendungen der Verwaltung für verspätete oder nicht erfolgte Zahlungen abgegolten (BFH BB 2003, 2442). Darüber hinaus sind sie ein Druckmittel eigener Art (Uhlenbruck/Hirte Rn. 12; dieser Zweck relativiert sich jedoch nach Andres/Leithaus/Leithaus Rn. 4 mit Insolvenzeröffnung). In zeitlicher Hinsicht ist für die Einordnung als nachrangig entscheidend, dass die Säumnis auslösende Tatsache nach dem Stichtag der Insolvenzeröffnung liegt (MüKoInsO/Ehricke/Behme Rn. 19; Uhlenbruck/Hirte Rn. 13 aE; davor handelt es sich um einfache Insolvenzforderungen: BGH ZIP 2005, 1035). Soweit die Säumnis durch eine Handlung des (vorläufigen) Insolvenzverwalters begründet wurde, handelt es sich bei den Säumniszuschlägen um Masseschulden (Jaeger/Henckel Rn. 10; Kölner Komm InsO/Hess Rn. 22). 18

Bürgen können trotz § 39 Abs. 1 S. 1 Nr. 1 weiterhin auf die in der Hauptforderung begründeten Zinsen in Anspruch genommen werden (OLG Nürnberg NJW-RR 1992, 47). Hat der Bürge geleistet, dann ist seine Regressforderung (§ 774 Abs. 1 BGB) in Bezug auf die vom Bürgen erfüllten Zinsforderungen gem. § 39 Abs. 1 S. 1 Nr. 1 nachrangig (Andres/Leithaus/Leithaus Rn. 4; Hess InsR/Hess Rn. 50; Jaeger/Henckel Rn. 14; K. Schmidt InsO/K. Schmidt/Herchen Rn. 11; KPB/Preuß Rn. 12; MüKoInsO/Ehricke/Behme Rn. 14; Uhlenbruck/Hirte Rn. 18). 19

Der Gläubiger muss bei der Anmeldung der Zinsen einen genauen Betrag errechnen und angeben, § 174 Abs. 2 und 3. Die genaue Dauer des Insolvenzverfahrens dürfte zu diesem Zeitpunkt jedoch noch nicht klar sein. In der Praxis sollte daher ein eher großzügig geschätzter Zinsbetrag angemeldet werden. Dann muss der Insolvenzverwalter bei Verfahrensende den berechtigten Teil der Zinsen feststellen (s. dazu auch HK-InsO/Ries Rn. 8). 20

II. Kosten der Verfahrensteilnahme (S. 1 Nr. 2)

§ 39 Abs. 1 S. 1 Nr. 2 regelt den Nachrang von Kosten der Verfahrensteilnahme für Insolvenzgläubiger, § 38. Das Gesetz verhindert damit, dass die Insolvenzmasse durch während des Verfahrens anfallende, individuell ggf. sehr unterschiedliche Kosten zusätzlich belastet wird (CPM/Zenker Rn. 15; Jaeger/Henckel Rn. 16; MüKoInsO/Ehricke Rn. 20). Verfahrensteilnahmekosten von Gläubigern, die insbesondere aufgrund der § 39 Abs. 1 S. 1 Nr. 4 und 5 sowie § 39 Abs. 2 nachrangig befriedigt werden, erfasst dagegen nur § 39 Abs. 3 (→ Rn. 126). **Kosten für die Verfolgung von Masseansprüchen** sind als Nebenforderungen ebenfalls Masseansprüche (CPM/Zenker Rn. 15; Jaeger/Henckel Rn. 19; MüKoInsO/Ehricke/Behme Rn. 20). 21

Kosten der Verfahrensteilnahme sind vor allem Anwaltskosten (im Umfang wie § 91 Abs. 1 ZPO) für die Rechtsdurchsetzung im eröffneten Regelinsolvenzverfahren, im Planverfahren sowie für die Forderungsanmeldung. Ferner fallen Kosten für die Teilnahme an Gläubigerversammlungen (Fahrt- und Hotelkosten) sowie sonstige Auslagen (zB Telefon, Fax, Porto) unter § 39 Abs. 1 S. 1 Nr. 2 (weitere Fälle bei Jaeger/Henckel Rn. 17). 22

Die bisher strittige Frage, ob die Kosten eines gemeinsamen Vertreters der Anleihegläubiger in der Insolvenz des Emittenten nachrangig sind (Cranshaw jurisPR-InsR 18/2016 (Entscheidungsanmerkung BGH ZInsO 2016, 1650); Antoniadis NZI 2014, 788; Grub ZInsO 2016, 897) hat der BGH nunmehr dahingehend entschieden, dass der Vergütungsanspruch des nach Insolvenzeröffnung bestellten gemeinsamen Vertreters keine Masseverbindlichkeit ist und (in Gestalt des an ihn abgetretenen Freistellungsanspruchs der von ihm vertretenen Anleihegläubiger) nur nachrangig nach Nr. 2 geltend gemacht werden kann (BGH NZI 2017, 228). 22a

Die Ansprüche auf Kostenerstattung werden als (nachrangige) Insolvenzforderungen behandelt, obwohl sie nach Verfahrenseröffnung entstanden sind (Jaeger/Henckel Rn. 16). Soweit die Kosten vor Insolvenzeröffnung entstanden sind (zB Rechtsanwaltskosten für die Stellung des Insolvenzantrags), sind sie nicht „durch" Verfahrensteilnahme entstanden und sind nicht nachrangig. Derartige Forderungen teilen das rechtliche Schicksal der Hauptforderung (HmbKommInsR/Lüdtke Rn. 11; Jaeger/Henckel Rn. 16; KPB/Preuß Rn. 14; Uhlenbruck/Hirte Rn. 21; aA CPM/Zenker Rn. 16 mit Betrachtung de lege ferenda). Soweit es sich bei der Hauptforderung um eine Insolvenzforderung handelt (§ 38), sind auch die im Zusammenhang mit der Forderung entstandenen Rechtsverfolgungskosten als (nicht nachrangige) Insolvenzforderung anzumelden. 23

Nach verbreiteter Ansicht fallen Kosten, die bei **Stellung des Insolvenzantrags** angefallen sind, nicht in den Bereich des § 39 Abs. 1 S. 1 Nr. 2 (KPB/Preuß Rn. 16; MüKoInsO/Ehricke/Behme Rn. 20; Nerlich/Römermann/Andres Rn. 7; Uhlenbruck/Hirte Rn. 21; aA: CPM/Zenker Rn. 17; FK-InsO/Bornemann Rn. 21; Graf-Schlicker/Bremen/Neußner Rn. 10; HK-InsO/Ries Rn. 9). 24

InsO § 39 Zweiter Teil. Eröffnung des Insolvenzverfahrens

25 Wurde mit einem anwaltlichen Vertreter vor Eröffnung des Insolvenzverfahrens ein **Vorschuss** für die Vertretung im eröffneten Verfahren vereinbart (§ 9 RVG), ist der Anwalt berechtigt, den noch nicht erhaltenen Vorschuss als Insolvenzforderung gem. § 38 geltend zu machen (CPM/Zenker Rn. 17; HK-InsO/Ries Rn. 9; Uhlenbruck/Hirte Rn. 21).

26 § 39 Abs. 1 S. 1 Nr. 2 gilt nicht für Kosten, die einem **Absonderungsberechtigten** für die Durchsetzung seiner Rechte entstehen (BGH NZI 2008, 242; HK-InsO/Ries Rn. 9; Jaeger/Henckel Rn. 20; MüKoInsO/Ehricke/Behme Rn. 21). Das Absonderungsrecht erfasst auch nachinsolvenzliche Ansprüche auf Kostenerstattung im Zusammenhang mit seiner Geltendmachung (BGH NZI 2008, 542; Andres/Leithaus/Leithaus Rn. 5). Gerichtskosten für die Prüfung verspäteter Forderungsanmeldungen (§ 177) sind per se nicht erstattungsfähig (Uhlenbruck/Hirte Rn. 21). Kosten eines Antrages nach § 163 Abs. 1 bei einer geplanten Betriebsveräußerung unter Wert und im Rahmen eines Forderungsfeststellungsverfahrens (§§ 174 ff.), fallen ebenfalls nicht unter § 39 Abs. 1 S. 1 Nr. 2, sondern können unter Umständen als **Masseforderungen** geltend gemacht werden, §§ 163 Abs. 2, 183 Abs. 3.

III. Geldsanktionen (S. 1 Nr. 3)

27 Die in § 39 Abs. 1 S. 1 Nr. 3 genannten Geldsanktionen haben poenalen Charakter und sollen den Schuldner persönlich treffen. Die Nachrangigkeit derartiger Forderungen des Staats verhindert, dass die Insolvenzgläubiger durch eine Belastung der Masse mit Geldsanktionsforderungen „mitbestraft/mitsanktioniert" werden (BVerfG NJW 2006, 3626 (3627)); BGH NZI 2011, 189 Rn. 7 (im Kontext der Insolvenzanfechtung); HWF InsVerw-HdB/Huhnold Rn. 9; HmbKommInsR/Lüdtke Rn. 14; FK-InsO/Bornemann Rn. 2; Kölner Komm InsO/Hess Rn. 41 (Interesse des Staates muss zugunsten gleichmäßiger Gläubigerbefriedigung zurückstehen); KPB/Preuß Rn. 18; MüKoInsO/Ehricke/Behme Rn. 22; Uhlenbruck/Hirte Rn. 23).

28 **Geldstrafen** sind solche iSd §§ 40, 41 StGB; Geldbußen zB gem. § 17 OWiG, § 81 GWB oder § 377 AO (auch durch EU-Kommission verhängte Bußgelder: K. Schmidt InsO/K. Schmidt/Herchen Rn. 15); Ordnungsgelder zB §§ 141 Abs. 3, 380, 390, 890 ZPO, §§ 29, 392 FamFG, § 37 HGB, §§ 56, 178 GVG, §§ 28, 46 Abs. 2, 51 Abs. 1 ArbGG. Zwangsgelder werden von Behörden auferlegt, um den Schuldner zur Erfüllung einer Verpflichtung anzuhalten, zB §§ 328 f. AO, § 11 VwVG.

29 Zu den Nebenfolgen iRd § 39 Abs. 1 S. 1 Nr. 3 zählen vor allem verschiedene Fälle der Einziehung und des Verfalls, §§ 73a, 73d Abs. 2, 74a, 74c StGB (BGH NZI 2010, 607), §§ 22, 25, 29a OWiG (BGH ZInsO 2010, 1183), §§ 375, 410 AO sowie die Abführung des Mehrerlöses, § 8 WiStG (HmbKommInsR/Lüdtke Rn. 15; Andres/Leithaus/Leithaus Rn. 6).

30 Die Aufzählung der Geldsanktionen in § 39 Abs. 1 S. 1 Nr. 3 ist **nicht abschließend.** Als Nebenfolgen erfasst werden alle anderen Forderungen mit Sanktionscharakter (CPM/Zenker Rn. 18; ausf. zum dinglichen Arrest: Kölner Komm InsO/Hess Rn. 46 ff.; KPB/Preuß Rn. 18; Buhmann/Woldrich ZInsO 2004, 1238 (1239)), beispielsweise Bewährungsauflagen iSd § 56b Abs. 1 S. 1, Abs. 2 StGB.

31 Die Geldsanktion muss im Zeitpunkt der Eröffnung des Insolvenzverfahrens bereits (rechts- bzw. bestandskräftig) festgesetzt sein (CPM/Zenker Rn. 19). Andernfalls sind sie nicht nachrangig iSd § 39 Abs. 1 S. 1 Nr. 3.

32 **Verspätungszuschläge** sind Druckmittel eigener Art und fallen nicht unter § 39 Abs. 1 S. 1 Nr. 3. Sie können als Insolvenzforderung geltend gemacht werden (BFH ZInsO 2005, 494; HmbKommInsR/Lüdtke Rn. 16; K. Schmidt InsO/K. Schmidt/Herchen Rn. 15; Kölner Komm InsO/Hess Rn. 59 ff.; KPB/Preuß Rn. 20; Uhlenbruck/Hirte Rn. 26). Dies gilt ebenfalls für Verfahrenskosten der Strafverfolgung (BGH NJW 2011, 64 (65); Braun/Bäuerle Rn. 15).

33 Während der Dauer des Insolvenzverfahrens können die in § 39 Abs. 1 S. 1 Nr. 3 genannten Forderungen auch nicht vollstreckt werden (§ 89, § 459 ff. StPO, § 6 Abs. 1 Nr. 2 JBeitrO). Die Anordnung einer Ersatzfreiheitsstrafe (§ 43 StGB) oder die Ableistung gemeinnütziger Arbeit (Art. 293 EGStGB) bleibt aber möglich und stellt in der Regel keine unbillige Härte dar, § 459 f. StPO (BVerfG NJW 2006, 3626; LG Leipzig ZIP 2002, 142; Braun/Bäuerle Rn. 13; CPM/Zenker Rn. 18). Erzwingungshaft (§ 96 OWiG) ist zulässig, soweit dem Schuldner die Zahlung der Geldsanktion aus seinem unpfändbaren Vermögen zugemutet werden kann (LG Potsdam ZInsO 2007, 390; HmbKommInsR/Lüdtke Rn. 14; aA Janca/Heßlau ZInsO 2012, 2128).

IV. Unentgeltliche Leistungen (S. 1 Nr. 4)

34 Die Nachrangigkeit von Forderungen auf unentgeltliche Leistungen ist Ausdruck der allgemeinen zivilrechtlichen **Schwäche des unentgeltlichen Erwerbs**, zB §§ 816, 822, 988 BGB, § 134 InsO (BGH DStR 2016, 2977 (2979); KPB/Preuß Rn. 21; Uhlenbruck/Hirte Rn. 28).

Voraussetzung für die Anwendung des § 39 Abs. 1 S. 1 Nr. 4 ist, dass die Forderung vor Eröff- 35
nung des Insolvenzverfahrens entstanden ist. Wurde die Leistung auf die Forderung bereits vor
Verfahrenseröffnung erbracht, kommt es auf die Nachrangigkeit nicht mehr an. Vielmehr kann die
Leistung nur nach § 134 angefochten werden (MüKoInsO/Ehricke/Behme Rn. 27; Uhlenbruck/
Hirte Rn. 28). Keine Leistungserbringung ist die Begründung eines Schuldversprechens, die Begebung eines Anerkenntnisses oder Wechsels (FK-InsO/Bornemann Rn. 26; HmbKommInsR/
Lüdtke Rn. 18; HK-InsO/Eickmann Rn. 10; K. Schmidt InsO/K. Schmidt/Herchen Rn. 18;
Uhlenbruck/Hirte Rn. 31). Entscheidend ist, ob die Leistung zu einer tatsächlichen Vermögensminderung beim (späteren) Schuldner geführt hat.

Der Begriff der "**unentgeltlichen Leistung**" wird auch in § 134 verwendet und ist einheitlich 36
auszulegen (BGH NZI 2008, 369 Rn. 7; K. Schmidt InsO/K. Schmidt/Herchen Rn. 16; MüKoInsO/Ehricke/Behme Rn. 28; Uhlenbruck/Hirte Rn. 28). Von Unentgeltlichkeit ist auszugehen,
wenn dem schuldnerischen Vermögen keine gleichwertige Gegenleistung für eine gewährte Leistung zugeflossen ist. Der Begriff der Gegenleistung ist dabei weit auszulegen und erfasst jeden
vermögenswerten Vorteil beim Schuldner, der in einem kausalen Zusammenhang zu der zu bewertenden Leistung steht (BGH NJW 1991, 560; NJW 1999, 1549; NZI 2005, 323; 2006, 399;
2008, 556; NZG 2016, 158; DStR 2016, 2977 (2979); MüKoInsO/Ehricke/Behme Rn. 29;
KPB/Preuß Rn. 21; K. Schmidt InsO/K. Schmidt/Herchen Rn. 16; Uhlenbruck/Bork Rn. 28).
Die Wertrelation beurteilt sich zunächst anhand des objektiven Sachverhalts aus der Sicht ex ante
(BGH NZI 2008, 556; Jaeger/Henckel Rn. 27; MüKoInsO/Ehricke/Behme Rn. 29; Uhlenbruck/Hirte Rn. 30). Ist die versprochene Gegenleistung objektiv wertlos, dann ist die Forderung
auf die Leistung unentgeltlich. Auf die subjektive Sicht von Leistendem und Empfänger kommt
es lediglich bei der Bewertung der Angemessenheit von Leistung und Gegenleistung an (BGH
NZI 2005, 323; Gerhardt ZIP 1991, 273 (279 f.); MüKoInsO/Ehricke/Behme Rn. 29; aA: Jaeger
ZIP 1990, 137 ff.). Bestand Einigkeit über die Entgeltlichkeit, dann kommt § 39 Abs. 1 S. 1 Nr. 4
nicht zur Anwendung, auch wenn die Leistung "unter Wert" (≠ ohne Gegenwert) erbracht wurde.
Die einseitige Vorstellung des Leistenden von der Entgeltlichkeit der Leistung ist nicht ausreichend
(BGH NJW 1991, 560; Jaeger/Henckel Rn. 29; MüKoInsO/Ehricke/Behme Rn. 29; Uhlenbruck/Hirte Rn. 30; aA (Sicht des Leistenden entscheidend): FK-InsO/Bornemann Rn. 26).
Gehen beide an einem Austauschgeschäft beteiligten Parteien nach den objektiven Umständen
der Vertragsanbahnung, den Vorüberlegungen der Parteien und des Vertragsschlusses von einem
Gleichgewicht von Leistung und Gegenleistung aus und sind anhand von objektiv nachprüfbaren
Kriterien von der Werthaltigkeit des Kaufgegenstands überzeugt, liegt keine unentgeltliche Leistung vor, auch wenn sich der Kaufgegenstand im nachträglicher Prüfung als objektiv wertlos
erweist (BGH DStR 2016, 2977). Dem vom BGH entschiedenen Fall lag ein Kauf von Geschäftsanteilen zugrunde, deren Wert im Rahmen einer Unternehmensbewertung festgelegt wurde, und
der anschließend zu korrigieren war.

Die gesetzliche oder vertragliche Verpflichtung zu einer unentgeltlichen Leistung (zB Unterhalt 37
oder eine Geldauflage nach § 153a StPO) spricht gegen die Annahme einer unentgeltlichen Leistung nach § 39 Abs. 1 S. 1 Nr. 4 (BGH NZI 2008, 488; NZG 2016, 158 (159); FK-InsO/
Bornemann Rn. 26; KPB/Preuß Rn. 24; MüKoInsO/Ehricke/Behme 30; Uhlenbruck/Hirte
Rn. 31). Bleibt der Wertzufluss durch die Gegenleistung entgegen der objektiven ex ante-Bewertung aus, wird die Leistung nicht nach § 39 Abs. 1 S. 1 Nr. 4 im Rang zurückgestuft (Uhlenbruck/
Hirte Rn. 29).

Unstreitig handelt es sich bei einer Schenkung unter Lebenden (§ 516 BGB) sowie einer 38
Schenkung von Todes wegen (§ 2301 BGB) um eine unentgeltliche Leistung. Auch Gelegenheitsgeschenke können als unentgeltliche Leistung eine nachrangige Forderung sein; anders als bei
§ 134 Abs. 2 sind sie nicht vom Anwendungsbereich ausgenommen (K. Schmidt InsO/K.
Schmidt/Herchen Rn. 17; MüKoInsO/Ehricke/Behme Rn. 31). Darüber hinaus hat sich durch
Rechtsprechung und Literatur eine gewisse Kasuistik zur Unentgeltlichkeit der Leistung entwickelt, zB unbenannte Zuwendungen (BGH DNotZ 1992, 513; BGH DNotI-Report 1994, 6;
BGH NJW 1996, 133; OLG Celle NJW 1990, 720); Gewinnzusagen nach § 661a BGB (BGH
ZIP 2009, 37; OLG Karlsruhe ZIP 2007, 2091; Kriegel ZInsO 2008, 552); Leihe nach § 598
BGB und andere Formen unentgeltlicher Gebrauchsüberlassung (Uhlenbruck/Hirte Rn. 31)
sowie Spendenzusagen und Stiftungsgeschäfte (HK-InsO/Kleindiek Rn. 11; Jaeger/Henckel
Rn. 33). Die Auszahlung eines Gesellschafterdarlehens ist nicht per se unentgeltlich. Dies folgt
vor allem daraus, dass der Nachrang nach § 39 Abs. 1 S. 1 Nr. 5 nicht bereits im Zeitpunkt der
Leistungserbringung eintritt. Die Abwertung des Rückzahlungsanspruchs ist auf Fälle beschränkt,
in denen das Insolvenzverfahren über das Vermögen der Gesellschaft eröffnet wird (BGH NZG
2017, 66 (68) mit zahlreichen Nachweisen zum vertretenen Meinungsspektrum).

V. Gesellschafterleistungen (S. 1 Nr. 5)

1. Grundlagen

39 **a) Zeitliche Geltung altes Kapitalersatzrecht und neues Recht (nach MoMiG).** Am 1.11.2008 trat das Gesetz zur Modernisierung des GmbH-Rechts und zur Bekämpfung von Missbräuchen (MoMiG) v. 23.10.2008 (BGBl. I 2026) in Kraft, welches das bis dahin geltende Kapitalersatzrecht ablöste. Für **vor dem 1.11.2008 eröffnete Insolvenzverfahren** gilt weiterhin das alte Kapitalersatzrecht (Art. 103d S. 1 EGInsO). Zudem gilt für **vor dem 1.11.2008 vorgenommene Rechtshandlungen** das alte Kapitalersatzrecht, wenn es für den Gesellschafter günstiger ist als das neue Recht, auch wenn die Eröffnung des Insolvenzverfahrens nach dem 1.11.2008 erfolgt (Art 103d S. 2 EGInsO). Ferner gilt für **vor dem 1.11.2008 entstandene Ansprüche** der Gesellschaft (§ 31 aF (analog)) nach hM das alte Recht fort, ebenfalls unabhängig davon, wann die Eröffnung des Insolvenzverfahrens erfolgt (OLG München ZIP 2011, 225 (226); OLG Jena ZIP 2009, 2098 (2099); Goette/Kleindiek, Gesellschafterfinanzierung nach MoMiG und das Eigenkapitalersatzrecht in der Praxis, 6. Aufl. 2010, Rn. 84 ff.; Scholz/K. Schmidt, GmbHG, GmbHG §§ 32a/b aF Rn. 12; HmbKommInsR/Lüdtke Rn. 23; Baumbach/Hueck/Fastrich, 21. Aufl. 2017, GmbHG Anh. § 30 Rn. 111; Lutter/Hommelhoff/Kleindiek GmbHG Anh. § 64 Rn. 148; Michalski/Heidinger/Leible/Schmidt/Dahl GmbHG Vor §§ 32a/b Rn. 8; Felke GmbHR 2009, 260 f.; HmbKommInsR/Schröder § 135 Rn. 95; Blöse GmbHR 2009, 430 (431); Lorenz GmbHR 2009, 135 (137); Gutmann/Nawroth ZInsO 2009, 174 (178); Wertenbruch NJW 2009, 1796 (1797); aA (Anwendung neuen Rechts) Altmeppen, GmbHG, 10. Aufl. 2021, GmbHG Anh. § 30 Rn. 17; Haas DStR 2009, 976 (979); Habersack/Casper/Löbbe, GmbHG Großkommentar, 3. Aufl. 2019, GmbHG Anh. § 30 Rn. 43; ausf. Altmeppen ZIP 2011, 641 (645 ff.)). Maßgeblich ist danach, ob die Rückgewähr vor oder nach dem Inkrafttreten des MoMiG (1.11.2008) erfolgte (Baumbach/Hueck/Fastrich, 21. Aufl. 2017, GmbHG Anh. § 30 Rn. 111). Die Fortgeltung des alten Rechts bezieht sich nach hM auch auf die **Rechtsprechungsregeln** (→ Rn. 42) (BGH DStR 2009, 699 = BGHZ 179, 249; OLG Köln NZI 2009, 128; OLG Jena ZIP 2009, 2098; Altmeppen, GmbHG, 10. Aufl. 2021, GmbHG Anh. § 30 Rn. 15; Altmeppen ZIP 2011, 641 (646); Lutter/Hommelhoff/Kleindiek GmbHG § 64 Anh Rn. 147; Büscher GmbHR 2009, 800 (801); Gutmann/Nawroth ZInsO 2009, 174 (178); Rellermeyer/Gröblinghoff ZIP 2009, 1933 (1934); Orlikowski-Wolf GmbHR 2009, 902 (904 f.); aA Hirte WM 2008, 1429 (1435); Hirte/Knof/Mock NZG 2009, 48 ff.; Holzer ZIP 2009, 206 (207)).

40 Davon abgesehen, gilt für **nach dem 1.11.2008 eröffnete Insolvenzverfahren** (maßgebend ist die Eröffnung, nicht die Antragstellung) neues Recht, auch wenn das Darlehen bereits vor dem 1.11.2008 gewährt worden war (BGH NZI 2011, 257). Eine am Stichtag 1.11.2008 bestehende Verstrickung des Darlehens (§ 30 GmbHG aF (analog)) entfällt (§ 30 Abs. 1 S. 3 GmbHG nF) (OLG München BB 2010, 1880; GmbHR 2011, 195 (196); OLG Frankfurt ZInsO 2010, 235 (237); Baumbach/Hueck/Fastrich, 21. Aufl. 2017, GmbHG Anh. § 30 Rn. 110; Goette/Kleindiek, Gesellschafterfinanzierung nach MoMiG und das Eigenkapitalersatzrecht in der Praxis, 6. Aufl. 2010, Rn. 86). Für am oder nach dem 1.3.2020 neu begebene **Gesellschafterdarlehen** und Rechtshandlungen, die einem solchen Darlehen wirtschaftlich entsprechen, gilt in Insolvenzverfahren, die **bis zum 30.9.2023 beantragt** wurden, § 2 Abs. 1 Nr. 2 und Abs. 2 COVInsAG (→ Rn. 106a ff.).

41 Außerhalb eines Insolvenzverfahrens gilt Vorstehendes für das AnfG entsprechend (§ 20 Abs. 3 AnfG).

42 **b) Altes Kapitalersatzrecht.** Einschlägige Normen des alten Kapitalersatzrechts waren neben §§ 30, 31 GmbHG die sog. Novellenregeln **§§ 32a, 32b GmbHG aF, §§ 129a, 172a HGB aF**. Sie wurden ergänzt um die sog. **Rechtsprechungsregeln,** welche in Analogie zu §§ 30, 31 GmbHG aF den Umfang der Kapitalbindung von Gesellschafterdarlehen und sonstigen Gesellschafterleistungen als **Quasi-Eigenkapital** anhand des Kriteriums „eigenkapitalersetzend" festlegten (RG JW 1939, 354 (356); BGH NJW 1960, 285; BGH NJW 1984, 1891; ausf. Altmeppen, GmbHG, 10. Aufl. 2021, GmbHG Anh. § 30 Rn. 2 ff.; K. Schmidt GmbHR 2009, 1009 ff.). Eine Gesellschafterleistung ersetzte danach Eigenkapital der Gesellschaft, wenn ihr die Gesellschafter als ordentliche Kaufleute die Mittel anstatt in Form eines Fremdkredits als Eigenkapital zugeführt hätten. Das war nach der Rechtsprechung des BGH insbesondere dann der Fall, wenn die Gesellschaft mangels einer ausreichenden Vermögensgrundlage von dritter Seite einen nicht von ihren Gesellschaftern abgesicherten Kredit zu marktüblichen Bedingungen nicht erhalten hätte und deshalb ohne die Finanzierungsleistung des Gesellschafters hätte liquidiert werden müssen (BGH NJW 1981, 2570; BGH NJW 1990, 516; BGH NJW-RR 1990, 292; BGH NJW 1993, 393).

Die Leistung darf dann nach den von der Rechtsprechung auf der Grundlage der §§ 30, 31 GmbHG entwickelten Grundsätzen nicht aus dem zur Deckung des Stammkapitals erforderlichen Vermögen zurückgewährt werden. Danach galt auch eine **Nutzungsüberlassung** durch den Gesellschafter, soweit sie als eigenkapitalersetzend zu qualifizieren war, als Quasi-Eigenkapital und der Gesellschafter hatte das Wirtschaftsgut der Gesellschaft für den vertraglich vereinbarten Zeitraum (und bei einer missbräuchlichen Zeitbestimmung für den angemessenen Zeitraum) unentgeltlich zu belassen (BGH NJW 1990, 516 (517 f.); BGH NJW 1993, 392 (393); heute nicht mehr gültig, BGH DStR 2015, 702 (705)). Der BGH wandte die Regelungen des Kapitalersatzrechts auf **Aktiengesellschaften** bei unternehmerischen Beteiligungen von mehr als 25 % entsprechend an (BGH NJW 1984, 1893). Die spezialgesetzlichen Sanktionen des **§ 39 Abs. 1 Nr. 5 und § 135 aF** traten demgegenüber in den Hintergrund, weil in der Krise gewährte oder stehengelassene Gesellschafterdarlehen als eigenkapitalersetzend qualifiziert waren und bereits den Ausschüttungsverboten der § 30 GmbHG, § 57 AktG unterlagen mit der Folge von Rückzahlungsansprüchen der Gesellschaft nach § 31 GmbHG und § 62 AktG. Allerdings blieb **§ 6 AnfG aF** bei Masselosigkeit relevant (vgl. K. Schmidt InsO/K. Schmidt/Herrchen Rn. 26). Die Regeln des Kapitalersatzrechts wurden begründet mit der **Finanzierungs-(folgen-)verantwortung** des Gesellschafters. Danach musste der Gesellschafter, wenn er sich entschieden hatte, die Gesellschaft in der Krise weiter zu finanzieren und Fremdkapital statt des eigentlich notwendigen Eigenkapitals zuzuführen, auch die Folgen dieser Finanzierungsentscheidung tragen (BGH DStR 1994, 1902 = BGHZ 127, 336 unter begrifflicher Präzisierung der bis dahin angenommenen Finanzierungsverantwortung hin zur Finanzierungsfolgenverantwortung; zugleich Ablehnung der Annahme einer Finanzierungsverantwortung des Gesellschafters dahingehend, dass er wegen der Krise im Sinne einer Nachschusspflicht die Gesellschaft finanzieren und Eigenkapital zuführen müsse). Krisendarlehen und gleichgestellte Finanzierungsleistungen wurden als Quasi-Eigenkapital behandelt (ausf. zum alten Kapitalersatzrecht Altmeppen, GmbHG, 10. Aufl. 2021, GmbHG Anh. § 30 Rn. 1 ff. sowie Roth/Altmeppen/Altmeppen, 7. Aufl. 2012, GmbHG §§ 32a, 32b aF; Scholz/Bitter, GmbHG, GmbHG Anh. § 64 Rn. 1 ff.; für Personengesellschaften MüKoHGB/K. Schmidt §§ 129a, 172a.

c) Neues Recht (nach MoMiG). Die Novellenregeln der §§ 32a, 32b GmbHG aF, §§ 129a, **43** 172a HGB aF wurden gestrichen und die analoge Anwendung der §§ 30, 31 GmbHG aF nach den Rechtsprechungsregeln gesetzlich ausgeschlossen (§ 30 Abs. 1 S. 3 GmbHG, § 57 Abs. 1 S. 4 AktG). Gesellschafterdarlehen und wirtschaftlich gleichgestellte Leistungen unterliegen keinem grundsätzlichen Auszahlungsverbot aufgrund vorinsolvenzlicher Kapitalbindung mehr (ausgenommen Auszahlungsverbote wegen Herbeiführung der Zahlungsunfähigkeit, § 15b InsO). Stattdessen unterliegt jede Gesellschafter-Fremdfinanzierung den Sonderregeln des Insolvenz- und Anfechtungsrechts (sofern nicht Kleinbeteiligtenprivileg (→ Rn. 75 ff.) und Sanierungsprivileg (→ Rn. 99 ff.) greifen) (BT-Drs. 16/6140, 42, 56). Die Sonderbehandlung der Gesellschafterfremdfinanzierung beginnt erst im Insolvenzfall bzw. bei Gläubigeranfechtung. Auf das Merkmal „Krise" und damit „eigenkapitalersetzend" wird verzichtet (zur Treuepflicht → Rn. 85). Jedes Gesellschafterdarlehen ist bei Eintritt der Insolvenz nachrangig (BT-Drs. 16/6140, 42, 56); BGH NJW Spezial 2015, 437 = BeckRS 2015, 09443). Statt Quasi-Eigenkapital qualifizieren Gesellschafterdarlehen nunmehr als **Fremdkapital mit erhöhtem Insolvenzrisiko** (K. Schmidt GmbHR 2009, 1009 (1011)), dem Nachrang (Abs. 1 Nr. 5) und der Erstattungspflicht (§§ 135, 143 Abs. 3). Eine **Nutzungsüberlassung** ist der Fremdfinanzierung durch den Gesellschafter nicht mehr gleichgesetzt (BT-Drs. 16/6140, 42 (56); BGH DStR 2015, 702 (705); Baumbach/Hueck/Fastrich, 21. Aufl. 2017, GmbHG Anh. § 30 Rn. 81). Statt einer Pflicht zur unentgeltlichen Nutzungsüberlassung als Folge eigenkapitalersetzender Nutzungsüberlassung gilt nunmehr ausschließlich ein zeitlich beschränktes entgeltliches Nutzungsrecht gem. § 135 Abs. 3 (BGH DStR 2015, 702 (707); Baumbach/Hueck/Fastrich, 21. Aufl. 2017, GmbHG Anh. § 30 Rn. 81). Auf Mietzinsansprüche, die einem Gesellschafter gem. § 108 Abs. 1 S. 1 zustehen, findet § 39 Abs. 1 S. 1 Nr. 5 keine Anwendung; sie sind Masseverbindlichkeiten (BGH DStR 2015, 702 (704)).

Streitig ist der **Normzweck bzw. die Legitimationsgrundlage** von § 39 Abs. 1 S. 1 Nr. 5, **44** § 135 (und § 6 AnfG). Die Gesetzesbegründung enthält hierzu keine direkte Aussage. Die vertretenen Ansichten sind vielfältig (zusammenfassend Altmeppen, GmbHG, 10. Aufl. 2021, GmbHG Anh. § 30 Rn. 19 ff.; Thole ZHR 2012, 513). Grob skizziert lassen sich die folgenden Ansichten unterscheiden:

Teilweise wird vertreten, dass unverändert die **Finanzierungsfolgenverantwortung** Normzweck und Legitimationsgrundlage sei, nur das Merkmal der **Krise** bei Insolvenz binnen Jahresfrist **unwiderlegbar vermutet** werde, sog. strikte Kontinuitätslehre (Bork ZGR 2007, 250 (257); Altmeppen NJW 2008, 3601 (3602 f.); Altmeppen, GmbHG, 10. Aufl. 2021, GmbHG Anh. § 30

Rn. 23 ff. mwN). Dagegen spricht bereits, dass nach der gesetzgeberischen Vorstellung die Krise kein Anknüpfungspunkt mehr sein soll (BT-Drs. 16/6140, 56). Dementsprechend hat auch der BGH festgestellt, dass es auf die Krise der Gesellschaft nicht mehr ankomme (BGH NZG, 2015, 924 f.).

46   Anderen zufolge sei der Grund für die insolvenz- und anfechtungsrechtliche Sonderbehandlung von Gesellschafterdarlehen die **Haftungsbeschränkung;** als Ausgleich für das Haftungsprivileg sollen die Gesellschafter nicht mit außenstehenden Gläubigern konkurrieren und das Haftungsprivileg ausnutzen oder gar **missbrauchen** (Huber/Habersack BB 2006, 1 ff.; Huber ZIP 2010, 7 (13 f.); Habersack ZIP 2007, 2145 (2147); Habersack/Casper/Löbbe, GmbHG Großkommentar, 3. Aufl. 2019, GmbHG Anh. § 30 Rn. 21 f.; Gehrlein BB 2008, 846 (848); MüKoInsO/Gehrlein § 135 Rn. 7; Bäuml GmbHR 2009, 632 (634 ff.); Breidenstein ZInsO 2010, 273 (274); Fedke NZG 2009, 928 (929 f.); Niesert/Hohler NZI 2009, 345 (348); Schlößer/Klüber BB 2009, 1594; Ullrich GmbHR 2009, 750 (758); Kölner Komm InsO/Hess Rn. 92; abl. BGH NJW 2013, 2282 = BeckRS 2013, 04502 Rn. 17 sowie mit jeweils zutr. Begründung CPM/Zenker Rn. 31; Baumbach/Hueck/Fastrich, 21. Aufl. 2017, GmbHG Anh. § 30 Rn. 6; Lutter/Hommelhoff/ Kleindiek GmbHG § 64 Anh. Rn. 113).

47   Nach überwiegender (zutreffender) Ansicht ist nun das Konzept der **Finanzierungsverantwortung** verallgemeinert und dahingehend banalisiert, dass Zurechnungsgründe die **Finanzierungszuständigkeit** relevant beteiligter Gesellschafter (§ 39 Abs. 5) und die **Finanzierungsentscheidung** im Sinne einer unternehmerischen Kreditfinanzierung sind (K. Schmidt GmbHR 2009, 1009 (1016); K. Schmidt InsO/K. Schmidt/Herchen Rn. 32 mwN)). Durch die unternehmerische Beteiligung (**Doppelrolle als Gesellschafter und Kreditgeber,** Haas NZI 2019, 171; Lutter/Hommelhoff/Kleindiek GmbHG Anh. § 64 Rn. 115) ist der Gesellschafter „**näher dran**" als die übrigen Drittgläubiger, ist daher vorrangig für die Finanzierung zuständig und hat daher auch in höherem Maße das Ausfall- und Insolvenzrisiko zu tragen (K. Schmidt InsO/K. Schmidt/ Herchen Rn. 32; Habersack ZIP 2007, 2145 (2147); Gehrlein BB 2008, 846 (849); Gehrlein BB 2011, 3 (5); Scholz/Bitter, GmbHG, GmbHG Anh. § 64 Rn. 34 ff. CPM/Zenker Rn. 31; HmbKommInsR/Lüdtke Rn. 22; Noack DB 2007, 1395 (1398); Kampshoff GmbHR 2010, 897 (899) auch im Sinne eines Wissensvorsprungs). Damit nicht unvereinbar ist die Ansicht, Grund sei die **Steuerungsfunktion des Eigenkapitalrisikos,** die erfordere, bei Scheitern der Gesellschaft dem Gesellschafter den Rückzug auf die Kreditgeberrolle zu versagen und gleichberechtigte Konkurrenz mit nicht an der Gesellschaft beteiligten Kreditgebern um die Vermögensmasse zu verhindern (Baumbach/Hueck/Fastrich, 21. Aufl. 2017, GmbHG Anh. § 30 Rn. 6). Der **BGH** erkennt weiterhin die Finanzierungsfolgenverantwortung als Grund für die insolvenz- und anfechtungsrechtliche Sonderbehandlung der Gesellschafter-Fremdfinanzierung an (BGH NJW 2013, 2282 = BeckRS 2013, 04502 Rn. 17 f.), ohne jedoch im Detail auf die vorstehend genannten Argumente einzugehen.

48   Teilweise wird darauf abgestellt, der Gesellschafter habe aufgrund seiner Doppelstellung als Gesellschafter und Kreditgeber einen **Insidervorteil** und dürfe sich durch Abzug seines Darlehens im Vorfeld der Insolvenz keinen Sondervorteil verschaffen (Breidenstein ZInsO 2010, 273 (275); Informationsvorsprung als ein weiteres Kriterium neben Einflussnahmemöglichkeit: Kampshoff GmbHR 2010, 897 (899)). Dem ist der BGH jedoch mit dem zutreffenden Argument entgegengetreten, dass sich der Nachrang mit einem Informationsvorsprung nicht rechtfertigen lasse (BGH ZIP 2011, 575 Rn. 17; ebenso Graf-Schlicker/Bremen/Neußner Rn. 16).

2. Persönlicher Anwendungsbereich

49   a) **Erfasste Gesellschaften (Abs. 4 S. 1).** Der Anwendungsbereich ist rechtsformneutral und erfasst alle Gesellschaften (Kapitalgesellschaften und Personengesellschaften), bei denen kein (im Außenverhältnis) persönlich haftender Gesellschafter eine natürliche Person ist und zu deren persönlich haftenden Gesellschaftern auch keine Gesellschaft mit einer natürlichen Person als (im Außenverhältnis) persönlich haftender Gesellschafter gehört (BT-Drs. 16/6140, 56). Im Einklang mit den vorherigen Regelungen in den §§ 129 a, 172a HGB aF ist der Begriff des persönlich haftenden Gesellschafters im Sinne einer unbeschränkten Haftung gegenüber den Gesellschaftsgläubigern zu verstehen (BT-Drs. 16/6140, 57).

50   Erfasst sind damit als **Kapitalgesellschaften AG, GmbH** (einschließlich haftungsbeschränkter **UG), KGaA** (krit.: HmbKommInsR/Lüdtke Rn. 27; Haas ZInsO 2007, 617 (628)), **eG** (Nachschusspflicht gem. § 105 GenG wirkt nur im Innenverhältnis), Europäische Aktiengesellschaften und Genossenschaften (**SE** (Societas Europea gem. § 22 Abs. 5 S. 2 SEAG (BT-Drs. 16/6140, 56)), **SCE** (Societas Cooperativa Europea gem. VO (EG) Nr. 1435/2003 des Rates v. 22.7.2003

über das Statut der Europäischen Genossenschaft (HmbKommInsR/Lüdtke Rn. 29; K. Schmidt InsO/K. Schmidt/Herchen Rn. 34 und § 15a Rn. 9; KPB/Preuß Rn. 59; CPM/Zenker Rn. 33; K. Schmidt InsO/K. Schmidt/Herchen Rn. 34 und § 15a Rn. 9).

VVaG und **e.V.** sind von Abs. 1 Nr. 5 nicht erfasst, zumindest soweit bei ihnen keine vermö- 51
gensmäßige Beteiligung und damit keine Beteiligung am „Haftkapital" gem. Abs. 5 vorgesehen ist (daher nach Teilen der Literatur von Abs. 1 Nr. 5 dennoch erfasst, wenn bei Auflösung des Vereins die Auskehr von Vereinsvermögen an Mitglieder vorgesehen ist: Haas ZInsO 2007, 617 (628); ähnlich HmbKommInsR/Lüdtke Rn. 30: analoge Anwendung von Abs. 1 Nr. 5 auf den Verein, soweit Mitglieder am wirtschaftlichen Wohlergehen partizipieren unter Inanspruchnahme der Haftungsbeschränkung; den Idealverein (unabhängig von einer etwaigen Vermögensauskehr bei Auflösung) bereits aufgrund seiner nicht wirtschaftlichen Zweckrichtung ausnehmend: Habersack ZIP 2007, 2145 (2147 f.); Graf-Schlicker/Bremen/Neußner Rn. 21; HK-InsO/Kleindiek Rn. 51; Hess InsR/Hess Rn. 111; krit. CPM/Zenker Rn. 33; FK-InsO/Bornemann Rn. 42; Hirte ZInsO 2008, 689 (694); Hirte WM 2008, 1429 (1432)).

Die **Stiftung** ist vom Anwendungsbereich des § 39 Abs. 1 S. 1 Nr. 5 ausgeschlossen, da sie 52
weder Gesellschaft ist noch Gesellschafter hat (CPM/Zenker Rn. 33; Graf-Schlicker/Bremen/ Neußner Rn. 21 mwN; im Ergebnis ebenso (mangels vermögensmäßig beteiligter Mitglieder iSd Abs. 5): Haas ZInsO 2007, 617 (628); Uhlenbruck/Hirte Rn. 58; HmbKommInsR/Lüdtke Rn. 30; aA (Einbeziehung der unternehmenstragenden Stiftung) FK-InsO/Bornemann Rn. 42); für eine analoge Anwendung des § 39 Abs. 1 S. 1 Nr. 5 auf Stiftungen bei Bedarf Bork ZGR 2007, 250 (253 Fn. 13)).

Die **Vorgesellschaft** ist im Regelfall erfasst, weil im Grundsatz keine Außenhaftung der Gesell- 53
schafter besteht, sondern Innenhaftung (BGH DStR 2009, 1486 = ZInsO 2009, 1258 zu § 32a GmbHG aF iVm § 39 Abs. 1 S. 1 Nr. 5 InsO; FK-InsO/Bornemann Rn. 42; K. Schmidt InsO/ K. Schmidt/Herchen Rn. 34; CPM/Zenker Rn. 33; Scholz/Bitter, GmbHG, GmbHG Anh. § 64 Rn. 54; aA (für Außenhaftung) Scholz/K. Schmidt, GmbHG, 10. Aufl. 2010, GmbHG §§ 32 a/ b aF Rn. 19).

Erfasste **Personengesellschaften** sind offene Handelsgesellschaft (OHG) und Kommanditge- 54
sellschaft (KG) sowie Gesellschaft bürgerlichen Rechts (GbR) (als Außengesellschaft) jeweils nur, soweit kein persönlich haftender Gesellschafter eine natürliche Person ist und zu deren persönlich haftenden Gesellschaftern auch keine Gesellschaft mit einer natürlichen Person als persönlich haftender Gesellschafter gehört (FK-InsO/Bornemann Rn. 42; zur GbR: BGH ZInsO 2009, 530 (531 f.); Wertenbruch NJW 2009, 1796 (1797)); insbesondere Kapitalgesellschaft & Co. KG wie zB GmbH & Co. KG, AG & Co. KG, auch ausländische Kapitalgesellschaft & Co. KG wie zB B.V. & Co. KG oder Ltd. & Co. KG. **Nicht** erfasst sind Personengesellschaften mit mindestens einer natürlichen Person als **unmittelbarem** Vollhafter (zB gesetzestypisch verfasste GbR, OHG, KG, Partnerschaftsgesellschaft, EWIV), Personengesellschaften mit mindestens einer natürlichen Person als auf **zweiter Gesellschafterebene mittelbarem** Vollhafter sowie reine **Innengesellschaften** (zB typische stille Gesellschaft, Unterbeteiligungsgesellschaft, BGB-Innengesellschaft) (K. Schmidt InsO/K. Schmidt/Herchen § 15 Rn. 12; HmbKommInsR/Lüdtke Rn. 26; CPM/ Zenker Rn. 32 ff.; zu den Personengesellschaften Wertenbruch NJW 2009, 1796 (1797)). Überwiegend wird unter Bezugnahme auf den Wortlaut des Abs. 4 vertreten, dass nur die Personengesellschaft von Abs. 1 Nr. 5 ausgenommen sei, die auf erster oder zweiter Ebene eine natürliche Person als Vollhafter habe; bei mehrstöckigen Gesellschaften mit einem Vollhafter erst auf der **dritten oder höheren Gesellschafterebene** sei hingegen Abs. 1 Nr. 5 anwendbar (Haas ZInsO 2007, 617 (628); Gottwald/Haas InsR-HdB/Haas/Mock § 94 Rn. 175; Uhlenbruck/Hirte Rn. 59; HK-InsO/Lüdtke Rn. 21; Graf-Schlicker/Bremen/Neußner Rn. 22; Hirte ZinsO 2008, 689 (694)). Der Gegenansicht zufolge sind auch Gesellschaften mit persönlichen Vollhaftern auf der dritten Gesellschafterebene oder höher aus dem Anwendungsbereich auszunehmen (K. Schmidt InsO/K. Schmidt/Herchen Rn. 36). Letztere Ansicht überzeugt: Dem Prinzip des § 15a Abs. 1 S. 1 Hs. 2, Abs. 2 folgend, wonach (nur) die mit der juristischen Person vergleichbaren Gesellschaften erfasst sein sollten (BT-Drs. 16/6140, 55), kann es nicht darauf ankommen, ob die natürliche Person unmittelbar oder zB mittelbar gem. § 128 HGB haftet. Vergleichbar sind Personengesellschaften und juristische Personen nur dann, wenn sie kapitalistisch ohne mittelbar natürlichem Vollhafter strukturiert sind (daher sollte zB nicht von Abs. 1 Nr. 5, Abs. 4 erfasst sein: OHG als Komplementärin, an der Kommanditgesellschaften mit natürlichen Personen als Komplementärinnen beteiligt sind). Auf die tatsächliche **Realisierbarkeit der Außenhaftung** (zB keine Vermögenslosigkeit) kommt es nicht an; maßgeblich für den Ausschluss ist allein, ob der (unmittelbare oder mittelbare) Gesellschafter im Außenverhältnis unbeschränkt haftet (K. Schmidt ZIP 2010, 15 (20); CPM/Zenker Rn. 32 mwN).

InsO § 39   Zweiter Teil. Eröffnung des Insolvenzverfahrens

55   Entsprechende **ausländische** Kapitalgesellschaften und Personengesellschaften ohne natürliche Person als (mittelbarem) Vollhafter (zB engl. Ltd.) sind ebenfalls erfasst, wenn deren Insolvenz nach deutschem Recht abgewickelt wird (BT-Drs. 16/6140, 57; ausf. zu den Anforderungen CPM/Zenker Rn. 29 mwN). Dies gilt sowohl für den Anwendungsbereich des Art. 3 Abs. 1 S. 1 EuInsVO (BT-Drs. 16/6140, 57; MüKoInsO/Gehrlein § 135 Rn. 32; Nerlich/Römermann/Nerlich § 135 Rn. 20) als auch für Drittstaatengesellschaften (HmbKommInsR/Schröder § 135 Rn. 16). Drittstaatengesellschaften werden dann als Personengesellschaften behandelt (BGH NJW 2009, 289 (Sitztheorie)). § 39 Abs. 1 S. 1 Nr. 5 gilt für Drittstaatengesellschaften folglich nicht, wenn der persönlich haftende Gesellschafter eine natürliche Person oder eine Gesellschaft ist, an der als persönlich haftender Gesellschafter eine natürliche Person beteiligt ist, 39 Abs. 4 S. 1 (HmbKommInsR/Schröder § 135 Rn. 16).

56   In **zeitlicher Hinsicht** ist allein ausschlaggebend, ob die Gesellschaft die für Abs. 1 Nr. 5, Abs. 4 erforderliche Rechtsform zum Zeitpunkt der Eröffnung des Insolvenzverfahrens hat (CPM/Zenker Rn. 35 mwN; Habersack/Casper/Löbbe, GmbHG Großkommentar, 3. Aufl. 2019, GmbHG § 30 Rn. 41 ff.; zum alten Recht (Umwandlung Kapitalgesellschaft in KG) OLG Dresden ZInsO 2009, 339; krit. Heckschen EWiR 2009, 445 f.).

57   **b) Gesellschafter (Abs. 1 Nr. 5).** Darlehensgeber muss ein Gesellschafter sein (zur Erstreckung auf gesellschaftergleiche Dritte → Rn. 61 ff.). Wer Gesellschafter ist, richtet sich nach gesellschaftsrechtlichen Maßstäben. Gesellschafter sind zunächst alle an der Schuldnerin **unmittelbar** beteiligten **formalen** Gesellschafter (FK-InsO/Bornemann Rn. 44; HmbKommInsR/Lüdtke Rn. 33; KPB/Preuß Rn. 62; iE auch MüKoInsO/Ehricke/Behme Rn. 49; Hess InsO/Hess Rn. 109; Graf-Schlicker/Neußner/Bremen Rn. 23), aber auch **mittelbare** (zB über eine Zwischenholding beteiligte) Gesellschafter, sofern – durchgerechnet – die Kleinbeteiligtenschwelle überschritten ist (OLG Hamm NZI 2017, 625). Gesellschafter ist auch der nur als (eigen- oder fremdnütziger) **Treuhänder** Beteiligte (FK-InsO/Bornemann Rn. 44; HmbKommInsR/Lüdtke Rn. 33; KPB/Preuß Rn. 92; Henssler/Strohn/Fleischer Rn. 26; Uhlenbruck/Hirte Rn. 41; CPM/Zenker Rn. 37; Graf-Schlicker/Neußner/Bremen Rn. 25; zum Streitstand wer im Fall der Rückzahlung Anfechtungsgegner ist, eingehend Haas ZIP 2017, 545 (551)). Auf eine persönliche Haftung kommt es angesichts des Wortlauts nicht an. Als Gesellschafter gilt nicht, wer als Gesellschafter einer behördlich anerkannten Unternehmensbeteiligungsgesellschaft deren Tochtergesellschaft Kredit gewährt. Wird ein Darlehensgeber erst nach seiner Darlehensgewährung Gesellschafter, gilt § 39 Abs. 1 S. 1 Nr. 5 (BGH ZInsO 2014, 598). Unerheblich ist, ob der Gesellschafter selbst insolvent ist; es bleibt auch im Fall der **Doppelinsolvenz** bei der Nachrangigkeit (keine Anfechtbarkeit des (nicht mehr relevanten, → Rn. 43) Stehenlassens des Darlehens nach § 134, so auch: LG Potsdam NZI 2016, 975; Jacoby ZIP 2018, 505 (mit Unterscheidung zwischen anfänglich und nachträglich begründetem Nachrang)).

58   In **zeitlicher Hinsicht** muss die Gesellschafterstellung bei **Verfahrenseröffnung** oder zu einem Zeitpunkt **innerhalb des letzten Jahres vor Insolvenzantragstellung** bzw. nach Antragstellung bestehen bzw. bestanden haben; insoweit ist das zeitliche Konzept des § 135 Abs. 1 Nr. 2 auch auf die persönlichen Voraussetzungen für den Nachrang zu übertragen (BGH NZI 2019, 169 (170); NJW Spezial 2015, 437 = BeckRS 2015, 09443; BGH NJW 2012, 682; K. Schmidt InsO/K. Schmidt/Herchen Rn. 38; aA Preuß ZIP 2013, 1145 (1148 ff.)). Nachrangig ist die Forderung danach nur, wenn der Gläubiger innerhalb der Anfechtungsfrist des § 135 Abs. 1 Nr. 2 Gesellschafter war (BGH NJW 2012, 682). Unerheblich ist dabei, ob der Gesellschafter seine Beteiligung erst nach Gewährung des Darlehens erworben hat, solange **Gesellschafterstellung und Darlehensgeberstellung zu irgendeinem Zeitpunkt** innerhalb der Jahresfrist vor Insolvenzantragstellung (§ 135 Abs. 1 Nr. 2) oder nach Antragstellung zusammenfallen (iE BGH NJW 2014, 1737 zu §§ 44a, 135 Abs. 2; BGH NJW 2012, 682; K. Schmidt InsO/K. Schmidt/Herchen Rn. 38). Ein bereits ausgekehrtes Darlehen eines bei Auskehrung noch Dritten wird in den Nachrang verstrickt, wenn der Darlehensgeber nach Auskehrung innerhalb eines Jahres vor Stellung des Insolvenzantrags (§ 135 Abs. 1 Nr. 2) oder danach zum **Gesellschafter geworden** ist (BGH NJW 2012, 682; HmbKommInsR/Lüdtke Rn. 35; FK-InsO/Bornemann Rn. 57 f.). Wurde hingegen das Darlehen erst **ausgekehrt, nachdem** der Gesellschafter seine Gesellschafterstellung aufgegeben hatte, fehlt es für die Verstrickung in den Nachrang an einem Anknüpfungspunkt (FK-InsO/Bornemann Rn. 57). **Scheidet** der **Gesellschafter aus,** ist sein Darlehensrückgewähranspruch nur nachrangig, wenn das Ausscheiden innerhalb eines Jahres vor Stellung des Insolvenzantrags oder nach Antragstellung lag (BGH NJW 2012, 682 (Jahresfrist des § 135 Abs. 1 Nr. 2 übertragbar; HmbKommInsR/Lüdtke Rn. 35; Uhlenbruck/Hirte Rn. 46; aA Schäfer ZInsO 2012, 1354 (1356) (kein Wegfall des Nachrangs bei Ausscheiden als Gesellschafter vor der

Jahresfrist) sowie FK-InsO/Bornemann Rn. 58 (Verlängerung Einjahreszeitraum um Kündigungsfrist für die Darlehensrückforderung nach Austritt)).

Der **Nachrang bleibt nach § 404 BGB erhalten**, wenn der Gesellschafter innerhalb der Anfechtungsfrist nach § 135 Abs. 1 Nr. 2 (dh innerhalb eines Jahres vor Insolvenzantragsstellung oder nach Antragstellung) seine (bereits entstandene oder künftige) **Darlehensrückforderung** an einen Dritten **abtritt** (BGH NJW 2011, 844; BGH NJW 2013, 2282 = NZG 2013, 469; OLG Stuttgart NZI 2012, 324; aA CPM/Zenker Rn. 43 ff.; detailliert zur Kritik in der Literatur Uhlenbruck/Hirte Rn. 46 mwN sowie (auch zum früheren Streitstand) KPB/Preuß Rn. 80 ff.; zu Gestaltungsmöglichkeiten in der Vertragspraxis Hecksche/Kreusslein RnotZ 2016, 351 (356 ff.)). Bei Abtretung eines nach § 39 Abs. 1 S. 1 Nr. 5 verstrickten Gesellschafterdarlehens an einen Dritten vor Beginn der Jahresfrist nach § 135 Abs. 1 Nr. 2 kann der Dritte allerdings eine nicht nachrangige Insolvenzforderung erwerben (BGH NJW 2013, 2282 = NZG 2013, 469; Uhlenbruck/Hirte Rn. 46; krit. zur Übertragung der Begründung zum Nachrang auf die Anfechtbarkeit nach § 135 Thole ZHR 176 (2012), 513 (532)). Zur Anfechtbarkeit → § 135 Rn. 10. 59

Die **Dauer der Gesellschafterstellung** ist nach hM irrelevant, sofern der Darlehensgeber nur zu einem Zeitpunkt innerhalb des Jahreszeitraums vor Antragstellung (§ 135 Abs. 1 Nr. 2) Gesellschafter und zugleich als Darlehensgeber Inhaber des Rückzahlungsanspruchs war (Baumbach/Hueck/Fastrich, 21. Aufl. 2017, GmbHG Anh. § 30 Rn. 29). Erforderlich, aber nach hM auch ausreichend, ist die Koinzidenz von Gesellschafterstellung und Stellung als Darlehensgeber und Inhaber des Rückzahlungsanspruchs zu irgendeinem Zeitpunkt innerhalb der Frist gem. § 135 Abs. 1 Nr. 2 (ausführlich Haas ZIP 2017, 545 (547)). In Einzelfällen werden Ausnahmen gefordert, zB wenn eine **Emissionsbank** bei der Platzierung von Aktien nur kurzfristig die Rolle eines kreditgewährenden Gesellschafters einnimmt (Bitter/Laspeyres ZInsO 2013, 2289 (2290 f.); Obermüller, Insolvenzrecht in der Bankenpraxis, 9. Aufl. 2016, Rn. 5.893; aA CPM/Zenker Rn. 36; FK-InsO/Bornemann Rn. 59 (nicht erforderlich, bei Trennung der institutsinternen Funktionsbereiche Kreditabteilung und Investmentabteilung in Übereinstimmung mit den gesetzlichen Anforderungen (§ 33 Abs. 1 WpHG, § 25a Abs. 1 KWG)). 60

c) Gesellschaftergleiche Dritte (Abs. 1 Nr. 5, personelle Entsprechung). Durch die Formulierung in Abs. 1 Nr. 5 (Forderungen aus Rechtshandlungen, die einem Gesellschafterdarlehen wirtschaftlich entsprechen) wurde der vormalige § 32a Abs. 3 S. 1 GmbHG aF auch in personeller Hinsicht (Erstreckung auf Dritte) grundsätzlich übernommen (BT-Drs. 16/6140, 56; BGH DStR 2015, 702 (705)); es werden auch Rechtshandlungen Dritter erfasst, die der Darlehensgewährung durch einen Gesellschafter wirtschaftlich entsprechen (BGH NZI 2011, 257; OLG Koblenz BeckRS 2016, 04951 und 04950; OLG Jena BeckRS 2016, 04953; Scholz/K. Schmidt, GmbHG, 10. Aufl. 2010, GmbHG §§ 32a/b aF Rn. 22; Lutter/Hommelhoff/Kleindiek GmbHG Anh. § 64 Rn. 120; Baumbach/Hueck/Fastrich, 21. Aufl. 2017, GmbHG Anh. § 30 Rn. 34). Allerdings sind die bisherigen Erkenntnisse zu § 32a Abs. 3 S. 1 GmbHG aF nicht uneingeschränkt zu übertragen, weil sich der veränderte Normzweck (Aufgabe Kapitalersatzgedanke → Rn. 43) auf die Einbeziehung Dritter auswirken kann (Baumbach/Hueck/Fastrich, 21. Aufl. 2017, GmbHG Anh. § 30 Rn. 34; Habersack ZIP 2007, 2145 (2149)). Folgt man der überwiegend vertretenen Ansicht, dass der Grund für den Nachrang die **Finanzierungszuständigkeit des unternehmerisch beteiligten Gesellschafters** ist und dieser mit seinen Finanzierungsleistungen ein erhöhtes Ausfall- und Insolvenzrisiko übernimmt (→ Rn. 47), kommt die Einbeziehung Dritter deshalb in Betracht, (i) weil entweder der **Dritte selbst finanzierungszuständig** (Darlehensgeber ist eine gesellschafter-ähnliche Stellung zuzurechnen) ist oder (ii) weil der **finanzierungszuständige Gesellschafter** durch den Dritten **seine Entscheidungen umsetzt** (Darlehensgewährung ist dem Gesellschafter zuzurechnen) (CPM/Zenker Rn. 56; Baumbach/Hueck/Fastrich, 21. Aufl. 2017, GmbHG Anh. § 30 Rn. 35; iE ähnlich K. Schmidt InsO/K. Schmidt/Herchen Rn. 47). Eine Anlehnung an § 138, der für Anfechtungszwecke vornehmlich an den gesellschaftsrechtlich vermittelten **Informationsvorsprung** anknüpft (wie Vertreter des „Insidervorteils" als Legitimationsgrundlage für den Nachrang, → Rn. 48), kommt daher **nicht** in Betracht (BGH ZIP 2011, 575; CPM/Zenker Rn. 56; Haas ZIP 2017, 545 (547)). Die Anknüpfung an die Finanzierungszuständigkeit führt zu einem weitgehenden (wenn auch nicht vollständigen) **Gleichlauf** der heute anwendbaren Kriterien mit der von der Rechtsprechung zu § 32a Abs. 3 S. 1 GmbHG aF etablierten Kasuistik (überwiegende Meinung, Altmeppen, GmbHG, 10. Aufl. 2021, GmbHG Anh. § 30 Rn. 44; Uhlenbruck/Hirte Rn. 40 ff.; Dahl/Schmitz NZG 2009, 325; Gehrlein BB 2008, 846 (850); Gottwald/Haas InsR-HdB/Haas/Kolmann/Kurz § 90 Rn. 451; Scholz/K. Schmidt, GmbHG, 10. Aufl. 2010, GmbHG §§ 32a/b aF Rn. 23; Kölner Komm InsO/Hess Rn. 91; CPM/Zenker Rn. 56 mwN; zur Kasuistik Goette/Kleindiek, Gesellschafterfinanzierung nach MoMiG und das Eigenkapitalersatzrecht in der Praxis, 6. Aufl. 2010, Rn. 250 ff.). Mangels eines einschrän- 61 kenden Krisenmerkmals ist ein **restriktiverer** Maßstab anzulegen. Erforderlich sind (i) **Beteiligung am wirtschaftlichen Erfolg** des Unternehmens (anzunehmen bei Beteiligung am Gewinn oder Vermögen) und (ii) **rechtlicher Einfluss auf die Entscheidungen der Gesellschaft bzw. Leitungsmacht** (BGH DStR 2020, 1928 Rn. 30). Der BGH (IX Zivilsenat) etabliert einen Dreifachtatbestand (auch → Rn. 69): (i) Beteiligung am Gewinn, (ii) Möglichkeit der Ausübung gesellschaftergleicher Rechte auf rechtlicher Grundlage und (iii) Teilhabe an der Geschäftsführung (BGH DStR 2020, 1928 Rn. 38), wobei streng genommen die gesellschaftergleichen Rechte in der Regel gerade solche auf Gewinn- bzw. Erlösbeteiligung und Einflussnahme auf die Geschäftsführung sind und die Differenzierung damit zum bisher vom II. Zivilsenat angeführten Doppeltatbestand passt. Dies ist anhand der Gesamtumstände des Einzelfalles zu bewerten, wobei ein Mehr an der Beteiligung am wirtschaftlichen Erfolg der Gesellschaft ein Weniger an der Einflussnahme auf die Entscheidungen der Gesellschaft bzw. Leistungsmacht ausgleichen kann und vice versa (BGH DStR 2020, 1928). In der Literatur wird diese Entscheidung derweil kritisch betrachtet. Das zusätzliche Merkmal „Teilhabe an der Geschäftsführung" sei in aller Regel obsolet, weil es vor dem Hintergrund des beschriebenen Normzwecks eher auf den durch gesellschaftsrechtliche Stimmrechte vermittelten Einfluss auf die Geschäftsführung ankomme (so Bitter WM 2020, 1764). Nach wie vor kommt es auf eine Gesamtschau der Umstände des Einzelfalls an. Die bloß faktische Einflussnahme auf die Entscheidungen der Gesellschaft reicht nicht aus (BGH DStR 2020, 1928 ff.).

61a Nicht zwingend erforderlich ist, dass die Einflussnahmemöglichkeit gesellschaftsrechtlich vermittelt wird; eine durch anderweitige vertragliche Regelungen abgesicherte Einflussnahmemöglichkeit ist ausreichend, wenn mit Einflussnahmemöglichkeit eines Gesellschafters vergleichbar (BGH DStR 2020, 1928 ff.). Neben der Möglichkeit, auf die Gesellschaft unternehmerisch Einfluss zu nehmen und ihre Geschicke zu steuern, muss bei der ersten Fallgruppe (Finanzierungszuständigkeit des Dritten) ein **unternehmerisches Interesse** an der Gesellschaft hinzukommen (CPM/ Zenker Rn. 56; Gottwald/Haas InsR-HdB/Haas/Kolmann/Kurz § 90 Rn. 451; Baumbach/ Hueck/Fastrich, 21. Aufl. 2017, GmbHG Anh. § 30 Rn. 47; aA Breidenstein ZInsO 2010, 273 (276)).

61b Daher grundsätzlich nicht ausreichend: Einflussnahme über Covenants unter Bankenfinanzierung (dazu ausführlich → Rn. 69, zur Treuhand → Rn. 63). Weitaus enger ist die Ansicht, nach der Grund für die insolvenz- und anfechtungsrechtliche Sonderbehandlung von Gesellschafterdarlehen die **Haftungsbeschränkung** (Missbrauch des Haftungsprivilegs) ist und welche daher fordert, die Person müsse ein mitgliedschaftliches Interesse an der Finanzierung der Gesellschaft haben und es müsse ihr die Haftungsbeschränkung zugutekommen (Goette/Habersack, Gesellschafterfinanzierung nach MoMiG und das Eigenkapitalersatzrecht in der Praxis, 6. Aufl. 2010, Rn. 5.24 (unmittelbare Verbindung des Rechtsgeschäfts zur Haftungsbeschränkung, sodass die Finanzierung auf Rechnung des Gesellschafters geht (Habersack ZIP 2008, 2385 (2389); Goette/Habersack, Gesellschafterfinanzierung nach MoMiG und das Eigenkapitalersatzrecht in der Praxis, 6. Aufl. 2010, Rn. 5.24)).

62 Einzubeziehen sind insbesondere **Umgehungsfälle,** bei denen förmliche Gesellschafterstellung und Darlehensgeberstellung getrennt werden, um eine etwaige Subordination und/oder Anfechtbarkeit gem. § 135 Abs. Nr. 2 etc zu vermeiden (Baumbach/Hueck/Fastrich, 21. Aufl. 2017, GmbHG Anh. § 30 Rn. 35). Keine Umgehung ist anzunehmen, wenn ein außenstehender Dritter, der bei wirtschaftlicher Betrachtung einem Gesellschafter auch nicht gleichsteht, ein Darlehen an einen GmbH-Gesellschafter ausreicht, der den Darlehensbetrag wiederum als Gesellschafterdarlehen an die Gesellschaft weiterreicht, auch wenn der außenstehende Dritte im verkürzten Zahlungsweg direkt an die GmbH auszahlt und die GmbH den Darlehensbetrag an den Dritten zurückzahlt; in diesem Fall ist die Rückzahlung dem Dritten gegenüber nicht nach § 135 Abs. 1 Nr. 2 anfechtbar (wie auch im Übrigen eine direkte Darlehensbeziehung zwischen dem außenstehenden Dritten und der Gesellschaft möglich gewesen wäre, ohne dass im Nachrang oder eine Anfechtbarkeit nach § 135 Abs. 1 Nr. 2 dem Dritten gegenüber die Folge wäre) (BGH ZIP 2020, 723; dazu Cranshaw jurisPR 11/2020, Anm. 1; Schmidt/Grundlach DStR 2020, 1449).

63 Einzubeziehen ist ferner die fremdnützige **Treuhand** (BGH NZG 2009, 782 (zum Recht vor MoMiG); Baumbach/Hueck/Fastrich, 21. Aufl. 2017, GmbHG Anh. § 30 Rn. 35, 38; Scholz/ Bitter, GmbHG, GmbHG Anh. § 64 Rn. 259; Lutter/Hommelhoff/Kleindiek GmbHG Anh § 64 Rn. 125; Gottwald/Haas InsR-HdB/Haas/Kolmann/Kurz § 90 Rn. 454); erfasst ist neben dem Treuhänder (dieser als Gesellschafter) auch der Treugeber (Baumbach/Hueck/Fastrich, 21. Aufl. 2017, GmbHG Anh. § 30 Rn. 38 mwN; Gehrlein BB 2008, 846 (850); zum Streitstand wer im Fall der Rückzahlung Anfechtungsgegner ist, eingehend Haas ZIP 2017, 545 (551)). Nicht einzubeziehen ist die nur am Verwertungserlös partizipierende Bank bei doppelnütziger Treuhand ohne gesellschafterähnliche Weisungsbefugnis (BGH DStR 2020, 1928 (1931) = ZIP 2020, 1468; Prosteder/Grotebrune DB 2020, 2562 ff.; Wiehe BKR 2020, 636) und ohne (unmittelbare) Gewinnbeteiligung. Die vom BGH in diesem Zusammenhang gezogenen Leitlinien lassen sich verallgemeinernd auf den durch vertraglich eingeräumte Informations- und Kontrollrechte drohenden Nachrang von (Dritt-) Kreditgeberforderungen übertragen (dazu detailliert → Rn. 69).

Auch sonstige Leistungen **für Rechnung des Gesellschafters** sind erfasst, zB bei Darlehensgewährung durch einen Komplementär der Gesellschafter-KG, der ein Darlehen an die GmbH im Interesse der KG gibt und damit einen Anspruch auf Aufwendungsersatz gem. § 110 HGB erwirbt (Baumbach/Hueck/Fastrich, 21. Aufl. 2017, GmbHG Anh. § 30 Rn. 39; BGH DStR 1999, 510 (zum Recht vor MoMiG)). Gleiches soll gelten für eine Darlehensgewährung für Rechnung einer nach Abs. 1 Nr. 5 gleichgestellten Person (Baumbach/Hueck/Fastrich, 21. Aufl. 2017, GmbHG Anh. § 30 Rn. 39; Ulmer/Habersack/Löbbe, GmbHG, 2. Aufl. 2013, GmbHG §§ 32a/b Rn. 142 mwN). **63a**

Inwieweit **konzernangehörige Unternehmen** einzubeziehen sind, wird nicht einheitlich beurteilt. **Vor MoMiG** wurden verbundene Unternehmen, die nicht selbst Gesellschafter sind, weitgehend gem. § 32a Abs. 3 S. 1 aF einbezogen; die Rechtsprechung stellte dabei zumeist auf eine **unmittelbare oder mittelbare Beteiligung** an der Kreditgeberin ab, mittels derer der Gesellschafter einen **beherrschenden Einfluss** hat, insbesondere die Geschäftspolitik bestimmen und Weisungen erteilen kann (BGH DStR 2020, 1928 ff.; NZI 2019, 591 Rn. 10; 2011, 257; 2009, 171; BGH ZIP 2006, 279; NJW 2001, 1490; 1999, 2822; weitere Nachweise – auch zu abweichenden Meinungen – bei Baumbach/Hueck/Fastrich, 21. Aufl. 2017, GmbHG Anh. § 30 Rn. 41). War die Muttergesellschaft unmittelbar an der Darlehensnehmerin beteiligt, war das Darlehen einer von der Muttergesellschaft abhängigen Tochter- oder Enkelgesellschaft als Gesellschafterdarlehen zu behandeln, wenn die Muttergesellschaft auf die Darlehensvergabe in der (darlehensgebenden) Tochter- oder Enkelgesellschaft unmittelbaren Einfluss hat (bejaht zB bei einer Beteiligung von über 50 % oder von 50 % zuzüglich Geschäftsführerstellung (alleinvertretungsberechtigt); bei der Aktiengesellschaft genügte dagegen auch Mehrheitsbeteiligung und Aufsichtsratsposition nicht (BGH DStR 2012, 915; BGH NZG 2008, 507; vgl. Baumbach/Hueck/Fastrich, 21. Aufl. 2017, GmbHG Anh. § 30 Rn. 41)). Die **Übertragbarkeit auf das Recht nach MoMiG** ist umstritten. Teilweise wird vertreten, es komme nicht mehr maßgeblich auf die Einflussmöglichkeiten der Muttergesellschaft an, sondern ob die abhängige Gesellschaft als unmittelbare Gesellschafterin **für Rechnung der Muttergesellschaft** handle (Ulmer/Habersack/Winter GmbHG, 1. Aufl. 2008, ErgBd MoMiG § 30 Rn. 44). Die überwiegende Meinung stellt hingegen nach wie vor auf den gesellschaftsrechtlich vermittelten (vornehmlich aufgrund einer Mehrheit der Anteile oder der Stimmrechte, unmittelbar oder mittelbar – also entsprechend §§ 17, 18 AktG) **beherrschenden Einfluss** ab (BGH DStR 2020, 1928; NZI 2019, 169 (bejahend sowohl bei vertikaler als auch bei horizontaler Beteiligung); BGH ZIP 2020, 723 Rn. 7; ZIP 2019, 182 Rn. 12 ff. (Gesellschafter kann sich nicht durch Zwischenschaltung einer oder mehrerer Gesellschaften entziehen); BGH NZG 2013, 469 Rn. 21; OLG Stuttgart NZI 2012, 324; Baumbach/Hueck/Fastrich, 21. Aufl. 2017, GmbHG Anh. § 30 Rn. 41; Hacker WPG 2019, 479 (482); Gottwald/Haas InsR-HdB/Haas/Kolmann/Kurz § 90 Rn 459; Lutter/Hommelhoff/Kleindiek GmbHG Anh. § 64 Rn. 123; Graf-Schlicker/Bremen/Neußner Rn. 28; ausf. mit Fallbeispielen und weiteren Nachweisen: K. Schmidt InsO/K. Schmidt/Herchen Rn. 51; diff. CPM/Zenker Rn. 59 ff.). Ob auch eine anderweitig rechtlich vermittelte Einflussnahmemöglichkeit – etwa durch einen Informations- und Einflussvorsprung – ausreicht, eine gesellschafterähnliche Rechtsposition anzunehmen, hatte der BGH bisher offen gelassen (bejahend: OLG Koblenz BeckRS 2016, 04951 und 04950 (BGB Innengesellschaft); OLG Oldenburg ZIP 2018, 544 (Einfluss des Gesellschafters ohne Stimmenmehrheit allein aufgrund gleichzeitiger Bekleidung des Geschäftsführer bzw. Vorstandsamtes bei Kreditnehmer und Kreditgeber, durch die Revisionsentscheidung des BGH WM 2019, 180 nicht ausdrücklich bestätigt, sondern offen gelassen, weil der BGH einen beherrschenden Einfluss bereits über die mittelbare Gesellschaftsbeteiligung hergeleitet hat; nicht als Kriterium aufgegriffen in BGH DStR 2020, 1928 (doppelnützige Treuhand)). **64**

Atypisch stiller Gesellschafter ist erfasst, wenn in einer Gesamtbetrachtung seine Rechtsposition nach dem Beteiligungsvertrag der eines Gesellschafters im Innenverhältnis weitgehend angenähert ist (BGH NJW 2012, 3443). Dies nimmt der BGH zB an, wenn ein stiller Gesellschafter zwar nicht am Vermögen, aber ganz überwiegend (zu 95 %) am Gewinn und Verlust der Gesellschaft beteiligt ist und die Möglichkeit hat, aufgrund der ihm von den Gesellschaftern erteilten Vollmacht und der gesetzlichen Vertretungsmacht die Rechte der Gesellschafterin der Gesellschafterversammlung in vollem Umfang auszuüben (BGH NZG 2013, 1385). Dies entspricht der Linie der BGH-Rspr. bereits vor MoMiG, der sich die hM in der Literatur auch für die Rechtslage **65**

nach MoMiG angeschlossen hat. Im Ergebnis kommt es darauf an, ob der atypisch stille ähnlich wie ein Gesellschafter die Geschicke der Gesellschaft mitbestimmt und an Vermögen und Ertrag beteiligt ist (Baumbach/Hueck/Fastrich, 21. Aufl. 2017, GmbHG Anh. § 30 Rn. 44 mwN auf Literatur und frühere Rechtsprechung; zum Teil wird vertreten, es genüge, wenn Gewinn- und Verlustbeteiligung nicht ausgeschlossen sind (Krolop GmbHR 2009, 397; dagegen zutr. wegen Unvereinbarkeit mit § 236 HGB Baumbach/Hueck/Fastrich, 21. Aufl. 2017, GmbHG Anh. § 30 Rn. 44). Nachrangig sind demnach Darlehensrückzahlungsansprüche ebenso wie der Anspruch auf Auseinandersetzungsguthaben (BGH NJW 2012, 3443; Baumbach/Hueck/Fastrich, 21. Aufl. 2017, GmbHG Anh. § 30 Rn. 44; HmbKommInsR/Lüdtke Rn. 40; K. Schmidt InsO/K. Schmidt/Herchen Rn. 49 mwN).

66   Typisch **stiller Gesellschafter** ist **nicht** erfasst; seine Forderungen nehmen als Insolvenzforderung am Insolvenzverfahren teil (§ 236 HGB); dies gilt auch für Darlehensforderungen des stillen Gesellschafters (Baumbach/Hueck/Fastrich, 21. Aufl. 2017, GmbHG Anh. § 30 Rn. 43; Uhlenbruck/Hirte Rn. 43; K. Schmidt InsO/K. Schmidt/Herchen Rn. 49 mwN).

67   **Unterbeteiligte** sind grundsätzlich nicht Gesellschaftern gleichgestellt. Allerdings kann Gleichstellung im Einzelfall erfolgen bei enger Ausgestaltung des Beteiligungsvertrags, die ihn wirtschaftlich zum Mitgesellschafter macht (Baumbach/Hueck/Fastrich, 21. Aufl. 2017, GmbHG Anh. § 30 Rn. 45 mwN; iE ebenso HmbKommInsR/Lüdtke Rn. 40).

68   **Anteilsnießbraucher und Pfandrechtsinhaber** am Gesellschaftsanteil sind nicht Gesellschafter und diesen auch nicht ohne weiteres gleichzustellen (Uhlenbruck/Hirte Rn. 41, 43; Baumbach/Hueck/Fastrich, 21. Aufl. 2017, GmbHG Anh. § 30 Rn. 46 mwN; aA (Einbeziehung Nießbraucher) HmbKommInsR/Lüdtke Rn. 40; Gehrlein BB 2011, 3 (6); CPM/Zenker Rn. 64 mwN). Die eingeräumten Kontrollrechte dürfen allerdings nicht die durch die Rechtsprechung gezogenen Grenzen überschreiten, die der BGH in seiner Entscheidung aus dem Jahr 1992 angelegt hat (BGH NJW 1992, 3035 – atypischer Pfandgläubiger) und in seiner Entscheidung aus dem Jahr 2020 zur doppelnützigen Treuhand (BGH DStR 2020, 1928) konkretisierte (→ Rn. 69).

69   Nicht ausreichend ist die Ausdehnung von **Informations- oder Kontrollrechten** eines Dritt-Kreditgebers, zB durch Covenants unter Bankfinanzierung, die nur kreditsichernde Funktion haben. Eine Gleichstellung droht erst, wenn sich die Bank durch weitergehende Nebenabreden in der Kreditvertragsdokumentation eine Position einräumen lässt, die nach ihrer konkreten Ausgestaltung im wirtschaftlichen Ergebnis der Stellung eines Gesellschafters nahekommt. Die Kriterien hierfür hatte der BGH in der Entscheidung zum atypischen Pfandrechtsgläubiger (damals zur Vorgängernorm § 32b GmbHG) aufgestellt (BGH NJW 1992, 3035) und sodann weiterentwickelt und zuletzt in der Entscheidung zur doppelnützigen Treuhand (BGH DStR 2020, 1928) konkretisiert. Danach bestimmt sich die gesellschaftergleiche Stellung im Wesentlichen anhand des Ausmaßes der rechtlich abgesicherten Möglichkeit zur Ausübung von Leitungsmacht (insbesondere über weitgehende Zustimmungsvorbehalte zB bezüglich Gewinnverwendung oder Gesellschaftsvertragsänderungen) und der Beteiligung am wirtschaftlichen Erfolg der schuldnerischen Gesellschaft (insbesondere Gewinn- und Verlustbeteiligung), wobei ein Minus beim einen durch ein Plus beim anderen ausgeglichen werden kann (und vice versa). Der BGH legt die Prüfung der vorstehenden Voraussetzungen an den drei folgenden Kriterien an, die er als Dreifachtatbestand bezeichnet: (1) Gewinnbeteiligung des Darlehensgebers, (2) Umfang der gesellschaftergleichen Rechte des Darlehensgebers und (3) Einfluss des Darlehensgebers auf die Geschäftsführung der Gesellschaft. Als insoweit unkritisch, weil lediglich kreditsichernde Funktion, benennt der BGH beispielhaft die generelle Verpflichtung zu unterlassen, was das die Rückzahlung bzw. das sichernde Pfandrecht beeinträchtigen könnte, die Verpflichtung zur Thesaurierung von Gewinnen sowie Zustimmungsvorbehalte für Ausschüttungen und Entnahmen (Einzelheiten hierzu in Prosteder/Grotebrune DB 2020, 2562; krit. Bitter WM 2020, 1764, auch → Rn. 61). Bereits zuvor urteilte das OLG Frankfurt, dass die rein faktische Einflussmöglichkeit, ohne vertragliche Grundlage, reiche nicht zur Begründung des Nachrangs aus (entschieden im Fall der faktischen Einflussmöglichkeit der finanzierenden Bank bei Verletzung von Covenants durch den Kreditnehmer, OLG Frankfurt a. M. NZI 2018, 887); zu beachten jedoch Erweiterung durch OLG Koblenz (OLG Koblenz BeckRS 2016, 04951 und 04950 (BGB Innengesellschaft), auch → Rn. 64). Dass Informations- und Kontrollrechte, die sich auf eine Sicherungsfunktion beschränken, für eine gesellschaftergleiche Stellung nicht ausreichen, ist auch weitgehender Konsens in der Literatur (Gottwald/Haas InsR-HdB/Haas/Kolmann/Kurz § 90 Rn. 451; CPM/Zenker Rn. 63; HmbKommInsR/Lüdtke Rn. 41; Baumbach/Hueck/Fastrich, 21. Aufl. 2017, GmbHG Anh. § 30 Rn. 47 mwN; K. Schmidt InsO/K. Schmidt/Herchen Rn. 49; aA Breidenstein ZInsO 2010, 273 (Einbeziehung wegen Insiderstellung und Einflussnahmemöglichkeiten durch Nebenabreden zum Kreditvertrag);

diff. nach Ausübung der Informations- und Kontrollrechte in der Krise oder außerhalb FK-InsO/ Bornemann Rn. 83).

Familienangehörige (insbesondere Ehegatten und Abkömmlinge) sind nicht ohne weiteres 70 erfasst, sondern nur, wenn das Darlehen aus ihrem Vermögen stammt (BGH NJW 2011, 1503; BGH NZG 2011, 667; Gottwald/Haas InsR-HdB/Haas/Kolmann/Kurz § 90 Rn. 458; Kölner Komm InsO/Hess Rn. 104). Nicht ausreichend ist daher, dass der Familienangehörige zugleich Geschäftsführer ist (BGH NZG 2009, 782; Baumbach/Hueck/Fastrich, 21. Aufl. 2017, GmbHG Anh. § 30 Rn. 40 mwN; insbesondere auch zur Beweislast). Das Darlehen stammt auch dann aus dem Vermögen des Gesellschafters, wenn der Gesellschafter dem Angehörigen die Mittel zu diesem Zweck unentgeltlich zugewendet hatte, oder im Innenverhältnis Ausgleich schuldet, oder wenn der Angehörige die Mittel für den Gesellschafter bevorschusst (Baumbach/Hueck/Fastrich, 21. Aufl. 2017, GmbHG Anh. § 30 Rn. 40 mwN auf die einschlägige Rechtsprechung). § 138 ist nicht entsprechend anwendbar (BGH NJW 2011, 1503; Baumbach/Hueck/Fastrich, 21. Aufl. 2017, GmbHG Anh. § 30 Rn. 40; K. Schmidt InsO/K. Schmidt/Herchen Rn. 49) (auch → Rn. 62).

Von der Erstreckung auf Dritte zu unterscheiden ist die Finanzierung durch einen Dritten, die 71 durch den **Gesellschafter abgesichert** wird; diese bemisst sich nach § 44a und fällt nicht in den Anwendungsbereich des Abs. 1 Nr. 5. Ein etwaiger Regressanspruch aus der Finanzierung unterfällt § 39 Abs. 1 S. 1 Nr. 5 (BGH ZIP 2011, 2417; KPB/Preuß Rn. 83; CPM/Zenker Rn. 54; → § 44a Rn. 7).

Auch die Stellung des dem Gesellschafter gleichgestellten Dritten muss der eines mit mehr als 72 **10 %** beteiligten oder geschäftsführenden Gesellschafters entsprechen (BGH ZInsO 2012, 1775 (1776); FK-InsO/Bornemann Rn. 88; CPM/Zenker Rn. 57).

Das **Sanierungsprivileg** findet auch Anwendung auf die Fälle, in denen ein Dritter zu Sanie- 73 rungszwecken eine Stellung übernimmt, die der eines unternehmerisch beteiligten Gesellschafters entspricht (FK-InsO/Bornemann Rn. 85; CPM/Zenker Rn. 55).

Für dem Gesellschafter Gleichgestellte gilt hinsichtlich des **maßgeblichen Zeitpunkts** dasselbe 74 wie für unmittelbare Gesellschafter (Jahresfrist des § 135 Abs. 1 Nr. 2 und nach Antragstellung bis zur Eröffnung des Insolvenzverfahrens; → Rn. 58).

d) Kleinbeteiligtenprivileg (Abs. 5). Das Kleinbeteiligtenprivileg ist eine weitere Ausnahme 75 zum persönlichen Anwendungsbereich des § 39 Abs. 1 S. 1 Nr. 5 und entspricht § 32a Abs. 3 S. 2 GmbHG aF (sog. „Witwen- und Erbtantenprivileg"). Die nachrangige Behandlung von Gesellschafterdarlehen sowie die Anfechtung von Rechtshandlungen gem. § 135 Abs. 1 passt nur auf unternehmerisch beteiligte Gesellschafter (HmbKommInsR/Lüdtke Rn. 59; Huber/Habersack BB 2006, 1 (3 f.)). Kleinbeteiligte haben dagegen nur in eingeschränktem Maß unternehmerische Mitverantwortung und Einflussmöglichkeiten auf die Gesellschaft (BT-Drs. 13/7141, 12).

Die Feststellung der unternehmerischen Mitverantwortung iRd § 39 Abs. 5 erfolgt anhand des 76 Beteiligungsumfangs und dem Einfluss bei der Geschäftsführung der Gesellschaft.

Wer zu mehr als **10% am Haftkapital** der Gesellschaft beteiligt ist, trägt unternehmerische 77 Mitverantwortung und fällt nicht unter das Kleinbeteiligtenprivileg. Der Begriff „Haftkapital" ist rechtsformneutral (Tillmann GmbHR 2006, 1289 (1293)). Bezugsgröße ist das gezeichnete Kapital iSd § 272 HGB (HmbKommInsR/Lüdtke Rn. 60; Knof ZInsO 2007, 125 (127); auch eigene Anteile zählen: CPM/Zenker Rn. 40). Nicht relevant sind etwa die Anzahl der Stimmrechte oder die Gewinnbeteiligung (Gehrlein BB 2008, 846 (851); HmbKommInsR/Lüdtke Rn. 60; Habersack ZIP 2007, 2145 (2149 f.); Kölner Schrift InsO/Gehrlein Kap. 26 Rn. 50; KPB/Preuß Rn. 65). Bei der GmbH & Co. KG kommt es maßgeblich auf die Beteiligung an der KG, sprich die Beteiligung an den Festkapitalkonten, an (HmbKommInsR/Lüdtke Rn. 62; ausf. K. Schmidt InsO/K. Schmidt/Herchen Rn. 42; Uhlenbruck/Hirte Rn. 73). Die formale Anknüpfung an das Haftkapital ist für die Praxis einfach handhabbar und führt zu einer rechtssicheren Gesetzesanwendung (BT-Drs. 13/7141, 12), ist jedoch nicht ohne Kritik geblieben (Altmeppen ZIP 1996, 1455; Habersack ZHR 162 (1998), 1893 (1894); Hirte ZInsO 1998, 147 (153); MüKoInsO/Ehricke/Behme Rn. 67). Sie kann im Einzelfall zu ungerechten Ergebnissen führen (Tillmann GmbHR 2006, 1289 (1291)). Teilweise wird auch die Beteiligungshöhe von 10 % als nicht zutreffend, da zu hoch, empfunden (Dauner-Lieb DStR 1998, 609 (612 f.)). Ab einer Beteiligung von 10 % hat ein Gesellschafter beispielsweise das Recht auf Einberufung einer Gesellschafterversammlung (§ 50 Abs. 1 GmbHG) oder der Erhebung einer Auflösungsklage gegen die Gesellschaft (§ 61 Abs. 2 GmbHG). In der Praxis dürften derartige Gesellschafterrechte aber lediglich einen „Störfaktor" darstellen, vermitteln jedoch, entgegen dem Sinn und Zweck des § 39 Abs. 5, keine aktive unternehmerische Einflussmöglichkeit.

78 Eine starre Anknüpfung an 10% des Haftkapitals einer Gesellschaft lädt zu **Umgehungsstrukturen** ein. Daher müssen auch mittelbare Beteiligungen an dem betroffenen Unternehmen berücksichtigt werden. Diese werden mit der unmittelbaren Beteiligung am Haftkapital zusammengerechnet (CPM/Zenker Rn. 40; KPB/Preuß Rn. 67). Für die Reichweite dieser Gesamtbetrachtung bietet es sich an, die Wertungen des § 20 AktG oder der §§ 21 ff. WpHG heranzuziehen (Uhlenbruck/Hirte Rn. 74). Dies gilt zB auch für Treuhandstrukturen. Werden Darlehen von mehreren, jeweils unter 10 % beteiligten, Gesellschaftern begeben, sind die Beteiligungen zusammenzurechnen und das Kleinbeteiligtenprivileg besteht nicht (Hirte ZInsO 1998, 147 (153); K. Schmidt GmbHR 1999, 1269 (1276); Paulus BB 2001, 425 (428 f.); Uhlenbruck/Hirte Rn. 74; offenlassend: BGH NZG 2005, 712 (714), der eine „koordinierte" Darlehensvergabe verlangt; aA Dauner-Lieb DStR 1998, 609 (616)). Gleiches gilt, wenn Darlehen durch einen geringfügig beteiligten Gesellschafter auf Veranlassung eines über 10 % beteiligten Gesellschafters vergeben werden. (Dauner-Lieb DStR 1998, 609 (614); Goette DStR 1997, 2027 (2035)). Bei sonstigen Fallgestaltungen sollte immer im Einzelfall geprüft werden, ob der betreffende Gläubiger in rechtlicher wie faktischer Hinsicht unternehmerischen Einfluss auf die Gesellschaft ausüben kann. Eine rein faktische Einflussmöglichkeit ohne vertragliche Grundlage reicht jedoch nicht aus (OLG Frankfurt NZI 2018, 887; → Rn. 69).

79 Das Kleinbeteiligtenprivileg gilt auch für **Dritte**, die Gesellschaftern gleichgestellt sind (→ Rn. 61; BGH NZI 2012, 860 Rn. 12; HK-InsO/Kleindiek 63; OLG Naumburg ZIP 2011, 677; Graf-Schlicker/Bremen/Neußner Rn. 36 aE).

80 Ist ein geringfügig beteiligter Gesellschafter an der **Geschäftsführung** der Gesellschaft beteiligt, besteht das Kleinbeteiligtenprivileg nicht. Dies gilt zunächst für die satzungsmäßigen Vertreter der Gesellschaft (zB Geschäftsführer, Vorstand, Director), nicht jedoch für Aufsichtsorgane (HmbKommInsR/Lüdtke Rn. 65; Uhlenbruck/Hirte Rn. 73). Ausreichend ist bereits die faktische Übernahme der Geschäftsführung (CPM/Zenker Rn. 41; HK-InsO/Kleindiek Rn. 60; K. Schmidt GmbHR 1999, 1269 (1271); KPB/Preuß Rn. 69; aA Haas DZWIR 1999, 177 (179)). Bei sonstigen Vertretern ist anhand des Einzelfalls zu prüfen, ob diese unternehmerische Entscheidungen für das Unternehmen treffen können. Ist die in Frage stehende Gesellschafterin eine juristische Person, wird das Privileg nicht gewährt, wenn ihr gesetzlicher Vertreter zugleich Geschäftsführer in dem Beteiligungsunternehmen ist (BT-Drs. 13/7141, 12). Zum Finanzplankredit → Rn. 85.

81 Anders als bei § 32a GmbHG aF kommt es nach heutigem Recht nicht mehr auf eine Finanzierungsentscheidung in der Krise der Gesellschaft an. Der **Zeitpunkt** der Darlehensgewährung kann daher nicht mehr allein relevant für die Anwendung des Kleinbeteiligtenprivilegs sein (so aber: BT-Drs. 13/7141, 12 (zu § 32a GmbHG aF); Freitag WM 2007, 1681 (1683); Gehrlein Der Konzern 2007, 771 (787 f.); Gerkan GmbHR 1997, 677 (679); Uhlenbruck/Hirte Rn. 73). Zu fragen ist vielmehr, ob die Über- oder Unterschreitung der 10 %-Schwelle zu einem Zeitpunkt nach Darlehensvergabe Einfluss auf die Nachrangigkeit einer Forderung iSd § 39 Abs. 1 S. 1 Nr. 5 haben kann. Teilweise wird angenommen, dass iRd § 39 Abs. 5 die 10 %-Schwelle im gesamten Zeitraum zwischen Darlehensvergabe und Eröffnung des Insolvenzverfahrens erreicht sein müsse (CPM/Zenker Rn. 42; Dahl/Schmitz NZG 2009, 325 (326); Habersack ZIP 2007, 2145 (2150); Kölner Schrift InsO/Gehrlein Kap. 26 Rn. 50). Richtigerweise ist, aufgrund der heutigen Gesetzessystematik, die Wertung des § 135 Abs. 1 Nr. 2 einzubeziehen. Die Forderung wird nur dann im Rang zurückgestuft, wenn der Gesellschafter im Jahr vor dem Antrag auf Insolvenzeröffnung die Schwelle von 10 % am Haftkapital überschreitet oder eine Geschäftsführungsfunktion ausübt (BGH NJW 2012, 682; Altmeppen NJW 2008, 3601 (3604 f.); FK-InsO/Bornemann Rn. 57 f.; Gottwald/Haas InsR-HdB/Haas/Kohlmann/Kurz § 90 Rn. 455; Graf-Schlicker/Bremen/Neußner Rn. 37; Haas ZInsO 2007, 617 (620); HmbKommInsR/Lüdtke Rn. 66; Hess InsR/Hess Rn. 98; HK-InsO/Kleindiek Rn. 64; KPB/Preuß Rn. 70; Tettinger NZI 2010, 248 (249)). Hat der Gesellschafter, umgekehrt, seine Beteiligung an der Gesellschaft mindestens im Jahr vor Antragstellung auf unter 10% reduziert und übt in diesem Jahr keine Geschäftsführungsfunktion aus, findet das Kleinbeteiligtenprivileg nach hier vertretener Ansicht Anwendung.

3. Gesellschafterdarlehen und gleichgestellte Rechtshandlungen (sachliche Entsprechung)

82 **a) Darlehen.** Nachrangig sind Forderungen auf Rückgewähr eines **Gelddarlehens** (§ 488 Abs. 1 S. 2 BGB) oder **Sachdarlehens** (§ 607 Abs. 1 S. 2 BGB iVm § 45) (Hacker WPg 2019, 479 (480)). Gleichgültig ist, ob das Darlehen unverzinslich, verzinslich oder als partiarisches Darlehen ausgestaltet ist und zu welchem Zweck gewährt wurde (Baumbach/Hueck/Hueck/Fastrich,

21. Aufl. 2017, GmbHG Anh. nach § 30 Rn. 49 f.; CPM/Zenker Rn. 46; K. Schmidt InsO/ K. Schmidt/Herchen Rn. 52). Unerheblich ist auch, auf welcher Grundlage, insbesondere ob Gesellschaftsvertrag, Gesellschaftervereinbarung, Cash Pool, und zu welchem Zweck das Darlehen gewährt wurde (BGH NZG 2019, 1026 Rn. 33; CPM/Zenker Rn. 46 mwN; Neuberger ZInsO 2018, 1125 (1127); oder sonstiges Drittgeschäft (Baumbach/Hueck/Hueck/Fastrich, 21. Aufl. 2017, GmbHG Anh. nach § 30 Rn. 50)). Eine Einordnung als nachrangig iSd § 39 Abs. 1 S. 1 Nr. 5 kommt unter dem Gesichtspunkt der wirtschaftlichen Entsprechung (→ Rn. 88 ff.) auch dann in Betracht, wenn das zugrundeliegende Darlehensverhältnis nichtig ist. Es kommt lediglich auf den Willen der Beteiligten an, dem Schuldner zusätzliche Darlehensmittel zur Verfügung zu stellen (BGH NZG 2019, 1026 Rn. 29 ff.). Vereinzelt wird vertreten, kurzfristige Überbrückungskredite (dh mit deren Ablösung innerhalb der Drei-Wochen-Frist des § 15a Abs. 1 objektiv zu rechnen war) seien auszunehmen (Gottwald/Haas InsR-HdB/Haas/Kolmann/Kurz § 90 Rn. 489 wie noch Rechtsprechung des BGH zum alten Kapitalersatzrecht (BGH NZI 2007, 63; BGH NZI 2010, 906)). Nach hM hingegen ist für diese Ausnahme seit MoMiG kein Raum mehr (BGH ZInsO 2013, 717; BGH ZInsO 2013, 1686; Uhlenbruck/Hirte Rn. 37; Baumbach/Hueck/Hueck/Fastrich, 21. Aufl. 2017, GmbHG Anh. nach § 30 Rn. 50; Michalski/Heidinger/Leible/Schmidt/Dahl GmbHG Anh. II § 33 32a, 32b aF Rn. 21; CPM/Zenker Rn. 46; → Rn. 82.1). Jedenfalls scheidet die Nachrangigkeit aus, wenn Beträge zwischen Gesellschaft und Gesellschafter tagegleich hin und her gezahlt werden. Dann kommt eine Nachrangigkeit nur in Höhe des Saldos in Betracht (s. dazu BGH NZG 2019, 1026 Rn. 37).

Ein einheitliches Darlehen kann auch nur zum Teil als Gesellschafterdarlehen eingestuft werden, namentlich in dem Fall, dass ein Nicht-Gesellschafter ein Darlehen gewährt und er seinerseits von mehreren Personen, von denen nur einer Gesellschafter der späteren insolventen Gesellschaft ist, das für das Darlehen erforderliche Kapital darlehensweise zur Verfügung erhält (LG Waldshut-Tiengen ZInsO 2016, 1869). **82.1**

Sachdarlehen ist **nicht** die **Nutzungsüberlassung** (hierfür abschließende Sonderregelung in **83** § 135 Abs. 3; vgl. BT-Drs. 16/6140, 56; ausf. Gottwald/Haas InsR-HdB/Haas/Kolmann/Kurz § 90 Rn. 491 ff., Rn. 498, Rn. 468; Hacker WPG 2019, 479 (480); Baumbach/Hueck/Hueck/Fastrich, 21. Aufl. 2017, GmbHG Anh. nach § 30 Rn. 15, 80 f. mwN). Nutzungsüberlassung ist auch nicht als darlehensgleiche Rechtshandlung erfasst; Pacht- und Mietzinsforderungen aus der Zeit bis zur Verfahrenseröffnung sind daher nicht nachrangig, wenn sie nicht gestundet worden sind (Nachrangigkeit bei Stundung wohl allgemeine Meinung: CPM/Zenker Rn. 54 mwN). Ausgenommen sind ferner Rückforderungsansprüche EU-rechtswidriger Beihilfen (BGH ZIP 2007, 1760 zum Eigenkapitalersatzrecht; aA (keine Notwendigkeit einer Ausnahme) Uhlenbruck/Hirte Rn. 51; KPB/Preuß Rn. 118 f.; Kölner Komm InsO/Hess Rn. 8; CPM/Zenker Rn. 46).

Laufende, marktübliche Darlehenszinsen bis zur Verfahrenseröffnung sind nicht vom **84** Nachrang erfasst. Marktübliche Zinsen stellen das Entgelt für die dem Schuldner eingeräumte Nutzungsmöglichkeit des Kapitals dar und sind damit unabhängig von dem nachrangigen Rückzahlungsanspruch selbst nicht nachrangig, sofern sie nicht erst zu außerhalb jeder verkehrsüblichen Handhabung liegenden Zinsterminen gezahlt werden (BGH NZG 2019, 1026 Rn. 42 ff.; Anm. Hermreck NJW-RR 2019, 59). In Teilen der Literatur wird daneben eine teleologische Reduktion des § 39 Abs. Abs. 1 S. 1 Nr. 5 angenommen (CPM/Zenker Rn. 46; ähnlich (die Anfechtbarkeit gem. § 135 Abs. 1 Nr. 2 verneinend) Baumbach/Hueck/Fastrich, 21. Aufl. 2017, GmbHG Anh. § 30 Rn. 67; Scholz/Bitter, GmbHG, GmbHG Anh. § 64 Rn. 164; iE ebenso Mylich ZGR 2009, 474 (496)). Erfasst sind hingegen Zinsen ab Verfahrenseröffnung, etwaige Auslagen und Abschlusskosten (CPM/Zenker Rn. 46).

Finanzplankredite eines Gesellschafters (dh nach dem Finanzierungsplan der Gesellschaft zur **85** Verwirklichung des Gesellschaftszwecks notwendige Mittel (Darlehen/Sicherheit) werden ergänzend zum Eigenkapital und/oder zur Vermeidung von Liquiditätsengpässen gewährt) sind, soweit sie in Form von Darlehen oder wirtschaftlich entsprechenden Rechtshandlungen gewährt werden, von § 39 Abs. 1 S. 1 Nr. 5 erfasst. Die eigentliche Besonderheit des Finanzplankredits besteht dabei in der vertraglich vereinbarten Rechtsfolge (insbesondere wenn das Darlehen/die Sicherheit noch nicht begeben oder außerhalb der Anfechtungsfrist des § 135 Abs. 1 Nr. 2 zurückgezahlt bzw. frei wurde). Durch Auslegung ist zu beurteilen, ob der Kredit nach den getroffenen Abreden ein gewöhnliches Gesellschafterdarlehen darstellt, das unter Berufung auf wesentliche Verschlechterung der Vermögensverhältnisse der Gesellschaft nach § 490 BGB gekündigt werden kann oder aufgrund der vertraglichen Zusage der Gesellschaft gerade zur Stützung der Gesellschaft in der Liquiditätskrise zu gewähren/belassen ist (BGH NJW 1999, 2809 (2810); ausf. Baumbach/Hueck/Fastrich, 21. Aufl. 2017, GmbHG Anh. § 30 Rn. 20 ff. mwN). Nach Aufgabe des Eigenkapitalersatzrechts dürfte es darüber hinaus keine gesellschaftsrechtliche, der Vereinbarung der Parteien entzogene Einschränkung der Aufhebbarkeit in der Krise mehr geben (Lutter/Hommelhoff/Kleindiek GmbHG Anh. § 64 Rn. 144; aA Gehrlein BB 2008, 846 (854); Hirte ZInsO 2008, 689 (696); offengelassen BGH NJW 2010, 3443). Anlass zu Bedenken geben jedoch zwei Entscheidungen des BGH aus dem Jahr 2013 (NZI 2013, 483; NZI 2013, 804), in denen anklingt, es könne ein Abzugsverbot von Gesellschafterkrediten aus der gesellschaftlichen **Treuepflicht** abzuleiten sein (→ Rn. 85.1).

85.1 Der BGH stellte die in beiden Fällen mehrfach gewährten und wieder zurückgezahlten Kredithilfen einem Kontokorrent gleich, weil der Gesellschafter bei seinem Rückforderungsverlangen auf die Belange der Gesellschaft Rücksicht nehmen müsse und daher ein einheitliches Kreditverhältnis anzunehmen sei. Der BGH führt aus: „Die neben dem Kreditverhältnis bestehende gesellschaftliche Treuepflicht kann es einem Gesellschafter verbieten, gegenüber seiner Gesellschaft einen Anspruch auf Rückgewähr eines Gesellschafterdarlehens durchzusetzen, wenn die Gesellschaft dadurch in die Krise geriete. Fordert der Gesellschafter das einer GmbH gewährte Darlehen zurück, kann er auch wegen einer möglichen Verletzung der Treuepflicht Ansprüchen der Gesellschaft auf Fortsetzung der Kredithilfe ausgesetzt sein." (BGH NZI 2013, 804 (806); fast gleichlautend BGH NZI 2013, 483 (485)). Überzeugend dagegen ausf. Seidel/Wolf, NZG 2016, 921, der darauf hinweist, dass allein die Rechtsfigur des existenzvernichtenden Eingriffs Maßstab für die Frage sein dürfe, ob ein Darlehen fällig gestellt werden darf.

85a Für (aufgrund vertraglicher Zusage) als Finanzplankredit zu wertende Kredite wird teilweise angenommen, dass wegen der rechtsgeschäftlichen Bindung auch die Kleinbeteiligtenschwelle gem. § 39 Abs. 5 und das Sanierungsprivileg gem. § 39 Abs. 4 S. 2 nicht gelten (Baumbach/Hueck/Fastrich, 21. Aufl. 2017, GmbHG Anh. § 30 Rn. 21). Dies überzeugt nicht; es ist nicht ersichtlich, dass die zur Krisenvermeidung vereinbarte „Abzugssperre" zugleich eine Nachrangigkeit bei dennoch eingetretener Insolvenz bedeuten muss. Allerdings kann unabhängig davon bei Erfüllung deren Voraussetzungen die Aufhebung gem. §§ 129 ff. anfechtbar sein (Baumbach/Hueck/Fastrich, 21. Aufl. 2017, GmbHG Anh. § 30 Rn. 22 mwN; Lutter/Hommelhoff/Kleindiek GmbHG Anh § 64 Rn. 144).

86 Auf **Insolvenzdarlehen** ist § 39 Abs. 1 S. 1 Nr. 5 nicht anwendbar (Baumbach/Hueck/Fastrich, 21. Aufl. 2017, GmbHG Anh. § 30 Rn. 23). Insolvenzdarlehen sind Darlehen, die der (endgültige oder der Masseverbindlichkeiten begründende vorläufige) Insolvenzverwalter (bzw. die Eigenverwaltung) als Masseverbindlichkeit (§ 55 Abs. 1 Nr. 1) zum Zweck der Fortführung oder Abwicklung des insolventen Unternehmens aufnimmt. Für diese ist § 39 Abs. 1 S. 1 Nr. 5 nicht anwendbar; andernfalls würde der Zweck des Insolvenzdarlehens (Kreditaufnahme trotz Kreditunwürdigkeit zwecks Fortführung oder Abwicklung) nicht erreicht werden können (Baumbach/Hueck/Fastrich, 21. Aufl. 2017, GmbHG Anh. § 30 Rn. 23 mwN).

87 **Insolvenzplandarlehen** sind demgegenüber Darlehen, die der Insolvenzschuldner oder die Übernahmegesellschaft während der Durchführung des Insolvenzplans (Zeit der Planüberwachung) aufnimmt oder die ein Massegläubiger in die Zeit der Überwachung hineinstehen lässt (§ 264 Abs. 1). Ist das Insolvenzplandarlehen von Gesellschafterseite (oder gleichgestellten Dritten) gewährt, kann es nicht in den Kreditrahmen des Plans aufgenommen werden und dadurch die Nachrangigkeit beseitigt werden; § 39 Abs. 1 S. 1 Nr. 5 bleibt anwendbar (§ 264 Abs. 3). Jedoch bleibt die Möglichkeit des Sanierungsprivilegs nach § 39 Abs. 4 (Baumbach/Hueck/Fastrich, 21. Aufl. 2017, GmbHG Anh. § 30 Rn. 24 mwN).

88 **b) Gleichgestellte Rechtshandlungen.** Die einheitliche rechtliche Behandlung von Darlehen und gleichgestellten Forderungen entspricht dem früheren Eigenkapitalersatzrecht; insoweit wurde § 32a Abs. 3 S. 1 GmbHG aF von § 39 Abs. 1 S. 1 Nr. 5 und von § 135 Abs. 1 Nr. 2 in sachlicher Hinsicht übernommen (BT-Drs. 16/6140, 56; BGH DStR 2015, 702 (709)). Die Sachverhalte, die der Hingabe eines Darlehens durch einen Gesellschafter wirtschaftlich entsprechen, sind vielgestaltig. Die Generalklausel in Abs. 1 Nr. 5 (wie auch bereits in § 32a Abs. 3 GmbH aF) soll unabhängig von einer konkreten Kasuistik ermöglichen, nicht ausdrücklich vom Wortlaut des Gesetzes erfasste, jedoch vergleichbare Sachverhalte ohne Lücken gleichzubehandeln (BT-Drs. 16/6140, 56; BGH NJW 2013, 2282 = NZG 2013, 469; BGH NJW 2011, 1503; BAG NZA 2014, 1030). Gleichgestellt sind Finanzierungsformen, die zu mittelbarer oder unmittelbarer Stützung der Gesellschaft durch Vermögen des Gesellschafters führen, soweit sie **Kreditierungswirkung** haben (und nicht als Nutzungsüberlassung zu qualifizieren sind, dazu → Rn. 83) (Baumbach/Hueck/Fastrich, 21. Aufl. 2017, GmbHG Anh. § 30 Rn. 55; Überblick bei Haas ZIP 2017, 545 ff.). Selbst wenn ein Rangrücktritt gem. Abs. 2 erklärt wurde, spielt die Zuordnung zu § 39 Abs. 1 S. 1 Nr. 5 mit Blick auf andere Tatbestände (§§ 135, 19 Abs. 2 S. 2) eine Rolle (ebenso CPM/Zenker Rn. 52).

In erster Linie sind **Stundungs- und Fälligkeitsvereinbarungen** erfasst, unabhängig davon, 89
ob das zugrundeliegende Geschäft ein Darlehensvertrag ist (BGH WM 2020, 515 Rn. 61; NZI
2014, 775; NJW 1997, 3026; OLG Koblenz ZIP 2013, 2325; K. Schmidt InsO/K. Schmidt/
Herchen Rn. 53 mwN; Uhlenbruck/Hirte Rn. 38 mwN; Gottwald/Haas InsR-HdB/Haas/Kolmann/Kurz § 90 Rn. 476 f.) oder auf welchem Rechtsgrund die Stundung beruht (BGH ZIP
2019, 1675 (1676)) sowie **pactum de non petendo** (K. Schmidt InsO/K. Schmidt/Herchen
Rn. 53), wenn die Stundung bzw. Fälligkeitsvereinbarung über das Verkehrsübliche hinausgeht
(dazu eingehend Haas ZIP 2017, 545 (550); s. auch Martini jurisPR-InsR 4/2017 Anm. 3).
Dabei orientiert sich die Rechtsprechung hinsichtlich der Verkehrsüblichkeit (verkehrsübliches
Umsatzgeschäft versus Kreditgeschäft) an den Gepflogenheiten des Geschäftsverkehrs in zeitlicher Hinsicht an den Vorgaben des Bargeschäfts iSd § 142 dahingehend, dass eine Verkehrsüblichkeit
regelmäßig ausscheiden soll, wenn der Zeitraum zwischen Leistung und Gegenleistung 30 Tage
überschreitet (KG BeckRS 2016, 19909 (dazu und zum Streitstand in der Literatur Martini
jurisPR-InsR 4/207 Anm. 3); BGH NZI 2015, 331; 2014, 775; OLG Schleswig NZI 2013,
936 f.; dazu eingehend Haas ZIP 2017, 545 (550)). In einer neueren Entscheidung nimmt der
BGH eine darlehensgleiche und damit nachrangige Forderung jedenfalls dann an, wenn die Rückzahlung über einen Zeitraum von drei Monaten rechtsgeschäftlich oder faktisch gestundet wurde
(BGH ZIP 2019, 1675; dazu Ganter NZI 2020, 295 (307); Schütze FD-InsR 2019, 420932).
Spätestens dann sei eine im Geschäftsleben gebräuchliche Stundungsvereinbarung nicht mehr
anzunehmen (aA Felsch ZIP 2021, 123: Dreimonatsgrenze nur Richtschnur; Verkehrsüblichkeit
bleibe Einzelfallprüfung). Eine Parallele bestünde insoweit zu § 488 Abs. 3 S. 2 BGB (ordentliche
Kündigung eines Darlehens mit Frist von drei Monaten). Die Gesellschaft stünde bei wirtschaftlicher Betrachtung nicht anders, als wenn ihr innerhalb dieser Frist ein ordentlich kündbares Darlehen gewährt worden wäre. Innerhalb der vom BGH gezogenen Grenze empfiehlt es sich in der
Praxis, die im jeweiligen Geschäftsverhältnis üblichen Zahlungsfristen und deren (angenommene)
Marktüblichkeit sorgfältig zu ermitteln und zu dokumentieren, um mögliche Anfechtungsrisiken
zu minimieren (detailliert hierzu Huber NZI 2020, 149 (152)).

Stundungsvereinbarungen können zB betreffen: rückständige **Mietzinsansprüche,** stehen- 90
gelassene **Vergütungsansprüche für Dienstleistungen** (nicht aber entsprechende Verpflichtung
(BGH NJW 2009, 2375; BAG NZI 2014, 619)); für den Krisenfall gegebenes selbstständiges
Schuldversprechen (BGH NJW 1992, 1763; Uhlenbruck/Hirte Rn. 38); stehen gelassene Einlage eines **stillen Gesellschafters,** der zugleich Gesellschafter einer GmbH ist; § 236 HGB wird
dann durch § 39 Abs. 1 S. 1 Nr. 5 überlagert (Uhlenbruck/Hirte Rn. 38 mwN; iE ebenso Gottwald/Haas InsR-HdB/Haas/Kolmann/Kurz § 90 Rn. 482); nach obergerichtlicher Rechtsprechung auch **Ausschüttungsansprüche** bezüglich Gewinnvorträge gem. § 266 Abs. 3 A. IV HGB
und Ausschüttungsansprüche aus aufgelösten Gewinnrücklagen gem. § 266 Abs. 3 A. III. 4 (OLG
Koblenz NZI 2014, 27; zust. Freudenberg ZInsO 2014, 1544; krit. Menkel NZG 2014, 982 und
K. Schmidt InsO/K. Schmidt/Herchen Rn. 53 (kein Fremdkapital, sondern Eigenkapital und
infolge dessen nach § 199 zu behandeln)); **Abfindungsansprüche** des vor der Insolvenz ausgeschiedenen Gesellschafters (BGH NZG 2020, 384; Uhlenbruck/Hirte § 39 Rn. 38).

Zum insolvenzrechtlichen Rang von Abfindungsansprüchen von vor der Insolvenz ausgeschiedenen 90.1
Gesellschaftern hat der BGH entschieden, dass es sich bei Abfindungsansprüchen um Eigenkapitalpositionen
handelt, wenn die Auszahlung der Abfindung gegen haftungs- und kapitalerhaltungsrechtliche Bindungen
verstößt. Dies gelte auch dann, wenn der Gesellschafter früher als ein Jahr vor Insolvenzantrag ausgeschieden
ist.

Grundsatz: Im verbreiteten Schrifttum und zum Teil in der Rechtsprechung wird der Abfindungsan- 90.2
spruch unabhängig von der Rechtsform als Insolvenzforderung iSd § 38 eingeordnet; und im Fall einer
nachträglich vereinbarten Stundung als nachrangige Insolvenzforderung (§ 39 Abs. 1 S. 1 Nr. 5; OLG
Stuttgart BeckRS 2018, 36116; Nachrang möglich: OLG München ZIP 2020, 1028); K. Schmidt/Jungmann NZI 2002, 65 (66); KPB/Holzer § 38 Rn. 20; Philippi BB 2002, 841 (844 f.); Schmitz-Herscheidt
GmbHR 2015, 657 (659 ff.); Uhlenbruck/Hirte § 11 Rn. 144).

Einfluss materiell-rechtlicher Haftungs- oder Kapitalerhaltungsregeln: Wie sich haftungs- und 90.3
kapitalerhaltungsrechtliche Bindungen auf den Rang der Abfindungsforderung auswirken, wird, teilweise
in Abhängigkeit von der Rechtform, unterschiedlich beurteilt: (i) Bei der **OHG** wird überwiegend vertreten, der Abfindungsanspruch sei stets Insolvenzforderung. Bei **KG** gelte dies jedoch mit der Einschränkung, dass eine Befriedigung im Rang des § 38 nur nach Befriedigung der sonstigen Altgläubiger in
Betracht komme (BGH NJW 1958, 787; Salger in Reichert, GmbH & Co. KG, 8. Aufl. 2021, § 49 Rn. 81;
Uhlenbruck/Hirte § 11 Rn. 296 mwN). (ii) Bei der **GmbH** ist die Abfindungsforderung nach einer
Ansicht, unabhängig von den kapitalerhaltungsrechtlichen Beschränkungen (§§ 30 Abs. 1, 34 Abs. 3
GmbHG) stets Insolvenzforderung, soweit keine nachträgliche Stundung vorgenommen wurde (Münnich

EWiR 105, 385 (386); Schmitz-Herscheidt GmbHR 2015, 657 (659)). Andere ordnen die unter § 30 Abs. 1 GmbHG fallende Abfindungsforderung (unabhängig von einer Stundung) stets dem Nachrang nach § 39 Abs. 1 S. 1 Nr. 5 zu (Jaeger/Henckel § 38 Rn. 44). Das Kammergericht unterscheidet, ob der Gesellschafter vor dem anfechtungsrelevanten Zeitraum gem. § 135 Abs. 1 Nr. 2 (dann Insolvenzforderung) oder innerhalb des letzten Jahres vor Antragstellung (dann Nachrang gem. § 39 Abs. 1 S. 1 Nr. 5) aus der GmbH ausgeschieden ist (KG NZI 2015, 470). Der BGH hat die Frage zunächst offengelassen (BGH NZI 2017, 774 Rn. 20). (iii) Schließlich wird unabhängig von der Rechtsform danach differenziert, ob dem Abfindungsanspruch kapitalerhaltungsrechtliche Bindungen entgegenstehen. Ist das der Fall, kommt eine Befriedigung im Rang des § 38 nicht in Betracht.

90.4 In seiner Entscheidung vom 28.1.2020 hat der **BGH** nun klargestellt, dass **haftungs- und kapitalerhaltungsrechtliche Bindungen** bei der Einordnung von Abfindungsansprüchen Rechnung zu tragen ist (BGH NZG 2020, 384 Rn. 25). Werden haftungs- und kapitalerhaltungsrechtliche Vorschriften verletzt, sind die Abfindungsforderungen weder normale (§ 38) noch nachrangige Insolvenzforderungen (§ 39 Abs. 1 S. 1 Nr. 5), sondern sind bei der Schlussverteilung nach § 199 zu berücksichtigen. Ob haftungs- oder kapitalerhaltungsrechtliche Vorschriften durch die Auszahlung des Abfindungsguthabens verletzt werden, ist im Einzelfall zu prüfen. Im Falle der KG sind sowohl die Nachhaftung gegenüber Altgläubigern gem. §§ 172 Abs. 4, 160, 161 Abs. 1 HGB (Zurückstehen des Abfindungsanspruchs hinter Forderungen von Altgläubigern, also Verbindlichkeiten, die vor dem Ausscheiden des Gesellschafters entstanden sind) als auch die entsprechend anwendbaren §§ 30, 31 GmbHG (Leistungen aus dem Vermögen der KG betreffen mittelbar das Stammkapital der Komplementär GmbH) zu beachten (BGH NZG 2020, 384 Rn. 34 ff.). Bei der GmbH gilt § 30 GmbHG unmittelbar. Bei der Prüfung sei insbesondere zu beachten, dass die in der Satzung vereinbarte Ratenzahlung des Abfindungsanspruchs nicht dazu führt, dass Eigen- in darlehensweise gewährtes Fremdkapital umgewandelt werde (§ 30 Abs. 1 S. 3 GmbHG). Damit habe sich der Gesellschafter bei seinem Beitritt einverstanden erklärt (BGH NZG 2020, 384 Rn. 62 ff.). Im Falle nachträglich erklärten Stundung der Abfindungsforderung kann § 30 Abs. 1 S. 3 GmbHG unter Umständen einschlägig sein, mit der Folge, dass der Anspruch dann dem Rang des § 39 Abs. 1 S. 1 Nr. 5 unterfällt.

91 **Fälligkeitsvereinbarungen** in Austauschverträgen können wirtschaftlich entsprechende Rechtshandlung sein, wenn zeitweise ein Kapitalwert zur Nutzung überlassen wird (zB wenn ein Zahlungsziel (gemessen an der Verkehrsüblichkeit) ungewöhnlich lange herausgeschoben wird; K. Schmidt InsO/K. Schmidt/Herchen Rn. 53; Gottwald/Haas InsR-HdB/Haas/Kolmann/Kurz § 90 Rn. 477). Zum Streitstand betreffend die Bestimmung der Verkehrsüblichkeit Haas ZIP 2017, 545 (550); Gottwald/Haas InsR-HdB/Haas/Kolmann/Kurz § 90 Rn. 479, 450 mwN).

92 Das **Stehenlassen** einer Geldforderung kann nach hM ebenfalls wirtschaftlich vergleichbar sein; eine gesonderte Absprache zwischen Gesellschafter und Gesellschaft ist nicht erforderlich. Im Einzelfall kann es genügen, wenn der Gläubiger die Forderung tatsächlich nicht durchsetzt und dies auch nicht ernsthaft versucht hat (Felsch ZIP 2021, 123). Der Gesellschafter muss jedoch die Forderung einziehen können und das Belassen der Forderung muss über die verkehrsüblichen Gepflogenheiten hinausgehen. Dem Stehenlassen steht nicht entgegen, dass die Forderung außergerichtlich noch geltend gemacht wird; vielmehr muss der Gläubiger die Forderung nach Ansicht der Rechtsprechung notfalls auch gerichtlich durchsetzen, um der Einordnung als stehen gelassen entgegenzuwirken (KG ZInsO 2016, 1663 mwN mAnm Martini jurisPR-InsR 4/207 Anm. 3; BAG NZI 2014, 619). Zur Verkehrsüblichkeit in zeitlicher Hinsicht → Rn. 89. Zum Streitstand betreffend die Bestimmung der Verkehrsüblichkeit insgesamt Haas ZIP 2017, 545 (550); Gottwald/Haas InsR-HdB/Haas/Kolmann/Kurz § 90 Rn. 479, 450 mwN. Zur Ruhegehaltszusage an den Gesellschafter als stehen gelassene Gesellschafterleistung Jacoby ZIP-Beil. 2016, 35).

93 Eine nur für den zur Prüfung der Sanierungsfähigkeit erforderlichen Zeitraum abgegebene **Patronatserklärung** ist nicht erfasst (BGH NJW 2010, 3442 – STAR 21; krit. Tezlaff ZInsO 2011, 226).

94 Bestimmte **Leasing**-Konstruktionen (zB sale and lease back) können Kreditierungsfunktion haben und daher Abs. 1 Nr. 5 unterfallen (Uhlenbruck/Hirte Rn. 38). **Ansprüche aus betrieblicher Altersversorgung** in Form einer Direktzusage sind ohne besondere Absprachen nicht darlehensähnlich. Altersruhegelder sind Vergütungsbestandteile, die schlechterdings erst bei Eintritt bestimmter Voraussetzungen fällig werden. Daher stehe bei wertender Betrachtung in der Regel nicht die für § 39 Abs. 1 S. 1 Nr. 5 notwendige Finanzierungsfunktion im Vordergrund (BGH WM 2020, 2283; die Vorinstanz LG Düsseldorf ZIP 2019, 1927 sah in der Möglichkeit des Schuldners, eingezahlte Rentenbeiträge bis zum Renteneintritt des Arbeitnehmers nutzen zu können, eine Kreditierungsfunktion; dazu Gehrlein NZI 2021, 114).

95 Das **unechte Factoring** ist jedenfalls erfasst, wenn der Delkrederefall eingetreten ist (Uhlenbruck/Hirte Rn. 39); weitergehend (unabhängig vom Delkrederefall) OLG Köln ZIP 1986; K. Schmidt InsO/K. Schmidt/Herchen Rn. 53; Scholz/Bitter, GmbHG, GmbHG Anh. § 64

Rn. 223). Nicht erfasst ist das echte Factoring, da der Kaufpreis endgültig im Vermögen der Gesellschaft verbleibt (Uhlenbruck/Hirte Rn. 39; K. Schmidt InsO/K. Schmidt/Herchen Rn. 53).

Besicherung von Drittdarlehen unterfallen den Sonderregelungen der §§ 44a, 135 Abs. 2, 143 Abs. 3 und sind daher nicht von § 39 Abs. 1 S. 1 Nr. 5 erfasst; das Gesetz ordnet nicht den Nachrang der Forderung des Dritten an, sondern verweist ihn nur darauf, primär die Gesellschaftersicherheit zu verwerten. Ein etwaiger Regressanspruch des Gesellschafters unterfällt § 39 Abs. 1 S. 1 Nr. 5 (→ § 44a Rn. 16). Zur Passivierung und zugleich Berücksichtigung eines korrespondierenden Freistellungsanspruchs im Überschuldungsstatus OLG Hamburg NZI 2019, 83.   96

Ebenfalls nicht erfasst ist (jedenfalls für ab dem 1.11.2008 eröffnete Verfahren) die **Nutzungsüberlassung** (BT-Drs. 16/6140, 42 (56); BGH DStR 2015, 702 (705); → Rn. 43; zur Kritik an der Rechtslage vor MoMiG Scholz/K. Schmidt, GmbHG, 10. Aufl. 2010, GmbHG §§ 32a/b aF Rn. 64 ff.).   97

c) Besicherte Darlehen. Streitig ist, ob die für ein Gesellschafterdarlehen (oder eine gleichgestellte Rechtshandlung) vom Schuldner gewährte Sicherheit, die zur abgesonderten Befriedigung nach §§ 49 ff. berechtigt, in der Insolvenz ungeachtet des Nachrangs nach § 39 Abs. 1 S. 1 Nr. 5 geltend gemacht werden kann. Nach der vor Inkrafttreten des MoMiG ergangenen Rechtsprechung war ein eigenkapitalersetzendes Darlehen auch dann als nachrangig zu behandeln, wenn es besichert war. Nach Aufgabe der Eigenkapitalersatzkriterien durch das MoMiG wird mit Blick auf die Fristenregelung des § 135 InsO in der Literatur zutreffend vertreten, dass das Absonderungsrecht trotz der Nachrangigkeit gem. § 39 Abs. 1 S. 1 Nr. 5 geltend gemacht werden kann, wenn die gewährte Sicherheit unanfechtbar ist und damit auch das Absonderungsrecht unanfechtbar entstanden ist (Uhlenbruck/Hirte Rn. 37; Uhlenbruck/Hirte § 129 Rn. 211 ff.; Hirte ZInsO 2011, 449 (456); Bitter ZIP 2013, 1497 (1501 ff.); Bitter ZIP 2013, 1583; Marotzke ZInsO 2013, 641 (650 f.); Thole NZI 2013, 742 (745 f.); Mylich ZIP 2013, 2444; Bloß/Zugelder NZG 2011, 332 (333)), dh die Besicherung des Gesellschafterdarlehens nicht in den letzten zehn Jahren vor dem Antrag auf Eröffnung des Insolvenzverfahrens oder aus diesem Anlass erfolgt ist (§ 135 Abs. 1 Nr. 1) oder die Befriedigung des Gesellschafters aus dem Darlehen nicht im letzten Jahr vor dem Antrag auf Eröffnung des Insolvenzverfahrens oder danach erfolgt ist (§ 135 Abs. 1 Nr. 2) (aA → § 49 Rn. 18 ff.; Baumbach/Hueck/Fastrich, 21. Aufl. 2017, GmbHG Anh. § 30 Rn. 69; Uhlenbruck/Brinkmann § 49 Rn. 12; Altmeppen ZIP 2013, 1745 (1751); Altmeppen NZG 2013, 441 (442 f.); Hölzle ZIP 2013, 1994; K. Schmidt InsO/K. Schmidt § 135 Rn. 18: durchsetzbar erst, wenn alle besserrangigen Forderungen vollständig befriedigt werden konnten).   98

4. Darlehen staatlicher Förderbanken (Abs. 1 S. 2)

Nach § 39 Abs. 1 S. 2 gelten Rückzahlungen aus Gesellschafterdarlehen oder Rechtshandlungen, die einem solchen Darlehen wirtschaftlich entsprechen, nicht als nachrangig, wenn das Darlehen von einer staatlichen Förderbank, einem Tochterunternehmen einer staatlichen Förderbank oder einem Unternehmen, an dem eine staatliche Förderbank (mittelbar) beteiligt ist, gewährt wurde oder von solchen Institutionen nach § 39 Abs. 1 S. 1 Nr. 5 gleichgestellte Rechtshandlungen vorgenommen wurden. Die Privilegierung wurde als Teil des SanInsFoG eingeführt. Zur Bewältigung der Folgen der COVID 19-Pandemie ist eine Vielzahl von Unternehmen auf staatliche Hilfsleistungen angewiesen. Nach der Intension des Gesetzgebers rechtfertige dieser Wirtschaftsförderungszweck, staatliche Förderbanken von den Regeln der Gesellschafterfinanzierung auszunehmen, um eine möglichst schnelle und für die Förderbanken risikofreie Darlehensgewährung sicherzustellen (BT-Drs. 19/25353, 13).   98a

Staatliche Förderbanken sind Spezialbanken iSd KWG, die öffentliche Mittel im Rahmen spezieller Förderprogramme in Form von Krediten und sonstigen Zuwendungen ausgeben oder weiterleiten. Eine Hilfe zur Auslegung des Begriffs der staatlichen Förderbank bietet die von der Deutschen Bundesbank geführte Bankenstatistik unter dem Sektor „Banken mit Sonderaufgaben". Erfasst sind damit vor allem die Kreditanstalt für Wiederaufbau, die Landesförderbanken, Landesinvestitionsbanken, Länderaufbaubanken, Landesbürgschaftsbanken sowie deren Beteiligungsgesellschaften.   98b

Staatliche Förderbanken sehen sich derzeit der Gefahr ausgesetzt, dass sie aufgrund bestehender unmittelbarer oder mittelbarer Beteiligungen von mehr als 10 % (unter dieser Schwelle gilt das Kleinbeteiligtenprivileg, § 39 Abs. 5) den Regelungen über nachrangige Gesellschafterdarlehen unterfallen. Die sei gerade im Bereich der von Start-Up-Unternehmen der Fall (BR-Drs. 619/20, 21). Diese Ausnahme ist an § 24 UBGG angelehnt, der für Unternehmensbeteiligungsgesellschaften eine entsprechende Ausnahme für Gesellschafterdarlehen anordnet. Zur Auslegung des   98c

Begriffs **Tochterunternehmen** in § 39 Abs. 1 S. 2 können die Begrifflichkeiten des UBGG herangezogen werden (BR-Drs. 619/20, 22). Insofern muss eine enge Beziehung des Tochterunternehmens zur staatlichen Förderbank bestehen.

98d   Die Privilegierung gilt nur für die kreditgebende/handelnde staatliche Förderbank selbst, nicht auch für (private) Gesellschafter und Dritte, die Finanzierungsbeiträge im Rahmen einer staatlich geförderten Finanzierung leisten. Allerdings kommt für diese (privaten) Gesellschafter und Dritte, sofern deren Voraussetzungen vorliegen, eine Privilegierung gem. § 2 Abs. 3 COVInsAG in Betracht (BT-Drs. 19/18110, 25).

5. Sanierungsprivileg (Abs. 4 S. 2)

99   § 39 Abs. 4 S. 2 ist ein Ausnahmetatbestand zu § 39 Abs. 1 S. 1 Nr. 5, Abs. 4 S. 1. Unter den Voraussetzungen des § 39 Abs. 4 S. 2 gelten Forderungen aus bestehenden und neu gewährten Darlehen sowie die damit gleichgestellten Rechtshandlungen (dazu → Rn. 88) nicht als nachrangig. Befriedigungen oder Sicherungen aus derartigen Forderungen oder Rechtshandlungen können nicht nach § 135 vom Insolvenzverwalter angefochten werden. Die Regelung ist dem § 32a Abs. 3 S. 3 GmbHG aF nachempfunden, der eine Ausnahme vom Eigenkapitalersatz normierte. Sie ermöglicht es einem Darlehensgeber, in der Insolvenz einer Gesellschaft unternehmerische Kontrolle zu übernehmen, ohne Gefahr zu laufen, dass seine Forderungen als nachrangig iSd § 39 Abs. 1 behandelt werden (so bereits zu § 32a GmbHG: BT-Drs. 13/10038, 28). Die Vorschrift schafft einen Sanierungsanreiz.

100   Der **persönliche Anwendungsbereich** des § 39 Abs. 4 S. 2 erstreckt sich auf Personen, die vor dem möglichen Anteilserwerb nicht unter § 39 Abs. 1 S. 1 Nr. 5 fallen, sei es, weil sie noch keine Gesellschafter oder gleichgestellte Personen waren, oder sie lediglich im Umfang des § 39 Abs. 5 an der Gesellschaft beteiligt sind (unter 10 %: BT-Drs. 16/6140, 57; Gehrlein WM 2011, 577 (584); HmbKommInsR/Lüdtke Rn. 53; Henssler/Strohn/Fleischer Rn. 28; HK-InsO/Kleindiek Rn. 58; K. Schmidt InsO/K. Schmidt/Herchen Rn. 45; Uhlenbruck/Hirte Rn. 65; aA Altmeppen NJW 2008, 3601 (3605), auch bei mehr als 10 % mit Hinweis Wortlaut und Systematik). Mit anderen Worten ist eine „Umqualifizierung" subordinierter Forderungen bereits wesentlich beteiligter Gesellschafter nicht möglich (CPM/Zenker Rn. 48).

101   Das Sanierungsprivileg in § 39 Abs. 4 S. 2 ist an einen **Beteiligungserwerb** geknüpft (für § 32a GmbHG aF: BT-Drs. 13/100038, 28; Habersack ZIP 2007, 2145 (2149); HK-InsO/Kleindiek Rn. 56; Huber/Habersack BB 2006, 1 (4); Kölner Schrift InsO/Gehrlein Kap. 26 Rn. 48; K. Schmidt InsO/K. Schmidt/Herchen Rn. 44; Uhlenbruck/Hirte Rn. 65). Der Beteiligungserwerb kann sowohl in Form des Erwerbs neuer Anteile durch Kapitalerhöhung als auch durch Übernahme eines vorhandenen Anteils erfolgen (FK-InsO/Bornemann Rn. 92; ebenso möglich ist der Erwerb durch Debt-to-Equity Swap im Rahmen eines Insolvenzplans: CPM/Zenker Rn. 47; Hacker WPg 2019, 479 (482); Uhlenbruck/Hirte Rn. 68). Dies leuchtet nach verbreiteter Ansicht nicht unmittelbar ein, da Sanierungsversuche von wesentlich beteiligten Altgesellschaftern oder dritten Kreditgebern ebenso aussichtsreich sein können (krit. Bork ZGR 2007, 250 (259); HmbKommInsR/Lüdtke Rn. 53; Hirte/Knof WM 2009, 1961 (1963); K. Schmidt ZIP 2006, 1925 (1928)). Im zeitlichen Kontext des § 39 Abs. 4 S. 2 erscheint die Anknüpfung an einen Anteilserwerb allerdings folgerichtig und ausreichend. Kredite von Dritten sind zur Beseitigung einer bestehenden Insolvenz eher ungeeignet (Altmeppen NJW 2008, 3601 (3605); Haas ZInsO 2007, 617 (625); Gehrlein BB 2008, 846 (850)). Zunächst müssten die daraus entstehenden Ansprüche des Kreditgebers bei der Gesellschaft schuldenerhöhend passiviert werden. Weiterhin können in einem Insolvenzszenario selten werthaltige Sicherheiten zur Verfügung gestellt werden. Eines Anreizes für bereits wesentlich beteiligte Gesellschafter bedarf es ebenfalls nicht. So wird es kein wesentliches Entscheidungskriterium eines Gesellschafters sein, ob er im Falle des Scheiterns der Sanierung eine (geringe) Insolvenzquote erhält oder faktisch leer ausgeht. Etwas anderes gilt nur dann, wenn sich mit dem Insolvenzverwalter auf Gewährung eines Massekredits verständigt werden kann. Die Höhe der erworbenen Beteiligung ist irrelevant (HK-InsO/Kleindiek Rn. 57). Der Gesellschaft müssen durch den Beteiligungserwerb nicht zwingend liquide Mittel zufließen (FK-InsO/Bornemann Rn. 92; K. Schmidt InsO/K. Schmidt/Herchen Rn. 44).

102   In **zeitlicher Hinsicht** knüpft § 39 Abs. 4 S. 2 für den Anteilserwerb an die drohende oder eingetretene Zahlungsunfähigkeit (§§ 17, 18) oder die Überschuldung an (§ 19) (nach Bitter ZIP 2013, 398 müssen bei der Auslegung der Insolvenzeröffnungsgründe iRd § 39 Abs. 4 die beabsichtigten Darlehen zur Vermeidung eines Zirkelschlusses außer Betracht bleiben). Das Merkmal der „Krise" aus § 32a GmbHG aF wurde aufgegeben und der Anwendungsbereich dadurch zeitlich nach hinten verlagert (BT-Drs. 16/6140, 57).

Nachrangige Insolvenzgläubiger　　　　　　　　　　　　　　　　　　　　　§ 39 InsO

Gegenstand der Privilegierung sind die **Forderungen aus bestehenden oder neu gewährten** 103 **Darlehen sowie gleichgestellten Forderungen.** Dabei kommt es auf die zeitliche Abfolge von Erwerb der Gläubigerstellung und Gesellschafterstellung nicht an (HmbKommInsR/Lüdtke Rn. 56; Uhlenbruck/Hirte Rn. 69). Die Gläubigerstellung muss auch nicht bereits bei Vorliegen eines Insolvenzgrundes begründet gewesen sein (Hirte/Knof WM 2009, 1961 (1963 ff.); aA: Pichler WM 1999, 411 (416)). Wird ein Darlehen nach Begründung der Gesellschafterstellung gewährt, muss bei seiner Gewährung noch ein gewisser zeitlich-sachlicher Zusammenhang mit dem Beteiligungserwerb bestehen (Uhlenbruck/Hirte Rn. 69).

Die Privilegierung bleibt bis zur „**nachhaltigen Sanierung**" der Gesellschaft bestehen. 104 Danach endet die Privilegierung und bei einer erneuten Insolvenz nimmt der Gesellschafter mit der einst privilegierten Forderung als nachrangiger Gläubiger teil (§ 39 Abs. 1) (Altmeppen NJW 2008, 3601 (3606); HmbKommInsR/Lüdtke Rn. 57; Hirte/Knof WM 2009, 1961 (1969)). Der Begriff der nachhaltigen Sanierung wird im Gesetz nicht definiert. Zunächst lassen sich zwei Extrempositionen ausschließen. Auf der einen Seite würde das Sanierungsprivileg seinen Zweck verfehlen, wenn die Gesellschaft nur ganz kurzfristig aus Zahlungsunfähigkeit oder Überschuldung befreit wäre (so auch Altmeppen NJW 2008, 3601 (3606)). Anders als zB in § 1 Abs. 2 ROG wird man auf der anderen Seite einen dauerhaften Sanierungserfolg nicht verlangen können. Das vertretene Meinungsspektrum bewegt sich innerhalb dieser Positionen (eine Übersicht über die vertretenen Meinungen gibt KPB/Preuß Rn. 77). Praktisch handhabbar und sachlich plausibel ist es, wie im Rahmen der Erstellung der Fortführungsprognose iRv § 19, auf das laufende und folgende Geschäftsjahr abzustellen (Budde ZInsO 2010, 2251 (2270 f.); CPM/Zenker Rn. 50; Hirte/Knof WM 2009, 1961 (1969 f.); Uhlenbruck/Hirte Rn. 67; iRd § 302 Abs. 2 S. 3 AktG: Dachner, Der Abwendungsvergleich, 2013, 175; andere stellen auf eine Frist von mindestens einem Jahr ab: Gehrlein WM 2011, 577 (584); Graf-Schlicker/Bremen/Neußner Rn. 30; HmbKommInsR/Lüdtke Rn. 57; KPB/Preuß Rn. 63). Dieser Zeitraum und die dazugehörigen Bewertungsmaßstäbe sind in der Sanierungspraxis etabliert.

Die Frage der nachhaltigen Sanierung ist eine Prognoseentscheidung. Maßgebend dafür ist die 105 Sicht ex ante (BGH NJW 2006, 1283 (1284); Braun/Bäuerle Rn. 28; FK-InsO/Bornemann Rn. 94; Henssler/Strohn/Fleischer Rn. 29; Hirte/Knof WM 2009, 1961 (1969 f.); Graf-Schlicker/Bremen/Neußner Rn. 33; HK-InsO/Kleindiek Rn. 60; Uhlenbruck/Hirte Rn. 64; iRd § 302 Abs. 2 S. 3 AktG: Dachner, Der Abwendungsvergleich, 2013, 152; zu § 32a GmbHG aF: BGH NJW 2006, 1283 (1285); aA aus Gründen der Praktikabilität HmbKommInsR/Lüdtke Rn. 57; Wittig FS K. Schmidt, 2009, 1743 (1758)). Der Beteiligungserwerb muss nach dem Wortlaut des § 39 Abs. 4 S. 2 „zum Zwecke" der Sanierung erfolgen, sprich einen **Sanierungszweck** verfolgen. Hierfür gelten die vom BGH zu § 32a GmbHG aF entwickelten Grundsätze fort (BGH NJW 2006, 1283 (1284)). Neben dem insoweit zu vermutenden **Sanierungswillen** muss die Gesellschaft im Augenblick des Anteilserwerbs objektiv **sanierungsfähig** sein. Die zur Sanierung ergriffenen Maßnahmen müssen insgesamt als geeignet erscheinen, die Gesellschaft nachhaltig zu sanieren. Die Beweislast dafür trägt der an der Sanierung beteiligte Gesellschafter (Altmeppen NJW 2008, 3601 (3606); HK-InsO/Kleindiek Rn. 59). Er hat den Sanierungszweck dem II. Zivilsenat des BGH zufolge durch ein dokumentiertes, substanzhaltiges und von einem objektiven Dritten überprüftes Sanierungskonzept zu belegen, das nicht notwendiger Weise – insbesondere bei Kleinbetrieben – dem hohen Standard des IDW S 6 genügen muss (BGHZ 2010, 249; BGH ZIP 2018, 1794; Scholz/Bitter, GmbHG, GmbHG Anh. § 64 Rn. 123 mwN).

Kann, entgegen der getroffenen (und hinreichend belegten) Prognose, eine **nachhaltige Sanie-** 106 **rung nicht erreicht** werden, bleibt die Rangprivilegierung erhalten (FK-InsO/Bornemann Rn. 96; HmbKommInsR/Lüdtke Rn. 58; Henssler/Strohn/Fleischer Rn. 31; HK-InsO/Kleindiek Rn. 60; iRd § 302 Abs. 2 S. 3 AktG Dachner, Der Abwendungsvergleich, 2013, 175). Das Scheitern der Sanierung ist einer Prognoseentscheidung immanent. Nach dem Wortlaut des § 39 Abs. 4 S. 2 entfällt die Rangprivilegierung erst bei Erreichen der nachhaltigen Sanierung. Zum Finanzplankredit → Rn. 85.

6. Privilegierung neuer Kredite ab 1.3.2020 (§ 2 Abs. 1 Nr. 2 und Abs. 2 COVInsAG)

Im Aussetzungszeitraum neu begebene Gesellschafterdarlehen und Rechtshandlungen, die 106a einem solchen Darlehen wirtschaftlich entsprechen, sind in Insolvenzverfahren, die **bis zum 30.9.2023 beantragt** wurden, nicht nach § 39 Abs. 1 S. 1 Nr. 5 nachrangig, wenn bei Begebung des Darlehens (bzw. Vornahme der einem Gesellschafterdarlehen entsprechenden Rechtshandlung) die Voraussetzungen für die Aussetzung der Insolvenzantragspflicht gem. § 1 COVInsAG vorgelegen haben (§ 2 Abs. 1 Nr. 2 COVInsAG). Der maßgebliche **Aussetzungszeitraum** bestimmt

Prosteder/Dachner

sich nach § 1 COVInsAG und wurde aufgrund der länger als erwartet wirkenden, negativen Folgen der Pandemie mehrfach ausgedehnt, zuletzt durch das Gesetz zur Änderung des Einführungsgesetzes zur Abgabenordnung (BT-Drs. 19/26245). Der ursprüngliche Aussetzungszeitraum (§ 1 Abs. 1 COVInsAG) erstreckte sich vom 1.3.2020 bis zum 30.9.2020 für zahlungsunfähige und überschuldete Unternehmen nach Maßgabe des § 1 Abs. 1 S. 1–3 COVInsAG. Für den Zeitraum zwischen dem 1.10.2020 und dem 31.12.2020 galt die bis dahin verlängerte Aussetzung der Insolvenzantragspflicht gem. § 1 Abs. 2 COVInsAG nur für überschuldete (und nicht zahlungsunfähige) Schuldner. Vom 1.1.2021 bis 30.4.2021 war die Insolvenzantragspflicht unter den Voraussetzungen des § 1 Abs. 1 COVInsAG ausgesetzt (bei Überschuldung und bei Zahlungsunfähigkeit), wenn (1) ein Schuldner im Zeitraum vom 1.11.2020 bis 28.2.2021 Antrag auf die Gewährung finanzieller Hilfeleistungen im Rahmen staatlicher Hilfsprogramme zur Abmilderung der Folgen der COVID-19-Pandemie gestellt hat (§ 1 Abs. 3 S. 1 COVInsAG) oder diesen Antrag aus rechtlichen, insbesondere beihilferechtlichen, oder tatsächlichen, insbesondere IT-technischen Gründen nicht stellen konnte, jedoch in den Bereich der Antragsberechtigten des Hilfsprogramms fällt (§ 1 Abs. 3 S. 2 COVInsAG), (2) die Erlangung der Finanzhilfe nicht offensichtlich aussichtslos ist und (3) die Finanzhilfe ausreicht, um die Insolvenzreife zu beseitigen. Grund der Erweiterung in Abs. 3 sind zum einen die anhaltenden, wirtschaftlich einschneidenden Maßnahmen zur Bekämpfung der Pandemie und zum anderen die schleppende Auszahlung der von der Bundesregierung zugesagten Hilfsleistungen. Erfasst sind ausweislich der Gesetzesbegründung (BT-Drs. 19/26245, 16) sämtliche aufgrund der Folgen der Pandemie gewährte Hilfen, darunter insbesondere „November- und Dezemberhilfe", „November- und Dezemberhilfe Plus" oder „Überbrückungshilfe III". Die Privilegierung greift gem. § 1 Abs. 1 S. 2 COVInsAG dann für sämtliche Fälle des § 1 COVInsAG nicht, wenn (a) die zum Zeitpunkt der Darlehensbegebung (bzw. Vornahme der vergleichbaren Handlung) bestehende Insolvenzreife nicht auf den Folgen der COVID-19-Pandemie beruht oder (b) wenn keine Aussichten darauf bestehen, eine bestehende Zahlungsunfähigkeit zu beseitigen. Das Vorliegen der beiden Voraussetzungen (Zusammenhang der Insolvenzreife mit der COVID-19-Pandemie und Aussichten auf Beseitigung der Zahlungsunfähigkeit) wird gem. § 1 Abs. 1 S. 3 COVInsAG vermutet, wenn der Schuldner am 31.12.2019 nicht zahlungsunfähig war. Ausweislich der Gesetzesbegründung sind „höchste Anforderungen" an die Widerlegung dieser Vermutung zu stellen; eine Widerlegung soll nur dann in Betracht kommen, wenn kein Zweifel daran bestehen kann, dass die COVID-19-Pandemie nicht ursächlich für die Insolvenzreife war oder dass die Beseitigung einer eingetretenen Insolvenzreife nicht gelingen konnte (BT-Drs. 19/18110, 22). So, wie § 1 Abs. 1 S. 2 COVInsAG negativ formuliert ist, spricht alles dafür, dass die Mitursächlichkeit anderer Ursachen als die Pandemie für die Insolvenzreife die Aussetzung der Antragspflicht und die Privilegierung nicht in Frage stellen; die Aussetzung und die darauf aufbauenden Privilegierungen gelten von vornherein nur dann nicht, wenn die Insolvenzreife nicht auf den Folgen der Pandemie beruht, dh gar nicht (ebenso Thole ZIP 2020, 650 (652); Kroiß, Rechtsprobleme durch COVID-19, 2020, § 6 Rn. 26; Nerlich/Römermann/Römermann, CovInsAG § 1 Rn. 27; Schmidt, COVID-19, Rechtsfragen zur Corona-Krise, 2020, § 14 Rn. 24 f.; Uhlenbruck/Hirte, Bd. 2, CovInsAG § 1 Rn. 23); solange eine Mitursächlichkeit der Pandemie möglich bleibt, ist der Gegenbeweis nicht erbracht (so auch Bornemann jurisPR-InsR 9/2020, Anm. 1, S. 9; Gehrlein DB 2020, 713 (715); Hölzle/Schulenburg ZIP 2020, 633 (636); Römermann NJW 2020, 1108 (1109)). Hinsichtlich der Frage, wer den Rang der Forderung zu beweisen hat, gelten die allgemeinen Regelungen. Bestreitet der Insolvenzverwalter im Prüfungstermin (§ 176) den Rang der Forderung, muss der Gläubiger auf Feststellung im Rang des § 38 klagen. Insoweit muss der Gläubiger dann beweisen, dass die Voraussetzungen für die Aussetzung nach § 1 COVInsAG gegeben waren, also zunächst nur, dass die Gesellschaft zum 31.12.2019 nicht zahlungsunfähig war. Der Insolvenzverwalter muss dann entweder darlegen, dass die Insolvenzreife nicht auf den Folgen der COVID-19-Pandemie beruht (zB dass die Gesellschaft bereits zum 31.12.2019 nachweislich überschuldet war, hierzu Bitter ZIP 2020, 685 (688)) oder keine Aussichten darauf bestehen, eine bestehende Zahlungsunfähigkeit zu beseitigen.

106b Gesellschafterdarlehen und Rechtshandlungen, die einem solchen Darlehen wirtschaftlich entsprechen, müssen als Neukredit **gewährt** werden, um nach § 2 Abs. 1 Nr. 2 COVInsAG als nicht nachrangig zu gelten. Dieses Tatbestandsmerkmal in § 2 Abs. 1 Nr. 2 Hs. 1 COVInsAG findet über die Formulierung „insoweit" in § 2 Abs. 1 Nr. 2 Hs. 2 COVInsAG Anwendung auf Gesellschafterdarlehen und Rechtshandlungen, die einem solchen Darlehen wirtschaftlich entsprechen. Ob ein Neukredit bereits gewährt ist, wenn sich der Darlehensgeber zur Ausreichung des Kredits verpflichtet hat, oder es auf den Zeitpunkt der Auszahlung ankommt, wurde vom Gesetzgeber nicht geregelt und wird in der Literatur unterschiedlich beantwortet: Teilen reicht der Abschluss des schuldrechtlichen Geschäfts (Darlehensvertrag) aus (Bornemann jurisPR-InsR 9/2020, Anm.

1 unter Ziff. III. 5. c) aa), Ziff. III. 8; Uhlenbruck/Borries, Bd. 2, CovInsAG § 2 Rn. 22). Hingegen für ein grundsätzliches Erfordernis der Auszahlung (oder Bereitstellung einer Linie) im Aussetzungszeitraum Bitter GmbHR 2020, 861 Rn. 21; KPB/Prütting CovInsAG § 2 Rn. 7; Schmidt, COVID-19, Rechtsfragen zur Corona Krise, 2020, § 14 Rn. 99; Thole ZIP 2020, 650 (656): Effektive Zuführung oder Bereitstellung, nicht Darlehenszusage. Differenzierend, auf den Vereinbarungszeitpunkt abstellend bei komplexen Strukturen (zB Joint Ventures) Brünkmans ZInsO 2020, 797 (804, 806). Erfolgte die Darlehenszusage bereits vor dem 1.3.2020, wird die Einordung als vom Gesetzgeber geforderten neuen Kredit zum Teil hinterfragt (Mock NZG 2020, 505 (507 f.)), weil das mit der Gewährung des Kredits verbundene Risiko letztlich schon vor dem 1.3.2020 eingegangen wurde. Etwas anderes kann aber gelten, wenn der Darlehensvertrag zwar schon vor dem 1.3.2020 abgeschlossen wurde, danach aber ein zusätzliches (vertragliches) Risiko eingegangen wurde, etwa durch Verzicht auf Kündigungs- oder sonstiges Lösungsrecht (Bitter GmbHR 2020, 861 Rn. 22).

106c Ausgenommen von der Privilegierung gem. § 2 Abs. 1 Nr. 2 COVInsAG und damit auch der Rangaufwertung sind ausweislich der Gesetzesbegründung die bloße **Novation** oder **Prolongation** und **wirtschaftlich vergleichbare Sachverhalte,** die etwa auf ein Hin- und Herzahlen hinauslaufen (allerdings gelten gem. § 2 Abs. 1 Nr. 3 COVInsAG derartige Rechtshandlungen, sofern im Aussetzungszeitraum vorgenommen, auch als sittenwidriger Beitrag zur Insolvenzverschleppung: BT-Drs. 1/18110, 24; krit. dazu Tressel/Nagel/Neudenberger COVuR 2020, 510). **Stundungen** sind daher ebenfalls nicht von der Privilegierung in § 2 Abs. 1 Nr. 2 COVInsAG erfasst. Die Regelung zielt darauf ab, Kreditgeber, auch Gesellschafter, zu motivieren, dem Unternehmen in der Krise neue Liquidität zuzuführen (BT-Drs. 19/18110, 23). Für Stundungen wurde jedoch nachträglich mit Wirkung ab dem 1.1.2021 in § 2 Abs. 1 Nr. 5 COVInsAG eine Sonderregelung geschaffen. Zahlungen, die bis zum 31.3.2022 auf Forderungen aufgrund bis zum 28.2.2021 gewährten Stundungen erfolgen und sich das betroffene Unternehmen im Aussetzungszeitraum nach Maßgabe des § 1 Abs. 3 COVInsAG befindet (Beantragung(smöglichkeit) staatlicher Hilfen), gelten dann nicht als gläubigerbenachteiligend (mit der Folge, dass sämtliche Anfechtungstatbestände ausgeschlossen sind), sofern über das Vermögen des Schuldners bis zum 18.2.2021 noch kein Insolvenzverfahren eröffnet worden ist. Die Stundung muss bis zum 28.2.2021 gewährt, dh vereinbart worden sein. Die Wirkung der Stundung kann in der Zukunft liegen, wobei Rückzahlungen nur bis zum 31.3.2022 privilegiert sind. Es sollen nach der Intention des Gesetzgebers Gläubiger privilegiert werden, die in wirtschaftliche Not geratene Schuldner unterstützen, die durch staatliche Hilfsprogramme bestehenden Sanierungsaussichten nicht zu vereiteln (BT-Drs. 19/26245, 17). Bei restriktiver Auslegung sind nur zwischen 1.1.2021 und 28.2.2021 vereinbarte Stundungen mit Schuldnern erfasst, die aufgrund § 1 Abs. 3 COVInsAG von der Stellung eines Insolvenzantrages befreit sind. Eine Rangaufwertung von vor dem 1.3.2020 begebenen Gesellschafterdarlehen (oder vorgenommenen vergleichbaren Rechtshandlungen) ist hingegen ausgeschlossen (zum Cash-Pool → § 135 Rn. 94). Hat der Kreditgeber bei oder nach der Kreditgewährung mit dem Kreditnehmer einen **qualifizierten Rangrücktritt** vereinbart, sind Rückzahlungen aufgrund der vertraglichen Vereinbarung von der Privilegierung ausgenommen. Der Kreditgeber hat durch den Rangrücktritt deutlich gemacht, dass er nachrangig befriedigt werden will (ebenso Bitter GmbHR 2020, 861 Rn. 43 ff.; Mock NZI 2020, 405 (406); Uhlenbruck/Borries, Bd. 2, CovInsAG § 2 Rn. 38). Nicht privilegiert wird schließlich die Gewährung von aus dem Vermögen der Gesellschaft gewährten **Sicherheiten** für Gesellschafterdarlehen.

106d Die Privilegierung und damit die Rangaufwertung nach § 2 Abs. 1 Nr. 2 COVInsAG gilt auch für Unternehmen, die **keiner Antragspflicht** unterliegen und Schuldner, die bei Begebung des Darlehens (bzw. Vornahme der einem Gesellschafterdarlehen entsprechenden Rechtshandlung) **weder zahlungsunfähig noch überschuldet** sind (§ 2 Abs. 2 COVInsAG). Auch im Aussetzungszeitraum neu gegründete Unternehmen sollen erfasst sein (Bitter GmbHR 2020, 861 Rn. 16; Bitter ZIP 2020, 685 (686 f., 694 f.): eine teleologische Reduktion der Norm sei vor dem Hintergrund der Gesetzesbegründung nicht angezeigt). In zeitlicher Hinsicht gelten dieselben Voraussetzungen wie im Aussetzungszeitraum, dh Darlehensbegebung bzw. Vornahme der Rechtshandlung zwischen dem **1.3.2020 und 30.9.2020** (ursprünglicher Aussetzungszeitraum für zahlungsfähige und überschuldete Unternehmen) bzw. zwischen **1.10.2020 und 31.12.2020** (verlängerter Aussetzungszeitraum nur für überschuldete aber nicht zahlungsunfähige Unternehmen) bzw. an Unternehmen bei Beantragung staatlicher Hilfen nach Maßgabe des § 1 Abs. 3 COVInsAG zwischen **1.1.2021 und 28.2.2021** sowie Beantragung des Insolvenzverfahrens bis zum 30.9.2023 (→ Rn. 106a). Wird eine durch § 2 Abs. 1 Nr. 2 COVInsAG privilegierte Forderung oder privilegierte Sicherung (auch nach Ende des Aussetzungszeitraums) abgetreten, soll die Privilegierung erhalten bleiben (Bitter GmbHR 2020, 861 Rn. 35 f.).

D. Rangrücktrittsvereinbarung (Abs. 2)

I. Einführung

107 Der Rangrücktritt ist ein praktisch oft verwendetes Finanzierungs- und Sanierungsmittel. Es wird vor allem eingesetzt, um die bilanzielle **Überschuldung zu verhindern oder zu beseitigen** (BGH NZI 2015, 315; Berger ZInsO 2015, 1938 (1939); HmbKommInsR/Lüdtke Rn. 69; Hoos/Köhler GmbHR 2015, 729; K. Schmidt InsO/K. Schmidt/Herchen Rn. 23; Oser BC 2017, 123 (124); Uhlenbruck/Hirte Rn. 55; Westphal/Kresser DB 2016, 33; Wehning DStR 2017, 615 ff.). Basiert die Vereinbarung eines Nachrangs auf dem Gedanken, dass es einem Gläubiger freisteht, am Insolvenzverfahren teilzunehmen, so bildet der Rangrücktritt ein wesensgleiches Minus bei der Entscheidung des Gläubigers, dass seine Forderung nachrangig befriedigt wird (CPM/Zenker Rn. 66; KPB/Preuß Rn. 27; MüKoInsO/Ehricke/Behme Rn. 92). § 39 Abs. 2 besteht unverändert seit Einführung der InsO und wird als **bloße Auslegungsregel** verstanden (HmbKommInsR/Lüdtke Rn. 67; MüKoInsO/Ehricke/Behme Rn. 92; Nerlich/Römermann/Andres Rn. 11; K. Schmidt ZIP 2015, 901 (902)). Eine Insolvenzforderung wird grundsätzlich im vereinbarten Rang befriedigt; nur im Zweifelsfall gilt die Forderung gem. § 39 Abs. 2 als letztrangig (BT-Drs. 12/2443, 123). Für in § 39 Abs. 1 S. 1 Nr. 1–5 enthaltene Forderungen kann lediglich eine niedrigere Rangklasse, keine höhere vereinbart werden (OLG Hamm BeckRS 2011, 02024; Braun/Bäuerle Rn. 30; Haarmeyer/Wutzke/Förster/Huhnold Rn. 23; Jaeger InsO/Henckel Rn. 97; Uhlenbruck/Hirte Rn. 52). Die Rechtsfolgen der vereinbarten Rangklasse sind der Disposition der Parteien entzogen (K. Schmidt InsO/K. Schmidt/Herchen Rn. 23). Dies gilt insbesondere für den Grundsatz der Gläubigergleichbehandlung in einer Rangklasse (OLG München NZI 2002, 207; MüKoInsO/Ehricke/Behme Rn. 96; Kling NZG 2000, 872).

108 Vor Inkrafttreten des MoMiG unterschied die Rechtspraxis anhand der Rangtiefe zwischen einfachem und qualifiziertem Rangrücktritt. Während sich der betroffene Gläubiger beim einfachen Rangrücktritt unspezifisch mit der Befriedigung nach allen Fremdkapitalgebern in § 39 Abs. 1 S. 1 Nr. 1–5 einverstanden erklärt, sieht der qualifizierte Rangrücktritt vor, dass die Forderung während der Krise nur zugleich mit den Einlagenrückgewähransprüchen der Gesellschafter erfüllt werden darf (BGH ZInsO 2001, 260; K. Schmidt ZIP 2015, 901 (903)). Diese Unterscheidung ist aufgrund der heutigen Regelung in § 19 Abs. 2 S. 2 nicht mehr erforderlich, wird aber in der Praxis und Rechtsprechung weiterhin verwendet (zuletzt BGH NZI 2015, 315 (316); Oser BC 2017, 123 (124); Primozic/Trentin ZInsO 2015, 1250). Darüber hinaus werden neuerdings auch die Begriffe „spezifizierter" und „unspezifizierter" Rangrücktritt verwendet, die den Rangrücktritt anhand der Kriterien „ausformuliert" und „generalklauselartig" messen (BFH BStBl. 2015 II 769; K. Schmidt BB 2016, 2 (4)).

II. Rechtsnatur

109 Die streitige Frage nach der Rechtsnatur des Rangrücktritts (insbesondere bedingter Forderungserlass: Kölner Komm InsO/Hess Rn. 140 (für die ausdrückliche Vereinbarung eines bedingten Forderungserlasses); Serick ZIP 1980, 9 (14 f.) oder pactum de non petendo: K. Schmidt InsO/K. Schmidt/Herchen Rn. 22; einen Überblick über den Streitstand gibt BGH NZI 2015, 315 (317); Hess InsR/Hess Rn. 138 ff.; Uhlenbruck/Hirte Rn. 53) wurde im März 2015 vom BGH entschieden. Die qualifizierte Rangrücktrittsvereinbarung ist ein (zwei- oder mehrseitiger) **Schuld- oder Schuldänderungsvertrag** iSd § 311 Abs. 1 BGB (BGH NZI 2015, 315 (317); Bitter ZHR 181 (2017), 428 (432); Gehrlein WM 2016, 57 (58); Kayser WM 2015, 1973 (1975); Oser BC 2017, 123 (124)). Dieser hat verfügenden Charakter (Wübbelsmann DStR 2016, 1723 (1724); aA CPM/Zenker Rn. 67). Die Forderung wird mit dinglicher Kraft dahingehend begründet oder umgewandelt, dass sie im Überschuldungsstatus nicht mehr zu passivieren ist (krit. zur materiell-rechtlichen Herleitung Frystazki DStR 2016, 2479 (2480); K. Schmidt ZIP 2015, 901 (909); Smid ZInsO 2017, 1121 (1126)). Die Forderung bildet wirtschaftlich haftendes Kapital und darf nicht an den Forderungsinhaber ausgezahlt werden (BGH NZI 2015, 315 (317); Commandeur/Hübler NZI 2015, 589; Geißler DZWiR 2015, 346 (347)). Eine Rangrücktrittsvereinbarung ist darüber hinaus ab Eintritt der Insolvenzreife im Regelfall als **Vertrag zugunsten aller vorhandenen und zukünftigen Gläubiger** (§ 328 Abs. 1 BGB) einzustufen (BGH NZI 2015, 315 (318); NZI 1999, 410; NZI 2010, 867; Bitter ZHR 181 (2017), 428 (429, 459 ff.); Fleischer DStR 1999, 1774 (1779); Gehrlein WM 2016, 57 (58); im Ergebnis auch CPM/Zenker Rn. 67; mit Überlegungen zu potentiellen Ansprüchen der Gläubiger Berger ZIP 2015, 1938 (1944)). Schließen die am Rangrücktritt beteiligten Parteien die drittschützende Wirkung durch Vereinbarung aus, riskieren sie den Verlust der überschuldungsvermeidenden Wirkung (Bitter ZHR 181 (2017), 428 (449)). Es kommt nicht darauf an, dass die Gläubiger bei Abschluss der Rangrücktrittsvereinbarung bereits bestimmt sind. Ausreichend ist vielmehr deren nachträgliche Bestimmbarkeit (BGH NZI 2015, 315 (318); K. Schmidt ZIP 2015, 901 (909)). Der BGH lässt die dogmatische Herleitung des Vertrags zugunsten Dritter (bzw. aller Gläubiger) offen. Die Annahme ist jedoch folgerichtig. Das mit der Rechtsnatur verbundene Erfordernis der Zustimmung aller Gläubiger zur Aufhebung des Rangrücktritts bei drohender Insolvenz verhindert, dass es einzelne Gläubiger in der Hand haben, durch Kündigung des Rangrücktritts die Insolvenz des Unternehmens herbeizuführen.

III. Anwendungsbereich des Rangrücktritts

Ein Rangrücktritt kann, entgegen dem insoweit missverständlichen Wortlaut in § 39 Abs. 2, nicht nur im Insolvenzverfahren, sondern vor allem auch (hier liegt die eigentliche praktische Bedeutung) vor Eröffnung des Insolvenzverfahrens vereinbart werden (MüKoInsO/Ehricke/Behme Rn. 94; Uhlenbruck/Hirte Rn. 52). Gleichgültig ist ebenso, ob der Rangrücktritt gleichzeitig mit Entstehung der im Rang zu ändernden Forderung oder erst danach erfolgt. 110

Die an der Rangrücktrittsvereinbarung beteiligten Parteien, werden von § 39 Abs. 2 nicht konkretisiert. Gläubiger kann jeder Gesellschafter oder Dritte, also Nichtgesellschafter, sein (BGH NZI 2015, 315 Rn. 14; Kayser WM 2015, 1973 (1975)). Schuldner ist jede insolvenzfähige natürliche oder juristische Person (§ 11). Nach Übergang der Verwaltungs- und Verfügungsbefugnis wird die Rangrücktrittsvereinbarung mit dem (vorläufigen starken) Insolvenzverwalter geschlossen. Nach Eröffnung des Insolvenzverfahrens wird die Rangrücktrittsvereinbarung mit dem Insolvenzverwalter vereinbart (CPM/Zenker Rn. 67; Haarmeyer/Wutzke/Förster/Huhnold Rn. 23; HmbKommInsR/Lüdtke Rn. 68; HK-InsO/Ries Rn. 13; KPB/Preuß Rn. 25). Dies hat jedoch keinen Einfluss auf die straf- und zivilrechtlichen Folgen einer bereits verwirklichten Insolvenzverschleppung (HmbKommInsR/Lüdtke Rn. 68). 111

Der Rangrücktritt ist nicht auf Forderungen aus (Gesellschafter-)Darlehen beschränkt. Vielmehr erstreckt sich der Anwendungsbereich auf alle Forderungen, die passiviert werden müssen und zur Überschuldung des Schuldners beitragen können (so im Ergebnis auch BGH NZI 2015, 315 Rn. 13). Dies ergibt sich bereits aus dem offenen Wortlaut des § 39 Abs. 2 sowie seiner systematischen Stellung innerhalb der InsO. Welche Forderungen vom Rangrücktritt erfasst sein sollen und ob sich der Rangrücktritt auch auf Sicherheiten der Forderung erstreckt, ist durch Auslegung zu ermitteln (zum Absonderungsrecht LG Krefeld Urt. v. 7.4.2016 – 3 O 381/14 Rn. 66; Henkel/Wentzler GmbHR 2013, 239 (241)). 112

IV. Anforderungen an Rangrücktritt

Damit die dem Rangrücktritt zugrunde liegende Forderung im Überschuldungsstatus unberücksichtigt bleiben kann, müssen bestimmte Voraussetzungen erfüllt sein, die § 39 nicht behandelt und die in der Praxis häufig zu Anwendungsschwierigkeiten führen. § 19 Abs. 2 S. 2 setzt einen wirksamen Rangrücktritt voraus, regelt aber, anders als vor Inkrafttreten des MoMiG (s. K. Schmidt InsO/K. Schmidt/Herchen Rn. 23), die erforderliche Mindestreichweite des Rangrücktritts. 113

Aus der Erklärung des Gläubigers muss sich im Sinne des qualifizierten Rangrücktritts ergeben, dass er Erfüllung seiner Forderung erst dann verlangen kann, wenn sämtliche Gesellschaftsgläubiger befriedigt sind (BGH NZI 2015, 315 (316) Rn. 17 f.; Kölner Komm InsO/Hess Rn. 144; Kölner Schrift InsO/Gehrlein Kap. 26 Rn. 4). Die Erklärung kann darauf beschränkt werden, **hinter die Forderungen des § 39 Abs. 1 S. 1 Nr. 1–5** zurückzutreten. Einer Gleichstellung oder gar Subordination zu den Einlagerückgewähransprüchen der Gesellschafter bedarf es nicht (BT-Drs. 16/9737, 58). 114

Der Rangrücktritt darf nicht nur für den Insolvenzfall gelten. Vielmehr muss auch der Zeitraum vor Verfahrenseröffnung erfasst sein, sog. **vorinsolvenzliche Durchsetzungssperre** (BGH NZI 2015, 315 Rn. 19; BGH NZI 2010, 867 Rn. 10; OLG München BeckRS 2018, 216 Rn. 31; Bitter ZHR 181 (2017), 428 (463); Gehrlein WM 2016, 57 (58); K. Schmidt InsO/K. Schmidt/Herchen Rn. 22; aA CPM/Zenker Rn. 68). Jedoch ist eine Einschränkung des Geltungsbereichs für den Fall, dass weder Zahlungsunfähigkeit noch Überschuldung drohen, zulässig und sachgerecht. Eine Befriedigung des Gläubigers aus „freien Mitteln" des Schuldners bleibt damit, sofern kein Verzicht erklärt wurde, möglich (BGH NZI 2015, 315 (316)). Wie sich die Vereinbarung eines Rangrücktritts auf die Besicherung der betroffenen Verbindlichkeit auswirkt, hat der BGH bislang nicht abschließend geklärt (s. dazu Westpfahl/Kahlert DB 2016, 33 (38)). 115

116 Unter Beachtung der vorstehenden Voraussetzungen kann der Rangrücktritt vorbehaltlich erforderlicher Anpassungen an die Umstände des Einzelfalls wie folgt formuliert werden (→ Rn. 116.1):

116.1 Die Parteien vereinbaren hiermit, dass sämtliche – einschließlich sämtlicher gegenwärtigen, künftigen, fälligen, nicht fälligen, unbedingten, bedingten, bekannten oder unbekannten – Ansprüche der Gläubigerin gegen die Gesellschaft aus dem [Beschreibung Vertrag] in demjenigen Umfang nachrangig sind, der jeweils erforderlich ist, um eine Überschuldung der Gesellschaft im Sinne der jeweils gültigen Fassung der Insolvenzordnung zu vermeiden. Die derart nachrangigen Ansprüche der Gläubigerin (§ 39 Abs. 2 InsO) sind nach den Ansprüchen gesetzlich nachrangiger Gläubiger (§ 39 Abs. 1 S. 1 Nr. 5 InsO), jedoch vor den Kapitalrückgewähransprüchen der Gesellschafter (§ 199 S. 2 InsO) zu befriedigen. Die Parteien vereinbaren, dass der Rangrücktritt auch für den Zeitraum vor einer etwaigen Insolvenzeröffnung gilt. Die Gläubigerin kann die Befriedigung ihrer in vorstehendem Abschnitt bezeichneten Ansprüche nur verlangen, solange und soweit bei der Gesellschaft als Folge einer Zahlung Überschuldung oder Zahlungsunfähigkeit zumindest nicht einzutreten drohen. Die Gläubigerin erklärt durch diese Vereinbarung keinen Verzicht auf Ansprüche gegen die Gesellschaft aus [dem Vertrag]. Vorbehaltlich der hier vereinbarten Durchsetzungssperre kann die Gläubigerin nur Befriedigung aus zukünftigen (i) Jahresüberschüssen, (ii) Bilanzgewinnen, (iii) Liquidationsüberschüssen oder (iv) aus sonstigem freien Vermögen der Gesellschaft verlangen.

116a Dieser Vorschlag kann die rechtliche Beratung anhand der konkreten Umstände des Einzelfalls nicht ersetzen. In jedem Fall sollte aus der Formulierung der Rangrücktrittsvereinbarung der von den Parteien intendierte Zweck eindeutig erkennbar sein (so auch Westpfahl/Kahlert DB 2016, 33 (40)). Das trifft insbesondere auf die vorinsolvenzliche Durchsetzungssperre zu, die (über die in der Regel steuerlich motivierte Maßgabe der Rückführung nur aus freiem Vermögen hinaus) explizit artikuliert werden sollte.

117 Der Rangrücktritt darf nicht zulasten der anderen Gläubiger gehen (BGH NZI 2014, 503 Rn. 7; KPB/Preuß Rn. 26). Er bedarf einer privatrechtlich-zweiseitigen Vereinbarung, wobei der Antrag ausdrücklich, ggf. nach entsprechender Auslegung, erfolgen muss (BGH NZI 2001, 196; KPB/Preuß Rn. 27; MüKoInsO/Ehricke/Behme Rn. 94; K. Schmidt InsO/K. Schmidt/Herchen Rn. 21). Die Annahme kann dagegen konkludent erfolgen (BGH NZI 1998, 38; OLG Düsseldorf NJW 1997 1455 (1456); Uhlenbruck/Hirte Rn. 54), vereinzelt wird sogar deren Zugang für entbehrlich gehalten (Wittig NZI 2001, 169 (171)). In der Praxis wird der Rangrücktritt als zweiseitige Vereinbarung schriftlich fixiert (K. Schmidt InsO/K. Schmidt/Herchen Rn. 21).

118 Ein Rangrücktritt kann auch im Rahmen Allgemeiner Geschäftsbedingungen vereinbart werden, unterliegt dann aber grundsätzlich der AGB-Kontrolle, insbesondere §§ 305c, 307 Abs. 1 S. 1 BGB (BGH NZI 2014, 503 (504); OLG Düsseldorf NZI 2017, 487 (Unwirksamkeit formularmäßiger Rangrücktrittsvereinbarung aufgrund sich widersprechender Angaben zur Rangtiefe); OLG München NJOZ 2018, 1582 (unangemessene Benachteiligung); Bitter ZHR 181 (2017), 428 (438); FK-InsO/Bornemann Rn. 100; Kölner Komm InsO/Hess Rn. 133 mit Verweis auf BGH ZIP 2014 1987; LG Darmstadt NZI 2014, 367; LG Hamburg ZIP 2015, 368 (369) und AG Itzehoe ZIP 2014, 1038; Westpfahl/Kahlert DB 2016, 33 (38); ausf. Primozic/Schaaf ZInsO 2014, 1831). Ob ein Rangrücktritt als AGB wirksam ist, hängt nach der dazu ergangenen Rechtsprechung von verschiedenen Faktoren ab, insbesondere von der Art des zugrundeliegenden Rechtsgeschäfts und dem Adressatenkreis sowie der Klarheit bei der Ausgestaltung der Formulierung. Der BGH stellt in seinem aktuellen Urteil klar, dass eine qualifizierte Nachrangvereinbarung in Allgemeinen Geschäftsbedingungen gegenüber **Verbrauchern** nur dann hinreichend transparent sei, wenn aus ihr die Rangtiefe, die vorinsolvenzliche Durchsetzungssperre, deren Dauer und die Erstreckung auf die Zinsen klar und unmissverständlich hervorgingen (BGH NZI 2019, 509 mAnm Prosteder). Insbesondere müssten die Voraussetzungen der Durchsetzungssperre hinreichend erläutert und vor allem auch klargestellt werden, inwieweit Darlehensansprüche nicht mehr durchsetzbar sind, wenn die Gesellschaft zum Zeitpunkt des Leistungsverlangens bereits zahlungsunfähig oder überschuldet ist oder dies zu werden droht. Der BGH bestätigt die bisherige Linie der obergerichtlichen Rechtsprechung.

118a Das OLG Düsseldorf hat in einer Entscheidung zu einem in allgemeinen Anlagebedingungen vereinbarten „qualifizierten Rangrücktritt" geurteilt, die Vereinbarung einer vorinsolvenzlichen Durchsetzungssperre in einem als nachrangig bezeichneten Darlehen (an einen gemeinnützigen Verein) könne überraschend, intransparent und unangemessen benachteiligend sein, wenn nicht erkennbar sei, dass mit der Begebung eines Darlehens ein „echtes unternehmerisches mit entsprechendem unternehmerischen Risiko verbunden ist", ohne dass der Darlehensgeber korrespondierende Informations- und Mitwirkungsrechts eines Gesellschafters hat (OLG Düsseldorf NZI 2018, 317 – die Nichtzulassungsbeschwerde wurde zurückgewiesen: BGH BeckRS 2019, 6285). Die vorinsolvenzliche Durchsetzungssperre ist auch einer der ausschlaggebenden Gründe des OLG München für die Annahme einer unangemessenen Benachteiligung durch eine qualifizierte Rangrücktrittsklausel in einem Investmentvertrag (OLG München NJOZ 2018, 1582). Formularmäßige Nachrangklauseln wurden von der Rechtsprechung hingegen für wirksam erachtet, zB bei Inhaberschuldverschreibungen und partiarischen Darlehen; hier wurde der Nachrang in einem eigenen, erkennbaren Abschnitt platziert und klar formuliert. Unter Beachtung der Erkenntnismöglichkeiten des für derartige Rechtsgeschäfte in Betracht kommenden Personenkreises, könne eine Nachrangklausel in Allgemeinen Geschäftsbedingungen bei entsprechender Gestaltung nicht überraschend und intransparent sein (OLG Brandenburg BeckRS 2018, 17472; OLG Düsseldorf ZIP 2018, 2491). Gerade nach der Entscheidung des BGH und der zuvor ergangenen Entscheidungen der Oberlandesgerichte sollte in der Praxis die vorinsolvenzliche Durchsetzungssperre (→ Rn. 115) in formularmäßigen Verträgen (insbesondere in Verträgen mit Nicht-Gesellschaftern) zur Vermeidung von Rechtsunsicherheiten ausdrücklich und klar unterscheidbar von den sonstigen Reglungen der Allgemeinen Geschäftsbedingungen vereinbart werden. Ausschlaggebend für die Wirksamkeit einer Rangrücktrittsklausel in Allgemeinen Geschäftsbedingungen sind die Umstände des Einzelfalls.

V. Berücksichtigung nachrangiger Forderungen im Liquiditätsstatus

Entspricht der Rangrücktritt den oben genannten Voraussetzungen, führt dies, neben der in 119 § 19 Abs. 2 S. 2 angeordneten Folge, dazu, dass die Forderung in einem Liquiditätsstatus im Rahmen der Zahlungsfähigkeitsprüfung gem. § 17 Abs. 2 unberücksichtigt bleiben kann (BGH BeckRS 2012, 23856 Rn. 13; Bitter/Rauhut ZIP 2014, 1005; Braun/Bußhardt § 17 Rn. 20; HmbKommInsR/Schröder § 17 Rn. 13; HK-InsO/Kirchhof § 14 Rn. 7; K. Schmidt ZIP 2015, 901 (902)). Dies gilt auch dann, wenn man der Auffassung folgt, die Rangrücktrittsvereinbarung ändere nichts an der zivilrechtlichen Fälligkeit der Forderung (§ 271 Abs. 2 BGB; Mock NZI 2014, 102 (103) (Einfluss auf zivilrechtliche Fälligkeit nur, wenn Rangrücktritt auch als Stundungsvereinbarung ausgelegt werden kann); aA Wübbelsmann DStR 2016, 1723), weil die Auslegung einer heutigen Anforderungen entsprechenden Rangrücktrittserklärung in aller Regel ergeben wird, dass der Gläubiger seine Forderung nicht ernsthaft einfordern kann. Andernfalls wäre die Voraussetzung der vorinsolvenzlichen Durchsetzungssperre (→ Rn. 115) wohl nicht erfüllt. Nach stRspr des BGH können Forderungen, die von einem Gläubiger nicht ernsthaft eingefordert werden können, in der Liquiditätsprognose iRd § 17 Abs. 2 außer Ansatz bleiben (BGH ZIP 2007, 1666 Rn. 18; 2008, 420 Rn. 25; 2009, 1235 Rn. 25). Der BGH hat dies im Zusammenhang mit einer Rangrücktrittserklärung bereits thematisiert, allerdings fehlte es in den streitgegenständlichen Fällen an einer effektiven vorinsolvenzlichen Durchsetzungssperre (BGH ZIP 2007, 1666; 2010, 2055). Ohne die vorinsolvenzliche Durchsetzungssperre ist der Rangrücktritt lediglich eine Verteilungsregel, die nichts an der Einforderbarkeit der Forderung ändert (Bitter ZHR 181 (2017), 428 (464)). Es kann daher, je nach Einzelfall, ratsam sein, die Vermeidung der Zahlungsunfähigkeit neben der Vermeidung der Überschuldung in die Präambel der Rangrücktrittsvereinbarung aufzunehmen.

VI. Prozessuales, Aufhebung, Steuerrechtliche Behandlung

Aufgrund seiner privatrechtlichen Natur ist der Rangrücktritt mit seiner Vereinbarung unmit- 120 telbar wirksam. Einer (späteren) Bestätigung durch das Insolvenzgericht, den Insolvenzverwalter, die Gläubigerversammlung oder den Gläubigerausschuss bedarf es nicht (MüKoInsO/Ehricke/Behme Rn. 95; Uhlenbruck/Hirte Rn. 54). Er muss durch entsprechende Prozesserklärung in ein etwaiges gerichtliches Verfahren eingeführt werden, hat also keine automatische prozessuale Wirkung (MüKoInsO/Ehricke/Behme Rn. 95; KPB/Preuß Rn. 28).

Als Vertrag zugunsten Dritter (→ Rn. 109) kann die Rangrücktrittsvereinbarung ab Eintritt 121 der Insolvenzreife im Regelfall nicht ohne die Mitwirkung der anderen Gläubiger **aufgehoben** werden (BGH NJW 1974, 197; BGH NZI 2015, 315 (318); Bitter ZHR 181 (2017), 428 (456 f.); CPM/Zenker Rn. 67; Hoos/Köhler GmbHR 2015, 729 (732); Uhlenbruck/Hirte Rn. 56; Wittig NZI 2001, 169 (175); aA Braun/Bäuerle Rn. 31, K. Schmidt ZIP 2015, 901 (911); ebenfalls krit. Berger ZInsO 2015, 1938 (1946)). Etwas anderes gilt, wenn nach dem Inhalt der Rangrücktrittsvereinbarung eine Befriedigung aus freiem Vermögen der Schuldnerin vorgesehen ist und eine zur Deckung sämtlicher Forderungen ausreichende Vermögensmasse vorhanden ist, Insolvenzreife also nicht vorliegt oder beseitigt ist (BGH NZI 2015, 315 (318); Fleischer DStR 1999, 1774 (1779); Uhlenbruck/Hirte Rn. 56). In der Praxis empfiehlt es sich, dieses Verständnis durch eine entsprechende Kündigungs- bzw. Aufhebungsregelung abzusichern, die wie folgt lauten kann (→ Rn. 121.1):

121.1 Die Rangrücktrittsvereinbarung gilt zeitlich unbefristet. Die Rangrücktrittsvereinbarung kann nur gekündigt oder aufgehoben werden, wenn keine Überschuldung oder Zahlungsunfähigkeit im Sinne der InsO gegeben bzw. aufgrund einer Kündigung oder Aufhebung zu erwarten ist und mithin eine Insolvenzreife der Gesellschaft nicht vorliegt oder beseitigt ist. [Will der Gläubiger diese Rangrücktrittsvereinbarung gemäß vorstehendem Satz kündigen, beträgt die Kündigungsfrist [__] Monate zum Ende eines Monats; die Kündigung muss schriftlich erfolgen.] Im Übrigen ist eine ordentliche Kündigung dieser Rangrücktrittsvereinbarung ausgeschlossen. Die Parteien stellen klar, dass diese Rangrücktrittsvereinbarung nicht wegen einer Vermögensverschlechterung oder drohenden Vermögensverschlechterung der Gesellschaft gekündigt werden kann.

121a Ab dem Eintritt der Insolvenzreife ist die Forderung mit dem Rangrücktritt untrennbar verbunden (s. Baumbach/Hueck/Haas, GmbHG, Vorbem. § 64 Rn. 73). Wird eine mit Rangrücktritt versehene Forderung nach Eintritt der Insolvenzreife **abgetreten**, wirkt der Rangrücktritt zu Lasten des Zessionars. Nicht höchstrichterlich entschieden ist die Frage, ob der Zessionar die vor Eintritt der Insolvenzreife abgetretene Forderung mit dem Rangrücktritt belastet erwirbt. Die Auslegung der Erklärung des Zedenten kann zunächst ergeben, dass eine Aufhebung des Rangrücktritts (vor Eintritt der Insolvenzreife möglich) im Zuge der Abtretung gewollt war. Fehlt eine dahingehende Erklärung, spricht die vom BGH nunmehr angenommene Rechtsnatur des Rangrücktritts als dinglicher Schuldänderungsvertrag (→ Rn. 109) dafür, dass der Zessionar die Forderung gemeinsam mit dem Rangrücktritt erhält. Der Zessionar könnte dann vor Eintritt der Insolvenzreife Erfüllung der Forderung aus dem freien Vermögen des Schuldners verlangen. Tritt die Insolvenzreife ein, wäre entsprechend dem Gedanken von § 404 BGB die Zahlung auf die Forderung rechtsgrundlos (→ Rn. 124).

122 Die in der Praxis häufig anzutreffende Besserungsklausel, nach der die Rangrücktrittsvereinbarung nur solange gilt, wie Zahlungsunfähigkeit oder Überschuldung der Schuldnerin vorliegen oder drohen, ist vom BGH trotz der verlangten vorinsolvenzlichen Durchsetzungssperre (→ Rn. 115) als generell zulässig erachtet worden (BGH BeckRS 2015, 05006 Rn. 25; Frystatzki DStR 2016, 2479 (2481) mit besonderem Augenmerk auf drohende Insolvenzgründe). In dem Formulierungsvorschlag des Rangrücktritts (→ Rn. 116) bedarf es einer Besserungsklausel nicht. Eine Befriedigung von Ansprüchen ist, bei weiter bestehender Vereinbarung, ausgeschlossen, solange und soweit als Folge einer Zahlung Überschuldung oder Zahlungsunfähigkeit zumindest einzutreten droht. Eine Befriedigung aus freiem Vermögen ist aber ebenso möglich.

123 Die Aufhebung einer Rangrücktrittsvereinbarung kann vom Insolvenzverwalter mit der Folge angefochten werden, dass der vereinbarte Rang wieder auflebt (K. Schmidt InsO/K. Schmidt/Herchen Rn. 24). Ist die Nachrangabrede (von Anfang an) unwirksam, wird die Forderung, sofern keine andere Vereinbarung getroffen ist, als Insolvenzforderung behandelt (BGH ZInsO 2014, 952 (953 f.); FK-InsO/Bornemann Rn. 100).

124 Leistet der Schuldner im Stadium der Insolvenzreife an einen im Rang zurückgetretenen Gläubiger, gilt dies als eine **kondizierbare Leistung auf eine Nichtschuld, § 812 Abs. 1 S. 1 Alt. 1 BGB** (BGH NZI 2015, 315 (318); Bitter ZIP 2013, 2 (6); Habersack ZGR 2000, 384 (404); Kayser WM 2015, 1973 (1975); aA aufgrund der Einordnung des Rangrücktritts als pactum de non petendo: K. Schmidt ZIP 2015, 901 (910)). Der Rangrücktritt ist damit neben einer vorinsolvenzlichen Durchsetzungssperre auch eine vorinsolvenzliche Zahlungssperre (Berger ZInsO 2015, 1938 (1940)).

124a Ein Kondiktionsausschluss nach § 814 BGB ist nur möglich, wenn der Schuldner/der Leistende (i) die Tatumstände kennt, aus denen sich seine Nichtverpflichtung ergibt, (ii) Kenntnis von seiner Nichtschuld/der Durchsetzungssperre hat (nicht der Fall bei durch die Buchhaltung veranlasste Zahlungen im üblichen Geschäftsgang) und (iii) freiwillig leistet (BGH NZI 2015, 315 (319); NJW 1991, 919). Die Leistung auf eine Nichtschuld kann vom Insolvenzverwalter auch nach § 134 angefochten werden, da der Leistende einen Vermögenswert ohne kompensierenden Vermögenszufluss freigibt (BGH NZI 2015, 315 (319); Kayser WM 2015, 1973 (1975)).

125 **Steuerrechtlich** ist der Rangrücktritt nicht explizit geregelt. Es stellt sich in der Praxis die Frage, ob die Vereinbarung eines Rangrücktritts dazu führt, dass die Verbindlichkeit ihren belastenden Charakter verliert und ggf. gewinnwirksam aus der Steuerbilanz des Schuldners auszubuchen ist. Ein dadurch entstehender Buchgewinn wäre vom Schuldner zu versteuern. Zur Beantwortung der Frage wird auf § 5 Abs. 2a EStG bzw. auf dessen Rechtsgedanken abgestellt (Kahlert DStR 2015, 734 (736 f.); Blümich/Krumm EStG § 5 Rn. 957a; K. Schmidt BB 2016, 2; Weber-Grellet BB 2015, 266). Insbesondere kommt es für die Frage der Passivierungsfähigkeit darauf an, ob die dem Rangrücktritt zugrundeliegende Forderung für den Schuldner weiterhin eine wirtschaftliche Belastung darstellt (Kahlert DStR 2015, 734 (735 f.); Blümich/Krumm EStG § 5 Rn. 957). Dies kann nach Ansicht des BFH und der Finanzverwaltung zumindest bei entsprechender Auslegung dann der Fall sein, wenn ein Gläubiger Befriedigung nicht nur aus zukünftigen Jahresüberschüssen, Bilanzgewinnen und Liquidationsüberschüssen verlangen kann, sondern auch aus sonstigem freien Vermögen des Schuldners (BFH BStBl. 2015 II 769 (neu: Möglichkeit der Neutralisierung); BStBl. 2006 II 618; BStBl. 2005 II 581; BStBl. 2012 II 332; BStBl. 1993 II 502; BMF BStBl. 2006 I 497; Grögler/Schneider ZInsO 2015, 1528 (1533); Kahlert DStR 2015, 734; Blümich/Krumm EStG § 5 Rn. 957d). Auf eine entsprechende Formulierung ist daher in der Praxis zu achten (→ Rn. 121; so auch Bitter/Heim ZIP 2015, 644 (647); Taplan/Baumgartner/Baumgartner GmbHR 2015, 347 (351) mit weiterem Formulierungsvorschlag). Weder der BFH noch die Finanzverwaltung haben dieses Verständnis nach dem Urteil des IX. BGH Senats vom März 2015 (BGH NZI 2015, 315 ff.) bisher bestätigt (dafür ua Bitter/Heim ZIP 2015, 644; Grögler/Schneider ZInsO 2015, 1528 (1533); Kahlert DStR 2015, 734; Taplan/Baumgartner/Baumgartner GmbHR 2015, 347 (351); Weber-Grellet BB 2015, 2667 (2671); Westpfahl/Kahlert DB 2016, 33 (37)). Es gibt bereits Stimmen in der Literatur, die der Vereinbarung einer Tilgung der Verbindlichkeit aus sonstigem freien Vermögen keine Bedeutung mehr für die Frage der fortbestehenden wirtschaftlichen Belastung beimessen wollen (Frystatzki DStR 2016, 2479 (ergänzende Auslegung einer den Anforderungen des BGH genügenden Rangrücktrittserklärung, dass steuerrechtliche Anforderungen als mitvereinbart gelten); Kahlert BB 2016, 878; Müller BB 2016, 491). Im Zweifelsfall sollte bis zur höchstrichterlichen Klärung die Einholung einer verbindlichen Auskunft gem. § 89 AO erwogen werden (→ Rn. 125.1).

Bezieht sich der Rangrücktritt auf ein umsatzsteuerrelevantes Leistungsverhältnis, stellt sich die Frage, **125.1** ob der Schuldner die bereits geltend gemachte Vorsteuer auf die vom Rangrücktritt erfasste Forderung zurückerstatten muss oder der für den entsprechenden Umsatz geschuldete Steuerbetrag zu berichtigen ist (§ 17 Abs. 2 Nr. 1 S. 1, Abs. 1 S. 1 und S. 2) (s. dazu ausf. Wübbelsmann DStR 2016, 1723).

E. Zinsen und Kosten nachrangiger Insolvenzgläubiger (Abs. 3)

Zinsen und Kosten für die Teilnahme am Insolvenzverfahren sind in § 39 an zwei Stellen **126** genannt. In § 39 Abs. 1 S. 1 Nr. 1 und Nr. 2 ist der Rang von Zins- und Kostenforderungen von Insolvenzgläubigern iSd § 38 geregelt. Der Anwendungsbereich des § 39 Abs. 3 beschränkt sich auf Zinsen und Kosten nachrangiger Gläubiger. Diese teilen den Rang der ihr zugrundeliegenden Forderung (entspricht der Regelung in § 227 KO für den Nachlasskonkurs: BT-Drs. 12/2443, 124). Beispielsweise werden Zinsen für Forderungen auf Rückgewähr eines Gesellschafterdarlehens im fünften Rang befriedigt, Anwaltskosten zur Verfolgung von Forderungen aus unentgeltlichen Leistungen im vierten Rang. Aus praktischer Sicht hat § 39 Abs. 3 nur für die nachrangigen Forderungen aus § 39 Abs. 1 S. 1 Nr. 3–5 sowie § 39 Abs. 2 Bedeutung (KPB/Preuß Rn. 30; MüKoInsO/Ehricke/Behme Rn. 98; K. Schmidt InsO/K. Schmidt/Herchen Rn. 20; Uhlenbruck/Hirte Rn. 57). Zu Zinsen und sonstigen Nebenforderungen bei im Rang zurückgetretenen Hauptforderungen Westpfahl/Kresser DB 2016, 33 (36).

Zinsen sind dabei sowohl offene Zinsforderungen, Verzugszinsen und sonstige Nebenleistungen **127** wie Säumniszuschläge und Vertragsstrafen (K. Schmidt InsO/K. Schmidt/Herchen Rn. 20; Uhlenbruck/Hirte Rn. 57). Kosten für die Teilnahme am Insolvenzverfahren sind insbesondere Anwaltskosten. Anwaltskosten, die vor Verfahrenseröffnung (einschließlich im Eröffnungsverfahren) entstanden sind, unterliegen keinem Nachrang.

F. Verfahrensfragen

Die nach § 39 nachrangigen Gläubiger sind wie alle anderen Gläubiger berechtigt, einen Insol- **128** venzantrag zu stellen (§ 14) (BGH NZI 2011, 58 Rn. 8; FK-InsO/Bornemann Rn. 9) und unterliegen im Grundsatz denselben Beschränkungen (insbesondere §§ 80 ff.) wie ein Insolvenzgläubiger (BT-Drs. 12/2443, 123; Jaeger/Henckel Rn. 8; MüKoInsO/Ehricke/Behme Rn. 7). Nachrangige Forderungen dürfen erst dann zur Tabelle angemeldet werden, wenn das Gericht dazu auffordert (§ 174 Abs. 3 S. 1). Das Gesetz geht davon aus, dass nachrangige Gläubiger nur in Ausnahmefällen befriedigt werden und das Insolvenzgericht daher nicht unnötig durch die Anmeldungen nachrangiger Forderungen belastet werden soll (BT-Drs. 12/2443, 184). Die Insolvenztabelle enthält dann zwei Abteilungen, für Forderungen der Insolvenzgläubiger (§ 38) sowie für solche der nachrangigen Gläubiger (§ 39) (Uhlenbruck/Sinz § 174 Rn. 52).

129 Die Regelung des § 174 Abs. 3 S. 1 führt ggf. dazu, dass die Forderung vor der Aufforderung des Gerichts verjährt. Die **Verjährungshemmung** greift erst mit der erfolgten Anmeldung der Forderung im Insolvenzverfahren. Es wird daher vereinzelt vorgeschlagen, bei drohender Verjährung die Forderung ohne Aufforderung durch das Gericht als normale Insolvenzforderung anzumelden (Jaeger/Henckel Rn. 4). Dies ist zumindest dann problematisch, wenn der Nachrang der Forderung offensichtlich ist. Dann kann die Anmeldung zurückgewiesen werden (Braun/Bäuerle Rn. 2; K. Schmidt InsO/K. Schmidt/Herchen Rn. 4; KPB/Pape/Schaltke § 174 Rn. 79; Nerlich/Römermann/Andres Rn. 4). Andere wollen iRv § 174 Abs. 3 S. 1 die Hemmung der Verjährung nach § 206 BGB erreichen (HmbKommInsR/Preß/Henningsmeier § 174 Rn. 39; KPB/Preuß Rn. 6; für analoge Anwendung MüKoInsO/Riedel § 174 Rn. 3; aA Uhlenbruck/Hirte Rn. 2). Schließlich wird zur Vermeidung von Wertungswidersprüchen ein Eintritt der Verjährungshemmung mit Eröffnung des Insolvenzverfahrens vertreten, ohne auf die Analogie in § 206 BGB zurückzugreifen (Wazlawik NZI 2020, 1081).

130 Nachrangige Gläubiger unterliegen Einschränkungen in Bezug auf die Gläubigerselbstverwaltung. Sie können die Einberufung einer Gläubigerversammlung nicht verlangen (§ 75 Abs. 1 Nr. 3), haben kein Stimmrecht im Rahmen der Gläubigerversammlung (§ 77 Abs. 1 S. 2), und können Beschlüsse der Gläubigerversammlung nicht anfechten (§ 78 Abs. 1). Darüber hinaus werden sie gem. § 187 Abs. 2 S. 2 bei der Abschlagsverteilung nicht berücksichtigt. Ihre Rechte beschränken sich im Wesentlichen auf die Zugänglichmachung von Informationen (MüKoInsO/Ehricke/Behme Rn. 8). Im Rahmen des Insolvenzplanverfahrens sind die § 222 Abs. 1 Nr. 2 (Bildung einer Gläubigergruppe), § 225 Abs. 1 (Erlass nachrangiger Forderungen in Ermangelung besonderer Regelung), § 237 Abs. 2 (ggf. kein Stimmrecht), § 246 (Annahme des Insolvenzplans) zu beachten.

131 Beruft sich der Insolvenzverwalter auf den Nachrang gem. § 39 Abs. 1 S. 1 Nr. 5, ist er grundsätzlich darlegungs- und beweispflichtig (Henssler/Strohn/Fleischer Rn. 36; gegen einen primafacie Beweis für nahestehende Personen (→ Rn. 70): BGH NJW 2011, 1503). Die Darlegungs- und Beweislast für die Ausnahmetatbestände, insbesondere Sanierungsprivileg (→ Rn. 99) oder Kleinbeteiligungsprivileg (→ Rn. 75), trägt der Gläubiger, der sich auf sie beruft (Henssler/Strohn/Fleischer Rn. 36).

§ 40 Unterhaltsansprüche

¹**Familienrechtliche Unterhaltsansprüche gegen den Schuldner können im Insolvenzverfahren für die Zeit nach der Eröffnung nur geltend gemacht werden, soweit der Schuldner als Erbe des Verpflichteten haftet.** ²**§ 100 bleibt unberührt.**

Schrifttum: Bergschneider/Engels, Leibrente statt Unterhalt. Überlegungen zu einer Alternative, FamRZ 2014, 436; Büte, Corona-Pandemie: Unterhalt und Insolvenz, FK 2020, 207; Keller, Der Unterhaltsanspruch als Insolvenzforderung und die Stellung der Unterhaltsgläubiger im Insolvenzverfahren, NZI 2007, 143; Kohlenberg, Titulierte Unterhaltsansprüche und Restschuldbefreiung gem. §§ 286 ff. InsO, FuR 2015, 515; Kothe, Die Behandlung von Unterhaltsansprüchen nach der Insolvenzordnung, Kölner Schrift, 3. Aufl. 2009, 1161; Morgen/Baumgarten, § 278 InsO vs. § 100 InsO: Steht der eigenverwaltende Schuldner besser als der Schuldner im Regelverfahren?, ZVI 2018, 267; Pape, Die Familie des Schuldners im Insolvenzverfahren, InsBüro 2009, 162; Paul, Die Rechtsstellung des Unterhaltsgläubigers im Insolvenz(plan-)verfahren, DZWIR 2009, 186; Schmidt, Die „vergessenen" Unterhaltsgläubiger, InVo 2001, 8; Schwarz/Facius, Der Unterhaltsanspruch im Insolvenzverfahren und in der Wohlverhaltensperiode des Unterhaltsschuldners, ZVI 2010, 49; Uhlenbruck, Familienrechtliche Aspekte der Insolvenzordnung, KTS 1999, 413; Uhlenbruck, Insolvenzrechtsreform: Flucht der Schuldner aus dem „Modernen Schuldturm" auf Kosten der Unterhaltsberechtigten?, FamRZ 1998, 1473; von Olshausen, Das OLG Naumburg und die insolvenzrechtliche Behandlung von Unterhaltsansprüchen, ZInsO 2004, 781; Weisbrodt, Praktische Gestaltung des Unterhaltsprozesses bei Insolvenz des Unterhaltspflichtigen, FamRZ 2003, 1240.

Überblick

Ganz allgemein gilt: Familienrechtliche Unterhaltsansprüche, die im Zeitpunkt der Eröffnung des Insolvenzverfahrens schon bestanden, sind einfache Insolvenzforderungen iSv § 38 (→ Rn. 14 ff.). Für nach Verfahrenseröffnung entstehende familienrechtliche Unterhaltsansprüche stellt § 40 einen Grundsatz auf: Solche Ansprüche (→ Rn. 2 ff.) nehmen im Regelfall nicht am Insolvenzverfahren teil, und Gläubiger solcher Ansprüche sind Neugläubiger (→ Rn. 9 ff.); nur wenn der Insolvenzschuldner als Erbe des Verpflichteten haftet, gilt ausnahmsweise etwas anderes (→ Rn. 17 ff.).

Übersicht

	Rn.		Rn.
A. Familienrechtliche Unterhaltsansprüche	1	**B. Geltendmachung außerhalb des Insolvenzverfahrens**	9
I. Charakteristika von familienrechtlichen Unterhaltsansprüchen	1	**C. Geltendmachung im Rahmen des Insolvenzverfahrens**	14
II. Begriff und in § 40 geregelte familienrechtliche Unterhaltsansprüche	2	I. Unterhaltsrückstände	14
III. Nicht von § 40 erfasste familienrechtliche Unterhaltsansprüche	6	II. Unterhaltsansprüche gegen den Schuldner als Erben des Unterhaltspflichtigen	17
		D. Unterhalt aus der Insolvenzmasse	20

A. Familienrechtliche Unterhaltsansprüche

I. Charakteristika von familienrechtlichen Unterhaltsansprüchen

Familienrechtliche Unterhaltsansprüche sind von **drei Charakteristika** geprägt, die für das Verständnis von § 40 bedeutsam sind. Erstens entstehen familienrechtliche Unterhaltsansprüche, solange die gesetzlichen Voraussetzungen vorliegen, fortwährend periodisch – normalerweise am Anfang eines jeden Monats – neu (vgl. BGH NJW 2012, 609 (610)). Zweitens kann Unterhalt im Regelfall nicht für die Vergangenheit geltend gemacht werden (in praeteritum non vivitur), wobei sich Ausnahmen aus §§ 1585b, 1613 BGB ergeben. Und drittens sind gesetzliche Unterhaltspflichten grundsätzlich nicht vererblich (vgl. §§ 1615 Abs. 1, 1615a, 1360a Abs. 3, 1361 Abs. 4 S. 4 BGB, § 5 S. 2 LPartG), doch gibt es in §§ 1318 Abs. 2, 1320 Abs. 2, 1586b Abs. 1, 1615l Abs. 3 S. 4 und Abs. 4 S. 2, 1615n S. 1 BGB, § 1933 S. 3 BGB und in § 16 S. 2 LPartG von diesem Grundsatz abweichende Regelungen. 1

II. Begriff und in § 40 geregelte familienrechtliche Unterhaltsansprüche

Zu den familienrechtlichen Unterhaltsansprüchen iSv § 40 zählen alle gesetzlichen Unterhaltsansprüche des Vierten Buchs des BGB sowie die Vorschriften des LPartG, welche entsprechende Verweisungen enthalten (MüKoInsO/Schumann Rn. 6). Dabei handelt es sich im Einzelnen um den Unterhalt nach aufgehobener Ehe (§§ 1318 Abs. 2, 1320 Abs. 2 BGB), den ehelichen und nachehelichen Unterhalt (§§ 1360–1361, 1569–1586b BGB), den Unterhalt unter Verwandten (§§ 1601–1615a, 1770 Abs. 3 BGB), den Unterhaltsanspruch von Mutter und Vater (§ 1615l BGB) und den Unterhalt des Adoptivkindes (§§ 1754, 1770 Abs. 3 BGB) sowie den Lebenspartnerschaftsunterhalt (§ 5 LPartG), den Unterhalt bei Getrenntleben von Lebenspartnern (§ 12 LPartG) und den nachpartnerschaftlichen Unterhalt (§ 16 LPartG). 2

Den in § 40 geregelten familienrechtlichen Unterhaltsansprüchen gleichgestellt sind **auf vertraglichen Vereinbarungen** und gerichtlichen Entscheidungen **beruhende Ansprüche**, sofern durch solche Vereinbarungen gesetzliche familienrechtliche Unterhaltsansprüche lediglich festgestellt bzw. bestätigt (ggf. auch noch leicht modifiziert) werden (KPB/Holzer Rn. 6). 3

Auch Ansprüche auf Schadensersatz wegen sittenwidriger Entziehung des Unterhaltsanspruchs nach § 826 BGB (Uhlenbruck KTS 1999, 413 (420); KPB/Holzer Rn. 4) werden wie familienrechtliche Unterhaltsansprüche iSv § 40 behandelt. 4

Nach herrschender Auffassung ändert der – auf Gesetz (vgl. § 1607 Abs. 2 S. 2 BGB, § 1608 Abs. 1 S. 3 BGB, § 1584 S. 3 BGB, § 1615l Abs. 3 S. 1 BGB) oder Vertrag beruhende – **Übergang von familienrechtlichen Unterhaltsansprüchen** auf einen anderen Unterhaltspflichtigen oder auf öffentliche Träger zum Ausgleich von Sozialleistungen (vgl. § 33 Abs. 1 SGB II, § 95 SGB VIII, § 94 SGB XII, § 37 Abs. 1 BAföG, § 7 UnterhaltsvorschussG) nichts an der Rechtsnatur dieser Ansprüche und damit auch nichts an der Qualifikation als familienrechtliche Unterhaltsansprüche iSv § 40 (Jaeger InsO/Henckel Rn. 40; K. Schmidt/Thonfeld Rn. 8 mwN (auch zur Gegenansicht); vgl. auch LAG Hamm NZI 2011, 772 (774); BK-InsO/Ellrich Rn. 9). – Zu auf ausländischen Titeln beruhenden Unterhaltsansprüchen vgl. BGH BeckRS 2018, 14926 = FamRZ 2018, 1347. 5

III. Nicht von § 40 erfasste familienrechtliche Unterhaltsansprüche

Nicht zu den familienrechtlichen Unterhaltsansprüchen iSv § 40 gehören – sofern sich nicht aufgrund der in → Rn. 3 bzw. → Rn. 8 genannten Ausnahmen etwas anderes ergibt – vertragli- 6 che und deliktische Ansprüche (HambK-InsO/Lüdtke Rn. 10), insbes. auch nicht Leibrenten (§§ 759 ff. BGB; vgl. dazu Bergschneider/Engels FamRZ 2014, 436 ff.), ein Altenteil bzw. Leibgeding oder Renten nach § 843 BGB (vgl. Kölner Komm InsO/Hess Rn. 8; KPB/Holzer Rn. 7).

7 Auch statt laufenden Unterhalts vereinbarte bzw. nach § 1585 Abs. 2 BGB zu zahlende **Kapitalabfindungen** werden nicht von § 40 erfasst, und zwar unabhängig vom Fälligkeitszeitpunkt (Keller NZI 2007, 143; K. Schmidt/Thonfeld Rn. 8).

8 Schließlich sind Ansprüche aus einem schuldrechtlichen Versorgungsausgleich keine familienrechtlichen Unterhaltsansprüche iSv § 40 (BGH NJW 2012, 609), denn solche Ansprüche bestehen unabhängig von der Bedürftigkeit des Berechtigten; sie beruhen auf dem Gedanken der hälftigen Teilhabe des einen Ehegatten an der in der Ehezeit erworbenen Versorgung des anderen Ehegatten. Aus diesem Grund ist der Anspruch aus einem schuldrechtlichen Versorgungsausgleich zur Insolvenztabelle anzumelden; er kann der Restschuldbefreiung unterfallen (BGH NJW 2012, 609 (610)).

B. Geltendmachung außerhalb des Insolvenzverfahrens

9 Der Insolvenzschuldner bleibt auch nach Eröffnung des Insolvenzverfahrens unterhaltspflichtig (BGH NZI 2019, 851 (855) = ZIP 2019, 1921 (1925)). Die in § 40 enthaltene **Grundaussage** lautet: Nach Verfahrenseröffnung entstehende familienrechtliche Unterhaltsansprüche nehmen nicht am Insolvenzverfahren teil; sie fallen nicht unter § 38 (BGH NJW 2012, 609 (610); OLG Koblenz FamRZ 2002, 31 (32)). Diese Ansprüche nehmen damit auch nicht am Insolvenzplanverfahren teil (vgl. Jaeger InsO/Henckel Rn. 8; ausf. Paul DZWIR 2009, 186 ff.) und werden ferner nicht von einer Restschuldbefreiung erfasst (Kölner Komm InsO/Hess Rn. 7; Kohlenberg FuR 2015, 515 (516)).

10 Gläubiger von nach Verfahrenseröffnung entstehenden familienrechtlichen Unterhaltsansprüchen sind **Neugläubiger** und müssen ihre Forderungen außerhalb des Insolvenzverfahrens geltend machen (BGH NZI 2019, 851 (855) = ZIP 2019, 1921 (1925); vgl. BAG NZI 2010, 35 (36)). Die **rechtspolitische Rechtfertigung** dafür besteht darin, dass Unterhaltsansprüche „mit dem Eintreten des jeweiligen Bedürfnisses" fortlaufend neu entstehen. Zudem ist die familienrechtliche Grundlage der betroffenen Ansprüche zu beachten, denn der Unterhaltsberechtigte teilt gewissermaßen das Schicksal des Unterhaltspflichtigen: Parallel dazu, dass der eigene Unterhalt des Schuldners grundsätzlich nicht aus der Masse, sondern durch seine zukünftigen Einkünfte gesichert wird, sind die Unterhaltsgläubiger in Bezug auf ihre zukünftigen Ansprüche auf das freie Vermögen des Schuldners verwiesen (BGH BeckRS 2018, 14926 = FamRZ 2018, 1347 (1351)). So erklärt sich auch, dass Gläubiger von nach Verfahrenseröffnung entstehenden familienrechtlichen Unterhaltsansprüchen kein Recht auf Einsicht in die Insolvenzakte (§ 4 iVm § 299 ZPO) zusteht (vgl. Schwarz/Facius ZVI 2010, 49 (54)). **Zugriff** haben sie nur auf das nicht vom Insolvenzbeschlag erfasste Vermögen, also **nur auf insolvenzfreies Vermögen** (§ 36) und damit auch auf freigegebene Gegenstände. In Bezug auf Maßnahmen der Zwangsvollstreckung ist § 89 – und insofern insbesondere § 89 Abs. 2 – zu beachten (vgl. Uhlenbruck KTS 1999, 413 (421 f.)): Die Titulierung entsprechender Ansprüche erfolgt ausschließlich außerhalb des (Verbraucher-)Insolvenzverfahrens, regelmäßig im auf Erlangung eines Unterhaltstitels gerichteten Unterhaltsverfahren, ggf. auch im Verfahren auf Vollstreckbarerklärung eines bereits im Ausland erwirkten Titels (BGH BeckRS 2018, 14926 = FamRZ 2018, 1347). – Zu den verfahrensrechtlichen Konsequenzen der Eröffnung des Insolvenzverfahrens auf familienrechtliche Unterhaltsansprüche vgl. Weisbrodt FamRZ 2003, 1240 ff. sowie Schwarz/Facius ZVI 2010, 49 (51 f.).

11 Der **Neuerwerb** (§ 35) ist dem Vollstreckungszugriff der Gläubiger von nach Verfahrenseröffnung entstehenden familienrechtlichen Unterhaltsansprüchen weitestgehend entzogen. Die Einbeziehung des Neuerwerbs in die Insolvenzmasse hat – vom Gesetzgeber mit Blick auf § 40 bewusst in Kauf genommen (vgl. BT-Drs. 12/2443, 124) – zu einer im Vergleich zum überkommenen Konkursrecht deutlich schwächeren Position der vorgenannten Ansprüche geführt (vgl. dazu Uhlenbruck FamRZ 1998, 1473 (1474 f.); Kölner Schrift InsO/Kothe 1161 Rn. 2 ff.; Uhlenbruck/Knof Rn. 2): Unter Geltung der Konkursordnung konnten Unterhaltsgläubiger wegen ihrer laufenden Unterhaltsansprüche noch auf den Neuerwerb des Schuldners, insbes. auf sein Arbeitseinkommen, zugreifen; genau dies ist nach heute geltendem Recht nicht mehr möglich (vgl. BGH NZI 2008, 50 (51); BAG NZI 2010, 35 (36)).

12 Allerdings erweitert § 850d ZPO den pfändbaren Teil des Arbeitseinkommens in Bezug auf bestimmte Unterhaltsansprüche (vgl. auch LAG Hamm NZI 2011, 772 (774)): Danach kann in die Differenz zwischen dem Pfändungsfreigrenzenbetrag und dem Betrag vollstreckt werden, der dem Schuldner für seinen notwendigen Unterhalt und zur Erfüllung seiner laufenden gesetzlichen

Unterhaltspflichten gegenüber den dem Gläubiger vorgehenden Berechtigten oder zur gleichmäßigen Befriedigung der dem Gläubiger gleichstehenden Berechtigten zu belassen ist. Dabei hat dem Schuldner von den in § 850a Nr. 1, 2 und 4 ZPO genannten Bezügen mindestens die Hälfte des nach § 850a ZPO unpfändbaren Betrages zu verbleiben (ausf. zur Berechnung MüKoInsO/ Schumann Rn. 22 f.).

Der BGH hat klargestellt, dass diese Privilegierung ausschließlich für diejenigen Gläubiger von 13 Unterhaltsansprüchen gilt, die – wie die Gläubiger von nach Verfahrenseröffnung entstehenden familienrechtlichen Unterhaltsansprüchen – als Neugläubiger nicht am Insolvenzverfahren teilnehmen (BGH NZI 2008, 50 (51); vgl. auch BGH NZI 2019, 851 (855) = ZIP 2019, 1921 (1925); vgl. ferner schon BGH NZI 2006, 593 in Bezug auf Deliktsgläubiger).

C. Geltendmachung im Rahmen des Insolvenzverfahrens

I. Unterhaltsrückstände

§ 40 trifft keine Aussage zu rückständigen Unterhaltsansprüchen. Auch prozessrechtlich stellt 14 § 40 keine besonderen Weichen für rückständigen Unterhalt: Die Eröffnung des Insolvenzverfahrens über das Vermögen des Unterhaltsschuldners führt zur Unterbrechung des Unterhaltsverfahrens (§ 240 ZPO), dies aber nur insoweit, als dieses Verfahren Ansprüche für den Zeitraum bis zur Eröffnung des Insolvenzverfahrens betrifft (OLG Karlsruhe NZI 2004, 343; OLG Oldenburg BeckRS 2017, 129881; str., vgl. auch BGH BeckRS 2018, 14926 = FamRZ 2018, 1347 (1351) mwN).

Für rückständige Unterhaltsansprüche ist vielmehr § 38 maßgeblich. Denn Unterhaltsrück- 15 stände aus der Zeit vor Eröffnung des Insolvenzverfahrens sind **(einfache) Insolvenzforderungen** (BGHZ 162, 234 (245) = NJW 2005, 1279 (1282); OLG Jena FamRZ 2012, 641; Kölner Schrift InsO/Kothe 1161 Rn. 51 f.); gleiches gilt in Bezug auf Ansprüche wegen vorsätzlicher Verletzung der Unterhaltspflicht. Sie sind nach allgemeinen insolvenzrechtlichen Grundsätzen – Anmeldung der Unterhaltsforderungen zur Insolvenztabelle (vgl. §§ 174 ff.), ggf. unter Beachtung der Anmeldung des besonderen Forderungsattributs iSv § 174 Abs. 2 (vgl. dazu K. Schmidt/Jungmann § 174 Rn. 52 ff.), und Teilnahme am Verteilungsverfahren (vgl. §§ 189 ff.), ggf. mit Besonderheiten in Bezug auf eine Restschuldbefreiung (vgl. § 302 Nr. 1) – zu behandeln (vgl. BAG NZI 2010, 35 (36); Schwarz/Facius ZVI 2010, 49 (50)); sie sind damit nicht im Wege der Einzelzwangsvollstreckung durchsetzbar (§ 89).

Sofern Unterhaltsansprüche, wie regelmäßig, zum Monatsbeginn im Voraus fällig werden, ist 16 der gesamte Unterhalt für den im Zeitpunkt der Eröffnung des Insolvenzverfahrens laufenden Monat rückständiger Unterhalt im vorgenannten Sinne (vgl. OLG Koblenz NZI 2003, 60; Keller NZI 2007, 143). Wenn Forderungen auf rückständigen Unterhalt lange vor der Eröffnung des Insolvenzverfahrens entstanden sind, ändert sich ihr Charakter nicht etwa, wenn gerichtlich eine über den Zeitpunkt der Verfahrenseröffnung hinausgehende Ratenzahlung angeordnet wird (BGH BeckRS 2018, 14926 = FamRZ 2018, 1347 (1351)). – Zum rückständigen Unterhalt zählen ferner diejenigen nicht erfüllten Ansprüche auf Unterhalt, die gem. §§ 1585b, 1613 BGB ausnahmsweise (→ Rn. 1) auch für die Vergangenheit geltend gemacht werden können.

II. Unterhaltsansprüche gegen den Schuldner als Erben des Unterhaltspflichtigen

Die in § 40 enthaltene Ausnahmeregelung hat zum Inhalt: Familienrechtliche Unterhaltsansprü- 17 che gegen den Schuldner als Erben des Unterhaltspflichtigen nehmen am Insolvenzverfahren teil; dies gilt auch im **Nachlassinsolvenzverfahren** (§§ 315 ff.) und im **Insolvenzverfahren über das Eigenvermögen des Erben** (MüKoInsO/Schumann Rn. 21).

Auch die von der Ausnahmeregelung erfassten familienrechtlichen Unterhaltsansprüche sind 18 zur Insolvenztabelle anzumelden. Bezüglich der Forderungshöhe sind §§ 41, 45, 46 S. 2 zu beachten: Die Forderungsbeträge sind danach zu schätzen, zu kapitalisieren und abzuzinsen (vgl. FK-InsO/Bornemann Rn. 12).

Weil Unterhaltsansprüche im Regelfall mit dem **Tod des Verpflichteten** erlöschen (vgl. Keller 19 NZI 2007, 143 (144) mwN), hat die Ausnahme in § 40 praktische Bedeutung nur für die familienrechtlichen Unterhaltsansprüche nach §§ 1318 Abs. 2, 1320 Abs. 2, 1586b Abs. 1 BGB, § 1615l Abs. 3 S. 4 und Abs. 4 S. 2 BGB, § 1615n S. 1 BGB, § 1933 S. 3 BGB und § 16 S. 2 LPartG. – Zur Ratio und zur rechtspolitischen Kritik der Ausnahmeregelung vgl. Jaeger InsO/Henckel Rn. 11.

D. Unterhalt aus der Insolvenzmasse

20 Unterhaltsrechtlich sind nach Einleitung des Insolvenzverfahrens nur noch die dem Unterhaltsschuldner in der Insolvenz für den eigenen Unterhalt und für die Ansprüche anderer Unterhaltsberechtigter gewährten Beträge zu berücksichtigen (BGH NZI 2008, 114 (115)). Satz 2 hat **Klarstellungsfunktion:** Der von der Gläubigerversammlung (§ 100 Abs. 1) bzw. vom Insolvenzverwalter (§ 100 Abs. 2) dem Schuldner und seiner Familie gewährte Unterhalt fällt nicht unter § 40. Die Unterhaltsgewährung nach § 100 kann als Ausgleich für die aufgrund von § 40 eingeschränkten Zugriffsmöglichkeiten insbes. der Gläubiger von Ansprüchen nach §§ 1615l, 1615n BGB verstanden werden (in diesem Sinne HambK-InsO/Lüdtke Rn. 20; vgl. auch BT-Drs. 12/2443, 124).

21 Führt die Unterhaltsgewährung nach § 100 dazu, dass der Schuldner über **Einkommen oberhalb des Existenzminimums** verfügt, können Neugläubiger – und damit auch Gläubiger von nach Verfahrenseröffnung entstehenden familienrechtlichen Unterhaltsansprüchen (→ Rn. 9 ff.) – in den überschießenden Teil die Zwangsvollstreckung betreiben (Uhlenbruck/Knof Rn. 14; MüKoInsO/Schumann Rn. 30).

22 Dies ist ein wohl nur theoretisch denkbarer Fall, denn bei Gewährung des Unterhalts durch den Insolvenzverwalter stellt der „notwendige Unterhalt" ohnehin die Obergrenze dar (vgl. K. Schmidt/Jungmann § 100 Rn. 6), und bei Gewährung des Unterhalts durch die Gläubigerversammlung wird diese bei ihrer Ermessensentscheidung vermeiden wollen, dass die Unterhaltsgewährung letztlich Neugläubigern zugutekommt.

23 Satz 2 bestimmt nicht, dass auch § 278 unberührt bliebe. Nach § 278 Abs. 1 ist der **Schuldner in der Eigenverwaltung** berechtigt, für sich und die in § 100 Abs. 2 S. 2 genannten Familienangehörigen aus der Insolvenzmasse die Mittel zu entnehmen, die unter Berücksichtigung der bisherigen Lebensverhältnisse des Schuldners eine bescheidene Lebensführung gestatten. Sofern der eigenverwaltende Schuldner auf der Grundlage von § 278 eine **Entnahme aus den Insolvenzmasse** vornimmt, die das **Existenzminimum übersteigt,** können Neugläubiger – wiederum: inkl. der Gläubiger von nach Verfahrenseröffnung entstehenden familienrechtlichen Unterhaltsansprüchen – sehr wohl die Zwangsvollstreckung in den überschießenden Teil betreiben.

§ 41 Nicht fällige Forderungen

(1) Nicht fällige Forderungen gelten als fällig.

(2) ¹Sind sie unverzinslich, so sind sie mit dem gesetzlichen Zinssatz abzuzinsen. ²Sie vermindern sich dadurch auf den Betrag, der bei Hinzurechnung der gesetzlichen Zinsen für die Zeit von der Eröffnung des Insolvenzverfahrens bis zur Fälligkeit dem vollen Betrag der Forderung entspricht.

Schrifttum: Bitter, Nicht fällige, bedingte und betragsmäßig unbestimmte Forderungen in der Insolvenz – Systematische Grundlagen der insolvenzmäßigen Berücksichtigung unverfallbarer Versorgungsanwartschaften, NZI 2000, 399; Bitter/Wosch, Abzinsung von Betriebsrentenansprüchen in der Insolvenz nach § 46 Satz 2, § 45 Satz 1 InsO, ZIP 2020, 2044; Carstens, Zur Frage der Fälligkeit betagter Hypotheken, für die der Gemeinschuldner als Grundstückseigentümer persönlich haftet, durch die Eröffnung des Konkurses, JW 1916, 824; Fürst, Sind die Umrechnungen nach §§ 65, 69, 70 KO auch nach Beendigung des Konkurses wirksam?, ZZP 56 (1931), 381; Glück, Der Einfluß des Konkurses auf die von den §§ 65, 69, 70 KO betroffenen Forderungen, 1970; Gundlach/Frenzel/Schmidt, Die Fälligkeit von Absonderungsrechten mit Insolvenzeröffnung, DZWIR 2002, 367; Morgen/Schinkel, Der Gläubiger in der Insolvenz des Bürgen – Uneingeschränkte Anmeldung der Bürgschaftsforderung zur Tabelle trotz (noch) nicht fälliger Hauptschuld?, ZVI 2016, 304; Muthorst, Bedingt, befristet, betagt – Sonderfälle der Forderung im Spiegel des Insolvenzrechts, ZIP 2009, 1794; Prütting, Allgemeine Verfahrensgrundsätze der Insolvenzordnung, Kölner Schrift, 3. Aufl. 2009, 1; Schießer, Bedingte und betagte Ansprüche nach altem und neuem Insolvenzrecht, 1998; Werner, Die Verwertungsbefugnis in § 127 KO bei betagten Forderungen, KTS 1969, 215.

Überblick

Aus Gründen der Verfahrensbeschleunigung und -klarheit (→ Rn. 17 ff.) fingiert § 41 Abs. 2 die Fälligkeit von nicht fälligen (→ Rn. 2 ff.) und diesen gleichgestellten (→ Rn. 11 ff.) Insolvenzforderungen. Sind diese Forderungen unverzinslich, nehmen sie am Insolvenzverfahren nur nach Maßgabe der Abzinsung gem. § 41 Abs. 2 teil (→ Rn. 24 ff.).

§ 41 InsO

Übersicht

	Rn.		Rn.
A. Begriff und Abgrenzung der „nicht fälligen Forderungen"	1	I. Ratio legis	17
I. Nicht fällige Forderungen	2	II. Fälligkeitsfiktion	20
II. Bedingte und befristete Forderungen	5	**D. Abzinsung**	24
III. Zukünftige Forderungen	8	I. Telos und Anwendungsbereich der Abzinsungsanordnung	24
B. Von § 41 erfasste Forderungen	10	II. Abzinsungsberechnung	26
I. Grundsatz	10	III. Verzinsliche Forderungen	31
II. Zur abgesonderten Befriedigung berechtigende Forderungen	11	IV. Forderungen mit nicht feststehendem Fälligkeitszeitpunkt	33
III. Aufschiebend befristete Forderungen	13	1. Unbestimmte Fälligkeit	33
		2. Ungewisse Fälligkeit	35
C. Normzweck und Fälligkeitsfiktion des § 41	17	**E. Wirkungen von § 41 nach Beendigung des Insolvenzverfahrens**	36

A. Begriff und Abgrenzung der „nicht fälligen Forderungen"

Das Insolvenzverfahren dient der gleichmäßigen Befriedigung aller Insolvenzgläubiger (vgl. § 1 S. 1). Dabei gilt der **Grundsatz der Geldliquidation:** Alle Forderungen werden in Geldwert berechnet und quotal befriedigt. Dem tragen §§ 41–46 Rechnung (vgl. Häsemeyer, Insolvenzrecht, 4. Aufl. (2007), Rn. 1.06; Kölner Schrift InsO/Prütting 1 Rn. 72 ff.; vgl. auch Bitter NZI 2000, 399 mit dem das **Telos** der §§ 41–46 erhellenden Hinweis auf die Gesetzgebungsmaterialien zur Konkursordnung; vgl. schließlich schon Werner KTS 1969, 215 (221)). Die Normen führen zur verfahrensmäßigen Teilhabe auch der Gläubiger mit Forderungen, die eine „Anomalie" (Jungmann ZRI 2021, 691) aufweisen, weil ihr Wert aufgrund ihrer Fälligkeit, ihrer Bedingtheit oder betragsmäßigen Unbestimmtheit für die Zwecke der Teilhabe am Insolvenzverfahren gesondert festzulegen ist. Gläubiger solcher Forderungen sollen Klarheit über ihre Stellung im Insolvenzverfahren – zum Beispiel in Bezug auf Stimmrechte – erlangen (BT-Drs. 12/2443, S. 124; vgl. ferner Bitter/Wosch ZIP 2020, 2044 (2048 f.) mwN). Dafür bedarf es einer Umrechnung ihrer Ansprüche in miteinander vergleichbare Geldbeträge (BAG NZI 2021, 785 (788)). – Nach **§ 3 Abs. 1 StaRUG** können noch nicht fällige – und bedingte (→ § 42 Rn. 2) – Forderungen als „Restrukturierungsforderungen" auch **schon vor Eröffnung des Insolvenzverfahrens** auf der Grundlage eines Restrukturierungsplans **gestaltet** werden (ausf. dazu Marotzke ZInsO 2021, 643 ff.). 1

I. Nicht fällige Forderungen

„Nicht fällige Forderungen" iSv § 41 – in der Konkursordnung noch mit dem Synonym „betagte Forderungen" bezeichnet – sind diejenigen Forderungen, die zum Zeitpunkt der Eröffnung des Insolvenzverfahrens bereits entstanden sind, deren **Erfüllung bei Verfahrenseröffnung** vom Forderungsinhaber aber **noch nicht verlangt werden kann** (vgl. AG Celle ZInsO 2016, 1871 = LSK 2016, 104734; zur Definition von Fälligkeit vgl. BGH NJW 2014, 847 (848); BGH NJW 2007, 1581 (1582); speziell zu fälligen/nicht fälligen Steuerforderungen – insbesondere auch Umsatzsteuerforderungen – vgl. den Anwendungserlass zur Abgabenordnung (AEAO), in der Fassung des BMF-Schreibens v. 31.12.2014 (BStBl. I 290), zuletzt geändert durch das BMF-Schreiben v. 20.1.2021 (BStBl. I 128). Wurden Forderungen bereits vor der Eröffnung des Insolvenzverfahrens fällig gestellt, ist § 41 insgesamt nicht anwendbar; insbesondere kommt dann auch eine Abzinsung einer unverzinslichen Forderung nach § 41 Abs. 2 nicht in Betracht (vgl. dazu – und zu den anfechtungsrechtlichen Konsequenzen – BGH NZI 2017, 352). 2

Bezüglich der in § 41 geregelten Forderungen muss **Gewissheit** bestehen, **dass Fälligkeit eintreten wird;** nicht notwendigerweise muss auch der Zeitpunkt der Fälligkeit gewiss sein (vgl. Braun/Bäuerle Rn. 2; vgl. zu Forderungen mit nicht feststehendem Fälligkeitszeitpunkt aber noch → Rn. 33 ff.). 3

Der Grund für den Aufschub der Fälligkeit (zB vertragliche Vereinbarung, gesetzliche Regelung, gerichtliche Anordnung, Anordnung durch Verwaltungsakt etc) ist unerheblich (MüKoInsO/Bitter Rn. 7; vgl. auch noch → Rn. 7). Gestundete Forderungen sind nicht fällige Forderungen iSv § 41 (OLG Düsseldorf NJOZ 2012, 170), nach LAG Düsseldorf ZInsO 2014, 2378 (2382) = 4

BeckRS 2014, 72696 auch (Schadensersatz-)Forderungen, bei denen die Höhe des Schadens noch nicht feststeht (ebenso HK-InsO/Keller Rn. 4).

II. Bedingte und befristete Forderungen

5   Von nicht fälligen Forderungen im Ausgangspunkt zu unterscheiden sind diejenigen Forderungen, die aus einem Rechtsgeschäft resultieren, dessen Wirkungen von einem zukünftigen ungewissen oder von einem zukünftigen gewissen Ereignis abhängig sind. Im ersten Fall sind die aus dem Rechtsgeschäft resultierenden Forderungen bedingt (ihr Ent- bzw. Fortbestehen ist also ungewiss), und zwar entweder aufschiebend (Eintritt der Bedingung ungewiss) oder auflösend (Fortbestand der Bedingung ungewiss); im zweiten Fall sind sie befristet (ihr Ent- bzw. Fortbestehen ist aber gerade gewiss), und zwar wiederum entweder aufschiebend (Anfangstermin als maßgebliches Ereignis) oder auflösend (Endtermin als maßgebliches Ereignis).

6   Alle vorgenannten vier Forderungsarten sind begründete Vermögensansprüche (ausf. Schießer, Bedingte und betagte Ansprüche nach altem und neuem Insolvenzrecht, 1998, 30 ff.) und damit **Insolvenzforderungen iSv § 38.** Sie alle nehmen, wenn auch teilweise nur eingeschränkt, am Insolvenzverfahren teil. In Bezug auf die vorgenannten vier Forderungsarten hat § 41 – weil nach zutreffender Auffassung analog anzuwenden (→ Rn. 13 ff.) – Bedeutung nur für aufschiebend befristete Forderungen. Für auflösend bedingte Forderungen trifft die Insolvenzordnung in § 42 eine explizite Regelung. Zur Behandlung von aufschiebend bedingten Forderungen → § 42 Rn. 30 ff. und zum Umgang mit auflösend befristeten Forderungen → § 42 Rn. 6 ff.

7   Ob Ansprüche nicht fällig oder bedingt oder befristet sind, wird durch die Insolvenzordnung nicht geregelt, sondern bestimmt sich nach den jeweils anwendbaren gesetzlichen Regelungen, ggf. auch nach den vertraglichen Vereinbarungen. Die **Abgrenzung** ist mitunter schwierig (auch → § 42 Rn. 2) und jeweils eine **Frage des Einzelfalls.** So hat der BGH beispielsweise entschieden, dass es sich bei Ansprüchen auf Altersruhegeld, Berufsunfähigkeitsrente und Hinterbliebenenrente nicht um nicht fällige Ansprüche, sondern um aufschiebend bedingte Ansprüche (dazu → § 42 Rn. 30 ff.) handelt, solange die maßgeblichen Voraussetzungen noch nicht eingetreten sind (BGH NZI 2005, 384 (385); vgl. auch schon BGHZ 136, 220 (223) = NJW 1998, 312 (313); vgl. dazu – und zur diesbezüglichen Auffassung des BAG – auch Bitter NZI 2000, 399 (402 ff.)). In Bezug auf Mietzinsansprüche ist der BGH der Auffassung, dass diese gem. § 163 BGB aufschiebend befristet zum Anfangstermin des jeweiligen Zeitraums der Nutzungsüberlassung entstehen (BGHZ 170, 196 (200) = NJW 2007, 1588 (1559); vgl. insofern auch Rosenmüller ZInsO 2012, 1110); vgl. ferner Hinz/Lützenkirchen MDR 2021, 723 (725) zu Mietkautionen); hingegen entsteht nach der BGH-Rspr. der Anspruch auf Zahlung von (sämtlichen) Leasingraten als nicht fällige (und gerade nicht als befristete) Forderung schon mit Vertragsschluss (BGHZ 111, 84 = NJW 1990, 1785).

III. Zukünftige Forderungen

8   Insgesamt von nicht fälligen Forderungen abzugrenzen sind dagegen diejenigen Forderungen, bei denen der anspruchsbegründende Tatbestand vor Eröffnung des Insolvenzverfahrens noch nicht abgeschlossen ist. Maßgeblich ist insofern allein, ob die schuldrechtliche Grundlage des Anspruchs vor Eröffnung des Insolvenzverfahrens entstanden ist; hingegen ist unerheblich, ob die Forderung selbst bei Verfahrenseröffnung schon entstanden ist (BGH NZI 2011, 95; BGH NZI 2005, 403 (404); vgl. zuletzt BGH NZI 2021, 455 (456); BGH NZI 2020, 839; BGH NZI 2014, 656 (657)).

9   Solche Forderungen („zukünftige Forderungen") sind **keine Insolvenzforderungen** iSv § 38 (vgl. § 38); Gläubiger solcher Forderungen nehmen daher nicht am Insolvenzverfahren teil (vgl. auch Muthorst ZIP 2009, 1794 (1799); zu den sich aufgrund von § 40 ergebenden Ausnahmen → § 40 Rn. 17 ff.).

B. Von § 41 erfasste Forderungen

I. Grundsatz

10   § 41 bezieht sich nur auf – „einfache" (§ 38) und nachrangige (§ 39) - **Insolvenzforderungen** (vgl. Kölner Komm InsO/Hess Rn. 2), insofern aber nicht ausschließlich auf Geldforderungen, sondern auf alle von §§ 38, 39 umfassten Forderungen (vgl. OLG Brandenburg ZIP 2015, 1790 (1792) = BeckRS 2015, 11640). Hingegen bezieht sich § 41 nicht auf Masseforderungen (MüKo-InsO/Bitter Rn. 5) und Aussonderungsansprüche (Uhlenbruck/Knof Rn. 7). Für Forderungen

des Schuldners hat § 41 ebenfalls keine Bedeutung (BGH NZI 2017, 60; OLG Frankfurt ZIP 1983, 1229; Jaeger InsO/Henckel Rn. 6).

II. Zur abgesonderten Befriedigung berechtigende Forderungen

Auf die **(persönliche) (Ausfall-)Forderung** eines absonderungsberechtigten Gläubigers ist, 11 da es sich insofern um eine Insolvenzforderung handelt, § 41 unmittelbar anzuwenden (vgl. K. Schmidt/Thonfeld Rn. 6). Auf ein **isoliertes Absonderungsrecht** bezieht sich § 41 indes nicht (vgl. nur BGH NZI 2009, 165 (166); KPB/Holzer Rn. 5 mwN; vgl. auch BK-InsO/Ellrich Rn. 13 f.); Fragen der Fälligkeit bestimmen sich insofern vielmehr nach den für die Verwertung der Gegenstände mit Absonderungsrechten geltenden Vorschriften (zutr. schon Carstens JW 1916, 824 (825)).

Für das **Zusammentreffen von persönlicher Insolvenzforderung und Absonderungs-** 12 **recht** hat sich eine gefestigte, für die Praxis maßgebliche hM herausgebildet (zum früheren Streitstand vgl. Werner KTS 1969, 215 ff.): Danach ist § 41 insofern auf das Absonderungsrecht analog anwendbar (grdl. schon BGHZ 31, 337 = NJW 1960, 675; zur InsO OLG Köln OLGR 2004, 200 (201); vgl. im Übrigen nur MüKoInsO/Bitter Rn. 15 f. mwN; aA Gundlach/Frenzel/Schmidt DZWIR 2002, 367 ff.).

III. Aufschiebend befristete Forderungen

In § 163 BGB werden aufschiebend befristete Forderungen den aufschiebend bedingten Forde- 13 rungen gleichgestellt. Nach zutreffender, aber vom BGH bislang nicht geteilter (→ Rn. 16) Ansicht gilt diese Gleichstellung in Bezug auf die Behandlung dieser Forderungen im Insolvenzverfahren nicht. Vielmehr sind – so auch die inzwischen wohl **herrschende,** aber regelmäßig nicht hinreichend zwischen aufschiebend und auflösend befristeten (dazu → § 42 Rn. 6 ff.) Forderungen differenzierende **Lehre** (vgl. MüKoInsO/Bitter Rn. 10; K. Schmidt/Thonfeld Rn. 4; BK-InsO/Ellrich Rn. 7; Uhlenbruck/Knof Rn. 5 (jeweils mwN); FK-InsO/Bornemann Rn. 9; sachgerechte Differenzierung hingegen bei Muthorst ZIP 2009, 1794 (1795 f.); in Ansätzen auch Glück, Der Einfluß des Konkurses auf die von den §§ 65, 69, 70 KO betroffenen Forderungen, 1970, 12) – aufschiebend befristete Forderungen im Insolvenzverfahren **wie nicht fällige Forderungen** und damit entsprechend § 41 zu behandeln, weil in beiden Fällen (und in Abgrenzung zu aufschiebend bedingten Forderungen) das Entstehen der Forderung gewiss ist.

Auf der Basis dieser Auffassung nehmen Gläubiger aufschiebend befristeter Forderungen in 14 vollem Umfang am Insolvenzverfahren teil; insbes. partizipieren sie an Ausschüttungen im Verteilungsverfahren, dh ohne die Beschränkungen des § 191 (vgl. auch K. Schmidt/Jungmann § 191 Rn. 1; Muthorst ZIP 2009, 1794 (1795)). – Anders verhält es sich in Bezug auf auflösend befristete Forderungen; sie sind analog § 42 zu behandeln (dazu → § 42 Rn. 6 ff.).

Sofern sich aufschiebend befristete Forderungen als „unverzinslich" iSv § 41 Abs. 2 qualifizieren 15 lassen – hierfür sind insbes. die vertraglichen Vereinbarungen auszulegen –, sind sie analog § 41 Abs. 2 abzuzinsen (→ Rn. 24 ff.).

Für die Praxis ist die vorstehend beschriebene Sichtweise freilich noch nicht maßgeblich, da 16 die **höchstrichterliche Rspr.** (vgl. zur InsO nur BGHZ 168, 276 = NZI 2006, 637; seitdem ebenso BGH NZI 2010, 859 (861); BGH NZI 2007, 234 (236)) – und zwar auch im Steuerrecht (vgl. BFHE 150, 211 (215) = ZIP 1987, 1130 (1132) = BeckRS 1987, 22008157, wenn auch noch zu § 65 KO) – konsistent aufschiebend befristete Forderungen auch im Insolvenzverfahren **wie aufschiebend bedingte Forderungen** behandelt (ebenso etwa Jaeger InsO/Henckel Rn. 5; Kölner Komm InsO/Hess Rn. 25; Nerlich/Römermann/Andres Rn. 5 mwN). Der für die Praxis noch relevante Umgang mit aufschiebend befristeten Forderungen entspricht damit dem unter → § 42 Rn. 30 ff. Dargestellten.

C. Normzweck und Fälligkeitsfiktion des § 41

I. Ratio legis

§ 41 hat vor allem den Zweck, zur **Beschleunigung des Insolvenzverfahrens** beizutragen 17 (vgl. BGH NZI 2000, 213; OLG Koblenz NZI 2014, 509). Gläubiger von noch nicht fälligen Forderungen können (und sollten zur Wahrung ihrer Rechte) diese zur Insolvenztabelle anmelden, obwohl diese Forderungen aus Rechtsgründen anderweitig noch nicht durchsetzbar wären (vgl. OLG Frankfurt NZI 2019, 219). Die Norm soll darüber hinaus eine klare Grundlage für die Stellung der Gläubiger von nicht fälligen Forderungen schaffen; dies gilt insbes. für ihr Recht zur

18 Die Eröffnung des Insolvenzverfahrens führt dazu, dass einige **Ansprüche materiell-rechtlich fällig** werden. Dies gilt zB für viele Arten von Steuerforderungen (vgl. hierzu BGH ZInsO 2013, 184; Graf-Schlicker/Paul Rn. 6 ff.), in ein Kontokorrent eingestellte Forderungen (vgl. OLG Brandenburg BeckRS 2018, 3738), bestimmte Ansprüche aus Versorgungsanwartschaften etc (vgl. etwa K. Schmidt/Thonfeld Rn. 9 ff. mwN).

19 Vertragliche Regelungen, nach denen Forderungen im Fall der Eröffnung des Insolvenzverfahrens fällig werden, sind uneingeschränkt zulässig (Jaeger InsO/Henckel Rn. 17). Für solche materiell-rechtlich bereits fällige Forderungen stellt sich nicht die Frage nach einem Rückgriff auf § 41.

II. Fälligkeitsfiktion

20 § 41 Abs. 1 enthält eine gesetzliche Fiktion (RG LZ 1916, 242 (243 f.); OLG Köln OLGR 2004, 200 (201); OLG Karlsruhe NJW-RR 2013, 1270; BAG NZI 2021, 785 (786); vgl. auch BGH NZI 2017, 352; vgl. zum Fiktionscharakter schließlich Bitter NZI 2000, 399 mwN) für alle (materiell-rechtlich) im Zeitpunkt der Eröffnung des Insolvenzverfahrens nicht fälligen Forderungen: Sie gelten als im Zeitpunkt der Verfahrenseröffnung fällig (vgl. die Parallele in § 111 ZVG für das Zwangsversteigerungsverfahren). Dies gilt auch in Bezug auf Forderungen, deren Fälligkeit von einer Kündigung abhängt, und zwar selbst dann, wenn die Kündigung ausgeschlossen ist (MüKoInsO/Bitter Rn. 7). Die **Fälligkeitsfiktion** des § 41 ist **nicht abdingbar** (vgl. schon Carstens JW 1916, 824).

21 Dieser Fälligkeitsfiktion kommt **Wirkung nur innerhalb des Insolvenzverfahrens** und damit nur im Verhältnis von Insolvenzgläubiger und Schuldner zu (vgl. schon RGZ 3, 357; vgl. ferner RGZ 86, 247 (249); RGZ 88, 373 (375); RG LZ 1916, 242 (244)): „**Grundsatz der fehlenden Drittwirkung**" (zu etwaigen Grenzen dieses Grundsatzes vgl. MüKoInsO/Bitter Rn. 33 ff.). Sie erstreckt sich nicht auf (nicht insolvente) Dritte wie mithaftende Gesamtschuldner (BGH NZI 2000, 213), Bürgen (OLG Karlsruhe NJW-RR 2013, 1270; LAG Düsseldorf BeckRS 2015, 68891; vgl. auch BFH NZI 2021, 94 (95) (in Bezug auf die Haftung nach § 13c UStG); Braun/Bäuerle Rn. 5; Obermüller NZI 2001, 225 (227 f.); aA Morgen/Schinkel ZVI 2016, 304 ff.; vgl. auch MüKoInsO/Bitter Rn. 38) oder akzessorisch haftende Gesellschafter (OLG Koblenz NZI 2014, 509; insofern anders allerdings die inzwischen hM: OLG München ZInsO 2018, 1517 = BeckRS 2018, 7127; OLG München BeckRS 2018, 13784; OLG München BeckRS 2018, 13786; OLG München ZInsO 2019, 1277; Runge NZI 2014, 492 (494); MüKoInsO/Bitter Rn. 35). Diese haben aufgrund von § 41 Abs. 1 weder ein Recht noch die Pflicht zur vorzeitigen Zahlung (RG LZ 1916, 242 (244); vgl. auch BGH NZI 2000, 213 (214)). Insofern zeigt § 41 Parallelen zu § 45, wenngleich die von der herrschenden Meinung zu § 45 insbesondere mit Blick auf akzessorisch haftende Gesellschafter anerkannten Ausnahmen zum Grundsatz der fehlenden Drittwirkung (vgl. MüKoInsO/Bitter § 45 Rn. 57 f. mwN) sich nur cum grano salis auf § 41 übertragen lassen, weil § 41 deutlich stärker in die Rechtsposition von mithaftenden Dritten eingreift als § 45. – Zum Umfang des Fortbestands der Wirkungen von § 41 nach Beendigung des Insolvenzverfahrens → Rn. 36.

22 Aber auch im Verhältnis von Insolvenzgläubiger und Schuldner ist die Wirkung der Fälligkeitsfiktion des § 41 Abs. 1 begrenzt, und zwar aufgrund von § 95 Abs. 1 S. 2. Danach gilt § 41 Abs. 1 für die Zwecke einer **Aufrechnung** nicht (vgl. auch BT-Drs. 12/2443, 124; zum Steuerrecht vgl. Ziff. 8 des Anwendungserlasses zur Abgabenordnung (AEAO), in der Fassung des BMF-Schreibens v. 31.12.2014 (BStBl. I 290), zuletzt geändert durch das BMF-Schreiben v. 20.1.2021 (BStBl. I 128): Es gilt allein die steuerrechtliche Fälligkeit. Das bedeutet, dass der Gläubiger einer im Zeitpunkt der Verfahrenseröffnung nicht fälligen Forderung nicht zur Aufrechnung befugt ist, sondern seine Forderung als Insolvenzforderung geltend machen muss (ausf. zur Aufrechnung mit betagten und bedingten Ansprüchen Schießer, Bedingte und betagte Ansprüche nach altem und neuem Insolvenzrecht, 1998, 53 ff.). Insofern gilt seine Forderung freilich als fällig und ist ggf. nach § 41 Abs. 2 abzuzinsen.

23 Die Wirkung der Fälligkeitsfiktion tritt ein, wenn die Forderung rechtskräftig zur Insolvenztabelle festgestellt ist. Im Rahmen des insolvenzrechtlichen Anmeldungsverfahrens (§§ 174 ff.) ist ein Nachholen des Hinweises auf die Fälligkeitsfiktion keine Änderung des Forderungsgrundes iSv § 174 Abs. 2 (vgl. Jungmann WuB 2016, 231 (233)). Die Wirkung des § 41 ist endgültig und bleibt jedenfalls zugunsten des Gläubigers auch über die Beendigung des Insolvenzverfahrens hinaus bestehen (RGZ 93, 209 (213); HambK-InsO/Lüdtke Rn. 14; zur insofern eingeschränkten Wirkung zulasten des Gläubigers vgl. die sachgerechten Vorschläge von MüKoInsO/Bitter Rn. 29 und Uhlenbruck/Knof Rn. 16; vgl. insofern auch schon Fürst ZZP 56 (1931), 381 ff.).

D. Abzinsung

I. Telos und Anwendungsbereich der Abzinsungsanordnung

Unverzinsliche Forderungen (zu verzinslichen Forderungen → Rn. 31) erfahren im Insolvenzverfahren dadurch eine **Werterhöhung,** dass sie vor dem vereinbarten Fälligkeitszeitpunkt nach § 41 Abs. 1 als fällig behandelt werden (vgl. BGH NZI 2017, 352). Daraus soll der **Gläubiger keine Vorteile** ziehen (vgl. Häsemeyer, Insolvenzrecht, 4. Aufl. (2007), Rn. 16.18). Aus diesem Grund sind unverzinsliche Forderungen nach § 41 Abs. 2 mit dem gesetzlichen Zinssatz (4 % gem. § 246 BGB bzw. 5 % gem. § 352 HGB) abzuzinsen. Die Maßgeblichkeit des im Einzelfall einschlägigen gesetzlichen Zinssatzes (der sich auch aus anderen Gesetzen als dem BGB bzw. HGB ergeben kann (vgl. Jaeger InsO/Henckel Rn. 18 zu Wechsel- und Scheckzinsen) gilt im Anwendungsbereich von § 41 Abs. 2 ohne Ausnahme (aA offenbar FK-InsO/Bornemann Rn. 12, allerdings mit unzutreffender Bezugnahme auf OLG Köln BeckRS 2004, 08374).

Rechtspolitisch sollte überlegt werden, ob der (starre) gesetzliche Zinssatz nicht durch einen (flexibleren) **marktnäheren Zinssatz** ersetzt werden kann (Jungmann ZRI 2021, 691 (694); vgl. auch Uhlenbruck/Knof Rn. 10). „Gerecht" ist die Höhe des gesetzlichen Zinssatzes nämlich (jedenfalls in Zeiten eines niedrigen Zinsniveaus) nicht (vgl. dazu, der gesetzliche Zinssatz keine Höhe hat, die nach der Vorstellung des Gesetzgebers ein normales Zinsniveau widerspiegelt oder die realistische Wiederanlagemöglichkeiten repräsentiert, auch BGH NJW 2012, 2266 (2267)), und Sinn und Zweck von § 41 Abs. 2 liegen nicht darin, Gläubigern nicht fälliger Forderungen über die Anrechnung des Vorteils früherer Fälligkeit hinaus Nachteile zuzufügen (Jungmann ZRI 2021, 691 (693)). Das darf auch nicht über eine zwar verfahrensökonomische, aber allzu unbillige Pauschalierung geschehen.

Die Abzinsungsregel des § 41 Abs. 2 gilt nur für unverzinsliche Forderungen, und zwar nur soweit sie vom Anwendungsbereich des § 41 Abs. 1 erfasst sind (MüKoInsO/Bitter Rn. 17), also für nicht fällige und – nach zutreffender Auffassung (→ Rn. 13 ff.) – für aufschiebend befristete Forderungen, sofern sich diese als „unverzinslich" qualifizieren lassen.

§ 46 S. 1 verweist für Forderungen auf **wiederkehrende Leistungen,** deren Betrag und Dauer bestimmt sind, **auf die** Abzinsungsanordnung **des § 41 Abs. 2.** Für wiederkehrende Leistungen, deren Dauer unbestimmt ist, **hingegen** verweist **§ 46 S. 2 auf § 45 S. 1,** sodass der gesetzliche Zinssatz des § 41 Abs. 2 zum Beispiel für die Schätzung des Vorteils, welcher durch die Vorfälligkeit der auf den Träger der Insolvenzsicherung gemäß § 9 Abs. 2 BetrAVG übergegangenen **Betriebsrentenansprüche** entsteht, eigentlich nicht maßgeblich ist (zutreffend LAG Baden-Württemberg ZIP 2020, 2034 = BeckRS 2020, 19675; so auch schon ArbG Reutlingen NZI 2020, 367 (Vorinstanz); FK-InsO/Bornemann Rn. 12; K. Schmidt/Thonfeld § 45 Rn. 12 mwN). Doch das Bundesarbeitsgericht (BAG NZI 2021, 785) hat sich der gegenteiligen Auffassung (vgl. etwa Daus, Die insolvenzrechtliche Einordnung der betrieblichen Altersversorgung, 2014, S. 111 ff.; Jaeger InsO/Henckel § 45 Rn. 8; Bitter/Wosch ZIP 2018, 2044 ff. mwN; vgl. auch Ganter NZI 2013, 769 (771)) angeschlossen. Die Maßgeblichkeit des gesetzlichen Zinssatzes nach § 41 Abs. 2 auch in Bezug auf von § 46 S. 2 erfasste Forderungen führt in Zeiten niedriger Zinssätze zu unbilligen Ergebnissen (schon → Rn. 24a) mit negativen Auswirkungen auf das System der betrieblichen Altersvorsorge (Jungmann ZRI 2021, 691 (694 f.)).

Die Anwendbarkeit von § 41 Abs. 2 kann aufgrund von Spezialgesetzen (vgl. § 6 Abs. 1a S. 3 FMStFG) ausgeschlossen sein.

§ 41 Abs. 2 ist eine – freilich klare Parallelen zu § 1133 S. 3 BGB, § 1217 Abs. 2 BGB und § 111 S. 2 ZVG aufweisende – insolvenzverfahrensspezifische Ausnahme zu § 272 BGB, wonach eine Berechtigung zum Abzug von Zwischenzinsen bei einer vor deren Fälligkeit gezahlten unverzinslichen Forderung nicht besteht (vgl. Jaeger InsO/Henckel Rn. 18). Durch § 41 Abs. 2 wird ein **Ausgleich** der sich aus der insolvenzbedingten Fälligkeitsfiktion des § 41 Abs. 1 ergebenden Werterhöhung (→ Rn. 24) mit der Folge erreicht, dass sich Gläubiger nicht fälliger Forderungen und Gläubiger fälliger Forderungen im Insolvenzverfahren gleichstehen (vgl. BGH NZI 2017, 352; BAG NZI 2021, 785 (789)).

II. Abzinsungsberechnung

26 Die Abzinsungsberechnung erfolgt nach der sog. **Hoffmann'schen Formel** (allg. Meinung; vgl. nur HambK-InsO/Lüdtke Rn. 19; Braun/Bäuerle Rn. 7; zu alternativen Methoden vgl. Jaeger InsO/Henckel Rn. 21).

27 Die Anzahl der Tage von der Eröffnung des Insolvenzverfahrens bis zur (ursprünglichen) Fälligkeit errechnet sich unter Anwendung der §§ 186 ff. BGB. Das bedeutet (zutr. MüKoInsO/Bitter Rn. 23), dass zwar der Tag der Fälligkeit, nicht aber der Tag der Verfahrenseröffnung mitzurechnen ist (§§ 187 Abs. 1, 188 Abs. 1).

28 Das Jahr wird mit 365 Tagen angesetzt (§ 191 BGB); maßgeblich sind also Kalendertage (vgl. allg. LG Berlin NJW-RR 2000, 1537). Zinseszinsen werden nicht berücksichtigt.

29 Die **Abzinsungsberechnung** ist **vom Gläubiger vorzunehmen** (K. Schmidt/Jungmann § 174 Rn. 30); dieser hat den bereits abgezinsten Betrag zur Insolvenztabelle anzumelden. Bis zur Feststellung des Betrags zur Insolvenztabelle sind Reduzierungen des Betrags (etwa aufgrund einer Neuberechnung) möglich (vgl. K. Schmidt/Jungmann § 174 Rn. 43).

30 Es obliegt dem Insolvenzverwalter und den anderen Insolvenzgläubigern (sowie – mit nur eingeschränkten Rechtswirkungen – auch dem Schuldner), unrichtige Berechnungen (und Forderungsanmeldungen) durch Widerspruch gegen die Höhe der Forderung (vgl. § 177 Abs. 1 S. 2) anzugreifen. In diesem Fall ist der anmeldende Gläubiger auf einen Feststellungsprozess verwiesen (§ 179 Abs. 1); je nach Ausgang dieses Prozesses gilt der angemeldete oder ein niedrigerer Forderungsbetrag als festgestellt (§ 181). Eine Neuanmeldung der Forderung ist nur erforderlich, wenn der angemeldete Betrag erhöht werden soll (vgl. K. Schmidt/Jungmann § 181 Rn. 3 ff.).

III. Verzinsliche Forderungen

31 Bei verzinslichen Forderungen findet – unabhängig von der Höhe des Zinssatzes – **keine Abzinsung** statt. Bei Verfahrenseröffnung rückständige Zinsansprüche können zusammen mit der Hauptforderung zur Tabelle angemeldet werden (vgl. die Beispiele bei BK-InsO/Ellrich Rn. 24 f.); laufende Zinsen stellen im Insolvenzverfahren gem. § 39 Abs. 1 S. 1 Nr. 1 nachrangige Insolvenzforderungen dar.

32 **Kritik** dieser Behandlung verzinslicher Forderung mit Zinssätzen, die niedriger als der gesetzliche Zinssatz sind (vgl. etwa MüKoInsO/Bitter Rn. 18; Uhlenbruck/Knof Rn. 12), ist **nicht angebracht** (vgl. hingegen → Rn. 24a). Denn für verzinsliche und unverzinsliche Ansprüche gelten in vielerlei Hinsicht unterschiedliche Rechtsfolgen; insofern macht § 41 Abs. 2 keine korrekturbedürftige Ausnahme.

IV. Forderungen mit nicht feststehendem Fälligkeitszeitpunkt

1. Unbestimmte Fälligkeit

33 Umstritten ist die Behandlung von unverzinslichen nicht fälligen Forderungen mit unbestimmter Fälligkeit, wenn also die Fälligkeit von einem bestimmten Ereignis (wie dem Tod einer Person) abhängt. Für das Zwangsversteigerungsverfahren ordnet § 111 S. 2 Hs. 2 ZVG an, solche Forderungen wie aufschiebend bedingte Forderungen zu behandeln, solange die Zeit der Fälligkeit noch ungewiss ist.

34 Die in § 111 S. 2 Hs. 2 ZVG enthaltene Regelung passt für das Insolvenzverfahren nicht. Vielmehr sind im Insolvenzverfahren unverzinsliche nicht fällige Forderungen mit unbestimmter Fälligkeit entweder – so die hL – (insgesamt) **nach § 45 zu schätzen** (vgl. K. Schmidt/Thonfeld Rn. 18; Braun/Bäuerle Rn. 2; Jaeger InsO/Henckel Rn. 18; Nerlich/Römermann/Andres Rn. 9; HK-InsO/Keller Rn. 17, jeweils mwN) oder ihr Wert dadurch zu ermitteln, dass der Fälligkeitstermin geschätzt und anschließend der Nennbetrag der Forderung (unter Ansatz des geschätzten Fälligkeitszeitpunkts) abgezinst wird (Bitter NZI 2000, 399 (401); MüKoInsO/Bitter Rn. 25; HambK-InsO/Lüdtke Rn. 22; Uhlenbruck/Knof Rn. 6). Überzeugender ist die erstgenannte Ansicht (vgl. auch Jungmann ZRI 2021, 691 (693)). Doch bei richtiger Anwendung von § 45 müssen sich die praktischen Unterschiede – ähnlich wie bei der sich nach der Bestimmtheit von wiederkehrenden Leistungen differenzierenden Verweisung in § 46 (→ Rn. 24c) – sehr in Grenzen halten.

2. Ungewisse Fälligkeit

35 Unverzinsliche nicht fällige Forderungen mit ungewisser Fälligkeit (vgl. zur Abgrenzung MüKoInsO/Bitter Rn. 8) werden hingegen – insofern liegt eine Analogie zu § 111 S. 2 Hs. 2

ZVG nahe – **wie aufschiebend bedingte Forderungen** (dazu → § 42 Rn. 30 ff.) behandelt (sehr ähnlich Uhlenbruck/Knof Rn. 6).

E. Wirkungen von § 41 nach Beendigung des Insolvenzverfahrens

Inhaltsänderungen von Insolvenzforderungen nach Maßgabe von § 41 bleiben, wenn die Forderung ohne Widerspruch des Schuldners zur Insolvenztabelle festgestellt wurde, nach herrschender Auffassung im Verhältnis vom Insolvenzschuldner zu Gläubigern für die Zeit nach der Beendigung des Insolvenzverfahrens maßgebend (RGZ 112, 297 (300); Uhlenbruck/Wegener § 201 Rn. 9 f.; K. Schmidt/Jungmann, § 201 Rn. 3 mwN auch zur Gegenauffassung). In Bezug auf das Verhältnis von Gläubigern zu Bürgen (oder sonstigen Drittverpflichteten) gilt dies allerdings nicht, daher haften beispielsweise Bürgen einer Gesellschaft, die nach Beendigung des Insolvenzverfahrens gelöscht wird, weiter (vgl. allgemein zum „Grundsatz der fehlenden Drittwirkung" auch schon → Rn. 21). 36

§ 42 Auflösend bedingte Forderungen

Auflösend bedingte Forderungen werden, solange die Bedingung nicht eingetreten ist, im Insolvenzverfahren wie unbedingte Forderungen berücksichtigt.

Schrifttum: Siehe § 41.

Überblick

§ 42 stellt auflösend bedingte (→ Rn. 3 ff.) und diesen gleichgestellte (→ Rn. 8 ff.) Insolvenzforderungen in Bezug auf die verfahrensrechtliche Behandlung bis zum Bedingungseintritt unbedingten Insolvenzforderungen gleich (→ Rn. 14 ff.). Die Rechtsfolgen des Eintritts der auflösenden Bedingung ergeben sich aus dem materiellen Recht; sie gewinnen für die anschließende verfahrensrechtliche Behandlung von auflösend bedingten Insolvenzforderungen je nach Zeitpunkt des Bedingungseintritts unterschiedliche Bedeutung (→ Rn. 18 ff.).

Übersicht

	Rn.		Rn.
A. Begriff und Abgrenzung	1	C. Normzweck und verfahrensrechtliche Behandlung auflösend bedingter Forderungen	14
B. Von § 42 erfasste Forderungen	3	D. Eintritt der auflösenden Bedingung	18
I. Grundsatz	3	I. Bedingungseintritt vor Feststellung der Forderung zur Insolvenztabelle	19
II. Unsicherheit in Bezug auf den Eintritt der auflösenden Bedingung	5	II. Bedingungseintritt nach Feststellung der Forderung zur Insolvenztabelle	21
III. Auflösend befristete Forderungen	6	1. Rechtswirkungen des Bedingungseintritts auf das Insolvenzverfahren	21
1. Praktische Relevanz von auflösend befristeten Forderungen im Insolvenzverfahren	6	2. Auswirkungen der Beendigung des Insolvenzverfahrens	25
2. Verfahrensrechtliche Behandlung auflösend befristeter Forderungen im Regelfall	8	E. Abgrenzung: Aufschiebend bedingte Forderungen	30
3. Ausnahme	11		

A. Begriff und Abgrenzung

Auflösend bedingte **Forderungen** sind solche, die aus einem Rechtsgeschäft resultieren, dessen Wirkungen **von einem zukünftigen ungewissen Ereignis abhängig** sind, und zwar von einer Bedingung, deren Fortbestand ungewiss ist (vgl. § 158 Abs. 2 BGB; auch schon → § 41 Rn. 5). Freilich zählt diesbezüglich nicht die Frage als ungewisses Ereignis, ob die Forderung selbst überhaupt besteht (BFH ZIP 2016, 1393 = BeckRS 2016, 94684); auch für Forderungen, die durch Berichtigung des Vorsteuerabzugs nach erfolgreicher Insolvenzanfechtung entstehen, hat § 42 keine Bedeutung (vgl. BFHE 257, 465 = DStR 2017, 1200). 1

Die **Abgrenzung** auflösend bedingter Forderungen von auflösend befristeten Forderungen einerseits und von aufschiebend bedingten Forderungen andererseits fällt häufig schwer; regelmäßig handelt es sich um Fragen des Einzelfalls (auch → § 41 Rn. 17). Die Abgrenzung der ersten 2

Art hat für Zwecke des Insolvenzverfahrens keine praktische Bedeutung, da beide Forderungsarten nach zutreffender Auffassung gleich behandelt werden (→ § 41 Rn. 13 ff.). Anders verhält es sich mit der Abgrenzung der zweiten Art, und zwar insbes. dann, wenn aufschiebende und auflösende Bedingung kombiniert werden (vgl. dazu etwa Uhlenbruck/Knof Rn. 3). – **Bedingte Forderungen** können – ebenso wie noch nicht fällige (→ § 41 Rn. 1) – nach **§ 3 Abs. 1 StaRUG** als „Restrukturierungsforderungen" auch schon vor Eröffnung des Insolvenzverfahrens auf der Grundlage eines Restrukturierungsplans gestaltet werden.

B. Von § 42 erfasste Forderungen

I. Grundsatz

3   § 42 findet nur auf – „einfache" (§ 38) und nachrangige (§ 39) – auflösend bedingte **Insolvenzforderungen** Anwendung (nicht aber auf auflösend bedingte Masseforderungen, Aussonderungsansprüche und Absonderungsrechte). Ähnlich wie bei § 41 (→ § 41 Rn. 4) spielt es keine Rolle, woraus (zB vertragliche Vereinbarung, gesetzliche Regelung etc) sich die auflösende Bedingung ergibt (KPB/Holzer Rn. 3).

4   Die auflösende Bedingung muss sich nicht auf die Forderung an sich beschränken, sondern kann sich auch auf das ganze, der Forderung zugrundeliegende, Rechtsverhältnis beziehen (Kölner Komm InsO/Hess Rn. 2).

II. Unsicherheit in Bezug auf den Eintritt der auflösenden Bedingung

5   Ist zweifelhaft, ob das ungewisse Ereignis bereits eingetreten ist (tatsächliche Ungewissheit in Bezug auf den Bedingungseintritt), ändert das an der verfahrensrechtlichen Behandlung der Forderung nichts (vgl. Jaeger InsO/Henckel Rn. 7). Ggf. muss die Ungewissheit in einem Feststellungsprozess ausgeräumt werden.

III. Auflösend befristete Forderungen

1. Praktische Relevanz von auflösend befristeten Forderungen im Insolvenzverfahren

6   Auflösend befristete Forderungen, also solche, deren Fortbestehen nur bis zu einem bestimmten Endtermin gewiss ist (bereits → § 41 Rn. 5), spielen eine sehr **untergeordnete Rolle in der** insolvenzrechtlichen **Praxis.** Konkrete Endtermine entwickeln bei Zahlungsansprüchen fast ausschließlich in Bezug auf Forderungen auf wiederkehrende Leistungen, deren verfahrensmäßige Behandlung in § 46 gesondert geregelt ist, eine Bedeutung.

7   Andere auflösend befristete Ansprüche – also solche, die wie zB Unterlassungsansprüche oder Befreiungsansprüche (vgl. insofern Ehricke KTS 2008, 257 (264 f.)) nicht auf Geld gerichtet sind – werden, da sie umzurechnen sind, regelmäßig (nur) von § 45 erfasst.

2. Verfahrensrechtliche Behandlung auflösend befristeter Forderungen im Regelfall

8   Für die wenigen verbleibenden Fälle auflösend befristeter Insolvenzforderungen gilt: Sie sind **wie auflösend bedingte Forderungen** (hingegen → § 41 Rn. 13 ff. zu aufschiebend befristeten Forderungen und zur nur insofern analogen Anwendung von § 41) zu behandeln (zutr. Häsemeyer, Insolvenzrecht, 4. Aufl. (2007), Rn. 16.18; Muthorst ZIP 2009, 1794 (1795); KPB/Holzer Rn. 3b; aA MüKoInsO/Bitter Rn. 4). Das heißt insbes., dass diese Forderungen verfahrensrechtlich grundsätzlich das Schicksal jeder anderen Insolvenzforderung teilen, solange der Endtermin noch nicht eingetreten ist. Der Eintritt des Endtermins hat dementsprechend dieselben Folgen wie der Eintritt der auflösenden Bedingung (dazu → Rn. 18 ff.).

9   Die grundsätzliche Gleichstellung (zur Ausnahme → Rn. 11 ff.) erlangt ihre **Rechtfertigung** schon durch die insofern maßgebliche Gleichstellung mit auflösend bedingten Forderungen gem. § 163 BGB und darüber hinaus durch die in jeder Hinsicht vergleichbare Interessenlage von Schuldner und Gläubiger in Bezug auf auflösend bedingte und auflösend befristete Forderungen. Diese Vergleichbarkeit zeigt sich an der regelmäßig schwierig zu beantwortenden Auslegungsfrage (krit. zur Maßgeblichkeit der Vorstellungen der Parteien Muthorst ZIP 2009, 1794 (1800)), ob von einer auflösenden Bedingung oder von einer auflösenden Befristung auszugehen ist.

10   Zudem spielt der Grad der Wahrscheinlichkeit des Bedingungseintritts in Bezug auf die verfahrensrechtliche Behandlung einer auflösend bedingten Forderung gerade keine Rolle (→ Rn. 15), sodass jede Unterscheidung zwischen höchstwahrscheinlichem Eintritt eines Ereignisses (auflö-

sende bedingte Forderung) und sicherem Eintritt eines Ereignisses (auflösend befristete Forderung) gekünstelt wirken muss. Schließlich passen allein die in § 42 angeordneten Rechtsfolgen (→ Rn. 18 ff. für den Bedingungseintritt) im Fall des Erreichens des Endtermins auf den verfahrensrechtlichen Umgang mit auflösend befristeten Forderungen.

3. Ausnahme

Vom vorstehend beschriebenen Grundsatz ist allerdings eine Ausnahme in Bezug auf die Handlungsoptionen und -maximen des Insolvenzverwalters (und daraus resultierend in Bezug auf die Teilhabe an Abschlagsverteilungen) zu machen: Sofern der **Endtermin noch vor** dem voraussichtlichen Datum der **Beendigung des Insolvenzverfahrens** liegt – insofern hat der Insolvenzverwalter einen gewissen (freilich haftungsbewehrten) Ermessensspielraum –, ist der Insolvenzverwalter bis zum Schlusstermin (§ 197) berechtigt, die auflösend befristete Forderung (vorläufig) zu bestreiten (im Gegensatz dazu → Rn. 15 in Bezug auf auflösend bedingte Forderungen). **11**

Sofern der Insolvenzverwalter sein Bestreiten ausschließlich damit begründet, dass der Endtermin noch vor dem Schlusstermin liegen werde, er aber zusichert, die Forderung anderenfalls anzuerkennen und ins Schlussverzeichnis aufzunehmen, fehlt einem Feststellungsprozess des anmeldenden Gläubigers das Rechtsschutzbedürfnis. **12**

Analog § 190 Abs. 2 S. 2 wird in diesem Fall der auf die auflösend befristete Forderung entfallende Anteil bei Abschlagsverteilungen zurückbehalten und der zurückbehaltene Anteil – je nach dem tatsächlichen Datum des Schlusstermins – entweder analog § 190 Abs. 2 S. 3 für die Schlussverteilung frei oder analog § 192 bei der Schlussverteilung vorab berücksichtigt. **13**

C. Normzweck und verfahrensrechtliche Behandlung auflösend bedingter Forderungen

§ 42 hat hauptsächlich (zu weitgehend HambK-InsO/Lüdtke Rn. 1: „Selbstverständlichkeit") **Klarstellungscharakter:** Bis zum Eintritt der Bedingung sind auflösend bedingte Forderungen in der Insolvenz auch verfahrensrechtlich **wie unbedingte Insolvenzforderungen** zu berücksichtigen. Dementsprechend sind sie ebenso geltend zu machen, werden also ohne Bedingungszusatz oÄ zur Tabelle angemeldet (und ohne Bedingungszusatz oÄ festgestellt, vgl. BFH ZIP 2016, 1393 = BeckRS 2016, 94684) und gewähren volles Stimmrecht in Gläubigerversammlungen (FK-InsO/Bornemann Rn. 4). **14**

Der Insolvenzverwalter handelt pflichtwidrig, wenn er eine berechtigte Forderung im Prüfungstermin nur deshalb bestreitet, weil sie auflösend bedingt ist. Er hat insofern **keine Berechtigung zum Bestreiten** – auch nicht zu einem „vorläufigen Bestreiten" (vgl. dazu K. Schmidt/Jungmann § 178 Rn. 9) – der Forderung. Dies gilt auch dann, wenn der Insolvenzverwalter den Eintritt der Bedingung für sehr wahrscheinlich hält (vgl. auch K. Schmidt/Jungmann § 178 Rn. 2; anders wohl Braun/Bäuerle Rn. 2). **15**

Auflösend bedingte Forderungen nehmen ebenso wie unbedingte Insolvenzforderungen an jeder Art von **Verteilungen** teil; insbes. ist der Insolvenzverwalter nicht berechtigt, auf auflösend bedingte Forderungen entfallende Beträge zurückzubehalten oÄ (vgl. nur MüKoInsO/Bitter Rn. 7; K. Schmidt/Jungmann § 191 Rn. 6). Auch insofern ist der Grad der Wahrscheinlichkeit des Bedingungseintritts unerheblich (zutr. K. Schmidt/Thonfeld Rn. 2). **16**

Schließlich ergeben sich auch für die **Aufrechnung** keine Besonderheiten (Häsemeyer, Insolvenzrecht, 4. Aufl. (2007), Rn. 19.20; Jaeger InsO/Henckel Rn. 3; allg. zur Aufrechnung mit betagten und bedingten Ansprüchen Schießer, Bedingte und betagte Ansprüche nach altem und neuem Insolvenzrecht, 1998, 53 ff.). **17**

D. Eintritt der auflösenden Bedingung

Materiell-rechtliche Rechtsfolge des Eintritts der auflösenden Bedingung ist das **Erlöschen der Forderung.** Die insolvenzverfahrensrechtlichen Rechtsfolgen des Eintritts der auflösenden Bedingung hängen vom Zeitpunkt des Bedingungseintritts ab. **18**

I. Bedingungseintritt vor Feststellung der Forderung zur Insolvenztabelle

War die auflösend bedingte Forderung im Zeitpunkt des Bedingungseintritts noch nicht in die Insolvenztabelle eingetragen, ist der Insolvenzverwalter gehalten, im Prüfungstermin (bzw. im schriftlichen Verfahren, vgl. § 177) **Widerspruch** gegen die (nicht mehr bestehende) Forderung zu erheben. **19**

InsO § 42   Zweiter Teil. Eröffnung des Insolvenzverfahrens

20   In einem sich ggf. anschließenden Feststellungsprozess (vgl. § 179) gelten die allgemeinen Regeln zur Darlegungs- und Beweislastverteilung. Das bedeutet zB, dass bei einer vom Gläubiger erhobenen Feststellungsklage der Insolvenzverwalter in Bezug auf den Bedingungseintritt darlegungs- und beweispflichtig ist (vgl. K. Schmidt/Thonfeld Rn. 4).

II. Bedingungseintritt nach Feststellung der Forderung zur Insolvenztabelle

1. Rechtswirkungen des Bedingungseintritts auf das Insolvenzverfahren

21   Die Eintragung der Forderungsfeststellung in die Insolvenztabelle wirkt nach § 178 Abs. 3 wie ein rechtskräftiges Urteil gegen den Insolvenzverwalter sowie gegenüber allen Insolvenzgläubigern (vgl. K. Schmidt/Jungmann § 178 Rn. 19 ff.). Zweck dieser Regelung ist es, dass für das Insolvenzverfahren kein weiterer Streit über das Bestehen der Forderung und über ihre Teilnahme an der Verteilung entsteht (BGHZ 201, 121 (128) = NZI 2014, 693 (695)).

22   Aufgrund dieser Wirkung bleibt die **Eintragung** einer auflösend bedingten Forderung in die Insolvenztabelle für alle Verfahrensbeteiligten **trotz Bedingungseintritts maßgeblich.** Dies gilt in Bezug auf alle Aspekte des Insolvenzverfahrens, insbes. auch in Bezug auf die Rechte des Gläubigers in Gläubigerversammlungen, im Insolvenzplanverfahren und vor allem auch bei Verteilungen. Das bedeutet, dass die festgestellte Forderung sowohl bei Abschlagsverteilungen als auch bei der Schlussverteilung zu berücksichtigen ist, solange die Feststellungswirkung nicht beseitigt ist. Mit dieser Maßgabe gilt dies sogar für Nachtragsverteilungen (KPB/Holzer Rn. 4).

23   Zur **Beseitigung der Feststellungswirkung** kommen nur diejenigen Rechtsbehelfe in Betracht, die gegen rechtskräftige Urteile gegeben sind (vgl. nur BGHZ 201, 121 (123) = NZI 2014, 693; K. Schmidt/Jungmann § 178 Rn. 28 mwN). Daraus folgt, dass der Insolvenzverwalter die Bindungswirkung der Eintragung einer auflösend bedingten Forderung in die Insolvenztabelle nur durch Erhebung einer Vollstreckungsabwehrklage (§ 767 ZPO) angreifen kann (vgl. BGH NZI 2009, 167).

24   **Maßgeblicher Zeitpunkt** iSv § 767 Abs. 2 ZPO ist dabei der Zeitpunkt der **Forderungsfeststellung** (vgl. insofern BGHZ 201, 121 (126) = NZI 2014, 693 (694)), also der Prüfungstermin oder der im schriftlichen Verfahren bestimmte Termin (vgl. BGH NJW-RR 2013, 757 (758)): Der Bedingungseintritt muss danach erfolgt sein.

2. Auswirkungen der Beendigung des Insolvenzverfahrens

25   Nach Beendigung (Aufhebung oder Einstellung) des Insolvenzverfahrens können auch Gläubiger auflösend bedingter Forderungen ihre **restlichen Forderungen gegen den Schuldner geltend machen** (§ 201 Abs. 1). Weil mit Beendigung des Insolvenzverfahrens grundsätzlich das Verwaltungs- und Verfügungsrecht des Insolvenzverwalters endet und an den Schuldner zurückfällt (vgl. K. Schmidt/Jungmann § 200 Rn. 5), obliegt es nach Verfahrensbeendigung dem Schuldner, die **Vollstreckungsabwehrklage** (§ 767 ZPO) zu erheben, um zu verhindern, dass der Gläubiger einer auflösend bedingten Forderung trotz des (der Feststellung zur Tabelle nachgelagerten) Eintritts der Bedingung aus dem Tabelleneintrag (§ 201 Abs. 2) die Zwangsvollstreckung betreibt.

26   Wenn auflösend bedingte Forderungen bei Verteilungen berücksichtigt wurden, ändert der Bedingungseintritt nichts daran, dass die Berücksichtigung verfahrensrechtlich geboten war. Doch der Bedingungseintritt lässt die materiell-rechtliche Grundlage für eine Teilhabe an Verteilungen entfallen.

27   Der Gläubiger der auflösend bedingten Forderung muss nach Bedingungseintritt – allerdings nur dann, wenn dem nicht die Rechtskraft des Titels Tabelleneintrag entgegensteht (Präklusion iSv § 767 Abs. 2 ZPO) – damit rechnen, dass **Rückforderungsansprüche** gegen ihn geltend gemacht werden (vgl. MüKoInsO/Bitter Rn. 9 zum Rechtsgrund (Vertrag bzw. Bereicherungsrecht) dieser Rückforderungsansprüche). Er partizipiert auch nicht mehr an Nachtragsverteilungen (vgl. K. Schmidt/Jungmann § 203 Rn. 5).

28   Im Ausgangspunkt ist auch insofern (schon → Rn. 25) der Schuldner berechtigt, die Rückforderungsansprüche geltend zu machen. Da somit aber eine Situation entsteht, in der iSv § 203 Abs. 1 Nr. 2 „Beträge, die aus der Insolvenzmasse gezahlt sind, zurückfließen" (vgl. K. Schmidt/Jungmann § 203 Rn. 6), kann das Insolvenzgericht die Nachtragsverteilung anordnen (HK-InsO/Keller Rn. 6; Häsemeyer, Insolvenzrecht, 4. Aufl. (2007), Rn. 16.18).

29   Bei **Anordnung der Nachtragsverteilung** werden die Rückforderungsansprüche bzw. das auf diese Ansprüche Geleistete (erneut) vom Insolvenzbeschlag erfasst; es wird zur Aufgabe des Insolvenzverwalters, die Rückforderungsansprüche geltend zu machen.

E. Abgrenzung: Aufschiebend bedingte Forderungen

Aufschiebend bedingte Forderungen, also solche, deren Entstehen ungewiss ist, weil der Eintritt 30
der Bedingung ungewiss ist (vgl. § 158 Abs. 1 BGB; auch schon → § 41 Rn. 5), werden durch
die §§ 41 ff. keiner besonderen Regelung unterworfen. Sie können **wie jede andere Insolvenzforderung zur Insolvenztabelle angemeldet** werden (vgl. nur BVerwGE 151, 302 (306) = NZI 2015, 629 (630); OLG Stuttgart NZI 2021, 274, 275; Uhlenbruck/Knof Rn. 7; Muthorst ZIP 2009, 1794 (1795)). Gleichzeitig stellt die aufschiebende Bedingung die „äußerste Grenze" dar, bis zu der am Insolvenzverfahren teilnehmende Forderungen entstehen können (Häsemeyer, Insolvenzrecht, 4. Aufl. (2007), Rn. 16.12).

Gläubigern von aufschiebend bedingten Forderungen stehen aber nicht alle Verfahrensrechte zu 31
(vgl. OLG Stuttgart NZI 2021, 274, 275). Vielmehr gelten in Bezug auf die **verfahrensrechtliche Teilhabe** solcher Forderungen eine Reihe von **Sonderregelungen**: gem. § 77 Abs. 3 Nr. 1 bzgl. des Stimmrechts in der Gläubigerversammlung (vgl. dazu K. Schmidt/Jungmann § 77 Rn. 30), gem. § 237 bzgl. des Stimmrechts im Insolvenzplanverfahren und gem. § 95 Abs. 1 S. 1 bzgl. der Aufrechnungsmöglichkeiten.

Entscheidende Besonderheiten ergeben sich schließlich durch § 191 im **Verteilungsverfahren** 32
(vgl. dazu auch BGH NZI 2005, 384 (385)). Bei Abschlagsverteilungen und bei der Schlussverteilung sind aufschiebend bedingte Forderungen zwar grundsätzlich (vgl. die Ausnahme in § 191 Abs. 2) zu ihrem vollen Betrag zu berücksichtigen, doch werden Dividenden nicht ausgezahlt, sondern zurückbehalten bzw. hinterlegt. Erst nach Bedingungseintritt erfolgt eine Auszahlung (vgl. K. Schmidt/Jungmann § 191 Rn. 2 f.).

Ein **endgültiger Bedingungsausfall** hat zur Folge, dass die Forderung im Insolvenzverfahren 33
insgesamt nicht mehr berücksichtigt wird (vgl. K. Schmidt/Thonfeld Rn. 7). Das kann zu einem „Freiwerden" zurückbehaltener Beträge iSv § 203 Abs. 1 Nr. 1 und zu Nachtragsverteilungen führen (vgl. insofern näher K. Schmidt/Jungmann § 203 Rn. 4).

§ 43 Haftung mehrerer Personen

Ein Gläubiger, dem mehrere Personen für dieselbe Leistung auf das Ganze haften, kann im Insolvenzverfahren gegen jeden Schuldner bis zu seiner vollen Befriedigung den ganzen Betrag geltend machen, den er zur Zeit der Eröffnung des Verfahrens zu fordern hatte.

Schrifttum: Bitter, Teilmithaftung in der Insolvenz – Forderungsanmeldung nach Leistung durch den Mithaftenden, ZInsO 2003, 490; Blomeyer, Die Teil-Mithaftung Dritter im Schuldnerkonkurs, BB 1971, 937; Bork, Der Mehrfach-Komplementär: Ein Beitrag zur Gläubiger- und Schuldnermehrheit in der Insolvenz, KTS 2008, 21; Dempewolf, Zur Anwendbarkeit der §§ 68 KO und 32 VerglO bei Teilbürgschaften, NJW 1961, 1341; Ehricke, Der Schuldbefreiungsanspruch in der Insolvenz des Befreiungsgläubigers, KTS 2008, 257; Hadding, Zur Gläubigerstellung in der Insolvenz des Bürgen, FS Fischer, 2008, 223; Häsemeyer, Gläubigerschutz und Gläubigergleichbehandlung bei Regreßverhältnissen, KTS 1993, 151; Heyn, Zum Umgang mit der Bürgschaft bei einer Forderungsanmeldung, InsbürO 2010, 307; Kiesow, Zur Stellung des Bürgen im Vergleichsverfahren, KuT 1937, 139; Kirchhof, Bürgschaften und Mithaftungserklärungen des (späteren) Gemeinschuldners in seinem Konkurs, FS Fuchs, 1996, 97; Kuhn, Zur Anwendbarkeit des § 68 KO bei Teilbürgschaften, KTS 1957, 68; Künne, Über die Anwendbarkeit der §§ 68 KO und 32 VglO bei Teilbürgschaften und Teilgesamtschuldnerschaften, KTS 1957, 58; Küpper/Heinze, Besonderheiten der Meistbegünstigung des Hauptgläubigers bei der Forderungsanmeldung nach Leistungen von Mithaftenden, ZInsO 2006, 452; Morgen/Schinkel, Der Gläubiger in der Insolvenz des Bürgen – Uneingeschränkte Anmeldung der Bürgschaftsforderung zur Tabelle trotz (noch) nicht fälliger Hauptschuld?, ZVI 2016, 304; Noack/Bunke, Zur Stellung gesamtschuldnerisch oder akzessorisch Mithaftender im Insolvenzverfahren, FS Uhlenbruck, 2000, 335; Obermüller, Verwertung von Drittsicherheiten im Insolvenzverfahren, NZI 2001, 225; Paulus, Überlegungen zur Anmeldung bei mehreren Forderungen des Gläubigers, ZIP 2016, Beilage zu Heft 22, 55; Reiswich, Die fehlende Positionsbezeichnung des Gesetzgebers zum Ausfall- oder Doppelberücksichtigungsprinzip in § 93 InsO und ihre Konsequenzen bei der Quotenberechnung in der Doppelinsolvenz von OHG und Gesellschafter, ZInsO 2014, 2411; Riedel, Bürgschaft in der Insolvenz, InsbürO 2011, 407; K. Schmidt/Bitter, Doppelberücksichtigung, Ausfallprinzip und Gesellschafterhaftung in der Insolvenz – Eine Analyse der §§ 43, 52, 93 InsO und § 32a Abs. 3 GmbHG, ZIP 2000, 1077; Schwarz/Doms, Zur Behandlung der aus einem Kreditengagement herrührenden Ansprüche aus Darlehen, Grundschuld und abstraktem Schuldversprechen in der Insolvenz, ZInsO 2013, 1943; Theissen, Gesellschafterbürgschaften in der Insolvenz der OHG nach neuem Recht, ZIP 1998, 1625; von Olshausen, Doppelberücksichtigung, Ausfallprinzip und Gesellschafterhaftung in der Insolvenz, ZIP 2003, 1321; von Olshausen, Vom Verbot, eine eigene Forderung zum Nachteil eines konkurrierenden Gläubigers geltend zu machen (§ 774 I 2 BGB), und von der Befugnis eines Gläubigers, auch eine fremde Forderung im eigenen Interesse geltend zu machen (§ 43 InsO), KTS

2005, 403; Wissmann, Persönliche Mithaft in der Insolvenz – Die Stellung des Bürgen und des Personenhandelsgesellschafters, 2. Aufl. 1998; Zeising, Benachteiligungsverbot und Befriedigungsvorrecht bei Legalzession im Gesamtschuldverhältnis, DZWIR 2010, 316; Zeising, Cessio legis und Gläubigerschutz bei Regress des Bürgen, WM 2010, 2204.

Überblick

§ 43 regelt die verfahrensrechtliche Teilhabe von Insolvenzforderungen (→ Rn. 9 ff.) derjenigen Gläubiger, denen mehrere Personen nebeneinander für dieselbe Leistung auf das Ganze haften (→ Rn. 13 ff.). Im Fall der Insolvenz eines oder mehrerer dieser Schuldner (→ Rn. 12) nehmen die Forderungen an jedem Insolvenzverfahren in jeder Hinsicht in voller Höhe teil (→ Rn. 36 ff.). Es findet damit bis zur vollständigen Gläubigerbefriedigung (→ Rn. 39 ff.) keine Anrechnung der von einem anderen Schuldner erhaltenen Teilbeträge statt.

Übersicht

	Rn.		Rn.
A. Normzweck, Vollberücksichtigungsprinzip und Berücksichtigungsbetrag	1	1. Gestufte Haftungsverhältnisse	29
B. Von § 43 erfasste Forderungen	9	2. Bedingte Mithaftung und mittelbare Mithaftung	33
I. Grundsatz	9	3. Sonderfall des Zusammentreffens von Erbeninsolvenz und Nachlassinsolvenzverfahren	34
II. Haftung mehrerer auf das Ganze	13	4. Sonderfall der vom Finanzmarktstabilisierungsfonds garantierten Forderungen	35
1. Gesamtschuldverhältnisse	14		
2. Bürgschaften	15	**C. Rechtsfolgen**	36
3. Patronatserklärungen und Garantien	16	I. Verfahrensrechtliche Privilegierung	36
4. Sachmithaftung	17	II. Vollbefriedigung als materiell-rechtliche Grenze der Privilegierung	39
5. Gesellschaft und Gesellschafter	18		
6. Teilmithaftung	23	1. Vermeidung von Überzahlungen	40
III. Anders gelagerte Fälle der Mithaftung und Sonderfälle	29	2. Ausgleich von Überzahlungen	43

A. Normzweck, Vollberücksichtigungsprinzip und Berücksichtigungsbetrag

1   Aufgrund von § 43 behalten diejenigen Gläubiger, die es erreicht haben, dass für die von ihnen zu beanspruchende Leistung mehrere Personen auf das Ganze haften, den damit verbundenen Vorteil auch in der Insolvenz einer dieser Personen (vgl. Hadding FS Fischer, 2008, 223 (232); OLG Saarbrücken NJW-RR 2017, 267 (268)): Ihre Forderungen werden, solange sie nicht vollständig befriedigt sind, in jedem Fall – und zwar auch verfahrensrechtlich (→ Rn. 36 ff.) – voll berücksichtigt. Schon der Normzweck zeigt, dass Situationen, in denen es nur einen Schuldner gibt, nicht in den Anwendungsbereich von § 43 fallen (vgl. BGHZ 193, 44 (48) = NJW 2012, 1958; im Übrigen → Rn. 13).

2   Dieses sog. **Vollberücksichtigungsprinzip** (auch: Grundsatz der Doppelberücksichtigung/Vollberücksichtigung; vgl. zur Terminologie etwa K. Schmidt/Bitter ZIP 2000, 1077 (1079)) wird durch das in § 44 niedergelegte Verbot der Doppelanmeldung vervollständigt (noch → § 44 Rn. 2). – Für Gesellschaftersicherheiten trifft § 44a (systematisch deplatziert; vgl. MüKoInsO/Bitter § 44a Rn. 1) eine Sonderregelung.

3   Ohne die Regelung des § 43 würden Gläubiger von mehreren (insolventen) Mithaftenden nach Teilbefriedigung – zB durch Ausschüttung der Quote in einem Insolvenzverfahren – in allen anderen Insolvenzverfahren nur noch mit dem danach verbleibenden Forderungsbetrag teilnehmen und auf diese Weise Gefahr laufen, mit einem Teil ihrer Forderungen auszufallen, obwohl vielleicht die Teilbefriedigungen zusammen zu ihrer vollen Befriedigung führen würden. **Sinn und Zweck von § 43** ist die **Verhinderung eines** solchen, **unbilligen Ergebnisses** (vgl. Kuhn KTS 1957, 68 (69); Blomeyer BB 1971, 937 (938); von Olshausen KTS 2005, 403 (412 f.); BGH NJW 1969, 796; OLG Saarbrücken NJW-RR 2017, 267 (268)).

4   Damit wird der materiell-rechtliche Grundsatz des § 421 S. 2 BGB ins Verfahrensrecht gespiegelt, wonach bis zur Bewirkung der ganzen Leistung sämtliche Schuldner verpflichtet bleiben. Für die Zwecke des Insolvenzverfahrens werden damit die **Gläubigerinteressen** vom Gesetz **höher bewertet als** die **Interessen der Mithaftenden,** indem insofern von § 422 BGB abgewichen wird. Das ist eine Grundsatzentscheidung des Gesetzgebers (Wissmann, Persönliche Mithaft in der Insolvenz, 1998, Rn. 81; vgl. auch Hadding FS Fischer, 2008, 223 (232 f.)), keine Ausnahmeregelung (so aber BGH NJW 1969, 796 (797)), durch welche der das Insolvenzrecht prägende

Grundsatz der Gleichbehandlung der Insolvenzgläubiger durch die Mithaftung weiterer Schuldner nicht berührt wird (vgl. Häsemeyer, Insolvenzrecht, 4. Aufl. (2007), Rn. 17.04 mwN).

Die Regelung des § 43 gilt in Bezug auf den Betrag, den der Gläubiger zur Zeit der Eröffnung 5 des Verfahrens fordern konnte, den sog. **Berücksichtigungsbetrag** (vgl. etwa Kuhn KTS 1957, 68 (69); BGH NZI 2009, 167; BGH NJW 1969, 796). Damit ist klargestellt, dass Leistungen, die der Gläubiger vor Verfahrenseröffnung (insolvenzfest) erhalten hatte, anzurechnen sind (K. Schmidt/Thonfeld Rn. 3; HK-InsO/Keller Rn. 10; Küpper/Heinze ZInsO 2006, 452; vgl. zum Sonderfall der (teilweisen) Aufrechnung vor Verfahrenseröffnung Uhlenbruck/Knof Rn. 25; MüKoInsO/Bitter Rn. 40; vgl. schließlich die Berechnungsbeispiele bei Zeising DZWIR 2010, 316 (324 f.) und Riedel InsbürO 2011, 407 (410)).

Dabei spielt es keine Rolle, welcher der mithaftenden Schuldner die Leistungen erbracht hatte 6 (hM; vgl. BGHZ 92, 374 (380) = NJW 1985, 614 (615); vgl. im Übrigen nur Noack/Bunke FS Uhlenbruck, 2000, 335 (340); aA in Bezug auf vor Verfahrenseröffnung erbrachte Leistungen des Mithaftenden im Insolvenzverfahren über das Vermögen des (Haupt-)Schuldners Häsemeyer KTS 1993, 151 (174 ff.); Häsemeyer, Insolvenzrecht, 4. Aufl. (2007), Rn. 17.06; von Olshausen KTS 2005, 403 (420 ff.)).

Das in § 43 festgeschriebene **Vollberücksichtigungsprinzip** ist das **Gegenstück zum Ausfallprinzip**. Nach dem Ausfallprinzip (§ 52) sind absonderungsberechtigte Gläubiger, denen der Schuldner auch persönlich haftet, zur anteilsmäßigen Befriedigung aus der Insolvenzmasse nur insoweit berechtigt, als sie auf eine abgesonderte Befriedigung verzichten oder bei ihr ausgefallen sind.

Das Ausfallprinzip gilt damit für Fälle von persönlicher und dinglicher Haftung ein und derselben Person. Für von § 43 erfasste Fälle ist das Ausfallprinzip bedeutungslos (vgl. schon RGZ 51, 169 (171)), weil das Vollberücksichtigungsprinzip etwas ganz anderes regelt: die (Mit-)Haftung mindestens einer vom Vermögen des Schuldners gesonderten Vermögensmasse (vgl. RGZ 74, 231 (234)). Deswegen erübrigen sich auch Überlegungen zu einer analogen Anwendung von § 43 in Fällen, in denen eine Vermögensmasse aus mehreren Rechtsgründen haftet (vgl. Schwarz/Doms ZInsO 2013, 1943 (1945)).

B. Von § 43 erfasste Forderungen

I. Grundsatz

§ 43 trifft Regelungen in Bezug auf – „einfache" (§ 38) und nachrangige (§ 39) – **Insolvenz-** 9 **forderungen** (Jaeger InsO/Henckel Rn. 7), nicht auch in Bezug auf Masseforderungen oder Aussonderungsansprüche.

Auch für die Geltendmachung der Forderungen von Gesamtgläubigern hat § 43 keine Bedeu- 10 tung. Zwar kann jeder Gesamtgläubiger selbstständig Insolvenzantrag stellen; auch ist jeder Gesamtgläubiger selbstständig zur Forderungsanmeldung (hM; vgl. nur Bork KTS 2008, 21 (31 f.) mwN) und zum Widerspruch (im Prüfungstermin bzw. im schriftlichen Verfahren) berechtigt (K. Schmidt/Thonfeld Rn. 14).

Hingegen steht Gesamtgläubigern ein Stimmrecht nur einmal und nur einheitlich zu. Zudem 11 ist die Insolvenzdividende – grundsätzlich an einen Gesamtgläubiger nach Wahl des Insolvenzverwalters – nur einmal auszukehren (vgl. MüKoInsO/Bitter Rn. 45). Sofern Gesamtgläubigern mehrere Personen für dieselbe Leistung auf das Ganze haften, behält § 43 freilich seine Bedeutung (Bork KTS 2008, 21 (33)).

Für die Anwendbarkeit von § 43 ist es nicht erforderlich, dass über das Vermögen aller oder 12 mehrerer mithaftender Schuldner das Insolvenzverfahren eröffnet wird; vielmehr genügt die **Insolvenz auch nur eines Mithaftenden** (K. Schmidt/Bitter ZIP 2000, 1077 (1079); Blomeyer BB 1971, 937 (938); vgl. auch BGH NZI 2009, 167 (168); KPB/Holzer Rn. 1 und Rn. 3).

II. Haftung mehrerer auf das Ganze

Solange in den Haftungsverhältnissen nicht ein Stufenverhältnis auszumachen ist (dazu → 13 Rn. 29 ff.), wird grundsätzlich jede Art der Haftung mehrerer Personen für dieselbe Leistung auf das Ganze von § 43 erfasst (Überblick etwa bei Riedel InsbürO 2011, 407 (408)).

1. Gesamtschuldverhältnisse

So fallen echte und unechte Gesamtschuldverhältnisse in den Anwendungsbereich von § 43 14 (vgl. BGH NJW 1997, 1014; Hadding FS Fischer, 2008, 223 (224)), und zwar unabhängig vom die gesamtschuldnerische Haftung begründenden Umstand, der damit auf Vertrag (zB Schuldbeitritt; vgl. insofern noch Kirchhof FS Fuchs, 1996, 97 (112 f.)) oder Gesetz (vgl. Jaeger InsO/Henckel Rn. 8 f. sowie Kölner Komm InsO/Hess Rn. 6 mit zahlreichen Beispielen) beruhen kann und kein einheitlicher sein muss (vgl. auch noch BK-InsO/Ellrich Rn. 4 ff.).

2. Bürgschaften

15 § 43 ist auf die selbstschuldnerische Bürgschaft (BGH NZI 2008, 733 (734); BGH NJW 1969, 796) und andere Bürgschaften, die nicht zur Erhebung der Einrede der Vorausklage berechtigten (vgl. etwa § 349 HGB), stets anzuwenden, auf die Bürgschaft im Übrigen (aufgrund von § 773 Abs. 1 Nr. 3 BGB) nur bei Insolvenz (auch) des Hauptschuldners, auf die Ausfallbürgschaft hingegen in keinem Fall (vgl. MüKoInsO/Bitter Rn. 8 ff.; vgl. ferner Morgen/Schinkel ZVI 2016, 304 (305); auch noch → Rn. 31; zu Nach- und Rückbürgschaften → Rn. 33).

3. Patronatserklärungen und Garantien

16 In Bezug auf (harte) Patronatserklärungen (vgl. insofern ausf. Kölner Komm InsO/Hess Rn. 14 ff.) und vergleichbare Garantien gilt § 43 – ähnlich wie bei der Bürgschaft – zwar im Insolvenzverfahren über das Vermögen des Hauptschuldners (BGHZ 117, 127 = NJW 1992, 2093), nicht aber im Insolvenzverfahren (nur) über das Vermögen des Patrons (zutr. MüKoInsO/Bitter Rn. 12; Jaeger InsO/Henckel Rn. 21; Uhlenbruck/Knof Rn. 9; aA wohl Maier-Reimer/Etzbach NJW 2011, 1110 (1114); auch noch → Rn. 31).

4. Sachmithaftung

17 Auch wenn für die Verbindlichkeit des Schuldners der Gegenstand eines Dritten haftet, ist § 43 (analog) anzuwenden. Das gilt sowohl für Fälle der reinen Sachmithaftung (RGZ 156, 271 (278); BGH NJW 1960, 1295 (1296); Künne KTS 1957, 58; VG Düsseldorf ZInsO 2015, 1798 (1800); vgl. auch BGH ZIP 2011, 180 = BeckRS 2011, 251) als auch für Fälle, in denen der Dritte zusätzlich persönlich haftet (RGZ 51, 169 (171 f.); RGZ 74, 231 (233 f.)).

5. Gesellschaft und Gesellschafter

18 Haften einem Gläubiger Gesellschaft und Gesellschafter und besteht ein **besonderer Verpflichtungsgrund für die Mithaftung,** ist § 43 ohne Einschränkungen anzuwenden. Dies gilt sowohl in Bezug auf Personengesellschaften als auch in Bezug auf Kapitalgesellschaften (vgl. MüKoInsO/Bitter Rn. 13 ff.; Uhlenbruck/Knof Rn. 18; Jaeger InsO/Henckel Rn. 25; Theissen ZIP 1998, 1625 (1626)).

19 In Bezug auf Sicherheiten, die ein Gesellschafter für Verbindlichkeiten der Gesellschaft bestellt hat, ist im Fall der Gesellschaftsinsolvenz allerdings § 44a zu beachten.

20 Die **Geltendmachung der akzessorischen persönlichen Gesellschafterhaftung** (zB bei offenen Handelsgesellschaften und Kommanditgesellschaften) im Insolvenzverfahren über das Gesellschaftsvermögen ist aufgrund der **Sperrwirkung von § 93 InsO und § 171 Abs. 2 HGB** dem Insolvenzverwalter vorbehalten; Insolvenzgläubiger sind von der Geltendmachung generell ausgeschlossen. Damit kann § 43 in solchen Konstellationen keine Bedeutung haben (zutr. K. Schmidt/Bitter ZIP 2000, 1077 (1081); MüKoInsO/Bitter Rn. 15).

21 Ist über das Vermögen eines akzessorisch persönlich haftenden Gesellschafters das Insolvenzverfahren eröffnet, nicht aber (etwa mangels Masse) auch über das Gesellschaftsvermögen, sperren § 93 InsO und § 171 Abs. 2 HGB nicht und § 43 ist anwendbar. Das gilt auch, wenn mehrere Gesellschaften insolvent sind (HK-InsO/Keller Rn. 7; Jaeger InsO/Henckel Rn. 26; vgl. im Übrigen auch Reiswich ZInsO 2014, 2411 ff. zur Sperrwirkung des § 93).

22 Zum Sonderfall, dass ein und derselbe Gesellschafter für die Verbindlichkeiten mehrerer gesamtschuldnerisch haftender Gesellschaften haftet, vgl. Bork KTS 2008, 21.

6. Teilmithaftung

23 Haften andere Vermögensmassen summenmäßig beschränkt auf einen Betrag unterhalb des Berücksichtigungsbetrags (→ Rn. 5), liegt eine sog. Teilmithaftung vor. Bei persönlicher Mithaftung ist insofern insbes. an die Höchstbetragsbürgschaft zu denken; bei der Sachmithaftung ist die Haftung immer auf den Wert der Sicherheit begrenzt.

Solange ein **Fortbestand der Mithaftung** – und sei es auch nur ein teilweiser Fortbestand – auszumachen ist, ist § 43 nach allgemeiner Ansicht anwendbar (BGH NJW 1960, 1295 (1296); vgl. im Übrigen nur K. Schmidt/Thonfeld Rn. 10; Bitter ZInsO 2003, 490 (493)). 24

Bei **Teilmithaftung und vollständiger Leistung des Mithaftenden** hingegen wird von der gefestigten **BGH-Rspr.** die Anwendbarkeit von § 43 verneint (BGH NJW 1960, 1295; BGH NJW 1969, 796; BGH NJW 1985, 614 (615)), und zwar auch dann, wenn die Teilmithaftung erst nach Verfahrenseröffnung – zB durch einen Vergleich – begründet wird (BGH NJW 1997, 1014). 25

Die BGH-Rspr. hat zur Konsequenz, dass sich der Berücksichtigungsbetrag während des Insolvenzverfahrens um die nach Verfahrenseröffnung geleistete Zahlung des durch die Zahlung vollständig frei werdenden Mithaftenden reduziert (BGH NJW 1969, 796 (797)). 26

In der Lit. ist die Frage der Teilmithaft und vollständiger Leistung des Mithaftenden noch nicht vollständig geklärt (vgl. nur Bitter ZInsO 2003, 490; Blomeyer BB 1971, 937; Dempewolf NJW 1961, 1341; Hadding FS Fischer, 2008, 223 (225 ff.); Kirchhof FS Fuchs, 1996, 97; Kuhn KTS 1957, 68; Künne KTS 1957, 58; Noack/Bunke FS Uhlenbruck, 2000, 335; Wissmann, Persönliche Mithaft in der Insolvenz, 1998, Rn. 27 ff.). 27

Die modernere und im Vordringen befindliche **Gegenauffassung** ist **vorzugswürdig**. Danach ist § 43 in Situationen der Teilmithaftung stets anzuwenden, also auch dann, wenn einzelne Mithaftende ihren Verpflichtungen im vollen Umfang nachgekommen sind (grdl. etwa Bitter ZInsO 2003, 490; von Olshausen KTS 2005, 403 (415 ff.); Hadding FS Fischer, 2008, 223 (225 ff.); Wissmann, Persönliche Mithaft in der Insolvenz, 1998, Rn. 66 ff.; vgl. auch schon Blomeyer BB 1971, 937; ebenso zB Uhlenbruck/Knof Rn. 14; FK-InsO/Bornemann Rn. 16; HambK-InsO/Lüdtke Rn. 13 (jeweils mwN); aA hingegen zB Braun/Bäuerle Rn. 6; KPB/Holzer Rn. 4; HK-InsO/Keller Rn. 6 (jeweils mwN)). Nur sie vermeidet Zirkelschlüsse, wird der in § 43 enthaltenen gesetzgeberischen Grundentscheidung (→ Rn. 3 f.) gerecht und ist verfahrensrechtlich konsequent und verfahrensökonomisch. 28

III. Anders gelagerte Fälle der Mithaftung und Sonderfälle

1. Gestufte Haftungsverhältnisse

Bei gestuften Haftungsverhältnissen findet § 43 **keine Anwendung**. Gestufte Haftungsverhältnisse sind dadurch charakterisiert, dass dem Gläubiger einer seiner Schuldner nur sekundär, dh nur für den Fall haftet, dass der primär haftende Schuldner nicht leistet. In diesen Fällen ist der Gläubiger materiell-rechtlich gehalten, zunächst seine Forderung gegen den primär haftenden Schuldner geltend zu machen. 29

Wird über das Vermögen seines sekundär haftenden Schuldners das Insolvenzverfahren eröffnet, kann der Gläubiger seine gegen diesen gerichtete Forderung zwar zur Insolvenztabelle anmelden, aber nur als aufschiebend bedingte Forderung (Künne KTS 1957, 58 (59); zur verfahrensrechtlichen Behandlung aufschiebend bedingter Forderungen allg. → § 42 Rn. 30), und er muss sich dasjenige anrechnen lassen, was er vom primär haftenden Schuldner erhält (vgl. RGZ 153, 179 (182)). 30

Als **Beispiele** für in dieser Weise zu behandelnde Ansprüche sind zu nennen: Ansprüche aus Ausfallbürgschaften (vgl. K. Schmidt/Thonfeld Rn. 5; Riedel InsbürO 2011, 407 (410); auch schon → Rn. 15), Ansprüche aus Bürgschaften mit der Einrede der Vorausklage im Insolvenzverfahren über das Vermögen des Bürgen (MüKoInsO/Bitter Rn. 12), Ansprüche aus einer Patronatserklärung oder Garantie im Insolvenzverfahren über das Vermögen des Patrons bzw. Garanten (vgl. Uhlenbruck/Knof Rn. 9) sowie Ansprüche aus Verträgen, auf die ein Dritter (zB durch einen Wechsel, vgl. RGZ 153, 179 (181 ff.); Kölner Komm InsO/Hess Rn. 12) erfüllungshalber geleistet hat. 31

Gestufte Haftungsverhältnisse können auch auf anderen vertraglichen Vereinbarungen zwischen Gläubiger und Mithaftenden beruhen. Solche Vereinbarungen sind auch in der Insolvenz wirksam und führen zur Unanwendbarkeit von § 43 (vgl. K. Schmidt/Thonfeld Rn. 4; Braun/Bäuerle Rn. 3 und Rn. 5). 32

2. Bedingte Mithaftung und mittelbare Mithaftung

Auch für Nachbürgschaften (lediglich bedingte Mithaftung für die Forderung des Hauptschuldners) und für Rückbürgschaften (lediglich mittelbare Mithaftung für die Forderung des Hauptschuldners) hat § 43 im Insolvenzverfahren über das Vermögen des Hauptschuldners keine Bedeutung. 33

3. Sonderfall des Zusammentreffens von Erbeninsolvenz und Nachlassinsolvenzverfahren

34 Würde § 43 auch dann Anwendung finden, wenn bei gleichzeitigem Erbeninsolvenz- und Nachlassinsolvenzverfahren der Erbe aus erbrechtlichen Gründen allen oder einzelnen Gläubigern gegenüber unbeschränkbar haftet, könnten die Nachlassgläubiger ihre Forderungen auch im Erbeninsolvenzverfahren unbeschränkt geltend machen. **§ 331** verhindert die Ungleichbehandlung von Nachlass- und Eigengläubigern (vgl. etwa MüKoInsO/Siegmann § 331 Rn. 1), durch die Anordnung, dass insofern das **Ausfallprinzip** des § 52 **maßgeblich** (und § 43 unanwendbar) ist. Zu diesem Prinzip sind **Ausnahmen** denkbar, etwa in Bezug auf Nachlasserbenschulden (vgl. etwa MüKoInsO/Siegmann § 331 Rn. 5 mit weiteren Beispielen).

4. Sonderfall der vom Finanzmarktstabilisierungsfonds garantierten Forderungen

35 Gemäß § 6 Abs. 1a S. 1 Nr. 3 FMStFG nehmen Gläubiger von vom Finanzmarktstabilisierungsfonds garantierten Forderungen nicht am Insolvenzverfahren über das Vermögen des Schuldners, dessen Verbindlichkeiten in dieser Weise garantiert sind, teil. Diese Regelung verdrängt § 43 (vgl. K. Schmidt/Thonfeld Rn. 4; im Übrigen noch → § 44 Rn. 15).

C. Rechtsfolgen

I. Verfahrensrechtliche Privilegierung

36 Soweit der Anwendungsbereich von § 43 eröffnet ist, hat das zur Folge, dass die **Forderungen** gegen alle Mithaftenden in den jeweiligen Insolvenzverfahren jeweils **mit dem vollen Forderungsbetrag** (Berücksichtigungsbetrag, → Rn. 5) zur Insolvenztabelle **angemeldet** werden, in dieser Höhe **Stimmrecht** (§§ 74, 77, 237) gewähren und zur Teilhabe an allen Arten von **Verteilungen** (§§ 187 ff.) berechtigen (vgl. nur Künne KTS 1957, 58 (59); vgl. auch HK-InsO/Keller Rn. 1).

37 Der Insolvenzverwalter darf der Anmeldung der Forderung mit dem Berücksichtigungsbetrag nicht mit dem Argument widersprechen, dass andere ebenfalls für die Forderung haften (Küpper/Heinze ZInsO 2006, 452 (456)).

38 **Zahlungen** bzw. Teilzahlungen **von Mithaftenden** haben insofern grundsätzlich keine Änderungen der verfahrensrechtlichen Position von Gläubigern zur Folge, denen mehrere Personen für dieselbe Leistung auf das Ganze haften.

II. Vollbefriedigung als materiell-rechtliche Grenze der Privilegierung

39 Erst die vollständige Befriedigung hat Konsequenzen für die Position eines Gläubigers, dem mehrere Personen für dieselbe Leistung auf das Ganze haften. Denn die verfahrensrechtliche Privilegierung eines solchen Gläubigers hat ihre Grenze erreicht, wenn der Gläubiger alles erhalten hat, was er materiell-rechtlich zu beanspruchen hatte (vgl. auch Uhlenbruck/Knof Rn. 24): Dann sind Überzahlungen zu vermeiden bzw. auszugleichen.

1. Vermeidung von Überzahlungen

40 Um spätere Rückzahlungen zu vermeiden, ist die **Insolvenzdividende zu reduzieren,** wenn sie zusammen mit den (Teil-)Zahlungen, die der Gläubiger von einem Mithaftenden erhalten hat, den Gesamtbetrag der Forderung des Gläubigers (Berücksichtigungsbetrag, → Rn. 5) übersteigt (BGH NZI 2009, 167 (169); OLG Karlsruhe ZIP 1981, 1231 (1232) = BeckRS 1981, 30991618). Vor der Berücksichtigung der Forderung bei Verteilungen sollte der Insolvenzverwalter Kontakt mit dem Gläubiger aufnehmen, um zu klären, ob eine Vollbefriedigung vorliegt (vgl. Heyn InsbürO 2010, 307 (309); zurückhaltender Küpper/Heinze ZInsO 2006, 452 (456)).

41 Sofern die **Forderung** dann **schon zur Insolvenztabelle festgestellt** ist, kommen allerdings zur Beseitigung der Feststellungswirkung nur noch diejenigen Rechtsbehelfe in Betracht, die gegen rechtskräftige Urteile gegeben sind (vgl. nur BGHZ 201, 121 (123) = NZI 2014, 693; K. Schmidt/Jungmann § 178 Rn. 28 mwN).

42 Die Bindungswirkung der Eintragung in die Insolvenztabelle kann auch bei Vollbefriedigung durch (Teil-)Zahlungen anderer Mithaftender nur durch Erhebung einer Vollstreckungsabwehrklage (§ 767 ZPO) beseitigt werden (vgl. BGH NZI 2009, 167 (169); OLG Karlsruhe ZIP 1981, 1231 (1232); MüKoInsO/Bitter Rn. 36; aA Wissmann, Persönliche Mithaft in der Insolvenz,

1998, Rn. 251). Ohne Erhebung der Vollstreckungsgegenklage kann der Insolvenzverwalter die dem Gläubiger der festgestellten Forderung zustehende Dividende nicht hinterlegen, und zwar auch nicht bei „unklaren Verhältnissen" in Bezug auf mögliche Zahlungen anderer Mithaftender (aA offenbar Heyn InsbürO 2010, 307 (309)).

2. Ausgleich von Überzahlungen

Sollte es im noch laufenden Insolvenzverfahren schon – zB aufgrund von Abschlagsverteilungen – zu Überzahlungen gekommen sein, ist der Insolvenzverwalter gehalten, **Rückforderungsansprüche nach Bereicherungsrecht** gegen den Empfänger geltend zu machen (BGH NZI 2009, 167 (168)); BGH NJW 1985, 271 (272); RGZ 156, 271 (279); Uhlenbruck/Knof Rn. 24; teilw. aA Wissmann, Persönliche Mithaft in der Insolvenz, 1998, Rn. 247 ff.). 43

Nach Beendigung des Insolvenzverfahrens werden die Rückforderungsansprüche grundsätzlich vom (vormaligen) Schuldner geltend gemacht. Insofern kann (zur Parallele beim Eintritt einer auflösenden Bedingung → § 42 Rn. 21 ff.) eine Situation entstehen, in der iSv § 203 Abs. 1 Nr. 2 „Beträge, die aus der Insolvenzmasse gezahlt sind, zurückfließen" (vgl. K. Schmidt/Jungmann § 203 Rn. 6), sodass das Insolvenzgericht die Nachtragsverteilung anordnen kann. Dann wird es wieder zur Aufgabe des Insolvenzverwalters, die Rückforderungsansprüche geltend zu machen. 44

§ 44 Rechte der Gesamtschuldner und Bürgen

Der Gesamtschuldner und der Bürge können die Forderung, die sie durch eine Befriedigung des Gläubigers künftig gegen den Schuldner erwerben könnten, im Insolvenzverfahren nur dann geltend machen, wenn der Gläubiger seine Forderung nicht geltend macht.

Schrifttum: Siehe § 43.

Überblick

§ 44 führt zu einer Einschränkung der verfahrensrechtlichen Teilhaberechte (→ Rn. 19 ff.) derjenigen Insolvenzgläubiger, die eine Regressforderung gegen den Insolvenzschuldner erlangen bzw. erlangen können (→ Rn. 7 ff.), indem sie nach Verfahrenseröffnung einen Gläubiger befriedigen (→ Rn. 24 ff.), welchem sie neben dem Insolvenzschuldner für dieselbe Leistung auf das Ganze haften.

Übersicht

	Rn.		Rn.
A. Normzweck und Verbot der Doppelanmeldung	1	1. Keine Anmeldung zur Insolvenztabelle	12
		2. Nachträgliche Anmeldung zur Insolvenztabelle	16
B. Durch § 44 von der Teilnahme am Verfahren ausgeschlossene Forderungen	4	C. Rechtsfolgen des Verbots der Doppelanmeldung	19
I. „Künftig" zu erwerbende Forderungen	4		
II. Forderungen von Gesamtschuldnern und Bürgen gegen den Schuldner	7	D. Rechtsfolgen von Leistungen von Mithaftenden nach Verfahrenseröffnung	24
1. Grundsatz	7	I. Zur Vollbefriedigung des Gläubigers führende Leistungen	24
2. Weitere Forderungen	11		
III. Nichtgeltendmachung der Forderung des Gläubigers	12	II. Zur nur teilweisen Befriedigung des Gläubigers führende Leistungen	26

A. Normzweck und Verbot der Doppelanmeldung

Durch das in § 44 verankerte Verbot der Doppelanmeldung wird verhindert, dass die Insolvenzmasse zwei Gläubiger nebeneinander befriedigen muss, von denen der Schuldner außerhalb des Insolvenzverfahrens nur den einen oder den anderen zu befriedigen hätte (BGHZ 55, 117 (120) = NJW 1971, 382 (383); BGH NJW 1985, 1159 (1160)). Ohne § 44 könnten Regressansprüche von Mithaftenden nämlich als aufschiebend bedingte Forderungen (insofern → § 42 Rn. 30 ff.) am Insolvenzverfahren über das Vermögen des Hauptschuldners teilnehmen (vgl. BGHZ 114, 117 1

(123 f.) = NJW 1991, 1733 (1734 f.); Noack/Bunke FS Uhlenbruck, 2000, 335 (356)), was letztlich auf eine Verdoppelung der Schuld hinausliefe.

2   Damit stellt § 44 verfahrensrechtlich die konsequente **Vervollständigung des Vollberücksichtigungsprinzips des § 43** dar (zutr. MüKoInsO/Bitter Rn. 1; Bitter ZInsO 2003, 490 (492 f.); ebenso Uhlenbruck/Knof Rn. 1; ähnlich KPB/Holzer Rn. 2; zu eng („nur Reflex") hingegen von Olshausen KTS 2005, 403 (413); auch schon → § 43 Rn. 2 f.): Durch das Zusammenspiel von § 43 und § 44 wird erreicht, dass im Insolvenzverfahren über das Vermögen des Hauptschuldners nur die „Hauptforderung" teilnimmt, diese aber mit dem vollen Berücksichtigungsbetrag und unabhängig von (Teil-)Zahlungen von Mithaftenden nach Verfahrenseröffnung, nicht hingegen die Regressforderung. Die in §§ 43, 44 enthaltenen Regelungstechniken bringen damit ein einheitliches Prinzip zum Ausdruck (Häsemeyer KTS 1993, 151 (162)).

3   Das Verbot der Doppelanmeldung beschränkt die verfahrensrechtlichen Teilhaberechte von Mithaftenden mit Regressforderungen. Den Mithaftenden wird jedoch weder ihre Rechtsposition als Insolvenzgläubiger genommen, noch wird ihre materiell-rechtliche Position beschnitten (dazu → Rn. 21 ff.).

B. Durch § 44 von der Teilnahme am Verfahren ausgeschlossene Forderungen

I. „Künftig" zu erwerbende Forderungen

4   Nur **Regressforderungen, die im Zeitpunkt der Eröffnung des Insolvenzverfahrens noch nicht unbedingt erworben** waren, sind durch § 44 von der Teilnahme am Verfahren ausgeschlossen. In Bezug auf bei Verfahrenseröffnung schon unbedingt erworbene Regressforderungen besteht für ein Verbot der Doppelanmeldung auch kein Bedürfnis, weil der Gläubiger im Insolvenzverfahren über das Vermögen des Hauptschuldners gar nicht zum Insolvenzgläubiger wird (RGZ 83, 401 (403 f.)).

5   Das bedeutet, dass Mithaftende in dem Umfang, in dem sie durch vor Verfahrenseröffnung erfolgte Zahlungen auf die Schuld des (späteren) Insolvenzschuldners Gläubiger von Regressforderungen geworden sind, diese ohne Einschränkungen als einfache (unbedingte) Insolvenzforderungen geltend machen können (Zeising DZWIR 2010, 316 (322) mwN; vgl. auch schon Kiesow KuT 1937, 139 (140)).

6   Dies gilt unabhängig davon, ob die Zahlungen eines Mithaftenden zur vollständigen oder nur zur teilweisen Befriedigung des Gläubigers geführt haben (vgl. BGHZ 92, 374 (380) = NJW 1985, 614 (615); RGZ 83, 401 (403 ff.); Nerlich/Römermann/Andres Rn. 4; Noack/Bunke FS Uhlenbruck, 2000, 335 (357); vgl. ferner die Berechnungsbeispiele bei Zeising DZWIR 2010, 316 (324); vgl. schließlich das Beispiel bei BK-InsO/Ellrich Rn. 17).

II. Forderungen von Gesamtschuldnern und Bürgen gegen den Schuldner

1. Grundsatz

7   § 44 verhindert die Teilnahme der **Regressforderungen aller Mithaftenden**. Das sind nicht nur „der Gesamtschuldner" und „der Bürge", sondern zunächst einmal alle Mithaftenden iSv § 43 (K. Schmidt/Thonfeld Rn. 2; daher → § 43 Rn. 13 ff.).

8   Insofern ist es ohne Bedeutung, ob die Mithaftenden ihre Forderung „gegen den Schuldner" – also ihren Regressanspruch – aufgrund gesetzlichen Forderungsübergangs (vgl. etwa § 426 Abs. 2 S. 1 BGB, § 774 Abs. 1 S. 1 BGB; vgl. mit Bezug auf Fragen des Kautionssicherungsvertrags auch Habersack BKR 2007, 77 (78)) oder aufgrund vertraglicher Vereinbarung erlangen (MüKoInsO/Bitter Rn. 7 und Rn. 10; vgl. auch Wissmann, Persönliche Mithaft in der Insolvenz, 1998, Rn. 190). Ferner werden auch Befreiungsansprüche durch § 44 gesperrt (vgl. BGH NJW 1985, 1159 (1160); vgl. ferner BGH NZI 2005, 624 (625); Uhlenbruck/Knof Rn. 4; Wissmann, Persönliche Mithaft in der Insolvenz, 1998, Rn. 222 ff.; vgl. schließlich Ehricke KTS 2008, 257 (269)).

9   Wie § 43 (dazu → § 43 Rn. 17) ist auch § 44 in analoger Anwendung in Fällen (bloßer) **Sachmithaftung** anwendbar (MüKoInsO/Bitter Rn. 9 ff.; VG Düsseldorf ZInsO 2015, 1798 (1800) = BeckRS 2015, 47746).

10   Zur Frage der analogen Anwendbarkeit des § 44 auf die in der **Gesellschaftsinsolvenz** vom Insolvenzverwalter geltend gemachten Ansprüche im Verfahren über das Vermögen eines ebenfalls insolventen Gesellschafters, der für Gesellschaftsverbindlichkeiten sowohl akzessorisch aufgrund seiner Gesellschafterstellung als auch aufgrund eines besonderen Verpflichtungsgrundes haftet, vgl. MüKoInsO/Bitter Rn. 40 f. mwN (ferner → § 43 Rn. 18 ff.).

2. Weitere Forderungen

Durch § 44 wird – insofern gehen die Wirkungen des Verbots der Doppelanmeldung gleichsam weiter als das Vollberücksichtigungsprinzip des § 43 – auch die verfahrensrechtliche Teilhabe von aus gestufter Mithaftung (zB Ausfallbürgschaft; vgl. KPB/Holzer Rn. 2; im Übrigen → § 43 Rn. 29 ff.), bedingter Mithaftung und mittelbarer Mithaftung (→ § 43 Rn. 33) resultierenden Regressansprüchen ausgeschlossen. – Zur Frage der (analogen) Anwendbarkeit von § 44 bei „Parallel-Debt"-Modellen vgl. Schwarz/Doms ZInsO 2013, 1943 (1945 f.); Paulus ZIP 2016, Beil. zu Heft 22, 55 (56 f.); zu Recht sehr kritisch dazu MüKoInsO/Bitter Rn. 8a.

III. Nichtgeltendmachung der Forderung des Gläubigers

1. Keine Anmeldung zur Insolvenztabelle

Das Verbot der Doppelanmeldung greift nicht, soweit der Gläubiger seine Forderung gegen den Hauptschuldner nicht durch Anmeldung zur Tabelle geltend macht. In einem solchen Fall können die Mithaftenden mit ihren Regressforderungen (als aufschiebend bedingte Forderungen; → § 42 Rn. 30 ff.) am Insolvenzverfahren über das Vermögen des Schuldners teilnehmen (vgl. Häsemeyer, Insolvenzrecht, 4. Aufl. (2007), Rn. 17.08; vgl. auch schon BGHZ 27, 51 (54) = NJW 1958, 787).

Ausreichend ist jeweils der bloße Umstand, dass die Forderung des Gläubigers nicht angemeldet wird. Eine **förmliche Erklärung** zum Verzicht auf die Teilnahme am Insolvenzverfahren ist **nicht erforderlich,** erst recht kein Verzicht im materiell-rechtlichen Sinne.

Meldet der Gläubiger seine **Forderung nur zum Teil zur Insolvenztabelle** an, greift die Sperrwirkung des § 44 auch nur im Umfang der Anmeldung, nicht aber auch bezüglich des restlichen Forderungsteils (Noack/Bunke FS Uhlenbruck, 2000, 335 (359); Zeising DZWIR 2010, 316 (322); Jaeger/Henckel Rn. 6).

Sofern Gläubiger zB aufgrund von Spezialgesetzen von der Teilnahme am Insolvenzverfahren über das Vermögen des Hauptschuldners ausgeschlossen sind, erübrigt sich eine Anmeldung zur Insolvenztabelle. Beispielsweise dürfen Gläubiger von vom Finanzmarktstabilisierungsfonds garantierten Forderungen nicht am Insolvenzverfahren über das Vermögen des Schuldners, dessen Verbindlichkeiten in dieser Weise garantiert sind, teilnehmen (§ 6 Abs. 1a S. 1 Nr. 3 FMStFG; schon → § 43 Rn. 35). Konsequenterweise stellt § 6 Abs. 1a S. 2 FMStFG klar, dass der Finanzmarktstabilisierungsfonds seine Regressforderungen gegen den Schuldner im Insolvenzverfahren über dessen Vermögen ohne Einschränkungen als Insolvenzforderung anmelden kann.

2. Nachträgliche Anmeldung zur Insolvenztabelle

Sofern der Gläubiger seine Forderung im Insolvenzverfahren über das Vermögen des Hauptschuldners erst anmeldet, nachdem die Regressforderung bereits angemeldet ist, ist eine **Differenzierung nach dem Zeitpunkt der Anmeldung** vorzunehmen: Erfolgt die Anmeldung, bevor die Regressforderung zur Insolvenztabelle festgestellt ist, ist der Insolvenzverwalter im Prüfungstermin bzw. im schriftlichen Prüfungsverfahren gehalten, der Regressforderung zu widersprechen (MüKoInsO/Bitter Rn. 14).

Wird die Anmeldung hingegen erst nach Feststellung der Regressforderung zur Insolvenztabelle vorgenommen, ist es erforderlich, die Wirkungen der Feststellung aufzuheben. Dazu kommen nur diejenigen Rechtsbehelfe in Betracht, die gegen rechtskräftige Urteile gegeben sind (vgl. nur BGHZ 201, 121 (123) = NZI 2014, 693; K. Schmidt/Jungmann § 178 Rn. 28 mwN).

Dementsprechend kann der Insolvenzverwalter die Bindungswirkung der Eintragung der Regressforderung in die Insolvenztabelle nur durch Erhebung einer Vollstreckungsabwehrklage (§ 767 ZPO) beseitigen (Uhlenbruck/Knof Rn. 8; HambK-InsO/Lüdtke Rn. 19).

C. Rechtsfolgen des Verbots der Doppelanmeldung

Das Verbot der Doppelanmeldung hat zur Folge, dass **gesperrte Regressforderungen nicht zur Insolvenztabelle** angemeldet werden können. Allerdings werden in Bezug auf die Regressforderungen bestehende **Sicherungsrechte** nicht von der Sperrwirkung des § 44 erfasst (FK-InsO/Bornemann Rn. 4; Nerlich/Römermann/Andres Rn. 6); der Regressgläubiger kann also beispielsweise abgesonderte Befriedigung verlangen (Uhlenbruck/Knof Rn. 12).

Die durch § 44 von der Teilnahme am Verfahren ausgeschlossenen Forderungen gewähren kein Stimmrecht (§§ 74, 77, 237), bleiben bei der Berechnung von Mehrheiten unberücksichtigt (KPB/Holzer Rn. 6) und werden bei Verteilungen nicht bedient.

21 Diese **Konsequenzen** sind **nicht materiell-rechtlicher Natur:** Mithaftende sind in Bezug auf ihre Regressforderungen Insolvenzgläubiger (Jaeger InsO/Henckel Rn. 6; OLG Jena FamRZ 2012, 372 (373); Fuchs/Masarwah NZI 2019, 401 (403) mwN; vgl. auch BGHZ 114, 117 (123) = NJW 1991, 1733 (1735); Kiesow KuT 1937, 139 (140); zumindest missverständlich hingegen BGH NJW 1985, 1159). Aus diesem Grund ist die vereinzelt vorgebrachte **rechtspolitische Kritik** des § 44 (RSZ InsO/Smid Rn. 3) **unangebracht** (zutr. Noack/Bunke FS Uhlenbruck, 2000, 335 (362 f.); MüKoInsO/Bitter Rn. 19).

22 Die Klassifizierung der durch § 44 von der Teilnahme am Insolvenzverfahren ausgeschlossenen Forderungen als Insolvenzforderungen bedeutet einerseits, dass den Regressgläubigern die **Teilnahme an Gläubigerversammlungen** nicht verwehrt werden kann. Dies gilt auch in Bezug auf den Erörterungs- und Abstimmungstermin (§ 235) im Insolvenzplanverfahren; ferner greift der **Minderheitenschutz des § 251** zugunsten der Regressgläubiger (Noack/Bunke FS Uhlenbruck, 2000, 335 (363)).

23 Andererseits sind die Regressgläubiger in Bezug auf die Durchsetzung ihrer Forderungen wie alle Insolvenzgläubiger den allgemeinen Vollstreckungsbeschränkungen der §§ 88, 89 unterworfen (KPB/Holzer Rn. 10; MüKoInsO/Bitter Rn. 17; K. Schmidt/Thonfeld Rn. 7); dies ist keine spezifische Wirkung von § 44 (unrichtig HK-InsO/Keller Rn. 7). Die **Folgen eines** bestätigten **Insolvenzplans** oder der Erteilung der **Restschuldbefreiung** treffen sie gem. § 254 Abs. 2 S. 2 bzw. § 301 Abs. 1, Abs. 2 S. 2 ungeachtet der verfahrensrechtlichen Sperrwirkung des § 44 (Noack/Bunke FS Uhlenbruck, 2000, 335 (360); Andres/Leithaus/Leithaus Rn. 5; Uhlenbruck/Knof Rn. 14 f. mwN).

D. Rechtsfolgen von Leistungen von Mithaftenden nach Verfahrenseröffnung

I. Zur Vollbefriedigung des Gläubigers führende Leistungen

24 Leistungen von Mithaftenden nach Verfahrenseröffnung, die zur vollständigen Befriedigung des Gläubigers führen, haben zur Konsequenz, dass der Gläubiger mit seiner Forderung nicht mehr am Insolvenzverfahren über das Vermögen des Hauptschuldners teilnimmt. Es kommt zum **Eintritt des Mithaftenden** mit seiner Regressforderung **in die Position des Gläubigers**. Eine **Neuanmeldung** der Forderung ist **nicht erforderlich** (BFHE 244, 70 (77) = NZI 2014, 280 (282); Zeising WM 2010, 2204 (2208) mwN; vgl. auch K. Schmidt/Jungmann § 177 Rn. 7). Die Rechtsnachfolge wird lediglich in der Insolvenztabelle vermerkt (Uhlenbruck/Knof Rn. 9). War die Forderung schon zur Tabelle festgestellt, wird in der Praxis wegen § 178 Abs. 3 (Rechtskraftwirkung der Eintragung) regelmäßig verlangt werden, zum Nachweis entsprechende Urkunden in öffentlich beglaubigter Form beizufügen (vgl. §§ 727 ff. ZPO).

25 Freilich rückt der Mithaftende nur insoweit in die Position des Gläubigers ein, als er zum Regress berechtigt ist. Sofern die Regressforderung niedriger als die Forderung des Gläubigers ist, können vertragliche Gestaltungen des Mithaftungsverhältnisses und Verhandlungen zwischen Mithaftendem und Insolvenzverwalter Einfluss auf die Inanspruchnahme der Insolvenzmasse insgesamt haben (vgl. dazu BGHZ 92, 374 (380 ff.) = NJW 1985, 614 (615 f.) sowie MüKoInsO/Bitter Rn. 22; Jaeger InsO/Henckel Rn. 8 f. und Zeising WM 2010, 2204 (2213) (jeweils mit Beispielsrechnungen)).

II. Zur nur teilweisen Befriedigung des Gläubigers führende Leistungen

26 Wird der Gläubiger durch Leistungen eines Mithaftenden nach Verfahrenseröffnung nur teilweise befriedigt, bleibt es bezüglich dessen Regressforderung beim Verbot der Doppelanmeldung (Uhlenbruck/Knof Rn. 9; KPB/Holzer Rn. 8; vgl. auch schon RGZ 8, 290 (292 f.)).

27 Das gilt nach richtiger Auffassung auch bei vollständiger Erfüllung aller Verpflichtungen bei **Teilmithaftung** (→ § 43 Rn. 28), also auch dann, wenn der Mithaftende durch die teilweise Befriedigung des Gläubigers seinen eigenen Verpflichtungen in vollem Umfang nachgekommen ist.

28 Die BGH-Rspr. (vgl. insofern BGH NJW 1960, 1295; BGH NJW 1969, 796; BGH NJW 1985, 614 (615); ferner → § 43 Rn. 25 f.) wendet insofern allerdings die Grundsätze an, die für zur Vollbefriedigung des Gläubigers führende Leistungen gelten (→ Rn. 24).

§ 44a Gesicherte Darlehen

In dem Insolvenzverfahren über das Vermögen einer Gesellschaft kann ein Gläubiger nach Maßgabe des § 39 Abs. 1 Nr. 5 für eine Forderung auf Rückgewähr eines Darlehens

oder für eine gleichgestellte Forderung, für die ein Gesellschafter eine Sicherheit bestellt oder für die er sich verbürgt hat, nur anteilsmäßige Befriedigung aus der Insolvenzmasse verlangen, soweit er bei der Inanspruchnahme der Sicherheit oder des Bürgen ausgefallen ist.

Überblick

Die in § 44a geregelte Dreieckskonstellation ist ein Spezialfall des § 39 Abs. 1 S. 1 Nr. 5. Die Vorschrift richtet sich in erster Linie gegen den die Sicherheit stellenden Gesellschafter und nicht, wie auf den ersten Blick zu vermuten wäre, gegen den Drittgläubiger (→ Rn. 2 ff.). Gesellschafterbesicherte Drittdarlehen (→ Rn. 6 ff.) haben lediglich verfahrensmäßige Folgen für den Drittgläubiger (→ Rn. 12 ff.) und materiell-rechtliche Folgen für den Gesellschafter (→ Rn. 16 ff.). Besondere praktische Relevanz hat der Fall der sog. Doppelsicherung (→ Rn. 20 ff.). Durch das COVInsAG ist unter den Voraussetzungen des § 2 Abs. 1 Nr. 2 COVInsAG in Insolvenzverfahren, die bis zum 30.9.2023 beantragt wurden, § 44a auf ab dem 1.3.2020 neu gewährte Darlehen oder für eine gleichgestellte Forderung, für die ein Gesellschafter eine Sicherheit bestellt oder für die er sich verbürgt hat, weitgehend unanwendbar (→ Rn. 24 ff.).

Übersicht

	Rn.		Rn.
A. Überblick und Normzweck	1	I. Primäre Inanspruchnahme der Gesellschaftersicherheit und Befriedigung wegen des Ausfallbetrags	12
B. Tatbestandsvoraussetzungen	6	II. Nachrangige Befriedigung des Regressanspruchs	16
I. Insolvenzverfahren über das Vermögen einer Gesellschaft	6	III. Gesellschafterbesicherte Drittdarlehen und Überschuldung	19
II. Gläubiger als Darlehensgeber	7	IV. Doppelbesicherung des Drittgläubigers	20
III. Gesellschafter als Sicherungsgeber	8	V. Aufrechnung des Drittgläubigers	23
IV. Bestellung einer Sicherheit	9	D. Privilegierung Besicherung neuer Kredite ab 1.3.2020 (§ 2 Abs. 1 Nr. 2 und Abs. 2 COVInsAG)	24
C. Rechtsfolgen	12		

A. Überblick und Normzweck

Die Vorschrift ist durch das MoMiG in die InsO eingefügt worden und ist die Nachfolgevorschrift des § 32a Abs. 2 GmbHG aF. Lediglich der Anknüpfungspunkt der „Krise" der Gesellschaft ist entfallen. Die zu § 32a Abs. 2 GmbH aF ergangene Rechtsprechung findet weiter Anwendung. **1**

§ 44a liegt eine **Dreieckskonstellation** zugrunde, in der ein Dritter einer Gesellschaft ein Darlehen gewährt und der Gesellschafter der Gesellschaft für den Rückzahlungsanspruch des Drittgläubigers aus dem Darlehen eine Sicherheit leistet. Die Vorschrift ist ein gesetzlich geregelter Spezialfall des § 39 Abs. 1 S. 1 Nr. 5 (K. Schmidt InsO/K. Schmidt Rn. 3; KPB/Preuß Rn. 7; Uhlenbruck/Hirte Rn. 2). Sie ist gemeinsam mit § 135 Abs. 2 und § 143 Abs. 3 auszulegen. Insbesondere aus dem Zusammenhang mit § 143 Abs. 3 ergibt sich, dass nicht etwa das Darlehen des Dritten, sondern die Sicherheit des Gesellschafters Gegenstand der sich aus § 44a ergebenden Sonderbehandlung ist (HmbKommInsR/Lüdtke Rn. 2; K. Schmidt BB 2008, 1966 (1969)). Dies ist Ausdruck der Finanzierungsverantwortung des Gesellschafters (Frege/Nicht/Schildt ZInsO 2012, 1961 (1993)). Der Drittgläubiger wird durch die Pflicht zur vorrangigen Inanspruchnahme des Gesellschafters lediglich mit in die Pflicht genommen (Graf-Schlicker/Neußner Rn. 1; KPB/Preuß Rn. 5; MüKoInsO/Bitter Rn. 5). Der Wortlaut ist insofern irreführend. **2**

Wirtschaftlich steht die Bestellung einer Sicherheit der Darlehensvergabe gleich (HmbKommInsR/Lüdtke Rn. 2; Kölner Komm InsO/Hess Rn. 1; KPB/Preuß Rn. 4; Thole ZIP 2017, 1743). § 44a stellt sicher, dass der ein Fremddarlehen besichernde Gesellschafter im Verhältnis zur Gesellschaft nicht besser steht, als wenn er das Darlehen selbst an die Gesellschaft gewährt hätte und er damit den Nachrang aus § 39 Abs. 1 S. 1 Nr. 5 umgeht (HK-InsO/Kleindiek Rn. 2; MüKoInsO/Bitter Rn. 5; zu § 32a GmbHG aF: BT-Drs. 8/1347, 40). Nur der Regressanspruch des Gesellschafters gegen die Gesellschaft (→ Rn. 16) und nicht der Anspruch des Drittgläubigers gegen die Gesellschaft ist nachrangig (BGH BB 2017, 2126 (2129); Frege/Nicht/Schildt ZInsO 2012, 1961 (1963)). **3**

4 Spiegelbildlich zum Nachrang des Gesellschafterdarlehens ist die Gesellschaftersicherheit „vorrangig" (zu § 32a GmbHG aF: BGH NJW 1992, 1169; BGH NJW 2012, 156 (158)). Der Drittgläubiger muss sich zunächst an den Gesellschafter halten und kann erst anteilsmäßige Befriedigung aus der Insolvenzmasse verlangen, soweit er bei der Inanspruchnahme der Sicherheit ausgefallen ist. Der Primärzugriff auf die Gesellschaftersicherheit gewährleistet, dass diese zugunsten der Masse bestmöglich verwertet wird (HmbKommInsR/Lüdtke Rn. 2). Für Drittgläubiger ergeben sich dadurch zusätzliche Hürden bei der Durchsetzung ihrer Ansprüche (Andres/Leithaus/Leithaus Rn. 2; Habersack ZIP 2007, 2145 (2150); Nerlich/Römermann/Andres Rn. 5).

5 § 44a ist eine gläubigerschützende Vorschrift und damit der Disposition der Parteien entzogen (Andres/Leithaus/Leithaus Rn. 3; Braun/Bäuerle Rn. 1; HK-InsO/Kleindiek Rn. 9; MüKoInsO/Bitter Rn. 33). **Absprachen,** nach denen der Drittgläubiger zunächst auf die Verteilung der Insolvenzmasse verwiesen wird und erst dann auf die Gesellschaftersicherheit zugreifen darf, sind unwirksam. Ein **Verzicht** auf die Sicherheit oder ein Erlassvertrag können die Anwendung des § 44a ebenfalls nicht ausschließen (Frege/Nicht/Schildt ZInsO 2012, 1961 (1968); Graf-Schlicker/Neußner Rn. 10; Kölner Komm InsO/Hess Rn. 1; KPB/Preuß Rn. 20; MüKoInsO/Bitter Rn. 33; Neuberger ZInsO 2018, 1125 (1132); aA (zumindest nach Verfahrenseröffnung möglich) Ede ZInsO 2012, 853 (861); wieder andere sehen einen Verzicht als möglich an, weisen aber auf die Möglichkeit der Anfechtung nach § 135 Abs. 2 hin: OLG Stuttgart ZIP 2012, 834 ff.; CPM/Cranshaw Rn. 16 ff. mwN; Uhlenbruck/Hirte Rn. 2). Die Dispositionsbefugnis in einem Insolvenzplan wird dagegen als zulässig erachtet (BGH ZInsO 2009, 478; BGH ZInsO 2010, 1448; Frege/Nicht/Schildt ZInsO 2012, 1961 (1969); ausf. Schröder ZInsO 2010, 1040).

5a Um Gesellschaftern Anreize zu bieten, dem Unternehmen in der coronabedingten Krise zusätzliche Liquidität zur Verfügung zu stellen (direkt oder indirekt durch Besicherung von Drittdarlehen), werden durch das COVInsAG **ab dem 1.3.2020 neu begebene** Darlehen sowie Gesellschaftersicherheiten und -bürgschaften für Darlehen (und dem gleichgestellte Forderungen), unter den Voraussetzungen des § 2 Abs. 1 Nr. 2 COVInsAG dahingehend privilegiert, dass sie in Insolvenzverfahren, die bis zum 30.9.2023 beantragt wurden, nicht aus § 44a vorrangig in Anspruch genommen werden müssen (→ Rn. 24 ff.); § 44a gilt insoweit nicht. Eine bis zum 30.9.2023 erfolgende Rückführung von Gesellschaftersicherheiten ist unter den Voraussetzungen des § 2 Abs. 1 Nr. 2 COVInsAG anfechtungsfrei gestellt (→ § 135 Rn. 93 ff.).

B. Tatbestandsvoraussetzungen

I. Insolvenzverfahren über das Vermögen einer Gesellschaft

6 Die Regelung ist auf alle Gesellschaften iSd § 39 Abs. 4 S. 1 anwendbar, über deren Vermögen das Insolvenzverfahren eröffnet wurde (zu den Voraussetzungen → § 39 Rn. 49 ff.). Im Falle einer masselosen Insolvenz kommt die Anwendung des § 44a nicht in Betracht (MüKoInsO/Bitter Rn. 9; FK-InsO/Bornemann Rn. 9). Ob es sich um eine deutsche oder ausländische Gesellschaft handelt, ist unerheblich (Andres/Leithaus/Leithaus Rn. 4; CPM/Cranshaw Rn. 2; HmbKommInsR/Lüdtke Rn. 6; Nerlich/Römermann/Andres Rn. 7; MüKoInsO/Bitter Rn. 9).

II. Gläubiger als Darlehensgeber

7 Der Kreditgeber muss ein **gesellschaftsfremder Dritter** sein (Graf-Schlicker/Neußner Rn. 5; HmbKommInsR/Lüdtke Rn. 7; K. Schmidt InsO/K. Schmidt Rn. 8; Kölner Komm InsO/Hess Rn. 2; MüKoInsO/Bitter Rn. 11; Nerlich/Römermann/Andres Rn. 9). In der Praxis ist dies häufig ein Kreditinstitut. Gesellschafter sind nur dann (Dritt-)Gläubiger iSd § 44a, wenn sie durch das Sanierungs- oder Kleinbeteiligungsprivileg (§ 39 Abs. 4 S. 2 oder Abs. 5) vom Anwendungsbereich des § 39 ausgeschlossen sind (Andres/Leithaus/Leithaus Rn. 5; HmbKommInsR/Lüdtke Rn. 7; K. Schmidt InsO/K. Schmidt Rn. 8; Kölner Komm InsO/Hess Rn. 2; MüKoInsO/Bitter Rn. 12). Bei dem Anspruch gegen die Gesellschaft muss es sich um einen **Darlehensrückzahlungsanspruch oder eine dem § 39 Abs. 1 S. 1 Nr. 5 gleichgestellte Rechtshandlung** mit Kreditierungsfunktion handeln, zB Nutzungsüberlassung oder Stundung (FK-InsO/Bornemann Rn. 4; Graf-Schlicker/Neußner Rn. 6; HmbKommInsR/Lüdtke Rn. 8; KPB/Preuß Rn. 8; ausf. → § 39 Rn. 82; zum Finanzierungsleasing (bejahend): CPM/Cranshaw Rn. 9). Ist das nicht der Fall, ist § 44a nicht anwendbar. Der Zeitpunkt der Darlehensgewährung war vor Inkrafttreten des § 2 Abs. 1 Nr. 2 COVInsAG unerheblich, weil mit Einführung des MoMiG das Merkmal der Krise entfallen ist (BT-Drs. 16/6140, 26; HK-InsO/Kleindiek Rn. 4; MüKoInsO/Bitter Rn. 19). Seit dem 1.3.2020 kommt es jedoch mit Blick die Frage, ob gem. § 2 Abs. 1 Nr. 2 COVInsAG die Verstrickung der Gesellschaftersicherheit unterbleibt, auf den Zeitpunkt der Darlehensgewährung bzw. deren Besicherung an: Es muss sich, um von der Privilegierung gem. § 2 Abs. 1 Nr. 2 COVInsAG zu profitieren (kein Vorrang der Verwertung der Sicherheit gem. § 44a), um ein nach dem 1.3.2020 ausgereichtes Darlehen handeln.

III. Gesellschafter als Sicherungsgeber

Die Verstrickung der Gesellschaftersicherheit soll nur dann erfolgen, wenn der Sicherungsgeber, hätte er ein Darlehen oder eine wirtschaftlich entsprechende Leistung gewährt, dem Nachrang nach § 39 Abs. 1 S. 1 Nr. 5 unterfallen würde. Der Begriff des Gesellschafters ist daher ebenso zu bestimmen wie im Rahmen des § 39 Abs. 1 S. 1 Nr. 5 (HmbKommInsR/Lüdtke Rn. 11; KPB/Preuß Rn. 9; Nerlich/Römermann/Andres Rn. 11). Erfasst werden auch gleichgestellte Gläubiger iSd § 39 Abs. 1 S. 1 Nr. 5 (Andres/Leithaus/Leithaus Rn. 6). Ausgenommen sind dagegen Gesellschafter, die die Sicherheit zum Zwecke der Sanierung begeben (§ 39 Abs. 4 S. 2) oder aufgrund der geringen Beteiligungshöhe nicht unternehmerisch an der Gesellschaft beteiligt sind (§ 39 Abs. 5) (Braun/Bäuerle Rn. 2; CPM/Cranshaw Rn. 7, mit Beispielen Rn. 11; Graf-Schlicker/Neußner Rn. 7; Henssler/Strohn/Fleischer Rn. 2; HK-InsO/Kleindiek Rn. 3; KPB/Preuß Rn. 9). 8

IV. Bestellung einer Sicherheit

Sicherheit ist neben der im Gesetz genannten Bürgschaft jede Personal- oder Realsicherheit, gleich ob Mobiliar- oder Immobiliarsicherheit (K. Schmidt InsO/K. Schmidt Rn. 9; KPB/Preuß Rn. 11). Dieses Merkmal ist weit auszulegen und geht über den Umfang der Sicherheiten in § 232 BGB hinaus (FK-InsO/Bornemann Rn. 6; HmbKommInsR/Lüdtke Rn. 10; Hess InsR/Hess Rn. 7; HK-InsO/Kleindiek Rn. 4; Kölner Komm InsO/Hess Rn. 4; MüKoInsO/Bitter Rn. 15). **Beispiele:** Schuldbeitritt (OLG München ZIP 2006, 1350), Grundschuld (BGH NJW-RR, 230; NJW 2001, 1490 (1491)), selbstständiges Schuldversprechen (BGH NJW 1992, 1763), Sicherungsabtretung und Sicherungsübereignung (BGH NJW 1992, 1763; Henssler/Strohn/Fleischer Rn. 3), Patronatserklärung (→ Rn. 10), Pfändung (Andres/Leithaus/Leithaus Rn. 7) und Kaution (BGH NJW 1989, 1734). 9

Voraussetzung ist, dass die bestellte Sicherheit dem Drittgläubiger einen **direkten Anspruch gegen den Sicherungsgeber** verschafft (OLG Düsseldorf NJW-RR 1987, 362 (365); Uhlenbruck/Hirte Rn. 4). Die Vereinbarung über die Bestellung der Sicherheit ist dabei genau zu prüfen und auszulegen (OLG Frankfurt a. M. BeckRS 2016, 03055 zum Umfang einer Bürgschaft). Erfasst sind damit harte Patronatserklärungen (OLG Celle ZIP 2008, 2416; Bitter ZHR 181 (2017), 428 (451 f.); Graf-Schlicker/Neußner Rn. 8; HmbKommInsR/Lüdtke Rn. 10), nicht jedoch Ausstattungs- oder Verlustübernahmezusagen gegenüber der Gesellschaft (K. Schmidt InsO/K. Schmidt Rn. 9; zur Ankaufsverpflichtung des Gesellschafters in Bezug auf das Sicherungsgut der Gesellschaft: HK-InsO/Kleindiek Rn. 6; Löser ZInsO 2010, 28). Ausreichend ist auch, wenn ein Dritter eine Sicherheit begibt und der Gesellschafter eine Rück- oder Ausfallbürgschaft übernimmt (BGH NJW 1989, 3143 (3147); Braun/Bäuerle Rn. 3; FK-InsO/Bornemann Rn. 6; HK-InsO/Kleindiek Rn. 7; Henssler/Strohn/Fleischer Rn. 3; MüKoInsO/Bitter Rn. 16; Uhlenbruck/Hirte Rn. 4). Die Einschaltung von Mittelspersonen/Strohmännern oder verbundenen Unternehmen, die im Auftrag des Gesellschafters Sicherheiten bestellen, lässt die Anwendbarkeit des § 44a unberührt (Hess InsR/Hess Rn. 7; FK-InsO/Bornemann Rn. 6; MüKoInsO/Bitter Rn. 18). Ebenfalls von § 44a erfasst ist der Fall, dass Gesellschafter und gesicherter Dritter gemeinsam ein Darlehen aufnehmen, an die Gesellschaft weiterreichen und der Gesellschafter sodann den Dritten im Innenverhältnis von der Rückzahlungsverpflichtung freistellt (BGH NZG 2000, 1029; Graf-Schlicker/Neußner Rn. 8 aE). Im Einzelfall kommt es darauf an, ob der Sachverhalt aus wirtschaftlicher Sicht mit einer Darlehensvergabe des Gesellschafters vergleichbar ist. Bei der Auslegung kann auf die Grundsätze des § 39 Abs. 1 S. 1 Nr. 5 zurückgegriffen werden. Überträgt der Sicherungsgeber die Gesellschaftersicherheit vor der Insolvenz in anfechtungsrelevantem Zeitraum, kann der Insolvenzverwalter diese Rechtshandlung gem. § 135 Abs. 1 Nr. 2 analog anfechten (HK-InsO/Kleindiek Rn. 7; MüKoInsO/Bitter Rn. 19). 10

Der **Zeitpunkt** der Bestellung der Sicherheit ist irrelevant (Aufgabe des Merkmals der Krise: HmbKommInsR/Lüdtke Rn. 13; HK-InsO/Kleindiek Rn. 4; MüKoInsO/Bitter Rn. 19). Die Sicherheit muss wirksam bestellt worden sein (Andres/Leithaus/Leithaus Rn. 7; FK-InsO/Bornemann Rn. 6; HmbKommInsR/Lüdtke Rn. 10; MüKoInsO/Bitter Rn. 17; Nerlich/Römermann/Andres Rn. 14) und bei Verfahrenseröffnung noch bestehen (zur Möglichkeit des Verzichts → Rn. 5). Bei der Bestellung mehrerer Sicherheiten, gleich ob durch einen oder mehrere Gesell- 11 schafter, kommt § 44a in Bezug auf jede Sicherheit zur Anwendung (HmbKommInsR/Lüdtke Rn. 10; K. Schmidt InsO/K. Schmidt Rn. 9; Nerlich/Römermann/Andres Rn. 15).

C. Rechtsfolgen

I. Primäre Inanspruchnahme der Gesellschaftersicherheit und Befriedigung wegen des Ausfallbetrags

12 Für den Drittgläubiger hat die Vorschrift rein **verfahrensrechtliche Wirkung** (BGH NJW 2012, 156 (157 f.) (zur Doppelsicherung, dazu → Rn. 20); K. Schmidt BB 2008, 1966 (1968); KPB/Preuß Rn. 14). Er ist bei der Durchsetzung zunächst darauf verwiesen, den Gesellschafter aus der für seine Forderung bestellten Sicherheit in Anspruch zu nehmen, wird jedoch nicht wie ein Gesellschafter behandelt. Seine Forderung unterfällt nicht dem Nachrang (bereits → Rn. 2).

13 Befriedigung für seine Forderung kann er der Drittgläubiger nur insoweit verlangen, wie er bei der Inanspruchnahme der Sicherheit ausgefallen ist. Der Drittgläubiger ist durch § 44a nicht gehindert, seine Forderung gegen die Gesellschaft bereits vor Inanspruchnahme der Gesellschaftersicherheit in voller Höhe **zur Insolvenztabelle anzumelden** und Gläubigerrechte im Verfahren auszuüben. Seine Wirkung entfaltet § 44a lediglich im Verteilungsverfahren (Andres/Leithaus/Leithaus Rn. 12; Freitag WM 2007, 1681 (1684); Gehrlein BB 2008, 846 (852); HmbKommInsR/Lüdtke Rn. 19; Henssler/Strohn/Fleischer Rn. 4; HK-InsO/Kleindiek Rn. 8; KPB/Preuß Rn. 14; MüKoInsO/Bitter Rn. 20; Uhlenbruck/Hirte Rn. 5). Dies ist beim Absonderungsrecht (§§ 52, 190) anerkannt und muss auch für Drittgläubiger iSd § 44a gelten.

14 In welcher **Höhe die Forderung** des Drittgläubigers im Verteilungsverfahren zu berücksichtigen ist, wird nicht einheitlich gesehen. Ein Teil des Schrifttums vertritt, dass die Insolvenzquote nur auf den tatsächlichen Ausfallbetrag gewährt werden könne (sog. Ausfallprinzip: → § 52 Rn. 3a; Altmeppen ZIP 2011, 741 (748 f.); Frege/Nicht/Schildt ZInsO 2012, 1961 (1966 f.); Graf-Schlicker/Neußner Rn. 9; Hirte ZInsO 2008, 689 (696); Spliedt ZIP 2009, 144 (155); Uhlenbruck/Hirte Rn. 5). Andere sind (richtigerweise) der Ansicht, der Drittgläubiger erhalte die Insolvenzquote auf den gesamten Forderungsbetrag (sog. Doppelberücksichtigungsprinzip: Andres/Leithaus/Leithaus Rn. 12; Bauer ZInsO 2011, 1375 (1383); Freitag WM 2007, 1681 (1684); Gehrlein BB 2008, 846 (852); HmbKommInsR/Lüdtke Rn. 19; K. Schmidt InsO/K. Schmidt Rn. 14; KPB/Preuß Rn. 17; MüKoInsO/Bitter Rn. 22; Nerlich/Römermann/Andres Rn. 21; Oepen NZI 2009, 300 (Fn. 10)).

- Forderung des Drittgläubigers gegen die Gesellschaft	EUR 100.000	
- Erlös der Inanspruchnahme der Gesellschaftersicherheit	EUR 60.000	
- Ausfallbetrag:	EUR 40.000	
- Insolvenzquote:	5%	
→ Ausfallprinzip: Insolvenzquote (5%) auf	EUR 40.000	= EUR 2.000
→ Doppelberücksichtigungsprinzip: Insolvenzquote (5%) auf	EUR 100.000	= EUR 5.000
→ Summe Ausfallprinzip:		= EUR 62.000
→ Summe Doppelberücksichtigungsprinzip:		= EUR 65.000

15 Für den Drittgläubiger kann sich das Doppelbegünstigungsprinzip daher positiv auswirken. Die Vertreter, die das Ausfallprinzip auf § 44a anwenden wollen, stellen eine Parallele zum Absonderungsrecht her. Im Rahmen des § 52 ist die Anwendung des Ausfallprinzips anerkannt (→ § 52 Rn. 3a). In der Folge hätte die Inanspruchnahme der Sicherheit durch den Drittgläubiger die gleiche Wirkung wie die Geltendmachung eines Absonderungsrechts gegenüber dem Gesellschaftsvermögen. Gerade das ist aber in der Konstellation des § 44a nicht der Fall. Die Sicherheit ist Teil des Gesellschaftervermögens, einer getrennten Haftungsmasse. Es ergibt keinen Unterschied, ob der Drittgläubiger die Sicherheit von einem Gesellschafter oder einem fremden Dritten erhält. § 44a will den Drittgläubiger gerade nicht materiell sanktionieren (→ Rn. 2). Dürfte der Drittgläubiger nur den Ausfallbetrag anmelden, käme es aber, entgegen der ratio legis, zu einer Entlastung der Insolvenzmasse auf seine Kosten. Eine über den Ausfallbetrag hinausgehende Befriedigung des Drittgläubigers steht schließlich auch nicht zu befürchten, da die Insolvenzmasse maximal bis zur Höhe des Ausfallbetrags haftet. Mithin ist in materieller Hinsicht auf die allgemeine Regel der Doppelbegünstigung abzustellen (§ 43). Der Drittgläubiger muss nachweisen, dass er den Versuch der Sicherheitenverwertung beim Gesellschafter unternommen hat und in welcher Höhe er dabei ausgefallen ist (HmbKommInsR/Lüdtke Rn. 20).

II. Nachrangige Befriedigung des Regressanspruchs

16 Befriedigt der Gesellschafter den Drittgläubiger aus der Sicherheit vor Eröffnung des Insolvenzverfahrens, dann ist sein **Regressanspruch** gegen die Gesellschaft, der aufgrund vertraglicher

Abrede oder durch cessio legis (zB §§ 774, 1143 BGB) auf ihn übergangen ist, gem. § 39 Abs. 1 S. 1 Nr. 5 **nachrangig** (BGH NJW 2012, 156 (157); Andres/Leithaus/Leithaus Rn. 14; Braun/Bäuerle Rn. 5; Hess InsR/Hess Rn. 9; HmbKommInsR/Lüdtke Rn. 15; K. Schmidt InsO/K. Schmidt Rn. 4; KPB/Preuß Rn. 6; MüKoInsO/Bitter Rn. 25; Nerlich/Römermann/Andres Rn. 22; Uhlenbruck/Hirte Rn. 1).

Hat der Gesellschafter im letzten Jahr vor der Insolvenzeröffnung nach der Sicherheitenverwertung bei der Gesellschaft Regress genommen, ist die Leistung der Gesellschaft an den Gesellschafter anfechtbar (§ 135 Abs. 1 Nr. 2) (BGH NJW 2012, 156 (157); K. Schmidt BB 2008 1966 (1970)). 17

Erfolgt die teilweise Verwertung der Gesellschaftersicherheit während des laufenden Insolvenzverfahrens und nimmt der Drittgläubiger weiterhin in vollem Umfang am Verfahren teil (→ Rn. 14), ist der Regressanspruch des Gesellschafters gem. § 44 ausgeschlossen (HmbKommInsR/Lüdtke Rn. 15; MüKoInsO/Bitter Rn. 26). Bei einer vollständigen Befriedigung des Drittgläubigers während des Verfahrens ist der Regressanspruch des Gesellschafters nachrangig (§ 39 Abs. 1 S. 1 Nr. 5) (→ Rn. 16). 18

III. Gesellschafterbesicherte Drittdarlehen und Überschuldung

Die Forderungen aus dem Darlehen des Drittgläubigers sind im Überschuldungsstatus der Gesellschaft zu passivieren. Der Drittgläubiger wird sich in aller Regel nicht auf einen Rangrücktritt (§ 39 Abs. 2) einlassen (K. Schmidt BB 2008, 1966 (1971)). Eine im Überschuldungsstatus nicht zu berücksichtigende Gesellschafterfinanzierung kann nur angenommen werden, wenn als Gegenstück zum Rückzahlungsanspruch des Drittgläubigers ein Freistellungsanspruch der Gesellschaft zugunsten des Gesellschafters in gleicher Höhe eingebucht wird (K. Schmidt InsO/K. Schmidt Rn. 18; MüKoInsO/Bitter Rn. 29; Uhlenbruck/Hirte Rn. 5; Wälzhold DStR 2007, 1914 (1919)). Dieser Freistellungsanspruch ergibt sich nicht automatisch aus § 44a und ist, entsprechend der Anforderung in § 19 Abs. 2 S. 2, gesondert zu vereinbaren (MüKoInsO/Bitter Rn. 29). Inhaltlich muss die Gesellschaft durch persönliche Haftung des Gesellschafters oder entsprechende Sicherheit von jeglicher Verbindlichkeit des Drittgläubigers freigehalten werden. Ferner muss in Bezug auf den Regressanspruch des Gesellschafters gegen die Gesellschaft ein Rangrücktritt vereinbart werden (sog. mittelbarer Rangrücktritt). 19

IV. Doppelbesicherung des Drittgläubigers

Hat der Drittgläubiger neben der Gesellschaftersicherheit an einem Gegenstand der Insolvenzmasse ein Absonderungsrecht oder eine andere verwertbare Sicherheit gegen die Gesellschaft (sog. Doppelsicherung), kann er frei wählen, welche Sicherheit er in Anspruch nimmt (BGH NJW 2012, 156 (158) Rn. 13 ff.; OLG Düsseldorf NZI 2016, 542; OLG Stuttgart BB 2012, 3161 (3163); Altmeppen ZIP 2011, 741 (744); Braun/Bäuerle Rn. 7; CPM/Cranshaw Rn. 25; Dahl/Schmitz NZG 2009, 325 (328); Graf-Schlicker/Neußner Rn. 11; HK-InsO/Kleindiek Rn. 12; Kölner Komm InsO/Hess Rn. 9 ff.; KPB/Preuß Rn. 18; Lauster/Stiehler BKR 2012, 106; MüKoInsO/Bitter Rn. 30 f.; Uhlenbruck/Hirte Rn. 7; aA Gessner NZI 2012, 350 (352, Gesamtschuld zwischen Gesellschaft/Gesellschafter, Wahlentscheidung zulasten Gesellschaft sei treuwidrig); HmbKommInsR/Lüdtke Rn. 20; Hess/Hess Rn. 11; K. Schmidt InsO/K. Schmidt Rn. 10, 12; Müller/Rautmann DZWIR 2012, 190; Regelungsvorschlag de lege ferenda Schäfer NZI 2016, 11). Durch § 44a wird er in seiner Wahlfreiheit nicht eingeschränkt. Die Vorschrift trifft in erster Linie den Gesellschafter (→ Rn. 2; Neuberger ZInsO 2018, 1125 (1131)). Die verfahrensmäßige Verweisung auf die Gesellschaftersicherheit gilt nur für die Inanspruchnahme der Masse wegen eines tatsächlich nicht von der Gesellschaftersicherheit gedeckten Anspruchs des Drittgläubigers, nicht aber für weitere Sicherheiten, die der Drittgläubiger mit der Gesellschaft vereinbart hat. 20

Nimmt der Drittgläubiger die Gesellschaftssicherheit in Anspruch, ist der Gesellschafter in dieser Höhe von seiner Verpflichtung aus der Gesellschaftersicherheit frei geworden. In entsprechender Höhe hat die Gesellschaft gegen den Gesellschafter einen Erstattungsanspruch. Dies ist eine Folge der sich in § 39 Abs. 1 S. 1 Nr. 5, § 44a widerspiegelnden besonderen Finanzierungsverantwortung des Gesellschafters für die Gesellschaft. Dogmatisch wird der Erstattungsanspruch der Gesellschaft gegen den Gesellschafter aus einer Analogie zu § 143 Abs. 3 hergeleitet (BGH NJW 2012, 156 (158) Rn. 12; OLG Frankfurt a. M. BeckRS 2016, 03055; OLG Hamm ZInsO 2011, 1602; krit. Altmeppen ZIP 2011, 741 (746 f.); Bartsch/Weber DStR 2008, 1884; Braun/Bäuerle Rn. 6; CPM/Cranshaw Rn. 27; Ede ZIP 2012, 853; Graf-Schlicker/Neußner Rn. 11; HK-InsO/Kleindiek Rn. 12; KPB/Preuß Rn. 19; Nerlich/Römermann/Andres Rn. 24; Schäfer NZI 2016, 11 (zur Lage de lege ferenda); Uhlenbruck/Hirte Rn. 7). Eine Regelungslücke liegt vor, weil § 135 Abs. 2 lediglich Vermögensverschiebungen vor Eröffnung des Insolvenzverfahrens erfasst. 21

Der Insolvenzverwalter kann entsprechend dem Gedanken von § 147 wegen der Wahlfreiheit des Drittgläubigers den Zugriff auf die Masse nicht verhindern. Der Erstattungsanspruch der Gesellschaft ist daher erforderlich, um eine ungleichmäßige Gläubigerbefriedigung zugunsten des sicherungsgebenden Gesellschafters zu verhindern. Teilweise wird erwogen, die insolvenzzweckwidrige Befriedigung des nachrangigen Anspruchs des Gesellschafters nach den §§ 812 ff. BGB rückabzuwickeln (Mikolajczak ZIP 2011, 1285; HmbKommInsR/Lüdtke Rn. 16; Thole ZIP 2015, 1609 (1613)). Andere schlagen vor, den Regressanspruch aus § 426 BGB abzuleiten (Bork FS Ganther, 2010, 135 (147 ff.)).

22 Wurde das Darlehen im letzten Jahr **vor Insolvenzeröffnung** ganz oder teilweise an den Drittgläubiger zurückgezahlt, wird der Gesellschafter ebenso von seiner Verpflichtung aus der Sicherheit frei. Dies gilt im Fall der Doppelbesicherung eines Darlehen selbst dann, wenn die Gesellschaft das Darlehen anfechtungsfest besichert hatte (etwa durch aus der Globalzession von Kundenforderungen resultierendem Absonderungsrecht); denn der Gesellschafter ist aufgrund der von ihm übernommenen Sicherheit im Verhältnis zur Gesellschaft zur vorrangigen Befriedigung des Darlehensgebers verpflichtet (BGH BB 2017, 2126; Gehrlein BB 2017, 2370 (2383); K. Schmidt EWiR 2017, 565; Thole ZIP 2017, 1742). Ficht der Insolvenzverwalter die Rückzahlung des Darlehens an (§ 135 Abs. 2), muss der Gesellschafter den an den Drittgläubiger geflossenen Betrag gem. § 143 Abs. 3 zur Masse erstatten (Andres/Leithaus/Leithaus Rn. 14).

22a Zu einem möglichen Einfluss des § 2 Abs. 1 Nr. 2 COVInsAG für Fälle der Doppelbesicherung s. ausführlich Bitter GmbHR 2020, 861 Rn. 59 ff.

V. Aufrechnung des Drittgläubigers

23 Trotz § 44a kann der Drittgläubiger, soweit dies nach §§ 94 ff. zulässig ist, mit seinem Rückzahlungsanspruch gegen Ansprüche der Insolvenzmasse aufrechnen (HmbKommInsR/Lüdtke Rn. 17; Henssler/Strohn/Fleischer Rn. 4; HK-InsO/Kleindiek Rn. 8; KPB/Preuß Rn. 17). Darin zeigt sich abermals der Gedanke, dass § 44a den Drittgläubiger über den abwicklungstechnischen Beitrag der primären Inanspruchnahme der Sicherheit des Drittgläubigers nicht belastet. Die erfolgte Aufrechnung führt aufgrund ihrer Erfüllungswirkung im Verhältnis zum Gesellschafter ebenfalls dazu, dass der Gesellschafter von seiner Verpflichtung aus der Gesellschaftersicherheit frei wird. In diesem Fall hat die Gesellschaft einen Erstattungsanspruch gegen den Gesellschafter analog § 143 Abs. 3 (→ Rn. 21; Graf-Schlicker/Neußner Rn. 12; KPB/Preuß Rn. 17).

D. Privilegierung Besicherung neuer Kredite ab 1.3.2020 (§ 2 Abs. 1 Nr. 2 und Abs. 2 COVInsAG)

24 Zwischen **1.3.2020 und 30.9.2020** (ursprünglicher Aussetzungszeitraum für zahlungsfähige und überschuldete Unternehmen, § 1 Abs. 1 S. 1 COVInsAG), zwischen **1.10.2020 und 31.12.2020** (Aussetzungszeitraum für überschuldete Unternehmen, § 1 Abs. 2 COVInsAG) oder zwischen 1.1.2021 und 30.4.2021 (verlängerter Aussetzungszeitraum für zahlungsunfähige und überschuldete Unternehmen, sofern zwischen dem 1.11.2020 und dem 28.2.2021 staatliche Hilfen beantragt wurden und/oder die Voraussetzungen für eine solche Forderung nicht offensichtlich unerfüllt sind (§ 1 Abs. 3 COVInsAG; im Detail dazu → § 39 Rn. 106a) neu bestellte Gesellschaftersicherheiten für in diesem Zeitraum neu gewährte Darlehen und Rechtshandlungen, die einem Darlehen wirtschaftlich entsprechen (dazu im Detail → § 135 Rn. 93 ff.), sind in Insolvenzverfahren, die **bis zum 30.9.2023 beantragt** wurden, nicht nach § 44a vorrangig in Anspruch zu nehmen, wenn bei Bestellung der Sicherheit und Gewährung des Darlehens (bzw. Vornahme einer entsprechenden Rechtshandlung) die Voraussetzungen für die Aussetzung der Insolvenzantragspflicht gem. § 1 COVInsAG vorgelegen haben (§ 2 Abs. 1 Nr. 2 COVInsAG); insoweit gilt dann § 44a nicht. Dies bedeutet, dass der Darlehensgeber die Forderung in der Insolvenz der Gesellschaft in voller Höhe verfolgen kann, ohne zunächst den Gesellschafter in Anspruch nehmen zu müssen. Vielmehr kann der Drittgläubiger sowohl die Gesellschaftersicherheit in Anspruch nehmen, als auch seinen Anspruch gegen die Gesellschaft bis zur Grenze vollständigen Befriedigung seiner Forderung durchsetzen. Diese Privilegierung greift gem. § 1 Abs. 1 S. 2 f. COVInsAG für sämtliche genannten Aussetzungsfälle nur dann nicht, wenn (a) die zum Zeitpunkt der Besicherung bzw. Darlehensbegebung (oder bei Vornahme der vergleichbaren Handlung) bestehende Insolvenzreife nicht auf den Folgen der COVID-19-Pandemie beruht oder (b) wenn keine Aussichten darauf bestehen, eine bestehende Zahlungsunfähigkeit zu beseitigen. Das Vorliegen der beiden Voraussetzungen (Zusammenhang der Insolvenzreife mit der COVID-19-Pandemie und Aussichten auf Beseitigung der Zahlungsunfähigkeit) wird gem. § 1 Abs. 1 S. 3 COVInsAG vermutet, wenn der Schuldner am 31.12.2019 nicht zahlungsunfähig war. Ausweislich der Gesetzesbegründung sind „höchste Anforderungen" an die Widerlegung dieser Vermutung zu stellen; eine Widerlegung soll nur dann in Betracht kommen, wenn kein Zweifel daran bestehen kann, dass die COVID-19-Pandemie nicht ursächlich für die Insolvenzreife war oder dass die Beseitigung einer eingetretenen Insolvenzreife nicht gelingen konnte (BT-Drs. 19/18110, 23). So, wie § 1 Abs. 1 S. 2 COVInsAG negativ formuliert ist, spricht alles dafür, dass die Mitursächlichkeit anderer Ursachen als die Pandemie für die Insolvenzreife die Aussetzung der Antragspflicht und die Privilegierung nicht in Frage stellen; die Aussetzung und die darauf aufbauenden Privilegierungen gelten nur dann nicht, wenn die Insolvenzreife nicht auf den Folgen der Pandemie beruht, dh gar nicht (Thole ZIP 2020, 650 (652); Kroiß, Rechtsprobleme durch COVID-19, 2020, § 6 Rn. 26; Nerlich/Römermann/Römermann CovInsAG § 1 Rn. 27; Schmidt, COVID-19, Rechtsfragen zur Corona Krise, 2. Aufl. 2020, § 14 Rn. 24 f.; Uhlenbruck/Hirte, Bd. 2, CovInsAG § 1 Rn. 23); solange eine Mitursächlichkeit der Pandemie möglich bleibt, ist der Gegenbeweis nicht erbracht (so auch Bornemann jurisPR-InsR 9/2020, Anm. 1, S. 9; Gehrlein DB 2020, 713 (715); Hölzle/Schulenberg ZIP 2020, 633 (636)).

Ausgenommen von der Privilegierung gem. § 2 Abs. 1 Nr. 2 COVInsAG sind ausweislich der Gesetzesbegründung die bloße **Novation** oder **Prolongation** des Darlehens und **wirtschaftlich vergleichbare Sachverhalte,** die etwa auf ein Hin- und Herzahlen hinauslaufen. **Stundungen** sind ebenfalls nicht von der Privilegierung gem. § 2 Abs. 1 Nr. 2 COVInsAG erfasst. Stellt der Gesellschafter Sicherheiten für diese (nicht als Neukredit geltenden) Formen der Verlängerung, sind die Sicherheiten des Gesellschafters nach wie vor gem. § 44a vorrangig in Anspruch zu nehmen. Um die Privilegierung sicher in Anspruch nehmen zu können, sollten im Aussetzungszeitraum sowohl der Neukredit des Dritten valutieren als auch die Gesellschaftersicherheit bestellt werden (mit verschiedenen Fallkonstellationen: Bitter GmbHR 2020, 861 Rn. 25; in Bezug auf den Begriff der Gewährung und des Neudarlehens → § 135 Rn. 93a f.). Für Zahlungen auf gestundete Forderungen trifft § 2 Abs. 1 Nr. 5 COVInsAG nunmehr eine Sonderregelung (im Detail dazu → § 39 Rn. 106c), die allerdings keinen über § 2 Abs. 1 Nr. 2 COVInsAG hinausgehenden Dispens in Bezug auf § 44a anordnet. 25

Die Privilegierung nach § 2 Abs. 1 Nr. 2 COVInsAG gilt auch für Unternehmen, die **keiner Antragspflicht** unterliegen und Schuldner, die bei Begebung des Darlehens (bzw. Stellung der Gesellschaftersicherheit) **weder zahlungsunfähig noch überschuldet** sind (§ 2 Abs. 2 COVInsAG; über den Verweis in § 2 Abs. 1 S. 1 und 2 COVInsAG ist sichergestellt, dass Abs. 2 auch für den Zeitraum zwischen 1.10.2020 und 31.12.2020 gibt, in dem die Antragspflicht nur wegen des Insolvenzgrundes der Überschuldung ausgesetzt war). Auch im Aussetzungszeitraum neu gegründete Unternehmen sollen erfasst sein (Bitter GmbHR 2020, 861 Rn. 16; Bitter ZIP 2020, 685 (686 f., 694 f.)). In zeitlicher Hinsicht gelten dieselben Voraussetzungen wie im Aussetzungszeitraum, dh Sicherheitenbestellung, Darlehensbegebung bzw. Vornahme der Rechtshandlung zwischen dem 1.3.2020 und 30.9.2020 sowie Beantragung des Insolvenzverfahrens bis zum 30.9.2023 (→ § 39 Rn. 106a). 26

§ 45 Umrechnung von Forderungen

¹Forderungen, die nicht auf Geld gerichtet sind oder deren Geldbetrag unbestimmt ist, sind mit dem Wert geltend zu machen, der für die Zeit der Eröffnung des Insolvenzverfahrens geschätzt werden kann. ²Forderungen, die in ausländischer Währung oder in einer Rechnungseinheit ausgedrückt sind, sind nach dem Kurswert, der zur Zeit der Verfahrenseröffnung für den Zahlungsort maßgeblich ist, in inländische Währung umzurechnen.

Überblick

Durch die in § 45 angeordnete Schätzung von nicht auf Geld gerichteten und solchen Forderungen, deren Geldbetrag unbestimmt ist, und die Umrechnung von Fremdwährungsforderungen in Euro werden diese Forderungen zum Zweck einer gleichmäßigen, quotalen Gläubigerbefriedigung zu den sonstigen Insolvenzforderungen näherungsweise ins richtige wertmäßige Verhältnis gesetzt.

Übersicht

	Rn.		Rn.
A. Normzweck und Historie	1	III. Forderungen in ausländischer Währung oder in einer Rechnungseinheit (S. 2)	21
B. Anwendungsbereich	5		
I. Nicht auf Geld gerichtete Forderungen (S. 1 Alt. 1)	6	C. Grundsätze der Schätzung und Umrechnung	24
II. Forderungen mit unbestimmtem Geldbetrag (S. 1 Alt. 2)	14	D. Wirkungen von Schätzung und Umrechnung	30

A. Normzweck und Historie

1 § 45 bezweckt, alle Insolvenzforderungen für das Insolvenzverfahren vergleichbar zu machen und in das richtige wertmäßige Verhältnis zueinander zu setzen, um so eine gleichmäßige, quotale Gläubigerbefriedigung – die par condicio creditorum – zu ermöglichen; zugleich bezweckt die Vorschrift aber auch, die Verfahrensabwicklung praktikabel zu gestalten (vgl. Begr. RegE, BT-Drs. 12/2443, 124).

2 Da die Ermittlung einer Insolvenzquote nur bei auf dieselbe Währung lautenden Forderungen möglich ist, sieht § 45 vor, dass sowohl Forderungen, die nicht auf Geld gerichtet sind oder deren Geldbetrag unbestimmt ist (S. 1), als auch Fremdwährungsforderungen (S. 2) in Euro ausgedrückt werden. Dies geschieht dadurch, dass der Wert dieser Forderungen in Euro geschätzt wird (S. 1) bzw. in Euro umgerechnet wird (S. 2).

3 Dabei wird bei den Forderungen iSd S. 1 hingenommen, dass es um der Praktikabilität der Verfahrensabwicklung willen zu im Einzelfall nicht unerheblichen Unschärfen bei der gleichmäßigen Gläubigerbefriedigung kommen kann, weil der Wert dieser Forderungen durch die vorgesehene Schätzung nur näherungsweise bestimmt wird und so das wertmäßige Verhältnis der Insolvenzforderungen zueinander ggf. erheblich verschoben wird.

4 § 45 ist zwingendes Recht (RGZ 93, 209 (214) zu §§ 69, 70 KO).

B. Anwendungsbereich

5 § 45 findet ausschließlich auf einfache und nachrangige Insolvenzforderungen iSd §§ 38, 39 Anwendung. Dies ergibt sich zum einen aus seiner systematischen Stellung, zum anderen aus seinem Zweck, eine gleichmäßige, quotale Gläubigerbefriedigung zu ermöglichen. Nicht erfasst sind daher Masseforderungen iSd §§ 53 ff., Ansprüche auf Aussonderung und Ersatzaussonderung iSd §§ 47, 48. Für Absonderungsrechte gilt § 45, soweit diese gem. § 52 Insolvenzforderungen begründen (K. Schmidt InsO/Thonfeld Rn. 2).

I. Nicht auf Geld gerichtete Forderungen (S. 1 Alt. 1)

6 Als Forderungen iSd S. 1 Alt. 1, die nicht „auf Geld gerichtet" sind, sind insbesondere anzusehen: Verschaffungsansprüche (RGZ 94, 61 (64) zu § 69 KO); Ansprüche auf Naturalleistungen wie zB Kost und Wohnung (MüKoInsO/Bitter Rn. 7); Nacherfüllungsansprüche gem. §§ 439, 635 BGB (Mängelbeseitigung oder Nachlieferung; BGH NZI 2004, 214); zivilrechtliche Räumungs- oder Beseitigungsansprüche (BGH NZI 2002, 425); mietrechtliche Ansprüche auf Renovierung der Miträume (BGH NJW 1985, 271); (nicht insolvenzfeste) Löschungsansprüche gem. § 1179a Abs. 1 BGB (Uhlenbruck/Knof Rn. 3); Ansprüche auf Bestellung einer Grundschuld und Übergabe eines Grundschuldbriefs (RGZ 77, 106 (109) zu § 69 KO); Ansprüche auf Wegnahme oder Trennung einer Sache von einer anderen (zB wesentlicher Bestandteile; RGZ 63, 307 (308)); Anspruch auf Genehmigung einer Lastschrift als Fortsetzung des Zahlungsanspruchs nach Gutschrift, aber vor Genehmigung der Lastschrift (BGH NZI 2008, 27).

7 Nicht unter § 45 S. 1 Alt. 1 fallen Insolvenzanfechtungsansprüche gem. §§ 129 ff., weil solche in der Insolvenz des Anfechtungsgegners ein Aussonderungsrecht begründen (BGH NJW 2004, 214 (216)). Auf der Grundlage der maßgeblichen Wertungsgesichtspunkte des BGH kann für Anfechtungsansprüche nach § 11 AnfG nichts anderes gelten (MüKoInsO/Bitter Rn. 8 Fn. 49; K. Schmidt InsO/Thonfeld Rn. 5; aA FK-InsO/Bornemann Rn. 3).

8 Bei der insolvenzrechtlichen Qualifizierung von Unterlassungsansprüchen als dem Anwendungsbereich des § 45 unterfallende Insolvenzforderungen ist zu differenzieren. Es ist anerkannt, dass Strafen oder Schadensersatzforderungen aus vorinsolvenzlichen Verstößen gegen eine Unter-

Umrechnung von Forderungen § 45 InsO

lassungsverpflichtung als Zahlungsansprüche als Insolvenzforderungen anzusehen sind und daher auch dem Anwendungsbereich des § 45 unterfallen können (BGH NZI 2003, 539 (541); ZIP 2010, 948 (952); K. Schmidt InsO/Thonfeld Rn. 7). Unterlassungsansprüchen als solchen wird hingegen nach der hM wegen deren Inhalt – wie bei nicht vertretbaren Handlungen (→ Rn. 10) – pauschal die Qualität einer Insolvenzforderung abgesprochen (Jaeger/Henckel Rn. 7; MüKoInsO/ Ehricke § 38 Rn. 38; Uhlenbruck/Knof Rn. 6, jew. mwN). Daraus, dass § 890 ZPO zur Durchsetzung dieser Ansprüche allein die Ausübung von Zwang gegen den Unterlassungsschuldner – Ordnungsgeld und Ordnungshaft – vorsehe, aber keine Substitution der Unterlassungsverpflichtung durch eine Vollstreckung in das Vermögen des Unterlassungsschuldners, ergebe sich, dass es sich nicht um einen „Vermögensanspruch" iSd § 38 handele (Jaeger/Henckel Rn. 7; MüKoInsO/ Ehricke Rn. 38; Uhlenbruck/Knof Rn. 6). Demgegenüber sind der IX. Zivilsenat des BGH und ihm folgend Teile der Literatur der Auffassung, dass ein etwaiger Vermögenswert von Unterlassungsansprüchen – mindestens aber das Nichterfüllungsinteresse eines vertraglichen Unterlassungsgläubigers – eine Insolvenzforderung begründen könne, wenn die Unterlassungsverpflichtung die Insolvenzmasse nicht binde, der Unterlassungsgläubiger aufgrund des Insolvenzereignisses somit sein Interesse an der Unterlassung nicht mehr durchsetzen könne (BGH NZI 2003, 539 (541); MüKoInsO/Bitter Rn. 8; K. Schmidt KTS 2004, 241 (250, 256)). Dementsprechend soll in diesen Fällen § 45 Anwendung finden und die Unterlassungsansprüche mit ihrem geschätzten Vermögenswert zur Tabelle angemeldet werden können (MüKoInsO/Bitter Rn. 8; K. Schmidt KTS 2004, 241 (250, 256)).

Der Wortlaut der §§ 38, 45 S. 1 ist einer Qualifizierung von Unterlassungsansprüchen als „Vermögensansprüchen" zugänglich. Für die wohl noch herrschende Auffassung scheidet eine Qualifizierung von Unterlassungsansprüchen als Insolvenzforderung gleichwohl aus, weil Unterlassungsansprüche – unabhängig davon, ob man ihnen einen Vermögenswert zuschreiben kann oder nicht – nicht in diesem Sinne gegen das Schuldnervermögen, sondern gegen den Schuldner persönlich gerichtet seien (Jaeger/Henckel Rn. 7; MüKoInsO/Ehricke § 38 Rn. 38; Uhlenbruck/ Knof Rn. 6). Dass der Begriff des „Vermögensanspruchs" zwangsläufig in diesem Sinne zu verstehen wäre, liegt aber unter teleologischen Gesichtspunkten keineswegs auf der Hand. Aus der Zweckrichtung des Insolvenzverfahrens, der gleichmäßigen Verteilung des zur vollständigen Befriedigung aller Gläubiger von „Vermögensansprüchen" nicht hinreichenden Schuldnervermögens, lässt sich nicht unmittelbar ableiten, wer im Einzelnen an der Verteilung partizipieren soll und wer nicht. Ein tragfähiger Gesichtspunkt, der eine Differenzierung zwischen Unterlassungsansprüchen und den unzweifelhaft von § 45 S. 1 erfassten Ansprüchen rechtfertigen könnte, ist v.a. bei solchen vertraglichen Unterlassungsansprüchen, denen ein Vermögenswert zugeschrieben werden kann, der sich – wie in dem vom BGH entschiedenen Fall – in einem Gegenstand der Insolvenzmasse niederschlägt, nicht ohne weiteres ersichtlich. Hier liegt es durchaus nah, dass der vertragliche Unterlassungsgläubiger an der quotalen Verteilung der Masse teilhaben können soll, wenn die Unterlassungsverpflichtung einerseits die Masse nicht bindet (und deshalb eine „Doppelberücksichtigung" des Unterlassungsanspruchs im Verfahren ausgeschlossen ist), andererseits aber der vertraglich nach wie vor an die Unterlassungsverpflichtung gebundene Schuldner keinen rechtlich verbindlichen Einfluss darauf hat, ob die auf den Massegegenstand bezogene Unterlassungsverpflichtung beachtet wird oder nicht, und zugleich die Masse in die Lage versetzt wird, den Vermögenswert der Unterlassungsverpflichtung für sich zu realisieren. Nicht zu verkennen ist indes, dass die Einbeziehung der Unterlassungsansprüche in den Kreis der – nach § 45 S. 1 zu schätzenden – Insolvenzforderungen dazu führen würde, dass dem Unterlassungsgläubiger auch dann eine Quotenberechtigung zuerkannt würde, wenn weder die Masse noch der Schuldner überhaupt Anstalten machten, sich in dem untersagten Sinne zu verhalten. Dies lässt es im Ergebnis zweifelhaft erscheinen, ob eine Erstreckung des Begriffs des „Vermögensanspruchs" auf solche Ansprüche, denen ein (irgendwie gearteter) Vermögenswert zukommt, nicht doch zu einer – die Quotenansprüche der sonstigen Insolvenzgläubiger verwässernden – Ausuferung des Kreises der Quotenberechtigten führt.

Bei einem Anspruch auf die Vornahme einer nicht vertretbaren Handlung soll nach allgemeiner Auffassung der nicht vertretbare Inhalt der Verpflichtung gegen die Qualifikation als Insolvenzforderung iSd § 38 sprechen. Diese Einschätzung wird – entsprechend dem zu Unterlassungsansprüchen Ausgeführten – auf die Behandlung solcher Ansprüche in der Einzelzwangsvollstreckung gestützt (s. § 888 ZPO). Wegen der Höchstpersönlichkeit der Handlungsverpflichtung des Schuldners soll eine Schätzung oder eine Umrechnung nicht in Betracht kommen (Braun/Bäuerle Rn. 3); dies gilt nach allgemeiner Auffassung auch dann, wenn dem Anspruch ein berechenbarer Vermögenswert zugeordnet werden kann (BGH NZI 2005, 628 = Jungmann WuB VI A § 38 1.05; Uhlenbruck/Knof Rn. 8; K. Schmidt InsO/Thonfeld Rn. 7).

9

10

11 Ansprüche auf vertretbare Handlungen iSd § 887 ZPO fallen hingegen unter § 45. Sie können mit dem Betrag zur Insolvenztabelle angemeldet werden, den die Ersatzvornahme der vertretbaren Handlung durch einen Dritten kostet (OLG Köln NJW-RR 1993, 361 (363) zum Anspruch auf Rechnungserteilung; Uhlenbruck/Knof Rn. 7; K. Schmidt InsO/Thonfeld Rn. 4; MüKoInsO/Bitter Rn. 25). Auch Befreiungsansprüche haben vertretbare Handlungen zum Gegenstand. Ist der Befreiungsanspruch auf eine Befreiung von einer Geldschuld gerichtet, erübrigt sich eine Schätzung iSd S. 1 Alt. 1; die Forderung kann mit dem Betrag der Verbindlichkeit gegenüber dem Dritten, von der freizustellen ist, zur Tabelle angemeldet und unmittelbar Leistung der Quote an den Dritten beansprucht werden (Uhlenbruck/Knof Rn. 7; MüKoInsO/Bitter Rn. 8; Jaeger/Henckel Rn. 6).

12 Der BGH und das BAG halten auch die Anmeldung eines (prozessualen) Feststellungsanspruchs mit seinem geschätzten Wert für möglich (BGH NJW 1995, 1750; BAG ZIP 2007, 745 (747 f.)). Zu Recht wird dies wegen der (ausschließlich) prozessualen Natur des Feststellungsanspruchs (vgl. dazu Saenger ZPO § 256 Rn. 1) in der Literatur kritisiert und die Auffassung des BGH auf ihren berechtigten Kern reduziert: Allein die vermögensrechtlichen Ansprüche, deren Feststellung im Prozess begehrt wird, können – soweit es sich um nicht auf Geld gerichtete Insolvenzforderungen handelt – mit ihrem geschätzten Wert zur Insolvenztabelle angemeldet werden (Uhlenbruck/Knof Rn. 9; MüKoInsO/Bittner Rn. 8a; Jaeger/Henckel Rn. 7).

13 Bei öffentlich-rechtlichen Pflichten des Schuldners ist die Eigenschaft als Insolvenzforderung regelmäßig zu verneinen, sodass § 45 schon deshalb nicht anwendbar ist. So ist zB die Pflicht des Schuldners zur Abgabe von Emissionsberechtigungen gem. § 6 Abs. 1 TEHG keine Insolvenzforderung iSv § 38 (vgl. Uhlenbruck/Knof Rn. 10). Sollten ausnahmsweise öffentlich-rechtliche Pflichten eine Masseschuld darstellen (so zur Abfallentsorgung BVerwGE NZI 1999, 246; VGH Mannheim NJW 1992, 64 (65); krit. dazu BGHZ 148, 252 (260)) kommt für den Insolvenzverwalter in Betracht, sich durch Freigabe einer Inanspruchnahme zu entziehen (BVerwG WM 2005, 233; BGH NJW 2005, 2015).

II. Forderungen mit unbestimmtem Geldbetrag (S. 1 Alt. 2)

14 Gemäß S. 1 Alt. 2 sind auch Forderungen, die zwar dem Grunde nach bestehen und auf Geld gerichtet sind, deren Höhe aber bei Verfahrenseröffnung noch nicht bestimmt ist, mit dem geschätzten Wert zur Tabelle anzumelden. Typischer Anwendungsfall dieser Alternative sind Schadensersatzansprüche, bei denen die Schadensentwicklung noch nicht abgeschlossen ist und bei denen die Höhe des Schadens noch nicht feststeht (RGZ 87, 82 (84) zu §§ 65, 69, 70 KO; Uhlenbruck/Knof Rn. 11; MüKoInsO/Bitter Rn. 10). Ferner erfasst S. 1 Alt. 2 unverzinsliche Forderungen mit einem unbestimmten Fälligkeitstermin, etwa weil dieser an das Ableben einer Person anknüpft (Uhlenbruck/Knof Rn. 11; MüKoInsO/Bitter Rn. 10); auch bei diesen Forderungen ist die Höhe ungewiss, weil der Abzinsungszeitraum und damit die Höhe des Abzinsungsbetrags nicht bestimmt werden kann. Schließlich erfasst Alt. 2 Forderungen auf wiederkehrende Leistungen, bei denen zwar der (jeweilige) Geldbetrag feststeht, aber Anfang und Ende des Leistungszeitraums nicht (K. Schmidt InsO/Thonfeld Rn. 8; Bitter NZI 2000, 399 (400 ff.)).

15 Bei der Anmeldung von Ansprüchen aus der betrieblichen Altersversorgung und Versorgungsanwartschaften ist hinsichtlich der insolvenzrechtlichen Behandlung insbesondere danach zu differenzieren, ob es sich um bereits entstandene Rentenansprüche oder noch um Versorgungsanwartschaften handelt, ob es sich bei Versorgungsanwartschaften um verfallbare oder unverfallbare Anwartschaften handelt, sowie danach, ob es sich bei unverfallbaren Anwartschaften um solche handelt, die dem Anwendungsbereich des § 9 Abs. 2 BetrAVG unterfallen oder um sonstige unverfallbare Versorgungsanwartschaften (eingehend MüKoInsO/Bitter Rn. 12 ff.; Bitter NZI 2000, 399 (402 ff.)).

16 War der Versorgungsfall (Erreichen des Pensionsalters, Invalidität oder Tod) bei Insolvenzeröffnung bereits eingetreten, ist die Rente auf der Grundlage der §§ 41, 45 S. 1, 46 S. 2 zur Insolvenztabelle anzumelden und festzustellen. Die Dauer des Rentenbezugs ist – bei Renten auf Lebenszeit – unter Berücksichtigung der statistischen Lebenserwartung nach versicherungsmathematischen Grundsätzen zu schätzen (→ Rn. 24 ff.).

17 Eine bei Insolvenzeröffnung vertraglich oder gesetzlich – s. insoweit § 1b BetrAVG – noch verfallbare Versorgungsanwartschaft erlischt im Fall der insolvenzbedingten Beendigung des Arbeitsverhältnisses (MüKoInsO/Bitter Rn. 14), es sei denn, der Insolvenzverwalter führt das Arbeitsverhältnis bis zum Eintritt der Unverfallbarkeit fort mit der Folge, dass pro rata temporis Insolvenzforderungen und Masseforderungen entstehen (BAG ZIP 2005, 1706 (1708 ff.); BGH ZIP 2008, 279 (281) zu §§ 67, 69 KO).

Waren die Versorgungsanwartschaften bei Insolvenzeröffnung hingegen bereits unverfallbar, ist 18
deren Behandlung im Insolvenzverfahren umstritten: Der IX. Zivilsenat des BGH spricht sich für
die Anwendbarkeit der Regelungen über aufschiebend bedingte Forderungen – §§ 42, 191 – aus
(BGHZ 113, 207 (212) = NJW 1991, 1111 (1112); 1992, 2091 (2092); BGHZ 136, 220 (222 ff.) =
NJW 1998, 312 (313 f.)). Da der Eintritt des Versorgungsfalls unsicher sei und daher möglich
sei, dass die Versorgungsanwartschaft nie zu einem Versorgungsanspruch erstarke, erhielten die
Versorgungsanwärter unter Umständen auf Kosten der sonstigen Gläubiger Quotenzahlungen, die
ihnen eigentlich nicht zustünden; die Gefahr, dass die Voraussetzungen der Rentenberechtigung
nicht einträten, sei vom Versorgungsanwärter und nicht von den sonstigen Insolvenzgläubigern
zu tragen (BGHZ 136, 220 (222 ff.) = NJW 1998, 312 (313)). Die Versorgungsanwärter hätten
daher – wie andere Gläubiger bedingter Forderungen auch – zunächst nur einen Anspruch auf
Sicherung ihrer Quotenberechtigung (§ 191); trete der Sicherungsfall nicht ein, werde der zurückbehaltene Betrag für die Nachtragsverteilung (§ 203 Abs. 1 Nr. 1) frei (BGHZ 136, 220 (222 ff.) =
NJW 1998, 312 (313)). Der Wert der in dieser Weise zu berücksichtigenden Versorgungsanwartschaft soll dabei nach den Grundsätzen des § 45 zu schätzen sein; die Anwendung der Regelungen
über aufschiebend bedingte Forderungen schließe die Anwendbarkeit des § 45 nicht aus (BGHZ
136, 220 (222 ff.) = NJW 1998, 312 (313 f.)). Demgegenüber geht der III. Senat des BAG davon
aus, dass sich eine unverfallbare Versorgungsanwartschaft mit Insolvenzeröffnung in einen nach
den §§ 41, 45 S. 1, § 46 S. 2 zu beziffernden, fälligen Zahlungsanspruch umwandele und bei der
quotalen Verteilung des Schuldnervermögens unmittelbar zu berücksichtigen sei (BAG NJW 1973,
167; 1978, 1343; 1984, 998; ZIP 1990, 400 (401) jeweils zu §§ 69, 70 KO). Die Behandlung als
lediglich zur Sicherung berechtigender aufschiebend bedingter Anspruch führe zur Verzögerung
der Abwicklung des Insolvenzverfahrens und belaste die Versorgungsanwartschaft mit Verwaltungskosten (BAG ZIP 1990, 400 (401)).

Der Gesetzgeber gab für Versorgungsanwartschaften im Anwendungsbereich des BetrAVG 19
durch die im Jahr 2009 eingefügte Neuregelung des § 9 Abs. 2 S. 3 BetrAVG der Lösung des BAG
den Vorzug. Sie gehen gem. § 9 Abs. 2 S. 3 BetrAVG mit der Insolvenzeröffnung auf den Träger
der Insolvenzsicherung (Pensions-Sicherungs-Verein Versicherungsverein auf Gegenseitigkeit, § 14
BetrAVG) über und werden im Insolvenzverfahren als unbedingte Forderungen nach § 45 im
Insolvenzverfahren berücksichtigt. Der zwischen dem IX. Zivilsenat des BGH und dem III. Senat
des BAG ausgetragene Streit hat sich hierdurch für die Versorgungsanwartschaften im Anwendungsbereich des BetrAVG erledigt.

Für die insolvenzrechtliche Behandlung von Versorgungsanwartschaften außerhalb des Anwen- 20
dungsbereichs des BetrAVG – s. insoweit insbesondere § 17 BetrAVG – hat der Streit indes nach
wie vor Bedeutung. Die inzwischen ganz überwiegende Meinung im Schrifttum schließt sich der
Sichtweise des BGH an (MüKoInsO/Bitter Rn. 12 ff.; Bitter NZI 2000, 399 (403 ff.); Uhlenbruck/Knof Rn. 15; Jaeger/Henckel Rn. 10). Tritt der Versorgungsfall während des laufenden
Insolvenzverfahrens, aber vor Feststellung der Anwartschaft als aufschiebend bedingte Forderung
zur Insolvenztabelle ein, soll allerdings auch nach Auffassung des BGH eine Feststellung als unbedingte Forderung erfolgen, wobei hinsichtlich der nach § 45 erforderlichen Schätzung auf die
Umstände bei Verfahrenseröffnung abzustellen sei (BGH NZI 2008, 185).

III. Forderungen in ausländischer Währung oder in einer Rechnungseinheit (S. 2)

S. 2 bestimmt, dass Forderungen, die in einer ausländischen Währung oder in einer Rechnungs- 21
einheit ausgedrückt sind, nach ihrem zum Zeitpunkt der Verfahrenseröffnung maßgeblichen Kurswert in Euro umzurechnen sind.

Die Alt. 1 erfasst sowohl sog. echte, die nach dem Willen der Vertragsparteien zwingend in 22
der vereinbarten ausländischen Währung zu erfüllen sind, als auch sog. unechte Fremdwährungsschulden, die gem. § 244 Abs. 1 BGB auch in Euro erfüllt werden können (MüKoInsO/Bitter
Rn. 17; Uhlenbruck/Knof Rn. 17).

Mit Alt. 2 sind insbesondere Sonderziehungsrechte des Internationalen Währungsfonds ange- 23
sprochen (vgl. Stellungnahme des Bundesrats zu § 52 RegE, BT-Drs. 12/2443, 250; MüKoInsO/
Bitter Rn. 18; Uhlenbruck/Knof Rn. 17). Da der Wechselkurs dieser „Retortenwährung" auf
Grundlage eines Währungskorbs der international wichtigsten Währungen errechnet wird, unterliegt auch er Schwankungen und es bedarf zum Zweck, die Forderungen in einer Rechnungseinheit mit den anderen Insolvenzforderungen wertmäßig vergleichbar zu machen, der Umrechnung
zum Eröffnungsstichtag (MüKoInsO/Bitter Rn. 18).

C. Grundsätze der Schätzung und Umrechnung

24 Die Schätzung bzw. Umrechnung ist durch den anmeldenden Gläubiger und nicht durch den Insolvenzverwalter vorzunehmen (allgM, statt aller MüKoInsO/Bitter Rn. 21 mwN). Der Gläubiger hat daher die hierdurch entstehenden Kosten zu tragen, die ihrerseits nur als nachrangige Insolvenzforderung im Insolvenzverfahren zu berücksichtigen sind (K. Schmidt InsO/Thonfeld Rn. 11; Grub DZWIR 2000, 223 (226)).

25 Eine Anmeldung der von § 45 erfassten Forderungen in ihrer ursprünglichen Form bleibt unberücksichtigt (MüKoInsO/Bitter Rn. 21). Da der anmeldende Gläubiger anderenfalls keinen positiven Hinweis darauf hätte, dass seine Forderung nicht berücksichtigt wird – insbesondere erhält er keinen Tabellenauszug mit dem Ergebnis der Forderungsprüfung –, dürfte von einer Pflicht des Insolvenzverwalters, den Gläubiger hierauf hinzuweisen, auszugehen sein (MüKoInsO/Bitter Rn. 21; K. Schmidt InsO/Thonfeld Rn. 11; Jaeger/Henckel Rn. 15). Streitfragen hinsichtlich der Schätzung bzw. Umrechnung sind im Feststellungsrechtsstreit zu klären (§§ 179 Abs. 1, 184 Abs. 1 S. 1).

26 Für die Schätzung der nicht auf Geld gerichteten Forderung ist der gemeine Wert der Leistung, also der Verkaufspreis, der im gewöhnlichen Geschäftsverkehr zu erzielen wäre (vgl. § 9 BewG), nicht ein etwaiger Liebhaberwert für den Gläubiger maßgeblich (allgM, statt aller MüKoInsO/Bitter Rn. 25 mwN). Bei gegenseitigen Verträgen zwischen Gläubiger und Insolvenzschuldner wird sich der gemeine Wert regelmäßig – wenn nicht Anhaltspunkte dafür bestehen, dass die Parteien ein Affektionsinteresse ausnahmsweise berücksichtigt haben – in der vereinbarten Gegenleistung widerspiegeln. In den sonstigen Fällen kann die Schätzung vor allem dann Schwierigkeiten bereiten, wenn – etwa mangels eines vorhandenen oder hinreichend transparenten Marktes – ein gewöhnlicher Verkaufspreis nicht ermittelt werden kann. In Streitfällen kann ein Sachverständigengutachten einzuholen sein.

27 Die Schätzung von Forderungen mit unbestimmten Geldbeträgen betrifft insbesondere zukünftige Rentenansprüche und Versorgungsanwartschaften auf Lebenszeit. Deren Höhe ist unbestimmt, weil sie von der Lebenserwartung des Rentenberechtigten bzw. Versorgungsanwärters abhängig sind. Die Höhe der berücksichtigungsfähigen zukünftigen Rentenbeträge ist auf der Grundlage der statistischen Lebenserwartung des Berechtigten, die die Versicherungsmathematik in sog. Sterbetafeln festhält, zu berechnen. Die derart ermittelten, zu berücksichtigenden zukünftigen Rentenbeträge sind sodann auf den maßgeblichen Zeitpunkt der Verfahrenseröffnung abzuzinsen (allgM, statt aller MüKoInsO/Bitter Rn. 26). Streitig ist, ob die Abzinsung den Regeln des § 41 folgt und deshalb mittels des gesetzlichen Zinssatzes zu erfolgen hat (§ 41 Abs. 2) oder ein anderer Zinssatz – etwa der Anlagezinssatz für mittel- bis langfristige Anlagen – der Schätzung zugrunde zu legen ist. Für die letztgenannte Auffassung (BAGE 60, 32 (35 ff.); OLG Köln OLGR 2004, 200 (201); LAG BW BeckRS 2020, 19675, sowie die Vorinstanz ArbG Reutlingen NZI 2020, 367; K. Schmidt InsO/Thonfeld Rn. 12; FK-InsO/Bornemann § 41 Rn. 6) könnte sprechen, dass § 46 S. 2 für wiederkehrende Leistungen mit unbestimmter Dauer anders als § 46 S. 1 nicht auf § 41 Abs. 2, sondern auf § 45 S. 1 verweist, der eine Schätzung des anzumeldenden Betrags vorsieht. Die insofern nach dem Wortlaut des § 46 S. 2 mögliche und unter dem Gesichtspunkt der Einzelfallgerechtigkeit grundsätzlich begrüßenswerte Individualisierung der zugrunde zu legenden Abzinsungszinssätze kann jedoch in der Praxis zu Streit über den zutreffenden Zinssatz und hierdurch zu einer Erschwerung und Verzögerung der Verfahrensabwicklung führen. Zudem verweist die Gegenansicht zu Recht darauf, dass Gesichtspunkte, die eine Differenzierung zwischen den Fällen des § 46 S. 1, der eine Abzinsung nach dem gesetzlichen Zinssatz zwingend vorschreibt, und den Fällen des § 46 S. 2 in dieser Frage rechtfertigen könnten, nicht ersichtlich sind (MüKoInsO/Bitter Rn. 26; Bitter/Wosch ZIP 2020, 2044 (2050); Jaeger/Henckel Rn. 8; Uhlenbruck/Knof Rn. 22). Der Grundsatz der verfahrensmäßigen Gläubigergleichbehandlung spricht daher für eine Abzinsung anhand des gesetzlichen Zinssatzes, die der Gesetzgeber in § 41 Abs. 2 für nicht fällige Forderungen für maßgeblich erklärt und sich damit für eine der Erleichterungen der Verfahrensabwicklung dienende Pauschalierung entschieden hat (vgl. Bitter/Wosch ZIP 2020, 2044 (2050), die zutreffend darauf hinweisen, dass, wäre die Erzielung von Einzelfallgerechtigkeit durch Heranziehung eines marktgerechten Zinssatzes bei der Formulierung des § 46 S. 2 das gesetzgeberische Ziel gewesen, diese Zielsetzung konsequenterweise auch in § 41 Abs. 2 hätte verfolgt werden müssen). Diesen Erwägungen folgend sprach sich auch das BAG für eine Abzinsung anhand des gesetzlichen Zinssatzes aus und hob das Urteil des LAG BW (BeckRS 2020, 19675) auf (BeckRS 2021, 20369, mit eingehender Begründung in Rn. 33 ff.).

28 Für die Umrechnung von ausländischen Währungen oder Rechnungseinheiten verweist S. 2 auf den zum Zeitpunkt der Verfahrenseröffnung für den Zahlungsort maßgeblichen Kurswert.

Der BGH rekurrierte für die Vorgängerregelung des § 61 KO auf den amtlichen Wechselkurs (BGHZ 108, 123 (128 f.) = NJW 1989, 3155 (3157)). Ein amtlicher Wechselkurs in dem vom BGH gemeinten Sinne wird von der Deutschen Bundesbank seit der Euroeinführung zum 1.1.1999 nicht mehr ermittelt. Die Funktion eines von unabhängiger Stelle festgesetzten amtlichen Wechselkurses hat seitdem der von der Europäischen Zentralbank festgestellte und von der Deutschen Bundesbank veröffentlichte Referenzkurs (Euro-Referenzkurs) übernommen (K. Schmidt InsO/Thonfeld Rn. 14; Graf-Schlicker/Castrup Rn. 4).

Hinsichtlich des maßgeblichen Zeitpunkts der Umrechnung wird bei betagten Forderungen **29** teilweise die Auffassung vertreten, dass abweichend von dem Wortlaut des § 45 S. 2 nach Insolvenzeröffnung liegende, aber bereits zu diesem Zeitpunkt „abschätzbare" Entwicklungen an den Devisenmärkten bis zum Fälligkeitstermin der Forderung zu berücksichtigen seien und § 45 S. 2 insoweit teleologisch zu reduzieren sei (MüKoInsO/Bitter Rn. 24; Uhlenbruck/Knof Rn. 23; ähnlich K. Schmidt FS-Merz, 1992, 533 (541), der bei tatsächlich eintretender Kursänderung eine Tabellenkorrektur zulasten des Fremdwährungsgläubigers für denkbar hält). Die Auffassung führt dazu, dass für die insolvenzrechtliche Behandlung einer betagten Fremdwährungsforderung zwei verschiedene Zeitpunkte als maßgeblich angesehen werden: Einerseits bringt der Gesetzgeber durch die bei einer unverzinslichen Forderung gebotene Abzinsung gemäß § 41 S. 2 zum Ausdruck, dass deren Gläubiger – zum Zweck der wertmäßigen Vergleichbarkeit aller Insolvenzforderungen – so zu stellen sei, als erhalte er vorzeitig (quotale) Befriedigung zum Zeitpunkt der Insolvenzeröffnung. Andererseits wird nach dieser Auffassung für die Umrechnung der Zeitpunkt der Fälligkeit der Forderung als maßgeblich angesehen, kann es doch bei der Berücksichtigung „abschätzbarer" Entwicklungen nur darum gehen, den Umrechnungskurs zum Zeitpunkt der Fälligkeit der Forderung zu antizipieren. Es erscheint zweifelhaft, ob diese Spaltung der maßgeblichen Zeitpunkte noch mit der in § 41 zum Ausdruck kommenden grundsätzlichen gesetzgeberischen Wertentscheidung zu vereinbaren ist, nicht fällige Forderungen unabhängig von ihrem Fälligkeitstermin an der Verteilung des Schuldnervermögens partizipieren zu lassen. Denn diese dürfte implizieren, dass der späteren Fälligkeit der Forderung ausschließlich durch eine Abzinsung Rechnung zu tragen ist, die betagte Forderung im Übrigen aber wie eine fällige behandelt wird und deshalb – wie grundsätzlich für alle Insolvenzforderungen – die Verhältnisse zum Eröffnungsstichtag maßgeblich sein sollen. Anders als bei Forderungen mit unbestimmtem Geldbetrag, bei denen es darum geht, durch die Prognose zukünftiger Ereignisse deren Höhe erst zu ermitteln, und für die der Gesetzgeber daher eine Schätzung vorsieht, schreibt er für Fremdwährungsforderungen lediglich eine Umrechnung vor. Die Berücksichtigung (auch absehbarer) zukünftiger Entwicklungen erscheint daher hier nur vornherein nicht geboten.

D. Wirkungen von Schätzung und Umrechnung

Der BGH qualifiziert § 45 als verfahrensrechtlich bedingte Regelung (vgl. BGH NJW 1991, **30** 1111 (1112) zu § 69 KO). Die Eintragung der Forderung, deren Wert durch Schätzung oder Umrechnung ermittelt wurde, in die Tabelle soll eine inhaltliche – materiell rechtliche - Umwandlung nach sich ziehen (BGH NJW 1989, 3155 (3157) zu § 69 KO; so auch KPB/Holzer Rn. 9). Nach neuerer Ansicht soll die rechtskräftige Feststellung der Forderung zur Insolvenztabelle dagegen nicht die materielle Umwandlung der Forderung bewirken (MüKoInsO/Bitter Rn. 42 ff.; Uhlenbruck/Knof Rn. 26; K. Schmidt InsO/Thonfeld Rn. 16). Vereinzelt wird auch vertreten, dass dem Gläubiger oder dem Schuldner hinsichtlich der Dauerhaftigkeit der Umwandlung ein Wahlrecht zu gewähren sei, wobei der Gläubiger seine Forderung nur eingeschränkt auf deren Berücksichtigung im Insolvenzverfahren und unter Ausschluss der Nachhaftung anzumelden berechtigt sein soll (Häsemeyer Rn. 25.11 ff.; zust. Nerlich/Römermann/Westphal §§ 201, 202 Rn. 14). Die Frage der materiell-rechtlichen Wirkung der Umwandlung hat sowohl Bedeutung für die Wirkungen der Schätzung oder Umrechnung gegenüber Dritten als auch für die Gestalt der Forderung bei einer Geltendmachung durch den Gläubiger nach Beendigung des Insolvenzverfahrens. Die Annahme eines Wahlrechtes ist abzulehnen, da das Insolvenzrecht eine auf die Verteilung der Insolvenzmasse beschränkte Anmeldung und Feststellung der Forderung nicht kennt (vgl. MüKoInsO/Bitter Rn. 43). Richtigerweise kann durch die Feststellung der Forderung zur Tabelle eine materielle Änderung nicht stattfinden, da dies nicht mit der vom Gesetz vorgesehenen unterschiedlichen Wirkung der Feststellung gegenüber dem Insolvenzverwalter und allen Insolvenzgläubigern nach § 178 Abs. 3 und der davon zu unterscheidenden Wirkung gegenüber dem Schuldner nach § 201 Abs. 2 zu vereinbaren ist (MüKoInsO/Bitter Rn. 42; Uhlenbruck/Knof Rn. 26).

Die nur auf das Verhältnis zwischen Gläubiger und Schuldner beschränkte Rechtskraft des **31** Tabelleneintrages steht im Einklang mit der allgemein geteilten Annahme, dass die Wirkungen des § 45 sich grundsätzlich nicht auf Dritte – insbesondere mithaftende Gesamtschuldner und Bürgen – erstreckt (Uhlenbruck/Knof Rn. 27; K. Schmidt InsO/Thonfeld Rn. 15; MüKoInsO/Bitter Rn. 50 f., letzterer unter Bezugnahme auf RGZ 93, 209 ff. allerdings abweichend für (Haftpflicht-)Versicherungen, die gegenüber dem Gläubiger der Weise zur Zahlung verpflichtet sein sollen, wie die Forderung zur Tabelle festgestellt wird). Für den Fall der persönlichen Haftung für Gesellschaftsverbindlichkeiten nach §§ 128, 129 HGB wird von dem Grundsatz der Wirkung inter partes allerdings abgewichen, sodass der Anspruch gegen persönlich haftende Gesellschafter (§ 93) nach rechtskräftiger Feststellung nur noch auf Geldleistung geht (Uhlenbruck/Knof Rn. 28; MüKoInsO/Bitter Rn. 57). Das Zurückgreifen auf einen früher hinsichtlich der Forderung mit ihrem ursprünglichen Inhalt erwirkten Vollstreckungstitel gegen die Gesellschaft ist ausgeschlossen, weil der Titel durch die Feststellung zur Tabelle verbraucht ist (Uhlenbruck/Knof Rn. 28 mwN). Durch die Rechtskraftwirkung des Tabelleneintrags wird der persönlich haftende Gesellschafter somit davor geschützt, dass ihm ein früher über die ursprüngliche Forderung gegen die Gesellschaft erwirkter Titel iRd § 129 HGB entgegengehalten werden kann, sodass für die Inanspruchnahme des Gesellschafters nur noch der zweite Titel maßgebend ist (MüKoInsO/Bitter Rn. 58; Uhlenbruck/Knof Rn. 28). Dies ist sachgerecht, da der Gesellschafter keine Möglichkeit hatte, durch seinen Einfluss in der Gesellschaft eine doppelte Titulierung gegenüber der Gesellschaft zu verhindern und da ansonsten Gläubiger oder Insolvenzverwalter auf seine Kosten spekulieren und ihn je nach Lage der Dinge aus der einen oder anderen Forderung in Anspruch nehmen könnten. Ebenfalls scheidet ein Rückgriff auf einen früher hinsichtlich der Forderung mit ihrem ursprünglichen Inhalt erwirkten Vollstreckungstitel gegen den Gesellschafter aus, sodass auf die Möglichkeit einer neuen Titulierung unter Hinweis auf die Tabelleneintragung und § 129 HGB zu verweisen ist (MüKoInsO/Bitter Rn. 58; Uhlenbruck/Knof Rn. 28).

32   Nach Beendigung des Insolvenzverfahrens wirkt die Feststellung der Forderung ebenfalls fort. Die Maßgeblichkeit der einmal erfolgten Forderungsfeststellung hat für das Weiterverfolgungsrecht des Gläubigers nach Verfahrensbeendigung hat für den Regelfall einer Bindung gegenüber dem Schuldner (vgl. § 201) den Vorteil der Praktikabilität (Uhlenbruck/Knof Rn. 26). Denn iRd § 767 Abs. 2 ZPO sind alle Einwendungen präkludiert, die wegen des Zwangs insolvenzmäßiger Befriedigung durch Gesetz ausgeschlossen waren, sodass der Schuldner nach Verfahrensbeendigung nicht geltend machen kann, die Forderung sei nicht fällig (§ 41) oder nicht auf Geld, sondern auf eine Sachleistung gerichtet (§ 45 S. 1 Alt. 1) oder als Rente periodisch und nicht einmalig in kapitalisierter Form zu zahlen gewesen (vgl. MüKoInsO/Bitter Rn. 45 f.).

33   Bei der Aufrechnung mit von § 45 erfassten Forderungen ist § 95 zu beachten. Nach § 95 Abs. 1 S. 2 ist die Aufrechnung mit einem Anspruch, der erst auf einen Geldbetrag umgerechnet werden muss, ausgeschlossen; dies gilt allerdings nicht für Fremdwährungsforderungen, die gem. § 95 Abs. 2 bei freier Konvertibilität am Zahlungsort aufgerechnet werden können.

§ 46 Wiederkehrende Leistungen

¹Forderungen auf wiederkehrende Leistungen, deren Betrag und Dauer bestimmt sind, sind mit dem Betrag geltend zu machen, der sich ergibt, wenn die noch ausstehenden Leistungen unter Abzug des in § 41 bezeichneten Zwischenzinses zusammengerechnet werden. ²Ist die Dauer der Leistungen unbestimmt, so gilt § 45 Satz 1 entsprechend.

Überblick

Durch die in S. 1 angeordnete Abzinsung von Forderungen auf wiederkehrende Leistungen, deren Betrag und Dauer bestimmt ist, werden diese Forderungen zum Zweck einer gleichmäßigen, quotalen Gläubigerbefriedigung zu den sonstigen Insolvenzforderungen näherungsweise ins richtige wertmäßige Verhältnis gesetzt. S. 2 stellt diejenigen Forderungen auf wiederkehrende Leistungen, deren Dauer unbestimmt ist, den Forderungen gleich, deren Geldbetrag unbestimmt ist, und erklärt § 45 S. 1 für entsprechend anwendbar.

A. Normzweck und Historie

1   § 46 bezweckt – wie auch §§ 41 und 45 – alle Insolvenzforderungen und so auch die Forderungen auf wiederkehrende Leistungen, deren Betrag und Dauer bestimmt ist, für das Insolvenzverfahren vergleichbar zu machen, um so einerseits eine gleichmäßige, quotale Gläubigerbefriedigung – die par condicio creditorum – zu ermöglichen (Begr. RegE, BT-Drs. 12/2443, 124). Hierzu

Wiederkehrende Leistungen § 46 InsO

werden die Einzelforderungen – soweit deren Betrag und Anzahl bekannt ist – auf die wiederkehrende Leistung auf den Zeitpunkt der Verfahrenseröffnung kapitalisiert (S. 1).

Ist die Anzahl der Einzelforderungen wegen der Unbestimmtheit der Dauer der Zahlungsverpflichtung des Schuldners unbekannt, bedarf es gem. S. 2 (zusätzlich) einer Schätzung des Gesamtbetrags nach § 45. Insoweit werden wiederum um der Praktikabilität der Verfahrensabwicklung willen unter Umständen nicht unerhebliche Unschärfen bei der gleichmäßigen Gläubigerbefriedigung hingenommen (→ § 45 Rn. 1). 2

§ 46 entspricht weitgehend § 70 KO und § 35 VerglO (vgl. Begr. RegE, BT-Drs. 12/2443, 124), wobei § 70 S. 2 KO die in dieser Weise zur Tabelle festzustellende Forderung betraglich beschränkte. 3

§ 46 enthält zwingendes Recht (RGZ 93, 209 (214) zu §§ 69, 70 KO). 4

B. Anwendungsbereich

§ 46 findet – wie §§ 41, 45 – ausschließlich auf einfache und nachrangige Insolvenzforderungen iSd §§ 38, 39 Anwendung. Dies ergibt sich zum einen aus seiner systematischen Stellung, zum anderen aus seinem Zweck, eine gleichmäßige, quotale Gläubigerbefriedigung zu ermöglichen. Nicht erfasst sind demgegenüber Masseforderungen iSd §§ 53 ff., Ansprüche auf Aussonderung und Ersatzaussonderung iSd §§ 47, 48. Für Absonderungsrechte gilt § 46, soweit diese gem. § 52 Insolvenzforderungen begründen (Uhlenbruck/Knof Rn. 3 f.; K. Schmidt InsO/Thonfeld Rn. 2). 5

Mit Forderungen auf wiederkehrende Leistungen sind solche Forderungen gemeint, die auf demselben, vorinsolvenzlich begründeten Rechtsverhältnis beruhen, wie zB Leistungen der betrieblichen Altersversorgung, Darlehenszinsen (§ 488 Abs. 2 BGB) und Unterhaltsansprüche gem. § 40 (Uhlenbruck/Knof Rn. 2; K. Schmidt InsO/Thonfeld Rn. 3; Jaeger/Henckel Rn. 3). 6

Nicht erfasst sind von § 46 nach allgemeiner Meinung Ansprüche auf Abzahlung eines Kapitals, wie zB bei einem Ratenzahlungskredit. Dies ergibt sich aus dem – anders als bei § 41 – unterschiedslosen Abzug des Zwischenzinses sowie aus der Historie der Vorgängerregelung des § 70 KO (MüKoInsO/Bitter Rn. 6). Für diese Ansprüche gilt ausschließlich § 41 (MüKoInsO/Bitter Rn. 6; Uhlenbruck/Knof Rn. 2; Jaeger/Henckel Rn. 3; K. Schmidt InsO/Thonfeld Rn. 3). Die eigentlich ratenweise fällig werdende Kapitalforderung gilt im Insolvenzverfahren gem. § 41 Abs. 1 als insgesamt fällig; die Zinsforderung ist als nachrangige Insolvenzforderung iSd § 39 Abs. 1 S. 1 zu berücksichtigen. 7

Nicht erfasst sind ferner – selten anzutreffende – sog. Wiederkehrschuldverhältnisse, bei denen der Leistungsbezug des Schuldners nicht auf einem einheitlichen Rechtsverhältnis beruht, sondern auf laufend neu begründeten Verträgen (Uhlenbruck/Knof Rn. 2; K. Schmidt InsO/Thonfeld Rn. 3; vgl. zur KO RGZ 148, 326 (330 ff.)). 8

C. Bestimmtheit von Betrag und Dauer

Seinem Wortlaut nach erfasst S. 1 ausschließlich Forderungen auf wiederkehrende Leistungen, bei denen sowohl Betrag als auch Dauer bestimmt sind. In diesem Fall sind – ohne dass eine Schätzung erforderlich wäre – die Einzelbeträge der zukünftigen, bis zum Ende der Leistungsdauer zu erbringenden Leistungen auf den Eröffnungsstichtag abzuzinsen und schließlich zur Ermittlung des Kapitalbetrags zu addieren. 9

Für den Fall, dass nur der Betrag bestimmt, die Dauer hingegen unbestimmt ist, ordnet S. 2 die entsprechende Anwendung des § 45 S. 1 an. Der Verweis des S. 2 auf § 45 S. 1 bedeutet indes nicht, dass die in S. 1 vorgesehene Abzinsung in den Fällen des S. 2 entbehrlich wäre. Denn auch Forderungen auf wiederkehrende Leistungen, bei denen nur die Leistungsdauer unbestimmt ist, werden – wie der Verweis des S. 2 auf § 45 S. 1 klarstellt – mit einem Kapitalbetrag (und nicht als eine Reihe aufschiebend bedingter Forderungen) im Insolvenzverfahren berücksichtigt (MüKoInsO/Bitter Rn. 4), sodass – weil deren Gläubiger vorzeitige (quotale) Befriedigung erlangen – eine Abzinsung erforderlich wird. Der Verweis des S. 2 auf § 45 S. 1 bezieht sich daher allein auf die zunächst wegen der Unbestimmtheit der Leistungsdauer erforderliche Schätzung derselben. Anschließend müssen die Einzelbeträge der zukünftigen, bis zum geschätzten Ende der Leistungsdauer zu erbringenden Leistungen auf den Eröffnungsstichtag abgezinst und schließlich zur Ermittlung des Kapitalbetrags addiert werden. Die Abzinsung erfolgt – wie auch in den Fällen des § 41 Abs. 2 – mit dem gesetzlichen Zinssatz (str., → § 45 Rn. 27 ff.). 10

Ist ausschließlich die Dauer bestimmt, der Betrag der wiederkehrenden Leistungen dagegen unbestimmt, findet weder S. 1 noch S. 2 Anwendung. Allerdings ist insoweit § 45 S. 1 Alt. 2 einschlägig, nach dem bei zukünftigen Leistungen ebenfalls eine Kapitalisierung erforderlich ist 11

Erdmann 365

(Uhlenbruck/Knof Rn. 2; K. Schmidt InsO/Thonfeld Rn. 6; Jaeger/Henckel Rn. 7). Es ist daher zunächst gem. § 45 S. 1 Alt. 2 der Betrag der wiederkehrenden Leistungen zu schätzen. Anschließend ist wie in den Fällen des S. 2 zu verfahren, dh die (hier geschätzten) Einzelbeträge der zukünftigen, bis zum feststehenden Ende der Leistungsdauer zu erbringenden Leistungen sind abzuzinsen und sodann zu addieren (HmbKommInsR/Lüdtke § 37 Rn. 9; Uhlenbruck/Knof Rn. 2).

12 Sind Dauer und Betrag unbestimmt, ist S. 2 entsprechend anzuwenden (K. Schmidt InsO/Thonfeld Rn. 3; Jaeger/Henckel Rn. 7; MüKoInsO/Bitter Rn. 4, vgl. schon für § 35 VglO Bley/Mohrbutter VglO § 35 Rn. 1). Zunächst sind somit sowohl die Dauer als auch der Betrag der wiederkehrenden Leistungen nach § 45 S. 1 zu schätzen. Anschließend ist wie in den Fällen des S. 2 zu verfahren, dh die geschätzten Einzelbeträge der zukünftigen, bis zum geschätzten Ende der Leistungsdauer zu erbringenden Leistungen sind abzuzinsen und schließlich zu addieren.

D. Abzinsung

13 Da die Kapitalisierung nach S. 1 zu dem Zweck erfolgt, im Insolvenzverfahren eine gleichmäßige Gläubigerbefriedigung zu ermöglichen, besteht bei Einstellung des Verfahrens vor Zahlung einer Quote die Forderung in ihrer ursprünglichen Gestalt fort (Jaeger/Henckel Rn. 4; Uhlenbruck/Knof Rn. 10). Die auf die Zeit nach Verfahrenseröffnung entfallenden Forderungen auf wiederkehrende Leistungen muss der Gläubiger als kapitalisierte Forderung geltend machen, der Verwalter ist zu einer Kapitalisierung von Amts wegen nicht verpflichtet (Jaeger/Henckel Rn. 5). Die Berechnung des auf den Zeitpunkt der Verfahrenseröffnung bezogenen Kapitalanspruchs erfolgt nach S. 1 durch Addierung der einzelnen zukünftigen Beträge. Wegen deren Unverzinslichkeit bedarf es einer Abzinsung der Einzelbeträge, da der Gläubiger sonst um den Zwischenzins ungerechtfertigt bereichert wäre (Uhlenbruck/Knof Rn. 7). Die Abzinsung ist nach der Hoffmann'schen Formel vorzunehmen (→ § 41 Rn. 26).

14 Obwohl der Gesetzgeber die frühere Beschränkung des § 70 S. 2 KO nicht in § 46 übernommen hat, soll sie nach ganz herrschender Ansicht fortgelten (Jaeger/Henckel Rn. 6; Uhlenbruck/Knof Rn. 9; MüKoInsO/Bitter Rn. 8; aA BK-InsR/Breutigam Rn. 3). § 70 S. 2 KO regelte, dass der Gesamtbetrag, der sich aus dem Zusammenrechnen der künftigen Einzelbeträge unter Abzug des Zwischenzinses ergibt, den zum gesetzlichen Zinssatz kapitalisierten Betrag nicht übersteigen darf. Die Beschränkung wird damit begründet, dass der Gläubiger bei Zugrundelegung des gesetzlichen Zinssatzes (§ 41 Abs. 2) zur Befriedigung seiner künftigen Ansprüche niemals mehr an Kapital benötigt als denjenigen Betrag, dessen Zinsertrag der wiederkehrenden Leistung entspricht (vgl. MüKoInsO/Bitter Rn. 8). Bei einer Jahresrente von 4.000 EUR wird bei einem gesetzlichen Zinssatz von 4 % demnach max. ein Betrag von 100.000 EUR berücksichtigt. Denn auf diesen Betrag würde der Gläubiger bei einem Zinssatz von 4 % jährlich 4.000 EUR an Zinsen und damit den Betrag der Rente erhalten. Eine entsprechende Anwendung des § 70 S. 2 KO wurde bereits im Vergleichsverfahren für 35 VglO befürwortet (hierzu Jaeger/Henckel Rn. 6). Gründe für die Nichtübernahme des Wortlauts des § 70 S. 2 KO in § 46 nennt die Gesetzesbegründung nicht (Begr. RegE, BT-Drs. 12/2443, 124).

15 Die Kapitalisierung der Forderungen auf wiederkehrende Leistungen ist Folge der gesetzgeberischen Entscheidung, dass auch diese Forderungen an der Verteilung der Insolvenzmasse partizipieren sollen, wenngleich der Schuldner außerhalb des Insolvenzverfahrens Zahlung hierauf unter Umständen erst in fernerer Zukunft zu leisten gehabt hätte. Die Abzinsung der Beträge der Einzelforderungen auf den Stichtag der Verfahrenseröffnung dient dazu, die Forderungen auf wiederkehrende Leistungen mit den sonstigen Insolvenzforderungen in das richtige wertmäßige Verhältnis zu setzen. Vor diesem Hintergrund dürfte an einer Beschränkung iSd § 70 S. 2 KO auch für § 46 festzuhalten sein. Denn den Forderungen auf wiederkehrende Leistungen dürfte zum Eröffnungsstichtag max. ein Wert beizumessen sein, der dem Betrag entspricht, der (voraussichtlich) einen Zinsertrag in Höhe der wiederkehrenden Leistung ermöglicht. Mehr wäre auch ein verständiger Schuldner – außerhalb des Insolvenzverfahrens – nicht bereit, zur Abgeltung seiner Verpflichtung zur Erbringung der wiederkehrenden Leistungen zu zahlen, und mehr könnte der Gläubiger redlicherweise nicht verlangen. Würde den Forderungen auf wiederkehrende Leistungen ein (darüber hinausgehender) Wert in Höhe der Summe der abgezinsten Einzelbeträge beigemessen, würde das zum Eröffnungsstichtag bestimmte wertmäßige Verhältnis der Insolvenzforderungen zueinander verzerrt.

16 Die Ansprüche auf wiederkehrende Leistungen sind keine bedingten Forderungen, sodass die auf den nach S. 1 kapitalisierten Betrag entfallende Quote voll ausbezahlt wird (Uhlenbruck/Knof Rn. 11; Jaeger/Henckel Rn. 8).

§ 47 Aussonderung

¹Wer auf Grund eines dinglichen oder persönlichen Rechts geltend machen kann, daß ein Gegenstand nicht zur Insolvenzmasse gehört, ist kein Insolvenzgläubiger. ²Sein Anspruch auf Aussonderung des Gegenstands bestimmt sich nach den Gesetzen, die außerhalb des Insolvenzverfahrens gelten.

Überblick

Gemeinsam mit § 35 definiert § 47 die Insolvenzmasse und damit die Grundlage eines jeden Insolvenzverfahrens. § 35 Abs. 1 erklärt all jenes Vermögen zur Insolvenzmasse, das dem Schuldner zur Zeit der Eröffnung des Verfahrens „gehört". § 47 stellt die logische Ergänzung dazu dar, indem er festlegt, wie mit nicht dem Insolvenzschuldner gehörenden Gegenständen umzugehen ist.

Übersicht

	Rn.
A. Normzweck und Grundlagen	1
B. Abgrenzungen	5
I. Zu Masseverbindlichkeiten	5
II. Zu Schadensersatzforderungen	7
III. Zu Absonderungsrechten	13
IV. Zur Ersatzaussonderung	14
C. Aussonderungsobjekte	15
D. Aussonderungsberechtigte	18
E. Umfang von Aussonderungsrechten	21
F. Fall-/Themengruppen	26
I. Eigentum	26
II. Miteigentum	27
III. Anwartschaftsrecht, Vormerkung und dingliches Vorkaufsrecht	29
IV. Sicherungseigentum	30
V. Eigentumsvorbehalt in der Insolvenz des Verkäufers	32
VI. Eigentumsvorbehalt in der Insolvenz des Käufers	35
1. Einfacher Eigentumsvorbehalt	36
2. Verlängerter Eigentumsvorbehalt/Verarbeitungsklausel	39
3. Erweiterter Eigentumsvorbehalt	44
VII. Miete	48
1. Rückgabeanspruch	48
2. Mietkaution	53
VIII. Pacht, Leihe, regelmäßige und unregelmäßige Verwahrung, Wertpapierverwahrung	54
IX. Auftrag und Geschäftsbesorgung	57
X. Forderungsinhaberschaft	58
XI. Erbschaftsansprüche	60
XII. Besitz	61
XIII. Beschränkte dingliche Rechte	62
XIV. Urheberrechte und Lizenzen	64
XV. Sonstige gewerbliche und immaterielle Schutzrechte (Marken, Patente, geschäftliche Bezeichnungen, geschützte geografische Herkunftsangaben, Gebrauchs- und Geschmacksmuster, Halbleiterschutz, Namensrechte)	71
XVI. Domains	75
XVII. Analoge Daten	78
1. Aussonderungsrecht aufgrund Auftrags oder sonstigen Vertrags	79
2. (Aussonderungs-)Rechte von „Betroffenen"	82
XVIII. Digitale Daten	85
XIX. Bar- und Buchgeld	93
XX. Leasing	96
XXI. Factoring	98
1. Echtes Factoring	98
2. Unechtes Factoring	101
XXII. Echte Treuhand	106
1. Fremdnützige Treuhand	106
2. Eigennützige Treuhand	112
3. Doppeltreuhand	113a
4. Begründung der Treuhand durch einen vorläufigen Insolvenzverwalter	114
XXIII. Herausgabeansprüche	116a
XXIV. Kreditwesen/Wertpapiere	116b
XXV. Verträge für fremde Rechnung (Kommission, Fracht, Spedition)	117
XXVI. Insolvenzanfechtungsansprüche	120
XXVII. Versorgungsansprüche	124
1. Versicherungen für fremde Rechnung	124
2. Pensions- oder Unterstützungskassen	126
XXVIII. Grundbuchberichtigungsansprüche	127
G. Pflichten des (vorläufigen) Insolvenzverwalters gegenüber Aussonderungsberechtigten	128
I. Aussonderung	128
II. Prüf-, Sorgfalts- und Rücksichtspflichten	134
III. Auskunfts- und Nachforschungspflichten	139
IV. (Mitwirkungs-)Pflichten des Aussonderungsberechtigten	141
V. Pflichten eines vorläufigen Insolvenzverwalters	143

A. Normzweck und Grundlagen

1 Aussonderungsberechtigt und kein Insolvenzgläubiger ist jeder Berechtigte an einem bestimmten oder bestimmbaren (BGH NZI 2003, 549 = BeckRS 2003, 06826) Gegenstand, der nicht zur Insolvenzmasse, also nicht dem Insolvenzschuldner „gehört"; da der Begriff des Gehörens keine allgemeine zivilrechtliche Kategorie ist, bedarf er der rechtlichen Ausfüllung. Weder § 35 Abs. 1 noch § 47 S. 1 geben aus sich heraus Aufschluss darüber, unter welchen Bedingungen ein dingliches oder persönliches Recht zur Aussonderung berechtigt.

2 § 35 und § 47 stellen für die Beantwortung der Frage, welche Rechte ein Aussonderungsrecht begründen können oder einen Gegenstand zur Insolvenzmasse gehören lassen, insbesondere nicht auf das zivilrechtliche Eigentum oder die zivilrechtliche Forderungsinhaberschaft ab. „Gehören" iSv § 35 Abs. 1 und § 47 S. 1 ist einerseits enger, andererseits aber auch weiter zu verstehen als der Begriff bloßen Eigentums oder bloßer Rechtsinhaberschaft. So sind dingliche Rechte denkbar, welche gerade nicht zur Aussonderung berechtigen (beispielsweise eine Sicherungsübereignung), andererseits sind schuldrechtliche Ansprüche denkbar, welche zur Aussonderung berechtigen (beispielsweise der Rückgabeanspruch des Vermieters gem. § 546 BGB). Die Frage nach der Eigentümerstellung oder rechtlichen Inhaberschaft ist somit kein letztgültiges Unterscheidungskriterium (BT-Drs. 12/2443, 124).

3 Ob ein Aussonderungsrecht besteht, entscheidet sich ganz grundsätzlich und allgemein gesprochen danach, ob der fragliche Gegenstand „rechtlich nicht zur Insolvenzmasse" gehört (BT-Drs. 12/2443, 124). Es dürfte sich dabei im Ergebnis besonders in Grenzfällen um eine wertende Abwägung handeln; für ein Aussonderungsrecht kann etwa sprechen, dass der Gegenstand für die Insolvenzmasse keinerlei Wert besitzt (BGH NJW 2011, 1282 Rn. 23 = BeckRS 2011, 05919).

3a Im Ergebnis geht es um eine haftungsrechtliche Vermögenszuordnung (BGH NJW 2011, 1282 Rn. 19 mwN = BeckRS 2011, 05919). Haftungsrechtlich geschützt wird durch § 47 ein besonderes Sachinteresse des Aussonderungsberechtigten, im Gegensatz zum bloßen Sicherungsinteresse eines Absonderungsberechtigten (Flöther ZInsO 2016, 74; zu den Absonderungsrechten allg. → § 49 Rn. 1). Der haftungsrechtliche Schutz wird auch bei Wegfall des Sachinteresses (etwa durch Verfügung über den oder Untergang des Gegenstands) durch das Ersatzaussonderungsrecht aufrechterhalten (dazu → § 48 Rn. 1).

4 In § 47 kann eine Entsprechung zur Drittwiderspruchsklage gem. § 711 ZPO in der Einzelzwangsvollstreckung gesehen werden (BGH NJW 2011, 1282 Rn. 24; Barnert KTS 2005, 431 (443) mit Verweis auf Jaeger InsO/Henckel Rn. 10; K. Schmidt InsO/Thole Rn. 4; MüKoInsO/Ganter Rn. 10), wenn auch Unterschiede im Einzelnen bestehen. Dem Grundsatz nach ist jedoch hier wie dort Ziel des wahren Berechtigten, einen ihm gehörenden Gegenstand dem Vollstreckungszugriff und damit der Verwertung durch den bzw. für die Gläubiger eines Dritten (Vollstreckungs- bzw. Insolvenzschuldner) zu entziehen. Wegen eines besonderen Sachinteresses soll der wahre Berechtigte nicht lediglich auf den Erlös aus dem Gegenstand verwiesen werden.

B. Abgrenzungen

I. Zu Masseverbindlichkeiten

5 Kann durch einen Dritten (nicht den Insolvenzschuldner selbst, → Rn. 20) geltend gemacht werden, dass ein Gegenstand nicht zur Insolvenzmasse gehört, kann immer dessen Aussonderung begehrt werden. Das gilt unabhängig davon, ob die Beeinträchtigung des Rechts des Aussonderungsberechtigten bereits vor Verfahrenseröffnung bestand oder erst nach Verfahrenseröffnung entsteht (etwa weil erst der Insolvenzverwalter den Gegenstand unberechtigt in Besitz nimmt oder ein Recht zum Besitz erst nach Verfahrenseröffnung entfällt).

6 Entsteht das Aussonderungsrecht erst nach Verfahrenseröffnung, tritt neben das Aussonderungsrecht ggf. eine Masseverbindlichkeit. Ein Aussonderungsanspruch besteht aber dennoch, weil eine unberechtigte Inbesitznahme oÄ durch den Insolvenzverwalter den Gegenstand nicht zum Bestandteil der Insolvenzmasse werden lässt. Der Aussonderungsberechtigte darf auch in solchen Konstellationen mit seinem Sachinteresse an dem Aussonderungsgegenstand generell nicht auf die Teilnahme am Insolvenzverfahren verwiesen werden. Denn selbst wenn er Massegläubiger wäre, würde der Anspruch des Massegläubigers im Falle einer Masseunzulänglichkeit nur quotal befriedigt (§ 209), wodurch das Sachinteresse des Aussonderungsberechtigten ersichtlich ganz erheblich beeinträchtigt würde (Jaeger InsO/Henckel Rn. 100); die Masseverbindlichkeit schützt das Sachinteresse eines Massegläubigers an einem bestimmten Gegenstand also nicht ausreichend. Ein potenzieller Haftungsanspruch gegen den Insolvenzverwalter würde dem Aussonderungsberechtigten ebenfalls keine Befriedigung seines Sachinteresses verschaffen.

II. Zu Schadensersatzforderungen

(Schadens-)Ersatzforderungen von Aussonderungsberechtigten kommen sowohl neben (zB 7
wegen zeitweiser Vorenthaltung) als auch statt dem Aussonderungsrecht (zB wegen verschuldeter
Zerstörung) in Betracht. Für die Einordnung möglicher (Schadens-)Ersatzansprüche kommt es
darauf an, in welcher Zeit der Rechtsgrund für diese Ansprüche gelegt wurde.

Ist der Rechtsgrund für den Anspruch (zB verschuldeter Verlust oder zeitweise Vorenthaltung 8
des Aussonderungsgegenstands) bereits vor Verfahrenseröffnung eingetreten, so stellen (Schadens-)Ersatzansprüche wegen dieses Verlusts lediglich Insolvenzforderungen dar. War die Beeinträchtigung des Aussonderungsrechts bereits vor Verfahrenseröffnung gegeben und setzt sie sich
nach Verfahrenseröffnung lediglich unverändert fort, stellen (Schadens-)Ersatzansprüche, die zeitlich vor Verfahrenseröffnung entstanden sind, ebenfalls lediglich Insolvenzforderungen dar (Jaeger
InsO/Henckel Rn. 100).

(Schadens-)Ersatzansprüche, deren Rechtsgrund sich nach Verfahrenseröffnung unverändert 9
fortsetzt, stellen aber nicht etwa im Umkehrschluss notwendigerweise Masseschulden dar (BGH
NJW 1994, 516; so auch K. Schmidt InsO/Thole § 55 Rn. 4). Masseschulden wegen Vorenthaltung des Aussonderungsgegenstands können nach Verfahrenseröffnung etwa nur dann entstehen,
wenn der Insolvenzverwalter angemessene Frist zur Überprüfung des Aussonderungsrechts hatte
(BGH NJW 2011, 1282 Rn. 26 aE) und den Aussonderungsgegenstand danach aufgrund eines
eigenen Willensentschlusses nicht freigibt (Jaeger InsO/Henckel Rn. 100). Dann erst werden
(Schadens-)Ersatzansprüche des Aussonderungsberechtigten „durch Handlungen des Insolvenzverwalters" begründet und werden insoweit zu Masseverbindlichkeiten; eine Umqualifizierung der
vor Verfahrenseröffnung entstandenen (Schadens-)Ersatzansprüche erfolgt aber jedenfalls nicht
(→ Rn. 8).

Tritt die Beeinträchtigung des Aussonderungsrechts vollständig erst nach Verfahrenseröffnung 10
ein, so stellen potenzielle (Schadens-)Ersatzansprüche Masseverbindlichkeiten dar. Auch Haftungsansprüche des Insolvenzverwalters gem. § 60 kommen in Betracht (→ § 60 Rn. 1 ff.).

Ist durch den Aussonderungsberechtigten ein Schadensersatz- oder sonstiger Entschädigungsanspruch wegen Verlusts des Aussonderungsgegenstands zur Insolvenztabelle angemeldet und sogar 11
schon festgestellt, ist es dem Gläubiger durch diese Feststellung dennoch nicht gehindert, den
Aussonderungsanspruch als solchen weiter zu verfolgen, wenn ungeklärt ist, ob ein Verlust tatsächlich stattgefunden hat oder sich herausstellt, dass ein Verlust tatsächlich nicht stattgefunden hat (so
OLG Köln BeckRS 2008, 25333 unter Berufung auf BGH NZI 2006, 520, der dort aber den
Einfluss einer Forderungsfeststellung auf die Geltendmachung einer inhaltsgleichen Masseverbindlichkeit behandelt).

Von (Schadens-)Ersatzansprüchen abzugrenzen sind potenzielle Beseitigungsansprüche eines 12
Aussonderungsberechtigten. Wenn solche Beseitigungsansprüche Aussonderungskraft entfalten,
spielt der Umstand, dass die Beeinträchtigung aus der Zeit vor Verfahrenseröffnung herrührt, für
die Einordnung des Beseitigungsanspruchs als Aussonderungsanspruch keine Rolle (Jaeger InsO/
Henckel Rn. 100; auch → Rn. 16).

III. Zu Absonderungsrechten

Anders als ein Aussonderungsberechtigter hat ein Absonderungsberechtigter an dem in Rede 13
stehenden Gegenstand kein Sachinteresse, sondern nur ein Sicherungsinteresse (→ § 49 Rn. 1).
Er kann daher nur monetäre Befriedigung aus dem Absonderungsgegenstand verlangen, nicht
aber Herausgabe, Unterlassung oÄ.

IV. Zur Ersatzaussonderung

Die Aussonderung gem. § 47 setzt voraus, dass der potenzielle Aussonderungsgegenstand noch 14
im „Zugriff" (dazu → Rn. 16) des Insolvenzverwalters steht, also das Aussonderungsbegehren
des Prätendenten durch den Insolvenzverwalter noch erfüllt werden kann. Ist das nicht der Fall,
kommt anstelle des vereitelten Aussonderungsrechts ein Ersatzaussonderungsrecht in Betracht (→
§ 48 Rn. 1).

C. Aussonderungsobjekte

§ 47 bezieht jeden Aussonderungsanspruch auf einen „Gegenstand". Den Gesetzgebungsmate- 15
rialien lässt sich für die Auslegung dieses Begriffs nichts entnehmen, deshalb muss und kann auf
das allgemeine zivilrechtliche Verständnis zurückgegriffen werden. Gegenstand iSv § 47 ist alles,

was Objekt von Rechten sein kann, also insbesondere Sachen, Forderungen, Immaterialgüterrechte und sonstige Vermögensrechte (Palandt/Ellenberger BGB Vor § 90 Rn. 2), auch digitale Daten (Jülicher ZIP 2015, 2063 f. mit Verweis auf BGH NJW 1996, 2924, nach dem auch ein (digitaler) Datenbestand „als solcher ein selbständiges vermögenswertes Gut darstellt"). Das Objekt muss aber konkret bestimmt oder bestimmbar sein (BGH NZI 2003, 549 = BeckRS 2003, 06186).

16 Die Aussonderung eines Gegenstands aus der Insolvenzmasse setzt freilich voraus, dass die Zugehörigkeit des fraglichen Gegenstands zur Insolvenzmasse im Zeitpunkt des Aussonderungsbegehrens in irgendeiner Form proklamiert wird, der Gegenstand also noch im Zeitpunkt des Aussonderungsbegehrens „massebefangen" ist (BGH NZI 2008, 554 Rn. 14). Die bloße Inbesitznahme eines körperlichen Gegenstands durch den Insolvenzverwalter im Rahmen des § 148 Abs. 1 ist hierfür bereits ausreichend, denkbar ist aber auch die Beanspruchung oder die bloße, ggf. sogar unbeabsichtigte Verletzung eines Rechts durch den Insolvenzverwalter. Insbesondere im Zusammenhang mit Aussonderungsansprüchen in Form von Unterlassungs- oder Beseitigungsansprüchen ist eine genaue Überprüfung erforderlich, ob eine vor Verfahrenseröffnung bestehende Beeinträchtigung auch nach Eröffnung des Insolvenzverfahrens und zur Zeit des Aussonderungsbegehrens tatsächlich noch fortbesteht und der Insolvenzmasse zuzurechnen ist (K. Schmidt InsO/Thole Rn. 21; Jaeger InsO/Henckel Rn. 100; auch MüKoInsO/Ganter Rn. 353a bejaht das, „wenn der Insolvenzverwalter etwas dazu beigetragen hat"; Gottwald/Haas InsR-HdB/Adolphsen § 40 Rn. 7). Eine Aussonderung ist dann nicht per se dadurch ausgeschlossen, dass die Beeinträchtigung bereits vor Verfahrenseröffnung bestand; der Aussonderungsberechtigte kann sich auch gegen die Perpetuierung des Zustands durch den Insolvenzverwalter wehren (→ Rn. 16.1).

16.1 Dann ist aber, worauf insbesondere Jaeger InsO/Henckel Rn. 100 hinweist, für die Qualifikation möglicher (Schadens-)Ersatzansprüche wegen der Beeinträchtigung des Rechts des Aussonderungsberechtigten zeitraumbezogen genau zwischen Insolvenzforderungen und Masseverbindlichkeiten zu unterscheiden (auch → Rn. 7).

17 Auch der BGH verneint etwa bei der Aussonderung von Mietgegenständen eine Räumungsverpflichtung des Insolvenzverwalters insoweit, als der Insolvenzverwalter die Beeinträchtigung des Mietobjekts nicht selbst zu vertreten hat (BGH NZI 2001, 531 = BeckRS 2001 30191292; BGH NZI 2010, 901 = BeckRS 2010, 17874). Hat hingegen der Insolvenzverwalter veranlasst, dass Sachen in das Mietobjekt verbracht werden oder sich die bereits vor Verfahrenseröffnung bestehende Beeinträchtigung zu Eigen gemacht, indem er sie willentlich perpetuiert, so ist der Räumungsanspruch insoweit Masseverbindlichkeit (BGH NZI 2001, 531 = BeckRS 2001 30191292; dazu → Rn. 50). Würde die Aussonderungsanspruch umfassen, auch in der Vergangenheit begründete Beeinträchtigungen zu beseitigen, würden damit unter Umständen in großem Umfang Insolvenzforderungen (etwa in Form von (Schadens-)Ersatzansprüchen) zu Aussonderungsrechten „hochqualifiziert". Das jedoch muss im Interesse der Gläubigergesamtheit unterbleiben.

D. Aussonderungsberechtigte

18 **Aussonderungsberechtigt** kann jeder sein, der aufgrund eines dinglichen oder persönlichen Rechts geltend macht, dass ein Gegenstand nicht zur Insolvenzmasse gehört.

19 Das kann grundsätzlich auch ein **Gesellschafter** des Insolvenzschuldners sein (zur Problematik der Absonderung durch Gesellschafter → § 49 Rn. 17). Die Aussonderungsrechte von Gesellschaftern sind jedoch der besonderen Einschränkung des § 135 Abs. 3 unterworfen. Wegen der Einzelheiten dieser sog. Aussonderungssperre ist auf die Kommentierung zu § 135 zu verweisen (→ § 135 Rn. 3).

20 Der **Insolvenzschuldner** selbst kann nicht Aussonderungsberechtigter sein (MüKoInsO/Ganter Rn. 9). Bestreitet der Schuldner selbst die Zugehörigkeit eines Gegenstands zur Insolvenzmasse, kann es nur um die Frage der Unpfändbarkeit dieser Gegenstände gehen, die dann gem. § 36 nicht zur Insolvenzmasse gehören (Gottwald/Haas InsR-HdB/Adolphsen § 40 Rn. 4).

E. Umfang von Aussonderungsrechten

21 § 47 S. 2 bestimmt, dass sich der Anspruch auf Aussonderung nach den außerhalb des Insolvenzverfahrens geltenden Gesetzen richtet. Eine Beschränkung auf Herausgabeansprüche ist in diesem allgemeinen Verweis offensichtlich nicht zu erkennen (BGH NJW 2011, 1282 Rn. 19; MüKoInsO/Ganter Rn. 5; Gottwald/Haas InsR-HdB/Adolphsen § 40 Rn. 2) und kann auch nicht unter Zweckmäßigkeitserwägungen erfolgen (BGH NJW 1994, 3232). Freilich ist festzustellen, dass Herausgabeansprüche in der Praxis den weit überwiegenden Teil der Aussonderungsrechte

Aussonderung § 47 InsO

ausmachen. In Betracht kommen aber auch Beseitigungs- und Unterlassungsansprüche wie die Berichtigung des Grundbuchs (K. Schmidt InsO/Thole Rn.13 aE) oder die Beseitigung einer Besitz- oder Eigentumsbeeinträchtigung (MüKoInsO/Ganter Rn. 326).

Auch wenn der Insolvenzschuldner den potenziellen Aussonderungsgegenstand einem Dritten 22 überlassen hat, kommt eine Aussonderung in Betracht, die sich dann auf den Herausgabeanspruch der Insolvenzmasse gegen den Dritten bezieht (der allerdings nicht abgetreten werden kann, sondern dem Aussonderungsberechtigten nur in der Zwangsvollstreckung überwiesen werden kann, wenn er einen Herausgabetitel gegen den Insolvenzverwalter erwirkt hat, MüKoInsO/ Ganter Rn. 344). Allerdings dürfte der Aussonderungsberechtigte, wenn er einen Aussonderungsanspruch gegen die Insolvenzmasse als bloße Mittlerin hat, in vielen Fällen auch einen direkten zivilrechtlichen Anspruch gegen den Besitzer haben (etwa gem. §§ 546 Abs. 2, 596 Abs. 2, 604 Abs. 4 BGB), sodass eine Aussonderung im Insolvenzverfahren eines Mittlers in der Praxis eher untergeordnete Bedeutung haben bzw. nur auf Unterlassung gerichtet sein dürfte.

So wie Aussonderungsansprüche schon dem Grunde nach voraussetzen, dass der betroffene 23 Gegenstand noch im Zeitpunkt des Aussonderungsbegehrens „massebefangen" ist (→ Rn.16), hängt der Aussonderungsanspruch auch dem Umfang nach davon ab, inwieweit der Gegenstand (noch) massebefangen ist, inwieweit also die Beeinträchtigung des zur Aussonderung berechtigenden Rechts durch den Insolvenzverwalter (noch) bewirkt wird.

Der Insolvenzverwalter ist auch nach Geltendmachung eines Aussonderungsrechts nicht gehin- 24 dert, den Aussonderungsgegenstand „echt" an den Insolvenzschuldner freizugeben (davon abzugrenzen die sog. „unechte" Freigabe an den Aussonderungsberechtigten, MüKoInsO/Ganter Rn. 7), solange nicht geklärt ist, ob der fragliche Gegenstand dem Prätendenten oder dem Insolvenzschuldner selbst zusteht; der Streit ist dann ggf. zwischen dem Prätendenten und dem Insolvenzschuldner zu führen bzw. fortzusetzen (BGH NJW 1967, 781).

Über Aussonderungsrechte und deren Umfang kann in einem Insolvenzplan nicht gegen den 25 Willen des Aussonderungsberechtigten disponiert werden; es können lediglich Willenserklärungen über Aussonderungsrechte in den Plan aufgenommen werden (→ § 254a Rn. 3).

F. Fall-/Themengruppen

I. Eigentum

Das Volleigentum an Gegenständen begründet grundsätzlich ein Aussonderungsrecht in der 26 Insolvenz des Besitzers des Gegenstands (§ 985 BGB). Das gilt, weil sich die Aussonderung nach den außerhalb des Insolvenzverfahrens geltenden Regeln richtet, nur wenn und solange dem Herausgabeanspruch nicht ein Recht zum Besitz des Insolvenzschuldners entgegensteht (§ 986 BGB). Ein solches Recht zum Besitz kann sich insbesondere aus vielfältigen schuldrechtlichen Verhältnissen ergeben, die aber insbesondere vor dem Hintergrund der §§ 103 ff. auf ihren Fortbestand und ihre Wirkungen nach Eröffnung des Insolvenzverfahrens zu überprüfen sind.

II. Miteigentum

Auch Miteigentum berechtigt zur Aussonderung im Insolvenzverfahren (BGH NZI 2010, 897 27 Rn. 13). Ob Herausgabe eines bezifferten Miteigentumsanteils verlangt werden kann (so im Fall BGH NZI 2010, 897 Rn. 13) oder nur Aussonderung des gesamten Miteigentumsgegenstands an alle Miteigentümer (dafür K. Schmidt InsO/Thole Rn. 24), kann pauschal nicht beantwortet werden. Der Umfang des Aussonderungsrechts bestimmt sich auch in solchen Fällen wieder nach den außerhalb des Insolvenzverfahrens geltenden Regeln: Wenn sich das Miteigentum auf einen **teilbaren Gegenstand** bezieht und §§ 1011, 432 BGB daher nicht anwendbar sind, kommt in Anlehnung an § 752 BGB ein auf einen bezifferbaren Miteigentumsanteil beschränkter Herausgabe- und damit Aussonderungsanspruch in Betracht, etwa bei Geldvermengung nach § 948 BGB (wie in BGH NZI 2010, 897 Rn. 13, wo der Aussonderungsanspruch aber an der fehlenden Beweisbarkeit scheiterte). Im Falle **unteilbarer Miteigentumsgegenstände** kann – jedenfalls vor Auseinandersetzung der Miteigentumsgemeinschaft gem. § 84 InsO – hingegen nur Herausgabe an alle Miteigentümer oder Feststellung des Miteigentums verlangt werden.

Besteht das **Miteigentum zusammen mit dem Insolvenzschuldner,** so muss die dadurch 28 begründete Gemeinschaft gem. § 84 außerhalb des Insolvenzverfahrens auseinandergesetzt werden. Vor der Auseinandersetzung kann der nicht insolvente Miteigentümer an seinem Anteil an dem Gegenstand einen Aussonderungsanspruch geltend machen, der im Falle von **teilbaren Gegenständen** unter Umständen auch auf Herausgabe eines bezifferten Miteigentumsanteils gerichtet sein kann; im Übrigen ist das Aussonderungsrecht auf Feststellung des Miteigentums, Einräumung des Mitbesitzes oder Auseinandersetzung gem. § 84 gerichtet (→ § 84 Rn. 4; Uhlenbruck/Brinkmann Rn. 13; K. Schmidt InsO/Thole Rn. 25); eine Herausgabe an die Miteigentümer hat in diesen Fällen keinen Wert, weil der Insolvenzschuldner Mitbesitzer bliebe. Vor der Auseinandersetzung gem. § 84 InsO kann der Insolvenzverwalter über den Miteigentumsanteil an einem unteilbaren Gegenstand nicht ohne die Zustimmung der aussonderungsberechtigten Miteigentümer verfügen (OLG Köln BeckRS 2018, 13373). Nach der Auseinandersetzung muss der nicht insolvente Miteigentümer kein Aussonderungsrecht an seinem Anteil geltend machen, weil dieser Anteil nicht mehr „massebefangen" ist. An dem auf den Insolvenzschuldner entfallenden Anteil können ggf. Absonderungsrechte bestehen (§ 84 Abs. 1 S. 2).

III. Anwartschaftsrecht, Vormerkung und dingliches Vorkaufsrecht

29 Ein bloßes **Anwartschaftsrecht** berechtigt nicht zur Aussonderung in Form der Herausgabe, weil das Anwartschaftsrecht auch nach den außerhalb der Insolvenz geltenden Regelungen kein Herausgabeverlangen trägt; erst wenn ein solches Anwartschaftsrecht zum Vollrecht erstarkt (ggf. unter Zuhilfenahme des § 107 Abs. 1, → § 107 Rn. 20), kann ein Herausgabeverlangen nach § 47 durchgesetzt werden. Der Anwartschaftsberechtigte kann aber durch einen mit Aussonderungskraft versehenen Unterlassungsanspruch verhindern, dass der Insolvenzverwalter das schwebende Anwartschaftsrecht negiert (K. Schmidt InsO/Thole Rn. 32).

29a Auch eine **Vormerkung** berechtigt nicht zur Aussonderung, hilft dem Vormerkungsberechtigten gem. § 106 aber, den Eigentumsübergang auch nach Insolvenzeröffnung noch zu erzwingen (MüKoInsO/Ganter Rn. 333); nach Eigentumsübergang können dann Aussonderungsrechte geltend gemacht werden. Von § 106 werden auch Vormerkungen für bloß zukünftige Ansprüche erfasst (BGH NZI 2002, 30).

29b Im Gegensatz dazu gibt das **dingliche Vorkaufsrecht,** das ebenfalls Vormerkungswirkung hat (§ 1098 Abs. 2 BGB), kein Aussonderungsrecht und unterfällt nicht § 106, was sich aber durch den alternativen Schutz des Vorkaufsrechts durch § 1098 Abs. 1 S. 2 BGB begründen lässt (BGH NZI 2006, 395 Rn. 18).

IV. Sicherungseigentum

30 Sicherungsübereignungen von Gegenständen begründen grundsätzlich rechtliches Volleigentum. Ein Aussonderungsrecht des Sicherungseigentümer besteht dennoch kraft gesetzlicher Anordnung nicht (§ 51 Nr. 1).

31 Zur Begründung dieser gesetzgeberischen Entscheidung ist auf die schon eingangs aufgeworfene Wertungsfrage zu verweisen: die Abgrenzung zwischen Aus- und bloßem Absonderungsrecht bestimmt sich ua danach, ob der Rechtsinhaber ein tatsächliches Sachinteresse oder lediglich ein Sicherungsinteresse hat. Als bloßer Sicherungsnehmer weist der Sicherungseigentümer vor diesem Hintergrund größere Nähe zu den Absonderungsberechtigten als zu den Aussonderungsberechtigten auf. Auch er ist also – wenn auch wie die anderen Absonderungsberechtigten in privilegierter Stellung – auf die Teilnahme am Insolvenzverfahren zu verweisen.

V. Eigentumsvorbehalt in der Insolvenz des Verkäufers

32 In der Insolvenz des Verkäufers steht dem Käufer nur dann ein Aussonderungsrecht zu, wenn er die Bedingung des Eigentumsübergangs erfüllt und sein Eigentumserwerb damit wirksam wird (ggf. unter Zuhilfenahme des § 107 Abs. 1, wenn er bereits vor Eröffnung des Insolvenzverfahrens in Besitz der Kaufsache war; → § 107 Rn. 20); ein potenzielles Anwartschaftsrecht allein berechtigt nicht zur Aussonderung (→ Rn. 29).

33 (Derzeit nicht belegt)
34 (Derzeit nicht belegt)

VI. Eigentumsvorbehalt in der Insolvenz des Käufers

35 Zu beachten ist generell, dass dem insolventen Käufer einer unter Eigentumsvorbehalt gekauften Sache aufgrund des geschlossenen Kaufvertrags (bzw. aufgrund des durch ihn gewährten Eigentumserwerbanspruchs, Palandt/Herrler BGB § 986 Rn. 4) ein Recht zum Besitz gem. § 986 BGB zusteht, welches die Geltendmachung eines Aussonderungsrechts grundsätzlich hindert. Erst nach Beseitigung des Kaufvertrags als Recht zum Besitz kann dem Verkäufer ein Aussonderungsrecht zustehen. Eine solche Beseitigung des Kaufvertrags als Recht zum Besitz kommt regelmäßig erst

nach Erfüllungsablehnung durch den Insolvenzverwalter und Rücktritt vom Vertrag in Betracht (→ § 107 Rn. 37). Dabei ist § 107 Abs. 2 zu beachten, der dem Insolvenzverwalter für die Erklärung nach § 103 Abs. 2 Satz 2 Bedenkzeit bis nach dem Berichtstermin gibt (→ § 107 Rn. 29).

1. Einfacher Eigentumsvorbehalt

Der einfache Eigentumsvorbehalt begründet nach der Rechtsprechung des BGH (NZI 2008, 357 Rn. 24; NZI 2014, 696 Rn. 13) in der Insolvenz des besitzenden Käufers ein Aussonderungsrecht. Der Gesetzgeber habe den Warenkreditgeber für schutzwürdiger gehalten als den Geldkreditgeber, weshalb dem Warenkreditgeber ein Aussonderungsrecht, nicht nur ein Absonderungsrecht zugestanden werden müsse (BGH NZI 2014, 696 Rn. 13). Dieser Schutz des Eigentumsvorbehalts müsse erst dann eingeschränkt werden, wenn der Warenlieferant das vorbehaltene Eigentum auf einen Geldkreditgeber zur Sicherung überträgt (BGH NZI 2014, 696 Rn. 15). Der Sicherungszweck des Eigentumsvorbehalts erfahre dann einen Bedeutungswandel, was jedoch dann wieder nicht der Fall sei, wenn die Übertragung im Wege des echten Factoring vorgenommen wird (BGH NZI 2014, 696 Rn. 16; so für einen ähnlichen Fall auch OLG München BeckRS 2014, 21855). Die an der Annahme eines Aussonderungsrechts geübte und nicht von der Hand zu weisende Kritik hingegen sieht auch beim einfachen Eigentumsvorbehalt ganz generell schon das bloße Sicherungsinteresse des Verkäufers überwiegen (Gottwald/Haas InsR-HdB/Adolphsen § 43 Rn. 14 f.; Uhlenbruck/Brinkmann Rn. 25; weitere Nachweise bei K. Schmidt InsO/Thole Rn. 29). **36**

Der Kritik ist zuzugeben, dass im wirtschaftlichen Massengeschäft eher selten ein echtes Sachinteresse des Vorbehaltsverkäufers an dem Vorbehaltsgegenstand bestehen dürfte. Eine generalisierende Beschränkung des einfachen Eigentumsvorbehalts auf ein bloßes Absonderungsrecht wäre jedoch in eben solchen Fällen nicht sachgerecht, in denen der Vorbehaltsverkäufer durch den einfachen Eigentumsvorbehalt (nach der wirtschaftlichen Realität wohl ausnahmsweise) doch ein echtes Sachinteresse an dem Vorbehaltsgegenstand sichert (ähnlich formuliert Uhlenbruck/Brinkmann Rn. 25 als Kriterium, „ob der Eigentumsvorbehalt der Sicherung des kaufvertraglichen Synallagmas dient"). Um unlösbare Abgrenzungsfragen zu vermeiden, erscheint es daher vorzugswürdig, mit der hM den einfachen Eigentumsvorbehalt generell mit Aussonderungskraft auszustatten. **37**

Wenn aber neben dem einfachen Eigentumsvorbehalt ein verlängerter oder erweiterter Eigentumsvorbehalt vereinbart wird, gewährt der einfache Eigentumsvorbehalt nach hier vertretener Auffassung auch vor Eintritt des Verlängerungs- oder des Erweiterungsfalls nur ein Recht zur abgesonderten Befriedigung (→ Rn. 39 ff. und → Rn. 44 ff.). **38**

2. Verlängerter Eigentumsvorbehalt/Verarbeitungsklausel

Nach allgemeiner Auffassung überwiegt beim verlängerten Eigentumsvorbehalt das Sicherungsinteresse des Verkäufers sein Sachinteresse deutlich. Das gilt unabhängig davon, ob die Verlängerung in Form einer Weiterveräußerungsermächtigung mit Vorausabtretung der Gegenleistung oder (auch) in Form einer Verarbeitungsklausel erfolgt. **39**

Nach **hM** (K. Schmidt InsO/Thole Rn. 38 aE; Uhlenbruck/Brinkmann Rn. 38; MüKoInsO/Ganter Rn. 144) gewährt auch ein verlängerter Eigentumsvorbehalt **unter Umständen** ein **Aussonderungsrecht,** wenn der dem verlängerten Eigentumsvorbehalt unterliegende Gegenstand beim Insolvenzschuldner noch unverarbeitet und/oder vorhanden ist. Erst, wenn dieser Gegenstand bereits verarbeitet und/oder weiterveräußert wurde, sei der Verkäufer auf abgesonderte Befriedigung aus der Gegenleistung zu verweisen. **40**

Die von der hM vorgenommene Differenzierung ist jedoch **abzulehnen:** Denn schon dadurch, dass der Verkäufer dem Vorbehaltskäufer die Weiterveräußerung bzw. Verarbeitung des Kaufgegenstands gegen Abtretung der Gegenleistung oder Erwerb des Eigentums an dem neu geschaffenen Gegenstand generell gestattet, bringt er zum Ausdruck, an dem verkauften Gegenstand **kein wirkliches Sachinteresse** zu haben, sondern lediglich an einer Sicherung durch dessen wirtschaftlichem Wertgehalt interessiert zu sein. Dann erscheint es aber auch in dem Fall, dass der Kaufgegenstand beim Erstkäufer noch körperlich vorhanden ist, nicht sachgerecht, dem Eigentumsvorbehaltsverkäufer ein Aussonderungsrecht zuzugestehen. Das ein Aussonderungsrecht begründende **Sachinteresse** des Verkäufers **tritt schon durch die bloße Vereinbarung der Verlängerung** und nicht erst im Zeitpunkt der Verarbeitung oder Weiterveräußerung **zurück,** worauf der Vorbehaltsverkäufer ohnehin keinen Einfluss hat und was sich für ihn als eine bloße Zufälligkeit darstellt. Dieses Verständnis steht insbesondere nicht im Widerspruch zum Wortlaut **41** des Gesetzes oder zur Gesetzesbegründung. Beidem lässt sich nicht zwingend entnehmen, dass ein Aussonderungsrecht im Falle eines verlängerten Eigentumsvorbehalts erst im Zeitpunkt der Verarbeitung oder Weiterveräußerung versagt werden könnte.

42 Die vorstehende Ansicht ist auch deshalb vorzugswürdig, weil sie Abgrenzungsschwierigkeiten gerade vermeidet. Nach der hM muss der Insolvenzverwalter bei der Wahrnehmung seiner Aufgaben im Einzelfall ggf. die schwierige Abgrenzung vornehmen, ob zB durch eine möglicherweise schon begonnene Verarbeitung bereits eine „neue bewegliche Sache" hergestellt wurde (§ 950 Abs. 1 BGB) und deshalb der Verlängerungsfall bereits eingetreten ist oder nicht.

43 Die Frage, ab wann von einem Wegfall der vorinsolvenzlich zugestandenen Verarbeitungs- oder Weiterveräußerungsbefugnis auszugehen ist, wird im Rahmen der Kommentierung zu § 48 (→ § 48 Rn. 1) behandelt.

3. Erweiterter Eigentumsvorbehalt

44 Die wohl **hM** geht davon aus, dass ein **Aussonderungsrecht** des Vorbehaltsverkäufers beim erweiterten Eigentumsvorbehalt besteht, **solange** die mit dem konkreten Gegenstand synallagmatisch korrespondierende Kaufpreisforderung noch nicht getilgt ist (Uhlenbruck/Brinkmann Rn. 34; K. Schmidt InsO/Thole Rn. 36; MüKoInsO/Ganter Rn. 92). Sichert der Vorbehaltsgegenstand hingegen nur noch Forderungen, mit denen er nicht in einem kaufvertraglichen Synallagma steht (greift also der Erweiterungsfall), so kann der Vorbehaltsverkäufer nur noch abgesonderte Befriedigung verlangen (MüKoInsO/Ganter Rn. 93; K. Schmidt InsO/Thole Rn. 37; Uhlenbruck/Brinkmann Rn. 34).

45 (Derzeit nicht belegt)

46 Auch diese Differenzierung ist aus den bereits angeführten Gründen (→ Rn. 41) **abzulehnen**: Durch den weiten Sicherungszweck bringt der Vorbehaltsverkäufer bereits **durch die bloße Vereinbarung** der Erweiterung zum Ausdruck, dass sein **Sicherungsinteresse deutlich im Vordergrund** steht, sodass er, wie andere Sicherungsnehmer auch, nur als absonderungsberechtigter Gläubiger zu behandeln ist. Bereits mit der bloßen Vereinbarung werden dem Vorbehaltsverkäufer bewegliche Sachen zur Sicherung eines Anspruchs gegeben (nämlich die nicht mit der konkreten Kaufpreisforderung im Synallagma stehenden Kaufgegenstände). Unabhängig davon, ob die im Synallagma stehende Forderung noch besteht und der im Synallagma stehende Gegenstand beim Insolvenzschuldner noch vorhanden ist, sollte ein Eigentumsvorbehalt, wenn neben die einfache Form auch eine Erweiterungsform tritt, deshalb **lediglich ein Absonderungsrecht** geben und den Vorbehaltsverkäufer nicht zur Aussonderung berechtigen.

47 Mithilfe der zum erweiterten Eigentumsvorbehalt in der Insolvenz des Vorbehaltskäufers ergangenen höchstrichterlichen Entscheidungen ist die Frage nicht zu beantworten. Eindeutig sind die zu erweiterten Eigentumsvorbehalten in der Insolvenz ergangenen Entscheidungen des BGH (NJW 1971, 799 und NJW 1978, 632) nur insofern, als jedenfalls nach Tilgung der synallagmatischen Kaufpreisforderung nur noch ein Recht auf abgesonderte Befriedigung in Betracht kommt. Zu der Frage, ob vorher ausgesondert werden könnte, nimmt der BGH jeweils nicht Stellung.

VII. Miete

1. Rückgabeanspruch

48 Der **schuldrechtliche Rückgabeanspruch** des Vermieters gegen den Mieter gem. § 546 BGB besitzt nach allgemeiner Meinung und Rechtsprechung des BGH neben demjenigen aus § 985 BGB **Aussonderungskraft**. Diese reicht aber nur so weit, als sich der Anspruch aus § 546 BGB mit demjenigen aus § 985 BGB deckt und beschränkt sich daher auf die Verschaffung unmittelbaren Besitzes (BGH NZI 2001, 531; BGH NZI 2010, 901; anders noch BGH NJW 1994, 3232). Die darüber hinausgehende, sich aus § 546 BGB grundsätzlich ergebende **Räumungspflicht** besitzt hingegen **keine Aussonderungskraft**.

49 Relevant wird ein neben § 985 BGB tretender Aussonderungsanspruch des Vermieters gem. § 546 BGB regelmäßig erst dann, wenn der Vermieter selbst nicht Eigentümer der Mietsache ist (etwa, weil er den Gegenstand selbst gemietet hat oder unter Eigentumsvorbehalt erworben hat, MüKoInsO/Ganter Rn. 343).

50 Soweit der vertragswidrige Zustand der Mietsache **durch den Insolvenzverwalter zu verantworten** ist, also durch diesen nach Verfahrenseröffnung verursacht wurde, besteht der Räumungsanspruch des Vermieters hinsichtlich der durch den Insolvenzverwalter verursachten Beeinträchtigungen als **Masseverbindlichkeit** (so auch MüKoInsO/Ganter Rn. 465).

Aussonderung §47 InsO

Auch der Rückgabeanspruch des Hauptvermieters gegen den Untermieter gem. § 546 Abs. 2 BGB in der Insolvenz des Untermieters besitzt Aussonderungskraft (K. Schmidt InsO/Thole Rn. 62). 51

Sowohl ein Aussonderungsanspruch nach § 985 BGB als auch derjenige gem. § 546 BGB setzen voraus, dass dem Insolvenzschuldner bzw. der Insolvenzmasse kein Besitzrecht zusteht. Das setzt eine Beendigung des zugrundeliegenden Mietvertrags voraus, die sich nach Insolvenzeröffnung nach den §§ 108 ff. richtet (→ § 108 Rn. 1). 52

2. Mietkaution

In der Insolvenz des Vermieters können Mieter eine geleistete Mietkaution nur dann aussondern, wenn der Vermieter seiner Verpflichtung zur getrennten Anlage der Kaution gem. § 551 Abs. 3 S. 3 BGB nachgekommen ist (BGH NZI 2008, 235 Rn. 7 mwN; MüKoInsO/Ganter Rn. 380, 401; aA Derleder NZM 2004, 568 (577 f.)). Das gleiche gilt im Verhältnis zwischen Vermieter und einer die Mietkautionen verwaltenden Hausverwaltung in deren Insolvenz (BGH NZI 2003, 549). Die Grundlagen zu Aussonderungsrechten bei Treuhandverhältnissen (→ Rn. 106) sind entsprechend heranzuziehen. 53

VIII. Pacht, Leihe, regelmäßige und unregelmäßige Verwahrung, Wertpapierverwahrung

Die schuldrechtlichen Rückgabeansprüche des **Verpächters** (§ 596 BGB), des **Verleihers** (§ 604 BGB) und des Hinterlegers im Rahmen einer **regelmäßigen Verwahrung** (§ 695 BGB) berechtigen – wie auch der schuldrechtliche Rückgabeanspruch des Vermieters – zur **Aussonderung**. Eine Aussonderung auf Grundlage dieser Ansprüche wird regelmäßig nur dann von Bedeutung sein, wenn der Verpächter, Verleiher oder Hinterleger nicht auch Eigentümer der herauszugebenden Sache ist. Dabei ist – wie bei dem Herausgabeanspruch gem. § 546 BGB (→ Rn. 48) – auch die Aussonderung des Verpächters, Verleihers oder Hinterlegers auf den Umfang eines sich aus § 985 BGB ergebenden Anspruchs zu beschränken, sodass nur der Herausgabeanspruch Aussonderungskraft besitzt und nicht auch ein etwaiger Anspruch auf Rückgabe in vertragsgemäßem Zustand. 54

Im Rahmen eines **unregelmäßigen Verwahrungsvertrags** gem. § 700 BGB übereignet der Hinterleger die zu hinterlegenden Gegenstände dem Verwahrer. Es besteht lediglich ein schuldrechtlicher Rückgewähranspruch des Hinterlegers, der sich nicht auf die Rückgabe der hinterlegten Gegenstände, sondern auf die Rückgabe von Gegenständen gleicher Art, Güte und Menge richtet. Dieser schuldrechtliche Anspruch des Hinterlegers ist – anders als im Rahmen einer regelmäßigen Verwahrung – nicht mehr verdinglicht genug, um in der Insolvenz des Hinterlegers ein Aussonderungsrecht zu gewähren (MüKoInsO/Ganter Rn. 415). Der Anspruch ist deshalb **bloße Insolvenzforderung.** 55

Bei der **Verwahrung von vertretbaren Wertpapieren** nach dem **DepotG** hängt das Aussonderungsrecht des Hinterlegers maßgeblich davon ab, welche Art der Wertpapierverwahrung gewählt wird: die **Sonderverwahrung** (§ 2 DepotG) berechtigt zur Aussonderung in der Insolvenz des Verwahrers, die **Drittverwahrung** (§ 3 DepotG) berechtigt zur Aussonderung in der Insolvenz des Drittverwahrers, die Sammelverwahrung (§ 5 DepotG) berechtigt zur Aussonderung des Miteigentumsanteils (grundlegende Überlegungen dazu auch → Rn. 27), die **Tauschverwahrung** (§ 10 DepotG) berechtigt zur Aussonderung entweder des ursprünglich hinterlegten Wertpapiere oder – nach durchgeführtem Tausch – zur Aussonderung des getauschten Wertpapiere und die **Verwahrung mit Verfügungsermächtigung** (§ 13 DepotG) berechtigt nur so lange zur Aussonderung, bis durch den Verwahrer von der Verfügungsermächtigung Gebrauch gemacht wurde; danach ist der Rückgabeanspruch nicht mehr verdinglicht genug, sodass Aussonderung ausscheidet (wie bei unregelmäßigen Verwahrungsverträgen → Rn. 55). Im Falle einer **unregelmäßigen Verwahrung** (§ 15 DepotG) gilt von Anfang an das oben Gesagte (→ Rn. 55) (ausf. zur Aussonderung bei Wertpapierverwahrung MüKoInsO/Ganter Rn. 409 ff.). Ein besonderer Aussonderungsanspruch ist für den Fall der Insolvenz des Refinanzierungsunternehmens in § 22j Abs. 1 KWG für **übertragungsberechtigte Gläubiger von Refinanzierungsunternehmen** iSv § 1 Abs. 24 KWG vorgesehen. 56

IX. Auftrag und Geschäftsbesorgung

Die schuldrechtlichen Rückgewähransprüche im Rahmen von Aufträgen und Geschäftsbesorgungen berechtigen in der Insolvenz des Auftragnehmers bzw. Geschäftsbesorgers **nur insoweit** zur **Aussonderung,** als sie nach § 667 Var. 1 BGB auf **Herausgabe des zur Ausführung** des 57

Auftrags **Erhaltenen** gerichtet sind. Der Anspruch gem. § 667 Var. 2 BGB auf Herausgabe des aus der Auftragsdurchführung bzw. der Geschäftsbesorgung Erlangten hat hingegen keine Aussonderungskraft (BGH NJW-RR 1993, 301; aA Bultmann ZInsO 2011, 992 (994)), wenn der Auftragnehmer hinsichtlich dieser Gegenstände nicht gleichzeitig Treuhänder ist (Uhlenbruck/Brinkmann Rn. 62a; → Rn. 106).

X. Forderungsinhaberschaft

58 Ausgesondert werden können Forderungen selbstverständlich nur dann, wenn sie sich nicht gegen den Insolvenzschuldner selbst richten (dann sind sie Insolvenzforderungen), sondern wenn es sich um gegen Dritte gerichtete Forderungen handelt. Zu Streit über die Forderungsinhaberschaft kann es regelmäßig dann kommen, wenn eine Zession oder ein Vertrag zugunsten Dritter im Raume steht oder behauptet wird. Nicht ausgeschlossen ist aber auch, dass die originäre Inhaberschaft einer Forderung im Streit steht (also Fälle, in denen im Zivilprozess eine Hauptintervention statthaft wäre). Berühmt sich der Insolvenzverwalter einer Forderung, die in Wahrheit jemand anderem zusteht, so könnte dieser andere im Wege der Aussonderung etwa verlangen, dass der Insolvenzverwalter die Berühmung oder den Einzug der Forderung unterlässt.

59 Die Forderungsinhaberschaft kann insbesondere im Rahmen eines **echten Factoringverhältnisses** vom Insolvenzschuldner auf einen Dritten übergehen. Zu Fragen der Aussonderung beim Factoring → Rn. 98.

XI. Erbschaftsansprüche

60 Der – neben einem eventuellen Anspruch gem. § 985 BGB bestehende – Herausgabeanspruch eines Erben gegen einen insolventen, unrechtmäßigen Erbschaftsbesitzer gem. §§ 2018 f. BGB hat nach allgemeiner Meinung Aussonderungskraft (MüKoInsO/Ganter Rn. 335; Jaeger InsO/Henckel Rn. 86); dieser Herausgabeanspruch mit Aussonderungskraft erstreckt sich gem. § 2019 BGB auch auf **Gegenstände,** die der unrechtmäßige Erbschaftsbesitzer **mit Mitteln der Erbschaft erwirbt** (Uhlenbruck/Brinkmann R. 57 aE, Rn. 58: dazu gehören mittelbare Sach- und Rechtsfrüchte). **Sonstige Früchte** des Erbschaftsgegenstands unterfallen nicht der Surrogation des § 2019 BGB und können nur ausgesondert werden, wenn sie in das Eigentum des rechtmäßigen Erben übergegangen sind (Uhlenbruck/Brinkmann Rn. 58). Aber auch, wenn sie gem. § 955 BGB in das Eigentum des gutgläubigen Erbschaftsbesitzers übergegangen sind, können sie gem. § 2020 Hs. 2 BGB vom rechtmäßigen Erben ausgesondert werden, weil die Früchte haftungsrechtlich dem Vermögen des rechtmäßigen Erben zugeordnet sind (MüKoInsO/Ganter Rn. 336; KPB/Prütting Rn. 69; aA Jaeger InsO/Henckel Rn. 86; Uhlenbruck/Brinkmann Rn. 58).

60a Der Anspruch des wirklichen Erben gem. § 2362 BGB auf **Herausgabe eines unrichtigen Erbscheins** an das Nachlassgericht hat in der Insolvenz des Erbscheinbesitzers Aussonderungskraft (Uhlenbruck/Brinkmann Rn. 57). Der Anspruch des **Nacherben** gem. § 2130 BGB auf Herausgabe der Erbschaft nach Eintritt des Nacherbfalls hat in der Insolvenz des Vorerben ebenfalls Aussonderungskraft (Gottwald/Haas InsR-HdB/Adolphsen § 40 Rn. 16; Jaeger InsO/Henckel Rn. 86).

XII. Besitz

61 Die Besitzschutzansprüche der §§ 861 f., 1007 BGB können Aussonderungskraft haben (Uhlenbruck/Brinkmann Rn. 59). Bei der Besitzstörung kann die Beseitigung jedoch nur dann mit Aussonderungskraft verlangt werden, wenn die Besitzstörung der Insolvenzmasse zuzurechnen ist, also vom Insolvenzverwalter entweder aufrechterhalten oder verursacht wird (MüKoInsO/Ganter Rn. 353a). Der Besitz darf außerdem gegenüber dem Insolvenzschuldner nicht fehlerhaft gewesen sein: Weil sich die Aussonderung nach den außerhalb der Insolvenz geltenden Regeln richtet, wären Aussonderungsansprüche des Besitzers dann wegen §§ 861 Abs. 2, 862 Abs. 2, 1007 Abs. 2 S. 1 BGB ausgeschlossen.

XIII. Beschränkte dingliche Rechte

62 Beschränkte dingliche Rechte können zur Aussonderung berechtigen. Dabei kann entweder streitig sein, ob Insolvenzmasse oder Prätendent Inhaber eines beschränkten dinglichen Rechts sind (Streit über die Inhaberschaft eines beschränkten dinglichen Rechts), oder aber es ist streitig, ob an einem Gegenstand, der unstreitig im Eigentum des Schuldners steht, ein beschränktes dingliches Recht besteht (Streit über das Bestehen eines beschränkten dinglichen Rechts).

Zur Aussonderung berechtigen können alle Arten beschränkter dinglicher Rechte: dingliche 63
Vor- und Wiederkaufsrechte, Erbbaurechte, Dienstbarkeiten, Nießbrauch. Die Aussonderung ist
stets darauf gerichtet, dass der Rechteinhaber auch in der Insolvenz des Eigentümers von seinem
beschränkten dinglichen Recht Gebrauch machen kann, also etwa Nutzungen ziehen kann. Wenn
zwischen Schuldner und Prätendent Streit darüber besteht, wer Inhaber eines (Grund-)Pfandrech-
tes ist, kann es auch hier um Aussonderung gehen (Uhlenbruck/Brinkmann Rn. 55 aE). Ist
hingegen streitig, ob an einem Gegenstand, der unstreitig im Eigentum des Schuldners steht, ein
(Grund-)Pfandrecht besteht, geht es um einen Absonderungsanspruch (→ § 49 Rn. 34).

XIV. Urheberrechte und Lizenzen

Gegenüber unbefugten Nutzern von **Urheberrechten** gewährt § 97 Abs. 1 UrhG Unterlas- 64
sungs- und Beseitigungsansprüche; diese haben in der Insolvenz des unbefugten Nutzers Aussonderungskraft. Für die in § 97 Abs. 2 UrhG geregelten Schadensersatzansprüche gilt, dass diese entweder Insolvenzforderungen oder – wenn der unberechtigte Eingriff nach Insolvenzeröffnung durch
den Insolvenzverwalter erfolgt – Masseverbindlichkeiten darstellen.

Das Schicksal von Lizenzrechten in der **Insolvenz des Lizenzgebers,** also des Urheberrechts- 65
inhabers, ist stark umstritten (→ § 108 Rn. 69), was nicht zuletzt auch darauf zurückzuführen
ist, dass schon die Natur des Lizenzrechts nur schwer zu greifen ist (zur Problematik Weber/
Hötzel NZI 2011, 432 (433)). Bei der Beurteilung der Insolvenzfestigkeit und Aussonderungskraft
von Lizenzen kommt es jedenfalls nicht darauf an, ob eine **ausschließliche** oder nur **einfache
Lizenz** erteilt wurde (OLG München NZI 2013, 899).

Hat der Rechteinhaber eine Lizenz erteilt, hängen das Schicksal der Lizenz und damit dessen 66
Aussonderungskraft von dem Schicksal des der Lizenz zugrundeliegenden Lizenzvertrags ab.
Bleibt der Lizenzvertrag in der Insolvenz des Lizenzgebers über die Eröffnung des Insolvenzverfahrens hinaus **bestehen,** so kann die Lizenz in der Insolvenz des Lizenzgebers auch ausgesondert
werden (so auch OLG München NZI 2013, 899; → § 108 Rn. 69). Aussonderung bedeutet in
diesem Fall, dass der Lizenznehmer auch über die Insolvenz hinaus von der Lizenz Gebrauch
machen kann und Beeinträchtigungen insbesondere durch den Lizenzgeber abwehren kann. Nur
in einer eventuellen Suspensivphase des Lizenzvertrags zwischen Insolvenzeröffnung und Erfüllungswahl oder Nichterfüllungswahl ist es dem Lizenznehmer nicht gestattet, von der Lizenz
Gebrauch zu machen, da die wechselseitigen Rechte und Pflichten ausgesetzt werden (→ § 108
Rn. 72). **Besteht der Lizenzvertrag** nach Insolvenzeröffnung **nicht fort,** so erlischt die Lizenz
(zum Streitstand betreffend das lizenzrechtliche Abstraktionsprinzip vgl. Weber/Hötzel NZI 2011,
432 (433)). Ein Aussonderungsrecht des Lizenznehmers besteht dann nicht.

Der Umfang eines evtl. bestehenden Aussonderungsrechts des Lizenznehmers gegenüber der 67
Insolvenzmasse richtet sich nach den Regeln, die außerhalb der Insolvenz gelten und damit
insbesondere nach den vorinsolvenzlich im Lizenzvertrag hinsichtlich Umfang und Dauer der
Lizenz getroffenen Vereinbarungen.

In der **Insolvenz des Lizenznehmers** gelten die soeben angestellten grundlegenden Überle- 68
gungen gleichermaßen, wenn auch mit „umgekehrten Vorzeichen" (→ § 108 Rn. 89). Auch hier
hängt der Fortbestand der Lizenz maßgeblich vom Schicksal des Lizenzvertrags ab. Besteht der
Lizenzvertrag in der Insolvenz des Lizenznehmers fort, so kann der Urheber Beseitigung und/
oder Unterlassung der Nutzung nicht beanspruchen, soweit das fortbestehende Lizenzrecht reicht
(hierbei kommt es wieder auf die konkrete vertragliche Gestaltung an).

Überschreitet der Lizenznehmer allerdings den Rahmen des ihm durch die Lizenz Erlaubten 69
oder endet der Lizenzvertrag und erlischt deshalb die Lizenz, kann der Urheber gegen die Beeinträchtigung seines Urheberrechts mit Aussonderungskraft vorgehen (→ Rn. 64). In einer eventuellen Suspensivphase des Lizenzvertrags, wenn er den Regelungen des § 103 unterfällt, darf auch
hier der Lizenznehmer von der Lizenz keinen Gebrauch machen (→ Rn. 66).

Besondere Probleme können sich bei Insolvenz des Lizenznehmers im Falle einer sog. **Lizenz-** 70
kette ergeben. Bislang ist gerichtlich nicht geklärt, welches Schicksal eine Unterlizenz ereilt, wenn
das Lizenzverhältnis zwischen Hauptlizenzgeber und Unterlizenzgeber aufgrund Insolvenz erlischt.
Nur für den Fall des Erlöschens der Hauptlizenz wegen Nichtausübung hat der BGH entschieden,
dass die Unterlizenz davon unberührt bleibt (BGH GRUR 2009, 946). Ob dies allerdings auf den
Insolvenzfall übertragbar ist, ist ungeklärt (ausf dazu Weber/Hötzel NZI 2011, 432 (435)).

XV. Sonstige gewerbliche und immaterielle Schutzrechte (Marken, Patente, geschäftliche Bezeichnungen, geschützte geografische Herkunftsangaben, Gebrauchs- und Geschmacksmuster, Halbleiterschutz, Namensrechte)

71 Wie auch dem Urheberrecht ist auch den sonstigen gewerblichen oder immateriellen Schutzrechten gemein, dass sie außerhalb der Insolvenz die Abwehr unberechtigter Eingriffe in das jeweilige Recht ermöglichen (Unterlassungsansprüche, Ansprüche auf Löschung der Eintragung Unberechtigter etc) und als Ergänzung dieser Abwehrmöglichkeiten meist noch Schadensersatzansprüche im Fall eines unberechtigten Eingriffs in das Schutzrecht vorsehen. In der Insolvenz eines unbefugten Nutzers solcher Rechte haben diese Schutzrechte nur insoweit Aussonderungskraft, als sie dem Berechtigten Unterlassungs- und Beseitigungsansprüche gewähren; eventuelle Schadensersatzansprüche stellen entweder Insolvenzforderungen oder – wenn der schädigende Eingriff nach Insolvenzeröffnung durch den Insolvenzverwalter erfolgt – Masseverbindlichkeiten dar.

72 §§ 14, 15 MarkenG gewähren dem Inhaber einer **Marke** oder einer **geschäftlichen Bezeichnung** – neben eventuellen Schadensersatzansprüchen, die keine Aussonderungskraft besitzen – einen Unterlassungsanspruch gegen den unbefugten Nutzer der Marke oder der geschäftlichen Bezeichnung. Diese Unterlassungsansprüche haben in der Insolvenz des unbefugten Nutzers Aussonderungskraft, können also auch dessen Insolvenzverwalter gegenüber geltend gemacht und durchgesetzt werden.

73 Auch **Namensrechte** gem. § 12 BGB und gem. § 37 Abs. 2 HGB, die außerhalb eines Insolvenzverfahrens Beseitigungs- und Unterlassungsansprüche gewähren, besitzen Aussonderungskraft. Das gleiche gilt für die **Rechte eines Patentberechtigten** aus § 8 PatG oder des Inhabers eines **Patentrechts** aus §§ 139 Abs. 1, 140a PatG. Keine Aussonderungskraft besitzen hingegen potenzielle Schadensersatzansprüche des Patentinhabers gem. § 139 Abs. 2 PatG. Weitere gewerbliche Schutzrechte, die Aussonderungskraft besitzen können, sind: § 128 MarkenG (Schutz **geografischer Herkunftsangaben**), § 9 Abs. 1 S. 1 HalblSchG (Schutz der Topographien von mikroelektronischen **Halbleitererzeugnissen**), § 24 Abs. 1 GebrMG (Schutz von **Gebrauchsmustern**) und § 42 Abs. 1 DesignG (Schutz von **eingetragenen Designs**). Die sich aus den genannten Vorschriften ebenfalls ergebenden Schadensersatzansprüche stellen jedoch entweder bloße Insolvenzforderungen oder Masseverbindlichkeiten dar.

74 Weitgehend ungeklärt ist die Frage, ob auch **Beseitigungs- und Unterlassungsansprüche nach § 8 UWG** Aussonderungskraft haben können. Nach Ansicht von Niesert/Kairies ZInsO 2002, 510 (514) ist das deshalb zu verneinen, weil die Rechte nach UWG nur relative Rechte darstellen (so auch HmbKommInsR/Scholz Rn. 72). Allerdings können auch bloße relative Rechte zur Aussonderung berechtigen (etwa § 667 Alt. 1 BGB, § 546 BGB etc). Außerdem sprechen Schutzzweckerwägungen dafür, dass auch den Beseitigungs- und Unterlassungsansprüchen nach § 8 UWG Aussonderungskraft zukommen sollte, jedenfalls wenn die Rechtsverletzung der Insolvenzmasse zuzurechnen ist. Denn anderenfalls hätten Wettbewerber gegen einen Insolvenzverwalter, der entweder eine wettbewerbswidrige Handlung des Insolvenzschuldners fortsetzt oder eine solche Handlung selbst initiiert, keinerlei Handhabe. Eine Einordnung als bloße Masseverbindlichkeit ließe den Schutz von Wettbewerbern insbesondere im Fall einer Masseunzulänglichkeit leerlaufen (→ Rn. 74.1).

74.1 Nach dem Wortlaut des § 47 setzt ein Aussonderungsrecht nicht zwingend voraus, dass der Aussonderungsberechtigte behauptet, der Aussonderungsgegenstand würde zu seinem statt zum Vermögen des Insolvenzschuldners gehören; ausreichend ist, wenn der Prätendent behauptet, ein Recht geltend machen zu können, vermöge dessen ein Gegenstand jedenfalls nicht zum Vermögen des Insolvenzschuldners gehört. In den meisten Fällen bestehen Beseitigungs- oder Unterlassungsansprüche zugunsten von Personen, die gleichzeitig die Zugehörigkeit des beeinträchtigten Gegenstands zum eigenen Vermögen behaupten können. Die Beseitigungs- oder Unterlassungsansprüche des UWG stellen insofern eine Ausnahme dar.

XVI. Domains

75 Die Registrierung einer Domain bei der DENIC eG, der zentralen Registrierungsstelle für Domains in Deutschland, und die damit erfolgende (technische) Zuweisung einer DNS- (Domain Name System-)Adresse (dazu eing. Niesert/Kairies ZInsO 2002, 510) begründet kein Eigentums- oder sonstiges Recht an der registrierten Domain. Die Registrierung bzw. die Verwendung einer Domain kann aber marken- oder namensrechtliche Implikationen aufweisen, aus denen sich ein gewisser Schutz gegen die Verwendung einzelner Domains oder Domain-Bestandteile herleiten lässt. Bei der Registrierung einer Domain bei der DENIC eG erfolgt keine Überprüfung, ob die zu registrierende Domain Rechte Dritter verletzt.

Steht im Raume, dass durch die Verwendung einer Domain Marken- (BGH GRUR 2009, 76
657) oder Namensrechte (BGH GRUR 2014, 506; BGH GRUR 2008, 1099) verletzt werden,
stehen dem Rechteinhaber in der Insolvenz des Domainverwenders grundsätzlich mit Aussonderungskraft versehene Unterlassungs- und Beseitigungsansprüche zu (unter Umständen auch auf
Löschung der Registrierung einer Domain, BGH GRUR 2012, 304; oder auch nur eines sog.
Dispute-Eintrags, BGH GRUR 2014, 506, der zwar nicht die Benutzung, aber die Übertragung
der Domain hindert; eing. zu den marken- und namensrechtlichen Aspekten von Domains auch
Niesert/Kairies ZInsO 2002, 510).

Hinsichtlich des marken- und namensrechtlichen Aspekts ist im Übrigen auf obige Ausführungen (→ Rn. 71) zu verweisen. Ein (aussonderungsfähiger) Anspruch auf Übertragung der Domain 77
bei der DENIC eG ergibt sich jedoch aus dem marken- oder namensrechtlichen Unterlassungs-
oder Beseitigungsanspruch regelmäßig nicht (BGH GRUR 2002, 622).

XVII. Analoge Daten

Ob bzw. in welcher Form Daten iSd BDSG bzw. im Sinne von (Zahlen-)Werten, Angaben, 78
formulierbaren Befunden etc (zum Begriff Stöhr ZIP 2016, 1468) überhaupt aussonderungsfähig
sind, ist nur sehr differenziert zu beantworten. Insofern werden hauptsächlich Unterlassungsansprüche, Löschungsansprüche und im Einzelfall auch Herausgabeansprüche in Betracht kommen.

1. Aussonderungsrecht aufgrund Auftrags oder sonstigen Vertrags

Den **gesetzlichen Ansprüchen** aus Auftrag gem. § 667 Alt. 1 BGB kommt Aussonderungs- 79
kraft zu (→ Rn. 57). Ist der Insolvenzschuldner der streitbefangenen Daten im Rahmen eines
mit den Prätendenten geschlossenen sonstigen Vertragsverhältnisses habhaft geworden, besitzt
ein möglicherweise vereinbarter **vertraglicher Herausgabeanspruch** Aussonderungskraft, wenn
sich aus dem Herausgabeanspruch eine eindeutige Zuordnung zum Vermögen des Aussonderungsgläubigers ergibt (Bultmann ZInsO 2011, 992 (994)). Dabei ist auf die iRv § 667 BGB entwickelten Differenzierungen zurückzugreifen: Eine Aussonderung auf Grundlage vertraglicher Ansprüche kommt regelmäßig nur dann in Betracht, wenn der Insolvenzschuldner die fraglichen
Gegenstände (hier: Daten) von dem Aussonderungsgläubiger erhalten hat (entsprechend § 667
Alt. 1 BGB). Hinsichtlich der Daten, die „aus der Geschäftsbesorgung erlangt" wurden (entsprechend § 667 Alt. 2 BGB), scheidet ein vertraglich begründetes Aussonderungsrecht aus (zur teils
schwierigen Differenzierung zwischen diesen beiden Tatbeständen OLG Düsseldorf NZI 2012,
887; s. dazu auch Berberich/Kanschik NZI 2017, 1 (4)). Die Aussonderung der Daten dürfte
sich regelmäßig nicht auf eine **Herausgabe** beschränken, sondern sich auch auf die **Löschung**
verbleibender Datenbestände erstrecken (OLG Düsseldorf NZI 2012, 887).

Eine Aussonderung aufgrund **Treuhandverhältnissen** kommt im Einzelfall in Betracht 80
(→ Rn. 106).

Gemäß Art 28. Abs. 3 lit. g **DS-GVO** besteht ein Herausgabeanspruch des Auftraggebers 81
gegen den Auftragsdatenverarbeiter. Dieser ist mit **Aussonderungskraft** versehen, damit der
Auftraggeber als Verpflichteter seinen Pflichten gegenüber den Berechtigten (insbesondere Information über die gespeicherten Daten, Art. 15, 20 DS-GVO) nachkommen kann.

2. (Aussonderungs-)Rechte von „Betroffenen"

Den datenverarbeitenden Insolvenzverwalter treffen die Verpflichtungen aus der DS-GVO, an 82
die er auch im Fall des Ruhens der vertraglichen Pflichten bis zu einer ggf. erforderlichen Erfüllungswahl (§ 103) oder im Fall des Wegfalls dieser Verpflichtungen gebunden ist (so auch Grützmacher ITRB 2004, 282 (285)). Diese Ansprüche müssen Aussonderungskraft haben; wären sie
lediglich Masseverbindlichkeiten, wären die Betroffenen im Fall der Masseunzulänglichkeit schutzlos gestellt. Den von der Datenerhebung und/oder -verarbeitung betroffenen Personen stehen
**mit Aussonderungskraft versehene datenschutzrechtliche Auskunfts-, Berichtigungs-,
Löschungs- und Sperrungsansprüche** zu. Insofern entfaltet das von Bultmann herangezogene
Argument der Einheit der Rechtsordnung (Bultmann ZInsO 2011, 992 (995)) besonderes
Gewicht. Auch aus dem **allgemeinen Persönlichkeitsrecht** können sich solche Aussonderungsansprüche herleiten lassen.

(Derzeit nicht belegt) 83

Aussonderungsansprüche der datenschutzrechtlichen Betroffenen aus anderen Rechtsgründen 84
dürften regelmäßig nicht in Betracht kommen.

XVIII. Digitale Daten

85 Auch elektronische Daten können grundsätzlich Gegenstand eines Aussonderungsbegehrens sein (Grützmacher ITRB 2004, 282 (284); MüKoInsO/Ganter Rn. 31a, 353b). Ein solcher Aussonderungsanspruch dürfte sich regelmäßig nicht in der bloßen Herausgabe der Daten erschöpfen, da dem Anspruchsinhaber damit in der Regel wenig geholfen ist. Von dem Aussonderungsanspruch dürfte in diesen Fällen daher ein Anspruch auf Löschung oder zumindest Gebrauchsunterlassung (MüKoInsO/Ganter Rn. 353b) hinsichtlich eventuell bei der Insolvenzmasse verbleibender Daten umfasst sein.

86 Digitale Daten (hier zu verstehen als elektronisch, magnetisch oder sonst nicht unmittelbar wahrnehmbar gespeicherte Zeichen, Angaben, Informationen, vgl. § 202a Abs. 2 StGB; zum Begriff auch Stöhr ZIP 2016, 1468) können „Gegenstand" iSd bürgerlichen Rechts und damit auch iSv § 47 sein (Bultmann ZInsO 2011, 992 (993); Grützmacher ITRB 2004, 282 (284)); eine Aussonderung im Insolvenzverfahren kommt daher grundsätzlich in Betracht. Aussonderungsgegenstand können zB auch ganze EDV-Anwendungen oder Datenverarbeitungsprogramme sein.

87 Die Aussonderung digitaler Daten kann sich – je nachdem, worum es sich bei den digitalen Daten handelt – nach unterschiedlichen Wertungen richten. Enthalten die in Rede stehenden digitalen Daten zugleich Daten im herkömmlichen, analogen Sinne, kommen Aussonderungsrechte nach den bereits (→ Rn. 78) beschriebenen Grundsätzen und Überlegungen in Betracht (wobei eine andere Frage ist, ob die Aussonderung dann auch zwingend in digitaler Form erfolgen muss). Handelt es sich bei den digitalen Daten um Anwendungen oder Aufzeichnungen, die Gegenstand eines immateriellen Rechts sind (etwa Urheber- oder gewerbliche Schutzrechte, Jülicher ZIP 2015, 2063 (2065)), so orientiert sich die Aussonderung der digitalen Daten an den insoweit bereits beschriebenen Grundsätzen (→ Rn. 71). Auch eine Aussonderung nach Beendigung eines Auftrags (→ Rn. 57) kann in Betracht kommen (Jülicher ZIP 2015, 2063 (2064), insbesondere zur insofern problematischen zivilrechtlichen Einordnung von Verträgen über „Cloud Computing". In all diesen Konstellationen kann je nach anzuwendendem Rechtssatz die Herausgabe oder auch nur die Löschung der digitalen Daten verlangt werden.

88 Darüber hinaus stellt sich die Frage, ob an digitalen Daten ein eigentumsähnliches Recht bestehen kann und daher etwa Herausgabe im Insolvenzverfahren analog § 985 BGB begehrt werden kann. Das kann insbesondere dann relevant werden, wenn es sich weder um datenschutzrechtlich oder immaterialgüterrechtlich geschützte noch um im Rahmen eines Auftrags zur Verfügung gestellte digitale Daten handelt und deshalb ein Aussonderungsrecht nach den entsprechenden Vorschriften nicht in Betracht kommt.

89 In der Literatur finden sich Stimmen, die sich für ein „quasi-dingliches Dateneigentum" oder „virtuelles Eigentum" analog § 903 BGB aussprechen, also digitale Daten eigentumsähnlich zuordnen wollen (Hoeren MMR 2013, 486; Jülicher ZIP 2015, 2063 (2064); Meier/Wehlau NJW 1998, 1585 (1588) mwN stellen aber entscheidend darauf ab, dass (auch) der Datenträger im Eigentum des an den Daten Berechtigten steht; abl. Grützmacher ITRB 2004, 260 und ITRB 2004, 282 (283); zweifelnd auch BeckOK BGB/Förster BGB § 823 Rn. 141).

90 Digitale Daten sind keine Sachen iSd Zivilrechts (Palandt/Ellenberger BGB § 90 Rn. 2). Die analoge Anwendung der Regeln über das Eigentum auf unkörperliche Gegenstände würde – selbst wenn sie nur in Grenzen zugelassen würde (Hoeren MMR 2013, 486 (491)) – eine Reihe von nicht zu bewältigenden Folgeproblemen mit sich bringen (Jülicher ZIP 2015, 2063 f.: insbesondere die Anwendung des Bestimmtheitsgrundsatzes bereitet Probleme, zu deren Lösung Jülicher vorschlägt, auf die Bestimmbarkeit im virtuellen Raum abzustellen), die sich im Insolvenzrecht fortsetzen würden. Wegen des unterschiedlichen Normzwecks kann die Zuordnung der Daten zu einem Berechtigten iSd Strafrechts nicht zu zivilrechtlichem Eigentum weiterentwickelt werden (so aber Hoeren MMR 2013, 486 (488 ff.)).

91 Eine analoge Anwendung von §§ 903 ff. BGB auf digitale Daten ist deshalb abzulehnen und ein Eigentumsrecht oder Quasi-Eigentumsrecht an digitalen Daten nicht anzuerkennen (ausf. → Rn. 91.1 f.).

91.1 Gegen ein Eigentumsrecht an digitalen Daten spricht sich auch das LG Konstanz NJW 1996, 2662 aus; ebenso OLG Dresden NJW-RR 2013, 27; offenlassend OLG Karlsruhe NJW 1996, 200, das in erster Linie auf die Verkörperung in Form des Datenträgers abstellt. Ebenfalls verneinend Grützmacher ITRB 2004, 260 und ITRB 2004, 282 (283).

91.2 Sofern der EuGH NJW 2012, 2565 („UsedSoft") Rn. 45 f. von „Eigentum" an einer Computerprogrammkopie spricht, dürfte überaus fraglich sein, ob diese Feststellung aufgrund des europarechtlichen Kontexts der Entscheidung auf das deutsche Zivilrecht übertragbar ist. So ist im Kontext eines Datenkaufs

Aussonderung § 47 InsO

nach allgemeiner Meinung auch nicht der für Sachen geltende § 433 BGB anwendbar, sondern der für sonstige Gegenstände maßgebliche § 453 BGB, vgl. Palandt/Weidenkaff BGB § 453 Rn. 8.

Auch „Dateneigentumsklauseln" (Jülicher ZIP 2015, 2063 (2066 Fn. 37 und 38)) dürften demnach grundsätzlich nicht insolvenzfest sein und kein Aussonderungsrecht gewähren. **92**

XIX. Bar- und Buchgeld

Bargeld ist grundsätzlich nur dann aussonderungsfähig, wenn die individuellen und konkreten Münzen und Scheine noch identifizierbar vorhanden sind (OLG Köln BeckRS 2008, 25333). Ein bloßer Geldsummenanspruch ist grundsätzlich nicht aussonderungsfähig (BGH NZI 2003, 549). **93**

Bei der **Vermengung** mit anderen Geldstücken und dem damit verbundenen Erwerb von Miteigentum an der Gesamtmenge (§§ 948, 947 BGB) gesteht der BGH dem Miteigentümer einen auf seinen Miteigentumsanteil beschränkten Aussonderungsanspruch zu (BGH NZI 2010, 897). Dafür muss der Prätendent nicht sein Eigentum an konkreten Geldstücken nachweisen, sondern nur den Umfang seines Miteigentums an dem Gesamtbestand darlegen und beweisen (MüKoInsO/Ganter Rn. 45). **94**

Buchgeld, also Forderungen gegen eine Bank, ist grundsätzlich nur dann aussonderungsfähig, wenn das Buchgeld einer treuhänderischen Bindung unterliegt (OLG Köln BeckRS 2008, 25333; zur Treuhand → Rn. 106). **95**

XX. Leasing

Sowohl im Falle eines sog. Finanzierungsleasings als auch im Falle eines sog. operativen Leasings kommen in der **Insolvenz des Leasingnehmers** grundsätzlich Aussonderungsrechte des Leasinggebers in Betracht, wenn und soweit der Leasingnehmer kein Recht zum Besitz (mehr) hat (Uhlenbruck/Brinkmann Rn. 121). Bei beiden Leasingformen bleibt der Leasinggeber rechtlicher Eigentümer der Leasingsache und ein Wechsel der dinglichen oder quasi-dinglichen Zuordnung des Leasinggegenstands findet nicht statt, obwohl der Leasingnehmer die Sach- und Preisgefahr trägt (→ Rn. 96.1). **96**

Der Unterschied zwischen Finanzierungsleasing und dem operativen Leasing besteht nur darin, dass im Falle des Finanzierungsleasings der Leasinggeber mit dem einzigen Leasingnehmer eine Vollamortisation erreichen will, die Investitionskosten also auf einen einzelnen Leasingnehmer abwälzt, während der Leasinggeber im Falle des operativen Leasings seine Vollamortisation bei verschiedenen, aufeinanderfolgenden Leasingnehmern anteilig sucht (Palandt/Weidenkaff BGB Vor § 535 Rn. 39 f.). **96.1**

Auch beim Finanzierungsleasing ist nicht davon auszugehen, dass der Leasinggegenstand im Laufe des Leasingvertrags durch ratierliche Zahlungen quasi schleichend in das Vermögen des Leasingnehmers übergeht. **96a**

In der **Insolvenz des Leasinggebers** stellt sich die Frage eines Aussonderungsrechts des Leasingnehmers höchstens nach Vollamortisation im Falle eines Finanzierungsleasings, wenn der Vertrag einen Eigentumsübergang vorsieht. Die Frage, ob und wie lange der Leasinggeber auch in der Insolvenz verpflichtet ist, dem Leasingnehmer den Gebrauch des Leasinggegenstands zu überlassen, ist eine Frage des Fortbestands der vertraglichen Pflichten, nicht des Aussonderungsrechts. **96b**

Da auf Leasingverhältnisse mietvertragliche Vorschriften Anwendung finden (Palandt/Weidenkaff BGB Vor § 535 Rn. 38), kann sich ein Aussonderungsanspruch des Leasinggebers neben § 985 BGB auch auf mietvertragliche Grundlagen stützen (→ Rn. 48). **97**

XXI. Factoring

1. Echtes Factoring

Beim echten Factoring (Forderungskauf) wird der Factor durch Abtretung rechtlich vollwertiger Inhaber der gefactorten Forderung, sobald er den Kaufpreis für die jeweilige Forderung bezahlt hat. Deshalb kann er die gefactorten Forderungen, soweit sie ihm schon abgetreten sind, in der **Insolvenz des Zedenten** aussondern (Gottwald/Haas InsR-HdB/Adolphsen § 43 Rn. 96; HK-InsO/Lohmann Rn. 15; Uhlenbruck/Brinkmann Rn. 51). **98**

In der **Insolvenz des Factors** kann der Zedent die abgetretene Forderung nicht aussondern, wenn der Factor Vollrechtsinhaber der zedierten Forderung geworden ist (HK-InsO/Lohmann Rn. 15). Kann der Insolvenzverwalter jedoch (teilweise) Nichterfüllung des Factoringvertrags wäh- **99** len, so kann der Zedent die lediglich aufschiebend bedingt abgetretenen Forderungen aussondern, wenn die Bedingung noch nicht eingetreten ist (Uhlenbruck/Brinkmann Rn. 54).

100 In der **Insolvenz des Schuldners einer abgetretenen Forderung** kann der Factor ggf. aus einem vom Zedenten abgeleiteten Eigentumsvorbehalt Aussonderung der vom Zedenten an den Schuldner gelieferten Vorbehaltsware verlangen (BGH NZI 2014, 696). Zur Aussonderung von Vorbehaltseigentum weiterführend → Rn. 32.

2. Unechtes Factoring

101 Beim unechten Factoring wird dem Factor die Forderung lediglich erfüllungshalber (BGH NJW 1972, 1715; verbreitet wird die Abtretung davon abweichend als Sicherungsabtretung oder dieser zumindest nahestehend gewertet, zB Gottwald/Haas InsR-HdB/Adolphsen § 43 Rn. 100) für ein gewährtes Darlehen übertragen. Der Unterschied zu einer Sicherungsabtretung liegt darin, dass sich der Zessionar im Falle der Sicherungszession nur im Falle des Ausfalls seines Schuldners aus der übertragenen Forderung befriedigen dürfen soll, im Falle der Abtretung erfüllungshalber ist er hingegen nicht nur berechtigt, sondern auch verpflichtet, sich in erster Linie aus der übertragenen Forderung befriedigen (BGH NJW 1986, 424; MüKoInsO/Ganter § 51 Rn. 137; den Unterschied zwischen Abtretung erfüllungshalber und Sicherungszession erkennt auch BGH BeckRS 2009, 12972). Erst im Fall eines Ausfalls ist der Zessionar berechtigt, an den Zedenten heranzutreten (vgl. auch Jaeger InsO/Henckel Rn. 127).

102 Die **hM** (HK-InsO/Lohmann Rn. 15; MüKoInsO/Ganter Rn. 266 mwN; im Rahmen eines obiter dictum auch BGH BeckRS 2008, 01258) gesteht dem Factor in der **Insolvenz des Zedenten** beim unechten Factoring **kein Aussonderung**srecht zu, sondern lediglich ein Recht auf abgesonderte Befriedigung (obwohl sowohl der BGH BeckRS 2009, 12972 als auch MüKoInsO/Ganter § 51 Rn. 137 einen Unterschied zwischen Sicherungszession und Abtretung erfüllungshalber erkennen).

103 **Richtigerweise** ist dem Factor beim unechten Factoring jedoch ein **Aussonderungsrecht** zuzugestehen (Uhlenbruck/Sinz §§ 115, 116 Rn. 44 mwN). Von der hM wird nämlich verkannt, dass es regelmäßig nicht im Belieben des Factors steht, die gefactorte Forderung an den Zedenten zurückzugeben, sondern er nach dem Factoringvertrag regelmäßig verpflichtet ist, vorrangig Befriedigung aus der gefactorten Forderung zu suchen (Uhlenbruck/Sinz §§ 115, 116 Rn. 44), da die Abtretung der gefactorten Forderung erfüllungshalber erfolgt (→ Rn. 101). Davon abgesehen wird ein Factor eine Rückübertragung der gefactorten Forderung regelmäßig – und insbesondere in der Krise des Zedenten – nur dann in Betracht ziehen, wenn diese nicht realisierbar ist.

104 Damit gehört die gefactorte Forderung aber – kraft Abtretung – nicht nur rechtlich, sondern auch wirtschaftlich zum Vermögen des Factors. Auch wenn es bei der Abtretung erfüllungshalber in der Natur der Sache liegt, dass der Zessionar auch gegen das Risiko des Ausfalls seines Zedenten abgesichert wird, ist seine Stellung nicht mit der eines bloßen Sicherungszessionars gleichzusetzen.

105 In der **Insolvenz des Factors** kann der Zedent beim unechten Factoring die abgetretenen Forderungen nicht aussondern. Da es sich beim unechten Factoring um einen Darlehensvertrag handelt, dürfte die Abtretung der Forderung in der Regel unter der Bedingung stehen, dass dem Zedenten durch den Factor ein entsprechender „Vorschuss" (Darlehensbetrag) ausgereicht wird. Dann ist der Zedent auf ein Aussonderungsrecht schon gar nicht angewiesen, weil er für die abgetretene Forderung bereits einen Vorschuss erhalten hat, den er nur dann zurückerstatten muss, wenn sich der Factor (bzw. dessen Insolvenzverwalter) aus der erfüllungshalber abgetretenen Forderung nicht befriedigen kann. Nur, wenn der Zedent den Vorschuss bzw. Kaufpreis zurückerstattet, kann er Zug um Zug auch die Rückabtretung der gefactorten Forderung verlangen und die Forderung aussondern (MüKoInsO/Ganter Rn. 275; HK-InsO/Lohmann Rn. 15).

XXII. Echte Treuhand

1. Fremdnützige Treuhand

106 Durch den Insolvenzschuldner treuhänderisch gehaltene Vermögenswerte können in der **Insolvenz des Treuhänders** durch den Treugeber ausgesondert werden (BGH NZI 2011, 371; 2012, 803; HK-InsO/Lohmann Rn. 22). Das Treuhandverhältnis führt dazu, dass der treuhänderisch gehaltene Vermögensgegenstand (auch: Forderungen gegen eine Bank aus einem Treuhandkonto) haftungsrechtlich nicht dem Vermögen des Insolvenzschuldners zugeordnet wird.

107 Nach der Rechtsprechung des Reichsgerichts setzte ein Aussonderungsanspruch des Treugebers voraus, dass der Treuhänder das Treugut vom Treuhänder erhalten hatte. Dieses Erfordernis der

Unmittelbarkeit hat der BGH aufgeweicht (aber nicht aufgegeben) und lässt für eine treuhänderische Bindung ausreichen, dass von dritter Seite Geld auf ein Konto eingezahlt oder überwiesen wird, sofern die den Zahlungen zu Grunde liegenden Forderungen nicht in der Person des Treuhänders, sondern unmittelbar in der Person des Treugebers entstanden waren (zusammenfassend BGH NZI 2011, 371 Rn. 13; so auch BAG NZI 2005, 122). Nicht ausreichend ist aber, wenn der Treuhänder die treuhänderisch zu haltenden Mittel aus seinem eigenen Vermögen entnimmt und treuhänderischer Bindung unterwerfen möchte (BGH NZI 2003, 594; BAG NZI 2005, 122; MüKoInsO/Ganter Rn. 390b). Dann ist davon auszugehen, dass sich der „Treuhänder" lediglich schuldrechtlichen Einschränkungen seiner Rechte zugunsten eines Dritten unterwirft, nicht jedoch ein insolvenzfestes Treuhandverhältnis etabliert (BGH NZI 2003, 594; BAG NZI 2005, 122).

108 Vom BGH wird als Voraussetzung der Aussonderung von Treugut in der Insolvenz des Treuhänders nur gefordert, dass das (vermeintliche) Treugut nachweisbar treuhänderisch gehalten wird (BGH NZI 2011, 371 Rn. 13; BGH NZI 2005, 625), insbesondere, dass es nicht mit eigenen Mitteln des Treuhänders vermischt wird (BGH NZI 2017, 712 Rn. 15) und das Treuhandverhältnis eine „vollzogene dingliche Komponente" (BGH NZI 2008, 235 Rn. 6) aufweist (zusammenfassend zur Rechtsprechung Fridgen ZInsO 2004, 530 ff.).

109 Erforderlich ist auch nicht, dass das Treuhandverhältnis offengelegt wird (BGH NJW 1993, 2622; BGH NZI 2011, 371 Rn. 13). Missachtet der Treugeber seine treuhänderische Bindung vertragswidrig und bringt so zum Ausdruck, sich an die Treuhandabrede nicht (mehr) gebunden zu fühlen, so kommt auch ein Aussonderungsanspruch des Treugebers nicht mehr in Betracht (BGH NZI 2003, 549; BGH NZI 2011, 371 Rn. 16). Dafür ist bereits ausreichend, dass der Treuhänder das Treugut mit eigenen Vermögenswerten untrennbar vermischt (BGH NZI 2003, 549; BGH NZI 2005, 625; BGH NZI 2008, 235 Rn. 6; BGH NZI 2011, 371 Rn. 21; OLG Köln BeckRS 2008, 25333); auf eine etwaige Unterscheidbarkeit von Treugut und eigenem Vermögen kommt es dann nicht mehr an (BGH NZI 2011, 371 Rn. 23). Damit hat es ein Treuhänder grundsätzlich in der Hand, einen Aussonderungsanspruch des Treugebers zu vereiteln, wobei es der BGH bisher offenließ, ob wirklich jegliches Fehlverhalten des Treuhänders den Aussonderungsanspruch zerstören kann (BGH NZI 2011, 371 Rn.17).

110 Ein Aussonderungsrecht des Treugebers gegenüber dem Treuhänder kann sogar noch dann entstehen, wenn das Aussonderungs-(Treu-)Gut erst nach Beendigung des Treuhandverhältnisses in den Zugriff des ehemaligen Treuhänders gelangt (etwa durch Zuwendungen Dritter, die von der Beendigung des Treuhandverhältnisses keine Kenntnis haben); der BGH leitet dies aus einer nachvertraglichen Pflicht des Treuhänders zur Entgegennahme und Weiterleitung nachvertraglich für den Treugeber erhaltener Zahlungen her (BGH NZI 2005, 625).

111 In der **Insolvenz des Treugebers** steht dem Treuhänder wegen der vorstehend beschriebenen Vermögenszuordnung kein Aussonderungsrecht am Treugut zu. Gemäß §§ 115, 116 endet das Treuhandverhältnis mit Eröffnung des Insolvenzverfahrens über das Vermögen des Treugebers (→ § 116 Rn. 7).

2. Eigennützige Treuhand

112 Auch in Fällen sog. eigennütziger echter Treuhand kann der Treugeber in der **Insolvenz des Treuhänders** aussondern, wenn nach den zwischen den Parteien getroffenen Vereinbarungen eine Rückgabepflicht des Treuhänders besteht. Das ist vor allem bei der Sicherungstreuhand, also insbesondere Sicherungsübereignungen und -zessionen erst dann der Fall, wenn der Sicherungszweck entfällt, also die gesicherte Forderung befriedigt wird (HK-InsO/Lohmann Rn. 21; Uhlenbruck/Brinkmann Rn. 85). Der ggf. bloß schuldrechtliche Herausgabeanspruch des Treugebers ist mit Aussonderungskraft versehen (→ Rn. 116a).

113 In der **Insolvenz des Treugebers** steht dem eigennützigen Treuhänder kein Aussonderungs-, aber kraft Sicherungseigentum oder -zession ggf. ein Absonderungsrecht zu (Uhlenbruck/Brinkmann Rn. 86; HK-InsO/Lohmann Rn. 21). Der Treuhandvertrag wird zwar gem. §§ 115, 116 beendet, die in der Treuhandabrede enthaltene Sicherungsabrede wird davon aber nicht betroffen (Weitbrecht NZI 2017, 553 (555) aE mwN; im Ergebnis so auch BGH NZI 2016, 271 Rn. 42).

3. Doppeltreuhand

113a In Fällen der Doppeltreuhand, wenn also der Treuhänder das Treugut sowohl für den Treugeber als auch für einen Dritten (meist zur Sicherung von Ansprüchen des Dritten) hält, kommt in der **Insolvenz des Treuhänders** ebenfalls ein Aussonderungsrecht in Betracht (Uhlenbruck/Brinkmann Rn. 87). Allein fraglich ist, ob dieses Aussonderungsrecht dem Treugeber oder aber dem begünstigten Dritten zusteht. Da ein Aussonderungsrecht – anders als ein Absonderungsrecht (BGH NZI 2003, 594 (595); 2005, 622 (623)) – keine dingliche Rechtsstellung des Aussonderungsberechtigten voraussetzt, sondern auch allein durch rein schuldrechtliche Absprachen etabliert werden kann (→ Rn. 2), kommen sowohl der Treugeber als auch der begünstigte Dritte als Aussonderungsberechtigte in Betracht. Das Aussonderungsrecht ist aber gerichtet auf die Herausgabe an einen neuen Treuhänder, da weder eine Herausgabe an den Treugeber noch eine Herausgabe an den gesicherten Dritten dem Sinn und Zweck der Doppeltreuhand gerecht würde (MüKoInsO/Ganter Rn. 390).

113b In der **Insolvenz des Treugebers** bleibt die in der Treuhandabrede der Doppeltreuhand enthaltene Sicherungs- bzw. Drittbegünstigungsabrede trotz §§ 115, 116 auch nach Eröffnung des Insolvenzverfahrens über das Vermögen des Treugebers bestehen (BGH NZI 2016, 21 Rn. 43 mwN: „…soweit dies zur Wahrung der Rechte der Drittbegünstigten erforderlich ist"; Weitbrecht NZI 2017, 553 (556) mwN). Das gilt auch dann, wenn durch die Doppeltreuhand gar keine Vermögensansprüche des begünstigten Dritten gesichert werden sollen (sog. atypische Doppeltreuhand, BGH NZI 2016, 21 Rn. 44). Dem Treuhänder steht jedoch – wie auch bei der eigennützigen Treuhand → Rn. 113 – nur ein Absonderungsrecht zu (Uhlenbruck/Brinkmann Rn. 87; MüKoInsO/Ganter Rn. 389; BAG NZI 2014, 167; BAG NZI 2021, 127; LAG Hamm BeckRS 2013, 68225), bei dem der Treuhänder aber zum Besitz und zur Verwertung berechtigt bleibt (BGH NZI 2016, 21 Rn. 37 ff. und insbesondere für Fälle von Sanierungs-Doppeltreuhand → § 116 Rn. 7 und Weitbrecht NZI 2017, 553 (556)).

4. Begründung der Treuhand durch einen vorläufigen Insolvenzverwalter

114 In **vorläufigen Insolvenzverfahren** werden, um **vorauszahlende Kunden** des Insolvenzschuldners gegen einen Ausfall abzusichern, wenn die Leistung durch den Insolvenzschuldner nicht mehr (vollständig) erbracht werden kann, durch den vorläufigen Insolvenzverwalter häufig sog. „Nachhängerkonten" eingerichtet. Dabei handelt es sich um **Treuhandkonten,** auf denen Vorauszahlungen von Kunden während des vorläufigen Insolvenzverfahrens **separiert** werden. Nach Ansicht des AG Hamburg (AG Hamburg ZInsO 2005, 447) kommt die Begründung von Aussonderungsrechten mittels eines solchen Treuhandverhältnisses nur dann noch in Betracht, wenn der vorläufige Insolvenzverwalter zur Begründung des Treuhandverhältnisses vom Insolvenzgericht ermächtigt wird. Das AG Hamburg begründet seine Auffassung damit, dass ein Wertungswiderspruch entstehe, wenn die Begründung von Masseverbindlichkeiten durch den vorläufigen Insolvenzverwalter von einer gerichtlichen Ermächtigung abhängig gemacht werde, die Begründung von Aussonderungsrechten hingegen nicht.

115 Die Ansicht des AG Hamburg kann aber nur dann zutreffend sein, wenn – wie in dem der Entscheidung zugrundeliegenden Fall – bereits vereinnahmte Gelder nachträglich treuhänderisch separiert werden sollen. Wird eine Treuhand an Vorauszahlungen hingegen von Beginn an, also ohne Durchleitung durch das Vermögen des Insolvenzschuldners, durch den vorläufigen Insolvenzverwalter auf einem durch ihn neu eingerichteten oder fortgeführten Treuhandkonto begründet, kann eine Zustimmung des Insolvenzgerichts nicht gefordert werden. Denn die „Begründung" solcher Aussonderungsrechte nach Anordnung eines vorläufigen Insolvenzverfahrens berührt die Insolvenzmasse überhaupt nicht, wenn der Aussonderungsgegenstand vorher nicht Bestandteil der Insolvenzmasse war.

116 Die Etablierung eines sichernden **Treuhandverhältnisses zugunsten von Lieferanten** im vorläufigen Insolvenzverfahren dürfte indes tatsächlich in sachenrechtlicher Hinsicht schwierig (AG Hamburg ZInsO 2005, 447), wegen im Zweifelsfall aber ohnehin bestehender Eigentumsvorbehalte der Lieferanten auch nicht notwendig sein.

XXIII. Herausgabeansprüche

116a Rein **schuldrechtliche Herausgabeansprüche** können **im Einzelfall** ebenfalls Aussonderungskraft haben, wenn durch sie eine eindeutige **Zuordnung eines konkreten Gegenstandes** zum Vermögen des Aussonderungsgläubigers erfolgt; bei bloßen Verschaffungsansprüchen ist das zu verneinen. Bejaht werden kann ein Aussonderungsrecht aber etwa für die Herausgabe von Sicherheiten nach Wegfall des Sicherungszwecks (OLG Koblenz NJW 2016, 3729). Aussonderungskraft hat außerdem der gesetzliche **Herausgabeanspruch des Verpfänders** gem. § 1223 BGB (BGH BeckRS 2018, 3811; HmbKommInsR/Scholz Rn. 35). Keine Aussonderungskraft haben hingegen Bereicherungsansprüche und auf Naturalrestitution gerichtete Schadensersatzansprüche (BGH BeckRS 2018, 3811 Rn. 22).

XXIV. Kreditwesen/Wertpapiere

Spezielle Aussonderungsrechte enthalten auch verschiedene Vorschriften aus dem Wertpapierrecht und dem Kreditwesenrecht. Dazu gehören etwa § 30 **PfandBG** und § 22j **KWG**. Bei den Vorschriften der §§ 32, 33 DepotG handelt es sich um ein besonderes Verfahren der abgesonderten Befriedigung (→ § 49 Rn. 12a).

116b

XXV. Verträge für fremde Rechnung (Kommission, Fracht, Spedition)

In der **Insolvenz des Kommissionärs** steht dem Kommittenten an den durch den Kommissionär im Rahmen der Kommission erworbenen Forderungen gegen Dritte ein Aussonderungsrecht zu (§ 392 Abs. 2 HGB). Dieses Aussonderungsrecht erstreckt sich jedoch nicht auch auf Gegenstände, die der Kommissionär durch Geltendmachung dieser Forderungen gegen Dritte an sich gezogen hat (etwa das Kommissionsgut bei der Einkaufskommission oder Zahlmittel bei der Verkaufskommission, BGH NZI 2010, 897; BGH NJW 1981, 918; aA MüKoInsO/Ganter Rn. 289 mwN). Diese Regeln gelten auch im Rahmen von **Finanzkommissionsgeschäften** gem. § 1 Abs. 1 Nr. 4 KWG.

117

Diese für die Kommission geltenden Sonderregeln sind auf eine sonstige **mittelbare Stellvertretung** nicht übertragbar; dort kommt ein Aussonderungsanspruch des mittelbar Vertretenen nicht in Betracht (MüKoInsO/Ganter Rn. 286).

118

Besondere Aussonderungsrechte des **Versenders im Rahmen von Speditionsgeschäften** bzw. des **Empfängers im Rahmen von Frachtgeschäften** finden sich in § 457 HGB und § 422 Abs. 2 HGB.

119

XXVI. Insolvenzanfechtungsansprüche

Der **Rückgewähranspruch gem. § 143 Abs. 1 S. 1** besitzt nach der Rechtsprechung des BGH (NZI 2004, 78) Aussonderungskraft; dem **Wertersatzanspruch nach § 143 Abs. 1 S. 2** kommt solche Aussonderungskraft hingegen nicht zu (BGH NZI 2003, 537; 2008, 163 Rn. 44; MüKoInsO/Ganter Rn. 346 aE; aA OLG Schleswig NZI 2017, 19, dessen Begründung der BGH BeckRS 2017, 114651 Rn. 16 zu Recht für „fragwürdig" hält).

120

Dogmatisch zufriedenstellend begründen lässt sich jedoch auch die Aussonderungskraft des Rückgewähranspruchs gem. § 143 Abs. 1 S. 1 nicht. MüKoInsO/Ganter Rn. 346 und ihm folgend der BGH (NZI 2004, 78) versuchen eine solche Rechtfertigung mit dem Rechtsgedanken des § 145 Abs. 1. Dabei wird jedoch übersehen, dass § 145 Abs. 1 lediglich die Nachfolge in eine nach Anfechtungsnormen begründete Schuldnerstellung begründet (die man hier aber nicht benötigt, weil aufseiten des Anfechtungsgegners gar kein „Wechsel" in der Rechtsinhaberschaft, sondern nur in der Verfügungsbefugnis stattfindet), nicht jedoch Anfechtungsansprüche in ihrer Qualität in der Insolvenz des Anfechtungsgegners aufwertet. Der BGH ist der Ansicht, das Anfechtungsrecht des Insolvenzverwalters bewirke eine Änderung der Vermögenszuordnung (nämlich, dass der eigentlich weggegebene Gegenstand in Wahrheit dem Vermögen des Weggebenden und nicht demjenigen des Empfängers zuzuordnen sei). Damit jedoch macht der BGH die „haftungsrechtliche Zuordnung" solcher Gegenstände zu Wertungsgründen von bloßen Zufälligkeiten, nämlich von der Eröffnung eines Insolvenzverfahrens über das Vermögen des Weggebenen abhängig. Auch die vom BGH gezogene Parallele zur Treuhand vermag deswegen nicht zu überzeugen, weil dort die Zuordnung zum Vermögen des Treugebers von Anfang an kraft Vereinbarung festgeschrieben ist und nicht erst durch die (mehr oder weniger) zufällige Eröffnung eines Insolvenzverfahrens entsteht.

121

Auch wegen der besonderen Probleme, die sich bei der Ersatzaussonderung von Insolvenzanfechtungsansprüchen ergeben (→ § 48 Rn. 17), ist eine Aussonderungskraft von Insolvenzanfechtungsansprüchen entgegen der Rechtsprechung des BGH abzulehnen.

122

Abgesehen von dieser Diskussion dürfte eine Aussonderung im Gros der Anfechtungsfälle aber schon deshalb nicht in Betracht kommen, da bei der Anfechtung bargeldloser Zuwendungen nicht Herausgabe des Erlangten gem. § 143 Abs. 1 S. 1, sondern lediglich Wertersatz gem. § 143 Abs. 1 S. 2 verlangt werden kann (MüKoInsO/Kirchhof/Piekenbrock § 143 Rn. 102) und diesem Anspruch nach ganz hM keine Aussonderungskraft zukommt.

123

XXVII. Versorgungsansprüche

1. Versicherungen für fremde Rechnung

124 Sind durch den Insolvenzschuldner **Lebensversicherungen mit Bezugsberechtigung** zugunsten Dritter (meist Arbeitnehmer im Rahmen von Direktversicherungen oder Familienangehörige des Insolvenzschuldners) abgeschlossen, können diese Begünstigten in der Insolvenz nur dann Aussonderung der Versicherungsleistungen verlangen, wenn ihnen ein **unwiderrufliches Bezugsrecht** eingeräumt wurde (Uhlenbruck/Brinkmann Rn. 113; HmbKommInsR/Scholz Rn. 75). Nur dann ist ihnen die Versicherungsleistung derart fest zugeordnet, dass sie nicht mehr dem Vermögen der Insolvenzschuldnerin zufällt.

125 Ist den Begünstigten lediglich ein **widerrufliches Bezugsrecht** eingeräumt, kann ihnen – auch nach Unverfallbarkeit und selbst dann, wenn die Beiträge aus dem Gehalt des Arbeitnehmers bezahlt wurden (BGH NZI 2002, 604; HmbKommInsR/Scholz Rn. 76) – ihre Position jederzeit wieder durch Widerruf der Bezugsberechtigung entzogen werden. Diesen Widerruf hat ggf. der Insolvenzverwalter nach Insolvenzeröffnung gegenüber der Versicherung zu erklären, sodann den Vertrag zu kündigen und den Rückkaufswert zugunsten der Gläubigergesamtheit zu realisieren.

2. Pensions- oder Unterstützungskassen

126 Sofern die Versorgung durch eine von der Insolvenzmasse **getrennte Sondermasse** (mit oder ohne eigene Rechtspersönlichkeit) sichergestellt wird, fällt diese Sondermasse nicht in die Insolvenzmasse. Nimmt der Insolvenzverwalter sie dennoch in Besitz und Verwaltung, bestehen Aussonderungsrechte der Versorgungsberechtigten (MüKoInsO/Ganter Rn. 427 f.; Uhlenbruck/Brinkmann Rn.109: aussonderungsberechtigt ist die Sondermasse).

126a Werden einbehaltene **Versorgungsbeiträge** durch den Arbeitgeber treuwidrig **nicht** an die Pensionskasse **abgeführt**, so besteht hinsichtlich dieser einbehaltenen Versorgungsbeiträge auch europarechtlich keine Notwendigkeit, ein Aussonderungsrecht anzunehmen.

126b Nach Ansicht des EuGH gilt dies jedenfalls dann, wenn sichergestellt ist, dass der Arbeitnehmer bei Zahlungsunfähigkeit seines Arbeitgebers mindestens die Hälfte der Leistungen bei Alter erhält, die sich auch aus seinen erworbenen Rentenansprüchen ergeben, für die er Beiträge im Rahmen einer betrieblichen Zusatzversorgungseinrichtung entrichtet hat (EuGH NZI 2017, 45); in dem entschiedenen Fall hatten sich die Versorgungsansprüche des Arbeitnehmers durch die Nichtabführung der Beiträge nur um einige Euro verringert. Der EuGH scheint aber nicht auszuschließen, dass in Fällen, in denen durch den Arbeitgeber Versorgungsbeiträge in größerem Umfang treuwidrig nicht abgeführt werden, in der Insolvenz des Arbeitgebers die Annahme eines Aussonderungsrechts europarechtlich notwendig sein könnte.

126c Das BAG (NZA 2017, 948) hat jedoch klargestellt, dass auch in solchen Fällen, in denen der Arbeitnehmer bei Zahlungsunfähigkeit seines Arbeitgebers nicht mindestens die Hälfte der Leistungen bei Alter erhält, die sich auch aus seinen erworbenen Rentenansprüchen ergeben, für die er Beiträge im Rahmen einer betrieblichen Zusatzversorgungseinrichtung entrichtet hat, **kein Aussonderungsrecht des Arbeitnehmers an den nicht an die Pensionskasse weitergeleiteten Versorgungsbeiträge** bestehen kann. Eine unionsrechtskonforme Auslegung oder richterliche Rechtsfortbildung des § 47 dahingehend, Arbeitnehmern ein Aussonderungsrecht an den vom Arbeitnehmer einbehaltenen Versorgungsbeiträgen zuzusprechen, überschritte das rechtsmethodisch Erlaubte und ist daher nicht möglich (BAG NZA 2017, 948 Rn. 29 ff.).

XXVIII. Grundbuchberichtigungsansprüche

127 Der Anspruch auf **Grundbuchberichtigung** gem. § 894 BGB hat Aussonderungskraft (Uhlenbruck/Brinkmann Rn. 11; MüKoInsO/Ganter Rn. 334; K. Schmidt InsO/Thole Rn.13 aE); es handelt sich dabei um einen insolvenzfesten Beseitigungsanspruch.

G. Pflichten des (vorläufigen) Insolvenzverwalters gegenüber Aussonderungsberechtigten

I. Aussonderung

128 Ist das Bestehen eines zur Aussonderung berechtigenden Rechts erwiesen, so hat der Insolvenzverwalter die dem Aussonderungsberechtigten nach der zivilrechtlichen Grundlage zustehenden Ansprüche zu erfüllen (Herausgabe, Unterlassung, Beseitigung etc); die Abwicklung **richtet sich**

„**nach den Gesetzen, die außerhalb des Insolvenzverfahrens gelten**" (s. auch BGH NJW 1988, 3264). Dem Aussonderungsberechtigten steht kein Recht zur Selbsthilfe zu (Uhlenbruck/Brinkmann Rn. 126).

Hängt das Bestehen eines Aussonderungsrechts davon ab, dass durch den Insolvenzverwalter Nichterfüllung eines Vertrags gewählt wird (§§ 103 ff.), so besteht ein Recht auf Aussonderung erst dann, wenn der Insolvenzverwalter von seinem Wahlrecht Gebrauch gemacht hat. Es gelten hier die allgemeinen Regeln der Wahlrechtsausübung (→ § 103 Rn. 48), sodass das Bestehen eines Aussonderungsrechts unter Umständen bis zum Berichtstermin in der Schwebe bleibt (→ § 107 Rn. 40). **129**

Kann der (vorläufige) Insolvenzverwalter dem Aussonderungsbegehren **insolvenzrechtliche Einwendungen** entgegenhalten (etwa eine Anordnung gem. § 21 Abs. 2 S. 1 Nr. 5 oder ein Nutzungsrecht nach § 135 Abs. 3), so hat er den Aussonderungsberechtigten im Falle einer Anordnung gem. § 21 Abs. 2 S. 1 Nr. 5 gem. der gesetzliche Regelung für einen durch die Nutzung eintretenden Wertverlust (zur Berechnung BGH NZI 2016, 946) zu entschädigen und ab dem vierten Monat der Nutzung ein laufendes Nutzungsentgelt zu bezahlen (zu Einzelheiten und zur Qualifikation dieser Ansprüche → § 21 Rn. 122); im Falle des § 135 Abs. 3 hat der Insolvenzverwalter für die Nutzung des Aussonderungsguts eine Nutzungsentschädigung zu bezahlen (→ § 135 Rn. 78). **129a**

Die **Kosten der Aussonderung** sind durch die Insolvenzmasse zu tragen (BGH NJW 1988, 3264; BGH NJW 1994, 3232; Uhlenbruck/Brinkmann Rn. 135). Insbesondere kommen Ansprüche aus Geschäftsführung ohne Auftrag nicht in Betracht, weil der Insolvenzverwalter mit der Aussonderung ein eigenes und kein fremdes Geschäft besorgt (BGH NJW 1988, 3264). Daraus ergibt sich zugleich, dass der Insolvenzverwalter eine Aufwandsentschädigung vom Aussonderungsberechtigten nicht erzwingen kann. **Überobligatorische Tätigkeiten** für einen Aussonderungsberechtigten sind dem Insolvenzverwalter hingegen zu vergüten (MüKoInsO/Ganter Rn. 468; Uhlenbruck/Brinkmann Rn. 135). **130**

Die Aussonderung bestimmt sich ausweislich des Gesetzeswortlauts nach der zivilrechtlichen Grundlage des Aussonderungsrechts, weshalb auch sich aus dieser Grundlage ergebende Gegenrechte und Einwendungen gegen das Aussonderungsrecht vom Insolvenzverwalter zu prüfen und ggf. geltend zu machen sind (HK-InsO/Lohmann Rn. 35; MüKoInsO/Ganter Rn. 436b und 451). **131**

Weil sich die Aussonderung nach der zivilrechtlichen Grundlage des Aussonderungsrechts richtet, ist es nicht prinzipiell ausgeschlossen, dass der Aussonderungsberechtigte nach den Maßgaben dieser zivilrechtliche Grundlage auch die Versendung des Aussonderungsgegenstands verlangen kann (so auch BGH NJW 1988, 3264, wenn er klarstellt, dass es auf die außerhalb der Insolvenz geltenden Vorschriften ankommt; aA, aber zu generalisierend LG Bonn NZI 2007, 728; MüKoInsO/Ganter Rn. 463 und Uhlenbruck/Brinkmann Rn. 133, die ohne Differenzierung eine Versendungspflicht des Insolvenzverwalters ablehnen). In der Regel wird aber nach der zivilrechtlichen Grundlage des Aussonderungsrechts eine Schickschuld nicht in Betracht kommen. **132**

Da § 47 keine originären Rechte begründet, können Aussonderungsansprüche nicht **verjähren**. Verjähren können aber die der Aussonderung jeweils zugrundeliegenden Ansprüche; deren Verjährung richtet sich nach den auch außerhalb der Insolvenz einschlägigen Bestimmungen; vor Verfahrenseröffnung angelaufene Verjährungsfristen laufen weiter. Nach aA beginnt die Verjährungsfrist mit Eröffnung des Insolvenzverfahrens erneut zu laufen (unklar Wegener InsBüro 2012, 67 (68 f.)). Dann ist aber jedenfalls § 198 BGB anzuwenden, sodass trotz Neubeginns der Verjährung nach Verfahrenseröffnung und Kenntnis des Gläubigers von der Verfahrenseröffnung die vorher abgelaufene Verjährungszeit auf die neu beginnende Verjährung anzurechnen ist. Eine Forderungsanmeldung zur Insolvenztabelle kann jedoch, da Aussonderungsansprüche außerhalb des Insolvenzverfahrens geltend gemacht werden, die Verjährung grundsätzlich nicht hemmen (so auch Schmidt ZInsO 2005, 422 (424) für Absonderungsrechte und Wegener InsBüro 2012, 67 (68 f.)). **133**

II. Prüf-, Sorgfalts- und Rücksichtspflichten

Der Insolvenzverwalter hat fremde, nicht zur Insolvenzmasse gehörende Rechte zu achten. Er ist hinsichtlich solcher Gegenstände, die der Aussonderung unterliegen, nicht nur zur Herausgabe an den jeweils Aussonderungsberechtigten verpflichtet, sondern es ist ihm gem. § 148 Abs. 1 streng genommen schon **nicht gestattet, solche Gegenstände in Besitz zu Verwaltung zu nehmen** (Barnert KTS 2005, 431 (435); MüKoInsO/Ganter Rn. 446 mwN). Das kann freilich nur für ohne weiteres und (sowohl rechtlich wie tatsächlich) sofort erkennbare Aussonderungs- **134** rechte gelten (BGH NJW 1996, 2233). Der Insolvenzverwalter darf dabei davon ausgehen, dass die sich im Besitz des Insolvenzschuldners befindlichen Gegenstände auch in dessen Eigentum stehen; für diese Annahme des Insolvenzverwalters streitet sowohl die **Vermutung des Eigenbesitzes** als auch die **Eigentumsvermutung des § 1006 BGB** (BGH NJW 1996, 2233; HK-InsO/Lohmann Rn. 33; Uhlenbruck/Brinkmann Rn. 128).

135 Außerdem kann das Verbot der Inbesitznahme massefremder Gegenstände im Einzelfall durch Rücksichtspflichten des Insolvenzverwalters gegenüber dem Aussonderungsberechtigten Einschränkungen erfahren. Würde die Rechtsposition des Aussonderungsberechtigten erheblich leiden, wenn der Insolvenzverwalter sich nicht in Besitz des Aussonderungsgegenstands setzt (etwa, weil der Schuldner nicht weiter zum Besitz oder oder zur Schutze der Interessen des Aussonderungsberechtigten Willens oder in der Lage ist) und ist der Insolvenzmasse die Wahrung der Interessen des Aussonderungsberechtigten zumutbar (zugute kommt der Insolvenzmasse ggf. eine Reduzierung der Passivseite, wenn ein Schadensersatzanspruch des Aussonderungsberechtigten verhindert oder beschränkt wird), so sollte der Insolvenzverwalter auch massefremde Gegenstände in Besitz nehmen (wie hier Uhlenbruck/Sinz § 148 Rn. 2 und tendenziell auch OLG Düsseldorf BeckRS 1987, 30846596 und MüKoInsO/Ganter Rn. 458; für eine Sicherungspflicht jedenfalls des vorläufigen Insolvenzverwalters Wipperfürth InsBüro 2011, 291 (292); aA BGH NJW 1994, 3232; Gerhardt ZInsO 2000, 574 (580 f.); abwägend Barnert KTS 2005, 431 (435)). Jedenfalls aber kann der Insolvenzverwalter gehalten sein, den Aussonderungsberechtigten auf die Schutzlosigkeit seines Rechts aufmerksam zu machen (so Barnert KTS 2005, 431 (435); OLG Düsseldorf BeckRS 1987, 30846596).

136 Ist ein fremdes Recht durch den Insolvenzverwalter nicht ohne weiteres erkennbar, so ist er zu **eigenen Nachforschungen** nicht verpflichtet (OLG Karlsruhe NZI 1999, 231; OLG Düsseldorf BeckRS 1987, 30846596), sondern durch den ein Aussonderungsrecht Behauptenden auf ein solches Recht hinzuweisen (BGH NJW 1996, 2233; OLG Köln ZIP 1982, 1107; OLG Hamburg ZIP 1984, 348). Dabei hat der Insolvenzverwalter die Interessen des Prätendenten bereits dann zu beachten, wenn ihm ein potenzielles Aussonderungsrecht durch den Prätendenten schlüssig dargelegt wird (BGH NJW 1996, 2233). Im Fall deutlicher Hinweise auf ein Aussonderungsrecht kann der Insolvenzverwalter verpflichtet sein, einem solchen Aussonderungsrecht forschend nachzugehen, wobei Nachforschungspflichten des Insolvenzverwalters nicht überspannt werden dürfen. Wie auch den Insolvenzgläubigern obliegt **Aussonderungsberechtigten** die **eigenverantwortliche Verfolgung** ihrer Ansprüche im Insolvenzverfahren grundsätzlich selbst. Ein „generalisierter Zweifel" an der Massezugehörigkeit von Gegenständen, etwa aufgrund der Branchen- oder Marktüblichkeit von Eigentumsvorbehaltsrechten, ist dem Insolvenzverwalter nicht abzuverlangen (MüKoInsO/Ganter Rn. 446; OLG Düsseldorf BeckRS 1987, 30846596; OLG Karlsruhe NZI 1999, 231).

137 Ein Sorgfaltspflichtverstoß des Insolvenzverwalters kann in der Regel jedenfalls dann auszuschließen sein, wenn er mit der Verwertung (und ggf. Erlösauskehr an einen absonderungsberechtigten Sicherungsgläubiger) eine angemessene Zeit (BGH NJW 1996, 2233; OLG Karlsruhe NZI 1999, 231), etwa bis zum Ablauf der Anmeldefrist für Forderungen (OLG Karlsruhe NZI 1999, 231) oder gar bis zum Prüfungstermin (OLG Karlsruhe NZI 1999, 231) zuwartet. Aussonderungsberechtigte, die ihre Ansprüche bis dahin noch nicht beim Insolvenzverwalter geltend gemacht haben, dürfte ein überwiegendes Mitverschulden am Untergang ihres Aussonderungsrechts treffen bzw. es greift zugunsten des Insolvenzverwalters eine Entlastung, weil auch pflichtgemäßes Alternativverhalten zum Schadenseintritt geführt hätte (OLG Karlsruhe NZI 1999, 231). Die Andeutung des BGH, der Insolvenzverwalter müsse sich auch dann auf ein aufgrund anderweitig bekannt gewordener Informationen für möglich gehaltenes Aussonderungsrecht „einrichten" (BGH NJW 1996, 2233), selbst wenn es von dem vermeintlich Aussonderungsberechtigten nicht geltend gemacht wird, wirft Fragen auf. Weder wird klar, welcher Maßstab an die Tatbestandsvoraussetzung (Für-Möglich-Halten eines Aussonderungsrechts) zu stellen ist, noch welchen Umfang die Pflichten des Insolvenzverwalters annehmen sollen (sich „einrichten").

138 Eine schuldhafte Verletzung der dargestellten Pflichten des Insolvenzverwalters kann zu einer Haftung gem. § 60 führen (→ § 60 Rn. 37).

III. Auskunfts- und Nachforschungspflichten

139 Aus § 242 BGB (BGH NJW 1978, 538; MüKoInsO/Ganter Rn. 460 f.; Uhlenbruck/Brinkmann Rn. 130) ist eine **Auskunfts- und Nachforschungspflicht** des Insolvenzverwalters gegenüber dem Aussonderungsberechtigten über **Verbleib und Zustand** des Aussonderungsgegenstands herzuleiten, nicht aber über Verhältnisse, die der Aussonderungsberechtigte selbst kennt,

kennen muss oder aufklären kann (BGH NZI 2000, 422; MüKoInsO/Ganter Rn. 461). Auch aus dem zivilrechtlichen Verhältnis, das dem Aussonderungsrecht zugrunde liegt, könnte ein solcher Auskunftsanspruch grundsätzlich hergeleitet und geltend gemacht werden.

Der Umfang der Auskunfts- und der damit ggf. verbundenen Nachforschungspflicht ist jedoch **nicht schrankenlos.** Der Arbeits- und Zeitaufwand des Insolvenzverwalters und das schutzwürdige Interesse des Aussonderungsberechtigten müssen in einem ausgewogenen Verhältnis zueinander stehen (BGH NJW 1978, 538; BGH NZI 2000, 422). Ggf. ist dem Aussonderungsberechtigten Einsicht in die Geschäftsunterlagen des Insolvenzschuldners zu gewähren (BGH NZI 2000, 422). Eine Auskunftsverweigerung durch den Insolvenzverwalter ist jedenfalls plausibel zu begründen (BGH NZI 2000, 422). **140**

IV. (Mitwirkungs-)Pflichten des Aussonderungsberechtigten

Unabhängig von den Sorgfaltspflichten des Insolvenzverwalters ist es Sache des Prätendenten, den Aussonderungsgegenstand identifizierbar zu bezeichnen und die tatsächlichen Grundlagen seines behaupteten Aussonderungsrechts darzulegen (BGH NJW 1996, 2233). **141**

Aus den das Verhältnis zwischen Aussonderungsberechtigtem und Insolvenzschuldner bzw. Insolvenzverwalter regelnden, außerhalb des Insolvenzverfahrens geltenden Gesetzen kann sich im Einzelfall auch eine Rücknahmepflicht des Aussonderungsberechtigten ergeben. **142**

V. Pflichten eines vorläufigen Insolvenzverwalters

Im vorläufigen Insolvenzverfahren ist § 47 **nicht einschlägig.** Ein „Recht auf Aussonderung" besteht gegenüber einem vorläufigen Insolvenzverwalter nicht, sondern entsteht erst mit Eröffnung des Insolvenzverfahrens (HK-InsO/Lohmann Rn. 37; MüKoInsO/Ganter Rn. 471a). Der zugrundeliegende Herausgabe- oder andere Anspruch, der dann im Insolvenzverfahren zur Aussonderung berechtigt, besteht aber natürlich auch nach Insolvenzantragstellung im vorläufigen Insolvenzverfahren; er ist allerdings im Falle einer Anordnung gem. § 21 Abs. 2 S. 1 Nr. 3 nicht zwangsweise durchsetzbar (HmbKommInsR/Scholz Rn. 93). **143**

Im Falle eindeutig bestehender Fremdrechte können beide **vorläufigen Verwalter,** also sowohl der starke als auch der schwache vorläufige Insolvenzverwalter, die Herausgabe von Gegenständen, die im eröffneten Verfahren der Aussonderung unterlägen, auch im vorläufigen Verfahren schon zulassen bzw. diese bewirken, wenn ein Herausgabeanspruch eindeutig besteht (BGH NZI 2010, 95 Rn. 44; MüKoInsO/Ganter Rn. 471a; HK-InsO/Lohmann Rn. 37). Eine **Herausgabepflicht besteht** aber auch ohne Anordnung nach § 21 Abs. 2 S. 1 Nr. 5 **nicht** (OLG Bamberg BeckRS 2015, 10617; HmbKommInsR/Scholz Rn. 94). Wenn man dem endgültigen Insolvenzverwalter für die Prüfung von Aussonderungsrechten eine angemessene Frist nach Insolvenzeröffnung zugesteht, kann man dem vorläufigen Insolvenzverwalter nicht abverlangen, zur Aussonderung berechtigende Rechte schon im vorläufigen Verfahren zu prüfen. Die Verweigerung bzw. Verhinderung der Herausgabe durch den vorläufigen (schwachen oder starken) Insolvenzverwalter stellt deshalb jedenfalls keine Pflichtverletzung dar (BGH NZI 2010, 95 Rn. 44), da es vorrangige Aufgabe des vorläufigen Insolvenzverwalters ist, den Bestand des schuldnerischen Vermögens (im Sinne der Ist-Masse, nicht nur der Soll-Masse) zu sichern und zu erhalten. Diese Aufgabe kann der vorläufige starke Insolvenzverwalter ggf. sogar mit Hilfe von Besitzschutzansprüchen gegen den Aussonderungsberechtigten (§§ 861 f. BGB) erfüllen (HmbKommInsR/Scholz Rn. 94). **144**

Auch im vorläufigen Insolvenzverfahren ist es jedenfalls **Pflicht** des vorläufigen Insolvenzverwalters, potenzielle **Aussonderungsrechte nicht zu beeinträchtigen oder zu vereiteln.** Bei hinreichenden Anhaltspunkten für das Bestehen eines Fremdrechts ist der vorläufige Insolvenzverwalter verpflichtet, die Rechtsposition des potenziell Aussonderungsberechtigten zu wahren und zu respektieren (MüKoInsO/Ganter Rn. 471b). **145**

(Schadens-)Ersatzansprüche gegen einen vorläufigen (schwachen oder starken) Insolvenzverwalter, der die Herausgabe bis zur Insolvenzeröffnung verweigert, bestehen aus systematischen Erwägungen nicht allein aufgrund der Verweigerung der Herausgabe. Soweit ersichtlich werden solche Ansprüche auch gegen einen endgültigen Insolvenzverwalter nur in Betracht gezogen, sofern sich dieser mit der Herausgabe in Verzug befindet (MüKoInsO/Ganter Rn. 466), was aber erst dann der Fall sein kann, wenn ein Herausgabeanspruch gegen den (vorläufigen) Insolvenzverwalter besteht und auch dann erst nach Ablauf einer angemessenen Prüfungsfrist zu bejahen ist. Wenn also ein vorläufiger Insolvenzverwalter nicht zur Herausgabe verpflichtet ist, kann er auch nicht in Verzug geraten und ein (Verzugs-)Schadensersatzanspruch insoweit nicht entstehen. **146**

Ersatzansprüche gem. § 60 InsO bestehen nur insoweit, als der herauszugebende Gegenstand im Verlauf der vorläufigen Insolvenzverwaltung beschädigt wird oder untergeht und dem vorläufigen **146a**

Insolvenzverwalter insoweit ein Vorwurf zu machen ist (MüKoInso/Ganter Rn. 471b; zum entsprechenden Anspruch gegen einen Sequester BGH NJW 1998, 2213), also vor allem bei eindeutig erkennbaren Herausgabepflichten.

146b Ersatzansprüche des Aussonderungsberechtigten bestehen außerdem ggf. bei Nutzung des Aussonderungsgegenstands: die Entschädigung für eine Nutzung durch den Schuldner im Falle einer vorläufig schwachen Insolvenzverwaltung ist lediglich Insolvenzforderung; erst eine Anordnung gem. § 21 Abs. 2 S. 1 Nr. 5 qualifiziert die Entschädigungsansprüche in Masseverbindlichkeiten um; Entschädigungsansprüche im Falle der Nutzung durch einen vorläufigen starken Verwalter sind auch ohne Anordnung gem. § 21 Abs. 2 S. 1 Nr. 5 Masseverbindlichkeiten (§ 55 Abs. 2).

147 Ein **vorläufiger schwacher Insolvenzverwalter** hat darüber hinaus mangels Verfügungsbefugnis in der Regel schon keine Möglichkeit, selbst einem Herausgabebegehren eines Gläubigers nachzukommen; er hat außerdem auch keine Möglichkeit, den Insolvenzschuldner zur Herausgabe eines eindeutig als solchen erkannten Aussonderungsgegenstands zu bewegen, weshalb er zu solchen Bemühungen auch nicht gehalten ist (BGH NZI 2010, 95 Rn. 44). Andererseits kann der vorläufige Insolvenzverwalter die Erfüllung eines Herausgabeanspruchs durch den Insolvenzschuldner vielleicht tatsächlich durch Einflussnahme auf den Insolvenzschuldner, nicht aber rechtlich durchsetzbar verhindern, es sei denn, er erwirkt eine insolvenzgerichtliche Aussonderungssperre nach § 21 Abs. 2 S. 1 Nr. 5 (→ § 21 Rn. 102).

§ 48 Ersatzaussonderung

¹Ist ein Gegenstand, dessen Aussonderung hätte verlangt werden können, vor der Eröffnung des Insolvenzverfahrens vom Schuldner oder nach der Eröffnung vom Insolvenzverwalter unberechtigt veräußert worden, so kann der Aussonderungsberechtigte die Abtretung des Rechts auf die Gegenleistung verlangen, soweit diese noch aussteht. ²Er kann die Gegenleistung aus der Insolvenzmasse verlangen, soweit sie in der Masse unterscheidbar vorhanden ist.

Überblick

Das Normgefüge der §§ 47, 48 räumt dem Aussonderungsberechtigten eine starke Rechtsstellung ein. § 48 soll insbesondere verhindern, dass ein insolvenzfester Aussonderungsanspruch durch wirksame (→ Rn. 9) unberechtigte (→ Rn. 12) Verfügungen (→ Rn. 7) des Insolvenzschuldners oder des (vorläufigen) Insolvenzverwalters vereitelt bzw. entwertet wird, indem er dem Berechtigten Anspruch auf die bei der Insolvenzmasse eingetretene und noch vorhandene „Bereicherung" einräumt (→ Rn. 18).

Übersicht

	Rn.		Rn.
A. Normzweck/Grundlagen/Entstehungsgeschichte	1	II. Veräußerung	7
		III. Fehlende Berechtigung	12
B. Abgrenzungen	3	IV. Beweislast	17a
I. Zu Masseverbindlichkeiten	3	D. Rechtsfolgen	18
II. Zu Insolvenzforderungen	5	I. S. 1	18
C. Tatbestandsvoraussetzungen	6	II. S. 2	22
I. Aussonderungsgegenstand	6	E. Zweite Ersatzaussonderung	30

A. Normzweck/Grundlagen/Entstehungsgeschichte

1 In der Regelung des § 48 kommt in besonderem Maße der **haftungsrechtliche Zuordnungsaspekt** des Aussonderungsrechts zur Geltung (→ § 47 Rn. 1 ff.). Die Zuordnung der aus einer unberechtigten Verfügung über den Aussonderungsgegenstand stammenden Gegenleistung zum Vermögen des Aussonderungsberechtigten hat keinen dinglichen oder quasi-dinglichen Anknüpfungspunkt mehr (es handelt sich nicht um ein Surrogat, Jaeger/Henckel Rn. 7; MüKoInsO/ Ganter Rn. 10), sondern erfolgt allein noch aus Gründen der Billigkeit (Jaeger/Henckel Rn. 4 ff.). Die ersatzauszusondernde Gegenleistung muss aber – wie der Aussonderungsgegenstand auch –

bestimmt oder bestimmbar und vor allem der Verfügung über den Aussonderungsgegenstand konkret zugeordnet werden können; § 48 gewährt keinen Wertersatzanspruch (K. Schmidt InsO/Thole Rn. 6).

Auch für unberechtigte Veräußerungen durch den Insolvenzverwalter nach Verfahrenseröffnung hat § 48 seine Daseinsberechtigung. Zwar hätte der Aussonderungsberechtigte die Möglichkeit, durch Genehmigung der Veräußerung des Insolvenzverwalters einen Anspruch gem. § 816 BGB zu begründen, der gem. § 55 Abs. 1 Nr. 3 Masseverbindlichkeit wäre. § 48 stärkt die Stellung des Aussonderungsberechtigten aber insbesondere für den Fall der Masseunzulänglichkeit. 2

B. Abgrenzungen

I. Zu Masseverbindlichkeiten

Sobald eine unberechtigte wirksame Verfügung über einen Aussonderungsgegenstand durch einen (vorläufigen) Insolvenzverwalter erfolgt ist, steht auch immer die Entstehung von Masseverbindlichkeiten gem. § 55 Abs. 1 Nr. 1 und Nr. 3, Abs. 2 S. 1 im Raume. Solche Masseverbindlichkeiten treten **neben** ein potenzielles **Ersatzaussonderungsrecht** (K. Schmidt InsO/Thole Rn. 3); die Ansprüche **verdrängen sich nicht** gegenseitig. Je nach Konstellation kann entweder die Masseverbindlichkeit oder das Ersatzaussonderungsrecht die stärkere Position gewähren: erstere im Falle fehlender Unterscheidbarkeit der Gegenleistung, zweiteres im Falle der Masseunzulänglichkeit. 3

Auch in Fällen, in denen aufgrund Vermischung oÄ die Unterscheidbarkeit einer vereinnahmten Gegenleistung und damit eine Ersatzaussonderung nach § 48 S. 2 ausscheidet, kommt die Entstehung von Masseverbindlichkeiten in Betracht (MüKoInsO/Ganter Rn. 64). 4

II. Zu Insolvenzforderungen

Ist durch den Aussonderungsberechtigten ein Schadensersatz- oder sonstiger Entschädigungsanspruch (s. etwa die Aufzählung bei K. Schmidt InsO/Thole Rn. 3) wegen Verlusts des Aussonderungsgegenstands zur Insolvenztabelle angemeldet und sogar schon festgestellt, so ist der Gläubiger durch diese Feststellung dennoch nicht gehindert, parallel auch seinen Ersatzaussonderungsanspruch weiter zu verfolgen (OLG Köln BeckRS 2008, 25333; → § 47 Rn. 14). 5

C. Tatbestandsvoraussetzungen

I. Aussonderungsgegenstand

Ausgangspunkt des Ersatzaussonderungsrechts ist ein Gegenstand, der der Aussonderung gem. § 47 unterlag (→ § 47 Rn. 15). Dabei ist nicht relevant, ob das Aussonderungsrecht auf einem dinglichen oder persönlichen Recht beruhte (ausf. K. Schmidt InsO/Thole Rn. 13). 6

II. Veräußerung

Der dem Aussonderungsrecht unterliegende Gegenstand muss wirksam (str., → Rn. 9) **durch den Insolvenzschuldner** vor Verfahrenseröffnung oder **durch den Insolvenzverwalter** nach Verfahrenseröffnung **veräußert** worden sein. Über den Wortlaut der Vorschrift hinaus ist sie auch im Falle von Veräußerungen (→ Rn. 7.1) durch einen **vorläufigen Insolvenzverwalter** (Uhlenbruck/Brinkmann Rn. 14) anzuwenden, sofern er wirksam über einen Aussonderungsgegenstand verfügt hat (BGH NZI 2019, 274 Rn. 19 für den Fall des Forderungseinzugs durch vorläufigen starken Insolvenzverwalter oder vorläufigen schwachen Insolvenzverwalter mit spezieller Ermächtigung; Jaeger/Henckel Rn. 23: hat der vorläufige Insolvenzverwalter keine Verfügungsmacht, kann es auch nicht zu einer wirksamen Veräußerung kommen. Der Aussonderungsberechtigte hat mangels Wirksamkeit der Verfügung weiterhin Ansprüche gegen den Empfänger und der vorläufige Insolvenzverwalter haftet dem Empfänger ggf. nach § 179 BGB). 7

Die (im Vergleich zur Konkursordnung beibehaltene) Erstreckung auf Veräußerungen des Insolvenzschuldners vor Verfahrenseröffnung war im Entwurf des Bundesregierung zunächst eigentlich nicht vorgesehen (§ 55 idF des Entwurfs einer Insolvenzordnung durch die Bundesregierung, BT-Drs. 12/2443, 17); dies wurde ausdrücklich damit begründet, dass ein vor Verfahrenseröffnung untergegangenes Recht nicht eine bevorzugte Behandlung im Insolvenzverfahren nach sich ziehen dürfe (BT-Drs. 12/2443, 125). Von 7.1

dieser Verschärfung im Vergleich zur Konkursordnung wurde im weiteren Verlauf des Gesetzgebungsverfahrens wieder Abstand genommen (Jaeger/Henckel Rn. 1).

8 Als Veräußerung iSd Vorschrift kommen **alle Verfügungen** (Aufhebung, Übertragung, Belastung, Inhaltsänderung) über einen Gegenstand in Betracht; der Begriff ist **weit auszulegen** (MüKoInsO/Ganter Rn. 17 mwN: ausschlaggebendes Kriterium ist die „Realisierung des Substanzwertes"). Umfasst ist daher auch der Einzug von Forderungen, sofern dadurch der Forderungsschuldner von seiner Schuld frei wird (BGH BeckRS 2019, 34375 Rn. 7; 2019, 34378 Rn. 7; NZI 2019, 274 Rn. 19). Eine Verarbeitung etc. iSd §§ 946 ff. BGB stellt in der Regel keine Veräußerung iSd Vorschrift dar (BGH NJW 1989, 3213 = BeckRS 9998, 98311; OLG Düsseldorf NZI 2003, 379 = BeckRS 9998, 65765; MüKoInsO/Ganter Rn. 25; Jaeger/Henckel Rn. 31). Etwas anderes kann aber dann gelten, wenn sie innerhalb einer rechtsgeschäftlichen Leistungsbeziehung erfolgt, der Vorgang also insgesamt als rechtsgeschäftliche Veräußerung zu bewerten ist (BGH NJW 1959, 1681; K. Schmidt InsO/Thole Rn. 8).

9 Die **Wirksamkeit der Verfügung** ist erforderlich (BGH BeckRS 2019, 34375 Rn. 8; 2019, 34378 Rn. 8; NZI 2019, 274 Rn. 78; NZI 2015, 976 Rn. 9; MüKoInsO/Ganter Rn. 43; aA Gottwald/Haas InsR-HdB/Adolphsen § 41 Rn. 16 mwN), wobei zur Wirksamkeit ausreichend sein kann, wenn die Verfügung zu einer nur tatsächlichen Beeinträchtigung des Gläubigers führt (BGH NZI 2015, 976: Beeinträchtigung des Sicherungszessionars dadurch, dass ein Drittschuldner nach unwirksamer zweiter Abtretung durch den Schuldner an den zweiten, nichtberechtigten Zessionar bezahlt). Dabei ist ua zu beachten, dass die Verfügung eines Vorbehaltskäufers über den Kaufgegenstand unwirksam sein kann, wenn die Abtretung der Gegenforderung im Rahmen eines verlängerten Eigentumsvorbehalts bei einem Verkauf durch den Vorbehaltskäufer an einem dinglich wirkenden Abtretungsverbot scheitert (BGH NJW 1999, 425; K. Schmidt InsO/Thole § 51 Rn. 17).

9a Der BGH (NJW 1977, 901) geht im Falle unwirksamer Veräußerungen von einem Wahlrecht des Aussonderungsberechtigten zwischen Inanspruchnahme der Insolvenzmasse und des Empfängers der unwirksamen Verfügung aus. Nach richtiger Ansicht (BGH BeckRS 2019, 34375 Rn. 35 ff. und BGH BeckRS 2019, 34378 Rn. 35 ff.) ist zur Ausübung des Wahlrechts eine Genehmigung der unwirksamen Verfügung durch den Berechtigten erforderlich (→ Rn. 12). Dies entspricht der durch § 816 Abs. 1 BGB gewährten Position des Berechtigten außerhalb der Insolvenz. Die Gewährung eines Ersatzaussonderungsrechtes ist (wie auch die Gewährung eines Anspruchs gegen den unwirksam Verfügenden im Rahmen von § 816 Abs. 1 BGB) erst dann gerechtfertigt, wenn der Berechtigte durch Genehmigung der Verfügung des Nichtberechtigten bewirkt, dass durch die zunächst unwirksame Verfügung tatsächlich in sein Recht eingegriffen wird. Durch diese Genehmigung wird (wie auch im Rahmen von § 816 Abs. 1 BGB) die Veräußerung aber – wie auch iRv § 816 Abs. 1 BGB (Palandt/Sprau BGB § 816 Rn. 7) – nicht zu einer berechtigten Veräußerung (→ Rn. 12). Aufgrund der Vorschrift des § 91 kann diese Genehmigung jedoch nicht mehr nach Eröffnung des Insolvenzverfahrens über das Vermögen des unwirksam Verfügenden erteilt werden, wenn dadurch der Zugriff auf die Gegenleistung, die sich in der Insolvenzmasse befindet, herbeigeführt werden soll (BGH BeckRS 2019, 34375 Rn. 37 ff.; 2019, 34378 Rn. 37 ff.).

10 Die **Entgeltlichkeit der Veräußerung** ist nicht Tatbestandsmerkmal, allerdings läuft die Rechtsfolge des § 48 bei fehlender Entgeltlichkeit der Veräußerung leer.

11 Ob Veräußerung iSd Vorschrift auch eine solche durch **Zwangsvollstreckung** ist (so Gottwald/Haas InsR-HdB/Adolphsen § 41 Rn. 10), ist umstritten, aber zu bejahen. Denn auch im Fall einer solchen „Veräußerung" passt der Schutzzweck der Norm, der dem Aussonderungsberechtigten zumindest das Haftungssubstrat erhalten soll. Das Ersatzaussonderungsrecht kann sich aber nur auf einen etwaig in den Zugriff des Insolvenzschuldners gelangten Übererlös der Zwangsvollstreckung beziehen, kommt also auch nur bei Zwangsvollstreckungen wegen Geldforderungen in Betracht. Was der Vollstreckungsgläubiger erlangt, wird von § 48 nicht erfasst. Wegen des dem Vollstreckungsgläubiger zugeflossenen Vollstreckungserlöses steht dem Aussonderungsberechtigten ein Bereicherungsanspruch gegen diesen zu (vgl. Zöller/Herget ZPO § 771 Rn. 23).

III. Fehlende Berechtigung

12 Die Veräußerung des Aussonderungsgegenstands muss **unberechtigt** erfolgt sein. Zu beantworten ist im Ergebnis die Frage, ob der Aussonderungsberechtigte mit einer Veräußerung des Aussonderungsgegenstandes zum Zeitpunkt der Veräußerung einverstanden war oder nicht. Eine **nachträgliche Genehmigung** der Veräußerung führt nicht dazu, dass diese berechtigt war (BGH BeckRS 2019, 34375 Rn. 36; 2019, 34378 Rn. 36; K. Schmidt InsO/Thole Rn. 16; aA MüKo-

InsO/Ganter Rn. 27). Dies ist nicht zuletzt mit Blick auf die hM zu § 816 Abs. 1 BGB richtig, in dessen Rahmen eine nachträgliche Verfügung ebenfalls nicht dazu führt, dass die Verfügung berechtigt war (Palandt/Sprau BGB § 816 Rn. 7).

Berechtigt ist die Verfügung etwa in Fällen: einer Weiterveräußerungsermächtigung im Rahmen eines verlängerten Eigentumsvorbehalts (eine solche Weiterveräußerungsermächtigung kann unter Umständen auch ohne ausdrückliche Regelung den Eigentumsvorbehaltskäufer auch zur Einziehung der abgetretenen Forderung ermächtigen, BGH BeckRS 2019, 34375 Rn. 21; 2019, 34378 Rn. 21), einer Einwilligung iSv § 185 BGB oder einer Einziehungsermächtigung. Die Verfügung durch einen vorläufigen Insolvenzverwalter hält sich nur dann im Rahmen der dem Schuldner eingeräumten Ermächtigung und ist daher nur dann berechtigt iSv § 48, wenn der vorläufige Insolvenzverwalter die Forderungen oder die Erlöse aus der Weiterveräußerung auf ein zugunsten des aussonderungsberechtigten Gläubigers errichtetes Treuhandkonto einzieht (BGH NZI 2019, 274 Rn. 22, 36 und 79). Der Einzug auf ein Konto des Schuldners oder auf ein für den Schuldner gehaltenes allgemeines Treuhandkonto macht den Einzug durch einen vorläufigen Insolvenzverwalter unberechtigt und begründet daher ein Ersatzaussonderungsrecht. 13

Viele unterschiedliche Meinungen finden sich zu der Frage, **ob bzw. wann eine dem späteren Insolvenzschuldner erteilte Verfügungsbefugnis** (Einzugsermächtigung, Weiterveräußerungsermächtigung beim verlängerten Eigentumsvorbehalt etc) in der Krise des späteren Insolvenzschuldners auch ohne Widerruf **automatisch erlischt**. 14

Eine erteilte Verfügungsbefugnis erlischt weder durch den Eintritt einer Krise bei dem späteren Insolvenzschuldner noch durch eine Insolvenzantragstellung noch durch vorläufige Maßnahmen des Insolvenzgerichts (BGH BeckRS 2019, 34375 Rn. 23; 2019, 34378 Rn. 23; NZI 2019, 274 Rn. 25 ff.; NJW 1977, 901; 2000, 1950 = BeckRS 2000 30105851; NZI 2003, 549 = BeckRS 2003, 06186; NJW 2010, 2585 = BeckRS 2010, 07630). Daran änderte auch die Einführung des § 21 Abs. 2 Nr. 5 nichts (BGH NZI 2019, 274 Rn. 25 ff.). Ähnlich wie die Voreditionen an dieser Stelle argumentiert der BGH damit, dass die Regelung des § 21 Abs. 2 Nr. 5 erst greifen kann, wenn der jeweilige Gläubiger die Einziehungs- oder Verwertungsbefugnis widerrufen hat; dann könne das Gericht das Fortbestehen der Einziehungs- oder Verwertungsbefugnis gem. § 21 Abs. 2 Nr. 5 anordnen. Außerdem beziehe sich die Regelung des § 21 Abs. 2 Nr. 5 nur auf die Einziehungs- oder Verwertungsbefugnis hinsichtlich bestimmter Gegenstände des Schuldnervermögens, was aber – wollte man der Regelung einen automatischen Wegfall des Einziehungs- oder Verwertungsbefugnis beimessen – zu einer unterschiedlichen Behandlung verschiedener Gegenstände des Schuldnervermögens führen würde. 15

Dem Insolvenzschuldner erteilte Verfügungsbefugnisse erlöschen aber jedenfalls mit Eröffnung des Insolvenzverfahrens (BGH NJW 1953, 217; MüKoInsO/Ganter § 47 Rn. 111 und Rn. 145; Uhlenbruck/Brinkmann § 47 Rn. 46). 16

Der BGH ist der Auffassung, ein Insolvenzanfechtungsrecht bzw. der daraus folgende Rückgewähranspruch nach § 143 Abs. 1 S. 1 gewähre ein Aussonderungsrecht iSd § 47 (→ § 47 Rn. 120). Was also in anfechtbarer Weise in das Vermögen eines anderen Insolvenzschuldners gelangt sei, unterliege der Aussonderung. Dass die an dieser Auffassung geübte Kritik (→ § 47 Rn. 121) berechtigt ist, zeigt sich ganz besonders auch an Folgeproblemen dieser Ansicht im Rahmen der Ersatzaussonderung; denn wird die Durchsetzbarkeit eines Anfechtungsanspruchs „vereitelt", indem über der den Anfechtung unterliegende Gegenstand verfügt wird, so soll der Insolvenzmasse, der der Anfechtungsanspruch zusteht, ein Ersatzaussonderungsrecht zustehen (K. Schmidt InsO/Thole Rn. 19). Ob diese Verfügung berechtigt war oder nicht, soll davon abhängen, ob über das Vermögen des vermeintlich Aussonderungsberechtigten bereits im Zeitpunkt der Verfügung das Insolvenzverfahren eröffnet war; da der anfechtungsrechtliche Rückgewähranspruch erst mit Eröffnung des Insolvenzverfahrens entsteht, könne eine vorher erfolgte Veräußerung des Aussonderungsgegenstands nicht unberechtigt iSd § 48 sein (K. Schmidt InsO/Thole Rn. 19 aE). Das bedeutet aber, dass das spätere Entstehen eines Aussonderungsrechts von zwei Zufälligkeiten abhängt: das Entstehen eines Aussonderungsrechts hängt nämlich nicht nur davon ab, ob überhaupt ein Insolvenzverfahren über das Vermögen des die anfechtbare Vermögensverschiebung veranlassenden Rechtsträgers eröffnet wird, sondern auch davon, wann ein solches Insolvenzverfahren eröffnet wird. 17

IV. Beweislast

Die Beweislast für das Vorliegen der Tatbestandsvoraussetzungen eines Ersatzaussonderungsrechts trägt der Gläubiger, der das Ersatzaussonderungsrecht behauptet (BGH NZI 2019, 274 Rn. 44). Dazu zählt auch die Darlegung, dass sich die für den Aussonderungsgegenstand erhaltene 17a

Gegenleistung noch unterscheidbar in der Masse befindet (dazu → Rn. 22). Wegen der Beweisschwierigkeiten, denen der ersatzaussonderungsberechtigte Gläubiger dabei begegnet, geht der BGH jedoch von einer sekundären Darlegungslast des Insolvenzverwalters aus, mindestens aber von einer Verpflichtung des Insolvenzverwalters, den ersatzaussonderungsberechtigten Gläubiger in die Geschäftsunterlagen Einsicht nehmen zu lassen (BGH NZI 2019, 274 Rn. 45 ff.).

D. Rechtsfolgen

I. S. 1

18   Nach § 48 S. 1 kann der Aussonderungsberechtigte, dessen Aussonderungsgegenstand unberechtigterweise wirksam veräußert wurde, die **Abtretung des Rechts auf die Gegenleistung** verlangen. Dieser Abtretungsanspruch umfasst auch einen den Wert des Aussonderungsgegenstands übersteigenden Anspruch auf die Gegenleistung (MüKoInsO/Ganter Rn. 67; K. Schmidt InsO/Thole Rn. 22) sowie einen in der Gegenleistung enthaltenen Umsatzsteueranteil (BGH NZI 2008, 426 = BeckRS 2008, 10573 Rn. 10; K. Schmidt InsO/Thole Rn. 22; MüKoInsO/Ganter Rn. 68a). Der Anspruch auf die Abtretung der Gegenleistung ist also **nicht auf den Wert des Aussonderungsgegenstands beschränkt**. Im Falle der Veräußerung einer Gesamtheit von Gegenständen und Vereinbarung eines Gesamtpreises dafür ist mithilfe eines Dreisatzes der auf den einzelnen Aussonderungsgegenstand entfallende Anteil des Gesamtpreises zu ermitteln (MüKoInsO/Ganter Rn. 69).

19   Eine Leistung des Empfängers der Veräußerung, die dieser an den späteren Insolvenzschuldner oder die Insolvenzmasse erfüllungshalber erbringt, hindert die Abtretung des Anspruchs auf die Gegenleistung nicht, solange nicht die endgültige Erfüllung eingetreten ist. Der Anspruch auf die Gegenleistung ist aber nicht durchsetzbar, solange eine Erfüllung durch die erfüllungshalber erbrachte Leistung noch möglich ist (K. Schmidt InsO/Thole Rn. 22).

20   Die erforderliche Abtretung ist ggf. durch Titulierung und **Zwangsvollstreckung nach § 894 ZPO** zu erzwingen.

21   Ein Abtretungsverbot, mit dem die Gegenleistung belegt ist, steht auch der Abtretung nach § 48 S. 1 entgegen. Der Aussonderungsberechtigte hat dann die Herausgabe der Gegenleistung aus der Masse zu verlangen, sobald sie vereinnahmt wurde (MüKoInsO/Ganter Rn. 50 ff.; dazu → Rn. 23).

II. S. 2

22   Nach Erfüllung des dem unberechtigt Verfügenden zustehenden Gegenanspruchs kann der Ersatzaussonderungsberechtigte **Herausgabe der Gegenleistung** verlangen, wenn und soweit sie noch unterscheidbar in der Masse vorhanden ist. Unterscheidbarkeit ist dabei auch gegeben, wenn eine Separierung der Gegenleistung zumindest herbeigeführt werden kann (MüKoInsO/Ganter Rn. 55). Der ersatzaussonderungsberechtigte Gläubiger hat insoweit einen Auskunfts- oder zumindest Einsichtsanspruch gegen den Insolvenzverwalter (BGH NZI 2019, 274 Rn. 47 f.).

23   Leistungen, die der Empfänger der Veräußerung an den späteren Insolvenzschuldner oder die Insolvenzmasse erfüllungshalber (K. Schmidt InsO/Thole Rn. 22) oder an Erfüllungs statt erbringt, können nach § 48 S. 2 ersatzausgesondert werden.

24   Wenn der Insolvenzverwalter einen in der Gegenleistung enthaltenen **Umsatzsteueranteil** bereits abgeführt hat, erstreckt sich der Herausgabeanspruch nicht mehr auf einen in der Gegenleistung enthaltenen Umsatzsteueranteil (BGH NZI 2008, 426 = BeckRS 2008, 10573 Rn. 8; K. Schmidt InsO/Thole Rn. 22; MüKoInsO/Ganter Rn. 68a).

25   Die Frage der Unterscheidbarkeit stellt insbesondere bei der **Vermischung/Vermengung gleichartiger Gegenstände** ein Problem dar, besonders bei Vermengung von Bargeld in einer Kasse (MüKoInsO/Ganter Rn. 55a ff.; zu Ersatzabsonderung in solchen Fällen allg. krit. Gottwald/Haas InsR-HdB/Adolphsen § 41 Rn. 28).

26   Solange bzw. soweit der Gesamtbestand der gleichartigen Gegenstände (bzw. der positive Kontensaldo) noch die ersatzauszusondernde Gegenleistung abdeckt, ist Unterscheidbarkeit zu bejahen, wenn diese Unterscheidbarkeit durch Belege oÄ hergestellt werden kann. Auch ein den Betrag der Gegenleistung unterschreitender „**Bodensatz**" unterliegt dem Herausgabeanspruch gem. § 48 S. 2, wenn anhand von Belegen nachweisbar ist, dass darin auch die Gegenleistung aufgegangen ist (BGH NZI 1999, 265 = BeckRS 1999, 30050909; MüKoInsO/Ganter Rn. 62). Entfällt ein solcher Bodensatz jedoch zwischenzeitlich völlig, so können an einem ggf. später wieder entstehenden Bestand keine Ersatzaussonderungsrechte mehr bestehen. Sie sind durch den zwischenzeit-

lichen vollständigen Entfall des Herausgabesubstrats erloschen (Gottwald/Haas InsR-HdB/Adolphsen § 41 Rn. 33).

Auch etwaige Saldenanerkenntnisse durch die Bank lassen die Unterscheidbarkeit nicht entfallen (BGH NZI 1999, 265 = BeckRS 1999, 30050909). 27

Im Falle der Einzahlung auf ein **debitorisches Bankkonto** fehlt es von vorneherein an der Unterscheidbarkeit, weil zu keinem Zeitpunkt ein Bodensatz vorhanden war (BGH NZI 2019, 274 Rn. 42); ein Herausgabeanspruch scheidet in solchen Fällen aus (K. Schmidt InsO/Thole Rn. 23). 28

Bestehen an einer Gesamtmenge (Kassenbestand, Kontoguthaben etc) **Rechte mehrerer Ersatzaussonderungsberechtigter,** für deren Befriedigung der verbliebene Bestand nicht mehr ausreicht, so ist auch hier mithilfe eines Dreisatzes der auf den einzelnen Ersatzaussonderungsberechtigten entfallende Anteil des Gesamtbestands zu ermitteln (MüKoInsO/Ganter Rn. 62). Dabei ist jedoch sehr genau zu prüfen, ob überhaupt in Betracht kommt, dass an dem Gesamtbestand noch Rechte des Ersatzaussonderungsberechtigten bestehen (BGH NZI 2019, 274 Rn. 81 ff.; MüKoInsO/Ganter Rn. 57 ff.). 29

Soweit ersichtlich ist bislang noch nicht geklärt, wie im Falle der **Kollision eines Ersatzaussonderungsrechts mit einem AGB-Bankenpfandrecht** zu entscheiden ist, also wenn der Erlös aus einer unberechtigten Veräußerung auf ein Bankkonto fließt und die Bank an dem Guthaben ein AGB-Bankenpfandrecht geltend macht. Zu einer solchen Konstellation kann es allerdings nur kommen, wenn das Ersatzaussonderungsrecht auf einer unberechtigten Veräußerung vor Eröffnung des Insolvenzverfahrens durch den Schuldner selbst oder einen vorläufigen Insolvenzverwalter beruht. Anderenfalls entsteht wegen § 91 an der nach Verfahrenseröffnung auf das Konto gelangenden Gegenleistung schon kein AGB-Bankenpfandrecht. 29a

Der Umstand, dass das Ersatzaussonderungsrecht echtes Aussonderungsrecht ist (MüKoInsO/Ganter Rn. 5 ff.) und das zur Folge hat, dass der Gegenstand der Ersatzaussonderung nicht zur Insolvenzmasse gehört, hilft dabei noch nicht weiter. Denn dies bewirkt nicht, dass der Gegenstand der Ersatzaussonderung zivilrechtlich nicht von dem Sicherungsrecht eines Dritten erfasst werden könnte. Die Feststellung, dass ein Gegenstand nicht zur Insolvenzmasse gehört, betrifft nur das Verhältnis zwischen (Ersatz-)Aussonderungsberechtigtem und Insolvenzschuldner bzw. den übrigen Insolvenzgläubigern, nicht jedoch gegenüber weiteren Gläubigern mit Sonderrechten an dem Ersatzaussonderungsgegenstand. 29b

Für einen Vorrang des Ersatzaussonderungsrechtes könnte sprechen, dass dem Ersatzaussonderungsberechtigten bereits vor Einzahlung auf das Konto und damit vor Entstehung des AGB-Bankenpfandrechts ein Recht auf Ersatzaussonderung zusteht (gerichtet auf die Abtretung der Gegenleistung gem. § 48 S. 1) zusteht, das Recht des Ersatzaussonderungsberechtigten also gewissermaßen älter ist als das AGB-Bankenpfandrecht. Dagegen spricht jedoch die Rechtsprechung des BGH, dass sich bei Einzahlung der Gegenleistung auf ein debitorisches Konto das Ersatzaussonderungsrecht nicht durchsetzt, weil – so der BGH – die Gegenleistung zur Schuldentilgung verbraucht wird und deshalb eine gegenständlich fassbare Gegenleistung nicht mehr vorhanden ist (BGH NZI 2019, 274 Rn. 42). Auch in diesen Fällen geht das ältere Recht des Ersatzaussonderungsberechtigten der Befriedigung der Bank durch Verrechnung im Kontokorrent also nicht vor. 29c

Genau genommen wird die eigentlich dem Ersatzaussonderungsberechtigten zustehende Gegenleistung sogar noch nicht bei Einzahlung auf das debitorische Konto zur Schuldentilgung „verbraucht", sondern erst durch die mit dem nächsten Rechnungsabschluss erfolgende Verrechnung im Kontokorrent (Ziff. 7 der Muster-AGB-Banken). Im Ergebnis heißt das also: Besteht zum Zeitpunkt der Einzahlung bereits eine Forderung der Bank (= Sollsaldo), hat jedenfalls die Befriedigungsmöglichkeit der Bank durch Verrechnung im Kontokorrent Vorrang vor einem Ersatzaussonderungsrecht. Das vor tatsächlicher, erst mit dem Rechnungsabschluss erfolgender Verrechnung eigentlich an dem Auszahlungsanspruch gegen die Bank bestehende Ersatzaussonderungsrecht geht also mit tatsächlicher Verrechnung unter, ohne dass der Ersatzaussonderungsberechtigte davor geschützt würde. 29c.1

Nichts anderes gilt, wenn die Befriedigungsmöglichkeit der Bank nicht durch Einstellung in einen Kontokorrent geschaffen wird, sondern durch ein AGB-Bankenpfandrecht. (Auch) dann wird der Gegenstand des Ersatzaussonderungsrechtes im Zeitpunkt der Einzahlung auf das Bankkonto für die Besicherung „verbraucht", sodass das AGB-Bankenpfandrecht dem Ersatzaussonderungsrecht vorgeht. 29d

Wenn allerdings in dem Zeitpunkt, in dem die Gegenleistung für die unberechtigte Veräußerung auf ein kreditorisches Bankkonto fließt, noch gar keine durch das AGB-Bankenpfandrecht gesicherte Forderung der Bank besteht (das AGB-Bankenpfandrecht zu diesem Zeitpunkt also ausschließlich der Sicherung künftiger Forderungen dient), ist dem Ersatzaussonderungsrecht Vorrang 29e einzuräumen. Dies folgt aus dem Rechtsgedanken des § 357 HGB und der dazu ergangenen Rechtsprechung des BGH (BGH NJW 1997, 2322 (2323)), dass ein AGB-Bankenpfandrecht einer Pfändung nur dann vorgeht, wenn auch die durch das AGB-Bankenpfandrecht gesicherte Forderung der Bank bereits vor der Pfändung bestand, der auf die Entstehung der kollidierenden Pfandrechte abstellende Prioritätsgrundsatz also zurücktritt. Da auch das Ersatzaussonderungsrecht darauf gerichtet ist, dem Ersatzaussonderungsberechtigten ein Sonderrecht an einem bestimmten Teil der Insolvenzmasse einzuräumen, ist die Interessenlage zumindest vergleichbar; das Ersatzaussonderungsrecht ist ebenso wie ein Pfändungspfandrecht davor zu schützen, dass es durch Schaffung neuer Schuldposten zugunsten der Bank untergraben wird.

29f Dieses Ergebnis gilt auch im Fall einer **Kollision eines Ersatzaussonderungsrechts und einem sonstigen vertraglichen Pfandrecht** an Bankguthaben: auch hier geht das Ersatzaussonderungsrecht vor, wenn zum Zeitpunkt seiner Entstehung das vertragliche Pfandrecht noch auf die Sicherung lediglich künftiger Forderungen gerichtet ist. Wenn der Gegenstand des Ersatzaussonderungsrechts jedoch bereits zur Besicherung bereits bestehender konkreter Forderungen „verbraucht" ist, besteht insoweit kein Ersatzaussonderungsrecht.

E. Zweite Ersatzaussonderung

30 Falls auch über den der Ersatzaussonderung nach § 48 S. 2 unterliegenden Gegenstand wieder unberechtigt verfügt wird, gesteht die hM dem Aussonderungsberechtigten eine sog. **zweite Ersatzaussonderung an dem Erlös aus der zweiten unberechtigten Verfügung** zu. Das gilt jedenfalls dann, wenn über die der Ersatzaussonderung nach § 48 S. 2 unterliegende Gegenleistung **durch den (vorläufigen) Insolvenzverwalter** verfügt wurde (K. Schmidt InsO/Thole Rn. 24 mwN). Eine zweite Ersatzaussonderung besteht jedoch nach hM **nicht bei unberechtigten Verfügungen des Schuldners** über eine der Ersatzaussonderung unterliegende Gegenleistung (Uhlenbruck/Brinkmann Rn. 39; Jaeger/Henckel Rn. 10).

31 Eine zweite Ersatzaussonderung setzt voraus, dass über einen konkreten, der ersten Ersatzaussonderung unterliegenden Gegenstand unberechtigt verfügt wurde. Auch die zweite Ersatzaussonderung hilft also nicht weiter, wenn schon der der ersten Ersatzaussonderung unterliegenden Gegenstand nicht mehr unterscheidbar in der Masse vorhanden war.

32 Für die zweite Ersatzaussonderung gelten die Regelungen des § 48, sodass durch den Zweit-Ersatzaussonderungsberechtigten ebenfalls entweder Abtretung der noch ausstehenden Gegenleistung oder aber Herausgabe der Gegenleistung verlangt werden kann, wenn sich die zweite Gegenleistung noch unterscheidbar in der Masse befindet.

§ 49 Abgesonderte Befriedigung aus unbeweglichen Gegenständen

Gläubiger, denen ein Recht auf Befriedigung aus Gegenständen zusteht, die der Zwangsvollstreckung in das unbewegliche Vermögen unterliegen (unbewegliche Gegenstände), sind nach Maßgabe des Gesetzes über die Zwangsversteigerung und die Zwangsverwaltung zur abgesonderten Befriedigung berechtigt.

Überblick

Nach allgemeiner Darstellung des Rechts der abgesonderten Befriedigung, dort insbesondere auch Fragen der abgesonderten Befriedigung für Masseverbindlichkeiten (→ Rn. 15a), durch Nachranggläubiger (→ Rn. 16), der Pflichten von Insolvenzverwaltern gegenüber Absonderungsberechtigten (→ Rn. 23) und der Ersatzabsonderung (→ Rn. 31), wird das Verfahren in Fällen abgesonderter Befriedigung aus unbeweglichen Gegenständen in den Blick genommen (→ Rn. 34).

Übersicht

	Rn.		Rn.
A. Allgemeines zur abgesonderten Befriedigung	1	I. In der InsO	8
		II. In anderen Gesetzen	9
B. Begründung von und Disposition über Absonderungsrechte	4	D. Verfahren der abgesonderten Befriedigung	13
C. Einzelne Absonderungsrechte	8	I. Geltendmachung des Rechts	13

	Rn.		Rn.
II. Weiteres Verfahren	15	I. Verfahrensrechte der Absonderungsberechtigten	30
E. Absonderung wegen Masseverbindlichkeiten	15a	J. Ersatzabsonderung	31
		K. Absonderung nach § 49	34
F. Absonderung durch Nachranggläubiger	16	I. Absonderungsgegenstand	34
		II. Absonderungsrechte	35
G. Streit über das Absonderungsrecht	22	III. Rangfolge der Absonderungsberechtigten	37
H. Pflichten des (vorläufigen) Insolvenzverwalters gegenüber Absonderungsberechtigten	23	IV. Verwertung des Absonderungsgegenstandes	38
		1. Allgemein	38
I. Pflichten des Insolvenzverwalters	23	2. Verfahrensfragen bei der Verwertung durch den Gläubiger	39
II. Pflichten des vorläufigen Insolvenzverwalters	27	3. Freihändige Verwertung durch den Insolvenzverwalter	41

A. Allgemeines zur abgesonderten Befriedigung

Wenn und soweit ein Rechteinhaber ein Recht auf abgesonderte Befriedigung geltend machen **1** kann, wird er aus einem konkreten Vermögensgegenstand des Insolvenzschuldners bevorzugt befriedigt; insoweit ist er nicht nur (vgl. § 52) auf eine Teilnahme an der Schlussverteilung und auf die dort ggf. auf seine Forderung (sofern er Inhaber einer Forderung ist, → Rn. 7) entfallende Quote verwiesen.

Anders als der Aussonderungsberechtigte (dazu → § 47 Rn. 1) hat der Absonderungsberech- **2** tigte jedoch an einem bestimmten Gegenstand der Insolvenzmasse **kein Sachinteresse,** sondern nur ein **Sicherungsinteresse** an dem ihm innewohnenden Wert; ihm ist daher nicht der Gegenstand als solcher („der Substanz nach", MüKoInsO/Ganter Vor §§ 49–52 Rn. 3) zugeordnet, sondern nur – wirtschaftlich betrachtet – dessen Substanzwert oder ein Teil seines Substanzwerts. Diese Zuordnung beruht darauf, dass der betreffende Gläubiger sich – anders als die übrigen Insolvenzgläubiger – vorinsolvenzlich besondere, insolvenzfeste Rechte am Vermögen des späteren Insolvenzschuldners hat einräumen lassen.

Ähnlich der Parallele der Aussonderung zu § 771 ZPO wird hinsichtlich der abgesonderten **3** Befriedigung eine **Parallele zu § 805 ZPO** gezogen (vorzugsweise Befriedigung eines Pfandgläubigers bei späterer Pfändung des Pfandgegenstandes; MüKoInsO/Ganter Vor §§ 49–52 Rn. 2; Uhlenbruck/Brinkmann Rn. 1).

B. Begründung von und Disposition über Absonderungsrechte

Wie auch die Aussonderung knüpft die Absonderung an bestimmte **außerhalb der Insolvenz** **4** **begründete Rechte** an und regelt nur ihre (bevorzugte) Behandlung in der Insolvenz. Ob ein Recht, das potenziell ein Absonderungsrecht begründet, besteht, richtet sich aber grundsätzlich nach den außerhalb der Insolvenz geltenden Vorschriften. Ob ein solches Recht in der Insolvenz dann zur abgesonderten Befriedigung berechtigt, richtet sich nach den §§ 49 ff.

Welche Rechte ein Absonderungsrecht begründen, ist gesetzlich geregelt und kann nicht ver- **5** traglich vereinbart werden – weder zwischen Gläubiger und Schuldner noch zwischen Gläubiger und Insolvenzverwalter (Jaeger/Henckel Vor §§ 49–52 Rn. 14). Der Parteidisposition zugänglich ist nur die Frage, ob das konkrete Rechtsverhältnis besteht, das im Falle seines Bestehens dem Grunde nach zur abgesonderten Befriedigung berechtigt.

Ein **Verzicht nur auf die abgesonderte Befriedigung** hingegen soll nach der Rechtspre- **5a** chung des BGH zumindest bei nicht-akzessorischen Sicherheiten möglich sein, auch ohne dass das zur abgesonderten Befriedigung berechtigende Recht als solches aufgegeben wird (BGH NZI 2017, 345; BeckRS 2011, 00251). Dies soll durch einen Verzicht nur auf den schuldrechtlichen Sicherungsanspruch aus der Sicherungszweckerklärung möglich sein. Den Bedenken dagegen (s. MüKoInsO/Ganter Vor §§ 49–52 Rn. 121: der Gläubiger würde sonst auf seine ganze Forderung die Quote erhalten und könnte sich nach Ende des Insolvenzverfahrens weiter aus seinem Recht befriedigen) begegnet der BGH dadurch, dass er den Gläubiger im Falle eines Verzichts auf die abgesonderte Befriedigung verpflichtet sieht, auch das zur abgesonderten Befriedigung berechtigende Recht zivilrechtlich aufzugeben. Diese Rechtsprechung, die der BGH bislang nur im Zusammenhang mit nicht-akzessorischen Sicherheiten entwickelt hat, ist auf akzessorische Sicherheiten nicht übertragbar. Denn im Falle von akzessorischen Sicherheiten existiert keine zusätzliche

InsO § 49 Zweiter Teil. Eröffnung des Insolvenzverfahrens

Sicherungszweckerklärung, die kraft Parteidisposition aufgehoben werden könnte. Bei akzessorischen Sicherheiten kann der Absonderungsberechtigte auf das Recht zur abgesonderten Befriedigung also nicht isoliert verzichten, sondern allenfalls auf das zugrundeliegende Recht.

5b Zur abgesonderten Befriedigung berechtigt ist nur der jeweilige Rechteinhaber selbst (auch: ein Sicherheitenpool in Form einer GbR, Uhlenbruck/Brinkmann Rn. 16 ff.). Werden Sicherheiten treuhänderisch gehalten, ist nur der Treuhänder (ggf. auch wegen der Forderungen des Treugebers), nicht aber der Treugeber zur abgesonderten Befriedigung berechtigt. Das ist etwa im Falle eines Sicherheitenpools zu beachten, der nicht als GbR organisiert ist, sondern bei dem ein Poolmitglied die Sicherheiten (auch) für die übrigen Poolmitglieder hält (BGH NZI 2005, 622).

6 Das Recht, welches zur abgesonderten Befriedigung berechtigen soll, muss bereits **bei Verfahrenseröffnung begründet** sein (Uhlenbruck/Brinkmann Rn. 5), wobei die in § 91 Abs. 2 und § 106 geregelten Ausnahmen auch im Falle von Absonderungsrechten zu beachten sind. Unschädlich ist, wenn das Recht zum Zeitpunkt der Verfahrenseröffnung aufschiebend bedingt ist und die Bedingung – die auch im Entstehen der gesicherten Forderung liegen kann – erst nach Verfahrenseröffnung eintritt (BGH NZI 2008, 371; zur besonderen Diskussion bei der Bestellung von Sicherungsrechten für künftige Forderungen → § 50 Rn. 5). Ob das potenziell ein Absonderungsrecht begründende Rechtsverhältnis unter Umständen nach insolvenzrechtlichen Regeln angreifbar ist (§§ 129 ff., 88, 91), ist wiederum eine andere Frage.

7 Ein **Recht auf abgesonderte Befriedigung** kann **unabhängig** davon bestehen, ob der Gläubiger auch eine **persönliche Forderung** gegen den Insolvenzschuldner hat oder nicht (Jaeger/Henckel Vor §§ 49–52 Rn. 10 ff.; MüKoInsO/Ganter Vor §§ 49–52 Rn. 54 ff.). Abgesonderte Befriedigung kann auch wegen Masseverbindlichkeiten (aA BGH NZI 2011, 731 = BeckRS 2011, 21376 Rn. 8; → Rn. 15a) und prinzipiell auch durch Gläubiger nur **nachrangiger Forderungen** iSv § 39 begehrt werden (zB wegen der während des Insolvenzverfahrens auflaufenden Zinsen und Kosten der Verfahrensteilnahme, § 39 Abs. 1 Nr. 1 und Nr. 2; BGH NZI 2008, 542 = BeckRS 2008, 16167; ZIP 2008, 2276 = BeckRS 2008, 23055; MüKoInsO/Ganter Vor §§ 49–52 Rn. 59). Ob das auch gilt, wenn die gesicherte Forderung dem Nachrang nach § 39 Abs. 1 Nr. 5 unterliegt, ist höchst streitig, im Ergebnis aber abzulehnen (→ Rn. 16).

C. Einzelne Absonderungsrechte

I. In der InsO

8 Die wesentlichsten Rechte, die zur Absonderung berechtigen, werden in den §§ 49–51 behandelt (hierzu auch → § 50 Rn. 1 ff. und → § 51 Rn. 1 ff.). Ein weiteres Absonderungsrecht ist außerdem in § 84 Abs. 1 S. 2 zu finden (hierzu → § 84 Rn. 20). Zur Absonderung gem. § 49 im Einzelnen → Rn. 34.

II. In anderen Gesetzen

9 Die Regelungen der §§ 49 ff. sind **nicht** als **abschließend** zu verstehen, sondern werden um Absonderungsrechte in anderen Vorschriften ergänzt (MüKoInsO/Ganter Vor §§ 49–52 Rn. 13). Sofern durch andere Vorschriften gesetzliche Pfandrechte begründet werden, sind diese bei → § 50 Rn. 22 kommentiert.

10 Zu diesen Vorschriften zählt in erster Linie § 10 ZVG, der einen Kreis von Rechten festlegt, die zur Befriedigung aus einem Grundstück berechtigt sind. Die dort erwähnten Rechte überschneiden sich größtenteils mit den in §§ 49 ff. genannten und haben keine eigenständige Bedeutung. Hervorzuheben ist jedoch das Absonderungsrecht des vollstreckenden persönlichen Gläubigers gem. § 10 Abs. 1 Nr. 5 ZVG.

11 Ferner berechtigt die sog. Sachhaftung des § 76 AO den Fiskus in bestimmten Fällen zur abgesonderten Befriedigung, und zwar auch schon vor einer eventuellen Inbeschlagnahme.

12 Weiter zu erwähnen ist die Absonderungsberechtigung gem. §§ 32, 33 DepotG. Dort ist ein besonderes, gewissermaßen (teil-)kollektives Verfahren der abgesonderten Befriedigung geregelt. Bestimmte Gegenstände der Insolvenzmasse werden dabei in einer Sondermasse zusammengefasst, die nur zur Befriedigung eines abgegrenzten Teils der Insolvenzgläubiger dient (§ 32 Abs. 3 DepotG und § 33 Abs. 2 und 3 DepotG). Diese Insolvenzgläubiger nehmen an der Verteilung der übrigen Insolvenzmasse dann nur insoweit teil, als sie bei der Befriedigung aus der Sondermasse ausgefallen sind (§ 32 Abs. 4 DepotG und § 33 Abs. 6 DepotG).

D. Verfahren der abgesonderten Befriedigung

I. Geltendmachung des Rechts

Im Eröffnungsbeschluss fordert das Gericht gem. § 28 Abs. 2 die Gläubiger auf, dem Insolvenzverwalter ihre **Sicherungsrechte** an beweglichen Gegenständen und Forderungen **unverzüglich mitzuteilen**. Unterlassen es die an Mobilien und Forderungen absonderungsberechtigten Gläubiger, ihre Rechte geltend zu machen, laufen sie ua Gefahr, ihre Rechte zu verlieren. Der Insolvenzverwalter ist zur **Nachforschung über potenzielle Absonderungsrechte** nur verpflichtet, wenn sich für das Bestehen eines Absonderungsrechts Anhaltspunkte ergeben (MüKoInsO/Busch §§ 27–29 Rn. 70). § 28 Abs. 2 enthält deshalb für Sicherungsnehmer von Immobiliarsicherheiten keine Mitteilungspflicht, da sich diese Sicherheiten unmittelbar aus dem Grundbuch ergeben und vom Insolvenzverwalter ohne Weiteres beachtet werden müssen. 13

Solange ein Gläubiger sein Recht auf abgesonderte Befriedigung nicht geltend macht, ist der Insolvenzverwalter nicht verpflichtet (bzw. sogar nicht einmal berechtigt), den Gläubiger aus dem Gegenstand zu befriedigen. Der Erlös aus dem Gegenstand ist vielmehr zunächst zurückzuhalten (MüKoInsO/Ganter Vor §§ 49–52 Rn. 129 mwN). 14

II. Weiteres Verfahren

Hinsichtlich des weiteren Verfahrens der abgesonderten Befriedigung (Verwertung des Absonderungsgegenstands, Befriedigung der Absonderungsberechtigten) ist auf die Kommentierung zu → § 165 Rn. 1 ff. zu verweisen. Wie allgemein bei Absonderungsrechten kann abgesonderte Befriedigung aus dem Pfandgegenstand auch wegen (nachrangiger) Zinsen und Kosten gesucht werden (→ Rn. 16). Der Wortlaut des § 50 („...für Hauptforderung, Zinsen und Kosten...") gibt keine bestimmte Tilgungsreihenfolge vor (NZI 2011, 247; → § 52 Rn. 12); es gilt vielmehr die Tilgungsreihenfolge des § 367 BGB. Zahlungen aus dem Absonderungsgegenstand erfolgen demgemäß zunächst auf Kosten, dann auf aufgelaufene Zinsen und werden erst dann auf die Hauptschuld verrechnet (bzw. im Falle einer Verbraucherdarlehensverbindlichkeit gem. § 497 Abs. 3 BGB zunächst auf Kosten, dann auf die Hauptschuld und dann auf aufgelaufene Zinsen). 15

E. Absonderung wegen Masseverbindlichkeiten

Der BGH versagte in einer Entscheidung (BGH NZI 2011, 731 = BeckRS 2011, 21376 Rn. 8) Gläubigern von **Masseverbindlichkeiten** eine abgesonderte Befriedigung. Das wird in der Literatur zu Recht anders gesehen (MüKoInsO/Ganter Vor §§ 49–52 Rn. 53; Uhlenbruck/Brinkmann Rn. 3; Becker ZIP 2013, 1554). Außerdem scheint das Verhältnis zu einer weiteren Entscheidung des BGH (NZI 2014, 1044 Rn. 18) unklar, in der er mit Blick auf ein Vermieterpfandrecht feststellt, dass es „...sich auf die vor und nach Verfahrenseröffnung fällig werdenden Mietforderungen erstreckte." Wohlgemerkt: Bei den ebenfalls erfassten, nach Verfahrenseröffnung fällig werdenden Mietforderungen handelte es sich um Masseverbindlichkeiten. Die zitierte Feststellung des BGH hätte für den Gläubiger aber keinen Mehrwert, wenn er nicht auch wegen der nach Verfahrenseröffnung fällig werdenden Mietforderungen absonderungsberechtigt wäre. 15a

Gerade im Fall der nach Insolvenzeröffnung entstehenden gesetzlichen Pfandrechte wird die Fragwürdigkeit der BGH-Entscheidung (BGH NZI 2011, 731 = BeckRS 2011, 21376 Rn. 8) deutlich: Diskutiert wird vor allem die Frage, ob ein Vermieterpfandrecht für die nach Insolvenzeröffnung auflaufenden Mietzinsen, die Masseverbindlichkeiten sind, entstehen kann (s. zur Diskussion MüKoInsO/Ganter Vor §§ 49–52 Rn. 53). Die Frage, inwieweit das Pfandrecht auch Masseverbindlichkeiten abdeckt, kann sich aber für eine Vielzahl von gesetzlichen Pfandrechten stellen, wenn nämlich – etwa aus einer Vertragserfüllung – Masseverbindlichkeiten entstehen und der potenzielle Pfandgegenstand bereits vor Verfahrenseröffnung beim Massegläubiger war (solche Konstellationen sind zB bei Spedition, Frachtgeschäft und Kommissionierung denkbar). Die Negierung des Absonderungsrechts wegen nach Verfahrenseröffnung entstandener gesetzlicher Pfandrechte nach Verfahrenseröffnung dürfte in vielen Konstellationen die Fortführung von Geschäftsbetrieben gefährden, weil es die Fortführung (§§ 103 ff.) oder gar Neubegründung von Rechtsverhältnissen, in denen regelmäßig ein gesetzliches Pfandrecht zum Tragen kommt, durch den Insolvenzverwalter schwierig macht; welcher Vermieter, Frachtführer, Spediteur oder Lagerhalter würde sich auf Geschäfte mit dem Insolvenzverwalter einlassen, wenn seine Forderungen (= Masseverbindlichkeiten) nicht durch das übliche gesetzliche Pfandrecht gesichert werden? Nicht nur das gibt Anlass, die Rechtsprechung des BGH zur generellen Nichtanwendung der §§ 49 ff. auf Masseverbindlichkeiten zu überdenken. 15b

15c Die durch den BGH offenbar nur mit der Reihenfolge der Vorschriften der InsO begründete Entscheidung („systematische Stellung") ist misslich und bedarf dringend der Korrektur. Nicht nur wird damit der in der Masseunzulänglichkeit Platz greifende Gedanke der „Insolvenz in der Insolvenz" eingeschränkt, indem nur noch Rangstufen, nicht aber mehr Vorrechte von Gläubigern berücksichtigt werden. Vielmehr entsteht dadurch ein Bruch zwischen der Behandlung von Insolvenz- und Massegläubigern: Klar ist, dass gesicherte Insolvenzforderungen den Masseverbindlichkeiten in der Masseunzulänglichkeit vorgehen (HK-InsO/Hölzle § 209 Rn. 30). Wenn aber gesicherte Insolvenzforderungen in der Masseunzulänglichkeit auch gesicherten Masseverbindlichkeiten vorgehen, dann dürfte das mit dem grundlegenden Rangverhältnis zwischen Insolvenzforderungen und Masseverbindlichkeiten nur noch schwer vereinbar sein.

15d Allerdings müsste, ließe man die abgesonderte Befriedigung von Massegläubigern bei Masseunzulänglichkeit – und nur dann wird ein Absonderungsrecht des Massegläubigers überhaupt relevant – zu, getreu dem Gedanken der „Insolvenz in der Insolvenz" auch die Vorschrift des § 52 entsprechend angewandt werden.

F. Absonderung durch Nachranggläubiger

16 Auch wegen **nachrangiger Forderungen** gem. § 39 Nr. 1–4 kann nach der Rechtsprechung des BGH (BGH NZI 2008, 542 = BeckRS 2008, 16167; ZIP 2008, 2276 = BeckRS 2008, 23055) abgesonderte Befriedigung verlangt werden.

17 Etwas anderes galt schon unter dem Regime des Eigenkapitalersatzrechts im Falle der Besicherung eines eigenkapitalersetzenden Darlehens oder einer gleichgestellten Forderung durch die Gesellschaft: Der so gesicherte Gesellschafter konnte aus der Sicherheit keine abgesonderte Befriedigung verlangen (BGH NZI 2009, 338 = BeckRS 2009, 06323; MüKoInsO/Ganter Vor §§ 49–52 Rn. 95).

18 Ob **Sicherheiten für nachrangige Gesellschafterforderungen** nach den Änderungen des MoMiG in der Insolvenz weiterhin **nicht durchsetzbar** sind, ist Gegenstand einer kontroversen Diskussion. Die überwiegenden Stimmen in der Literatur, die sich gegen eine abgesonderte Befriedigung nachrangiger Gesellschafterforderungen aussprechen (MüKoInsO/Ganter Vor §§ 49–52 Rn. 96 aE; K. Schmidt InsO/K. Schmidt § 135 Rn. 18; Uhlenbruck/Brinkmann Rn. 12 mwN; Hölzle ZIP 2013, 1992; Roth/Altmeppen/Altmeppen GmbHG § 30 Anh. Rn. 176; Altmeppen ZIP 2013, 1745; Jaeger/Henckel § 135 Rn. 10; offen gelassen BGH NZI 2012, 860 = BeckRS 2012, 19437), überzeugen. Das muss unabhängig davon gelten, ob die Sicherheit innerhalb oder außerhalb der 10-Jahres-Frist des § 135 Abs. 1 Nr. 1 gewährt wurde (aA Spliedt ZIP 2009, 149 (153)). Die dagegen ins Feld geführte Kritik vermag nicht zu verfangen (Bitter ZIP 2013, 1497; 2013, 1583; 2013, 1998; Marotzke ZInsO 2013, 641; Mylich ZIP 2013, 2444; Thole NZI 2013, 745 (746); Uhlenbruck/Hirte § 39 Rn. 37; Baumbach/Hueck/Haas GmbHG § 64 Anh. Rn. 110; ohne Begründung für Zulässigkeit der abgesonderten Befriedigung auch OLG Schleswig NZI 2012, 622 = BeckRS 2012, 11027). Insbesondere ist Bitter der Auffassung, die Entscheidung des BGH zur abgesonderten Befriedigung von gem. § 39 Abs. 1 Nr. 1 und 2 nachrangigen Gläubigern (BGH NZI 2008, 542 = BeckRS 2008, 16167) müsse auch auf die gem. § 39 Abs. 1 Nr. 5 nachrangigen Gläubiger übertragen werden.

19 Das ist aber deshalb abzulehnen (so auch Spliedt ZIP 2009, 149 (153)), weil den unterschiedlichen Nachrangregeln des § 39 Abs. 1 völlig unterschiedliche Regelungszwecke zugrunde liegen (so auch Uhlenbruck/Brinkmann Rn. 12; Hölzle ZIP 2013, 1992 (1996)). Die ua bei Bitter anklingende Auffassung, (auch) bei dem Nachrang des § 39 Abs. 1 Nr. 5 handele es sich um eine rein verfahrensrechtliche Regelung (Bitter ZIP 2013, 1497 (1502); Mylich ZIP 2013, 2444 (2445)), verkennt den der Regelung zugrundeliegenden telos. Der Verteilungsregel des § 39 Abs. 1 Nr. 5 liegt nämlich offensichtlich der gesetzgeberische Gedanke zugrunde, dass der Gesellschafter in der Insolvenz der von ihm finanzierten Gesellschaft hinter die übrigen Gläubiger zurücktreten soll (und zwar auch hinter die nachrangigen Gläubiger gem. § 39 Abs. 1 Nr. 1–4!). Es dürfte deshalb dem in § 39 Abs. 1 Nr. 5 zum Ausdruck gekommenen gesetzgeberischen Willen zuwiderlaufen, dem iRd § 39 Abs. 1 letztrangigen Gläubiger die Möglichkeit einzuräumen, von einem Sicherungsrecht für seine nachrangige Forderung Gebrauch zu machen, welches er sich unter Umständen aufgrund seiner Nähe zur Gesellschaft wesentlich leichter verschaffen kann, als dies anderen Gläubigern möglich ist (dagegen dürfte insbesondere, wie Hölzle ZIP 2013, 1992 (1996) es formuliert, die Gesamtkonzeption der „Finanz- und Finanzierungsverfassung von Gesellschaften in haftungsbeschränkter Rechtsform" sprechen; selbst Marotzke ZInsO 2013, 641 (649) nutmaßt, dass der rechtspolitische Grund für § 39 Abs. 1 Nr. 5 aF eine „Kaltstellung auch diesbezüglicher

Sicherungsrechte erfordert", sieht dem aber nach der Reform durch das MoMiG die Grundlage entzogen).

Der unterschiedliche Regelungszweck der verschiedenen Nachrangregeln des § 39 Abs. 1 zeigt sich nicht zuletzt in den Anfechtungsregeln, die die Rechte verschiedener Nachranggläubiger ganz unterschiedlich zu beeinträchtigen vermögen (in diesem Sinne auch Altmeppen ZIP 2013, 1745 (1750)): so sind etwa Sicherheiten zugunsten der gem. § 39 Abs. 1 Nr. 1–3 nachrangigen Gläubiger (in der Regel) nur nach den §§ 130–133 anfechtbar; Sicherheiten zugunsten der gem. § 39 Abs. 1 Nr. 4 nachrangigen Gläubiger dürften hingegen (in der Regel) gem. § 134 wesentlich leichter der Insolvenzanfechtung unterliegen; Sicherungsrechte der nach § 39 Abs. 1 Nr. 5 nachrangigen Gläubiger sind dem Grunde nach am einfachsten gem. § 135 Abs.1 Nr. 1 anfechtbar.

Bitter ist der Auffassung, dass aus § 135 Abs. 1 Nr. 1 der Wille des Gesetzgebers entnommen werden könne, nur Sicherheiten, die innerhalb der 10-Jahres-Frist bestellt wurden, die Durchsetzbarkeit zu versagen (ebenso Marotzke ZInsO 2013, 641 (650); Spliedt ZIP 2009, 149 (153)). Dabei wird jedoch nicht hinreichend zwischen Anfechtbarkeit und Durchsetzbarkeit einer Sicherheit unterschieden (für diese Trennung dezidiert auch Mylich ZIP 2013, 2444 (2449)). Sofern Bitter (ZIP 2013, 1583 (1586)) der Entscheidung des BGH (NZI 2012, 860 = BeckRS 2012, 19437 Rn. 21) eine Aussage über die Wirkungen des Nachrangs auf Sicherheiten entnehmen will, bleibt unberücksichtigt, dass der BGH in der genannten Entscheidung nur über die Frage der Anfechtbarkeit bzw. Anfechtungsfestigkeit entschieden hat, nicht jedoch über die Frage der Durchsetzbarkeit einer Sicherheit des Gesellschafters. Den von verschiedenen Autoren erkannten vermeintlichen Wertungswiderspruch der Undurchsetzbarkeit der Sicherungsrechte zu der festen Anfechtungsfrist des § 135 Abs. 1 Nr. 1 gab es zudem schon vor der Reform durch das MoMiG: Damals wurde jedweder Sicherheit für eine kapitalersetzende Gesellschafterforderung die Durchsetzbarkeit in der Insolvenz versagt, unabhängig davon, wie lange vor Insolvenzantrag sie bestellt wurde. Dass eine Anfechtbarkeit solcher Sicherheiten auch nach altem Recht bis maximal 10 Jahre vor Insolvenzantragstellung in Betracht kam, hatte auf die fehlende Durchsetzbarkeit schon damals keinen Einfluss.

G. Streit über das Absonderungsrecht

Wird ein Recht auf abgesonderte Befriedigung durch den Insolvenzverwalter bestritten, kann der Prätendent sein Recht auf gerichtlichem Wege gegen den Insolvenzverwalter verfolgen. Vor Verwertung des Absonderungsgegenstands erfolgt das im Wege der **Feststellungsklage** (MüKoInsO/Ganter Vor §§ 49–52 Rn. 142). Hat der Insolvenzverwalter bereits verwertet und den Erlös vereinnahmt, ist eine **Zahlungsklage** anzustrengen (§ 170 Abs. 1 S. 2). Behauptet der Absonderungsberechtigte ein eigenes Verwertungsrecht und verfügt er nicht bereits über einen vollstreckbaren Titel gegen den Insolvenzverwalter (den er ggf. durch Titelumschreibung erlangen kann, Uhlenbruck/Brinkmann Rn. 49), so hat er gegen den Insolvenzverwalter die **Duldung der Zwangsvollstreckung** in den Absonderungsgegenstand im Wege einer Pfandklage zu erwirken (Uhlenbruck/Brinkmann Rn. 50; MüKoInsO/Ganter Vor §§ 49–52 Rn.142).

H. Pflichten des (vorläufigen) Insolvenzverwalters gegenüber Absonderungsberechtigten

I. Pflichten des Insolvenzverwalters

Im Rahmen der ihm zukommenden Aufgaben hat der Insolvenzverwalter auch die **Rechte der absonderungsberechtigten Gläubiger zu wahren;** er ist ihnen ebenso wie den ungesicherten Insolvenzgläubigern verpflichtet. Eine Pflicht, mögliche Sicherungsrechte, für die sich keine Anhaltspunkte ergeben, aktiv und vertieft zu ermitteln, trifft ihn jedoch nicht (Jaeger/Henckel Vor §§ 49–52 Rn. 54; MüKoInsO/Ganter Vor §§ 49–52 Rn. 129: Überprüfung „in großen Zügen"). Stößt er von sich aus auf potenzielle Absonderungsrechte, hat er diese grundsätzlich zu achten. Im Übrigen ist der Insolvenzverwalter erst dann, wenn Rechte, die zur abgesonderten Befriedigung berechtigen, konkret geltend gemacht und vor allem benannt werden, zur Überprüfung dieser Rechte verpflichtet (OLG Düsseldorf NJW-RR 1998, 559 = BeckRS 9998, 16247).

Aus § 167 Abs. 1 folgt eine **Unterrichtungspflicht** des Insolvenzverwalters gegenüber den Absonderungsberechtigten über den Zustand eines beweglichen Absonderungsgegenstands. In Anlehnung daran wird man dem Insolvenzverwalter auch in Bezug auf andere Absonderungsgegenstände Auskunftspflichten über den „Zustand" des Absonderungsgegenstands (etwa: Bestand einer sicherungsabgetretenen Forderung) auferlegen müssen. Diesen Pflichten kann der Insolvenzverwalter in Ausnahmefällen (BGH NZI 2000, 422 = BeckRS 2000, 04967; aA OLG Düsseldorf

NZI 2000, 82 = BeckRS 1999 30072561: „regelmäßig") dadurch nachkommen, dass er dem Absonderungsberechtigten die eigene Unterrichtung über die fraglichen Verhältnisse (etwa durch Einsichtnahme in Bücher) ermöglicht.

25 Ist der Insolvenzverwalter zur **Verwertung des Gegenstands** berechtigt und führt er diese Verwertung durch, hat er den Erlös an den absonderungsberechtigten Gläubiger (ggf. abzüglich Kosten oder Kostenpauschalen, § 170 Abs. 1 S. 1, § 171) auszukehren (§ 170 Abs. 1 S. 2). Die Beantwortung der Frage, ob in dem Anspruch auf Erlösauskehr ein Spezialfall der Ersatzabsonderung zu sehen ist (so MüKoInsO/Ganter Vor §§ 49–52 Rn. 71) oder ob es sich, wie nach wohl hM, um einen Fall dinglicher Surrogation handelt (BGH NZI 2007, 158 = BeckRS 2007, 01030 Rn. 19; NZI 2011, 366 = BeckRS 2011, 07836 Rn. 15), hat auf das Ergebnis keinen Einfluss und kann daher der rechtswissenschaftlichen Diskussion überlassen werden.

26 Ein Verstoß des Insolvenzverwalters gegen die ihm auferlegten Pflichten (insbesondere zB eine unberechtigte Verwertung) ist grundsätzlich geeignet, eine **Haftung nach § 60** auszulösen. Dem Berechtigten kann aber ggf. ein anzurechnendes Mitverschulden entgegengehalten werden, wenn er seine Obliegenheit, das Absonderungsrecht nachvollziehbar und vor allem rechtzeitig darzulegen und zu verfolgen, missachtet (OLG Düsseldorf NJW-RR 1998, 559 = BeckRS 9998, 16247).

II. Pflichten des vorläufigen Insolvenzverwalters

27 Sofern der vorläufige Insolvenzverwalter zur Disposition über Gegenstände, aus denen abgesonderte Befriedigung verlangt werden kann, rechtlich in der Lage ist, sind die Rechtsfolgen solcher Dispositionen danach zu beurteilen, ob der vorläufige Insolvenzverwalter die Disposition berechtigt oder unberechtigt vornimmt.

28 Wirksame berechtigte Dispositionen des vorläufigen Insolvenzverwalters begründen seine Pflicht, den Erlös zugunsten des Absonderungsberechtigten vorzuhalten, denn der Absonderungsberechtigte hat Anspruch auf den Erlös aus der Disposition gem. § 21 Abs. 2 Nr. 5 iVm § 170 Abs. 1 S. 2 oder analog § 170 Abs. 1 S. 2 (BGH NZI 2010, 339 = BeckRS 2010, 07630; MüKoInsO/Ganter Vor §§ 49–52 Rn. 109b und 109d). Eine wirksame unberechtigte Disposition des vorläufigen Insolvenzverwalters über Absonderungsgegenstände berechtigen den Absonderungsberechtigten zur Ersatzabsonderung entsprechend § 48 (MüKoInsO/Ganter Vor §§ 49–52 Rn. 109g; zur Ersatzabsonderung → Rn. 31). Dabei ist zu berücksichtigen, dass Dispositionen durch einen vorläufigen Insolvenzverwalter bereits immer dann unberechtigt iSv § 48 sind, wenn der vorläufige Insolvenzverwalter den Erlös aus der Disposition nicht zugunsten des Absonderungsberechtigten separiert (BGH NZI 2019, 274, → Rn. 31).

29 Verstößt der vorläufige Insolvenzverwalter gegen die Obliegenheit zur Separierung und Vorhaltung der Verwertungserlöse zugunsten der Absonderungsberechtigten, macht er sich ggf. gem. § 60 haftbar.

I. Verfahrensrechte der Absonderungsberechtigten

30 Anders als die Aussonderungsberechtigten sind die Absonderungsberechtigten **Beteiligte des Insolvenzverfahrens** und das unabhängig davon, ob sie auch eine persönliche Forderung gegen den Insolvenzschuldner haben. Im Rahmen der Gläubigermitbestimmung sind sie zu beteiligen (§§ 74 ff., § 67 Abs. 2, § 222 Abs. 1 S. 2 Nr. 1; ausf. MüKoInsO/Ganter Vor §§ 49–52 Rn. 150).

J. Ersatzabsonderung

31 Bei unberechtigter Verfügung über den Gegenstand, aus dem abgesonderte Befriedigung verlangt werden kann, durch den Schuldner oder den (vorläufigen) Insolvenzverwalter kann an einer ausstehenden oder in der Insolvenzmasse vorhandenen Gegenleistung ein Ersatzabsonderungsrecht analog § 48 bestehen (BGH NZI 2012, 319 = BeckRS 2012, 05870).

32 Bei der Beurteilung der Berechtigung oder Nichtberechtigung der Veräußerung durch einen (vorläufigen) Insolvenzverwalter sind – neben den allgemeinen Erwägungen – die Vorschriften über die Verwertungsrechte in den Blick zu nehmen (§§ 165 ff., § 21 Abs. 2 Nr. 5). Besteht ein Verwertungsrecht des (vorläufigen) Insolvenzverwalters, war die Verwertung berechtigt, sodass § 48 nicht analog anzuwenden ist (Uhlenbruck/Brinkmann § 48 Rn. 44). Vielmehr setzt sich das Absonderungsrecht kraft dinglicher Surrogation an dem Erlös fort (§ 170 Abs. 1 S. 2; → Rn. 25). Im Übrigen ist die Verwertung durch einen vorläufigen Insolvenzverwalter nur insoweit berechtigt iSv § 48, als sie sich in dem durch die Ermächtigung gesteckten Rahmen hält. Dazu ist ab Insolvenzantragstellung auch ohne Widerruf der Ermächtigung erforderlich, dass der vorläufige Insolvenzverwalter den Verwertungserlös (also etwa: die eingezogene Forderung oder den Ver-

kaufserlös einer sicherungsübereigneten Sache) auf ein für den absonderungsberechtigten Gläubiger gehaltenes, separates Treuhandkonto einzieht (BGH NZI 2019, 274 Rn. 22, 36 und 79; → § 48 Rn. 13). Erfolgt die Separierung nicht, erwirbt der Absonderungsberechtigte ggf. ein Ersatzabsonderungsrecht oder eine Haftungsforderung gegen den vorläufigen Insolvenzverwalter.

Die Ersatzabsonderung richtet sich nach den gleichen Grundsätzen wie die Ersatzaussonderung (→ § 48 Rn. 1). Ersatzabsonderung kann demnach nur im Falle wirksamer Verfügungen beansprucht werden (str., → § 48 Rn. 9). Eine Ersatzabsonderung kommt außerdem nur dann in Betracht, wenn sich der Erlös noch unterscheidbar in der Insolvenzmasse befindet. Auch eine zweite Ersatzabsonderung kommt ggf. in Betracht. 33

K. Absonderung nach § 49

I. Absonderungsgegenstand

Aus denjenigen Gegenstände des schuldnerischen Vermögens, die dem Recht der Zwangsvollstreckung in das unbewegliche Vermögen nach §§ 864, 865 ZPO (vgl. BeckOK ZPO/Riedel ZPO § 864 Rn. 1 ff.; BeckOK ZPO/Riedel ZPO § 865 Rn. 1 ff.) unterliegen, kann der Gläubiger in der Insolvenz seines Schuldners abgesonderte Befriedigung gem. § 49 suchen. Zu diesen Gegenständen zählen **Grundstücke** (gem. § 865 ZPO einschließlich ggf. **mithaftender Gegenstände** gem. §§ 1120 ff. BGB, vgl. zum Haftungsverband BeckOK BGB/Rohe BGB § 1120 Rn. 1 ff.), **Wohnungseigentum, grundstücksgleiche Rechte** (Erbbaurechte, Bergwerkseigentum etc), Schiffe (gem. § 865 ZPO einschließlich ggf. mithaftender Gegenstände gem. § 31 SchRG) und **Schiffsbauwerke** (gem. § 865 ZPO einschließlich der mithaftenden Gegenstände gem. § 79 SchRG) sowie **Luftfahrzeuge,** die in der Luftfahrzeugrolle eingetragen sind (gem. § 865 ZPO einschließlich ggf. mithaftender Gegenstände gem. § 31 LuftFzgG). Ebenfalls dazu zählen **Bruchteile** all dieser Gegenstände. 34

II. Absonderungsrechte

Ein Recht berechtigt dann zur Absonderung gem. § 49, wenn es ein Recht auf Befriedigung einer Forderung aus dem von § 49 erfassten Gegenstand gibt (im Falle von Sicherungsgrundschulden bedeutet das insbesondere, dass die gesicherte Forderung noch valutiert, K. Schmidt InsO/Thole Rn. 21). Dazu zählen ua **Grundpfandrechte** sowie **Schiffshypotheken** und **Registerpfandrechte** an einem Luftfahrzeug. 35

Wegen welcher Forderungen der Gläubiger abgesonderte Befriedigung verlangen kann, ergibt sich aus den außerhalb der Insolvenz geltenden Vorschriften. Zur abgesonderten Befriedigung berechtigen alle Forderungen, wegen denen auch außerhalb der Insolvenz Befriedigung aus dem Sicherungsgegenstand gesucht werden kann. Gesichert wird daher nicht nur der Hauptsachenanspruch, sondern ggf. (etwa gem. § 1118 BGB, § 30 SchRG oder § 29 LuftFzgG) auch Zinsen und Kosten. 36

III. Rangfolge der Absonderungsberechtigten

§ 49 stellt klar, dass die außerhalb der Insolvenz geltenden Vorschriften des ZVG auch bei der Realisierung der Absonderungsrechte Beachtung finden müssen. Das heißt insbesondere, dass die in **§ 10 ZVG** festgelegte **Befriedigungsrangfolge** das Verhältnis mehrerer Absonderungsberechtigte untereinander auch in der Insolvenz des Schuldners bestimmt (auch bei der Verwertung von belasteten Schiffen und Luftfahrzeugen findet § 10 ZVG entsprechende Anwendung, §§ 162, 171a ZVG). Innerhalb der Klassen des § 10 ZVG richtet sich die Befriedigungsrangfolge gem. § 11 ZVG auch in der Insolvenz des Schuldners nach dem Prioritätsprinzip. Zinsen werden nur insoweit in der 4. Rangklasse nach § 10 ZVG befriedigt, als sie innerhalb der letzten zwei Jahre vor Beschlagnahme oder nach Beschlagnahme aufgelaufen sind; im Übrigen sind sie erst im achten Range zu befriedigen. 37

IV. Verwertung des Absonderungsgegenstandes

1. Allgemein

Die Verwertung des belasteten Gegenstands erfolgt nach Eröffnung des Insolvenzverfahrens entweder durch den Absonderungsberechtigten oder den Insolvenzverwalter (→ § 165 Rn. 1). Für beide Alternativen richtet sich die Verwertung grundsätzlich nach dem ZVG, wenn nicht 38 eine freihändige Verwertung durch den Insolvenzverwalter erfolgt; eine freihändige Verwertung durch den Gläubiger kommt nicht in Betracht. In Betracht kommt auch eine sog. „kalte Zwangsverwaltung" durch den Insolvenzverwalter. Näheres unter → § 165 Rn. 24.

2. Verfahrensfragen bei der Verwertung durch den Gläubiger

39 Eine bereits vor Eröffnung des Insolvenzverfahrens durch einen Gläubiger eingeleitete Zwangsvollstreckung wird durch die Eröffnung des Verfahrens nicht unterbrochen und kann ohne Titelumschreibung fortgesetzt werden. Nur unter besonderen Voraussetzungen kann das Vollstreckungsverfahren eingestellt werden; im Verfahren der Zwangsversteigerung gelten dafür die §§ 30d ff. ZVG, im Verfahren der Zwangsverwaltung die §§ 153b f. ZVG.

40 Für eine nach Eröffnung des Insolvenzverfahrens durch einen Gläubiger einzuleitende Zwangsvollstreckung muss ein ggf. vor Verfahrenseröffnung bereits erwirkter Titel gegen den Insolvenzverwalter umgeschrieben werden. Nach Verfahrenseröffnung kann ein Vollstreckungstitel im Wege einer Pfandklage erwirkt werden, die gegen den Insolvenzverwalter zu richten ist (→ Rn. 22).

3. Freihändige Verwertung durch den Insolvenzverwalter

41 Eine freihändige Verwertung durch den Insolvenzverwalter kommt in der Regel nur dann in Betracht, wenn mit dem Sicherungsnehmer vereinbart werden kann, dass er im Zuge der Veräußerung gegen Zahlung (eines Teils) der Forderung hinsichtlich seines Rechts eine Löschungsbewilligung erteilt. Ein freihändiger Verkauf kommt ohne Einvernehmen mit den Sicherungsnehmern sonst nur in Fällen in Betracht, in denen deren gesicherte Forderungen aus dem Verkaufserlös voll befriedigt werden können.

42 Im Übrigen sind in der Praxis Vereinbarungen über die an die Sicherungsnehmer zur Ablösung der Rechte zu leistenden Beträge bzw. über die bei der Insolvenzmasse verbleibenden Anteile (Massebeitragsvereinbarungen) zu schließen (Pape ZInsO 2008, 465 (469 f.); MüKoInsO/Ganter Vor §§ 49–52 Rn. 99 d f.). Bei diesen Beträgen handelt es sich streng genommen aber nicht um abgesonderte Befriedigung, sondern vielmehr um eine Leistung aus der Masse als Gegenleistung für die Zustimmung zur Löschung des Rechts (BGH NZI 2010, 399 = BeckRS 2010, 08778 Rn. 15; MüKoInsO/Ganter Vor §§ 49–52 Rn. 99b; aA Jaeger/Henckel Rn. 1).

§ 50 Abgesonderte Befriedigung der Pfandgläubiger

(1) Gläubiger, die an einem Gegenstand der Insolvenzmasse ein rechtsgeschäftliches Pfandrecht, ein durch Pfändung erlangtes Pfandrecht oder ein gesetzliches Pfandrecht haben, sind nach Maßgabe der §§ 166 bis 173 für Hauptforderung, Zinsen und Kosten zur abgesonderten Befriedigung aus dem Pfandgegenstand berechtigt.

(2) ¹Das gesetzliche Pfandrecht des Vermieters oder Verpächters kann im Insolvenzverfahren wegen der Miete oder Pacht für eine frühere Zeit als die letzten zwölf Monate vor der Eröffnung des Verfahrens sowie wegen der Entschädigung, die infolge einer Kündigung des Insolvenzverwalters zu zahlen ist, nicht geltend gemacht werden. ²Das Pfandrecht des Verpächters eines landwirtschaftlichen Grundstücks unterliegt wegen der Pacht nicht dieser Beschränkung.

Überblick

§ 50 regelt die abgesonderte Befriedigung wegen Pfandrechten an beweglichen Gegenständen. Diese abgesonderte Befriedigung folgt anderen Verfahrensregeln als die abgesonderte Befriedigung aus unbeweglichen Gegenständen, im Übrigen bestehen jedoch weitgehende Parallelen.

Übersicht

	Rn.		Rn.
A. Normzweck/Grundlagen/Abgrenzung	1	I. Vertragliche Pfandrechte	6
		1. Allgemeines	6
		2. Besonderheiten beim Pfandrecht gem.	
B. Fragen der Entstehung	2	AGB-Banken bzw. AGB-Sparkassen	7
C. Die einzelnen Absonderungsrechte des § 50	6	II. Pfändungspfandrechte	8
		1. Allgemeines	8

	Rn.		Rn.
2. Exkurs: Beschlagnahme/Vermögensarrest nach der StPO	12a	1. Vermieter-/Verpächterpfandrecht	17
		2. Sonstige gesetzliche Pfandrechte	22
III. Gesetzliche Pfandrechte	17	**D. Verfahren**	27

A. Normzweck/Grundlagen/Abgrenzung

Nach der Regelung der Absonderungsrechte an unbeweglichem Vermögen in § 49 befassen sich die §§ 50 und 51 mit den Absonderungsrechten an beweglichem Vermögen des Insolvenzschuldners. § 50 widmet sich zunächst der abgesonderten Befriedigung aus Pfandrechten an beweglichen Gegenständen und Rechten, unabhängig davon, auf welche Weise (gesetzlich, vertraglich, zwangsweise) sie erlangt wurden. **Voraussetzung** einer Absonderung gem. § 50 ist also zunächst ein **vor Insolvenzeröffnung insolvenzfest entstandenes Pfandrecht** (insofern und wegen Ausnahmen → § 49 Rn. 6). Wegen möglicher Konkurrenzen mit Absonderungsrechten gem. § 49 muss stets überprüft werden, ob der Gegenstand zum Haftungsverband einer Immobiliarsicherheit gehört; dann unterfiele er der Absonderung gem. § 49 (K. Schmidt InsO/Thole Rn. 3). 1

B. Fragen der Entstehung

Der **Pfandrechtserwerb** muss – um ein zur Absonderung berechtigendes Pfandrecht zu begründen – grundsätzlich **vollständig vor Verfahrenseröffnung abgeschlossen** sein (→ § 49 Rn. 6); ansonsten steht der Entstehung § 91 entgegen. 2

Zur Entstehung eines Pfandrechts gehört im Falle der Verpfändung von Rechten auch die **Verpfändungsanzeige gem. § 1280 BGB**, die deshalb vor Insolvenzeröffnung zu erfolgen hat (MüKoInsO/Ganter Rn. 37). Eine ggf. erforderliche **Eintragung ins Grundbuch** kann nach Maßgabe von § 91 Abs. 2, § 878 BGB auch nach Verfahrenseröffnung zum wirksamen Erwerb des Pfandrechts ausreichen, wenn vor Verfahrenseröffnung die Voraussetzungen des § 873 Abs. 2 BGB vorlagen (eine solche Eintragung ist erforderlich bei der Verpfändung eines eingetragenen Rechts durch den Rechtsinhaber an einen Dritten; die Verwertung eines solchen Pfandrechts erfolgt nicht nach dem ZVG, weil es sich nicht um die Verwertung eines Rechts an einem Grundstück, sondern um die Verwertung eines Rechts an einem Recht an einem Grundstück handelt). Ein Erwerb nach Verfahrenseröffnung ist ferner möglich, wenn das Pfandrecht gem. § 91 Abs. 2 iVm §§ 892, 893 BGB (→ § 91 Rn. 24) **gutgläubig erworben** wird oder wenn bereits vor Verfahrenseröffnung ein Pfandrecht an einem entsprechenden **Anwartschaftsrecht** bestand (Gottwald/Haas InsR-HdB/Adolphsen § 42 Rn. 37 aE); erstarkt dieses Anwartschaftsrecht nach Insolvenzeröffnung zum Vollrecht, so setzt sich das Pfandrecht an diesem Vollrecht fort. 3

Ein Pfandrecht an Gegenständen und Forderungen, welche erst nach Insolvenzeröffnung zum Vermögen des Insolvenzschuldners gelangen (also ein Pfandrecht an zukünftigen Gegenständen und Forderungen), kann deshalb nicht mehr neu entstehen (so auch für die Sicherungsabtretung künftiger Forderungen K. Schmidt InsO/Thole § 51 Rn. 12). Das bedeutet etwa beim Vermieterpfandrecht, dass die dem Vermieter haftenden Gegenstände bereits vor Verfahrenseröffnung in die Mietsache eingebracht worden sein müssen (MüKoInsO/Ganter Rn. 86b). 4

Eine andere, besonders umstrittene Frage ist, ob § 91 dem Erwerb eines **Pfandrechts** entgegensteht, wenn dieses (auch) **zur Sicherung zukünftiger Forderungen** bestellt wird (§ 1204 Abs. 2 BGB) und die gesicherte Forderung (auch Masseverbindlichkeit → § 49 Rn. 15a) erst nach Verfahrenseröffnung entsteht (→ § 91 Rn. 10; ein insolvenzfestes Vermieterpfandrecht in solchen Fällen bejahend BGH NZI 2014, 1044 Rn. 18; ein insolvenzfestes Pfandrecht in solchen Fällen generell bejahend BGH NZI 2008, 371 und MüKoInsO/Ganter Vor §§ 49–52 Rn. 35; verneinend K. Schmidt InsO/Thole Rn. 6). Zutreffenderweise kann ein insolvenzfestes Pfandrecht auch dann noch entstehen, wenn die gesicherte Forderung erst nach Verfahrenseröffnung entsteht. Das folgt aus dem Regelungszweck des § 1204 Abs. 2 BGB (MüKoInsO/Ganter Vor §§ 49–52 Rn. 35) und aus der Überlegung, „ob das Recht aus dem Vermögen des Schuldners bereits zum Zeitpunkt der Insolvenzeröffnung ausgeschieden war, sodass für ihn keine Möglichkeit mehr bestand, es aufgrund alleiniger Entscheidung wieder zurückzuerlangen" (BGH NZI 2008, 371). Nach dem Sinn und Zweck des § 1204 Abs. 2 BGB soll es gerade möglich sein, schon vor Bestehen der Hauptforderung ein Sicherungsrecht zur Absicherung eines eventuellen Ausfalls zu erwerben; es wäre widersinnig, das Entstehen des Sicherungsrechts gerade in Fällen auszuschließen, in denen es seinen größten Nutzen entfaltet, nämlich in der Insolvenz des Sicherungsgebers. Wenn also die 5 gesicherte Forderung nach Verfahrenseröffnung entsteht, ohne dass der Insolvenzschuldner oder Insolvenzverwalter das verhindern könnten, dann ist der Insolvenzmasse der Pfandgegenstand schon bei Verfahrenseröffnung und damit insolvenzfest entzogen.

C. Die einzelnen Absonderungsrechte des § 50

I. Vertragliche Pfandrechte

1. Allgemeines

6 Hinsichtlich der Voraussetzungen der Entstehung eines Pfandrechts wird auf die Vorschriften des BGB verwiesen (BeckOK BGB/Schärtl BGB § 1205 Rn. 1 ff.). Die unter § 50 fallenden vertraglichen Pfandrechte sind grundsätzlich akzessorisch zur gesicherten Hauptforderung (§ 1252 BGB), sodass ein aufgrund eines vertraglichen Pfandrechts gem. § 50 absonderungsberechtigter Gläubiger immer auch Insolvenzgläubiger ist und § 52 zu beachten ist (→ § 52 Rn. 1).

2. Besonderheiten beim Pfandrecht gem. AGB-Banken bzw. AGB-Sparkassen

7 Die Allgemeinen Geschäftsbedingungen der Banken und Sparkassen sehen ein Pfandrecht an allen Wertpapieren, Sachen und Forderungen des Kunden vor, an denen die Bank oder Sparkasse Besitz erlangt. Erfasst davon ist insbesondere die Forderung des Kunden gegen die Bank (= Kontoguthaben). Ausgenommen sind nur Vermögenswerte, deren besondere Zweckbestimmung der Bank oder Sparkasse bekannt ist (etwa solche auf Treuhandkonten, Baugeld uÄ). Konkurriert ein AGB-Banken- oder AGB-Sparkassenpfandrecht mit einem anderen (vertraglichen oder Pfändungs-)Pfandrecht, hat keines der beiden Pfandrechte generell Vorrang; es gilt der Grundsatz der Priorität (MüKoInsO/Ganter Rn. 53).

II. Pfändungspfandrechte

1. Allgemeines

8 Hinsichtlich der Voraussetzungen der Entstehung von Pfändungspfandrechten wird auf die grundlegenden Vorschriften und Kommentierungen der ZPO verwiesen (BeckOK ZPO/Uhl ZPO § 808 Rn. 19–28). Ein wirksames Pfändungspfandrecht (auch durch Anschlusspfändung, § 826 ZPO) gewährt grundsätzlich ein Absonderungsrecht und zwar nicht nur für die titulierte Hauptforderung, sondern auch für die Kosten der Vollstreckung und die laufenden Zinsen (MüKoInsO/Ganter Rn. 80). Eine eventuelle Überpfändung führt nicht zu automatischer (Teil-)Unwirksamkeit des Pfandrechts.

9 Das Pfandrecht ist jedoch **nicht wirksam,** wenn es **nach Insolvenzeröffnung** (§ 89), **nach der Anordnung** entsprechender **vorläufiger Maßnahmen** (§ 21 Abs. 2 S. 1 Nr. 2 und Nr. 3) oder binnen eines Monats vor Insolvenzantragstellung (§ 88, sog. **Rückschlagsperre**) entsteht (wobei die Rückschlagsperre allerdings nicht die Verstrickungswirkung des Pfandrechts beseitigt, BGH BeckRS 2017, 127390).

10 Wegen **Masseverbindlichkeiten** kann grundsätzlich (Ausnahme: wegen sog. oktroyierter Masseverbindlichkeiten in den ersten sechs Monaten des Verfahrens, § 90, und nach Anzeige einer Masseunzulänglichkeit, § 210) auch nach Insolvenzeröffnung vollstreckt und deshalb grundsätzlich auch ein Pfändungspfandrecht erworben werden (Umkehrschluss aus § 90; MüKoInsO/Ganter Rn. 77). Auch ein solches Pfändungspfandrecht für Masseverbindlichkeiten begründet ein Recht zur abgesonderten Befriedigung (→ § 49 Rn. 15a).

11 Eine bloße **Arrestpfändung** gewährt noch kein Absonderungsrecht (MüKoInsO/Ganter Rn. 66a). Ein Absonderungsrecht besteht erst dann, wenn die gesicherte Forderung vollstreckbar oder rechtskräftig tituliert ist; dazu ist auch die Feststellung zur Insolvenztabelle ausreichend (§ 178 Abs. 3). Der Frage, ob eine Arrestpfändung selbst dann wirksam sei, wenn die Pfändung vor Insolvenzeröffnung vollzogen, der Arrestbefehl aber erst nach Insolvenzeröffnung zugestellt wird (bejahend MüKoInsO/Ganter Rn. 77a), dürfte vor dem Hintergrund, dass die Zustellung des Arrestbefehls gem. § 929 Abs. 3 S. 2 ZPO bzw. § 324 Abs. 2 S. 2 AO spätestens eine Woche nach Vollzug bewirkt sein muss und binnen eines Monats vor Insolvenzantragstellung vollzogene Pfändungen unwirksam sind (§ 88) kaum praktische Relevanz zukommen. Allerdings ist es für das Entstehen eines Absonderungsrechtes nach diesem Gedanken unschädlich bzw. das Sicherungsrecht nicht gem. § 88 angreifbar, wenn die Pfändung außerhalb des Monatszeitraums vor Insol-

venzantragstellung vollzogen, der Arrestbefehl aber erst innerhalb des Monatszeitraums vor Insolvenzantragstellung zugestellt wird.

Eine **Vorpfändung** (§ 845 ZPO) gewährt ebenfalls kein Absonderungsrecht. Die Vorpfändung hat nur dann die Wirkungen einer Arrestpfändung, wenn der Vorpfändung binnen eines Monats eine (Haupt-) Pfändung nachfolgt (§ 845 Abs. 2 ZPO). Diese Hauptpfändung kann jedoch ab einem Monat vor Insolvenzantragstellung nicht mehr wirksam erfolgen, §§ 88, 91 (MüKoInsO/Ganter Rn. 66a). Auch eine sog. **Hilfspfändung** (gestattet durch § 106 GVGA – Geschäftsanweisung für Gerichtsvollzieher) gewährt kein Absonderungsrecht. 12

2. Exkurs: Beschlagnahme/Vermögensarrest nach der StPO

Die **strafrechtliche Rückgewinnungshilfe** wurde mit Wirkung zum 1.7.2017 **grundlegend reformiert.** Der Gesetzgeber hatte hinsichtlich dieses strafprozessualen Instrumentariums ein Vollzugsdefizit ausgemacht, das seinen Grund wohl in der hohen Komplexität der Vorschriften über den Verfall, die Einziehung und die strafrechtliche Rückgewinnungshilfe hatte (BT-Drs. 18/9525, 45). Ziel der Reform war es, die wirksame Abschöpfung strafrechtswidrig erlangter Vermögenswerte zu gewährleisten. Das alte System der strafrechtlichen Rückgewinnungshilfe, das lediglich eine Sicherung von Ansprüchen Geschädigter ermöglichte, die diese Ansprüche jedoch selbstständig durchsetzen mussten, wurde durch ein in weiten Teilen neues System ersetzt (vertiefend Köllner/Mück NZI 2017, 593 (599); Trüg NJW 2017, 1913; Blankenburg ZInsO 2017, 1453). 12a

In Fällen, in denen konkrete Gegenstände eines straffälligen Schuldners der Einziehung (§ 73 StGB) unterliegen können, können diese Gegenstände auf Anordnung des Strafgerichts (§ 111j StPO) und durch Vollzug durch die Staatsanwaltschaft (§ 111k StPO) durch **Beschlagnahme** sichergestellt werden (§ 111b Abs. 1 StPO). Die Beschlagnahme erfolgt durch Ingewahrsamnahme oder Anbringung eines Siegels (§ 111c Abs. 1 StPO), im Fall der Beschlagnahme einer Forderung durch Pfändung (§ 111c Abs. 2 StPO). Die Beschlagnahme **bewirkt ein Veräußerungsverbot** (§ 111d Abs. 1 S. 1 StPO iVm §§ 136, 135 BGB), das **nicht durch Eröffnung des Insolvenzverfahrens** über das Vermögen des straffälligen Schuldners **wirkungslos** wird und auch nicht angefochten werden kann (§ 111d Abs. 1 S. 2 StPO; zur alten Rechtslage BGH NZI 2007, 450 Rn. 12; Bittmann ZInsO 2014, 2024 (2027)). Diese Regelung wird in der Literatur zu Recht kritisiert, weil sie die Insolvenzmasse vermindert und bestimmte Gläubiger – nämlich die durch die Straftat verletzten – bevorzugt (Köllner/Mück NZI 2017, 593 (599)). 13

Aufgrund des Veräußerungsverbots ist der Insolvenzverwalter nicht befugt, den beschlagnahmten Gegenstand zu verwerten. Durch die spätere **Einziehungsanordnung** geht das **Eigentum** an der Sache oder das Recht **auf den Staat** über (§ 75 Abs. 1 StGB), wobei aber Rechte Dritter an dem Gegenstand bestehen bleiben (§ 75 Abs. 2 StGB). Auch wenn zum Zeitpunkt der Einziehungsanordnung bereits ein Insolvenzverfahren über das Vermögen des straffälligen Schuldners eröffnet war, so **steht § 91** diesem Rechtserwerb **nicht entgegen,** wenn vor Eröffnung die Beschlagnahme gem. § 111d StPO vollzogen war (§ 75 Abs. 4 StGB). Es entsteht dadurch ein **Aussonderungsrecht des Staates,** der den Gegenstand zur Befriedigung der Verletzten zu verwenden hat, § 459h StPO. 13a

Von der Beschlagnahme zu unterscheiden ist der **Vermögensarrest,** der sich nicht auf spezifische aus der Straftat erlangte Gegenstände beschränkt, sondern der **Wertersatzeinziehung** dient. Der Vermögensarrest wird ebenfalls durch das Strafgericht angeordnet (§ 111j StPO) und durch die Staatsanwaltschaft vollzogen (§ 111k StPO); er erfolgt **durch Pfändung** (§ 111f Abs. 1 StPO), welche ein **Absonderungsrecht des Staates** bewirkt. Das Pfändungspfandrecht des Staates hindert die Entstehung weiterer Pfändungspfandrechte anderer Gläubiger (§ 111h Abs. 2 S. 1 StPO), wobei der Fiskus aber durch § 111h Abs. 2 S. 2 StPO privilegiert wird (zu Recht krit. dazu Blankenburg ZInsO 2017, 1453 (1457)). 14

Auch die Vollziehung des Vermögensarrests kann ein **Veräußerungsverbot** bewirken (§ 111h Abs. 1 S. 1 StPO), das durch Eröffnung des Insolvenzverfahrens ebenfalls nicht per se wirkungslos wird (§ 111h Abs. 1 S. 2 StPO iVm § 80 Abs. 2 S. 2); es unterliegt aber ebenso wie die Wirkung der Pfändung der **Rückschlagsperre** des § 88 und kann **ggf. anfechtbar** sein. Das durch den Vermögensarrest erlangte Sicherungsrecht (Pfandrecht) erlischt im Falle der Eröffnung eines Insolvenzverfahrens nur dann, wenn mindestens ein Verletzter einer Erwerbstat iSv § 73 StGB Herausgabe- oder Ersatzansprüche gegen den straffälligen Schuldner hat und der gepfändete Gegenstand dem Insolvenzbeschlag unterfällt (§ 111i Abs. 1 StPO). Auch die mit dem Sicherungsrecht belegten Vermögenswerte sollen dann allen Gläubigern, vor allem aber auch den Geschädigten der Straftat, zur Befriedigung dienen. Ist durch die Straftat ausschließlich die Allgemeinheit geschädigt, bleibt 14a

InsO § 50   Zweiter Teil. Eröffnung des Insolvenzverfahrens

es in der Insolvenz des Täter bei einem insolvenzfesten Sicherungsrecht, damit der Täter seine allgemeinen Gläubiger nicht mit Mitteln befriedigt, die er rechtswidrig erlangt hat (BT-Drs. 18/9525, 79). Andernfalls würde der straffällige Schuldner von den Folgen seiner Tat profitieren.

15   Reicht das durch Vermögensarrest gesicherte Vermögen nicht aus, die Ansprüche sämtlicher Verletzter zu befriedigen, so kann die **Staatsanwaltschaft** einen **Antrag auf Eröffnung eines Insolvenzverfahrens** über das Vermögen des straffälligen Schuldners stellen, wenn die Eröffnung eines Insolvenzverfahrens hinreichend wahrscheinlich erscheint (§ 111i Abs. 2 StPO). Verbleibt bei der Schlussverteilung eines solchen Insolvenzverfahrens ein **Überschuss, fällt** dieser **dem Staat** zu, indem ein **gesetzliches Pfandrecht** begründet wird (§ 111i Abs. 3 StPO). Dieser Mechanismus ersetzt das frühere komplizierte Verfahren des Auffangerwerbs gem. § 111i Abs. 5 StPO aF.

16   Ein strafprozessualer Vermögensarrest wegen Vermögensstrafen oder Kosten des Strafverfahrens zugunsten des Fiskus kann erst erwirkt werden, wenn der straffällige Schuldner bereits verurteilt wurde (§ 111e Abs. 2 StPO).

III. Gesetzliche Pfandrechte

1. Vermieter-/Verpächterpfandrecht

17   Das Vermieter-/Verpächterpfandrecht (§§ 562, 581 Abs. 2, 592 BGB) entsteht mit Einbringen einer Sache (§ 90 BGB) in einen Miet- bzw. Pachtraum, ggf. auch für künftig entstehende Forderungen aus dem Mietverhältnis. Voraussetzungen sind nur ein bestehendes Miet- bzw. Pachtverhältnis, das Einbringen einer Sache in den Miet- bzw. Pachtraum und Eigentum des Mieters an dieser Sache (ansonsten kann ggf. ein Pfandrecht an einem Anwartschaftsrecht des Mieters entstehen). Durch das Pfandrecht gesichert werden nur Forderungen aus dem Miet- bzw. Pachtverhältnis, dies wiederum in zeitlicher Hinsicht eingeschränkt durch § 562 Abs. 2 BGB (nicht gesichert werden demnach künftige Entschädigungsforderungen und Mietforderungen für eine spätere Zeit als das laufende und das folgende Mietjahr). Das Vermieterpfandrecht hat **Vorrang vor einer etwaigen Raumsicherungsübereignung** (BGH NZI 2004, 209). Zu Einzelheiten betreffend die zivilrechtlichen Voraussetzungen des Entstehens eines Vermieter-/Verpächterpfandrechts siehe (BeckOK BGB/Wiederhold BGB § 562 Rn. 9).

18   Das Pfandrecht erlischt durch die Entfernung der Pfandsache aus dem Miet- bzw. Pachtraum, wenn dies im üblichen Geschäftsgang erfolgt oder die zurückbleibenden Sachen genügende Sicherheit bieten (§ 562a BGB). Es erlischt insbesondere auch dann, wenn die Pfandsache auch nur vorübergehend aus dem Miet- oder Pachtraum entfernt wird (BGH NZI 2018, 174 Rn. 17 für Fahrzeuge des Mieters). Andernfalls kommt es darauf an, ob der Vermieter der Entfernung widersprochen hat oder über die Entfernung in Unkenntnis war. Hat er widersprochen oder war er in Unkenntnis und wird die in § 562b Abs. 2 BGB festgelegte Verfolgungsfrist gewahrt, erlischt das Pfandrecht trotz Entfernung nicht; die Verfolgungsfrist läuft ggf. auch nach Insolvenzeröffnung weiter (Jaeger/Henckel Rn. 53; MüKoInsO/Ganter Rn. 102a). Hat der Insolvenzverwalter den Gegenstand in Besitz genommen, soll eine klageweise Geltendmachung gem. § 562b Abs. 2 S. 2 BGB jedoch nicht erforderlich sein (MüKoInsO/Ganter Rn. 102a). Auch die **Entfernung durch einen (vorläufigen) Insolvenzverwalter** kann grundsätzlich im üblichen Geschäftsgang erfolgen, etwa wenn der Geschäftsbetrieb fortgeführt wird. Erfolgt die Entfernung durch einen (vorläufigen) Insolvenzverwalter jedoch im Rahmen eines **Räumungsverkaufs**, so geschieht dies regelmäßig nicht mehr im üblichen Geschäftsgang (MüKoInsO/Ganter Rn. 99a, 101), sodass eine Entfernung der Sache in diesen Fällen nur dann zum Erlöschen des Pfandrechts führt, wenn der Vermieter davon Kenntnis hatte und nicht widersprochen hat. Da der Vermieter bei solchermaßen unberechtigter Beeinträchtigung ein Pfandrecht behält, dürfte eine analoge Anwendung des § 48 (Ersatzabsonderungsrecht) mangels Regelungslücke insoweit nicht in Betracht kommen (zu Einzelheiten betreffend die zivilrechtlichen Voraussetzungen des Erlöschens eines Vermieter-/Verpächterpfandrechts s. BeckOK BGB/Wiederhold BGB § 562a Rn. 3–11).

19   Ein Vermieter-/Verpächterpfandrecht an **Sachen, die vor Insolvenzeröffnung in die Mietbzw. Pachträumlichkeiten eingebracht** (also körperlich in die Miet- bzw. Pachträume geschafft) wurden, ist in der Regel insolvenzfest, aber bei Vorliegen der tatbestandlichen Voraussetzungen ggf. anfechtbar nach den §§ 129 ff. Die Beschränkung der Verfügungsmacht des Schuldners **während einer vorläufigen starken oder vorläufig schwachen Insolvenzverwaltung mit Zustimmungsvorbehalt** hindert ggf. die pfandrechtsbegründende Einbringung einer Sache durch den Schuldner (MüKoInsO/Ganter Rn. 86). Dem Entstehen eines Pfandrechts an **Sachen, die erst nach Insolvenzeröffnung durch den Schuldner eingebracht werden,** steht § 91

entgegen, soweit dadurch Insolvenzforderungen gesichert würden (Jaeger/Henckel Rn. 39; MüKoInsO/Ganter Rn. 86b; Uhlenbruck/Brinkmann Rn. 25); das gilt auch im Falle einer angeordneten Eigenverwaltung bei **Einbringen durch den eigenverwaltenden Schuldner** (MüKoInsO/Ganter Rn. 86b). Auch, wenn die Pfandsachen vor Insolvenzeröffnung lediglich vorübergehend aus dem Miet- oder Pachtraum entfernt wurden und nach Insolvenzeröffnung bestimmungsgemäß wieder in den Miet- oder Pachtraum verbracht werden, liegt der Entstehungszeitpunkt des Vermieterpfandrechts nach Insolvenzeröffnung (BGH NZI 2018, 174). Nach Eröffnung durch den Insolvenzverwalter eingebrachte Sachen können allenfalls die zugunsten des Vermieters bzw. Verpächters entstehenden Masseverbindlichkeiten aus dem Mietverhältnis sichern (Jaeger/Henckel Rn. 39).

Das **Vermieter-/Verpächterpfandrecht** wird außerdem – über die zivilrechtliche Einschränkung des § 562 Abs. 2 BGB hinaus – in der Insolvenz **in zeitlicher und sachlicher Hinsicht** weiter **eingeschränkt**. § 50 Abs. 2 S. 1 schließt ein Absonderungsrecht wegen Forderungen des Vermieters bzw. Verpächters aus, die auf Zeiträume entfallen, die länger als zwölf Monate vor Insolvenzeröffnung liegen; diese Einschränkung gilt allerdings in Pachtverhältnissen über landwirtschaftliche Grundstücke nicht (§ 50 Abs. 2 S. 2). Nach dem Wortlaut der Vorschrift kommt es (ebenso wie bei § 562 Abs. 2 BGB) auf die Fälligkeit der Forderungen nicht an, sondern allein darauf, in welchen Zeitraum der Miet- bzw. Pachtzeitraum fällt, für den die Forderungen entstehen; ggf. ist eine Forderung zeitanteilig aufzuteilen. Nach § 50 Abs. 2 S. 1 ebenfalls nicht zur Absonderung berechtigen Forderungen wegen der Entschädigung, die wegen der Kündigung des Vertragsverhältnisses durch den Insolvenzverwalter (§ 109 Abs. 1) zu zahlen ist, sog. Nichterfüllungsschaden. 20

Werden durch ein Vermieterpfandrecht sowohl Insolvenzforderungen als auch Masseverbindlichkeiten gesichert, so steht dem Insolvenzverwalter hinsichtlich eines **Erlöses aus der Verwertung** der Pfandgegenstände **kein Tilgungsbestimmungsrecht** zu; der Insolvenzverwalter kann also die Zahlung an den absonderungsberechtigten Vermieter nicht vorrangig auf die nach Verfahrenseröffnung aufgelaufenen Masseverbindlichkeiten allokieren (BGH NZI 2014, 1044). Der BGH zieht insofern eine Parallele zum Vollstreckungsschuldner, dem ein Tilgungsbestimmungsrecht gem. § 366 Abs. 1 BGB ebenfalls nicht zusteht; es gilt daher die Tilgungsreihenfolge des § 366 Abs. 2 BGB mit der Folge, dass zunächst die Insolvenzforderungen als diejenigen, die dem Gläubiger geringere Sicherheit bieten, aus dem Erlös befriedigt werden. 21

2. Sonstige gesetzliche Pfandrechte

Werkunternehmerpfandrecht: Für Forderungen aus einem Werkvertrag hat der Werkunternehmer ein Pfandrecht an den zum Zwecke der Ausführung der Werkleistung in seinen Besitz gelangten Gegenständen des Bestellers (§ 647 BGB). Es gilt jeweils nur für die Forderung aus dem konkreten Werkauftrag, zu dessen Ausführung die Gegenstände dem Werkunternehmer übergeben wurden, nicht für etwaige aus früheren Werkverträgen resultierende Forderungen. Das Werkunternehmerpfandrecht geht einem etwaigen Eigentumsübergang der hergestellten Sache an einen Vorbehaltsverkäufer im Rahmen einer Verarbeitungsklausel vor (MüKoInsO/Ganter Rn. 105). 22

Pfandrecht des Beherbergungsgastwirts: Der Gastwirt hat für seine Forderungen aus der Beherbergung und aus damit einhergehenden Leistungen ein Pfandrecht an den eingebrachten Sachen des Gastes (§ 704 BGB). Die Vorschriften über das Vermieterpfandrecht finden größtenteils entsprechende Anwendung (zu Einzelheiten betreffend die zivilrechtlichen Voraussetzungen des Pfandrechts des Beherbergungsgastwirts s. BeckOK BGB/Gehrlein BGB § 704 Rn. 1–2). 23

Pfandrecht des Kommissionärs: Der Kommissionär erwirbt für Forderungen gegen den Kommittenten wegen Verwendungen auf das Kommissionsgut ein Pfandrecht an eben diesem dem Kommittenten gehörenden Kommissionsgut (§ 397 HGB). Gehört das Kommissionsgut nicht dem Kommittenten, sondern dem Kommissionär (etwa bei der Einkaufskommission), so steht dem Kommissionär aus dem Kommissionsgut ein dem Pfandrecht ähnliches Befriedigungsrecht zu (§ 398 HGB). Auch dieses gewährt in der Insolvenz nur ein Absonderungs-, jedoch kein Aussonderungsrecht (MüKoInsO/Ganter Rn. 108; zu Einzelheiten betreffend die zivilrechtlichen Voraussetzungen des Pfandrechts des Kommissionärs s. BeckOK HGB/Baer HGB § 397 Rn. 5–11). 24

Weitere gesetzliche Pfandrechte sind: Pfandrecht des Begünstigten einer Sicherheitshinterlegung (§ 233 BGB, BeckOK BGB/Dennhardt BGB § 233 Rn. 5); Pfandrecht des Frachtführers (§ 440 HGB, BeckOK HGB/M. Kirchhof HGB § 440 Rn. 1 ff.), des Spediteurs (§ 464 HGB, BeckOK HGB/Spieker/Schönfleisch HGB § 464 Rn. 1 ff.); Pfandrecht des Lagerhalters (§ 475b HGB, BeckOK HGB/Giermann HGB § 475b Rn. 1 ff.). 25

26 Die **Hinterlegung nach § 116 Abs. 1 Nr. 4, § 116a StPO** führt, kommt es zum Verfall (§ 124 StPO), zu einem Eigentumserwerb des Staates an der hinterlegten Sache und damit zu einem Aussonderungsrecht (MüKoInsO/Ganter Rn. 107a).

26a Um ein gesetzliches Pfandrecht handelt es sich nach der Rechtsprechung des BGH auch bei **§ 110 VVG** (BGH NZI 2014, 998 Rn. 7; 2009, 380). Eine Pfändung des Freistellungsanspruchs durch den Absonderungsberechtigten kommt neben dem gesetzlichen Pfandrecht nicht in Betracht (BGH NZI 2014, 998). Die Feststellung des Haftpflichtanspruchs gegen den Insolvenzschuldner mit Feststellungswirkung auch gegenüber dem Versicherer erfolgt entweder im Wege des insolvenzrechtlichen Anmeldungs- und Prüfungsverfahrens, ggf. mit anschließender Forderungsfeststellungsklage nach § 179 Abs. 1, oder durch Zahlungsklage gegen den Insolvenzverwalter (oder den Insolvenzschuldner nach Freigabe des Freistellungsanspruchs), die allerdings auf Leistung aus dem Versicherungsanspruch beschränkt sein muss (BGH NZI 2013, 886; 2016, 603).

D. Verfahren

27 Hinsichtlich der Realisierung und Durchsetzung von Absonderungsrechten in der Insolvenz ist auf die allgemeinen Ausführungen zu den Absonderungsrechten (→ § 49 Rn. 13; → § 49 Rn. 15; → § 49 Rn. 22) und zur Verwertung beweglicher Gegenstände und Rechte (→ § 165 Rn. 1) zu verweisen.

§ 51 Sonstige Absonderungsberechtigte

Den in § 50 genannten Gläubigern stehen gleich:
1. **Gläubiger, denen der Schuldner zur Sicherung eines Anspruchs eine bewegliche Sache übereignet oder ein Recht übertragen hat;**
2. **Gläubiger, denen ein Zurückbehaltungsrecht an einer Sache zusteht, weil sie etwas zum Nutzen der Sache verwendet haben, soweit ihre Forderung aus der Verwendung den noch vorhandenen Vorteil nicht übersteigt;**
3. **Gläubiger, denen nach dem Handelsgesetzbuch ein Zurückbehaltungsrecht zusteht;**
4. **Bund, Länder, Gemeinden und Gemeindeverbände, soweit ihnen zoll- und steuerpflichtige Sachen nach gesetzlichen Vorschriften als Sicherheit für öffentliche Abgaben dienen.**

Überblick

Gemäß § 51 werden die Inhaber bestimmter Rechte den Absonderungsberechtigten gem. § 50 gleichgestellt. § 51 gilt nur in der Insolvenz des Sicherungsgebers bzw. des Eigentümers einer Sache, die einem Zurückbehaltungsrecht unterliegt. Im umgekehrten Fall der Insolvenz des Sicherungsnehmers kann ggf. der Sicherungsgeber und in der Insolvenz des Besitzers ggf. der Eigentümer der zurückbehaltenen Sache Aussonderung verlangen, wenn das Sicherungs- bzw. Zurückbehaltungsrecht abgelöst wird.

A. Sicherungsübertragung

I. Allgemeines

1 Der **Sicherungseigentümer** oder der **Inhaber** einer ihm **sicherungshalber abgetretenen Forderung** ist rechtlich Volleigentümer des Gegenstands bzw. Inhaber der Forderung bzw. zumindest Inhaber eines ggf. bestehenden Anwartschaftsrechts (K. Schmidt InsO/Thole Rn. 9). Trotz seiner formalen Rechtsstellung kann der Sicherungsnehmer jedoch **nicht** gem. § 47 **Aussonderung** verlangen, **sondern** gem. § 51 Nr. 1 **nur abgesonderte Befriedigung.** Das war bereits unter Geltung der KO herrschende Ansicht, aber nicht gesetzlich normiert (K. Schmidt InsO/Thole Rn. 1).

2 Diese Einordnung der Sicherungsübertragung mutet seltsam an, weil sie prima facie in Widerspruch zur sonstigen Systematik der Aus- und Absonderungsrechte (so auch MüKoInsO/Ganter Rn. 4) sowie zur Behandlung der Sicherungsübertragung außerhalb der Insolvenz (Drittwiderspruchsklage nach § 771 ZPO durch Sicherungsnehmer möglich, vgl. auch K. Schmidt InsO/Thole Rn. 4 und MüKoInsO/Ganter Rn. 4) steht. Tragende Rechtfertigung dieser Behandlung von Sicherungsübertragungen in der Insolvenz des Übertragenden ist der **wirtschaftliche Gehalt**

der **Sicherungsübertragung,** der hinter ihrem rechtlichen Gehalt zurückbleibt; der Übertragende soll nämlich weiterhin wirtschaftlicher Eigentümer (K. Schmidt InsO/Thole Rn. 2) der zur Sicherheit übertragenen Sache sein. Durch die den Sicherungsnehmer einschränkende schuldrechtliche Verknüpfung mit der gesicherten Forderung unterliegt dessen Eigentumsrecht Einschränkungen (insbesondere kann er eben nicht beliebig Herausgabe fordern, sondern allenfalls im Sicherungsfall), die eine entsprechende Einschränkung auch im Insolvenzfalle sachgerecht erscheinen lassen (zu weiteren Begründungsansätzen MüKoInsO/Ganter Rn. 5 ff.).

Bei der **Abtretung künftiger oder aufschiebend bedingter Forderungen** kann der Wirksamkeit der Zession § 91 entgegenstehen, wenn die abgetretene zukünftige oder bedingte Forderung erst nach Verfahrenseröffnung entsteht oder die Bedingung erst nach Verfahrenseröffnung eintritt; § 91 steht einem Erwerb der Forderung durch den Sicherungsnehmer nur dann nicht entgegen, wenn der Dritte bereits vor der Insolvenzeröffnung eine gesicherte Rechtsposition hinsichtlich der ihm abgetretenen oder verpfändeten Forderung erlangt hat (BGH NZI 2012, 17 Rn. 9; NZI 2010, 220 Rn. 18 ff.; NZI 2009, 599 Rn. 11, jeweils mwN; OLG Celle NZI 2010, 769; s. zum Pfandrecht an zukünftigen Forderungen mit dem gleichen Ergebnis → § 50 Rn. 1 ff.). 3

Das Absonderungsrecht nach § 50 Nr. 1 setzt eine dingliche Rechtsstellung voraus, eine nur schuldrechtliche (Mit-)Berechtigung ist nicht ausreichend (so etwa das **Mitglied eines Sicherheitenpools,** wenn die Sicherheiten nur durch ein Mitglied des Pools gehalten werden → § 49 Rn. 5b). 4

II. Einzelfälle

Die hM fasst die Fälle des sog. **unechten Factoring** unter § 51 Nr. 1 und gesteht dem Zessionar nur ein Absonderungsrecht zu. Nach hiesiger Ansicht steht dem Zessionar beim unechten Factoring jedoch ein Aussonderungsrecht zu (im Einzelnen → § 47 Rn. 101). 5

Bei Vereinbarung eines **verlängerten Eigentumsvorbehalts** will die hM unterscheiden: vor Eintritt des Verlängerungsfalls (also solange der Vorbehaltsgegenstand noch beim Schuldner vorhanden ist) soll der Vorbehaltslieferant ein Aussonderungsrecht haben. Nach Eintritt des Verlängerungsfalles soll der Vorbehaltslieferant hingegen nur noch zur abgesonderten Befriedigung berechtigt sein (Jaeger/Henckel Rn. 28). Letzteres ist unstreitig; nach hiesiger Ansicht soll ein Vorbehaltslieferant jedoch auch vor Eintritt des Verlängerungsfalls schon nur zur abgesonderten Befriedigung berechtigt sein. Denn schon durch die Vereinbarung der Verlängerungsklausel, also der Gestattung, dass der Vorbehaltskäufer über den Vorbehaltsgegenstand verfügen dürfen soll, bringt der Vorbehaltslieferant ein mangelndes Sachinteresse an dem Vorbehaltsgegenstand zum Ausdruck (→ § 47 Rn. 39). 6

Die Ausführungen des vorstehenden Absatzes gelten für den **erweiterten Eigentumsvorbehalt** sowie für **Verarbeitungsklauseln** entsprechend (auch → § 47 Rn. 44). 7

Auch ein einfacher Eigentumsvorbehalt berechtigt nur zur abgesonderten Befriedigung, wenn der Eigentumsvorbehaltsverkäufer den Vorbehaltsgegenstand zur Sicherung eigener Verbindlichkeiten an einen Geldkreditgeber überträgt (sog. **übergeleiteter Eigentumsvorbehalt,** BGH NZI 2008, 357 Rn. 23 ff.; NZI 2014, 696 Rn. 15; → § 47 Rn. 36); denn für den Geldkreditgeber steht in diesen Fällen das Sachinteresse an dem Vorbehaltsgegenstand nicht mehr im Vordergrund. 8

B. Zurückbehaltungsrecht wegen Verwendungen

§ 51 Nr. 2 gewährt demjenigen, der auf Sachen des Insolvenzschuldners vor Insolvenzeröffnung **nützliche Verwendungen** gemacht hat und dem deshalb ein fälliger Verwendungsersatzanspruch und ein darauf basierendes **Zurückbehaltungsrecht** zusteht, ein Recht auf abgesonderte Befriedigung aus der Sache; die analoge Anwendung auf **andere Zurückbehaltungsrechte,** die nicht wegen Verwendungen auf eine Sache bestehen, ist ausgeschlossen (K. Schmidt InsO/Thole Rn. 31; → Rn. 11). Trotz des weiten Wortlauts ist die Vorschrift nur auf Zurückbehaltungsrechte an **beweglichen Gegenständen** anwendbar (BGH NZI 2003, 605 zu § 49 Abs. 1 Nr. 3 KO; Jaeger/Henckel Rn. 56); die abgesonderte Befriedigung aus unbeweglichen Sachen ist abschließend in § 49 geregelt und ein Befriedigungsrecht wegen eines Zurückbehaltungsrechts wegen Verwendungen auf unbewegliche Sachen kennt auch § 10 ZVG nicht (MüKoInsO/Ganter Rn. 221). **Unter § 51 Nr. 2 fallende Zurückbehaltungsrechte** (zu unterscheiden von dem jeweiligen einem solchen Zurückbehaltungsrecht zugrundeliegenden Verwendungsersatzanspruch) können hingegen sein: §§ 273 Abs. 2, 1000, 2022 BGB iVm § 1000 BGB. 9

Das Recht auf abgesonderte Befriedigung ist **beschränkt auf den Betrag,** um den die Verwendung den Wert der Sache erhöht. Erforderlich ist demnach, dass die Verwendung der Wert der 10

Sache auch noch in dem Zeitpunkt erhöht, in dem das Absonderungsrecht geltend gemacht wird (K. Schmidt InsO/Thole Rn. 30; MüKoInsO/Ganter Rn. 219).

11 § 51 Nr. 2 erfasst ausschließlich Zurückbehaltungsrechte wegen nützlicher Verwendungen auf bewegliche Sachen. Nicht erfasst werden vertragliche Zurückbehaltungsrechte sowie das Zurückbehaltungsrecht gem. § 273 Abs. 1 BGB, weil diese nicht auf Verwendungen auf eine Sache gründen (K. Schmidt InsO/Thole Rn. 28). Die Diskussionen um Zurückbehaltungsrechte von Steuerberatern, Rechtsanwälten etc werden unter anderen Aspekten als dem der abgesonderten Befriedigung geführt, weil es den zurückbehaltenden Steuerberatern und Rechtsanwälten nie um eine Befriedigung aus den zurückbehaltenen Unterlagen geht.

12 *[Derzeit nicht belegt]*

C. Zurückbehaltungsrecht gem. § 369 HGB

13 Ein Recht zur abgesonderten Befriedigung gem. § 51 Nr. 3 setzt gem. § 369 HGB ein **Zurückbehaltungsrecht** wegen einer **fälligen Forderung** aus **beiderseitigem Handelsgeschäft** an einer **beweglichen Sache** voraus; diese bewegliche Sache muss ebenfalls aufgrund eines Handelsgeschäfts in den **Besitz des Absonderungsberechtigten** gelangt sein. Dieses Zurückbehaltungsrecht muss vor Insolvenzeröffnung entstanden sein. Dabei ist es nicht ausreichend, wenn der Besitzer und vermeintlich Absonderungsberechtigte nur Scheinkaufmann ist, hinsichtlich des Insolvenzschuldners hingegen ist es ausreichend, wenn dieser nur Scheinkaufmann ist (MüKoInsO/Ganter Rn. 224). Hinsichtlich abgesonderter Befriedigung aus den HGB-Pfandrechten → § 50 Rn. 24 f.

14 Das handelsrechtliche Zurückbehaltungsrecht gewährt auch außerhalb der Insolvenz ein pfandrechtsähnliches Befriedigungsrecht (§ 371 HGB). Aufgrund dieses Verwertungsrechts steht dem gem. § 51 Nr. 3 zur abgesonderten Befriedigung Berechtigten auch in der Insolvenz ein **Verwertungsrecht gem. § 173** zu, obwohl der Insolvenzverwalter an dem zurückbehaltenen Gegenstand mittelbaren Besitz hat (BGH NZI 2011, 602 Rn. 31).

D. Sicherheiten für öffentliche Abgaben

15 § 51 Nr. 4 betrifft die sog. **Sachhaftung für öffentliche Abgaben.** Sofern eine solche Sachhaftung nach öffentlich-rechtlichen Vorschriften entstanden ist (etwa gem. § 76 AO), ist der jeweilige öffentlich-rechtliche Gläubiger in der Insolvenz des Abgabenschuldners zur abgesonderten Befriedigung aus der haftenden Sache berechtigt. Das Entstehen der Sachhaftung setzt nach öffentlich-rechtlichen Vorschriften nicht zwingend voraus, dass die gesicherte Abgabe schon entstanden ist (vgl. etwa § 76 Abs. 2 AO). Abgesonderte Befriedigung für eine **Abgabe, die vor Insolvenzeröffnung noch nicht entstanden** ist, ist jedoch gem. § 91 ausgeschlossen. Nach Abschaffung der Fiskusprivilegien können öffentlich-rechtliche Wertungen den Gläubigergleichbehandlungsgrundsatz im Insolvenzverfahren nicht mehr außer Kraft setzen. Eine Beschlagnahme der haftenden Sache vor Insolvenzeröffnung ist aber zur Begründung der Sachhaftung und damit des Rechts zur abgesonderten Befriedigung nicht erforderlich, hat also für das Absonderungsrecht keine Bedeutung. Deshalb soll eine Beschlagnahme auch nach Verfahrenseröffnung noch erfolgen können, wenn die Sachhaftung bereits vor Verfahrenseröffnung bestand und dadurch das Verwertungsrecht des Insolvenzverwalters nicht beeinträchtigt wird (MüKoInsO/Ganter Rn. 255). Die Sachhaftung gem. § 76 AO hat – mit Ausnahme der Pfandrechte von Schiffsgläubigern (§ 602 HGB) – **Vorrang vor allen anderen Absonderungsrechten** (Loose in Tipke/Kruse, AO/FGO Kommentar, AO § 76 Rn. 3; Jaeger/Henckel Rn. 60; Uhlenbruck/Brinkmann Rn. 58).

§ 52 Ausfall der Absonderungsberechtigten

¹Gläubiger, die abgesonderte Befriedigung beanspruchen können, sind Insolvenzgläubiger, soweit ihnen der Schuldner auch persönlich haftet. ²Sie sind zur anteilsmäßigen Befriedigung aus der Insolvenzmasse jedoch nur berechtigt, soweit sie auf eine abgesonderte Befriedigung verzichten oder bei ihr ausgefallen sind.

Überblick

§ 52 bestimmt, nach welchen Maßgaben gesicherte Gläubiger am Insolvenzverfahren teilnehmen, wenn die Sicherung nicht zur vollen Befriedigung ihrer Forderung ausreicht. Die maßgebliche Regelung enthält § 52 S. 2.

Übersicht

	Rn.		Rn.
A. Normzweck und Grundlagen	1	V. Folge von Verzicht und Ausfall	18
I. S. 1	1	VI. Schutz wechselseitiger Interessen	20a
II. S. 2	2	**C. Sonderfälle der Anwendung**	21
B. Anwendung des S. 2	4	I. Gleichzeitige Insolvenz des Nachlasses (oder Nachlassverwaltung) und Insolvenz des Erben	21
I. Sachlicher Anwendungsbereich	4		
II. Umsetzung im Verfahren	7	II. Gleichzeitige Insolvenz über das Gesamtgut einer fortgesetzten Gütergemeinschaft und Insolvenz des überlebenden Ehegatten	22
III. Bestimmung des Ausfalls	11		
IV. Verzicht	16		

A. Normzweck und Grundlagen

I. S. 1

§ 52 S. 1 hat **lediglich deklaratorische Bedeutung.** Sein Regelungsgehalt geht über den des § 38 nicht hinaus: wer eine persönliche Forderung gegen den Insolvenzschuldner hat, ist im vollen Umfang seiner persönlichen Forderungen (und nicht nur in Höhe eines etwaigen Ausfalls, BGH NZI 2006, 403 Rn. 13) Insolvenzgläubiger; daran ändert auch ein bestehendes Absonderungsrecht nichts. Ein Absonderungsrecht setzt jedoch nicht das Bestehen auch einer Insolvenzforderung voraus; vielmehr sind Konstellationen denkbar, in denen sich der Umfang des Sicherungsrechts und der des gesicherten persönlichen Rechts nicht decken oder gar völlig auseinanderfallen (so zB, wenn der Insolvenzschuldner eine Verbindlichkeit eines Dritten besichert hat). 1

II. S. 2

§ 52 S. 2 schränkt jedoch die Teilnahme von gesicherten Gläubigern an der Verteilung der Insolvenzmasse ein: Sie dürfen nach teilweiser Befriedigung aus dem Sicherungsrecht nicht etwa bis zu ihrer vollständigen Befriedigung mit ihrer vollen persönlichen Forderung als Insolvenzgläubiger am Verfahren teilnehmen (wie das etwa bei Gläubigern der Fall ist, die durch Mithaftung einer anderen Person gesichert sind, § 43). Vielmehr ist ihre weitere Teilnahme auf den Betrag beschränkt, mit dem sie bei der Befriedigung aus dem Sicherungsrecht ausgefallen sind. S. 2 entspricht somit von seinem Regelungsgedanken § 777 ZPO in der Einzelzwangsvollstreckung (Erinnerung bei genügender Sicherung des Vollstreckungsgläubigers; MüKoInsO/Ganter Rn. 2) und ergänzt diesen Regelungsgedanken – soweit der Gläubiger mit der Sicherheit ausfällt – um den Grundsatz par conditio creditorum (Jaeger InsO/Henckel Rn. 2). Im Zusammenspiel mit § 190 regelt § 52 S. 2 einen **materiellen und verfahrenstechnischen Vorrang der Sachhaftung** von Gegenständen der Insolvenzmasse vor der persönlichen Haftung des Insolvenzschuldners. 2

Vordringlicher Zweck von § 52 S. 2 ist es, eine **Doppelbelastung der Masse zu verhindern**; soweit der Gläubiger gesichert ist, wird er voll befriedigt, soweit er nicht mehr gesichert ist, gilt auch für ihn der Grundsatz gleichmäßiger Gläubigerbefriedigung. Dieser Grundsatz würde ausgehöhlt, wenn der Gläubiger trotz teilweiser Befriedigung aus der Sicherheit mit seiner vollen Forderung an der Verteilung teilnehmen dürfte. Dass die Vermeidung der Doppelbelastung im Vordergrund steht, zeigt sich auch daran, dass ein durch eine Drittsicherheit (Sach- oder Personalsicherheit) gesicherter Gläubiger seine Insolvenzforderung in der Regel unbeschränkt verfolgen kann (für Dritt-Personalsicherheiten explizit § 43, der im Fall von Dritt-Sachsicherheiten analog anzuwenden ist, → § 43 Rn. 17). 3

Nur im Falle der (Dritt-)**Sicherheit durch einen Gesellschafter** wird dies nach Art des § 52 S. 2 durch § 44a zulasten des gesicherten Gläubigers wieder eingeschränkt; ein durch einen Gesellschafter gesicherter Gläubiger nimmt nur in Höhe seines Ausfalls bei der Gesellschaftersicherheit an der Verteilung teil (BGH NZI 2012, 860 Rn. 13; anders → § 44a Rn. 14 und HmbKommInsR/Lüdtke § 44a Rn. 19 mwN). Auch hinter dieser Erstreckung des Ausfallprinzips auf gesellschafterbesicherte Forderungen steht der Gedanke der Vermeidung einer Doppelbelastung: Zwar handelt es sich beim Gesellschafts- und Gesellschaftervermögen um getrennte Haftungsmassen (→ § 44a Rn. 14). Da allerdings das Gesellschaftervermögen in der Insolvenz der Gesellschaft in vielen Fällen ebenfalls umfangreicher Haftung ausgesetzt sein kann (etwa § 135 3a

Abs. 2 iVm § 143 Abs. 3), sind auch materielle Einschränkungen zulasten von Gläubigern mit Ansprüchen gegen die Gesellschafter legitim und notwendig.

B. Anwendung des S. 2

I. Sachlicher Anwendungsbereich

4   Voraussetzung der Anwendung des § 52 S. 2 ist zunächst, dass ein absonderungsberechtigter Gläubiger **Inhaber einer persönlichen Forderung gegen den Insolvenzschuldner** ist. Deshalb gilt § 52 S. 2 **nicht,** wenn die Sicherheit für eine **Masseverbindlichkeit** besteht (HK-InsO/Lohmann Rn. 2; Jaeger/Henckel Rn. 7). Er gilt hingegen **auch** für das Verhältnis zwischen Sicherheit und einer gesicherten **nachrangigen Forderung** (K. Schmidt InsO/Thole Rn. 3; BGH NJW 2008, 3064; Bloß/Zugelder NZG 2011, 332). Wenn ein Sicherungsrecht zur Befriedigung einer nachrangigen Forderung herangezogen werden kann (also jedenfalls für gem. § 39 Abs. 1 Nr. 1 und Nr. 2 nachrangige Forderungen; zur Diskussion über Absonderungsrechte für Gesellschafterdarlehen gem. § 39 Abs. 1 Nr. 5 → § 49 Rn. 16), wäre die Nachrangforderung ebenfalls nur „für den Ausfall" festzustellen; vor einer potenziellen Verteilung wäre der Ausfall des betroffenen Nachranggläubigers gem. § 190 festzustellen.

5   Außerdem ist Voraussetzung der Anwendung des § 52 S. 2, dass es sich bei dem **Sicherungsgegenstand** um einen **Gegenstand der Insolvenzmasse** handelt. § 52 S. 2 findet deshalb keine Anwendung, wenn das Sicherungsrecht an dem Vermögen eines Dritten (dann § 43 analog, HK-InsO/Lohmann Rn. 3; → Rn. 3a) oder an einem zwar dem Insolvenzschuldner gehörenden, aber **unpfändbaren Gegenstand** (§ 36) besteht (HK-InsO/Lohmann Rn. 2). § 52 S. 2 bleibt aber anwendbar, wenn der Sicherungsgegenstand **aus der Insolvenzmasse freigegeben** wird (BGH NZI 2009, 380 Rn. 9).

6   Unter Heranziehung einer Entscheidung des Reichsgerichts (Urt. v. 19.12.1904 – Rep. VI. 241/04 = RGZ 59, 367) wird in der Literatur richtigerweise darauf hingewiesen, dass § 52 S. 2 nicht anwendbar ist, wenn der absonderungsberechtigte Gläubiger aus einem **Sicherungsgegenstand** befriedigt wird, den der Insolvenzverwalter **erst nach Verfahrenseröffnung für die Masse erworben** hat. Das ist wegen § 91 nur in Ausnahmefällen denkbar, etwa dann, wenn der Gegenstand, der nach Verfahrenseröffnung für die Insolvenzmasse erworben wird, das ihn belastende Sicherungsrecht gleichsam „mitbringt", wenn also der Gegenstand schon vorher durch das Sicherungsrecht belastet war. Dem vom Reichsgericht entschiedenen Fall lag eine solche – wohl eher ungewöhnliche – Konstellation zugrunde: Der Gläubiger hatte vor Verfahrenseröffnung ein Pfandrecht an dem Gegenstand eines Dritten erworben. Diesen mit einem Pfandrecht belasteten Gegenstand hatte dann der Konkursverwalter nach Verfahrenseröffnung für die Masse erworben. Das Reichsgericht verneint eine Anwendung des damaligen § 64 KO (1898), der § 52 entspricht, vor allem mit der Überlegung, dass es sonst der Konkursverwalter in der Hand hätte, die Befriedigungsaussichten eines außerhalb der Konkursmasse gesicherten Gläubigers zu beeinträchtigen. Dem ist zuzustimmen (MüKoInsO/Ganter Rn. 9 mwN; zweifelnd K. Schmidt InsO/Thole Rn. 4). Die behandelte Frage kann – worauf auch das Reichsgericht durch Erwähnung des damaligen § 17 KO (1898), dem heutigen § 103 Abs. 1, hinweist – **insbesondere** dann auftauchen, wenn durch den Insolvenzverwalter **Erfüllung eines Vertrags gewählt** wird und dadurch ein belasteter Gegenstand in die Insolvenzmasse gelangt.

II. Umsetzung im Verfahren

7   Die **Anmeldung** der persönlichen Forderung eines Absonderungsberechtigten erfolgt **in voller Höhe** zur Insolvenztabelle (was nicht zuletzt auch aus Gründen der Verjährungshemmung erforderlich ist); auch die **Feststellung** zur Insolvenztabelle erfolgt – wenn die Forderung berechtigt ist – **in voller Höhe** der Forderung. Die Forderung wird in der Tabelle allerdings mit dem **Zusatz „für den Ausfall"** versehen, weshalb das Bestehen eines Absonderungsrechts in den Forderungsanmeldungsformularen der Insolvenzverwalter in der Regel abgefragt wird; die Angabe bei der Forderungsanmeldung ist jedoch nicht zwingend (HK-InsO/Lohmann Rn. 4).

8   Der Vermerk „für den Ausfall" in der Insolvenztabelle gewährleistet, dass die Regelung des § 190 zur Umsetzung gelangt, dass also vor einer Verteilung der Insolvenzquote der Ausfall der absonderungsberechtigten Gläubiger festgestellt und ihre Forderung in der Insolvenztabelle entsprechend reduziert wird (im Einzelnen zur verfahrensrechtlichen Umsetzung des § 52 S. 2 durch § 190 → § 190 Rn. 1).

Die **Teilnahmerechte** eines absonderungsberechtigten Gläubigers im Insolvenzverfahren 9 bestimmen sich in Fällen, in denen § 52 S. 2 zur Anwendung gelangt, grundsätzlich nach der parallel bestehenden persönlichen Forderung des Gläubigers (K. Schmidt InsO/Thole Rn. 8).

Die Feststellung der Insolvenzforderung eines absonderungsberechtigten Gläubigers erwächst – 10 wie ungesicherte Insolvenzforderungen – vollumfänglich in **Rechtskraft** (§ 178 Abs. 3). Das gilt ungeachtet des Zusatzes „für den Ausfall" für die **ganze persönliche Forderung** des absonderungsberechtigten Gläubigers (HK-InsO/Lohmann Rn. 4; K. Schmidt InsO/Thole Rn. 8).

III. Bestimmung des Ausfalls

Der Ausfall des gesicherten persönlichen Gläubigers ergibt sich daraus, dass der Betrag, der 11 ihm aus der Verwertung des Sicherungsgegenstands zufließt, von seiner persönlichen Forderung abgezogen wird. Nicht von der persönlichen Forderung abgezogen wird der Betrag, den der gesicherte Gläubiger als Feststellungs- und Verwertungskosten an die Insolvenzmasse abzuführen hat sowie der Betrag, den die Insolvenzmasse zur Begleichung der Umsatzsteuer gem. § 171 Abs. 2 S. 3 einzubehalten hat; **abgezogen** wird demnach nur der **tatsächliche Zufluss** beim gesicherten Gläubiger.

Absonderungserlöse sind nicht nach einer besonderen, von § 367 BGB abweichenden **Til-** 12 **gungsreihenfolge** auf die Forderungen des Gläubigers zu verteilen (BGH NZI 2011, 247; → § 50 Rn. 28). Deshalb werden Absonderungserlöse zuerst auf die im Zeitpunkt der Verwertung schon bestehenden nachrangigen Forderungen (Zinsen und Kosten nach Insolvenzeröffnung) angerechnet und nur in restlicher Höhe auf Insolvenzforderungen. Zu beachten ist die von § 367 BGB abweichende Tilgungsreihenfolge des § 497 Abs. 3 BGB im Verbraucherdarlehensrecht, die auch im Insolvenzverfahren gilt (HK-InsO/Lohmann Rn. 7; Jaeger/Henckel Rn. 23).

In Fällen, in denen die Verwertung des Sicherungsgegenstands durch Überlassung an den 13 Gläubiger geschieht (§ 168 Abs. 3 S. 1; nicht zu verwechseln mit einer Verwertung durch den Gläubiger, § 179 Abs. 2), wird der „Erlös" der Verwertung zwischen Insolvenzverwalter und gesichertem Gläubiger festgelegt; die persönliche Forderung des gesicherten Gläubigers wird dann um diesen Betrag reduziert.

Gelingt dem gesicherten Gläubiger später eine bessere Verwertung des ihm überlassenen Gegen- 14 stands, so muss er sich einen solchen Mehrerlös nicht auf seine persönliche Forderung anrechnen lassen (BGH NZI 2006, 32).

Im Einzelfall ist ggf. genau zu differenzieren, worin der Absonderungsgegenstand tatsächlich 15 besteht; besteht das zur Insolvenzmasse gehörende und zugunsten des Gläubigers belastete Recht nur an einem Teil eines Gegenstands (zB Miteigentum von Insolvenzschuldner und Drittem), so wird die persönliche Forderung des absonderungsberechtigten Gläubigers gegen den Insolvenzschuldner nur insoweit reduziert, als der Erlös aus der Verwertung des gesamten Gegenstands auf den zur Insolvenzmasse gehörenden Teil entfällt (K. Schmidt InsO/Thole Rn. 6; HK-InsO/ Lohmann Rn. 3; MüKoInsO/Ganter Rn. 13).

IV. Verzicht

Bei einem Verzicht iSd § 52 S. 2 handelt es sich um eine Erklärung, deren Voraussetzungen 16 und Rechtsfolgen sich (auch) nach allgemeinem Zivilrecht richten. Um iRv § 52 S. 2 Beachtung zu finden, muss die Erklärung verhindern, „dass das Absonderungsgut [zulasten der Insolvenzmasse, Anm. d. Verf.] verwertet und die gesicherte Insolvenzforderung trotzdem in voller Höhe bei der Verteilung der Masse berücksichtigt wird" (BGH ZIP 2011, 180 Ls. 2). Der Verzicht ist im Regelverfahren gegenüber dem Insolvenzverwalter, im Falle der angeordneten Eigenverwaltung gegenüber dem eigenverwaltenden Schuldner zu erklären (BGH NZI 2017, 345 Rn. 10 ff.) und muss ggf. durch den anderen Teil angenommen werden. In der Anmeldung einer Forderung zur Insolvenztabelle ohne Beschränkung auf den Ausfall liegt allerdings noch kein Verzicht iSv § 52 S. 2; es bedarf vielmehr einer eindeutigen Erklärung des Gläubigers (BGH NZI 2017, 345 Rn. 16).

Der absonderungsberechtigte Gläubiger muss für einen Verzicht iSv § 52 S. 2 nicht notwendi- 16a gerweise auf das (dingliche) Sicherungsrecht verzichten, es reicht ggf. der Verzicht auf die Rechte aus einer ggf. bestehenden Sicherungszweckerklärung (BGH ZIP 2011, 180; BGH NZI 2017, 345 Rn. 12). Der absonderungsberechtigte Gläubiger muss im Ergebnis zum Ausdruck bringen, dass er auf sein Sicherungsrecht an Gegenständen der Insolvenzmasse endgültig verzichtet und den Sicherungsgegenstand damit „zum Vorteil der ungesicherten persönlichen Gläubiger ein für allemal freimacht" (OLG Hamm ZIP 1994, 1373); nicht ausreichend ist es, wenn der absonderungsberechtigte Gläubiger erklärt, lediglich während des Insolvenzverfahrens von seinem Sicherungsrecht keinen Gebrauch machen zu wollen (BGH NZI 2017, 345 Rn. 17; OLG Hamm ZIP

InsO § 52   Zweiter Teil. Eröffnung des Insolvenzverfahrens

1994, 1373; MüKoInsO/Ganter Vor §§ 49–52 Rn. 121). Im Ergebnis muss eine doppelte Belastung der Insolvenzmasse durch die Anmeldung der persönlichen Forderung einerseits und die Verwertung des Sicherungsgegenstands andererseits vermieden werden (BGH NZI 2017, 345 Rn. 12 aE).

17   Der Verzicht muss sich nicht zwangsläufig auf den (ganzen) Sicherungsgegenstand beziehen. Durch den Verzicht muss lediglich gewährleistet sein, dass sich der absonderungsberechtigte Gläubiger aus dem Sicherungsgegenstand nicht mehr auch wegen der persönlichen Insolvenzforderung befriedigt; dient der Sicherungsgegenstand zugleich auch der Sicherung von Forderungen gegen Dritte, so darf die Sicherheit insoweit aufrecht erhalten bleiben. Durch den Verzicht muss nur die sichernde Verknüpfung zwischen Sicherungsrecht und Insolvenzforderung beseitigt werden (BGH ZIP 2011, 180).

V. Folge von Verzicht und Ausfall

18   In Höhe des Ausfalls (oder im Falle eines Verzichts auf das Sicherungsrecht in voller Höhe der Forderung) nimmt der ehemals gesicherte Insolvenzgläubiger an der (Schluss-)Verteilung der Insolvenzmasse teil; er erhält die Insolvenzquote auf seine nach Abzug des ihm zufließenden Verwertungserlöses verbleibende Insolvenzforderung. Dazu hat der Gläubiger seinen Verzicht oder Ausfall nachzuweisen, wenn er selbst zur Verwertung des Sicherungsgegenstands berechtigt war (§ 190 Abs. 1, 2); im Falle des Verwertungsrechts des Insolvenzverwalters hat dieser den Ausfall oder den Verzicht von sich aus festzustellen und zu berücksichtigen (§ 190 Abs. 3 S. 1).

19   Ein gesicherter Insolvenzgläubiger ist nur dann berechtigt, gegen den Insolvenzschuldner einen Antrag auf Versagung der Restschuldbefreiung zu stellen, wenn er glaubhaft macht, bei der Verwertung der Sicherheit mit einem Teil seiner Forderung ausgefallen zu sein oder wenn er auf sein Sicherungsrecht verzichtet hat und deshalb mit seiner persönlichen Forderung am Insolvenzverfahren teilnimmt (BGH NZI 2012, 892 Rn. 10 ff.).

20   Sieht der gesicherte Gläubiger davon ab, seine persönliche Forderung gegen den Schuldner im Insolvenzverfahren zu verfolgen, so ist sein Nachforderungsrecht nach Abschluss des Insolvenzverfahrens aufgrund der Tilgungswirkung, die durch Befriedigung aus dem Absonderungsgegenstand erfolgt (§ 201 Abs. 1: „ihre restlichen Forderungen"), nach Abschluss des Insolvenzverfahrens ebenfalls auf seinen Ausfall beschränkt.

VI. Schutz wechselseitiger Interessen

20a   Die wechselseitigen **Interessen** von **Absonderungsberechtigten** und **Insolvenzverwalter** an einer zeitnahen Verwertung von Sicherungsgegenständen sind durch die Spezialregelungen der §§ 169 und 173 Abs. 2 besonders geschützt: Gemäß § 169 sind Absonderungsberechtigten bis zur Verwertung des jeweiligen Sicherungsgegenstands durch den Insolvenzverwalter Zinsen zu bezahlen. Gemäß § 173 Abs. 2 kann der Insolvenzverwalter bei Verzögerung der Verwertung durch den Absonderungsberechtigten die Verwertung des Sicherungsgegenstands an sich ziehen.

20b   § 169 schützt den absonderungsberechtigten Gläubiger davor, dass durch eine Verzögerung der Verwertung durch den Insolvenzverwalter nachrangige Zinsansprüche auflaufen, die die Sicherung seiner Hauptforderung aushöhlen (→ Rn. 12). Der Gläubiger kann Zahlung der Zinsen, die ab dem Berichtstermin entstehen, aus der Insolvenzmasse verlangen und muss dies nicht aus seinem Sicherungsrecht befriedigen.

20c   Durch § 173 Abs. 2 kann der Insolvenzverwalter der Gefahr begegnen, dass der gesicherte Gläubiger im Falle eines Selbstverwertungsrechts durch Verzögerung der Verwertung den Umfang seines gesicherten Zinsanspruchs vergrößert, indem er nach Ablauf einer vom Gericht bestimmten Frist das Verwertungsrecht an sich zieht (zur insoweit vergleichbaren Rechtslage nach KO BGH NZI 2008, 542 Rn. 7). Angezeigt ist das in Fällen, in denen der Erlös aus dem Sicherungsgegenstand die Hauptforderung des gesicherten Gläubigers (voraussichtlich) übersteigt, weil so verhindert werden kann, dass der Übererlös den nachrangigen Zinsanspruch des Absonderungsberechtigten sichert statt der Gläubigergesamtheit zugute zu kommen.

C. Sonderfälle der Anwendung

I. Gleichzeitige Insolvenz des Nachlasses (oder Nachlassverwaltung) und Insolvenz des Erben

21   § 331 Abs. 1 ordnet im Fall einer Doppelinsolvenz von Nachlass und Erbe (oder einer Nachlassverwaltung und parallelem Insolvenzverfahren über das Vermögen des Erben) die entsprechende

Anwendung (ua) des § 52 im Insolvenzverfahren über das Vermögen des Erben an, wenn bzw. soweit der Erbe den Nachlassgläubigern gegenüber unbeschränkt haftet. Der Gläubiger nimmt an der Verteilung im Insolvenzverfahren des Erben nur insoweit teil, als er im Nachlassinsolvenzverfahren ausgefallen ist. Durch die Verweisung wird eine vorrangige Inanspruchnahme des Nachlasses durch den Gläubiger erreicht; die Teilnahme des Gläubigers im Insolvenzverfahren über das Vermögen des Erben wird vom Ausfallprinzip bestimmt.

II. Gleichzeitige Insolvenz über das Gesamtgut einer fortgesetzten Gütergemeinschaft und Insolvenz des überlebenden Ehegatten

§ 332 Abs. 1 wiederum ordnet die entsprechende Anwendung von § 331 und damit von § 52 im Fall einer Doppelinsolvenz des Gesamtguts einer fortgesetzten Gütergemeinschaft und des überlebenden Ehegatten an, wenn bzw. soweit der überlebende Ehegatte dem Gläubiger neben dem Gesamtgut haftet. Der Gläubiger nimmt an der Verteilung im Insolvenzverfahren des überlebenden Ehegatten nur insoweit teil, als er im Insolvenzverfahren über das Gesamtgut ausgefallen ist. Die Teilnahme des Gläubigers im Insolvenzverfahren über das Vermögen des überlebenden Ehegatten bestimmt sich somit ebenfalls nach dem Ausfallprinzip des § 52 S. 2. **22**

§ 53 Massegläubiger

Aus der Insolvenzmasse sind die Kosten des Insolvenzverfahrens und die sonstigen Masseverbindlichkeiten vorweg zu berichtigen.

Überblick

§ 53 schreibt das Prinzip der Vorwegbefriedigung für Masseverbindlichkeiten vor. Nach dem Ausklammern der unpfändbaren (§ 36 iVm §§ 850 ff., 811 ff. ZPO), freigegebenen (§ 35 Abs. 2), sowie der der Aussonderung (§ 47) oder der Absonderung unterliegenden Vermögenswerte und der Berücksichtigung der Forderungen der Aufrechnungsgläubiger (§ 94) verbleibt die bereinigte Insolvenzmasse. Aus dieser werden primär die Massegläubiger und erst nachrangig die Insolvenzgläubiger befriedigt.

A. Normzweck

Die gesetzliche Privilegierung der Massegläubiger gegenüber den Insolvenzgläubigern soll die ordnungsgemäße Abwicklung eines Insolvenzverfahrens mit dem Ziel der gemeinschaftlichen Befriedigung der Insolvenzgläubiger gem. § 1 sichern (MüKoInsO/Hefermehl Rn. 1). **1**

Um den Insolvenzgläubigern eine verteilungsfähige Masse zu sichern, muss ein Insolvenzverwalter die Verwaltung und Verwertung der Insolvenzmasse übernehmen. Wäre dessen Vergütung nicht gesichert, würde sich kein qualifizierter Verwalter für die Aufgabe finden. Zudem wäre der Abschluss von Rechtsgeschäften im Rahmen der Betriebsfortführung kaum möglich, wenn der jeweilige Vertragspartner nur anteilsmäßig wie ein Insolvenzgläubiger aus der Insolvenzmasse befriedigt werden würde. Ohne die Privilegierung bestimmter Gläubigergruppen ist daher die ordnungsgemäße Abwicklung eines Insolvenzverfahrens nicht zu bewerkstelligen. **2**

B. Vorwegbefriedigung

Die Massegläubiger sind nach § 53 vor den Insolvenzgläubigern zu befriedigen. Massegläubiger bilden keine eigene Rangklasse, sondern sind Gläubiger sui generis (MüKoInsO/Hefermehl Rn. 12). Die um die der Aussonderung, Absonderung und der Aufrechnung unterliegenden Vermögenswerte bereinigte Masse steht zur Befriedigung der Massegläubiger und erst danach zur Befriedigung der Insolvenzgläubiger zur Verfügung. **3**

Die Forderungen der Massegläubiger sind vom Insolvenzverwalter jeweils bei Fälligkeit zu erfüllen (BGH NZI 2004, 435 (437)). Dabei hat er vor jeder Auszahlung zu prüfen, ob die restliche Masse zur vollständigen und rechtzeitigen Befriedigung der übrigen Massegläubiger ausreicht. Im Fall der pflichtwidrigen Verletzung dieser Überprüfungspflicht entsteht ein Schadensersatzanspruch nach § 61 S. 1, der eine persönliche Haftung des Insolvenzverwalters begründet (BGH NJW 2004, 3334). Falls die Masse ausreicht, ist die Masseverbindlichkeit vollständig zu erfüllen. Reicht die verbleibende Masse hingegen nicht aus, ist also Masseunzulänglichkeit iSv § 208 Abs. 1 **4** eingetreten, oder droht zumindest ernsthaft, dass diese eintreten werde, hat der Verwalter bei der Befriedigung der offenen Masseverbindlichkeiten die Rangordnung des § 209 zu beachten (MüKoInsO/Hefermehl Rn. 50). Tritt Fälligkeit und Einredefreiheit der Forderungen mehrerer Massegläubiger gleichzeitig ein, so sind die Massegläubiger aufgrund Ihres Gleichrangs nur anteilig zu befriedigen, wenn die verbleibende Masse nicht zur Befriedigung aller ausreicht (BGH NZI 2004, 435 (437)).

5 Die Aufrechnungsbeschränkungen der §§ 95, 96 gelten nicht für Massegläubiger. Sie sind allerdings entsprechend anzuwenden, wenn eine Anzeige der Masseunzulänglichkeit nach § 208 vorliegt (Uhlenbruck/Sinz Rn. 6 unter Verweis auf BGH ZIP 2001, 1641 (1643)).

C. Masseverbindlichkeiten

6 **Masseverbindlichkeiten** sind neben den **Verfahrenskosten** nach § 54 die **sonstigen Masseverbindlichkeiten** gem. § 55. Die Masseverbindlichkeiten werden in §§ 54, 55 abschließend definiert, jedoch nicht abschließend geregelt. So enthalten die §§ 100, 101 Abs. 1 S. 3, § 115 Abs. 2 S. 3, § 118 S. 1, § 123 Abs. 2 S. 1, §§ 163 Abs. 2, 169 S. 1, § 172 Abs. 1 S. 1, § 183 Abs. 3, § 270b Abs. 3 S. 1 iVm § 55 Abs. 2 und § 324 ebenfalls Regelungen zu Masseverbindlichkeiten.

7 Zwischen den Massegläubigern besteht keine Rangordnung, solange die Masse zur vollständigen Befriedigung aller Massegläubiger ausreicht. Erst bei Masseunzulänglichkeit gilt die in § 209 Abs. 1 vorgegebene Befriedigungsreihenfolge.

I. Fehlerhafte rechtliche Einordnung

8 Der Status als Masseverbindlichkeit bzw. als Insolvenzforderung ändert sich nicht durch eine fehlerhafte rechtliche Einordnung. So verliert ein Massegläubiger diesen Status nicht, wenn er seine Forderung fälschlich zur Insolvenztabelle anmeldet, selbst wenn der Insolvenzverwalter die Forderung feststellt. In der Anmeldung zur Insolvenztabelle liegt mangels Rechtsbindungswillens auch kein Verzicht auf die Rechte aus § 53. Auch ein rechtskräftiges Feststellungsurteil, das auf Bestreiten der angemeldeten Forderung ergeht, ändert den Status und hindert die Geltendmachung als Masseverbindlichkeit nicht (BGH NZI 2006, 520 Rn. 14 ff.). Genauso wenig ändert die Geltendmachung einer Insolvenzforderung als Masseverbindlichkeit deren rechtlichen Status. Wenn der Gläubiger aufgrunde der fehlerhaften Einordnung einer Insolvenzforderung als Masseverbindlichkeit nicht quotal sondern voll befriedigt wurde, besteht gegen ihn ein Erstattungsanspruch nach § 812 Abs. 1 S. 1 Alt. 1 BGB (RGZ 60, 419 (420); OLG Brandenburg NZI 2002, 107).

II. Geltendmachung der Masseverbindlichkeit

9 Die Massegläubiger werden außerhalb des förmlichen Insolvenzverfahrens befriedigt (BGH WM 1958, 903). Zur Geltendmachung muss der Massegläubiger einen formlosen Antrag an den Insolvenzverwalter stellen; dieser prüft die Berechtigung der geltend gemachten Forderung (MüKoInsO/Hefermehl Rn. 46). Das Insolvenzgericht, die Gläubigerversammlung oder der Gläubigerausschuss müssen nicht beteiligt werden.

10 Bestreitet der Verwalter die Masseverbindlichkeit, kann der Massegläubiger Leistungs- oder Feststellungsklage erheben, um einen Vollstreckungstitel gegen den Insolvenzverwalter zu erwirken. Der Insolvenzverwalter ist als Partei kraft Amtes passiv legitimiert (BGH NJW 1997, 1445; BGHZ 100, 346 (351)).

11 Ist bereits zum Zeitpunkt der Eröffnung des Insolvenzverfahrens ein Rechtsstreit über eine Masseverbindlichkeit anhängig, so tritt nach § 240 ZPO eine Unterbrechung ein. Der Rechtsstreit kann nach § 86 Abs. 1 Nr. 3 sowohl vom Insolvenzverwalter als auch vom Massegläubiger aufgenommen werden.

III. Haftungsschuldner

12 Der Insolvenzschuldner ist der Schuldner der Massegläubiger.

13 Er wird auch durch die Rechtsgeschäfte, die der Verwalter kraft Verwaltungsbefugnis abschließt, gegenüber den Massegläubigern verpflichtet. Seine Haftung ist hinsichtlich der Masseverbindlichkeiten, die erst während des Verfahrens durch den Verwalter begründet werden, auf das massebefangene Vermögen beschränkt, sodass den Gläubigern ein Zugriff auf das insolvenzfreie Vermögen des Schuldners verwehrt ist. Der Insolvenzverwalter kann den Insolvenzschuldner nämlich nicht über die dem Insolvenzbeschlag unterliegende Insolvenzmasse hinaus verpflichten (MüKoInsO/ Hefermehl Rn. 31; Uhlenbruck/Sinz Rn. 10). Anders ist dies nur dann, soweit der Schuldner

den Rechtsgrund für die spätere Masseschuld bereits vor Verfahrenseröffnung selbst gesetzt hat (§ 108 Abs. 1 und 2). Dann ist der Zugriff auf das insolvenzfreie Vermögen nicht ausgeschlossen (Umkehrschluss aus § 89 Abs. 2 S. 1). Allerdings ist in Folge des § 35 Abs. 1, durch den auch der Neuerwerb umfasst ist, bis auf freigegebene Gegenstände faktisch kein freies pfändbares Vermögen vorhanden.

Bestehen nach Abschluss des Verfahrens noch Masseforderungen, die während des Insolvenzverfahrens nicht befriedigt werden konnten, so haftet der Schuldner gegenüber den Massegläubigern. Diese Nachhaftung ist allerdings beschränkt auf die Restmasse, die nach Verfahrensbeendigung noch vorhanden ist, also auf die Vermögensgegenstände, über die der Insolvenzschuldner nach Aufhebung bzw. Einstellung des Verfahrens die Verwaltungs- und Verfügungsbefugnis zurückerhält (BGH NZI 2009, 841 Rn. 10 ff.; NJW 1955, 339; MüKoInsO/Hefermehl Rn. 34a; Uhlenbruck/Sinz Rn. 34; krit. Runkel/Schnurbusch NZI 2000, 49 (56); K. Schmidt InsO/Thole Rn. 12). Für die Masseverbindlichkeiten, die der Insolvenzschuldner schon vor der Verfahrenseröffnung begründet hatte, haftet er auch nach der Verfahrensbeendigung unbeschränkt (BGH NJW 1955, 339; Häsemeyer Insolvenzrecht 4. Aufl. 2007 Rn. 25.29). 14

§ 54 Kosten des Insolvenzverfahrens

Kosten des Insolvenzverfahrens sind:
1. die Gerichtskosten für das Insolvenzverfahren;
2. die Vergütungen und die Auslagen des vorläufigen Insolvenzverwalters, des Insolvenzverwalters und der Mitglieder des Gläubigerausschusses.

Überblick

§ 54 definiert die als Masseverbindlichkeiten vorweg zu berichtigenden Kosten des Insolvenzverfahrens.

Übersicht

	Rn.		Rn.
A. Normzweck	1	II. Durchführung des Insolvenzverfahrens	22
		III. Erstattung eines Verfahrenskostenvorschusses	35
B. Gerichtskosten des Insolvenzverfahrens (Nr. 1)	3	C. Vergütungen und Auslagen (Nr. 2)	36
I. Gerichtskosten für den Eröffnungsantrag	5	I. Insolvenzverwalter	37
1. Gebührenhöhe	5	1. Vergütung	37
2. Berechnungsgrundlage	6	2. Auslagen	38
3. Kostenschuldner	10	II. Vorläufiger Insolvenzverwalter	43
4. Kosten des Insolvenzverfahrens nach § 54 Nr. 1	17	III. Gläubigerausschussmitglied	47

A. Normzweck

Die in § 54 definierten Kosten des Insolvenzverfahrens sind nicht mit den Massekosten des § 58 KO identisch. Zwar entspricht § 54 Nr. 1 dem § 58 Nr. 1 KO. Im Übrigen ist der Anwendungsbereich des § 54 jedoch gegenüber der Regelung des § 58 KO eingeschränkt. Die durch die Verwaltung, Verwertung und Verteilung der Masse entstandenen Verbindlichkeiten, welche von § 58 Nr. 2 KO erfasst wurden, fallen nunmehr unter § 55 Nr. 1. Die Gewährung von Unterhalt für den Schuldner und seine Familie, die in § 58 Nr. 3 KO geregelt war, ist nunmehr Gegenstand des § 100. Die Masseverbindlichkeiten wurden um die Vergütungen und Auslagen des vorläufigen Insolvenzverwalters, des Insolvenzverwalters und der Mitglieder des Gläubigerausschusses erweitert. Letztlich ist von den Kosten des Insolvenzverfahrens damit nur noch der Kernbereich der gerichtlichen und außergerichtlichen Kosten erfasst (Uhlenbruck/Sinz Rn. 1). 1

Diese Beschränkung der Kosten ist im Zusammenhang mit § 26 (→ § 26 Rn. 1 ff.) und den §§ 207 ff. zu sehen. Nach § 26 ist die Deckung der Kosten des Insolvenzverfahrens Voraussetzung für die Eröffnung des Verfahrens, nach § 207 ist das Verfahren bei eintretender Massearmut einzustellen. Der Gesetzgeber bezweckte mit der Reduzierung der Kostenpositionen in § 54 die Zahl der Verfahrenseröffnungen zu erhöhen und die Fälle der nachträglichen Einstellungen zu reduzieren 2 (vgl. Begr. RegE, BT-Drs. 12/2443, 90 (1269)). Können zwar die Kosten des Insolvenzverfahrens beglichen werden, verbleibt jedoch nicht genug Masse, um die sonstigen Masseverbindlichkeiten zu erfüllen, liegt Masseunzulänglichkeit vor mit der Folge der Anwendbarkeit der §§ 208 ff. (→ § 208 Rn. 1 ff.). Die Rangfolge des § 209 ist dann nur auf die sonstigen Masseverbindlichkeiten anwendbar. Die Kosten des Insolvenzverfahrens haben insoweit absoluten Vorrang (Jaeger/Henckel Rn. 3).

B. Gerichtskosten des Insolvenzverfahrens (Nr. 1)

3   Die Gerichtskosten sind gem. § 1 GKG **Gebühren und Auslagen**. Die Gebühren und Auslagen müssen „für das Insolvenzverfahren" entstanden sein. Damit sind nur solche Kosten erfasst, die aus der Insolvenzmasse beglichen werden müssen. Kosten, die dem Gläubiger oder dem Schuldner persönlich und damit nicht dem Schuldner als Träger der Insolvenzmasse auferlegt sind, sind damit nicht erfasst.

4   Die Kosten für das Insolvenzverfahren sind in der Anlage 1 zum GKG geregelt. Sie entstehen für das Verfahren über den **Eröffnungsantrag** und für die **Durchführung des Insolvenzverfahrens**.

I. Gerichtskosten für den Eröffnungsantrag

1. Gebührenhöhe

5   Für den vom Insolvenzschuldner oder vom Insolvenzgläubiger gestellten **Eröffnungsantrag** entsteht eine halbe Gebühr, Nr. 2310 KV bzw. Nr. 2311 KV. Zur Vermeidung von Eröffnungsanträgen durch Kleingläubiger sieht Nr. 2311 KV eine Mindestgebühr von 180 EUR bei einem Gläubigerantrag vor. Durch die Gebühr wird die Eröffnungsentscheidung einschließlich der Ermittlungstätigkeit des Insolvenzgerichtes sowie die Anordnung bzw. Aufhebung von Sicherungsmaßnahmen nach §§ 20 ff. gedeckt.

2. Berechnungsgrundlage

6   Die Gebühren berechnen sich für den Fall, dass der **Schuldner** den Insolvenzantrag stellt, gem. § 58 Abs. 1 S. 1 GKG nach dem Wert der Insolvenzmasse zur Zeit der Beendigung des Verfahrens. Vermögensgegenstände, die der Aussonderung unterliegen, werden dabei nicht berücksichtigt. Gegenstände, die zur abgesonderten Befriedigung dienen, werden nur in Höhe des für diese nicht erforderlichen Betrags angesetzt (§ 58 Abs. 1 S. 2 GKG). Stellt der **Gläubiger** den Insolvenzantrag, so richtet sich gem. § 58 Abs. 2 GKG die Gebühr nach dem Betrag der Forderung des Schuldners, wenn der Wert der Insolvenzmasse geringer ist, nach diesem Wert.

7   Die Berechnungsgrundlage wird durch eine Schätzung der Insolvenzmasse gem. § 287 ZPO festgelegt, wenn eine vorzeitige Verfahrensbeendigung vorliegt.

8   Fällig ist die Eröffnungsgebühr mit Eingang des Antrags auf Eröffnung des Insolvenzverfahrens beim Insolvenzgericht (§ 6 GKG). Da die Einschätzung des Werts der Insolvenzmasse zu dem frühen Fälligkeitszeitpunkt insbesondere bei umfangreichen Insolvenzverfahren kaum möglich ist, sind die vorläufige Berechnung der Gebühr und eine später erfolgende Nachberechnung zulässig (NZI 2005, 558 (559); MüKoInsO/Hefermehl Rn. 10).

9   Das Insolvenzgericht darf zur Deckung der gerichtlichen Auslagen gem. § 17 Abs. 3 GKG einen Vorschuss verlangen, welcher mit der gerichtlichen Anordnung fällig wird. Im Übrigen muss das Gericht unabhängig von der Zahlung der Gerichtsgebühr im Eröffnungsverfahren tätig werden (KPB/Pape/Schaltke Rn. 4).

3. Kostenschuldner

10 § 23 GKG bestimmt, wer Kostenschuldner ist.

11 Nach § 23 Abs. 1 S. 1 GKG schuldet derjenige die **Gebühr** für das Verfahren über den Eröffnungsantrag, der den Antrag gestellt hat. Antragsberechtigt sind nach § 13 Abs. 1 S. 2 der Insolvenzschuldner und der Insolvenzgläubiger.

12 Wird der **Eröffnungsantrag zurückgenommen oder abgewiesen,** so trägt der Antragsteller, zusätzlich zu den Gerichtsgebühren, auch die Kosten für die entstandenen **Auslagen** gem. § 23 Abs. 1 S. 2 GKG. Hat also der Gläubiger den nicht erfolgreichen Eröffnungsantrag gestellt, so ist er allein der Kostenschuldner der Gebühren und der Auslagen. Eine Ausnahme besteht nach

§ 23 Abs. 1 S. 3 GKG für die Kosten der **Auslage Nr. 9018 KV,** die stets der Schuldner zu tragen hat.

Bei einem **erfolgreichen Eröffnungsantrag** gehören sowohl die Antragsgebühr als auch die 13 Auslagen zu den Kosten des Verfahrens iSd § 54 Nr. 1. Sie sind nach Verfahrenseröffnung aus der Insolvenzmasse zu begleichen (§ 33 GKG). Verfehlt ist dagegen die vereinzelt anzutreffende Praxis der Insolvenzgerichte, diese Kosten auf der Grundlage des § 23 Abs. 1 S.1 GKG (primär) gegen den Antragsteller festzusetzen; sie verkennt, dass § 33 GKG insoweit eine gegenüber § 23 Abs. 1 S. 1 GKG vorrangige Regelung enthält. Der Gläubiger bleibt aber für die Antragsgebühr und die Auslagen (mit Ausnahme derjenigen nach GKG KV Nr. 9017, vgl. § 23 Abs. 1 S. 3 GKG) gegenüber der Gerichtskasse für einen etwaigen Ausfall Zweitschuldner gem. § 23 Abs. 1 S. 1 GKG, § 31 Abs. 2 GKG (MüKoInsO/Hefermehl Rn. 12; Uhlenbruck/Sinz Rn. 6).

Zudem besteht neben der gesetzlichen Bestimmung des Kostenschuldners nach § 23 GKG 14 gem. § **29 Abs. 1 GKG** die Möglichkeit, dass das Gericht den **Kostenschuldner bestimmt.** Dann tritt ein weiterer Kostenschuldner zu dem Kostenschuldner nach § 23 GKG hinzu, sodass gem. § 31 Abs. 1 GKG eine Gesamtschuldnerschaft vorliegt. Nach § 31 Abs. 2 haftet der Entscheidungsschuldner nach § 29 Nr. 1 GKG vor dem gesetzlichen Schuldner nach § 23 Abs. 1 GKG.

Erklärt der Gläubiger nach Erfüllung seiner Forderung den **Eröffnungsantrag für erledigt,** 15 so haftet er nicht für die Auslagen des Gerichts. Dies gilt unabhängig davon, ob eine übereinstimmende oder eine einseitige Erledigungserklärung nach § 91a ZPO vorliegt. § 23 Abs. 1 S. 2 GKG beschränkt die Pflicht zur Tragung der Auslagen auf die Fälle der Klageabweisung und der Klagerücknahme. Eine Anwendung auf andere Fallgestaltungen ist vom Wortlaut nicht gedeckt. Es gibt auch keine Anhaltspunkte dafür, dass der Gesetzgeber § 23 Abs. 1 S. 2 GKG eigentlich alle Fälle der Beendigung des Insolvenzeröffnungsverfahrens (mit Ausnahme des Eröffnungsbeschlusses) erfassen wollte, die Norm mithin eine unbewusste Gesetzeslücke aufweist. Deshalb scheidet auch eine Haftung des Gläubigers als Zweitschuldner neben dem Insolvenzschuldner, welchem die Kosten des Verfahrens auferlegt wurden, aus (OLG Koblenz NZI 2007, 743 f.; OLG Düsseldorf NZI 2006, 708 f.; OLG Köln NZI 2005, 683 f.).

Wird der **Eröffnungsantrag mangels Masse abgewiesen,** ist fraglich und umstritten, ob der 16 Gläubiger als Zweitschuldner die Auslagen tragen muss. Insoweit weist der Wortlaut des § 23 Abs. 1 S. 2, der keine Einschränkung bezüglich des Grundes der Abweisung vornimmt, darauf hin, dass auch die Abweisung mangels Masse nach § 26 erfasst wird. Eine vereinzelt gebliebene Meinung stellt hingegen darauf ab, dass der Gläubiger im Fall der Abweisung mangels Masse einen an sich begründeten Insolvenzantrag gestellt habe, der allein wegen mangelnder Kostendeckung abgewiesen werde. Da die Verpflichtung zur Kostentragung im Zivilprozessrecht typischerweise (§ 91 ZPO) – und so auch bei den weiteren vom Wortlaut des § 23 Abs. 1 S. 2 erfassten Fällen – erfolgsabhängig geregelt sei, scheide eine Zweitschuldnerhaftung des Gläubigers für Auslagen nach § 23 Abs. 1 S. 2 GKG im Fall der Abweisung mangels Masse aus (AG Göttingen ZIP 2009, 1532). Diese Auffassung verkennt, dass es im Wesen der Zweitschuldnerhaftung liegt, dass sie zusätzlich und in Abweichung von der Erst- bzw. Entscheidungsschuldnerhaftung, die iRv §§ 91 ff. ZPO angeordnet wird, eine zusätzliche Kostenschuldnerschaft begründen soll, die sich gerade nicht am Obsiegen oder Unterliegen ausrichtet; sie basiert auf einem Antrags- oder Veranlassungsprinzip, das unabhängig vom Prozess- oder Verfahrenserfolg durchgreift (so überzeugend OLG Köln NJW-RR 2010, 929 (930); MüKoInsO/Hefermehl Rn. 12; Uhlenbruck/Sinz Rn. 6).

4. Kosten des Insolvenzverfahrens nach § 54 Nr. 1

Die Gerichtsgebühren und die Auslagen für den Eröffnungsantrag gehören zu den **Kosten des** 17 **Insolvenzverfahrens nach § 54 Nr. 1,** sodass die Masse für die Kosten haftet. Ist die Masse nicht ausreichend, um die Kosten zu decken, bleibt der Kostenschuldner haftbar.

Der Insolvenzgläubiger hat für den Fall, dass sein Eröffnungsantrag erfolgreich war und er die 18 Antragsgebühr bereits gezahlt hat, einen **Ersatzanspruch** als Masseforderung nach § 54 Abs. 1 (OLG Hamburg KTS 1968, 54; MüKoInsO/Hefermehl Rn. 12; Uhlenbruck/Sinz Rn. 5). Dem Insolvenzschuldner, der die Kosten entrichtet hat, steht kein Rückzahlungsanspruch zu.

Da (nur) die Masse für die Kostenforderung haftet, kommt eine Haftung des Gesellschafters 19 einer in der Insolvenz befindlichen Personengesellschaft gem. **§ 128 HGB** (analog) für die Kosten des Insolvenzverfahrens (wie auch für die sonstigen Masseverbindlichkeiten) nicht in Betracht (BGH NZI 2009, 841 Rn. 10 ff. mAnm Ries NZI 2009, 844).

Stellen **ein oder mehrere Gläubiger und der Schuldner** gleichzeitig Eröffnungsanträge, so 20 entsteht für jeden Antrag je eine Gebührenforderung (LG Gießen JurBüro 1996, 486 (487); K. Schmidt InsO/Thole Rn. 6). Nur für den Fall, dass die Anträge von Gesamtgläubigern oder mehreren Vertretern eines Schuldners stammen, entsteht lediglich eine Gebühr (Uhlenbruck KTS 1987, 561 (565)). Allein dem Gläubiger, auf dessen Antrag hin die Verfahrenseröffnung erfolgte, steht der Erstattungsanspruch aufgrund der bezahlten Eröffnungsgebühr als Masseforderung nach § 54 Nr. 1 zu (Jaeger/Henckel Rn. 9; KPB/Pape Rn. 9).

21 Entstehen durch die mehreren Eröffnungsanträge mehrere Gebührenforderungen, ist fraglich, ob der Fiskus diese allesamt vereinnahmen und behalten darf. Hierfür spricht, dass das Kostenverzeichnis zum GKG zwar einen Wegfall der Gebühr für die Durchführung des Verfahrens bei einem Gläubigerantrag vorsieht, wenn daneben ein Schuldnerantrag gestellt wurde (Vorb. 2.3.3 zu KV Nr. 2330); eine entsprechende Regelung für die Eröffnungsgebühr sieht das Kostenverzeichnis indes nicht vor (so zutr. K. Schmidt InsO/Thole Rn. 6; aA wohl Kübler/Prütting/Bork/Pape Rn. 9). Allerdings steht den Gläubigern für die geleistete Antragsgebühr ein Ersatzanspruch nach § 54 Nr. 1 zu (→ Rn. 18; K. Schmidt InsO/Thole Rn. 6).

II. Durchführung des Insolvenzverfahrens

22 Stellt der **Schuldner** den Antrag auf Durchführung des Verfahrens, entsteht eine 2,5-fache Gebühr nach Nr. 2320 KV. Dies gilt auch, wenn ein Gläubiger gleichzeitig einen Antrag stellt.

23 Bei Stellung eines **Gläubigerantrags** entsteht eine dreifache Gebühr (Nr. 2330 KV). Die für den Eröffnungsantrag entstandene Gebühr wird nicht auf diese Gebühr angerechnet.

24 Durch die Gebühr ist die **gesamte weitere Tätigkeit** des Insolvenzgerichts bis zur Beendigung des Insolvenzverfahrens abgedeckt. Nur einzelne besondere Tätigkeiten des Insolvenzgerichts werden durch spezielle Gebührentatbestände abgegolten. Die Gebühr ist mit Eröffnung des Verfahrens **fällig** (§ 6 Abs. 1 Nr. 2 GKG).

25 **Berechnungsgrundlage** für die Gebühren ist der Wert der Insolvenzmasse zum Zeitpunkt der Beendigung des Verfahrens (§ 58 Abs. 1 GKG).

26 Für den Fall, dass der Eröffnungsbeschluss auf Beschwerde hin aufgehoben wird, entfällt die Gebühr für die Durchführung des Verfahrens (Nr. 2320 und Nr. 2330 KV).

27 Nach Nr. 2321 KV bzw. Nr. 2331 KV kommt es zu einer **Gebührenermäßigung** auf eine halbe Gebühr beim Schuldnerantrag und eine volle Gebühr beim Gläubigerantrag, wenn vor Beendigung des Prüfungstermins eine **Verfahrenseinstellung** nach §§ 207, 211, 212 oder § 213 erfolgt. Bei einer Einstellung nach Ende des Prüfungstermins ermäßigt sich die Gebühr der Nr. 2322 KV beim Schuldnerantrag auf eineinhalb Gebühren und nach Nr. 2332 KV auf zwei Gebühren beim Gläubigerantrag.

28 Kostenschuldner ist gem. § 23 Abs. 3 GKG der Insolvenzschuldner. Die Kosten sind **Massekosten nach § 54 Nr. 1**.

29 Die **Kosten eines besonderen Prüfungstermins,** einschließlich seiner öffentlichen Bekanntmachung (Nr. 9004 KV) und **die Prüfung im schriftlichen Verfahren**, sind **keine Masseforderungen** nach § 54 Nr. 1, da sie nicht für das gerichtliche Verfahren entstanden sind. Schuldner der Gebühr Nr. 2340 KV und der Auslagen ist nicht die Masse, sondern gem. § 33 GKG iVm § 177 der Gläubiger der Forderung. Die Prüfungsgebühr entsteht, –unabhängig davon, ob ein gesonderter Prüfungstermin angesetzt oder ein schriftliches Verfahren erfolgt – erst mit Durchführung des Termins bzw. Prüfung der Forderung im schriftlichen Verfahren (Braun/Bäuerle Rn. 17).

30 Das **Insolvenzplanverfahren und das Restschuldbefreiungsverfahren** verursachen keine zusätzlichen Gebühren, vielmehr ist das Tätigwerden des Gerichts bereits durch die Gebühren für das Insolvenzverfahren abgegolten. Nur die Kosten der Planüberwachung sind gem. § 269 S. 1 vom Schuldner zu tragen, wenn sie nicht nach § 269 S. 2 von der Übernahmegesellschaft zu tragen sind.

31 Die Gebühr, die für den Antrag auf **Versagung oder Widerruf der Restschuldbefreiung** nach Nr. 2350 KV anfällt, ist keine Masseforderung. Sie ist gem. § 23 Abs. 2 GKG von dem Insolvenzgläubiger, der die Versagung oder den Widerruf der Restschuldbefreiung beantragt hat, zu tragen.

32 Bei Einlegung der sofortigen Beschwerde gem. § 34 Abs. 1 gegen den Eröffnungsbeschluss oder gegen den Zurückweisungsbeschluss entsteht eine Gebühr nach Nr. 2360 KV. Die Gerichtskosten des Beschwerdeverfahrens fallen unter die **Massekosten,** wenn die Beschwerde des Schuldners gegen die Zurückweisung bzw. Ablehnung seines **Eigenantrag**s auf Eröffnung des Insolvenzverfahrens **erfolgreich** ist. Genauso handelt es sich bei der Gebühr um Massekosten nach § 54 Nr. 1, wenn der **antragsstellende Gläubiger** mit seiner sofortigen Beschwerde Erfolg hat und das Insolvenzverfahren eröffnet wird.

33 Die Gebühr ist hingegen vom Gläubiger zu tragen, wenn der Schuldner erfolgreich Beschwerde gegen die Eröffnung des Insolvenzverfahrens, welchem ein Gläubigerantrag zugrunde liegt, einlegt.

Falls die Beschwerde des Schuldners hingegen erfolglos ist, muss er persönlich die Kosten des Beschwerdeverfahrens tragen. In beiden Fällen handelt es sich also nicht um Massekosten iSd § 54 Nr. 1.

Die Beschwerdegebühr gehört jedoch zu den Massekosten nach § 54 Nr. 1, wenn eine vom Insolvenzverwalter für die Masse eingelegte Beschwerde verworfen oder zurückgewiesen wird. Dies gilt nicht, wenn der Insolvenzverwalter ausschließlich in eigener Sache Beschwerde einlegt, beispielsweise allein wegen seiner Vergütung. 34

III. Erstattung eines Verfahrenskostenvorschusses

Leistet ein Dritter an den Schuldner einen Betrag, den dieser zur Erfüllung der Eröffnungsgebühr verwendet, steht dem Dritten kein Erstattungsanspruch gegen die Insolvenzmasse zu. Der Rückzahlungsanspruch gegen den Schuldner ist eine Insolvenzforderung und keine Masseforderung (KPB/Pape/Schaltke Rn. 34). Für den Fall, dass der Dritte die Zahlung nach § 26 Abs. 1 S. 2 direkt an die Gerichtskasse geleistet hat, handelt es sich jedoch aufgrund der Zweckbindung nicht lediglich um eine einfache Insolvenzforderung, sodass ein Überschuss an den Dritten zu leisten ist (Uhlenbruck/Sinz Rn. 18). Dasselbe gilt, wenn die Zahlung an den Insolvenzverwalter erfolgte, der den Betrag treuhänderisch als Sondermasse zu führen hat. Dies folgt aus der Zweckgebundenheit der Zahlung, die ausschließlich auf die Deckung der Verfahrenskosten gerichtet ist (Uhlenbruck/Sinz Rn. 19; FK-InsO/Schmerbach § 26 Rn. 39; KPB/Pape/Schaltke Rn. 35). Dementsprechend steht dem Vorschussgläubiger bei ausreichender Masse ein Anspruch auf Rückzahlung des Vorschusses zu (Uhlenbruck/Sinz Rn. 19; OLG Frankfurt a. M. ZIP 1986, 931 (932)). Dieser Anspruch ist eine Masseforderung nach § 54 Nr. 1 und gem. § 209 Abs. 1 Nr. 1 mit Vorrang gegenüber den sonstigen Masseverbindlichkeiten zu erfüllen; allerdings ist er aufgrund der Zweckbestimmung der Zahlung gegenüber den übrigen Verfahrenskostengläubigern nachrangig (MüKoInsO/Hefermehl Rn. 31; KPB/Pape/Schaltke Rn. 35; Jaeger/Schilken § 26 Rn. 61; aA („vergleichbar einem Aussonderungsanspruch") HmbKommInsR/Jarchow Rn. 14). 35

C. Vergütungen und Auslagen (Nr. 2)

Dem vorläufigen und dem endgültigen Insolvenzverwalter steht gem. § 63 ein Anspruch auf Vergütung seiner Geschäftsführung und auf Erstattung angemessener Auslagen zu. Die Höhe der Vergütung und der Auslagen ergibt sich aus der insolvenzrechtlichen Vergütungsverordnung. Der Anspruch ist eine **Masseforderung nach § 54 Nr. 2**. Er entsteht mit Tätigwerden des Insolvenzverwalters. Die Vergütung und die erstattungsfähigen Auslagen werden gem. §§ 63, 64 Abs. 1, § 8 InsVV durch einen Beschluss des Insolvenzgerichts festgesetzt. In masselosen Verfahren mit Kostenstundung nach § 4a steht dem Verwalter gem. § 63 Abs. 2 für seine Vergütung nebst Auslagen ein Anspruch gegen die Staatskasse zu. Der Vergütungs- und Auslagenanspruch des Sonderinsolvenzverwalters (BGH NZI 2008, 485 Rn. 11, 22 ff.) und des Sachwalters bei Eigenverwaltung (§ 274 Abs. 1) sind ebenfalls Masseforderungen nach § 54 Nr. 2 (Uhlenbruck/Sinz Rn. 20). Nach der Festsetzung des Insolvenzgerichts erfolgt die Vorwegbefriedigung durch die Entnahme der festgesetzten Beträge durch den Verwalter aus der Masse. 36

I. Insolvenzverwalter

1. Vergütung

Die Vergütung des Insolvenzverwalters iSd § 54 Nr. 2 ist auf die gewöhnliche Vergütung des Verwalters beschränkt. Weist der Insolvenzverwalter spezielle Berufskenntnisse auf, die er bei der Verwaltung einsetzt, so hat er nach **§ 5 InsVV** einen Anspruch auf eine **Sondervergütung**. Dieser Vergütungsanspruch ist eine sonstige Masseforderung nach **§ 55 Abs. 1 Nr. 1** und keine Masseverbindlichkeit nach § 54 Nr. 2. Die Einordnung der Sondervergütung wird in Fällen der Masseinsuffizienz (§ 207 Abs. 3) und der Masseunzulänglichkeit § (209 Abs. 1) relevant. Gegen diese Einordnung in § 55 Abs. 1 Nr. 1 wird vorgebracht, dass durch die Sondervergütung die Einsetzung eines besonders qualifizierten Verwalters ermöglicht werde, was regelmäßig der Masse zu Gute komme; die Sondervergütung sei status- und nicht tätigkeitsbezogen und weise daher eine Nähe zu den sonstigen Fällen des § 54 Nr. 2 auf (K. Schmidt InsO/Thole Rn. 9). Dieser Auffassung ist nicht zu folgen. Zunächst ist festzuhalten, dass § 5 InsVV die Sondervergütung nicht für einen bestimmten Status des Verwalters gewährt, sondern explizit an die erbrachte Tätigkeit (Prozessführung oÄ) anknüpft. Gegen eine Einbeziehung der Sondervergütung unter § 54 Nr. 2 spricht vor allem, dass es sich hierbei weder um einen Auslagenersatz noch um einen 37

Vergütungsanspruch handelt, der auf der originär als Insolvenzverwaltung anzusehenden Tätigkeit beruht; vielmehr handelt der Insolvenzverwalter als beauftragter Anwalt, Wirtschaftsprüfer pp (MüKoInsO/Hefermehl Rn. 38a; Braun/Bäuerle Rn. 29). Das vom Verwalter für den Einsatz seiner besonderen Sachkunde abgerechnete zusätzliche Honorar gehört dementsprechend nicht zu den Verfahrenskosten (Auslagen) iSd § 54 Nr. 2. Wie auch die Vergütungsansprüche, die aufgrund des Dienst- bzw. Werkvertragsschlusses des Insolvenzverwalters mit **Dritten** entstehen, welche die **besonderen Kenntnisse** aufweisen und einsetzen (hierzu BGH NJW-RR 2007, 622 Rn. 13), begründet die Sondervergütung gem. § 5 InsVV eine sonstige Masseverbindlichkeit nach § 55 Abs. 1 Nr. 1 (MüKoInsO/Hefermehl Rn. 38a; Uhlenbruck/Sinz Rn. 21; Braun/Bäuerle Rn. 29).

2. Auslagen

38 Zu den **Auslagen iSd § 54 Nr. 2** zählen eigene verfahrensbezogene Auslagen, vor allem Reise-, Telefon-, Porto- und Kopierkosten, sowie die Haftpflichtversicherungsprämien.

39 Die Kosten, die dem Verwalter für sein **Büropersonal und Hilfskräfte** entstehenden, sind keine Auslagen, sondern von dem Vergütungsanspruch des Verwalters erfasst.

40 Ebenfalls keine Auslagen sind die in § 55 Abs. 1 Nr. 1 aufgeführten Kosten der **Verwaltung, Verwertung und Verteilung der Masse,** unabhängig davon, ob der Verwalter selbst tätig wird oder einen Dritten mit der Erfüllung der Tätigkeiten betraut.

41 Der BGH hat indes in einer den besonderen Umständen des Einzelfalls geschuldeten Entscheidung anerkannt, dass in **Ausnahmefällen** die Steuerberatungskosten unter die Auslagen nach § 54 Nr. 2 fallen. In masselosen Verfahren mit Kostenstundung nach § 4a seien die Steuerberatungskosten dann von § 54 Nr. 2 erfasst, wenn die Erledigung der steuerlichen Tätigkeiten umfangreich sei, also mehr Arbeit verursache als die einfache Steuererklärung eines einkommenslosen Schuldners, und das Finanzamt die Vorlage von Steuererklärungen und Bilanzen verlange, obwohl der Verwalter mit Hinweis auf die Masselosigkeit eine Steuerschätzung angeregt habe. In diesem Fall soll die Vergütung des Steuerberaters als Auslage nach § 54 Nr. 2 anzuerkennen sein, da dem Verwalter nicht zuzumuten sei, die Kosten selbst zu tragen oder gegen die Verfügung der Finanzverwaltung nach § 34 AO finanzgerichtlich vorzugehen (BGH NZI 2004, 577 ff.; ebenso AG Dresden ZIP 2006, 1686 f. für Lohnbuchhaltungskosten; aA AG Duisburg NZI 2003, 384 (385 f.); Onusseit ZIP 1995, 1798 (1804)).

42 Inwiefern diese Wertungsgesichtspunkte auf andere Fälle übertragbar sind, ist vor dem Hintergrund der Intention des Gesetzgebers, die Zahl der Verfahrenseröffnungen zu erhöhen (RegE, BT-Drs. 12/2441, 126), zu beurteilen. Diese Zwecksetzung spricht dafür, die Auslagen für die Masseverwaltung abgesehen von besonders gelagerten Einzelfällen unter § 55 Abs. 1 Nr. 1 fallen zu lassen. Im Fall von masselosen Unternehmensinsolvenzen werden Steuerberaterkosten dementsprechend überwiegend als sonstige Masseverbindlichkeiten nach § 55 Abs. 1 Nr. 1 eingeordnet (so ausdrücklich in Abgrenzung zu BGH NZI 2004, 577 ff.: AG Hamburg NZI 2004, 674; Uhlenbruck/Sinz Rn. 23; HK-InsO/Landfermann § 207 Rn. 12; aA Pape ZInsO 2004, 1049 (1051)). Neben den Kosten, die in dem Fall in Rede standen, der der Entscheidung des BGH zugrunde lag, sollten – vor dem Hintergrund der gesetzgeberischen Intention – allenfalls solche Kosten als Auslagen iSv § 54 Nr. 2 angesehen werden, die dem Verwalter durch die Erfüllung hoheitlicher Pflichten entstehen und deren Nichterfüllung bußgeld- oder strafbewehrt ist (vgl. Uhlenbruck/Sinz Rn. 23). In diesen Fällen erscheint es geboten, den Zweck der Erhöhung der Zahl der Verfahrenseröffnungen gegenüber den Belangen des Insolvenzverwalters zurücktreten zu lassen; es erscheint gerechtfertigt, die Kosten für die Erfüllung der „zwingenden" Pflichten als „verfahrenskostengleich" einzustufen. Dies betrifft als praxisrelevante Fälle beispielsweise die Veröffentlichungspflichten gem. § 325 Abs. 1 HBG, welche nach § 335 Abs. 1 HBG bußgeldbewehrt sind, die sozialrechtlichen Pflichten nach §§ 57, 58 SGB II, §§ 312, 314 SGB III, § 198 SGB V, welche nach §§ 63 Abs. 1 SGB II, § 404 Abs. 2 Nr. 19 SGB III und § 22 SGB III, § 111 Abs. 1 Nr. 2 SGB IV bußgeldbewehrt sind sowie die Aktenaufbewahrungspflichten gem. § 147 AO, § 157 Abs. 2 HGB, § 74 Abs. 2 GmbHG, welche nach § 283 Abs. 1 Nr. 5, 6, 7b, § 283b Abs. 1 StGB strafbewehrt sind.

II. Vorläufiger Insolvenzverwalter

43 Gemäß § 21 Abs. 2 Nr. 1 iVm §§ 63, 64 hat auch der vorläufige Insolvenzverwalter einen Anspruch auf Vergütung für seine Geschäftsführung und auf Erstattung angemessener Auslagen. Für die Berechnung der Vergütung ist das Vermögen zugrunde zu legen, auf das sich die Tätigkeit des vorläufigen Insolvenzverwalters während des Eröffnungsverfahrens erstreckt (§ 11 Abs. 1 S. 1

InsVV). Umstände, die sich erst nach Verfahrenseröffnung ergeben, bleiben damit unberücksichtigt (BGH NJW 2013, 532 Rn. 17; BGH WM 2004, 585 (586)). Der Anspruch des vorläufigen Insolvenzverwalters ist unabhängig vom und nicht anrechenbar auf einen Anspruch des endgültigen Verwalters. Das Insolvenzgericht setzt auf Antrag des vorläufigen Verwalters die Vergütung und die Auslagen nach Beendigung des Eröffnungsverfahrens fest (§ 64, §§ 10, 8 InsVV). Der Vergütungsanspruch unterliegt der allgemeinen dreijährigen Verjährungsfrist des § 195 BGB, wobei die Verjährung bis zum Abschluss des eröffneten Insolvenzverfahrens gehemmt ist, was aus dem allgemeinen Rechtsgedanken, der auch in § 8 Abs. 2 S. 1 RVG zum Ausdruck kommt, folgt (BGH NZI 2010, 977 (980 f.)). Die Verjährung beginnt mit Abschluss des Jahres zu laufen, in welchem der Vergütungsanspruch fällig wird und damit mit Eröffnung des Insolvenzverfahrens.

Der Vergütungs- und Auslagenanspruch des vorläufigen Insolvenzverwalters ist eine Masseschuld nach § 54 Nr. 2, wenn das **Insolvenzverfahren eröffnet** wird. Wird der Eröffnungsantrag abgewiesen, für erledigt erklärt oder zurückgenommen, fällt der Anspruch damit nicht unter § 54 Nr. 2. Falls es aufgrund eines neuen Insolvenzantrags zu einer Verfahrenseröffnung kommt, führt dies nicht dazu, dass der Anspruch nachträglich von § 54 Nr. 2 umfasst wird. Der im abgeschlossenen ersten Verfahren nicht erfüllte Anspruch ist lediglich eine Insolvenzforderung nach § 38 (BGH NZI 2009, 53; NJW 2008, 583 (585); BGHZ 59, 356 (358 ff.)). Andernfalls dürfte ein Insolvenzverfahren erst eröffnet werden, wenn nicht nur die Kosten des gegenwärtigen Verfahrens durch die Masse gedeckt wären, sondern zusätzlich auch die Kosten aus vorangegangenen Verfahren, die nicht eröffnet wurden. Dies würde dem Zweck, möglichst viele Verfahren zu eröffnen, widersprechen (MüKoInsO/Hefermehl Rn. 44). 44

Falls die Vergütung des vorläufigen Insolvenzverwalters mangels Masse nicht beglichen werden kann, besteht grundsätzlich keine **Ausfallhaftung der Staatskasse** (BGH ZIP 2013, 631 Rn. 14). Dem Insolvenzverwalter bleibt die Möglichkeit, bei erkennbar drohender Massearmut einen Vorschuss für die Aufnahme seiner Tätigkeit zu verlangen und die Aufhebung seiner Bestellung herbeizuführen, indem er dem Insolvenzgericht die festgestellte Masseinsuffizienz mitteilt (MüKoInsO/Hefermehl Rn. 45). Sind die Kosten des Verfahrens nach § 4a gestundet, sieht § 63 Abs. 2 ausnahmsweise eine Ausfallhaftung des Staates vor. 45

Ist der Verwalter als **Sachverständiger** zusätzlich mit der Prüfung eines Eröffnungsgrundes und der Aussichten für eine Fortführung des Unternehmens nach § 22 Abs. 1 S. 2 Nr. 3 Hs. 2 beauftragt, steht ihm ein eigenständiger Vergütungsanspruch gegen die Staatskasse zu. Dieser fällt als Auslage des Insolvenzgerichts unter § 54 Nr. 1. 46

III. Gläubigerausschussmitglied

Die Mitglieder des Gläubigerausschusses haben gem. § 73 Abs. 1 Anspruch auf Vergütung für ihre Tätigkeit und auf Erstattung angemessener Auslagen. Der Vergütungsanspruch gehört zu den Kosten des Insolvenzverfahrens und ist damit Masseverbindlichkeit. Die Vergütung der Mitglieder wird nach ihrem Zeitaufwand bemessen (§ 17 InsVV). Eine Ausfallhaftung der Staatskasse besteht nur, wenn die Kosten des Verfahrens gestundet worden sind (§§ 73 Abs. 2, 64). 47

§ 55 Sonstige Masseverbindlichkeiten

(1) Masseverbindlichkeiten sind weiter die Verbindlichkeiten:
1. die durch Handlungen des Insolvenzverwalters oder in anderer Weise durch die Verwaltung, Verwertung und Verteilung der Insolvenzmasse begründet werden, ohne zu den Kosten des Insolvenzverfahrens zu gehören;
2. aus gegenseitigen Verträgen, soweit deren Erfüllung zur Insolvenzmasse verlangt wird oder für die Zeit nach der Eröffnung des Insolvenzverfahrens erfolgen muß
3. aus einer ungerechtfertigten Bereicherung der Masse.

(2) ¹Verbindlichkeiten, die von einem vorläufigen Insolvenzverwalter begründet worden sind, auf den die Verfügungsbefugnis über das Vermögen des Schuldners übergegangen ist, gelten nach der Eröffnung des Verfahrens als Masseverbindlichkeiten. ²Gleiches gilt für Verbindlichkeiten aus einem Dauerschuldverhältnis, soweit der vorläufige Insolvenzverwalter für das von ihm verwaltete Vermögen die Gegenleistung in Anspruch genommen hat.

(3) ¹Gehen nach Absatz 2 begründete Ansprüche auf Arbeitsentgelt nach § 169 des Dritten Buches Sozialgesetzbuch auf die Bundesagentur für Arbeit über, so kann die Bundesagentur diese nur als Insolvenzgläubiger geltend machen. ²Satz 1 gilt entspre-

chend für die in § 175 Absatz 1 des Dritten Buches Sozialgesetzbuch bezeichneten Ansprüche, soweit diese gegenüber dem Schuldner bestehen bleiben.

(4) ¹Umsatzsteuerverbindlichkeiten des Insolvenzschuldners, die von einem vorläufigen Insolvenzverwalter oder vom Schuldner mit Zustimmung eines vorläufigen Insolvenzverwalters oder vom Schuldner nach Bestellung eines vorläufigen Sachwalters begründet worden sind, gelten nach Eröffnung des Insolvenzverfahrens als Masseverbindlichkeit. ²Den Umsatzsteuerverbindlichkeiten stehen die folgenden Verbindlichkeiten gleich:
1. sonstige Ein- und Ausfuhrabgaben,
2. bundesgesetzlich geregelte Verbrauchsteuern,
3. die Luftverkehr- und die Kraftfahrzeugsteuer und
4. die Lohnsteuer.

Überblick

§ 55 benennt und regelt die „sonstigen Masseverbindlichkeiten", die früher als Masseschulden bezeichnet wurden. Zusammen mit § 54, der die Kosten des Insolvenzverfahrens zum Gegenstand hat, regelt § 55 abschließend den Kreis der Masseverbindlichkeiten.

Übersicht

	Rn.		Rn.
A. Allgemeines	1	VII. Öffentliche Lasten	34
B. Verbindlichkeiten durch Handlungen des Verwalters (Abs. 1 Nr. 1 Alt. 1)	5	VIII. Altlasten	35
		IX. Abgrenzung	39a
I. Rechtsgeschäftliches Handeln	6	D. Verbindlichkeiten aus gegenseitigen Verträgen (Abs. 1 Nr. 2)	40
II. Hilfspersonen	14		
III. Prozesshandlungen	16	I. Erfüllungswahl des Verwalters (Alt. 1)	40
IV. Neue Rechtsstreitigkeiten	17	II. Erfüllung für die Zeit nach Verfahrenseröffnung (Alt. 2)	42
V. Anhängige Rechtsstreitigkeiten	19		
VI. Tatsächliches Handeln	24	E. Verbindlichkeiten aus ungerechtfertigter Bereicherung der Masse (Abs. 1 Nr. 3)	59
C. In anderer Weise begründete Masseverbindlichkeiten (Abs. 1 Nr. 1 Alt. 2)	25		
I. Steuern und Abgaben	26	F. Verbindlichkeiten durch Handlungen des vorläufigen Verwalters (Abs. 2)	63
II. Einkommensteuer	28	G. Verbindlichkeiten gegenüber der Bundesagentur für Arbeit nach Anspruchsübergang gem. § 169 S. 1 SGB III (Abs. 3)	68
III. Umsatzsteuer	29		
IV. Kfz-Steuer	31		
V. Gewerbesteuer	32		
VI. Grundsteuer	33	H. Steuerverbindlichkeiten (Abs. 4)	69

A. Allgemeines

1   Die Masseverbindlichkeiten sind vor den Insolvenzforderungen zu befriedigen, § 53. Die Unterteilung in Ausgaben für die Verwaltung, Verwertung und Verteilung der Masse und in Ansprüche, welche aus Geschäften oder Handlungen des Konkursverwalters entstehen, die noch durch § 58 Nr. 2 KO und § 59 Abs. 1 Nr. 1 KO vorgenommen wurde, wurde nicht beibehalten. Der Bereich der bevorzugt befriedigten Masseforderungen ist gegenüber den §§ 58, 59 KO durch die Neuregelung in § 55 stark eingeschränkt worden; Ziel ist die Gläubigergleichbehandlung und die Verbesserung der Befriedigungschancen der Insolvenzgläubiger durch Vermeidung der Aushöhlung der Masse.

2   Die Unterscheidung zwischen den Kosten iSd § 54 und den sonstigen Masseverbindlichkeiten iSd § 55 erlangt bei Eintritt der Masseunzulänglichkeit Bedeutung. Im Fall der Masseunzulänglichkeit gehen gem. § 209 Abs. 1 die Kosten des Verfahrens nach § 54 den sonstigen Masseverbindlichkeiten nach § 55 vor. Die Kosten des Verfahrens müssen also zunächst voll befriedigt werden, bevor die übrige Masse an die Gläubiger der sonstigen Masseverbindlichkeiten verteilt werden darf.

3   § 55 verfolgt mehrere Zwecke. Er soll die Bereitschaft zum Abschluss von Verträgen mit dem (vorläufigen) Insolvenzverwalter fördern bzw. Ansprüche nach einem Erfüllungsverlangen des

Verwalters privilegieren. Diese Zwecksetzungen stehen in engem Zusammenhang mit dem Ziel des Gesetzgebers der InsO, die Fortführung und Sanierung des Schuldnerunternehmens zu fördern, weil dieser Weg der Gläubigerbefriedigung regelmäßig bessere Befriedigungsquoten verspricht und eine unnötige Vernichtung von Werten, zu der es bei einer Zerschlagung und Vollliquidation des Schuldnerunternehmens nicht selten kommt, zu vermeiden geeignet ist.

Zudem sollen Bereicherungsgläubiger durch Abs. 1 Nr. 3 geschützt werden, indem der allgemeine Grundsatz des Verbots der ungerechtfertigten Bereicherung der Masse normiert wurde. Abs. 3 bewirkt die Rückstufung von im Rahmen der Gewährung von Insolvenzgeld an die Bundesagentur für Arbeit abgetretenen Lohnansprüchen der Arbeitnehmer zu Insolvenzforderungen mit dem Ziel, die liquiditätsmäßigen Belastungen der Masse gering zu halten und eine Betriebsfortführung zu erleichtern. Die Regelung in Abs. 4 dient dem Schutz der Ansprüche der Finanzverwaltung. **4**

B. Verbindlichkeiten durch Handlungen des Verwalters (Abs. 1 Nr. 1 Alt. 1)

Masseforderungen gem. Abs. 1 Nr. 1 Alt. 1 entstehen durch Handlungen des Verwalters. **5** Gemeint ist damit sowohl ein positives Tun als auch, bei einer Pflicht zum Tätigwerden, ein Unterlassen des Insolvenzverwalters. Entscheidend ist, dass der Insolvenzverwalter die Forderung nach der Insolvenzeröffnung begründet hat und es sich damit um ein sog. Neugeschäft handelt. Sog. Altgeschäfte, also Rechtsgeschäfte, die der Schuldner begründet hatte und die lediglich vom Verwalter übernommen werden, fallen damit nicht unter diese Alternative, sondern allenfalls unter § 55 Abs. 1 Nr. 1 Alt. 2. Auch eine nachträgliche Bestätigung eines vor der Eröffnung des Verfahrens entstandenen Anspruchs durch den Insolvenzverwalter ändert an dessen Einordnung nichts, sodass ein Schuldversprechen oder ein Schuldanerkenntnis des Insolvenzverwalters nicht zur Annahme eines Neugeschäfts führt (RG JW 1890, 114; Jaeger/Henckel Rn. 8; Gottwald InsR-HdB/Klopp/Kluth § 56 Rn. 4). Die Forderung muss gerade vom Verwalter und damit nach Eröffnung des Verfahrens begründet werden. Eine Einschränkung ergibt sich daraus, dass der Insolvenzverwalter im Rahmen seiner Tätigkeit für die Insolvenzmasse tätig sein, er also innerhalb seines Wirkungskreises handeln muss. Insolvenzzweckwidrige Handlungen werden nicht erfasst.

I. Rechtsgeschäftliches Handeln

Der Tatbestand des § 55 Abs. 1 Nr. 1 Alt. 1 wird vor allem durch Rechtsgeschäfte, die typischerweise im Rahmen der Betriebsfortführung abgeschlossen werden, erfüllt. Entscheidend ist, dass es sich um sog. Neugeschäfte handelt. Häufig entscheidet sich der Insolvenzverwalter für den Abschluss von Kaufverträgen, Darlehensverträgen und Schuldübernahmen (RG JW 1911, 114 Nr. 51; K. Schmidt InsO/Thole Rn. 6). **6**

Die Entgeltansprüche der neu eingestellten Arbeitnehmer, die für das insolvente Unternehmen **7** tätig werden sollen, sind Masseforderungen iSd § 55 Abs. 1 Nr. 1 Alt. 1 (FK-InsO/Bornemann Rn. 9). Nicht erfasst werden hingegen die Kosten für das Personal des Insolvenzverwalters. Diese fallen unter die Verwaltervergütung und sind mit dieser abgegolten. Von der Norm erfasst sind hingegen die angemessene Vergütung nebst Auslagen für die Erledigung besonderer Aufgaben durch Externe nach § 4 Abs. 1 S. 3 InsVV und für die Erfüllung von Aufgaben durch den Verwalter, die einer besonderen beruflichen Qualifikation nach § 5 InsVV bedürfen (→ Rn. 14).

Der Anspruch auf **Nachteilsausgleich** gem. § 113 Abs. 3 iVm Abs. 1 BetrVG ist als Masseverbindlichkeit gem. § 55 Abs. 1 Nr. 1 Alt. 1 zu berichtigen, wenn der Verwalter nach Eröffnung des Insolvenzverfahrens eine geplante Betriebsänderung durchführt, ohne über sie einen Interessenausgleich mit dem Betriebsrat versucht zu haben (BAGE 107, 91). Durchgeführt wird eine geplante Betriebsänderung ab dem Zeitpunkt, in welchem der Verwalter mit ihr beginnt und damit vollendete Tatsachen schafft; im Fall einer Stilllegung ist dies dann der Fall, wenn er unumkehrbare Maßnahmen zur Auflösung der betrieblichen Organisation ergreift und bspw. die bestehenden Arbeitsverhältnisse kündigt (BAG NZA 2015, 1147 Rn. 22 mwN). Demgegenüber soll die auf öffentlich-rechtlichen Rahmenbedingungen beruhende Unmöglichkeit der Fortführung der betrieblichen Tätigkeit noch nicht die Unterrichtungs- und Beratungspflicht nach § 111 S. 1 BetrVG auslösen; sie stellt nach Auffassung des BAG allenfalls den Anlass für eine spätere Betriebsänderung dar, sei aber noch nicht deren Beginn (BAG NZI 2018, 278 (280) mAnm Barth). **7a**

Erfüllt der Insolvenzverwalter einen Vertrag, der durch Vermittlung eines Handelsvertreters **8** zwischen dem Auftrag gebenden Schuldner und einem Dritten zustande kam, so ändert dies nichts an der Einordnung des **Provisionsanspruchs des Handelsvertreters** als bloße Insolvenzforderung. Der Provisionsanspruch entsteht gem. § 87 HGB bereits bei Abschluss des vermittelten

Vertrags aufschiebend bedingt. Eine Erfüllungsentscheidung des Verwalters führt nicht zu einer erneuten Begründung des Anspruchs nach Verfahrenseröffnung. Der Umstand, dass die Fälligkeit des Provisionsanspruchs gem. § 87a Abs. 1 S. 1, S. 3 HGB erst mit Ausführung des vermittelten Rechtsgeschäfts eintritt, hat auf die Beurteilung des Anspruchs als Insolvenzforderung keinen Einfluss (BGH ZIP 90, 318 (319)).

9 Der Verwalter entscheidet nach pflichtgemäßem Ermessen über den Abschluss und den Inhalt der Rechtsgeschäfte. Falls er die nach § 160 erforderliche Zustimmung der Gläubigerversammlung nicht einholt, berührt dies gem. § 164 die Wirksamkeit des Vertrags nicht. **Insolvenzzweckwidrige Handlungen** des Verwalters sind hingegen unwirksam. Ein Rechtsgeschäft ist danach unwirksam, wenn die Handlung des Verwalters evident und außerhalb seines Wirkungskreises liegt. Läuft das Handeln offensichtlich dem Insolvenzzweck der gleichmäßigen Gläubigerbefriedigung nach § 1 S. 1 zuwider und ist dies für einen verständigen Beobachter ohne Weiteres ersichtlich, so ist das Rechtsgeschäft unwirksam (BGH NZI 2008, 365 mAnm Rein; NZI 2008, 365; NZI 2014, 450 (450f.); OLG Dresden ZInsO 2005, 1221; noch zum Recht der KO: BGH NJW 2002, 2783 (2785)). Eine bloße Unrichtigkeit oder Unzweckmäßigkeit der Handlung genügt hingegen nicht (BGH NZI 2008, 365 mAnm Rein; NZI 2008, 365; NZI 2014, 450 (450f.)).

10 Die Bindung der Masse an ein Rechtsgeschäft, das der Verwalter unter Einschaltung eines Dritten abschließt, nach den Grundsätzen der Duldungs- oder Anscheinsvollmacht ist grundsätzlich möglich, allerdings sind an den Rechtsschein und die Schutzwürdigkeit des Dritten hohe Anforderungen zu stellen (K. Schmidt InsO/Thole Rn. 6; OLG Köln ZIP 2001, 1709 (1711 f.)).

11 Sekundäransprüche, die infolge des Vertragsabschlusses entstehen, fallen ebenfalls unter die Nr. 1, da sie aus dem Neugeschäft folgen (MüKoInsO/Hefermehl Rn. 30).

12 Schuldanerkenntnisse und Schuldversprechen des Insolvenzverwalters werden nur dann von Nr. 1 erfasst, wenn sie sich auf ein durch den Insolvenzverwalter begründetes Rechtsgeschäft, also ein **Neugeschäft** beziehen; werden Schuldanerkenntnisse oder Schuldversprechen hingegen in Bezug auf eine bloße Insolvenzforderung abgegeben, wird diese hierdurch nicht zur Masseforderung nach Nr. 1 (Uhlenbruck/Sinz Rn. 10). Genauso wenig führt ein Vergleich über eine Insolvenzforderung, den der Verwalter abschließt, zur Einordnung dieser Insolvenzforderung als Masseforderung (K. Schmidt InsO/Thole Rn. 8).

13 Erteilt der Verwalter die **Genehmigung zu einer Geschäftsführung ohne Auftrag,** dann erwirbt der Geschäftsführer, der für den Schuldner handelt, einen Anspruch nach §§ 683, 670 BGB. Dieser Anspruch ist allerdings bloße Insolvenzforderung, da er bereits vor Insolvenzeröffnung angelegt war, auch wenn er erst durch die Genehmigung gem. § 684 S. 2 BGB entsteht. Nur wenn der Geschäftsführer nach der Insolvenzeröffnung handelt und der Verwalter die Geschäftsführung genehmigt, ist der Anspruch nach §§ 683, 670 BGB eine Masseforderung. Wenn der Verwalter keine Genehmigung erteilt, fällt der Aufwendungsersatzanspruch nach § 683 BGB unter die Nr. 1, wenn die Geschäftsführung nach Eröffnung des Verfahrens erfolgte (BGH NJW 1971, 1564; Jaeger/Henckel Rn. 9).

II. Hilfspersonen

14 Zur Erfüllung seiner Aufgaben im Insolvenzverfahren darf der Insolvenzverwalter Hilfspersonen einsetzen, bspw. selbstständige Steuerberater, Wirtschaftsprüfer und Sachverständige. Er darf insoweit auch neue Mitarbeiter einstellen. Allein mit den Kernaufgaben des Insolvenzverwalters dürfen diese nicht betraut werden, da eine Delegation insoweit unzulässig ist (K. Schmidt InsO/Thole Rn. 10). Hinsichtlich der Verträge muss danach unterschieden werden, ob die Masse oder der Verwalter persönlich verpflichtet wird.

15 Löhne und Gehälter des eigenen Personals des Verwalters, wie bspw. des Büropersonals, sind als allgemeine Geschäftskosten durch die Verwaltervergütung abgegolten, § 4 Abs. 1 InsVV (Verweis auf § 54 Nr. 2). Dies gilt auch für die Ansprüche von Personen, die der Verwalter zur Erledigung der anfallenden Verwalteraufgaben bei sich selbst anstellt, auch wenn sie für die Abwicklung eines bestimmten Insolvenzverfahrens eingestellt werden, vgl. § 4 Abs. 1 InsVV (Uhlenbruck/Sinz Rn. 11). Dies gilt ebenso, wenn die Personen zuvor beim Schuldner beschäftigt waren, solange sie nun Verwaltungsaufgaben wahrnehmen. Schließt der Insolvenzverwalter hingegen Verträge mit Personen zur Erledigung besonderer Aufgaben im Rahmen der Verwaltung nach § 4 Abs. 1 S. 3 InsVV oder übernehmen er oder von ihm vertraglich in Anspruch genommene Dritte Aufgaben, welche eine besondere Sachkunde nach § 5 InsVV erfordern, so ist der Anspruch auf Vergütung und Auslagen eine Masseforderung iSd § 55 Abs. 1 Nr. 1 Alt. 1 (Verweis auf § 54 Nr. 2). Demgemäß sind die Ansprüche für steuerberaterliche Tätigkeiten oder für die Prozessführung durch einen Rechtsanwalt als sonstige Masseforderungen einzuordnen. Dem Verwalter ist

Sonstige Masseverbindlichkeiten § 55 InsO

dabei freigestellt, ob er Neueinstellungen vornimmt oder ob er seine Angestellten mit besonderer Sachkunde mit der Wahrnehmung der Sonderaufgaben betraut und dadurch die Masse verpflichtet (BGH NJW-RR 2007, 622 (623); NJW-RR 2007, 53 (55); dazu Prasser EWiR 2006, 569; BGHZ 160, 176 (180)). Allerdings muss der Verwalter dann gesonderte Dienst- oder Werkverträge für die Masse abschließen (BGH NJW-RR 2007, 53 (55); KPB/Pape/Schaltke Rn. 96).

III. Prozesshandlungen

Der Insolvenzverwalter kann kraft des auf ihn nach § 80 (→ § 80 Rn. 9 ff.) mit Eröffnung des 16 Insolvenzverfahrens übergegangenen Prozessführungsrechts Aktiv- und Passivprozesse für die Masse anstelle des nicht mehr prozessführungsbefugten Schuldners führen. Die im Rahmen der Prozesse vorgenommenen Prozesshandlungen des Verwalters fallen unter die Handlungen iSd § 55 Abs. 1 Nr. 1 Alt. 1. Ob durch diese Prozesshandlungen Masseverbindlichkeiten oder Insolvenzforderungen entstehen, hängt von dem Zeitpunkt der Entstehung des Rechtsstreits ab.

IV. Neue Rechtsstreitigkeiten

Der Verwalter kann nach Eröffnung des Insolvenzverfahrens anstelle des Schuldners aufgrund 17 der übergegangenen Verwaltungs- und Verfügungsbefugnis für die Insolvenzmasse klagen oder verklagt werden. Er begründet für diese nach Verfahrenseröffnung entstandenen Aktiv- und Passivprozesse im Unterliegensfall Masseschulden nach § 55 Abs. 1 Nr. 1.

Wählt der Verwalter die Freigabe hinsichtlich eines streitbefangenen Massegegenstands zuguns- 18 ten des Insolvenzschuldners, so steht ihm bezogen auf diesen Gegenstand keine Prozessführungsbefugnis mehr zu. Der Schuldner erlangt insoweit die Verwaltungs- und Verfügungsbefugnis wieder zurück, sodass er hinsichtlich des Gegenstands wie auch bezüglich des restlichen insolvenzfreien Vermögens prozessführungsbefugt ist. Ob für den Verwalter die Möglichkeit besteht, den Schuldner nur zur Klageerhebung zu ermächtigen und im Übrigen keine Freigabe des Gegenstands zu verfügen, um so das Kostenrisiko eines Prozesses für die Masse zu vermeiden, ohne den Gegenstand für die Masse zu verlieren, ist umstritten. Diese sog. modifizierte Freigabe wird von der Rechtsprechung grundsätzlich für zulässig gehalten. Die gewillkürte Prozessstandschaft des Schuldners sei als Minus gegenüber der echten Freigabe möglich, soweit dieser ein eigenes schutzwürdiges Interesse an der Anspruchsdurchsetzung im eigenen Namen habe (BGHZ 100, 217; s. auch HK-InsO/Kayser § 80 Rn. 41). Sie wird hingegen gem. § 138 BGB unzulässig sein, wenn der Verwalter den Schuldner nur deshalb zur Klageerhebung ermächtigt, um das Prozesskostenrisiko der Masse zu Lasten des Prozessgegners auszuschließen (MüKoInsO/Hefermehl Rn. 42).

V. Anhängige Rechtsstreitigkeiten

Anhängige Prozesse, die die Insolvenzmasse betreffen, werden im Fall der Eröffnung des Insol- 19 venzverfahrens gem. § 240 ZPO unterbrochen. Die Rechtsstreitigkeiten können bei Vorliegen der Voraussetzungen der §§ 85, 86 Abs. 1 (→ § 85 Rn. 1 ff., → § 86 Rn. 1 ff.) durch den Insolvenzverwalter und den Prozessgegner aufgenommen werden.

Werden anhängige Rechtsstreitigkeiten **nicht weitergeführt,** stellen die Forderungen der 20 Staatskasse sowie die des Prozessgegners Insolvenzforderungen dar. Die Gebührenforderungen der vor der Verfahrenseröffnung durch den Insolvenzschuldner beauftragten Rechtsanwälte sind ebenfalls Insolvenzforderungen. Nur bei Aufnahme des Prozesses durch den Insolvenzverwalter und Beauftragung des Rechtsanwalts sind die gesamten Anwaltskosten, also auch die vor Verfahrenseröffnung entstandenen, Masseverbindlichkeiten. Nimmt der Verwalter die Klage nach Verfahrenseröffnung zurück, so sind die dem Verwalter auferlegten Kosten Masseverbindlichkeiten nach § 55 Abs. 1 Nr. 1. Der Verwalter kann, um die Begründung von Masseverbindlichkeiten zu vermeiden, die Aufnahme des Rechtsstreits gem. § 85 Abs. 2 ablehnen. Dann bleiben die zum Zeitpunkt der Verfahrenseröffnung bestehenden Kostenerstattungsansprüche bloße Insolvenzforderungen. Genauso kann der Verwalter einen Anspruch sofort anerkennen, sodass der Gegner gem. § 86 Abs. 2 den Kostenerstattungsanspruch nur als Insolvenzgläubiger geltend machen kann.

Falls der Verwalter den **Rechtsstreit fortführt,** ist umstritten, ob der zivilprozessuale Grundsatz 21 der einheitlichen Kostenentscheidung gilt, wenn der Verwalter unterliegt. Nach bisher herrschender Auffassung in Rechtsprechung und Literatur ist der Kostenerstattungsanspruch wegen des Grundsatzes der Einheitlichkeit der Kostenentscheidung und aufgrund der bewussten Übernahme der Verantwortlichkeit des gesamten Prozessrisikos durch den Verwalter als neue Prozesspartei nicht teilbar (OLG Schleswig OLGR 2005, 665 f.; OLG Köln JurBüro 1986, 1243; OLG Hamm JurBüro 1990, 1482; Jaeger/Henckel Rn. 21; MüKoInsO/Hefermehl Rn. 49 ff.). Der Verwalter macht durch sein Eintreten als Prozesspartei anstelle des Schuldners die Kostenpositionen des Prozesses insgesamt, also auch die durch den Schuldner verursachten Kosten, zu Masseansprüchen. Der Kostenerstattungsanspruch ist demnach einheitlich als Masseforderung nach § 55 Abs. 1 Nr. 1 einzuordnen. Demgegenüber wird vertreten, dass die Kosten des Rechtsstreits danach zu unterscheiden seien, ob sie durch Handlungen vor oder durch Handlungen nach Verfahrenseröffnung entstanden sind (MüKoInsO/Schumacher § 85 Rn. 20; Heiderhoff ZIP 2002, 1564 ff.). Erstere seien bloße Insolvenzforderungen und nur letztere seien Masseforderungen nach § 55 Abs. 1 Nr. 1. Dieses Ergebnis wird mit einer entsprechenden Anwendung des § 105 und mit §§ 86 Abs. 2, 182 begründet. Würden die Kosten, die bereits durch Handlungen des Schuldners und damit vor Insolvenzeröffnung entstanden sind, einheitlich als Masseforderungen eingeordnet, würde dies zu einer systemfremden Privilegierung des Erstattungsanspruchs des Gläubigers führen. Insoweit müsse der prozessuale Grundsatz der Einheitlichkeit der Kostenentscheidung hinter der durch die InsO vorgenommenen Einordnung als Insolvenzforderung zurücktreten. Andernfalls bestünde auch die Gefahr, dass der Gläubiger durch missbräuchliche Prozessführung die Massebefangenheit der durch Handlungen vor Insolvenzeröffnung entstandenen Kosten herbeiführen könnte; der Gläubiger könne ein Bestreiten durch den Verwalter provozieren und dann nach § 180 Abs. 2 den Streit aufnehmen. In der Rechtsprechung wird eine solche Teilung des Kostenerstattungsanspruchs teilweise für richtig erachtet. So hat das OLG Stuttgart eine Kostentrennung mit Verweis auf § 105 für den Fall bejaht, dass der Verwalter den Rechtsstreit in der Berufungsinstanz aufgenommen hat und die eingeschränkte Kostentragungspflicht bereits in der Kostengrundentscheidung und nicht erst im Kostenfestsetzungsverfahren getroffen wurde (OLG Stuttgart ZInsO 2007, 43 (44 mwN)). Auch der IX. Zivilsenat des BGH erkennt an, dass die Kritik an der undifferenzierten Behandlung des Kostenerstattungsanspruchs als Masseverbindlichkeit in Fällen, in denen die Verfahrenseröffnung den Rechtsstreit in einer höheren Instanz oder nach Zurückverweisung der Sache an die Vorinstanz unterbricht, berechtigt sein kann. In dem seiner Entscheidung v. 28.9.2006 zugrunde liegenden Fall war die Unterbrechung des Verfahrens indes bereits vor der mündlichen Verhandlung eingetreten, sodass er eine Kostentrennung für nicht angezeigt erachtete (BGH NJW-RR 2007, 397 (397 f.)).

22 Die Vergütungsansprüche eines vom Insolvenzverwalter nach Verfahrenseröffnung beauftragten Rechtsanwalts sind Masseverbindlichkeiten nach § 55 Abs. 1 Nr. 1. War derselbe Rechtsanwalt bereits durch den Insolvenzschuldner vor Verfahrenseröffnung beauftragt, sodass sein Prozessauftrag mit Verfahrenseröffnung gem. § 116 endete, sind dessen Ansprüche insgesamt Masseverbindlichkeiten (s. Verweis auf oben unter anhängige Rechtsstreitigkeiten, nicht weitergeführt). Übernimmt der Verwalter selbst die anwaltliche Vertretung, so ist sein Vergütungsanspruch ebenfalls eine Masseverbindlichkeit nach § 55 Abs. 1 Nr. 1.

23 Der Verwalter hat pflichtgemäß zu prüfen, ob er den Prozess für die Masse fortführen soll. Bei einer schuldhaften und pflichtwidrigen Entscheidung über die Fortsetzung des Prozesses besteht die Gefahr einer Haftung gem. § 61.

VI. Tatsächliches Handeln

24 Auch ein tatsächliches Handeln des Verwalters kann eine Masseforderung nach § 55 Abs. 1 Nr. 1 begründen (MüKoInsO/Hefermehl Rn.34). Verübt der Verwalter eine unerlaubte Handlung, wird die hierdurch begründete Verbindlichkeit allerdings nur dann zur Masseverbindlichkeit, wenn er die Rechtsverletzung innerhalb seiner Amtsführung und nicht nur bei deren Gelegenheit vornimmt (MüKoInsO/Hefermehl Rn. 34). Handlungen, die ohne Zusammenhang zu der Tätigkeit als Insolvenzverwalter stehen, können also keine Masseverbindlichkeit begründen. Für eine deliktische Haftung muss der Masse die Handlung des Verwalters gem. § 31 BGB analog zugerechnet werden können (K. Schmidt InsO/Thole Rn. 15). Ansonsten haftet der Verwalter persönlich. Da die Zurechnung über § 31 BGB analog und nicht über eine entsprechende Anwendung des § 278 BGB erfolgt, besteht die Schadensersatzpflicht unabhängig von dem Bestehen einer Vertragspflichtverletzung (BGH NZI 2006, 592; Jaeger/Henckel Rn.13 ff. mwN; aA Uhlenbruck/Sinz Rn. 24, wonach eine unerlaubte Handlung des Insolvenzverwalters entsprechend dem Rechtsgedanken der §§ 31, 831, 278 BGB nur dann zu einer Masseverbindlichkeit führen soll, wenn sie zugleich eine Verletzung der Pflichten des Insolvenzverwalters gegenüber mindestens einem Verfahrensbeteiligten darstellt).

C. In anderer Weise begründete Masseverbindlichkeiten (Abs. 1 Nr. 1 Alt. 2)

25 Verbindlichkeiten, die durch die Verwaltung, Verwertung und Verteilung der Insolvenzmasse begründet werden und die nicht durch eine Handlung des Insolvenzverwalters entstehen, sind

sonstige Masseverbindlichkeiten gem. § 55 Abs. 1 Nr. 1 Alt. 2, wenn sie nicht unter die Kosten des Insolvenzverfahrens gem. § 54 fallen. Eine Differenzierung zu § 54 ist für den Fall der Massearmut bedeutsam, da gem. § 209 Abs. 1 Nr. 1 die Kosten des Insolvenzverfahrens nach § 54 vor den anderen Massekosten zu befriedigen sind. Die Alternativen des § 55 Abs. 1 Nr. 1 sind hingegen auch im Fall der Massearmut gleichrangig zu erfüllen, sodass eine Unterscheidung zwischen den beiden Alternativen in der Praxis keine Bedeutung hat.

I. Steuern und Abgaben

26 Verbindlichkeiten, die unter § 55 Abs. 1 Nr. 1 Alt. 2 fallen, sind in der Praxis häufig **Steuerschulden.** Voraussetzung hierfür ist, dass die Steuerschuld massebezogen ist und durch die Verwaltung, Verwertung und Verteilung der Masse aufgrund Gesetzes entstanden ist (BFH NZI 2020, 1119 Rn. 38 für die infolge des Zuschlags im Zwangsversteigerungsverfahren über ein zur Masse gehörendes Grundstück entstehende Einkommensteuer). Knüpft die Steuerschuld nicht an die Masse an, so besteht kein Anspruch gegen die Masse, sondern nur gegen das insolvenzfreie Vermögen des Schuldners (MüKoInsO/Hefermehl Rn. 68). Dies ist etwa bei der Kfz-Steuer der Fall, wenn das Fahrzeug nicht Teil der Insolvenzmasse ist, weil es aus der Masse freigegeben wurde.

27 Ob die Steuerschuld eine Masseforderung darstellt, bemisst sich gemäß § 38 danach, ob sie zur Zeit der Eröffnung des Insolvenzverfahrens bereits begründet war. Die Abgrenzung zwischen Insolvenzforderung und Masseverbindlichkeit richtet sich demgemäß nach dem Zeitpunkt der Begründung iSd Insolvenzrechts. Eine Forderung ist hiernach begründet, wenn der anspruchsbegründende Tatbestand schon vor Verfahrenseröffnung abgeschlossen ist (BGH NZI 2011, 953; 2005, 403 (404)) und somit bereits ihr Rechtsgrund im Sinne einer gesicherten Forderungsanwartschaft gelegt worden ist (MüKoInsO/Hefermehl Rn. 69). Es ist bei Steuerforderungen dementsprechend darauf abzustellen, ob der die Steuer im Kern auslösende Sachverhalt vor oder nach Insolvenzeröffnung verwirklicht worden ist (MüKoInsO/Hefermehl Rn. 69; Uhlenbruck/Knof/Sinz § 38 Rn. 78). Verlangt der Tatbestand eine Handlung, so ist auf den Zeitpunkt der Vornahme der Handlung abzustellen; ist hingegen der Abschluss eines Rechtsgeschäfts Tatbestandsmerkmal, so ist der Zeitpunkt des materiell-rechtlichen Abschlusses entscheidend (MüKoInsO/Hefermehl Rn. 69). Auf die steuerrechtliche Entstehung und die steuerrechtliche Fälligkeit der Steuerforderung in dem Sinne, dass der hierfür nach steuerrechtlichen Vorschriften erforderliche Sachverhalt vollständig verwirklicht und abgeschlossen ist, kommt es hingegen nicht an (Uhlenbruck/Knof/Sinz § 38 Rn. 78; aA BFH NZI 2009, 447 f.; 2011, 336 Rn. 22 ff.).

27a Zu den Masseverbindlichkeiten gem. § 55 Abs. 1 Nr. 1 Alt. 2 zählen auch kraft Gesetzes entstehende oder durch Verwaltungsakt angeordnete **Abgabenforderungen,** soweit sie selbst einen konkreten Bezug zur Insolvenzmasse aufweisen. Dementsprechend stellen **Beitragsforderungen einer Industrie- und Handelskammer,** die nach Eröffnung des Insolvenzverfahrens über das Vermögen einer kammerzugehörigen Kapitalgesellschaft entstehen, Masseverbindlichkeiten in diesem Sinne dar (BVerwG NZI 2020, 749 Rn. 21 ff.).

II. Einkommensteuer

28 Auch hinsichtlich der Einkommensteuer müssen die Zeiträume vor und nach Insolvenzeröffnung differenziert werden. Die Steuerforderung, die vor Insolvenzeröffnung entstanden ist, ist eine Insolvenzforderung. Die Steuerschuld, die aufgrund einer Handlung oder einer Verwaltungsmaßnahme des Insolvenzverwalters nach Insolvenzeröffnung entsteht, ist eine Masseverbindlichkeit iSd § 55 Abs. 1 Nr. 1 Alt. 2. Veräußert der Verwalter Massegegenstände, so sind die Steuerschulden, die entsprechend der erzielten Gewinne entstehen, Masseverbindlichkeiten (MüKoInsO/Hefermehl Rn. 71). Dies gilt auch dann, wenn es durch die Veräußerung der Vermögenswerte zur Realisierung **stiller Reserven** kommt (BFH ZIP 1994, 1286; differenzierend Onusseit ZIP 2003, 677 (681), nach dem eine Masseschuld nur dann vorliegen soll, wenn die stillen Reserven originär nach Verfahrenseröffnung entstanden sind und nicht nur aufgedeckt wurden). Die Einkommensteuerschuld ist auch dann in voller Höhe Masseverbindlichkeit, wenn das vom Insolvenzverwalter verwertete Wirtschaftsgut mit **Absonderungsrechten** belastet war und (nach Vorwegbefriedigung der absonderungsberechtigten Gläubiger) der tatsächlich zur Masse gelangte Erlös nicht ausreicht, um die aus der Verwertungshandlung resultierende Einkommensteuer zu befriedigen (BFH NZI 2013, 709). Soweit eine Steuerschuld hinsichtlich des insolvenzfreien Vermögens besteht, bspw. hinsichtlich des unpfändbaren Einkommens des Schuldners, ist diese aus dem insolvenzfreien Vermögen vom Schuldner selbst zu begleichen (BFH ZIP 2008, 1643 Rn. 13; DStR 2021, 534 Rn. 46; K. Schmidt InsO/Thole Rn. 21; KPB/Pape/Schaltke Rn. 32). Durch die Überlassung zur Verwertung nach § 170 Abs. 2 erfolgt hingegen keine echte Freigabe aus dem

Insolvenzbeschlag, sodass die aus der Veräußerung durch den absonderungsberechtigten Gläubiger resultierende Einkommensteuer Masseverbindlichkeit ist (FG RhPf NZI 2020, 529 Rn. 59; Revision beim BFH anhängig zu Az. X R 9/20). Übt der Insolvenzverwalter für den Insolvenzschuldner das **Veranlagungswahlrecht** gem. § 26 Abs. 2 S. 2 EStG, § 26b EStG aus, begründet er eine Masseverbindlichkeit iSd § 55 Abs. 1 Nr. 1; wählt der Insolvenzverwalter die Zusammenveranlagung, ist daher auch die auf Einkünfte der nicht insolventen Ehefrau entfallende Einkommensteuer im gleichen Verhältnis wie die durch die Einkünfte des Insolvenzschuldners ausgelöste Einkommensteuer zwischen der Insolvenzmasse und dem insolvenzfreien Vermögen zu verteilen (BFH DStR 2021, 534 Rn. 58 ff.).

III. Umsatzsteuer

29 Entscheidend für die Einordnung einer Umsatzsteuerforderung als Masse- oder Insolvenzforderung ist – anknüpfend an das in → Rn. 27 Ausgeführte –, wann der die Steuer im Kern auslösende Sachverhalt – Lieferung oder Leistung – verwirklicht wurde. Eine Masseforderung liegt demnach vor, wenn der Verwalter nach Verfahrenseröffnung Umsatz erwirtschaftet. Wenn der Schuldner Umsatz generiert, ist die Steuerschuld nur dann eine Masseverbindlichkeit, wenn er im Auftrag der Gläubigerversammlung oder des Insolvenzverwalters den Betrieb auf Rechnung der Masse fortführt oder Massegegenstände gewinnbringend verwendet (BFH ZVI 2011, 29 Rn. 56 ff.; K. Schmidt InsO/Thole Rn. 19). Falls der Umsatz durch unpfändbare Gegenstände generiert wurde, handelt es sich bei der Steuerschuld nicht um eine Masseverbindlichkeit (BFHE 210, 156 (157); K. Schmidt InsO/Thole Rn. 19). Nach Ansicht des BFH kommt es bei der Ist-Besteuerung für die Beurteilung, ob eine Masse- oder eine Insolvenzforderung vorliegt, auf den Zeitpunkt der tatsächlichen Vereinnahmung des Entgelts und nicht auf den Zeitpunkt der Leistungserbringung an. Erst in diesem Zeitpunkt sei der Steuertatbestand vollständig verwirklicht und abgeschlossen (BFH NZI 2009, 447 f. – V. Senat; DStR 2011, 1128 Rn. 17 – XI. Senat; aA KPB/Onusseit InsSteuerR II F Rn. 195 ff.; K. Schmidt InsO/Thole Rn. 19; Sämisch/Adam ZInsO 2010, 934 ff. (935)). Diese ist demnach eine Masseverbindlichkeit nach § 55 Abs. 1 Nr. 1, wenn die Zahlung des Entgelts nach Insolvenzeröffnung erfolgt, auch wenn die Gegenleistung bereits vor Insolvenzeröffnung erbracht wurde. Diese Rechtsprechung hat der BFH auch auf die Soll-Besteuerung erstreckt (BFH NZI 2011, 336 Rn. 22 ff. – V. Senat). Er begründet dies damit, dass die Insolvenzeröffnung zu einer Unterteilung des Unternehmens in die Insolvenzmasse, die freigegebene Masse und den sog. vorinsolvenzlichen Unternehmensteil führe. Zwischen diesen Unternehmensteilen dürften einzelne umsatzsteuerrechtliche Berechtigungen und Verpflichtungen nicht miteinander verrechnet werden. Da mit Eröffnung des Insolvenzverfahrens nach § 80 Abs. 1 die Empfangszuständigkeit auf den Insolvenzverwalter übergehe, könne der Schuldner die bei Verfahrenseröffnung noch nicht vereinnahmten Entgelte aus vor Verfahrenseröffnung erbrachten Leistungen nicht im vorinsolvenzlichen Unternehmensteil einbringen. Dies führe zur Uneinbringlichkeit der Entgeltforderung und zur Berichtigungspflicht nach § 17 Abs. 2 Nr. 1 UStG. Die aufgrund der späteren Vereinnahmung der Einziehungserlöse aus der Entgeltforderung durch den Insolvenzverwalter entstehende Steuerschuld infolge der Steuerberichtigung nach § 17 Abs. 2 Nr. 1 S. 2 UStG begründe eine Masseverbindlichkeit iSv § 55 Abs. 1 Nr. 1. Denn der sich aus § 17 Abs. 2 Nr. 1 S. 2 UStG ergebende Steueranspruch sei erst mit der Vereinnahmung vollständig verwirklicht und damit abgeschlossen. Damit sei die Umsatzsteuer eine Masseverbindlichkeit, wenn der Insolvenzverwalter das ausstehende Entgelt für eine Forderung vereinnahme, deren Gegenleistung bereits vor Verfahrenseröffnung erbracht wurde. Diese Entscheidung wird in der Literatur stark kritisiert (ARGE Insolvenzrecht und Sanierung des DAV, ZInsO 2011, 1449 ff.; Schmittmann ZIP 2011, 1125 ff.; Schwarz NZI 2011, 613 ff.; Abenheimer FD-InsR 2011, 317525). Der Fiskus werde durch die Einordnung des Umsatzsteueranspruchs als Masseforderung ungerechtfertigt gegenüber den anderen Gläubigern bevorzugt. Die Gefahr einer Massearmut steige durch die Ausweitung der Masseforderungen des Fiskus. Aufgrund des Anwendungserlasses des BMF v. 9.12.2011 ist die neue BFH-Rspr. in allen nach dem 31.12.2011 eröffneten Insolvenzverfahren anzuwenden. In einem weiteren Schritt qualifizierte der BFH auch den Vorsteuerberichtigungsanspruch des Fiskus nach § 17 Abs. 2 Nr. 1 S. 2, Abs. 1 S. 2 UStG als Masseforderung, wenn ein vorinsolvenzlich seitens des Insolvenzschuldners geleistetes Entgelt auf die Insolvenzanfechtung des Verwalters hin zurückgezahlt wird (BFH MwStR 2017, 390 – V. Senat; MwStR 2017, 549 – XI. Senat; s. hierzu Anwendungserlass des BMF v. 3.7.2017).

30 Bei der Verwertung von Sicherungsgut durch den Insolvenzverwalter ist die Umsatzsteuer eine Masseverbindlichkeit. Nimmt der Verwalter sein Recht zur Verwertung aus § 166 nicht wahr, sondern überlässt er die Verwertung eines Absonderungsgegenstands entsprechend § 170 Abs. 2

dem Gläubiger, so führt die Verwertung des Gegenstands zu zwei Umsätzen, nämlich zu einer Lieferung des Sicherungsgebers an den Sicherungsnehmer und zu einer Lieferung des Sicherungsnehmers an den Erwerber. Für beide Lieferungen entsteht eine Umsatzsteuer, sog. **umsatzsteuerpflichtiger Doppelumsatz.** Die Umsatzsteuer aus der Lieferung des Sicherungsgebers an den Sicherungsnehmer muss der Verwalter als Masseverbindlichkeit iSd § 55 Abs. 1 Nr. 1 Alt. 2 an das Finanzamt abführen, wobei der Sicherungsnehmer der Masse die Umsatzsteuer analog § 170 Abs. 2 zu erstatten hat (BGH NJW-RR 2007, 1207 Rn. 15 ff.; vgl. MüKoInsO/Hefermehl Rn. 75). Diese umsatzsteuerlichen Folgen für die Insolvenzmasse kann der Verwalter nicht dadurch abwenden, dass er den Absonderungsgegenstand durch modifizierte oder durch echte Freigabe dem Insolvenzschuldner zur Veräußerung überlässt, wenn der Verwertungserlös an die Stelle des veräußerten Gegenstands tritt und vereinbarungsgemäß an die absonderungsberechtigten Insolvenzgläubiger ausgekehrt wird (BFH NZI 2002, 572). Der BFH qualifiziert auch die durch den Verkauf des Insolvenzschuldners begründete Umsatzsteuerschuld als Masseverbindlichkeit, weil der Erlös aus dieser Verwertung durch die Auszahlung an die absonderungsberechtigten Gläubiger der Insolvenzmasse zu Gute komme, indem diese in dieser Höhe entlastet werde, und die Verwertung des Sicherungsgegenstands damit als Verwertung für Rechnung der Insolvenzmasse zu bewerten sei.

IV. Kfz-Steuer

Auch bei der Kfz-Steuer ist eine Unterscheidung zwischen dem Zeitraum vor und nach der 31 Insolvenzeröffnung vorzunehmen. Die Kfz-Steuer, die durch das Halten des Fahrzeugs durch den Schuldner entsteht, ist eine Insolvenzforderung, wenn sie vor der Verfahrenseröffnung entstanden ist. Ab Verfahrenseröffnung ist nach der Rechtsprechung des BFH entscheidend, ob das Fahrzeug Teil der Masse ist (BFH BeckRS 2011, 96058). Unterfällt das Fahrzeug nicht der Masse, weil es bspw. nach § 811 Abs. 1 Nr. 5 ZPO unpfändbar ist, oder weil es als Grundstückszubehör schon vor Insolvenzeröffnung durch Anordnung der Zwangsverwaltung gem. §§ 146, 20 ZVG beschlagnahmt worden ist, ist die Kfz-Steuer keine Masseverbindlichkeit, sondern eine insolvenzfreie Neuverbindlichkeit (MüKoInsO/Hefermehl Rn. 78). Im Fall der Zwangsverwaltung kann die nach Verfahrenseröffnung entstandene Steuerschuld nur gegenüber dem Zwangsverwalter festgesetzt werden (BFH BeckRS 2012, 96383 Rn. 24 ff.). Fällt das Fahrzeug in die Insolvenzmasse, gibt der Verwalter das Fahrzeug jedoch frei, entfällt der Bezug der Kfz-Steuer zur Masse, sodass keine Masseverbindlichkeit entsteht, sondern eine Steuerschuld des Schuldners (MüKoInsO/ Hefermehl Rn. 78).

V. Gewerbesteuer

Die Gewerbesteuer wird für das gesamte Kalenderjahr einheitlich erhoben. Gemäß § 18 32 GewStG entsteht die Gewerbesteuer mit Ablauf des Erhebungszeitraums. Im Fall der Verfahrenseröffnung in diesem Zeitraum ist eine Abgrenzung der Steuerschuld zum Stichtag vorzunehmen und für den Zeitraum vor und nach Insolvenzeröffnung zu differenzieren (Braun/Bäuerle/Miglietti Rn. 59).

VI. Grundsteuer

Die Grundsteuer entsteht nach § 9 Abs. 2 GrStG mit dem Beginn des Kalenderjahres, für das 33 die Steuer festzusetzen ist. Aufgrund des Stichtagsprinzips ist die Jahressteuer mit Beginn des Jahres für ein Jahr begründet. Dementsprechend ist die Grundsteuer bereits zu Beginn des Jahres für das gesamte Jahr, in das die Insolvenzeröffnung fällt, begründet und ist damit eine Insolvenzforderung (OVG Berlin KKZ 2009, 42 Rn. 25; KPB/Pape/Schneider Rn. 45; Tipke/Kruse AO § 251 Rn. 75; Hess/Boochs/Weis, Steuerrecht in der Insolvenz, Rn. 788; aA: MüKoInsO/Ehricke § 38 Rn. 85; Jaeger/Henckel § 38 Rn. 147).

VII. Öffentliche Lasten

Soweit öffentliche Lasten nach Eröffnung des Insolvenzverfahrens begründet werden, sind sie 34 Masseverbindlichkeiten iSd § 55 Abs. 1 Nr. 1 Alt. 2. Die Begründung verlangt das vollständige Vorliegen der tatbestandlichen Anspruchsvoraussetzungen. Die vor der Insolvenzeröffnung begründeten Forderungen sind Insolvenzforderungen, soweit eine Aufteilung der Abgabe nach Zeiträumen möglich ist (MüKoInsO/Hefermehl Rn. 81).

VIII. Altlasten

35 Falls ein Gegenstand in die Masse fällt, auf welchem Altlasten ruhen, ist fraglich, ob der sich aufgrund der Altlasten ergebende Anspruch auf deren Beseitigung bzw. auf Erstattung der Ersatzvornahmekosten als Insolvenzforderung oder Masseforderung zu qualifizieren ist. Das BVerwG und der BGH nehmen insoweit unterschiedliche Standpunkte ein.

36 Nach der Rechtsprechung des BVerwG soll eine Masseverbindlichkeit vorliegen, wenn die Tatbestandsvoraussetzungen des jeweiligen Ordnungsrechts in der Person des Insolvenzverwalters erfüllt werden. Verlangt der Tatbestand lediglich die tatsächliche Gewalt über ein Grundstück, knüpft der Tatbestand also an die Zustandsstörerhaftung an, so ist diese Voraussetzung bereits mit der Inbesitznahme gem. § 148 Abs. 1 gegeben. Der bloße Übergang der Verwaltungs- und Verfügungsbefugnis nach § 80 Abs. 1 reicht hingegen nicht aus, da mit diesem keine tatsächliche Sachherrschaft begründet wird. Tritt die Ordnungspflicht mit Inbesitznahme des Insolvenzverwalters ein, so ist die Pflicht zur Beseitigung der Altlasten bzw. zur Kostentragung für eine Ersatzvornahme Masseverbindlichkeit gem. § 55 Abs. 1 Nr. 1. Eine solche bloße Sachherrschaft über das Grundstück reicht bspw. im Fall des § 4 Abs. 3 S. 1 BBodSchG für die Ordnungspflicht aus. Nach der Rechtsprechung des BVerwG handelt es sich im Fall der Zustandsstörerhaftung bei den Verbindlichkeiten unabhängig vom Entstehungszeitpunkt der Störung um Masseverbindlichkeiten, also auch dann, wenn das Grundstück bereits vor der Eröffnung des Insolvenzverfahrens kontaminiert war (BVerwG NZI 1999, 246 (246 f.); BVerwG NZI 2005, 51 (51 f.)). Verlangt der Tatbestand der Ordnungspflicht hingegen das Betreiben einer Anlage, so ist die Ordnungspflicht des Verwalters nach der Rechtsprechung des BVerwG nur dann zu bejahen, wenn die Anlage wenigstens für kurze Zeit durch den Verwalter durch betriebsgestaltendes Handeln fortgeführt wird und er deshalb als Verhaltensstörer anzusehen ist (BVerwG NJW 1999, 1416 (1417)). Die bloße Inbesitznahme und die daran anknüpfende Zustandsstörereigenschaft reichen dann nicht aus. Eine solche Inbetriebnahme wird bspw. in § 5 BImSchG und § 22 BImSchG verlangt. Die Rechtsprechung des BVerwG wird in der Literatur vielfach kritisiert; sie führe zu einer bevorzugten Befriedigung der öffentlichen Hand und damit zu einem Verstoß gegen den Grundsatz der Gläubigergleichbehandlung (Uhlenbruck/Sinz Rn. 33; FK-InsO/Bornemann Rn. 27).

37 Nach Ansicht des BGH kann die bloße Inbesitznahme keine Masseverbindlichkeit begründen, sondern erst die Nutzung der gefahrverursachenden Sache (BGH NZI 2002, 425 (426 ff.); 2001, 531 (532)). Die Kosten einer Ersatzvornahme für die Beseitigung eines Gefahrentatbestands, der aus der Zeit vor Insolvenzeröffnung stammt und weiter andauert, seien als bloße Insolvenzforderungen zu qualifizieren. Sie seien bereits durch die Verletzung ordnungsrechtlicher Pflichten begründet worden, weshalb es für die rechtliche Qualifizierung auch nicht darauf ankomme, ob eine Beseitigungsverfügung vor Verfahrenseröffnung oder nachher ergehe. Die bloße Inbesitznahme störender Sachen durch den Insolvenzverwalter ist danach nicht geeignet, eine Zustandshaftung des Verwalters (und auf diesem Wege eine Haftung der Masse für die Kosten der Störungsbeseitigung) zu begründen. Nur wenn im Zusammenhang mit der Fortführung eines umweltbelastenden Betriebs durch den Insolvenzverwalter nach Insolvenzeröffnung Neuschäden verursacht werden, stellen die Kosten der Ersatzvornahme Masseverbindlichkeiten dar (Lwowski/Tetzlaff NZI 2004, 225 (226)).

38 Die Praxis behilft sich in diesen Fällen damit, den Gegenstand, von welchem die Gefahr bzw. die Störung ausgeht, aus dem Insolvenzbeschlag freizugeben. Das Institut der Freigabe haben sowohl der BGH (NZI 2005, 387 (388); 2007, 407 Rn. 15) als auch das BVerwG (NZI 2005, 51 (53)) als zulässig anerkannt; sie ist insbesondere nicht wegen Sittenwidrigkeit nach § 138 BGB nichtig, da sie den aus insolvenzrechtlicher Perspektive legitimen Zweck der Befreiung der Masse von nicht verwertbaren Gegenständen verfolgt (BVerwG NZI 2005, 51 (53)). Aufgrund der durch die Freigabe beendeten Sachherrschaft des Verwalters wird dessen ordnungsrechtliche Haftung beendet. Für die Kosten der Beseitigung haftet dann nur noch der freigegebene Gegenstand bzw. das insolvenzfreie Vermögen des Schuldners.

39 Knüpft der Tatbestand der ordnungsrechtlichen Vorschrift an eine Verhaltensstörerschaft an, bspw. den Betrieb einer Anlage, läuft die Freigabe allerdings ordnungsrechtlich ins Leere; dies ist auch der Fall, wenn der Tatbestand vorsieht, dass einer Freigabe keine ordnungsrechtliche Wirkung zukommt, bspw. bei der Eigentumsaufgabe nach § 4 Abs. 3 S. 4 Hs. 2 BBodSchG (BVerwG NZI 2005, 51 (53); Braun/Bäuerle/Miglietti Rn. 24). Eine Freigabeerklärung entfaltet auch dann keine Wirkungen auf die Ordnungspflicht des Insolvenzverwalters, wenn sich trotz der Freigabeerklärung an den faktischen Besitzverhältnissen nichts ändert, die Freigabeerklärung also tatsächlich folgenlos bleibt (BVerwG BeckRS 2005, 30312; Braun/Bäuerle/Miglietti Rn. 25).

Sonstige Masseverbindlichkeiten § 55 InsO

IX. Abgrenzung

Voraussetzung einer Masseverbindlichkeit iSd § 55 Abs. 1 Nr. 1 Alt. 2 ist stets, dass die Verbindlichkeit durch die Insolvenzverwaltung ausgelöst wird oder mindestens einen (sonstigen) Bezug zur Insolvenzmasse aufweist (BGH NZI 2017, 228 Rn. 19; vgl. BVerwG NJW 2010, 2152 Rn. 14; BFH NZI 2011, 828 Rn. 12; NZI 2020, 1119 Rn. 38). **39a**

Nach Auffassung des BGH fehlt es an einem solchen Massebezug bei dem gegen den Schuldner gerichteten **Vergütungsanspruch des gemeinsamen Vertreters der Anleihegläubiger** nach § 7 Abs. 6 SchVG im Insolvenzverfahren über das Vermögen des Emittenten (BGH NZI 2017, 228 Rn. 19 ff.; aA Horn BKR 2014, 449 (452); Brenner NZI 2014, 789 (792 f.); Gloeckner/Bankel ZIP 2015, 2393 (2399 f.); Wilken/Schaumann/Zenker, Anleihen in Restrukturierung und Insolvenz, 2017, Rn. 585). Der Vergütungsanspruch des gemeinsamen Vertreters entstehe aufgrund seiner Bestellung durch die Gläubigerversammlung, also einer privatautonomen Entscheidung der Anleihegläubiger, auf die der Insolvenzverwalter keinen Einfluss habe. Ein Bezug zur Insolvenzmasse fehle auch deshalb, weil der gemeinsame Vertreter ausschließlich im Interesse der Anleihegläubiger tätig werde, zu einer Rücksichtnahme auf die Interessen des Schuldners hingegen nicht verpflichtet sei. Auch auf anderer Grundlage – insbesondere §§ 54, 55 Abs. 1 Nr. 2 Alt. 2 – komme eine Qualifizierung des Vergütungsanspruchs des gemeinsamen Vertreters als Masseverbindlichkeit nicht in Betracht (BGH NZI 2017, 228 Rn. 12 ff.; aA HmbKommInsR/Knof Anh. § 38 Rn. 75; Cagalj, Restrukturierung von Anleihen nach dem neuen SchVG, 2013, 169; K. Schmidt InsO/Thole Rn. 18; Thole ZIP 2014, 293 (299)). In derselben Weise qualifiziert der BGH auch die Vergütungsforderung des **gemeinsamen Vertreters im Spruchverfahren** gem. § 6 Abs. 2 S. 1 Hs. 1 SpruchG als Insolvenzforderung (BGH NZI 2019, 499 Rn. 34 ff.; aA OLG Düsseldorf NZI 2016, 599 (600 ff.); OLG München WM 2010, 1605 (1609); Hacker/Kamke NZI 2016, 602). **39b**

D. Verbindlichkeiten aus gegenseitigen Verträgen (Abs. 1 Nr. 2)

I. Erfüllungswahl des Verwalters (Alt. 1)

Besteht ein gegenseitiger Vertrag, der bei Insolvenzeröffnung noch nicht vollständig erfüllt ist iSd § 103, und entscheidet sich der Verwalter für die Erfüllungswahl nach § 103 Abs. 1, so werden die Ansprüche des Vertragsgegners des Schuldners zu Masseverbindlichkeiten. § 55 Abs. 1 Nr. 2 Alt. 1 ist insoweit lex specialis zu Abs. 1 Nr. 1. Die Privilegierung des Anspruchs des Vertragspartners beruht auf dem Gedanken, dass derjenige, der nach Erfüllungswahl des Verwalters an die Masse vertragsgemäß Leistungen erbringt, im Gegenzug einen vollwertigen Anspruch gegen die Masse haben soll, sodass diese nicht auf seine Kosten bereichert wird (BAG NZI 2013, 546 Rn. 41). Wäre die Vollwertigkeit der Gegenleistung nicht sichergestellt, wäre damit zu rechnen, dass der Vertragspartner des Schuldners die noch geschuldeten Leistungen nicht mehr erbringen würde; eine beabsichtigte Betriebsfortführung würde erschwert. Durch die Erfüllungswahl werden alle Ansprüche, die aus dem Vertrag gegen den Schuldner bestehen, Masseansprüche. Damit werden sowohl Primär- als auch Sekundäransprüche umfasst, sodass bspw. Gewährleistungs- und Schadensersatzansprüche ebenfalls Masseverbindlichkeiten darstellen, und zwar auch dann, wenn die Pflichtverletzung vor der Verfahrenseröffnung begangen wurde (BGH NZI 2006, 575 Rn. 12 für den Nacherfüllungsanspruch; MüKoInsO/Hefermehl Rn. 121; Jaeger/Henckel Rn. 45; aA für Sekundäransprüche Uhlenbruck/Sinz Rn. 48). **40**

Bei teilbaren Leistungen gilt § 105, wonach die Forderung für eine bereits vor Insolvenzeröffnung an den Schuldner erbrachte Teilleistung lediglich eine Insolvenzforderung darstellt. Nur die Forderung hinsichtlich der zum Zeitpunkt der Insolvenzeröffnung noch nicht erbrachten Teilleistung ist eine Masseverbindlichkeit nach § 55 Abs. 1 Nr. 2 Alt. 1. **41**

II. Erfüllung für die Zeit nach Verfahrenseröffnung (Alt. 2)

Bei bestimmten Vertragsarten steht dem Verwalter kein Erfüllungswahlrecht iSd § 103 zu. So bestehen etwa gem. § 108 die dort genannten Vertragsverhältnisse – insbesondere Miet- und Pachtverträge über unbewegliche Sachen sowie Dienstverträge – auch ohne ein Erfüllungsverlangen des Verwalters nach Verfahrenseröffnung mit Wirkung für die Masse fort. Der Verwalter kann den Vertrag dann, wenn er nicht durch andere Tatbestände beendet wird, wie durch einen Aufhebungsvertrag, Fristablauf oder eine Anfechtung, durch Kündigung nach §§ 109 ff. beenden. Bis zur Kündigung ist er an den Vertrag gebunden und muss die Gegenleistung aus der Masse leisten. Der Anspruch des Vertragspartners des Schuldners wird damit zu einer sog. **oktroyierten** **42**

Masseverbindlichkeit nach § 55 Abs. 1 Nr. 2 Alt. 2. Allerdings sind nach § 108 Abs. 3 (→ § 108 Rn. 44) die Ansprüche aufgrund einer Leistungserbringung vor der Insolvenzeröffnung nur Insolvenzforderungen. Die oktroyierten Masseverbindlichkeiten führen für den Verwalter oftmals zu dem Problem, dass er kein wirtschaftliches Interesse an den vom Vertragspartner geschuldeten Leistungen hat, aber dennoch die Gegenleistung zulasten der Masse weiter erbringen muss. Die Fortführung des insolventen Unternehmens kann hierdurch gefährdet sein.

43   Solche oktroyierten Masseverbindlichkeiten folgen bspw. aus **Miet- und Pachtverhältnissen** über unbewegliche Gegenstände oder Räume, § 108 Abs. 1. So ist der Miet- oder Pachtzinsanspruch des Vermieters bzw. Verpächters für die Zeit nach Verfahrenseröffnung eine Masseforderung nach § 55 Abs. 1 Nr. 2 Alt. 2. Die Miet-/Pachtzinsansprüche des Vermieters/Verpächters für die Zeit vor Verfahrenseröffnung sind hingegen Insolvenzforderungen gem. § 108 Abs. 3. Es kommt für die Qualifizierung als Insolvenzforderung oder als Masseverbindlichkeit nicht auf den Zeitpunkt der Entstehung des Anspruchs an; der Anspruch auf Zahlung von Miete oder Pacht entsteht aufschiebend befristet zum Anfangstermin des jeweiligen Zeitraums der Nutzungsüberlassung (BGH NZI 2007, 158 Rn. 12; 2021, 431 Rn. 3). Auch ist die Abgrenzung nicht anhand des Fälligkeitszeitpunkts des Miet-/Pachtzinsanspruchs vorzunehmen (Uhlenbruck/Wegener § 108 Rn. 43; vgl. AG Berlin-Tempelhof NZI 2013, 56). Die Ansprüche sind vielmehr pro rata temporis aufzuteilen, wenn das Insolvenzverfahren innerhalb eines Mietmonats eröffnet wird, da die monatlich geschuldete Miete nicht vor dem Beginn des jeweiligen Nutzungszeitraums entsteht (BGHZ 204, 83 Rn. 17, 32f.; NZI 2021, 431 Rn. 3; MüKoInsO/Hefermehl Rn. 150; Uhlenbruck/Wegener § 108 Rn. 43; FAKomm InsR/Flöther/Wehner § 108 Rn. 20). Falls der Schuldner zur Nachzahlung von Betriebskosten verpflichtet ist, sind diese Insolvenzforderungen, wenn sie den Mietzeitraum vor Insolvenzeröffnung betreffen, auch wenn der Vermieter sie erst während des Insolvenzverfahrens abrechnet; auch insoweit ist der Eintritt der Fälligkeit unerheblich (BGH NZI 2011, 404).

44   Der Insolvenzverwalter ist zur **Rückgabe des Mietgegenstands** verpflichtet, wenn das Mietverhältnis vor Verfahrenseröffnung beendet wurde und der Schuldner das Mietobjekt nicht geräumt und herausgegeben hatte. Dem Vermieter steht aufgrund seines Rückgabeanspruchs aus § 546 Abs. 1 BGB ein Aussonderungsrecht nach § 47 zu, wobei dieses Recht nur den Umfang des Herausgabeanspruchs des Eigentümers nach § 985 BGB hat (BGH NZI 2001, 531). Insoweit hat der Verwalter, der für die Masse Besitz an dem Mietgegenstand ausüben muss, dem Vermieter den Zugang zu dem Mietobjekt zu ermöglichen und die Wegnahme zu dulden. Ein solches Ausüben des Besitzes ist bereits zu bejahen, wenn der Insolvenzverwalter das Grundstück für die Masse nutzt (BGH NZI 2001, 531 (533)). Der Anspruch des Vermieters gegen den Mieter auf **Räumung** gem. § 546 Abs. 1 BGB beinhaltet nicht nur die bloße Herausgabe, sondern auch die Rückgabe in dem vertragsgemäß geschuldeten Zustand, welcher durch den Schuldner herzustellen ist. Dieser Anspruch ist im Fall der Insolvenz des Schuldners eine bloße Insolvenzforderung, denn der Anspruch ist bereits vor Eröffnung des Verfahrens aufgrund des Miet- oder Pachtvertrags (aufschiebend bedingt) entstanden (BGH NZI 2001, 531 (532); 2020, 995 Rn. 10). Die Pflicht zur Herstellung des vertragsgemäßen Zustands ist nur dann eine Masseverbindlichkeit, wenn der Mietvertrag fortgesetzt wird und der Verwalter den vertragswidrigen Zustand herbeigeführt hat (BGH NZI 2001, 531 (532); KG NZI 2019, 379 Rn. 34, 38 für die Ausübung des dem Mieter zustehenden Wegnahmerechts gem. § 539 Abs. 2 BGB durch den Insolvenzverwalter). Es muss dann zu den Verursachungsbeiträgen des Schuldners abgegrenzt werden, die lediglich Insolvenzforderungen begründen (BGH NZI 2001, 531 (532); MüKoInsO/Hefermehl Rn. 154; Tetzlaff NZI 2006, 87 (90); Uhlenbruck/Wegener § 108 Rn. 38). Es liegt nur dann eine Masseverbindlichkeit vor, wenn der aufgrund des nicht erfüllten Räumungsanspruchs entstehende Nutzungsentschädigungsanspruch durch den Insolvenzverwalter bedingt wurde; der Verwalter muss die nicht erfolgte Räumung in seiner Funktion selbst zu verantworten haben (OLG Hamm BeckRS 2014, 00219; OLG Saarbrücken BeckRS 2006, 04380; Uhlenbruck/Sinz Rn. 56). Stellt die Räumungspflicht des Mieters nach diesen Grundsätzen nur eine Insolvenzforderung dar, begründet auch eine teilweise Räumung durch den Insolvenzverwalter keine Masseverbindlichkeit (BGH NZI 2020, 995 Rn. 16). Entfernt der Insolvenzverwalter eine Einrichtung, die der Schuldner mit der Mietsache verbunden hat und die im Eigentum des Schuldners steht, stellt die Pflicht zur Instandsetzung der Sache in den vorigen Stand ebenfalls keine Masseverbindlichkeit dar, wenn der Insolvenzverwalter dabei den Rahmen einer teilweisen Erfüllung der Räumungspflicht nicht überschreitet (BGH NZI 2020, 995 Rn. 23).

45   Bei nicht erfolgter Rückgabe nach Vertragsende entsteht kein Anspruch auf Nutzungsentgelt gem. § 546a BGB als Masseverbindlichkeit, da § 55 Abs. 1 Nr. 2 ein noch bestehendes Mietverhältnis bei Verfahrenseröffnung voraussetzt (MüKoInsO/Hefermehl Rn. 155). Nur wenn die Rück-

Sonstige Masseverbindlichkeiten　　　　　　　　　　　　　　　　§ 55 InsO

gabe an dem Verhalten des Insolvenzverwalters scheitert, entsteht eine Masseforderung nach 55 Abs. 1 Nr. 1. Hierfür reicht eine bloße Aufbewahrung des Mietgegenstands nicht aus (BGH NJW 1995, 2783 (2784) (zu § 557 Abs. 1 BGB aF)).

Falls der Verwalter den Mietgegenstand nicht in Besitz genommen hat, steht dem Gläubiger 46
keine Masseforderung zu, und zwar auch dann nicht, wenn der Gläubiger vom Verwalter die Herausgabe verlangt und aus dessen fehlender Reaktion auf eine Inanspruchnahme der Masse schließt (BGH NZI 2007, 287 (287 f.)). Die Ausweitung des § 55 Abs. 1 Nr. 2 auf den Schein einer Inanspruchnahme für die Masse liefe dem Sinn und Zweck der §§ 53 ff. zuwider, die die Belastung der Insolvenzmasse mit vorweg zu begleichenden Masseverbindlichkeiten begrenzen sollen (BGH NZI 2007, 287 (288) unter Verweis auf BT-Dr 12/2443, 126 (250, 262 f.)).

Schadensersatzansprüche und Erstattungsansprüche, die aufgrund von **Instandsetzungs- und** 47
Schönheitsreparaturansprüchen entstehen, sind danach zu unterscheiden, ob die Reparatur bzw. die Maßnahme schon vor der Insolvenzeröffnung geschuldet wurde oder erst danach. War die Maßnahme bereits vor Eröffnung geschuldet, ist der Anspruch als Insolvenzforderung einzuordnen (KG Berlin ZIP 1981, 753; LG Hannover ZIP 1988, 116 (jew. zu § 59 Abs. 1 Nr. 2 KO)). War die Schönheitsreparatur erst nach Verfahrenseröffnung erforderlich, handelt es sich um eine Masseverbindlichkeit nach § 55 Abs. 1 Nr. 2 Alt. 2 (OLG Celle ZIP 1992, 714 (zu § 59 Abs. 1 Nr. 2 KO)). Die Beweislast dafür, dass die Schönheitsreparatur erst nach der Verfahrenseröffnung erforderlich geworden und der diesbezügliche Anspruch des Vermieters deshalb erst nach Verfahrenseröffnung entstanden ist, trifft den Vermieter (OLG Celle ZIP 1992, 714 (715)), wobei die sekundäre Darlegungslast dem Insolvenzverwalter obliegt (K. Schmidt InsO/Thole Rn. 34). Die Verpflichtung zur Schönheitsreparatur ist nicht als Masseforderung einzuordnen, wenn sie aufgrund einer verhältnismäßig kurzen Nutzung durch den Insolvenzverwalter entstanden ist, der Schwerpunkt der Nutzung hingegen bereits vor Eröffnung des Verfahrens lag (K. Schmidt InsO/Thole Rn. 34; Uhlenbruck/Sinz Rn. 58). Wurde der Mietvertrag vor der Insolvenzeröffnung beendet, sind die Forderungen des Vermieters keine Masseforderungen (BGH NJW-Spezial 2008, 407; NZI 2001, 531 (532); BGHZ 94, 516 (517)).

Betreffen die Miet- oder Pachtverträge **bewegliche** Gegenstände, steht dem Verwalter sein 48
Wahlrecht nach § 103 (→ § 103 Rn. 1 ff.) zu. Da es sich um ein Dauerschuldverhältnis handelt, ist zudem § 105 anwendbar (MüKoInsO/Hefermehl Rn. 150; Uhlenbruck/Wegener § 108 Rn. 31).

Auch **Dienst- und Arbeitsverträge** unterliegen dem Erfüllungszwang, § 108 Abs. 1 (→ § 108 49
Rn. 18 ff.). § 55 Abs. 1 Nr. 2 stellt insoweit sicher, dass ein Arbeitnehmer, der trotz der Insolvenz seine vertraglich geschuldete Arbeitsleistung erbringen muss, hierfür auch seine vertraglich vereinbarte Vergütung (vollständig) erhält. **Entgeltansprüche**, die für Arbeitsleistungen entstehen, die die Arbeitnehmer nach der Verfahrenseröffnung erbringen, sind daher nach § 55 Abs. 1 Nr. 2 Alt. 2 Masseforderungen (BAG NZI 2013, 532 Rn. 17; 2007, 58 Rn. 18). Für die Einordnung ist unerheblich, ob der Anspruch gestundet ist und wann er fällig wird; ebenso unerheblich ist, ob das Dienst- oder Arbeitsverhältnis vor oder nach Verfahrenseröffnung begründet wurde (BAG NZI 2013, 532 Rn. 17; 2007, 58 Rn. 18). Entstehen aufgrund der nach Verfahrenseröffnung erfolgenden Beschäftigung neben den Lohnansprüchen auch **Nebenforderungen** wie Fahrtkosten, Spesen oder vermögenswirksame Leistungen, so sind auch diese Masseforderungen nach § 55 Abs. 1 Nr. 2 Alt. 2.

Erwachsen Entgeltansprüche ohne die Erbringung einer Arbeitsleistung, weil der Arbeitnehmer 50
bspw. krankgeschrieben oder **freigestellt** ist, so ist für die Einordnung des Anspruchs als Masseforderung entscheidend, dass die Ereignisse, die zu dem Anspruch führen, nach Insolvenzeröffnung eintreten. Der Anspruch auf Arbeitsentgelt ist daher auch dann eine Masseforderung, wenn der Insolvenzverwalter den Betrieb unmittelbar nach Verfahrenseröffnung stilllegt und die Arbeitnehmer freistellt (BAG NZA 2009, 89 Rn. 18; Nerlich/Römermann/Andres Rn. 102). Die Masse bleibt in diesem Fall bis zum Ablauf der Kündigungsfrist zur Leistung der geschuldeten Vergütung verpflichtet, §§ 611, 615 BGB. Auch Schadensersatzansprüche eines Arbeitnehmers, die an die Stelle von Vergütungsansprüchen aus einem bestehenden Arbeitsverhältnis treten, sind insolvenzrechtlich wie die ihnen zugrunde liegenden Vergütungsansprüche zu behandeln und sind damit danach einzuteilen, welchem Zeitraum der jeweilige Vergütungsanspruch zuzuordnen war (BAG NJW 1981, 885 [II 1 b der Gründe]). Alle Ansprüche, die der Zeit vor Verfahrenseröffnung zuzuordnen sind, sind Insolvenzforderungen (BAG NZI 2013, 546 Rn. 23).

Bei **Sonderzuwendungen** ist zu unterscheiden, ob es sich um eine stichtagsbezogene Leistung 51
handelt oder um eine Jahressondervergütung. Im ersten Fall handelt es sich um eine Masseforderung, wenn der Stichtag nach der Verfahrenseröffnung liegt. Wird bspw. aus besonderem Anlass eine Zuwendung gewährt, wie etwa eine Jubiläumsgratifikation oder eine Heirats- und Geburtsbeihilfe, so sind diese Forderungen gegen die Masse gerichtet, wenn der Anlass nach Verfahrenser-

Erdmann　　　　　　　　　　　　　　　　437

öffnung eintritt (BAG ZIP 2014, 37 Rn. 31 ff.; NZI 2013, 357 Rn. 15; HmbKommInsR/Jarchow/Denkhaus Rn. 51). Jahressondervergütungen sind hingegen nur anteilig, bezogen auf den Zeitpunkt der Insolvenzeröffnung, Masseforderungen (BAG NZI 2013, 357 Rn. 14; Uhlenbruck/Sinz Rn. 67). Hinsichtlich der Zeit vor der Eröffnung sind die Forderungen gem. § 108 Abs. 3 nur Insolvenzforderungen („für die Zeit"). Es ist ggf. durch Auslegung des Arbeitsvertrags festzustellen, ob es sich um eine stichtagsbezogene Sonderzuwendung oder um eine Sondervergütung handelt, welche ein zusätzliches Arbeitsentgelt für die geleistete Arbeit oder eine Belohnung für die Betriebstreue darstellt. Demgemäß sind Weihnachtsgeld, Gratifikation oder das 13. Monatsgehalt als Sondervergütung einzuordnen. Bei der Auslegung kann als Indiz für das Vorliegen einer Sondervergütung sprechen, dass für den Fall einer vorzeitigen Beendigung des Arbeitsvertrags eine anteilige Zahlung vereinbart ist (Däubler/Hjort/Schubert/Wolmerath, Arbeitsrecht, 3. Aufl. 2013 BGB § 611 Rn. 329; Uhlenbruck/Sinz Rn. 67).

52 Den **Urlaubsanspruch** eines Arbeitnehmers, der zur Zeit der Verfahrenseröffnung besteht, muss der Verwalter gem. §§ 55 Abs. 1 Nr. 2 Alt. 2, 108 Abs. 1 S. 1 erfüllen (BAG NZI 2004, 102 (105)). Ein Urlaubsanspruch kann nicht in eine Insolvenzforderung und eine Masseforderung aufgespalten werden, da der Anspruch einheitlich am Jahresanfang entsteht und sich nicht als Verdienst für eine bestimmte Arbeitsleistung darstellt. Damit kann er, soweit er noch nicht zeitlich festgesetzt ist, keinem bestimmten Zeitraum zugeordnet und damit auch nicht in einen Zeitraum vor und nach Insolvenzeröffnung unterteilt werden. Deshalb sind offene Urlaubsansprüche Masseforderungen. Auch vom Vorjahr übertragene Urlaubstage führen zu Ansprüchen gegen die Masse (BAG NZA 1988, 58 (59); aA Uhlenbruck/Sinz Rn. 69).

53 Die Einordnung des **Urlaubsentgelts** nach § 11 BUrlG richtet sich danach, wann der Arbeitnehmer den Urlaub nimmt. Wird er nach Verfahrenseröffnung gewährt, ist der Anspruch eine Masseverbindlichkeit nach § 55 Abs. 1 Nr. 2 Alt. 2 (BAG NJOZ 2006, 1683 Rn. 19; ZIP 1989, 798 (799); ZIP 1987, 1266).

54 Der **Urlaubsabgeltungsanspruch** nach § 7 Abs. 4 BUrlG ist bei Beendigung des Arbeitshältnisses nach Eröffnung des Insolvenzverfahrens eine Masseverbindlichkeit nach § 55 Abs. 1 Nr. 2 Alt. 2 und wird nicht unterteilt, da er erst mit Beendigung des Arbeitsverhältnisses entsteht (BAG NZA 2007, 696 Rn. 12 ff., ebenso LAG Chemnitz NZI 2013, 810 Rn. 23; aA Uhlenbruck/Sinz Rn. 69). Falls das Arbeitsverhältnis hingegen bereits vor Verfahrenseröffnung beendet wurde, ist er eine Insolvenzforderung.

54a Nimmt der **starke vorläufige Insolvenzverwalter** oder der Insolvenzverwalter nach Anzeige der Masseunzulänglichkeit **die Arbeitsleistung in Anspruch,** sind die Ansprüche des Arbeitnehmers auf Urlaubsentgelt und auf Urlaubsabgeltung uneingeschränkt als Masseverbindlichkeiten (**§ 55 Abs. 2 S. 2**) bzw. als Neumasseverbindlichkeiten (§ 209 Abs. 2 Nr. 3) zu berichtigen, wenn der Urlaub innerhalb dieses Zeitraums gewährt wird bzw. das Arbeitsverhältnis endet (BAG NZI 2021, 323 Rn. 50 ff. – 6. Senat; NZI 2021, 446 mAnm Ganter – 9. Senat, unter Aufgabe seiner im Urteil vom 21.11.2006 (NZA 2007, 696 Rn. 26 f.) zu § 209 Abs. 2 Nr. 3 vertretenen Auffassung, die Ansprüche auf Urlaubsentgelt und Urlaubsabgeltung als mit dem Urlaub verbundene Geldansprüche seien nur in dem Umfang als Neumasseverbindlichkeit zu berichtigen, der rechnerisch auf den Zeitraum der aktiven Beschäftigungsverhältnisses nach Anzeige der Masseunzulänglichkeit im Verhältnis zum Urlaubsjahr entfällt).

55 Der Anspruch auf Zahlung einer **Abfindung** als Ausgleich für den Verlust des Arbeitsplatzes ist Insolvenzforderung nach § 38, wenn er durch eine vorinsolvenzliche Vereinbarung zwischen dem Schuldner und dem Arbeitnehmer entstanden ist. Er wurde dann vor Verfahrenseröffnung begründet und der Masse kommt auch keine Gegenleistung zugute. Diese Einordnung ändert sich auch dann nicht, wenn das Arbeitsverhältnis erst nach Insolvenzeröffnung durch den Insolvenzverwalter beendet wird. Der Anspruch war nämlich bereits zum Zeitpunkt der Verfahrenseröffnung aufschiebend bedingt entstanden (BAG NZA 2009, 89 Rn. 16 ff.; NZI 2006, 716 Rn. 14 ff.; OLG München ZIP 2012, 589 (591)).

56 Bei Abfindungen gem. §§ 9, 10 KSchG oder Abfindungen, die im Kündigungsschutzprozess über eine unwirksame Kündigung vereinbart werden, handelt es sich um Masseverbindlichkeiten, wenn sie auf einer Handlung des Insolvenzverwalters beruhen (MüKoInsO/Hefermehl Rn. 189).

57 Ansprüche auf **Nachteilsausgleich** nach § 113 Abs. 3 BetrVG sind dann Masseforderungen, wenn der Insolvenzverwalter nach Verfahrenseröffnung eine Betriebsänderung durchführt (BAG ZIP 1989, 1205; NJW 1989, 1054; NJW 1986, 2454 (2455 f.); LAG Köln NZI 2002, 332 (333)). Beginnt er vor Eröffnung mit der Durchführung der Betriebsänderung, entstehen nur Insolvenzforderungen (Uhlenbruck/Sinz § 55 Rn. 80).

58 Der Anspruch auf Erteilung eines **Arbeitszeugnisses** besteht gegen den Schuldner, wenn das Arbeitsverhältnis vor der Verfahrenseröffnung endete. Falls es erst nach Verfahrenseröffnung endete,

besteht der Anspruch gegen den Verwalter, der wiederum seinerseits einen Auskunftsanspruch gegen den Schuldner gem. § 97 Abs. 1 hat, um Kenntnis über die Leistungen des Arbeitnehmers zu erlangen und die Pflicht zur Erteilung des Zeugnisses erfüllen zu können (BAG BB 2004, 2526 (2527 f.)).

E. Verbindlichkeiten aus ungerechtfertigter Bereicherung der Masse (Abs. 1 Nr. 3)

Bereicherungsansprüche iSd §§ 812 ff. BGB gegen die Masse sind Masseverbindlichkeiten nach 55 Abs. 1 Nr. 3. Der Anspruchsumfang folgt aus §§ 818 ff. BGB (BGH NZI 2008, 426 Rn. 11). Der Bereicherungsanspruch mindert sich dementsprechend gem. § 818 Abs. 3 BGB in Höhe der durch die Zahlung zum Nachteil verursachten Kosten; soweit sich durch die Massebereicherung die Kosten des Insolvenzverfahrens (Gerichtsgebühr und Verwaltervergütung) erhöht haben, ist auch diese Mehrbelastung abzugsfähig (BGH NZI 2015, 362 Rn. 18).   59

Voraussetzung ist eine Bereicherung „der Masse"; diese muss also nach Insolvenzeröffnung etwas durch Leistung oder auf andere Weise erlangt haben. Tritt die Bereicherung hingegen bereits vor der Insolvenzeröffnung ein, so ist der Bereicherungsanspruch lediglich Insolvenzforderung (BGH WM 2015, 385 Rn. 15 ff.; NZI 2009, 235 Rn. 20). Voraussetzung für das Entstehen einer Masseverbindlichkeit ist zudem eine unmittelbare Bereicherung der Insolvenzmasse, eine bloß mittelbare reicht nicht aus (MüKoInsO/Hefermehl Rn. 211). Die Zahlung eines Dritten an den Insolvenzgläubiger ist kein Fall des § 55 Abs. 1 Nr. 3 (BGH NJW 1962, 1200 (1201)).   60

Die Bereicherung muss der Masse ohne rechtlichen Grund zugekommen sein. Es ist ausreichend, wenn der rechtliche Grund zunächst bestanden hatte und dann nachträglich wegfiel (BGH NZI 2009, 475 (476); BSG ZIP 2012, 877 (879)).   61

§ 55 Abs. 1 Nr. 3 greift nicht bei Bereicherungsansprüchen ein, die im Eröffnungsverfahren zu einem Zeitpunkt entstanden, als schon ein „starker" vorläufiger Insolvenzverwalter bestellt war. Nach § 55 Abs. 2 sind nur solche Verbindlichkeiten aus der Zeit des Eröffnungsverfahrens Masseschuld, die von einem „starken" vorläufigen Insolvenzverwalter begründet worden sind oder auf einem Dauerschuldverhältnis beruhen, im Rahmen dessen er eine Leistung in Anspruch genommen hat; § 55 Abs. 2 nimmt somit erkennbar allein auf die Fälle des § 55 Abs. 1 Nr. 1 und 2 Bezug. Der Zweck des § 55 Abs. 2 S. 1, Unternehmensfortführungen zu erleichtern, gibt keinen Anlass, seinen Anwendungsbereich über seinen klaren Wortlaut auch auf die Fälle des § 55 Abs. 1 Nr. 3 auszudehnen und hierdurch im Ergebnis die verteilungsfähige Masse zulasten der (weiteren) einfachen Insolvenzgläubiger zu schmälern (MüKoInsO/Hefermehl Rn. 212; Uhlenbruck/Sinz Rn. 85; KPB/Pape/Schaltke Rn. 215; aA Jaeger/Henckel Rn. 92; K. Schmidt InsO/Thole Rn. 37).   62

F. Verbindlichkeiten durch Handlungen des vorläufigen Verwalters (Abs. 2)

Durch § 55 Abs. 2 werden die durch den vorläufigen Verwalter mit Verwaltungs- und Verfügungsbefugnis (§ 22 Abs. 1 iVm § 21 Abs. 2 Nr. 2 Alt. 1; vorläufiger „starker" Insolvenzverwalter (→ § 22 Rn. 1 ff.)) begründeten Verbindlichkeiten zu Masseverbindlichkeiten. Durch die hieraus resultierende Sicherheit für den Vertragspartner soll dem starken Insolvenzverwalter die Betriebsfortführung erleichtert werden, ohne dass Treuhandlösungen bemüht werden müssen (K. Schmidt InsO/Thole Rn. 40; Uhlenbruck/Sinz Rn. 92). Die Norm hat Ausnahmecharakter und kann deshalb nicht analog auf den schwachen vorläufigen Insolvenzverwalter übertragen werden, auch nicht bei Bestehen eines Zustimmungsvorbehalts iSd § 21 Abs. 2 Nr. 2 Alt 2 (BGH NZI 2002, 543 (544); NZI 2008, 39 Rn. 9; 2011, 143 Rn. 9; K. Schmidt InsO/Thole Rn. 41; Uhlenbruck/ Sinz Rn. 92). Nur für den Fall, dass das Insolvenzgericht dem vorläufigen Verwalter eine Einzelermächtigung erteilt, kann dieser einzelne Masseverbindlichkeiten in begrenztem Umfang begründen (BGH NZI 2015, 273 Rn. 18 mAnm Lange NZI 2015, 276; K. Schmidt InsO/Thole Rn. 41; Uhlenbruck/Sinz Rn. 93).   63

Die Rechtsstellung des Schuldners im **vorläufigen Eigenverwaltungsverfahren** gem. § 270 entspricht nicht derjenigen eines starken vorläufigen Insolvenzverwalters gem. § 22 Abs. 1; auf Rechtshandlungen des Schuldners im Verfahren der vorläufigen Eigenverwaltung kann § 55 Abs. 2 daher nicht analog angewandt werden (BGH NZI 2019, 236 Rn. 10). Im vorläufigen Eigenverwaltungsverfahren begründet der Schuldner deshalb nicht stets, sondern auch außerhalb des Schutzschirmverfahrens nach § 270b (vgl. für dieses § 270b Abs. 3) nur insoweit Masseverbindlichkeiten, als er vom Insolvenzgericht hierzu ermächtigt worden ist (BGH NZI 2019, 236 Rn. 10 ff.). Hat das Insolvenzgericht im **Schutzschirmverfahren** nach § 270b Abs. 3 allgemein angeordnet, dass   63a der Schuldner Masseverbindlichkeiten begründet, hat dieser kein Wahlrecht, ob er im Einzelfall Masseverbindlichkeiten oder Insolvenzforderungen begründet; die Begründung von Masseverbindlichkeiten richtet sich dann nach den gesetzlichen Vorschriften, die für den starken vorläufigen Insolvenzverwalter gelten, insbesondere nach § 55 Abs. 2 (BGH NZI 2016, 779 Rn. 22).

64 Von S. 1 erfasst werden alle Verbindlichkeiten, die durch Handlungen oder Rechtsgeschäfte des vorläufigen starken Insolvenzverwalters oder dessen Verwaltungs-, Verwertungs- und Verteilungsmaßnahmen begründet werden (Uhlenbruck/Sinz Rn. 94; im Einzelnen MüKoInsO/Hefermehl Rn. 21 ff.). Da das die Altverträge betreffende Erfüllungswahlrecht nach § 103 ausschließlich vom endgültigen Verwalter geltend gemacht werden kann, sind jedoch nur Neugeschäfte und keine Altgeschäfte von § 55 Abs. 2 S. 1 umfasst (K. Schmidt InsO/Thole Rn. 41).

65 Nach S. 2 werden Verbindlichkeiten aus Dauerschuldverhältnissen nur insoweit zu Masseverbindlichkeiten als der Verwalter die Gegenleistung für die Masse in Anspruch nimmt. Auch hier muss es sich um einen vorläufigen starken Insolvenzverwalter oder einen solchen mit gerichtlicher Sonderermächtigung handeln, eine analoge Anwendung auf den schwachen vorläufigen Verwalter ist ausgeschlossen (Uhlenbruck/Sinz Rn. 95; MüKoInsO/Hefermehl Rn. 222). Durch die Regelung wird dem vorläufigen Verwalter die ihm nach § 22 Abs. 1 Nr. 2 obliegende Unternehmensfortführung für die Dauer des Eröffnungsverfahrens ermöglicht und gleichzeitig die Masse geschützt, indem sie nur so weit belastet wird, wie eine Gegenleistung erlangt wird (Uhlenbruck/Sinz Rn. 95; Kirchhof ZInsO 1999, 365). § 55 Abs. 2 S. 2 ist lex specialis gegenüber § 108 Abs. 3, wenn der Verwalter die Gegenleistung in Anspruch nimmt (BGH NZI 2002, 543 (544) mAnm Heidrich/Prager, 653 f.).

66 Es muss sich um bereits bestehende Dauerschuldverhältnisse handeln. Für vom Verwalter neu begründete Dauerschuldverhältnisse ist § 55 Abs. 2 S. 1 lex specialis, sodass hieraus unabhängig von der Vereinnahmung der Gegenleistung Masseverbindlichkeiten resultieren (K. Schmidt InsO/Thole Rn. 41). Erfasst sind nach dem klaren Wortlaut des S. 2 Verbindlichkeiten aus allen Dauerschuldverhältnissen, insbesondere aus Miet-, Pacht- und Dienstverträgen iSv § 108, aber auch aus Sukzessiv- und Energielieferungsverträgen (Uhlenbruck/Sinz Rn. 95; HmbKommInsR/Jarchow/Denkhaus Rn. 26; zweifelnd, aber im Ergebnis wie hier K. Schmidt InsO/Thole Rn. 41). Der Zweck der Erleichterung der einstweiligen Unternehmensfortführung gebietet eine einheitliche Behandlung aller Arten von Dauerschuldverhältnissen.

67 Eine Inanspruchnahme der Gegenleistung setzt voraus, dass der Verwalter die Leistung nutzt, obwohl er dies pflichtgemäß hätte verhindern können (vgl. BGH 2003, 369 (370) sowie BeckRS 2004, 05222 sub II 2d (1) zu § 209 Abs. 2 Nr. 3). Ein passives Geschehenlassen ist ausreichend, sofern es sich nicht um eine aufgedrängte („oktroyierte") Nutzung handelt (MüKoInsO/Hefermehl Rn. 231; Uhlenbruck/Sinz Rn. 97). Der Insolvenzverwalter kann durch Nichtinanspruchnahme der Gegenleistung die Entstehung einer Masseverbindlichkeit vermeiden, etwa durch Freistellung der Arbeitnehmer oder durch das Angebot der Rückgabe der Mietsache (KPB/Pape/Schaltke Rn. 221).

G. Verbindlichkeiten gegenüber der Bundesagentur für Arbeit nach Anspruchsübergang gem. § 169 S. 1 SGB III (Abs. 3)

68 Wird ein Arbeitnehmer durch einen starken vorläufigen Insolvenzverwalter weiterbeschäftigt, so ist sein Lohnanspruch nach § 55 Abs. 2 S. 2 eine Masseverbindlichkeit. Falls der Arbeitnehmer Insolvenzgeld nach §§ 165 ff. SGB III beantragt, geht der Anspruch des Arbeitnehmers auf Arbeitslohn bereits mit der Antragstellung gem. § 169 S. 1 SGB III auf die Bundesagentur für Arbeit über. Da eine Legalzession gem. §§ 412, 401 Abs. 2 BGB den Charakter als Masseverbindlichkeit nicht ändert, würden auch der übergegangene Anspruch grundsätzlich eine Masseverbindlichkeiten darstellen. Um die hiermit verbundene liquiditätsmäßige Belastung für die Insolvenzmasse zu vermeiden, regelte die KO in § 59 Abs. 2, dass die übergegangenen Ansprüche lediglich als Konkursforderungen und nicht als Masseschulden zu berichtigen waren. Das BAG (NZI 2002, 118 (119)) erkannte früh, dass der Gesetzgeber der InsO die mit dem Wegfall der Rangrückstufungsvorschrift des § 59 Abs. 2 KO verbundenen Auswirkungen auf die Insolvenzrechtspraxis übersehen und sich nicht bewusst für ein Vorzugsrecht der Bundesanstalt für Arbeit entschieden hatte. Erklärte Reformziele waren vielmehr die Sicherstellung einer kostendeckenden Masse und die Schaffung eines effizienten gerichtlichen Sanierungsverfahrens im Rahmen eines einheitlichen Insolvenzverfahrens, um die Sanierung einer größeren Zahl von Unternehmen als bisher zu ermöglichen (BT-Dr. 12/2443, 77). Um die hierzu erforderliche Rückstufung des gem. § 169 S. 1 SGB III auf die Bundesagentur für Arbeit übergehenden Anspruchs zu einer Insolvenzforderung zu erreichen, nahm es eine teleologische Reduktion des § 55 Abs. 2 S. 2 vor (BAG NZI 2002,

Sonstige Masseverbindlichkeiten § 55 InsO

118 (119)). Diese Wertung vollzog der Gesetzgeber mit der Schaffung des § 55 Abs. 3 nach, auch um eine für die Praxis der sog. Insolvenzgeldvorfinanzierung erforderliche rechtssichere Grundlage zu schaffen. Zweck des § 55 Abs. 3 ist es, die liquiditätsmäßigen Belastung für die Masse gering zu halten, die Haftungsrisiken für den Verwalter zu verringern, ohne die Arbeitnehmer zu belasten und so Fortführungen zu erleichtern (BT-Drs. 14/5680, 17 (25); MüKoInsO/Hefermehl Rn. 236). Durch die hierdurch mögliche verstärkte Einsetzung von vorläufigen starken Insolvenzverwaltern soll letztlich die Betriebsfortführung im Eröffnungsverfahren gesichert werden.

Von der Rückstufung nach § 55 Abs. 3 S. 1 nicht erfasst werden Differenzvergütungsansprüche **68a** des Arbeitnehmers wegen vorzeitiger Beendigung des Altersteilzeitarbeitsverhältnisses, weil diese – anders als es die Vorschrift verlangt – nicht nach § 169 S. 1 SGB III auf die Bundesagentur für Arbeit übergehen (BAG NZA 2018, 811 Rn. 33 ff.). Der Qualifizierung der Differenzvergütungsansprüche als Masseverbindlichkeiten nach § 55 Abs. 2 S. 2 steht auch nicht entgegen, dass sie zum Zeitpunkt der Inanspruchnahme durch den Insolvenzverwalter noch nicht entstanden waren; ausreichend ist, dass die Ansprüche zu diesem Zeitpunkt bereits durch den Altersteilzeitvertrag begründet waren und nur noch unter der aufschiebenden Bedingung der Beendigung des Arbeitsverhältnisses standen (BAG NZA 2018, 811 Rn. 32).

Nach § 55 Abs. 3 S. 2 iVm § 175 Abs. 1 SGB III gilt die Rückstufung zu einer Insolvenzforde- **68b** rung auch für die nicht auf die Bundesagentur für Arbeit übergehenden Ansprüche auf Abführung der Sozialversicherungsbeiträge, soweit diese gem. § 175 Abs. 2 SGB III gegenüber dem Schuldner bestehen bleiben.

H. Steuerverbindlichkeiten (Abs. 4)

Die Norm ist in ihrer ursprünglichen Fassung zum 1.1.2011 in Kraft getreten und war als **69** solche nur auf Verfahren anwendbar, die nach dem 31.12.2010 beantragt wurden. Auf Altverfahren sind die bis dahin geltenden Regelungen anzuwenden (Art. 4 HBeglG, Art. 103e EGInsO). Mit Wirkung zum 1.1.2021 hat Abs. 4 durch das Sanierungs- und Insolvenzrechtsfortentwicklungsgesetz (SanInsFoG) Modifikationen dahingehend erfahren, dass der Anwendungsbereich auf bestimmte Steuern und sonstige Abgaben beschränkt worden ist und dass künftig auch Umsatzsteuerverbindlichkeiten erfasst werden, die vom Schuldner in einem vorläufigen Eigenverwaltungsverfahren nach Bestellung eines Sachwalters begründet worden sind. Die Neuregelung gilt für alle Insolvenzverfahren, für die ein Insolvenzantrag nach dem 31.12.2020 gestellt wurde. Abs. 4 verfolgt das gesetzgeberische Ziel der Haushaltskonsolidierung durch Steuermehreinnahmen.

Der in der Praxis regelmäßig agierende „schwache" vorläufige Insolvenzverwalter begründet – **70** anders als der „starke" vorläufige Verwalter nach Abs. 2 – grundsätzlich keine Masseschulden, es sei denn, ihm wurde eine Einzelermächtigung erteilt. Dadurch wären auch die Umsatzsteueransprüche des Fiskus, die während des Eröffnungsverfahrens durch die Veräußerung von Vermögensgegenständen begründet werden, regelmäßig nur Insolvenzforderungen. Um diese Ausfälle hinsichtlich der Umsatzsteuer und aller anderen Abgabenarten zu vermeiden, hat der Gesetzgeber § 55 Abs. 4 eingeführt (MüKoInsO/Hefermehl Rn. 240; HmbKommInsR/Jarchow/Denkhaus Rn. 83; KPB/Pape/Schaltke Rn. 233a; Onusseit ZInsO 2011, 641 (646); aA Nawroth ZInsO 2011, 107 sowie wohl K. Schmidt InsO/Thole Rn. 45, die nur die Umsatzsteuer erfasst sehen). Begründet wird die Sonderbehandlung des Fiskus damit, dass er sich – im Gegensatz zu anderen Gläubigern – seine Vertragspartner nicht auswählen und auch keine Sicherheiten für seine Ansprüche vereinbaren kann. In der Literatur wird diese Neuregelung – zu Recht – stark kritisiert, da sie zu einer Verletzung des Grundprinzips der Gläubigergleichbehandlung führt und der Fiskus gerade keine Leistung an die Masse erbringt (K. Schmidt InsO/Thole § 55 Rn. 44; Uhlenbruck/Sinz Rn. 105).

§ 55 Abs. 4 findet Anwendung auf den „schwachen" vorläufigen Insolvenzverwalter, also auf **71** den vorläufigen Verwalter, auf den die Verwaltungs- und Verfügungsbefugnis nicht nach § 22 Abs. 1 übergegangen ist, wie auch auf den „starken" vorläufigen Verwalter. Ob zugunsten des „schwachen" vorläufigen Insolvenzverwalters ein Zustimmungsvorbehalt iSd § 21 Abs. 2 Nr. 2 angeordnet wurde oder nicht, ist in diesem Zusammenhang unerheblich, denn auch ohne einen Zustimmungsvorbehalt können entsprechende Steuerverbindlichkeiten durch den „schwachen" vorläufigen Insolvenzverwalter begründet werden, insbesondere wenn ihm durch das Insolvenzgericht weitgehende Rechte eingeräumt oder Sicherungsmaßnahmen angeordnet werden (BMF BeckVerw 305500 Rn. 2). Bei dem „starken" vorläufigen Verwalter wird oftmals bereits § 55 Abs. 2 eingreifen.

Abs. 4 setzt insoweit voraus, dass eine Steuerverbindlichkeit vorliegt, die von einem vorläufigen **72** Insolvenzverwalter oder vom Schuldner mit Zustimmung eines vorläufigen Insolvenzverwalters begründet worden ist. Maßgeblich sind nach der Rechtsprechung des BFH hierbei die rechtlichen Befugnisse des vorläufigen Insolvenzverwalters zur Begründung von Masseverbindlichkeiten; die Verbindlichkeiten werden nämlich nur im Rahmen der für den vorläufigen Verwalter bestehenden rechtlichen Befugnisse begründet (BFH NZI 2015, 240 Rn. 16 ff.). Die Zustimmung iSd Norm ist jedes tatsächliche Einverständnis des Verwalters mit der die Steuerforderung auslösenden Handlung des Schuldners, wobei der Begriff weit auszulegen ist; auch eine konkludente Einwilligung reicht aus (BMF BeckVerw 305500 Rn. 25; Onusseit ZIP 2011, 641 (650); HmbKommInsR/ Jarchow/Denkhaus Rn. 84; FK-InsO/Bornemann Rn. 52).

73 Das Begründen einer Verbindlichkeit aus dem Steuerschuldverhältnis durch den vorläufigen Insolvenzverwalter iSv § 55 Abs. 4 setzt nach Ansicht des BFH kein aktives Handeln voraus. Der BFH hat für das Begründen einer Masseverbindlichkeit allein auf die (passive) Entgeltvereinnahmung durch den vorläufigen Verwalter abgestellt; die Leistungserbringung hat er insoweit nicht als maßgeblich angesehen (BFH NZI 2015, 240 Rn. 20; aA Uhlenbruck/Sinz Rn. 117, der danach differenziert, ob die Verbindlichkeit aus einem Neugeschäft resultiert, an dem der vorläufige Verwalter mitgewirkt hat, oder um eine Verbindlichkeit aus einem bereits zuvor geschlossenen Vertrag (Altgeschäft)).

74 Durch die Neufassung des Abs. 4 durch das SanInsFoG werden nun auch Umsatzsteuerverbindlichkeiten erfasst, die vom Schuldner in einem vorläufigen Eigenverwaltungsverfahren nach Bestellung eines Sachwalters begründet worden sind. Der Gesetzgeber des SanInsFoG stellt sich damit bewusst gegen die Rechtsprechung des BGH (NZI 2019, 236) und des BFH (NZI 2020, 850). Diese hatten entschieden, dass die umsatzsteuerliche Privilegierung des Staates des Abs. 4 nicht auf Umsatzsteuerverbindlichkeiten anzuwenden ist, die ein Schuldner im Rahmen eines vorläufigen Eigenverwaltungsverfahrens nach § 270a aF begründet hat. Dies wurde insbesondere damit begründet, dass der im vorläufigen Eigenverwaltungsverfahren dem Schuldner beiseite gestellte vorläufige Sachwalter dem „schwachen" vorläufigen Insolvenzverwalter funktionell nicht entspreche, weil er nicht über vergleichbare Befugnisse verfüge. Dem Gesetzgeber des SanInsFoG geht es demgegenüber darum, eine wirtschaftliche Gleichstellung der vorläufigen Eigenverwaltung mit der vorläufigen Regelverwaltung herzustellen, um den von der bisherigen Fassung des Abs. 4 ausgehenden Fehlanreiz für den Schuldner abzuschaffen, die Eigenverwaltung – ungeachtet ihrer Eignung im konkreten Fall – dem Regelverfahren allein wegen der geringeren Belastung der Masse mit Masseverbindlichkeiten vorzuziehen (vgl. die Empfehlungen der Ausschüsse an den Bundesrat vom 16.11.2020, BR-Drs. 619/1/20, 23 ff., unter Verweis auf den Forschungsbericht zur Evaluierung des Gesetzes zur weiteren Erleichterung der Sanierung von Unternehmen (EUSG) vom 7. Dezember 2011, 134). Der eigenverwaltende Schuldner konnte die Masse bislang bewusst dadurch anreichern, dass er die vom Kunden erhaltenen Umsatzsteuern vereinnahmte, diese aber nicht an den Fiskus abführte, bzw. geleistete Steuerzahlungen nach Verfahrenseröffnung anfocht. Die hiermit verbundene Wettbewerbsverzerrung zugunsten des eigenverwaltenden Schuldners, der seine Produkte oder seine Dienstleistungen zu niedrigeren Preisen anbieten konnte als die Konkurrenz, soll durch die Neuregelung beseitigt werden (vgl. den Bericht des Ausschusses für Recht und Verbraucherschutz vom 16.12.2020, BT-Drs. 19/25353, 13).

75 Da diese Verwerfungen vor allem dort entstehen, wo der Schuldner die durch seine Tätigkeit entstehende Steuer von einem Dritten zwecks Abführung an den Fiskus erhalten hat (der Schuldner als „Steuereinnehmer für Rechnung des Staates"), wurde der Anwendungsbereich des Abs. 4 nunmehr auf solche Steuerarten beschränkt, die darauf ausgelegt sind, über den Preis auf den Leistungsempfänger abgewälzt zu werden (vgl. den Bericht des Ausschusses für Recht und Verbraucherschutz vom 16.12.2020, BT-Drs. 19/25353, 13). Die Gesetzesbegründung nennt insoweit die Umsatzsteuer einschließlich der Einfuhrumsatzsteuer, die Ein- und Ausfuhrabgaben und andere Abgaben der Europäischen Union, die bundesgesetzlich geregelten Verbrauchsteuern, einschließlich der Biersteuer, die Luftverkehrsteuer und die Kraftfahrzeugsteuer sowie die Lohnsteuer. Bei der Lohnsteuer hat die Regelung praktische Auswirkungen insbesondere in den Fällen, in denen der Zeitraum der vorläufigen Insolvenzverwaltung bzw. der vorläufigen Eigenverwaltung die Dauer der Zahlung des Insolvenzgeldes durch die Bundesagentur für Arbeit überschreitet. Das (vorfinanzierte) Insolvenzgeld ist als Lohnersatzleistung ohnehin steuerfrei (§ 3 Nr. 2 lit. b EStG). Ferner kommt Abs. 4 dann zum Tragen, wenn das übliche Nettoeinkommen des Arbeitnehmers den als Insolvenzgeld (dessen Höhe durch die Bruttobeitragsbemessungsgrenze limitiert ist) ausgezahlten Betrag überschreitet und der Schuldner diesen Differenzbetrag zusätzlich zum (vorfinanzierten) Insolvenzgeld zahlt. Der Differenzbetrag ist steuerpflichtig und die Lohnsteuer unter den Voraussetzungen des Abs. 4 Masseverbindlichkeit.

Dritter Abschnitt. Insolvenzverwalter. Organe der Gläubiger

§ 56 Bestellung des Insolvenzverwalters

(1) ¹Zum Insolvenzverwalter ist eine für den jeweiligen Einzelfall geeignete, insbesondere geschäftskundige und von den Gläubigern und dem Schuldner unabhängige natürliche Person zu bestellen, die aus dem Kreis aller zur Übernahme von Insolvenzverwaltungen bereiten Personen auszuwählen ist. ²Wer als Restrukturierungsbeauftragter oder Sanierungsmoderator in einer Restrukturierungssache des Schuldners tätig war, kann, wenn der Schuldner mindestens zwei der drei in § 22a Absatz 1 genannten Voraussetzungen erfüllt, nur dann zum Insolvenzverwalter bestellt werden, wenn der vorläufige Gläubigerausschuss zustimmt. ³Die Bereitschaft zur Übernahme von Insolvenzverwaltungen kann auf bestimmte Verfahren beschränkt werden. ⁴Die erforderliche Unabhängigkeit wird nicht schon dadurch ausgeschlossen, dass die Person
1. vom Schuldner oder von einem Gläubiger vorgeschlagen worden ist oder
2. den Schuldner vor dem Eröffnungsantrag in allgemeiner Form über den Ablauf eines Insolvenzverfahrens und dessen Folgen beraten hat.

(2) Der Verwalter erhält eine Urkunde über seine Bestellung. Bei Beendigung seines Amtes hat er die Urkunde dem Insolvenzgericht zurückzugeben.

Überblick

§ 56 Abs. 1 S. 1 (→ Rn. 1) regelt, welche Anforderungen das Insolvenzgericht im Einzelfall an die Person des (vorläufigen) Insolvenzverwalters zu stellen hat (das „Wie" der gerichtlichen Entscheidung). Die Vorschrift ist im Zusammenspiel mit der Regelung des § 27 Abs. 1 S. 1 zu lesen. Dort ist festgelegt, dass ein Insolvenzverwalter zwingend in der Eröffnungsentscheidung des Insolvenzgerichts zu ernennen ist. Der Auswahlentscheidung kommt grundlegende Bedeutung für das gesamte Insolvenzverfahren zu. Die Person des Insolvenzverwalters bestimmt maßgeblich über den Erfolg eines Insolvenzverfahrens für die übrigen Beteiligten.

Übersicht

	Rn.		Rn.
A. Regelungsinhalt	1	4. Vorschlagsrecht (§ 56 Abs. 1 S. 4 Nr. 1, § 56a)	40
B. Verfassungsrechtlicher und europarechtlicher Rahmen	3	III. Bestellung des Insolvenzverwalters	41
		1. Zeitpunkt der Bestellung	41
C. Anwendungsbereich	7	2. Bestellungsentscheidung	42
D. Auswahl des Insolvenzverwalters	8	3. Inhalt der Entscheidung	43
I. Vorauswahl	9	4. Funktionelle Zuständigkeit	44
1. Die Vorauswahlliste	9	5. Öffentliche Bekanntmachung	45
2. Listingentscheidung	12	6. Bestellungsurkunde	46
3. Kriterien für die Aufnahme in die Vorauswahlliste	14	7. Rechtsmittel	47
		E. Ende des Verwalteramts	48
II. Auswahl für das konkrete Verfahren	33	F. Keine Ablehnung des Insolvenzverwalters	49
1. Auswahlermessen des Insolvenzgerichts	34	G. Nur ein Insolvenzverwalter	50
2. Besondere Auswahlkriterien für die Bestellung im Einzelfall	35	H. Sonderinsolvenzverwalter	51
3. Vorherige Restrukturierungssache (Abs. 1 S. 2)	39a	I. Staatshaftung bei Auswahlverschulden	55

A. Regelungsinhalt

In Abs. 1 wird dem Gericht durch die verbindliche Festlegung grundlegender Kriterien ein Rahmen vorgegeben, innerhalb dessen es sich für eine natürliche Person (→ Rn. 15) zu entscheiden hat (MüKoInsO/Graeber Rn. 2). Die Auswahlentscheidung hat sich stets am konkreten Einzelfall und dessen Besonderheiten zu orientieren. Eine schematische Auswahl ist unzulässig (BT-Drs. 12/7302, 161). 1

2 Die Regelung des § 56 hat seit ihrem Inkrafttreten mehrere Änderungen erfahren. Ausschlaggebend dafür waren gewandelte verfassungsrechtliche Anschauungen und ein geändertes rechtspolitisches Verständnis von der Bedeutung der Verwalterbestellung (Uhlenbruck/Zipperer Rn. 2). Wenngleich sich die Vorgängerregelung des § 78 Abs. 1 KO in ihrem Wortlaut auf die Benennungskompetenz des Gerichtes beschränkte, bestand bereits damals Einigkeit darüber, dass der zu benennende Verwalter sowohl geschäftskundig als auch unabhängig sein musste (K. Schmidt/Kilger, 16. Aufl. 1993, KO § 78 Anm. 1). Diese beiden zentralen Anforderungen wurden von § 65 Abs. 1 RegE-InsO mit dem Ziel aufgegriffen, die Aufgabenerfüllung des Verwalters sicherzustellen und die Amtsausübung von sachwidrigen Einflüssen freizuhalten (BT-Drs. 12/2443, 127). Nach Kritik am Regelungsentwurf (zusammenfassend BGH NZI 2013, 1022 Rn. 4) änderte der Rechtsausschuss die ursprünglich vorgesehene Möglichkeit, auch juristische Personen bestellen zu können (BT-Drs. 12/2443, 127; 12/7302, 24). Im Anschluss an eine Entscheidung des BVerfG (NZI 2004, 574), wonach das zuvor verbreitet praktizierte einstufige Bestellungsverfahren um ein Vorauswahlverfahren zu erweitern ist, ergänzte der Gesetzgeber durch das Insolvenzvereinfachungsgesetz (InsVereinfG) v. 13.4.2007 den Abs. 1 S. 1 um den 2. Hs. und fügte den heutigen S. 3 hinzu. Ziel war, jedem Bewerber eine faire Chance zu verschaffen, entsprechend seiner Eignung bei der Vergabe von Insolvenzverwaltungen berücksichtigt zu werden. Das Führen „geschlossener Listen" (sog. closed shops) ist heute unzulässig (Uhlenbruck/Zipperer Rn. 3, hierzu auch → Rn. 10.1). Mit der in S. 3 normierten Möglichkeit der Beschränkung eines Kandidaten auf bestimmte Verfahren sollte ua ein Anreiz zur Spezialisierung gesetzt werden (BT-Drs. 16/3227, 18). Der heutige Abs. 1 S. 4 wurde durch das ESUG (Gesetz zur weiteren Erleichterung der Sanierung von Unternehmen v. 7.11.2011) in die Regelung des § 56 neu aufgenommen. Heute ist § 56 im Zusammenhang mit der Vorschrift des § 56a zu lesen, wonach die Insolvenzgläubiger in Gestalt des vorläufigen Gläubigerausschusses in die Auswahlentscheidung über den Verwalter einbezogen sind (BT-Drs. 17/5712, 26). Die letzte Änderung erfolgte im Rahmen des SanInsFoG mit Gesetz vom 22.12.2020, durch das S. 2 neu eingefügt wurde, um die Verzahnung mit dem neuen StaRUG zu gewährleisten.

B. Verfassungsrechtlicher und europarechtlicher Rahmen

3 Das heutige Verständnis von § 56 ist geprägt durch eine Reihe grundlegender Beschlüsse des BVerfG (NZI 2004, 574; 2006, 453; ZIP 2006, 1954; NZI 2006, 636; 2008, 371; 2009, 641 sowie NZI 2016, 163). Bereits frühzeitig, in einem Beschluss zur Gewährleistung effektiven Rechtsschutzes bei der Vorauswahl von Insolvenzverwaltern (BVerfG NZI 2004, 574; zur vorherigen Rechtsprechung OLG Düsseldorf NJW-RR 1999, 1273; OLG Koblenz NZI 2000, 276) hat das BVerfG klargestellt, dass die Betätigung als Insolvenzverwalter ein eigenständiger und vom Schutzbereich des Art. 12 Abs. 1 GG erfasster Beruf ist. Die verfassungsrechtlichen Wertungen der Art. 3 Abs. 1 und 12 Abs. 1 GG sind daher bei Auswahlentscheidungen stets zu berücksichtigen. Vor der Bestellung des (vorläufigen) Insolvenzverwalters ist demnach ein Verfahren durchzuführen, das eine zeitnahe Bestellentscheidung ermöglicht und dem Richter zugleich hinreichende Informationen für eine pflichtgemäße Ermessensentscheidung verschafft (BVerfG NZI 2006, 453 Rn. 43). In der Praxis werden diese Anforderungen vielfach durch die sog. Vorauswahllisten der Insolvenzgerichte (hierzu ausf. → Rn. 9 ff.) umgesetzt. Diese ermöglichen dem Insolvenzgericht bei der regelmäßig eilbedürftigen Bestellung im konkreten Verfahren eine zügige Eignungsprüfung und verschaffen ihm hinreichende Informationen für seine Auswahlentscheidung (vgl. BVerfG NZI 2006, 453 Rn. 43). Die Auswahlentscheidung des Gerichts birgt Konfliktstoff, weil unterschiedliche Interessen der zur Auswahl stehenden Insolvenzverwalter und der am Insolvenzverfahren beteiligten Gläubiger aufeinandertreffen. Das BVerfG hat hierzu zutreffend festgestellt, dass mögliche Konflikte zwischen dem Interesse der Gläubiger an einer zügigen und reibungslosen Bestellentscheidung und dem Anspruch eines Bewerbers auf chancengleichen Zugang zum Verwalteramt nur im Wege der praktischen Konkordanz aufgelöst und durch die persönliche und richterliche Unabhängigkeit garantiert werden kann (BVerfG NZI 2006, 453 Rn. 55 ff.). Es ist mit dem grundgesetzlichen Gebot effektiven Rechtsschutzes nach Art. 19 Abs. 4 GG vereinbar, eine Anfechtung der Bestellung zum Insolvenzverwalter durch einen Mitbewerber und einen vorläufigen Rechtsschutz zur Verhinderung der Bestellung zu versagen (BVerfG NZI 2006, 453 (Ls. 2)).

4 Nach Art. 44 Abs. 1 der Europäischen Richtlinie über Dienstleistungen im Binnenmarkt (RL 2006/123/EG v. 12.12.2006) war die sog. Dienstleistungsrichtlinie bis zum 28.12.2009 in nationales Recht umzusetzen. Nachdem dieser Stichtag ohne Umsetzung in nationales Recht verstrichen ist, muss sie nun gemäß der stRspr des EuGH berücksichtigt werden (EuGH NJW

1991, 3086; 2002, 125). Ob die Richtlinie auf die Verwalterauswahl Anwendung findet, ist nicht abschließend geklärt (BT-Drs. 17/3356, 15; ausf. auch Bluhm, Die Anwendbarkeit und Auswirkungen der EU-Dienstleistungsrichtlinie auf Auswahl und Bestellung des Insolvenzverwalters, 2015, 151 ff.). Umstritten ist, ob das Amt des Insolvenzverwalters unter eine Bereichsausnahme gem. Art. 2 Abs. 2 der Dienstleistungsrichtlinie fällt. Konkret könnte Art. 2 Abs. 2 lit. (i) einschlägig sein, der Tätigkeiten von dem Anwendungsbereich der Dienstleistungsrichtlinie ausnimmt, die mit der Ausübung hoheitlicher Gewalt verbunden sind (dazu bereits Sabel/Wimmer ZIP 2008, 2097 (2106) sowie krit. Römermann GWR 2016, 125; Bluhm/Piepenbrock NJW 2016, 930 (935); ausf. → Rn. 4.1).

Die Ausübung öffentlicher Gewalt iSv Art. 2 Abs. 2 lit. (i) der Dienstleistungsrichtlinie wird ua mit der Begründung abgelehnt, der Verwalter werde zwar hoheitlich bestellt, sei aber Träger eines privaten Amtes (Graf-Schlicker, Kölner Schrift InsO, 2009, 235 (239); Sabel/Wimmer ZIP 2008, 2097 (2106); Smid ZInsO 2009, 113 (114)). Andere verneinen die Anwendbarkeit der Bereichsausnahme mit einem Hinweis darauf, der Insolvenzverwalter stehe unter gerichtlicher Aufsicht und müsse zur Ausübung seiner Tätigkeit die Gewalt staatlicher Behörden in Anspruch nehmen (Uhlenbruck/Zipperer Rn. 5). Dagegen wird die Ausübung öffentlicher Gewalt von anderer Seite bejaht, da es sich bei dem Verwalter um das ausführende Rechtspflegeorgan im „gerichtlichen Prozess der Gesamtvollstreckung" handele (Frind ZInsO 2008, 1248 (1252); Preuß ZIP 2011, 933 (938); dagegen Kleine-Cosack ZIP 2016, 741 (747); zweifelnd Blankenburg ZIP 2016, 749 (752)). Andere begründen die Anwendbarkeit des Art. 2 Abs. 2 lit. (i) der Dienstleistungsrichtlinie mit der durch die Übertragung der Verfügungsbefugnis auf den Verwalter verbundenen massiven und andauernden Beschneidung der Grundrechtsentfaltung beim Schuldner. Derartige Eingriffe dürfe ohne fortdauernde staatliche Ermächtigung kein anderer Privater vornehmen (K. Schmidt InsO/Ries Rn. 6). Eine andere Auffassung sieht die Dienstleistungsrichtlinie unter Zugrundelegung von deren Art. 3 Abs. 1 S. 1 als gegenüber der EUInsVO subsidiär an und kommt zu dem Ergebnis, allein inländisches Recht sei für die Verwalterauswahl entscheidend (Cranshaw jurisPR-InsR 9/2016). **4.1**

Die praktischen Auswirkungen der Dienstleistungsrichtlinie auf die derzeitige Bestellungspraxis sind überschaubar (s. aber die Hinweise auf denkbare Folgeumsetzungsverlangen gem. Art. 10 Abs. 4 Dienstleistungsrichtlinie bei Frind ZInsO 2016, 672 (674 f.)). Rein innerstaatliche Sachverhalte werden von der Dienstleistungsrichtlinie nicht erfasst (BGH NZI 2013, 1022 Rn. 30 f.). Bei grenzüberschreitendem Bezug werden Bedenken vor allem vor dem Hintergrund des Art. 16 Abs. 2 Dienstleistungsrichtlinie an der Zulässigkeit der Kanzlei- oder Präsenzpflicht (Ortsnähe) des Insolvenzverwalters (Nerlich/Römermann/Delhaes Rn. 12; Uhlenbruck/Zipperer Rn. 5 mwN) und der teilweise vorherrschenden Praxis, die Aufnahme in die Vorauswahlliste an eine bestimmte Zertifizierung zu knüpfen (vgl. DIN ISO 9001), vorgebracht. Denn Art. 26 Abs. 1 der Dienstleistungsrichtlinie sieht eine Zertifizierung nicht als Kriterium für die Berufszulassung, sondern als bloße Entscheidungshilfe auf freiwilliger Basis an (Nerlich/Römermann/Delhaes Rn. 12; Sabel/Wimmer ZIP 2008, 2097 (2107); → Rn. 5.1). **5**

Mit Gesetz v. 22.12.2010 (BGBl. I 2248) wurde die Regelung des Art. 102a EGInsO eingeführt und damit die in Art. 4 Nr. 3 Dienstleistungsrichtlinie normierte Niederlassungsfreiheit ausländischer Insolvenzverwalter bei grenzüberschreitenden Insolvenzverfahren umgesetzt (Zweifel an der Vereinbarkeit mit Art. 49, 56 AEUV hat Bluhm ZIP 2014, 550 (558)). Das in Art. 102a EGInsO vorgeschriebene Vorauswahlverfahren ist an den Anforderungen des Art. 10 Dienstleistungsrichtlinie zu messen. Die Vorschrift gilt übergangsweise bis zur gesetzlichen Neuregelung des Zuganges zum Insolvenzverwalterberuf im Sinne einer Berufsordnung (Uhlenbruck/Zipperer Rn. 5; zur Berufsordnung Graf-Schlicker, Kölner Schrift InsO, 2009, 235, 242; Sabel/Wimmer ZIP 2008, 2097 (2104)). **5.1**

Am 20.6.2019 wurde nach mehrjähriger Diskussion die EU-Richtlinie über präventive Restrukturierungsrahmen, über Entschuldung und über Tätigkeitsverbote sowie über Maßnahmen zur Steigerung der Effizienz von Restrukturierungs-, Insolvenz- und Entschuldungsverfahren (RL EU 2019/1023) erlassen. Der deutsche Gesetzgeber hat die Umsetzungspflicht vorzeitig mit Wirkung zum 1.1.2021 durch das SanInsFoG vom 22.12.2020 erfüllt. Die unmittelbaren Änderungen für die deutsche Bestellungspraxis beschränkten sich auf die Einfügung von Abs. 1 S. 2 zur Verzahnung des Insolvenzrechts mit dem neuen vorinsolvenzlichen Restrukturierungsverfahren des StaRUG. Richtigerweise hat der Gesetzgeber davon abgesehen, die Bestellung einer zuvor in einer auf den Schuldner bezogenen Restrukturierungssache bestellten Person an pauschaler Inhabilität scheitern zu lassen. Interessenkonflikte können bestehen, dies ist aber Sache des Einzelfalls. **5a**

Diskutiert wird schließlich, ob die Beschränkung des § 56 Abs. 1 auf natürliche Personen vor dem Hintergrund des Art. 15 Abs. 2 lit. b Dienstleistungsrichtlinie diskriminierend ist (dafür Graf- **6**

Schlicker, Kölner Schrift InsO, 2009, 235, 242 f.; Sabel/Wimmer ZIP 2008, 2097 (2106); dagegen K. Schmidt InsO/Ries Rn. 11 mwN). Das AG Mannheim (ZInsO 2016, 240) hat einer spanischen SLP zur Aufnahme in eine Insolvenzvorauswahlliste verholfen, indem es festgestellt hat, der Ausschluss ausländischer juristischer Personen vom Insolvenzverwalteramt verstoße gegen die Dienstleistungsrichtlinie; in einem anderen Beschluss desselben Gerichts eines anderen Richters v. 20.1.2016 (NZI 2016, 471) wurde die Frage der Anwendbarkeit der Dienstleistungsrichtlinie demgegenüber mit Blick auf die Regelungen der §§ 56, 102a EGInsO offen gelassen. In der Literatur wird eine Diskussion über eine mögliche Inländerdiskriminierung durch die Praxis der Führung von Vorauswahllisten durch die jeweiligen Insolvenzrichter geführt (vgl. AG Mannheim ZInsO 2016, 240 (241) sowie Bluhm, Die Anwendbarkeit und Auswirkungen der EU-Dienstleistungsrichtlinie auf Auswahl und Bestellung des Insolvenzverwalters, 2015, 234 ff., der für das österreichische Modell einer bundesweiten „Online-Liste" plädiert; Bluhm/Piepenbrock NJW 2016, 930 (935); eine baldige verbindliche Klärung über ein Vorlageverfahren eines Oberlandesgerichts gem. Art. 267 UA 2 oder 3 AEUV durch den EuGH wünscht Mankowski EWIR 2016, 249 (250)). Das BVerfG hat jüngst in einem Sachverhalt ohne Auslandsbezug entschieden, dass der Ausschluss juristischer Personen von der Bestellung mit dem GG vereinbar ist (BVerfG NZI 2016, 163; hierzu → Rn. 15). Welche Auswirkungen die Dienstleistungsrichtlinie auf die Auswahl und Bestellung des Insolvenzverwalters haben wird, ist noch nicht vollständig abzusehen (vgl. Höpfner BB 2016, 1034 (1036); Blankenburg ZIP 2016, 749 (751 ff.); gegen einen Zulassungszwang aufgrund der Dienstleistungsrichtlinie Frind ZInsO 2016, 672).

6a Bereits seit langem wird an dem durch die Rechtsprechung des BVerfG und des BGH konturierten rudimentären Regelungsrahmen für die Bestellung und Berufsausübung der Insolvenzverwalter und Sachwalter in Deutschland Kritik geübt. Jüngst hat die Diskussion um die Einführung einer Berufsordnung für Insolvenzverwalter und Sachwalter neue Fahrt aufgenommen (s. Ganter NZI 2018, 137 (138, 143 f.)). Im Koalitionsvertrag der CDU/CSU und SPD 2018 ist das Ziel der Schaffung von gesetzlichen Rahmenbedingungen für die Berufszulassung im Interesse einer qualifizierten und zuverlässigen Wahrnehmung der Aufgaben und zur Stärkung der Aufsicht festgeschrieben (KoalitionsV Rn. 6226 ff.). Auch im Hinblick auf das verselbständigte Berufsbild des (Insolvenz-)Verwalters in Europa wird die Einführung einer nationalen Berufsordnung, die sowohl Berufszulassung als auch Berufsausübung regelt, für notwendig gehalten. Tatsächlich scheint eine Ablösung der überkomplexen Behelfsregelungen mit Verwalterlisten bei den zuständigen Insolvenzgerichten durch eine bundeseinheitliche Regelung angezeigt (so wohl auch Cranshaw NZI 2020, 143–148). Ob zugleich mit einer Berufsordnung auch ein Kammersystem für den Insolvenzbereich eingeführt werden sollte, wie teilweise gefordert, ist aber stark umstritten.

C. Anwendungsbereich

7 Unmittelbar betrifft die Vorschrift des § 56 den Insolvenzverwalter des eröffneten Regelinsolvenzverfahrens. Über Verweise in § 21 Abs. 2 Nr. 1 und § 274 Abs. 1 gilt sie auch für die Bestellung des vorläufigen Insolvenzverwalters und des (vorläufigen) Sachwalters in der Eigenverwaltung. Die Umsetzung der Anforderungen des § 56 im Eröffnungsverfahren kann Schwierigkeiten bereiten, da die Ermittlungen des Insolvenzgerichts in diesen Fällen regelmäßig noch nicht abgeschlossen sind und nicht klar beurteilt werden kann, welche Anforderungen der konkrete Einzelfall an den Insolvenzverwalter stellen wird. Auch ist die Gläubigerstruktur nicht zwingend transparent. Mögliche Informationsdefizite kann das Insolvenzgericht durch eigene Nachforschungen, aber auch durch Befragung eines zuvor konstituierten vorläufigen Gläubigerausschusses (§ 21 Abs. 2 Nr. 1a) zu den an den vorläufigen Insolvenzverwalter zu stellenden Anforderungen und zu dessen Person ausgleichen (s. auch MüKoInsO/Graeber Rn. 9 ff.). § 56a Abs. 1 sieht diese Möglichkeit nunmehr ausdrücklich vor. In der Praxis ist wünschenswert und vielfach ausschlaggebend für die Sanierung eines Unternehmens, dass Insolvenzgericht, Gläubigervertretungsorgane und der (vorläufige) Insolvenz- oder Sachwalter möglichst frühzeitig in einen konstruktiven Dialog treten (K. Schmidt InsO/Ries Rn. 53 f.).

D. Auswahl des Insolvenzverwalters

8 Bedingt durch Vorgaben des BVerfG zur Auswahlentscheidung durch das Insolvenzgericht ist heute die Führung von Vorauswahllisten praktisch Standard (jedoch nicht zwingend, s. K. Schmidt InsO/Ries Rn. 48 mwN). Eine gesetzliche Verankerung gibt es für sie nicht. Das muss Auswirkungen auf das Verständnis der Vorauswahlliste haben: Sie ist richtigerweise Bestandteil der richterlichen Bestellungsentscheidung im Einzelfall und stellt kein abgetrenntes Vorschaltverfahren dar;

die Vorauswahlliste antizipiert bereits einen Teil der späteren Auswahlentscheidung anhand von transparent aufgestellten und auf interessierte Bewerber angewandten Bewertungskriterien. Inzwischen sind eine Reihe der von Amtsgerichten angelegten Kriterien von der Rechtsprechung der Obergerichte verworfen worden. Dies, kombiniert mit der dezentralen Konzeption, Führung und Anwendung von Vorauswahllisten erschweren die Handhabbarkeit des Vehikels und die gerichtliche Aufsicht über Insolvenzverwalter heute erheblich (vgl. Pollmächer/Siemon NZI 2017, 93 f.). Eine einheitliche gesetzliche Normierung des Zugangs zum Verwalteramt ist vor diesem Hintergrund ernsthaft zu erwägen; spiegelbildlich kann man die Frage nach einer bundesweiten Vorauswahlliste und/oder einer Berufsordnung für Insolvenzverwalter stellen (Vallender NZI 2017, 641 (645 f.) Brzoza NZI 2021, 513 (515 ff.)).

I. Vorauswahl

1. Die Vorauswahlliste

Die Vorauswahlliste soll bei der regelmäßig eilbedürftigen Bestellung im konkreten Verfahren eine zügige Eignungsprüfung ermöglichen und eine hinreichende Informationen für die Auswahlentscheidung verschaffen (BVerfG NZI 2006, 453 Rn. 44; 2006, 636 Rn. 8). Zugleich soll sie die chancengleiche Teilhabe am Amt des Insolvenzverwalters gewährleisten (Zipperer ZInsO 2018, 2613 (2616); 2006, 636 Rn. 8). Hieraus folgt zugleich die funktionelle Zuständigkeit des Richters (BVerfG NZI 2004, 574 (575); MüKoInsO/Graeber Rn. 93). Eine Delegation der Listenführung an andere Richter, eine Stelle der Gerichtsverwaltung oder ein von mehreren Insolvenzrichtern gebildetes gerichtsinternes oder externes „Gremium" ist unzulässig (K. Schmidt InsO/Ries Rn. 48). Stets ist sicherzustellen, dass die Liste entsprechend der von dem jeweiligen Richter selbst festgelegten Kriterien geführt wird (BVerfG NZI 2009, 641 Rn. 12). Wenn eine Vorauswahlliste nicht den Anforderungen der höchstrichterlichen Rechtsprechung genügt, folgt daraus zugleich eine Verletzung des Anspruchs auf pflichtgemäße Ermessensausübung bei der Auswahl der im Einzelfall zu bestellenden Insolvenzverwalter (OLG Celle NZI 2019, 160).

Die (inhaltliche) Ausgestaltung der Vorauswahlliste wird derzeit als Sache des jeweiligen Richters angesehen. Es sind aus Sachgründen gerechtfertigte Geeignetheitskriterien zu entwickeln (BVerfG NZI 2006, 453 Rn. 45; 2009, 641 Rn. 14; BGH NZI 2016, 913 Rn. 11; 2008, 161 Rn. 19), die eine Beurteilung der Eignung der jeweilig in Betracht kommenden Personen ermöglicht. Ein allgemeines Vorauswahlverfahren darf sich daher nicht auf das Erstellen einer Liste mit Namen und Anschriften interessierter Bewerber beschränken. Es muss die Erhebung, Verifizierung und Strukturierung der Daten gewährleisten, die nach der Einschätzung des jeweiligen Insolvenzrichters eine sachgerechte Ermessensausübung bei der Auswahl aus dem Kreis der geeigneten Bewerber ermöglicht (BVerfG NZI 2006, 453 Rn. 44; OLG Celle ZInsO 2017, 1030 (1031)). Der Insolvenzrichter kann selbstverständlich auch verschiedene Vorauswahllisten mit unterschiedlichen Anforderungen etwa für verschiedene Verfahrensarten (Branchen, Größe, Gläubigerstruktur etc) führen. Die im Einzelfall praktizierten Auswahlkriterien sind transparent zu machen und daher auch in der maßgeblichen Fachöffentlichkeit bekanntzugeben (BGH NZI 2016, 512 (515); OLG Celle ZInsO 2017, 1030 (1031)). Auch obliegt es jedem Insolvenzrichter, die für eine sachgerechte Entscheidung notwendigen Daten über die Bewerber zu erheben, zu verifizieren und zu strukturieren. Es gibt eine Reihe von Leitlinien und Empfehlungen, auf die die einzelnen Insolvenzrichter bei der Erstellung und Pflege ihrer Listen zurückgreifen können. Hierzu gehören ua die „Empfehlungen der Kommission zur Vorauswahl und Bestellung von Insolvenzverwalter sowie Transparenz, Aufsicht und Kontrolle in Insolvenzverfahren" (sog. „Uhlenbruck-Kommission", NZI 2007, 507), die Handlungsempfehlungen des Bundesarbeitskreises Insolvenzgerichte e.V. (BAKinsO e.V.) v. 21.11.2008 (BAKinsO ZInsO 2008, 1260), der Heidelberger Musterfragebogen der acht größten Insolvenzgerichte in Baden-Württemberg (NZI 2009, 97), die auf Kennzahlen basierenden Hamburger (vgl. Frind ZInsO 2008, 1068; A. Schmidt ZInsO 2008, 291) und „Hannoveraner" Modelle (Neubert ZInsO 2017, 1649 ff.; zur Billigung der Kriterien des Hannoveraner Modells OLG Celle ZInsO 2017, 1030; Blankenburg/Kramer/Noll/Sauer-Colberg ZInsO 2017, 1018; krit. Moderegger NZI 2017, 241; dezidiert gegen die in Berlin praktizierte Vorgehensweise in Anwendung des Hannoveraner Modells mit der Bewertung als teilweise willkürlich und das Recht auf fairen Zugang zum Amt verletzend kürzlich das KG (NZI 2020, 753), das ua eine Bevorzugung alteingesessener Insolvenzverwalter moniert und Strukturen zur Bildung eines „closed-shops" erkennt; dazu Anm. Pohlmann NZI 2020, krit. zum KG Blankenburg NZI 2020, 768 f.: die Autoren fordern – berechtigt – eine gesetzliche Regelung zur Entlastung der Situation für Insolvenzgerichte und Insolvenzverwalter) sowie die Grundsätze ordnungsgemäßer Insolvenzverwaltung des Verbands Insolvenzverwalter Deutschlands e.V. (VID) v. 14.5.2011 (VID ZIP 2011, 197; 2011, 1489). Praktische Empfehlungen zur Listenführung gibt Ries (K. Schmidt InsO/Ries Rn. 51). Die Richterinnen und Richter der Insolvenzabteilung des AG Charlottenburg haben 2016 eine Neuorganisation der Vorauswahl vorgenommen. Auch in Berlin wurde seit 2016 eine qualifizierte Vorauswahlliste geführt, deren Struktur und Umfang sich am Hannoveraner Modell orientiert (ausf. zum Ablauf des Listing- und Auswahlprozesses am AG Charlottenburg Brückner DZWiR 2016, 406 f.; ZInsO 2017, 2499 f., → Rn. 10.1; ablehnend KG NZI 2020, 753). Zunehmend wird kritisiert, es sei unsachgemäß, wenn jedes Gericht eigene Kriterien für die Listenführung entwickeln und auf dieser Basis eigene Listen führen würde. Stattdessen wird für die Einführung überregionaler (dazu Zipperer ZInsO 2018, 2613 (2617)) oder einer bundeseinheitlichen Vorauswahlliste auf gesetzlicher Grundlage plädiert (krit. jedoch Ganter NZI 2018, 137 (142 f.)). Es steht zu erwarten, dass dieser Aspekt ein zentraler Diskussionspunkt bei der Entwicklung des von der Regierung angekündigten Regelung des Berufsrechts für Insolvenz- und Sachwalter werden wird (dazu Römermann ZIP 2018, 1757 f.).

10.1 Sogenannte geschlossene Listen, etwa nach Prinzip „bekannt und bewährt" geführt, verstoßen gegen den aus Art. 3 Abs. 1 GG, Art. 12 Abs. 1 GG abgeleiteten Anspruch des Bewerbers auf chancengleichen Zugang zum Verwalteramt. Sie sind unzulässig (BVerfG NZI 2006, 453 Rn. 45). Ungeachtet zahlreicher Gerichtsentscheidungen der Vergangenheit herrscht im Einzelnen weiterhin Streit über die Zulässigkeit von angebots- und bedarfsorientierten Vorauswahllisten (Überblick bei Uhlenbruck/Zipperer Rn. 10; vgl. jüngst KG NZI 2020, 768).

11 Soweit in Schrifttum und Rechtsprechung teilweise der Eindruck entstehen kann, die Bestellung zum Verwalter setze zwingend die vorherige Aufnahme in die Vorauswahlliste voraus (vgl. AG Hamburg ZInsO 2011, 233; 2013, 1533; Haarmeyer ZInsO 2011, 2316), so ist dem entgegenzutreten (so auch Pape ZInsO 2013, 2129 (2133) mit Verweis auf die Neuregelungen des ESUG). Zwar wird die Bestellung eines gelisteten Bewerbers zum Verwalter den Regelfall darstellen. Dies bedeutet jedoch nicht, dass es dem Insolvenzrichter verwehrt ist, eine andere, nicht gelistete Person zum Insolvenzverwalter zu bestellen, sofern dieser für die konkrete Verwaltung als am geeignetsten anzusehen ist (so auch Braun/Blümle Rn. 19). Die Vorauswahlliste stellt lediglich eines von mehreren denkbaren Organisationsinstrumenten der Gerichte dar, um die Verfassungskonformität der iRd § 56 Abs. 1 S. 1 zu treffenden Auswahlentscheidung sicherzustellen. Die Bedingung einer vorherigen Aufnahme des zu bestellenden Verwalters in die Vorauswahlliste würde das dem Richter bei der Bestellung zustehende Auswahlermessen in unzulässiger Weise einschränken und zugleich die schutzwürdigen Interessen von Schuldner und Gläubigern beeinträchtigen. Dieses Verständnis steht auch im Einklang mit der Gesetzesbegründung zur Regelung des § 56a Abs. 2 S. 1, wonach das Gericht von einem einstimmigen Ausschussvorschlag nur abweichen darf, wenn der Vorgeschlagene „für die Übernahme des Amtes nicht geeignet ist". Die sich in diesem Zusammenhang stellende Frage der Geeignetheit beantwortet sich nach Auffassung des Gesetzgebers gerade nicht alleine danach, ob der Vorgeschlagene auf der Vorauswahlliste steht (BT-Drs. 17/5712, 26).

2. Listingentscheidung

12 Das Aufnahmeverfahren wird regelmäßig durch einen Antrag des Bewerbers auf Aufnahme in die betreffende Vorauswahlliste des Insolvenzrichters eingeleitet (KPB/Lüke Rn. 22; Uhlenbruck/Zipperer Rn. 34). Vielfach haben Insolvenzgerichte im Bemühen, die verfassungsrechtlichen Anforderungen zu erfüllen, ein formelles Bewerbungsverfahren zur Aufnahme in die Vorauswahlliste eingeführt. Diese wird dann meist turnusmäßig wiederholt bzw. in Runden durchgeführt.

13 Die einmal ausgewählten und für maßgeblich erklärten Kriterien sind willkürfrei durch den Richter anzuwenden (vgl. BVerfG NJW 2006, 3701; jüngst BGH NZI 2016, 913; 2016, 512 (513)). Eine Abweichung ist unter dem Gesichtspunkt der Selbstbindung aus triftigen, plausiblen Gründen zulässig (KG ZInsO 2006, 153; OLG Hamburg NZI 2011, 762 (765)). Für die Ermittlung der Eignung des Kandidaten gilt der Amtsermittlungsgrundsatz. Das Insolvenzgericht hat für die Vollständigkeit und Richtigkeit der entscheidungserheblichen Tatsachen zu sorgen, freilich begrenzt durch die Mitwirkungsobliegenheiten des Bewerbers (Uhlenbruck/Zipperer Rn. 33 mwN). Jeder Bewerber hat dem Gericht seine Eignung so darzustellen, dass genügend detaillierte und verifizierbare Merkmale zur Verfügung gestellt werden (OLG Hamburg NZI 2011, 762 (765); ZInsO 2017, 2229 (2232)). Ob hieraus eine Substantiierungslast des Bewerbers folgt oder ob es sich lediglich um eine Begrenzung der gerichtlichen Ermittlungspflicht handelt, ist nicht endgültig geklärt, aber praktisch nebensächlich. Das Insolvenzgericht hat jedenfalls im Rahmen seiner Fürsorgepflicht auf bestehende Mängel in der Bewerbung hinzuweisen (§ 139 ZPO).

3. Kriterien für die Aufnahme in die Vorauswahlliste

a) Gesetzlich bestimmte Auswahlkriterien. Das Gesetz benennt in § 56 Abs. 1 S. 1 eine **14** Reihe von Kriterien, die bei der Auswahlentscheidung des jeweiligen Insolvenzrichters zu berücksichtigen sind. Es ist eine für den jeweiligen Einzelfall **geeignete** (→ Rn. 16), insbesondere **geschäftskundige** (→ Rn. 17) und **von den Gläubigern und dem Schuldner unabhängige** (→ Rn. 20) **natürliche Person** (→ Rn. 15) zu bestellen, die aus dem Kreis aller zur Übernahme von Insolvenzverwaltungen bereiten Personen auszuwählen ist. Hinzu kommt noch die nicht ausdrücklich genannte Verpflichtung, das Amt des Insolvenzverwalters **höchstpersönlich** auszuüben (→ Rn. 18). Diese Kriterien sind auch bei Aufstellung und Pflege einer Vorauswahlliste abstrakt-generell zu beachten und dann im jeweiligen Einzelfall anlässlich der konkreten Auswahlentscheidung zu prüfen.

Der eindeutige, auf **natürliche Personen** bezogene Wortlaut und die Entstehungsgeschichte **15** der Regelung schließen es aus, juristische Personen zum Insolvenzverwalter zu bestellen (BGH NZI 2013, 1022 Rn. 4). Dieser Ausschluss juristischer Personen verstößt weder gegen das Grundrecht der Berufsfreiheit (Art. 12 Abs. 1 GG) noch gegen das Grundrecht auf Gleichbehandlung (Art. 3 Abs. 1 GG) (BVerfG NZI 2016, 163; dazu Wüpperfuhrt ZInsO 2016, 625 (626); Anm. zu BVerfG ua Blankenberg ZIP 2016, 749; Bluhm/Piepenbrock NJW 2016, 935 f.; Flöther EWiR 2016, 145; Frind NZI 2016, 156 („Verschnaufpause für Gerichte"); Mitlehner NZI 2016, 248; Pape ZInsO 2016, 428; Römermann ZIP 2016, 330; Cranshaw jurisPR-InsR 9/2016; für eine Verfassungswidrigkeit zB Kleine-Cosack ZIP 2016, 741; Kleine-Cosack NZI 2011, 791 (794); Bluhm ZIP 2014, 550 (557)). Daher ist folgerichtig, dass der Insolvenzverwalter bei seiner Amtsführung auch keine Geschäfte für die ihn anstellende Verwaltungsgesellschaft besorgt oder in deren Auftrag tätig wird. Er nimmt seine Aufgaben allein aufgrund seiner persönlichen Bestellung wahr (ArbG München 4.1.2019 – 36 Ca 11585/17). Für Sachverhalte mit grenzüberschreitendem Bezug gilt die Sonderregelung des Art. 102a EGInsO (→ Rn. 5.1).

Im Mittelpunkt der Vorauswahlentscheidung steht die (persönliche und fachliche) Eignung **16** des Bewerbers (Uhlenbruck/Zipperer Rn. 14). Der unbestimmte Rechtsbegriff der **(generellen) Eignung** muss nicht zwingend nur auf Eigenschaften bezogen sein, die unmittelbar der Person des Bewerbers innewohnen. Er kann sich auch auf die Art und Weise beziehen, in welcher der Bewerber das ihm übertragene Amt im Falle seiner Bestellung voraussichtlich ausüben wird; der Insolvenzrichter hat eine umfassende Gesamtschau anhand der festgelegten Kriterien vorzunehmen und über die vom Einzelfall losgelöste Eignung zum Verwalteramt zu entscheiden. Der Beurteilung, ob der Bewerber dem jeweiligen Anforderungsprofil genügt, ist damit ein prognostisches Element immanent (BGH NZI 2016, 508 Rn. 24; 2008, 161 Rn. 21). Das Insolvenzgericht darf die fachliche Eignung davon abhängig machen, dass der Bewerber praktische Erfahrungen durch Tätigkeiten in Insolvenzverfahren nachweist. Der Erwerb dieser Qualifikation kann im Rahmen einer Anstellung bei einem Insolvenzverwalter als „Schattenwalter" erfolgen, zwingend ist das jedoch nicht (BGH NZI 2006, 636 Rn. 10; MüKoInsO/Graebner Rn. 19; Uhlenbruck/Zipperer Rn. 18, 19). Dem Insolvenzrichter steht es frei, ein Bewerbungsgespräch mit dem Bewerber zu führen, um in Rede und Gegenrede dessen Kenntnisse und praktischen Erfahrungen speziell im Insolvenzrecht zu prüfen (OLG Düsseldorf NJW-RR 1996, 1273). Auch darf der Insolvenzrichter Erkenntnisse aus bereits für andere Insolvenzrechtsabteilungen erbrachten Tätigkeiten des Bewerbers berücksichtigen (OLG Hamburg NZI 2006, 35 (36)). Zur Feststellung der generellen Ungeeignetheit kann eine repräsentative Auswahl der bisher vom Bewerber bearbeiteten Verfahren herangezogen werden, der Insolvenzrichter schuldet keine vollständige Heranziehung aller bisher durchgeführten Verwaltungen (AG Mannheim NZI 2010, 107 (110 f.)). Allein der Nachweis von zwei Fehlern eines Verwalters, der eine Vielzahl von Verfahren beanstandungsfrei geführt hat, ist nicht geeignet, die fachliche Eignung zu verneinen (BGH NZI 2016, 516; dazu EWiR 2016, 379 (380) mAnm Ries). Jedoch kann der Nachweis, dass der Insolvenzverwalter sich in zwei vorigen Insolvenzverfahren als unzuverlässig erwiesen hat, indem er unzureichend mit dem Insolvenzgericht kooperierte, im Einzelfall zu einem Vertrauensverlust führen (LG Hamburg BeckRS 2016, 13669; → Rn. 16.1 ff.). Der Zugang zum Verwalteramt ist nicht bestimmten Berufsgruppen vorbehalten. So ist insbesondere das Fehlen juristischer Staatsexamina kein Argument, gewissermaßen vereinfacht den Zugang zur Verwalterliste zu verwehren (vgl. dazu OLG Hamburg ZInsO 2017, 2229 ff.; krit. dazu auch Ganter NZI 2018, 137 (140); Kruth DStR 2018, 2218).

Die Regelung des § 56 Abs. 1 S. 3, wonach der Bewerber die Bereitschaft zur Übernahme von Insol- **16.1** venzverwaltungen auf bestimmte Verfahren beschränken kann, sanktioniert kein zu tolerierendes Eignungsdefizit. Es ermöglicht dem Bewerber seinem eigenen Erfahrungsstand und Interessenschwerpunkt entsprechend eine Eingrenzung auf bestimmte Verfahren (OLG Düsseldorf NZI 2008, 614 (616)).

16.2 Die Nichtaufnahme eines Bewerbers in die Vorauswahlliste wegen genereller Ungeeignetheit kann nicht damit begründet werden, dass eine Fachfrage falsch beantwortet wurde. In diesem Fall müssen weitere Fachfragen gestellt werden, um die fachliche Eignung auf breiterer Grundlage beurteilen zu können (KG ZInsO 2006, 224).

16.3 Eine einmalige strafrechtlich relevante Verfehlung, die zu einer relativ geringfügigen Verurteilung geführt hat, führt nicht dazu, dass der Bewerber zwingend als ungeeignet anzusehen ist (OLG Brandenburg NZI 2009, 682 (683) für einen Fall der §§ 263, 22, 23, 27 StGB). Anders hingegen bei einer Vorstrafe wegen Insolvenzvergehen: In diesen Fällen werden auch bei fehlendem Zusammenhang mit einer beruflichen Tätigkeit als Rechtsanwalt oder Insolvenzverwalter im Allgemeinen Zweifel an der Zuverlässigkeit des potentiellen Verwalters begründet sein, die Anlass geben, von einer Ernennung abzusehen (BGH NZI 2008, 241). Die Unschuldsvermutung eines anhängigen Ermittlungsverfahrens gegen den Bewerber führt nicht zu seiner Geeignetheit, sondern bewirkt allenfalls einen befristeten Aufschub bis zum Streichen von der Vorauswahlliste wegen generellen Ungeeignetheit (AG Mannheim NZI 2010, 107 (109 f.)).

16.4 Ein Fehlverhalten in einem früheren Insolvenzverfahren kann die Nichtaufnahme nur dann rechtfertigen, wenn sich daraus generell die Befürchtung begründet, der Bewerber werde in Zukunft für jede denkbare Art von Insolvenzverwaltungen nie die Voraussetzungen für eine Auswahlentscheidung nach § 56 Abs. 1 erfüllen können (OLG Schleswig ZIP 2007, 831). In diesem Zusammenhang geht die Unaufklärbarkeit eines Fehlverhaltens nicht zulasten des Bewerbers. Es können nur konkret belegbare tatsächliche Umstände als überprüfbarer Maßstab einer Entscheidung zugrunde gelegt werden (OLG Frankfurt a. M. NZI 2008, 496 (498 f.)).

16.5 Begründete Zweifel an der generellen Eignung des Bewerbers können sich aus wiederholten Verstößen gegen (elementare) Verwalterpflichten in früheren Verfahren ergeben, insbesondere, wenn hierdurch Gläubigerinteressen gefährdet oder der Bearbeitungsablauf des Insolvenzgerichts gestört worden ist (AG Mannheim NZI 2010, 107). Denkbar sind in diesem Zusammenhang ua folgende Pflichtverstöße: fehlende persönliche Wahrnehmung von Berichtsterminen, Bevollmächtigung von Gläubigern in Gläubigerversammlungen deren Abstimmungsrechte wahrzunehmen (OLG Hamburg NZI 2006, 35 (36)); Fortführung des Geschäftsbetriebs nach Anzeige der Masseunzulänglichkeit, ohne Neuverbindlichkeiten zu befriedigen, Erstattung von Berichten erst nach Festsetzung eines Zwangsgelds, Nichterstellen eines von der Gläubigerversammlung beauftragten Insolvenzplans innerhalb von 18 Monaten (AG Göttingen NZI 2003, 268); Unterlassen der Massesicherung, Nichtvornahme einer zeitnahen Buchführung, Erstellung einer intransparenten Rechnungslegung (AG Mannheim NZI 2010, 107 (111)).

16.6 Der generellen Ungeeignetheit des Bewerbers steht das Führen des Titels „Fachanwalt für Insolvenzrecht" nicht entgegen. Dies gilt jedenfalls dann, wenn der Bewerber anlässlich seiner mündlichen Anhörung zu erkennen gibt, seinen Bearbeitungsstil nicht ändern zu wollen (AG Mannheim NZI 2010, 107).

17 Der zu bestellende Insolvenzverwalter muss geschäftskundig sein. Der Geschäftskundigkeit kommt iRd § 56 Abs. 1 S. 1 überragende Bedeutung zu (LG Dessau-Roßlau NZI 2014, 931). Unter das Kriterium der **Geschäftskundigkeit** fällt die Anforderung, allgemein in der Lage zu sein, das Amt eines Insolvenzverwalters mit seinen sich hieraus ergebenden Aufgaben und Pflichten zu übernehmen. Der Bewerber muss das notwendige insolvenzrechtliche Wissen vorweisen können (MüKoInsO/Graeber Rn. 17; Einzelheiten bei Uhlenbruck/Zipperer Rn. 17 f.). Darüber hinaus sind auch betriebswirtschaftliche Kenntnisse erforderlich, die im Idealfall direkten Bezug zu Unternehmen in der Krise haben sollten. In den Fällen des § 56 Abs. 1 S. 3 sind die Anforderungen entsprechend anzupassen (Uhlenbruck/Zipperer Rn. 18). Insolvenzrecht ist Praktikerrecht. Bloße theoretische Kenntnisse reichen daher nicht aus. Der Bewerber muss praktische Erfahrungen in der Insolvenzverwaltung vorweisen können (BVerfG NZI 2009, 371 Rn. 9; OLG Hamburg NZI 2009, 853 (855)). Allein die Berechtigung zum Führen der Bezeichnung „Fachanwalt für Insolvenzrecht" ist nicht ausreichend, wenn es an einer genügenden praktischen Erfahrung fehlt (BVerfG NZI 2009, 371 Rn. 9). Gleiches gilt für die Vorlage von Zertifizierungen, Veröffentlichungen über insolvenzrechtliche Themen oder die Teilnahme an insolvenzrechtlichen Seminaren oder Fortbildungsveranstaltungen (Uhlenbruck/Zipperer Rn. 19). Ob die erforderlichen praktischen Erfahrungen nach fünf, drei oder bereits nach zwei Jahren ausreichend sind oder aber durch eine bestimmte Anzahl selbstständig bearbeiteter Verfahren nachzuweisen ist (offengelassen OLG Düsseldorf NZI 2008, 614 (616)), steht im Ermessen der des Insolvenzrichters (Uhlenbruck/Zipperer Rn. 19). Das Insolvenzgericht kann in geeigneten Verfahren, bei denen eine Verschlechterung der Situation der Insolvenzgläubiger nicht zu befürchten ist, auch weniger erfahrene Bewerber zielgerichtet bestellen.

18 Dem Wortlaut des § 56 Abs. 1 S. 1 nicht unmittelbar zu entnehmen ist die Verpflichtung, das Amt des Insolvenzverwalters höchstpersönlich auszuüben. Seit langem ist gleichwohl unbestritten, dass das Amt nicht unbegrenzt delegierbar ist. Aus der **Höchstpersönlichkeit des Amts** folgt, dass der Bewerber die Gewähr dafür bieten muss, die verfahrenswichtigen Handlungen selbst vorzunehmen. Was das konkret bedeutet, ist nicht abschließend geklärt und in Randbereichen zweifelhaft. Die Abwägung, welches Maß der Aufgabenübertragung zwischen den beiden Grenzpunkten vollständiger Delegation einerseits und praktisch unverzichtbarer Unterstützung andererseits (noch) zulässig ist, hat durch das Insolvenzgericht im konkreten Einzelfall zu erfolgen (BVerfG NZI 2009, 641 Rn. 25; BGH NJW 1991, 982). Unbestritten ist, dass der Einsatz von Mitarbeitern in größeren Verfahren praktisch unverzichtbar ist und unter Umständen geboten sein kann. Es entspricht in vielen Fällen der gelebten Praxis, dass der Insolvenzverwalter Mitarbeiter entwickelt und sich der Unterstützung anderer Rechtsanwälte bedient, deren Tätigkeit sich ihrer äußeren Erscheinung nach kaum von der eines förmlich bestellten Insolvenzverwalters unterscheidet (BVerfG NZI 2009, 641 Rn. 23). Einer Zustimmung des Insolvenzgerichts bedarf es hierzu nicht (LG Stendal ZInsO 1999, 232; MüKoInsO/Graeber Rn. 150). Der Insolvenzverwalter ist für das Handeln seiner Hilfspersonen nach § 278 BGB verantwortlich (BGH NZI 2016, 352 Rn. 18; hierzu Anm. Kluth NZI 2016, 352 (354 f.); krit. Holzer NZI 2016, 904; BGH NZI 2001, 544 f.). Insolvenzverfahrensspezifische Handlungen darf der Verwalter selbstverständlich nur persönlich vornehmen (BGH NZI 2013, 1022 Rn. 9; → Rn. 18.1 f.).

Zu den insolvenzverfahrensspezifischen Handlungen gehören nach Auffassung des BGH die Führung **18.1** eines Anfechtungsprozesses oder die Aufnahme eines nach § 240 ZPO unterbrochenen Prozesses, die Entscheidung über die Kündigung und Entlassung von Arbeitnehmern sowie die Entscheidung über die Art der Verwertung der Masse (BGH NZI 2016, 913 (914)). Die Entscheidung über das „Ob" dieser Einzelakte muss der Verwalter selbst treffen. Das „Wie", dh die Umsetzung der verfahrensspezifischen Entscheidung, kann er sodann seinen Mitarbeitern oder (beauftragten) Dritten überlassen (BFH NZI 2011, 301 Rn. 46).

Auch die zentralen Aufgaben des Insolvenzverwalters wie die Berichtspflicht gegenüber dem Insolvenz- **18.2** gericht, der Gläubigerversammlung und dem Gläubigerausschuss (§ 58 Abs. 1 S. 3, §§ 69, 79, 152, 156), seine Pflicht zur Erstellung eines Insolvenzplans nach § 218 auf entsprechenden Beschluss der Gläubigerversammlung (§ 157) wie auch die Schlussrechnungslegung (§ 66) muss der Verwalter unbeschadet etwaiger Zulieferungs- und Hilfsarbeiten seiner Mitarbeiter im Wesentlichen selbst vornehmen (BGH NZI 2016, 913 Rn. 13; 2013, 1022; BFH NZI 2011, 301 Rn. 46).

Die (momentane) Belastungssituation eines Bewerbers stellt im Zusammenhang mit der Höchst- **19** persönlichkeit des Verwalteramts kein taugliches Kriterium dar, den Bewerber nicht auf die Vorauswahlliste aufzunehmen (BGH NZI 2016, 913 (914); OLG Brandenburg NZI 2009, 647 (649)). Alleine die Zahl der geführten Verfahren schließt – von extremen Ausnahmen abgesehen – eine persönliche Aufgabenwahrnehmung im Allgemeinen nicht aus. Delegation muss nämlich nicht zwingend eine umfassende Abgabe der höchstpersönlichen Wahrnehmung zugunsten eines Systems der Überwachung fremder Tätigkeit bedeuten. Möglich und nicht zu beanstanden ist die Abgabe einzelner Tätigkeitsfelder bei aufrechterhaltender Verfahrensregie (OLG Düsseldorf NZI 2010, 818 (820)). Auch kann sich die Belastungssituation bis zur konkreten Bestellungsentscheidung geändert haben. Die Aufnahme in die Vorauswahlliste soll allerdings zu verweigern sein, wenn der Bewerber nur als sog. „Akquisitionsverwalter" auftritt oder nach dem „Subunternehmerprinzip" (hierzu Frind ZInsO 2001, 481 (484); Vallender NZI 2005, 473 (476)) vorgeht und nicht selbst substantiell an der Verwaltung mitwirkt (BVerfG NZI 2009, 641 Rn. 23; Uhlenbruck/Zipperer Rn. 20). Voraussetzung ist aber ein begründeter Verdacht, dass der Verwalter die insolvenzspezifischen Handlungen nicht selbst vornimmt (BGH NZI 2016, 913 Rn. 14; Anm. Ringstmeier EWiR 2017, 19; Wozniak jurisPR-InsR 21/2016 Anm. 1). Die Versicherung eines Mitglieds des Verbands der Insolvenzverwalter Deutschlands (VID), die Berufsgrundsätze des Verbands einzuhalten, stellt die ausdrückliche und hinreichende Versicherung dar, die insolvenzverfahrensspezifischen Handlungen selbst zu treffen (BGH NZI 2016, 913 Rn. 15).

Zum Insolvenzverwalter kann nur eine von den Gläubigern und dem Schuldner unabhängige **20** Person bestellt werden. Für die Vorauswahlliste bedeutet dies, ein Bewerber muss **generell unabhängig** sein (BGH NZI 2016, 508 (511); Frind ZInsO 2014, 119 (124)). Zweifel an der generellen Unabhängigkeit begründen zB Dauerberatungsmandate für oder wirtschaftliche Verbundenheit mit einem regelmäßig wiederkehrenden Gläubiger (Banken, Kreditversicherer, Sozialversicherungsträger), ungeordnete wirtschaftliche Verhältnisse (Nerlich/Römermann/Delhaes Rn. 17) und sonstige strukturelle Interessenkonflikte. Es würde einen Verstoß gegen die Unabhängigkeit und Neutralitätspflicht darstellen, wenn er sich zB zur Durchführung einer kalten Zwangsverwaltung vertraglich einseitig zur Wahrnehmung der Interessen der Absonderungsberechtigten gegen Vergütung durch diese verpflichtet hätte (BGH WM 2016, 1543 (1545)). Der Bewerber hat im Rahmen seiner schriftlichen Bewerbung mögliche Interessenkonflikte zu offenbaren (BT-Drs. 17/5712, 68). Nach dem BGH gilt dies für die Aufnahme in die Vorauswahlliste jedoch nur, wenn der Bewerber eine nicht unerhebliche Beteiligung an einem Gläubiger (**Profigläubiger**) hält, in dessen Führungsebene eingebunden ist oder diesen in bedeutendem Umfang berät (BGH NZI 2016, 913 Rn. 24). Im Übrigen besteht die Offenbarungspflicht erst bei der konkreten Bestellung (BGH NZI 2016, 913 Rn. 23). Zweifel an der generellen Unabhängigkeit des Bewerbers können auch im Falle einer wiederholten Tätigkeit als Poolverwalter (Braun ZInsO 2002, 964; Lüke ZIP 2003, 557 (564); Riggert NZI 2002, 352) bestehen. Die Einschätzung von Unabhängigkeit stellt den Insolvenzrichter naturgemäß vor praktische Herausforderungen. Die Praxis behilft sich mit Erklärungen bzw. Versicherungen der Bewerber, die zur Absicherung des Kriteriums der finanziellen Unabhängigkeit auch auf das Vorhandensein von Vermögenshaftpflichtversicherungen erstreckt werden (Uhlenbruck/Zipperer Rn. 25).

21   **b) Weitere allgemein anerkannte Kriterien.** Zu den gesetzlich normierten Anforderungen treten weitere, ungeschriebene Kriterien, die bei der Aufnahme in die Vorauswahlliste des jeweiligen Insolvenzrichters zu berücksichtigen sind. Der Bewerber im Vorauswahlverfahren muss für die Insolvenzverwaltung geeignete **organisatorische Voraussetzungen** vorweisen können. Dazu zählen eine funktionsfähige sachliche und personelle Büroorganisation, dessen Nachweis das Insolvenzgericht im Rahmen der Vorauswahl fordern kann (BGH NZI 2016, 913 (915)). Das Büropersonal hat hinsichtlich der Abläufe des Insolvenzverfahrens erfahren zu sein (hierzu ausf. das OLG Hamburg NZI 2011, 762 (765 f.)), es ist so zu gewährleisten, dass das Büro werktäglich während der üblichen Bürozeiten mit kompetentem Personal besetzt ist (OLG Köln ZInsO 2015, 798). Zweifel gehen zulasten des Bewerbers (OLG Hamburg NZI 2011, 762 (765 f.)). Es ist allerdings nicht per se mit Blick auf die Organisationsstrukturen eines Bewerbers zu beanstanden, wenn dieser mit Blick auf Vorhaltekosten auf einen extensiven Mitarbeiterstab verzichtet und verstärkt mit dem Mittelmanagement des notleidenden Unternehmens zusammenarbeitet bzw. im Bedarfsfall Fachleute hinzuzieht (MüKoInsO/Graeber Rn. 62). Gerade bei jüngeren Verwaltern ist Rücksicht darauf zu nehmen, dass Aufbau und Unterhalt einer eigenen Organisation abhängig von Art und Anzahl der an ihn vergebenden Fälle sind.

22   Als weitere ungeschriebene Auswahlkriterien werden regelmäßig die **Ortsnähe und Erreichbarkeit** des Bewerbers angeführt. In Rechtsprechung und Schrifttum herrscht traditionell Streit darüber, ob Ortsnähe eines Insolvenzverwalters oder seines Büros ein sinnvolles Kriterium für die Vorauswahl darstellt und nach welchen Gesichtspunkten die Ortsnähe sachgerecht bestimmt werden kann (OLG Bamberg NZI 2008, 309 (310); OLG Hamm NZI 2008, 493 (494); KG ZIP 2010, 2461; dagegen OLG Brandenburg NZI 2009, 723 (725 f.); OLG Düsseldorf ZInsO 2011, 1010; KPB/Lüke Rn. 55; K. Schmidt InsO/Ries Rn. 38; HK-InsO/Eickmann Rn. 13; Kleine-Cosack EWiR 2008, 441 (442); Lüke ZIP 2007, 701 (707 f.); zweifelnd OLG Celle NZI 2015, 678 (679)), oder erst für die Ausübung des Ermessens im Einzelfall maßgebend wird (so OLG Brandenburg NZI 2009, 723 (725 f.); OLG Nürnberg ZIP 2008, 1490). Der BGH hat überzeugend entschieden, dass die Kriterien der Ortsnähe und der persönlichen Erreichbarkeit keine sachgerechten Merkmale für die Bestimmung der generellen Eignung eines Bewerbers zur Aufnahme in eine Vorauswahlliste sind (BGH NZI 2016, 913 Rn. 19; 2016, 512 Rn. 25 f.; Anm. Zipperer EWiR 2016, 341; Wozniak jurisPR-InsR 9/2016 Anm. 2). Eine Rolle spielen sie nur bei der Ausübung des Auswahlermessens im Einzelfall (BGH NZI 2016, 512 Rn. 26). Auch muss ein ortsnah erreichbarer Bewerber kein insolvenzrechtlich geschultes Personal nicht ständig ortsnah vorhalten (BGH NZI 2016, 512 (515); → Rn. 22.1 ff.).

22.1   In der Instanz-Rechtsprechung wurden zahlreiche Nuancen vertreten, die sich künftig sämtlich an den Vorgaben des BGH messen lassen müssen. Es wurde teilweise gefordert, der Kanzleisitz des Bewerbers müsse innerhalb des Gerichtsbezirks liegen (LG-Bezirk: OLG Bamberg NZI 2008, 309 (310 f.); OLG-Bezirk: Uhlenbruck/Mönning ZIP 2008, 157 (165)). Abweichend wird auch vertreten, dass die Grenze des Zuständigkeitsbereiches als Abgrenzungskriterium ausreichender Ortsnähe ungeeignet sei und daher ausscheide (OLG Brandenburg NZI 2009, 723 (725 f.)).

22.2   Zum Teil stellt die Rechtsprechung bei der Frage, ob das insoweit sachgerechte Auswahlkriterium der Ortsnähe (noch) erfüllt ist, auf eine in km zu bestimmende Entfernung zwischen Kanzleisitz und Gerichtsort ab (OLG Bamberg NZI 2008, 309 (310): max. 100 km). Andere Gerichte fordern im Hinblick auf das mit der Ortsnähe eng verbundene Kriterium der Erreichbarkeit des Bewerbers, dass dieser innerhalb eines überschaubaren Zeitraums im Bedarfsfall vor Ort sein kann, wobei es auf die Fahrtzeit unter normalen Verkehrsverhältnissen ankomme (für max. 1 Stunde: OLG Hamm NZI 2008, 493 (495); für bis zu 1 ½ Stunden: KG ZIP 2010, 2461; mehr als 50 min: OLG Celle NZI 2015, 678 (679 f.)). Nach überzeugender Auffassung des OLG Celle kann das Kriterium der Ortsnähe auch bei einer Fahrzeit von vielleicht 50 Minuten vom Kanzleisitz zum Gerichtsort in Anbetracht heute allgemein zur Verfügung stehender moderner Kommunikationsmittel nicht in der Weise allgemein gefordert werden kann, dass eine Einschränkung im Listing zu rechtfertigen wäre (OLG Celle NZI 2015, 678 (679)).

Schließlich wurde zutreffend entschieden, dass der Insolvenzverwalter nicht ohne Terminvereinbarung 22.3
und Vorankündigung in seinem Büro vor Ort stets greifbar sein muss. Eine solche jederzeitige persönliche
Präsenz mit einer Garantie zur tatsächlichen Gesprächsmöglichkeit können die Verfahrensbeteiligten auch
von einem Verwalter, der sein (einziges) Büro an dem Ort des Gerichts hat, nicht erwarten, da dieser auch
mit anderen Verwaltungen und ggf. mit einem anderen Beruf befasst ist und befasst sein darf (KG ZIP
2010, 2461 Rn. 26; zust. OLG Celle NZI 2015, 678 (679)).

Verfassungsrechtliche Bedenken bestehen gegen die Anwendung eines Auswahlkriteriums der 23
Ortsnähe (bzw. Erreichbarkeit) nicht, sofern es nicht schematisch, sondern einzelfallorientiert
angewendet wird (BVerfG ZInsO 2006, 1101). Denkbare Anknüpfungspunkte für eine sachgerechte Differenzierung sind die Verfahrensart (Verbraucher- und Kleininsolvenzverfahren, Großinsolvenzverfahren), die Verkehrsinfrastruktur oder die Verfügbarkeit von Telekommunikationsmitteln (s. auch BGH NZI 2016, 512; OLG Celle NZI 2015, 678 (679); krit. Frind ZInsO 2015, 799 (801 f.)).

c) Berücksichtigung von Qualitätskriterien. Für die Aufnahme des Berufs des Insolvenz- 24
verwalters bedarf es keiner vorherigen Zulassung (MüKoInsO/Graeber Rn. 137). Teilweise wird
als Aufnahmekriterium in die Vorauswahlliste die Qualität der Abwicklung durch den Bewerber
gefordert (ausf. HmbKommInsR/Frind Rn. 15a f.). Mangels trennscharfer und für die Praxis
geeigneter intersubjektiv prüfbarer Qualitätsstandards und der fehlenden Überzeugungskraft eines
Rankings einzelner Verwalter nur anhand von Insolvenzquoten, der Anzahl von Betriebsfortführungen, Verfahrensdauer etc. ist dabei weiterhin Zurückhaltung geboten (so im Einzelnen auch
Uhlenbruck/Zipperer Rn. 31). Einen umfassenden Überblick über Methoden und Aussagekraft
von Qualitätsmessungen für Insolvenzverwalter gibt Thole in Bork/Thole, Die Verwalterauswahl,
2018, Rn. 221 ff. Ein wichtiger Schritt hin zu einem Standard wurde mit der vom Verband
der Insolvenzverwalter Deutschlands als für ihre Mitglieder verpflichtend beschlossenen ISO-Zertifizierung nach DIN 9001 eingeleitet (vgl. hierzu Frind NZI 2008, 518; Andres NZI 2008,
522; Bork/Thole, Die Verwalterauswahl, 2018, Rn. 275 ff.; Thole ZIP 2017, 2183 (2187 f.)). Seit
2011 ist eine Zertifizierung nach den Grundsätzen ordnungsgemäßer Insolvenzverwaltung (GOI)
möglich. Ebenso bietet die InsO Excellence des Gravenbucher Kreises ein Zertifikat an (näher
Bork/Thole, Die Verwalterauswahl, 2018, Rn. 281 ff.; Thole ZIP 2017, 2183 (2188 f.)). Eine
Zertifizierung kann bei der konkreten Eignungsprüfung des Gerichts im Rahmen der Ermessensausübung nicht gänzlich unberücksichtigt bleiben, sollte aber auch bereits bei der Konzeption
einer Vorauswahlliste als Kriterium aufgenommen werden und daher Beachtung finden.

d) Unzulässige Kriterien. Eine Reihe von Auswahlkriterien wurde zwischenzeitlich von der 25
Rechtsprechung als unzulässig identifiziert. So kann ua eine Bewerbung um Aufnahme in die
Vorauswahlliste nicht deshalb zurückgewiesen werden, weil der Bewerber ein bestimmtes Alter
erreicht hat (KG NZI 2008, 187 (188)). Die Festsetzung einer allgemeinen Altersgrenze ist unzulässig (OLG Hamburg ZInsO 2012, 175; OLG Hamm NZI 2007, 659 (660) Bork in Bork/Thole,
Die Verwalterauswahl, 2018, Rn. 111 f.; aA Prütting FS Vallender, 2015, 455 (461)), das Insolvenzgericht wird vielmehr im Einzelfall so zu bestellen haben, dass dem gealterten Verwalter die
Beendigung eines Neuverfahrens aller Voraussicht nach noch möglich ist. Dies liegt im Interesse
der Gläubiger, da eine geeignete Auswahl gerade in typischerweise langwierigen Verfahren sonst
unvermeidliche und ggf. schon absehbare durch einen Verwalterwechsel bedingte Mehrkosten
vermeidet. Die durchaus beachtliche und wohl herrschende Gegenansicht ist im Ergebnis zu eng.
Daher sollte auch die Erhebung des Alters als Teil der Datenerfassung für die Vorauswahlliste als
zulässig angesehen werden. Ob die Einführung einer Geschlechterquote nach Inkrafttreten des
Gesetzes für die gleichberechtigte Teilhabe von Frauen und Männern in Führungspersonen am
1.1.2016 immer noch als unzulässiges Auswahlkriterium angesehen werden kann, bleibt abzuwarten (mangels entsprechender Entscheidung des Gesetzgebers für unzulässig erachtet AG Frankfurt
(Oder) NJW-RR 2014, 164). Auch die Examensnote ist kein sachgerechtes Auswahlkriterium
(BGH NZI 2016, 516 (519)). Ferner kann die Aufnahme in die Vorauswahlliste nicht mit der
Begründung versagt werden, diese könne aus Praktikabilitätsgründen nicht deutlich vergrößert
werden (vgl. BVerfG NZI 2006, 453).

e) Entscheidung und Rechtsmittel. Jeder Bewerber, der die Anforderungen an eine gene- 26
relle, von der Typizität des einzelnen Insolvenzverfahrens gelöste Eignung erfüllt, ist in eine vom
Insolvenzrichter geführte Vorauswahlliste aufzunehmen (BVerfG NZI 2004, 574 (576); BGH NZI
2016, 508 (511)). Ein Ermessen besteht insoweit nicht. Dem Insolvenzrichter steht freilich ein
nicht unerheblicher Beurteilungsspielraum bei der Prüfung zu, ob ein Bewerber die von ihm
aufgestellten Kriterien erfüllt (so auch OLG Hamburg 2017, 2229 (2231)). Echtes Ermessen hat
der Insolvenzrichter erst, wenn es darum geht, aus dem Kreis der in der Liste geführten Kandidaten

denjenigen auszuwählen, den er im Einzelfall für am besten für die Bestellung geeignet hält (BGH NZI 2008, 161 Rn. 20).

27 Die Bescheidung der Bewerber für eine geführte Vorauswahlliste hat durch einen schriftlichen Bescheid gem. § 26 Abs. 1 S. 1 EGGVG zu erfolgen (HmbKommInsR/Frind Rn. 7; Uhlenbruck/Zipperer Rn. 34). Ein ablehnender Bescheid ist zu begründen (KPB/Lüke Rn. 24; MüKoInsO/Graeber Rn. 100), zu unterzeichnen, gem. § 4 iVm § 232 ZPO mit einer Rechtsbehelfsbelehrung zu versehen und nach § 26 Abs. 1 S. 1 EGGVG zuzustellen (Uhlenbruck/Zipperer Rn. 34).

28 Die Auswahlentscheidung ist eine Maßnahme der vollziehenden Gewalt, gegen die effektiver Rechtsschutz nach Art. 19 Abs. 4 GG zu gewähren ist (BVerfG NZI 2004, 575 (576)). Eine gerichtliche Prüfung der Auswahlentscheidung ist über §§ 23 ff. EGGVG als einfachgesetzliche Ausprägung des Grundrechts aus Art. 19 Abs. 4 GG möglich (BGH NZI 2016, 508 (513); OLG Hamburg NZI 2006, 35; 2011, 762 (764); OLG Hamm NZI 2008, 493 (494); OLG Nürnberg NZI 2008, 616). Erforderlich ist nach § 24 Abs. 1 EGGVG eine durch die angegriffene Entscheidung eingetretene Beschwer; damit kommt Rechtsschutz nur gegen ablehnende Entscheidungen des Insolvenzgerichts in Betracht. Nach § 26 Abs. 1 EGGVG muss der Bewerber innerhalb eines Monats nach Zustellung oder schriftlicher Bekanntgabe des Ablehnungsbescheids schriftlich oder zur Niederschrift der Geschäftsstelle des OLG oder des AG den Antrag auf gerichtliche Entscheidung stellen. Zur Entscheidung über den Antrag ist nach § 25 Abs. 1 EGGVG der Zivilsenat des OLG berufen, in dessen Bezirk das Insolvenzgericht seinen Sitz hat. Richtiger Antragsgegner ist die für die Rechtsverletzung verantwortliche Stelle (BGH NZI 2016, 508 (510)). Sie bestimmt sich maßgeblich nach Landesrecht und ist regelmäßig das örtlich zuständige Amtsgericht (BGH NZI 2017, 278 (279); 2016, 913; 2016, 516 (517); 2016, 512 (513); 2008, 161 Rn. 13 f.; OLG Hamburg NZI 2012, 193; Uhlenbruck/Zipperer Rn. 35; aA OLG Hamm BeckRS 2013, 09503; K. Schmidt InsO/Ries Rn. 73 mwN; Ries EWiR 2016, 380; anders jüngst auch das OLG Hamburg ZInsO 2017, 2229 (2230): Präsident des AG). In einem Verfahren, in dem ein Bewerber die Aufnahme in eine vom Insolvenzrichter geführte Vorauswahlliste begehrt, kann der nach dem Geschäftsverteilungsplan des Insolvenzgerichts zuständige Richter weder nach § 7 Abs. 2 FamFG noch nach § 7 Abs. 3 FamFG als Beteiligter hinzugezogen werden (BGH NZI 2017, 278 (279)). Im Rechtsmittelverfahren werden die Rechtmäßigkeit der vom Insolvenzrichter gestellten Anforderungen an den Bewerber und die Verfahrensgestaltung überprüft. Eine Anfechtung der positiven Aufnahmeentscheidung durch einen anderen, bereits gelisteten Bewerber scheidet aus, da es bereits an der hierfür erforderlichen Beschwer des Konkurrenten fehlt. Das Fehlen einer Beschwer folgt bereits aus dem Umstand, dass eine vorherige Aufnahme in die Liste keine zwingende Voraussetzung für die Bestellung im Einzelfall darstellt.

29 **f) Delisting und faktisches Delisting.** Eine Streichung von der Vorauswahlliste, in Analogie zum going-private börsennotierter Gesellschaften verbreitet als Delisting bezeichnet, kommt nur in Betracht, wenn das Insolvenzgericht feststellt, dass die Voraussetzungen, die Grundlage der Aufnahme in die Vorauswahlliste waren, tatsächlich nicht vorlagen oder aber nach erfolgter Aufnahme weggefallen sind (BGH NZI 2016, 508 (511); MüKoInsO/Graeber Rn. 110; Uhlenbruck/Zipperer Rn. 36). Gleiches hat für den Fall zu gelten, in dem das Insolvenzgericht nach Aufnahme feststellt, dass diese auf Falschangaben des Bewerbers beruhte, da vorsätzliche oder grob fahrlässige Falschangaben den Bewerber generell als ungeeignet erscheinen lassen. Dies hat selbst dann zu gelten, wenn die übrigen, nachgewiesenen Kriterien eine Einschätzung des Bewerbers als generell geeignet rechtfertigen (MüKoInsO/Graeber Rn. 110; Uhlenbruck/Zipperer Rn. 36). Es muss für den Insolvenzrichter feststehen, dass eine Bestellung unter keinen Umständen mehr erfolgen kann (→ Rn. 29.1 ff.).

29.1 Als berechtigte Entfernungsgründe kommen ua negative Erfahrungen aus einem laufenden oder einem anderen Verfahren (unzureichende Berichterstattungen, mängelbehaftete Insolvenzplanbearbeitungen, kontraproduktive Betriebsführungen) in Betracht (MüKoInsO/Graeber Rn. 111 mwN). Ein Verwalter kann zudem entfernt werden, wenn er bei seiner Ernennung eine Vorberatung des Schuldners verheimlicht und diesen veranlasst, im Insolvenzantrag Unwahrheiten zu sagen (BGH NZI 2016, 508 (511)). Aus eine rechtskräftige Verurteilung wegen Untreue gem. § 266 StGB im Zusammenhang mit der Tätigkeit als Insolvenzverwalter (im konkreten Fall die Verwendung von rund 60.000 EUR zur Rückführung von privaten Schulden des Insolvenzverwalters) wurde richtigerweise als hinreichend angesehen, eine Person von der Vorauswahlliste zu streichen (AG Potsdam NZI 2017, 450 (451)).

29.2 Ferner sind eine Entlassung nach § 59 oder ein schwerer Haftungsfall nach §§ 60, 61 als ausreichend anzusehen (MüKoInsO/Graeber Rn. 111; Uhlenbruck/Zipperer Rn. 36). Selbst wenn die Umstände eine Entlassungsentscheidung nach § 59 im konkreten Einzelfall noch nicht tragen, können diese gleichwohl eine Streichung von der Vorauswahlliste rechtfertigen (Frind ZInsO 2006, 729 (731)). Eine Entfernung des Bewerbers mit der Begründung, es sei angesichts der zahlreichen und erkennbar besser qualifizierten Mitbewerber nahezu ausgeschlossen, dass es in absehbarer Zeit zu einer Bestellung kommen werde, ist dagegen unzulässig (Graf-Schlicker/Graf-Schlicker Rn. 29; aA HmbKommInsR/Frind Rn. 25; MüKoInsO/Graeber Rn. 112).

Wenn ein Bewerber um die Aufnahme in eine Vorauswahlliste eine Vielzahl von Verfahren beanstandungsfrei geführt hat, kann ihm die generelle fachliche Eignung nicht allein deshalb abgesprochen werden, weil der Insolvenzrichter ihm zwei Fehler nachweisen kann (BGH NZI 2016, 516 (519)). **29.3**

Auch eine Aneinanderreihung von möglichen Gründen kann dazu führen, dass ein Delisting jedenfalls in Zusammenschau erfolgen kann. In einem Fall hat das AG Potsdam einen Verwalter entfernt, über dessen Vermögen ein Insolvenzverfahren eröffnet wurde und dieser ein notwendige Vermögensauskunft im Rahmen der Zwangsvollstreckung verweigerte. Zudem wurden bei dieser Person Sicherungsmaßnahmen gem. §§ 21, 22 eingeleitet. Auch verweigerte der Verwalter diejenigen Umstände mitzuteilen, die zum Verlust seiner ursprünglichen Zulassung als Rechtsanwalt geführt haben (AG Potsdam ZInsO 2020, 551 = BeckRS 2019, 39653). **29.4**

Das OLG Brandenburg hat jüngst bestätigt, dass ein Delisting wegen Falschangaben nur in Betracht kommt, wenn die zuvor erfolgte Aufnahme auf vorsätzlichen oder grob fahrlässigen Falschangaben des Bewerbers beruhte, da (nur) diese den Bewerber generell als ungeeignet erscheinen lassen. Im entschiedenen Fall fehlte es sowohl an einer hinreichend schwerwiegenden Fahrlässigkeit als auch an der Kausalität zwischen Falschangabe und der Entscheidung über die Aufnahme des Bewerbers in die Vorauswahlliste (OLG Brandenburg BeckRS 2020, 4938 mAnm Göcke NZI 2020, 488. **29.5**

Die Entscheidung, den Bewerber von der Vorauswahlliste zu streichen, ist diesem schriftlich und mit Angabe der tragenden Entscheidungsgründe mitzuteilen. Zuvor ist dem Bewerber die Möglichkeit einzuräumen, zu den vorgebrachten Beanstandungen Stellung zu nehmen und diese ggf. auszuräumen (MüKoInsO/Graeber Rn. 113; Uhlenbruck/Zipperer Rn. 37), was einen vorherigen Hinweis durch das Insolvenzgericht voraussetzt. **30**

Ebenso wie in den Fällen, in denen die Aufnahme eines Bewerbers in die Vorauswahlliste vom Insolvenzrichter abgelehnt wird, steht dem ausgelisteten Insolvenzverwalter der Rechtsweg nach den §§ 23 ff. EGGVG offen (BGH NZI 2016, 508 (509); OLG Hamburg NZI 2012, 193). Teilweise wird befürwortet, dass der Insolvenzrichter im Fall einer rechtskräftigen Bestätigungsentscheidung diese an andere Insolvenzgerichte zur Kenntnisnahme weiterleiten sollte (MüKoInsO/Graeber Rn. 114). Zurückhaltung ist bei dieser – rechtlich nicht unzulässigen – Praxis geboten, weil andere Insolvenzrichter möglicherweise abweichende Auswahlkriterien zugrunde legen, sodass eine Weiterleitung vielfach nur beschränkten Mehrwert für den Weiterleitungsempfänger hat. Allerdings kann bei schwerwiegenden Verfehlungen eines zuvor gelisteten Insolvenzverwalters die Weiterleitung im Interesse der ordnungsgemäßen Insolvenzverwaltung in künftigen Verfahren geboten sein. **31**

Es ist unzulässig, wenn Insolvenzrichter reine „Scheinlisten" führen, um damit der unangenehmen Aufgabe des Delisting zu entgehen (s. KBP/Lüke Rn. 26; HambK- InsO/Frind Rn. 9; Frind ZInsO 2010, 986; Uhlenbruck/Mönning ZIP 2008, 157 (160); Beck/Depré/Ley, Praxis der Insolvenz, 3. Aufl. 2017, § 8 Rn. 26). Nicht abschließend geklärt ist die weiterführende Frage, ob aus der Aufnahme in eine Vorauswahlliste auch ein subjektives Recht auf tatsächliche Bestellung durch das Insolvenzgericht folgt (dagegen K. Schmidt InsO/Ries Rn. 50; dafür offenbar HambK-InsO/Frind Rn. 9 mwN). Die besseren Argumente sprechen für die Ablehnung eines subjektiven Rechts. Die Aufnahme in die Liste dient primär dem Insolvenzrichter bei der Ausübung seines Auswahlermessens im Rahmen der Entscheidung nach § 56 Abs. 1 S. 1. Für den aufgenommenen Bewerber erschöpft sich die Bedeutung darin, bei der Auswahlentscheidung als potentieller Verwalter berücksichtigt zu werden. Ihm kommt kein subjektives Recht auf eine tatsächliche Bestellung zu; vielmehr hat er lediglich einen Anspruch auf ermessensfehlerfreie Auswahlentscheidung durch den Insolvenzrichter. Gegen die Annahme eines subjektiven Rechtes auf tatsächliche Bestellung spricht ferner der Umstand, dass die Listung keine zwingende Voraussetzung für die Bestellung eines Verwalters darstellt. **32**

II. Auswahl für das konkrete Verfahren

Streng von der Aufnahmeentscheidung in die Vorauswahlliste zu unterscheiden ist die Auswahlentscheidung des zuständigen Insolvenzrichters über die Bestellung eines Insolvenzverwalters für ein konkretes Verfahren. **33**

1. Auswahlermessen des Insolvenzgerichts

34 Der Insolvenzverwalter muss unmittelbar nach Eröffnung des Verfahrens mögliche Sanierungschancen und Möglichkeiten zu Gesamtveräußerungen ermitteln sowie das Vermögen sichern, erhalten und vor drohenden Wertverlusten bewahren. Er muss unter Umständen das Unternehmen einstweilen fortführen, die erforderlichen Personalmaßnahmen treffen und Arbeitsplätze nach Möglichkeit erhalten. Anders als bei der Entscheidung über die Aufnahme eines Bewerbers in die Vorauswahlliste, bei der dem zuständigen Insolvenzrichter nur ein Beurteilungsspielraum zur Verfügung steht, besteht hier echtes Ermessen. Er wählt aus dem Kreis der in der Liste geführten Kandidaten denjenigen aus, den er im Einzelfall für am besten geeignet hält, um ihm das Amt des Insolvenzverwalters zu übertragen (BGH NZI 2008, 161 Rn. 20). Um der Eilbedürftigkeit der Entscheidung Rechnung zu tragen, ist dem Insolvenzrichter ein weites Auswahlermessen einzuräumen. Die Bestellentscheidung muss daher nicht dem Erfordernis einer Bestenauslese genügen (BVerfG NZI 2006, 453 Rn. 41). Ausreichend, aber vor dem Hintergrund des Grundrechts auf Gleichbehandlung aus Art. 3 Abs. 1 GG auch zwingend, ist, dass jeder Bewerber eine faire Chance hat, entsprechend seiner Eignung bei der konkreten Bestellung berücksichtigt zu werden (BVerfG ZInsO 2006, 1101).

2. Besondere Auswahlkriterien für die Bestellung im Einzelfall

35 Der Insolvenzrichter hat im Rahmen seiner Ermessensentscheidung über die Bestellung des Insolvenzverwalters für das konkrete Verfahren die gleichen (sachgerechten) Auswahlkriterien wie im Rahmen der Vorauswahl zu berücksichtigen. Besonderheiten ergeben sich, weil der Insolvenzrichter die abstrakt erfüllten Kriterien für die Aufnahme in die Vorauswahlliste nun mit Blick auf die konkreten Umstände des Falls überprüfen muss. So muss der Insolvenzrichter zB das Kriterium der Ortsnähe im Einzelfall gegen etwaige Spezialkenntnisse eines weiter entfernt praktizierenden Insolvenzverwalters abwägen (→ Rn. 22). Das bedeutet, eine Prognose über das im Einzelfall gebotene Maß an Präsenz des Verwalters „vor Ort" anzustellen und zugleich zu prüfen, ob Kenntnisse örtlicher Verhältnisse für das Verfahren von Nutzen sind oder zB die Erfahrung eines Kandidaten aus früheren Verfahren den Aspekt regionaler Verwurzelung überwiegt (etwa bei Großinsolvenzen, insbesondere der Insolvenz von Retailern mit überregionalen Filialnetzen). Eine pauschale, schematische Anwendung des Ortsnähe-Kriteriums wäre demnach ermessenfehlerhaft (ähnlich Schmittmann ZInsO 2015, 672 f.).

36 Der Insolvenzverwalter muss von den Gläubigern und dem Schuldner im konkreten Fall **unabhängige Person** sein. Die Unabhängigkeit des Verwalters dient der Funktionssicherung des Verfahrens; der Verwalter soll sein Amt frei von sachwidrigen Einflüssen ausüben können (BT-Drs. 12/2443, 127). Kam es im Rahmen der Vorauswahl auf eine generelle Unabhängigkeit des Bewerbers an, so ist bei der Bestellentscheidung zu prüfen, ob zwischen dem zu bestellenden Verwalter und dem konkreten Schuldner oder einzelnen Gläubigern eine Beziehung besteht, die zu einer Interessenkollision bei der Wahrnehmung des Verwalteramts führen kann. Ausreichend ist insoweit bereits das Vorliegen von Umständen, die die Besorgnis einer solchen Interessenkollision begründen (Graf-Schlicker/Frind Rn. 51; KPB/Lüke Rn. 48; MüKoInsO/Graeber Rn. 25; Uhlenbruck/Zipperer Rn. 42). Einigkeit herrscht darüber, dass der zu benennende Verwalter weder mit dem Schuldner noch mit einem Gläubiger personenidentisch (MüKoInsO/Graeber Rn. 26; Uhlenbruck/Zipperer Rn. 41) oder eine dem Schuldner oder einem Gläubiger nahestehende Personen sein darf (MüKoInsO/Graeber Rn. 26) (→ Rn. 36.1 ff.).

36.1 Die Besorgnis einer Interessenkollision kann unter Berücksichtigung der konkreten Umstände des Einzelfalls dann bestehen, wenn der Insolvenzverwalter am Schuldner oder einem der Gläubiger (gesellschaftsrechtlich) beteiligt ist oder andere wirtschaftliche Verflechtungen zwischen den Beteiligten bestehen (KPB/Lüke Rn. 49; Uhlenbruck/Zipperer Rn. 41). An der erforderlichen Unabhängigkeit wird es regelmäßig dann fehlen, wenn der Insolvenzverwalter zum Schuldner oder einem der Gläubiger Mandatsbeziehungen unterhalten hat (Bork ZIP 2006, 58; 2013, 145; Vallender/Zipperer ZIP 2013, 149 (153)) oder sich sogar vertraglich einseitig zur Wahrnehmung der Interessen der Absonderungsberechtigten gegen Vergütung durch diese verpflichtet (BGH NZI 2016, 824 (826)).

36.2 Für die außergerichtliche Beratung des Schuldners gilt die Sonderregelung des § 56 Abs. 1 S. 4. Dabei reicht es nach zutreffender Auffassung in Rechtsprechung und Schrifttum für die Besorgnis einer Interessenkollision bereits aus, dass ein Mitglied der Sozietät des Insolvenzverwalters vor oder im laufenden Insolvenzverfahren für den Schuldner, seinen gesetzlichen Vertreter, seine Gesellschafter oder Verwandten eine anwaltliche Vertretung übernommen hat (BGH NZI 2004, 448 (449); MüKoInsO/Graeber Rn. 32).

36.3 Ob alleine der Umstand, dass der Insolvenzverwalter bei der Planerstellung für den Schuldner und die Gläubiger mitgewirkt hat und der Schuldner mit dem Eröffnungsantrag sowohl den Insolvenzplan als auch den zu bestellenden Insolvenzverwalter mitbringt, die fehlende Unabhängigkeit des Verwalter begründen kann, erscheint zweifelhaft. Gleichwohl hat das Insolvenzgericht diesen Umstand bei seiner Auswahlentscheidung besonders zu berücksichtigen und insoweit auch mit den Verfahrensvorteilen, die mit einer Bestellung des Planerstellers verbunden sind (vgl. Paulus ZGR 2005, 309 (323)), abzuwägen (MüKoInsO/ Graeber Rn. 28 ff.; Uhlenbruck/Zipperer Rn. 43 mwN). Eine weitere Interessenkollision kann im laufenden Verfahren durch die Hinzuziehung externer Personen durch den Verwalter entstehen, wenn dieser an diesen Unterstützern beteiligt ist, ihnen angehört oder anderweitig besonders verbunden ist (MüKoInsO/ Graeber Rn. 40 ff.). Bedenken gegen die Unabhängigkeit können ferner bei Konzerninsolvenzen bestehen, wenn zum Zwecke der Konzernsanierung für alle Konzerngesellschaften ein in allen Verfahren identischer Insolvenzverwalter bestellt wird. Um dem Unabhängigkeitserfordernis gerecht zu werden, kann es sich in diesen Fallkonstellationen anbieten, einen Sonderinsolvenzverwalter zu bestellen (ausf. hierzu MüKoInsO/ Graeber Rn. 47 ff. mwN). Ungeeignetheit wegen mangelnder Unabhängigkeit wurde in einem Fall angenommen, in dem zwischen dem Sanierungsberater-Geschäftsführer der eigenverwaltenden Schuldnerin und dem vorgeschlagenen Sachwalter durch mehrfache gemeinsame Unternehmenssanierungen eine umfangreiche Geschäftsverbindung bestand (AG Stendal ZIP 2012, 1875; zust. Schulte-Kaubrügger EWiR 2012, 705 (706); M. Hoffmann EWiR 2012, 729 (730)). Ferner soll die Beauftragung des vorläufigen Sachwalters durch den Schuldner mit Beratungsleistungen die nach §§ 270a Abs. 1, 274 Abs. 1, 56 Abs. 1 S. 1 erforderliche Unabhängigkeit zwischen Sachwalter und Schuldner beseitigen (OLG Dresden ZIP 2015, 1937 (1940 f.); zust. Vill ZInsO 2015, 2245 (2247); Zimmer EWiR 2015, 707 (708)).

Gemäß § 56 Abs. 1 S. 4 wird die erforderliche Unabhängigkeit nicht schon dadurch ausgeschlossen, dass der Bewerber vom Schuldner oder von einem Gläubiger vorgeschlagen worden ist (Nr. 1) oder den Schuldner vor dem Eröffnungsantrag in allgemeiner Form über den Ablauf eines Insolvenzverfahrens und dessen Folgen beraten hat (Nr. 2). Vielmehr müssen im zu betrachtenden Fall weitere konkrete Umstände hinzutreten (Nerlich/Römermann/Delhaes Rn. 17), um die Unabhängigkeit zu verneinen. Ob das durch einen Vorschlag nach § 56a Abs. 2 zum Ausdruck gebrachte Vertrauen der Gläubiger das Kriterium der Unabhängigkeit ersetzen kann, ist umstritten (dafür ua Schmidt/Hölzle ZIP 2012, 2238; dagegen Bork ZIP 2013, 154; Vallender/Zipperer ZIP 2013, 149; auch § 56a Rn. 24; → Rn. 37.1). 37

In der viel diskutierten Entscheidung des AG Stendal v. 31.8.2012 ist das Gericht dem Sachwaltervorschlag des vorläufigen Gläubigerausschusses mit der Begründung nicht gefolgt, der Vorgeschlagene sei mangels Unabhängigkeit für das Amt des Sachwalters nicht geeignet (AG Stendal ZIP 2012, 1875; zur Frage der Amtsermittlung durch das Insolvenzgericht bei Ausschussvorschlägen Smid ZInsO 2013, 209 (217)). Dieses gerichtliche Vorgehen hat zu massiver Kritik im Schrifttum geführt. Mit Hinweis auf die durch das ESUG beabsichtigte Stärkung des Gläubigereinflusses bei der Auswahl des Insolvenzverwalters/ Sachwalters komme eine Ablehnung des vorgeschlagenen Kandidaten nur ausnahmsweise in Betracht und zwar, wenn die Gefahr bestehe, dass der Vorgeschlagene vom Hauptgläubiger kontrolliert und gesteuert werde (Fölsing ZInsO 2012, 2272 (2273 f.)). Bei der Frage der Neutralität müsse die Entscheidungskompetenz bei den Gläubigern verbleiben, da das Insolvenzverfahren der bestmöglichen Befriedigung der Gläubiger diene und diese am besten darüber entscheiden können, ob die Verwertung des Vermögens in der richtigen Händen liege (Seidl ZInsO 2012, 2285 (2286)). Andere wiederum verteidigen die Entscheidungen des AG Stendal und betonen, das Gericht könne bei Vorliegen der Gefahr einer nur eingeschränkten unabhängigen Kontrolle des Schuldners von dem insoweit nicht bindenden Sachwaltervorschlag des vorläufigen Gläubigerausschusses abweichen (Pape ZInsO 2013, 2129 (2132); so im Ergebnis auch Schulte-Kaubrügger EWiR 2012, 705 (706)). Wiederrum andere regen in diesen Fällen eine Vorbesprechung der Verfahrensbeteiligten mit dem Insolvenzgericht an. Ein solches Vorgespräch erhöhe die Sanierungschancen eines Unternehmens, das ein Insolvenzverfahren in Eigenverwaltung anstrebe, erheblich (Buchalik/Lojowsky ZInsO 2013, 1017). Richtigerweise muss es dem Insolvenzgericht möglich sein, bei Vorliegen betreffender Anhaltspunkte die Unabhängigkeit des vom Ausschuss vorgeschlagenen Kandidaten zu überprüfen und bei der Gefahr einer Interessenkollision einen anderen Insolvenzverwalter/Sachwalter zu bestellen (so auch Vallender EWiR 2012, 495 (496)). Jedoch ist der Prüfungsmaßstab vor dem Hintergrund der durch das ESUG verfolgten Stärkung der Gläubigerbeteiligung im Vergleich zum Regelverfahren entsprechend zu reduzieren. In diesem Zusammenhang bietet sich ein Rückgriff auf die von Römermann zum Unabhängigkeitsbegriff herausgearbeiteten Kriterien an (Römermann ZInsO 2013, 218 (225)). 37.1

Zur Sicherstellung der Unabhängigkeit trifft den Insolvenzverwalter die Pflicht, das Insolvenzgericht unaufgefordert auf eine bestehende oder drohende Interessenkollision hinzuweisen (MüKoInsO/Graeber Rn. 53; Stapper NJW 1999, 3441 (3443)). Diese Hinweispflicht besteht sowohl vor der Auswahlentscheidung des Gerichts als auch im laufenden Verfahren nach erfolgter Bestellung. Mit dem Amt des Insolvenzverwalters ist eine **besondere Vertrauensstellung** verbunden. Zu den persönlichen Anforderungen an den Verwalter gehören neben der fachlichen Qualifi- 38 kation daher auch seine persönliche Integrität, beispielsweise seine Ehrlichkeit. Bestehen schwerwiegende Zweifel an der Redlichkeit des Verwalters, so ist eine Bestellung für das Insolvenzgericht und die Verfahrensbeteiligten nicht tragbar (BGH NZI 2004, 440 (442); OLG Hamburg ZIP 2019, 928). Ob das Auswahlkriterium des besonderen Vertrauens nur bei konkret nachprüfbaren Anhaltspunkten eine Rolle spielt, ist umstritten (dafür Koenig/Hentschel ZIP 2005, 1937 (1940); Lüke ZIP 2000, 485 (488); Wieland ZIP 2005, 233 (236); dagegen Uhlenbruck/Zipperer Rn. 45). Die besseren Argumente sprechen dafür, den Ausschluss einer künftigen Berücksichtigung vom Vorliegen objektiver Gründe abhängig zu machen. Im Vordergrund steht die bestmögliche Abwicklung des Insolvenzverfahrens und nicht die vertrauensvolle Zusammenarbeit zwischen Verwalter und dem Insolvenzrichter bzw. dem Rechtspfleger. Erst wenn aufgrund konkret nachprüfbarer Anhaltspunkte kein Vertrauen mehr gegenüber dem Verwalter bestehen kann, etwa weil der Verwalter in vorherigen Verfahren ein Fehlverhalten an den Tag gelegt hat, kann dies eine künftige Berücksichtigung ausschließen.

39 **Nicht sachgerecht** ist es, wenn sich der Insolvenzrichter von dem Bestreben leiten lässt, eine möglichst gleichmäßige Berufung der gelisteten Insolvenzverwalter zu erreichen (vgl. BVerfG ZInsO 2006, 1101). Ebenso übt der Insolvenzrichter sein Ermessen fehlerhaft aus, wenn er die Auswahlentscheidung durch eine selbst gegebene oder extern vorgegebene Bindung an eine bestimmte, vorher festgelegte Listenreihenfolge trifft (BVerfG NZI 2006, 453 Rn. 45; Vallender NZI 2005, 473 (475)). Im Hinblick auf den klaren Wortlaut des § 56 Abs. 1 S. 1 Hs. 2 führt auch jede ausdrückliche oder nur tatsächliche Beschränkung der Auswahlentscheidung auf einen kleineren Auswahlkreis dazu, dass sich die in diesem Zusammenhang getroffene Auswahlentscheidung des Insolvenzrichters als ermessensfehlerhaft darstellt (MüKoInsO/Graeber Rn. 117). Dahingegen soll eine unter Heranziehung der Maßgaben einer sog. „weichen" Frauenquote im Vergleich zur bisherigen Praxis höhere Vergabe von Aufträgen an Frauen rechtlich zulässig sein, wenn das gerichtliche Vorgehen der Förderung der Chancengleichheit bei Wahrung anderer Auswahlkriterien unabdingbarer Art dient und die Belange männlicher Bewerber in die im Einzelfall vorzunehmende Abwägung eingestellt werden (AG Frankfurt (Oder) NJW-RR 2014, 164 (165); dazu Mayer FD-RVG 2013, 352668).

3. Vorherige Restrukturierungssache (Abs. 1 S. 2)

39a Der im Zusammenhang mit der Einführung des StaRUG ergänzte heutige S. 2 deckt Sachverhalte ab, in denen ein in einer Restrukturierungssache tätiger Restrukturierungsbeauftragter oder Sanierungsmoderator bei Übergang des Restrukturierungsprozesses in ein Insolvenzverfahren zum Insolvenzverwalter bestellt werden soll.

39b Für eine personelle Kontinuität beim Wechsel des Verfahrensrahmens kann das Bedürfnis zur Vermeidung von Reibungsverlusten sprechen, die bei einem personellen Wechsel der Amtsträger nicht zu vermeiden wären. Dem steht naturgemäß das Risiko von Interessenkonflikten aufgrund mangelnder Unabhängigkeit gegenüber, dass Anlass dazu geben kann, vorbefassten Amtsträgern den Zugang zum Verwalteramt zu verwehren. Der Gesetzgeber hat daher zutreffend Raum für eine Einzelfallentscheidung geschaffen (für wichtige Fallgruppen möglicher personeller Kontinuität s. Hölzle/Curtze ZIP 2021, 1293 (1295 ff.)). Bei größeren Verfahren – dem Gedanken der § 271 S. 2, § 272 Abs. 3 folgend – liegt die Entscheidung für und wider einer personellen Kontinuität in der Hand des vorläufigen Gläubigerausschusses. In Verfahren, in denen die Voraussetzungen des § 22a Abs. 1 nicht vorliegen, obliegt die Entscheidung allein dem Insolvenzgericht. Wünschenswert wäre gewesen, wenn der Gesetzgeber sich auch zu dem Fall geäußert hätte, dass ein vorläufiger Gläubigerausschuss (noch) nicht gebildet werden kann, obwohl zwei der drei Kriterien des § 22a vorliegen.

4. Vorschlagsrecht (§ 56 Abs. 1 S. 4 Nr. 1, § 56a)

40 Die mit Blick auf die Ausgestaltung ausländischer Rechtsordnungen und Negativerfahrungen aus der deutschen Insolvenzpraxis seit langem geforderte und durch das ESUG forcierte Stärkung und Vorverlagerung der Mitwirkungsrechte der Gläubiger am Insolvenz-(eröffnungs-)Verfahren hat 2012 seinen Niederschlag im Gesetz gefunden. Das Vorschlags- und Anhörungsrecht des vorläufigen Gläubigerausschusses hinsichtlich des vorläufigen Insolvenzverwalters in § 56a wurde in § 56 Abs. 1 S. 4 konsequent für die gerichtliche Entscheidung über die Verwalterbestellung aufgegriffen und erweitert. Gemäß § 56a Abs. 1, 2 kann ein vorläufiger Gläubigerausschuss konkrete Anforderungen an den zu bestellenden Verwalter formulieren und durch einstimmigen Beschluss (vorbehaltlich Ungeeignetheit) sogar eine konkrete Person durchsetzen. Vor dem Hintergrund der unterschiedlichen Auslegung des „Unabhängigkeitskriteriums" durch Insolvenzgerichte

in Deutschland hat der Gesetzgeber klargestellt, dass ein Vorschlag des Schuldners oder eines Gläubigers (hier auch eines Einzelgläubigers) die Unabhängigkeit des Vorgeschlagenen nicht generell ausschließt (vgl. BT-Drs. 17/5712, 26). Hierdurch wird der bei der Auswahl des (vorläufigen) Insolvenzverwalters bestehende weite Ermessensspielraum des Insolvenzgerichts (BGH NZI 2008, 161 Rn. 17) spürbar eingeschränkt, insbesondere wenn ein einstimmiges Votum des vorläufigen Gläubigerausschusses vor der Entscheidung des Insolvenzgerichts vorliegt (vgl. AG Hamburg ZIP 2011, 2372). Nach Raab soll der Vorschlag zu einer „gesteigerten Unabhängigkeitsprüfung" durch das zuständige Insolvenzgericht führen, ohne dass diese eine unüberwindbare Hürde darstellen soll (vgl. ZInsO 2020, 67–69). Die Norm bleibt umstritten; so hat der VID in seinem Eckpunktepapier zur ESUG Evaluation erst kürzlich erneut die ersatzlose Streichung gefordert.

III. Bestellung des Insolvenzverwalters

1. Zeitpunkt der Bestellung

Die Bestellung des Insolvenzverwalters erfolgt zusammen mit dem Eröffnungsbeschluss (§ 27 Abs. 1 S. 1 und 2 Nr. 2). Der Insolvenzrichter ist nicht an vorherige Entscheidungen über die Person eines als Erkenntnisquelle hinzugezogenen Sachverständigen (§ 5 Abs. 1 iVm §§ 4, 404 ZPO) oder des vorläufigen Insolvenzverwalters gebunden (MüKoInsO/Graeber Rn. 135). In der Praxis wird dennoch regelmäßig der vorläufige Insolvenzverwalter auch zum endgültigen Insolvenzverwalter bestellt.

41

2. Bestellungsentscheidung

Rechtlich ist zwischen dem Eröffnungsbeschluss nach § 27, der als Rechtsprechungsakt zu qualifizieren ist (OLG Hamm NZI 2005, 111), und der Auswahlentscheidung des Insolvenzrichters zu trennen. Letztere gehört nicht zur Rechtsprechung im materiellen Sinne (BGH NZI 2016, 508 (509)). Über die formale Anordnung gem. § 27 Abs. 2 Nr. 2 hinaus erschöpft sich der Zusammenhang zwischen Eröffnungsbeschluss und Bestellentscheidung darin, dass ohne die Entscheidung, ein Insolvenzverfahren zu eröffnen, weder Notwendigkeit noch Anlass besteht, einen Insolvenzverwalter zu bestellen (BVerfG NZI 2006, 453 Rn. 27).

42

3. Inhalt der Entscheidung

Der Inhalt der Entscheidung beschränkt sich auf die Benennung des ausgewählten Insolvenzverwalters. Einer Begründung bedarf es entgegen einiger anders lautender Stimmen nicht (OLG Koblenz NZI 2005, 453 (457f.); ausf. HmbKommInsR/Frind Rn. 32ff.; Graeber NZI 2006, 499 (500); Vallender NJW 2006, 2597f.). Etwas anderes gilt nur, wenn der Insolvenzrichter von einem einstimmigen Vorschlag des vorläufigen Gläubigerausschusses zur Person des Insolvenzverwalters abweicht (vgl. § 56a Abs. 2, § 27 Abs. 2 Nr. 4). In diesem Fall sind im Eröffnungsbeschluss die Gründe des Gerichts für die Nichtbestellung des vorgeschlagenen Verwalters zwingend anzugeben. Der Insolvenzrichter darf vom Vorschlag des vorläufigen Gläubigerausschusses abweichen, wenn die vorgeschlagene Person für die Übernahme des Amts nicht geeignet ist (§ 56a Abs. 2 S. 1). Anders als eine ablehnende Entscheidung über die Aufnahme in die Vorauswahlliste muss die Bestellentscheidung nicht mit einer Rechtsbehelfsbelehrung ausgestattet werden (Uhlenbruck/Zipperer Rn. 47). Es fehlt an einer Beschwer des bestellten Verwalters und einer Beteiligung „übergangener" Bewerber.

43

4. Funktionelle Zuständigkeit

Die funktionelle Zuständigkeit für die Entscheidung über die Bestellung des Insolvenzverwalters nach § 56 Abs. 1 S. 1 liegt nach § 18 Abs. 1 Nr. 1 RPflG beim Insolvenzrichter und nicht beim Rechtspfleger (vgl. BVerfG NZI 2006, 453 Rn. 24). Erfolgt die Bestellung gleichwohl durch den Rechtspfleger, so ist diese unwirksam mit der Folge, dass die Rechtshandlungen des fehlerhaft bestellten Verwalters nichtig sind (BGH ZIP 1989, 319; 1990, 1141; Uhlenbruck/Zipperer Rn. 48).

44

5. Öffentliche Bekanntmachung

Aus § 27 Abs. 2 Nr. 2 folgt, dass der Name und die vollständige Anschrift des bestellten Insolvenzverwalters in den Eröffnungsbeschluss aufzunehmen ist. Der Eröffnungsbeschluss ist nach § 30

45

Abs. 1 sofort durch die Geschäftsstelle des Insolvenzgerichts nach Maßgabe des § 9 öffentlich bekannt zu machen.

6. Bestellungsurkunde

46 Nach § 56 Abs. 2 erhält der ernannte Insolvenzverwalter eine Urkunde über seine Bestellung, welche er bei Beendigung seines Amts dem Insolvenzgericht zurückzugeben hat. Sie wird im Regelfall vom Rechtspfleger ausgefertigt (§ 3 Nr. 2e RPflG) und dient dem Verwalter als Nachweis seiner Bestellung. Ein Gutglaubensschutz ist an die Urkunde nicht geknüpft (Braun/Blümle Rn. 87). Verliert der bestellte Verwalter seine Bestellungsurkunde im laufenden Verfahren, so ist eine neue auszustellen (KPB/Lüke Rn. 65; Nerlich/Römermann/Delhaes Rn. 23). Sofern es erforderlich ist, können dem Insolvenzverwalter weitere Ausfertigungen erteilt werden (Uhlenbruck/Zipperer Rn. 49). Kommt der Verwalter seiner Rückgabepflicht aus § 56 Abs. 2 S. 2 nicht nach, so kann das Insolvenzgericht gegen ihn Zwangsmittel nach Maßgabe des § 58 Abs. 2 und 3 verhängen (Braun/Blümle Rn. 87; Nerlich/Römermann/Delhaes Rn. 23; auch → § 58 Rn. 18 ff.).

7. Rechtsmittel

47 Die Bestellung eines Insolvenzverwalters ist für den **Schuldner** nicht isoliert anfechtbar, da § 56 eine Anfechtung dieser Entscheidung nicht vorsieht (vgl. LG Münster NZI 2002, 445; MüKoInsO/Graeber Rn. 168; Uhlenbruck/Zipperer Rn. 54). Ihm verbleibt nur die Möglichkeit, im Falle eines Gläubigerantrags gegen den Eröffnungsbeschluss an sich und damit zugleich auch gegen die Bestellung die sofortige Beschwerde gem. § 34 Abs. 2 einzulegen. Dem **antragstellenden Gläubiger** steht weder gegen die Bestellentscheidung noch gegen den Eröffnungsbeschluss ein Rechtsmittel zu (LG Zweibrücken NZI 2005, 397; FK-InsO/Jahntz Rn. 37; MüKoInsO/Graeber Rn. 169). Nach § 57 S. 1 können Gläubiger jedoch auf der ersten Gläubigerversammlung, die auf die Bestellung des Verwalters folgt, an dessen Stelle eine andere Person wählen. Eine weitere, gleichwohl nur ausnahmsweise von Erfolg gekrönte Möglichkeit zur Rückgängigmachung der Verwalterbestellung liegt in der **Entlassung aus wichtigem Grund nach § 59 Abs. 1 S. 1**. Eine solche Maßnahme kann der Verwalter selbst, der Gläubigerausschuss oder die Gläubigerversammlung beantragen, nicht aber der Schuldner (LG Stendal ZIP 2013, 1389). Eine **Anfechtung der Bestellung** durch einen nicht zum Zug gekommenen Bewerber (Konkurrentenklage) ist ebenso ausgeschlossen wie die Verhinderung einer Bestellung im Wege des **einstweiligen Rechtschutzes** (FK-InsO/Jahntz Rn. 37). Das gilt auch für die Bestellung des (vorläufigen) Sachwalters gem. § 270b (OLG Düsseldorf ZInsO 2017, 1490). Möglich bleibt die Erhebung einer Amtshaftungsklage (§ 839 BGB, Art. 34 GG) bzw. eines vorangehenden Antrags auf Feststellung der Rechtswidrigkeit einer Insolvenzverwalterbestellung wegen fehlerhafter Ausübung des Auswahlermessens. Beide Verfahren finden außerhalb des Insolvenzverfahrens statt. Daher sind keine Störungen des Verfahrensablaufs zu befürchten und die Rechtsbehelfe mit Blick auf Art. 19 Abs. 4 GG zuzulassen (vgl. BVerfG NZI 2006, 453 Rn. 48 und 58; NZI 2010, 413 Rn. 9 f.).

E. Ende des Verwalteramts

48 Das Verwalteramt endet regelmäßig mit der rechtskräftigen Beendigung des Insolvenzverfahrens. Daneben kommen aber auch andere Beendigungstatbestände in Betracht. Zu denken sind hier an die Wahl eines neuen Insolvenzverwalters durch die Gläubigerversammlung entsprechend § 57 und der anschließenden Bestellung, an die Einstellung wegen Masseunzulänglichkeit iSd § 211, oder an den Verlust der Geschäftsfähigkeit bzw. den Tod des Verwalters (MüKoInsO/Graeber Rn. 164; Uhlenbruck/Zipperer Rn. 64). Auch bei einer vorzeitigen Entlassung des Verwalters nach § 59 endet das Amt des Insolvenzverwalters. Der Verwalter selbst kann sein ihm übertragenes Amt nicht niederlegen (Nerlich/Römermann/Delhaes Rn. 24; Uhlenbruck/Zipperer Rn. 63), da andernfalls für die Masse keine handelnde Person vorhanden wäre (MüKoInsO/Graeber Rn. 165). Mit Beendigung seines Amts hat der Verwalter nach § 56 Abs. 2 S. 2 die Bestellungsurkunde zurückzugeben. Das Verwalteramt endet nicht, wenn sich die Überleitung von einem Verbraucherinsolvenzverfahren in ein Regelinsolvenzverfahren, welches zu der Bestellung des Insolvenzverwalters geführt hat, im Nachhinein als rechtswidrig erweist (BGH NZI 2016, 694). Argumente der Rechtssicherheit und der Rechtsklarheit streiten dafür, dass die Wirkungslosigkeit einer Überleitungsentscheidung nicht zugleich auch die Bestellungsentscheidung wirkungslos werden lässt (BGH NZI 2016, 694 Rn. 29 ff.).

F. Keine Ablehnung des Insolvenzverwalters

Eine Ablehnung des Insolvenzverwalters nach § 4 InsO iVm §§ 42 f. ZPO durch Verfahrensbeteiligte scheidet aus. Die InsO selbst hält ausreichende Sicherungsinstrumente gegen die Verfahrensführung durch einen befangenen Verwalter vor. So wird die Unabhängigkeit des Verwalters durch die gerichtliche Aufsicht nach § 58 Abs. 1 und durch das Entlassungsrecht des § 59 Abs. 1 in der hierfür gebotenen Art und Weise gewährleistet. Diese Sicherungsinstrumente werden durch eine entsprechende Anzeigepflicht des Verwalters ergänzt (MüKoInsO/Graeber Rn. 53; Stapper NJW 1999, 3441 (3443); Uhlenbruck/Zipperer Rn. 65). Daneben haben die Gläubiger nach § 57 S. 1 in der ersten Gläubigerversammlung die Möglichkeit, eine andere Person zum Verwalter zu wählen. 49

G. Nur ein Insolvenzverwalter

Auch wenn das schuldnerische Unternehmen mehrere Geschäftszweige umfasst, ist nur ein Insolvenzverwalter zu bestellen (MüKoInsO/Graeber Rn. 158). Trotz der dies zulassenden Vorschrift des § 79 KO sah der Gesetzgeber der InsO im Hinblick auf die Schwierigkeit, die Zuständigkeit mehrerer Verwalter voneinander abzugrenzen, von der Regelung einer Mehrfachbestellung ab (BT-Drs. 12/2443, 127). Gleichwohl besteht in den entsprechenden Fallkonstellationen die Möglichkeit, einen Sonderinsolvenzverwalter zu bestellen. Diese Bestellung wird an die Voraussetzung geknüpft, dass der Verwalter tatsächlich oder rechtlich verhindert ist, sein Amt auszuüben (BGH NZI 2006, 94 Rn. 14; LG Frankfurt (Oder) ZInsO 1999, 45; Uhlenbruck/Zipperer Rn. 56). Im Übrigen hat sich der Verwalter ggf. der Hilfe geeigneter Mitarbeiter zu bedienen (Nerlich/Römermann/Delhaes Rn. 20). 50

H. Sonderinsolvenzverwalter

Die Bestellung eines Sonderinsolvenzverwalters ist in der InsO nicht geregelt. Es entspricht jedoch einhelliger Auffassung, dass eine solche Bestellung möglich ist (statt vieler MüKoInsO/Graeber Rn. 153 mit Verweis auf § 77 RegE-InsO). Zuständig für die Bestellung des Sonderinsolvenzverwalters ist das Insolvenzgericht (BGH NJW-RR 2014, 1200 (1201); NZI 2006, 94 Rn. 14). Ein entsprechender Antrag eines Verfahrensbeteiligten ist nicht erforderlich. Die Bestellung setzt voraus, dass der Verwalter tatsächlich oder rechtlich verhindert ist, sein Amt auszuüben (BGH ZIP 2016, 1738 (1740); BGH NZI 2006, 474 Rn. 11). Der Sonderinsolvenzverwalter kann sowohl aus Gründen der Dienstaufsicht als auch zur Wahrung von Gläubigerinteressen bestellt werden (AG Charlottenburg ZInsO 2015, 582 Rn. 25). In den Fällen, in denen Haftungsfragen bzw. Schadensersatzansprüche gegen den Verwalter in Rede stehen, ist die Bestellung eines Sonderinsolvenzverwalters gerechtfertigt (AG Göttingen ZInsO 2006, 50; OLG München ZIP 1987, 656; MüKoInsO/Graeber Rn. 156). Ausreichend ist, dass das Insolvenzgericht aufgrund des Akteninhalts oder nach dem Vortrag eines Verfahrensbeteiligten oder einem Beschluss der Gläubigerversammlung (Bestellung eines Sonderinsolvenzverwalters ist tauglicher TOP, näher BGH NZI 2016, 1431; 2016, 684) hinreichende rechtliche und tatsächliche Anhaltspunkte dafür hat, dass ein Gesamtschadensersatzanspruch der Masse gegen den Insolvenzverwalter möglich erscheint (BGH ZIP 2016, 1738 (1740)). Die Gläubiger haben zu diesem Zeitpunkt nämlich keine Möglichkeit, eine Feststellungsklage zu erheben (vgl. Pape ZInsO 2005, 953 (963)). Nicht erforderlich ist, dass das Insolvenzgericht vom Bestehen der Haftungsansprüche überzeugt ist. Die Aufgabe des Sonderinsolvenzverwalters besteht gerade darin, Ansprüche zu prüfen und ggf. gerichtlich durchzusetzen (BGH ZIP 2016, 1738 (1740); AG Charlottenburg ZInsO 2015, 582 Rn. 25). Ein Sonderinsolvenzverwalter ist nur zu den Handlungen befugt, die ihm ausdrücklich bei der Bestellung zugewiesen worden sind. Der Beschluss ist diesbezüglich deutlich zu formulieren und im Hinblick auf die Notwendigkeit der Bestellung ausführlich zu begründen (MüKoInsO/Graeber Rn. 154). Das Insolvenzgericht hat stets zu prüfen, ob die Anordnung des Sonderinsolvenzverwaltung (ausnahmsweise) masseschädlich oder gar gesetzeswidrig ist. Wenn das Gericht auf Antrag oder Anregung der Gläubigerversammlung in die Prüfung eintritt, ob die Voraussetzungen für die Bestellung eines Sonderinsolvenzverwalters gegeben sind, kann dieser Antrag nicht dem gemeinsamen Interesse der Gläubiger widersprechen (BGH ZIP 2016, 1738 (1739 f.)). 51

Die Bestellung eines Sonderinsolvenzverwalters, dessen Aufgabengebiet auf die Geltendmachung von Schadensersatzansprüchen gegen den Insolvenzverwalter beschränkt ist, stellt mangels Entlassung des Verwalters keinen Eingriff in die durch Art. 12 Abs. 1 GG geschützte Berufsfreiheit des Insolvenzverwalters dar (BVerfG NZI 2010, 525). Die Einsetzung des Sonderinsolvenzverwal- 52 ters kann der Verwalter nicht mit der sofortigen Beschwerde anfechten (BGH NZI 2007, 237 Rn. 6 f.). Gleiches gilt für den Schuldner. Dieser ist weder berechtigt, die Bestellung eines Sonderinsolvenzverwalters anzufechten, noch seine Entlassung zu veranlassen (LG Stendal ZIP 2013, 1389 (1390); krit. Pape ZInsO 2013, 2129 (2135)). Auch den Insolvenzgläubigern steht kein Rechtsmittel zur Verfügung (BGH NZI 2016, 684; 2009, 238). In Betracht kommt allein ein von der Gläubigerversammlung abgeleitetes Beschwerderecht in entsprechender Anwendung von § 57 S. 4, § 59 Abs. 2 S. 2 zur Durchsetzung der Entscheidung der Gläubigergesamtheit (BGH NZI 2016, 831 (833); Frind EWiR 2016, 633). Ein solches Beschwerderecht dient jedoch nicht zur Verwirklichung einzelner Gläubigerrechte.

53   Der Sonderinsolvenzverwalter ist nicht Vertreter des Insolvenzverwalters. Er wird im Rahmen seiner Aufgabenzuweisung selbstständig tätig (MüKoInsO/Graeber Rn. 157; Nerlich/Römermann/Delhaes Rn. 31). Ist der Insolvenzverwalter nicht bereit, mit dem Sonderinsolvenzverwalter zusammenzuarbeiten, darf das Insolvenzgericht nach § 58 Maßnahmen ergreifen, um den Verwalter zur Zusammenarbeit anzuhalten (LG Göttingen NZI 2009, 61 (62)).

54   Die Vergütung des Sonderinsolvenzverwalters ist in entsprechender Anwendung der Vorschriften über die Vergütung des Insolvenzverwalters festzusetzen. Hat er lediglich die Aufgabe, einzelne Ansprüche zu prüfen, zur Insolvenztabelle anzumelden oder auf dem Rechtsweg zu verfolgen, kann seine Vergütung nicht höher festgesetzt werden als der Vergütungsanspruch eines Rechtsanwalts nach dem RVG (BGH NZI 2008, 485 Rn. 11 und 21).

I. Staatshaftung bei Auswahlverschulden

55   Trifft das Insolvenzgericht bei der Vorauswahl oder bei der Bestellung des Verwalters ein Auswahlverschulden, so hat der Staat für die hierdurch entstandenen Schäden nach den Maßgaben des § 839 BGB iVm Art. 34 GG einzustehen (OLG München NJW-RR 1992, 1508). Die nach § 18 Abs. 1 Nr. 1 RPflG dem Richter vorbehaltene Bestellung des Insolvenzverwalters geschieht nicht in Ausübung rechtsprechender Gewalt. Das sog. Richterprivileg aus § 839 Abs. 1 S. 2 BGB gilt nicht (BVerfG NZI 2006, 453 Rn. 56). Eine unmittelbare Inanspruchnahme des pflichtwidrig handelnden Richters durch die Geschädigten scheidet im Hinblick auf Art. 34 S. 1 GG aus (Nerlich/Römermann/Delhaes Rn. 27). Handelte der Richter jedoch grob fahrlässig oder vorsätzlich, so kann der Staat ihn in Regress nehmen (Art. 34 S. 2 GG).

56   Ist die Bestellung unwirksam, kann dem Verwalter ein Anspruch auf Ersatz des negativen Interesses zustehen (BGH NJW-RR 1986, 412 (414)). Eine Haftung ist regelmäßig dann anzunehmen, wenn jemand infolge schuldhafter Pflichtverletzung unwirksam zum Verwalter bestellt wurde und durch erbrachte, aber nicht zu vergütende „Verwalter"-Tätigkeiten und entgangene Einkünfte infolge von Mandatsablehnungen einen Schaden erleidet (BGH ZIP 1990, 1141). Für Schäden, die aus einer nicht angezeigten Betriebsfortführung durch den Verwalter entstehen, haftet der Staat, wenn der Verwalter den zuständigen Rechtspfleger bestochen und dieser den Richter darüber nicht informiert hat. Ein vorläufiger Verwalter, der seinen Vergütungsanspruch gegen den Schuldner nicht durchsetzen kann, hat keinen Ausfallanspruch gegen die Staatskasse. Es besteht keine Amtspflicht des Insolvenzrichters, vor Bestellung eines vorläufigen Verwalters zu prüfen, ob dessen Kosten gedeckt sind (BGH NJW 1981, 1726).

§ 56a Gläubigerbeteiligung bei der Verwalterbestellung

(1) Vor der Bestellung des Verwalters ist dem vorläufigen Gläubigerausschuss Gelegenheit zu geben, sich zu den Anforderungen, die an den Verwalter zu stellen sind, und zur Person des Verwalters zu äußern, soweit dies nicht innerhalb von zwei Werktagen offensichtlich zu einer nachteiligen Veränderung der Vermögenslage des Schuldners führt.

(2) [1]Das Gericht darf von einem einstimmigen Vorschlag des vorläufigen Gläubigerausschusses zur Person des Verwalters nur abweichen, wenn die vorgeschlagene Person für die Übernahme des Amtes nicht geeignet ist. [2]Das Gericht hat bei der Auswahl des Verwalters die vom vorläufigen Gläubigerausschuss beschlossenen Anforderungen an die Person des Verwalters zugrunde zu legen.

(3) [1]Sieht das Gericht mit Rücksicht auf eine nachteilige Veränderung der Vermögenslage des Schuldners von einer Anhörung nach Absatz 1 ab, hat es seine Entscheidung schriftlich zu begründen. [2]Der vorläufige Gläubigerausschuss kann in seiner ersten Sitzung einstimmig eine andere Person als die bestellte zum Insolvenzverwalter wählen.

Überblick

§ 56a trat als Teil der Neuerungen des ESUG (Gesetz zur weiteren Erleichterung der Sanierung von Unternehmen v. 7.11.2011) zum 1.3.2012 in Kraft und regelt die frühzeitige Einbeziehung der Insolvenzgläubiger durch das seinerseits neu in § 22a normierte Vertretungsorgan des vorläufigen Gläubigerausschusses in die gerichtliche Auswahlentscheidung über den Insolvenzverwalter. Die Regelungen des § 56a gelten unmittelbar für die Bestellung des Insolvenzverwalters. Über Verweise in § 21 Abs. 2 Nr. 1 und § 274 Abs. 1 gelten sie auch für die Bestellung des vorläufigen Insolvenzverwalters und des (vorläufigen) Sachwalters in der Eigenverwaltung einschließlich des Schutzschirmverfahrens nach § 270b. Im vorläufigen Verfahren liegt auch der praktische Hauptanwendungsbereich, da weiterhin regelmäßig personelle Kontinuität zwischen vorläufigem und endgültigem Sach-/Insolvenzverwalter besteht (MüKoInsO/Graeber Rn. 4; FK-InsO/Jahntz Rn. 10). Rechtstechnisch sind die Verfahren gem. § 21 Abs. 2 Nr. 1 und Nr. 1a, § 22a sowie § 56 mit § 56a verknüpft (Uhlenbruck/Zipperer Rn. 2).

In nach dem 1.3.2012 eröffneten Insolvenzverfahren hat das Insolvenzgericht einem bereits konstituierten (obligatorischen oder fakultativen) vorläufigen Gläubigerausschuss Gelegenheit zu geben, sich zu den Anforderungen an die Person des Verwalters und zu dessen Person zu äußern (→ Rn. 6 ff.). Davon kann der zuständige Insolvenzrichter nur absehen, wenn die Anhörung (respektive eine damit verbundene Verzögerung der gerichtlichen Entscheidung über zwei Werktage hinaus) **offensichtlich** Nachteile für die Vermögenslage des Schuldners bewirkt (Abs. 1). Wenn das Gericht den vorläufigen Gläubigerausschuss nicht angehört hat, ist dies schriftlich zu begründen und der vorläufige Gläubigerausschuss kann in der ersten Sitzung einstimmig einen anderen (vorläufigen) Insolvenzverwalter wählen (Abs. 3). Schließlich ist das Gericht an ein einstimmiges Votum des vorläufigen Gläubigerausschusses zur Person des Verwalters gebunden; es darf nur bei Ungeeignetheit des vorgeschlagenen Kandidaten abweichen (Abs. 2).

Übersicht

	Rn.		Rn.
A. Normzweck und Historie	1	2. Verfahren bei beantragtem vorläufigem Gläubigerausschuss	18
B. Die Anhörung des vorläufigen Gläubigerausschusses (Abs. 1)	4	3. Verfahren mit obligatorischem vorläufigem Gläubigerausschuss	20
I. Bereits konstituierter vorläufiger Gläubigerausschuss	5	C. Beschluss des vorläufigen Gläubigerausschusses (Abs. 2)	22
II. Formale Anforderungen an den Beschluss des vorläufigen Gläubigerausschusses	8	I. Einstimmiger Beschluss zur Person des Verwalters (Abs. 2 S. 1)	22
III. Gerichtliche Anhörungspflicht	9	II. Mehrheitsbeschluss zum Anforderungsprofil (Abs. 2 S. 2)	24
IV. Inhalt des Beschlusses	11	D. Entscheidung des Gerichts	27
1. Benennung einer Person durch den vorläufigen Gläubigerausschuss	13	E. Nachträgliche Beteiligung des vorläufigen Gläubigerausschusses (Abs. 3)	28
2. Festlegung eines Anforderungsprofils des Verwalters	14	I. Normzweck	29
V. Keine offensichtlich nachteilige Veränderung der Vermögenslage des Schuldners	15	II. Anwendungsbereich	30
VI. Verfahren bei der Bestellung des Insolvenzverwalters unter Einbeziehung der Gläubiger	17	III. Analoge Anwendung des § 57 S. 3	32
1. Verfahren ohne vorläufigen Gläubigerausschuss	17	F. Kontrolldichte und Rechtsschutz	33

A. Normzweck und Historie

§ 56a soll die Beteiligung und Einbindung sowie Einflussnahme der Gläubiger auf die Verwalterbestellung schon im frühestmöglichen Stadium forcieren (BT-Drs. 17/5712, 1 (24); Nerlich/Römermann/Delhaes Rn. 1; Uhlenbruck/Zipperer Rn. 2). Der Gesetzgeber hielt es für geboten, gerade in Verfahren, denen ein Insolvenzantrag eines einsichtigen Schuldners zugrunde liegt und in denen frühzeitig Vorgespräche mit Gläubigern geführt wurden, diesen eine verfahrensrechtliche Einbindung zu ermöglichen (BT-Drs. 17/7511, 34). Die Regelung soll damit zugleich dem Umstand Rechnung tragen, dass im Insolvenzeröffnungsverfahren bereits die „wesentlichen Weichenstellungen" erfolgen; sie lassen sich später nur schwer korrigieren (Braun/Blümle Rn. 3). Aus diesem Grund sind vor Einführung des § 56a gläubigerseits eigentlich gewünschte Abwahlen eines Insolvenzverwalters, die gemäß § 57 erst im eröffneten Verfahren möglich waren, häufig unterblieben. Die stärkere Berücksichtigung der Mitwirkungsrechte der Gläubiger von Beginn an bedeutet eine Lockerung, in Teilbereichen sogar die Aufgabe, des bisher vorherrschenden „gerichtlichen Erstauswahlmonopols" (K. Schmidt InsO/Ries Rn. 2).

2 Rechtspolitisch sind Gehalt und Bedeutung der Vorschrift umstritten. Während des Gesetzgebungsprozesses wurden mehrere, teilweise noch weitergehende Vorschläge intensiv diskutiert und schließlich verworfen (näher K. Schmidt InsO/Ries Rn. 3). Von einigen Vertretern in der Literatur wird die Gesetz gewordene Regelung als „**die wesentlichste Änderung, die die Insolvenzordnung mit Inkrafttreten des ESUG erfahren hat**" bezeichnet (Frege/Keller/Riedel Kap. 1 Rn. 1225). Andere bezweifeln die praktische Relevanz und Sinnhaftigkeit der Vorschrift (KPB/Lüke, 86. Aufl. 2020, Rn. 5; MüKoInsO/Graeber Rn. 2 f.; Pape ZInsO 2016, 2149). Klassisches Argument gegen eine verstärkte Beteiligung der Gläubiger ist, dass die Stärkung der Einflussnahmerechte insbesondere institutioneller Gläubiger die Unabhängigkeit des Insolvenzverwalters gefährde (vgl. FK-InsO/Jahntz Rn. 8; Andres/Leithaus/Andres Rn. 1). Ferner wird der Versuch untunlicher Einflussnahme schuldnernaher Personen (bspw. Geschäftsführer oder Gesellschafter) auf die Zusammensetzung des (vorläufigen) Gläubigerausschusses und somit auch auf den Vorschlag des Gremiums, wer zum Insolvenzverwalter bestellt werden soll, befürchtet (Gruber NJW 2013, 584) und beobachtet (vgl. Andres/Leithaus/Andres Rn. 1).

3 Vereinzelt wurden verfassungsrechtliche Bedenken gegen die Bestimmungen in § 56a geäußert (HmbKommInsR/Frind Rn. 32 f.; Frind ZInsO 2011, 2249 (2258 f.)). Sie verfangen im Ergebnis nicht. Insbesondere liegt kein verfassungswidriger Eingriff in das Eigentumsgrundrecht der Gläubiger gem. Art. 14 GG vor. Selbst unter Zugrundelegung der Annahme, dass jeder Gläubiger nur denjenigen Verwalter vorschlägt, der seinen Partikularinteressen am besten nützt, bleibt es bei der Verpflichtung des zuständigen Insolvenzrichters, zu prüfen, ob die vorgeschlagene Person die Voraussetzungen des § 56 Abs. 1 S. 1 erfüllt (Uhlenbruck/Zipperer Rn. 3). Das schließt eine Prüfung der Unabhängigkeit des Verwalters ein (s. schon BT-Drs. 17/7511, 35 (48) sowie Siemon ZInsO 2012, 364 (365)). Infolge einiger kurz nach Einführung des ESUG aufgetretener und durch gerichtliche Entscheidungen öffentlich gewordener Missbrauchsfälle wird inzwischen in der Praxis kritisch hinterfragt, ob zB Insolvenzschuldner durch geschickte Besetzung des (vorläufigen) Gläubigerausschusses auf die Bestellung des Verwalters Einfluss zu nehmen versuchen (s. MüKoInsO/Graeber Rn. 2 f.; Andres/Leithaus/Andres Rn. 1). Auch im Jahr 2020 gaben prominente Einzelfälle, in denen Berater sehr aggressiv verfahrensgestaltend wirkten, Anlass zur Sorge um die Unabhängigkeit der Auswahlentscheidungen.

B. Die Anhörung des vorläufigen Gläubigerausschusses (Abs. 1)

4 Die Regelungen des § 56a gelten unmittelbar für die Bestellung des Insolvenzverwalters. Für die Praxis von höherer Bedeutung ist jedoch die über Verweise in § 21 Abs. 2 Nr. 1 und § 270a Abs. 1 S. 2, § 274 Abs. 1 erreichte Anwendbarkeit für die Bestellung des vorläufigen Insolvenzverwalters und des (vorläufigen) Sachwalters in der Eigenverwaltung. Im Schutzschirmverfahren nach § 270b gilt § 56a gleichfalls, wobei zu beachten ist, dass eine in der Praxis regelmäßig zu erwartende Benennung des „gewünschten" vorläufigen Sachwalters durch den Schuldner im Schutzschirmantrag gem. § 270b Abs. 2 S. 2 dem Vorschlagsrecht des vorläufigen Gläubigerausschusses vorgeht (s. Koch/Jung, Handbuch Restrukturierung in der Insolvenz, 3. Aufl. 2019, § 8 Rn. 97 f.; Ehlers BB 2013, 259 (262); FK-InsO/Foltis § 270b Rn. 6; Nerlich/Römermann/Riggert, 42. EL 2021, § 270b Rn. 26; Braun/Riggert § 270b Rn. 9; aA anscheinend KPB/Pape, 86. Aufl. 2020, § 270b Rn. 62).

I. Bereits konstituierter vorläufiger Gläubigerausschuss

5 Im Rahmen des § 56a sind nicht einzelne Mitglieder des vorläufigen Gläubigerausschusses anzuhören, sondern der Ausschuss als Organ (AG München BeckRS 2012, 14972 (Ls. 2)). § 56a Abs. 1 setzt daher die Existenz eines vorläufigen Gläubigerausschusses vor der Entscheidung über den (vorläufigen) Insolvenzverwalter voraus. Dieser muss arbeits- und beschlussfähig, also bereits konstituiert sein (so auch K. Schmidt InsO/Ries Rn. 8).

6 Aus der Regelung des § 22a Abs. 4 ergibt sich mittelbar, dass in zeitlicher Hinsicht ein vorläufiger Gläubigerausschuss auch noch nach der Bestellung eines vorläufigen Insolvenzverwalters oder eines vorläufigen Sachwalters eingesetzt werden kann (Frind ZInsO 2012, 2028 (2031)). Aus dem wenig konsistenten Geflecht an Regelungen in § 21 Abs. 2 Nr. 1a, §§ 22a, 56, 56a ist aber eine grundsätzliche (s. aber § 22a Abs. 2, 3) Pflicht des Insolvenzgerichts herauszulesen, einen beantragten oder obligatorisch zu bildenden vorläufigen Gläubigerausschuss unverzüglich einzusetzen

(Haarmeyer/Horstkotte ZInsO 2012, 1441 (1442 f.); verneinend Frind ZInsO 2012, 2028 (2031)) und diesen am Auswahlverfahren zu beteiligen. Nur eine derartige Vorgehensweise entspricht der Intention des Gesetzgebers, die Gläubiger frühzeitig und effektiv in das Verfahren mit einzubinden (RegE ESUG, BT-Drs. 17/5712, 23 ff.).

In der Praxis ist es schwer vertretbar, wenn bis zur Konstituierung des vorläufigen Gläubigeraus- 7 schusses mehrere Tage vergehen. Um eine Beteiligung der Gläubiger sicherzustellen, muss sich das Gremium unverzüglich nach Antragstellung konstituieren (Busch ZInsO 2012, 1389 (1391)). Das setzt faktisch eine Koordination der Gläubigerschaft durch den Schuldner oder einen maßgeblichen Gläubiger **vor** Antragstellung voraus (Pauli/Jörres KSzW 2012, 292 (302)). Die bloße Vorlage von Einverständniserklärungen der Kandidaten und deren Bestellung zu Mitgliedern im Eröffnungsbeschluss reicht dabei nicht aus (HmbKommInsR/Frind Rn. 12). Es muss zuvor ein gerichtlicher Bestellungsbeschluss erlassen, die Amtsannahme erklärt und die Bestellungsurkunde ausgestellt sein. Denkbare Maßnahmen des Schuldners und seiner Berater zur Gewährleistung einer schnellen Konstituierung des vorläufigen Gläubigerausschusses sind (i) Identifikation/Ansprache von Gläubigern über die Bereitschaft zur Entsendung eines Gläubigervertreters, wobei darauf zu achten ist, dass nicht unkontrolliert ein Insolvenzantrag gegenüber Dritten „angekündigt" wird; (ii) Sicherstellung von Versicherungsschutz und Klärung von Kostenaspekten (Busch ZInsO 2012, 1389 (1392)), (iii) Herstellung eines angemessenen Informationsniveaus bei den Kandidaten im Rahmen des rechtlich Zulässigen (Vertraulichkeit, Geschäftsgeheimnisse), (iv) Einholung von Einverständniserklärungen der potentiellen Mitglieder, (v) Benennung im Insolvenzeröffnungsantrag, (vi) Identifikation des zuständigen Richters über den Geschäftsverteilungsplan, (vii) Sicherstellung kurzfristiger Verfügbarkeit bei Antragstellung und (viii) umfassende Information des Gerichts gem. § 13 im Antrag (Frind ZInsO 2011, 2249 (2251)). Bisher nicht systematisch untersucht scheinen die rechtlichen Grenzen der frühzeitigen Einbindung von Gläubigern in die Vorbereitung von Eigenverwaltungsverfahren. Soweit Gläubiger nicht zB aufgrund von Covenants in Kreditverträgen sowieso Kenntnis der finanziellen Situation des Schuldners haben, besteht das Risiko, dass eine frühe Ansprache zu Kündigungen, Abwanderungstendenzen oder der Verbreitung schädlicher Gerüchte im Markt führen wird; bei börsennotierten Gesellschaften sind zusätzlich die sich aus der Marktmissbrauchsrichtlinie ergebenden kapitalmarktrechtlichen Pflichten – insbesondere Art. 17 MAR – im Blick zu behalten.

II. Formale Anforderungen an den Beschluss des vorläufigen Gläubigerausschusses

Für die Einberufung des Ausschusses und die Beschlussfassung selbst gelten gem. § 21 Abs. 1 8 Nr. 1a die §§ 69 ff. Die Entäußerung des vorläufigen Gläubigerausschusses erfolgt in Form eines Beschlusses gem. § 72. An den Beschluss selbst sind keine zu hohen formalen Anforderungen zu stellen. Taugliche Beschlussverfahren sind Präsenzsitzungen, aber auch Telefon- oder Videokonferenzen sowie schriftliche Umlaufverfahren (FK-InsO/Jahntz Rn. 19; K. Schmidt InsO/Ries Rn. 10).

III. Gerichtliche Anhörungspflicht

Die gesetzliche Anhörungspflicht des Gerichts steht nicht unter dem Vorbehalt der (subjektiven) 9 Sinnhaftigkeit im Einzelfall. Auch ist die Anhörungspflicht nicht auf solche Fälle beschränkt, in denen ein laufender Geschäftsbetrieb besteht, für den nach allgemeiner Lebenserwartung Sanierungsaussichten bestehen. Ob die Einsetzung eines vorläufigen Gläubigerausschusses gem. § 22a Abs. 1 bei einer konkret absehbaren Einstellung des Geschäftsbetriebes veranlasst ist, oder nicht, ist eine Frage der §§ 21, 22a (dazu AG Hamburg Beschl. v. 3.5.2013 – 67c IN 161/13; Kübler HRI/Ampferl § 9 Rn. 31). Besteht ein vorläufiger Gläubigerausschuss, ist er auch anzuhören (FK-InsO/Jahntz Rn. 17).

Wurde der vorläufige Gläubigerausschuss bei der Bestellung des vorläufigen Insolvenzverwalters 10 angehört, ist eine erneute Anhörung im Zuge der Verfahrenseröffnung nur durchzuführen, wenn nicht dieselbe Person zum Insolvenzverwalter bestellt werden soll, für das Gericht konkrete Anzeichen erkennbar sind, dass (ausnahmsweise) eine abweichende Bewertung des vorläufigen Verwalters durch den Ausschuss vorgenommen würde oder eine Äußerung zur Person des Verwalters bisher unterblieben ist, weil sich der vorläufige Gläubigerausschuss zunächst auf Beschreibung eines Anforderungsprofils beschränkt hatte (vgl. Uhlenbruck/Zipperer Rn. 4; MüKoInsO/Graeber Rn. 20; FK-InsO/Jahntz Rn. 14; K. Schmidt InsO/Ries Rn. 7).

IV. Inhalt des Beschlusses

11 Das Gesetz hat dem vorläufigen Gläubigerausschuss mehrere alternative, aber kumulierbare Beschlussinhalte zugestanden, mittels derer er auf die Person des Insolvenzverwalters Einfluss nehmen kann. Mögliche Beschlussinhalte sind der Vorschlag einer (oder mehrerer) Person(en) für das Amt des Verwalters, die Bestimmung eines Anforderungsprofils sowie die Kombination beider Varianten. Dann wird ein Anforderungsprofil verbunden mit dem Vorschlag einer Person, die nach Ansicht des Ausschusses die aufgestellten Anforderungen erfüllt, übermittelt (FK-InsO/Jahntz Rn. 20).

12 Der vorläufige Gläubigerausschuss hat keine Begründungspflicht für die von ihm getroffene Entscheidung. Im Eigeninteresse sollte er das beschlossene Anforderungsprofil und/oder die Personalentscheidung(en) jedoch stets begründen. Andernfalls erhöht sich das Risiko, dass der zuständige Insolvenzrichter eine abweichende Entscheidung trifft oder durch gerichtliche Rückfragen unnötige Verzögerungen eintreten. Insbesondere sollte das Gericht in die Lage versetzt werden, anhand der mit dem Gremienbeschluss eingereichten Unterlagen die Eignung einer vorgeschlagenen Person (einschließlich ihrer Unabhängigkeit) kurzfristig zu prüfen. Ein Personalvorschlag muss schließlich nicht zugleich Vorschläge zu den Anforderungen an den zu bestellenden Verwalter enthalten. Nach zutreffender Ansicht legen weder Wortlaut, Telos noch Gesetzesbegründung eine solche Lesart nahe (hM, K. Schmidt InsO/Ries Rn. 19; Uhlenbruck/Zipperer Rn. 8; MüKoInsO/Graeber Rn. 25; FK-InsO/Jahntz Rn. 30; aA Frind ZInsO 2011, 2249 (2257); HmbKommInsR/Frind Rn. 13).

1. Benennung einer Person durch den vorläufigen Gläubigerausschuss

13 Das Recht, sich gem. § 56a Abs. 1 zur Person des Verwalters zu äußern, umfasst gleichsam die Möglichkeit, dem Gericht einen konkreten Personenvorschlag zu unterbreiten. Dieser muss nicht auf eine Person beschränkt sein (K. Schmidt InsO/Ries Rn. 17; HmbKommInsR/Frind Rn. 22; aA FK-InsO/Jahntz Rn. 28). Denn praktische Erwägungen sprechen dafür, eine Liste mit mehreren Kandidaten – durchaus in Abstimmung mit dem Insolvenzgericht – zu erstellen, um so den bestmöglichen Verwalter für das jeweilige Verfahren zu finden (ausf. Laroche/Pruskowski/Schöttler/Siebert/Vallender ZIP 2014, 2153 (2158)). Eine Nennung auf der Vorauswahlliste des Gerichts ist nicht Voraussetzung für eine Bestellung des Vorgeschlagenen (FK-InsO/Jahntz Rn. 28). Das Gericht ist ohnehin berechtigt und verpflichtet, zu überprüfen, ob die vorgeschlagene Person nicht ungeeignet iSd § 56a Abs. 2 S. 1 ist (→ Rn. 22).

2. Festlegung eines Anforderungsprofils des Verwalters

14 Ein vom Gläubigerausschuss beschlossenes Anforderungsprofil ist seitens des Gerichts bei der Auswahl des Verwalters zugrunde zu legen (§ 56a Abs. 2 S. 2). Hinsichtlich der konkreten Ausgestaltung ist dem vorläufigen Gläubigerausschuss freigestellt, lediglich ausgewählte Aspekte festzulegen oder ein umfängliches Anforderungsprofil zu skizzieren. Es empfiehlt sich hinreichend bestimmbare Kriterien zu benennen und auf Allgemeinplätze zu verzichten (FK-InsO/Jahntz Rn. 21). Zu den Mehrheitserfordernissen → Rn. 23.

V. Keine offensichtlich nachteilige Veränderung der Vermögenslage des Schuldners

15 Das Gesetz nennt in § 56a Abs. 1 Hs. 2 eine Ausnahme von der Pflicht zur Anhörung. Sie kann (ausnahmsweise) unterbleiben, wenn die Anhörung nicht innerhalb von zwei Werktagen stattfinden kann und dies offensichtlich zu einer nachteiligen Veränderung der Vermögenslage des Schuldners führen würde. Die präzisierende Ergänzung um den Zusatz „innerhalb von zwei Werktagen" im Gesetz durch das SanInsFoG mit Wirkung zum 1.1.2021 hat die Gläubigerbeteiligung bei der Verwalterbestellung weiter gestärkt. Das Absehen von einer Anhörung durch das Gericht soll nicht mehr in einer Vielzahl denkbarer Konstellationen möglich sein, sondern nur noch, wenn die Anhörung bereits innerhalb von zwei Werktagen offensichtlich zu einer nachteiligen Veränderung der Vermögenslage des Schuldners führt. Nach Einschätzung des Gesetzgebers soll trotz der Eilbedürftigkeit der Bestellungsentscheidung in der Regel ein Zuwarten von zwei Werktagen für das Vermögen des Schuldners unschädlich möglich sein (aA Frind NZI 2020, 865 (868)).

16 Ein Maßstab für die gerichtliche Prüfung ist im Gesetz nicht vorgegeben. Nach einer Auffassung soll das Gericht zB auf eine Anhörung verzichten können, wenn eine nachteilige Veränderung „nach insolvenzgerichtlicher Erfahrung wahrscheinlich" ist (Frind ZInsO 2011, 2249 (2257);

HmbKommInsR/Frind Rn. 19). Dies zB sei bei Abwanderungsgefahr in der Beleg- oder Lieferantenschaft gegeben oder wenn Vollstreckungen durch Gläubiger drohen. So hat das AG München (AG München ZIP 2012, 1308; dazu Vallender EWiR 2012, 495) in einem Eigenverwaltungsverfahren von einer Anhörung mit der Begründung abgesehen, es seien durch die Prüfung der Voraussetzungen der Eigenverwaltung bereits zwei Wochen vergangen. Die Anhörung des Ausschusses vor der Sachwalterbestellung hätte nach der Beschlussbegründung „mehrere Tage" in Anspruch genommen. Angesichts eines erwarteten Zahlungseingangs von 250.000 EUR in den „kommenden Tagen" und weiterer 750.000 EUR „in den nächsten Wochen" sowie Liquiditätsproblemen habe nicht weiter gewartet werden können. Eine Auswechslung durch die Gläubigervertreter könne, so der gerichtliche Hinweis, gem. § 56a Abs. 3 erfolgen. Ferner soll eine nachteilige Verzögerung auch dann entstehen, wenn auf den Personenvorschlag des Ausschusses hin das Gericht deren generelle Eignung iSv § 56 Abs. 1 erst prüfen muss, „weil sie dem Gericht nicht substantiiert bekannt" sei (HmbKommInsR/Frind Rn. 19). Vor diesem Hintergrund sei es für den Gläubigerausschuss sinnvoll, sich vorab zu vergewissern, wer auf der Vorauswahlliste des jeweiligen Richters stehe (HmbKommInsR/Frind Rn. 19). Eine derartige Auslegung ist allerdings nicht unproblematisch. Sie erhebt faktisch die Nicht-Listung zu einem Ausschlusskriterium. Es besteht je nach Handhabung das Risiko, die Intention des Gesetzgebers (Stärkung des Gläubigereinflusses) zumindest in Teilen zu konterkarieren.

VI. Verfahren der Bestellung des Insolvenzverwalters unter Einbeziehung der Gläubiger

1. Verfahren ohne vorläufigen Gläubigerausschuss

Wird kein vorläufiger Gläubigerausschuss gebildet, bestellt das Insolvenzgericht den (vorläufigen) Insolvenzverwalter nach dem üblichen Verfahren gemäß § 21 Abs. 1 Nr. 1, § 27 Abs. 1, 56 in pflichtgemäßer Ausübung eigenen Ermessens. Eine Abwahl des bestellten Insolvenzverwalters kann gem. § 57 erst in der ersten Gläubigerversammlung (und auch nur dann) nach Eröffnung des Insolvenzverfahrens erfolgen. 17

2. Verfahren bei beantragtem vorläufigem Gläubigerausschuss

In Fällen, in denen ein vorläufiger Gläubigerausschuss aufgrund der fehlenden Erfüllung der gesetzlichen Größenkriterien nicht obligatorisch ist, gestattet § 22a Abs. 2 dem Schuldner, dem vorläufigen Insolvenzverwalter sowie jedem Gläubiger, die Einsetzung eines vorläufigen Gläubigerausschusses zu beantragen. 18

Dem Antrag soll entsprochen werden, wenn in ihm Personen benannt werden, die als Mitglieder des vorläufigen Gläubigerausschusses in Betracht kommen und dem Antrag die Einverständniserklärungen der benannten Personen beigefügt worden sind. Ist der beantragte vorläufige Gläubigerausschuss allerdings nicht vor der Bestellung des Insolvenzverwalters bestellt, kann das Gericht den Insolvenzverwalter ohne vorherige Anhörung bestellen (so auch Braun/Blümle Rn. 38). Dies erscheint insofern sachgerecht, als „mit der Dauer des Eröffnungsverfahrens die Notwendigkeit zur Beteiligung der Gläubiger im Wege der Mitwirkung durch einen Ausschuss deutlich abnehmen, da die maßgeblichen Entscheidungen bereits in den ersten Tagen fallen" (MüKoInsO/Haarmeyer § 22a Rn. 104). Unabhängig davon kann ein entsprechender Antrag zu jedem Zeitpunkt des Eröffnungsverfahrens gestellt werden. Auf das Abwahlrecht gem. § 56a Abs. 3 hat die Tatsache, dass der Ausschuss nicht zwingend zu bestellen war, keinen Einfluss (ausf. Braun/Blümle Rn. 39 f.). 19

3. Verfahren mit obligatorischem vorläufigem Gläubigerausschuss

Werden mindestens zwei von drei Schwellenwerten des § 22a Abs. 1 erreicht und liegt keines der Ausschlusskriterien des § 22a Abs. 3 vor, ist das Gericht verpflichtet, einen vorläufigen Gläubigerausschuss iSd § 21 Abs. 2 Nr. 1a einzusetzen (→ Rn. 6). Die Beteiligung des vorläufigen Gläubigerausschusses erfolgt dann gem. der unter → Rn. 4 ff. beschriebenen Grundsätze. 20

Das Gericht ist angehalten, das Verfahren aufgrund seiner Eilbedürftigkeit proaktiv zu betreiben und zeitnah die Möglichkeit zur Äußerung zu gewährleisten. Graeber (MüKoInsO/Graeber Rn. 16) weist demgegenüber daraufhin, dass eine Anhörung des vorläufigen Gläubigerausschusses vor der Bestellung des vorläufigen Insolvenzverwalters in der Praxis nur in den seltensten Fällen vorkomme. Das notwendige Verfahren (Konstituierung, Fassung einer Geschäftsordnung, Beratung über Anforderungen und Person des Verwalters) sei meist nur dann hinreichend kurzfristig zu gestalten, wenn vor Insolvenzantragstellung eine zentrale Vorbereitung und Organisation des vorläufigen Gläubigerausschusses erfolgt ist (ähnlich und auch mit (generellen) Erfahrungswerten 21 aus der insolvenzgerichtlichen Praxis Laroche/Pruskowski/Schöttler/Siebert/Vallender ZIP 2014, 2153 (2155); krit. allerdings Busch ZInsO 2012, 1389 (1393)).

C. Beschluss des vorläufigen Gläubigerausschusses (Abs. 2)

I. Einstimmiger Beschluss zur Person des Verwalters (Abs. 2 S. 1)

22 § 56a Abs. 2 S. 1 ermöglicht es, durch einstimmiges Votum des vorläufigen Gläubigerausschusses in Beschlussform auf die Auswahl des Insolvenzverwalters Einfluss zu nehmen (LG München II BeckRS 2013, 17462). Der einstimmige Beschluss entfaltet Bindungswirkung (vgl. nur Uhlenbruck/Zipperer Rn. 8), entbindet das Insolvenzgericht aber nicht von seiner Pflicht zu prüfen, ob die vorgeschlagene Person die Bestellungskriterien des § 56 erfüllt. Hält das Gericht den vorgeschlagenen Verwalter für nicht geeignet, folgt es dem Vorschlag des vorläufigen Gläubigerausschusses nicht (AG Stendal Beschl. v. 31.8.2012 – 7 IN 164/12 Rn. 22 = BeckRS 2012, 19830). Das Gericht hat – und insoweit besteht Einigkeit – eine Ungeeignetheit der vorgeschlagenen Person zu prüfen. Das Gericht stellt allerdings nicht positiv die Eignung fest, sondern darf nur abweichen, wenn es die Nichteignung feststellt (negative Kontrolle: Uhlenbruck/Zipperer Rn. 9; MüKoInsO/Graeber Rn. 37; K. Schmidt InsO/Ries Rn. 21; FK-InsO/Jahntz Rn. 38; aA HmbKommInsR/Frind Rn. 23; wohl auch KPB/Lüke Rn. 13 unter Verweis auf Römermann NJW 2012, 645 (649), der allerdings nur offenkundige Fälle mangelnder Eignung erfasst sieht).

23 Umstritten ist schließlich, welche Anforderungen an die Einstimmigkeit des Beschlusses zu stellen sind. Einerseits wird vertreten, dass die Zustimmung aller anwesenden Mitglieder eines beschlussfähigen Ausschusses gem. § 72 Hs. 1 erforderlich ist (K. Schmidt InsO/Ries Rn. 18). Andere halten die Zustimmung aller Ausschussmitglieder für notwendig, mit der Folge, dass Stimmenthaltungen oder Abwesenheiten der Einstimmigkeit eines Beschlusses entgegenstehen (Braun/Blümle Rn. 11; FK-InsO/Jahntz Rn. 29; MüKoInsO/Graeber Rn. 25). Angesichts der weitreichenden praktischen Auswirkungen der Verwalterstellung und aufgrund der im RegE-ESUG vom Gesetzgeber geäußerten Erwartung, der vorläufige Gläubigerausschuss werde „keine Person vorschlagen, bei der mit einer Abwahl durch die Gläubigerversammlung zu rechnen ist" (Begr. RegE ESUG, BT-Drs. 17/5712, 26) spricht viel dafür, Einstimmigkeit aller Mitglieder zu fordern. Dann müsste freilich § 56a Abs. 2 S. 1 als lex specialis zu § 72 begriffen werden (so auch FK-InsO/Jahntz Rn. 29). Eine streng am Wortlaut verhaftete Auslegung (unter Bezugnahme auf § 72) sowie Praktikabilitätserwägungen legen umgekehrt nahe, dass es auf die Einstimmigkeit der Anwesenden ankommt. Im Ergebnis ist dennoch an einem „echten" Einstimmigkeitserfordernis festzuhalten. Denn Sinn und Zweck des Insolvenzverfahrens ist nach wie vor, spezifische Eigeninteressen zugunsten einer gemeinschaftlichen Gläubigerbefriedigung zurückzudrängen (ähnlich für die Unabhängigkeit des Insolvenzverwalters Siemon ZInsO 2012, 364 (365)). Dies gilt umso mehr, als der Gläubigerausschuss nur einen kleinen Ausschnitt der gesamten Gläubigerschaft abbildet und keineswegs alle Gläubigergruppen repräsentiert (zur eingeschränkten Repräsentativität des Gläubigerausschusses auch Frind ZInsO 2013, 59 (62)). So erklärt sich auch, warum das beklagte Problem einer Pattsituation in einem nach der Konzeption des § 67 Abs. 2 mit vier Gruppen besetzten Gläubigerausschusses in Wahrheit keines ist: Der Gesetzgeber wollte, dass sich die Gläubiger einigen, um den Zielen des § 1 gerecht zu werden. Im Übrigen würde, wenn die Zustimmung aller anwesenden Mitglieder ausreichen würde, der Unterschied zwischen Personen- und Profilvorschlag verblassen.

II. Mehrheitsbeschluss zum Anforderungsprofil (Abs. 2 S. 2)

24 Zusätzlich oder alternativ zu einem Personenvorschlag kann der vorläufige Gläubigerausschuss gem. § 56a Abs. 2 S. 2 einen Anforderungskatalog für die Person des Verwalters beschließen. Diesen hat das Gericht bei der Auswahl des Verwalters, im Rahmen der Vorgaben des § 56, zugrunde zu legen. Das Votum kann als Mehrheitsbeschluss iSd § 21 Abs. 2 Nr. 1a, § 72 ergehen (FK-InsO/Jahntz Rn. 26).

25 Teilweise wird vertreten, dass die vom vorläufigen Gläubigerausschuss formulierten Anforderungen nicht so auf eine Person zugeschnitten sein dürfen, dass mit einem Mehrheitsbeschluss faktisch das Einstimmigkeitserfordernis für verbindliche Benennungen konkreter Personen umgangen wird (vgl. MüKoInsO/Graeber Rn. 27, der dieses Vorgehen als legitime Gestaltung der Mehrheit im Gläubigerausschuss ansieht). Andere sehen Beschlüsse, die das Anforderungsprofil faktisch auf eine Person konkretisieren materiell als solche über einen Personenvorschlag an und verlangen für den Eintritt einer Bindungswirkung gegenüber dem Insolvenzgericht daher Einstimmigkeit (FK-InsO/

Jahntz Rn. 43). Anderenfalls sollen derartige Beschlüsse nur als „Willensbekundung des Gläubigerausschusses" (FK-InsO/Jahntz Rn. 43) bei der Auswahlentscheidung des Gerichts zu würdigen sein.

Ob ein Verwalter die aufgestellten Anforderungen erfüllt, beurteilt das zuständige Gericht. Dabei ist es durchaus berechtigt, selbst bei einem einstimmigen Beschluss (AG Hamburg BeckRS 2011, 28307 Ls. 4) – weitere Anforderungen aufzustellen, solange hierdurch nicht ein beschlossenes Anforderungsprofil gegenstandslos wird (Uhlenbruck/Zipperer Rn. 12; MüKoInsO/Graeber Rn. 44). Gute Gründe sprechen dafür, im Einzelfall das Kriterium Ortsnähe auch bei einem einstimmigen Gläubigervotum zu beachten. Ortsnähe, verstanden als dauerhafte Präsenz am Platz und die damit verbundene Kenntnis der örtlichen Gepflogenheiten, kann in bestimmten Verfahren Gewähr für eine persönliche und von den Beteiligten des Verfahrens allseits akzeptierte Abwicklung durch den Insolvenzverwalter bieten (AG Hamburg Beschl. v. 18.11.2011 – 67g IN 459/11 Rn. 13 = BeckRS 2011, 28307). Von pauschalen Aussagen zum Gewicht des Kriteriums Ortsnähe ist freilich abzuraten, da diese in vielen Verfahren eine nur geringe oder gar keine Rolle spielen kann (→ Rn. 22 ff.).

D. Entscheidung des Gerichts

Wird die von den Gläubigern vorgeschlagene Person zum Verwalter bestellt oder das formulierte Anforderungsprofil entsprechend berücksichtigt, ist eine Begründung nicht erforderlich. Folgt das Gericht hingegen dem Personenvorschlag nicht, hat es die Entscheidung gem. § 27 Abs. 2 Nr. 4 zu begründen. Damit soll das Gericht nach der Vorstellung des Gesetzgebers dazu angehalten werden, seine Entscheidung willkürfrei zu treffen und die Willensbekundung des vorläufigen Gläubigerausschusses hinreichend zu berücksichtigen (Uhlenbruck/Zipperer § 27 Rn. 17). Teilweise wird vertreten, dass das Gericht – über § 27 Abs. 2 Nr. 4 hinaus – eine Begründungspflicht treffe, wenn es ganz oder teilweise von dem Anforderungsprofil abweicht (so FK-InsO/Jahntz Rn. 45). Derartige Fälle sollten indes mit Blick auf die einsetzende Veränderung hin zu einer kommunikativeren „Bestellungskultur" (hierzu Laroche/Pruskowski/Schöttler/Siebert/Vallender ZIP 2014, 2153 (2157)) abnehmen.

E. Nachträgliche Beteiligung des vorläufigen Gläubigerausschusses (Abs. 3)

Hat das Gericht (mit Rücksicht auf eine nachteilige Veränderung der Vermögenslage des Schuldners oder auch aus anderen unzulässigen Erwägungen heraus) von der Anhörung des vorläufigen Gläubigerausschusses abgesehen, erlaubt das Gesetz diesem, in der ersten Sitzung einstimmig eine andere Person als die bestellte zum Insolvenzverwalter zu wählen (§ 56a Abs. 3).

I. Normzweck

Mit § 56a Abs. 3 will der Gesetzgeber der Befürchtung vorgreifen, dass Insolvenzgerichte allzu schnell die besondere Eilbedürftigkeit der Verwalterbestellung annehmen und sich so einer verstärkten Einflussnahme durch Insolvenzgläubiger entziehen (Rechtsausschuss zum RegE ESUG, BT-Drs. 17/7511, 34 f.) Nach einer Gesetzesänderung zum 1.1.2021 hat das Gericht bei Unterbleiben der Anhörung des vorläufigen Gläubigerausschusses eine schriftliche Begründung abzusetzen. Das Recht aus Abs. 3 zur einstimmigen Wahl einer anderen Person als der ohne Anhörung bestellten soll nach bestrittener Auffassung nur einem vorläufigen Gläubigerausschuss zukommen, der zur Zeit der Bestellung des vorläufigen Insolvenzverwalters bereits bestellt war (hM, Uhlenbruck/Zipperer Rn. 15; MüKoInsO/Graeber Rn. 59 f.; Nerlich/Römermann/Delhaes Rn. 18; aA FK-InsO/Jahntz Rn. 51). Ob diese Auffassung vor dem Hintergrund der im Rahmen des SanInsFoG erfolgten weiteren Stärkung der Transparenz des Verfahrens und der vom Gesetzgeber beabsichtigten Stärkung der Gläubigerrechte haltbar ist, scheint zweifelhaft.

II. Anwendungsbereich

§ 56a Abs. 3 gilt sowohl wenn das Gericht anfänglich von einer Einsetzung des vorläufigen Gläubigerausschusses abgesehen hat (§ 22a Abs. 3) als auch wenn das Gremium konstituiert war, aber gleichwohl nicht angehört wurde (§ 56a Abs. 1 Hs. 2). Die Vorschrift gilt auch im eröffneten Verfahren, also auch im Rahmen der Bestellung des endgültigen Insolvenzverwalters (vgl. Uhlenbruck/Zipperer Rn. 15; KPB/Lüke Rn. 20; Nerlich/Römermann/Delhaes Rn. 17 f.; aA HmbKommInsR/Frind Rn. 30).

31 Umstritten ist auch, ob Abs. 3 analog Anwendung findet, wenn unmittelbar vor der Eröffnung des Hauptverfahrens eine erstmals nötige Anhörung des vorläufigen Gläubigerausschusses wegen drohender Verzögerungsschäden unterblieben ist. Der Gesetzgeber hat diesen Fall entweder für nicht regelungsbedürftig gehalten oder übersehen. Vor allem Ries (K. Schmidt InsO/Ries Rn. 27) bejaht die Anwendbarkeit von Abs. 3, soweit der nach Eröffnung des Hauptverfahrens einzurichtende Interims-Ausschuss (§ 67 Abs. 1) mit dem vorläufigen Gläubigerausschuss personenidentisch besetzt ist. Dafür sprächen die Verortung des § 56a im dritten Abschnitt des Zweiten Teils der InsO sowie Sinn und Zweck der Gläubigerbeteiligung (K. Schmidt InsO/Ries Rn. 27; ihm folgend, aber die praktische Relevanz anzweifelnd, FK-InsO/Jahntz Rn. 49). Die Gegenansicht (zB MüKoInsO/Graeber Rn. 74 ff.) verweist demgegenüber auf den Umstand, dass das Amt des vorläufigen Gläubigerausschusses mit der Eröffnung des Verfahrens ende (vgl. auch HmbKommInsR/Frind Rn. 30).

III. Analoge Anwendung des § 57 S. 3

32 Auch nach dem ESUG ist Ziel des Insolvenzverfahrens die bestmögliche Befriedigung aller Gläubiger. Daher bleibt die (auch im Rahmen von § 56a zu prüfende) Unabhängigkeit des Insolvenzverwalters weiterhin ein „unverzichtbares Element deutscher Insolvenzkultur" (Vallender/Zipperer ZIP 2013, 149 (153)). Dem Gericht ist in analoger Anwendung des § 57 S. 3 ein Versagungsrecht für den Fall zuzubilligen, dass die Gläubiger von ihrem Abwahlrecht gem. § 56a Abs. 3 Gebrauch machen, um die Bestellung eines nicht iSd § 56 Abs. 1 geeigneten Verwalters ins Amt zu erreichen (zutr. FK-InsO/Jahntz Rn. 56; Uhlenbruck/Zipperer Rn. 16; MüKoInsO/Graeber Rn. 73; Frind ZInsO 2011, 2249 (2259), nach dem nur so eine Verfassungswidrigkeit von § 56a Abs. 3 zu verhindern ist). Eine andere Auslegung des Bestellungsregimes, die das Insolvenzgericht dazu zwingen würde, eine Person zum Verwalter zu bestellen, die nicht den Anforderungen des § 56 Abs. 1 S. 1 entspricht, kann schlechterdings nicht die Regelungsabsicht des Gesetzgebers gewesen sein (so auch FK-InsO/Jahntz Rn. 56).

F. Kontrolldichte und Rechtsschutz

33 Wird dem Insolvenzgericht ein konkreter Personenvorschlag oder ein Vorschlag für ein Anforderungsprofil unterbreitet, ist es berechtigt und verpflichtet, die Entscheidung des vorläufigen Gläubigerausschusses in formeller Hinsicht zu überprüfen (vgl. MüKoInsO/Graeber Rn. 35). Auch in materieller Hinsicht steht dem Gericht nur eine schlichte Rechtmäßigkeitskontrolle zu (K. Schmidt InsO/Ries Rn. 30).

34 Eine vollständige Überprüfung aller Kriterien des § 56 Abs. 1 hat nur zu erfolgen, wenn der vorgeschlagene Verwalter gerichtsunbekannt oder dessen Aufnahme in die Vorauswahlliste des Gerichts bereits bei anderer Gelegenheit abgelehnt wurde (Braun/Blümle Rn. 32). Ob die Person bereits auf der Vorauswahlliste steht ist hingegen nicht relevant. Dieser Umstand mag freilich eine intensivere Prüfung der Person anschließen (FK-InsO/Jahntz Rn. 39). Vereinzelt wird vertreten, dass das Insolvenzgericht eigene Vorschläge zur Person des Insolvenzverwalters unterbreiten könne (HmbKommInsR/Frind Rn. 27). Wird dies als gerichtliche Hilfestellung für einen unerfahrenen Gläubigerausschuss praktiziert, spricht nichts gegen diese Form der Beteiligung des Gerichts (s. auch HmbKommInsR/Frind Rn. 27).

35 Für den Fall, dass der vom Ausschuss einstimmig vorgeschlagene Verwalter keine Berücksichtigung bei der Entscheidung des Gerichts findet oder das vorgeschlagene Anforderungsprofil missachtet wird, gibt das Gesetz den Beteiligten gegen diese Entscheidung kein Rechtsmittel an die Hand (MüKoInsO/Graeber Rn. 80). Den Beteiligten bleibt nur gem. § 57 die Abwahl des bestellten Insolvenzverwalters in der ersten Gläubigerversammlung und die etwaige Geltendmachung von Schadensersatzansprüchen wegen Amtspflichtverletzung (K. Schmidt InsO/Ries Rn. 31). Dass der Normgeber bei der Ausgestaltung des § 56a ein § 57 vergleichbares Mittel zugunsten des Gläubigerausschusses für nicht erforderlich gehalten hat, wird in der Literatur berechtigt scharf kritisiert (Uhlenbruck/Zipperer Rn. 17; Andres/Leithaus/Andres Rn. 11).

§ 56b Verwalterbestellung bei Schuldnern derselben Unternehmensgruppe

(1) [1]Wird über das Vermögen von gruppenangehörigen Schuldnern die Eröffnung eines Insolvenzverfahrens beantragt, so haben die angegangenen Insolvenzgerichte sich darüber abzustimmen, ob es im Interesse der Gläubiger liegt, lediglich eine Person zum

Insolvenzverwalter zu bestellen. ²Bei der Abstimmung ist insbesondere zu erörtern, ob diese Person alle Verfahren über die gruppenangehörigen Schuldner mit der gebotenen Unabhängigkeit wahrnehmen kann und ob mögliche Interessenkonflikte durch die Bestellung von Sonderinsolvenzverwaltern ausgeräumt werden können.

(2) ¹Von dem Vorschlag oder den Vorgaben eines vorläufigen Gläubigerausschusses nach § 56a kann das Gericht abweichen, wenn der für einen anderen gruppenangehörigen Schuldner bestellte vorläufige Gläubigerausschuss eine andere Person einstimmig vorschlägt, die sich für eine Tätigkeit nach Absatz 1 Satz 1 eignet. ²Vor der Bestellung dieser Person ist der vorläufige Gläubigerausschuss anzuhören. ³Ist zur Auflösung von Interessenkonflikten ein Sonderinsolvenzverwalter zu bestellen, findet § 56a entsprechende Anwendung.

Übersicht

	Rn.		Rn.
A. Grundlagen	1	I. Ermessensentscheidung des Gerichts	14
		II. Entscheidungskriterien	16
B. Regelungsrahmen/Normhistorie	3	1. Unabhängigkeit des Insolvenzverwalters	17
C. Normzweck und Hintergrund	6	2. Gläubigerinteressen	20
		3. Sonderinsolvenzverwalter	23
D. Anwendungsbereich	9	III. Kritik an der Einführung des Abstimmungszwangs	26
E. Abstimmung der Insolvenzgerichte (Abs. 1)	13	F. Vorläufiger Gläubigerausschuss (Abs. 2)	28

A. Grundlagen

Die sachgerechte Handhabung der Insolvenz von Unternehmensgruppen, präziser, gruppenangehöriger Gesellschaften, wird seit langem unter dem Stichwort Konzerninsolvenzrecht diskutiert. Die Hauptschwierigkeit in der Praxis rührt daher, dass Insolvenzrechte in Deutschland und international rechtsträgerbezogen konzipiert sind. In der wirtschaftlichen Realität bei in Schieflage geratenen Konzernen und Gruppenstrukturen gewährleistet vielfach jedoch nur eine rechtsträgerübergreifende Betrachtung die Krisenbewältigung und, wenn die Insolvenz eingetreten ist, masseeffiziente Abwicklung oder Sanierung der schuldnerischen Unternehmen. Dies erschließt sich unmittelbar, wenn man sich vor Augen hält, dass externe Bankenfinanzierungen jedenfalls bei Non-Investment-Grade-Schuldnern regelmäßig von sämtlichen Gruppengesellschaften besichert werden. Dies gilt zudem dann, wenn die konzerninterne Liquiditätsausstattung (so wie häufig) über cash pools zentral gesteuert, interne Lieferbeziehungen mit Verrechnungspreisen und Managementdienstleistungsverträge berücksichtigt werden müssen und das operative Geschäft ggf. fragmentiert von verschiedenen Konzerngesellschaften, womöglich über Ländergrenzen hinweg, betrieben wird. 1

Weder auf europäischer Ebene noch im deutschen Rechtsraum wird das Prinzip rechtsträgerbezogener Einzelverfahren ernsthaft in Frage gestellt (keine Massekonsolidierung). Der Grundsatz „eine Person, ein Vermögen, eine Insolvenz" (Begr. RegE, BT-Drs. 18/407, 15) soll auch nicht in grundsätzlicher Weise in Frage gestellt werden. Eine Gruppenkonsolidierung war nicht Ziel der Gesetzesnovellierung (die Regierungsbegründung spricht insoweit von flexiblen Koordinierungsmechanismen statt Konsolidierungslösungen, vgl. Begr. RegE, BT-Drs. 18/407, 16 aE). Im Sinne dieser Koordinierungsbestrebungen war die Gesetzgebung bemüht, einen funktionierenden Rechtsrahmen zur Abstimmung involvierter Gerichte und, wenn personenverschieden, der jeweils für die gruppenangehörigen Schuldner eingesetzten Insolvenzverwalter zu schaffen. Somit wird der Praxis der deutschen Insolvenzgerichte, einen Insolvenzverwalter für mehrere Verfahren zu bestellen oder mehrere Anwälte derselben Kanzlei mit der Insolvenzverwaltung zu beauftragen, Rechnung getragen und in eine rechtliche Umkleidung verholfen (Pleister/Sturm ZIP 2017, 2329 (2329)). 2

B. Regelungsrahmen/Normhistorie

Erstmals hat auf europäischer Ebene im Jahr 2015 ein zaghafter Regelungsversuch für grenzüberschreitende Konzernsachverhalte stattgefunden. Art. 56 ff. EuInsVO sehen Regelungen zur Kommunikation und Koordination separater Verfahren gruppenangehöriger Gesellschaften und insbesondere das sog. Gruppen-Koordinationsverfahren unter Einsetzung eines eigens bestellten 3

Koordinators vor. Voraussetzung ist, dass die insolventen Rechtsträger zu einer „Unternehmensgruppe" iSd Art. 2 Nr. 13 EuInsVO gehören.

4   Der deutsche Gesetzgeber hat mit dem am 9.3.2017 parlamentarisch verabschiedeten, am 21.4.2017 im Bundesgesetzblatt verkündeten und zum 21.4.2018 in Kraft getretenen Gesetz zur Erleichterung der Bewältigung von Konzerninsolvenzen nachgezogen. Rechtstechnisch umgesetzt wurden die Neuerungen durch Einfügung von §§ 3a ff., 56b, 269a ff. In diesem Zuge hat der deutsche Gesetzgeber auch die Begriffe der Unternehmensgruppe (§ 3e) und des gruppenangehörigen Schuldners (§ 3a) eingeführt.

5   Durch das Nebeneinander von nationaler Kodifizierung des Konzerninsolvenzrechts in der InsO und der Regelungen in der EuInsVO sind Berührungspunkte der Rechtsordnungen entstanden. Sie löst Art. 102c § 22 EGInsO dahingehend auf, dass insbesondere § 56b Abs. 1 nicht gilt, soweit Art. 57 EuInsVO (Zusammenarbeit und Kommunikation der Gerichte) anzuwenden ist. Die Subsidiarität von § 56b Abs. 1 gilt auch, wenn gruppenangehörige Schuldner zugleich Mitglieder einer Unternehmensgruppe iSd Art. 2 Nr. 13 EuInsVO in Deutschland, aber in keinem anderen Mitgliedstaat, sind (vgl. BT-Drs. 18/12154, 33 f.).

C. Normzweck und Hintergrund

6   § 56b ist eine verfahrensrechtliche Spezialnorm, die im Falle der Insolvenz von gruppenangehörigen Schuldnern in ihrem Anwendungsbereich §§ 56, 56a verdrängt. Die Norm greift dann, wenn die Einzelverfahren über gruppenangehörige Gesellschaften trotz Möglichkeit zur Begründung eines Gruppen-Gerichtsstands an mehreren Insolvenzgerichten geführt werden. Für diesen Fall regelt § 56b eine Prüfungs- und Abstimmungspflicht der angegangenen Insolvenzgerichte (abweichend von der Formulierung in § 56b Abs. 1 verwendet der Gesetzgeber in §§ 3a, 3d den Terminus „angerufen").

7   Die Regelung soll dazu beitragen, Konzernsachverhalte in der Insolvenzsituation besser zu bewältigen. Die Aufrechterhaltung von Konzernstrukturen im Insolvenzfall bietet häufig verbesserte Sanierungs- und Fortführungsmöglichkeiten. Aufgrund regelmäßig hoher Vermögensmassen und Arbeitnehmerzahlen haben Konzernsachverhalte auch gesamtgesellschaftliche Bedeutung (vgl. hierzu auch Begr. RegE, BT-Drs. 18/407, 16). Die Einsetzung eines einzigen Insolvenzverwalters für die Gruppengesellschaften soll zur Reduzierung des Abstimmungsaufwands sowie der Erhaltung der wirtschaftlichen Einheit des Konzerns beitragen und sich positiv auf die Höhe der Auszahlungsbeträge auswirken (Pleister/Sturm ZIP 2017, 2329 (2329); Mock DB 2017, 951 (953)). Der Insolvenzverwalter kann eine Gesamtstrategie entwickeln und alleine umsetzen (Bork/Hölzle InsR-HdB/Naraschewski Kap. 23 Rn. 26). Für ihn besteht zudem die Möglichkeit des direkten Zugriffs auf Informationen, die regelmäßig nur der Konzernmutter vorliegen, beispielsweise über Personalwesen, Buchhaltung, Rechnungswesen, Grundstücksverwaltungen und die Datenverarbeitung (vgl. Piepenburg NZI 2004, 231 (235)). Darüber hinaus soll mangels abschließender Aufzählung in § 3 Abs. 2 InsVV ein Abschlagstatbestand zu beachten sein, sodass im Vergleich zur Bestellung personenverschiedener Insolvenzverwalter mit einer geringeren Vergütung gerechnet werden könne (Mock DB 2017, 951 (953); Andres/Möhlenkamp BB 2013, 579 (585); krit. zu diesem Aspekt Streit NZI-Beil. 2018, 14 (15)). In einem Gesamtabwicklungskonzept und der Verfahrenskonzentration auf einen Insolvenzverwalter für mehrere gruppenangehörige Schuldner (Einverwaltermodell) ist daher jedenfalls abstrakt ein Mehrwert zu erkennen (so auch KPB/Thole § 56 Rn. 74).

8   Kritisch wird demgegenüber im Schrifttum angemerkt, dass die Legitimation eines einheitlichen Insolvenzverwalters für mehrere Rechtsträger das Interesse befeuern könne, möglichst viele Konzernglieder insolvent werden zu lassen, obwohl der Eintritt weiterer Insolvenzen durch einen sog. Dominoeffekt möglichst vermieden werden sollte (Siemon NZI 2014, 55 (61); vgl. Frind, Stellungnahme für den Ausschuss für Recht und Verbraucherschutz des Deutschen Bundestages (Anhörung am 2.4.2014) zum Regierungsentwurf (BT-Drs. 18/407, 3). Auch ist mit Blick auf die Gesetzesänderungen in §§ 56b, 269a f. das Risiko steigender Komplexität, erhöhtem Abstimmungsaufwand und letztlich zusätzlicher Kostenbelastung der Gesamtmasse in Konzernsachverhalten nicht von der Hand zu weisen (so auch Jawansky/Swieroczok BB 2017, H 23 S. 1 N.1; vgl. auch Blankenburg ZInsO 2018, 897 ff. – Leitfaden für Insolvenzgerichte durch das Konzerninsolvenzrecht).

D. Anwendungsbereich

9   Die Vorschrift gibt dem angerufenen Insolvenzgericht auf, wie es bei seiner Bestellungsentscheidung zu verfahren hat, wenn Anträge auf Eröffnung eines Insolvenzverfahrens über das Vermögen

gruppenangehöriger Schuldner an mehr als einem Insolvenzgericht gestellt werden. Der Tatbestand der Norm ist also einschlägig, wenn und soweit kein einheitlicher Gruppengerichtsstand nach § 3a Abs. 1 S. 1 InsO (dazu Birnbreier NZI-Beil. 2018, 11) begründet ist. Dies kann geschehen, wenn kein Antrag auf Begründung eines Gruppengerichtsstands erfolgt, ein Gericht einen solchen Antrag gem. § 3a Abs. 2 ablehnt oder wenn nach Begründung des Gruppengerichtsstands Insolvenzanträge an dem Gericht des Mittelpunkts der wirtschaftlichen Interessen einer gruppenangehörigen Gesellschaft gestellt werden. Ferner ist der Tatbestand des § 56b einschlägig, wenn nach § 3d Abs. 1 die Eröffnung eines Insolvenzverfahrens über das Vermögen eines gruppenangehörigen Schuldners bei einem anderen Insolvenzgericht als dem Gericht des Gruppen-Gerichtsstands beantragt und entweder kein Verweisungsantrag eines Schuldners gestellt oder der Antrag auf Verweisung nach § 3d Abs. 1 S. 2 abgelehnt wurde.

Die Frage, ob im Einzelfall eine Unternehmensgruppe vorliegt, mit der Folge, dass der betreffende Schuldner „gruppenangehöriger Schuldner" ist, hat der Gesetzgeber in § 3e geregelt (dazu Prosteder NZI-Beil. 2018, 9 f.). Die tatbestandliche Weite der §§ 3a ff., 56b erfordert eine Anwendung mit Augenmaß und verlangt dem Insolvenzrichter (funktional beim angegangenen Insolvenzgericht für konzernrelevante Entscheidungen zuständig ist gemäß bzw. in erweiternder Auslegung des § 18 Abs. 1 Nr. 3 RPflG stets der Richter) im Einzelfall ua eine Abgrenzung der Unternehmensgruppe zum bloß losen gesellschaftsrechtlichen Verbund ab (vgl. BT-Drs. 18/407, 21, 23). Diese tatbestandliche Offenheit ist jedoch mit Blick auf die damit verbleibende Flexibilität der richterlichen Entscheidungsfindung hinzunehmen. Denn die Eröffnung des Anwendungsbereichs von § 56b hat nicht automatisch die Bestellung derselben Person für Gruppengesellschaften zur Konsequenz; die Pflicht zur Abstimmung enthält keine Ergebnisvorgaben hinsichtlich des Ein- oder Mehrverwaltermodells. Dasselbe gilt auf europäischer Ebene (vgl. Erwägungsgrund 50 EuInsVO).

Für den Fall, dass letztlich mehr als eine Person zum Verwalter für gruppenangehörige Schuldner bestellt wird, sehen §§ 269d ff. die Möglichkeit der Eröffnung eines Koordinationsverfahrens unter Führung eines sog. Koordinationsverwalters (§ 269e) zur Institutionalisierung ihrer Interaktion vor. Die EuInsVO kennt ebenfalls ein Gruppen-Koordinationsverfahren, dessen Einleitung aber nur von einem Insolvenzverwalter beantragt werden kann (Art. 56 f., 61 EuInsVO).

Ob § 56b analog auch in der Eigenverwaltung gilt und es damit Gruppensachwalter geben kann, wird unter Verweis auf eine fehlende planwidrige Regelungslücke und mangelnde Vergleichbarkeit der Interessenlage bestritten (Streit NZI-Beil. 2018, 14 (17)). In der Tat ist die Terminologie von § 56b eindeutig und bietet der Gesetzgebungsprozess wenig Raum für die Annahme des Vorliegens der Voraussetzungen einer Analogie. Die klare Forderung des VID zur Aufnahme eines Verweises auf § 56b in den neuen § 270d und andere bestehende Normen zur Eigenverwaltung (Stellungnahme zum Gesetzesentwurf zur „Erleichterung der Bewältigung von Konzerninsolvenzen" des VID v. 28.3.2014, 4 aE) ist im weiteren Gesetzgebungsverfahren nicht aufgegriffen worden. Ob dies rechtspolitisch die richtige Entscheidung war, kann kritisch gesehen werden. Es ist nicht recht schlüssig, warum ein unter Umständen konzernweit agierendes Management in Eigenverwaltung nicht auch von einem rechtsträgerübergreifend zuständigen Sachwalter begleitet und überwacht werden können soll.

E. Abstimmung der Insolvenzgerichte (Abs. 1)

Abs. 1 konstituiert eine Abstimmungspflicht der angerufenen Insolvenzrichter. Eine daraus resultierende Pflicht zur Bestellung eines einheitlichen Insolvenzverwalters für gruppenangehörige Schuldner besteht trotz der Möglichkeit der Einbeziehung eines Sonderinsolvenzverwalters für Fälle konkreter Interessenkonflikte nicht; sie ist auch weiterhin vom Gesetzgeber nicht gewünscht (Begr. RegE, BT-Drs. 18/407, 20).

I. Ermessensentscheidung des Gerichts

Die Entscheidung über die Bestellung eines Gruppeninsolvenzverwalters bleibt auch künftig im Ermessen der beteiligten Insolvenzgerichte. Sie behalten Flexibilität, nach Prüfung und Abstimmung untereinander anhand der sich dem jeweiligen Richter darstellenden Sachverhaltslage zu entscheiden. Der einzelne Richter ist im Rahmen der Grenzen des richterlichen Ermessens nicht gezwungen, seine Entscheidung im Falle eines Dissenses im Abstimmungsprozess derjenigen eines Kollegen unterzuordnen. So kann das Ergebnis auch lauten, dass ein Gruppeninsolvenzverwalter nur für einen Teil der gruppenangehörigen Schuldner bestellt wird, während für einen anderen Teil Einzelverwalter einzusetzen sind. Etwaige verfahrenstechnische Komplikationen, die aus dem fehlenden Konsens der beteiligten Richter erwachsen, sind hinzunehmen. Denn die Beteiligten sind nicht befugt, das Abstimmungsergebnis mit Rechtsmitteln anzugreifen (vgl. § 6). Um eine bestmögliche Akzeptanz der Abstimmungsergebnisse zu erreichen, empfiehlt es sich, die wesentlichen Erwägungsgründe für die Entscheidung und das im Einzelfall praktizierte Abstimmungsverfahren gerichtsseitig schriftlich festzuhalten und das Protokoll der Insolvenzakte beizufügen.

15 Die Abstimmungspflicht besteht unabhängig davon, ob Insolvenzanträge von Schuldnern, von Gläubigern oder sowohl von Schuldnern als auch von Gläubigern gestellt worden sind (Begr. RegE, BT-Drs. 18/407, 31). § 56b ist aufgrund der in § 269b geregelten allgemeinen Kooperationspflicht der Insolvenzgerichte bei Gruppeninsolvenzen in Teilen deklaratorisch, gilt aber aufgrund der ebenfalls neu eingefügten Verweisung auf § 56b in § 21 Abs. 2 S. 1 Nr. 1 bereits für die Entscheidung über die Bestellung des vorläufigen Insolvenzverwalters. Die beteiligten Insolvenzgerichte haben die Abstimmung aber nicht nur einmalig zu suchen. Sie hat, sofern der Dialog nicht ohnehin kontinuierlich fortgeführt wird, erneut stattzufinden, wenn im Rahmen der Eröffnungsentscheidung über die Bestellung des endgültigen Gruppeninsolvenzverwalters zu entscheiden ist. Streit liest darüber hinaus aus oder im Zusammenhang mit § 56b auch eine „anlassbezogene Prüfungspflicht" des Gerichts „in jeder Lage des Verfahrens", um jederzeit auf nachträglich auftretende Inhabilitäten in der Person des bestellten Gruppenverwalters reagieren zu können (NZI-Beil. 2018, 14 (17)). Ob damit über die allgemeine Aufsichtspflicht gem. § 58 hinausgehende Pflichten gemeint sein können, scheint jedoch zweifelhaft.

II. Entscheidungskriterien

16 Maßgeblich für die beteiligten Insolvenzgerichte ist die Zweckmäßigkeit der Bestellung eines Gruppeninsolvenzverwalters. Zunächst stellt sich die Frage des „Ob" hinsichtlich einer Gruppeninsolvenzverwaltung. Die Insolvenzgerichte haben dabei die angenommenen Vorteile der Bestellung einer Einzelperson abzuwägen mit der verfahrensrechtlichen Alternative der Bestellung mehrerer Personen unter späterer Anwendung des neuen Koordinationsverfahrens gem. §§ 269a ff. Die Vorteile dürften bei einem lediglich losen gesellschaftsrechtlichen Verbund regelmäßig nicht überwiegen (Begr. RegE, BT-Drs. 18/407, 21). Auch unterschiedliche Geschäftsfelder der einzelnen Gruppengesellschaften können die nach § 56 Abs. 1 erforderliche Sachkompetenz einer einzelnen Person übersteigen und daher für die Bestellung mehrerer Insolvenzverwalter streiten (Begr. RegE, BT-Drs. 18/407, 30). Bei Vorliegen eines Gruppen-Gerichtsstands (§ 3a) kann vielfach von der Angemessenheit der Einsetzung eines Gruppeninsolvenzverwalters ausgegangen werden; nur bei gravierenden Interessenkonflikten sollte dann in Betracht gezogen werden, mehrere Insolvenzverwalter zu bestellen (Mock DB 2017, 951 (953); krit. Streit NZI-Beil. 2018, 14 (15) unter Verweis darauf, dass der Gesetzgeber mit §§ 269a ff. gerade für diese Situation ein Koordinationsverfahren geschaffen habe). Die Entscheidung muss jeder befasste Richter nach Prüfung des Sachverhalts – dh nach einem ersten Austausch mit den anderen angegangenen Gerichten – für sich treffen und auf Basis des von ihm gefundenen Ergebnisses die weitere Abstimmung suchen und steuern.

1. Unabhängigkeit des Insolvenzverwalters

17 Zentraler Begriff des § 56b ist die „Unabhängigkeit" der zu bestellenden Person. Der Begriff ist iRv § 56b tatbestandsspezifisch und inhaltlich abweichend von § 56 zu verstehen.

18 Das Insolvenzgericht hat sich iRd § 56b bei der Frage, ob ein Verwalter für mehrere Schuldner bestellt werden soll, auf das Kriterium des Fehlens oder die Behebbarkeit von Interessenkonflikten der zu bestellenden Person in Bezug auf andere gruppenangehörige Schuldner und deren Gläubigerinteressen zu beziehen (vgl. Braun/Blümle Rn. 15 ff.; Streit NZI-Beil. 2018, 14 (15)). Dabei geht es nicht in erster Linie um personenspezifische Konflikte, sondern primär um konzernbezogene Umstände. Daneben gelten die allgemeinen Voraussetzungen für eine Bestellung der Kandidaten gem. § 56 fort. Fehlen sie, darf dieser unabhängig vom Gruppenbezug der Bestellungsentscheidung nicht Insolvenzverwalter werden. Das Insolvenzgericht wird auch insoweit den Konzernbezug (auch mit Blick auf etwaige künftige Verfahren noch nicht insolventer Konzerngesellschaften, Streit NZI-Beil. 2018, 14 (16)) maßgeblich bei seiner Auswahlentscheidung mitberücksichtigen müssen. Die Wahrscheinlichkeit von Bestellungshindernissen ist bei der Prüfung in Bezug auf einen Konzern naturgemäß erhöht.

19 Die Bewertung der Unabhängigkeit eines Gruppenverwalters für alle Verfahren setzt letztlich eine richterliche Prognose auf die Abwesenheit oder die Lösbarkeit von ggf. zu antizipierenden Interessenkonflikten in den konkret zu eröffnenden Insolvenzverfahren voraus. Dabei sind ausdrücklich auch „mögliche", also potentielle Interessenkonflikte und solche Interessenkonflikte zu

beachten, die nur einen Teil der zu eröffnenden Verfahren betreffen. Das Insolvenzgericht wird daher zB im Zeitpunkt der Befassung mit (noch) nicht insolventen Konzernteilen in die Betrachtung mit einzubeziehen haben, inwiefern sich aus einer prognostizierbaren Anschlussinsolvenz neue Bedenken gegen die Unabhängigkeit eines Gruppeninsolvenzverwalters ergeben können. Sind durchgreifende Interessenkonflikte der Gläubiger erkennbar und ist die Unabhängigkeit daher zu verneinen, ist die Bestellung eines Gruppeninsolvenzverwalters abzulehnen. Für mehrere Verwalter bestehen dann Informations- und Kooperationspflichten (§ 269a). Dasselbe gilt für Gerichte (§ 269b) und Gläubigerausschüsse (§ 269c).

2. Gläubigerinteressen

Die Bestellung des Gruppeninsolvenzverwalters muss der Erfüllung der Gläubigerinteressen 20 dienen. Bei deren Ermittlung muss das Insolvenzgericht eine konzernweite Betrachtung anstellen und zugleich die Belange der einzelnen Rechtsträger isoliert bewerten. Der Gruppenverwalter ist den Gläubigern jedes einzelnen Schuldners zur optimalen Masseverwertung verpflichtet und darf daher im Ausgangspunkt nicht zum Wohle des Konzerns oder anderer Gruppengesellschaften handeln, wenn dies die Gläubiger einer einzelnen Gruppengesellschaft auch nur geringfügig benachteiligt (vgl. MüKoGmbHG/Liebscher GmbHG Anh. zu § 13 Rn. 1285).

Interessenkonflikte können insbesondere bei der Abwicklung von Anspruchsbeziehungen zwi- 21 schen den einzelnen gruppenangehörigen Unternehmen bestehen (Blöse GmbHR 2014, R193 (R194); MüKoInsO/Brünkmans Konzerninsolvenzrecht Rn. 6, 7). Dazu zählen regelmäßig auch Anfechtungssachverhalte bei zuvor praktizieren cash pools (vgl. Stellungnahme Nr. 19/2014 des DAV durch den Ausschuss Insolvenzrecht zum Gesetzesentwurf der BReg, BT-Drs. 18/407, 6).

Eine Bestellung sollte demgegenüber möglich sein, wenn sie sich im Hinblick auf die zu 22 erwartende Befriedigungsquote für den konkreten Schuldner neutral, allerdings auf Ebene des Gesamtkonzerns positiv auswirken würde (MüKoInsO/Brünkmans Konzerninsolvenzrecht Rn. 7). Diese Annahme verträgt sich auch mit der Maxime, dass die Gläubiger sämtlicher Konzernglieder bei einem Konzerngesamtabwicklungskonzept nicht schlechter stehen dürfen als bei der Einzelabwicklung (MüKoInsO/Brünkmans Konzerninsolvenzrecht Rn. 10).

3. Sonderinsolvenzverwalter

§ 56 Abs. 1 S. 2 eröffnet erstmals ausdrücklich die Möglichkeit, Interessenkonflikte durch 23 Bestellung eines Sonderinsolvenzverwalters auszuräumen. Die Einsetzung von Sonderinsolvenzverwaltern für punktuell auftretende Interessenkonflikte ist nicht neu und seit geraumer Zeit gelebte Praxis (zB Graeber NZI 2007, 266 (269 ff.)). In Rechtsprechung und Literatur werden die §§ 56 ff. auf den Sonderinsolvenzverwalter als (analog) anwendbar angesehen (BGH NJW-RR 2009, 770 (771); K. Schmidt InsO/Ries § 56 Rn. 66). Bei einem Sonderinsolvenzverwalter handelt es sich um eine Person, die anstelle des originären Insolvenzverwalters selbstständig für einen gesonderten Bereich zuständig ist, ohne eine Gesamtzuständigkeit für das weitere Verfahren zu übernehmen (Lüke ZIP 2004, 1693 (1694)). Seine Aufgaben müssen im Bestellungsbeschluss hinreichend konkret dargestellt sein. Sie sollten jedoch soweit eingeschränkt sein, dass die Verfahrenskonzentration und der einheitliche Gestaltungswille nicht tangiert werden (vgl. Lüke ZIP 2004, 1693 (1697)). Bestimmte Vorgaben bezüglich der Funktion, Stellung und des Aufgabenbereichs des Sonderinsolvenzverwalters wurden auch durch die Einführung des § 56b nicht gemacht.

Richtig ist, dass offengelegte und auf Einzelthemen beschränkte Konflikte regelmäßig sinnvoll 24 durch die Einsetzung eines Sonderinsolvenzverwalters lösbar sein werden und der Bestellung eines Gruppenverwalters daher nicht entgegenstehen. Eine Grenze ist zu ziehen, wenn gewissermaßen als Preis für die Gruppenverwalterbestellung in einem Umfang Sonderinsolvenzverwalter zu bestellen wären, der außer Verhältnis zu den Vorteilen einer einheitlichen Verwalterbestellung stünde (Begr. RegE, BT-Drs. 18/407, 30). Das kann bei umfassenden, strukturellen Konfliktlagen der Fall sein, die eine umfassende Sonderinsolvenzverwaltung bei mehreren gruppenangehörigen Schuldnern erfordern (Streit NZI-Beil. 2018, 14 (16) nennt echtes konzernübergreifendes cash pooling).

Teilweise wird auch bezweifelt, ob die Möglichkeit zur Bestellung eines Sonderinsolvenzverwal- 25 ters zwecks Auflösung bestehender Konfliktsituationen ausreichend ist. So hat die Deutsche Kreditwirtschaft bei Interessenskonflikten trotz zu erwartender Einarbeitungszeit und Verzögerung des Verfahrens die nachträgliche Bestellung von Einzelverwaltern präferiert (Stellungnahme der Deutschen Kreditwirtschaft zum Entwurf eines Gesetzes zur Erleichterung der Bewältigung von Konzerninsolvenzen, 8.5.2014, 7).

III. Kritik an der Einführung des Abstimmungszwangs

26   Verschiedentlich wurde kritisiert, aufgrund des Abstimmungszwangs ginge unter Umständen wertvolle Zeit bei der Sanierung von Unternehmen zulasten des Gläubiger- und Schuldnerschutzes verloren. Die Einwände sind nicht von der Hand zu weisen, werden aber durch die damit eröffneten Chance, später nicht oder nur schwer korrigierbare Weichenstellungen für eine effiziente Verfahrensbewältigung zu setzen, relativiert. Ferner kann die Verzögerung durch Schuldnervertreter und Berater minimiert werden, indem sie die notwendigen Kontakte zwischen den einzelnen Insolvenzrichtern herstellen und damit den Grundstein für eine direkte und reibungslose Kommunikation legen (vgl. Graeber NZI 2007, 265 (268)).

27   Das spätestens seit ESUG verbreitet praktizierte Mittel der informellen Vorabsprache mit den anzurufenden Gerichten empfiehlt sich aus Beratersicht künftig in Konzernfällen auch mit Blick auf erwartete Abstimmungsverfahren nach § 56b. Ein Berater sollte daher neben Kandidatenvorschlägen für die Position des (Gruppen-)Insolvenzverwalters auch eine Übersicht der angegangenen oder noch anzugehenden Insolvenzgerichte und vorlegen können.

F. Vorläufiger Gläubigerausschuss (Abs. 2)

28   Abs. 2 gestattet dem Gericht, von dem Vorschlag oder den Vorgaben eines vorläufigen Gläubigerausschusses abzuweichen, wenn die vorläufigen Gläubigerausschüsse in unterschiedlichen Verfahren jeweils von ihrem Recht nach § 56a Abs. 1, 2 Gebrauch machen, dabei aber jeweils unterschiedliche geeignete Personen einstimmig vorschlagen oder sich widersprechende Vorgaben machen. Es besteht also insoweit keine Bindungswirkung, sodass die Möglichkeit der Bestellung eines einzigen Insolvenzverwalters abgesichert wird (vgl. Mock DB 2017, 951 (953)). Abs. 2 ist demnach lex specialis zu § 56a und soll der Koordinationsentscheidung Vorrang vor dem Willen einzelner Ausschüsse geben. Vor der Bestellung des von den Gerichten ausgewählten Gruppeninsolvenzverwalters ist derjenige vorläufige Gläubigerausschuss anzuhören, dessen Vorschlag oder Vorgaben die Verwalterbestellung nicht entspricht (Begr. RegE, BT-Drs. 18/407, 31). Für die Praxis dürfte sich empfehlen, dass sich die Mitglieder der jeweiligen Gläubigerausschüsse zeitnah beraten und ihrerseits den Austausch mit dem Gericht und anderen Ausschüssen suchen, um den Auswahlprozess zu beschleunigen.

29   Ist zur Auflösung von Interessenkonflikten ein Sonderinsolvenzverwalter zu bestellen, findet § 56a entsprechende Anwendung. Die in § 56a vorgeschriebene Beteiligung der Gläubiger eines Rechtsträgers bei der Verwalterbestellung wird damit nur in dem Umfang eingeschränkt, wie es im Hinblick auf die Konzernverbindung der Schuldner erforderlich ist (Begr RegE, BT-Drs. 18/407, 31).

§ 57 Wahl eines anderen Insolvenzverwalters

¹In der ersten Gläubigerversammlung, die auf die Bestellung des Insolvenzverwalters folgt, können die Gläubiger an dessen Stelle eine andere Person wählen. ²Die andere Person ist gewählt, wenn neben der in § 76 Abs. 2 genannten Mehrheit auch die Mehrheit der abstimmenden Gläubiger für sie gestimmt hat. ³Das Gericht kann die Bestellung des Gewählten nur versagen, wenn dieser für die Übernahme des Amtes nicht geeignet ist. ⁴Gegen die Versagung steht jedem Insolvenzgläubiger die sofortige Beschwerde zu.

Überblick

§ 57 regelt die Neuwahl eines gerichtlich bestellten Insolvenzverwalters durch die erste Gläubigerversammlung nach der Bestellungsentscheidung. Die Regelung schützt die Gläubigerautonomie; sie schützt die Gläubiger davor, dauerhaft den Wirkungen einer von ihnen nicht mitgetragenen gerichtlichen Bestellungsentscheidung gem. § 56 ausgesetzt zu sein. Zum besonderen Schutz der Kleingläubiger vor Majorisierung durch (institutionelle) Großgläubiger wurde in § 57 S. 2 neben der allgemein für Beschlüsse der Gläubigerversammlung vorgesehenen Mehrheit der Forderungsbeträge der abstimmenden Gläubiger (Summenmehrheit gem. § 76 Abs. 2) zusätzlich eine Kopfmehrheit eingefügt – doppeltes Mehrheitserfordernis (zum Hintergrund HmbKommInsR/Frind Rn. 1 mwN).

Der zuständige Insolvenzrichter (→ Rn. 7) hat die Befugnis und Pflicht, die Bestellung der von der Gläubigerversammlung gewählten Person zu versagen, wenn diese für die Übernahme des Amtes ungeeignet ist (§ 57 S. 3). Das schließt eine Prüfung auf Interessenkollisionen im Einzelfall ein. Die gerichtliche Versagungsentscheidung ist mit der sofortigen Beschwerde von jedem Insolvenzgläubiger angreifbar (§ 57 S. 4).

Die Norm wird ergänzt durch § 56 S. 3, der als Teil der Neuerungen des ESUG (Gesetz zur weiteren Erleichterung der Sanierung von Unternehmen v. 7.11.2011) zum 1.3.2012 in Kraft getreten ist und dem vorläufigen Gläubigerausschuss die Möglichkeit zur Korrektur einer unerwünschten gerichtlichen Bestellungsentscheidung für den vorläufigen Sach-/Insolvenzverwalter durch einstimmigem Beschluss gibt (→ § 56a Rn. 29 f.).

A. Anwendungsbereich

Die Regelung des § 57 gilt unmittelbar für die Abwahl des Insolvenzverwalters. Über einen 1 Verweis in § 274 Abs. 1 findet sie gleichfalls Anwendung auf den Sachwalter in der Eigenverwaltung.

B. Recht zur Wahl einer anderen Person (S. 1 und 2)

Der Gesetzgeber hat bestimmt, dass die Möglichkeit zur Wahl einer anderen Person als der 2 vom Insolvenzgericht zum Insolvenzverwalter bestellten nur in der ersten Gläubigerversammlung, die auf die gerichtliche Bestellung folgt, erfolgen kann. Das ist wegen § 27 Abs. 2 Nr. 2 regelmäßig der in der Eröffnungsentscheidung bestimmte Termin. In späteren Gläubigerversammlungen besteht die Möglichkeit einer gläubigerautonomen Neufestlegung der Verwalterperson nicht mehr (hM, s. HmbKommInsR/Frind Rn. 1; Uhlenbruck/Vallender/Zipperer Rn. 15). Durchgehend besteht nur das Recht der Gläubigerversammlung, die Entlassung des Verwalters durch das Insolvenzgericht gem. § 59 zu beantragen. Das Recht zur Neuwahl lebt allerdings wieder auf, wenn das Insolvenzgericht nach einer Entlassung oder dem Tod des zuvor bestellten Insolvenzverwalters eine neue Bestellungsentscheidung trifft (LG Hamburg NZI 2010, 263; BK-InsR/Blersch Rn. 2; Graf-Schlicker Rn. 6; K. Schmidt InsO/Ries Rn. 6; vgl. auch OLG Naumburg, ZInsO 2000, 428; Graeber ZIP 2000, 1465 (1466)).

Die Wahl eines neuen Insolvenzverwalters ist als gesonderter Tagesordnungspunkt der Gläubi- 3 gerversammlung aufzunehmen. In der Versammlung kann mangels abweichender Regelung im Gesetz jeder der anwesenden Gläubiger einen Wahlvorschlag unterbreiten. In der Praxis werden die die Neuwahl betreibenden Gläubiger sich zuvor abgestimmt haben und wird der gemeinsame Kandidat in der Versammlung nach Möglichkeit persönlich anwesend sein. Die persönliche Anwesenheit des Kandidaten kann die Akzeptanz bei den übrigen Gläubigern erhöhen und ggf. das gerichtliche Prüfungsverfahren beschleunigen. Zu beachten ist, dass verbreitet davon ausgegangen wird, das Wahlrecht beschränke sich auf die einmalige Neuwahl „eines" Verwalters mit der Folge, dass (i) ein zulässiger Antrag einen oder mehrere konkrete Vorschläge für die Wahl enthalten muss (vgl. AG Hamburg NZI 2020, 788), und (ii) mehrere Wahlgänge mit dem Ziel, statt der oder den abgelehnten Personen wiederholt neue Verwalter zur Wahl zu stellen, unzulässig wären (vgl. LG Freiburg ZIP 1987, 1597; Uhlenbruck/Vallender/Zipperer Rn. 16 mwN).

Umstritten ist, ob mit der „ersten" Gläubigerversammlung nur die im Eröffnungsbeschluss 4 gem. § 29 Abs. 1 Nr. 1 terminierte Gläubigerversammlung (Berichts- und Prüfungstermin) bezeichnet ist. Denn gem. § 75 Abs. 1 steht es insbesondere einem eingesetzten Gläubigerausschuss (als Organ, vgl. AG Stendal ZIP 2012, 2030) und bestimmten Gläubigerminderheiten frei, die Einberufung weiterer Gläubigerversammlungen zu beantragen, die gem. § 75 Abs. 2 innerhalb von drei Wochen abgehalten werden sollen. Frind ist mit guten Gründen der Auffassung, dass einem Eilantrag gem. § 75 jedenfalls dann das Rechtsschutzbedürfnis fehlt, wenn bereits eine „reguläre" Gläubigerversammlung mit dem gleichen Tagesordnungspunkt terminiert ist (HmbKommInsR/Frind Rn. 2a). Anders hat das LG Stendal die Frage entschieden und der Eilbedürftigkeit einer vom Gläubigerausschuss angestrebten Neuwahl in einer gesonderten Gläubigerversammlung Vorrang eingeräumt (LG Stendal ZIP 2012, 2168; s. auch die abweichende Ausgangsentscheidung des AG Stendal ZIP 2012, 2030). Demnach kann der Gläubigerausschuss verlangen, dass die erste Gläubigerversammlung, die auf die Bestellung eines Sachwalters folgt, noch vor dem Berichts- und Prüfungstermin stattfindet. Jedenfalls ist eine vorgezogene Gläubigerversammlung zur Neuwahl des Insolvenzverwalters so frühzeitig zu veröffentlichen, dass Gläubigern die Teilnahme möglich ist (LG Stendal ZIP 2012, 2168 (2170)).

Die Wahl erfolgt durch Beschlussfassung der Gläubigerversammlung gem. § 76 Abs. 2. Ein 5 solcher Beschluss liegt nur vor, wenn er in einer vom Insolvenzgericht einberufenen und geleiteten Gläubigerversammlung getroffen wurde und der Beschlussgegenstand als TOP öffentlich bekannt gemacht worden ist (§ 74 Abs. 2 S. 1, BGH NZI 2016, 684). Die Wahl eines neuen Insolvenzverwalters beinhaltet zugleich die Abwahl des vom Gericht bestimmten Verwalters. Eine mit Kopf- und Summenmehrheit der anwesenden und abstimmenden (Enthaltungen werden nicht mitgezählt, BK-InsR/Blersch Rn. 4) getroffene Wahlentscheidung der Gläubiger muss nicht begründet werden (K. Schmidt InsO/Ries Rn. 7). Ob auch Abstimmungen im schriftlichen Verfahren in einer Gläubigerversammlung unter Beteiligung nicht anwesender Gläubiger zulässig sind, ist streitig. Der BGH hat die Frage ausdrücklich offengelassen (BGH NZI 2013, 644 (646)), sodass bis auf weiteres in regelmäßigen Verfahren auf diese für die Praxis wünschenswerte Verfahrensweise verzichtet werden sollte (s. auch Ahrens EWiR 2013, 519 (520)). Hat das Insolvenzgericht im Eröffnungsbeschluss das schriftliche Verfahren (§ 5 Abs. 2) angeordnet, hat es auf Antrag die Wahl eines neuen Insolvenzverwalters im schriftlichen Verfahren zu ermöglichen oder in das regelmäßige Verfahren überzugehen (BGH NZI 2013, 644).

6   Das Insolvenzgericht darf die Ausübung der Gläubigerrechte nicht behindern oder zB durch mehrfache Vertagung der Gläubigerversammlung verzögern. Es hat sich bei der Begleitung des Abwahlverfahrens neutral zu verhalten (Haarmeyer/Wutzke/Förster/Frind Rn. 19).

C. Gerichtliche Eignungsprüfung (S. 3)

7   Ein Wahlbeschluss der ersten Gläubigerversammlung ist vom zuständigen Insolvenzrichter nicht blind umzusetzen. Vor Ausstellung einer Bestellungsurkunde an den neu gewählten Kandidaten ist dessen Eignung zu prüfen, wobei die Grundsätze für die Bestellung des Insolvenzverwalters gem. § 56 anzuwenden sind (Graf-Schlicker Rn. 8; Uhlenbruck/Vallender/Zipperer Rn. 21). Nach zutreffender Auffassung hat die Eignungsprüfung funktionell durch den Richter und nicht durch den Rechtspfleger zu erfolgen (so auch AG Hamburg RPfleger 2015, 301; LG Hechingen ZIP 2001, 1970; AG Göttingen ZIP 2003, 592; KPB/Lüke Rn. 9; Muscheler/Bloch ZIP 2000, 1474 (1477); HmbKommInsR/Frind Rn. 7; anders aber zB Uhlenbruck/Vallender/Zipperer Rn. 20; Graf-Schlicker Rn. 12; K. Schmidt InsO/Ries Rn. 14, § 57 Rn. 7, 19; MüKoInsO/Graeber Rn. 23, die die Richterzuständigkeit auf die Ersternennung des Verwalters gem. § 56 beschränken wollen und bei Fehlen einer Vorbehaltsentscheidung gem. § 18 Abs. 2 RPflG den Rechtspfleger als für die Bearbeitung des Insolvenzverfahrens zuständige Person für zuständig erachten).

8   Nicht maßgeblich ist, ob der Richter den gewählten Kandidaten selbst ausgewählt hätte und ob der Kandidat auf der bei dem zuständigen Richter geführten Vorauswahlliste steht. Solange die Auswahlkriterien des § 56 erfüllt sind und keine Ungeeignetheit im Einzelfall – etwa aufgrund von Interessenkollisionen (dazu AG Gifhorn NZI 2009, 394, LG Neuruppin DZWiR 2006, 258 f.) – besteht, ist die freie Ermessensentscheidung der Gläubiger zu respektieren; das Gericht hat daher eine Prüfung anhand der gesetzlichen Minimalanforderungen durchzuführen. Der Prüfungsmaßstab des § 57 S. 3 weicht von dem in Schutzschirmverfahren gem. § 270b Abs. 2 S. 2 ab („nicht geeignet" vs. „offensichtlich nicht geeignet") (LG Hamburg BeckRS 2016, 13669). Eine Anhörung des gewählten Verwalters sieht das Gesetz nicht vor. Der zuständige Insolvenzrichter sollte allerdings vor ihm identifizierte Ablehnungsgründe frühzeitig vor der eigentlichen Wahl in der Gläubigerversammlung kommunizieren, um den Gläubigern die Gelegenheit zu geben, einen Alternativkandidaten vorzuschlagen oder anderweitig zu disponieren.

9   Ernennt der Richter den gewählten Kandidaten nach seiner Eignungsprüfung, ist dem neuen Verwalter gem. § 56 Abs. 2 eine Bestellungsurkunde auszustellen. Die Wahl wird erst wirksam, wenn der gerichtliche Bestellungsbeschluss, der gem. §§ 27, 30 zu veröffentlichen ist, in der Welt ist und der neu gewählte Verwalter das Amt angenommen hat (s. HK-InsO/Riedel Rn. 11; BK-InsR/Blersch Rn. 4). Ist der neue Verwalter persönlich in der Gläubigerversammlung anwesend, kann die Annahme zu Protokoll des Urkundsbeamten noch in der Versammlung erklärt werden. Die Bestellung wird dann unverzüglich wirksam. Versagt der Richter die Umsetzung der Wahlentscheidung der Gläubigerversammlung, ist der Beschluss wegen der Möglichkeit zur Erhebung einer sofortigen Beschwerde (§ 6) zwingend zu begründen (HmbKommInsR/Frind Rn. 12).

10 Umstritten ist, ob die Gläubiger gem. § 57 S. 1 eine erneute Wahlentscheidung treffen können, wenn das Gericht dem zunächst in einer Gläubigerversammlung gewählten Kandidaten die Bestellung versagt hat und diese Versagungsentscheidung durch das Beschwerdegericht bestätigt wurde. Die wohl herrschende Auffassung verweist hier auf den Wortlaut des Gesetzes und lehnt ein erneutes Wahlrecht grundsätzlich ab (BK-InsR/Blersch Rn. 7; Uhlenbruck/Vallender/Zipperer Rn. 18 jeweils mwN).

D. Der abgewählte Verwalter

Das Amt des bisherigen Verwalters endet in dem Moment, in dem der neu gewählte Verwalter 11
sein Amt angenommen hat. Bis zu diesem Zeitpunkt bleibt der bisherige Verwalter vollumfänglich
berechtigt und verpflichtet. Die Bestellungsurkunde hat der abgewählte Verwalter nach dem Ende
seines Amtes an das Insolvenzgericht zurückzugeben.

Die bisherigen Handlungen und Verfügungen des abgewählten Verwalters bleiben wirksam 12
(Nerlich/Römermann/Delhaes Rn. 9), anhängige Prozesse werden allerdings analog § 241 ZPO
unterbrochen (hM, MüKoInsO/Graeber Rn. 40; Uhlenbruck/Vallender/Zipperer Rn. 31).

E. Rechtsmittelbefugnis der Insolvenzgläubiger (S. 4)

Beschlüsse über die Bestellung des gewählten Verwalters sind nicht anfechtbar, auch nicht vom 13
vormaligen Verwalter (BGH NZI 2016, 684; 2009, 246; OLG Zweibrücken NZI 2001, 35, ausf.
Uhlenbruck/Vallender/Zipperer Rn. 34). Versagt der Insolvenzrichter einer Wahlentscheidung
der Gläubigerversammlung die Umsetzung, können die Insolvenzgläubiger den Versagungsbeschluss durch Erhebung einer sofortigen Beschwerde gem. § 6 überprüfen lassen. Neben Insolvenzgläubigern können auch absonderungsberechtigte Gläubiger sofortige Beschwerde erheben, wenn
ihnen der Schuldner zugleich persönlich haftet.

Da § 57 allein die Umsetzung von gläubigerautonom getroffenen Entscheidungen betrifft, ist 14
ein Beschwerderecht des gewählten Verwalters nicht zuzulassen (OLG Zweibrücken NZI 2001,
204; BK-InsR/Blersch Rn. 5). Nach zutreffender Auffassung hat auch der abgewählte Verwalter
keine Beschwerdebefugnis gegen einen den Wahlbeschluss der Gläubigerversammlung umsetzenden Beschluss, auch nicht nach § 78 (BVerfG ZIP 2005, 537; BGH NZI 2003, 2312; LG Traunstein DZWiR 2003, 257; LG Hamburg ZInsO 2014, 1860; vgl. auch Kessler KTS 2000, 491
(515 f.); Uhlenbruck/Vallender/Zipperer Rn. 36) und auch nicht, wenn der Insolvenzverwalter
zuvor die Masseunzulänglichkeit angezeigt hat (BGH NZI 2005, 32). Ein solches Recht wäre
auch nur beschränkt sinnvoll, denn selbst im Falle einer erfolgreichen sofortigen Beschwerde
würde die Ernennung des neu bestellten Verwalters nicht unwirksam.

§ 58 Aufsicht des Insolvenzgerichts

(1) ¹Der Insolvenzverwalter steht unter der Aufsicht des Insolvenzgerichts. ²Das Gericht kann jederzeit einzelne Auskünfte oder einen Bericht über den Sachstand und die Geschäftsführung von ihm verlangen.

(2) ¹Erfüllt der Verwalter seine Pflichten nicht, so kann das Gericht nach vorheriger Androhung Zwangsgeld gegen ihn festsetzen. ²Das einzelne Zwangsgeld darf den Betrag von fünfundzwanzigtausend Euro nicht übersteigen. ³Gegen den Beschluß steht dem Verwalter die sofortige Beschwerde zu.

(3) Absatz 2 gilt entsprechend für die Durchsetzung der Herausgabepflichten eines entlassenen Verwalters.

Überblick

§ 58 Abs. 1 S. 1 ordnet die Aufsicht des Insolvenzgerichts über den Insolvenzverwalter an. Eine
gerichtliche Aufsicht ist verfassungsrechtlich geboten, da aufgrund des staatlich determinierten
Insolvenzverfahrens das Schuldnervermögen einer fremden Verwaltung unterstellt wird (BVerfG
NZI 2016, 163 Rn. 46; Andres/Leithaus/Andres Rn. 1; Nerlich/Römermann/Delhaes Rn. 1;
FK-InsO/Jahntz Rn. 1). Sie dient vorrangig dem Schutz der Insolvenzmasse und damit der Einhaltung des Grundsatzes der par conditio creditorum, aber auch den Interessen des Schuldners
(BVerfG NZI 2016, 163 Rn. 45, 46; Andres/Leithaus/Andres Rn. 1; MüKoInsO/Graeber
Rn. 1 f.). Der gesetzmäßige Ablauf des Insolvenzverfahrens soll gewährleistet werden; die Aufsichtspflicht des Insolvenzgerichts erwächst dabei gewissermaßen als notwendiges Korrektiv zu
der dem Insolvenzverwalter kraft staatlichem Hoheitsakt eingeräumten Macht, über fremdes Vermögen zu verfügen (BVerfG NZI 2016, 163 Rn. 45; FK-InsO/Jahntz Rn. 1).

Die Aufsicht des Gerichts steht selbstständig neben berufsständischen Regelungen und
Beschränkungen, die den Insolvenzverwalter abhängig von seiner jeweiligen Berufsgruppenzugehörigkeit auch in seiner Verwalterfunktion treffen können (s. BGH NJW 2015, 3241 für Umge-

hungsverbot des § 12 BORA); zutr. auch Uhlenbruck/Vallender/Zipperer Rn. 26; Nerlich/Römermann/Delhaes Rn. 3; aA Andres/Leithaus/Andres Rn. 26).

Übersicht

	Rn.		Rn.
A. Aufsichtspflicht des Gerichts, Dauer und Umfang	1	I. Zweck des Zwangsgeldes	18
I. Dauer der Aufsichtspflicht	2	II. Verfahren	20
II. Charakter der Aufsichtspflicht	4	III. Höhe des Zwangsgeldes	23
III. Umfang der Aufsichtspflicht	6	**D. Herausgabepflicht gem. Abs. 3**	24
B. Umfang und Ausübung des Aufsichtsrechts	8	**E. Rechtsmittel**	25
I. Informationsbeschaffung und Aufsichtsmaßnahmen im Zusammenhang mit der Vergütung	8	I. Verfahrensbeteiligte	25
		II. Insolvenzverwalter	26
II. Einschreiten bei insolvenzzweckwidrigen Maßnahmen	14	**F. Rechtsfolgen der Verletzung der Aufsichtspflicht**	29
C. Durchsetzung des Aufsichtsrechts durch Zwangsgeldfestsetzung (Abs. 2)	18	I. Staatshaftung	29
		II. Sonstiges	32

A. Aufsichtspflicht des Gerichts, Dauer und Umfang

1   Die Aufsichtsbefugnis ist umfassend zu verstehen, betrifft also das gesamte Handeln des Insolvenzverwalters im Zusammenhang mit der Ausübung seiner insolvenztypischen Pflichten und ist nicht auf die Vermögensverwaltung im engeren Sinne beschränkt. Solange als Insolvenzverwalter weiterhin nur natürliche Personen bestellt werden (BVerfG NZI 2016, 163 f.), handelt es sich um eine Personalaufsicht und nicht in erster Linie um eine Aufsicht über juristische Personen, die sich schwerpunktmäßig mit der Bearbeitung von Insolvenzfällen beschäftigen und in denen der bestellte Verwalter angestellt ist oder dessen Partner er ist. Dies schließt nicht aus, dass strukturelle oder personelle Veränderungen im „Team" eines bestellten Verwalters dem Gericht Anlass zur verstärkten Prüfung seiner Verwaltertätigkeit geben können.

I. Dauer der Aufsichtspflicht

2   Die gerichtliche Überwachungspflicht besteht daher in **allen Phasen** des Insolvenzverfahrens und erstreckt sich nicht nur auf den Insolvenzverwalter, sondern auch auf den vorläufigen Insolvenzverwalter, den (vorläufigen) Sachwalter (§ 274 Abs. 1) in der Eigenverwaltung, den Treuhänder im vereinfachten Insolvenzverfahren und den Treuhänder in der Wohlverhaltensperiode bei der Insolvenz natürlicher Personen. Sie gilt selbstverständlich auch im Insolvenzplanverfahren gem. §§ 217 ff., und zwar auch in der Planüberwachungsphase nach Planbestätigung (§ 261 Abs. 1). Dabei ist die gerichtliche Aufsicht nicht plandispositiv, kann also durch Entscheidung der Planbeteiligten abbedungen oder modifiziert werden. So spricht zB viel dafür, § 66 nicht als insgesamt plandispositiv anzusehen. Jedenfalls wird dem Insolvenzgericht nicht verwehrt werden können, unter Berufung auf § 58 unabhängig vom Inhalt des Plans eine schriftliche Rechnungslegung vom Insolvenzverwalter zu verlangen. Auch schränkt die Konstituierung eines (vorläufigen) Gläubigerausschusses die Aufsicht des Gerichts nach richtiger, aber umstrittener Auffassung grundsätzlich nicht ein, vielmehr untersteht auch dieses Gremium selbst gerichtlicher Kontrolle (§ 70) (→ Rn. 7).

3   Die Aufsichtspflicht beginnt mit der Annahme des Amtes durch den Verwalter (K. Schmidt InsO/Ries Rn. 3; Uhlenbruck/Vallender/Zipperer Rn. 28; Nerlich/Römermann/Delhaes Rn. 4; MüKoInsO/Graeber Rn. 6 f.; FK-InsO/Jahntz Rn. 4; **aA** Andres/Leithaus/Andres Rn. 2: Beginn mit Bestellung) und endet grundsätzlich erst mit der Aufhebung des Insolvenzverfahren gem. § 200 (BGH NZI 2010, 997 Rn. 3; vgl. HmbKommInsR/Frind Rn. 1). Soweit der Verwalter noch Verpflichtungen aus dem Verfahren zu erfüllen hat, dauert die Aufsicht auch darüber hinaus fort. Zu diesen Pflichten gehören insbesondere die Rechnungslegung und die Herausgabe der Bestellungsurkunde (BGH NZI 2005, 391; FK-InsO/Jahntz Rn. 4). Allerdings hat das Gericht grundsätzlich weder das Recht noch die Pflicht, gegen einen entlassenen Verwalter wegen Verletzung nachwirkender Pflichten einzuschreiten (Nerlich/Römermann/Delhaes Rn. 4). Pflichtverletzungen sind durch Geltendmachung etwaiger Haftungsansprüche gem. §§ 60, 61 durch die Anspruchsberechtigten zu sanktionieren.

II. Charakter der Aufsichtspflicht

Die Aufsicht durch das Gericht dient dazu, den Insolvenzverwalter zur Einhaltung der ihm **4** obliegenden Pflichten zu veranlassen. Das Gericht muss bei Pflichtwidrigkeit des Insolvenzverwalters durch Anordnung geeigneter Gebote oder Verbote einschreiten, wobei es in das **pflichtgemäße Ermessen** des Gerichts gestellt ist, mit **welchen Kontrollmitteln** es seine Aufsicht ausübt (BVerfG NZI 2016, 163 Rn. 47; BGH NZI 2010, 147 Rn. 5; OLG Stuttgart NZI 2008, 102 (104); LG Göttingen NZI 2009, 61 (62); LG Köln NZI 2001, 157 (158); Uhlenbruck/Vallender/Zipperer Rn. 8; Andres/Leithaus/Andres Rn. 4; FK-InsO/Jahntz Rn. 2). Die Aufsichtspflicht erstreckt sich nicht nur auf die Person des Verwalters, sondern auch auf sein Handeln (MüKoInsO/Graeber Rn. 9).

Gemeint ist eine ermessensfehlerfrei ausgeübte **Rechtsaufsicht**, keine darüber hinausgehende **5** Fachaufsicht (Ganter ZInsO 2017, 2517 (2518); K. Schmidt InsO/Ries Rn. 3; Uhlenbruck/Vallender/Zipperer Rn. 8; FK-InsO/Jahntz Rn. 5). Das Gericht hat in erster Linie zu prüfen, ob der Insolvenzverwalter das Verfahren **insolvenzzweckgerecht** abwickelt (K. Schmidt InsO/Ries Rn. 9; ähnlich Uhlenbruck/Vallender/Zipperer Rn. 5). Ob das Gericht die Maßnahmen des Verwalters neben primär für ein Einschreiten relevanten insolvenzzweckwidrigen Rechtshandlungen auch **auf Zweckmäßigkeit prüfen** darf, ist nicht abschließend geklärt (dafür MüKoInsO/Graeber Rn. 20, 39 f.; dagegen LG Stendal ZInsO 1999, 233 (234); K. Schmidt InsO/Ries Rn. 9; Uhlenbruck/Vallender/Zipperer Rn. 5; Andres/Leithaus/Andres Rn. 7; Nerlich/Römermann/Delhaes Rn. 5; HmbKommInsR/Frind Rn. 3b; FK-InsO/Jahntz Rn. 5). Teilweise wird eine Zweckmäßigkeitsprüfung jedenfalls bei objektiv masseschädigendem Verhalten, welches dem Ziel der Gläubigerbefriedigung widerspricht und daher rechtswidrig ist, befürwortet. Mit dem Gesetz vereinbar scheint dies nur dort, wo eine weit verstandene Aufsicht nicht das spezielle Kompetenzgefüge der Organe des Insolvenzverfahrens ins Ungleichgewicht bringt und die unabdingbare Eigenverantwortlichkeit des Handelns des Verwalters behindert. Soweit der Verwalter Ermessensentscheidungen trifft, darf jedenfalls das Gericht nicht unter dem Mantel der Aufsichtskompetenz eine eigene Ermessensentscheidung an diejenige des Verwalters setzen (vgl. LG Traunstein NZI 2009, 654; Uhlenbruck/Vallender/Zipperer Rn. 10; HmbKommInsR/Frind Rn. 3b). Insbesondere bei wirtschaftlichen Dispositionen hat der Insolvenzverwalter daher einen weiten Spielraum, der erst dann überschritten wird, wenn Massegegenstände zu völlig unangemessenen Preisen veräußert werden (so Ganter ZInsO 2017, 2517 (2518)).

III. Umfang der Aufsichtspflicht

Die **Kontrollintensität** des Gerichts hängt von der Erfahrung des Verwalters, seiner bisherigen **6** Zuverlässigkeit sowie von Schwierigkeit und Bedeutung des Falls ab (K. Schmidt InsO/Ries Rn. 16; FK-InsO/Jahntz Rn. 2; vgl. HmbKommInsR/Frind Rn. 2 für eine ggf. engmaschige Kontrolle in Form regelmäßiger, kurzfristiger Kontenkontrollen). Hinsichtlich Umfang und Intensität der Überwachungspflicht ist zu beachten, dass der Gesetzgeber das Insolvenzgericht letztlich nur als „Hüter der Rechtmäßigkeit des Verfahrens" sieht (Uhlenbruck/Vallender/Zipperer Rn. 7, 17). Was das im Einzelfall bedeutet, kann nur unter Berücksichtigung der Umstände des Falls beurteilt werden. So hat der BGH nach einer Lesart mittelbar eine Mitwirkungspflicht des Verwalters konstruiert, das zuständige Insolvenzgericht über haftungsrelevante Aspekte zu informieren (BGH EWiR 2020, 49–50 = BeckRS 2019, 24408). Konkret ging es darum, dass die Vorinstanzen den Vergütungsanspruch eines Verwalters als verwirkt zurückgewiesen hatten, da der Verwalter bei seiner Bestellung dem Insolvenzgericht nicht mitgeteilt habe, es sei in einem anderen (Insolvenz-)Verfahren zu einer doppelten Entnahme einer Vergütung gekommen. Das BVerfG hat festgehalten, dass die Art und Weise (und damit wohl auch die Intensität der Überwachung) ganz maßgeblich von dem persönlichen und fachlichen Vertrauen in die Verwalterperson abhängt (BVerfG NZI 2016, 163 Rn. 47, 49). Die Überwachungspflicht setzt allerdings nicht erst bei Misstrauen ein. Vielmehr gebieten **Verdachtsmomente** eine besondere Vorsicht und verstärkte Aufsicht (BGH NZI 2008, 241 Rn. 5; LG Göttingen NZI 2009, 61 (62); ähnlich MüKoInsO/Graeber Rn. 11) ebenso wie das Fehlen eines Gläubigerausschusses oder eine besonders lange Verfahrensdauer (BGH WM 1965, 1158 Rn. 20; MüKoInsO/Graeber Rn. 16). Auch bereits **bekannt gewordene Pflichtwidrigkeiten** des Insolvenzverwalters lösen eine Pflicht zu höherer Kontrolldichte aus (Andres/Leithaus/Andres Rn. 6; MüKoInsO/Graeber Rn. 18). Ermittlungen des Insolvenzgerichts sind geboten bei substanziellen, erkennbar nicht querulatorischen **Anregungen** von Beteiligten oder Dritten (HmbKommInsR/Frind Rn. 2). Ohne konkrete Verdachtsmomente ist eine verstärkte Aufsicht bei Bestellung eines **unerprobten oder erkennbar überfor-**

derten Verwalters geboten (Uhlenbruck/Vallender/Zipperer Rn. 8; Nerlich/Römermann/ Delhaes Rn. 7; HmbKommInsR/Frind Rn. 6).

7 Ist demgegenüber ein Gläubigerausschuss vorhanden, kann dies im Einzelfall die vom Gericht auszuübende Überwachungsintensität nach allerdings umstrittener Auffassung verringern (LG Köln NZI 2001, 157 (158); Uhlenbruck/Vallender/Zipperer Rn. 6; zweifelnd K. Schmidt InsO/ Ries Rn. 16; aA MüKoInsO/Graeber Rn. 16; Andres/Leithaus/Andres Rn. 5; Nerlich/Römermann/Delhaes Rn. 4; FK-InsO/Jahntz Rn. 2). Etwaigen **Zweifeln** an der Geeignetheit des Insolvenzverwalters muss der Richter nachgehen und den Sachverhalt aufklären (OLG Stuttgart NZI 2008, 102 (103); HmbKommInsR/Frind Rn. 2). Eine allzu **kleinliche** Überwachung ist zu vermeiden (OLG Stuttgart NZI 2008, 102 (104); Uhlenbruck/Vallender/Zipperer Rn. 9, 21; MüKoInsO/Graeber Rn. 44; FK-InsO/Jahntz Rn. 5).

B. Umfang und Ausübung des Aufsichtsrechts

I. Informationsbeschaffung und Aufsichtsmaßnahmen im Zusammenhang mit der Vergütung

8 Die Rechtsaufsicht des Gerichts umfasst die Informationsbeschaffung, Prüfung des Sachverhaltes und ggf. die Aufforderung an den Verwalter, rechtswidrige Maßnahmen innerhalb einer angemessenen Frist rückgängig zu machen bzw. ein bestimmtes Verhalten an den Tag zu legen (vgl. K. Schmidt InsO/Ries Rn. 3). Das Gericht muss von Amts wegen kontinuierlich tätig sein (K. Schmidt InsO/Ries Rn. 8). Für eine sachgerechte Aufsicht muss sich das Gericht stets unterrichten können (Uhlenbruck/Vallender/Zipperer Rn. 32).

9 Die Durchführung der Aufsicht besteht in der Regel im Durcharbeiten der vom Verwalter eingereichten Unterlagen (Andres/Leithaus/Andres Rn. 4; HmbKommInsR/Frind Rn. 8). Dem Insolvenzgericht sind allerdings **keine bestimmten Prüfungshandlungen oder Intervalle vorgeschrieben.** Als weitere Maßnahmen kommen daher beispielsweise Kassenprüfung, Prüfung der Konten durch Einsichtnahme in Bankbelege, Schlüssigkeitsprüfung der Berichte des Insolvenzverwalters, formlose Kontrollanfragen bei Insolvenzverwalter und Dritten sowie Prüfung der Verzeichnisse in Betracht (Nerlich/Römermann/Delhaes Rn. 6). Das Gericht ist jedoch nicht verpflichtet, jede einzelne Handlung des Verwalters zu überprüfen (MüKoInsO/Graeber Rn. 21).

10 In der Praxis erlegt die Gläubigerversammlung dem Verwalter im Beschlusswege regelmäßig bereits im Berichtstermin (§ 156) eine turnusmäßige schriftliche Berichterstattung (zB alle drei bis sechs Monate) auf. Hält der Verwalter die Berichtsintervalle ein und sind die zur Gerichtsakte gereichten Berichte sorgfältig erstellt, wird vielfach kein Bedürfnis für weitergehende Informationsbeschaffungsmaßnahmen bestehen. Bei Anhaltspunkten für ein ordnungswidriges Verhalten kann das Gericht jederzeit Einzelauskünfte und Verfahrensberichte einfordern (Andres/Leithaus/Andres Rn. 4). Die Auskünfte können sich auf alle erdenklichen, sachlichen Fragestellungen des Falles beziehen. Das **Informationsrecht** des Gerichts ist demnach **umfassend** (K. Schmidt InsO/Ries Rn. 7; Uhlenbruck/Vallender/Zipperer Rn. 32). Im Rahmen der Ausübung des Aufsichtsrechts kann das Gericht Auskunft auch in allen ihm zweckdienlich erscheinenden Formen verlangen, im Einzelfall auch als Anordnung eines **mündlichen Anhörungstermins** (BGH NZI 2010, 147 Rn. 5; Uhlenbruck/Vallender/Zipperer Rn. 8; Andres/Leithaus/Andres Rn. 4; FK-InsO/ Jahntz Rn. 4) oder unterlegt durch eine **eidesstattliche Versicherung** (§ 259 Abs. 2 BGB) des Insolvenzverwalters (BGH NZI 2010, 159 Rn. 7; HmbKommInsR/Frind Rn. 3a; FK-InsO/ Jahntz Rn. 7).

11 Der Insolvenzverwalter muss Anfragen des Gerichts wahrheitsgemäß, zeitnah und nachvollziehbar beantworten und angeforderte Unterlagen vorlegen (BGH NZI 2015, 20 Rn. 13; ähnlich MüKoInsO/Graeber Rn. 22). Allerdings muss der Insolvenzverwalter nicht über seine sich aus der Insolvenzordnung ausdrücklich ergebenden Pflichten zur Dokumentation hinaus jeden verfahrensbezogenen Umstand dokumentieren. Eine umfassende, **besondere Dokumentationspflicht** besteht **nicht** (BGH NZI 2015, 20 Rn. 23). Auch ist der Insolvenzverwalter nicht verpflichtet, über den Rahmen seiner gesetzlichen Verpflichtungen (vgl. §§ 167, 168) hinaus Auskunft gegenüber Dritten zu erteilen und das Gericht ist nicht befugt, die Auskunftsrechte Dritter mit Mitteln des Aufsichtsrechts zu erweitern (s. AG Köln NZG 2002, 589 zur Auskunft über Insolvenzreife des Schuldners an Neugläubiger). Einzelnen Beteiligten bleibt nur, ihr Einsichtsrecht gem. § 299 ZPO wahrzunehmen.

12 Das Gericht ist befugt, jederzeit **Auskunft** oder einen (Zwischen-)Bericht über den Sachstand und die Geschäftsführung zu verlangen, Bücher und Belege einzusehen und den Kassenbestand zu prüfen (BGH NZI 2015, 20 Rn. 13; OLG Stuttgart NZI 2008, 102 (104); K. Schmidt InsO/

Ries Rn. 5; Nerlich/Römermann/Delhaes Rn. 9; krit. zur Kassenprüfung vgl. Uhlenbruck/Vallender/Zipperer Rn. 4). Mit seinem **Auskunftsverlangen** hat das Gericht konkret zu spezifizieren, wozu es Informationen wünscht (MüKoInsO/Graeber Rn. 25). Bei einem mehrjährig laufenden Verfahren ohne erkennbaren Fortschritt kann das Gericht vom Verwalter die Legung einer **Zwischenrechnung** fordern (BGH BeckRS 2010, 25707 Rn. 2). Eine gerichtliche Pflicht zur **regelmäßigen Rechnungsprüfung** besteht allerdings nicht (OLG Stuttgart NZI 2008, 102 (104); Uhlenbruck/Vallender/Zipperer Rn. 8, 17; MüKoInsO/Graeber Rn. 21; HmbKommInsR/Frind Rn. 5). Einzelne Gerichte sind dazu übergegangen, die Zusammenarbeit zwischen Verwalter und Gericht in Leitlinien niederzulegen und damit zugleich ein standardisiertes Berichtswesen einzuführen (so. zB die Kölner Leitlinien zur Zusammenarbeit mit dem Insolvenzgericht oder die Hamburger Leitlinien). Das Gericht muss die **Schlussrechnung** des Verwalters auf Gesetzesverstöße prüfen (LG Stendal ZIP 2000, 982 (983)). Im Rahmen der Rechtsaufsicht hat das Gericht lediglich Transparenz bei der Anlegung eines Treuhandkontos sicherzustellen, nicht hingegen dessen wirksame Anlegung zu garantieren (AG Hamburg NZI 2004, 386 (388); vgl. ausf. zu der vom Gericht sicherzustellenden Transparenz der Geldflüsse HmbKommInsR/Frind Rn. 4c). Eine Pflicht zur Kontrolle eingehender Gelder durch das Gericht ergibt sich nur dann, wenn es durch Anträge der Beteiligten oder anderweitig von einem insolvenzwidrigen Verhalten des Verwalters Kenntnis erlangt (Uhlenbruck/Vallender/Zipperer Rn. 17). In umfangreichen Verfahren oder bei kompliziertem Rechnungswesen kann das Gericht einen **Sachverständigen** mit der Prüfung beauftragen (vgl. LG Heilbronn NZI 2009, 606 f.; Uhlenbruck/Vallender/Zipperer Rn. 9; Andres/Leithaus/Andres Rn. 4; MüKoInsO/Graeber Rn. 28). Richtigerweise ist von der Beauftragung eines Sachverständigen nur zurückhaltend Gebrauch zu machen. Lediglich in Ausnahmefällen ist sie geboten, da das Gericht grundsätzlich selbst entscheiden kann und soll (ähnlich HmbKommInsR/Frind Rn. 5a, 8); die Beauftragung eines Sachverständigen ist auch möglich zur Feststellung von Pflichtwidrigkeiten des Verwalters (Nerlich/Römermann/Delhaes Rn. 7).

Bei der Prüfung des Vergütungsfestsetzungsantrags ist das Gericht berechtigt und verpflichtet, 13 kritisch zu hinterfragen, ob die Beauftragung **externer Fachleute** durch den Verwalter gerechtfertigt war (BGH NJW 2005, 903; HmbKommInsR/Frind Rn. 5b). Die Erteilung bzw. Versagung der Genehmigung zur **Entnahme eines Gebührenvorschusses** aus der Insolvenzmasse ist nach ganz hM eine Aufsichtsmaßnahme nach § 58 (BGH NJW 2003, 210; LG Münster NZI 2001, 604; HmbKommInsR/Frind Rn. 9).

II. Einschreiten bei insolvenzzweckwidrigen Maßnahmen

Bei **insolvenzzweckwidrigen** Handlungen ist das Gericht verpflichtet, dagegen einzuschrei- 14 ten, beispielsweise wenn der Verwalter Rechte von Verfahrensbeteiligten verletzt oder gesetzlich vorgeschriebene Genehmigungen der Gläubigerversammlung bzw. des Gläubigerausschusses nicht einholt (Uhlenbruck/Vallender/Zipperer Rn. 21; vgl. HmbKommInsR/Frind Rn. 3b). Die gerichtliche Prüfungskompetenz beschränkt sich auf Ermessensfehler des Insolvenzverwalters und die Einhaltung von Beschlussvorgaben der Gläubiger (FK-InsO/Jahntz Rn. 8). Um ein Einschreiten zu rechtfertigen, müssen **konkrete Anhaltspunkte** vorliegen (Nerlich/Römermann/Delhaes Rn. 10). Belässt etwa der Insolvenzverwalter über einen längeren Zeitraum Fremdgelder auf seinem allgemeinen Geschäftskonto statt auf einem Insolvenzanderkonto, ist ein Einschreiten des Gerichts zwingend geboten (AG Karlsruhe ZIP 1983, 101). Ein Einschreiten besteht zunächst in der Untersagung eines Handelns oder in der Aufforderung, eine bestimmte Handlung vorzunehmen (Nerlich/Römermann/Delhaes Rn. 11).

Das Gericht kann den Insolvenzverwalter nur zu einem Verhalten anhalten, das eine **Pflicht-** 15 **widrigkeit** vermeidet oder beendet (Nerlich/Römermann/Delhaes Rn. 12). Mangels Pflicht des Insolvenzverwalters, gegenüber den Gläubigern bestimmte erbetene Auskünfte zu erteilen, stellt eine dahingehende Weigerung des Insolvenzverwalters keine von der gerichtlichen Aufsichtspflicht erfasste Pflichtwidrigkeit dar (AG Köln NZI 2002, 390; MüKoInsO/Graeber Rn. 23; HmbKommInsR/Frind Rn. 8; vgl. FK-InsO/Jahntz Rn. 9 f.).

Die Frage, ob das Insolvenzgericht im Rahmen seiner Aufsicht auch berechtigt ist, gegenüber 16 dem Verwalter die **Rückzahlung** ungerechtfertigt entnommener Gelder anzuordnen, ist umstritten. Ein Teil der Literatur und älteren Rechtsprechung bejahen die Berechtigung, die jüngere Rechtsprechung und Literaturvertreter verneinen sie. Gegen die Berechtigung, Rückzahlung zu verlangen spricht, dass es nicht Aufgabe des Insolvenzgerichts ist, materiell-rechtliche Fragen bezüglich einzelner Vermögensgegenstände zu klären (etwa LG Göttingen ZIP 1995, 858 (859); ähnlich LG Köln NZI 2001, 157 (158); vgl. LG Magdeburg ZInsO 2013, 2578 (2580); LG Freiburg ZIP 1980, 438 sowie im Übrigen die Nachweise bei Uhlenbruck/Vallender/Zipperer

Rn. 11). Es unterliegt nicht der Aufsicht des Insolvenzgerichts, ob der Verwalter bei Meinungsverschiedenheiten mit anderen Beteiligten die rechtliche Zuordnung eines Vermögensgegenstandes zutreffend beurteilt oder Ansprüche verletzt, indem er etwa Aus- oder Absonderungsrechte missachtet oder Forderungen nicht anerkennt. Die Aufsichtspflicht nach § 58 geht richtigerweise nicht so weit, dass vom Insolvenzgericht Entscheidungen vorgegriffen werden können, die von der ordentlichen Gerichtsbarkeit zu treffen sind, selbst in offenkundigen Fällen (LG Mönchengladbach ZInsO 2009, 1356 (1357)).

17   Die **Grenzen** der insolvenzgerichtlichen Aufsichtspflicht sind **fließend** und können nur auf den **Einzelfall** bezogen werden (Uhlenbruck/Vallender/Zipperer Rn. 22). So können etwa Meinungsverschiedenheiten zwischen dem Insolvenzgericht und dem Insolvenzverwalter über die Auslegung eines Beschlusses der Gläubigerversammlung nicht im Wege der Aufsicht des Insolvenzgerichts nach § 58 geklärt werden (LG Traunstein NZI 2009, 654; FK-InsO/Jahntz Rn. 5).

C. Durchsetzung des Aufsichtsrechts durch Zwangsgeldfestsetzung (Abs. 2)

I. Zweck des Zwangsgeldes

18   Zur Durchsetzung der Verwalterpflichten kann das Gericht gem. § 58 Abs. 2 S. 1 nach vorheriger Androhung ein Zwangsgeld gegen den Treuhänder und den Insolvenzverwalter festsetzen, wenn er seine Pflichten **schuldhaft** nicht erfüllt. Die Anordnung von Zwangshaft ist unzulässig (BGH NZI 2010, 146 Rn. 10; K. Schmidt InsO/Ries Rn. 18; Andres/Leithaus/Andres Rn. 8). Die Möglichkeit, ein Zwangsgeld zu verhängen, steht neben der Möglichkeit, den Verwalter aus wichtigem Grund nach § 59 zu entlassen, als Sanktionsmittel zur Verfügung. Welches Sanktionsmittel das Gericht wählt, ist nach pflichtgemäßem Ermessen zu treffen (MüKoInsO/Graeber Rn. 45). Zweck der Zwangsgeldfestsetzung ist es, ein **pflichtgerechtes Verhalten** des Verwalters zu erzwingen, nicht aber eine begangene Pflichtverletzung zu sanktionieren (BGH NZI 2015, 366 Rn. 10; WM 2012, 50 Rn. 4; LG Göttingen NZI 2009, 61 (62); K. Schmidt InsO/Ries Rn. 21; Uhlenbruck/Vallender/Zipperer Rn. 32 f.; MüKoInsO/Graeber Rn. 46). Mit anderen Worten, das Zwangsgeld hat keine Straffunktion für bereits begangene Pflichtverletzungen (FK-InsO/Jahntz Rn. 12). Teilweise wird darauf hingewiesen, dass mangels Möglichkeit zur Ersatzvornahme die Anordnung eines noch beizutreibenden Zwangsgelds zur Verhaltenssteuerung unzureichend sein kann und effektive Sanktionsinstrumente nicht zur Verfügung stünden (vgl. HmbKommInsR/Frind Rn. 10b).

19   Sanktioniert werden können Verstöße gegen sämtliche **konkreten und die allgemeinen insolvenzrechtlichen Pflichten,** beispielsweise zügige Verfahrensdurchführung, Umsetzung von Beschlüssen der Gläubigerversammlung und Rechnungslegung (Andres/Leithaus/Andres Rn. 9; MüKoInsO/Graeber Rn. 20; vgl. HmbKommInsR/Frind Rn. 3). Das Gericht darf den Verwalter mit Zwangsgeld von unbegründeten Freigaben aus der Masse, unrechtmäßiger Verweigerung des Stimmrechts im Verfahren nach § 77 Abs. 1 S. 1, von einem Abweichen von Beschlüssen der Organe der Gläubigerselbstverwaltung bzw. des Insolvenzgerichts oder von sonstigen insolvenzzweckwidrigen Maßnahmen abhalten (Uhlenbruck/Vallender/Zipperer Rn. 35). Das Insolvenzgericht kann den entlassenen Verwalter gem. § 58 mit Zwangsgeld zur Abgabe einer Teilschlussrechnung anhalten. Die **Beendigung des Amtes** steht der Festsetzung von Zwangsgeld nicht entgegen (BGH NZI 2005, 391; vgl. LG Berlin BeckRS 2010, 30996; HmbKommInsR/Frind Rn. 10a). Nicht sanktioniert werden können Pflichtverstöße des Verwalters, die **nicht spezifisch** für das Insolvenzverfahren sind (MüKoInsO/Graeber Rn. 37). Insolvenzspezifische Pflichten können unterschieden werden in solche, die sich gegenüber dem Schuldner aus dem Verfahrensablauf heraus ergeben und solche, die gegenüber dem Insolvenzgericht bestehen (FK-InsO/Jahntz Rn. 8).

II. Verfahren

20   Bevor ein Zwangsgeld festgesetzt werden darf, muss das Gericht den Verwalter zur Pflichterfüllung auffordern und dabei präzise angeben, was es vom Verwalter verlangt. In einem zweiten Schritt ist dann das Zwangsgeld anzudrohen (K. Schmidt InsO/Ries Rn. 20; Andres/Leithaus/Andres Rn. 11, 13). Die **Androhung** eines Zwangsgeldes muss nicht in Form eines Beschlusses erfolgen, es reicht vielmehr die **formlose** schriftliche Androhung aus (LG Göttingen NZI 2009, 61 (63); K. Schmidt InsO/Ries Rn. 20; MüKoInsO/Graeber Rn. 48; HmbKommInsR/Frind Rn. 10a). Eine **Anhörung** des Insolvenzverwalters vor der Androhung ist nicht erforderlich (Nerlich/Römermann/Delhaes Rn. 16; **aA** LG Coburg RPfleger 1990, 383).

21   Gemäß § 58 Abs. 2 S. 2 darf das Gericht ein **weiteres Zwangsgeld** androhen, wenn der Insolvenzverwalter auch nach Festsetzung und Vollstreckung des ersten Zwangsgelds seinen Pflich-

ten nicht nachkommt (BGH NZI 2005, 391 (392); Uhlenbruck/Vallender/Zipperer Rn. 32; Nerlich/Römermann/Delhaes Rn. 15).

Holt der Insolvenzverwalter oder der Treuhänder die verlangte Handlung nach, bevor die 22 Festsetzung eines Zwangsgelds rechtskräftig wird, ist dessen Festsetzung aufzuheben (BGH NZI 2015, 366 Rn. 10; BGH WM 2012, 50 Rn. 4; MüKoInsO/Graeber Rn. 52).

III. Höhe des Zwangsgeldes

Die Höhe des Zwangsgelds muss in einem **vernünftigen Verhältnis zur Schwere des** 23 **Pflichtverstoßes** stehen (LG Göttingen NZI 2009, 61 (63); Nerlich/Römermann/Delhaes Rn. 15; MüKoInsO/Graeber Rn. 55; FK-InsO/Jahntz Rn. 12). Sie kann zwischen 2,50 EUR und maximal 25.000 EUR betragen (Andres/Leithaus/Andres Rn. 13; MüKoInsO/Graeber Rn. 55, Rechenbeispiele → Rn. 23.1). Werden für eine einheitliche Pflichtverletzung allerdings **mehrere Zwangsgelder** festgesetzt, darf die Summe insgesamt die in § 58 Abs. 2 S. 2 genannte Summe von 25.000 EUR übersteigen (BGH NZI 2005, 391 (392); Uhlenbruck/Vallender/Zipperer Rn. 42; MüKoInsO/Graeber Rn. 55; HmbKommInsR/Frind Rn. 12). Die wiederholte Androhung eines Zwangsgeldes ist möglich. Der angedrohte Betrag darf gesteigert werden (FK-InsO/Jahntz Rn. 12).

Beispiele aus der Rechtsprechung: Bei unterlassener Rechnungslegung kann ein Zwangsgeld in 23.1 Höhe von EUR 5.000 angemessen sein, vor allem wenn das gesamte Verfahren von verzögerten bzw. unterlassenen Berichten gekennzeichnet ist (LG Göttingen NZI 2009, 61 (63)). Dieser Betrag kann auch angemessen sein, wenn der Insolvenzverwalter über einen Zeitraum von drei Jahren Beanstandungen in seinen Berichten nur teilweise behebt und gegen ihn bereits dreimal Zwangsgelder in geringerer Höhe festgesetzt worden waren, die er missachtet hat (LG Göttingen ZIP 2006, 1913 (1914 f.)). Weitere Beispiele sind Fernbleiben des Verwalters von angeordnetem mündlichen Anhörungstermin (EUR 5.000, BGH NZI 2010, 147 Rn. 6), Unterlassen der **fristgerechten Übertragung** eingerichteter **Anderkonten** auf den Insolvenzverwalter durch den früheren vorläufigen Sachwalter (EUR 5.000; schließlich kann die Androhung eines weiteren Zwangsgeldes in Höhe von EUR 7.500 angemessen sein, wenn der frühere vorläufige Sachwalter eine "Einbehaltungshaltung" für Massebestandteile hartnäckig beibehält, siehe LG Dessau-Roßlau BeckRS 2012, 19961), Nichtzahlung eines vom Sonderinsolvenzverwalter angeforderten **Gerichtskostenvorschuss** aus der Masse für eine gegen den Insolvenzverwalter anzustrengende Zahlungsklage (EUR 1.000, LG Göttingen NZI 2013, 444 (445)), **Nichteinreichung** eines Abschlussberichts als Treuhänder und einer Teilschlussrechnung nebst Belegen beim Gericht sowie unterlassene Herausgabe der Treuhänderunterlagen und der Insolvenzmasse an den neuen Treuhänder (EUR 1.000, LG Berlin BeckRS 2010, 30996), Nichterteilung bzw. Nichtvorlage der vom Gericht erbetenen Auskünfte und Berichte über den **Sachstand** trotz mehrfacher Erinnerung und Zwangsgeldandrohung (EUR 500) sowie Androhung eines weiteren Zwangsgeldes in Höhe von EUR 2.500 für den Fall, dass die Aufforderung weiterhin nicht befolgt wird (LG Oldenburg BeckRS 2011, 29745), Treuhänder belegt trotz mehrfacher gerichtlicher Aufforderung den genauen **Massebestand nicht** (EUR 500, werden die Belege trotz erfolgter Beitreibung des Zwangsgeldes nach wie vor nicht eingereicht, kann die Festsetzung eines weiteren Zwangsgeldes in Höhe von 1.000 EUR angemessen sein (LG Oldenburg BeckRS 2010, 25417).

D. Herausgabepflicht gem. Abs. 3

Bei Wahl eines anderen (vorläufigen) Insolvenzverwalters durch die Gläubigerversammlung 24 oder bei Abberufung des Verwalters aus wichtigem Grund nach § 59, hat er die Insolvenzmasse und alle verfahrensbezogenen Dokumente an seinen Nachfolger herauszugeben. Bis zur abschließenden Erledigung aller Amtspflichten untersteht der Verwalter weiterhin der gerichtlichen Aufsicht, sodass die Durchsetzung seiner Pflichten über § 58 Abs. 2 erfolgt (K. Schmidt InsO/Ries Rn. 22; MüKoInsO/Graeber Rn. 57; Nerlich/Römermann/Delhaes Rn. 25). Führt die Verhängung eines Zwangsgelds nicht zum Erfolg, bleibt die Möglichkeit der Erhebung einer Herausgabeklage des materiell Berechtigten. Verstirbt der Insolvenzverwalter, ist die Herausgabeklage von vornherein die einzige Möglichkeit, da sich die gerichtliche Befugnis nach § 58 Abs. 3 nicht auf dessen Erben erstreckt (MüKoInsO/Graeber Rn. 58; Uhlenbruck/Vallender/Zipperer Rn. 42).

E. Rechtsmittel

I. Verfahrensbeteiligte

Die Verfahrensbeteiligten, auch der Schuldner, können Aufsichtsmaßnahmen des Insolvenzge- 25 richts anregen. Allerdings enthält § 58 **kein förmliches Antragsrecht**. Lehnt das Gericht ein

Tätigwerden ab, steht den Betroffenen hiergegen **kein Rechtsmittel** zur Verfügung (BGH ZVI 2007, 80 Rn. 4; K. Schmidt InsO/Ries Rn. 24; Uhlenbruck/Vallender/Zipperer Rn. 18 ff., 37; MüKoInsO/Graeber Rn. 59; FK-InsO/Jahntz Rn. 18). Dies gilt auch für die Weigerung des Gerichts, dem Insolvenzverwalter eine bestimmte Weisung zu erteilen (BGH NZI 2006, 593; Andres/Leithaus/Andres Rn. 17). Kompensiert werden soll die **fehlende Beschwerdebefugnis** durch die Haftung des Insolvenzverwalters gem. §§ 60, 61 und die Staatshaftung bei nicht ordnungsgemäßer Gerichtsaufsicht (FK-InsO/Jahntz Rn. 18; Uhlenbruck/Vallender/Zipperer Rn. 37; ähnlich Andres/Leithaus/Andres Rn. 17). Führen **falsche und unzureichende Aufsichtsmaßnahmen** zu wirtschaftlichem Schaden, verbleibt den Betroffenen allein der Staatshaftungsanspruch (K. Schmidt InsO/Ries Rn. 24). Ein Haftungsanspruch kann im Falle einer Nachteilsentstehung aufgrund unangemessener Verfahrensdauer auch über § 198 Abs. 1 S. 1 GVG hergeleitet werden. Maßnahmen der gerichtlichen Aufsichtspflicht nach § 58 Abs. 1 S. 2 InsO, nicht aber das Insolvenzverfahren selbst nach dessen Eröffnung (§ 198 Abs. 6 Nr. 1 GVG), sind Gerichtsverfahren iSd § 198 GVG (OLG Koblenz BeckRS 2018, 20443).

II. Insolvenzverwalter

26   Gleichermaßen steht dem Insolvenzverwalter keine sofortige Beschwerde gegen **Aufsichtsanordnungen** des Gerichts nach § 58 Abs. 1 zu. Aufsichtsrechtliche Anordnungen können lediglich durch eine Erinnerung gegen die Entscheidung des Rechtspflegers nach § 11 Abs. 2 RPflG angefochten werden (BGH NZI 2011, 442 Rn. 6; Uhlenbruck/Vallender/Zipperer Rn. 37; Andres/Leithaus/Andres Rn. 18; FK-InsO/Jahntz Rn. 19).

27   Lediglich gegen die **Anordnung eines Zwangsgelds** gem. § 58 Abs. 2 S. 1 kann der Insolvenzverwalter nach § 58 Abs. 2 S. 3 sofortige Beschwerde einlegen. Diese kann jedoch nicht mit der Behauptung begründet werden, die vom Insolvenzgericht getroffene Aufsichtsanordnung sei unzulässig. Die Beschränkung der sofortigen Beschwerde dient dem Zweck, den zügigen Verfahrensablauf zu gewährleisten. Eine inzidente Überprüfung der Aufsichtsanordnung des Gerichts liefe diesem Zweck zuwider (BGH NZI 2011, 442 Rn. 7 f.; Uhlenbruck/Vallender/Zipperer Rn. 37; MüKoInsO/Graeber Rn. 60 f.; ähnlich Andres/Leithaus/Andres Rn. 19). Auch wenn das Gericht irrtümlich den Umfang seiner Aufsichtspflicht verkannt hat, weil es sich um eine Ermessensentscheidung des Verwalters handelt, sind Androhung und Festsetzung eines Zwangsgeldes wirksam. Der Verwalter muss diese Maßnahmen mit der sofortigen Beschwerde angreifen (Uhlenbruck/Vallender/Zipperer Rn. 35).

28   Die Ablehnung eines Insolvenzrichters oder eines Rechtspflegers wegen **Besorgnis der Befangenheit** durch einen Insolvenzverwalter kommt nur im **Ausnahmefall** in Betracht. Spannungen zwischen einem Verwalter und dem Gericht können eine Ablehnung wegen Besorgnis der Befangenheit grundsätzlich nur dann begründen, wenn sie im Verfahren irgendwie konkret in Erscheinung treten und sich die richterliche Voreingenommenheit bei einer Sachentscheidung zu Lasten der Partei auswirken kann (OLG Zweibrücken NZI 2000, 222 (223)). Ein Ablehnungsrecht in Fällen unterschiedlicher Ansichten könnte zu einem Unterlaufen der gerichtlichen Überwachung führen. Daher kommt ein Ablehnungsrecht nur dann in Betracht, wenn die Rechtsmeinung auf einer **unsachlichen Einstellung** des Richters oder Rechtspflegers gegenüber dem Verwalter oder gar auf **Willkür** beruht (Uhlenbruck/Vallender/Zipperer Rn. 15). Beispielsweise bestehen begründete Zweifel an der Unparteilichkeit eines Rechtspflegers, der weiß, dass ein Gläubiger in der Gläubigerversammlung die Abwahl des Insolvenzverwalters beantragen wird, wenn er ua gesetzeswidrig und ohne Vorankündigung den Prüfungstermin vor der ersten Gläubigerversammlung abhält und im Prüfungstermin anregt, der Gläubiger möge überlegen, auf die Ausübung des Stimmrechts in der nachfolgenden Gläubigerversammlung bei der Neuwahl des Insolvenzverwalters zu verzichten (LG Düsseldorf ZIP 1985, 631).

F. Rechtsfolgen der Verletzung der Aufsichtspflicht

I. Staatshaftung

29   Eine **schuldhafte Pflichtverletzung** des Insolvenzgerichts kann einen Staatshaftungsanspruch begründen (K. Schmidt InsO/Ries Rn. 1; Uhlenbruck/Vallender/Zipperer Rn. 1; Nerlich/Römermann/Delhaes Rn. 26; MüKoInsO/Graeber Rn. 62), beispielsweise wenn die Beteiligten Tatsachen vortragen, die bei pflichtgemäßer Ermessensausübung ein gerichtliches Tätigwerden erforderlich machen, das Gericht jedoch ein Tätigwerden ablehnt (FK-InsO/Jahntz Rn. 20). Die Staatshaftung beginnt mit der Annahme des Verwalteramtes und endet regelmäßig mit dem Ende

des Amtes (Uhlenbruck/Vallender/Zipperer Rn. 38). Schuldhaft vorwerfbar sind allerdings nur **besonders grobe Pflichtverstöße**. Inhaltlich entspricht dies einer Haftung nur für Vorsatz und grobe Fahrlässigkeit (BGH ZIP 2014, 2299 Rn. 19; OLG Stuttgart NZI 2008, 102 (103); Uhlenbruck/Vallender/Zipperer Rn. 1). Auch muss gerade die mangelnde Aufsicht des Gerichts zu einer für den Schadenseintritt kausalen Verwalterhandlung geführt haben.

Eine schuldhafte Verletzung der Aufsichtspflicht kommt in Betracht, wenn das Gericht Kenntnis 30 von einer **Vorstrafe des Verwalters** wegen Insolvenzvergehen hat und dennoch diesen zum Verwalter ernennt (BGH NZI 2008, 241 Rn. 5; vgl. dazu OLG Stuttgart NZI 2008, 102 (103), das in Vorstrafen keinen absoluten Ausschließungsgrund vom Verwalteramt sieht; krit. FK-InsO/Jahntz Rn. 20).

Eine Staatshaftung wird ausgelöst, wenn ein Rechtspfleger pflichtwidrig den Insolvenzrichter 31 nicht unverzüglich darüber unterrichtet, dass der Insolvenzverwalter ihm bereits früher finanzielle Zuwendungen in nicht unerheblicher Höhe gemacht hatte, um dessen Wohlwollen nicht zu gefährden und damit künftige Bestellungen als Verwalter in Frage zu stellen. Ein Rechtspfleger ist verpflichtet, **schwerwiegende Bedenken** gegen die Auswahl und Tätigkeit eines Verwalters dem Insolvenzrichter unverzüglich **mitzuteilen** (OLG München NJW-RR 1992, 1508).

II. Sonstiges

Die pflichtwidrige Unterlassung, in überlangen Verfahren über den Antrag auf Restschuldbe- 32 freiung zu entscheiden, begründet unabhängig vom Verfahrensstand einen Anspruch auf vorzeitige Erteilung der **Restschuldbefreiung** (BGH NZI 2013, 849 Rn. 14; anders noch BGH NZI 2011, 25 Rn. 3).

§ 59 Entlassung des Insolvenzverwalters

(1) ¹Das Insolvenzgericht kann den Insolvenzverwalter aus wichtigem Grund aus dem Amt entlassen. ²Die Entlassung kann von Amts wegen oder auf Antrag des Verwalters, des Schuldners, des Gläubigerausschusses, der Gläubigerversammlung oder eines Insolvenzgläubigers erfolgen. ³Auf Antrag des Schuldners oder eines Insolvenzgläubigers erfolgt die Entlassung nur, wenn dies innerhalb von sechs Monaten nach der Bestellung beantragt wird und der Verwalter nicht unabhängig ist; dies ist von dem Antragsteller glaubhaft zu machen. ⁴Vor der Entscheidung des Gerichts ist der Verwalter zu hören.

(2) ¹Gegen die Entlassung steht dem Verwalter die sofortige Beschwerde zu. ²Gegen die Ablehnung des Antrags steht dem Antragsteller die sofortige Beschwerde zu. ³Hat die Gläubigerversammlung den Antrag gestellt, steht auch jedem Insolvenzgläubiger die sofortige Beschwerde zu.

Überblick

Nach § 59 Abs. 1 S. 1 kann das Insolvenzgericht den Insolvenzverwalter aus wichtigem Grund entlassen. Neben dem Tod des Insolvenzverwalters und seiner Abwahl (§ 57 S. 1) ist die Entlassung die **einzige Form der vorzeitigen Beendigung** des Amts (Nerlich/Römermann/Delhaes Rn. 1). Sie kann völlig losgelöst von dem Abwahlrecht der Gläubigerversammlung nach § 57 ausgesprochen werden (K. Schmidt InsO/Ries Rn. 1).

Die Entlassung kann gem. § 59 Abs. 1 S. 2 auf Antrag oder von Amts wegen erfolgen. Sie ist das **letzte Mittel**, wenn die Zwangsmittel des § 58 nicht ausreichen (Uhlenbruck/Vallender/Zipperer Rn. 1; FK-InsO/Jahntz Rn. 1; K. Schmidt InsO/Ries § 58 Rn. 1). Die Möglichkeit der Entlassung ergänzt somit die Aufsichtsmittel gem. § 58. Da die Entlassung des Verwalters nur **ultima ratio** ist, stehen die Zwangsmittel des § 58 Abs. 2 aber nicht wahlweise neben der Möglichkeit der Entlassung aus wichtigem Grund (LG Göttingen NZI 2003, 499 (500); Uhlenbruck/Vallender/Zipperer Rn. 2; vgl. FK-InsO/Jahntz Rn. 12). Vorrangig muss sich das Gericht zunächst der ihm zur Verfügung stehenden Aufsichtsmittel gem. § 58 bedienen.

Daneben kommt eine Entlassung aus wichtigem Grund auch in Betracht, wenn ein **fehlerfrei** arbeitender Verwalter nicht mehr in der Lage ist, sein Amt ordnungsgemäß fortzuführen (MüKoInsO/Graeber Rn. 3). Damit ist klar, dass der wichtige Grund nicht zwingend ein Verschuldensmoment beinhaltet. Die Entlassung ist ferner die einzige Möglichkeit, für den Verwalter auf **eigenen Wunsch** auszuscheiden (K. Schmidt InsO/Ries Rn. 2).

Wann ein **wichtiger Grund** vorliegt, hat der Gesetzgeber der Ausfüllung durch die Rechtsprechung überlassen (AG Rosenheim BeckRS 2010, 25944; Uhlenbruck/Vallender/Zipperer Rn. 8). Ein Insolvenzverwalter ist nach § 59 Abs. 1 S. 1 zu entlassen, wenn sein Verbleiben im Amt unter Berücksichtigung der schutzwürdigen Interessen des Verwalters die Belange der Gläubiger und die Rechtmäßigkeit der Verfahrensabwicklung objektiv nachhaltig beeinträchtigen würde. Dabei ist der **grundrechtliche Schutz der Berufsfreiheit** des Verwalters zu berücksichtigen (BGH NZI 2015, 20 Rn. 7; NJW-RR 2012, 952 Rn. 9; NJW-RR 2006, 697 Rn. 8; NZI 2009, 604 Rn. 6 für vorläufigen Treuhänder; K. Schmidt InsO/Ries Rn. 4; vgl. zu der Entlassung eines Mitglieds des Gläubigerausschusses nach § 70, BGH NZI 2007, 346 ff.; vgl. zum Grundrechtsschutz des Verwalters allgemein BVerfG BeckRS 2005, 24590).

Gemäß § 21 Abs. 2 Nr. 1 erstreckt sich der Anwendungsbereich des § 59 auch auf den **vorläufigen Insolvenzverwalter** sowie nach §§ 270a Abs. 2, 274 Abs. 1 auf den **vorläufigen** und **endgültigen Sachwalter**. Ebenso ist eine Entlassung des **Sonderinsolvenzverwalters** aus wichtigem Grund möglich. Die Norm des § 59 wird analog auf den **Treuhänder im vereinfachten Insolvenzverfahren** (BGH ZinsO 2012, 928 Rn. 8; NJW-RR 2012, 953 Rn. 9; BGH NZI 2012, 515 Rn. 7; IBRRS 2012, 1872 Rn. 8) und den **Treuhänder im Restschuldbefreiungsverfahren** angewendet. Auch der **Sonderinsolvenzverwalter** kann wegen eines wichtigen Grundes nach § 59 Abs. 1 entlassen werden (BGH NZI 2007, 284 Rn. 23; Nerlich/Römermann/Delhaes Rn. 2; K. Schmidt InsO/Ries Rn. 3). Eine Entlassung des **eigenverwaltenden** Schuldners aus dem Verwalteramt ist hingegen nicht möglich (Uhlenbruck/Vallender/Zipperer Rn. 3 ff.). Hier kommt nur eine Aufhebung der Eigenverwaltung in Betracht (§ 272).

Übersicht

	Rn.		Rn.
A. Wichtiger Grund	1	IV. Entlassung aufgrund Antrags des (einzelnen) Insolvenzgläubigers oder des Schuldners (Abs. 1 S. 2 Alt. 2, 5, S. 3)	14a
B. Verfahren	7	V. Anhörung des Verwalters (Abs. 1 S. 3)	15
I. Entlassung von Amts wegen (Abs. 1 S. 2 Alt. 1)	7	VI. Zuständigkeit, Form, Zustellung	18
		C. Rechtsmittel	21
II. Entlassung aufgrund Antrags des Verwalters (Abs. 1 S. 2 Alt. 2)	10	I. Gegen die Entlassung (Abs. 2 S. 1)	21
		II. Gegen die Ablehnung (Abs. 2 S. 2)	24
III. Entlassung aufgrund Antrags des Gläubigerausschusses bzw. der Gläubigerversammlung (Abs. 1 S. 2 Alt. 3, 4)	12	III. Eigene Entscheidung des Beschwerdegerichts	25
		D. Rechtsfolgen der Entlassung	26

A. Wichtiger Grund

1   Die Entlassung nach § 59 setzt einen wichtigen Grund voraus. Das Gericht muss daher einen Tatbestand feststellen, der einen wichtigen Grund darstellt. Im Rahmen der stets einzelfallbezogenen Prüfung muss das Gericht den **Grundsatz der Verhältnismäßigkeit** wahren und berücksichtigen, dass die Entlassung des Verwalters nur als ultima ratio in Betracht kommt (BGH WM 2017, 1066; LG Göttingen NZI 2003, 499 (500); FK-InsO/Jahntz Rn. 13; MüKoInsO/Graeber Rn. 11). Zu bedenken ist in diesem Zusammenhang auch, dass die Entlassung sowohl für den Verwalter in Form eines **Reputationsverlusts** als auch für das Verfahren in Form **zusätzlicher Kosten** schwerwiegende Folgen hat (LG Hamburg BeckRS 2010, 24844; HmbKommInsR/Frind Rn. 3; ähnlich MüKoInsO/Graeber Rn. 11).

2   Allein eine Störung des Vertrauensverhältnisses zwischen dem Insolvenzgericht und dem Treuhänder genügt für dessen Entlassung selbst dann nicht, wenn ein **gedeihliches Zusammenwirken** nicht mehr möglich erscheint (BGH ZinsO 2012, 928 Rn. 9; NJW-RR 2012, 952 Rn. 10; BGH IBRRS 2012, 1872 Rn. 9; AG Bonn ZInsO 2002, 641; MüKoInsO/Graeber Rn. 35; K. Schmidt InsO/Ries Rn. 8; **aA** OLG Zweibrücken NJW-RR 2001, 631 (632); LG Berlin BeckRS 2012, 10785; Andres/Leithaus/Andres Rn. 2). Eine Entlassung ist in der Regel nur dann als verhältnismäßig gerechtfertigt, wenn die Störung des Vertrauensverhältnisses ihre Grundlage in einem **pflichtwidrigen** Verhalten des Verwalters hat, welches **objektiv geeignet** ist, das Vertrauen des Insolvenzgerichts in seine Amtsführung **schwer und nachhaltig zu beeinträchtigen**. Dabei kommt auch ein Fehlverhalten des Verwalters in einem **anderen Insolvenzverfahren** in Betracht, sofern aus diesem Verhalten zu schließen ist, dass die rechtmäßige und geordnete Abwicklung des laufenden Verfahrens bei einem Verbleiben des Verwalters im Amt nachhaltig beeinträchtigt werden

würde (BGH ZInsO 2012, 928 Rn. 9; NJW-RR 2012, 952 Rn. 10; 2012, 953 Rn. 11; IBRRS 2012, 1872 Rn. 9; WM 2017, 1166; MüKoInsO/Graeber Rn. 35 f.).

Ein wichtiger Grund liegt vor, wenn tatsächliche Umstände das **Vertrauen in die Zuverlässigkeit** des Verwalters erschüttern (AG Bonn ZInsO 2002, 641). Denn Basis der Tätigkeit des Insolvenzverwalters ist das Vertrauen der Insolvenzgläubiger. Ist diese Vertrauensbasis durch ein Verhalten des Verwalters bzw. in seiner Sphäre liegende Umstände außerordentlich belastet oder zerstört, ist die Entlassung gerechtfertigt (MüKoInsO/Graeber Rn. 13). **Bewusst wahrheitswidrige Angaben** des Insolvenzverwalters führen zu einem Verlust des Vertrauens in dessen ordnungsgemäße Amtsführung und können daher einen wichtigen Grund darstellen (BGH BeckRS 2008, 23423 Rn. 4). Das ist insbesondere auch dann der Fall, wenn der Insolvenzverwalter im Zuge seiner Bestellung vorsätzlich Umstände verschwiegen hat, die geeignet waren, ernsthafte Zweifel an seiner Unabhängigkeit zu begründen und eine Bestellung zum Verwalter nicht zuließen (BGH WM 2017, 1166 (1167) – vertiefte Mandatsbeziehung zum Schuldner bei später nur sukzessiver Einräumung). Auch die Führung evident nutzloser Prozesse kann einen solchen Vertrauensverlust begründen. 3

Nicht jede Pflichtverletzung, die einen **Schadensersatzanspruch** nach §§ 60, 61 auslöst, ist zugleich ein wichtiger Grund zur Entlassung (BGH NZI 2015, 20 Rn. 8; krit. dazu Antoni NZI 2015, 543 (544); BGH NJW-RR 2006, 697 Rn. 10; LG Halle ZIP 1993, 1739; MüKoInsO/Graeber Rn. 26). Vielmehr muss es in Anbetracht der Erheblichkeit der Pflichtverletzungen, insbesondere ihrer Auswirkungen auf den Verfahrensablauf und die berechtigten Belange der Beteiligten, sachlich **nicht mehr vertretbar** erscheinen, den Verwalter **im Amt zu belassen** (BGH NZI 2015, 20 Rn. 8; NJW-RR 2012, 953 Rn. 10; BGH WM 2012, 280; 2011, 663 Rn. 18; NZI 2009, 604 Rn. 9; NJW-RR 2006, 697 Rn. 10; Uhlenbruck/Vallender/Zipperer Rn. 8; MüKoInsO/Graeber Rn. 11, 13; Andres/Leithaus/Andres Rn. 2). 4

Auch wenn ein einzelner schwerwiegender Verstoß gegen die Pflichten des Insolvenzverwalters, der seine Entlassung rechtfertigt, nicht vorliegt, sondern nur **viele nicht so schwerwiegende Pflichtverletzungen,** die für sich alleine seine Entlassung nicht begründen, kann ein Insolvenzverwalter nach § 59 Abs. 1 S. 1 entlassen werden. Voraussetzung ist, dass bei einer **Gesamtschau** der Pflichtverletzungen sein Belassen im Amt die Interessen der Gläubiger und die Rechtmäßigkeit der Verfahrensabwicklung objektiv nachhaltig beeinträchtigt (BGH NZI 2015, 20 f. Rn. 10; K. Schmidt InsO/Ries Rn. 8). 5

Der Entlassungsgrund muss grundsätzlich **tatsächlich feststehen** (BGH NZI 2009, 604 Rn. 9; NJW-RR 2006, 697 Rn. 9; LG Stendal ZInsO 1999, 233 (234); LG Halle ZIP 1993, 1739; Andres/Leithaus/Andres Rn. 2; HmbKommInsR/Frind Rn. 4; Nerlich/Römermann/Delhaes Rn. 8; K. Schmidt InsO/Ries Rn. 4; Braun/Blümle Rn. 8). Lediglich **ausnahmsweise** reichen **konkrete Anhaltspunkte** für die Verletzung wichtiger Verwalterpflichten für die Entlassung aus, wenn nur dadurch größerer Schaden für die Masse abgewendet werden kann (BGH NJW-RR 2006, 697 Rn. 11; vgl. LG Halle ZIP 1993, 1739; FK-InsO/Jahntz Rn. 11; Nerlich/Römermann/Delhaes Rn. 8; HmbKommInsR/Frind Rn. 4; K. Schmidt InsO/Ries Rn. 4; **aA** Uhlenbruck/Vallender/Zipperer Rn. 9, nach dessen Ansicht konkrete Pflichtwidrigkeiten nachgewiesen werden müssen). So reicht dem BGH bei schweren, **gegen die Masse gerichteten Straftaten** für die Entlassung ausnahmsweise schon ein **dringender Verdacht** aus, wenn nur durch die Entlassung größere Schäden für die Masse abgewendet werden kann, etwa wegen des Verdachts der Untreue (§ 266 StGB) in 33 Fällen (BGH WM 2011, 663 Rn. 12 ff.; ebenso Vorinstanz LG Stendal NZI 2010, 993 (994); vgl. MüKoInsO/Graeber Rn. 24; Braun/Blümle Rn. 9). Ein bloßer **Anfangsverdacht** reicht hingegen für eine Entlassung nicht aus (LG Halle ZIP 1993, 1739 (1742); Einzelbeispiele → Rn. 6.1 ff.). Eine Entlassung kann auch noch nach Einreichung des Schlussberichts und Erstellung der Schlussrechnung erfolgen, jedenfalls wenn die Verteilung der Masse noch nicht stattgefunden hat (vgl. LG Göttingen NZI 2019, 281 (282)). 6

Einzelfälle: wichtiger Grund bejaht. 6.1

Die Erklärung eines Treuhänders, er werde die ihm übertragenen Zustellungen künftig nur noch ausführen, wenn ihm dafür ein Zuschlag zur Vergütung gezahlt werde, stellt eine grobe, die Entlassung rechtfertigende Pflichtverletzung dar. Bedient sich der Treuhänder dieser Ankündigung, um die gewünschte Vergütung durchzusetzen, ist die in diesem Verhalten liegende Pflichtverletzung objektiv geeignet, das Vertrauensverhältnis zum Insolvenzgericht schwer und nachhaltig zu stören (BGH ZInsO 2012, 928 Rn. 13 ff.; NJW-RR 2012, 952 Rn. 14 ff.; NJW-RR 2012, 953 Rn. 13 ff.; IBRRS 2012, 1872 Rn. 13). 6.2

Da zu den persönlichen Anforderungen an einen Insolvenzverwalter auch seine persönliche Integrität, insbesondere seine Ehrlichkeit gehört, können strafbare Handlungen eines Verwalters auch außerhalb des konkreten Verfahrens zum Nachteil der Masse seine Entlassung rechtfertigen (WM 2011, 663 Rn. 20; 6.3

MüKoInsO/Graeber Rn. 23; K. Schmidt InsO/Ries Rn. 5). Bereits eine einmalige, in der Begehung einer Straftat zum Ausdruck kommende Pflichtverletzung kann die Entlassung des Verwalters gebieten (BGH WM 2011, 663 Rn. 20). Anders mag dies allenfalls bei Straftaten liegen, die keinerlei Tätigkeitsbezug aufweisen, wie etwa Verkehrsstraftaten (MüKoInsO/Graeber Rn. 23).

6.4 Eine mehrere Monate andauernde Interessenkollision durch Tätigkeit in zwei widerstreitenden Insolvenzverfahren begründen erhebliche Zweifel an Neutralität und Unabhängigkeit des Verwalters (OLG Zweibrücken NZI 2000, 373). Eine derart gewichtige Interessenkollision kann auch dann vorliegen, wenn der Verwalter bei einem beabsichtigten In-Sich-Geschäft das Gericht nicht darauf aufmerksam macht, dass die Bestellung eines Sonderverwalters aus der Kanzlei des Verwalters rechtlich bedenklich ist. Situationen, in denen der Eindruck unzulässiger Verquickung von Interessen entstehen kann, hat der Verwalter nachhaltig entgegenzuwirken (LG Halle ZIP 1994, 572 (576)). Eine die Entlassung rechtfertigende Interessenkollision liegt vor, wenn der Verwalter auf einem Grundstück des Schuldners eine Grundschuld zur Absicherung eines ihm für den Kauf eines anderen Schuldnergrundstücks gewährten Immobiliendarlehens bestellt. Ob dabei der Masse ein Schaden entsteht, ist unerheblich (LG Halle ZIP 1994, 572 (577)). Eine einen wichtigen Grund begründende Interessenkollision liegt auch dann vor, wenn der Verwalter an der Schuldnerin beteiligt oder wenn er mit ihr unmittelbar oder mittelbar durch Mandatsverhältnisse verbunden war oder ist und eine Bestellung nur deshalb erfolgen konnte, weil der Verwalter diese Umstände zunächst verschwiegen hat (BGH WM 2017, 1166 (1167)).

6.5 Ein wichtiger Grund liegt ferner in der Unfähigkeit zur Amtsausübung (BGH ZIP 2010, 2118 Rn. 4), etwa aufgrund dauernder schwerer Erkrankung des Verwalters (Uhlenbruck/Vallender/Zipperer Rn. 2, 7), Berufs- oder Gewerbeverbot, Anordnung einer Betreuung oder Vermögensverfall, sowie in allen Gründen, die eine Bestellbarkeit nach § 56 ausgeschlossen hätten (LG Göttingen NZI 2003, 499; MüKoInsO/Graeber Rn. 17f.).

6.6 Von der Rechtsprechung wurde überdies ein die Entlassung rechtfertigender wichtiger Grund bejaht, wenn
- der Verwalter trotz mehrmaliger Festsetzungen und Bezahlung eines Zwangsgelds die ihm abverlangte Handlung nicht vornimmt (BGH NZI 2015, 20 Rn. 9); etwa wenn trotz zweimaliger Festsetzung eines Zwangsgelds die längst überfällige Pflicht zur Rechnungslegung nicht erfüllt wird (BGH BeckRS 2012, 02997);
- ein Insolvenzverwalter pflichtwidrig einer zur Insolvenztabelle angemeldeten Gläubigerforderung nicht widerspricht, obwohl sich Zweifel an der Berechtigung der formal ordnungsgemäß angemeldeten Forderung aufdrängen mussten; dies auch wenn die fehlende Intervention maßgeblich darauf beruht, dass er die Forderungsprüfung auf Angestellte delegiert hat (LG Stendal NZI 2017, 972 f. Rn. 17 f.; AG Stendal BeckRS 2017, 128600).
- masseschädigende Verhaltensweisen erheblichen Umfangs in anderen Insolvenzverfahren die generelle Unzuverlässigkeit des Verwalters erweisen (BGH NZI 2015, 20 Rn. 9; 2012, 247 Rn. 9; 2011, 282 Rn. 20; Andres/Leithaus/Andres Rn. 2; vgl. FK-InsO/Jahntz Rn. 7; HmbKommInsR/Frind Rn. 3);
- der Insolvenzverwalter die Verwertung der Forderungen gegen Familienangehörige des Schuldners über Jahre hin vorwerfbar verzögert (BGH NZI 2015, 20 Rn. 9; NZI 2010, 998 Rn. 9; FK-InsO/Jahntz Rn. 7); der Insolvenzverwalter den Auflagen der Gläubigerversammlung zuwider den Betrieb fortführt. Die Abberufung ist auch gerechtfertigt, wenn er seiner Berichtspflicht gegenüber der Gläubigerversammlung trotz mehrfacher Aufforderung nicht nachkommt und der Bericht erst mit erheblicher Verspätung von acht Monaten eingeht (AG Bonn ZInsO 2002, 641);
- der Verwalter ein von ihm selbst geleitetes Drittunternehmen mit ihm übertragenen Aufgaben zu einem erkennbar über dem Marktwert liegenden Preis beauftragt (BGH NJW-RR 2012, 953 Rn. 16 ff.); der Verwalter Interessenkonflikte, wie etwa ein Handeln gegen das Verbot des Selbstkontrahierens (§ 181 BGB) begeht oder wenn er zur Masse gehörende Vermögensgegenstände eigennützig verwertet (LG Stendal ZInsO 1999, 233 (234));
- der Insolvenzverwalter pflichtwidrig nicht von sich aus dem Insolvenzgericht einen Sachverhalt anzeigt, der bei unvoreingenommener, lebensnaher Betrachtungsweise die ernstliche Besorgnis rechtfertigen kann, dass er als befangen an seiner Amtsführung verhindert ist (BGH NZI 2015, 20 Rn. 9; 2012, 247 Rn. 13; NJW-RR 2012, 953 Rn. 17; NJW 1991, 982 (985); Andres/Leithaus/Andres Rn. 2; K. Schmidt InsO/Ries Rn. 6; Braun/Blümle Rn. 9);
- ein Verwalter ohne Zustimmung des Gläubigerausschusses einen Vergleich über die Auszahlung einer Versicherungsleistung geschlossen und im Rahmen des Vergleichs einen Gesellschafter begünstigt hat (LG Lüneburg BeckRS 2011, 00160);
- der Verwalter ehrenrührige tatsächliche Behauptungen ohne ausreichende Tatsachengrundlage aufstellt und das Schuldnerverhalten mit Beleidigungen wie „hinterlistig" und „hinterhältig" kommentiert (BGH NZI 2009, 604 Rn. 8; K. Schmidt InsO/Ries Rn. 8; vgl. OLG Zweibrücken NJW-RR 2001, 631 (632) zu anmaßenden, beleidigenden Vorwürfen des Verwalters gegenüber dem Insolvenzrichter);

Entlassung des Insolvenzverwalters   § 59 InsO

• der Verwalter gegen das Vertretungsverbot des § 45 Abs. 1 Nr. 3 BRAO verstößt, wonach der Rechtsanwalt gegen den Träger des von ihm verwalteten Vermögens in Angelegenheiten, mit denen er als Insolvenzverwalter bereits befasst war, nicht tätig werden darf (AG Memmingen Beschl. v. 11.5.2006 – 3 IN 135/04 Rn. 1, 32 f. = BeckRS 2007, 01499).

Einzelfälle: wichtiger Grund verneint   6.7
Eine Störung des Vertrauensverhältnisses zwischen Insolvenzverwalter und Insolvenzgericht, die allein   6.8
auf persönlichem Zwist beruht, reicht nach einhelliger Auffassung niemals für die Entlassung des Verwalter
aus (BGH NZI 2015, 20 Rn. 7; NJW-RR 2012, 952 Rn. 10; NJW-RR 2012, 953 Rn. 11; NJW-RR
2006, 697 Rn. 9; LG Stendal ZInsO 1999, 233 (234); LG Halle ZIP 1993, 1739 (1740); FK-InsO/Jahntz
Rn. 10; MüKoInsO/Graeber Rn. 18; Braun/Blümle Rn. 7).

Eine verzögerte Erteilung von im Wesentlichen vollständigen Auskünften, die nicht zur Verzögerung   6.9
des Insolvenzverfahrens oder zu Nachteilen für die Masse geführt haben, rechtfertigen die Entlassung
nicht (BGH NZI 2015, 20 Rn. 15, 20, 43). Die Entlassung eines Verwalters wegen Verletzung seiner
Berichtspflichten ist vielmehr nur dann gerechtfertigt, wenn die Zwangsgeldfestsetzung nach § 58 Abs. 2
erfolglos geblieben ist und die ordnungsgemäße Verfahrensabwicklung und die Rechtmäßigkeit des Verfahrens eine Ablösung im Interesse aller Verfahrensbeteiligten erfordern (LG Göttingen NZI 2003, 499 (500);
MüKoInsO/Graeber Rn. 31). Keine die Abberufung rechtfertigende Pflichtverletzung stellt es somit dar,
wenn der Verwalter die zur Masse gehörenden Grundstücke in seinem Gutachten ungenau bezeichnet,
obwohl eine präzise Grundstücksbezeichnung wegen anfänglicher Irrtümer über den Bestand der Masse
geboten gewesen wäre (LG Stendal ZinsO 1999, 233 (234)).

Da es nicht zu den Aufgaben des Sachverständigen bzw. des vorläufigen Insolvenzverwalters gehört,   6.10
die Zulässigkeit eines Gläubigerantrages zu problematisieren, ebenso wenig wie die Darlegung der Forderung und die Überprüfung der Zuständigkeit des Insolvenzgerichtes, stellt ein Unterlassen insoweit auch
keinen wichtigen Grund iSd § 59 dar (LG Hamburg Beschl. v. 4.3.2010 – 326 T 6/10 Rn. 16 = BeckRS
2010, 24844).

Allein eine Meinungsverschiedenheit zwischen Gericht und Verwalter über eine Rechtsfrage stellt für   6.11
sich genommen kein pflichtwidriges Verhalten dar (BGH KTS 2012, 466 Rn. 12; NJW-RR 2012, 952
Rn. 13); auch dann nicht, wenn sie zu zahlreichen Beschwerdeverfahren führt (BGH NJW-RR 2012, 953
Rn. 13; IBRRS 2012, 1872 Rn. 12). Daher können auch Meinungsverschiedenheiten zwischen dem
Insolvenzgericht und dem Insolvenzverwalter über die Auslegung eines Beschlusses der Gläubigerversammlung nicht durch Entlassung des Insolvenzverwalters nach § 59 geklärt werden (LG Traunstein NZI 2009,
654).

Ist dem Insolvenzgericht aus Berichten des Verwalters ein Sachverhalt bekannt, aus dem sich unter   6.12
Umständen Interessenkonflikte ergeben können, ist der Verwalter nicht verpflichtet, das Gericht hierüber
gesondert zu informieren. Unterlässt er eine solche Information, stellt dies keinen wichtigen Grund dar
(LG Potsdam ZinsO 2005, 893 (895)).

Führung eines Anfechtungsprozesses, in dessen Folge der Anfechtungserlös zu 93 % an die Hauptgläubi-   6.13
gerin zurückfließen würde (LG Hamburg NZI 2017, 801).

B. Verfahren

I. Entlassung von Amts wegen (Abs. 1 S. 2 Alt. 1)

Das Insolvenzgericht kann den Verwalter aus eigener Initiative heraus entlassen. Eines Antrags   7
bedarf es in diesem Fall nicht (Nerlich/Römermann/Delhaes Rn. 3). Wenn Beschwerden von
Gläubigern die Besorgnis der Befangenheit oder Pflichtwidrigkeit begründen, kann Anlass für das
Gericht bestehen, den Vorwürfen im Wege der **Amtsermittlung** gem. § 5 Abs. nachzugehen
(Uhlenbruck/Vallender/Zipperer Rn. 11; FK-InsO/Jahntz Rn. 10; MüKoInsO/Graeber Rn. 43;
K. Schmidt InsO/Ries Rn. 11). Kann das Gericht nicht selbst sämtliche klärungsbedürftigen
Punkte ermitteln, kann es sich eines **Sonderinsolvenzverwalters** oder eines **Sachverständigen**
bedienen (MüKoInsO/Graeber Rn. 14). Richtigerweise ist von der Einschaltung externer Sachverständiger allerdings im Interesse, die Masse zu schonen, nur zurückhaltend Gebrauch zu machen
(→ § 58 Rn. 12) Bei Einsetzung eines Sonderinsolvenzverwalters kommt eine anteilige Vergütungskürzung des bisherigen Verwalters in Betracht (vgl. K. Schmidt InsO/Ries Rn. 8).

Bei Einleitung eines **staatsanwaltlichen Ermittlungsverfahrens** ist das Insolvenzgericht ver-   8
pflichtet, den Insolvenzverwalter zu den Beschuldigungen zu vernehmen (Uhlenbruck/Vallender/
Zipperer Rn. 11). Offensichtlich unqualifizierte Vorwürfe bieten hingegen keinen Anlass für das
Gericht, tätig zu werden (Uhlenbruck/Vallender/Zipperer Rn. 16; K. Schmidt InsO/Ries
Rn. 11). Literaturstimmen plädieren überwiegend dafür, den Verwalter auch **einstweilig** aus dem
Amt zu entlassen, wenn **Gefahr im Verzug** ist (Uhlenbruck/Vallender/Zipperer Rn. 15; Nerlich/
Römermann/Delhaes Rn. 5; Andres/Leithaus/Andres Rn. 14; dagegen K. Schmidt InsO/Ries

Rn. 13; HmbKommInsR/Frind Rn. 2b). Dem ist ungeachtet der praktischen Probleme bei solch einem Vorgehen zuzustimmen, schon um die Verhältnismäßigkeit etwa bei Verschuldensmomenten und Gefahr im Verzug zu wahren.

9 Eine Entlassung von Amts wegen gem. § 59 Abs. 1 S. 2 setzt voraus, dass das Gericht tatsächliche Umstände ermittelt. Ermittelt das Gericht einen wichtigen Grund, besteht bezüglich der Entlassung **kein Ermessensspielraum** mehr (Uhlenbruck/Vallender/Zipperer Rn. 16; FK-InsO/Jahntz Rn. 16; wohl aA Nerlich/Römermann/Delhaes Rn. 11, nach dessen Ansicht eine Ermessensreduzierung auf Null nur dann gegeben ist, wenn eine Ungeeignetheit zutage tritt, die einer Bestellung entgegen gestanden hätte). Belässt beispielsweise der Insolvenzverwalter über einen längeren Zeitraum **Fremdgelder** auf seinem allgemeinen Geschäftskonto statt auf einem Insolvenzanderkonto, hat das Insolvenzgericht zwingend der Gläubigerversammlung die Entlassung des Verwalters vorzuschlagen und ihn bis zu deren Entscheidung seines Amtes vorläufig zu entheben (vgl. AG Karlsruhe ZIP 1983, 101). Jede Form unsauberen bzw. unklaren Geldverkehrs beschädigt nachhaltig das Vertrauen der Öffentlichkeit in die Rechtspflege. Verstöße im Bereich Kontenführung und Trennung der Vermögensmassen wiegen daher besonders schwer (K. Schmidt InsO/Ries Rn. 8).

II. Entlassung aufgrund Antrags des Verwalters (Abs. 1 S. 2 Alt. 2)

10 Die Entlassung des Verwalters kann nach § 59 Abs. 1 S. 2 Alt. 2 auch auf dessen Antrag hin erfolgen. Eine „Kündigung" oder vergleichbare Erklärung ist als ein solcher Antrag auszulegen (FK-InsO/Jahntz Rn. 3; Nerlich/Römermann/Delhaes Rn. 7). Auch hier muss ein wichtiger Grund vorliegen (FK-InsO/Jahntz Rn. 14; MüKoInsO/Graeber Rn. 47 f.; HmbKommInsR/Frind Rn. 1; Braun/Blümle Rn. 11; vgl. BGH Beschl. v. 17.6.2004 – IX ZB 92/03 Rn. 2 = BeckRS 2004, 06410 für die Entlassung eines Treuhänders auf eigenen Antrag hin). Ohne Einschaltung des Gerichts darf der Verwalter sein Amt nicht niederlegen. Ist ein wichtiger Grund gegeben, muss das Gericht dem Antrag entsprechen (Uhlenbruck/Vallender/Zipperer Rn. 2, 18). Davon zu trennen ist die Frage, ob es sinnvoll ist, einen Verwalter gegen seinen Willen im Amt festzuhalten (Uhlenbruck/Vallender/Zipperer Rn. 15; Nerlich/Römermann/Delhaes Rn. 7, 51; K. Schmidt InsO/Ries Rn. 9). Da es nur selten vorkommen wird, dass der Verwalter ohne besonderen Anlass seine Entlassung beantragt, kann dieses Problem in der Praxis durch die großzügige Annahme eines wichtigen Grundes gelöst werden (Braun/Blümle Rn. 11).

11 Die wichtigen Gründe entsprechen im Wesentlichen denjenigen, die zur Entlassung von Amts wegen oder auf Antrag eines Gläubigerorgans führen können (Uhlenbruck/Vallender/Zipperer Rn. 15). Ein wichtiger Grund ist beispielsweise eine ernsthafte **Erkrankung** des Verwalters oder naher Angehöriger, das Gefühl der **Überforderung,** das **Alter** oder ein **Wegfall** technischer bzw. personeller **Ressourcen** infolge Kanzleitrennung (Uhlenbruck/Vallender/Zipperer Rn. 2, 17 f.; ähnlich MüKoInsO/Graeber Rn. 49; K. Schmidt InsO/Ries Rn. 9, ebenso wie eine beabsichtigte Aufgabe der eigenen Kanzlei (HmbKommInsR/Frind Rn. 2a; **aA** MüKoInsO/Graeber Rn. 38a, der allerdings das Problem mangelnder Motivation bei Fortsetzung des Amtes erkennt). Es bleiben die fälligen Mehrkosten bei einem Verwaltungswechsel. Vorgeschlagen wird, bei einer Entlassung die Vergütung so zu bemessen, dass für die Masse aufgrund des Verwalterwechsels im Ergebnis keine zusätzlichen Belastungen entstehen.

III. Entlassung aufgrund Antrags des Gläubigerausschusses bzw. der Gläubigerversammlung (Abs. 1 S. 2 Alt. 3, 4)

12 Nach § 59 Abs. 1 S. 2 sind sowohl der Gläubigerausschuss (Alt. 3) als auch die Gläubigerversammlung (Alt. 4) berechtigt, einen Antrag auf Entlassung des Verwalters zu stellen. Der Antrag ist ordnungsgemäß zu **beschließen** und zu begründen. Die **Begründung** soll ermöglichen, zu überprüfen, ob ein wichtiger Grund vorliegt. Auch in dieser Konstellation hat das Insolvenzgericht die tatsächlichen Feststellungen bezüglich des **wichtigen Grundes** zu treffen. Einzelnen Gläubigern steht kein Antragsrecht zu. Ebenso haben der Schuldner und andere Beteiligte, wie etwa Aussonderungsberechtigte, kein Antragsrecht (FK-InsO/Jahntz Rn. 3; Braun/Blümle Rn. 3; BGH NZI 2006, 474 bezüglich Schuldner). Im Herantragen möglicher, substantiiert dargelegter Entlassungsgründe durch **nicht antragsberechtigte Personengruppen** ist eine **Anregung** zu Ermittlungen von Amts wegen zu sehen (Braun/Blümle Rn. 3; HmbKommInsR/Frind Rn. 2b).

13 Der **vorläufige Gläubigerausschuss** ist als Antragsteller nicht genannt. Nach teilweise vertretener Auffassung handelt es sich dabei um ein Redaktionsversehen (so HmbKommInsR/Frind Rn. 2). Gute Gründe sprechen auch dafür, dass der Gesetzgeber eine schwerwiegende Entscheidung wie den Entbehrungsantrag nicht einem vorläufigen Gremium übertragen wollte.

In der Abstimmung der Gläubigerversammlung über die Wahl eines anderen Verwalters gem. **14**
§ 57 kann nicht zugleich ein Antrag auf Entlassung des Verwalters nach § 59 gesehen werden
(BGH NZI 2006, 529).

IV. Entlassung aufgrund Antrags des (einzelnen) Insolvenzgläubigers oder des Schuldners (Abs. 1 S. 2 Alt. 2, 5, S. 3)

Die Entlassung des Insolvenzverwalters kann seit dem 1.1.2021 auch durch einen einzelnen **14a**
Insolvenzgläubiger oder den Schuldner beantragt werden. Die Erstreckung des Antragsrechts auf
den Schuldner und Insolvenzgläubiger dient der Umsetzung von Vorgaben des Art. 26 Abs. 1 RL
(EU) 2019/1023 des Europäischen Parlaments und des Rates vom 20. Juni 2019 über präventive
Restrukturierungsrahmen, über Entschuldung und über Tätigkeitsverbote sowie über Maßnahmen
zur Steigerung der Effizienz von Restrukturierungs-, Insolvenz- und Entschuldungsverfahren und
zur Änderung der Richtlinie (EU) 2017/1132 (Richtlinie über Restrukturierung und Insolvenz).
Ziel der Vorgabe ist ein verstärkter Schutz des Verfahrens vor Interessenkonflikten.

Der deutsche Gesetzgeber hat sich entschieden, die Zulässigkeit des Antrags eines Insolvenzgläu- **14b**
bigers sowie des Schuldners zeitlich und sachlich gegenüber den Anträgen der Gläubigergremien
einzuschränken. Sachlich können Schuldner und Insolvenzgläubiger nur Inhabilitäten rügen, die
insbesondere aufgrund vorheriger Amtsinhaberschaft im Rahmen einer Restrukturierungssache
auftreten können. Das Antragsrecht ist zudem auf einen Zeitraum von sechs Monaten nach der
Bestellung des Verwalters zu begrenzt. Das ist verfahrensökonomisch richtig und lässt sich damit
begründen, dass der Schuldner und der einzelne Insolvenzgläubiger eine vergleichsweise schwache
Position im Insolvenzverfahren innehaben. Ein zeitlich und sachlich unbeschränktes Antragsrecht
würde die Möglichkeit eröffnen, ein laufendes Verfahren zu jeder Zeit zu entschleunigen und die
Position des Verwalters zu schwächen. Auch scheint es zumutbar, Zweifel an der Unabhängigkeit,
also Interessenkonflikte, innerhalb von sechs Monaten nach der Bestellung glaubhaft zu machen,
da die Zweifel regelmäßig in Umständen oder Verhaltensweisen aus der Zeit vor der Bestellungsentscheidung begründet sind. Das Gesetz stellt schließlich ausdrücklich klar, dass der antragstellende Schuldner bzw. Insolvenzgläubiger die Voraussetzungen gegenüber dem Gericht glaubhaft
zu machen hat. „Blankoanträge" lösen daher keine weitergehende Pflicht des Gerichts zu eigenen
Nachforschungen aus.

Gegen eine ablehnende Entscheidung steht dem Schuldner und dem Insolvenzgläubiger nach **14c**
Abs. 2 S. 2 das Rechtsmittel der Beschwerde zu.

V. Anhörung des Verwalters (Abs. 1 S. 3)

Vor der Entscheidung des Gerichts über seine Entlassung ist dem Insolvenzverwalter gem. § 59 **15**
Abs. 1 S. 3 **rechtliches Gehör** zu gewähren. Da die Entlassung einen erheblichen Eingriff in die
Rechte des Verwalters darstellt, ist die vorherige Anhörung zwingend. Rechtliches Gehör ist auch
zu gewähren, wenn der Verwalter zum Zeitpunkt der Entscheidung im **Urlaub** ist. Wenn keine
Gefahr im Verzug vorliegt, muss mit der Anhörung und der Entscheidung bis zu dessen Urlaubs-
rückkehr gewartet werden (BGH NZI 2009, 604 Rn. 10; K. Schmidt InsO/Ries Rn. 4). Wie
lang die dem Verwalter für seine Stellungnahme zu gewährende **Frist** ist, hängt vom Einzelfall ab
(LG Göttingen NZI 2003, 499). Eine Anhörung ist ausnahmsweise **entbehrlich,** wenn der Verwalter flüchtig ist oder krankheitsbedingt nicht Stellung nehmen kann (Uhlenbruck/Vallender/
Zipperer Rn. 20).

Ist eine Anhörung unterblieben, kann dieser **Verfahrensmangel** allerdings im Rechtsmittelver- **16**
fahren geheilt werden (BGH WM 2011, 663 Rn. 10; NZI 2009, 604 Rn. 11; FK-InsO/Jahntz
Rn. 16; K. Schmidt InsO/Ries Rn. 13; Braun/Blümle Rn. 12; HmbKommInsR/Frind Rn. 8).

Auch ist eine bestimmte **Form** der Anhörung ist nicht vorgeschrieben. In der Praxis empfiehlt **17**
sich eine kurzfristig anberaumte mündliche Anhörung. Die Entlassung muss dem Verwalter gegenüber **nicht zuvor angedroht** werden, auch dann nicht, wenn diese erfolgen soll, weil die Zwangsmittel des § 58 den Verwalter nicht zum gewünschten Verhalten veranlasst haben (Uhlenbruck/
Vallender/Zipperer Rn. 20; **aA** Nerlich/Römermann/Delhaes Rn. 4). Andere Verfahrensbeteiligte sind grundsätzlich nicht anzuhören (Nerlich/Römermann/Delhaes Rn. 10).

VI. Zuständigkeit, Form, Zustellung

Ob für die Entlassung aus wichtigem Grund **funktional** der Rechtspfleger oder das Gericht **18**
zuständig ist, ist in Literatur und Rechtsprechung umstritten (für eine Zuständigkeit des **Rechtspflegers** plädieren unter Verweis auf § 18 Abs. 1 RPflG LG Dresden NZI 2018, 28 ff.; LG Stendal

NZI 2010, 993 (994); LG Braunschweig NZI 2008, 620; LG Stendal ZinsO 1999, 233 (234); Ganter ZInsO 2017, 2517 (kritisch); Uhlenbruck/Vallender/Zipperer Rn. 21; FK-InsO/Jahntz Rn. 17; MüKoInsO/Graeber Rn. 40; Andres/Leithaus/Andres Rn. 10; K. Schmidt InsO/Ries Rn. 10; Braun/Blümle Rn. 13; die Zuständigkeit beim **Insolvenzrichter** sehen LG Halle ZIP 1994, 572 (574); AG Rosenheim BeckRS 2010, 25944; AG Göttingen NZI 2003, 268 (269); AG Ludwigshafen am Rhein ZInsO 2012, 93 (bezüglich Entlassung des Treuhänders); HmbKommInsR/Frind Rn. 7). Der Richter kann sich die Entscheidung verfahrensbezogen allerdings gemäß § 18 Abs. 2 RPflG vorbehalten und teilweise wird bis zu einer Klärung durch den BGH offenbar das Prinzip einer „Doppelzeichnung" praktiziert (Frind ZInsO 2017, 2421). Für die Entlassung des vorläufigen Insolvenzverwalters ist dagegen analog § 18 Abs. 1 iVm §§ 21 Abs. 2 Nr. 1, 59 InsO stets der Insolvenzrichter zuständig.

19 Die Entlassung erfolgt grundsätzlich durch **Beschluss**, ebenso die Zurückweisung eines Antrags. Die Entscheidung ist stets zu **begründen** (Uhlenbruck/Vallender/Zipperer Rn. 21; Nerlich/Römermann/Delhaes Rn. 11; K. Schmidt InsO/Ries Rn. 13). Nach jüngerer Rechtsprechung muss die Entlassung des Insolvenzverwalters oder Treuhänders **nicht ausdrücklich ausgesprochen** werden. Da nicht zwei Verwalter oder Treuhänder mit denselben Aufgaben betraut sein können, soll in der Bestellung eines neuen Verwalters oder Treuhänders zugleich die Entlassung des alten liegen. Voraussetzung ist allerdings, dass die Bestellung des vormaligen Verwalters fortbesteht (BGH NZI 2015, 390 Rn. 6). Der BGH greift damit seine Rechtsprechung zum Treuhänder im vereinfachten Insolvenzverfahren auf. Bestellte das Insolvenzgericht in dem zum 1.7.2014 abgeschafften **vereinfachten Insolvenzverfahren** für die Wohlverhaltensperiode einen neuen Treuhänder, lag darin zugleich die **schlüssige Entlassung** des ursprünglich – mit Wirkung auch für die Wohlverhaltensphase – bestellten Treuhänders; da für die Wohlverhaltensperiode nicht nebeneinander zwei Treuhänder bestellt sein konnten, die unabhängig voneinander dieselben Aufgaben wahrzunehmen haben (BGH NJW-RR 2012, 953 Rn. 8; NZI 2012, 515 Rn. 6; NZI 2008, 114 Rn. 5; FK-InsO/Jahntz Rn. 16; K. Schmidt InsO/Ries Rn. 7).

20 Der Beschluss ist dem Verwalter und ggf. dem Antragsteller **zuzustellen**. Hatte der Gläubigerausschuss den Antrag gestellt, muss an jedes Ausschussmitglied oder an den Bevollmächtigten zugestellt werden. War die Gläubigerversammlung Antragsteller, ist gem. § 59 Abs. 2 S. 2 an alle Insolvenzgläubiger zuzustellen (Uhlenbruck/Vallender/Zipperer Rn. 22; K. Schmidt InsO/Ries Rn. 13).

C. Rechtsmittel

I. Gegen die Entlassung (Abs. 2 S. 1)

21 Gegen die **Entlassung** steht dem **Verwalter** das Rechtsmittel der **sofortigen Beschwerde** gem. § 59 Abs. 2 S. 1 zu, es sei denn, der Verwalter hat selbst den Antrag auf Entlassung gestellt (Braun/Blümle Rn. 14). Der Verwalter kann wegen die Entlassung infolge der persönlichen Betroffenheit Rechtsmittel nur im eigenen Namen einlegen, nicht für die Masse (BGH ZIP 2010, 2118 Rn. 4). Die Beschwerde des Verwalters hat **keine aufschiebende Wirkung** (Braun/Blümle Rn. 14).

22 Bei Bestellung eines neuen Treuhänders für die Wohlverhaltensperiode ist der **entlassene Treuhänder** beschwerdeberechtigt (BGH NZI 2008, 114 Rn. 5; Andres/Leithaus/Andres Rn. 15). Wird die Entscheidung, den ersten vorläufigen Verwalter zu entlassen, aufgehoben, ist gegen diese Entscheidung der nunmehr entlassene **zweite vorläufige Verwalter** beschwerdebefugt (BGH ZIP 2010, 2118 Rn. 3; K. Schmidt InsO/Ries Rn. 19; **str., aA** HmbKommInsR/Frind Rn. 11).

23 Gegen die Bestellung eines **Sonderinsolvenzverwalters** steht dem bisherigen Verwalter kein Beschwerderecht zu, da keine vollständige Amtsenthebung vorliegt, sondern nur eine partielle Weiterübertragung von Verfügungsmacht iSv § 80 (K. Schmidt InsO/Ries Rn. 15).

II. Gegen die Ablehnung (Abs. 2 S. 2)

24 Gegen die **Ablehnung der Entlassung** kann der Antragsteller sofortige Beschwerde gem. § 59 Abs. 2 S. 2 einlegen. Bei Ablehnung eines Antrags der **Gläubigerversammlung** ist zudem jeder Insolvenzgläubiger beschwerdeberechtigt, da die Gläubigerversammlung kein eigenes Beschwerderecht hat. Dies entsprach bereits der Rechtsprechung und herrschenden Lehre und ist seit dem 1.1.2021 auch im Gesetz ausdrücklich festgeschrieben. Wurde ein Antrag des **Gläubigerausschusses** abgelehnt, steht das Rechtsmittel nur dem Gremium insgesamt und nicht einzelnen Mitgliedern zu (K. Schmidt InsO/Ries Rn. 17; HmbKommInsR/Frind Rn. 9).

III. Eigene Entscheidung des Beschwerdegerichts

Das **Beschwerdegericht** ist nicht auf die rechtliche Nachprüfung der angegriffenen Entscheidung beschränkt, sondern kann als zweite Tatsacheninstanz eine eigene **Ermessensentscheidung** treffen (BGH NJW-RR 2012, 953 Rn. 6; ZInsO 2012, 928 Rn. 7; IBRRS 2012, 1872 Rn. 7 = BeckRS 2012, 09740; K. Schmidt InsO/Ries Rn. 16; Braun/Blümle Rn. 14). Vor dem Rechtsmittelgericht haben **Schuldner** und **Gläubiger** Anspruch auf rechtliches Gehör zur Person des Verwalters (K. Schmidt InsO/Ries Rn. 16). Lässt das Beschwerdegericht die Rechtsbeschwerde zu (§§ 6, 59 Abs. 2 S. 2 ZPO, § 574 Abs. 1 ZPO), wird die Ermessensentscheidung des Tatrichters eingeschränkt auf Fehlerhaftigkeit und Verhältnismäßigkeit überprüft, wobei eine eigene Entscheidung des Beschwerdegerichts nur in Betracht kommt, wenn das Ermessen auf null reduziert ist. 25

D. Rechtsfolgen der Entlassung

Sobald der Entlassungsbeschluss rechtskräftig ist, **scheidet** der entlassene Verwalter aus dem **Verfahren aus.** Die von ihm bis zu diesem Zeitpunkt vorgenommenen **Rechtshandlungen** bleiben aber **wirksam,** es sei denn, es handelt sich um insolvenzzweckwidrige Maßnahmen, die von Anfang an unwirksam sind (Uhlenbruck/Vallender/Zipperer Rn. 25; HmbKommInsR/Frind Rn. 12). Die **Massegegenstände** sind an den neuen Verwalter herauszugeben (MüKoInsO/Graeber Rn. 62; K. Schmidt InsO/Ries Rn. 20). Wird die **Entlassung** des ersten Verwalters **aufgehoben,** wird damit zugleich die Bestellung des neuen Verwalters aufgehoben und dieser entlassen (BGH ZIP 2010, 2118 Rn. 2). 26

Trotz Entlassung aus dem Amt steht dem Verwalter für seine bisherige erbrachte Tätigkeit grundsätzlich eine angemessene **Vergütung** zu, soweit diese nicht ausnahmsweise in schwerwiegenden Fällen verwirkt ist (zur Berechnung Lissner ZInsO 2016, 953). Mit Beendigung seiner Tätigkeit wird der Anspruch fällig (LG Deggendorf NZI 2013, 1028 (1029); vgl. näher dazu BGH NZI 2006, 165 (166); Andres/Leithaus/Andres Rn. 12; HmbKommInsR/Frind Rn. 12b; K. Schmidt InsO/Ries Rn. 20). Ein Versagen der Vergütung ist auf krasse Ausnahmefälle beschränkt und kann nur bejaht werden, wenn der Insolvenzverwalter eine schwere, subjektiv in hohem Maße vorwerfbare Verletzung der Treuepflicht begangen hat (BGH BeckRS 2018, 33149). Die Fehlhandlungen des Verwalters müssen so schwerwiegend sein, dass er als „unwürdig" anzusehen ist, den verfassungsrechtlich verbürgten Vergütungsanspruch zu behalten (LG Potsdam ZIP 2005, 1698 (1699)). So hat der BGH beschlossen, dass allein der Umstand, dass ein Insolvenzverwalter in einem anderen Insolvenzverfahren seine Vergütung doppelt entnommen hat, kein ausreichender Grund für die Versagung der Vergütung ist (BGH BeckRS 2019, 24564). Der neu bestellte Insolvenzverwalter muss bei mangelhafter Geschäftsführung Schadensersatzansprüche gegen seinen Vorgänger geltend machen. Gegen dessen Vergütungsansprüche kann aber nicht aufgerechnet werden (Nerlich/Römermann/Delhaes Rn. 14). 27

§ 60 Haftung des Insolvenzverwalters

(1) ¹Der Insolvenzverwalter ist allen Beteiligten zum Schadensersatz verpflichtet, wenn er schuldhaft die Pflichten verletzt, die ihm nach diesem Gesetz obliegen. ²Er hat für die Sorgfalt eines ordentlichen und gewissenhaften Insolvenzverwalters einzustehen.

(2) Soweit er zur Erfüllung der ihm als Verwalter obliegenden Pflichten Angestellte des Schuldners im Rahmen ihrer bisherigen Tätigkeit einsetzen muß und diese Angestellten nicht offensichtlich ungeeignet sind, hat der Verwalter ein Verschulden dieser Personen nicht gemäß § 278 des Bürgerlichen Gesetzbuchs zu vertreten, sondern ist nur für deren Überwachung und für Entscheidungen von besonderer Bedeutung verantwortlich.

Überblick

§ 60 behandelt die Haftung des Insolvenzverwalters (→ Rn. 3 ff.) gegenüber den Beteiligten (→ Rn. 9 ff.) für die Verletzung insolvenzspezifischer Pflichten (→ Rn. 14). Der Insolvenzverwalter hat bei der Ausübung seines Amtes für die Sorgfalt eines ordentlichen und gewissenhaften Insolvenzverwalters einzustehen (→ Rn. 47 ff.). Die Verantwortlichkeit des Insolvenzverwalters für die Pflichtverletzung von Hilfspersonen ist eingeschränkt, soweit es sich um Angestellte des Insolvenzschuldners handelt (→ Rn. 48 ff.). Während des laufenden Insolvenzverfahrens stellt sich regelmäßig die Frage, wer zur Geltendmachung → Rn. 69 ff. des Anspruchs befugt ist. Hierbei ist zwischen Einzel- und Gesamtschaden → Rn. 75 ff. zu unterscheiden.

Übersicht

	Rn.		Rn.
A. Allgemeines	1	C. Geltendmachung des Haftungsanspruchs	69
B. Haftungsvoraussetzungen	2	I. Keine Primärhaftung der Insolvenzmasse	69
I. Normadressat	2	II. Gesamt- und Einzelschaden	74
II. Verletzung insolvenzspezifischer Pflichten	13	III. Gesamtschuldnerische Haftung	78
1. Pflichten bei der Verwaltung und Verwertung der Insolvenzmasse	15	IV. Verjährung	80
2. Pflichten bei der Durchsetzung von Ansprüchen	19	D. Haftung nach anderen Anspruchsgrundlagen	81
		I. Zivilrechtliche Haftung	83
3. Pflichten gegenüber dem Insolvenzschuldner	28	1. (Vor)Vertragliche Haftung	83
4. Pflichten gegenüber Masseg läubigern	32	2. Deliktische Haftung	87
5. Pflichten gegenüber Aus- und Absonderungsberechtigten	36	II. Öffentlich-rechtliche Haftung	89
		III. Steuerrechtliche Haftung	91
6. Haftung im Einzugsermächtigungsverfahren	44	IV. Arbeits- und sozialversicherungsrechtliche Haftung	100
7. Pflichten in der vorläufigen Insolvenzverwaltung	48	1. Arbeitsrechtliche Haftung	102
8. Pflichten gegenüber Arbeitnehmern	51	2. Sozialversicherungsrechtliche Haftung	104
III. Kausalität und Schaden	55	E. Prozessuales	107
IV. Verschulden	57	I. Zuständigkeit	107
V. Haftung für das Verschulden Dritter (Abs. 2)	64	II. Parteieigenschaft des Insolvenzverwalters	110

A. Allgemeines

1 Ein Insolvenzverwalter ist nach § 60 allen Beteiligten zum Schadensersatz verpflichtet, wenn er schuldhaft die Pflichten verletzt, die ihm nach der InsO obliegen. Durch § 60 wurde die Vorgängernorm des § 82 KO ersetzt. Auch nach der KO war der (Konkurs-)Verwalter allen Beteiligten für die ihm obliegenden Pflichten verantwortlich. Die Formulierung des § 60 Abs. 1 S. 1 stellt klar, dass die persönliche Haftung des Insolvenzverwalters nur auf der Verletzung insolvenzspezifischer Pflichten basiert (BT-Drs. 12/2443, 129). Dies beugt der Gefahr einer ausufernden Haftung des Insolvenzverwalters vor (BT-Drs. 12/2443, 129).

B. Haftungsvoraussetzungen

I. Normadressat

2 § 60 normiert die persönliche Haftung des Insolvenzverwalters. Nach § 60 haftet auch ein **Sonderinsolvenzverwalter,** allerdings nur im Rahmen des ihm vom Insolvenzgericht zugewiesenen Aufgabenkreises (Uhlenbruck/Sinz Rn. 2; Frege/Keller/Riedel Rn. 1183c).

3 Auch ein **vorläufiger Insolvenzverwalter** unterliegt einer persönlichen Haftung nach § 60. Das Gesetz verweist in § 21 Abs. 2 S. 1 Nr. 1 auf die §§ 58–66. Das Pflichten- und Aufgabenfeld des vorläufigen Insolvenzverwalters hängt maßgeblich von den Befugnissen ab, die das Insolvenzgericht dem vorläufigen Insolvenzverwalter gewährt.

4 Die Haftung des **Sachwalters** richtet sich gemäß der Verweisung in § 274 Abs. 1 ebenfalls nach § 60. Inhaltlich unterscheidet sich die Haftung des Sachwalters von der des Insolvenzverwalters, da der Pflichtenkreis des Sachwalters gegenüber dem des Insolvenzverwalters beschränkt ist. Im Gegensatz zum Insolvenzverwalter steht dem Sachwalter keine Verwaltungs- und Verfügungsbefugnis über das Vermögen des Insolvenzschuldners zu (Pape/Uhlenbruck/Voigt-Salus, InsR, Kap. 39 Rn. 18); er hat vielmehr die Ausübung des Verwaltungs- und Verfügungsrechts des Schuldners gem. § 274 Abs. 2 zu überwachen. Den Sachwalter kann ein Organisationsverschulden treffen, wenn der Schuldner die Insolvenzmasse entgegen den Grundsätzen der InsO verwaltet oder insolvenzzweckwidrige Verfügungen vornimmt (FK-InsO/Foltis § 274 Rn. 22; Braun/Riggert § 274 Rn. 6; PK-HWF (online)/Buchalik § 274 Rn. 11).

Darüber hinaus haften nach § 276a Abs. 2 S. 1 die Mitglieder des Vertretungsorgans des Schuldners nach der Maßgabe der §§ 60–62. Dies gilt nach Abs. 3 auch in der vorläufigen Eigenverwaltung oder nach Anordnung von Sicherungsmaßnahmen nach § 270c Abs. 3. Der Gesetzgeber hat die Norm mit dem Gesetz zur Fortentwicklung des Sanierungs- und Insolvenzrechts (SanInsFoG; zum 1.1.2021 in Kraft getreten) in die InsO eingefügt und damit eine bereits zuvor bestehende Rechtsprechung des BGH in Gesetzesform gegossen, wonach die **Geschäftsleiter** einer juristischen Person in der Eigenverwaltung analog §§ 60, 61 haften (BGH BeckRS 2018, 7872 Rn. 13 ff.). Vor der Entscheidung des BGH war die Frage der Haftung von Geschäftsleitern in der Eigenverwaltung umstritten (zum Streitstand s. ausf. BGH BeckRS 2018, 7872 Rn. 47). Nach dem Willen des Gesetzgebers verdrängen die § 276a Abs. 2 und Abs. 3 im vorläufigen Eigenverwaltungsverfahren auch die Haftungsregelung des § 15b (BT-Drs. 19/24181, 195). Für verbotswidrige Zahlungen während der vorläufigen Eigenverwaltung haften Geschäftsleiter daher künftig nach § 276a Abs. 2 und 3 iVm § 60. Fraglich ist, ob sich aus den unterschiedlichen Haftungsregelungen (§ 276a Abs. 2 und 3 iVm § 60 einerseits und § 15b andererseits) auch unterschiedliche Haftungsfolgen ergeben. Fest steht, dass es sich bei § 60 um eine (reine) Schadensersatznorm handelt. Der Anspruchsinhaber muss den entstandenen Schaden nach der Differenzhypothese berechnen und den Eintritt des Schadens darlegen und beweisen. Eine Möglichkeit, wie in § 15b Abs. 2 S. 1 grundsätzlich vorgesehen, einfach Erstattung einzelner Zahlungen zu verlangen, enthält § 60 nicht (krit. dazu auch Bitter ZIP 2021, 321 (336)). Darüber hinaus verjährt ein Anspruch aus § 60 – anders als Masseschmälerungsansprüche nach § 15b (vgl. Abs. 7) – innerhalb der Regelverjährung (§ 62). 4a

Der nach alter Rechtslage in einem **Verbraucherinsolvenzverfahren** zu bestellende Treuhänder wurde über die Verweisung des (mittlerweile aufgehobenen) § 313 Abs. 1 S. 3 in entsprechender Anwendung der Haftung des § 60 unterworfen. Nach der Aufhebung der §§ 312–314 ist nunmehr auch in einem Verbraucherinsolvenzverfahren ein Insolvenzverwalter zu bestellen (Uhlenbruck/Sternal § 313 Rn. 1). § 60 kommt für den Insolvenzverwalter im Verbraucherinsolvenzverfahren direkt zur Anwendung. 5

Die Regelungen der InsO zum Verfahren der Restschuldbefreiung (§§ 286 ff.) verweisen nicht auf § 60. Der BGH hat bisher offen gelassen, ob der im Restschuldbefreiungsverfahren bestellte **Treuhänder** den Beteiligten in entsprechender Anwendung des § 60 zum Schadensersatz verpflichtet sein kann oder ob er ausschließlich gem. § 280 BGB nach allgemeinen Grundsätzen haftet (BGH BeckRS 2008, 18078 Rn. 20). Er hat aber angedeutet, dass einer entsprechenden Anwendung des § 60 entgegenstehen könnte, dass § 292 Abs. 3 S. 2, der die Rechtsstellung des Treuhänders im Restschuldbefreiungsverfahren regelt, nur auf die Vorschriften der §§ 58 und 59, nicht jedoch auf die §§ 60–62 verweist (BGH BeckRS 2008, 18078 Rn. 20). Die herrschende Ansicht lehnt eine entsprechende Anwendung des § 60 auf den Treuhänder im Restschuldbefreiungsverfahren ab (OLG Celle BeckRS 2007, 16852; Uhlenbruck/Sinz Rn. 7; MüKoInsO § 292 Rn. 70; Nerlich/Römermann/Rein Rn. 11; FAK-AGR/Fischer § 292 Rn. 8; HmbKommInsR/Streck § 292 Rn. 15; FK-InsO/Grote § 292 Rn. 41 f. **aA** HK-InsO/Waltenberger § 292 Rn. 25; Gundlach/Schmidt NZI 2008, 607 (609); Keller InsR Rn. 1881; Pape/Uhlenbruck/Voigt-Salus/Pape, InsR, Kap. 41 Rn. 40). 6

Ein **Sachverständiger,** den das Gericht nach § 5 Abs. 1 S. 2 bestellt, haftet für Fehler in seinem Gutachten nicht nach § 60, sondern nach § 839a (Uhlenbruck/Sinz Rn. 4 f.; HmbKommInsR/Weitzmann Rn. 48; Nerlich/Römermann/Rein Rn. 12; FK-InsO/Jahntz Rn. 6; BeckOGK BGB/Dörr BGB § 839a Rn. 10.1 f.; MüKoBGB/Wagner BGB § 839a Rn. 7; **aA** Wilhelm DZWIR 2007, 361). Das gilt auch für den vorläufigen Insolvenzverwalter, der gemäß § 22 Abs. 1 S. 2 Nr. 3 zum Sachverständigen bestellt und damit betraut worden ist, den Eröffnungsgrund festzustellen (Uhlenbruck/Sinz Rn. 4 f.; Jaeger/Gerhardt Rn. 17; MüKoBGB/Wagner BGB § 839a Rn. 7). 7

Der Insolvenzverwalter ist nach § 60 allen „**Beteiligten**" zum Schadensersatz verpflichtet. Der Beteiligtenbegriff des § 60 ist nicht auf die formell am Insolvenzverfahren Beteiligten beschränkt. Der Begriff wird danach bestimmt, wem gegenüber der Insolvenzverwalter insolvenzspezifische Pflichten wahrzunehmen hat (BGH BeckRS 2006, 04552 Rn. 9). Insolvenzspezifische Pflichten bestehen insbesondere gegenüber dem Insolvenzschuldner, den Insolvenzgläubigern (einschließlich nachrangiger Gläubiger), Massegläubigern und aus- und absonderungsberechtigten Gläubigern, grundsätzlich aber nicht gegenüber Neumassegläubigern, denen der Insolvenzverwalter wie ein normaler Geschäftspartner gegenüber tritt (PK-HWF (online)/Frind Rn. 7; Uhlenbruck/Sinz Rn. 10). Auch die Mitglieder des Gläubigerausschusses sind „Beteiligte" iSd § 60 (Uhlenbruck/Sinz Rn. 10). 8

9 Die **persönlich haftenden Gesellschafter einer Personenhandelsgesellschaft** können Beteiligte im Sinne des § 60 sein (MüKoInsO/Brandes/Schoppmeyer Rn. 69; FAK-AGR/Lind Rn. 5; PK-HWF (online)/Frind Rn. 7). Im Insolvenzverfahren über das Vermögen einer Kommanditgesellschaft bestehen Pflichten gegenüber dem Komplementär (BGH BeckRS 2010, 25403 Rn. 14; BeckRS 2009, 03720) sowie dem Kommanditisten (BGH BeckRS 2010, 25403 Rn. 15: Pflicht zur Buchführung und Rechnungslegung).

10 Gegenüber **Gesellschaftern einer juristischen Person** gibt es in der Insolvenzordnung keine Regelungen, die dem Insolvenzverwalter spezifische Pflichten auferlegen würden. Daher kann der Gesellschafter einer GmbH nicht Gläubiger eines Anspruches gemäß § 60 Abs. 1 sein (OLG Karlsruhe BeckRS 2013, 06611; OLG Brandenburg BeckRS 2009, 07218; FAKomm-AGR/Lind Rn. 5 aA MüKoInsO/Brandes/Schoppmeyer Rn. 69; Andres/Leithaus/Andres Rn. 28). Eine Ausnahme soll hinsichtlich § 199 S. 2 gelten (Uhlenbruck/Sinz Rn. 11; HK-InsO/Lohmann Rn. 6); der Insolvenzverwalter hat demnach den Gesellschaftern gegenüber eine insolvenzspezifische Pflicht zur Beachtung der Überschussverteilung.

11 **Organe einer juristischen Person** sind grundsätzlich keine Beteiligte iSd § 60 (BGH BeckRS 2016, 09620 Rn. 14; BeckRS 9998, 167121; OLG Brandenburg BeckRS 2009, 07218; Uhlenbruck/Sinz Rn. 11; FAK-AGR/Lind Rn. 5; MüKoInsO/Brandes/Schoppmeyer Rn. 71). Das gilt beispielsweise für einen Geschäftsführer einer GmbH, der von dem Insolvenzverwalter wegen nach Insolvenzreife geleisteter Zahlungen nach § 64 S. 1 GmbHG aF (jetzt § 15b) in Anspruch genommen wird, wenn der Insolvenzverwalter gegen die Empfänger der Zahlungen keine Insolvenzanfechtungsansprüche geltend macht (BGH BeckRS 9998, 167121). Entscheidet sich der Insolvenzverwalter gegen die Insolvenzanfechtung, indem er die dafür gesetzlich vorgesehene Frist ungenutzt verstreichen lässt, so verletzt er damit allenfalls die Befriedigungsaussichten der Gläubigergemeinschaft, nicht aber rechtlich geschützte, ihm anvertraute Interessen des Geschäftsführers (BGH BeckRS 9998, 167121). Der Insolvenzverwalter trifft die Entscheidung, eine Rechtshandlung des Schuldners (nicht) anzufechten, ausschließlich unter den Gesichtspunkt der bestmöglichen Wahrung der Gläubigerinteressen (BGH BeckRS 9998, 167121). Der Umstand, dass der Geschäftsführer „Entlastungsmöglichkeiten" verlieren und dadurch mittelbar in seinen Vermögensinteressen berührt werden kann, ist nicht dazu geeignet, eine Beteiligungsstellung des Geschäftsführers zu begründen, die den Insolvenzverwalter ihm gegenüber iSd § 60 verantwortlich machen könnte (BGH BeckRS 9998, 167121). Ebenso scheidet eine Schadensersatzpflicht des Insolvenzverwalters aus § 60 aus, sofern der Insolvenzverwalter eine Haftpflichtversicherung (D&O-Versicherung) der Versicherungsnehmerin nicht aufrechterhält und er dadurch eine eventuelle Deckung von gegen den Geschäftsführer gerichteten Ansprüchen aus § 64 GmbHG aF (jetzt § 15b) gefährdet (BeckRS 2016, 09620 Rn. 15). Den Insolvenzverwalter treffen, sofern die Prämien überhaupt aus der Masse aufgebracht werden können, Versicherungspflichten ausschließlich im Interesse des Schuldners und seiner Gläubiger zum Zweck der Obhut und des Erhalts des Schuldnervermögens (BeckRS 2016, 09620 Rn. 16). Unter dem Gesichtspunkt der bestmöglichen Wahrung der Gläubigerinteressen mag es geboten sein, eine zugunsten des Geschäftsführers einer insolventen GmbH abgeschlossene Haftpflichtversicherung aufrechtzuerhalten, sofern Haftungsansprüche gegen den Geschäftsführer mangels finanzieller Leistungsfähigkeit nicht durchsetzbar sind (BeckRS 2016, 09620 Rn. 16). Hingegen besteht keine Verpflichtung des Insolvenzverwalters, eine solche Haftpflichtversicherung als Mitteln aus der Masse zu bestreiten, um dem Geschäftsführer eine eventuelle versicherungsrechtliche Deckung zu sichern (BeckRS 2016, 09620 Rn. 16).

12 Ein **Bürge** ist im Insolvenzverfahren über das Vermögen des Hauptschuldners kein Beteiligter, wenn der Gläubiger seine Forderung zur Insolvenztabelle angemeldet hat und die Forderung nicht durch Befriedigung des Hauptschuldners durch den Bürgen auf diesen nach § 774 Abs. 1 S. 1 übergegangen ist (BGH NJW 1985, 1159 (1160); Uhlenbruck/Sinz Rn. 11; MüKoInsO/Brandes/Schoppmeyer Rn. 70; HmbKommInsR/Weitzmann Rn. 6).

II. Verletzung insolvenzspezifischer Pflichten

13 Die Vorschrift des § 60 sanktioniert die Verletzung insolvenzspezifischer Pflichten, also solche Pflichten, die dem Insolvenzverwalter in seinem Amt nach den Vorschriften der Insolvenzordnung obliegen (BGH BeckRS 2008, 18078 Rn. 9). Der Pflichtenkreis kann sich je nach Verfahrensstadium und gegenüber verschiedenen Beteiligten unterscheiden.

14 Nicht insolvenzspezifisch sind solche Pflichten, die den Insolvenzverwalter wie jeden Vertreter fremder Interessen gegenüber Dritten treffen (BGH BeckRS 2008, 18078 Rn. 10). Dazu gehören im Allgemeinen auch Pflichten, die dem Insolvenzverwalter als Verhandlungs- oder Vertragspartner eines Dritten auferlegt sind (BGH BeckRS 2008, 18078 Rn. 10).

1. Pflichten bei der Verwaltung und Verwertung der Insolvenzmasse

Der Insolvenzverwalter hat gemäß § 148 nach der Eröffnung des Insolvenzverfahrens das **15** gesamte zur Insolvenzmasse gehörende Vermögen sofort in Besitz und Verwaltung zu nehmen und es nach dem Berichtstermin unter Beachtung der Vorschriften der §§ 156 ff. zu verwerten. Den Insolvenzverwalter trifft die Pflicht zur optimalen Verwertung der Insolvenzmasse (Uhlenbruck/Sinz Rn. 16; K. Schmidt InsO/Thole Rn. 11). Der Insolvenzverwalter muss bei seinen Entscheidungen den Insolvenzzweck der bestmöglichen gemeinschaftlichen Befriedigung der Insolvenzgläubiger (§ 1) sowie das von den Gläubigern gemeinschaftlich beschlossene Verfahrensziel – Abwicklung des Unternehmens, Veräußerung oder Insolvenzplan – als Mittel der Zweckerreichung berücksichtigen (BGH BeckRS 2017, 106319 Rn. 12). Eine Veräußerung eines Vermögensgegenstands zu einem (ersichtlich) unter Wert liegenden Preis ist pflichtwidrig (OLG Rostock BeckRS 2011, 11620; OLG Hamm BeckRS 2007, 01277; K. Schmidt InsO/Thole Rn. 11). Darüber hinaus gehört zur Masseverwaltungspflicht ein allgemeines Wertmehrungsgebot (BGH BeckRS 2017, 106319 Rn. 12). Danach kann ein Insolvenzverwalter verpflichtet sein, bis zur endgültigen Verteilung der Masse nicht benötigte Gelder zinsgünstig anzulegen (BGH BeckRS 2017, 106319 Rn. 13; BeckRS 2014, 14307 Rn. 15) oder ein (Erwerbs-)Geschäft, welches die Masse ohne sonderlichen Aufwand und ohne großes Risiko erheblich vermehrt, für die Masse abzuschließen (BGH BeckRS 2017, 106319 Rn. 15). Dabei darf der Insolvenzverwalter nicht zu seinem eigenen Vorteil in Wettbewerb zur Insolvenzmasse treten. Er haftet, wenn er eigennützig, ohne Berücksichtigung der Interessen der Insolvenz- und Massegläubiger und derjenigen der Insolvenzschuldnerin, ein vorteilhaftes Geschäft an sich zieht, welches im engen Zusammenhang mit dem Geschäftsbetrieb der Insolvenzschuldnerin steht und daher dieser zuzuordnen ist (BGH BeckRS 2017, 106319 Rn. 16). Der Insolvenzverwalter darf Geldmittel der Insolvenzmasse nicht auf einem von ihm eröffneten **Anderkonto** anlegen (BGH BeckRS 2019, 4498 Rn. 31 f.). Anderkonten sind offene Vollrechtstreuhandkonten, aus denen ausschließlich der das Konto eröffnende Rechtsanwalt persönlich der Bank gegenüber berechtigt und verpflichtet ist (BGH BeckRS 2019, 4498 Rn. 29). Das Kontoguthaben auf einem Anderkonto ist demnach kein Bestandteil der Insolvenzmasse (BGH BeckRS 2019, 4498 Rn. 32). Möglich ist aber die Errichtung eines **Sonderkontos** als Konto auf den Namen des Insolvenzverwalters mit der zusätzlichen Bezeichnung als Konto für eine bestimmte Insolvenzmasse (BGH BeckRS 2019, 4498 Rn. 32). Haftungsrisiken des Insolvenzverwalters bestehen weiterhin, wenn er die Verteilungsrangfolge der §§ 53 ff. oder die Vorschriften zur Verwertung der Insolvenzmasse nach §§ 156 ff. missachtet.

Der Insolvenzverwalter hat nach § 156 Abs. 1 S. 1 im Berichtstermin **über die wirtschaftli- 16 che Lage des Schuldners und ihre Ursachen zu unterrichten.** Die Unterrichtung dient den Gläubigern regelmäßig als Grundlage für künftige Entscheidungen im Insolvenzverfahren, so auch für die Entscheidung, ob ein Unternehmen fortzuführen oder einzustellen ist. Eine Haftung des Insolvenzverwalters nach § 60 ist in Betracht zu ziehen, wenn er die Gläubiger fehlerhaft unterrichtet und diese deswegen Entscheidungen treffen, die sie bei einer korrekten Darstellung der wirtschaftlichen Lage des Schuldners und ihrer Ursachen nicht getroffen hätten und die sich als nachteilig für die Gläubiger erweisen (Uhlenbruck/Sinz Rn. 17).

Der Insolvenzverwalter soll grundsätzlich die Entscheidung der Gläubigerversammlung im **17** Berichtstermin (§ 157) über den Fortbestand des Unternehmens nicht präjudizieren, in dem er schon zuvor das Unternehmen stilllegt oder veräußert oder sonstiges Vermögen des Schuldners „versilbert", das benötigt wird, um das Unternehmen fortzuführen (BAG BeckRS 2013, 66362; BT-Drs. 12/2443, 173). Verwertungsmaßnahmen vor dem Berichtstermin sind daher nur in Ausnahmefällen zulässig. Eine Stilllegung oder Veräußerung des Unternehmens des Schuldners vor dem Berichtstermin erfordert nach **§ 158 Abs. 1** die Zustimmung des Gläubigerausschusses, sofern ein solcher besteht. Der Insolvenzverwalter hat nach **§ 158 Abs. 2 S. 1** vor der Stilllegung oder Veräußerung des Unternehmens den Schuldner zu unterrichten. Der Schuldner hat dadurch die Gelegenheit, beim Insolvenzgericht die Untersagung der beabsichtigten Verwertung zu beantragen. Eine nicht rechtzeitige oder unzutreffende Unterrichtung des Schuldners ist eine Pflichtverletzung, die zum Schadensersatz nach § 60 verpflichtet (Uhlenbruck/Zipperer § 158 Rn. 21; Nerlich/Römermann/Balthasar § 158 Rn. 28; HK-InsO/Ries § 158 Rn. 5). Besteht kein Gläubigerausschuss, entscheidet der Insolvenzverwalter bis zum Berichtstermin über die Fortführung nach eigenem pflichtgemäßem Ermessen (BAG BeckRS 2013, 66362 Rn. 55). Bei der Ausübung des Ermessens hat er von der gesetzlichen Wertung auszugehen, dass das Unternehmen grundsätzlich fortzuführen ist (BAG BeckRS 2013, 66362 Rn. 55). Eine Stilllegung oder Veräußerung darf nur dann erfolgen, wenn es hierfür hinreichende Gründe gibt, die rechtlicher oder wirtschaftlicher Natur sein können (BAG BeckRS 2013, 66362 Rn. 55). Rechtliche Stilllegungsgründe sind etwa gegeben, wenn dem Insolvenzverwalter aufgrund rechtlicher Vorschriften untersagt ist, das Schuldnerunternehmen fortzuführen (BAG BeckRS 2013, 66362 Rn. 55). Der Insolvenzverwalter kann in Fällen, in denen ein schneller Übergang auf den Erwerber dem Erhaltungsinteresse dient, die Übertragung unter den Vorbehalt der Zustimmung der Gläubigerversammlung stellen (HmbKommInsR/Wegener § 158 Rn. 3).

18 Bevor der Insolvenzverwalter Verwaltungs- oder Verwertungsmaßnahmen umsetzt, die für das Insolvenzverfahren von besonderer Bedeutung sind, hat er nach **§ 160** die Zustimmung des Gläubigerausschusses oder, wenn ein solcher nicht bestellt wurde, die Zustimmung der Gläubigerversammlung einzuholen. Die Beachtung des Zustimmungserfordernisses ist eine insolvenzspezifische Pflicht iSd § 60 (MüKoInsO § 160 Rn. 36; Uhlenbruck/Zipperer § 160 Rn. 29; Nerlich/Römermann/Balthasar § 160 Rn. 24).

2. Pflichten bei der Durchsetzung von Ansprüchen

19 Ein wesentlicher Bestandteil der Verwalteraufgabe ist die Prüfung und Durchsetzung von Ansprüchen, die der Insolvenzmasse gegen Dritte zustehen (BGH BeckRS 9998, 166469; Bork ZIP 1120). Fehler des Insolvenzverwalters in diesem Bereich können zu einem Schaden der Insolvenzmasse führen, etwa weil der Insolvenzverwalter einen bestehenden Anspruch nicht (gerichtlich) durchsetzt oder verjähren lässt oder, weil der Insolvenzverwalter einen aussichtslosen Prozess führt und der Masse durch ein klageabweisendes Urteil Prozesskosten entstehen. Der Insolvenzverwalter steht hier in einem Spannungsfeld, da er Ansprüche der Masse zwar grundsätzlich geltend machen muss, aber dabei keine vermeidbaren Kosten verursachen darf. Er muss daher sorgfältig das Risiko einer gerichtlichen Geltendmachung des Anspruches abwägen.

20 Der Insolvenzverwalter muss zunächst Tatsachen ermitteln, aus denen sich ein Anspruch der Masse ergeben kann. Die Ermittlungspflicht des Insolvenzverwalters ist dabei nicht auf Ansprüche beschränkt, die sich ohne weiteres aus der Buchhaltung des Schuldners erkennen lassen (Bork ZIP 2005, 1120 (1122)).

21 Ansprüche der Masse hat der Insolvenzverwalter grundsätzlich gerichtlich geltend zu machen, wenn die Erfolgsaussichten günstig sind und die Prozessführung wirtschaftlich vertretbar erscheint (hierzu → Rn. 21.1; BGH NJW 1994, 323 (324); MüKoInsO/Brandes/Schoppmeyer Rn. 14; HK-InsO/Lohmann Rn. 9). Der BGH verlangt für die Beurteilung der Prozessaussichten im Blick auf die Innenhaftung des Insolvenzverwalters zum Schuldner und zu den Insolvenzgläubigern eine strenge Prüfung der Prozessaussichten (BGH BeckRS 2015, 18934 Rn. 3; BeckRS 2001, 06155). Der Entscheidungsspielraum des Insolvenzverwalters darf aber nicht durch einen zu strengen Maßstab über Gebühr eingeengt werden. Auch bei sorgfältiger Prüfung kann sich der Insolvenzverwalter nicht immer sicher sein, vor Gericht zu obsiegen. Der Einschätzung, ob ein Prozess zum gewünschten Erfolg führen wird, haften immer gewisse Unwägbarkeiten an. Es wäre nicht im Sinne der bestmöglichen Befriedigung der Gläubiger, wenn der Insolvenzverwalter im Zweifel wegen des Damoklesschwerts der persönlichen Haftung auf einen Prozess verzichtet.

21.1 In Rechtsprechung und Literatur finden sich unterschiedliche Formulierungen hinsichtlich der erforderlichen Erfolgsaussichten einer Klage. Zum Teil wird angenommen, der Insolvenzverwalter dürfe eine Klage nur bei „hinreichenden Erfolgsaussichten" erheben (BGH BeckRS 2001, 06155; LG Krefeld BeckRS 2014, 05728; Adam DZWIR 2006, 321; FK-InsO/Jahntz Rn. 20). Wann die Erfolgsaussicht eines Prozesses „hinreichend" ist, wird wiederum nicht näher spezifiziert. Das OLG Hamm ging von einem Verschulden des Insolvenzverwalters aus, weil die Möglichkeit, den Prozess zu verlieren genau so groß war wie die, ihn zu gewinnen (OLG Hamm, ZIP 1995, 1436 (1437)). Insofern dürfte der Insolvenzverwalter nur klagen, wenn er mit einer mindestens 51%-igen Wahrscheinlichkeit im Prozess obsiegt. An diesem Maßstab haben Bork (ZIP 2005, 1120 (1121)) und das LG Essen (BeckRS 2007, 03551) Zweifel bekundet. Einige Stimmen in der Literatur geben zutreffend zu bedenken, dass an die Beurteilung der Prozessaussichten kein allzu strenger Maßstab angelegt werden sollte, da sonst zu befürchten ist, dass ein Insolvenzverwalter zur Vermeidung einer persönlichen Haftung auf aussichtsreiche Prozesse verzichtet (Bork ZIP 2005, 1120 (1121); FK-InsO/Jahntz Rn. 20).

22 Ist der Insolvenzverwalter selbst Rechtsanwalt, schuldet er den Beteiligten iSd § 60 bei der gerichtlichen Durchsetzung der Rechte grundsätzlich dieselbe Sorgfalt wie ein Rechtsanwalt seinem Mandanten (BGH BeckRS 2015, 18934 Rn. 3; BeckRS 9998, 166469; OLG Bremen BeckRS 2013, 13384). Das Verjährenlassen von Forderungen stellt eine Pflichtverletzung iSv § 60 dar (BGH NZI 2015, 849 (849) Rn. 8; OLG Bremen BeckRS 2013, 13384). Sind Dauer und Ablauf der Verjährungsfrist zweifelhaft, hat der Insolvenzverwalter bei der Geltendmachung von Ansprüchen sicherheitshalber von der kürzeren Verjährungsfrist auszugehen (BGH BeckRS 9998, 166469).

Der Insolvenzverwalter handelt jedenfalls nicht schuldhaft, wenn er sich bei rechtlichen Zweifelsfragen nach sorgfältiger Prüfung eine Rechtsansicht gebildet hat, die sich mit guten Gründen vertreten lässt (BGH, BeckRS, 2011, 04093 Rn. 3; Adam DZWIR 2006, 321 (323)). **23**

Die Entscheidung des Insolvenzverwalters, eine verjährte Forderung einzuklagen, ist vertretbar, wenn er den Schuldner der Forderung außergerichtlich zur Leistung aufgefordert hat und dieser die Forderung zurückweist, ohne sich jedoch auf Verjährung zu berufen (hierzu verpflichtet – wie Adam DZWIR 2006, 321 meint – ist der Insolvenzverwalter aber nicht). Solange sich der Forderungsschuldner nicht auf die Verjährung beruft, ist der Anspruch rechtlich durchsetzbar; eine Klage demnach begründet. Erhebt der Forderungsschuldner im Prozess die Einrede der Verjährung, kann der Insolvenzverwalter den Rechtsstreit für erledigt erklären. Die erstmalige Erhebung der Einrede der Verjährung im Laufe des Rechtsstreits stellt auch dann ein erledigendes Ereignis dar, wenn die Verjährung bereits vor Rechtshängigkeit eingetreten ist (BGH BeckRS 2010, 09302 Rn. 26; Musielak/Voit/Lackmann ZPO § 91a Rn. 37; Prütting/Gehrlein/Hausherr ZPO § 91a Rn. 11; Saenger/Gierl ZPO § 91a Rn. 7). Erklärt der Insolvenzverwalter den Rechtsstreit einseitig für erledigt, trägt der Forderungsschuldner das Kostenrisiko. Der Insolvenzmasse entsteht durch die Prozessführung dann kein Nachteil. **24**

Gegenüber dem **Prozessgegner** trifft den Insolvenzverwalter keine insolvenzspezifische Pflicht, vor der Erhebung einer Klage oder während des Prozesses die Interessen des Prozessgegners an einer eventuellen Erstattung seiner Kosten zu berücksichtigen (BGH BeckRS 2017, 119623; BeckRS 2015, 18934 Rn. 3; BeckRS 2006, 00679 Rn. 20; BeckRS 2001, 06155). Der Insolvenzverwalter braucht das Kosteninteresse des Prozessgegners auch dann nicht zu berücksichtigen, wenn er nicht Kläger, sondern Beklagter eines Zivilprozesses ist (BGH BeckRS 2006, 00679 Rn. 20). Eine persönliche Haftung des Insolvenzverwalters für die Prozesskosten des Prozessgegners ist allerdings unter den Voraussetzungen des § 826 BGB möglich (BGH BeckRS 2017, 119623, hierzu → Rn. 25.1; BGH BeckRS 2001, 06155). **25**

Nach dem **Urteil des Bundesgerichtshofs** (BGH BeckRS 2017, 119623) scheidet eine persönliche Haftung des Insolvenzverwalters aus § 826 BGB wegen der Einleitung und Durchführung eines gerichtlichen Verfahrens in der Kenntnis, dass der bedingte gegnerische Prozesskostenerstattungsanspruch ungedeckt sein würde, aus, wenn der Insolvenzverwalter dem Rechtsschutzbegehren Erfolgsaussichten beimessen durfte. Bei der Bewertung der Prozessaussichten ist eine ex-ante-Prognose geboten, in der bei Prüfung einzelner Vorfragen ein für den Prozessgegner günstiges Ergebnis unterstellt werden muss, wenn die Rechtslage bei verständiger Würdigung noch ungewiss ist. Zudem ist bei der Prüfung der dem Insolvenzverwalter zustehende Beurteilungsspielraum zugrunde zu legen. **25.1**

Eine persönliche Haftung kommt dann in Betracht, wenn der Verwalter "ins Blaue hinein", ohne jede Prüfung des Anspruchs in tatsächlicher und rechtlicher Hinsicht, einen Rechtsstreit vom Zaune bricht. Dem kann eine offensichtlich ganz lückenhafte oder sonst auf gänzlich verfehlten Erwägungen beruhende Prüfung der Erfolgsaussichten gleichstehen (zum Teil noch abweichend die Vorinstanz OLG München BeckRS 2015, 09843). **25.2**

Der Insolvenzverwalter muss nach § 160 Abs. 2 Nr. 3 die Zustimmung des Gläubigerausschusses oder, wenn ein solcher nicht besteht, die Zustimmung der Gläubigerversammlung einholen, wenn er einen Rechtsstreit mit erheblichem Streitwert anhängig machen oder aufnehmen will, die Aufnahme eines solchen Rechtsstreits ablehnt oder zur Beilegung oder zur Vermeidung eines solchen Rechtsstreits ein Vergleich oder ein Schiedsvertrag geschlossen werden soll. Nach Ansicht des OLG München kann die bewusste Außerachtlassung des Zustimmungserfordernisses ein Indiz für eine vorsätzliche und sittenwidrige Handlung nach § 826 BGB sein (OLG München BeckRS 2015, 09843). **26**

Reicht die Insolvenzmasse nicht zur Deckung der Prozesskosten aus, hat der Insolvenzverwalter **Prozesskostenhilfe** zu beantragen. Soll mit dem Antrag auf Prozesskostenhilfe gleichzeitig die Verjährung des Anspruchs der Masse gehemmt werden, ist darauf zu achten, dass mit der Einreichung des PKH-Antrags sogleich die Veranlassung der Bekanntgabe an den Prozessgegner beantragt werden muss. Allein die Antragstellung bewirkt nicht die Verjährungshemmung nach § 204 Abs. 1 Nr. 14 BGB (BGH BeckRS 2008, 04818 Rn. 7). Versagt das Gericht dem Insolvenzverwalter die Gewährung von Prozesskostenhilfe, weil die Insolvenzmasse und die wirtschaftlich Beteiligten nicht für die Prozesskosten aufkommen können (bzw. wollen), sollte er unter Umständen in Betracht ziehen, ob der beabsichtigte Prozess mit Hilfe eines gewerblichen Prozessfinanzierers ermöglicht werden kann (eingehend Fischer NZI 2014, 241 (243); **aA** HmbKommInsR/Weitzmann Rn. 12 (keine Verpflichtung, einen Prozessfinanzierer anzusprechen)). **27**

3. Pflichten gegenüber dem Insolvenzschuldner

28 Auch der Schuldner ist Beteiligter iSd § 60 (BGH NZI 2014, 757 Rn. 10 mAnm Wagner; BGH BeckRS 2008, 18078 Rn. 11). Das schützenswerte Interesse des Schuldners am Insolvenzverfahren ist insbesondere darauf gerichtet, in möglichst großem Umfang von seinen Schulden frei zu werden und damit seine Nachhaftung gem. § 201 gering zu halten oder gar einen Überschuss zu erzielen (BGH NZI 2014, 757 Rn. 11). Der Insolvenzverwalter ist daher (neben der Gläubigergesamtheit) auch gegenüber dem Schuldner verpflichtet, die Insolvenzmasse bestmöglich zu erhalten und zu verwerten (BGH NZI 2015, 849 Rn. 8). Diese Pflicht verletzt er, wenn er eine zur Insolvenzmasse gehörende Forderung nicht vor Eintritt der Verjährung geltend gemacht und durchgesetzt hat (BGH, NZI 2015, 849 Rn. 8). Zur Insolvenzmasse gehörende Gelder muss der Insolvenzverwalter zinsgünstig anlegen (BGH NZI 2014, 757 Rn. 15; Desch/Nachtmann EWiR 2013, 209 (210)). Ihm ist dabei nach seiner Amtsübernahme eine Einarbeitungszeit zuzugestehen, deren Dauer sich nach der Art und dem Umfang des jeweiligen Insolvenzverfahrens richtet, regelmäßig aber nicht länger als sechs Wochen beträgt. Nach dieser Zeit wird der Insolvenzverwalter einen Überblick über die zur Masse gehörenden Gelder gewonnen haben und beurteilen können, ob und in welchem Umfang sie für eine zinsgünstige Anlage zur Verfügung stehen (BGH NZI 2014, 757 Rn. 17).

29 Die Aufgaben und Befugnisse des Insolvenzverwalters erstrecken sich nicht auf das **insolvenzfreie Vermögen** des Schuldners. Der Insolvenzverwalter darf weder darauf zugreifen (BGH BeckRS 2010, 18271 Rn. 13), noch es an die Insolvenzgläubiger ausschütten (BGH BeckRS 2008, 16049 Rn. 13). Spiegelbildlich dazu gehört es nicht zu den insolvenzspezifischen Pflichten des Insolvenzverwalters, dem Schuldner außerhalb der Verwertung der Insolvenzmasse Vorteile zu verschaffen oder dessen Interessen bei der Durchsetzung nicht insolvenzbefangener Ansprüche gegenüber Drittschuldnern wahrzunehmen (BGH BeckRS 2008, 18078 Rn. 11). Der Insolvenzverwalter muss daher nicht gegen eine Verrechnung der Sozialversicherung nach § 52 Abs. 1 SGB I, die allein das massefreie Vermögen des Schuldners betrifft, vorgehen (BGH BeckRS 2008, 18078 Ls. 1; FK-InsO/Jahntz Rn. 10). Ein Schaden, der dem Schuldner in seinem insolvenzfreien Vermögen entsteht – etwa durch die Ausschüttung unpfändbarer Bezüge an die Insolvenzgläubiger – ist ein Einzelschaden und fällt nicht in die Insolvenzmasse (BGH BeckRS 2008, 16049 Rn. 13). Lastschriften, die nur das pfändungsfreie Vermögen des Schuldners berühren, darf der (vorläufige) Insolvenzverwalter nicht widerrufen (BGH BeckRS 2010, 18271 Rn. 23). Entsteht dem Schuldner aus einem dennoch erfolgten Widerruf einer Lastschrift ein Schaden, haftet der Insolvenzverwalter nach § 60 (BGH BeckRS 2010, 18271 Rn. 26).

30 Den Insolvenzverwalter trifft auch gegenüber dem Schuldner die Pflicht zur ordnungsgemäßen (handels- und steuerrechtlichen) Buchführung und Rechnungslegung (BGH BeckRS 2010, 25403 Rn. 11; BeckRS 2008, 18078 Rn. 11). Handelt es sich bei der Insolvenzschuldnerin um eine Kommanditgesellschaft, besteht diese Pflicht auch gegenüber dem Komplementär (BGH BeckRS 2010, 25403 Rn. 14) sowie dem Kommanditisten (BGH BeckRS 2010, 25403 Rn. 15). Infolge seiner Buchführungspflicht muss der Insolvenzverwalter einen ihm zugegangenen Steuerbescheid, der die Masse betrifft, auf seine Richtigkeit überprüfen und Einspruch einlegen, falls er auf falschen Voraussetzungen beruht (BGH BeckRS 2008, 18078 Rn. 11). Er hat auch zu prüfen, ob der Insolvenzschuldner Ansprüche auf Steuerrückerstattungen gegenüber der Finanzverwaltung hat (OLG Düsseldorf BeckRS 2012, 24799 Rn. 6). Der Insolvenzverwalter kann bei der Erfüllung seiner Buchführungs- und Rechnungslegungspflichten auf die mit der Buchhaltung des Schuldners beschäftigten Personen zurückgreifen (BT-Drs. 12/2443, 129). Er haftet aber, wenn er seiner Überwachungspflicht nach § 60 Abs. 2 nicht nachkommt (→ Rn. 65 ff.).

31 Die Pflicht zur Rechnungslegung nach § 66 besteht gegenüber der Gläubigerversammlung, nicht gegenüber dem Insolvenzschuldner (OLG Koblenz BeckRS 2015, 01026 Rn. 16).

4. Pflichten gegenüber Massegläubigern

32 Zu den Beteiligten im Sinne des § 60 zählen auch die Massegläubiger nach § 55. Erleidet ein Massegläubiger einen Schaden, weil die Insolvenzmasse nicht ausreicht, um seine Forderung zu begleichen, greift die (spezielle) Haftung des **§ 61,** wenn die Forderung durch eine Rechtshandlung des Insolvenzverwalters begründet wurde (→ § 61 Rn. 1 ff.).

33 Daneben normiert § 53 die insolvenzspezifische Pflicht des Insolvenzverwalters, die Forderungen von Massegläubigern aus der Insolvenzmasse vorweg zu berichtigen. Der Insolvenzverwalter handelt pflichtwidrig, wenn er Insolvenzgläubiger vor Massegläubigern befriedigt. Der Insolvenzverwalter hat Masseverbindlichkeiten grundsätzlich zu begleichen, sobald Fälligkeit eingetreten ist (BGH BeckRS 2004, 05092). Eine Verteilung der Masse widerspricht den in § 53 vorgesehenen

Rangverhältnissen, wenn der Insolvenzverwalter von mehreren gleichrangigen Gläubigern einen (oder mehrere) bevorteilt. Er hat daher vor jeder Verteilung der Masse zu kontrollieren, ob die anderen Masseverbindlichkeiten rechtzeitig und vollständig aus der verbleibenden Insolvenzmasse bezahlt werden können (BGH BeckRS 2004, 05092). Sind mehrere Masseschulden fällig und einredefrei, ist der Insolvenzverwalter angesichts des Gleichrangs der Massegläubiger verpflichtet, sie nur anteilig zu befriedigen, sofern er momentan zur vollständigen Bezahlung nicht in der Lage ist (BGH BeckRS 2004, 05092). Verstößt er hiergegen, haftet der Insolvenzverwalter einem benachteiligten Massegläubiger in Höhe des Betrages, der auf ihn bei anteiliger Befriedigung entfallen wäre (BGH BeckRS 2004, 05092).

Es besteht keine insolvenzspezifische Pflicht des Insolvenzverwalters, im Interesse der Gläubiger von Dauerschuldverhältnissen die Anzeige nach einem bestimmten Zeitpunkt abzugeben, um eine nach § 209 Abs. 1 Nr. 2 bevorrechtigte Masseforderung zu verschaffen (BAG BeckRS 2013, 66362 Rn. 64; BeckRS 2010, 28749 Rn. 5 ff.). Der Insolvenzverwalter kann sich allerdings schadensersatzpflichtig machen, wenn er die Anzeige schuldhaft zu früh abgibt und dadurch Massegläubiger, die er aus der vorhandenen Masse noch vollständig hätte befriedigen müssen, in den Rang des § 209 Abs. 1 Nr. 3 zurückgesetzt werden (BAG BeckRS 2013, 66362 Rn. 65). 34

Schädigt der Insolvenzverwalter einen Massegläubiger, liegt regelmäßig ein Einzelschaden vor, der schon während des Insolvenzverfahrens geltend gemacht werden kann (BGH BeckRS 2004, 05092). 35

5. Pflichten gegenüber Aus- und Absonderungsberechtigten

Gegenüber Gläubigern, die nach den §§ 49 ff. zur **abgesonderten Befriedigung** befugt sind, hat der Insolvenzverwalter die Pflicht den Absonderungsgegenstand zu sichern und vor Wertverlust zu schützen (BGH WM 2006, 918 Rn. 19). Bei der Verwertung von Absonderungsgegenständen hat der Insolvenzverwalter die besonderen Pflichten der §§ 165 ff. zu beachten. 36

Eine Verletzung eines Absonderungsrechts kann vorliegen, wenn der (vorläufige) Insolvenzverwalter eine Zustimmung zu einer abweichenden Art des Pfandverkaufs nach § 1246 Abs. 1 BGB nicht erteilt, obwohl der Absonderungsberechtigte einen schuldrechtlichen Anspruch auf Zustimmung aus dieser Norm hat (BGH NZI 2011, 602 Rn. 32). Verweigert der vorläufige Insolvenzverwalter seine Zustimmung, tritt der Schaden auch dann schon mit der verweigerten Zustimmung ein, wenn im vorläufigen Insolvenzverfahren zusätzlich die Zustimmung des Schuldners erforderlich ist und jedenfalls dieser seine Zustimmung versagt hätte (BGH NZI 2011, 602 Rn. 46 ff.). In einem solchen Fall hat der (vorläufige) Insolvenzverwalter die massegefährdende Verweigerungshandlung des Schuldners dem Insolvenzgericht anzuzeigen, um etwa durch die Anordnung weitergehender Verfügungsbeschränkungen Abhilfe zu erwirken (BGH NZI 2011, 602 Rn. 54). 37

Die Verletzung eines **Vermieterpfandrechts** begründet eine Haftung nach § 60 (BGH BeckRS 2014, 21523 Rn. 32). 38

Aussonderungsberechtigten gegenüber ist der Insolvenzverwalter verpflichtet, das Aussonderungsrecht zu beachten und an der Herausgabe der auszusondernden Gegenstände mitzuwirken (BGH BeckRS 2006, 00679 Rn. 8). 39

Die insolvenzspezifische Pflicht zur rechtzeitigen Herausgabe eines Mietgegenstandes kann auch dann verletzt sein, wenn der Insolvenzverwalter – unter Verletzung der mietvertraglichen Pflicht, vor einer Untervermietung die Zustimmung des Vermieters einzuholen – den Mietgegenstand an einen unzuverlässigen Untermieter vermietet und dadurch den Rückgabeanspruch des aussonderungsberechtigten Vermieters gefährdet (BGH BeckRS 2007, 03805 Rn. 8 f.). Zwar ist die reine Vertragsverletzung der ungenehmigten Untervermietung nicht insolvenzspezifisch. Nach dem BGH kann die unerlaubte Untervermietung aber direkte Auswirkung auf die Rückgabe der Mietsache und damit auf das Aussonderungsrecht des Vermieters haben. Insoweit schlägt die Vertragsverletzung auf die insolvenzspezifische Pflicht zur Herausgabe des Aussonderungsgegenstandes durch. 40

Kommt der Insolvenzverwalter seiner insolvenzspezifischen Pflicht zur rechtzeitigen Herausgabe des Aussonderungsgegenstands nicht nach, haftet er ferner für Prozesskosten, die dem Aussonderungsberechtigten dadurch entstehen, dass er Klage auf Herausgabe des Gegenstandes gegen die Insolvenzmasse (den Insolvenzverwalter kraft Amtes) erhebt (BGH BeckRS 2006, 00679 Rn. 19). 41

Beabsichtigt der Insolvenzverwalter einen Gegenstand zu veräußern, an dem ein Absonderungsrecht besteht, hat er nach § 168 dem absonderungsberechtigten Gläubiger im Vorfeld mitzuteilen, auf welche Weise der Gegenstand veräußert werden soll. Unterlässt der Insolvenzverwalter schuldhaft die Mitteilung, kann er nach § 60 zum Schadensersatz verpflichtet sein (OLG Oldenburg BeckRS 2013, 21058). Er handelt nicht pflichtwidrig, wenn er einen absonderungsberechtigten 42

Gläubiger, der nach der Mitteilung der Veräußerungsabsicht seine Bereitschaft zur Selbstübernahme erklärt hat (§ 168 Abs. 3), nicht erneut informiert, bevor er die Sache auf ein nachgebessertes Angebot an einen Dritten veräußert (BGH NZI 2010, 525 Rn. 3). Ob im Fall einer unterlassenen Mitteilung nach § 168 Abs. 1 der nach § 60 zu ersetzende Schaden entsprechend der Ausgleichspflicht der Masse nach § 168 Abs. 2 zu begrenzen ist, hat der BGH offen gelassen (BGH NZI 2010, 525 Rn. 3).

43 Hinsichtlich solcher Gegenstände, die sich im Besitz des Schuldners befinden, streitet für den Insolvenzverwalter die Vermutung des § 1006 BGB (Andres/Leithaus/Andres Rn. 21). Der Aussonderungsberechtigte hat mithin sein Recht darzulegen und zu begründen. Ohne konkrete Anhaltspunkte für ein bestehendes Aussonderungsrecht besteht keine Nachforschungspflicht des Insolvenzverwalters (HK-InsO/Lohmann Rn. 31; Andres/Leithaus/Andres Rn. 23).

6. Haftung im Einzugsermächtigungsverfahren

44 Nach Eröffnung des Insolvenzverfahrens darf der Insolvenzverwalter grundsätzlich keine Belastungsbuchungen mehr genehmigen (BGH BeckRS 2004, 12333; BeckRS 2004, 12179).

45 Auch der vorläufige „starke" Insolvenzverwalter und der vorläufige Insolvenzverwalter mit Zustimmungsvorbehalt sind grundsätzlich zum Widerruf einer Belastung, die der Schuldner noch nicht genehmigt hat, berechtigt (BGH BeckRS 2010, 18271 Rn. 7; BeckRS 2010, 19389 Rn. 11; BeckRS 2006, 12365 Rn. 8; BeckRS 2004, 12333; BeckRS 2004, 12179). Die Frage, ob der (vorläufige) Insolvenzverwalter eine Einzugsermächtigung unbeschränkt widerrufen darf, haben der für das Bankrecht zuständige XI. Zivilsenat und der für das Insolvenzrecht zuständige IX. Zivilsenat des BGH zunächst unterschiedlich beantwortet. Außerhalb der Insolvenz darf der Schuldner einer Einzugsermächtigung grundsätzlich nur dann widersprechen, wenn er keine Einzugsermächtigung erteilt hat oder der Anspruch des Gläubigers unbegründet oder zwar an sich begründet ist, der Schuldner aber in dem Zeitpunkt, in dem ihm der Kontoauszug mit der Belastungsanzeige zugeht, zu Recht Leistungsverweigerungs-, Zurückbehaltungs- oder Aufrechnungsrechte geltend machen will (BGH BeckRS 2004, 12333; BeckRS 2004, 12179). Der IX. Zivilsenat des BGH hatte zunächst entschieden, dass diese Beschränkung für den (vorläufigen) Insolvenzverwalter nicht gilt; er also ein weitergehendes Recht zum Widerruf belastender Buchungen habe als zuvor der Schuldner (BGH BeckRS 2004, 12333; BeckRS 2004, 12179). Der XI. Zivilsenat des BGH hat dies anders beurteilt und entschieden, dass dem (vorläufigen) Insolvenzverwalter auch bei einem Widerruf einer Einzugsermächtigung nicht mehr und keine anderen Rechte zustehen als dem Schuldner (BGH BeckRS 2008, 20951 Rn. 19). Nach dieser Rechtsprechung darf ein (vorläufiger) Insolvenzverwalter einer Belastung des Kontos durch eine Einzugsermächtigung nicht „pauschal" widersprechen. Der IX. Zivilsenat des BGH hat daraufhin seine Rechtsprechung jedenfalls für den Fall einer Insolvenz über das Vermögen einer natürlichen Person eingeschränkt (BGH BeckRS 2010, 18271 Rn. 12 ff.). Hier habe der Insolvenzverwalter – ebenso wie der Treuhänder im Verbraucherinsolvenzverfahren – keine Rechtsmacht, auf pfändungsfreies Vermögen des Schuldners zuzugreifen. Der (vorläufige) Insolvenzverwalter (oder Treuhänder) dürfe einer Lastschrift daher nicht „pauschal" widersprechen oder deren Genehmigung verweigern. Er müsse vorher prüfen, ob das pfändungsfreie „Schonvermögen" des Schuldners betroffen sei (BGH BeckRS 2010, 18271 Rn. 23).

46 Ein pauschaler Widerspruch des (vorläufigen) Insolvenzverwalters gegen eine Belastungsbuchung kann zudem sittenwidrig sein, wenn er nicht der künftigen Insolvenzmasse, sondern – von vornherein gewollt – allein der Schuldnerbank zugute kommen soll (BGH BeckRS 2004, 12333; BeckRS 2004, 12179). Widerruft der (vorläufige) Insolvenzverwalter eine Belastungsbuchung von einem kreditorischen Konto, liegt darin kein Vorteil zugunsten der Schuldnerbank (BGH BeckRS 2004, 12333).

47 Einer Belastung des Kontos im SEPA-Lastschriftverfahren kann ein (vorläufiger) Insolvenzverwalter nicht nach den genannten Maßstäben widersprechen oder die Genehmigung verweigern (BGH BeckRS 2010, 19389 Rn. 19). Im Unterschied zum (einfachen) Einzugsermächtigungsverfahren wird hier die Belastung gegenüber der Zahlstelle (Schuldnerbank) bereits vorab mit Erteilung des SEPA-Lastschriftmandats autorisiert (Einwilligung) (BGH BeckRS 2010, 19389 Rn. 17). Der (vorläufige) Insolvenzverwalter kann darauf keinen Einfluss mehr nehmen. Ein Widerruf ist nur „bis zum Ende des Geschäftstages vor dem vereinbarten Fälligkeitstag" möglich (§ 675j Abs. 2 S. 1 BGB, § 675p Abs. 1, Abs. 2 S. 2 BGB) (BGH BeckRS 2010, 19389 Rn. 19).

7. Pflichten in der vorläufigen Insolvenzverwaltung

Nach § 22 Abs. 1 Nr. 1 hat der vorläufige Insolvenzverwalter, falls dem Schuldner ein allgemeines Verfügungsverbot auferlegt wurde, die künftige Masse zu sichern und zu erhalten (BGH NJW 2005, 675 (676)). Daraus folgt, dass er Forderungen späterer Insolvenzgläubiger nur erfüllen – und somit das Schuldnervermögen nur vermindern – darf, wenn dies im Einzelfall zur Erfüllung der ihm obliegenden Aufgaben, etwa zur Fortführung des Schuldnerunternehmens, im Interesse der Gläubigergesamtheit erforderlich oder wenigstens zweckmäßig erscheint (BGH NJW 2005, 675 (677)). An diesem Ziel hat sich grundsätzlich auch der vorläufige Insolvenzverwalter zu orientieren, der lediglich mit einem Zustimmungsvorbehalt ausgestattet wurde (BGH NJW 2005, 675 (677)). 48

Den vorläufigen Insolvenzverwalter (mit Zustimmungsvorbehalt) trifft insolvenzrechtlich keine Pflicht, im Eröffnungsverfahren Miet- oder Pachtzahlungen zu leisten oder solchen Zahlungen des Schuldners zuzustimmen (BGH BeckRS 2008, 04211 Rn. 13). Die Unterlassung der Mietzahlung kann ein fristloses Kündigungsrecht des Vermieters, jedoch keine Masseschuld begründen (BGH BeckRS 2008, 04211 Rn. 13). Soll die Nutzungsmöglichkeit für die Insolvenzmasse aber erhalten bleiben, muss der Insolvenzverwalter auf die nach dem Eröffnungsantrag fällig werdenden Raten wieder Zahlungen leisten, um eine Kündigung des Miet- oder Pachtverhältnisses durch den Vermieter zu vermeiden (BGH BeckRS 2008, 04211 Rn. 13). 49

Der vorläufige Insolvenzverwalter unterliegt im Verhältnis zu Aus- und Absonderungsberechtigten einer Schadensersatzpflicht, sofern er deren Rechte missachtet (BGH BeckRS 2011, 18826 Rn. 29). Ein vorläufiger Insolvenzverwalter mit Zustimmungsvorbehalt verletzt seine Pflichten gegenüber einem Vorbehaltseigentümer, wenn er dem Insolvenzschuldner die eigenständige Veräußerung der unter Vorbehaltseigentum stehenden Ware gestattet und nicht dafür Sorge trägt, dass die dabei erzielten Erlöse gesondert verwahrt werden (OLG Braunschweig BeckRS 2013, 13066). Zur Verletzung eines Absonderungsrechts wegen nicht erteilter Zustimmung zu einer für den Absonderungsberechtigten günstigeren Verwertung → Rn. 38. 50

8. Pflichten gegenüber Arbeitnehmern

Der Insolvenzverwalter tritt mit Eröffnung des Insolvenzverfahrens gemäß § 80 in die Stellung als Arbeitgeber ein. Ihm entspringen daraus arbeitsrechtliche Pflichten. Für die Haftung nach § 60 ist dabei zu unterscheiden, ob eine Pflicht gegenüber den Arbeitnehmern insolvenzspezifisch oder rein arbeitsvertraglich ist. Für letztgenannte haftet der Insolvenzverwalter nicht nach § 60, sondern allenfalls nach arbeitsrechtlichen Grundlagen. 51

Es besteht keine insolvenzspezifische Pflicht, Arbeitnehmer zu einem bestimmten Zeitpunkt freizustellen, um ihnen zu ermöglichen, die Anspruchsvoraussetzungen für den Bezug von Arbeitslosengeld zu erfüllen (BAG BeckRS 2013, 66362 Rn. 44). Eine insolvenzspezifische Pflicht zur Freistellung von Arbeitnehmern kann allenfalls dann bestehen, wenn durch die Beschäftigung der Arbeitnehmer keinerlei Wertschöpfung zugunsten der Insolvenzmasse eintritt, die Beschäftigung aber zu einer erheblichen Minderung der Masse führt und eine künftige Wertschöpfung nicht zu erwarten ist (BAG BeckRS 2013, 66362 Rn. 48). 52

Ab dem Zeitpunkt, ab dem die Masseunzulänglichkeit ernstlich droht, und wenn Masseunzulänglichkeit tatsächlich eingetreten ist, ist der Insolvenzverwalter berechtigt und auch verpflichtet, die von ihm weiterbeschäftigten Mitarbeiter vorrangig gegenüber freigestellten Mitarbeitern zu befriedigen (OLG Düsseldorf NZI 2012, 675 (677)). 53

Die „Weiterleitung" von Insolvenzgeldanträgen der Arbeitnehmer des Schuldners zählt nicht zu den insolvenzspezifischen Pflichten des Insolvenzverwalters. Nach § 324 Abs. 3 SGB III hat vielmehr der Arbeitnehmer selbst dafür Sorge zu tragen, dass ein solcher Antrag fristgerecht gestellt wird (OLG Hamm BeckRS 2008, 11645). 54

III. Kausalität und Schaden

Art, Inhalt und Umfang der Schadensersatzleistung bestimmen die §§ 249 ff. BGB. Der entstandene Schaden muss nach den allgemeinen Grundsätzen adäquat kausal auf der Verletzung insolvenzspezifischer Pflichten des Insolvenzverwalters beruhen und ihm billigerweise zuzurechnen sein (Uhlenbruck/Sinz Rn. 88). Die Haftung nach § 60 erstreckt sich auf sämtliche Schäden, die bei wertender Betrachtung in den Schutzbereich der Norm fallen. § 60 ist auf den Ersatz des negativen Interesses gerichtet (BGH BeckRS 2008, 22932 Rn. 8; BeckRS 2007, 03805 Rn. 14). 55

Gibt der Insolvenzverwalter einen Mietgegenstand, an dem der Vermieter ein Aussonderungsrecht hat, verspätet heraus, liegt der Schaden in einem möglichen Mietausfall. Der Vermieter muss 56 darlegen, wann er den Gegenstand bei früherer Rückgabe anderweitig und zu welchem Mietzins hätte vermieten können (BGH BeckRS 2008, 22932 Rn. 8). Verletzt der Insolvenzverwalter seine Pflicht, Verwertungserlöse nach Abzug der Feststellungs- und Verwertungskosten zur Befriedigung des Absonderungsberechtigten zu verwenden, besteht insoweit kein Schaden, als der Absonderungsberechtigte einen Auskehranspruch gegen die Masse aus § 170 Abs. 1 S. 1 hat (OLG Nürnberg BeckRS 2013, 22271). Der Absonderungsberechtigte hat darzulegen, dass die Insolvenzmasse zur Befriedigung des Auskehranspruchs aus § 170 Abs. 1 S. 1 nicht ausreicht (OLG Nürnberg BeckRS 2013, 22271).

IV. Verschulden

57   Der Insolvenzverwalter haftet gemäß § 276 Abs. 1 S. 1 BGB für Vorsatz und – grundsätzlich jede Form der – Fahrlässigkeit (Uhlenbruck/Sinz Rn. 90; FK-InsO/Jahntz Rn. 17). Der Maßstab der Fahrlässigkeit wird durch § 60 Abs. 1 S. 2 bestimmt. Danach hat der Insolvenzverwalter für die Sorgfalt eines ordentlichen und gewissenhaften Insolvenzverwalters einzustehen. Der Gesetzgeber verdeutlicht mit der gewählten Formulierung, dass sich die handels- und gesellschaftsrechtlichen Sorgfaltsmaßstäbe nicht vollständig mit dem insolvenzrechtlichen Begriff decken. Die Sorgfaltsanforderungen des Handels- und Gesellschaftsrechts sind nicht unverändert auf den Insolvenzverwalter zu übertragen (BT-Drs. 12/2443, 129). Der Insolvenzverwalter begegnet im Rahmen seiner Tätigkeit besonderen Aufgaben und Umständen, die sich von der Situation des Geschäftsleiters eines nicht insolventen Unternehmens unterscheiden.

58   Der Fahrlässigkeitsvorwurf ist für jede Lage des Insolvenzverfahrens gesondert zu prüfen (BAG BeckRS 2013, 66362 Rn. 60; MüKoInsO/Brandes/Schoppmeyer Rn. 90; FK-InsO/Jahntz Rn. 17). Führt der Insolvenzverwalter ein Unternehmen fort, ist ihm eine Einarbeitungszeit zuzugestehen, da er häufig ein fremdes Unternehmen in einem ihm möglicherweise nicht vertrauten Geschäftszweig übernehmen muss (BT-Drs. 12/2443, 129). Der Insolvenzverwalter kann sich aber nicht damit entschuldigen, dass ihm die notwendige Expertise zur Fortführung eines Unternehmens fehlt. Übernimmt der Insolvenzverwalter sein Amt ohne hinreichende Kenntnisse hinsichtlich einer Unternehmensfortführung, handelt er schuldhaft (Uhlenbruck/Sinz Rn. 91).

59   Bei der Ausübung seiner Tätigkeit steht dem Insolvenzverwalter grundsätzlich ein weiter Ermessensspielraum zu (BGH BeckRS 2013, 03335 Rn. 8).

60   Bei der Beurteilung von Rechtsfragen gilt für den Insolvenzverwalter – auch wenn er kein Jurist ist – der gleiche Maßstab wie für einen Rechtsanwalt (MüKoInsO/Brandes/Schoppmeyer Rn. 90; Ehlers ZInsO 2011, 458). Von einem Insolvenzverwalter wird erwartet, dass er die notwendigen (rechtlichen) Kenntnisse hat, um die im Rahmen eines Insolvenzverfahrens auftretenden Rechtsfragen zu bewerten. Der Insolvenzverwalter muss insbesondere die Normen der Insolvenzordnung kennen und richtig anwenden (MüKoInsO/Brandes/Schoppmeyer Rn. 92; Nerlich/Römermann/Rein Rn. 69). Er handelt fahrlässig, wenn er einen zu beurteilenden Sachverhalt unzureichend aufklärt oder eine klare Rechtslage falsch beurteilt (Nerlich/Römermann/Rein Rn. 69; HK-InsO/Lohmann Rn. 31; HmbKommInsR/Weitzmann Rn. 38). Bei rechtlichen Zweifelsfragen handelt der Insolvenzverwalter nicht schuldhaft, wenn er sich nach sorgfältiger Prüfung eine Rechtsansicht bildet, die sich mit guten Gründen vertreten lässt (BGH BeckRS, 2011, 04093 Rn. 3). Wird er mit einer speziellen Rechtsfrage konfrontiert, die seine Kenntnisse übersteigt, muss er sich rechtskundigen Rat einholen (Uhlenbruck/Sinz Rn. 96; K. Schmidt InsO/Thole Rn. 37). Das gilt allerdings nicht, wenn die Masse unzulänglich ist (Uhlenbruck/Sinz Rn. 96). In der Regel entfällt ein Verschulden, wenn der Insolvenzverwalter in komplexen Fällen ein Rechtsgutachten einholt und sich dem Rat des Gutachters gemäß verhält (Uhlenbruck/Sinz Rn. 96).

61   Den Insolvenzverwalter trifft kein Verschulden, wenn er im Vertrauen auf die im Zeitpunkt der Pflichtverletzung geltende höchstrichterliche Rechtsprechung gehandelt hat (BGH BeckRS, 2011, 02466 Rn. 2). Umgekehrt handelt er schuldhaft, wenn er eine Rechtsauffassung vertritt, die im Gegensatz zu einer gefestigten Rechtsprechung oder Literaturmeinungen steht.

62   Der Insolvenzverwalter kann sich durch einen zustimmenden Beschluss der Gläubigerversammlung oder des Gläubigerausschusses nicht ohne Weiteres entlasten (BGH BeckRS 2009, 03720; Uhlenbruck/Sinz Rn. 102; FK-InsO/Jahntz Rn. 21; Andres/Leithaus/Andres Rn. 32; Braun/Baumert Rn. 22). Eine entlastende Wirkung kommt einem Beschluss der Gläubigerversammlung oder des Gläubigerausschusses insbesondere nicht zu, wenn der Insolvenzverwalter die Gremiumsmitglieder über die Sach- und Rechtslage falsch informiert hat (BGH BeckRS 2009, 03720; FK-InsO/Jahntz Rn. 21; Braun/Baumert Rn. 22) oder durch sonstige Handlungen oder Unterlassungen des Insolvenzverwalters eine für die Insolvenzmasse vorteilhafte Entscheidung unmöglich

gemacht wurde (BGH BeckRS 2009, 03720). Eine erteilte Zustimmung der Gläubigerversammlung oder des Gläubigerausschusses kann aber ein Indiz dafür sein, dass der Insolvenzverwalter seine Sorgfaltspflichten erfüllt hat (Uhlenbruck/Sinz Rn. 102; Andres/Leithaus/Andres Rn. 32).

Eine im Schrifttum verbreitete Ansicht will dem Insolvenzverwalter bei unternehmerischen **63** Entscheidungen ein Ermessen nach dem Vorbild der **Business Judgement Rule** (vgl. § 93 Abs. 1 S. 2 AktG) einräumen (Nerlich/Römermann/Rein Rn. 58 und 78 ff.; HmbKommInsR/Weitzmann Rn. 38; Berger/Frege/Nicht NZI 2010, 321 (323); Mohrbutter/Ringstmeier/Mohrbutter Kap. 33 Rn. 77). Nach zutreffender Ansicht ist eine entsprechende Anwendung der Business Judgement Rule weder erforderlich noch geboten (BGH BeckRS 2020, 8614 Rn. 29 ff.; MüKo-InsO/Brandes/Schoppmeyer Rn. 90a). Da die Geschäftsleiter des Schuldners in der (vorläufigen) Eigenverwaltung gem. § 276a Abs. 2 und Abs. 3 nach Maßgabe der §§ 60–62 haften, ist fraglich, ob auch ihnen ein Berufen auf die Business Judgement Rule zu versagen ist (vgl. dazu Bauer ZIP 2020, 2272 (2278); Korch ZIP 2020, 1596 (1600); Jungmann NZI 2020, 651 (658); Harder NJW-Spezial 2020, 469 (470)).

V. Haftung für das Verschulden Dritter (Abs. 2)

Der Insolvenzverwalter hat für das Verschulden **Dritter,** derer er sich zur Erfüllung seiner **64** insolvenzspezifischen Pflichten bedient, regelmäßig nach **§ 278 BGB** einzustehen (BGH BeckRS 2001, 30194834; K. Schmidt InsO/Thole Rn. 49; HmbKommInsR/Weitzmann Rn. 42; HK-InsO/Lohmann Rn. 32). Zwischen dem Insolvenzverwalter und den Beteiligten am Insolvenzverfahren, denen gegenüber der Insolvenzverwalter insolvenzspezifische Pflichten hat, besteht eine gesetzliche Sonderverbindung, die die Anwendbarkeit des § 278 BGB eröffnet (BGH BeckRS 2016, 05553 Rn. 19). Das Verschulden eines Dritten wird dem Insolvenzverwalter nach § 278 BGB zugerechnet, wenn ein unmittelbarer sachlicher Zusammenhang zwischen dem schuldhaften Verhalten der Hilfsperson und den Aufgaben, die ihr im Hinblick auf die Vertragserfüllung zugewiesen waren, besteht. Die Hilfsperson darf also nicht nur bei Gelegenheit der Erfüllung einer Verbindlichkeit des Insolvenzverwalters gehandelt haben, sondern das Fehlverhalten muss in Ausübung der ihr übertragenen Hilfstätigkeit erfolgt sein (BGH BeckRS 9998, 55063; MüKoBGB/Grundmann BGB § 278 Rn. 48). In diesem Rahmen hat der Insolvenzverwalter auch für strafbares Verhalten seiner Hilfspersonen zu haften. Das gilt selbst dann, wenn diese seinen Weisungen oder Interessen vorsätzlich zuwiderhandeln, um eigene Vorteile zu erzielen (BGH BeckRS 2001, 30194834; MüKoInsO/Brandes/Schoppmeyer Rn. 93; HK-InsO/Lohmann Rn. 32).

Bedient sich der Insolvenzverwalter bei der Erledigung seiner insolvenzspezifischen Pflichten **65** der Hilfe von selbstständigen – weder eigenen Mitarbeitern noch solchen des Insolvenzschuldners – Fachkräften, ist ihm deren Verschulden nach § 278 BGB zuzurechnen (BGH BeckRS 2016, 05553 Rn. 14 ff.). Der Insolvenzverwalter ist mit seinem Amt höchstpersönlich betraut. Das schließt zwar nicht aus, dass der Insolvenzverwalter zur Erfüllung seiner Verpflichtungen nach der InsO auf außenstehende Fachkräfte zurückgreift. Er kann sich allerdings nicht allein mit deren sorgfältiger Auswahl und Beauftragung entlasten (BGH BeckRS 2016, 05553 Rn. 17 ff.). Der BGH schränkt mit dieser Klarstellung Stimmen in der Literatur ein, wonach den Insolvenzverwalter lediglich ein Auswahlverschulden trifft, wenn er Selbstständige beauftragt (Uhlenbruck/Sinz Rn. 99; HK-InsO/Lohmann Rn. 33; Nerlich/Römermann/Rein Rn. 89; HmbKommInsR/Weitzmann Rn. 42).

Davon abweichend regelt § 60 Abs. 2 eine Ausnahme, soweit der Insolvenzverwalter zur Erfül- **66** lung seiner insolvenzspezifischen Pflichten **Angestellte des Insolvenzschuldners** im Rahmen ihrer bisherigen Tätigkeit einsetzen muss und diese nicht offensichtlich ungeeignet sind. In diesen Fällen ist der Insolvenzverwalter nur für deren Überwachung und für Entscheidungen von besonderer Bedeutung verantwortlich. Der Insolvenzverwalter hat geeignete Überwachungsmaßnahmen vorzunehmen (BGH BeckRS 2007, 19873 Rn. 2). Hierfür trifft ihn im Prozess die Darlegungslast (OLG Hamm BeckRS 2007, 01277). Die Beschränkung der Verschuldenszurechnung nach Abs. 2 gilt nicht, wenn der Angestellte offensichtlich ungeeignet ist, Das ist etwa ein Mitarbeiter, der mit der Verwertung von Vermögensgegenständen betraut wurde und zur Zeit der geplanten Verwertung seinen Resturlaub nimmt (OLG Hamm BeckRS 2007, 01277). Ferner müssen Entscheidungen von besonderer Bedeutung im vollen Verantwortungsbereich des Insolvenzverwalters bleiben. Die Beschränkung des Abs. 2 gilt daher für solche Entscheidungen nicht.

Umstritten ist, unter welchen Voraussetzungen der Insolvenzverwalter einen Angestellten des **67** Schuldners einsetzen „muss". Nach einer weiten Auffassung soll es ausreichen, wenn eine Anstellung objektiv sinnvoll ist, auch wenn dafür keine zwingende Notwendigkeit besteht (FK-InsO/Jahntz Rn. 33; Braun/Baumert Rn. 35). Diese Ansicht ist zu weitgehend. Maßgeblich ist, ob der

Insolvenzverwalter wegen besonderer Kenntnisse des Angestellten oder aus finanziellen Gründen keine andere Wahl hat, als Angestellte des Schuldners einzusetzen (MüKoInsO/Brandes/Schoppmeyer Rn. 93; HK-InsO/Lohmann Rn. 34).

68 Für das Verschulden **eigener Angestellter** gilt die Beschränkung des Abs. 2 nicht (BeckRS 2001, 30194834; Uhlenbruck/Sinz Rn. 98; FK-InsO/Jahntz Rn. 31; Braun/Baumert Rn. 33).

C. Geltendmachung des Haftungsanspruchs

I. Keine Primärhaftung der Insolvenzmasse

69 Die persönliche Haftung des Insolvenzverwalters nach § 60 ist von der Haftung der Insolvenzmasse zu unterscheiden.

70 Teilweise wird von einer **Primärhaftung der Insolvenzmasse** ausgegangen, wonach zunächst die Insolvenzmasse in Anspruch genommen werden muss, bevor der Insolvenzverwalter persönlich nach § 60 für den verbleibenden Schaden haftet (ua KBP/Lüke Rn. 7).

71 Nach dem **BGH** ist eine Primärhaftung der Insolvenzmasse im Gesetz nicht vorgesehen und folgt auch nicht aus einer entsprechenden Anwendung des § 31 BGB. Der Schadensersatzanspruch gegen den Insolvenzverwalter persönlich wegen Verletzung insolvenzspezifischer Pflichten steht vielmehr **gleichrangig** neben einem Schadensersatzanspruch aus anderem Rechtsgrund gegen die Masse (BGH BeckRS 2006, 00679). Der Insolvenzverwalter und die Insolvenzmasse haften ggf. als **Gesamtschuldner** (BGH BeckRS 2006, 00679). Es finden die Vorschriften der §§ 421 ff. BGB Anwendung, unter Berücksichtigung des jeweiligen Mitverschuldens nach § 254 BGB.

72-73 Derzeit nicht belegt.

II. Gesamt- und Einzelschaden

74 Bei der Geltendmachung des Haftungsanspruchs nach § 60 ist zwischen dem Gesamtschaden iSd § 92 S. 1 und dem Einzelschaden zu unterscheiden.

75 Ein **Gesamtschaden** ist nach § 92 S. 1 ein Schaden, den die Insolvenzgläubiger durch eine Verminderung des zur Insolvenzmasse gehörenden Vermögens gemeinschaftlich erleiden. Der Anspruch auf Ersatz eines Gesamtschadens steht entsprechend dem Grundsatz der gemeinschaftlichen und gleichmäßigen Gläubigerbefriedigung der Gläubigergemeinschaft zu und gehört damit zur Insolvenzmasse, über die aber. § 80 nur ein **Insolvenzverwalter** verfügen darf (BGH NJW-RR 2016, 686). Richtet sich der Anspruch auf Ersatz eines Gesamtschadens gegen den Insolvenzverwalter selbst, bestimmt § 92 S. 2, dass dieser Anspruch während der Dauer des Insolvenzverfahrens nur durch einen neu bestellten Insolvenzverwalter oder **Sonderinsolvenzverwalter** geltend gemacht werden kann (Zur Bestellung eines Sonderinsolvenzverwalters → § 56 Rn. 51). Einzelne Insolvenzgläubiger können den Anspruch auf Ersatz eines Gesamtschadens allerdings als fremdes Recht klageweise durchsetzen, wenn die Voraussetzungen der gewillkürten Prozessstandschaft vorliegen (BGH NJW-RR 1990, 45).

76 Die Verringerung der Insolvenzmasse führt notwendigerweise zugleich zu einer Schmälerung der Befriedigungsquote der einzelnen Insolvenzgläubiger (sog. **Quotenschaden**). Der Quotenschaden ist mithin Bestandteil eines Gesamtschadens, der während der Dauer des Insolvenzverfahrens nur von einem Insolvenzverwalter geltend gemacht werden kann; dem einzelnen Insolvenzgläubiger fehlt insoweit die Einziehungs- und Prozessführungsbefugnis (BGH NJW-RR 2016, 686; BeckRS 2009, 26719; BeckRS 2004, 05566; NJW-RR 1990, 45). Nach Beendigung des Insolvenzverfahrens sind dagegen die einzelnen Insolvenzgläubiger berechtigt, den auf sie entfallenden Einzelschaden gegen den Insolvenzverwalter geltend zu machen (BGH NJW-RR 2016, 686; BeckRS 2009, 26719; BeckRS 2004, 05566; NJW-RR 1990, 45), solange nicht im Rahmen einer Nachtragsverteilung ein Sonderinsolvenzverwalter zwecks Durchsetzung des Gesamtschadens bestellt wird (BGH BeckRS 2009, 26719).

77 Einen Einzel- oder **Individualschaden** kann der Betroffene dagegen sofort einklagen. § 92 findet insoweit keine Anwendung. Ein Individualschaden liegt dann vor, wenn bei der Verletzung eines Rechts allein der jeweilige Rechtsinhaber betroffen ist, wie zB bei der Beeinträchtigung eines Aussonderungsrechts.

77a Bei der Verletzung eines Absonderungsrechts kann neben dem Einzelschaden auch ein Gesamtschaden vorliegen, wenn die Verwertung zu einem Übererlös zu Gunsten der Insolvenzmasse geführt hätte.

Haftung des Insolvenzverwalters §60 InsO

Beispiele von Individualschäden: 77b
- Schäden der Massegläubiger aufgrund einer pflichtwidrigen Masseverkürzung des Insolvenzverwalters vor Anzeige der Masseunzulänglichkeit (BGH BeckRS 2004, 05092; NJW 1973, 1043, vgl. auch BGH NJW-RR 1990, 45);
- Ein vom Insolvenzschuldner gegen den Treuhänder wegen der Ausschüttung unpfändbaren Vermögens erwirkter Schadensersatzanspruch (BGH BeckRS 2008, 16049);
- Schadensersatzanspruch aus § 826 BGB wegen vorsätzlich sittenwidriger Schädigung durch ein Verhalten des Insolvenzverwalters (BGH BeckRS 2017, 119623).

III. Gesamtschuldnerische Haftung

Ist neben dem Insolvenzverwalter ein Dritter für den Schaden verantwortlich, haften der Insol- 78
venzverwalter und der Dritte grundsätzlich als **Gesamtschuldner** (BGH BeckRS 2006, 00679).
Es gelten die Vorschriften der Gesamtschuld nach §§ 421 ff. BGB; ein etwaiges Mitverschulden
ist gem. § 254 BGB zu berücksichtigen (BGH BeckRS 2006, 00679).

Ein unechtes Gesamtschuldverhältnis besteht wegen der Verschiedenartigkeit des Rechtsgrundes 79
zwischen der Haftung des Insolvenzverwalters nach § 60 und der Haftung der Gläubigerausschussmitglieder nach § 71 sowie der Haftung des Insolvenzgerichts (Uhlenbruck/Sinz Rn. 131; HmbKomm-InsR/Weitzmann Rn. 40; OLG Koblenz v. 16.2.1956 – 5 U 600/56, KTS 1956, 159).

IV. Verjährung

Die Verjährung richtet sich gem. § 62 nach den allgemeinen Verjährungsvorschriften des BGB, 80
soweit keine vorrangigen Sonderregelungen greifen (zu den Einzelheiten → § 62 Rn. 1 ff.).

D. Haftung nach anderen Anspruchsgrundlagen

§ 60 regelt nur die Haftung des Insolvenzverwalters wegen der Verletzung insolvenzspezifischer 81
Pflichten. Die Haftung des Insolvenzverwalters wegen der Verletzung nicht-insolvenzspezifischer
Pflichten richtet sich nach den allgemeinen oder sonstigen spezialgesetzlichen Vorschriften (vgl.
BGH BeckRS 9998, 76063; BeckRS 9998, 164406).

Die Haftung nach § 60 schließt daher Ansprüche der Beteiligten nach sonstigen Haftungsvor- 82
schriften nicht aus (BGH BeckRS 9998, 76063; BeckRS 9998, 165007; NJW 1975, 1969).
Welche Haftungsnorm Vorrang hat, ist im Einzelfall zu prüfen (BGH BeckRS 9998, 165007: zur
Abgrenzung von § 60 InsO zu § 69 AO). Im Übrigen kann zwischen mehreren Haftungen (auch
nach § 60) Anspruchskonkurrenz bestehen.

I. Zivilrechtliche Haftung

1. (Vor)Vertragliche Haftung

Vertragliche oder vertragsähnliche Haftungsansprüche Dritter richten sich grundsätzlich gegen 83
die Insolvenzmasse und nicht gegen den Insolvenzverwalter persönlich (BGH BeckRS 9998,
76063; BeckRS 9998, 164406). Die Verträge, die ein Insolvenzverwalter mit Dritten abschließt,
machen die Verhandlungs- und Vertragspartner noch nicht zu Beteiligten iSd § 60 (BGH BeckRS
9998, 76063). Der Insolvenzverwalter hat wie jeder Vertragspartner die sich aus dem Vertrag
ergebenden Pflichten zu erfüllen. Verletzt er eine dieser Pflichten, haftet die Insolvenzmasse, nicht
ihr Vertreter (BGH BeckRS 9998, 164406).

Neben der vertraglichen Haftung der Insolvenzmasse kommt eine persönliche Haftung des 84
Insolvenzverwalters in Betracht:
1. wenn der Insolvenzverwalter ausdrücklich eigene Pflichten gegenüber einem Vertragspartner übernommen hat, die nicht zu seinen eigentlichen insolvenzspezifischen Pflichten gehören (BGH BeckRS 2005, 07677; BeckRS 9998, 166469; BeckRS 9998, 76063);

Fälle der eigenen vertraglichen Verpflichtungen können beispielsweise sein: 84.1
- Verwertungsvereinbarung, in welcher der Insolvenzverwalter die Pflicht übernommen hat, gegen Zahlung einer Vergütung sich zu bemühen, den verabredeten freihändigen Verkauf von Grundstücken durchzuführen, aus deren Erlös der Kläger einen Abschlag erhalten sollte (BGH BeckRS 9998, 98709);
- persönliche Haftung des Insolvenzverwalters für die Überziehung eines Kontos, wenn bei der Kontoeröffnung ausdrücklich vereinbart wird, dass aus dem Konto nur der Insolvenzverwalter persönlich berechtigt und verpflichtet werden soll (BGH BeckRS 9998, 75715).

2. wenn der Insolvenzverwalter einen besonderen Vertrauenstatbestand geschaffen hat, an dem er sich festhalten lassen muss (BGH BeckRS 2005, 07677; BeckRS 9998, 76965; BeckRS 9998, 168063; BeckRS 9998, 76063; BeckRS 9998, 164406).

84.2 Fälle eines besonderen Vertrauens können beispielsweise sein:
- Erklärungen des (vorläufigen) Insolvenzverwalters gegenüber einem Geschäftspartner, die Bezahlung bestellter Waren bzw. erbrachter Leistungen sicherzustellen bzw. persönlich dafür aufzukommen (OLG Rostock BeckRS 2010, 27114; OLG Celle BeckRS 9998, 32559 (nrkr); OLG Celle BeckRS 2004, 06519).

84.3 Keine Fälle eines besonderen Vertrauens:
- Grundsätzlich keine persönliche Haftung bei (Standard)Verwertungsvereinbarungen über Sicherungsgut (BGH BeckRS 9998, 76965; im Gegensatz zu BGH BeckRS 9998, 98719, → Rn. 84.1);
- Verletzung von vorvertraglichen Hinweis- oder Aufklärungspflichten bei Beauftragung durch Insolvenzverwalter bzw. Verhandlungen eines Insolvenzverwalter mit Dritten genügt nicht (BGH BeckRS 2005, 07677).

85 Dabei ist zu beachten, dass der Insolvenzverwalter seine Geschäftspartner nicht auf die regelmäßig vorhandenen, im Allgemeinen auch bekannten Gefahren, die Geschäfte mit der Insolvenzmasse zwangsläufig für den Vertragspartner mit sich bringen, hinweisen muss (BGH BeckRS 9998, 164406).

86 § 61 regelt die persönliche Haftung des Insolvenzverwalters wegen der Nichterfüllung von Masseverbindlichkeiten, wenn zB ein vom Insolvenzverwalter vertraglich begründeter (Masse-)Anspruch nicht aus der Masse bedient werden kann. § 61 verdrängt dann als lex specialis die allgemeinen Haftungsvorschriften (BGH BeckRS 2004, 05092).

2. Deliktische Haftung

87 Daneben kommt auch eine **persönliche Haftung des Insolvenzverwalters** aus unerlaubter Handlung nach §§ 823 ff. BGB oder sonstigen spezialgesetzlichen Haftungsvorschriften wie § 139 PatG, §§ 1, 9 UWG, §§ 14, 15 MarkenG etc in Betracht. Für Hilfspersonen haftet der Insolvenzverwalter nach § 831 BGB (BGH BeckRS 9998, 76063).

87.1 Einzelne Fälle:
- Haftung wegen Verletzung von allgemeinen Verkehrssicherungspflichten (BGH BeckRS 9998, 76063);
- Haftung nach § 139 PatG (BGH NJW 1975, 1969).

88 Die **Insolvenzmasse** haftet für ein deliktisches Verhalten des Insolvenzverwalters **nach § 55 Abs. 1 Nr. 1,** wenn das deliktische Verhalten des Insolvenzverwalters im Zusammenhang mit der Insolvenzverwaltung steht. Die Zurechnung der unerlaubten Handlung des Insolvenzverwalters erfolgt in entsprechender Anwendung des § 31 BGB (BGH BeckRS 2006, 08638; aA Jaeger/Gerhardt Rn. 152). Für die Zurechnung muss zwischen den Aufgaben des Verwalters und der schädigenden Handlung ein sachlicher, nicht bloß zufälliger zeitlicher und örtlicher Zusammenhang bestehen (BGH BeckRS 2006, 08638). Eine Zurechnung kommt nicht in Betracht, wenn der Verwalter sich so weit von seinen Aufgaben entfernt hat, dass für Außenstehende erkennbar außerhalb des allgemeinen Rahmens der ihm übertragenen Aufgaben gehandelt hat (BGH BeckRS 2006, 08638 mit Verweis auf BGH BeckRS 9998, 164192).

II. Öffentlich-rechtliche Haftung

89 Mit der Rechtsprechung des Bundesverwaltungsgerichts ist davon auszugehen, dass der Insolvenzverwalter als Inhaber der tatsächlichen Gewalt der öffentlich-rechtlichen Haftung als **Zustandsstörer** unterliegt, und die öffentlich-rechtliche Verpflichtung aus der Zustandsstörerhaftung eine Masseverbindlichkeit iSd § 55 Abs. 1 Nr. 1 ist (BVerwG NVwZ 2004, 1505; 1999, 653). Aus dieser Haftung kann sich der Insolvenzverwalter durch die Freigabe des belasteten Massegegenstands befreien (BVerwG NVwZ 2004, 1505). Versäumt der Insolvenzverwalter schuldhaft die Freigabe der Sache, kommt eine persönliche Haftung des Verwalters nach InsO in Betracht, wenn die Masse unzureichend ist.

90 Eine Haftung als **Verhaltensstörer** kommt dagegen nur in Betracht, wenn an ein störendes Verhalten des Insolvenzverwalters angeknüpft wird. Trifft die Verantwortlichkeit den Insolvenzverwalter, handelt es sich um eine persönliche Pflicht des Verwalters, die nach § 55 Abs. 1 Nr. 1 als Masseverbindlichkeit zu qualifizieren ist. Knüpft die Haftung dagegen an ein störendes Verhalten des Insolvenzschuldners an, liegt nur eine Insolvenzforderung iSd § 38 vor (BVerwG NVwZ 2004, 1505).

III. Steuerrechtliche Haftung

Die Insolvenzeröffnung hat keine Folgen für die steuerrechtliche Rechtsstellung des Insolvenz- 91
schuldners. Der **Schuldner** bleibt während des Insolvenzverfahrens **Steuersubjekt, Steuerpflichtiger** iSd § 33 AO und **Steuerschuldner** iSd § 43 AO.

Der **Insolvenzverwalter** hat als **Vermögensverwalter iSd § 34 Abs. 3 AO** aber die steuer- 92
rechtlichen Pflichten des Schuldners so weit wahrzunehmen, wie die Insolvenzverwaltung reicht (BFH BeckRS 1992, 22010495; BeckRS 2009, 04725). Die steuerrechtlichen Pflichten des Schuldners in Bezug auf die Insolvenzmasse sind insbesondere die Steuererklärungspflicht (§§ 149 ff. AO), die Buchführungs- und Aufzeichnungspflichten (§§ 140 ff. AO), Auskunfts-, Anzeige-, Aufbewahrungs-, Vorlage- und Nachweispflichten (§§ 93 ff. AO, §§ 137 ff. AO) sowie sämtliche Mitwirkungs- und Leistungspflichten im Festsetzungs- und Erhebungsverfahren. Sie bleiben gem. § 155 Abs. 1 S. 1 von der Insolvenzeröffnung unberührt und werden nunmehr gemäß § 155 Abs. 1 S. 2 vom Insolvenzverwalter erfüllt. Diese Pflichten hat der Insolvenzverwalter auch für Steuerabschnitte zu erfüllen, die vor der Eröffnung des Insolvenzverfahrens liegen (BFH BeckRS 2007, 25012691). Er hat demnach fehlerhafte Erklärungen des Insolvenzschuldners nach § 154 AO zu berichtigen. Bei Verletzung der steuerrechtlichen Pflichten, die den Insolvenzschuldner bzw. die Insolvenzmasse betreffen, aber vom Insolvenzverwalter wahrzunehmen sind, haftet der Insolvenzverwalter nach § 69 AO.

Darüber hinaus obliegen dem **Insolvenzverwalter eigene steuerliche Pflichten**. In diesem 93
Fall ist der Insolvenzverwalter selbst der Verpflichtete; verletzt er eigene Steuerpflichten, haftet er unmittelbar nach § 69 AO.

Einzelne eigene steuerliche Pflichten des Insolvenzverwalters: 93.1
- Entrichtung der fälligen Einkommen-, Körperschafts- oder Umsatzsteuer und Abführung der Lohnsteuer anlässlich einer Unternehmensfortführung, der Verwertung der Insolvenzmasse etc.;
- Pflicht, die Insolvenzmasse so zu verwalten, dass er zur pünktlichen Tilgung bereits begründeter, aber erst künftig fällig werdende Steuern in der Lage ist (BFH BeckRS 2002, 24000061).

Hinsichtlich der Haftung ist zu unterscheiden, ob eine Verletzung der insolvenzspezifischen 94
Pflichten oder ein Verstoß gegen steuerrechtliche Verpflichtungen vorliegt (BGH BeckRS 9998, 165007).

Bei **Verletzung steuerrechtlicher Pflichten,** haftet der Insolvenzverwalter nach **§ 69 AO,** 95
die gem. § 191 AO durch Haftungsbescheid geltend zu machen sind. Die Haftung nach § 69 AO ist ein Schadensersatzanspruch (BFH BeckRS 2010, 29154), der die durch schuldhafte Verletzung von steuerrechtlichen Pflichten verursachten Steuerausfälle ausgleichen soll (BFH BeckRS 1991, 22009893; BeckRS 2010, 29154). § 69 AO greift nur bei vorsätzlichen oder grob fahrlässigen Pflichtverletzungen. Da § 69 AO als **lex specialis** eine Haftung nach § 60 vollständig verdrängt (BGH BeckRS 9998, 165007), kann bei der leicht fahrlässigen Verletzung steuerlicher Pflichten nicht auf § 60 zurückgegriffen werden.

Einzelheiten zur Haftung nach § 69 AO: 95.1
- Voraussetzungen der Haftung nach § 69 AO ist das Bestehen von Ansprüchen aus dem Steuerschuldverhältnis (§ 37 AO) gegenüber einem Steuerschuldner, eine vorsätzliche oder grob fahrlässige Verletzung steuerrechtlicher Pflichten, ein Steuerausfall sowie ein Kausalzusammenhang zwischen der schuldhaften Pflichtverletzung und dem Steuerausfall (BFH BeckRS 1991, 22009893, BFH BeckRS 2010, 29154). Der Kausalzusammenhang zwischen der schuldhaften Verletzung steuerrechtlicher Pflichten und dem Steuerausfall fehlt zB, wenn der Steuerausfall unabhängig von der Pflichtverletzung auch bei pflichtgemäßem Verhalten mangels Masse eingetreten wäre (BFH BeckRS 1991, 22009893, BFH BeckRS 1994, 22011126, BFH BeckRS 2010, 29154). Dies gilt allerdings nicht für den Fall der Haftung des Insolvenzverwalters bei einer für ihn erkennbaren Masseunzulänglichkeit (BFH BeckRS 1994, 22011126).
- Nach § 69 AO haftet der Insolvenzverwalter nur für vorsätzliches oder grob fahrlässiges Verhalten. Er haftet nicht für Gehilfen entsprechend § 278 BGB; vielmehr haftet er nur für eigenes Verschulden bei der Auswahl und Überwachung von Gehilfen, nicht aber bei der Übertragung an einen Angehörigen der steuerberatenden Berufe (BFH BeckRS 1994, 22011126).
- Ein etwaiges Mitverschulden der Finanzbehörden findet iRd § 69 AO durch entsprechende Anwendung des § 254 BGB keine Berücksichtigung (BFH BeckRS 2001, 25006319); vielmehr wird ein Mitverschulden des Finanzamts im Rahmen der Ermessensentscheidung nach § 191 AO bei der Frage, ob eine Inanspruchnahme per Haftungsbescheid erfolgt, berücksichtigt. Bei der pflichtgemäßen Ermessensausübung im Rahmen des § 191 AO wird darüber hinaus eine Geringfügigkeit des Verschuldens oder des Steuerausfalls berücksichtigt.

- Die Haftung nach § 69 AO ist in Unternehmenskrisen allerdings auf den Betrag beschränkt, der bei Berücksichtigung des Grundsatzes der anteiligen Tilgung(, der eine Befriedigung aller Gläubiger im gleichen Umfang erfordert, wenn die Zahlungsmittel nicht mehr genügen, um sämtliche Verpflichtungen zu erfüllen) für die Tilgung der Steuerschulden zur Verfügung gestanden hätte. Diese Haftungsbeschränkung gilt grundsätzlich auch für den Insolvenzverwalter, nicht aber bei Eintritt von Masseunzulänglichkeit, wenn diese für den Insolvenzverwalter erkennbar war (BFH BeckRS 1994, 22011126).
- Für steuerliche Nebenleistungen beschränkt § 69 S.2 AO die Haftung auf Säumniszuschläge.
- Die Verjährung richtet sich nach § 193 Abs. 3 AO.

95.2 Fälle der Haftung nach § 69 AO:
- Nicht oder nicht rechtzeitige Entrichtung einer Steuerschuld (vgl. BGH BeckRS 9998, 165007 zur Haftung nach § 60 InsO);
- Verstoß gegen die Pflicht, die Insolvenzmasse so zu verwalten, dass er zur pünktlichen Tilgung bereits begründeter, aber erst künftig fällig werdender Steuern in der Lage ist (BFH BeckRS 2002, 24000061);
- Pflichtwidrige Herbeiführung einer Steuerschuld, zB durch Erteilung einer Rechnung mit offen ausgewiesener USt, obwohl dem keine Leistung der Insolvenzmasse zugrunde liegt und der Insolvenzverwalter weiß, dass die Insolvenzmasse nicht genug Mittel zu Begleichung der dadurch entstehenden Steuerschuld im Fälligkeitszeitpunkt zur Verfügung stehen wird (BFH BeckRS 1994, 22011126).

96 Dagegen haftet der Insolvenzverwalter nach **§ 60,** wenn ein **Verstoß gegen insolvenzspezifische Pflichten** vorliegt (BGH BeckRS 9998, 165007):

96.1 Fälle der Haftung nach § 60:
- Verzögerung der Zahlung von steuerlichen Insolvenzforderungen, wegen der Verletzung insolvenzspezifischer Pflichten, hier wegen schuldhaft verzögerter ordnungsgemäßer Schlussrechnung (BGH BeckRS 9998, 165007: Finanzbehörde als Insolvenzgläubiger bzw. Beteiligter iSd § 60);
- Gegenüber dem Insolvenzschuldner, wenn der Insolvenzverwalter während des Insolvenzverfahrens nicht für die ordnungsgemäße Erfüllung der steuerlichen Buchführungspflichten, insb. auch nicht für die Vervollständigung einer bei Insolvenzeröffnung mangelhaften Buchführung, gesorgt hat (BGH NJW 1979, 2212).

97 Schließlich wird § 69 AO bei **Nichterfüllung von Masseverbindlichkeiten,** soweit sie vom Insolvenzverwalter begründet worden sind, von **§ 61 InsO** verdrängt.

98 Im Gegensatz zur Haftung nach § 60 InsO, für die der Zivilrechtsweg gegeben ist, ist die Haftung nach § 69 AO durch Haftungsbescheid nach § 191 AO geltend zu machen, für dessen Anfechtung der Finanzrechtsweg gegeben ist.

99 Mit Beendigung des Insolvenzverfahrens enden sämtliche steuerlichen Pflichten des Insolvenzverwalters. Diese fallen an den Insolvenzschuldner zurück (BFH BeckRS 1995, 09349).

IV. Arbeits- und sozialversicherungsrechtliche Haftung

100 Der Insolvenzverwalter tritt mit Eröffnung des Insolvenzverfahrens und seiner Bestellung in die Rechte und Pflichten des Insolvenzschuldners als Arbeitgeber ein (BGH BeckRS 2007, 44646). Er hat mithin sämtliche Pflichten eines Arbeitgebers zu erfüllen, soweit Arbeitsverhältnisse über die Verfahrenseröffnung hinaus fortbestehen oder vom Insolvenzverwalter neu begründet werden. Erfüllt er solche (nicht insolvenzspezifischen) Pflichten schlecht, nicht rechtzeitig oder gar nicht, so stellen die sich daraus ergebenden Schadensersatzansprüche lediglich Masseverbindlichkeiten dar, für die die Masse haftet; eine persönliche Haftung des Insolvenzverwalters wird nur in den Fällen angenommen, in denen er in besonderem Maß ein persönliches Vertrauen in Anspruch genommen hat (vgl. LAG Nds BeckRS 2008, 55473; HessLAG BeckRS 2008, 54493; LAG Nürnberg BeckRS 2007, 41505).

101 Bei Freigabe des Betriebs aus dem Insolvenzbeschlag nach § 35 Abs. 2 InsO findet § 613a BGB entsprechende Anwendung, sodass der Arbeitnehmer dem Übergang seines Arbeitsverhältnisses widersprechen kann (BAG NZI 2008, 762).

1. Arbeitsrechtliche Haftung

102 Der Insolvenzverwalter hat wie jeder Arbeitgeber die **individualarbeitsrechtlichen Vorschriften,** wie zB zum Kündigungsschutzrecht, zu beachten. Darüber hinaus hat er auch die dem Arbeitgeber durch das BetrAVG auferlegten Pflichten zu erfüllen, die nach § 12 Abs. 2 BetrAVG bußgeldbewehrt sind.

103 Auch die **kollektivarbeitsrechtlichen Pflichten des Arbeitsgebers** sind vom Insolvenzverwalter zu erfüllen (BAG BeckRS 9998, 161511). Diese können sowohl bei der Fortführung als auch bei der Stilllegung oder sonstigen Änderung des schuldnerischen Betriebes relevant werden. Insbesondere hat der Verwalter die Mitwirkungs-, Informations- und Unterrichtungsrechten des Betriebsrates zu beachten (BAG BeckRS 9998, 161511). Soweit die §§ 123 ff. einschlägig sind, verdrängen diese Sonderregelungen die kollektivarbeitsrechtlichen Vorschriften. Eine Verletzung der dort geregelten (insolvenzspezifischen) Pflichten führt zur Haftung des Insolvenzverwalters nach § 60.

Nach § 113 BetrVG hat der Arbeitnehmer einen Anspruch auf Nachteilsausgleich, wenn der Arbeitgeber bzw. der Insolvenzverwalter von einem Interessenausgleich über die geplante Betriebsänderung ohne zwingenden Grund abweicht. Diese Forderungen der Arbeitnehmer sind Masseverbindlichkeiten (BAG BeckRS 9998, 161511). Der daraus resultierende Masseverkürzungsschaden begründet dagegen eine Haftung nach § 60 (Uhlenbruck/Sinz Rn. 84). **103.1**

2. Sozialversicherungsrechtliche Haftung

Zu den wesentlichen sozialversicherungsrechtlichen Pflichten eines Arbeitgebers gehören die nach Insolvenzeröffnung anfallenden gesetzlichen Sozialversicherungsbeiträge zur Kranken- (§ 253 SGB V), Renten- (§ 174 SGB VI), Pflege- (§ 60 SGB XI) und Arbeitslosenversicherung (§§ 346, 348 Abs. 2 SGB III). Im Falle einer Pflichtverletzung ergibt sich die Haftung aus § 28e Abs. 1 SGB IV. **104**

Die Beitragspflicht endet nicht schon mit der Freistellung eines Arbeitnehmers von der Arbeit (BSG BeckRS 1985, 30715313). Anderes gilt im Bereich der Unfallversicherung, da das Risiko eines Arbeitsunfalls mit der Freistellung von der Arbeit im Wesentlichen entfällt (BSG BeckRS 1985, 30715313; BeckRS 1981, 30708099). **104a**

Ferner treffen den Insolvenzverwalter verschiedene Pflichten bei Inanspruchnahme von Insolvenzgeld gem. §§ 314 Abs. 1, 320 Abs. 2 S. 1 SGB III, bei deren Verletzung er nach § 321 SGB III haftet. Dazu zählen insbesondere die Errechnung und Auszahlung des Insolvenzgelds und die Erstellung der Insolvenzgeldbescheinigung. **105**

Daneben kommt eine Haftung nach § 823 Abs. 2 BGB in Verbindung mit der entsprechenden sozialversicherungsrechtlichen Vorschrift oder auch § 266a StGB (Vorenthalten von Arbeitsentgelt) in Betracht. Anspruchsberechtigt können sowohl die Agentur für Arbeit als auch die Arbeitnehmer sein. **106**

E. Prozessuales

I. Zuständigkeit

Für die Geltendmachung von Haftungsansprüchen sind grundsätzlich die **ordentlichen Gerichte** zuständig, wobei für die Abgrenzung der Zuständigkeiten zwischen den ordentlichen und den **Arbeitsgerichten** die allgemeinen Grundsätze gelten (BGH BeckRS 2006, 15304). **107**

Für Schadensersatzansprüche gegen die Masse ist § 19a ZPO im Hinblick auf die **örtliche Zuständigkeit** einschlägig. Für Haftungsklagen gegen den Insolvenzverwalter persönlich richtet sich die Zuständigkeit dagegen nicht nach dem allgemeinen Gerichtsstand des Insolvenzverwalters gem. § 19a ZPO. Vielmehr gilt dafür der allgemeine Gerichtsstand (§ 12 ZPO) oder der besondere Gerichtsstand der unerlaubten Handlung (§ 32 ZPO). **108**

Wird der Insolvenzverwalter sowohl als Partei kraft Amtes wegen eines Anspruchs gegen die Insolvenzmasse nach § 55 InsO und zugleich persönlich nach §§ 60, 61 verklagt, ist ggf. eine **Gerichtsstandbestimmung** nach § 36 Abs. 1 Nr. 3 ZPO erforderlich. **109**

Die Wirkung einer Schiedsvereinbarung kann sich nach Auslegung des Parteiwillens auch auf den gesetzlichen Anspruch nach §§ 60, 61 beziehen und sich (gem. §§ 328 ff. BGB zugunsten Dritter) auch auf den Insolvenzverwalter persönlich erstrecken (vgl. LG Saarbrücken SchiedsVZ 2016, 111). **109a**

II. Parteieigenschaft des Insolvenzverwalters

Nach der Rechtsprechung des BGH handelt es sich prozessual nicht um eine, sondern um **mehrere Parteien,** wenn der Insolvenzverwalter sowohl als Partei kraft Amtes als auch persönlich in Anspruch genommen wird (BGH BeckRS 2015, 01265; BeckRS 9998, 76760; BeckRS 2000, 30105851). **110**

Der **Parteiwechsel** oder die **Parteierweiterung** auf den Insolvenzverwalter bedarf keiner Zustimmung des Insolvenzverwalters (BGH BeckRS 2000, 30105851). Die Verweigerung der **111**

Zustimmung wäre missbräuchlich, wenn derselbe Beklagte in anderer Eigenschaft von Anfang an am Rechtsstreit beteiligt war und den Prozessstoff deshalb gekannt und beeinflusst hat.

§ 61 Nichterfüllung von Masseverbindlichkeiten

¹Kann eine Masseverbindlichkeit, die durch eine Rechtshandlung des Insolvenzverwalters begründet worden ist, aus der Insolvenzmasse nicht voll erfüllt werden, so ist der Verwalter dem Massegläubiger zum Schadenersatz verpflichtet. ²Dies gilt nicht, wenn der Verwalter bei der Begründung der Verbindlichkeit nicht erkennen konnte, daß die Masse voraussichtlich zur Erfüllung nicht ausreichen würde.

Überblick

§ 61 normiert im allgemeinen Interesse einer erleichterten Betriebsfortführung im Insolvenzverfahren (→ Rn. 1) eine Haftung des Insolvenzverwalters (zur Anwendung auf Sachwalter und vorläufige Insolvenzverwalter → Rn. 18 ff.) für den Ausfall (→ Rn. 20 ff.) einer Masseverbindlichkeit, die durch seine Rechtshandlung begründet (→ Rn. 2 ff.) worden ist. Der Verwalter kann sich entlasten (→ Rn. 25 ff.), wenn er bei der Begründung der Masseverbindlichkeit (→ Rn. 28) nicht erkennen konnte, dass die Masse voraussichtlich zur Erfüllung der Masseverbindlichkeit nicht ausreichen würde.

Übersicht

	Rn.		Rn.
A. Normzweck	1	2. Maßgeblicher Beurteilungszeitpunkt	28
B. Haftungsvoraussetzungen	2	3. Liquiditätsplan	29
I. Begründen einer Masseverbindlichkeit	2	4. Haftungsfreizeichnung	33
1. Ausnahmen	12	**C. Haftungsauslösende Erklärungen des Insolvenzverwalters**	34
2. Rechtshandlungen des vorläufigen Insolvenzverwalters und des Sachwalters	18	**D. Prozessuales**	38
II. Keine vollständige Befriedigung	20	I. Prozessführungsbefugnis	38
III. Schadensersatz und Kausalität	23	II. Darlegungs- und Beweislast	39
IV. Keine Erkennbarkeit (S. 2)	25	III. Rechtsweg und zuständiges Gericht	40
1. Voraussehbarkeit	25	IV. Anträge	43

A. Normzweck

1 Grundgedanke der Regelung des § 61 ist es, die Interessen von Massegläubigern zu schützen, die aufgrund einer Unternehmensfortführung mit der Masse in Kontakt kommen und deren Vermögen mehren oder ihr einen sonstigen Vorteil verschaffen (BGH NZI 2010, 187 Rn. 7; 2005, 155). Die Bereitschaft solcher Gläubiger, der Masse „Kredit" zu gewähren, soll dadurch erhöht werden, dass das Ausfallrisiko der Gläubiger durch eine persönliche Haftung des Verwalters gemindert wird (BGH NZI 2010, 187 Rn. 7; 2005, 155). Die Haftung soll das gegenüber einem normalen Geschäftsabschluss erhöhte Risiko ausgleichen, das der Vertragsabschluss durch einen insolventen Partner mit sich bringt (BGH NJW-RR 2009, 276 (277) Rn. 4; NZI 2004, 435 (436)). Dadurch sollen Unternehmensfortführungen erleichtert werden (BGH NZI 2010, 187 Rn. 7; BT-Drs. 12/2443, 129). Daraus folgt aber auch, dass der Gesetzgeber die Interessen der Massegläubiger nur dann für schutzwürdig gehalten hat, wenn der Insolvenzverwalter die Masseverbindlichkeit um eines hiervon abhängigen – nicht notwendig gleichwertigen – Vorteils für die Masse willen begründet hat (BGH NZI 2005, 155). § 61 dient nur dem Schutz von Gläubigern, die für oder im Zusammenhang mit ihrem Anspruch gegen die Masse eine Gegenleistung erbringen (BGH NZI 2011, 60 (61) Rn. 14).

B. Haftungsvoraussetzungen

I. Begründen einer Masseverbindlichkeit

2 Eine Haftung des Verwalters nach § 61 setzt voraus, dass eine Masseverbindlichkeit durch eine Rechtshandlung des Insolvenzverwalters begründet wurde. Unter den Begriff der Rechtshandlung

fallen in erster Linie die Begründung von Masseverbindlichkeiten durch Vertragsschluss, die Erfüllungswahl bei Verfahrenseröffnung beiderseits nicht vollständig erfüllter gegenseitiger Verträge und die unterlassene Kündigung von Dauerschuldverhältnissen (BT-Drs. 12/2443, 129 f.; BGH NJW 2010, 680 (681) Rn. 7; 2005, 901 (902)). Als Masseverbindlichkeiten gelten nicht nur Geldschulden, sondern auch sonstige Leistungspflichten (BGH BeckRS 2018, 1032 Rn. 12 f.). Der Verwalter kann die Masseverbindlichkeit auch durch **schlüssiges Verhalten** „begründen" (BGH NZI 2014, 400 (401) Rn. 12; Uhlenbruck/Sinz Rn. 5). § 61 betrifft allein die pflichtwidrige Begründung von Masseverbindlichkeiten und nicht spätere Pflichtverletzungen (BGH BeckRS 2010, 28749 Rn. 6; NJW 2004, 3334 (3335)).

Masseverbindlichkeiten, die ohne das Zutun des Insolvenzverwalters entstehen (oktroyierte Masseverbindlichkeiten → § 90 Rn. 4) sind vom Anwendungsbereich des § 61 ausgenommen (BGH BeckRS 2010, 28749 Rn. 6; MüKoInsO/Schoppmeyer Rn. 9; Uhlenbruck/Sinz Rn. 6). Der Insolvenzverwalter ist aber verpflichtet, **Dauerschuldverhältnissen** nach § 108, die nach § 55 Abs. 1 Nr. 2 Alt. 2 für die Zeit nach Eröffnung des Insolvenzverfahrens aus der Insolvenzmasse zu begleichen sind, bei Masseinsuffizienz rechtzeitig zu kündigen. Der Verwalter haftet, wenn er die früheste rechtlich zulässige Möglichkeit zur Kündigung verstreichen lässt (BGH NJW 2012, 1361 (1364) Rn. 33; 2004, 3334 (3337); Uhlenbruck/Sinz Rn. 6; MüKoInsO/Schoppmeyer Rn. 16). Nur wenn er zu diesem Zeitpunkt willentlich auf eine Kündigung verzichtet, obwohl er voraussehen konnte, dass die Insolvenzmasse zur Erfüllung der Masseverbindlichkeit nicht ausreichen wird, ist eine Haftung nach § 61 für ab dem Zeitpunkt entstehende Masseverbindlichkeiten geboten. 3

Die Behandlung von Ansprüchen aus **ungerechtfertigter Bereicherung** iRv § 61 ist umstritten. Nach richtiger Ansicht können Bereicherungsansprüche von § 61 erfasst sein (MüKoInsO/Schoppmeyer Rn. 13; K. Schmidt InsO/Thole Rn. 6; Andres/Leithaus/Andres Rn. 44; HK-InsO/Lohmann, Rn. 3 **aA** Nerlich/Römermann/Rein Rn. 12; HWF/Frind Rn. 12). Das kann aber nur gelten, wenn der Bereicherungsanspruch ersatzweise an die Stelle einer Masseverbindlichkeit tritt, für deren Erfüllung der Verwalter nach § 61 zu haften hätte (MüKoInsO/Schoppmeyer Rn. 13). 4

Gesetzliche Schuldverhältnisse oder Einstandspflichten der Masse, die nur mittelbar auf einer Rechtshandlung des Insolvenzverwalters beruhen, werden von der Vorschrift nicht erfasst (BGH NJW 2010, 680 (681) Rn. 7). Ein auf Antrag des Insolvenzverwalters mit der Zwangsverwaltung eines Grundstücks betrauter **Zwangsverwalter** erwirbt lediglich einen Sekundäranspruch auf Ausgleich seiner Vergütungs- und Auslagenforderung gegen die Insolvenzmasse, wenn er aus dem verwalteten Grundstück keine Einnahmen erzielen kann (BGH NJW 2010, 680 (681) Rn. 8). Der Zwangsverwalter ist nach § 155 Abs. 1 ZVG berechtigt, seine Vergütung und Auslagen aus den Nutzungen des zwangsverwalteten Grundstücks zu begleichen. Steht zu befürchten, dass die Nutzungen aus dem verwalteten Grundstück die Vergütung des Zwangsverwalters nicht tragen werden, kann er vom Gläubiger einen Vorschuss verlangen. Leistet der Gläubiger den Vorschuss nicht, kann das Verfahren nach § 161 Abs. 3 ZVG aufgehoben werden. Sichert sich der Zwangsverwalter – entgegen dieser Möglichkeiten – nicht ab, ist sein Anspruch gegen die Masse nur mittelbare Folge der Uneinbringlichkeit seiner Vergütung (BGH NJW 2010, 680 (681) Rn. 8). Der Verwalter haftet hierfür nicht. 5

Die **Kosten des Insolvenzverfahrens** (§ 54) sind nicht von § 61 erfasst, da sie nicht auf Handlungen des Insolvenzverwalters beruhen (Uhlenbruck/Sinz Rn. 12; Braun/Baumert Rn. 4; Andres/Leithaus/Andres Rn. 44; FK-InsO/Jahntz Rn. 4). 6

Prozesskostenerstattungsansprüche eines Prozessgegners sind zwar Masseverbindlichkeiten, jedoch vom Zweck des § 61 nicht erfasst; vielmehr gehört es zu den allgemeinen Risiken einer obsiegenden Prozesspartei, ob sie die von ihr aufgewendeten Prozesskosten vom unterliegenden Gegner erstattet erhält (BGH BeckRS 2017, 119623). 6a

Der Insolvenzverwalter begründet eine Forderung auch dann nicht, wenn er sie lediglich in einem zwischen ihm und dem Gläubiger abgeschlossenen **Vergleich** anerkannt hat (BAG NZI 2007, 124 (125) Rn. 17; MüKoInsO/Schoppmeyer Rn. 14; K. Schmidt InsO/Thole Rn. 2). **Deliktische Ansprüche** begründen nach Sinn und Zweck der Norm ebenfalls keine Haftung (MüKoInsO/Schoppmeyer Rn. 12; K. Schmidt InsO/Thole Rn. 6; KPB/Lüke Rn. 4g). 7

§ 61 ist auch auf die Begründung von Neumasseverbindlichkeiten **nach Anzeige der Masseunzulänglichkeit** anzuwenden (BGH NJW-RR 2005, 488). Trifft der Verwalter nach Anzeige der Masseinsuffizienz eine Entscheidung, muss er prüfen, ob die Insolvenzmasse – nach Abzug der vorrangig zu bedienenden Kosten (§ 209 Abs. 1 Nr. 1), jedoch ohne Berücksichtigung der Altmasseverbindlichkeiten (§ 209 Abs. 1 Nr. 3) – zur Befriedigung der aus der Entscheidung resultierenden Verbindlichkeiten voraussichtlich ausreichen wird (BGH NZI 2008, 98 (99) Rn. 11). 8

Ob der Insolvenzverwalter nach Anzeige der Masseunzulänglichkeit ein Dauerschuldverhältnis zur Vermeidung von Neumasseverbindlichkeiten iSd § 209 Abs. 2 Nr. 2 vorsorglich „nachkündigen" muss, wenn eine Kündigung des Vertragsverhältnisses bereits erklärt worden ist und diese Kündigung jedenfalls nicht von vornherein als evident unwirksam angesehen werden muss, wurde vom BGH offen gelassen (BGH BeckRS 2009, 03054 Rn. 3). Richtigerweise ist eine rein vorsorgliche Kündigung des Verwalters in einem solchen Fall nicht erforderlich (LAG München BeckRS 2009, 68016).

9 Gibt der Insolvenzverwalter das Vermögen des Insolvenzschuldners aus einer selbständigen Tätigkeit frei, haftet er nicht mehr für auf die selbständige Tätigkeit bezogene vertragliche Ansprüche von Gläubigern, die nach dem Zugang der Erklärung beim Schuldner entstehen (BGH NJW 2012, 1361, (1364) Rn. 28).

10 Bestehende **Arbeitsverhältnisse** muss der Insolvenzverwalter nicht allein deswegen sogleich kündigen (oder den Arbeitnehmer von der Arbeit freistellen), weil er Masseunzulänglichkeit anmelden muss (LAG Niedersachsen BeckRS 2010, 75034; MüKoInsO/Schoppmeyer Rn. 18). Er ist aber aus § 61 verpflichtet, Arbeitsverträge, die er nicht mehr (voll) aus der Masse erfüllen kann, zu kündigen (BAG NZI 2007, 535 (538) Rn. 36; MüKoInsO/Schoppmeyer Rn. 18). Da sich der Anspruch aus § 61 auf den Ersatz des negativen Interesses richtet (→ Rn. 24), kann der anspruchsberechtigte Arbeitnehmer grundsätzlich nicht die Zahlung von ausstehendem Arbeitslohn verlangen. Ein ersatzfähiger Schaden liegt aber vor, wenn der Arbeitnehmer bei rechtzeitiger Kündigung des Arbeitsverhältnisses durch den Insolvenzverwalter einer anderweitigen Tätigkeit hätte nachgehen können (BAG ZIP 1984, 1248 (1249); MüKoInsO/Schoppmeyer Rn. 18).

11 Der Verwalter begründet eine Masseverbindlichkeit iSd § 61, wenn er nach § 103 Abs. 1 die Erfüllung eines noch nicht vollständig erfüllten gegenseitigen Vertrags wählt.

1. Ausnahmen

12 Bestimmte Masseverbindlichkeiten werden, selbst wenn sie durch eine Rechtshandlung des Insolvenzverwalters begründet wurden, nach Sinn und Zweck der Vorschrift (→ Rn. 1) vom Schutzbereich des § 61 ausgenommen.

13 § 61 dient nur dem Schutz von Gläubigern, die für oder im Zusammenhang mit ihrem Anspruch gegen die Masse eine **Gegenleistung** erbringen (BGH NZI 2011, 60 (61) Rn. 14; NJW 2005, 901 (902)). Dies ist beim Gläubiger einer (Umsatz-)**Steuerforderung** nicht der Fall, weshalb der Verwalter dem Fiskus gegenüber nicht auf Erfüllung der (Umsatz-)Steuerschuld haftet (BGH NZI 2011, 60 (61) Rn. 14; K. Schmidt InsO/Thole Rn. 2; HK-InsO/Lohmann Rn. 4 **aA** Andres/Leithaus/Andres Rn. 44).

14 Entstehen einer Prozesspartei wegen der gegen sie gerichteten Klage eines Verwalters Masseverbindlichkeiten, die nicht mehr aus der Masse erbracht werden können, stellt dies keinen Fall einer Haftung nach § 61 dar. Die Lage des Prozessgegners ist nicht mit der eines Massegläubigers gleichzusetzen, der sich zu Leistungen an die Masse verpflichtet hat (BGH NJW 2005, 901 (902)). Vielmehr gehört es zu den allgemeinen Risiken einer obsiegenden Prozesspartei, ob sie die von ihr aufgewendeten **Prozesskosten** vom unterliegenden Gegner erstattet erhält (BGH NJW 2005, 901 (902); K. Schmidt InsO/Thole Rn. 2).

15 Der Verwalter haftet nicht für aus der Masse nicht mehr erfüllbare **Sozialversicherungsbeiträge.** Dies gilt auch dann, wenn die Sozialversicherungsbeiträge nicht entstanden wären, wenn der Verwalter das Arbeitsverhältnis gekündigt oder die Arbeitnehmer von der Tätigkeit freigestellt hätte. Es fehlt in diesem Fall nicht nur eine Gegenleistung des Sozialversicherungsträgers, es liegt auch kein ersatzfähiges negatives Interesse vor (MüKoInsO/Schoppmeyer Rn. 11; Uhlenbruck/Sinz Rn. 7; **aA** LG Hamburg BeckRS 2008, 11563).

16 Eine Haftung scheidet aus, wenn der Insolvenzverwalter bei Begründung der Masseverbindlichkeit auf eine ggf. entstehende Masseunzulänglichkeit hinweist, die Vertragspartner dann das **Schutzbedürfnis** fehlt (Uhlenbruck/Sinz Rn. 23; HmbKommInsR/Weitzmann Rn. 1; Jaeger/Gerhardt Rn. 21). Nach dem BAG und OLG Düsseldorf bleibt für eine Haftung aus § 61 jedenfalls dann kein Raum, wenn der Gläubiger über dieselben tatsächlichen Kenntnisse wie der Insolvenzverwalter verfügt und seine Entscheidung zur Begründung einer Masseverbindlichkeit zu seinen Gunsten nicht auf einem besonderen Vertrauen in den Insolvenzverwalter beruht, sondern auf einer eigenverantwortlichen, in Kenntnis aller Tatsachen und Risiken getroffenen Beurteilung der Sach- und Rechtslage und damit bei einem bewussten Handeln auf eigenes Risiko (OLG Düsseldorf BeckRS 2004, 07371; BAG NJW 2011, 3739 (3740) Rn. 22; FK-InsO/Jahntz Rn. 6a).

17 Der Insolvenzverwalter haftet daher nicht nach § 61, wenn die Entscheidung eines Arbeitnehmers, in einem Kündigungsschutzprozess einen Vergleich mit Abfindungsregelung zu schließen, auf einer eigenverantwortlichen, in Kenntnis aller Tatsachen und Risiken getroffenen Beurteilung der Sach- und Rechtslage und damit auf einem **bewussten Handeln auf eigenes Risiko** beruht (BAG NJW 2011, 3739 (3740) Rn. 22). Das gilt jedenfalls dann, wenn eine weiträumige Widerrufsfrist für beide Parteien, also auch und gerade für den Arbeitnehmer, vereinbart wird, um den Parteien Gelegenheit zu geben, den Erfolg von Veräußerungsbemühungen bzw. gesellschaftsrechtlichen Umstrukturierungen abzuwarten, von denen nach der Erklärung des Insolvenzverwalters die Erfüllbarkeit der im Vergleich vorgesehenen Abfindung als Masseverbindlichkeit abhängt (BAG NJW 2011, 3739 (3740) Rn. 22). Unterlässt der Arbeitnehmer den Widerruf des Vergleichs und verwirklicht sich danach das ihm bei Vergleichsabschluss bekannte und von ihm in Kauf genommene Zahlungsrisiko, kann er den Insolvenzverwalter nicht aus § 61 in Anspruch nehmen (BAG NJW 2011, 3739 (3740) Rn. 22).

2. Rechtshandlungen des vorläufigen Insolvenzverwalters und des Sachwalters

Der **Sachwalter** im Verfahren der Eigenverwaltung haftet über die Verweisung in § 274 Abs. 1 entsprechend § 60 für die Verletzung insolvenzspezifischer Pflichten. Auf § 61 wird an dieser Stelle nicht verwiesen. Er haftet daher grundsätzlich nicht nach § 61. Eine Ausnahme besteht ua, wenn das Insolvenzgericht nach § 277 Abs. 1 S. 1 anordnet, dass bestimmte Rechtsgeschäfte des Schuldners nur wirksam sind, wenn der Sachwalter ihnen zustimmt (§ 277 Abs. 1 S. 3; BT-Drs. 12/2443, 225; BGH BeckRS 2018, 7872 Rn. 64; **aA** K. Schmidt InsO/Thole Rn. 3). 18

Gemäß § 21 Abs. 2 Nr. 1 kann § 61 auch auf einen **vorläufigen Verwalter** zur Anwendung kommen. Der vorläufige Verwalter haftet nach § 61, wenn er befugt ist, Masseverbindlichkeiten zu begründen (MüKoInsO/Schoppmeyer Rn. 34; Uhlenbruck/Sinz Rn. 32; K. Schmidt InsO/Thole Rn. 4; HK-InsO/Lohmann Rn. 2; KPB/Lüke Rn. 13). Das trifft auf den sog. „starken" Verwalter zu, auf den die Verwaltungs- und Verfügungsbefugnis übergegangen ist (§ 22 Abs. 1 S. 1) und der nach § 55 Abs. 2 S. 1 Masseverbindlichkeiten begründen kann (MüKoInsO/Schoppmeyer Rn. 34; K. Schmidt InsO/Thole Rn. 4; KPB/Lüke Rn. 13). Der vorläufig schwache Insolvenzverwalter haftet gem. § 61 nur, insoweit er vom Insolvenzgericht zur Begründung von Masseverbindlichkeiten ermächtigt worden ist (Uhlenbruck/Sinz Rn. 35; KPB/Lüke Rn. 13b; HWF/Frind Rn. 6; FK-InsO/Lohmann Rn. 3) (→ Rn. 19.1 ff.). 19

In der Praxis wird der vorläufige Verwalter zu Beginn seiner Tätigkeit selten eine Situation vorfinden, die ihm eine verlässliche Prognose über die Vermögensverhältnisse des Schuldners erlaubt. In der Regel kann er die wirtschaftliche Situation des Schuldners mit den ihm zur Verfügung gestellten Unterlagen nur unzureichend überblicken. Er wird daher auch nur beschränkt in der Lage sein, die Erfüllbarkeit einer von ihm begründeten Verbindlichkeit vorherzusehen. Dem will die hL dadurch Rechnung tragen, dass dem Verwalter zu Beginn seiner Tätigkeit eine **ausreichende Prüfungszeit** zu gewähren ist (Uhlenbruck/Sinz Rn. 33; K. Schmidt InsO/Thole Rn. 4; Andres/Leithaus/Andres Rn. 49 f.; KPB/Lüke Rn. 13 f.). Die Pflicht des Verwalters nach § 61 S. 2, die voraussichtliche Erfüllbarkeit der Verbindlichkeit zu prüfen, soll während dieser Phase nicht überspannt werden und muss sich daran orientieren, was dem Verwalter anhand der tatsächlich vorgefundenen Situation an Prüfungsmaterial zur Verfügung steht, um eine pflichtgemäße Prognose anzustellen (K. Schmidt InsO/Thole Rn. 4; KPB/Lüke Rn. 14 **aA** HmbKommInsR/Weitzmann Rn. 4, der den vorläufigen Verwalter vollständig aus der Haftung des § 61 nehmen will). 19.1

Die Pflicht des starken vorläufigen Verwalters, ein Unternehmen des Schuldners bis zur Eröffnung des Insolvenzverfahrens fortzuführen (§ 22 Abs. 1 S. 2 Nr. 2), rechtfertigt nicht die Begründung von Masseverbindlichkeiten trotz erkennbarer Masseinsuffizienz (MüKoInsO/Schoppmeyer Rn. 36; Uhlenbruck/Sinz Rn. 22; Jaeger/Gerhardt Rn. 20; KPB/Lüke Rn. 8a, 15 **aA** Kirchhof ZInsO 1999, 365 (366)). Das Gebot der Unternehmensfortführung gilt nicht absolut. Der Verwalter muss bei Fortführung des Betriebs die Finanzierbarkeit der Massekosten und sonstigen Masseverbindlichkeiten ständig prüfen (OLG Karlsruhe ZIP 2003, 267 (269)). Kommt er zu dem Ergebnis, dass er bei einer Fortführung erwachsende Masseverbindlichkeiten nicht wird tilgen können, muss er die Stilllegung des Unternehmens anregen (§ 157) (OLG Karlsruhe ZIP 2003, 267 (269)). Wird ihm diese Zustimmung verweigert, entfällt seine Haftung (Uhlenbruck/Sinz Rn. 22; KPB/Lüke Rn. 15 **aA** MüKoInsO/Schoppmeyer § 61 Rn. 29). Ließe man die **Pflicht zur Unternehmensfortführung als Rechtfertigungsgrund** gelten, ginge dies einseitig zu Lasten der Massegläubiger (Uhlenbruck/Sinz Rn. 22; Jaeger/Gerhardt Rn. 20; KPB/Lüke Rn. 8a und 15). § 61 soll aber die Unternehmensfortführung fördern, indem die Bereitschaft der Gläubiger gesteigert wird, mit einem insolventen Schuldner zu kontrahieren (→ Rn. 1). Die Unternehmensfortführung soll demnach in Einklang mit den Massegläubigern, nicht auf deren Kosten, ermöglicht werden. Dem stünde es entgegen, würde man in § 22 Abs. 1 S. 2 Nr. 2 einen Rechtfertigungsgrund sehen. 19.2

Die Haftung des vorläufigen Verwalters besteht unabhängig davon, ob das **Verfahren mangels Masse nicht eröffnet** wird (MüKoInsO/Schoppmeyer Rn. 37; Uhlenbruck/Sinz Rn. 32; K. Schmidt InsO/ 19.3

Thole Rn. 8; Jaeger/Gerhardt Rn. 28; FK-InsO/Jahntz Rn. 15). Dem steht nicht entgegen, dass Masseverbindlichkeiten nach dem Wortlaut des § 55 Abs. 2 S. 1 erst nach Eröffnung des Verfahrens vorliegen (**aA** Braun/Baumert Rn. 16; HmbKommInsR/Weitzmann Rn. 4). § 61 ist auf den vorläufigen Verwalter nach § 22 Abs. 2 S. 1 Nr. 1 lediglich entsprechend anzuwenden, da die Norm in direkter Anwendung nur für den Verwalter im eröffneten Verfahren gilt. Hier ist es nach Sinn und Zweck des § 61 geboten, Verbindlichkeiten, die der vorläufige Verwalter begründet auch schon dann in entsprechender Anwendung zu erfassen, wenn sie im Falle der Eröffnung eines Insolvenzverfahrens Masseverbindlichkeiten geworden wären (MüKoInsO/Schoppmeyer Rn. 37; Jaeger/Gerhardt Rn. 28). Für den Gläubiger, der auf eine sorgsame Prüfung der Erfüllbarkeit seiner Forderung durch den vorläufigen Verwalter vertrauen darf, macht es keinen Unterschied, ob er mit seiner Forderung erst im eröffneten Verfahren oder schon vorab ausfällt.

19.4 Erklärt der Insolvenzverwalter gem. § 35 Abs. 2 S. 1, dass das Vermögen aus einer selbständigen Tätigkeit des Insolvenzschuldners zur Insolvenzmasse gehört und Ansprüche aus dieser Tätigkeit im Insolvenzverfahren geltend gemacht werden können, ist es möglich, dass durch die Ausübung der selbständigen Tätigkeit des Schuldners Masseverbindlichkeiten entstehen. Eine Haftung des Insolvenzverwalters nach § 61 sollte aber nicht entstehen, da die Masseverbindlichkeit nicht durch seine Rechtshandlung, sondern durch eine Handlung des Insolvenzschuldners begründet wird (MüKoInsO/Schoppmeyer Rn. 38; HK-InsO/Lohmann Rn. 5).

II. Keine vollständige Befriedigung

20 Voraussetzung für den Eintritt des Schadens ist die Nichterfüllung der Masseverbindlichkeit infolge eingetretener Masseinsuffizienz. Ein Ausfallschaden ist nach der Rechtsprechung bereits dann entstanden, wenn der Insolvenzverwalter die Masseunzulänglichkeit angezeigt hat und keine „ohne weiteres" durchsetzbaren Ansprüche bestehen, aus denen die Massegläubiger befriedigt werden können (BGH NZI 2014, 400 (402) Rn. 16; NJW 2004, 3334). Wenn Ansprüche nur „möglicherweise bestehen", ist von einem Schaden auszugehen (BGH NJW 2004, 3334). Der Gläubiger braucht sich nicht auf den ungewissen Ausgang möglicherweise langwieriger Prozesse vertrösten zu lassen (BGH NJW 2004, 3334).

21 Auch ohne Anzeige der Masseunzulänglichkeit kommt eine Haftung des Verwalters in Betracht, wenn ernstliche Bedenken hinsichtlich einer zeitnahen Befriedigung des Massegläubigers bestehen (MüKoInsO/Schoppmeyer Rn. 31).

22 Bloßer **Verzug** mit der Begleichung der Masseverbindlichkeit kann allerdings keine Haftung nach § 61 InsO begründen (BGH BeckRS 1977, 31118116; offen gelassen: BGH NJW 2004, 3334; MüKoInsO/Schoppmeyer Rn. 32; Uhlenbruck/Sinz Rn. 13; Nerlich/Römermann/Rein Rn. 9; HmbKommInsR/Weitzmann Rn. 8; **aA** OLG Hamm NZI 2003, 150 (151); KPB/Lüke Rn. 7; Andres/Leithaus/Andres Rn. 48; K. Schmidt InsO/Thole Rn. 12). Der Massegläubiger wird in seinem besonderen Vertrauen in die Erfüllbarkeit seiner Forderung geschützt, hingegen nicht vor einem säumigen Schuldner. Der Verzug eines Schuldners ist ein allgemeines Risiko jedes Gläubigers im Geschäftsverkehr.

III. Schadensersatz und Kausalität

23 Für die Berechnung des Schadensersatzes gelten die allgemeinen Regeln der §§ 249 ff. BGB (MüKoInsO/Schoppmeyer Rn. 46; Uhlenbruck/Sinz Rn. 18).

24 Der Schadensersatz nach § 61 ist auf den Ersatz des **negativen Interesses** gerichtet (BGH NZI 2014, 400 (402) Rn. 17; NJW 2004, 3334 (3337)). Der Massegläubiger ist so zu stellen, wie er bei sachgerechtem Verhalten des Insolvenzverwalters, also in der Regel bei Unterbleiben des Vertragsschlusses, stünde (BGH NJW-RR 2006, 189 (190) Rn. 12; NJW 2004, 3334 (3338)). Im Falle eines Kaufvertrages kann der Massegläubiger daher nicht die Erfüllung der Kaufpreisforderung verlangen. Das negative Interesse bemisst sich grundsätzlich nach dem Wert der im Rahmen des Kaufvertrages weggegebenen Sache (BGH NZI 2014, 400 (402)). Auch die im Rahmen eines Kaufvertrages anfallende Umsatzsteuer ist nicht vom negativen Interesse erfasst, da sie bei Unterbleiben des Kaufvertrages mangels einer umsatzsteuerpflichtigen Lieferung oder sonstigen Leistung gegen Entgelt iSd § 1 Abs. 1 Nr. 1 UStG nicht angefallen wäre (BGH NJW-RR 2006, 189 (190) Rn. 12). Hat der Verwalter ein Mietverhältnis nicht rechtzeitig gekündigt, richtet sich das negative Interesse auf die entgangene Möglichkeit anderweitiger Vermietung (OLG Celle NZI 2013, 442 (443)). Eine bei der Verteilung der unzulänglichen Masse auf die Masseverbindlichkeit auszuschüttende Quote (§ 209 Abs. 1) muss sich der Massegläubiger nicht auf seinen Schaden anrechnen lassen (BGH NJW 2004, 3334 (3338)). Er hat den aus der Quote resultierenden Vorteil aber entsprechend § 255 BGB auszugleichen, weshalb der Verwalter einen Anspruch auf Abtretung der

Quote hat (BGH NJW 2004, 3334 (3338)). Den Anspruch des Verwalters auf Vorteilsausgleichung hat das Gericht von Amts wegen zu beachten (BGH BeckRS 2011, 26164 Rn. 5).

IV. Keine Erkennbarkeit (S. 2)

1. Voraussehbarkeit

Der Verwalter handelt nicht schuldhaft (nach hM ist § 61 ein Fall der Verschuldenshaftung: 25 Uhlenbruck/Sinz Rn. 1; MüKoInsO/Schoppmeyer Rn. 43; FK-InsO/Jahntz Rn. 9; HmbKomm-InsR/Weitzmann Rn. 1), wenn er bei der Begründung der Verbindlichkeit nicht erkennen konnte, dass die Masse voraussichtlich zur Erfüllung nicht ausreichen würde. Von einer „voraussichtlichen" Nichterfüllbarkeit ist dabei auszugehen, wenn der Eintritt der Masseunzulänglichkeit wahrscheinlicher ist als der Nichteintritt (BT-Drs. 12/2443, 129; MüKoInsO/Schoppmeyer Rn. 24; Uhlenbruck/Sinz Rn. 25; Nerlich/Römermann/Rein Rn. 22).

Das Verschulden des Verwalters wird widerlegbar **vermutet**. Die gesetzgeberische Entschei- 26 dung, dem Verwalter die Beweislast für die Nichterkennbarkeit nach § 61 S. 2 aufzubürden, rechtfertigt sich damit, dass er den besseren Überblick über die Masse und die Masseverbindlichkeit hat (BT-Drs. 12/2443, 129; MüKoInsO/Schoppmeyer Rn. 21; Andres/Leithaus/Andres Rn. 47; Braun/Baumert Rn. 10). Der Verwalter hat die Möglichkeit sich zu entlasten, indem er entweder darlegt, dass im Zeitpunkt der Begründung der Masseverbindlichkeit objektiv von einer zur Erfüllung ausreichenden Masse auszugehen war, oder, dass für ihn das Fehlen einer ausreichenden Masse nicht erkennbar war (BGH NZI 2014, 400 (402) Rn. 15; NJW 2004, 3334 (3337)). Welche Überprüfungen der Verwalter im Einzelnen anstellen muss, ist eine Frage des Einzelfalls, die verallgemeinernden Rechtssätzen nicht zugänglich ist (BGH BeckRS 2011, 26164 Rn. 4).

Die besondere Pflicht des Insolvenzverwalters, sich zu vergewissern, ob er zur Erfüllung der 27 von ihm begründeten Forderungen mit Mitteln der Masse in der Lage sein wird, bezieht sich nur auf die primären Erfüllungsansprüche und **nicht auf Sekundäransprüche** (BGH BeckRS 2018, 1032 Rn. 15; NJW 2010, 680 Rn. 7; NJW-RR 2009, 276 Rn. 5). Sekundäransprüche, deren Ursache nicht in der Unzulänglichkeit der Insolvenzmasse liegt, die Mittel für die Masseverbindlichkeit aufzubringen, sind von § 61 InsO nicht erfasst (BGH BeckRS 2018, 1032 Rn. 15; zu möglichen Ausnahmen vgl. Thole/Pogoda NZI 2018, 377).

2. Maßgeblicher Beurteilungszeitpunkt

Ebenso wie die Haftungsbegründung knüpft auch die Entlastungsmöglichkeit an den **Zeit-** 28 **punkt der Begründung** der Masseverbindlichkeit. Der Verwalter muss sich für diesen Zeitpunkt entlasten, also darlegen, dass er zu diesem Zeitpunkt nicht erkennen konnte, dass die Masse zur Erfüllung der Verbindlichkeit voraussichtlich nicht ausreichen wird (BGH NJW-RR 2009, 276 (277) Rn. 4). Der Masseanspruch wurde begründet, wenn der anspruchsbegründende Tatbestand materiell-rechtlich abgeschlossen und damit der Rechtsgrund des Anspruchs gelegt ist, was in der Regel der Zeitpunkt des Vertragsschlusses sein wird (BGH NJW 2004, 3334 (3337)). Der Zeitpunkt kann im Einzelfall auch nach Vertragsschluss liegen, da nicht in jedem Fall schon mit Einigung der Vertragsparteien eine Masseverbindlichkeit entsteht. Das ist etwa der Fall bei vor Insolvenzeröffnung begründeten Dauerschuldverhältnissen, die nach §§ 108, 55 Abs. 1 Nr. 2 Alt. 2 mit Massemitteln zu erfüllen sind. Eine Haftung des Verwalters besteht dann nicht vor dem Zeitpunkt ihrer frühestmöglichen Kündigung. Auch die Entlastungsobliegenheit des Verwalters bezieht sich auf diesen Zeitpunkt (BGH NJW 2004, 3334 (3337)). Sollen Lieferungen erst auf Abruf des Insolvenzverwalters erfolgen, liegt der maßgebliche Zeitpunkt nicht vor der jeweiligen Erklärung des Verwalters, da sich der Verwalter gem. § 61 S. 2 entlasten kann, solange er die konkrete Leistung des Massegläubigers noch verhindern kann, ohne vertragsbrüchig zu werden (BGH NJW 2004, 3334 (3337)).

3. Liquiditätsplan

Um sich von einer persönlichen Haftung nach § 61 zu befreien, hat der Verwalter grundsätzlich 29 einen **Liquiditätsplan** zu erstellen, anhand dessen er vorausschauen kann, ob die Masse zur Erfüllung von im Einzelnen geplanten Masseverbindlichkeiten voraussichtlich ausreichen wird. Er muss plausibel darlegen, auf welcher Basis er bei Begründung der Masseverbindlichkeit davon ausgegangen ist, dass von der Erfüllbarkeit der Verbindlichkeit auszugehen war (BGH NJW-RR 2005, 488 (489)). Dies wird ihm regelmäßig nur gelingen, wenn er zum Zeitpunkt der Begründung der Masseverbindlichkeit einen – aus damaliger Sicht – auf zutreffenden Anknüpfungstatsachen beruhenden und sorgfältig erwogenen Liquiditätsplan erstellt, der eine Erfüllung der fälligen Masseverbindlichkeit erwarten lässt (BGH NJW 2004, 3334 (3337); NJW-RR 2005, 488 (489)). § 61 erhebt die Erstellung eines Liquiditätsplans zur insolvenzspezifischen Pflicht des Verwalters (BGH NJW-RR 2005, 488 (489)).

30   Grundlage des Liquiditätsplans ist eine Prognose aufgrund der aktuellen Liquiditätslage der Masse, der realistischen Einschätzung noch ausstehender offener Forderungen und der künftigen Geschäftsentwicklung für die Dauer der Fortführung. Forderungen, bei denen ernsthafte, durch konkrete Umstände belegte Zweifel bestehen, dass sie in angemessener Zeit realisiert werden können, scheiden aus. Stellt der Verwalter keine präzisen Berechnungen an, über welche Einnahmen er verfügt und welche Ausgaben er zu tätigen hat, kann er sich nicht entlasten (BGH NJW-RR 2005, 488 (489)). Der Verwalter muss mithin erläutern, dass er sämtliche gegenwärtigen Verbindlichkeiten und Ansprüche der Masse in den Plan eingestellt hat, mit welchen zukünftigen Verbindlichkeiten und Ansprüchen der Masse er gerechnet hat und warum er von einem Zahlungseingang zu einem bestimmten Zeitpunkt ausgegangen ist (BGH NJW-RR 2005, 488 (489)).

31   Da der Entlastungsbeweis für den Zeitpunkt der Begründung der Masseverbindlichkeit zu führen ist, trägt der Verwalter nicht die Beweislast für die Ursachen einer **von der Prognose abweichenden Entwicklung** (BGH BeckRS 2018, 1032 Rn. 10). Der Verwalter hat insoweit allerdings darzulegen und ggf. zu beweisen, dass er eine bestimmte Entwicklung aus der Ex ante-Sicht nicht bedenken musste oder anders einschätzen durfte. Ist diese Einschätzung des Verwalters aus der Ex ante-Perspektive zutreffend oder nicht vorwerfbar unrichtig, haftet er auch dann nicht, wenn sich die Ursachen für die Abweichungen von der Liquiditätsplanung später nicht aufklären lassen (BGH NJW-RR 2005, 488 (489)).

32   Bei der Erstellung des Liquiditätsplans darf sich der vorläufige Verwalter zunächst auf **Unterlagen des Schuldners und dessen Mitarbeiter** verlassen (LG Frankenthal BeckRS 2018, 10062; MüKoInsO/Schoppmeyer Rn. 43; FK-InsO/Jahntz Rn. 11 **aA** OLG Karlsruhe BeckRS 2002, 30991587; OLG Celle BeckRS 2003, 30308645). § 60 Abs. 2 ist insoweit auch iRd § 61 heranzuziehen (MüKoInsO/Schoppmeyer Rn. 43). Das ist interessengerecht, da dem vorläufigen Verwalter zu Beginn seiner Tätigkeit in der Regel keine anderen Unterlagen zur Bewertung der Liquiditätslage zur Verfügung stehen werden als diejenigen, die ihm der Schuldner bzw. dessen Mitarbeiter überlassen. Das darf aber nicht so weit gehen, dass der Verwalter die Unterlagen des Schuldners und dessen Mitarbeiter ohne jede Prüfung übernehmen darf. Er hat sich jedenfalls zu vergewissern, ob die Prämissen plausibel sind und die Liquiditätsplanung lege artis erstellt worden ist (MüKoInsO/Schoppmeyer Rn. 43; Uhlenbruck/Sinz Rn. 28; Braun/Baumert Rn. 12).

4. Haftungsfreizeichnung

33   Teilweise werden zur Vermeidung einer Haftung nach § 61 zwischen dem Verwalter und dem Vertragspartner Vereinbarungen getroffen, nach denen der Verwalter nicht persönlich für die Erfüllbarkeit der zu begründenden Masseverbindlichkeit einstehen soll. Solche Vereinbarungen sind individualvertraglich grundsätzlich zulässig, da nicht erkennbar ist, dass § 61 nach dem gesetzgeberischen Willen als unabdingbar gelten sollte (KPB/Lüke Rn. 12e). Werden solche Vereinbarungen im Lichte einer tatsächlich drohenden Masseinsuffizienz getroffen und ist dem Vertragspartner dieses Risiko bewusst, ist ohnehin schon fraglich, ob dieser iSd § 61 schutzwürdig ist (→ Rn. 16).

C. Haftungsauslösende Erklärungen des Insolvenzverwalters

34   Das Verhalten des Insolvenzverwalters bei der Begründung von Masseverbindlichkeiten und insbesondere in diesem Zusammenhang abgegebene Erklärungen können neben der Haftung aus § 61 auch zu einer persönlichen Haftung des Verwalters für **Verschulden bei Vertragsschluss** oder anderen Haftungsgrundlagen führen. Unter welchen Voraussetzungen und nach welchen Rechtssätzen Erklärungen des Verwalters haftungsträchtig sind, ist im Detail umstritten. Generell ist bei der Annahme einer persönlichen Haftung des Verwalters für Erklärungen bei Vertragsschluss Vorsicht geboten, denn der Verwalter handelt kraft seines Amtes mit Wirkung für ein fremdes Vermögen, nämlich die Insolvenzmasse, sodass in aller Regel auch diese für seine Handlungen und Erklärungen einzustehen hat.

35   Teilweise wird vertreten, dass Erklärungen des Insolvenzverwalters als Schuldbeitritt auszulegen sind. Dies wurde angenommen für die Erklärung eines Insolvenzverwalters, er komme persönlich für die Bezahlung erbrachter Leistungen auf (OLG Celle BeckRS 2004, 06519; Uhlenbruck/Sinz Rn. 3). Überwiegend wird in der Rechtsprechung allerdings eine Haftung für Verschulden bei Vertragsschluss (§ 311 Abs. 3 BGB) in Betracht gezogen (BGH NJW-RR 2005, 1137; OLG

Frankfurt BeckRS 2007, 04203; OLG Schleswig NJW 2004, 1257 (1258); OLG Rostock BeckRS 2010, 27114). Der BGH hält eine persönliche Haftung des Verwalters für Verschulden bei Vertragsschluss (§ 311 Abs. 3 BGB) für möglich, wenn der Verwalter als Verhandlungs- und Vertragspartner einer Partei, die mit der Insolvenzmasse Geschäfte abschließen will, eigene Pflichten ausdrücklich übernommen oder einen Vertrauenstatbestand geschaffen hat, an dem er sich festhalten lassen muss (BGH NJW-RR 2005, 1137). Von einem besonderen Vertrauenstatbestand lässt sich erst dann sprechen, wenn der Verwalter beim Verhandlungspartner ein zusätzliches, von ihm persönlich ausgehendes Vertrauen auf die Vollständigkeit und Richtigkeit seiner Erklärungen und die Durchführbarkeit des vereinbarten Geschäftes hervorgerufen hat (BGH NJW-RR 2005, 1137). Die Verletzung von vorvertraglichen Hinweis- oder Aufklärungspflichten durch den Verwalter führt dabei in aller Regel nur zu einer Haftung der Masse (BGH NJW-RR 2005, 1137).

Nach instanzgerichtlicher Rechtsprechung soll ein vorläufiger „schwacher" Verwalter ein besonderes persönliches Vertrauen dadurch schaffen, dass er erklärt, die Kosten für die Lieferung von Transportbeton würden im vorläufigen Insolvenzverfahren aus der Masse beglichen (OLG Frankfurt BeckRS 2007, 04203; ähnlich OLG Schleswig NJW 2004, 1257 (1258); **aA** OLG Celle NZI 2004, 89 (90), das in einem ähnlich gelagerten Fall die Erklärung des Verwalters als eine die persönliche Haftung des Verwalters begründende Garantieerklärung ausgelegt hat) oder dass der Verwalter in einer Erklärung die Bezahlung der von ihm bestellten Waren garantiert (OLG Rostock BeckRS 2010, 27114). **36**

Bei alldem setzt eine persönliche Haftungsübernahme aber voraus, dass der Insolvenzverwalter klar zum Ausdruck bringt, er wolle eine über die gesetzliche Haftung hinausgehende Einstandspflicht übernehmen. Die allgemein gegenüber Lieferanten und Gläubigern gemachte Aussage, die Zahlung aller Lieferungen und Leistungen sei gesichert, wird daher nicht ausreichend sein (BGH NJW 2004, 3334 (3338); MüKoInsO/Schoppmeyer Rn. 41). **37**

D. Prozessuales

I. Prozessführungsbefugnis

Der nach § 61 zu ersetzende Ausfallschaden ist ein **Individualschaden**. Er kann während des Insolvenzverfahrens allein von dem geschädigten Massegläubiger gegen den Insolvenzverwalter geltend gemacht werden (BGH NZI 2006, 580 Rn. 7; NJW 2004, 3334). Der Insolvenzverwalter ist daher nicht nach § 92 befugt, Schadensersatzansprüche der Massegläubiger aus § 61 gegen seinen Amtsvorgänger geltend zu machen (BGH NZI 2006, 580 Rn. 8). **38**

II. Darlegungs- und Beweislast

Eine auf § 61 gestützte Klage ist schlüssig, wenn eine fällige und einredefreie Masseforderung nicht erfüllt ist und der Kläger seinen Schaden (negatives Interesse) darlegt (BGH NJW 2004, 3334 (3337)). Das Verschulden des Insolvenzverwalters wird vermutet. Er hat nach § 61 S. 2 darzulegen und ggf. zu beweisen, dass er bei Begründung der Verbindlichkeit nicht erkennen konnte, dass die Masse voraussichtlich nicht zur Befriedigung der Verbindlichkeit ausreichen würde. **39**

III. Rechtsweg und zuständiges Gericht

Eine Schadensersatzklage nach § 61 ist vor den ordentlichen Gerichten zu erheben. **40**

Hat eine gegen den Insolvenzverwalter gerichtete Klage die Begründung einer **arbeitsrechtlichen Masseverbindlichkeit**, die nicht aus der Masse erfüllt werden kann, zum Gegenstand, ist der Rechtsweg zu den Arbeitsgerichten gegeben (BGH BeckRS 2011, 19810 Rn. 17; NZI 2008, 63 (64) Rn. 9; BAG ZIP 2003, 1617 (1618)). **41**

Das zuständige Gericht bemisst sich nach den §§ 12 ff. ZPO (MüKoInsO/Schoppmeyer Rn. 54; Nerlich/Römermann/Rein Rn. 27). Der Gerichtsstand der unerlaubten Handlung (§ 32 ZPO) ist hingegen nicht einschlägig, denn die Haftung nach § 61 knüpft an die Begründung einer Verbindlichkeit, nicht an ein deliktisches Handeln an. **42**

IV. Anträge

Der Kläger darf in seiner Klage nicht offen lassen, ob er den Verwalter aus § 60 oder § 61 in Haftung nimmt. Ansprüche aus § 60 und § 61 stehen in einem Rangverhältnis, weil es sich um alternative Klagebegehren mit unterschiedlichem Streitgegenstand handelt, die nicht auf dasselbe **43**

Rechtsschutzziel gerichtet und deshalb ohne Klärung ihres Verhältnisses als Haupt- und Hilfsantrag mangels Bestimmtheit unzulässig sind (BGH NJW 2004, 3334 (3339)).

44 Neben einem Anspruch aus § 61 gegen den Verwalter persönlich kann der Kläger auch die Insolvenzmasse auf Zahlung der Masseverbindlichkeit (§ 55) verklagen. Er kann beide Anträge aber nicht in ein Eventualverhältnis setzen. Da der Verwalter persönlich und in seiner Eigenschaft als Insolvenzverwalter rechtlich personenverschieden sind, liegt eine subjektive Klagehäufung vor (BGH NJW 2000, 1950 (1951)). Eine eventuelle Klagehäufung ist hier unzulässig, weil es an einem unbedingten Prozessrechtsverhältnis fehlt (BGH NJW-RR 2008, 295 (296) Rn. 13).

§ 62 Verjährung

¹Die Verjährung des Anspruchs auf Ersatz des Schadens, der aus einer Pflichtverletzung des Insolvenzverwalters entstanden ist, richtet sich nach den Regelungen über die regelmäßige Verjährung nach dem Bürgerlichen Gesetzbuch. ²Der Anspruch verjährt spätestens in drei Jahren von der Aufhebung oder der Rechtskraft der Einstellung des Insolvenzverfahrens an. ³Für Pflichtverletzungen, die im Rahmen einer Nachtragsverteilung (§ 203) oder einer Überwachung der Planerfüllung (§ 260) begangen worden sind, gilt Satz 2 mit der Maßgabe, daß an die Stelle der Aufhebung des Insolvenzverfahrens der Vollzug der Nachtragsverteilung oder die Beendigung der Überwachung tritt.

Überblick

§ 62 regelt einheitlich die Verjährung für die Haftungsansprüche gegen den Insolvenzverwalter nach §§ 60, 61.

Übersicht

	Rn.		Rn.
A. Allgemeines (Normentwicklung)	1	II. Verjährungsbeginn	7
B. Anwendungsbereich	3	1. Spätester Verjährungsbeginn nach S. 2	16
C. Regelmäßige Verjährung nach § 62	6	2. Sonderfälle des S. 3	19
I. Dauer der Verjährung	6	III. Verjährungsende, Hemmung und Neubeginn	24

A. Allgemeines (Normentwicklung)

1 Mangels ausdrücklicher Regelung war die Verjährung der Haftungsansprüche gegen den Konkursverwalter nach § 82 KO lange Zeit umstritten. Im Jahr 1985 entschied der BGH, dass die entsprechende Anwendung der Verjährungsfristen des § 852 BGB aF auf Ersatzansprüche der Beteiligten gegen den Konkursverwalter nach § 82 KO sach- und interessengerecht ist (BGH BeckRS 2010, 16968). Dieser Wertung schloss sich der Gesetzgeber mit der Einführung des § 62 aF an (BR-Drs. 12/2443, 130). An die Stelle der dreißigjährigen Höchstfrist des § 852 Abs. 1 S. 2 BGB aF traten die Regelungen des § 62 S. 2 und 3, wonach alle Ersatzansprüche spätestens drei Jahre nach der Beendigung des Insolvenzverfahrens verjähren.

2 Die ursprüngliche Fassung des § 62 S. 1 sah eine dreijährige Verjährungsfrist vor, die mit Kenntnis vom Schaden und den die Ersatzpflicht des Verwalters begründenden Umstände begann. Durch das Gesetz zur Anpassung von Verjährungsvorschriften an das Gesetz zur Modernisierung des Schuldrechts v. 9.12.2004 (BGBl. I, 3214) wurde § 62 S. 1 mit Wirkung zum 15.12.2004 dahingehend angepasst, dass sich die Haftungsansprüche gegen den Insolvenzverwalter nunmehr nach den allgemeinen Verjährungsvorschriften des BGB richten. Nach § 195 BGB beträgt die regelmäßige Verjährung drei Jahre. Die unverändert gebliebenen Regelungen in § 62 S. 2 und 3 gehen den allgemeinen Regelungen in § 199 Abs. 2 und 3 BGB als Spezialgesetze vor (→ Rn. 2.1).

2.1 Mit der Verweisung auf die allgemeinen Verjährungsvorschriften wird im Vergleich zur Vorgängerregelung die Verjährungsfrist um den Zeitraum bis zum Jahresende verlängert und der Verjährungsbeginn vom Zeitpunkt der positiven Kenntnis auf den der grob fahrlässigen Unkenntnis vorverlegt.

B. Anwendungsbereich

§ 62 gilt kraft Verweisung für die Haftung des vorläufigen Insolvenzverwalters (§ 21 Abs. 2 **3** Nr. 1) und des Sachwalters im Rahmen der Eigenverwaltung (§ 274 Abs. 1). Gemäß § 71 S. 2 gilt § 62 entsprechend für die Verjährung der Haftung der Mitglieder des Gläubigerausschusses.

Zum Teil wird auch eine analoge Anwendung des § 62 auf andere deliktische und deliktsähnli- **4** che Ansprüche gegen den Insolvenzverwalter entsprechend der früheren Rechtsprechung zu § 852 BGB aF befürwortet (Uhlenbruck/Sinz Rn.13). Dieser Ansicht bedarf es nicht mehr, da für solche Ansprüche die allgemeinen Verjährungsregeln gelten und kein Grund besteht, den Deliktsgläubiger nur deshalb zu benachteiligen, weil sein Schaden von einem Insolvenzverwalter verursacht wurde (K. Schmidt InsO/Thole Rn.2).

Für die Haftung des Insolvenzverwalters nach § 69 AO gilt die **Sonderregelung des § 191** **5** **Abs. 3 AO,** wonach die Festsetzungsfrist vier Jahre beträgt, beginnend mit Ablauf des Kalenderjahres, in dem der Tatbestand verwirklicht worden ist, an den das Gesetz die Haftungsfolge knüpft. Diese Vorschrift ist gegenüber § 62 vorrangig (Uhlenbruck/Sinz Rn.14).

C. Regelmäßige Verjährung nach § 62

I. Dauer der Verjährung

Gemäß § 62 S. 1 iVm § 195 BGB beträgt die Verjährungsfrist für sämtliche Haftungsansprüche **6** gegen den Insolvenzverwalter nach §§ 60, 61 einheitlich 3 Jahre.

II. Verjährungsbeginn

Die Verjährung beginnt grundsätzlich nach § 62 S. 1 iVm § 199 Abs. 1 BGB mit dem Schluss **7** des Jahres, in dem der Anspruch entstanden ist und der Gläubiger von den den Anspruch begründenden Umständen und der Person des Schuldners Kenntnis erlangt oder ohne grobe Fahrlässigkeit erlangen müsste. Zum Zwecke der Rechtssicherheit bestimmt § 62 S. 2 allerdings, dass sämtliche Ansprüche spätestens drei Jahre nach der Aufhebung oder der Rechtskraft der Einstellung des Insolvenzverfahrens verjähren (→ Rn. 7.1 f.).

Für den Verjährungsbeginn genügt im Allgemeinen eine solche Kenntnis, die es dem Geschädigten **7.1** erlaubt, eine hinreichend aussichtsreiche – wenn auch nicht risikolose – und ihm daher zumutbare Feststellungsklage zu erheben (stRspr, vgl. BGH NJW 1988, 1146; 1994, 3092). Ausreichend ist die Kenntnis der anspruchsbegründenden Tatsachen. Auf deren zutreffende rechtliche Würdigung kommt es hingegen nicht an (stRspr, vgl. BGH NJW 1996, 117; NJW-RR 2005, 1137).

Grob fahrlässige Unkenntnis iSv § 199 Abs. 1 Nr. 2 BGB liegt dann vor, wenn dem Gläubiger die **7.2** Kenntnis deshalb fehlt, weil er ganz naheliegende Überlegungen nicht angestellt und nicht beachtet hat. Ihm muss persönlich ein schwerer Obliegenheitsverstoß in seiner eigenen Angelegenheit der Anspruchsverfolgung vorgeworfen werden können, weil sich ihm die den Anspruch begründenden Umstände förmlich aufgedrängt haben, er davor aber letztlich die Augen verschlossen hat (stRspr, vgl. BGH NJW-RR 2010, 681; NJW 2010, 3292; 2011, 3573).

Für die Kenntnis oder grob fahrlässige Unkenntnis ist iRd § 62 zwischen Einzelschäden und **8** Gesamtschäden zu unterscheiden:

Im **Fall eines Einzelschadens** kommt es allein auf die Kenntnis bzw. grob fahrlässige Unkennt- **9** nis des Geschädigten an.

Im **Fall eines Gesamtschadens** iSd § 92 S. 1 können Ersatzansprüche gegen einen Insolvenz- **10** verwalter gem. § 92 S. 2 nur durch einen neu bestellten Insolvenzverwalter verfolgt werden. Die Verjährung beginnt im Fall eines Gesamtschadens daher erst zu laufen, wenn der neu zu bestellende Verwalter von den maßgeblichen Umständen Kenntnis erlangt (BGH NJW-RR 2009, 123; 2014, 1457; anders noch OLG Rostock BeckRS 2007, 04869); die bloße Bestellung des neuen Verwalters führt dagegen noch nicht zum Anlaufen der Verjährungsfrist (BGH NJW-RR 2004, 1425).

Gleiches gilt im Falle eines Gesamtschadens, dessen Ersatz der Insolvenzschuldner vom Insol- **11** venzverwalter beansprucht (BGH NJW 2015, 3299 (3300)). Dies ergibt sich nicht aus § 92, sondern unmittelbar aus § 80 Abs. 1, da Ansprüche des Insolvenzschuldners, die dieser vor oder während des Insolvenzverfahrens erlangt, gem. § 35 Abs. 1 zur Insolvenzmasse gehören und damit der Verwaltungs- und Verfügungsbefugnis des (neu zu bestellenden) Insolvenzverwalters unterstehen (BGH NJW 2015, 3299 (3300)).

Vom BGH offengelassen wurde, ob von diesen Grundsätzen dann eine Ausnahme anzuerkennen **12** ist, wenn sämtlichen Gläubigern die anspruchsbegründenden Umstände bekannt waren, aber keiner von ihnen die Abberufung des Verwalters oder die Bestellung eines Sonderinsolvenzverwalters beantragt bzw. „erzwungen" hat (BGH NJW 2015, 3299 (3300); BGH NJW-RR 2004, 1425 (1426); tendenziell dafür: K. Schmidt InsO/Thole Rn. 4). Dagegen spricht, dass die geschädigten Gläubiger an der Geltendmachung ihrer Ansprüche bis zur Beendigung des Insolvenzverfahrens nach § 92 S. 2 gehindert sind, weshalb eine früher erlangte Kenntnis irrelevant ist (Jaeger/Gerhardt Rn. 8; Uhlenbruck/Sinz Rn. 7).

13 Auf die Kenntnis des Insolvenzschuldners kommt es während des laufenden Insolvenzverfahrens grundsätzlich nicht an, da dieser nicht das Recht hat, die Entlassung des Insolvenzverwalters oder zur Einsetzung eines Sonderinsolvenzverwalters zu beantragen (BGH NJW 2015, 3299 (3300)).

14 Zu beachten ist, dass mit Beendigung des Insolvenzverfahrens die Einziehungs- und Prozessführungsbefugnis wieder an den einzelnen mit einem Quotenschaden belasteten Gläubiger und/oder an den Insolvenzschuldner zurückfällt. Die Verjährung beginnt in diesem Fall für den einzelnen Gläubiger bzw. den Insolvenzschuldner grundsätzlich nicht früher als mit der Rechtskraft des Beschlusses, mit dem das Insolvenzverfahren aufgehoben oder eingestellt wird (BGH NJW 2015, 3299 (3300); NJW-RR 2004, 1425 (1426)).

15 Die genannten Grundsätze gelten auch für **Ansprüche gegen Mitglieder des Gläubigerausschusses** wegen unzureichender Aufsicht. Es ist mithin auf die Kenntnis des neuen Verwalters abzustellen (zu § 82 KO: BGH NJW-RR 2009, 123 (125); BeckRS 2014, 18635; ebenso auf der Grundlage des § 62 S. 1: Uhlenbruck/Sinz Rn. 15; anders noch: OLG Rostock ZIP 2007, 735; Kirchhof in ZInsO 2007, 1122).

1. Spätester Verjährungsbeginn nach S. 2

16 Nach § 62 S. 2 verjähren alle Ansprüche spätestens drei Jahre nach der Aufhebung oder der Rechtskraft der Einstellung des Insolvenzverfahrens. Die Verjährungshöchstfristen des § 199 Abs. 3 BGB gelten daneben nicht (BGH BeckRS 2018, 15037 Rn. 4). Maßgeblich für den Fristbeginn ist der Aufhebungs- oder Einstellungsbeschluss; im Gegensatz zu § 62 S. 1 ist nicht auf den Schluss des Jahres abzustellen (BGH BeckRS 2021, 5513 Rn. 2; Uhlenbruck/Sinz Rn. 8; K. Schmidt InsO/Thole Rn. 7).

17 Die **Verfahrensaufhebung** (§§ 200 Abs. 1, 258 Abs. 1) gilt gem. § 9 Abs. 1 S. 3 nach Ablauf von zwei Tagen seit der Veröffentlichung des Aufhebungsbeschlusses im Internet (www.insolvenzbekanntmachungen.de) als bewirkt, wobei der Tag der Veröffentlichung nicht mit eingerechnet wird (§ 187 Abs. 1 BGB). Der Aufhebungsbeschluss ist unanfechtbar (vgl. § 6 Abs. 1).

18 Bei der **Verfahrenseinstellung** (§§ 207, 211, 212 oder 213) ist die Rechtskraft des Einstellungsbeschlusses maßgeblich. Die Einstellungsbeschlüsse nach §§ 207, 212 oder 213 sind gem. § 216 Abs. 1 mit der sofortigen Beschwerde anfechtbar; Rechtskraft tritt mithin mit Ablauf der zweiwöchigen Beschwerdefrist (unter Beachtung von § 6 Abs. 2) ein. Der Einstellungsbeschluss nach § 211 Abs. 1 ist nach § 6 Abs. 1 nicht mit der sofortigen Beschwerde anfechtbar. Soweit der Einstellungsbeschluss aber vom Rechtspfleger erlassen wird, besteht die Möglichkeit, die Erinnerung nach § 11 Abs. 2 RPflG einzulegen. Dementgegen beginnt die Verjährung bei einer Entscheidung durch den Richter – wie bei der Verfahrensaufhebung – mit Wirksamkeit des Einstellungsbeschlusses nach § 9 Abs. 1 S. 3.

2. Sonderfälle des S. 3

19 Für Pflichtverletzungen, die im Rahmen einer **Nachtragsverteilung** (§ 203) begangen worden sind, beginnt die Verjährung mit dem Vollzug der Nachtragsverteilung (§ 205). Umstritten ist, wann genau die Nachtragsverteilung vollzogen ist:

20 Dies ist der Zeitpunkt der letzten Verteilungshandlung des Insolvenzverwalters nach § 205 S. 1 (Uhlenbruck/Sinz Rn. 10; ZAP-PK/Frind Rn. 6). Beim Gesamtschaden ist dies die letzte Auszahlung, beim Einzelschaden die Auszahlung an den geschädigten Gläubiger (Nerlich/Römermann/Rein Rn. 12).

21 Im Interesse eines einheitlichen Verjährungsbeginns für die Fälle eines Einzel- und Gesamtschadens und dessen einfache Feststellung wird nach anderer Ansicht erst die Rechnungslegung nach § 205 S. 2 als Vollzug der Nachtragsverteilung angesehen (Andres/Leithaus/Andres Rn. 5; K. Schmidt InsO/Thole Rn. 7; HK-InsO/Lohmann Rn. 7). Dagegen spricht, dass die Rechnungslegung keine verfahrensabschließende Handlung, sondern eine gesetzliche Pflicht ist, die der Kontrolle des Verwalters und der Geltendmachung von Ersatzansprüchen dienen soll (Nerlich/Römermann/Rein Rn.12).

22 Für Pflichtverletzungen, die im Rahmen einer **Überwachung der Planerfüllung** (§ 260) begangen worden sind, beginnt die Verjährung mit der Beendigung der Überwachung. Das ist

gem. § 268 die Aufhebung der Überwachung durch Beschluss. Die Verjährung beginnt mithin gem. 9 Abs. 1 S. 3 nach Ablauf des zweiten Tages ab der Veröffentlichung des Aufhebungsbeschlusses im Internet.

Für alle anderen **Verfehlungen, die nicht im Rahmen der Nachtragsverteilung oder einer Planüberwachung begangen worden sind,** bleibt es bei den allgemeinen Regelungen des § 62 S. 1 und 2.

23

III. Verjährungsende, Hemmung und Neubeginn

Für Hemmung und Neubeginn der Verjährung gelten die allgemeinen Vorschriften der §§ 203 ff. BGB und § 212 BGB (Uhlenbruck/Sinz Rn. 9).

24

§ 63 Vergütung des Insolvenzverwalters

(1) ¹Der Insolvenzverwalter hat Anspruch auf Vergütung für seine Geschäftsführung und auf Erstattung angemessener Auslagen. ²Der Regelsatz der Vergütung wird nach dem Wert der Insolvenzmasse zur Zeit der Beendigung des Insolvenzverfahrens berechnet. ³Dem Umfang und der Schwierigkeit der Geschäftsführung des Verwalters wird durch Abweichungen vom Regelsatz Rechnung getragen.

(2) Sind die Kosten des Verfahrens nach § 4a gestundet, steht dem Insolvenzverwalter für seine Vergütung und seine Auslagen ein Anspruch gegen die Staatskasse zu, soweit die Insolvenzmasse dafür nicht ausreicht.

(3) ¹Die Tätigkeit des vorläufigen Insolvenzverwalters wird gesondert vergütet. ²Er erhält in der Regel 25 Prozent der Vergütung des Insolvenzverwalters bezogen auf das Vermögen, auf das sich seine Tätigkeit während des Eröffnungsverfahrens erstreckt. ³Maßgebend für die Wertermittlung ist der Zeitpunkt der Beendigung der vorläufigen Verwaltung oder der Zeitpunkt, ab dem der Gegenstand nicht mehr der vorläufigen Verwaltung unterliegt. ⁴Beträgt die Differenz des tatsächlichen Werts der Berechnungsgrundlage der Vergütung zu dem der Vergütung zugrunde gelegten Wert mehr als 20 Prozent, so kann das Gericht den Beschluss über die Vergütung des vorläufigen Insolvenzverwalters bis zur Rechtskraft der Entscheidung über die Vergütung des Insolvenzverwalters ändern.

Überblick

Der Insolvenzverwalter (→ Rn. 2) hat für seine Tätigkeit Anspruch auf eine angemessene Vergütung (→ Rn. 6) und Erstattung seiner Auslagen (→ Rn. 25). Diese ergibt sich als Regelvergütung (→ Rn. 18) aus einer pauschalen prozentualen Beteiligung (→ Rn. 6) des Verwalters an der verwalteten Insolvenzmasse (→ Rn. 7). Abweichungen bei Umfang und Schwierigkeit (→ Rn. 22 f.) von einem durchschnittlichen Regelverfahren werden mittels Zu- oder Abschläge (→ Rn. 21) auf die Regelvergütung berücksichtigt. Die Einzelheiten regelt die Insolvenzverwaltervergütungsordnung (InsVV) (→ Rn. 3) die über § 65 (→ § 65 Rn. 1 ff.) erlassen wurde. Sind die Kosten des Verfahrens dem Schuldner nach § 4a gestundet (→ Rn. 28), haftet die Staatskasse subsidiär zur Insolvenzmasse für die Vergütung des Verwalters. Der vorläufige Insolvenzverwalter (→ Rn. 11) hat gleichfalls Anspruch auf Entlohnung seiner Tätigkeit. Die Vergütung orientiert sich an derjenigen des Insolvenzverwalters im eröffneten Verfahren, enthält aber einige Besonderheiten, die teilweise aus §§ 10, 11 InsVV (→ InsVV § 10 Rn. 1 ff., → InsVV § 11 Rn. 1 ff.) herausgenommen wurden und jetzt in § 63 Abs. 3 geregelt sind. Vergütungsvereinbarungen sind unzulässig(→ Rn. 4). Für Sonderaufgaben kann nach § 5 InsVV eine gesonderte Vergütung verlangt werden (→ Rn. 28).

Übersicht

	Rn.		Rn.
A. Grundlagen	1	IV. Vergütungsvereinbarungen	5
I. Allgemeines	1	**B. Überblick der Berechnung der Vergütung**	6
II. InsVV	3		
III. Abschließende Regelung in §§ 63–65 und der InsVV	4	I. Grundlage der Berechnung beim Insolvenzverwalter	6

	Rn.		Rn.
1. Bestimmung des Berechnungsgrundlage	7	1. Allgemeines	18
2. Kein Abzug von Masseverbindlichkeiten und Ausnahmen hiervon	8	2. Sonderfall vorläufiger Sachwalter	19
		3. Mindestvergütung	20
3. Sonderfall bei Absonderung ohne Übererlös	9	IV. Zuschläge und Abschläge	21
		1. Allgemeines	21
4. Sonderfall Umsatzsteuer	10	2. Regelbeispiele des § 3 InsVV	22
II. Grundlage der Berechnung beim vorläufigen Verwalter	11	3. Mögliche weitere Zuschlagsgründe	23
1. Identischer Ausgangspunkt der Berechnung wie beim Verwalter	11	V. Auslagen	25
		VI. Umsatzsteuer	26
2. Sonderregelungen des vorläufigen Verwalters	12	VII. Anspruch auf Vorschuss	27
3. Fälligkeit der Vergütung und Wertermittlung der Bemessungsgrundlage	15	C. Stundung der Verfahrenskosten	28
4. Verjährung des Anspruchs	17	D. Zusätzliche Vergütung für Sonderaufgaben	29
III. Regelvergütung	18		

A. Grundlagen

I. Allgemeines

1 In § 63 ist nur die Vergütung des **Insolvenzverwalters** im eröffneten Verfahren und des vorläufigen Insolvenzverwalters (§ 63 Abs. 3) genannt. Gleichwohl haben auch der (vorläufige) (→ Rn. 18) **Sachwalter** über (§ 270a Abs. 1 S. 2) § 274 Abs. 1, der **vorläufige** Insolvenzverwalter bei fehlender Eröffnung des Verfahrens (§ 26a) und der **Sonderinsolvenzverwalter** (BGH NZI 2015, 730 Rn. 6) Anspruch auf Vergütung. Für den **Treuhänder** im Restschuldbefreiungsverfahren folgt die Vergütung über § 293 Abs. 2 ebenfalls über die §§ 63 Abs. 2, 64 und 65 iVm der InsVV.

1a Nach Ansicht des AG Hamburg soll für die **Organe** der Insolvenzschuldnerin im **Eigenverwaltungsverfahren** die Vergütung analog § 64 durch das Insolvenzgericht festgesetzt werden, sofern der Insolvenzgeschäftsführer als Insolvenzfachmann „ins Organ geht", sich also als Geschäftsführer oder Vorstand einsetzen lässt, und der entsprechende Dienstvertrag vorsieht, dass die Vergütung in Anlehnung an die InsVV erfolgen soll (AG Hamburg BeckRS 2019, 9034 Rn. 4). Es handle sich analog § 54 Nr. 2 um Kosten des Verfahrens, die per se Masseverbindlichkeiten darstellen (AG Hamburg BeckRS 2019, 9034 Rn. 4). Allerdings wurde in dieser Entscheidung offen gelassen, wie es sich verhält, wenn kein Insolvenzspezialist in das Organ geht, sondern die Geschäftsleitung nur einen Generalbevollmächtigten bestellt. Weiterhin wendet das AG Hamburg nicht auch die Regelungen der §§ 63, 65 und der InsVV vollständig analog an, sondern entwickelt die Überlegungen zur Vergütung des „Chief Insolvency Officer" (C.I.O.) anhand des Mandatsvertrages zwischen der Schuldnerin und dem C.I.O., der aber in wesentlichen Punkten von der InsVV abwich. Die Abweichung hat das Gericht über korrigierende Erklärungen der Parteien bereinigt. Die Erwägungen des AG Hamburg, weshalb eine Analogie zu den Vergütungsregelungen des Insolvenzverwalters erfolgen soll, sind nachvollziehbar. Allerdings sollte dann der ganze Schritt gegangen werden. Wenn man den C.I.O. auch vergütungsrechtlich wie einen Insolvenzverwalter behandeln will, was der BGH haftungsrechtlich so sah (BGH NZI 2018, 519; nunmehr in § 276a Abs. 2 → § 276a Rn. 38 explizit geregelt), dann sollten auch die gesamten Vorschriften der §§ 63, 64, 65 sowie der InsVV analog angewendet werden und dies auch auf alle Eigenverwalter, gleichgültig ob diese Insolvenzverwalter, Restrukturierungsexperten oder die Geschäftsleiter (beraten oder vertreten durch Sanierungsexperten) sind. Letztlich führt das aber wiederum dazu, dass in der Eigenverwaltung neben der Vergütung des Sachwalters (§ 12 InsVV) zusätzlich die Vergütung des Insolvenzverwalters für den Eigenverwalter anfällt. Dies würde auch die Diskussion um eine Gläubigerbenachteiligung durch weitere Kosten in der Eigenverwaltung beenden, da bei einer vollständigen Analogie zum Vergütungsrecht des Insolvenzverwalters gesetzliche Verfahrenskosten gegeben sind. Es bleibt abzuwarten, ob die Rechtsprechung diesen Ansatz aufnehmen und weiter verfolgen wird.

2 Die **Vergütung** des Insolvenzverwalters ist rein **tätigkeits-** und nicht erfolgsbezogen, sodass selbst mangelhafte oder erfolglose Leistungen und sogar Pflichtverletzungen grundsätzlich **nicht** zur **Kürzung** der Vergütung führen. Sofern allerdings Straftaten oder gravierende Pflichtverletzungen vorliegen, kann eine **Verwirkung** eintreten (BGH NZI 2004, 440 Rn. 30; 2009, 820 Rn. 15; 2016, 892; WM 2019, 39 Rn. 24). Hierbei ist allerdings zu beachten, dass die Vergütung des vorläufigen Insolvenzverwalters eine andere ist als die des endgültigen Insolvenzverwalters, daher ist die Pflichtverletzung nur im jeweiligen Abschnitt zu berücksichtigen. Eine Kürzung der Vergütung des vorläufigen Insolvenzverwalters wegen gravierender Pflichtverletzungen im eröffneten Verfahren ist daher grundsätzlich unzulässig (BGH BeckRS 2017, 127646). Der Verwalter ist auch grundsätzlich **nicht verpflichtet,** ungefragt jegliche **Pflichtwidrigkeit aus anderen Verfahren** dem Gericht zu offenbaren (BGH BeckRS 2019, 24408 Rn. 10). Die Vergütung ist Masseverbindlichkeit nach § 54 Nr. 2 und mit den Gerichtskosten vorab aus der Masse zu bezahlen (§ 53). Der Vorrang besteht auch vor den Masseverbindlichkeiten (§ 209 Abs. 1 Nr. 1).

II. InsVV

Aus der InsO selbst lässt sich außer dem Grundsatz, dass der Insolvenzverwalter für seine 3 Tätigkeit einen Anspruch auf Entlohnung hat, keine weitere große Erkenntnis gewinnen. Die Details sind in der Insolvenzverwaltervergütungsverordnung (**InsVV**) (→ § 65 Rn. 1) geregelt, insbesondere für die Bestimmung der Bemessungsgrundlage (§ 1 InsVV, → InsVV § 1 Rn. 1), der Regelprozentsätze (§ 2 InsVV, → InsVV § 2 Rn. 1 ff.), der Zu- und Abschläge (§ 3 InsVV, → InsVV § 3 Rn. 1), der Auslagen- (§ 8 InsVV, → InsVV § 8 Rn. 1) und Umsatzsteuererstattung (§ 7 InsVV, → InsVV § 7 Rn. 1). Die Vergütung des Insolvenzverwalters im eröffneten Verfahren kann ohne § 63 nach der InsVV berechnet werden. Für die Vergütung des vorläufigen Insolvenzverwalters enthält § 63 Abs. 3 wichtige Grundlagen (→ Rn. 11 f.).

III. Abschließende Regelung in §§ 63–65 und der InsVV

Die Vergütung der im Insolvenzverfahren tätigen Verwalter, Sachwalter oder Treuhänder 4 bestimmt sich **ausschließlich** nach den Regelungen der §§ 63–65 und der InsVV. Auch der Sonderinsolvenzverwalter wird grundsätzlich über diese Normen vergütet (BGH NZI 2015, 730 Rn. 6). Nur für den **Ausnahmefall,** dass dem Sonderinsolvenzverwalter eine einzelne Aufgabe übertragen wird, die auch Gegenstand der Beauftragung eines Rechtsanwalts sein könnte, bestimmt sich die Vergütung nach dem **RVG.** Prüft der **Sonderinsolvenzverwalter nur eine Forderung** im Verfahren, bestimmen sich die Gebühren nach dem RVG. Der **Gegenstandwert** für die **Geschäftsgebühr** bemisst sich dabei **nicht** nach dem Nennwert der Forderung, **sondern** gem. **§ 28 Abs. 3 RVG** in der Regel nach der zum Zeitpunkt der Tätigkeit des Sonderverwalters zu erwartenden Befriedigungsquote aus der angemeldeten Forderung (BGH NZI 2020, 1329 Rn. 14). Wird dagegen eine originäre Einzelverwaltertätigkeit durch den Sonderverwalter ausgeübt, bestimmt sich die Vergütung nach der InsVV, allerdings ist die Höhe der Vergütung gedeckelt auf den Betrag, der über § 5 InsVV iVm dem RVG zu zahlen wäre (BGH NZI 2015, 730 Rn. 6).

IV. Vergütungsvereinbarungen

Die **Vereinbarung** einer bestimmten Vergütung zwischen Verwalter und einzelnen Beteiligten 5 ist **nichtig** (BGH NJW 1982, 185 Rn. 14; OLG Oldenburg NZI 2000, 21 Rn. 5; BGH BeckRS 2016, 13378 Rn. 27). Dies gilt insbesondere für eine Vereinbarung zwischen dem Verwalter und dem Absonderungsgläubiger im Rahmen einer „**kalten Zwangsverwaltung**", nach welcher der Verwalter persönlich eine gesonderte Vergütung für Tätigkeit erhält (BGH BeckRS 2016, 13787 Rn. 26). Dagegen wurde eine verbindliche offene Einigung über die Höhe der Vergütung zwischen allen Beteiligten am Verfahren für möglich gehalten, auch in einem **Insolvenzplan,** was durch den neuen § 217 ermöglicht worden sein sollte (AG Hannover ZIP 2015, 2385 f.).

Der **BGH** hatte diese Frage ausdrücklich offengelassen. Allerdings äußert er in der Entscheidung 5a v. 14.7.2016 **Bedenken** gegen die Rechtmäßigkeit, da hiergegen ua die Festsetzungskompetenz des Insolvenzgerichts aus § 64 Abs. 1 und die vom Gesetz eingeräumten Rechtsschutzmöglichkeiten des § 64 Abs. 3 entgegenstehen könnten (BGH BeckRS 2016, 13378 Rn. 27). Nunmehr hat der BGH ausdrücklich entschieden, dass eine Vereinbarung über die Vergütung des Insolvenzverwalters **nicht Inhalt** eines **Insolvenzplans** sein kann (BGH NZI 2017, 260 Rn. 27). Der BGH betont in dieser Entscheidung, dass die Regelungen über die Vergütung des Insolvenzverwalters **zwingendes Recht** sind und damit **nicht zur Disposition** der Parteien stehen (BGH NZI 2017, 260 Rn. 29). Zudem verweist er auf den Willen des Gesetzgebers, der Vereinbarungen über die Verwaltervergütung ausschließen wollte und betont die notwendige Unabhängigkeit des Insolvenzverwalters, welche durch die gerichtliche Vergütungsfestsetzung geschützt wird (BGH NZI 2017, 260 Rn. 33). Nach dieser Entscheidung steht fest, dass eine **Vereinbarung** über die Vergütung des Insolvenzverwalters **grundsätzlich unzulässig** ist.

Dasselbe muss für Vereinbarungen gelten, welche im Zusammenhang mit **dem Ausscheiden** 5b eines Insolvenzverwalters **aus dem Amt** in laufenden Verfahren getroffen werden, wie zB beim

InsO § 63   Zweiter Teil. Eröffnung des Insolvenzverfahrens

Tod des Verwalters mit dessen Erben oder für den Fall, dass der Verwalter seine **Berufstätigkeit aufgibt.** In manchen Fällen kommt es zu Vereinbarungen zwischen dem bisherigen Verwalter oder dessen Erben und dem neuen Verwalter, wonach die Parteien schriftlich gegenüber dem Insolvenzgericht erklären, die Vergütung des Insolvenzverwalters **nur einmal** geltend zu machen und die **Teilung** untereinander zu regeln. Solche Vereinbarungen sind nach den Maßstäben des BGH **unwirksam,** da auch hier gravierend in die Unabhängigkeit vor allem des neuen Insolvenzverwalters eingegriffen wird.

B. Überblick der Berechnung der Vergütung

I. Grundlage der Berechnung beim Insolvenzverwalter

6   Der Insolvenzverwalter erhält als Vergütung einen **Bruchteil** aus der **Insolvenzmasse.** Die Prozentsätze der **Regelvergütung** aus § 2 InsVV werden auf Basis der Berechnungsgrundlage errechnet. Wie sich diese zusammensetzt, ist in § 1 InsVV geregelt.

1. Bestimmung des Berechnungsgrundlage

7   Grundsätzlich ist der Wert der Insolvenzmasse zu Grunde zu legen, auf die sich die Schlussrechnung bezieht (§ 1 Abs. 1 S. 1 InsVV). In die **Berechnungsgrundlage** werden zunächst alle Verwertungserlöse der Vermögensgegenstände des Schuldners mit ihrem **tatsächlich zur Masse geflossenen** Wert angesetzt (MüKoInsO/Riedel InsVV § 1 Rn. 4). Es ist daher nicht zulässig, die Werte aus dem Massegutachten oder den von einem Sachverständigen festgestellten Verkehrswerte zugrunde zu legen. Grundprinzip ist, dass nur der echte **Realisierungswert** angesetzt werden darf (Ausnahmen: → Rn. 14). Daher regeln § 1 Abs. 2 Nr. 2 und 3 InsVV, dass bei Übererlösen der Verwertung von Gegenständen mit Absonderungsrechten oder der zulässigen Aufrechnung von Forderungen nur der tatsächlich in der Masse verbleibende Überschuss angesetzt werden darf, und nicht der Einzelwert des Gegenstands oder der Forderung. Zudem sind nach § 1 Abs. 2 Nr. 5 InsVV Verfahrenskostenvorschüsse und Leistungen zur Erfüllung eines Insolvenzplans Dritter nicht in die Vergütung mit einzubeziehen. Dies ist nur konsequent, da diese Beträge nicht zur Insolvenzmasse gehören.

7a   Soll ein Verfahren vorzeitig nach §§ 212, 213 eingestellt werden, hat der Insolvenzverwalter vorab die unstreitigen Masseverbindlichkeiten zu berichtigen (§ 214 Abs. 3). Dies beinhaltet auch die Gerichtskosten und die Vergütung des Insolvenzverwalters, die vorab festgesetzt werden muss. In die Bemessungsgrundlage sind in diesem Fall **auch** alle bestehenden, aber **noch nicht realisierten** Ansprüche der Masse zu berücksichtigen, allerdings nur bis zu der Höhe, bis zu welcher sie benötigt worden wären, um alle Gläubiger, also Masse- und Insolvenzgläubiger, zu befriedigen (BGH NZI 2019, 392 Rn. 6). Sofern der Massezufluss allerdings bereits erfolgt ist, erhöhen auch diejenigen Beträge die Bemessungsgrundlage, die nicht für eine Gläubigerbefriedigung benötigt werden (BGH NZI 2019, 392 Rn. 6; 2019, 355 Rn. 8 f.).

7b   Der BGH wendet das Zuflussprinzip konsequent. Zahlt der Schuldner eine Einmalzahlung in die Masse, die auch zum Teil für die Verpflichtungen in der künftigen Wohlverhaltensphase geleistet wird, im noch eröffneten Verfahren ein, ist der Gesamtbetrag als Bemessungsgrundlage für die Vergütung des Verwalters heranzuziehen (BGH NZI 2021, 190 Rn. 7). Dagegen erhöhen Massezuflüsse, die vorab aus der Masse bezahlt wurden und später wieder zurückfließen, die Bemessungsgrundlage nicht in jedem Fall. Jedenfalls bei von der Masse verauslagten Prozesskosten, die teilweise von der Landesjustizkasse bei Anerkenntnis oder Vergleich zurückerstattet werden oder Anwaltskosten, die vom Gegner wieder erstattet werden, ist dies nicht der Fall (BGH NZI 2021, 245 Rn. 9, 16). Ob es weitere Ausnahmen gibt, hat der BGH ausdrücklich offen gelassen, gleichzeitig aber auch keinen derartigen Grundsatz aufgestellt (BGH NZI 2021, 245 Rn. 9).

2. Kein Abzug von Masseverbindlichkeiten und Ausnahmen hiervon

8   Grundsätzlich gilt, dass **Masseverbindlichkeiten** bei der Bemessungsgrundlage **nicht** in Abzug gebracht werden müssen (§ 1 Abs. 2 Nr. 4 S. 1 InsVV). Daher kann in den meisten Verfahren davon ausgegangen werden, dass die vergütungsrechtliche Bemessungsgrundlage und der Kontostand des Treuhandkontos am Ende des Verfahrens nichts miteinander zu tun haben. Von diesem Grundsatz macht die InsVV wiederum zwei **Ausnahmen.** Ein Verwalter, der Rechtsanwalt oder Steuerberater ist, darf Leistungen außerhalb des Kernbereiches der Verwaltertätigkeit, für die ein Verwalter ohne diese berufliche Sonderqualifikation einen entsprechenden Berufsträger beauftragt hätte, über § 5 InsVV (→ InsVV § 5 Rn. 1 ff.) nach dem RVG oder der StBVO gesondert gegenüber der Masse abrechnen (→ Rn. 28). Er erhält somit eine **Sondervergütung,** die ihm zusätzlich zur Insolvenzverwaltervergütung zufließt. Damit soll verhindert werden, dass der besonders qualifizierte Verwalter nicht gegenüber einem Verwalter benachteiligt wird, der wegen seiner fehlenden Qualifikation einen Dritten beauftragen muss, der seine Rechnung dann als Masseverbindlichkeit an die Masse stellt. Diese Vergütungen sind nach § 1 Abs. 2 Nr. 4a InsVV von der Bemessungsgrundlage abzuziehen, obwohl sie Masseverbindlichkeiten darstellen. Dies gilt aber **nur,** wenn diese Sondervergütung an den **Verwalter persönlich** geflossen ist. Geht die Zahlung an eine **Sozietät,** an der der Verwalter beteiligt ist, muss kein Abzug erfolgen (BGH NZI 2007, 583 Rn. 7). Des Weiteren darf bei Betriebsfortführungen nicht der Wert der Debitoren ohne Abzug der Ausgaben angesetzt werden, sondern nur der in der Fortführung erzielte Gewinn (§ 1 Abs. 2 Nr. 4b InsVV). Bei der Bemessung des Gewinnes des Betriebsfortführung werden Kosten, die zwar als Auslaufkosten während der Betriebsfortführung anfallen, die Gegenleistung hierfür aber vom Verwalter nicht in Anspruch genommen wird, nicht bei der Berechnung berücksichtigt (BGH NZI 2009, 49 Rn. 23; 2011, 714 Rn. 13).

3. Sonderfall bei Absonderung ohne Übererlös

Systematisch passt die komplizierte Vorschrift des § 1 Abs. 2 Nr. 1 S.1 InsVV nicht zu den übrigen Regelungen des § 1 Abs. 2 InsVV, denn diese hat **nichts** mit der **Bemessungsgrundlage, sondern** mit einer **Erhöhung der Regelvergütung** zu tun. Nach § 1 Abs. 2 Nr. 1 S. 1 InsVV sind Massegegenstände, die mit Absonderungsrechten belastet sind, mit ihrem vollen Verwertungserlös zu berücksichtigen, wenn der Verwalter sie verwertet hat. Allerdings wird der Mehrbetrag der Vergütung des Verwalters, der durch die Einbeziehung der erzielten Verwertungserlöse aus Absonderungsgegenständen entsteht, auf die Hälfte der zur Masse geflossenen Feststellungspauschalen des § 171 Abs. 1 gedeckelt. Es muss eine **Vergleichsberechnung** durchgeführt werden. Zunächst werden die Regelsätze des § 2 InsVV aus der Berechnungsmasse einschließlich der vollen Bruttoverwertungserlöse der Absonderungsgegenstände berechnet. Sodann wird dieselbe Staffelberechnung durchgeführt, nur dass zur Bemessungsgrundlage nicht mehr die vollen Bruttowerte der Absonderungsgegenstände und auch nicht die Kostenbeiträge, sondern nur noch die zur Masse vereinnahmte Umsatzsteuer aus der Verwertung hinzugerechnet werden. Hier ergibt sich eine geringere Regelvergütung, da die Bemessungsgrundlage niedriger ist. Im dritten Schritt wird dann das Ergebnis der zweiten Berechnung von der ersten Berechnung abgezogen. Der sich ergebende Differenzbetrag ist sodann die Mehrvergütung des Verwalters iSd § 1 Abs. 2 Nr. 1 S. 1 InsVV. Ist dieser Betrag höher als die Hälfte des Wertes der Feststellungspauschalen aus § 171 Abs. 1 aus der Verwertung der Absonderungsgüter, ist die Mehrvergütung auf diesen Wert gedeckelt. Nun kommt der **Systembruch.** Dieser Wert wird **nicht** der Bemessungsgrundlage hinzugerechnet, sondern der Regelvergütung mit dem Wert aus dem zweiten Rechnungsschritt hinzugerechnet und zwar **vor Berechnung der Zuschläge.** Damit unterfällt der Betrag der Mehrvergütung nicht der Staffelberechnung, sondern wird im Wert voll auf die Regelvergütung hinzugerechnet. Dies führt üblicherweise zu erheblichen Vergütungsanstiegen. Der **BGH** spricht konsequent von einer **Sondervergütung** (BGH NZI 2013, 1067 Rn. 3). In Ausnahmefällen ist der Ansatz der Staffelvergütung aus der erhöhten Berechnungsgrundlage günstiger, dann kann der Verwalter sein Wahlrecht ausüben und diese ansetzen (BGH NZI 2013, 1067 Rn. 3). 9

Diese Norm findet keine Anwendung wenn bei der Veräußerung einer Immobilie keine frei vereinbarten Zahlungen an die Masse fließen (BGH BeckRS 2016, 11840 Rn. 12). Die Frage, ob § 1 Abs. 2 Nr. 1 InsVV auf **frei vereinbarte** Massebeiträge überhaupt **Anwendung** findet, hat der **BGH** bisher ausdrücklich **offen** gelassen (BGH BeckRS 2016, 11840 Rn. 12). 9a

4. Sonderfall Umsatzsteuer

Nach der Rechtsprechung des BGH sind die der Masse zugeflossenen **Umsatzsteuerbeträge** der Berechnungsgrundlage **hinzuzurechnen.** Das gilt auch für die **Vorsteuer aus der (vorläufigen) Verwaltervergütung.** Dasselbe gilt für die **Vorsteuer** aus der **Quotenzahlung.** Voraussetzung ist nur, dass bei Einreichung des Schlussberichtes die Zahlung an die Masse sicher ist und ein Zufluss erfolgt (BGH NZI 2011, 326 Rn. 7). Dies ist bei den genannten **Vorsteuererstattungsansprüchen** der Fall (BGH NZI 2015, 388 Rn. 8). Bei Einreichung der Schlussrechnung sind alle übrigen Geschäftsvorfälle abgeschlossen, sonst könnte der Verwalter keinen Schlussbericht einreichen. Damit sind keine Umsatzsteueransprüche des Finanzamtes gegen die Masse mehr gegeben, eine Saldierung erfolgt damit nicht und der Zufluss steht außer Zweifel. Der BGH lässt die Einbeziehung der Umsatzsteuer aus der Verwaltervergütung **nur einmal** zu, die Umsatzsteuer aus der sich dadurch erhöhenden Vergütung darf nicht mehr erneut in die Bemessungsgrundlage 10 mit einberechnet werden (BGH NZI 2015, 388 Rn. 10). Wichtig ist, dass für die Berechtigung zur Geltendmachung des Vorsteuererstattungsanspruchs nicht der Vergütungsbeschluss ausreicht, es muss eine **echte Rechnung** an die Masse gestellt werden (FG Köln BeckRS 2015, 94829). Bei **natürlichen Personen,** die im Rahmen ihrer **selbstständigen Tätigkeit** zum Vorsteuerabzug berechtigt waren, ist die **Vorsteuer** aus der Verwaltervergütung nur in dem **Prozentsatz** vom Hundert gegenüber dem Finanzamt geltend zu machen, der dem Verhältnis der angemeldeten Forderungen aus geschäftlichen Tatbeständen zu denen aus „privaten" Schulden entspricht (BFH NZI 2015, 625 Rn. 17). Dies gilt auch im Nachlassinsolvenzverfahren (BFH ZIP 2016, 731 Rn. 32).

II. Grundlage der Berechnung beim vorläufigen Verwalter

1. Identischer Ausgangspunkt der Berechnung wie beim Verwalter

11 Ausgangspunkt ist, dass auch für die Vergütung des vorläufigen Insolvenzverwalters nach § 10 InsVV die Regelungen des § 1 InsVV für die Bestimmung Berechnungsgrundlage gelten. In § 63 Abs. 3 und § 11 InsVV sind jedoch **Sonderregelungen** enthalten, die zusätzlich zu berücksichtigen sind. Dass der vorläufige Insolvenzverwalter gesondert vergütet wird, ist nun in § 63 Abs. 3 S. 1 explizit geregelt. In die **Bemessungsgrundlage** werden alle Vermögenswerte des Schuldners mit einbezogen, die der vorläufigen Verwaltung bis zu deren Beendigung unterliegen oder der Zeitpunkt, zu welchem der Gegenstand nicht mehr der vorläufigen Verwaltung unterliegt (§ 63 Abs. 3 S. 3, § 11 Abs. 1 S. 1 InsVV).

2. Sonderregelungen des vorläufigen Verwalters

12 Eine erhebliche Abweichung von der Bestimmung der Bemessungsgrundlage für die Vergütung des Insolvenzverwalters ist in § 11 Abs. 1 S. 2 InsVV enthalten. Diese Vorschrift schließt für den vorläufigen Verwalter die Anwendung des § 1 Abs. 2 Nr. 1 bis 3 aus. Gegenstände, für die **Aus- oder Absonderungsrechte** bestehen, werden beim vorläufigen Insolvenzverwalter **mit ihrem vollen Wert** in die Bemessungsgrundlage einbezogen, wenn sich der Verwalter in **erheblichem Umfang** mit ihnen **befasst** hat. Dies führt zu einer erheblich höheren Berechnungsmasse, was vom Gesetzgeber und Vorordnungsgeber aber genauso beabsichtigt ist (BT-Drs. 17/13535, 31). Wegen dieses **eindeutigen Gesetzgeberwillens** ist es **unzulässig,** die Werte von Aus- und Absonderungsrechten bei der Bemessungsgrundlage für die vorläufige Vergütung gar nicht oder nur teilweise anzusetzen, weil nur ein Teilbetrag in der Masse verblieb oder die Prüfung von Absonderungsrechten dem Insolvenzverwalter nach Eröffnung zugewiesen ist (BGH BeckRS 2019, 22452 Rn. 11, 12).

13 Bis zur Reform des § 11 InsVV und der §§ 63, 65 im Jahr 2013 war diese Regelung in § 11 Abs. 1 S. 4 InsVV aF geregelt. Der BGH war der Auffassung, dass dem Verordnungsgeber der InsVV für diese Regelung die notwendige gesetzliche Grundlage fehlte und hielt sie daher für **nichtig** (→ § 65 Rn. 2). Einen **Ausgleich** durch den Wegfall der Sonderregelung ließ der **BGH** dadurch zu, dass er auf die Möglichkeit von Zuschlägen (§ 3 InsVV) bei erheblicher Befassung mit Aus- und Absonderungsrechten verwies (BGHZ 195, 336 ff.). Die Entscheidung war erheblich umstritten und veranlasste den Gesetzgeber, wegen der dadurch entstandenen Rechtsunsicherheit die InsVV und die §§ 63, 65 zu ändern (BGBl. 2013 I 2379; → § 65 Rn. 2). In diesem Zusammenhang stellte der Gesetzgeber aber auch klar, dass er die Entscheidung des BGH für unzutreffend hält und die Neuformulierung nur der Klarstellung dient, an sich aber nicht notwendig war. Da auch der Gesetzgeber von einer Wirksamkeit des § 11 Abs. 1 S. 4 InsVV aF ausgeht, hat sich letztlich durch die nunmehrige Rechtslage nichts geändert. Daher sind auch in Verfahren vor dem 1.7.2014 die alten Regelungen des § 11 Abs. 1 S. 4 InsVV uneingeschränkt anwendbar. Eine Ausnahme von der Ausnahme ist in § 11 Abs. 1 S. 3 InsVV enthalten. Die Werte von Gegenständen, die der Schuldner nur aufgrund eines Besitzüberlassungsvertrags im Besitz hat, werden nicht angesetzt, dh Pacht-, Miet- und Leihgegenstände sind nicht erfasst. Beim Leasing ist danach zu unterscheiden, ob ein reines Mietleasing (keine Einbeziehung), oder ein Finanzierungsleasing (Einbeziehung) oder Leasing mit Kaufoption (Einbeziehung) vorliegt (Lorenz/Klanke InsVV § 11 Rn. 19).

14 Ein **erhebliches Befassen** ist im Einzelfall zu prüfen und vom Verwalter **darzulegen,** wenn er die Einbeziehung der Werte der Aus- und Absonderungsrechte für die Bemessungsgrundlage in Anspruch nehmen möchte. Werden Sicherungsmaßnahmen zum Erhalt des Wertes von vorläufigen Verwalter getroffen, müssen Drittrechte geprüft werden oder liegt die Berechtigung zum

Forderungseinzug vor, liegt ein erhebliches Befassen vor. Bei reinen Maßnahmen der Sicherung ohne weitere Tätigkeit (Eintragung vorläufige Verwaltung ins Grundbuch, Siegelung, etc) ist eine Erheblichkeit nicht gegeben (MüKoInsO/Stephan InsVV § 11 Rn. 43).

Der BGH hat im Beschluss vom 10.6.2021 (BeckRS 2021, 18430) grundlegend herausgearbeitet, wann ein wesentliches Befassen vorliegt und wann nicht (BGH BeckRS 2021, 18430 Rn. 17). Es ist künftig eine wesentliche differenziertere Betrachtung vorzunehmen, als dies bisher erfolgt ist. Der Verwalter hat in seinem Vergütungsantrag bezogen auf **jeden einzelnen Gegenstand** (für Anträge auf der Basis des Rechtsstandes ab 19.7.2013) der Aus- bzw. Absonderung darzulegen, warum er sich mit diesem in einer das gewöhnliche Maß überschreitenden Weise beschäftigt hat. Das Gericht hat daher für jeden Gegenstand einzeln zu entscheiden, ob dessen Wert in die Bemessungsgrundlage des vorläufigen Verwalters mit einzubeziehen ist. Zudem ist darauf zu achten, dass es bei der Festsetzung der Vergütung des (vorläufigen) Insolvenzverwalters nicht zu einer Doppelberücksichtigung von Umständen kommt. Erhöht sich die Berechnungsgrundlage wegen des erheblichen Befassens mit Gegenständen der Aus- und Absonderung, kann dieser Umstand nicht zusätzlich für einen Zuschlag für die Mehrbelastung des Verwalters durch Prüfungen von Aus- und Absonderungsrechten herangezogen werden (BGH BeckRS 2021, 18430 Rn. 39). **14a**

3. Fälligkeit der Vergütung und Wertermittlung der Bemessungsgrundlage

Mit Beendigung des Amtes des vorläufigen Insolvenzverwalters wird die Vergütung des vorläufigen Verwalters fällig und die Festsetzung kann nach § 8 InsVV beantragt werden (Lorenz/Klanke InsVV § 8 Rn. 4). Im Unterschied zum Vergütungsantrag des Insolvenzverwalters sind die Vermögenswerte des Schuldners beim Antrag des vorläufigen Verwalters auf Vergütungsfestsetzung noch nicht in allen Fällen verwertet. Es sei denn, der zum späteren Verwalter bestellte vorläufige Verwalter wartet mit dem Antrag bis zur Beendigung des Insolvenzverfahrens zu. **15**

Damit steht aber bei Antragstellung noch nicht sicher fest, welcher tatsächliche Wert der Insolvenzmasse aus der Verwertung zufließen wird. Auch für die Vergütung des vorläufigen Verwalters sind jedoch die realen Werte zu Grunde zu legen (§ 11 Abs. 2 S. 1 InsVV, § 63 Abs. 3 S. 3). Damit hat der vorläufige Verwalter die Werte des Schuldnervermögens also bei seinem Antrag zu **schätzen**, sofern er den realen Wert nicht kennt. Sinnvollerweise orientiert er sich dabei an vorliegenden **Wertgutachten**, die ohnehin im Rahmen des Insolvenzgutachtens eingeholt werden. Sofern sich später herausstellt, dass die Wertannahmen des vorläufigen Verwalters nicht zutreffend waren und mehr als 20 % vom realen Verwertungserlös abweichen, muss er das Gericht beim Antrag auf Vergütung für die Insolvenzverwaltung auf diesen Umstand hinweisen (§ 63 Abs. 3 S. 4 InsO, § 11 Abs. 2 InsVV). Für diesen Fall kann das Gericht die Vergütung des vorläufigen Verwalters **trotz** der **Rechtskraft** des Vergütungsbeschlusses noch **ändern**. **16**

Eine große Unsicherheit bestand in der Praxis hinsichtlich der Handhabung des **Betriebsfortführungsgewinns** iRd § 1 Abs. 2 Nr. 4b InsVV, vor allem auch bei den Gutachtern, welche von den Insolvenzgerichten bei der Schlussrechnungsprüfung und Prüfung der Bemessungsgrundlage eingesetzt werden. Diese hat der BGH (NZI 2017, 544 Rn. 7) nun beendet. Auch für die Vergütung des **vorläufigen Insolvenzverwalters** ist im Rahmen der Bemessungsgrundlage **nur** der **Betriebsgewinn** anzusetzen. Dieser errechnet sich durch den Abzug der Verbindlichkeiten von den Einnahmen während des vorläufigen Verfahrens, bezogen auf den **Stichtag** der Insolvenzeröffnung. Daher sind Zahlungen auf Masseverbindlichkeiten, deren **Grundlage** aus dem vorläufigen Verfahren stammen (eine entsprechend wirksame Einzelermächtigung vorausgesetzt, → § 55 Rn. 63) und Einnahmen aus Sachverhalten, die im Eröffnungsverfahren abgeschlossen waren, bei der Ermittlung des Überschusses aus der Fortführung im vorläufigen Verfahren zu berücksichtigen (BGH NZI 2017, 544 Rn. 8). Es ist daher von erheblicher Bedeutung, dass der Insolvenzverwalter **exakt periodengenau** bucht und sich **nicht** am Zeitpunkt der Zahlung oder Einnahme, **sondern** am zugrunde liegenden **Sachverhalt** orientiert. Auch bei einem Verlust in der Betriebsfortführung ist dem Vergütungsantrag eine gesonderte Aufstellung über die fortführungsbedingten Einnahmen und Ausgaben beizufügen (BGH NZI 2020, 246 Rn. 10). **Unzulässig** ist daher, die **offenen Debitorenforderungen aus der** Betriebsfortführung im Eröffnungsverfahren in die Bemessungsgrundlage der Vergütung des Insolvenzverwalters mit einzubeziehen. Ebenso verbietet es sich, den Stand des Treuhandkontos am Tag der Insolvenzeröffnung in die Bemessungsgrundlage einzubeziehen, denn hier sind ggf. Zahlungen enthalten, die noch um Masseverbindlichkeiten zu kürzen sind, die beide der Berechnung des Betriebsüberschusses des Eröffnungsverfahrens zuzuordnen sind (BGH NZI 2017, 544 Rn. 9). Der **Stand des Guthabens des Treuhandkontos** im Eröffnungszeitpunkt **darf nie** angesetzt werden, da sonst eine Doppelberücksichtigung von Werten bei der Vergütung des vorläufigen und endgültigen Insolvenzverwalters zulasten der Gläubiger stattfin- **16a** det. Ebenso ist es unzulässig, die Masseverbindlichkeiten aus dem vorläufigen Verfahren beim Betriebsgewinn des eröffneten Verfahrens zu berücksichtigen (BGH NZI 2017, 544 Rn. 9).

4. Verjährung des Anspruchs

17 Es gibt keine Sonderregelungen für die Verjährung der Ansprüche des (vorläufigen) Verwalters, daher gilt die allgemeine Vorschrift des § 195 BGB. Dies war bis in das Jahr 2010 ein Problem, das der BGH dadurch löste, dass die Verjährung der Vergütung des vorläufigen Insolvenzverwalters bis zum Abschluss des eröffneten Verfahrens **gehemmt** ist (BGH NZI 2010, 977 Rn. 35).

III. Regelvergütung

1. Allgemeines

18 Die Berechnung der Regelvergütung ist unproblematisch. Die Staffelsätze ergeben sich aus § 2 InsVV. Für den vorläufigen Insolvenzverwalter werden in der Regel 25 % der Regelvergütung für den Insolvenzverwalter angesetzt (§ 63 Abs. 3 S. 2). Der Regelsatz des Sachwalters ist in § 12 InsVV geregelt und beträgt 60 % der Regelvergütung des Insolvenzverwalters. Mit dem SanInsFoG (BGBl. 2020, 3256 ff.) wurden mit Wirkung zum **1.1.2021** neue, höhere Gebührenregelsätze für **alle Verfahren,** die ab dem 1.1.2021 **beantragt** wurden (§ 19 Abs. 5 InsVV nF), eingeführt.

18a Die Entscheidung des Verordnungsgebers, für die Vergütung des Insolvenzverwalters eine Regelvergütung vorzusehen, die durch Zu- und Abschläge an die Gegebenheiten des Einzelfalles angepasst wird, **verstößt** verfassungsrechtlich **nicht** gegen das Bestimmtheitsgebot des Art 80 Abs. 1 S. 2 GG, den Gesetzesvorbehalt des Art. 12 Abs. 1 S. 2 GG oder gegen Art. 3 Abs. 1 GG (BGH BeckRS 2019, 23392).

2. Sonderfall vorläufiger Sachwalter

19 Aus unerfindlichen Gründen wurde die Vergütung des **vorläufigen Sachwalters** durch den Verordnungsgeber bis in das Jahr 2021 nicht geregelt. In der **Grundsatzentscheidung** im Beschl. v. 21.7.2016 (NZI 2016, 796) hat der **BGH** zum ersten Mal zur Vergütung des vorläufigen Sachwalters Stellung genommen. Die Entscheidungsgründe erforderten eine grundlegende Überarbeitung in der 4. Edition dieses Kommentars, da der BGH teilweise völlig neue Gedanken entwickelte. Die Grundsätze wurden im weiteren Beschl. v. 22.9.2016 (NZI 2016, 963) zu dieser Thematik bestätigt (zu Recht sehr krit. Keller NZI 2016, 753). Für alle Eigenverwaltungsverfahren, die nach dem **31.12.2020 beantragt** wurden, hat der Gesetzgeber mit dem SanInsFoG (BGBl. 2020, 3256 ff.) mit § 12a InsVV nF nunmehr dieses Manko behoben und die Regelungen des vorläufigen Sachwalters an die des vorläufigen Insolvenzverwalters **angepasst** (→ **InsVV § 12a** Rn. 1). Dies bedeutet in Abweichung von der bisherigen Rechtsprechung des BGH aber auch, dass der vorläufige Sachwalter nur noch 25 % der Vergütung des Sachwalters erhält, die nur 60 % von der Vergütung des Insolvenzverwalters beträgt. Also ist die Vergütung des vorläufigen Sachwalters durch den Gesetzgeber im Vergleich zur Rechtsprechung des BGH faktisch um 10 % gekürzt worden (→ InsVV § 12a Rn. 6). Die nachfolgenden Ausführungen gelten daher **nur** für alle Eigenverwaltungen, die **bis zum 31.12.2020** beantragt wurden:

19a Nach Ansicht des BGH hat der vorläufige Sachwalter **keinen eigenständigen Anspruch** auf Vergütung. Vielmehr wird diese Tätigkeit durch einen **Zuschlag** auf die Vergütung des Sachwalters im eröffneten Verfahren in Höhe von **25 %,** also insgesamt 85 % von der Regelvergütung des Insolvenzverwalters, entlohnt. Die Vergütung kann nur mit der Vergütung des endgültigen Sachwalters **einheitlich festgesetzt** werde. Vorher kann nur ein **Vorschuss** nach § 9 InsVV beantragt werden, welcher sich nur auf die Zeit der vorläufigen Sachwaltung zu begrenzen ist. Die **Bemessungsgrundlage ist dieselbe,** wie die für die Vergütung des endgültigen **Sachwalters** (BGH NZI 2016, 796 Rn. 28). Als Begründung führt der BGH lapidar aus, dass er sich nicht erklären könne, dass der Gesetzgeber die Vergütung dieser Tätigkeit übersehen hat. Zumindest hätte er dies in den nachfolgenden Reformen der InsO nachbessern können, was nicht erfolgt ist. Daher geht der BGH davon aus, dass der Gesetzgeber für den vorläufigen Sachwalter keine eigenständige Vergütung wollte (BGH NZI 2016, 796 Rn. 31). Der BGH geht davon aus, dass die Aufgaben des vorläufigen und des endgültigen Sachwalters übereinstimmen, jedenfalls strukturell ohne weiteres vergleichbar sind (BGH NZI 2016, 796 Rn. 38). Aus diesem Grund ist eine Analogie zu § 11 InsVV grundsätzlich auszuschließen (BGH NZI 2016, 796 Rn. 40). Gleichwohl setzt der BGH den Regelsatz der Vergütung für den vorläufigen Sachwalter mit **25 %** von der Regelvergütung eines **Insolvenzverwalters** (anders nun die gesetzliche Regelung ab 1.1.2021 in

§ 12a Abs. 1 S. 2 InsVV) an. Dass der vorläufige Sachwalter einen Anspruch auf Vergütung für seine Tätigkeit hat, ist im Lichte des **Art. 12 GG** für den BGH zweifelsfrei. Gleichwohl sei nicht geschützt, dass der vorläufige Sachwalter auch gleich eine endgültige Festsetzung seiner Vergütung erhalte, der Vorschussanspruch aus § 9 InsVV sei ausreichend. Die **einheitliche Festsetzung am Ende** des Verfahrens mit der Vergütung des Sachwalters mache auch eine Unterscheidung obsolet, wann der (vorläufige) Sachwalter eine einen bestimmten Zuschlag rechtfertigende Tätigkeit vorgenommen hat (BGH NZI 2016, 796 Rn. 53). Da die Dauer von Eigenverwaltungen zumeist nur einig Monate daure, sei dies dem Sachwalter auch zumutbar. Wird das Verfahren nicht eröffnet, gilt nach dem BGH **§ 26a analog.** Sofern der vorläufige Sachwalter nicht auch zum Sachwalter bestellt wird, hat jener nach Insolvenzeröffnung einen sofortigen Anspruch auf Vorschuss nach § 9 InsVV (→ InsVV § 9 Rn. 1 ff.).

3. Mindestvergütung

Die **Mindestvergütung** ist in § 2 Abs. 2 InsVV geregelt und beträgt für alle Verfahren, die bis zum **31.12.2020 beantragt** wurden, 1.000 EUR netto, nunmehr auch im Vereinfachten Verbraucherinsolvenzverfahren § 13 InsVV für Verfahren mit Antrag ab 1.7.2014. Für alle Verfahren, die ab dem **1.1.20201 beantragt** werden, beträgt die Mindestvergütung 1.400,00 EUR netto (§§ 2 Abs. 2, 19 Abs. 5 InsVV). Die Mindestvergütung steigt gestaffelt danach, je nachdem wie viele Gläubiger zur Insolvenztabelle angemeldet haben. **Entscheidend** ist die **Anmeldung** zur Tabelle. Hat ein Gläubiger wegen sukzessiver Anmeldungen **mehrere** Tabellennummern, oder melden mehrere Behörden einer Gebietskörperschaft an, zählt dies nur als **ein Gläubiger** (BGH NZI 2011, 542). Die Regelung des § 2 Abs. 2 InsVV gilt **auch** für den **vorläufigen Insolvenzverwalter,** hier tritt **an die Stelle** der angemeldeten Forderungen die Zahl der durch den vorläufigen Verwalter festgestellten Gläubiger (BGH NZI 2010, 256 Rn. 7). Auch auf die Mindestvergütung können Zuschläge vorgenommen werden (BGH NZI 2015, 782 Rn. 10). Nach der Rechtsprechung des BGH ist sogar ein **Abschlag auf die Mindestvergütung** möglich (BGH NZI 2018, 130). Dies setzt allerdings die Feststellung des Insolvenzgerichts voraus, dass der qualitative und quantitative Zuschnitt des Verfahrens so weit hinter den Kriterien eines durchschnittlichen masseaermen Verfahrens zurückbleibt, dass der Regelsatz der Mindestvergütung zu einer unangemessen hohen Vergütung führen würde. Dies kann nur in großen Ausnahmefällen berechtigt sein (BGH NZI 2018, 130 Rn. 14). Die absolute Untergrenze auch für die Kürzung der Mindestvergütung bildet § 13 Abs. 1 S. 3–5 InsVV aF, mithin 600 EUR (BGH NZI 2018, 130 Rn. 16). Künftig muss die absolute Mindestvergütung nun 1.000 EUR betragen, da der Wille des Gesetzgebers zur spürbaren Erhöhung der Vergütungen unmissverständlich ist.

20

IV. Zuschläge und Abschläge

1. Allgemeines

Bereits aus dem Gesetz ergibt sich, dass die Staffelvergütung des § 2 InsVV nur in der Regel verwirkt ist. Sofern das einzelne Verfahren **Besonderheiten** aufweist, die eine höhere oder niedere Vergütung rechtfertigen, wird dem **durch Zu- und Abschläge** Rechnung getragen (§ 63 Abs. 1 S. 3 InsO, § 3 InsVV). Die Handhabung der Zuschläge ist in der Praxis hoch komplex und ein Faktor **ständiger Unkalkulierbarkeit** und **Unplanbarkeit** auf Seiten der Verwalter und auch der Gerichte. Hierzu trägt der BGH durch seine Rechtsprechung durchaus bei. Mit Einführung der InsVV bildete sich auf Basis von Einzelentscheidungen der Gerichte eine sog. **„Faustregeltabelle"** heraus, die in der Praxis als gewisse Leitlinie bei der Bemessung des Zuschlagsatzes und der Höhe des Gesamtzuschlages herangezogen wurde. Dem ist der **BGH** in seiner Rechtsprechung **immer entgegengetreten.** Nach dem BGH verbietet sich bezüglich der Bemessung der Zuschläge ein reines Vorgehen nach Faustregeln, Zuschlagstabellen und weiteren Orientierungshilfen. **Entscheidend ist immer der Einzelfall mit seinen Besonderheiten.** Die Entscheidung über die Höhe des Zuschlages soll auch nicht in Additionen einzelner Zuschlagpositionen erfolgen, sondern eine insgesamt als angemessene **Gesamtbetrachtung** stattfinden (grundlegend BGH NZI 2004, 251; 2006, 464; 2007, 461; 2008, 544; zuletzt ZInsO 2015, 765). Selbst die **Einordnung** eines Umstands als **Abschlagskriterium** durch den **Verwalter** selbst ist für das Gericht **nicht bindend** und kann als Zuschlagsfaktor im Rahmen der Gesamtbewertung herangezogen werden (BGH NZI 2016, 796 Rn. 81). Einige **Regelbeispiele,** die einen Zuschlag rechtfertigen, finden sich in § 3 Abs. 1 S. 1 lit. a–e InsVV. Diese gelten **auch** für den **vorläufigen** Verwalter über § 10 InsVV. Bezüglich der Vergütung des vorläufigen Verwalters ist der BGH einer Literatur-

21

meinung entgegengetreten, dass auch die Zuschläge nur im Wert von 25 % vorzunehmen seien. Diese Meinung ist nicht vertretbar. Vielmehr bemisst sich die Vergütung des vorläufigen Insolvenzverwalters in der Regel mit 25 % der Vergütung des Endgültigen Verwalters. Hierauf werden die Zuschläge um den vollen Prozentsatz erhöht (BGH ZInsO 2013, 840 Rn. 13; für die neue Rechtslage ab 2013 bestätigt: BGH NZI 2020, 86 ff. Rn. 10). Auch die Vergütung des (vorläufigen) Sachwalters ist zuschlagfähig (BGH NZI 2016, 796 Rn. 55).

2. Regelbeispiele des § 3 InsVV

22   Nach § 3 Abs. 1 S. 1 InsVV rechtfertigt die erhebliche Befassung des Verwalters mit **Aus-und Absonderungsrechten** einen **Zuschlag,** wenn die Masse dadurch **nicht** entsprechend **gemehrt** wird. Zudem rechtfertigen die **Unternehmensfortführung** und die **Hausverwaltung** von Schuldnerimmobilien einen Zuschlag. Bei der Berechnung des Zuschlags wegen der **Betriebsfortführung** eines Unternehmens ist nach dem BGH eine **Vergleichsberechnung** durchzuführen. Da durch die Fortführung des Betriebs die Berechnungsmasse entsprechend angereichert wird und sich die Regelvergütung damit schon erhöht, darf ein weiterer Zuschlag nicht zu einer **Doppelberücksichtigung** führen (BGH NZI 2009, 49 Rn. 13). Daher ist im Rahmen einer Vergleichsberechnung (BGH NZI 2008, 239 Rn. 7) zunächst zu ermitteln, um welchen Betrag der Betriebsgewinn (§ 1 Abs. 2 Nr. 4b InsVV) die Bemessungsgrundlage erhöht hat und damit eine höhere Vergütung gegeben ist. Sodann ist zu bestimmen, wie hoch sich die Vergütung ohne diese Massemehrung, aber mit dem Zuschlag, der an sich angemessen wäre, bemisst. Der regulär anzusetzende Zuschlag ist sodann ggf. so weit zu kürzen, dass in etwa dasselbe Ergebnis erreicht wird. In der Bemessungsgrundlage bleibt der Betriebsgewinn angesetzt, nur der Zuschlag wird entsprechend heruntergesetzt. Zu **beachten** ist, dass **keine Doppelberücksichtigung** vorliegt, wenn der **vorläufige** und der **endgültige** Verwalter für ihre **Sanierungsbemühungen** einen Zuschlag erhalten (BGH BeckRS 2019, 23182 Rn. 15). Bezüglich des Zuschlags für den **Degressionsausgleich** nach § 3 Abs. 1 lit. c InsVV ist von einer großen Masse ab 250.000 EUR auszugehen (BGH NZI 2012, 981 Rn. 8). Arbeitsrechtliche Fragen umfassen auch Sozialpläne, Interessenausgleiche und vor allem das Insolvenzgeld (§ 3 Abs. 1 lit. d InsVV). Für die Ausarbeitung eines **Insolvenzplans** (§ 3 Abs. 1 S. 1 lit. e InsVV) wird ein Mindestzuschlag von 20 % bis zu einem Mehrfachen des Regelsatzes angenommen (BGH NZI 2007, 341 Rn. 23). Zuschläge von **200–300 %** bei komplizierten Insolvenzplänen sind angesichts des erheblichen Aufwands und der ungemeinen Komplexität angemessen. Eine Überschreitung dieser Werte bei mehreren aufeinander abgestimmten Insolvenzplänen, vor allem im Rahmen von Konzerninsolvenzen, ist möglich und im Einzelfall angezeigt.

22a   In ständiger Rechtsprechung verbietet der BGH die Anwendung von fixen Fallgruppen oder Faustregeln. Es ist nicht notwendig, dass das Gericht für sämtliche Mehr- und Minderbelastungen des Verwalters im Einzelfall zunächst einzelne Zu- und Abschläge formuliert. Dies ist schon deshalb oft unzweckmäßig, da häufig Überschneidungen von Tatbeständen gegeben sein werden. Entscheidend für einen Gesamtzuschlag bzw. einen Abschlag ist die Gesamtschau, bei welcher das Gericht eine auf den Einzelfall bezogene Abwägung aller Umstände vorzunehmen hat und dies im Beschluss auch darzulegen hat. Es hat eine aufs Ganze bezogene Angemessenheitsbetrachtung zu erfolgen (BGH BeckRS 2021, 18430 Rn. 50).

3. Mögliche weitere Zuschlagsgründe

23   Neben den in § 3 Abs. 1 S. 1 lit. a–e InsVV genannten Regelbeispielen werden auch folgende Gründe als Zuschlagskriterium anerkannt:
- lange Verfahrensdauer, sofern der Verwalter ständig tätig ist (BGH ZInsO 2015, 765 Rn. 7; LG Göttingen ZInsO 2006, 930 Rn. 6)
- eine fehlende ordnungsgemäße Buchhaltung des Schuldners (BGH NZI 2004, 665 Rn. 9),
- Große Zahl an Gläubigern, was bei mehr als 100 angenommen wird (LG Göttingen NZI 2002, 115)
- mehrere Betriebsstätten (Lorenz/Klanke InsVV § 3 Rn. 35)
- Große Zahl an Arbeitnehmern (LG Leipzig DZWIR 2000, 36)
- Betriebsfortführung über mehrere Monate (BGH NZI 2004, 251 Rn. 23; 2006, 401 Rn. 7) auch beim (vorläufigen) Sachwalter (BGH NZI 2016, 796 Rn. 73 ff.)
- Sanierungsbemühungen des Verwalters, auf den Erfolg kommt es nicht an (BGH ZInsO 2007, 439 Rn. 10)
- Vorfinanzierung des Insolvenzgelds der Arbeitnehmer (BGH NZI 2007, 343 Rn. 9) wobei ein Gesamtzuschlag mit der Betriebsfortführung einen zusätzlichen Aufschlag enthalten muss, dass

nur die Betriebsfortführung eine mittelbare Erhöhung der Bemessungsgrundlage mit sich bringt, nicht aber die Mehrbelastung durch die Vorfinanzierung (BGH BeckRS 2019, 23182 Rn. 23)
- Sozialplanverhandlungen (BGH ZInsO 2007, 439 Rn. 12)
- Umfangreiche Vorbereitungen einer übertragenden Sanierung (BGH NZI 2006, 236 Rn. 14)
- Obstruktiver Schuldner (LG Mönchengladbach ZInsO 2001, 750)
- Verwertung einer Immobilie, ohne dass ein Übererlös (§ 1 Abs. 2 Nr. 2 InsVV) oder ein frei vereinbarter Feststellungsbeitrag zur Masse fließt (BGH BeckRS 2016, 11840 Rn. 13)
- Bestehen eines (vorläufigen) Gläubigerausschusses (BGH NZI 2016, 796 Rn. 76; BGH NZI 2016, 963 Rn. 69)

Ein Zuschlag auf die Verwaltervergütung als **Inflationsausgleich** ist derzeit nach dem BGH noch nicht gerechtfertigt (BGH BeckRS 2015, 06127 Rn. 2 und NZI 2015, 141 Rn. 13). Hintergrund für die Zuschlagsfähigkeit ist, dass die InsVV, vor allem die Regelsätze des § 2 InsVV, seit 1999 nicht mehr angepasst wurden und die Aufgaben der Verwalter bei gleichbleibender Vergütung immer mehr wurden (Lorenz/Klanke InsVV § 2 Rn. 4a). Der BGH hat den Zuschlag ausdrücklich nicht abgelehnt, sondern die Voraussetzungen **derzeit** als noch nicht gegeben angesehen. Das LG Köln hat einen Zuschlag für den Inflationsausgleich unlängst wiederum abgelehnt, aber die Rechtsbeschwerde zu dieser Frage zum BGH zugelassen (LG Köln BeckRS 2019, 10846). Die **Rechtsbeschwerde** ist beim BGH unter IX ZB 26/19 **anhängig**. Ein besonderer Zuschlag wird vom BGH nunmehr für die personellen Kosten der dem Verwalter nach § 8 Abs. 3 übertragenen Zustellungen anerkannt (BGH NZI 2013, 487 Rn. 18). Dabei wird hier in systematischer Abweichung von § 3 InsVV nicht ein Prozentsatz angenommen, sondern ein Betrag pro Zustellung angesetzt. In der Praxis hat sich ein Wert von 1,80 EUR pro Zustellung etabliert, der vom BGH nicht beanstandet wurde. Durch die Erhöhungen der Vergütungen und Auslagen in der InsVV durch das SanInsFoG ist davon auszugehen, dass diese Thematik sich allenfalls noch bei Verfahren auswirken wird, die vor dem 1.1.2021 beantragt wurden. **24**

V. Auslagen

Der Verwalter hat neben der Vergütung an sich auch Anspruch auf Erstattung der Auslagen, die er im Zusammenhang mit der Verwaltung hat. Diese können nach konkretem Anfall, oder pauschalisiert geltend gemacht werden (§ 8 Abs. 3 InsVV), was in der Praxis der Regelfall ist. Im ersten Jahr beträgt die Pauschale 15 % der Nettoregelvergütung ohne Zuschläge, in den folgenden Jahren 10 %. Insgesamt sind die Auslagenpauschalen gedeckelt auf 250 EUR pro angefangenem Tätigkeitsmonat und insgesamt auf 30 % der Nettoregelvergütung, was durchaus häufiger erreicht wird. Eine Sonderregelung gilt für den (vorläufigen) Sachwalter, hier wird in § 12 Abs. 3 InsVV abweichend von § 8 Abs. 3 InsVV die Deckelung von 250 EUR monatlich auf 125 EUR monatlich reduziert. In Verfahren, die ab dem **1.1.2021 beantragt** werden, beläuft sich die Deckelung auf 350,00 EUR pro Monat und in Eigenverwaltungen auf 175,00 EUR (§§ 8 Abs. 3, 19 Abs. 5 InsVV nF). Üblicherweise wird dem Insolvenzverwalter nach § 8 Abs. 3 das **Zustellwesen** übertragen. Die sächlichen Kosten können pro Zustellung mit 1 EUR zusätzlich neben der Kostenpauschale abgerechnet werden (BGH NZI 2013, 487 Rn. 16). Ab Verfahren mit Antrag ab 1.1.2021 sind für die Zustellungen, die nach § 8 Abs. 3 InsVV dem Verwalter übertragen wurden, die Regelungen KV 9002 GKG über § 4 Abs. 2 InsVV nF iVm § 19 Abs. 5 InsVV anwendbar und fallen mit 3,50 EUR pro Zustellung an. **25**

Das in der Praxis von vielen Verwaltern eingesetzte elektronische **Gläubigerinformationssystem (GIS)** im Internet verursacht Kosten beim Verwalter. Diese sind nach Ansicht des BGH als **allgemeine Geschäftskosten** vom Verwalter selbst und **nicht** von der Masse zu tragen. Eine Erstattung ergibt sich weder über die Auslagenerstattung (BGH BeckRS 2016, 13378) noch als Masseverbindlichkeiten nach § 55 Abs. 1 (BGH BeckRS 2016, 13382), da nur berechtigte Masseverbindlichkeiten erstattungsfähig sind, nicht aber Kosten der allgemeinen Geschäftstätigkeit des Verwalters (§ 4 Abs. 1 S. 3 InsVV). Offen gelassen hat der BGH, ob eine Erstattung aus der Masse in Betracht kommt, wenn die Gläubiger dem zugestimmt haben (BGH BeckRS 2016, 13378 Rn. 25). Dem Beschluss ist aber eine erhebliche Skepsis des BGH an dieser Möglichkeit zu entnehmen. Ob sich mit Einführung des § 5 Abs. 5 nF durch das SanInsFoG künftig daran etwas ändern wird, bleibt abzuwarten. An der Argumentation des BGH ändert die Norm nichts, in den Motiven zum SanInsFoG hat sich der Gesetzgeber zu diesem Thema nicht geäußert. **25a**

VI. Umsatzsteuer

Die Umsatzsteuer für die Tätigkeit des Verwalters und vorläufigen Verwalters ist gesondert auf Antrag festzusetzen (§ 7 InsVV). **26**

VII. Anspruch auf Vorschuss

27 Die Abwicklung eines Insolvenzverfahrens mittlerer Größe dauert im Schnitt vier Jahre. Es kann vom Verwalter nicht verlangt werden, so lange um sonst zu arbeiten. Die Gerichte erwarten – zu Recht – dass nicht nur der Verwalter selbst, sondern auch seine Mitarbeiter hoch qualifiziert sind, eine entsprechend gut ausgestattete Kanzlei vorhanden ist und modernste Datenverarbeitung eingesetzt wird. Dies kostet alles erheblich Geld, das der Verwalter aus seinen Verfahren auch erwirtschaften muss. Oft liegt es nicht in der Hand des Verwalters, ein Verfahren zum Abschluss zu bringen. Die Länge der Verfahren wird durch Rechtsstreitigkeiten oder komplexe Verwertungen bedingt. Daher hat der Verwalter einen Anspruch auf Vorschuss nach § 9 InsVV. Das **Gericht** soll, also **muss,** einen Vorschuss gewähren, wenn die Verwaltung mehr als **sechs Monate** dauert oder besonders hohe Auslagen entstehen (§ 9 S. 1 InsVV). In der Praxis ist zu beobachten, dass Vorschussanträge von den Insolvenzgerichten mit einer gewissen Reserviertheit entgegengenommen und auch so behandelt werden. Angesichts der eindeutigen gesetzlichen Regelung sollte hier eine unkomplizierte Handhabung vorgenommen werden. Dem Verwalter ist anzuraten, den Vorschuss ohne Zuschläge mit einem Bruchteil der Regelvergütung geltend zu machen, sodann besteht für die Gerichte keine Problematik. Statt komplizierter Errechnung der Bemessungsgrundlage kann der aktuelle Stand des Treuhandkontos herangezogen werden, sofern feststeht, dass keine größeren Abflüsse mehr erfolgen werden. Zwar ist dies nicht korrekt (→ Rn. 7), da aber die Berechnungsgrundlage im Regelfall höher ist als der Kontostand, wäre auch so eine einfache Handhabung möglich und ein gewisser Sicherheitsabschlag berücksichtigt.

C. Stundung der Verfahrenskosten

28 Sofern die Insolvenzmasse nicht ausreicht, um die Kosten des Verfahrens zu decken, wird bei natürlichen Personen entgegen § 26 das Verfahren dennoch eröffnet, sofern dem Schuldner die Kosten des Verfahrens nach § 4a gestundet werden. Hier haftet sodann die Staatskasse für die Vergütung des Verwalters. Allerdings ist diese **Haftung des Staates** auf die **Mindestvergütung** begrenzt (BGH NZI 2013, 351 Rn. 13). Wird die Stundung der Verfahrenskosten während des Verfahrens aufgehoben, greift die subsidiäre Haftung der Staatskasse für die Vergütung nur bis zu diesem Zeitpunkt (BGH NZI 2014, 707 Rn. 10). Damit ist der Verwalter gut beraten, rechtzeitig die Einstellung des Verfahrens nach § 207 zu beantragen. Der BGH hat die Haftung der Staatskasse bei Aufhebung der Stundung über den Wortlaut des § 63 Abs. 2 hinaus mit dem **Vertrauensschutz** des Verwalters begründet. Dieser greift aber **nur** ein, wenn tatsächlich einmal ein Stundungsbeschluss **ergangen** war. Ohne diesen konnte kein Vertrauen beim Verwalter entstehen (BGH NZI 2014, 707 Rn. 14).

D. Zusätzliche Vergütung für Sonderaufgaben

29 Der Verwalter, der über besondere berufliche Qualifikationen verfügt, zB als zugelassener **Rechtsanwalt, Wirtschaftsprüfer oder Steuerberater,** darf unter gewissen Umständen eine **zusätzliche** Vergütung nach den einschlägigen Vergütungsordnungen (RVG, StBGebV) gegenüber der Masse als Masseverbindlichkeit (§ 55 Abs. 1) abrechnen. Dies ergibt sich aus § 5 InsVV. Nach dieser Vorschrift ist die Sondervergütung dann zulässig, wenn ein Insolvenzverwalter, der über die spezifischen Zusatzqualifikationen nicht verfügt, im betroffenen Fall angemessener Weise einen **Spezialisten** eingeschaltet hat. Die Entscheidung ist jeweils im Einzelfass zu treffen. **Unproblematisch** ist dies dann, wenn das Gesetz eine spezielle Berufsträgerschaft voraussetzt (§ 78 ZPO Anwaltsprozess). Die **Sondervergütung** wird neben der Insolvenzverwaltervergütung der Masse entnommen, eine **Gestattung** durch das Insolvenzgericht ist **nicht erforderlich** (Haarmeyer/Mock InsVV § 5 Rn. 41; Lorenz/Klanke InsVV § 5 Rn. 3). Der Verwalter schreibt eine Rechnung an die Masse. Eine **Anrechnung** auf die Vergütung nach der InsVV kommt **nicht** in Betracht, allenfalls ein Abzug von der Berechnungsgrundlage (§ 1 Abs. 2 Nr. 4a InsVV), wenn die Sondervergütung an den Verwalter persönlich fließt, nicht wenn an die **Sozietät** des Verwalters, an der er beteiligt ist, gezahlt wird (BGH NZI 2007, 583 Rn. 7). Führt die gesondert vergütete Delegation dazu, dass die Arbeitsbelastung des Verwalters in diesem Zusammenhang sinkt, muss dies bei einem Zuschlag für die Mehrbelastung durch die davon berührte Tätigkeit berücksichtigt werden. So zB ist die Delegation von Arbeitsrechtsproblemen auf einen Anwalt der eigenen Sozietät zulässig und gesondert nach § 5 InsVV zu vergüten, allerdings muss dann ein Zuschlag des Verwalters für die Belastung mit der Abwicklung von Arbeitsverhältnissen zuschlagmindernd berücksichtigt werden (BGH BeckRS 2019, 23186 Rn. 11).

§ 64 Festsetzung durch das Gericht

(1) Das Insolvenzgericht setzt die Vergütung und die zu erstattenden Auslagen des Insolvenzverwalters durch Beschluß fest.

(2) ¹Der Beschluß ist öffentlich bekanntzumachen und dem Verwalter, dem Schuldner und, wenn ein Gläubigerausschuß bestellt ist, den Mitgliedern des Ausschusses besonders zuzustellen. ²Die festgesetzten Beträge sind nicht zu veröffentlichen; in der öffentlichen Bekanntmachung ist darauf hinzuweisen, daß der vollständige Beschluß in der Geschäftsstelle eingesehen werden kann.

(3) ¹Gegen den Beschluß steht dem Verwalter, dem Schuldner und jedem Insolvenzgläubiger die sofortige Beschwerde zu. ² § 567 Abs. 2 der Zivilprozeßordnung gilt entsprechend.

Überblick

Die Vergütung im Insolvenzverfahren, gleichgültig ob für den (vorläufigen) Insolvenzverwalter, den (vorläufigen) Sachwalter, den Insolvenzverwalter im Verbraucherinsolvenzverfahren, den Treuhänder in der Restschuldbefreiung oder den Sonderinsolvenzverwalter, setzt das Insolvenzgericht (→ Rn. 3) durch Beschluss (→ Rn. 7) fest. Dieser ist öffentlich bekannt zu machen und dem Verwalter, dem Schuldner und ggf. dem Gläubigerausschuss gesondert zuzustellen (→ Rn. 8). Dabei werden die festgesetzten Summen nicht in die Veröffentlichung mit aufgenommen, es erfolgt nur ein Hinweis, dass der Beschluss bei Gericht auf der Geschäftsstelle eingesehen werden kann. Gegen die Festsetzung steht dem Verwalter, dem Schuldner und allen Insolvenzgläubigern die sofortige Beschwerde (→ Rn. 9) offen. Ergänzt wird die Norm durch § 8 InsVV (→ InsVV § 8 Rn. 1).

A. Allgemeines

Aus § 64 Abs. 1 iVm § 8 Abs. 1 InsVV ergibt sich, dass die Vergütung nur auf Antrag des **1** Verwalters durch das **Gericht festgesetzt** wird. Es erfolgt also eine gerichtliche **Kontrolle,** ob und wie viel der Verwalter der Masse für seine Tätigkeit entnehmen darf (zur Problematik, ob durch Regelungen im **Insolvenzplan** eine materielle **Bindung** für das Gericht eintreten kann, s. → § 63 Rn. 5) Vor dem Erlass des Beschlusses darf der Verwalter seine Vergütung **nicht entnehmen.** Der Beschluss muss bei der berechtigten Entnahme aber noch **nicht rechtskräftig** sein (BGH NZI 2006, 94 Rn. 23). Allerdings muss der Verwalter, wenn die Vergütung im Rahmen einer sofortigen Beschwerde später niedriger festgesetzt wird als entnommen, den der Masse dann zu erstattenden Überentnahmebetrag ab Entnahme mit Prozesszinsen verzinsen (BGH NZI 2014, 709 Rn. 13).

Nach § 8 Abs. 1 S. 3 InsVV soll der Antrag auf Vergütung mit Einreichung der Schlussrechnung **2** bei Gericht erfolgen. Eine Frist, wann das Gericht über den Vergütungsantrag entscheiden soll, gibt es nicht. Der BGH hat jedoch bereits 2002 entschieden, dass der Anspruch des Verwalters auf Vergütung durch Art. 12 GG gesondert geschützt ist, bereits mit der Aufnahme der Tätigkeit und nicht erst mit der Festsetzung **durch das Gericht** entsteht und der Anspruch auf eine **unverzügliche Erfüllung** gerichtet ist (BGH NZI 2003, 31 Rn. 10). Auch wenn das Gericht die Festsetzung der Vergütung mit der gebotenen Beschleunigung vorzunehmen hat, hat der Verwalter bei Verzögerungen keinen Anspruch auf Verzinsung. Verzögert das Gericht die Festsetzung schuldhaft oder unterlässt die Festsetzung eines Vorschuss ganz, kommen **Amtshaftungsansprüche** in Betracht (BGH ZInsO 2004, 268 Rn. 22).

B. Zuständigkeit des Gerichts

Das Insolvenzgericht ist für die Festsetzung zuständig. Funktional entscheidet grundsätzlich der **3** Rechtspfleger (§ 18 RPflG), auch über die Vergütung des vorläufigen Insolvenzverwalters (BGH NZI 2010, 977 Rn. 24). Die einzige **Ausnahme** besteht bei § 26a, hier ist der Richter zuständig, da mangels Eröffnung des Verfahrens die Zuständigkeit des Rechtspflegers nicht entstehen kann.

C. Anforderungen an den Antrag

I. Formale Anforderungen

4 Die Vergütung wird nur auf **schriftlichen** Antrag des Verwalters festgesetzt (BGH NZI 2007, 241 Rn. 11). Eine andere Person als der Verwalter kann den Antrag nicht stellen. In § 8 Abs. 2 InsVV werden besondere Anforderungen an diesen Antrag gestellt. Er soll explizit erläutern, wie der Verwalter zur Höhe der angesetzten **Bemessungsgrundlage** des § 1 InsVV gelangt und insbesondere auch angeben, welche **Dienst- und Werkverträge** der Verwalter im Rahmen der Verwaltung nach § 4 Abs. 1 S. 3 InsVV abgeschlossen hat. Damit soll dem Gericht das Nachvollziehen der Berechnung erleichtert werden und auch die Kontrolle, ob der Verwalter Kernaufgaben seiner Verwaltung auf Dritte auf Kosten der Masse ausgelagert hat, was unzulässig ist, zumindest aber zu Abschlägen und Kürzungen der Vergütung führen kann (BGH NZI 2005, 103 Rn. 6). Schon im Sinne einer zügigen Bearbeitung des Antrages sollte der Verwalter dem Vergütungsantrag viel Aufmerksamkeit widmen, exakt arbeiten und auf eine klare und verständliche Darstellung achten.

II. Materielle Anforderungen

5 Besondere Bedeutung hat dies wegen der **Rechtskraftwirkung** des Vergütungsbeschlusses. Von der Rechtskraft wird grundsätzlich nur der Anspruch an sich und dessen Höhe umfasst, **nicht** hingegen die Berechnungsgrundlage und die Umstände der jeweiligen Zu- und Abschläge. Diese sind nur Vorfrage der Höhe des Anspruches und nehmen an der Rechtskraft nicht teil (BGH NZI 2010, 643 Rn. 9; 2017, 505 Rn. 17). Daher kann **nach** der **Rechtskraft** des Vergütungsantrages eine **weitere Festsetzung** einer Vergütung auf Grundlage von Umständen **beantragt** werden, die im Zeitpunkt der ersten Vergütungsfestsetzung nicht geltend gemacht wurden oder hätten geltend gemacht werden können (BGH NZI 2010, 643 Rn. 11). Dabei kommt es **für das Gericht** darauf an, dass die künftige Einnahme für die Masse **als sicher** angesehen werden kann, denn dann muss das Gericht diesen Zufluss auch in der Berechnungsgrundlage berücksichtigen (BGH NZI 2017, 505 Rn. 12; BGH NZI 2017, 822 Rn. 16). Damit meint der BGH aber nur, dass der Verwalter diese Einnahmen bei seinem Antrag bereits berücksichtigen darf, aber nicht muss (BGH NZI 2017, 822 Rn. 14). Der Verwalter kann einen neuen Vergütungsantrag stellen, da jeder neue Massezufluss eine neue Tatsache darstellt, somit also die **Rechtskraft** des Vergütungsbeschlusses **nicht entgegensteht** (BGH NZI 2017, 822 Rn. 9).

5a Für **Massezuflüsse** nach der **Aufhebung** des Verfahrens ist eine weitere Antragstellung **ausgeschlossen** (BGH NZI 2011, 906 Rn. 11; NZI 2006, 237 Rn. 18; BGH NZI 2017, 822 Rn. 8). Dies hat der BGH nochmals bestätigt, aber auch klargestellt, dass Ereignisse nach der Schlussverteilung bis zur Aufhebung des Verfahrens durchaus eine weitere Festsetzung der Vergütung rechtfertigen können, sofern der Zufluss zur Masse vor der Aufhebung tatsächlich eintritt (BGH NZI 2017, 505 Rn. 10).

III. Vorläufiger Insolvenzverwalter

6 Der Antrag des vorläufigen Verwalters kann nach Beendigung seines Amtes gestellt werden. Die **Verjährung** des Anspruches ist bis zum Abschluss des eröffneten Verfahrens **gehemmt** (BGH NZI 2010, 977 Rn. 30). Das Gesetz sieht eine **Durchbrechung** der **Rechtskraft** des Beschlusses über die Vergütung des vorläufigen Verwalters nur für eine Reduzierung der Vergütung vor (§ 63 Abs. 3 S. 4, § 11 Abs. 2 InsVV). Allerdings kann auch der Verwalter eine Erhöhung der Vergütung beantragen, wenn ihm die Umstände, die zu der Erhöhung führen, bei der Entscheidung des Gerichts noch nicht bekannt waren (BGH NZI 2010, 643 Rn. 9; → Rn. 5).

D. Festsetzung durch Beschluss

7 Das Gericht entscheidet auf den Antrag durch Beschluss. Im Festsetzungsbeschluss werden die aus der Masse oder der Staatskasse zu erstattenden Beträge gesondert nach Vergütung und Auslagen ausgewiesen (§ 8 Abs. 1 S. 2 InsVV). Die Umsatzsteuer wird ebenfalls als Einzelposten festgesetzt (§ 7 InsVV). Die Entscheidung des Gerichts ist nach oben durch den Antrag begrenzt. Daher darf das Gericht keine höhere als die beantragte Vergütung festsetzen (ne ultra petita; BGH NZI 2007, 45 Rn. 13). Bleibt der Beschluss unangefochten (→ Rn. 9) tritt Rechtskraft ein (zum Umfang der Rechtskraft → Rn. 5).

Festsetzung durch das Gericht § 64 InsO

E. Bekanntgabe

Die Festsetzung der Vergütung ist öffentlich bekanntzumachen. Zudem ist der Beschluss gesondert an den Verwalter, den Schuldner und ggf. den Mitgliedern des Gläubigerausschusses zuzustellen. Veröffentlicht wird nur die Tatsache der Festsetzung und dass der Beschluss auf der Geschäftsstelle eingesehen werden kann. Die festgesetzten Beträge werden nicht veröffentlicht (§ 64 Abs. 2 S. 2 Hs. 2). Angesichts der teilweise objektiv nicht mehr nachvollziehbaren Debatten über einzelne hohe Vergütungen in Ausnahmeverfahren, kann dem Gesetzgeber zu seiner Weitsicht nur gratuliert werden. 8

Der Vergütungsbeschluss **muss gesondert, getrennt** von allen anderen Beschlüssen, veröffentlicht werden, anderenfalls ist die Bekanntgabe unwirksam (BGH BeckRS 2017, 136677 Rn. 11). Zudem kann nach 64 Abs. 2 S. 2 Hs. 1 nur auf die Bekanntgabe der festgesetzten Beträge für die Vergütung und die Auslagen verzichtet werden. Im Übrigen ist aber **grundsätzlich** der **vollständige Text** des Beschlusses zu veröffentlichen (BGH BeckRS 2017, 136677 Rn. 18). Damit hat der BGH die bisher **übliche Praxis** der Insolvenzgerichte, nur auf das Ergehen des Vergütungsbeschlusses öffentlich hinzuweisen, für **unzulässig erklärt** und insoweit seine **bisherige Rechtsprechung aufgegeben**. Zwar erlaube es § 9 Abs. 1 S. 1 Hs. 2, den Beschluss in Auszügen zu veröffentlichen, dies berechtigt aber nicht dazu, nur einen Hinweis auf den ergangenen Beschluss zu veröffentlichen (BGH BeckRS 2017, 136677 Rn. 24). Nach dem BGH setzt die korrekte Veröffentlichung ab nunmehr voraus, dass der **vollständige Beschlusstenor** ohne konkrete Beträge, die vom Gericht zugrunde gelegte **Bemessungsgrundlage,** die zugrunde gelegten **Zuschläge** und **Abschläge** einschließlich einer schlagwortartigen Bezeichnung und der im Rahmen der **Gesamtschau** festgesetzte **Gesamtzuschlag oder -abschlag,** die vom Insolvenzgericht angenommenen **Auslagentatbestände** und ggf. die **Entscheidung** des Insolvenzgerichts, ob vom Insolvenzverwalter an von ihm **beauftragte Dritte** aus der Masse **bezahlte Vergütungen** zu berücksichtigen sind, öffentlich bekannt gegeben wird (BGH BeckRS 2017, 136677 Rn. 26). 8a

Diese Rechtsprechung erfuhr vielfache Kritik in der Praxis und ein Teil der Gerichte verweigerte der Rechtsprechung des BGH die Folge. Dies veranlasste den Bundesrat zu einer Initiative, durch welche die Entscheidung des BGH in § 64 normiert werden sollte (BR-Drs. 19/18736, 6). Die Bundesregierung griff dieses Thema im Entwurf des SanInsFoG auf. Nach dem RegE SanInsFoG sollte § 64 Abs. 2 vollständig neu gefasst werden. Danach sollte der Vergütungsbeschluss weiterhin dem Schuldner, dem Verwalter und ggf. dem Gläubigerausschuss zugestellt werden. Daneben sollte der Verwalter verpflichtet sein, den vollständigen Vergütungsbeschluss in einem passwortgeschützten Gläubigerinformationssystem (GIS) für alle Insolvenzgläubiger zur Kenntnis zu bringen, sofern die Voraussetzungen des § 5 Abs. 5 S.2 nF vorliegen. Die Beschwerdefrist hätte auf drei Wochen verlängert werden sollen. Sofern kein GIS verpflichtend gewesen wäre, sollte dem Interesse der Gläubiger im Hinblick auf einen effektiven Rechtsschutz die Beschwerdefrist vier Wochen betragen (RegE SanInsFoG, 234). Diese neue Regelung wurde aber bereits in der Beschlussempfehlung des Ausschusses für Recht und Verbraucherschutz (6. Ausschuss) wieder aus dem Entwurf **vollständig gestrichen** (BT-Drs. 19/25303, 104), nicht wieder aufgenommen und wurde auch nicht zum geltenden Recht. Daraus lässt sich entnehmen, **dass der Gesetzgeber an der Rechtsprechung des BGH explizit nichts ändern will.** 8b

F. Rechtsmittel

Gegen den Beschluss, durch welchen die Vergütung festgesetzt wurde, findet die sofortige **Beschwerde** statt (§ 64 Abs. 3 S. 1, § 6). 9

Diese ist nur gegen den Vergütungsantrag insgesamt möglich, eine **Beschränkung** auf einen Teil des Vergütungsantrags, zB alleine gegen die Feststellung der Bemessungsgrundlage, ist **unzulässig** (BGH BeckRS 2016, 11840 Rn. 5). Dies gilt auch für die Zulassung der Rechtsbeschwerde, diese ist nur insgesamt gegen den Vergütungsantrag zuzulassen, da es sich bei dem Vergütungsanspruch um einen einheitlichen Anspruch handelt, dessen Höhe sich nach unselbstständigen Berechnungsfaktoren bestimmt (BGH BeckRS 2016, 11840 Rn. 5). 10

I. Beschwerdeberechtigte

Beschwerdeberechtigt sind der **Verwalter** selbst, der **Schuldner** und jeder **Insolvenzgläubiger,** der eine Forderung **angemeldet** hat. Auf die Feststellung der Forderung zur Tabelle kommt es nicht an (BGH NZI 2007, 241 Rn. 7). Sofern allerdings in massearmen Verfahren sicher feststeht, dass die Gläubiger keine Quotenzahlung erhalten werden, besteht keine Beschwerdeberechtigung, da hier das **Rechtsschutzinteresse** fehlt (BGH NZI 2006, 250 Rn. 8). Dagegen 11

InsO § 65   Zweiter Teil. Eröffnung des Insolvenzverfahrens

können ausnahmsweise auch Dritte beschwerdeberechtigt sein, wenn sie sich verpflichtet haben, für die Kosten des Verfahrens aufzukommen (BGH ZIP 2013, 238 Rn. 21). Eine Einschränkung des Rechtsmittels ist auch gegeben, wenn die Wertgrenzen des § 567 Abs. 2 ZPO unterschritten werden (§ 64 Abs. 3 S. 2).

II. Rechtsmittelfrist

12   Da der Vergütungsbeschluss nicht im Termin verkündet wird, läuft die zweiwöchige Beschwerdefrist ab der **Zustellung** bzw. der **Veröffentlichung** (§ 9 Abs. 3). **Entscheidend** ist immer der **Zeitpunkt,** der die Bekanntgabe an den Beschwerdeführer **zuerst bewirkt** hat. Erhält dieser die Zustellung vor der Wirkung der öffentlichen Bekanntgabe, läuft die Frist ab Zustellung (BGH NZI 2014, 22 Rn. 5; 2004, 341 Rn. 3). Wird dagegen die öffentliche Bekanntgabe bewirkt, bevor die individuelle Zustellung erfolgt ist, läuft die Frist ab dem Zeitpunkt des § 9 Abs. 3 (BGH NZI 2010, 159 Rn. 9). Die Rechtsmittelfrist wird **auch dann in Gang** gesetzt, wenn die Veröffentlichung **keine oder eine fehlerhafte Rechtsmittelbelehrung** enthält. Es kommt allenfalls eine Wiedereinsetzung in den vorigen Stand in Betracht (BGH BeckRS 2016, 07038). **Erfüllt die Veröffentlichung nicht die neuen Anforderungen des BGH (→ Rn. 8a), beginnt die Frist nicht zu laufen** (BGH BeckRS 2017, 136677 Rn. 38 f.; BGH BeckRS 2019, 23182 Rn. 8).

III. Entscheidung über das Rechtsmittel

13   Hält das Insolvenzgericht die sofortige Beschwerde für berechtigt, hilft es ab (§ 572 Abs. 1 S. 1 ZPO), anderenfalls legt es die Akte zur Entscheidung dem Beschwerdegericht vor. Es gilt der Grundsatz des Verbots der Schlechterstellung (**reformatio in peius;** BGH NZI 2011, 445 Rn. 14). **Wechselt** der Insolvenzverwalter in der **Beschwerdeinstanz** den dem Vergütungsantrag zugrunde liegenden **Lebenssachverhalt vollständig aus** und stützt sein Begehren auf Vergütungsfestsetzung auf völlig neuen Sachvortrag, liegt darin eine konkludente Rücknahme des ursprünglichen Antrages und die Stellung eines neuen Antrages, über welchen aber **zuerst wieder das Amtsgericht** zu entscheiden hat. Die sofortige Beschwerde wird damit unzulässig (LG Hamburg ZIP 2018, 1092 Rn. 17).

IV. Rechtsbeschwerde

14   Gegen Entscheidungen des Beschwerdegerichts ist die Rechtsbeschwerde **zulassungsfrei nur** gegen solche mit Erlass **vor dem 27.10.2011** zulässig. Seitdem ist § 7 aF aufgehoben und die Rechtsbeschwerde findet nur noch durch **Zulassung** statt (BGH ZInsO 2012, 218 Rn. 5). Sie muss durch einen Rechtsanwalt am BGH eingelegt werden (§ 64 Abs. 3 S. 1, 6, 4, § 78 Abs. 1 S. 3 ZPO).

G. Sonderproblem der Vergütungsfestsetzung bei Verfehlungen des Verwalters

15   Sofern der Insolvenzverwalter Pflichtverletzungen begangen hat, die zu Schadensersatz führen können, stellt sich die Frage, wie das Insolvenzgericht dies im Rahmen der Vergütungsfestsetzung zu behandeln hat. Der BGH sieht in der Insolvenzverwaltervergütung eine reine **Tätigkeitsvergütung,** die nicht auf einen Erfolg gerichtet ist. Die Berücksichtigung von Verfehlungen des Verwalters findet im Festsetzungsverfahren daher **nicht** statt (BGH NZI 2006, 94 Rn. 22; Lorenz/Klanke InsVV § 8 Rn. 36; Graeber/Graeber InsVV § 8 Rn. 96; bestätigt BGH WM 2019, 39 Rn. 24). Das Gericht kann nur einen **Sonderinsolvenzverwalter** mit der Prüfung und Geltendmachung der Schadensersatzansprüche beauftragen. Eine Aufrechnung mit den Vergütungsansprüchen des Verwalters ist nur statthaft, wenn diese rechtskräftig festgesetzt sind (BGH NZI 2006, 94 Rn. 37). Ausnahmsweise kommt in Sonderfällen eine **Verwirkung** in Betracht (→ § 63 Rn. 2).

§ 65 Verordnungsermächtigung

Das Bundesministerium der Justiz wird ermächtigt, die Vergütung und die Erstattung der Auslagen des vorläufigen Insolvenzverwalters und des Insolvenzverwalters sowie das hierfür maßgebliche Verfahren durch Rechtsverordnung zu regeln.

Überblick

Die Einzelheiten der Vergütung sollten aus der InsO herausgehalten werden, weshalb diese durch Rechtsverordnung, die InsVV (→ Rn. 1), geregelt werden.

A. Insolvenzverwaltervergütungsordnung (InsVV)

Der Gesetzgeber hat sich dazu entschieden, die Vergütung des Insolvenzverwalters nicht im Gesetz selbst, sondern durch **Rechtsverordnung** zu regeln. Gesetzliche Grundlage der Vergütung sind die §§ 63–65, die nähere technische Umsetzung erfolgt durch die Insolvenzverwaltervergütungsverordnung (InsVV). Die InsVV wurde als Verordnung am 19.8.1998 (BGBl. I 2205) erlassen und hat seitdem vier Änderungen erfahren (BGBl. 2004 I 2569; BGBl. 2006 I 3389; BGBl. 2013 I 2379, BGBl. 2020 I 3256). Die vorletzte Änderung aus 2013 steht in engem Zusammenhang mit der Rechtsprechung des BGH und hat zur Änderung der §§ 63 Abs. 3, 65 und des § 11 InsVV geführt (→ Rn. 2). Die neugefasste Regelung des § 11 Abs. 1 S. 2 InsVV ist nunmehr hinreichend von der Ermächtigung in §§ 63 Abs. 3, 65 gedeckt (BGH BeckRS 2019, 22452 Rn. 9). Insgesamt bestehen nach Ansicht des BGH keine Zweifel an der Verfassungsmäßigkeit der Regelungen der InsVV auf Basis der §§ 63 und 65, sowohl im Hinblick auf den Bestimmtheitsgrundsatz des Art. 80 Abs. 1 S. 2 GG, den Gesetzesvorbehalt des Art. 12 Abs. 1 S. 2 GG als auch den Gleichheitsgrundsatz des Art. 3 GG (BGH NZI 2019, 910 ff. Rn. 16). 1

B. Reform der §§ 63, 65

Durch die Rechtsprechung des BGH (BGH NZI 2013, 29 ff.; 2013, 183 ff.) sah sich der Gesetzgeber zum Eingreifen und zu einer **Klarstellung** gezwungen. Der BGH kam in diesen Entscheidungen zum Ergebnis, dass die Regelung des § 11 Abs. 1 S. 4 aF InsVV betreffend die Vergütung des vorläufigen Insolvenzverwalters nicht von der Ermächtigungsgrundlage in der InsO gedeckt und daher nichtig sei. Dies hätte für die Berechnung der Vergütung des vorläufigen Insolvenzverwalters gravierende Auswirkungen gehabt, verbunden mit erheblichen Einkommenseinbußen für die Verwalter. Deshalb wurde im Rahmen des **Gesetzes zur Verkürzung des Restschuldbefreiungsverfahrens und zur Stärkung der Gläubigerrechte** v. 15.7.2013 (BGBl. I 2379 ff.) eine Klarstellung in den §§ 63, 65 und des § 11 Abs. 1 InsVV bezüglich der Vergütung des vorläufigen Insolvenzverwalters vorgenommen. In der Begründung des Gesetzgebers wurde die **Rechtsprechung des BGH als unzutreffend** kritisiert und klargestellt, dass die Änderungen in den §§ 63, 65 nF nur der Wiederherstellung der Rechtssicherheit dienen. Aus diesem Grund wurde auch keine Rückwirkung der neugefassten §§ 63, 65 mit aufgenommen, da für den Gesetzgeber unzweifelhaft war, dass die bisherigen Regelungen **stets wirksam** waren (BT-Drs. 17/13535, 31; aA BGH ZIP 2016, 1601 ff.). 2

§ 66 Rechnungslegung

(1) Der Insolvenzverwalter hat bei der Beendigung seines Amtes einer Gläubigerversammlung Rechnung zu legen.

(2) ¹Vor der Gläubigerversammlung prüft das Insolvenzgericht die Schlußrechnung des Verwalters. ²Es legt die Schlußrechnung mit den Belegen, mit einem Vermerk über die Prüfung und, wenn ein Gläubigerausschuß bestellt ist, mit dessen Bemerkungen zur Einsicht der Beteiligten aus; es kann dem Gläubigerausschuß für dessen Stellungnahme eine Frist setzen. ³Der Zeitraum zwischen der Auslegung der Unterlagen und dem Termin der Gläubigerversammlung soll mindestens eine Woche betragen.

(3) ¹Die Gläubigerversammlung kann dem Verwalter aufgeben, zu bestimmten Zeitpunkten während des Verfahrens Zwischenrechnung zu legen. ²Die Absätze 1 und 2 gelten entsprechend.

(4) Der Insolvenzplan kann eine abweichende Regelung treffen.

Überblick

Der Insolvenzverwalter ist verpflichtet, am Ende seiner Tätigkeit (→ Rn. 5) gegenüber der Gläubigerversammlung (→ Rn. 9) Rechnung zu legen (→ Rn. 1). Durch einen Insolvenzplan (→ Rn. 10) kann hiervon abgewichen werden. Das Insolvenzgericht (→ Rn. 9) prüft (→ Rn. 11) die Schlussrechnung vorab und legt die Schlussrechnung mit den Belegen und dem Prüfvermerk zur Einsichtnahme der Beteiligten aus (→ Rn. 14). Dem Gläubigerausschuss kann zur Verfahrensbeschleunigung eine Frist (→ Rn. 14) gesetzt werden. Zwischen Auslegung und Schlusstermin soll mindestens eine Woche (→ Rn. 14) liegen. Eine Zwischenrechnungslegung (→ Rn. 7) kann durch die Gläubigerversammlung bestimmt werden.

A. Rechnungslegung

1 Was unter der **Rechnungslegung** zu verstehen ist, hat der Gesetzgeber **nicht definiert**. Die InsO enthält keine Vorgaben, in welcher Form die Pflicht durch den Verwalter zu erfüllen ist. Die Verpflichtungen aus § 155 betreffen das Handelsrecht und das Steuerrecht. In § 66 ist die insolvenzrechtliche Pflicht des Verwalters geregelt, über seine Tätigkeit als Verwalter fremden Vermögens (§ 666 BGB) Rechenschaft (§ 259 BGB) abzulegen (so auch K. Schmidt InsO/Rigol Rn. 1–2).

2 Der Insolvenzverwalter erlangt über § 80 die Verwaltungs- und Verfügungsbefugnis über das fremde Vermögen des Schuldners. Dieses hat er im Interesse der Gläubigergemeinschaft zu verwalten und zu verwerten (§ 1). Letztlich stellt es eine Selbstverständlichkeit (so auch K. Schmidt InsO/Rigol Rn. 1) dar, dass diejenigen, für welche gehandelt wird, Anspruch darauf haben, dass ihnen der Nachweis für das Ergebnis der Tätigkeit geführt wird. Das Gericht ist dazu berufen, diese Pflicht zu überwachen, ggf. durchzusetzen und das Ergebnis vorab zu prüfen.

I. Grundlage der Rechnungslegung

3 Auf welcher **Basis** die Rechnungslegung zu erfolgen hat, ist genau geregelt. Dem § 151 kommt hier besondere Bedeutung zu. Der Verwalter hat ein **Verzeichnis** aufzustellen, in welchem jeder einzelne Gegenstand der Insolvenzmasse aufzuführen ist (§ 151 Abs. 1). Dabei darf der Begriff des Gegenstandes nicht wörtlich verstanden werden. Dieser Begriff umfasst die Gesamtheit der Aktiva des Schuldners, also auch immaterielle Werte, Forderungen, schuldrechtliche, steuerliche oder gesellschaftsrechtliche Ansprüche oder dingliche Berechtigungen. Hinzukommen die insolvenzspezifischen Ansprüche, die ein Insolvenzverfahren voraussetzen, wie die Insolvenzanfechtung und die Haftungen nach § 15b. Aus diesem Grund ist das Verzeichnis nach § 151 umfangreicher als die handels- und steuerrechtlichen Aufzeichnungen. Zudem hat der Verwalter für jeden Gegenstand seinen Wert zu ermitteln (§ 151 Abs. 1 S. 1) und sich ggf. eines Sachverständigen zu bedienen (§ 151 Abs. 2 S. 3). Von dieser Pflicht kann ihn nur das Gericht entbinden (§ 151 Abs. 3 S. 1). Zwar ist § 151 nur auf den Verwalter im eröffneten Verfahren anzuwenden. In § 151 kommt aber der allgemeine Grundsatz der Inventarisierungspflicht zum Ausdruck, der auch vom vorläufigen Verwalter im Rahmen dessen Rechnungslegungspflicht (§§ 21 Abs. 2 Nr. 1, 66) zu berücksichtigen ist.

II. Inhalt der Rechnungslegung

4 Aus den §§ 259, 666 BGB lässt sich als weiterer **Grundsatz** entnehmen, dass die Rechnungslegung eine aus sich heraus nachvollziehbare Darstellung aller Einnahmen und Ausgaben beinhalten muss. Sofern Belege in diesem Zusammenhang erteilt werden, sind diese beizufügen (§ 66 Abs. 2 S. 2; § 259 Abs. 1 BGB). Eine weitere **Konkretisierung** wurde durch den Verband der Insolvenzverwalter Deutschlands (VID) in den sogenannten "GOI Grundsätze ordnungsgemäßer Insolvenzverwaltung" vorgenommen. Danach erfolgt die Rechnungslegung durch eine **Einnahme-Ausgaben-Rechnung** unter Beachtung der GoB (Grundsätze ordnungsgemäßer Buchhaltung) in einem EDV-System. Es wurden eigene Kontenrahmen entwickelt **(SKR 03 InsO/SKR 04 InsO)**, deren Verwendung nach den GOI für Verfahren ab dem 1.1.2013 erfolgen soll. Zudem sollen Geschäftsvorfälle spätestens 10 Tage später verbucht sein. Zwar stellen die GOI nur Empfehlungen eines Berufsverbandes dar, gleichwohl sind diese Vorgaben sinnvoll, da wohl durchdacht und gut praktikabel. Von den Gerichten sollte die Beachtung der GoB und die Verwendung des SKR 03 InsO/SKR 04 InsO als Standard von den Verwaltern eingefordert werden. Letztlich muss die Schlussrechnung in Verbindung mit dem Insolvenzgutachten, den Sachstandsberichten, dem Schlussbericht und dem Verzeichnis nach § 151 einen objektiv Dritten (Insolvenzgericht, Gläubigerversammlung) in die Lage versetzen, die **ordnungsgemäße und vollständige Vermögensverwaltung** und -verwertung nachzuvollziehen und rechnerisch zu überprüfen.

B. Entstehen der Verpflichtung

I. Regelung des Gesetzes

5 Das Gesetz legt den **Zeitpunkt** der Rechnungslegungspflicht auf die **Beendigung** des Amtes des Insolvenzverwalters fest. Das Amt endet mit der Aufhebung (§ 200) oder der Einstellung (§§ 207 ff.) des Verfahrens, der Wahl eines anderen Verwalters (§ 57), der Entlassung des Verwalters aus dem Amt (§ 59) oder dem Tod des Verwalters. Die Rechnungslegungspflicht trifft auch den

Rechnungslegung § 66 InsO

vorläufigen Insolvenzverwalter (§§ 21 Abs. 2 Nr. 1, 66). Wird das Verfahren **nicht eröffnet,** ist mit dem Ende des Amtes des vorläufigen Verwalters die Rechnungslegung vorzunehmen. Sofern der vorläufige Verwalter gleichzeitig Gutachter nach dem JVEG im Insolvenzantragsverfahren war, wird sein Gutachten eine gesonderte Rechnungslegung obsolet machen, sofern dieses ordnungsgemäß eine umfassende Darstellung der Vermögensverhältnisse des Schuldners und einen Tätigkeitsbericht über die vorläufige Verwaltung enthält (so auch MüKoInsO/Riedel Rn. 10). Kommt es zur Eröffnung des Verfahrens, ist zu unterscheiden. Wird ein **neuer Verwalter mit Eröffnung** eingesetzt, hat der bisherige vorläufige Verwalter sofort Rechnung zu legen. Bleibt, wie üblich, der vorläufige Verwalter auch nach Eröffnung des Verfahrens im Amt, ist der Zeitpunkt der Rechnungslegung des vorläufigen Verwalters das **Ende** des Verfahrens, da dieses Teil der Schlussrechnungslegung ist (so auch Braun/Blümle Rn. 5). Dies ist auch zweckmäßig, da nur am Ende des Verfahrens alle Sachverhalte abgeschlossen sind und eine einheitliche und widerspruchsfreie Rechnungslegung möglich ist. Die Rechnungslegung ist Rechenschaft und Tätigkeitsbericht über die Gesamttätigkeit. Die Überwachung des Verwalters während der Verwaltung erfolgt über die turnusmäßige Berichterstattung gegenüber dem Gericht. Hierfür ist keine Gesamtrechnungslegung notwendig. Der Aufwand einer Zwischenrechnungslegung ist ganz erheblich und belastet den Verwalter derart, sodass diese nur im Rahmen der Aufsicht des § 58 bei konkreten Anhaltspunkten möglicher Verstöße des Verwalters vor dem Ende des Verfahrens angeordnet werden kann. Gleichwohl ist es in professionell betriebenen Verwalterkanzleien unter Beachtung der GOI unproblematisch möglich, eine fortgeschriebene Rechnungslegung vorzulegen. Die insolvenzspezifischen EDV-Programme sind hierfür mittlerweile darauf ausgerichtet. Um am Ende des Verfahrens vor Überraschungen gefeit zu sein, ist es den Gerichten dringend ans Herz zu legen, von den Verwaltern eine fortgeführte Rechnungslegung einzufordern. Bei Verfahren, in welchen ein Gläubigerausschuss bestellt ist und dieser einen Kassenprüfer eingesetzt hat, kann das Gericht weniger strenge Maßstäbe anlegen.

II. Praktische Umsetzung

In der Praxis erfolgt die Rechnungslegung bereits vor dem Ende des Amtes. Hat der Verwalter 6
seine Arbeit getan und das Vermögen des Schuldners vollständig verwertet, kommt das Verfahren zum Abschluss. Vor der Aufhebung (§ 200) hat der Verwalter jedoch die vorhandene Insolvenzmasse nach Abzug der Kosten des Verfahrens und der Masseverbindlichkeiten an die Gläubiger gemäß dem genehmigten und rechtskräftigen Verteilungsverzeichnis (→ § 188 Rn. 1) zu verteilen. Damit die Verteilungsmasse ermittelt werden kann und das Gericht seiner Überwachungs- und Prüfpflicht nachkommen kann, muss dieses vorab wissen, wie es zu dem Ergebnis kam. Daher wird mit der Einreichung des Schlussberichtes auf diesen Stichtag die Rechnungslegung vorgenommen (K. Schmidt InsO/Rigol Rn. 5). Nach der Einreichung des Schlussberichtes bis zur Aufhebung des Verfahrens erfolgt eine **fortgesetzte Rechnungslegung,** die erst nach dem Ausgleich der Verfahrenskosten, der Begleichung der restlichen Masseverbindlichkeiten und der durchgeführten Verteilung der Masse mit der Übersendung der weiteren Belege und des letzten Kontoauszuges mit der Nullstellung des Treuhandkontos ihr Ende findet.

III. Zwischenrechnungslegung

Das Gesetz gibt der Gläubigerversammlung die Möglichkeit zu beschließen, dass der Verwalter 7
in bestimmten Abständen Zwischenrechnung zu legen hat. Das Gericht kann eine solche nicht nach § 66 anordnen, sondern nur im Rahmen der Aufsicht des § 58. Die GOI enthalten im „Grundsatz 45", dass jeder Zwischenbericht eine **fortlaufende Rechnungslegung** beinhalten soll. Eine solche ist in jedem ordnungsgemäßen Zwischenbericht ohnehin enthalten. Dieser gibt die aktuelle Entwicklung des Verfahrens seit dem letzten Bericht wieder und enthält die Information, welche weiteren Verwertungshandlungen erfolgten und was das Ergebnis war. Die Vorlage der aktuellen **Buchungsunterlagen** mit **allen Belegen** ohne konkreten Anlass bei Gericht ist **abzulehnen.** Der Aufwand ist immens und erspart auch keine Arbeit bei der Schlussrechnungsprüfung. Die Verlustgefahr von Unterlagen auf dem Postweg kommt dazu. Am Ende des Verfahrens muss alles noch einmal insgesamt geprüft werden, da nicht alle EDV-Systeme die spätere Änderung von Buchungen verhindern. Es wäre **zumindest fahrlässig,** sich darauf zu verlassen, dass nur noch die letzten Buchungen seit dem letzten Zwischenbericht und dem Schlussbericht zu prüfen seien. Es müssen alle Buchungskonten von Beginn bis zum Ende des Verfahrens beurteilt werden, nicht nur Einzelabschnitte.

C. Verpflichtete Person

8 Zur Rechnungslegung ist der Amtsinhaber verpflichtet, also die **bestellte Person**. Mit dem Ende des Amtes muss er die Verpflichtung erfüllen (BGH NZI 2010, 984 Rn. 8). Im Falle des **Todes** des Verwalters wird diskutiert, ob dessen Erben der Verpflichtung unterliegen können (MüKoInso/Riedel Rn. 12; K. Schmidt InsO/Rigol Rn. 33). Dies ist **abzulehnen**. Das Amt des Insolvenzverwalters ist **höchstpersönliche** Pflicht, sodass bereits eine Bevollmächtigung Dritter abgelehnt wird (MüKoInsO/Graeber § 56 Rn. 149). Zur Legitimation wird dem Verwalter von Gericht eine entsprechende Bescheinigung erteilt (§ 56 Abs. 2). Es bedarf zur Erlangung des Amtes entweder einer Bestellung durch das Gericht (§ 56) oder der Wahl durch die Gläubigerversammlung (§ 57). Daher ist das Amt des Insolvenzverwalters **nicht vererblich,** eine gesonderte Pflicht, die nur in der Person des berufenen Verwalters ent- und besteht, kann dies erst recht nicht sein. Dass die Erben verpflichtet sind, die **Unterlagen** der Verwaltung **herauszugeben,** hat mit der Pflicht der Rechnungslegung nichts zu tun.

8a In der **Praxis** ist zu beobachten, dass die Pflicht des Verwalters zur Rechnungslegung nicht mit eigenen Mitarbeitern vorbereitet und vom Verwalter selbst geprüft wird, sondern an **externe Dienstleister** übertragen wird. Für deren Fehler **haftet der Verwalter unbedingt** über § 278 BGB, **ohne sich entlasten** zu können, dass er die Aufgabe an einen entsprechend qualifizierten Fachmann übergeben hat (BGH ZIP 2016, 727). Der Verwalter sollte sich daher gut überlegen, wem er diese grundlegende Pflicht anvertraut. Gleichzeitig sollten sich die Gerichte überlegen, ob ein Verwalter die notwendige **Sachkenntnis** hat, wenn er nicht selbst oder mit eigenen Mitarbeitern dazu in der Lage ist, Rechnung zu legen. Die **Kosten** der externen Dienstleister für die insolvenzrechtliche Rechnungslegung dürfen **keinesfalls aus der Masse** bestritten werden (BGH NJW 2020, 1800 Rn. 107). Verstößt der Verwalter hiergegen, haftet er der Masse nach **§ 60 InsO** (BGH NJW 2020, 1800 Rn. 107).

8b Im Rahmen der Eigenverwaltung (§§ 270 ff.) ist die Rechnungslegung vom **Eigenverwalter** und **nicht** vom **Sachwalter** vorzunehmen (K. Schmidt InsO/Rigol Rn. 4; Uhlenbruck/Mock Rn. 37). Übernimmt der (vorläufige) Sachwalter die **Kassenführung** nach § 275 Abs. 2, **ändert** dies an der Rechnungslegungspflicht des Eigenverwalters **nichts** (so auch K. Schmidt InsO/Rigol Rn. 4). Der Gegenansicht (vgl. Uhlenbruck/Mock Rn. 37 mwN) ist nicht zu folgen. Zweck der Übernahme der Kassenführung ist die Vermeidung von schädlichen Zahlungen des Eigenverwalters und hat nur eine interne Wirkung. Im Außenverhältnis bleibt die Verwaltungs- und Verfügungsbefugnis beim Schuldner (Uhlenbruck/Zipperer § 275 Rn. 8; Braun/Riggert § 275 Rn. 11). Da der Eigenverwalter alleine bestimmt, wie und bei wem er sich zu Zahlungen verpflichtet, obliegt ihm auch die Rechnungslegungspflicht. Zudem hat der Sachwalter keinen Zugriff auf die Geschäftsunterlagen und auch keine Kompetenz, diese für eine eigene Buchhaltung herauszuverlangen. Da dem Sachwalter diese Aufgabe auch nicht vom Gesetz zugewiesen ist, kann er hierfür keine gesonderte Vergütung oder einen Zuschlag nach § 3 InsVV verlangen. Eine kostenfreie Pflicht verbietet sich schon aus Art. 12 GG.

9 Die Rechnungslegung soll gegenüber der **Gläubigerversammlung** erfolgen (§ 66 Abs. 1). Das **Gericht** hat vor der Versammlung die Rechnungslegung zu **prüfen,** den Prüfvermerk und das Prüfergebnis auf der Schlussrechnung anzubringen und wenigstens eine Woche vor der Versammlung, zumeist dem Schlusstermin, zur Einsicht der Beteiligten **auszulegen** (§ 66 Abs. 2). In der **Praxis** bleibt die Prüfung des Gerichts die **einzige Kontrolle.** Dass ein Gläubiger die Schlussrechnung selbst einsieht oder im Schlusstermin eine Erörterung der Schlussrechnung im Detail stattfindet, ist ein extremer Ausnahmefall. Die Verpflichtung der Rechnungslegung besteht nur gegenüber der Gläubigerversammlung und wird vom Gericht ggf. zwangsweise durchgesetzt (§ 58 Abs. 2) nicht aber gegenüber Dritten oder dem Nachfolger im Amt (BGH NZI 2010, 984 Rn. 8). Insbesondere ist der Verwalter **nicht** dem **Schuldner** gegenüber zur zeitnahen Rechnungslegung **verpflichtet** (OLG Koblenz NZI 2015, 232 Rn. 19).

D. Prüfung durch das Gericht

I. Zuständigkeit und Insolvenzplan

10 Zuständig ist regelmäßig der Rechtspfleger (§ 18 RPflG), auch bei Verfahrensbeendigung durch den **Insolvenzplan,** da die Rechnungslegung nicht zu den Wesensbestandteilen des Insolvenzplans gehört (§ 18 Abs. 1 Nr. 2 RPflG) und damit nicht dem Richter zugewiesen ist (AG Ludwigshafen NZI 2015, 469 Rn. 15). Üblicherweise wird im Rahmen von Insolvenzplänen aber die Rechnungslegungspflicht abbedungen, was nunmehr nach § 66 Abs. 4 unproblematisch in Gänze (unter Ausschluss von Vorprüfungen des Gerichts) zulässig ist.

Bis zum 31.12.2020 war diese Regelung zum Insolvenzplan wortgleich in § 66 Abs. 1 S. 2 geregelt und wurde durch das SanInsFoG (BGBl. 2020 I 2383) zu einem neuen § 66 Abs. 4. Durch diese **Verschiebung der Regelung** über den Verzicht auf die Schlussrechnungslegung im Insolvenzplan **bezweckt** der Gesetzgeber die klare und eindeutige **Festlegung,** dass die Schlussrechnungslegung **in Gänze** zur vollständigen **Disposition der Gläubiger** steht. Die Rechnungslegung erfolgt im Interesse der Gläubiger. Wenn diese im Insolvenzplan auf die Rechnungslegung verzichten, soll für die Verfahrensaufhebung auch **keine gerichtliche Vorprüfung** der Schlussrechnung erforderlich sein (RegE SanInsFoG, 234). Diese Regelung aus dem Regierungsentwurf wurde in Laufe des Gesetzgebungsverfahrens unverändert belassen und so beschlossen. Daher ist der **gesetzgeberische Wille unmissverständlich,** das Gericht kann sich über diesen „Umweg" **keine Prüfungskompetenz** mehr geben. Dies ist auch richtig so. Die Rechnungslegung findet im Sinne der Gläubiger statt, damit sind diese auch dazu berufen, auf diese zu verzichten. Zudem soll im Insolvenzplanverfahren eine möglichst hohe **Geschwindigkeit** zur Rechtskraft des Planes und zur Aufhebung des Verfahrens führen (vgl. §§ 253, 258, 259). Die würde konterkariert, wenn das Gericht eine langwierige und umfangreiche Rechnungsprüfung durchführen könnte. In der ganz überwiegenden Zahl von Insolvenzverfahren, die durch Insolvenzplan enden, ist zumeist ein **Gläubigerausschuss** bestellt, die über externe Sachverständige die **Kassenprüfung** durchführen lässt. Ein Risiko für die Gläubiger, dass Unregelmäßigkeiten nicht erkannt werden, ist damit kaum gegeben. 10a

II. Umfang der Prüfung

Das Gericht prüft die Schlussrechnung auf Vollständigkeit und rechnerische Richtigkeit. Zudem prüft das Gericht, ob die insolvenzrechtlichen Vorschriften und die Grenzen des rechtmäßigen Handelns beachtet wurden (MüKoInsO/Graeber Rn. 26; Braun/Blümle Rn. 19). Besondere Beachtung verdienen hier die Anerkennung und Abrechnung der Aus- und Absonderungsrechte durch den Verwalter sowie die Behandlung der steuerlichen Belange. Das Gericht ist im Rahmen der Aufsicht (→ § 58 Rn. 5) grundsätzlich **nicht berechtigt,** eine **Zweckmäßigkeitsprüfung** des Handelns des Verwalters vorzunehmen (HK-InsO/Eickmann § 58 Rn. 3; Braun/Blümle § 58 Rn. 4). Im Rahmen der Prüfung der Rechnungslegung gilt nichts anderes, da diese nur ein gesondert geregelter Teilaspekt der gerichtlichen Aufsicht ist. 11

III. Durchführung der Prüfung

Grundsätzlich obliegt die Prüfung dem Gericht in der Person des Rechtspflegers. Es ist anerkannt, dass in **besonderen** Fällen die Sachprüfung einem **externen Sachverständigen** übertragen werden kann. Die Hinzuziehung eines Gutachters entbindet das Gericht aber nicht von der eigenen Pflicht, sodass **keine Delegation** auf einen Dritten erfolgt und ein **Verstoß** gegen **§ 33 Abs. 4 GG zu verneinen** ist (OLG Stuttgart NZI 2010, 191 Rn. 3). Die Kosten des Gutachters sind Verfahrenskosten nach § 54 Nr. 1 (OLG Stuttgart NZI 2010, 191 Rn. 9). Zu beachten ist aber, dass **nur** die **rechnerische Prüfung** der Schlussrechnung und die Einhaltung der GoB dem Gutachter übertragen werden kann. **Rechtsfragen** hat das Gericht **selbst** zu entscheiden, so insbesondere ob Maßnahmen des Verwalters rechtmäßig waren oder ob die Bemessungsgrundlage für die Vergütung nach § 1 InsVV korrekt bestimmt wurde (OLG Stuttgart NZI 2010, 191 Rn. 3). Im Bereich der Vergütungsansätze und der vom Verwalter geltend gemachten **Zuschläge** (§ 3 InsVV) ist die Beurteilung der Ermessensausübung des Verwalters **ureigene Aufgabe des Gerichts,** eine **Delegation** ist **unzulässig** (HK-InsO/Eickmann Rn. 11; MüKoInsO/Riedel Rn. 29). Uneingeschränkt zuzustimmen ist der Ansicht von Blümle (Braun/Blümle Rn. 20), dass bei Bestehen eines **Gläubigerausschusses** die Hinzuziehung eines Sachverständigen **unverhältnismäßig** ist, wenn iRd § 69 Abs. 2 vom Gläubigerausschuss ein externer **Kassenprüfer** eingeschaltet war und dieser keine Beanstandungen hatte (so auch MüKoInsO/Riedel Rn. 40; K. Schmidt InsO/Rigol Rn. 25). Sofern eines oder mehrere **Mitglieder** des Gläubigerausschusses **selbst** geprüft hat, kann die Hinzuziehung eines Sachverständigen **dennoch zulässig** sein, wie die vom BGH (BGHZ 202, 324 ff. und NZI 2015, 799 ff.) entschiedenen Fälle der Haftung des Gläubigerausschusses zeigen. 12

IV. Durchsetzung der Prüfung und Ergebnis

Das Gericht kann den Verwalter zur Erfüllung seiner Rechnungslegungspflicht anhalten und ggf. **Zwangsgelder** festsetzen (§ 58 Abs. 2). Bei anhaltender Verletzung der Rechnungslegungspflicht kommt wegen der schwerwiegenden Verletzung einer Verwalterpflicht die **Entlassung** des 13

Verwalters nach § 59 in Betracht (BGH ZIP 2012, 1092 Rn. 4). Sofern die Prüfung Anlass zu **Beanstandungen** gibt, fordert das Gericht den Verwalter zur **Nachbesserung** auf. Können die Mängel nicht beseitigt werden und sind diese schwerwiegend, hat das Gericht im Rahmen der Aufsicht (§ 58) zu prüfen, ob dies Anlass zur Bestellung eines **Sonderinsolvenzverwalters** ist (BGH NZI 2009, 238 Rn. 4). Sofern reine **Buchungsfehler** gegeben sind, die keine Ergebnisrelevanz haben, ist dies unbeachtlich. Das Insolvenzgericht hat die ordnungsgemäße Handhabung von Ein- und Auszahlung zu beurteilen, nicht, ob alle Grundsätze des HGB richtig angewendet wurden.

E. Weiteres Verfahren

14 Nach Abschluss der Prüfung vermerkt das Gericht das Ergebnis. Bleibt die Schlussrechnung ohne Beanstandung legt das Gericht die Unterlagen aus. Dies kann, muss aber nicht auf der **Geschäftsstelle** sein. Das Gericht **kann auch** verfügen, dass die **Auslegung** unter Berücksichtigung der Umstände im Einzelfall zB in den **Kanzleiräumen** des Verwalters stattfindet (Ausschussbericht, Balz/Landfermann, Die neuen Insolvenzgesetze, 2 Aufl. 1999, 280). Bei **Großverfahren** oder besonders umfangreichen Unterlagen sollte diese Möglichkeit zur Schonung der Räumlichkeiten des Gerichts in Erwägung gezogen werden. Nach der Auslegung bestimmt das Gericht den Schlusstermin, wobei die **Mindestfrist** von einer Woche zu beachten ist (§ 66 Abs. 2 S. 3). Sofern ein Gläubigerausschuss besteht, soll die Auslegung auch die Anmerkungen des Gläubigerausschusses mit umfassen. Das Gericht **kann** zur Verfahrensbeschleunigung den Ausschussmitgliedern **eine Frist** setzen. Geht bis zum Fristablauf keine Stellungnahme ein, erfolgt die Auslegung ohne diese.

§ 67 Einsetzung des Gläubigerausschusses

(1) Vor der ersten Gläubigerversammlung kann das Insolvenzgericht einen Gläubigerausschuss einsetzen.

(2) ¹Im Gläubigerausschuss sollen die absonderungsberechtigten Gläubiger, die Insolvenzgläubiger mit den höchsten Forderungen und die Kleingläubiger vertreten sein. ²Dem Ausschuss soll ein Vertreter der Arbeitnehmer angehören.

(3) Zu Mitgliedern des Gläubigerausschusses können auch Personen bestellt werden, die keine Gläubiger sind.

Überblick

§ 67 InsO regelt Einsetzung und Zusammensetzung (→ Rn. 10), nicht aber Mitgliederanzahl (→ Rn. 9), des interimsweisen, aber auch über Bezugnahme des vorläufigen Gläubigerausschusses.

Übersicht

	Rn.		Rn.
A. Allgemeines	1	III. Bereitschaft und Befähigung zur Mitgliedschaft	15
B. Norminhalt	4	1. Anspruch und Befähigung	15
I. Die verschiedenen Formen des Gläubigerausschusses	4	2. Mitgliedschaft juristischer Personen	17
II. Interessengerechte Zusammensetzung (Abs. 2 und 3)	7	3. Mitgliedschaft und möglicher Interessenkonflikt	18
1. Repräsentanz	7	IV. Beginn und Ende der Mitgliedschaft	19
2. Anzahl	9	V. Eigenverwaltung und Planverfahren	21
3. Mögliche Zusammensetzung	10	VI. Rechtsbehelf	24

A. Allgemeines

1 Die Vorschriften der §§ 67 ff. entfalten über die neue Regelung des § 21 Abs. 2 Nr. 1a für den Gläubigerausschuss im Eröffnungsverfahren, der dadurch künftig als „vorläufiger" Gläubigerausschuss bezeichnet wird (§ 22a) (zu den Begrifflichkeiten Frind, ZIP 2019, 61, 62), als auch für den Gläubigerausschuss, der unmittelbar nach Eröffnung erst eingesetzt wird, wie den endgültigen

Gläubigerausschuss Regelungswirkung. Die Insolvenzordnung kennt damit künftig drei verschiedene Grundformen eines Gläubigerausschusses (→ Rn. 4b, → Rn. 5).

Dieser fungiert als selbstständiges, unabhängiges **gesetzliches Hilfsorgan** zur Unterstützung, **2** aber auch zur Kontrolle des Insolvenzverwalters (Frege, Die Rechtsstellung des Gläubigerausschusses nach der Insolvenzordnung (InsO), NZG 1999, 478). Die Ausschussmitglieder haben die **Verpflichtung zur unparteiischen, eigenverantwortlichen Wahrnehmung ihres Amtes.** Sie verfolgen nicht "ihre" Interessen als Gläubiger. Der Ausschuss soll entsprechend der Gläubigerstruktur paritätisch zusammengesetzt sein (Abs.2), repräsentiert aber nicht „die Gläubiger" (OLG Dresden v. 15.10.2015, ZIP 2015, 1937, 1943: „agiert ohne Legitimation durch die Gläubigergemeinschaft"; Pape, ZIP 2013, 2285, 2289; AGR/Lind § 56a Rn. 3; Frind, ZInsO 2013, 59; Bork, ZIP 2013, 145, 148).

Derzeit kommt es nur in ca. 20 % der Verfahren zu einer Gläubigerausschusseinsetzung. Nach **2a** der gesetzlichen Neu-Konzeption des „ESUG" (BGBl. I, S. 2582; s. § 22a) könnte dies anders werden.

Nach der grundsätzlichen gesetzlichen Begründung (Begr. zum RegE 1992, BT-Drucks. 12/ **3** 2443), die mit der neuen Regelung des § 22 Abs. 3, 2. Alt., korreliert, ist es jedenfalls mindestens in Kleininsolvenzverfahren mit Blick auf die zusätzlichen Kosten (§ 73) zweckmäßig, auf einen Gläubigerausschuss zu verzichten. Die Bestimmung der **endgültigen Einsetzung** obliegt der ersten Gläubigerversammlung (§ 68). Für ein weiteres Instrument **"Gläubigerbeirat"** besteht kein Bedürfnis (KK-InsO/Hammes, § 67 Rn.7; Göb/Schnieders/Mönig, Praxishandbuch Gläubigerausschuss, 2016, Teil A Rn. 54; aA Jaeger/Gerhardt Rn. 36 f.). Dieser Begriff wurde nunmehr für das neue –weitgehend optionale- Gläubigergremium innerhalb des präventiven Restrukturierungsverfahrens gem. § 93 StaRUG verwendet.

B. Norminhalt

I. Die verschiedenen Formen des Gläubigerausschusses

Die Vorschrift schließt schon vom Wortlaut her die Einsetzung eines "vorläufigen" Gläubiger- **4** ausschusses bereits im Eröffnungsverfahren nicht aus: Eine zeitliche Grenze nach "vorne" setzt die Norm nicht (AG Köln, Beschl. v. 29.6.2000 – 72 IN 178/00, ZInsO 2000, 406; AG Duisburg, Beschl. v. 20.6.2003 – 62 IN 167/02, ZInsO 2003, 940 (Ls.); aA Pape ZInsO 1999, 675, 676; Vallender WM 2002, 2042; Uhlenbruck ZIP 2002, 1373; offen gelassen: LG Duisburg, Beschl. v. 29.9.2003 - 7 T 203/03,; zur zustimmenden Begründung des RefEInsOÄndG: Ehricke, Die Änderungen im Unternehmensinsolvenzrecht nach dem RefE eines Gesetzes zur Änderung der InsO, des KWG und anderer Gesetze, ZIP 2004, 2267):

Das Gesetz zur Erleichterung der Sanierung in Insolvenzverfahren („ESUG"; BGBl. I, **4a** S. 2582 ff.) erlaubt nunmehr ausdrücklich den Gläubigerausschuss auch im Eröffnungsverfahren (**§ 22a;** → Rn. 1). Es weist mit mehreren Regelungen dem vorläufigen Gläubigerausschuss eine wesentlich bedeutendere Rolle als bei der bisher geltenden Insolvenzverfahrensabwicklung zu (zu den Aufgaben → § 69 Rn. 1 ff.).

Kernprobleme im praktischen Umgang mit der Bildung der Ausschüsse sind die Abgrenzungen **4b** der verschiedenen Formen des Gläubigerausschusses und die interessengerechte mitgliedschaftliche Zusammensetzung. Denn nunmehr kennt das Gesetz generell drei zeitlich verschiedene mögliche Gläubigerausschüsse: den des Eröffnungsverfahrens („vorläufiger" Ausschuss, § 22a), den nach Eröffnung bis zum Berichtstermin amtierenden (vorliegend künftig „Interims-Ausschuss" genannt) und den endgültigen Gläubigerausschuss (§ 68) (vgl. zusammenfassend: HambK-InsO/Frind, § 67, Rn. 2-2b; Frind ZInsO 2011, 2249, 2250; vgl. § 22a Rn.3).

Der Gläubigerausschuss nach der Verfahrenseröffnung ist keine unmittelbare „Fortsetzung" des **5** Gläubigerausschusses des Eröffnungsverfahrens, wie der Gesetzgeber durch § 21 Abs. 1 Nr. 1a zu erkennen gibt. Danach sind § 67 Abs. 1, § 68 und § 67 Abs. 3 auf den Gläubigerausschuss des Eröffnungsverfahrens nicht „entsprechend" anwendbar. Da § 67 Abs. 1 auf den vorläufigen Ausschuss des Eröffnungsverfahrens nicht und die übrigen Regelungen nur „entsprechend" anwendbar erklärt werden, ergibt sich daraus eindeutig, dass der **Gläubigerausschuss nach Eröffnung („Interims-Ausschuss")** ein gesondertes Gremium mit gesondertem Regelungsbereich ist.

Einen „Pflichtausschuss" im eröffneten Verfahren gibt es nicht.

Einen „vor-vorläufigen" Gläubigerausschuss vor Antragstellung gibt es ebenfalls nicht. Die gesetzliche Regelung eines **„präsumtiven" Gläubigerausschusses**, wie sie aufgrund vermeintlicher Befragungsergebnisse die „ESUG-Evaluation" vorgeschlagen hatte (Gesamtbericht S. 225) ist in praktischer Hinsicht weder möglich noch sinnvoll noch besteht dafür ein Bedürfnis (Frind,

ZIP 2019, 61; BAKinso-Entschliessung v. 26.11.2018,ZInsO 2018, 2792=NZI 24/2018, X). Der Gesetzgeber hat eine dahingehende Regelung im Zuge der zum 1.1.2021 zwecks Umsetzung der ESUG-Evaluation neu geschaffenen Regelungen nach Art.5 „SanInsFOG" (BGBl. I 2020, 3256) zu Recht auch nicht umgesetzt.

6   **Innerhalb des Eröffnungsverfahrens** unterscheidet das Gesetz wiederum drei mögliche Erscheinungsarten: In § 22a den **„Pflicht-"** (§ 22a Abs. 1) und den **„Antrags"**-Ausschuss (§ 22a Abs. 2) und generell in § 21 Abs. 1 Nr. 1a den amtswegigen Ausschuss (**„Ermessensausschuss"**) (siehe § 22a Rn.6). Der „Ermessensausschuss" kann als „vorläufige Maßnahme" nach § 21 Abs. 2 Nr. 1a jederzeit vom Gericht eingesetzt werden. Die „Einsetzungsbremse" (dazu § 22a Abs. 3) gilt aber nur für die in § 22a geregelten Ausschussformen (vgl. § 22a Rn.16, 34; AG Hamburg NZI 2014, 31; Haarmeyer/Horstkotte ZInsO 2012, 1441).

II. Interessengerechte Zusammensetzung (Abs. 2 und 3)

1. Repräsentanz

7   Absatz 2 statuiert eine **Repräsentanzfunktion** für die Gläubigerzusammensetzung. Der vom Gesetzgeber gewollte Regelfall ist eine Repräsentation aller Gläubigergruppen im Ausschuss, davon darf nur in Ausnahmefällen abgewichen werden, (FK-InsO/Schmitt Rn. 6; so bereits der Ausschussbericht Balz/Landfermann, Die neuen Insolvenzgesetze, 1999, S. 282; aA Jaeger/Gerhardt, § 67 Rn. 21). Eine „Soll-Bestimmung" ist im Grundsatz als Muss-Bestimmung zu verstehen, sofern nicht besondere Umstände des Einzelfalles eine Abweichung als geboten erscheinen lassen (BGH NJW 2001, 305; BVerwG DÖV 1997, 739). Dies zeigt für § 67 Abs. 2 auch die nunmehr in § 13 Abs. 1 Satz 4 InsO nach dem „ESUG" vorgeschriebene Auflistung der Gläubigerstruktur durch den Schuldner zum Zwecke der sachgerechten Zusammensetzung des Ausschusses. Abweichungen sind ausnahmsweise möglich und sollten dann kurz nachvollziehbar begründet werden (MüKoInsO/Schmidt-Burgk Rn. 10).

Nach- und Umbesetzungen sind bei einem sachlichen Grund, z. B. Erweiterung oder Verlust der Repräsentanz, zulässig (Fallgestaltungen bei Frind ZIP 2013, 2244; Kölner Insolvenzrichter, ZIP 2014, 2153, 2156, 2157; Göb/Schnieders/Mönig/Bogumil/Pollmächer, Praxishandbuch Gläubigerausschuss, 2016, Teil B Rn. 115, 118; AG Kaiserslautern, NZI 2004, 676). Geht einem Mitglied seine repräsentative Funktion verloren, sollte es entlassen werden (**§ 70 InsO**, → § 70 Rn. 6).

8   Drei Mitglieder waren bisher gesetzliche Regelgröße (AbsonderungsGl, GroßGl, KleinGl) (contra legem aA Jaeger/Gerhardt Rn. 11, 21). Durch die Streichung des zweiten Hs. in § 67 Abs. 2 Satz 2 im Wege der Reform durch das „ESUG" ist klargestellt, dass insbesondere in den Verfahren mit Fortführungsaussichten ein Arbeitnehmervertreter zusätzlich unverzichtbar ist (Wroblewski, ZInsO 2014, 115). Die Soll-Bestimmung ist hier ebenfalls als Muss-Bestimmung auszulegen und ein **Arbeitnehmervertreter** in den Ausschuss jenseits einer konkreten Gläubigerstellung aufzunehmen, da die Bestimmung mitbestimmungsrechtlich zu qualifizieren ist (Kolbe, NZI 2015, 400, 401).

2. Anzahl

9   Da der Ausschuss nach dem Mehrheitsprinzip entscheidet (§ 72), ist ein „Vierer"-Ausschuss kaum funktionsfähig. Regelfall wird daher künftig der Ausschuss mit fünf Mitgliedern, auch und gerade im Eröffnungsverfahren, in dem die wichtigsten „Weichenstellungsentscheidungen" erfolgen, sein (H. Huber ZInsO 2013, 1, 5 mwN; § 22a Rn.40). Insbesondere für das **Eröffnungsverfahren** verbietet sich ein Ausschuss, der sich durch Stimmengleichheit blockieren könnte. Der „Pflicht"-Ausschuss nach § 22a Abs. 1 sollte immer fünf Mitglieder zählen, da es hier um Betriebsfortführungsverfahren geht, die ggfs. auch streitige Entscheidungen zur Folge haben. Der Gesetzgeber wollte ausweislich der Änderungen im „ESUG" eine repräsentative Abbildung der Gläubigerschaft mit raschen Entscheidungsmöglichkeiten (vgl. § 56a) erreichen. Ein Ausschuss mit weniger als fünf Mitgliedern muss daher in den Fällen des § 22a Abs. 1 als unzulässig angesehen werden.

9a   Nur in Ausnahmefällen genügt ein "Zweier-Ausschuss" (Sonderfall: nur ganz geringe Gläubigeranzahl) (BGH, Urt. v. 5.3.2009 – IX ZB 148/08, NZI 2009, 386: mindestens müssen zwei Mitglieder gewählt werden; BGH, Urt. v. 11.11.1993 – IX ZR 35/93, BeckRS 9998, 166495). Dies kann aber nunmehr nur noch für das eröffnete Verfahren gelten („einstweiliger Ausschuss" oder „endgültiger Ausschuss") → § 68 Rn. 5).

Einsetzung des Gläubigerausschusses § 67 InsO

Ein "Einer-Ausschuss" ist unzulässig (LG Neuruppin, Beschl. v. 13.10.1997 - 5 T 271/97, ZIP 1997, 2130; AG Augsburg, Beschl. v. 9.1.2003 – 3 IK 1286/02, ZVI 2003, 294; K.Schmidt-Jungmann, § 67 Rn.28). Auch in Verfahren mit nur einem Gläubiger würde die Stimmbeschränkung gem. § 181 BGB verhindern, dass dieser einen Gläubigerausschuss mit sich selbst wählt. Aus praktischen Bedürfnissen kann auch bei Weigerung der Gläubiger, sich für den Ausschuss zur Verfügung zu stellen, kein „Einer-Ausschuss" gebildet werden, da der Gesetzgeber ein Gremium voraussetzt (a. A. Pollmächer/Siemon, NZI 2018, 625).

3. Mögliche Zusammensetzung

Vorschläge für den vorläufigen Gläubigerausschuss als „Pflicht"-Ausschuss können der Schuldner, oder im Falle der erst nach Einsetzung des vorläufigen Verwalters erfolgenden Bestellung, der vorläufige Verwalter machen (§ 22a Abs. 4). Für den „Antrags"-Ausschuss (§ 22a Abs. 2) sind die Vorschläge und die schriftlich beigebrachten Einverständniserklärungen für den Antragsteller zwingende Zulässigkeitsvoraussetzung (vgl. § 22a Rn.13). 10

Vorschläge für den Interimsausschuss (§ 67 Abs. 1) sollte bei Eröffnung der vorläufige Verwalter unterbreiten. Spätere Erweiterung (AG Kaiserslautern, Beschl. v. 15.6.2004 – IN 144/04) oder Ersatzmitglieder sind möglich (Frind, ZIP 2013, 2244. Eine Annahmepflicht für das Amt besteht nicht (→ Rn. 19). 10a

Vorgehen des vorläufigen Insolvenzverwalters bei Entscheidungen im Sinne von § 160 InsO: Der vorläufige Gläubigerausschuss im Eröffnungsverfahren wird, wenn erst einmal im Amt, – neben den Rechten bei der Verwalterauswahl (§ 56a, s. dort) - zumindest - über Maßnahmen i.S.v. § 160 befinden müssen. (Rauscher ZInsO 2012, 1201, 1202; Frind, ZInsO 2011, 2249, 2255; s. → § 69 Rn. 6). Es ist sinnvoll, wenn die Interessen der Gläubiger oder die Sachkunde Dritter in diesem wichtigen Verfahrensabschnitt bei Verhandlungen zur Sanierung des Unternehmens oder bei notwendigen, vorgezogenen Verwertungs- und Abwicklungsmaßnahmen zur Geltung gebracht werden (KP-Kübler § 67 Rn. 11; MüKoInsO/Schmidt-Burgk § 67 Rn. 2). Denn §§ 21 Abs. 2 Nr. 5, 158, 159 lassen solche Maßnahmen in dringlichen Situationen ausnahmsweise durchaus zu (BGH vom 14.12.2000, ZInsO 2001, 165; BGH v. 05.05.2011, ZIP 2011, 1419; Rn. 51, 52; Delhaes NZI 1998, 102, 104; Smid WM 1995, 785; problematisiert von Vallender WM 2002, 2042). 10a.1

Der vorläufige Insolvenzverwalter sollte bei solchen Fallgestaltungen nicht zögern, nicht zuletzt zu seiner eigenen Haftungsbegrenzung,(Siehe dazu bei HambK-InsO/Frind, § 69 Rn. 8, 9 mwN) eine entsprechende Antrag (§ 22a Abs. 2) an das Gericht auszubringen, wenn bisher ein Ausschuss fehlt oder die beabsichtigten Maßnahmen dem Gericht detailliert mit Begründung zu unterbreiten, damit das Insolvenzgericht diese genehmigen kann (AG Hamburg, Beschl. v. 23.9.2005 - 67g IN 358/05, ZInsO 2005, 1056) Vorrats- und Generalermächtigungsbeschlüsse des Ausschusses sind nichtig (Zimmermann ZInsO 2012, 245). 10a.2

Nach Abs. 3 können auch **Nicht-Gläubiger** Mitglied sein (z. B. besteht die Möglichkeit zur Einbindung von **Gewerkschaftsmitgliedern,** die nicht Teil der Belegschaft sind), aber eigentlich nur im eröffneten Verfahren (§ 21 Abs. 2 Nr. 1a). Denn § 67 Abs. 3 galt nach bisheriger gesetzlicher Konzeption *nicht für das Eröffnungsverfahren,* wie aus § 21 Abs. 2 Nr. 1a InsO aF folgte (hM ; aA Smid, ZInsO 2012, 757; de lege ferenda zu ändern: Heeseler/Neu, NZI 2012, 440, 444). Im Zuge des „SanInsFoG" ist nunmehr § 21 Abs.2 Nr.1a InsO dahingehend harmonisiert worden, dass auch für den vorläufigen Ausschuss auf § 67 Abs.3 InsO Bezug genommen wird. 11

Eröffnungsverfahren: 11a
Die Norm des § 67 Abs. 2 Satz 2 wird aber in § 21 Abs. 2 Nr. 1a in Bezug genommen, so dass ein Arbeitnehmervertreter auch Ausschussmitglied des vorläufigen Ausschusses sein kann ohne Gläubiger zu sein (Kolbe NZI 2015, 400, 401; Wroblewski ZInsO 2014, 115, 117). Der Arbeitnehmervertreter kann durch den Gewerkschaftsvertreter daher ersetzt werden (AG Hannover v. 14.9.2015, ZInsO 2015, 1982). Zugelassen werden kann nach diesem Verständnis bereits bei heutiger Rechtslage beim vorläufigen Ausschuss die Vertretung der Arbeitnehmerschaft durch den **Vertreter einer Gewerkschaft** mit Betriebsbezug ohne dass der „Umweg" über eine Forderungsabtretung an den Gewerkschaftssekretär „künstlich" gesucht werden muss (Kolbe NZI 2015, 400, 403; Wroblewski ZInsO 2014, 115, 118 mwN Frind BB 2013, 265, 268; § 22a Rn.45). Der Gesetzgeber des RegE v. 14.9.2020 zum „SanInsFoG" will dem nunmehr mit Art.5 Nr.12 Rechnung tragen, indem § 67 Abs.3 InsO ausdrücklich insgesamt auf das Eröffnungsverfahren erstreckt wird, in der Begründung aber nur auf „Gewerkschaftsvertreter" abgehoben wird. Der Gesetzgeber hätte folgerichtig die Erweiterung ins Eröffnungsverfahren insofern enumerativ beschränken müssen, damit nicht völlig „betriebsferne" Personen in den vorläufigen Gläubigerausschuss bestellt

werden können, was in Anbetracht der Kompetenz zu wichtigen Weichenstellungsentscheidungen i.S.v. § 160 InsO problematisch wäre.

12 Auch **nachrangige Gläubiger** (§ 39) können Mitglied im Ausschuss des eröffneten Verfahrens werden, jedoch in der Regel nicht im vorläufigen Ausschuss (FK-InsO/Schmerbach, § 22a Rn. 53), da das Insolvenzgericht erst frühestens mit Eröffnung zur Forderungsanmeldung für diese Gläubiger auffordern kann (§ 174 Abs.3) und darüber bei Verfahrensbeginn keine „Sicherheit" i.S.v. § 21 Abs. 2 Nr. 1a, Hs. 2 besteht. Im Eröffnungsverfahren besteht jedoch für diese Gläubiger zumindest das Antragsrecht gem. § 22a Abs. 2 trotzdem (MüKoInsO/Haarmeyer, § 22a Rn. 106 mwN). Auch die Regelungen zur Beteiligung nachrangiger Gläubiger im Insolvenzplan (§§ 77 Abs. 1 Satz 2, 237 Abs. 1 Satz 1) zeigen, dass diese Gläubigergruppe erst eigenständige Rechte im Verfahren wahrnehmen kann, sobald ihnen eine quotale Befriedigung zustehen soll (LG Bonn, ZIP 2014, 983, 985).

12.1 **Der gemeinsame Vertreter nach SchVG** ist rechtsgeschäftlicher Vertreter der Schuldverschreibungsgläubiger (BGH v. 22.3.2018, ZInsO 2018, 1091, Rn. 22). Aus seiner Bestellung folgt eine Beschränkung v. deren Prozeßfähigkeit bzgl. insolvenzspezifischer Rechte (BGH v. 22.3.2018, ZInsO 2018, 1091, Rn. 25, z. B. darf er Forderungsanmeldungswiderspruch erheben). Er kann nur bei Bejahung der möglichen Mitgliedschaft von nachrangigen Gläubigern, denn solche sind die Genussrechtsgläubiger (BGH v. 22.3.2018, ZInsO 2018, 1091, Rn. 45), im vorläufigen Ausschuss Mitglied sein, solange § 67 Abs.3 in dieser Phase (noch) nicht galt (was gesetzlich nunmehr für das Eröffnungsverfahren abgeändert ist im Zuge des Sanins-FoG für Verfahrenseingänge ab dem 1.1.2021) (z. bisherigen Rechtslage: unklar Mock, NZI 2014, 102, 105 für Genussrechtsinhaber und den gemeinsamen Vertreter gem. SchVG, der aber selbst nach Eröffnung trotz § 19 Abs. 2 SchVG nicht immer zwingend bestimmt wird [Thole, ZIP 2014, 293, 296]; aA K.Schröder, ZInsO 2014, 2069, 2072, die eine Aufnahme in den vorläufigen Ausschuss nur als unwahrscheinlich ansieht). Er ist keine Partei kraft Amtes (BGH v. 14.7.2016, NZI 2016, 1014; abl. Hacker/Kamke, NZI 2016, 1015) kann aber im Namen der SchVG-Gläubiger der Forderungsanmeldung anderer Gläubiger widersprechen und für diese Feststellungklagen führen (BGH v. 22.3.2018, MDR 2018, 700). Sein Stimmrecht bemisst sich nach der Summe der vertretenen Forderungen, aber bei (auch) Kopfteilabstimmungen (z. B. im Rahmen v. § 57 InsO) nach dem Prinzip ein Kopf/Anleihe, da er die Anleihegläubiger nur gebündelt und mit unteilbarem Stimmrecht vertritt (AG Düsseldorf v. 20.3.2020, ZIP 2020, 782 m. w. N.; a. A. HambKomm/InsO-Knof, Anh.III, Rn.83; K-Schmidt-Jungmann, § 74 Rn.35). Dies ist folgerichtig, um dem gemeinsamen Vertreter nicht die Möglichkeit zu geben, auf den Insolvenzverwalter Druck auszuüben (Martini/Brenke, ZInsO 2020, 906; Ludwig, InsbürO 2020, 375; abl. Jungmann, NZI 2020, 518 m. w. N.).

12.1.1 Wahl

Ein gemeinsamer Vertreter ist von den Anleihegläubigern spätestens in der v. Insolvenzrichter gem. §§ 19 Abs. 2 SchVG 2009 **gesondert einzuberufenden Gläubigerversammlung zu wählen** (zu den Modalitäten Vogelmann/Käppler, ZInsO 2018, 216). Ob die Wahlmöglichkeit eines gemeinsamen Vertreters verpflichtend v. Insolvenzgericht zu ermöglichen ist oder nur bei einem Verweis in den Anleihebedingungen auf §§ 5 ff. SchVG und damit ein „Opt-in", ist streitig. Im SchVG 1899 war die Möglichkeit für einen gemeinsamen Vertreter jedenfalls nicht an ein „Opt-in" geknüpft. Seine Tätigkeit ist v. Gesetzgeber gewollt (Holzer, NZI 2017, 465, 466). Auch bei Anleihen, die dem SchVG 1899 unterfallen können die Anleihegläubiger noch nach Eröffnung gem. § 24 Abs.2 SchVG für die Anwendung des SchVG 1999 optieren (BGH v. 16.11.2017, NZI 2018, 133=ZInsO 2017, 224; a. A. OLG Dresden v. 9.12.2015, ZInsO 2016, 278). Wie der BGH in Rn.23 dieser Entscheidung aber dictum feststellt, können die Gläubiger auch ohne Verankerung in den Anleihebedingungen (§ 5 Abs.1 S.1 SchVG) in der Insolvenz des Schuldners gem. § 19 Abs.2 S.1 SchVG einen gemeinsamen Vertreter bestellen (Thole, ZIP 2017, 2315, 2317 hält die Entscheidung diesbzgl. für „offen"). Es ist nicht im Gläubigerinteresse, wenn das Insolvenzgericht den Anleihegläubigern dies verwehrt, indem die Anwendung der Vorschrift von einem „Opt-in" des Emittenten in den Anleihebedingungen zur Anwendung der Vorschriften der §§ 5 ff. SchVG 2009 abhängig gemacht wird (Frind, ZIP 2017, 993, 998; so aber AG Hamburg v. 1.9.2016, ZIP 2016, 2030 f.d. Fall eines ausdrücklichen Ausschlusses der Wahl eines gemeinsamen Vertreters in den Anleihebedingungen, bestätigt v. LG Hamburg v. 12.10.2017, ZIP 2017, 2418, zust. Vogelmann/Käppler, ZInsO 2018, 439; zu Recht ablehnend Ruhe-Schweigel, NZI 2018, 180; Wegener, NZI 2017, 54, 56).

§ 19 SchVG ist keine Opt-in-Bestimmung, wenn die gesetzliche Geltung des SchVG 2009 vorliegt. § 19 SchVG bedingt § 5 SchVG teilweise ab, das Insolvenzgericht muss eine entsprechende Wahlmöglichkeit eröffnen (BT-Drs. 16/12814, S.25).Denn das Verlangen nach einem „Opt-in" in den Anleihebedingungen würde die (späteren) Anleihegläubiger ihrer Rechte berauben und den Emittenten in die Lage versetzen, sich seine „Insolvenzbedingungen" von vornherein selbst auszusuchen. Soweit das AG Neuruppin (Beschl. v. 8.12.2016, ZIP 2017, 627=NZI 2017, 464) dies mit der „einhelligen Meinung in der Literatur" rechtfertigt und auch aus der Gesetzesbegründung nichts Gegenteiliges entnehmen will, beruht diese Wertung auf

nicht korrekten Zitaten. Bereits in der v. Gericht zitierten Literatur finden sich gegenteilige Ansichten (vgl. Bliesener/Schneider in Langenbucher, Bankrecht, 2. Aufl., 17.Kap., § 19 Rn.7; Heidel-Müller, Aktienrecht, 4. Aufl., Kap.15, Rn. 3).
Die herrschende Ansicht geht daher v. einer nicht einschränkbaren Geltung des § 19 Abs.2 SchVG 2009 als insolvenzrechtlicher Norm aus (Ruhe-Schweigel, NZI 2018, 180; Lürken, EWiR 2017, 55, 56; Wilken/Schaumann/Zenker, Anleihen in Restrukturierung und Insolvenz, 2015, Rn.130 ff.; Schimansky/ Bunte/Lwowski BankR-HdB/Tetzlaff, 4. Aufl., 2011, § 88 Rn.101, 105; Westphal/Seibt in A. Schmidt, Sanierungsrecht, Anh. zu § 39, § 19 SchVG 2009 Rz.14; Brenner, NZI 2014, 789, 790). Danach hat das Insolvenzgericht eine Versammlung der Anleihegläubiger einzuberufen. Die Ablehnung ist rechtsmittelfähig (Vogelmann/Käppler, ZInsO 2018, 439, 443 (§ 75 Abs.3 InsO analog); a. A. wohl LG Hamburg v. 12.10.2017, ZIP 2017, 2418).
Der Geschäftsführer kann daher nach Eröffnung eine erste Versammlung der Anleihegläubiger nicht mehr einberufen (OLG Stuttgart v. 27.12.2016, NZI 2017, 120; zust. Schütze/Barthel, ZInsO 2017, 688; auch Folgeversammlungen kann er –sofern dort Themen mit Massebezug anstehen- nicht einberufen (Hacker/Kamke, NZI 2017, 125).

12.1.2 Anfechtung -Wahl
Sofern die Wahl des gemeinsamen Vertreters angefochten wird, hat dies eindeutig die aufschiebende Wirkung des Vollzuges nach § 20 Abs.3 S.4 SchVG und das als gemeinsamer Vertreter in das Gremium berufene Mitglied hat sein Amt im Ausschuss zumindest ruhen zu lassen. Die gegenteilige Ansicht legt den Maßstab einer Entlassung nach § 70 InsO an und stellt auf den Zeitpunkt der gerichtlichen Ermessensentscheidung ab. War die Anfechtungsklage dann noch nicht absehbar, komme es darauf an,ob die Bestellungsentscheidung in der Anleihegläubigerversammlung in evident missbräuchlicher Weise erfolgt sei (AG Hamburg v. 2.8.2017, ZIP 2017, 2213).Dies verkennt, dass das Gericht gesetzliche Hinderungstatbestände zu jedem Zeitpunkt zu beachten hat. Lässt die gemeinsame Vertreter während der Vollzugssperre daher sein Amt nicht ruhen, ist er zu entlassen. Dies gilt umso mehr bei vorheriger Beratung der Schuldnerin (dazu → Rn. 18; § 70 Rn. 3b).

12.1.3 Vergütung und Kosten:
Ansprüche des gemeinsamen Vertreters auf Vergütung und Auslagen für **seine Tätigkeit vor Eröffnung** sind keine Kosten des Insolvenzverfahrens und keine Masseverbindlichkeiten (BGH, 12.01.2017, NZI 2017, 228; BGH v. 14.07.2016, ZInsO 2016, 1650; LG Düsseldorf v. 11.05.2016, ZIP 2016, 1036; dafür aber zu Unrecht OLG Düsseldorf v. 14.12.2015, ZIP 2016, 940 = NZI 2016, 599; Gloeckner/ Bankel, ZIP 2015, 2393, 2399; Horn, BKR 2014, 449, 452; Brenner, NZI 2014, 789, 794; Brenner/ Moser, NZI 2016, 971; diess.NZI 2016, 236, 237: Analogie zu § 54 Nr. 2 InsO). Seine vor Eröffnung entstandenen Vergütungsansprüche sind Insolvenzforderungen gegen den Schuldner (§ 7 Abs.6 SchVG) nach § 38 InsO (LG Saarbrücken v. 03.09.2015, ZInsO 2015, 2324 = NZI 2016, 233; Grub, ZInsO 2016, 897; Antoniadis, NZI 2014, 785). Auch Vergütungsansprüche für ein Spruchverfahren aus § 6 Abs. Abs. 2 Satz 1 Halbsatz 1 SpruchG sind Insolvenzforderungen (BGH v. 15.1.2019 - II ZB 2/16, BeckRS 2019, 4227=NZI 2019, 499=NZG 2019, 470; Jarchow § 55 Rn.63). Dem gemeinsamen Vertreter bleibt die Möglichkeit, sich durch Vorschusszahlungen abzusichern (Deiß, NZI 2019, 504).
Der Anspruch des gemeinsamen Vertreters für **seine Tätigkeit nach Eröffnung** selbst ist Neugläubigerforderung (BGH v., 12.01.2017, ZInsO 2017, 438, Rn. 26; AG Essen-Borbeck, Urteil vom 14.03.2019, NZI 2019, 440=BeckRS 2019, 5099). Beide Vergütungsansprüche kann er gegen die einzelnen Schuldverschreibungsgläubiger daher auch nicht direkt geltend machen (BGH v. 21.1.2021, NZI 2021, 342=ZInsO 2021, 520; OLG Nürnberg v. 31.7.2020, ZInsO 2020, 2011= BeckRS 2020, 20078;; LG Mönchengladbach v. 1.10.2019, ZIP 2020, 380= LSK 2019, 29418 m.w.N ; AG Detmold v. 1.2.2019, ZInsO 2019, 733)), auch nicht bei aus einem Geschäftsbesorgungsvertrag mit den Anleihegläubigern (OLG Nürnberg v. 31.7.2020, ZInsO 2020, 2011, 2014, nicht rk vgl. BGH, III ZR 190/20). Ein Freistellungsanspruch der Gläubiger gegen das Schuldnerunternehmen soll der Nachrangfolge nach § 39 Abs. 1 Nr. 2 InsO unterliegen (BGH v. 21.1.2021, NZI 2021, 342=ZInsO 2021, 520; a. A. Kienle/Vos, NZI 2021, 344).
Der gemeinsame Vertreter kann seine Tätigkeit bei Vertragsschluss ausdrücklich von der Begleichung seiner Vergütungsforderung durch die Anleihegläubiger abhängig machen oder mit dem Insolvenzverwalter eine Vereinbarung schließen, dass diese wie eine Masseforderung aus der Masse ausgeglichen wird, wenn für diese vorteilhaft (BGH, 12.1.2017, NZI 2017, 228, Rn.28); auch eine Vereinbarung bei Mehrheitsentscheidung der Anleihegläubigerversammlung ist möglich (BGH v. 21.1.2021, NZI 2021, 342=ZInsO 2021, 520 ; Kienle/Vos, NZI 2021, 344, 345). Bei bereits erfolgter Zahlung ohne Rechtsgrundlage muss der Verwalter nunmehr zur Meidung v. Eigenhaftung (§ 60 Abs.1) eine bereits aus der Masse gezahlte Vergütung zurückfordern (Stahlschmidt/Borowski, ZInsO 2018, 2445).
Die Unabhängigkeit des gemeinsamen Vertreters wird durch die schlechte Qualifizierung seiner Vergütung nicht gestärkt und bedarf, dies zeigen aktuelle Fälle, einer gesetzlichen Regelung (Antoniadis, NZI 2017, 231, 232). Die Rechtslage sollte de lege ferenda dahingehend geändert werden, dass die Vergütung Masseverbindlichkeit wird (Holzer, NZI 2017, 5465, 466).

Der gemeinsame Vertreter ist mit einem (vorläufigen) Insolvenzverwalter oder einer sonstigen Partei kraft Amtes nicht zu vergleichen (OLG Dresden v. 22.4.2016, ZInsO 2016, 1260, 1261)), weshalb seine Kosten vom Insolvenzgericht nicht festgesetzt werden können (BGH v. 14.7.2016, NZI 2016, 968=ZInsO 2016, 1650, Rn.19; aA LG Düsseldorf v. 11.5.2016, ZIP 2016, 1036). Der gemeinsame Vertreter darf diese Kosten ggfs. vor Ausschüttung der Quote der Anleihegläubiger entnehmen, sofern er eine Übereinkunft mit diesen erreicht hat (BGH v. 12.01.2017, NZI 2017, 228, Rn. 28). Liegt allerdings eine Vereinbarung mit dem Insolvenzverwalter seitens des gemeinsamen Vertreters zum Tätigwerden vor, ist sein Anspruch Masseverbindlichkeit (Brenner, NZI 2014, 789, 792).

13 Für den **vorläufigen Ausschuss** (§ 22a) hatte bisher der Gesetzgeber nicht auf § 67 Abs.3 verwiesen (→ Rn. 11), jedoch hat der Gesetzgeber in § 21a Abs. 2 Nr. 1a 2. Hs. vorgesehen, dass mit an Sicherheit grenzender Wahrscheinlichkeit mit Eröffnung Gläubiger werdende Personen auch bereits in den vorläufigen Gläubigerausschuss aufgenommen werden können. In der Begründung werden hier der PSV und die Bundesagentur für Arbeit genannt, daher sind nur Gläubiger, die solcherart „sicher" Gläubigereigenschaft erwerben werden, gemeint (zu Ausnahmen vgl. → Rn. 11). Dies kann auch für **Anleihegläubiger** gelten, wenn ein Schutzschirmverfahren beantragt wird, da sie dann voraussichtlich in den zu erwartenden Plan einbezogen werden. Das Gericht sollte sich über die Frage der Gläubigereigenschaft vor Bestellung Gewissheit verschaffen (Kölner Insolvenzrichter, ZIP 2014, 2153, 2156).

14 Die Zusammensetzung des (vorläufigen) Gläubigerausschusses obliegt dem gerichtlichen Ermessen (→ Rn. 15; dazu auch → § 22a Rn. 51 mwN) und ist nicht rechtsmittelfähig (→ Rn. 24).

III. Bereitschaft und Befähigung zur Mitgliedschaft

1. Anspruch und Befähigung

15 Ein Anspruch auf Mitgliedschaft besteht ebenso wenig wie die Pflicht, das Amt anzunehmen. Das Gericht ist in jedem Fall in der Bestimmung der Gläubigerausschuss-Mitglieder und der Gruppenbesetzung frei (Uhlenbruck/Knof, § 67 Rn. 18) und hat sein Ermessen zum Wohle des Verfahrens auszuüben. Dabei sind auch Inhabilitäten (s. → Rn. 12) zu bedenken, ggf. vorher durch sachverständige Ermittlungen auszuschließen.

16 Da das Amt mit Haftungsgefahren verbunden ist (§ 71), kann das Gericht nur Personen bestellen bei denen es von der Bereitschaft zur Wahrnehmung des Amtes definitiv Kenntnis hat. Beim Antragsausschuss des Eröffnungsverfahrens gem. § 22a Abs. 2 ist dies Antragsvoraussetzung.

16a Jedoch sollte das Gericht in jedem Fall vor Bestellung eine **Einverständniserklärung** vom jeweiligen Anwärter einholen, um eine Amtsablehnung zu vermeiden, da erst die Amtsannahme zur Mitgliedschaft führt. Deshalb ist eine Verfahrensverzögerung, insbesondere im eilbedürftigen Eröffnungsverfahren, durch „Bestellungsrückgaben" zu vermeiden.

16b Die in Betracht kommenden Personen müssen zur dauerhaften Mitarbeit im Ausschuss bereit sein. Es ist nicht zulässig, einen Ausschuss für einzelne Mitwirkungshandlungen, z. B. das Votum nach § 56a, zu installieren und dann eine Entlassung anzuregen (Pape/Schultz, ZIP 2016, 506, 509).

Befähigung: Weitere Voraussetzung ist, dass das Mitglied des Ausschusses in der Lage ist, die Aufgaben gem. § 69 auch wahrzunehmen, indem es ausreichende die **notwendigen Kenntnisse** hat (Webel ZInsO 2015, 76; Grell/Klockenbrink DB 2013, 1038, 1045.). Der Gesetzgeber hat bisher diese Anforderung nicht ausdrücklich normiert, sondern nur über die Haftungsnorm des § 71 implementiert (Heeseler/Neu, NZI 2012, 440, 443). Das Insolvenzgericht sollte deswegen auf **insolvenzrechtliche oder zumindest betriebswirtschaftliche Kenntnisse** Wert legen und solche bei dem in Betracht kommenden Ausschussmitglied kurz nachfragen (Frind BB 2013, 265, 270; AGR FAKomm-InsR/Lind Rn. 6; Haarmeyer ZInsO-NL 6/2012, 10; aA Ehlers BB 2013, 259, 260). Bei den Arbeitnehmervertretern wird es regelhaft genügen, wenn diese zumindest durch ihre Kenntnisse vom Schuldnerunternehmen ausgewiesen sind. Hier ist auch eine Betriebsratsmitgliedschaft hilfreich oder eine gewerkschaftliche Unterstützung in Rechtsfragen. Der Kleingläubigervertreter sollte möglichst eine juristisch kundige Person sein.

2. Mitgliedschaft juristischer Personen

17 Die Mitgliedschaft juristischer Personen, nicht jedoch von Behörden, ist zulässig (BGH Urt. v. 11.11.1993 – IX ZR 35/93 = BeckRS 9998, 166495; LG Duisburg, Beschl. v. 29.9.2003 – 7

T 203/03 = NZI 2004, 95; ablehnend: Gundlach/Frenzel/Schmidt, Die GmbH als Gläubigerausschussmitglied, ZInsO 2007, 531; streitig bzgl. Mitgliedschaft d. BfA: dagegen: OLG Köln Urt. v. 1.6.1988 – 13 U 234/87, ZIP 1988, 992, dafür: LG Duisburg, Beschl. v. 29.9.2003 – 7 T 203/03, NZI 2004, 95 ; zum Problemkreis ausf. HambK-InsO/Frind Rn. 6). Das Insolvenzgericht sollte die juristische Person selbst, nicht deren Mitarbeiter, im Bestellungsbeschluss benennen (Huber/Magill, ZInsO 2016, 200, 201). Sofern ein gesetzlicher Vertreter auch genannt wird, sollte klargestellt werden, dass dies nur eine informatorische Angabe nach derzeitigem Vertretungsstand ist (Harbrecht, NZI 2018, 896).

Der **Austausch des Vertreters der juristischen Person** ist im Wege des Widerrufes der Vollmacht (§ 168 BGB) zulässig (OLG Celle v. 21.8.2018, 13 U 104/17, ZInsO 2018, 2252= BeckRS 2018, 19675, m. w. N.; a. A. NR-Delhaes § 69 Rn. 8).Die Geschäftsordnung des Ausschusses kann eine zeitweilige Vertretung zulassen (→ Rn. 17a). Fällt die **mitgliedschaftliche juristische Person ihrerseits in die Insolvenz** kann der Verwalter das Amt im Wege dieses Widerrufes über § 80 InsO an sich ziehen, da die Tätigkeit im Gläubigerausschuss nicht zum insolvenzfreien „Vermögen" gehört, sondern auf die Mehrung der Aktivmasse auch zugunsten der insolventen Gläubigerin gerichtet ist (BGH v. 11.3.2021, BeckRS 2021, 6874=NZI 2021, 536, Rn.24 insoweit in Bestätigung v. OLG Celle v. 21.8.2018, ZInsO 2018, 2252=BeckRS 2018, 19675). Über **streitige Mitgliedschaftsrechte** entscheidet das Insolvenzgericht (→ § 70 Rn. 13).

Eine häufige Fluktuation der erscheinenden Vertretungsorgane kann und sollte über eine Geschäftsordnung des Ausschusses vermieden werden (Musterbeispiel ZInsO 2012, 372; s. → § 72 Rn. 7). Sinnvoll ist in jedem Fall, in der Geschäftsordnung zu regeln, dass zur Vertretung ein "ständiger Vertreter" benannt werden muss (Cranshaw/Portisch/Knöpnadel ZInsO 2015, 1, 4). Die Weitergabe von Informationen ist im Falle der Bestellung juristischer Personen bzgl. deren Organvertretungen strikt zu regeln. **17a**

3. Mitgliedschaft und möglicher Interessenkonflikt

Nicht zu Mitgliedern bestellt werden können Personen, die in einem **generellen Interessenwiderspruch** stehen, z. B. der Schuldner selbst, persönlich haftende Gesellschafter oder Mitglied schuldnerischer Vertretungsorgane (zB Aufsichtsrat) (aA AG Hamburg, Beschl. v. 15.12.1986, ZIP 1987, 386). Der Aufsichtsrat steht, wie aus § 111 AktG (s. das KonTraG) folgt, ganz auf der Interessenseite des schuldnerischen Unternehmens. **18**

Im Falle einer zeitlich kurz vor dem Insolvenzantrag vorangegangenen bisherigen Beratung des schuldnerischen Unternehmens können weder der Geschäftsführer noch der Gesellschafter des Beratungsunternehmens in den Ausschuss als Mitglied bestellt werden, selbst wenn die Beratung formal bei Bestellung beendet ist (aA AG Hamburg v. 2.8.2017, ZIP 2017, 2213). Das Gericht hat seine Ermessensentscheidung wie im Falle der Unabhängigkeitsprüfung bei der Verwalterbestellung an möglichen Besorgnisanlässen auszurichten (s. § 56), die sich bei zeitnaher Beratung verdichtet haben werden. Bei späterem Bekanntwerden ist das betreffende Mitglied zu entlassen (→ § 70 Rn. 6). **18a**

Auch Verwalter, Mitarbeiter des Verwalters oder Gerichtspersonen sind ausgeschlossen (Uhlenbruck, Ausgewählte Pflichten und Befugnisse des Gläubigerausschusses in der Insolvenz, ZIP 2002, 1376). Im Einzelfall sind auch Personen von der Wahrnehmung des Amtes ausgeschlossen, wenn Entscheidungen anstehen, die sie selbst, zumindest mittelbar, konkret betreffen (Gundlach/Frenzel/Schmidt, ZInsO 2005, 974, 975). **18b**

Die unwirksame Bestellung eines Mitgliedes (z. B. nichtige Bestellung einer Behörde) gilt nur für dieses (BGH Urt. v. 11.11.1993 – IX ZR 35/93, BeckRS 9998, 166495= ZIP 1994, 46) und beeinträchtigt den Beschluss über die Bestellung der übrigen Mitglieder nicht, kann und sollte aber zur Nachbesetzung führen. **18c**

IV. Beginn und Ende der Mitgliedschaft

Das Amt beginnt erst nach **Zugang des gerichtlichen Einsetzungsbeschlusses** durch die Annahmeerklärung der bestellten Person an das Gericht (in der Versammlung auch mündlich zu Protokoll), die insbesondere in dem unter Zeitdruck stehenden Eröffnungsverfahren ggf. nach § 22a Abs. 2 auch im Vorwege, dann aber verbindlich und ohne Bedingungen, erklärt werden kann. **19**

19a Setzt das Gericht eine Frist zur Annahmeerklärung, muss diese eingehalten werden (LG Duisburg NZI 2004, 95; AG Duisburg NZI 2004, 325) und wird nur durch Annahme des Mitgliedes selbst, nicht durch diejenige der nicht bestellten (aber hinter dem Mitglied stehenden) juristischen Person gewahrt. Diese Notwendigkeiten gelten auch im eilbedürftigen Eröffnungsverfahren, da das – insbesondere in diesem Verfahrensabschnitt- haftungsträchtige Amt einer Person nicht aufgedrängt werden kann (Uhlenbruck/Knof Rn. 21).

20 Das Amt des **vorläufigen Gläubigerausschusses des Eröffnungsverfahrens** (§ 22a) endet kollektiv mit der Verfahrenseröffnung (→ Rn. 5). Der Gesetzgeber hat mit der „ESUG"-Reform in §§ 21a Abs. 2 Nr. 1a, 22a ein gesondertes Gremium für das Eröffnungsverfahren geschaffen, auf das die Regelungen des eröffneten Verfahrens nur teilweise und nur „entsprechend" anwendbar sind. Die Eröffnung stellt eine Zäsur dar (KP-Kübler Rn. 12). Das Amt des „Interims"-Ausschusses (→ Rn. 5) endet wiederum mit einer Beschlussfassung der Gläubigerversammlung gem. § 68.

V. Eigenverwaltung und Planverfahren

21 Findet eine **Eigenverwaltung** des Schuldners nach den §§ 270 ff. statt, so dürfte es ebenfalls regelmäßig geboten sein, einen vorläufigen Gläubigerausschuss einzusetzen (zu Besonderheiten der Stellung des Ausschusses in diesem Verfahren s. bereits Pape, Kölner Schrift zur InsO, S. 895 ff. Rn. 53 ff.). Nach der Neuregelung des Eigenverwaltungsverfahrens durch das „ESUG" soll der vorläufige Gläubigerausschuss „vor der Entscheidung" über die Eigenverwaltung gem. § 270 Abs. 3 (nunmehr nur noch in Zweifelsfällen: § 270b Abs. 3 InsO nF) zu deren Chancen und Risiken Stellung nehmen können. Bei Sicherungsnotwendigkeiten (z. B. wegen Betriebsfortführung oder gefährdeten Massewerten) stellt sich allerdings im Eröffnungsverfahren die Weichenstellung, ob eine Eigenverwaltung vom Gericht zu befürworten ist, bereits bei der Frage, ob ein vorläufiger Sachwalter gem. § 270b Abs. 1 nF eingesetzt wird oder ein vorläufiger Insolvenzverwalter. Aus Zeitgründen wird daher ein vorläufiger Gläubigerausschuss in den genannten Verfahrenskonstellationen sehr häufig erst nach dieser Entscheidung eingesetzt werden können. Die gesetzliche Regelung in § 270 Abs. 3 ist insofern in den bedeutendsten Verfahren mit Betriebsfortführung und rascher Handlungsnotwendigkeit nur mittels einer nachträglichen Anhörung nach der ersten Entscheidung des Gerichtes über die Einsetzung eines vorläufigen Sachwalters (§ 270a) umsetzbar (Frind ZInsO 2011, 656; Frind ZInsO 2011, 757 zum „Zeitkorridor-Problem"), weshalb der Gesetzgeber nunmehr mit § 270a Abs. 1 Nr. 4 InsO nF den Aufhebungsantrag des vorläufigen Gläubigerausschusses vorgesehen hat (→ Rn. 22).

22 Im sog. **„Schutzschirmverfahren"** gem. § 270b aF (§ 270d InsO nF) muss ein vorläufiger Gläubigerausschuss nicht eingesetzt werden (vgl. § 270b Abs. 2 S. 3; so auch Braun/Böhm, § 22a Rn. 16; s. die Kommentierung bei § 22 a Rn. 32). Ist ein Ausschuss eingesetzt, konnte er gem. der bisherigen dortigen Regelung in Abs. 4 Nr. 3 die Aufhebung des Verfahrens mit zwingender Umsetzungsfolge beantragen (s. → InsO 2012 aF § 270b Rn. 95). Nunmehr ist generell die Aufhebung des vorläufigen Eigenverwaltungsverfahrens in § 270e InsO nF ab 1.1.2021 geregelt und die Regelung in § 270e Abs. 1 Nr. 4 InsO sieht die Zustimmung des vorläufigen Gläubigerausschusses zur Aufhebung bei Sachwalterantrag vor. Dies verdeutlicht die Notwendigkeit, in Eigenverwaltungsverfahren einen solchen Ausschuss einzusetzen.

23 Im **Insolvenzplanverfahren** ist der endgültige Gläubigerausschuss Teil der zu beteiligenden Gruppen bei der Planbewertung (§ 232 Abs. 1 Nr. 1). Er soll gem. § 232 Abs. 4 InsO ggfs. eine vorgezogene Stellungnahme zum Insolvenzplan abgeben. Im Planverfahren soll der Ausschuss gem. § 248a Abs. 2 vor einer Planberichtigung angehört werden.

VI. Rechtsbehelf

24 Ein Rechtsbehelf gegen die richterliche Einsetzung oder Nicht-Einsetzung des Ausschusses ist **nicht gegeben** (Pöhlmann, in: Graf-Schlicker Rn. 11; MüKoInsO/Schmidt-Burgk Rn. 10; Jaeger/Gerhardt Rn. 34: höchstens Gegenvorstellung gem. § 321a ZPO; Uhlenbruck/Knof Rn. 24); auch nicht beim vorläufigen Gläubigerausschuss (§ 22a Rn. 61). Eine außerordentliche Beschwerde jenseits der Gegenvorstellung ist nicht möglich (Uhlenbruck/Knof Rn. 24; Laroche, NZI 2016, 846). Bei der Rechtspflegerentscheidung im eröffneten Verfahren ist befristete Erinnerung möglich (Jaeger/Gerhardt Rn. 35). Bei **Streitigkeiten über die Mitgliedschaft im Ausschuss** und daran anknüpfend Informations- und Teilnahmerechte kann der Prätendent keine Feststellungsklage bzgl. seiner Mitgliedschaftsrechte gegen die Ausschussmitglieder anstrengen, die dann einfache Streitgenossen wären (so aber OLG Celle v. 21.8.2018, ZInsO 2018, 2252=BeckRS 2018, 19675), sondern es entscheidet das Insolvenzgericht (→ § 70 Rn. 13).

§ 68 Wahl anderer Mitglieder

(1) ¹Die Gläubigerversammlung beschließt, ob ein Gläubigerausschuss eingesetzt werden soll. ²Hat das Insolvenzgericht bereits einen Gläubigerausschuss eingesetzt, so beschließt sie, ob dieser beibehalten werden soll.

(2) Sie kann vom Insolvenzgericht bestellte Mitglieder abwählen und andere oder zusätzliche Mitglieder des Gläubigerausschusses wählen.

Überblick

Die Norm regelt die Gläubigerversammlungskompetenz zur Bestellung und Zusammensetzung des Gläubigerausschusses, insbesondere Wahlvorgang (→ Rn. 5) und Abwahl (→ Rn. 9).

A. Allgemeines

§ 68 schreibt fest, dass die Gläubigerversammlung (nicht notwendig die erste) die endgültige 1 Entscheidung darüber trifft, ob ein Gläubigerausschuss eingesetzt werden soll und wie er ggfs. zusammengesetzt wird (zweiteilige Entscheidung vgl. → Rn. 3). Diese Entscheidung muss die Versammlung aber auch treffen, sie darf sie nicht offen lassen. Insofern hat die Tagesordnung der Versammlung diesen Punkt auszuweisen.

B. Norminhalt

Die Vorschrift kennzeichnet die **vom Gericht gewählte Zusammensetzung eines vorläufi-** 2 **gen Gläubigerausschusses als nicht bindend für die Gläubigerversammlung** und statuiert damit die Gläubigerselbstverwaltung in Form der Befugnis zur endgültigen Beschlussfassung. In jedem Fall bedarf es auch bei Vorhandensein eines bisherigen einstweiligen Ausschusses (§ 67 Abs. 1) einer Entscheidung über dessen Fortführung. Die Norm regelt lediglich das Procedere der Fortführung des nach Eröffnung eingesetzten **„Interims"-Gläubigerausschusses**. Das § 21 Abs. 2 Ziff. 1a nicht auf die Norm Bezug nimmt, zeigt, dass der Gläubigerausschuss des Eröffnungsverfahrens mit demjenigen des eröffneten Verfahrens nicht identisch ist und muss. Letzterer stellt keine „Fortsetzung" des Ausschusses aus dem Eröffnungsverfahren dar (→ § 22a Rn. 44).

Die Gläubigerversammlung muss zunächst über die Frage, ob überhaupt und anschließend 3 darüber, in welcher Größe ein endgültiger Gläubigerausschuss bestellt werden soll, befinden und danach über dessen Zusammensetzung. Die Beschlussfassung muss nicht notwendig in der ersten Gläubigerversammlung erfolgen, auch wenn bereits ein vorläufiger „Interims"-Gläubigerausschuss (§ 67) existiert (dessen Amt endet erst mit der Entscheidung gem. § 68).

Das Gericht darf auf die **Zusammensetzung** von selbst keinen Einfluss nehmen (Nachweise 4 bei HambK-InsO/Frind Rn. 4). Das Gericht kann nur bei unrechtmäßiger Wahl einschreiten (→ § 67 Rn. 10, → § 67 Rn. 11, → § 67 Rn. 13, → § 67 Rn. 14). Die Gläubigerversammlung kann den Ausschuss in späteren Terminen erweitern oder ihm ein selbstständiges Kooptationsrecht zubilligen (aA K. Schmidt/Jungmann, § 68 Rn. 14, 16). Einfluss auf seine Entscheidungen kann sie nicht nehmen. Ein Weisungsrecht besteht nicht (FK-Schmitt, § 69 Rn.2).

I. Wahlvorgang

Der Wahlvorgang sollte zur besseren Transparenz in **Einzelwahl** erfolgen (AGR/Lind, InsO, 5 § 68 Rn.3; aA Jaeger/Gerhardt Rn. 6: Blockwahl zulässig). Die Wahl ist sorgfältig zu protokollieren, um nicht anwesenden Gläubigern im Wege der späteren Akteneinsicht einen Nachvollzug zu ermöglichen. Der Beschluss über die Wahl sollte eindeutig formuliert sein und klar aussagen, ob eine juristische Person oder eine natürliche Person gewählt sind. Die Angabe von Vertretungsverhältnissen bei juristischen Personen dient i. d. R. nur der Information, wie eine Handelsregisterangabe (vgl. dazu OLG Celle v. 21.8.2018, 13 U 104/17, ZInsO 2018, 2252=BeckRS 2018, 19675).

Die Selbstwahl eines Gläubigers ist zulässig und nicht etwa wegen des Vergütungsanspruches ausgeschlossen (Raebel, Anm. zu BGH Beschluss v. 20.5.2010 – IX ZB 223/07, ZInsO 2010, 1226, 1227). Der Ausschuss sollte aus einer **ungeraden Anzahl von Mitgliedern** bestehen (s. bereits → § 67 Rn. 9; BGH, Urt. v. 11.11.1993 – AZ: IX ZR 35/93, NJW 1994, 453; LG Neuruppin, Beschl. v. 13.10.1997 – AZ: 5 T 271/97, ZIP 1997, 2130).

Die Gläubigerversammlung ist an die in § 67 Abs. 2 vorgesehene **Gruppenrepräsentationsre-** 5a **gel gebunden** (Uhlenbruck/Knof Rn. 5; HK-InsO/Riedel Rn. 4; Graf-Schlicker/Pöhlmann

Rn. 6; Obermüller ZInsO 2012, 18, 22; **aA** Jaeger/Gerhardt, § 68 Rz. 8; MüKoInsO/Schmid-Burgk § 68 Rn. 7; Mock, ZInsO 2019, 1991; Frege NZG 1999, 478, 481; offen gelassen v. BGH NZI 2009, 386, Rn. 5), was mindestens vier, besser fünf Mitglieder aus den verschiedenen Gruppen nahelegt (s. bereits → § 67 Rn. 9) , da die damit bewirkte Interessenausgleichsfunktion zur Geltung kommen muss. Die Gegenansicht (AGR/Lind, InsO, § 68 Rn. 3; K. Schmidt/Jungmann § 68 Rn. 7, 8) verkennt die grundsätzlich dem Repräsentationsgedanken verpflichtete Norm des § 67 Abs. 2 InsO in ihrer Überordnungsfunktion, die auch die Gläubigerversammlung beachten muss. Strittig ist, ob das Insolvenzgericht nur auf Antrag gem. § 78 InsO oder auch im Wege der Bestätigungsprüfung die Ernennung eines nicht repräsentiven Ausschusses versagen kann.

5b Nach hiesiger Auffassung besteht die **Möglichkeit eines Antrages gem. § 78 Abs. 1 InsO (Beschlussaufhebung)** eines der dort genannten Antragsberechtigten in der wählenden Gläubigerversammlung an das Gericht, z. B. wegen Majorisierung einer Minderheit im Wege der Nichtberücksichtigung ihrer Interessen bei der Zusammensetzung (hM; Jaeger-Gerhardt, § 68 Rn. 12 ff.; aA MüKoInsO/Schmidt-Burgk § 68 Rn. 9 mit Verweis auf den Gesetzgebungsprozess; zweifelnd Jungmann in K. Schmidt, InsO, § 68 Rn. 19), da § 78 auch auf Beschlüsse anwendbar ist, die konstitutiv wirken (HK-Riedel § 68 Rn. 6). Das Gericht sichert so auf Anrufung z. B. Minderheitsrechte und die ordnungsgemäße und ausgewogene Zusammensetzung des eigentlichen im eröffneten Verfahren tätigen Überwachungsorgans (AGR/Lind, InsO, § 68 Rn. 5; vgl. AG Augsburg, KTS 1971, 119). In jedem Fall wäre ein solcher Nichtbestätigungsbeschluss rechtsmittelfähig durch die nicht ernannten Mitglieder angreifbar (weiteres → Rn. 10; → § 70 Rn. 13).

6 Bisherige Mitglieder des vorläufigen Gläubigerausschusses des **Eröffnungsverfahrens können wiederbestellt werden,** wenn es keine Anhaltspunkte für bisherige Pflichtverletzungen oder etwaige Schadenersatzansprüche der Masse gegen diese gibt. Allerdings muss die Gläubigerversammlung die vom Gericht zunächst eingesetzten Mitglieder nicht bestätigen.

II. Mitgliedschaftszeitraum

7 Die Mitgliedschaft im Ausschuss **beginnt ohne zusätzlichen gerichtlichen Bestellungsakt** mit der Annahme des Amtes (LG Duisburg, Beschl. v. 29.9.2003 – Az. 7 T 203/03,), auch für Ersatzmitglieder im Ausscheidensfall ohne zwischenzeitliche Verwirkung (AG Göttingen, Beschl. v. 14.11.2006 – 71 N 90/04, ZInsO 2007, 47). § 67 Abs. 3 gilt auch hier: Nicht-Gläubiger können Mitglied im endgültigen Ausschuss werden.

Über streitige Mitgliedschaftsrechte entscheidet das Insolvenzgericht (→ § 70 Rn. 13). Das Gericht kann eine streitige Ersatzmitgliedsstellung bestätigen (AG Göttingen, Beschl. v. 14.11.2006 – 71 N 90/94, ZInsO 2007, 47).

Das Amt **endet** beim vorläufigen Ausschuss mit der Verfahrenseröffnung, beim Ausschuss des eröffneten Verfahrens mit der Verfahrensaufhebung (Mock, ZInsO 2019, 1991, 1992), nicht aber mit der Insolvenz des Mitgliedes (→ § 67 Rn. 17). Bei nachträglichem Eintritt der ersten und zweiten Alternative des § 22aAbs.3 ist der vorläufige Ausschuss durch das Gericht aufzulösen (Mock, ZInsO 2019, 1991, 1992; zum endgültigen Ausschuss s. → Rn. 8).

8 Eine **Amtsniederlegung** ist - analog anderen organschaftlichen Positionen - nur bei einem **wichtigen Grund** über einen Entlassungsantrag möglich (→ § 70 Rn. 3.1). Eine als „Niederlegung" bezeichnete Eingabe eines Ausschussmitgliedes ist als Entlassungsantrag auszulegen und per Beschluss zu bescheiden.

Wird der Ausschuss im Laufe des späteren Verfahrens überflüssig, z. B. weil keine verfahrenswichtigen Entscheidungen mehr zu treffen sind, können die Mitglieder insgesamt ihre Entlassung nach § 70 beantragen, da ein „wichtiger Grund" durch Wegfall der Geschäftsgrundlage vorliegt oder das Gremium per einstimmigem Beschluss **auflösen** (Mock, ZInsO 2019, 1991, 1992).

Eine **zwangsweise Auflösung des Ausschusses des eröffneten Verfahrens** durch die Gläubigerversammlung (per Mehrheitsbeschluss) sollte aber wegen der Souveränität des Organes **nicht zugelassen werden** (KK-Hammes, § 68 Rn.12; K.Schmidt-Jungmann, § 68 Rn.10; Uhlenbruck-Knof, § 68 Rn.3; **a. A.** Brinkmann, ZIP 2019, 241, 244; Mock, ZInsO 2019, 1991, 1992; s.aber auch Gundlach/Frenzel/Jahn ZInsO 2011, 708, die beide Wege zulassen wollen), denn § 160 Abs.1 S.1 u.S.2 zeigen, dass der Ausschuss mit seinen Entscheidungen v.d. Gläubigerversammlung unabhängig ist und auch prioritär zu befragen ist). Die Gegenansicht sieht ein „Mandatsverhältnis", welches beendet werden kann. Im Fall der **Insolvenzplanüberwachung** gilt folgendes: Der Plan kann für den Überwachungszeitraum einen Gläubigerausschuss vorsehen, der im Amt bleibt (§ 261 Abs.2 S.1 InsO) oder erst neu gebildet wird. Die Überwachung kann auch durch einen Sachwalter erfolgen oder/und einen besonderen Planüberwachungsausschuss (BGH v. 6.5.2021, BeckRS 2021, 13215=ZInsO 2021, 1302 Rn.11).

III. Abwahl

Die Abwahl eines bereits bestellten Mitgliedes in einer späteren Versammlung kommt nicht in 9
Betracht (BGH v. 11.3.2021, BeckRS 2021, 6874, Rn.15; Pape, Rechtliche Stellung, Aufgaben und Befugnisse des Gläubigerausschusses im Insolvenzverfahren, ZInsO 1999, 675, 677; HK-InsO/Riedel, § 68 Rn. 5; aA KPB/Kübler, InsO, Loseblatt Rn. 14), auch nicht die **Abschaffung des gesamten Ausschusses** (Jaeger/Gerhardt Rn. 9), ansonsten liefe die Entlassungsvorschrift des § 70 leer (dazu → § 70 Rn. 3.1).

Das **Insolvenzgericht klärt auch Streitfragen über das Bestehen der Mitgliedschaft** 10
(→ § 70 Rn. 13; a. A.Jaeger/Gerhardt, § 70 Rn. 20, 21). Ein „Feststellungsantrag", Mitglied des Gläubigerausschusses zu sein, ist zulässig (→ § 67 Rn. 24), sofern die übrigen Mitglieder eindeutig deutlich machen, die Mitgliedschaft nicht akzeptieren zu wollen (meist im Falle der Auswechselung eines Vertreters für eine juristische Person) und eine Abmahnung seitens des Gerichtes nicht ausreichend ist (BGH v. 11.3.2021, BeckRS 2021, 6874, Rn.19). Solange ein Gläubiger/Mitglied bestellt ist und keine gerichtliche Entlassung per Beschluss (§ 70) erfahren hat, ist er/es wirksam Mitglied.

§ 69 Aufgaben des Gläubigerausschusses

¹Die Mitglieder des Gläubigerausschusses haben den Insolvenzverwalter bei seiner Geschäftsführung zu unterstützen und zu überwachen. ²Sie haben sich über den Gang der Geschäfte zu unterrichten sowie die Bücher und Geschäftspapiere einsehen und den Geldverkehr und -bestand prüfen zu lassen.

Überblick

Die Norm kennzeichnet die Verfahrensmäßige Stellung des Ausschusses (→ Rn. 2) und regelt Kernaufgabenbereiche seiner Aufgaben (→ Rn. 17 ff.) und dessen Pflichten (→ Rn. 5).

Übersicht

	Rn.		Rn.
A. Allgemeines	1	3. Prüfungsintensität	15
B. Norminhalt	2	III. Mitwirkungsbefugnisse	17
I. Stellung und Arbeitsweise des Ausschusses	2	IV. Allgemeine Anwendungsfragen	26
II. Prüfung und Überwachung des Geldverkehrs- und -bestandes	5	1. Sitzungsöffentlichkeit/Verschwiegenheit	26
1. Prüfungszeiträume	7	2. Verhältnis zum Insolvenzgericht	27
2. Der Kassenprüfer	10	3. Verhältnis zur Gläubigerversammlung	28
		4. Mitwirkung im Insolvenzeröffnungsverfahren	29

A. Allgemeines

§ 69 normiert die Pflichten und Mitwirkungsbefugnisse des Gläubigerausschusses als Span- 1
nungsverhältnis zwischen Unterstützung und Überwachung des Verwalters. Im Mittelpunkt der Überwachung steht der Geldverkehr. Durch Inbezugnahme über § 21 Abs. 2 Nr. 1a entfaltet die Norm auch unmittelbare Wirkung auf den vorläufigen Gläubigerausschuss im Eröffnungsverfahren (§ 22a), der bereits mehr Relevanz als der nach Eröffnung erlangt hat. Aufgaben und Befugnisse des Ausschusses sind künftig nach den verschiedenen Verfahrensstadien und der daraus erforderlichen unterschiedlichen Arbeitsaufgabe und -intensität genau abzugrenzen (s. → Rn. 17 ff.).

B. Norminhalt

I. Stellung und Arbeitsweise des Ausschusses

Der Ausschuss ist zentraler, unabhängiger Sachwalter der Gläubigerinteressen zwischen dem 2
Basisorgan Gläubigerversammlung, die ihm gegenüber nicht weisungsbefugt ist, und dem Rechts-überwachungsorgan Insolvenzgericht. Die Vermögensbetreuungspflicht besteht auch gegenüber dem Schuldner (K.Schmidt-Jungmann, 19.Aufl.InsO, § 69 Rn.3). Gegenüber dem Verwalter

nimmt der Ausschuss in der Umsetzung **nicht nur die Rechtmäßigkeits-, sondern auch die Zweckmäßigkeitskontrolle** durch Überwachung wahr (Berger/Frege/Nicht, NZI 2010, 321, 328; Pape/Schmidt, Kreditvergaben und Gläubigerausschuss – Anmerkung zu OLG Rostock, ZInsO 2004, 955, 958), jedoch **ohne Weisungsbefugnis** (K.Schmidt-Jungmann, 19.Aufl.InsO, § 69 Rn.5).

Der Ausschuss hat neben der Kassenprüfung auch den "Gang der Geschäfte" zu prüfen, dh die Betriebsfortführung und ihre Geschäftsvorfälle (Pape/Schultz, ZIP 2015, 1662, 1668). Der Ausschuss hat daher auch die korrekte und zweckmäßige **Begründung der Masseschulden** zu überprüfen und ist daher vom Verwalter auch über Interessenkollisionen zu unterrichten, zB die Beteiligung des Verwalters an beauftragten Firmen (BGHZ 113, 262). Der Gläubigerausschuss wird hinsichtlich seiner Aufgabenbandbreite zu Recht mit einem Aufsichtsrat verglichen (Heeseler/Neu NZI 2012, 440; Cranshaw ZInsO 2012, 1151, 1152).

3 Daraus ist eine **Pflicht zur laufenden Unterrichtung des Ausschusses durch den Verwalter** abzuleiten, aber bei deren Ausbleiben auch zur eigenen Erkundigung der Ausschussmitglieder. Das Recht zur Unterrichtung über den Gang der Geschäfte steht jedem Ausschussmitglied individuell zu. Dies gilt insbesondere im Eröffnungsverfahren mit den dort regelhaft getroffenen einschneidenden ersten Entscheidungen zum Schicksal des Verfahrens (→ § 22a Rn. 63–66). Daneben sind weitere Rechte und Pflichten in der InsO verstreut geregelt (→ § 67 Rn. 21, Rn. 23; für die Eigenverwaltung → Rn. 23 ff. (vgl. Kölner Schrift zur Insolvenzordnung/Heidland, 2. Aufl. 2000, S. 711 f., 723 f., 728 f.)).

3a Die Wahrnehmung kollektiver Befugnisse aus der InsO setzt immer einen vorhergehenden Beschluss des Gremiums voraus (§ 72). Der Ausschuss hat zB das kollektive Recht, die Einberufung der Gläubigerversammlung zu beantragen (§ 75 Abs. 1 Nr. 2) und ihm steht ein eigenständiges Auskunftsrecht gegenüber dem Schuldner zu (§ 97 Abs. 1 S. 1).

4 Der Ausschuss sollte sich eine **Geschäftsordnung** geben, um Modalitäten der Zulassung von Gästen, die Tagungs- und Abstimmungsweise, wie auch die Kommunikation untereinander oder das Procedere bei Inhabilitäten zu einzelnen Befassungspunkten zu regeln (**Muster Geschäftsordnung** des (vorläufigen) Gläubigerausschusses, ZInsO 2012, 372; Borchardt/Frind/Kühne, 2. Aufl. 2014, S. 1005; vgl. → § 72 Rn. 7). Verstöße gegen die Geschäftsordnung können bei einigem Gewicht eine Entlassung (§ 70) rechtfertigen.

II. Prüfung und Überwachung des Geldverkehrs- und -bestandes

5 Der Ausschuss hat regelmäßig Einsicht in die Bücher und Geschäftspapiere des Verwalters zu nehmen, den Bar- und Buchgeldbestand zu prüfen, sowie die damit zusammenhängenden Geschäftsvorfälle und Kontenbewegungen belegmäßig nachzuvollziehen (BGH 27.4.1978 – VII ZR 31/76, VersR 1978, 742). Die **Prüfungsaufgabe ist abgeschichtet nach Verfahrensstadien** unterschiedlich auszugestalten (→ § 67 Rn. 4, Rn. 5, Rn. 6) und trifft jedes Mitglied, aber nicht zwingend persönlich (BGH 9.10.2014 – IX ZR 140/11, ZInsO 2014, 2361 Rn. 23).

6 Der **Ausschuss des Eröffnungsverfahrens hat die Schlussrechnung über das Eröffnungsverfahren** zu prüfen und dazu eine Stellungnahme abzugeben. Bei länger andauernden Eröffnungsverfahren, insbes. laufenden Betrieben, sind die Kontenbewegungen auf dem Massekonto des Verwalters in regelmäßigen, kürzeren Abständen als im eröffneten Verfahren, zu prüfen. Sinnvoll ist eine Prüfung der tatsächlichen Insolvenzverwalteranderkonten, zB mittels Freischaltung der Onlinekonteneinsicht (Klaas INDat-Report 10–11/05, 31; aA Gundlach/Frenzel/Jahn ZInsO 2009, 902, 904: idR Verlassen auf Kontoauszüge). Vorzunehmen ist die Prüfung idR an dem **Ort der Aufbewahrung der Unterlagen;** eine Aushändigung kann nur verlangt werden, wenn dies dort unmöglich ist (BGH Beschl. v. 29.11.2007 – IX ZB 231/06, NZI 2008, 181=ZInsO 2008, 105).

1. Prüfungszeiträume

7 Die Prüfung soll in **engen Intervallen** erfolgen, im eröffneten Verfahren mit laufendem Geschäftsbetrieb alle drei Monate (BGH v. 25.6.2015, ZInsO 2015, 1563 Rn. 14=NZI 2015, 799; BGH v. 9.10.2014, ZInsO 2014, 2361, 2365, Rn. 31; Huber/Magill, ZInsO 2016, 200, 205), in anderen Verfahren alle sechs Monate, in Verfahren mit Naturalschuldner jährlich (OLG Celle Urt. v. 3.6.2010 – 16 U 135/09, NZI 2010, 609=ZInsO 2010, 1233; Gundlach/Frenzel/Jahn, , ZInsO 2009, 1095, 1098). Im **Eröffnungsverfahren** können engere Turni angezeigt sein (s. → Rn. 8.1); Dönges, NZI 2015, 802, 803). Im **Eigenverwaltungsverfahren** ist ein dreimonatiges Prüfungsintervall zu lang (Huber/Magill, ZInsO 2016, 200, 205).

Die Prüfung ist **unverzüglich zu beginnen** (Pape/Schultz, ZIP 2015, 1662, 1666), ca. zwei Wochen nach vollständiger Besetzung des Ausschusses bzw. Bestätigung in der ersten Gläubigerversammlung (BGH 25.6.2015, ZInsO 2015, 1563 Rn. 14=NZI 2015, 799; BGH 9.10.2014, ZInsO 2014, 2361 Rn. 40; Ampferl/Kilper ZIP 2015, 553, 557 unter Verweis auf BGH v. 27.4.1978, VII ZR 31/76, VersR 1978, 742). Eine erste Prüfung mehrere Monate nach der ersten Sitzung des Ausschusses ist zu spät, die Prüfungen haben also deshalb zumindest zeitnah nach Einsetzung des Ausschusses zu beginnen (BGH 9.10.2014, ZInsO 2014, 2361 Rn. 31; zust. Lind/Ellrich DB 2014, 2819; Frind ZWH 2015, 30; OLG Celle, ZInsO 2010, 1233 = NZI 2010, 609). Die Verabredung eines späteren Kassenprüfungstermins in Anwesenheit des Verwalters kann schadensstiftend sein (BGH 25.6.2015, ZInsO 2015, 1563 Rn. 22=NZI 2015, 799). 8

Intervall: Bei großen Verfahren genügt eine vierteljährliche Prüfung nicht (aA Gundlach/Frenzel/Jahn ZInsO 2009, 1095, 1098). Sinnvoll ist vielmehr ein Prüfungsintervall von drei Monaten (BGH 25.6.2015, ZInsO 2015, 1563 Rn. 14=NZI 2015, 799; BGH 9.10.2014, ZInsO 2014, 2361 Rn. 31; aA Ampferl/Kilper ZIP 2015, 553, 558: unpraktikabel, jeweils nach den Berichten bzw. der Eröffnung). Engere Intervalle sind Frage des Einzelfalles (BGH 9.10.2014, ZInsO 2014, 2361 Rn. 26) und im **Eröffnungsverfahren** ratsam (vgl. → § 71 Rn. 4a). Im Eröffnungsverfahren ist ganz zu Beginn mangels erster Unterlagen eine "Initialprüfung" vorzunehmen (Ampferl/Kilper ZIP 2015, 553, 558). Veruntreuungen lassen sich selbst mit der engmaschigsten Kontrolle aber nicht verhindern Ampferl/Kilper ZIP 2015, 553, 557). 8.1

Erkennen die Mitglieder des Gläubigerausschusses, dass der Verwalter Massegelder auf Poolkonten verschiebt und erfahren sie dies durch ein Kassenprüfungsprotokoll haben sie unverzüglich einzuschreiten (BGH 25.6.2015, ZInsO 2015, 1563 Rn. 15=NZI 2015, 799). 8.2

Wird eine angemessene Frist zur Prüfung der Kasse überschritten, haben die Mitglieder des Ausschusses einen **Anscheinsbeweis** für die Verursachung entstandener Schäden gegen sich gelten zu lassen (→ § 71 Rn. 14; OLG Celle ZIP 2009, 933; ZInsO 2010, 1233). Der Anscheinsbeweis ist anwendbar, wenn davon auszugehen ist, der ungetreue Verwalter hätte bei ordnungsgemäßer Überwachung nicht gewagt, sich an den anvertrauten Werten zu vergreifen; es reicht aus, er gewinnt den Eindruck, der Ausschuss nehme es nicht so genau (BGH 9.10.2014, ZInsO 2014, 2361 Rn. 37). 9

2. Der Kassenprüfer

Die **Delegation** auf einen Kassenprüfer ist zulässig, entlastet die anderen Mitglieder aber nicht (OLG Celle Urt. v. 3.6.2010 – 16 U 135/09, NZI 2010, 609=ZInsO 2010, 1233; Gundlach/Frenzel/Jahn, ZInsO 2009, 902, 905; Pape/Schultz, ZIP 2015, 1662, 1665). Der Auftrag kann durch jedes Mitglied im Rahmen der Delegation der ihm obliegenden Pflicht erteilt werden, eine gemeinsame Stimmabgabe für eine Beauftragung genügt bei richtiger Protokollierung. Der Ausschuss insgesamt erteilt den Auftrag nicht „wie eine BGB-Gesellschaft", allerdings sind gleichlautende Aufträge aller Mitglieder möglich. (Schirmer DStR 2012, 733, 734). Die Kostenhöhe sollte vorher mit dem Insolvenzgericht abgestimmt werden (Schirmer DStR 2012, 733, 734; → § 73 Rn. 7). Der Insolvenzverwalter kann den Auftrag nicht erteilen, da er dann Umfang und Prüfungstiefe als Auftragsgeber auch bestimmen und somit sich selbst prüfen könnte (Schirmer DStR 2012, 733, 735; aA Kahlert DStR 2011, 2439). 10

Die **geeignete Person ist unverzüglich auszuwählen.** Die Ausschussmitglieder haben sich zu vergewissern, dass die Person die Prüfungen in zeitlicher Hinsicht ordnungsgemäß durchführt und sich über Ergebnisse unterrichten zu lassen und sich zu vergewissern, dass die Prüfungen den notwendigen Kontrollanforderungen entsprechen (BGH 9.10.2014, ZInsO 2014, 2361 Rn. 20). Es genügt nicht, nur das Prüfungsprotokoll einzusehen (BGH 9.10.2014, ZInsO 2014, 2361 Rn. 34). Die Ausschussmitglieder haben also die Ordnungsgemäßheit der Prüfung ihrerseits zu prüfen (Schirmer DStR 2012, 733, 734; Jaeger/Gerhardt § 69 Rn. 19). 11

Muss eine Prüfung wegen desolater Unterlagen abgebrochen werden, besteht erhöhte Notwendigkeit zur zeitnahen und vollständigen Anschlussprüfung, ggf. ist bei nicht nur geringfügigen Verstößen das Insolvenzgericht zu informieren. „Eigenbelege" des Insolvenzverwalters zu Kontoständen geben dringenden Anlass zu weiterer Prüfung.

Der Umfang der Prüfungspflicht des Gläubigerausschusses steht nicht in einem Verhältnis zu Ruf oder Erfahrung des zu prüfenden Verwalters (OLG Celle Urt. v. 3.6.2010 – 16 U 135/09, NZI 2010, 609=ZInsO 2010, 1233). Besteht **Mitzeichnungspflicht** nach § 149 (aF) ist deren Nicht-Wahrnehmung pflichtverletzend (OLG Celle Urt. v. 3.6.2010 – 16 U 135/09, NZI 2010, 609=ZInsO 2010, 1233). Bei unklaren Kontenbezeichnungen oder Abweichungen vom genehmigten Hinterlegungskonto (§ 149 Abs. 1) sind sofortige Nachforschungen und eine vollständige Kontrolle des Geldverkehrs vorzunehmen (BGH 9.10.2014, ZInsO 2014, 2361 Rn. 27). 11a

12 Entgegen der Formulierung des § 69 S. 2 "prüfen zu lassen" ist die Einschaltung eines Dritten (zB professioneller Buchprüfer, Wirtschaftsprüfer) nicht zwingend veranlasst, aber anzuraten. Dies hat dann Massekosten nach § 54 Nr. 2 zur Folge, die im Wege des Auslagenersatzes gem. § 18 Abs.1 InsVV geltend zu machen und vom Insolvenzgericht festzusetzen sind (Schirmer DStR 2012, 733; Zimmer, Die Vergütung des Belegprüfers aus buchhalterischer Sicht, ZInsO 2009, 1806; aA (Bereichausnahme b.d. Kosten f.d. Kassenprüfer) FG Düsseldorf v. 19.7.2019, ZInsO 2019, 2481 m. zust. Anmerk. de Weerth, ZInsO 2019, 2482; Ampferl/Kilper ZIP 2015, 553, 559 ohne Problematisierung der nicht gegebenen Masseverbindlichkeitsbegründungskompetenz des Ausschusses, → Rn. 31).

13 Damit korrespondiert die Pflicht gem. § 66 Abs. 2 S. 2, die Schlussrechnung zu prüfen. Mittlerweile gibt es Bestrebungen, die Schlussrechnung des Verwalters zu standardisieren mittels eines einheitlichen **Kontenrahmens**, dessen Nutzung vom Ausschuss zwecks Übersichtlichkeit der Buchungen verlangt werden sollte (dazu HambK-InsO/Frind § 58 Rn. 5a mwN). Bei der Prüfung sind insbesondere nicht nur unbelegte, sondern auch nicht gerechtfertigte Ausgaben des Verwalters, zB Auslagerung von originären Verwalteraufgaben auf Dritte zulasten der Masse, zu untersuchen und ggf. dem Insolvenzgericht zu melden.

14 Aus § 64 Abs. 2 S. 1 ist weiterhin die Pflicht und Befugnis des Gläubigerausschusses zu folgern, **den vollständigen Vergütungsantrag** des (vorläufigen) Insolvenzverwalters vor dessen Bescheidung zwecks Anhörung **zur Stellungnahme zugesandt zu erhalten** (MüKoInsO/Schmid-Burgk Rn. 26; Uhlenbruck/Knof Rn. 48). Die zustimmende Stellungnahme kann ein Indiz für dessen Angemessenheit sein (LG Freiburg v. 23.8.2017, ZInsO 2017, 2083). Die einzelnen Mitglieder des Gläubigerausschusses sind dann, soweit Gläubiger, aus eigenem Recht gegen die Festsetzung beschwerdebefugt, woraus sich auch ergibt, dass eine Anknüpfung der Vergütung des Gläubigerausschusses an diejenige des Verwalters nicht in Betracht kommen kann.

3. Prüfungsintensität

15 Die Intensität der Prüfung hat eine zuverlässige Beurteilung des Verwalterhandelns sicherzustellen (Ampferl/Kilper ZIP 2015, 553, 555). Insgesamt **umfasst die Prüfung auch die Zweckmäßigkeit des Verwalterhandelns;** verfahrensuntypische Vorgänge, wie zB Darlehensgewährung an eine andere Unternehmung, sind gesondert zu prüfen (Gundlach/Frenzel/Jahn, Die Kassenprüfung durch die Gläubigerausschussmitglieder, ZInsO 2009, 902, 904). Der Kassenprüfer hat bei der Prüfung des Geldverkehrs die Beachtung der Verteilungsreihenfolge (§§ 87, 209), die korrekte Verwertung des Zuflusses vereinbarter Erlöse und den korrekten Forderungseinzug zu prüfen. Seine Aufgabe ist aber nicht die Prüfung der Zweckmäßigkeit jeder Verwalterhandlung (Ampferl/Kilper ZIP 2015, 553, 555). Bei möglichen Interessenkollisionen eines Mitgliedes sind dessen Prüfungsbefugnisse eingeschränkt (Jaeger/Gerhardt Rn. 30 f.; → § 68 Rn. 4).

16 Der **Verzicht auf die Aufstellung des Masseverzeichnisses** bedarf gem. § 151 Abs. 3 S. 2 der Zustimmung des Ausschusses. Gemäß § 149 Abs. 1 hat der Ausschuss das Bestimmungsrecht für die Modalitäten einer Hinterlegung von Geld oder Wertgegenständen. Weisungen des Verwalters an die Hinterlegungsstelle werden nur mit seiner Mitwirkung wirksam.

Der Ausschuss darf nicht dulden, dass diese Sicherungen der Masse durch Zusammenführung der Gelder verschiedener Massen auf einem „Poolkonto" unterlaufen werden (BGH ZInsO 2013, 986, 987). Er hat in diesem Falle bei Kenntniserlangung kurzfristig Abhilfe zu verlangen und nach fruchtloser Aufforderung beim Insolvenzgericht die Amtsenthebung des Verwalters zu beantragen.

III. Mitwirkungsbefugnisse

17 Der (vorläufige) Insolvenzverwalter ist bei der optimalen Verwertung der Masse durch Informationen der Ausschussmitglieder (unter Beachtung ihrer Verschwiegenheitspflichten gegenüber ihren Arbeitgebern) zu unterstützen (Eicke, ZInsO 2006, 798). Die Unterstützungspflicht geht aber nicht so weit, dass die Äußerung divergierender Rechtsansichten zu denjenigen des Verwalters innerhalb und außerhalb des Ausschusses zu unterlassen ist (LG Göttingen Urt. v. 13.2.2008 – 5 O 46/07, ZInsO 2009, 1107).

17a Die Aufgaben des Ausschusses sind je nach Verfahrensstadium unterschiedlicher Art und Intensität (vgl. zu den Erscheinungsformen → § 67 Rn. 4 bis Rn. 6), beinhalten aber **immer die Zweckmäßigkeitskontrolle des Verwalterhandelns. Im Konzerninsolvenzverfahren** kann ein Gruppengläubigerausschuss gebildet werden (§ 269c Abs.1), dessen Kompetenz beschränkt sich auf die Unterstützung der Verwalter und einzelner Ausschüsse bei der Verfahrenskoordination und abgestimmten Abwicklung (§ 269c Abs.2). Eine Kontrolle im Sinne v. § 69 ist hier ausdrücklich ausgeschlossen, da § 269c Abs.2 S.2 nur auf §§ 70 -73 verweist.

Aufgaben des Gläubigerausschusses   § 69 InsO

Im **Eröffnungsverfahren** hat der vorläufige Gläubigerausschuss in verschiedenen Erscheinungsformen (→ § 67 Rn. 6) über die Verweisung in § 21 Abs. 2 Nr. 1a iVm §§ 22a, 56a sowohl entweder bereits bei der Auswahl des vorläufigen Verwalters, ggfs. bei der Übernahme des Restrukturierungsbeauftragten als Insolvenzverwalter (§ 56 Abs.1 S.2 InsO nF) oder zumindest bei der Kontrolle des vorläufigen Insolvenzverwalters mitzuwirken, insbesondere im Bereich der Betriebsfortführungsverfahren (arg. § 22a Abs. 1) (→ Rn. 29 f.). Im **„Schutzschirm"-Verfahren** (→ Rn. 23) gem. § 270b aF (jetzt § 270d nF) kann der vorläufige Ausschuss gem. § 270b Abs. 4 Nr. 2 aF (nunmehr nur noch gem. § 270e Abs.1 Nr.4 InsO nF) jederzeit die Aufhebung dieses Moratoriumsverfahrens ohne Angabe von Gründen beantragen (mit der automatischen Wirkung, dass das Gericht dem zu folgen hat; für eine Prüfungsbefugnis, ob ein willkürlicher Antrag vorliegt: Cranshaw, ZInsO 2012, 1151, 1153; zur Haftung: Brinkmann DB 2012, 1369, 1370). 18

Im **Fortgang des Eröffnungsverfahrens** sind es dann in erster Linie die „**Weichenstellungsentscheidungen**" mit dem Gewicht entsprechend § 160 an denen der Ausschuss mitzuwirken hat (Ganter NZI 2020, 249, 258; Göb u.a., Gläubigerausschuss, 2016, Teil D Rn. 60 ff.; Ehlers BB 2013, 259, 261; ausf.: Frind, ZIP 2012, 1380; Brinkmann DB 2012, 1369, 1370; Cranshaw ZInsO 2012, 1151, 1153; Meyer-Löwy/Bruder GmbHR 2012, 432, 435; abl. Bork, ZIP 2018, 1613, 1617; s. auch → § 22a Rn. 63–67). Der vorläufige Gläubigerausschuss tritt zur Wahrung der Belange der Gläubiger an die Stelle der noch nicht existierenden Gläubigerversammlung (so für den Auftrag zur Planerarbeitung an den vorläufigen Sachwalter BGH v. 22.9.2016, ZInsO 2016, 2079 Rn. 77). 19

Beispiele: Begründung von Masseverbindlichkeiten in größerem Umfang; Insolvenzgeldvorfinanzierung; Zustimmung des vorläufigen Verwalters zu Teilbetriebsstilllegungen; Beantragung von Einzelermächtigungen; Entlassung der Geschäftsführung; Vorentscheidungen zu Verhandlungen mit Erwerbsinteressenten. 19.1

Dieser Aufgabenkanon ist haftungsträchtig (Pape/Schultz, ZIP 2016, 506, 507; Frind, ZIP 2012, 1380; HambK-InsO/Frind § 69 Rn. 6 mwN; → § 71 Rn. 6a, → § 71 Rn. 7). Die Ausschussmitglieder müssen deshalb von ihrem Know-how und ihrem insolvenzrechtlichen oder betriebswirtschaftlichen Wissen her in der Lage sein, den Verwalter auch kontrollieren zu können (Heeseler/Neu NZI 2012, 440, 443). Der mögliche Haftungsumfang, insbesondere im unternehmerischen Bereich, ist insolvenzspezifisch zu definieren (→ § 71 Rn. 8.1). 19a

Der **Ausschuss des Eröffnungsverfahrens** ist daher kontinuierlich zu informieren und zu Sitzungen mit Angabe der Tagesordnung bei wichtigen Entscheidungen, ggf. sehr häufig, einzuladen (→ Rn.29). Sofern die Geschäftsordnung es vorsieht, sind Videokonferenzen und schriftliches Verfahren per Mailumlauf zulässig. 20

Ggf. kann der vorläufige Verwalter die Einsetzung des Ausschusses gem. § 22a Abs. 2 auch erst beantragen. Er wird aber dann eine Kosten-Verhältnismäßigkeits-Berechnung iSd Vorschrift des § 22a Abs. 3, 2. Alt., mit vorzulegen haben (zu den Kosten des Ausschusses bei Stundensatz und Auslagen insbes. im Eröffnungsverfahren → § 73 Rn. 7). 20a

Der Ausschuss kontrolliert auch **im eröffneten Verfahren** die Zweckmäßigkeit des Vorgehens des Verwalters, insbes. im Bereich der Betriebsstilllegung (§ 158 Abs. 1) oder wichtiger Verfahrenshandlungen gem. § 160 Abs. 1 S. 1, und die eventuelle Unterhaltsgewährung an den Schuldner (§ 100 Abs. 2) bis zur Entscheidung der Versammlung über die Masseverteilung gem. § 187 Abs. 3 S. 2, § 195 Abs. 1 im Wege der notwendigen Zustimmung. Die verfahrensgestaltenden Rechte des Ausschusses sind auf Begrenzung, weniger auf Gestaltung, ausgerichtet. Der Ausschuss kann mithin einen **M&A-Prozeß**, der relevant massebelastend ist, durch Ablehnung blockieren, aber dessen Durchführung nicht einfordern (Buchalik/K. Schröder, ZInsO 2016, 189, 193; a. A. Kübler/Rendels, ZIP 2018, 1369, 1376). Im **Eigenverwaltungsverfahren** soll eine Kompetenz des Ausschusses zur „Anweisung" an den Schuldner, einen M&A-Prozeß durchzuführen aus §§ 270 Abs.2 Nr.2, 276 InsO analog folgen (Kübler/Rendels, ZIP 2018, 1369, 1376). Dies geben bereits die angezogenen Normen nicht her, die von einer *Zustimmungskompetenz* ausgehen; Weisungsbefugnisse hat der Ausschuss nicht (→ Rn. 2). Gleichwohl kann er analog § 160 InsO seitens des Insolvenzverwalters zu beachtende Meinungsäußerung zur Notwendigkeit einer externen oder internen Unternehmensbewertung abgeben (Schröder/Rekers, ZInsO 2019, 711, 719). 21

Gläubigerausschuss oder Gläubigerversammlung können den Verwalter (im Eigenverwaltungsverfahren: den Sachwalter) auch nicht anweisen, eine zumindest im Ansatz aussichtsreiche Anfechtungsklage zu unterlassen (Wimmer ZIP 2013, 2038). Insofern wird bereits bezweifelt, ob solche Rechtsstreite unter § 160 Abs. 1 Nr. 3 fallen (Wimmer ZIP 2013, 2038). Im Falle eines solchen Beschlusses dürften ohnehin nur die Ausschussmitglieder mitstimmen, die von dem Rechtsstreit nicht betroffen sind (s. → § 72 Rn. 7). Der Verwalter kann (und sollte) gegen einen solchen 21a

Frind

Beschluss nach § 78 intervenieren, da dieser sogar nichtig sein kann (→ § 72 Rn. 16). Der (vorläufige) Gläubigerausschuss kann auch Zahlungen (z. B. an Berater) nicht per Beschluss anfechtungsfrei stellen, da er keine bindenden Erklärungen für Sachwalter oder Insolvenzverwalter abgeben kann (OLG Köln v. 29.3.2017, ZInsO 2018, 792, 802).

22 Beim **Insolvenzplanverfahren** hat er Beratungs- und Stellungnahmerechte (§§ 218 Abs. 3, 231 Abs. 2, 232 Abs. 1 Nr. 1, 233 S. 2; die Stellungnahme ist nach § 232 Abs.4 gfs. bereits im Planvorprüfungsverfahren verwertbar), das fakultative **Planüberwachungsrecht** (§ 261 InsO) läuft faktisch leer (Lissner ZInsO 2012, 1452; s. aber BGH v. 6.5.2021, NZI 2021, 733).

23 Auch im **Eigenverwaltungsverfahren und Schutzschirmverfahren** ist ein (vorläufiger) Gläubigerausschuss praktisch unverzichtbar (→ § 67 Rn. 21-22) (§§ 270 Abs. 1, 270b, 274 Abs. 3 S. 1, 276 InsO aF; § 270e Abs.1 Nr.4 InsO nF), denn er kontrolliert dann den eigenverwaltenden Schuldner (§ 270b Abs. 4 Nr. 2 InsO aF zeigt dies für das Schutzschirmverfahren). Diese Verfahren erfordern eine sorgfältige Antragsvorbereitung (Meschede/Albrecht, ZInsO 2018, 1645; AG Hamburg, NZI 2014, 312). Gerade die Gläubigerausschussmitgliedschaft in einem Schutzschirm-/Eigenverwaltungsverfahren ist mit besonderen Herausforderungen für die Gläubigerausschussmitglieder verbunden, da die Konten idR nicht vom (vorläufigen) Sachwalter, sondern vom Schuldner selbst geführt werden und dessen Rechnungslegung zu prüfen ist (zu den Anforderungen an solche Berichte, Langer/Bausch , ZInsO 2018, 1138; Hillebrand, ZInsO 2018, 1650).

23a Das Risiko einer insolvenzzweckwidrigen Verwendung von Massegeldern durch den Schuldner ist hier ungleich höher als bei einer Masseverwaltung durch den (vorläufigen) Insolvenzverwalter/Sachwalter (Kühne, NZI 2015, 172).

23b Im **Eröffnungsstadium** ist dann hier v. Ausschuss eine mögliche Nachteiligkeit gem. § 270 Abs. 3 (§ 270b Abs.3 InsO nF in Zweifelsfällen) geltend zu machen (vgl. Frind, DB 2014, 165, 169), zB bei Ungeeignetheit der Geschäftsleitung zur Eigenverwaltung oder Befriedigung von Insolvenzforderungen „wie Masseforderungen" (Pape/Schultz, ZIP 2016, 506, 512). Nachteilsindizierende Umstände haben die Ausschussmitglieder dem Gericht jederzeit mitzuteilen, ggf. droht Haftung gem. § 71 InsO (Hammes, ZIP 2017, 1505, 1509; siehe → § 71 Rn. 4a). Die Kompetenz zu einer Nachteils"anzeige" im vorläufigen Eigenveraltungsverfahren hat der Ausschuss gem. § 270 Abs.3 S.1 InsO aF jederzeit, regelhaft ist er zur Frage der Anordnung der Eigenverwaltung mit Eröffnung des Verfahrens erst kurz vor der Eröffnung nach dieser Vorschrift (nochmals, da bereits gfs. zur Frage der ersten Anordnung mittels eines vorläufigen Sachwalters) zu hören (§ 270e Abs.4 InsO nF) (de lege ferenda wird vorgeschlagen, den einzelnen Ausschussmitgliedern die Möglichkeit zu Nachteilsanzeigen an das Gericht gesetzlich einzuräumen (Weitzmann, BB 2019, 521, 525). Im Schutzschirmverfahren ist gem. § 270b Abs. 4 S. 1 Nr. 2 InsO aF (jetzt so § 270e Abs.1 Nr.4 InsO nF) v. Gericht bei entsprechender Ausschussmeldung die Aufhebungsnotwendigkeit zu prüfen.

23c Da der Schuldner die Masseverwaltung verantwortet, ist in erster Linie er Gegenstand der Unterstützung und Überwachung durch den Ausschuss, nicht der vorläufige Sachwalter. Sofern sich die Ausschussmitglieder aber vergewissern, dass dieser den Schuldner überwacht, können sie sich auf die Überwachung des vorläufigen Sachwalters beschränken (Pape/Schultz, ZIP 2016, 506, 514).

24 Für die Weichenstellungen im Verfahrensverlauf am bedeutsamsten sind die **Zustimmungsregelungen in §§ 158, 160.** Danach kontrolliert der Ausschuss die Stilllegung des Betriebes vor dem Berichtstermin (§ 158 Abs. 1) und die verfahrenswichtigen Handlungen. Der Katalog ist nicht abschließend, sondern dieser Vorbehalt betrifft alle Verfahrenshandlungen, die dem Gewicht der in § 160 genannten entsprechen (HambK-InsO/Frind Rn. 6), zB auch die Genehmigung nach § 181 BGB und unternehmerische Entscheidungen (Cranshaw, ZInsO 2012, 1151, 1152; Kögel/Loose, ZInsO 2006, 17, 21). Es besteht auch Geltung des § 160 InsO im Eröffnungsverfahren (AG Hannover v. 2.8.2016, ZInsO 2016, 1953, 1954; Ganter NZI 2020, 249, 258; a. A. Bork, ZIP 2018, 1613, 1617).

25 Im Bereich der gem. § 160 durch Gläubigerorgane zustimmungspflichtigen Handlungen ist die in diesem Bereich notwendige zusätzliche Aufsicht des Insolvenzgerichtes, da die Grenze zu insolvenzzweckwidrigen Handlungen hier fließend sein kann, Ausgleich für die auch ohne Zustimmung gegebene Wirksamkeit des Verwalterhandelns nach außen gem. § 164 (Gundlach/Frenzel/Jahn, ZInsO 2007, 1028).

IV. Allgemeine Anwendungsfragen

1. Sitzungsöffentlichkeit/Verschwiegenheit

Die Sitzungen sind **nicht öffentlich;** die Mitglieder sind zur Verschwiegenheit verpflichtet – 26
auch gegenüber ihrem Arbeitgeber (Eicke, Informationspflichten der Mitglieder des Gläubigerausschusses, ZInsO 2006, 798; Gundlach/Frenzel/Schmidt, Die Verschwiegenheitspflicht des Gläubigerausschussmitglieds, ZInsO 2006, 69, 72). Rechtliche Berater der Mitglieder sind zu den Sitzungen idR nicht zuzulassen (aA LG Kassel Beschl. v. 14.8.2002 – 3 T 301/02, ZInsO 2002, 839, 841). Im Insolvenzverfahren besteht ein insolvenzspezifischer Geheimnisbegriff, der zB Sanierungskonzepte oder Verkaufsofferten sowie Betriebsgeheimnisse umfasst. Insbesondere bei der Erörterung von Betriebsgeheimnissen und masserelevanten Informationen besteht Verschwiegenheitspflicht der Mitglieder des Gläubigerausschusses (Frege/Nicht InsVZ 2010, 407, 414). Diese ist analog § 116 S. 2 AktG strikt zu handhaben und eng auszulegen (Frege/Nicht ZInsO 2012, 2217, 2224), ggf. in der Geschäftsordnung ausdrücklich zu verankern.

2. Verhältnis zum Insolvenzgericht

Dem Gericht gegenüber, welches die Rechtsaufsicht führt, ist der Ausschuss unabhängig (BGH 27
Urt. v. 12.7.1965 – III ZR 41/64, VersR 1965, 1196). Jedoch können Richter oder Rechtspfleger an den Sitzungen des Ausschusses **informationshalber teilnehmen** oder sich dessen Protokolle zur Akte senden lassen (vgl. HambK-InsO/Frind Rn. 12 mwN; MK-Schmidt-Burgk Rn.12; Uhlenbruck/Knof Rn. 7; Braun-Hirte § 70 Rn. 4: werden als Sonderakte geführt; aA Göb u.a., Gläubigerausschuss, 2016, Teil D Rn. 24, 25; Pöhlmann/Kubusch in Graf-Schlicker, § 72 Rn. 8). Das Gericht sollte keine Akteneinsicht in Protokolle des Ausschusses gewähren ohne dessen Mitglieder dazu gehört zu haben.

Ein **Ablehnungsrecht i.S.v. §§ 42 ff. ZPO gegenüber dem Insolvenzrichter oder** 27a
Rechtspfleger steht dem Ausschuss nicht zu (LG Münster, Beschl. v. 18.1.2016 – 9 T 73/15, 09 T 73/15 –, BeckRS 2016, 10122; OLG Koblenz, KTS 1971, 220; Göb u.a., Gläubigerausschuss, 2016, Teil D Rn. 28). Bei bekannt gewordenen Verstößen des Verwalters, denen der Verwalter nicht abhelfen will, sollte der Ausschuss das Gericht und – im Fall der Ausschüsse nach Eröffnung – auch die Gläubigerversammlung zur Vermeidung eigener Haftung informieren (Eicke, ZInsO 2006, 798, 799; Pape/Schultz, ZIP 2016, 506, 509; Jaeger/Gerhardt, § 69 Rz. 13). Der Verwalter sollte jedoch bei geringfügigen Verstößen zunächst Gelegenheit zur Abhilfe erhalten (Pape/Schultz, ZIP 2016, 506, 509).

3. Verhältnis zur Gläubigerversammlung

Der Ausschuss ist gegenüber der Gläubigerversammlung unabhängig und nicht weisungsgebun- 28
den. Diese kann seine Beschlüsse nicht aufheben oder ändern (Schirmer DStR 2012, 733; Zimmer, Die Vergütung des Belegprüfers aus buchhalterischer Sicht, ZInsO 2009, 1806; aA Ampferl/Kilper ZIP 2015, 553, 559 ohne Problematisierung der Masseverbindlichkeitsbegründungskompetenz), sondern nur über §§ 68, 70 Einfluss nehmen.

4. Mitwirkung im Insolvenzeröffnungsverfahren

Der vorläufige Verwalter wird im Eröffnungsverfahren dem vorläufigen Gläubigerausschuss 29
(§ 22a) vor allen verfahrenswichtigen Handlungen iSv § 160 die Gelegenheit zur Stellungnahme und Zustimmung geben müssen (MüKoInsO/Görg § 160 Rn. 29; so auch HambK-InsO/Decker § 160 Rn. 3; HambK-InsO/Frind § 67 Rn. 2b; → Rn. 19). Die Begründung zum RegE (BT-Drs. 17/5712, 43) spricht bei Art. 2 (§ 17 InsVV) von „möglicherweise arbeitsintensiven Aufgaben". Der Ausschuss wird daher im Eröffnungsverfahren, soweit existent, mehr öfter zu tagen und beschließen haben, als im eröffneten Verfahren, da hier die wichtigen „Weichenstellungsentscheidungen" fallen, was auch vergütungsrelevant und im Rahmen der Kostenanalyse nach § 22a Abs. 3, 2.Alt. zu beachten ist (Rauscher, ZInsO 2012, 1201).

Er wird zB bei der Entscheidung zur Insolvenzgeldfinanzierung und Betriebsfortführung 30
(→ Rn. 4), bei der Beantragung von Masseverbindlichkeitsbegründungskompetenzen im Wege der Einzelermächtigung, zumindest bei solchen größeren Umfanges, bei Anträgen gem. § 21 Abs. 2 Nr. 5 und bei Verhandlungen mit ernsthaften Betriebsübernahmeinteressenten vorher zu konsultieren sein.

30.1 Generalermächtigung des Ausschusses für den Verwalter?

Eine "Generalermächtigung" zu Handlungen iSv § 160 darf der Gläubigerausschuss dem Verwalter aber nicht erteilen, da er ansonsten sein Kontrollrecht aus der Hand geben würde (aA Kübler in Haarmeyer/Hirte/Kirchhof/von Westphalen, Verschuldung, Haftung, Vollstreckung und Insolvenz, 1. Aufl. 2004, S. 369, 384 mwN). Jedoch können Gläubigerversammlung oder -ausschuss bestimmte, abgrenzbare Zustimmungsfragen iSv § 160 zur Erhöhung der Flexibilität oder für den Fall der Beschlussunfähigkeit auf das Insolvenzgericht übertragen, das dann die Frage der Zustimmung selbst entscheidet (Kübler in: Haarmeyer/Hirte/Kirchhof/von Westphalen, Verschuldung, Haftung, Vollstreckung und Insolvenz, 1. Aufl. 2004, S. 389; Ehricke, Beschlüsse einer Gläubigerversammlung bei mangelnder Teilnahme der Gläubiger, NZI 2000, 57, 62).

30.2 Folgen der Mitwirkung/Zustimmung des Gläubigerausschusses

Die Zustimmung des Gläubigerausschusses kann für den Verwalter **eine Haftungsminimierung durch Umkehr der Beweislast bewirken** (HambK-InsO/Frind Rn. 8 und 9 ; Ehlers, Besondere Haftungsgefahren für Juristen in der Insolvenzverwaltung, ZInsO 2005, 902, 908; Pape, Ungeschriebene Kompetenzen der Gläubigerversammlung versus Verantwortlichkeit des Insolvenzverwalters, NZI 2006, 64, 70 für eine interne Haftungsfreistellung bei Mehrheitsbeschlüssen der Gläubigerversammlung dahingehend, eine bestimmte Maßnahme durchzuführen; Blank/Weinbeer, Insolvenzverwalterhaftung unter besonderer Berücksichtigung der aktuellen BGH-Rechtsprechung, NZI 2005, 478, 481; BGH Urt. v. 22.1.1985 – VI ZR 131/83, MDR 1985, 566; OLG Nürnberg Urt. v. 15.1.1986 – 4 U 1334/85, ZIP 1986, 244; unklar Gundlach/Frenzel/Jahn, Die Haftungsfreistellung des Insolvenzverwalters durch eine Beschlussfassung des Gläubigerausschusses, ZInsO 2007, 363, die die Variante der Haftungsminimierung nicht thematisieren, jedenfalls einen Haftungsausschluss ablehnen.). Für eine „anspruchsmindernde Wirkung" des zustimmenden Beschlusses der Gläubigerversammlung nunmehr auch der BGH, jedoch nur dann, **wenn deren Zustimmungskompetenz durch den Tagesordnungspunkt betroffen ist** (BGH v. 12.3.2020, ZInsO 2020, 1180, Rn.62-64). Die mögliche Haftungsbegrenzung wirkt aber nur ggü. Insolvenzgläubigern und Absonderungsberechtigten (arg. aus § 71 InsO; hinsichtlich Massegläubigern offengelassen v. BGH v. 12.3.2020, ZInsO 2020, 1180, Rn.63, dies kritisiert bei Frind, ZInsO 2020, 1213, da Massegläubiger an der Versammlung gar nicht stimmberechtigt teilnehmen können).

Bei rechts- oder insolvenzzweckwidrigen Beschlüssen des Ausschusses muss der (vorläufige) Verwalter handeln: In einem solchen Sonderfall muss der Verwalter daher auch gem. § 78 analog bei solchen Beschlüssen des Ausschusses, insbesondere im Eröffnungsverfahren, soweit er die Mitwirkung des Ausschusses für verfahrensnotwendig hält (Bereich des § 160; im eröffneten Verfahren auch § 35 Abs. 3 S. 3), das Gericht anrufen können mit dem Ziel, den (Negativ-)Beschluss des Ausschusses aufzuheben (für die Anwendung von § 78: Fritz NZI 2011, 801; Haarmeyer/Wutzke/Förster, Handb InsO, Rn. 6/5 und 25; HK-InsO/Riedel § 72 Rn. 6; MüKoInsO/Schmid-Burgk, § 72 Rn. 22; aA Gundlach/Frenzel/Strandmann NZI 2008, 461, 464; Frege NZG 1999, 480).

5. Tätigwerden nach Außen

31 Nach außen hin, zB gegenüber anderen Gläubigern und Lieferanten, können die Ausschussmitglieder nicht für die Masse (BGH Urt. v. 22.4.1981 – VIII ZR 34/80, MDR 1982, 139) oder prozessual tätig werden. Sie begründen keine Masseverbindlichkeiten (str. in Bezug auf die Vergütung des Kassenprüfers, s. → Rn. 12).

§ 70 Entlassung

¹Das Insolvenzgericht kann ein Mitglied des Gläubigerausschusses aus wichtigem Grund aus dem Amt entlassen. ²Die Entlassung kann von Amts wegen, auf Antrag des Mitglieds des Gläubigerausschusses oder auf Antrag der Gläubigerversammlung erfolgen. ³Vor der Entscheidung des Gerichts ist das Mitglied des Gläubigerausschusses zu hören; gegen die Entscheidung steht ihm die sofortige Beschwerde zu.

Überblick

Die Norm regelt die Entlassung von Mitgliedern beim vorläufigen, beim Interims- wie endgültigen Gläubigerausschuss. Die Entlassungsgründe (→ Rn. 6) sind im Einzelnen nicht geregelt.

Übersicht

	Rn.		Rn.
A. Allgemeines	1	2. Mildere Mittel	12
B. Norminhalt	2	III. Entlassungsverfahren	13
I. Entlassungsanlass	2	1. Anhörung	13
II. Entlassungsgründe	4	2. Begründung	14
1. Wichtiger Grund	4	IV. Rechtsmittel	15

A. Allgemeines

Die Norm regelt die Entlassung von Mitgliedern beim vorläufigen, beim Interims- wie endgültigen Gläubigerausschuss (zur Unterscheidung (→ § 67 Rn. 4, → § 67 Rn. 5, → § 67 Rn. 6)) in Kollisionssituationen und bei erweislicher Ungeeignetheit und ergänzt damit → § 68 Rn. 9 (Abwahl). Für das Eröffnungsverfahren wird sie durch § 21 Abs. 2 Nr. 1a in Bezug genommen. Die Begrenzung einer Entlassung auf einen "wichtigen Grund" betont die Eigenständigkeit und Unabhängigkeit des Organs (BGH Beschl. v. 1.3.2007 – IX ZB 47/06, ZInsO 2007, 444 = ZIP 2007, 781, 783). **1**

B. Norminhalt

I. Entlassungsanlass

Der Entlassungsanlass entsteht entweder durch eine **amtswegige Kenntnis** des Insolvenzgerichtes, einen **Antrag** des Mitgliedes selbst oder – im eröffneten Verfahren – durch Antrag der antragsberechtigten Versammlung (die darüber erst Beschluss fassen muss - Satz 2) (Gerhardt/Haarmeyer/Kreft/Vallender, Insolvenzrecht im Wandel der Zeit, FS Kirchof 2003, 507, 517). Nicht antragsberechtigt sind der Verwalter (der aber Entlassungen anregen kann; s. LG Kleve v. 15.5.2020, ZIP 2020, 1365) und der Gläubigerausschuss als Organ. Auch ein einzelner Gläubiger ist nicht antragsberechtigt (AG Münster v. 3.12.2015, ZInsO 2016, 586; Uhlenbruck/Knof § 70 Rn. 4). Ein unzulässiger Antrag kann aber als **Anregung auf amtswegige Prüfung** ausgelegt werden (Uhlenbruck/Knof, § 70 Rn. 4). **2**

Kein notwendiger Antrag: Die Entlassung setzt nicht immer einen Antrag („von Amts wegen"), aber – auch bei einem Antrag der Gläubigerversammlung – immer einen wichtigen Grund voraus (BGH Beschl. v. 1.3.2007 – IX ZB 47/06, ZInsO 2007, 444; Vallender FS Ganter 2010, 391, 402; aA Heidland in Kölner Schrift zur Insolvenzordnung, 2. Aufl. 2000, S. 721). Dies gilt auch beim eigenen Antrag des Mitgliedes. Entlassungsgründe können Pflichtenverstöße, Interessenkollisionen oder Haftungsfragen sein. Dann kann das Insolvenzgericht jederzeit bei entsprechenden Anhaltspunkten selbst tätig werden. **3**

Eine **Niederlegung des Amtes** kommt nicht Betracht (BGH Beschl. v. 29.3.2012 – IX ZB 310/11, ZInsO 2012, 826 Rn. 6; HambK-InsO/Frind, 8. Aufl. 2020, § 70 Rn. 1, Rn.6; Göb/Schnieders/Mönig/Bogumil-Pollmächer, Teil B. Rn.96; aA LG Magdeburg Beschl. v. 17.12. 2001 – 3 T 1070/01, ZInsO 2002, 88, 89), an dessen Stelle tritt der Eigen-Entlassungsantrag (Graf, NZI 2016, 757 a. A. Mock, ZInsO 2019, 1991, 1994: jederzeit möglich), eine „Niederlegung" ist entprechend umzudeuten. Auch beim Eigenantrag eines Mitgliedes muss ein wichtiger Grund vorliegen, den das Gericht zu prüfen hat (LG Göttingen ZInsO 2011, 1748; AG Duisburg ZInsO 2003, 861; Uhlenbruck/Knof Rn.6; Vallender FS Ganter 2010, 391, 399; Kübler/Prütting/Bork/Kübler, Loseblattsammlung Rn. 9), aber nicht mit hohen Anforderungen, da „unwillige" Mitglieder das Gremium nicht tragen. Ein wichtiger Grund liegt im Falle des Eigenantrags daher in der Regel vor, wenn das Ausschussmitglied selbst sein weiteres Verbleiben im Amt nicht mehr für zumutbar hält und seine Motive nicht offenkundig sachfremd sind (Mock, ZInsO 2019, 1991, 1994; Graf, NZI 2016, 757; recht weitgehend AG Duisburg, Beschl.v. 3.7.2003, EWiR 2003, 983). Dies muss allerdings begrenzt werden durch eine gerichtliche Interessenabwägung, wobei dem ordnungsgemäßen Funktionierens des Gremiums, ggfs. auch unter notwendiger Beibehaltung des „amtsmüden" Mitgliedes mangels Ersatz, der Vorzug zu geben ist. Die Beendigung des Arbeitsverhältnisses zum „entsendenden" Gläubiger genügt indes nicht (AG Norderstedt, Beschl. v. 10.08.2007, ZInsO 2007, 1008; Graf, NZI 2016, 757, 760). **3.1**

Die Ablehnung der Weiterversicherung des Haftungsrisikos ist ein begründeter Grund für einen Eigen-Entlassungsantrag (LG Göttingen, Beschl. v. 25.8.2011 – 10 T 50/11, ZInsO 2011, 1748). **3.2**

InsO § 70 Zweiter Teil. Eröffnung des Insolvenzverfahrens

3.3   Wird der **Ausschuss im Laufe des späteren Verfahrens überflüssig**, zB weil keine verfahrenswichtigen Entscheidungen mehr zu treffen sind, können die Mitglieder insgesamt ihre Entlassung nach § 70 beantragen, da ein „wichtiger Grund" durch Wegfall der Geschäftsgrundlage vorliegt. Eine amtswegige Entlassung kann wegen „Aufgabenverbrauch" nicht stattfinden (außer in dem zu Rdn. 4 genannten Sonderfall), allerdings kann das Gericht eine weitere Vergütung und auch Haftpflichtversicherung dann nicht mehr zulassen. Insofern regelt sich in diesen Fällen der notwendige eigene Auflösungsantrag v. selbst. Eine zwangsweise Auflösung durch die Gläubigerversammlung sollte aber wegen der Souveränität des Organes nicht zugelassen werden (so aber Gundlach/Frenzel/Jahn ZInsO 2011, 708, die beide Wege zulassen wollen).

II. Entlassungsgründe

1. Wichtiger Grund

4   Notwendig ist ein wichtiger Grund (s. → Rn. 3.1). In Betracht kommen Gründe, die ohne Zutun des jeweiligen Mitgliedes entstehen und solche, die auf dessen Tätigkeit oder gar Untätigkeit beruhen (→ Rn. 6; Zusammenfassung bei Graf, NZI 2016, 757, 759). Bei **Pflichtenverstößen** liegt ein wichtiger Grund iSd Norm nur bei einem **schwerwiegenden** Pflichtenverstoß vor (BGH Beschl. v. 15.5.2003 – IX ZB 448/02, ZInsO 2003, 560), der die Erwartung begründet, dass die weitere Arbeit des Ausschusses erschwert oder gar unmöglich wird und die objektive Erreichung des Verfahrensziels greifbar gefährdet erscheint, wenn das betreffende Mitglied verbleibt. Ein Inhabilitätsgrund bei Einzelfragen/-entscheidungen ist von dem Betreffenden vorher rechtzeitig anzuzeigen, wenn er nicht allen Beteiligten offensichtlich ist (Vallender FS Ganter 2010 391, 398). Unterbleibt diese Anzeige kann bei Aufdeckung ein wichtiger Grund zur Entlassung gegeben sein.
     Sonderfall der Entlassung aller Mitglieder ist die **Einstellung des Geschäftsbetriebes** bei einem sogenannten Antragsausschuss **im Eröffnungsverfahren** nach § 22a Abs. 2, da gem. § 22a Abs. 3 bei eingestellten Geschäftsbetrieben der Gesetzgeber nicht mehr von einer Notwendigkeit für den Ausschuss ausgeht (→ § 22a Rn. 17, → § 22a Rn. 31). Dies wird aber im Einzelfall abzuwägen sein, da § 22a Abs. 3 (nur) den Fall des von Anfang an bereits eingestellten Geschäftsbetriebes regelt.

5   Der Entlassungsgrund muss in der Regel zur **vollen Überzeugung des Gerichtes** feststehen und die Verfahrensabwicklung muss durch das Verhalten objektiv nachhaltig beeinträchtigt werden. Eine Störung des Vertrauensverhältnisses zu übrigen Verfahrensbeteiligten allein genügt nicht, denn ein Vertrauensverhältnis zu den anderen Beteiligten setzt das Gesetz nicht voraus (BGH Beschl. v. 1.3.2007 – IX ZB 47/06, ZInsO 2007, 444 = ZIP 2007, 781; Vallender in Gerhardt/Haarmeyer/Kreft, Insolvenzrecht im Wandel der Zeit, FS Kirchhof 2003, 507, 513). Grundsätzlich ist auch die Zerrüttung des Vertrauensverhältnisses eines Mitgliedes zum Insolvenzverwalter aber kein Entlassungsgrund (LG Magdeburg, ZInsO 2002, 88), wenn ein sachlicher Grund fehlt (Bogumil/Pollmächer in Göb, u.a.; Gläubigerausschuss, Teil B Rn. 103; vgl. → Rn. 10).

5a   Bei einem gegebenen Entlassungsgrund ist ein **Verschulden des zu Entlassenden nicht vorausgesetzt** (Gundlach/N. Schmidt, Die Entlassung eines "beauftragten" Rechtsanwalts aus dem Gläubigerausschuss, ZInsO 2008, 604, 606; HK-InsO/Riedel Rn. 4).

6   Als **Entlassungsgründe** (vgl. HambK-InsO/Frind Rn. 3, 3a, 3b mwN) kommen zB in Betracht:
• häufiges Fehlen bei Krankheit oder aufgrund von anderen Verhinderungsgründen,
• bei juristischen Personen häufig wechselnde Vertreter ohne angemessenes Informationsniveau,
• Inkompetenz,
• Einschränkung der Geschäftsfähigkeit,
• sich erweisende Geschäftsunerfahrenheit,
• **Pflichtenkollision**: Bei diesen Gründen geht es um Besorgnisanlässe der Befangenheit. Eine Entlassung erfordert ggf. dauerhafte Besorgnis, nicht nur bei Einzelentscheidungen oder einem schwerwiegenden Einzelfall mit Pflichtverletzung. Maßstab ist die vorauszusetzende Neutralität der Ausschussmitglieder, die eben im Interesse aller Gläubiger tätig werden müssen (→ § 67 Rn. 13).
Beispiel: Entlassung wegen Vertretung von Partikularinteressen, zB wenn ein Ausschussmitglied zwecks Beeinflussung der vertraulichen Beratung in eine Sitzung einen Rechtsanwalt, der gegen den Insolvenzverwalter im Auftrage einer Gläubigerin klagt, mitbringen will (LG Kassel Beschl. v. 14.8.2002 – 3 T 301/02, ZInsO 2002, 839; Pape, Der verhinderte Insolvenzverwalter als Mitglied des Gläubigerausschusses – Anm. zu LG Kassel ZInsO 2002, 1017; BGH

Beschl. v. 15.5.2003 – IX ZB 448/02, ZInsO 2003, 560; AG Göttingen Beschl. v. 11.8.2006 – 71 N 90/94, ZInsO 2006, 1117), oder das Ausschussmitglied – und sei es auch als Rechtsanwalt an einen Mandanten, der ihn in den Ausschuss entsandt hat, Informationen weitergibt, deren Verwendung geeignet ist, die Interessen der übrigen Gläubiger zu beeinträchtigen (BGH Beschl. v. 24.1.2008 – IX ZB 222/05, ZInsO 2008, 323). Vertritt ein Ausschussmitglied (insbes. nach Amtsübernahme) den Geschäftsführer der Komplementär-GmbH der Schuldnerin gegenüber Haftungsansprüchen der Masse, ist spätestens nach Beeinflussungsversuchen der übrigen Ausschussmitglieder wegen der Führung des Haftungsverfahrens eine Entlassung begründet (LG Kleve v. 15.5.2020, ZIP 2020, 1365). Insofern verdrängen vertragliche mandatäre Bindungen die Verschwiegenheits- und Neutralitätspflicht gerade nicht (Gundlach/N. Schmidt, ZInsO 2008, 604, 606).

Im Falle einer zeitlich kurz vor dem Insolvenzantrag vorangegangenen bisherigen Beratung des schuldnerischen Unternehmens können weder der Geschäftsführer noch der Gesellschafter des Beratungsunternehmens in den Ausschuss als Mitglied bestellt werden, selbst wenn die Beratung formal bei Bestellung beendet ist (aA AG Hamburg 2.8.2017, ZIP 2017, 2213). Das Gericht hat seine Ermessensentscheidung wie im Falle der Unabhängigkeitsprüfung bei der Verwalterbestellung an möglichen Besorgnisanlässen auszurichten (→ § 56 Rn. 1 ff.), die sich bei zeitnaher Beratung verdichtet haben werden. Bei späteren Bekanntwerden ist das betreffende Mitglied zu entlassen.

Eine Interessenkollision im Eröffnungsverfahren wird auch vorliegen, wenn ein Ausschussmitglied Angehöriger eines Bewerbers für eine Betriebsübernahme oder eines Mitkonkurrenten des schuldnerischen Unternehmens ist. Auch eine Investorenabsicht schließt das betreffende Mitglied von den diesbezüglichen Beratungen und Abstimmungen aus (Decker/Schäfer BB 2015, 198, 201).

- Fehlende Masse für ausreichende Haftpflichtversicherung, die gem. § 18 InsVV (→ InsVV § 18 Rn. 1 ff.) zu erstatten wäre (BGH Beschl. v. 29.3.2012 – IX ZB 310/11, ZInsO 2012, 826 Rn. 9).
- **Verlust der Repräsentationsfunktion für eine Gläubigergruppe** (→ § 67 Rn. 7 und → § 67 Rn. 12.1), sofern diese Bedeutung für das Gericht bei der Einsetzungsentscheidung hatte. **Nicht ausreichend** ist aber die **Beendigung des Arbeitsverhältnisses des Mitgliedes beim vertretenen Gläubiger** (Graf, NZI 2016, 757, 760; AG Norderstedt Beschl. v. 10.8.2007 – 66 IN 261/04, ZInsO 2007, 1008 (Ls.)). Auch der Verlust der Gläubigerstellung ist kein „wichtiger Grund", denn es kommt auf die verfahrensrechtliche Stellung bei der Amtseinsetzung an, zumal keine Umgehung durch Forderungsabtretung ermöglicht werden soll (Graf, NZI 2016, 757, 759). Im eröffneten Verfahren zeigt ohnehin § 67 Abs. 3 InsO die Nicht-Akzessorietät.

Die **Insolvenz des Ausschussmitgliedes** führt zur Folgefrage, ob der eingesetzte Insolvenzverwalter das Amt statt des Mitgliedes ausüben darf, soll und will. Grundsätzlich gehört die Amtsausübung zur Befugnis des Insolvenzverwalters über das Vermögen des Mitgliedes, soweit die Vermögenshoheit des Ausschussamtes zum verwalteten Vermögen noch gegeben ist (BGH v. 11.3.2021, BeckRS 2021, 6874=NZI 2021, 536, Rn.24; Bogumil/Pollmächer in Göb, u.a.; Gläubigerausschuss, Teil B Rn. 104, 108 mit zahlreichen Erwägungen). 6.1

Im **Konzernverbund** kann eine Verfehlung die Entlassung auch im Gläubigerausschuss des verflochtenen Unternehmens rechtfertigen (BGH Beschl. v. 24.1.2008 – IX ZB 223/05, ZInsO 2008, 604). Dies ist relevant für eine Entlassung aus dem Amt im **Gruppengläubigerausschuss** gem. § 269c Abs.2 S.2. So sollte als wichtiger Grund die Entlassung im "Entsendeausschuss" gelten (HK-Specovius, 9.Aufl.InsO, § 269c Rn.17). Umgekehrt wird das nicht zwingend sein (FK-InsO, 9.Aufl., Wimmer-Amend, § 269c Rn.50). 7

Im **Eröffnungsverfahren mit einem „Pflichtausschuss"** gem. § 22a Abs. 1 werden die notwendigen Anforderungen an einen funktionierenden Ausschuss aufgrund der Betriebsgröße und der in diesem Stadium zu treffenden wichtigen Entscheidungen (→ § 69 Rn. 29, → § 69 Rn. 30) enger und strenger zu beurteilen sein, als beim Antragsausschuss oder in späteren Verfahrensstadien, insofern kann hier eine Entlassung „niederschwelliger" erfolgen, da ein funktionsfähiger Ausschuss in jedem Falle sicherzustellen ist. 8

Mangelnde Vergütungshöhe oder drohende Haftungsrisiken sind keine Entlassungsgründe, da darüber vor der Bestellung eine entsprechende Informationsmöglichkeit bestand. 9

Die **Zerrüttung des Vertrauensverhältnisses** eines Mitgliedes zum Insolvenzverwalter ist kein Entlassungsgrund (BGH Beschl. v. 1.3.2007 – IX ZB 47/06, ZInsO 2007, 444; LG Magdeburg Beschl. v. 17.12.2001 – 3 T 1070/01, ZInsO 2002, 88). An der Schnittstelle zwischen Interessenkollision und Vertrauenszerrüttung liegt die Konstellation, dass ein Gläubigerausschuss- 10 mitglied unberechtigte Forderungen als Massegläubiger gegen die Masse erhebt, das Kassenprüferamt zur Ausnutzung eigener Interessen missbraucht und den Verwalter grundlos anzeigt. In diesem Fall kann eine Entlassung gerechtfertigt sein (LG München I, Beschluss vom 23.03.2016 - 14 T 1983/16, BeckRS 2016, 07339).

11   **Mögliche Haftungsfälle:** Kündigt der Verwalter außergerichtlich unter Darlegung substantiierter Ansprüche an, verschiedene Ausschussmitglieder in Anspruch nehmen zu wollen und dies ggf. auch gerichtlich tun zu wollen, ist vom Gericht abzuwägen, ob die den Ansprüchen zugrundeliegenden Handlungen der Ausschussmitglieder es geboten sein lassen, eine Entlassung vorzunehmen, ggf. genügen zunächst Stimmverbote. Allerdings kann bereits auch ein außergerichtlicher Anspruch zu einem Entlassungsanlass werden (AA: wohl LG Deggendorf ZIP 2013, 2371).

2. Mildere Mittel

12   Die Entlassung ist nicht einziges Abwehrmittel gegen ungeeignete Ausschussmitglieder und daher "ultima ratio" (Gerhardt/Haarmeyer/Kreft/Vallender, Insolvenzrecht im Wandel der Zeit, FS Kirchhof 2003, 507, 512; aA LG Kassel Beschl. v. 14.8.2002 – 3 T 301/02, ZInsO 2002, 839), weshalb niederschwellige Entlassungsgründe sich erst häufen oder einzeln schwerwiegend sein müssen. Eine vorherige **"Abmahnung"** mag zulässig und zuweilen verhältnismäßig sein (BGH v. 11.3.2021, BeckRS 2021, 6874=NZI 2021, 536, Rn.19; Gerhardt/Haarmeyer/Kreft/Vallender, Insolvenzrecht im Wandel der Zeit, FS Kirchhof 2003, 507, 512). Bei Interessenkollisionen können **Informationssperren und Stimmverbote** ausreichen (vgl. auch → § 72 Rn. 4) (LG Deggendorf ZIP 2013, 2371; Vallender FS Ganter 2010, 391, 398). Eine Befugnis des Gerichtes zur Aufhebung von Beschlüssen des Gläubigerausschusses in Sonderfällen analog § 78 ist durch § 70 abgedeckt (→ § 69 Rn. 18 mwN).

III. Entlassungsverfahren

1. Anhörung

13   Das betroffene Mitglied ist gem. § 70 Satz 3 zu hören (nicht beim Eigenantrag), ggf. mündlich (AG Münster v. 3.12.2015, ZInsO 2016, 586; Jaeger-Gerhardt § 70 Rn. 12). Bei Gefahr im Verzug kann dies nachgeholt werden. Der Verwalter ist nicht Beteiligter (BGH Beschl. v. 17.7.2003 – IX ZB 448/02, ZInsO 2003, 751).

Ist die **Mitgliedschaft eines Mitgliedes streitig,** ist auch diese Frage durch das Insolvenzgericht, und nicht mittels Feststellungsklage durch ein Prozessgericht, analog § 70 zu klären (BGH v. 11.3.2021, BeckRS 2021, 6874=NZI 2021, 536, Rn.13, 21, 22; zust. Harbrecht, NZI 2021, 539; KK-Hammes, § 68 Rn.27). Ob dies sinnvoll ist, darf bezweifelt werden, eine raschere Entscheidung wäre durch das Insolvenzgericht möglich, was in Anbetracht der nicht ordnungsgemäßen Besetzung des Ausschusses mit möglichen Nichtigkeitsfolgen der Beschlüsse (§ 72 Rdn.5) eine bessere Lösung wäre (Schmid-Burgk, WuB 2021, 316). Wird das Mitgliedschaftsrecht eines Mitgliedes durch die übrigen Mitglieder in Abrede gestellt, kommt auch eine vorherige Abmahnung durch das Insolvenzgericht in Betracht, bei deren Nichtbeachtung entlassungsrelevante Pflichtverletzungen durch die betreffenden Mitglieder zu prüfen sind (BGH v. 11.3.2021, BeckRS 2021, 6874=NZI 2021, 536, Rn.19).

2. Begründung

14   Der Beschluss ist im Hinblick auf seine Beschwerdefähigkeit (→ Rn. 15) zu begründen. Beschwerdeberechtigt ist auch das "sich selbst ablehnende Ausschussmitglied" dessen Antrag nicht stattgegeben wird (HK-InsO/Riedel Rn. 6). Die Entlassung wird erst **mit Rechtskraft der Entlassungsentscheidung wirksam** (§ 6 Abs. 3), da ansonsten zwischenzeitlich Ersatzmitglieder in den Ausschuss aufrücken würden (Uhlenbruck/Knof Rn. 13; aA Gerhardt/Haarmeyer/Kreft/Vallender, Insolvenzrecht im Wandel der Zeit, FS Kirchhof 2003, 517, 519: diese würden dann verbleiben können). **Zuständig** ist (nur) im eröffneten Verfahren gem. § 18 Abs.1 RPflG i. d. R. der Rechtspfleger. Daher hat der nicht beschwerdeberechtigten anderen Beteiligten dann gem. § 11 Abs. 2 Satz 1 RPflG das Recht der befristeten Erinnerung (→ Rn. 15). Im Eröffnungsverfahren ist der Richter zuständig.

14.1   **Vorgehen nach Entlassung eines Ausschussmitgliedes:** Nach rechtskräftiger Entlassung tritt an die Stelle des entlassenen Mitgliedes das gewählte Ersatzmitglied (sofern vorhanden), oder das Gericht hat im Eröffnungsverfahren zugleich mit der Entlassung ein neues Mitglied zu bestellen entsprechend der

Zusammensetzung nach § 67 Abs. 2. Im eröffneten Verfahren hat die Gläubigerversammlung bzw. der Ausschuss hat bei vorherig gewährtem Selbstergänzungsrecht ein neues Mitglied zu wählen (§ 68 InsO; vgl. Uhlenbruck/Knof, § 70 Rn.13). Das Gericht kann mit der Entlassung nicht die Einsetzung eines neuen Mitgliedes verbinden (Gerhardt/Haarmeyer/Kreft/Vallender, Insolvenzrecht im Wandel der Zeit, FS Kirchhof 2003, 507, 518).

IV. Rechtsmittel

Das entlassene Mitglied hat das Rechtsmittel der **sofortigen Beschwerde** (§ 6). Die insofern 15 nicht beschwerdeberechtigten anderen Beteiligten haben dann (nur) gem. § 11 Abs. 2 S. 1 RPflG das Recht der befristeten Erinnerung gegen eine die beantragte Entlassung ablehnende Rechtspflegerentscheidung. Dem Ausschuss und der Gläubigerversammlung als nicht beschwerdeberechtigten Organen sollte der Entlassungsbeschluss formlos bekannt gemacht werden; bei Ablehnung einer beantragten Entlassung ist der Beschluss dem betreffenden Antragsteller zuzustellen, obwohl die Ablehnung des Antrages nicht beschwerdefähig ist, außer im Fall des eigenen Entlassungsantrages eines Mitgliedes (Uhlenbruck/Knof, § 70 Rn.12 mwN.).

§ 71 Haftung der Mitglieder des Gläubigerausschusses

¹**Die Mitglieder des Gläubigerausschusses sind den absonderungsberechtigten Gläubigern und den Insolvenzgläubigern zum Schadenersatz verpflichtet, wenn sie schuldhaft die Pflichten verletzen, die ihnen nach diesem Gesetz obliegen.** ²§ 62 gilt entsprechend.

Überblick

Die Vorschrift ordnet die Haftung der Mitglieder des Gläubigerausschusses als direkte gesetzliche Anspruchsgrundlage bei Pflichtverletzungen (→ Rn. 3) an und regelt in S. 2 ihre Verjährung (→ Rn. 20).

Übersicht

	Rn.		Rn.
A. Allgemeines	1	III. Haftungsumfang und -gegenansprüche	15
B. Norminhalt	3	IV. Haftungsexkulpation	18
I. Pflichtenstellung	3	V. Verjährung	20
II. Verschulden	8	VI. Beispielfälle für Haftung	21
		VII. Haftungsabsicherung	22

A. Allgemeines

§ 71 gilt gem. § 21 Abs. 2 Nr. 1a analog im Eröffnungsverfahren. Die Haftung aus dem gesetzli- 1 chen Schuldverhältnis tritt ggf. neben eine deliktische Haftung (BGH 9.10.2014, ZInsO 2014, 2361). Die haftenden Mitglieder müssen Pflichten iSd § 69 verletzt haben (BGH Urt. v. 11.11.1993 - IX ZR 35/93, BGHZ 124, 86; BGH Urt. v. 22.4.1981 - VIII ZR 34/80, MDR 1982, 139).

Schutzbereich: Nach der Regelung gehören Schuldner, Massegläubiger und aussonderungs- 2 berechtigte Gläubiger und Drittsicherungsgeber (§ 44 InsO) **nicht zum Kreis der Ersatzberechtigten** (BGH 9.10.2014, ZInsO 2014, 2361, 2366 Rn. 44). Dies gilt auch nach Ende des Verfahrens (Jaeger/Gerhardt, § 71 Rn. 6). Dies wird zu Recht kritisiert (Ampferl/Kilper ZIP 2015, 553, 561; Wilhelm/Oppermann/Cherestal ZInsO 2014, 2562, 2565; Marotzke KTS 2014, 113, 126: "Fehlleistung des Gesetzgebers"; Vortmann, Die Haftung von Mitgliedern eines Gläubigerausschusses, ZInsO 2006, 310, 310; Kölner Schrift zur Insolvenzordnung/Heidland, 2. Aufl. 2000, S. 725). Der (vorläufige) Gläubigerausschuss muss auch deren Interessen bedenken und berücksichtigen.

Frind

B. Norminhalt

I. Pflichtenstellung

3   Die Pflichtenstellung beginnt mit der Übernahme des Amtes (OLG Köln Urt. v. 1.6.1988 - 13 U 234/87, ZIP 1988, 992), auch bei ungültiger Wahl. Maßgebend ist die Ausübung der Position (OLG Rostock Beschl. v. 28.5.2004 - 3 W 11/04, ZInsO 2004, 814, 815). Vergütungsverzicht befreit nicht (Vortmann, Die Haftung von Mitgliedern eines Gläubigerausschusses, ZInsO 2006, 310, 311). **Verhinderungsgründe** befreien nur dann von der Haftung, wenn eine Vertreterwahl rechtzeitig initiiert wird (Uhlenbruck/Knof Rn. 9).

3a   Bei gewählten juristischen Personen haften diese, nicht die entsandten Vertreter. Sind für bestimmte Institutionen (zB Lieferanten, Banken) bestimmte Ausschussmitglieder persönlich gewählt worden, haften wiederum diese, nicht die hinter ihnen stehenden Institutionen (BGH Urt. v. 9.2.1989 - IX ZR 17/88, NJW-RR 1989, 636).

4   Im **Eröffnungsverfahren** haben die Mitglieder des Ausschusses zB die hohen zeitlichen Anforderungen an eine **häufige Tagungsdichte** zu erfüllen und vor ihrer Wahl zu bedenken (→ § 69 Rn.29, → § 69 Rn.30) - die Gesetzesbegründung spricht bei der Änderung von § 17 InsVV hier von „arbeitsintensiven Aufgaben" (BT-Drs. 17/5712, 43). Insbes. in diesem Verfahrensabschnitt bestehen hohe Haftungsgefahren (ausf. dazu: Frind, ZIP 2012, 1380; Grell/Klockenbrink, DB 2013, 1038), da der Ausschuss hier die Zweckmäßigkeit des Verwalterhandelns aufgrund häufig wenig gesicherter Informationsbasis zu überwachen hat (s. zu den Aufgabenbereichen → § 69 Rn. 5 ff; → § 69 Rn. 16; → § 69 Rn. 20 ff.). Unabdingbar ist daher gleich zu Beginn der Amtsübernahme ein Risikomanagement zu installieren und mögliche Risiken aufzulisten und ggf. gesonderte Kontrollmechanismen dafür einzurichten (Cranshaw/Portisch/Knöpnadel ZInsO 2015, 1, 10).

4a   Im vorläufigen **Eigenverwaltungsverfahren** sind die Haftungsszenarien noch zahlreicher, da der Ausschuss jederzeit die mögliche Nachteiligkeit der Eigenverwaltung und die unternehmerischen Entscheidungen des Schuldners zu würdigen hat (Pape/Schultz, ZIP 2016, 506, 507, 512; → § 69 Rn. 23). Haftung droht hier z. B. sofern der Ausschuss bei erkennbaren Nachteilen die Eigenverwaltung fördert und/oder einem ungeeigneten, ggfs. vorbefassten Sachwalter zur Bestellung durch das Insolvenzgericht zu verhilft (Pape/Schultz, ZIP 2016, 506, 512) oder nachteilsindizierende Umstände verschweigt (Hammes, ZIP 2017, 1505, 1509). Der Ausschuss sollte dazu bei der Anhörung gem. § 270 Abs.3 v. Gericht möglichst mündlich mit vorheriger Belehrung angehört werden (Hammes, ZIP 2017, 1505, 1509). Insbes. im **Schutzschirmverfahren** tritt die Kontrolle der (generell oder im Wege der Einzelermächtigung zu erteilenden) Masseverbindlichkeitsbegründungsbefugnis (§ 270b Abs. 3 (§ 270c Abs.4 nF), → § 270b Rn. 75) analog § 276 hinzu und - bei einer Globalermächtigung des schuldnerischen Unternehmens nach § 270b Abs. 3 aF - die Kontrolle aller Masseverbindlichkeitsbegründungen (nunmehr § 270c Abs.s 4 InsO nF).

5   Die Pflichten können weder vom Gericht noch von der Gläubigerversammlung eingeschränkt werden (BGH Urt. v. 11.12.1967 - VII ZR 139/65, BGHZ 49, 121; BGH Urt. v. 27.4.1978 - VII ZR 31/76, BGHZ 71, 253). Bei **Delegation auf ein Mitglied** haften die übrigen Mitglieder für dessen regelmäßige Überwachung, sie müssen sich also von dessen Pflichterfüllung positiv überzeugen (Pape/Schmidt, Kreditvergabe und Gläubigerausschuss, ZInsO 2004, 955, 957; OLG Rostock Beschl. v. 28.5.2004 - 3 W 11/04, ZInsO 2004, 814).

5a   Die Ausschussmitglieder haben zB zu prüfen, ob der Befriedigung von Masseverbindlichkeiten Bedenken entgegenstehen (OLG Koblenz ZIP 1995, 1101) oder Massegelder wirklich auf dem Verwalter-Treuhandkonto sind (Jaeger/Gerhardt § 71 Rn. 18 ff.).

6   Im Mittelpunkt steht die **Zweckmäßigkeitskontrolle des Verwalterhandelns,** während die Rechtsmäßigkeitskontrolle dem Gericht obliegt (→ Rn. 6; OLG Rostock ZInsO 2004, 814, 815). Haftungsrelevant sind insbes. die äußerst kritisch zu betrachtende Darlehensgewährung zwischen verschiedenen Unternehmen des gleichen Konzerns oder innerhalb der gleichen Insolvenzverwaltung und alle Handlungen iSv § 160. Die Ausschussmitglieder haben zu prüfen, ob der Befriedigung von Masseverbindlichkeiten Bedenken entgegenstehen (OLG Koblenz Urt. v. 2.3.1995 - 5 U 825/94, ZIP 1995, 1101).

7   Hat die **Gläubigerversammlung** eine beabsichtigte Handlung des Verwalters, zB die Sanierung mittels eigengegründeter, durch **Massedarlehen** finanzierter Auffanggesellschaften, gebilligt, kann der Gläubigerausschuss dies nicht untersagen (LG Schwerin Urt. v. 10.2.2006 - 1 O 120/04, ZIP 2006, 720). Ein Verstoß des Ausschusses gegen seine Überwachungspflicht entsteht erst, wenn es schlechthin ausgeschlossen ist, dass die Herausgabe von Darlehen nach objektiven Umständen für die Masse sachdienlich ist. Dabei hat der Ausschuss den von der Gläubigerversammlung

gefassten Beschluss genau zu würdigen, ob eine Liquiditätsgrenze für Schuldnerin und Auffanggesellschaften beschlossen wurde oder eine Kreditvergabegrenze (BGH Urt. v. 8.5.2008 - IX ZR 54/07, ZInsO 2008, 750, 752). Allerdings ist die Duldung der ersichtlichen Überschreitung einer Darlehensgrenze schadensstiftende Handlung der Ausschussmitglieder (OLG Rostock Urt. v. 12.3.2007 - 3 U 45/06, ZIP 2007, 735).

Einer Darlehensvergabe ohne Beschluss der Gläubigerversammlung darf der Ausschuss nicht tatenlos zusehen (Pape/Schmidt, Kreditvergaben und Gläubigerausschuss, ZInsO 2004, 955, 958; Pape WM 2006, 23; aA wohl Gundlach/Frenzel/Jahn ZInsO 2009, 1095, 1097). 7a

II. Verschulden

Haftungsmaßstab ist bereits die **leichte Fahrlässigkeit** (HambK-InsO/Frind Rn. 4). Besondere Fähigkeiten des Mitgliedes können den Haftungsmaßstab verschärfen (Pape/Schultz, ZIP 2015, 1662, 1663). Eine „20 %-Verursachungsgrenze" ist als kaum praktikabel abzulehnen (Grell/Klockenbrink DB 2013, 1038, 1041). 8

Bei der Überprüfung von unternehmerischen Entscheidungen sollte nach einer Ansicht eine Haftungserleichterung durch Berücksichtigung eines Ermessens- und Prognosespielraumes analog der **Business Judgement Rule** gelten (Schnieders in Göb, u.a., Gläubigerausschuss, Teil F Rn. 69; Pape/Schultz, ZIP 2016, 506, 510, 511; Cranshaw, ZInsO 2012, 1151, 1154; Cranshaw/Portisch/Knöpnadel, ZInsO 2015, 1, 5; aA Jungmann, NZI 2009, 80; Bork/Schäfer-Klöhn, GmbHG, § 43 Rn. 28), so dass nur im Rahmen einer ex-ante-Betrachtung pflichtwidriges Handeln vorgeworfen werden kann. Der BGH hat die haftungsermäßigende Anwendung dieses Maßstab für das unternehmerische Handeln auf den Insolvenzverwalter verworfen (BGH v. 12.3.2020, ZInsO 2020, 1180, Rn.26). Dieser habe nur dem insolvenzspezifischen Wirtschaftlichkeitsgebot, dieses konturierend aus dem insolvenzspezifischen Verfahrensziel, nicht dem gesellschaftsrechtlichen, zu folgen (BGH v. 12.3.2020, ZInsO 2020, 1180, Rn.41; weiteres bei Frind, ZInsO 2020,, 1213). Dies lässt sich auf den (vorläufigen) Gläubigerausschuss übertragen (Jungmann, NZI 2020, 651, 658). 8.1

Für hinzugezogene **Hilfspersonen** wird nach den gleichen Regeln gehaftet wie beim Insolvenzverwalter (HK-InsO/Riedel Rn. 6). Sofern im Rahmen von § 69 S. 2ein Dritter zur Kassenprüfung hinzugezogen wird, besteht daher eine Haftung nur im Rahmen von Überwachungs- und Auswahlverschulden, § 278 BGB gilt nicht (BGH 9.10.2014, ZInsO 2014, 2361 Rn.20; HambK-InsO/Frind Rn. 4; Ampferl/Kilper ZIP 2015, 553, 554 ; aA Cranshaw/Portisch/Knöpnadel ZInsO 2015, 1, 9; Vortmann, Die Haftung von Mitgliedern eines Gläubigerausschusses, ZInsO 2006, 310, 312). Nur bei Delegation höchstpersönlicher Pflichten außerhalb von § 69 S. 2 haftet das Mitglied gem. § 278 BGB für das Verschulden der eingesetzten Person (Uhlenbruck/Knof Rn. 10). 8.2

Die Mitglieder trifft hinsichtlich ihres Pflichtenkreises eine **Erkundigungspflicht** gegenüber dem (vorl.) Verwalter (KPB/Kübler Rn. 13 mwN; OLG Rostock ZInsO 2004, 814, 815). Sie müssen nicht erst von Gericht darüber belehrt werden. Gerichtliche Merkblätter sind zur Kenntnis zu nehmen (Uhlenbruck/Knof Rn. 8). 9

Fehlende Pflichtenkenntnis exkulpiert daher nicht, ebenso wie völlig fehlende Fähigkeiten; die Annahme des Amtes ohne diese mag gerade die Fahrlässigkeit begründen (Vortmann ZInsO 2006, 310, 313 f.; aA Gundlach/Frenzel/Jahn ZInsO 2009, 1095, 1100). 9a

Beweislastverteilung zur Erfüllung der Überwachungspflicht: Es spricht bei Unterschlagungen von Massegeldern durch den Verwalter ein Beweis des ersten Anscheins für eine Verursachung durch mangelhafte Überwachung (Kübler/Prütting/Bork/Kübler § 71 Rn. 18 mwN). 10

Der Pflichtenverstoß muss für den Schadenseintritt zumindest **mitursächlich sein** (Rechtswidrigkeitszusammenhang), zB Duldung einer Zusammenführung von Massen auf einem „Poolkonto" trotz Unterbindensmöglichkeiten seitens des Ausschusses (BGH ZInsO 2013, 986). Insofern genügt eine Stimmabgabe zum schadensstiftenden Beschluss (BGH Urt. v. 22.1.1985 - VI ZR 131/83, MDR 1985, 566) oder eine Unterlassung von Unterbindungshandlungen. Exkulpation gelingt daher nur dem mit „nein" stimmenden Mitglied (Brinkmann DB 2012, 1369, 1371). Die Haftung der Mitglieder des Ausschusses ist mithin für jedes Mitglied gesondert zu prüfen. Hinsichtlich des Nachweises des Abstimmungsverhaltens ist dies bei diesbezüglich nicht aussagekräftigen **Protokoll** schwierig (Vortmann, Die Haftung von Mitgliedern eines Gläubigerausschusses, ZInsO 2006, 310, 313; zur Berufung auf die Unvollständigkeit des Protokolles vgl. → § 72 Rn. 9). 11

Zur Haftungsbegrenzung der einzelnen Mitglieder ist eine **namentliche und protokollierte Abstimmung** als Regelfall anzuraten. Die Protokolle sind zur Sicherheit auf der nächsten Sitzung zu genehmigen und sodann dem Gericht zu übergeben, damit sie nicht im Nachhinein manipuliert werden können. 11.1

12 Die fehlerhafte Beantragung von Zustimmungen durch den (vorläufigen) Verwalter exkulpiert die Ausschussmitglieder nicht, sofern sie die Untauglichkeit der Maßnahme erkennen konnten (Cranshaw ZInsO 2012, 1151, 1154).

13 Der **Kausalzusammenhang** ist vom Anspruchsteller darzulegen. Allerdings spricht bei Unterschlagungen von Massegeldern durch den Verwalter ein Beweis des ersten Anscheins für eine Verursachung durch mangelhafte Überwachung (BGH Urt. v. 9.10.2014 - IX ZR 140/11, ZInsO 2014, 2361 Rn.42; BGH 22.3.2007, LNR 2007, 13140; OLG Celle Urt. v. 3.6.2010 - 16 U 135/09, ZInsO 2010, 1233; KPB/Kübler § 71 Rn. 18 mwN), da davon auszugehen ist, dass der Verwalter bei wirkungsvoller Prüfung von weiteren Pflichtverstößen Abstand genommen hätte (→ Rn. 10).

13a An einem inneren Zusammenhang fehlt es, wenn der Geschädigte die Risiken seiner finanziellen Unterstützung für den insolventen Betrieb genau kannte (OLG Koblenz Urt. v. 2.3.1995 - 5 U 825/94, ZIP 1995, 1101).

14 Entscheidend ist, dass ein **Klima der Kontrolle** erzeugt wird, sonst gilt ein Anscheinsbeweis gegen die Mitglieder des Ausschusses, wenn Verfehlungen des Verwalters mit Schadensfolgen auftreten (BGH 9.10.2014, ZInsO 2014, 2361 Rn.42; Oppermann/Cherestal ZInsO 2014, 2562) (zur Prüfungsintensität und zu den Prüfungsintervallen → § 69 Rn. 7 ff., → § 69 Rn. 15 ff.). Es ist davon auszugehen, dass eine ordnungsgemäße Überwachung des Verwalters Veruntreuungen verhindert hätte (BGH 26.5.2015, ZInsO 2015, 1563 Rn. 19), insbesondere wenn dieser eine Person ist, die einen Ansehensverlust, der mit einer Aufdeckung einhergeht, in jedem Fall zu vermeiden sucht. Nach dem Beweis des ersten Anscheins trifft das Ausschussmitglied anschließend die Widerlegungslast (Vortmann ZInsO 2006, 310, 312).

III. Haftungsumfang und -gegenansprüche

15 Die Haftung ist i. d. R. **Gesamtschadenshaftung**, jedoch nur im Umfange des durch die Verletzung insolvenzspezifischer Ausschussmitgliederpflichten verursachten Schadens (Rechtswidrigkeitszusammenhang). Diese kann der Verwalter (→ § 92 Rn. 1 ff.) gegen –ggfs. einzelne- Ausschussmitglieder bereits während des Verfahrens geltend machen. Mehrere schadensstiftende Ausschussmitglieder haften gesamtschuldnerisch, ggf. auch zusammen mit dem Verwalter. Sofern der Verwalter persönlich allerdings vermögenslos ist, verbleibt es faktisch bei der Alleinhaftung der Ausschussmitglieder (Cranshaw/Portisch/Knöpnadel ZInsO 2015, 1, 15).

16 Die solcherart erzeugte "Sondermasse" dient nur zur Befriedigung der Schutzberechtigten des § 71 (BGH 9.10.2014, ZInsO 2014, 2361 Rn. 45). Die schädigenden Ausschussmitglieder könnten gegen den Verwalter/die Masse nach Schadenersatzleistung Ansprüche aus ungerechtfertigter Quotenerhöhung gelten machen, wenn dieser gegen nicht beteiligte Dritte anderweitig Ersatz zur Masse erlangt (BGH 9.10.2014, ZInsO 2014, 2361, Rn. 52).

17 Eine **Aufrechnung mit Vergütungsansprüchen** aus → § 73 Rn. 1 ff. ist, soweit ein Gläubiger einen Individualschaden geltend macht, nicht möglich, da die Vergütung zulasten der Masse geht (mangelnde Gegenseitigkeit). Die Verjährungsfrist für alle Haftungsansprüche beträgt drei Jahre (S. 2 verweist auf § 62; → Rn. 20).

IV. Haftungsexkulpation

18 Die Mitglieder des Ausschusses können aufgrund ihrer eigenen **Pflichtenerkundigungspflicht** (→ Rn. 9) nicht damit gehört werden, dass sie ihre Aufgaben nicht kannten. Daher dürfen sich die Mitglieder des Ausschusses nicht auf Berichte des (vorl.) Verwalters verlassen, sondern müssen, zB bei umfangreichen Darlehensgewährungen an Dritte, selbstständig Auskünfte über deren Kreditwürdigkeit einziehen und sich Verträge vorlegen lassen (OLG Rostock Beschl. v. 28.5.2004 - 3 W 11/04, ZInsO 2004, 814; Pape/Schmidt, Kreditvergabe und Gläubigerausschuss, ZInsO 2004, 955, 958).

19 Eine **arglistige Täuschung** durch andere Ausschussmitglieder kann exkulpieren (5. Aufl. 2014, Rn. 5). Unkenntnis der Pflichten oder fehlende Fähigkeiten entlasten nicht (Vortmann ZInsO 2006, 310, 314).

19a Die haftenden Mitglieder können auch **nicht zur Exkulpation auf die Überwachungspflicht des Insolvenzgerichtes verweisen,** da dieses nur eine Rechtmäßigkeitskontrolle ausübt, soweit ein Gläubigerausschuss bestellt ist (Pape/Schmidt, Kreditvergabe und Gläubigerausschuss, ZInsO 2004, 955, 958). Erst das Fehlen eines gläubigerseitigen Kontrollorganes führt zur Erhöhung der gerichtlichen Prüfungstiefe, insbesondere im eröffneten Verfahren mit erhöhten Überwachungspflichten seitens des Rechtspflegers, der dann auch masseschädigende Handlungen des

Verwalters der Gläubigerversammlung zur Entscheidung zu unterbreiten hätte (Pape/Schmidt, Kreditvergabe und Gläubigerausschuss, ZInsO 2004, 955, 959).

V. Verjährung

Die Verjährungsfrist für alle Haftungsansprüche beträgt **drei Jahre** (Verweis auf § 62 in S. 2). 20
Die Verjährungsfrist **beginnt** mit Kenntnis des Insolvenzverwalters als Partei kraft Amtes von der pflichtwidrigen Handlung oder Duldung. Wenn der Verwalter selbst Schädiger ist und es deshalb unterlässt, Schadensersatzansprüche gegen die Mitglieder des Gläubigerausschusses geltend zu machen, was wiederum für den Verwalter schadenstiftende Handlung ist, sollte die Verjährung erst beginnen, wenn ein neuer Insolvenzverwalter eingesetzt ist, oder solange gehemmt sein, bis dieser in der Lage gewesen wäre, den schadensstiftenden Tatbestand aufzuklären (BGH Urt. v. 8.5.2008 – IX ZR 54/07, ZInsO 2008, 750; Kirchhof, Zum Verjährungsbeginn für Schadensersatzansprüche gegen Mitglieder von Gläubigerausschüssen, ZInsO 2007, 1122, aA OLG Rostock Urt. v. 12.3.2007 – 3 U 45/06, ZInsO 2007, 1052: Beginn mit Kenntnis des schädigenden Verwalters; aber aufgehoben durch vorstehende BGH-Entscheidung).

VI. Beispielfälle für Haftung

Nachlässige Kassenprüfung, Verstoß gegen die Verschwiegenheitspflicht (Eicke, Informations- 21
pflichten der Mitglieder des Gläubigerausschusses, ZInsO 2006, 798, 803; BGH Urt. v. 9.2.1989 – IX ZR 17/88), Nachlässigkeit bei der Kontrolle des (vorl.) Verwalters (BGH Urt. v. 11.11.1993 – IX ZR 35/93, BGHZ 124, 86; OLG Koblenz Urt. v. 2.3.1995 – 5 U 825/94, ZIP 1995, 1101; OLG Rostock Beschl. v. 28.5.2004 – 3 W 11/04, ZInsO 2004, 814). Annahme des Amtes ohne Kenntnis der Pflichten (BGH Urt. v. 27.4.1978 – VII ZR 31/76, BGHZ 71, 253) oder ohne Möglichkeit, diese zu erfüllen, führen zur Haftung.

VII. Haftungsabsicherung

Die Ausschussmitglieder haben **Anspruch auf eine Haftpflichtversicherung** außerhalb ihrer 22
Stundensatzvergütung (Grell/Klockenbrink DB 2013, 1038, 1044; Cranshaw ZInsO 2012, 1151, 1156; Keller NZI 2011, 910 mwN; Büttner InsVV § 18 Rn. 2). Sie können die Prämien einer gesonderten Haftpflichtversicherung über eine analoge Anwendung von § 4 Abs. 3 S. 2 InsVV iVm § 18 InsVV als Auslagen geltend machen (BGH Beschl. v. 29.3.2012 – IX ZB 310/11, ZInsO 2012, 826 Rn. 9; FK-InsO/Schmitt § 71 Rn. 13) Dies setzt aber eine vorherige Zustimmung des Gerichts voraus (Cranshaw/Portisch/Knöpnadel ZInsO 2015, 63, 68; Keller NZI 2011, 910; aA Grell/Klockenbrink DB 2013, 1038, 1044), deren Einholung zumindest anzuraten ist (Glaser in Göb u.a., Gläubigerausschuss, Teil H Rn. 50). Denn es handelt sich gem. § 54 Nr. 2 um Verfahrenskosten, **nicht um Masseverbindlichkeiten** nach § 55, die der Ausschuss nicht begründen kann, → § 69 Rn. 24 ff.; unklar in diesem Zusammenhang Cranshaw ZInsO 2012, 1151, 1160).

Für jedes Ausschussstadium ist eine **gesonderte Versicherung** erforderlich (Cranshaw/Por- 23
tisch/Knöpnadel ZInsO 2015, 63, 64), die aber als gemeinsame Versicherung abgeschlossen werden kann. Da das Eröffnungsverfahren besonders haftungsgeneigt ist, sollten die Ausschussmitglieder in diesem Stadium höher versichert werden, als in späteren Verfahrensstadien (dies beeinflusst allerdings die Kostenverhältnismäßigkeit im Sinne von § 22a Abs. 3, 2. Alt., s. → § 22a Rn. 21). Die Versicherung ist keine Versicherung des Organes, jedes Ausschussmitglied ist gesondert zu versichern, da die Aufgabenverteilung unterschiedlich sein kann.

Der Verwalter/Sachwalter hat nicht die Aufgabe, die Versicherung zu organisieren oder abzu- 24
schließen, Im Falle des Vorschlages nach § 56a liegt die Amtsannahme auch zeitlich deutlich vor der Verwalterbestellung (Cranshaw/Portisch/Knöpnadel ZInsO 2015, 63, 68). Zur Vermeidung einer möglichen Haftung wegen unnötiger Kostenverursachung sollten die Ausschussmitglieder **ca. drei Angebote selbst einholen** und diese fundierte Entscheidungsgrundlage protokollieren (Lehmann/Rettig, NZI 2015, 790, 792), wobei nicht das günstigste immer gewählt werden muss (AG Hannover, Beschl. v. 30.8.2016, BeckRS 2016, 104735). Bei der Auswahlentscheidung gilt **Stimmverbot für Ausschussmitglieder,** die v. einem konzernverbundenen Unternehmen zum möglichen anbietenden Versicherer entsandt sind (vgl. zu Stimmverboten → § 72 Rn. 5). Es sollte nicht die gleiche Versicherung, wie die des Verwalters gewählt werden.

In Betracht kommt bei Vorliegen einer längeren versicherungslosen Zeitspanne auch eine 24a
"Rückwärtsversicherung" (Cranshaw/Portisch/Knöpnadel ZInsO 2015, 63, 67), aber nur bei Fehlen zwischenzeitlicher bekannter Pflichtverletzungen (Glaser in Göb, u.a.; Gläubigerausschuss,

Teil H Rn. 60). Die Höhe der Versicherung ist vom Einzelfall abhängig, ggf. kann eine Orientierung an derjenigen des Verwalters erfolgen, eine Anpassungsnotwendigkeit ist regelmäßig zu prüfen (Cranshaw/Portisch/Knöpnadel ZInsO 2015, 63, 65).

24b Eine "Freistellungserklärung" des das Ausschussmitglied entsendenden Gläubigers kann eine angemessene Versicherung nicht ersetzen (zweifelnd auch Cranshaw/Portisch/Knöpnadel ZInsO 2015, 1, 14), zumal dadurch die Haftungsabsicherungen der Mitglieder ganz verschiedenartig ausfallen würden.

24.1 Der Vorschlag von Hirte (ZInsO 2012, 820) den Ausschussmitgliedern durch das Insolvenzgericht im Vorwege die Belastung der Masse mit möglichen Schadenersatzverbindlichkeiten zu genehmigen, weil eine Haftpflichtversicherung ein „Karussell des Geldes" darstellen würde, widerspricht der
- Struktur jeder D&O-Versicherung (Brinkmann DB 2012, 1369 Fn. 61)
- ließe auch eine Haftpflichtversicherung des (vorläufigen) Verwalters, auf die dieser gem. § 4 Abs. 3 InsVV in besonderen Fällen einen Anspruch hat, als sinnlos gelten
- bewegt sich außerhalb der Kompetenz des Insolvenzgerichtes (Beth ZInsO 2012, 1974, 1976)
- vernachlässigt, dass Schäden auch Individualschäden sein können und damit gar nicht der Disposition der Gläubigergesamtheit unterstehen

und ist insgesamt als rechtswidrig zu qualifizieren (Cranshaw ZInsO 2012, 1151, 1157 ff.). Er ist nur vor dem Hintergrund einer möglichen Motivation verständlich, die Regelung des § 22a Abs. 3, 2. Alt. („Einsetzungsbremse", dazu → § 22a Rn. 21 ff.) auszuhebeln.

§ 72 Beschlüsse des Gläubigerausschusses

Ein Beschluß des Gläubigerausschusses ist gültig, wenn die Mehrheit der Mitglieder an der Beschlußfassung teilgenommen hat und der Beschluß mit der Mehrheit der abgegebenen Stimmen gefaßt worden ist.

Überblick

Die Norm regelt die Eckpunkte der Gläubigerausschussbeschlüsse, von Beschlussfähigkeit (→ Rn. 2) bis Abstimmungsmodalitäten (→ Rn. 3), was durch eine Geschäftsordnung (→ Rn. 7) modifiziert werden kann.

Übersicht

	Rn.		Rn.
A. Allgemeines	1	1. Abstimmung	3
B. Norminhalt	2	2. Stimmverbote und Inhabilitäten	4
I. Beschlussfähigkeit	2	III. Geschäftsordnung und Protokolle	7
II. Abstimmung und Stimmverbote	3	IV. Fehlerhafte Beschlüsse	13

A. Allgemeines

1 Die Vorschrift regelt das Mehrheitsprinzip bei der Beschlussfassung des Ausschusses und normiert das Kopfprinzip zum Schutze von Minderheiten. Sie ist über § 21 Abs. 2 Nr. 1a auch auf den vorläufigen Gläubigerausschuss (§ 22a) anwendbar. Die innere Verfasstheit der Tätigkeit des Ausschusses (Geschäftsordnung, Einberufung, Protokollführung) regelt das Gesetz nicht (dazu → § 69 Rn. 27 ff.; → Rn. 7 ff.).

B. Norminhalt

I. Beschlussfähigkeit

2 Der Ausschuss ist beschlussfähig, wenn die **Mehrheit der überhaupt vorhandenen** (= gewählten) Mitglieder zur Sitzung erschienen ist und an der Abstimmung teilnimmt (HK-InsO/Riedel Rn. 3). Es geht also nicht um die Teilnahme der Mehrheit der erschienenen Mitglieder an einer Abstimmung (so aber KPB/Kübler Rn. 4), da eine solche Auslegung eine Majorisierung der nicht erschienenen Mehrheit der insgesamt gewählten Mitglieder ermöglichen würde. Nicht stimmberechtigte Mitglieder werden bei der Frage der Beschlussfähigkeit nicht berücksichtigt

(HK-InsO/Riedel Rn. 4; aA wohl MüKoInsO/K. Schmidt/Burgk, Bd. 1, Rn. 20). Abzustellen ist auf die Anzahl derjenigen Mitglieder, die das Amt bereits angenommen haben.

Insbesondere im **Eröffnungsverfahren** kann es wegen Eilbedürftigkeit bereits zu Ausschusssitzungen eines „Rumpf"-Ausschusses kommen, wenn noch nicht alle Annahmeerklärungen vorliegen; der Ausschuss muss dann aber zumindest der notwendigen Mindestbesetzung gem. § 67 Abs. 2 genügen, um Beschlüsse im Bereich der gesetzlichen „Einstimmigkeit" (zB §§ 56a Abs. 2, 270 Abs. 3 InsO) treffen zu können (→ § 22a Rn. 49). Nichtteilnehmende oder sich enthaltende Mitglieder gelten als „Nein"-Stimme (Hammes, ZIP 2017, 1505, 1511). 2a

Im **schriftlichen Umlaufverfahren** sind alle Mitglieder als anwesend anzusehen, es sei denn die Geschäftsordnung (→ Rn.7) regelt Abweichendes. 2b

Dauernde Beschlussunfähigkeit: Bei dauernder Beschlussunfähigkeit des Ausschusses muss das Gericht eine Gläubigerversammlung einberufen, damit diese die anstehenden Fragen selbst entscheiden oder eine andere Ausschusszusammensetzung herbeiführen kann. Im Eröffnungsverfahren muss das Gericht selbst mittels Nutzung der Entlassung gem. § 70 eine andere Zusammensetzung herbeiführen. 2b.1

II. Abstimmung und Stimmverbote

1. Abstimmung

Bei der Abstimmung genügt die Mehrheit der stimmberechtigten, erschienenen Mitglieder zur Herbeiführung eines wirksamen Beschlusses. Bei **Stimmengleichheit** gilt ein Antrag als abgelehnt. Durch eine eventuelle Geschäftsordnung darf dieses Kopfmehrheitsprinzip nicht verändert werden (zB durch qualifizierte Mehrheiten zu einzelnen Fragen). 3

2. Stimmverbote und Inhabilitäten

Betrifft das Thema einer anstehenden Entscheidung den Rechtskreis eines Ausschussmitgliedes (zB Einleitung eines Rechtsstreites gegen dieses) im Sinne eines objektiven Interessenkonfliktes, besteht ein Stimmrechtsausschluss (Wimmer ZIP 2013, 2038 (2040)). 4

Im Rahmen der Interessenkollision hat das betreffende Ausschussmitglied auch keine Einsichts- und Informationsrechte in Unterlagen (Uhlenbruck, ZIP 2002, 1378; Gundlach/Frenzel/Schmidt ZInsO 2005, 974, 976). Die Feststellung des Stimmrechtsausschlusses **trifft der Ausschuss im Wege der Abstimmung mit Mehrheit** ohne Berücksichtigung der Stimme des Betroffenen (Gerhardt/Haarmeyer/Kreft/Vallender, FS Kirchof, 2003, 507 (512)). Im Zweifel oder bei Stimmergebnisgleichheit bei Abstimmungsergebnissen ist das Gericht anzurufen (Göb/Coordes, Teil C Rn. 83). 4a

Inhabilitätsgründe sind **je nach Beschlussfassungsthema** zu beurteilen, daneben können **generelle Inhabilitäten** bestehen, die im Grunde Entlassungsgründe sind (s. → § 70 Rn. 7). Der Inhabilitätsgrund bei Einzelfragen ist von dem Betreffenden anzuzeigen, wenn er nicht offensichtlich ist (Vallender FS Ganter, 2010, 391 (398)); unterbleibt diese Anzeige, kann bei Aufdeckung ein wichtiger Grund zur Entlassung (→ § 70 Rn. 1 ff.) gegeben sein. Ein reiner Besorgnisgrund iSv § 42 ff. ZPO genügt nicht (Vallender FS Ganter 2010, 391 (392)). Diese Inhabilität kann auch durch verwandtschaftliche Beziehungen i. S. d. § 138 InsO herbeigeführt sein. 5

Beispiele: Anfechtungsanspruch oder Prozessführung gegen das Mitglied oder dessen Firma (LG Augsburg, KTS 1971, 119; Wimmer, ZIP 2013, 2038, 2040; Grell/Klockenbrink, DB 2014, 2514, 2518), Schadensersatzanspruch gegen das Mitglied bzw. den entsendenden Gläubiger, ein Geschäft oder Vergleich mit dem Mitglied oder dessen Firma (BGH, ZIP 1985, 423), insb. bei Rechtshandlungen mit besonderer Bedeutung i.S.v. § 160, auch eine Investorenabsicht.

Diese Fragen können im Eröffnungsverfahren zuweilen nicht umfänglich geprüft werden, da in diesem Stadium noch nicht alle Gläubiger und alle Rechtsbeziehungen des Schuldners bekannt sind. Daher ist hier ein begründeter Verdacht ausreichend.

Inhabilität einzelner Ausschussmitglieder bei einzelnen Abstimmungsfragen **führt nicht zur Beschlussunfähigkeit.** Maßgeblich ist, dass die Mehrheit des Ausschusses an der Sitzung teilnimmt, sodass der Ausschuss bei einzelnen Themen infolge von Inhabilität einzelner Mitglieder trotzdem beschlussfähig sein kann. 6

Teilnahmerecht inhabiler Ausschussmitglieder 6.1

Es bleibt beim Teilnahmerecht (MüKoInsO/K. Schmidt/Burgk, Bd. 1, Rn. 14; aA Gundlach/Frenzel/Schmidt ZInsO 2005, 974 (975); Vallender WM 2002, 2046; Pape ZInsO 1999, 675 (678)), da die bloße Teilnahme keine Beeinflussung darstellt. Es ist aber sinnvoll, wenn der Gläubigerausschuss in seiner

Geschäftsordnung selbst regelt, ob ein Stimmverbot oder weiter gehend ein Teilnahmeverbot bei Tagesordnungspunkten mit Inhabilität bestehen soll (Gundlach/Frenzel/Schmidt NZI 2005, 974, 976). Aber:
Bei **Beeinflussung des Stimmergebnisses** ist der Beschluss bei Mitwirkung des inhabilen Mitgliedes unwirksam (Jaeger/Gerhardt Rn. 20). Im Zweifel oder bei Stimmergebnisgleichheit ist das Gericht anzurufen (Nerlich/Römermann/Delhaes Rn. 4), dies muss dann per Beschluss die Abstimmungsberechtigung klären. Siehe Weiteres bei → Rn. 13.
Der **Abschluss eines Vergleiches zwischen Sonderinsolvenzverwalter und Insolvenzverwalter über die Rückzahlungsmodalitäten** überhöhter Vergütung, der mittelbar auch die Mithaftung der Ausschussmitglieder wg. der Art der Beantragung ihrer Vergütung in Abhängigkeit zur Verwaltervergütung betrifft, macht den gesamten Ausschuss in dieser Frage inhabil. Die Genehmigung iSv § 160 Abs.1 S.2 ist dann der Gläubigerversammlung zu übertragen (Cranshaw, ZInsO 2017, 989, 1002; aA AG Aurich v. 17.3.2017, BeckRS 2011, 27530 = ZInsO 2017, 976).

6.2   Beispielsfälle für Stimmverbote/Inhabilität
Zu Stimmverboten der betroffenen Mitglieder führen zB die Befassung eines Anfechtungsanspruches oder Prozessführung gegen das Mitglied oder dessen Firma (Grell/Klockenbrink DB 2014, 2514 (2518) mwN; LG Augsburg KTS 1971, 119), ein geltend gemachter Schadenersatzanspruch gegen das Mitglied, ein Geschäft oder Vergleich mit dem Mitglied oder dessen Firma (BGH Urt. v. 22.1.1985 - VI ZR 131/83, MDR 1985, 566), insbesondere bei Rechtshandlungen mit besonderer Bedeutung iSv § 160 (Pape, Rechtliche Stellung, Aufgaben und Befugnisse des Gläubigerausschusses im Insolvenzverfahren, ZInsO 1999, 675 (678)) oder ein in der Person des Mitgliedes liegender Ausschlussgrund, wenn dieses den Gegner der Masse als Anwalt beraten oder vertreten hat (Jaeger/Gerhardt § 72 Rn. 22). Die Inhabilität kann auch durch verwandtschaftliche Beziehungen herbeigeführt sein. Auch eine Investorabsicht schließt das betreffende Mitglied von den diesbezüglich Beratungen und Abstimmungen aus (Decker/Schäfer BB 2015, 198 (201)). Im Übrigen gelten § 41 ZPO, § 136 AktG, § 43 Abs. 2 GenG und § 47 Abs. 4 GmbHG analog (abl. Grell/Klockenbrink DB 2014, 2514 (2518)).

6.3   Teilnahmerecht Verwalter/Schuldner/Gerichtspersonen
Der Verwalter ist nicht teilnahmeberechtigt (KK-Hammes, § 67 Rn. 24; Uhlenbruck-Knof, § 72 Rn. 6). Dies gilt auch für Schuldner und Schuldnervertreter (KK-Hammes, § 67 Rn.26). Eigenverwaltende Schuldner, die dies durchzusetzen versuchen, offenbaren ein Nachteil für die Gläubigerautonomie, der meldepflichtig ist (KK-Hammes, § 67 Rn.26). Die genannten Personen können als Gäste –ggfs. zu einzelnen Tagesordnungspunkten- zugelassen werden. Zur **Teilnahmeberechtigung des Insolvenzgerichtes** → Rn. 10.

III. Geschäftsordnung und Protokolle

7   Der Gläubigerausschuss **bestimmt seine innere Organisation selbst.** Dies betrifft Tagungsrhythmus, Sitzungsleitung, Ausschussvorsitz und Kompetenzen, Abstimmungsweise, Protokollierung und Einladungspraxis. Eine schriftliche Geschäftsordnung ist nicht zwingend notwendig, jedoch sollten die vorgenannten Fragen unbedingt geregelt werden, auch um nichtige Beschlüsse zu vermeiden (K. Schmidt/Jungmann Rn. 10; **Muster** bei Borchardt/Frind-Kühne, Betriebsfortführung ‚1005; Geschäftsordnung des (vorläufigen) Gläubigerausschusses ZInsO 2012, 372; Mustersatzung bei Ingelmann/Ide/Steinwachs ZInsO 2011, 1059; weiteres: HambK-InsO/Frind Rn. 6).

8   Im **Eröffnungsverfahren** muss der vorläufige Ausschuss (§ 22a), insbesondere soweit noch kein vorläufiger Verwalter bestellt worden ist (§§ 22a Abs. 1; 56a Abs. 1, 2 InsO; → § 22a Rn. 35 f.), sich selbst organisieren; ohnehin ist es nicht Aufgabe des vorläufigen Insolvenzverwalters, die Ausschusssitzungen zu organisieren, obwohl seine Hilfestellung häufig erwartet wird. Dabei ist darauf zu achten, dass die erste Sitzung hinsichtlich Zeit und Ort einvernehmlich verabredet wird und alle Mitglieder von der ersten Sitzung informiert werden. Es ist auch **nicht Aufgabe des Gerichtes, die erste Sitzung zu organisieren,** da bereits zur Frage von gerichtsseitigem Informationsrecht und Anwesenheitsrecht Streit besteht (→ § 69 Rn. 27).

9   Die **Fertigung von Protokollen** ist zur Dokumentation der Ausschussarbeit und zwecks haftungsbegrenzender Nachweise zugunsten der Mitglieder (Stimmverhalten, Bedenken) und des Verwalters geboten und äußerst sinnvoll (weiteres: HambK-InsO/Frind Rn. 7), aber nicht Pflicht (Jaeger/Gerhardt § 72 Rn. 5). Die Fertigung hat durch ein beauftragtes Mitglied des Ausschusses zu erfolgen, nicht durch den Verwalter oder dessen Mitarbeiter (die ja Kontrollgegenstand sind) (KK-Hammes, § 67 Rn.24). Der **Protokollumfang** sollte generell in der Satzung des Ausschusses geregelt werden; gewöhnlicher Weise genügen Ergebnisprotokolle und im Einzelfall die Wiedergabe zusammengefasster Ansicht. Wortprotokolle sind weder zweckmäßig noch praktisch zu führen (aA Göb u.a., Praxishandbuch Gläubigerausschuss, C Rn. 103). Das Protokoll der Gläubigerversammlung hat im Schadensersatzprozess gegen den Insolvenzverwalter keine negative Beweiskraft dahin, dass nicht protokollierte Erklärungen nicht abgegeben wurden (BGH, Urteil vom 12.3.2020 - IX ZR 125/17, BeckRS 2020, 8614), woraus bei analoger Anwendung auf Ausschussprotokolle folgen würde, dass „Nichteinverständnisvorbehalte" auch mündlich geäußert und später haftungsbegrenzend geltend gemacht werden könnten (zur Nichthaftung bei Nichtzustimmung → § 71 Rn. 11). Eine namentlich protokollierte Abstimmung empfiehlt sich bei möglicherweise schadenersatzrelevanten Fragen.

Durch das „ESUG" waren neue Notwendigkeiten der Protokollierung von Beschlüssen des vorläufigen Gläubigerausschusses hinzugekommen: So ist der Beschluss zu Anforderungsprofil oder Personalvorschlag gem. § 56a Abs. 1, Abs. 2 zu protokollieren, aber auch ein etwaiger Abwahlbeschluss nach § 56a Abs. 3. Zur späteren Haftungsbegrenzung ist bei kontroversen Abstimmungen namentliche Stimmabgabe zu protokollieren. **9a**

Protokolle des Ausschusses können **vom Gericht angefordert** werden (HK-InsO/Riedel § 72 Rn. 4; Graf-Schlicker/Pöhlmann/Kubusch Rn. 6: zur Akte zu reichen; aA Uhlenbruck/Knof Rn. 16; → § 69 Rn. 27), **da dieses auch teilnahmebefugt** ist (Regelung empfohlen gem. Muster-Geschäftsordnung, ZInsO 2012, 372 unter § 2 lit. c; KK-Hammes, § 67 Rn. 23). Häufig kann eine direkte Stellungnahme oder ein Vorschlag des Gerichtes den Sanierungsprozess befördern oder Sicherheit bzgl. künftiger Weichenstellungen vermitteln. Das Gericht sollte auch das von ihm beabsichtigte weitere Procedere kommunizieren. Enthält das Protokoll einen für das Gericht wichtigen Beschluss, z. B. den einstimmigen Beschluss zum Vorschlag über die Person des vorläufigen Verwalters (§ 56a Abs. 2) oder dessen Abwahl (§ 56a Abs. 3) muss zum Nachweis das Original des Beschlusses mit den jeweiligen Unterschriften der Mitglieder eingereicht werden. **10**

Zu weitgehend erscheint aber die Ansicht, der Ausschuss solle von sich aus regelmäßig die Protokolle dem Gericht zusenden (Nerlich/Römermann/Delhaes § 72 Rn. 8), denn das Gericht bestimmt seine »Prüfungstiefe« je nach Verfahren iRd Rechtsaufsicht selbst nach Zweckmäßigkeitserwägungen. **11**

Die Protokolle sind zwecks Schutzes von nicht erwünschter Informationsgewinnung durch andere Verfahrensbeteiligte, da auch die Sitzungen des Ausschusses nicht-öffentlich sind, sofern sie zur Akte gelangt sind, **von der Akteneinsicht auszuschließen** und ggf. in einem **Sonderband zur Gerichtsakte** zu verwahren (LG Landshut 20.7.2015, ZIP 2015, 1554; BGH NJW 1961, 2016; LG Darmstadt ZIP 1990, 1424; MüKoInsO/K. Schmidt/Burgk Rn. 8; Haarmeyer/ Wutzke/Förster InsO-HdB Rn. 6/31). Insb. bei der Erörterung von Betriebsgeheimnissen und masserelevanten Informationen besteht Verschwiegenheitspflicht der Mitglieder des Gläubigerausschusses (Frege/Nicht InsVZ 2010, 407 (414)). **12**

IV. Fehlerhafte Beschlüsse

Gegen fehlerhafte Ausschussbeschlüsse kann das Gericht nicht nach § 78 einschreiten, da für eine analoge Anwendung kein Raum ist. Eine Korrektur erfolgt ggf. erst über ein Schadenersatzverfahren (MükoInsO/Schmidt-Burgk, § 72, Rn. 21 und 22). **Nichtige Beschlüsse** (insolvenzzweckwidrige Gesetzesverstöße, krasse Nichtachtung von Teilnahmerechten, zB Nichteinladung) kann das Gericht im Wege des deklaratorischen Feststellungsbeschlusses "kassieren" (Fritz NZI 2011, 801; Uhlenbruck/Knof Rn. 17; HK-InsO/Riedel Rn. 6; MüKoInsO/ Schmidt-Burgk, § 72 Rn. 22; aA K. Schmidt/Jungmann Rn.19; KPB/Kübler Rn. 14). Der BGH betont nunmehr auch hierzu die Anerkennung einer weiten Entscheidungszuständigkeit des Insolvenzgerichtes (BGH v. 11.3.2021, BeckRS 2021, 6874, Rn.13, 20, 21). Im Übrigen wird ein Anfechtungsrecht analog dem Aktiengesetz angeregt (Braun/Hirte § 72 Rn.14), was aber insolvenzrechtlich keine gesetzliche Ankoppelung hat. **13**

§ 73 Vergütung der Mitglieder des Gläubigerausschusses

(1) ¹**Die Mitglieder des Gläubigerausschusses haben Anspruch auf Vergütung für ihre Tätigkeit und auf Erstattung angemessener Auslagen.** ²**Dabei ist dem Zeitaufwand und dem Umfang der Tätigkeit Rechnung zu tragen.**

(2) **§ 63 Abs. 2 sowie die §§ 64 und 65 gelten entsprechend.**

Überblick

Die Norm regelt in Ergänzung zu → §§ 17, 18 InsVV die Grundlagen der Vergütung der Ausschussmitglieder.

Übersicht

	Rn.		Rn.
A. Allgemeines	1	4. Vergütung für vermeintliche Ausschuss-	
B. Norminhalt	2	mitglieder	16
I. Bemessungsgrundlagen	2	5. Vergütung bei wirtschaftlich verbundenen Verfahren	17
II. Vergütungshöhe	3	6. Umsatzsteuerpflicht für Vergütung	18
III. Vergütungsprobleme	13	7. Verjährung	19
1. Nachweis Zeitaufwand	13	IV. Vorschuss und Auslagen	20
2. Vergütung auch für "Nebenarbeiten"	14	V. Festsetzungsverfahren, Abs. 2	22
3. Vergütung für "entsandte" Mitglieder	15	VI. Rechtsmittel	26

A. Allgemeines

1 Die Vorschrift regelt im Verbund mit den §§ 63–65 und §§ 17 und 18 InsVV die Vergütungsbemessung der Gläubigerausschussmitglieder und das Festsetzungsverfahren. Als maßgebliche Bemessungsfaktoren werden Zeitaufwand und Umfang der Tätigkeit normiert, gem. § 17 Abs.1 S.2 InsVV nF nunmehr auch die Qualifikation des Auschussmitgliedes. Die Vorschrift gilt über § 21 Abs. 2 Nr. 1a auch für Mitglieder im vorläufigen Gläubigerausschuss (§ 22a).

B. Norminhalt

I. Bemessungsgrundlagen

2 Die Vergütung der Ausschussmitglieder gehört zu den **Kosten des Verfahrens** iSv § 54 Nr. 2 InsO und ist somit Masseverbindlichkeit. Die Vergütung hat keine einkommenssichernde Funktion (BGH Beschl. v. 14.1.2021 – IX ZB 71/18, BeckRS 2021, 1597, Rn.10). Sie ist als Entschädigungszahlung für Zeitversäumnis entsprechend Zeitaufwand und Tätigkeitsumfang jedem einzelnen Mitglied **individuell zu gewähren** (BGH Beschl. v. 14.1.2021 – IX ZB 71/18, BeckRS 2021, 1597, Rn.10, Rn.11; LG Münster v. 27.9.2016, ZInsO 2017, 1053, 1056, BeckRS 2016, 117961 = NZI 2017, 548; AG Detmold Beschl. v. 6.3.2008 - 10 IN 214/07, NZI 2008, 505; LG Aachen Beschl. v. 20.7.1992 - 3 T 265/91). Diese gesetzlich genannten Kriterien stehen in einer festen Prüfungsreihenfolge.

Unter Zeitaufwand ist **jede Tätigkeit des Mitgliedes** zu verstehen, die mit seiner Ausschussarbeit unmittelbar zusammenhängt (zB Recherchearbeiten; Vor- und Nachbereitungszeiten; Reisezeiten, etc., vgl. → Rn. 14); sie muss aber nach Bestellung und Amtsannahme erfolgt sein (BGH v. 14.1.2021, ZInsO 2021, 562= BeckRS 2021, 3222, Rn.36).

Ersatzfähig ist auch die Zeit, die ein Ausschussmitglied in der Gläubigerversammlung verbringt, sofern nicht eine Doppelvergütung im Auftrag eines bestimmten Gläubigers erfolgt (LG Hamburg v. 3.8.2018, ZInsO 2018, 2050). Zeitaufwand für Fortbildung über die Rechte und Pflichten v. Ausschussmitgliedern ist nicht zu ersetzen (BGH Beschl. v. 14.1.2021 – IX ZB 71/18, BeckRS 2021, 1597, Rn.19; LG Hamburg v. 3.8.2018, ZInsO 2018, 2050, 2052).

Fällig ist die Vergütung mit Abschluss der Ausschusstätigkeit (Entlassung, Schlusstermin, Verfahrensbeendigung; vgl. LG Münster v, 27.9.2016, 5 T 253/16, BeckRS 2016, 117961 = NZI 2017, 548). Die Vorschrift gilt auch für Mitglieder im vorläufigen Gläubigerausschuss (§ 22a) (→ § 22a Rn. 69; Nachweise bei Hambk-InsO/Frind Rn. 2). Ein Auszahlungsanspruch gegen die Masse besteht erst nach gerichtlicher rechtskräftiger Festsetzung (→ Rn. 22 ff.).

II. Vergütungshöhe

3 Die Höhe der Vergütung folgt aus **§ 17 InsVV** (→ InsVV § 17 Rn. 1). Nach der bis zum 7.10.2004 geltenden Fassung v. 19.8.1998 betrug die Stundensatz-Spanne zwischen 25 und 50 EUR, seit dem 7.10.2004 mit Wirkung für die seit dem 01.01.2004 eröffneten Verfahren aufgrund der Neufassung der InsVV nunmehr 35 bis 95 EUR. Der Gesetzgeber hat diese Erhöhung nicht gesondert begründet. Mit Geltung für Verfahrenseingänge ab dem 1.1.2021 (§ 19 Abs.5 InsVV nF) ist die Vergütungsspanne auf 50 bis 300 EUR erhöht worden.

4 **Grundsätze:** „Institutionelle" Gläubigervertreter dürfen nicht wegen ihrer Vergütung benachteiligt werden (Gundlach/Schirrmeister, Der Vergütungsanspruch des beamteten Gläubigerausschussmitgliedes, ZInsO 2008, 896; Jaeger/Gerhardt § 73 Rn. 13; → Rn. 8).

Primäres Kriterium ist der **individuelle Zeitaufwand** (→ Rn. 2; → Rn. 13), erst danach der Umfang der Tätigkeit (Beispiele bei Deppe, Vergütung der Gläubigerausschussmitglieder, InsbürO 2005, 164). „Umfang der Tätigkeit" lässt eine Berücksichtigung der Schwierigkeit des Verfahrens bei der Bemessung des Stundensatzes zu (LG Hamburg v. 3.8.2018, ZInsO 2018, 2050, 2051; zu Erhöhungskriterien → Rn. 7; → Rn. 8). Honorarvereinbarungen sind nichtig (AG Duisburg Beschl. v. 8.3.2004 – 62 IN 167/02, ZInsO 2004, 1047). Beschlüsse der Gläubigerversammlung über pauschalisierte Vergütungen binden dass allein entscheidungsbefugte Insolvenzgericht nicht (LG Aurich ZInsO 2013, 631 (633)).

Ein inzwischen ad acta gelegter Gesetzentwurf aus dem JM des Landes NRW "GAVI" sah zwecks **4.1** Erhöhung der Beteiligung an Gläubigerausschüssen auch eine Erhöhung der Vergütung der Mitglieder durch Beschluss der Gläubigerversammlung und eine Änderung in § 17 InsVV auf einen Stundensatz zwischen 70 und 190 EUR vor (dazu: Frind, "GAVI-Gesetzentwurf" – Überregulierung gerichtlicher Verwalteraufsicht oder sinnvolle Verfahrenssicherung?, ZInsO 2006, 1035). Die Erhöhung der Stundensätze wird, nicht zuletzt mit den gestiegenen Verantwortungsanforderungen nach Einführung des vorläufigen Gläubigerausschusses (→ Rn. 7.1), immer wieder mit verschiedenen Argumenten gefordert (vgl. Zimmer ZIP 2013, 1309).

Nach dem durch das „ESUG" (Gesetz zur Erleichterung der Sanierung in Insolvenzverfahren **5** (BGBl. I S. 2582 ff.) der vorläufige Gläubigerausschuss im Eröffnungsverfahren mit der **Aufgabenbandbreite des § 69** geschaffen worden ist, muss in diesem Verfahrensstadium mit neuen Dimensionen von Vergütungen gerechnet werden (vgl. → § 22a Rn. 70 zu den Aufgaben des vorläufigen Ausschusses; → § 69 Rn. 18). Es war bis zur Neufassung v. →§ 17 InsVV ab 1.1.2021 fraglich, ob die derzeitige Stundensatzhöhe hier ausreicht (→ Rn. 7.1). Diese Frage wird auch künftig streitig bleiben (Graeber, NZI 2021, 370, 375).

Da die Aufgaben des vorläufigen Gläubigerausschusses **im Eröffnungsverfahren** weitaus viel- **6** fältiger und haftungsträchtiger als im eröffneten Verfahren sein können (s. HambK-InsO/Frind § 69 Rn. 5a). Die Begründung zum RegE (BT.-Drs. 17/5712, 43) spricht von „möglicherweise arbeitsintensiven Aufgaben", muss auch hier in Abwägung zur Schwierigkeit des Verfahrens und zur Häufigkeit der Inanspruchnahme des vorläufigen Gläubigerausschusses, insbesondere bei wiederholten Entscheidungen iRv § 160 über den Stundensatz von 95 EUR hinausgegangen werden können (vgl. Vallender/Steinwachs-Bank, Gläubigerausschuss, Rn. 547 mwN; Heeseler/Neu NZI 2012, 440 (445) (Erhöhung auf 190 EUR notwendig); Stephan/Riedel InsVV § 17 Rn. 24; Büttner InsVV § 17 Rn. 17 mwN). Allerdings sind Haftungsrisiken kein Grund für Stundensatzerhöhung (BGH Beschl. v. 14.1.2021 – IX ZB 71/18, BeckRS 2021, 1597, Rn.1).

Die Kosten der **vorläufigen Ausschusses** sind vom Gericht, insbesondere innerhalb der Erwä- **6a** gungen zur Einsetzung gem. § 22a Abs. 3 (s. HambK-InsO/Frind § 22a Rn. 18-20; vgl. auch § 22a Rn.22), bereits bei Einsetzung zu prognostizieren.

Eine Bemessung nach dem **Umfang der Tätigkeit** ist zulässig (zum Meinungsstand: K. **7** Schmidt/Jungmann Rn. 7; HambK-InsO/Frind Rn. 4) und dabei wiederum zB nach beruflicher Sachkunde, den individuell nicht versicherbaren Haftungsgefahren oder der Schwierigkeit der Tätigkeit (BGH v. 14.1.2021, ZInsO 2021, 562= BeckRS 2021, 3222 Rn.9), nicht aber die Dauer des Verfahrens, der zeitliche Gesamtumfang der Tätigkeit, die Freiwilligkeit oder allgemeine Haftungsgefahren (BGH v. 14.1.2021, ZInsO 2021, 409=BeckRS 2021, 1597 Rn.11).

Erhöhungskriterien können Besonderheiten oder Erschwernisse des Verfahrens oder besondere Tätigkeiten/Leistungen/Fähigkeiten des jeweiligen Mitgliedes sein (LG Bückeburg v. 8.7.2020, ZInsO 2020, 2062, 2063; BGH v. 14.1.2021, ZInsO 2021, 562= BeckRS 2021, 3222). Damit wird die Frage der Expertise und Erfahrung des jeweiligen Ausschussmitgliedes und die damit verbundene Wertigkeit für das jeweilige Verfahren zum Kriterium der individuellen Stundensatzhöhe (Leithaus, NZI 2021, 463, 464)). Ein Rückgriff auf die Erhöhungstatbestände des § 3 InsVV ist nicht zulässig, entsprechend vorgetragene Umstände könen aber in eine Gesamtwürdigung zur Schwierigkeit der Tätigkeit einfliessen (BGH v. 14.1.2021, ZInsO 2021, 562= BeckRS 2021, 3222, Rn.25, 29).

Ein »genereller Mittelwert« von EUR 65,–/Stunde und eine »Erhöhung« des Stundensatzes auf EUR 80,–/Stunde in Großverfahren (so aber AG Konstanz v. 11.08.2015, ZInsO 2015, 1755; AG Potsdam v. 5.8.2019, ZInsO 2019, 2131) wird dem nicht gerecht (Achsnick, NZI 2019, 958).

Bei schwierigen Großverfahren sollte die gesetzlich vorgesehene Stundensatzgrenze von 95 EUR (früher: 50 EUR) nicht die obere Bemessungsgrenze einer Ausschuss-Mitgliedsvergütung sein (§ 17 InsVV spricht von »regelmäßig« und lässt somit Abweichungen zu), da diese nicht auskömmlich ist und eine Motivation von Gläubigern, im Ausschuss mitzuarbeiten, so nicht befördert wird (Haarmeyer/Mock, InsVV § 17 Rn. 18 ff.; Haarmeyer ZInsO 2003, 940; Braun/

Kind § 73 Rn. 7; aA AG Duisburg NZI 2004, 325: die Möglichkeit der Mitbestimmung des Verfahrens amortisiere gleichsam die bescheidene Vergütung).

7.1 **Erhöhung der Vergütung über den Stundensatz nach § 17 InsVV hinaus:**
Eine Orientierung an dem Salär für Aufsichtsratsmitglieder kann in bedeutenden Verfahren eine zutreffende Größenordnung sein, wobei auch dann Zuschläge nach der Wichtigkeit der verfahrensbestimmenden Entscheidungen des Ausschusses oder der Schwierigkeit der Materie geboten sind (AG Duisburg Beschl. v. 20.6.2003 -62 IN 167/02, ZInsO 2003, 940 (Ls.) (Verdoppelung)). Vielmehr können für die einzelnen Mitglieder des Ausschusses **individuelle Erhöhungstatbestände** nach ihrer jeweiligen Qualifikation und ihrem konkreten Tätigkeitsbereich im Ausschuss, orientiert an den zu § 3 InsVV entwickelten Tatbeständen, berücksichtigt werden (AG Braunschweig, ZInsO 2005, 870). Dadurch waren schon nach bisherigem Recht im Einzelfall **Stundensätze von 200 – 300 EUR für qualifizierte Ausschussmitglieder** angemessen (LG Bückeburg v. 8.7.2020, ZInsO 2020, 2062 [EUR 250,–/Std.].; LG Hamburg v. 3.8.2018, ZInsO 2018, 2050 (EUR 200,–/Std.); AG Hamburg v. 25.7.2018, ZInsO 2018, 1880 (EUR 300,–/Std.); AG Bremen v. 15.12.2015, ZIP 2016, 633; vgl. Vallender/Steinwachs-Bank Rn. 547 mwN; Heeseler/Neu, NZI 2012, 440, 445 [Erhöhung auf 190 EUR notwendig]; AG Detmold, NZI 2008, 505; AG Braunschweig, ZInsO 2005, 870). Es handelt sich hierbei jedoch um Ausnahmefälle, die v. antragstellenden Ausschussmitglied jeweils substantiiert zu den Schwierigkeitsfaktoren genau darzulegen sind (LG Koblenz v. 15.7.2020, NZI 2021, 100 m. Ablehnung eines Stundensatzes v. EUR 200,––). Auch zur jeweiligen Qualifikation hat das Ausschussmitglied substantiiert vorzutragen (Holzer, NZI 2021, 103).

Der Gesetzgeber hat der vorgenannten Notwendigkeit nunmehr mit Änderung der Vergütungsspanne in § 17 Abs.1 S.1 InsVV für Verfahrenseingänge ab dem 1.1.2021 versucht, Rechnung zu tragen. Die Erhöhung wird einerseits als „unverhältnismäßig", andererseits als zur Gewinnung fachkundiger Ausschussmitglieder nicht hoch genug beurteilt (Graeber, NZI 2021, 370, 375).

8 Eine restriktive Ansicht wollte bisher nur bei ganz außergewöhnlichen Umständen eine Abweichung vom Höchststundensatz genehmigen (LG Köln 13.2.2015, ZInsO 2015, 873). Dem ist (nicht erst vor dem Hintergrund der nunmehrigen Gesetzesänderung) zu widersprechen, es genügt, wenn die Gesamtwürdigung des Zeit- und Tätigkeitsumfanges eine offensichtlich nicht mehr angemessene Vergütung bei Einhaltung der verordnungsrechtlichen Stundensätze aufzeigt (BGH Beschl. v. 14.1.2021 – IX ZB 71/18, BeckRS 2021, 1597, Rn.14) zu widersprechen: Das Insolvenzgericht hat für geeignete Ausschussmitglieder Sorge zu tragen (→ § 67 Rn. 11), weshalb bereits eine der Schwierigkeiten und Größe des Verfahrens angemessene Vergütung die "Nachfrageposition" verbessern kann (Mock ZInsO 2015, 874). Eine zu zurückhaltende Vergütung der Ausschussmitglieder widerspricht der richtigen Forderung nach **sachkundigen und professionellen Mitgliedern,** die notwendig sind (Weitzmann, ZInsO 2021, 412), sind zu Dumping-Stundensätzen nicht zu bekommen sind (Blersch ZIP 2015, 1451). Berufliche Stellung, Kenntnisse und **Qualifikation eines Mitgliedes** können daher den Stundensatz erhöhen (LG Hamburg v. 3.8.2018, ZInsO 2018, 2050; LG Münster v. 27.9.2016, ZInsO 2017, 1053, 1055= BeckRS 2016, 117961). Dies regelt nunmehr explizit § 17 Abs.1 S.2 InsVV nF. Der Stundensatz ist zu erhöhen, wenn der zeitliche Aufwand einen erheblichen Anteil der Wochenarbeitszeit ausmacht (BGH v. 14.1.2021, ZInsO 2021, 409 Rn.15). Ist das Ausschussmitglied Nichtgläubiger kommt, wenn Bestellungsgrund die Qualifikation war, auch eine Stundensatzerhöhung unter Würdigung marktüblicher Bedingungen (Stundensatz Rechtsanwalt) in Betracht (BGH Beschl. v. 14.1.2021 – IX ZB 71/18, BeckRS 2021, 1597, Rn.16, 26).

9 Die Regelung des § 17 InsVV sah in Abs. 2 S. 1 nur eine pauschalierte „Gebühr" i.H.v. EUR 300,-- für die **Mitwirkung an der Auswahl des vorläufigen Verwalters** vor. Diese soll, obwohl der Wortlaut diesbezüglich unklar ist (Frind ZInsO 2010, 1473; Frind ZInsO 2011, 269), wohl für jedes Ausschussmitglied einmalig ausgeschüttet werden. Die Begrenzung soll laut Begründung eine Auszehrung der Masse verhindern. Laut Begründung zum RegE (BT-Drs. 17/5712, 43) orientiert sich der Gesetzgeber hier an einer Größe von drei Stunden Sitzungstätigkeit. In § 17 Abs. 2 S. 2 InsVV wird im Übrigen auf die normale Vergütung nach Abs. 1 verwiesen, allerdings nur für den Fall der Einsetzung eines vorläufigen Verwalters. Der Gesetzgeber hat hier die Konstellation des gerichtlichen Sachverständigen, der in manchen Verfahren ausreichend ist, übersehen (Frind ZInsO 2011, 2249 (2255)). In der Begründung zu Art. 2 des ESUG findet sich jedoch kein Hinweis darauf, dass der Gesetzgeber im Falle eines vorläufigen Gläubigerausschusses, der nur neben einem Sachverständigen bestellt ist, diesem keine Vergütung zubilligen wollte. Mit Geltung ab dem 1.1.2021 ist § 17 Abs.1 S.2 InsVV auf die Pauschalgebühr v. EUR 500,-- abgeändert.

10 Der **Rückgriff auf einen prozentualen Bruchteil der Verwaltervergütung** mit Hilfe eines insofern pauschalisierten Vergütungsantrages ist als **sachfremde Lösung abzulehnen** (BGH v.

14.1.2021, ZInsO 2021, 562= BeckRS 2021, 3222 Rn.23; Borchardt/Frind/Kühne, Betriebsfortführung, 2. Aufl. 2014, Rn. 1697 mwN; AG Duisburg Beschl. v. 8.3.2004 – 62 IN 167/02, ZInsO 2003, 940 (Ls.); AG Duisburg Beschl. v. 8.3.2003 – 62 IN 167/02, ZInsO 2004, 1047; aA Zimmer ZIP 2013, 1309 (1317): nur orientiert an der Regelvergütung ohne Zuschläge). Würde sich der (vorläufige) Gläubigerausschuss an eine Vergütung des Insolvenzverwalters „anhängen" können, bestünde eine Abhängigkeit zum Handeln einer Person, die der Ausschuss qua Aufgabe (§ 69 InsO) kontrollieren soll. Solche Interessenkollisionen sind abzulehnen (s. den Fall LG Aurich ZInsO 2013, 631). Vielmehr können für die einzelnen Mitglieder des Ausschusses ggf. individuelle Erhöhungstatbestände, orientiert an den zu § 3 InsVV entwickelten Tatbeständen, berücksichtigt werden (AG Braunschweig Beschl. v. 21.6.2005 – 273 IN 211/99, ZInsO 2005, 870).

Zulässig und sinnvoll ist aber die Orientierung der Vergütung an der Höhe des – niedrigeren – Pauschalsatzes für den Treuhänder/Verwalter **in masselosen Verfahren,** da dort eine Vergütung orientiert am Zeiteinsatz eines Gläubigerausschusses (dessen Notwendigkeit in diesen Fällen bereits zweifelhaft sein kann) in keinem Verhältnis zur Bedeutung der Sache stehen und übersetzt sein wird (BGH Beschl. v. 8.10.2009 – IX ZB 11/08, ZInsO 2009, 2165). Die letztgenannte Entscheidung wird immer wieder missverstanden als generelle Zulässigkeit der an der Verwaltervergütung prozentual pauschalisierten Vergütung (vgl. zB die Argumentation bei Zimmer ZIP 2013, 1309 (1316)).   11

Nicht vergütungsfähig sind Tätigkeiten der Ausschussmitglieder, die mit dem ihnen übertragenen Aufgabenkreis nichts zu tun haben (→ Rn. 14), zB die Begleitung von Sanierungs- und/oder Verkaufsverhandlungen durch den vorläufigen „schwachen" Verwalter im Eröffnungsverfahren (HambK-InsO/Frind Rn. 6; LG Aurich ZInsO 2013, 631 (636)).   12

III. Vergütungsprobleme

1. Nachweis Zeitaufwand

Die Antragsteller haben, soweit dies zumutbar ist, was bei Großverfahren häufig nicht der Fall sein wird (AG Duisburg Beschl. v. 8.3.2004 – 62 IN 167/02, ZInsO 2004, 1047), **Aufzeichnungen** zu machen, um den Aufwand zu beweisen (z. B. über An- und Abfahrtszeiten, häusliches Aktenstudium, Telefonate, etc.). Das Gericht kann dann Schätzungen vornehmen, was jedoch zu einer geringeren Vergütung führen kann (Uhlenbruck/Knof, 15. Aufl. InsO, Rn. 19, 28).   13

2. Vergütung auch für "Nebenarbeiten"

Recherchearbeiten, Reisezeiten, Telefonzeiten, Vor- und Nachbereitungstätigkeiten, Aktenstudium, Prüfung der Rechnungen und Bilanzführung des Verwalters, sind mit dem gleichen Stundensatz wie die Sitzungszeiten zu vergüten (vgl. LG Koblenz v. 15.7.2020, NZI 2021, 100; LG Bückeburg v. 8.7.2020, ZInsO 2020, 2062; LG Münster v. 27.9.2016, ZInsO 2017, 1053 (1056) = BeckRS 2016, 117961; BeckOK-InsO/Budnik, § 17 Rn.23; a. A. AG Potsdam v. 5.8.2019, ZInsO 2019, 2131, welches Reisezeiten ohne Vor- und Nachbereitungsarbeiten nur mit EUR 35,--/Std. vergüten will). Zu vergüten ist zB auch die Zeit, die ein Ausschussmitglied damit verbringt, die Prozessaussichten eines vom Verwalter beabsichtigten Prozesses oder aufsichtsrechtliche Anregungen an das Insolvenzgericht zu prüfen (LG Göttingen Beschl. v. 10.1.2005 – 10 T 1/05, ZInsO 2005, 143), jedoch nicht der Zeitaufwand für die Einlegung einer unzulässigen Beschwerde. **Vergütungsfähig** ist die Überwachung der konkreten Anbahnung einer nach Eröffnung beabsichtigten übertragenden Sanierung (Zimmer ZIP 2013, 1309 (1316)).   14

3. Vergütung für "entsandte" Mitglieder

Die Vergütung steht bei juristischen Personen als Mitgliedern dem Vertretenen, nicht dem Vertreter, zu (MüKoInsO/Schmidt/Burgk, Bd. 1, Rn. 10). Bei persönlichen Mitgliedern aus öffentlich-rechtlichen Gläubigern oder Aufsichtsgremien von Gläubigerfirmen oder institutionalisierten Gläubigern haben **diese selbst die Vergütung zu beanspruchen** (Nachweise bei HambK-InsO/Frind § 73 Rn. 2). Es mag sein, dass eine vollumfängliche, anderweitige Vergütung des Ausschussmitgliedes, zB durch den Arbeitgeber, den Anspruch entfallen lässt. Dies wäre amtswegig aber erst bei sicherer Kenntnis und rechtlichem Gehör hierzu zu berücksichtigen. Bei der Mitgliedschaft v. juristischen Personen kommt es bei der Stundensatzhöhenbemessung nicht auf die Sachkunde des entsendeten Vertreters an, sondern auf Umfang und Schwierigkeit der objektiv   15 zu erfüllenden Aufgaben, die ihrerseits die Entsendung besonders Sachkundiger erforderlich machen können (BGH v. 14.1.2021, ZInsO 2021, 562= BeckRS 2021, 3222, Rn.15, 17, 32).

4. Vergütung für vermeintliche Ausschussmitglieder

16 Wer nicht wirksam Mitglied des Ausschusses geworden ist, kann keine Vergütung begehren (LG Duisburg Beschl. v. 29.9.2003 – 7 T 203/03 = BeckRS 2004, 00029).

5. Vergütung bei wirtschaftlich verbundenen Verfahren

17 Bei wirtschaftlich verbundenen Verfahren und jeweils gleicher Ausschusszusammensetzung die Vergütung der Ausschussmitglieder nach einer Gesamtsumme zu ermitteln und auf die einzelnen Verfahren im Verhältnis der jeweiligen Einzel-Verwaltervergütung an der Gesamt-Verwaltervergütung **zu verquoten** (AG Duisburg Beschl. v. 20.6.2003 – 62 IN 167/02, ZInsO 2003, 940 (Ls.); AG Duisburg Beschl. v. 13.1.2004 – 62 IN 167/02) erscheint dagegen als Systembruch zum Gebot der strikten Einzelaufwandsvergütung (K. Schmidt/Jungmann, Rn. 9; Haarmeyer, Anm. zu AG Duisburg Beschl. v. 20.6.2003 – 62 IN 167/02, ZInsO 2003, 940, NZI 2003, 502).

17.1 **Vergütung bei Nachfolgeinsolvenzverfahren:** Wird über das Vermögen einer Gesellschaft während der Planüberwachung ein Folgeinsolvenzverfahren eröffnet, sind Ansprüche des erstverfahrendlichen Gläubigerausschusses auf Vergütung und Auslagen als Insolvenzforderungen im Folgeinsolvenzverfahren als Insolvenzforderung geltend zu machen. Auch ein nach Eröffnung des Folgeinsolvenzverfahrens gestellter Vergütungsantrag für die Vergütung im Erstverfahren ist bei Vorliegen der Voraussetzungen der §§ 179-181, 189 InsO in einen Feststellungsantrag umzudeuten für den das Insolvenzgericht hinsichtlich der Entscheidung über die Feststellung der Höhe zuständig sei (AG Düsseldorf v. 9.12.2016, ZInsO 2017, 2139= BeckRS 2016, 125363).

17.2 Die **Vergütung des Planüberwachungsgläubigerausschusses** (→ § 68 Rn.9) erfolgt nach § 17 ff. InsVV, **sofern der Insolvenzplan nicht Abweichendes regelt.** Eine wirksame *vertragliche* **Vergütungsvereinbarung** zwischen den Ausschussmitgliedern und dem nunmehr frei verfügenden (§ 259 Abs.1 S.2 InsO) Schuldner ist **nach Verfahrensaufhebung** möglich, worauf der Plan regelnd verweisen kann (BGH v. 6.5.2021, ZInsO 2021, 1302=NZI 2021, 733 Rn.19-21; zust. Freitag/Braukmann, NZI 2021, 735). Eine planfeste Vergütungsfestsetzungskompetenz des Insolvenzgerichtes kommt dann nicht mehr in Betracht. Der BGH ist zutreffend davon ausgegangen, dass ein berechtigtes Interesse an einer unabhängigen Festsetzung der Vergütung bei einem Planüberwachungsgläubigerausschuss (im Gegensatz zu einer zum planüberwachenden Insolvenzverwalter) nicht besteht.

6. Umsatzsteuerpflicht für Vergütung

18 Die Tätigkeit als Ausschussmitglied ist grundsätzlich umsatzsteuerpflichtig, wenn kein gesetzlicher Befreiungstatbestand vorliegt, da hier eine Analogie zum Aufsichtsratsmitglied zu ziehen ist (§ 111 AktG) (AG Duisburg Beschl. v. 8.3.2004 – 62 IN 167/02, ZInsO 2004, 1047 mit zustimmender Anm. Schmittmann). Die Umsatzsteuer ist gem. § 18 Abs. 2 InsVV mit zu erstatten.

7. Verjährung

19 Der Anspruch verjährt gem. § 195 BGB (vor Festsetzung), bzw. gem. § 197 BGB (nach Festsetzung). Nach Aufhebung des Verfahrens ohne vorherige Festsetzung ist keine Auszahlung mehr möglich. Der Insolvenzverwalter steht zu den Ausschussmitgliedern nicht in einer Sonderbeziehung, die Schutz-und Fürsorgepflichten begründet, weshalb er nicht haftungsbewehrt (§ 60 InsO) verpflichtet ist, sie auf rechtzeitige Vergütungs-Antragstellung hinzuweisen (LG Hamburg v. 14.2.2020, ZInsO 2020, 604, 607= BeckRS 2020, 3758).

IV. Vorschuss und Auslagen

20 Nach teilweise erbrachter Tätigkeit, aber vor Abschluss des Verfahrens, können die Ausschussmitglieder einen Vorschuss inkl. Auslagen beantragen (HambK-InsO/Frind § 73 Rn. 6). Die Vorschrift des **§ 9 InsVV ist analog anzuwenden; dies gilt auch für Auslagen, da eine Vorfinanzierungspflicht nicht besteht** (AG Hannover v. 30.8.2016, ZInsO 2016, 1875 mwN). Die Gewährung kann ohne vorherige Anhörung der Gläubigerversammlung erfolgen; der Verwalter/Sachwalter ist anzuhören. Wird die endgültige Vergütung in geringerer Höhe festgesetzt, besteht ein Rückzahlungsanspruch der Masse (Wilhelm V/Oppermann, ZInsO 2013, 528 (530)).

Vergütung der Mitglieder des Gläubigerausschusses § 73 InsO

Notwendige Auslagen sind gem. § 18 InsVV zu erstatten. Überschneidet der Aufwand für eine Auslagenposition die zeitlichen Verfahrensabschnitte, kann der Auslagenaufwand insgesamt festgesetzt werden (AG Hannover v. 30.8.2016, ZInsO 2016, 1875). Diese Vorschrift zeigt, dass eine „Kostenquote" für ein „Back-office" des jeweiligen Ausschussmitgliedes nicht bereits in seine Stundensatzvergütung mit einzuberechnen ist (aA Zimmer ZIP 2013, 1309 (1313, 1314)), sonst wäre ein Stundensatz von 200 EUR schnell erreicht. Der Nachweis von Auslagen ist auch nicht „unzumutbar" (so aber Zimmer, ZIP 2013, 1309 (1313, 1314). Ersatzfähig sind Auslagen, die das Ausschussmitglied aus einer ex-ante Perspektive zur Erfüllung seiner Aufgaben für erforderlich halten durfte. Es darf einzelne Tätigkeiten an (angestellte) Rechtsanwälte, Steuerberater, Wirtschaftsprüfer usw., delegieren (LG Bückeburg v. 8.7.2020, ZInsO 2020, 2062, 2066). Stundensatz wäre ein Mittelwert i.H.v. EUR 65,--. Die Erstattung ist gesondert zu beantragen und gem. § 4 Abs.2 InsVV (analog) zu begründen. 21

Das Gericht kann –nach Anforderung von Nachweisen- mangels Nachweisen schätzen. Auslagen sind alle anlässlich der Tätigkeit im Insolvenzverfahren konkret angefallenen Ausgaben des Mitgliedes (zB Fahrtkosten, Telefonkosten, Recherchekosten; Kosten eines externen Kassenprüfers (dazu → § 69 Rn. 9)). In der Höhe findet eine Begrenzung durch eine Angemessenheitsprüfung statt. 21a

Auslagen – Kilometergeld: Gefahrene Kilometer sind nach den Sätzen der Steuerverwaltung abzurechnen (LG Göttingen Beschl. v. 1.12.2004 - 10 T 128/04, ZInsO 2005, 48). 21.1

Auslagen – Haftpflichtversicherung (auch → § 71 Rn. 22): Auch Ausgaben für eine sich auf das konkrete Verfahren beziehende Vermögensschadens-Haftpflichtversicherung sind mit vorheriger Genehmigung des Insolvenzgerichtes erstattungsfähig (Nachweise bei HambK-InsO/Frind Rn. 7). Angebote sollten über einen Vermögenschadenhaftpflichtversicherungsmakler eingeholt werden (Steinwachs, INDAT-Report 6/2017, 11, 14). Dabei sollten mindestens drei Vergleichsangebote eingeholt werden (AG Hannover v. 30.8.2016, ZInsO 2016, 1875, 1876). Bei der Auswahlentscheidung gilt Stimmverbot für Ausschussmitglieder, die v. einem konzernverbundenen Unternehmen zum möglichen anbietenden Versicherer entsandt sind, da diese u.U. versuchen, eine nicht günstige Versicherung vorzuschlagen (so AG Landshut, Beschl. v. 18.7.2013, ZInsO 2020, 2549). Es mag wegen guter Erfahrungen und Reputation des Anbieters im Spielraum der zulässigen Vorschläge des Ausschusses an das Gericht liegen, nicht das billigste Angebot zu nehmen (AG Hannover v. 30.08.2016, ZInsO 2016, 1875, 1876: sofern unter 10 % teurer). Eine vorherige Konsentierung mit dem Gericht schützt vor späteren Kürzungen wegen zu hohen Prämien (Steinwachs, INDAT-Report 6/2017, 11, 16). 21.2

Die Ausschussmitglieder können bereits vor Entrichtung der Prämien einen Vorschuss beantragen analog § 9 InsVV; sie brauchen die Prämien nicht vorzufinanzieren (AG Hannover v. 30.8.2016, ZInsO 2016, 1875, 1876=ZIP 2016, 2035). Allerdings ist vor deren Abschluss in jedem Verfahrensstadium analog § 4 Abs. 3 S. 2 InsVV die Genehmigung des Insolvenzgerichtes nach Anhörung des (vorläufigen) Verwalters einzuholen, damit die Prämien sodann im Vorschusswege der Masse entnommen werden können (K. Schmidt/Jungmann Rn.11; Uhlenbruck/Knof Rn. 21; aA KBP/Lüke § 73 Rn. 17: idR immer zu gewähren, da Ausschussmitglieder keine Berufshaftpflicht haben). Im Eigenverwaltungsverfahren kann der eigenverwaltende Schuldner zur Auszahlung eines festgesetzten Auslagenvorschusses an die Versicherung ermächtigt werden (AG Hannover v. 30.8.2016, ZInsO 2016, 1875). Insbesondere im Eröffnungsverfahren wird wegen der vielfältigen Haftungsrisiken eine angemessene Versicherung notwendig sein (HambK-InsO/Frind § 69 Rn. 5a; § 22a Rn. 18-20; HambK-InsO/Büttner InsVV § 18 Rn. 2; Stephan/Riedel InsVV § 18 Rn. 7). Diese kann je nach Aufgabenbereich der einzelnen Ausschussmitglieder (zB Kassenprüfer) im Umfang unterschiedlich hoch sein.

V. Festsetzungsverfahren, Abs. 2

Durch Verweisung auf § 64 ist klargestellt, dass für die Festsetzung der gleiche Ablauf wie bei der Verwaltervergütung gilt. Der Vergütungsbeschluss des Insolvenzgerichtes setzt einen **jeweiligen Antrag des jeweiligen Ausschussmitgliedes** voraus (Muster bei Lissner, InsbürO 2017, 151, 154). Der Insolvenzverwalter könnte zwar mit der Antragstellung bevollmächtigt werden, diese Tätigkeit ist jedoch mit seinem Amt schwerlich vereinbar (LG Aurich ZInsO 2013, 631 (632); den insofern gestellten Antrag für zu Recht für unzulässig haltend Zimmer ZIP 2013, 1309 (1310); s. Weiteres bei → Rn. 8), da er der Aufsicht des Ausschusses unterliegt. Eine Antragstellung durch den Verwalter ist verfehlt (Uhlenbruck/Knof Rn. 28), da dieser "Gegner" des Vergütungsanspruches in Verwaltung der Masse ist. 22

Der schriftliche **Antrag** mit **konkretem Festsetzungsbetrag** ist von **jedem einzelnen** Mitglied zu stellen (Zimmer ZIP 2013, 1309 (1310); weiteres: HambK-InsO/Frind § 73 Rn. 8; zur Anhörung: LG Göttingen Beschl. v. 1.12.2004 - 10 T 128/04, ZInsO 2005, 48). **Fällig** ist die 23

Frind 583

Vergütung mit Abschluss der Ausschusstätigkeit, dann kann der Antrag gestellt werden. Dies kann im **Eröffnungsverfahren** der Zeitpunkt der Verfahrenseröffnung sein, weil dann die Tätigkeit des vorläufigen Ausschusses endet (s. → § 67 Rn. 20); im Übrigen der Zeitpunkt der Entlassung oder der bevorstehenden Verfahrensaufhebung. Die Fälligkeit der Festsetzung des Auslagenersatzes besteht frühestens nach der letzten Sitzung, da erst dann der Gesamtaufwand beziffert werden kann, vorher kann ein Vorschuss gewährt werden (AG Hannover v. 30.8.2016, ZInsO 2016, 1875). Nach Aufhebung des Verfahrens ohne Festsetzung ist keine Auszahlung mehr möglich. Der Insolvenzverwalter steht zu den Ausschussmitglieder nicht in einer Sonderbeziehung, die Schutz-und Fürsorgepflichten begründet, weshalb er nicht haftungsbewehrt (§ 60 InsO) verpflichtet ist, sie auf rechtzeitige Antragstellung hinzuweisen (LG Hamburg v. 14.2.2020, ZInsO 2020, 604, 607).

24   Das Gericht entscheidet durch **begründeten Beschluss.** Dieser erzeugt erst den Auszahlungsanspruch (LG Hamburg v. 14.2.2020, ZInsO 2020, 604, 606). Geht der Antrag für den vorläufigen Ausschusszeitraum (§ 22a) erst im eröffneten Verfahren ein, ist der Rechtspfleger zuständig. Der Beschluss ist gem. § 64 Abs. 2 bekannt zu machen und zuzustellen. Dabei sind die Anforderungen der BGH-Rechtsprechung an die Veröffentlichung v. Vergütungsbeschlüssen zu beachten, d.h. der Beschluss ist zumindest mit so aussagekräftiger auszugsweiser Begründung zu veröffentlichen, dass die Rechtsmittelsinnhaftigkeitsprüfung ermöglicht wird (BGH, Beschl. v. 14.12.2017, ZInsO 2018, 135). Eine unrichtige öffentliche Bekanntmachung löst die Zustellwirkung des § 9 Abs. 3 nicht aus (BGH 10.11.2011, IX ZB 165/10, NZI 2011, 974). Der Schuldner soll vor der Festsetzung gehört werden (BGH v. 10.11.2011, IX ZB 166/10, WM 2012, 141). Die Verfassungsmäßigkeit der Anwendung der Norm gegenüber Insolvenzgläubigern ist fraglich, da diese kaum im Internet den Bekanntmachungsbeschluss über eine Festsetzung suchen und dann innerhalb von zwei Wochen Akteneinsicht zu deren Höhe und Umständen nehmen werden.

25   Gem. § 73 Abs. 2 iVm § 63 Abs. 2 besteht in **masselosen Stundungsverfahren** ein Sekundäranspruch gegen die Staatskasse, wobei in diesen Verfahren kaum jemals ein Bedürfnis für einen Gläubigerausschuss bestehen wird. Die Staatskasse hat anschließend eine Rückgriffsmöglichkeit gegen den Schuldner (KV 9017, § 4 b).

VI. Rechtsmittel

26   Gem. § 73 Abs. 2 iVm § 64 Abs. 3 steht **jedem der Beschwerten** (Ausschussmitglied, Insolvenzgläubiger, Schuldner, Verwalter – jedoch nicht die Staatskasse) die sofortige Beschwerde gegen den Vergütungsbeschluss zu. Gegen die – idR vorliegende – Rechtspflegerentscheidung ist die sofortige Erinnerung zum Landgericht gegeben (§ 11 RPflG). Zulässigkeitsgrenze ist gem. § 567 Abs. 2 S. 2 ZPO 50 EUR. Ist dem Verwalter die Kassenführung via Sonderinsolvenzverwaltung entzogen, ist der Sonderinsolvenzverwalter beschwerdeberechtigt (AG Göttingen ZInsO 2011, 147).

§ 74 Einberufung der Gläubigerversammlung

(1) ¹Die Gläubigerversammlung wird vom Insolvenzgericht einberufen. ²Zur Teilnahme an der Versammlung sind alle absonderungsberechtigten Gläubiger, alle Insolvenzgläubiger, der Insolvenzverwalter, die Mitglieder des Gläubigerausschusses und der Schuldner berechtigt.

(2) ¹Die Zeit, der Ort und die Tagesordnung der Gläubigerversammlung sind öffentlich bekanntzumachen. ²Die öffentliche Bekanntmachung kann unterbleiben, wenn in einer Gläubigerversammlung die Verhandlung vertagt wird.

Überblick

Das Insolvenzgericht beruft (→ Rn. 8) die Gläubigerversammlung (→ Rn. 1) ein. An dieser sind alle absonderungsberechtigten Gläubiger (→ Rn. 21), Insolvenzgläubiger (→ Rn. 20), der Insolvenzverwalter, die Mitglieder des Gläubigerausschusses und der Schuldner teilnahmeberechtigt. Die Ladung (→ Rn. 8) zur Gläubigerversammlung mit genauer Angabe von Zeit und Ort (→ Rn. 12, → Rn. 13) ist öffentlich bekannt zu machen (→ Rn. 16). Wird der Termin vertagt, kann auf eine weitere Veröffentlichung verzichtet werden (→ Rn. 17). Fehlerhafte Ladungen führen zur Nichtigkeit aller gefassten Beschlüsse (→ Rn. 18).

Übersicht

	Rn.		Rn.
A. Gläubigerversammlung	1	I. Unverzichtbare Inhalte der Einberufung	12
I. Aufgaben und Befugnisse	2	II. Einberufung bei Insolvenzplänen	14
II. Verhältnis zum Gläubigerausschuss	4	III. Form und Frist der Einberufung	16
III. Anleihengläubiger-Versammlung nach dem SchVG	7	IV. Rechtsfolge bei fehlerhafter Einberufung	18
B. Einberufung der Gläubigerversammlung	8	**C. Teilnahmeberechtigung**	19

A. Gläubigerversammlung

Die Regelung des § 74 ist elementar, um den gesetzgeberischen Zweck des gesamten Insolvenz- **1** verfahrens, nämlich die Gläubiger eines Schuldners gemeinschaftlich zu befriedigen (§ 1), umzusetzen. Die **Gläubiger** in ihrer Gesamtheit sollen über ihre gemeinschaftliche Befriedigung und den Weg dorthin **selbst bestimmen** und die **wesentlichen Entscheidungen** treffen. Es wird hierfür auch der Begriff der „staatlich kontrollierten Gläubigerautonomie" verwendet (MüKoInsO/Ehricke Rn. 2). Die Gläubigerversammlung ist der zentrale Ort der Willensbildung und Entscheidungsfindung. § 74 legt fest, dass die Einberufung nur durch das Insolvenzgericht erfolgen kann. Dem Charakter des Insolvenzverfahrens als nicht öffentliches Verfahren wird dadurch Rechnung getragen, dass nur absonderungsberechtigte Gläubiger, alle Insolvenzgläubiger, der Insolvenzverwalter, die Mitglieder des Gläubigerausschusses und der Schuldner selbst zur Anwesenheit im Gerichtsaal berechtigt sind. Um jedem Berechtigten die Teilnahme durch Kenntnis vom Termin zu eröffnen, ist die öffentliche Bekanntmachung vorgeschrieben, unter Angabe von Ort, Zeit und Tagesordnung. Nur in einem Ausnahmefall (§ 74 Abs. 2 S. 2) kann auf die öffentliche Bekanntmachung verzichtet werden.

I. Aufgaben und Befugnisse

Die Gläubigerversammlung ist das **zentrale Selbstverwaltungsorgan** der Gläubiger. Der **2** Gesetzgeber hat sich dazu entschieden, die wesentlichen Entscheidungen auf dem Weg der Verwertung des Vermögens des Schuldners in die Hand der Gläubiger und nicht in die des Insolvenzgerichts oder des Insolvenzverwalters zu legen. Gleichwohl ist die Gläubigerversammlung ein rein **„internes"** Organ der Gläubigerautonomie, ohne Handlungsfähigkeit nach außen.

Insbesondere in den Vorschriften der §§ 57, 59, 66, 70, 79, 97, 100, 149, 156–163, 207, 235 ff., **3** 271 ff. kommt die zentrale Einflussmöglichkeit der Gläubigerversammlung zum Ausdruck. Unter diesem Gesichtspunkt **irritiert** die Realität leerer Gerichtssäle bei Berichtsterminen und Abstimmungen über Insolvenzpläne und das weit verbreitete **Desinteresse der Gläubiger** am Verfahren selbst. Eine sachliche Einflussnahme auf den Verfahrensgang und die Verwertung des Vermögens des Schuldners können nur die Gläubiger vornehmen (vgl. §§ 157, 159). Das Insolvenzgericht übt nach der InsO nur eine Rechtsaufsicht, aber im Wesentlichen keine Sachaufsicht (§ 58) aus (→ § 66 Rn. 11).

II. Verhältnis zum Gläubigerausschuss

Das **Verhältnis** der Kompetenzen der **Gläubigerversammlung** zum **Gläubigerausschuss** **4** ist nicht einheitlich im Gesetz geregelt. Vielmehr gilt es, anhand der jeweils einschlägigen Norm zu prüfen, ob ausschließlich der Ausschuss (§ 195 Abs. 1), ausschließlich die Gläubigerversammlung (§§ 162, 163), der Ausschuss mit der Möglichkeit der Revidierung durch die Versammlung (§ 149 Abs. 1, 2) oder primär der Ausschuss und nur subsidiär die Versammlung (§ 160) zuständig ist.

In der **Literatur** wird die Auffassung vertreten, die **Gläubigerversammlung** könne die Ent- **5** **scheidungen des Ausschusses grundsätzlich aufheben** (MüKoInsO/Ehricke Rn. 16; Uhlenbruck/Uhlenbruck § 67 Rn. 2). Das Hauptargument für die Möglichkeit der Überstimmung der Entscheidung des Gläubigerausschusses durch die Gläubigerversammlung wird in der Stellung der Versammlung als **oberstes Selbstverwaltungsorgan** gesehen (MüKoInsO/Ehricke Rn. 16; Uhlenbruck/Uhlenbruck § 67 Rn. 2). Dem Argument von Ehricke (MüKoInsO/Ehricke Rn. 16), dass der Vorrang der Versammlung daraus abzuleiten ist, dass der Ausschuss nur fakultativ eingesetzt werden könne, ist mit dem ESUG die Basis entzogen worden (§ 22a). Das LG Göttingen **schließt eine Überstimmung** der Entscheidung des Ausschusses durch die Versammlung im

Bereich des § 160 **zu Recht aus** (LG Göttingen NZI 2000, 491). Für die Rechtswirkungen im wesentlichen Bereich der Vermögensverwertung hat diese Problematik keine Bedeutung (§ 164). Allenfalls im Rahmen der Haftung des Verwalters oder der Mitglieder des Gläubigerausschusses kann diese Frage Relevanz erlangen. Wenn nach dem Gesetz aber die Entscheidung in § 160 dem Ausschuss zusteht, würde der Wille des Gesetzgebers umgangen, könnte die Gläubigerversammlung die Entscheidung jederzeit revidieren. Die allgemeine Annahme eines **Vorranges** der Gläubigerversammlung findet **keine Grundlage im Gesetz**. Der Gesetzgeber hat an den Stellen, an welchen er eine besondere Bedeutsamkeit sieht, den Vorrang der Gläubigerversammlung (§§ 161, 162) festgeschrieben. Wenn er dies nicht getan hat, gibt es keine Veranlassung, anhand allgemeiner Erwägungen eine Revision des gesetzgeberischen Willens vorzunehmen.

6   Der **Gläubigerausschuss ist nicht lediglich ein Vertretungsorgan der Versammlung**, da es § 67 Abs. 3 zulässt, dass im eröffneten Verfahren auch Dritte in den Ausschuss berufen werden, die nicht Gläubiger sind. Auch der **BGH** (NZI 2008, 306 Rn. 15) spricht von einem **selbstständigen Organ** der Insolvenzverwaltung, dessen **Mitglieder keiner Weisung** durch die **Gläubigerversammlung** unterliegen. Es besteht **kein Auftragsverhältnis** zur Gläubigergemeinschaft (BGHZ 124, 86 Rn. 29). Ein von der Versammlung gewähltes Ausschussmitglied kann nur aus wichtigem Grund entlassen, nicht aber wieder abgewählt werden (BGH NZI 2007, 346 Rn. 16).

III. Anleihengläubiger-Versammlung nach dem SchVG

7   Für den Fall, dass ein Schuldnerunternehmen seinen Gläubigern Schuldverschreibungen auf den Inhaber (§§ 793 ff. BGB) ausgegeben hat, bestimmt das Schuldverschreibungsgesetz (SchVG) in § 19 Abs. 2 SchVG, dass das **Insolvenzgericht** eine **Gläubigerversammlung** einzuberufen hat, um einen **gemeinsamen Vertreter** der Anleihen Gläubiger **zu wählen**, sofern ein solcher nicht bereits bei Insolvenzeröffnung bestimmt ist. Diese Versammlung hat jedoch **nichts** mit der Gläubigerversammlung nach § 74 zu tun. Vielmehr dient diese Versammlung ausschließlich der Wahl eines Vertreters aller Anleihen-Gläubiger zur effizienten Abwicklung des Insolvenzverfahrens (Friedl/Hartwig-Jacob Schuldverschreibungsgesetz § 19 Rn. 6).

B. Einberufung der Gläubigerversammlung

8   Die Gläubigerversammlung wird **ausschließlich** vom **Insolvenzgericht einberufen**. Kommen die Gläubiger auf **andere Weise** zusammen, besteht **keine** Beschluss- oder Handlungsfähigkeit der Versammlung. **Spontane oder vom Insolvenzverwalter** organisierte Zusammenkünfte sind **keine** Gläubigerversammlung. Nur vom Gericht einberufene und geleitete Versammlungen erfüllen die notwendigen Voraussetzungen an eine handlungsfähige Gläubigerversammlung (BGH NZI 2007, 732 Rn. 11).
9   Funktional ist der Rechtspfleger für die Einberufung zuständig (§ 18 Abs. 1 Nr. 1 RPflG), es sei denn, der Richter hat sich seine Zuständigkeit vorbehalten (§ 18 Abs. 2 RPflG) oder die Zuständigkeit im Rahmen eines Insolvenzplanes (§ 235) greift ein (§ 18 Abs. 1 Nr. 2 RPflG).
10 Das Gericht ist zur Einberufung der Gläubigerversammlung in den gesetzlich geregelten Fällen verpflichtet (§ 29 Abs. 1 Nr. 1, 2, §§ 75, 197 Abs. 1, 235, 241). Im Übrigen kann das Gericht die Gläubigerversammlung nach **billigem Ermessen jederzeit** einberufen.
11 Gegen die Einberufung durch den Richter ist mangels einer gesetzlichen Regelung (§ 6) **kein Rechtsmittel** gegeben. Bei Entscheidungen des Rechtspflegers kann nach § 11 Abs. 2 **RPflG die sofortige Erinnerung** eingelegt werden.

I. Unverzichtbare Inhalte der Einberufung

12 Da die Gläubigerversammlung das zentrale Organ der Willensbildung und Entscheidungsfindung der Gläubiger ist, muss die Ladung des Gerichts den **Ort** und die **exakte Uhrzeit des Termins** bekanntgeben.
13 Um den **Gläubigern die Möglichkeit** zu geben, sich tatsächlich eine Meinung zu bilden und **entscheiden** zu können, ob sie an der Versammlung teilnehmen möchten, **muss** auch die **Tagesordnung** in der Ladung angegeben sein. Der **BGH** stellt an den Inhalt der Ladung **erhöhte Ansprüche**. Die bloße Angabe von Paragraphenketten, möglicherweise noch mit einem „gegebenenfalls" versehen, genügt diesen Anforderungen **keinesfalls**. Unbestritten gehört zu einer ordnungsgemäßen Ladung **zumindest eine schlagwortartige Bezeichnung** der Tagesordnungspunkte (BGH NZI 2008, 430 Rn. 3). So kann auf die Einladung des Gerichts zur Anhörung der Gläubigerversammlung zur Einsetzung eines Sonderinsolvenzverwalters keine Beschlussfassung über die tatsächliche Einsetzung erfolgen (BGH BeckRS 2016, 11730 Rn. 12). Es muss also **exakt**

auf die **Formulierung** des Beschlusses geachtet werden. Die Angaben müssen so formuliert sein, dass auch ein **juristischer Laie** sie verstehen kann und in die Lage versetzt wird unzweifelhaft der Ladung zu entnehmen, **worüber abgestimmt** wird (LG Cottbus BeckRS 2008, 14038).

II. Einberufung bei Insolvenzplänen

Neben den **Pflichtangaben** des § 74 Abs. 2 gibt es im Rahmen der Vorbereitung der Abstimmung über Insolvenzpläne **zwei wichtige Hinweise,** die in keiner Veröffentlichung fehlen sollten. Nach **§ 253 Abs. 2** ist ein Rechtsmittel gegen den Bestätigungsbeschluss des Planes durch das Insolvenzgericht nur zulässig, wenn die Voraussetzungen vorliegen. Der Rechtsmittelführer muss gegen den Plan gestimmt haben und den Widerspruch schriftlich oder zu Protokoll erklären. Allerdings gilt dies für § 253 Abs. 2 Nr. 1 und 2 nur, wenn auf diesen Umstand in der Bekanntmachung des Termins hingewiesen wurde (§ 253 Abs. 3). Um möglichst zeitnah eine Rechtskraft der Bestätigung des Planes zu erlangen und Rechtssicherheit zu schaffen, sollte auf diesen Hinweis in der Praxis nicht verzichtet werden. 14

Zudem enthalten Insolvenzpläne immer wieder **materielle Ausschlussklauseln.** Diese sind im Zweifel aber nur wirksam, wenn in der Bekanntmachung des Abstimmungstermins auf diesen Umstand hingewiesen wird (BGH NZI 2010, 734 Rn. 34). 15

III. Form und Frist der Einberufung

Die Einberufung **ist öffentlich bekannt** zu machen (§ 9). Zwischen dem Zeitpunkt, nach welchem die öffentliche Bekanntmachung erfolgt ist (§ 9 Abs. 1 S. 3) und der Abhaltung des Termins müssen wenigstens drei Tage liegen (§ 4 iVm § 217 ZPO). Somit beträgt die **Mindestladungsdauer sechs Tage.** 16

Sofern die Gläubigerversammlung, zu welcher ordnungsgemäß geladen wurde, im Termin **vertagt** wird, bedarf es **keiner erneuten** öffentlichen Bekanntmachung (§ 74 Abs. 2 S. 2). Dies kann **nicht** gelten, wenn sich an der **Tagesordnung etwas ändert,** dann muss das gesetzliche Prozedere eingehalten werden, um dem Zweck der ordnungsgemäßen Ladung Rechnung zu tragen (so auch MüKoInsO/Ehricke Rn. 39; Braun/Herzig Rn. 10). 17

IV. Rechtsfolge bei fehlerhafter Einberufung

Die **Rechtsfolge** einer **fehlerhaften** Einberufung der Gläubigerversammlung ist denkbar **drastisch,** sämtliche Entscheidungen und Beschlüsse sind **nichtig** (BGH NZI 2008, 430 Rn. 2; BeckRS 2016, 11730 Rn. 11). 18

C. Teilnahmeberechtigung

Bezüglich des **Schuldners,** des **Insolvenzverwalters** und den Mitgliedern des **Gläubigerausschusses** ergeben sich keine Probleme. Der **Sachwalter** im Eigenverwaltungsverfahren ist **unzweifelhaft** ebenfalls anwesenheitsberechtigt. Dass dieses Amt in § 74 nicht genannt wird, ist ein redaktionelles Versehen. Der Sachwalter hat nach § 281 Abs. 2 im Rahmen der Gläubigerversammlung zum Bericht des Eigenverwalters Stellung zu nehmen, muss also anwesend sein. 19

Den **Insolvenzgläubigern** im Rang des § 38 steht ein Anwesenheitsrecht nach dem Wortlaut **ohne weiteres** zu. Voraussetzung ist nur, dass dem Gläubiger zur Zeit der Eröffnung des Verfahrens persönlich ein begründeter Vermögensanspruch gegen den Schuldner zusteht. Es kommt **nicht darauf an,** ob die Forderung zur **Tabelle** angemeldet, festgestellt oder bestritten ist (BGH BeckRS 2011, 00116 Rn. 6). 20

Dasselbe muss für die **Absonderungsgläubiger** bezüglich der Darlegung ihrer Rechte gelten, da diese ggf. mangels persönlicher Forderung überhaupt nicht anmelden können (§ 52 S. 1). 21

Auch **nachrangige Insolvenzgläubiger** iSd § 39 sind **zur Teilnahme berechtigt,** da der Begriff des Insolvenzgläubigers auch Nachranggläubiger umfasst (BGH NZI 2011, 58 Rn. 9). 22

Weiterhin kann das **Insolvenzgericht** nach § 175 Abs. 2 GVG weiteren Beteiligten die Anwesenheit im Gerichtssaal **erlauben.** 23

Massegläubiger hingegen sind nach dem Wortlaut **nicht** teilnahmeberechtigt. Etwas **anderes** muss gelten, wenn über einen Insolvenzplan in der Masseunzulänglichkeit abgestimmt wird (§ 210a). 24

§ 75 Antrag auf Einberufung

(1) Die Gläubigerversammlung ist einzuberufen, wenn dies beantragt wird:
1. vom Insolvenzverwalter;
2. vom Gläubigerausschuß;
3. von mindestens fünf absonderungsberechtigten Gläubigern oder nicht nachrangigen Insolvenzgläubigern, deren Absonderungsrechte und Forderungen nach der Schätzung des Insolvenzgerichts zusammen ein Fünftel der Summe erreichen, die sich aus dem Wert aller Absonderungsrechte und den Forderungsbeträgen aller nicht nachrangigen Insolvenzgläubiger ergibt;
4. von einem oder mehreren absonderungsberechtigten Gläubigern oder nicht nachrangigen Insolvenzgläubigern, deren Absonderungsrechte und Forderungen nach der Schätzung des Gerichts zwei Fünftel der in Nummer 3 bezeichneten Summe erreichen.

(2) Der Zeitraum zwischen dem Eingang des Antrags und dem Termin der Gläubigerversammlung soll höchstens drei Wochen betragen.

(3) Wird die Einberufung abgelehnt, so steht dem Antragsteller die sofortige Beschwerde zu.

Überblick

Um dem Grundsatz der Gläubigerautonomie zu einer effizienten Umsetzung zu verhelfen, regelt § 75 die Antragsberechtigung zur Einberufung einer Gläubigerversammlung. Neben dem Insolvenzgericht (§ 74 Abs. 1 S. 1) können bestimmte Personen und Personengruppen eine Gläubigerversammlung herbeiführen, wobei die Ladung stets über das Gericht zu erfolgen hat. Antragsberechtigt, sind der Insolvenzverwalter (→ Rn. 1), der Gläubigerausschuss (→ Rn. 4) , mehrere Absonderungsgläubiger (→ Rn. 5) oder nichtrangige Gläubiger (→ Rn. 5) gemeinsam oder auch nur einer der genannten, wenn jeweils im Gesetz genannte Quoren (→ Rn. 5) erfüllt sind. Das Gesetz sieht bei solchen Anträgen eine erhebliche Eilbedürftigkeit (→ Rn. 17) als gegeben an, sodass der Termin zur Gläubigerversammlung spätestens drei Wochen nach Antragseingang bei Gericht stattfinden soll (muss). Die Unterlassung der Einberufung ist rechtsmittelfähig (→ Rn. 18). Die Norm dient der effektiven Einflussnahme der Gläubiger auf das Verfahren. Die Quoren sind daran ausgerichtet, welches wirtschaftliche Interesse die betroffenen Gläubiger am Ausgang des Verfahrens haben.

A. Berechtigte Antragsteller

I. Insolvenzverwalter

1 Der **Insolvenzverwalter** ist **berechtigt,** einen Antrag auf Zusammenkunft der Gläubiger zu stellen. In der Praxis erfolgt dies zumeist, um die Zustimmung zu besonders bedeutsamen Rechtshandlungen (§§ 160 ff.) einzuholen.

2 In einzelnen **Ausnahmefällen** steht ihm **kein Antragsrecht** zu. Dies ist dann der Fall, wenn die Gläubigerversammlung zur Abstimmung über Tagungsordnungspunkte (§ 74 Abs. 2 S. 1) einberufen werden soll, die **nicht** in den **Aufgabenbereich** des Insolvenzverwalters fallen, also **außerhalb seiner Kompetenz** liegt. Daher ist der Antrag des Insolvenzverwalters, die Gläubigerversammlung zwecks Entlassung des Sonderinsolvenzverwalters einzuberufen, unzulässig (BGH NZI 2015, 651 Rn. 11).

3 In der Literatur wird einhellig die Auffassung (MüKoInsO/Ehricke Rn. 6 mwN) vertreten, dass auch der **Sonderinsolvenzverwalter** zur Antragstellung berechtigt ist. Auf Basis der neuesten Rspr. des BGH muss auch hier die **Einschränkung** gelten, dass dies nur im Rahmen der Kompetenzen des Sonderverwalters gilt (BGH NZI 2015, 651 Rn. 11).

II. Gläubigerausschuss

4 Der Gläubigerausschuss ist **nur als Organ** berechtigt den Antrag zu stellen, **nicht** das **einzelne** Ausschussmitglied. Daher bedarf es einer Beschlussfassung des Ausschusses, dessen Wirksamkeit vom Gericht inzidenter vor der Einberufung geprüft werden muss (Braun/Herzig Rn. 2; LG Stendal ZIP 2012, 2168 Rn. 15).

Antrag auf Einberufung § 75 InsO

III. Quorum mindestens fünf Antragsteller

Antragsberechtigt sind des Weiteren **mindestens fünf Absonderungsgläubiger** und nicht 5 nachrangige Gläubiger (§ 38). Es kommt **zunächst** auf die **reine Kopfzahl** an, welcher der beiden Kategorien die Antragsteller angehören, ist ebenso **unerheblich,** wie der Umstand, ob ein Gesamtantrag oder Einzelanträge vorliegen (allgemeine Meinung, vgl. MüKoInsO/Ehricke Rn. 8; Uhlenbruck/Uhlenbruck Rn. 4). Ist die Kopfzahl erreicht, muss noch **zusätzlich** das notwendige **Quorum** der auf die Antragsteller entfallenden **Forderungssummen** erfüllt sein. Das Gesetz verlangt, dass die Antragsteller auf sich **wenigstens** Forderungen im Wert von **20 %** der Gesamtsumme aller Absonderungsrechte und nicht nachrangigen Forderungen vereinen. Gemeint ist damit eine **Zusammenrechnung** der **beiden Gesamtwerte,** nicht nur jeweils auf Absonderungswerte und Gläubigerforderungen getrennt. Damit können auch fünf Absonderungsgläubiger einen Antrag stellen, müssen mit dem Wert ihrer valutierenden Rechten aber mindestens 20 % der Gesamtwerte aller Forderungen aus Absonderung und der Insolvenzforderungen des § 38 erreichen (RegE BT-Drs. 12/2443, 133).

Wegen der kurzen Frist des § 75 Abs. 2 wird durch das Insolvenzgericht durch **Schätzung** 6 ermittelt, ob die notwendige **Wertgrenze** erreicht ist. Es kommt dabei **nicht** darauf an, ob die jeweiligen Forderungen angemeldet, festgestellt oder bestritten sind (BGH BeckRS 2011, 00116 Rn. 6). Der BGH hat in dieser **Entscheidung** seine bisherige Rechtsprechung (BGH NZI 2005, 31 Rn. 11) **bestätigt** und sogar **auf nicht angemeldete Forderungen erweitert.** Das wesentliche Argument des BGH ist, dass das Gericht insgesamt nur 17 Tage Prüfungszeit hat und der Verwalter und die Gläubiger originär dazu berufen sind, das Vermögensrecht anderer Gläubiger anzuerkennen oder zu bestreiten. Die Ansicht der **Literatur** (MüKoInsO/Ehricke Rn. 10; HK-InsO/Eickmann Rn. 6 mwN), dass wenigstens eine Anmeldung vorliegen muss, wird sich in der Praxis **nicht halten lassen.** Dies schon deswegen, weil ein Absonderungsgläubiger nicht zwingend auch eine persönliche Forderung gegen den Schuldner hat und damit zur Anmeldung einer Forderung gar nicht in der Lage ist (§ 52 S. 1).

Die **Schätzung** des Gerichts muss **nachvollziehbar** getroffen und **dokumentiert** werden. 7 Dies folgt schon aus der Rechtsmittelfähigkeit der Entscheidung (Abs. 3). Das Gericht muss **keine aufwändigen Ermittlungen** vornehmen, dem steht schon die geringe Zeit entgegen (BGH NZI 2009, 604 Rn. 8). Eine allgemeine Aussage, wie die Schätzung zu erfolgen hat, ist nicht möglich. Die dem Gericht unproblematisch zur Verfügung stehenden Informationsquellen, wie vorliegende Unterlagen (Verzeichnis § 152, Forderungsanmeldungen, Tabelle § 175 etc) sowie Stellungnahmen des Insolvenzverwalters müssen dem **Amtsermittlungsgrundsatz** folgend herangezogen werden (BGH NZI 2009, 604 Rn. 8). Eine bloße Schätzung in Anlehnung an § 278 Abs. 2 ZPO lässt der BGH nicht ausreichen, hält die Heranziehung dieser Maßstäbe aber für zulässig und ergänzend sinnvoll (BGH NZI 2009, 604 Rn. 8). Für die Schätzung des Absonderungsrechtes ist der Betrag anzusetzen, der aus der Verwertung der Sicherheit zu erwarten ist (Braun/Herzig Rn. 5). Hier kann das Gericht bezüglich der Werte zumeist auf das Massegutachten des Insolvenzverwalters im Rahmen des Eröffnungsverfahrens zurückgreifen.

IV. Großgläubiger

Um einzelnen **Großgläubigern** (§ 75 Abs. 1 Nr. 4), die wirtschaftlich in besonderem Maße 8 von dem Verfahren beeinträchtigt sind, eine Möglichkeit zu entsprechender Einflussnahme zur geben, wurde auch ein Antragsrecht nur eines Absonderungsberechtigten oder nicht nachrangigen Gläubigers aufgenommen, allerdings eingeschränkt durch Heraufsetzung des notwendigen **Mindestforderungswertes von 40 % der Gesamtsummen** aus Nr. 3.

V. Massegläubiger und Schuldner

Nicht antragsberechtigt sind **Massegläubiger,** da sie nicht in § 75 Abs. 1 genannt sind. 9 **Etwas anderes muss** allerdings im Hinblick auf § 210a bei bestehender **Masseunzulänglichkeit** gelten, denn nach § 218 Abs. 2 kann die Gläubigerversammlung den Insolvenzverwalter beauftragen, einen Insolvenzplan vorzulegen. Dies wäre den Massegläubigern unmöglich gemacht, bestünde keine Antragsberechtigung, einen solchen Beschluss herbeizuführen.

Auch der **Schuldner** ist grundsätzlich **nicht** antragsberechtigt. Er kann aber bei Gericht anregen, eine Gläubigerversammlung nach § 73 von Amts wegen einzuberufen (BGH NZI 2015, 849 10 Rn. 17). Im Ausnahmefall des § 100 wird ein Antragsrecht des Schuldners als möglich angesehen (MüKoInsO/Ehricke Rn. 6 mwN; offen gelassen BGH NZI 2010, 577 Rn. 6).

B. Antragstellung

11 Die Antragstellung erfolgt wie üblich entweder per Schreiben an das Gericht oder zu Protokoll der Geschäftsstelle des Insolvenzgerichts.

12 Das Gesetz sieht zwar eine formale **Pflicht zur Begründung** des Antrages **nicht** vor, **gleichwohl** kann **zumindest** auf eine **Sachverhaltsschilderung** und **Darlegung** des beabsichtigten **Zwecks** der Einberufung **nicht verzichtet** werden. Für alle berechtigten Antragsteller gilt, dass die Ladung zur Gläubigerversammlung nur durch das Insolvenzgericht erfolgen kann (§ 74 Abs. 1). Für eine **ordnungsgemäße Ladung**, die unverzichtbare Voraussetzung für eine rechtlich wirksame Beschlussfassung der Versammlung ist (→ § 74 Rn. 13; → § 74 Rn. 18), muss das Gericht die **Tagesordnung** veröffentlichen (§ 74 Abs. 1 S. 1). **Ohne** entsprechende **Hinweise** des **Antragstellers** ist dies **nicht möglich**. Das AG Duisburg hat einen Antrag auf Einberufung der Gläubigerversammlung zur Abwahl des Verwalters ua deshalb als unzulässig abgewiesen, da zum wichtigen Grund der Entlassung nichts vorgetragen wurde und der Antrag damit willkürlich war (NZI 2010, 910 Rn. 5).

13 Sofern ein Antrag nach der Berechtigung des § 75 Abs. 1 Nr. 3 und 4 gestellt wird, ist zudem **wenigstens darzulegen**, dass aus Sicht des oder der Antragsteller die notwendigen gesetzlichen **Quoren** erfüllt sind.

14 Sieht das **Gericht Hinderungsgründe** für die Umsetzung des Antrages, hat es nach dem OLG Celle (NZI 2002, 314 Rn. 17) die **Pflicht**, einen **Hinweis** nach § 4 iVm § 139 ZPO zu geben und auf eine **Nachbesserung hinzuwirken**. Wegen der kurzen Ladungszeit des § 75 Abs. 2 muss allerdings eine **sehr kurze Nachbesserungsfrist** durch das Insolvenzgericht an den Antragsteller **akzeptiert** werden. Ehricke sieht hier, zu Recht, maximal fünf Tage als Maßstab (MüKoInsO/Ehricke Rn. 8). Erfolgt innerhalb der Frist keine Nachbesserung, ist der Antrag als unzulässig abzuweisen.

C. Entscheidung des Gerichts

15 Ist der Antrag von einem Berechtigten gestellt, **hat das Gericht** die Einberufung nach Maßgabe des § 74 zu beschließen. Der Wortlaut des Gesetzes ist eindeutig („ist einzuberufen"). Funktional ist der Rechtspfleger zuständig § 18 Abs. 1 RPflG.

16 Eine inhaltliche **Prüfungskompetenz** des Antrages oder ein Ermessen steht dem Insolvenzgericht **nicht** zu (allgemeine Meinung, K. Schmidt InsO/Jungmann Rn. 2; Braun/Herzig Rn. 10; LG Münster BeckRS 2019, 1352 Rn. 12 mwN). Eine **Einschränkung** muss allerdings gewährt werden. Ist die Einberufung auf ein **offensichtlich unmögliches Ziel** des Antragstellers gerichtet, kann das Gericht den Antrag ablehnen, weil dem Antragsteller sodann die **Antragsberechtigung fehlt** (so auch AG Duisburg NZI 2010, 910 Rn. 5). Auf diese Weise muss auch die **Vorgabe des BGH** (NZI 2015, 651 f.) verstanden werden. Sofern mit einem Antrag **Ziele verfolgt werden,** für welche **offensichtlich** keine Kompetenzen des Antragstellers (BGH NZI 2015, 651 Rn. 11) oder der Gläubigerversammlung (AG Duisburg NZI 2010, 910 Rn. 5) bestehen, **fehlt es am Antragsrecht.**

17 Das Gericht muss **unverzüglich** handeln, da die Gläubigerversammlung innerhalb einer **Höchstfrist** von **drei Wochen** stattfinden soll. Unter Berücksichtigung der Ladungs- und Veröffentlichungsfristen bleiben damit für die Prüfung nur 17 Tage. Die **Mindestfrist** für die Einberufung liegt bei **sechs Tagen**, da die Mindestfrist nach § 4 iVm § 217 ZPO drei Tage beträgt und die Bekanntmachungsfiktion des § 9 Abs. 1 S. 3 weitere drei Tage beträgt. In der Praxis ist eine Unterschreitung der Mindestfrist kaum vorstellbar.

17a Zwar liegt für die Höchstfrist nur eine Sollvorschrift vor, Abweichungen sind also nicht rundweg ausgeschlossen und führen auch nicht zur Nichtigkeit des Beschlusses (Uhlenbruck/Knof Rn. 8; HmbKommInsR/Preß Rn. 11). Gleichwohl wird bei Überschreitung der Frist eine Sanktion in einer **Amtshaftung** und der Eröffnung einer **sofortigen Beschwerde** gesehen (K. Schmidt InsO/Jungmann Rn. 18; Braun/Herzig Rn. 13 mwN).

D. Rechtsmittel

18 Wegen der Bedeutung der Gläubigerversammlung und deren Einberufung ist gegen die **ablehnende** Entscheidung des Gerichts das Rechtsmittel der **sofortigen Beschwerde** (§ 6) eröffnet. **Allerdings** sind **nur** der oder die **Antragsteller**, ggf. mit Erfüllung des notwendigen Quorums wie bei der Antragstellung, beschwerdeberechtigt (BGH NZI 2011, 284 Rn. 8).

19 Gegen eine **positive** Entscheidung des Richters sieht das Gesetz **kein Rechtsmittel** vor. Die Ansicht von Ehricke (MüKoInsO/Ehricke Rn. 14) eine solche im Wege der „**teleologischen**

Extension" zu gewähren, ist **abzulehnen**. Der Gesetzgeber hat bewusst kein Rechtmittel zugelassen, damit ist keine Analogie möglich (§ 6 Abs. 1 S. 1). Gegen Entscheidungen des Rechtspflegers ist immer die Erinnerung nach § 11 Abs. 2 S. 1 RPflG zulässig. Über diese entscheidet bei Nichtabhilfe der Richter abschließend.

§ 76 Beschlüsse der Gläubigerversammlung

(1) Die Gläubigerversammlung wird vom Insolvenzgericht geleitet.

(2) Ein Beschluß der Gläubigerversammlung kommt zustande, wenn die Summe der Forderungsbeträge der zustimmenden Gläubiger mehr als die Hälfte der Summe der Forderungsbeträge der abstimmenden Gläubiger beträgt; bei absonderungsberechtigten Gläubigern, denen der Schuldner nicht persönlich haftet, tritt der Wert des Absonderungsrechts an die Stelle des Forderungsbetrags.

Überblick

In § 76 Abs. 1 kommt nochmals die zentrale Leitungsfunktion des Insolvenzgerichts (→ Rn. 1) im Rahmen von Versammlungen und Abstimmungen zum Ausdruck. Die notwendigen Mehrheitsverhältnisse (→ Rn. 3) für einen wirksamen Beschluss regelt Abs. 2, es kommt nur auf die anwesenden Gläubiger (→ Rn. 2) an. Zudem wird nochmals klargelegt, dass die Absonderungsgläubiger ein Anwesenheits- und Stimmrecht haben. Ein Rechtsmittel findet nicht statt (→ Rn. 5).

A. Leitung durch das Insolvenzgericht

Die Versammlung ist nur ordnungsgemäß und damit beschlussfähig, wenn sie vom **Insolvenz-** 1 **gericht geleitet** wird (→ § 74 Rn. 8). Üblicherweise ist der Rechtspfleger zuständig (§ 18 Abs. 2 RPflG), im Rahmen von Insolvenzplänen (§ 18 Abs. 1 Nr. 2 RPflG) und bei Neufestsetzung des Stimmrechts in der Abstimmung (§ 18 Abs. 3 RPflG) ist dies der Richter. Die Insolvenzordnung hat weitestgehend auf **eigene Verfahrensvorschriften** für die Gläubigerversammlung **verzichtet**. Es finden über § 4 die Grundsätze der ZPO Anwendung, insbesondere § 88 Abs. 2 ZPO (Prüfung der Vollmacht), § 136 ZPO (Verhandlungsleitung), § 139 ZPO (materielle Prozessleitung) und §§ 159 ff. ZPO (Protokollierung). Sofern notwendig, wird die Ordnung im Gerichtssaal nach den §§ 175 ff. GVG aufrechterhalten oder wiederhergestellt.

B. Zustandekommen von Beschlüssen

Die Insolvenzordnung wird vom Grundgedanken der **Gläubiger- und Privatautonomie** 2 getragen. Daher gibt es nur ein **Anwesenheitsrecht** aber **keine Anwesenheitspflicht** der Gläubiger bei Abstimmungsterminen. Daraus **rechtfertigt** sich auch, dass **nur** die **erschienenen** oder **wirksam vertretene** Gläubiger ein Stimmrecht haben und sich nur aus diesen die Mehrheitsverhältnisse berechnen, die **Abwesenden bleiben außer Betracht**. Es genügt für die **Beschlussfähigkeit** die Anwesenheit **eines einzigen Gläubigers,** eine Mindestanwesenheitsquote kennt die InsO nicht. Auch in diesem Fall ist aber ein formaler Beschluss zu fassen (BGH NZI 2007, 732 Rn. 11). Erscheint gar kein Gläubiger, ist die Versammlung beschlussunfähig. Gleichwohl **fingiert** das Gesetz in gewissen Fällen die Zustimmung der Gläubiger (§ 160 Abs. 1 S. 3). **Außerhalb des § 160 gibt es keine** solche **Fiktion**. Eine Ersetzungsbefugnis des Gerichts in diesem Fall ist abzulehnen (zum Ganzen MüKoInsO/Ehricke Rn. 18 ff.), da das Gesetz diese nicht vorsieht. Wie sich in § 160 Abs. 1 S. 3 zeigt, ist das Problem dem Gesetzgeber bewusst und er regelt Ausnahmen, wenn er dies für notwendig erachtet. Tut er dies nicht, ist das von den Rechtsanwendern hinzunehmen. Die **Vertretung mehrerer Gläubiger durch einen Bevollmächtigten** mit **demselben Abstimmungsauftrag** ist **zulässig**, zB Zustimmung zum Insolvenzplan. Dagegen können **keine widerstreitenden Stimmen** von einem Bevollmächtigten abgegeben werden, die Stimmabgabe wäre **nichtig** (vgl. Palandt/Ellenberger BGB § 164 Rn. 14), bei Rechtsanwälten zudem ggf. **strafbar** (§ 356 StGB).

C. Notwendige Mehrheiten

Grundsätzlich kommen Beschlüsse nach § 76 Abs. 2 durch die Summenmehrheit zustande. Das 3 zusätzliche Erfordernis der Mehrheit der abstimmenden Gläubiger nach Köpfen ist nur noch in

§ 57 S. 2, § 244 vorgesehen. Zur Feststellung der erforderlichen Mehrheit wird zunächst die Gesamtsumme der Forderung der **stimmberechtigten** (§ 77) anwesenden oder wirksam vertretenen Gläubiger ermittelt. Nach der Abstimmung muss die Summe der Forderungen aller wirksam abgegebenen Stimmen mehr als die Hälfte der Gesamtsumme betragen. **Enthält sich ein Gläubiger bei der Stimmabgabe, wird dessen Forderung bereits bei der Feststellung der Gesamtsumme nicht berücksichtigt,** dies folgt aus dem Wortlaut des § 76 Abs. 2 Hs. 1 („der abstimmenden Gläubiger"; so auch HmbKommInsR/Preß Rn. 9; Uhlenbruck/Uhlenbruck Rn. 33).

D. Feststellung der Forderungshöhe

4 Bei der Feststellung der **Höhe des Stimmrechts** (§ 77 Abs. 1) ist grundsätzlich von der Forderungssumme auszugehen, mit welcher der Schuldner dem Gläubiger persönlich haftet, bei Zweifelsfällen ist nach § 77 Abs. 2 vorzugehen. Die anzusetzende Forderungshöhe der **Absonderungsgläubiger** bestimmt sich zunächst nach der Höhe der **persönlichen Forderung** gegen den Schuldner, für welche eine zusätzlich Absicherung durch Absonderungsrechte besteht. Besteht **ausnahmsweise** keine persönliche Haftung gegen den Schuldner (der Schuldner hat Sicherheiten für Verbindlichkeiten eines Dritten bestellt, **Drittsicherheit durch den Schuldner**), wird die Höhe des Stimmrechts nach dem **Verwertungserlös** aus dem Sicherungsgegenstand bestimmt. Ist die Verwertung noch nicht erfolgt, muss das Gericht den voraussichtlichen Wert schätzen. Es ist ratsam, dem Gericht durch eigenen Sachvortrag Argumente für die Höhe des vermutlichen Wertes an die Hand zu geben (zB Sachverständigengutachten, Verkehrswertgutachten etc). Bei akzessorischen Sicherungsrechten wie der Hypothek, ist die Höhe auf die dem Sicherungszweck zu Grunde liegende Forderungshöhe gegen den Dritten beschränkt (MüKoInsO/Ehricke Rn. 25).

E. Rechtsmittel

5 Gegen die Beschlüsse der Gläubigerversammlung gibt es **kein Rechtsmittel.** Dies folgt schon daraus, dass keine Entscheidung des Gerichts vorliegt. Zudem sieht die InsO kein Rechtsmittel vor, sodass zudem § 6 dagegen steht. Es gibt lediglich die Möglichkeit nach § 78 vorzugehen. Diese Entscheidung des Gerichts ist dann aber rechtsmittelfähig (§ 78 Abs. 2). Liegt ein **Nichtigkeitsgrund** für den Beschluss vor (zB fehlerhafter Ladung, falscher öffentlicher Bekanntmachung etc) ist ein Rechtsmittel nicht gegeben, die **Nichtigkeit wirkt ipso jure** und der Beschluss entfaltet keinerlei Wirkung (BGH NZI 2011, 713 Rn. 12 = BeckRS 2016, 11730).

§ 77 Feststellung des Stimmrechts

(1) ¹**Ein Stimmrecht gewähren die Forderungen, die angemeldet und weder vom Insolvenzverwalter noch von einem stimmberechtigten Gläubiger bestritten worden sind.** ²**Nachrangige Gläubiger sind nicht stimmberechtigt.**

(2) ¹**Die Gläubiger, deren Forderungen bestritten werden, sind stimmberechtigt, soweit sich in der Gläubigerversammlung der Verwalter und die erschienenen stimmberechtigten Gläubiger über das Stimmrecht geeinigt haben.** ²**Kommt es nicht zu einer Einigung, so entscheidet das Insolvenzgericht.** ³**Es kann seine Entscheidung auf den Antrag des Verwalters oder eines in der Gläubigerversammlung erschienenen Gläubigers ändern.**

(3) Absatz 2 gilt entsprechend
1. für die Gläubiger aufschiebend bedingter Forderungen;
2. für die absonderungsberechtigten Gläubiger.

Überblick

Die Regelung des § 77 ergänzt § 76. In Letzterem ist geregelt, wie und mit welchen Mehrheiten ein Beschluss der Gläubigerversammlung zustandekommt, § 77 gibt Auskunft, wer (→ Rn. 1) an der Abstimmung mit welchem Stimmrecht (→ Rn. 2; → Rn. 3; → Rn. 4) teilnehmen (→ Rn. 5; → Rn. 6; → Rn. 7) darf. In § 77 Abs. 2 S. 1 kommt wiederum die Gläubigerautonomie des Insolvenzverfahrens zum Ausdruck. Einigen (→ Rn. 7) sich die Parteien, muss und darf das Gericht nicht entscheiden. War das Gericht (→ Rn. 8) zur Entscheidung berufen (Abs. 2 S. 2) kann es seine Entscheidung auf Antrag (→ Rn. 10) noch ändern (Abs. 2 S. 3) Ein Rechtsmittel (→ Rn. 10) gegen die Stimmrechtsentscheidung des Richters gibt es nicht, gegen die des Rechtspflegers ist die Erinnerung ebenfalls unstatthaft (§ 11 Abs. 3 S. 2 RPflG), es kann allenfalls die Überprüfung durch den Richter nach (§ 18 Abs. 3 RPflG) herbeigeführt werden.

A. Stimmrecht

Zu **Beginn** der **Versammlung** hat das Insolvenzgericht (§ 76 Abs. 1) das **Stimmrecht festzustellen** und in das **Protokoll** aufzunehmen. Stimmberechtigt sind die Insolvenzgläubiger nach § 38, **nicht** hingegen die **nachrangigen Gläubiger** (§ 77 Abs. 1 S. 2, § 39) und die **Massegläubiger** (ausgenommen § 210a). Zur Feststellung des Stimmrechts gehört als **Vorfrage** auch die Entscheidung, ob ein Gläubiger **überhaupt** an der Abstimmung **teilnehmen** darf (BGH NZI 2009, 106 Rn. 9), oder ob ein **außerordentlicher Ausschlussgrund** vorliegt, zB bei **Interessenskollisionen**, **Insichgeschäften** oder bei **Entscheidungen gegen sich selbst** (LG Hamburg NZI 2015, 28 Rn. 20; AG Itzehoe NZI 2014, 1006 Rn. 17; AG Kaiserslautern NZI 2006, 47). Es kommt auf eine abwägende Entscheidung im Einzelfall an. Sonderregelungen gelten bei Abstimmungen über einen Insolvenzplan (§§ 237–238a). 1

I. Stimmrecht bei durchgeführtem Prüftermin

Hat der Prüftermin bereits stattgefunden, lässt sich das Stimmrecht für die festgestellten Forderungen unproblematisch nach § 77 Abs. 1 S. 1 der Tabelle entnehmen. Ob die Feststellung für den Ausfall oder aufschiebend bedingt erfolgt ist, ist nach § 77 Abs. 3 unerheblich. 2

II. Stimmrecht bei ausstehender Prüfung der Forderung

Hat noch kein Prüftermin stattgefunden, oder liegen Nachmeldungen vor, die noch nicht geprüft wurden, kann die Ableitung aus § 77 Abs. 1 nicht erfolgen. Bei Abstimmungen im Berichtstermin (§ 156) ist dies der Regelfall, da üblicherweise der Prüftermin erst im Anschluss an den Berichtstermin durchgeführt wird. Der BGH geht hier von einem Stimmrecht in der angemeldeten Höhe aus, wenn weder ein nicht nachrangiger Gläubiger noch der Insolvenzverwalter in dem Abstimmungstermin widerspricht (BGH NZI 2005, 31 Rn. 11). Umstritten ist die Frage, ob für die Stimmberechtigung eine schriftliche Anmeldung vorliegen muss, oder ob der Gläubiger seine Forderung im Abstimmungstermin nur behaupten muss (zum Streitstand MüKo-InsO/Ehricke Rn. 6; Uhlenbruck/Uhlenbruck Rn. 3). 3

Der Wortlaut des § 77 Abs. 1 ist eindeutig, es muss eine Anmeldung beim Insolvenzverwalter vorliegen. Es gibt keinen Anhaltspunkt, dass der Gesetzgeber den Begriff der „Anmeldung" nicht einheitlich iSd § 174 anwenden will. Eine Ausnahme von diesem Grundsatz ist allerdings dann notwendig, wenn die vom Insolvenzgericht gesetzte Frist zur Anmeldung der Forderungen noch nicht abgelaufen ist (AG Frankfurt NZI 2009, 441 Rn. 7; MüKoInsO/Ehricke Rn. 6 mwN). Dem durchschnittlichen Gläubiger ohne insolvenzrechtliches Sonderwissen kann nicht abverlangt werden, eine Anmeldung vor Fristablauf vorzunehmen, um sein Recht auf Abstimmung zu wahren. Eine schriftliche Anmeldung beim Insolvenzverwalter im Abstimmungstermin selbst ist möglich, da die Insolvenzordnung keine Ausschlussfristen kennt und die Anmeldung bis zum Schlusstermin möglich ist (hierzu BGH NZI 2012, 323 Rn. 10). 4

B. Feststellung des Stimmrechts

I. Unbestrittene Forderungen

Soweit eine Forderung ordnungsgemäß beim Insolvenzverwalter angemeldet wurde, ergibt sich ein Stimmrecht für den Insolvenzgläubiger, wenn seine Forderung nicht von einem stimmberechtigten Gläubiger oder vom Insolvenzverwalter bestritten wurde. Im Fall der Eigenverwaltung hat auch der Widerspruch des Schuldners eine hindernde Wirkung (§ 283 Abs. 1 S. 1), im Regelverfahren nicht (§ 178 Abs. 1 S. 2). 5

II. Bestrittene Forderungen

Sofern die Forderung ganz oder teilweise durch den Insolvenzverwalter oder einen stimmberechtigten Gläubiger **bestritten** wird, sieht das Gesetz eine **gestaffelte Lösung** hierfür vor, welche sich absteigend ausschließen. 6

1. Einvernehmliche Parteienlösung

7 Als **erstes** muss **zwingend** der **Versuch einer Einigung** zwischen den Anwesenden unternommen werden. Gelingt es, als **Ausfluss der Gläubigerautonomie**, eine einvernehmliche Lösung zwischen den betroffenen Gläubiger dem Insolvenzverwalter und den übrigen anwesenden stimmberechtigten Gläubigern zu finden, **gilt das gefundene Ergebnis**. Eine Entscheidung des Insolvenzgerichts ist unzulässig. Eine **Einigung setzt voraus,** dass alle Betroffenen zustimmen und es **keine Gegenstimme** gibt. **Stimmenthaltungen** sind zulässig und werden **nicht als Gegenstimme** gewertet. Die Einigung kann auch beinhalten, dass das Stimmrecht an sich anerkannt wird, allerdings nur in geringerer Höhe als angemeldet (argumentum maiore ad minus). Die Ansicht (Braun/Herzig Rn. 10), dass eine **Teileinigung** möglich sei, bezüglich einer Differenz zur vollen Höhe der Forderung für den betroffenen Gläubiger noch die Möglichkeit eines Antrages auf (restliche) Entscheidung des Gerichts bestehe, **ist abzulehnen**. Eine Einigung setzt voraus, dass alle Beteiligten mit dem Ergebnis einverstanden sind. Meint der betroffene Gläubiger, dass ihm das volle Stimmrecht zustehe, andere Beteiligte aber nicht, liegt ein Dissens vor. Das gefundene Ergebnis wird vom Insolvenzgericht nach § 4 iVm § 160 ZPO protokolliert.

2. Entscheidung des Gerichts

8 Kommt eine **Einigung nicht zustande, muss** das **Gericht** das Stimmrecht **festlegen.** Dabei kann das Gericht das Stimmrecht ablehnen, in voller Höhe feststellen oder auf einen Teilbetrag beschränken. Die **Entscheidung** trifft im Regelfall der Rechtspfleger (Ausnahme: § 18 Abs. 2 RPflG) und **ist** von diesem **zu begründen** (BVerfG ZInsO 2004, 1027 Rn. 22). Ausgangspunkt der Prüfung muss sein, **ob eine hinreichende Forderungsanmeldung** vorliegt. Die Anmeldung ist an den Kriterien des BGH aus der Entscheidung v. 22.1.2009 (NZI 2009, 242 Rn. 10, 11 und 17) zu messen. Diese muss **wenigstens eine schlüssige** Darlegung des **Lebenssachverhaltes** enthalten, aus welchem der Gläubiger seinen Zahlungsanspruch herleitet. Bei mehreren Forderungen ist dies für jede einzeln darzulegen. Ebenso muss der Forderungsgrund angegeben werden und wer Forderungsinhaber war oder ist. Wegen der **Titulierungsfunktion** der Tabellenanmeldung muss eine **hinreichende Individualisierung** gegeben sein, die dem Insolvenzverwalter und den übrigen Gläubigern ermöglicht, den Schuldgrund einer Prüfung zu unterziehen. Sind diese Voraussetzungen erfüllt, wird dem Gericht überwiegend ein **pflichtgemäßes Ermessen** bei der Entscheidung zugestanden (MüKoInsO/Ehricke Rn. 15; Braun/Herzig Rn. 12), wobei **alle Faktoren abzuwägen** seien. Es soll der Grundsatz „**in dubio pro creditore**" gelten. Woher dieser Grundsatz stammen soll, bleibt offen, es solle eine möglichst „breite Abstimmungsbasis" gefunden werden (Braun/Herzig Rn. 12). **Gerade darum geht es allerdings nicht. Diese Ansicht ist daher abzulehnen.** Die zu treffenden Entscheidungen der Versammlung haben weitreichende Bedeutung. Deshalb sollte gerade vermieden werden, Unberechtigte teilhaben zu lassen. Im Zivilprozess wendet sich das „**non liquet**" gegen den Anspruchsteller, dies sollte **auch im Insolvenzverfahren angewendet** werden. Das Gericht sollte sich bei der Entscheidung an den Grundsätzen der Beweislast und der Beweiswürdigung der ZPO orientieren (§ 4). Im Sinne einer zügigen Verfahrensabwicklung kann ein **Vollbeweis** bei der Stimmrechtsfestlegung **nicht gefordert** werden. Liegt ein rechtskräftiges Urteil zu Gunsten des Gläubigers vor, streitet dieses für sein Stimmrecht. Nur in Ausnahmefällen kann hier ein Stimmrecht versagt werden. Der Bestreitende muss wenigstens substanziiert Gründe vortragen, die eine erfolgreiche Vollstreckungsabwehrklage oder sonstige Restitution des Titels als überwiegend wahrscheinlich erscheinen lassen.

III. Geltungsdauer

9 Finden **mehrere Abstimmungstermine** statt, stellt sich die Frage, ob **jedes Mal neu** das Stimmrecht festgestellt werden muss, **oder** ob auf das Ergebnis der letzten Abstimmung **zurückgegriffen** werden muss. Hier ist zu **unterscheiden**. Wurde das Bestreiten der betroffenen Forderung vom Bestreitenden bis zum neuen Termin zurückgenommen, ist die Forderung festgestellt und damit gilt Abs. 1, das Stimmrecht besteht dann in Höhe der Feststellung. Im Falle einer **einvernehmlichen Lösung** gilt das Stimmrecht **auch** in **folgenden** Versammlungen, **es sei denn,** in dem neuen Termin widerspricht ein Gläubiger, sodann liegt **kein Konsens mehr** vor (so auch HK-InsO/Ehrlich Rn. 11; Braun/Herzig Rn. 16; aA MüKoInsO/Ehricke Rn. 32, der von einem „bleibenden Stimmrecht" ausgeht). Dies ist schon deshalb gerechtfertigt, da die **Zusammensetzung** der Gläubiger in dem **neuen Abstimmungstermin eine andere** sein kann. Ein bleibendes Stimmrecht wäre eine nicht zu rechtfertigende Beeinträchtigung der Rechte derjenigen Gläubiger, die ggf. erst nach dem letzten Termin vom Insolvenzverfahren erfahren und sich erst dann anmelden. Dass das „bleibende Stimmrecht", wie es in § 95 Abs. 1 S. 2 KO geregelt war, in der InsO keine Aufnahme gefunden hat, spricht für diese Ansicht. Beruht das Stimmrecht **dagegen auf einer gerichtlichen Entscheidung** wirkt diese auch für **spätere** Abstimmungen fort. Es kann allerdings die Änderung der Entscheidung nach Abs. 2 S. 3 beantragt werden.

C. Rechtsmittel

Die Frage des **Rechtsmittels** stellt sich **nur** bei der **Entscheidung des Gerichts**. Der Feststellung einer Forderung ist durch Widerspruch im Prüftermin entgegen zu treten (§ 178). Bei einer einstimmigen Festlegung entfällt jede Beschwer der Anwesenden. Ein **Rechtsmittel** gegen die **gerichtliche Entscheidung** gibt es **nicht**, eine sofortige Beschwerde ist **unzulässig** (BGH NZI 2009, 106 Rn. 8). Die Beschneidung des Rechtsmittels durch die InsO ist **verfassungskonform** (BVerfG NZI 2010, 57 Rn. 12). Bei Entscheidungen des Rechtspflegers ist **auch die Rechtspflegererinnerung ausgeschlossen** (§ 18 Abs. 3 S. 2 RPflG). Die Möglichkeit zur Herbeiführung einer Änderung der Entscheidung besteht nach § 77 Abs. 2 S. 3 nur darin, einen **Antrag auf anderweitige Entscheidung** zu stellen. Antragsberechtigt sind nur der Insolvenzverwalter und die erschienenen Gläubiger. **Ein mittelbares Rechtsmittel ergibt sich aus § 18 Abs. 3 RPflG.** Die soeben genannten können beantragen, dass der Insolvenzrichter das Stimmrecht neu festsetzt, wenn sich die Entscheidung des Rechtspflegers über das Stimmrecht auf das Ergebnis der Abstimmung ausgewirkt hat. Sodann kann der Richter die Entscheidung ändern und eine Wiederholung der Abstimmung anordnen. Der Antrag ist nur bis zum Schluss des Termins zulässig, in welchem die Abstimmung stattfindet (§ 18 Abs. 3 aE RPflG). Das Antragsrecht muss auch dem von der Stimmrechtsentscheidung betroffenen Gläubiger gewährt werden, da dieser sonst völlig rechtlos gestellt würde. 10

§ 78 Aufhebung eines Beschlusses der Gläubigerversammlung

(1) Widerspricht ein Beschluß der Gläubigerversammlung dem gemeinsamen Interesse der Insolvenzgläubiger, so hat das Insolvenzgericht den Beschluß aufzuheben, wenn ein absonderungsberechtigter Gläubiger, ein nicht nachrangiger Insolvenzgläubiger oder der Insolvenzverwalter dies in der Gläubigerversammlung beantragt.

(2) ¹Die Aufhebung des Beschlusses ist öffentlich bekanntzumachen. ²Gegen die Aufhebung steht jedem absonderungsberechtigten Gläubiger und jedem nicht nachrangigen Insolvenzgläubiger die sofortige Beschwerde zu. ³Gegen die Ablehnung des Antrags auf Aufhebung steht dem Antragsteller die sofortige Beschwerde zu.

Überblick

Die Möglichkeit, den Beschluss der Gläubigerversammlung aufheben zu lassen, dient dem Missbrauch einer Mehrheit vorzubeugen und der Verfolgung von Sonderinteressen entgegenzutreten. Widerspricht der Beschluss dem gemeinsamen Interesse (→ Rn. 1, → Rn. 2) der Insolvenzgläubiger, hat das Gericht (→ Rn. 5) den Beschluss aufzuheben, wenn dies beantragt (→ Rn. 4) wird. Die Entscheidung ist öffentlich bekannt (→ Rn. 5) zu machen. Da keine sonstigen Rechtsmittel gegeben sind, insbesondere nicht gegen Stimmrechtsentscheidungen des Gerichts (→ § 77 Rn. 10), hat die sofortige Beschwerde (→ Rn. 6) gegen den Beschluss besondere Bedeutung.

A. Gemeinsames Interesse der Gläubiger

Entscheidendes Kriterium für die **Aufhebung** eines Beschlusses der Gläubigerversammlung ist ein **Widerspruch** der Entscheidung gegen die gemeinsamen **Interessen der Gläubiger**. Gemeint kann damit **nur die Gläubigergesamtheit** sein, da dieser das Interesse der InsO gilt (§ 1). Die Gläubigergleichbehandlung ist Maxime des Verfahrens, neben der bestmöglichen Befriedigung der Forderungen aller Gläubiger (LG Memmingen NZI 2014, 455 Rn. 14). Das Insolvenzverfahren dient der gemeinschaftlichen Befriedigung aus dem Schuldnervermögen, daher haben bei der Beurteilung **Einzelinteressen** von Gläubigern oder Gläubigergruppen **außer Betracht** zu bleiben. **Auch Interessen, die sich nicht auf die Forderungsbefriedigung beziehen, dürfen keine Rolle spielen.** Daher ist der Begriff **eng auszulegen.** Es handelt sich bei § 78 **nicht** um eine **Minderheitenschutzvorschrift**, da sich der Gesetzgeber für das Mehrheitsprinzip entschieden hat. Es müssen eindeutige und erhebliche Verstöße gegen die Interessen der Gesamt- 1 heit vorliegen, anderenfalls **ist** die **Entscheidung der Mehrheit zu akzeptieren** (BGH NZI 2011, 760 Rn. 14; LG Hamburg ZInsO 2015, 209 Rn. 27; AG Bremen ZInsO 2010, 583 Rn. 46).

2 Gegen das gemeinschaftliche Interesse laufen **insbesondere Beschlüsse** der Versammlung, die den **Verwalter zu einem Handeln** verpflichten sollen, durch welche ein wesentlicher **Vermögensgegenstand der Verwertung entzogen** wird, wenn die rechtliche Prüfung des Sachverhalts vom Verwalter noch nicht abgeschlossen ist oder die tatsächliche Rechtslage dem Beschluss entgegensteht (BGH NZI 2008, 490 Rn. 11). **Liegen nichtige Beschlüsse vor, sind diese ipso jure unbeachtlich und müssen nicht mehr aufgehoben werden** (BGH NZI 2010, 648 Rn. 6; bestätigt in NZI 2011, 713 Rn. 6). **Die abgesonderte Befriedigung ist kein gemeinschaftliches Interesse** (Braun/Herzig Rn. 6). Dies ergibt sich bereits daraus, dass durch die Absonderung der Gesamtheit die volle Vermögenswert entzogen wird.

B. Beurteilungsmaßstab des Gerichts

3 **Beurteilungsmaßstab** für das Gericht ist die **ex-ante-Sicht** auf Basis der Informationen, die der Gläubigerversammlung **im Zeitpunkt der Abstimmung** vorlagen. Sofern kein eindeutiger Sachverhalt gegeben ist, sodass es letztlich auf eine Abwägung wirtschaftlicher Erwägungen ankommt, ist das Ergebnis der Entscheidung hinzunehmen und der Prüfung des Gerichts entzogen (LG Hamburg NZI 2015, 279 Rn. 26). Erkennbar unsachliche Gründe der abstimmenden Gläubiger, die ihre Ursache in einer **persönlichen Verwerfung** mit dem Schuldner haben oder **erkennbar nur der Umsetzung individueller Ansichten oder Meinungen des abstimmenden Gläubigers** dienen, sind nicht anerkennenswert und der Beschluss ist daher aufzuheben (LG Lüneburg NZI 2020, 563 Rn. 10).

C. Antragsbefugnis

4 Die Aufhebung des Beschlusses muss beantragt werden, ein Tätigwerden des Gerichts **von Amts wegen ist nicht zulässig**. Der **Antrag muss im Termin selbst** erfolgen. Wer Antragsbefugt ist, ergibt sich aus § 78 Abs. 1. Eine **Antragsberechtigung fehlt** für die beabsichtigte Aufhebung eines Beschlusses über die Wahl eines neuen Insolvenzverwalters nach § 57, da diese Norm **lex specialis** ist und nicht unter § 78 fällt (BGH NZI 2003, 607 Rn. 3, bestätigt in BGH NZI 2005, 32 Rn. 6). **Dasselbe** gilt für die **Beschlussfassung, die Eigenverwaltung aufzuheben** (BGH NZI 2011, 760 Rn. 4). Ebenso fehlt es an der Antragsberechtigung, wenn hiermit eine nichtige Beschlussfassung aufgehoben werden soll (BGH NZI 2010, 648 Rn. 6; bestätigt in NZI 2011, 713 Rn. 6), oder der Insolvenzverwalter einen Beschluss aufheben lassen will, durch welchen ein Sonderinsolvenzverwalter beauftragt werden soll, Haftungsansprüche gegen ihn geltend zu machen (BGH NZI 2014, 307 Rn. 6; bestätigt NZI 2016, 831 Rn. 18). Auch der Gläubiger, dessen Stimmrecht abgelehnt wurde, ist antragsberechtigt (RegE, Balz/Landmann, 295). Der Eigenverwalter im Verfahren nach §§ 270 ff. ist grundsätzlich nicht antragsbefugt, **allenfalls der Sachwalter** kommt als Antragsteller in Betracht (BGH ZIP 2017, 1377 Rn. 7). Der BGH begründet dies mit dem Wortlaut und dem Sinn und Zweck der Norm des § 78 (BGH ZIP 2017, 1377 Rn. 7). Dem ist uneingeschränkt zuzustimmen.

4a Es **fehlt am Rechtsschutzbedürfnis** für den Antrag, wenn damit nur eine ablehnende Entscheidung der Gläubigerversammlung aufgehoben werden soll. In diesem Fall kann die Gläubigerversammlung in einer neuen Abstimmung das Gegenteil beschließen, sodass es nicht der Regelung des § 78 bedarf (BGH BeckRS 2020, 15994 Rn. 10).

D. Entscheidung des Gerichts

5 Liegt eine Beeinträchtigung der gemeinsamen Interessen der Gläubiger vor, **hebt** das Gericht den Beschluss **auf**. Die Entscheidung ist nach § 78 Abs. 2 S. 1 **öffentlich bekannt** zu machen (§ 9). Das **gemeinsame Interesse** der Gläubiger ist auf die **bestmögliche** und **gleichmäßige** Befriedigung **aller** Gläubiger gerichtet, welches sich in einer zumindest **mittelfristig** erreichbaren **Vergrößerung** der **Haftungsmasse** manifestiert (BGH ZIP 2017, 1377 Rn. 10). Bei der Beurteilung hat das Gericht dabei **nicht** den Informations- und Kenntnisstand der Gläubiger im Zeitpunkt ihrer Entscheidung, sondern **allein die objektive Lage** zum Zeitpunkt der Entscheidung der Gläubigerversammlung zugrunde zu legen (BGH ZIP 2017, 1377 Rn. 10). **Nachträgliche** Änderungen der Beurteilungslage haben dabei nach Ansicht des BGH **unberücksichtigt** zu bleiben. Es muss eine Gegenüberstellung stattfinden, wie sich die Masse voraussichtlich mit und ohne den Beschluss entwickelt (BGH ZIP 2017, 1377 Rn. 10).

Der **BGH** hat den **Streit** in Rechtsprechung und Literatur **entschieden**, unter welchen **5a** Voraussetzungen eine Aufhebung des Beschlusses durch das Gericht erfolgen darf. Die **Gläubigerautonomie** ist das **bestimmende Element** im Insolvenzverfahren. Daher darf das **Gericht nur dann** seine Entscheidung an die Stelle der Gläubigerversammlung setzen, wenn **eindeutige** und **erhebliche** Verstöße gegen das **gemeinsame** Gläubigerinteresse an einer bestmöglichen Befriedigung gegeben sind. Es ist ein **strenger und enger Auslegungsmaßstab** iRd § 78 anzulegen (BGH ZIP 2017, 1377 Rn. 12). Daher genügt es nicht, dass die Erhöhung der Quotenaussicht durch eine Betriebsfortführung nur möglich ist. Sofern die Gläubigerversammlung die Einstellung des Betriebs beschlossen hat, muss iRd § 78 die begründete Erwartung gegeben sein, dass die Fortführung eine Quotenhebung mit sich bringen wird; eine nur mögliche Aussicht genügt hingegen nicht (BGH ZIP 2017, 1377 Rn. 12) Das Gericht muss sich, um in die Gläubigerautonomie eingreifen zu dürfen, ein **eigenes objektiviertes Bild** verschaffen und darf sich nicht auf die Behauptungen der Beteiligten verlassen. Daher ist zB die Vorlage einer **fundierten und belastbaren Betriebs- und Liquiditätsplanung notwendig**, anhand welcher das Gericht die Behauptungen objektivieren kann, dies vor allem dann, wenn der Insolvenzverwalter/Sachwalter eine negative Einschätzung der Lage abgibt (BGH ZIP 2017, 1377 Rn. 17).

E. Rechtsmittel

Gegen die Entscheidung ist die **sofortige Beschwerde** zulässig. Sie kann von jedem absonderungsberechtigten Gläubiger und jedem nicht nachrangigen Gläubiger eingelegt werden. Damit können **auch an der Abstimmung nicht beteiligte** das Rechtsmittel einlegen. Wird der Antrag auf Aufhebung abgelehnt kann nur der Antragsteller sofortige Beschwerde einlegen (MüKoInsO/Ehricke Rn. 33). Da der Eigenverwalter nicht antragsbefugt ist (→ Rn. 4), steht ihm auch kein Rechtsmittel zu. **6**

F. Keine analoge Anwendung auf nichtige Beschlüsse

Sofern ein Gläubiger der Meinung ist, dass ein Beschluss der Gläubigerversammlung nichtig sei, kann er diesen Umstand **nicht** in einem gesonderten Verfahren feststellen lassen. Ein **Antrag auf Feststellung der Nichtigkeit** eines Beschlusses der Gläubigerversammlung ist daher **unzulässig** und abzuweisen. Die InsO sieht kein Rechtsmittel gegen einen nichtigen Beschluss vor, weshalb ein solcher nicht zulässig ist (§ 6 Abs. 1 S. 1). Da nichtige Beschlüsse per se unbeachtlich sind, bedarf es zu deren Feststellung auch keines außerordentlichen Rechtsbehelfes analog § 78. Eine unmittelbare Anwendung ist nicht möglich, da § 78 nur die Aufhebung wirksamer Beschlüsse betrifft (BGH NZI 2011, 713 Rn. 12; AG Düsseldorf ZIP 2018, 1992 Rn. 14). **7**

§ 79 Unterrichtung der Gläubigerversammlung

¹Die Gläubigerversammlung ist berechtigt, vom Insolvenzverwalter einzelne Auskünfte und einen Bericht über den Sachstand und die Geschäftsführung zu verlangen. ²Ist ein Gläubigerausschuss nicht bestellt, so kann die Gläubigerversammlung den Geldverkehr und -bestand des Verwalters prüfen lassen.

Überblick

Die Gläubigerversammlung (→ Rn. 1) dient als Selbstverwaltungsorgan der Gläubiger. Damit die vom Gesetzgeber gewünschte Verfahrenseinflussnahme wirksam ausgeübt werden kann, wird der Gläubigerversammlung das Recht zugestanden, vom Insolvenzverwalter einzelne Auskünfte (→ Rn. 6) oder einen Bericht über den Sachstand (→ Rn. 2) zu fordern. Sofern ein Gläubigerausschuss nicht bestellt ist, kann die Gläubigerversammlung den Geldverkehr und -bestand prüfen (→ Rn. 7) lassen, auch vor dem Abschluss des Verfahrens (§ 66 Abs. 3). Die Gläubigerversammlung erhält damit die Möglichkeit, neben dem Insolvenzgericht (§ 58 Abs. 1 S. 2) und dem Gläubigerausschuss (§ 69 S. 2) den Insolvenzverwalter zu überwachen und kontrollieren.

A. Informationsberechtigte

In § 79 S. 1 ist der bereits aus der Konkursordnung (§§ 88 Abs. 2, 132 Abs. 2 KO) bekannte **Grundsatz** niedergelegt, dass der Insolvenzverwalter zwar der **Gläubigerversammlung**, nicht **1**

aber dem einzelnen Gläubiger gegenüber auskunftspflichtig ist (BGHZ 62, 1 Rn. 13). Zudem kann dieses Recht **nur in der Versammlung selbst** ausgeübt werden. Die Ausübung des Informationsrechtes erfolgt entweder durch Aufstellung eines Fragenkataloges und entsprechende Beschlussfassung. Möglich ist auch im Rahmen eines mündlichen Termins die Fragestellung durch einzelne Gläubiger, sofern von den Anwesenden übrigen Gläubigern keine Einwände erhoben werden.

2   In der Praxis kommt diese Art des Informationsbegehrens nur in seltenen Ausnahmefällen vor. Zumeist erfolgt die Informationsbeschaffung einzelner Gläubiger durch Akteneinsicht nach § 4 iVm § 299 ZPO beim Insolvenzgericht. Dem Verwalter wird üblicherweise durch das Insolvenzgericht nach § 58 Abs. 1 S. 2 aufgegeben, halbjährlich schriftlich Bericht zu erstatten.

3   Dem **einzelnen Gläubiger** gegenüber ist der **Verwalter nicht verpflichtet**, Anfragen zu beantworten. Nach Ehricke hat der Verwalter ein solches Ansinnen sogar **zu verweigern** (MüKo-InsO/Ehricke Rn. 2 mwN). Zum einen soll dadurch der **Verwalter** vor übermäßiger **Belastung geschützt** werden, zum anderen soll damit **verhindert** werden, dass es zu einer **ungleichen Kenntniserlangung** der einzelnen Gläubiger kommt. Dem ist im Hinblick auf die Gläubigergleichbehandlung **zuzustimmen.** Gäbe der Verwalter den ersten Anfragenden noch bereitwillig Auskunft, den später Anfragenden aber nicht, weil die Belastung zu hoch wird, kann es zu – wenn auch unbeabsichtigten – **Bevorzugungen** einzelner Gläubiger kommen. Gegen die **Übersendung** des letzten **Berichts** gegenüber dem Gericht an den Gläubiger ist dagegen **nichts einzuwenden,** da die Einsichtnahme auch durch Akteneinsicht bei Gericht erfolgen könnte (so auch K. Schmidt InsO/Jungmann Rn. 5). Durch die ab dem 1.1.2021 geltende Vorschrift des § 5 Abs. 5 (→ § 5 Rn. 26) wird die Auskunft in der Praxis nur noch über das Gläubigerinformationssystem (GIS) erfolgen.

B. Persönliche Pflicht des Verwalters

4   Nach dem Wortlaut des Gesetzes ist der **Insolvenzverwalter selbst verpflichtet.** Die **überwiegende Meinung** (MüKoInsO/Ehricke Rn. 4; Braun/Herzig Rn. 8 mwN) in der Literatur hält ein höchstpersönliches Erscheinen aber **nicht für erforderlich,** vielmehr genüge die Entsendung eines informierten Vertreters. **Diese Ansicht ist iRd § 79 abzulehnen** (so auch Uhlenbruck/Knof Rn. 11, der hiervon in begründeten Fällen eine Ausnahmemöglichkeit sieht). Das Informationsbegehren durch die Gläubigerversammlung, außerhalb des Berichtstermins des § 156, ist ein in der Praxis **äußerst ungewöhnlicher Akt** und **trägt ein Misstrauen** gegenüber dem Verwalter **in sich.** Wenn das umständliche Prozedere einer Gläubigerversammlung, mit entsprechend notwendigen Quoren (§ 75 Abs. 1 Nr. 3, 4 → § 75 Rn. 5), bemüht wird, müssen erheblich **problematische Vorfälle** gegeben sein, die die Anwesenheit des bestellten Verwalters **persönlich notwendig** macht. Er alleine ist Amtsinhaber und für die ordnungsgemäße Abwicklung des Verfahrens verantwortlich.

5   Erscheint der Verwalter nicht, gibt es für die Gläubigerversammlung **keine Sanktionsmöglichkeit.** Sie kann nur das Insolvenzgericht zu Maßnahmen auffordern.

C. Umfang der Auskunftspflicht

6   Der Insolvenzverwalter ist „Treuhänder" der Gläubigergemeinschaft, die als Ausfluss der Gläubigerautonomie der wesentliche Entscheidungsträger ist. Um vernünftige Entscheidungen treffen zu können, bedarf es der Möglichkeit, sich über die wesentlichen Umstände zu informieren. **Daher ist der Verwalter als zentrales Organ des Insolvenzverfahrens zu detaillierten und exakten Angaben verpflichtet.** Seine **Grenze** findet diese Pflicht bei Details, die vernünftigerweise für einen **objektiven** Dritten **keinen Einfluss** auf die grundsätzliche Entscheidung haben können **oder erkennbar** durch einen Gläubiger versucht wird, **zum eigenen Vorteil** Details zu erfahren, die für die zu treffende Entscheidung aber keine Relevanz haben (Nerlich/Römermann/Delhaes Rn. 4–5; aA MüKoInsO/Ehricke Rn. 10, der ein Weigerungsrecht ablehnt).

D. Kassenprüfung

7   Sofern kein Gläubigerausschuss bestellt ist, kann die Gläubigerversammlung die Kassenprüfung beschließen, hier ist das Prozedere wie iRd § 69 (→ § 69 Rn. 10).

Dritter Teil. Wirkungen der Eröffnung des Insolvenzverfahrens

Erster Abschnitt. Allgemeine Wirkungen

§ 80 Übergang des Verwaltungs- und Verfügungsrechts

(1) Durch die Eröffnung des Insolvenzverfahrens geht das Recht des Schuldners, das zur Insolvenzmasse gehörende Vermögen zu verwalten und über es zu verfügen, auf den Insolvenzverwalter über.

(2) ¹Ein gegen den Schuldner bestehendes Veräußerungsverbot, das nur den Schutz bestimmter Personen bezweckt (§§ 135, 136 des Bürgerlichen Gesetzbuchs), hat im Verfahren keine Wirkung. ²Die Vorschriften über die Wirkungen einer Pfändung oder einer Beschlagnahme im Wege der Zwangsvollstreckung bleiben unberührt.

Überblick

Die Norm regelt in Abs. 1 als wesentliche Folge der Eröffnung des Insolvenzverfahrens (→ Rn. 5 ff.) den Übergang der Verwaltungs- und Verfügungsbefugnis über das zur Insolvenzmasse (→ Rn. 10 ff.) gehörende Vermögen auf den Insolvenzverwalter. Die Regelung stellt damit den Ausgangspunkt zum Verständnis der Rechtsstellung des Insolvenzverwalters insgesamt dar (→ Rn. 20 ff.). Abs. 2 bestimmt zu den Wirkungen des Verfahrens präzisierend die Wirkungslosigkeit von relativen Veräußerungsverboten (→ Rn. 72 ff.) einerseits und die Wirksamkeit von vorgenommenen Zwangsvollstreckungsmaßnahmen (→ Rn. 76 ff.) andererseits.

Übersicht

	Rn.		Rn.
A. Allgemeines	1	4. Weitere Aspekte	34
B. Übergang der Verwaltungs- und Verfügungsbefugnis	5	III. Stellung des Insolvenzverwalters im Zivilprozess	38
I. Voraussetzungen	5	IV. Stellung des Insolvenzverwalters in weiteren Rechtsgebieten	45
1. Eröffnung des Insolvenzverfahrens	5	1. Arbeitsrecht	45
2. Insolvenzmasse	10	2. Gesellschaftsrecht	46
II. Grundsätze der Verwaltungs- und Verfügungsbefugnis des Insolvenzverwalters	13	3. Handelsrecht	49
1. Einrücken in Rechtsstellung des Schuldners	13	4. Öffentliches Recht	53
2. Bindung an den Insolvenzzweck	17	5. Steuerrecht	56
		6. Strafrecht	59
C. Rechtsstellung des Insolvenzverwalters	20	7. Wettbewerbsrecht	62
I. Amtsstellung des Insolvenzverwalters	20	D. Rechtsstellung des Schuldners	63
II. Stellung des Insolvenzverwalters im materiellen Vermögensrecht	21	I. Stellung des Schuldners im materiellen Vermögensrecht	64
1. Verfügungsgeschäfte	21	II. Stellung des Schuldners im Prozess	66
2. Freigabe	23	III. Weitere Aspekte	69
3. Begründung von Verbindlichkeiten durch den Insolvenzverwalter	30	E. Veräußerungsverbote	72
		F. Wirkung von Maßnahmen der Zwangsvollstreckung	76

A. Allgemeines

Die Regelung des Abs. 1 basiert auf § 6 KO; Abs. 2 entspricht sinngemäß dem vormaligen § 13 KO. **1**

Zweck der Norm ist die Realisierung der Ziele des Insolvenzverfahrens nach § 1 – vor allem also die gleichmäßige Befriedigung der Gläubiger. Der Übergang der Verwaltungs- und Verfügungsbefugnis über das zur Insolvenzmasse gehörende Vermögen vom Schuldner auf den Insolvenzverwalter soll dabei insbesondere die Einwirkungsmöglichkeiten des Schuldners auf das vom Insolvenzverfahren betroffene Vermögen weitgehend beschränken, um so die Insolvenzmasse mög- **2**

3 Bei Abs. 1 handelt es sich um eine **Inhalts- und Schrankenbestimmung des Eigentums** iSv Art. 14 Abs. 1 S. 2 GG (BVerfGE 51, 405 (408) = NJW 1979, 2510 zu § 6 KO; MüKoInsO/Vuia Rn. 7; differenzierend demgegenüber Jaeger/Windel Rn. 8).

4 Soweit ein Insolvenzverfahren über das Vermögen einer **politischen Partei** eröffnet wird (allgemein hierzu Hientzsch NVwZ 2009, 1135), stellt der Übergang der Verwaltungs- und Verfügungsbefugnis auf den Insolvenzverwalter einen **Eingriff in den Schutzbereich des Art. 21 GG** dar, von dem insbesondere der Schutz der innerparteilichen Demokratie sowie – im Fall eines Gläubigerantrags – auch die Freiheit der Verfügung über Einnahmen und Vermögen und die Betätigungsfreiheit der Partei betroffen sein können. Diese Eingriffe stehen nach der Rechtsprechung des BGH der Insolvenzfähigkeit einer politischen Partei und damit der Eröffnung eines Insolvenzverfahrens über ihr Vermögen nicht von vornherein entgegen (BGH NZI 2021, 268 Rn. 40 ff. mAnm Schmerbach NZI 2021, 273). Vielmehr sind im Einzelfall kollidierende Verfassungsrechtspositionen nach dem Prinzip der praktischen Konkordanz in ihrer Wechselwirkung zu erfassen und so in Ausgleich zu bringen, dass sie für alle Beteiligten möglichst weitgehend wirksam werden (BGH NZI 2021, 268 Rn. 42, 47 ff. mAnm Schmerbach mwN).

B. Übergang der Verwaltungs- und Verfügungsbefugnis

I. Voraussetzungen

1. Eröffnung des Insolvenzverfahrens

5 Wie schon ihr Standort im 3. Teil der InsO zu den Wirkungen der Eröffnung des Insolvenzverfahrens zeigt, setzt die Anwendbarkeit der Norm die Eröffnung des Insolvenzverfahrens voraus. Notwendig ist also ein **Beschluss** nach § 27.

6 Zum konkreten **Zeitpunkt** der Wirkung ist § 27 Abs. 3 zu beachten: Fehlt die nach § 27 Abs. 2 Nr. 3 vorgesehene Angabe der Stunde der Eröffnung, so gilt der Beschluss als um 12 Uhr mittags erlassen.

7 Bereits **vor Eröffnung** des Insolvenzverfahrens kommt ein Übergang der Verwaltungs- und Verfügungsbefugnis aufgrund einer Anordnung des Insolvenzgerichts im Antragsverfahren nach § 21 Abs. 2 S. 1 Nr. 1 und 2, § 22 Abs. 1 S. 1 in Betracht. Dies betrifft die Bestellung eines vorläufigen Insolvenzverwalters sowie verbunden damit die Auferlegung eines allgemeinen Verfügungsverbots gegenüber dem Schuldner.

8 **Unanwendbar** ist Abs. 1 aufgrund der vorrangigen Sonderregelung in § 270, wenn der Eröffnungsbeschluss zusätzlich die Anordnung der **Eigenverwaltung** enthält (näher zu den Rechten und Pflichten des Schuldners in Abgrenzung zum Sachwalter → § 270 Rn. 12 ff.).

9 Der zeitliche Anwendungsbereich des Abs. 1 **endet** mit der Aufhebung oder Einstellung des Insolvenzverfahrens. Allerdings bestehen im Fall einer Nachtragsverteilung (§§ 203, 211 Abs. 3; → § 203 Rn. 20 ff.) oder bei entsprechender Anordnung im Insolvenzplan (§ 259 Abs. 3; → § 261 Rn. 2 ff.) Befugnisse des Insolvenzverwalters hinsichtlich bestimmter massezugehöriger Vermögensgegenstände oder Rechtsstreite auch nach diesem Zeitpunkt fort (vgl. Jaeger/Windel Rn. 9).

2. Insolvenzmasse

10 Die Wirkung des Abs. 1 erstreckt sich auf das **zur Insolvenzmasse gehörende Vermögen**. Bezug genommen ist damit nach der Definition in § 35 Abs. 2 auf das gesamte Vermögen, das dem Schuldner zur Zeit der Eröffnung des Verfahrens gehört und das er während des Verfahrens erlangt (zu einzelnen Gegenständen der Insolvenzmasse → Rn. 10.1 ff. sowie weiterführend → § 35 Rn. 5 ff.). Nicht zur Insolvenzmasse gehören unpfändbare Gegenstände nach § 36.

10.1 Bestandteil der Insolvenzmasse ist auch ein Insolvenz-Sonderkonto (BGH NZI 2019, 414 mAnm Zuleger NZI 2019, 417).

10.2 Von dem zur Masse gehörenden Vermögen sind auch die **Geschäftsgeheimnisse** des Insolvenzschuldners erfasst (vgl. Schuster/Tobuschat GRUR-Prax 2019, 248).

10.3 Ebenso zur Insolvenzmasse gehören nach der Rechtsprechung des BGH grundsätzlich auch **Sozialansprüche** der Gesellschaft als Schuldnerin (BGH NJW 2021, 928 Rn. 73 mAnm Mikolajczak/Rollin NJW

2021, 937), wozu nach der neueren Rechtsprechung des II. Zivilsenats auch Innenausgleichsansprüche der Gesellschafter zählen können (vgl. BGHZ 217, 237 = NZG 2018, 539 Rn. 77).

Nicht erforderlich ist, dass der Insolvenzverwalter von den zur Insolvenzmasse gehörenden **11** Gegenständen **Kenntnis** hat oder diese tatsächlich erlangen kann (Jaeger/Windel Rn. 10).

Kein Teil der Insolvenzmasse und damit nicht erfasst von Abs. 1 sind **höchstpersönliche** **12** **Rechte**, da diese nicht übertragbar sind (vgl. BVerwG NZI 2019, 309 Rn. 4; Einzelfälle → Rn. 12.1 ff., vgl. auch → § 35 Rn. 55).

Keine Befugnisse stehen dem Insolvenzverwalter daher im Hinblick auf die **rein familienrechtlichen** **12.1** **Verhältnisse** des Schuldners zu (Braun/Kroth Rn. 8). Im Hinblick auf vermögensrechtliche Ansprüche gilt diese Ausnahme jedoch im Grundsatz nicht. So ist nach der Rechtsprechung des BGH etwa der Insolvenzverwalter über das Vermögen eines Ehegatten am Versorgungsausgleichsverfahren zu beteiligen, wenn sich der Versorgungsausgleich auf ein in die Insolvenzmasse fallendes Anrecht auswirken kann (BGH ZIP 2021, 1499 = BeckRS 2021, 16903 Rn. 24).

Auch das **Veranlagungswahlrecht** der Ehegatten nach § 26 Abs. 2 EStG ist kein höchstpersönliches, **12.2** sondern ein Verwaltungsrecht mit vermögensrechtlicher Auswirkung (BFH DStRE 2018, 2 Rn. 17; vgl. P.-B. Harder VIA 2017, 81 (82)). Der Einordnung des Veranlagungswahlrechts als höchstpersönliches Recht steht entgegen, dass es zwar an die bestehende Ehe anknüpft, sich aber nur vermögensrechtlich auf diese auswirkt (BGH NZI 2007, 455 Rn. 8).

Die **kassenärztliche Zulassung** unterfällt als höchstpersönliches Recht nicht der Verwaltungs- und **12.3** Verfügungsbefugnis des Insolvenzverwalters (BVerfG NZI 2013, 717 Rn. 10 mAnm Lohmann NZI 2013, 718). Die einer natürlichen Person erteilte Zulassung zur vertragsärztlichen Versorgung kann als öffentlich-rechtliche Berechtigung bei Vermögensverfall nicht in die Insolvenzmasse fallen (vgl. BSGE 86, 121 (123) = NZS 2001, 160). Bei der Zulassung handelt es sich auch dann nicht um eine höchstpersönliche Rechtsposition, wenn sie einem in der Rechtsform einer juristischen Person des Privatrechts betriebenen Medizinischen Versorgungszentrum erteilt wird (BVerfG NZI 2013, 717 Rn. 11; vgl. BSGE 110, 269 = MedR 2013, 66 mAnm Makoski MedR 2013, 73).

Ansprüche des Schuldners auf eine **höchstpersönliche Dienstleistung** unterliegen nicht dem Insol- **12.4** venzbeschlag, denn sie sind nicht übertragbar und deshalb auch nicht pfändbar (BGH NZI 2013, 434 mAnm Leithaus NZI 2013, 436).

Das **datenschutzrechtliche Auskunftsrecht** des Betroffenen nach Art. 15 Abs. 1 DSGVO geht nicht **12.5** durch die Eröffnung des Insolvenzverfahrens auf den Insolvenzverwalter über, weil es sich bei diesem Auskunftsrecht um ein höchstpersönliches Recht handelt, welches nicht zur Insolvenzmasse gehört (mittlerweile stRspr, BVerwG NVwZ 2021, 80 Rn. 23; NZI 2020, 34 Rn. 10; 2019, 826 Rn. 13 mAnm Schmittmann NZI 2019, 828; OVG Lüneburg NZI 2019, 689 mAnm Schmittmann NZI 2019, 695; vgl. auch OVG Hamburg ZIP 2018, 1837 = BeckRS 2018, 3483 zu § 18 Abs. 1 S. 1 HmbDSG).

Hat der Schuldner eine **Versicherung für fremde Rechnung** abgeschlossen, erfasst die Verfügungsbe- **12.6** fugnis auch die Geltendmachung der Rechte der versicherten Personen aus dem Versicherungsvertrag nach §§ 44 Abs. 2, 45 Abs. 1 VVG (BGH NZI 2018, 794 Rn. 15 mAnm Leithaus NZI 2018, 796; BGH NJW 2017, 2466 Rn. 13; BGHZ 202, 122 = NZI 2014, 883 Rn. 11 mAnm Maur NZI 2014, 886). Kann allerdings der Anspruch auf Versicherungsschutz in der D&O-Versicherung aufgrund der vereinbarten Bedingungen nur durch die versicherte Person geltend gemacht werden, kommt es für die Verfügungsbefugnis allein auf die Person des Versicherten an. Eine etwaige Insolvenz des Versicherungsnehmers ist insoweit ohne Belang (BGH NZI 2020, 445 mAnm Vos NZI 2020, 447).

Die **Schweigepflicht** eines vom Schuldner beauftragten Rechtsanwalts aus § 43a Abs. 2 BRAO, § 2 **12.7** BORA steht den Auskunfts- und Rechenschaftspflichten, insbesondere der Pflicht zur Abrechnung über erhaltene Vorschüsse, gegenüber dem Insolvenzverwalter nicht entgegen. Mit der Insolvenz des Mandanten geht die Dispositionsbefugnis des „Geheimnisherrn", soweit Angelegenheiten der Masse betroffen sind, auf den Verwalter über (BGH NJW-RR 2018, 1328).

Ist eine **juristische Person** als Mitglied im **Gläubigerausschuss** bestellt (→ § 67 Rn. 17), wird diese **12.8** bei Eröffnung des Insolvenzverfahrens über ihr Vermögen im Gläubigerausschuss durch den Insolvenzverwalter vertreten (OLG Celle NZI 2018, 892 mAnm Harbrecht NZI 2018, 896; insoweit bestätigt von BGH NZI 2021, 536 Rn. 24 mAnm Harbrecht NZI 2021, 539).

II. Grundsätze der Verwaltungs- und Verfügungsbefugnis des Insolvenzverwalters

1. Einrücken in Rechtsstellung des Schuldners

Indem ihm die Verwaltungs- und Verfügungsbefugnis übertragen wird, rückt der Insolvenzver- **13** walter faktisch und rechtlich in die **Rechtsstellung des Schuldners** ein (zu den Wirkungen im Einzelnen → Rn. 13.1).

13.1 Der Insolvenzverwalter kann daher insbesondere zur Masse gehörende Sachen vom Schuldner oder Dritten herausverlangen, über diese schuldrechtliche Verträge schließen und dinglich das Eigentum an Dritte übertragen. Er kann im Hinblick auf bestehende schuldrechtliche Forderungen verfügen, diese abtreten, einziehen oder auch auf diese verzichten. Er kann vertragliche Gestaltungsrechte ausüben (vgl. BGH NZI 2012, 76 Rn. 25 zur Kündigung eines Lebensversicherungsvertrags). Die Bewilligungs-, Antrags- und Beschwerdebefugnis im Grundbuchverfahren folgt der Verfügungsbefugnis und steht daher hinsichtlich der Gegenstände der Insolvenzmasse ebenfalls dem Insolvenzverwalter zu (OLG München NZI 2019, 544).

13.2 Der Insolvenzverwalter ist nach § 148 verpflichtet, die Insolvenzmasse in Besitz zu nehmen. Dazu gehört auch die Ermittlung bestehender gewerblicher Schutzrechte (BPatG BeckRS 2018, 33207 Rn. 17).

14 Der Insolvenzverwalter kann **grundsätzlich** für die Masse **nicht mehr und keine anderen Rechte** beanspruchen, als dem Schuldner zustehen (BGH NZI 2012, 76 Rn. 30; BGHZ 56, 228 (230 f.) = NJW 1971, 1750).

15 Weitergehende Rechte lassen sich allerdings aus **Sonderregelungen in der InsO** entnehmen. Praktisch bedeutsam ist dabei die Insolvenzanfechtung nach §§ 129 ff., die eine Rückholung auch von massesschmälernden Leistungen ermöglicht, die nach allgemeinem Zivilrecht Bestand hätten. Von wirksam geschlossenen Verträgen kann sich der Insolvenzverwalter nach den §§ 103 ff. unter den dort geregelten Voraussetzungen befreien oder zumindest die Erfüllung verweigern, ohne sich selbst oder die Insolvenzmasse in Form einer Masseverbindlichkeit schadensersatzpflichtig zu machen.

16 Aus der umfassenden Verwaltungsbefugnis ergibt sich auch, dass der Insolvenzverwalter richtiger **Adressat für Willenserklärungen** und rechtsgeschäftsähnliche Handlungen mit Massebezug ist (vgl. Jaeger/Windel Rn. 65). Auch Leistungen, mit denen eine massezugehörige Verbindlichkeit erfüllt wird, sind an den Insolvenzverwalter zu erbringen. Die Rechtsfolgen einer dennoch an den Schuldner erbrachten Leistung regelt § 82 (weiterführend → § 82 Rn. 6 ff.).

2. Bindung an den Insolvenzzweck

17 Es ist die Aufgabe des Insolvenzverwalters, auf eine **bestmögliche und gleichmäßige Befriedigung der Insolvenzgläubiger** hinzuwirken (BGH NZI 2016, 445 Rn. 19 mAnm Schmidt/Georgiev NZI 2016, 450; → Rn. 17.1). Die Pflicht zur bestmöglichen Erhaltung und Verwertung der Insolvenzmasse obliegt dem Verwalter nicht nur gegenüber den Insolvenzgläubigern, sondern auch und gerade gegenüber dem Schuldner (BGH NZI 2015, 849 Rn. 8).

17.1 Der Maßstab der Massemehrung gilt insbesondere auch bei der Entscheidung des Insolvenzverwalters über die Ausübung des Wahlrechts nach § 103 (hierzu → § 103 Rn. 53).

18 **Unwirksam** sind Rechtshandlungen des Verwalters, welche der gleichmäßigen Befriedigung aller Insolvenzgläubiger klar und eindeutig zuwiderlaufen; sie verpflichten die Masse nicht (BGHZ 150, 353 (360) = NZI 2002, 375; BGH NJW 1994, 323 (326)). Dies trifft indes nur dann zu, wenn der **Widerspruch zum Insolvenzzweck evident** war und sich dem Geschäftspartner aufgrund der Umstände des Einzelfalls ohne Weiteres begründete Zweifel an der Vereinbarkeit der Handlung mit dem Zweck des Insolvenzverfahrens aufdrängen mussten, ihm somit der Sache nach zumindest grobe Fahrlässigkeit vorzuwerfen ist (BGHZ 150, 353 (361) = NZI 2002, 375; BGH NZI 2018, 708 Rn. 13 mAnm Calcagno NZI 2018, 712). Eine ausreichende Abgrenzung kann nur über den Einzelfall erfolgen (Nerlich/Römermann/Wittkowski/Kruth Rn. 120; Beispiele aus der Rechtsprechung → Rn. 18.1 ff.).

18.1 Beispiele für insolvenzzweckwidrige Handlungen sind Schenkungen aus der Masse (RGZ 53, 190 (193)), die Anerkennung nicht bestehender Aus- und Absonderungsrechte (RGZ 23, 54 (63); RGZ 41, 1 (2)) oder die entgeltliche Ablösung einer offensichtlich wertlosen Grundschuld (BGH NZI 2008, 365 mAnm Rein NZI 2008, 365).

18.2 Die Abtretung des aus einer Insolvenzanfechtung folgenden streitigen Rückgewähranspruchs hat der BGH jedenfalls für den Fall nicht als insolvenzzweckwidrig und nichtig eingeordnet, dass die Masse als Gegenleistung einen Anspruch auf Auskehrung des hälftigen Erlöses des vom Abtretungsempfänger zu führenden Rechtsstreits erhält (BGH NZI 2013, 347 mAnm Hölzle NZI 2013, 348).

18.3 Die Ermächtigungswirkung des § 93 umfasst nach der Rechtsprechung des BGH die Befugnis des Insolvenzverwalters, sich mit den Gesellschaftern über die einzelnen Forderungen der Gesellschaftergläubiger zu vergleichen (BGH NZI 2016, 445 Rn. 22 mAnm Schmidt/Georgiev mwN). Der Insolvenzverwalter ist bei der Gestaltung des Vergleichs allerdings nicht völlig frei. Wegen Insolvenzzweckwidrigkeit unwirksam sind Vergleiche, welche dem Zweck des Insolvenzverfahrens – der gleichmäßigen Befriedigung aller Insolvenzgläubiger – klar und eindeutig zuwiderlaufen. Ist der Vergleich für die Masse nur ungünstig, aber noch nicht insolvenzzweckwidrig, ist er wirksam (BGH NZI 2016, 445 Rn. 23). Entsprechendes gilt bei der Geltendmachung eines Gesamtschadens iRd § 92 (hierzu → § 92 Rn. 26).

Des Weiteren ist es nach der Rechtsprechung auch nicht ohne Weiteres insolvenzzweckwidrig, wenn der Insolvenzverwalter eine Forderung der Masse gegen eine Insolvenzforderung im Nennbetrag wirksam aufrechnet, vielmehr ist auch hierbei zu prüfen, ob dies klar und eindeutig der gleichmäßigen Befriedigung aller Insolvenzgläubiger als dem Zweck des Insolvenzverfahrens zuwiderläuft (vgl. BGH NZI 2014, 693 mAnm Lange NZI 2014, 695; insoweit Aufgabe von BGHZ 100, 222 = NJW 1987, 1691). **18.4**

Eine Vergütungsvereinbarung zwischen dem Insolvenzverwalter und den Absonderungsrechtsgläubigern für eine stille Zwangsverwaltung kann nur in der Weise geschlossen werden, dass ein Kostenbeitrag vereinbart wird, der in die Masse fließt. Eine Vergütungsvereinbarung zwischen den Absonderungsberechtigten und dem Verwalter in dem Sinne, dass der Verwalter für diese Tätigkeit von den Absonderungsberechtigten gesondert vergütet wird, ist dagegen nicht möglich (BGH NZI 2016, 824 Rn. 26 mAnm Stapper/Schädlich NZI 2016, 828). Der Abschluss von Dienstverträgen mit einzelnen Verfahrensbeteiligten, die den Verwalter nur diesen gegenüber verpflichten und berechtigen, beseitigt die erforderliche Unabhängigkeit des Verwalters, was sich den Absonderungsberechtigten nach den Umständen auch aufdrängen muss (zu diesem Erfordernis vgl. BGH NZI 2013, 347 Rn. 9). Deshalb wären derartige Verträge nichtig (BGH NZI 2016, 824 Rn. 28). **18.5**

Wegen Insolvenzzweckwidrigkeit nichtig wäre nach der Rechtsprechung des BGH (NZI 2016, 963 Rn. 72) auch ein Vertrag, mit welchem der vorläufige Sachwalter gegenüber der Schuldnerin über die ihm übertragenen Tätigkeiten hinaus Aufgaben entgeltlich übernimmt. Materiell hat der Gesetzgeber den der damaligen Entscheidung zugrunde liegenden Bedarf für eine Unterstützung durch den Sachwalter zwischenzeitlich aufgegriffen. Möglich ist nach § 274 Abs. 2 S. 2 nunmehr eine Anordnung, dass der Sachwalter den Schuldner im Rahmen der Insolvenzgeldvorfinanzierung, der insolvenzrechtlichen Buchführung und der Verhandlungen mit Kunden und Lieferanten unterstützen kann. **18.6**

Pflichtwidrig ist die Führung eines Kontos, das nicht die Masse selbst als materiell berechtigt ausweist, als Insolvenzkonto (BGHZ 221, 87 = BGH NZI 2019, 414 mAnm Zuleger NZI 2019, 417; dazu Kamm ZInsO 2019, 1085; Blankenburg/Godzierz ZInsO 2019, 1092; Wipperfürth ZInsO 2019, 849; Cranshaw NZI 2019, 609). Schließt ein zum „schwachen" vorläufigen Insolvenzverwalter bestellter Rechtsanwalt mit einem seiner Sozietät angehörenden anderen Berufsträger einen Vertrag, wonach dieser zum Zwecke der Geschäftsfortführung während der vorläufigen Insolvenzverwaltung ein Treuhandkonto eröffnet (sog. Dritt-Treuhänder-Modell), ist dieser Vertrag nach Auffassung des OLG Koblenz (NZI 2021, 277 mAnm Dimassi NZI 2021, 281) aber jedenfalls dann nicht wegen Insolvenzzweckwidrigkeit gem. § 138 BGB nichtig, wenn der Vertrag zeitlich vor dem Urteil des BGH vom 7.2.2019 (NZI 2019, 414) geschlossen wurde. **18.7**

Soweit eine pflichtwidrig vorgenommene Rechtshandlung nach diesen Maßstäben wirksam bleibt, kommt bei Vorliegen der weiteren Voraussetzungen ein **Schadenersatzanspruch** gegen den Insolvenzverwalter nach § 60 in Betracht (vgl. BGH NZI 2018, 708 Rn. 16 mAnm Calcagno NZI 2018, 712). **19**

C. Rechtsstellung des Insolvenzverwalters

I. Amtsstellung des Insolvenzverwalters

Nach ständiger Rechtsprechung des RG und des BGH ist der Verwalter nicht Vertreter des Schuldners, sondern **Partei kraft Amtes** (BGH BeckRS 2006, 02722; sog. Amtstheorie → Rn. 20.1). **20**

Im Hinblick auf die Lösung praktischer Einzelfragen kommt dem noch nicht abschließend ausgetragenen Theorienstreit zur rechtlichen Stellung des Insolvenzverwalters keine unmittelbare Bedeutung zu, weshalb an dieser Stelle auf eine weitere Darstellung verzichtet wird (zum Wert der wissenschaftlichen Kontroverse und den Theorien im Einzelnen vgl. Jaeger/Windel Rn. 11 ff.; MüKoInsO/Vuia Rn. 20 ff.). **20.1**

II. Stellung des Insolvenzverwalters im materiellen Vermögensrecht

1. Verfügungsgeschäfte

Nach der **Amtstheorie** verfügt der Verwalter **im eigenen Namen** (→ Rn. 21.1) über die dem Schuldner gehörenden Massegegenstände (Jaeger/Windel Rn. 24). **21**

Der Verwalter braucht den Umstand, dass er Verwalter verfügt, nicht offenzulegen. Allerdings liegt es im Rahmen des Abschlusses des regelmäßig vorhergehenden oder zeitgleich vorgenommenen Verpflich- **21.1** tungsgeschäfts im eigenen Interesse des Verwalters, seine Funktion deutlich zu machen, da ihn sonst die persönliche Haftung mit seinem Privatvermögen treffen kann (Jaeger/Windel Rn. 25, 45).

22 Hat der Verwalter einen Vermögensgegenstand zur Masse gezogen, der tatsächlich nicht dem Schuldner gehört, kann der Dritte diesen unter den weiteren Voraussetzungen der §§ 932 ff., 892 BGB **gutgläubig erwerben** (Jaeger/Windel Rn. 24).

2. Freigabe

23 Die Verfügungsmacht des Insolvenzverwalters umfasst auch die Befugnis, einen Vermögensgegenstand, dessen Verwertung für die Insolvenzmasse keinen wirtschaftlichen Vorteil bringt, aus der Insolvenzmasse **freizugeben** (BGH NZI 2007, 407 Rn. 15 f.; Jaeger/Windel Rn. 28; vgl. zu unterschiedlichen Fallgestaltungen Haberzettl NZI 2017, 474; → § 35 Rn. 57 ff.). Dies gilt auch im Insolvenzverfahren über das Vermögen einer juristischen Person (BGH NZI 2007, 173 Rn. 18).

24 **Abzugrenzen** ist die („echte") Freigabe von der sog. unechten Freigabe, bei der ein massefremder Gegenstand an einen gem. § 47 Aussonderungsberechtigten herausgegeben wird, sowie von dem Verzicht des Insolvenzverwalters auf die eigene Verwertung eines massezugehörigen Gegenstands zu Gunsten eines absonderungsberechtigten Gläubigers gem. § 170 Abs. 2 (MüKoInsO/Vuia Rn. 66).

25 Dass an den Gegenstand ordnungs- oder umweltrechtliche Pflichten anknüpfen, wie beispielsweise bei einem mit **Altlasten** belasteten Grundstück, steht einer Freigabe nicht entgegen (BVerwG NZI 2005, 51 mAnm Segner NZI 2005, 54).

26 Das Erfordernis einer **Genehmigung** der Freigabe durch die Gläubigerversammlung oder den Gläubigerausschuss kann sich unter den Voraussetzungen der §§ 160 ff. ergeben (Jaeger/Windel Rn. 28). Im Übrigen ist eine Beschlussfassung der Gläubiger über „die nicht verwertbaren Gegenstände" im Schlusstermin nach § 197 Abs. 1 Nr. 3 (→ § 197 Rn. 12 f.) vorgesehen.

27 Die Freigabe erfolgt durch eine **einseitige empfangsbedürftige Willenserklärung** (Einzelheiten → Rn. 27.1 ff.) des Verwalters gegenüber dem Schuldner (BGH NZI 2007, 407 Rn. 16). Sie wird mit dem Zugang (§ 130 Abs. 1 BGB) wirksam.

27.1 Einer Mitwirkung des Schuldners bedarf es nicht. Umgekehrt besteht für den Schuldner auch keine Möglichkeit, die Freigabe zu verhindern (vgl. Jaeger/Windel Rn. 35).

27.2 Bis zum Wirksamwerden kann die Freigabeerklärung nach § 130 Abs. 1 S. 2 BGB widerrufen werden (Jaeger/Windel Rn. 40). Danach ist ein einseitiger Widerruf ausgeschlossen (BGH NZI 2007, 173 Rn. 20).

27.3 Denkbar ist eine zivilrechtliche Anfechtbarkeit der Freigabeerklärung wegen Irrtums oder arglistiger Täuschung nach §§ 119, 123 BGB. (Jaeger/Windel Rn. 40). Der BGH hat die Möglichkeit einer Anfechtung bislang offen gelassen (BGH NZI 2014, 501 Rn. 11 mAnm Leithaus NZI 2014, 502). Täuscht sich der Insolvenzverwalter über das Vorliegen einer wertausschöpfenden Belastung, stellt dies jedenfalls einen bloßen Motivirrtum dar, der keine Anfechtbarkeit nach § 119 BGB begründen kann (BGH NZI 2014, 501 Rn. 11).

27.4 Eine Freigabe kann auch konkludent erklärt werden. Billigt der Insolvenzverwalter während des gesamten Verfahrens die Zahlung pfändungsfreier Beträge auf ein Konto des Schuldners sowie die Verfügung des Schuldners über diese Beträge, ist hierin eine konkludente Freigabe des Kontos aus der Insolvenzmasse zu sehen (OLG Hamm NZI 2017, 616).

27.5 Ist der Insolvenzschuldner Gläubiger einer titulierten Forderung, muss eine etwaige Freigabeerklärung des Insolvenzverwalters inhaltlich ausreichend bestimmt sein, da der Übergang der Verwaltungs- und Verfügungsbefugnis nach § 80 einen Umstand darstellt, der vom Gerichtsvollzieher von Amts wegen zu beachten ist (AG Heidenheim NZI 2019, 735).

28 Die Freigabe hat zur Folge, dass der Insolvenzbeschlag erlischt und der Schuldner die Verfügungsbefugnis zurück erhält (BGH NZI 2007, 407 Rn. 15). Der Vermögensgegenstand wird also in das **insolvenzfreie Vermögen** des Schuldners überführt (BGH NZI 2007, 173 Rn. 20; zum Nachweis → Rn. 28.1). Die Freigabe hat nicht das Wiederaufleben einer vom Schuldner im Hinblick auf den freigegebenen Vermögensgegenstand erteilten, mit Eröffnung des Insolvenzverfahrens erloschenen Vollmacht zur Folge (vgl. OLG München NZI 2018, 696 (698) zur Freigabe eines Gesellschaftsanteils).

28.1 Ein Grundpfandgläubiger hat nach einer Freigabe des belasteten Grundstücks die Zwangsvollstreckung gegen den Schuldner zu betreiben. Dabei stellt sich die Frage, wie für eine erforderliche Umschreibung des Titels die Freigabe durch den Gläubiger nachgewiesen werden kann. Nach der Rechtsprechung des BGH kann aus einem Grundbuchauszug, aus dem sich ergibt, dass ein Insolvenzvermerk gelöscht ist, der Schluss gezogen werden, dass das Grundstück nicht mehr dem Insolvenzbeschlag unterliegt. Für den

Nachweis der Freigabe eines Grundstücks aus dem Insolvenzbeschlag sind danach nicht zwingend die Freigabeerklärung des Insolvenzverwalters in Form einer öffentlichen oder öffentlich beglaubigten Urkunde und ein Nachweis der Übermittlung der Freigabeerklärung an den Schuldner mittels öffentlicher Urkunde erforderlich (BGH NZI 2017, 910 mablAnm Kesseler NZI 2017, 912).

Die Möglichkeit einer modifizierten **Unternehmensfreigabe** mit Gewinnabführungspflicht des Schuldners (Jaeger/Windel Rn. 33) ist Gegenstand der Sonderregelungen in § 35 Abs. 2–4 (zu den in ab dem 31.12.2020 beantragten Insolvenzverfahren geltenden Änderungen Ahrens NJW 2021, 577 (581 f.)). 29

3. Begründung von Verbindlichkeiten durch den Insolvenzverwalter

Inwieweit durch den Insolvenzverwalter Verbindlichkeiten mit dem Rang von **Masseverbindlichkeiten** begründet werden, ist in § 55 geregelt. 30

Demgegenüber fehlt es an einer Regelung zu der Frage, ob und inwieweit der **Schuldner** nach Abschluss des Verfahrens für vom Insolvenzverwalter begründete Verbindlichkeiten haftet. Der BGH geht im Ansatz davon aus, dass der Verwalter nicht befugt ist, den Schuldner persönlich mit seinem insolvenzfreien Vermögen zu verpflichten, weil seine Verwaltungs- und Verfügungsbefugnis nach § 80 Abs. 1 auf das zur Insolvenzmasse gehörende Vermögen beschränkt ist (BGH NZI 2021, 440 Rn. 18 mAnm J. Schmidt/Glasmacher NZI 2021, 443; NZI 2009, 841 Rn. 12 mwN). Für die Masseverbindlichkeiten, die der Insolvenzschuldner schon vor der Verfahrenseröffnung begründet hatte, haftet er auch nach der Verfahrensbeendigung unbeschränkt (BGH NZI 2007, 670 Rn. 14; auch → § 53 Rn. 14; ergänzend → Rn. 31.1). 31

Bei einer Personengesellschaft als Schuldnerin haften deren Gesellschafter (bei der KG unter den Voraussetzungen der §§ 171 Abs. 1, 172 Abs. 4 HGB auch die Kommanditisten) für (Steuer-)Forderungen nach neuerer Rechtsprechung des BGH auch dann, wenn es sich bei diesen Forderungen insolvenzrechtlich um Masseverbindlichkeiten handelt (BGH II. Zivilsenat NJW 2021, 928 Rn. 24 ff. mAnm Mikolajczak/Rollin NJW 2021, 937; BGH IX. Zivilsenat NZI 2021, 440 Rn. 15 ff. mAnm J. Schmidt/Glasmacher NZI 2021, 443 unter Aufgabe von BGH NZI 2009, 841; 2021, 737 Rn. 14 mAnm Gehrlein NZI 2021, 739). 31.1

Im Hinblick auf **Steuerforderungen** hat der VII. Senat des BFH eine Beschränkung der Haftung für Einkommensteuerschulden abgelehnt, weil deren Entstehung nur mittelbar durch Handlungen des Insolvenzverwalters beeinflusst werde; insofern fehle es an einem zurechenbaren Handlungsbeitrag des Insolvenzverwalters (BFHE 260, 26 = BStBl. II 2018, 457 = NZI 2018, 461 mAnm Lenger NZI 2018, 464; ebenso für Umsatzsteuer aus Betätigung des Schuldners FG Düsseldorf BeckRS 2020, 8854). Der IX. Senat des BFH hat sich auf den Standpunkt gestellt, dass die gegenständliche Beschränkung der Nachhaftung jedenfalls nur zu einer Vollstreckungseinrede führe und nicht die Rechtmäßigkeit der Steuerfestsetzung betreffe (BFH NZI 2019, 674 mAnm Hoffmann NZI 2019, 676). 32

Ein zum **Schadenersatz** verpflichtendes Verhalten des Insolvenzverwalters führt aufgrund einer entsprechenden Anwendung des § 31 BGB zu einer Haftung der Masse (BGH NZI 2018, 519 Rn. 34; hierzu Weber NZI 2018, 553). Bei einer Konkurrenz von Ansprüchen gegen die Masse und gegen den Verwalter persönlich nach § 60 ist der Gläubiger nicht verpflichtet, zunächst den Anspruch gegen die Masse durchzusetzen oder dies zumindest zu versuchen (BGH NZI 2006, 169 zu § 82 KO; BAG NZI 2007, 535 Rn. 24). 33

4. Weitere Aspekte

Berichtspflichten des Insolvenzverwalters bestehen außerhalb der Gläubigerversammlungen (vgl. insbesondere § 156) und der gesetzlich geregelten Fälle (zB §§ 167, 168) nur gegenüber dem Insolvenzgericht, nicht aber gegenüber einzelnen Beteiligten. Diese haben nur das Recht zur Teilnahme an den Gläubigerversammlungen, auf Akteneinsicht (§ 4 InsO iVm § 299 ZPO; → § 4 Rn. 11 ff.) und Einsichtnahme in bestimmte Unterlagen gem. §§ 66, 153 f., 175, aber kein allgemeines Auskunftsrecht (zu Gesellschaftern → Rn. 34.1). 34

Auf der Grundlage gesellschaftsrechtlicher Kontrollrechte muss der Insolvenzverwalter dem Auskunftsberechtigten Einsicht in konkret bezeichnete und von ihm in Verwahrung genommene Geschäftsunterlagen gewähren, welche sich auf Zeiträume vor der Eröffnung des Insolvenzverfahrens beziehen. Zu einer weitergehenden Aufarbeitung von Unterlagen, ggf. unter Inanspruchnahme sachkundiger Hilfe Dritter (zB eines Steuerberaters) auf Kosten der Insolvenzmasse, ist der Insolvenzverwalter hingegen nicht verpflichtet (vgl. OLG Zweibrücken FGPrax 2006, 278 zu § 166 Abs. 3 HGB; BayObLG NZI 2005, 631; LG Wuppertal NJW-RR 2003, 332, jeweils zu § 51a GmbHG). 34.1

35 Mit Wirkung seit dem 1.1.2021 sollen Insolvenzverwalter allerdings nach § 5 Abs. 5 in einem **elektronischen Gläubigerinformationssystem** insbesondere auch alle an das Insolvenzgericht übersandten Berichte, welche nicht ausschließlich die Forderungen anderer Gläubiger betreffen, jedem Insolvenzgläubiger, der eine Forderung angemeldet hat, zur Verfügung stellen (vgl. hierzu nur Riewe NJW 2021, 193 (197) sowie ausführlich → § 5 Rn. 26 ff.).

36 Hängen die rechtlichen Folgen einer Willenserklärung vom Vorliegen von **Willensmängeln** (vgl. §§ 116 ff. BGB) oder der **Kenntnis** bzw. dem Kennenmüssen bestimmter Umstände ab, ist auf die Person des Verwalters, nicht auf den Schuldner abzustellen (Jaeger/Windel Rn. 64; weitere Einzelheiten → Rn. 36.1 ff.).

36.1 Für den Erwerb des Eigentums von einem Nichtberechtigten nach §§ 892, 932 ff. BGB ist demnach die Unkenntnis des Verwalters entscheidend (MüKoInsO/Vuia Rn. 37; Jaeger/Windel Rn. 64).

36.2 Auch bei der Ersitzung einer Sache mit Wirkung für die Masse nach §§ 900, 937 BGB ist auf den guten Glauben des Verwalters abzustellen (vgl. Jaeger/Windel Rn. 62).

36.3 Im Sinne von § 123 Abs. 2 BGB ist der Schuldner Dritter (MüKoInsO/Vuia Rn. 36; Jaeger/Windel Rn. 64).

37 Der Insolvenzverwalter ist nicht befugt, ein **Geschäft mit sich selbst** über einen Massegegenstand abzuschließen. Nach überwiegender Ansicht ergibt sich dies aus einer (zumindest analogen) Anwendung von § 181 BGB (vgl. BGHZ 113, 262 (270) = NJW 1991, 982; OLG Frankfurt OLGZ 1976, 486 (488); AG Dortmund BeckRS 2018, 28546 Rn. 161; MüKoBGB/Schubert BGB § 181 Rn. 59). Die Gegenansicht geht von einer endgültigen Unwirksamkeit des Verwalterhandelns wegen des bestehenden Interessenkonflikts aus (Jaeger/Windel Rn. 251). Eine Genehmigung oder sonstige Gestattung des Insichgeschäfts des Verwalters kommt aber auch nach der hA nicht in Betracht (MüKoInsO/Vuia Rn. 39; Einzelheiten und Lösung → Rn. 37.1 ff.).

37.1 Eine Genehmigung durch den Schuldner scheitert bereits an Abs. 1.

37.2 Auch das Insolvenzgericht hat keine Kompetenzen, das Selbstkontrahieren zu gestatten (MüKoInsO/ Vuia Rn. 39; Uhlenbruck/Mock Rn. 68; aA Kögel/Loose ZInsO 2006, 17 (22); AG Hamburg NZI 2004, 386 (387) zum vorl. Insolvenzverwalter).

37.3 Gleiches gilt schließlich für die Gläubigerversammlung und den Gläubigerausschuss (MüKoInsO/Vuia Rn. 39; Uhlenbruck/Mock Rn. 68; vgl. auch Jaeger/Windel Rn. 251 unter Verweis auf § 164; aA Kögel/ Loose ZInsO 2006, 17 (20 f.)).

37.4 Eine Lösung kann daher nur über die Bestellung eines Sonderinsolvenzverwalters erreicht werden (OLG Frankfurt OLGZ 1976, 486 (488 f.); LG Ulm BWNotZ 1989, 60; LG Essen BeckRS 2014, 8592; MüKoInsO/Vuia Rn. 39; Uhlenbruck/Mock Rn. 68; Jaeger/Windel Rn. 251). Diese Lösung überzeugt auch aus dogmatischer Sicht, da nunmehr auch der Gesetzgeber bei potentiellen Interessenkonflikten des Insolvenzverwalters im Fall der Verwalterbestellung bei Schuldnern derselben Unternehmensgruppe die Möglichkeit der Bestellung eines Sonderinsolvenzverwalters ausdrücklich anerkennt (§ 56b Abs. 1 S. 2; näher dazu → § 56b Rn. 23 ff.).

III. Stellung des Insolvenzverwalters im Zivilprozess

38 Prozesse, die sich auf die Insolvenzmasse beziehen, werden vom **Insolvenzverwalter als solchem** geführt („… in seiner Eigenschaft als Insolvenzverwalter über das Vermögen [des/der Schuldner/in]") (→ Rn. 38.1 f.). Zustellungen sind an den Insolvenzverwalter vorzunehmen.

38.1 Die Umstellung einer Klage gegen den Insolvenzverwalter als Partei kraft Amtes in eine Klage gegen den Insolvenzverwalter persönlich stellt eine Parteiänderung dar (vgl. BGH BeckRS 2015, 01265).

38.2 In der Insolvenz des Wohnungsmieters kann der Vermieter nach Beendigung des Mietverhältnisses den Insolvenzverwalter nur auf Herausgabe der Wohnung in Anspruch nehmen, wenn dieser sie in Besitz genommen hat oder daran für die Masse ein Recht beansprucht (BGH NZI 2008, 554), was regelmäßig nicht der Fall sein wird. Passivlegitimiert im Hinblick auf den Herausgabeanspruch ist dann der Schuldner persönlich (AG Köln NZI 2016, 415 mAnm Baumert FD-InsR 2016, 381968).

39 Im **Anwaltsprozess** kann der Insolvenzverwalter Prozesshandlungen selbst nur dann vornehmen, wenn er bei Gericht zugelassener Anwalt ist (MüKoInsO/Vuia Rn. 77).

40 Im Hinblick auf seine **Parteistellung** ist der Insolvenzverwalter in der Beweisaufnahme als Partei (und nicht als Zeuge) zu vernehmen. Die Befugnis zur Befreiung früher für den Schuldner tätig gewesener Steuerberater, Rechtsanwälte usw., die in einem Prozess als Zeugen aussagen sollen, von der Schweigepflicht nach § 385 Abs. 2 ZPO steht allein dem Insolvenzverwalter zu (BGH NJW 1990, 510; Kiethe NZI 2006, 267; zu dieser Frage im Strafprozess → Rn. 60 f.).

Soweit ein Rechtsstreit im Zeitpunkt des Übergangs der Verwaltungs- und Verfügungsbefugnis auf den Insolvenzverwalter rechtshängig ist, kommt es unter den Voraussetzungen des § 240 ZPO zu einer **Unterbrechung** (ergänzend → Rn. 41.1 ff.). Durch wen und unter welchen Umständen eine **Aufnahme** des unterbrochenen Rechtsstreits möglich ist, bestimmt sich nach §§ 85, 86 sowie § 180 Abs. 2. 41

Ein auf Antrag des Schuldners eingeleitetes **Prozesskostenhilfeverfahren** wird nicht nach § 240 ZPO unterbrochen. Materiell kann es allerdings an den Erfolgsaussichten der beabsichtigten Rechtsverfolgung fehlen, wenn die Verfügungsbefugnis über den beabsichtigten Streitgegenstand auf den Insolvenzverwalter übergegangen ist, sodass dann dem Schuldner PKH versagt werden kann (vgl. BGH NZI 2006, 543; BGH BeckRS 2017, 134562). 41.1

Das **selbstständige Beweisverfahren** wird nicht durch die Eröffnung des Insolvenzverfahrens über das Vermögen einer der Parteien unterbrochen (BGH NZI 2004, 165). 41.2

Nach der Rechtsprechung des OLG Frankfurt a. M. wird ein Rechtsstreit wegen **Unterlassungsansprüchen** nach §§ 1, 4 UKlaG bei Eröffnung des Insolvenzverfahrens nach § 240 ZPO unterbrochen. Zu den die Insolvenzmasse betreffenden Ansprüchen zählen danach auch gegen einen Schuldner gerichtete Unterlassungsansprüche wegen der Verwendung von nach §§ 307–309 BGB unwirksamen AGB nach den Vorschriften des **UKlaG**. Dies gelte auch bei Anordnung der Eigenverwaltung über das Vermögen des Schuldners nach §§ 270 ff. (OLG Frankfurt a. M. NZI 2021, 750; dazu Loszynski EWiR 2021, 406). 41.3

Wird dem Schuldner im **Eröffnungsverfahren** hinsichtlich der von ihm geführten Aktiv- und Passivprozesse ein **Verfügungsverbot** auferlegt und der vorläufige Verwalter ermächtigt, Aktiv- und Passivprozesse des Schuldners zu führen, so werden die rechtshängigen Verfahren bereits zu diesem Zeitpunkt unterbrochen (BGH NZI 2013, 747). Dagegen führt die Stellung des Insolvenzantrages oder die Einsetzung eines Gutachters durch das Insolvenzgericht mangels eines Wechsels in der Prozessführungsbefugnis nicht zu einer Unterbrechung (vgl. OLG München BKR 2018, 351 Rn. 14). 41.4

Der Anwendungsbereich des § 240 Abs. 1 ZPO ist nicht eröffnet, wenn der Insolvenzverwalter im Rahmen eines bereits anhängigen Rechtsstreits den **Beitritt als Streithelfer** erklärt. In diesem Fall ist nämlich nicht während des Rechtsstreits über das Vermögen einer Partei oder eines Nebenintervenienten das Insolvenzverfahren eröffnet worden (OLG Brandenburg NZI 2020, 389). 41.5

Wird **nach Einreichung der Klage** bei Gericht, aber noch **vor Zustellung** an den Beklagten das Insolvenzverfahren über dessen Vermögen eröffnet, findet eine Unterbrechung des Rechtsstreits nicht statt (BGH NZI 2009, 169). Eine nach Übergang der Verwaltungs- und Verfügungsbefugnis auf den Insolvenzverwalter gleichwohl gegen den Schuldner erhobene Klage mit Massebezug ist unzulässig, weil dem Schuldner die passive Prozessführungsbefugnis und dem Gläubiger, der seine Forderung nur noch durch Anmeldung im Insolvenzverfahren realisieren kann (§ 87), das Rechtsschutzbedürfnis fehlt (BGH NZI 2009, 169 Rn. 7 mwN). Der sich in einem solchen Prozess ergebende Kostenerstattungsanspruch gehört als Neuerwerb (§ 35 Abs. 2) zur Insolvenzmasse und kann daher nur vom Insolvenzverwalter geltend gemacht werden (OLG Karlsruhe NZI 2020, 906 Rn. 10 mAnm Kaubisch NZI 2020, 907). 42

Prozesskostenhilfe für massebezogene Rechtsstreitigkeiten kann dem Insolvenzverwalter nach §§ 116 ff. ZPO gewährt werden (zu den Voraussetzungen im Einzelnen Hees/Freitag NZI 2017, 377 sowie → § 148 Rn. 23 ff.). Begehrt ein Insolvenzverwalter PKH für ein Rechtsmittel, so muss er innerhalb der Rechtsmittelfrist einen vollständigen PKH-Antrag einreichen. Dies umfasst auch Vortrag dazu, warum es den Insolvenz- oder Massegläubigern nicht zuzumuten sei, die Kosten des Rechtsmittelverfahrens aufzubringen (§ 116 S. 1 Nr. 1 ZPO). Der bloße Hinweis auf eine angezeigte Masseunzulänglichkeit genügt dazu nicht (BGH NZI 2019, 644 Rn. 4 mAnm Freitag NZI 2019, 645; dazu auch Kaubisch/Hilpert EWiR 2019, 531). 43

Für die **Vollstreckung** titulierter Ansprüche, die zum Vermögen des Insolvenzschuldners gehören, ist § 727 ZPO auf den Insolvenzverwalter als Partei kraft Amtes analog anzuwenden (BGH BeckRS 2017, 101856 Rn. 5). Dem Verwalter ist daher auf entsprechenden Nachweis seiner Bestellung durch Vorlage der Bestellungsbescheinigung des Insolvenzgerichts die **Rechtsnachfolgeklausel** zu erteilen. 44

IV. Stellung des Insolvenzverwalters in weiteren Rechtsgebieten

1. Arbeitsrecht

Mit Übergang der Verwaltungs- und Verfügungsbefugnis rückt der Insolvenzverwalter im Hinblick auf noch laufende Arbeitsverträge (vgl. § 108 Abs. 1 S. 1 „bestehen ... fort") in die **Arbeitgeberstellung** ein. Ist er in die Arbeitgeberstellung eingetreten, ist der von ihm als arbeitsvertragliche 45

Nebenpflicht zu erfüllende Zeugnisanspruch zum Zeitpunkt seiner Fälligkeit, nämlich zum Ende des Arbeitsverhältnisses, zu befriedigen (BAG NJW 2005, 460).

2. Gesellschaftsrecht

46 In der Insolvenz einer Gesellschaft stellt sich die Frage nach der **Abgrenzung** der Kompetenzen des Insolvenzverwalters **von verbleibenden Kompetenzen der Gesellschaftsorgane** (zu Einzelfragen → Rn. 46.1 ff.). Unterschieden werden insoweit der dem Insolvenzverwalter ausschließlich zugewiesene Verdrängungsbereich, der Schuldnerbereich sowie ein Überschneidungsbereich (grundlegend F. Weber KTS 1970, 73; ausführlich Jaeger/Windel Rn. 83 ff.).

46.1 Wird über das Vermögen einer GmbH, die **Schuldverschreibungen** ausgegeben hat, das Insolvenzverfahren eröffnet, steht nach einer Entscheidung des OLG Stuttgart die Befugnis zur Einberufung einer Anleihegläubigerversammlung nach dem SchVG nicht mehr dem Geschäftsführer der Anleiheschuldnerin, sondern dem Insolvenzverwalter zu (OLG Stuttgart NZI 2017, 120 mAnm Hacker/Kamke NZI 2017, 125).

46.2 Nach neuerer Rechtsprechung des BGH steht dem Insolvenzverwalter über das Vermögen einer Aktiengesellschaft die Befugnis zu, eine Klage auf **Feststellung der Nichtigkeit des Jahresabschlusses** gegen die Gesellschaft nach §§ 256 Abs. 7, 253 Abs. 2, 249 Abs. 1 S. 1 AktG zu erheben, soweit die Insolvenzmasse betroffen ist (BGHZ 225, 198 = BeckRS 2020, 8598 Rn. 22 ff.; zur KGaA s. auch die Parallelentscheidung BGH NZI 2020, 739 Rn. 18 ff. mAnm Theusinger/Guntermann NZI 2020, 744). Für die Aktiengesellschaft gilt auch in diesem Fall der Grundsatz der Doppelvertretung durch Vorstand und Aufsichtsrat nach § 246 Abs. 2 S. 2 AktG (BGHZ 225, 198 = BeckRS 2020, 8598 Rn. 44 ff.).

46.3 Die Befugnis zur Änderung der Satzung in Bezug auf die Firma der Aktiengesellschaft geht für den Fall der Verwertung der Firma im Insolvenzverfahren nicht gem. § 80 Abs. 1 InsO auf den Insolvenzverwalter über. Dieser kann eine **Firmenänderung** auch nicht außerhalb der Satzung kraft eigener Rechtsstellung herbeiführen (BGH NZI 2020, 234 Rn. 26 mAnm Primozic NZI 2020, 239). Im Zusammenhang mit der Rückkehr zum satzungsmäßigen Geschäftsjahr hat der BGH demgegenüber die Notwendigkeit einer Satzungsänderung verneint (BGH NZI 2015, 135 Rn. 12 mAnm Schuster/Fritz NZI 2015, 138).

46.4 Das analog § 88 Abs. 1 S. 1 AktG aus der Organstellung folgende gesetzliche **Wettbewerbsverbot** für den GmbH-Geschäftsführer endet auch in der Gesellschaftsinsolvenz erst mit dem Verlust der Organstellung (OLG Rostock NZI 2020, 900).

47 Für den Fall der **Eigenverwaltung** schließt § 276a Abs. 1 ausdrücklich eine Einflussnahme des Aufsichtsrats, der Gesellschafterversammlung oder entsprechender Organe der insolventen Gesellschaft auf die Geschäftsführung aus.

48 Fragen der Kompetenzabgrenzung können sich auch in der **Insolvenz eines Gesellschafters** ergeben (→ Rn. 48.1). Zur Massezugehörigkeit von Gesellschaftsanteilen → § 35 Rn. 38 f.

48.1 Der Insolvenzverwalter über das Vermögen des Gesellschafters einer GmbH hat als Teil seines Verwaltungsrechts das Recht zur Ausübung des Stimmrechts in der Gesellschafterversammlung und zur Beschlussanfechtung, jedenfalls soweit der Beschlussgegenstand, wie dies regelmäßig der Fall ist, die Vermögenssphäre betrifft (BGH NZI 2018, 75).

3. Handelsrecht

49 Wie in § 155 Abs. 1 ausdrücklich klarstellend (Andres/Leithaus/Andres § 155 Rn. 2) festgehalten, bleiben handels- und steuerrechtliche Pflichten des Schuldners zur **Buchführung** und zur **Rechnungslegung** durch die Eröffnung des Insolvenzverfahrens unberührt. In Bezug auf die Insolvenzmasse hat nach § 155 Abs. 1 S. 2 der Insolvenzverwalter diese Pflichten zu erfüllen (dazu → § 155 Rn. 5 ff.). Mit Eröffnung des Insolvenzverfahrens beginnt gem. § 155 Abs. 2 S. 1 ein neues **Geschäftsjahr,** wodurch ein neuer, von der Satzung der Insolvenzschuldnerin abweichender Geschäftsjahresrhythmus entsteht (BGH NZI 2015, 135 Rn. 10 mAnm Schuster/Fritz NZI 2015, 138). Der Insolvenzverwalter ist aber nach § 155 Abs. 1 befugt, die Geschäftsjahre wieder so festzulegen, wie es in der Satzung der Schuldnerin festgelegt ist (BGH NZI 2015, 135 Rn. 11; ausführlicher → § 155 Rn. 32 ff.).

50 Der Insolvenzverwalter wird nicht selbst **Kaufmann,** auch wenn er das Unternehmen des Schuldners fortführt (MüKoInsO/Vuia Rn. 100). Davon zu unterscheiden ist die **Anwendbarkeit von Handelsrecht** auf einzelne Rechtsgeschäfte bei einer fortbestehenden Kaufmannseigenschaft des Schuldners. Handelsrecht ist grundsätzlich anwendbar, wenn der Insolvenzverwalter ein kaufmännisches Unternehmen fortführt (Jaeger/Windel Rn. 67; zu Einzelfragen → Rn. 50.1 f.). Auch im Rahmen der Abwicklung bleibt die Kaufmannseigenschaft bis zu deren Beendigung bestehen;

Liquidationsgeschäfte des Verwalters sind daher ebenfalls als Handelsgeschäfte einzuordnen (Jaeger/Windel Rn. 67).

Umstritten ist, ob der Insolvenzverwalter **Prokura** erteilen darf (K. Schmidt NJW 1987, 1905 (1908); **50.1** MüKoInsO/Vuia Rn. 104) oder ob dies mit der Regelung der Insolvenzabwicklung unvereinbar wäre (Jaeger/Windel Rn. 68 mwN).

Aufgrund der fehlenden Kaufmannseigenschaft ist der Insolvenzverwalter nicht befugt, eine **Gerichts- 50.2 standsvereinbarung** nach § 38 Abs. 1 ZPO zu treffen (OLG Zweibrücken NZI 2019, 54 mAnm Henke/Krämer NZI 2019, 56; zust. MüKoInsO/Vuia Rn. 100a; aA Gottwald/Haas InsR-HdB/Eckardt § 32 Rn. 34 mwN).

Die **Zuständigkeit der Kammer für Handelssachen** nach § 95 Abs. 1 Nr. 1 GVG ist eröff- **51** net, wenn der Insolvenzverwalter aus einem beiderseitigen Handelsgeschäft in Anspruch genommen wird, das noch der Schuldner als Kaufmann abgeschlossen hat (MüKoInsO/Vuia Rn. 108). Gleiches gilt, wenn ein Insolvenzverwalter eine Forderung des Insolvenzschuldners aus einem beidseitigen Handelsgeschäft einklagt und dabei im Hinblick auf eine durch den Beklagten erklärte Aufrechnung geltend macht, dass der Beklagte die Möglichkeit der Aufrechnung durch eine anfechtbare Rechtshandlung erlangt habe (§ 96 Abs. 1 Nr. 3) (KG ZIP 2018, 2387 = BeckRS 2018, 16014; dazu Kaubisch EWiR 2018, 639).

Bei einer Handelsgesellschaft wird auch die **Firma** vom Insolvenzbeschlag erfasst, der Insol- **52** venzverwalter kann den Geschäftsbetrieb mit der Firma veräußern (allgemeine Meinung seit BGH NJW 1983, 755). Zu den Folgewirkungen → Rn. 52.1 f.

§ 25 Abs. 1 HGB mit der darin angeordneten **Fortführungshaftung bei Unternehmensveräuße- 52.1 rungen** findet keine Anwendung, wenn der Insolvenzverwalter aus der Insolvenz heraus ein zur Masse gehörendes Unternehmen ganz oder in seinem wesentlichen Kern durch Veräußerung an einen Dritten verwertet. In solch einem Fall geriete eine Fortsetzungshaftung in einen unauflöslichen Widerspruch zu der dem Insolvenzverwalter durch das Insolvenzrecht zugewiesenen und bei Eingreifen einer Fortführungshaftung zumindest erschwerten Aufgabe, ein sanierungsfähiges Unternehmen nach Möglichkeit nicht zu zerschlagen, sondern es im Interesse der Gläubiger an einer schnellst- und bestmöglichen Verwertung der Masse im Ganzen zu veräußern (BGHZ 104, 151 (153 f.) = NJW 1988, 1912 mwN; BGH NJW-RR 2009, 820 Rn. 22). § 25 Abs. 1 S. 1 HGB ist auf den Erwerb eines Handelsgeschäfts aus der Insolvenz auch dann nicht anwendbar, wenn die Veräußerung nicht durch den Insolvenzverwalter, sondern durch den Schuldner in der Eigenverwaltung erfolgt (BGH NZI 2020, 285 mAnm Kluth NZI 2020, 288; dazu auch Kaubisch/Hilpert BB 2020, 337). Von § 25 Abs. 1 HGB erfasst wird dagegen der Fall, dass ein in Insolvenz befindliches Unternehmen von einem Dritten außerhalb des Insolvenzverfahrens lediglich tatsächlich fortgeführt wird, ohne dass diese Fortführung vom Insolvenzverwalter abgeleitet ist (BGH NZI 2014, 81 Rn. 19 mAnm Juretzek NZI 2014, 85).

Auch nach einer Veräußerung des Geschäftsbetriebs einer Aktiengesellschaft mit der Firma ist die **52.2** Weiterführung der bisherigen Firma im Insolvenzverfahren der Aktiengesellschaft für die weitere Abwicklung nicht grundsätzlich unzulässig. Die Notwendigkeit einer **Firmenänderung** ist vielmehr von den konkreten Umständen des Einzelfalls abhängig (zu den maßgeblichen Kriterien vgl. BGH NZI 2020, 234 Rn. 16 ff. mAnm Primozic NZI 2020, 239). Der Insolvenzverwalter ist nach der Rechtsprechung des BGH auch in diesem Fall nicht befugt, die Satzung der insolventen Aktiengesellschaft hinsichtlich der Firma zu ändern. Er kann eine Firmenänderung auch nicht außerhalb der Satzung kraft eigener Rechtsstellung herbeiführen (BGH NZI 2020, 234).

4. Öffentliches Recht

Die **Erfüllung öffentlich-rechtlicher Verpflichtungen,** die an die Insolvenzmasse anknüp- **53** fen, fällt ebenfalls in den Verantwortungsbereich des Insolvenzverwalters. Welche Verpflichtungen konkret erfasst sind, ist nach den Vorgaben der jeweiligen materiellen Regelungen festzustellen (zu Einzelfragen → Rn. 53.1 ff.).

Der Insolvenzverwalter kann nach § 4 Abs. 3 S. 1 BBodSchG als Inhaber der tatsächlichen Gewalt für **53.1** die Sanierung von massezugehörigen Grundstücken herangezogen werden, die bereits vor der Eröffnung des Insolvenzverfahrens kontaminiert waren. Eine solche Verpflichtung ist eine Masseverbindlichkeit iSv § 55 Abs. 1 Nr. 1 (BVerwG NZI 2005, 51 mAnm Segner NZI 2005, 54).

Für eine an den Betrieb einer Anlage anknüpfende **ordnungsrechtliche Verantwortlichkeit** reicht **53.2** die reine Inbesitznahme durch den Insolvenzverwalter nicht aus (vgl. OVG Bln-Bbg NVwZ 2010, 594 Rn. 8 ff.; BVerwG NVwZ 2007, 86 Rn. 14 zum Betrieb einer Deponie). Eine Betreiberstellung des Insolvenzverwalters kann jedoch dann gegeben sein, wenn er die Anlage nicht sofort nach Inbesitznahme, sondern erst nach einer Überprüfungsphase stilllegt (VGH München NVwZ-RR 2006, 537 Rn. 41;

gebilligt von BVerwG BeckRS 2005, 30312; offen gelassen von BVerwG NZI 1999, 37). Gleiches kann bei Bemühungen des Insolvenzverwalters zur Veräußerung einer Anlage gelten (vgl. VGH Kassel NZI 2009, 695 Rn. 44 mAnm Drasdo NZI 2009, 699). Nach der Rechtsprechung des VG Augsburg (NZI 2019, 165 mAnm Wilke/Marquardt NZI 2019, 167) ist der Insolvenzverwalter auch dann als Betreiber der Deponie anzusehen und damit Adressat von Nachsorgepflichten aus § 40 Abs. 2 S. 1 Nr. 2 KrWG im Rang von Masseverbindlichkeiten, wenn die Eröffnung des Insolvenzverfahren während der Stilllegungsphase erfolgt, da diese noch zur Betriebsphase zu rechnen sei.

53.3 Im **Datenschutzrecht** ist der Insolvenzverwalter im Regelfall als Verantwortlicher iSv Art. 4 Nr. 7 DS-GVO anzusehen. Noch nicht abschließend geklärt ist, ob dazu neben der rechtlichen Verfügungsbefugnis eine faktische Zugriffsmöglichkeit des Insolvenzverwalters auf die Daten vorauszusetzen ist (dafür Thole ZIP 2018, 1001 (1003); Einzelheiten → Datenschutz in der Insolvenz Rn. 15 ff.).

54 Soweit **öffentlich-rechtliche Befugnisse** durch einen Vertreter ausgeübt werden können (vgl. etwa § 45 GewO, § 9 GaststättenG), kann der Insolvenzverwalter hiervon durch Fortführung des Betriebs im Interesse der Masse Gebrauch machen (MüKoInsO/Vuia Rn. 53).

55 Der Insolvenzverwalter kann grundsätzlich **Ansprüche auf Informationserteilung** nach den Informationsfreiheits- und Transparenzgesetzen des Bundes und der Länder geltend machen (vgl. Adler DÖV 2016, 630; Guckelberger NJW 2017, 1210; Schmittmann K & R 2017, 463). Der Insolvenzverwalter handelt als natürliche Person im Sinne dieser Regelungen (VG Greifswald NZI 2017, 870 (871) mAnm Schmittmann/Lehner NZI 2017, 872 mwN). Auskunftsansprüche können sich daraus insbesondere gegenüber der Finanzverwaltung ergeben (zu Einzelfragen → Rn. 55.1 f.). Für die Durchsetzung derartiger Ansprüche ist dabei nach der Rechtsprechung des BFH nicht der Finanz-, sondern der Verwaltungsrechtsweg eröffnet (BFH NZI 2020, 901 mAnm Schmittmann NZI 2020, 902; dazu auch P.-B. Harder VIA 2020, 87).

55.1 Nach OVG Münster (NZI 2016, 182 mAnm Schmittmann NZI 2016, 187) steht einem Insolvenzverwalter nach § 4 Abs. 1 IFG NRW gegenüber der Finanzverwaltung ein Anspruch auf Auskunft über die bei dem Finanzamt in Bezug auf den Schuldner gespeicherten Informationen durch Herausgabe von Jahreskontoauszügen aller beim Finanzamt geführten Steuerarten für die Veranlagungszeiträume bis zur Eröffnung des Insolvenzverfahrens zu. Der Anspruch ist nach der insoweit vom BVerwG (NVwZ-RR 2018, 916; Parallelentscheidung NZI 2018, 715) bestätigten Rechtsprechung auch nicht durch die absichtsvolle Nichtregelung eines Akteneinsichtsrechts für das steuerliche Verwaltungsverfahren in der Abgabenordnung ausgeschlossen. Die Übermittlung der Steuerkontoauszüge an den Insolvenzverwalter verletzt auch nicht das Steuergeheimnis nach § 30 AO. Als Reaktion auf diese insolvenzverwalterfreundliche Rechtsprechung soll die mit Wirkung zum 25.5.2018 eingefügte Regelung des § 32c Abs. 1 Nr. 2 AO sicherstellen, dass die Finanzbehörden im Sinne einer gleichmäßigen und gesetzmäßigen Besteuerung und der Sicherung des Steueraufkommens bei zivilrechtlichen Forderungen nicht besser, aber auch nicht schlechter gestellt werden als andere Schuldner oder Gläubiger; die Auskunftspflichten sollen sich daher allein nach dem Zivilrecht richten (vgl. BT-Drs. 18/12611, 88). Fragen zur Vereinbarkeit dieser Neuregelung mit der DSGVO hatte das BVerwG mit Beschl. v. 4.7.2019 dem EuGH zur Vorabentscheidung vorgelegt (NZI 2019, 826 mAnm Schmittmann NZI 2019, 828). Dieser erklärte sich für die Beantwortung der vorgelegten Fragen jedoch für nicht zuständig und wies die Vorlage daher zurück (EuGH ZD 2021, 319 = BeckRS 2020, 34340).

55.2 Ist – wie nach § 8 S. 1 IFG M-V – ein Antrag auf Zugang zu Informationen abzulehnen, soweit der Schutz geistigen Eigentums entgegensteht oder durch die Übermittlung der Informationen ein Betriebs- oder Geschäftsgeheimnis offenbart wird und der Betroffene nicht eingewilligt hat, kann sich die Behörde dem Insolvenzverwalter gegenüber hierauf nicht berufen (VG Greifswald NZI 2017, 870 mAnm Schmittmann/Lehner NZI 2017, 872 zu Auskünften über die vom Schuldner gehaltenen Fahrzeuge).

5. Steuerrecht

56 Die Verfügungsbefugnis eines Insolvenzverwalters umfasst auch die Wahrnehmung der Interessen der Insolvenzmasse gegenüber dem Finanzamt (BFH BeckRS 2008, 25014683). Der Insolvenzverwalter hat nach § 34 Abs. 1 und 3 AO die **steuerlichen Pflichten des Schuldners** zu erfüllen, soweit seine Verwaltung reicht (ergänzend → Rn. 56.1 ff.). In einem die Insolvenzmasse betreffenden finanzgerichtlichen Prozess hat der Insolvenzverwalter kraft gesetzlicher Prozessstandschaft die uneingeschränkte Prozessführungsbefugnis unter Ausschluss des Insolvenzschuldners (BFH NZI 2020, 582 Rn. 15 mAnm Hermes/Schmitt NZI 2020, 585).

56.1 Gemäß § 155 Abs. 1 S. 2 hat der Insolvenzverwalter in Bezug auf die Insolvenzmasse (einschließlich eines etwaigen Neuerwerbs) nicht nur die handels-, sondern auch die steuerrechtlichen Buchführungs- und Rechnungslegungspflichten des Schuldners zu erfüllen (→ § 155 Rn. 24). Über § 155 hinaus führt der Übergang der Verwaltungs- und Verfügungsbefugnis zur Anwendung von § 34 Abs. 3 iVm Abs. 1 AO mit der Folge, dass der Insolvenzverwalter sämtliche steuerlichen Verpflichtungen des Schuldners im Hinblick auf die Insolvenzmasse zu erfüllen und insbesondere dafür Sorge zu tragen hat, dass die Steuern aus den verwalteten Mitteln entrichtet werden (→ § 155 Rn. 25).

Das Wahlrecht der Ehegatten für eine Getrennt- oder Zusammenveranlagung zur Einkommensteuer **56.2** wird in der Insolvenz eines Ehegatten durch den Insolvenzverwalter ausgeübt (BGH NJW 2007, 2556).

Die durch die Insolvenzeröffnung bewirkte Unterbrechung des Verfahrens (analog § 240 ZPO iVm **56.3** § 155 FGO) bezieht sich nach ständiger BFH-Rechtsprechung nicht nur auf das eigentliche Steuerfestsetzungsverfahren, sondern auch auf andere Verfahren, die – wie insbesondere das gesonderte Feststellungsverfahren (§§ 179 ff. AO) auf der Grundlage des § 182 Abs. 1 AO – Auswirkungen auf die nach § 174 InsO zur Tabelle anzumeldenden Steuerforderungen haben können (BFH BeckRS 2008, 25014683; vgl. Scherer DStR 2017, 296).

Die Klage- und Prozessführungsbefugnis einer Personengesellschaft im Hinblick auf den Gewinnfeststel- **56.4** lungsbescheid geht durch die Eröffnung des Insolvenzverfahrens über ihr Vermögen nicht auf den Insolvenzverwalter über (BFH NZI 2018, 904).

Der Insolvenzverwalter ist **Adressat für Steuerbescheide** wegen Steuerforderungen, die nach **57** Eröffnung des Insolvenzverfahrens entstanden sind (ergänzend → Rn. 57.1 f.). Auch die Einspruchsbefugnis steht insoweit allein dem Insolvenzverwalter zu (BFH NZI 2020, 582 Rn. 14 mAnm Hermes/Schmitt NZI 2020, 585; ergänzend → Rn. 57.3).

Ein Steuerbescheid kann auch dann dem Insolvenzverwalter gegenüber wirksam bekanntgegeben sein, **57.1** wenn er ohne den ausdrücklichen Zusatz „als Insolvenzverwalter" namentlich im Adressfeld des Steuerbescheids aufgeführt ist. In einem solchen Fall ist die Bekanntgabe gleichwohl wirksam, wenn sich seine Funktion nach dem objektiven Erklärungsgehalt des Bescheids aus der Sicht des Empfängers im Wege der Auslegung zweifelsfrei bestimmen lässt, wobei nicht nur die dem Bescheid beigefügten Erklärungen, sondern darüber hinaus auch die dem Betroffenen bekannten Umstände heranzuziehen sind (BFH NZI 2018, 817; ebenso schon die Vorinstanz SchlHFG BeckRS 2017, 100452; vgl. auch AEAO zu § 122 – Bekanntgabe des Verwaltungsaktes).

Wird die Einkommensteuer erstmals nach Aufhebung des Insolvenzverfahrens festgesetzt, ist der Steuer- **57.2** bescheid dem vormaligen Insolvenzschuldner als Inhaltsadressat bekannt zu geben; eine Bekanntgabe an den vormaligen Insolvenzverwalter kommt nicht mehr in Betracht (BFH NZI 2019, 674 mAnm Hoffmann NZI 2019, 676).

Wird das Insolvenzverfahren nach Erlass eines Steuerbescheides, aber noch vor dem Ergehen einer **57.3** Einspruchsentscheidung eingestellt, entfällt das vor diesem Zeitpunkt bestehende Sachentscheidungshindernis der fehlenden Einspruchsbefugnis der Insolvenzschuldnerin. Die Einspruchsfrist ist durch die genehmigungsfähige Verfahrenshandlung der Insolvenzschuldnerin gewahrt (BFH NZI 2020, 582 mAnm Hermes/Schmitt NZI 2020, 585).

Bei der **Verletzung steuerlicher Pflichten** haftet der Insolvenzverwalter nach § 69 AO (näher **58** dazu jüngst etwa Pflaum wistra 2021, 269 (270 f.)).

6. Strafrecht

Der Insolvenzverwalter wird von § 14 Abs. 1 Nr. 3 StGB erfasst (MüKoStGB/Radtke StGB **59** § 14 Rn. 89). Danach ist auf denjenigen, der „als **gesetzlicher Vertreter** eines anderen" handelt, ein Gesetz, nach dem besondere persönliche Eigenschaften, Verhältnisse oder Umstände (besondere persönliche Merkmale) die Strafbarkeit begründen, auch anzuwenden, wenn diese Merkmale zwar nicht bei ihm, aber bei dem Vertretenen vorliegen.

Lange umstritten war im Strafprozess die Frage, wer die in § 53 Abs. 1 Nr. 3 StPO genannten **60** Vertrauenspersonen nach § 53 Abs. 2 S. 1 StPO von ihrer **Verschwiegenheitspflicht** entbinden darf. Insoweit vertrat die obergerichtliche Rechtsprechung zwar zutreffenderweise immer häufiger die Auffassung, dass diese Befugnis – wie im Zivilprozess (→ Rn. 40) – **allein dem Insolvenzverwalter** zusteht (OLG Köln NZWiSt 2016, 285; OLG Nürnberg NJW 2010, 690; vgl. Tully/Kirch-Heim NStZ 2012, 657; Bittmann wistra 2012, 173; Kiethe NZI 2006, 267). Nach anderer Ansicht konnte es nicht bei der alleinigen Entbindungsbefugnis des Insolvenzverwalters verbleiben, wenn es um die Offenlegung von Straftaten des Insolvenzschuldners bzw. früherer oder jetziger (auch faktischer) Organe einer in Insolvenz geratenen juristischen Person gehe; denn für die Straftat sei der Täter persönlich verantwortlich, sodass es sich nicht um ein nur vom Insolvenzbeschlag erfasstes vermögenswertes Geheimnis, sondern zugleich auch um ein persönliches Geheimnis des Täters handle (so OLG Zweibrücken NZI 2017, 175 mAnm Pauka NZI 2017, 176). Nach Auffassung des OLG Hamm (NZI 2017, 946; 2018, 499 mAnm Pauka NZI 2018, 502) konnte eine kumulative Schweigepflichtentbindung auch durch den beschuldigten

Organwalter dann erforderlich sein, wenn ein Doppelmandat des als Zeugen zu vernehmenden Berufsgeheimnisträgers, zum einen durch die Gesellschaft selbst, zum anderen durch den beschuldigten Geschäftsführer (bzw. die sonst vertretungsberechtigte Person) vorliegt und beide Beratungsverhältnisse untrennbar miteinander vermengt wurden (für eine differenzierte Lösung in Sonderkonstellationen auch Köllner/Mück NZI 2018, 341).

61 Der BGH hat diese Frage nunmehr richtigerweise im Sinne der zuerst genannten Auffassung entschieden (BGH NZI 2021, 337 Rn. 25 mAnm Jungmann NZI 2021, 340; dazu auch Thole EWiR 2021, 179). Ist also über das Vermögen der juristischen Person das Insolvenzverfahren eröffnet und ein Insolvenzverwalter ernannt worden, ist dieser berechtigt, den Berufsgeheimnisträger von der Verschwiegenheitspflicht zu entbinden, soweit sich das Vertrauensverhältnis auf Angelegenheiten der Insolvenzmasse bezieht. Weiterhin **offengelassen** hat der BGH die Frage, ob eine mehrseitige Entbindungserklärung sowohl durch den Insolvenzverwalter als auch durch die Organe der Schuldnerin erforderlich ist, wenn und soweit der Berufsgeheimnisträger im Sinne eines **Mehrfachmandats** in Vertrags- oder Vertrauensbeziehungen auch zu früheren Organmitgliedern persönlich stand (BGH NZI 2021, 337 Rn. 26 mAnm Jungmann NZI 2021, 340). Für die Praxis wird es daher auch weiterhin entscheidend darauf ankommen, den Gegenstand des Mandatsverhältnisses sowie die Parteien dieses Verhältnisses konkret zu ermitteln (vgl. OLG Hamm NZI 2017, 946 (948); Thole EWiR 2021, 179 (180)).

7. Wettbewerbsrecht

62 Bei der Verwaltung und Verwertung der Insolvenzmasse hat der Insolvenzverwalter die durch das **UWG** gezogenen Schranken zu beachten (Jaeger/Windel Rn. 115). Einige frühere Probleme und Streitfragen haben sich allerdings durch die Liberalisierung des Wettbewerbsrechts mit der seit 2004 geltenden Neufassung des UWG erledigt. Zur Auswirkung des seit dem 26.4.2019 geltenden Geschäftsgeheimnisgesetzes (GeschGehG) in der Insolvenz s. Schuster/Tobuschat GRUR-Prax 2019, 248.

D. Rechtsstellung des Schuldners

63 Aus dem angeordneten „**Übergang**" der Verwaltungs- und Verfügungsbefugnis auf den Insolvenzverwalter folgt, dass der Schuldner diese verliert, soweit der Insolvenzverwalter sie nach der vorstehenden Darstellung erlangt.

I. Stellung des Schuldners im materiellen Vermögensrecht

64 Der Schuldner bleibt **Eigentümer** der zur Insolvenzmasse gehörenden Sachen und Inhaber der massezugehörigen Rechte und sonstigen Gegenstände. Der Schuldner bleibt **rechts- und geschäftsfähig.** Die InsO verbietet ihm nicht, nach Verfahrenseröffnung – im Fall einer juristischen Person durch sein jeweiliges Organ (OLG Rostock NZI 2020, 900 Rn. 11) – Verträge mit Dritten zu schließen (BGH NZI 2015, 376 Rn. 8 mAnm Vuia NZI 2015, 379), welche jedoch keinen Anspruch des Dritten gegen die Masse begründen.

65 Der Schuldner behält die **Verwaltungs- und Verfügungsbefugnis über das insolvenzfreie Vermögen.** Gibt der Insolvenzverwalter Gegenstände aus der Insolvenzmasse frei, so erlangt der Schuldner die Verwaltungs- und Verfügungsbefugnis mit der Wirksamkeit der Freigabe (→ Rn. 23 ff.) zurück.

II. Stellung des Schuldners im Prozess

66 Die **Partei- und Prozessfähigkeit** des Schuldners (§§ 50, 51 ZPO) wird durch die Insolvenzeröffnung nicht berührt (BGH NZI 2013, 641 Rn. 11 mAnm Schönherr NZI 2013, 643; ergänzend → Rn. 66.1 ff.). Auch eine nach Insolvenzeröffnung gegenüber dem Schuldner bewirkte **Zustellung** ist wirksam. Die der Wirksamkeit einer Zustellung an Prozessunfähige entgegenstehende Vorschrift des § 170 Abs. 1 S. 2 ZPO greift nicht (BGH NZI 2009, 169 Rn. 7; OLG Karlsruhe NZI 2020, 906 Rn. 9 mAnm Kaubisch NZI 2020, 907).

66.1 Nimmt der Kläger eine nach Eröffnung des Insolvenzverfahrens an den Schuldner zugestellte Klage zurück, handelt es sich bei dem Kostenerstattungsanspruch des Bekl. aus § 269 Abs. 3 S. 2 ZPO wegen der erst nach Insolvenzeröffnung bewirkten Klagezustellung um einen Neuerwerb (BGH NZI 2009, 169 Rn. 17). Als pfändbarer Anspruch fällt dieser Kostenerstattungsanspruch nach § 35 in die Insolvenzmasse (BGH NZI 2009, 169 Rn. 18 ff.; OLG Karlsruhe NZI 2020, 906 Rn. 10 mAnm Kaubisch NZI 2020, 907).

Auch die Fähigkeit eines Schuldners oder seiner Organe, in einem Verfahren der freiwilligen Gerichtsbarkeit aufzutreten, insbesondere Anträge zu stellen, wird durch die Eröffnung des Insolvenzverfahrens nicht berührt (OLG Hamm NZI 2017, 403 Rn. 5). **66.2**

Bezieht sich der Gegenstand des Rechtsstreits auf freies, insbesondere freigegebenes, Vermögen des Schuldners, kann dieser ihn in Ausübung seiner insoweit nicht beeinträchtigten Prozessführungsbefugnis betreiben (BGH NZI 2013, 641 Rn. 12 mAnm Schönherr NZI 2013, 643). **66.3**

Der Schuldner bleibt auch nach Eröffnung des Insolvenzverfahrens weiterhin selbst insoweit prozessführungsbefugt, wie er sich gegen die Missachtung einer nach §§ 240, 249 ZPO erfolgten Verfahrensunterbrechung wendet. Er kann daher etwa im eigenen Namen geltend machen, dass er im Zeitpunkt des Ergehens eines Steuerbescheides im Hinblick auf die vorher erfolgte Eröffnung des Insolvenzverfahrens kein Verwaltungs- und Verfügungsrecht mehr besitzt (BFH BeckRS 2012, 96376 Rn. 10; FG Münster BeckRS 2020, 32588 Rn. 18). **66.4**

Mit der Eröffnung des Insolvenzverfahrens erlischt gem. § 117 Abs. 1 eine von dem Schuldner seinem Prozessbevollmächtigten erteilte **Prozessvollmacht.** Der Schuldner ist allerdings berechtigt, einen Prozessvertreter, dessen Vollmacht kraft § 117 erloschen war, nach Insolvenzeröffnung zur weiteren Wahrnehmung seiner verfahrensmäßigen Rechte erneut zu bevollmächtigen (BGH NZI 2009, 169 Rn. 14). **67**

Nach dem Eintritt des Insolvenzverwalters in einen Rechtsstreit ist der **Schuldner** kein Beteiligter mehr; er kann **als Zeuge** vernommen werden (BFH NJW-RR 1998, 63; Uhlenbruck/Mock Rn. 24 mwN). **68**

III. Weitere Aspekte

Eine bestehende **Kaufmannseigenschaft** des Schuldners geht nicht unmittelbar mit der Eröffnung des Insolvenzverfahrens verloren (ganz hM, vgl. Jaeger/Windel Rn. 67 mwN). Soweit der durch das Insolvenzverfahren nicht verdrängte gesellschaftsrechtliche Bereich berührt ist, bleiben sämtliche **gesellschafts- und registerrechtlichen Pflichten** weiterhin beim Gesellschafter bzw. Geschäftsführer (im Einzelnen → Rn. 69.1). **69**

Eine Änderung der Vertretungsverhältnisse oder der Geschäftsanschrift der Gesellschaft hat auch nach der Eröffnung eines Insolvenzverfahrens über das Vermögen einer haftungsbeschränkten UG der Geschäftsführer der Gesellschaft zum Handelsregister anzumelden. Unterlässt er die Anmeldung, kann eine Zwangsgeldfestsetzung gerechtfertigt sein (OLG Hamm NZI 2017, 403 mwN; aA bezüglich der Geschäftsanschrift OLG Schleswig FGPrax 2010, 208 (210)). **69.1**

Beschränkungen für den Schuldner in der **Berufsausübung** können sich ergeben aus § 6 und § 50 Abs. 1 Nr. 5 BNotO (Widerruf der Zulassung als Notar), § 7 Nr. 9 und § 14 Abs. 2 Nr. 7 BRAO (Widerruf der Rechtsanwaltszulassung), § 14 Abs. 1 Nr. 10 und § 21 Abs. 2 Nr. 10 PatAnwO (Widerruf der Zulassung als Patentanwalt), § 46 Nr. 5 StBerG (Widerruf der Zulassung als Steuerberater), § 10 Abs. 2 und § 20 Abs. 3 Nr. 1 WirtschaftsPrO (Widerruf der Zulassung als Wirtschaftsprüfer). Die Wirkungen treten nicht automatisch ein, sondern es bedarf eines entsprechenden standesrechtlichen Verfahrens (K. Schmidt InsO/Sternal Rn. 12). **70**

Ein Entzug einer allgemeinen **Gewerbeerlaubnis** nach der Gewerbeordnung ist mit der Insolvenzeröffnung nicht verbunden. Vielmehr schließt § 12 GewO während des eröffneten Verfahrens eine Gewerbeuntersagung oder eine Rücknahme bzw. einen Widerruf der erteilten Gewerbeerlaubnis wegen ungeordneter Vermögensverhältnisse aus (ergänzend → Rn. 71.1 ff.). Hierdurch soll die Möglichkeit einer Sanierung und Fortführung des Schuldnerunternehmens sichergestellt werden (K. Schmidt InsO/Sternal Rn. 14). Dagegen greift die Ausnahmeregelung nach § 12 S. 2 GewO nicht für eine nach § 35 Abs. 1 S. 1 InsO freigegebene selbstständige Tätigkeit des Gewerbetreibenden, wenn dessen Unzuverlässigkeit mit Tatsachen begründet wird, die nach der Freigabe eingetreten sind. **71**

Der für die Beurteilung der Rechtmäßigkeit einer Gewerbeuntersagung nach § 35 Abs. 1 GewO maßgebliche Zeitpunkt der letzten Verwaltungsentscheidung gilt auch für den Anwendungsbereich des § 12 S. 1 GewO (BVerwG NZI 2015, 776). **71.1**

Die Eröffnung des Insolvenzverfahrens über das Vermögen eines Gewerbetreibenden führt nicht nach § 173 S. 1 VwGO iVm § 240 S. 1 ZPO zur Unterbrechung des gerichtlichen Verfahrens über eine Gewerbeuntersagung (BVerwG NZI 2015, 776; abl. Antoni NZI 2015, 1015). **71.2**

Zur Möglichkeit der Erteilung einer Maklererlaubnis nach § 34c GewO nach Ankündigung der Restschuldbefreiung vgl. OVG Lüneburg NJW 2014, 3529. **71.3**

E. Veräußerungsverbote

72 Durch Abs. 2 S. 1 wird die Wirkung **relativer Veräußerungsverbote** in der Insolvenz ausgeschlossen. Erfasst werden damit gerichtliche oder behördliche Veräußerungsverbote iSv § 136 BGB, also solche, die dem Schutz bestimmter Personen dienen. In Betracht kommen vor allem Veräußerungsverbote aufgrund einstweiliger Verfügungen gem. §§ 935, 938 ZPO sowie die Zahlungssperre gem. § 1019 ZPO (MüKoInsO/Vuia Rn. 154).

73 Nicht unter die Regelung fallen auf der einen Seite **rechtsgeschäftliche Veräußerungsverbote**, da diese für den Insolvenzverwalter ohnehin keine bindende Wirkung haben (BGHZ 40, 156 (160) = NJW 1964, 243; MüKoInsO/Vuia Rn. 155).

74 Andererseits behalten **absolute Veräußerungsverbote** ihre Wirkung auch im Insolvenzverfahren. Sie dienen dem Schutz der Allgemeinheit, ihre Verletzung führt nach § 134 BGB zur Unwirksamkeit gegenüber jedermann (MüKoInsO/Vuia Rn. 154).

75 Eine vor Eröffnung des Insolvenzverfahrens zwischen dem Schuldner und einem Grundpfandgläubiger getroffene **vollstreckungsbeschränkende Vereinbarung** bindet den Insolvenzverwalter auch dann nicht, wenn das Grundstück zu Gunsten dieses Gläubigers wertausschöpfend belastet ist (BGH NZI 2011, 138).

F. Wirkung von Maßnahmen der Zwangsvollstreckung

76 Abs. 2 S. 2 hält klarstellend fest, dass die Vorschriften über die **Wirkungen einer Pfändung oder einer Beschlagnahme** im Wege der Zwangsvollstreckung unberührt bleiben. Die Rechtsstellung des Vollstreckungsgläubigers richtet sich daher auch in der Insolvenz des Vollstreckungsschuldners nach den Regelungen der (Einzel-)Zwangsvollstreckung.

77 Allerdings enthält auch die InsO **Sonderregelungen zulasten von Vollstreckungsgläubigern** (Überblick bei K. Schmidt InsO/Keller § 88 Rn. 8). Konkret schränkt die Rückschlagsperre des § 88 die Wirkung von Vollstreckungsmaßnahmen in zeitlicher Nähe zur Einleitung eines Insolvenzverfahrens ein. Unwirksam (→ § 88 Rn. 17) ist mit Eröffnung des Insolvenzverfahrens danach die durch Zwangsvollstreckung an dem zur Insolvenzmasse gehörenden Vermögen erlangte Sicherheit, wenn ein Insolvenzgläubiger diese im letzten Monat vor dem Insolvenzantrag oder nach Antragstellung erlangt hat.

78 Im **Verbraucherinsolvenzverfahren** (§ 304) verlängert sich die Rückschlagsperre auf einen Zeitraum von drei Monaten vor dem Insolvenzantrag (§ 88 Abs. 2, → § 88 Rn. 7).

79 In Betracht kommt daneben auch die **insolvenzrechtliche Anfechtbarkeit** der durch Zwangsvollstreckungsmaßnahmen erlangten Sicherung oder Befriedigung nach §§ 129 ff. (Einzelheiten → Rn. 79.1 f., → § 141 Rn. 8).

79.1 Dabei ist insbesondere zu beachten, dass die durch Zwangsvollstreckung erlangte Deckung im Drei-Monats-Zeitraum der Deckungsanfechtung von der Rechtsprechung als inkongruent angesehen wird (BGHZ 167, 11 = NZI 2006, 397 Rn. 9 mwN; Uhlenbruck/Borries/Hirte § 131 Rn. 60; → § 131 Rn. 17.3). Die weiteren Voraussetzungen richten sich daher nach § 131, was die Anfechtung gegenüber den nach § 130 zu beurteilenden kongruenten Deckungsleistungen erleichtert.

79.2 Die nach dem Regierungsentwurf (BT-Drs. 18/7054) vorgesehene Einordnung einer durch Zwangsvollstreckung erlangten Deckung als kongruent wurde in der verabschiedeten Fassung des am 5.4.2017 in Kraft getretenen Gesetz zur Verbesserung der Rechtssicherheit bei Anfechtungen nach der InsO und nach dem Anfechtungsgesetz (BGBl. 2017 I 654) nicht übernommen (dies explizit aufgreifend BAG NJW 2018, 331 Rn. 23).

§ 81 Verfügungen des Schuldners

(1) ¹Hat der Schuldner nach der Eröffnung des Insolvenzverfahrens über einen Gegenstand der Insolvenzmasse verfügt, so ist diese Verfügung unwirksam. ²Unberührt bleiben die §§ 892, 893 des Bürgerlichen Gesetzbuchs, §§ 16, 17 des Gesetzes über Rechte an eingetragenen Schiffen und Schiffsbauwerken und §§ 16, 17 des Gesetzes über Rechte an Luftfahrzeugen. ³Dem anderen Teil ist die Gegenleistung aus der Insolvenzmasse zurückzugewähren, soweit die Masse durch sie bereichert ist.

(2) ¹Für eine Verfügung über künftige Forderungen auf Bezüge aus einem Dienstverhältnis des Schuldners oder an deren Stelle tretende laufende Bezüge gilt Absatz 1 auch insoweit, als die Bezüge für die Zeit nach der Beendigung des Insolvenzverfahrens betroffen sind. ²Das Recht des Schuldners zur Abtretung dieser Bezüge an einen Treu-

Verfügungen des Schuldners   § 81 InsO

händer mit dem Ziel der gemeinschaftlichen Befriedigung der Insolvenzgläubiger bleibt unberührt.

(3) ¹Hat der Schuldner am Tag der Eröffnung des Verfahrens verfügt, so wird vermutet, daß er nach der Eröffnung verfügt hat. ²Eine Verfügung des Schuldners über Finanzsicherheiten im Sinne des § 1 Abs. 17 des Kreditwesengesetzes nach der Eröffnung ist, unbeschadet der §§ 129 bis 147, wirksam, wenn sie am Tag der Eröffnung erfolgt und der andere Teil nachweist, dass er die Eröffnung des Verfahrens weder kannte noch kennen musste.

Überblick

Die Norm regelt – als Präzisierung des Verlustes der Verfügungsbefugnis nach § 80 (→ Rn. 1) – den Grundsatz der absoluten Unwirksamkeit (→ Rn. 10) der nach Eröffnung des Insolvenzverfahrens vom Schuldner vorgenommenen Verfügungen. Flankierend wird die Reichweite eines Gutglaubensschutzes (→ Rn. 14 ff.) sowie das Recht des anderen Teils auf Rückgewähr einer zur Masse gelangten Gegenleistung (→ Rn. 18 ff.) festgelegt. Mit Blick auf den maßgeblichen Zeitpunkt der Verfügung (→ Rn. 20 ff.) ordnet Abs. 3 Verfügungen ein, die am Tag der Verfahrenseröffnung getroffen werden (→ Rn. 24). Abs. 2 gestaltet durch eine Sonderregelung über die Abtretung von Bezügen aus einem Dienstverhältnis oder an deren Stelle tretende laufende Bezüge die Rahmenbedingungen für das Insolvenzverfahren natürlicher Personen (→ Rn. 25 ff.).

Übersicht

	Rn.		Rn.
A. Absolutes Verfügungsverbot	1	D. Maßgeblicher Zeitpunkt	20
I. Anwendungsbereich	1	I. Zeitpunkt des Eingreifens der Verfügungs-	
II. Rechtsfolge	10	beschränkung	20
B. Begrenzte Möglichkeit des gutgläubigen Erwerbs	14	II. Zeitpunkt der Vornahme der Verfügung	22
C. Anspruch auf Rückgewähr der Gegenleistung	18	E. Bezüge aus einem Dienstverhältnis	25

A. Absolutes Verfügungsverbot

I. Anwendungsbereich

Dass der Schuldner nach Eröffnung des Insolvenzverfahrens nicht mehr zu Verfügungen über Gegenstände der Insolvenzmasse iSv §§ 35, 36 berechtigt ist, ergibt sich schon aus § 80 Abs. 1 (→ § 80 Rn. 21). Abs. 1 S. 1 präzisiert die **Rechtsfolge eines Verstoßes gegen das Verfügungsverbot**. **1**

Unanwendbar ist die Norm **bei Anordnung der Eigenverwaltung** nach § 270 Abs. 1, da der Schuldner in diesem Fall die Verfügungsbefugnis über die Gegenstände der Insolvenzmasse behält. Allerdings kann das Insolvenzgericht gem. § 277 Abs. 1 S. 1 anordnen, dass bestimmte Rechtsgeschäfte nur mit Zustimmung des Sachwalters wirksam sind, wobei nach § 277 Abs. 1 S. 2 dann Abs. 1 S. 2 und 3 entsprechend gelten (→ § 277 Rn. 18). Ansonsten sind die Gläubiger gegen masseverkürzende Verfügungen des Schuldners im Rahmen der Eigenverwaltung nicht durch § 81 geschützt (Uhlenbruck/Mock Rn. 2). Ebenso gilt Abs. 1 entsprechend, wenn im gestaltenden Teil eines Insolvenzplans vorgesehen ist, dass bestimmte Rechtsgeschäfte des Schuldners oder der Übernahmegesellschaft während der Zeit der Überwachung nur wirksam sind, wenn der Insolvenzverwalter ihnen zustimmt (§ 263 S. 2). **2**

Die **Reichweite des Verfügungsbegriffs** iSv Abs. 1 S. 1 ist nicht abschließend geklärt (BGH NZI 2018, 601 Rn. 30 mAnm Mordhorst NZI 2018, 608). Erfasst sind zunächst Verfügungen im Sinn des allgemeinen Zivilrechts, also Rechtsgeschäfte, durch die auf ein Recht unmittelbar eingewirkt wird, indem dieses übertragen, mit einem Recht belastet, aufgehoben oder sonst in seinem Bestand verändert wird (MüKoInsO/Vuia Rn. 4; BGH NZI 2010, 138 Rn. 26; ausf. → Rn. 3.1). **3**

In Betracht kommen daher (vgl. MüKoInsO/Vuia Rn. 4; Gottwald/Haas InsR-HdB/Pechartscheck § 31 Rn. 16 ff.) insbesondere **3.1**

- die Übereignung beweglicher und unbeweglicher Sachen
- die Forderungsabtretung
- der Forderungserlass
- die Übertragung immaterieller Rechte
- die Bestellung von Pfandrechten und sonstigen beschränkt dinglichen Rechten
- die Ausübung von Gestaltungsrechten (Anfechtung, Rücktritt, Aufrechnung).

4 Vom Begriff der Verfügung in Abs. 1 S. 1 erfasst werden daneben auch Rechtshandlungen, die auf das Vermögen des Schuldners unmittelbar einwirken. Anzuwenden ist die Regelung damit auch auf **verfügungsähnliche Geschäfte** (BGH NZI 2014, 156 mwN; hierzu Riewe BB 2014, 273, ausf. → Rn. 4.1 ff.).

4.1 Relevant wird dies insbesondere dann, wenn sich der Schuldner zur Begleichung einer Verbindlichkeit eines Zahlungsmittlers bedient. Die Erfüllung hängt dabei von der konstitutiven Wirksamkeitsvoraussetzung ab, dass er eine entsprechende Tilgungsbestimmung verlautbart. Diese Tilgungsbestimmung hat verfügungsähnliche Wirkung. Sie erfordert deshalb die uneingeschränkte Verfügungsbefugnis des Schuldners (BGH NZI 2014, 156 Rn. 21).

4.2 Auch die Ermächtigung eines Dritten durch den Schuldner, für ihn eine Leistung entgegenzunehmen, ist nach § 81 unwirksam (BGH NZI 2012, 807 Rn. 7; NZI 2012, 803 Rn. 14 mAnm Riewe NZI 2012, 804).

4.3 Unwirksam ist auch eine vom Insolvenzschuldner nach Verfahrenseröffnung vorgenommene Leistungsbestimmung zugunsten eines Dritten nach § 267 Abs. 1 BGB (BGH NZI 2014, 607).

4.4 Erfasst wird auch die Genehmigung im Einzugsermächtigungsverfahren (BGHZ 174, 84 = NZI 2008, 27 Rn. 19 mAnm Spliedt NZI 2008, 32).

4.5 Tritt ein Sicherungsnehmer eine Grundschuld im Rahmen einer Umschuldung an den neuen Sicherungsnehmer ab, so fehlt es nach der Rechtsprechung des BGH mit Blick auf die Interessenlage der Beteiligten auch dann im Rechtssinn an einer Anweisung in einem Leistungsverhältnis, wenn der Sicherungsgeber den bisherigen Sicherungsnehmer (zusätzlich) anweist, die Sicherheit auf den neuen Sicherungsnehmer zu übertragen. Es geht dabei nicht darum, dem neuen Sicherungsnehmer einen Gegenstand aus der Masse zu verschaffen, sondern lediglich um den Wechsel in der Person des Sicherungsnehmers. Dem steht § 81 nicht entgegen (vgl. BGH NZI 2018, 601 Rn. 27).

4.6 Die Valutierung einer Grundschuld im Rahmen des bereits bestehenden Sicherungsvertrags stellt regelmäßig nur einen sonstigen Rechtserwerb iSv § 91 Abs. 1 und keine Verfügung des Schuldners dar (BGH NZI 2018, 601 Rn. 38 f.).

4.7 Erweitert der Schuldner nach Eintritt der Verfügungsbeschränkungen den bisherigen Haftungsumfang der Grundschuld durch eine neue oder geänderte Sicherungsvereinbarung und ermöglicht er so eine Neuvalutierung oder eine weitergehende Valutierung der Grundschuld, die nicht durch die frühere Sicherungsvereinbarung gedeckt war, greift er in verfügungsgleicher Weise in den Haftungsbestand seines Vermögens ein. Soweit die neue Sicherungsvereinbarung eine gegenüber der bisherigen Sicherungsvereinbarung erweiterte Haftung der Grundschuld ermöglicht, ist sie daher nach Eintritt von Verfügungsbeschränkungen gem. Abs. 1 unwirksam (BGH NZI 2018, 601 Rn. 66).

4.8 Umstritten ist, ob andere schuldrechtliche Erklärungen wie Fristsetzungen, Mahnungen, Androhungen, Aufforderungen und Weigerungen von § 81 erfasst werden (BGH NZI 2018, 601 Rn. 30; MüKoInsO/Vuia Rn. 5, jew. mwN).

4.9 Ob die bloße Entgegennahme oder Annahme einer geschuldeten Leistung durch den Schuldner als Verfügung iSd Abs. 1 S. 1 anzusehen ist, bedarf nach Auffassung des BGH keiner Entscheidung, da auf Leistungen von Drittschuldnern an den Schuldner vorrangig § 82 anzuwenden ist (BGH NZI 2018, 601 Rn. 58 f.).

4.10 Nach Auffassung des AG Freiburg i. Br. stellt auch der von den Gesellschaftern einer GbR gefasste Beschluss über die Auflösung der GbR mit laufendem Geschäftsbetrieb und Übertragung/Veräußerung des Betriebsvermögens eine Verfügung iSd §§ 21 Abs. 2 S. 1 Nr. 2, 24 Abs. 1, 81 Abs. 1 dar, unabhängig davon, auf welche Art und Weise gesellschaftsrechtlich die Auflösung und Übertragung des Vermögens erfolgen sollte (AG Freiburg NZI 2019, 438).

5 Ebenso ist Abs. 1 S. 1 auf **Prozesshandlungen** des Schuldners mit Massebezug anwendbar (zB Klageerhebung, Anerkenntnis, Vergleich, Klage- oder Rechtsmittelrücknahme; MüKoInsO/Vuia Rn. 6; Uhlenbruck/Mock Rn. 7).

6 Keine Anwendung – auch nicht im Weg der Analogie – findet Abs. 1 S. 1 auf **Realakte** des Schuldners, die zu einem Rechtserwerb eines Dritten führen (Nerlich/Römermann/Kruth Rn. 5; KPB/Lüke Rn. 7; Jaeger/Windel Rn. 6). Jedoch ist auch ein Rechtserwerb an Gegenständen der Insolvenzmasse, dem keine Verfügung des Schuldners zugrunde liegt, in der Insolvenz grundsätzlich ausgeschlossen. Dies ergibt sich aus § 91, der insofern als Auffangtatbestand der Erhaltung der

Verfügungen des Schuldners   § 81 InsO

Insolvenzmasse dient (MüKoInsO/Vuia Rn. 9). Nicht unter §§ 81, 91 fällt jedoch der Rechtserwerb durch Verbindung, Vermischung oder Verarbeitung (§§ 946 ff. BGB; Gottwald/Haas InsRHdB/Pechartscheck § 31 Rn. 54). Der Masse steht in diesen Fällen jedoch zumindest der Anspruch nach § 951 BGB zu.

Wirksam bleiben Verfügungen über **Gegenstände des insolvenzfreien Vermögens** wie zB 7 die Veräußerung einer unpfändbaren Sache (MüKoInsO/Vuia Rn. 7, auch → Rn. 7.1 ff.).

Nicht zur Insolvenzmasse gehört „im Zweifel" (vgl. § 613 S. 1 BGB) ein Anspruch des Schuldners auf 7.1 Beratungsleistungen (BGH NZI 2013, 434 Rn. 9). Hat der Schuldner einen Vorschuss geleistet, ist dieser auf einen nachfolgend fällig und durchsetzbar entstehenden Vergütungsanspruch des Beraters anzurechnen. Der Abruf von weiteren Beratungsleistungen durch den Schuldner stellt kein Verfügungsgeschäft dar, auch wenn er zu Vergütungsansprüchen und damit zur Verminderung des Anspruchs des Schuldners auf Rückzahlung des Vorschusses führt (BGH NZI 2013, 434 Rn. 16 mAnm Leithaus NZI 2013, 436).

Einer Befriedigung einzelner Insolvenzgläubiger während des Insolvenzverfahrens aus dem insolvenz- 7.2 freien Vermögen stehen die Regelungen der InsO grundsätzlich nicht entgegen (BGH NZI 2010, 223 mAnm Gundlach/Frenzel NZI 2010, 225). Da kein Gegenstand der Insolvenzmasse betroffen ist, ist der Anwendungsbereich des Abs. 1 S. 1 nicht eröffnet. Zu beachten hat der eine Restschuldbefreiung anstrebende Schuldner § 294 Abs. 2, wonach einzelnen Insolvenzgläubigern keine Sondervorteile verschafft werden dürfen.

Die Arbeitskraft des Schuldners und dessen Arbeitsverhältnis als solches gehören nicht zur Insolvenz- 7.3 masse (BAG NZI 2014, 870 Rn. 14). Der Schuldner bleibt daher trotz laufenden Insolvenzverfahrens befugt, sein Arbeitsverhältnis beispielsweise im Wege des Vergleichs gegen Zahlung einer Abfindung zu beenden.

Wurde ein Gegenstand vom Schuldner im Rahmen einer Vollrechtstreuhand auf einen **Treu-** 8 **händer** übertragen, so handelt der Treuhänder im eigenen Namen als Vertreter des Schuldners. Seine Verfügungen unterliegen in diesem Fall auch dann nicht der Vorschrift des § 81, wenn der Verfügungsgegenstand wirtschaftlich zur Masse gehört (BGH NZI 2012, 803 Rn. 10 mAnm Riewe NZI 2012, 804; NZI 2018, 601 Rn. 17 mAnm Mordhorst NZI 2018, 608 zur Abtretung einer Sicherungsgrundschuld).

Nicht von Abs. 1 S. 1 erfasst ist das **Eingehen von Verpflichtungen** durch den Schuldner 9 (BGH NZI 2010, 138 Rn. 26). Da sein Handeln nach Übergang der Verwaltungsbefugnis nach § 80 Abs. 1 nicht mehr gegenüber der Masse wirkt, haftet der Schuldner für die von ihm begründeten Verpflichtungen persönlich und beschränkt auf das insolvenzfreie Vermögen (MüKoInsO/Vuia Rn. 5).

II. Rechtsfolge

Die nach Eröffnung des Insolvenzverfahrens vom Schuldner vorgenommene Verfügung ist 10 **unwirksam.** Gemeint ist hier nicht eine relative Unwirksamkeit iSv §§ 135, 136 BGB, sondern eine absolute (BGH NZI 2006, 224 Rn. 12).

Der Insolvenzverwalter hat daher die Möglichkeit, den Gegenstand, über welchen der Schuldner 11 verfügt hat, zur Insolvenzmasse **zurückzuholen.** In Bezug auf Sachen besteht der Herausgabeanspruch nach § 985 BGB. Zahlungen des Schuldners führen nicht zu einer Erfüllung und erfolgen mithin ohne rechtlichen Grund. Sie sind daher nach § 812 Abs. 1 S. 1 Var. 1 BGB kondizierbar (BGH NZI 2014, 156 Rn. 21).

Allerdings muss die Rückholung nicht immer die im Interesse der Insolvenzmasse günstigste 12 Lösung sein. Nach allgemeiner Auffassung ist eine entgegen § 81 vorgenommene Verfügung der Verfügung eines Nichtberechtigten iSv § 185 BGB gleichzustellen (Andres/Leithaus/Leithaus Rn. 3; MüKoInsO/Vuia Rn. 13). Der Insolvenzverwalter kann daher nach § 185 Abs. 2 S. 1 Var. 1 BGB analog die **Verfügung genehmigen.** Von einer Genehmigungsmöglichkeit ausgenommen sind nach hA wegen des Rechtsgedankens der § 111 S. 1 BGB, § 180 S. 1 BGB aber einseitige Rechtsgeschäfte des Schuldners (MüKoInsO/Vuia Rn. 17; Nerlich/Römermann/Kruth Rn. 15; aA für einseitige Rechtsgeschäfte mit Massebezug unter entsprechender Anwendung des § 180 S. 2 BGB Jaeger/Windel Rn. 28).

Im Fall von **Prozesshandlungen** des Schuldners ist hinsichtlich der Rechtsfolgen grundsätzlich 13 zwischen Erwirkungshandlungen (näher → Rn. 13.1) und Bewirkungshandlungen (näher → Rn. 13.2) zu unterscheiden (Jaeger/Windel Rn. 24).

Im Fall von Erwirkungshandlungen (zB Klageerhebung, Anträge) sind diese nicht unwirksam, aber 13.1 unzulässig (Jaeger/Windel Rn. 24; KPB/Lüke Rn. 16; zu einem Kostenantrag des Schuldners OLG Karlsruhe NZI 2020, 906 Rn. 10 mAnm Kaubisch NZI 2020, 907). Letzteres folgt schon aus der fehlenden

InsO § 81   Dritter Teil. Wirkungen der Eröffnung des Insolvenzverfahrens

Prozessführungsbefugnis des Schuldners für die Masse, welche nur eine Sachentscheidungsvoraussetzung ist (MüKoInsO/Vuia Rn. 6; im Einzelnen → § 80 Rn. 66 ff.).

13.2 Bewirkungshandlungen des Schuldners (zB Klagerücknahme, Rücknahme eines Rechtsmittels, Anerkenntnis) sind demgegenüber nach Abs. 1 S. 1 absolut unwirksam (Jaeger/Windel Rn. 24; KPB/Lüke Rn. 16; K. Schmidt InsO/Sternal Rn. 13).

B. Begrenzte Möglichkeit des gutgläubigen Erwerbs

14 Auf eine Kenntnis des anderen Teils von der Eröffnung des Insolvenzverfahrens kommt es für Abs. 1 S. 1 nicht an. **Möglichkeiten eines gutgläubigen Erwerbs** entgegen Abs. 1 S. 1 bestehen im Interesse des Erhalts der Insolvenzmasse **nur sehr eingeschränkt.** Ein gutgläubiger Erwerb massezugehöriger beweglicher Sachen, eines Rechts an einer solchen Sache oder massezugehöriger Wertpapiere aufgrund einer Verfügung des Schuldners ist ausgeschlossen (MüKoInsO/Vuia Rn. 19; Jaeger/Windel Rn. 73). Dies ergibt sich systematisch zudem aus § 147, der eine Anfechtung nur für die dort genannten Erwerbstatbestände zulässt (zu Verfügungen anderer → Rn. 14.1).

14.1 Verfügt ein anderer über eine massezugehörige, bewegliche Sache, die ihm der Schuldner zuvor übergeben hat, als Nichtberechtigter, ist ein Erwerb des Dritten nach §§ 932 ff. BGB möglich. Dies gilt auch dann, wenn die Übergabe durch den Schuldner im Rahmen einer nach Abs. 1 S. 1 unwirksamen Verfügung erfolgte. Ein gutgläubiger Erwerb ist gem. § 935 BGB nur ausgeschlossen, wenn der Insolvenzverwalter die Sache bereits im Besitz hatte und diesen unfreiwillig wieder verloren hat (MüKoInsO/Vuia Rn. 24).

15 Geschützt wird lediglich der **gute Glaube an den Inhalt des Grundbuchs** und vergleichbare Register (§§ 892, 893 BGB, §§ 16, 17 SchiffsRG, §§ 16, 17 LuftfzRG; vgl. zum Eigentumserwerb an einem Grundstück OLG Köln NZI 2020, 247 mAnm Keller NZI 2020, 248; zur Aufhebung eines Nießbrauchsrechts OLG Düsseldorf NZI 2019, 996 mAnm Keller NZI 2019, 997).

16 Der in § 878 BGB beschriebene Fall, dass eine bindende dingliche Einigung vorliegt und der Eintragungsantrag gestellt wurde, fällt schon nicht unter Abs. 1 S. 1, sodass die Wirksamkeit der Verfügung unter den Voraussetzungen des § 878 BGB nicht eigens angeordnet werden musste (BGH NZI 2012, 614 Rn. 12).

17 Zur Vermeidung des gutgläubigen Erwerbs regelt § 32 die **Eintragung der Eröffnung des Insolvenzverfahrens ins Grundbuch.** Damit wird einem guten Glauben die Grundlage entzogen (→ § 32 Rn. 1). Die entsprechende Anwendung des § 32 auf das Schiffsregister, das Schiffsbauregister und das Register für Pfandrechte an Luftfahrzeugen ergibt sich aus § 33.

C. Anspruch auf Rückgewähr der Gegenleistung

18 Im Gegenzug dafür, dass er den Massegegenstand zurückzugewähren hat, steht dem anderen Teil ein Anspruch auf Rückgewähr einer von ihm erbrachten Gegenleistung zu (Sonderfall → Rn. 18.1). Nach Abs. 1 S. 3 stellt dieser Anspruch eine **Masseverbindlichkeit** dar, wenn und soweit die Gegenleistung in die Insolvenzmasse gelangt und die Masse dadurch weiterhin noch bereichert ist. Es handelt sich also um einen Unterfall des Bereicherungsanspruchs gegen die Masse nach § 55 Abs. 1 Nr. 3 (→ § 55 Rn. 59 ff.).

18.1 Bestand die Gegenleistung in einer Forderung mit einem akzessorischen Sicherungsrecht, so bleibt die ursprüngliche Forderung bestehen, da sonst die Sicherheit entfallen würde (ganz hA, MüKoInsO/Vuia Rn. 26; Jaeger/Windel Rn. 55).

19 Ist eine erbrachte Gegenleistung dagegen **nicht in die Insolvenzmasse gelangt,** kann sich der andere Teil wegen seinen Gegenforderungen nur als Neugläubiger an den Schuldner wenden (→ § 38 Rn. 3).

D. Maßgeblicher Zeitpunkt

I. Zeitpunkt des Eingreifens der Verfügungsbeschränkung

20 Ebenso wie bei § 80 ist **Abgrenzungszeitpunkt** für die Unwirksamkeit von Verfügungen nach Abs. 1 der Erlass des Eröffnungsbeschlusses (§ 27, → § 27 Rn. 10). Als Sonderregelung erklärt Abs. 3 S. 2 Verfügungen über Finanzsicherheiten auch dann für wirksam, wenn diese zwar nach, aber noch am Tag der Verfahrenseröffnung getroffen wurden und der andere Teil hinsichtlich der Verfahrenseröffnung gutgläubig war (ausführlicher hierzu MüKoInsO/Vuia Rn. 29 ff.).

Verfügungen des Schuldners   § 81 InsO

Für den Fall der Anordnung von **Verfügungsbeschränkungen im Antragsverfahren** werden 21
§§ 81, 82 in § 24 Abs. 1 für entsprechend anwendbar erklärt. Maßgeblich ist in diesem Fall der
entsprechende Beschluss des Insolvenzgerichts nach § 21 (zum Verfahren → § 21 Rn. 133 ff.).

II. Zeitpunkt der Vornahme der Verfügung

Der Begriff der Verfügung umfasst regelmäßig auch den Verfügungserfolg. Im Rahmen des 22
Abs. 1 S. 1 ist demgegenüber an die **Schuldnerhandlung** anzuknüpfen (BGH NZI 2012, 614
Rn. 11; → Rn. 22.1).

Ein nach erfolgter Forderungsabtretung angeordneter Zustimmungsvorbehalt hindert den Rechtserwerb 22.1
nicht, auch wenn die Rechtswirksamkeit der Abtretung noch vom Eintritt einer Bedingung abhing (BGH
NZI 2009, 888 Rn. 9; NZI 2010, 138 Rn. 25).

Bei mehraktigen Verfügungstatbeständen ist auf den **letzten Akt** abzustellen. Besteht dieser 23
nicht in einer Schuldnerhandlung und greift daher § 81 nicht ein, kann dem Erwerb jedoch § 91
entgegenstehen (→ § 91 Rn. 10 ff.).

Für Verfügungen, die **am Tag der Eröffnung** vorgenommen werden, wird nach Abs. 3 S. 1 24
vermutet, dass sie nach der Eröffnung vorgenommen wurden. Die Vermutung ist widerleglich
(MüKoInsO/Vuia Rn. 14). Die Beweislast dafür, dass eine Verfügung vor Ergehen des Eröffnungsbeschlusses (→ § 27 Rn. 10) vorgenommen wurde und damit wirksam ist, trifft danach den
Begünstigten (MüKoInsO/Vuia Rn. 14; Uhlenbruck/Mock Rn. 46).

E. Bezüge aus einem Dienstverhältnis

Abs. 2 enthält mit der Ausdehnung der **Unwirksamkeit von Verfügungen über Bezüge** aus 25
einem Dienstverhältnis oder an deren Stelle tretende laufende Bezüge eine Sonderregelung für
natürliche Personen als Insolvenzschuldner (MüKoInsO/Vuia Rn. 27; Jaeger/Windel Rn. 80).

Unwirksam ist eine Verfügung des Schuldners insoweit **auch** im Hinblick auf Bezüge **für die** 26
Zeit nach der Beendigung des Insolvenzverfahrens. Damit wird erreicht, dass entsprechende
Beträge auch in der Wohlverhaltensphase nach Beendigung des Insolvenzverfahrens oder im Rahmen eines Insolvenzplans für eine Befriedigung der Insolvenzgläubiger zur Verfügung stehen
(ausführlich Jaeger/Windel Rn. 79).

In Umsetzung dieser Zielrichtung hält Abs. 2 S. 3 fest, dass die Abtretung dieser Bezüge an 27
einen **Treuhänder** mit dem Ziel der gemeinschaftlichen Befriedigung der Insolvenzgläubiger
unberührt bleibt. Erfasst ist damit die nach § 287 Abs. 2 S. 1 zur Erlangung der Restschuldbefreiung erforderliche Abtretung der pfändbaren Forderungen auf Bezüge aus einem Dienstverhältnis
oder an deren Stelle tretenden laufenden Bezüge für die Zeit von drei Jahren nach der Eröffnung
des Insolvenzverfahrens (zu beachten ist hierbei die Überleitungsvorschrift des Art. 103k Abs. 2
EGInsO). Ermöglicht wird aber auch die Einsetzung eines entsprechenden Treuhänders im Rahmen eines Insolvenzplans (vgl. Begr. RegE, BT-Drs. 12/2443, 136).

Der **Begriff** der „Bezüge aus einem Dienstverhältnis oder an deren Stelle tretenden laufenden 28
Bezüge" wird in der InsO an mehreren Stellen verwendet (neben Abs. 2 S. 3 auch in § 89 Abs. 2
S. 1, § 287 Abs. 2 S. 1 sowie dem zwischenzeitlich aufgehobenen § 114 Abs. 1). Nach der amtli-
chen Begründung des Regierungsentwurfs sollte ihm in jeder der genannten Vorschriften die
nämliche Bedeutung zukommen (vgl. BT-Drs. 12/2443, 189 zu § 236 RegE = § 287 InsO). Der
BGH geht allerdings davon aus, dass sich diese Konzeption in den Grundzügen, nicht aber in
jeder Einzelheit durchhalten lässt und dabei der systematische Zusammenhang sowie Sinn und
Zweck der jeweiligen Vorschrift zu unterschiedlichen Auslegungsergebnissen führen können
(BGH NZI 2010, 564).

Zu Grunde gelegt wird ein **weites Begriffsverständnis.** Erfasst sind zunächst sämtliche 29
Arbeitseinkommen iSv § 850 ZPO. Erfasst ist auch eine anlässlich der Beendigung des Arbeitsvertrags gezahlte Abfindung (BGH NZI 2010, 564). Einbezogen sind darüber hinaus Renten und
sonstige laufende Geldleistungen der Träger der Sozialversicherung und der Bundesagentur für
Arbeit im Fall des Ruhestands, der Erwerbsunfähigkeit oder der Arbeitslosigkeit. Das Arbeitsentgelt
eines Strafgefangenen für im Gefängnis geleistete Arbeit (§ 43 StVollzG) ist ebenfalls einbezogen
(Begr. RegE, BT-Drs. 12/2443, 136).

Im Ergebnis abzulehnen ist die teilweise erwogene **teleologische Reduktion** der Norm auf 30
Fälle einer tatsächlich beantragten Restschuldbefreiung oder Durchführung eines Insolvenzplanverfahrens, da eine solche Begrenzung vor allem mit dem insoweit klaren Wortlaut der Norm
nicht vereinbar wäre (vgl. MüKoInsO/Vuia Rn. 28 mwN).

§ 82 Leistungen an den Schuldner

¹Ist nach der Eröffnung des Insolvenzverfahrens zur Erfüllung einer Verbindlichkeit an den Schuldner geleistet worden, obwohl die Verbindlichkeit zur Insolvenzmasse zu erfüllen war, so wird der Leistende befreit, wenn er zur Zeit der Leistung die Eröffnung des Verfahrens nicht kannte. ²Hat er vor der öffentlichen Bekanntmachung der Eröffnung geleistet, so wird vermutet, daß er die Eröffnung nicht kannte.

Überblick

Während § 81 Verfügungen durch den Schuldner betrifft, geht es in § 82 um Leistungen (→ Rn. 1 f.), die nach Eröffnung des Insolvenzverfahrens (→ Rn. 4 f.) noch an den Schuldner erbracht werden. Das Gesetz gewährt dem Leistenden in diesem Fall Gutglaubensschutz, wenn er im Leistungszeitpunkt noch keine Kenntnis (→ Rn. 9 ff.) von der Verfahrenseröffnung (→ Rn. 13) hatte. Wirkt die Leistung nicht schuldbefreiend, kann der Leistende Erstattung vom Schuldner verlangen (→ Rn. 17), während der Insolvenzverwalter weiterhin die ursprüngliche Forderung für die Insolvenzmasse geltend machen kann (→ Rn. 18). Eine entsprechende Anwendung der Norm erfolgt auf Leistungen an den Sicherungszessionar (→ Rn. 19 f.).

Übersicht

	Rn.		Rn.
A. Anwendungsbereich	1	1. Kenntnis	9
I. Erfasste Leistung	1	2. Gegenstand der Kenntnis	13
II. Leistungszeitpunkt	4	3. Beweislast	14
B. Schutz des gutgläubigen Drittschuldners	6	**C. Folgen einer nicht befreienden Leistung**	17
I. Gegenstand des Gutglaubensschutzes	6		
II. Unkenntnis von der Verfahrenseröffnung	9	**D. Entsprechende Anwendung auf Leistung an Sicherungszessionar**	19

A. Anwendungsbereich

I. Erfasste Leistung

1 Die Norm betrifft **jede Art von Leistung, die zur Erfüllung** iSv § 362 BGB **führt** (Uhlenbruck/Mock Rn. 3). Als typischster Fall ist damit die Zahlung erfasst, es kommt aber auch die Erfüllung jeglicher sonstiger Verbindlichkeit in Betracht.

2 Die zugrunde liegende Verbindlichkeit muss „zur Insolvenzmasse zu erfüllen" gewesen sein. Maßgeblich ist die **Massezugehörigkeit der Forderung** nach §§ 35 f. (ergänzend → Rn. 2.1). Dies betrifft wegen der Einbeziehung des Neuerwerbs nicht nur die zum Zeitpunkt der Eröffnung des Insolvenzverfahrens bestehenden Forderungen des Schuldners, sondern grundsätzlich auch solche, die nach der Verfahrenseröffnung erst begründet werden (auch → Rn. 2.2).

2.1 Nicht erfasst werden Leistungen auf unpfändbare oder vom Verwalter freigegebene Ansprüche (MüKo-InsO/Vuia Rn. 4; Jaeger/Windel Rn. 6; vgl. auch KG NZI 2021, 80 Rn. 22 ff. mAnm Cymutta NZI 2021, 82).

2.2 Nach Auffassung von Windel (Jaeger/Windel Rn. 7) soll zudem derjenige, der dem Insolvenzschuldner Bedarfsgegenstände des täglichen Lebens verkauft, durch Leistung an den Schuldner in jedem Fall befreit werden.

3 Die **Annahme** einer anderen als der geschuldeten Leistung **an Erfüllungs statt** durch den Schuldner wird nicht von S. 1 erfasst. Es handelt sich in diesem Fall um eine nach § 81 Abs. 1 S. 1 unwirksame Verfügung über das Gläubigerrecht (Uhlenbruck/Mock Rn. 4; Jaeger/Windel Rn. 9).

II. Leistungszeitpunkt

4 Die Regelung betrifft Leistungen an den Schuldner **nach Eröffnung des Insolvenzverfahrens.** In zeitlicher Hinsicht wird wiederum an den mit Eröffnung des Insolvenzverfahrens eintretenden Insolvenzbeschlag angeknüpft. Maßgeblich ist der Erlass des Eröffnungsbeschlusses (§ 27).

Leistungen an den Schuldner § 82 InsO

Entsprechend anzuwenden ist die Norm nach § 24 im Fall der Anordnung von **Verfügungsbe-** 5
schränkungen im Antragsverfahren (→ § 24 Rn. 4ff.). Dies gilt auch dann, wenn das Insolvenzgericht kein ausdrückliches Verbot gegenüber Drittschuldnern ausgesprochen hatte, an den Insolvenzschuldner zu zahlen (BFH NZI 2020, 1008 Rn. 21 mAnm A. Schmidt NZI 2020, 1010). Im Insolvenzverfahren über das Vermögen eines Vermieters oder Verpächters ist für eine etwaige vor Eröffnung des Insolvenzverfahrens erfolgte Einziehung von Miete oder Pacht für zukünftige Nutzungszeiträume § 110 zu beachten (→ § 110 Rn. 9ff.).

B. Schutz des gutgläubigen Drittschuldners

I. Gegenstand des Gutglaubensschutzes

Der Schutz nach S. 1 beschränkt sich auf den guten Glauben des Leistenden in den **Fortbestand** 6
der zum Zeitpunkt des Entstehens der Verbindlichkeit noch gegebenen, durch die Eröffnung des Insolvenzverfahrens oder den Erlass eines vorläufigen Verfügungsverbots nachträglich entfallenden **Empfangszuständigkeit des Schuldners** (BGH NZI 2012, 807 Rn. 6; ergänzend → Rn. 6.1).

Ermächtigt danach der noch uneingeschränkt verfügungsbefugte Schuldner einen anderen zum Emp- 6.1
fang einer Leistung (§§ 362 Abs. 2, 185 Abs. 1 BGB), wird ein Drittschuldner im Falle einer nach Verfahrenseröffnung an den Ermächtigten bewirkten Leistung gem. S. 1 von seiner Schuld befreit, wenn er keine Kenntnis von der Verfahrenseröffnung hatte.

Die Vorschrift greift hingegen **nicht** zugunsten des Leistenden ein, wenn durch eine von dem 7
Schuldner nach Eröffnung des Insolvenzverfahrens oder nach Erlass eines vorläufigen Verfügungsverbots getroffene Verfügung – gleich ob im Wege einer Forderungsabtretung (§§ 398 ff. BGB) oder einer Einziehungsermächtigung (§§ 362 Abs. 2, 185 Abs. 1 BGB) – die **Einziehungsbefugnis eines Dritten** begründet werden soll (BGH NZI 2012, 807 Rn. 6; ergänzend → Rn. 7.1).

Verfügungen des Schuldners nach Verfahrenseröffnung oder nach Erlass eines vorläufigen Verfügungsver- 7.1
bots sind – abgesehen von Fällen eines grundbuchmäßigen Gutglaubensschutzes – gem. § 81 Abs. 1 S. 1 schlechthin unwirksam. Dann kommt einer Leistung auch des gutgläubigen Drittschuldners an den vermeintlich Ermächtigten keine schuldbefreiende Wirkung zu (BGH NZI 2014, 1000; 2012, 807 Rn. 7f. mwN; NZI 2012, 803 Rn. 14 mAnm Riewe NZI 2012, 804).

Unabhängig vom Gutglaubensschutz tritt Erfüllungswirkung auch ein, sobald und soweit der 8
Leistungsgegenstand faktisch in den **Zugriffsbereich des Insolvenzverwalters** und damit in die Masse gelangt (KG NZI 2021, 80 Rn. 21 mAnm Cymutta NZI 2021, 82; Jaeger/Windel § 80 Rn. 3, jeweils mwN).

II. Unkenntnis von der Verfahrenseröffnung

1. Kenntnis

Kriterium für das Entfallen des Gutglaubensschutzes ist die **Kenntnis von der Verfahrenser-** 9
öffnung. Ob der Leistende die Verfahrenseröffnung hätte kennen müssen, also seine Unkenntnis auf (grober) Fahrlässigkeit beruht, ist unerheblich. Zu beachten ist allerdings die **Umkehr der Beweislast** für den Zeitraum ab der öffentlichen Bekanntmachung der Eröffnung nach S. 2 (vertiefend → Rn. 14ff.).

Der Eintritt der Kenntnis ist so lange beachtlich, wie der Leistende den **Leistungserfolg noch** 10
zu verhindern vermag (BGH NZI 2009, 680 Rn. 9; LSG Bln-Bbg NZI 2021, 349 Rn. 29).

Innerhalb von juristischen Personen oder sonstigen **Organisationseinheiten** wie Behörden 11
(auch → Rn. 11.1) stellt sich ergänzend die Frage, auf die Kenntnis welcher konkreten Personen abzustellen ist. Das Wissen eines vertretungsberechtigten Organmitglieds ist als Wissen des Organs anzusehen und damit auch der juristischen Person zuzurechnen (BGH NZI 2006, 175 Rn. 13 mwN).

Der BFH (NZI 2016, 44 mAnm Riewe NZI 2016, 46) zieht für Finanzbehörden die Rechtsprechung 11.1
zu § 173 AO heran, wonach es auf den Kenntnisstand derjenigen Personen ankommt, die innerhalb der zuständigen Finanzbehörde zur Bearbeitung des Steuerfalls berufen sind. Hierbei handelt es sich um den Vorsteher, den Sachgebietsleiter und den Sachbearbeiter, weil nur diese Personen die Finanzbehörde gegenüber dem Steuerpflichtigen repräsentieren und den Steuerbescheid verantworten (vgl. BFH BeckRS 2011, 94767 = BFH/NV 2011, 743 mwN). Bekannt sind der zuständigen Dienststelle neben dem Inhalt der dort geführten Akten auch sämtliche Informationen, die dem Sachbearbeiter von vorgesetzten Dienststellen

über ein elektronisches Informationssystem zur Verfügung gestellt werden, ohne dass insoweit die individuelle Kenntnis des jeweiligen Bearbeiters maßgeblich ist (BFH DStR 2011, 521 = BStBl II 2011, 479; BFH NVwZ-RR 2013, 121 = BStBl II 2013, 5).

12 Darüber hinaus muss jede am Rechtsverkehr teilnehmende Organisation sicherstellen, dass die ihr ordnungsgemäß zugehenden, rechtserheblichen **Informationen von ihren Entscheidungsträgern zur Kenntnis genommen** werden können. Sie muss es deshalb so einrichten, dass ihre Repräsentanten, die dazu berufen sind, im Rechtsverkehr bestimmte Aufgaben in eigener Verantwortung wahrzunehmen, die erkennbar erheblichen Informationen tatsächlich an die entscheidenden Personen weiterleiten. Wird sie dieser Obliegenheit nicht gerecht, muss sie sich Kenntnisse, die bei einem zur Vornahme von Rechtsgeschäften bestellten und ermächtigten Bediensteten vorhanden sind, als ihr bekannt zurechnen lassen (BGH NZI 2006, 175 Rn. 13 mwN).

2. Gegenstand der Kenntnis

13 Maßgeblich ist die Kenntnis von der **Eröffnung des Insolvenzverfahrens** über das Vermögen des Schuldners, zu dessen Insolvenzmasse die Verbindlichkeit zu erfüllen war (MüKoInsO/Vuia Rn. 13; LSG Bln-Bbg NZI 2021, 349 Rn. 30). Irrelevant ist demgegenüber beispielsweise die Kenntnis von einer eingetretenen Zahlungsunfähigkeit oder vom Insolvenzantrag.

3. Beweislast

14 **Bis zur öffentlichen Bekanntmachung der Verfahrenseröffnung** nach § 9 trägt der **Insolvenzverwalter** die volle Beweislast für die positive Kenntnis des Drittschuldners (BFH NZI 2020, 1008 Rn. 21 mAnm A. Schmidt NZI 2020, 1010; Andres/Leithaus/Leithaus Rn. 4). Dies ergibt sich aus der in S. 2 enthaltenen gesetzlichen Vermutung der fehlenden Kenntnis zugunsten des Leistenden.

15 Für den Zeitraum **ab der Bekanntmachung der Verfahrenseröffnung** hat dagegen der **Leistende** seine Unkenntnis zu beweisen (auch → Rn. 15.1). Maßgeblich für den Übergang der Beweislast ist der Zeitpunkt, an dem die Bekanntmachung nach § 9 Abs. 1 S. 3 als bewirkt gilt (BGH NZI 2009, 680 Rn. 8; BAG NJW 2014, 1839 Rn. 8; Beispiel der Fristberechnung bei Gottwald/Haas InsR-HdB/Pechartscheck § 31 Rn. 98).

15.1 Nach der Rechtsprechung des BFH kann allerdings auch bei fehlendem Nachweis der Unkenntnis auf Seiten des Finanzamtes die Erfüllungswirkung von Steuererstattungen an den Schuldner persönlich nach § 82 anzunehmen sein, wenn der Insolvenzverwalter Mitwirkungspflichten im Besteuerungsverfahren verletzt hat (NZI 2016, 44 mAnm Riewe NZI 2016, 46 sowie Kruth SteuK 2016, 72).

16 Haben Unternehmen mit umfangreichem Zahlungsverkehr zur Erfüllung einer Verbindlichkeit an einen Insolvenzschuldner geleistet, ohne dass sie die Eröffnung des Insolvenzverfahrens kannten, hindert sie die **Möglichkeit**, diese Information durch eine Einzelabfrage aus dem Internet unter **www.insolvenzbekanntmachungen.de** zu gewinnen, nach Treu und Glauben nicht daran, sich auf ihre Unkenntnis zu berufen. Sie sind auch nicht gehalten, sich wegen der Möglichkeit der Internetabfrage beweismäßig für sämtliche Mitarbeiter zu entlasten (BGH NZI 2010, 480; vgl. zu dieser Thematik auch Wittmann/Kinzl ZIP 2011, 2232; OLG Bremen NZI 2014, 403 mAnm Geiger NZI 2014, 406; LG Kiel NZI 2020, 949 mAnm Kleinschmidt NZI 2020, 951). Nach Auffassung des OLG Koblenz ist eine Kenntniserlangung des Organträgers unmittelbar nach Arbeitsantritt infolge eines Urlaubs von zweiwöchiger Dauer nicht zu beanstanden. Eine Pflicht, für eine Kenntniserlangung innerhalb des Urlaubs zu sorgen, bestehe jedenfalls bei einem Urlaub üblicher Länge nicht (OLG Koblenz BeckRS 2020, 13050 Rn. 48).

C. Folgen einer nicht befreienden Leistung

17 Hat die Leistung an den Schuldner keine befreiende Wirkung, steht dem **Drittschuldner** ein **Bereicherungsanspruch** (ergänzend → Rn. 17.1 f.) gegen den Insolvenzschuldner persönlich zu. Da dieser Anspruch erst nach der Eröffnung des Insolvenzverfahrens entsteht, kann er weder als Insolvenzforderung (§ 38) noch als Masseschuldanspruch (§ 55) geltend gemacht werden. Bei der Forderung handelt es sich vielmehr um eine **Neuverbindlichkeit** des insolvenzfreien Schuldnervermögens (Braun/Kroth Rn. 5; Uhlenbruck/Mock Rn. 27).

Nach hM handelt es sich bei diesem Bereicherungsanspruch um einen Fall der Zweckverfehlungs- 17.1
kondiktion (condictio ob rem) als Unterfall der Leistungskondiktion nach § 812 Abs. 1 S. 2 Hs. 2 BGB
(BGH NZI 2010, 480 Rn. 9; KPB/Lüke Rn. 12a; Jaeger/Windel Rn. 38 mwN). Hiergegen spricht
jedoch, dass die Zweckverfehlungskondiktion nur Fälle betrifft, in denen über den mit jeder Leistung
notwendig verfolgten Zweck der Erfüllung hinaus ein weiterer Erfolg vorausgesetzt wurde, der nicht
eingetreten ist (vgl. dazu BeckOK BGB/Wendehorst BGB § 812 Rn. 88 ff.). Vorzugswürdig dürfte
daher die Ansicht sein, dass es sich bei dem Bereicherungsanspruch um einen solchen aus § 812 Abs. 1
S. 1 Var. 1 BGB (condictio indebiti) handelt (MüKoInsO/Vuia Rn. 11; Bork/Hölzle InsR-HdB/
Muthorst Kap. 7 Rn. 96). Denn für eine Leistung an den Schuldner gab es mangels dessen Empfangszuständigkeit keinen Rechtsgrund.

Die Rückforderung ist auch dann nicht nach § 814 BGB ausgeschlossen, wenn der Leistende in Kenntnis 17.2
der Verfahrenseröffnung an den Insolvenzschuldner geleistet hat, da die Eröffnung des Insolvenzverfahrens
den insoweit maßgeblichen Bestand der Forderung nicht berührt (allgemeine Meinung, vgl. MüKoInsO/
Vuia Rn. 11). § 815 BGB steht der Rückforderung nur dann entgegen, wenn dem Leistenden schon im
Leistungszeitpunkt bekannt ist, dass der Insolvenzverwalter eine Leistung an den Insolvenzschuldner nicht
genehmigen und der Leistungsgegenstand auch tatsächlich nicht in die Masse gelangen wird (MüKoInsO/
Vuia Rn. 11).

Der **Insolvenzverwalter** kann den Drittschuldner weiterhin aus der fortbestehenden Verbind- 18
lichkeit in Anspruch nehmen.

D. Entsprechende Anwendung auf Leistung an Sicherungszessionar

Nach § 166 ist das Recht zur Verwertung von zur Sicherung abgetretenen Forderungen dem 19
Insolvenzverwalter übertragen. Mit der Rechtsprechung des BGH sind auf den **Sicherungszessi-
onar** die §§ 408, 407 Abs. 1, 412 BGB, § 82 S. 1 entsprechend anzuwenden (NZI 2009, 425
Rn. 20).

Der **gute Glaube des Drittschuldners** an die Erfüllungswirkung seiner Leistung wird nicht 20
schon dann zerstört, wenn der Drittschuldner weiß, dass über das Vermögen seines ursprünglichen
Gläubigers das Insolvenzverfahren eröffnet worden ist (BGH NZI 2009, 425 Rn. 21; vertiefend
Leithaus/Riewe DStR 2010, 2194). Das Einziehungs- und Verwertungsrecht des Verwalters nach
§ 166 Abs. 2 besteht nur, wenn die Forderung zur Sicherheit abgetreten worden ist. Die nach
§ 82 S. 1 schädliche Kenntnis des Drittschuldners muss sich daher auch auf den **Sicherungszweck
der Abtretung** beziehen. Die Beweislast für diese Kenntnis trifft entsprechend §§ 408, 407 Abs. 1,
412 BGB den Insolvenzverwalter (BGH NZI 2009, 425 Rn. 22).

§ 83 Erbschaft. Fortgesetzte Gütergemeinschaft

(1) ¹Ist dem Schuldner vor der Eröffnung des Insolvenzverfahrens eine Erbschaft oder
ein Vermächtnis angefallen oder geschieht dies während des Verfahrens, so steht die
Annahme oder Ausschlagung nur dem Schuldner zu. ²Gleiches gilt von der Ablehnung
der fortgesetzten Gütergemeinschaft.

(2) Ist der Schuldner Vorerbe, so darf der Insolvenzverwalter über die Gegenstände
der Erbschaft nicht verfügen, wenn die Verfügung im Falle des Eintritts der Nacherbfolge nach § 2115 des Bürgerlichen Gesetzbuchs dem Nacherben gegenüber unwirksam
ist.

Überblick

Die Norm betont in Abs. 1 den höchstpersönlichen Charakter der Entscheidungen über die
Annahme einer Erbschaft (→ Rn. 1 ff.) sowie über die Fortsetzung einer Gütergemeinschaft (→
Rn. 24 ff.), indem sie diese – als Ausnahme zur Grundregel der §§ 80, 81 – auch während der
Dauer des Insolvenzverfahrens dem Schuldner überlässt. Abs. 2 sichert die Stellung des Nacherben
in der Insolvenz des Vorerben (→ Rn. 28 ff.).

Übersicht

	Rn.		Rn.
A. Annahme oder Ausschlagung einer Erbschaft oder eines Vermächtnisses ...	1	**IV. Erwerb von Todes wegen in der Wohlverhaltensphase** ...	19
I. Anwendungsbereich ...	1	**B. Fortgesetzte Gütergemeinschaft** ...	24
II. Rechtsfolgen ...	7	**C. Stellung des Insolvenzverwalters des Vorerben** ...	28
1. Anfall der Erbschaft oder des Vermächtnisses ...	7	I. Anwendungsbereich ...	28
2. Ausschlagung ...	10	II. Verfügungsbeschränkung ...	31
3. Annahme ...	13	III. Rechtsfolge einer entgegen Abs. 2 vorgenommenen Verfügung ...	35
III. Ausschluss der Insolvenzanfechtung ...	17		

A. Annahme oder Ausschlagung einer Erbschaft oder eines Vermächtnisses

I. Anwendungsbereich

1 Abs. 1 S. 1 belässt dem Schuldner wegen ihrer **höchstpersönlichen** Natur (BGH NZI 2011, 329 Rn. 6) die Befugnis, die Erbschaft oder ein Vermächtnis auszuschlagen (vgl. zum Normzweck auch die rechtsvergleichende Darstellung von Christandl ZEuP 2011, 779). Dem Schuldner ist nicht nur in formeller Hinsicht die Abgabe der entsprechenden Erklärung, sondern auch inhaltlich die Entscheidung zugewiesen. Die Entscheidung liegt dabei **im freien Belieben** des Schuldners (RGZ 54, 295; Kiesgen RNotZ 2018, 429 (436); ergänzend → Rn. 1.1).

1.1 Während die geltende Rechtslage hinsichtlich ihrer Wirkungen als eindeutig und geklärt anzusehen ist, werden rechtspolitisch auch Forderungen nach einer Änderung erhoben (vgl. Holzer NZI 2019, 441 mit rechtshistorischer Betrachtung und Vergleich zum österreichischen Recht; Kruth NZI 2013, 139).

2 Für die Anwendung der Norm ist in zeitlicher Hinsicht **unerheblich, ob** der **Anfall** der Erbschaft oder des Vermächtnisses **vor oder nach Eröffnung** des Insolvenzverfahrens erfolgt. Dies entspricht der Zuordnung sowohl des bei Insolvenzeröffnung vorhandenen Vermögens als auch des Neuerwerbs zur Insolvenzmasse (§ 35 Abs. 1; → § 35 Rn. 46).

3 Nach ihrem Normzweck, das höchstpersönliche Recht des Erben zu schützen, ist die Norm **nur in der Insolvenz einer natürlichen Person als Erbe** anwendbar. Steht eine Erbschaft dagegen einer insolventen juristischen Person oder Gesellschaft ohne Rechtspersönlichkeit zu, ist Abs. 1 S. 1 teleologisch zu reduzieren, sodass in diesen Fällen die Grundregel des § 80 Abs. 1 eingreift und deren Insolvenzverwalter über die Annahme der Erbschaft entscheiden kann (vgl. Uhlenbruck/Mock Rn. 2; Hillmann-Stadtfeld/Jüchser ZInsO 2014, 1597 (1598 f.)).

4 Von der Regelung nicht erfasst ist die **Konstellation eines vor der Erbschaftsannahme eröffneten Nachlassinsolvenzverfahrens.** Auch in diesem Fall bleibt es jedoch bei der Entscheidungsfreiheit des Erben. Wer schließlich Erbe bleibt, trägt rückwirkend (§§ 1942, 1953 Abs. 2 BGB) die Rolle des Insolvenzschuldners im Nachlassinsolvenzverfahren (Jaeger/Windel Rn. 3).

5 Auf **Pflichtteilsansprüche** ist die Regelung nicht anwendbar, weil diese nicht ausgeschlagen werden können (Uhlenbruck/Mock Rn. 24). Im Ergebnis gewährleistet jedoch § 852 Abs. 1 ZPO, dass auch der Pflichtteilsanspruch nur auf der Grundlage einer Entscheidung des Schuldners für die Geltendmachung des Anspruchs zu Gunsten der Insolvenzmasse verwertet werden kann (vgl. BGH NZI 2011, 369 Rn. 10; Uhlenbruck/Hirte § 35 Rn. 201 f.; ergänzend → Rn. 5.1 f.; Horn/Selker ZEV 2017, 439).

5.1 Der Pflichtteilsanspruch entsteht nach §§ 2317 Abs. 1, 1922 Abs. 1 BGB mit dem Erbfall. Von diesem Zeitpunkt an gehört er als der Zwangsvollstreckung unterliegender (§ 36 Abs. 1) Vermögensgegenstand zur Insolvenzmasse (BGH NZI 2011, 369 Rn. 8). Allerdings ist die zwangsweise Verwertbarkeit des Pflichtteilsanspruchs aufschiebend bedingt durch die vertragliche Anerkennung des Anspruchs oder dessen Rechtshängigkeit (§ 852 Abs. 1 ZPO, § 158 Abs. 1 BGB; BGH NZI 2011, 369 Rn. 8).

5.2 Wird der während des Insolvenzverfahrens entstandene Pflichtteilsanspruch erst nach Aufhebung des Insolvenzverfahrens anerkannt oder rechtshängig gemacht, unterliegt er der Nachtragsverteilung nach § 203 Abs. 1 Nr. 3. Unabhängig von der Kenntnis des Insolvenzverwalters vom Pflichtteilsanspruch ist als „nachträglich ermittelt" im Sinne dieser Regelung auch ein während der Verfahrensdauer tatsächlich (noch) nicht verwertbarer Gegenstand einzuordnen (BGH NZI 2011, 369 Rn. 11).

Eine entsprechende Anwendung von Abs. 1 auf **sonstige Anwartschaften** des Schuldners kommt nach hM nicht in Betracht (BGH NZI 2006, 461 Rn. 29; MüKoInsO/Schumann Rn. 16; Uhlenbruck/Mock Rn. 29; ergänzend → Rn. 6.1). 6

Demgegenüber möchte Windel den Vertrag zugunsten Dritter auf den Todesfall, bei dem das Zurückweisungsrecht des § 333 BGB der Ausschlagungsmöglichkeit bei Erwerb von Todes wegen im rechtstechnischen Sinne entspreche, Abs. 1 S. 1 unterstellen (Jaeger/Windel Rn. 17). 6.1

II. Rechtsfolgen

1. Anfall der Erbschaft oder des Vermächtnisses

Die Erbschaft fällt dem Erben nach § 1922 Abs. 1 BGB kraft Gesetzes (zu Abweichungen → Rn. 7.1) **mit dem Zeitpunkt des Erbfalls** an (§ 1944 BGB). 7

Es ist möglich, dass der Erblasser den Erben unter der aufschiebenden Bedingung einer „Erbantrittserklärung", die jener bis zu einem bestimmten Zeitpunkt nach dem Erbfall zB gegenüber dem Nachlassgericht abzugeben hat, zum Erben einsetzt. In diesem Fall bewirkt erst die Erklärung den Anfall der Erbschaft (Herrler NJW 2011, 2258). 7.1

Ist der Schuldner vor der Eröffnung des Insolvenzverfahrens oder während des Verfahrens Erbe geworden, fällt der Nachlass bis zur Annahme oder zur Ausschlagung (§§ 1942 ff. BGB) **vorläufig** in die **Masse** (§ 1922 Abs. 1 BGB, § 35 Abs. 1). 8

Entsprechendes gilt nach §§ 2176, 2180 BGB für ein **Vermächtnis**. 9

2. Ausschlagung

Ein Erbe kann die Erbschaft gem. § 1942 BGB mit einer Frist von **sechs Wochen nach Kenntniserlangung vom Anfall** (→ Rn. 7) der Erbschaft ausschlagen. Die Entscheidung über die Ausschlagung und deren Erklärung ist durch Abs. 1 S. 1 auch in der Insolvenz dem Schuldner vorbehalten. 10

Die wirksame Ausschlagung **beseitigt** den Anfall der Erbschaft von Anfang an (§ 1953 Abs. 1 BGB), es liegt dann kein Neuerwerb vor (→ § 35 Rn. 52). Die Erbschaft fällt demjenigen an, welcher berufen sein würde, wenn der Ausschlagende zur Zeit des Erbfalls nicht gelebt hätte (§ 1953 Abs. 2 BGB). 11

Auch hier gilt nach § 2180 Abs. 3 BGB iVm § 1953 Abs. 1, Abs. 2 BGB entsprechendes für ein **Vermächtnis**. 12

3. Annahme

Hat der Erbe die Erbschaft angenommen, kann er sie gem. § 1943 BGB nicht mehr ausschlagen; es tritt hinsichtlich der Erbschaft **Vollerwerb** ein. 13

Ab dem Zeitpunkt der wirksamen Annahme (ergänzend → Rn. 14.1 f.) ist der Nachlass **endgültig Bestandteil der Insolvenzmasse** (→ § 35 Rn. 18). Aus dieser Insolvenzmasse sind sowohl die Nachlassgläubiger als auch die Eigengläubiger des Erben (Erbengläubiger) zu befriedigen, sofern nicht eine Trennung der Vermögensmassen durch Beantragung der Nachlassverwaltung oder des Nachlassinsolvenzverfahrens (§§ 1975 ff. BGB; ergänzend → Rn. 14.3) herbeigeführt wird (BGH NZI 2006, 461 Rn. 10 f.). Zu den Aufgaben des Insolvenzverwalters im Rahmen der Sicherung und Verwaltung des Nachlasses im Einzelnen vgl. Polonius ZVI 2018, 90. Zur Erbschaftsteuer als Nachlassverbindlichkeit → Rn. 14.4. 14

Für die Einzelvollstreckung bestimmt entsprechend § 778 Abs. 2 ZPO, dass die Zwangsvollstreckung wegen einer Verbindlichkeit des Erben in den Nachlass vor der Annahme der Erbschaft nicht zulässig ist. 14.1

Ein Zurückweisungsrecht des Insolvenzverwalters analog § 333 BGB in Bezug auf einen überschuldeten, dürftigen oder sonst lästigen Nachlass nimmt Windel an (Jaeger/Windel Rn. 5). 14.2

Ist der nach Annahme durch den Erben Bestandteil der Insolvenzmasse gewordene Nachlass seinerseits überschuldet oder zahlungsunfähig, steht nach § 80 Abs. 1 allein dem Insolvenzverwalter des Erben die Befugnis zur Antragstellung auf Eröffnung eines Nachlassinsolvenzverfahrens nach § 317 zu (→ § 317 Rn. 10; Vallender NZI 2005, 318 (319)). 14.3

Erbt der Insolvenzschuldner nach Insolvenzeröffnung, ist nach der Rechtsprechung des BFH die auf den Erwerb entfallende Erbschaftsteuer als Masseverbindlichkeit gegen den Insolvenzverwalter festzusetzen (BFH NZI 2017, 769). 14.4

InsO § 83 Dritter Teil. Wirkungen der Eröffnung des Insolvenzverfahrens

15 Auch ein der **Testamentsvollstreckung** unterliegender Nachlass fällt mit Eröffnung des Insolvenzverfahrens über das Vermögen des Erben in die Insolvenzmasse. Ein solcher Nachlass bildet allerdings bis zur Beendigung der Testamentsvollstreckung eine Sondermasse, auf die die Nachlassgläubiger, nicht aber die Erbengläubiger Zugriff nehmen können. Bei Wegfall der Testamentsvollstreckung vereinigt sich die Sondermasse mit der Insolvenzmasse und unterfällt dann dem Verwertungsrecht des Insolvenzverwalters (BGH NZI 2006, 461 Rn. 23 f.).

16 Der **Vermächtnisanspruch** (§ 2174 BGB) wird ebenfalls mit seiner Annahme (§ 2180 Abs. 1 BGB) endgültig Massebestandteil (→ § 35 Rn. 18).

III. Ausschluss der Insolvenzanfechtung

17 Die **Ausschlagung** eines werthaltigen Erbes kann nicht nach §§ 129 ff. angefochten werden (BGH NJW-RR 1992, 733). Dies gilt auch dann, wenn der Ausschlagende im Einvernehmen mit dem an seine Stelle tretenden Erben mit dem Vorsatz der Gläubigerbenachteiligung gehandelt hat. Die Anfechtung würde die in Abs. 1 S. 1 getroffene gesetzgeberische Entscheidung außer Kraft setzen. Vor diesem Hintergrund stellt sich eine Erbschaftsausschlagung auch nicht als sittenwidrig iSd § 138 BGB dar (Kiesgen RNotZ 2018, 429 (436)).

18 Wenn aber die Ausschlagung einer bereits angefallenen Erbschaft nicht anfechtbar ist, kann noch weniger der **Erbverzicht** (§§ 2346 ff. BGB) anfechtbar sein. Der Verzichtende gibt in diesem Fall – bezogen auf die Erbenstellung – noch nicht einmal eine vorläufige Rechtsposition auf, sondern nur die Aussicht auf ein künftiges Erbrecht (BGH NZI 2013, 137 Rn. 12 mwN; Kiesgen RNotZ 2018, 429 (440)).

IV. Erwerb von Todes wegen in der Wohlverhaltensphase

19 Der Schuldner hat nach § 295 S. 1 Nr. 2 die **Obliegenheit,** während der Laufzeit der Abtretungserklärung Vermögen, das er von Todes wegen erwirbt, **zur Hälfte des Wertes** an den Treuhänder herauszugeben (sog. Halbteilungsgrundsatz). Zu dem von Todes wegen erworbenen Vermögen gehören neben einer Erbschaft auch ein Pflichtteilsanspruch und ein Anspruch aus einem Vermächtnis (→ § 295 Rn. 12). In zeitlicher Hinsicht betrifft die Regelung Erbfälle, die erst nach Abschluss des Insolvenzverfahrens eintreten.

20 Die Obliegenheit nach § 295 S. 1 Nr. 2 entsteht erst **mit der Annahme** der Erbschaft oder des Vermächtnisses (BGH NJW 2011, 2291; → Rn. 21.1). Hinsichtlich eines Pflichtteils soll die Obliegenheit nach einer Entscheidung des LSG Baden-Württemberg (BeckRS 2016, 68528) erst mit dem Eingang des entsprechenden Betrags auf dem Konto des Schuldners entstehen.

21 Eine Erbschaft und ein Vermächtnis können vom Schuldner ausgeschlagen werden und von der Geltendmachung eines Pflichtteilsanspruchs kann abgesehen werden. Ein solches Vorgehen stellt keine Obliegenheitsverletzung dar (→ § 295 Rn. 14).

21.1 Die Entscheidung über die Ausschlagung einer Erbschaft und über die Geltendmachung des Pflichtteils ist höchstpersönlicher Natur. Der persönliche Charakter dieser Entscheidungen ist auch in der Wohlverhaltensperiode zu beachten und darf nicht durch einen mittelbaren Zwang zur Annahme der Erbschaft oder zur Geltendmachung des Pflichtteils unterlaufen werden, der sich ergäbe, wenn man schon die Erbausschlagung selbst oder den Verzicht auf die Geltendmachung des Pflichtteils als Obliegenheitsverletzung iSv § 295 S. 1 Nr. 2 ansähe (BGH NZI 2009, 563 Rn. 13–15). Entsprechendes gilt für die Annahme eines Vermächtnisses (BGH NJW 2011, 2291).

22 Die Pflicht, einen in der Wohlverhaltensperiode eingetretenen Erbfall unaufgefordert schon zu einem Zeitpunkt **anzuzeigen,** zu dem die Erbschaft oder ein Vermächtnis noch ausgeschlagen werden kann oder noch nicht feststeht, ob ein Pflichtteilsanspruch geltend gemacht wird, sieht die Insolvenzordnung nicht vor (BGH NJW 2011, 2291 Rn. 8).

23 Soweit dies nach den Verjährungsfristen möglich ist, besteht für den Schuldner auch die Möglichkeit, den Halbteilungsgrundsatz zu umgehen, indem er ein Vermächtnis erst nach Ablauf der Wohlverhaltensperiode annimmt oder einen Pflichtteilsanspruch erst dann geltend macht (BGH NJW 2011, 2291 Rn. 7; vgl. zu **Gestaltungsmöglichkeiten** auch Herrler NJW 2011, 2258).

B. Fortgesetzte Gütergemeinschaft

24 Nach § 1484 Abs. 2 BGB finden die Vorschriften über die Ausschlagung einer Erbschaft weitgehend entsprechende Anwendung auf die Fortsetzung der Gütergemeinschaft nach dem Ableben

Erbschaft. Fortgesetzte Gütergemeinschaft　　　　　　　　　　　　　　§ 83 InsO

eines Ehegatten (→ § 37 Rn. 9). Diesem Grundansatz folgend erklärt Abs. 1 S. 2 auch die Zuweisung der **Ausschlagungsbefugnis** an den Schuldner **persönlich** für entsprechend anwendbar. Vorrangig greift § 37 Abs. 1, wenn während des Bestehens der Gütergemeinschaft das Insolvenzverfahren über das Vermögen des verwaltenden Ehegatten eröffnet wurde (Jaeger/Windel Rn. 11). 25

Lehnt der überlebende Ehegatte die Fortsetzung der Gütergemeinschaft ab, fällt nur der dem Schuldner zustehende Anteil am bisherigen Gesamtgut in die Insolvenzmasse (§§ 1484 Abs. 3, 1482 BGB; Jaeger/Windel Rn. 12). Der Anteil des verstorbenen Ehegatten fällt dagegen in dessen Nachlass und teilt insoweit dessen erbrechtliches Schicksal. 26

Entscheidet sich der überlebende Ehegatte für die **Fortsetzung** der Gütergemeinschaft gilt § 37 Abs. 3 mit der Folge, dass das Gesamtgut vollständig in dessen Insolvenzmasse fällt (MüKoInsO/Schumann Rn. 19). 27

C. Stellung des Insolvenzverwalters des Vorerben

I. Anwendungsbereich

Die Regelung in Abs. 2 betrifft den Fall, dass der Schuldner Vorerbe geworden ist (vgl. § 2105 BGB) und das Erbe angenommen hat. Im Ergebnis findet in diesem Fall eine **Trennung** des Stammvermögens der Vorerbschaft von der Insolvenzmasse statt (Andres/Leithaus/Leithaus Rn. 8). Dies eröffnet im Vorfeld Möglichkeiten einer **Testamentsgestaltung** (dazu Kiesgen RNotZ 2018, 429 (444 ff.)). Eine parallele Regelung für den Fall der Einzelzwangsvollstreckung enthält § 773 ZPO. Vorerbe iSd Abs. 2 ist auch der nach §§ 2136 f. BGB von den dort genannten Verfügungsbeschränkungen befreite Vorerbe (MüKoInsO/Schumann Rn. 23). 28

Nicht von Abs. 2 erfasst ist der Fall eines über den Nachlass eröffneten Nachlassinsolvenzverfahrens nach § 11 Abs. 2 Nr. 2, §§ 315 ff. (MüKoInsO/Schumann Rn. 22). 29

Mit Eintritt des Falles der Nacherbfolge fällt die Erbschaft dem Nacherben an (§ 2139 BGB). Der **Nacherbe** kann ab diesem Zeitpunkt die Erbschaftsgegenstände sowie etwaige Erträge aus der Insolvenzmasse des Vorerben **aussondern** (§ 47 iVm § 2130 BGB; MüKoInsO/Ganter § 47 Rn. 338; MüKoInsO/Schumann Rn. 24; Jaeger/Windel Rn. 26). 30

Schlägt der Nacherbe die Erbschaft aus (§ 2142 Abs. 1 BGB) oder kann der Nacherbfall nicht mehr eintreten, kommt Abs. 2 nicht länger zur Anwendung und der Insolvenzverwalter kann über die Erbschaftsgegenstände verfügen. Tritt während des Insolvenzverfahrens die Nacherbfolge nicht ein, kann dies aber nachfolgend noch geschehen, so sind dem Vorerben nach Beendigung des Verfahrens die Erbschaftsgegenstände herauszugeben (MüKoInsO/Schumann Rn. 24). 30a

II. Verfügungsbeschränkung

Der **Vorerbe** wird durch den Erbfall **Inhaber des Nachlasses** und kann damit über die zum Nachlass gehörenden Gegenstände verfügen (→ Rn. 31.1 f.). Zum Schutz der Interessen des Nacherben gelten jedoch die **Einschränkungen** der §§ 2113–2115 BGB (vgl. § 2112 BGB). Insbesondere ist eine Verfügung über einen Erbschaftsgegenstand, die im Wege der Zwangsvollstreckung oder der Arrestvollziehung oder durch den Insolvenzverwalter erfolgt, im Falle des Eintritts der Nacherbfolge insoweit unwirksam, als sie das Recht des Nacherben vereiteln oder beeinträchtigen würde (§ 2115 S. 1 BGB). 31

Der Vorerbe selbst kann Verfügungen wie die Übereignung beweglicher Sachen oder die Einziehung von Forderungen nach §§ 2112 ff. BGB wirksam vornehmen. Dies wird allerdings zugunsten des Nacherben kompensiert durch eine Schadenersatzpflicht des Vorerben bei erfolgten Beeinträchtigungen nach §§ 2130, 280 Abs. 1 BGB (BeckOK BGB/Litzenburger BGB § 2130 Rn. 5). 31.1

Hat der Vorerbe einem Dritten vor Eröffnung des Insolvenzverfahrens ein Recht eingeräumt, das in der Insolvenz als Aus- oder Absonderungsrecht wirkt, ist dieses vom Insolvenzverwalter zu beachten (Jaeger/Windel Rn. 19; MüKoInsO/Schumann Rn. 29). 31.2

Die **im Nacherbfall gem. § 2115 BGB unwirksame Veräußerung** ist dem Insolvenzverwalter überdies durch Abs. 2 **ausdrücklich untersagt**. Ihm ist untersagt, die Insolvenzgläubiger mit Mitteln des Nachlasses zu befriedigen, die vom Vorerben eingegangenen Verbindlichkeiten zur Veräußerung bestimmter Nachlassgegenstände zu erfüllen sowie Verfügungen zu treffen, die den §§ 2113, 2114 BGB widersprechen (BGH NZI 2013, 137 Rn. 17 mAnm Kruth NZI 2013, 139). 32

Wirksam sind Verfügungen des Insolvenzverwalters, die ausschließlich der **Befriedigung von Nachlassgläubigern** dienen (Jaeger/Windel Rn. 22 f.). 33

Frei zugunsten der Insolvenzmasse kann der Insolvenzverwalter über die **Erbschaftsnutzungen** verfügen. Dabei ist nach § 36 die Pfändungsbeschränkung des § 863 ZPO zu beachten, wonach 34 die Nutzungen der Erbschaft der Pfändung nicht unterworfen sind, soweit sie zur Erfüllung der dem Schuldner, seinem Ehegatten, seinem früheren Ehegatten, seinem Lebenspartner, einem früheren Lebenspartner oder seinen Verwandten gegenüber gesetzlich obliegenden Unterhaltspflicht und zur Bestreitung seines standesmäßigen Unterhalts erforderlich sind (Nerlich/Römermann/Kruth Rn. 12; Jaeger/Windel Rn. 21).

III. Rechtsfolge einer entgegen Abs. 2 vorgenommenen Verfügung

35 Eine vom Insolvenzverwalter entgegen Abs. 2 iVm § 2115 BGB vorgenommene Veräußerung ist im Fall des Eintritts der Nacherbfolge insoweit **unwirksam,** als sie das Recht des Nacherben vereiteln oder beeinträchtigen würde. Sie wird wirksam, wenn sie der Nacherbe nach Annahme der Erbschaft genehmigt (§ 185 Abs. 2 S. 1 BGB; MüKoInsO/Schumann Rn. 26).

36 Unterschiedlich beurteilt wird die Frage, ob es sich bei der Regelung um ein **relatives Verfügungsverbot** iSv § 135 BGB handelt (Nerlich/Römermann/Kruth Rn. 13; Uhlenbruck/Mock Rn. 33) oder ob die Verfügung (aufschiebend bedingt) **absolut unwirksam** wird (Jaeger/Windel Rn. 27; MüKoInsO/Schumann Rn. 27 f.; Gottwald/Haas InsR-HdB/Pechartscheck § 31 Rn. 121).

37 Bejaht man ein relatives Verfügungsverbot, kommen damit über § 135 Abs. 2 BGB insbesondere auch die Vorschriften zugunsten derjenigen, welche Rechte von einem Nichtberechtigten herleiten, zur Anwendung. Wer einen Gegenstand vom Insolvenzverwalters erwirbt, kann demnach unter den allgemeinen Voraussetzungen der **Gutgläubigkeit bezogen auf die Vorerbeneigenschaft** des Insolvenzschuldners wirksam Eigentum erwerben (str.; dafür etwa Uhlenbruck/Mock Rn. 34; KPB/Lüke Rn. 16; MüKoBGB/Lieder BGB § 2115 Rn. 16; dagegen MüKoInsO/Schumann Rn. 28; Gottwald/Haas InsR-HdB/Pechartscheck § 31 Rn. 121; ergänzend → Rn. 36.1 f.). Auch nach der restriktiven Auffassung sollen die allgemeinen Regeln über den gutgläubigen Erwerb aber für den Fall greifen, dass der Erwerber bei einer rechtsgeschäftlichen Veräußerung den Insolvenzverwalter gutgläubig für den Eigentümer hält (MüKoInsO/Schumann Rn. 28).

38 Ist eine Verfügung des Insolvenzverwalters wegen gutgläubigen Erwerbs endgültig wirksam, so hat der Nacherbe jedoch einen Schadensersatzanspruch gegen die Masse nach § 55 Abs. 1 Nr. 1 und bei einem Verschulden des Insolvenzverwalters auch gegen diesen nach Maßgabe des § 60 Abs. 1 (Uhlenbruck/Mock Rn. 34; Nerlich/Römermann/Kruth Rn. 13).

§ 84 Auseinandersetzung einer Gesellschaft oder Gemeinschaft

(1) ¹Besteht zwischen dem Schuldner und Dritten eine Gemeinschaft nach Bruchteilen, eine andere Gemeinschaft oder eine Gesellschaft ohne Rechtspersönlichkeit, so erfolgt die Teilung oder sonstige Auseinandersetzung außerhalb des Insolvenzverfahrens. ²Aus dem dabei ermittelten Anteil des Schuldners kann für Ansprüche aus dem Rechtsverhältnis abgesonderte Befriedigung verlangt werden.

(2) ¹Eine Vereinbarung, durch die bei einer Gemeinschaft nach Bruchteilen das Recht, die Aufhebung der Gemeinschaft zu verlangen, für immer oder auf Zeit ausgeschlossen oder eine Kündigungsfrist bestimmt worden ist, hat im Verfahren keine Wirkung. ²Gleiches gilt für eine Anordnung dieses Inhalts, die ein Erblasser für die Gemeinschaft seiner Erben getroffen hat, und für eine entsprechende Vereinbarung der Miterben.

Überblick

Die Norm stellt klar, dass sich auch in der Insolvenz des Mitglieds einer Gemeinschaft (→ Rn. 2 ff.) oder einer Gesellschaft ohne Rechtspersönlichkeit (→ Rn. 8 ff.) eine Teilung oder Auseinandersetzung nach den hierfür geltenden allgemeinen Regelungen richtet. Dabei wird zugunsten der übrigen Mitglieder der Gemeinschaft oder Gesellschaft ohne Rechtspersönlichkeit ein Absonderungsrecht am Anteil des Schuldners eingeräumt (→ Rn. 20 f.). Zugunsten der Insolvenzgläubiger wird allerdings die Wirkung von Vereinbarungen über den Ausschluss der Auseinandersetzung für den Insolvenzfall ausgeschlossen (→ Rn. 22 ff.).

Übersicht

	Rn.		Rn.
A. Auseinandersetzung außerhalb des Insolvenzverfahrens	1	III. Auseinandersetzung einer stillen Gesellschaft	17
I. Auseinandersetzung einer Gemeinschaft	2	**B. Absonderungsrecht zugunsten der übrigen Beteiligten**	20
II. Auseinandersetzung einer Gesellschaft ohne Rechtspersönlichkeit	8		
1. Auflösungsgrund	8		
2. Massezugehörigkeit des Gesellschaftsanteils	14	**C. Wirkungslosigkeit eines vereinbarten Ausschlusses der Auseinandersetzung**	22

A. Auseinandersetzung außerhalb des Insolvenzverfahrens

Die Auseinandersetzung einer Gemeinschaft oder Gesellschaft ohne Rechtspersönlichkeit erfolgt außerhalb des Insolvenzverfahrens. Angeordnet wird hier ein **Vorrang des Gesellschafts- bzw. Gemeinschaftsrechts**. 1

I. Auseinandersetzung einer Gemeinschaft

Die Regelung bezieht sich zunächst auf **Bruchteilsgemeinschaften** iSd § 741 BGB. Erfasst ist damit insbesondere das Miteigentum (§§ 1008 ff. BGB). Unerheblich ist, ob die Bruchteilsgemeinschaft kraft Gesetzes entstanden ist (§§ 947 Abs. 1, 963, 984 BGB) oder durch Vertrag (Uhlenbruck/Hirte Rn. 3). 2

Die Auseinandersetzung einer Gemeinschaft nach Bruchteilen erfolgt nach den allgemeinen Regeln der §§ 752 ff. BGB. 3

Befindet sich der **Insolvenzverwalter** im **Besitz** der im Miteigentum stehenden Sache, steht den übrigen Miteigentümern in Ansehung ihres Miteigentumsanteils ein **Aussonderungsrecht** zu (→ § 47 Rn. 27 f.). 4

Bei einem im **Miteigentum** des Schuldners stehenden **Grundstück** kann der Insolvenzverwalter in Ausübung des dem Schuldner zustehenden Anspruchs auf Aufhebung der Gemeinschaft nach § 749 Abs. 1 BGB gem. § 753 Abs. 1 BGB iVm §§ 180, 181 ZVG die **Teilungsversteigerung** durchführen lassen (BGH NZI 2012, 575 Rn. 10). Besteht am Miteigentumsanteil des Schuldners ein **Absonderungsrecht**, so ermöglicht das Verwertungsrecht nach § 165 InsO iVm § 172 ZVG lediglich die **Zwangsversteigerung des Miteigentumsanteils**. Die Möglichkeit der Zwangsversteigerung des gesamten Grundstücks nach §§ 172 ff. ZVG ist dem Insolvenzverwalter dagegen nicht eröffnet (BGH NZI 2012, 575 Rn. 8). 5

Ein Gemeinschaftsverhältnis nach Abs. 1 besteht auch bei einem **Gemeinschaftskonto** (ergänzend → Rn. 6.1 ff., zur steuerlichen Einordnung → Rn. 6.4). 6

Unerheblich für die Anwendbarkeit des Abs. 1 ist die Ausgestaltung der Verfügungsbefugnis über das Konto, also ob jeder Kontoinhaber über dessen Guthaben allein verfügen kann (Oder-Konto; gegen Anwendbarkeit des § 84 allerdings Kopp ZIP 2019, 997) oder ob nur eine gemeinschaftliche Verfügungsberechtigung besteht (Und-Konto) (vgl. nur Gottwald/Haas InsR-HdB/Obermüller § 98 Rn. 11 f.). 6.1

Die Eröffnung des Insolvenzverfahrens über das Vermögen eines der Kontoinhaber berührt nicht den Fortbestand des Giro- und Kontokorrentverhältnisses zwischen dem anderen und der Bank; diese kann daher nach Eröffnung des Insolvenzverfahrens auf das Konto eingezahlte Beträge wirksam mit einem Schuldsaldo verrechnen (Uhlenbruck/Hirte Rn. 4). 6.2

Sind durch den Schuldner vor Eröffnung des Insolvenzverfahrens aus dem Guthaben eines Oder-Kontos Zahlungen an Dritte geleistet worden, können diese gegenüber einer Insolvenzanfechtung nicht geltend machen, dass der Schuldner im Innenverhältnis der Kontoinhaber nur anteilig an dem bestehenden Guthaben berechtigt war (OLG Hamburg NZI 2008, 436). 6.3

Für die Zwecke der Einkommensteuer ist nach der Rechtsprechung des BFH (BeckRS 2016, 94410) an den in der höchstrichterlichen Finanzrechtsprechung anerkannten Zurechnungsgrundsätzen für einem Ehegatten-Gemeinschaftskonto (Oder-Konto) vorgenommene Schuldzinszahlungen auch im Falle der Insolvenz des einen Betriebsausgabenabzug beanspruchenden Ehegatten festzuhalten. 6.4

Erfasst ist auch die **Erbengemeinschaft** als Gesamthandsgemeinschaft. Die Auseinandersetzung richtet sich hierbei nach den §§ 2042 ff. BGB. Gehört zum Nachlass ein Grundstück, so ist auch im Fall der Eröffnung des Insolvenzverfahrens über das Vermögen eines Miterben ein Insolvenzvermerk in das Grundbuch einzutragen (BGH NZI 2011, 650; ergänzend → § 32 Rn. 4). 7

II. Auseinandersetzung einer Gesellschaft ohne Rechtspersönlichkeit

1. Auflösungsgrund

8   Das Insolvenzverfahren über das Vermögen eines Gesellschafters kann der Anlass für die Auseinandersetzung der Gesellschaft sein. Ob dies der Fall ist, ist ausschließlich nach den **gesellschaftsrechtlichen Regelungen** zu beurteilen.

9   Bei der **Gesellschaft bürgerlichen Rechts** stellt die Eröffnung eines Insolvenzverfahrens über das Vermögen eines Gesellschafters nach der gesetzlichen Grundregel in § 728 BGB einen Auflösungsgrund dar (zur Wirkung der Auflösung → Rn. 9.1). Dahinter steht die Erwägung, dass den übrigen Gesellschaftern die Fortsetzung des Gesellschaftsverhältnisses mit dem Insolvenzverwalter nicht zugemutet werden kann, während dieser in die Lage versetzt werden muss, den Gesellschaftsanteil zu verwerten (vgl. Gehrlein ZInsO 2018, 1173 (1175)). Abweichende gesellschaftsvertragliche Regelungen sind insoweit möglich (→ Rn. 9.2). Kein Auflösungsgrund ist die Abweisung eines Insolvenzantrags mangels Masse (Gehrlein ZInsO 2018, 1173 (1175)).

9.1   Im Fall der Auflösung wird die werbende Gesellschaft kraft Gesetzes zur Liquidationsgesellschaft, deren geänderter Gesellschaftszweck in der Abwicklung besteht. Die Gesellschaft besteht mit diesem Zweck fort (§ 727 Abs. 2 S. 3 BGB, § 730 Abs. 2 S. 1 BGB; vgl. BGH NZG 2016, 107 Rn. 12). Der insolvente Gesellschafter scheidet nicht aus der Gesellschaft aus, sondern bleibt während des Auflösungsverfahrens deren Gesellschafter (vgl. OLG München NZI 2017, 612 Rn. 24).

9.2   Ist nach dem Gesellschaftsvertrag einer Gesellschaft bürgerlichen Rechts für den Fall des Ausscheidens eines der Gesellschafter bei Eröffnung des Insolvenzverfahrens über sein Vermögen eine Auseinandersetzungsbilanz zum Stichtag zu erstellen, kann der Insolvenzverwalter bei vertragsgerechtem Verhalten der Gesellschafter in der Krise nur ein etwaiges Auseinandersetzungsguthaben des Schuldners zur Masse ziehen (BGH NZI 2007, 222).

10   Das HGB sieht demgegenüber für die **handelsrechtlichen Personengesellschaften** (OHG, KG; zur Partnerschaft → Rn. 10.1) als Regel vor, dass die Insolvenz eines Gesellschafters bei Fortsetzung der Gesellschaft lediglich zum Ausscheiden des betroffenen Gesellschafters führt (§ 131 Abs. 3 S. 1 Nr. 2 HGB). Auch hier ist aber im Grundsatz eine abweichende vertragliche Bestimmung möglich (Einzelheiten str., vgl. BeckOK HGB/Lehmann-Richter HGB § 131 Rn. 61 mwN).

10.1   Auf die Partnerschaft finden nach § 1 Abs. 4 PartGG, soweit nichts anderes bestimmt ist, die Vorschriften über die Gesellschaft bürgerlichen Rechts Anwendung. Etwas anderes bestimmt ist jedoch für die Auflösung und Liquidation der Partnerschaft: Nach § 9 Abs. 1 PartGG und § 10 Abs. 1 PartGG gelten insoweit grundsätzlich die Vorschriften für die offene Handelsgesellschaft, also insbesondere die §§ 131 ff. HGB.

11   Nach der Rechtsprechung des BGH kommt § 131 Abs. 3 S. 1 Nr. 2 HGB auch in der **Simultaninsolvenz von KG und Komplementärgesellschaft** jedenfalls dann zur Anwendung, wenn zwei weitere Kommanditisten als Gesellschafter verbleiben (BGH NZI 2014, 912).

12   Nach der Rechtsprechung des BVerwG (NZI 2011, 871) gilt dies auch in der **zweigliedrigen Gesellschaft.** Durch das Ausscheiden des vorletzten Gesellschafters erlischt in diesem Fall die Gesellschaft ohne Liquidation und das Gesellschaftsvermögen geht im Wege der Gesamtrechtsnachfolge auf den verbleibenden Gesellschafter über.

13   Eine **einschränkende Auslegung** erscheint aber – entgegen der überwiegenden zivilgerichtlichen Rechtsprechung (BGH NJW 2017, 3521 Rn. 38; OLG Hamm NZG 2014, 540 (541)) – für den Fall geboten, dass über das Vermögen sämtlicher Gesellschafter und der Gesellschaft Insolvenzverfahren eröffnet werden (so FG RhPf ZIP 2018, 1830 (1831); Werner NZI 2014, 895; vgl. auch OLG Hamm FGPrax 2003, 235; K. Schmidt ZIP 2008, 2337 (2345); Bork/Jacoby ZGR 2005, 611 (650 ff.)).

2. Massezugehörigkeit des Gesellschaftsanteils

14   In die Insolvenzmasse fällt in der Insolvenz des Gesellschafters einer Personengesellschaft zunächst dessen **Gesellschaftsanteil** (§ 859 Abs. 1 ZPO; → § 35 Rn. 39; MüKoBGB/Schäfer BGB § 728 Rn. 37). Im Fall der Auseinandersetzung gehört das (etwaige) **Auseinandersetzungsguthaben** zur Insolvenzmasse, im Fall des Ausscheidens das **Abfindungsguthaben**. Der Insolvenzverwalter nimmt in der Liquidationsgesellschaft gemäß bzw. entsprechend § 146 Abs. 3 HGB die Befugnisse des insolventen Gesellschafters wahr (BGH NZI 2017, 993 Rn. 17; OLG München NZI 2017, 612 Rn. 27; zu Grundstücken im Gesellschaftsvermögen → Rn. 14.1).

Wegen des Übergangs der Verwaltungs- und Verfügungsbefugnis auf den Insolvenzverwalter ist im Fall eines zum Gesellschaftsvermögens gehörenden Grundstücks bei dem Anteil des Gesellschafters ein Insolvenzvermerk in das Grundbuch einzutragen, um die Insolvenzmasse vor Beeinträchtigungen durch einen gutgläubigen Erwerb zu schützen (BGH NZI 2017, 993 Rn. 17; hierzu Altmeppen NZG 2017, 1281; von Proff NJW 2018, 828). **14.1**

Ansprüche, die kraft Gesetzes oder aufgrund entsprechender Vereinbarungen im Gesellschaftsvertrag unselbstständig nur als **Rechnungsposten** im Rahmen der abschließenden Auseinandersetzung geltend gemacht werden können, kann auch der Insolvenzverwalter nicht isoliert zur Masse ziehen (BGH NZI 2007, 222). Auch die aufrechnungsbeschränkenden Regelungen der §§ 95, 96 greifen in diesen Fällen nicht (vgl. BGH NZI 2007, 222; ergänzend → Rn. 15.1). **15**

Besondere Aufmerksamkeit ist daher im Insolvenzantragsverfahren im Hinblick auf mögliche neu entstehende Forderungen geboten, die beispielsweise im Rahmen einer zur Durchführung eines Bauprojekt eingegangenen Arbeitsgemeinschaft einer solchen gesellschaftsrechtlichen Abrechnung unterstellt werden (vgl. den von BGH NZI 2007, 222 entschiedenen Fall). **15.1**

Auch eine **gesellschaftsvertragliche Abfindungsregelung** ist grundsätzlich für den Insolvenzverwalter maßgeblich (Andres/Leithaus/Leithaus Rn. 4). In Betracht zu ziehen sind jedoch zivilrechtliche Unwirksamkeitsgründe oder eine Insolvenzanfechtung der getroffenen Vereinbarung (ergänzend → Rn. 16.1). **16**

Des Öfteren unterscheiden Abfindungsklauseln nach dem Grund des Ausscheidens, wobei Gesellschafter, denen gegenüber ein wichtiger Grund zum Ausschluss vorliegt, schlechter gestellt werden; als ein solcher wichtiger Grund wird ua die Insolvenz eines Gesellschafters behandelt. Dies erscheint nach Auffassung von Kayser/Freudenberg insolvenzrechtlich vertretbar, weil und soweit die Gesellschaft auf der Mitwirkung ihrer Gesellschafter zur gemeinsamen Erreichung des Gesellschaftszwecks aufbaut und diese durch den Vermögensverfall sogar nur eines einzelnen Gesellschafters gefährdet wird: beispielsweise durch den Verlust an Ansehen und Kreditwürdigkeit oder durch das Eindringen Fremder, nämlich der Gläubiger des insolventen Gesellschafters (MüKoInsO/Kayser/Freudenberg § 129 Rn. 133). Allerdings darf der Abfindungsumfang für vergleichbare Tatbestände dabei nicht ohne sachlichen Grund unterschiedlich ausgestaltet werden; für den Fall einer Einziehung wegen Insolvenz eines Mitglieds oder Pfändung seines Anteils kann daher ungeachtet der korrekten Beteiligung ausscheidender Gesellschafter am Unternehmenswert aus Gründen des Gläubigerschutzes nicht ein geringerer Betrag festgelegt werden als bei anderem Ausscheiden des Mitglieds aus wichtigem Grund (Uhlenbruck/Hirte § 11 Rn. 54). **16.1**

III. Auseinandersetzung einer stillen Gesellschaft

Ob Abs. 1 auch auf die stille Gesellschaft Anwendung findet, wird in der Literatur unterschiedlich gesehen (dafür etwa KPB/Lüke Rn. 15; dagegen Uhlenbruck/Hirte Rn. 6). Praktische Relevanz kommt diesem Streit letztlich jedoch nicht zu, da sich die Rechtsfolgen ohnehin aus dem HGB ergeben (vgl. MüKoInsO/Gehrlein Rn. 13; Jaeger/Eckardt Rn. 39). **17**

Zu einer **Auflösung der stillen Gesellschaft** kommt es nach § 728 BGB sowohl im Fall der Insolvenz über das Vermögen des stillen Gesellschafters als auch im Fall der Insolvenz des Geschäftsinhabers. Da bei der stillen Gesellschaft kein Gesamthandsvermögen gebildet wird, ist eine Liquidation nicht erforderlich. Allerdings findet eine **Auseinandersetzung in Form einer Gesamtabrechnung** statt. **18**

Die bei der Gesamtabrechnung ermittelte Forderung ist vom stillen Gesellschafter in der Insolvenz des Geschäftsinhabers nach § 236 Abs. 1 HGB zur Insolvenztabelle anzumelden. Der Insolvenzverwalter ist in dieser Konstellation dem stillen Gesellschafter gegenüber zur **Aufstellung der Auseinandersetzungsrechnung** verpflichtet. Der stille Gesellschafter ist jedoch auch nicht daran gehindert, die Höhe seiner Forderung selbst zu ermitteln und unmittelbar eine entsprechende Anmeldung zur Insolvenztabelle vorzunehmen (MüKoInsO/Gehrlein Rn. 14). Die Forderung des stillen Gesellschafters hat nach § 236 Abs. 1 HGB den Rang einer **einfachen Insolvenzforderung** (§ 38). Der stille Gesellschafter hat damit wirtschaftlich bessere Aussichten auf Befriedigung seiner Auseinandersetzungsforderung als ein Gesellschafter im Hinblick auf Darlehensforderungen, die nach § 39 Abs. 1 S. 1 Nr. 5 als Nachrangforderungen eingeordnet werden. Zu beachten ist für den stillen Gesellschafter die Anfechtbarkeit einer im letzten Jahr vor Stellung des Insolvenzantrages erfolgten Rückgewähr von Einlagen oder des Erlasses von Verlustbeteiligungen nach § 136. **19**

B. Absonderungsrecht zugunsten der übrigen Beteiligten

20   In Abs. 1 S. 2 wird für „Ansprüche aus dem Rechtsverhältnis" ein Recht auf abgesonderte Befriedigung an dem Anteil des Schuldners einräumt. Auf der Grundlage des vorstehend dargestellten Verständnisses der Auseinandersetzungsregelungen hat diese Regelung allerdings nur eine **klarstellende Funktion** (BGH NZI 2007, 222 Rn. 20). Nach heutiger Rechtslage ist die vorrangige Gesamtabrechnung aller gegenseitigen Ansprüche im Wege der Saldierung für die in Betracht kommenden Gemeinschaftsverhältnisse und Gesellschaften durch die dafür geltenden Regelungen des materiellen Rechts gewährleistet. Steht der für die Auseinandersetzung ermittelte Anteil, also der Netto-Anteil, des Schuldner-Gesellschafters fest, gibt es keine Ansprüche mehr, die Gegenstand des Absonderungsrechts der übrigen Mitglieder der Gemeinschaft oder Gesellschaft ohne Rechtspersönlichkeit sein können (BGH NZI 2007, 222 Rn. 20; MüKoInsO/Gehrlein Rn. 23).

21   Eigenständige Bedeutung kann Abs. 1 S. 2 bekommen, wenn der **Anteil des Schuldners frei veräußerlich** ist und vom Insolvenzverwalter auf diese Weise verwertet wird. Da dann gerade keine Gesamtabrechnung unter Einbeziehung der Ansprüche der übrigen Mitglieder stattfindet, können diese insoweit auf das Absonderungsrecht nach Abs. 1 S. 2 zurückgreifen (Jaeger/Eckardt Rn. 8).

C. Wirkungslosigkeit eines vereinbarten Ausschlusses der Auseinandersetzung

22   Soweit in einem Anteil des Schuldners an einer Gemeinschaft ein Wert verkörpert ist, soll dieser zu Gunsten der Gläubigergemeinschaft in der Insolvenz verwertet werden können. **Vereinbarungen,** durch die das Recht, die Aufhebung der Gemeinschaft zu verlangen, für immer oder auf Zeit ausgeschlossen ist, oder eine vereinbarte Kündigungsfrist sind daher im Insolvenzverfahren **unbeachtlich** (ergänzend → Rn. 22.1). Dies gilt selbst dann, wenn die Beschränkung nach § 1010 Abs. 1 BGB im Grundbuch eingetragen ist, also dinglich wirkt (Uhlenbruck/Hirte Rn. 28; Jaeger/Eckardt Rn. 61). Es handelt sich hier um eine Ausnahme von dem Grundsatz, dass dem Insolvenzverwalter nicht mehr Rechte zustehen als dem Schuldner außerhalb des Insolvenzverfahrens (→ § 80 Rn. 14; Jaeger/Eckardt Rn. 9).

22.1   Insbesondere mit Blick auf Publikumskommanditgesellschaften wird in der Literatur diskutiert, ob nach § 131 Abs. 2 HGB eröffnete Möglichkeit abweichender vertraglicher Bestimmungen als Alternative zum Ausscheiden des Gesellschafters lediglich die Auflösung der Gesellschaft zulässt oder ob auch vereinbart werden kann, dass die Eröffnung des Insolvenzverfahrens über das Gesellschaftervermögen ohne Auswirkungen bleibt (vgl. zum Meinungsstand Markgraf/Remuta NZG 2014, 81, die sich für eine vollständige Disponibilität der gesetzlichen Regelung aussprechen).

23   Eine entsprechende Regelung hat der Gesetzgeber in Abs. 2 S. 2 auch für die **Erbengemeinschaft** getroffen. Die Verwertung eines Erbanteils kann danach mit Wirkung für die Insolvenzmasse des Miterben weder durch den – hierzu grundsätzlich nach § 2044 BGB ermächtigten – Erblasser noch durch eine Vereinbarung unter den Miterben ausgeschlossen werden (Uhlenbruck/Hirte Rn. 27; Jaeger/Eckardt Rn. 62).

24   **Keine Beschränkung** für Fortsetzungsvereinbarungen enthält die Norm mit Blick auf **Gesellschaften ohne Rechtspersönlichkeit.** Hier ist eine Auseinandersetzung allerdings auch nicht erforderlich, um den Wert des Anteils zur Insolvenzmasse zu ziehen. Vielmehr kann der Insolvenzmasse im Fall des Ausscheidens des Schuldners aus der Gesellschaft dessen Abfindungsanspruch zufließen. Gesellschaftsvertragliche Klauseln über die Beschränkung oder den Ausschluss eines Abfindungs- bzw. Auseinandersetzungsguthabens des insolventen Gesellschafters erfasst Abs. 2 jedoch nicht. Deren Wirksamkeit richtet sich nach den anwendbaren Regeln des Gesellschaftsrechts (Uhlenbruck/Hirte Rn. 30; Jaeger/Eckardt Rn. 60). Soweit die Insolvenz weder zu einer Auflösung der Gesellschaft noch zu einem Ausscheiden des Schuldners geführt hat, ist auch eine Veräußerung der Beteiligung des Schuldners denkbar (zur Übertragung vinkulierter Gesellschaftsanteile vgl. Skauradszun NZG 2012, 1244). Eine Fortsetzung der Gesellschaft bürgerlichen Rechts mit dem insolventen Gesellschafter kann nur im Fall einer vorherigen Freigabe des Gesellschaftsanteils durch den Insolvenzverwalter beschlossen werden (vgl. Gehrlein ZInsO 2018, 1173 (1176)).

25   **Gesetzlich angeordnete Teilungsbeschränkungen** wirken demgegenüber auch gegenüber der Insolvenzmasse. Dies gilt beispielsweise im Hinblick auf die Zustimmungserfordernisse in § 1066 Abs. 2 BGB (Aufhebung der Gemeinschaft beim Nießbrauch) und § 1258 Abs. 2 BGB (Aufhebung der Gemeinschaft bei einem Pfandrecht am Anteil eines Miteigentümers) sowie im Erbrecht bezüglich § 2043 BGB (Auseinandersetzung bei Unbestimmtheit der Erbteile) und § 2045 BGB (Auseinandersetzung der Erbengemeinschaft).

Eine ausdrücklich gegenüber Abs. 2 S. 1 **vorrangige Sonderregelung** zur Unauflöslichkeit 26 der **Wohnungseigentümergemeinschaft** enthält zudem § 11 Abs. 2 WEG. Der Insolvenzverwalter hat daher allenfalls die Möglichkeit, das Wohnungseigentumsrecht des Schuldners durch Verkauf zu verwerten (MüKoInsO/Gehrlein Rn. 7). Zur zwangsweisen Versteigerung eines im Miteigentum des Schuldners stehenden Grundstücks → Rn. 5.

Eine weitere Klarstellung findet sich in Bezug auf **Kapitalanlagegesellschaften** in § 99 Abs. 5 27 KAGB. Danach kann der Insolvenzverwalter über das Vermögen eines Anlegers nicht die Aufhebung der Gemeinschaft der Anleger verlangen, denen Anteile an einem Sondervermögen zustehen. Teil der Insolvenzmasse wird aber das in § 98 Abs. 1 Hs. 1 KAGB geregelte Recht des Anlegers, gegen Rückgabe seines Anteils Auszahlung des auf den Anleger entfallenden Anteils an dem Sondervermögen zu verlangen (Anders in Weitnauer/Boxberger/Anders, KAGB, 3. Aufl. 2021, KAGB § 99 Rn. 16).

§ 85 Aufnahme von Aktivprozessen

(1) ¹Rechtsstreitigkeiten über das zur Insolvenzmasse gehörende Vermögen, die zur Zeit der Eröffnung des Insolvenzverfahrens für den Schuldner anhängig sind, können in der Lage, in der sie sich befinden, vom Insolvenzverwalter aufgenommen werden. ²Wird die Aufnahme verzögert, so gilt § 239 Abs. 2 bis 4 der Zivilprozeßordnung entsprechend.

(2) Lehnt der Verwalter die Aufnahme des Rechtsstreits ab, so können sowohl der Schuldner als auch der Gegner den Rechtsstreit aufnehmen.

Überblick

Rechtshängige Prozesse (→ Rn. 3, → Rn. 9 ff.) des Schuldners (→ Rn. 4) werden mit Insolvenzeröffnung (→ Rn. 23) oder Bestellung eines vorläufigen starken Insolvenzverwalters (→ Rn. 6) unterbrochen, sofern sie die Insolvenzmasse betreffen (→ Rn. 7 ff.). Die Unterbrechung hat Auswirkungen auf den Fristenlauf (→ Rn. 17) und die Wirksamkeit von Prozesshandlungen der Parteien (→ Rn. 20 f.) und des Gerichts (→ Rn. 21). Sie endet mit Aufnahme des Rechtsstreits oder Beendigung des Insolvenzverfahrens (→ Rn. 24). Der Insolvenzverwalter (→ Rn. 32) oder der vorläufige starke Insolvenzverwalter (→ Rn. 34) können nach pflichtgemäßer Ermessensausübung (→ Rn. 32) Aktivprozesse (→ Rn. 30) aufnehmen (→ Rn. 29). Lehnt der Insolvenzverwalter (→ Rn. 43) die Aufnahme ab (→ Rn. 44), kann der Rechtsstreit durch den Schuldner oder den Gegner (→ Rn. 46) aufgenommen werden. Prozesse, die der Insolvenzverwalter nach Insolvenzeröffnung führt oder aufnimmt, werden bei Aufhebung des Insolvenzverfahrens (→ Rn. 27), Tod oder Wechsel des Insolvenzverwalters (→ Rn. 28b) grundsätzlich auch unterbrochen.

Übersicht

	Rn.		Rn.
A. Allgemeines	1	VI. Ende der Unterbrechung	24
B. Verfahrensunterbrechung	2	1. Zeitpunkt	24
I. Voraussetzungen der Unterbrechung	3	2. Rechtsfolgen	26
1. Rechtshängigkeit	3	3. Forderungsfeststellung	26b
2. Parteistellung des Schuldners	4	VII. Prozesse des Insolvenzverwalters	27
3. Unterbrechungsgründe	6	1. Unterbrechung nach Aufhebung des Insolvenzverfahrens	27
4. Insolvenzmassebezug	7	2. Unterbrechung nach Wechsel des Insolvenzverwalters	28b
II. Unterbrochene Verfahren	9		
1. Zivilrechtliche Verfahren	9	**C. Aufnahme anhängiger Streitigkeiten (Abs. 1)**	29
2. Verwaltungs- und sozialrechtliche Verfahren	12	I. Aktivprozess	30
3. Arbeitsrechtliche Verfahren	13	II. Entscheidung des Insolvenzverwalters	32
4. Steuerrechtliche Verfahren	13a	III. Rechtsfolge	37
III. Nicht unterbrochene Verfahren	14	IV. Kosten	39
IV. Wirkung der Unterbrechung	17	V. Verzögerung der Aufnahme des Rechtsstreits (Abs. 1 S. 2)	41
1. Fristen	17		
2. Prozesshandlungen	20		
V. Beginn der Unterbrechung	23	**D. Ablehnung der Aufnahme (Abs. 2)**	43

	Rn.		Rn.
I. Entscheidung des Insolvenzverwalters	43	2. Aufnahme durch Schuldner oder Gegner	46
II. Rechtsfolgen	45	III. Kosten	49
1. Ausscheiden des Insolvenzverwalters	45		

A. Allgemeines

1 Der Schuldner verliert mit Insolvenzeröffnung die Verwaltungs- und Verfügungsbefugnis über die Insolvenzmasse (§ 80 Abs. 1). Er kann daher anhängige Prozesse über Gegenstände der Insolvenzmasse nicht weiterführen, obwohl er prozessfähig bleibt. Um dem Insolvenzverwalter zu ermöglichen, die Aufnahme zu prüfen, werden die Verfahren gem. § 240 ZPO mit Insolvenzeröffnung unterbrochen. §§ 85, 86 geben dem Insolvenzverwalter das Recht, Aktiv- oder Passivprozesse des Schuldners aufzunehmen. Rechtsstreite, die nach Insolvenzeröffnung rechtshängig werden, sind von § 240 ZPO nicht berührt, können aber wegen § 87 unzulässig sein.

B. Verfahrensunterbrechung

2 Mit Insolvenzeröffnung werden rechtshängige Prozesse des Insolvenzschuldners gem. § 240 ZPO unterbrochen, wenn sie die Insolvenzmasse betreffen. Der Regelung des § 240 ZPO ist § 352 Abs. 1 nachgebildet, der die Unterbrechung eines inländischen Rechtsstreits bei Eröffnung eines ausländischen Insolvenzverfahrens regelt (BGH BeckRS 2020, 14017 Rn. 9, → § 352 Rn. 1).

I. Voraussetzungen der Unterbrechung

1. Rechtshängigkeit

3 Der Prozess muss bei Insolvenzeröffnung gem. § 261 Abs. 1, § 253 Abs. 1 ZPO rechtshängig sein. Bei Klagerücknahme vor Insolvenzeröffnung greift § 240 ZPO nicht (LG Bonn BeckRS 2008, 09727).

3a Für die Frage der Unterbrechung ist allein auf die Zustellung der Klageschrift abzustellen. Ist die Klageschrift bereits bei Gericht eingereicht, aber vor Insolvenzeröffnung noch nicht zugestellt worden, tritt die Unterbrechung nicht ein (BGH NZI 2009, 169 Rn. 11). Eine Zustellung der Klageschrift an den Schuldner ist in diesem Fall nach Insolvenzeröffnung wirksam; die Klage ist jedoch mangels Prozessführungsbefugnis unzulässig (BGH NZI 2009, 169 Rn. 7). Gleiches gilt, wenn der Schuldner die Klage eingereicht hatte; der Insolvenzverwalter kann einen Aktivprozess jedoch durch eine Erklärung analog § 85 Abs. 1 an sich ziehen, da dieser nur die Anhängigkeit, nicht die Rechtshängigkeit voraussetzt.

2. Parteistellung des Schuldners

4 Der Insolvenzschuldner muss Hauptpartei des Prozesses sein. Ist der Insolvenzschuldner einfacher Nebenintervent (OLG Hamburg NJW 1960, 610 (611)), Beigeladener (BFH BeckRS 2014, 95589) oder Partei kraft Amtes (MüKoZPO/Gehrlein § 240 Rn. 15), so ist das Verfahren nicht unterbrochen. Tritt ein Insolvenzverwalter nach Insolvenzeröffnung einem laufenden Rechtsstreit als Streithelfer bei, wird hierdurch der Rechtsstreit nicht unterbrochen (OLG Brandenburg NZI 2020, 389 Rn. 16).

5 Bei Insolvenzeröffnung über das Vermögen eines einfachen Streitgenossen tritt nur ihm gegenüber Unterbrechung ein (BGH NZI 2003, 229). Die Eröffnung des Insolvenzverfahrens über das Vermögen einer juristischen Person oder einer Gesellschaft ohne Rechtspersönlichkeit (§ 11 Abs. 2 Nr. 1) unterbricht das Verfahren nur, soweit das Gesellschaftsvermögen betroffen ist (Uhlenbruck/Mock Rn. 12).

3. Unterbrechungsgründe

6 Unterbrechungsgründe sind die Bestellung eines vorläufigen starken Insolvenzverwalters (§ 22 Abs. 1 S. 1, § 24 Abs. 2; OLG Hamburg BeckRS 2016, 15015 Rn. 34) und die Eröffnung des Insolvenzverfahrens. War der Prozess durch Bestellung eines vorläufigen starken Insolvenzverwalters unterbrochen und wurde er von diesem aufgenommen, wird der Rechtsstreit durch die Insolvenzeröffnung erneut unterbrochen (Uhlenbruck/Mock Rn. 16; aA MüKoInsO/Schumacher § 86 Rn. 13).

Obwohl es in der Eigenverwaltung nicht zu einem Wechsel der Verwaltungs- und Verfügungsbefugnis kommt, ist § 240 ZPO anwendbar (→ § 270 Rn. 46), da der Schuldner die Prozessführung ab Insolvenzeröffnung wie ein Insolvenzverwalter am Gesamtvollstreckungsinteresse der Gläubiger ausrichten muss (BGH NZI 2007, 188 Rn. 8; Waltenberger NZI 2018, 505 (506)). 6a

4. Insolvenzmassebezug

Unterbrochen werden Verfahren, die die Insolvenzmasse betreffen. Erforderlich ist also, dass das geltend gemachte Recht ganz oder teilweise zur Insolvenzmasse gem. §§ 35, 36 gehört bzw. bei Unterlassungsklagen ganz oder teilweise zur Insolvenzmasse gehörende Rechte betroffen sind (BGH NZI 2019, 731 Rn. 8). Ausreichend ist, dass der Schuldner die Forderung vor Insolvenzeröffnung abgetreten hat, die Abtretung jedoch nach insolvenzrechtlichen Vorschriften anfechtbar ist (BGH NZI 2010, 298 Rn. 8). Insolvenzverschleppungsansprüche, die die Gläubiger als Einzelschäden gegen den Schuldner geltend machen müssen, werden nicht unterbrochen, da im Gegensatz zum Quotenschaden des § 92 die Insolvenzmasse nicht betroffen ist (BGH NZI 2021, 173 Rn. 18; → § 92 Rn. 14). 7

Ist der Insolvenzschuldner eine juristische Person oder eine Gesellschaft ohne Rechtspersönlichkeit (§ 11 Abs. 2 Nr. 1), so werden Außenprozesse mit Massebezug gem. § 240 ZPO unterbrochen (Uhlenbruck/Mock Rn. 81). Prozesse eines Gesellschaftsgläubigers gegen den persönlich haftenden Gesellschafter einer Personengesellschaft werden analog § 17 Abs. 1 S. 1 AnfG unterbrochen (→ § 93 Rn. 28; → Rn. 16). Dagegen werden Prozesse der Gesellschaft bei Insolvenzeröffnung über das Vermögen eines Gesellschafters nicht unterbrochen (→ Rn. 16). 7a

Verfahren über die Bestellung, Anstellung oder Haftung von Organmitgliedern sind grundsätzlich vermögensrechtlicher Natur und werden gem. § 240 ZPO unterbrochen (Uhlenbruck/Mock Rn. 92 ff.). Bei Beschlussmängelstreitigkeiten gem. § 246 Abs. 2 Abs. 1 AktG richtet sich die Unterbrechung danach, ob die Insolvenzmasse betroffen ist (BGH NZI 2011, 809 Rn. 9). Der Gegenstand einer Beschlussmängelstreitigkeit in der GmbH gehört regelmäßig zur Insolvenzmasse bei Eröffnung des Insolvenzverfahrens über das Vermögen eines Gesellschafters, da der Insolvenzverwalter das Recht zur Ausübung des Stimmrechts in der Gesellschafterversammlung und zur Beschlussanfechtung hat, soweit der Beschlussgegenstand die Vermögenssphäre betrifft (BGH NZG 2018, 32 Rn. 15). 7b

Das Versorgungsausgleichsverfahren ist vermögensrechtlicher Natur und wird von § 240 ZPO erfasst, soweit das Altersvorsorgevermögen in die Masse fällt und nicht gem. § 36 Abs. 1 InsO iVm §§ 850, 850a, 850c, 850e, 850f Abs. 1, 850g–850k, 851c, 851d ZPO unpfändbar ist (→ Rn. 10a). Dem Schuldner zustehende Anrechte der gesetzlichen Rentenversicherung und der Beamtenversorgung fallen während der Anwartschaftsphase nicht in die Insolvenzmasse (BGH BeckRS 2021, 16903 Rn. 26). Privates Altersvorsorgevermögen ist vom Insolvenzbeschlag erfasst, sofern es die Höchstgrenzen des § 851c Abs. 1 ZPO übersteigt (BGH BeckRS 2021, 16903 Rn. 27). War der Altersvorsorgevertrag gekündigt und in ein Rückgewährschuldverhältnis umgewandelt, so fällt der Anspruch auf Auszahlung des Rückkaufswerts (§ 169 VVG) in die Insolvenzmasse und kann nicht mehr in den Versorgungsausgleich einbezogen werden (BGH BeckRS 2021, 16903 Rn. 40). Der Insolvenzverwalter ist bei einem Massebezug als Muss-Beteiligter nach § 7 Abs. 2 Nr. 1 FamFG am Versorgungsausgleichsverfahren zu beteiligen (BGH BeckRS 2021, 16903 Rn. 20); er ist insoweit nach § 59 Abs. 1 FamFG beschwerdeberechtigt (BGH BeckRS 2021, 16903 Rn. 31). 7c

Liegt dem Anspruch der Insolvenzmasse ein Verwaltungsakt zugrunde, so wird auch ein Verfahren über den Bestand des Verwaltungsakts unterbrochen, da bei Rechtsstreitigkeiten, die der Vorbereitung eines aktiv oder passiv die Insolvenzmasse betreffenden Hauptanspruchs dienen, ein mittelbarer Bezug zur Masse ausreicht (BVerwG NZI 2018, 718 Rn. 13 f.; → Rn. 12a). 7d

Höchstpersönliche Verfahren, die nicht der Verwaltungs- und Verfügungsbefugnis des Verwalters unterliegen, werden nicht unterbrochen (BGH NZI 2019, 731 Rn. 7; Pape ZInsO 2008, 1041 (1044 f.)). Prozesse über personenbezogene Voraussetzungen einer Gewerbetätigkeit werden daher nicht unterbrochen (OVG NRW BeckRS 2019, 18807). Die Unterbrechung wirkt einheitlich für das Verfahren insgesamt, auch wenn die Insolvenzmasse nur teilweise betroffen ist (BGH NZI 2019, 731; LG Frankfurt a. M. BeckRS 2020, 11470; Uhlenbruck/Mock Rn. 27). 8

II. Unterbrochene Verfahren

1. Zivilrechtliche Verfahren

9 § 240 S. 1 ZPO gilt grundsätzlich für alle zivilrechtlichen Erkenntnisverfahren, die die Insolvenzmasse als Aktiv- oder Passivprozess betreffen. Die Unterbrechung tritt auch im Berufungs-, Revisions- und Nichtzulassungsbeschwerdeverfahren (BGH NZI 2016, 657) ein. Unterbrochen werden Leistungsklagen, Feststellungs- oder anspruchsvorbereitende Klagen und Gestaltungsklagen (Uhlenbruck/Mock Rn. 25). Das Feststellungsinteresse muss auf die Masse bezogen sein (Waltenberger NZI 2018, 505). Störungsabwehrklagen werden unterbrochen, wenn sie sich auf die Masse beziehen (BGH NZI 2019, 731).

10 § 240 ZPO ist zudem anwendbar auf Kostenfestsetzungsverfahren (BGH NZI 2012, 625 Rn. 6), Verfahren zur Erwirkung eines Arrests oder einer einstweiligen Verfügung (BGH NJW 1962, 591), Beschwerde- und sonstige Rechtsmittelverfahren sowie Mahnverfahren, wenn der Mahnbescheid bei Insolvenzeröffnung zugestellt war (Uhlenbruck/Mock Rn. 69). Prozesse nach dem Anfechtungsgesetz werden gem. § 17 Abs. 1 S. 1 AnfG unterbrochen; es gelten für die Aufnahme die §§ 16, 17, 18 AnfG.

10a Auf Verfahren nach dem FamFG ist § 240 ZPO grundsätzlich nicht anwendbar (LG Bonn NZI 2011, 296), es sei denn, es handelt sich um ein echtes Streitverfahren mit Insolvenzmassebezug (BeckOK ZPO/Jaspersen ZPO § 240 Rn. 2.4). In Familienstreitsachen gilt § 240 ZPO über § 113 Abs. 1 S. 2 FamFG. Anwendbar ist § 240 ZPO auf das Versorgungsausgleichsverfahren, das vermögensrechtlicher Natur ist (→ Rn. 7c), nicht aber auf das höchstpersönliche Scheidungsverfahren (vgl. BGH BeckRS 2021, 16903 Rn. 28).

2. Verwaltungs- und sozialrechtliche Verfahren

12 Verwaltungsverfahren unterfallen nicht der Anwendung des § 240 ZPO, dieser gilt jedoch wegen § 173 S. 1 VwGO im Widerspruchsverfahren (aA BPatG NZI 2012, 291 (292)) sowie im Verwaltungs- (BGH NZI 2015, 127) und Sozialgerichtsverfahren (§ 202 SGG).

12a Klagt der Schuldner gegen die Aufhebung eines begünstigenden Verwaltungsakts und gegen die Rückforderung der auf der Grundlage des begünstigenden Verwaltungsakts gezahlten Mittel, so ist der Prozess insgesamt unterbrochen. Da der begünstigende Verwaltungsakt Rechtsgrundlage für die Leistung ist, hat der Rechtsstreit über seinen Bestand präjudizielle Wirkung und betrifft zumindest mittelbar die Insolvenzmasse (BVerwG NZI 2018, 718 Rn. 14; aA Vorinstanz OVG Hamburg NVwZ-RR 2017, 799; → Rn. 7d).

3. Arbeitsrechtliche Verfahren

13 Arbeitsgerichtliche Verfahren werden ebenfalls nach § 240 ZPO iVm § 46 Abs. 2 S. 1 ArbGG unterbrochen, wenn über das Vermögen einer Partei das Insolvenzverfahren eröffnet wird (BAG NZI 2007, 300 Rn. 14).

4. Steuerrechtliche Verfahren

13a Einspruchsverfahren gegen Einkommensteuerfestsetzungen werden analog § 240 ZPO unterbrochen (BFH NZI 2020, 240 Rn. 19; FG Köln NZI 2017, 118 (119)). Auch Rechtsstreitigkeiten vor den Finanzgerichten unterfallen der Anwendung des § 240 ZPO.

III. Nicht unterbrochene Verfahren

14 Nicht unterbrochen werden Streitwertfestsetzungsverfahren, die Gerichtsstandbestimmung gem. § 36 Nr. 3 ZPO (BGH NZI 2014, 155 Rn. 7), Zwangsvollstreckungen (BGH BeckRS 2020, 14017; NZI 2013, 539 Rn. 6; 2007, 543 Rn. 8), Prozesskostenhilfeverfahren (BGH NZI 2006, 543), selbstständige Beweisverfahren gem. §§ 485 ff. ZPO (BGH NZI 2004, 165), Mediationsverfahren (Uhlenbruck/Mock Rn. 78) und Verfahren der freiwilligen Gerichtsbarkeit (OLG Köln NZI 2001, 470).

14a Da für aktienrechtliche Spruchverfahren nach § 17 Abs. 1 SpruchG die Vorschriften der freiwilligen Gerichtsbarkeit (FamFG) gelten, werden sie nicht nach § 240 ZPO unterbrochen (BGH NZG 2019, 470 Rn. 20 ff.; → Rn. 10a).

15 Schiedsgerichtsverfahren werden durch die Eröffnung des Insolvenzverfahrens grundsätzlich nicht unterbrochen, das Schiedsgericht muss jedoch dem Insolvenzverwalter rechtliches Gehör gewähren, um eine Aufhebung gem. § 1059 Abs. 2 ZPO zu vermeiden. Betrifft das Schiedsverfahren eine Insolvenzforderung, muss wegen § 87 die Aussetzung oder das Ruhen des Schiedsverfahrens angeordnet werden (BGH NZI 2009, 309 Rn. 28).

Nicht unterbrochen werden Prozesse einer Gesellschaft bei Insolvenzeröffnung über das Privatvermögen eines Gesellschafters oder Prozesse des Gesellschafters bei Insolvenzeröffnung über das Vermögen der Gesellschaft. Verfahren, die die persönliche Haftung eines Gesellschafters (§ 161 Abs. 2 HGB, § 171 Abs. 2 HGB, § 128 HGB) betreffen, werden bei Insolvenzeröffnung über das Vermögen einer Gesellschaft analog § 17 Abs. 1 S. 1 AnfG unterbrochen, da die Haftung gem. § 93 nur vom Insolvenzverwalter der Gesellschaft geltend gemacht werden kann (BGH NZI 2009, 108 Rn. 6; 2003, 94 (95); → Rn. 7a). 16

IV. Wirkung der Unterbrechung

1. Fristen

Die Verfahrensunterbrechung bewirkt, dass der Lauf einer jeden Frist aufhört und nach Beendigung der Unterbrechung die volle Frist von neuem zu laufen beginnt (§ 249 Abs. 1 ZPO). Die Unterbrechungswirkung tritt mit der Anordnung eines allgemeinen Verfügungsverbotes oder mit Insolvenzeröffnung ein. 17

Der Fristenstopp gilt für gesetzliche und richterliche Fristen, insbesondere für Notfristen. Unterbrochen werden die Berufungs- und Revisionsbegründungsfrist (§ 520 Abs. 2 ZPO, § 551 Abs. 2 ZPO), die Einlassungs- (§ 274 Abs. 3 ZPO), Äußerungs-, Klageerwiderungs-, Klagebegründungs- und Erklärungsfristen (§§ 271 Abs. 2, 273 Abs. 2 Nr. 1, 275 Abs. 1 S. 1, Abs. 3, 4, 276 Abs. 1, 3, 277 Abs. 3, 697 Abs. 1 ZPO), die Wiedereinsetzungsfrist (§ 234 Abs. 1 ZPO) und die Ladungsfrist (§ 217 ZPO). Eine im Prozessvergleich vereinbarte Widerrufsfrist wird unterbrochen. 18

War die Frist auf einen bestimmten Kalendertag festgesetzt, beginnt sie nach Beendigung der Verfahrensunterbrechung nicht von neuem zu laufen, sondern ist neu festzusetzen. Eine noch nicht in Lauf gesetzte Frist beginnt nicht zu laufen und eine bereits begonnene Frist läuft nicht weiter (BGH NJW 1990, 1854 (1855)). Materiell-rechtliche Fristen werden durch § 240 ZPO nicht unterbrochen (Uhlenbruck/Mock Rn. 118). 19

2. Prozesshandlungen

Prozesshandlungen einer Partei gegenüber der anderen Partei sind gem. § 249 Abs. 2 ZPO relativ unwirksam (MüKoZPO/Gehrlein ZPO § 249 Rn. 14). Die Unwirksamkeit kann durch Rügeverzicht oder Genehmigung gem. § 295 ZPO geheilt werden (BGH NJW 1969, 48). 20

Handlungen gegenüber dem Gericht, wie zB die Rechtsmitteleinlegung oder die Rechtsmittelbegründung, sind auch während der Unterbrechung wirksam, sofern die Partei prozessführungsbefugt ist. 20a

Prozesshandlungen des Gerichts, die die Hauptsache betreffen, sind unwirksam. Ein gegen § 240 ZPO verstoßendes Urteil ist nicht nichtig, sondern relativ unwirksam und kann mit den gegebenen Rechtsmitteln angefochten werden (BGH BeckRS 2009, 13343 Rn. 14; MüKoZPO/Gehrlein ZPO § 240 Rn. 19). Ergehen Entscheidungen in Einspruchsverfahren, die analog § 240 ZPO unterbrochen sind, können diese Einspruchsentscheidungen isoliert angefochten werden (BFH DStR 2020, 164 Rn. 15). 21

Soweit er die Aufhebung des nach Insolvenzeröffnung ergangenen Urteils erstrebt, bleibt der Schuldner prozessführungsbefugt (BFH BeckRS 2012, 96376 Rn. 10; OVG NRW BeckRS 2019, 9827 Rn. 8), der Insolvenzverwalter ist ohne Aufnahmeerklärung Partei kraft Amtes (KG BeckRS 2018, 2554 Rn. 3). Wurde trotz Unterbrechung mündlich verhandelt und ein Urteil gegen den Schuldner erlassen, liegt ein absoluter Revisionsgrund vor (BGH NJW 1997, 1445). 21a

Tritt die Unterbrechung erst nach dem Schluss einer mündlichen Verhandlung ein, so ist die Verkündung der Entscheidung nicht gehindert (§ 249 Abs. 3 ZPO), die Entscheidung darf jedoch nicht zugestellt werden (BGH NJW 1990, 1854). Ist in einem Verfahren keine mündliche Verhandlung vorgesehen, können Erlass und Zustellung einer Entscheidung zulässig sein, wenn keine Rechte der Beteiligten verletzt werden, insbesondere alle Prozesshandlungen vor der Unterbrechung erfolgten und keine Fristen beginnen (BGH NZI 2019, 191 Rn. 5). 22

§ 249 Abs. 3 ZPO ist nicht analog anzuwenden, wenn die Beteiligten nur auf die Durchführung einer mündlichen Verhandlung verzichtet haben (BFH BeckRS 2018, 26788). Analog § 249 Abs. 3 ZPO darf aber ein vor Eintritt der Unterbrechung unzulässiges Rechtsmittel während der Unter- 22a brechung verworfen werden (BGH BeckRS 2013, 21008). Auf sonstige richterliche Handlungen ist § 249 Abs. 3 ZPO nicht anwendbar.

22b Gerichtliche Handlungen, die keine Entscheidungen sind (Ladungen, Zustellungen, Fristsetzungen etc), müssen gegenüber dem Verwalter wiederholt werden (Uhlenbruck/Mock Rn. 127).

V. Beginn der Unterbrechung

23 Die Unterbrechung tritt mit Eröffnung des Insolvenzverfahrens ein. Maßgeblich ist der im Insolvenzeröffnungsbeschluss gem. § 27 Abs. 2 Nr. 3 angegebene Zeitpunkt der Eröffnung; einer Zustellung des Eröffnungsbeschlusses bedarf es nicht (Waltenberger NZI 2018, 505).

23a Erfolgt die Verfahrensunterbrechung gem. § 240 S. 2 ZPO wegen Bestellung eines vorläufigen starken Insolvenzverwalters, kommt es auf den Zeitpunkt des Erlasses des allgemeinen Verfügungsverbots an, nicht auf die Zustellung des Beschlusses (BGH ZIP 1996, 1909 (1910) = NJW 1997, 528). Fehlt die Angabe der Stunde des Erlasses, wird der Beschluss analog § 27 Abs. 3 zur Mittagsstunde wirksam.

VI. Ende der Unterbrechung

1. Zeitpunkt

24 Die Unterbrechung des Verfahrens endet mit der Aufnahme des Rechtsstreits (§ 250 ZPO) oder mit der Rechtskraft der Beendigung des Insolvenzverfahrens (BGH BeckRS 2020, 27134 Rn. 7; BeckRS 2020, 8758 Rn. 6). Maßgeblich ist die Wirksamkeit des Aufhebungs- (§ 200) oder Einstellungsbeschlusses (§§ 207, 211, 213; BGH NJW 1975, 692). Ebenso endet das Verfahren bei Aufhebung des Eröffnungsbeschlusses durch das Beschwerdegericht (§ 34) mit Rechtskraft der Beschwerdeentscheidung.

24a Im Insolvenzplanverfahren endet die Unterbrechung mit rechtskräftiger Bestätigung des Insolvenzplans (§ 258).

25 Die Unterbrechung endet nicht automatisch, wenn der Insolvenzverwalter die Aufnahme des Prozesses ablehnt oder den streitbefangenen Gegenstand freigibt (BGH NZI 2005, 387 (389); OLG Koblenz BeckRS 2017, 105693 Rn. 33). Die Unterbrechung endet in diesem Fall erst, wenn der Schuldner oder der Prozessgegner den Rechtsstreit aufnimmt.

2. Rechtsfolgen

26 Mit Ende der Unterbrechungswirkung wird der Prozess durch den Insolvenzverwalter als Partei kraft Amtes mit Wirkung für und gegen die Insolvenzmasse fortgeführt.

26a Fristen, die unterbrochen wurden, wie eine Berufungsbegründungsfrist, beginnen mit Beendigung der Unterbrechung gem. § 249 Abs. 1 ZPO neu (BGH BeckRS 2020, 27134 Rn. 7; → Rn. 17) oder sind neu festzusetzen (→ Rn. 19).

3. Forderungsfeststellung

26b War bei Insolvenzeröffnung ein Rechtsstreit über Insolvenzforderungen (§§ 38, 39) anhängig, so wird auch dieser gem. § 240 ZPO unterbrochen. Eine Aufnahme des Rechtsstreits ist nur unter den Voraussetzungen der §§ 179 Abs. 1, 180 Abs. 2 zulässig. Zwingende Sachurteilsvoraussetzung für die Aufnahme ist die Anmeldung der Forderung zur Insolvenztabelle (§§ 87, 174 ff.) und das Bestreiten durch den Insolvenzverwalter oder einen Insolvenzgläubiger (BGH NZI 2020, 782 Rn. 10).

26c Wird der Forderung im Prüfungstermin (§ 176) nicht widersprochen, so ist sie zur Insolvenztabelle festgestellt. Durch die Feststellung tritt im unterbrochenen Rechtsstreit Erledigung in der Hauptsache ein (→ § 87 Rn. 18).

VII. Prozesse des Insolvenzverwalters

1. Unterbrechung nach Aufhebung des Insolvenzverfahrens

27 Ein vom oder gegen den Insolvenzverwalter geführter Rechtsstreit wird durch die Aufhebung des Insolvenzverfahrens analog §§ 239, 240 ZPO unterbrochen (OLG München NZI 2014, 610). Dies gilt auch für Passivprozesse des Insolvenzverwalters (SächsLAG BeckRS 2017, 133768 Rn. 24).

Eine Ausnahme bilden Anfechtungsprozesse des Verwalters gem. §§ 129 ff., die die Insolvenzer- 27a
öffnung voraussetzen. Soweit der Streitgegenstand der Nachtragsverteilung vorbehalten ist, wird
der Rechtsstreit durch den Insolvenzverwalter fortgeführt.

Ist der Insolvenzverwalter durch einen Rechtsanwalt im Prozess vertreten, findet eine Unterbre- 28
chung nicht statt, da die Prozessvollmacht in Kraft bleibt (OLG Karlsruhe NZI 2005, 395; Sächs-
LAG BeckRS 2017, 133768 Rn. 25). Auf Antrag des Prozessbevollmächtigten ist jedoch eine
Aussetzung des Verfahrens gem. § 246 Abs. 1 ZPO analog anzuordnen (OLG Köln ZIP 1987,
1004).

Scheidet der Insolvenzverwalter aus dem Prozess aus, kann gegen ihn keine Kostenentscheidung 28a
ergehen, da diese das Ende des Verfahrens voraussetzt (OLG München NZI 2014, 610).

2. Unterbrechung nach Wechsel des Insolvenzverwalters

Erfolgt nach Rechtshängigkeit des Prozesses ein Wechsel des Insolvenzverwalters, weil der 28b
bestellte Verwalter stirbt, ein neuer Verwalter gewählt (§ 57) oder der Insolvenzverwalter aus
wichtigem Grund aus dem Amt entlassen wird (§ 59), ist das Verfahren analog § 241 ZPO unterbrochen (→ § 57 Rn. 12; MüKoInsO/Graeber § 57 Rn. 40; Uhlenbruck/Vallender/Zipperer
§ 57 Rn. 31).

Die Unterbrechung erfolgt anders als bei Aufhebung des Insolvenzverfahrens auch dann, wenn 28c
sich der Insolvenzverwalter durch einen Rechtsanwalt im Prozess vertreten lässt. Die vom bisherigen Verwalter erteilte Prozessvollmacht bleibt zwar wirksam (Uhlenbruck/Vallender/Zipperer § 57
Rn. 31). Zum Schutz der Insolvenzmasse muss der neue Verwalter jedoch wie bei der Unterbrechung nach § 240 ZPO nach pflichtgemäßem Ermessen über die Aufnahme entscheiden können
(→ Rn. 32).

§ 241 ZPO erfordert als konstitutive Aufnahmevoraussetzung eine Anzeige über den Wechsel 28d
des Insolvenzverwalters an das Prozessgericht sowie die Zustellung der Anzeige durch das Gericht
an den jeweiligen Gegner (BeckOK ZPO/Jaspersen ZPO § 241 Rn. 15; MüKoZPO/Stackmann
ZPO § 241 Rn. 14). Eine Fortsetzung des Rechtsstreits erfolgt daher unabhängig vom Vorliegen
der Prozessvollmacht nur, wenn die Aufnahme durch den neuen Insolvenzverwalter oder den
Gegner angezeigt und zugestellt wird.

C. Aufnahme anhängiger Streitigkeiten (Abs. 1)

Der Insolvenzverwalter kann anhängige Prozesse über das zur Insolvenzmasse gehörende Ver- 29
mögen in der Lage, in der sie sich befinden, aufnehmen. Da der Prozess gem. § 240 S. 2 ZPO auch
unterbrochen wird, wenn die Verwaltungs- und Verfügungsbefugnis auf einen starken vorläufigen
Insolvenzverwalter übergeht, ist dieser gem. § 24 Abs. 2, § 25 Abs. 1 S. 1 ebenfalls berechtigt, den
Rechtsstreit aufzunehmen (MüKoInsO/Schumacher Rn. 13). Eine Aufnahme durch den Gegner
oder den Schuldner ist nur unter den Voraussetzungen des Abs. 2 zulässig.

I. Aktivprozess

§ 85 Abs. 1 setzt einen Aktivprozess, auch Teilungsmassestreit genannt, voraus. Das Recht, über 30
den der Prozess geführt wird, muss im Falle seines Bestehens zur Aktiv- bzw. Teilungsmasse
gehören (BGH NZI 2010, 811 Rn. 22; BGH BeckRS 2017, 136174 Rn. 16). Es handelt sich
also um vermögensrechtliche Streitigkeiten, die zur Masse gehörende Gegenstände, nicht das
insolvenzfreie Vermögen, betreffen. Maßgeblich für die Frage, ob ein Aktivstreit vorliegt, ist der
Zeitpunkt der Entscheidung über die Aufnahme.

Im Gegensatz zum Aktivprozess wird die Insolvenzmasse bei einem Passivprozess aus einem 30a
materiellen Recht in Anspruch genommen (→ § 86 Rn. 3). Zielen die Ansprüche direkt auf
eine Minderung der Teilungsmasse ab, so wird von einem Teilungsmassegegenstreit gesprochen
(→ § 86 Rn. 4).

Unerheblich ist, ob der Schuldner Kläger oder Beklagter ist (BGH BeckRS 2016, 10199 31
Rn. 10). Eine negative Feststellungsklage gegenüber dem Schuldner, in der geltend gemacht wird,
ein sonst zur Masse gehörender Anspruch sei erloschen oder ein zur Masse gehörendes Recht
bestehe nicht oder nur eingeschränkt, ist ein Aktivprozess. Eine Vollstreckungsabwehrklage ist
dagegen kein Aktivprozess (BGH BeckRS 2016, 10199 Rn. 10). Ein Rechtsstreit kann zugleich
Aktivprozess und Passivprozess sein, zB im Falle einer Widerklage.

Entscheidend für die Qualifizierung als Aktiv- oder Passivprozess ist die Hauptsache des Rechts- 31a
streits. Mögliche Kostenerstattungsansprüche im Falle eines Obsiegens bleiben grundsätzlich außer
Betracht (MüKoInsO/Schumacher Rn. 7). War aber der Rechtsstreit in der Hauptsache vor der

Unterbrechung bereits beendet und nur noch wegen der Kosten anhängig, so handelt es sich unabhängig vom Gegenstand der Hauptsache um einen Aktivprozess über den Kostenerstattungsanspruch des Schuldners (MüKoInsO/Schumacher Rn. 8).

II. Entscheidung des Insolvenzverwalters

32 Der Insolvenzverwalter hat die Entscheidung über die Aufnahme bzw. die Ablehnung der Aufnahme eines anhängigen Schuldnerprozesses nach pflichtgemäßem Ermessen zu treffen. Zu berücksichtigen ist dabei neben den Erfolgsaussichten in rechtlicher und tatsächlicher Hinsicht die Finanzierbarkeit im Falle des Unterliegens.

33 Soll ein Rechtsstreit mit erheblichem Streitwert aufgenommen oder die Aufnahme eines solchen Rechtsstreits abgelehnt werden, hat der Verwalter gem. § 160 Abs. 2 Nr. 3 die Zustimmung des Gläubigerausschusses einzuholen.

34 Nimmt ein vorläufiger starker Insolvenzverwalter den Prozess auf, ist hiermit keine präjudizierende Entscheidung hinsichtlich des weiteren Verfahrens getroffen worden, da das Verfahren mit Insolvenzeröffnung erneut unterbrochen wird und der Insolvenzverwalter gem. § 85 über die Aufnahme entscheiden kann.

35 Bei der Eigenverwaltung ist die Aufnahme nicht durch den Sachwalter, sondern nur durch den Schuldner möglich (BFH DStRE 2014, 617 Rn. 14). Auch der eigenverwaltende Schuldner hat bei Rechtsstreiten mit erheblichem Streitwert die Zustimmung nach § 160 Abs. 2 Nr. 3 einzuholen.

36 Die Aufnahme des Verfahrens ist eine prozessuale Willenserklärung. Mit Zustellung des die Aufnahme enthaltenden Schriftsatzes (§ 250 ZPO) wird die Unterbrechung beendet. Die Aufnahme muss nicht ausdrücklich erklärt werden. Ausreichend ist, wenn der Schriftsatz den Aufnahmewillen zweifelsfrei erkennen lässt (BGH NJW 1995, 2171 (2172)). Möglich sind eine konkludente oder stillschweigende Aufnahme (Uhlenbruck/Mock Rn. 159) oder eine Teilaufnahme, wenn keine Gefahr widersprechender Entscheidungen besteht (BGH NZI 2013, 437 Rn. 9, 12; Adam ZInsO 2013, 1227).

36a Die Aufnahme kann noch in der Revisionsinstanz erklärt werden (BGH NJW 2014, 3436).

III. Rechtsfolge

37 Der Rechtsstreit ist nach der Aufnahme in der Lage, in der er sich bei Unterbrechung befunden hat. Mit der Aufnahme durch den Insolvenzverwalter ist dieser an die bisherige Prozessführung des Schuldners gebunden. Die Prozesshandlungen des Schuldners, wie zB Anerkenntnisse, Geständnisse, Verzichtserklärungen, Frist- und Terminversäumnisse, sind gegenüber dem Insolvenzverwalter wirksam (BGH NZI 2007, 104 Rn. 9).

37a Ausnahmsweise sind Prozesshandlungen des Schuldners gegenüber dem Insolvenzverwalter nicht wirksam, wenn sie gem. §§ 129 ff. anfechtbar sind (Uhlenbruck/Mock Rn. 162). Die Anfechtung der Prozesshandlung kann außersätzlich im Prozess gegenüber dem Gegner erklärt werden. Liegen die Anfechtungsvoraussetzungen vor, ist die Erklärung relativ unwirksam, der Gegner kann sich also während der Dauer des Insolvenzverfahrens gegenüber dem Insolvenzverwalter nicht auf die Erklärung berufen (BGH NZI 2014, 1057 Rn. 11; 2012, 564 Rn. 32).

38 Ergeht in dem vom Verwalter aufgenommenen Prozess ein Urteil, wirkt die Rechtskraft für und gegen den Schuldner.

IV. Kosten

39 Im Falle des Obsiegens des Insolvenzverwalters fällt ein gegen den Gegner entstehender Kostenerstattungsanspruch in die Insolvenzmasse (Froehner NZI 2016, 425 (426)). Hatte der Schuldner vor der Unterbrechung einen Prozessbevollmächtigten beauftragt, sind dessen Ansprüche nur Insolvenzforderungen.

40 Im Falle des Unterliegens des Insolvenzverwalters sind die Kosten dem Insolvenzverwalter grundsätzlich als Masseverbindlichkeiten (§ 55 Abs. 1 Nr. 1) aufzuerlegen. Dabei wird nicht danach differenziert, ob die Gebührentatbestände vor oder nach Insolvenzeröffnung entstanden sind; vielmehr ist die Kostenentscheidung einheitlich zu treffen (BGH BeckRS 2019, 23080; BGH NZI 2016, 829 Rn. 10; aA Uhlenbruck/Mock Rn. 166).

40a Kosten, die für vor Insolvenzeröffnung abgeschlossene Instanzen angefallen sind, sind analog dem Rechtsgedanken des § 105 als Insolvenzforderung einzustufen (BGH NZI 2016, 829 Rn. 11; diff. Froehner NZI 2016, 425 (427)).

V. Verzögerung der Aufnahme des Rechtsstreits (Abs. 1 S. 2)

Verzögert der Insolvenzverwalter die Entscheidung über die Aufnahme des Aktivprozesses in unangemessener Weise, kann der Prozessgegner den Insolvenzverwalter gem. § 85 Abs. 1 S. 2 iVm § 239 Abs. 2 ZPO zur Aufnahme und Verhandlung der Hauptsache laden. Der Nebenintervenient hat für den Fall der Insolvenz der Hauptpartei keine Möglichkeit, den Insolvenzverwalter laden zu lassen (BGH NZI 2010, 298 Rn. 23). 41

Eine Verzögerung tritt ein, wenn der Verwalter den Rechtsstreit ohne Entschuldigungsgrund nicht innerhalb einer den Umständen nach angemessenen Frist aufnimmt. Dabei ist ua zu berücksichtigen, ob gem. § 160 Abs. 2 Nr. 3 die Zustimmung des Gläubigerausschusses einzuholen ist. 42

D. Ablehnung der Aufnahme (Abs. 2)

I. Entscheidung des Insolvenzverwalters

Die Ablehnung kann nur durch den Insolvenzverwalter erklärt werden. Der starke vorläufige Insolvenzverwalter ist nicht zur Ablehnung befugt, da sie als negative Verwertungshandlung dem endgültigen Verwalter vorbehalten ist. Bei der Eigenverwaltung ist die Ablehnung nicht durch den Sachwalter, sondern durch den Schuldner zu erklären (Uhlenbruck/Mock Rn. 174). 43

Die Ablehnungserklärung des Insolvenzverwalters ist formlos möglich. Sie ist gegenüber dem Schuldner oder der anderen Partei, nicht gegenüber dem Gericht abzugeben (BGH NZI 2007, 173 Rn. 18; BFH NZI 2018, 572 Rn. 12); kann aber auch in der mündlichen Verhandlung erklärt werden (MüKoInsO/Schumacher Rn. 22). 44

Im Gegensatz zur Aufnahmeerklärung ist die Ablehnung eine Willenserklärung gem. §§ 133, 157 BGB. Sie kann auch konkludent durch die Freigabe des Streitgegenstands an den Schuldner erklärt werden (BGH NZI 2007, 173 Rn. 18; OLG Stuttgart BeckRS 2018, 27411). Spiegelbildlich ist in einer uneingeschränkten Aufnahmeablehnung eine Freigabe des Streitgegenstands zu sehen (→ Rn. 45). 44a

Will der Insolvenzverwalter den Streitgegenstand zur Masse ziehen, ohne den Rechtsstreit aufzunehmen, soll er nach einer Ansicht sein Einverständnis zur Prozessführung durch den Schuldner unter Vorbehalt der weiteren Massezugehörigkeit erklären können (Lenger NZI 2018, 573 (574)). Die Prozessführung im Hinblick auf die Insolvenzmasse ist jedoch gem. § 80 dem Insolvenzverwalter zugewiesen. Würde die Prozessführung unter dem Vorbehalt, dass der Klagegegenstand im Falle des Obsiegens in die Masse fällt, auf den Schuldner übertragen, so würde lediglich das Kostenrisiko auf den Schuldner abgewälzt. Der Schuldner hätte kein eigenes Interesse an der Prozessführung. Eine derartige Übertragung der Prozessführung ist daher abzulehnen (MüKoInsO/Schumacher Rn. 18). 44b

II. Rechtsfolgen

1. Ausscheiden des Insolvenzverwalters

Die Ablehnungserklärung hat materiell-rechtlich gegenüber dem Schuldner die Wirkung einer Freigabe (BGH NZI 2007, 173 Rn. 18). Unwirksam ist eine Ablehnung unter dem Vorbehalt, den Gegenstand dennoch zur Masse zu ziehen (→ Rn. 44b). Die Ablehnung der Aufnahme ist auch im Insolvenzverfahren über das Vermögen einer juristischen Person oder einer Gesellschaft ohne Rechtspersönlichkeit möglich (BGH NZI 2007, 173 Rn. 18). 45

Nach Ablehnung der Aufnahme ist der Verwalter nicht mehr am Verfahren beteiligt (BFH NZI 2018, 572 Rn. 12). 45a

2. Aufnahme durch Schuldner oder Gegner

Infolge der Ablehnung geht die Prozessführungsbefugnis auf den Schuldner über. Der Rechtsstreit kann durch den Gegner oder den Schuldner (BGH NZI 2005, 387 (388)) aufgenommen werden. 46

Erst mit Aufnahme des Rechtsstreits endet die Unterbrechung. Ein Zwischenstreit darüber, ob der Rechtsstreit wirksam aufgenommen wurde, ist entsprechend § 303 ZPO durch Beschluss zu entscheiden (BGH BeckRS 2016, 10199 Rn. 8). 46a

Hat der Verwalter den Prozess nach Abs. 1 S. 1 bereits aufgenommen, ist eine Ablehnung durch ihn und eine Aufnahme durch den Schuldner nicht mehr möglich. Der Insolvenzverwalter kann jedoch den streitbefangenen Gegenstand während des Prozesses aus der Masse freigeben. In diesem 47

InsO § 86 Dritter Teil. Wirkungen der Eröffnung des Insolvenzverfahrens

Fall kommt es zu einem Parteiwechsel und zu einer Anwendung von § 265 Abs. 2 ZPO, sodass der Insolvenzverwalter den Prozess für den Schuldner als Prozessstandschafter fortführen muss (OLG Nürnberg OLGZ 1994, 454 (458)).

48 Nehmen weder der Gegner noch der Schuldner den Rechtsstreit auf, bleibt das Verfahren bis zur Aufhebung des Insolvenzverfahrens unterbrochen.

III. Kosten

49 Wird die Aufnahme des Prozesses durch den Insolvenzverwalter abgelehnt, fallen der Insolvenzmasse keine Prozesskosten zur Last.

49a Nimmt der Schuldner den Prozess auf, so ist die Kostenentscheidung wie bei der Aufnahme durch den Insolvenzverwalter einheitlich zu treffen (→ Rn. 40). Der Schuldner haftet insofern mit seinem insolvenzfreien Vermögen (LG Osnabrück ZIP 1994, 384).

§ 86 Aufnahme bestimmter Passivprozesse

(1) Rechtsstreitigkeiten, die zur Zeit der Eröffnung des Insolvenzverfahrens gegen den Schuldner anhängig sind, können sowohl vom Insolvenzverwalter als auch vom Gegner aufgenommen werden, wenn sie betreffen:
1. die Aussonderung eines Gegenstands aus der Insolvenzmasse,
2. die abgesonderte Befriedigung oder
3. eine Masseverbindlichkeit.

(2) Erkennt der Verwalter den Anspruch sofort an, so kann der Gegner einen Anspruch auf Erstattung der Kosten des Rechtsstreits nur als Insolvenzgläubiger geltend machen.

Überblick

Betrifft ein Passivprozess (→ Rn. 3) die Teilungsmasse (→ Rn. 4), so kann der Prozess vom Insolvenzverwalter (→ Rn. 20) oder vom Gegner (→ Rn. 19) aufgenommen (→ Rn. 23) werden. Der Passivprozess muss über einen Aussonderungsanspruch (→ Rn. 7), ein Absonderungsrecht (→ Rn. 12) oder eine Masseverbindlichkeit (→ Rn. 15) geführt werden. Erkennt der Insolvenzverwalter den Anspruch sofort an, kann der Gegner den Kostenerstattungsanspruch (→ Rn. 25) nur als Insolvenzforderung geltend machen (→ Rn. 25b), auch wenn die Kostenregel des § 93 ZPO nicht gilt (→ Rn. 29a). Mit Beendigung des Insolvenzverfahrens werden Prozesse des Insolvenzverwalters unterbrochen (→ Rn. 31).

Übersicht

	Rn.		Rn.
A. Allgemeines	1	3. Schuldner	21
B. Passivprozesse	3	II. Form der Aufnahme	23
I. Aussonderungsansprüche (Abs. 1 Nr. 1)	7	III. Prozessuales	24a
II. Absonderungsansprüche (Abs. 1 Nr. 2)	12	IV. Wirkung der Aufnahme	24e
III. Masseverbindlichkeiten (Abs. 1 Nr. 3)	15	V. Kosten	25
C. Aufnahme des Verfahrens	19	VI. Abgrenzung zu § 180	26
I. Aufnahmebefugnis	19	D. Sofortiges Anerkenntnis des Insolvenzverwalters (Abs. 2)	28
1. Prozessgegner	19		
2. Insolvenzverwalter	20	E. Beendigung des Insolvenzverfahrens	31

A. Allgemeines

1 Mit Insolvenzeröffnung werden laufende Rechtsstreite des Schuldners nach § 240 ZPO unterbrochen. Während § 85 das Schicksal der Aktivprozesse (→ § 85 Rn. 30) regelt, gilt § 86 ausschließlich für Passivprozesse. Diese Passivprozesse sollen im Insolvenzverfahren nach Vorstellung des Gesetzgebers möglichst vermieden werden. Vorrang hat die Anmeldung einer Forderung zur Insolvenztabelle, mit der schnell, kostengünstig und einfach ein Titel erlangt werden kann (§§ 87, 174 ff.).

Aufnahme bestimmter Passivprozesse § 86 InsO

Ein Recht zur Aufnahme des Prozesses durch den Gegner soll bei Passivprozessen nur bestehen, 2
wenn der Gegner bei Obsiegen einen unmittelbaren Anspruch gegen die Masse oder einen
Anspruch auf Ab- oder Aussonderung hat. Ist im Streit, ob ein Rechtsstreit nach § 86 aufgenommen werden kann, so ist darüber durch Zwischenurteil (§ 303 ZPO) zu entscheiden (BAG BeckRS 2013, 69847; LAG Hamm BeckRS 2021, 7893 Rn. 19).

B. Passivprozesse

Ein Passivprozess setzt voraus, dass die Insolvenzmasse aus einem materiellen Recht in Anspruch 3
genommen wird (BGH NJW 1995, 1750), wobei es nicht auf die Parteirolle des Schuldners im
Prozess (zB Kläger, Beklagter, Widerkläger oder Widerbeklagter) ankommt.

Handelt es sich um Ansprüche gegen den Schuldner, die unmittelbar auf eine Minderung 4
der Teilungsmasse abzielen, wird von einem Teilungs(gegen)massestreit gesprochen (Uhlenbruck/
Mock Rn. 3); nur diese Verfahren werden von § 86 geregelt.

Vom Teilungsmassestreit ist der Schuldenmassestreit (→ § 87 Rn. 3) zu unterscheiden, bei dem 5
Ansprüche gegen den Schuldner geltend gemacht werden, die Insolvenzforderungen sind, sodass
ausschließlich §§ 87, 174 ff. gelten.

§ 86 ist auf alle gem. § 240 ZPO unterbrochenen Rechtsstreitigkeiten (→ § 85 Rn. 9 ff.) 6
anzuwenden. Bei Schiedsverfahren wird das Verfahren der Vollstreckbarkeitserklärung (§§ 1060 ff.
ZPO) unterbrochen und kann unter den Voraussetzungen des § 86 aufgenommen werden (Flecke-
Giammarco/Keller NZI 2012, 529 (532)).

I. Aussonderungsansprüche (Abs. 1 Nr. 1)

§ 86 gilt in Verfahren, in denen ein Aussonderungsrecht (§§ 47 ff.) im Streit steht. Hierunter 7
fallen beispielsweise Herausgabeklagen des Eigentümers (§ 985 BGB), Eigentumsfeststellungsklagen (außer bei Sicherungseigentum), Klagen auf Feststellung eines persönlichen Herausgabe- oder
Räumungsanspruchs oder einer Dienstbarkeit und Herausgabe- oder Räumungsansprüche, soweit
sie ein Aussonderungsrecht begründen (BGH NZI 2015, 173 Rn. 18 zu § 546 Abs. 1 BGB; OLG
Koblenz BeckRS 2016, 15981 Rn. 19 zur Bürgschaftsurkunde nach § 648a BGB).

Anwendbar ist Abs. 1 Nr. 1 auch bei Klagen auf Feststellung der Inhaberschaft an einer Forde- 8
rung, sofern sich diese nicht auf eine Sicherungsabtretung stützt, bei Klagen zwischen Kommissionär und Schuldner wegen Abtretung der Forderung aus dem ausgeführten Geschäft nach §§ 384,
392 HGB, bei Drittwiderspruchsklagen (§ 771 ZPO), bei Grundbuchberichtigungsansprüchen
sowie Klagen auf Bewilligung der Löschung einer Hypothek oder auf Feststellung des Nichtbestehens eines sonstigen vom Schuldner in Anspruch genommenen Rechts.

Wird mit einer Anfechtung nach dem AnfG oder nach §§ 129 ff. das Insolvenzverfahren über 9
das Vermögen des Anfechtungsgegners eröffnet, so kann der Anfechtungsanspruch des anfechtenden Gläubigers oder Insolvenzverwalters von Abs. 1 Nr. 1 erfasst sein. Voraussetzung ist, dass der
(insolvente) Anspruchsgegner nicht bloß Wertersatz schuldet, sondern dass ein aussonderungsfähiger Gegenstand unterscheidbar in der Masse vorhanden ist (BGH NZI 2009, 429 Rn. 42 ff.; BGH
NZI 2004, 78 (80 f.); Uhlenbruck/Mock Rn. 9; MüKoInsO/Schumacher Rn. 8).

Wettbewerbsrechtliche Unterlassungsklagen, die gegen den Insolvenzschuldner gerichtet sind, 10
fallen in der Regel in den Anwendungsbereich des § 86 (BGH NZI 2010, 811; MüKoInsO/
Schumacher Rn. 15). Umstritten ist jedoch, ob die Aufnahme analog Abs. 1 Nr. 1 (OLG Hamburg
BeckRS 2016, 15015 Rn. 35 f.) oder Abs. 1 Nr. 3 (BGH NJOZ 2015, 1033 Rn. 21) erfolgt.

Wettbewerbsrechtliche Ansprüche auf Vernichtung zielen auf Aussonderung des Gegenstands 11
und unterfallen Abs. 1 Nr. 1 (BGH NJOZ 2015, 1033 Rn. 22). Patentnichtigkeitsverfahren unterfallen Abs. 1 Nr. 1, da bei Unterliegen das Patent das Recht aus der Masse ausscheidet (BGH NZI
2013, 690 Rn. 10; BPatG ZInsO 2012, 1090 (1092)).

II. Absonderungsansprüche (Abs. 1 Nr. 2)

Abs. 1 Nr. 2 greift bei Klagen auf Duldung der Zwangsvollstreckung in ein Grundstück des 12
Insolvenzschuldners, das mit einem Grundpfandrecht behaftet ist (BGH NZI 2016, 657 Rn. 12),
Klagen auf Herausgabe von sicherungsübereigneten oder verpfändeten Gegenständen, Vollstreckungsgegenklagen gegen einen Absonderungsanspruch (BGH NJW 1973, 2065) und Klagen
gegen den Erben gem. § 2213 Abs. 3 BGB (BGH NZI 2006, 461 Rn. 31). Soweit sich die Klage
gegen die Zulässigkeit der Zwangsvollstreckung aus einer Grundschuld richtet, ist eine Aufnahme
durch den Schuldner nur zulässig, wenn der Insolvenzverwalter das betroffene Grundstück freigegeben hat (BGH BeckRS 2018, 5523 Rn. 2; NZI 2016, 657 Rn. 13).

13 In der Insolvenz des Versicherungsnehmers unterfällt Abs. 1 Nr. 2 der Anspruch des geschädigten Dritten gegen die Versicherung auf abgesonderte Befriedigung aus dem Freistellungsanspruch gem. § 110 VVG (BGH NZI 2013, 886 Rn. 11; Thole NZI 2011, 41 (42 f.); zu § 157 VVG aF BGH BeckRS 2021, 16094 Rn. 40; 2016, 16029 Rn. 4). Die Aufnahme nach Abs. 1 Nr. 2 ist zulässig, wenn der Dritte seinen Anspruch auf den Anspruch des Versicherungsnehmers gegen die Haftpflichtversicherung beschränkt (→ Rn. 24d; BeckRS 2021, 16094 Rn. 42).

14 Eine zwischen Gläubiger und Schuldner getroffene Gerichtsstandvereinbarung ist bei einem Rechtsstreit des Gläubigers mit dem Insolvenzverwalter über Absonderungsrechte nicht bindend (LG Kleve 13.12.2000 – 7 O 75/00).

III. Masseverbindlichkeiten (Abs. 1 Nr. 3)

15 Anwendungsgebiete des Abs. 1 Nr. 3 sind vor allem Ansprüche gem. §§ 103 Abs. 1, 55 Abs. 1 Nr. 2 aus gegenseitigen Verträgen, sofern der Insolvenzverwalter die Erfüllung wählt (K. Schmidt InsO/Sternal Rn. 9; Uhlenbruck/Mock Rn. 17) oder sie für die Zeit nach Insolvenzeröffnung erfüllen muss. Dabei sind insbesondere Ansprüche aus Arbeits- und Mietverträgen über unbewegliche Gegenstände zu nennen. Anwendbar ist Abs. 1 Nr. 3 jedoch nur bei Verträgen, die bei Insolvenzeröffnung bereits vollzogen waren (LAG Hamm BeckRS 2021, 7893 Rn. 24). Der Umfang der Masseverbindlichkeiten wird bei teilbaren Leistungen gem. § 105 beschränkt.

15a Lehnt der Insolvenzverwalter die Erfüllung des Vertrags nach § 103 Abs. 2 ab, so entstehen keine Masseverbindlichkeiten, sondern der Vertragspartner kann den Schadensersatz nur als Insolvenzgläubiger geltend machen. Eine Aufnahme nach Abs. 1 Nr. 3 scheidet dann aus. Möglich ist im Falle des Bestreitens der Forderung in der Insolvenztabelle nur eine Aufnahme gem. § 180 Abs. 2.

15b Es wird vertreten, dass sich auch die Aufnahme wettbewerbsrechtlicher Unterlassungsklagen nach Abs. 1 Nr. 3 richtet (→ Rn. 10).

16 Masseverbindlichkeiten nach § 55 Abs. 1 Nr. 1 oder Nr. 3 können nicht Abs. 1 Nr. 3 unterfallen, da sie erst vom Insolvenzverwalter begründet werden.

17 Eine Anwendung ist jedoch möglich auf Masseverbindlichkeiten gem. § 55 Abs. 2 oder Abs. 4 nach Bestellung eines vorläufigen starken Insolvenzverwalters (aA MüKoInsO/Schumacher Rn. 13), da vom vorläufigen starken Verwalter begonnene oder aufgenommene Rechtsstreitigkeiten bei Insolvenzeröffnung erneut nach § 240 ZPO unterbrochen werden (→ § 85 Rn. 6; Uhlenbruck/Mock Rn. 16; aA MüKoInsO/Schumacher Vor § 85 Rn. 19).

C. Aufnahme des Verfahrens

I. Aufnahmebefugnis

1. Prozessgegner

19 Im Gegensatz zu § 85 sind zur Aufnahme des unterbrochenen Rechtsstreites (§ 240 ZPO) sowohl der Verwalter als auch der Verfahrensgegner berechtigt. Der Gegner braucht für die Aufnahme keine ablehnende Entscheidung des Insolvenzverwalters abzuwarten, da er die § 86 unterfallenden Ansprüche auch direkt gegenüber dem Insolvenzverwalter einklagen könnte, wenn sie noch nicht rechtshängig wären.

2. Insolvenzverwalter

20 Der Insolvenzverwalter hat die Entscheidung über die Aufnahme nach pflichtgemäßem Ermessen zu treffen. Soll ein Rechtsstreit mit erheblichem Streitwert aufgenommen werden, ist die Zustimmung des Gläubigerausschusses gem. § 160 Abs. 2 Nr. 3 erforderlich. Ein Verstoß hiergegen führt jedoch nicht zur Unwirksamkeit der Aufnahme (§ 164; Uhlenbruck/Mock Rn. 21).

20a Bei der Eigenverwaltung kann die Aufnahme nicht durch den Sachwalter, sondern nur durch den Schuldner erklärt werden (MüKoInsO/Schumacher Rn. 17; → § 85 Rn. 35).

3. Schuldner

21 Mangels Prozessführungsbefugnis (§ 80 Abs. 1) ist der Insolvenzschuldner außer im Eigenverwaltungsverfahren (→ Rn. 20a; BGH NZI 2016, 657 Rn. 13) grundsätzlich nicht aufnahmebefugt. Eine Aufnahme durch den Schuldner kann nur erfolgen, wenn der Insolvenzverwalter den

Streitgegenstand aus der Masse freigibt (BGH NZI 2007, 173 Rn. 18; NZI 2016, 657 Rn. 13; OLG Stuttgart BeckRS 2018, 27411).

Wird der mit einem Aussonderungs- oder Absonderungsrecht belastete Gegenstand vom Insolvenzverwalter aus der Insolvenzmasse freigegeben, bevor der Rechtsstreit aufgenommen wurde, so geht mit der Verwaltungs- und Verfügungsbefugnis auch die Prozessführungsbefugnis auf den Schuldner über (BGH BeckRS 2018, 5523 Rn. 2). Neben dem Gegner kann in diesem Fall auch der Schuldner den Rechtsstreit aufnehmen. Das Urteil wirkt zugunsten und zulasten des Schuldners persönlich (MüKoInsO/Schumacher Rn. 26). Der Schuldner haftet nach der Aufnahme für das Prozessrisiko mit seinem insolvenzfreien Vermögen (→ § 85 Rn. 49a). 22

Die Freigabe nur des Prozesses oder des Grundpfandrechts reicht für eine Aufnahmebefugnis des Schuldners nicht aus (BGH BeckRS 2018, 5523 Rn. 2). Eine Übertragung der Prozessführungsbefugnis auf den Schuldner ohne Freigabe des Gegenstands ist unzulässig (→ § 85 Rn. 44b). 22a

Gibt der Insolvenzverwalter den auszusondernden (Abs. 1 Nr. 1) oder mit dem Absonderungsrecht belasteten (Abs. 1 Nr. 2) Gegenstand erst nach der Aufnahme des Rechtsstreits frei, so bleibt er grundsätzlich nach § 265 Abs. 2 ZPO analog prozessführungsbefugt (MüKoInsO/Schumacher Rn. 27, → § 85 Rn. 47). 22b

II. Form der Aufnahme

Die Aufnahme erfolgt gem. § 250 ZPO durch Zustellung eines bei Gericht einzureichenden Schriftsatzes an den Prozessgegner. Eine formlose Mitteilung genügt nicht (BGH BeckRS 1998, 30038012). Möglich ist auch eine Aufnahme durch schlüssiges Verhalten, zB durch Verhandeln zur Sache (→ § 85 Rn. 36) oder einen Schriftsatz mit Ausführungen zur Sache (BPatG BeckRS 2015, 09286). 23

Nimmt der Gegner den Prozess auf, muss die Zustellung an den Insolvenzverwalter erfolgen, nicht an einen vom Schuldner vor Verfahrenseröffnung bestellten Anwalt (BGH NJW-RR 1989, 183). Mit der Zustellung endet die Unterbrechung (§ 250 ZPO; → § 85 Rn. 24). Die Aufnahme des Rechtsstreites ist auch in der Revisionsinstanz möglich (BGH NJW 1995, 1750). 24

III. Prozessuales

Bei der Aufnahme von Prozessen, die ein Absonderungsrecht betreffen, ist zu beachten, dass dem Insolvenzverwalter gem. §§ 166 ff. grundsätzlich das Verwertungsrecht zusteht, mit Absonderungsrechten belastete Gegenstände grundsätzlich also nicht an den Absonderungsgläubiger herauszugeben sind. War die Klage des Absonderungsberechtigten auf Herausgabe sicherungsübereigneter oder verpfändeter Sachen gerichtet, so ist sie nach Eröffnung auf Feststellung des Absonderungsrechts umzustellen. 24a

Erkennt der Insolvenzverwalter das Absonderungsrecht an, so hat der Kläger die Hauptsache für erledigt zu erklären (MüKoInsO/Schumacher Rn. 17). Werden im letzteren Falle die Kosten gem. § 91a ZPO dem Insolvenzschuldner auferlegt, kann der absonderungsberechtigte Gläubiger den Kostenerstattungsanspruch nur als Insolvenzgläubiger geltend machen (§ 86 Abs. 2). 24b

Ist der Klageantrag sowohl auf die Herausgabe des mit einem Absonderungsrecht gesicherten Gegenstands als auch auf den gesicherten Anspruch gerichtet, so kann die Klage nur hinsichtlich des Absonderungsrechts aufgenommen werden. Der gesicherte Anspruch ist zur Insolvenztabelle anzumelden (§ 87); im Falle des Bestreitens kann der Rechtsstreit insoweit gem. § 180 Abs. 2 aufgenommen werden (→ Rn. 26; BGH BeckRS 2021, 16094; MüKoInsO/Schumacher Rn. 10). 24c

Wird die Zahlungsklage eines geschädigten Dritten in der Insolvenz des Versicherungsnehmers nach der Aufnahme nach Abs. 1 Nr. 2 umgestellt auf abgesonderte Befriedigung aus dem Freistellungsanspruch gem. § 110 VVG (→ Rn. 13), so handelt es sich nicht um eine unzulässige Klageänderung. Die Umstellung ist vielmehr wegen einer „später eingetretenen Veränderung" gem. § 264 Nr. 3 ZPO zulässig und daher noch im Revisionsverfahren möglich (BGH BeckRS 2021, 16094 Rn. 41). Hinsichtlich des über die Entschädigungszahlung der Versicherung hinausgehende Zahlungsanspruchs kann die Aufnahme nur unter den Voraussetzungen des § 180 Abs. 2 erfolgen (BGH BeckRS 2021, 16094 Rn. 22). 24d

IV. Wirkung der Aufnahme

Durch die Aufnahme des Rechtsstreits endet dessen Unterbrechung. Unterbrochene Fristen beginnen erneut zu laufen (→ § 85 Rn. 17) oder müssen neu festgesetzt werden (→ § 85 Rn. 24e

19). Der Prozess wird durch den Insolvenzverwalter als Partei kraft Amtes mit Wirkung für und gegen die Insolvenzmasse fortgeführt.

V. Kosten

25 Die Kostentragung richtet sich nach §§ 91 ff. ZPO.

25a Bei Unterliegen des Insolvenzverwalters sind die Kosten Masseverbindlichkeiten iSd § 55 Abs. 1 Nr. 1 (BAG NZI 2015, 462 Rn. 9). Die Kostenentscheidung ist einheitlich für die ganze Instanz zu treffen, unabhängig davon, ob die Gebührentatbestände vor oder nach Insolvenzeröffnung entstanden sind (→ § 85 Rn. 40 f.; aA MüKoInsO/Schumacher Rn. 23).

25b Erkennt der Insolvenzverwalter den Anspruch sofort an, hat der Prozessgegner die Kosten zu tragen, wenn das sofortige Anerkenntnis gem. § 93 ZPO noch möglich war (BGH NZI 2007, 104 Rn. 9). Hat der Schuldner den Zeitpunkt des sofortigen Anerkenntnisses bereits verstreichen lassen, kann der Insolvenzverwalter die Entstehung von Masseverbindlichkeiten abwenden, wenn er nach der Aufnahme sofort anerkennt; der Gegner kann den Kostenerstattungsanspruch dann nur als Insolvenzforderung geltend machen (Hoffmann ZIP 2021, 16 (22); → Rn. 28).

VI. Abgrenzung zu § 180

26 Betrifft der gem. § 240 ZPO unterbrochene Rechtsstreit eine Insolvenzforderung (§§ 38, 39), so ist diese gem. §§ 87, 174 zur Insolvenztabelle anzumelden. Eine Aufnahme des Rechtsstreites ist nur unter den Voraussetzungen des § 180 Abs. 2 möglich (→ Rn. 15a, → Rn. 24c, → § 87 Rn. 13).

27 Der Rechtsstreit kann erst aufgenommen werden, wenn die streitige Forderung zur Insolvenztabelle angemeldet und bestritten wurde (BGH NZI 2014, 749 Rn. 10). Der Klageantrag ist auf Feststellung der Forderung zur Insolvenztabelle abzuändern.

D. Sofortiges Anerkenntnis des Insolvenzverwalters (Abs. 2)

28 Abs. 2 nimmt die Kostenentscheidung des Gerichts nicht vorweg. Diese ist gem. §§ 91 ff. ZPO zu treffen. Insbesondere gilt § 93 ZPO, wenn der Schuldner zur Erhebung der Klage keine Veranlassung gegeben hat.

29 Greift § 93 ZPO nicht, etwa weil der Schuldner Veranlassung zur Klage gegeben hat oder den Zeitpunkt des sofortigen Anerkennens hat verstreichen lassen, und muss die Insolvenzmasse die Kosten tragen, so kann der Gegner den Erstattungsanspruch nur als Insolvenzforderung (§ 38) geltend machen, wenn der Insolvenzverwalter die Forderung sofort anerkennt (Hoffmann ZIP 2021, 16 (22)). Daraus ergeben sich folgende Kostentragungspflichten: Erkennt der Verwalter den Klageanspruch nicht oder nicht sofort nach Aufnahme des Rechtsstreits an und verliert er den Prozess, so sind die Prozesskosten als Masseverbindlichkeiten (§ 55 Abs. 1 Nr. 1) von der Insolvenzmasse zu tragen. Dies kann für den Insolvenzverwalter ein Haftungsrisiko gem. § 60 darstellen.

29a Erkennt der Insolvenzverwalter den Anspruch nach der Aufnahme sofort an, werden der Masse die Kosten dann auferlegt, wenn die Voraussetzungen des § 93 ZPO beim Schuldner nicht mehr vorlagen. Der Kläger kann den Kostenerstattungsanspruch wegen § 86 Abs. 2 jedoch nur als Insolvenzforderung geltend machen.

29b Erkennt der Insolvenzverwalter sofort an und lagen die Voraussetzungen des § 93 ZPO noch vor, so trägt der Kläger die Kosten (→ Rn. 25b).

30 Bei unsicherem Prozessausgang ist der Insolvenzverwalter zur Vermeidung der Haftung verpflichtet, die Erfolgsaussichten genau zu prüfen und ggf. eine Beweisaufnahme abzuwarten, selbst wenn dann im Falle eines Unterliegens die Kosten als Masseverbindlichkeiten (§ 55 Abs. 1 Nr. 1) anfallen.

E. Beendigung des Insolvenzverfahrens

31 Bei Beendigung des Insolvenzverfahrens (§§ 34 Abs. 3, 200 Abs. 1, 207 Abs. 1, 211 Abs. 1, § 212 S. 1, §§ 213 Abs. 1, 258 Abs. 1) werden laufende Prozesse, an denen der Insolvenzverwalter beteiligt ist, nach §§ 239, 240 ZPO analog unterbrochen (Uhlenbruck/Mock Rn. 38; → § 85 Rn. 27). Bei Wechsel oder Tod des Insolvenzverwalter wird das Verfahren dagegen analog § 241 ZPO unterbrochen (→ § 85 Rn. 28b).

32 War der Insolvenzverwalter durch einen Prozessbevollmächtigten vertreten, so wird das Verfahren nicht unterbrochen, sondern es besteht die Möglichkeit, nach § 246 ZPO die Aussetzung des Verfahrens zu beantragen (BGH NZI 2015, 756 Rn. 8; → § 85 Rn. 28).

Forderungen der Insolvenzgläubiger § 87 InsO

Mit Beendigung des Insolvenzverfahrens wird der Schuldner Prozesspartei (gesetzlicher Partei- 33
wechsel), auch wenn die vom Insolvenzverwalter erteilte Prozessvollmacht fortbesteht BGH NZI
2015, 756 Rn. 8).
Der Kläger muss seine Klage auf den Schuldner als Beklagten umstellen, ansonsten ist die Klage 34
als unzulässig abzuweisen (Uhlenbruck/Mock Rn. 38). Die Umstellung ist nötig, auch wenn der
Klageantrag nach Aufnahme durch Insolvenzverwalter bereits umgestellt worden war. Wird das
Insolvenzverfahren während des Kostenfestsetzungsverfahrens aufgehoben, sind die Kosten gegen
den Schuldner festzusetzen (BAG NZI 2015, 462 Rn. 12).

§ 87 Forderungen der Insolvenzgläubiger

Die Insolvenzgläubiger können ihre Forderungen nur nach den Vorschriften über das Insolvenzverfahren verfolgen.

Überblick

Insolvenzforderungen (→ Rn. 2) können während des Insolvenzverfahrens (→ Rn. 7) gegenüber dem Schuldner (→ Rn. 6) nur durch Anmeldung zur Tabelle (→ Rn. 12) verfolgt werden. Dies gilt auch für nachrangige Insolvenzforderungen (→ Rn. 23) und Forderungen aus gegenseitigen Verträgen bei Erfüllungsablehnung des Insolvenzverwalters (→ Rn. 26). Ein Erkenntnisverfahren (→ Rn. 12a) oder die Festsetzung durch Verwaltungsakt (→ Rn. 15) ist nur unter den Voraussetzungen des § 180 zulässig (→ Rn. 13). Wird die Forderung im Prüfungstermin nicht durch den Insolvenzverwalter oder einen Insolvenzgläubiger bestritten (→ Rn. 19), ist sie festgestellt (→ Rn. 16). Der Widerspruch des Schuldners hindert die Feststellung nicht (→ Rn. 28).

Übersicht

	Rn.		Rn.
A. Allgemeines	1	II. Festgestellte Forderungen	16
B. Anwendungsbereich	2	III. Bestrittene Forderungen	19
		1. Keine Titulierung oder Rechtsverfolgung	20
I. Insolvenzgläubiger	2	2. Keine Titulierung, aber Rechtsverfolgung	21
II. Insolvenzforderungen	3e	3. Titulierte Forderung	22
III. Anwendungsbereich	7	IV. Nachrangige Insolvenzgläubiger	23
		V. Erfüllungsablehnung des Insolvenzverwalters (§ 103 Abs. 2)	26
C. Rechtsfolgen	12		
I. Geltendmachung im Insolvenzverfahren	12	VI. Bestreiten durch den Insolvenzschuldner	28

A. Allgemeines

§ 87 ist eine Schlüsselnorm im Insolvenzverfahren, da sie die Insolvenzgläubiger auf das Verfahren gem. §§ 174 ff. beschränkt. § 87 sichert die gleichmäßige und gemeinschaftliche Befriedigung der Gläubiger (§ 1). 1

B. Anwendungsbereich

I. Insolvenzgläubiger

§ 87 gilt für alle Insolvenzgläubiger (§ 38), also alle Gläubiger, die bei Insolvenzeröffnung einen 2
begründeten Vermögensanspruch gegen den Schuldner haben. Die Forderung kann auf eigenem
oder übergegangenem Recht beruhen. Unerheblich ist, ob die Insolvenzgläubiger von der Verfahrenseröffnung Kenntnis haben.
§ 87 regelt abschließend den sog. Schuldenmassestreit (→ § 86 Rn. 5). Gegenstand eines Schul- 3
denmassestreits, der wie der Teilungsmassegegenstreit (→ § 86 Rn. 4) gem. § 240 ZPO bei Insolvenzeröffnung unterbrochen wird (→ § 85 Rn. 2), sind alle Insolvenzforderungen (§§ 38, 39)
und Sicherstellungsansprüche (Uhlenbruck/Mock § 86 Rn. 5).
Insolvenzgläubiger mit Forderungen aus vorsätzlich begangener unerlaubter Handlung (§ 302 3a
Nr. 1) unterfallen § 87 und müssen die Forderung gem. § 174 Abs. 2 zur Insolvenztabelle anmelden
(MüKoInsO/Breuer Rn. 6). Sie genießen das Privileg des § 302 Nr. 1 nur, wenn sie die Forderun-

gen unter Nennung des qualifizierten Rechtsgrunds zur Insolvenztabelle angemeldet haben (§ 174 Abs. 1 S. 1). Während des Insolvenzverfahrens und der Wohlverhaltensphase ist auch für Insolvenzgläubiger mit Forderungen aus vorsätzlich begangener unerlaubter Handlung die Vollstreckung in den Vorrechtsbereich des § 850f Abs. 2 ZPO unzulässig (BGH NZI 2012, 811).

3b Zug-um-Zug-Forderungen sind in die Tabelle aufzunehmen (BGH NZI 2017, 300 Rn. 29); der BGH ist von seiner bisherigen Einschätzung der Zug-um-Zug-Forderungen als „nicht anmeldefähig" (BGH NZI 2016, 301 Rn. 15) abgerückt, da diese Bezeichnung ungenau sei. Maßgeblich sei vielmehr die Sachfrage, ob die Forderung im Insolvenzverfahren durchgesetzt werden könne (BGH NZI 2017, 300 Rn. 31).

3c Erfasst sind von § 87 auch nachrangige Insolvenzgläubiger (§ 39), selbst wenn sie ihre Forderungen mangels besonderer Aufforderung nicht zur Insolvenztabelle anmelden dürfen (§ 174 Abs. 3).

3d Massegläubiger, Aussonderungs- und Absonderungsberechtigte sowie Neugläubiger unterfallen nicht § 87. Sie können ihre Rechte nach den allgemeinen Vorschriften gegenüber dem Insolvenzverwalter oder dem Schuldner verfolgen.

II. Insolvenzforderungen

3e Die Beschränkung des § 87 erfasst Insolvenzforderungen iSd §§ 38, 39. Sie sind gem. §§ 174 ff. zur Insolvenztabelle anzumelden, wobei nachrangige Forderungen (§ 39) gem. § 174 Abs. 3 nur nach besonderer Aufforderung angemeldet werden können (→ Rn. 23).

3f Eine Insolvenzforderungen ist auch dann zur Tabelle anzumelden, wenn sie bereits tituliert ist. Dies gilt auch für fiskalische oder öffentlich-rechtliche Forderungen, die außerhalb des Insolvenzverfahrens durch Bescheid festzusetzen sind (MüKoInsO/Breuer/Flöther Rn. 10 f.).

4 Nicht unter § 87 fällt die Geltendmachung von Masseverbindlichkeiten (§ 86 Abs. 1 Nr. 3), Aussonderungsansprüchen (BGH NZI 2005, 108 (109)) und Ansprüchen von Neugläubigern gegen das insolvenzfreie Vermögen des Schuldners (BGH NJW-RR 2012, 1465; OLG Celle NZI 2003, 201 (202)). Massegläubiger unterliegen nur im Falle von oktroyierten Masseverbindlichkeiten der zeitlichen Beschränkung des § 90.

4a Ebenfalls nicht von § 87 erfasst werden Ansprüche, die sich gegen den Schuldner höchstpersönlich richten und nicht massebezogen sind, wie zB der Anspruch auf Erteilung einer Auskunft oder Unterlassungsansprüche (LG Bamberg BeckRS 2017, 138480; MüKoInsO/Breuer/Flöther Rn. 16).

5 Bei absonderungsberechtigten Gläubigern gilt § 87 für die persönliche Forderung des Gläubigers, nicht jedoch für den Anspruch auf abgesonderte Befriedigung. Die Verwertung des Absonderungsguts richtet sich nach §§ 166 ff.

6 § 87 betrifft lediglich die Geltendmachung der Insolvenzforderung gegenüber dem Insolvenzschuldner. Nicht ausgeschlossen ist die Möglichkeit, während des Insolvenzverfahrens Dritte in Anspruch zu nehmen, die für die Verbindlichkeiten des Insolvenzschuldners persönlich oder dinglich haften (OVG Saarl NJW 2008, 250).

III. Anwendungsbereich

7 § 87 gilt nur für das eröffnete Insolvenzverfahren. Im Insolvenzeröffnungsverfahren ist § 87 nicht anwendbar, da es an einer Verweisung in § 24 fehlt. Eine Verfolgung der Ansprüche durch die Insolvenzgläubiger scheitert im Insolvenzeröffnungsverfahren jedoch regelmäßig an den angeordneten Sicherungsmaßnahmen (§ 21 Abs. 2 Nr. 3, 5). Etwaige Leistungen können zudem nach Insolvenzeröffnung gem. §§ 129 ff. anfechtbar sein.

8 Nach Aufhebung (§ 200) oder Einstellung des Insolvenzverfahrens (§§ 207 ff.) sind die Insolvenzgläubiger grundsätzlich berechtigt, ihre Forderungen gegen den Schuldner wieder ohne Beschränkung geltend zu machen (§ 201 Abs. 1). Insolvenzgläubiger, deren Forderungen festgestellt und nicht vom Schuldner im Prüfungstermin bestritten worden sind, können zudem aus dem Tabellenauszug die Zwangsvollstreckung gegen den Schuldner betreiben (§ 201 Abs. 2).

9 Eingeschränkt ist die Nachhaftung des Schuldners jedoch im Falle der angekündigten Restschuldbefreiung. Hat der Schuldner die Restschuldbefreiung beantragt, dürfen Insolvenzgläubiger nach Aufhebung des Insolvenzverfahrens während der Wohlverhaltensphase nicht in das Vermögen des Schuldners vollstrecken (§ 294 Abs. 1). Dennoch ist dem Gläubiger auf Antrag bereits ein vollstreckbarer Tabellenauszug zu erteilen (LG Göttingen NZI 2005, 689).

10 Zulässig ist in der Wohlverhaltensphase die klageweise Geltendmachung der Forderung, um einen Titel zu erlangen, da die Durchführung des Erkenntnisverfahrens nicht durch § 294 Abs. 1 gehindert ist (OLG Stuttgart NZI 2007, 527). Ebenfalls zulässig ist die Festsetzung von öffentlich-rechtlichen Insolvenzforderungen in der Wohlverhaltensphase durch Bescheid, solange diese For-

derungen nicht entgegen § 294 vollstreckt werden (LSG BW BeckRS 2016, 68651 Rn. 25; zu Bescheiden im Insolvenzverfahren → Rn. 15 f.).

Im Rahmen der Eigenverwaltung gilt § 87 ebenso wie die §§ 85 und 86. Der Gläubiger kann 11 seine Insolvenzforderung nur durch Anmeldung zur Insolvenztabelle gem. §§ 174 ff. verfolgen.

C. Rechtsfolgen

I. Geltendmachung im Insolvenzverfahren

Der Gläubiger ist verpflichtet, seine Forderung zur Insolvenztabelle anzumelden (§ 174), die 12 dann in einem Prüfungstermin geprüft wird (§ 176).

Die Rechtsverfolgung im Erkenntnisverfahren, ob als Mahnverfahren, Klageverfahren, Widerklage, Schiedsgerichtsverfahren oder Einleitung sonstiger Rechtsstreitigkeiten unabhängig von Rechtsweg oder Prozessart, ist gegenüber dem Schuldner unzulässig (MüKoInsO/Breuer/Flöther Rn. 17). Durch eine unzulässige Klage wird die Verjährung nicht gehemmt (BGH NZI 2013, 388 Rn. 14; MüKoBGB/Grothe, 8. Aufl. 2018, BGB § 204 Rn. 26). Wird eine unzulässige Klage zurückgenommen, fällt der Kostenerstattungsanspruch gegen den Kläger in die Insolvenzmasse (OLG Karlsruhe NZI 2020, 906). War das Insolvenzverfahren bei Klageerhebung bereits eröffnet, so hat der Kläger nach Klagerücknahme keinen Kostenerstattungsanspruch gem. § 269 Abs. 3 S. 3 ZPO (Kaubisch NZI 2020, 907 f.). 12a

Eine klageweise Geltendmachung ist nur unter den Voraussetzungen des § 180 Abs. 1 (→ 13 Rn. 20), die Aufnahme unterbrochener Verfahren nur gem. § 180 Abs. 2 (→ Rn. 21) zulässig. Dabei sind Anmeldung und Prüfung der Forderung Prozessvoraussetzungen des Feststellungsprozesses (BGH NZI 2020, 782; BeckRS 2014, 11353 Rn. 3). Liegen sie nicht vor, ist die Klage von Amts wegen ohne Sachprüfung als unzulässig zu verwerfen (K. Schmidt InsO/Sternal Rn. 10).

Ergeht dennoch eine gerichtliche Entscheidung, ist sie nicht nichtig, sondern wie die Entscheidung während der Unterbrechung des § 240 ZPO als relativ unwirksam mit den gegebenen Rechtsmitteln anfechtbar (vgl. BGH BeckRS 2009, 13343 Rn. 14; → § 85 Rn. 21). 14

Für öffentlich-rechtliche Insolvenzforderungen schließt § 87 den Erlass eines Verwaltungsaktes 15 oder eines Leistungs-, Haftungs-, Feststellungs- oder Festsetzungsbescheids gegen die Insolvenzmasse aus (BVerwG NJW 2003, 3576 (3577) zu Leistungsbescheiden; BFH BeckRS 2012, 94812 zu Steuerbescheiden; BayVGH BeckRS 2008, 36027 zu öffentlich-rechtlichen Abgaben). Die Verfahren werden analog 240 ZPO unterbrochen (BFH NJW 1998, 630 zu Steuermessbescheiden).

Ein entgegen § 87 erlassener Bescheid ist nichtig (BFH NZG 2005, 94 (95); zu Bescheiden in 15a der Wohlverhaltensphase → Rn. 10). Zulässig sind aber rechtsgestaltende Verwaltungsakte, die die Forderung erst entstehen lassen (LSG Nds-Brem BeckRS 2019, 6633 Rn. 33), wie zB die endgültige Festsetzung der Leistung oder die Aufhebung bzw. Rücknahme der Leistungsbewilligung (Rein NJW-Spezial 2020, 661).

II. Festgestellte Forderungen

Wird der Forderung im Prüfungstermin (§ 176) nicht widersprochen, so wird die Forderung 16 endgültig zur Tabelle festgestellt. Die Eintragung hat die Wirkung eines rechtskräftigen Urteils sowohl hinsichtlich des Betrages als auch des Rangs der Forderung gegenüber dem Insolvenzverwalter und allen Insolvenzgläubigern (§ 178 Abs. 3).

Wird nach Feststellung der Forderung zur Tabelle eine Klage erhoben, steht dieser die Rechts- 17 kraftwirkung des § 178 Abs. 3 entgegen.

War bereits ein Rechtsstreit erhoben, aber unterbrochen, so tritt Erledigung in der Hauptsache 18 ein. Wegen einer noch veranlassten Kostenentscheidung ist das Verfahren nicht mehr unterbrochen, wenn diese nur eine Nebenentscheidung darstellt (BGH BeckRS 2005, 02206).

III. Bestrittene Forderungen

Im Falle eines Bestreitens der Forderung durch den Insolvenzverwalter oder einen Insolvenz- 19 gläubiger ist zu prüfen, ob ein Titel vorliegt oder die Forderung bereits anhängig ist. Da § 179 nicht zwischen vorläufigem und endgültigem Bestreiten differenziert, greift die Vorgehensweise grundsätzlich auch bei einem vorläufigen Bestreiten des Insolvenzverwalters. Allerdings hat der Gläubiger die Kosten des Rechtsstreits zu tragen, wenn er notwendige Unterlagen erstmals im Prozess vorlegt und der Insolvenzverwalter sofort anerkennt (§ 93 ZPO; MüKoInsO/Breuer/Flöther Rn. 25).

1. Keine Titulierung oder Rechtsverfolgung

20 Liegt noch kein vollstreckbarer Titel vor und ist die Forderung noch nicht anhängig, muss der Insolvenzgläubiger gem. §§ 179 Abs. 1, 180 Abs. 1 auf Feststellung der Forderung klagen.

20a Eine öffentlich-rechtliche oder fiskalische Forderung kann gem. § 185 iVm beispielsweise § 251 Abs. 3 AO durch Verwaltungsakt, gerichtet auf die Feststellung zur Tabelle, festgesetzt werden (→ § 185 Rn. 3; BayLSG NZI 2017, 22; BFH NZG 2005, 94 (95)). Verfahrensgegner ist der jeweils Bestreitende, den seinen Widerspruch nur im Rechtsbehelfsverfahren gegen den Feststellungsbescheid verfolgen kann (MüKoInsO/Schumacher § 185 Rn. 4).

2. Keine Titulierung, aber Rechtsverfolgung

21 War bei Insolvenzeröffnung ein Rechtsstreit anhängig, ohne dass bereits ein vollstreckbarer Titel vorliegt, so kann der Insolvenzgläubiger das gem. § 240 ZPO unterbrochene Verfahren gem. § 180 Abs. 2 aufnehmen. Die Durchführung des insolvenzrechtlichen Feststellungsverfahrens ist eine zwingende Sachurteilsvoraussetzung auch bei der Aufnahme eines unterbrochenen Rechtsstreits (BGH NZI 2020, 782 Rn. 10).

21a Der Klageantrag ist auf Feststellung der Klageforderung zur Tabelle und das Rubrum auf die Person des Bestreitenden umzustellen. Dies ist gem. § 264 Nr. 3 ZPO keine Klageänderung iSd § 263 ZPO (→ § 86 Rn. 24d; BGH BeckRS 2021, 16094 Rn. 22; NJW 1962, 153).

21b Bei öffentlich-rechtlichen oder fiskalischen Forderungen ist das unterbrochene Rechtsbehelfs- oder Rechtsmittelverfahren aufzunehmen (BFH BeckRS 2005, 24002110).

3. Titulierte Forderung

22 Liegt bereits ein vollstreckbarer Titel vor, so muss der Bestreitende den Widerspruch verfolgen (§ 179 Abs. 2). Ist der Titel noch nicht rechtskräftig, muss der Widersprechende den nach § 240 ZPO unterbrochenen Rechtsstreit aufnehmen (MüKoInsO/Breuer/Flöther Rn. 24). Gegen einen rechtskräftigen Titel kann der Widersprechende dagegen nur im Wege der Vollstreckungsabwehrklage gem. § 767 ZPO oder der Nichtigkeits- bzw. Restitutionsklage nach §§ 579, 580 ZPO vorgehen.

IV. Nachrangige Insolvenzgläubiger

23 Eine Forderungsanmeldung durch nachrangige Insolvenzgläubiger (§§ 39 ff.) ist nur nach Aufforderung des Insolvenzgerichts (§ 174 Abs. 3) möglich. Ansonsten gelten die normalen Regeln.

24 Meldet ein Gläubiger ohne gerichtliche Aufforderung eine Nachrangforderung an, kann der Insolvenzverwalter die Eintragung im Rahmen einer Vorprüfung zurückweisen.

25 Wird eine nachrangige Forderung ohne Hinweis auf den Nachrang angemeldet, hat der Insolvenzverwalter sie in die Insolvenztabelle aufzunehmen und zu bestreiten (MüKoInsO/Riedel § 175 Rn. 13). Nimmt der Insolvenzverwalter die Forderung nicht in Tabelle auf, muss der Gläubiger die Anmeldefähigkeit im Wege der Feststellungsklage klären lassen (LG Waldshut-Tiengen NZI 2005, 396).

V. Erfüllungsablehnung des Insolvenzverwalters (§ 103 Abs. 2)

26 Hat der Insolvenzverwalter im Falle eines noch nicht vollständig erfüllten gegenseitigen Vertrages die Vertragserfüllung gem. § 103 Abs. 2 S. 1 abgelehnt, so kann der Gläubiger den Schadensersatz nur als Insolvenzforderung geltend machen. Für die Zeit bis zur Erfüllungsablehnung entsteht keine Neuverbindlichkeit des Insolvenzschuldners (BGH NZI 2016, 484 Rn. 8 f.).

27 War bei Insolvenzeröffnung bereits eine Klage auf Erfüllung anhängig, kann der Insolvenzgläubiger den Klageantrag mit dem Ziel der Feststellung des Schadensersatzes gem. § 264 Nr. 3 ZPO umstellen (BGH BeckRS 2021, 16094 Rn. 22; NJW 1962, 153). Alternativ kann eine neue Feststellungsklage zur Tabelle erhoben werden, da der Streitgegenstand verschieden ist, sofern zuvor die Forderungsanmeldung und -prüfung erfolgte (BGH NZI 2004, 214).

VI. Bestreiten durch den Insolvenzschuldner

28 Der Widerspruch des Insolvenzschuldners steht gem. § 178 Abs. 1 S. 2 der Feststellung der Forderung zur Insolvenztabelle nicht entgegen, verhindert jedoch die Erteilung eines vollstreckbaren Auszuges aus der Insolvenztabelle (§ 201 Abs. 2 S. 1).

29 Im Falle der vorsätzlich begangenen unerlaubten Handlung ist die Erteilung der vollstreckbaren Ausfertigung nur ausgeschlossen, wenn der Schuldner sowohl der Forderung als auch dem Schuldgrund widersprochen hat (BGH NZI 2014, 507 Rn. 14). Ein isolierter Widerspruch hinsichtlich des Schuldgrundes hindert die Vollstreckung des Gläubigers nicht; der Schuldner kann sich mit der Vollstreckungsgegenklage (§ 767 ZPO) wehren (BGH NZI 2014, 507 Rn. 19).

§ 88 Vollstreckung vor Verfahrenseröffnung

(1) Hat ein Insolvenzgläubiger im letzten Monat vor dem Antrag auf Eröffnung des Insolvenzverfahrens oder nach diesem Antrag durch Zwangsvollstreckung eine Sicherung an dem zur Insolvenzmasse gehörenden Vermögen des Schuldners erlangt, so wird diese Sicherung mit der Eröffnung des Verfahrens unwirksam.

(2) Die in Absatz 1 genannte Frist beträgt drei Monate, wenn ein Verbraucherinsolvenzverfahren nach § 304 eröffnet wird.

Überblick

Eine Sicherung (→ Rn. 9), die ein Insolvenzgläubiger (→ Rn. 4) im für § 88 maßgeblichen Zeitraum (→ Rn. 12) vor den Eröffnungsantrag (→ Rn. 13) durch Zwangsvollstreckung (→ Rn. 14a) an Gegenständen der Insolvenzmasse (→ Rn. 9 ff.) erlangt, wird durch die Rückschlagsperre schwebend unwirksam (→ Rn. 17). Im Restrukturierungsverfahren greift § 88 (→ Rn. 8b ff.) außer bei Gläubigeranträgen während einer Stabilisierungsanordnung (→ Rn. 8c). Trotz Erlöschen des Pfändungspfandrechts (→ Rn. 20) bleibt die öffentlich-rechtliche Verstrickung bestehen (→ Rn. 17) und lebt bei Aufhebung des Insolvenzverfahrens oder Freigabe des Gegenstands wieder auf (→ Rn. 17a). Während des Insolvenzverfahrens ist die öffentlich-rechtliche Verstrickung auszusetzen oder aufzuheben (→ Rn. 18b). Die Rückschlagsperre gilt auch für die Immobiliarvollstreckung (→ Rn. 15a, → Rn. 21 ff.). Der Insolvenzverwalter kann die Vollstreckungsmaßnahme mit der Vollstreckungserinnerung angreifen (→ Rn. 25). Zuständig ist während des Insolvenzverfahrens das Insolvenzgericht (→ Rn. 26).

Übersicht

	Rn.		Rn.
A. Allgemeines	1	D. Rechtsfolgen	17
B. Anwendungsbereich	4	I. Absolute schwebende Unwirksamkeit	17
I. Persönlicher Anwendungsbereich	4	II. Öffentlich-rechtliche Verstrickung	18
II. Sachlicher Anwendungsbereich	7	1. Fortbestand der Verstrickung	18
1. Insolvenzverfahren	7	2. Ende der Verstrickung	18b
2. Restrukturierungsverfahren	8a	3. Zuständigkeit	19
III. Insolvenzmassebezug	9	III. Absonderungsrechte	20
IV. Zeitliche Geltung der Rückschlagsperre	12	1. Beschlagnahme nach ZVG	21
		2. Sicherungshypothek	22
C. Erlangung einer Sicherung durch Zwangsvollstreckung	14a	IV. Restschuldbefreiung	24a
		E. Rechtsbehelfe/Zuständigkeit	25

A. Allgemeines

1 § 88 regelt die sog. Rückschlagsperre, die das Vollstreckungsverbot des § 89 auf den Zeitraum des letzten Monats – bzw. im Verbraucherinsolvenzverfahren auf die letzten drei Monate – vor dem Insolvenzantrag ausdehnt. Die Rückschlagsperre dient der Sicherung der Insolvenzmasse, um die gemeinschaftliche und gleichmäßige Befriedigung der Gläubiger (§ 1) zu gewährleisten.

2 Die Rückschlagsperre gehört systematisch in das Recht der Insolvenzanfechtung, benötigt jedoch keine Anfechtungserklärung des Insolvenzverwalters, sondern bewirkt kraft Gesetzes die Unwirksamkeit der erfassten Sicherung (BGH NZI 2017, 892 Rn. 14; K. Schmidt InsO/Keller Rn. 3). Greift die Rückschlagsperre nicht, muss der Insolvenzverwalter gem. §§ 129 ff. anfechten.

3 Die Sonderregelung des § 114 Abs. 3 bei Pfändung von Arbeitseinkommen und diesen gleichgestellten Bezügen wurde durch das Gesetz zur Verkürzung des Restschuldbefreiungsverfahrens und zur Stärkung der Gläubigerrechte (BGBl. I 2379) mit Wirkung zum 1.7.2014 aufgehoben.

Die Rückschlagsperre gilt daher insofern uneingeschränkt. Ergänzt wird die Rückschlagsperre durch § 110 Abs. 2 S. 2 (Uhlenbruck/Mock Rn. 40).

B. Anwendungsbereich

I. Persönlicher Anwendungsbereich

4   Die Rückschlagsperre gilt für Zwangsvollstreckungsmaßnahmen der Insolvenzgläubiger (§§ 38, 39). Unbeachtlich ist, ob der Gläubiger am Insolvenzverfahren teilnimmt oder nicht (LG Bonn BeckRS 2012, 23523).

5   Nicht erfasst wird die Vollstreckung von Aus- und Absonderungsberechtigten auf der Grundlage ihres dinglichen Rechts (BGH NZI 2014, 565 Rn. 7). Absonderungsgläubiger sind jedoch betroffen, sofern sie aus der persönlichen Forderung vorgehen. In Bezug auf die Zwangsversteigerung unbeweglicher Gegenstände gilt § 30d Abs. 4 ZVG.

6   § 88 gilt nicht für Gläubiger, die nach Verfahrenseröffnung Massegläubiger (§§ 53, 55) oder Neugläubiger sind (Uhlenbruck/Mock Rn. 8 f.).

II. Sachlicher Anwendungsbereich

1. Insolvenzverfahren

7   Die Norm gilt in allen Insolvenzverfahren. Die frühere Sonderregel für Verbraucherinsolvenzverfahren in § 312 Abs. 1 S. 3 wurde mit Wirkung zum 1.7.2014 in Abs. 3 integriert. Für Nachlassinsolvenzverfahren gilt zusätzlich § 321.

8   Die Rückschlagsperre wirkt auch bei Anträgen auf Eröffnung eines Insolvenzverfahrens mit Eigenverwaltung, Insolvenzplanverfahren (Uhlenbruck/Mock Rn. 13) und Schutzschirmverfahren, da letztere einen Insolvenzantrag voraussetzen (§ 270b Abs. 1).

2. Restrukturierungsverfahren

8a   Anträge auf Einleitung von Restrukturierungsmaßnahmen nach dem StaRUG (zB die Stabilisierungsanordnung des § 49 StaRUG oder die Sanierungsmoderation gem. § 94 StaRUG) sind von § 88 nach dessen eindeutigem Wortlaut nicht erfasst. Allerdings kann das Restrukturierungsgericht auf Antrag gem. § 49 Abs. 1 Nr. 1 StaRUG eine Vollstreckungssperre erlassen, die die Zwangsvollstreckung in bewegliches und unbewegliches Vermögen hindert (Braun StaRUG/Riggert StaRUG § 49 Rn. 3), sodass hierdurch eine Sicherung des Schuldnervermögens im Interesse der Gläubigergemeinschaft erzielt werden kann.

8b   Wird während eines laufenden Restrukturierungsverfahrens ein Insolvenzantrag gestellt, so hängt die Anwendung des § 88 davon ab, welche Restrukturierungsmaßnahmen ergriffen worden waren und wer den Insolvenzantrag gestellt hat.

8c   Während der Dauer einer Stabilisierungsanordnung (§ 49 StaRUG) sind Verfahren über einen Gläubigerantrag ausgesetzt (§ 58 StaRUG). Der Gläubigerantrag entfaltet während der Anordnungsdauer keine Rechtswirkungen (Braun StaRUG/Riggert StaRUG § 58 Rn. 2). Er ist daher schwebend unwirksam (aA Braun StaRUG/Riggert StaRUG § 58 Rn. 2). Nach Aufhebung der Stabilisierungsanordnung (§ 59 StaRUG) leben die Rechtswirkungen des Gläubigerantrags wieder auf (Braun StaRUG/Riggert StaRUG § 58 Rn. 2), sodass vom Insolvenzgericht zu prüfen ist, ob die Voraussetzungen für die Eröffnung eines Insolvenzverfahrens vorliegen. Da § 58 StaRUG außer der schwebenden Unwirksamkeit für den begrenzten Zeitraum der Stabilisierungsanordnung keine Einschränkung in den Rechtswirkungen des Gläubigerantrags vorsieht, lebt auch die Rechtswirkung des § 88 mit dem Ende der Stabilisierungsmaßnahmen wieder auf (→ Rn. 13a). Dies wird in der Regel jedoch nur dann praktische Relevanz haben, wenn der Gläubigerantrag kurz nach Anordnung der Stabilisierungsmaßnahmen gestellt wurde, da während der Anordnungsdauer wegen der Vollstreckungssperre des § 49 Abs. 1 Nr. 1 StaRUG keine Zwangsvollstreckungsmaßnahmen iSd § 88 zulässig sind (→ Rn. 8a).

8d   Stellt der Schuldner während der Dauer einer Stabilisierungsanordnung (§ 49 StaRUG) einen Insolvenzantrag, so hebt das Restrukturierungsgericht die Restrukturierungssache von Amts wegen auf (§ 33 Abs. 1 Nr. 1 StaRUG). Da das StaRUG keine mit § 58 StaRUG vergleichbaren Sonderregelungen für den Insolvenzantrag des Schuldners trifft, sondern der Gesetzgeber vielmehr dem Schuldner auch während des Restrukturierungsverfahrens jederzeit die Möglichkeit bieten wollte, in das Insolvenzverfahren überzugehen (Braun StaRUG/Haffa/Schuster StaRUG § 33 Rn. 4), löst ein solcher Insolvenzantrag unmittelbar die Wirkungen des § 88 aus.

Die Anzeige der Zahlungsunfähigkeit oder Überschuldung nach § 32 Abs. 3 StaRUG, die im Restrukturierungsverfahren nach § 42 Abs. 1 S. 2 StaRUG an die Stelle der Antragspflicht des § 15a InsO tritt (Braun StaRUG/Haffa/Schuster StaRUG § 49 Rn. 3), begründet die Anwendung des § 88 nicht, da auf ihrer Grundlage nicht das Insolvenzverfahren eröffnet werden kann. Zwar führt die Anzeige regelmäßig zu einer Aufhebung vor Restrukturierungssache (§ 33 Abs. 2 S. 1 Nr. 1 StaRUG), von der Aufhebung kann aber ausnahmsweise abgesehen werden. Restrukturierungsgericht und Schuldner soll die Entscheidung über die Fortsetzung des Restrukturierungsverfahrens oder Einleitung des Insolvenzverfahrens offengehalten werden (Braun StaRUG/Haffa/Schuster StaRUG § 42 Rn. 4). Die Eröffnung des Insolvenzverfahrens erfordert daher zwingend zusätzlich die Stellung eines Insolvenzantrags durch den Schuldner oder einen Gläubiger, der dann die Rechtswirkungen des § 88 bewirkt. **8e**

Wird der Insolvenzantrag vom Schuldner oder einem Gläubiger gestellt, während keine Stabilisierungsanordnung (§ 49 StaRUG) getroffen wurde, zB wenn von einer gerichtlichen Beteiligung bei der Planabstimmung abgesehen wurde, greift § 88 ohne weitere Besonderheiten. **8f**

III. Insolvenzmassebezug

§ 88 betrifft Sicherungen an dem zur Insolvenzmasse gehörenden Vermögen des Schuldners, auch an Auslandsvermögen (§ 335 Art. 17 EuInsVO). **9**

§ 88 gilt grundsätzlich auch, wenn der Gläubiger durch die Zwangsvollstreckungsmaßnahme ein dingliches Recht an einem im Ausland befindlichen Gegenstand der Insolvenzmasse erlangt (Art. 5 Abs. 4, 4 Abs. 2 lit. m EuInsVO; Kopp NZI 2021, 657). Die Anfechtung einer dennoch erfolgten Verwertung ist jedoch gem. Art. 13 EuInsVO nicht möglich, wenn der Anfechtungsgegner nachweist, dass die Rechtshandlung nach dem Statut der angefochtenen Handlung nicht angreifbar ist, etwa weil die Frist zur Klageerhebung bereits verstrichen ist (EuGH NZI 2015, 478 Rn. 42; BGH NZI 2015, 1038 Rn. 13; → § 91 Rn. 22). **9a**

Nicht erfasst sind Sicherungen am insolvenzfreien Vermögen, wie etwa dem erweitert pfändbaren Anteil des Arbeitseinkommens bei der Vollstreckung von Delikts- oder Unterhaltsgläubigern (§§ 850d, 850f Abs. 2 ZPO, § 89 Abs. 2 S. 2). Auch Vermögen mithaftender Dritter ist vom Schutz des § 88 nicht erfasst (MüKoInsO/Breuer/Flöther Rn. 12). **10**

Erlangt der Gläubiger durch die Zwangsvollstreckungsmaßnahme Befriedigung, so wird diese nicht gem. § 88 unwirksam (OLG Frankfurt NZI 2002, 491), kann aber nach den §§ 129 ff. anfechtbar sein. **11**

IV. Zeitliche Geltung der Rückschlagsperre

Erfasst sind Sicherungen, die im letzten Monat vor dem Insolvenzantrag erlangt wurden. Bei Verbraucherinsolvenzverfahren beträgt die Frist drei Monate (Abs. 2). **12**

Im Insolvenzeröffnungsverfahren ist die Rückschlagsperre anzuwenden, da die Monatsfrist nur den Beginn ihrer Geltung festlegt. Ab Insolvenzeröffnung wird die Insolvenzmasse durch das Vollstreckungsverbot des § 89 vor Zugriffen von Insolvenzgläubigern geschützt. **12a**

Liegen mehrere Insolvenzanträge vor, ist grundsätzlich der erste zulässige und begründete Antrag maßgeblich (§ 139 Abs. 2). Unerheblich ist, ob das Verfahren aufgrund dieses oder eines späteren Antrages eröffnet wurde (BGH NZI 2011, 600 Rn. 9). Welcher Insolvenzantrag maßgeblich ist, bestimmt das Prozessgericht. **13**

Hat das Restrukturierungsgericht eine Stabilisierungsanordnung erlassen (§ 49 StaRUG), so werden Verfahren über Insolvenzanträge von Gläubigern für die Anordnungsdauer ausgesetzt (§ 58 StaRUG). Die Anträge sind für die Anordnungsdauer schwebend unwirksam (→ Rn. 8c). Mit Ablauf der Stabilisierungsanordnung leben die Rechtswirkungen des Gläubigerantrags wieder auf (Braun StaRUG/Riggert StaRUG § 58 Rn. 2). Der Gläubigerantrag ist in diesem Fall für die Rückschlagsperre des § 88 maßgeblich, wenn er der späteren Verfahrenseröffnung zugrunde liegt. Während der Anordnungsdauer wird das Schuldnervermögens zusätzlich durch die Vollstreckungssperre des § 49 Abs. 1 Nr. 2 StaRUG geschützt (→ Rn. 8a). **13a**

Die Wirkung der Rückschlagsperre tritt mit Insolvenzeröffnung ein, unabhängig von der Rechtskraft des Eröffnungsbeschlusses (BGH NZI 2021, 125 Rn. 11). **14**

C. Erlangung einer Sicherung durch Zwangsvollstreckung

Der Begriff der Zwangsvollstreckung ist iRd § 88 umfassend zu verstehen. Erfasst sind alle Maßnahmen im In- oder Ausland, die auf der Basis eines gesetzlichen Verfahrens erfolgen, gegen **14a** den Willen des Schuldners durchgeführt werden und zur Verwirklichung gerichtlich festgestellter oder förmlich dokumentierter Gläubigerrechte dienen (MüKoInsO/Breuer/Flöther Rn. 12).

15 § 88 gilt für zivilprozessuale Zwangsvollstreckungsmaßnahmen, Maßnahmen des einstweiligen Rechtsschutzes, den strafrechtlichen Vermögensarrest, die Verwaltungsvollstreckung sowie finanzgerichtliche und sozialgerichtliche Vollstreckungsmaßnahmen.

15a Unwirksam sind Pfandrechte aufgrund von Pfändungen in das bewegliche (§§ 803 ff. ZPO) und unbewegliche (§§ 864 ff. ZPO) Vermögen oder in Forderungen und andere Vermögensrechte (§§ 828 ff. ZPO), die Eintragung von Zwangssicherungshypotheken (§§ 866 ff. ZPO) oder einer Zwangsvormerkung (§§ 941 ff. ZPO). Die Vorpfändung (§ 845 ZPO) unterfällt auch dann der Rückschlagsperre, wenn sie selbst außerhalb der Frist des § 88 erfolgte, solange die Forderungspfändung innerhalb der Monatsfrist erfolgt (BAG NZI 2011, 117 Rn. 31).

15b Der strafrechtliche Vermögensarrest (§§ 111e–111i StPO) sichert den Zahlungsanspruch des Staates gegen den Einziehungsadressaten in Höhe des Wertes des Tatertrags gem. § 73c StGB. Auf das Sicherungsrecht, das durch die Vollziehung des Vermögensarrests entsteht, ist § 88 anwendbar (MüKoInsO/Breuer/Flöther Rn. 22). Das in § 111i Abs. 1 S. 1 StPO vorgesehene Erlöschen des Sicherungsrechts entspricht in seiner materiellen Wirkung der Rückschlagsperre, bezieht sich also nur auf die materielle Pfändungswirkung (Bittmann NStZ 2021, 342 (346); aA MüKoInsO/Breuer/Flöther Rn. 22). Das Pfandrecht des Justizfiskus lebt bei Freigabe des Gegenstands durch den Insolvenzverwalter oder Aufhebung des Insolvenzverfahrens wieder auf (Bittmann NStZ 2021, 342 (346)).

15c Die im Rahmen der strafrechtlichen Vermögensabschöpfung vorgesehene Beschlagnahme des § 111d Abs. 1 S. 2 StPO, die eine mögliche spätere Einziehung nach §§ 73 ff. StGB absichert, ist dagegen insolvenzfest und unterfällt nicht dem Anwendungsbereich des § 88 (MüKoInsO/Breuer/Flöther Rn. 21).

15d Rein die Vollstreckung vorbereitende Maßnahmen werden von § 88 nicht erfasst, so beispielsweise die Erteilung einer Vollstreckungsklausel oder Vollstreckbarkeitserklärung (MüKoInsO/Breuer/Flöther Rn. 16).

15e Vom Gläubiger erlangte Befriedigungen aus der Zwangsvollstreckungsmaßnahme unterfallen nicht § 88 (OLG Frankfurt a. M. NZI 2002, 491), können aber nach den §§ 129 ff. anfechtbar sein.

16 Rechtsgeschäftlich bestellte Sicherungshypotheken von Bauhandwerkern oder Sicherheiten zur Abwendung der Zwangsvollstreckung unterfallen nicht § 88, können jedoch ebenfalls gem. §§ 129 ff. anfechtbar sein.

D. Rechtsfolgen

I. Absolute schwebende Unwirksamkeit

17 Mit Eröffnung des Insolvenzverfahrens wird die Sicherung absolut unwirksam (BGH NZI 2021, 125 Rn. 10; NZI 2006, 224 Rn. 10). Die Unwirksamkeit ist aber nicht endgültig, sondern schwebend, wirkt also nur, solange sie für die Zwecke des Insolvenzverfahrens erforderlich ist (BGH NZI 2021, 125 Rn. 10).

17a Das Sicherungsrecht lebt bei Aufhebung des Insolvenzverfahrens oder Freigabe wieder auf, wenn der Gegenstand noch nicht verwertet wurde (BGH NZI 2021, 125 Rn. 12; NZI 2006, 224 Rn. 23; Kohler ZIP 2015, 1471) und die Verstrickung fortbesteht (BGH NZI 2017, 892 Rn. 20; NZI 2011, 600 Rn. 11).

17a.1 Bei einem Pfändungs- und Überweisungsbeschluss, der wegen der fortbestehenden Verstrickung (→ Rn. 18b) wiederauflebt, bedarf es keiner erneuten Zustellung (BGH NZI 2021, 125 Rn. 12; 2017, 892 Rn. 20). Die Verstrickung, die durch die Zustellung bewirkt wird (§ 829 Abs. 3 ZPO), bietet bei Fortbestand während des Insolvenzverfahrens einen ausreichenden Schutz für den Drittschuldner, damit dieser nicht an einen Nichtberechtigten zahlt.

II. Öffentlich-rechtliche Verstrickung

1. Fortbestand der Verstrickung

18 Auch eine nach § 88 unwirksame Vollstreckung führt zur öffentlich-rechtlichen Verstrickung, welche trotz der Unwirksamkeit der Sicherung bestehen bleibt (→ Rn. 18b). Ein Drittschuldner kann sich gegenüber dem Insolvenzverwalter auf die Verstrickung berufen, bis die Verstrickung beseitigt ist (BGH NZI 2017, 892 Rn. 10; zur Umsetzung → Rn. 18b.1 ff.).

Die fortbestehende Verstrickung führt, solange die Zwangsvollstreckungsmaßnahme nicht endgültig beseitigt wird, zu einem Wiederaufleben des Sicherungsrechts, wenn der Gegenstand vom Insolvenzverwalter freigegeben oder das Insolvenzverfahren aufgehoben wird (→ Rn. 17a). Lebt das Pfändungspfandrecht und damit das Absonderungsrecht des Gläubigers wieder auf, so ist er auch nach Erteilung der Restschuldbefreiung gem. § 301 Abs. 2 S. 1 berechtigt, sich aus dem Pfändungspfandrecht zu befriedigen (BGH NZI 2021, 125 Rn. 14). 18a

2. Ende der Verstrickung

Die öffentlich-rechtliche Verstrickung kann zum einen durch Aufhebung der Vollstreckungsmaßnahme beseitigt werden. Der BGH hat aber klargestellt, dass die Verstrickung während des Insolvenzverfahrens zum anderen auch dadurch beseitigt werden kann, dass die Vollziehung bis zur Aufhebung des Verfahrens ausgesetzt wird, ohne die Pfändung insgesamt aufzuheben (BGH NZI 2021, 489; abl. Wipperfürth/Gajek ZInsO 2021, 786). 18b

Der BGH will in seiner Entscheidung (BGH NZI 2021, 489) einen Meinungsstreit beenden, den er in einer früheren Entscheidung angezettelt hat (BGH NZI 2017, 892). Dort hatte er in NZI 2017, 892 Rn. 14 die Möglichkeit angedeutet, die Vollziehung von Pfändungs- und Überweisungsbeschlüssen für die Dauer des Insolvenzverfahrens auszusetzen (dem folgten zB LG Stuttgart NZI 2020, 629; LG Flensburg BeckRS 2019, 27222 Rn. 13; AG Hamburg-Altona NZI 2019, 673; AG Dresden BeckRS 2018, 14829). Die Möglichkeit der Aussetzung wurde auch in der Wohlverhaltensphase bejaht, da das Vollstreckungsverbot des § 294 wie § 89 die Entstehung eines Pfändungspfandrechts verhindere (AG Hamburg-Altona NZI 2019, 673; AG Zeitz NZI 2019, 82; AG Dresden BeckRS 2018, 14829; → § 294 Rn. 1). Zuständig für die Entscheidung in der Wohlverhaltensphase sei das Vollstreckungsgericht, da § 89 Abs. 3 nur eine Sonderregelung für das Insolvenzverfahren selbst treffe (AG Zeitz NZI 2019, 82; LG Saarbrücken VuR 2013, 389; aA AG Dresden BeckRS 2018, 14829; → § 89 Rn. 39). 18b.1

Andere Gerichte lehnten eine Aussetzung oder Einstellung der Zwangsvollstreckung ab, da es sich um ein förmliches Verfahren handele und keine gesetzliche Grundlage für eine Aussetzung bestehe (LG Frankfurt/Main NZI 2020, 390; AG Zeitz BeckRS 2019, 306; AG Zeitz NZI 2019, 82; AG Marburg NZI 2019, 809; AG Essen NZI 2018, 671; AG Göttingen NZI 2019, 82 unter Verweis auf BGH NJW-RR 2016, 319 Rn. 8). Die Verstrickung solle vielmehr nur durch einen förmlichen Akt der Aufhebung aufgrund eines Rechtsmittels oder durch Verzicht des Gläubigers (§ 843 ZPO) zu beseitigen sein. Die Stimmen in der Literatur favorisierten wohl diese Ansicht (ua Lissner ZInsO 2020, 645; Büttner VIA 2019, 38). Differenzierend äußerte sich das AG Dresden für eine Aufhebung allein bei § 88, da hier eine Unwirksamkeit angeordnet werde, während die Zwangsvollstreckung nach § 89 während des Insolvenzverfahrens nur unzulässig sei (AG Dresden BeckRS 2019, 19576). 18b.2

Der BGH hat nun unter Berücksichtigung der ablehnenden Entscheidungen und Stimmen seine Rechtsprechung bestätigt. Er führt aus, dass die Verstrickung während des Insolvenzverfahrens durch eine Aussetzung der Vollziehung bis zur Verfahrensaufhebung beseitigt werde und nur diese Aussetzung unter Berücksichtigung der Belange der Gläubiger geboten sei (BGH NZI 2021, 489 Rn. 14). Der BGH verweist insoweit auf seine ständige Rechtsprechung, dass die Rechte des Vollstreckungsgläubigers nicht mehr und nicht länger zu begrenzen, als es zur Erreichung der Insolvenzziele erforderlich sei (BGH NZI 2021, 489 Rn. 14; 2021, 125 Rn. 12; 2011, 365 Rn. 10 ff.; 2006, 224 Rn. 23; Bast/Becker NZI 2021, 481 (482)). Obwohl es für eine Aussetzung der Vollziehung etwa eines Pfändungs- und Überweisungsbeschlusses keine ausdrückliche gesetzliche Grundlage in der ZPO gebe, sei sie zur Wahrung der Rechte des Pfändungspfandgläubigers aus Art. 14 Abs. 1 GG zulässig und geboten (BGH NZI 2021, 489 Rn. 19). Solange nicht feststehe, ob die Restschuldbefreiung gewährt werde, bestehe ein berechtigtes Interesse des Pfändungsgläubigers am rangwahrenden Fortbestand der Pfändung (BGH NZI 2021, 489 Rn. 20; 2011, 365 Rn. 14). 18b.3

Die Entscheidung verdient Zustimmung, da die ablehnenden Stimmen vernachlässigten, dass die Unwirksamkeit der Pfändungsmaßnahme zwar absolut, aber nur schwebend während des Insolvenzverfahrens wirkt (das verkennen für § 88 AG Hamburg-Altona NZI 2019, 673 Rn. 15; AG Dresden BeckRS 2019, 19576) und nach dessen Aufhebung oder bei Freigabe des Gegenstands wieder auflebt (BGH NZI 2021, 125 Rn. 10; → Rn. 17a). Zwar verlangt der förmliche Charakter des Zwangsvollstreckungsverfahrens, dass der Gläubiger nicht einseitig über die Wirkungen der Pfändung und die öffentlich-rechtliche Verstrickung disponieren kann (BGH NJW-RR 2019, 319 Rn. 8). Im Insolvenzverfahren wird die schwebende Unwirksamkeit jedoch von Gesetzes wegen angeordnet, sodass hinsichtlich des Eintritts und der Dauer der Unwirksamkeit Rechtsklarheit herrscht. Rechtsgrundlage für die Beschränkung der öffentlich-rechtlichen Verstrickung sind §§ 88, 89 Abs. 1, die die Unwirksamkeit (rangwahrend) auf die Dauer des Insolvenzverfahrens begrenzen. Dagegen gibt es keine Rechtsgrundlage für eine endgültige Aufhebung der Zwangsvollstreckung, solange der Gläubiger ihr nicht zustimmt. Zudem ist die Aussetzung der Vollziehung als milderes Mittel zur Aufhebung von deren Rechtsgrundlage umfasst (Bast/Becker NZI 2021, 481 (484)). 18b.4

18b.5 In einer weiteren Entscheidung hat der BGH (BGH NZI 2021, 125 Rn. 11) geurteilt, dass die Verstrickung fortbesteht, wenn die Vollstreckungshandlung nicht vom zuständigen Vollstreckungsorgan aufgehoben wird. Er verweist auch hier darauf, dass die Rechtsposition des Vollstreckungsgläubigers nur so weit und so lange beschränkt werden darf, als überwiegende Gründe dies zwingend erfordern.

18b.6 Die Verpflichtung, auch das nach Art. 14 Abs. 1 GG bestehende Interesse des Gläubigers an der Rangwahrung zu erhalten, besteht umso mehr, als der Gläubiger nach Wiederaufleben des Pfändungspfandrechts bei Aufhebung des Insolvenzverfahrens oder Freigabe berechtigt ist, sich trotz erteilter Restschuldbefreiung aus dem Pfändungspfandrecht zu befriedigen (§ 301 Abs. 2 S. 1 InsO; insoweit missverständlich BGH NZI 2021, 489 Rn. 20).

18c Der BGH bewirkt mit der klarstellenden Rechtsprechung einen Gleichlauf der Beschränkungen des § 88 mit § 91, der ebenfalls nur für die Dauer des Insolvenzverfahrens den Erwerb von Pfändungspfandrechten an Gegenständen des Schuldnervermögens, wie zB künftigen pfändbaren Einkommensbestandteilen, vorsieht (Bast/Becker NZI 2021, 481 (482)). Gleichzeitig wird gewährleistet, dass die in Art. 14 Abs. 1 GG gesicherten Rechte des Vollstreckungsgläubigers nur insoweit begrenzt werden, als es zur Erreichung der Insolvenzziele erforderlich ist (BGH NZI 2021, 489 Rn. 14; 2021, 125 Rn. 12; 2011, 365 Rn. 10 ff.; 2006, 224 Rn. 23; Bast/Becker NZI 2021, 481 (482)).

3. Zuständigkeit

19 Zuständig für die Aufhebung oder Aussetzung der Zwangsvollstreckungsmaßnahme ist grundsätzlich nicht das Vollstreckungs-, sondern das Insolvenzgericht (§ 89 Abs. 3). Liegt der Vollstreckung eine öffentlich-rechtliche Forderung zugrunde, so ist für die Entscheidung, ob die Vollstreckung auszusetzen oder aufzuheben ist, aber die Vollstreckungsbehörde zuständig (LG Mönchengladbach BeckRS 2014, 17411; unklar dazu LG Stuttgart NZI 2020, 629).

III. Absonderungsrechte

20 Die Rückschlagsperre führt zum Erlöschen des durch die Pfändung erlangten Pfändungspfandrechts (BGH NJW 1995, 1159), verhindert jedoch nicht die öffentlich-rechtliche Verstrickung (→ Rn. 18). Der Gläubiger kann keine abgesonderte Befriedigung gem. § 50 Abs. 1 verlangen; er ist einfacher Insolvenzgläubiger iSd § 38.

1. Beschlagnahme nach ZVG

21 Bei der Zwangsversteigerung und Zwangsverwaltung wird aufgrund der Rückschlagsperre die Beschlagnahme gem. §§ 22 ff. ZVG unwirksam. Das Versteigerungsgericht muss das Verfahren einstellen (§ 28 ZVG). Ein Absonderungsrecht (§ 49) eines persönlich betreibenden Gläubigers in der Rangklasse des § 10 Abs. 1 Nr. 5 ZVG entfällt.

2. Sicherungshypothek

22 Eine Sicherungshypothek, die der Rückschlagsperre unterfällt, wird nicht analog § 868 ZPO zur Eigentümergrundschuld, sondern erlischt (BGH NZI 2012, 753 Rn. 8). Gibt der Insolvenzverwalter das Grundstück frei, so lebt die Sicherungshypothek wieder auf (BGH NJW 2006, 1286 Rn. 26 f.; → § 89 Rn. 17a; → Rn. 17a).

23 Das Grundbuchamt ist nicht verpflichtet, die Grundbuchberichtigung von Amts wegen durchzuführen. Die Grundbuchberichtigung ist vom Insolvenzverwalter zu beantragen (BGH BeckRS 2017, 127390 Rn. 23), entweder unter Vorlage einer Löschungsbewilligung des Berechtigten (§ 19 GBO) oder wegen Unrichtigkeit des Grundbuchs (§§ 22, 13 Abs. 1 S. 2 GBO).

23a Um die Unrichtigkeit nachzuweisen, muss der Insolvenzverwalter die Insolvenzeröffnung, den Zeitpunkt der Pfändung und den Zeitpunkt der Insolvenzantragstellung durch Unterlagen in der Form des § 29 GBO nachweisen. Ist im Eröffnungsbeschluss der Zeitpunkt der Insolvenzantragstellung genannt, so erstreckt sich die Urkundswirkung des Beschlusses auch auf diese Angabe (OLG Stuttgart NZI 2019, 220; Sternal NZI 2014, 928; aA BGH NZI 2012, 753 Rn. 20; OLG München NZI 2014, 927); der Zeitpunkt der Antragstellung muss dann nicht durch gesonderte Urkunde nachgewiesen werden.

24 Beantragt der Insolvenzverwalter die Berichtigung nach § 22 GBO, ist der Nachweis der Unrichtigkeit des Grundbuchs in der Form des § 29 Abs. 1 S. 2 GBO entbehrlich, wenn sich die Unrichtigkeit aus dem Grundbuch ergibt (OLG Köln NZI 2015, 486).

IV. Restschuldbefreiung

Nach Erteilung der Restschuldbefreiung sind Forderungen der Insolvenzgläubiger nicht mehr durchsetzbar (§ 301 Abs. 1), sofern sie nicht gem. § 302 von der Restschuldbefreiung ausgenommen sind. Insolvenzgläubiger dürfen sich aber trotz der Restschuldbefreiung aus Sicherungsrechten, die im Insolvenzverfahren ein Absonderungsrecht darstellen, befriedigen (§ 301 Abs. 2 S. 1). **24a**

Der Vollstreckungsgläubiger kann sich also weiter aus dem Pfändungspfandrecht befriedigen, wenn es bei fortbestehender Verstrickung nach Aufhebung des Insolvenzverfahrens oder Freigabe des Gegenstands durch den Insolvenzverwalter wieder auflebt. Dies gilt auch für die Pfändung künftiger Forderungen (BGH NZI 2021, 125 Rn. 14). **24b**

E. Rechtsbehelfe/Zuständigkeit

Eine von § 88 erfasste Zwangsvollstreckungsmaßnahme ist mit Insolvenzeröffnung kraft Gesetzes unwirksam. Sie ist von Amts wegen oder auf Antrag eines Beteiligten aufzuheben oder die Vollziehung der Vollstreckungsmaßnahme ist zur Rangwahrung bis zur Aufhebung des Insolvenzverfahrens auszusetzen (→ Rn. 18b). Dabei ist entsprechend der BGH-Rechtsprechung darauf zu achten, zur Vermeidung von Amtshaftungsansprüchen die Gläubigerrechte nur soweit einzuschränken, wie dies für die Zwecke des Insolvenzverfahrens erforderlich ist (Bast/Becker NZI 2021, 481 (483)). **25**

Dem Insolvenzverwalter steht die Vollstreckungserinnerung (§ 766 Abs. 1 ZPO) zu (BGH BeckRS NZI 2017, 892 Rn. 12). Im Falle der Forderungspfändung ist auch der Drittschuldner erinnerungsbefugt (MüKoInsO/Breuer/Flöther Rn. 39). **25a**

Über die Vollstreckungserinnerung entscheidet gem. § 89 Abs. 3 analog das Insolvenzgericht, nicht das Vollstreckungsgericht (AG Hamburg NZI 2014, 888; MüKoInsO/Breuer/Flöther Rn. 40). Funktionell zuständig ist der Richter analog § 20 Nr. 17 S. 2 RPflG, sofern der Rechtspfleger der Vollstreckungserinnerung nicht abhilft (AG Hamburg NZI 2014, 888; Bast/Becker NZI 2021, 481 (483)). **26**

In der Wohlverhaltensphase ist das Vollstreckungsgericht erneut zuständig, da § 89 Abs. 3 nur eine Sonderregelung für das Insolvenzverfahren selbst trifft (→ Rn. 18b.1). **26a**

Ein Zwangsversteigerungs- oder Zwangsverwaltungsverfahren, das von der Rückschlagsperre erfasst ist, ist vom Vollstreckungsgericht gem. § 28 Abs. 2 ZVG nach Anhörung des betreffenden Gläubigers von Amts wegen einstweilen einzustellen und das Grundbuchamt um Löschung des Versteigerungsvermerks zu ersuchen (K. Schmidt InsO/Keller Rn. 50; Uhlenbruck/Mock Rn. 65). **27**

Auch im Übrigen ist in der Immobiliarvollstreckung das Grundbuchamt für Rechtsbehelfe zuständig (LG Dresden BeckRS 2017, 101894; MüKoInsO/Breuer/Flöther Rn. 41). **28**

§ 89 Vollstreckungsverbot

(1) Zwangsvollstreckungen für einzelne Insolvenzgläubiger sind während der Dauer des Insolvenzverfahrens weder in die Insolvenzmasse noch in das sonstige Vermögen des Schuldners zulässig.

(2) ¹Zwangsvollstreckungen in künftige Forderungen auf Bezüge aus einem Dienstverhältnis des Schuldners oder an deren Stelle tretende laufende Bezüge sind während der Dauer des Verfahrens auch für Gläubiger unzulässig, die keine Insolvenzgläubiger sind. ²Dies gilt nicht für die Zwangsvollstreckung wegen eines Unterhaltsanspruchs oder einer Forderung aus einer vorsätzlichen unerlaubten Handlung in den Teil der Bezüge, der für andere Gläubiger nicht pfändbar ist.

(3) ¹Über Einwendungen, die auf Grund des Absatzes 1 oder 2 gegen die Zulässigkeit einer Zwangsvollstreckung erhoben werden, entscheidet das Insolvenzgericht. ²Das Gericht kann vor der Entscheidung eine einstweilige Anordnung erlassen; es kann insbesondere anordnen, daß die Zwangsvollstreckung gegen oder ohne Sicherheitsleistung einstweilen einzustellen oder nur gegen Sicherheitsleistung fortzusetzen sei.

Überblick

Während des Insolvenzverfahrens (→ Rn. 2) hindert das Vollstreckungsverbot die Insolvenzgläubiger (→ Rn. 5) an der Vollstreckung (→ Rn. 14) in das Schuldnervermögen (→ Rn. 9).

Geschützt ist auch das insolvenzfreie Vermögen des Schuldners (→ Rn. 10). Untersagt ist insbesondere die Vollstreckung wegen Geldforderungen (→ Rn. 17). Maßnahmen, die die Vollstreckung nur vorbereiten (→ Rn. 21) oder freiwillige Leistungen des Schuldners (→ Rn. 23) sind zulässig. Gegen § 89 verstoßende Vollstreckungsmaßnahmen sind unwirksam (→ Rn. 27a), bewirken aber dennoch die öffentlich-rechtliche Verstrickung (→ Rn. 27b). Der Insolvenzverwalter kann gegen sie Vollstreckungserinnerung (→ Rn. 36) beim Insolvenzgericht (→ Rn. 37) einlegen.

Das pfändbare Arbeitseinkommen (→ Rn. 31) ist während des Insolvenzverfahrens zusätzlich vor einer Pfändung durch Neugläubiger geschützt (→ Rn. 30). Neugläubiger mit Delikts- und Unterhaltsansprüchen dürfen jedoch in den erweitert pfändbaren Bereich vollstrecken (→ Rn. 34).

Übersicht

	Rn.		Rn.
A. Allgemeines	1	VI. Rechtsfolgen	27
B. Vollstreckungsverbot für Insolvenzgläubiger (Abs. 1)	2	C. Vollstreckungsverbot bei künftigen Forderungen (Abs. 2)	30
I. Inländisches Insolvenzverfahren	2	I. Künftige Forderungen auf Arbeitseinkommen	30
II. Betroffene Gläubiger	5		
III. Geschütztes Vermögen	9	II. Vollstreckung von Unterhalts- und Deliktsgläubigern (Abs. 2 S. 2)	34
IV. Vollstreckungsmaßnahme	14		
V. Ende des Vollstreckungsverbots	25	D. Rechtsbehelfe (Abs. 3)	36

A. Allgemeines

1 Das Vollstreckungsverbot des § 89 soll wie die Rückschlagsperre (§ 88) die Gleichbehandlung der Gläubiger sichern, indem es während des eröffneten Insolvenzverfahrens den Sonderzugriff auf das Vermögen des Schuldners durch Zwangsvollstreckung ausschließt.

B. Vollstreckungsverbot für Insolvenzgläubiger (Abs. 1)

I. Inländisches Insolvenzverfahren

2 § 89 setzt die Eröffnung eines inländischen Insolvenzverfahrens voraus, auch als Verbraucherinsolvenzverfahren oder in Eigenverwaltung. Das Vollstreckungsverbot gilt gleichfalls für ausländische Vollstreckungsorgane, wenn das deutsche Verfahren im Ausland anerkannt ist.

3 Für Vollstreckungsmaßnahmen in das Schuldnervermögen im Ausland gilt § 89 nicht, da er vollstreckungs- und nicht insolvenzrechtlich zu qualifizieren ist (Uhlenbruck/Mock Rn. 18). Vollstreckt ein inländischer Insolvenzgläubiger jedoch in Vermögen des Schuldners im Ausland, so hat er das Erlangte unter Abzug seiner Vollstreckungskosten an den inländischen Insolvenzverwalter aus ungerechtfertigter Bereicherung (§ 812 Abs. 1 S. 2 Alt. 2 BGB) herauszugeben (Art. 20 Abs. 1 EuInsVO, § 342 Abs. 1).

4 Wird ein Insolvenzverfahren im Ausland eröffnet, so gilt § 89 nicht, sondern – im Falle der Anerkennung des Insolvenzverfahrens (Art. 16 ff. EuInsVO, § 343) – die entsprechende Regelung des anwendbaren ausländischen Insolvenzverfahrens (Art. 4 Abs. 2 Buchst. f EuInsVO, § 335). Bei inländischen Sekundärinsolvenzverfahren gilt das Vollstreckungsverbot nur für das inländische Vermögen (Uhlenbruck/Mock Rn. 18).

4a Für Restrukturierungsverfahren nach dem StaRUG gilt § 89 nicht. Allerdings kann das Restrukturierungsgericht auf Antrag eine Stabilisierungsanordnung mit Vollstreckungs- und Verwertungssperre (§ 49 StaRUG) erlassen, die das Schuldnervermögen schützt.

II. Betroffene Gläubiger

5 Das Vollstreckungsverbot des § 89 gilt für Insolvenzgläubiger (§§ 38, 39), auch nachrangige, unabhängig davon, ob sie am Verfahren teilnehmen. Nicht eingeschränkt sind Aussonderungsgläubiger und Massegläubiger (§ 53); für letztere gelten jedoch die Vollstreckungsverbote der §§ 90, 210.

Vollstreckungsverbot   § 89 InsO

Absonderungsberechtigte Gläubiger unterfallen dem Vollstreckungsverbot, wenn sie gleichzeitig 6
Insolvenzgläubiger sind (§ 52), nicht jedoch im Hinblick auf die Verwertung der Sicherheit, soweit
sie gem. §§ 165 ff. zur Verwertung befugt sind.
Absonderungsrechte an unbeweglichen Gegenständen können weiter durch Zwangsversteige- 7
rung oder Zwangsverwaltung verwertet werden. Solange ein Grundpfandgläubiger keine Beschlagnahme an Mietansprüchen bewirkt hat, sind diese allerdings nicht durch den Haftungsverband des
Grundpfandrechts dem Gläubiger zugewiesen, sondern fallen in die Insolvenzmasse (BGH NZI
2018, 326 Rn. 11). Die Pfändung der Mietansprüche durch den absonderungsberechtigten Grundpfandgläubiger aus seinem dinglichen Recht ist nach Insolvenzeröffnung unzulässig (BGH NZI
2006, 577).
Neugläubiger, die erst nach Eröffnung des Insolvenzverfahrens einen Anspruch gegen den 8
Schuldner erworben haben, können nur in das insolvenzfreie Vermögen des Schuldners vollstrecken, da das übrige Vermögen und der Neuerwerb in die Insolvenzmasse fallen. Zum insolvenzfreien Vermögen gehören auch freigegebene Gegenstände sowie die freigegebene selbstständige
Tätigkeit (§ 35 Abs. 2) des Schuldners. Der Zugriff der Neugläubiger auf das insolvenzfreie Vermögen wird durch Abs. 1 gewährleistet (LG Frankfurt/Oder NZI 2017, 571 Rn. 30; BGH NZI
2012, 409 Rn. 28).
Nicht vermögensrechtliche Ansprüche, die sich gegen den Schuldner persönlich richten, sind 8a
nicht von § 89 berührt. Hierunter fallen beispielsweise Ansprüche auf Vornahme einer unvertretbaren Handlung nach §§ 888 ff. ZPO (MüKoInsO/Breuer/Flöther Rn. 18).

III. Geschütztes Vermögen

Durch das Vollstreckungsverbot des § 89 ist das gesamte in- und ausländische Vermögen des 9
Schuldners, also sowohl die Insolvenzmasse (§ 35) als auch das insolvenzfreie Vermögen (→ Rn. 8),
vor der Vollstreckung durch Insolvenzgläubiger geschützt. Die Insolvenzmasse umfasst gem. § 35
Abs. 1 sowohl das Vermögen, das dem Schuldner bei Insolvenzeröffnung gehörte, als auch den
Neuerwerb während des Insolvenzverfahrens.
Relevant wird der Schutz des insolvenzfreien Vermögens insbesondere bei vom Insolvenzver- 10
walter freigegebenen oder zur Ausübung einer freigegebenen selbstständigen Tätigkeit (§ 35
Abs. 2) erforderlichen Vermögensgegenständen, die während der Dauer des Insolvenzverfahrens
nicht durch die Insolvenzgläubiger vollstreckt werden darf (LG Frankfurt/Oder NZI 2017, 571
Rn. 30; BGH NZI 2012, 409 Rn. 28).
Das insolvenzfreie Vermögen steht den Neugläubigern als Haftungsmasse zur Verfügung (→ 11
Rn. 8). Zu beachten sind jedoch die allgemeinen Verbote der Einzelzwangsvollstreckung (§§ 811,
850 ff. ZPO). Über das zur Ausübung der selbstständigen Tätigkeit freigegebene Vermögen ist ein
zweites Insolvenzverfahren zulässig (BGH NZI 2011, 633; zur Restschuldbefreiung im Zweitverfahren AG Mannheim NZI 2019, 945).
Im Insolvenzverfahren über das Vermögen einer Gesellschaft ohne Rechtspersönlichkeit verbie- 12
tet § 89 nur die Vollstreckung in das Gesellschaftsvermögen, nicht in das Privatvermögen der
einzelnen Gesellschafter. Der Zugriff der Gesellschaftsgläubiger auf das Privatvermögen der persönlich haftenden Gesellschafter ist jedoch durch § 93 und § 171 Abs. 2 HGB begrenzt.
Im Ausland befindliches Vermögen des Schuldners ist nicht vom Vollstreckungsverbot des § 89 13
geschützt, der Insolvenzgläubiger muss aber das aus der Zwangsvollstreckung Erlangte gem. § 342
nach den Regeln der ungerechtfertigten Bereicherung an den Insolvenzverwalter herausgeben
(→ Rn. 3).

IV. Vollstreckungsmaßnahme

Unzulässig ist die Einleitung oder Fortsetzung von Maßnahmen der Zwangsvollstreckung im 14
Inland oder Ausland nach dem Zivilprozessrecht sowie die Vollstreckung durch Verwaltungs- oder
Finanzbehörden (K. Schmidt InsO/Keller Rn. 20). Der Begriff der Zwangsvollstreckung ist weit
zu fassen. Erfasst werden die Geldvollstreckung in das bewegliche und unbewegliche Vermögen
(§§ 803 ff., 828 ff. ZPO), die Erzwingung sonstiger Ansprüche (§§ 883 ff. ZPO), der Vollzug von
Arresten (§§ 916 ff. ZPO) und einstweiligen Verfügungen (§§ 935 ff. ZPO) sowie die Pflicht des
Schuldners zur Vermögensauskunft nach § 802c ZPO (MüKoInsO/Breuer/Flöther Rn. 26).
Untersagt sind Maßnahmen der Vermögenssicherstellung gem. §§ 111b ff. StPO (OLG Nürn- 15
berg NZI 2014, 89 (91); Markgraf NZG 2013, 1014 f.) sowie Geldstrafen gem. §§ 459 ff. StPO
(§ 39 Abs. 1 Nr. 3) während des Insolvenzverfahrens. Die Vollstreckung einer Ersatzfreiheitsstrafe
ist zulässig (BVerfG NJW 2006, 3626; OLG Frankfurt a. M. NZI 2006, 714; aA LG Potsdam
NZI 2021, 402). Ist der dingliche Arrest (§ 111d StPO) außerhalb der Fristen der §§ 88, 129 ff.

erwirkt, so ist das erworbene Pfändungspfandrecht nicht wegen § 89 unwirksam oder aufzuheben (OLG Hamm BeckRS 2015, 15082).

16 Vollstreckungsmaßnahmen der Finanzbehörden über das Vermögen des Steuerschuldners sind gem. § 89 iVm § 251 Abs. 2 S. 1 AO unzulässig. Für die Vollstreckung sonstiger öffentlich-rechtlicher Ansprüche gilt § 5 VwVG, der wiederum auf § 251 Abs. 2 S. 1 AO verweist (Uhlenbruck/Mock Rn. 22).

17 Das Vollstreckungsverbot untersagt die Vollstreckung wegen Geldforderungen in das bewegliche Vermögen des Schuldners (§§ 803 ff. ZPO) sowie die Vollstreckung in das unbewegliche Vermögen (§§ 864 ff. ZPO). Zwangshypotheken oder Zwangsvormerkungen an Grundstücken, Luftfahrzeugen (§ 89 LuftfzRG) oder Schiffen, Schiffsbauwerken und Schwimmdocks (§§ 10, 11, 76 ff. SchRG) sind nicht mehr möglich. Die Zulässigkeit einer Zwangssicherungshypothek richtet sich nach dem Zeitpunkt der Eintragung, bei einer späteren Erweiterung der Hypothek nach dem Zeitpunkt der Änderung (KG BeckRS 2017, 105318 Rn. 17).

17a Eine Zwangshypothek entsteht jedoch ausnahmsweise, wenn ihre Eintragung zunächst wegen der Rückschlagsperre des § 88 schwebend unwirksam war, aber nach Freigabe des Grundstücks durch den Insolvenzverwalter wieder aufgelebt ist (BGH NJW 2006, 1286 Rn. 26 f.). Solange die öffentlich-rechtliche Verstrickung bestehen bleibt, lebt das Sicherungsrecht im Falle der Freigabe des mit dem Sicherungsrecht belasteten Gegenstands durch den Insolvenzverwalter wieder auf (→ § 88 Rn. 22). Im Falle der Zwangshypothek wäre der Erwerb dem Wortlaut nach durch § 89 Abs. 1 gehindert. Um Zwischenverfügungen des Schuldners bis zur Aufhebung des Insolvenzverfahrens zu verhindern, legt der BGH die Norm daher einschränkend aus und wendet § 89 Abs. 1 nicht an, wenn der Sicherungsgläubiger die dingliche Sicherung nur aufgrund der Rückschlagsperre des § 88 verloren hat (BGH NJW 2006, 1286 Rn. 27; MüKoInsO/Breuer/Flöther Rn. 27).

18 Die Zwangsvollstreckung wegen anderer Ansprüche als Geldforderungen (§§ 883 ff. ZPO) wird vom Vollstreckungsverbot erfasst, soweit es sich um Insolvenzforderungen handelt (OLG Stuttgart ZIP 1995, 45 (46)). Ansprüche auf Vornahme unvertretbarer Handlungen (§ 888 ZPO), auf Unterlassungen oder Duldungen (§ 890 ZPO) sind keine Insolvenzforderungen (§§ 38, 39), sodass das Vollstreckungsverbot nicht gilt (KG NZI 2000, 228; K. Schmidt InsO/Keller Rn. 8). Das Vollstreckungsverbot erfasst jedoch die Ersatzvornahme nach § 887 ZPO (OLG Stuttgart NZI 2011, 907). Bereits verhängte Ordnungs- oder Zwangsgelder sind nachrangige Insolvenzforderungen (§ 39 Abs. 1 Nr. 3), deren Vollstreckung durch § 89 gehindert ist.

19 Anträge auf Abgabe der Vermögensauskunft (§§ 802c, 807 ZPO) und auf Erzwingungshaft (§ 802g ZPO) wegen einer Insolvenzforderung sind im Insolvenzverfahren gem. § 89 ausgeschlossen, da die Vermögensauskunft nicht nur eine die Zwangsvollstreckung vorbereitende Maßnahme ist (BGH NZI 2014, 310 Rn. 7; LG Stuttgart VIA 2020, 68). Insolvenzgläubiger können jedoch beantragen, dass der Schuldner die Vollständigkeit der Vermögensübersicht eidesstattlich versichert (§ 153 Abs. 2; BGH NZI 2011, 61). Streitig ist die Anwendung des § 89 jedoch auf die Erzwingungshaft in Ordnungswidrigkeitensachen wegen des möglichen Strafcharakters (Els NZV 2018, 122; Sandherr NZV 2017, 588).

20 Unzulässig ist die Vorpfändung (§ 845 ZPO), da sie bereits Beschlagnahmewirkung entfaltet. Ein Pfändungs- und Überweisungsbeschluss (§§ 829, 835 ZPO) kann nicht mehr wirksam erlassen werden.

21 Maßnahmen, die die Vollstreckung nur vorbereiten, sind von § 89 nicht erfasst (BGH NZI 2014, 310 Rn. 7). Zulässig ist daher die Erklärung eines Urteils für vorläufig vollstreckbar (§§ 708 ff. ZPO), die Erteilung einer vollstreckbaren Ausfertigung (§§ 724 ff. ZPO), die Erteilung einer Vollstreckungsklausel (Steder ZIP 1996, 1072 (1076)) sowie die Vollstreckbarkeitserklärung ausländischer Erkenntnisse, Schiedssprüche, Schiedsvergleiche und Anwaltsvergleiche (§§ 723, 1055, 1060, 1061, 1053 ZPO). Dagegen besteht kein Rechtsschutzinteresse auf Umschreibung des Titels eines Insolvenzgläubiger gegen den Insolvenzverwalter analog §§ 727 f. ZPO, da der Gläubiger durch § 89 an der Vollstreckung gehindert ist.

22 Zustellungen sind zulässig, wenn sie nicht unmittelbar die Vollstreckungswirkung herbeiführen (Uhlenbruck/Mock Rn. 38).

23 § 89 betrifft nicht freiwillige Leistungen des Schuldners aus dem insolvenzfreien Vermögen, selbst wenn diese unter dem Zwang einer drohenden Zwangsvollstreckung erfolgen (BGH NZI 2010, 223 Rn. 9).

24 Die Versagung der Zulassung eines Fahrzeugs zum Verkehr wegen Insolvenzforderungen aus früheren Zulassungsvorgängen fällt nicht unter § 89, da es sich nicht um eine Vollstreckungsmaßnahme hinsichtlich der offenen Forderung handelt (VG Düsseldorf BeckRS 2014, 56106).

V. Ende des Vollstreckungsverbots

Das Vollstreckungsverbot gilt während der Dauer des Insolvenzverfahrens bis zu dessen Aufhe- 25
bung oder Einstellung (§§ 200, 207, 211, 212, 258). Eine vor Insolvenzeröffnung begonnene
Vorauspfändung von laufenden Bezügen des Schuldners ist nach § 89 Abs. 1 nur für die Dauer
des Insolvenzverfahrens unzulässig, wird in der Wohlverhaltensphase aber durch § 294 Abs. 1
ergänzt (Bast/Becker NZI 2021, 481 (482); BGH NZI 2011, 365 Rn. 9). Die Freigabe eines
Gegenstands oder der Ausübung einer selbstständigen Tätigkeit durch den Schuldner (§ 35 Abs. 2)
lässt die Geltung des § 89 für Insolvenzgläubiger unberührt (BGH NZI 2012, 409 Rn. 28).

Nach Abschluss des Insolvenzverfahrens ist den Gläubigern die Vollstreckung gegen den Schuld- 26
ner grundsätzlich erlaubt (sog. Nachhaftung, § 201). Hat der Schuldner als natürliche Person
Restschuldbefreiung beantragt, so gilt jedoch das Vollstreckungsverbot des § 294 Abs. 1.

VI. Rechtsfolgen

Vollstreckungsmaßnahmen, die gegen § 89 verstoßen, sind unzulässig. Das zuständige Vollstre- 27
ckungsorgan darf dem Vollstreckungsantrag bei Kenntnis von der Insolvenzeröffnung von Amts
wegen nicht entsprechen und muss begonnene Vollstreckungen einstellen, sofern noch kein
Absonderungsrecht entstanden ist (MüKoInsO/Breuer/Flöther Rn. 55). Das Grundbuchamt hat
bei Voreintragung eines Insolvenzvermerks die Eintragung einer Zwangs- oder Arresthypothek
abzulehnen (MüKoInsO/Breuer/Flöther Rn. 55). Es entsteht kein Pfändungspfandrecht.

Vollstreckungsmaßnahmen, die entgegen § 89 durchgeführt werden, sind materiell-rechtlich 27a
unwirksam, aber nicht nichtig (BGH NZI 2017, 892 Rn. 15; OLG Hamm NJOZ 2012, 1399;
Uhlenbruck/Mock Rn. 42).

Der Verstoß gegen § 89 hindert jedoch nicht die öffentlich-rechtliche Verstrickung, die so 27b
lange andauert, bis sie entweder durch Aufhebung der Vollstreckungsmaßnahme oder durch deren
Aussetzung bis zur Aufhebung des Insolvenzverfahrens beseitigt wird (BGH NZI 2021, 489;
weitergehend zum Streitstand → § 88 Rn. 18b.1 ff.). Die Freigabe des belasteten Gegenstands
lässt die Wirkung des § 89 grundsätzlich nicht entfallen, da Insolvenzgläubiger auch an der Vollstreckung in das insolvenzfreie Vermögen gehindert sind (→ Rn. 9; zu Zwangssicherungshypotheken
→ Rn. 29).

Liegt der Vollstreckung eine öffentlich-rechtliche Forderung zugrunde, so ist für die Beseitigung 27c
der Verstrickung gem. Abs. 3 ebenfalls das Insolvenzgericht zuständig, auch wenn daneben weitere
Rechtsbehelfe zulässig sind (AG Hannover NZI 2021, 439 Rn. 7; aA LG Mönchengladbach
BeckRS 2014, 17411).

Ein Drittschuldner kann sich bis zur Beseitigung gegenüber dem Insolvenzverwalter auf die 28
Verstrickung berufen (BGH NZI 2017, 892 Rn. 15; → § 88 Rn. 18). Das Verbot des § 89 Abs. 1
ist von Amts wegen zu berücksichtigen (BGH NZI 2013, 539 Rn. 8).

Bei Abschluss des Insolvenzverfahrens ohne Verwertung der verbotswidrig gepfändeten Sache, 29
wird der Mangel ex nunc geheilt. Mit Beendigung des Insolvenzverfahrens entsteht ein Pfändungspfandrecht. Wurden mehrere unzulässige Pfändungen ausgebracht, erwerben die Gläubiger den
gleichen Rang (MüKoInsO/Breuer/Flöther Rn. 61). Bei der Zwangshypothek ist eine Heilung
ausgeschlossen (MüKoInsO/Breuer/Flöther Rn. 61). § 89 Abs. 1 hindert allerdings das Wiederaufleben einer Zwangshypothek, die nach § 88 wegen der Rückschlagsperre schwebend unwirksam
gewesen war, bei Freigabe des Gegenstandes nicht (→ Rn. 17a).

Wird die unwirksam gepfändete Sache aufgrund der Verstrickung verwertet, ist die Verwertung 29a
rechtmäßig. Der Ersteigerer erwirbt Eigentum (Uhlenbruck/Mock Rn. 44).

C. Vollstreckungsverbot bei künftigen Forderungen (Abs. 2)

I. Künftige Forderungen auf Arbeitseinkommen

Das pfändbare Arbeitseinkommen des Schuldners gehört während des Insolvenzverfahrens gem. 30
§§ 35, 36 Abs. 1 S. 2 iVm § 850c ZPO zur Insolvenzmasse. Die Regelung des Abs. 2 S. 1 stellt
sicher, dass das Arbeitseinkommen für die Insolvenzmasse tatsächlich zur Verfügung steht. Dazu
wird das Vollstreckungsverbot in Abs. 2 auf Neugläubiger ausgedehnt. Neugläubiger können
jedoch in das insolvenzfreie Vermögen des Schuldners vollstrecken (BGH NZI 2012, 409 Rn. 28).

Unter Abs. 2 S. 1 fallen alle Entgelte für Dienstleistungen sowie die an deren Stelle tretenden 31
laufenden Bezüge. Erfasst ist insbesondere das Arbeitseinkommen (§ 850 Abs. 2, 3 ZPO), dh der
Arbeits- und Dienstlohn, die Dienst- und Versorgungsbezüge der Beamten, die Ruhegelder und

InsO § 89 Dritter Teil. Wirkungen der Eröffnung des Insolvenzverfahrens

sonstige nach dem einstweiligen oder dauernden Ausscheiden gewährten Abfindungen nach §§ 9, 10 KSchG, die Bezüge eines Gesellschafters/Geschäftsführers und Hinterbliebenenbezüge.

32 Ebenso erfasst sind Vergütungen für Dienstleistungen, die einen wesentlichen Teil der Erwerbstätigkeit des Schuldners darstellen, wie Vergütungen der Handelsvertreter, Ärzte, Zahnärzte, Rechtsanwälte, Architekten, Wirtschaftsprüfer (Uhlenbruck/Mock Rn. 50). Schließlich gilt Abs. 2 S. 1 auch für laufende Sozialleistungen, Altersrente (BGH NZI 2011, 365 Rn. 8) oder Arbeitslosengeld.

33 Die Pfändung des Arbeitseinkommens ist nach Abs. 2 S. 1 für Insolvenzgläubiger und Neugläubiger unzulässig. Die ergänzende Regelung des § 114 Abs. 3 wurde mWz 1.7.2014 aufgehoben.

II. Vollstreckung von Unterhalts- und Deliktsgläubigern (Abs. 2 S. 2)

34 Die Regelung des Abs. 2 S. 2 stellt klar, dass Unterhalts- und Deliktsgläubiger trotz Abs. 2 S. 1 nicht gehindert sind, in den erweiterten Pfändungsbetrag gem. §§ 850b, 850f Abs. 2 ZPO zu vollstrecken. Allerdings kommt die Privilegierung nur Neugläubigern von Delikts- und Unterhaltsforderungen zugute (BGH NZI 2008, 50 Rn. 10). Nicht privilegiert sind Steuergläubiger wegen Ansprüchen aus Steuerhinterziehung, da der Entstehungsgrund der Steuerforderung nicht die Steuerhinterziehung, sondern der gesetzliche Steuertatbestand ist (MüKoInsO/Breuer/Flöther Rn. 51).

34a Der Nachweis der vorsätzlichen unerlaubten Handlung kann durch die Vorlage eines vollstreckbaren Auszugs aus der Insolvenztabelle eines früheren Insolvenzverfahrens erbracht werden, wenn die Forderung zur Tabelle festgestellt und vom Schuldner nicht bestritten wurde (BGH BeckRS 2019, 22913).

35 Abs. 2 S. 2 schmälert die Insolvenzmasse nicht. Der gem. § 850c ZPO pfändbare Anteil des Arbeitseinkommens wird von der Regelung des Abs. 2 S. 2 nicht erfasst und fällt in die Insolvenzmasse. Im Restschuldbefreiungsverfahren ist der pfändbare Teil des Arbeitseinkommens gem. § 287 Abs. 2 an den Treuhänder abgetreten.

D. Rechtsbehelfe (Abs. 3)

36 Gegen Vollstreckungsmaßnahmen, die § 89 zuwider laufen, steht dem Insolvenzverwalter oder dem Schuldner die Vollstreckungserinnerung (§ 766 Abs. 1 ZPO) zu (BGH NZI 2004, 447). Grundsätzlich ist der Insolvenzverwalter erinnerungsbefugt; der Schuldner ist nur erinnerungsbefugt, wenn die Eigenverwaltung angeordnet ist oder die Vollstreckung in das unpfändbare Vermögen erfolgt (AG Hannover NZI 2021, 439 Rn. 10).

36a Im Falle der Immobiliarvollstreckung sind die Rechtsbehelfe nach §§ 52, 71 Abs. 2 GBO bzw. der Antrag auf einstweilige Einstellung nach § 30a ZVG gegeben (LG Dresden BeckRS 2017, 101894; OLG Frankfurt a. M. BeckRS 2014, 00827). Für Rechtsbehelfe in der Immobiliarvollstreckung ist das Grundbuchamt zuständig (→ § 88 Rn. 28). Das Insolvenzgericht hat das Grundbuchamt nach § 32 Abs. 2 von Amts wegen um Eintragung des Insolvenzvermerks zu ersuchen (MüKoInsO/Breuer/Flöther Rn. 64).

36b Die Vollstreckungsmaßnahme ist aufzuheben oder einstweilen einzustellen (Abs. 3 S. 2), um die öffentlich-rechtliche Verstrickung zu beenden (BGH NZI 2017, 892 Rn. 21; → Rn. 27b).

37 Für die Entscheidung ist gem. Abs. 3 S. 1 wegen der größeren Sachnähe das Insolvenzgericht zuständig (BGH NZI 2008, 50 Rn. 4), auch schon im Eröffnungsverfahren (AG Reinbek BeckRS 2020, 22544). Entscheidet dennoch das Vollstreckungsgericht, so ist der Beschluss nicht aus diesem Grund mit der Beschwerde angreifbar (BGH NZI 2011, 600 Rn. 5).

37a Liegt der Vollstreckung eine öffentlich-rechtliche oder fiskalische Forderung zugrunde, so ist die Einstellung der Zwangsvollstreckung gegenüber der Vollstreckungsbehörde bzw. den Fachgerichtsbarkeiten zu betreiben (AG Köln BeckRS 2021, 15956 Rn. 25; → § 88 Rn. 19; aA AG Hannover NZI 2021, 439 Rn. 7).

38 Erhebt der Schuldner gegen die Vollstreckungsmaßnahme einen Vollstreckungsschutzantrag gem. § 765a ZPO, so entscheidet ebenfalls das Insolvenzgericht (BGH NZI 2008, 93 Rn. 10; 2014, 414 Rn. 11).

39 Nach Aufhebung des Insolvenzverfahrens in der Wohlverhaltensphase gilt § 89 Abs. 3 nicht. Über Rechtsbehelfe wegen des Vollstreckungsverbots des § 294 Abs. 1 entscheidet das Vollstreckungsgericht (AG Remscheid BeckRS 2019, 47628; → § 88 Rn. 18b.1).

§ 90 Vollstreckungsverbot bei Masseverbindlichkeiten

(1) Zwangsvollstreckungen wegen Masseverbindlichkeiten, die nicht durch eine Rechtshandlung des Insolvenzverwalters begründet worden sind, sind für die Dauer von sechs Monaten seit der Eröffnung des Insolvenzverfahrens unzulässig.

(2) Nicht als derartige Masseverbindlichkeiten gelten die Verbindlichkeiten:
1. aus einem gegenseitigen Vertrag, dessen Erfüllung der Verwalter gewählt hat;
2. aus einem Dauerschuldverhältnis für die Zeit nach dem ersten Termin, zu dem der Verwalter kündigen konnte;
3. aus einem Dauerschuldverhältnis, soweit der Verwalter für die Insolvenzmasse die Gegenleistung in Anspruch nimmt.

Überblick

Massegläubiger (→ Rn. 5) oktroyierter Masseverbindlichkeiten (→ Rn. 4) unterliegen gem. § 90 Abs. 1 für die Dauer von sechs Monaten nach Insolvenzeröffnung (→ Rn. 9) einem Vollstreckungsverbot. Masseverbindlichkeiten aus Dauerschuldverhältnissen, an denen der Insolvenzverwalter festhält oder bei denen er die Gegenleistung in Anspruch nimmt (→ Rn. 6), unterliegen nicht dem Vollstreckungsverbot (→ Rn. 7). Während der Dauer des Vollstreckungsverbots sind Zwangsvollstreckungsmaßnahmen unzulässig (→ Rn. 5a), sie können mit der Vollstreckungserinnerung angegriffen werden (→ Rn. 17). Zulässig ist aber die Titulierung von Ansprüchen (→ Rn. 5c). Nach Ablauf der Sechs-Monats-Frist sind Vollstreckungen in die Masse (→ Rn. 11) und das insolvenzfreie Schuldnervermögen (→ Rn. 12 ff.) zulässig.

Übersicht

	Rn.		Rn.
A. Allgemeines	1	C. Rechtsfolgen	5a
B. Vollstreckungsverbot (Abs. 1)	3	D. Erfüllung von Dauerschuldverhältnissen (Abs. 2)	6
I. Oktroyierte und gewillkürte Masseverbindlichkeiten	3	E. Dauer des Vollstreckungsverbots	9
II. Anwendungsbereich des Vollstreckungsverbots	5	F. Rechtsfolgen eines Verstoßes	16

A. Allgemeines

Das Vollstreckungsverbot des § 90 dient (ebenso wie § 210) dem Schutz der Insolvenzmasse vor einer Zwangsvollstreckung durch Massegläubiger. Die Pflicht, Massegläubiger gem. § 53 und §§ 208 ff. vorrangig zu bedienen, bleibt unberührt. **1**

Der praktische Anwendungsbereich der Vorschrift ist gering, da die zeitliche Befristung des Vollstreckungsverbotes von 6 Monaten in der Regel abgelaufen ist, bevor ein Massegläubiger überhaupt einen Vollstreckungstitel gegen den Insolvenzverwalter erwirken kann. Ein Nachteil für die Massegläubiger ist nicht ersichtlich, da die Insolvenzmasse regelmäßig Verzugszinsen bis zur Begleichung der Forderung zu zahlen hat (Uhlenbruck/Mock Rn. 12). **2**

Sofern das Insolvenzverfahren nach rechtskräftiger Bestätigung eines Insolvenzplans aufgehoben wird, bevor das Vollstreckungsverbot des Abs. 1 abgelaufen ist, werden die Massegläubiger durch § 258 Abs. 2 geschützt, wonach der Insolvenzverwalter vor der Aufhebung die unstreitigen fälligen Masseverbindlichkeiten begleichen und für die streitigen oder nicht fälligen Sicherheit zu leisten hat. **2a**

B. Vollstreckungsverbot (Abs. 1)

I. Oktroyierte und gewillkürte Masseverbindlichkeiten

§ 90 unterscheidet zwischen Masseverbindlichkeiten, die der Verwalter durch eigenes Handeln begründet (gewillkürte), und Masseverbindlichkeiten, die er kraft Gesetzes als solche erfüllen muss (aufgedrängte oder oktroyierte). **3**

Oktroyierte Masseverbindlichkeiten sind bei gegenseitigen Verträgen, die gem. § 108 nach Insolvenzeröffnung fortbestehen (§ 55 Abs. 1 Nr. 2), die Ansprüche bis zum Ablauf der erstmögli- **4** chen Kündigungsfrist. Es handelt sich also insbesondere um die Lohn- und Gehaltsansprüche von Arbeitnehmern oder die Mietverbindlichkeiten. Ansprüche aus ungerechtfertigter Bereicherung der Masse (§ 55 Abs. 1 Nr. 3) sind dann aufgedrängt, wenn sie nicht auf einer Handlung des Insolvenzverwalters beruhen (MüKoInsO/Breuer/Flöther Rn. 6).

4a Im Nachlassinsolvenzverfahren sind die in § 324 Abs. 1 genannten Kosten ebenfalls oktroyierte Masseverbindlichkeiten.

4b Ausnahmsweise können auch titulierte Masseverbindlichkeiten, die gem. § 55 Abs. 1 Nr. 1 Alt. 2 „in anderer Weise durch die Verwaltung, Verwertung und Verteilung der Insolvenzmasse" begründet werden als aufgedrängt gewertet werden, wenn sie nicht auf einer Rechtshandlung des Verwalters beruhen. Denkbar ist dies beispielsweise bei gesetzlichen Haftungstatbeständen, wie zB im Rahmen der Altlastenbeseitigung (MüKoInsO/Breuer/Flöther Rn. 8).

4c Ebenfalls oktroyierte Masseverbindlichkeiten sind Ansprüche aus Steuern und öffentlichen Abgaben aus dem Eröffnungsverfahren (§ 55 Abs. 2, 4), da sie automatisch durch Erfüllen des Steuertatbestands entstehen (MüKoInsO/Breuer/Flöther Rn. 9; zweifelnd zu § 55 Abs. 4 NdsFG BeckRS 2014, 95870).

II. Anwendungsbereich des Vollstreckungsverbots

5 Das Vollstreckungsverbot des Abs. 1 betrifft nur Gläubiger von titulierten oktroyierten Masseverbindlichkeiten. Gläubiger einer gewillkürten Masseverbindlichkeit unterliegen dem Vollstreckungsverbot nicht.

C. Rechtsfolgen

5a Während der Dauer des Vollstreckungsverbots sind Zwangsvollstreckungsmaßnahmen jeder Art wegen titulierter oktroyierter Masseverbindlichkeiten unzulässig. Das Vollstreckungsverbot ist von den Vollstreckungsorganen von Amts wegen zu beachten (Uhlenbruck/Mock Rn. 17).

5b Verboten sind insbesondere die Pfändung von Forderungen und beweglichen Sachen, Arrestbefehle und Arrestanordnungen, Verwaltungsvollstreckungen sowie Vollstreckungen in das unbewegliche Vermögen (Uhlenbruck/Mock Rn. 10f.; MüKoInsO/Breuer/Flöther Rn. 12). Unzulässig ist neben der Einleitung auch die Fortsetzung einer bereits begonnenen Zwangsvollstreckungsmaßnahme.

5c Nicht durch das Vollstreckungsverbot gehindert ist die Titulierung von Ansprüchen gegen den Insolvenzverwalter entweder im Wege des Erkenntnisverfahrens oder durch die Festsetzung von öffentlich-rechtlichen Forderungen durch Bescheid, solange sie nicht vollstreckt werden (vgl. OLG Stuttgart NZI 2007, 527; LSG BW BeckRS 2016, 68651 Rn. 25). Vielmehr muss den Gläubigern ermöglicht werden, nach Ablauf der Vollstreckungssperre ihre dann noch offenen Forderungen auch zwangsweise durchzusetzen.

5d Das Vollstreckungsverbot bewirkt auch kein Aufrechnungs- oder Abtretungsverbot (MüKoInsO/Breuer/Flöther Rn. 21).

D. Erfüllung von Dauerschuldverhältnissen (Abs. 2)

6 Abs. 2 bestimmt, in welchen Fällen Masseverbindlichkeiten aus fortgeltenden Dauerschuldverhältnissen nicht unter das Vollstreckungsverbot des § 90 fallen. Allen Fallgruppen ist gemeinsam, dass Masseverbindlichkeiten wegen einer Entscheidung des Insolvenzverwalters (weiter) entstehen, sodass diese Masseverbindlichkeiten als gewillkürte angesehen werden.

7 Vom Vollstreckungsverbot ausgenommen sind daher Masseverbindlichkeiten aus einem gegenseitigen Vertrag, dessen Erfüllung der Verwalter gewählt hat, aus einem Dauerschuldverhältnis für die Zeit nach dem ersten Termin, zu dem der Verwalter kündigen konnte sowie Masseverbindlichkeiten aus einem Dauerschuldverhältnis, soweit der Verwalter für die Insolvenzmasse die Gegenleistung in Anspruch nimmt. Letztere Fallgruppe umfasst insbesondere Mietverträge, bei denen der Insolvenzverwalter die Räume für die Insolvenzmasse nutzt, oder Arbeits- und Dienstverhältnisse, solange die Arbeitnehmer etwa wegen der Fortführung des Schuldnerunternehmens nicht freigestellt sind (BSG BeckRS 2020, 47253 Rn. 9).

8 Die Wertung des § 90 Abs. 2 entspricht insoweit derjenigen des § 209 Abs. 2, der Masseverbindlichkeiten in den diesen Fallgruppen bei Masseunzulänglichkeit als Neumasseverbindlichkeit qualifiziert (OLG Düsseldorf BeckRS 2012, 05710), weil sie die Gegenleistung für eine Leistung darstellen, die der Insolvenzverwalter für die Insolvenzmasse in Anspruch nimmt.

E. Dauer des Vollstreckungsverbots

Das Vollstreckungsverbot ist zeitlich auf die Dauer von sechs Monaten seit Insolvenzeröffnung 9 befristet. Beginn ist der im Eröffnungsbeschluss angegebene Zeitpunkt (§ 27 Abs. 2 Nr. 3), nicht der Zeitpunkt der Zustellung des Eröffnungsbeschlusses oder dessen Rechtskraft. Die Kenntnis des Vollstreckungsgläubigers oder des Insolvenzverwalters von der Insolvenzeröffnung ist nicht erforderlich.

Ein Verstoß gegen § 90 liegt vor, wenn die Vollstreckungsmaßnahme innerhalb des maßgeblichen Zeitraumes wirksam wird. Unbeachtlich ist, wann der Vollstreckungsantrag gestellt wurde (K. Schmidt InsO/Keller Rn. 16). 10

Nach Ablauf der Sechs-Monats-Frist können die Gläubiger der oktroyierten Masseverbindlichkeiten uneingeschränkt in die Insolvenzmasse vollstrecken, sofern nicht zwischenzeitlich das Vollstreckungsverbot des § 210 greift. 11

Da der Schuldner durch Handlungen des Insolvenzverwalters während des Insolvenzverfahrens grundsätzlich nur mit der Insolvenzmasse verpflichtet wird (BGH NZI 2009, 841 Rn. 12), ist ein Zugriff auf das insolvenzfreie Vermögen des Schuldners nur ausnahmsweise zulässig. 12

Eine solche Ausnahme stellt die Inanspruchnahme wegen oktroyierter Masseverbindlichkeiten dar, da der Rechtsgrund für diese Forderungen bereits vor Insolvenzeröffnung vom Insolvenzschuldner gesetzt wurde (MüKoInsO/Hefermehl § 53 Rn. 31). Entsprechend haftet der Schuldner nach Aufhebung des Insolvenzverfahrens unbeschränkt mit seinem gesamten Vermögen für noch offene oktroyierte Masseverbindlichkeiten (BGH NZI 2007, 670 Rn. 14). Nach Ablauf der Vollstreckungssperre ist daher die Vollstreckung in das gesamte Schuldnervermögen zulässig (MüKoInsO/Breuer/Flöther Rn. 14; aA Uhlenbruck/Mock Rn. 15). 13

Dem Zugriff der Massegläubiger unterliegen dabei allerdings nur insolvenzfreie Gegenstände, die zB vom Insolvenzverwalter freigegeben wurden und damit wieder in die Verwaltungs- und Verfügungsbefugnis des Schuldners übergegangen sind. Einkünfte aus einer vom Insolvenzverwalter nach § 35 Abs. 2 freigegebenen Selbstständigkeit stehen nur den Neugläubigern des Schuldners als Haftungsmasse zur Verfügung (MüKoInsO/Hefermehl § 53 Rn. 31; BGH NZI 2011, 633 Rn. 7). Mit der Freigabe der selbstständigen Tätigkeit entstehen zwei getrennte Haftungsmassen, die den unterschiedlichen Gläubigergruppen zur Verfügung stehen (MüKoInsO/Peters § 35 Rn. 55). 14

Zwar entstehen Masseverbindlichkeiten in der Regel erst nach Insolvenzeröffnung, aber da der Rechtsgrund für die oktroyierten Masseverbindlichkeiten vom Schuldner vor Eröffnung des Insolvenzverfahrens gesetzt wurde, sind sie als Altverbindlichkeiten zu qualifizieren, die keinen Zugriff auf den Neuerwerb aus der freigegebenen Selbstständigkeit haben. Ein dauerhafter Nachteil entsteht den Massegläubigern jedoch nicht, da der Schuldner jedenfalls nach Aufhebung des Insolvenzverfahrens mit seinem gesamten Vermögen für die oktroyierten Masseverbindlichkeiten nachhaftet (BGH NZI 2007, 670 Rn. 14). 15

F. Rechtsfolgen eines Verstoßes

Das Vollstreckungsverbot ist von den Vollstreckungsorganen von Amts wegen zu beachten (Uhlenbruck/Mock Rn. 17). Eine trotz des Vollstreckungsverbots vorgenommene Zwangsvollstreckungsmaßnahme ist rechtswidrig, aber nicht nichtig. Bis zu ihrer förmlichen Aufhebung besteht die öffentlich-rechtliche Verstrickung fort (MüKoInsO/Breuer/Flöther Rn. 19). 16

Statthafter Rechtsbehelf des Insolvenzverwalters gegen eine unzulässige Vollstreckungsmaßnahme ist die Vollstreckungserinnerung nach § 766 ZPO (BGH NZI 2006, 697 Rn. 6). Wurde der Insolvenzverwalter zuvor angehört, kommt eine sofortige Beschwerde nach § 11 Abs. 1 RPflG iVm § 793 ZPO in Betracht. Zuständig ist wegen der Sachnähe analog § 89 Abs. 3 das Insolvenzgericht (MüKoInsO/Breuer/Flöther Rn. 23). 17

§ 91 Ausschluss sonstigen Rechtserwerbs

(1) Rechte an den Gegenständen der Insolvenzmasse können nach der Eröffnung des Insolvenzverfahrens nicht wirksam erworben werden, auch wenn keine Verfügung des Schuldners und keine Zwangsvollstreckung für einen Insolvenzgläubiger zugrunde liegt.

(2) Unberührt bleiben die §§ 878, 892, 893 des Bürgerlichen Gesetzbuchs, § 3 Abs. 3, §§ 16, 17 des Gesetzes über Rechte an eingetragenen Schiffen und Schiffsbauwerken, § 5 Abs. 3, §§ 16, 17 des Gesetzes über Rechte an Luftfahrzeugen und § 20 Abs. 3 der Schiffahrtsrechtlichen Verteilungsordnung.

InsO § 91 Dritter Teil. Wirkungen der Eröffnung des Insolvenzverfahrens

Überblick

§ 91 ist ein Auffangtatbestand, der nach Insolvenzeröffnung (→ Rn. 4) insbesondere den gesetzlichen (→ Rn. 8 ff.) und den rechtsgeschäftlichen (→ Rn. 11 ff.) Erwerb von Rechten an Massegegenständen (→ Rn. 21) verhindert. Der Rechtserwerb ist absolut unwirksam (→ → Rn. 24). Der gutgläubige Erwerb von unbeweglichen Gegenständen → Rn. 27 ist nach Abs. 2 möglich (→ Rn. 26). Auch der gute Glaube an das Register ist geschützt (→ Rn. 30), es sei denn, der Erwerber kannte die Insolvenzeröffnung (→ Rn. 31).

Übersicht

	Rn.		Rn.
A. Allgemeines	1	2. Erwerb von beschränkt dinglichen Rechten	9
B. Rechtserwerb an Massegegenständen (Abs. 1)	2	3. Erwerb von künftigen Rechten	12c
I. Anwendungsbereich	4	III. Von § 91 unberührter Rechtserwerb	16
II. Von § 91 erfasster Rechtserwerb	8	IV. Gegenstände der Insolvenzmasse	21
1. Erwerb von Eigentumsrechten	8a	V. Rechtsfolge	24
		C. Gutglaubensschutz (Abs. 2)	26

A. Allgemeines

1 § 91 schützt die Insolvenzmasse zugunsten der Insolvenzgläubiger. Die Norm ist ein Auffangtatbestand, der sicherstellt, dass keine Rechte an der Insolvenzmasse begründet werden (BGH NZI 2010, 682 Rn. 9).

B. Rechtserwerb an Massegegenständen (Abs. 1)

2 § 91 Abs. 1 ergänzt die Vorschriften des § 81 (Verfügungsverbot) und § 89 (Vollstreckungsverbot), um jeglichen Erwerb von Rechten an Gegenständen der Insolvenzmasse zu verhindern (BGH BeckRS 2021, 16903 Rn. 9).

3 Möglich ist grundsätzlich nur ein Rechtserwerb an Massegegenständen durch Verfügung des Insolvenzverwalters (§ 80 Abs. 1) oder aufgrund von Zwangsvollstreckungsmaßnahmen, die nicht durch §§ 89, 90 ausgeschlossen sind.

I. Anwendungsbereich

4 § 91 Abs. 1 hindert jeden Rechtserwerb an Massegegenständen ab Eröffnung des Insolvenzverfahrens (BGH NZI 2009, 599 Rn. 10). Nicht anwendbar ist die Vorschrift, wenn der rechtsbegründete Tatbestand bei Insolvenzeröffnung bereits vollständig abgeschlossen war (BGH BeckRS 2019, 30586; NZI 2007, 158 Rn. 14). Die Beweislast für den Rechtserwerb nach Verfahrenseröffnung trägt derjenige, der hieraus Rechte herleitet (K. Schmidt InsO/Sternal Rn. 8).

4a Durch § 91 nicht berührt sind Verfügungen des Insolvenzverwalters (§ 80) und Zwangsvollstreckungsmaßnahmen der Massegläubiger (MüKoInsO/Breuer/Flöther Rn. 6). Letztere können aber den Beschränkungen der §§ 90, 210 unterfallen.

5 Im Insolvenzeröffnungsverfahren ist § 91 mangels einer Verweisung in § 24 Abs. 1 nicht anwendbar (BGH NZI 2012, 614 Rn. 6; NZI 2009, 888 Rn. 15), selbst wenn das Insolvenzgericht vorläufige Sicherungsmaßnahmen nach § 21 Abs. 2 S. 1 Nr. 2, 3 angeordnet hat (BGH NZI 2007, 158 Rn. 8). Der Rechtserwerb kann jedoch anfechtbar sein (§§ 129 ff.; BGH NZI 2011, 602 Rn. 15).

6 In der Eigenverwaltung (§§ 270 ff.) gilt § 91 nicht (Uhlenbruck/Mock Rn. 2).

7 § 91 gilt bis zur Aufhebung des Insolvenzverfahrens. Die Freigabe einer selbstständigen Tätigkeit nach § 35 Abs. 2 hindert die Anwendung des § 91 nicht (BGH NZI 2019, 745 Rn. 44) (→ Rn. 7.1). Der Rechtserwerb eines Neugläubigers ist aber möglich (BGH NZI 2019, 745 Rn. 46 ff.)

7.1 Hat der Schuldner vor Insolvenzeröffnung im Wege einer Globalzession über künftige Forderungen verfügt, so gehen die nach Insolvenzeröffnung entstandenen Forderungen wegen § 91 nicht auf den Zessionar über (→ Rn. 12 f.). Der BGH hält seine Rechtsprechung (BGH NZI 2013, 641), dass nach der Freigabe gem. § 35 Abs. 2 der Zessionar wegen Konvaleszenz (§ 185 Abs. 2 S. 1 Fall 2 BGB) Inhaber der Forderungen wird, nicht aufrecht (BGH NZI 2019, 745 Rn. 35). Nach Aufhebung des Insolvenzverfahrens lebt die Globalzession wieder auf, selbst wenn der Schuldner nach der Freigabe eine neue Globalzession vereinbart hat (Prioritätsgrundsatz; BGH NZI 2019, 745 Rn. 40; Gehrlein NZI 2020, 503 (507)). Eine neue Globalzession nach der Freigabe ist daher nur während des laufenden Insolvenzverfahrens wirksam und endet mit dessen Aufhebung (BGH NZI 2019, 745 Rn. 40).

7a Nicht ausgeschlossen ist die Übertragung von Rechten, die Dritten an Gegenständen der Insolvenzmasse zustehen. Die Übertragung von (Sicherungs-)Eigentum an massezugehörigen Gegenständen ist daher zulässig, da der Wechsel der Rechtsinhaberschaft die Insolvenzmasse nicht beeinträchtigt (MüKoInsO/Breuer/Flöther Rn. 6).

II. Von § 91 erfasster Rechtserwerb

8 Abs. 1 verhindert den gesetzlichen und rechtsgeschäftlichen Rechtserwerb sowie den Rechtserwerb kraft Hoheitsakts an Gegenständen der Insolvenzmasse.

1. Erwerb von Eigentumsrechten

8a Verhindert wird durch Abs. 1 der gesetzliche Erwerb von Rechten an massezugehörigen Gegenständen, insbesondere das Vollrecht des Eigentums und die Inhaberschaft an Forderungen.

8b Grundsätzlich von Abs. 1 gehindert ist der Erwerb durch Ersitzung (§ 937 Abs. 1 BGB). Geschützt ist der Ersitzende nur, wenn er den Eigenbesitz von einem Dritten und nicht durch eine Handlung des Schuldners erlangt hat; der Masse steht dann gegen den Ersitzenden ein Bereicherungsanspruch (§ 816 Abs. 1 S. 2 BGB) zu (MüKoInsO/Breuer/Flöther Rn. 11).

2. Erwerb von beschränkt dinglichen Rechten

9 Gesetzliche Pfandrechte, wie das Vermieterpfandrecht (§ 562 BGB), das Verpächterpfandrecht (§ 592 BGB) und das Unternehmerpfandrecht (§ 647 BGB) entstehen gem. § 91 nicht, wenn die Voraussetzungen des Erwerbstatbestands bei Insolvenzeröffnung noch nicht vollständig erfüllt waren (BGH NZI 2007, 158 Rn. 8). Ein gesetzliches Pfandrecht kann jedoch nach Insolvenzeröffnung zur Absicherung von Masseverbindlichkeiten neu entstehen.

10 Die Begründung eines Absonderungsrechts durch eine Wohnungseigentümergemeinschaft (§ 49 iVm § 10 Abs. 1 Nr. 2 ZVG) für Wohngeldansprüche, die erst nach Insolvenzeröffnung entstehen, ist nicht möglich (BGH NZI 2011, 731 Rn. 8).

11 Ausgeschlossen ist der Erwerb von Zurückbehaltungsrechten, die Absonderungsrechte iSd § 51 Nr. 1, 2 begründen. Dazu gehören das Zurückbehaltungsrecht wegen Verwendungen auf eine bewegliche Sache (BGH NZI 2003, 605), das kaufmännische Zurückbehaltungsrecht gem. §§ 369 ff. HGB und das bereicherungsrechtliche Zurückbehaltungsrecht (§ 821 BGB).

12 Schuldrechtliche Zurückbehaltungsrechte, die nur Einreden gegen Forderungen begründen (zB § 273 BGB), sind nicht insolvenzfest (BGH NZI 2002, 380), sodass kein Rechtserwerb vorliegt, der nach § 91 untersagt wäre.

12a Der Anspruch auf Auskehr des Überschusses aus einem Zwangsverwaltungsverfahren nach Antragsrücknahme steht der Insolvenzmasse zu (BGH NZI 2013, 1046 Rn. 7). Nimmt der die Zwangsverwaltung betreibende Gläubiger seinen Antrag zurück, nachdem er sich vom Schuldner den Anspruch auf Auskehr des Überschusses hat abtreten lassen, greift § 91, wenn die Aufhebung der Zwangsverwaltung erst nach Insolvenzeröffnung erfolgte (OLG Düsseldorf NZI 2019, 241).

12b Die strafrechtliche Einziehung eines Gegenstands gem. §§ 73 ff. StGB ist nach Insolvenzeröffnung nur zulässig, wenn es sich entweder um eine Einziehung mit Sicherungscharakter (§§ 74b Abs. 1, 74d StGB) oder eine Einziehung aufgrund einer Beschlagnahme vor Verfahrenseröffnung (§ 111b StPO iVm § 111d StPO, § 75 Abs. 4 StGB) handelt. Sonstige Einziehungen sind unzulässig (MüKoInsO/Breuer/Flöther Rn. 61 ff.).

3. Erwerb von künftigen Rechten

12c § 91 hindert den rechtsgeschäftlichen Erwerb von Rechten, wenn der Erwerbstatbestand bei Insolvenzeröffnung noch nicht abgeschlossen war (BGH NZI 2016, 794).

12d So ist der Erwerb eines Pfandrechts ausgeschlossen, wenn erst nach Insolvenzeröffnung das Pfandrecht valutiert (BGH NZI 2016, 794 (795); AG Hamburg-Altona NZI 2017, 348) oder die Verpfändungsanzeige (§ 1280 BGB) an den Drittschuldner erfolgt. Die Einigung über ein Vertragspfandrecht an einer beweglichen Sache und deren Übergabe wird bereits durch § 81 Abs. 1 S. 1 verhindert.

12e Fehlt es bei der Bestellung von Briefgrundpfandrechten bei Insolvenzeröffnung noch an der Übergabe des Hypotheken- oder Grundschuldbriefs (§§ 1117 Abs. 1, 1154 Abs. 1 S. 1 BGB, § 1192 Abs. 1 BGB), kann eine Briefübergabe nach der Eröffnung des Insolvenzverfahrens wegen Abs. 1 grundsätzlich nicht mehr zu einem Rechtserwerb führen, sofern nicht die Voraussetzungen des Abs. 2 vorliegen. Nur wenn vertraglich die Aushändigung des Briefs durch das Grundbuchamt vereinbart war, ist der Erwerb nicht von Abs. 1 gehindert (MüKoInsO/Breuer/Flöther Rn. 27).

12f Bei der Vorausabtretung von Forderungen ist die Verfügung selbst zwar mit Abschluss des Abtretungsvertrags beendet, der Forderungsübergang erfolgt jedoch erst mit Entstehen der Forderung. Entsteht die im Voraus abgetretene Forderung erst nach Insolvenzeröffnung, greift § 91 während des laufenden Insolvenzverfahrens (BGH NZI 2019, 745 Rn. 37; NZI 2018, 90 Rn. 22; OLG Düsseldorf NZI 2019, 241; → Rn. 7.1), sofern vor Insolvenzeröffnung noch keine gesicherte Rechtsposition erlangt wurde (→ Rn. 18).

13 Die Rechtsübertragung unter einer aufschiebenden Bedingung fällt unter § 91 Abs. 1, es sei denn, die Übertragung war vor Insolvenzeröffnung bereits vollständig abgeschlossen und der Schuldner hatte keine Möglichkeit mehr, das Recht durch eigene Entscheidung zurückzuerlangen (BGH NZI 2008, 371 Rn. 9). Gleiches gilt bei der unbedingten Übertragung eines aufschiebend bedingten oder befristeten Rechts (BGH NZI 2012, 17 Rn. 12). Ist der Bedingungsantritt an die Insolvenzeröffnung geknüpft, um eine Haftung zu vereiteln, greift § 91 Abs. 1, es sei denn, die Lösungsklausel orientiert sich an gesetzlichen Vorschriften (BGH NZI 2007, 222 Rn. 14).

13a Bei Abtretung oder Pfändung von ratierlich zu zahlenden Forderungen hängt die Anwendung des § 91 Abs. 1 davon ab, ob es sich um aufschiebend befristete oder betagte Forderungen handelt. Während aufschiebend befristete Forderungen erst zum jeweils benannten Zeitpunkt und somit nach Insolvenzeröffnung jeweils neu entstehen, sodass § 91 anwendbar ist (→ Rn. 12c, → Rn. 14), unterfallen betagte Forderungen nicht dessen Anwendungsbereich. Betagte Forderungen entstehen bereits mit Abschluss des Grundgeschäfts und sind nur hinsichtlich ihrer Fälligkeit vom Ablauf einer Frist abhängig (BGH NZI 2013, 586 Rn. 27 ff.). Sie unterfallen nicht dem Anwendungsbereich des § 91 Abs. 1, da sie bereits mit Vertragsabschluss entstehen (BGH NZI 2013, 586 Rn. 29; 2010, 220 Rn. 20; → Rn. 19). Ob ein Vertrag betagte oder befristete Forderungen begründet, ist im Einzelfall durch Auslegung zu ermitteln.

14 Der Erwerb von Rechten an Miet- und Pachtforderungen des Schuldners als Vermieter wird von § 91 erfasst, da sie als aufschiebend befristete Ansprüche mit Beginn des jeweiligen Nutzungszeitraums entstehen (BGH NZI 2013, 586 Rn. 28). Bei Miet- und Pachtverträgen über unbewegliche Gegenstände (§ 108 Abs. 1) wird § 91 durch die lex specialis des § 110 Abs. 1 verdrängt, der die Pfändung für den Monat der Insolvenzeröffnung und unter Umständen den Folgemonat erlaubt. Forderungen aus Leasingverträgen werden dagegen vom BGH regelmäßig als betagte Forderungen qualifiziert (→ Rn. 19a).

15 Auf die Vorausabtretung künftiger Lohn- und Gehaltsansprüche findet § 91 uneingeschränkt Anwendung, da die Sondervorschrift des § 114 durch das Gesetz zur Verkürzung des Restschuldbefreiungsverfahrens und zur Stärkung der Gläubigerrechte (BT-Drs. 17/11268) ersatzlos gestrichen wurde.

III. Von § 91 unberührter Rechtserwerb

16 Der Eigentumserwerb des Finders (§§ 973, 974, 976 BGB) mit Ablauf der Sechs-Monats-Frist ist trotz § 91 möglich; der Masse steht ein Bereicherungsanspruch gem. § 977 BGB zu (Uhlenbruck/Mock Rn. 39).

17 Der Rechtserwerb durch Verbindung, Vermischung oder Verarbeitung (§§ 946 ff. BGB) wird nicht durch § 91 Abs. 1 gehindert. Die Insolvenzmasse hat jedoch einen Ausgleichsanspruch gem. §§ 951, 812 BGB (K. Schmidt InsO/Sternal Rn. 12; MüKoInsO/Breuer/Flöther Rn. 18).

18 Hat der Pfandrechtsgläubiger bei einem Pfändungs- und Überweisungsbeschluss schon vor Insolvenzeröffnung eine gesicherte Rechtsposition hinsichtlich der gepfändeten Forderung erlangt, ist auch die Pfändung einer zukünftigen Forderung insolvenzfest (BGH NZI 2015, 178 Rn. 10; → Rn. 12f). Gleiches gilt im Falle einer Vorausabtretung (OLG Düsseldorf NZI 2019, 241).

19 Der Rechtserwerb an betagten Forderungen fällt nicht unter § 91 (→ Rn. 13a). Kaufverträge beispielsweise über Immobilien oder Unternehmen, bei denen der Kaufpreis während einer bestimmten Zeitdauer in monatlichen Raten gezahlt werden soll (vgl. BGH NZI 2018, 899; 2019, 977; 2019, 975), können als betagte Forderungen angesehen werden, da Dauer und Höhe der Ratenzahlungen bereits im Grundvertrag festgelegt sind (BGH NZI 2010, 220 Rn. 20). Waren die betagten Forderungen des Verkäufers vor Insolvenzeröffnung gepfändet, so ist der Rechtserwerb des Pfändungsgläubigers nach Insolvenzeröffnung nicht gem. § 91 Abs. 1 gehindert.

Der BGH ordnet Leasingraten als betagte Forderungen ein, deren Abtretung von § 91 unberührt **19a** bleibt (NZI 2013, 586 Rn. 29; 2010, 220 Rn. 20). An Forderungen aus Leasingverträgen, die gem. § 108 Abs. 1 über die Insolvenzeröffnung fortbestehen, können Rechte nur im Zeitraum des § 110 erworben werden. Nach Ablauf der in § 110 Abs. 1 genannten Frist wird die Unwirksamkeit der Abtretung durch § 110 angeordnet (aA BGH NZI 2013, 586 Rn. 25). § 110 ist lex specialis und stellt betagte Forderungen aus Leasingverträgen nach Ablauf der Frist des § 110 Abs. 1 den befristeten Forderungen gleich (aA BGH NZI 2013, 586 Rn. 25, 29).

Maßnahmen der Sicherung oder der Erhaltung eines bereits bei Verfahrenseröffnung wirksam **20** entstandenen Rechts, wie zB die Ausübung eines Rangvorbehaltes (§ 881 BGB), die Befriedigung eines durch Vormerkung (§ 883 BGB) gesicherten Anspruches, die Vornahme einer Grundbuchberichtigung (§ 894 BGB), die Ausübung des Selbsthilferechts durch den Vermieter (§ 562b BGB) oder den Vertragspfandgläubiger (§§ 1227, 859, 861 BGB) sowie die Einziehung einer wirksam gepfändeten Forderung (§§ 829, 835 ZPO), sind von § 91 Abs. 1 nicht erfasst.

Der Zuschlagsbeschluss im Zwangsversteigerungsverfahren verschafft dem Ersteigerer gem. § 90 **20a** ZVG sowohl in der Immobiliarvollstreckung als auch in der Fahrnisvollstreckung originär Eigentum. Abs. 1 steht dem Eigentumserwerb nicht entgegen. Auch eine Sicherungshypothek nach § 128 ZVG kann nach Insolvenzeröffnung wirksam erfolgen (Uhlenbruck/Mock Rn. 68).

Die Übertragung von Versorgungsanrechten auf den ausgleichsberechtigten Ehegatten im Rah- **20b** men des Versorgungsausgleichs ist wie der Zuschlag im Zwangsversteigerungsverfahren ein rechtsgestaltender Hoheitsakt, der von § 91 Abs. 1 nicht erfasst wird (BGH BeckRS 2021, 16903 Rn. 14). Dies gilt im Falle einer fehlerhaften Übertragung von Versorgungsanrechten, die pfändbar und dem Versorgungsausgleich entzogen wären (→ § 85 Rn. 7c), oder von Ansprüchen auf Auszahlung des Rückkaufswerts (§ 169 VVG), wenn der Versorgungsausgleich rechtskräftig wird (BGH BeckRS 2021, 16903 Rn. 27). Der Insolvenzverwalter ist bei möglichem Massebezug am Versorgungsausgleichsverfahren zu beteiligen. Wurde er nicht beteiligt, so ist er beschwerdeberechtigt, wobei die Beschwerdefrist jedenfalls beginnt, wenn ihm die Entscheidung zum Versorgungsausgleich bekannt wird und er von ihrem Inhalt Kenntnis nehmen konnte (BGH BeckRS 2021, 16903 Rn. 36).

Waren, die einer Verbrauchssteuer oder dem Zoll unterliegen, haften hierfür gem. § 76 Abs. 1 **20c** AO. Solange die Steuer oder der Zoll nicht entrichtet ist, kann die Finanzbehörde die Ware auch nach Insolvenzeröffnung mit Beschlag belegen (§ 76 Abs. 3 AO). Abs. 1 ist insoweit nicht anwendbar (Uhlenbruck/Mock Rn. 70; MüKoInsO/Breuer/Flöther Rn. 64).

IV. Gegenstände der Insolvenzmasse

Geschützt ist nur der Rechtserwerb an Massegegenständen (§§ 35, 36). Ein Rechtserwerb am **21** insolvenzfreien Vermögen des Schuldners ist durch § 91 Abs. 1 nicht gehindert, kann aber im Falle der Zwangsvollstreckung durch Insolvenzgläubiger von § 89 Abs. 1 untersagt sein (→ § 89 Rn. 5).

§ 91 gilt grundsätzlich auch bei grenzüberschreitenden Sachverhalten. Die Rückgängigma- **22** chung eines dennoch erfolgten Rechtserwerbs kann jedoch gem. Art. 13 EuInsVO ausgeschlossen sein, wenn der Begünstigte nachweist, dass die Rechtshandlung nach dem Statut der Handlung nicht angreifbar ist, etwa weil die Frist zur Klageerhebung bereits verstrichen ist (EuGH NZI 2015, 478 Rn. 42; BGH NZI 2015, 1038 Rn. 13, 23 f.; auch → § 88 Rn. 9a).

Nicht unter § 91 Abs. 1 fällt die Verwirklichung von Absonderungsansprüchen. Auch der **23** Erwerb von Masseverbindlichkeiten (§§ 53 ff.) gegen die Insolvenzmasse ist nicht von § 91 erfasst, da hierdurch kein Recht an einem insolvenzbefangenen Gegenstand, sondern nur ein schuldrechtlicher Anspruch gegen die Masse begründet wird.

V. Rechtsfolge

Ein gegen § 91 Abs. 1 verstoßener Rechtserwerb ist absolut unwirksam, aber nicht nichtig **24** (Uhlenbruck/Mock Rn. 93). Die absolute Unwirksamkeit ist von Amts wegen zu beachten. Nach Aufhebung des Insolvenzverfahrens erstarken unwirksame Verfügungen ex nunc analog § 185 Abs. 2 S. 1 Fall 2 BGB, wenn der Schuldner Berechtigter geblieben ist (BGH NZI 2019, 745 Rn. 40).

Der Insolvenzverwalter kann gegen den Erwerber eine Leistungs- oder Feststellungsklage erhe- **25** ben oder Zwangsvollstreckungsmaßnahmen mit den zulässigen Rechtsbehelfen entgegentreten. Möglich ist jedoch auch die Genehmigung des unwirksamen Rechtserwerbs durch den Insolvenzverwalter gem. § 185 Abs. 2 S. 1 BGB (BGH NZI 2006, 224 Rn. 20), wodurch der Rechtserwerb ex tunc wirksam wird (§ 184 BGB; aA wohl BGH NZI 2006, 224 Rn. 20: ex nunc).

Cymutta

C. Gutglaubensschutz (Abs. 2)

26 Das Erwerbsverbot findet keine Anwendung im Falle des gutgläubigen Erwerbs von Rechten an Immobilien und gleichgestellten Gegenständen (§§ 878, 892, 893 BGB, §§ 3 Abs. 2, 16, 17 SchRG, §§ 5 Abs. 3, 16, 17 LuftfzRG). In diesen Fällen kann der Rechtserwerb jedoch nach §§ 129 ff. anfechtbar sein. Der gutgläubige Erwerb beweglicher Gegenstände, Pfandrechte oder Forderungen wird durch Abs. 2 nicht geschützt.

27 Hat sich der Schuldner mit einem Dritten bereits vor Verfahrenseröffnung über eine im Grundbuch, Schiffsregister oder Register für Pfandrechte an Luftfahrzeugen einzutragende Rechtsänderung geeinigt, so ist der Rechtserwerb möglich, wenn die Einigungserklärung bindend geworden ist und der Eintragungsantrag vor Insolvenzeröffnung beim Grundbuch schriftlich gestellt oder zu Protokoll der Geschäftsstelle erklärt worden ist (§§ 13 Abs. 1, 30 GBO).

28 Ist der Eintragungsantrag vor Verfahrenseröffnung gestellt, so ist das Grundbuchamt auch im Falle der Kenntnis von der Insolvenzeröffnung zur Eintragung verpflichtet. Ein Eintragungsantrag des Erwerbers ist nicht erforderlich. Jedoch kann ein nur vom Schuldner als Eigentümer oder vom Notar für diesen gestellten Eintragungsantrag vom Insolvenzverwalter zurückgenommen werden (§ 80 Abs. 1; BGH NZI 2008, 177 Rn. 10).

29 Es müssen alle Voraussetzungen des Rechtserwerbs mit Ausnahme der Eintragung vorliegen. Mangelt es an einer weiteren Voraussetzung, so kann das Recht nicht wirksam erworben werden (OLG Frankfurt BeckRS 2006, 00146).

30 Liegen vor Verfahrenseröffnung Einigung und Eintragungsbewilligung vor, stellt der Erwerber den Eintragungsantrag jedoch erst nach Eröffnung des Insolvenzverfahrens, so ist ein Rechtserwerb nach Verfahrenseröffnung gem. § 91 Abs. 2 iVm § 892 BGB wirksam, wenn der Eintragungsantrag vor dem Antrag des Insolvenzverwalters auf Eintragung des Insolvenzvermerks (§§ 32 Abs. 2, 33) beim Grundbuchamt bzw. Registergericht eingeht. Der öffentliche Glaube schützt auch das Fehlen von nicht eingetragenen Verfügungsbeschränkungen (BGH NZI 2011, 650 Rn. 10).

31 Kannte der Erwerber die Verfahrenseröffnung und die Insolvenzbefangenheit, so ist kein gutgläubiger Erwerb möglich; grobe Fahrlässigkeit schadet nicht. Die Beweislast trägt der Insolvenzverwalter (K. Schmidt InsO/Sternal Rn. 47).

§ 92 Gesamtschaden

¹Ansprüche der Insolvenzgläubiger auf Ersatz eines Schadens, den diese Gläubiger gemeinschaftlich durch eine Verminderung des zur Insolvenzmasse gehörenden Vermögens vor oder nach der Eröffnung des Insolvenzverfahrens erlitten haben (Gesamtschaden), können während der Dauer des Insolvenzverfahrens nur vom Insolvenzverwalter geltend gemacht werden. ²Richten sich die Ansprüche gegen den Verwalter, so können sie nur von einem neu bestellten Insolvenzverwalter geltend gemacht werden.

Überblick

Ein Gesamtschaden (→ Rn. 5) der Insolvenzgläubiger (→ Rn. 6) kann während der Dauer des Insolvenzverfahrens (→ Rn. 3) nur durch den Insolvenzverwalter (→ Rn. 25) bzw. den Sachwalter (→ Rn. 4) geltend gemacht werden. Der Schadensersatzanspruch (→ Rn. 9) kann auf Handlungen vor (→ Rn. 10) oder nach (→ Rn. 11) Insolvenzeröffnung beruhen. Bei Schadensersatzansprüchen wegen verspäteter Stellung des Insolvenzantrags (→ Rn. 12) fallen nur die Ansprüche der Altgläubiger (→ Rn. 13), nicht jedoch der Neugläubiger (→ Rn. 14) unter § 92. Ersatz wird der Quotenschaden (→ Rn. 16).

§ 92 überträgt die Einziehungs- und Prozessführungsbefugnis dem Insolvenzverwalter (→ Rn. 25); dem Gläubiger ist sie entzogen (→ Rn. 18). Der Insolvenzverwalter hat für die eingezogenen Ansprüche ggf. eine Sondermasse zugunsten der geschädigten Gläubiger zu bilden (→ Rn. 28).

Schadensersatzansprüche gegen den Insolvenzverwalter muss ein neu bestellter Verwalter geltend machen (→ Rn. 30). Die Gläubigerversammlung kann die Einsetzung eines neuen Verwalters beantragen (→ Rn. 33). Nach Beendigung des Insolvenzverfahrens kann der Schadensersatzanspruch durch jeden Gläubiger geltend gemacht werden (→ Rn. 36). Die Verjährungsfrist beginnt frühestens mit rechtskräftiger Aufhebung oder Einstellung des Insolvenzverfahrens zu laufen (→ Rn. 38).

Übersicht

	Rn.		Rn.
A. Allgemeines	1	D. Rechtsfolgen	18
B. Anwendungsbereich des § 92	3	I. Sperrwirkung	18
C. Gesamtschaden der Insolvenzgläubiger	5	II. Ermächtigungswirkung	25
		E. Ansprüche gegen den Verwalter (S. 2)	30
I. Schaden der Insolvenzgläubiger	6	I. Schadensersatzanspruch gegen den Verwalter	30
II. Vorliegen eines Gesamtschadens	9		
III. Umfang des Gesamtschadens	16	II. Verfolgung des Schadensersatzanspruchs	32

A. Allgemeines

§ 92 überträgt die Geltendmachung sogenannter Gesamtschäden während des Insolvenzverfahrens dem Insolvenzverwalter. Dies dient der Prozessökonomie sowie der gleichmäßigen Befriedigung der Insolvenzgläubiger, da ein Wettlauf der Insolvenzgläubiger bei der Geltendmachung der Ansprüche gegen Dritte vermieden wird. **1**

§ 92 ist keine eigenständige Anspruchsgrundlage (BGH NZI 2011, 682 Rn. 6), sondern regelt nur die Befugnis zur Geltendmachung bestehender Schadensersatzansprüche. **2**

B. Anwendungsbereich des § 92

Die Geltung des § 92 beginnt mit Eröffnung des Insolvenzverfahrens und endet mit dessen Aufhebung oder Einstellung (BGH BeckRS 2015, 14064 Rn. 11). Im Insolvenzeröffnungsverfahren gilt § 92 nicht. **3**

Anwendbar ist § 92 auch bei Eigenverwaltung, wobei der Sachwalter an die Stelle des Insolvenzverwalters tritt (§ 280). **4**

C. Gesamtschaden der Insolvenzgläubiger

Ein Gesamtschaden ist nach der Legaldefinition des S. 1 ein Schaden, den die Insolvenzgläubiger gemeinschaftlich durch eine Verminderung des zur Insolvenzmasse gehörenden Vermögens vor oder nach Eröffnung des Insolvenzverfahrens erlitten haben. Es handelt sich dabei um einen Schaden, den der Gläubiger ausschließlich aufgrund seiner Stellung als Gläubiger und damit als Teil der Gläubigergesamtheit erlitten hat (BGH NZI 2021, 173 Rn. 20). Im Gegensatz dazu handelt es sich nicht um einen von § 92 erfassten Gesamtschaden, wenn der Gläubiger individuell, nicht als Teil der Gläubigergemeinschaft geschädigt wurde (BGH NZI 2021, 173 Rn. 21). **5**

I. Schaden der Insolvenzgläubiger

Nach seinem Wortlaut unterfallen § 92 nur Schadensersatzansprüche der Insolvenzgläubiger (§§ 38, 39), nicht jedoch der Gesellschafter des Schuldners (BGH NJW 2013, 1434 Rn. 41 ff.). **6**

Im Falle der Masseunzulänglichkeit wird eine analoge Anwendung auf Schadensersatzansprüche von Massegläubigern diskutiert (bejahend K. Schmidt InsO/K. Schmidt § 92 Rn. 20; abl. BGH NZI 2006, 580 Rn. 8; offen gelassen in BGH NZI 2015, 166 Rn. 44). **7**

Ansprüche des Schuldners werden von § 92 nicht erfasst, da der Insolvenzverwalter sie aufgrund seiner Verwaltungs- und Verfügungsbefugnis (§ 80 Abs. 1) direkt geltend machen kann (BeckRS 2015, 14064 Rn. 12). **8**

II. Vorliegen eines Gesamtschadens

§ 92 ist nur auf Schadensersatzansprüche anwendbar, die wegen einer Verkürzung der Insolvenzmasse entstehen. Erforderlich ist daher, dass durch das schädigende Verhalten entweder die Aktiva der Masse vermindert oder die Passiva erhöht wurden (BeckRS 2015, 14064 Rn. 11). Hat die Masse dagegen von dem schädigenden Verhalten profitiert, so scheidet § 92 aus (BGH NZI 2011, 682 Rn. 6 f.). **9**

Gesamtschäden können aus Handlungen vor oder nach Insolvenzeröffnung entstehen. Schadensersatzansprüche wegen vorinsolvenzlicher Handlungen können zB gegen den (faktischen) **10**

Geschäftsführer (→ Rn. 12), gegen ein Kreditinstitut bei unberechtigter Kündigung einer Kreditlinie oder verschleierter Aufrechterhaltung eines insolventen Unternehmens (§ 826 BGB; MüKoInsO/Brandes Rn. 9) oder gegen einen Dritten bestehen, der mit dem Schuldner kollusiv bei der Verschiebung von Vermögen zusammengewirkt hat (BGH NZI 2021, 173 Rn. 20).

11   Nach Insolvenzeröffnung können Gesamtschäden etwa wegen Pflichtverletzungen des Insolvenzverwalters (→ Rn. 30; BeckRS 2015, 14064 Rn. 11), des Insolvenzgerichtes, der Mitglieder des Gläubigerausschusses (BGH NZI 2015, 166) oder des Schuldners (BGH NZI 2014, 1046 Rn. 6) entstehen.

11.1   Schadensersatzansprüche gegen den Insolvenzverwalter können sich im Zuge der vermehrt auf die Betriebsfortführung und Sanierung gerichteten Ziele des Insolvenzverfahrens auch aus unternehmerischen Entscheidungen des Insolvenzverwalters ergeben. Maßstab für die unternehmerischen Entscheidungen des Insolvenzverwalters ist der Insolvenzzweck der bestmöglichen gemeinschaftlichen Befriedigung der Insolvenzgläubiger und das von den Gläubigern beschlossene Verfahrensziel. Die Business Judgement Rule ist nicht entsprechend auf die Haftung des Insolvenzverwalters bei unternehmerischen Entscheidungen anwendbar (BGH NZI 2020, 671).

12   Schadensersatzansprüche der Insolvenzgläubiger werden insbesondere durch verspätete Stellung des Insolvenzantrages (§ 15a iVm § 823 Abs. 2 BGB) begründet, sofern die Gläubiger ihre Ansprüche vor Insolvenzeröffnung erworben haben (BGH NJW-RR 2007, 759). Bei der Geltendmachung des Insolvenzverschleppungsschadens ist zu differenzieren.

13   Gläubiger, deren Forderungen bereits vor dem Beginn der Insolvenzantragspflicht begründet wurden, sind sog. Altgläubiger. Sie sind durch die Insolvenzverschleppung nur in dem Maße geschädigt, in dem sich ihre Befriedigungserwartung in der Insolvenz verschlechtert hat (sog. Quotenschaden, → Rn. 16). Ein Quotenschaden kann sich auch bei einer Verletzung von Pflichten des Geschäftsleiters im Restrukturierungsverfahren ergeben, der den Geschäftsleiter gem. § 43 Abs. 1 S. 1 StaRUG zum Schadensersatz verpflichtet (Ristelhuber NZI 2021, 417 (420)). Dieser Quotenschadensersatz ist gem. § 92 vom Insolvenzverwalter geltend zu machen.

14   Gläubiger, deren Forderungen während der Verschleppungsphase, aber vor Verfahrenseröffnung begründet wurden, werden als Neugläubiger bezeichnet. Sie erleiden einen Vertrauensschaden, soweit sie bei Kenntnis der Insolvenzreife nicht mit dem Schuldner kontrahiert hätten. Die Neugläubiger haben ihren Individualschaden selbst geltend zu machen; eine Geltendmachung durch den Insolvenzverwalter ist nicht zulässig (BGH NJW 1998, 2667; aA K. Schmidt InsO/K. Schmidt Rn. 19). Der Kontrahierungsschaden ist daher ein nicht von § 92 erfasster Einzelschaden (BGH NZI 2021, 173 Rn. 21).

14a   Klagen des Gläubigers auf Ersatz von Einzelschäden werden bei Insolvenzeröffnung nicht nach § 240 ZPO unterbrochen, da die Insolvenzmasse nicht berührt wird (BGH NZI 2021, 173 Rn. 18).

15   Ein Gläubiger kann in einem Insolvenzverfahren sowohl Alt- als auch Neugläubiger sein. Bei Dauerschuldverhältnissen (zB Mietverträgen) ist der Gläubiger ab dem Zeitpunkt Neugläubiger, ab dem eine Kündigung bei Kenntnis der Insolvenzreife bzw. der Insolvenzantragstellung zulässig gewesen wäre und die Kündigungsfrist abgelaufen ist.

III. Umfang des Gesamtschadens

16   Der Gesamtschaden der Gläubiger entspricht dem Quotenschaden, dh der Differenz zwischen der ohne das schädigende Ereignis anzunehmenden (Soll-)Insolvenzmasse und der vorhandenen (Ist-)Masse.

17   Der Gesamtschaden kann während des Insolvenzverfahrens in der Regel nur gem. § 287 ZPO geschätzt werden (K. Schmidt InsO/K. Schmidt Rn. 6).

D. Rechtsfolgen

I. Sperrwirkung

18   Die sog. Sperrwirkung des § 92 hindert den einzelnen Gläubiger während des Insolvenzverfahrens daran, die Schadensersatzforderung geltend zu machen. Der Gläubiger verliert die Einziehungs- und Prozessführungsbefugnis im Hinblick auf seine Forderung.

19   Eine auf Schadensersatz gerichtete Klage des Gläubigers ist mangels Prozessführungsbefugnis als unzulässig abzuweisen. Ein laufender Prozess wird analog § 240 ZPO unterbrochen (Braun/Kroth Rn. 8).

Liegt bereits ein vollstreckbarer Titel vor, so kann dieser analog § 727 ZPO auf den Verwalter umgeschrieben werden (OLG Jena NZG 2002, 172 (173); OLG Stuttgart NZI 2002, 495 (496)). Der Gläubiger darf aus dem Titel nicht mehr vollstrecken (Braun/Kroth Rn. 8). 20

Leistungen an einzelne Gläubiger sind bei Gutgläubigkeit analog § 82 schuldbefreiend. Der Insolvenzverwalter kann die Leistung gem. § 816 Abs. 2 BGB vom Empfänger zurückverlangen. Dazu kann er die Zahlung an den Gläubiger genehmigen (K. Schmidt InsO/K. Schmidt Rn. 9). 21

Eine Aufrechnung durch den Schadensersatzschuldner scheitert an der Gegenseitigkeit, wenn ihm eine Forderung gegen die Gesellschaft zusteht, da der Insolvenzverwalter eine Forderung der Gläubiger einzieht. 22

Mit einer Forderung gegen einen Gläubiger kann der Schadensersatzschuldner zwar unter den Voraussetzungen des § 94 aufrechnen, was jedoch nur den jeweils diesem Gläubiger zustehenden Quotenschaden betrifft. Zudem kann die Aufrechnung gem. § 393 BGB unzulässig sein, wenn der Schadensersatzanspruch auf einer vorsätzlich begangenen unerlaubten Handlung beruht. 23

Der Insolvenzverwalter darf seine Einziehungsbefugnis zur Aufrechnung gegen eine Masseforderung des Schadensersatzschuldners verwenden (K. Schmidt InsO/K. Schmidt Rn. 10). 24

II. Ermächtigungswirkung

§ 92 ermächtigt den Insolvenzverwalter nicht zur Verfügung über die Forderungen, sondern nur zu deren treuhänderischer Geltendmachung. Es handelt sich daher um eine Einziehungs- und Prozessführungsbefugnis (BGH NJW-RR 2004, 1425 (1426)). Die Ermächtigung umfasst nur Haftungsansprüche der Gläubiger, die ihre Forderungen im Insolvenzverfahren anmelden. 25

Der Insolvenzverwalter darf über Grund und Höhe der Forderung einen Vergleich schließen, wenn er nicht offensichtlich insolvenzzweckwidrig handelt und der Vergleich dem gemeinsamen Interesse der Gläubiger dient (K. Schmidt InsO/K. Schmidt Rn. 11; MüKoInsO/Brandes/Gehrlein Rn. 17; aA Uhlenbruck/Hirte Rn. 21). 26

Eine Freigabe des Gesamtschadensanspruchs an den Schuldner ist nicht zulässig, da die Schadensersatzansprüche nicht dem Schuldner, sondern den Gläubigern zustehen (K. Schmidt InsO/K. Schmidt Rn. 13). Eine „Freigabe" an den Gläubiger ist unzulässig, sofern sie nicht für die Gesamtheit der Gläubiger vorteilhaft ist (BGH NZG 2008, 670 Rn. 43; aA Uhlenbruck/Hirte Rn. 24). Zulässig ist die Ermächtigung eines Gläubigers zur Einziehung der Gesamtschadensansprüche wie im Falle des § 171 Abs. 2 HGB (BGH NJW-RR 1990, 45 (47)). 27

Das vom Verwalter Eingezogene steht ausschließlich den Gläubigern zu, die durch die Verkürzung der Masse geschädigt worden sind. Sind nicht alle, sondern nur bestimmte Insolvenzgläubiger geschädigt worden, ist zu ihren Gunsten eine Sondermasse zu bilden (Graeber NZI 2016, 860 (861)). 28

Die Kosten der Einziehung und die für die Bildung und Verteilung der Sondermasse entstehenden Kosten sind vor der Verteilung aus der Sondermasse zu entnehmen (BGH NZI 2015, 166 Rn. 45). Gleiches gilt für die Vergütung des Insolvenzverwalters (ausf. Graeber NZI 2016, 860 (862 ff.)). 29

E. Ansprüche gegen den Verwalter (S. 2)

I. Schadensersatzanspruch gegen den Verwalter

Schadensersatzansprüche gegen den Insolvenzverwalter können während des Verfahrens nur von einem neu bestellten Verwalter geltend gemacht werden. Dazu wird entweder der in Anspruch zu nehmende Insolvenzverwalter entlassen und durch einen Nachfolger ersetzt oder das Insolvenzgericht bestellt einen Sonderinsolvenzverwalter (BGH NZI 2016, 831 Rn. 11; 2015, 849 Rn. 12). Die Geltendmachung erfolgt im Interesse der Gläubigergemeinschaft, nicht einzelner Gläubiger (BGH NZI 2016, 831 Rn. 19; 2010, 940 Rn. 5). 30

S. 2 gilt auch bei Ansprüchen gegen einen vorläufigen Insolvenzverwalter oder einen Sachwalter, wenn es bei deren Durchsetzung durch den amtierenden Verwalter zu einem Interessenkonflikt kommen kann. 31

Schadensersatzansprüche gegen vorläufige Insolvenzverwalter können sich seit der Entscheidung des BGH zur Unzulässigkeit der Kontenführung auf Anderkonten (BGH NZI 2019, 414) oder von Dritt-Treuhänder-Kontenmodellen insbesondere aus der Weiterführung derartiger Treuhandkontenmodelle nach der Entscheidung ergeben (OLG Koblenz NZI 2021, 277 Rn. 35). 31.1

II. Verfolgung des Schadensersatzanspruchs

32 Die Bestellung eines neuen Insolvenzverwalters oder Sonderinsolvenzverwalters obliegt dem Insolvenzgericht von Amts wegen. Anträge der Verfahrensbeteiligten sind nicht erforderlich, aber möglich (Hiebert ZInsO 2016, 141 (143)). Eine Einsetzung durch die Gläubigerversammlung ist nicht möglich (BGH NZI 2016, 831 Rn. 11; missverständlich dazu BGH BeckRS 2016, 11731 Rn. 10). Das Insolvenzgericht muss vor der Bestellung im Amts- und im Antragsverfahren prüfen, ob die Voraussetzungen für die Bestellung vorliegen und eine Bestellung masseschädlich oder gesetzwidrig ist (BGH NZI 2016, 831 Rn. 13).

33 Beschließt die Gläubigerversammlung, zur Durchsetzung von Gesamtschadensansprüchen einen Sonderverwalter zu fordern, hat der Insolvenzverwalter kein Widerspruchsrecht gem. § 78 Abs. 1 (BGH NZI 2016, 831 Rn. 18; 2014, 307 Rn. 10). Lehnt das Insolvenzgericht die Bestellung eines Sonderverwalters ab, hat ein einzelner Gläubiger nur ein Beschwerderecht analog § 57 S. 4, § 59 Abs. 2 S. 2, das der Durchsetzung der Entscheidung der Gläubigerversammlung dient, nicht seinen eigenen Interessen (BGH NZI 2016, 831 Rn. 19; BGH BeckRS 2016, 11731 Rn. 9; BGH NZI 2010, 940 Rn. 5).

34 Ist ein neuer Insolvenzverwalter oder ein Sonderinsolvenzverwalter eingesetzt worden, so beginnt die Verjährungsfrist mit Beginn des Jahres, in dem der neue Insolvenzverwalter bzw. der Sonderinsolvenzverwalter Kenntnis von den anspruchsbegründenden Tatsachen und der Person des Schädigers erlangt (BGH NZI 2004, 496 (497)).

35 War der Sonderinsolvenzverwalter nur zur Prüfung von Schadensersatzansprüchen, nicht zu deren Geltendmachung eingesetzt worden, hindert dies die Verjährung nicht (BGH NZI 2014, 973 Rn. 10 ff.).

36 Nach Aufhebung oder Einstellung des Insolvenzverfahrens kann der Schadensersatzanspruch von jedem Gläubiger geltend gemacht werden (BGH NZI 2016, 352 Rn. 7). Die Verjährungsfrist beginnt – bei Vorliegen der übrigen Voraussetzungen des § 199 BGB – mit Rechtskraft des Beschlusses über die Aufhebung oder Einstellung des Insolvenzverfahrens zu laufen (BGH BeckRS 2015, 14064 Rn. 14; NZI 2004, 496 (497)).

37 Dies gilt selbst dann, wenn alle Gläubiger das schädigende Ereignis und die Ersatzpflicht des Verwalters kannten, aber keiner eine Sonderinsolvenzverwaltung oder die Ablösung des ersatzpflichtigen Verwalters und Einsetzung eines neuen Insolvenzverwalters beantragt. Denn die Gläubigerversammlung kann zwar die Entlassung des Insolvenzverwalters (§ 59 Abs. 1 S. 2) oder eine Sonderinsolvenzverwaltung beantragen, gegen deren Ablehnung ein Beschwerderecht besteht. Die Beschwerdemöglichkeit richtet sich jedoch nur auf die Einsetzung eines neuen bzw. eines Sonderverwalters, nicht auf die Geltendmachung des Gesamtschadens.

38 Trotz der Beschwerdebefugnis fehlt es den Gläubigern an einer Möglichkeit, verjährungshemmende Maßnahmen (§§ 203 f. BGB) zu ergreifen. Die Wertung des § 206 BGB greift daher auch bei Kenntnis der Gläubiger (vgl. BGH BeckRS 2015, 14064 Rn. 14), sodass die Verjährungsfrist erst mit rechtskräftiger Aufhebung oder Einstellung des Insolvenzverfahrens beginnt.

§ 93 Persönliche Haftung der Gesellschafter

Ist das Insolvenzverfahren über das Vermögen einer Gesellschaft ohne Rechtspersönlichkeit oder einer Kommanditgesellschaft auf Aktien eröffnet, so kann die persönliche Haftung eines Gesellschafters für die Verbindlichkeiten der Gesellschaft während der Dauer des Insolvenzverfahrens nur vom Insolvenzverwalter geltend gemacht werden.

Überblick

Ansprüche aus akzessorischer Gesellschafterhaftung (→ Rn. 16 ff.) bei Gesellschaften ohne Rechtspersönlichkeit (→ Rn. 5) oder einer KGaA (→ Rn. 7) können während des Insolvenzverfahren (→ Rn. 11) nur vom Insolvenzverwalter (→ Rn. 32), nicht von den Gesellschaftsgläubigern (→ Rn. 26) gegen das pfändbare Gesellschaftervermögen (→ Rn. 14) geltend gemacht werden. Letztere bleiben jedoch Forderungsinhaber (→ Rn. 36).

Ansprüche gegen die Gesellschafter, die auf anderen Anspruchsgrundlagen als der akzessorischen Gesellschafterhaftung beruhen (→ Rn. 22 ff.), fallen nicht unter § 93 und können von den Gesellschaftsgläubigern gegenüber den Gesellschaftern verfolgt werden (→ Rn. 23 f.; → Rn. 41). Unpfändbare Vermögenswerte der Gesellschafter sind durch § 93 nicht geschützt (→ Rn. 15).

§ 93 InsO

Übersicht

	Rn.		Rn.
A. Allgemeines	1	C. Persönliche Haftung des Gesellschafters	16
B. Anwendungsbereich	5	I. Akzessorische Außenhaftung	16
I. Gesellschaften	5	II. Von § 93 ausgenommene Ansprüche	21
II. Eröffnetes Insolvenzverfahren	11	D. Rechtsfolgen	26
III. Pfändbares Gesellschaftervermögen	14	I. Sperrwirkung	26
		II. Ermächtigungswirkung	32

A. Allgemeines

1 In Insolvenzverfahren über das Vermögen einer Gesellschaft ohne Rechtspersönlichkeit oder einer KGaA weist § 93 dem Insolvenzverwalter die Geltendmachung der Ansprüche gegen die persönlich haftenden Gesellschafter zu. Ergänzt wird § 93 durch § 171 Abs. 2 HGB.

2 § 93 ist keine eigene Anspruchsgrundlage. Es werden lediglich die nach dem Gesellschaftsrecht bestehenden Ansprüche konzentriert, um einen Wettlauf der Gesellschaftsgläubiger bei der Inanspruchnahme der persönlich haftenden Gesellschaft zu verhindern und die gleichmäßige Befriedigung der Gesellschaftsgläubiger zu sichern.

3 § 93 gilt nur für die gesellschaftsrechtliche Außenhaftung der persönlich haftenden Gesellschafter. Innenhaftungsansprüche der Gesellschaft (zB auf Einlageleistung, auf Rückgewähr verbotener Ausschüttungen (§ 62 AktG, § 31 GmbHG), auf Verlustausgleich nach § 302 AktG oder wegen existenzgefährdenden Eingriffs) gehören zur Insolvenzmasse (§ 35) und werden vom Insolvenzverwalter gem. § 80 Abs. 1 eingezogen (→ Rn. 21).

4 Eine vergleichbare Regelung enthält § 334 für die persönliche Haftung der Ehegatten im Insolvenzverfahren über das gemeinschaftlich verwaltete Gesamtgut einer Gütergemeinschaft.

B. Anwendungsbereich

I. Gesellschaften

5 § 93 gilt in Insolvenzverfahren über das Vermögen von Gesellschaften ohne Rechtspersönlichkeit (§ 11 Abs. 2 Nr. 1) und der Kommanditgesellschaft auf Aktien (KGaA). Erfasst sind alle Gesellschaften, bei denen Gesellschafter für die Verbindlichkeiten der Gesellschaft nach dem Gesellschaftsrecht persönlich haften.

6 Anwendbar ist § 93 also auf die persönliche Haftung der Gesellschafter der OHG, der GbR, der Partnerschaftsgesellschaft, der EWIV und der Mitreeder einer Partenreederei.

7 Bei der KGaA und der KG gilt § 93 für die persönliche Haftung des Komplementärs. Auf die Haftung des Kommanditisten ist § 93 nur im Hinblick auf die unbeschränkte Haftung des § 176 HGB anwendbar. Im Übrigen hat § 171 Abs. 2 HGB Vorrang.

8 Vorgesellschaften, also noch nicht eingetragene AGs oder GmbHs, sind zwar rechts- und insolvenzfähig iSd § 11 Abs. 2. Jedoch haften die Gesellschafter den Gläubigern grundsätzlich nicht unbeschränkt, sondern sind nur gegenüber der Gesellschaft (Innenhaftung) ausgleichspflichtig (BGH NJW 1997, 1507 (1508); aA OLG Hamm ZIP 2012, 338; K. Schmidt InsO/K. Schmidt Rn. 10).

9 Scheitert die Eintragung der Kapitalgesellschaft und wird die Geschäftstätigkeit fortgeführt, so haften die Gesellschafter den Gläubigern jedoch nach den Grundsätzen der Personengesellschaften (BGH NJW 2003, 429).

10 Die Auflösung einer Gesellschaft hindert die Anwendung des § 93 nicht, sofern noch verteilungsfähiges Gesellschaftsvermögen vorhanden ist, da die Gesellschaft so lange insolvenzfähig ist (§ 11 Abs. 3; Uhlenbruck/Hirte Rn. 7).

II. Eröffnetes Insolvenzverfahren

11 § 93 gilt während des eröffneten Insolvenzverfahrens. Im Eröffnungsverfahren, nach Abweisung des Insolvenzverfahrens mangels Masse (§ 26) oder nach Beendigung des Insolvenzverfahrens ist § 93 nicht anwendbar.

12 In der Eigenverwaltung obliegt die Ausübung der Rechte aus § 93 dem Sachwalter (§ 280).

13 Das Insolvenzverfahren muss über das Gesellschaftsvermögen eröffnet worden sein. Die Insolvenz des persönlich haftenden Gesellschafters unterfällt nicht § 93. Anwendbar ist § 93 aber entsprechend, wenn über das Vermögen eines Rechtsnachfolgers das Insolvenzverfahren eröffnet wird (MüKoInsO/Gehrlein Rn. 5).

III. Pfändbares Gesellschaftervermögen

14 § 93 soll die gleichmäßige Befriedigung der Gesellschaftsgläubiger dadurch gewährleisten, dass nur der Gesellschaftsinsolvenzverwalter, nicht einzelne Gesellschaftsgläubiger auf das Vermögen des Gesellschafters zugreifen. Der Anwendungsbereich des § 93 erfasst daher alle pfändbaren Vermögensgegenstände des Gesellschafters.

15 Unpfändbares Einkommen, auf das der Gesellschaftsinsolvenzverwalter nach § 850c ZPO nicht zugreifen kann, fällt dagegen nicht in den Anwendungsbereich des § 93. Sozialversicherungsträger sind daher nicht an einer Verrechnung nach §§ 52, 51 Abs. 2 SGB I mit unpfändbarem Einkommen des Gesellschafters gehindert, da hierdurch nicht die Gesellschaftsgläubiger, sondern nur der Gesellschafter belastet wird (LSG Nds-Brem BeckRS 2007, 45821; zur Zulässigkeit der Verrechnung vgl. auch LSG NRW BeckRS 2016, 73028; HessLSG BeckRS 2016, 73378).

C. Persönliche Haftung des Gesellschafters

I. Akzessorische Außenhaftung

16 § 93 betrifft die unmittelbare unbeschränkte persönliche Haftung von Gesellschaftern der betroffenen Gesellschaften. Grundtatbestand ist die Haftung nach § 128 HGB.

17 Erfasst ist die akzessorische Gesellschafterhaftung der §§ 128 ff. HGB für die OHG, des § 278 Abs. 2 AktG iVm §§ 128, 161 Abs. 2 HGB für die KGaA, der §§ 161 Abs. 2, 128 ff., 176 HGB für die KG, des § 8 Abs. 1 PartGG für die Partnerschaftsgesellschaft, des Art. 24 Abs. 1 EWIV-VO iVm § 1 EWIV-Ausführungsgesetz, §§ 128 ff. HGB für die EWIV sowie des § 507 HGB aF iVm Art. 71 EGHGB für die Haftung der Mitreeder bestehender Partenreedereien. Die GbR-Gesellschafter haften wie die Gesellschafter der OHG akzessorisch (BGH NJW 2001, 1056).

18 Gleichermaßen erfasst ist die Haftung eines nachträglich eingetretenen Gesellschafters für die vor seinem Eintritt begründeten Verbindlichkeiten gem. § 130 HGB (BGH NZG 2012, 701 Rn. 20). Bei der GbR ist die Haftung jedoch begrenzt auf Altverbindlichkeiten, die der Gesellschafter bei seinem Eintritt kannte oder hätte kennen können (BGH BeckRS 2006, 15193).

19 Haftet ein ausscheidender Gesellschafter gem. § 160 HGB für die Verbindlichkeiten der Gesellschaft fort, so gilt für deren Geltendmachung ebenfalls § 93 (OLG Hamm NZI 2007, 584 (588); Wischemeyer/Honisch NJW 2014, 881 für Anwaltssozietäten).

20 Im Falle der Beendigung eines Beherrschungs- oder Gewinnabführungsvertrags gilt § 93 für die Haftung gem. § 303 AktG (MüKoInsO/Gehrlein Rn. 6).

20a Die Haftung des Gesellschafters ist dabei nicht nur auf Insolvenzforderungen beschränkt, sondern erfasst auch Masseverbindlichkeiten, die von der Gesellschaft begründet wurden. Dies können beispielsweise Masseverbindlichkeit nach § 55 Abs. 4 oder in der Eigenverwaltung sein (BGH NJW 2021, 938 Rn. 26 ff.; BeckRS 2021, 3465 Rn. 15).

II. Von § 93 ausgenommene Ansprüche

21 § 93 gilt nicht für Innenhaftungsansprüche der Gesellschaft, die vom Insolvenzverwalter gem. § 80 Abs. 1 eingefordert werden (BGH NZI 2013, 747; → Rn. 3).

22 Ebenso ist § 93 ausgeschlossen bei individuellen Verbindlichkeiten und Sicherheiten (BGH NJW 2002, 2718), wie Gesellschafterbürgschaften, Garantien oder drittbegünstigenden Patronatserklärungen (krit. Klinck NZI 2004, 651; Freitag/Korch KTS 2017, 137 (147)). Diese kann der Gläubiger direkt gegenüber den Gesellschaftern geltend machen (→ Rn. 41).

23 Gleiches gilt für gesetzliche Haftungsansprüche, die die Gesellschafter selbst und unabhängig von der akzessorischen Gesellschafterhaftung treffen. So wird die steuerliche Haftung der Gesellschafter (§§ 34, 69 AO) nicht von § 93 erfasst (BGH NJW 2002, 2718; BFH NZI 2021, 186).

24 Haftungsbescheide der Berufsgenossenschaften nach § 150 Abs. 1 und 4 SGB VII unterfallen ebenfalls nicht § 93 (BSG NZI 2008, 630). Die Beitragspflicht zur gesetzlichen Unfallversicherung obliegt nach § 150 Abs. 1 SGB VII den Unternehmern, für deren Unternehmen Versicherte tätig sind. Die Unternehmereigenschaft ist in § 136 Abs. 3 Nr. 1 SGB VII legaldefiniert und umfasst bei Personengesellschaften neben der Gesellschaft auch alle Gesellschafter (Kasseler Kommentar zum Sozialversicherungsrecht/Feddern, 114. EL 2021, SGB VII § 136 Rn. 30, 30c; → Rn. 24.1).

Ausgeschiedene Gesellschafter haften nach § 150 Abs. 4 SGB VII für Beiträge, die bis zur Anzeige des Ausscheidens entstanden sind (Cymutta/Schädlich NWB 2017, 2125 (2129)) (→ Rn. 24.3).

24.1 In § 136 Abs. 3 S. 1 SGB VII ist die Unternehmereigenschaft bei Personengesellschaften für die gesetzliche Unfallversicherung legaldefiniert. Unternehmer ist derjenige, dem das Ergebnis des Unternehmens unmittelbar zum Vor- oder Nachteil gereicht, der also das unternehmerische Risiko trägt. Bei Personengesellschaften sind dies alle Gesellschafter als Mitunternehmer (Kasseler Kommentar zum Sozialversicherungsrecht/Feddern, 114. EL 2021, SGB VII § 136 Rn. 30). Hat die Personengesellschaft eigenes Gesellschaftsvermögen, so haftet sie zusätzlich gesamtschuldnerisch als weitere Mitunternehmerin. Dies gilt auch für die (teilrechtsfähige) Gesellschaft bürgerlichen Rechts (SG Dessau-Roßlau BeckRS 2017, 138663 Rn. 13; Kasseler Kommentar zum Sozialversicherungsrecht/Feddern, 114. EL 2021, SGB VII § 136 Rn. 30c).

24.2 Die Haftungstatbestände des § 150 Abs. 1 und Abs. 4 SGB VII greifen auf die Legaldefinition des § 136 Abs. 3 Nr. 1 SGB VII zurück. Beitragspflichtig zur gesetzlichen Unfallversicherung ist nach § 150 Abs. 1 S. 1 SGB VII der Unternehmer, für dessen Unternehmen Versicherte tätig sind, dh es handelt sich um reine Arbeitgeberbeiträge zur Sozialversicherung. Mehrere Mitunternehmer haften gesamtschuldnerisch (Kasseler Kommentar zum Sozialversicherungsrecht/Feddern, 114. EL 2021, SGB VII § 136 Rn. 28). Die Beitragsschuld der Gesellschafter stützt sich originär auf § 150 Abs. 1 SGB VII, sodass § 93 InsO nicht anwendbar ist, der nur Ansprüche aus akzessorischer Gesellschafterhaftung erfasst. Die zuständige Berufsgenossenschaft kann den Beitrag daher direkt mit einem Haftungsbescheid vom Gesellschafter einfordern (BSG NZI 2008, 630; SG Dessau-Roßlau BeckRS 2017, 138663 Rn. 15); der Beitrag ist im Insolvenzverfahren des Gesellschafters festzustellen.

24.3 Für ausgeschiedene Gesellschafter gilt nach § 150 Abs. 4 SGB VII die Besonderheit, dass sie gegenüber dem Unfallversicherungsträger nicht nur wie bei der akzessorischen Gesellschafterhaftung des § 160 Abs. 1 HGB für die bis zum Ausscheiden aus der Gesellschaft begründeten Forderungen haften, sondern für alle Beiträge bis zum Ablauf des Kalenderjahres, in dem das Ausscheiden dem Versicherungsträger angezeigt wurde (Kasseler Kommentar zum Sozialversicherungsrecht/Spellbrink, 114. EL 2021, SGB VII § 150 Rn. 21). Relevant für die Haftungsbegrenzung ist daher nicht der Zeitpunkt des Ausscheidens, sondern der Zeitpunkt der Anzeige oder sonstigen Kenntniserlangung durch den Versicherungsträger. Der ausscheidende Gesellschafter haftet mit den übrigen und etwaigen neu eintretenden Gesellschafter als Gesamtschuldner; die Berufsgenossenschaft hat ein Ermessen, wen sie zuerst in Anspruch nimmt (Kasseler Kommentar zum Sozialversicherungsrecht/Spellbrink, 114. EL 2021, SGB VII § 150 Rn. 24).

24.4 Im Falle einer Doppelinsolvenz von Gesellschaft und Gesellschafter kann die Berufsgenossenschaft ihre Forderung nach § 43 gegen alle Gesamtschuldner verfolgen. Hat die Berufsgenossenschaft die Beitragsforderung im Insolvenzverfahren über das Vermögen der Gesellschaft zur Insolvenztabelle angemeldet und wurde die Forderung festgestellt, ist sie dennoch nicht gehindert, die Beitragsforderung zusätzlich im Insolvenzverfahren über das Vermögen des (ehemaligen) Gesellschafters zur Tabelle anzumelden (→ Rn. 35a). Voraussetzung ist, dass ein eigener Haftungsbescheid nach § 150 Abs. 1, 4 SGB VII gegen den Gesellschafter ergangen ist. Da der oder die Gesellschafter originär nach § 150 Abs. 1, 4 SGB VII als Gesamtschuldner für den Beitrag haften, ist nach § 43 eine Anmeldung der Forderung in voller Höhe in den Insolvenzverfahren aller Mithaftenden zulässig (→ § 43 Rn. 36). Der Insolvenzverwalter des Gesellschafters darf die Forderung der Berufsgenossenschaft, sofern sie auf § 150 SGB VII gestützt ist, nicht wegen der Geltendmachung im Insolvenzverfahren über da Vermögen der Gesellschaft bestreiten.

24.5 Fraglich ist, wie im Falle der Doppelinsolvenz damit umzugehen ist, wenn der Insolvenzverwalter der Gesellschaft die von der Berufsgenossenschaft angemeldete Forderung nach § 93 neben der originären Forderung der Berufsgenossenschaft im Insolvenzverfahren über das Vermögen des Gesellschafters zur Tabelle anmeldet. Um eine doppelte Berücksichtigung der Forderung der Berufsgenossenschaft auszuschließen, sollte der Insolvenzverwalter des Gesellschafters eine der Forderungsanmeldungen bestreiten (→ Rn. 35a). Ein Bestreiten beider Forderungsanmeldungen oder das Bestreiten der originären Forderung der Berufsgenossenschaft, obwohl der Gesellschafts-Insolvenzverwalter die Forderung nicht nach § 93 angemeldet hatte, ist wegen § 43 nicht möglich.

25 Auf Fälle gesamtschuldnerischer Haftung, die nicht auf der akzessorischen Gesellschafterhaftung beruhen, ist § 93 nicht anwendbar (BGH NZI 2013, 747 Rn. 2). Die Gläubiger können die Gesellschafter direkt in Anspruch nehmen (→ Rn. 41, → Rn. 26).

D. Rechtsfolgen

I. Sperrwirkung

26 Die Geltendmachung der Haftungsansprüche ist nur dem Insolvenzverwalter zugewiesen. Die Gesellschaftsgläubiger verlieren die Einziehungs- und Prozessführungsbefugnis im Hinblick auf die Haftungsansprüche (Sperrwirkung, → § 92 Rn. 18). Die Sperrwirkung erfasst alle Insolvenzforderungen gegen die Gesellschaft, unabhängig von deren Anmeldung und/oder Feststellung oder Bestreiten (Cymutta/Schädlich NWB 2017, 2125 (2131)). Forderungen, die von § 93 nicht erfasst sind, können dagegen vom Gläubiger direkt gegenüber dem Gesellschafter geltend gemacht und in einem Insolvenzverfahren über das Vermögen des Gesellschafters zur Insolvenztabelle angemeldet werden (→ Rn. 41).

27 Die Gesellschaftsgläubiger können die Haftungsansprüche gegen den Gesellschafter weder durch Klage noch durch Zwangsvollstreckung durchsetzen (BGH NZI 2009, 45 Rn. 10). Eine von einem Gesellschaftsgläubiger gegen den Gesellschafter erhobene Klage ist mangels Prozessführungsbefugnis als unzulässig abzuweisen (BGH NZI 2012, 858 Rn. 5). Sie wirkt nicht verjährungshemmend (OLG Rostock BeckRS 2009, 25562). Unzulässig ist auch eine negative Feststellungsklage des Gesellschafters gegen den Gläubiger zur Feststellung seiner Nichthaftung (BGH NZI 2012, 858 Rn. 11).

28 Ein bereits geführter Prozess eines Gesellschaftsgläubigers gegen den Gesellschafter wird analog § 17 Abs. 1 S. 1 AnfG unterbrochen (BGH NZG 2016, 430 Rn. 14; BGH NZI 2009, 108 Rn. 6; aA OLG Koblenz NZI 2010, 411: analog § 240 ZPO); ebenso das sich anschließende Kostenfestsetzungsverfahren (KG NZI 2019, 563). Ein bereits erwirkter Titel gegen den Gesellschafter wird analog § 727 ZPO auf den Insolvenzverwalter umgeschrieben (OLG Dresden OLG-NL 2001, 166).

29 Der Gesellschafter kann nicht mehr schuldbefreiend an die Gesellschaftsgläubiger leisten (BGH NZI 2012, 858 Rn. 5). Der Gesellschafter wird jedoch analog § 82 frei, wenn er in Unkenntnis von der Verfahrenseröffnung an den Gläubiger leistet. Eine schuldbefreiende Leistung ist auch möglich, wenn der Insolvenzverwalter sie mit dem Ziel genehmigt, die Zahlungen gem. § 816 Abs. 2 BGB vom Empfänger zurückzufordern → § 92 Rn. 21.

30 Steht dem persönlich haftenden Gesellschafter eine Forderung gegen die Gesellschaft zu, so ist eine Aufrechnung gegen die vom Insolvenzverwalter eingezogenen Haftungsansprüche mangels Gegenseitigkeit nicht zulässig, da die Gläubiger Inhaber der Forderung bleiben.

31 Mit einer Forderung, die dem persönlich haftenden Gesellschafter gegen einen Gläubiger zusteht, kann der Gesellschafter aufrechnen, wenn die Aufrechnungslage bereits vor Insolvenzeröffnung bestand (§§ 94 ff.; MüKoInsO/Gehrlein Rn. 36).

II. Ermächtigungswirkung

32 Die Ermächtigungswirkung begründet eine treuhänderische Einziehungs-, Prozessführungs- und Klagebefugnis des Insolvenzverwalters hinsichtlich aller angemeldeten Insolvenzforderungen, unabhängig von deren Feststellung zur Insolvenztabelle. Der Insolvenzverwalter ist gesetzlicher Prozessstandschafter der einzelnen Gläubiger (BGH NZG 2016, 430 Rn. 13). Rechtsweg und sachliche Zuständigkeit bleiben unverändert (OLG Frankfurt a. M. BeckRS 2014, 06770; VG Arnsberg NZI 2017, 173). Liegen der Klage Abgabenforderungen, wie zB Umsatzsteuer, zugrunde, ist der Finanzrechtsweg eröffnet (BFH NZI 2021, 186).

33 Der Insolvenzverwalter ist zur Einlegung von Rechtsmitteln befugt (OLG Frankfurt a. M. BeckRS 2004, 10731). Ebenso kann der Insolvenzverwalter einen Gläubiger-Insolvenzantrag gegen den Gesellschafter stellen (§ 13 Abs. 1 S. 2, § 14; Runkel/Schmidt ZInsO 2007, 578 (581)).

34 Macht der Insolvenzverwalter die Haftungsansprüche gegenüber dem Gesellschafter geltend, sind die einzelnen Forderungen vom Insolvenzverwalter nach Grund und Höhe substantiiert darzulegen (OLG Hamm BeckRS 2013, 13752). Legt der Insolvenzverwalter eine Insolvenztabelle mit festgestellten Forderungen, die nicht aus der Insolvenzmasse befriedigt werden können, so müssen Grund und Höhe der Forderungen (zB Vertragsdatum, -nummer und -gegenstand) aus der Tabelle ersichtlich sein (LG Rottweil ZInsO 2018, 1731 (1733); BGH NZI 2018, 442 Rn. 15).

35 Wird auch über das Vermögen des Gesellschafters das Insolvenzverfahren eröffnet (Doppelinsolvenz), hat der Insolvenzverwalter über das Vermögen der Gesellschaft die nach § 93 einzuziehenden Forderungen im Gesellschafterinsolvenzverfahren in voller Höhe zur Insolvenztabelle anzumelden (§§ 174 ff.). Bei mehreren Gesellschaftern sind die Forderungen in jedem Insolvenzverfahren anzumelden (§ 43) und ggf. im Feststellungsrechtsstreit durchzusetzen (MüKoInsO/Gehrlein Rn. 23). Unzulässig ist es, nur die Gesamtsumme aller Haftungsansprüche zur Tabelle oder eine Unterdeckung anzumelden (MüKoInsO/Gehrlein Rn. 23; → Rn. 34).

35a Gesellschaftsgläubiger, die neben dem § 93 unterfallenden akzessorischen Anspruch auch einen originären Anspruch gegen den Gesellschafter haben, sind nach § 43 berechtigt, ihren Anspruch in beiden Insolvenzverfahren zur Tabelle anzumelden (→ Rn. 24.4). Meldet zusätzlich der Insolvenzverwalter die Gesellschaft die akzessorische Haftung gem. § 93 zur Insolvenztabelle des Gesellschafters an, so ist allerdings eine Doppelberücksichtigung der Forderung auszuschließen, indem eine der Forderungen bestritten wird (→ Rn. 24.5).

Die Gesellschaftsgläubiger bleiben materiell-rechtlich Inhaber der Forderung (BGH BeckRS 2006, 15193 Rn. 9). Die eingeforderte Leistung fällt daher nicht in die Insolvenzmasse (§ 35), sondern der Gesellschafter tilgt die konkreten Forderungen der Gläubiger, sodass der Insolvenzverwalter grundsätzlich eine Sondermasse zu bilden hat (BGH NZG 2016, 430 Rn. 12; → § 92 Rn. 29). Der Gesellschafter hat keinen Auskunftsanspruch dahingehend, ob die Sondermassen richtig gebildet wurden; der Insolvenzverwalter haftet jedoch nach § 60 (AG Hamburg ZInsO 2018, 2544). 36

Die Bildung einer Sondermasse ist insbesondere erforderlich, wenn es sich um die Haftung eines ausgeschiedenen Gesellschafters handelt, der nicht für alle Insolvenzforderungen haftet. Gleiches gilt, wenn der Gesellschafter gem. § 8 Abs. 2 PartGG nicht für alle Insolvenzverbindlichkeiten gleichermaßen haftet. Die Sondermasse setzt keine dingliche Trennung von der Insolvenzmasse voraus (OLG München ZInsO 2020, 907 (914)), allerdings kann eine dingliche Trennung aus Haftungsgründen empfehlenswert sein (Cymutta/Schädlich NWB 2017, 2125 (2134)). 37

Über die Gesamtforderung der nach § 93 geltend zu machenden Haftungsansprüche sind Verfügungen, Verzichts- oder Vergleichsverträge eines oder mehrerer Gläubiger nicht möglich. Ein Gesellschaftsgläubiger kann jedoch seine individuell gegen die Gesellschaft gerichtete Forderung abtreten, sich über sie vergleichen oder auf die Forderung ganz oder teilweise verzichten (Hirte/Praß JR 2017, 97 (98)). Die Forderung nimmt insoweit nicht an der Haftung gem. § 93 teil. 38

Der Insolvenzverwalter kann mit dem persönlich haftenden Gesellschafter einen Vergleich schließen, in dem ein Teil der Forderung erlassen wird, wenn der Vergleich nicht offensichtlich insolvenzzweckwidrig ist und der gemeinschaftlichen Befriedigung der Gläubiger dient (BGH NZG 2016, 430 Rn. 22; MüKoInsO/Gehrlein Rn. 14; aA Klinck NZI 2008, 349 (351); Hirte/Praß JR 2017, 97 (100)). Schließt der Insolvenzverwalter einen Abfindungsvergleich, so sollte er die Insolvenz- und Haftungsforderungen genau bezeichnen, die in den Vergleich einbezogen werden (BGH NZG 2016, 430 Rn. 28; Commandeur/Utsch NZG 2016, 738 (740)). 39

Schließt der Insolvenzverwalter keinen Gesamtvergleich, sondern vergleicht er sich mit dem Gesellschafter über die Berechtigung einer einzelnen Forderung, deren gerichtliche Durchsetzung schwierig ist, so kann dies zu einer Haftung des Insolvenzverwalters (§ 60) führen, wenn der Insolvenzverwalter die Forderung zuvor in voller Höhe festgestellt, durch den Vergleich jedoch einen Teil der Forderung erlassen hat. Der Gläubiger wäre dann entweder an der vollen Durchsetzung seiner berechtigten Forderung gehindert oder er würde unberechtigterweise eine Quote auf die volle Forderung erhalten, was die übrigen Gläubiger benachteiligen würde (Freitag/Korch KTS 2017, 137 (150 f.)). 40

Über individuelle Haftungsansprüche gegen die Gesellschafter, die nicht auf der akzessorischen Gesellschafterhaftung beruhen, ist ein Vergleich oder Erlass durch den Insolvenzverwalter nicht möglich, da der Insolvenzverwalter insoweit nicht einziehungs- und verfügungsbefugt ist (→ Rn. 22 ff., → Rn. 26). 41

Umsatzsteuer aus Rechnungen für Rechtsanwälte, die die Haftungsansprüche geprüft und geltend gemacht haben, kann von der Insolvenzmasse als Vorsteuer geltend gemacht werden, wenn der Insolvenzverwalter die Anwälte als Partei kraft Amtes beauftragt hat (BFH DStR 2020, 159 Rn. 43). 42

§ 94 Erhaltung einer Aufrechnungslage

Ist ein Insolvenzgläubiger zur Zeit der Eröffnung des Insolvenzverfahrens kraft Gesetzes oder auf Grund einer Vereinbarung zur Aufrechnung berechtigt, so wird dieses Recht durch das Verfahren nicht berührt.

Schrifttum: Adam, Die Aufrechnung im Rahmen der Insolvenzordnung, WM 1998, 801; Althammer, (Keine) Insolvenzfestigkeit von Konzernverrechnungsklauseln – auch eine Methodenfrage, Der Konzern 2005, 485; Altmeppen, Zur Reichweite des Aufrechnungsprivilegs in der Insolvenz, FS Kübler, 2015, 1; Bork, Aufrechnung und Insolvenzanfechtung, FS Ishikawa, 2001, 31; Bork, Kontokorrentverrechnung und Bargeschäft, FS Kirchhof, 2003, 57; Bork, Die anfechtbare Kontokorrentverrechnung, FS G. Fischer, 2008, 37; Dampf, Die Rückführung von Kontokorrentkrediten in der Unternehmenskrise und ihre Behandlung nach KO und InsO, KTS 1998, 145; Dellit/Hamann, Forderungserlass und Insolvenzplan, ZIP 2015, 308; Dieckmann, Zur Aufrechnung, Insolvenzrecht im Umbruch, 1991, 211; Diepenbrock, Die Verrechnung nach § 52 SGB I in der Insolvenz, ZInsO 2004, 950; Eckardt, Zur Aufrechnungsbefugnis des Konkursverwalters, ZIP 1995, 257; Eichel, Künftige Forderungen, 2014, 81–110; G. Fischer, Aufrechnung und Verrechnung in der Insolvenz, WM 2008, 1; Ganter, Aufrechnungsverbote nach § 96 Abs. 1 Nr. 2 und 3 InsO bei Sicherungsabtretungen, FS Kirchhof, 2003, 105; Gerhardt,

Neue Erfahrungen mit der Aussonderung, Absonderung und Aufrechnung, Aktuelle Probleme des neuen Insolvenzrechts, 2000, 127; v. Hall, Aufrechnungsverträge in der Insolvenz, KTS 2011, 343; Häsemeyer, Die Aufrechnung nach der InsO, Kölner Schrift InsO, 461; Henckel, Aufrechnung in der Insolvenz, FS Lüke, 1997, 237; Hubertus/Fürwentsches, Das Körperschaftsteuerguthaben in der Insolvenz, DStR 2010, 2382; Kahlert, Insolvenzrechtliche Aufrechnungsverbote im Umsatzsteuerrecht – Aktuelle Entwicklungen und Auswirkungen auf die Insolvenzpraxis, ZIP 2013, 500; Kayser, Wirksame und unwirksame Aufrechnungen und Verrechnungen in der Insolvenz (§§ 94 bis 96 InsO), WM 2008, 1477, 1525; Kinski, Aufrechnung durch das Finanzamt in der Insolvenz des Steuerpflichtigen, 2005; Kollhosser, Drittaufrechnung und Aufrechnung in Treuhandfällen, FS Lukes, 1989, 723; Lackhoff/Bauer, Fortbestand eines Aufrechnungsverbots in der Insolvenz, NZI 2013, 427; Marchal, Aufrechnung mit Umsatzsteuerforderungen in der Insolvenz, BB 2013, 33; Obermüller, Anglerlatein oder: Der Widerstand gegen die Umsetzung der Finanzsicherheitenrichtlinie, ZIP 2003, 2336; Obermüller, Verrechnung von Zahlungseingängen bei offener Kreditlinie – Besonderheiten bei Mehrzahl von Kreditnehmern oder von Kreditgebern, FS Kirchhof, 2003, 355; v. Olshausen, Die Aufrechnung mit dem Regressanspruch eines Bürgen oder Wechseleinlösers in der Insolvenz des Hauptschuldners oder des Akzeptanten nach der InsO – alles wie gehabt?, KTS 2000, 1; v. Olshausen, Die Insolvenzanfechtung einer Aufrechnungserklärung nach der InsO, KTS 2001, 45; Onusseit, Umsatzsteuerliche Zwangsverrechnung und Insolvenz, FS Gerhardt, 2004, 725; Onusseit, Aufrechnung mit und gegen Steuerforderungen in der Insolvenz, Kölner Schrift InsO, 1265; Paulus, Zum Verhältnis von Aufrechnung und Insolvenzanfechtung, ZIP 1997, 569; Pluta, Insolvenzaufrechnung und der Grundsatz der par conditio creditorum, 2009; Rendels, Ist die Aufrechnungsbefugnis kraft einer Konzern-Netting-Abrede insolvenzfest?, ZIP 2003, 1583; K. Schmidt, Die Übertragung, Pfändung und Verwertung von Einlageforderungen, ZHR 157 (1993), 291; Schwahn, Konzernverrechnungsklauseln in der Insolvenz, NJW 2005, 473; Steinhoff, Die insolvenzrechtlichen Probleme im Überweisungsverkehr, ZIP 2000, 1141; Tintelnot, Zur Aufrechnung mit einer Nichterfüllungsforderung nach § 103 II 1 InsO, KTS 2004, 339; Wäger, Kongruente Umsatzbesteuerung im Insolvenzfall, DStR 2021, 825; Wenzel, Die Verrechnung nach § 52 SGB I in der Insolvenz des Erstattungsgläubigers, ZInsO 2006, 169; v. Wilmowsky, Aufrechnung in internationalen Insolvenzfällen, KTS 1998, 343; v. Wilmowsky, Aufrechnung in der Insolvenz, NZG 1998, 481; Windel, Die Aufrechnungslage als objektiv-vermögensrechtlicher Tatbestand, KTS 2000, 215; Windel, Die Unbeachtlichkeit von Konzernverrechnungsbefugnissen und wirkungsgleichen Drittaufrechnungsmöglichkeiten im Insolvenzverfahren, KTS 2004, 305; Wunderer, Auswirkungen des Europäischen Übereinkommens über Insolvenzverfahren auf Bankgeschäfte, WM 1998, 793; Zenker, Zur Frage der Rückwirkung des § 96 I Nr. 3 InsO, NZI 2006, 16.

Überblick

§ 94 stellt sicher, dass die Eröffnung des Insolvenzverfahrens bestehende Aufrechnungslagen unberührt lässt. Die Norm dient damit primär dem Vertrauensschutz (→ Rn. 3) und erfasst sowohl gesetzliche (→ Rn. 12–29) als auch vertragliche (→ Rn. 30–37) Aufrechnungsbefugnisse. Besonderheiten ergeben sich im Eröffnungs- (→ Rn. 57), Restschuldbefreiungs- (→ Rn. 58) und Insolvenzplanverfahren (→ Rn. 59 f.) sowie bei der Eigenverwaltung (→ Rn. 61).

Übersicht

	Rn.		Rn.
A. Allgemeines	1	II. Verrechnungsvereinbarungen	33
I. Systematik	1	III. Konzernverrechnungsklauseln	36
II. Normzweck	3	**E. Aufrechnungsverbote**	38
B. Aufrechnungsberechtigte	5	I. Gesetzliche Aufrechnungsverbote	39
I. Insolvenzgläubiger	5	1. Bürgerlich-rechtliche Aufrechnungsverbote	39
II. Massegläubiger	8	2. Gesellschaftsrechtliche Aufrechnungsverbote	41
1. Grundsatz	8	3. Unzulässige Rechtsausübung	43
2. Sonderfall Masseunzulänglichkeit	9	II. Vertragliche Aufrechnungsverbote	45
III. Insolvenzverwalter	11	**F. Durchsetzung der Aufrechnung**	48
C. Aufrechnungsbefugnis kraft Gesetzes	12	I. Aufrechnungserklärung	48
I. Gegenseitigkeit der Forderungen	13	II. Geltendmachung	49
1. Grundsatz	13	III. Wirkungen der Aufrechnung	51
2. Ausnahmen	15	1. Grundsatz	51
3. Einzelfälle	19	2. Sonderfall Teildeckung	54
II. Gleichartigkeit der Forderungen	23	**G. Besonderheiten**	57
III. Durchsetzbarkeit der Gegenforderung	27	I. Insolvenzeröffnungsverfahren	57
IV. Erfüllbarkeit der Hauptforderung	29	II. Restschuldbefreiungsverfahren	58
D. Aufrechnungsbefugnis kraft Vereinbarung	30	III. Insolvenzplanverfahren	59
I. Aufrechnungsvollzugsvereinbarungen	32	IV. Eigenverwaltung	61

A. Allgemeines

I. Systematik

Die §§ 94–96 regeln die Besonderheiten der Aufrechnung im Insolvenzverfahren. Dabei stellen 1
sie kein losgelöstes Regelungsregime auf, sondern knüpfen an die allgemeinen bürgerlich-rechtlichen Aufrechnungsvorschriften der §§ 387–396 BGB an. **§ 94** sieht als **Grundsatz** den **Schutz einer** aufgrund Gesetzes oder durch Vereinbarung **vor Verfahrenseröffnung entstandenen Aufrechnungslage** vor. **§ 95** enthält eine **Erweiterung** dieses Schutzes in Bezug auf erst während des Insolvenzverfahrens vollwertig **entstehende Aufrechnungslagen**, während **§ 96** zu einer **Einschränkung** des Grundsatzes führt und einzelne **Aufrechnungsverbote** aufstellt, die der Gläubigergleichbehandlung (→ Rn. 4) dienen (ausf. Jaeger/Windel Rn. 1).

Die Regelungen der §§ 94–96 sind abschließend, allerdings stellt § 110 Abs. 3 für die Aufrech- 2
nung in Dauerschuldverhältnissen eine vorrangige **lex specialis** dar (HmbKommInsR/Jacoby § 95 Rn. 25; K. Schmidt/Thole Rn. 2; → § 96 Rn. 10). Da die §§ 94–96 lediglich die Wirksamkeit der Aufrechnung als solche betreffen, lassen sie eine mögliche Anfechtung gem. **§§ 129–147 unberührt** (BGHZ 99, 36 (38 f.) = NJW 1987, 1883 zu § 55 KO; BGHZ 58, 108 (113 f.) = NJW 1972, 633 zu § 55 KO; Uhlenbruck/Sinz Rn. 2; **aA** Nerlich/Römermann/Kruth Rn. 39; zur Sonderregelung des § 96 Abs. 1 Nr. 3 → § 96 Rn. 29–39). Die insolvenzrechtlichen Voraussetzungen und Wirkungen einer Aufrechnung sowie die Anfechtbarkeit einer Aufrechnungslage sind grundsätzlich Gegenstand des allgemeinen Insolvenzstatuts und unterliegen daher der **lex fori concursus** (BGH NJW 2018, 2404 (2405 f.)). **Sonderregelungen** treffen Art. 7 Abs. 2 S. 2 Buchst. d EuInsVO (→ EuInsVO 2017 Art. 7 Rn. 34–36) und **Art. 9 EuInsVO** (→ EuInsVO 2017 Art. 9 Rn. 1–10.1).

II. Normzweck

Geschützt wird das **Vertrauen in den Fortbestand einer bei Verfahrenseröffnung beste-** 3
henden Aufrechnungslage, die eine von der Rechtsordnung geschützte Rechtsposition darstellt (näher zur Funktion der Aufrechnung und ihrer historischen Entwicklung Pluta, Insolvenzaufrechnung und der Grundsatz der par conditio creditorum, 2009, 11–38; **aA** mit Überblick zu alternativen Erklärungsansätzen Jaeger/Windel Rn. 4–10; Windel KTS 2000, 215 (224–228)). Dahinter steht die in der Aufrechnung verkörperte **Selbstexekutionsbefugnis** oder **(Selbst-)Vollstreckungsfunktion,** mit anderen Worten das Verständnis der Aufrechnungslage als eine Art „Sicherheit", die der Insolvenzgläubiger eigenständig verwerten kann. Denn als gesicherte Rechtsstellung verdient eine einmal erworbene Aufrechnungsbefugnis auch im Insolvenzverfahren Anerkennung (Begr. RegE, BT-Drs. 12/2443, 140).

Dieser Schutz der Aufrechnungslage führt dazu, dass der aufrechnende Insolvenzgläubiger eine 4
Befriedigung über die Quote hinaus erhält; er wird damit zu Lasten der Gläubigergesamtheit privilegiert (näher Jaeger/Windel Rn. 17). Folglich steht der bezweckte Vertrauensschutz in einem **Spannungsverhältnis zum Grundsatz der Gläubigergleichbehandlung.** Zwischen diesen beiden Polen muss sich die Auslegung der Vorschrift bewegen.

B. Aufrechnungsberechtigte

I. Insolvenzgläubiger

§§ 94–96 betreffen grundsätzlich nur die Aufrechnungsbefugnis von Insolvenzgläubigern iSd 5
§ 38 (zur Sonderregelung des § 96 Abs. 1 Nr. 4 → § 96 Rn. 40–43). Entscheidend ist hierfür allein ihre **materielle Stellung;** weder Anmeldung oder Feststellung der Gegenforderung zur Insolvenztabelle noch Teilnahme am Verfahren sind notwendig (KPB/Lüke Rn. 12; HK-InsO/J. Schmidt Rn. 7; K. Schmidt/Thole Rn. 3). Umgekehrt ist die **Forderungsanmeldung kein Aufrechnungsverzicht** (Jaeger/Windel Rn. 49; Eckardt ZIP 1995, 257 (261 f.); implizit auch BGH NZI 2013, 200 Rn. 15, 35). Vielmehr ist sie Gläubigern sogar anzuraten für den Fall, dass die Gegenforderung die Hauptforderung betragsmäßig übersteigt oder die Wirksamkeit der Aufrechnung streitig ist, damit sie sich wenigstens die quotale Befriedigung sichern können (HK-InsO/J. Schmidt Rn. 7; Jaeger/Windel Rn. 49, 230; zur Teilaufrechnung → Rn. 54–56).

Absonderungsberechtigte sind gem. § 52 S. 1 Insolvenzgläubiger. Sie sind mit ihrer persönli- 6
chen Forderung aufrechnungsbefugt, nicht aber mit der sich aus dem Absonderungsrecht ergebenden Forderung (ebenso K. Schmidt/Thole Rn. 3; zur Konkurrenz → § 52 Rn. 2).

7 Auch **nachrangige Insolvenzgläubiger** iSv § 39 Abs. 1 S. 1 Nr. 1–5, Abs. 2 sind nach **hM** Insolvenzgläubiger iSd Vorschrift (KPB/Lüke Rn. 13; Uhlenbruck/Sinz Rn. 3; **aA** wohl Jaeger/Windel Rn. 50 f.). Sie können unter den Voraussetzungen der §§ 95, 96 aufrechnen, insbesondere mit nach Verfahrenseröffnung auf die Stammforderung entstehenden Zinsforderungen (HmbKommInsR/Jacoby Vor §§ 94–96 Rn. 6).

II. Massegläubiger

1. Grundsatz

8 Massegläubiger iSd §§ 53–55 können nach allgemeinen Vorschriften aufrechnen; **insolvenzrechtliche Beschränkungen,** insbesondere die des § 96 Abs. 1, sind auf sie **nicht anwendbar** (BGH NJW 1986, 3206 (3209) zu § 55 KO; v. Wilmowsky NZG 1998, 481 (485)). Das gilt in Fällen des § 55 Abs. 2 auch für die Aufrechnung gegen Masseverbindlichkeiten, die ein „starker" vorläufiger Insolvenzverwalter begründet hat (Gottwald/Haas InsR-HdB/Adolphsen § 45 Rn. 111; Leipold ua/Dieckmann, Insolvenzrecht im Umbruch, 1991, 211 (217)).

2. Sonderfall Masseunzulänglichkeit

9 Eine **Ausnahme** besteht nach Anzeige der **Masseunzulänglichkeit** iSd § 208. Dann verhindert eine **analoge Anwendung der §§ 94–96** eine weitere Verknappung der Masse (BGHZ 130, 38 (46 f.) = NJW 1995, 2783 zur KO; BFHE 220, 295 (297) = DStRE 2008, 825; HmbKommInsR/Jacoby Vor §§ 94–96 Rn. 9; KPB/Lüke Rn. 18). **Streitig** ist allein, ob hierbei auch **§ 96 Abs. 1 Nr. 3** analog anwendbar ist. Nach dieser Regelung ist eine Aufrechnung unzulässig, wenn die Möglichkeit zu ihr durch eine anfechtbare Rechtshandlung erlangt worden ist. Die **üA in der Literatur verneint** eine Analogie zu Recht (MüKoInsO/Lohmann/Reichelt Rn. 13; HK-InsO/J. Schmidt Rn. 13; Uhlenbruck/Sinz Rn. 72; K. Schmidt/Thole Rn. 7; diff. KPB/Lüke Rn. 26–29; **aA** BFHE 266, 113 Rn. 43 = NZI 2020, 526; Henckel FS Lüke, 1997, 237 (263)). Denn da schon das Anfechtungsrecht gem. §§ 129–147 bei Masseunzulänglichkeit nicht gilt (s. nur K. Schmidt/Jungmann § 208 Rn. 33), kann es erst recht nicht entsprechend im Rahmen des Ausschlussgrundes des § 96 Abs. 1 Nr. 3 zur Anwendung gelangen (ebenso K. Schmidt/Thole Rn. 7). Im Übrigen würde auf diese Weise die Einhaltung der Rangfolge des § 209 konterkariert (MüKoInsO/Lohmann/Reichelt Rn. 13). Nach **Rückkehr ins reguläre Insolvenzverfahren** gelten die während der Masseunzulänglichkeit analog anzuwendenden Aufrechnungsverbote nicht mehr (BFHE 266, 113 Rn. 33, 43 = NZI 2020, 526).

10 **Altmassegläubiger** können aufrechnen, wenn die Aufrechnungslage bereits bei Anzeige der Masseunzulänglichkeit bestanden (BFHE 220, 295 (297) = DStRE 2008, 825; zur KO bereits BGHZ 130, 38 (46 f.) = NJW 1995, 2783) oder sich analog §§ 95 Abs. 1, 96 Abs. 1 Nr. 1 und 2 im Entstehen befunden hat (MüKoInsO/Lohmann/Reichelt Rn. 13). Aufgrund der (Selbst-)Vollstreckungsfunktion der Aufrechnung (→ Rn. 3) verbietet sich eine analoge Anwendung des Vollstreckungsverbots des § 210, die eine umfassende Aufrechnungssperre für Altmassegläubiger zur Folge hätte (Leipold ua/Dieckmann, Insolvenzrecht im Umbruch, 1991, 211 (215); K. Schmidt/Thole Rn. 5; **aA** Gottwald/Haas InsR-HdB/Adolphsen § 45 Rn. 112; Uhlenbruck/Sinz Rn. 72). § 94 sowie der Vorrang der Forderungen iSd § 209 Nr. 1 ergeben, dass **Neumassegläubiger** grundsätzlich nicht aufrechnen können (BFHE 220, 295 (297) = DStRE 2008, 825; Uhlenbruck/Sinz Rn. 73; **aA** Jaeger/Windel Rn. 65, da die Gläubigerstellung auf einem amtlichen Verfahren beruhe).

III. Insolvenzverwalter

11 Die **§§ 94–96 gelten nicht** für eine **Aufrechnung durch den Insolvenzverwalter** (s. nur KPB/Lüke Rn. 30; Nerlich/Römermann/Kruth Rn. 6). Eine solche kommt vor allem in Betracht, wenn der Aufrechnungsgegner aus dem Verfahren herausgehalten werden soll (ausf. Jaeger/Windel Rn. 57). Auch **gegen den Anspruch auf die Quote** ist eine (Teil-)Aufrechnung **möglich** (KPB/Lüke Rn. 32; Nerlich/Römermann/Kruth Rn. 7), und zwar schon vor Abschluss des Feststellungsverfahrens (HK-InsO/J. Schmidt Rn. 17; K. Schmidt/Thole Rn. 9; **aA** Jaeger/Windel Rn. 56; Eckardt ZIP 1995, 257 (262), da der Anspruch davor noch nicht auf Geld gerichtet sei). Mit der Aufrechnung **gegen die Nominalforderung** ist der Verwalter hingegen **nach Feststellung** gem. § 767 Abs. 2 ZPO iVm § 178 Abs. 3 **präkludiert,** wenn die Aufrechnungslage schon zuvor bestanden hat (BGHZ 201, 121 Rn. 16–20 = NJW 2014, 2045; MüKoInsO/Lohmann/Reichelt Rn. 16; **aA** BK-InsR/Blersch/v. Olshausen § 95 Rn. 10; Jaeger/Windel Rn. 59);

vor Feststellung unterliegt er nur etwaigen Beschränkungen im Innenverhältnis (K. Schmidt/Thole Rn. 8) sowie einer möglichen Schadensersatzpflicht gegenüber den anderen Gläubigern (KPB/Lüke Rn. 35; zur möglichen Insolvenzzweckwidrigkeit → Rn. 44).

C. Aufrechnungsbefugnis kraft Gesetzes

Die Aufrechnungsbefugnis kraft Gesetzes gem. § 94 Alt. 1 knüpft an die bürgerlich-rechtlichen Aufrechnungsvorschriften an (→ Rn. 1) und erfordert eine Aufrechnungslage, wie sie in § 387 BGB beschrieben ist. Voraussetzungen sind demnach Gegenseitigkeit (→ Rn. 13–22) und Gleichartigkeit der aufzurechnenden Forderungen (→ Rn. 23–26) sowie Durchsetzbarkeit der Gegenforderung (→ Rn. 27 f.) und Erfüllbarkeit der Hauptforderung (→ Rn. 29). Mit Ausnahme des Gegenseitigkeitserfordernisses sind diese Voraussetzungen aber vertraglich disponibel (→ Rn. 31). 12

I. Gegenseitigkeit der Forderungen

1. Grundsatz

Der Schuldner der Hauptforderung muss auch der Gläubiger der Gegenforderung sein und umgekehrt. Maßgeblicher **Beurteilungszeitpunkt** hierfür ist grundsätzlich die **Verfahrenseröffnung** (zu möglichen Verschiebungen → § 95 Rn. 5–23). Wenn der Insolvenzgläubiger die Gegenforderung zur Sicherung abgetreten hat, muss er sie vor Verfahrenseröffnung zurückerhalten, da der schuldrechtliche Rückübertragungsanspruch allein dem Gegenseitigkeitserfordernis nicht genügt (→ § 96 Rn. 24; K. Schmidt/Thole Rn. 11; im Ergebnis auch HmbKommInsR/Jacoby Rn. 4). 13

Die **Aufrechnung mit der Forderung eines Dritten** ist nur wirksam mit Einverständnis des Dritten und des Verwalters (BGHZ 94, 132 (135) = NJW 1985, 2409; Gottwald/Haas InsR-HdB/Adolphsen § 45 Rn. 7; KPB/Lüke Rn. 41). Wer selbst nichts schuldet, darf zwar gem. § 267 BGB wie geschuldet leisten, aufrechnen aber nur dann, wenn er ausnahmsweise dazu berechtigt ist (§§ 268 Abs. 2, 1142 Abs. 2, 1150, 1224, 1249 S. 2 BGB, § 35 VVG) (Uhlenbruck/Sinz Rn. 13; Nerlich/Römermann/Kruth Rn. 11). 14

2. Ausnahmen

§§ 406, 407 BGB normieren Ausnahmen vom Gegenseitigkeitserfordernis, die auch im Insolvenzfall anwendbar sind. Wenn die Hauptforderung vor Entstehen der Aufrechnungslage an die Masse abgetreten worden ist, kann der Insolvenzgläubiger nach § 407 Abs. 1 BGB weiterhin gegenüber dem Zedenten (Jaeger/Windel Rn. 74), nach § 406 BGB auch gegenüber dem Zessionar, in der Regel also dem Insolvenzverwalter, mit einer Gegenforderung gegen den Zedenten aufrechnen (K. Schmidt/Thole Rn. 13; zur Geltung des § 96 Abs. 1 Nr. 1 → § 96 Rn. 8–18). 15

Problematisch ist das Gegenseitigkeitserfordernis, wenn ein Rechtssubjekt mehrere Rechtsbeziehungen abwickelt, an denen formal auch andere Rechtssubjekte beteiligt sind (Windel KTS 2004, 305 (314); zu steuerrechtlichen Ansprüchen → Rn. 17; zu Konzernverrechnungsklauseln → Rn. 36 f.). So kann nach § 28 Nr. 1 SGB IV, § 52 SGB I ein Sozialversicherungsträger gegen Erstattungsansprüche des Berechtigten mit Gegenforderungen eines anderen Leistungsträgers aufrechnen. Diese **sozialrechtliche Verrechnung** wird als Aufrechnung iSd § 94 anerkannt (BSGE 92, 1 Rn. 13 = BeckRS 2004, 40829; K. Schmidt/Thole Rn. 15; BGHZ 177, 1 Rn. 12 = NJW 2008, 2705: § 94 analog; aA BayObLG NZI 2001, 367 (368 f.); Jaeger/Windel Rn. 109–111; Wegener NZI 2008, 477 (478); Windel KTS 2004, 305 (316–318); diff. Wenzel ZInsO 2006, 169 (175 f.)). Dass in diesem Fall anders als etwa bei Konzernverrechnungsklauseln (→ Rn. 36; krit. insofern K. Schmidt/Thole Rn. 15; Windel KTS 2004, 305 (317 f.)) eine Ausnahme vom Gegenseitigkeitserfordernis zu machen ist, ergibt sich daraus, dass die sozialrechtliche Verrechnung nicht die Aufrechnungsbefugnis auf Kosten der Gläubigerbehandlung vervielfacht (BSGE 92, 1 Rn. 14 = BeckRS 2004, 40829; zum Grundsatz der Gläubigergleichbehandlung → Rn. 4). Vielmehr rechtfertigt der **Funktionsschutz des Sozialstaats** diese Ausnahme vom Gegenseitigkeitserfordernis (zur Geltung von § 96 Abs. 1 Nr. 2 → § 96 Rn. 20–28). 16

Die öffentliche Hand kann nach Verfahrenseröffnung mit Ansprüchen auf Bundessteuern auch gegen Erstattungsansprüche bezüglich Landes- oder Gemeindesteuern aufrechnen und umgekehrt. § 226 Abs. 4 AO gewährt dazu sowohl dem Träger der steuerlichen **Ertragshoheit** als auch dem Träger der steuerlichen **Verwaltungshoheit** eine **Aufrechnungsbefugnis** (mit Blick auf den eindeutigen Wortlaut („auch") unklar Uhlenbruck/Sinz Rn. 38). Dahinter verbirgt sich nicht nur eine Ausnahme vom Gegenseitigkeitserfordernis, sondern auch vom Erfordernis der Kassenidenti- 17 tät für öffentlich-rechtliche Körperschaften gem. § 395 BGB (BFHE 157, 8 (10–14) = NVwZ-RR 1990, 523; implizit BGH NZI 2007, 655 Rn. 10 f.). Der Einwand gegen die Geltung dieser Ausnahme im Insolvenzrecht, ein eindeutiger Kompensationsnexus könne nur zu einem Hoheitsträger bestehen (Jaeger/Windel Rn. 113), trifft zwar dogmatisch zu. Im Ergebnis wiegt er aber weniger schwer als die Normzwecke der Verwaltungsvereinfachung und der Abmilderung strukturbedingter Aufspaltung aufgrund der föderalen Staatsverfassung, die sich auch im Insolvenzverfahren durchsetzen (tendenziell ebenso BFHE 217, 216 (221 f.) = DStRE 2008, 39).

18 Obwohl der **Verfahrenskostenvorschuss** nicht zur Insolvenzmasse gehört und es daher an der Gegenseitigkeit fehlt, kann mit dem Anspruch auf Rückzahlung eines geleisteten Vorschusses gegen eine massezugehörige Forderung aufgerechnet werden (OLG Frankfurt a. M. ZIP 1986, 931 (932 f.)). Da der Insolvenzverwalter den Kostenvorschuss zurückzugewähren hat, sobald nach dem Verfahrensstand keine Notwendigkeit mehr besteht, ihn einzubehalten, dient diese Ausnahme vom Gegenseitigkeitserfordernis der **Verfahrensökonomie** (ähnlich Uhlenbruck/Sinz Rn. 27 und Jaeger/Windel Rn. 114 vor dem Hintergrund, dass die Aufrechnung ein Erfüllungssurrogat ist).

3. Einzelfälle

19 Ein **Gesamtschuldner** kann nach § 422 Abs. 2 BGB nicht mit der Forderung eines anderen Gesamtschuldners aufrechnen. Wenn sich die Gegenforderung gegen den Insolvenzschuldner richtet, die Hauptforderung aber einer **Gesamthand** zusteht, welcher der Insolvenzschuldner angehört (Gesellschafter, § 719 Abs. 2 BGB; Miterbe, § 2040 Abs. 2 BGB; zur Nachlassinsolvenz → Rn. 22), fehlt es ebenfalls an der Gegenseitigkeit (KPB/Lüke Rn. 42; Uhlenbruck/Sinz Rn. 14). § 392 Abs. 2 HGB steht der Aufrechnung durch einen **Gläubiger des Kommissionärs** gegen seine Schuld aus dem Ausführungsgeschäft nicht entgegen (BGH NJW 1969, 276; RGZ 32, 39 (42 f.)), da sonst der Schuldnerschutz bei der Zession konterkariert würde. Ein **Bürge** darf zwar mit einer eigenen Forderung aufrechnen, aber nicht mit einer Forderung des Hauptschuldners. In der Insolvenz des Anderkontoinhabers fehlt es für die Aufrechnung mit einer **Eigenkontoforderung** an der Gegenseitigkeit (Gottwald/Haas InsR-HdB/Adolphsen § 45 Rn. 8; KPB/Lüke Rn. 43). Gleiches gilt gem. § 417 Abs. 1 S. 2 BGB im Fall der **Schuldübernahme,** wenn der Übernehmer mit Forderungen gegen den bisherigen Schuldner aufrechnen möchte.

20 Ungeachtet der Ausführungen zur Gesamthand (→ Rn. 19) befinden sich in der Insolvenz der **OHG** die Forderung gegen die Gesellschaft und die Gesellschafterforderung gegen einen Gesellschaftsgläubiger in einem Gegenseitigkeitsverhältnis. Grund dafür ist die persönliche Haftung des Gesellschafters gem. § 128 HGB (KPB/Lüke Rn. 47; Uhlenbruck/Sinz Rn. 15). Einer **Aufrechnung durch den Gesellschaftsgläubiger** steht auch § 93 nicht entgegen (**str., aA** KPB/Lüke Rn. 47; Uhlenbruck/Sinz Rn. 15). Denn andernfalls würde diesem eine an sich schützenswerte Aufrechnungslage entzogen (Gottwald/Haas InsR-HdB/Adolphsen § 45 Rn. 11; Jaeger/Windel Rn. 43; → Rn. 3) Die Beständigkeit derartiger Aufrechnungslagen ist allein im Gesellschafterinsolvenzverfahren zu beurteilen (Kölner Schrift InsO/Häsemeyer 461 Rn. 97) und kann nicht von der insoweit zufälligen Entscheidung des Gesellschafters abhängen, seinerseits die Aufrechnung zu erklären (Jaeger/Windel Rn. 43).

21 Der **Kommanditist,** der in der Insolvenz der KG auf seine Hafteinlage in Anspruch genommen wird, kann wegen § 171 Abs. 2 HGB mit einer Gegenforderung gegen die Gesellschaft aufrechnen, obwohl die Haftungsansprüche gegen den Kommanditisten an sich den Gesellschaftsgläubigern zustehen (BGHZ 58, 72 (75–78) = NJW 1972, 480; BGH NJW 1981, 232 (233); MüKoInsO/Lohmann/Reichelt Rn. 31; **aA** Jaeger/Windel Rn. 98 f.).

22 Im **Nachlassinsolvenzverfahren** nach §§ 315–331 sind die Vermögensmassen gem. § 1975 BGB getrennt. Die **Gegenseitigkeit** der Nachlassforderungen/-schulden auf der einen Seite und der Privatforderungen/-schulden des Erben auf der anderen Seite **entfällt** (KPB/Lüke Rn. 43; Uhlenbruck/Sinz Rn. 28). Etwas anderes gilt aber, wenn der Erbe schon vor Verfahrenseröffnung gem. § 2013 BGB unbeschränkt gehaftet hat.

II. Gleichartigkeit der Forderungen

23 Die gegenseitigen Forderungen müssen gleichartige Leistungen zum Gegenstand haben. Entscheidend ist dabei die **Gleichwertigkeit des Leistungsinhalts** (KPB/Lüke Rn. 51; Uhlenbruck/Sinz Rn. 29); diese beurteilt sich nach der **Verkehrsanschauung** (K. Schmidt/Thole Rn. 17; **aA** Jaeger/Windel Rn. 113, der darauf abstellt, ob die Ansprüche mit gleichem Rechtserfolg vollstreckt werden können). Auf den Zweck der Leistung oder die Rechtsnatur der Ansprüche

kommt es ebenso wenig an (FK-InsO/Bernsau Rn. 12; HK-InsO/J. Schmidt Rn. 34) wie auf das Anspruchsziel im engeren Sinne (BGH NJW 1995, 1425 (1426)).

Für das Vorliegen der Voraussetzung ist der **Zeitpunkt der Verfahrenseröffnung** maßgeblich (K. Schmidt/Thole Rn. 17; **aA** HK-InsO/J. Schmidt Rn. 23: Zeitpunkt der Aufrechnungserklärung; zu möglichen Verschiebungen → § 95 Rn. 27–29). Die Gleichartigkeit von **Fremdwährungsschulden** präzisiert **§ 95 Abs. 2** (→ § 95 Rn. 35–37). 24

Gleichartig sind Zahlungsansprüche und Ansprüche auf Herausgabe von Geld (BGH NJW 1978, 699 f.; Jaeger/Windel Rn. 117) sowie auf Einwilligung in die Auszahlung von hinterlegtem Geld (BGH NJW-RR 1989, 173 (174); Jaeger/Windel Rn. 119; **aA** Staudinger/Gursky BGB § 387 Rn. 93) und von (börsennotierten) Wertpapieren (**hM** RGZ 160, 52 (60); KPB/Lüke Rn. 51; **aA** Jaeger/Windel Rn. 118). 25

Nicht gleichartig sind Zahlungsansprüche und Freistellungsansprüche (BGHZ 25, 1 (6–8) = NJW 1957, 1514; Nerlich/Römermann/Kruth Rn. 14) sowie Ansprüche auf Befriedigung aus einem Grundstück (BGH BeckRS 1965, 00157; FK-InsO/Bernsau Rn. 13; **krit.** Jaeger/Windel Rn. 120 f.). 26

III. Durchsetzbarkeit der Gegenforderung

Die Gegenforderung muss bei Verfahrenseröffnung wirksam und durchsetzbar, dh **fällig** (§ 271 Abs. 1 BGB) und **einredefrei** (§ 390 BGB) sein (zu Ausnahmen hinsichtlich der Fälligkeit → § 95 Rn. 24–26). Die **Verjährungseinrede** steht einer Aufrechnung nach § 215 BGB nicht entgegen, wenn die Aufrechnungslage einmal bestanden hat. Grundsätzlich aufrechenbar sind auch bestrittene, dh **nicht rechtskräftig festgestellte Gegenforderungen** (BGHZ 54, 244 (248) = NJW 1970, 2019; BGHZ 16, 124 (129 f.) = NJW 1955, 497), es sei denn, es handelt sich um Ansprüche eines Steuerpflichtigen aus dem Steuerschuldverhältnis (§ 226 Abs. 3 AO; zu vertraglichen Ausnahmen → Rn. 47). 27

Eine **bürgerlich-rechtliche Anfechtbarkeit** hindert die Aufrechnung erst mit der Anfechtungserklärung; dann entfällt die Gegenforderung und damit die Aufrechnungswirkung **ex tunc** (Gottwald/Haas InsR-HdB/Adolphsen § 45 Rn. 6; Uhlenbruck/Sinz Rn. 32). **Nicht aufrechenbar** sind **nicht einklagbare Gegenforderungen,** zB nach §§ 656, 762 BGB (Ausnahme für Finanztermingeschäfte, § 99 WpHG), sowie **unselbständige Rechnungsposten** (OLG München, BeckRS 2020, 19794 Rn. 94–105). 28

IV. Erfüllbarkeit der Hauptforderung

Die Hauptforderung muss nicht durchsetzbar, sondern lediglich erfüllbar sein (zum missverständlichen Wortlaut des § 95 Abs. 1 S. 1 → § 95 Rn. 24). Erfüllbarkeit liegt in der Regel vor, wenn die **Forderung wirksam** und das aus **§ 271 Abs. 2 BGB** folgende Recht zur Voraustilgung nicht ausgeschlossen ist (Staudinger/Gursky BGB § 387 Rn. 105, 116); eine Ausnahme für Wechsel normiert Art. 40 Abs. 1 WG. Gegen **aufschiebend bedingte, künftige** (BGHZ 103, 362 (367) = NJW 1988, 2542) **oder aufschiebend befristete Hauptforderungen** kann grundsätzlich nicht aufgerechnet werden (zu Ausnahmen → § 95 Rn. 5–23). Eine **vorzeitige Erfüllung** durch Aufrechnung des Insolvenzgläubigers kann **Vorfälligkeitszinsen** auslösen (Gottwald/Haas InsR-HdB/Adolphsen § 45 Rn. 18; K. Schmidt/Thole Rn. 20). 29

D. Aufrechnungsbefugnis kraft Vereinbarung

Nach **§ 94 Alt. 2** werden vereinbarte Aufrechnungsbefugnisse gesetzlich begründeten (→ Rn. 12–29) gleichgestellt. Da noch nach überkommenem Konkursrecht umstritten war, inwieweit Aufrechnungsvereinbarungen in der Insolvenz wirksam bleiben (s. nur BGH ZIP 1996, 552 zur KO), ist diese Gleichstellung **eng auszulegen** (Jaeger/Windel Rn. 14). Der Rechtsausschuss hat sie lediglich zur Klarstellung in die InsO aufgenommen (Rechtsausschuss zum RegE, BT-Drs. 12/7302, 165; krit. KPB/Lüke Rn. 2, 80). Erfasst sind demnach nur **Aufrechnungen iSd §§ 387–396 BGB,** bei denen vertragliche Modifikationen der Aufrechnungslage die Aufrechnungsbefugnis erweitern (K. Schmidt/Thole Rn. 24; im Ergebnis ebenso Jaeger/Windel Rn. 194, 223, der die Vorschrift insoweit teleologisch reduzieren will). 30

Ansatzpunkte für **vertragliche Modifikationen** sind die Durchsetzbarkeit der Gegenforderung und die Erfüllbarkeit der Hauptforderung (Kayser WM 2008, 1477 (1484); Windel KTS 2004, 305 (307); **aA** wegen § 95 Abs. 1 S. 3 hinsichtlich der Durchsetzbarkeit der Gegenforderung Rendels ZIP 2003, 1583 (1587 f.)). Denn insolvenzrechtlich kann es keinen Unterschied machen, ob eine Aufrechnungslage mittelbar durch Abbedingung des § 271 BGB beeinflusst wird oder 31 unmittelbar durch eine Vereinbarung, welche die Durchsetzbarkeit der Gegenforderung bzw. die Erfüllbarkeit der Hauptforderung modifiziert (näher Jaeger/Windel Rn. 14). Auch die Bestimmung der Gleichartigkeit ist disponibel (KPB/Lüke Rn. 84; Windel KTS 2004, 305 (307 f.)), nicht hingegen das Erfordernis der Gegenseitigkeit (→ Rn. 12) sowie die Notwendigkeit einer Aufrechnungserklärung (BGHZ 170, 206 Rn. 10 = NJW 2007, 1067; BGH NJW 2006, 3631 Rn. 12; großzügiger aber Gottwald/Haas InsR-HdB/Adolphsen § 45 Rn. 28).

I. Aufrechnungsvollzugsvereinbarungen

32   **Keinen Schutz** durch § 94 Alt. 2 erfahren nach **hM** sog. **Aufrechnungsvollzugsvereinbarungen**, dh Vereinbarungen, nach denen gegenseitige Forderungen ad hoc erlöschen, ohne dass es einer Aufrechnungserklärung bedarf (BGHZ 170, 206 Rn. 10 = NJW 2007, 1067; MüKoInsO/Lohmann/Reichelt Rn. 65; **krit.** K. Schmidt/Thole Rn. 25). Dasselbe gilt für entsprechende **Vergleiche** (Gerhardt KTS 2004, 195 (199)). Derartige Vereinbarungen unterliegen den allgemeinen Schranken insolvenzbezogener Verträge (grundlegend zu diesen Thole KTS 2010, 383) und sind grundsätzlich wirksam. Nach **§ 96 Abs. 1 Nr. 3** (→ § 96 Rn. 29–39) werden sie aber mit Verfahrenseröffnung unwirksam, wenn sie die bewirkte Aufrechnung in anfechtbarer Weise herbeigeführt haben (BGHZ 170, 206 Rn. 10–15 = NJW 2007, 1067; Jaeger/Windel Rn. 199).

II. Verrechnungsvereinbarungen

33   Ebenfalls **keinen Schutz** durch § 94 Alt. 2 genießen antizipierte **Verrechnungsvereinbarungen**, die gegenseitige Rechnungsposten in der Zukunft automatisch saldieren (hM HK-InsO/J. Schmidt Rn. 62; Uhlenbruck/Sinz Rn. 8; **aA** Kölner Schrift InsO/Häsemeyer 461 Rn. 67; K. Schmidt/Thole Rn. 26; Dampf KTS 1998, 145 (154)). Hierunter fallen insbesondere Clearing-, Netting-, Kontokorrent-, Skontrations- und Verrechnungsabreden im Giroverkehr (näher Rendels ZIP 2003, 1583; zum Liquidationsnetting aber Bretthauer/Garbers/Streit NZI 2017, 953 (958 f.)). Da sie Vorausverfügungen über künftige Ansprüche enthalten, unterliegen sie § 91 (KPB/Lüke Rn. 87; Bork FS Kirchhof, 2003, 57 (60)) und **erlöschen mit Verfahrenseröffnung** (hM BGHZ 58, 108 (111) = NJW 1972, 633; OLG Köln NZI 2004, 668 (670); MüKoInsO/Lohmann/Reichelt Rn. 65; Henckel FS Lüke, 1997, 237 (243)).

34   Die **Gegenansicht** (Gottwald/Haas InsR-HdB/Adolphsen § 45 Rn. 29; Kölner Schrift InsO/Häsemeyer 461 Rn. 67; Gerhardt ZZP 109 (1996), 415 (419)), nach der antizipierte Verrechnungsvereinbarungen schon mit Anordnung des allgemeinen Verfügungsverbots erlöschen, **überzeugt nicht**. Denn der **Verfügungstatbestand** ist bereits **mit Abschluss der Vereinbarung vollendet** (BGHZ 135, 140 (144) = NJW 1997, 1857 zu Zession und Forderungspfändung unter der KO).

35   Wenn nicht § 96 Abs. 1 Nr. 3 greift, bleiben **bei Eröffnung bereits vollzogene Verrechnungen** ebenso **unberührt** (MüKoInsO/Lohmann/Reichelt Rn. 65; KPB/Lüke Rn. 87; Jaeger/Windel Rn. 200) wie davon **unabhängige gesetzliche Aufrechnungsbefugnisse** (Kölner Schrift InsO/Häsemeyer 461 Rn. 67; KPB/Lüke Rn. 91).

III. Konzernverrechnungsklauseln

36   Konzernverrechnungsklauseln erlauben es dem Schuldner einer massezugehörigen Forderung, mit der Insolvenzforderung einer anderen Konzerngesellschaft aufzurechnen. Derartige das Gegenseitigkeitserfordernis modifizierende Vereinbarungen sind **unwirksam** (BGH NZI 2006, 639 Rn. 12; BGHZ 160, 107 (109) = NZI 2004, 585; Jaeger/Windel Rn. 226 mN zur **aA**; Adam WM 1998, 801 (804); K. Schmidt NZI 2005, 138 (140 f.); allg. → Rn. 31). Denn das **Vertrauen in den Fortbestand der Aufrechnungslage** (→ Rn. 3) ist nur für eigene, nicht aber für fremde Forderungen schutzwürdig. Eine Vervielfachung der Aufrechnungsbefugnisse, wie sie die Anerkennung von Konzernverrechnungsklauseln zur Folge hätte, würde die Gläubigergleichbehandlung unangemessen einschränken (BK-InsR/Blersch/v. Olshausen Rn. 8). Insofern lässt sich auch der **Rechtsgedanke des § 449 Abs. 3 BGB** fruchtbar machen, nach dem der Eigentumsübergang im Rahmen des Eigentumsvorbehalts nicht davon abhängig gemacht werden kann, dass der Käufer Forderungen eines Dritten erfüllt, insbesondere eines mit dem Verkäufer verbundenen Unternehmens (MüKoInsO/Lohmann/Reichelt Rn. 65).

37   Aus den gleichen Gründen sperrt eine analoge Anwendung des § 96 Abs. 1 Nr. 2 auch eine Aufrechnung im Anschluss an eine **wechselseitige stille Zession** innerhalb des Konzerns (K. Schmidt NZI 2005, 138 (141); BGH NJW 1991, 1060 f. zu § 55 KO; → § 96 Rn. 23).

E. Aufrechnungsverbote

Aufrechnungsverbote können sich aus **Gesetz** (→ Rn. 39–44) oder aus **Vertrag** (→ Rn. 45– **38** 47) ergeben und sind grundsätzlich auch in der Insolvenz beachtlich (OLG Naumburg BeckRS 1998, 31356285).

I. Gesetzliche Aufrechnungsverbote

1. Bürgerlich-rechtliche Aufrechnungsverbote

Nach § 393 BGB kann nicht gegen eine Hauptforderung aus vorsätzlich begangener unerlaub- **39** ter Handlung aufgerechnet werden; die Aufrechnung mit der Deliktsforderung (als Gegenforderung) ist aber zulässig (Staudinger/Gursky BGB § 393 Rn. 5). Gegen Hauptforderungen, die der Pfändung nicht unterworfen sind, findet gem. § 394 S. 1 BGB keine Aufrechnung statt. Zu beachten sind insoweit insbesondere die Pfändungsverbote der §§ 850–850i ZPO. Nach § 36 Abs. 1 InsO werden unpfändbare Forderungen aber schon nicht Teil der Insolvenzmasse (→ § 36 Rn. 1), sodass es insoweit auf § 394 S. 1 BGB nicht mehr ankommt (K. Schmidt/Thole Rn. 21).

§ 395 BGB bestimmt, dass gegen die (Haupt-)Forderung einer öffentlich-rechtlichen Körper- **40** schaft grundsätzlich nur mit einer Gegenforderung gegen dieselbe Kasse aufgerechnet werden kann (Grundsatz der Kassenidentität; zur Ausnahme des § 226 Abs. 4 AO im Steuerschuldverhältnis → Rn. 17). Der öffentlich-rechtliche Gläubiger seinerseits kann dagegen frei aufrechnen (BFHE 157, 8 (9) = NVwZ-RR 1990, 523; Uhlenbruck/Sinz Rn. 38; zu § 390 BGB → Rn. 27).

2. Gesellschaftsrechtliche Aufrechnungsverbote

Kapitalgesellschafter dürfen gegen **Einlageforderungen** der Gesellschaft grundsätzlich nicht **41** aufrechnen. Für die **AG** ergibt sich dieses Aufrechnungsverbot aus § 66 Abs. 1 S. 2 AktG, für die **GmbH** aus § 19 Abs. 2 S. 2 GmbHG (zu Ausnahmen bei Sacheinlage Henssler/Strohn/Verse GmbHG § 19 Rn. 22–29). Dahinter steht der **Grundsatz der effektiven Kapitalaufbringung**. Vergleichbare Aufrechnungsverbote treffen Mitglieder eines **VVaG** (§ 181 VAG) sowie einer **Genossenschaft** (§ 22 Abs. 5 GenG). Im Insolvenzverfahren über das Vermögen der Genossenschaft kann der Genosse aber gem. § 105 Abs. 5 GenG gegen eine Nachschussforderung mit seinem Anspruch auf Insolvenzdividende aufrechnen (Uhlenbruck/Sinz Rn. 39; tendenziell auch BGH NJW 1978, 2595). Personengesellschafter trifft kein Aufrechnungsverbot gegen Einlageforderungen (Gottwald/Haas InsR-HdB/Adolphsen § 45 Rn. 20; MüKoInsO/Lohmann/Reichelt Rn. 54 f.); sofern sie persönlich nach außen haften, greift § 93 (→ § 93 Rn. 3).

Besteht eine Unterbilanz, folgt aus **§ 30 GmbHG** ein Verbot, mit dem Anspruch auf **Rückge- 42 währ der Einlage** aufzurechnen (BGHZ 122, 333 (337) = NJW 1993, 1922; K. Schmidt/Thole Rn. 22). Auch die Aufrechnung mit dem Anspruch auf **Rückgewähr eines Gesellschafterdarlehens** iSd § 39 Abs. 1 S. 1 Nr. 5 ist gem. § 96 Abs. 1 Nr. 3 (→ § 96 Rn. 29–39) ausgeschlossen, da die Sicherung oder Befriedigung des Anspruchs in der Regel nach § 135 anfechtbar ist (Nerlich/Römermann/Kruth Rn. 28; **aA** KPB/Lüke Rn. 68).

3. Unzulässige Rechtsausübung

Für den Fall der unzulässigen Rechtsausübung folgt aus dem Grundsatz von **Treu und Glauben** **43** gem. § 242 BGB ein gesetzliches Aufrechnungsverbot. Ein solches kann sich aus **Eigenart und Zweck des zugrundeliegenden Schuldverhältnisses** ergeben (BGHZ 113, 90 (93 f.) = NJW 1991, 839; MüKoInsO/Lohmann/Reichelt Rn. 62), insbesondere wenn der Geschäftszweck eine effektive Anspruchserfüllung verlangt (Gottwald/Haas InsR-HdB/Adolphsen § 45 Rn. 24). So steht der Grundsatz der unzulässigen Rechtsausübung etwa einer Aufrechnung entgegen, wenn die Gegenforderung zuvor in zweckwidriger Weise erworben worden ist, um eine Aufrechnungsmöglichkeit zu schaffen (BGH NJW 1987, 2997 (2998); KPB/Lüke Rn. 73; weitere Einzelfälle bei Uhlenbruck/Sinz Rn. 51).

Auch eine Aufrechnung durch den Verwalter kann bei evidenter **Insolvenzzweckwidrigkeit** **44** unwirksam sein, dh wenn sie eindeutig dem Verfahrensziel der gleichmäßigen Befriedigung aller Insolvenzgläubiger zuwiderläuft (BGHZ 161, 49 (55) = NJW 2005, 675; 1983, 2018 (2019); K. Schmidt/Thole Rn. 8; Eckardt ZIP 1995, 257 (266 f.)). Unwirksam ist vor allem eine Forderungsabtretung des Verwalters an einen Insolvenzgläubiger zu dem alleinigen Zweck, diesem die Aufrechnung zu ermöglichen (BGH NJW 1983, 2018 (2019); Uhlenbruck/Sinz Rn. 79).

II. Vertragliche Aufrechnungsverbote

45 Vertragliche Aufrechnungsverbote sind **grundsätzlich zulässig** und kommen regelmäßig der Gläubigergleichbehandlung zugute (Uhlenbruck/Sinz Rn. 44). Durch **Auslegung im Einzelfall** ist zu bestimmen, ob sie auch in der Insolvenz gelten (KPB/Lüke Rn. 74 f.; Lackhoff/Bauer NZI 2013, 427 (428)), denn in der Regel will sich der Gläubiger bei Vermögensverfall des Schuldners gerade nicht seiner Selbstexekutionsbefugnis begeben (BGH NJW 1975, 442; K. Schmidt/Thole Rn. 23 mwN).

46 Gegebenenfalls können **Treu und Glauben** (§ 242 BGB) verbieten, sich auf das Aufrechnungsverbot zu berufen (BGH NJW 1984, 357 (358); KPB/Lüke Rn. 74; Uhlenbruck/Sinz Rn. 46). **Drittschützende Aufrechnungsverbote** setzen sich hingegen auch in der Insolvenz durch (BGH NJW-RR 1989, 124 (125); HmbKommInsR/Jacoby Rn. 10).

47 In der Praxis finden sich häufig Beschränkungen, nach denen nur mit Gegenforderungen aufgerechnet werden darf, die **rechtskräftig festgestellt und unbestritten** sind (KPB/Lüke Rn. 74; Uhlenbruck/Sinz Rn. 44). Umgekehrt ist ein Aufrechnungsausschluss bei rechtskräftig festgestellten und unbestrittenen Gegenforderungen nicht möglich. Für eine Vereinbarung in **AGB** folgt das aus **§ 309 Nr. 3 BGB**. Auch kann es nach **§ 242 BGB** treuwidrig sein, sich auf ein Aufrechnungsverbot hinsichtlich einer entscheidungsreifen Gegenforderung zu berufen (BGH BeckRS 1978, 30385168), was insbesondere für **individualvertragliche Vereinbarungen** bedeutsam ist (BGH NJW-RR 1991, 971 (972); HK-InsO/J. Schmidt Rn. 49).

F. Durchsetzung der Aufrechnung

I. Aufrechnungserklärung

48 Die Aufrechnung muss als Gestaltungsrecht gem. § 388 BGB **unbedingt** und **unbefristet** erklärt werden. Die Aufrechnungserklärung muss **hinreichend bestimmt** sein, insbesondere wenn sie einen Verwaltungsakt verkörpert (SächsLSG BeckRS 2021, 5733 Rn. 29). **Vor Eröffnung** des Insolvenzverfahrens ist die Erklärung gegenüber dem **Schuldner** bzw. dem „starken" vorläufigen Insolvenzverwalter oder dem vorläufigen Insolvenzverwalter mit Einzelermächtigung abzugeben (BGH NZI 2012, 365 Rn. 18; KPB/Lüke Rn. 77), **nach Eröffnung** gegenüber dem **Insolvenzverwalter** (FK-InsO/Bernsau Rn. 28; Uhlenbruck/Sinz Rn. 58; zur Eigenverwaltung → Rn. 61). Eine zuvor gegenüber dem Insolvenzschuldner erklärte, aber ins Leere gehende Erklärung muss nach Eröffnung gegenüber dem Verwalter wiederholt werden (BGH NJW 1984, 357 (358)); mangels Anwendbarkeit auf Erfüllungssurrogate (MüKoInsO/Vuia § 82 Rn. 3a) greift § 82 S. 1 insoweit nicht (HmbKommInsR/Jacoby Rn. 16; K. Schmidt/Thole Rn. 28).

II. Geltendmachung

49 Ein Streit über die **Zulässigkeit der Aufrechnung** findet zwischen dem Insolvenzverwalter und dem Insolvenzgläubiger statt, der eine Aufrechnungsbefugnis behauptet; er ist grundsätzlich vom Insolvenzverfahren unabhängig (KPB/Lüke Rn. 130; Häsemeyer InsR Rn. 19.34). Die **Feststellung der Gegenforderung** zur Tabelle bindet wegen §§ 178 Abs. 3, 183 Abs. 1 aber auch den Insolvenzverwalter im Aufrechnungsstreit (ebenso K. Schmidt/Thole Rn. 33; **aA** Uhlenbruck/Sinz Rn. 65; Häsemeyer InsR Rn. 19.34; Henckel FS Michaelis, 1972, 151 (159–161)). Nachdem die Hauptforderung rechtskräftig tituliert worden ist, kann der Insolvenzgläubiger bei der **Vollstreckungsabwehrklage** mit dem Aufrechnungseinwand gem. § 767 Abs. 2 ZPO präkludiert sein, wenn die Aufrechnungslage bereits vor Schluss der mündlichen Verhandlung bestanden hat (BGHZ 24, 97 (98) = NJW 1957, 986; zur Präklusion im Feststellungsverfahren BGHZ 100, 222 (224 f.) = NJW 1987, 1691; zur Präklusion des Verwalters → Rn. 11).

50 Die **Darlegungs- und Beweislast** bestimmt sich nach den allgemeinen Regeln des Verfahrensrechts. Für die Aufrechnungsvoraussetzungen liegt sie beim Insolvenzgläubiger, für die Ausschlussgründe, insbesondere § 96 Abs. 1 Nr. 3, beim Insolvenzverwalter (BGH NZI 2015, 765 Rn. 24; BGH NZI 2004, 492 (493)). Ungeachtet der Regelung in § 96 Abs. 1 Nr. 1 trifft den Aufrechnenden auch die Darlegungs- und Beweislast dafür, dass die Aufrechnungslage im Zeitpunkt der Verfahrenseröffnung vorgelegen hat (BGH NZI 2012, 711 Rn. 12; Jaeger/Windel Rn. 238). Das Gleiche muss gelten in Anbetracht von § 96 Abs. 1 Nr. 2 (K. Schmidt/Thole § 96 Rn. 3), dessen Regelung neben § 94 lediglich klarstellende Funktion hat (→ § 96 Rn. 21).

III. Wirkungen der Aufrechnung

1. Grundsatz

Nach § 389 BGB wirkt die Erklärung der Aufrechnung zurück. Die gegenseitigen Forderungen 51 erlöschen **ex tunc** zu dem Zeitpunkt, an dem erstmals eine Aufrechnungslage bestanden hat. Von der Hauptforderung **abhängige Ansprüche** (zB Zinsforderungen, Vertragsstrafen, Ansprüche wegen Schuldnerverzugs) fallen ab diesem Zeitpunkt weg (BGH NJW-RR 1991, 568 (569); Uhlenbruck/Sinz Rn. 62; Jaeger/Windel Rn. 232). Die Rückwirkung führt aber auch dazu, dass ein Insolvenzgläubiger, der eine Zug-um-Zug geschuldete Leistung durch Aufrechnung erfüllt, als Vorleistender gilt und sich damit unter Umständen einer Insolvenzanfechtung wegen kongruenter Deckung nach § 130 aussetzt (BGHZ 89, 189 (195 f.) = NJW 1984, 1557; Uhlenbruck/Sinz Rn. 63). Ein **Wahlrecht des einseitig Aufrechnungsbefugten,** ob seine Erklärung Rückwirkung entfaltet oder nicht (hM zu § 389 BGB, s. nur Staudinger/Gursky BGB § 389 Rn. 51 f.), ist **insolvenzrechtlich abzulehnen,** da es eine Spekulationsmöglichkeit zu Lasten der Gläubigergesamtheit eröffnen würde (Jaeger/Windel Rn. 232; Windel KTS 2000, 215 (225)).

Die Aufrechnungsbefugnis ist lediglich ein Gestaltungsrecht und damit **keine Einrede iSd** 52 **§ 813 BGB;** in Unkenntnis der Aufrechnungsmöglichkeit gezahlte Beträge gewähren keinen Rückzahlungsanspruch nach dieser Vorschrift (K. Schmidt/Thole Rn. 29; Nerlich/Römermann/Kruth Rn. 38), mit dem seinerseits aufgerechnet werden könnte (Jaeger/Windel Rn. 231).

Bei mehreren Forderungen bestimmt sich die **Tilgungsreihenfolge** nach Maßgabe der §§ 396, 53 366 Abs. 2, 367 BGB; sie kann nicht nachträglich geändert werden (OLG Koblenz BeckRS 2009, 07425; **aA** Jaeger/Windel Rn. 235: Prioritätsprinzip).

2. Sonderfall Teildeckung

Im Fall der Teildeckung, dh wenn die Gegenforderung die Hauptforderung übersteigt, ist dem 54 aufrechnenden Insolvenzgläubiger die **Anmeldung der Gegenforderung** zur Tabelle **anzuraten** (Jaeger/Windel Rn. 230; → Rn. 5).

Nach hM könne er auch erst auf die angemeldete Gegenforderung die **volle Quote einstrei-** 55 **chen** und **anschließend** in Höhe der massezugehörigen Hauptforderung **aufrechnen,** da eine § 52 S. 2 entsprechende Regelung für die Aufrechnung fehle (BGH NJW 1960, 1295 (1296) zur KO; Gottwald/Haas InsR-HdB/Adolphsen § 45 Rn. 39; KPB/Lüke Rn. 123). Der Insolvenzverwalter könne einer „doppelten" Befriedigung des Insolvenzgläubigers aber begegnen, indem er seinerseits frühzeitig aufrechne und ihm damit zuvorkomme (KPB/Lüke Rn. 125; Eckardt ZIP 1995, 257 (262)).

Dieser Weg der Abhilfe ist bedenkenswert. Der Schutz der Gläubigergleichbehandlung darf 56 nicht davon abhängig gemacht werden, dass der Insolvenzverwalter rechtzeitig agiert (Jaeger/Windel Rn. 236; Adam WM 1998, 801 (806 f.)). Richtigerweise kommt es darauf aber auch gar nicht an. Denn die Rückwirkung der nach Erhalt der Quote erklärten Teilaufrechnung führt dazu, dass sich die Quotenanspruch auf den nicht gedeckten Teil der Gegenforderung reduziert und der Masse ein **bereicherungsrechtlicher Erstattungsanspruch** hinsichtlich des überbezahlten Teils zusteht (so im Ergebnis auch Jaeger/Windel Rn. 236; Kölner Schrift InsO/Häsemeyer 461 Rn. 80).

G. Besonderheiten

I. Insolvenzeröffnungsverfahren

Auch im Insolvenzeröffnungsverfahren kann eine Aufrechnungslage noch zulässig herbeigeführt 57 werden. Denn währenddessen angeordnete **vorläufige Sicherungsmaßnahmen,** wie etwa ein allgemeines Verfügungsverbot nach § 21 Abs. 2 S. 1 Nr. 2, begründen **keine Aufrechnungssperre** (BGHZ 159, 388 (390) = NJW 2004, 3118; Kölner Schrift InsO/Häsemeyer 461 Rn. 86 f.; Henckel FS Lüke, 1997, 237 (237–243)). Der Aufrechnungsausschluss nach § 96 Abs. 1 Nr. 1 ist insofern nicht anwendbar (BGH NZI 2012, 365 Rn. 24; G. Fischer WM 2008, 1), da vor Verfahrenseröffnung die Aufrechnung lediglich durch die Anfechtungsregeln beschränkt werden soll (Uhlenbruck/Sinz § 96 Rn. 5). Ob die Möglichkeit der Aufrechnung durch eine anfechtbare Rechtshandlung erlangt worden und die Aufrechnung deshalb gleichwohl nach § 96 Abs. 1 Nr. 3 (→ § 96 Rn. 29–39) unzulässig ist, stellt sich allerdings erst mit Verfahrenseröffnung heraus (Dampf KTS 1998, 145 (154–156); Gerhardt ZZP 109 (1996), 415 (421)).

II. Restschuldbefreiungsverfahren

58 Bis zur **Erteilung der Restschuldbefreiung** können Gläubiger mit einer Insolvenzforderung aufrechnen (BFH BeckRS 2010, 25016006). Auch danach sollte eine Aufrechnung noch möglich sein (OLG Oldenburg ZEV 2014, 359 (360); **aA** MüKoInsO/Lohmann/Reichelt Rn. 10; Uhlenbruck/Sinz Rn. 82; Grote ZInsO 2001, 452 (455)), jedenfalls, wenn die Aufrechnungslage schon vor Erteilung der Restschuldbefreiung bestanden hat (FG Schleswig DStRE 2014, 1272 (1274)). Entsprechendes gilt für eine Verrechnung (BayLSG NZI 2018, 495 (497)). Gemäß § 301 Abs. 3 fehlt es an der Durchsetzbarkeit der Insolvenzforderung als Gegenforderung, wenn der Insolvenzgläubiger trotz Restschuldbefreiung anderweitig befriedigt worden ist (tendenziell **aA** BFH NZI 2017, 583 Rn. 43; Uhlenbruck/Sinz Rn. 82). Da die spätere Aufrechnung keinen effektiven Vermögensabfluss beim (vormaligen) Insolvenzschuldner herbeiführt, steht sie dem Zweck der Restschuldbefreiung nicht entgegen, einen wirtschaftlichen Neuanfang herbeizuführen. Vielmehr würde es den Schuldner ungerechtfertigt „doppelt" begünstigen, wenn ihm neben der Restschuldbefreiung auch noch die Befreiung von einer möglichen Selbstvollstreckung im Wege der Aufrechnung zugutekäme.

III. Insolvenzplanverfahren

59 Im Insolvenzplanverfahren ist der aufrechnungsbefugte Insolvenzgläubiger, solange er nicht aufgerechnet hat, zu beteiligen (K. Schmidt/Thole Rn. 30). Das geltende Recht sieht aber **keine Einbeziehung in den Insolvenzplan** vor wie bei einem Absonderungsberechtigten gem. § 222 Abs. 1 S. 2 Nr. 1, § 223 Abs. 2 (MüKoInsO/Lohmann/Reichelt Rn. 7; HmbKommInsR/Jacoby Vor §§ 94–96 Rn. 12; tendenziell **aA** KPB/Lüke Rn. 103).

60 **Nach Verfahrensbeendigung** durch rechtskräftigen Insolvenzplan besteht **keine Aufrechnungsbefugnis hinsichtlich erlassener Forderungen** mehr (**aA** BGH NZI 2011, 538; **str.**; ausf. Uhlenbruck/Sinz Rn. 83–85). Zwar ist der Wortlaut des § 254, der die Wirkungen des bestätigten Insolvenzplans regelt, insofern unergiebig (BGH NZI 2011, 538 Rn. 10). Wirtschaftlich betrachtet hat der Insolvenzplan aber das Aufrechnungssubstrat beseitigt (HmbKommInsR/Jacoby Vor §§ 94–96 Rn. 12; K. Schmidt/Thole Rn. 30; im Ergebnis OLG Celle NZI 2009, 59 f.; Dellit/Hamann ZIP 2015, 308 (315)). Zudem ist der Gläubiger in diesem Fall nicht schutzwürdig. Vielmehr hätte er die Bestätigung eines ihn benachteiligenden Insolvenzplans im Vorfeld nach § 251 Abs. 1 verhindern können (Uhlenbruck/Sinz Rn. 85). Dass der Insolvenzplan die Aufrechnungsbefugnis als solche nicht berührt, solange kein ausdrücklicher Verzichtswille vorgelegen hat (BGH NZI 2011, 538 Rn. 9–14; OLG Celle NZI 2009, 183 f.; Kölner Schrift InsO/Häsemeyer 461 Rn. 72), ist deshalb unbeachtlich. Erst dort wird eine erst im Entstehen befindliche Aufrechnungsbefugnis, die an sich nach § 95 Abs. 1 S. 1 geschützt ist, durch einen rechtskräftigen Insolvenzplan verdrängt (VG Stuttgart NZI 2018, 30 (33 f.); **aA** Nerlich/Römermann/Kruth Rn. 27).

IV. Eigenverwaltung

61 In der Eigenverwaltung ist der **Schuldner** richtiger **Adressat der Aufrechnungserklärung**, da er gem. § 270 Abs. 1 S. 1 berechtigt ist, die Insolvenzmasse zu verwalten und über sie zu verfügen. Umgekehrt ist ihm auch die **Aufrechnung gestattet**, und zwar selbst dann, wenn der Sachwalter nach § 275 Abs. 2 die Kassenführung an sich zieht (MüKoInsO/Tetzlaff/Kern § 275 Rn. 19).

§ 95 Eintritt der Aufrechnungslage im Verfahren

(1) ¹Sind zur Zeit der Eröffnung des Insolvenzverfahrens die aufzurechnenden Forderungen oder eine von ihnen noch aufschiebend bedingt oder nicht fällig oder die Forderungen noch nicht auf gleichartige Leistungen gerichtet, so kann die Aufrechnung erst erfolgen, wenn ihre Voraussetzungen eingetreten sind. ²Die §§ 41, 45 sind nicht anzuwenden. ³Die Aufrechnung ist ausgeschlossen, wenn die Forderung, gegen die aufgerechnet werden soll, unbedingt und fällig wird, bevor die Aufrechnung erfolgen kann.

(2) ¹Die Aufrechnung wird nicht dadurch ausgeschlossen, daß die Forderungen auf unterschiedliche Währungen oder Rechnungseinheiten lauten, wenn diese Währungen oder Rechnungseinheiten am Zahlungsort der Forderung, gegen die aufgerechnet wird, frei getauscht werden können. ²Die Umrechnung erfolgt nach dem Kurswert, der für diesen Ort zur Zeit des Zugangs der Aufrechnungserklärung maßgeblich ist.

Eintritt der Aufrechnungslage im Verfahren   § 95 InsO

Schrifttum: Siehe § 94.

Überblick

Nach § 95 Abs. 1 ist die Aufrechnung auch dann zulässig, wenn bestimmte Voraussetzungen der Aufrechnungslage erst während des Insolvenzverfahrens eintreten (→ Rn. 5–29). Ist der Insolvenzgläubiger bereits vor Entstehen der Aufrechnungslage zur Effektivleistung verpflichtet, wird seine Aufrechnungsmöglichkeit ausgeschlossen (→ Rn. 30–34). Für den Fall sich gegenüberstehender Fremdwährungsschulden trifft § 95 Abs. 2 eine Sonderregelung (→ Rn. 35–37).

Übersicht

	Rn.		Rn.
A. Allgemeines	1	2. Gegenseitige Verträge	10
I. Normzweck	1	3. Steuererstattungen	16
II. Systematik	2	4. Sonstige Einzelfälle	22
		II. Fälligkeit (Abs. 1 S. 1 Hs. 1 Var. 2, S. 2)	24
B. Schutz künftiger Aufrechnungslagen (Abs. 1)	5	III. Gleichartigkeit (Abs. 1 S. 1 Hs. 2, S. 2)	27
		IV. Aufrechnungsausschluss (Abs. 1 S. 3)	30
I. Aufschiebende Bedingung (Abs. 1 S. 1 Hs. 1 Var. 1)	5	1. Grundsatz	30
		2. Einzelfälle	33
1. Allgemeines	5	**C. Fremdwährungsschulden (Abs. 2)**	35

A. Allgemeines

I. Normzweck

Zweck des § 95 ist eine **Erweiterung des Schutzes,** wie ihn § 94 herstellt, auf Aufrechnungslagen, die sich bei Eröffnung des Insolvenzverfahrens im Entstehen befinden (Kölner Schrift InsO/Häsemeyer 461 Rn. 5; → § 94 Rn. 3). Unter den Voraussetzungen des § 95 wird nicht nur der Bestand einer Aufrechnungslage, sondern auch das **Vertrauen in das Entstehen einer Aufrechnungslage** geschützt. Denn wenn ein Gläubiger vor Eröffnung des Insolvenzverfahrens berechtigterweise darauf vertrauen durfte, dass er seine Forderung mit Rücksicht auf das Entstehen einer Aufrechnungslage ohne Schwierigkeiten würde durchsetzen können, soll die Verfahrenseröffnung dieses Vertrauen nicht berühren (Begr. RegE, BT-Drs. 12/2443, 141; zur Ratio der Vorgängerregelung in § 47 KO Hahn, Die gesammelten Materialien zu den Reichs-Justizgesetzen, Bd. 4, 1881 (Neudruck 1983), 219–222; **krit.** zu dieser Ratio hins. aufschiebend bedingter und ungleichartiger Forderungen Jaeger/Windel Rn. 3). 1

II. Systematik

§ 95 Abs. 1 erstreckt den Schutz des Aufrechnungsbefugten auf **Aufrechnungslagen, die erst während des Insolvenzverfahrens vollwertig entstehen** (→ § 94 Rn. 1). Dahinter verbirgt sich aber **keine Erleichterung der bürgerlich-rechtlichen Aufrechnungsvoraussetzungen** (anders noch unter der Vorgängerregelung des § 54 KO, s. Begr. RegE, BT-Drs. 12/2443, 140 f.); es ist nach § 95 lediglich unschädlich, wenn diese erst nach Verfahrenseröffnung eintreten. Demnach kann ein Insolvenzgläubiger auch dann aufrechnen, wenn seine Gegenforderung erst während des Insolvenzverfahrens, aber noch vor der Hauptforderung unbedingt (→ Rn. 5–23) und fällig (→ Rn. 24–26) wird. Gleiches gilt, wenn Gleichartigkeit von Haupt- und Gegenforderung erst nach Verfahrenseröffnung eintritt (→ Rn. 27–29). Im Übrigen gelten die Vorgaben des § 94 (K. Schmidt/Thole Rn. 4). 2

Nach seinem Normzweck (→ Rn. 1) geht § 95 Abs. 1 im **Verhältnis zu § 96 Abs. 1 Nr. 1** grundsätzlich vor, wenn die Hauptforderung zwar erst nach Verfahrenseröffnung endgültig entsteht, aber bereits vorher im Kern gesichert ist (BGHZ 160, 1, 3 f. = NZI 2004, 583; näher → Rn. 6 f.). 3

§ 95 Abs. 2 präzisiert die **Gleichartigkeit wechselseitiger Geldforderungen,** die auf unterschiedliche, aber frei tauschbare Währungen oder Rechnungseinheiten gerichtet sind. Entgegen der Gesetzessystematik gilt die Regelung nicht nur für Fälle des § 95 Abs. 1, sondern auch für solche des § 94 (KPB/Lüke Rn. 41; Kölner Schrift InsO/Häsemeyer 461 Rn. 10). 4

B. Schutz künftiger Aufrechnungslagen (Abs. 1)

I. Aufschiebende Bedingung (Abs. 1 S. 1 Hs. 1 Var. 1)

1. Allgemeines

5   Sind Haupt- und/oder Gegenforderung bei Eröffnung des Insolvenzverfahrens aufschiebend bedingt, ist eine **Aufrechnung** nach § 95 Abs. 1 S. 1 Hs. 1 Var. 1 **mit Bedingungseintritt möglich.**

6   Aufschiebende Bedingung ist in diesem Zusammenhang **weit zu verstehen** (BGHZ 160, 1 (3 f.) = NZI 2004, 583; K. Schmidt/Thole Rn. 7). Erfasst sind nicht nur **rechtsgeschäftliche Bedingungen iSd § 158 Abs. 1 BGB**, sondern grundsätzlich auch **Rechtsbedingungen**, die Vorwirkungen entfalten (BGHZ 15, 333 (335) = NJW 1955, 259 zu § 54 KO; RGZ 58, 11 zu § 54 KO; MüKoInsO/Lohmann/Reichelt Rn. 14; HmbKommInsR/Jacoby Rn. 8; **krit.** Jaeger/Windel Rn. 14), sodass das Entstehen des Anspruchs hinreichend gewiss ist (Uhlenbruck/Sinz Rn. 10 f.; K. Schmidt/Thole Rn. 8; zu Einzelfällen → Rn. 10–23). Denn andernfalls existiert kein schutzwürdiges Vertrauen in das Entstehen einer Aufrechnungslage (Häsemeyer InsR Rn. 19.20; → Rn. 1).

7   Nach der **Formel der Rechtsprechung** sind damit auch Fälle erfasst, in denen zum Zeitpunkt der Verfahrenseröffnung noch eine gesetzliche Voraussetzung für das Entstehen der **Haupt- bzw. Gegenforderung** fehlt, wenn sie „**in ihrem rechtlichen Kern** auf Grund gesetzlicher Bestimmungen oder vertraglicher Vereinbarungen **bereits gesichert** ist" (BGH NZI 2013, 694 Rn. 11 (Gegenforderung); BGHZ 160, 1 (3 f.) = NZI 2004, 583 (Hauptforderung)).

8   Auf **auflösend bedingte Forderungen** findet die Regelung nach ihrem Wortlaut **keine Anwendung.** Nach § 42 werden diese im Insolvenzverfahren bis zum Bedingungseintritt wie unbedingte Forderungen berücksichtigt und sind daher nach allg. Regeln **frei aufrechenbar** (→ § 42 Rn. 17; RGZ 143, 192 (196); Kölner Schrift InsO/Häsemeyer 461 Rn. 29; iErg auch KPB/Lüke Rn. 34, der aber § 42 im Rahmen der Aufrechnung nicht anwenden will). Mit Eintritt der auflösenden Bedingung aber wird die Aufrechnung ex nunc unwirksam, und die jeweils andere (unbedingte) Forderung lebt wieder auf (OLG Celle OLGZ 1972, 274 (275); Gottwald/Haas InsR-HdB/Adolphsen § 45 Rn. 49; Jaeger/Windel Rn. 32).

9   Rechtsgeschäftliche Befristungen sind rechtsgeschäftlichen Bedingungen nach § 163 BGB gleichgestellt. In der Folge sind auch **aufschiebend befristete Forderungen** von § 95 Abs. 1 S. 1 Hs. 1 Var. 1 erfasst (Kölner Schrift InsO/Häsemeyer 461 Rn. 28; **krit.** Jaeger/Windel Rn. 31).

2. Gegenseitige Verträge

10 Bei gegenseitigen Verträgen iSd § 103 hat der Insolvenzverwalter ein **Wahlrecht hins. der Erfüllung.** Der Schadensersatzanspruch des Vertragspartners gem. § 103 Abs. 2 S. 1, den er im Fall der **Nichterfüllung** als Insolvenzforderung geltend machen kann, ist zwar mit Verfahrenseröffnung in seinem rechtlichen Kern hinreichend gesichert (allg. → Rn. 7), wird aber erst mit Erfüllungsablehnung uneingeschränkt wirksam und fällig. Denn bis das Wahlrecht ausgeübt wird, muss auf eine Inanspruchnahme nicht geleistet werden (K. Schmidt/Thole Rn 11; hins. der Primäransprüche BGHZ 150, 353 (359) = NJW 2002, 2783).

11 Ab dem **Zeitpunkt der Erfüllungsablehnung** besteht grundsätzlich eine **Aufrechnungsmöglichkeit mit dem Ersatzanspruch** (§ 103 Abs. 2 S. 1). Da die Schadensersatzforderung (Gegenforderung) aber erst mit Ausübung des Wahlrechts fällig wird (HK-InsO/J. Schmidt Rn. 27; **aA** MüKoInsO/Lohmann/Reichelt Rn. 24; Tintelnot KTS 2004, 339, 348 mwN: Durchsetzbarkeit schon mit Verfahrenseröffnung), steht einer Aufrechnung gegen **(Haupt-)Forderungen aus demselben Vertragsverhältnis** regelmäßig **§ 96 Abs. 1 S. 3** (→ Rn. 30–34) entgegen (AG Lingen BeckRS 2013, 13693; KPB/Lüke Rn. 30). Wenn der Insolvenzverwalter **Rückzahlung geleisteter Anzahlungen** verlangt, wird diese schon nach allg. Regeln im Rahmen der Schadensberechnung als schadensmindernder Posten berücksichtigt; eine Aufrechnung innerhalb der Grenzen von § 95 Abs. 1 S. 3 kommt dann allenfalls noch bei einem Saldo zugunsten des Insolvenzgläubigers in Betracht (BGHZ 196, 160 Rn. 12 = NJW 2013, 1245; aA HK-InsO/J. Schmidt Rn. 31, der synallagmatische Forderungen von §§ 94, 95 ausnimmt). Gegen einen Saldo zugunsten der Masse ist eine Aufrechnung mit anderen Insolvenzforderungen möglich (iErg auch K. Schmidt/Thole Rn 11). Denn der Rückzahlungsanspruch der Masse ist spätestens mit Verfahrenseröffnung begründet, wenn auch „bedingt" durch die Wahl der Nichterfüllung (**aA** Uhlenbruck/Sinz Rn. 36; **krit.** auch Gottwald/Haas InsR-HdB/Adolphsen § 45 Rn. 59).

Im Fall der **Erfüllungswahl** ist eine **Aufrechnung** mit den wechselseitigen Erfüllungsansprüchen frei **möglich**. Da der Vertragspartner mit seinem Erfüllungsanspruch nach § 55 Abs. 1 Nr. 2 Massegläubiger wird (BGHZ 150, 353 (359) = NJW 2002, 2783; MüKoInsO/Hefermehl § 55 Rn. 119), unterliegt er nicht den Beschränkungen der §§ 94–96 (→ § 94 Rn. 8–10). Dem steht auch § 96 Abs. 1 Nr. 1 nicht entgegen (K. Schmidt/Thole Rn. 15; → § 96 Rn. 8–19), da das Schuldverhältnis durch die Erfüllungswahl nicht neu entsteht, sondern lediglich in seiner Rechtsqualität umgestaltet wird (MüKoInsO/Hefermehl § 55 Rn. 119; Kölner Schrift InsO/ Häsemeyer 461 Rn. 101; Gerhardt FS Merz, 1992, 117 (125) zur KO; aA Uhlenbruck/Sinz Rn. 37). 12

Gegen den Erfüllungsanspruch der Masse ist unter den Voraussetzungen der §§ 94–96 InsO auch eine **Aufrechnung mit anderen Insolvenzforderungen** zulässig (K. Schmidt/Thole Rn. 14). 13

Handelt es sich bei den wechselseitig geschuldeten Leistungen um **teilbare Leistungen** iSd § 105 und sind diese **vor Verfahrenseröffnung** teilweise erbracht worden, kann mit den der Vorleistung entsprechenden Forderungen und gegen diese nach Maßgabe der §§ 94–96 aufgerechnet werden. 14

Bei den Forderungen des Vertragspartners, die **nach Verfahrenseröffnung** erbrachten **Teilleistungen** entsprechen, handelt es sich um Masseforderungen, die nicht §§ 94–96 unterfallen (K. Schmidt/Thole Rn. 16; → § 94 Rn. 8–10). Gegen den Anspruch der Masse für nach Verfahrenseröffnung erbrachte Leistungen kann gleichwohl nicht aufgerechnet werden (BGHZ 147, 28 (34) = NZI 2001, 537 obiter zur KO; Henckel FS Kirchhof, 2013, 191 (207)). Zur Begründung wird teilweise § 96 Abs. 1 Nr. 1 herangezogen (BGH NZI 2011, 936 Rn. 5 f.; HmbKommInsR/ Jacoby Rn. 34), teilweise auf den Zweck der §§ 103, 105 abgestellt (Gottwald/Haas InsR-HdB/ Adolphsen § 45 Rn. 55 f.; K. Schmidt/Thole Rn. 16). 15

3. Steuererstattungen

Der Fiskus kann den Schutz des § 95 Abs. 1 S. 1 Hs. 1 Var. 1 in Anspruch nehmen und mit seinen Steuerforderungen gegen Steuererstattungsansprüche des Insolvenzschuldners aufrechnen, wenn die **Verwirklichung des materiellrechtlichen Steuerberichtigungstatbestands vor Eröffnung des Insolvenzverfahrens** abgeschlossen ist (BFHE 238, 307 Rn. 17 = NZI 2012, 1022 zu § 96 Abs. 1 Nr. 1; Uhlenbruck/Sinz Rn. 23a). Zu diesem Zeitpunkt ist die Hauptforderung in Gestalt des Steuererstattungsanspruchs in ihrem Kern hinreichend gesichert (allg. → Rn. 7). Dass etwa der Veranlagungszeitraum als verfahrensrechtliche Voraussetzung noch nicht abgelaufen ist, steht einem schutzwürdigen Vertrauen in das Entstehen der Aufrechnungslage dann nicht entgegen. 16

Für die **Festsetzung der Umsatzsteuer** folgt aus § 38, dass steuerliche Forderungen dann entstanden sind, wenn der den Umsatzsteueranspruch begründende Tatbestand nach den steuerrechtlichen Vorschriften abgeschlossen ist; der Zeitpunkt der Steuerentstehung gem. § 13 UStG ist insofern nicht entscheidend (BFHE 236, 274 Rn. 27 f. = DStRE 2012, 749; weitergehend Wäger DStR 2021, 825), ebenso wenig der Zeitpunkt, in dem die Steuervoranmeldung bzw. die Umsatzsteuererklärung abgegeben oder der Steuerbescheid erlassen wird. 17

Der Steuerschuldner erlangt einen **Umsatzsteuererstattungsanspruch** bereits mit Entrichtung der Vorauszahlungen unter der aufschiebenden Bedingung, dass die geschuldete Steuer am Ende des Besteuerungszeitraums kleiner ist als die geleistete Vorauszahlung (BFH BeckRS 2005, 25008381). In diesem Fall ist es gem. § 95 für eine Aufrechnung unschädlich, wenn die aufschiebende Bedingung erst während des Verfahrens eintritt (Uhlenbruck/Sinz Rn. 26). Gleiches gilt für einen **Umsatzsteuervergütungsanspruch**, der bereits im Zeitpunkt der Rechnungsstellung mit unrichtigem Umsatzsteuerausweis aufschiebend bedingt begründet worden ist (BFHE 209, 13 (17 f.) = DStR 2005, 865). 18

Der **Erstattungsanspruch wegen Berichtigung der Bemessungsgrundlage** nach § 17 Abs. 2 UStG entsteht dagegen erst, wenn die Voraussetzungen des materiellrechtlichen Berichtigungstatbestands vollständig erfüllt sind (BFHE 238, 307 Rn. 17 = NZI 2012, 1022; → § 96 Rn. 17; anders noch BFHE 217, 8 (11 f.) = DStRE 2007, 1057: schon bedingt mit Begründung der zu berichtigenden Steuerforderung). § 95 findet damit nur Anwendung, wenn § 17 Abs. 2 UStG vor Eröffnung des Insolvenzverfahrens verwirklicht ist. 19

Auch gegen Erstattungsforderungen wegen zu hoher **Einkommensteuer- oder Körperschaftsteuervorauszahlungen** kann das Finanzamt aufrechnen, wenn die Vorauszahlungen **vor Verfahrenseröffnung** erfolgt sind (BFH BeckRS 2008, 25013070; Uhlenbruck/Sinz Rn. 24; implizit auch Kölner Schrift InsO/Onusseit 1265 Rn. 67). Gleiches gilt für die Aufrechnungsmög- 20 lichkeit der Gemeinde gegen **Gewerbesteuererstattungsansprüche** des Insolvenzschuldners (FG Berlin-Brandenburg DStRE 2018, 812 (813); OVG Lüneburg KTS 1979, 105; **aA** VG Düsseldorf KTS 1977, 185 f.; FK-InsO/Bernsau § 96 Rn. 9). Bei Vorauszahlungen **nach Verfahrenseröffnung** ist eine Aufrechnung dagegen gem. § 96 Abs. 1 Nr. 1 ausgeschlossen (Uhlenbruck/Sinz Rn. 24; → § 96 Rn. 8–19).

21   Der Anspruch auf Erstattung von **Grunderwerbsteuer** ist vor Verfahrenseröffnung nicht schon hinreichend im Kern gesichert (allg. → Rn. 7), wenn der Insolvenzverwalter gem. § 103 die Erfüllung eines vor Verfahrenseröffnung geschlossenen Grundstückkaufvertrags ablehnt (FG Münster EFG 1968, 141 (142); FK-InsO/Bernsau § 96 Rn. 10) oder von diesem zurücktritt (Uhlenbruck/Sinz Rn. 30; **aA** BFHE 217, 8 (12 f.) = DStRE 2007, 1057). Denn dann hängt das Entstehen der Hauptforderung von der Abgabe einer rechtsgeschäftlichen Erklärung ab und ist noch nicht hinreichend gewiss.

4. Sonstige Einzelfälle

22   **Aufschiebend bedingt** entsteht der **Abfindungsanspruch eines Gesellschafters** mit Beginn der Mitgliedschaft, es sei denn, das Ausscheiden oder die Auflösung bedarf einer vorherigen Kündigung (BGHZ 160, 1 (4 f.) = NZI 2004, 583); der **Regressanspruch des Bürgen** mit Übernahme der Bürgschaft (BGH NJW 1990, 1301 (1302); **aA** Henckel FS Lüke, 1997, 237 (259), nach dem der Regressanspruch nicht aufschiebend bedingt ist, sondern durch Umwandlung des Freistellungsanspruchs entsteht); der prozessuale **Kostenerstattungsanspruch** mit Rechtshängigkeit (BGH NJW 1975, 304; K. Schmidt/Thole Rn. 9; Ganter FS Merz, 1992, 105 (106 f.); **aA** OLG Hamburg JZ 1957, 581 f.: mit Kostengrundentscheidung); der **Regressanspruch des Eigentümers** (§ 1143 Abs. 1 S. 1 BGB) **oder Verpfänders** (§ 1225 Abs. 1 BGB) mit Bestellung der Sicherheit (KPB/Lüke Rn. 27); sowie der **Regressanspruch des Gesamtschuldners** (§ 426 Abs. 2 BGB) mit Begründung der Gesamtschuld (beachte aber § 44) (K. Schmidt/Thole Rn. 9).

23   **Keine aufschiebende Bedingung** ist die **Abgabe einer rechtsgeschäftlichen Erklärung** (BGHZ 160, 1 (6) = NZI 2004, 583; Becker DZWIR 2005, 221 (227); weiter aber BGH NZI 2006, 229 Rn. 17–19). Hiervon ist eine Ausnahme zu machen, wenn sich die Erklärung gleichermaßen auf Haupt- und Gegenforderung bezieht wie im Falle eines Widerrufs (BGHZ 209, 179 Rn. 22 f. = NJW 2016, 2118). Da die Aufrechnung dann kraft Gesetzes herbeigeführt wird, verdient sie den insolvenzrechtlichen Schutz. Der **Herausgabeanspruch des Auftraggebers gem. § 667 BGB** entsteht nicht schon aufschiebend bedingt mit Übernahme des Auftrags bzw. der Geschäftsbesorgung (BGH NJW 2007, 2640 Rn. 16 f.; **aA** MüKoInsO/Lohmann/Reichelt Rn. 19); ein Gewährleistungsanspruch nicht schon mit **Auftritt eines Mangels** (BGH NJW 1994, 1659 f.; Kölner Schrift InsO/Häsemeyer 461 Rn. 34).

II. Fälligkeit (Abs. 1 S. 1 Hs. 1 Var. 2, S. 2)

24   Nach § 95 Abs. 1 S. 1 Hs. 1 Var. 2 ist es für den Schutz der Aufrechnungslage unschädlich, wenn die **Gegenforderung** erst **nach Verfahrenseröffnung fällig** wird (einzelne Fallgruppen bei K. Schmidt/Thole Rn. 19). Der Wortlaut fordert zwar, dass beide der sich gegenüberstehenden Forderungen fällig sein müssen. Nach allg. bürgerlich-rechtlichen Grundsätzen setzt die Aufrechnungslage jedoch nur bei der Gegenforderung Einredefreiheit und Fälligkeit voraus (→ § 94 Rn. 27 f.); für die Hauptforderung reicht dagegen Erfüllbarkeit (→ § 94 Rn. 29). Eine **teleologische Reduktion** schafft insofern Abhilfe (iErg auch FK-InsO/Bernsau Rn. 4; Uhlenbruck/Sinz Rn. 2; KPB/Lüke Rn. 8 und Jaeger/Windel Rn. 7 (berichtigende Auslegung); ausf. Jauernig FS Uhlenbruck, 2000, 3 (13 f.)).

25   Die Fälligkeitsfiktion des § 41 schafft lediglich die technischen Voraussetzungen für eine quotale Befriedigung (Jaeger/Windel Rn. 8) und ist daher gem. § 95 Abs. 1 S. 2 **nicht anwendbar**, um eine sonst nicht existierende Aufrechnungslage zu schaffen (→ § 41 Rn. 22). Die Fälligkeit bestimmt sich nach den Vorgaben des materiellen Rechts, dh nach **Vertrag oder Gesetz** (§ 271 BGB), wobei insolvenzrechtliche Modifikationen (zB nach §§ 115, 116 oder § 728 BGB) möglich sind (HmbKommInsR/Jacoby Rn. 7; K. Schmidt/Thole Rn. 19). Sie kann aber auch durch die Handlung einer Partei herbeigeführt werden, etwa durch **Widerruf einer Stundung** oder (außerordentliche) **Kündigung** (BGH NJW-RR 1990, 110 f.; KPB/Lüke Rn. 7; Jaeger/Windel Rn. 10).

26   **Verhaltene Ansprüche** (zB § 285 BGB) und **elektiv konkurrierende Ansprüche** (zB §§ 179 Abs. 1, 311a Abs. 2, 340 Abs. 1 BGB) bedürfen zu ihrer Fälligkeit der **Aktualisierung**, dh dem Verlangen bzw. der Ausübung eines Wahlrechts seitens des Gläubigers (Jaeger/Windel Rn. 9 mwN). Eine Gegenforderung in Gestalt eines verhaltenen oder elektiv konkurrierenden Anspruchs

Eintritt der Aufrechnungslage im Verfahren wird spätestens mit der Aufrechnungserklärung aktualisiert und damit fällig (KPB/Lüke Rn. 23; Jaeger/Windel Rn. 9). Handelt es sich dagegen bei der Hauptforderung um einen verhaltenen oder elektiv konkurrierenden Anspruch, ist dieser erst nach erfolgter Aktualisierung erfüllbar, sodass auch erst dann gegen ihn aufgerechnet werden kann (Jaeger/Windel Rn. 9; Pawlowski DZWir 1996, 431 (432–434)).

III. Gleichartigkeit (Abs. 1 S. 1 Hs. 2)

27 Gem. § 95 Abs. 1 S. 1 Hs. 2 ist eine Aufrechnung auch dann zulässig, wenn **Gleichartigkeit erst nach Verfahrenseröffnung** eintritt. Relevant ist die Vorschrift insbes. bei der Umwandlung von Naturalleistungsansprüchen in Zahlungsansprüche sowie von Freistellungsansprüchen in Regressansprüche (K. Schmidt/Thole Rn. 20).

28 De lege lata kommt bei der **Umwandlung von Naturalleistungsansprüchen in Zahlungsansprüche** ein **Aufrechnungsausschluss** wegen unzulässiger Rechtsausübung nach **§ 242 BGB** in Betracht (Gottwald/Haas InsR-HdB/Adolphsen § 45 Rn. 75; BK-InsR/Blersch/v. Olshausen Rn. 8; → § 94 Rn. 43). Denn Naturalleistungsansprüche verwandeln sich regelmäßig nur bei Vertragsverletzungen in Schadensersatzansprüche in Form von Zahlungsansprüchen (KPB/Lüke Rn. 36 f.; Leipold ua/Dieckmann, Insolvenzrecht im Umbruch, 1991, 211 (228)). Ein dem Normzweck entsprechendes schutzwürdiges Vertrauen in das Entstehen einer Aufrechnungslage (→ Rn. 1) liegt in solchen Fällen nicht vor. **De lege ferenda** ist die Regelung insofern **zu überdenken** (diff. Jaeger/Windel Rn. 34).

29 Nach § 95 Abs. 1 S. 2 ist **§ 45** im Rahmen der Aufrechnung **nicht anwendbar**. Die Vorschrift dient lediglich der fingierten Umrechnung nicht monetärer Forderungen, um sie zur Tabelle anmelden und die Quote berechnen zu können (weitergehend MüKoInsO/Bitter § 45 Rn. 1); zur Herstellung der Gleichartigkeit kann sie nicht herangezogen werden. Die Gleichartigkeit von Fremdwährungsschulden regelt Abs. 2 (→ Rn. 35–37).

IV. Aufrechnungsausschluss (Abs. 1 S. 3)

1. Grundsatz

30 § 95 Abs. 1 S. 3 ist an das Regelungssystem der §§ 392, 406 BGB angelehnt und schließt die Aufrechnung in allen Fällen des § 95 Abs. 1 aus, wenn die **Hauptforderung unbedingt und fällig** wird, **bevor die Aufrechnung erstmalig erfolgen kann**. Denn anderenfalls kann der Insolvenzverwalter die Hauptforderung ohne Weiteres vollstrecken; der Insolvenzgläubiger hat insoweit **kein schutzwürdiges Vertrauen** hins. einer Aufrechnungslage (K. Schmidt/Thole Rn. 3; ähnlich Gottwald/Haas InsR-HdB/Adolphsen § 45 Rn. 46).

31 Indem diese Beschränkung eine Aufrechnungsmöglichkeit verwehrt, die nur entsteht, weil der spätere Insolvenzgläubiger die Leistung auf eine an sich durchsetzbare Forderung hinauszögert (Begr. RegE, BT-Drs. 12/2443, 141; Holzer DStR 1998, 1268 (1271)), trägt sie dem **Grundsatz der Gläubigergleichbehandlung** (→ § 94 Rn. 4) Rechnung.

32 Voraussetzung für das Eingreifen von § 95 Abs. 1 S. 3 ist, dass **Gegenforderung und Hauptforderung vor Verfahrenseröffnung im Kern entstanden** sind. Denn eine später entstehende Gegenforderung ist als Masseforderung unbeschränkt aufrechenbar (→ § 94 Rn. 8–10); gegen eine nach Verfahrenseröffnung entstehende Hauptforderung nach § 96 Abs. 1 Nr. 1 ausgeschlossen (Uhlenbruck/Sinz Rn. 20; v. Wilmowsky NZG 1998, 481 (486); → § 96 Rn. 8–19).

2. Einzelfälle

33 Ein Anwendungsfall ist die **Stundung der Gegenforderung** (FK-InsO/Bernsau Rn. 7; Uhlenbruck/Sinz Rn. 20), wobei ein drohendes Insolvenzverfahren im Zweifel zum Widerruf der Stundung berechtigt. Die **Aufrechnung einer Behörde** mit einer Gegenforderung, die in ihrem Bestand oder ihrer Fälligkeit von einem **Verwaltungsakt** abhängt, ist ausgeschlossen, sofern und solange Widerspruch und Anfechtungsklage gegen diesen Verwaltungsakt aufschiebende Wirkung zukommt (BVerwG NJW 2009, 1099 Rn. 11). Der **Entleiher von Arbeitnehmern**, der dem insolventen Verleiher obliegende **Sozialversicherungsbeiträge** vor Verfahrenseröffnung an die Kasse gezahlt hat, kann mit seinem Bereicherungsanspruch nicht gegen den Bereicherungsanspruch der Masse aufrechnen (BGH NZI 2005, 624; BGHZ 161, 241 (254) = NZI 2005, 157). Der Aufrechnungsausschluss gilt auch für eine **vorinsolvenzliche Abtretung** der Gegenforderung an

C. Fremdwährungsschulden (Abs. 2)

34 Die Regelung des § 95 Abs. 2 ordnet die **Gleichartigkeit von Geldforderungen** an, die auf unterschiedliche Währungen oder Rechnungseinheiten lauten, sofern diese am Zahlungsort der Hauptforderung frei getauscht werden können. Notwendig ist der Ausnahmevorschrift, da nach der **Grundregel des § 244 Abs. 1 BGB** nur der Gläubiger einer auf Euro lautenden Gegenforderung der Fremdwährungsforderung gegen die Hauptforderung auf Fremdwährung erklären könnte. Denn Gläubiger der Fremdwährungsforderung stünde dagegen allenfalls ein Zurückbehaltungsrecht zu (OLG Hamm NJW-RR 1999, 1736), das idR aber nicht unter § 51 fällt und damit nicht insolvenzfest ist (→ § 51 Rn. 11; HmbKommInsR/Jacoby Rn. 40; Uhlenbruck/Sinz Rn. 54):

35 Da auch in anderen Fällen ein Bedürfnis bestehen kann, die Gleichartigkeit derart zu erweitern, wird eine **analoge Anwendung außerhalb des Insolvenzverfahrens** erwogen (BK-InsR/ Blersch/v. Olshausen Rn. 12; MüKoInsO/Lohmann/Reichelt Rn. 39; KPB/Lüke Rn. 42; Jaeger/Windel Rn. 51; aA K. Schmidt/Thole Rn. 23; zum Anwendungsbereich im Rahmen der Insolvenzaufrechnung → Rn. 4).

36 **Voraussetzung** ist auch S. 1 die **freie Konvertierbarkeit** am Zahlungsort der Hauptforderung, dh **am Erfüllungsort** iSd §§ 269, 270 BGB (Staudinger/Omlor BGB § 244 Rn. 11). S. 2 bestimmt den Kurswert am Erfüllungsort zum Zeitpunkt der Aufrechnungserklärung als **maßgeblich für die Umrechnung**; gemeint ist der **Geldkurs der ausländischen Währung** inkl. etwaiger Wechselgebühren (Jaeger/Windel Rn. 52).

§ 96 Unzulässigkeit der Aufrechnung

(1) Die Aufrechnung ist unzulässig,

1. wenn ein Insolvenzgläubiger erst nach der Eröffnung des Insolvenzverfahrens zur Insolvenzmasse schuldig geworden ist,
2. wenn ein Insolvenzgläubiger seine Forderung erst nach der Eröffnung des Verfahrens von einem anderen Gläubiger erworben hat,
3. wenn ein Insolvenzgläubiger die Möglichkeit der Aufrechnung durch eine anfechtbare Rechtshandlung erlangt hat,
4. wenn ein Gläubiger, dessen Forderung aus dem freien Vermögen des Schuldners zu erfüllen ist, etwas zur Insolvenzmasse schuldet.

(2) Absatz 1 sowie § 95 Abs. 1 Satz 3 stehen nicht der Verfügung über Finanzsicherheiten im Sinne des § 1 Abs. 17 des Kreditwesengesetzes oder der Verrechnung von Ansprüchen und Leistungen aus Zahlungsaufträgen, Aufträgen zwischen Zahlungsdienstleistern oder zwischengeschalteten Stellen oder Aufträgen zur Übertragung von Wertpapieren entgegen, die in Systeme im Sinne des § 1 Abs. 16 des Kreditwesengesetzes eingebracht wurden, das die Ausführung solcher Verträge dient, sofern die Verrechnung spätestens am Tage der Eröffnung des Insolvenzverfahrens erfolgt; ist der andere Teil ein Systembetreiber oder Teilnehmer in dem System, bestimmt sich der Tag der Eröffnung nach dem Geschäftstag im Sinne des § 1 Absatz 16b des Kreditwesengesetzes.

Schrifttum: Siehe § 94.

Überblick

§ 96 regelt die Unzulässigkeit der Aufrechnung im Insolvenzverfahren. Abs. 1 stellt Aufrechnungsverbote auf für Aufrechnungslagen, die nach Verfahrenseröffnung künstlich herbeigeführt (Nr. 1, 2, 4) (→ Rn. 8–19, → Rn. 20–28, → Rn. 40–43) oder in anfechtbarer Weise begründet

Unzulässigkeit der Aufrechnung   § 96 InsO

worden sind (Nr. 3) (→ Rn. 29–39). Abs. 2 erklärt diese Aufrechnungsverbote sowie den Ausschlussgrund des § 95 Abs. 1 S. 3 (→ § 95 Rn. 30–34) für nicht anwendbar auf Verfügungen über Finanzsicherheiten und bestimmte Verrechnungen im Interbankenverkehr (→ Rn. 44–49).

Übersicht

	Rn.		Rn.
A. Allgemeines	1	1. Voraussetzungen	31
I. Normzweck und Systematik	1	2. Rechtsfolgen	35
II. Rechtsweg	3	3. Einzelfälle	37
B. Aufrechnungsverbote (Abs. 1)	5	IV. Gegenforderung gegen das freie Vermögen des Schuldners (Nr. 4)	40
I. Entstehen der Hauptforderung nach Eröffnung des Insolvenzverfahrens (Nr. 1)	8	**C. Privilegierung von Finanzsicherheiten und Verrechnungen im Interbankenverkehr (Abs. 2)**	44
1. Originäre Schuldnerstellung	11		
2. Derivative Schuldnerstellung	14	I. Voraussetzungen	46
3. Einzelfälle	16	1. Verfügungen über Finanzsicherheiten (Alt. 1)	46
II. Erwerb der Gegenforderung nach Eröffnung des Insolvenzverfahrens (Nr. 2)	20		
1. Grundsatz	20	2. Verrechnungen im Interbankenverkehr (Alt. 2)	47
2. Einzelfälle	24		
III. Anfechtbare Erlangung der Aufrechnungsmöglichkeit (Nr. 3)	29	II. Rechtsfolgen	48

A. Allgemeines

I. Normzweck und Systematik

§ 96 enthält **insolvenzverfahrensspezifische Aufrechnungsverbote** und beschränkt damit 1
die „Wohltaten" der §§ 94, 95. Damit dient die Vorschrift dem von den §§ 94–96 insgesamt verfolgten Zweck, im Insolvenzverfahren einen **Ausgleich zwischen der (Selbst-)Vollstreckungsfunktion** der Aufrechnung **und dem Grundsatz der Gläubigergleichbehandlung** herzustellen (RGZ 124, 346 (349 f.) zur KO; Uhlenbruck/Sinz Rn. 1; indirekt auch BK-InsR/Blersch/v. Olshausen Rn. 1; → § 94 Rn. 3 f.).

IE bestimmt **§ 96 Abs. 1,** dass eine Aufrechnungslage nur dann insolvenzfest ist, wenn sie nicht 2
in anfechtbarer Weise (Nr. 3) oder sonst nach Verfahrenseröffnung künstlich herbeigeführt worden ist (Nr. 1, 2, 4). Für das Restschuldbefreiungsverfahren normiert **§ 294 Abs. 3** ein weiteres Aufrechnungsverbot. **§ 96 Abs. 2** privilegiert Zahlungsverkehrssysteme aufgrund europarechtlicher Vorgaben.

II. Rechtsweg

Forderungen der Insolvenzmasse – mit Blick auf die Terminologie des Aufrechnungsrechts also 3
auch „Hauptforderungen" – macht der Insolvenzverwalter nach den Regeln des allgemeinen Zivilverfahrensrechts üblicherweise im Wege der **Leistungsklage** geltend (BGH NZI 2005, 499 f.; Häsemeyer InsR Rn. 19.34; KPB/Lüke § 94 Rn. 130). Daraus ergibt sich der Rechtsweg (K. Schmidt/Thole Rn. 4). Rechnet der Insolvenzgläubiger sodann im Prozess oder außerprozessual auf, bleibt die Wahl des Rechtswegs davon unberührt (MüKoInsO/Lohmann/Reichelt § 94 Rn. 76).

Auch die **Aufrechnungsverbote** in § 96 Abs. 1 sind – sofern sie als Einwendungen geltend 4
gemacht werden – **nicht rechtswegbestimmend** (BGH NZI 2010, 17 Rn. 9; BGH NZI 2005, 499 (500); HmbKommInsR/Jacoby Rn. 25; zur Vorrangigkeit der Anfechtungsklage gegen einen Abrechnungsbescheid, wenn gegen eine vom Finanzamt erklärte Aufrechnung vorgegangen wird, FG Bremen NZI 2020, 86 Rn. 21). Entscheidet sich der Insolvenzverwalter jedoch für eine **Anfechtung** des zugrundeliegenden Rechtsgeschäfts **nach § 143,** anstatt die Anfechtbarkeit der Aufrechnungslage gem. § 96 Abs. 1 Nr. 3 als Einwendung zu erheben, richtet sich der **Rechtsweg nach den für den Anfechtungsprozess geltenden Prinzipien** (K. Schmidt/Thole Rn. 4). Zur Darlegungs- und Beweislast → § 94 Rn. 50.

B. Aufrechnungsverbote (Abs. 1)

Die Aufrechnungsverbote des Abs. 1 **gelten nur für Insolvenzforderungen**; auf Ansprüche 5
der Masse sind sie nicht anwendbar (Jaeger/Windel Rn. 4), ebenso wenig auf Masseforderungen (zu Ausnahmen → § 94 Rn. 9 f.).

Liefke 697

6   Der **Anwendungsbereich** beginnt mit der Eröffnung und endet grundsätzlich mit der vorbehaltlosen Aufhebung des Insolvenzverfahrens (BFHE 256, 388 Rn. 10 = DStRE 2017, 762; MüKoInsO/Lohmann/Reichelt Rn. 4 f.; Kreft FS G. Fischer, 2008, 297 (301)). Gleiches gilt bei Erteilung der Restschuldbefreiung (OLG München BeckRS 2017, 133754 Rn. 27). Im Falle der Nachtragsverteilung (§ 203) gelten die Aufrechnungsverbote des § 96 Abs. 1 hingegen auch weiter, nachdem das Verfahren beendet worden ist (BFHE 236, 202 Rn. 15 = DStRE 2012, 829).

7   Aufgrund des Normzwecks (→ Rn. 1) sind die Verbote **zwingend** (BGHZ 81, 15 (18) = NJW 1981, 2257 zu § 55 KO; K. Schmidt/Thole Rn. 1; diff. Jaeger/Windel Rn. 3–5); insbes. kann auch § 96 Abs. 1 Nr. 1 nicht durch Verrechnungsabrede umgangen werden (OLG Jena BeckRS 2014, 03640). Im **Verhältnis zu § 95 Abs. 1,** der den Schutz der Aufrechnungslage erweitert (→ § 95 Rn. 1), treten § 96 Abs. 1 Nr. 1 und 2 als leges generales zurück (Jaeger/Windel Rn. 8); § 96 Abs. 1 Nr. 3 steht daneben (näher Jaeger/Windel Rn. 9).

I. Entstehen der Hauptforderung nach Eröffnung des Insolvenzverfahrens (Nr. 1)

8   Nach § 96 Abs. 1 Nr. 1 ist die Aufrechnung unzulässig, wenn ein Insolvenzgläubiger erst nach Eröffnung des Insolvenzverfahrens etwas zur Insolvenzmasse schuldig geworden ist, dh wenn die **Hauptforderung** erst **nach Verfahrenseröffnung entstanden** ist. Diese Regelung dient lediglich der **Klarstellung,** denn § 94 bestimmt bereits, dass eine Aufrechnungslage bei Verfahrenseröffnung bestehen muss, um dem Schutz der §§ 94–96 zu unterfallen.

9   Für die Anwendung ist es unbeachtlich, ob die Hauptforderung nach Verfahrenseröffnung **originär** gegen den Schuldner (→ Rn. 11–13) oder **derivativ** durch Rechtsnachfolge (→ Rn. 14 f.) begründet worden ist (Nerlich/Römermann/Kruth Rn. 3 für den Fall der Schuldübernahme). Denn der Insolvenzgläubiger hat in beiden Fällen **kein schutzwürdiges Vertrauen** in eine Aufrechnungsmöglichkeit, da er jeweils nur die Insolvenzquote zu erwarten hatte (BK-InsR/Blersch/v. Olshausen Rn. 4; Uhlenbruck/Sinz Rn. 4).

10 Aufgrund der Privilegierung des § 110 Abs. 3 ist **§ 96 Abs. 1 Nr. 1 nicht anwendbar** auf die **Aufrechnung gegen Miet- und Pachtforderungen** für den in § 110 Abs. 1 bestimmten Zeitraum (BGH NZI 2005, 553; G. Fischer WM 2008, 1 (3); Einzelheiten bei → § 110 Rn. 17–21; zur Geltung im Insolvenzeröffnungsverfahren → § 94 Rn. 57).

1. Originäre Schuldnerstellung

11 Zu den Hauptforderungen der Masse, die originär nach Verfahrenseröffnung entstehen, zählen vor allem solche, die der Insolvenzverwalter **durch Rechtsgeschäft für die Masse begründet.** Dies sind insbes. der Abschluss von Miet- und Pachtverträgen (Nerlich/Römermann/Kruth Rn. 5; beachte aber § 110 Abs. 3, dazu → Rn. 10), der Verkauf von Gegenständen aus der Masse (Uhlenbruck/Sinz Rn. 6) sowie die Neuaufnahme von Darlehen bei Insolvenzgläubigern (Häsemeyer InsR Rn. 19.12).

12 Erfasst sind außerdem **Hauptforderungen,** die der Masse nachträglich **aus gesetzlichen Schuldverhältnissen** erwachsen (HK-InsO/J. Schmidt Rn. 19; Jaeger/Windel Rn. 17). Hierzu zählen insbes. Ansprüche aus **Delikt** (FK-InsO/Bernsau Rn. 8; HmbKommInsR/Jacoby Rn. 3), aus **Geschäftsführung ohne Auftrag** (FK-InsO/Bernsau Rn. 8) oder aus dem **Eigentümer-Besitzer-Verhältnis** (BGHZ 149, 326 (334) = NZI 2002, 150 zur KO; Jaeger/Windel Rn. 17).

13 Ansprüche der Masse aus **Bereicherungsrecht,** die erst nach Verfahrenseröffnung entstehen, unterfallen ebenfalls § 96 Abs. 1 Nr. 1 (KPB/Lüke Rn. 14; K. Schmidt/Thole Rn. 7), wie zB solche auf Rückgewähr eines ausgekehrten Versteigerungserlöses, der aus einer nach § 88 unzulässigen Zwangsvollstreckung resultiert (MüKoInsO/Lohmann/Reichelt Rn. 16; Jaeger/Windel Rn. 17). Dasselbe gilt für den Herausgabeanspruch gegen den Beauftragten gerichtet auf das, was er nach Verfahrenseröffnung in Ausführung des Auftrags erlangt hat (BGHZ 107, 88 (89 f.) = NJW 1989, 1353 zu § 55 KO). Denn wenn das Fortbestehen des Auftrags nicht nach § 115 Abs. 3 fingiert wird, resultiert der Herausgabeanspruch nicht aus § 667 BGB, sondern aus Bereicherungsrecht (MüKoInsO/Lohmann/Reichelt § 95 Rn. 19; K. Schmidt/Thole Rn. 6; aA Müller, Probleme der Aufrechnung mit Konkurs- und Masseforderungen, 1981, 31–39). Gleiches trifft nach § 116 für Herausgabeansprüche gegen den Geschäftsführer iSd §§ 675 ff. BGB zu.

2. Derivative Schuldnerstellung

14 Die Schuldnerstellung kann auch derivativ durch **Abtretung** nach Verfahrenseröffnung begründet werden, indem ein Dritter die gegen einen Insolvenzgläubiger gerichtete Hauptfor-

derung an die Masse zediert. Grundsätzlich ist dem Insolvenzgläubiger dann die Aufrechnung mit einer Insolvenzforderung nach § 96 Abs. 1 Nr. 1 verwehrt; nicht jedoch mit einer Forderung gegen den Zedenten, wenn er gem. **§ 406 BGB** gegen diesen zur Aufrechnung berechtigt gewesen wäre (Uhlenbruck/Sinz Rn. 28; Kölner Schrift InsO/Häsemeyer 461 Rn. 45; → § 94 Rn. 15). Gleiches gilt bei **Rückabtretung** der Hauptforderung an die Masse (BGHZ 56, 111 (114 f.) = NJW 1971, 1270; KPB/Lüke Rn. 12). Der **bürgerlich-rechtliche Aufrechnungsschutz** ist insofern gegenüber § 96 Abs. 1 Nr. 1 **vorrangig** (iErg MüKoInsO/Lohmann/ Reichelt Rn. 25).

Wird die Hauptforderung durch **Schuldübernahme** nach Verfahrenseröffnung gegen den Insolvenzgläubiger begründet, sperrt § 96 Abs. 1 Nr. 1 die Aufrechnung auch dann, wenn Haupt- und Gegenforderung aus demselben Schuldverhältnis resultieren (BGH WM 1957, 245 (247) zu § 55 KO; MüKoInsO/Lohmann/Reichelt Rn. 10; K. Schmidt/Thole Rn. 5). 15

3. Einzelfälle

Der **anfechtungsrechtliche Rückgewähranspruch (§ 143)** ist von der Aufrechnung ausgeschlossen. Zur Begründung wird teilweise darauf abgestellt, dass er erst nach Verfahrenseröffnung entsteht (BGH NZI 2004, 248 (249); BGHZ 15, 333 (337) = NJW 1955, 259 zur KO; diff. aber Thole, Gläubigerschutz durch Insolvenzrecht, 2010, 528 f.), teilweise auf den besonderen Zweck des Anspruchs (MüKoInsO/Lohmann/Reichelt Rn. 15; K. Schmidt/Thole Rn. 7; Henckel JZ 1996, 531 (532)). Selbst wenn Anfechtungsansprüche bereits aufgrund des zugrundeliegenden Tatbestands entstehen, dürfte im Hinblick auf § 96 Abs. 1 Nr. 1 entscheidend sein, dass das Anfechtungsrecht gem. §§ 129–147 die Eröffnung des Insolvenzverfahrens voraussetzt (Uhlenbruck/Sinz Rn. 24; Einzelheiten bei K. Schmidt/Büteröwe § 143 Rn. 2). 16

Wenn ein **Steuererstattungsanspruch** seinem Kern nach bereits vor der Eröffnung des Insolvenzverfahrens begründet ist, dh sämtliche materiellrechtlichen Tatbestandsvoraussetzungen erfüllt sind, besteht kein Aufrechnungsverbot nach Abs. 1 Nr. 1 (BGH NZI 2016, 228); gegen Steuererstattungsansprüche, die erst nach Verfahrenseröffnung verwirklicht worden sind, kann hingegen nicht aufgerechnet werden (→ § 95 Rn. 16). Das Recht auf **Vorsteuerabzug** entsteht materiellrechtlich, wenn die betreffende Lieferung von Gegenständen bewirkt oder die Dienstleistung erbracht wird; auf den Erhalt der Rechnung kommt es nicht an (BFH NZI 2018, 810 Rn. 14; näher zur Auffächerung des Meinungsstands → Steuerrecht in der Insolvenz-Umsatzsteuer Rn. 138). Ein **Umsatzsteuerberichtigungsanspruch gem. § 17 Abs. 2 UStG** als Hauptforderung ist erst dann verwirklicht, wenn der materiellrechtliche Berichtigungstatbestand erfüllt ist, nicht schon mit Begründung der zu berichtigenden Steuerforderung (→ § 95 Rn. 19; BFHE 238, 307 Rn. 17 = NZI 2012, 1022; **krit.** K. Schmidt/Thole Rn. 5). Für den **Erstattungsanspruch aus § 16 Abs. 1 Nr. 2 GrEStG** kann nichts anderes gelten (BFH NZI 2019, 390 Rn. 14–18). Im Falle einer **Steuerberichtigung nach § 14c Abs. 2 UStG** ist entscheidend, wann die Gefährdung des Steueraufkommens beseitigt worden ist (BFHE 256, 6 Rn. 13–15 = NZI 2017, 364). Zum **Erstattungsanspruch nach § 37 Abs. 2 AO** im Falle nicht erkannter Organschaft BFHE 266, 121 = DStRE 2020, 423; Thole ZIP 2019, 1353 (1359 f.). 17

Die **Aufrechnung gegen bankrechtliche Herausgabeansprüche** der Masse nach §§ 667, 675 BGB, die dadurch entstehen, dass nach Verfahrenseröffnung noch Überweisungen auf dem debitorischen Konto des Insolvenzschuldners eingehen, ist nach § 96 Abs. 1 Nr. 1 **ausgeschlossen** (KPB/Lüke Rn. 20; Dampf KTS 1998, 145 (151 f.); Gerhardt FS Zeuner, 1994, 353 (355, 365)). Dabei ist der Bank insbesondere die Verrechnung des Zahlungseingangs mit dem Debetsaldo verwehrt (BGH NZI 2008, 551 Rn. 10–12; Steinhoff ZIP 2000, 1141 (1142)). Der **Zeitpunkt des Überweisungseingangs** und damit der Entstehenszeitpunkt der Hauptforderung bestimmt sich danach, wann die Bank **buchmäßige Deckung** erhalten hat (Uhlenbruck/Sinz Rn. 17; BGH ZIP 1996, 2080 (2081) zur GesO). 18

Wählt der Insolvenzverwalter **Weitererfüllung eines Dienstverhältnisses** des Schuldners, das schon vor Verfahrenseröffnung bestanden hat, kann der Vertragspartner grundsätzlich gegen die korrespondierende Entgeltforderung der Masse aufrechnen, da er mit seinem Erfüllungsanspruch Massegläubiger wird (→ § 95 Rn. 12; K. Schmidt/Thole Rn. § 95 Rn. 13–15; **aA** aber anscheinend K. Schmidt/Thole Rn. 6). Der **BGH** wendet in diesen Konstellationen zum Schutz der Masse gleichwohl **§ 96 Abs. 1 Nr. 1** an (BGH NZI 2011, 936 Rn. 7; ausf. MüKoInsO/Lohmann/ Reichelt Rn. 17 f.). 19

InsO § 96 Dritter Teil. Wirkungen der Eröffnung des Insolvenzverfahrens

II. Erwerb der Gegenforderung nach Eröffnung des Insolvenzverfahrens (Nr. 2)

1. Grundsatz

20 Gemäß § 96 Abs. 1 Nr. 2 ist die Aufrechnung unzulässig, wenn ein Insolvenzgläubiger seine Forderung erst nach Eröffnung des Insolvenzverfahrens von einem anderen Gläubiger erworben hat. Ausgeschlossen ist somit die Aufrechnung bei **Erwerb der Gegenforderung nach Verfahrenseröffnung.**

21 Wie Nr. 1 hat Nr. 2 neben § 94 lediglich **klarstellende Funktion** (→ Rn. 8). Derartige Aufrechnungen werden untersagt, um eine nachträgliche Schmälerung der Masse unter Verletzung der Gläubigergleichbehandlung zu verhindern (RGZ 51, 394 (396 f.); Uhlenbruck/Sinz Rn. 32). In Anbetracht dieses Normzwecks ist es grds. unbeachtlich, ob der Erwerb durch **Einzel- oder Gesamtrechtsnachfolge** erfolgt (FK-InsO/Bernsau Rn. 12; K. Schmidt/Thole Rn. 9; zum Erbfall → Rn. 28).

22 **Entscheidender Zeitpunkt** für das Eingreifen von Nr. 2 ist die **Verfahrenseröffnung.** Ein Erwerb der Gegenforderung nach Antragstellung, aber vor Eröffnung ist damit nicht erfasst; ggf. ist die Aufrechnungsmöglichkeit dann aber durch eine anfechtbare Rechtshandlung iSd Nr. 3 erlangt (Gottwald/Haas InsR-HdB/Adolphsen § 45 Rn. 87; K. Schmidt/Thole Rn. 9; Adam WM 1998, 801 (804); v. Wilmowsky NZG 1998, 481 (487)).

23 Nach dem ihr zugrundeliegenden Rechtsgedanken ist die Vorschrift **entsprechend anwendbar,** wenn der Insolvenzgläubiger zwar nicht die Gegenforderung, aber die Aufrechnungsbefugnis nachträglich erwirbt (iErg auch K. Schmidt/Thole Rn. 11). Für die **wechselseitig stille Zession** innerhalb des Konzerns gilt § 96 Abs. 1 Nr. 2 daher analog (→ § 94 Rn. 37).

2. Einzelfälle

24 Bei **Abtretungsfällen** ist für das Eingreifen des § 96 Abs. 1 Nr. 2 die **dingliche Inhaberschaft der Gegenforderung** im Zeitpunkt der Verfahrenseröffnung **entscheidend;** auf eine wirtschaftliche Betrachtung kommt es nicht an (Gottwald/Haas InsR-HdB/Adolphsen § 45 Rn. 95; K. Schmidt/Thole Rn. 10; Ganter FS Kirchhof, 2003, 105 (110); aA Fricke NJW 1974, 2118 (2119)). Erfolgen **Abtretung und Rückabtretung vor Verfahrenseröffnung,** ist eine Aufrechnung nach § 94 möglich (K. Schmidt/Thole Rn. 10); gleiches gilt für **Abtretung und Rückabtretung nach Verfahrenseröffnung** (RGZ 51, 394 (396 f.); KPB/Lüke Rn. 44; Ganter FS Kirchhof, 2003, 105 (118); Kesseler ZInsO 2001, 148 (150)), da dann zum nach § 94 relevanten Zeitpunkt eine Aufrechnungslage bestanden hat. Bei **Rückerwerb einer zuvor abgetretenen Gegenforderung nach Verfahrenseröffnung** schließt § 96 Abs. 1 Nr. 2 eine Aufrechnung aber aus (HmbKommInsR/Jacoby Rn. 5). Für die **Sicherungszession** gilt nichts anderes (HK-InsO/J. Schmidt Rn. 38; Häsemeyer InsR Rn. 19.13; ausf. Ganter FS Kirchhof, 2003, 105 (110–118); aA Fricke NJW 1974, 2118 (2119); Kesseler ZInsO 2001, 148 (151 f.)); ebenso wenig beim echten **Factoring** (Gottwald/Haas InsR-HdB/Adolphsen § 45 Rn. 92; Uhlenbruck/Sinz Rn. 41; K. Schmidt/Thole Rn. 10).

25 Nach seinem Sinn und Zweck erfasst § 96 Abs. 1 Nr. 2 nicht die **Abtretung von einem aufrechnungsbefugten Insolvenzgläubiger** an einen anderen Insolvenzgläubiger nach Verfahrenseröffnung (FK-InsO/Bernsau Rn. 14; für aufrechnungsbefugte Gesamtschuldner Gottwald/Haas InsR-HdB/Adolphsen § 45 Rn. 91). Denn in einem solchen Fall wird keine neue Aufrechnungslage auf Kosten der Gläubigergleichbehandlung geschaffen, sondern lediglich eine bestehende Aufrechnungslage verlagert; eine ungerechtfertigte Masseschmälerung zugunsten eines einzelnen Insolvenzgläubigers, wie sie § 96 Abs. 1 Nr. 3 verhindern will, ist in diesem Fall nicht zu befürchten (Uhlenbruck/Sinz Rn. 34; zum Normzweck BGHZ 15, 333 (337) = NJW 1955, 259). Eine **teleologische Reduktion** von § 96 Abs. 1 Nr. 2 schafft daher Abhilfe.

26 Hat ein späterer Insolvenzgläubiger im Rahmen einer **Inkassozession** als fremdnütziger Treuhand einem Dritten eine Einziehungsermächtigung für eine Forderung gegen den Insolvenzschuldner erteilt, kann er nach „Rückerwerb" mit dieser Gegenforderung aufrechnen, auch wenn der Rückerwerb erst nach Verfahrenseröffnung stattfindet (Gottwald/Haas InsR-HdB/Adolphsen § 45 Rn. 97; MüKoInsO/Lohmann/Reichelt Rn. 35; HmbKommInsR/Jacoby Rn. 5). Da er trotz der Inkassozession die ganze Zeit dinglich berechtigter Forderungsinhaber war, bedarf es freilich keines echten Rückerwerbs; die **nachträgliche Übertragung der Einziehungsermächtigung** wird von § 96 Abs. 1 Nr. 2 **nicht erfasst** (HmbKommInsR/Jacoby Rn. 5; K. Schmidt/Thole Rn. 10).

27 Ermächtigt ein **Sozialversicherungsträger** einen anderen Leistungsträger vor Eröffnung des Insolvenzverfahrens, seine Ansprüche gegen den Insolvenzschuldner mit Erstattungsansprüchen

gegen den anderen Leistungsträger nach §§ 28 Nr. 1 SGB IV, 52 SGB I zu verrechnen, steht § 96 Abs. 1 Nr. 2 dem nicht entgegen (BSGE 92, 1 Rn. 22 = BeckRS 2004, 40829; implizit auch BGHZ 177, 1 Rn. 27 = NJW 2008, 2705; MüKoInsO/Lohmann/Reichelt Rn. 38; Nerlich/Römermann/Kruth Rn. 15; Diepenbrock ZInsO 2004, 950 (952–954); **aA** Wenzel ZInsO 2006, 169 (171 f.); Windel KTS 2004, 305 (317 f.); zum Gegenseitigkeitserfordernis → § 94 Rn. 16). Dass §§ 28 Nr. 1 SGB IV, 52 SGB I insoweit nicht § 96 Abs. 1 Nr. 2 vorgehen könnten, da ausschließlich das Insolvenzrecht das Verhältnis der Insolvenzgläubiger zueinander bestimme (Kölner Schrift InsO/Häsemeyer 461 Rn. 48), lässt sich nicht dagegen einwenden. Denn der Gesetzgeber hätte klarstellend eingreifen müssen, wenn es seine Absicht gewesen wäre, nach weitgehender Abschaffung der Privilegien der öffentlichen Hand in der Insolvenz auch eine Verrechnung der Sozialversicherungsträger zu verhindern (ausdr. offengelassen aber von Begr. RegE, BT-Drs. 12/2443, 141; näher Uhlenbruck/Sinz Rn. 35).

Die Vorschrift ist für den Fall **teleologisch zu reduzieren,** dass im Rahmen der Gesamtrechtsnachfolge durch **Erbfall** nach § 1922 BGB der Erbe erst nach Verfahrenseröffnung in die Stellung des Insolvenzgläubigers tritt, der Erblasser aber schon vorher zur Aufrechnung befugt gewesen ist (**str.**). Nach dem Wortlaut ist dieser Fall zwar von § 96 Abs. 1 Nr. 2 erfasst und eine derartige Aufrechnung unzulässig (Uhlenbruck/Sinz Rn. 33; zur KO RGZ 51, 394 (397)). Sinn und Zweck der Vorschrift sprechen jedoch entschieden dagegen, hier die Aufrechnung zu versagen (HmbKommInsO/Jacoby Rn. 4; K. Schmidt/Thole Rn. 9; ebenfalls wohl KPB/Lüke Rn. 45). Denn eine Schmälerung der Masse auf Kosten der Gläubigergleichbehandlung steht in dieser Konstellation nicht zu befürchten. 28

III. Anfechtbare Erlangung der Aufrechnungsmöglichkeit (Nr. 3)

Der Ausschlussgrund des § 96 Abs. 1 Nr. 3 begründet eine **Gegeneinrede der Anfechtbarkeit,** wenn ein Insolvenzgläubiger seine Aufrechnungsmöglichkeit durch eine anfechtbare Rechtshandlung erlangt hat. Diese Gegeneinrede erhebt der Insolvenzverwalter, wenn sich der für die Masse in Anspruch genommene Insolvenzgläubiger mit der Aufrechnungserklärung verteidigt (K. Schmidt/Thole Rn. 12; für Verrechnungssituationen BGH NZI 2020, 687 Rn. 19). Zur Frage der analogen Anwendbarkeit bei Masseunzulänglichkeit → § 94 Rn. 9. 29

Die Vorschrift kommt wie die anderen Aufrechnungsverbote der Gläubigergleichbehandlung zugute (→ Rn. 1) und ist daher tendenziell **weit auszulegen** (K. Schmidt/Thole Rn. 15; Thole, Gläubigerschutz durch Insolvenzrecht, 2010, 379). Sie ist auf die **Herstellung von Verrechnungslagen** ebenso anwendbar (BGH NZI 2020, 687 Rn. 19; NZI 2015, 765 Rn. 8; NZI 2008, 551 Rn. 17) wie auf den **Abschluss von Verrechnungsvereinbarungen** (BGHZ 170, 206 Rn. 12–14 = NZI 2007, 222; NZI 2004, 620 f.; Thole, Gläubigerschutz durch Insolvenzrecht, 2010, 379; Gerhardt KTS 2004, 195, 199). An die Voraussetzungen der Insolvenzanfechtung wird angeknüpft. Eine selbstständige Anfechtung der gläubigerbenachteiligenden Handlungen nach §§ 129–147 bleibt aber **unberührt** (BGH NZI 2010, 17 Rn. 11; K. Schmidt/Thole Rn. 12). Grds. nicht anwendbar ist § 96 Abs. 1 Nr. 3 nach **§ 2 Abs. 1 Nr. 4 COVInsAG** auf Aufrechnungslagen, die zwischen dem 1.3.2020 und dem 30.9.2020 entstanden sind (Hiebert ZInsO 2020, 2025 (2025–2027)). 30

1. Voraussetzungen

Gegenstand der Anfechtbarkeit ist die Herstellung der Aufrechnungslage, die nicht notwendigerweise der Begründung des zugrundeliegenden Rechtsgeschäfts entspricht (BGH NZI 2004, 620; K. Schmidt/Thole Rn. 13). Dabei kann an jede **Rechtshandlung iSd § 129** angeknüpft werden, die bewirkt, dass sich die gegenseitigen Forderungen aufrechenbar gegenüberstehen (BGH NZI 2010, 903 Rn. 9). Es bedarf dazu keiner Mitwirkung des Schuldners (OLG Brandenburg BeckRS 2020, 17105 Rn. 68). Erfasst ist sowohl die Herstellung einer Schuldnerstellung eines Insolvenzgläubigers als auch der umgekehrte Fall der Herbeiführung einer Gläubigerstellung eines Schuldners der Insolvenzmasse (BGH NZI 2012, 711 Rn. 16; Kölner Schrift InsO/Häsemeyer 461 Rn. 53 f.; HK-InsO/J. Schmidt Rn. 42; Paulus ZIP 1997, 569 (576)). 31

Maßgeblicher Zeitpunkt ist der **Eintritt der Rechtswirkungen** gem. § 140 Abs. 1 (BGH NJW-RR 2017, 366 Rn. 8). Dabei ist entscheidend, dass die Aufrechnungslage in vollem Umfang entstanden ist (OLG Düsseldorf NZI 2020, 1000 Rn. 29). Bei aufschiebend bedingten oder befristeten Haupt- oder Gegenforderungen iSd § 95 Abs. 1 S. 1 Hs. 1 (→ § 95 Rn. 5–23) greift § 140 Abs. 3, sodass auf den Eintrittszeitpunkt der bedingten (BGHZ 159, 388 (395 f.) = NJW 2004, 3118; G. Fischer ZIP 2004, 1679 (1683)) bzw. der befristeten Aufrechnungsmöglichkeit (BGH NJW 2007, 2640 Rn. 17; HmbKommInsR/Jacoby Rn. 13; K. Schmidt/Thole Rn. 14) abzustel- 32 len ist. Wird eine streitige Forderung durch nachträgliche Vereinbarung unter Einbeziehung neuer, nicht (teil-)identischer Forderungen auf eine völlig neue Grundlage gestellt und die Aufrechenbarkeit der neuen Forderung mit einer fälligen Gegenforderung vereinbart, ist auf den Zeitpunkt der Vereinbarung abzustellen (OLG Düsseldorf NZI 2020, 1000 Rn. 29 f.).

33 Darüber hinaus muss sich aus der Herstellung der Aufrechnungslage und der Aufrechnung eine objektive **Gläubigerbenachteiligung** iSd § 129 ergeben (HK-InsO/J. Schmidt Rn. 44; K. Schmidt/Thole Rn. 17). Sie bezieht sich nicht auf die Rechtshandlung, welche die Anfechtbarkeit nach sich zieht, sondern auf die unmittelbaren Folgen der Aufrechnung, also den Verlust der Passivforderung der künftigen Masse (OLG Düsseldorf NZI 2019, 622 Rn. 41; Kayser WM 2008, 1525, 1534). Dabei ist **keine saldierte Betrachtung** vorzunehmen, sodass eine Vorteilsausgleichung, etwa durch Abschluss eines für die Masse günstigen Kaufvertrags unberücksichtigt bleibt (HmbKommInsR/Jacoby Rn. 15). Auf den Willen der Beteiligten kommt es nicht an (BGH NZI 2013, 694 Rn. 6). An einer objektiven Gläubigerbenachteiligung fehlt es aber bei der **Verrechnung wechselseitiger Forderungen im Kontokorrentverhältnis**, soweit die eingegangenen Gutschriften auf der Bezahlung solcher Forderungen beruhen, die der Bank zuvor anfechtungsfest zur Sicherheit abgetreten worden waren (BGH NJW-RR 2017, 366 Rn. 12).

34 Als **Anfechtungstatbestände** kommen die §§ 130–137 in Betracht. In der Praxis dürfte die **Deckungsanfechtung** die größte Rolle spielen (K. Schmidt/Thole Rn. 18). Dabei wird die Herstellung der Aufrechnungslage mit der Erfüllung der Forderung gleichgesetzt (Kölner Schrift InsO/Häsemeyer 461 Rn. 56; Thole, Gläubigerschutz durch Insolvenzrecht, 2010, 380). Abhängig davon, ob der aufrechnende Insolvenzgläubiger einen Anspruch auf Abschluss der Vereinbarung hatte, welche die Aufrechnungslage herbeigeführt hat, kommt nach **hM** eine Anfechtung wegen kongruenter Deckung nach § 130 oder wegen inkongruenter Deckung nach § 131 in Betracht (BGH NZI 2010, 985 Rn. 27; BGHZ 147, 233 (240 f.) = NJW 2001, 1940; G. Fischer ZIP 2004, 1679 (1683); präzisierend auch Thole, Gläubigerschutz durch Insolvenzrecht, 2010, 381; Bork FS Ishikawa, 2001, 31 (42); Steinhoff ZIP 2000, 1141 (1144)). Auch die **Anfechtung unentgeltlicher Leistungen** gem. § 134 kann eine Rolle spielen (BGH NJW 2017, 2199 Rn. 29 f.).

2. Rechtsfolgen

35 Liegen die Voraussetzungen des § 96 Abs. 1 Nr. 3 vor, folgt daraus die **insolvenzrechtliche Unwirksamkeit der Aufrechnung;** im Übrigen bleiben die Rechtsfolgen der Rechtshandlung unberührt (BGH NZI 2004, 620; HmbKommInsR/Jacoby Rn. 25; K. Schmidt/Thole Rn. 22; Kreft FS G. Fischer, 2008, 297 (302)). Bei einer Aufrechnung **vor Verfahrenseröffnung** tritt die Unwirksamkeit **ex tunc** im Eröffnungszeitpunkt ein (Begr. RegE, BT-Drs. 12/2443, 141; BGHZ 169, 158 Rn. 11 = NJW 2007, 78; K. Schmidt/Thole Rn. 23; **aA** Gerhardt KTS 2004, 195 (199–201); Zenker NZI 2006, 16). Ab dem Eröffnungszeitpunkt hat der Gläubiger nach § 143 Abs. 1 S. 2 **Prozesszinsen** zu entrichten (BFH NZI 2016, 86 Rn. 13–23).

36 Die **Verjährung der** nach Unwirksamkeit der Aufrechnung **fortbestehenden Hauptforderung** bestimmt sich **analog § 146 Abs. 1** (BGHZ 169, 158 Rn. 23–25 = NJW 2007, 78; BFHE 249, 418 Rn. 11 = NZI 2015, 902; **krit.** Henkel NZI 2007, 84 (87–89)); bei fruchtlosem Verstreichen der Verjährungsfrist erlischt die Hauptforderung (diff. aber Kreft FS G. Fischer, 2008, 297 (301–303)).

3. Einzelfälle

37 Die Finanzbehörden können wegen § 96 Abs. 1 Nr. 3 Insolvenzforderungen nicht mit einem **Vorsteuervergütungsanspruch** verrechnen, der aus Honorarzahlungen des Insolvenzschuldners an einen vorläufigen Insolvenzverwalter herrührt, wenn bei der Leistungserbringung durch den vorläufigen Insolvenzverwalter die Voraussetzungen der §§ 130, 131 erfüllt gewesen sind (BFHE 231, 488 = NJW 2011, 957; dazu Jatzke DStR 2011, 919).

38 Ebenfalls unzulässig nach § 96 Abs. 1 Nr. 3 sind Aufrechnungen, die auf einem **Werthaltigmachen von Forderungen** beruhen. Damit sind Fälle gemeint, in denen die Hauptforderung erst durch Leistung des Insolvenzschuldners werthaltig wird, sodass für den Insolvenzgläubiger erst dann ein Anlass besteht, die Aufrechnung zu erklären (BGH NZI 2002, 35 (36) zur GesO; OLG München NZI 2010, 192 (193); Thole, Gläubigerschutz durch Insolvenzrecht, 2010, 380), zB bei einer werkunternehmerischen Vorleistungspflicht des Insolvenzschuldners.

39 Wer ein **anfechtungsfestes Absonderungsrecht** innehat, kann ungeachtet von § 96 Abs. 1 Nr. 3 aufrechnen, da es an einer Gläubigerbenachteiligung fehlt (BGHZ 174, 297 Rn. 13 = NJW 2008, 430; HmbKommInsR/Jacoby Rn. 17). Gleiches gilt bei wertausschöpfender Belastung für

das **vorinsolvenzliche Ablösen von Sicherungseigentum** im Wege der Aufrechnung (BGH NJW 2012, 2517 Rn. 22; K. Schmidt/Thole Rn. 17). Zur **Kontokorrentverrechnung** K. Schmidt/Thole Rn. 24; Gerhardt ZZP 109 (1996), 415 (420 f.).

IV. Gegenforderung gegen das freie Vermögen des Schuldners (Nr. 4)

§ 96 Abs. 1 Nr. 4 erfasst den Fall, dass die Hauptforderung zur Masse zu erfüllen ist, für die 40
Gegenforderung aber das freie Vermögen des Insolvenzschuldners haftet. Damit trägt die Vorschrift der **Trennung der Vermögensmassen bei der insolvenzspezifischen Bestimmung der Gegenseitigkeit** Rechnung (krit. Jaeger/Windel Rn. 101).

Eine Aufrechnung gegen die Masse schließt § 96 Abs. 1 Nr. 4 in diesem Fall aus; bei **Unkennt-** 41
nis von der Insolvenzeröffnung ist der Gläubiger aber entsprechend § **406 BGB** geschützt (BK-InsR/Blersch/v. Olshausen Rn. 14; Uhlenbruck/Sinz Rn. 66). Eine Aufrechnung gegen den Insolvenzgläubiger scheitert bereits an seiner fehlenden Forderungszuständigkeit bzgl. der Hauptforderung (K. Schmidt/Thole Rn. 25). Hat der Gläubiger zu Unrecht effektiv an den Insolvenzschuldner geleistet, wird er unter den Voraussetzungen des § 82 von seiner Leistungspflicht frei (KPB/Lüke Rn. 89; Jaeger/Windel Rn. 102); nicht jedoch im Falle der Aufrechnung (K. Schmidt/Thole Rn. 25), da § 82 auf Erfüllungssurrogate nicht anwendbar ist (MüKoInsO/ Vuia § 82 Rn. 3a).

Für **konnexe Forderungen** ist eine **teleologische Reduktion** der Vorschrift vorzunehmen 42
und die Aufrechnung zuzulassen, um zu verhindern, dass die Masse ungerechtfertigt zulasten von Neugläubigern angereichert wird (MüKoInsO/Lohmann/Reichelt Rn. 65; Uhlenbruck/Sinz Rn. 66; iErg auch Adam WM 1998, 801 (803); Windel KTS 1995, 367 (401 f.); **krit.** KPB/Lüke Rn. 89). Andernfalls würden Austauschgeschäfte des Insolvenzschuldners nach Verfahrenseröffnung unnötig erschwert, da nach § 35 Abs. 1 aus ihnen resultierende Forderungen in die Insolvenzmasse fallen, während die Verbindlichkeiten nur aus seinem freien Vermögen zu bedienen sind (allg. zum Gläubigerschutz im Rahmen des Neuerwerbs Windel KTS 1995, 367 (394)).

Auf **inkonnexe Forderungen** ist diese teleologische Reduktion dagegen nicht auszudehnen 43
(HK-InsO/J. Schmidt Rn. 82; **aA** Jaeger/Windel Rn. 102; Kölner Schrift InsO/Häsemeyer 461 Rn. 91; Windel KTS 1995, 367 (402 f.)). Denn Neugläubiger sind nur insoweit schutzwürdig, wie Rechtsgeschäfte zwischen ihnen und dem Insolvenzschuldner bzw. der Masse dem übergeordneten Ziel dienen, die Gläubigergesamtheit gleichmäßig zu befriedigen.

C. Privilegierung von Finanzsicherheiten und Verrechnungen im Interbankenverkehr (Abs. 2)

§ 96 Abs. 2 normiert eine gesetzliche **Ausnahme von den Aufrechnungsbeschränkungen** 44
des § 96 Abs. 1 und § 95 Abs. 1 S. 3. Die Regelung dient dem **Schutz** von Zahlungsverkehrs- und Abrechnungssystemen **vor Dominoeffekten bei der Insolvenz großer Kreditinstitute** mit weltweiter Verflechtung (KPB/Lüke Rn. 93; K. Schmidt/Thole Rn. 26; krit. im Hinblick auf die Gläubigergleichbehandlung BK-InsR/Blersch/v. Olshausen Rn. 18).

Die Vorschrift geht zurück auf die Finalitätsrichtlinie (RL 98/26/EG v. 19.5.1998 (ABl. 1998 45
L 166, 45)) sowie die Finanzsicherheitenrichtlinie (RL 2002/47/EG v. 6.6.2002 (ABl. 2002 L 168, 43)) und wurde zuletzt durch das Gesetz zur Umsetzung der geänderten Bankenrichtlinie und der geänderten Kapitaladäquanzrichtlinie v. 19.11.2010 (BGBl. I 1592) geändert (näher zu den europäischen Sekundärrechtsakten und ihrer Umsetzung in Deutschland Binder, Bankeninsolvenzen im Spannungsfeld zwischen Bankaufsichts- und Insolvenzrecht, 2005, 357–369, 381–387; Keller, WM 2000, 1269). Bestimmungen aufgrund der Finalitätsrichtlinie gehen den Regelungen der EuInsVO (Verordnung (EU) 2015/848 v. 20.5.2015 (ABl. 2015 L 141/19)) als **leges speciales** vor (Erwägungsgrund Nr. 71 EuInsVO).

I. Voraussetzungen

1. Verfügungen über Finanzsicherheiten (Alt. 1)

Eine „Verfügung über Finanzsicherheiten" meint **Aufrechnungen** und **sonstige Verrechnun-** 46
gen aus beendeten Finanzsicherheiten iSd § 1 Abs. 17 KWG (KPB/Lüke Rn. 95; Uhlenbruck/ Sinz Rn. 78). Im Umkehrschluss zur Begrenzung in Alt. 2 (→ Rn. 47) ist eine solche Verfügung im Insolvenzverfahren **ohne zeitliche Beschränkung möglich** (Jaeger/Windel Rn. 124). **Europarechtlich zwingend** ist die Regelung nur **für den Interbankenverkehr;** der deutsche Gesetz-

geber hat von dem in Art. 1 Abs. 3 der Finanzsicherheitenrichtlinie vorgesehenen „Opt-Out" für Geschäfte zwischen Banken und sonstigen Unternehmen aber keinen Gebrauch gemacht (Begr. RegE, BT-Drs. 15/1853, 12; näher dazu BK-InsR/Blersch/v. Olshausen Rn. 16).

2. Verrechnungen im Interbankenverkehr (Alt. 2)

47 Zu den von § 96 Abs. 2 Alt. 2 privilegierten Verrechnungen im Interbankenverkehr zählen nur solche, die sich auf Forderungen aus Zahlungs-, Überweisungs- oder Übertragungsverträgen beziehen und innerhalb von Zahlungsverkehrssystemen iSd § 1 Abs. 16 KWG stattfinden. Unter „Verrechnungen" fallen **vertragliche Kompensationen** einschließlich echter Aufrechnungen (Uhlenbruck/Sinz Rn. 79; Jaeger/Windel Rn. 111; Keller WM 2000, 1269 (1271 f.)). Zeitlich muss die Verrechnung **spätestens am Tag der Verfahrenseröffnung** erfolgen, wobei sich für Insolvenzgläubiger, die Systembetreiber oder Teilnehmer in dem System sind, der Tag der Verfahrenseröffnung nach dem Geschäftstag iSd § 1 Abs. 16b KWG richtet (zur möglichen Privilegierung verspätet eingegangener Verrechnungsaufträge Obermüller FS Uhlenbruck, 2000, 365 (378–380)).

II. Rechtsfolgen

48 Die Beschränkungen in § 96 Abs. 1 und § 95 Abs. 1 S. 3 stehen Verfügungen über Finanzsicherheiten iSd § 1 Abs. 17 KWG sowie Verrechnungen im Interbankenverkehr innerhalb von Systemen iSd § 1 Abs. 16 KWG nicht entgegen; auf sie bezogene Aufrechnungsmöglichkeiten werden erweitert. Damit bezweckt § 96 Abs. 2 Alt. 1 die **Sicherstellung der Verwertung von Finanzsicherheiten,** auch nachdem die Eröffnung des Insolvenzverfahrens gem. § 104 Abs. 1 S. 2 iVm S. 3 Nr. 6 die besicherten Verträge beendet hat (Uhlenbruck/Sinz Rn. 78; Jaeger/Windel Rn. 122). Die erfassten Verrechnungen im Interbankenverkehr sind dagegen nur zeitlich begrenzt möglich, obwohl die zugrundeliegenden Zahlungsverträge nach § 116 Abs. 2 nicht **ipso iure** mit Eröffnung des Insolvenzverfahrens erlöschen.

49 Die **Reihenfolge der Fälligkeit** der gegenseitigen Forderungen ist mangels Anwendbarkeit des § 95 Abs. 1 S. 3 **unbeachtlich.** Eine **Anfechtung** der vorgenommenen Verfügungen ist nach § 96 Abs. 2 aber **nicht ausgeschlossen** (näher Uhlenbruck/Sinz Rn. 80).

§ 97 Auskunfts- und Mitwirkungspflichten des Schuldners

(1) ¹**Der Schuldner ist verpflichtet, dem Insolvenzgericht, dem Insolvenzverwalter, dem Gläubigerausschuß und auf Anordnung des Gerichts der Gläubigerversammlung über alle das Verfahren betreffenden Verhältnisse Auskunft zu geben.** ²**Er hat auch Tatsachen zu offenbaren, die geeignet sind, eine Verfolgung wegen einer Straftat oder einer Ordnungswidrigkeit herbeizuführen.** ³**Jedoch darf eine Auskunft, die der Schuldner gemäß seiner Verpflichtung nach Satz 1 erteilt, in einem Strafverfahren oder in einem Verfahren nach dem Gesetz über Ordnungswidrigkeiten gegen den Schuldner oder einen in § 52 Abs. 1 der Strafprozeßordnung bezeichneten Angehörigen des Schuldners nur mit Zustimmung des Schuldners verwendet werden.**

(2) **Der Schuldner hat den Verwalter bei der Erfüllung von dessen Aufgaben zu unterstützen.**

(3) ¹**Der Schuldner ist verpflichtet, sich auf Anordnung des Gerichts jederzeit zur Verfügung zu stellen, um seine Auskunfts- und Mitwirkungspflichten zu erfüllen.** ²**Er hat alle Handlungen zu unterlassen, die der Erfüllung dieser Pflichten zuwiderlaufen.**

Überblick

Die Vorschrift enthält die insolvenzverfahrensrechtlichen Auskunfts-, Mitwirkungs-, Unterstützungs-, Bereitschafts- und Unterlassungspflichten des Schuldners. Sie dient dem Ziel einer bestmöglichen Haftungsverwirklichung (→ Rn. 1) und erfasst somit alle für die Insolvenzabwicklung bedeutsamen tatsächlichen, wirtschaftlichen und rechtlichen Verhältnisse (→ Rn. 20). Im Zentrum steht die Auskunftspflicht des Schuldners gem. Abs. 1, die eine umfassende Offenbarungspflicht (→ Rn. 24) mit straf- und ordnungswidrigkeitsrechtlichem Verwendungsverbot (→ Rn. 27 ff.) beinhaltet. Die Unterstützungs- und Mitwirkungspflicht (Abs. 2, → Rn. 31 ff.) sowie die Bereitschafts- und Unterlassungspflicht (Abs. 3, → Rn. 35 ff.) stehen eigenständig neben der Auskunftspflicht und runden diese ab. § 101 erweitert abgestuft den Adressatenkreis auf die dort genannten Personen.

Übersicht

	Rn.		Rn.
A. Allgemeines/Normzweck	1	2. Auskunftsverlangen/Selbstoffenbarungspflicht	24
B. Anwendungsbereich	3	3. Art der Auskunftserteilung	25
C. Auskunftspflicht (Abs. 1)	7	IV. Verwendungsverbot	27
I. Auskunftsverpflichtete	7	**D. Unterstützungs- und Mitwirkungspflicht (Abs. 2)**	31
1. Schuldner als natürliche Person, (frühere) Angestellte	7	**E. Bereitschafts- und Unterlassungspflicht (Abs. 3)**	35
2. Schuldner keine natürliche Person	9	I. Bereitschaftspflicht (Abs. 3 S. 1)	36
3. Ehegatten, sonstige Angehörige	11	II. Unterlassungspflicht (Abs. 3 S. 2)	39
4. Gläubiger und Dritte, vor allem Berater	12	**F. Durchsetzung der Pflichten**	40
5. Insolvenzverwalter	15	**G. Kosten**	42
II. Auskunftsberechtigte	16	**H. Rechtsmittel**	43
III. Inhalt der Auskunftspflicht	20		
1. Gegenstände der Auskunftspflicht	20		

A. Allgemeines/Normzweck

Der im Wesentlichen mit den Vorgängerregelungen in §§ 100, 101 KO (ausf. hierzu MüKo- 1 InsO/Stephan Rn. 5 ff.; Jaeger/Schilken Rn. 1) übereinstimmende Pflichtenkatalog des § 97 gilt für den Schuldner als natürliche Person, findet über § 101 aber auf andere Schuldner entsprechende Anwendung; es handelt sich um **öffentlich-rechtliche Verfahrenspflichten** (Uhlenbruck/Zipperer Rn. 1), nicht materiell-rechtliche Ansprüche. Die zentrale und das Insolvenzverfahren prägende Vorschrift soll sicherstellen, dass die nötigen Informationen zur Verfügung stehen, um das **Verfahrensziel der bestmöglichen Gläubigerbefriedigung,** gleich ob durch Liquidation oder Sanierung (§ 1 S. 1), effektiv erreichen zu können (BGH NZI 2015, 910 Rn. 30; Braun/Kroth Rn. 1).

Alle Pflichten (Auskunfts-, Mitwirkungs-, Bereitschafts- und Unterlassungspflicht) sind von den 2 Normadressaten ohne Aufwandsentschädigung zu erfüllen (vgl. zur Auskunftspflicht LG Köln ZInsO 2004, 756 (757)). Sie sind nicht identisch, sondern stehen neben der Amtsermittlungspflicht, die gem. § 5 Abs. 1 S. 1 dem Insolvenzgericht obliegt (MüKoInsO/Stephan Rn. 12 ff.; Jaeger/Schilken Rn. 6), erleichtern aber dessen Tätigkeit. Die zwangsweise Durchsetzung der Pflichten ist in § 98 gesondert geregelt. Öffentliche Informationsansprüche (vgl. dazu AGR/Piekenbrock Rn. 3), zB aus § 1 Abs. 1 IFG, lässt § 97 ebenso unberührt wie Auskunftsansprüche aus dem materiellen Zivilrecht, wirkt sich im Zivilprozess aber auf die Darlegungslast aus (näher → Rn. 17). Auch Mitwirkungsrechte des Schuldners (zB das Planvorlagerecht aus § 218 Abs. 1 S. 1 oder das Stellungnahmerecht aus § 232 Abs. 1 Nr. 2) behandelt die Norm nicht.

B. Anwendungsbereich

Die Vorschrift gilt in zeitlicher Hinsicht und im Hinblick auf alle Pflichten (Auskunfts-, Unter- 3 stützungs-, Mitwirkungs-, Bereitschafts- und Unterlassungspflicht) im **eröffneten Insolvenzverfahren,** über die Verweisungen der § 20 Abs. 1 S. 2 bzw. § 22 Abs. 3 S. 3 ferner – und von praktisch deutlich höherer Relevanz – in gleichem Umfang bereits im **Eröffnungsverfahren** ab Stellung eines zulässigen Antrages (K. Schmidt InsO/Jungmann Rn. 1); andernfalls könnte das Vermögen nicht effektiv gesichert und keine verlässliche Grundlage für die Verfahrenseröffnung geschaffen werden (BT-Drs. 16/3227, 15). Selbst nach Aufhebung des Insolvenzverfahrens ist § 97 noch im **Nachtragsverteilungsverfahren** anwendbar (BGH NZI 2016, 365 Rn. 11; AG Köln NZI 2017, 860 (861)); bei zunächst vorbehaltloser Verfahrensaufhebung (§ 203 Abs. 2) greift § 97 aber erst wieder ab Anordnung der Nachtragsverteilung (HK-InsO/Schmidt Rn. 3).

Die Vorschrift findet in Ergänzung der besonderen Pflichten gem. §§ 275, 276, 281 auch im 4 **Eigenverwaltungsverfahren** Anwendung, ferner im **Verbraucherinsolvenzverfahren,** nicht jedoch während der **Ruhephase** gem. § 306 Abs. 2 S. 1 (HK-InsO/Schmidt Rn. 5; Uhlenbruck/Zipperer Rn. 4; aA AGR/Piekenbrock Rn. 5; HmbKommInsR/Morgen Rn. 2; MüKoInsO/Stephan Rn. 58; K. Schmidt InsO/Jungmann Rn. 1), der lediglich auf § 21 Bezug nimmt und

Sicherungsmaßnahmen (nur) auf Grundlage der bisherigen Erkenntnisse erlaubt, einstweilen aber keine weitere Sachverhaltserforschung, mithin auch keine Ausübung des Auskunftsrechts durch das Gericht veranlasst.

5   Wird dem Schuldner in einem sog. **asymmetrisches Verfahren** noch vor Aufhebung des Insolvenzverfahrens die Restschuldbefreiung erteilt, bleibt § 97 in dem Umfang anwendbar, in dem der Insolvenzbeschlag fortbesteht (BGH NZI 2016, 922 Rn. 22 f.), also ohne den Neuerwerb (§ 300a Abs. 1 S. 1). Im **Restschuldbefreiungsverfahren** selbst findet § 97 dagegen keine Anwendung (HK-InsO/Schmidt Rn. 3 und 6; aA BGH, 1. Strafsenat, NZI 2016, 419 Rn. 15), was auf dem Trennungsgrundsatz zum Insolvenzverfahren beruht (vgl. BGH NZI 2009, 191 Rn. 10); jedoch kommt der Norm mittelbare Bedeutung im Rahmen der Verfahrensobliegenheiten zu (vgl. § 290 Abs. 1 Nr. 5; dazu BGH BeckRS 2011, 2858 Rn. 2 ff.).

6   Über § 261 Abs. 1 S. 3, § 22 Abs. 3 kommt § 97 auch im Stadium der **Planüberwachung** zur Anwendung (dazu → § 261 Rn. 4), freilich beschränkt auf das zur Erfüllung der Überwachungsaufgabe Erforderliche.

C. Auskunftspflicht (Abs. 1)

I. Auskunftsverpflichtete

1. Schuldner als natürliche Person, (frühere) Angestellte

7   Die Auskunftspflicht trifft gem. § 97 Abs. 1 S. 1 den zur freien Willensbildung fähigen **Schuldner** (Jaeger/Schilken Rn. 11). Im Falle seiner **Verfahrensunfähigkeit** (§ 4 InsO, §§ 51, 52 ZPO, §§ 104 ff. BGB) treten als weitere Pflichtenträger seine **gesetzlichen Vertreter** wie zB Eltern, Vormund oder rechtlicher Betreuer hinzu, bei mehreren Vertretern ist jeder einzeln verpflichtet (MüKoInsO/Stephan Rn. 36; AGR/Piekenbrock Rn. 7 und 14; aA Nerlich/Römermann/Kruth Rn. 10); es steht gem. § 4 InsO, §§ 455, 449 ZPO im Ermessen der Auskunftsberechtigten, zu entscheiden, ob der Schuldner oder ein oder mehrere Vertreter die Auskunft erteilen sollen (vgl. zu § 802c ZPO BGH NJW-RR 2009, 1 Rn. 11). Befindet sich der Schuldner im Zeugenschutzprogramm, ändert dies an seiner Verpflichtung nichts, indes können die Maßnahmen nach dem ZSHG bereits den Insolvenzeröffnungsantrag unzulässig machen (vgl. LG Bonn BeckRS 2017, 143771 Rn. 10 ff.; LG Hamburg NZI 2006, 115; AG Hannover BeckRS 2021, 13565 Rn. 16).

8   § 101 Abs. 2 erstreckt die Auskunftspflicht auf die aktuellen und teils auch früheren **Angestellten** des Schuldners, selbst wenn dieser eine natürliche Person ist.

2. Schuldner keine natürliche Person

9   Ist der Schuldner keine natürliche Person, gilt § 97 nicht direkt. Bei juristischen Personen und Gesellschaften ohne eigene Rechtspersönlichkeit iSv § 11 Abs. 2 Nr. 1 trifft die Auskunftspflicht gem. § 101 Abs. 1 die (faktischen) aktuellen und teils auch ehemaligen Mitglieder des Vertretungs- und Aufsichtsorgans bzw. die vertretungsberechtigten persönlich haftenden Gesellschafter und bei Führungslosigkeit auch andere als persönlich haftende Gesellschafter (ausf. dazu → § 101 Rn. 5 ff.).

10 Für die **insolvenzfähigen Sondervermögensmassen** gem. § 11 Abs. 2 Nr. 1 gilt: Im Nachlassinsolvenzverfahren (§§ 315 ff.) sind die Erben, der Testamentsvollstrecker und der Nachlasspfleger (dazu OLG Stuttgart NZI 2012, 864) sowie im Eröffnungsverfahren der Nachlassverwalter (vgl. § 1988 BGB), im Insolvenzverfahren über das Gesamtgut der fortgesetzten Gütergemeinschaft (§ 332) der überlebende Ehegatte und im Insolvenzverfahren über das gemeinschaftlich verwaltete Gesamtgut der Gütergemeinschaft (§§ 333 f.) beide Ehegatten verpflichtet (AGR/Piekenbrock Rn. 14; Uhlenbruck/Zipperer Rn. 5a).

3. Ehegatten, sonstige Angehörige

11 Ehepartner und sonstige Angehörige des Schuldners bzw. der von § 101 erfassten Personen unterliegen der Auskunftspflicht des § 97 nicht (vgl. BGH NJW 1978, 1002 zur KO; Braun/Kroth Rn. 8; MüKoInsO/Stephan Rn. 40). Insoweit bleibt lediglich eine Vernehmung durch das Insolvenzgericht im Rahmen der Amtsermittlung (§ 5 Abs. 1), wobei ggf. Zeugnisverweigerungsrechte (§ 4 InsO, § 383 Abs. 1 Nr. 2, 3 ZPO) bestehen, selbst wenn auf andere Weise keine Informationen erlangt werden könnten (vgl. BGH NJW 1979, 1832). Unter Umständen können aber **materiell-rechtliche Auskunftsansprüche** gegen die genannten Personen gegeben sein,

4. Gläubiger und Dritte, vor allem Berater

Die (Insolvenz-)Gläubiger werden von § 97 Abs. 1 nicht erfasst, im Falle des Fremdantrages auch nicht der Antragsteller. Ebenso wenig gilt die Auskunftspflicht für Drittschuldner (zum Anfechtungsschuldner s. BGH NJW 1979, 1832) und sonstige Dritte einschließlich etwaiger Rechts- oder Steuerberater und Notare (Braun/Kroth Rn. 8; missverständlich daher BGH NZI 2012, 453 Rn. 12). Als Kehrseite kann der Schuldner gegenüber den Auskunftsberechtigten nicht auf die Vorgenannten verweisen. Vielmehr muss er, sofern der Auskunftsberechtigte sich nicht auf etwas Abweichendes einlässt, selbst Auskunft erteilen und ggf. zur Auskunftserteilung erforderliche Unterlagen beschaffen, sollten sich diese zB bei seinen Beratern befinden. 12

Sowohl gegenüber Beratern wie auch gegenüber sonstigen Dritten kann der Schuldner allerdings einen **materiell-rechtlichen Auskunftsanspruch** haben, der gem. § 80 Abs. 1 auf den Insolvenzverwalter übergeht (OLG Dresden NZI 2012, 458), ebenso einen Anspruch auf Herausgabe von Handakten (näher → Rn. 13.1). Zur Einholung von **Drittauskünften** über den **Gerichtsvollzieher** gem. § 4 InsO, § 802l ZPO vgl. → § 98 Rn. 52. 13

Die grundsätzliche Herausgabepflicht von für den Schuldner geführten Handakten folgt aus §§ 666, 667 BGB (dazu BGH NJW 1990, 510). Ein Zurückbehaltungsrecht wegen unbezahlter fälliger Forderungen soll nach hM die Verpflichtungen unberührt lassen, zumindest Auskunft zu erteilen, Einsicht in die Handakten zu gewähren und Gelegenheit zur Fertigung von Kopien zu geben (Uhlenbruck/Zipperer Rn. 5; MüKoInsO/Stephan Rn. 38; HmbKommInsR/Morgen Rn. 5; HK-InsO/Schmidt Rn. 31; Jaeger/Schilken Rn. 12); da § 97 im Verhältnis zu Beratern gerade nicht wirkt, erscheint dies in dieser Pauschalität jedoch bedenklich (ausf. und – materiell-rechtlich – differenzierend Dohle/Peitscher DStR 2000, 1265). Bei einer Schweigepflichtentbindung durch den Schuldner oder den (starken vorläufigen) Insolvenzverwalter (vgl. BGH NZI 2021, 337 Rn. 25) können Rechtsanwälte, Steuerberater und Wirtschaftsprüfer aber als Zeugen vom Insolvenzgericht geladen (§ 5 Abs. 1 S. 2) und ihnen die Abwendungsbefugnis eingeräumt werden, die Vernehmung durch Überlassung der Handakte abzuwenden; beim Notar ist allerdings die Regelung des § 18 Abs. 2 BNotO zu beachten (BGH NJW 1990, 510 (512 f.); ausf. dazu Bous/Solveen DNotZ 2005, 261). Des Weiteren ist denkbar, dass das Gericht gem. § 4 InsO, § 142 Abs. 1 S. 1 Alt. 2 ZPO die Vorlage von Urkunden des Schuldners anordnet, die sich im Besitz des Beraters („Dritter") befinden (LG Köln NZI 2004, 671). 13.1

Im Übrigen richtet sich die Auskunftspflicht Dritter nach den allgemeinen Vorschriften. Für die **Informationspflicht der öffentlichen Hand** gelten etwa die Vorschriften des IFG (vgl. BVerwG ZIP 2011, 41 Rn. 7 ff.; SchlHOVG BeckRS 2021, 1124; Blank ZInsO 2013, 663; Schmittmann NZI 2012, 633; zum Rechtsweg vgl. BVerwG NZI 2012, 1020; BFH BeckRS 2013, 95601; BGH BeckRS 2016, 4379 Rn. 1; näher → Rn. 14.1). Hinsichtlich der Steuerdaten des Schuldners ist der Insolvenzverwalter indes nicht nach § 80 InsO, Art. 15 DS-GVO auskunftsberechtigt (BVerwG NZI 2021, 147; dazu HK-InsO/Schmidt Rn. 34 f.; zur Mitwirkungspflicht des Schuldners → Rn. 14.2). 14

§ 97 schließt den Auskunftsanspruch gem. § 1 IFG nicht aufgrund der Subsidiaritätsklausel des § 1 Abs. 3 IFG aus. Eine Sperrwirkung kann nur eine Norm entfalten, die einen mit dem Informationsanspruch nach dem Informationsfreiheitsgesetz identischen sachlichen Regelungsgegenstand hat. Die insolvenzrechtlichen bzw. auf das Insolvenzverfahren bezogenen Vorschriften über Auskunftsansprüche nach §§ 97, 101 weisen keinen mit dem Informationsfreiheitsgesetz identischen sachlichen Regelungsgegenstand auf. Sie sind in Bezug auf Auskunftsansprüche des Insolvenzverwalters deshalb nicht abschließend (OVG Münster BeckRS 2018, 1775). 14.1

Die fehlende Berechtigung des Insolvenzverwalters, über § 15 DS-GVO Auskunft von der Finanzverwaltung zu verlangen, lässt sich nicht dadurch umgehen, dass der Verwalter den Schuldner nach Abs. 2 dazu anhält, selbst Auskunft zu verlangen und das Auskunftsergebnis sodann mitzuteilen. Denn der genannte datenschutzrechtliche Auskunftsanspruch ist ein vom Insolvenzbeschlag nicht erfasster, weil höchstpersönlicher und lediglich dem Schutz ideeller Interessen dienender (BVerwG NZI 2021, 147 Rn. 21 und 23). Die zweckentfremdende Ausübung insolvenzbeschlagsfreier Ansprüche liegt jenseits dessen, was im Rahmen der insolvenzverfahrensrechtlichen Mitwirkungspflicht vom Schuldner verlangt werden kann. Beantragt der Insolvenzverwalter Einsicht in die Steuerakten, steht ihm selbst einen Anspruch auf pflichtgemäße Ermessensentscheidung des Finanzamts zu (BVerwG NZI 2021, 147 Rn. 32; BFH NZI 2013, 706 Rn. 11 und 14). 14.2

5. Insolvenzverwalter

15 Der (vorläufige) Insolvenzverwalter ist kein gem. Abs. 1 Auskunftsverpflichteter, auch nicht im Verhältnis zum bestellten Sonderinsolvenzverwalter (HmbKommInsR/Morgen Rn. 3; tendenziell ebenso LG Göttingen BeckRS 2009, 1671).

II. Auskunftsberechtigte

16 Abs. 1 S. 1 nennt als Auskunftsberechtigte das **Insolvenzgericht** (zum Eröffnungsverfahren vgl. § 20 Abs. 1 S. 2), den **Insolvenzverwalter** (gem. § 261 Abs. 1 S. 3, 22 Abs. 3 auch bei der Planüberwachung), den eingesetzten **Gläubigerausschuss** sowie auf Anordnung des Gerichts die **Gläubigerversammlung** (näher → Rn. 16.1). Dieser Kreis wird durch § 274 Abs. 2 S. 3, § 22 Abs. 3 auf den **Sachwalter** erweitert. Hat das Gericht im Eröffnungsverfahren einen **vorläufigen Insolvenzverwalter** bestellt, ist auch er umfassend auskunftsberechtigt (§ 22 Abs. 3 S. 3), unabhängig davon, ob seine Rechtsstellung „schwach" oder „stark" ausgestaltet ist. Unbeschadet der Möglichkeit, die Auskunftseinholung durch eine ausgewählte Einzelperson vorzunehmen (**„Auskunftsberechtigter kraft Auftrages"**, → Rn. 18), sind diese Regelungen abschließend (K. Schmidt InsO/Jungmann Rn. 18). Wegen der Gleichstellung durch § 21 Abs. 2 S. 1 Nr. 1a, § 69 wird jedoch befürwortet, dass auch der eingesetzte **vorläufige Gläubigerausschuss** zu den Auskunftsberechtigten zu zählen sei (HmbKommInsR/Morgen Rn. 28); dem ist aber nicht zu folgen, weil die § 20 Abs. 1 S. 1, § 22 Abs. 3 S. 2 die spezielleren Vorschriften zur Festlegung der Berechtigten darstellen.

16.1 Die gerichtliche Anordnung, der Gläubigerversammlung Auskunft zu erteilen, erfolgt von Amts wegen. Ein förmliches Antragsrecht steht der Gläubigerversammlung diesbezüglich nicht zu, weswegen es auch nicht auf dessen Beschlussfassung ankommt. Die Anordnung kommt vielmehr selbst auf Anregung einer Minderheit in Betracht (Uhlenbruck/Zipperer Rn. 4). Mit Blick auf den regelhaften, durch § 97 vorgegebenen indirekten Informationsfluss wird die Anordnung jedoch nur erfolgen, wenn besondere Gründe hierfür sprechen. Die gerichtliche Anordnung hat die Auskunftsgegenstände bestimmt zu bezeichnen. Sie kann in Beschlussform, aber auch als schlichte Verfügung ergehen und ist unanfechtbar (§ 6 Abs. 1).

17 Speziell für den Insolvenzverwalter ergibt sich aus seiner Auskunftsberechtigung jedoch die Kehrseite, dass er sich in einem **Zivilprozess** ohne vorherige Auskunftsversuche nach §§ 97, 98 regelhaft weder gem. § 138 Abs. 4 ZPO mit **Nichtwissen** erklären (BAG NJOZ 547 Rn. 28 ff.; BGH NJOZ 2013, 1333 Rn. 16; NZI 2012, 365 Rn. 16; LAG Hmb BeckRS 2015, 70811 Rn. 30) noch von seinem nicht beweisbelasteten Prozessgegner weiteren Vortrag im Rahmen der sog. **sekundären Darlegungslast** verlangen kann (OLG Düsseldorf NZI 2020, 71 Rn. 5; OLG Koblenz BeckRS 2020, 29464 Rn. 103 ff.); über §§ 445 Abs. 1, 446 ZPO kann er vom Prozessgegner sogar zur Auskunftseinholung faktisch gezwungen werden (vgl. BGH NZI 2019, 244 Rn. 20). Seine Möglichkeit zur Informationsgewinnung über § 97 kann sich zudem bei der Auslegung von Auskunftsbestimmungen gegenüber Dritte als hinderlich erweisen (vgl. BVerwG NZI 2021, 147 Rn. 27: verneinter Auskunftsanspruch des Insolvenzverwalters aus Art. 15 DS-GVO).

18 Gegenüber **einzelnen Gläubigern,** auch wenn diese absonderungsberechtigt sind (OLG Brandenburg NZI 2002, 49; vgl. auch BGH NZI 2004, 209 (211)), besteht keine Auskunftspflicht (auch → Rn. 18.1). Allerdings kann jeder der Auskunftsberechtigten in seinem Innenverhältnis eine **bestimmte Person,** zB ein einzelnes Mitglied des Gläubigerausschusses, mit der Auskunftseinholung **beauftragen** (Uhlenbruck/Zipperer Rn. 4). Im Außenverhältnis kann das Insolvenzgericht den Schuldner gem. §§ 4, 5 InsO, § 404a ZPO dazu auffordern, seine Auskunftspflicht durch Angaben gegenüber dem – eigentlich nicht auskunftsberechtigten (OLG Jena NZI 2011, 382) – **gerichtlichen Sachverständigen** zu erfüllen (MüKoInsO/Stephan Rn. 55; aA HK-InsO/Schmidt Rn. 28: Verpflichtung besteht schon dann, wenn der Sachverständige vom Gericht im Innenverhältnis zur Auskunftseinholung beauftragt wird).

18.1 Im Übrigen besteht nur ein allgemeiner Auskunftsanspruch des einzelnen Gläubigers, der sich inhaltlich auf die im Berichtstermin (§ 156) vom Insolvenzverwalter zu erteilenden Informationen beschränkt, ferner sein allgemeines Akteneinsichtsrecht gem. § 4 iVm § 299 ZPO (Uhlenbruck/Zipperer Rn. 4). Flankierend kann er gem. § 153 Abs. 2 S. 1 gegenüber dem Insolvenzgericht beantragen, dem Schuldner aufzugeben, die Vollständigkeit der vom Insolvenzverwalter aufgestellten Vermögensübersicht eidesstattlich zu versichern.

19 Die Auskunftsberechtigten unterliegen einer **Verschwiegenheitspflicht,** hiervon ausgenommen sind aber offenkundige Tatsachen sowie Offenbarungen, die zur Erreichung des Insolvenzverfahrenszweckes erforderlich sind (MüKoInsO/Stephan Rn. 32; ausf. Bruder ZVI 2004, 331), zB die Preisgabe von Geschäftsgeheimnissen durch den Insolvenzverwalter beim Verkauf des schuldnerischen Unternehmens.

III. Inhalt der Auskunftspflicht

1. Gegenstände der Auskunftspflicht

Die Auskunftspflicht des Schuldners folgt nicht aus dem das Gericht verpflichtenden Amtsermittlungsgrundsatz (§ 5 Abs. 1), sondern beruht auf dem Verfahrensziel der **Haftungsverwirklichung** gem. § 1 S. 1 (AGR/Piekenbrock Rn. 2; HK-InsO/Schmidt Rn. 9). In demnach gebotenem weitem Verständnis erfasst sie inhaltlich sämtliche Belange und Verhältnisse, die für die Insolvenzabwicklung in irgendeiner Weise von Bedeutung sein können, insoweit **alle tatsächlichen, wirtschaftlichen, rechtlichen und sonstigen Umstände** (BGH BeckRS 2011, 2858 Rn. 3; Beispiele → Rn. 20.1). In zeitlicher Hinsicht werden nicht nur alle Sachverhalte aus der Zeit vor der Insolvenzantragstellung/Verfahrenseröffnung erfasst, sondern auch alle neu hinzutretenden oder veränderten Umstände während des Verfahrenslaufes (Uhlenbruck/Zipperer Rn. 7). Nicht umfasst sind indes Auskünfte der Organwalter einer insolventen Gesellschaft (§ 101 Abs. 1) zu deren eigenen wirtschaftlichen Verhältnissen (BGH NZI 2015, 380 Rn. 9 ff.; aA HmbKommInsR/Morgen Rn. 18; krit. Laroche ZInsO 2015, 1469; vgl. aber zum Insolvenzplan AG Köln BeckRS 2018, 13815 Rn. 14 f.). 20

Beispiele sind etwa die Ursachen der Insolvenz, beendete, bestehende oder angebahnte Geschäftsbeziehungen, die Organisationsstruktur und Prozessabläufe des Unternehmens, Informationen über Mitarbeiter (vgl. BAG NJW 2005, 460 zur Erteilung eines Arbeitszeugnisses), alle zur Fertigung einer Steuererklärung erforderlichen Umstände (vgl. § 155 Abs. 1 S. 2; dazu BGH NZI 2009, 327 Rn. 7 ff.), das bestehende Know-how sowie gewerbliche Schutzrechte (einschließlich noch nicht angemeldeter Erfindungen; vgl. LG Potsdam BeckRS 2009, 21553), das sämtliche in- und ausländische Aktiv- wie Passivvermögen (vgl. BGH NJW 1977, 900), etwaige Aus- und Absonderungsrechte Dritter, Anhaltspunkte für etwaige Insolvenzanfechtungsansprüche (BGH NZI 2010, 264 Rn. 6) gegenüber Gesellschaftern oder Dritten oder für sonstige Masseansprüche einschließlich Haftungsansprüchen, und zwar auch gegen den Auskunftsverpflichteten selbst (vgl. Uhlenbruck/Zipperer Rn. 7), ferner etwaiger Neuerwerb (vgl. BGH NZI 2010, 530 Rn. 10). Mitzuteilen ist ebenfalls der Wechsel des Arbeitsverhältnisses (BGH BeckRS 2010, 2210 Rn. 3 zu § 290 Abs. 1 Nr. 5). Auch Angaben zum insolvenzfreien Vermögen sind zu machen, soweit sie – etwa für sich stellende Abgrenzungsfragen (§§ 35, 36) – von Relevanz sind (Andres/Leithaus/Leithaus Rn. 7; K. Schmidt InsO/Jungmann Rn. 9; für Einbezug ohne Beschränkungen HK-InsO/Schmidt Rn. 17; differenzierend AGR/Piekenbrock Rn. 8); das gilt auch in Bezug auf eine nach § 35 Abs. 2 freigegebene selbstständige Tätigkeit (Nerlich/Römermann/Kruth Rn. 6a). Angaben zu den familiären Verhältnissen sind zu machen, soweit sie vermögensrechtlichen Bezug haben (MüKoInsO/Stephan Rn. 15; Jaeger/Schilken Rn. 21), so zB tatsächliche Angaben zu Unterhaltspflichten. 20.1

Die Auskunftspflicht besteht uneingeschränkt, selbst wenn der Verpflichtete dadurch sich oder seine Angehörigen (iSv § 52 Abs. 1 StPO) persönlichen Risiken aussetzen könnte, insbesondere werden auch straf- oder ordnungswidrigkeitenrechtliche Sachverhalte erfasst (zum **Verwendungsverbot** im Ordnungswidrigkeiten- und Strafverfahren auch → Rn. 27 ff.). Dies gilt selbst dann, wenn Insolvenzantragsteller die Staatsanwaltschaft selbst ist (vgl. § 111i Abs. 2 S. 1 StPO; dazu Uhlenbruck/Zipperer Rn. 8; Köllner/Mück NZI 2017, 593 (599)). Ein **Auskunftsverweigerungsrecht** gegenüber den in § 97 Abs. 1 genannten Auskunftsberechtigten steht ihm nicht zu (K. Schmidt/Jungmann Rn. 12); § 97 Abs. 1 S. 2 ist lex specialis zu § 4 InsO, § 384 Nr. 2 ZPO. Die Auskunftspflicht setzt sich auch gegenüber der **eigenen berufsrechtlichen Verschwiegenheitspflicht** des Schuldners durch, die ihm zB als Rechtsanwalt, Steuerberater oder Arzt obliegt (BGH NZI 2009, 444 Rn. 4 f.; NZI 2005, 263 (264)); eine unbefugte Offenbarung iSv § 203 StGB liegt darin nicht. Denn das Interesse der Gläubiger an der vollständigen Ermittlung und Verwertung der Insolvenzmasse hat Vorrang, verfassungsrechtlich folgend aus Art. 14 GG sowie dem Recht auf effektive Justizgewähr. Im Zivilprozess modifiziert § 97 die Bestimmungen der §§ 384–385 ZPO zur Zeugnisverweigerung jedoch nicht (OLG Schleswig BeckRS 2019, 7467 Rn. 3; vgl. auch BGH NZI 2019, 244 Rn. 15 ff.). 21

Die Auskunftspflicht erstreckt sich nicht nur auf das präsente Wissen. Notfalls muss der Verpflichtete die für eine Auskunftserteilung erforderlichen **Vorarbeiten** leisten, beispielsweise nach vorhandenen **Unterlagen** und **Informationen** forschen und sie zusammenstellen (BGH BeckRS 2006, 2828 Rn. 8; so schon zu § 100 KO OLG Hamm BeckRS 1979, 1566). Dazu gehört auch die Informationsbeschaffung von dritter Seite, wegen § 80 aber nicht die Durchsetzung 22

InsO § 97 Dritter Teil. Wirkungen der Eröffnung des Insolvenzverfahrens

massebefangener Auskunftsansprüche (dazu ausf. AGR/Piekenbrock Rn. 10). Bei entsprechendem Informationsbedürfnis kann er sogar gehalten sein, Aufzeichnungen über den Umfang der weiterlaufenden Geschäfte erst anzufertigen (LG Duisburg NZI 2001, 384). Auch **Belege** sind vorzulegen (BGH NZI 2005, 263 (265); BeckRS 2006, 2828 Rn. 8). Alle diese Vorarbeiten sind als **unselbstständige Nebenpflicht** zur Auskunftspflicht geschuldet mit der Folge, dass sie auch von den nach § 101 Abs. 1 S. 2 Verpflichteten zu erbringen sind, obgleich jene keine Mitwirkungspflicht nach Abs. 2 trifft (HmbKommInsR/Morgen Rn. 5; Jaeger/Schilken Rn. 20).

23 Hat der Verpflichtete Auskünfte erteilt, muss er sie unverzüglich **korrigieren** oder **ergänzen**, sobald er Fehler erkennt bzw. sich die Sachlage geändert hat (BGH NJW-RR 2009, 782 Rn. 36).

2. Auskunftsverlangen/Selbstoffenbarungspflicht

24 Die Auskunftspflicht ist im Grundsatz nicht davon abhängig, dass (Nach-)Fragen an den Auskunftsverpflichteten gerichtet werden; vielmehr muss er von sich aus alle Umstände mitteilen, die augenscheinlich für das Insolvenzverfahren von Bedeutung sein können und den Auskunftsberechtigten nicht ohnehin offenbar sind (BGH NZI 2010, 264 Rn. 5; 2009, 253 Rn. 12). Das macht die Auskunfts- zu einer **umfassenden** Selbstoffenbarungspflicht und in Bezug auf die von Abs. 1 S. 2 genannten Tatsachen sogar zu einer Verpflichtung zur Selbstbezichtigung. Das hindert die Auskunftsberechtigten freilich nicht, konkrete Fragestellungen an den Auskunftsverpflichteten zu richten und diesbezügliche Auflagen zu erteilen (LG Duisburg NZI 2001, 384 (385)). Soll die Auskunftspflicht mit den Zwangsmitteln des § 98 durchgesetzt werden, bedarf es sogar eines den Bestimmtheitsanforderungen genügenden Auskunftsverlangens eines Auskunftsberechtigten (BGH NZI 2005, 263 (265)). Dieses muss aus sich heraus verständlich sein und den Schuldner erkennen lassen, was von ihm verlangt wird.

3. Art der Auskunftserteilung

25 Die Auskunftspflicht hat **höchstpersönlichen Charakter** und ist vom Auskunftsverpflichteten folglich selbst zu erfüllen (Uhlenbruck/Zipperer Rn. 5; HmbKommInsR/Morgen Rn. 14; aA K. Schmidt InsO/Jungmann Rn. 11). Darauf kann der Auskunftsberechtigte (zur Rechtshilfe → Rn. 25.1) beharren, umgekehrt sich aber auch mit dem Auftreten eines Vertreters, zB des instruierten Rechtsanwalts begnügen (Braun/Kroth Rn. 7). Nicht selten wird letzteres wegen der besseren Erreichbarkeit des Vertreters und der durch ihn erfolgende Informationsaufbereitung sogar vorzuziehen sein, jedoch muss gewährleistet bleiben, dass der Verpflichtete für die Richtigkeit der Angaben einsteht; bei aufkommendem Verdacht selektiver Informationsmitteilung kann er selbst angehört und ihm erforderlichenfalls die eidesstattliche Versicherung nach § 98 Abs. 1 abgenommen werden. Das Umgehungsverbot des § 12 BORA gilt für die Auskunftseinholung gem. Abs. 1 nicht (BGH NZI 2015, 910 Rn. 30).

25.1 Der Schuldner kann im Wege der Rechtshilfe und einzelfallabhängig auch durch ein anderes Gericht vernommen werden (OLG Köln NZI 1999, 459).

26 Im Grundsatz hat der Verpflichtete seine Auskünfte **mündlich** zu erteilen, jedoch können die Auskunftsberechtigten sich mit schriftlichen Ausführungen, Telefonaten, E-Mails etc zufriedengeben. Wenn sachlich geboten, so bei komplexen Auskunftsgegenständen („Zahlenwerk"), können die Auskunftsberechtigten im Rahmen des Zumutbaren aber verlangen, dass der Verpflichtete **schriftliche Auskunft** erteilt und hierzu erst noch (Buchführungs-)**Unterlagen** zusammenstellt (LG Duisburg NZI 2001, 384 (385); HK-InsO/Schmidt Rn. 11; HmbKommInsR/Morgen Rn. 16 f.).

IV. Verwendungsverbot

27 Das **Verwendungsverbot** („Insolvenzgeheimnis") gem. Abs. 1 S. 3 schützt den Schuldner und dessen Angehörige, wahrt im Endeffekt den nemo tenetur-Grundsatz und beseitigt etwaige Zweifel an der Verfassungsmäßigkeit der umfassenden Auskunftspflicht (vgl. zu § 100 KO BVerfG NJW 1981, 1431). Es soll verhindern, dass seine Aussagen gegen seinen Willen in einem Straf- oder Ordnungswidrigkeitsverfahren, welches gegen ihn oder seine in § 52 Abs. 1 StPO bezeichneten Angehörigen geführt wird, verwendet werden. Das Verwendungsverbot soll nach dem Gesetzeszweck indes nur demjenigen Schuldner zugutekommen, der seinen Pflichten im Insolvenzverfahren ohne Einschränkung nachkommt, der also eine umfassende Auskunft und nicht bloß eine falsche oder lückenhafte erteilt; dem Schuldner ist es nicht gestattet, Straftaten beschönigend oder unvollständig darzustellen (OLG Düsseldorf BeckRS 2016, 127246). Daher sind auch falsche

Auskünfte, die ihrerseits Straftatbestände ausfüllen (zB §§ 156, 257, 258, 263, 267, 283 StGB), verwertbar (HK-InsO/Schmidt Rn. 23; AGR/Piekenbrock Rn. 18), ebenso das bloße Schweigen des Verpflichteten (MüKoInsO/Stephan Rn. 18; FK-InsO/Wimmer/Amend Rn. 17). Der Schutz des Abs. 1 S. 3 ist disponibel und eine Verwendungszustimmung durch den Auskunftsverpflichteten gesetzlich zugelassen; eine einmal erteilte Zustimmung soll unwiderruflich sein (MüKoInsO/Stephan Rn. 19; Diversy ZInsO 2005, 180 (183)), jedoch kann dies nur für die bis zum Widerruf gegebenen Auskünfte und daraus folgenden Beweismittel gelten (vgl. zum strafprozessualen Widerrufsrecht des Zeugen BGH NStZ 2015, 656). Auf das Verwendungsverbot ist vom Gericht gem. § 4 InsO, § 139 Abs. 1 S. 2 ZPO spätestens eingangs der Anhörung hinzuweisen (ausf. dazu Püschel ZInsO 2016, 262; aA Bittmann/Tschakert ZInsO 2017, 2657 (2669)), nicht zuletzt, um den Auskunftsverpflichteten die Sorge vor Strafverfolgung zu nehmen und ihn zur Auskunft zu motivieren.

Das Verwendungsverbot setzt voraus, dass der Schuldner oder einer der in § 101 Abs. 1 S. 1 **28** und S. 2 Genannten zur Auskunft **verpflichtet** war (LG Münster BeckRS 2017, 135700; LG Bonn BeckRS 2016, 116395). Wegen der geltenden Selbstoffenbarungspflicht kommt es richtigerweise aber nicht auf ein Auskunftsverlangen (eines Berechtigten) an, sondern auf die Verpflichtung an sich, unabhängig davon, ob der Verpflichtete ihr unbewusst, pflichtbewusst oder nur aufgrund Zwangs (§ 98) nachkommt (ebenso AGR/Piekenbrock Rn. 17, Uhlenbruck/Zipperer Rn. 13; aA bezüglich unbewusster Pflichterfüllung MüKoInsO/Stephan Rn. 19). Abs. 1 S. 3 bezieht sich folglich nur auf in diesem Zusammenhang offenbarte, in der Vergangenheit liegende Tatsachen. Informationen aus ausgewerteten Geschäftsunterlagen, die aufgrund der allgemeinen Mitwirkungspflicht gem. § 97 Abs. 2 zur Verfügung gestellt und nicht als unselbstständige Nebenpflicht zur Auskunftspflicht erst beschafft oder zusammengestellt wurden, unterfallen dem Verwendungsverbot nicht, was systematisch aus der Regelung in verschiedenen Absätzen folgt (OLG Celle BeckRS 2013, 5161; FK-InsO/Wimmer/Amend Rn. 29; Jaeger/Schilken Rn. 25; aA Haarmeyer ZInsO 2016, 545 (554)). Auskünfte, die **freiwillig** erteilt wurden, dh außerhalb des sachlichen oder persönlichen Anwendungsbereichs des § 97 (zB zu Nichtvermögensdelikten), unterliegen keinem Verwendungsverbot. Als Beispiele sind zu nennen die Angaben gegenüber dem gerichtlichen Sachverständigen, der nicht als Auskunftsberechtigter in § 97 Abs. 1 aufgeführt ist (OLG Celle BeckRS 2013, 5161; OLG Jena NZI 2011, 382), oder die Angaben im Eigenantrag (einschließlich des Inhalts der Bescheinigung nach § 270d), welcher das Verfahren überhaupt erst einleitet (aA AG Frankfurt (Oder) NZWiSt 2020, 202 mzustAnm Wilke/Knauth; sogar auf Vorgespräche iSv § 10a erstreckend Haarmeyer ZInsO 2016, 545 (555); wie hier HK-InsO/Schmidt Rn. 22); § 15a bedingt anderes nicht (aA Uhlenbruck/Zipperer Rn. 13), weil die Insolvenzantragspflicht lediglich die anders gelagerte Frage des Ob des Antrags regelt. Wenn allerdings das Insolvenzgericht dem Schuldner ausdrücklich aufgibt, dem Gutachter konkrete Auskünfte zu erteilen (und für den Fall der Missachtung dieser Pflicht Zwangsmaßnahmen androht), wird das Verwendungsverbot gem. Abs. 1 S. 3 entsprechende Anwendung finden müssen, da der Schuldner in diesem Fall davon auszugehen hat, gegenüber dem Gutachter gleichgelagerte Auskunftspflichten wie gegenüber dem Insolvenzgericht zu haben (LG Münster BeckRS 2017, 135700). Gleiches gilt bezüglich Unterlagen, die auf Anordnung zur Erfüllung einer insolvenzverfahrensrechtlichen Auskunftspflicht speziell erstellt wurden, die also nicht schon zuvor existierten, wie beispielsweise die aufgrund allgemeiner handelsrechtlicher Verpflichtungen erstellte Buchhaltung (§ 238 HGB).

Das Verwendungsverbot enthält nicht nur ein **Verwertungsverbot,** sondern schließt auch **29** etwaige **Fernwirkungen** mit ein (BT-Drs. 12/7302, 166; OLG Düsseldorf BeckRS 2016, 127246; LG Stuttgart NZI 2001, 498; für eine extensive Handhabung im Schutzschirmverfahren K. Schmidt InsO/Jungmann Rn. 14; dagegen allgemein für restriktive Auslegung Weyand ZInsO 2015, 1948), sodass die Auskünfte nicht einmal als Grundlage für den Beginn gezielter Ermittlungen nach anderen selbstständigen Beweismitteln verwendet werden dürfen (BGH BeckRS 2017, 127539; Uhlenbruck NZI 2002, 401 (403 ff.)). Insoweit bestehen aber erhebliche – indes nicht vom Insolvenz-, sondern vom Strafgericht und der Staatsanwaltschaft aufzulösende (wie hier Uhlenbruck/Zipperer Rn. 12; HmbKommInsR/Morgen Rn. 25; aA Haarmeyer ZInsO 2016, 545 (555): Keine Herausgabe der Insolvenzakte ohne vom Insolvenzgericht einzuholende Zustimmung des Auskunftsverpflichteten) – Abgrenzungsschwierigkeiten zwischen dem Beweisverwendungsverbot und der nicht betroffenen Beweiserhebung der Strafverfolgungsbehörden durch Einsichtnahme in die Insolvenzakten etc (ausf. Uhlenbruck NZI 2002, 401 (403 f.); Bader NZI 2009, 416; Tetzlaff NZI 2005, 316; zum Strafprozessrecht → Rn. 29.1).

Ein Verstoß gegen das Verwendungsverbot hat kein Verfahrenshindernis im Straf- oder Ordnungswidrig- **29.1** keitenverfahren zur Folge. Es handelt sich hierbei um einen Verfahrensfehler, der in der Revision mit der Verfahrensrüge geltend zu machen ist (BGH BeckRS 2017, 127539).

30 Die Insolvenzakte bzw. der Verfahrensvorgang an sich kann zur Begründung eines **Anfangsverdachts** (§ 152 Abs. 2 StPO) herangezogen werden (HK-InsO/Schmidt Rn. 20; Diversy ZInsO 2005, 180 (181 f.)). Verwertbar sind und bleiben zudem den Strafverfolgungsbehörden schon bekannte oder künftig aus anderen Quellen bekanntwerdende Tatsachen, selbst wenn zusätzlich der Auskunftsverpflichtete hierüber Auskunft erteilt hatte oder später erteilt (BT-Drs. 12/2443, 142; LG Stuttgart NZI 2001, 498; LG Bonn BeckRS 2016, 116395). Auch die Verwertung des Inhalts von schon existierenden Geschäftsunterlagen, zu denen der Schuldner nicht „den Weg gewiesen" hat und die auch ohne seine Erklärungen aus sich heraus verständlich sind, bleibt möglich. Anderenfalls könnte der Schuldner durch ihre bloße Bezeichnung jedwede Verwertung unterbinden, ohne durch seine Auskunft ein eigenständiges Beweismittel gegen sich selbst geschaffen zu haben (MüKoInsO/Stephan Rn. 27; weitergehend LG Frankfurt (Oder) NZI 2020, 1070 Rn. 6 mablAnm Pauka). § 97 Abs. 1 S. 3 postuliert für die Strafverfolgungsbehörden daher auch kein allgemeines Verbot, **Durchsuchungen** oder **Beschlagnahmen** beim Insolvenzverwalter vorzunehmen (LG Bonn NZI 2017, 410 (412); LG Ulm NJW-Spezial 2007, 331).

D. Unterstützungs- und Mitwirkungspflicht (Abs. 2)

31 Abs. 2 bestimmt generalklauselartig und ohne Festlegung weiterer Details, dass der Schuldner **den Insolvenzverwalter** – als dem einzigen Regelungsbegünstigten – bei der Erfüllung von dessen Aufgaben zu **unterstützen** hat, insbesondere im Hinblick auf die rasche und effektive Haftungsverwirklichung (§ 1 S. 1). Dabei ist unerheblich, ob die Abwicklung oder – im Anwendungsbereich des Abs. 2 praxisrelevanter – die Sanierung angestrebt wird. Statuiert wird also eine Verfahrensförderungspflicht, was gegenüber Abs. 1 die allgemeinere Regelung darstellt (Braun/Kroth Rn. 12). Sie ist gerichtet auf das Erforderliche und beschränkt auf das Zumutbare. Die §§ 22a Abs. 4, 151 Abs. 1 S. 2, §§ 153 Abs. 2, 176 oder auch §§ 275, 276, 281 enthalten spezielle Mitwirkungspflichten des Schuldners. Ob und in welchem Umfang der Insolvenzverwalter den Mitwirkungsverpflichteten heranzieht, liegt in seinem **pflichtgemäßen Ermessen** (HK-InsO/Schmidt Rn. 42).

32 Gemeint ist in erster Linie eine **aktive Mitwirkung** (Beispiele → Rn. 20.1 f.), nicht nur eine Duldung des Verwalterhandelns bzw. die Unterlassung gegenläufiger Maßnahmen; die sog. **passive Unterstützungspflicht** regelt Abs. 3 S. 2. Damit der Verpflichtete hierfür herangezogen werden kann, muss er aber dauerhaft erreichbar sein, wofür er – auch ohne Präsenzanordnung gem. Abs. 3 – als Ausdruck seiner Unterstützungspflicht selbst Sorge zu tragen hat (AG Duisburg BeckRS 2008, 19911; Nerlich/Römermann/Kruth Rn. 5) und von sich aus zB Wohnungswechsel anzeigen muss. Die **Arbeitskraft** des Schuldners gehört allerdings nicht zur Insolvenzmasse (BAG NZI 2013, 942 Rn. 28). Folglich darf vom Schuldner über Abs. 2 keine umfassende, dauerhafte und ggf. entgeltlose Tätigkeit verlangt werden. Vielmehr beschränkt sich die allgemeine Unterstützungs- und Mitwirkungspflicht des Schuldners, für die er weder ein Entgelt noch einen Aufwendungsersatz zu fordern hat (HK-InsO/Schmidt Rn. 40), auf punktuelle, erforderlichenfalls aber mehrfache Mitarbeit (LG Münster NZI 2019, 753 Rn. 30; AGR/Piekenbrock Rn. 20; Jaeger InsO/Schilken Rn. 27). Es bleibt dem Schuldner wie dem Insolvenzverwalter unbenommen, für längeres oder ständiges Tätigwerden einen Dienstvertrag abzuschließen, der eine aus der Masse zu zahlende angemessene Vergütung vorsieht (Uhlenbruck/Zipperer Rn. 19); um Unterhalt iSv § 100 handelt es sich dann nicht (Nerlich/Römermann/Kruth Rn. 16). Umgekehrt hat die Gewährung von Unterhalt nicht die Bedeutung, dass der dadurch Begünstigte deswegen zur ständigen Mitarbeit verpflichtet wäre (HmbKommInsR/Morgen Rn. 8), indes droht er bei Pflichtverletzungen der Gewährung verlustig zu gehen.

32.1 Beispiele zur Mitwirkungspflicht sind die Beschaffung von bei Dritten (Rechtsanwalt, Steuerberater etc) befindlichen **Unterlagen**, die **Erteilung** einer **Vollmacht** im Hinblick auf ein nach den Umständen nicht ganz unwahrscheinliches Auslandsvermögen, gerade für Register- und Bankauskünfte in solchen Fällen, in denen der Staat der Vermögensbelegenheit die Wirkungen eines inländischen Insolvenzverfahrens voraussichtlich nicht anerkennt (BGH NZI 2004, 21; LG Köln ZIP 1997, 989 und ZIP 1997, 2161); die **Herausgabe** von **Zugangscodes** oder Passwörtern (bei Zugangsdaten zu Email-Accounts nur bei Anordnung einer Postsperre gem. § 99); die **Entbindung** von der **Verschwiegenheitsverpflichtung** im Verhältnis zu beauftragten Rechtsanwälten, Steuerberatern, Wirtschaftsprüfern und Notaren (s. aber zur **Entbindungskompetenz des Insolvenzverwalters** BGH NZI 2021, 337 Rn. 25; dagegen für Entbindung ipso iure AGR/Piekenbrock Rn. 12; zum Sachverständigen vgl. AG Hannover ZInsO 2015, 418), vom **Steuergeheimnis** gegenüber dem Finanzamt sowie – um faktische Widerstände zu überwinden – der Bank vom rein schuldrechtlichen **„Bankgeheimnis"** (K. Schmidt InsO/Jungmann Rn. 22; allg. dazu BGH NJW 2007, 2106 Rn. 17 f.); Angaben zur Systematik der Buchhaltungsunterlagen; sonstige Erläuterungen; Kontaktherstellung zu Geschäftspartnern; die Erstellung von Übersichten zu Geschäftsvorgängen; die Unterstützung bei der Inventarisierung des Vermögens; die Schlüsselherausgabe; Herausgabe/Zusammenstellung von Unterlagen für die Steuererklärung; ferner ist der Schuldner verpflichtet, einen Veranlagungsantrag zu stellen (Beck NZI 2012, 991 (994)). Der seinerseits der **Verschwiegenheitspflicht unterliegende Schuldner** muss die für die Durchsetzung von Masseansprüchen erforderlichen Angaben machen, also die rechtlich relevanten anspruchsbegründenden Tatsachen (insoweit **begrenzte Offenbarungspflicht;** vgl. LG Köln BeckRS 2004, 13022 Rn. 8 ff.; MüKoInsO/Stephan Rn. 15).

Die nach § 97 Abs. 2 bestehende Pflicht des Schuldners, den Insolvenzverwalter bei der Erfüllung 32.2 seiner Aufgaben zu unterstützen, umfasst auch die Pflicht, pfändbares Arbeitseinkommen aus abhängiger Beschäftigung und die vollständigen Einkünfte aus einer selbstständigen Tätigkeit als Neuerwerb an die Insolvenzmasse abzuführen (BGH NZI 2018, 702 Rn. 7). Macht der Insolvenzverwalter Haftungs- oder sonstige Ansprüche gegen den Mitwirkungsverpflichteten geltend, folgt aus Abs. 2 aber keine Verpflichtung, die Anspruchstellung anzuerkennen und Erfüllungshandlungen vorzunehmen, vielmehr kann darüber bis hin vor das Prozessgericht gestritten werden (BGH NZI 2016, 89 Rn. 11 f.).

Mitwirkungsverpflichtete sind der Schuldner als natürliche Person und – über die Erstreckungsnorm des § 101 Abs. 1 S. 1 – die Mitglieder des Vertretungs- oder Aufsichtsorgans und die vertretungsberechtigten persönlich haftenden Gesellschafter bei Schuldnern iSv § 11 Abs. 1 S. 1 Alt. 2, S. 2 und Abs. 2. Nicht der Mitwirkungspflicht unterworfen sind hingegen die ehemaligen Mitglieder der Vertretungs- und Aufsichtsorgane bzw. die ausgeschiedenen vertretungsberechtigten persönlich haftenden Gesellschafter, ebenso wenig die sonstigen Gesellschafter (selbst bei Führungslosigkeit der Gesellschaft) und auch nicht die aktuellen oder früheren Angestellten des Schuldners; dafür fehlt es an dem nötigen Verweis auf Abs. 2 in § 101 Abs. 1 S. 2, Abs. 2. 33

Mitwirkungsberechtigter ist allein der (vorläufige) Insolvenzverwalter (Jaeger/Schilken 34 Rn. 31). Er entscheidet nach pflichtgemäßem Ermessen sowie unter Berücksichtigung der Umstände des Einzelfalls, insbesondere der Wichtigkeit und Dringlichkeit (MüKoInsO/Stephan Rn. 46; HmbKommInsR/Morgen Rn. 30), ob und in welchem Umfang er vom Schuldner bzw. von den Mitgliedern des Vertretungs- und Aufsichtsorgans (§ 101) Unterstützungshandlungen verlangt. Dabei kann der Insolvenzverwalter auch zu dem Ergebnis gelangen, dass die Mitwirkung des Schuldners kontraproduktiv wäre und er deshalb davon Abstand nimmt (→ Rn. 34.1).

Entscheidungskriterien sind beispielsweise der jeweilige Kenntnis- und Wissensstand, ob diese Personen 34.1 voraussichtlich auch künftig für eine Unternehmensfortführung oder gar Sanierung benötigt werden, ob es sich um redliche oder unredliche Personen handelt, ob und mit welchem Aufwand (Zeit, Kosten) der Insolvenzmasse Alternativen zur Verfügung stehen, oder ob eine leichter durchsetzbare, weil freiwillige Unterstützung zu erwarten ist.

E. Bereitschafts- und Unterlassungspflicht (Abs. 3)

In insgesamt spärlichem Regelungsumfang behandelt Abs. 3 zweierlei, in S. 1 die sog. Bereit- 35 schafts-, in S. 2 die sog. Unterlassungspflicht.

I. Bereitschaftspflicht (Abs. 3 S. 1)

Abs. 3 S. 1, wonach sich der Verpflichtete auf Anordnung des Gerichts zur Erfüllung seiner 36 Auskunfts- und Mitwirkungspflichten zur Verfügung zu stellen hat – gemeint ist seine körperliche Präsenz –, bezweckt einen Ausgleich zwischen den Eigentumsrechten der Gläubiger (Art. 14 GG) und dem **Grundrecht des Schuldners auf Freizügigkeit** (Art. 11 GG). Unverhältnismäßige Freiheitsbeschränkungen sind zu vermeiden. Anders als noch in § 101 Abs. 1 KO geregelt, lässt sich insbesondere eine **strikte Residenzpflicht** des Schuldners aus der Vorschrift nicht ableiten (vgl. BT-Drs. 12/2443, 143). Kosten, die durch die Anordnung verursacht werden (zB aufgrund einer nötig werdenden Anreise), sind vom Verpflichteten zu tragen (Uhlenbruck/Zipperer Rn. 20), allerdings ist auch hier die Verhältnismäßigkeit zu wahren, was zu einer Kostenbeteiligung bis hin zur Übernahme durch die Masse führen kann (zB bei prekären finanziellen Verhältnissen des Verpflichteten).

Die **Anordnungskompetenz** liegt ausschließlich beim **Insolvenzgericht.** Ihre Ausübung 37 hängt davon ab, ob und inwieweit einzelfallbezogen einerseits eine zeitnahe Informationsbeschaffung erforderlich ist und andererseits überhaupt die Gefahr besteht, dass der Schuldner bzw. die amtierenden oder erst nach Antragstellung ausgeschiedenen Organwalter (§ 101 Abs. 1 S. 1) sich ihren Auskunfts- und Mitwirkungspflichten räumlich/zeitlich entziehen; nicht selten wird die Nachfragemöglichkeit per Mobiltelefonie genügen, um Informationsdefizite befriedigend zu beheben. Ggf. muss auf Rechtsfolgenseite eine Regelung getroffen werden, die einerseits das

Verhältnismäßigkeitsprinzip berücksichtigt (Erforderlichkeit, Geeignetheit, Angemessenheit), andererseits die künftigen Aufenthaltsbeschränkungen bezüglich Zeit und Ort in einer für den Schuldner klar verständlichen Art und Weise bestimmt (allg. BGH NZI 2005, 263 (265); LG Göttingen ZIP 2000, 2174 (2175)). Nach dieser Maßgabe kann ein zeitlich beschränktes Gebot, sich am Gerichtsort aufzuhalten (wobei kurzzeitige Wochenendausflüge auch ohne ausdrückliche Anordnungseinschränkung erlaubt sind, vgl. MüKoInsO/Stephan Rn. 52), ebenso ausgesprochen werden wie ein Verbot, Auslandsreisen anzutreten (K. Schmidt InsO/Jungmann Rn. 25), letzteres auch begleitet mit der Anordnung, die (Reise-)Pässe sicherheitshalber abzugeben (Nerlich/Römermann/Kruth Rn. 17).

38   Die Anordnung nach Abs. 3 kann durch förmlichen **Beschluss,** aber auch durch **Verfügung** des Insolvenzgerichts ergehen und insbesondere in einer Terminsladung schlüssig enthalten sein (FK-InsO/Wimmer/Amend Rn. 38; HmbKommInsR/Morgen Rn. 34; aA HK-InsO/Schmdit Rn. 48; Jaeger/Schilken Rn. 35: stets Beschluss), zB in Form der Anberaumung eines Anhörungstermins, zu dem der Schuldner zweckmäßigerweise förmlich gegen Postzustellungsurkunde geladen wird, zumindest aber eine Terminsnachricht erhält. Anordnungen ergehen **von Amts wegen,** praktisch handelt das Gericht jedoch häufig auf Anregung des (vorläufigen) Insolvenzverwalters. Sie kann im eröffneten Verfahren vom Rechtspfleger getroffen werden, da die Präsenzanordnung keine Freiheitsentziehung iSv § 4 Abs. 2 Nr. 2 RPflG darstellt (AGR/Piekenbrock Rn. 25).

II. Unterlassungspflicht (Abs. 3 S. 2)

39   Die Unterlassungspflicht des Abs. 3 S. 2 ist der Sache nach ein **Behinderungsverbot,** welche die bestehenden Auskunfts-, Mitwirkungs- und Bereitschaftspflichten weitergehend verstärkt. Der Schuldner darf also im Sinne einer **passiven Unterstützungspflicht** keine Handlungen vornehmen, die verfahrensschädlich sind, zB das verfahrenswidrige Verfügen über Massebestandteile oder deren sonstiges Beiseitschaffen, weiter das Manipulieren oder gar Vernichten von Geschäftsunterlagen (BGH BeckRS 2011, 18257 Rn. 4; 2011, 17763 Rn. 3).

F. Durchsetzung der Pflichten

40   Die **zwangsweise Durchsetzung** der schuldnerischen Pflichten regelt § 98 abschließend; für Klagen des Insolvenzverwalters auf Pflichterfüllung vor dem Prozessgericht ist daneben kein Raum (MüKoInsO/Stephan Rn. 13; K. Schmidt/Jungmann Rn. 3). Auf die nach § 101 Abs. 1 und Abs. 2 Verpflichteten ist § 98 ebenso anzuwenden, wie sich aus den dortigen Verweisungen ergibt.

41   Eine Regelung, welche **Konsequenzen** eine Pflichtverletzung hat, enthält § 97 nicht. Ist der Schuldner keine natürliche Person, sieht § 101 Abs. 3 im Verletzungsfall eine besondere Regelung zur Kostentragung bei Abweisung des Insolvenzeröffnungsantrags zu Ungunsten der Auskunfts- und Mitwirkungspflichteten vor. Bei natürlichen Personen, die einen Antrag auf Restschuldbefreiung gestellt haben, stellt der Verstoß eine Obliegenheitsverletzung iSv § 290 Abs. 1 Nr. 5 dar und kann zu einer Versagung der Restschuldbefreiung führen (K. Schmidt/Jungmann Rn. 4); ob die Pflichten im Eröffnungs- oder im eröffneten Verfahren verletzt wurden, macht insoweit keinen Unterschied (LG Bielefeld NZI 2010, 824).

G. Kosten

42   Die nach §§ 97, 101 Verpflichteten können weder ein Entgelt noch Auslagenersatz fordern, folglich auch ihre Pflichterfüllung hiervon nicht abhängig machen (LG Köln BeckRS 2004, 13022 Rn. 14; Uhlenbruck/Zipperer Rn. 23). § 113 InsO-RegE sah noch vor, dass dem Schuldner aus der Insolvenzmasse die notwendigen Auslagen zu erstatten sind, die ihm bei der Erfüllung seiner Auskunfts- und Mitwirkungspflichten entstehen (BT-Drs. 12/2443, 26 und 143). Diese Regelung ist im Gesetzgebungsverlauf bewusst gestrichen worden (BT-Drs. 12/7302, 167). Für eine überobligatorische Mitwirkung kann aber eine aus der Masse zu zahlende Vergütung vereinbart werden (dazu → Rn. 32), ebenso kann im Einzelfall eine Kostenübernahme durch die Masse aus Verhältnismäßigkeitsgründen geboten sein (vgl. MüKoInsO/Stephan Rn. 63).

H. Rechtsmittel

43   **Die sofortige Beschwerde** gegen auf § 97 gestützte Anordnungen steht den Betroffenen nicht offen (§ 6 Abs. 1). Speziell richterliche Anordnungen können daher nicht direkt, sondern allenfalls iRv § 98 inzident im Wege der sofortigen Beschwerde gegen ihre zwangsweise Durchsetzung zur Überprüfung gestellt werden (LG Göttingen ZIP 2000, 2174; MüKoInsO/Stephan Rn. 64).

Durchsetzung der Pflichten des Schuldners § 98 InsO

Gegen Anordnungen des Rechtspflegers ist aber die befristete Erinnerung statthaft (§ 11 Abs. 2 RPflG). Handelt der (vorläufige) Insolvenzverwalter, kann der Betroffene Aufsichtsmaßnahmen gegenüber dem Insolvenzgericht anregen (§ 58).

§ 98 Durchsetzung der Pflichten des Schuldners

(1) ¹Wenn es zur Herbeiführung wahrheitsgemäßer Aussagen erforderlich erscheint, ordnet das Insolvenzgericht an, daß der Schuldner zu Protokoll an Eides Statt versichert, er habe die von ihm verlangte Auskunft nach bestem Wissen und Gewissen richtig und vollständig erteilt. ²Die §§ 478 bis 480, 483 der Zivilprozeßordnung gelten entsprechend.

(2) Das Gericht kann den Schuldner zwangsweise vorführen und nach Anhörung in Haft nehmen lassen,
1. wenn der Schuldner eine Auskunft oder die eidesstattliche Versicherung oder die Mitwirkung bei der Erfüllung der Aufgaben des Insolvenzverwalters verweigert;
2. wenn der Schuldner sich der Erfüllung seiner Auskunfts- und Mitwirkungspflichten entziehen will, insbesondere Anstalten zur Flucht trifft, oder
3. wenn dies zur Vermeidung von Handlungen des Schuldners, die der Erfüllung seiner Auskunfts- und Mitwirkungspflichten zuwiderlaufen, insbesondere zur Sicherung der Insolvenzmasse, erforderlich ist.

(3) ¹Für die Anordnung von Haft gelten die § 802g Abs. 2, §§ 802h und 802j Abs. 1 der Zivilprozeßordnung entsprechend. ²Der Haftbefehl ist von Amts wegen aufzuheben, sobald die Voraussetzungen für die Anordnung von Haft nicht mehr vorliegen. ³Gegen die Anordnung der Haft und gegen die Abweisung eines Antrags auf Aufhebung des Haftbefehls wegen Wegfalls seiner Voraussetzungen findet die sofortige Beschwerde statt.

Überblick

Die Vorschrift dient dazu, unter der Zuständigkeit des Insolvenzgerichts die Pflichten des Schuldners gem. § 97 (und nur diese) durchzusetzen, ebenso für die weiteren nach § 101 Abs. 1 S. 1 und S. 2 Verpflichteten (→ Rn. 6 ff.). Sie zielt insoweit auf die Haftungsverwirklichung im Sinne einer bestmöglichen Gläubigerbefriedigung ab (→ Rn. 1 f.). Die Anordnung der eidesstattlichen Versicherung (Abs. 1, → Rn. 8 ff.) soll vor diesem Hintergrund darauf hinwirken, dass der Schuldner sich sorgfältig vorbereitet und wahrheitsgemäße wie vollständige Auskunft erteilt; sie muss zu diesem Zweck aber auch erforderlich sein (→ Rn. 12 f.). Bei der Anwendung der Zwangsmittel der Vorführung und Haft (Abs. 2, → Rn. 18 ff.) gilt der Grundsatz der Verhältnismäßigkeit (→ Rn. 31 ff.). Abs. 3 regelt die verfahrensrechtlichen Garantien bezüglich des Freiheitsentzugs einschließlich der Rechtsmittelfähigkeit (→ Rn. 40 ff.).

Übersicht

	Rn.		Rn.
A. Allgemeines/Normzweck	1	D. Zwangsweise Vorführung und Inhaftnahme (Abs. 2 und 3)	18
B. Anwendungsbereich	2	I. Vorführungs- und Haftgründe (Abs. 2)	19
I. Sachlich	2	1. Verweigerung von Auskunft, eidesstattlicher Versicherung und Mitwirkung (Abs. 2 Nr. 1)	20
II. Persönlich	6		
C. Anordnung eidesstattlicher Versicherung (Abs. 1)	8	2. Entziehung/Vorbereitung einer Flucht (Abs. 2 Nr. 2)	24
I. Anordnung	9	3. Unterbindung von Behinderungshandlungen (Abs. 2 Nr. 3)	25
1. Zuständigkeit	9		
2. Entscheidung von Amts wegen	11	II. Anordnung	26
3. Erforderlichkeit	12	1. Zuständigkeit	26
4. Form und Inhalt der Anordnung	13	2. Entscheidung von Amts wegen	27
II. Abnahmeverfahren	14	3. Anhörung des Schuldners	28
1. Verfahren und Form der eidesstattlichen Versicherung	14	4. Vorführungs-/Haftgrund, Verhältnismäßigkeit	31
2. Inhalt der eidesstattlichen Versicherung	15	5. Anordnungsform und -inhalt	34
3. Umfang der eidesstattlichen Versicherung	16	6. Zustellung	37
III. Rechtsmittel	17	III. Vollziehung der zwangsweisen Vorführung	39

	Rn.		Rn.
IV. Vollziehung der Erzwingungshaft (Abs. 3 S. 1 und S. 2)	40	E. Mittelbare Pflichtendurchsetzung	51
V. Rechtsmittel (Abs. 3 S. 3)	46	F. Einholung von Drittauskünften	
VI. Kosten	50	(§ 802l ZPO/Abs. 1a nF)	52

A. Allgemeines/Normzweck

1 § 98 Abs. 1 hat sein Vorbild in § 69 VglO. Abs. 2 und 3 entsprechen § 101 Abs. 1 und 2 KO (ausf. Jaeger/Schilken Rn. 1 ff.; MüKoInsO/Stephan Rn. 3 ff.). Die Norm dient dazu, die Verfahrenspflichten des Schuldners zur Auskunft und Mitwirkung aus § 97, die im konkreten Einzelfall als Voraussetzung rechtswirklich bestehen müssen und noch nicht erfüllt sein dürfen (vgl. BGH NZI 2015, 380 Rn. 9), durchzusetzen (AGR/Piekenbrock Rn. 2), zielt im Endeffekt also auf die Haftungsverwirklichung ab (§ 1 S. 1; zum Prozessrecht aber → Rn. 1.1). § 98 ähnelt damit der zur Einzelzwangsvollstreckung geltenden Vorschriften der §§ 802g, 888 ZPO (BGH NZI 2005, 263 (265) zu §§ 901, 888 ZPO aF). Gegenüber § 4 ist § 98 lex specialis mit der Folge, dass Vorschriften zu anderen Zwangsmitteln, die in der ZPO geregelt sind (zB Zwangsgeld), nicht zur Durchsetzung der Pflichten aus § 97 entsprechend herangezogen werden können (FK-InsO/Wimmer/Amend Rn. 26).

1.1 Trotz der Zielrichtung, die bestmögliche Verwertung des schuldnerischen Vermögens zu fördern, hat § 98 für den Insolvenzverwalter zugleich die ungünstige Bedeutung, dass er die gegebenen Zwangsmittel zur Gewinnung von Erkenntnissen zunächst ausschöpfen muss, bevor er sich in einem **Prozess** gegen einen Drittschuldner auf die Grundsätze zur **sekundären Darlegungslast** berufen kann (BAG NJOZ 2016, 544 Rn. 30 f.; HK-InsO/Schmidt Rn. 1).

B. Anwendungsbereich

I. Sachlich

2 § 98 ist in allen Arten eines **eröffneten Insolvenzverfahren** anwendbar, zeitlich selbst noch im **Nachtragsverteilungsverfahren** (BGH NZI 2016, 365 Rn. 11).

3 Im **Eröffnungsverfahren** findet § 98 aufgrund der Verweisungen in § 20 Abs. 1 S. 2 bzw. § 22 Abs. 3 S. 3 Anwendung (BGH NZI 2015, 380 Rn. 8), also im Anschluss an einen vom Gericht zugelassenen Eröffnungsantrag, der den Amtsermittlungsgrundsatz auslöst (§ 5 Abs. 1 S. 1) und damit auch den Einsatz der Zwangsmittel aus § 98 zur Sachaufklärung gebietet (BGH NZI 2003, 147 (148); LG Köln NZI 2001, 559), egal ob Regel- oder Verbraucherinsolvenzverfahren (dazu OLG Celle NZI 2002, 271 (272)) und ob Eigen- oder Fremdantrag (aA FK-InsO/Wimmer/Amend Rn. 2: beim Eigentrag führt mangelnde Mitwirkung ohne Weiteres zur Antragsabweisung als unzulässig; ähnlich Uhlenbruck/Zipperer Rn. 17). Eine Ausnahme gilt im **Verbraucherinsolvenzverfahren** (§§ 304 ff.) während der **Ruhephase** des § 306 Abs. 1 zur Durchführung des gerichtlichen Schuldenbereinigungsplanverfahrens (aA K. Schmidt InsO/Jungmann Rn. 2); denn § 306 Abs. 2 S. 1 lässt nur die in §§ 21, 22 geregelten Sicherungsmaßnahmen unberührt, erfasst aber nicht die Auskunfts- und Mitwirkungspflicht und deren Erzwingung über die Verweisungsnorm des § 20 Abs. 1 S. 2 (HK-InsO/Schmidt Rn. 3). Beim **unzulässigen**, noch nicht zugelassenen **Antrag** sind Zwangsmittel jedoch untunlich (LG Potsdam NZI 2002, 555; AG Dresden BeckRS 2010, 20871); bei ausbleibender Nachbesserung ist er schlicht abzuweisen bzw. es greift beim Verbraucherinsolvenzantrag die Rücknahmefiktion des § 305 Abs. 3 S. 2 und S. 3. Auf die Versicherungserklärung des § 13 Abs. 1 S. 7 ist die § 98 nicht anwendbar (vgl. HmbKommInsR/Morgen Rn. 4).

4 Im **Restschuldbefreiungsverfahren**, erst recht nach Aufhebung des Insolvenzverfahrens (§ 200), ist für § 98 mangels Verweisungsnorm und wegen des anderen Regelungssystems (Versagung der Restschuldbefreiung als Konsequenz einer Obliegenheitsverletzung) kein Raum (AGR/Piekenbrock Rn. 4). Sofern in einem asymmetrisch verlaufenden Insolvenzverfahren die **Restschuldbefreiung** gewährt wird, bleibt § 98 aber anwendbar, wenn die Auskunfts- und Mitwirkungspflichten sich auf Vermögenswerte beziehen, die – nach Maßgabe von § 300a – noch dem Insolvenzbeschlag unterliegen (BGH NZI 2016, 922 Rn. 23).

5 Für die eidesstattliche Versicherung der aufgestellten **Vermögensübersicht** erklärt § 153 Abs. 2 S. 2 die §§ 98, 101 Abs. 1 S. 1 und S. 2 für entsprechend anwendbar. Des Weiteren gilt § 98 Abs. 3 über § 21 Abs. 3 S. 3 entsprechend, wenn das Insolvenzgericht im Eröffnungsverfahren die

Durchsetzung der Pflichten des Schuldners § 98 InsO

Verhaftung als Sicherungsmaßnahme beschließt. Trotz dieser gesetzessystematischen Regelungstechnik soll nach umstrittener, aber nicht zu folgender Ansicht § 98 zudem dort (analog) anwendbar sein, wo die InsO, wie zB in § 176 S. 2, §§ 225a Abs. 2, 281, spezielle Auskunfts- oder Mitwirkungspflichten vorsieht, ohne etwas zur Durchsetzung zu regeln (so HmbKommInsR/Morgen Rn. 1; wie hier abl. K. Schmidt InsO/Jungmann Rn. 1; Uhlenbruck/Zipperer InsO § 97 Rn. 17).

II. Persönlich

In persönlicher Hinsicht können die Zwangsmittel des § 98 gegen den **Schuldner** angeordnet 6 werden, im Falle seiner Verfahrensunfähigkeit (§ 4 InsO, §§ 51, 53 ZPO) auch gegen seinen gesetzlichen Vertreter, nicht aber gegen General- oder Verfahrensbevollmächtigte (vgl. allg. BGH NJW 2020, 1143 Rn. 47). Ist der Schuldner keine natürliche Person, sind die Zwangsmittel über die Verweisungsnorm des § 101 Abs. 1 S. 1 und S. 2 auch auf die **Mitglieder des Vertretungs- und Aufsichtsorgans** und die **vertretungsberechtigten (unbeschränkt) persönlich haftenden Gesellschafter,** ebenso auf die Personen, die in den letzten zwei Jahren vor dem Insolvenzantrag aus einer der vorgenannten Stellungen ausgeschieden sind sowie im Falle der Führungslosigkeit der juristischen Person als Schuldner auch auf die **Gesellschafter** anwendbar.

Hingegen sind die (früheren) **Angestellten** des Schuldners mangels Verweisung in § 101 Abs. 2 7 von § 98 nicht erfasst, ebenso wenig in direkter oder – unzulässiger – analoger Anwendung der **Insolvenzverwalter,** gegen den aufgrund der abschließenden Regelung des § 58 Abs. 2 S. 1 (nur) die Verhängung von Zwangsgeld in Betracht kommt (BGH NZI 2010, 146 Rn. 6).

C. Anordnung eidesstattlicher Versicherung (Abs. 1)

Auf Grundlage von Abs. 1 kann das Gericht gem. §§ 97 Abs. 1, 101 Abs. 1 S. 1 und S. 2 8 zur Herbeiführung wahrheitsgemäßer Auskünfte anlassbezogen die Abgabe der eidesstattlichen Versicherung anordnen.

I. Anordnung

1. Zuständigkeit

Die **sachliche Zuständigkeit** für die **Anordnung** wie auch **Abnahme** der eidesstattlichen 9 Versicherung liegt beim **Insolvenzgericht** (BT-Dr. 12/2443, 142; ausf. Schmerbach NZI 2002, 538). Es kann jedoch im Wege der **Rechtshilfe** ein anderes Amtsgericht (§ 479 ZPO, §§ 156, 157 GVG), welches selbst nicht Insolvenzgericht zu sein braucht (MüKoInsO/Ganter/Bruns § 4 Rn. 91), um Durchführung der Abnahme ersuchen; die Anordnungszuständigkeit kann nicht auf den ersuchten Richter übertragen werden (OLG Köln NZI 1999, 459).

Funktionell zuständig für die Anordnung und Abnahme der eidesstattlichen Versicherung 10 (vgl. hierzu Schmerbach NZI 2002, 538 (539)) ist im Eröffnungsverfahren gem. § 18 Abs. 1 Nr. 1 RPflG der Richter (aA HK-InsO/Schmidt Rn. 10: Abnahme durch den Rechtspfleger wegen § 20 Nr. 17 RPflG), im eröffneten Verfahren dagegen im Grundsatz der Rechtspfleger (arg. ex § 3 Nr. 2 lit. e, § 4 Abs. 2, § 18 RPflG). Führt aber der Richter im eröffneten Insolvenzverfahren auf Grundlage von § 18 Abs. 2 S. 3 RPflG einen Termin zur Einholung von Auskünften nach § 97 durch, so ordnet er die eidesstattliche Versicherung an und nimmt sie ab (§ 6 RPflG). Kommt der Schuldner oder der sonst nach § 101 Abs. 1 Verpflichtete der Anordnung nicht nach, ist der Rechtpfleger weder befugt, Zwangsmaßnahmen nach Abs. 2 Nr. 1 anzuordnen noch anzudrohen, sondern hat die Sache dem zuständigen Richter vorzulegen (§ 4 Abs. 2 und Abs. 3 RPflG).

2. Entscheidung von Amts wegen

Die Anordnung ergeht **von Amts wegen,** erforderlichenfalls auch wiederholt (HK-InsO/ 11 Schmidt Rn. 6). Obwohl es in der Gesetzesbegründung heißt, die Anordnung könne auch auf „Antrag des Insolvenzverwalters oder eines Insolvenzgläubigers ergehen" (BT-Drs. 12/2443, 142), sieht der Gesetzestext – anders als bei § 153 Abs. 2 S. 1 – **kein förmliches Antragsrecht** vor, weder für diejenigen, denen § 97 Abs. 1 ein Auskunftsrecht zuweist, noch die Insolvenzgläubiger. Gleichwohl gestellte Anträge stellen daher lediglich **Anregungen** an das Gericht dar (Braun/Kroth Rn. 2; HK-InsO/Schmidt Rn. 9; FK-InsO/Wimmer/Amend Rn. 6; aA MüKoInsO/Stephan Rn. 12; Jaeger/Schilken Rn. 7; K. Schmidt InsO/Jungmann § 98 Rn. 5). Gegen eine Gesetzesauslegung im wörtlichen Sinne der – keine Differenzierungen enthaltenden – Gesetzesbegründung spricht systematisch, dass sie den Insolvenzgläubigern im Rahmen der Pflichtendurchsetzung eine stärkere Position verschaffen würde als bei der Auskunftsberechtigung nach § 97 (für ein gespaltenes und nur in Bezug auf die Gläubiger untechnisches Verständnis AGR/Piekenbrock Rn. 6). Die Anregungen bedürfen keiner Verbescheidung, erfolgt sie praeter legem gleichwohl, ist hiergegen ein Rechtsmittel nicht statthaft, gleich ob der Richter oder der Rechtspfleger entscheidet.

3. Erforderlichkeit

12   Die Abnahme der eidesstattlichen Versicherung – ggf. auch mehrfach, zB bei neuen Erkenntnissen – setzt voraus, dass sie das Insolvenzgericht für erforderlich hält (Beispiele → Rn. 12.1). Gemeint ist, dass es dem Gericht nach sachgerechter Würdigung im Einzelfall (vgl. K. Schmidt InsO/Jungmann Rn. 5) notwendig erscheint (Beurteilungsspielraum), mittels der eidesstattlichen Versicherung des Schuldners wahrheitsgemäße und vollständige Auskünfte zu erzielen. Dafür genügt nicht, dass die Angaben im konkreten Fall für die bestmögliche Befriedigung der Gläubiger von Bedeutung sind, vielmehr müssen **begründete Zweifel** am Wahrheitsgehalt oder der Vollständigkeit der bisherigen Auskünfte vorliegen (AG Wetzlar NZI 2009, 324 (325); Andres/Leithaus/Leithaus Rn. 3; Jaeger/Schilken Rn. 8); § 98 Abs. 1 setzt mit seinem Erforderlichkeitspostulat insofern mehr voraus als das bloße Auskunftsverlangen des Gläubigers nach § 802c ZPO und das Informationsgewinnungsinteresse zur bestmöglichen Gläubigerbefriedigung (AGR/Piekenbrock Rn. 5 und 7; aA Braun/Kroth Rn. 2; MüKoInsO/Stephan Rn. 11; HK-InsO/Schmidt Rn. 8; HmbKommInsR/Morgen Rn. 3; FK-InsO/Wimmer/Amend Rn. 7). Die Schwelle zur Annahme begründeter Zweifel ist aber nicht hoch anzusetzen; insbesondere bleibt die Anordnung der eidesstattlichen Versicherung nicht auf Ausnahmefälle beschränkt.

12.1   Erforderlichkeit besteht beispielsweise, wenn widersprüchliche oder unvollständig erscheinende Angaben des Schuldners auf eine Verheimlichung von Vermögenswerten hindeuten (ähnlich Jaeger/Schilken Rn. 8; K. Schmidt InsO/Jungmann Rn. 7). Demgegenüber genügt eine zögerliche Beantwortung der Fragen des Insolvenzverwalters für sich noch nicht (AG Wetzlar NZI 2009, 324 (325)). Die Erforderlichkeit ist nicht damit zu verneinen, dass sie bei begründeten Zweifeln nur der Herbeiführung der Strafbarkeit dient, was zweifelsohne eine dem Insolvenzverfahren sachfremder Zweck wäre (HmbKommInsR/Morgen Rn. 3); vielmehr kann gerade die Anordnung der eidesstattlichen Versicherung den Verpflichteten – früher oder später (vgl. § 158 StGB) – zur Korrektur bewegen (vgl. FK-InsO/Wimmer/Amend Rn. 1; allg. MüKoZPO/Forbriger ZPO § 802c Rn. 42).

4. Form und Inhalt der Anordnung

13   Die Anordnung der Abgabe der eidesstattlichen Versicherung erfolgt durch **Beschluss**. Er hat die vom Schuldner verlangte und erteilte Auskunft genau zu bezeichnen und – mangels Rechtsmittelfähigkeit – (nur) knapp zu begründen (AGR/Piekenbrock Rn. 8). Schließt der verkündete Anordnungsbeschluss einen Anhörungstermin ab, ist es als ausreichend anzusehen, wenn sie „zur Beseitigung der beim Gericht bestehenden Zweifel hinsichtlich Wahrheitsgehalt und Vollständigkeit betreffend die zu Protokoll gegebenen Angaben" erfolgt, wobei dies auf einzelne, kurz zu nennende Punkte zu beschränken sein kann. Der schriftliche Anordnungsbeschluss, der einen Termin zur Abgabe der eidesstattlichen Versicherung bestimmt, ist dem Betroffenen zuzustellen (§ 4 InsO, § 329 Abs. 2 S. 2 ZPO).

II. Abnahmeverfahren

1. Verfahren und Form der eidesstattlichen Versicherung

14   Zur Form der eidesstattlichen Versicherung ist die spezielle Verweisung in Abs. 1 S. 2 auf §§ 478–480, 483 ZPO zu beachten. Der Schuldner muss die eidesstattliche Versicherung **persönlich sowie zu Protokoll** des Gerichts leisten (§ 478 ZPO; vgl. § 483 ZPO bei Sprach- oder Hörbehinderung), ggf. auf Ersuchen des Insolvenzgerichts im Wege der Rechtshilfe vor einem anderen Amtsgericht (§ 479 ZPO, §§ 156, 157 GVG), welches selbst nicht Insolvenzgericht zu sein braucht (MüKoInsO/Ganter/Bruns § 4 Rn. 91). Der Termin, der auch per Bild- und Tonübertragung erfolgen kann (§ 4 S. 1 und S. 2 InsO, § 128a ZPO), ist nicht öffentlich (arg. ex § 169 Abs. 1 S. GVG), es gilt aber über § 4 InsO, § 357 Abs. 1 ZPO die Beteiligtenöffentlichkeit (Uhlenbruck/Zipperer Rn. 5; Jaeger/Schilken Rn. 13). Über die Bedeutung der eidesstattlichen Versicherung, insbesondere die Strafbarkeit gem. §§ 156, 163 StGB, muss belehrt werden (§ 480 ZPO).

2. Inhalt der eidesstattlichen Versicherung

Abs. 1 S. 1 bestimmt den Inhalt (Eidesformel) der eidesstattlichen Versicherung des Schuldners **15** oder sonst nach § 101 Abs. 1 S. 1 und S. 2 Verpflichteten: Seine Erklärung („Ich versichere an Eides statt, ...") geht dahin, die von ihm verlangte Auskunft nach bestem Wissen und Gewissen richtig und vollständig erteilt zu haben. Beides ist bezogen auf den Zeitpunkt der Abgabe der eidesstattlichen Versicherung, sodass eine Ergänzung oder Berichtigung früherer Auskünfte vor der eidesstattlichen Erklärung nicht nur möglich ist, sondern gerade bezweckt wird (HK-InsO/Schmidt Rn. 12). Die Abgabe einer falschen eidesstattlichen Versicherung sanktionieren §§ 156, 163 StGB in strafrechtlicher Hinsicht.

3. Umfang der eidesstattlichen Versicherung

Der Umfang der eidesstattlichen Versicherung beurteilt sich nach dem ursprünglichen Aus- **16** kunftsverlangen (§ 97 Abs. 1) und ergibt sich ferner sowie mittelbar aus den früheren Angaben des Schuldners. Das Auskunftsverlangen konkretisiert und begrenzt demnach die Reichweite der unter eidesstattlicher Versicherung zu erteilenden Auskünften (HK-InsO/Schmidt Rn. 11; näher → Rn. 16.1). Die Versicherung kann sich auch auf strafrechtsrelevante Angaben iSv § 97 Abs. 1 S. 2 und Geschäftsgeheimnisse beziehen (Jaeger/Schilken Rn. 10 f.), ebenso auf Anfechtungssachverhalte und – soweit verfahrensrelevant (zB bei § 100) – das insolvenzfreie Vermögen des Schuldners (Uhlenbruck/Zipperer Rn. 4). Verlangt das Gericht – rechtswidrigerweise – eine eidesstattliche Versicherung hinsichtlich einer von § 97 nicht gedeckten Auskunft (einschließlich einer zuvor überobligatorisch erteilten), muss der Schuldner sie nach Ausschöpfung der ihm zustehenden Rechtsbehelfe (dazu → Rn. 17) gleichwohl abgeben (HK-InsO/Schmidt Rn. 11; MüKoInsO/Stephan Rn. 13).

Innerhalb dieses Rahmens kann die eidesstattliche Versicherung auf einzelne Aspekte und Umstände **16.1** beschränkt werden (K. Schmidt InsO/Jungmann Rn. 8); auch **Negativerklärungen** in dem Sinne, dass der Schuldner nach bestem Wissen und Gewissen keine (weiteren) Angaben zu den näher zu bezeichnenden verfahrenserheblichen Umständen machen kann, sind zulässig (HK-InsO/Schmidt Rn. 12).

III. Rechtsmittel

Gegen die **richterliche Anordnung** besteht kein förmliches Rechtsmittel (§ 6 Abs. 1); der **17** Verpflichtete ist auf die Gegenvorstellung beschränkt. Jedoch kann eine inzidente Überprüfung der Anordnung nach § 98 Abs. 1 durch das Beschwerdegericht herbeigeführt werden, wenn der Anordnung keine Folge geleistet wird und das Gericht sie mittels Haftbefehls durchzusetzen versucht (Abs. 2 Nr. 1), gegen die sofortige Beschwerde eingelegt werden kann (Abs. 3). Gegen die **Anordnung durch den Rechtspfleger** ist gem. § 11 Abs. 2 S. 1 RPflG die befristete Erinnerung statthaft (MüKoInsO/Stephan Rn. 12), weshalb der Beschluss dem Betroffenen auch förmlich zuzustellen ist (§ 4 InsO, § 329 Abs. 2 S. 2 ZPO). Im Einzelfall kann die Weigerung des Schuldners, die eidesstattliche Versicherung abzugeben (Abs. 2 Nr. 1 Var. 2), als Erinnerungseinlegung auszulegen sein (HK-InsO/Schmidt Rn. 17).

D. Zwangsweise Vorführung und Inhaftnahme (Abs. 2 und 3)

Auf Grundlage des Abs. 2 kann das Gericht die zwangsweise Vorführung und sogar die Verhaf- **18** tung des Schuldners und der nach § 101 Abs. 1 S. 1 und S. 2 Verpflichteten anordnen (zur Überhaft → Rn. 18.1). Beides sind keine Strafen für Ungehorsam, sondern gleichwertige **Zwangsmittel mit primär Beuge- und teils Sicherungscharakter,** um die jeweiligen insolvenzverfahrensrechtlichen Verpflichtungen zur Auskunft und Mitwirkung durchzusetzen bzw. die Verfahrensziele (§ 1 S. 1) zu verwirklichen. Die Haft kann in den Fällen des Abs. 2 Nr. 2 und Nr. 3 auch Sicherungsmittel sein. Insgesamt soll Abs. 2 im Interesse der Insolvenzgläubiger eine ordnungsgemäße Durchführung des Insolvenzverfahrens gewährleisten (K. Schmidt InsO/Jungmann Rn. 10).

Die Haftanordnung ist selbst dann möglich, wenn der in Haft zu Nehmende sich bereits in Untersu- **18.1** chungs- oder Strafhaft befindet (vgl. AGR/Piekenbrock Rn. 17; MüKoInsO/Stephan Rn. 24; vgl. aber OLG München NJW-RR 2008, 1743: keine Unterbrechung der Strafhaft für Erzwingungshaft).

I. Vorführungs- und Haftgründe (Abs. 2)

Vorführung und Haft als Zwangsmittel setzen materiell das Vorliegen zumindest eines der **19** gesetzlichen **Vorführungs- bzw. Haftgründe** voraus, die in Abs. 2 – abschließend (Andres/

Leithaus/Leithaus Rn. 4) – aufgelistet werden. Ihre jeweilige Anordnung muss zeitlich und inhaltlich an ein vorheriges konkretes Auskunfts- und/oder Mitwirkungsgesuch (§ 97) anknüpfen, dem der Schuldner keine Folge geleistet hat (BGH NZI 2005, 263 (265)). Wegen der Rechtsfolgengleichheit kann in Fällen schwieriger Abgrenzung oder von Überschneidungen aber dahinstehen, unter welchen die Tatbestände der Nr. 1–3 das Auskunfts- oder Mitwirkungsdefizit exakt zu subsumieren ist; im Allgemeinen ist Nr. 3 als Auffangtatbestand aber subsidiär (Jaeger/Schilken Rn. 23).

1. Verweigerung von Auskunft, eidesstattlicher Versicherung und Mitwirkung (Abs. 2 Nr. 1)

20 Abs. 2 Nr. 1 gibt einen Vorführungs-/Haftgrund, wenn der nach §§ 97, 101 Abs. 1 Verpflichtete sich (1.) der Auskunftserteilung gegenüber den Auskunftsberechtigten, oder (2.) der Abgabe der eidesstattlichen Versicherung nach Abs. 1 oder (3.) der Mitwirkung gegenüber dem (vorläufigen) Insolvenzverwalter verweigert.

21 **Verweigerung der Auskunft** (Var. 1) meint, dass der Schuldner die nach § 97 Abs. 1 erbetene Auskunft nicht oder unvollständig erteilt und auf Nachfrage nicht ergänzt (HK-InsO/Schmidt Rn. 16). Dem steht es gleich, wenn der zu einem Anhörungstermin ordnungsgemäß geladene Schuldner grundlos säumig bleibt oder trotz zumutbarer Nachforschungsmaßnahmen fadenscheinig angibt, hierzu nichts sagen zu können („Ausrede statt Angabe"; vgl. LG Göttingen NZI 2003, 383 (384); MüKoInsO/Stephan Rn. 16). Die Abgabe einer (aufgedeckt) falschen Auskunft ist hinsichtlich der unterdrückten Wahrheit ebenfalls eine nicht oder unvollständig erteilte und damit verweigerte Auskunft (HmbKommInsR/Morgen Rn. 10). Auch die Richtigkeit und Vollständigkeit der Erklärung, zu bestimmten Punkten nichts zu wissen und sich nicht kundig machen zu können, kann versichert werden. Das Risiko, dass sich der Schuldner durch Auskunft einer Strafverfolgung aussetzt, steht der Anordnung des Zwangsmittels nach Abs. 2 nicht entgegen (BVerfG NJW 1981, 1431). Nicht erforderlich ist es, den Schuldner vorab nachdrücklich zur Auskunftserteilung anzuhalten (HK-InsO/Schmidt Rn. 16; offengelassen von BGH ZInsO 2006, 265).

22 Eine der Anordnung nach Abs. 1 zuwiderlaufende **Verweigerung der Abgabe der eidesstattlichen Versicherung** (Var. 2) kann ausdrücklich oder stillschweigend, zB durch unentschuldigtes Fernbleiben, außerhalb oder innerhalb des vorgesehenen Termins geschehen. Die förmliche Ladung muss ordnungsgemäß erfolgt sein. Im Einzelfall kann die Weigerung des Schuldners im Wege der Auslegung der Erklärungswert zukommen, gegen die vom Rechtspfleger nach Abs. 1 getroffene Anordnung werde befristete Erinnerung erhoben (§ 11 Abs. 2 RPflG; zum Verfahren → Rn. 22.1).

22.1 In einer solchen Situation kann, wenn die Verweigerung in einem vom Rechtspfleger durchgeführten Termin erfolgt, der Richter hinzugezogen, über die Erinnerung entschieden und gegen den Abgabepflichtigen auf der Stelle eine Haftanordnung beschlossen und verkündet werden (zu den Einzelheiten vgl. HmbKommInsR/Morgen Rn. 7 und 21).

23 **Verweigerung** der nach § 97 Abs. 2 geschuldeten **Mitwirkung** (Var. 3) meint, dass der Schuldner einer konkreten Aufforderung des Insolvenzverwalters, ihn in einer bestimmten und näher zu bezeichnenden Art und Weise zu unterstützen, nicht nachkommt. Besteht Streit über die konkrete Reichweite der Mitwirkungspflicht, ist erforderlichenfalls darüber im Beschwerdeverfahren gegen eine Vorführung-/Haftanordnung inzident zu befinden (MüKoInsO/Stephan Rn. 19).

2. Entziehung/Vorbereitung einer Flucht (Abs. 2 Nr. 2)

24 Abs 2. Nr. 2 knüpft an die Bereitschaftspflicht aus § 97 Abs. 3 S. 1 an. Aus dem gezeigten Verhalten des Schuldners im Sinne **objektiver Indizien** (zB Reiseplanungen ohne erkennbare Rückkehrabsicht, Wohnungsaufgabe) muss sich der Wille des Schuldners ableiten lassen, dass er sich seinen Bereitschaftspflichten zu entziehen beabsichtigt (HK-InsO/Schmidt Rn. 20: Willensmanifestation). Das in Abs. 2 Nr. 2 genannte **Regelbeispiel** der **geplanten Flucht** meint ein körperliches Entziehen, jedoch erfordert der Vorführungs-/Haftgrund nicht generell eine (beabsichtigte) räumliche Veränderung (aA Andres/Leithaus/Leithaus Rn. 6), zB kann die wiederholte Einnahme berauschender Mittel, die zur Aussageunfähigkeit führen, ebenso per Haft verhindert werden wie das Beiseiteschaffen von Unterlagen oder der Widerruf einer Auslandsvollmacht (Jaeger/Schilken Rn. 22). Der Haftgrund ist nicht nur dann gegeben, wenn ihm eine zu sichernde konkrete und zeitlich bestimmte Bereitschaftsanordnung nach § 97 Abs. 3 S. 1 vorausgegangen ist (aA AGR/Piekenbrock Rn. 12), insbesondere nicht im Fall des Regelbeispiels. Steht allerdings nicht zu erwarten, dass es für den weiteren Verfahrensfortgang noch auf die Pflichtenerfüllung nach § 97 ankommt, wird eine Haftanordnung für gewöhnlich unverhältnismäßig sein.

3. Unterbindung von Behinderungshandlungen (Abs. 2 Nr. 3)

Die Vorschrift hat den Charakter eines **Auffangtatbestandes** (HK-InsO/Schmidt Rn. 21). 25
Sie flankiert § 97 Abs. 3 S. 2 (Unterlassungspflicht) und erfasst (drohende) Behinderungshandlungen und -unterlassungen des Schuldners, die seinen Auskunfts- und Mitwirkungspflichten zuwiderlaufen, etwa das Beiseiteschaffen von Massegegenständen (einschließlich eigenmächtigem Forderungseinzug) oder die Beeinflussung anderer Auskunftspersonen.

II. Anordnung

1. Zuständigkeit

Die Zuständigkeit für die Anordnung nach Abs. 2 liegt beim **Insolvenzgericht**. Die Anord- 26
nungskompetenz kann im Wege der Rechtshilfe nicht dem ersuchten Gericht übertragen werden (OLG Köln NZI 1999, 459 f.). **Funktionell** ist ausschließlich der **Richter** zuständig, sowohl für Haft als auch zwangsweise Vorführung. Letztere ist ebenso eine unter dem Richtervorbehalt stehende Freiheitsentziehung iSv Art. 104 Abs. 2 GG (Hömig/Wolff, GG, 12. Aufl. 2018, GG Art. 104 Rn. 7; HmbKommInsR/Morgen Rn. 15). Die richterliche Zuständigkeit erstreckt sich auf **Androhung** wie **Anordnung** (§ 4 Abs. 2 Nr. 2 RPflG). Eine vom Rechtspfleger ausgesprochene Androhung bedarf aber keiner Wiederholung durch den Richter (aA HK-InsO/Schmidt Rn. 27; Laroche ZInsO 2015 1469 (1477)), weil sie keine Anordnungsvoraussetzung für Vorführung oder Haft ist (Jaeger/Schilken Rn. 32). Fehlt die Androhung, kann die Anordnung im Einzelfall aber unverhältnismäßig sein (AGR/Piekenbrock Rn. 13).

2. Entscheidung von Amts wegen

Die Zwangsmittel des Abs. 2 ordnet das Gericht von Amts wegen an. Es handelt sich um eine 27
rechtlich gebundene **Ermessensentscheidung** (BGH NZI 2004, 86; OLG Naumburg NZI 2000, 594 (595); HK-InsO/Schmidt Rn. 23). Ein förmliches **Antragsrecht** für Verfahrensbeteiligte oder gar Dritte ist nicht vorgesehen, auch nicht zugunsten der gem. § 20 Abs. 1 S. 1, § 22 Abs. 3 S. 3, § 97 Abs. 1 Auskunftsberechtigten (aA Jaeger/Schilken Rn. 17; AGR/Piekenbrock Rn. 10).

3. Anhörung des Schuldners

Die **Anordnung** der **zwangsweisen Vorführung** erfordert weder eine vorherige noch nach- 28
trägliche Anhörung der vorzuführenden Person (HK-InsO/Schmidt Rn. 22; Jaeger/Schilken Rn. 25).

Bei der **Haftanordnung** muss das Gericht hingegen gem. Abs. 2 S. 1 den Schuldner bzw. den 29
nach § 101 Abs. 1 S. 1 und S. 2 Verpflichteten **zuvor anhören** (zu Form/Inhalt → Rn. 29.1). Damit ist aber nicht gemeint, dass er hierzu zunächst auf Grundlage eines Vorführungsbefehls zwangsweise vorzuführen ist (HmbKommInsR/Morgen Rn. 13). Inhaltlich muss er über sein Fehlverhalten informiert werden sowie darüber, dass ihm im Falle der Fortsetzung seiner Zuwiderhandlung die Haft droht. Die Anhörung kann nicht nachgeholt werden (arg. e contr. § 99 Abs. 1 S. 3). Im Fall des § 10 Abs. 1 ist sie allerdings entbehrlich (Braun/Kroth Rn. 8; Jaeger/Schilken Rn. 28). Einer nochmaligen Anhörung vor Vollziehung des bereits erlassenen Haftbefehls bedarf es nicht, jedoch kann der Schuldner vor Überstellung in die Justizvollzugsanstalt vor dem Insolvenzgericht regelhaft vorgeführt werden und die Gelegenheit erhalten, durch Erfüllung seiner Pflichten den Haftvollzug abzuwenden (FK-InsO/Wimmer/Amend Rn. 17).

Die Anhörung muss im konkreten Zusammenhang mit dem Fehlverhalten des Schuldners, aber nicht 29.1
persönlich erfolgen (HK-InsO/Schmidt Rn. 22). Ein allgemeiner schriftlicher Hinweis auf die abstrakte Möglichkeit der Haftanordnung in den Fällen des § 98 Abs. 2 bei der Verfahrenseinleitung wird dem nicht gerecht (aA MüKoInsO/Stephan Rn. 22), anders aber aufgrund des konkreten Kontextes bei der Ladung zur Anhörung oder bei Anordnung der Zwangsvorführung (AGR/Piekenbrock Rn. 16). Unzureichend ist aber eine Bezugnahme auf Schreiben des Insolvenzverwalters, wenn der Inhalt nicht wiedergegeben wird oder es nicht in Kopie beiliegt (BGH NZI 2005, 263 (265)). Die Anhörung kann direkt im Anschluss an einen unergiebigen Anhörungstermin (nach zwangsweiser Vorführung) erfolgen (LG Duisburg NZI 2001, 384 (385)), so wenn unmittelbar darauf eine Haftanordnung verkündet (Uhlenbruck/Zipperer

Rn. 13) und (auf Grundlage der Justizgesetze der Länder) eine Ingewahrsamnahme durch die Justizwachtmeister (Saalverhaftung) bewirkt werden soll.

30 Hat die Haftanordnung Sicherungscharakter (so in den Fällen des Abs. 2 Nr. 2 und Nr. 3), kann die vorherige Anhörung kontraproduktiv sein, muss mangels einer Ausnahmeregelung wie § 99 Abs. 1 S. 2 aber dennoch durchgeführt werden (aA Uhlenbruck/Zipperer Rn. 15). Gesetzeskonform ist es jedoch, den Betroffenen zunächst anhörungslos zwangsweise vorführen zu lassen, ihn mit dem Verdacht auf das Vorliegen von Sicherungshaftgründen zu konfrontieren und ihn – soweit dann noch notwendig – auf Grundlage einer in diesem Anhörungstermin zu verkündenden Haftanordnung verhaften zu lassen.

4. Vorführungs-/Haftgrund, Verhältnismäßigkeit

31 Neben dem erforderlichen Vorliegen zumindest eines Vorführungs-/Haftgrundes (dazu → Rn. 19 ff.) muss die konkrete Anordnung wegen ihrer Grundrechtsrelevanz (Art. 2 Abs. 2 S. 2 GG) daneben den **Verhältnismäßigkeitsgrundsatz** wahren (BGH NZI 2005, 263; 2004, 86). Das Gericht muss also insbesondere bei Erlass eines Haftbefehls in Anlehnung an § 116 StPO prüfen, ob das gewünschte Ziel möglicherweise auch mit einem anderen, weniger einschneidenden Mittel erreicht werden kann (zur Einholung von Drittauskünften gem. § 4 InsO, § 802l ZPO vgl. → Rn. 52 ff.). Dabei muss das jeweils **mildere Mittel** zur Erreichung des mit § 98 verfolgten Zwecks tatsächlich ausreichen und erfolgversprechend sein (BGH NZI 2004, 85). Auch wenn die zwangsweise Vorführung gegenüber der Haftanordnung, die ihrem Charakter nach ultima ratio ist (Andres/Leithaus/Leithaus Rn. 8), speziell im Fall des Abs. 2 Nr. 1 das grundsätzlich mildere Mittel darstellt (OLG Naumburg NZI 2000, 594 (595)), kann im Einzelfall geboten sein, ohne Vorschaltung einer Vorführung direkt eine Haft anzuordnen (Jaeger/Schilken Rn. 24), ggf. neben vollzogener bzw. vollstreckter Untersuchungs- oder Strafhaft als Über-/Nachhaft (MüKoInsO/Stephan Rn. 24). Generell besteht **kein striktes Stufenverhältnis** zwischen den beiden Zwangsmitteln des § 98 (HK-InsO/Schmidt Rn. 25; Uhlenbruck/Zipperer Rn. 17; aA FK-InsO/Wimmer/Amend Rn. 10 und 25; K. Schmidt InsO/Jungmann Rn. 11), insbesondere nicht bei der Fluchtgefahr gem. Abs. 2 Nr. 2 oder drohenden Benachteiligungshandlungen iSv Abs. 2 Nr. 3 (Jaeger/Schilken Rn. 24). Ist eine angeordnete Vorführung gescheitert, ist der Weg zur Haft in der Regel frei (LG Arnsberg BeckRS 2010, 20868 Rn. 4; LG Köln BeckRS 2004, 13022 Rn. 16).

32 Als mildere Mittel sind nur die in der InsO vorgesehenen Zwangsmittel zu berücksichtigen; Zwangsgelder (dazu LG Münster NZI 2021, 283 Rn. 4 f.; LG Berlin Rpfleger 1981, 362) oder die Einziehung eines Reisepasses zählen im eröffneten Verfahren (arg. ex § 21 Abs. 1 S. 1, Abs. 3 S. 1; für analoge Anwendung Jaeger/Schilken Rn. 24) mangels Ermächtigungsgrundlage nicht dazu. Allerdings ist es bei der Haftanordnung zulässig, dem Schuldner vorseiten des Gerichts eine **Abwendungsbefugnis** einzuräumen, zB bei Abs. 2 Nr. 2 (Flucht) in Form der freiwilligen Abgabe seines Reisepasses (HK-InsO/Schmidt Rn. 26; AGR/Piekenbrock Rn. 11).

33 Ist Haft angeordnet, verlangt der Verhältnismäßigkeitsgrundsatz eine **fortwährende Überprüfung** ob des Fortbestehens der Anordnungsvoraussetzungen (K. Schmidt InsO/Jungmann Rn. 17; vgl. auch Abs. 3 S. 2, → Rn. 43).

5. Anordnungsform und -inhalt

34 Die Anordnung erfolgt durch **Beschluss**. Er ist Grundlage für den davon zu unterscheidenden **Vorführungs- oder Haftbefehl**, der die Ausfertigung des Haftanordnungsbeschlusses als Grundlage der Vollstreckung durch den funktionell zuständigen Gerichtsvollzieher (§ 98 Abs. 3 S. 1 InsO, § 802g Abs. 3 ZPO) darstellt (AGR/Piekenbrock Rn. 15; HK-InsO/Schmidt Rn. 28; aA FKR InsR Rn. 540: Erlass des Haftbefehls ohne gesonderten Anordnungsbeschluss) und zu seiner Vollstreckbarkeit keiner Vollstreckungsklausel bedarf (Uhlenbruck/Zipperer Rn. 19). Die Gerichtspraxis weicht hiervon aber teils ab, indem nur ein Vorführungs- oder mit Begründung und Rechtsbehelfsbelehrung versehener Haftbefehl in Urschrift gefertigt und zur Akte genommen werden; das mag toleriert werden, weil man darin die Anordnung selbst erblicken kann.

35 Bei der Vorführung lautet der **Tenor** auf „Die zwangsweise Vorführung des ... durch den Gerichtsvollzieher wird angeordnet", bei der Haft auf „Es wird angeordnet, dass der ... in Haft zu nehmen ist". Wegen seiner Grundrechtsrelevanz (Art. 2 Abs. 2 S. 2 GG) bedarf der Beschluss – selbst ohne ausdrückliche Regelung in der InsO – einer einzelfallbezogenen **Begründung**. Der Begründungszwang dient der Selbstkontrolle des Gerichts, der Unterrichtung des Schuldners und soll – im Falle der Haft – eine Prüfung durch das Beschwerdegericht ermöglichen (BGH NZI 2005, 263 (265)). Der Anordnungsbeschluss muss folglich die **Handlungen**, die mit der Zwangs-

maßnahme durchgesetzt werden sollen, so **genau bezeichnen,** dass aus sich selbst heraus für den Schuldner verständlich und erkennbar ist, was von ihm verlangt wird. Jedoch genügt es, wenn vorzulegende Unterlagen nur hinsichtlich ihrer Art und ihres Erstellungsdatums umschrieben werden (zB „alle Kassenbücher für den Zeitraum ab Insolvenzeröffnung bis heute"), ohne sie – was dem Gericht mangels Kenntnis kaum jemals möglich sein wird – im Einzelnen noch näher zu bezeichnen (überzogen daher BGH NZI 2005, 263 (265)).

Speziell in den Fällen des Abs. 2 Nr. 1 kann die Vorführungsanordnung zur effektiven Verfahrensgestaltung auch zum Inhalt haben, den Verpflichteten **vor den (vorläufigen) Insolvenzverwalter** (HmbKommInsR/Morgen Rn. 17), aber auch den **Sachverständigen** (§ 5 Abs. 1 S. 1) zu einem mit diesem abzustimmenden Termin **vorzuführen.** Dies ist gegenüber der umständlichen Vorführung vor das Gericht regelhaft die mildere, weil weniger zeitintensive Ausgestaltung: Da eine gewinnbringende Anhörung meistens erfordern wird, dass der mit dem Sachverhalt besser vertraute Verwalter/Sachverständige hinzukommt, müsste auf ihn zunächst zugewartet werden. 36

6. Zustellung

Wird **Haft** angeordnet, ist der Anordnungsbeschluss rechtsmittelfähig (Abs. 3 S. 3) und muss dem Betroffenen **zugestellt** werden (§ 4 InsO, § 329 Abs. 3 Var. 2 ZPO), auch dann, wenn er zuvor mündlich verkündet wurde (vgl. im Allgemeinen HK-ZPO/Saenger ZPO § 329 Rn. 16; MüKoZPO/Musielak ZPO § 329 Rn. 8; aA HK-InsO/Schmidt Rn. 28). Auf die Entbehrlichkeitsvorschrift des § 802g Abs. 1 S. 3 ZPO verweist § 98 Abs. 3 S. 1 gerade nicht (dennoch für Anwendbarkeit Uhlenbruck/Zipperer Rn. 19). Der Beschluss hat eine Rechtsmittelbelehrung zu enthalten (§ 4 InsO, § 232 ZPO), weswegen die Zustellung nur des ausgefertigten Haftbefehls nicht genügt (aA AGR/Piekenbrock Rn. 16; Jaeger/Schilken Rn. 28), zumindest dann nicht, wenn er keine Rechtsbehelfsbelehrung enthält; der Haftbefehl ist dem Betroffenen gleichwohl zwingend bei der Verhaftung auszuhändigen (§ 98 Abs. 3 S. 3 InsO, § 802g Abs. 2 S. 2 ZPO). Um speziell den Erfolg der Haftanordnung nach Abs. 2 Nr. 2 nicht zu gefährden, kann das Gericht den Gerichtsvollzieher entsprechend § 4 InsO, § 168 Abs. 2 ZPO zusätzlich beauftragen, den Anordnungsbeschluss zeitgleich mit der Verhaftung zuzustellen. Eine Beglaubigung der zuzustellenden Beschlussabschrift ist gem. § 8 Abs. 1 S. 1 nicht erforderlich (aA AGR/Piekenbrock Rn. 16). 37

Der Beschluss, der eine **Vorführung** anordnet, muss nicht zwingend förmlich zugestellt werden (aA AGR/Piekenbrock Rn. 14), es sei denn, es hat der – allerdings funktionell unzuständige (§ 4 Abs. 2 Nr. 2 RPflG) – Rechtspfleger entschieden; dann ist nämlich die befristete Erinnerung gem. § 11 Abs. 2 RPflG gegeben. Der Beschluss, mit dem die Vorführung angeordnet wird (bzw. in der Gerichtspraxis nicht selten nur der allein existierende Vorführungsbefehl), ist dem Betroffenen aber bekanntzugeben (§ 4 InsO, § 329 Abs. 2 S. 1 ZPO), nicht zuletzt, damit er seiner Auskunfts- und Mitwirkungspflicht noch freiwillig nachkommen kann. 38

III. Vollziehung der zwangsweisen Vorführung

Im Gegensatz zur Haftanordnung (Abs. 3) sieht § 98 keine besonderen Regelungen für die Durchführung der angeordneten zwangsweisen Vorführung vor. Dem für die Vollstreckung funktionell zuständigen Gerichtsvollzieher ist (über die Gerichtsvollzieherverteilerstelle) zusammen mit seiner Beauftragung durch das Insolvenzgericht eine Ausfertigung des Vorführungsbefehls zu übergeben; er handelt nach Maßgabe von § 149 GVGA und ist zur Anwendung von Gewalt befugt. Örtlich zuständig ist nach allgemeinen Grundsätzen der Gerichtsvollzieher an dem Ort, von dem aus der Betroffene vorgeführt werden soll (vgl. zur Haft Musielak/Voit/Voit ZPO § 802g Rn. 14). Einer richterlichen **Durchsuchungsanordnung** für eine Vorführung aus der Wohnung des Vorzuführenden bedarf es nicht: § 4 InsO, § 758a Abs. 2 ZPO sind erst recht auf den Vorführungsbefehl anzuwenden (Uhlenbruck/Zipperer Rn. 18; Jaeger/Schilken Rn. 25). Für die Vollziehung des Vorführungsbefehls zur **Nachtzeit** (oder – nicht praxisrelevant – an einem Sonn- oder Feiertag) bedarf es gem. § 4 InsO, 758a Abs. 4 S. 1 ZPO jedoch einer gesonderten Anordnung (HmbKommInsR/Morgen Rn. 19; vgl. BGH NJW-RR 2005, 146 zum Haftbefehl), die durch separaten unanfechtbaren Beschluss (§ 6 Abs. 1) ergehen oder mit der Vorführungsanordnung direkt verbunden werden kann. Die Vorführung eines Haftunfähigen (Abs. 3 S. 1 iVm § 802h Abs. 2 ZPO) wird, falls man sie überhaupt für zulässig erachtet (vgl. zum Streitstand Uhlenbruck/Zipperer Rn. 20), nur äußerst selten als noch verhältnismäßig in Betracht kommen. Die Anordnung gestattet, den Vorzuführenden für kurze Zeit bis zum Beginn des Anhörungstermins, der zu den gewöhnlichen gerichtlichen Geschäftszeiten stattfindet, in einer Gerichtszelle unterzubringen (HmbKommInsR/Morgen Rn. 19; aA Uhlenbruck/Zipperer Rn. 13). Ist der Betroffene vorge- 39 führt worden, ist der Vorführungsbefehl verbraucht und es bedarf erforderlichenfalls einer neuen Vorführungsanordnung.

IV. Vollziehung der Erzwingungshaft (Abs. 3 S. 1 und S. 2)

40 Die Vollziehung der Erzwingungshaft folgt dem Vorbild des zivilprozessualen Verfahrens zur Erzwingung der Vermögensauskunft (§§ 802g ff. ZPO), auf welches Abs. 3 S. 1 (als gegenüber § 4 speziellere Vorschrift) teilweise verweist.

41 Die Verhaftung nimmt der funktionell zuständige **Gerichtsvollzieher** vor (§ 98 Abs. 3 S. 1 InsO, § 802g Abs. 2 S. 1 ZPO), der über § 147 GVGA nach Maßgabe von § 145 GVGA vorgeht (LG Göttingen BeckRS 2010, 20876); für die Nachverhaftung gilt § 146 GVGA. Zur Bestimmung des örtlich zuständigen Gerichtsvollziehers bzw. der einschlägigen Gerichtsvollzieherverteilerstelle ist auf den Ort abzustellen, an welchem die Verhaftung durchgeführt werden soll (vgl. zu § 802g ZPO Musielak/Voit/Voit ZPO § 802g Rn. 14; aA Frind NZI 2010, 749 (755): Wohnort). Auch die §§ 758, 758a, 759 ZPO gelangen über § 4 InsO entsprechend zur Anwendung, sodass es keiner zusätzlichen richterlichen **Durchsuchungsanordnung** für die Wohnung des in Haft zu Nehmenden bedarf (§ 758a Abs. 2 ZPO; vgl. HK-InsO/Schmidt Rn. 29), jedoch der separaten Anordnung der **Vollstreckung zur Unzeit** gem. § 758a Abs. 4 ZPO (BGH NJW-RR 2005, 146; allg. dazu BeckOK ZPO/Ulrici ZPO § 758a Rn. 11). Der Gerichtsvollzieher ist zur **Gewaltanwendung** befugt und kann erforderlichenfalls die Polizei hinzuziehen (§ 758 Abs. 3 ZPO). Räume Dritter, an denen sie Alleingewahrsam haben, und erst recht **fremde Wohnungen** dürfen nicht durchsucht werden (LG Göttingen BeckRS 2010, 20876; allg. dazu MüKoZPO/Heßler ZPO § 758a Rn. 25). Der **Haftbefehl** (zur Abgrenzung zur Haftanordnung → Rn. 34) ist bei der Verhaftung in beglaubigter Abschrift dem zu Verhaftenden **auszuhändigen** (§ 98 Abs. 3 S. 1 InsO, § 802g Abs. 2 S. 2 ZPO). Die Vollziehung ist unstatthaft, wenn seit der Haftanordnung zwei Jahre vergangen sind (§ 98 Abs. 3 S. 1 InsO, § 802h Abs. 1 ZPO). § 802h Abs. 2 ZPO zur **Haftunfähigkeit** ist über § 98 Abs. 3 S. 1 ebenfalls anzuwenden, was aber die Haftanordnung an sich nicht hindert, sondern nur zur Vollziehungsaussetzung führt (LG Köln BeckRS 2004, 13022 Rn. 15). Für die amtswegige Prüfung des **Haftaufschubs** ist – wie allgemein bei § 802h ZPO – der Gerichtsvollzieher zuständig (BT-Drs. 16/10069, 28; Jaeger/Schilken Rn. 29; zu Rechtsmitteln → Rn. 41.1); es gilt ein strenger Maßstab (vgl. Uhlenbruck/Zipperer Rn. 20). Wird die Haftunfähigkeit während des laufenden Vollzugs geltend gemacht, kann das Gericht vor einer Entscheidung eine amtsärztliche Untersuchung durchführen lassen (MüKoInsO/Stephan Rn. 36).

41.1 Bejaht der Gerichtsvollzieher die Haftfähigkeit, kann der Betroffene nach hiesiger Ansicht als Minus zu Abs. 3 S. 2 einen Antrag auf einstweilige Haftverschonung beim Insolvenzgericht stellen und im Falle der Antragsabweisung sofortige Beschwerde einlegen (Abs. 3 S. 3). Demgegenüber soll nach hM die Erinnerung gem. § 766 ZPO beim Vollstreckungsgericht statthaft sein, auch zugunsten des Insolvenzgerichts bei vom Gerichtsvollzieher verneinter Haftfähigkeit (Jaeger/Schilken Rn. 29; Uhlenbruck/Zipperer Rn. 20; aA HmbKommInsR/Morgen Rn. 28; richtigerweise kann das Insolvenzgericht nur Dienstaufsichtsbeschwerde gegen den Gerichtsvollzieher einlegen), wobei teilweise gem. § 89 Abs. 3 die Zuständigkeit des Insolvenzgerichts als Vollstreckungsgericht aufgrund seiner Sachnähe angenommen wird (AGR/Piekenbrock Rn. 18; MüKoInsO/Stephan Rn. 25).

42 Die **Höchstdauer** der Haft beträgt sechs Monate, nach deren Ablauf eine Haftentlassung von Amts wegen stattfindet (§ 98 Abs. 3 S. 1 InsO, § 802j Abs. 1 ZPO; aber → Rn. 42.1). Die tatsächlich erfolgte Verhaftung führt zum **Verbrauch** des Haftbefehls; sollte nach Entlassung neuerliche Haft erforderlich werden, bedarf es folglich einer neuen Haftanordnung.

42.1 Wegen derselben Pflichtverletzung kann die **Höchstdauer der Haft** nicht mittels neuer Haftanordnung faktisch verlängert werden (MüKoInsO/Stephan Rn. 25); wegen des Umgehungscharakters geht es auch nicht an, eine Neuanordnung nur rein formell in einem anderen parallel laufenden Eröffnungsverfahren anzuordnen. Bei sukzessiv aufeinanderfolgenden Insolvenzeröffnungs- oder eröffneten Verfahren gilt § 802j Abs. 1 ZPO aber nicht verfahrensübergreifend (Uhlenbruck/Zipperer Rn. 21).

43 Mit **Wegfall des Haftgrundes,** beispielsweise wegen vollständiger Auskunftserteilung durch den Schuldner oder infolge einer Informationsbeschaffung von dritter Seite, ist die Haftanordnung und klarstellend auch der Haftbefehl **von Amts wegen aufzuheben** (Abs. 3 S. 2; vgl. LG Dortmund NZI 2005, 459) sowie gegenüber der Justizvollzugsanstalt oder dem Vorführungsbeamten eine Entlassungsanordnung zu treffen. Das Fortbestehen des Anordnungsgrunds muss folglich fortwährend überprüft werden. Erfüllt der Schuldner seine Pflicht nur zum Teil, ist es eine Frage der Umstände des Einzelfalles, ob die Aufrechterhaltung der Haft im Übrigen noch dem Grundsatz

Durchsetzung der Pflichten des Schuldners § 98 InsO

der Verhältnismäßigkeit entspricht. Hält das Gericht dafür, muss es durch neuen Beschluss seinen **Haftanordnungsbeschluss abändern** oder **ergänzend klarstellen,** auf welche Pflichtendefizite des Schuldners die zu beschließende Aufrechterhaltung noch gestützt wird (BGH NZI 2005, 263 (265)).

Gleiches gilt im Fall des § 98 Abs. 2 Nr. 1, wenn der Schuldner seine fehlende Mitwirkung, **44** insbesondere seine Säumnis in einem anberaumten Anhörungstermin, die Anlass für die Haftanordnung war, **nachträglich entschuldigt;** dann lag schon tatbestandlich kein „Verweigern" vor und die Haftanordnung ist aufzuheben (vgl. zu § 802g ZPO: KG OLGZ 1993, 358 (360); OLG Hamm MDR 1975, 939; aA OLG Frankfurt a. M. RPfleger 1975, 67: nur Aussetzung). Eine einfache Arbeitsunfähigkeitsbescheinigung genügt für eine Entschuldigung allerdings nicht (LG Leipzig NZI 2020, 1004; vgl. zu § 802g ZPO: LG Heilbronn BeckRS 2011, 10886; LG Wuppertal BeckRS 2006, 13248).

Eine **Aussetzung der Vollziehung** der Haftanordnung kommt in Betracht, wenn der Schuld- **45** ner erklärtermaßen seine Mitwirkungspflichten erfüllen will und dies nur mit Haftaussetzung möglich ist (BGH NZI 2005, 263 (265)); vorzuziehen ist es aber, dass er Verwandte, Freunde oder andere um Unterstützung bittet (zB durch Herbeischaffen von Unterlagen aus dem verratenen Versteck). § 98 Abs. 3 S. 1 verweist allerdings nicht auf § 802i ZPO. Das hat zur Folge, dass der Gerichtsvollzieher nicht befugt ist, den Haftbefehl auszusetzen, damit der zu Verhaftende Unterlagen besorgen kann, die er zu seiner Pflichtenerfüllung benötigt (802i Abs. 3 ZPO); über die Aussetzung entscheidet vielmehr das Insolvenzgericht. Der Häftling kann auch nicht „zu jeder Zeit" verlangen, zwecks Erfüllung seiner Pflichten vom Insolvenzgericht angehört zu werden (§ 802i Abs. 1 S. 1 ZPO), dh insbesondere nicht zur Nachtzeit und nicht am Wochenende (aA MüKoInsO/Stephan Rn. 25), zu denen insolvenzgerichtliche Bereitschaftsdienste unüblich sind. Allerdings muss das Insolvenzgericht wegen der Grundrechtsrelevanz (Art. 2 Abs. 2 S. 2 GG) – selbst ohne einfachgesetzliche Regelung – den Schuldner im Rahmen seiner gewöhnlichen Geschäftszeiten unverzüglich anhören.

V. Rechtsmittel (Abs. 3 S. 3)

Gegen die **Anordnung der zwangsweisen Vorführung** ist kein Rechtsmittel gegeben (arg. **46** ex Abs. 3 S. 3 iVm § 6 Abs. 1; ebenso HmbKommInsR/Morgen Rn. 25; MüKoInsO/Stephan Rn. 35: verfassungsrechtlich unbedenklich; dagegen krit. und für analoge Anwendung von § 380 Abs. 3 ZPO Jaeger/Schilken Rn. 26).

Gegen die **Haftanordnung** sowie gegen die **Abweisung** eines **Antrags auf Aufhebung** des **47** Haftbefehls wegen geltend gemachtem Wegfall der Haftvoraussetzungen steht dem **Betroffenen** gem. Abs. 3 S. 3 die **sofortige Beschwerde** (§ 6 Abs. 1) offen, nicht aber gegen eine (nach Abs. 2 ohnehin unnötige) **Haftandrohung** (LG Hamburg NZI 2000, 236). Ist eine Beschwerde unzulässig (zB wegen Fristablaufs), darf das Gericht ihr nicht förmlich abhelfen (vgl. zu § 68 FamFG BGH NJW 2021, 553 Rn. 11 ff. mAnm Toussaint), ist jedoch nicht gehindert, aus Anlass und parallel zum (sich dann erledigenden) Beschwerdeverfahren seine Haftanordnung von Amts wegen aufzuheben (Abs. 3 S. 2); denn die Haftanordnung erwächst allenfalls in formelle, nicht aber in materielle Rechtskraft (MüKoInsO/Stephan Rn. 37; Jaeger/Schilken Rn. 31). Dem Insolvenzverwalter, den Insolvenzgläubigern oder sonstigen Dritten kommt kein Beschwerderecht zu (Jaeger/Schilken Rn. 33), insbesondere nicht gegen die Entscheidung des Insolvenzgerichts, einem Antrag auf Aufhebung der Haftanordnung stattzugeben (MüKoInsO/Stephan Rn. 31).

Nach streitiger, aber zutreffender Ansicht kommt der sofortigen Beschwerde – selbst im Eröff- **48** nungsverfahren – **aufschiebende Wirkung** zu. Das folgt über § 4 InsO aus der entsprechenden Anwendung des § 570 Abs. 1 ZPO (vgl. MüKoZPO/Hamdorf ZPO § 570 Rn. 5; zu § 802g ZPO s. BGH BecksRS 2021, 17157 Rn. 3; **anders die hM zur InsO:** LG Göttingen NZI 2005, 339; Uhlenbruck/Zipperer Rn. 22; HK-InsO/Schmidt Rn. 32; AGR/Piekenbrock Rn. 21; HmbKommInsR/Morgen Rn. 26; K. Schmidt InsO/Jungmann Rn. 20; MüKoInsO/Stephan Rn. 34; Ahrens NZI 2005, 299 ff.; näher → Rn. 48.1). Eine Ausnahme ist in Bezug auf die **Haftgründe des Abs. 2 Nr. 2** und **Abs. 2 Nr. 3** zu machen, wenn die Haft der Verhinderung von Flucht oder Verdunkelungs- bzw. Behinderungsmaßnahmen dient. Hier verbietet sich die entsprechende Anwendung des § 570 Abs. 1 ZPO, weil (nur) diese Haftgründe **Sicherungscharakter** haben und keinen Aufschub dulden. Der Sicherungscharakter und die daraus folgende fehlende aufschiebende Wirkung einer sofortigen Beschwerde sollten für das Vollstreckungsorgan im Beschluss klarstellend erwähnt werden.

Weder der Wortlaut des § 570 Abs. 1 ZPO noch die Gesetzeshistorie lassen die Deutung zu, die Fassung **48.1** dieser Norm sei (bedingt durch ein Redaktionsversehen) zu weit geraten (BGH NJW 2011, 3791 Rn. 10

zur aufschiebenden Wirkung bei §§ 888, 890 ZPO). Der gesetzgeberische Wille zielte auf die Aufgabe des früheren Enumerationsprinzips in § 572 ZPO aF und der Einführung einer Generalklausel unter gleichzeitiger Aufrechterhaltung einzelner Sonderregelungen wie zB in § 181 Abs. 2 GVG (BT-Drs. 14/4722, 112). Eine solche Sonderregelung enthielt und enthält die InsO, insbesondere ihr § 6 indes nicht, sondern hat insoweit schon immer Anleihen bei der ZPO gemacht (vgl. nur MüKoInsO/Ganter, 1. Aufl. 2001, § 6 Rn. 51). Speziell § 6 Abs. 3 ist nicht Sonderregelung zu § 570 Abs. 1 ZPO (so aber Uhlenbruck/Zipperer Rn. 22), sondern zum allgemeinen Wirksamkeitseintritt von Beschlüssen nach § 329 ZPO.

49 Der angefochtene Anordnungsbeschluss ist vom Beschwerdegericht voll überprüfbar, vom Rechtsbeschwerdegericht hingegen nur auf Rechtsfehler und Ermessensfehlgebrauch, -missbrauch oder -nichtgebrauch (Uhlenbruck/Zipperer Rn. 22).

VI. Kosten

50 Die durch die Zwangsmittel des Abs. 2 anfallenden **Kosten** sind solche des Insolvenzverfahrens iSv § 54 Nr. 1 (AGR/Piekenbrock Rn. 22; FK-InsO/Wimmer/Amend Rn. 37; K. Schmidt InsO/Jungmann Rn. 9). Im Eröffnungsverfahren kann das Gericht gem. § 17 Abs. 3 GKG einen Auslagenvorschuss vom Antragsteller anfordern (aA Uhlenbruck/Zipperer Rn. 23).

E. Mittelbare Pflichtendurchsetzung

51 Neben der direkten Durchsetzung auf Grundlage von § 98 halten andere Regelungen die Normadressaten der §§ 97, 101 mittelbar an, ihren Verfahrenspflichten nachzukommen. Zuvörderst zu nennen sind die denkbaren Strafbarkeitstatbestände (zB §§ 156, 263, 283 ff. StGB), aber auch die drohende Kostentragungslast nach § 101 Abs. 3. Eine Pflichtenverweigerung kann zudem zu einem – für den Schuldner wirtschaftlich schmerzlich – gem. § 58 Abs. 2 GKG hohen Streitwert führen (vgl. AG Hannover BeckRS 2021, 13563 Rn. 14).

F. Einholung von Drittauskünften (§ 802l ZPO/Abs. 1a nF)

52 Nach insolvenzrechtlich herrschender, aber nicht unumstrittener und hier nicht geteilter Meinung soll das Insolvenzgericht (in der Rolle des Auftraggebers) **de lege lata** befugt sein, ein **Ersuchen auf Einholung von Drittauskünften** nach § 4 InsO, § 802a Abs. 2 S. 1 Nr. 3 ZPO, § 802l ZPO an den zuständigen Gerichtsvollzieher zu richten, wenn der Schuldner seinen Pflichten aus § 97 nicht nachkommt (AG Köln NZI 2018, 622; AG München NZI 2016, 541; HmbKommInsR/Morgen Rn. 21a ff.; MüKoZPO/Forbriger ZPO § 802e Rn. 15; Beth NZI 2016, 109; Siebert NZI 2016, 541; Marković ZInsO 2016, 1974; aA AGR/Ahrens § 4 Rn. 60; Martens DGVZ 2018, 186; Mroß DGVZ 2018, 258). Manche schreiben diese Befugnis auch dem Insolvenzverwalter zu (AG Rosenheim NZI 2017, 87), teils sogar dem schwachen vorläufigen (Büttner ZInsO 2019, 937 (943)). Folgt man dem, dürfte die Drittauskunftseinholung – (nur) im Umfang der dadurch zu erlangenden Informationen – regelmäßig ein gegenüber der Vorführungs- oder Haftanordnung nach § 98 Abs. 2 milderes Mittel darstellen (aA AG Leipzig ZInsO 2019, 1079 (1081): grundsätzlich nebeneinander möglich). Dies zeigt aber zugleich die systemsprengende Wirkung hM: Die Folgen der Auskunftspflichtverletzung regelt § 98, eine sekundäre „Selbstabhilfebefugnis" durch Informationseinholung bei Dritten auf insolvenzrechtlicher Grundlage ist – auch angesichts der Regelungstiefe zu den Auskunftsverpflichteten in den §§ 97 Abs. 1, 101 – in den Bestimmungen der InsO erkennbar nicht angelegt. Der Schluss von der zulässigen Haft auf die doch verhältnismäßiger erscheinende Drittauskunft ist kein stichhaltiges argumentum a maiore ad minus (so aber AG München NZI 2016, 541), sondern ein Zirkelschluss, der die Anwendbarkeit des § 802l ZPO (als milderes Mittel) bereits voraussetzt, anstatt sie zu beweisen. Der Zugriff auf § 802l ZPO über § 4 stellt daher richtigerweise die Umgehung eines in sich geschlossenen, zugegebenermaßen aber ineffizienten und den Vorschriften zur Einzelzwangsvollstreckung hinterherhinkenden Regelungskomplexes dar. Dies entspricht auch der Sichtweise der Auskunftsstellen – Deutsche Rentenversicherung, Kraftfahrt-Bundesamt und Bundeszentralamt für Steuern –, die regelhaft die Auskunft verweigern (vgl. dazu den Praxisbericht von Mroß DGVZ 2020, 209).

53 Die hiernach in der Rechtspraxis aktuell bestehende Unsicherheit ob der Möglichkeit zur Einholung von Drittauskünften durch Insolvenzgericht und Insolvenzverwalter wird **de lege ferenda** beseitigt sein. Auf Grundlage von Art. 2 Nr. 2 des Gesetzes zur Verbesserung des Schutzes von Gerichtsvollziehern vor Gewalt sowie zur Änderung weiterer zwangsvollstreckungsrechtlicher Vorschriften und zur Änderung des Infektionsschutzgesetzes vom 7. Mai 2021 (GvSchuG, BGBl. 2021 I 850) wird **mit Wirkung zum 1.11.2022** ein **neuer Absatz 1a in § 98 eingefügt** und –

nach hier vertretener Ansicht – die bisherige Praxis zur amtswegigen Einholung von Drittauskünften durch das Insolvenzgericht legalisiert, nicht nur deren Richtigkeit durch den Gesetzgeber klargestellt (vgl. BT-Drs. 19/27636, 35: „Mit der Regelung [...] erhält das Insolvenzgericht die Möglichkeit, Drittauskünfte nach § 802l Abs. 1 S. 1 ZPO-E einzuholen"). Dabei ist im Gesetzgebungsverfahren davon Abstand genommen worden, den Gerichtsvollzieher – wie bislang notgedrungen praktiziert – in die Auskunftseinholung einzubinden. Stattdessen ist eine effiziente **Direkteinholungsbefugnis** für das Insolvenzgericht kodifiziert worden. Ihrem erkennbar abschließenden Charakter kann zugleich die gesetzgeberische Missbilligung von Auskunftseinholungen durch den (vorläufigen) Insolvenzverwalter entnommen werden. Die Anwendung des § 802l ZPO über § 4 wird wegen der neuen Spezialregelung nicht (mehr) gängig sein.

§ 98 Abs. 1a S. 1 nF bestimmt mWv 1.11.2022, dass das Gericht an Stelle des Gerichtsvollziehers 54 die Maßnahmen nach § 802l Abs. 1 S. 1 ZPO durchführen kann, wenn **(1.)** die **Ladung** zu dem Termin zur Abgabe der Vermögensauskunft an den Schuldner **nicht zustellbar** ist und (a) die Anschrift, unter der die Zustellung ausgeführt werden sollte, mit der Anschrift übereinstimmt, die von einer der in § 755 Abs. 1 und 2 ZPO genannten Stellen innerhalb von drei Monaten vor oder nach dem Zustellungsversuch mitgeteilt wurde, oder (b) die Meldebehörde nach dem Zustellungsversuch die Auskunft erteilt, dass ihr keine derzeitige Anschrift des Schuldners bekannt ist, oder (c) die Meldebehörde innerhalb von drei Monaten vor Erteilung des Vollstreckungsauftrags die Auskunft erteilt hat, dass ihr keine derzeitige Anschrift des Schuldners bekannt ist; **(2.)** der Schuldner seiner **Auskunftspflicht** nach § 97 **nicht nachkommt** oder **(3.)** dies aus **anderen Gründen** zur Erreichung der Zwecke des Insolvenzverfahrens **erforderlich** erscheint. Nach § 98 Abs. 1a S. 2 nF ist 802l Abs. 2 ZPO auf die insolvenzgerichtliche Auskunftseinholung entsprechend anzuwenden.

Spiegelbildlich wird in § 74a Abs. 3 SGB X nF die **Übermittlungsbefugnis** für die **Träger** 55 **der gesetzlichen Rentenversicherung** und in §§ 35 Abs. 1 Nr. 20, 36 Abs. 2k StVG für das **Kraftfahrt-Bundesamt** geregelt, beides jedoch unter dem Vorbehalt, dass durch die Datenübermittlung keine schutzwürdigen Interessen des Betroffenen beeinträchtigt werden. Gegenüber dem Träger der gesetzlichen Rentenversicherung ist darüber hinaus eine ausdrückliche Subsidiaritätsregelung vorgesehen (§ 74a Abs. 3 S. 3 SGB X nF), zudem muss das Insolvenzgericht die Zulässigkeitsvoraussetzungen des § 74a Abs. 3 S. 2 SGB X, die sich mit denen in § 98 Abs. 1a SGB X nF decken, bestätigen und darf sein Ersuchen nur elektronisch übermitteln (§ 74a Abs. 3 S. 4 und S. 5 SGB X nF). Bezüglich des **Bundeszentralamts für Steuern** gilt § 93 Abs. 8 S. 3 AO hingegen unverändert fort und soll auch die Auskunftsbegehren des Insolvenzgerichts abdecken (BT-Drs. 19/27636, 35). Eventuell durch die Auskunftseinholung anfallende Kosten sind als solche des Insolvenzverfahrens anzusehen (BT-Drs. 19/27636, 35).

§ 99 Postsperre

(1) ¹Soweit dies erforderlich erscheint, um für die Gläubiger nachteilige Rechtshandlungen des Schuldners aufzuklären oder zu verhindern, ordnet das Insolvenzgericht auf Antrag des Insolvenzverwalters oder von Amts wegen durch begründeten Beschluß an, dass in dem Beschluss bezeichneten Unternehmen bestimmte oder alle Postsendungen für den Schuldner dem Verwalter zuzuleiten haben. ²Die Anordnung ergeht nach Anhörung des Schuldners, sofern dadurch nicht wegen besonderer Umstände des Einzelfalls der Zweck der Anordnung gefährdet wird. ³Unterbleibt die vorherige Anhörung des Schuldners, so ist dies in dem Beschluß gesondert zu begründen und die Anhörung unverzüglich nachzuholen.

(2) ¹Der Verwalter ist berechtigt, die ihm zugeleiteten Sendungen zu öffnen. ²Sendungen, deren Inhalt nicht die Insolvenzmasse betrifft, sind dem Schuldner unverzüglich zuzuleiten. ³Die übrigen Sendungen kann der Schuldner einsehen.

(3) Gegen die Anordnung der Postsperre steht dem Schuldner die sofortige Beschwerde zu. Das Gericht hat die Anordnung nach Anhörung des Verwalters aufzuheben, soweit ihre Voraussetzungen fortfallen.

Überblick

In Ergänzung zu § 97 stellt die Postsperre, die im Kern der Vorgängerregelung des § 121 KO entspricht, ein weiteres Mittel dar, um masserelevante Informationen (direkt) zu erlangen. Allerdings beschränkt sie sich auf die dem Postgeheimnis unterworfenen Posteingangssendungen; dies schließt an den Schuldner gerichtete E-Mails und Telefaxe ein (→ Rn. 7 f.). Die Anordnung der Postsperre durch das allein zuständige Insolvenzgericht (→ Rn. 17) setzt einen Anfangsverdacht für gläubigerbenachteiligende Rechtshandlungen (→ Rn. 12 f.) voraus. Ferner unterliegt das Insolvenzgericht dem Verhältnismäßigkeitsprinzip (→ Rn. 14 ff.). Der Schuldner muss grundsätzlich vorab, zumindest aber nachträglich angehört werden (→ Rn. 19 f.). Schließlich bedarf es ungeachtet des schuldnerischen Beschwerderechts einer fortlaufenden Überprüfung, ob die Voraussetzungen der Postsperre noch fortbestehen (→ Rn. 28 ff.).

Übersicht

	Rn.		Rn.
A. Allgemeines/Normzweck	1	I. Zuständigkeit	20
B. Anwendungsbereich	4	II. Antrag oder Entscheidung von Amts wegen	21
I. Verfahrensart	4	III. Anhörung	22
II. In persönlicher Hinsicht	8	1. Grundsatz der vorherigen Anhörung (Abs. 1 S. 2 Hs. 1)	22
III. In sachlicher Hinsicht	10	2. Absehen von vorheriger Anhörung (Abs. 1 S. 2 Hs. 2)	24
C. Voraussetzungen der Postsperre (Abs. 1 S. 1)	14	3. Nachträgliche Anhörung (Abs. 1 S. 3)	25
I. Anhaltspunkte für gläubigerschädigende Rechtshandlungen	15	IV. Begründeter Beschluss	26
II. Geeignetheit	17	E. Vollziehung und Wirkung der Postsperre (Abs. 2)	31
III. Erforderlichkeit	18		
IV. Angemessenheit (Verhältnismäßigkeit im engeren Sinne)	19	F. Aufhebung der Postsperre (Abs. 3 S. 3)	35
D. Verfahren der Anordnung (Abs. 1 S. 2 und S. 3)	20	G. Rechtsmittel (Abs. 3 S. 1)	40

A. Allgemeines/Normzweck

1 § 99 ist **Ermächtigungsgrundlage** für das Insolvenzgericht zum Eingriff in das (unter einfachem Gesetzesvorbehalt stehende) **Grundrecht** des Schuldners auf Unverletzlichkeit des **Brief- und Postgeheimnisses**, mithin Beschränkung iSv Art. 10 Abs. 2 S. 1 GG (zum Zitiergebot des Art. 19 Abs. 1 S. 2 GG vgl. § 102). Dieses Grundrecht gilt auch für (inländische) juristische Personen (Art. 19 Abs. 3 GG; Gundlach/Frenzel/Schmidt ZInsO 2001, 979 (982); zu EU-Gesellschaften vgl. BeckOK GG/Ogorek GG Art. 10 Rn. 8). An der Verfassungsmäßigkeit der Regelung bestehen aufgrund der Begründungspflicht für die Anordnung, des gegenüber früherer Rechtslage verbesserten Anhörungsrechts des Schuldners sowie dessen Einsichtsrecht (Abs. 2 S. 3) keine Zweifel (BVerfG NZI 2001, 132; zu § 121 KO bereits BVerfG ZIP 1986, 1336; vgl. auch Uhlenbruck/Zipperer Rn. 2). Eingriffe auch in das **Fernmeldegeheimnis** legitimiert die Vorschrift hingegen nicht.

2 Die Norm ist doppelfunktional ausgestaltet, zum einen als präventives Instrument zur Verhinderung von bevorstehenden oder bereits eingeleiteten gläubigerbenachteiligenden Rechtshandlungen des Schuldners, zum anderen zur investigativen nachträglichen Sachaufklärung bereits begangener Handlungen der genannten Art (Uhlenbruck/Zipperer Rn. 5). Sie dient insoweit der **Massefeststellung, -sicherung und -rückgewinnung** (Braun/Kroth Rn. 1; HmbKommInsR/Morgen Rn. 1; Prager/Keller NZI 2012, 829) und flankiert damit § 1 S. 1, § 148 Abs. 1 (AG Duisburg BeckRS 2004, 11104 Rn. 6). Zufällig erlangte Informationen über weitere Massebestandteile und Anfechtungsmöglichkeiten (§§ 129 ff.), die nicht im Kontext zu gläubigerbenachteiligenden Handlungen stehen, sind wegen der Nähe der Vorschrift zu § 97 gleichwohl verwertbar (FK-InsO/Wimmer/Amend Rn. 1).

3 In der insolvenzgerichtlichen Praxis hat die Postsperre angesichts der vielfältigen modernen Kommunikationsmittel und -wege an Bedeutung verloren (HK-InsO/Schmidt Rn. 2). Die an den Unternehmenssitz gerichtete **Geschäftspost,** die als Bestandteil der Geschäftsbücher des Schuldners anzusehen ist und dem Insolvenzbeschlag unterfällt (§ 36 Abs. 2 Nr. 1; dazu MüKo-InsO/Peters § 36 Rn. 101; Nerlich/Römermann/Andres § 36 Rn. 7; aA Münzel/Böhm ZInsO 1998, 363 (365)), darf der Insolvenzverwalter aufgrund §§ 80, 148 zudem ohne Postsperre in Empfang nehmen und öffnen (AGR/Piekenbrock Rn. 4; Jaeger/Schilken Rn. 6; MüKoInsO/Stephan Rn. 13); wenn das Geschäftslokal aufgegeben worden ist, darf der Insolvenzverwalter

auch einen Nachsendeauftrag zur Zuleitung an sich selbst stellen (Braun/Kroth Rn. 21), um die Geschäftspost weiter zu erhalten. Eine Postsperre ist in diesem Bereich dann angezeigt, wenn die begründete Besorgnis besteht, eingehende Briefe würden vom Schuldner zum Nachteil der Insolvenzgläubiger abgefangen und unterdrückt.

B. Anwendungsbereich

I. Verfahrensart

Aufgrund seiner systematischen Stellung im Dritten Teil der InsO gilt § 99 originär im **eröffne-** 4
ten Regelinsolvenzverfahren. Gemäß § 304 Abs. 1 S. 1 kann die Anordnung aber auch im **Verbraucherinsolvenzverfahren** getroffen werden (HK-InsO/Schmidt Rn. 4; FK-InsO/Wimmer/Amend Rn. 6; Jaeger/Schilken Rn. 5), wegen § 306 Abs. 2 S. 1 sogar dann, wenn es im Hinblick auf ein gerichtliches Schuldenbereinigungsplanverfahren ruht (MüKoInsO/Stephan Rn. 46). Im **Restschuldbefreiungsverfahren** (§§ 286 ff.) ist § 99 mangels Verweisungsnorm unanwendbar.

Über die Verweisungsnorm des § 21 Abs. 2 S. 1 Nr. 4 kann bereits im **Eröffnungsverfahren** 5
eine (als solche zu bezeichnende) **vorläufige Postsperre** angeordnet werden (LG Göttingen NZI-Beil. Heft 2/2000, 17). §§ 99, 101 Abs. 1 S. 1 gelten dann entsprechend. Dies entspricht der früheren Rechtslage zu § 106 Abs. 1 S. 2 KO (AGR/Piekenbrock Rn. 3). Die inhaltlichen Anordnungsvoraussetzungen sind unter der Geltung der InsO identisch mit denjenigen im eröffneten Verfahren (BGH NZI 2010, 260 Rn. 2), ebenso steht die vorläufige Anordnung in ihren Wirkungen derjenigen im eröffneten Verfahren gleich, ist also nicht auf eine bloße Posteingangskontrolle ohne eigenes Einsichtnahmerecht beschränkt (OLG Celle NZI 2001, 143 (144); MüKo-InsO/Stephan Rn. 44; Gundlach/Frenzel/Schmidt ZInsO 2001, 979 (981); aA Nerlich/Römermann/Mönning § 21 Rn. 177; Gottwald/Haas InsR-HdB/Vuia § 14 Rn. 49). Zur Frage der Anordnung ohne vorläufige Insolvenzverwaltung vgl. → Rn. 5.1.

Streitig ist, ob die vorläufige Postsperre in rechtlich zulässiger Weise isoliert (dafür MüKoInsO/Stephan 5.1
Rn. 45; HmbKommInsR/Morgen Rn. 3; Nerlich/Römermann/Kruth Rn. 3; Uhlenbruck/Vallender § 21 Rn. 34; Gottwald/Haas InsR-HdB/Vuia § 14 Rn. 49, die auch die Delegation der Postkontrolle an den Sachverständigen als rechtmäßig ansehen) angeordnet werden kann – wofür die besseren Argumente sprechen (instr. Greiner ZInsO 2017, 262 (265 ff.)) – oder ob die vorherige oder spätestens gleichzeitige Bestellung eines vorläufigen Insolvenzverwalters nach § 21 Abs. 2 S. 1 Nr. 1 erfordert, wie überwiegend vertreten wird (näher → § 21 Rn. 73). Zweckmäßig ist in der Praxis regelhaft allein die Kombinationsanordnung.

Die Postsperre kann im **Nachlassinsolvenzverfahren** auf Sendungen an den Erblasser wie 6
auch alle Erben (Nerlich/Römermann/Kruth Rn. 8) bezogen sowie in **Sonderinsolvenzverfahren** der §§ 332 ff. gegen alle Träger der Schuldnerrolle (K. Schmidt InsO/Jungmann Rn. 4) angeordnet werden.

In **Eigenverwaltungsverfahren** (vgl. § 270 Abs. 1 S. 2) wird, wenn über eine – an sich zuläs- 7
sige (Nerlich/Römermann/Kruth Rn. 3; AGR/Piekenbrock Rn. 5; HmbKommInsR/Morgen Rn. 1; aA FK-InsO/Wimmer/Amend Rn. 7) – Postsperre nachzudenken wäre, auch die Aufhebung der Eigenverwaltung wegen zu befürchtender Nachteile im Raum stehen (§ 272 Abs. 1 Nr. 1; vgl. Uhlenbruck/Zipperer Rn. 3). Gleichwohl lassen sich im Hinblick auf § 274 Abs. 3 S. 1 und § 281 Abs. 1 S. 2 Konstellationen erkennen, in denen praktische Anwendungsfälle der Postsperre vorstellbar sind; das Einsichtsrecht liegt dann beim Sachwalter (Jaeger/Schilken Rn. 5).

II. In persönlicher Hinsicht

Die Postsperre gilt für die **an den Schuldner gerichtete Eingangspost,** gleich ob es sich 8
bei ihm um eine natürliche Person, juristische Person oder insolvenzfähige Personengesellschaft handelt (OLG Celle NZI 2000, 583 (584); HK-InsO/Schmidt Rn. 5; aA AGR/Piekenbrock Rn. 4: direkte Geltung nur für natürliche Personen) und unabhängig davon, wer der Absender ist (K. Schmidt/Jungmann Rn. 5). Entscheidend ist der **Adressat,** nicht die **Adresse,** weshalb sog. **Deckadressen** in den Anordnungsbeschluss mit aufgenommen werden können (Uhlenbruck/Zipperer Rn. 10). Strohleute, die als „**Deckadressaten**" eingesetzt werden (zB der Ehegatte), können im Beschluss allenfalls dann mit aufgenommen werden, wenn die von der Postsperre erfassten Briefe gar nicht oder nur vereinzelt wirklich an den eingeschalteten Strohmann gerichtet sind, anderenfalls ein von § 99 nicht mehr gedeckter Eingriff in das Grundrecht des (freilich

InsO § 99   Dritter Teil. Wirkungen der Eröffnung des Insolvenzverfahrens

instrumentalisierten) Dritten vorläge (strenger Frind NZI 2010, 749 (753): Postsperre gegenüber Dritten generell unzulässig). Auch Post, die zwar an Privatanschriften von Vertretern des Schuldners (zB Geschäftsführer) gesendet wird, den Schuldner aber als Empfänger ausweist (so bei der Zustellanweisungen p. Adr.), ist erfasst; es bietet sich aber an, dies für das Postunternehmen im Anordnungsbeschluss klarzustellen, vor allem, wenn ersichtlich verschiedene Briefzentren betroffen sein werden. Auf Post an die Familienmitglieder des Schuldners (aA bei Strohmanneigenschaft HmbKommInsR/Morgen Rn. 10) oder auf die von ihm versandten Postsendungen (**Ausgangspost**) vermag sich die Postsperre hingegen nicht zu erstrecken.

9   Ist der Schuldner keine natürliche Person, kann über § 101 Abs. 1 S. 1 die Sperre auf sämtliche an die **Mitglieder des Vertretungs- und Aufsichtsorgans** und die **vertretungsberechtigten persönlich haftenden Gesellschafter des Schuldners** adressierte Post ausgeweitet werden (aA Nerlich/Römermann/Kruth Rn. 8: schon von § 99 erfasst), insbesondere bei einer GmbH & Co. KG auf Sendungen an die Komplementär-GmbH (Uhlenbruck/Zipperer Rn. 9). Das geschieht aber nicht automatisch, sondern bedarf der **besonderen Anordnung** (näher → Rn. 9.1). Dies gilt auch für Sendungen, die als Privatpost nicht offensichtlich zu erkennen sind, aber die vorgenannten Personen zum Adressaten haben (aA FK-InsO/Wimmer/Amend Rn. 18; HmbKommInsR/Morgen Rn. 8). Bei Insolvenzverfahren von Kapital- oder Personengesellschaften erhält der Insolvenzverwalter die Geschäftspost des Schuldners freilich schon kraft seiner Verfahrensstellung (vgl. § 80; dazu → Rn. 3). Da die Abgrenzung zwischen Geschäfts- und Privatpost zuweilen schwierig ist, bietet sich eine Erstreckungsanordnung aber selbst dann an (K. Schmidt InsO/Jungmann Rn. 6), ebenso, wenn Briefe, die an die Geschäftsanschrift des Schuldners gerichtet sind, von diesem abgefangen werden, bevor der Insolvenzverwalter sie an sich nehmen kann.

9.1   Soweit die Postsperre reichen soll, sind im Anordnungsbeschluss die Namen und Anschriften der Mitglieder des Vertretungs- und Aufsichtsorgans bzw. der vertretungsberechtigten persönlichen Gesellschaft einzeln aufzuführen. Scheidet einer von ihnen später aus seinem Amt aus, muss per **Änderungsbeschluss** die Postsperre insoweit aufgehoben werden (HmbKommInsR/Morgen Rn. 9); dies folgt aus § 101 Abs. 1 S. 2, der eine Postsperre für ehemalige Vertreter nicht vorsieht. Aus letzterem Grund muss das Gericht aber kritisch überprüfen, ob das Ausscheiden aus der Amtsstellung überhaupt wirksam ist.

III. In sachlicher Hinsicht

10   Die Postsperre gilt für Postsendungen. Der Begriff ist weit auszulegen (BT-Drs. 12/2443, 143). Darunter fallen zunächst alle **verkörperten Zusendungen und Mitteilungen**. Hierzu zählen ua Briefe, Postkarten, Telegramme, Pakete, Zeitschriften sowie Zeitungen, und zwar selbst dann, wenn nach dem äußeren Anschein die Relevanz zum Insolvenzverfahren fehlt (HK-InsO/Schmidt Rn. 7). Ob die Postsendungen (nach Wegfall des Postmonopols) von der Deutschen Post AG als Nachfolgerin der staatseigenen Deutschen Bundespost oder von einem anderen privaten Zustelldienst („bezeichnete Unternehmen", § 99 Abs. 1 S. 1) befördert werden, ist unerheblich (BT-Drs. 16/3227, 19).

11   Unabhängig vom Übertragungsweg (Telefonleitung, Funk, elektronisch) werden auch **nichtkörperliche Zusendungen,** die wie zB Faxschreiben oder E-Mails (speziell dazu Münzel/Böhm ZInsO 1998, 363) der Briefpost vergleichbar sind (entscheidend: lesbare Zeichen), erfasst (hM, HmbKommInsR/Morgen Rn. 7; MüKoInsO/Stephan Rn. 20; Uhlenbruck/Zipperer Rn. 6; FK-InsO/Wimmer/Amend Rn. 11; ebenso für SMS AGR/Piekenbrock Rn. 10). Ein Ausdruck oder Download ist nicht erforderlich, bereits der Eingang im Speicher des Empfangsgerätes bzw. im E-Mail-Account genügt (Prager/Keller NZI 2012, 829). Zu den praktischen Problemen → Rn. 11.1 f.

11.1   In der Praxis empfiehlt sich, den Zugriff auf E-Mails und Telefaxe im Anordnungsbeschluss ausdrücklich zu erwähnen, um die Reichweite der Postsperre unzweideutig zum Ausdruck zu bringen (K. Schmidt InsO/Jungmann Rn. 14; Uhlenbruck/Zipperer Rn. 6; Frind NZI 2010, 749 (753)). Des Weiteren bietet es sich an, die bekannten zu sperrenden E-Mail-Adressen im Beschluss konkret zu bezeichnen, weil nicht stets davon ausgegangen werden kann, dass der Schuldner beim E-Mail-Provider mit seinem Klarnamen angemeldet ist; zwingend ist dies aber nicht (aA Frind NZI 2010, 749 (753)). E-Mails, die auf dem E-Mail-Account des Geschäftsführers einer juristischen Person als Schuldner eingehen, sind auch erfasst (AG Ludwigshafen BeckRS 2016, 104989 Rn. 4; Prager/Keller NZI 2012, 829). Wie bei der gewöhnlichen Briefpost sind eingehende E-Mails an eine E-Mail-Adresse des Verwalters umzuleiten oder – wenn technisch nicht anders umsetzbar – zumindest zu „spiegeln" (Kopieversand). Demgegenüber folgt aus der Anordnung der Postsperre keine Verpflichtung des Providers, die Zugangsdaten zum Account dem (vorläufigen) Insolvenzverwalter mitzuteilen (aA AGR/Piekenbrock Rn. 10; MüKoInsO/Stephan Rn. 20), zumal er dann Zugriff selbst auf die Eingänge vor der Anordnung hätte. Alternativ zu § 99 kann der Insolvenzverwalter, gestützt auf § 97 Abs. 2, aber die Mitteilung der Zugangsdaten für die geschäftlichen E-Mail-Accounts vom Schuldner verlangen und Weiterleitungen selber konfigurieren (K. Schmidt InsO/Jungmann Rn. 14) oder kraft seiner Verwaltungsbefugnis einen Auskunftsanspruch aus dem entsprechenden Vertrag gegenüber dem Provider geltend machen (HmbKommInsR/Morgen Rn. 13; Geiser ZInsO 2017, 1185 (1186 f.)).

Hinsichtlich einer möglichen Fax-Sperre hat der Insolvenzverwalter in Ausübung seiner Verwaltungsbefugnis aus § 80 wahlweise die Sperrung der betrieblichen Telefonleitung in Betracht zu ziehen (Andres/Leithaus/Leithaus Rn. 6; Uhlenbruck/Zipperer Rn. 6; aA Jaeger/Schilken Rn. 21: keine Rechtsgrundlage dafür, für die er keiner richterlichen Zustimmung bedarf (aA Nerlich/Römermann/Kruth Rn. 7); für einen privaten Telefonanschluss des Schuldners gilt das nicht. **11.2**

Telefonanrufe, also das gesprochene Wort, schützt hingegen das Fernmeldegeheimnis. Eine **12 Telefon-/Fernsprechsperre** kann nach dem eindeutigen Willen des Gesetzgebers (BT-Drs. 12/2443, 143) – obgleich dies verfassungsrechtlich möglich gewesen wäre (BVerfG ZIP 1986, 1337 zu § 121 KO) – iRv § 99 nicht umgesetzt werden (Braun/Kroth Rn. 5; Uhlenbruck/Zipperer Rn. 6). **Nachrichten** auf Facebook, Twitter, WhatsApp und auf vergleichbaren **sozialen Netzwerken** oder **Messengerdiensten** sind dann als Postsendungen iSv § 99 zu qualifizieren, wenn es sich um Textnachrichten ähnlich einer E-Mail oder SMS handelt, nicht aber bei übermittelten Sprach-, dh Audionachrichten (undifferenziert AGR/Piekenbrock Rn. 10). Eine Überwachung dürfte für den Insolvenzverwalter jedoch de facto schon technisch kaum durchführbar sein (K. Schmidt InsO/Jungmann Rn. 16).

An den Schuldner gerichtete **Anwalts- und Arztschreiben** unterliegen im Grundsatz keinem **13** besonderen rechtlichen Schutz und sind gleichermaßen erfasst (vgl. BVerfG NJW 2001, 745); sie sind von der Postsperre aber auszunehmen, wenn erwartbar kein Massebezug gegeben ist (so zB bei Verteidigerpost wegen Nötigungsdelikts). Ist umgekehrt der **Schuldner** eine beruflich **zur Verschwiegenheit verpflichtete Person** (iSv § 203 Abs. 1 StGB), steht auch dies einer Postsperre regelhaft nicht entgegen (HmbKommInsR/Morgen Rn. 4; AGR/Piekenbrock Rn. 2; Jaeger/Schilken Rn. 22). Den etwaigen Geheimhaltungsinteressen der Absender vertraulicher Post kann, soweit dies geboten erscheint, ausreichend Rechnung getragen werden, indem der Anordnungsbeschluss bestimmt, dass diese Sendungen, soweit äußerlich erkennbar, nur vom Insolvenzverwalter persönlich, nicht aber von seinem Hilfspersonal geöffnet und eingesehen werden (OLG Bremen NJW 1993, 798 (800); FK-InsO/Wimmer/Amend Rn. 16; strenger MüKoInsO/Stephan Rn. 18; Uhlenbruck/Zipperer Rn. 8: Öffnung vertraulicher Post stets nur durch Verwalter persönlich).

C. Voraussetzungen der Postsperre (Abs. 1 S. 1)

Die Postsperre muss – aus der Perspektive ex ante (AGR/Piekenbrock Rn. 6) – in Bezug auf **14** Ob und Umfang erforderlich sein, um für die Gläubiger nachteilige Rechtshandlungen aufzuklären oder zu verhindern, was wegen des darin liegenden Eingriffs in Art. 10 GG – über den Wortlaut des Abs. 1 S. 1 hinaus – insgesamt die **Verhältnismäßigkeit (im weiteren Sinne)** der Anordnung voraussetzt (Braun/Kroth Rn. 7; HK-InsO/Schmidt Rn. 9; MüKoInsO/Stephan Rn. 13; so schon zu § 121 KO OLG Bremen NJW 1993, 798). Neben dem **legitimen Zweck** (Aufklärung/Verhinderung einer mutmaßlichen Gläubigerbenachteiligung), der **Geeignetheit** und **Erforderlichkeit** bedarf es auch der **Angemessenheit**, dh der Verhältnismäßigkeit im engeren Sinne (FK-InsO/Wimmer/Amend Rn. 8; Jaeger/Schilken Rn. 8). Alle maßgeblichen Umstände des Einzelfalls sind zu betrachten: Durch das Verhalten des Schuldners müssen wesentliche Belange der Masse gefährdet sein und diesen bei einer Abwägung der beiderseitigen Interessen der Vorrang vor dem Schutz des Briefgeheimnisses gebühren (BGH NZI 2003, 647; OLG Celle NZI 2000, 583). Für routinemäßige Anordnungen (zB standardisiert in jeder Begleitverfügung zum Eröffnungsbeschluss) ist kein Raum.

I. Anhaltspunkte für gläubigerschädigende Rechtshandlungen

Die Anordnung der Postsperre setzt zunächst voraus, dass bei vernünftiger Würdigung des **15** Einzelfalls **konkrete Anhaltspunkte** nahelegen (Normwortlaut: „erscheint"), dass gläubigerschädigende Rechtshandlungen schon begangen wurden oder bevorstehen; erwiesen muss das nicht sein (HmbKommInsR/Morgen Rn. 2). Ohne diesen Schein fehlt es am legitimen Zweck für eine Postsperre (BT-Drs. 12/2443, 143). Um das Ermittlungsinstrument nicht stumpf werden zu lassen, ist ein **großzügiger Maßstab** anzulegen, weil häufig erst die Informationsbeschaffung per Postsperre (inkl. Zufallsfunde) weitere Nachforschungen ermöglicht (HK-InsO/Schmidt Rn. 14; Uhlenbruck/Zipperer Rn. 5). Ausreichend ist ein **Anfangsverdacht,** der sich durch Indizien verdichtet hat und durch sie belegt ist (hM, MüKoInsO/Stephan Rn. 14; HK-InsO/Schmidt Rn. 13 f.; Braun/Kroth Rn. 9; Jaeger/Schilken Rn. 9; Gundlach/Frenzel/Schmidt ZInsO 2001, 979 (983); Beispiele → Rn. 15.1). Die schlichte Passivität des Schuldners oder sein unspezifisches obstruktives Verhalten (zB schleppende Herausgabe von Unterlagen) für sich genügt noch nicht (aA AGR/Piekenbrock Rn. 7; MüKoInsO/Stephan Rn. 15; Frind NZI 2010, 749 (752); zu großzügig daher LG Göttingen NZI 2001, 44 (45)), ebenso wenig rein abstrakte Verdachtsmomente (BGH NZI 2010, 260 Rn. 3) einschließlich der allgemeinen Erwägung, dass faktisch niemals völlig auszuschließen ist, dass der Schuldner dem (vorläufigen) Insolvenzverwalter Tatsachen verheimlichen könnte (aA Andres/Leithaus/Leithaus Rn. 3). Bei einem laufenden Geschäftsbetrieb kann die vorstehende Wertung aber anders ausfallen. Keinesfalls erforderlich ist, dass der Schuldner vermutlich gerade den Postweg nutzt/nutzen wird, um seine Gläubiger zu schädigen (aA HK-InsO/Schmidt Rn. 14; FK-InsO/Wimmer/Amend Rn. 9; MüKoInsO/Stephan Rn. 14), weil selbst bei anderen beschrittenen Kommunikationswegen der Kommunikationspartner per Brief antworten mag und gläubigerschädigende Handlungen so aufgedeckt werden können.

15.1 Einen Anfangsverdacht begründende Indizien können sich beispielsweise (vgl. dazu HK-InsO/Schmidt Rn. 15; Uhlenbruck/Zipperer Rn. 5; K. Schmidt InsO/Jungmann Rn. 8) aus eigenen Ermittlungsergebnissen des Insolvenzverwalters (Auffinden von Grundsteuerbescheiden, Korrespondenz mit ausländischen Banken etc) oder aus (fern)mündlichen oder schriftlichen Einlassungen von Gläubigern ergeben; sie können ebenso aus dem Verhalten des Schuldners folgen, weil dieser Vermögenswerte bekanntermaßen bereits in der Vergangenheit verschoben oder verschwiegen hatte, Betriebsunterlagen vernichtet hat, nebulöse Angaben zu (früheren) Auslandsreisen macht, oder, weil seine Untätigkeit einer aktiven Behinderung der Masseermittlung gleichkommt (Einlegung unstatthafter Rechtsmittel, hinhaltendes Taktieren etc, vgl. LG Bonn BeckRS 2010, 20874). Gleiches gilt, wenn der Schuldner ein neues Unternehmen gründet und die Gefahr von Auftrags- und Vermögensverschiebungen besteht (LG Deggendorf BeckRS 2011, 9785). Auch der Umstand, dass der Schuldner seine Verfahrensangaben bislang nicht an Eides statt versichert hat, kann zusammen mit anderen Umständen für die Anordnung der Postsperre genügen (BGH NZI 2003, 647; zur Erforderlichkeit aber → Rn. 14). Begründete Verdachtsmomente sind im Rahmen der Anhörung vom Schuldner auszuräumen (Uhlenbruck/Zipperer Rn. 5).

16 **Gläubigerbenachteiligende Rechtshandlungen** iSd Norm sind alle Handlungen und Unterlassungen, die die Masse verkürzen oder ihre Anreicherung verhindern (vgl. MüKoInsO/Stephan Rn. 17), insbesondere das faktische Verheimlichen und das begangene oder zukünftige Verschieben von Massebestandteilen; es muss sich nicht zwingend um Rechtsgeschäfte des Schuldners handeln, schon gar nicht um wirksame (§ 80).

II. Geeignetheit

17 Die Postsperre muss geeignet sein, drohende oder begangene gläubigerbenachteiligende Handlungen tatsächlich zu verhindern bzw. aufzuklären, wobei es genügt, wenn die Zweckerreichung dadurch gefördert wird (weitergehend FK-InsO/Wimmer/Amend Rn. 8). Damit sind insbesondere Postsendungen auszunehmen, die von vornherein keine Masserelevanz haben und zu Ermittlungen nicht taugen (HK-InsO/Schmidt Rn. 16), zB Werbesendungen. Im Praktischen ist aber zu sehen, dass eine offensichtliche Masseirrelevanz sich für die von der Anordnung betroffenen Post- und Telekommunikationsunternehmen nur ausnahmsweise vorab feststellen lässt. Die Geeignetheit steht nicht generell in Frage, wenn der Schuldner ausschließlich Bargeschäfte tätigt (so aber Uhlenbruck/Zipperer Rn. 5); davon abgesehen, dass diese Erkenntnis nur selten vorliegen wird, schließen Barzahlungen spätere Kommunikationsvorgänge seitens seiner Kunden nicht aus, vor allem wenn der Schuldner die Sachleistung erbracht hat.

III. Erforderlichkeit

18 Ein gleichermaßen wirksames, das Grundrecht des Art. 10 GG gar nicht oder weniger beschränkendes Mittel darf nicht – mit zumutbarem Aufwand (Uhlenbruck/Zipperer Rn. 5: mögliche Auslandsbeweisaufnahme nicht vorrangig) – zur Verfügung stehen. Sofern sie nicht schon vergeblich versucht oder von vornherein nicht erfolgversprechend sind, kommen insoweit beispielsweise die Schuldnerauskunft (§ 97 Abs. 1) oder Zeugenvernehmungen (§ 5 Abs. 1) in Betracht (MüKoInsO/Stephan Rn. 13). Der Schuldner, der lediglich seiner Auskunfts- und Mitwirkungspflicht (§ 97) nicht nachkommt, ist zunächst zu einem Anhörungstermin (§ 98 Abs. 1 S. 1) zu laden (HK-InsO/Schmidt Rn. 11). Liegen jedoch gewichtige Hinweise für ein bevorstehendes gläubigerbe-

nachteiligendes Verhalten vor und droht **Gefahr im Verzug,** kann die Postsperre umgehend angeordnet werden (Braun/Kroth Rn. 9).

IV. Angemessenheit (Verhältnismäßigkeit im engeren Sinne)

Die Postsperre muss vor dem Hintergrund ihrer Grundrechtsrelevanz (BT-Drs. 12/2443, 143: 19 „tiefer Eingriff in den privaten Lebensbereich des Schuldners") angemessen sein (Erforderlichkeit im weiteren Sinne/Zweck-Mittel-Relation). Der Schutz der Privatsphäre des Schuldners ist den geschützten Rechten der Insolvenzgläubiger (Art. 14 GG) entgegenzustellen (Gundlach/Frenzel/Schmidt ZInsO 2001, 979 (980)). Interessen verfahrensunbeteiligter Dritter können berücksichtigt werden, spielen bei der Abwägung aber regelhaft eine untergeordnete Rolle (vgl. OLG Bremen NJW 1993, 798 (799) bezüglich der Patienten eines Arztes als Schuldner; aA LG Lübeck DZWiR 2001, 394; Jaeger/Schilken Rn. 8: Drittinteressen generell irrelevant). An der Angemessenheit fehlt es beispielsweise, wenn die fraglichen Rechtshandlungen nur geringfügige Werte betreffen oder im Eröffnungsverfahren keine Kostendeckung herbeiführen würden (Uhlenbruck/Zipperer Rn. 5). Freilich wird in der Praxis die etwaige Geringfügigkeit erst dann zu Tage treten, wenn im Wege der Postsperre mögliche Informationen erlangt wurden. Dies führt nicht zur nachträglichen Unangemessenheit bzw. Rechtswidrigkeit der Postsperre. Vielmehr muss die Postsperre dann mit Bekanntwerden einer solchen Geringfügigkeit aufgehoben werden (Abs. 3 S. 2, → Rn. 30).

D. Verfahren der Anordnung (Abs. 1 S. 2 und S. 3)

I. Zuständigkeit

Über die Anordnung der Postsperre entscheidet das Insolvenzgericht. Die **funktionelle** 20 **Zuständigkeit** liegt im Eröffnungsverfahren beim Richter (§ 18 Abs. 1 Nr. 1 RPflG), im eröffneten Verfahren regelhaft beim Rechtspfleger (§ 3 Nr. 2 lit. e RPflG; Ausnahme: § 18 Abs. 2 RPflG).

II. Antrag oder Entscheidung von Amts wegen

Das Gericht kann **von Amts wegen** tätig werden. Anlass dazu hat es beispielsweise, wenn es 21 von dritter Seite (insbesondere Gläubiger) auf etwaige Verdachtsmomente hingewiesen wird. Daneben hat einzig der (vorläufige) **Insolvenzverwalter** ein förmliches **Antragsrecht.** Abs. 1 S. 1 sieht dafür weder eine besondere Form noch inhaltliche Vorgaben vor. Erfolgreich wird der Antrag aber nur sein, wenn Hinweise auf gläubigerschädigendes Verhalten plausibel dargelegt werden, aus denen sich die Erforderlichkeit der Postsperre, auch hinsichtlich ihres beantragten Umfanges, ergibt (MüKoInsO/Stephan Rn. 26); als Minimum müssen erste, vielleicht noch vage Anhaltspunkte hierzu dargetan werden, um das Gericht zu eigenen Ermittlungen nach § 5 Abs. 1 S 1 zu veranlassen. Bei Dringlichkeit kann der Antrag (fern-)mündlich gestellt werden, sollte zu Dokumentationszwecken dann aber nachträglich verschriftlicht werden. **Dritte,** insbesondere die Insolvenzgläubiger, können eine amtswegige Postsperre zumindest **anregen** (AGR/Piekenbrock Rn. 9; Jaeger/Schilken Rn. 12).

III. Anhörung

1. Grundsatz der vorherigen Anhörung (Abs. 1 S. 2 Hs. 1)

Nach dem gesetzlichen Leitbild soll der Schuldner zur Gewährung rechtlichen Gehörs (Art. 103 22 Abs. 1 GG) vor der Anordnung grundsätzlich angehört werden (Abs. 1 S. 2), ob in einem **mündlichen Termin,** zu dem das Gericht den Schuldner lädt, oder durch **schriftlichen Hinweis;** selbst eine fernmündliche Anhörung ist möglich (HmbKommInsR/Morgen Rn. 5). Entscheidend ist, dass er von der beabsichtigten Postsperre und deren Gründen erfährt. Dies soll ihm ermöglichen, durch Auskunftserteilung oder sonstige Mitwirkung einen Eingriff in seine masse-irrelevante Privatsphäre abzuwenden (HK-InsO/Schmidt Rn. 29; FK-InsO/Wimmer/Amend Rn. 25). Es liegt an ihm, diese Möglichkeit zu nutzen; äußert er sich nicht, hindert dies die Postsperre nicht (Uhlenbruck/Zipperer Rn. 13; Jaeger/Schilken Rn. 17).

Wenn das Gericht bereits im Rahmen vorheriger Maßnahmen, etwa im Zusammenhang mit 23 der Ladung zu einem Anhörungstermin oder bei Erlass eines Vorführungsbefehls in geeigneter Weise, also nicht nur formularmäßig auf die Möglichkeit einer Postsperre **hingewiesen** hat, bedarf es einer nochmaligen Anhörung nicht (MüKoInsO/Stephan Rn. 28; HK-InsO/Schmidt Rn. 28; vgl. BGH NZI 2015, 380 Rn. 8 zur Haft). **Entbehrlich** ist die Anhörung des Schuldners des

Weiteren in den Fällen des § 10 Abs. 1 S. 1 (HmbKommInsR/Morgen Rn. 6; K. Schmidt InsO/Jungmann Rn. 10), jedoch soll dann eine Anhörung seiner Vertreter oder Angehörigen erfolgen (vgl. § 10 Abs. 1 S. 2).

2. Absehen von vorheriger Anhörung (Abs. 1 S. 2 Hs. 2)

24 Von der vorherigen Anhörung kann gem. Abs. 1 S. 2 Hs. 2 ausnahmsweise abgesehen werden, wenn die Anhörung aufgrund besonderer Umstände des Einzelfalls den **Zweck** der Postsperre **gefährden** würde (zum besonderen Begründungsbedürfnis → Rn. 28); eine Wahrscheinlichkeit hierfür genügt (MüKoInsO/Stephan Rn. 29). So kann es sich beispielsweise verhalten, wenn der Schuldner die Anhörung eher als Warnung verstehen dürfte und sich manipulativ um alternative Kommunikationswege bemühen würde (zB Anlegung neuer E-Mail-Postfächer bei anderen Providern), die Anhörung also kontraproduktiv und die Postsperre im Ergebnis aufgrund zu befürchtender **Verdunkelungsmaßnahmen** des informierten Schuldners wirkungslos wäre (aA HmbKommInsR/Morgen Rn. 5: Manipulationsverdacht bereits Tatbestandsvoraussetzung der Postsperre). Als besondere Umstände kommen grundsätzlich die gleichen Indizien in Betracht, die auch Anhaltspunkte für gläubigerbenachteiligende Rechtshandlungen liefern (→ Rn. 15.1). In der Praxis, gerade im Eröffnungsverfahren, gibt es jedoch nur wenige Erkenntnisquellen. Weil für die Postsperre zudem schon ein Anfangsverdacht genügt (→ Rn. 15), wird die Entbehrlichkeit der vorherigen Anhörung zum **faktischen Regelfall** (krit. HK-InsO/Schmidt Rn. 32; AGR/Piekenbrock Rn. 9). Eine praktisch erfolgreiche Umsetzung der anhörungslosen Postsperre (dazu → Rn. 24.1), dh die Erzielung eines „Geheimhaltungsvorteils", ist aber keine rechtliche Voraussetzung für das Absehen von der vorherigen Anordnung (zweifelnd LG Bonn NZI 2009, 652 (653)).

24.1 In der Umsetzung ist darauf zu achten, dass der Anordnungsbeschluss den betroffenen Post- und Telekommunikationsunternehmen mit einem ausreichenden, wegen der Pflicht zur unverzüglichen Nachholung der Anhörung aber knapp bemessenen Vorlauf zugeht. Wird aufgrund einer missglückten Verfügung des Richters oder eines Versehens der Geschäftsstelle der Beschluss dem Schuldner gleichzeitig zugestellt, fehlt es an dem durch Abs. 1 S. 2 Hs. 2 fruchtbar zu machenden Überraschungsmoment.

3. Nachträgliche Anhörung (Abs. 1 S. 3)

25 Erfolgt die Anordnung der Postsperre ohne vorherige Anhörung, ist sie **zwingend unverzüglich nachzuholen** (Abs. 1 S. 3), egal ob schriftlich oder mündlich. Zur Unverzüglichkeit gilt die Legaldefinition des § 121 BGB (Uhlenbruck/Zipperer Rn. 13), die für das gesamte Zivilrecht Geltung beansprucht (Palandt/Ellenberger BGB § 121 Rn. 3). Genügend ist, dem Schuldner im zuzustellenden Anordnungsbeschluss selbst oder im Begleitschreiben ausdrücklich eine Gelegenheit zur Stellungnahme einzuräumen (AGR/Piekenbrock Rn. 12). Die Aufhebung der Postsperre ist dann aber nicht davon abhängig zu machen, dass der Schuldner seiner Auskunfts- und Mitwirkungspflicht zukünftig nachkommt (aA HK-InsO/Schmidt Rn. 34), kann doch gerade die nachträgliche Anhörung dazu führen, dass der zunächst angenommene Anschein gläubigerbenachteiligender Handlungen zerstört wird. Unterbleibt die nachträgliche Anhörung, wird der Verfahrensfehler geheilt, wenn der Schuldner im Beschwerdeverfahren ausreichend Gelegenheit bekommt, seinen Standpunkt darzulegen (BGH NZI 2003, 647).

IV. Begründeter Beschluss

26 Eine mündliche Verhandlung kann, muss der Postsperre jedoch nicht vorangehen (§ 5 Abs. 3 S. 1). Das Insolvenzgericht entscheidet in jedem Falle durch **Beschluss** (Abs. 1 S. 1) mit entsprechender Entscheidungsformel und Begründung.

27 Der **Beschlusstenor** muss ausführen, welche konkreten und näher zu bezeichnenden (Post- und Telekommunikations-)**Unternehmen** Postsendungen an den (vorläufigen) Insolvenzverwalter zuleiten müssen. Sog. **Deckadressen** des Schuldners, die erfasst sein sollen, sind konkret mit aufzuführen (dazu → Rn. 8). Wird eine E-Mail-Sperre angeordnet, sollten die dem Gericht bekannten E-Mail-Adressen ebenfalls genau bezeichnet werden (→ Rn. 11.1), ihre Bestimmbarkeit würde aber ausreichen („alle E-Mails, die an die für den Schuldner beim Provider X geführten E-Mail-Postfächer gerichtet sind"). Eine Postsperre kann für alle oder nur für einige Postsendungen oder Sendungsarten (Brief, Paket etc) angeordnet werden (Andres/Leithaus/Leithaus Rn. 7), die dann aber genau zu bezeichnen oder zu ihrer genügenden Bestimmbarkeit näher zu umschreiben sind (Jaeger/Schilken Rn. 13), zB nach der Person des Absenders. Möglich sind auch Negativausnahmen; prominentestes Beispiel dafür ist die (stets sinnvolle) Herausnahme der Schreiben des Insolvenzgerichts und Insolvenzverwalters wie auch der Staatsanwaltschaft; die entsprechenden Schreiben sind dann mit einem Vermerk („Von der Postsperre ausgenommen!") zu versehen. Der Einschränkung, dass die Privatpost ausgenommen ist, bedarf es nach § 99 aber nicht und sie wäre auch nicht praktikabel; die Aussortierung findet vielmehr durch den Insolvenzverwalter nach Öffnung und Durchsicht des Inhalts statt (arg. ex Abs. 2 S. 2).

Inhaltlich muss beim Anordnungsbeschluss die **Begründung** (vgl. OLG Celle NZI 2002, 272; 2000, 583 (584); LG Bonn NZI 2009, 652; MüKoInsO/Stephan Rn. 30; HK-InsO/Schmidt Rn. 23 ff.; zum Beschwerdeverfahren → Rn. 28.1) die den Anfangsverdacht konkret belegenden Indizien, aus denen sich die Erforderlichkeit der Aufklärung etwaiger Gläubigerbenachteiligungen ergibt, sowie die Abwägung zwischen den Interessen des Schuldners und den Interessen der Insolvenzgläubiger erkennen lassen. Darüber hinaus bedarf es Ausführungen dazu, dass und warum mildere und gleichermaßen wirksame Mittel nicht zur Verfügung stehen, insbesondere, weshalb sie voraussichtlich keinen hinreichenden Erfolg versprechen. Eine formularmäßige oder aus Textbausteinen zusammengesetzte Begründung, die Konkretes zum Verfahren nicht enthält, genügt nicht (K. Schmidt InsO/Jungmann Rn. 9: keine Leerformeln), auch nicht der substanzlose Hinweis auf vom Insolvenzverwalter „ergründete", aber nicht näher erläuterte Verdachtsmomente (OLG Celle NZI 2000, 583 (585)). Wenn das Gericht von der vorherigen Anhörung des Schuldners abgesehen hat, ist gem. Abs. 1 S. 3 stets **gesondert zu begründen,** aus welchen konkreten Umständen abzuleiten ist, dass die vorherige Anhörung den Zweck der Postsperre gefährdet. Die relativ hohen Anforderungen, die das Gesetz an die Begründung stellt, dienen dazu, einem allzu leichtfertigen Gebrauch von der Postsperre Einhalt zu gebieten. **28**

Wird der Anordnungsbeschluss mit der sofortigen Beschwerde angefochten, kann eine fehlende, unvollständige oder fehlerhafte Begründung durch das Insolvenzgericht im Abhilfeverfahren gem. § 4 InsO, § 572 Abs. 1 ZPO noch nachgebessert werden (zum Austausch der Begründung bei Wegfall der ursprünglichen Anordnungsgründe → Rn. 35). Dagegen ist es nicht Sache des Beschwerdegerichts, die Begründung nachzuholen (LG Bonn NZI 2009, 652 (653); K. Schmidt InsO/Jungmann Rn. 9), verfährt es dennoch so, ist sie gleichwohl beachtlich (OLG Köln BeckRS 2000, 30117141; wohl aA MüKoInsO/Stephan Rn. 30). **28.1**

Der Beschluss, mit dem ein förmlicher **Anordnungsantrag** des **Insolvenzverwalters abgelehnt** wird, ist kurz zu begründen, wenn sich der Grund hierfür nicht hinreichend aus den ihm bekannten Umständen oder den für ihn ohne weiteres erkennbaren Besonderheiten des Falles bestimmen lässt (str., für generelle Begründungspflicht AGR/Piekbrock Rn. 13; generell dagegen Jaeger/Schilken Rn. 14; HmbKommInsR/Morgen Rn. 11; MüKoInsO/Stephan Rn. 30). Zwar ist die Ablehnungsentscheidung weder rechtsmittelfähig noch sieht § 99 für diesen Fall ein ausdrückliches Begründungserfordernis vor, jedoch gebietet bei der vorgenannten Sachlage das Willkürverbot gem. Art. 3 Abs. 1 GG und die Bindung des Richters an Gesetz und Recht gem. Art. 20 Abs. 3 GG eine Entscheidungserläuterung (vgl. BVerfG NJW 1998, 3484). Unabhängig von dieser besonderen Konstellation ist spätestens in einem Nichtabhilfebeschluss eine Begründung nachzuholen, wenn die befristete Erinnerung nach § 11 Abs. 2 S. 1 RPflG gegen die Entscheidung des Rechtspflegers eingelegt wird. Im Übrigen bedarf ein richterlicher Beschluss keiner Begründung (pauschaler Uhlenbruck/Zipperer Rn. 11). **29**

Ergeht die Entscheidung aufgrund einer mündlichen Verhandlung, muss sie in dem Termin oder einem anzuberaumenden Verkündungstermin **verkündet** werden (§ 4 InsO, § 329 Abs. 1 S. 1 ZPO, § 310 Abs. 1 S. 1 ZPO). Unabhängig davon muss der Anordnungsbeschluss dem Schuldner bzw. dem organschaftlichen oder gesellschaftsrechtlichen Vertreter stets **zugestellt** werden (vgl. §§ 4, 6 Abs. 2 InsO, § 329 Abs. 2 S. 2 ZPO), ferner den im Beschluss bezeichneten Post- und Telekommunikationsunternehmen als den Befolgungsadressaten der Anordnung (Uhlenbruck/Zipperer Rn. 11). Denn komplementär zu der Befugnis des Insolvenzverwalters, die Aushändigung der erfassten Postsendungen zu verlangen (Abs. 1 S. 1), müssen diese Unternehmen durch vorbereitende Organisation sicherstellen (können), dass der Insolvenzverwalter die im Beschluss beschriebenen Postsendungen tatsächlich erhält (MüKoInsO/Stephan Rn. 33). Dem Insolvenzverwalter als Zuleitungsempfänger ist der richterliche (Anordnungs- oder Ablehnungs-)Beschluss hingegen nicht zwingend förmlich zuzustellen, aber bekanntzugeben (K. Schmidt InsO/Jungmann Rn. 12; aA Nerlich/Römermann/Kruth Rn. 11); anders ist es wegen der Möglichkeit der befristeten Erinnerung gem. § 11 Abs. 2 S. 1 RPflG beim Ablehnungsbeschluss des Rechtspflegers (AGR/Piekenbrock Rn. 14; MüKoInsO/Stephan Rn. 31). **30**

E. Vollziehung und Wirkung der Postsperre (Abs. 2)

31 Für die **Vollziehung** der Postsperre hat das anordnende **Gericht** zu sorgen (Vallender NZI 2003, 244; zum Verhältnis zu den Post- und Telekommunikationsunternehmen → Rn. 31.1), welches (unbeschadet § 8 Abs. 3) den Anordnungsbeschluss den betroffenen Post- und Telekommunikationsunternehmen zustellt. Jene haben nach Maßgabe des Anordnungsumfangs alle an den Schuldner adressierten Postsendungen umzuleiten (zur Konkurrenz mit der strafprozessualen Postbeschlagnahme → Rn. 31.3), nicht jedoch die Post des Gerichts, anderer bezeichneter Behörden oder des Insolvenzverwalters, die als von der Postsperre ausgenommen gekennzeichnet ist. Zusendungen an andere Adressaten (zB Familienangehörige, Untermieter) sind nicht erfasst, weshalb auf Zustellanweisungen des Absenders (zB c/o, z. Hd. oder persönlich) zu achten ist. Eine Erweiterung des Kreises der erfassten Postsendungen kann über § 101 Abs. 1 S. 1 erfolgen und dann auch die an die Mitglieder des Vertretungs- oder Aufsichtsorgans und die persönlich haftenden vertretungsberechtigten Gesellschafter adressierte Post betreffen. Soweit die Postsperre reicht, hat sie in Bezug auf die erfassten Postsendungen die **Wirkung einer Beschlagnahme** (MüKoInsO/Stephan Rn. 22).

31.1 Welcher Gestalt die Rechtsbeziehung zu den von der Anordnung betroffenen Post- und Telekommunikationsunternehmen ist, erscheint unklar. Teilweise wird vertreten, die Postsperre lasse den (vorläufigen) Insolvenzverwalter hinsichtlich der ansonsten insolvenzbeschlagsfreien Privatpost in die Rechtsstellung des Schuldners einrücken. Aus dieser umfassenden Stellung heraus könne er nötigenfalls zivilrechtlich gegen das Post- und Telekommunikationsunternehmen vorgehen und – auch per einstweiliger Verfügung – die Aushändigung der Postsendungen (denkbar nach § 421 Abs. 1 S. 1 HGB) verlangen (dazu Münzel/Böhm ZInsO 1998, 363 (366 f.)); zu grenzüberschreitenden Sachverhalten Prager/Keller NZI 2012, 829 (830 ff.); MüKoInsO/Stephan Rn. 49 f.; s. auch Art. 32 EuInsVO, der anders als Art. 25 Abs. 3 VO (EG) 1346/2000 nicht mehr vorsieht, dass Entscheidungen, die in das Postgeheimnis eingreifen, per se die Anerkennung verweigert werden kann). Ggf. soll der Insolvenzverwalter sogar Schadensersatz (auf Grundlage der §§ 280, 823 Abs. 2 BGB) verlangen können (HmbKommInsR/Morgen Rn. 12). Der Anordnungsbeschluss gem. § 99 soll aber noch keinen Vollstreckungstitel zugunsten des Insolvenzverwalters darstellen (Prager/Keller NZI 2012, 829).

31.2 Andere meinen, die Post- und Telekommunikationsunternehmen seien direkt aufgrund des ihnen zugestellten Anordnungsbeschlusses zu dessen Befolgung verpflichtet (HK-InsO/Schmidt Rn. 27; Jaeger/Schilken Rn. 15; Uhlenbruck/Zipperer Rn. 6 unter Verweis auf den Vorbildcharakter des § 2 Artikel 10-Gesetz). Letzteres entspricht auch der Vorstellung des Gesetzgebers bei der Wahl der Formulierung „zuzuleiten haben" (aA HmbKommInsR/Morgen Rn. 19). In der Begründung des Gesetzes zur Vereinfachung des Insolvenzverfahrens (BT-Drs. 16/3227, 19) heißt es, es solle eine „ausdrückliche Verpflichtung in § 99 Abs. 1 InsO eingestellt werden, um im Falle der Weigerung des Postdienstleistungsunternehmens zügig Vollstreckungsmaßnahmen einleiten zu können"; für ihre Zuleitungstätigkeit sollen sie – so der Gesetzgeber (BT-Drs. 16/3227, 19) – aber das übliche Entgelt für eine Postnachsendung bzw. Postlagerung erheben dürfen (krit. Pape ZInsO 2003, 389 (392); abl. AGR/Piekenbrock Rn. 20; ausf. zu Kostenfragen Vallender NZI 2003, 244; MüKoInsO/Stephan Rn. 47 f.; Uhlenbruck/Zipperer Rn. 12). Einzelheiten zur zwangsweisen Durchsetzung der Postsperre regelt die InsO freilich nicht; auch das PostG sieht, anders als noch § 45 Abs. 6 PostO, derartiges nicht vor. In Parallelität zur gesetzlich ebenfalls nicht näher ausgestalteten Postbeschlagnahme nach §§ 99, 100 StPO, die aufgrund des Grundsatzes, dass richterlichen Herausgabeanordnungen allgemein Folge zu leisten ist, mit den Mitteln des § 70 StPO durchsetzbar sein soll (vgl. BGH NJW 2009, 1828; BeckOK StPO/Graf StPO § 99 Rn. 29), kommen für das Insolvenzverfahren jedoch die Ordnungs- und Zwangsmittel analog § 4 InsO, § 380 ZPO in Betracht (für den Erlass eines „Unterlassungsbeschlusses" durch das Insolvenzgericht und Vollstreckung nach § 890 ZPO auf Antrag des Insolvenzverwalters hingegen FK-InsO/Wimmer/Amend Rn. 17).

31.3 Trifft die Postsperre nach § 99 mit der strafprozessualen Postbeschlagnahme gem. §§ 99, 100 StPO zusammen, geht letztere faktisch vor, weil die Beschlagnahme bereits im Gewahrsam des Postunternehmens bewirkt wird, mithin die Zuleitung an den Insolvenzverwalter gar nicht mehr erfolgt (für rechtlichen Vorrang dagegen MüKoInsO/Stephan Rn. 24; Uhlenbruck/Zipperer Rn. 10; Jaeger/Schilken Rn. 23). Aus dem Richtervorbehalt des § 100 Abs. 3 StPO folgt nichts anderes, weil dort nur das Straf-, nicht das Insolvenzgericht gemeint ist (unklar Nerlich/Römermann/Kruth Rn. 6).

32 Das Weitere erfolgt durch den **Insolvenzverwalter:** Er ist nach dem Gesetz der alleinige **Zuleitungsempfänger,** wird durch die Postsperre aber nicht zum Zustellungsbevollmächtigten des Schuldners (BayObLG NJW 1979, 1218 zu § 121 KO). Ebenso wenig werden bei angeordneter Postsperre die an den Schuldner gerichteten förmlichen Zustellungen mit der Aushändigung an den Insolvenzverwalter ordnungsgemäß bewirkt; richtigerweise sind sie stattdessen vom Postunternehmer an den Absender als unzustellbar zurückzusenden (BFH BeckRS 2008, 25014204; FK-

InsO/Wimmer/Amend Rn. 15). Anders ist dies bei einer noch vor der Anordnung bewirkten Ersatzzustellung durch Niederlegung (§ 181 ZPO), bei der dem Insolvenzverwalter das Zustellungsstück auszuhändigen ist (AGR/Piekenbrock Rn. 11; MüKoInsO/Stephan Rn. 35).

Nach Abs. 2 S. 1 iVm S. 2 hat der Insolvenzverwalter das **Recht**, die erhaltenen Postsendungen – auch ohne Beisein des Schuldners (K. Schmidt/Jungmann Rn. 3) – **zu öffnen und einzusehen;** letzteres folgt zwar nicht aus dem Wortlaut, jedoch aus dem Sinn und Zweck der Norm (Jaeger/Schilken Rn. 26). Dies gilt ab Wirksamkeit des Beschlusses, die im Verhältnis zum Insolvenzverwalter und den Post- und Telekommunikationsunternehmen nicht von der Zustellung des Anordnungsbeschlusses an den Schuldner abhängt, und bereits vor Eintritt der Rechtskraft (arg. ex § 4 InsO, § 570 Abs. 1 ZPO). Die Einsichtnahme des Verwalters ist nicht unbefugt iSv § 202 StGB (AGR/Piekenbrock Rn. 15). Obgleich es sich um eine originäre Verwaltertätigkeit handelt (MüKoInsO/Stephan Rn. 37; HK-InsO/Schmidt Rn. 37), darf sich der Insolvenzverwalter hierzu seiner – instruierten – **Mitarbeiter** bedienen, ohne dass die Belange des Schuldners sowie des Absenders dem entgegenstehen (Braun/Kroth Rn. 14; krit. K. Schmidt InsO/Jungmann Rn. 17); bei strengerer Auslegung wäre die Norm schon bei mittelgroßen Insolvenzverfahren mit gesteigertem Postaufkommen nicht praktikabel (FK-InsO/Wimmer/Amend Rn. 28), obwohl gerade dort mit einer nicht nur unbeträchtlichen Masse zu rechnen ist und die Postsperre besondere Bedeutung erlangen kann. Die Verletzung der Verschwiegenheitspflicht (vgl. § 203 Abs. 1 Nr. 3 StGB für die Person des Insolvenzverwalters) ist auch für die Hilfspersonen nach § 203 Abs. 3 StGB strafbewehrt. Ist jedoch der **Schuldner** eine zur **Verschwiegenheit verpflichtete Person** (zB Anwalt, Steuerberater, Arzt, Wirtschaftsprüfer) und ordnet das Gericht in seinem Beschluss an, dass zur Wahrung der Geheimhaltungsinteressen Dritter deren Post nur persönlich vom Insolvenzverwalter geöffnet und eingesehen werden darf (vgl. → Rn. 13), ist dies für ihn bindend (krit. HmbKommInsR/Morgen Rn. 4). Abs. 2 S. 1 schließt im Übrigen nicht aus, dass (auch) das Gericht vom Insolvenzverwalter übergebene Postsendungen öffnet und einsieht.

Stellt der Insolvenzverwalter fest, dass es sich um **masse-irrelevante Postsendungen** handelt, 34 sind diese unverzüglich im Original an den Schuldner **weiterzuleiten** (Abs. 2 S. 2; zum Datenschutz s. Weiß/Reisener ZInsO 2017, 416 (417)), selbst ohne ausdrückliches Herausgabeverlangen. Dies gilt auch für Schreiben, die inhaltlich einen Dritten betreffen (Braun/Kroth Rn. 15). Aufgrund des Gesetzeswortlauts („sind zuzuleiten") handelt es sich um eine Schickschuld des Verwalters (ähnlich Uhlenbruck/Zipperer Rn. 14), jedoch ist eine Abholung im Verwalterbüro rechtens, wenn der Schuldner sich damit (schlüssig) einverstanden erklärt. Entsprechendes gilt für masserelevante Sendungen, wenn der Insolvenzverwalter das Original nicht mehr benötigt. Verweigert der Verwalter die Herausgabe, kann der Schuldner Aufsichtsmaßnahmen nach § 58 anregen (krit. HmbKommInsR/Morgen Rn. 18) oder vor dem Prozessgericht auf Herausgabe klagen (Braun/Kroth Rn. 18; AGR/Piekenbrock Rn. 15; Jaeger/Schilken Rn. 27). Soweit der Insolvenzverwalter Postsendungen aus Sachgründen einbehält, wofür es keiner gesonderten Beschlagnahmeanordnung des Insolvenzgerichts bedarf, hat er sie bis zur Beendigung der Postsperre aufzubewahren (HK-InsO/Schmidt Rn. 38). Der **Schuldner** darf beim Insolvenzverwalter aber alle Postsendungen **einsehen** (Abs. 2 S. 3) und sich auf eigene Kosten hiervon **Kopien** im Insolvenzverwalterbüro anfertigen (§ 811 Abs. 2 S. 1 BGB). Dies gilt jedoch nur unter Berücksichtigung der Bürobelange sowie der Anforderungen an eine ordnungsgemäße Insolvenzabwicklung (Uhlenbruck/Zipperer Rn. 15; Braun/Kroth Rn. 16), erlaubt also weder die Einsicht zur Unzeit noch die Dauerbelagerung des Fotokopierers.

F. Aufhebung der Postsperre (Abs. 3 S. 3)

Als Ausfluss des Verhältnismäßigkeitsgrundsatzes und zur Kompensation dafür, dass dem Schuldner 35 kein Beschwerderecht gegen die Ablehnung der Aufhebung der Postsperre zusteht (Uhlenbruck/Zipperer Rn. 17), hat das Insolvenzgericht die (vorläufige) Postsperre **von Amts wegen aufzuheben,** soweit ihre Anordnungsvoraussetzungen nicht mehr vorliegen (Abs. 3 S. 2; zur vorläufigen Postsperre → Rn. 28.1). Die Aufhebung hat dann **unverzüglich** zu erfolgen (BT-Drs. 12/2443, 143), jedoch erst nach Anhörung des (vorläufigen) Insolvenzverwalters. So kann es zB liegen, wenn der Schuldner verlangte Auskünfte gem. § 97 Abs. 1 erteilt. Allerdings können entfallene **Anordnungsgründe** durch neu eingetretene zu **ersetzen** sein (AGR/Piekenbrock Rn. 19). Dann gelangt Abs. 3 S. 3 nicht zur Anwendung, jedoch muss das Gericht mit aktualisierter Begründung einen **Aufrechterhaltungsbeschluss** erlassen, der, weil er einer Erstanordnung gleichkommt, erneut der sofortigen Beschwerde unterliegt (HmbKommInsR/Morgen Rn. 11).

Die Anwendung von Abs. 3 S. 3 setzt eine **regelmäßige Überprüfung** voraus; ein halbjährli- 36 cher Turnus erscheint hierfür zu lang (so aber Nerlich/Römermann/Kruth Rn. 12; HK-InsO/

Schmidt Rn. 42), eine quartalsweise Kontrolle hingegen angemessen. Beispielsweise können nach einer Übergangszeit bestimmte Postsendungen wie zB Zeitschriften von der Postsperre wieder ausgenommen werden. Insolvenzgericht und Insolvenzverwalter unterliegen im Hinblick auf veränderte Umstände, insbesondere bei Entfallen oder Bestätigen des Anfangsverdachts, wechselseitigen Hinweispflichten (HK-InsO/Schmidt Rn. 41). Möglich ist auch eine **Teilaufhebung,** wie schon der Wortlaut („soweit") verdeutlicht (noch klarer BT-Drs. 12/2443, 143: „ganz oder teilweise"). Ist die Ermittlungstätigkeit des Verwalters abgeschlossen, ist die Postsperre spätestens insgesamt aufzuheben (Andres/Leithaus/Leithaus Rn. 10).

37   Die vorläufige Postsperre soll nach verbreiteter Auffassung durch die Eröffnung des Insolvenzverfahrens automatisch ihr Ende finden (OLG Köln NZI 2000, 369 (370); HmbKommInsR/Morgen Rn. 15). Das ist abzulehnen. Die von der Anordnung betroffenen Post- und Telekommunikationsunternehmen sind aus Gründen der Rechtsklarheit und -sicherheit durch einen Aufhebungsbeschluss zu entpflichten. Nur so ist sichergestellt, dass die besagten Unternehmen keinem Irrtum über das Ende der vorläufigen Postsperre unterliegen und nicht noch im eröffneten Verfahren – ohne rechtfertigenden Fortsetzungsbeschluss – die schuldnerische Post unter Verletzung von Art. 10 GG an den Insolvenzverwalter weiterleiten. Dies gilt gleichermaßen für sonstige Verfahrensbeendigungsgründe (zB Rücknahme, Erledigungserklärung). Denkbar ist allein, dass der Anordnungsbeschluss die Dauer der vorläufigen Postsperre auf „längstens bis zur Entscheidung über den Insolvenzantrag" begrenzt; doch muss den Post- und Telekommunikationsunternehmen diese Entscheidung dann zur Kenntniserlangung zugestellt werden. Der Insolvenzverwalter sollte aus eigenem Interesse (Strafbarkeitsrisiko aus § 202 StGB!) auf einer korrekten Beschlusslage bestehen.

38   Ein förmliches **Antragsrecht des Schuldners auf Aufhebung** der Postsperre sieht Abs. 3 S. 2 nicht vor (aA OLG Celle NZI 2001, 147 (148); Jaeger/Schilken Rn. 31). Ein gleichwohl gestellter Antrag ist als Anregung zu behandeln, ohne dass die Eingabe der Verbescheidung bedürfte. Erfolgt dennoch eine förmliche Ablehnungsentscheidung, ist diese nicht rechtsmittelfähig.

39   Vor der Entscheidung ist der **Insolvenzverwalter** vom Gericht **anzuhören,** der die Aufhebung mit einer negativen Stellungnahme aber weder rechtlich blockieren noch dagegen sofortige Beschwerde einlegen kann (BT-Drs. 12/7302, 166). Einer Anhörung des – vom Wortlaut des Abs. 3 S. 3 nicht erfassten und dem Verwalter nicht ebenbürtigen – gerichtlichen **Sachverständigen** bedarf es vor Aufhebung der vorläufigen Postsperre hingegen unter keinen Umständen (aA HmbKommInsR/Morgen Rn. 15). Da Abs. 3 S. 2 Hs. 1 eine bloße Ordnungsvorschrift darstellt, hat ihre Verletzung keine Konsequenzen.

G. Rechtsmittel (Abs. 3 S. 1)

40   Gegen den Beschluss, mit dem eine Postsperre (erneut) angeordnet oder erweitert wird, ist die **sofortige Beschwerde** statthaft; beschwerdeberechtigt ist nur der **Schuldner** (Abs. 3 S. 1). Handelt es sich bei ihm um keine natürliche Person und wurde die Postsperre über § 101 Abs. 1 S. 1 auf Mitglieder seiner Vertretungs- und Aufsichtsorgane erstreckt, sind auch jene berechtigt, sich gegen die sie betreffende (Erstreckungs-)Anordnung zu beschweren, andere Personen hingegen nicht (vgl. zum Gesellschafter BGH BeckRS 2009, 24673 Rn. 4). Dies gilt auch für die im Eröffnungsverfahren angeordnete **vorläufige Postsperre** gem. § 21 Abs. 1 S. 2 (MüKoInsO/Stephan Rn. 39). Die für die Zulässigkeit der sofortigen Beschwerde erforderliche Beschwer entfällt aber, wenn die (vorläufige) Postsperre noch während des laufenden Beschwerdeverfahrens aufgehoben wird (OLG Köln NZI 2000, 369 (370); zum Fortsetzungsfeststellungsantrag → Rn. 40.1). Im Übrigen kann das Beschwerdegericht die Rechtsbeschwerde zulassen (§ 4 InsO, 574 Abs. 1 S. 1 Nr. 2 ZPO) und der Schuldner erforderlichenfalls Verfassungsbeschwerde erheben (§§ 90 ff. BVerfGG).

40.1   Nach der Rechtsprechung des BGH (NZI 2007, 34 Rn. 6 ff.; zust. AGR/Piekenbrock Rn. 16) soll im Fall der prozessualen Überholung auch kein Fortsetzungsfeststellungsantrag in Betracht kommen, weil die vorläufige Postsperre sich nach ihrem typischen Verfahrensablauf nicht auf eine Zeitspanne beschränke, in welcher der Schuldner fachgerichtlichen Primärrechtsschutz kaum zu erlangen vermöge und der Rechtsbehelf damit praktisch leerliefe. Dem ist zuzustimmen, wenn es sich um eine allgemeine Anordnung gehandelt hat, also nicht nur bestimmte einzelne Postsendungen noch vor der Anhörung des Schuldners gezielt abgefangen werden sollten.

41   Beabsichtigt das Insolvenzgericht, der Beschwerde abzuhelfen (§ 4 InsO, § 572 Abs. 1 ZPO), hat es den Insolvenzverwalter analog Abs. 3 S. 2 selbst dann zuvor anzuhören, wenn die Anord-

nungsvoraussetzungen nicht fortgefallen, sondern (nach Ansicht des Gerichts) bereits anfänglich nicht bestanden haben; der Verwalter mag auch in diesem Fall eine andere Sichtweise haben, der sich das Gericht womöglich anschließt.

Die Möglichkeit, einen **Aufhebungsantrag** zu stellen, der sinnvollerweise nur bei schon abgelaufener Beschwerdefrist gestellt wird bzw. als solcher zu deuten ist, sieht die InsO nicht vor, insbesondere nicht für den Schuldner. Er bedarf folglich keiner Verbescheidung. Gegen die dennoch erfolgende beschlussförmige **Ablehnung** eines solchen Antrags ist weder in (verfassungskonformer) direkter noch analoger Anwendung des Abs. 3 S. 1 ein Beschwerderecht gegeben (HK-InsO/Schmidt Rn. 40; HmbKommInsR/Morgen Rn. 17; Uhlenbruck/Zipperer Rn. 16; aA AGR/Piekenbrock Rn. 19; Jaeger/Schilken Rn. 29), anderenfalls man § 4 InsO, § 569 Abs. 1 S. 1 ZPO unterlaufen und die unterschiedliche Ausgestaltung des Beschwerderechts bei § 99 im Vergleich zu § 98 Abs. 3 S. 3 Alt. 2 nivellieren würde. Trifft der Rechtspfleger eine überschießende förmliche Ablehnungsentscheidung, ist ebenso wenig die befristete Erinnerung nach § 11 Abs. 2 S. 1 RPflG statthaft (aA FK-InsO/Wimmer/Amend Rn. 32; Uhlenbruck/Zipperer Rn. 17). Hält das Gericht entgegen Abs. 3 S. 3 eine Postsperre grundlos aufrecht, kommt neben der Gegenvorstellung die Verfassungsbeschwerde in Betracht. 42

Dem (vorläufigen) **Insolvenzverwalter** steht in keinem Fall ein Beschwerderecht zu, weder gegen die Abweisung seines Antrags noch die amtswegige Anordnung oder die spätere Aufhebung (Braun/Kroth Rn. 17; Nerlich/Römermann/Kruth Rn. 12; HK-InsO/Schmidt Rn. 41); dadurch wird er in eigenen Rechten nicht betroffen (BT-Drs. 12/7302, 166). Gegen die Entscheidung des Rechtspflegers, mit der ein Anordnungsantrag abgelehnt wird, ist ihm aber die befristete Erinnerung nach § 11 Abs. 2 S. 1 RPflG eröffnet (Jaeger/Schilken Rn. 30); die hierfür nötige, aber großzügig zu handhabende Erinnerungsbefugnis, für die bereits ein berechtigtes Interesse genügt (vgl. BGH NJW-RR 2013, 1347 Rn. 28 f.), wird man dem Insolvenzverwalter aufgrund seiner Verfahrensstellung nicht in Abrede nehmen können. Eine Vorlage an das Landgericht findet im Verfahren der Rechtspflegererinnerung nicht statt (MüKoZPO/Hamdorf RPflG § 11 Rn. 7; aA FK-InsO/Wimmer/Amend Rn. 32). 43

Ebenfalls nicht beschwerdeberechtigt sind die betroffenen Post- und Telekommunikationsunternehmen (HmbKommInsR/Morgen Rn. 17; Uhlenbruck/Zipperer Rn. 16; Schmerbach/Wegener ZInsO 2006, 400 (402)), was gesetzgeberisch bewusster Entscheidung entspricht und durch den geringfügigen Eingriff in ihre Rechtsposition begründet ist (BT-Drs. 16/3227, 19). 44

§ 100 Unterhalt aus der Insolvenzmasse

(1) Die Gläubigerversammlung beschließt, ob und in welchem Umfang dem Schuldner und seiner Familie Unterhalt aus der Insolvenzmasse gewährt werden soll.

(2) ¹Bis zur Entscheidung der Gläubigerversammlung kann der Insolvenzverwalter mit Zustimmung des Gläubigerausschusses, wenn ein solcher bestellt ist, dem Schuldner den notwendigen Unterhalt gewähren. ²In gleicher Weise kann den minderjährigen unverheirateten Kindern des Schuldners, seinem Ehegatten, seinem früheren Ehegatten, seinem Lebenspartner, seinem früheren Lebenspartner und dem anderen Elternteil seines Kindes hinsichtlich des Anspruchs nach den §§ 1615l, 1615n des Bürgerlichen Gesetzbuchs Unterhalt gewährt werden.

Überblick

Die Vorschrift bringt den Grundsatz der Gläubigerautonomie zum Ausdruck. Der Gläubigerversammlung steht es frei, nach eigenem und freiem Ermessen an den Schuldner und dessen Familie Unterhalt aus Mitteln der Insolvenzmasse zu leisten, anstatt sie zur eigenen Befriedigung einzusetzen (→ Rn. 16 ff.). Ein Anspruch hierauf steht den Vorgenannten aber nicht zu, mithin dient die Vorschrift auch nicht der Entlastung der öffentlichen Sozialkassen (→ Rn. 1 f.). Im Sinne einer Eilkompetenz kann der Insolvenzverwalter, ggf. mit Zustimmung des eingesetzten Gläubigerausschusses, dem Schuldner sowie den abschließend in Abs. 2 S. 2 genannten Personen übergangsweise den notwendigen Unterhalt gewähren (→ Rn. 29 f.); auch insoweit besteht aber kein Anspruch vonseiten der Unterhaltsberechtigten. Ist der Schuldner keine natürliche Person, gilt die Regelung aufgrund der Verweisung in § 101 Abs. 1 S. 3 entsprechend für die vertretungsberechtigten persönlich (unbeschränkt) haftenden Gesellschafter (→ § 101 Rn. 41 ff.). Die Anwendbarkeit des § 100 im Eröffnungsverfahren ist umstritten (→ Rn. 9 f.).

InsO § 100   Dritter Teil. Wirkungen der Eröffnung des Insolvenzverfahrens

Übersicht

	Rn.		Rn.
A. Normzweck und -charakter	1	III. Wesen, Art, Höhe und Dauer des Unterhalts	22
B. Anwendungsbereich	5	IV. Ermessensentscheidung	25
I. Sachlicher Anwendungsbereich (Verfahrensarten/-phasen)	5	V. Anfechtbarkeit	28
II. Persönlicher Anwendungsbereich	10	F. Vorläufige Unterhaltsgewährung durch den Insolvenzverwalter (Abs. 2)	29
C. Normsystematik	12	I. Zuständigkeit	29
D. Antragsbehandlung	13	II. Begünstigte Personen	31
E. (Endgültige) Unterhaltsgewährung durch die Gläubigerversammlung (Abs. 1)	16	III. Wesen, Art, Höhe und Dauer des Unterhalts	32
		IV. Ermessensentscheidung	36
I. Zuständigkeit	16	V. Anfechtbarkeit	37
II. Begünstigte Personen	19	G. Abgrenzung zu anderen Leistungen	38

A. Normzweck und -charakter

1   Die Norm gibt den Insolvenzgläubigern und dem (vorläufigen) Insolvenzverwalter ein **Handlungsinstrument** in die Hand (HmbKommInsR/Morgen Rn. 1): Durch die Gewährung von Unterhalt können sie dem Schuldner **Anreize** zu seiner **Pflichtenerfüllung** (§ 97) wie auch zu einer **überobligatorischen Mitwirkung** setzen (AGR/Piekenbrock Rn. 1). Sie können aber auch schlicht einer empfundenen Sozialverantwortung entsprechen und durch die Unterhaltsgewährung den sich gem. §§ 80, 35 Abs. 1 zulasten des Schuldners und dessen Familie auswirkenden Übergang der Verwaltungs- und Verfügungsbefugnis über die Insolvenzmasse einschließlich des Neuerwerbs ausgleichen (Andres/Leithaus/Leithaus Rn. 1; Nerlich/Römermann/Kruth Rn. 2). Die Norm deckt sich inhaltlich mit den §§ 129 Abs. 1, 132 Abs. 1 KO.

2   Gegenüber der Gläubigerversammlung bzw. dem Insolvenzverwalter steht dem nach § 100 begünstigten Personenkreis das **Recht auf pflichtgemäße Ermessensausübung** ob der Gewährung von Unterhalt und seiner Höhe zu (BGH NZI 2013, 606 Rn. 10). Die Norm verschafft ihnen aber **keinen durchsetzbaren Anspruch** (iSv § 194 Abs. 1 BGB) auf Unterhaltsgewährung gegen die Insolvenzmasse (hM, BGH NZI 2006, 595 (596); OLG Celle BeckRS 2010, 17176; MüKoInsO/Stephan Rn. 1; Braun/Kroth Rn. 3; FK-InsO/Wimmer/Amend Rn. 3; missverständlich in der Formulierung daher BGH NZI 2018, 275 Rn. 11). Der Gesetzgeber hat in der Ausgestaltung des § 100 bewusst davon abgesehen, die Inanspruchnahme von Mitteln der Sozialhilfe zu unterbinden, soweit die Insolvenzmasse für den notwendigen Unterhalt des Schuldners und dessen Familie ausreicht (zur Gesetzeshistorie → Rn. 2.1). Eine verfassungsrechtlich gebotene Pflicht, die Existenz des Schuldners aus Mitteln der Insolvenzmasse anstatt mithilfe von Sozialleistungen zu sichern, besteht nicht (Uhlenbruck/Zipperer Rn. 2; Nerlich/Römermann/Kruth Rn. 2; MüKoInsO Rn. 21; aA K. Schmidt InsO/Jungmann Rn. 6; zur Einzelzwangsvollstreckung s. BGH NJW 2005, 681 (682)). Speziell das laufende Arbeitseinkommen des Schuldners, aus dem der Unterhalt bestritten werden kann, unterfällt wegen § 36 Abs. 1 InsO, §§ 850, 850a, 850c ZPO dem Insolvenzbeschlag in Höhe der **Pfändungsfreigrenze** ohnehin nicht; eingeschränkt gilt dies nach Maßgabe der § 36 Abs. 1 InsO, § 850i ZPO auch für sonstige Einkünfte. **Sonderbedarfe** können zudem auf Antrag des Schuldners über die Erhöhung des unpfändbaren Betrages gem. § 36 Abs. 1 InsO, § 850f Abs. 1 ZPO gedeckt werden.

2.1   Der Regierungsentwurf der InsO (BT-Drs. 12/2443, 26 und 143; ausf. zum Gesetzgebungsverfahren MüKoInsO/Stephan Rn. 9 ff.) sah in seinem § 114 noch einen Anspruch auf Unterhaltsgewährung aus der Insolvenzmasse vor; zum berechtigten Personenkreis sollten zählen der Schuldner, dessen (früherer) Ehegatte sowie dessen minderjährigen unverheirateten Kinder als auch – bei nichtehelichen Kindern – die Kindesmutter. Die Regelung ist im Gesetzgebungsverlauf jedoch bewusst gestrichen und die Frage der Unterhaltsgewährung sowohl hinsichtlich des Ob als auch der Höhe der freien Entscheidung der Insolvenzgläubiger überlassen worden. Dabei hat der Gesetzgeber bewusst in Kauf genommen, dass der Schuldner im Vergleich zur KO schlechter steht, weil der Neuerwerb, anders als nach früherer Rechtslage, unter Geltung der InsO in die Insolvenzmasse fällt (ausf. zur früheren Rechtslage MüKoInsO/Stephan Rn. 2 ff.). Dies, so die Erwartung, werde sich regelhaft aber nicht auswirken, weil der Insolvenzbeschlag den pfän-

Unterhalt aus der Insolvenzmasse   § 100 InsO

dungsfreien Teil des Einkommens nicht erfasse und die Pfändungsfreibeträge durch Unterhaltspflichten zudem noch erhöht würden (BT-Drs. 12/7302, 167).

Die systematische Stellung der Norm im Ersten Abschnitt des Dritten Teils der InsO lässt sich 3
mit der Anreizfunktion zur Erfüllung der schuldnerischen Pflichten aus § 97 erklären. Zudem können selbst ohne überobligatorische Anstrengungen die Unterstützungs- (§ 97 Abs. 2) und Bereitschaftspflicht (§ 97 Abs. 3) den Schuldner daran hindern, überhaupt irgendeiner oder zumindest einer besseren als innegehabten Beschäftigung als Erwerbsquelle nachzugehen (aA HmbKommInsR/Morgen Rn. 1); die Unterhaltsgewährung kann dann eine Art Entschädigungscharakter bekommen (HK-InsO/Schmidt Rn. 2).

Praktische Bedeutung hat die Norm vor allem für wirtschaftlich selbstständig tätige Schuldner 4
(Uhlenbruck/Zipperer Rn. 14; ausf. Wipperfürth ZInsO 2015, 1127); abhängig Beschäftigte genießen existenzsichernden Pfändungsschutz im Umfang der § 36 Abs. 1 S. 2 InsO, §§ 850 ff. ZPO.

B. Anwendungsbereich

I. Sachlicher Anwendungsbereich (Verfahrensarten/-phasen)

Die Vorschrift gilt im **eröffneten Regelinsolvenzverfahren** wie im **Verbraucherinsolvenz-** 5
verfahren (§§ 304 ff.). Im letzteren Fall wird das Existenzminimum durch § 36 Abs. 1 InsO, § 850c ZPO gesichert, weswegen eine zusätzliche Unterhaltsgewährung selten in Betracht kommen wird.

Bei **Freigabe der selbstständigen Tätigkeit** des Schuldners durch den Insolvenzverwalter 6
gem. § 35 Abs. 2 bleibt § 100 anwendbar (BGH NZI 2018, 275 Rn. 11). Regelhaft wird der Schuldner aber dann daraus seinen Lebensunterhalt bestreiten müssen und erforderlichenfalls ergänzende Hilfe bei den zuständigen Sozialbehörden zu beantragen haben (Uhlenbruck/Zipperer Rn. 10 f.). Führt der Insolvenzverwalter den Betrieb fort und erhält der Schuldner im Gegenzug für seine Mitarbeiter aus der Insolvenzmasse finanzielle Zuwendungen, ist zu vermuten, dass damit seine Mitarbeit abgegolten wird und es sich nicht um Unterhalt iSv § 100 handelt (BGH NZI 2006, 595 (596)).

Im **Eigenverwaltungsverfahren** sieht die Spezialregelung des § 278 Abs. 1 ein eigenes **Ent-** 7
nahmerecht des Schuldners vor (dazu ausf. Wipperfürth ZInsO 2015, 1127 (1129 ff.)). Selbiges gilt nach § 278 Abs. 2 für die nach § 101 Abs. 1 S. 3 unterhaltsberechtigten persönlich (unbeschränkt) haftenden Gesellschafter. Da das Entnahmerecht auf die Mittel begrenzt ist, die eine **bescheidene Lebensführung** gestatten (unentziehbares Mindestrecht), bleibt § 100 Abs. 1 für eine darüberhinausgehende Unterhaltsgewährung anwendbar (Uhlenbruck/Zipperer Rn. 16; MüKoInsO/Kern InsO § 278 Rn. 20).

Dagegen findet § 100 keine Anwendung im **Nachlassinsolvenzverfahren** (MüKoInsO/Ste- 8
phan Rn. 35; HK-InsO/Schmidt Rn. 6; FK-InsO/Wimmer/Amend Rn. 5; mit guten Argumenten aber aA AGR/Piekenbrock Rn. 8 im Sonderfall der § 40 S. 1 Hs. 2, § 325; generell aA HmbKommInsR/Morgen Rn. 2), weil die Insolvenz den Erben kraft der Haftungsbeschränkung aus § 1975 BGB nicht selbst trifft. Unanwendbar ist die Norm auch im **Restschuldbefreiungsverfahren** nach Aufhebung des Insolvenzverfahrens (Nerlich/Römermann/Kruth Rn. 7; Uhlenbruck/Zipperer Rn. 15; FK-InsO/Wimmer/Amend Rn. 5), welches mit § 287 Abs. 2 gerade darauf abzielt, dass der Schuldner seine pfändbaren Ansprüche auf Bezüge den Insolvenzgläubigern abtritt (Jaeger/Schilken Rn. 7; MüKoInsO/Stephan Rn. 31) bzw. im Falle seiner selbstständigen Tätigkeit entsprechende Zahlungen erbringt (§ 295a Abs. 1 S. 1); umgekehrt verbleiben ihm dann aber auch die nicht abzuführenden bzw. unpfändbaren Anteile, die, sollten sie ungenügend sein, auf Antrag gem. § 292 Abs. 1 S. 3, § 36 Abs. 1 S. 2 und Abs. 4, § 850f Abs. 1 ZPO vom Insolvenzgericht erhöht werden können.

Die Anwendbarkeit im **Eröffnungsverfahren** ist umstritten. In den §§ 21 ff. mangelt es an 9
einem Verweis auf § 100, sodass nur eine Analogie in Betracht kommt. Einigkeit besteht noch in der Annahme einer planwidrigen Regelungslücke. Zur rechtlichen Vergleichbarkeit wird teils die Kompetenz zur Begründung von Masseverbindlichkeiten gefordert (§ 55 Abs. 2), mithin § 100 Abs. 2 nur auf den starken (bei allgemeinem Verfügungsverbot) oder halbstarken (Einzelermächtigung) vorläufigen Insolvenzverwalter erstreckt (HK-InsO/Schmidt Rn. 7; Uhlenbruck/Zipperer Rn. 9; FK-InsO/Wimmer/Amend Rn. 6: MüKoInsO/Stephan Rn. 37). Die Gegenansicht stellt die Vergleichbarkeit bezüglich der Rangstufe zurück und befürwortet ungeachtet der Kompetenzen generell eine analoge Anwendbarkeit des Abs. 2 (LG Bonn BeckRS 2013, 7627; Jaeger/Schilken Rn. 6 und 19; Keller NZI 2007, 316 (317); K. Schmidt InsO/Jungmann Rn. 3; AGR/Piekenbrock Rn. 7). Der erstgenannten Auffassung ist zuzustimmen (näher → Rn. 9.1).

9.1 Die für die Analogie erforderliche Vergleichbarkeit (vgl. BGH NJW 2007, 992 Rn. 15) kann nur angenommen werden, wenn dem vorläufigen Insolvenzverwalter die gleiche Rechtsmacht zukommt, wie sie dem endgültigen bei seiner Entscheidung nach § 100 Abs. 2 zusteht. Der Zustimmungsvorbehalt des schwachen vorläufigen Verwalters als bloß sicherndes Blockaderecht entspricht dem nicht. Ist ein vorläufiger Gläubigerausschuss (§ 22a) bestellt, so bedarf der vorläufige Insolvenzverwalter analog § 100 Abs. 2 S. 1 dessen Zustimmung. Unabhängig von § 100 genießt der Schuldner selbst bei vorläufiger Auferlegung eines allgemeinen Verfügungsverbots (§ 21 Abs. 2 S. 1 Nr. 2) Pfändungsschutz für sein laufendes Einkommen (§ 36 Abs. InsO, § 850c ZPO), Bargeld (§ 36 Abs. InsO, § 811 Abs. 1 Nr. 8 ZPO) und sein Guthaben auf einem P-Konto (§ 36 Abs. 1 InsO, § 850k ZPO).

II. Persönlicher Anwendungsbereich

10 Unterhaltsempfänger kann zunächst der Schuldner als **natürliche Person** sein. Die Verweisung in § 101 Abs. 1 S. 3 **erweitert** den Anwendungsbereich für **vertretungsberechtigte persönlich (unbeschränkt) haftende Gesellschafter** einer insolvenzfähigen Personengesellschaft iSv § 11 Abs. 2 Nr. 1 (→ § 101 Rn. 41 ff.). Auf den Gesellschafter-Geschäftsführer einer rechtsfähigen Kapitalgesellschaft ist die Erweiterungsvorschrift jedoch weder direkt noch analog anwendbar (BT-Drs. 12/2443, 144; Braun/Kroth Rn. 2). Gesellschaften selbst könne keine Unterhaltsberechtigten iSv § 100 sein.

11 Im Übrigen ist zwischen der **vorläufigen** und **endgültigen** Unterhaltsgewährung zu unterscheiden: Notwendiger Unterhalt kann vorübergehend neben dem Schuldner auch dem in Abs. 2 S. 2 abschließend genannten Personenkreis gewährt werden (ausf. → Rn. 31). Für den endgültigen Unterhalt stellt Abs. 1 hingegen bewusst auf den unbestimmten Begriff der **Familie** ab (ausf. → Rn. 19 ff.).

C. Normsystematik

12 § 100 trifft in seinen beiden Absätzen inhaltlich unterschiedlich ausgestaltete Regelungen, zum einen für die Zeit bis zur Entscheidung der Gläubigerversammlung über einen zu gewährenden Unterhalt und zum anderen für die Zeit ab dann. In der ersten zeitlichen Phase trifft die Unterhaltsentscheidung der **Insolvenzverwalter** (ggf. mit Zustimmung eines eingesetzten Gläubigerausschusses), jedoch ist sie **interimistischer Natur** und in der Höhe auf das Notwendige begrenzt. In der zweiten zeitlichen Phase wird die endgültige, indes veränderliche Entscheidung durch die Gläubigerversammlung getroffen. Die Norm ist aber nicht chronologisch strukturiert, sondern stellt in ihrem Abs. 1 die **Letztentscheidungskompetenz der Gläubigerversammlung** voran. Nach dem Grundverständnis des Gesetzgebers obliegt es nämlich ihr, zu entscheiden, in welchem Umfang sie auf die Insolvenzverteilungsmasse freiwillig verzichten möchte, um dem Schuldner seine Lebensführung zu erleichtern.

D. Antragsbehandlung

13 Weder Abs. 1 noch Abs. 2 setzen voraus, dass der Schuldner oder ein sonstiger nach §§ 100, 101 Abs. 1 S. 3 Unterhaltsberechtigter einen **Antrag auf Unterhaltsgewährung** gestellt haben (HK-InsO/Schmidt Rn. 8; Jaeger/Schilken Rn. 9). Da § 100 keinen Unterhaltsanspruch gibt, muss einem solchen Antrag auch nicht zwingend entsprochen werden.

14 Allerdings hat das Insolvenzgericht – über den Katalog des § 75 Abs. 1 hinaus – auf **Antrag** des Schuldners oder eines sonstigen Unterhaltsberechtigten die **Gläubigerversammlung** zum Zwecke der Entscheidung über den Unterhalt **einzuberufen**, wenn von ihr darüber bislang noch nicht befunden wurde (LG Schwerin ZInsO 2002, 1096 (1097); K. Schmidt InsO/Jungmann Rn. 13; AGR/Piekenbrock Rn. 10; FK-InsO/Wimmer/Amend Rn. 18; aA HmbKommInsR/Morgen Rn. 11; krit. HK-InsO/Schmidt Rn. 8; Jaeger/Schilken Rn. 17). Wird direkt Unterhaltsgewährung beantragt, ist dies regelhaft in einen Einberufungsantrag **umzudeuten.** Das Antragsrecht ist aus dem subjektiven Recht der Unterhaltsberechtigten auf pflichtgemäße Ermessensausübung durch die Gläubigerversammlung abzuleiten (dazu BGH NZI 2013, 606 Rn. 10; MüKoInsO/Stephan Rn. 36; aA Nerlich/Römermann/Kruth Rn. 2a; AGR/Piekenbrock Rn. 9; HmbKommInsR/Morgen Rn. 11), welches ansonsten leerliefe (K. Schmidt/Jungmann Rn. 13). Unter diesem Gesichtspunkt ist die für eine Analogie zu § 75 Abs. 1 erforderliche unbewusste Gesetzeslücke gegeben (näher → Rn. 14.1; aA Uhlenbruck/Zipperer Rn. 4).

14.1 Die Gesetzesbegründung setzt sich zwar mit dem im Gesetzgebungsverlauf gestrichenen Rechtscharakter als Unterhaltsanspruch, in Konsequenz dessen aber nicht mit dem dahinter zurückbleibenden Recht auf Ermessensentscheidung auseinander (BT-Drs. 12/7302, 167). Es liegt überdies im gemeinsamen Interesse der Gläubiger, über den Unterhalt zu entscheiden, weil § 100 für sie ein Handlungsinstrument mit potentiell günstigen Auswirkungen auf die Insolvenzmasse darstellt (aA Jaeger/Schilken Rn. 17; zum Normzweck → Rn. 1).

Wird die Einberufung abgelehnt, ist dem Schuldner/sonstigen Berechtigten dagegen die sofortige Beschwerde eröffnet (§ 75 Abs. 3 InsO analog). Eine **erneute Befassung** mit der Unterhaltsgewährung kann beantragt werden, wenn sich wesentliche negative Veränderungen in den Verhältnissen des Unterhaltsberechtigten ergeben haben und diese zumindest glaubhaft gemacht werden (Rechtsgedanke aus § 802d Abs. 1 S. 1 ZPO). 15

E. (Endgültige) Unterhaltsgewährung durch die Gläubigerversammlung (Abs. 1)

I. Zuständigkeit

Die Gläubigerversammlung kann im ersten Termin (Berichtstermin, § 156) oder zu späterer Zeit eine Entscheidung treffen, an die der Insolvenzverwalter sodann gebunden ist und die ggf. dessen Interimsentscheidung ersetzt. Hat der Verwalter vorläufigen Unterhalt nach Abs. 2 gewährt, ist in der darauffolgenden Gläubigerversammlung regelhaft darüber endgültig zu entscheiden (strenger Nerlich/Römermann/Kruth Rn. 17; Jaeger/Schilken Rn. 8; AGR/Piekenbrock Rn. 10: Pflichttagesordnungspunkt). Die Entscheidung ergeht durch **Beschluss** mit **einfacher Mehrheit** (§ 76 Abs. 2). Ein positiver Beschluss muss hinsichtlich Art, Umfang und Dauer des Unterhalts hinreichend **bestimmt** sein (BGH BeckRS 2010, 17115 Rn. 4). 16

Ihre finale **Zuständigkeit** kann die Gläubigerversammlung nach Gesetzeswortlaut und -systematik weder an den Insolvenzverwalter (OLG Celle BeckRS 2010, 17176) noch den Gläubigerausschuss **übertragen** (MüKoInsO/Stephan Rn. 36; Jaeger/Schilken Rn. 8). Die Übertragungsmöglichkeit auf das Insolvenzgericht ist streitig (dagegen HK-InsO/Schmidt Rn. 9; AGR/Piekenbrock Rn. 9; FK-InsO/Wimmer/Amend Rn. 18; dafür K. Schmidt/Jungmann Rn. 12; MüKoInsO/Stephan Rn. 36; Jaeger/Schilken Rn. 8), letztlich aber ebenso abzulehnen. Das Gericht könnte allenfalls ermächtigt, nicht jedoch zur Kompetenzwahrnehmung verpflichtet werden (vgl. allg. MüKoInsO/Ehricke/Ahrens § 76 Rn. 21), indes steht den Unterhaltsberechtigten ein subjektives Recht auf pflichtgemäße Entscheidung durch den Kompetenzträger zu (BGH NZI 2013, 606 Rn. 10; aA AGR/Piekenbrock Rn. 9). Die Entscheidungskompetenz fällt dem Insolvenzgericht nicht dadurch zu, dass die Gläubigerversammlung **beschlussunfähig** ist (MüKoInsO/Stephan Rn. 36; FK-InsO/Wimmer/Amend Rn. 18). 17

Nach eigenem positiven **Grundvotum** der Gläubigerversammlung können die ausfüllenden Entscheidungen über die exakte Höhe oder die Art des Unterhalts zwar nicht auf den Gläubigerausschuss – dessen Kompetenzfestschreibung in § 69 entgegen –, jedoch auf den Insolvenzverwalter übertragen werden, so denn bestimmte Kriterien (Unterhaltsrahmen) vorgegeben werden (Nerlich/Römermann/Kruth Rn. 10, jedoch unter zweifelhaftem Verweis auf OLG Celle BeckRS 2010, 17176; tendenziell ebenso HmbKommInsR/Morgen Rn. 13; aA Uhlenbruck/Zipperer Rn. 4; MüKoInsO/Stephan Rn. 36). Das gewährleistet zugunsten der Gläubigerschaft eine flexible Handhabung, vor allem ein zügiges und masseschonendes Herabsetzen des Unterhalts bei verbesserten wirtschaftlichen Verhältnissen des Schuldners; die Einberufungsregelungen in § 75 Abs. 1 Nr. 3, Abs. 2 sind insoweit zu behäbig. 18

II. Begünstigte Personen

Unterhaltsberechtigter iSv Abs. 1 ist zuvorderst der **Schuldner als natürliche Person**. Ihm stehen gem. § 101 Abs. 1 S. 3 im Insolvenzfall einer Personengesellschaft iSv § 11 Abs. 2 Nr. 1 die **vertretungsberechtigten persönlich (unbeschränkt) haftenden Gesellschafter** gleich, wenn es sich bei ihnen um natürliche Personen handelt (Uhlenbruck/Zipperer § 101 Rn. 25); ihre wirtschaftliche Lage entspricht regelhaft derjenigen eines insolventen Einzelkaufmanns (BT-Drs. 12/2443, 144). Erfasst sind damit die Gesellschafter der GbR und OHG, die Komplementäre der KG sowie – zumindest im Grundsatz (§ 8 Abs. 1 PartGG) – die Partner der PartG, wohingegen die Kommanditisten der KG, (Gesellschafter-)Geschäftsführer der GmbH und Vorstände der AG außen vor sind. 19

Daneben kann auch den **Familienangehörigen** des Schuldners bzw. des ihm gleichstehenden persönlich haftenden Gesellschafters Unterhalt gewährt werden. Dieser **Familienunterhalt** nach Abs. 1 beschränkt sich nicht auf den Kreis der in Abs. 2 S. 2 genannten Personen, dessen Aufzählung keine insolvenzrechtliche Legaldefinition der „Familie" darstellt. Zur Familie gem. Abs. 1 20 zählen – unbeschadet der Regelung in § 40 (s. dort § 40 S. 2) – zunächst die kraft Gesetzes ihm gegenüber Unterhaltsberechtigten (§§ 1602 ff. BGB: Kinder; § 1361 BGB: Ehegatte; §§ 1569 ff. BGB: geschiedener Ehegatte; §§ 1615l, 1615n BGB: Mutter des nichtehelichen Kindes). Des Weiteren sind alle mit dem Schuldner in der Art einer Familie zusammenlebenden oder zu seinem Haushalt gehörenden Personen erfasst (Jaeger/Schilken Rn. 10; FK-InsO/Wimmer/Amend Rn. 26). Die Gläubigerversammlung unterliegt keinen Beschränkungen in Anlehnung an das gesetzliche Unterhaltsrecht, ist mithin frei darin, den Familienbegriff weiter zu verstehen als im Familienrecht (BT-Drs. 12/7302, 167). Es können folglich zB nichteheliche Lebensgefährten, aber auch Personen einbezogen werden, die der Schuldner kraft sittlicher Verpflichtung unterstützt hat, etwa bedürftige Geschwister, sonstige Verwandte, Stiefeltern oder Pflegepersonen (Uhlenbruck/Zipperer Rn. 6; MüKoInsO/Stephan Rn. 18). Eine **völlig beliebige Auslegung** des Familienbegriffs ist aber **nicht angängig** und die Unterhaltsgewährung an **außenstehende Dritte** nicht gestattet (K. Schmidt/Jungmann Rn. 9; zur Rechtsfolge → Rn. 28). Insbesondere können, über die Fälle des § 101 Abs. 1 S. 3 hinaus, die Angehörigen von nicht persönlich haftenden Gesellschaftern einer Personengesellschaft, die von Natur aus keine „Familie" hat, nicht unter Abs. 1 gefasst werden (vgl. OLG Celle BeckRS 2011, 26771 zur Ehefrau des Kommanditisten).

21 Als Ausfluss der **Gläubigerautonomie** steht es im Belieben der Gläubigerversammlung, wem und wie vielen Unterhaltsberechtigten sie Unterhalt zukommen lässt, insbesondere ist es zulässig, dass nur ein Familienangehöriger, nicht aber der Schuldner selbst bedacht wird (Uhlenbruck/Zipperer Rn. 6; HmbKommInsR/Morgen Rn. 7).

III. Wesen, Art, Höhe und Dauer des Unterhalts

22 Dem von der Gläubigerversammlung aus den Mitteln der Insolvenzmasse (§ 35) bewilligten Unterhalt kommt der Rang einer **Masseverbindlichkeit** zu (Uhlenbruck/Sinz § 55 Rn. 2; Braun/Kroth Rn. 5); bei Masseunzulänglichkeit ist er an letzter Rangstelle zu befriedigen (§ 209 Abs. 1 Nr. 3). § 100 erstarkt im Bewilligungsfall zur Anspruchsgrundlage und der Insolvenzverwalter hat den Unterhalt gem. § 80 gegenüber dem Unterhaltsberechtigten zu erfüllen. Er ist jedoch nicht gehindert, mit aufrechenbaren Ansprüchen der Insolvenzmasse aufzurechnen oder gegebene Zurückbehaltungsrechte geltend zu machen, insbesondere um die Erfüllung der schuldnerischen Pflichten aus § 97 zu erzwingen (AG Köln NZI 2005, 226; HmbKommInsR/Morgen Rn. 6).

23 Unterhaltsleistung kommt als einmaliger, laufender, befristeter und/oder bedingter **Bar-** wie auch als **Naturalunterhalt** in Betracht, letzteres insbesondere in Gestalt der Überlassung eines in die Insolvenzmasse fallenden Kfz oder einer Wohnung (BGH NZI 2013, 606 Rn. 10; NJW 1985, 1082 (1083); zur fehlenden Verdrängungswirkung des § 100 im Verhältnis zu § 149 Abs. 1 ZVG bei Zusammentreffen von Insolvenz- und Zwangsverwaltungsverfahren vgl. BGH NZI 2013, 606 Rn. 8 ff.; zum Bereicherungsausgleich bei negativer Unterhaltsentscheidung vgl. OLG Köln BeckRS 2018, 13373 Rn. 5 f.). Die Überlassung kann von der Zahlung eines (günstigen) Entgelts oder sonstiger Gegenleistungen (zB Instandhaltung, Kostentragung) abhängig gemacht werden kann (LG Oldenburg NJW 1967, 785). Zu Änderungsentscheidungen → Rn. 26.

24 Anders als im Fall von Abs. 2 beschränkt sich die Leistung der **Höhe** nach **nicht** auf den **notwendigen Unterhalt,** weswegen es auch nicht auf die **Bedürftigkeit** des Unterhaltsempfängers ankommt (Jaeger/Schilken Rn. 15). Vielmehr ist die Gläubigerversammlung auch insoweit frei und an die §§ 850 ff. ZPO nicht gebunden, dh sie kann Unterhalt für eine notwendige, bescheidene oder gar angemessene Lebensführung gewähren, ggf. sogar in Ergänzung zu gesondert zu leistender Vergütung für Dienste, die der Schuldner außerhalb seiner Mitwirkungspflichten (§ 97 Abs. 2) überobligatorisch für die Insolvenzmasse erbringt (MüKoInsO/Stephan Rn. 14; FK-InsO/Wimmer/Amend Rn. 24). Umgekehrt bilden insbesondere die sozialrechtlichen Regelsätze **keinen** zwingend einzuhaltenden **Mindestbetrag;** die Gläubigerversammlung darf für die Unterschreitung des Existenzminimums votieren (LG Hamburg NZI 2000, 185; HmbKommInsR/Morgen Rn. 3). Ob der erlangte Unterhalt als sonstiges Vermögen des Schuldners iSv § 89 Abs. 1 S. 1 von Neugläubigern gepfändet werden kann, richtet sich nach § 850b Abs. 1 Nr. 3 Var. 2 und Abs. 2 ZPO.

IV. Ermessensentscheidung

25 Die Gläubigerversammlung entscheidet bezüglich (bedingungslosem oder bedingtem) Ob, Höhe und Dauer einer Unterhaltsgewährung nach **freiem Ermessen** (zu Entscheidungskriterien wie zB Redlichkeit des Schuldners, Quotenerwartung etc ausf. MüKoInsO/Stephan Rn. 22). Dies ist Ausdruck des Grundsatzes der **Gläubigerautonomie.** Beschränkungen oder Mindestverpflichtungen aus Gründen der Existenzsicherung bestehen nicht und bewirken **keine Ermessens-**

reduzierung auf Null; derlei ist weder aus dem Verfassungsrecht noch den Wertungen des Pfändungsschutzes in der Einzelzwangsvollstreckung abzuleiten (Uhlenbruck/Zipperer Rn. 7; Jaeger/Schilken Rn. 14). Den Gläubigern ist es folglich unbenommen, den Schuldner bzw. die sonstigen Unterhaltsberechtigten auf den Bezug von Sozialhilfeleistungen zu verweisen. Dies gilt auch dann, wenn die Auszahlung beantragter Sozialhilfeleistungen sich verzögert; die Gläubiger sind nicht gezwungen, einen **Überbrückungsunterhalt** zu gewähren (aA HmbKommInsR/ Morgen Rn. 5), zumal eine gebotene Zug-um-Zug-Abtretung des Sozialhilfeanspruchs nur unter den erschwerten Bedingungen des § 53 SGB I möglich ist.

Die Entscheidung der Gläubigerversammlung tritt an die Stelle einer etwaigen vorherigen **26** Entscheidung des Insolvenzverwalters nach Abs. 2 (K. Schmidt InsO/Jungmann Rn. 10). Sie ist in folgenden Gläubigerversammlungen **jederzeit mit Wirkung für die Zukunft abänderbar** (Uhlenbruck/Zipperer Rn. 4; K. Schmidt InsO/Jungmann Rn. 11; AGR/Piekenbrock Rn. 13), sodass der Schuldner auf den Fortbestand einer früheren Entscheidung nicht vertrauen darf.

Verringert die Gläubigerversammlung den vom Insolvenzverwalter nach Abs. 2 gezahlten **27** Unterhalt, unterliegen der Schuldner und seine Familie **keiner Rückzahlungsverpflichtung** im Hinblick auf bereits geleistete Unterhaltszahlungen (K. Schmidt/Jungmann Rn. 11); in (krassen) Ausnahmefällen mag aber eine Schadensersatzpflicht des Insolvenzverwalters gegenüber der Insolvenzmasse in Betracht kommen.

V. Anfechtbarkeit

Gegen den Beschluss der Gläubigerversammlung steht dem Schuldner oder sonst Unterhaltsberechtigten **kein Rechtsmittel** zu (§ 6 Abs. 1), mithin kann die Entscheidung keiner gerichtlichen Überprüfung entsprechend der Ermessensfehlerlehre unterworfen werden (LG Hamburg NZI 2000, 185). Der Beschluss unterliegt ebenso wenig der **Aufsicht** durch das Insolvenzgericht (§ 58). Es kann eine neue Beschlussfassung auch nicht dadurch erzwingen, dass es den Beschluss **aufhebt;** § 78 (analog) bietet hierfür keine Grundlage, weil diese Norm dem Schutz des Schuldners nicht zu dienen bestimmt ist (Uhlenbruck/Zipperer Rn. 3; HK-InsO/Schmidt Rn. 16; aA Braun/ Kroth Rn. 3). Ein Beschluss, den die Gläubigerversammlung mangels Entscheidungsbefugnis nicht fassen darf, insbesondere bei Überdehnung des Familienbegriffs in Abs. 1, ist aber **nichtig,** ohne dass es der besonderen Feststellung im Rahmen eines Rechtsbehelfsverfahrens bedarf (BGH NZI 2011, 713 Rn. 6 ff.; OLG Celle BeckRS 2011, 26771). Gleichwohl ist die sofortige Beschwerde eröffnet (§ 78 Abs. 2 S. 3), wenn das Insolvenzgericht einen nach § 78 Abs. 1 gestellten Antrag auf Aufhebung eines solchen Scheinbeschlusses ablehnt (AGR/Piekenbrock Rn. 9). Daneben können die in § 78 Genannten gegen den Beschluss vorgehen, wenn er dem gemeinsamen Interesse der Insolvenzgläubiger widerspricht, so zB bei unangemessen hoher Begünstigung des Schuldners durch einzelne ihm wohlgesonnene Gläubiger.

F. Vorläufige Unterhaltsgewährung durch den Insolvenzverwalter (Abs. 2)

I. Zuständigkeit

Bis eine Gläubigerversammlung über die Unterhaltsgewährung positiv oder negativ entscheidet **29** (vgl. Abs. 1), **kann** im Sinne einer **Eilkompetenz** der (ggf. vorläufige, → Rn. 9 f.) Insolvenzverwalter vorübergehend dem Schuldner den **notwendigen,** nicht jedoch den angemessenen **Unterhalt** gewähren. Weitere Unterhaltsempfänger können die in Abs. 2 S. 2 ausdrücklich genannten Familienmitglieder sein, wobei diese Personenkreisfestlegung abschließend ist (MüKoInsO/Stephan Rn. 26). Die Zuständigkeit des Insolvenzverwalters und infolgedessen auch die vorübergehende Gewährung enden mit der Entscheidung der Gläubigerversammlung, wie auch immer diese ausfällt (→ Rn. 26).

Gibt es einen (vorläufigen) **Gläubigerausschuss** (§§ 22a, 67), muss dieser der vorläufigen **30** Gewährung zustimmen, dh einwilligen. **Missachtet** der Insolvenzverwalter dieses Beteiligungsrecht, ist seine Unterhaltsgewährung dennoch analog § 164 wirksam (Uhlenbruck/Zipperer Rn. 10), anders aber bei einer dem Unterhaltsempfänger evidenten Insolvenzzweckwidrigkeit (BGH NZI 2002, 375 (376 f.)). Fehlt es an einem Gläubigerausschuss, obliegt die Entscheidung dem Insolvenzverwalter allein (Braun/Kroth Rn. 4). Der **Zustimmung des Insolvenzgerichts** bedarf es keinesfalls.

II. Begünstigte Personen

31 Der durch Abs. 2 begünstigte Personenkreis ist gegenüber Abs. 1 beschränkt: Vorläufiger Unterhalt kann nur gewährt werden an den Schuldner und/oder die in Abs. 2 S. 2 **abschließend genannten** weiteren Personen, nämlich die minderjährigen unverheirateten Kinder des Schuldners, dessen gegenwärtiger oder früherer Ehegatte/Lebenspartner sowie der andere Elternteil seiner Kinder, letztere aber nur im Umfang bestehender Ansprüche nach §§ 1615l, 1615n BGB. Dieser Personenkreis spiegelt die gesetzlichen Unterhaltsverpflichtungen des Schuldners und die Privilegierungsregelung in § 850d ZPO wider (Andres/Leithaus/Leithaus Rn. 6: MüKoInsO/Stephan Rn. 27). Nichteheliche Partner des Schuldners oder solche, zu denen keine eingetragene Lebenspartnerschaft besteht, sind nicht erfasst (K. Schmidt InsO/Jungmann Rn. 7). Den minderjährigen unverheirateten Kindern sollen jedoch die volljährigen erwerbsunfähigen behinderten Kinder gleichstehen (Uhlenbruck/Zipperer Rn. 13).

III. Wesen, Art, Höhe und Dauer des Unterhalts

32 Auch der vorübergehend gewährte Unterhalt steht im Rang einer **Masseverbindlichkeit** (MüKoInsO/Stephan Rn. 39; dazu → Rn. 22).

33 Der Höhe nach darf der (vorläufige) Insolvenzverwalter nur den **notwendigen Unterhalt** gewähren. Dazu zählt der nach der Tabelle zu § 850c ZPO unpfändbare Geldbetrag, der erhöht werden kann um die Beträge gem. Kap. 3 und Kap. 11 SGB XII und Kap. 3 Abschnitt 2 SGB II (Nachfolgeregelungen zu den §§ 11, 12 BSGH; vgl. hierzu BT-Drs. 12/2443, 143; MüKoInsO/Stephan Rn. 23 f.). Auf Aufforderung muss der Schuldner eine **Bescheinigung** der zuständigen Stelle über die Höhe des **notwendigen Barunterhalts** beibringen; der Insolvenzverwalter muss diesen nicht selbst errechnen (HK-InsO/Schmidt Rn. 19; AGR/Piekenbrock Rn. 15; MüKo-InsO/Stephan Rn. 25: Schutz vor Regressen). Bezieht derjenige, dem Unterhalt nach Abs. 2 S. 2 gewährt werden soll, Einkünfte (zB gewährte Sozialhilfe), sind diese vom Insolvenzverwalter zu berücksichtigen (Andres/Leithaus/Leithaus Rn. 3). Fehlt es infolgedessen an der **Bedürftigkeit,** kommt eine (dann nicht notwendige) Unterhaltsgewährung nicht in Betracht (Uhlenbruck/Zipperer Rn. 10; AGR/Piekenbrock Rn. 15; FK-InsO/Wimmer/Amend Rn. 9).

34 Der notwendige Unterhalt kann auch durch Sachleistungen, mithin als **Naturalunterhalt** erbracht werden, beispielsweise durch zeitlich vorübergehende Gestattung der Nutzung einer massezugehörigen Wohnung oder eines pfändbaren Kfz gegen Entgelt unter Anrechnung auf den Barunterhalt. Hierin dürfte der praktische Hauptanwendungsfall der Vorschrift liegen. Dem Schuldner steht nämlich – unabhängig von § 100 – kein Anspruch auf unentgeltliche Nutzung der zur Insolvenzmasse gehörenden Sachen zu (MüKoInsO/Stephan Rn. 16; vgl. BGH NJW 1954, 918 (920)), auch nicht im Hinblick auf Wohnräume, die der Zwangsverwaltung unterliegen (Zipperer ZfIR 2011, 385 ff.; s. dazu auch BGH NZI 2016, 89).

35 Die vorübergehende Gewährung kann vom (vorläufigen) Insolvenzverwalter als einmaliger, laufender, befristeter und/oder bedingter Unterhalt ausgestaltet werden (Jaeger/Schilken Rn. 24). Ihr zeitliches **Ende** findet sie jedenfalls dann, wenn die Gläubigerversammlung eine Entscheidung nach Abs. 1 trifft, egal wie diese ausfällt.

IV. Ermessensentscheidung

36 Die Entscheidung nach Abs. 2 liegt im **Ermessen** des Insolvenzverwalters, wird sich regelhaft aber am **mutmaßlichen Gläubigerwillen** (§ 1 S. 1) ausrichten und regelhaft zu einer Unterhaltsgewährung nur gegen Gegenleistung, zB Instandhaltung bei überlassener Wohnung führen (Uhlenbruck/Zipperer Rn. 10; HmbKommInsR/Morgen Rn. 8; MüKoInsO/Stephan Rn. 16). Bei seiner Entscheidungsfindung hat der Insolvenzverwalter einerseits den Umfang der verteilungsfähigen Insolvenzmasse, andererseits die Bedürfnislage einschließlich eines etwaigen insolvenzfreien Vermögens und der unpfändbaren Bezüge (§§ 36, 287 Abs. 2 S. 1) sowie die gleichstehenden eigenen Unterhaltsansprüche gegen Dritte einzubeziehen (MüKoInsO/Stephan Rn. 19). Eine Ermessensgrenze stellt die Beschränkung auf den notwendigen Unterhalt als **Maximalbetrag** dar (Orientierungshilfe: Regelsätze der Anlage zu § 28 SGB XII zzgl. Mehrbedarfe gem. §§ 30 ff. SGB XII und Unterkunfts-/Heizkosten). Eine **Unterschreitung** dieses Betrages ist aber zulässig (HK-InsO/Schmidt Rn. 22; aA Nerlich/Römermann/Kruth Rn. 2a: gebundene Höhe) wie auch Unterhaltsleistungen gänzlich versagt werden können. Sinngemäß gilt dasselbe für die Auswahl der nach Abs. 2 S. 2 Unterhaltsberechtigten; anderen als den dort Genannten darf vorübergehender Unterhalt jedoch keinesfalls gewährt werden (sonst Ermessensüberschreitung). Das verfassungsrechtliche Gebot der Existenzsicherung ist nicht ermessensbeschränkend oder -lenkend (Nerlich/ Römermann/Kruth Rn. 2; aA K. Schmidt InsO/Jungmann Rn. 6; Keller NZI 2007, 316 (317)).

V. Anfechtbarkeit

Die Entscheidung des Insolvenzverwalters ist **unanfechtbar** (§ 6 Abs. 1). Auch eine **Zweck-** 37 **mäßigkeitskontrolle** durch das Insolvenzgericht findet nicht statt. Im Rahmen seiner amtswegigen **Aufsicht** (§ 58) kann das Gericht jedoch bei Rechtsfehlerhaftigkeit intervenieren, zB wenn der Verwalter sein Ermessen verkennt oder mit dem Schuldner kollusiv zusammenwirkt (Uhlenbruck/ Zipperer Rn. 3). Das Gericht kann den Verwalter dazu anhalten, unter Berücksichtigung bestimmter Vorgaben sein Ermessen neu auszuüben. Die direkte gerichtliche Aufforderung, der Verwalter solle Unterhaltszahlungen (in bestimmter Höhe) leisten, scheidet wegen des darin liegenden Eingriffs in sein Ermessen jedoch aus (aA LG Dortmund NZI 2000, 182; K. Schmidt InsO/Jungmann Rn. 5; Keller NZI 2007, 316 (317)); erst recht kann das Gericht nicht selbst die Unterhaltsgewährung als Aufsichtsmaßnahme beschließen (FKR InsR Rn. 898).

G. Abgrenzung zu anderen Leistungen

Die Unterhaltsgewährung ist von anderen Leistungen an den Schuldner abzugrenzen. 38
Führt der Insolvenzverwalter den schuldnerischen Betrieb fort und erhält der Schuldner im 39 Gegenzug für seine Mitarbeiter aus der Insolvenzmasse finanzielle Zuwendungen, ist zu vermuten, dass damit seine Mitarbeit abgegolten wird und es sich nicht um Unterhalt iSv § 100 handelt (BGH NZI 2006, 595 (596)).
Ergänzende Hilfe zum Lebensunterhalt kann der Schuldner nach Maßgabe der einschlägigen 40 **sozialhilferechtlichen Bestimmungen** von den Trägern der Sozialhilfe verlangen (dazu HmbKommInsR/Morgen Rn. 3). Diese können den Schuldner mangels eigenen Anspruchs nicht auf eine Unterhaltsgewährung durch die Insolvenzmasse gem. § 100 verweisen (MüKoInsO/ Stephan Rn. 26).

§ 101 Organschaftliche Vertreter. Angestellte

(1) ¹Ist der Schuldner keine natürliche Person, so gelten die §§ 97 bis 99 entsprechend für die Mitglieder des Vertretungs- oder Aufsichtsorgans und die vertretungsberechtigten persönlich haftenden Gesellschafter des Schuldners. ²§ 97 Abs. 1 und § 98 gelten außerdem entsprechend für Personen, die nicht früher als zwei Jahre vor dem Antrag auf Eröffnung des Insolvenzverfahrens aus einer in Satz 1 genannten Stellung ausgeschieden sind; verfügt der Schuldner über keinen Vertreter, gilt dies auch für die Personen, die an ihm beteiligt sind. ³§ 100 gilt entsprechend für die vertretungsberechtigten persönlich haftenden Gesellschafter des Schuldners.

(2) § 97 Abs. 1 Satz 1 gilt entsprechend für Angestellte und frühere Angestellte des Schuldners, sofern diese nicht früher als zwei Jahre vor dem Eröffnungsantrag ausgeschieden sind.

(3) Kommen die in den Absätzen 1 und 2 genannten Personen ihrer Auskunfts- und Mitwirkungspflicht nicht nach, können ihnen im Fall der Abweisung des Antrags auf Eröffnung des Insolvenzverfahrens die Kosten des Verfahrens auferlegt werden.

Überblick

Wenngleich ohne positivrechtliches Pendant in der KO, aber im Einklang zur früheren Rechtsprechung (→ Rn. 1), ergänzt die Regelung in Abs. 1 und 2 zum Zwecke der Verfahrenseffizienz den Anwendungsbereich der §§ 97–99. Sie erweitert den Personenkreis der Auskunfts- und Mitwirkungsverpflichteten um die Organmitglieder als die typischen Wissens- und Entscheidungsträger, vornehmlich für Insolvenzen von Schuldnern, die keine natürliche Person sind (→ Rn. 3 ff.). Die Vorschrift stellt insoweit klar, dass sich Organmitglieder nicht durch Amtsniederlegung oder Abberufung ihren verfahrensrechtlichen Pflichten entziehen können (→ Rn. 14 ff.). Sie bestimmt zudem, dass im Fall der Führungslosigkeit subsidiär auch die Gesellschafter einer Auskunftspflicht unterliegen (→ Rn. 17 ff.), allgemein zudem (ehemalige) Angestellte (→ Rn. 31 ff.). Im Hinblick auf den Pflichtenumfang und die Möglichkeit, Zwangsmittel anzuwenden (→ Rn. 13 ff.), sieht die Vorschrift innerhalb dieses Personenkreises Abstufungen vor. Im Verhältnis zu § 100 erweitert

InsO § 101   Dritter Teil. Wirkungen der Eröffnung des Insolvenzverfahrens

sie den Kreis der Unterhaltsberechtigten (→ Rn. 41 ff.). Schließlich enthält sie in Abs. 3 eine Regelung zur Kostentragung bei Abweisung der Verfahrenseröffnung (→ Rn. 44 ff.). Speziellere Mitwirkungspflichten (§§ 153 Abs. 2, 156 Abs. 2 S. 1, § 176 S. 2, § 218 Abs. 3) bleiben unberührt, ebenso materiell-rechtliche Auskunftsansprüche (→ Rn. 40) und das gesellschaftsrechtliche Innenverhältnis (→ Rn. 27).

Übersicht

	Rn.		Rn.
A. Normzweck/-charakter	1	2. Mitwirkungs- und Bereitschaftspflicht, Behinderungsverbot (Abs. 1 iVm § 97 Abs. 2 und Abs. 3)	26
B. Sachlicher und persönlicher Anwendungsbereich	3	3. Gesellschaftsrechtliche Pflichten	27
		III. Kreis der Berechtigten	28
C. Auskunfts- und Mitwirkungsverpflichtung von (ehemaligen) Organmitgliedern und Gesellschaftern (Abs. 1)	7	D. Auskunftsverpflichtung von (ehemaligen) Angestellten (Abs. 2)	31
I. Kreis der Verpflichteten	7	E. Durchsetzung der verfahrensrechtlichen Pflichten	35
1. Im Antragszeitpunkt aktuelle (faktische) Mitglieder der Vertretungs- und Aufsichtsorgane (Abs. 1 S. 1)	7	I. Zwangsmittel (Abs. 1 S. 1 iVm § 98)	35
		II. Postsperre (Abs. 1 S. 1 iVm § 99)	37
2. Ehemalige Mitglieder der Vertretungs- und Aufsichtsorgane (Abs. 1 S. 2 Hs. 1)	14	III. Materiell-rechtliche Schadensersatzansprüche	39
3. Sonstige aktuelle Gesellschafter bei Führungslosigkeit (Abs. 1 S. 2 Hs. 2)	17	F. Materiell-rechtliche Auskunftsansprüche	40
II. Pflichteninhalt	22	G. Unterhaltsgewährung (Abs. 1 S. 3)	41
1. Auskunftspflicht (Abs. 1 iVm § 97 Abs. 1)	23	H. Persönliche Kostentragung bei Antragsabweisung (Abs. 3)	44

A. Normzweck/-charakter

1   Abs. 1 S. 1 der Norm dient der **effizienten Verfahrensdurchführung,** indem die Auskunfts- und Mitwirkungspflichten aus § 97 auf organschaftliche Vertreter des Schuldners, der keine natürliche Person ist, erstreckt werden (BT-Drs. 12/2443, 143; Andres/Leithaus/Leithaus Rn. 2). Das hat im Wesentlichen Klarstellungsfunktion, war Entsprechendes doch bereits zur Zeit der KO selbst ohne explizite Regelung (vgl. § 100 KO) für die gesetzlichen Vertreter, die Gesellschaften überhaupt erst handlungsfähig machen, angenommen worden (OLG Hamm BeckRS 1979, 1566; MüKoInsO/Stephan Rn. 2). Die InsO geht mit der Inpflichtnahme auch der ehemaligen organschaftlichen Vertreter und der – aktuellen wie ehemaligen – Mitglieder der Aufsichtsorgane (Abs. 1 S. 1 und S. 2 Hs. 1) sowie der (ehemaligen) Angestellten (Abs. 2) über den früheren Rechtszustand aber hinaus (BT-Drs. 12/7302, 167; Uhlenbruck/Zipperer Rn. 1). Die zusätzliche Erweiterung in Abs. 1 S. 2 Hs. 2 auf die Gesellschafter im Falle der führungslosen Gesellschaft soll sog. **Firmenbestattungen** erschweren (BGH NZI 2015, 380 Rn. 10; HK-InsO/Schmidt Rn. 1); die Regelung macht Amtsniederlegungen und Abberufungen in großem Umfang zu untauglichen Fluchtinstrumenten aus den insolvenzverfahrensrechtlichen Pflichten (Braun/Kroth Rn. 1). Schließlich soll der durch das Gesetz zur Modernisierung des GmbH-Rechts und zur Bekämpfung von Missbräuchen vom 23.10.2008 (MoMiG, 2008 BGBl. I 2026) neben Abs. 1 S. 2 Hs. 2 angefügte Abs. 3 nach Vorstellung des Gesetzgebers für eine **gerechte Kostentragung** sorgen, wenn die Abweisung eines Insolvenzeröffnungsantrags auf Verletzungen der Auskunfts- und Mitwirkungspflichten beruht. Damit werden die nach § 101 Verpflichteten diszipliniert und antragstellenden Gläubigern die Furcht vor einer möglichen Kostenbelastung genommen (BT-Drs. 16/6140, 57). Konträr erlaubt die Erstreckung der **Unterhaltsberechtigung** in Abs. 1 S. 3 auf die persönlich haftenden vertretungsberechtigten Gesellschafter das Setzen von positiven Anreizen, insbesondere zu freiwilliger überobligatorischer Mitwirkung im Insolvenzverfahren.

2   Aufgrund der bloßen Erstreckungsregelung handelt es sich wie bei § 97 um **Verfahrenspflichten öffentlich-rechtlicher Art** (Uhlenbruck/Zipperer § 97 Rn. 1; MüKoInsO/Stephan § 97 Rn. 14; s. auch BVerfG NJW 1981, 1431). Ihre Erfüllung kann daher – trotz der Gesetzesbegründung (BT-Drs. 12/2443, 144), die zu knapp und missverständlich geraten ist – von dem Insolvenzverwalter nicht mit Erfolg vor den ordentlichen Gerichten geltend gemacht werden (aA AGR/Piekenbrock Rn. 17; HmbKommInsR/Morgen Rn. 6; FK-InsO/Wimmer/Amend Rn. 14). Da die §§ 101, 97 ihm **keinen bürgerlich-rechtlichen Anspruch** iSv § 194 Abs. 1 BGB geben,

fehlt bereits die für eine zulässige zivilprozessuale Leistungsklage erforderliche **Klagbarkeit des Rechts** (Zöller/Greger Vor §§ 253–299a Rn. 3 und 19; MüKoZPO/Becker-Eberhard Vor § 253 Rn. 10). Soweit Zwangsmittel möglich sind (§ 98), würde es darüber hinaus auch am Rechtsschutzinteresse fehlen (MüKoInsO/Stephan § 97 Rn. 14).

B. Sachlicher und persönlicher Anwendungsbereich

Ihren allgemeinen Anwendungsbereich hat die Vorschrift für **eröffnete Insolvenzverfahren** 3 einschließlich **Eigenverwaltungen** (s. § 274 Abs. 2 S. 3, § 22 Abs. 3; dazu MüKoInsO/Stephan Rn. 36; Schröder ZInsO 2018, 2124), in denen der Schuldner **keine natürliche Person** ist (§ 11). Erfasst sind mithin juristische Personen einschließlich des nicht-rechtsfähigen Vereins (§ 11 Abs. 1 S. 2) sowie die in § 11 Abs. 2 Nr. 1 genannten Gesellschaften ohne Rechtspersönlichkeit (OHG, KG, PartG, Außen-GbR, Partenreederei, EWIV). Auch **Liquidationsgesellschaften** iSv § 11 Abs. 3 sind erfasst (MüKoInsO/Stephan Rn. 15). Auf die in § 11 Abs. 2 Nr. 2 genannten, von Natur aus „stummen" **Sondervermögen** (Nachlass/Gesamtgut) ist § 101 – trotz des unpassenden, weil personifizierten Wortlauts („der Schuldner") – ebenfalls anwendbar (HK-InsO/Schmidt Rn. 3; Jaeger/Schilken Rn. 4), anderenfalls es – verfahrensineffizient – überhaupt keinen Auskunfts- und Mitwirkungspflichtigen gäbe.

In systematischem Bruch zum eigentlichen Anwendungsbereich auf nichtnatürliche Personen 4 sind gem. Abs. 2 in der Insolvenz über das Vermögen einer **natürlichen Person** auch aktuelle und ehemalige Angestellte (neben dem Schuldner selbst) auskunftspflichtig.

Für das **Insolvenzeröffnungsverfahren** verweisen § 20 Abs. 1 S. 2 und § 22 Abs. 3 S. 3 Hs. 2 5 auf § 101 Abs. 1 S. 1 und S. 2 und Abs. 2 (dazu BGH NZI 2015, 380 Rn. 8; Uhlenbruck NZI 2002, 401), nicht aber auf die Unterhaltsgewährung gem. Abs. 1 S. 3 (zur Frage der analogen Anwendung der §§ 100, 101 Abs. S. 3 im Eröffnungsverfahren ausf. → § 100 Rn. 9). Berechtigt, Auskunft- und Mitwirkung zu verlangen, sind dann aber nur das Insolvenzgericht und ggf. der vorläufige Insolvenzverwalter (zu Verbotsrechten → Rn. 5.1), anders als in § 97 Abs. 1 S. 1 nicht der vorläufige Gläubigerausschuss gem. § 22a (str., dazu → § 97 Rn. 16).

Quasi gegenläufig zu §§ 20, 22, 101 kann der starke oder vom Gericht hierzu ermächtigte vorläufige 5.1 Insolvenzverwalter Betretungsverbote in Bezug auf die schuldnerischen Betriebsimmobilien gegenüber ua den organschaftlichen Vertretern aussprechen, weil § 22 auch das Hausrecht erfasst (BGH NZI 2007, 231 Rn. 17 ff.).

§ 101 gilt auch, wenn ein inländisches Insolvenzverfahren über das Vermögen einer nach **aus-** 6 **ländischem Recht** gegründeten **Gesellschaft** eröffnet wird; in internationalen Insolvenzfällen folgt dies aus § 335 bzw. im Anwendungsbereich der EuInsVO aus deren Art. 7 Abs. 2 lit. c EuInsVO. Das jeweilige Pflichtenprogramm trifft dann diejenigen Personen, deren Funktion nach dem ausländischen Recht den Positionen gem. § 101 vergleichbar ist (K. Schmidt InsO/Jungmann Rn. 2).

C. Auskunfts- und Mitwirkungsverpflichtung von (ehemaligen) Organmitgliedern und Gesellschaftern (Abs. 1)

I. Kreis der Verpflichteten

1. Im Antragszeitpunkt aktuelle (faktische) Mitglieder der Vertretungs- und Aufsichtsorgane (Abs. 1 S. 1)

Umfassend verpflichtet zur Auskunft, Mitwirkung und Bereitschaft nach Maßgabe der §§ 97– 7 99 sind gem. Abs. 1 S. 1 zunächst alle im Zeitpunkt der Antragstellung ordnungsgemäß und rechtswirksam bestellten **Mitglieder eines Vertretungs-** oder (gleich ob obligatorischen oder fakultativen) **Aufsichtsorgans**, also sämtliche vorhandenen Geschäftsführer, Vorstände, Mitglieder des Aufsichtsrats (BGH NZI 2019, 460 Rn. 90; ausf. Einzeldarstellung bei MüKoInsO/Stephan Rn. 15 f.), ferner **Abwickler** und **Liquidatoren**. Auch der Notgeschäftsführer (§ 29 BGB) und der Prozess- oder Verfahrenspfleger (§ 57 ZPO) sind verpflichtet (Nerlich/Römermann/Kruth Rn. 3). Der Einbezug von **Beiratsmitgliedern** ist streitig (dafür K. Schmidt InsO/Jungmann Rn. 6; FK-InsO/Wimmer/Amend Rn. 10; generell dagegen Jaeger/Schilken Rn. 10), sollte nach vermittelnder und hier beigetretener Ansicht aber nur angenommen werden, wenn die Stellung des Beirats dem eines Aufsichtsrates angenähert ist (Nerlich/Römermann/Kruth Rn. 3; ähnlich Uhlenbruck/Zipperer Rn. 6), anderenfalls die Vergleichbarkeit fehlt. Bei **mehrköpfig besetzten**

Organen ist jedes Mitglied einzeln und vollumfänglich verpflichtet. Aus etwaig bestehenden Satzungsbestimmungen, internen Ressortverteilungen oder der geltenden Vertretungsregelung (Gesamt- oder Mehrheitsvertretung) können Beschränkungen im Hinblick auf Abs. 1 nicht hergeleitet werden (Jaeger/Schilken Rn. 8), sodass jedes Mitglied sich auch zu ressortfremden Angelegenheiten erklären muss. Das schließt nicht aus, dass die insolvenzverfahrensrechtliche Mitwirkungspflicht unter Umständen zu einem erforderlichen (rechtsgeschäftlich) Zusammenwirken verpflichtet (AGR/Piekenbrock Rn. 7). In der Insolvenz einer „**Kapitalgesellschaft & Co. KG**" gilt § 101 auch für Vertretungsorgane und Mitglieder etwaiger Aufsichtsorgane der Komplementärgesellschaft (K. Schmidt InsO/Jungmann Rn. 8).

8 Beim Insolvenzverfahren über das **Gesamtgut** einer fortgesetzten oder gemeinsam verwalteten Gütergemeinschaft sind der bzw. die Ehegatten/Lebenspartner und im Falle eines **Nachlassinsolvenzverfahren** jeder (Mit-)Erbe wie auch – unter Berücksichtigung von § 1988 Abs. 1 BGB – der Nachlassverwalter/-pfleger und ggf. der Testamentsvollstrecker kraft ihres vertreterähnlichen Amtes von Abs. 1 S. 1 erfasst (AGR/Piekenbrock Rn. 6; Jaeger/Schilken Rn. 12).

9 Bei insolvenzfähigen **Personengesellschaften** (§ 11 Abs. 2 Nr. 1), vor allem OHG, KG, GbR und Partnerschaftsgesellschaft, sind nur die **vertretungsberechtigten persönlich (unbeschränkt) haftenden Gesellschafter bzw. Partner** erfasst (AG Köln BeckRS 2015, 10186; zur Vorgesellschaft vgl. Uhlenbruck/Zipperer Rn. 7). Dabei kommt es auf die **konkrete Vertretungsberechtigung** an, nicht auf die nach dem dispositiven Gesetz abstrakt gegebene. Vertretungsausschlüsse nach zB § 125 HGB, §§ 714, 709 BGB sind beachtlich (FK-InsO/Wimmer/Amend Rn. 7). Hingegen ist die Ausgestaltung der Vertretungsberechtigung (Einzel-, Mehrheits- oder Gesamtvertretung) irrelevant (Jaeger/Schilken Rn. 11). Der Kommanditist einer KG oder andere, nicht vertretungsberechtigte Gesellschafter gehören folglich nicht zu dem erfassten Personenkreis (MüKoInsO/Stephan Rn. 15; zu materiell-rechtlichen Auskunftsansprüchen → Rn. 40); dies gilt trotz Abs. 1 S. 2 auch dann, wenn die Personengesellschaft faktisch führungslos ist (Prinzip der Selbstorganschaft, näher → Rn. 17). Bei Führungslosigkeit kommt aber die Erweiterung des Abs. 1 S. 2 Hs. 2 zum Tragen (→ Rn. 17 ff.).

10 Die **Gesellschafterversammlung** als solche ist nicht auskunftspflichtig. Selbst wenn sie Aufgaben wahrnimmt, die üblicherweise einem Aufsichtsorgan zugewiesen sind, begründet dies – unbeschadet Abs. 1 S. 2 – auch keine Auskunftspflicht der Gesellschafter (K. Schmidt InsO/Jungmann Rn. 7).

11 Richtigerweise zählen zu den Adressaten der umfassenden Auskunfts- und Mitwirkungspflichten iSd Abs. 1 S. 1 auch die als **faktische Geschäftsführer/Vorstände** etc tätigen natürlichen Personen (hM, Braun/Kroth Rn. 6; MüKoInsO/Stephan Rn. 20; AGR/Piekenbrock Rn. 4; Uhlenbruck/Zipperer Rn. 4), und zwar unabhängig davon, ob es einen ggf. unwirksamen, nichtigen oder anfechtbaren Bestellungsakt gab oder ob sie ohne entsprechenden Bestellungsakt, aber mit Billigung der Gesellschafter/Aufsichtsräte allein oder neben einem wirksam bestellten Vertretungsorgan mit bestimmendem Einfluss die Geschäfte der Gesellschaft führen (HK-InsO/Schmidt Rn. 7; allg. zu den Anforderungen an die Annahme eines faktischen organschaftlichen Vertreters vgl. BGH NJW 2000, 2285; 1988, 1789 f.).

12 Diejenigen, die rechtswirksam (dazu → Rn. 12.1), aber erst **nach Antragstellung** ihr **Amt** als Vertretungs- oder Aufsichtsorgan durch Niederlegung oder Abberufung **verlieren,** bleiben vollumfänglich auskunfts- und mitwirkungspflichtig (arg. a minore ad maius aus Abs. 1 S. 2 Hs. 1; ebenso K. Schmidt InsO/Jungmann Rn. 10; Jaeger/Schilken Rn. 19). Eine Änderung des Pflichtenkatalogs bewirkt allenfalls der Amtsverlust **vor** dem maßgeblichen Eröffnungsantrag nach Maßgabe von Abs. 1 S. 2 (→ Rn. 14 ff.).

12.1 Hinsichtlich der Prämisse (rechtswirksamer Amtsverlust) bleibt zu bedenken, dass im Allgemeinen eine Amtsniederlegung zwar jederzeit (auch im Eröffnungs- oder eröffneten Insolvenzverfahren), fristlos und ohne wichtigen Grund vorgenommen werden kann (zum GmbH-Geschäftsführer vgl. BGH NJW 1993, 1198), nach einheitliger obergerichtlicher Rechtsprechung (offengelassen von BGH NJW 1993, 1198 (1200)) die Niederlegung des einzigen Geschäftsführers, der zugleich Allein-, zumindest aber Mehrheitsgesellschafter ist, regelhaft aber als **rechtsmissbräuchlich und unwirksam** angesehen wird, wenn er nicht gleichzeitig einen neuen Geschäftsführer bestellt (zum Alleingesellschafter: OLG Frankfurt a. M. BeckRS 2015, 4011 Rn. 14; OLG Düsseldorf GWR 2015, 453; OLG München NZI 2011, 295 (296); NZG 2021, 739; zum Mehrheitsgesellschafter OLG Köln NZG 2008, 340 (341); aA Baumbach/Hueck/Beurskens GmbHG § 38 Rn. 77 mwN). Für den **Fremdgeschäftsführer** gilt dies jedoch nicht (OLG Bamberg BeckRS 2017, 119854 Rn. 10 f.). In der **Eigenverwaltung** ist zur Wirksamkeit von Abberufungen das Zustimmungserfordernis des Sachwalters aus § 276a Abs. 1 S. 2 zu beachten.

13 Wird über das eigene Vermögen eines der vorgenannten Normadressaten das Insolvenzverfahren eröffnet, ist weiterhin er und nicht der dortige Insolvenzverwalter nach § 101 verpflichtet (AGR/

Piekenbrock Rn. 3); dies folgt aus dem Charakter als höchstpersönliche Verpflichtung (dazu → § 97 Rn. 25).

2. Ehemalige Mitglieder der Vertretungs- und Aufsichtsorgane (Abs. 1 S. 2 Hs. 1)

Eine (nachwirkende) **bloße Auskunftspflicht** nach § 97 Abs. 1, also keine Mitwirkungs- oder **14** Bereitschaftspflicht (§ 97 Abs. 2 und 3), gilt nach Abs. 1 S. 2 für die innerhalb von **zwei Jahren vor Insolvenzantragstellung** (nicht Verfahrenseröffnung) ausgeschiedenen Mitglieder des Vertretungs- oder Aufsichtsorgans. Maßgeblich ist der Tag des **Antragseingangs bei Gericht** (zu Parallelanträgen → Rn. 14.1), nicht der der Antragsverfassung (Braun/Kroth Rn. 4; HmbKomm-InsR/Morgen Rn. 5). Auf die (weitere) Zeitspanne zwischen Antragseingang und Auskunftsverlangen kommt es nicht an; die Pflicht der einmal von Abs. 1 S. 2 Hs. 1 Erfassten „verjährt" nicht (aA Nerlich/Römermann/Kruth Rn. 6: Geltung nur für weitere zwei Jahre nach Ausscheiden). Ist diese zeitliche Vorgabe nicht erfüllt, kann allenfalls noch eine Zeugenvernehmung durchgeführt werden (§§ 4, 5 InsO, §§ 373 ff. ZPO; Laroche ZInsO 2015, 1469 (1476)), die aus insolvenzverfahrensrechtlicher Perspektive den Nachteil der beachtlichen Zeugnisverweigerungsrechte hat.

Liegen mehrere Insolvenzanträge parallel vor und kommt es zeitlich darauf an, sollten die Ermittlungen **14.1** des Gerichts einschließlich der Bestellung eines vorläufigen Insolvenzverwalters (wegen § 22 Abs. 3) im ältesten, noch in den Zwei-Jahres-Zeitraum fallenden Eröffnungsverfahren geführt werden, vorausgesetzt, der entsprechende Eröffnungsantrag ist zulässig und zugelassen (Uhlenbruck/Zipperer Rn. 13). Bricht der älteste Antrag weg (zB durch Erledigungserklärung oder Rücknahme) und fallen die jüngeren Eröffnungsanträge aus dem Zwei-Jahres-Zeitraum heraus, erlischt die Auskunftspflicht nach Abs. 1 S. 2. Bis dahin gewonnene Erkenntnisse können aber weiter verwertet werden. Dagegen ist es unerheblich, in welchem der parallelen Antragsverfahren die Eröffnung beschlossen wird (vgl. § 139 Abs. 2 S. 1; aA FK-InsO/Wimmer/Amend Rn. 13), wenn nur das älteste, die Auskunftspflicht noch auslösende Verfahren gem. § 4 InsO, § 147 ZPO hinzuverbunden wird, was zwingend ist (BGH NZI 2010, 441 Rn. 8).

Ein tatbestandliches **„Ausscheiden aus der Stellung"** liegt nicht schon oder erst dann vor, **15** wenn das Organmitglied (auch) rein **tatsächlich** seine Tätigkeit für das schuldnerische Unternehmen **einstellt** (aA Jaeger/Schilken Rn. 19), es sei denn, es handelte sich um einen faktischen Geschäftsführer. Ein Ausscheiden tritt ebenso wenig mit dem Ende des dienstvertraglichen **Anstellungsverhältnisses** ein, sondern aus Gründen der Rechtsklarheit dann, wenn die organschaftliche Bestellung widerrufen oder sonst wie, zB durch wirksame Niederlegung beendet ist (HK-InsO/Schmidt Rn. 6; AGR/Piekenbrock Rn. 10; aA Nerlich/Römermann/Kruth Rn. 3a). Das geht aufgrund der gesellschaftsrechtlichen Trennungstheorie nicht zwingend Hand in Hand (zur AG: BGH NJW 1989, 2683; Dauner-Lieb in Henssler/Strohn, GesR, 5. Aufl. 2021, AktG § 84 Rn. 14; zur GmbH: BGH NJW 2003, 351; Altmeppen, GmbHG, 10. Aufl. 2021, GmbHG § 38 Rn. 5 ff.; ausf. zu sog. Koppelungsklauseln Graf v. Westphalen NZG 2020, 321). Eine **Kündigung** des Anstellungsvertrages durch den Insolvenzverwalter gem. § 113, die die Organstellung unberührt lässt, ist für die Auskunfts- als auch die Mitwirkungspflicht folglich ohne Belang (Jaeger/Schilken Rn. 14). Die **Organstellung** entfällt auch weder durch die Stellung eines Insolvenzantrags noch die Insolvenzverfahrenseröffnung (AGR/Piekenbrock Rn. 3; MüKoInsO/Stephan Rn. 21; zur Handlungsbefugnis → Rn. 27). Unerheblich ist überdies, ob das Mitglied noch eine Bezahlung aus der Insolvenzmasse bekommt; die verfahrensrechtlichen Pflichten sind **ohne Gegenleistung** zu erfüllen (Uhlenbruck/Zipperer Rn. 2; AGR/Piekenbrock Rn. 7). Zu einer unentgeltlichen **Mitarbeit**, die mehr als eine Mitwirkung iSv § 97 Abs. 1 darstellt, sind die Normadressaten aber nicht verpflichtet (vgl. → § 97 Rn. 32). Auf das **Motiv** für das Ausscheiden kommt es nicht an, insbesondere muss kein rechtsmissbräuchliches Vorgehen positiv festgestellt werden (Uhlenbruck/Zipperer Rn. 14).

Im Verhältnis von ehemaligen zu aktuellen Mitgliedern gibt es **keinen Subsidiaritätsgrund- 16 satz**, dh die Pflicht aus Abs. 1 S. 1 Hs. 1 besteht unabhängig davon, ob noch (andere) aktuelle Mitglieder des Vertretungs- und/oder Aufsichtsorgans existieren (BGH NZI 2015 380 Rn. 10; K. Schmidt InsO/Jungmann Rn. 12; aA AGR/Piekenbrock Rn. 9; Jaeger/Schilken Rn. 21). Abberufung/Abwahl oder Amtsniederlegung vor Antragstellung lassen die verfahrensrechtlichen Pflichten also nicht gänzlich leerlaufen, sondern reduzieren lediglich den Pflichtenumfang: Den ausgeschiedenen Organwaltern obliegt keine Mitwirkungspflicht, jedoch bleiben sie im Rahmen ihrer Auskunftspflicht zur Offenbarung von Tatsachen verpflichtet, einschließlich ihnen nachteiliger und womöglich sogar strafrechtlich relevanter Sachverhalte (§ 101 Abs. 1 S. 2, § 97 Abs. 1 S. 2).

3. Sonstige aktuelle Gesellschafter bei Führungslosigkeit (Abs. 1 S. 2 Hs. 2)

17 Für den Fall, dass die schuldnerische Gesellschaft über keinen (Aktiv-)Vertreter verfügt, bestimmt Abs. 1 S. 2 Hs. 2 sämtliche nicht persönlich haftenden Gesellschafter als weitere (bloß) **Auskunftsverpflichte.** Geltung entfaltet die Bestimmung für Schuldner, die eine **juristische Person** oder eine **Personengesellschaft** ohne natürliche Person als persönlich (unbeschränkt) haftenden Gesellschafter sind („Kapitalgesellschaft & Co. KG" einschließlich der sog. Eigen-KG). Bei anderen **Personengesellschaften** kann wegen des Prinzips der Selbstorganschaft keine Führungslosigkeit eintreten, sodass ihre nicht vertretungsberechtigten Gesellschafter auch nicht über den (Um-)Weg des Abs. 1 S. 2 Hs. 2 auskunftspflichtig werden können (K. Schmidt InsO/Jungmann Rn. 13).

18 Wegen des im Vergleich zur Legaldefinition der Führungslosigkeit in § 10 Abs. 2 S. 1 abweichenden Wortlauts („hat keinen organschaftlichen Vertreter" vs. „verfügt über keinen Vertreter") und dem Telos der Bestimmung, nämlich die Sicherstellung der effektiven Verfahrensförderung in Gestalt der erfolgreichen Aufklärung der Vermögensverhältnisse, genügt für Abs. 1 S. 2 Hs. 2 die **faktische Führungslosigkeit,** so zB beim Untertauchen des Geschäftsführers (Uhlenbruck/Zipperer Rn. 5 und 15; aA HmbKommInsR/Morgen Rn. 4; MüKoInsO/Stephan Rn. 27). Allein der nicht durch eine (schlüssig) erklärte Amtsniederlegung manifestierte **Wille,** die Organstellung nicht mehr ausfüllen zu wollen, reicht aber nicht aus, wenn der organschaftliche Vertreter für das Gericht tatsächlich erreichbar und seine Pflichtenerfüllung nach Abs. 1 S. 1 iVm §§ 98 durchsetzbar ist.

19 Verpflichtet werden nur die im Zeitpunkt des Auskunftsverlangens **aktuellen Gesellschafter,** nicht aber die ehemaligen (BGH NZI 2019, 460 Rn. 90; FK-InsO/Wimmer/Amend Rn. 15), weswegen auch nicht die Zwei-Jahres-Frist des Abs. 1 S. 2 Hs. 1 gilt (aA Uhlenbruck/Zipperer Rn. 24). Kein Gesellschafter im Sinne der Bestimmung ist der stille Gesellschafter iSv §§ 230, 236 HGB (Nerlich/Römermann/Kruth Rn. 3b), weil er nur an der nicht insolvenzfähigen Innengesellschaft beteiligt ist, die von der schuldnerischen Gesellschaft unterschieden werden muss (allg. dazu Oetker/Wedemann HGB § 230 Rn. 1; MüKoHGB/Karsten Schmidt HGB § 230 Rn. 8).

20 Die Auskunftspflicht der nicht persönlich haftenden Gesellschafter setzt aufgrund der ihr immanenten (einfachen) **Subsidiarität** im Verhältnis zu Abs. 1 S. 1 überdies voraus, dass keine aktuellen, auch faktischen, Mitglieder des Vertretungsorgans als Auskunftspflichtige tatsächlich herangezogen werden können (FK-InsO/Wimmer/Amend Rn. 15). So verhält es sich auch, wenn der formalrechtliche Vertreter evident ein **vorgeschobener Strohmann** ohne eigenes verfahrensrelevantes Wissen ist (strenger Jaeger/Schilken Rn. 8; MüKoInsO/Stephan Rn. 15: dann Geltung von Abs. 1 S. 1 für die Gesellschafter). Die Existenz von **Mitgliedern von Aufsichtsorganen** löst aber keine Subsidiaritätssperre aus (aA AGR/Piekenbrock Rn. 9; diff. K. Schmidt InsO/Jungmann Rn. 16); Abs. 1 S. 2 Hs. 2 bezieht sich nach seinem Wortlaut nämlich nur auf die „Vertreter" und nicht sprachlich weiter auf „Mitglieder" der in Abs. 1 S. 1 genannten (Aufsichts-)Organe. Ebenso wenig gibt es einen Grundsatz der „doppelten Subsidiarität" mit Blick auf das Verhältnis zu auskunftspflichtigen **ehemaligen organschaftlichen Vertretern** gem. Abs. 1 S. 2 Hs. 1 (ebenso Nerlich/Römermann/Kruth Rn. 3b; aA K. Schmidt InsO/Jungmann Rn. 14 ff.; Uhlenbruck/Zipperer Rn. 15; MüKoInsO/Stephan Rn. 27a), wie ebenfalls aus dem Wortlaut des Hs. 2 folgt („gilt ... auch").

21 Ob, wen und wie viele Gesellschafter das Insolvenzgericht in die Pflicht nimmt, ist seinem pflichtgemäßen (Entschließungs- und Auswahl-)Ermessen überlassen (Uhlenbruck/Zipperer Rn. 5). Maßgeblich ist, wie Erfolg versprechend die Heranziehung ist. Die Gesellschafter einer großen Publikumsgesellschaft werden selten zielführende Angaben machen können.

II. Pflichteninhalt

22 Hinsichtlich des Pflichteninhalts enthält Abs. 1 eine ausdifferenzierte Regelung, je nachdem, ob es sich um die amtierenden oder ehemalige Organmitglieder bzw. Gesellschafter handelt. Die **Auskunftspflicht** aus § 97 Abs. 1 trifft sie alle gleichermaßen, die **Mitwirkungs- und Bereitschaftspflichten** aus § 97 Abs. 2 und Abs. 3 hingegen nur die aktuellen Organmitglieder. Gegen die Heranziehung zur Auskunft/Mitwirkung an sich ist kein Rechtsbehelf gegeben, für die zwangsweise Durchsetzung mittels Haftanordnung, soweit nach § 101 zugelassen, gilt § 98 Abs. 3 S. 3 entsprechend (Statthaftigkeit der sofortigen Beschwerde).

1. Auskunftspflicht (Abs. 1 iVm § 97 Abs. 1)

23 Die aktuellen als auch ehemaligen Organmitglieder, die vertretungsberechtigten persönlich haftenden Gesellschafter und im Falle der Führungslosigkeit der schuldnerischen Gesellschaft auch

Organschaftliche Vertreter. Angestellte **§ 101 InsO**

die sonstigen Gesellschafter unterliegen einschränkungslos der Auskunfts- und Offenbarungspflicht nach § 97 Abs. 1. Ein **Auskunftsverweigerungsrecht** besteht nicht (K. Schmidt InsO/Jungmann Rn. 1), jedoch gilt das Verwendungsverbot des § 97 Abs. 1 S. 3 entsprechend.

Inhaltlich erstreckt sich die Pflicht auf **alle rechtlichen, wirtschaftlichen und tatsächlichen** 24 **Verhältnisse der Gesellschaft** einschließlich strafbarer Sachverhalte und Ansprüche, die gegen andere Mitglieder der Vertretungs- und Aufsichtsorgane oder gegen sie selbst (als Drittschuldner) gegeben sind. Alle diese Umstände sind von sich aus, also selbst ohne (Nach-)Frage zu offenbaren, soweit sie offensichtlich für das Insolvenzverfahren von Bedeutung sein können und nicht klar zutage liegen; es gilt dasselbe wie zu § 97 (BGH NZI 2015, 380 Rn. 12f. und 15; näher → § 97 Rn. 20 ff.). Nicht umfasst sind nach der Rechtsprechung jedoch Angaben zu den **privaten Vermögensverhältnissen**, um die Werthaltigkeit (Durchsetzungs-/Vollstreckungsaussicht) eines gegen den Verpflichteten gerichteten Anspruchs beurteilen zu können (BGH NZI 2015, 380 Rn. 11 und 16). Dem ist, trotz der hieran geübten Kritik (Laroche ZInsO 2015, 1469 (1473 ff.); allgemeiner Frind NZI 2010, 749 (755)), beizutreten (ausf. → Rn. 24.1).

Die Normadressaten des § 101 haben als **typische Wissensträger** für das schuldnerische Unternehmen 24.1 über die ihnen **in dieser Eigenschaft** bekanntgewordenen Informationen Auskunft zu geben, in aller Regel aber nicht auch solche, die sie nur deswegen haben, weil sie ihrer eigenen Privatsphäre entspringen (ähnlich Schröder ZInsO 2018, 2124: fehlender Zusammenhang zur Organtätigkeit). Dies verhält sich stimmig zu der ähnlich gelagerten Frage der zivilrechtlichen Wissenszurechnung bei Gesellschaften, für die anerkannt ist, dass zwar eine Zurechnung geschäftlich erlangten Wissens, nicht aber privater Kenntnisse stattfindet, sofern nicht ausnahmsweise aus Gründen des Verkehrsschutzes zur Organisation eines Informationsaustauschs verpflichtet ist, der auch privat erlangtes Wissen umfasst (BGH NJW 2016, 3445 Rn. 61). Infolgedessen muss ein organschaftlicher Vertreter zwar nichts zur Werthaltigkeit von gegen ihn selbst gerichteten Ansprüchen mitteilen – es ist nicht üblich, mit den eigenen Vermögensverhältnissen hausieren zu gehen –, sehr wohl aber zu Ansprüchen gegen Dritte, wenn ihm dazu Relevantes zu Ohren gekommen ist einschließlich privater Zufallserkenntnisse (zB aufgrund Unterhaltung mit einem Geschäftspartner auf einer Freizeitveranstaltung), die im Geschäfts-/Rechtsverkehr weitergeleitet zu werden pflegen.

Die Auskunftseinholung ist **keine Parteivernehmung** iSv § 448 ZPO; die §§ 101, 97 sind 25 lex specialis (Uhlenbruck/Pape § 5 Rn. 20; Andres/Leithaus/Andres § 5 Rn. 14). Dem Gericht steht es jedoch frei, von Amts wegen entsprechenden Beweis zu erheben (§ 5 Abs. 1) und die Normadressaten förmlich als Verfahrensbeteiligte zu vernehmen (Jaeger/Schilken Rn. 17; aA MüKoInsO/Ganter/Bruns § 5 Rn. 40). Das erfordert freilich einen vorherigen Beweisbeschluss (§ 4 InsO, § 450 ZPO; aA MüKoInsO/Stephan Rn. 34) und ist schon deswegen wenig praxisgerecht. Im Grundsatz können die Auskunftsberechtigten und insbesondere das Gericht auf eine **persönliche Auskunftserteilung** in einem anzuberaumenden Präsenztermin bestehen (Beck/Depré/Heilmaier § 4 Rn. 138), aus Verhältnismäßigkeitsgründen jedoch nicht, wenn wegen der Übersichtlichkeit des Fragenkatalogs schriftliche und seltener selbst fernmündliche Auskünfte das Auskunftsinteresse offensichtlich zu befriedigen vermögen. Auf Kaskaden von schriftlichen Antworten und Nachfragen brauchen sich die Berechtigten nicht einzulassen. Die Auskunftspflicht kann es unter Umständen erforderlich machen, dass der Verpflichtete Unterlagen sichtet, ordnet und Belege einreicht (MüKoInsO/Stephan Rn. 25; Laroche ZInsO 2015, 1469 (1471)); auch hier gilt dasselbe wie zu § 97 Abs. 1 (vgl. → § 97 Rn. 22).

2. Mitwirkungs- und Bereitschaftspflicht, Behinderungsverbot (Abs. 1 iVm § 97 Abs. 2 und Abs. 3)

Die **aktuell amtierenden** Mitglieder der Vertretungs- und Aufsichtsorgane sowie die vertre- 26 tungsberechtigten persönlich haftenden Gesellschafter trifft einschränkungslos sowohl die Mitwirkungs- (§ 97 Abs. 2) als auch Bereitschaftspflicht (§ 97 Abs. 3 S. 1) sowie das Behinderungsverbot (§ 97 Abs. 3 S. 2). Gleichwohl hat die Handhabe des Insolvenzgerichts einem etwaig, zB durch die Ressortverteilung bedingt eingeschränkten Kenntnisstand des jeweils Verpflichteten Rechnung zu tragen (Grundsatz der Verhältnismäßigkeit; vgl. Uhlenbruck/Zipperer Rn. 8 und 10).

3. Gesellschaftsrechtliche Pflichten

Abs. 1 lässt die **gesellschaftsrechtlichen Pflichten,** die die Mitglieder der Vertretungs- und 27 Aufsichtsorgane in ihren **Innenverhältnissen** treffen, im Grundsatz **unberührt.** Nicht nur die Insolvenzantragstellung, selbst die Eröffnung des Insolvenzverfahrens hat auf die Struktur der betroffenen Gesellschaft nämlich keinen Einfluss. Insbesondere die Organe einer juristischen Person behalten ihre Stellung nach der Eröffnung des Insolvenzverfahrens und nehmen diejenigen Aufgaben weiterhin wahr, die nicht die **Insolvenzmasse** betreffen. Nur in letzterem Bereich werden ihre Befugnisse durch die Verwaltungs- und Verfügungsbefugnis des Insolvenzverwalters überlagert bzw. verdrängt. Die **Rechtsmacht** des (vorläufigen) **Insolvenzverwalters** erstreckt sich **nicht** auf die **innergesellschaftlichen Verhältnisse** (BGH NZI 2020, 234 Rn. 37 ff.; 2007, 231 Rn. 21; ausf. MüKoInsO/Vuia InsO § 80 Rn. 112 ff.; bereits zur KO RGZ 76, 244 (246)). Speziell die organschaftlichen Vertreter sind folglich, soweit mit dem Insolvenzverfahren vereinbar, im Interesse der Gesellschaft zur weiteren Unternehmensleitung verpflichtet einschließlich der Ausübung der Insolvenzverfahrensrechte (zB Einlegung von Rechtsbehelfen). Sie sind auch handlungsbefugt, Abberufungen und Neubestellung von Geschäftsführern zur Eintragung in das Handelsregister anzumelden; sowohl die (Neu-)Bestellung als auch der Widerruf von Organmitgliedern fällt nicht in den vom Insolvenzverwalter besetzten sog. Verdrängungsbereich (BGH NZI 2007, 231 Rn. 21 f.; BayObLG NJW-RR 1988, 929 (931); MüKoInsO/Vuia InsO § 80 Rn. 112a).

III. Kreis der Berechtigten

28 Die **Auskunftspflicht** der aktuellen und ehemaligen organschaftlichen Vertreter und Gesellschafter besteht im **eröffneten Verfahren** gegenüber allen in § 97 Abs. 1 S. 1 genannten Auskunftsberechtigten (Insolvenzgericht, Insolvenzverwalter, Gläubigerausschuss und bei gerichtlicher Anordnung auch Gläubigerversammlung). Gelangt § 97 Abs. 1 über § 20 Abs. 1 S. 2, § 22 Abs. 3 S. 3 im **Insolvenzeröffnungsverfahren** zur Anwendung, so sind auskunftsberechtigt allein das Insolvenzgericht und ggf. der vorläufige Insolvenzverwalter, nicht jedoch der **vorläufige Gläubigerausschuss** (§ 22a) und der nach § 5 Abs. 1 bestellte **Sachverständige** (Nerlich/Römermann/Kruth Rn. 7); das Gericht kann jedoch verfahrensökonomisch aufgeben, dass diesem die Auskünfte direkt zu erteilen sind (Laroche ZInsO 2015, 1469 (1471); zur Vorführung vor den Sachverständigen vgl. → § 98 Rn. 35).

29 Demgegenüber besteht die **Mitwirkungspflicht** der aktuellen Mitglieder der Vertretungs- und Aufsichtsorgane im **eröffneten Verfahren** nur gegenüber dem Insolvenzverwalter (§ 97 Abs. 2), wohingegen im **Eröffnungsverfahren** sowohl der vorläufige Insolvenzverwalter (§ 22 Abs. 3 S. 2 und S. 3 Hs. 2) als auch das Insolvenzgericht die Mitwirkung verlangen können (§ 20 Abs. 1), der gerichtliche Sachverständige indessen nicht.

30 Im **Eigenverwaltungsverfahren** (§§ 270 ff.) können sowohl der vorläufige als auch der „endgültige" **Sachwalter** Auskünfte verlangen und von den aktuellen organschaftlichen Vertretern zusätzlich deren Mitwirkung einfordern (§ 270b Abs. 1 S. 1, § 274 Abs. 2 S. 3, § 22 Abs. 3 S. 3). In der vorläufigen Eigenverwaltung kommt diese Rechtsstellung über § 270 Abs. 1 S. 2, § 20 Abs. 2 S. 2 auch dem **Insolvenzgericht** zu. Im eröffneten Eigenverwaltungsverfahren sind gem. §§ 97 Abs. 1, 270 Abs. 1 S. 2 das Insolvenzgericht, der Gläubigerausschuss und auf gerichtliche Anordnung die Gläubigerversammlung auskunftsberechtigt; eine Mitwirkungspflicht können sie nicht geltend machen.

D. Auskunftsverpflichtung von (ehemaligen) Angestellten (Abs. 2)

31 (Nur) auskunftspflichtig sind gem. Abs. 2 iVm § 97 Abs. 1 S. 1 die aktuellen und früheren **Angestellten** des Schuldners, gleich ob es sich bei ihm um eine natürliche Person handelt oder nicht. Es gilt **nicht der arbeitsrechtliche Angestelltenbegriff**, erfasst sind nach Sinn und Zweck des Abs. 2 vielmehr alle (leitenden) Angestellten und Arbeiter im Betrieb des Schuldners (Nerlich/Römermann/Kruth Rn. 5; Jaeger/Schilken Rn. 24). Hat der Geschäftsführer sein Vertretungsamt vor mehr als zwei Jahren vor dem Insolvenzantrag wirksam niedergelegt, bestand sein Anstellungsverhältnis aber (zB aufgrund von Kündigungsfristen) bis in den Zwei-Jahres-Zeitraum hinein fort, kann selbst er als ehemaliger Angestellter zur Auskunft aufgefordert werden. Im Verhältnis zu den Normadressaten aus Abs. 1 sind die Angestellten **gleichrangig** verpflichtet, nicht subsidiär. Die abweichende frühere Rechtsprechung des BAG zum materiell-rechtlichen Auskunftsanspruch aus § 242 BGB (NJW 1990, 3293) ist durch Abs. 2 überholt (aA AGR/Piekenbrock Rn. 11).

32 Inhaltlich sind auch Angaben zu machen, die für den Angestellten zu vermögensrechtlichen Nachteilen iSv § 384 Nr. 1 ZPO führen können. Mangels Verweisung auf § 97 Abs. 1 S. 2 (Offenbarungspflicht) dürfen die Angestellten zu für sie ordnungswidrigkeits- oder strafrechtlich relevanten Vorgängen aber schweigen. Ebenso wenig verweist Abs. 2 auf § 98 mit der Folge, dass die Auskunftsverpflichtung **nicht mit Zwangsmitteln** vom Insolvenzgericht durchgesetzt werden kann. Die Heranziehung zur Auskunftserteilung ist deswegen auch nicht anfechtbar; wer ihr nicht

Folge leisten will, unterlässt es schlicht. Bei Verweigerung kann der Insolvenzverwalter, falls ein **materiell-rechtlicher Anspruch** gegeben ist, die Angestellten aber auf Auskunft vor dem Prozessgericht verklagen (vgl. BT-Drs. 12/2443, 144) und den Titel nach § 888 ZPO durchsetzen.

Ehemalige Angestellte sind nur erfasst, wenn sie nicht früher als **zwei Jahre** vor dem Eröffnungsantrag ausgeschieden sind. Ausscheiden meint wie bei Abs. 1 S. 2 Hs. 1 die **rechtliche Beendigung des Anstellungsverhältnisses**, nicht die rein faktische Einstellung der Tätigkeit für das schuldnerische Unternehmen (aA Uhlenbruck/Zipperer Rn. 22; Jaeger/Schilken Rn. 24), deren genauer Zeitpunkt im Nachhinein oftmals kaum sicher festzustellen sein wird. Aus dem Wortlaut der Norm, die durchgängig in allen Absätzen von „ausscheiden" spricht, folgt nichts anderes (aA HK-InsO/Schmidt Rn. 10). Zum Eröffnungsantrag als weiterem zeitlichem Bezugspunkt gilt dasselbe wie zu Abs. 1 S. 2 Hs. 1 (→ Rn. 14 f.). 33

Nach dem Verständnis des Gesetzgebers sperrt die Erweiterungsvorschrift des Abs. 2 weder die Vernehmung des (früheren) Angestellten als **Zeugen** (nicht als Partei) gem. § 5 Abs. 1 noch die Verhängung von Ordnungsmitteln auf Grundlage von § 4 InsO, § 380 ZPO im Falle seines Ausbleibens im Vernehmungstermin (BT-Drs. 12/2443, 144; zum Verfahrensrechtlichen → Rn. 34.1). Das Gericht hat also ein **Wahlrecht** zwischen Auskunftseinholung und Zeugeneinvernahme (Laroche ZInsO 2015, 1469 (1470)). Dem zeugenschaftlich vernommenen (früheren) Angestellten stehen aber die Verweigerungsrechte aus den §§ 383 ff. ZPO über § 4 InsO zu (K. Schmidt InsO/Jungmann Rn. 17). Die aktuellen **organschaftlichen Vertreter** können hingegen nicht als Zeugen vernommen werden, da sie beweisrechtlich als die Partei selbst anzusehen sind (§ 4 InsO, § 455 Abs. 1 S. 1 ZPO). 34

Ordnungsmittelbeschlüsse können nur ergehen, wenn der Angestellte vom Insolvenzgericht ausdrücklich zur zeugenschaftlichen Vernehmung (Uhlenbruck/Zipperer Rn. 8) unter Einhaltung der Voraussetzungen des § 377 ZPO, vor allem der Ordnungsmittelandrohung, geladen wurde; die Ladung zur Auskunftserteilung ist keine ordnungsgemäße Zeugenladung iSv § 380 ZPO. Eines Beweisbeschlusses nach § 4 InsO, § 359 ZPO bedarf es aber nicht (aA Laroche ZInsO 2015, 1469 (1471)). Das Ordnungsgeld darf auch der für das eröffnete Insolvenzverfahren gem. § 3 Nr. 2 lit. e RPflG zuständige Rechtspfleger verhängen (vgl. noch zur KO LG Heilbronn BeckRS 2011, 5827), ersatzweise Ordnungshaft aufgrund von § 4 Abs. 2 Nr. 2 RPflG hingegen nicht. 34.1

Der als Auskunftspflichtiger geladene (ehemalige) Angestellte hat seine verfahrensrechtliche Pflicht auf eigene Kosten zu erfüllen. Wird er demgegenüber als Zeuge geladen, steht ihm grundsätzlich eine Entschädigung nach dem JVEG zu (Uhlenbruck/Zipperer Rn. 22; HmbKommInsR/Morgen Rn. 6). 34.2

E. Durchsetzung der verfahrensrechtlichen Pflichten

I. Zwangsmittel (Abs. 1 S. 1 iVm § 98)

Den Zwangsmitteln des § 98 (Abnahme der eidesstattlichen Versicherung/Vorführung/Haftbefehl) unterliegen einerseits die rechtswirksam bestellten oder faktischen, andererseits aber auch die ehemaligen Organmitglieder bzw. vertretungsberechtigten persönlich haftenden Gesellschafter (BGH NZI 2015, 380 Rn. 8), ferner im Falle der faktischen Führungslosigkeit die sonstigen Gesellschafter. Sie setzen voraus, dass der in die Pflicht Genommene überhaupt eine Auskunft/Mitwirkung der geforderten Art schuldet und sie noch nicht erfüllt hat (BGH NZI 2015, 380 Rn. 9). Wird das Bestehen der Pflicht oder des Pflichtenumfangs kontrovers beurteilt, ist dieser Streit im Zwangsmittelverfahren nach § 98 Abs. 2 und Abs. 3 S. 3 auszutragen (Laroche ZInsO 2015, 1469 (1477)). Ein Verweigerungsrecht steht den nach § 101 auskunftspflichtigen Personen nicht zu (K. Schmidt InsO/Jungmann Rn. 1). Zur **funktionellen Zuständigkeit** und den **Rechtsmitteln** siehe die Kommentierung zu § 98. 35

Gegenüber (früheren) Angestellten können Zwangsmittel nicht angewandt werden, wie sich aus der beschränkten Verweisung des Abs. 2 ergibt. Alternativ können sich (arbeits-)gerichtlich durchsetzbare Auskunftspflichten aber aus dem Anstellungsverhältnis ergeben (MüKoInsO/Stephan Rn. 29). Ferner können (ehemalige) Angestellte im Insolvenzverfahren als **Zeugen** gehört werden (§ 5 Abs. 1 S. 2, §§ 380, 383–385 ZPO; zum Wahlrecht des Insolvenzgerichts → Rn. 34). 36

II. Postsperre (Abs. 1 S. 1 iVm § 99)

Eine Postsperre kann nur gegenüber den **aktuell amtierenden** Organmitgliedern sowie gegenüber den vertretungsberechtigten persönlich haftenden Gesellschaftern angeordnet werden, mangels Verweisung in Abs. 1 S. 2 bzw. in Abs. 2 auf § 99 aber **nicht** gegenüber **ehemaligen Organmitgliedern** oder (ehemaligen) **Angestellten**. 37

38 Die **Erforderlichkeitsschwelle** (→ § 99 Rn. 18) wird freilich nur dann überschritten, wenn Indizien nahelegen, dass der betreffende Personenkreis seine private Postanschrift verwendet, um gläubigerbenachteiligende Handlungen zu begehen oder zu verdecken (HK-InsO/Schmidt Rn. 13; dazu → § 99 Rn. 9). So mag es vor allem beim Alleingesellschafter-Geschäftsführer liegen. Die normale Geschäftspost des Schuldners erhält der Insolvenzverwalter ohnehin (vgl. § 80).

III. Materiell-rechtliche Schadensersatzansprüche

39 Die Verletzung der Pflichten aus § 101, die mit sittenwidriger vorsätzlicher Schädigungsabsicht erfolgt, kann einen vom Insolvenzverwalter einklagbaren Schadensersatzanspruch aus § 826 BGB gegen den Verpflichteten begründen (OLG Köln BeckRS 1997, 10902 Rn. 15 f. zu § 100 KO).

F. Materiell-rechtliche Auskunftsansprüche

40 § 101 schließt nicht aus, dass der Insolvenzverwalter Auskünfte auf **materiell-rechtlicher Grundlage** gegen die nach der Norm gar nicht oder zeitlich nicht mehr Verpflichteten oder Dritte geltend macht, erforderlichenfalls im Klageweg vor dem Prozessgericht (vgl. BGH NZI 2019, 460 Rn. 88 ff.; OLG Dresden NZI 2012, 458; zur Einklagbarkeit der Auskunftspflicht aus § 101 selbst → Rn. 2). Allerdings ist speziell mit Blick auf den allgemeinen, aus § 242 BGB herleitbaren **zivilrechtlichen Auskunftsanspruch** zu sehen, dass dieser nur in Betracht kommt, wenn der Insolvenzverwalter in entschuldbarer Weise über das Bestehen und den Umfang eines etwaigen zur Insolvenzmasse gehörenden Rechts im Ungewissen ist. Das ist zumindest solange nicht anzunehmen, als ihm ein anderer, näher liegender und leichterer, folglich auch ohne weiteres zumutbarer Weg zur Beseitigung seiner Ungewissheit offensteht, wozu die Auskunftserlangung über §§ 101, 97–99 zählen (noch zu § 100 KO: BGH NJW 1978, 1002; 1979, 1832; wegen Abs. 2 im Ergebnis aber überholt BAG NJW 1990, 3293). Aus gleichem Grund wird Auskunftsklagen des Insolvenzverwalters gegen die nach Abs. 1 Auskunftsverpflichteten regelhaft bereits das Rechtsschutzinteresse als Zulässigkeitsvoraussetzung fehlen (MüKoInsO/Stephan § 97 Rn. 14), selbst wenn materiell-rechtliche Auskunftsansprüche, zB abzuleiten aus ihrer gesellschaftsrechtlichen Treue- und Vermögenspflicht, gegen sie bestehen (Laroche ZInsO 2015, 1469 (1476)). Für den Auskunftsanspruch des Insolvenzverwalters nach dem **Informationsfreiheitsgesetz** stellen die §§ 97, 101 hingegen keine vorgehenden Regelungen dar (BVerwG NVwZ 2011, 235 Rn. 8).

G. Unterhaltsgewährung (Abs. 1 S. 3)

41 Abs. 1 S. 3 erweitert den Kreis der potentiell nach § 100 **unterhaltsberechtigten natürlichen Personen** um die vertretungsberechtigten persönlich (unbeschränkt) haftenden Gesellschafter einer insolventen **Personengesellschaft** iSv § 11 Abs. 2 Nr. 1. Dies betrifft vor allem Komplementäre einer insolventen OHG, KG sowie einer KGaA, aber auch die gem. §§ 714, 709, 710 BGB vertretungsberechtigten Gesellschafter der GbR (Andres/Leithaus/Leithaus Rn. 7: analoge Rechtsanwendung). Dem liegt die gesetzgeberische Erwägung zugrunde, dass die Genannten ähnlich wie der Einzelkaufmann mit ihrem Privatvermögen einschließlich des Neuerwerbs (§ 35 Abs. 1) den Gläubigern gegenüber haften, wegen der Insolvenz ihren Lebensunterhalt jedoch nicht mehr durch die Gesellschaft erwirtschaften können (BT-Drs. 12/2443, 144). Hieraus wird abgeleitet, dass es nur auf die nach dem (dispositiven) Gesetz bestehende abstrakte Vertretungsberechtigung ankomme und nicht die unter Umständen hiervon im Gesellschaftsvertrag abweichend festgelegte (Uhlenbruck/Zipperer Rn. 21); mit dem Wortlaut des Abs. 1 S. 3, der an die Vertretungs-, nicht Geschäftsführungsbefugnis anknüpft, lässt sich das nur schwerlich vereinbaren und ist abzulehnen (ebenso AGR/Piekenbrock Rn. 18).

42 Wegen des umfassenden Verweises kann gem. § 100 Abs. 1 auch der **Familie** des vertretungsberechtigten persönlich (unbeschränkt) haftenden Gesellschafters Unterhalt in beliebiger Höhe und gem. § 100 Abs. 2 seinen minderjährigen unverheirateten Kindern, seinem (früheren) Ehegatten oder (früheren) Lebenspartner und dem anderen Elternteil seines Kindes hinsichtlich des Anspruchs nach den §§ 1516l, 1615n BGB vorläufig notwendiger Unterhalt gewährt werden.

43 Weitere Personen sind von dem Verweis in Abs. 1 S. 3 nicht erfasst; die Regelung ist abschließend (K. Schmidt InsO/Jungmann Rn. 18). Speziell die Mitglieder der Geschäftsführungs- und Vertretungsorgane von **juristischen Personen** als Schuldner sind nicht berechtigt, Unterhalt aus der Insolvenzmasse zu beziehen, selbst wenn sie neben einer umfänglichen Kommanditisten-Beteiligung Geschäftsführer der Komplementär-GmbH sind (OLG Celle BeckRS 2011, 26771). Diese Personen sind einerseits durch den vorübergehenden Fortbestand ihrer Dienstverhältnisse geschützt. Andererseits haften sie für die Verbindlichkeiten der Gesellschaft nicht mit ihrem eigenen Vermögen.

H. Persönliche Kostentragung bei Antragsabweisung (Abs. 3)

Die vom Gesetzgeber vor allem unter dem Gesichtspunkt der Kostengerechtigkeit angefügte 44 Regelung des Abs. 3 (zum Normzweck → Rn. 1), wonach Verfahrenskosten einschließlich Auslagenersatz dem in Abs. 1 und 2 genannten Personenkreis auferlegt werden können, ist systematisch deplatziert, in der Sache aber – entgegen verbreitet geübter Kritik – in der insolvenzgerichtlichen Praxis sinnvoll.

Seinen **Anwendungsbereich** hat Abs. 3 im **Eröffnungsverfahren**, nicht aber im bereits eröff- 45 neten Verfahren. Dem steht nicht entgegen, dass der Verweis in § 20 Abs. 1 S. 2 den § 101 Abs. 3 gerade nicht aufführt (Uhlenbruck/Zipperer Rn. 26; zweifelnd K. Schmidt InsO/Jungmann Rn. 19), was gesetzestechnisch aber zweifelsohne misslungen ist. Die Anwendbarkeit des Abs. 3 im Eröffnungsverfahren folgt unmittelbar aus seinem Wortlaut („Abweisung des Antrags auf Eröffnung des Insolvenzverfahrens"), der praktisch wie ein S. 3 zu § 20 Abs. 1 zu lesen ist.

Inhaltlich setzt die Kostenauferlegung nach Abs. 3 zum einen voraus, dass die nach Abs. 1 und 46 Abs. 2 Verpflichteten ihre **Auskunft- und/oder Mitwirkungspflicht verletzt** haben. Das Gesetz stellt keine Mindestanforderungen auf, sodass eine partielle/punktuelle Pflichtverletzung genügt. Zum anderen muss es in dem Eröffnungsverfahren, in dem die Pflichtverletzung begangen wurde, zu einer **Abweisung** des gestellten Insolvenzantrags kommen. Obgleich der Gesetzeszweck primär darauf abzielt, die abschreckende Wirkung, die eine mögliche Kostentragung auf antragstellende Gläubiger haben kann, zu beseitigen, sind nicht nur **Fremd-**, sondern auch **Eigenanträge** erfasst (ebenso FK-InsO/Wimmer/Amend Rn. 18). Eine teleologische Reduktion des Abs. 3 ist nicht angezeigt (→ Rn. 46.1).

Abs. 3 soll nach der Gesetzesbegründung die nach § 101 Verpflichteten disziplinieren (BT-Drs. 16/ 46.1 6140, 57). Zudem ist nicht zu übersehen, dass diese Bestimmung durch das MoMiG (zur Gesetzeshistorie → Rn. 1) eingeführt wurde, welches explizit Missbrauchsfälle am Ende des Lebens einer GmbH bekämpft. Indessen ist es für missbräuchliche Firmenbestattung typisch, dass zwar ein Eigenantrag gestellt, sodann aber keine ordentliche Mitwirkung mehr erfolgt. Dem Druck einer persönlichen Kostentragung kann dem entgegenwirken und speziell eingesetzte Strohleute beeindrucken.

Des Weiteren bedarfs es einer **Kausalität** zwischen der Verletzung der Auskunfts- und/oder 47 Mitwirkungspflicht und der Antragsabweisung. Das ergibt sich zwar nicht aus dem insoweit indifferenten Gesetzeswortlaut, aber aus der Gesetzesbegründung und dem Telos der Norm (BT-Drs. 16/6140, 57: dem Gläubiger nachteilige „Kostenfolge erscheint jedoch ungerecht, wenn die Abweisung im Wesentlichen auf der Verletzung verfahrensrechtlicher Mitwirkungspflichten des Schuldners beruht"). Die Abweisung geht allerdings bereits dann hinreichend auf die Pflichtverletzung zurück, wenn das Gericht aufgrund seiner anderweitigen Ermittlungen entscheidungserhebliche Feststellungen nach §§ 16, 26 nicht zu treffen vermag (non liquet), die ihm bei ordentlicher Auskunft und Mitwirkung **vielleicht möglich** gewesen wären. Eine – praktisch kaum jemals nachzuweisende und Abs. 3 ins Leere laufenlassende – echte Erfolgskausalität in dem Sinne, dass feststehen muss, dass die unterlassene Auskunft/Mitwirkung der Verfahrenseröffnung sicher erlaubt hätte, ist nicht zu verlangen (Nerlich/Römermann/Kruth Rn. 6a; aA MüKoInsO/Stephan Rn. 39; K. Schmidt InsO/Jungmann Rn. 20). Gelangt das Gericht trotz Pflichtverletzung auf Basis anderer Erkenntnisse zu der Überzeugung, dass die Eröffnungsvoraussetzungen nicht vorliegen (Beweis des Gegenteils), fehlt es an der Kausalität im vorbeschriebenen Sinne (wohl aA Uhlenbruck/Zipperer Rn. 26).

Verfahrensrechtlich kann Abs. 3 aufgrund seiner inhaltlichen Voraussetzungen nur als **von Amts** 48 **wegen zu treffende Kostenentscheidung** (§ 4 InsO, § 308 Abs. 2 ZPO) in einem einen Insolvenzantrag **abweisenden Beschluss** Platz finden. Das kann eine **Abweisung** des Antrags gem. § 16 **als unbegründet** (aA AGR/Piekenbrock Rn. 15) ebenso sein wie eine Abweisung gem. § 26 **mangels Masse**. In beiden Fällen kann sich die Verletzung der verfahrensrechtlichen Auskunfts- und Mitwirkungspflichten hinderlich auf die vom Gericht notwendigerweise zu treffenden Feststellungen (Bestehen von Insolvenzeröffnungsgrund bzw. voraussichtlich kostendeckender Masse) auswirken. Die **Zurückweisung** des Antrags als schon **unzulässig** genügt für Abs. 3 hingegen nicht, ebenso wenig ein Eröffnungsbeschluss, den das Gericht trotz der Erschwernis durch die Pflichtverletzung zumindest auf überzeugende Indizien zu stützen vermocht hat.

Die Entscheidung, von der Kostenregelung des Abs. 3 Gebrauch zu machen, liegt im **Ermessen** 49 des Insolvenzgerichts, welches speziell nur partiell begangene Pflichtverstöße wohlwollender betrachten mag und die Bedeutsamkeit der Stellung des jeweils Verpflichteten im schuldnerischen Unternehmen zu berücksichtigen hat. Das Ermessen erstreckt sich auf die Fragen, wer kostenpflichtig werden soll (zur Kostenentscheidung bei mehreren Verpflichteten → Rn. 49.1) und in welchem Umfang (HmbKommInsR/Morgen Rn. 10 f.; MüKoInsO/Stephan Rn. 40). Eine Trennung ausscheidbarer Kosten ist zulässig (entsprechend § 4 InsO, § 96 ZPO), zB kann nur die Tragung der frustrierten Kosten der amtswegigen Beweisaufnahme (Auslagen für den Sachverständigen) auferlegt werden.

49.1 Haben mehrere Verpflichtete gegen § 101 verstoßen, können ihnen beim Fremdantrag entsprechend § 4 InsO, § 100 Abs. 4 ZPO die Verfahrenskosten als Gesamtschuldner auferlegt werden. Bei unterschiedlicher Verstoßintensität kann das Gericht aber auch entsprechend § 4 InsO, § 100 Abs. 2 ZPO unterschiedliche Haftungsumfänge bestimmen. Wird ein Eigenantrag gestellt und hat die Gesellschaft mehrere Vertretungsberechtigte, die ihren Pflichten nicht nachkommen, wird die Kostenauferlegung hingegen nach Kopfteilen entsprechend § 4 InsO, 100 Abs. 1 ZPO erfolgen.

50 Trifft das Insolvenzgericht eine Kostenentscheidung nach Abs. 3, wird der Kostenverpflichtete primär haftender Entscheidungsschuldner iSv § 29 Nr. 1 GKG, wohingegen ein etwaiger antragstellender Gläubiger zum sekundär haftenden Zweitschuldner iSv § 31 Abs. 2 S. 1 GKG, § 23 Abs. 1 GKG herabgestuft wird.

§ 102 Einschränkung eines Grundrechts

Durch § 21 Abs. 2 Nr. 4 und die §§ 99, 101 Abs. 1 Satz 1 wird das Grundrecht des Briefgeheimnisses sowie des Post- und Fernmeldegeheimnisses (Artikel 10 Grundgesetz) eingeschränkt.

1 Die Vorschrift knüpft an die im Gesetzeswortlaut genannten grundrechtseinschränkenden Regelungen in der InsO zur (vorläufigen) Postsperre an und dient durch deren Aufzählung zugleich der Erfüllung des **verfassungsrechtlichen Zitiergebots** aus Art. 19 Abs. 1 S. 2 GG.

2 Nach Art. 19 Abs. 1 S. 2 GG, der sich nur an den nachkonstitutionellen Gesetzgeber wendet und zu Zeiten der Geltung der KO nicht zu greifen vermochte (BVerfG NJW 2009, 2431 Rn. 77), muss ein Gesetz, welches darauf abzielt, ein unter Einschränkungsvorbehalt gestelltes Grundrecht über die in ihm selbst angelegten Grenzen hinaus einzuschränken, das eingeschränkte Grundrecht ausdrücklich benennen (BVerfG NJW 1970, 1268 f.; 1991, 1471 (1475)). Dadurch soll sichergestellt werden, dass nur vom Gesetzgeber wirklich gewollte Grundrechtseingriffe erfolgen (BVerfG NJW 1983, 2869). Neben dieser Warn- und Besinnungsfunktion, die das Zitiergebot gegenüber dem Gesetzgeber entfaltet, erfüllt es eine Hinweis- und Informationsfunktion (BeckOK GG/Enders GG Art. 19 Rn. 15), die sich an den Rechtsanwender (Insolvenzrichter) ebenso richtet wie an den Rechtsunterworfenen (Schuldner und ihm zugehörige Personen).

3 Die InsO sieht mit der (vorläufigen) Postsperre **Einschränkungen des Grundrechts** des Brief-, Post- und Fernmeldegeheimnisses vor, welches gem. Art. 10 Abs. 2 S. 1 GG unter einfachem Gesetzesvorbehalt steht. In das entsprechende Grundrecht des Schuldners kann im Eröffnungsverfahren auf Grundlage von § 21 Abs. 2 S. 1 Nr. 4 (→ § 21 Rn. 66 ff.), im eröffneten Verfahren auf Grundlage von § 99 eingegriffen werden. Ist der Schuldner keine natürliche Person, weitet sich der Kreis der potentiell betroffenen Grundrechtsträger nach Maßgabe von § 101 Abs. 1 S. 1: So sind im Falle juristischer Personen auch Grundrechtseingriffe bei den Mitgliedern der Vertretungs- und Aufsichtsorgane, im Falle von Personengesellschaften ohne eigene Rechtspersönlichkeit auch bei den persönlich haftenden Gesellschaftern, die vertretungsberechtigt sind, gestattet.

4 Dem Erfordernis, die vorgenannten Einschränkungen des Grundrechts aus Art. 10 GG ausdrücklich zu benennen, wird § 102 – trotz des in ihm enthaltenen Redaktionsversehens (→ Rn. 4.1) – gerecht (hM, s. nur MüKoInsO/Stephan Rn. 1; Uhlenbruck/Zipperer Rn. 1; K. Schmidt/Jungmann Rn. 1 ff.; Rollenbleg NZI 2004, 176 (183)). Ob die Norm in ihrer Gänze verfassungsrechtlich überhaupt notwendig ist, erscheint allerdings fragwürdig (vgl. Jaeger/Schilken Rn. 1; MüKoInsO/Stephan Rn. 2), wenngleich der Fragestellung rechtspraktisch kaum Bedeutung zukommt. Der schlichte Verweis auf den Charakter der InsO als nachkonstitutionelles formelles Gesetz greift jedoch zu kurz (so aber Braun/Kroth Rn. 1). Art. 19 Abs. 1 S. 2 GG findet nach der Rechtsprechung des BVerfG keine Anwendung auf solche nach Inkrafttreten des GG erlassenen Gesetze, die lediglich bereits geltende Grundrechtsbeschränkungen unverändert oder mit geringen Abweichungen wiederholen (BVerfG NJW 1956, 986; 1973, 1363 (1364); 1982, 2173 (2173); s. aber einschränkend BVerfG NJW 2005, 2603 (2604)). § 99 entspricht im Kern der Vorgängerregelung in § 121 KO (dazu BVerfG ZIP 1986, 1336; Pape DtZ 1993, 199 (200)). Auch § 106 Abs. 1 S. 2 KO zu den Sicherungsmaßnahmen im Eröffnungsverfahren (Sequestration) wurde herrschend dahin verstanden, dass das Gericht per einstweiliger Anordnung eine Postsperre gegen den Schuldner verhängen konnte (vgl. BGH NZI 2000, 306; NJW-RR 1987, 1276). Der (vorsichtig agierende) Gesetzgeber der InsO hat gleichwohl die Erfüllung des Zitiergebots speziell in Bezug auf das Eröffnungsverfahren als erforderlich angesehen (vgl. BT-Drs. 12/2443, 144) mit dem Argument, das verfassungsrechtliche Bestimmtheitsgebot (dazu allg. BVerfG NJW 2004, 2213 (2215 ff.)) verlange im Vergleich zur KO eine detailliertere Regelung der Postsperre, die ihrerseits das Zitiergebot auslöse (so die Begr. in BT-Drs. 14/120, 12 des EGInsOAndG v. 19.12.1998, BGBl. I 3836).

Der Wortlaut der Norm enthält einen Fehler: Für das Eröffnungsverfahren müsste korrekter Weise auf § 21 Abs. 2 S. 1 Nr. 4 abgestellt werden. Durch das Gesetz zur Umsetzung der Richtlinie 2002/47/EG vom 6. Juni 2002 über Finanzsicherheiten und zur Änderung des Hypothekenbankgesetzes und anderer Gesetze vom 5.4.2004 (BGBl. I 502) ist dem § 21 Abs. 2 ein S. 2 angefügt worden. Seitens des Gesetzgebers wurde vergessen, § 102 an diese Veränderung anzupassen. Da der Redaktionsfehler offensichtlich ist, schadet er der Erfüllung des Zitiergebots aus Art. 19 Abs. 1 S. 2 GG nicht (AGR/Piekenbrock Rn. 2). **4.1**

In rechtlicher Konsequenz des § 102 können sich Grundrechtsträger, die als gesetzlich zulässige **5** Adressaten einer (vorläufigen) Postsperre betroffen sind, auf eine Verfassungswidrigkeit und Nichtigkeit der § 21 Abs. 2 S. 1 Nr. 4, § 99 wegen eines – nicht gegebenen – Verstoßes gegen Art. 19 Abs. 1 S. 2 GG als Schranken-Schranke nicht erfolgreich berufen (allg. zu den Rechtsfolgen der Verletzung des Zitiergebots BVerfG NJW 2005, 2603 (2604 f.); 2019, 842 Rn. 96; BeckOK GG/Enders GG Art. 19 Rn. 18). Unter dem Gesichtspunkt eines **unverhältnismäßigen Eingriffs** kann aber die konkrete Rechtsanwendung des Insolvenzgerichts zu einer verfassungswidrigen Verletzung des Art. 10 Abs. 1 GG selbst führen (BVerfG NJW 2001, 745 (746); FK-InsO/Wimmer/Amend Rn. 2; MüKoInsO/Stephan Rn. 3; zum verfassungsrechtlichen Prüfungsmaßstab vgl. BVerfG NJW 1985, 121 (122); 2009, 2431 Rn. 56 ff.), insbesondere darf die Postsperre nicht länger als erforderlich aufrechterhalten werden (vgl. § 99 Abs. 1 S. 1 und Abs. 3 S. 2).

Zweiter Abschnitt. Erfüllung der Rechtsgeschäfte. Mitwirkung des Betriebsrats

§ 103 Wahlrecht des Insolvenzverwalters

(1) Ist ein gegenseitiger Vertrag zur Zeit der Eröffnung des Insolvenzverfahrens vom Schuldner und vom anderen Teil nicht oder nicht vollständig erfüllt, so kann der Insolvenzverwalter anstelle des Schuldners den Vertrag erfüllen und die Erfüllung vom anderen Teil verlangen.

(2) ¹Lehnt der Verwalter die Erfüllung ab, so kann der andere Teil eine Forderung wegen der Nichterfüllung nur als Insolvenzgläubiger geltend machen. ²Fordert der andere Teil den Verwalter zur Ausübung seines Wahlrechts auf, so hat der Verwalter unverzüglich zu erklären, ob er die Erfüllung verlangen will. ³Unterläßt er dies, so kann er auf der Erfüllung nicht bestehen.

Überblick

Die §§ 103 ff. regeln das Schicksal gegenseitiger Verträge in der Insolvenz. **Grundsatz** ist das in **§ 103** normierte **Wahlrecht** des Insolvenzverwalters, vor Verfahrenseröffnung vom Schuldner geschlossene Verträge zu erfüllen oder nicht. Zahlreiche **Sonderregelungen** für spezifische Vertragstypen in den **§§ 104 ff.** weichen von diesem Grundsatz ab und ordnen entweder den Fortbestand von Verträgen oder deren Erlöschen an oder modifizieren allgemeine Vorschriften wie Kündigungsrechte und -fristen, Vorausabtretungen oder Ausgleichsansprüche. Diese Regelungen sind vor Verfahrenseröffnung **unabdingbar** (§ 119).

Das Erfüllungswahlrecht des § 103 gilt für **gegenseitige Verträge** (→ Rn. 24 ff.), soweit diese zur Zeit der Verfahrenseröffnung beidseitig noch nicht oder nicht vollständig erfüllt sind (→ Rn. 37 ff.). Die spezifischen Rechtsfolgen von Verfahrenseröffnung, Erfüllungswahl bzw. Erfüllungsablehnung ergeben sich nicht unmittelbar aus dem Gesetz, sondern wurden in ihren dogmatischen Grundlagen weitgehend durch die Rechtsprechung entwickelt (→ Rn. 5 ff.). Mit Verfahrenseröffnung **verlieren** die im Synallagma stehenden **Ansprüche ihre Durchsetzbarkeit**, soweit sie sich beidseitig unerfüllt gegenüberstehen (→ Rn. 8 ff.). Zuständig für die Ausübung des Wahlrechts ist der Insolvenzverwalter (→ Rn. 49 ff.). Wählt er **Erfüllung**, erlangen die mit Verfahrenseröffnung suspendierten gegenseitigen Erfüllungsansprüche eine neue rechtliche Qualität als Masseforderung bzw. Masseverbindlichkeit, und der Vertrag wird wie geschlossen durchgeführt (→ Rn. 68 ff.). Im Fall der **Erfüllungsablehnung** bleiben die Erfüllungsansprüche undurchsetzbar, und der Vertragspartner kann nur seine materiell-rechtlichen Nichterfüllungsansprüche im Rang einer Insolvenzforderung geltend machen (§ 103 Abs. 2 S. 1, → Rn. 72 ff.). Ohne eine Erfüllungswahl bleibt es zunächst bei dem mit Verfahrenseröffnung geschaffenen **Schwebezustand.** Diesen kann der Vertragspartner mit der Erfüllungsaufforderung gem. § 103 Abs. 2 S. 2 beenden (→ Rn. 61 ff.).

Soweit Verträge nur **teilweise** erfüllt sind, kann es zu einer **Vertragsspaltung** in einen § 103 unterfallenden und einen ihm nicht unterfallenden Vertragteil kommen, für den je nach Umfang der erbrachten Vorleistungen die allgemeinen Regeln gelten (→ Rn. 82 ff.). Insbesondere können Dauerschuldverhältnisse bei Erfüllungswahl in Leistungszeiträume vor und nach Verfahrenseröffnung aufgespalten werden. Die auf Leistungen an die Masse **vor Verfahrenseröffnung** bezogenen Ansprüche gegen die Masse auf Gegenleistung haben auch bei Erfüllungswahl in der Regel lediglich den Rang einer Insolvenzforderung. Erst wenn der Masse für die Zeit **ab Verfahrenseröffnung** Leistungen zufließen, schuldet die Masse auch die hierauf bezogene Gegenleistung im Rang einer Masseverbindlichkeit (→ Rn. 83 ff.). Diese Vertragsspaltung wirkt sich ggf. auch auf die Wirksamkeit von Aufrechnungen (→ Rn. 107 ff.) und Vorausabtretungen (→ Rn. 109 ff.) aus.

Übersicht

	Rn.
A. Grundsätzliches zur Behandlung gegenseitiger Verträge in der Insolvenz	1
I. Normzweck und Interessenausgleich zwischen Masse und Vertragspartner	1
II. Insbesondere Wirkungen der Verfahrenseröffnung: Von der Erlöschenstheorie zur Nichtdurchsetzbarkeitstheorie	5
III. Systematik der §§ 103 ff. InsO	12
B. Tatbestand	16
I. Anwendbarkeit des § 103	17
1. Vorrangige Spezialvorschriften	17
2. Massebezug der Erfüllungspflicht	18
II. Gegenseitiger Vertrag	24
1. Wirksamer Vertrag zum Zeitpunkt der Verfahrenseröffnung	24
2. Synallagmatische Pflichten	26
3. Vertragstypologische Einzelbeispiele	30
4. Insbesondere atypische Verträge, Rückgewährschuldverhältnisse	33
III. Beiderseitige nicht vollständige Erfüllung	37
1. Erfüllungsbegriff	38
2. Keine Erfüllung oder Teilerfüllung	44
IV. Erfüllungswahl	48
1. Zuständigkeit für die Ausübung	49
2. Massemehrung als Ausübungsmaßstab	53
3. Einheitliche Ausübung für gesamten Vertrag	55
4. Auslegungs- und Wirksamkeitsfragen der Erfüllungswahl als Willenserklärung	57
V. Ausübungsaufforderung (Abs. 2 S. 2)	61

	Rn.
C. Rechtsfolgen	67
I. Erfüllungswahl	68
1. „Qualitätssprung" und „Aufwertung" gegenseitiger Ansprüche zu Masseforderungen bzw. -verbindlichkeiten	68
2. Bindung an bestehenden Vertrag	70
II. Erfüllungsablehnung oder fehlende Erfüllungswahl	72
1. Fortdauernd suspendierte Durchsetzbarkeit gegenseitiger Ansprüche	72
2. Erlöschen der vertraglichen Ansprüche	75
3. Geltendmachung von Nichterfüllungsansprüchen (Abs. 2 S. 1)	79
III. Grundsatz der Vertragsspaltung bei teilbaren Leistungen	82
1. Erfüllungswahlrecht nur bei beidseitig unerfüllten Vertragsteile	83
2. Reichweite des Erfüllungswahlrechts bei unterschiedlichen Vorleistungsszenarien	87
D. Andere Sekundäransprüche und Gegenrechte	101
I. Leistungsstörungsrecht	101
II. Aufrechnung	107
III. Vorausabtretung	109
IV. Sicherheiten im Insolvenzfall	112
V. Insbesondere weitere Erfüllung im Eröffnungsverfahren	114
E. Verhältnis zu anderen Vorschriften	116

A. Grundsätzliches zur Behandlung gegenseitiger Verträge in der Insolvenz

I. Normzweck und Interessenausgleich zwischen Masse und Vertragspartner

In Anknüpfung an das Regelungsziel des früheren § 17 KO, der inhaltlich unverändert in die **1** InsO übernommen wurde (RegE BT-Drs. 12/2443, 145), zielt das Erfüllungswahlrecht des § 103 auf einen **Ausgleich der Interessen** der Gläubigergesamtheit an einer Massemehrung einerseits und des schutzbedürftigen Vertragspartners andererseits. So soll das Erfüllungswahlrecht dem Insolvenzverwalter ermöglichen, einen von keiner Seite bereits vollständig erfüllten gegenseitigen Vertrag **zum Vorteil der Masse auszuführen** und soll gleichzeitig dem Vertragspartner den durch das **funktionelle Synallagma** vermittelten **Schutz erhalten** (BGH NZI 2012, 76 (79); BGH NZI 2002, 380 (382); BAG ZInsO 2012, 450; s. auch MüKoInsO/Huber Rn. 2 mwN). Dieses **Spannungsfeld** zwischen den für die Masse erzielbaren Vorteilen einerseits und dem Schutz des Vertragspartners andererseits prägt maßgeblich die Auslegung und Anwendung der §§ 103 ff.

Aus **Sicht der Masse** sind mit dem Erfüllungswahlrecht im Insolvenzfall erhebliche Vorteile **2** verbunden, da dieses ermöglicht, entweder bei günstigen Verträgen Vermögenswerte zur Masse zu ziehen oder deren Belastung mit Gegenforderungen aus ungünstigen Verträgen zu vermeiden (BGH NZI 2014, 369 (370)). Ob ein noch vom Schuldner verhandelter Vertrag für die Masse im Ergebnis wirtschaftlich vorteilhaft ist oder nicht, hängt im Prinzip vom Zufall ab. Ein bei Vertragsschluss bestehendes Marktumfeld kann sich geändert haben; und je nach beabsichtigten Restrukturierungsszenarien kann ein Vertrag entweder für die Betriebsfortführung essentiell sein (zB Stromlieferverträge, IT-Dienstleistungsverträge, Lizenzen oder das kurzfristig nicht ersetzbare Outsourcing von Geschäftsprozessen) oder – insbesondere bei Betriebsaufgabe – die Masse unnötig weiter belasten. Das Erfüllungswahlrecht hilft dem Verwalter zudem, bei Restrukturierungen im Rahmen einer sachgerechten Massebereinigung ein Unternehmen auf seinen am Markt überlebensfähigen wirtschaftlichen Kern zurückzuschneiden. Zudem bleibt dem Verwalter in diesem Fall die aufwendige Neuverhandlung vorbestehender Verträge erspart (zu dieser Entlastungsfunktion MüKoInsO/Huber Rn. 13a). Die **Entscheidung über die Fortführung** von Verträgen wird der Verwalter im Interesse aller Gläubiger normalerweise an der Erforderlichkeit für eine etwaige Betriebsfortführung und den für die Masse erzielbaren **wirtschaftlichen Vorteilen** ausrichten.

Den Belangen der Massemehrung stehen die **Interessen des Vertragspartners** gegenüber. **3** Soweit ein Vertrag beendet wird, getroffene Dispositionen des Vertragspartners entwertet werden und dieser für etwaige Ersatzansprüche lediglich auf die Quote verwiesen wird, verwirklicht sich hierin lediglich das allgemeine und jeden Gläubiger treffende **Insolvenzrisiko**. Sofern es jedoch zur weiteren Durchführung des Vertrags kommt, soll der Vertragspartner nicht in eine Situation gebracht werden, in der er seine eigenen Ansprüche nur quotal als Insolvenzforderung durchsetzen kann, die eigene Leistung aber in voller Höhe zur Masse erbringen muss. Gesetzgeber und Rechtsprechung erkennen den **Schutz** des Vertragspartners im fortbestehenden **funktionellen Synallagma** an. Daher gewährleistet § 103, dass derjenige, der seine **Leistung weiterhin erbringen** und diese der **Masse zugute** kommen lassen muss, auch die dafür zu entrichtende **Gegenleistung aus der Masse erhalten** und nicht auf eine Insolvenzforderung beschränkt sein soll (BGH NZI 2003, 373 (374)). § 103 dient daher neben dem Masseschutz nach wie vor – und nach hier vertretener Ansicht in gleichem Maße – dem Schutz des Vertragspartners vor Forderungen des Verwalters ohne Erhalt einer Gegenleistung (BGH NJW 1989, 1282 (1284); 1972, 875 (876) zu § 17 KO bzw. § 36 VglO; Jacoby ZIP 2014, 649 (651); Wimmer ZIP 2012, 545 (546)).

Diese **Privilegierung** des Vertragspartners gegenüber anderen Gläubigern ist durch den **fortgesetzten** **3.1** **Leistungsaustausch** nach Verfahrenseröffnung gerechtfertigt. Aus diesem Gedanken ergeben sich auch die Grenzen seines Schutzes: Die Insolvenz lässt – vorbehaltlich etwa einer Anfechtung gem. §§ 129 ff. – von den Parteien bereits erbrachte Leistungen unberührt. Bereits ganz oder teilweise erfüllte Verträge werden durch §§ 103 ff. nicht rückabgewickelt (→ Rn. 84). Ebenso trägt der Vertragspartner wie jeder andere Gläubiger grundsätzlich das Vorleistungsrisiko für vorinsolvenzlich erbrachte Leistungen. Die hierauf entfallende Gegenleistung der Masse ist von einem Erfüllungsverlangen nicht erfasst und von § 103 nicht geschützt (→ Rn. 92).

Die Verknüpfung von Leistung und Gegenleistung wirkt bei der Fortführung eines gegenseiti- **4** gen Vertrags in der Insolvenz daher gleichermaßen zugunsten und zulasten der Masse. Das vom BGH betonte funktionelle Synallagma hat in der Insolvenz eine **doppelte Schutzwirkung:** Einerseits soll der seine Leistung weiterhin zur Masse erbringende Vertragspartner die dafür zu entrichtende Gegenleistung erhalten. Andererseits sollen Leistungen, die mit Mitteln der Masse erbracht werden, auch der Masse zugutekommen (BGH WM 2019, 1174 (1176); BGH NZI

2011, 936 (937); BGH NJW 2003, 2744 (2747); BGH NJW 1995, 1966 (1968); BGH NJW 1989, 1282 (1284)).

4.1 Diese **Wertungen** durchziehen die Auslegung der §§ 103 ff. und bestimmen zugleich den Umgang mit drei klassischen insolvenzrechtlichen Problemen im Bereich gegenseitiger Verträge: Erstens soll die Masse auch bei Erfüllungswahl keine Gegenleistungen für Leistungen erbringen, die der Vertragspartner **teilweise vor Verfahrenseröffnung** erbracht hat und insofern ein Vorleistungsrisiko eingegangen ist (→ Rn. 84). Zweitens soll die Masse keine Gegenleistungen für Leistungen erbringen, deren Ansprüche vor Verfahrenseröffnung an Dritte **abgetreten** wurden (→ Rn. 109). Und drittens soll die Masse keine Gegenleistungen für Leistungen erbringen, von deren Erfüllung zugunsten der Masse sich der Vertragspartner durch **Aufrechnung** mit Insolvenzforderungen entziehen könnte (→ Rn. 107).

II. Insbesondere Wirkungen der Verfahrenseröffnung: Von der Erlöschenstheorie zur Nichtdurchsetzbarkeitstheorie

5 Die Wirkungen der Verfahrenseröffnung auf die aus einem gegenseitigen Vertrag erwachsenden Ansprüche sind in § 103 **nicht kodifiziert.** Das dem Verwalter eröffnete Erfüllungswahlrecht setzt sachlogisch lediglich voraus, dass der Erfüllungsanspruch bei Erfüllungsablehnung zu Fall kommt, während er bei einer Erfüllungswahl – ob als ursprünglicher Anspruch oder neuer Anspruch mit identischem Inhalt – fortbesteht. Dogmatisch lässt sich dieses Ergebnis mit **verschiedenen Ansätzen** erreichen, welche die Rechtsprechung unter der früheren KO und der heutigen InsO wechselvoll durchgespielt hat. Vor diesem Hintergrund kann **ältere Rechtsprechung** zu den §§ 103 ff. vor der heutigen „Nichtdurchsetzbarkeitstheorie" für die Rechtsanwendung ggf. **überholt** sein. Bedeutsame Auswirkungen hat dies vor allem für den Umgang mit Teilleistungen vor Verfahrenseröffnung, der Vorausabtretung von Ansprüchen durch den Insolvenzschuldner an Dritte oder die Aufrechnung durch den Vertragspartner.

6 Ursprünglich kam unter der KO der **Erfüllungsablehnung** des Konkursverwalters konstitutive Bedeutung zu. Die Erfüllungsablehnung wurde als spezifisches Gestaltungsrecht verstanden, dessen Ausübung zum **Erlöschen** der gegenseitigen Erfüllungsansprüche und zur Umgestaltung des Vertrags in ein schadenersatzrechtliches Abrechnungsverhältnis führt (sog. „Umgestaltungstheorie" oder „frühe Erlöschenstheorie", vgl. BGH NJW 1967, 2203 (2204); BGH NJW 1977, 1345 mwN). Bei Erfüllungswahl blieben die ursprünglichen Ansprüche aus dem Vertrag in der Insolvenz bestehen und durchsetzbar. Die Verfahrenseröffnung als solche führte nicht zum Erlöschen.

6.1 Nach dieser frühen Erlöschenstheorie (zum historischen Normverständnis eingehend MüKoInsO/ Huber Rn. 8 ff.) kam die entscheidende Umgestaltungswirkung für den Vertrag nicht der Verfahrenseröffnung oder der Erfüllungswahl, sondern der Erfüllungsablehnung zu. Dieser Ansatz stellte zudem eine **Alles-Oder-Nichts-Lösung** dar, die bei Erfüllungswahl den bestehenden Vertrag als Ganzes – und zwar unabhängig von Art und Umfang bereits erbrachter Teilleistungen – durchführte. Das führte zu erheblichen praktischen **Problemen:** Da ohne eine Aufteilung des Vertrags die beidseitig erwachsenden Ansprüche vollumfänglich als Masseforderungen bzw. Masseverbindlichkeiten iSd § 59 Abs. 1 Nr. 2 KO durchsetzbar waren, konnte ein vor Verfahrenseröffnung teilweise vorleistender Vertragspartner bei Erfüllungswahl auch die **Gegenleistung** beanspruchen, die auf seine Teilvorleistungen vor Verfahrenseröffnung entfiel (BGH NJW 1986, 1496 (1497)). **Vorausabtretungen** zukünftiger Erfüllungsansprüche durch den Insolvenzschuldner an Dritte wurden bei fortbestehendem Vertrag wirksam angesehen, sodass diese auch bei Erfüllungswahl der Masse entzogen waren (RGZ 11, 49 (52); OLG Hamm ZIP 1985, 298). Auch eine **Aufrechnung** gegen den Erfüllungsanspruch der Masse mit Konkursforderungen scheiterte nicht an § 55 Nr. 1 KO (= § 96 Abs. 1 Nr. 1).

6.2 Verwalter waren damit vor die Herausforderung gestellt, sich bei der Beurteilung der wirtschaftlichen Vor- und Nachteile ihrer Erfüllungswahl zu vergewissern, inwiefern der Vertragspartner bereits aus der Masse noch zu vergütende Vorleistungen erbracht hatte, ob der Insolvenzschuldner im Voraus Erfüllungsansprüche der Masse an Dritte abgetreten hatte oder ob im Verhältnis zum Vertragspartner noch Aufrechnungslagen bestanden. In all diesen Fällen drohte die Gefahr, dass ein **Erfüllungsverlangen** weitgehend **wirtschaftlich ins Leere** ging, wenn die Masse zur Gegenleistung verpflichtet war, ohne ihrerseits die Leistung vereinnahmen zu können. Vor dem Hintergrund des Zeitdrucks dringender Sanierungsentscheidungen und einer typischerweise eher kreativ-unübersichtlichen Buchführung in der Krise war das **Risiko** einer Erfüllungswahl erheblich, sodass Verwalter zunehmend von einer Erfüllungswahl absahen und allenfalls zu Neuverhandlungen tendierten (vgl. zur Historie MüKoInsO/Huber Rn. 10). Teilweise versuchte die Rechtswissenschaft, dieses insolvenzrechtliche Problem auf schuldrechtlicher Ebene zu lösen und einheitliche Dauerschuldverhältnisse – vor allem die höchst bedeutsamen Energielieferungsverträge – durch die Konstruktion von Wiederkehrschuldverhältnissen aufzuteilen (dazu → § 105 Rn. 15.1).

Mitte der 1980er Jahre änderte der BGH seine Rechtsprechung und rückte den Schutz der 7
Masse stärker in den Blickpunkt. Nunmehr ging der BGH davon aus, dass der ursprüngliche
Erfüllungsanspruch **mit der Verfahrenseröffnung erlosch** (sog. „Erlöschenstheorie", vgl. BGH
NJW 1989, 1282 (1283)). Bereits die Verfahrenseröffnung, nicht erst die Erfüllungsablehnung,
führte demnach auch zur **Umgestaltung** des Rechtsverhältnisses zwischen Gemeinschuldner und
Vertragspartner. An die Stelle des Erfüllungsanspruchs trat der einseitige Nichterfüllungsanspruch
des Vertragspartners im Rang einer Konkursforderung (§ 26 KO). Erst eine Erfüllungswahl ließ
die erloschenen gegenseitigen Ansprüche wieder mit rechtsgestaltender Wirkung **neu entstehen**
(BGH NJW 1988, 1790 (1791); BGH NJW 1989, 1282 (1283); BGH NJW 1992, 507 (508);
BGH NJW 1993, 1994; Kilger/K. Schmidt, KO, 17. Aufl. 1997, KO § 17 Rn. 1a mwN).

Der Wechsel zur Erlöschenstheorie war maßgeblich von dem Bestreben geprägt, dass der Masse für die 7.1
von ihr nach Erfüllungswahl zu erbringenden Leistungen auch die **Gegenleistung zukommen** soll (BGH
NJW 1989, 1282 (1284); BGH NJW 1995, 1966 (1968); Kilger/K. Schmidt, KO, 17. Aufl. 1997, KO
§ 17 Rn. 1b). Maßgebender Zeitpunkt für die Umgestaltung des Schuldverhältnisses war hiernach bereits
die Verfahrenseröffnung, nicht erst wie zuvor die Erfüllungsablehnung. Sämtliche noch unerfüllten Erfüllungsansprüche erloschen mit Verfahrenseröffnung und entstanden im Fall eines Erfüllungsverlangens in
den Händen der Masse neu. Es war daher nun auch die Erfüllungswahl und nicht mehr die Erfüllungsablehnung, welcher für die Durchführung des Vertrags eine konstitutive Wirkung zukam. Vor diesem Hintergrund änderte sich auch die Behandlung der vormals bestehenden Probleme (→ Rn. 6.2):

Die Erlöschenstheorie entzog etwaigen **Vorausabtretungen** zukünftiger Erfüllungsansprüche gegen 7.2
den Vertragspartner den Boden. Die vom Schuldner vorinsolvenzlich an Dritte abgetretenen Erfüllungsansprüche erloschen mit Verfahrenseröffnung und entstanden im Falle eines Erfüllungsverlangens in den
Händen der Masse neu (BGH NJW 1989, 1282 (1283 f.); BGH NJW 1992, 507 (508); BGH NJW 1995,
1966 (1967)). Damit wurde gewährleistet, dass diese von der Vorausabtretung nicht mehr erfasst waren und
bei einer Erfüllungswahl der Masse – nicht einem Zessionar – auch die Gegenleistungen für ihre eigenen
erbrachten Leistungen zuflossen.

Aufrechnungen gegen Forderungen aufgrund eines Erfüllungsverlangens des Konkursverwalters mit 7.3
einem vor Konkurseröffnung begründeten Anspruch (außerhalb des jeweiligen Vertragsverhältnisses) scheiterten damit an § 55 Nr. 1 KO (= § 96 Abs. 1 Nr. 1), da erst das Erfüllungsverlangen die Gegenforderung
rechtsgestaltend nach Verfahrenseröffnung (wieder) zur Entstehung brachte und der Vertragspartner damit
erst nach Verfahrenseröffnung etwas zur Masse schuldig geworden ist (BGH NJW 1992, 507 (508); BGH
NJW 1995, 1966 (1967)).

Schließlich wurde das auch vorinsolvenzliche Leistungen umfassende **Alles-oder-Nichts-Prinzip** bei 7.4
der Erfüllungswahl zugunsten des allgemeinen Gedankens der **Vertragsspaltung** aufgegeben. Zum einen
urteilte der BGH, dass vorkonkurslich erbrachte Teilleistungen von § 17 KO nicht erfasst sind (BGH NJW
1995, 1966 (1967)). Damit war der vor Verfahrenseröffnung teilweise vorleistende Vertragspartner auch bei
Erfüllungswahl mit dem dieser vorinsolvenzlichen Teilleistung entsprechenden Gegenleistungsanspruch nur
Konkursgläubiger (BGH NJW 1997, 2184 (Ls.) = ZIP 1997, 688 = DtZ 1997, 196 (197)). Umgekehrt
bestand der Anspruch des Gemeinschuldners auf die Gegenleistung für eine vorkonkurslich erbrachte
Teilleistung fort, und zwar unabhängig von der Wirkung der Verfahrenseröffnung bzw. Erfüllungswahl.

Diese „Erlöschenstheorie" hat der BGH im Jahr **2002 aufgegeben** und geht seither bis heute 8
davon aus, dass die Verfahrenseröffnung keine materiell-rechtliche Umgestaltung des Vertrags
mehr bewirkt. Die **Verfahrenseröffnung** führt lediglich zur **Undurchsetzbarkeit** sich unerfüllt
gegenüberstehender beidseitiger Ansprüche auf die noch nicht erbrachten Leistungen (BGH NZI
2002, 375 (376); seither als „Undurchsetzbarkeitstheorie" stRspr). Offene Erfüllungsansprüche
aus gegenseitigen Verträgen **erlöschen** also **nicht**, sondern verlieren aufgrund der wechselseitigen
Nichterfüllungseinreden (§ 320 BGB) ab Verfahrenseröffnung lediglich ihre Durchsetzbarkeit für
die Dauer des Insolvenzverfahrens (vgl. BGH NJW 2016, 711 (712); BGH NZI 2012, 76 (77);
BGH NZI 2010, 180; BGH NJW 2010, 1284 (1286); BGH NZI 2007, 335; BGH NZI 2006,
229 (231); BGH NZI 2003, 491). Bestand und Inhalt des Vertrags bleiben dabei unverändert.

Im Fall der **Erfüllungsablehnung** bleibt der Vertrag in der Lage bestehen, in welcher er sich 9
bei der Eröffnung des Insolvenzverfahrens befand (BGH NZI 2013, 296). Da die Verfahrenseröffnung als solche – anders als unter der vormaligen Erlöschenstheorie – noch keine Umgestaltung
des Vertrags bewirkt (BGH NZI 2012, 76 (77); BGH NJW 2010, 1284 (1286); BGH NZI 2006,
229 (231); BGH NZI 2003, 491), bleibt es bei dem durch die Verfahrenseröffnung geschaffenen
Schwebezustand der beidseitigen ex lege suspendierten Erfüllungsansprüche. Insofern kommt
der Erfüllungsablehnung rein deklaratorische Bedeutung zu. Erst die **Geltendmachung von
Nichterfüllungsansprüchen** des Vertragspartners führt zur **Umgestaltung** des Schuldverhältnisses nach materiell-rechtlichen Nichterfüllungsgrundsätzen (OLG Düsseldorf BeckRS 2011, 21991;

InsO § 103 Dritter Teil. Wirkungen der Eröffnung des Insolvenzverfahrens

BFH ZIP 2007, 976 = BeckRS 2006, 25010852; Uhlenbruck/Wegener Rn. 161; Braun/Kroth Rn. 4). Die gegenseitigen Erfüllungsansprüche als Primäransprüche erlöschen; an ihre Stelle treten die jeweiligen Sekundäransprüche. Sieht der Vertragspartner von der Geltendmachung von Sekundäransprüchen ab, kann er den – für die Verfahrensdauer suspendierten – Erfüllungsanspruch nach Aufhebung des Insolvenzverfahrens wieder gegen den Schuldner geltend machen (BGH NZI 2013, 296; BGH NJW 2010, 1284 (1286)), sofern dieser noch rechtlich existent ist und die Ansprüche nicht anderweitig erloschen sind (zB durch einen Insolvenzplan gem. § 254 InsO).

10 Wählt der Insolvenzverwalter **Erfüllung,** erlangen die bis dahin suspendierten gegenseitigen Ansprüche im Anwendungsbereich des § 103 eine **neue rechtliche Qualität** als originäre Masseforderungen bzw. Masseverbindlichkeiten (BGH NZI 2002, 375; BGH NZI 2006, 575 (576); Uhlenbruck/Wegener Rn. 133). Die aus der Erfüllungswahl erwachsenden Ansprüche entsprechen inhaltlich dem ursprünglichen Erfüllungsanspruch, sind jedoch rechtlich nicht mit diesem identisch. Dieser „Qualitätssprung" bzw. diese „Aufwertung" tritt allerdings nur insoweit ein, als sich **beidseitig unerfüllte Ansprüche nach Verfahrenseröffnung gegenüberstehen** (eingehend → Rn. 83). Undurchsetzbar bleiben auch bei Erfüllungswahl solche Ansprüche des Vertragspartners, welche gegen die Masse auf anteilige **Gegenleistung** für bereits **vor Verfahrenseröffnung** an die Masse erbrachte Leistungen gerichtet sind. Dies kann im Ergebnis eine **Aufspaltung** des Vertrags in einen vorinsolvenzlichen, teilweise erfüllten Teil und den vom Erfüllungswahlrecht erfassten Teil bewirken, in dem sich die Erfüllungsansprüche für die Zeit nach Verfahrenseröffnung noch beidseitig unerfüllt gegenüberstehen.

11 Vorinsolvenzliche **Vorleistungen** des Vertragspartners braucht der Insolvenzverwalter bei seiner Erfüllungswahl nicht als potentielles Risiko zu berücksichtigen, da sie auch bei Erfüllungswahl nicht zu Masseverbindlichkeiten bezüglich der dafür geschuldeten Gegenleistung führen. Der mit der Erfüllungswahl bewirkte „Qualitätssprung" steht zudem der Wirksamkeit einer vor Verfahrenseröffnung vorgenommenen **Vorauszession** entgegen (→ Rn. 109) und ebenso einer **Aufrechnung** mit Insolvenzforderungen (§ 96 Abs. 1 Nr. 1, → Rn. 107). Insofern führte die neue Rechtsprechung mit ihrer Kombination aus eröffnungsbedingter Undurchsetzbarkeit und erfüllungswahlbedingter Qualitätssprung zu vergleichbaren Ergebnissen wie die vormalige Erlöschenstheorie (MüKoInsO/Huber Rn. 13).

III. Systematik der §§ 103 ff. InsO

12 Das Erfüllungswahlrecht des **§ 103 Abs. 1** ist die **Grundnorm** für die Behandlung beidseitig noch nicht oder nicht vollständig erfüllter gegenseitiger Verträge in der Insolvenz. Für die Erfüllungsablehnung stellt § 103 Abs. 2 S. 1 klar, dass der Vertragspartner einen ihm zustehenden Schadenersatzanspruch nur als Insolvenzforderung anmelden kann und so auf die Quote verwiesen ist. Das Erfüllungswahlrecht wird ferner flankiert durch die Ausübungsaufforderung des § 103 Abs. 2 S. 2 und 3, die dem Vertragspartner die Möglichkeit zur Beendigung des Schwebezustands gibt. **§ 105** konkretisiert als Ausdruck des allgemeinen Prinzips der Vertragsspaltung die Folgen der Erfüllungswahl bei **Teilleistungen,** wie es § 108 Abs. 3 für fortbestehende Verträge tut, die nicht dem Erfüllungswahlrecht unterfallen.

13 Die **§§ 104 ff.** im Übrigen modifizieren bzw. verdrängen als **Spezialvorschriften** das Erfüllungswahlrecht für **spezifische Vertragstypen.** Außerhalb ihres tatbestandlichen Anwendungsbereichs bleibt es beim Grundsatz der Erfüllungswahl (BGH NZI 2007, 713). Da die §§ 115, 117, 118 keine gegenseitigen Verträge betreffen, sind sie streng genommen keine tatbestandlichen Ausnahmevorschriften zu § 103, stellen aber mit ihrer Rechtsfolge eine Ausnahme zum Grundsatz des Erfüllungswahlrechts dar.

14 Generell lassen sich die §§ 104 ff. nach ihrer **Rechtsfolge** grob in drei Gruppen von Normen einteilen: Teilweise ordnen sie das **automatische Erlöschen** bestimmter Schuldverhältnisse schon mit Verfahrenseröffnung an (§ 104 für Fixgeschäfte und Finanzleistungen; §§ 115–117 für Aufträge, Geschäftsbesorgungsverträge, Vollmachten). In anderen Fällen bestimmt die InsO den **Fortbestand** von Verträgen (so bei Vormerkung und Eigentumsvorbehalt in §§ 106, 107; oder für bestimmte Miet-, Pacht-, Dienst- und Darlehensverträge in § 108). Schließlich sieht die InsO in bestimmten Fällen vor allem bei Fortbestand der Verträge als Ausgleich für das fehlende Erfüllungswahlrecht weitere **Modifikationen** insolvenzrechtlicher oder schuldrechtlicher Regelungen vor. Diese sollen einen angemessen Interessenausgleich zwischen Verwertungsinteressen der Masse und Schutzbedürfnis des Vertragspartners herbeiführen und betreffen zB Kündigungsrechte oder Vorausabtretungen (zB §§ 109–112).

14.1 Aus vertragstypologischer Sicht enthalten die §§ 104 ff. **Sonderregelungen** für folgende **Vertragstypen** (zu Vertragstypen ausf. → Rn. 30): **§ 104** schließt für bestimmte Fixgeschäfte und Finanzleistungen

Wahlrecht des Insolvenzverwalters § 103 InsO

das Erfüllungswahlrecht aus, ordnet zur Vermeidung von Spekulationen deren Erlöschen an und trifft Abwicklungsregelungen. § 106 bewirkt mit dem Ausschluss des Erfüllungswahlrechts die Insolvenzfestigkeit vormerkungsgesicherter Ansprüche. In gleicher Weise schützt § 107 Abs. 1 das aus einem Eigentumsvorbehalt erwachsende Anwartschaftsrecht des Vorbehaltskäufers in der Insolvenz des Verkäufers. § 108 ordnet das Fortbestehen von Immobilienmiet- und -pachtverhältnissen an, ferner von Dienstverhältnissen und bestimmten drittfinanzierten Geschäften (Abs. 1) sowie für vom Schuldner ausgegebene Darlehen (Abs. 2). Für diese Geschäfte sehen die §§ 109–113 weitere Modifikationen vor.

Vom Schuldner gemietete Immobilien und Räume kann der Verwalter mit verkürzten Kündigungsfristen – ggf. schadenersatzpflichtig – kündigen oder sich vor Überlassung durch Rücktritt vom Vertrag lösen, um die Masse bei Bedarf rasch von diesen Kosten zu entlasten (§ 109). Ist der Schuldner umgekehrt Vermieter bzw. Verpächter, regelt § 110 die Wirksamkeit von Vorausverfügungen über die Miete und gewährt § 111 dem Erwerber aus der Insolvenzmasse ein Sonderkündigungsrecht. Ferner wird die Kündigung des Vermieters/Verpächters gegenüber dem Schuldner als Mieter/Pächter – auch bei beweglichen Sachen – durch § 112 beschränkt, sobald ein Eröffnungsantrag gestellt ist. 14.2

Die §§ 113, 120–128 regeln speziell das Schicksal von Arbeitsverträgen im Insolvenzverfahren. 14.3

Aufträge, Geschäftsbesorgungsverträge und Vollmachten (§§ 115–117) erlöschen mit Verfahrenseröffnung; es gelten Sonderregelungen für Notgeschäftsführung und Gutglaubensschutz. § 118 trifft Regelungen für die Auflösung von Gesellschaften. 14.4

Von zentraler Bedeutung für alle Verträge ist § 119, der die Unwirksamkeit von Vereinbarungen anordnet, welche im Voraus das Regelungsregime der §§ 103–118 ausschließen oder beschränken. Die **Unabdingbarkeit** erfasst vor allem insolvenzbedingte Lösungsklauseln. 15

B. Tatbestand

§ 103 findet – sofern nicht durch Spezialvorschriften verdrängt (→ Rn. 17) – Anwendung auf einen gegenseitigen Vertrag (→ Rn. 24) mit Massebezug (→ Rn. 18), bei dem sich synallagmatisch verknüpfte Leistungspflichten (→ Rn. 26) zur Zeit der Verfahrenseröffnung in einem Umfang gegenüberstehen, dass sie von beiden Seiten noch nicht oder nicht vollständig erfüllt wurden (→ Rn. 37). Wenn und soweit dies der Fall ist, gewährt § 103 dem Verwalter ein Erfüllungswahlrecht, mit dem er die weitere Ausführung des Vertrags zur Masse ziehen kann (→ Rn. 48). Soweit der Vertrag nicht von § 103 erfasst ist – beispielsweise vorinsolvenzlich von einer Partei teilweise erfüllt wurde – kann es zu einer Vertragsspaltung kommen (→ Rn. 82). Für den nicht § 103 unterfallenden Teil des Vertrags verbleibt es bei den allgemeinen Folgen der Verfahrenseröffnung (→ Rn. 84). 16

I. Anwendbarkeit des § 103

1. Vorrangige Spezialvorschriften

Das von § 103 eröffnete Erfüllungswahlrecht wird überall dort **ausgeschlossen,** wo das Gesetz eine speziellere Regelung trifft. Dies gilt für **Fixgeschäfte** und **Finanzleistungen** (§ 104), **vormerkungsgesicherte** Ansprüche und **Eigentumsvorbehaltskäufe** in der Verkäuferinsolvenz (§§ 106, 107 Abs. 1), **Miet- und Pachtverhältnisse** des Schuldners über unbewegliche Gegenstände oder Räume nach Überlassung, **Leasingverträge, Dienstverträge** (auch vor Dienstantritt), verzinsliche **Darlehen** nach Auszahlung der Darlehensvaluta durch den Darlehensgeber (§ 108), ferner entgeltliche **Geschäftsbesorgungsverträge** in der Insolvenz des Geschäftsherrn (§ 116). Bei **Aufträgen** und **Vollmachten** (§§ 115, 117) besteht schon kein gegenseitiger Vertrag. Diese Sondervorschriften verdrängen § 103 insoweit, wie ihr Anwendungsbereich eröffnet ist (BGH NZI 2007, 713). Für Details der Abgrenzung zu § 103 wird auf die jeweilige Kommentierung verwiesen. 17

2. Massebezug der Erfüllungspflicht

Ungeschriebenes, aus dem Regelungszusammenhang folgendes **Tatbestandsmerkmal** ist der **Massebezug** des Vertrags. § 103 unterfallen nur Rechtsgeschäfte, deren Gegenstände überhaupt vom Insolvenzbeschlag iSd § 35 erfasst sind (BGH NZI 2014, 369 (370); BGH NZI 2012, 76). Zweck des § 103 ist es, Vermögenswerte zur Masse zu ziehen oder deren Belastung mit Gegenforderungen zu verhindern (BGH NZI 2014, 369 (370)). Bei nicht vermögensbezogenen Rechtsgeschäften oder solchen über insolvenzfreies Vermögen wird die Masse weder mit Ansprüchen belastet noch durch vermögensrechtliche Ansprüche begünstigt. Dann ist auch für ein Wahlrecht des Verwalters kein Raum. 18

Berberich 765

InsO § 103 Dritter Teil. Wirkungen der Eröffnung des Insolvenzverfahrens

19 Da eine Erfüllungswahl die Aufwertung gegenseitiger Ansprüche zu Masseforderungen bzw. Masseverbindlichkeiten im Synallagma zur Folge hat, setzt § 103 einen **doppelten Massebezug** sowohl der Leistungen des Schuldners als auch der korrespondierenden Gegenleistungen des Vertragspartners voraus. Nicht von § 103 erfasst sind damit einerseits Verträge, die dem Schuldner einen Anspruch auf eine Leistung gewähren, deren Erwerb ins insolvenzfreie Vermögen fiele oder sonstwie der Masse nicht zugute käme (BGH NZI 2014, 369 (370)). Dasselbe gilt spiegelbildlich für Verträge, bei denen der Schuldner die Leistung aus seinem insolvenzfreien Vermögen zu erbringen hätte bzw. die sonst höchstpersönlicher Natur sind, sodass der Verwalter sie nicht mit den Mitteln der Masse erbringen kann. Sind Anspruch bzw. Verpflichtung des Schuldners nicht massebezogen, unterfallen auch die im Synallagma korrespondierenden Ansprüche bzw. Verpflichtungen des Vertragspartners nicht § 103 (OLG Schleswig ZIP 2015, 1040 = BeckRS 2015, 02951).

20 Die §§ 103 ff. sind damit unanwendbar auf Rechtsgeschäfte über **pfändungsfreies Vermögen**, das nicht der Zwangsvollstreckung unterliegt und daher auch nicht in die Insolvenzmasse fällt (§ 36 Abs. 1 iVm §§ 811 ff., 850 ff. ZPO). Die allgemeinen Pfändungsbeschränkungen verhindern somit nicht nur den Insolvenzbeschlag von nicht der Pfändung unterworfenen Gegenständen, sondern führen auch dazu, dass diese Gegenstände betreffende gegenseitige Verträge nicht in den Anwendungsbereich der §§ 103 ff. fallen. Insbesondere kann für diese Verträge keine Erfüllung gewählt werden.

20.1 Insbesondere im Bereich von persönlichen **Versicherungsverträgen** des Schuldners kann die Versicherungsleistung nicht oder nur bedingt pfändbar sein (§ 850b Abs. 1 Nr. 4, Abs. 2 ZPO). Sind die Ansprüche nicht pfändbar, sind auch die zugrunde liegenden Verträge dem Wahlrecht des Insolvenzverwalters entzogen (BGH NZI 2014, 369 (370)). Bei bedingt pfändbaren Ansprüchen (§ 850b Abs. 2 ZPO) fallen im Fall der Pfändbarkeit nur die Ansprüche selbst in die Masse; das Stammrecht hingegen verbleibt beim Schuldner (BGH NZI 2014, 369 (370); NJW-RR 2010, 474 (476)). Im Ergebnis grundsätzlich nicht pfändbar – auch nicht gem. § 850b Abs. 2 ZPO – und § 103 damit entzogen sind zB Leistungsansprüche aus privaten **Krankenversicherungen** (BGH NZI 2014, 369 (370); BGH NJW-RR 2007, 1510; LG Köln NZI 2014, 29; LG Dortmund r + s 2012, 248). Sind Ansprüche des Versicherungsnehmers auf Erstattung von Behandlungskosten nicht vom Insolvenzbeschlag erfasst, gilt dies auch für korrespondierende Beitragsforderungen der Versicherung (OLG Schleswig ZIP 2015, 1040 = BeckRS 2015, 02951; für Pflegeversicherungen ThürLSG BeckRS 2019, 12080). Erfolgt die Zahlung von Versicherungsprämien als Bargeschäft oder von einem Pfändungsschutzkonto, ist sie grundsätzlich anfechtungsfest (BGH NZI 2016, 584). Der Pfändungsschutz für Ansprüche aus **Lebensversicherungen** für den Todesfall des Versicherungsnehmers gem. § 850b Abs. 1 Nr. 4 ZPO gilt nicht für Versicherungen auf den Erlebensfall (BGH NZI 2012, 76). Ansprüche aus **Berufsunfähigkeitsversicherungen** können gem. § 850 Abs. 2 ZPO nach einer Billigkeitskontrolle pfändbar sein (BGH NJW-RR 2010, 474). Für regelmäßige Leistungen aus **privaten Altersrenten** (§ 851c ZPO) besteht seit 31.3.2007 Pfändungsschutz wie bei Arbeitnehmereinkommen, nicht aber für die Zeit davor (BGH NZI 2012, 76; zum Pfändungsschutz der Altersvorsorge vgl. Stöber NJW 2007, 1242). Angespartes Deckungskapital aus einer nach § 5a AltZertG zertifizierten Basisrentenversicherung ist in Grenzen des § 851c Abs. 2 ZPO unpfändbar und fällt gem. §§ 851d, 851c ZPO iVm § 36 Abs. 1 InsO nicht in Masse (OLG Frankfurt BeckRS 2016, 03359). Das Recht, die freiwillige Mitgliedschaft in Versorgungswerken zu beenden, ist weder zusammen mit dem Anspruch auf Rückerstattung gezahlter Beiträge noch isoliert pfändbar (§ 54 SGB I; BGH NZI 2008, 244 (245)). Kann bei einer durch den Insolvenzschuldner als Versicherungsnehmer für einen Geschäftsführer als Versicherten abgeschlossenen **D&O-Versicherung** der Anspruch auf Versicherungsschutz aufgrund der vereinbarten Versicherungsbedingungen (abweichend von §§ 44, 45 VVG) nur durch den Versicherten selbst geltend gemacht werden, ist auch nur dieser verfügungsbefugt. Ohne Massebezug des Anspruches hat der Verwalter in der Insolvenz des Versicherungsnehmers kein Wahlrecht iSd § 103 (BGH NJW 2020, 1886).

21 Nicht in die Masse fallen ferner **höchstpersönliche** Ansprüche und – spiegelbildlich – höchstpersönliche Verpflichtungen des Schuldners (MüKoInsO/Huber Rn. 87). Sofern Verträge eine unvertretbare und höchstpersönlich zu erbringende Tätigkeit des Schuldners etwa als Künstler oder Freiberufler betreffen, die der Verwalter nicht zur Masse ziehen kann (§ 36 Abs. 1, 2 iVm § 811 Abs. 1 Nr. 5 ZPO), sind diese den §§ 103 ff. entzogen (für Anwaltsverträge offen BGH WM 2020, 391 (395) mwN). Gleiches gilt für höchstpersönliche **familienrechtliche** Ansprüche und Verpflichtungen. Zu unselbstständigen Auskunftsansprüchen als nicht vertretbarer Handlung des Schuldners vgl. BGH NZI 2005, 628 (629).

21.1 Zu praktischen Problemen führt die Situation, dass der **Schuldner** zu höchstpersönlichen Leistungen an den Vertragspartner **bereit wäre,** der Verwalter die Gegenleistung aber dennoch aufgrund des höchstpersönlichen Charakters der schuldnerischen Leistung ohne Erfüllungswahlrecht nicht zur Masse ziehen kann. Das kann etwa bei der Insolvenz freiberuflicher oder künstlerischer Praxen vorkommen, wo die vermögensrechtliche Verwaltungs- und Verfügungsbefugnis beim Insolvenzverwalter liegt, während die für die Fortführung nötigen Leistungen durch den Schuldner höchstpersönlich zu erbringen wären. Teilweise wird hier § 103 für anwendbar gehalten (Nerlich/Römermann/Balthasar Rn. 11). Teils wird als Lösung eine Eigenverwaltung vorgeschlagen, bei welcher der Schuldner selbst das Erfüllungswahlrecht hat (§ 279), oder der Neuabschluss des Vertrags (MüKoInsO/Huber Rn. 88).

Soweit eine Leistung nur **teilweise** dem Insolvenzbeschlag unterfällt, wie es etwa oberhalb von 22 Pfändungsfreigrenzen der Fall sein mag, kommt es nach hier vertretener Ansicht entsprechend den allgemeinen Grundsätzen der §§ 103 ff. zu einer Vertragsspaltung in einen nicht pfändbaren und pfändbaren Vertragsteil (mit einem jeweils korrespondierendem Teil der Gegenleistung).

Wie auch in der Einzelzwangsvollstreckung kann allerdings die bloße **Vereinbarung** der Unab- 23 tretbarkeit bzw. Unpfändbarkeit eine Forderung nicht dem Insolvenzbeschlag entziehen, sofern nur ihr Gegenstand pfändbar ist (§ 851 Abs. 2 ZPO, BGH NZI 2012, 76).

II. Gegenseitiger Vertrag

1. Wirksamer Vertrag zum Zeitpunkt der Verfahrenseröffnung

Wenn § 103 Abs. 1 voraussetzt, dass ein gegenseitiger Vertrag zur Zeit der Verfahrenseröffnung 24 beidseitig nicht vollständig erfüllt ist, versteht es sich von selbst, dass dieser Vertrag zum Zeitpunkt der Verfahrenseröffnung **bereits wirksam geschlossen** sein muss. Er darf nicht nichtig (BGH NZI 2005, 157 (159)) oder aus anderen Gründen beendet sein. Anderenfalls gäbe es keine Erfüllungspflichten, die unter dem Regime des § 103 zur Masse gezogen werden oder die Masse belasten könnten (zur Anwendung des § 103 auf Rückgewährschuldverhältnisse → Rn. 36).

Ist der Vertrag bereits **wirksam gekündigt,** so ist eine Erfüllungswahl ausgeschlossen. Etwaige Ersatzan- 24.1 sprüche sind dann außerhalb des Mechanismus der §§ 103 ff. geltend zu machen (vgl. BGH WM 2017, 1951 (1955) zum Vergütungsanspruch der Masse gem. § 649 S. 2 BGB gegen den kündigenden Vertragspartner). Demgegenüber ist § 103 anwendbar im Fall einer bereits ausgesprochenen, aber noch nicht wirksamen Kündigung. Der Insolvenzverwalter kann so bei längeren Kündigungsfristen weitere Belastungen der Masse durch eine „überholende" Erfüllungsablehnung vermeiden (zum Parallelfall → § 109 Rn. 14).

Insbesondere bei Dauerschuldverhältnissen und **Rahmenverträgen** kann dies eine genaue 25 **Abgrenzung** zwischen den vorinsolvenzlich bereits zustande gekommenen und erst danach geschlossenen Verträgen erfordern, unter denen **fortlaufend neue Einzelverträge** geschlossen werden (zB Abrufe als gesonderte Kauf- oder Werkverträge unter einem bestehenden Rahmenvertrag, vgl. dazu BGH WM 2017, 1951; OLG München NZI 2016, 488). Bei Verfahrenseröffnung bestehende Rahmenverträge unterfallen § 103, sofern sie beidseitig nicht vollständig erfüllt sind, was in der Regel konkrete synallagmatische Ansprüche nicht nur des Bestellers, sondern auch des Lieferanten – wie zB Mindestabnahmepflichten – aus dem Rahmenvertrag voraussetzt. Bildet der Rahmenvertrag hingegen – ähnlich allgemeinen Geschäftsbedingungen – nur einen vertraglichen Rahmen für die allgemeinen Konditionen geschlossener Einzelverträge zum Leistungsaustausch, kommt es für § 103 nur auf diese an. Unter einem Rahmenvertrag vorinsolvenzlich geschlossene Einzelverträge können ihrerseits entweder erfüllt sein oder § 103 unterfallen. Nach Verfahrenseröffnung können Einzelverträge vom Schuldner nicht mehr mit Wirkung für die Masse geschlossen werden, sondern nur vom Verwalter (§ 51 Abs. 1 Nr. 1).

So führt die Entnahme und Verarbeitung von Waren unter einem **Konsignationslagervertrag,** bei 25.1 dem Ware unter Eigentumsvorbehalt geliefert, eingelagert und unter gesondertem Kaufvertrag bei jeder Entnahme verarbeitet wird, bei Entnahmen nach Verfahrenseröffnung ohne Wahlrecht zu Masseverbindlichkeiten gem. § 433 Abs. 2 BGB; § 55 Abs. 1 Nr. 1 (BGH NZI 2014, 400 (401)).

2. Synallagmatische Pflichten

Entsprechend seinem Zweck, den Schutz des funktionellen Synallagmas in der Insolvenz zu 26 gewährleisten (→ Rn. 3), setzt § 103 einen Vertrag voraus, dessen Pflichten im **Gegenseitigkeitsverhältnis** der **§§ 320 ff. BGB** stehen (BGH NZI 2006, 97). Hierunter fallen keine nur einseitig oder unvollkommen zweiseitig verpflichtenden Verträge (Einzelfälle → Rn. 31). Allerdings versteht es sich von selbst, dass der Gläubiger auch bei solchen nicht gegenseitigen Verträgen seine Ansprüche gegen die Masse nicht mehr durchsetzen kann und diese zur Tabelle anmelden muss (zu den mit der Verfahrenseröffnung ex lege verbundenen Folgen → Rn. 8). Die Bedeutung des § 103 für gegenseitige Verträge liegt daher hier eher im Schutz des Gläubigers, wenn der Verwalter Erfüllung wählt, nicht etwa darin, die Folgen der Verfahrenseröffnung konstitutiv anzuordnen.

27 § 103 ist weiterhin nur dort anwendbar, wo **Hauptleistungspflichten** iSd §§ 320 ff. BGB synallagmatisch verknüpft sind. Für die meisten zB in BGB und HGB gesetzlich geregelten Verträge dürfte sich dies klar aus ihrem typologischen Leitbild ergeben, welche Pflichten dies sind (dazu → Rn. 31). Aber auch bei **atypischen** oder gemischten Verträgen steht den Parteien die **Vertragsfreiheit** offen, ihr Pflichtenprogramm in ein Gegenseitigkeitsverhältnis zu setzen oder dies umgekehrt abzubedingen (vgl. BGH NZI 2017, 60). Sofern dies weder gesetzlich-typologisch noch kautelarjuristisch geregelt ist, muss die Frage, ob ein Gegenseitigkeitsverhältnis vereinbart wurde, durch **Auslegung** geklärt werden (BGH NZI 2010, 180; LG München ZIP 2014, 2406 = BeckRS 2014, 16898; → Rn. 33). Vertragliche Nebenpflichten und etwaig erforderliche Mitwirkungshandlungen des Gläubigers, welche nicht im Synallagma stehen, lösen das Erfüllungswahlrecht iSd § 103 nicht aus (BGH WM 2019, 1174 (1176); → Rn. 40).

28 Das Gegenseitigkeitsverhältnis iSd §§ 320 ff. BGB ist rechtlicher Art und erfordert **keine wirtschaftliche Gleichwertigkeit** der Leistungspflichten (allgM, Uhlenbruck/Wegener Rn. 25). Den Parteien steht es im Rahmen ihrer Privatautonomie frei, objektiv ungleichwertige Leistungen auszutauschen. Selbst an Dritte zu erbringende Leistungen können nach allgemeinen Grundsätzen im Deckungsverhältnis synallagmatisch verknüpft sein (vgl. BGH NZI 2010, 180 (182)). Auch die **Fälligkeit** der gegenseitigen Ansprüche ist nicht erforderlich (RegE BT-Drs. 12/2443, 145).

28.1 Die Verfahrenseröffnung als solche bewirkt im Anwendungsbereich des § 103 – anders als bei § 41 – **keine sofortige Fälligkeit** der aus gegenseitigen Verträgen erwachsenden Ansprüche. Vielmehr richtet diese sich bei Erfüllungswahl nach den – insoweit unverändert fortgeltenden (→ Rn. 70) – vertraglichen Abreden (BGH NZI 2017, 60). Bei Nichterfüllungswahl und Umwandlung in ein Rückabwicklungsverhältnis treten fällige Nichterfüllungsansprüche an die Stelle der undurchsetzbaren Primäransprüche, sobald fehlende Erfüllung feststeht und der Vertragspartner diese geltend macht (→ Rn. 75).

29 Als gegenseitige Verträge erfasst § 103 nur **schuldrechtliche Kausalgeschäfte, nicht** aber **Verfügungsgeschäfte**, den Bestand dinglicher Rechte (OLG Jena Urt. v. 31.8.2011 – 9 W 364/11) oder einen originär durch Hoheitsakt bewirkten Erwerb zB im Wege der Zwangsvollstreckung (MüKoInsO/Huber Rn. 94). Auch bei Rechten und Pflichten **gesellschaftsrechtlicher** Art – etwa satzungsmäßig festgelegten Pflichten – ist das Erfüllungswahlrecht mangels eines gegenseitigen Vertrages nicht einschlägig. Bestehen daneben noch schuldrechtliche Abreden, kommt es auf die Qualifikation der Natur entsprechender Pflichten an (BGH NZI 2018, 106, Rn. 11, 17).

29.1 § 103 regelt das Schicksal synallagmatischer Leistungspflichten, welche auf die Vornahme von Verfügungen gerichtet sein können, nicht jedoch der **Verfügung selbst,** deren **Wirksamkeit** sich nach allgemeinen Regeln wie vor allem der §§ 80, 81, 91 bemisst. Die Nichtdurchsetzbarkeit der Ansprüche aus dem Kausalgeschäft und die Folgen einer Erfüllungsablehnung berühren grundsätzlich auch nicht die Wirksamkeit einer erfolgten Verfügung (BGH NZI 2006, 229 (230 f.)). Vor allem kann die Erfüllung von § 103 unterfallenden Verträgen ggf. durch inhaltsgleiche insolvenzfeste **dingliche Rechte gesichert** werden (OLG Jena Urt. v. 31.8.2011 – 9 W 364/11). Gleiches gilt für im Insolvenzfall über § 108 fortbestehende, aber gem. § 111 kündbare Verträge. Eine insolvenzsichernde Mieterdienstbarkeit kann hier vereinbart werden (FG Saarland BeckRS 2016, 94075 zur grunderwerbsteuerlichen Bemessungsgrundlage).

3. Vertragstypologische Einzelbeispiele

30 In den Anwendungsbereich des § 103 fallen – soweit nicht durch Spezialregelung ausgenommen (→ Rn. 17) – vollkommen zweiseitig verpflichtende Verträge und damit die meisten klassischen **gegenseitigen Verträge** nach der Typologie des BGB, Handelsgeschäfte des HGB, ferner eine Vielzahl anderenorts oder gar nicht kodifizierter Vertragstypen. Auf lediglich einseitig oder unvollkommene zweiseitig verpflichtende Verträge sowie unvollkommene Verbindlichkeiten ist § 103 nicht anwendbar.

31 Im Einzelnen ist § 103 grundsätzlich anwendbar auf:
- **Kauf- und Tauschverträge** (§§ 433 ff., § 480 BGB, vgl. BGH NZI 2013, 296). Sind die Erfüllungsansprüche vormerkungsgesichert oder sehen die Verträge einen Eigentumsvorbehalt vor, gelten in der Insolvenz des Veräußerers § 106 bzw. § 107.
- **Verzinsliche Darlehen** (§§ 488 ff. BGB) vor Valutierung. Unverzinsliche Darlehen sind keine gegenseitigen Verträge iSd § 103, da hierfür Überlassung und Verzinsung im Synallagma stehen müssten (MüKoInsO/Huber Rn. 92). Nach Valutierung greift in der Insolvenz des Darlehensgebers § 108 Abs. 2 (→ § 108 Rn. 32 ff.).
- **Miet- und Pachtverträge** (§§ 535 ff., 581 ff. BGB) über **bewegliche** Gegenstände und Rechte sowie auch über unbewegliche Gegenstände in der Vermieterinsolvenz vor Überlassung an den Mieter sowie nach dessen Besitzaufgabe (→ § 108 Rn. 16), einschließlich Leasing; nicht aber

über unbewegliche Gegenstände im Übrigen und in bestimmten Konstellationen drittfinanzierter, besicherter Anschaffungen des Leasingguts (§ 108 Abs. 1).
- **Sachdarlehen** (§§ 607 ff. BGB), die in ihrer Behandlung Darlehensverträgen entsprechen.
- **Werkverträge** (§§ 631 ff. BGB), einschließlich des **Bauvertrags** (BGH NZI 2002, 375 (376); BGH NZI 2006, 575; BGH NZI 2016, 532) bzw. **Bauträgervertrags** (BGH WM 2019, 1174 (1175)) sowie des dem Kaufrecht unterfallenden **Werklieferungsvertrags** (§ 651 BGB; BGH WM 2017, 1951). Soweit Erfüllungspflichten durch Eigentumsvorbehalt bzw. Vormerkung gesichert sind, können §§ 106, 107 greifen, wobei es zur Aufspaltung in werkvertragliche Herstellungspflichten und kaufvertragliche Übereignungspflichten kommen kann.
- **Reiseverträge** (§§ 651a ff. BGB).
- **Maklervertrag** (§§ 652 ff. BGB) bei Leistungsverpflichtung des Maklers.
- **Geschäftsbesorgungsverträge** (§§ 675 ff. BGB), allerdings nur in der Insolvenz des Geschäftsbesorgers (BGH NZI 2010, 180).
- Entgeltliche **Verwahrung** (§§ 688 ff. BGB).
- **Handelsgeschäfte** des HGB wie verschiedene Formen der **Beförderungsgeschäfte** (Fracht, §§ 407 ff. HGB; Seefracht, §§ 481 ff. HGB; Personenbeförderung, §§ 536 ff. HGB) und **Lagerverträge** (§§ 467 ff. HGB, vgl. BGH NZI 2014, 400).
- **Kommissionsgeschäfte** in der Kommissionärsinsolvenz, nicht aber in der Kommittenteninsolvenz (§ 115).
- **Energielieferungsverträge** (BGH NZI 2013, 178) ebenso wie Lieferung von Wasser und Wärme. Allerdings können sie Teil mietvertraglicher Pflichten sein, soweit sie vom Vermieter bezogen werden und zum Gebrauch einer Mietsache erforderlich sind (→ § 108 Rn. 50).
- Grundsätzlich **Lizenzverträge** (BGH NZI 2006, 229 (230)). Allerdings ist deren Behandlung sehr streitig, da – nach hier vertretener Auffassung – je nach der Rechtsnatur der eingeräumten Lizenzen bereits Erfüllung durch Einräumung dinglicher Lizenzen durch den Lizenzgeber eingetreten sein kann und das Wahlrecht daher deren Fortbestand nicht berührt (→ § 108 Rn. 69).
- **Versicherungsverträge**, sofern diese vom Insolvenzbeschlag erfasst sind (BGH NZI 2014, 369 (370); auch → Rn. 20.1).
- **Wettbewerbsverbote**, bei denen die Enthaltungspflicht mit einer Karenzentschädigung korrespondiert (BGH NZI 2009, 894).
- **Erbbaurechtsvertrag** als Kausalgeschäft mit der Verpflichtung zur Bestellung des dinglichen Erbbaurechts, nicht aber das Erbbaurecht als solches (BGH NZI 2006, 97).
- Für **IT-Verträge** ist typologisch genau nach der Art der Verträge zu differenzieren; die oft zu findenden Serviceverträge über Cloud-Dienste (insbesondere Software as a Service, „SaaS") werden in der Regel schwerpunktmäßig Dienstvertrag oder Mietvertrag sein (→ Rn. 33.2).
- Zu **Telekommunikations**verträgen Müller/Kemper MMR 2002, 433; zu **Datenverarbeitung** auf vertraglicher Grundlage und der Behandlung von Daten in der Insolvenz Berberich/Kanschik NZI 2017, 1 (5). Bei **Auftragsdatenverarbeitung** besteht dabei unabhängig vom Schicksal der Verträge in der Regel in der Insolvenz des Auftragsdatenverarbeiters ein Aussonderungsrecht der datenschutzrechtlich verantwortlichen Stelle, nicht aber der einzelnen Betroffenen (Berberich/Kanschik NZI 2017, 1 (3); teils aA → § 47 Rn. 79, → § 47 Rn. 83).

Im Fall einer **Vertragsspaltung** insbesondere bei gemischten Verträgen ist § 103 nur auf einen Teil des Vertragsverhältnisses anwendbar.

§ 103 gilt aufgrund von Spezialregelungen oder mangels eines gegenseitigen Vertrags nicht für: **32**
- **Miet- und Pachtverträge** (§§ 535 ff., 581 ff. BGB) über **unbewegliche Gegenstände** und Räume (§ 108 Abs. 1), einschließlich Immobilienleasing. In der Vermieterinsolvenz wird § 103 allerdings erst ab Überlassung der Mietsache an den Mieter ausgeschlossen und soll zudem nach Ansicht des BGH bei Besitzaufgabe des Mieters wieder greifen (→ § 108 Rn. 16). Ferner sind bestimmte **drittfinanzierte Leasingverträge** gem. § 108 Abs. 1 S. 2 insolvenzfest (→ § 108 Rn. 22).
- **Schenkung** (§§ 516 ff. BGB) und **Bürgschaft** als einseitig verpflichtende Verträge sowie **Leihe** (§§ 598 ff. BGB) und unentgeltliche **Verwahrung** (§ 690 BGB) als unvollkommen zweiseitig verpflichtende Verträge (MüKoInsO/Huber Rn. 91 f.).
- **Dienst- und Arbeitsverträge** (§§ 611 ff. BGB), die gem. § 108 Abs. 1 S. 1 mit der Kündigungsmöglichkeit des § 113 fortbestehen.
- Der **Auftrag** (§§ 662 ff. BGB) als nicht gegenseitiger Vertrag, der überdies gem. § 115 in der Insolvenz des Geschäftsherrn erlischt.
- Entgeltliche **Geschäftsbesorgungsverträge**, die in der Insolvenz des Geschäftsherrn erlöschen (§ 116). Diese umfassen auch Sonderformen wie Zahlungsdienstverträge, soweit es sich nicht um Finanzleistungen iSd § 104 handelt (§§ 675c ff. BGB), Kautionsversicherungsverträge (BGH

NZI 2006, 657), Akkreditive, Baubetreuungsverträge (→ § 116 Rn. 11). In der Insolvenz des Geschäftsbesorgers greift indes § 103 (BGH NZI 2010, 180).
- **Spiel** und **Wette** iSd §§ 762 ff. BGB als unvollkommene Verbindlichkeiten.
- Bei **Gesellschaftsverträgen** stehen die Sozialansprüche und Sozialverbindlichkeiten der Gesellschafter nicht im Gegenseitigkeitsverhältnis zueinander (MüKoBGB/Schäfer BGB § 705 Rn. 167 ff. mwN, str.). Diese sind von § 103 nicht erfasst (allgM, RegE BT-Drs. 12/2443, 152; MüKoInsO/Huber Rn. 114; K. Schmidt InsO/Ringstmeier Rn. 14). Die Verfahrenseröffnung führt sowohl bei Gesellschaften ohne Rechtspersönlichkeit iSd § 11 Abs. 2 Nr. 1 wie auch juristischen Personen zur Auflösung (vgl. nur § 60 Abs. 1 Nr. 4 GmbHG; § 262 Abs. 1 Nr. 3 AktG; § 101 GenG; § 728 Abs. 1 S. 1 BGB; § 131 Abs. 1 Nr. 3 iVm § 161 Abs. 2 HGB).
- **Sonstiges:** § 103 gilt nach LAG München (NZI 2019, 708 (710)) nicht für Tarifverträge, da deren normativer Teil kein gegenseitiger Vertrag ist und deren schuldrechtlicher Teil (zB Friedenspflichten) keinen Massebezug habe, weil er keine vermögensrechtlichen, aus der Masse zu befriedigenden Verpflichtungen enthielte. Zu Schiedsverträgen → Rn. 71.3; zu **atypischen** und **gemischten** Verträgen → Rn. 33.

4. Insbesondere atypische Verträge, Rückgewährschuldverhältnisse

33 Bei sonstigen **atypischen** bzw. **gemischten** Verträgen sowie bei **Vergleichen** (Uhlenbruck/Wegener Rn. 43; Braun/Kroth Rn. 9) kommt es im **Einzelfall** darauf an, ob die vereinbarten Pflichten im Gegenseitigkeitsverhältnis stehen. Verträge sui generis sind (auch) dahingehend auszulegen, ob und welche ihrer Leistungspflichten synallagmatisch iSd §§ 320 ff. BGB verknüpft sind (vgl. BGH NZI 2010, 180; BGH NJW 2002, 1788 (1789)). Bei typengemischten Verträgen sind in einem ersten Schritt Schwerpunkt und **prägende Leistungen** des Vertrags zu ermitteln. Es hängt vom erklärten oder auszulegenden Parteiwillen ab, welche davon die prägenden Hauptleistungen darstellen und welche von untergeordneter Bedeutung oder als Nebenleistungen nur der Erleichterung oder Ermöglichung der Hauptleistungen dienen (BGH NZI 2007, 713; Uhlenbruck/Wegener Rn. 26). Ist eine Leistung eindeutig prägend und treten andere in ihrer wirtschaftlichen Bedeutung dahinter zurück, richtet sich die Behandlung des gesamten Vertrags nach der prägenden Leistung.

33.1 So hat der BGH einen Mietvertrag über ein noch **zu errichtendes Gebäude** als reinen Mietvertrag qualifiziert, wenn dort gegenüber dem Mieter gerade keine Verpflichtungen zur Fertigstellung übernommen wurden (BGH NZI 2007, 713). Ein **Privatschulvertrag** stellt in der Regel einen Dienstvertrag dar (BGH NZI 2011, 936).

33.2 Eine genau typologische Abgrenzung ist bei der Erbringung von **Leistungen im IT-Bereich** zu ziehen, die oftmals in gemischten Verträgen oder Rahmenverträgen zusammengefasst sind. Hier kommen Elemente von **Dienstverträgen** in Betracht – zB beim Access Providing mit Zugangsgewährung zum Internet (BGH NJW 2005, 2076; Spindler CR 2004, 203 (207)) –, ferner Elemente von **Mietverträgen** – zB beim Hosting (Bereitstellen von Speicherplatz), Bereitstellen von Software-Anwendungen (Software-as-a-Service, „SaaS"), beim Bereitstellen von Hardware als Basis für eigene Anwendungssoftware (Infrastructure-as-a-Service, „IaaS") oder beim Bereitstellen von Anwendungs- bzw. Entwicklungsumgebungen (Platform-as-a-Service, „PaaS"; dazu Pohle/Ammann CR 2009, 273 (274 f.); Niemann/Paul K&R 2009, 444 (447)), unabhängig davon, ob dies auf dedizierten Servern oder virtuellen Servern in der Cloud erfolgt. Diese mietvertragliche Einordnung geht zurück auf das Application Service Providing („ASP", BGH NJW 2007, 2394; Koch ITRB 2001, 39 (41)). Ob diese Qualifikation technisch richtig und zeitgemäß ist, muss im Einzelfall beurteilt werden. Insbesondere bei Verträgen über cloudbasierte Dienstleistungen kann der Schwerpunkt **dienstvertraglich** sein, wenn die Leistungen über die bloße Überlassung von Speicherplatz hinausgehen; und bei umfassenden IT-Outsourcingverträgen werden die IT-Leistungen oft Teil einer untrennbaren prägenden (Gesamt-)Dienstleistung sein. Um **Werkverträge** handelt es sich in der Regel bei klassischer Softwareentwicklung (BGH CR 2002, 93 (94 f.)), Webseitenerstellung, Wartungsverträge mit Erfolgspflicht zur Störungsbeseitigung (vgl. BGH NJW 2010, 1449 (1450 f.) mwN). Sofern die Softwareentwicklung allerdings iterativ und „agil" erfolgt, dürfte hier eine dienstvertragliche Einordnung näher liegen (dazu Schirmbacher/Schätzle ITRB 2020, 16; Intveen ITRB 2020, 70). Zum Schicksal von Auftragsdatenverarbeitungsvereinbarungen Berberich/Kanschik NZI 2017, 1 (8).

34 Da das Erfüllungswahlrecht nur **einheitlich** für den Vertrag ausgeübt werden kann, teilen **unselbstständige Einzelabreden** und Nebenpflichten das Schicksal des gesamten Vertrags. Sie können nicht aus dem Vertrag herausgelöst werden und für sich genommen ein Erfüllungswahlrecht nach § 103 begründen, erlöschen (zB § 115) oder fortbestehen (zB § 108). Vielmehr nehmen sie, wie zB eine Schiedsabrede (BGH NZI 2004, 88), am Schicksal des Gesamtvertrags teil.

Ergibt sich kein eindeutig überwiegender Schwerpunkt und beinhaltet die Hauptleistung typo- 35
logisch sehr verschiedenartige, für sich genommen bedeutende Gegenstände, ist der Vertrag ggf.
aufzuspalten (so zB beim Bauvertrag in Grundstückskauf und Errichtung des Gebäudes, →
§ 105 Rn. 19.1, beim Wettbewerbsverbot in den Anstellungsvertrag und das Wettbewerbsverbot
als solches (BGH NZI 2009, 894), bei Lizenzverträgen in die Rechteeinräumung und sonstige
Leistungen wie Softwarewartung, → § 108 Rn. 85; zu vertraglichen **Nebenpflichten** →
Rn. 40).

§ 103 ist nach hM analog auf **Rückabwicklungsschuldverhältnisse** iSd §§ 346 ff. BGB 36
anzuwenden (K. Schmidt InsO/Ringstmeier Rn. 15; RSZ InsO/Zeuner Rn. 11; MüKoInsO/
Huber Rn. 86; KPB/Tintelnot Rn. 43; bejaht von älterer Rechtsprechung BGH WM 1961, 482
(485 f.); RG LZ 1915, 217 Nr. 17; offengelassen von BGH NZI 2002, 380; 2004, 214; 2009,
235 (236); 2018, 22 Rn. 17). Auch hier stehen sich synallagmatische Pflichten gegenüber, soweit
beidseitig rückabzuwickelnde Leistungen erbracht wurden. Gleiches gilt für eine wechselseitige
bereicherungsrechtliche Rückabwicklung ohne Saldierung. Soweit die Saldotheorie zur Anwendung kommt, kann diese einen Vertragspartner, der ohne Saldierung nur Insolvenzgläubiger wäre,
allerdings nicht besserstellen (dazu MüKoInsO/Huber Rn. 86). Zu beachten ist, dass die Rücktrittserklärung des Verwalters allein noch keine Erfüllungswahl für das Rückgewährschuldverhältnis
darstellt. Dazu müsste der Verwalter nach Ansicht des BGH – wie beim Rücktritt des Vertragspartners – auch die vom Schuldner bewirkte Leistung zurückfordern (BGH NZI 2009, 235 (236)).

Damit ein Rückgewährschuldverhältnis mit beiderseitigen Pflichten vorliegt, müssen die unter dem 36.1
ursprünglichen Vertrag geschuldeten Leistungen **beiderseits zumindest teilweise erbracht** worden sein.
Hieran fehlt es zB bei einem Rücktritt von voll bezahlten Immobilienkaufvertrag, wenn dem Käufer noch
kein Eigentum übertragen wurde, sondern lediglich eine – nach Rücktritt erloschene – Auflassungsvormerkung im Grundbuch eingetragen ist (BGH NZI 2009, 235 (236)).

Ein in einem Grundstückskaufvertrag zugunsten des Verkäufers vereinbartes **Rücktrittsrecht** ist auch, 36.2
wenn es für den Insolvenzfall besteht, **nicht gläubigerbenachteiligend,** wenn es von vornherein Bestandteil des Vertrags ist, der Schuldner Rechte an der Sache ausschließlich aufgrund des Vertrags erworben hat,
die Rücktrittsklausel den Berechtigten in den Stand setzt, einen Zugriff der Gläubiger auf die Sache
jederzeit abwehren zu können und freie Verfügungen des Schuldners zugunsten einzelner Gläubiger ausschließt (BGH NZI 2018, 22).

III. Beiderseitige nicht vollständige Erfüllung

Das Erfüllungswahlrecht des § 103 ist nur eröffnet, wenn – und auch nur insoweit als – ein 37
gegenseitiger Vertrag von beiden Seiten nicht erfüllt und der Leistungserfolg noch nicht eingetreten
ist (→ Rn. 38). Bei teilweiser Erfüllung greift § 103 nur, soweit sich bei Verfahrenseröffnung die
beiderseitigen Pflichten noch unerfüllt gegenüberstehen (→ Rn. 44). Dies führt bei Teilleistungen
regelmäßig zu einer Aufspaltung des Vertrags (→ Rn. 82).

1. Erfüllungsbegriff

Erfüllung iSd § 103 tritt wie bei § 362 BGB mit dem Eintritt des **Leistungserfolgs** ein. Die 38
bloße Vornahme der Leistungshandlung genügt hierfür nicht (Uhlenbruck/Wegener Rn. 59; K.
Schmidt InsO/Ringstmeier Rn. 16; BAG ZInsO 2012, 450 = BeckRS 2012, 65004; BGH NJW
1983, 1605 (1606) zu § 362 BGB). Auch schuldrechtliche Gefahrtragungsregeln sind insofern
nicht maßgeblich.

So erfordert beispielsweise der **Kauf** beweglicher Sachen regelmäßig die Übertragung von Eigentum 38.1
und Besitz, weswegen ein Kauf unter Eigentumsvorbehalt nicht vollständig erfüllt ist (BGH NJW 1986,
2948 (2949)). Beim Immobilienkauf ist die Übereignungspflicht des Verkäufers erst nach Auflassung und
Eintragungsantrag mit Eintragung des Käufers erfüllt (BGH NZI 2013, 296). Ein arbeitsrechtlicher **Aufhebungsvertrag** ist vonseiten des Arbeitnehmers bereits mit Abschluss erfüllt, weil das Einverständnis zur
Beendigung des Arbeitsverhältnisses gegeben wird (BAG ZInsO 2012, 450). Ein **Darlehensvertrag** ist
seitens des Darlehensgebers mit Valutierung des Darlehens erfüllt; insoweit ist § 108 Abs. 2 eine gesetzgeberische Klarstellung dieser vormals strittigen Frage (Uhlenbruck/Wegener Rn. 29). Entgeltansprüche werden
mit Zahlung (bzw. Erfüllungssurrogat) erfüllt; eine Anerkennung und die Feststellung zur Tabelle reichen
nicht (BGH NJW 2016, 711 (712)). Das bloße Bestehen von **Mängeln** verhindert die vollständige Erfüllung
bei Kauf- und Werkvertrag, da die Leistung mangelfrei zu erbringen ist. Dies ist auch der Fall, wenn diese
Mängel nur geringfügig sind und kein Rechte zur Verweigerung der Abnahme bzw. zum Rücktritt geben
würden. Auch nach Abnahme ist Erfüllung nicht eingetreten, wenn noch beseitigungsfähige Mängel bestehen (BGH NJW 2016, 711 (712)).

39 Bei **Dauerschuldverhältnissen** ist für die Erfüllung fortdauernder Leistungspflichten jeweils nach Zeitabschnitten zu differenzieren. Hiervon abzugrenzen sind Verträge über die Einräumung dinglicher Nutzungsrechte, bei denen Erfüllung bereits mit der Rechteeinräumung eintritt.

39.1 So ist ein Erbbaurechtsvertrag bereits mit der Einräumung des dinglichen Erbbaurechts durch den Grundstückseigentümer erfüllt und unterfällt nicht mehr § 103. Nutzungsbeschränkungen oder zusätzliche bedingte Verpflichtungen des Erbbauberechtigten ändern hieran nichts (BGH NZI 2006, 97 (98)). Nach hier vertretener Ansicht gilt dies auch für immaterialgüterrechtliche Lizenzen, soweit diese dingliche Wirkung haben (str. → § 108 Rn. 76).

40 Das Erfüllungswahlrecht besteht nur insoweit, wie sich im Zeitpunkt der Verfahrenseröffnung **im Synallagma** des § 320 BGB stehenden Forderungen ganz oder teilweise unerfüllt gegenüberstanden (BGH WM 2019, 1174 (1176)). Der BGH hat damit auch klargestellt, dass unerfüllte vertragliche **Nebenpflichten** und etwaig erforderliche Mitwirkungshandlungen des Gläubigers, welche nicht im Synallagma stehen, für das Erfüllungswahlrecht iSd § 103 nicht maßgeblich sind. Nur Nebenpflichten, die im Synallagma iSd § 320 BGB stehen, sind daher beachtlich (KPB/Tintelnot Rn. 174; K. Schmidt InsO/Ringstmeier Rn. 18; LG München ZIP 2014, 2406 = BeckRS 2014, 16898). Zuvor ging die ältere Rechtsprechung des BGH davon aus, dass schon das Ausbleiben einer nicht völlig unbedeutenden Nebenleistung die Vollständigkeit der Vertragserfüllung ausschließt (BGH NJW 1972, 875 (876); so auch MüKoInsO/Huber Rn. 123; FK-InsO/Wegener Rn. 67; Uhlenbruck/Wegener Rn. 58). Das Gegenseitigkeitsverhältnis erstreckt sich bei gegenseitigen Verträgen auf alle typologischen Hauptleistungspflichten sowie auf alle sonstigen Pflichten, die nach dem Vertragszweck von wesentlicher Bedeutung sind (BGH WM 2019, 1174 (1176)). Allerdings teilen unerfüllte Nebenpflichten unabhängig von der Frage, ob sie das Erfüllungswahlrecht des § 103 tatbestandlich auslösen, auf der Rechtsfolgenseite bei Erfüllungs- oder Nichterfüllungswahl das Schicksal der synallagmatischen Pflichten, da das Wahlrecht den gesamten Vertrag erfasst.

40.1 Unterschiedliche Ergebnisse zeigte der vormalige Streit nur dort, wo nach dem Willen der Parteien Leistungen zwar „nicht völlig unbedeutend" sind, aber gerade noch nicht so bedeutend, dass die Parteien diese in das Gegenseitigkeitsverhältnis des § 320 BGB gestellt haben. Über bzw. unter diesen Schwellen dürfte im Ergebnis Einigkeit bestanden haben. Unselbstständige, unklagbare Nebenpflichten wie Leistungstreue- und Schutzpflichten waren und sind für § 103 ohnehin unbeachtlich (Uhlenbruck/Wegener Rn. 58; K. Schmidt InsO/Ringstmeier Rn. 18).

40.2 Sofern man die **Vertragsauslegung nach dem Parteiwillen auch für die synallagmatische Verknüpfung der Leistungen iSd § 320 BGB als Maßstab** nimmt (→ Rn. 27), dürfte dies auf eine Auslegungsfrage hinauslaufen, welchen Status die Parteien bestimmten Leistungspflichten angesichts ihrer wirtschaftlichen Bedeutung geben wollten und ob sie insoweit von einem etwaigen gesetzlichen, dispositiven Vertragsleitbild abweichen wollten. Nach hier vertretener Ansicht und BGH WM 2019, 1174 (1176) ist entscheidend, dass § 103 an das **funktionelle Synallagma** von Leistung und Gegenleistung knüpft (BGH NZI 2009, 235 (237); KPB/Tintelnot Rn. 145). Es obliegt dem privatautonomen **Willen der Parteien** und folgt der Vertragsauslegung, ob sie für sie bedeutende Pflichten in dieses Synallagma gestellt haben oder nicht (BGH WM 2019, 1174 (1177); LG München ZIP 2014, 2406 = BeckRS 2014, 16898; s. auch BGH NZI 2005, 157 (160)). Insofern ist auch der Versuch einer trennscharfen **Abgrenzung von typologischen Haupt- und Nebenpflichten nur bedingt zielführend.** Maßstab für die Nichterfüllung iSd § 320 BGB ist, ob § 320 BGB ein Leistungsverweigerungsrecht geben würde. Pflichten außerhalb dieses Synallagmas sind für die Anwendbarkeit des § 103 nicht entscheidend, werden aber von einer Erfüllungswahl mit erfasst (KPB/Tintelnot Rn. 174).

40.3 Selbst wenn man annehmen wollte, dass eine geringfügige Nebenleistung die vollständige Vertragserfüllung ausschließen könnte (Uhlenbruck/Wegener Rn. 58), führte auch dies nicht ohne weiteres dazu, dass der gesamte Vertrag dem Erfüllungswahlrecht unterliegt (so noch BGH NJW 1972, 875 (876) zum Alles-oder-Nichts-Prinzip unter § 17 KO bzw. § 36 VglO). Bei teilbaren Leistungen unterliegen auch (und erst recht) für § 103 relevante **Nebenleistungen** dem Grundsatz der **Vertragsspaltung,** sofern sie sich als Teil der Gesamtleistung abtrennen und bewerten lassen und einem ebenso abtrennbaren und bewertbaren unerfüllten Anspruch gegenüberstehen. Sind allein Nebenleistungen noch nicht erfüllt, unterliegen auch nur diese sowie der hierauf entfallende Anteil der Gegenleistung dem Erfüllungswahlrecht. Will der Verwalter nicht erbrachte Nebenleistungen des Vertragspartners zur Masse ziehen, schuldet die Masse nur die darauf entfallende Gegenleistung. Lehnt der Verwalter die Erfüllung ab, verbleibt es insoweit bei der mit Verfahrenseröffnung eingetretenen Undurchsetzbarkeit. Für darüber hinaus erbrachte (auch Haupt-)Leistungen gelten die allgemeinen Grundsätze (→ Rn. 87): Bereits beidseitig erfüllte Hauptleistungspflichten bleiben unberührt; der vorleistende Vertragspartner ist für die Gegenleistung auf die Quote verwiesen; für den vorleistenden Schuldner kann der Verwalter die hierauf entfallende Gegenleistung zur Masse ziehen.

Allerdings kann es – insbesondere beim Kauf einzelner Gegenstände (zB Einzelimmobilien) – an der **40.4** Teilbarkeit fehlen (→ § 105 Rn. 21). Einen **Immobilienkaufvertrag** hat der Käufer trotz Kaufpreiszahlung noch nicht vollständig erfüllt, wenn seine **Mitwirkung bei der Auflassung** noch erforderlich ist (BGH NJW 1983, 1619). Nicht im Synallagma stehen die kaufvertraglichen Ansprüche auf Eintrag einer Auflassungsvormerkung und auf Kaufpreiszahlung (BGH NZI 2009, 235 (237)) oder die werkvertragliche Abnahmepflicht (BGH WM 2019, 1174).

Der Erfüllung iSd § 362 BGB gleichgestellt sind die klassischen **Erfüllungssurrogate** der **41** Aufrechnung (§ 389 BGB), Hinterlegung bei ausgeschlossener Rücknahme (§ 378 BGB), und Annahme einer Leistung an Erfüllungs statt (§ 364 BGB). Auch andere Erlöschensgründe wie Erlass (§ 397 BGB) oder Aufhebungsvertrag führen dazu, dass der Vertrag nicht mehr unerfüllt ist. Keine Erfüllung ist eine **Leistung erfüllungshalber,** wie vor allem bei Schecks, Wechseln ua Zahlungsmitteln, bei denen der Schuldner eine weitere Verpflichtung eingeht und der Gläubiger aus auftragsähnlichem Verhältnis verpflichtet ist, zuvorderst aus diesem Befriedigung zu suchen (Braun/Kroth Rn. 18; zur Erfüllung bei Lastschriften vergleiche KPB/Tintelnot Rn. 159 ff.).

Die Erfüllungswirkung ist – wie auch bei § 362 BGB – jeweils mit Bezug auf ein **konkretes** **42** **Schuldverhältnis** zu beurteilen. Haben die Parteien mehrere gleichlaufende, aber rechtlich eigenständige Verträge geschlossen, sind deren jeweilige Pflichten getrennt zu würdigen; auf § 105 kommt es hier gar nicht an. Ob mehrere Verträge kraft Parteiabrede zu einem **einheitlichen Vertrag** zusammengefasst sind oder ihre Eigenständigkeit behalten, ist dem Vertragswerk ggf. durch Auslegung zu entnehmen. Wechselseitige Wirksamkeits- oder Durchführungsbedingungen (wie übliche Vollzugsklauseln in Unternehmenskaufverträgen zB für Zusatzverträge) lassen als solche diesen Schluss nicht ohne weiteres zu.

Maßgeblicher **Zeitpunkt** für die Erfüllung ist die Verfahrenseröffnung (§ 27). Eine spätere **43** Erfüllung kann den Vertrag dem einmal eröffneten Anwendungsbereich des § 103 nicht wieder entziehen.

Soweit § 103 greift, ist ab Verfahrenseröffnung allein die Erfüllungswahl des Verwalters entscheidend. **43.1** Leistet der Vertragspartner nach Verfahrenseröffnung ohne Erfüllungswahl des Verwalters auf den nicht durchsetzbaren Anspruch der Masse, so mag er seine Leistungspflicht erfüllen, kann aber nicht die Durchführung des Vertrags erzwingen. Im Gegenteil wird dies dem Verwalter Anlass geben, gerade die Erfüllung abzulehnen und den Vertragspartner für seine Ansprüche auf die Quote zu verweisen. Die bloße Entgegennahme der Leistung durch den Verwalter bewirkt grundsätzlich keine Erfüllungswahl (→ Rn. 59).

2. Keine Erfüllung oder Teilerfüllung

§ 103 greift nur, soweit der Vertrag zum Zeitpunkt der Verfahrenseröffnung **von beiden** **44** **Parteien nicht** oder nicht vollständig erfüllt wurde (BGH NZI 2018, 22 Rn. 16). Die Frage, inwieweit sich beidseitig unerfüllte Ansprüche nach Verfahrenseröffnung gegenüberstehen, und damit die Reichweite des Erfüllungswahlrechts, bemisst sich damit nach dem Umfang der jeweils erbrachten (Teil-)Leistungen.

Wenn bei Verfahrenseröffnung noch **überhaupt keine Leistung** erbracht wurde und er damit **45** von keiner Partei erfüllt wurde, kommt § 103 umfassend auf den gesamten Vertrag zur Anwendung. Bei einer vollen **Vorleistung** des **Vertragspartners** realisiert sich dessen Insolvenzrisiko, und er kann – außerhalb des Anwendungsbereichs des § 103 – die Gegenleistungsansprüche nach allgemeinen Grundsätzen nicht mehr durchsetzen, sondern muss diese als Insolvenzforderung zur Tabelle anmelden (BGH NZI 2006, 575 (576)). Bei einer vollen **Vorleistung** des **Schuldners** kann der Verwalter – ebenfalls ohne Rückgriff auf § 103 – die Gegenleistung zur Masse verlangen. **Beidseitig erfüllte** Verträge sind – vorbehaltlich der §§ 129 ff. – von der Verfahrenseröffnung nicht berührt (BGH NZI 2010, 180 (181); ebenso bereits die Rechtslage unter der KO, Kilger/ K. Schmidt, KO, 17. Aufl. 1997, KO § 17 Rn. 1a).

Häufiger ist demgegenüber der Fall, dass eine oder beide Parteien **Teilleistungen** erbracht **46** haben. Bei teilweiser Erfüllung greift § 103 nur, **soweit** sich bei Verfahrenseröffnung die beidseitigen synallagmatischen Pflichten noch **unerfüllt gegenüberstehen**. Teile des Vertrags, die einseitig oder beidseitig erfüllt wurden, fallen nicht mehr unter das Erfüllungswahlrecht. Die Natur solcher Teilleistungen kann unterschiedlich sein. Die erbrachte Leistung kann hinter der geschuldeten Leistung zurückbleiben in **quantitativer** Hinsicht (zB Teillieferungen), in **qualitativer** Hinsicht (zB mangelhafte Lieferungen), in **zeitlicher** Hinsicht (zB bei fortbestehenden Dauerschuldverhältnissen) oder auch bei gemischten Verträgen eine spezifisch vertragstypologische Teilleistung sein (Details → § 105 Rn. 10).

Dies führt bei Teilleistungen regelmäßig zu einer **Aufspaltung** des Vertrags mit den in → **47** Rn. 87 ff. ausführlich beschriebenen Folgen. Die sich beidseitig noch unerfüllt gegenüberstehenden Ansprüche werden mit Verfahrenseröffnung undurchsetzbar und unterfallen der Erfüllungswahl. Das Schicksal der beidseitig oder auch nur einseitig durch Vorleistung erfüllten Leistungspflichten bestimmt sich nach für die jeweilige Vorleistung dargestellten Regeln. Hat die Masse vorgeleistet, zieht der Verwalter die Gegenleistung ein. Für den vorleistenden Vertragspartner hingegen realisiert sich das Insolvenzrisiko, und er muss seine Gegenleistungsansprüche zur Tabelle anmelden. Diese – auch in § 105 und § 110 Abs. 1 angelegte – Vertragsspaltung kann heute als allgemeiner Grundsatz der §§ 103 ff. angesehen werden.

IV. Erfüllungswahl

48 Das Erfüllungswahlrecht wird durch den Insolvenzverwalter persönlich ausgeübt (→ Rn. 49). Hierbei ist er im Außenverhältnis grundsätzlich frei, im Innenverhältnis allerdings den Interessen der Masse und der Gläubigergesamtheit verpflichtet (→ Rn. 53). Die Erfüllungswahl kann nur einheitlich für den Vertrag, nicht für einzelne Pflichten ausgeübt werden (→ Rn. 55). Die Ausübung selbst unterliegt als Willenserklärung den allgemeinen Wirksamkeits- und Auslegungsgrundsätzen (→ Rn. 57).

1. Zuständigkeit für die Ausübung

49 Zuständig für die Ausübung des Erfüllungswahlrechts ist der **Insolvenzverwalter** selbst. Nur diesem obliegt kraft seines Amtes die Entscheidungsfindung. Daraus folgert die hM, dass er das Wahlrecht auch **nur persönlich** ausüben kann, nicht aber – über bloße Botenstellungen hinaus – inhaltlich an Mitarbeiter delegieren (OLG München NZI 2016, 488 (489); Uhlenbruck/Wegener Rn. 98; Braun/Kroth Rn. 43; KPB/Tintelnot Rn. 209). Nach aA wird teils eine Stellvertretung für zulässig gehalten (HK-InsO/Marotzke Rn. 132; K. Schmidt InsO/Ringstmeier Rn. 21). Die inhaltliche Entscheidungskompetenz des Verwalters wird durch eine Stellvertretung nicht a priori in Frage gestellt. Zumindest eine Vertretung mit „gebundener Marschroute" trägt der Entscheidungsfreiheit des Verwalters hinreichend Rechnung (diff. LAG Schleswig ZIP 1988, 250; offen OLG Düsseldorf NJW-RR 1988, 1103). Soweit die Erklärung erkennbar auf die Willensbildung des Verwalters zurückzuführen sein muss (so KPB/Tintelnot Rn. 209; MüKoInsO/Huber Rn. 149), kann dem Schutz des Rechtsverkehrs durch entsprechende Beschränkungen der Vollmacht in einer Vollmachturkunde (§ 174 BGB) Rechnung getragen werden. Eine freie Entscheidung durch Mitarbeiter des Verwalters ist allerdings ausgeschlossen.

50 Soweit im Zuge der Erfüllungswahl eine besonders bedeutsame Rechtshandlung iSd § 160 die **Zustimmung von Gläubigerausschuss** bzw. Gläubigerversammlung voraussetzt, ist diese Zustimmung im Außenverhältnis zum Vertragspartner keine Wirksamkeitsvoraussetzung für die Erfüllungswahl (KPB/Tintelnot Rn. 212).

51 In Verfahrenskonstellationen, in denen die InsO keinen Insolvenzverwalter vorsieht, ist zuständig, wer dessen Aufgaben wahrnimmt. Das ist bei der **Eigenverwaltung** der Schuldner selbst, der seine Befugnisse im Einvernehmen mit dem Sachwalter ausüben soll (§ 279). Das Einvernehmen des Sachwalters ist im Außenverhältnis zum Vertragspartner – anders als im Fall der §§ 120, 122 und 126 – keine Wirksamkeitsvoraussetzung für die Erfüllungswahl (KPB/Tintelnot Rn. 213).

51.1 Die vormalige Zuständigkeit des Treuhänders im **Verbraucherinsolvenzverfahren** (§ 313 Abs. 1 S. 1 aF; BGH NZI 2012, 76 (77)) wurde mit der Reform des Verbraucherinsolvenzrechts 2014 abgeschafft. Seither nimmt auch hier ein Insolvenzverwalter die entsprechenden Aufgaben wahr.

52 **Nicht** zur Erfüllungswahl berufen ist der **vorläufige** Insolvenzverwalter (BGH WM 2017, 1951 (1953); auch nicht der „starke" vorläufige Verwalter, selbst nicht bei Personenidentität mit dem späteren Verwalter (BGH NZI 2008, 36 (37); Uhlenbruck/Wegener Rn. 99; s. auch BGH NJW 1988, 1790 (1791) zu § 17 KO). Die §§ 103 ff. setzen die Verfahrenseröffnung voraus und sind vorher **nicht anwendbar** (OLG Koblenz BeckRS 2020, 13050 Rn. 53). § 22 verweist für die Rechtsstellung des vorläufigen Verwalters nicht auf § 103. Damit sind bestehende Verträge **im Eröffnungsverfahren** weiter zu erfüllen. Erst mit der Verfahrenseröffnung werden die beiderseitigen Erfüllungspflichten suspendiert und Raum für das Erfüllungswahlrecht geschaffen (BGH NZI 2008, 36 (37); → Rn. 8). Eine „Erfüllungswahl" oder „Erfüllungsablehnung" des vorläufigen Verwalters geht somit ins Leere und erzeugt weder Bindungswirkung gegenüber dem endgültigen Verwalter (BGH NJW 1988, 1790 (1791); OLG München NZI 2016, 488) noch in der Regel einen Vertrauenstatbestand iSd § 242 BGB.

52.1 Die **Forderungszuständigkeit** des Insolvenzverwalters ist keine Voraussetzung für die Erfüllungswahl (MüKoInsO/Huber Rn. 205). Auch wenn im Falle von Vorausabtretungen Schuldner bzw. Verwalter bis zur Verfahrenseröffnung materiell-rechtlich nicht forderungszuständig sind, stellt dies das Erfüllungswahlrecht nicht in Frage, da dieses an das gesamte Schuldverhältnis und nicht an einzelne Forderungen knüpft. Gerade mit der Erfüllungswahl erlangen vor Verfahrenseröffnung an Dritte abgetretene Forderungen eine „neue rechtliche Qualität", was zur Unwirksamkeit der Vorausabtretung führt (BGH NZI 2003, 491 (494); → Rn. 109).

Im Fall der **Nichterfüllung im Eröffnungsverfahren** steht es den Parteien frei, ihre jeweiligen Rechte auszuüben. Erklärt der Vertragspartner wirksam eine Kündigung oder einen Rücktritt wegen Nichterfüllung, so ist der endgültige Verwalter nach Verfahrenseröffnung hieran gebunden, soweit das Gesetz nicht ausdrücklich besondere Beschränkungen vorsieht (→ Rn. 70). Ebenso entfällt die eigene Erfüllungspflicht des Vertragspartners nicht mit Antragstellung. Freilich wird er das Risiko zu beurteilen haben, vor Eröffnung ggf. weiterhin in Vorleistung zu gehen, wenn der vorläufige Verwalter den Fortbestand des Vertrags und das Schicksal der Gegenleistung nicht gewährleisten kann (→ Rn. 114). **52.2**

2. Massemehrung als Ausübungsmaßstab

Nach den Wahlmöglichkeiten des Gesetzes kann der Verwalter Erfüllung oder Nichterfüllung wählen. Er kann auch zunächst den Schwebezustand beibehalten, spätestens bis der Vertragspartner die Ausübung des Wahlrechts über § 103 Abs. 2 S. 2 erzwingt. Im **Innenverhältnis** ist für die Erfüllungswahl des Verwalters die Pflicht zur Massemehrung und **bestmöglichen Verwertung** des Schuldnervermögens maßgeblich. Der Verwalter hat sein Wahlrecht zugunsten der Masse im Interesse der gemeinschaftlichen Befriedigung der Gläubigergesamtheit auszuüben (BGH NZI 2006, 457 (459); BGH NZI 2003, 491 (494)). Ist die Erfüllung des Vertrags wirtschaftlich nachteilig für die Masse, muss der Verwalter pflichtgemäß die Erfüllung ablehnen. **53**

Der **Massemehrung** widerspricht etwa eine Erfüllungswahl, wenn Masseansprüche auch **auf anderem Weg** realisiert werden können, bei der die Masse nicht mit Gegenforderungen belastet würde. So erfordert die Löschung einer aufgrund eines Rücktritts erloschenen Auflassungsvormerkung im Grundbuch wegen § 894 BGB keine Erfüllung des Rückabwicklungsschuldverhältnisses, eine mit der Rückgewähr von Anzahlungen verbundene Erfüllungswahl sieht der BGH sogar als insolvenzzweckwidrig an (BGH NZI 2009, 235 (236)). Auch bei der Entscheidung über den Fortbestand von Versicherungsverträgen, welche die Vermögensinteressen der Organe des Insolvenzschuldners unmittelbar betreffen (zB R&D Versicherungen), ist Maßstab grundsätzlich der Massemehrung. Allerdings muss der Verwalter deren Belange mit berücksichtigen und darf bestehende Verträge nicht unabgestimmt und ankündigungslos mit potenziell existenzgefährdenden Risiken beenden (OLG Hamburg NZI 2015, 851). **53.1**

Für die Vorteile der Masse ist eine **Gesamtbetrachtung** maßgeblich. Die Relation von **Leistung und Gegenleistung** ist hierbei ein Ausgangspunkt, jedoch darf die Bedeutung des Vertrags im **Gesamtkontext etwaiger Sanierungsbemühungen** und insbesondere für eine etwaige Unternehmensfortführung nicht unberücksichtigt bleiben, da auch diese der Gläubigergesamtheit dient (ähnlich K. Schmidt InsO/Ringstmeier Rn. 29). Dabei spielen regelmäßig auch mittelbare Folgen eine Rolle. So wird der Verwalter in der Regel nicht gezwungen sein, die Fortführung eines Vertrags mit einem bekannt zuverlässigen Lieferanten abzulehnen, nur weil ein bekanntermaßen unzuverlässiger anderer Lieferant seine Leistungen preiswerter anbietet. Auch umfassende Vergleichs- und Abgeltungslösungen im Rahmen von Sanierungskonzepten können hinreichender Grund für die Fortführung oder Nichtfortführung von Verträgen sein, die bei isoliertem Blick nur auf einen Einzelvertrag massebelastend erscheinen. Stellt ein Vertragspartner in Aussicht, bei Erfüllungsablehnung seinerseits weitere wichtige Verträge zum nächstmöglichen Zeitpunkt wirksam zu beenden und hat er das Recht dazu, kann es für den Verwalter angezeigt sein, alle Verträge zu erfüllen. Bei diesen wirtschaftlichen Entscheidungen ist dem Verwalter eine Einschätzungsspielraum zuzubilligen. Es griffe generell zu kurz und würde das Ziel erleichterter Sanierungen sogar konterkarieren, die wirtschaftlichen Folgen für die Masse allein mit einem verengten Blick auf einen konkreten Vertrag und dessen Verhältnis von Leistung und Gegenleistung zu bestimmen (ähnlich Uhlenbruck/Wegener Rn. 97), wie es im Liquidationsszenario naheliegt. **53.2**

Die Massemehrungspflicht trifft den Verwalter bei der Ausübung des Erfüllungswahlrechts grundsätzlich nur im Innenverhältnis und lässt das **Außenverhältnis unberührt**. Selbst wenn die Erfüllungswahl eine **Zustimmung des Gläubigerausschusses** gem. §§ 160 ff. erfordert, ist sie dennoch im Außenverhältnis wirksam, wenn der Verwalter diesen pflichtwidrig nicht befasst (KPB/Tintelnot Rn. 212). Allerdings droht dem Verwalter bei pflichtwidrigem Handeln die Haftung des § 60 Abs. 1. Außenwirkung kann eine pflichtwidrige Ausübung der Erfüllungswahl allerdings in Extremfällen der **Insolvenzzweckwidrigkeit** haben. So kann eine Erfüllungswahl, die offenkundig und auch für den Vertragspartner erkennbar der Masse keinen Nutzen bringt, unwirksam sein (BGH NZI 2009, 235 (237)). **54**

54.1 In diesen Ausnahmefällen setzt sich die Massemehrungspflicht des Verwalters durch. Entsprechend den zum Missbrauch der Vertretungsmacht entwickelten Grundsätzen ist Voraussetzung für die Unwirksamkeit zum einen die objektive Evidenz der Insolvenzzweckwidrigkeit einer Handlung des Verwalters, zum anderen, dass sich dem Vertragspartner ohne weiteres – zumindest grob fahrlässig – begründete Zweifel an deren Vereinbarkeit mit der gemeinschaftlichen Gläubigerbefriedigung als Zweck des Insolvenzverfahrens aufdrängen mussten (BGH NZI 2002, 375 mwN).

3. Einheitliche Ausübung für gesamten Vertrag

55 Die Erfüllungswahl kann für den in Frage stehenden gesamten Vertrag nur einheitlich ausgeübt werden. Es gibt keine nur einzelne Ansprüche oder Rechte erfassende Erfüllungswahl (BGH NZI 2006, 575 (577); BGH NJW 1988, 1790 (1791)). Die Insolvenzordnung **verbietet** dem Verwalter damit das „**Rosinenpicken**" von Einzelpflichten zulasten des Vertragspartners. Möglich bleibt freilich die unterschiedliche Ausübung des Wahlrechts für **mehrere rechtlich selbstständige** Verträge. Auch beschränkt der Grundsatz der **Vertragsspaltung** das Erfüllungswahlrecht auf beidseitig noch nicht erfüllte Teile des Vertrags und verhindert so eine übermäßige Belastung der Masse (→ Rn. 82).

56 Erfüllung kann nur für den jeweiligen Vertrag mit seinem **vereinbarten Inhalt** verlangt werden. Der Insolvenzverwalter muss die vom Schuldner vorinsolvenzlich geschlossenen Verträge grundsätzlich in ihrem Bestand so hinnehmen, wie er sie bei Verfahrenseröffnung vorfindet (→ Rn. 70). Es gibt keine den ursprünglichen Vertrag modifizierende Erfüllungswahl (BGH WM 2017, 1951 (1953); NZI 2006, 575 (577)). Eine Erfüllungswahl unter **Vorbehalt** oder unter **Abänderung** der ursprünglichen Vertragsbedingungen ist – ähnlich einer modifizierenden Annahme (§ 150 Abs. 2 BGB) – keine wirksame Erfüllungswahl, sondern als Erfüllungsablehnung zu behandeln (BGH NZI 2007, 335 (336)). Mit dieser einher geht das Angebot des Verwalters an den Vertragspartner zur Änderung des bisherigen Vertrags bzw. zum Neuabschluss eines Vertrags zu den angebotenen Bedingungen (im Rang des § 55 Abs. 1 Nr. 1), der nur mit Einverständnis des Vertragspartners zustande kommt (BGH NJW 1988, 1790 (1791); BGH NZI 2006, 575 (576)).

4. Auslegungs- und Wirksamkeitsfragen der Erfüllungswahl als Willenserklärung

57 Das Erfüllungswahlrecht wird durch einseitige, empfangsbedürftige, **formlose Willenserklärung** des Verwalters ausgeübt (BGH NZI 2014, 400 (401); BGH NZI 2007, 713 (716); BGH NZI 2007, 335; BGH NJW 1998, 992). Damit ist sie nach allgemeinen Grundsätzen unwiderruflich, grundsätzlich bedingungsfeindlich und wirksam mit Zugang (§ 130 Abs. 1 S. 2 BGB). Eine einmal getätigte Erklärung kann der Verwalter nicht (jedenfalls nicht einseitig) rückgängig machen. Wohl aber kann in Ausnahmefällen eine Anfechtung gem. §§ 119 ff. BGB in Betracht kommen. Irrtümer über den Erfüllungszustand des Vertrags sind dabei nach den allgemeinen Regeln für Rechtsfolgenirrtümer zu behandeln (dazu MüKoBGB/Armbrüster BGB § 119 Rn. 82 ff.).

58 Das Erfüllungswahlrecht muss nicht ausdrücklich als Erfüllungsverlangen bezeichnet werden. Äußerungen des Verwalters sind offen für eine **Auslegung** nach den allgemeinen Grundsätzen der §§ 133, 157 BGB (BGH NZI 2007, 713 (716); BGH NZI 2007, 335). Für die Auslegung ist maßgebend, welche Bedeutung der Vertragsgegner den Äußerungen des Verwalters aus seinem objektiven Empfängerhorizont nach der Verkehrssitte und den Gesamtumständen beimessen musste (BGH NZI 2014, 400 (401); BGH NJW 1998, 992).

58.1 Für die Auslegung bedeutsam können ua die Erklärungen des Verwalters und sonstige dem Vertragspartner bekannte Umstände im Verfahren sein (BGH NZI 2007, 335 (336)). So spricht etwa eine dem Vertragspartner bekannte nur **vorübergehende Betriebsfortführung** im Zweifel gegen eine Auslegung als Erfüllungsverlangen eines Leasingvertrags mit längerer Laufzeit (vgl. BGH NZI 2007, 335 (336)). Von einem Erfüllungsverlangen ist auch nicht auszugehen, wenn der Verwalter erkennbar zum Ausdruck bringt, dass er **nicht länger als unbedingt nötig** an dem Vertrag festhalten will (BGH NZI 2007, 713 (716)). Demgegenüber hat das OLG Saarbrücken die konkrete **Gläubigeranfrage**, ob die erbrachten vertragsgemäßen Leistungen genutzt und bezahlt werden, als Erklärungsaufforderung gem. § 103 Abs. 2 S. 2 verstanden und die folgende Erklärung des Verwalters, er bleibe als Insolvenzverwalter „für die Verträge verantwortlich", als Erfüllungswahl (BeckRS 2018, 1532).

58.2 Dem Verwalter zustehende, aber in der Ausübung **falsch bezeichnete** Rechte sind der Auslegung zugänglich. So kann eine „Erfüllungsverweigerung" bei einem nach § 108 Abs. 1 S. 1 fortbestehenden Mietvertrag als Kündigung iSd § 109 Abs. 1 S. 1 auszulegen sein (OLG Frankfurt ZInsO 2005, 378).

59 Das Erfüllungsverlangen kann sich **konkludent** aus dem Verhalten des Verwalters ergeben (BGH NJW 2016, 711 (712); BGH NZI 2014, 400 (401); BGH NJW 1998, 992). Die Kenntnis des Verwalters davon, dass er sein Wahlrecht damit ausübt, ist nicht erforderlich (Braun/Kroth Rn. 44). Bloßes Schweigen reicht in der Regel nicht, solange dieses nicht nach allgemeinen Grundsätzen als konkludente Erklärung auszulegen ist (BGH NJW 1981, 2195 (2196)); rechtliche Wirkung hat bloßes Schweigen nur bei ausdrücklicher Erklärungsaufforderung iSd Abs. 2 S. 1. Für eine Erfüllungswahl spricht die Geltendmachung von Ansprüchen aus dem schwebenden Schuldverhältnis. Die bloße kommentarlose Entgegennahme und Verwendung des gelieferten Leistungsgegenstands hat demgegenüber selten Erklärungswert. Die Kenntnis des Vertragspartners von einer beabsichtigten Nichtfortführung des schuldnerischen Betriebs spricht tendenziell gegen ein Verständnis als Erfüllungswahl. In jedem Fall bedarf es einer Einzelfallwürdigung des individuellen Verhaltens des Verwalters (BGH NJW 1998, 992 (993)); dieses muss hinreichend klar und eindeutig sein (OLG Brandenburg NZI 2009, 117). Generell ist die Rechtsprechung bei der Annahme konkludenter Erklärungen allerdings eher **zurückhaltend,** um dem Verwalter angesichts des Erfordernisses vorübergehender Betriebsfortführung das Wahlrecht nicht vorschnell abzuschneiden. Die für den Vertragspartner bestehende Unklarheit kann dieser durch die Erklärungsaufforderung gem. Abs. 2 S. 1 beenden (BGH NJW 1981, 2195 (2196)).

Aus Sicht des Verwalters liegt es nahe, den Schwebezustand so lange wie möglich beizubehalten und **im Zweifel klarzustellen,** dass es sich nicht um eine Erfüllungswahl handelt (was nicht umgekehrt eine Erfüllungsablehnung bedeutet). Der Vertragspartner kann hier durch eine Erklärungsaufforderung gem. Abs. 2 S. 2 Klarheit schaffen. 59.1

Generell legt die **Geltendmachung von Ansprüchen** aus dem von der Erfüllungswahl betroffenen Vertrag durch den Verwalter eine konkludente Erfüllungswahl nahe (BGH NJW 2016, 711 (712)). Deren Ausübung (zB bei Gewährleistungsrechten, vgl. OLG Düsseldorf NZI 2002, 317 (318)) wird in der Regel so auszulegen sein, dass der Vertrag als bestehend und durchsetzbar vorausgesetzt wird, da diese Ansprüche sonst nicht bestünden. Anderes gilt, wenn die geltend gemachten Ansprüche nicht vertragsbezogen sind (vgl. BGH NZI 2009, 235 (236) für einen Grundbuchberichtigungsanspruch nach § 894 BGB). Auch wenn eine Erfüllungswahl durch die Geltendmachung von Ansprüchen eine erhebliche Belastung der Masse mit nunmehr durchsetzbaren Gegenforderungen zur Folge hätte, ist für die Annahme einer konkludenten Erfüllungswahl Zurückhaltung geboten (BGH NJW 2016, 711 (712)). 59.2

Allein die Ausübung eines **Rücktrittsrechts** stellt hingegen noch keine Erfüllungswahl des dann entstehenden Rückabwicklungsverhältnisses dar. Dafür muss der Verwalter als Folge der dadurch bewirkten Umgestaltung des Vertragsverhältnisses auch eine an den Vertragspartner bewirkte Leistung zurückverlangen. Dies gilt erst recht, wenn der Vertragspartner den Rücktritt erklärt hat (BGH NZI 2009, 235 (236)). 59.3

Die bloße **Veräußerung von unter Eigentumsvorbehalt gelieferter Ware** bedeutet nicht zwingend, dass der Verwalter die Erfüllung des Kaufvertrags mit dem Vorbehaltslieferanten wählt (BGH NJW 1998, 992 (993)). Gleiches gilt für die kommentarlose Verarbeitung, soweit nicht aufgrund der Umstände des Einzelfalls dem Verhalten ein konkreter Erklärungswert zukommt. Lässt der Verwalter eingelagertes **Eigentum** des Vertragspartners unter einem Konsignationslagervertrag entnehmen und **verarbeiten,** kann darin bei weiteren Umständen eine konkludente Erfüllungswahl liegen. Der BGH hat dies angenommen, wenn dem Verwalter das Fremdeigentum bekannt war, über eine Betriebsfortführung gesprochen wurde und die entnommenen Mengen abgerechnet wurden (BGH NZI 2014, 400 (401)). 59.4

Eine Erklärung, im Zusammenhang mit der Geschäftsfortführung erbrachte Leistungen würden „als Masseverbindlichkeit behandelt", ist keine Erfüllungswahl, wenn im Rahmen einer Finanzierung vereinbart und dem Vertragspartner bekannt ist, den **Geschäftsbetrieb nur vorerst** bis zur Entscheidung der Gläubigerversammlung fortzuführen (BGH NZI 2007, 335 (336)). Bis zum Berichtstermin darf im Zweifel davon ausgegangen werden, dass sich der Verwalter regelmäßig die Entscheidung jedenfalls für wichtige, langfristige, schwer kündbare Verträge offenhalten will (vgl. § 107 Abs. 2 S. 1). 59.5

Bloße **Zahlungen und Abnahme** von Leistungen durch den Insolvenzverwalter reichen nicht (OLG Brandenburg NZI 2009, 117 für Stromlieferung), ebenso wenig die bloße **Weiternutzung** gemieteter beweglicher Sachen oder die – ggf. irrige – **Berühmung** einer Eigentümerstellung (OLG Celle NZI 2019, 111). 59.6

Die Erklärung eines „**unbeschränkte[n] Eintritt**[s] in […]Versicherungsverträge", ist entsprechend allgemeiner Grundsätze zur Reichweite des Erfüllungswahlrechts nur auf die Zeit **ab Verfahrenseröffnung** gerichtet. Ihr kann nicht entnommen werden, dass der Verwalter auch rückständige Gegenleistungen für die Zeit davor erbringen wollen würde (OLG Düsseldorf NJW-RR 2006, 494 (495)). 59.7

Auch ohne Erfüllungswahlrecht kann der fortgesetzte Leistungsaustausch einen **konkludenten Neuabschluss** des Vertrags darstellen (vgl. BGH NZI 2011, 936 (937): Privatschulvertrag bei fortgesetztem Schulbesuch). Die fortgesetzte Nutzung eines Mietgegenstands durch den Verwalter ohne Erfüllungswahl kann zudem eine **Nutzungsentschädigung** iSd § 546a BGB als Masseverbindlichkeit auslösen (OLG Saarbrücken BeckRS 2018, 1532; dazu auch → § 108 Rn. 57). 59.8

InsO § 103 Dritter Teil. Wirkungen der Eröffnung des Insolvenzverfahrens

60   Die Ausübung des Erfüllungswahlrechts unterliegt § 242 BGB als **allgemeiner Rechtsausübungsschranke** (BGH NZI 2004, 214 (215); BGH NJW 1962, 2296 (2297)). Fallgestaltungen mit einer Einschränkung der Erfüllungswahl werden indes selten vorkommen (MüKoInsO/Huber Rn. 203; Uhlenbruck/Wegener Rn. 156). Bei der Übertragung der Einschränkungen des Anfechtungsrechts für **Rechtshandlungen des vorläufigen Verwalters** (dazu BGH NZI 2005, 218; 2013, 298) zeigt sich der BGH bislang zurückhaltend, lässt aber offen, ob dies bei Schaffung eines Vertrauenstatbestands unter „ganz besonderen Umständen" möglich wäre (BGH WM 2017, 1951 (1953)). Handlungen des vorläufigen Verwalters begründen grundsätzlich – selbst bei Personengleichheit mit dem endgültigen Verwalter – nach hM keinen Vertrauenstatbestand, auf den sich der Vertragspartner stützen könnte (K. Schmidt InsO/Ringstmeier Rn. 24), auch nicht bei ausdrücklicher Zustimmung zur Fortsetzung des Schuldverhältnisses auf Anfrage (MüKoInsO/Huber Rn. 150). Im Glauben auf die Zuständigkeit des vorläufigen Verwalters ist der Vertragspartner grundsätzlich nicht schutzwürdig (BGH NZI 2008, 36 (37)). Er handelt insoweit im Eröffnungsverfahren bei fortgesetzter Vorleistung auf eigenes Risiko. Ohnehin sind bei der Erfüllungswahl vornehmlich die Interessen aller Gläubiger zu berücksichtigen, nicht die des Vertragspartners (BGH NJW 1962, 2296 (2297)). Selbst wenn der Masse im Einzelfall kein Nachteil droht, soll ein Nachteil allein für den Vertragspartner grundsätzlich nicht für die Annahme eines Verstoßes gegen Treu und Glauben genügen (BGH NZI 2004, 214 (215)). Der Vertragspartner könne sich selbst dann nicht auf Erfolg auf § 242 BGB berufen, wenn ein Vertrag bereits weitgehend erfüllt ist (OLG Dresden ZIP 2002, 815 = LSK 2002, 310774).

60.1   Ein **langes Zuwarten** und eine Erfüllungswahl lange nach Verfahrenseröffnung reicht als Zeitmoment nicht, weil der Vertragspartner hier durch die Erklärungsaufforderung gem. § 103 Abs. 2 Rechtssicherheit schaffen kann (dazu → Rn. 61). Ein Vertrauenstatbestand wird auch nicht durch den bloßen Hinweis des vorläufigen Verwalters auf § 103 geschaffen (OLG München NZI 2016, 488).

60.2   Denkbar ist indes, dass der Verwalter selbst durch eigene Handlungen einen konkreten Vertrauenstatbestand geschaffen hat und sich daher dem Vorwurf eines **venire contra factum proprium** aussetzen muss. Im Regelfall sollten aus Verwaltersicht vor Erfüllungswahl keine Handlungen vorgenommen werden, die den Vertragspartner sehenden Auges zu Dispositionen veranlassen.

60.3   Bei **Neuabschluss** oder Novation des Vertrags **im Eröffnungsverfahren** mit einem starken vorläufigen Verwalter (§ 55 Abs. 2 S. 1) besteht demgegenüber kein Erfüllungswahlrecht mehr, weil der Vertrag bereits für und gegen die Masse wirkt (MüKoInsO/Huber Rn. 151).

V. Ausübungsaufforderung (Abs. 2 S. 2)

61   Dem Verwalter steht es nach den aufgezeigten Grundsätzen frei zu entscheiden, welche Verträge er durch Erfüllungswahl zur Masse zieht und wann er dieses Wahlrecht ausübt. Bis dahin bleiben die gegenseitigen, mit Verfahrenseröffnung suspendierten Ansprüche weiterhin undurchsetzbar (→ Rn. 8). Dieser **Schwebezustand** ist zeitlich grundsätzlich nicht begrenzt (BGH NJW 1981, 2195 (2196)), allerdings kann ihn der Vertragspartner beenden und Rechtsklarheit schaffen, indem er den Verwalter zur Ausübung seines Wahlrechts auffordert. Der Verwalter hat dann unverzüglich zu erklären, ob er die Erfüllung verlangen will, ansonsten ist ein Erfüllungsverlangen ausgeschlossen (Abs. 2 S. 2 und 3). Eine Wahlrechtsausübung kann so – wie auch schon unter § 17 Abs. 2 KO (RegE BT-Drs. 12/2443, 145) – auch gegen den Willen des Verwalters erzwungen werden.

62   Die Erklärungsaufforderung ist – ebenso wie die Erfüllungswahl – eine einseitige, empfangsbedürftige, **auslegungsfähige Willenserklärung**. An eine konkludente Erklärung sind gerade wegen der Ablehnungsfiktion hohe Anforderungen zu stellen.

63   Zeitlich kann die Erklärung **ab Verfahrenseröffnung** verlangt werden, auch schon dann, wenn der Anspruch noch nicht fällig oder auch noch nicht erfüllbar ist (RegE BT-Drs. 12/2443, 145).

64   **Adressat** der Erklärungsaufforderung ist der Insolvenzverwalter bzw. der sonst zur Wahlrechtsausübung Befugte (→ Rn. 49). Hierzu gehört **nicht** der **vorläufige Insolvenzverwalter**. Eine an diesen gerichtete Erklärungsaufforderung ist wirkungslos, auch wenn dieser nach Verfahrenseröffnung mit dem späteren Verwalter personenidentisch ist, sodass diesem das Erfüllungswahlrecht nach Verfahrenseröffnung noch offensteht (BGH NZI 2008, 36 (37)). Dem Insolvenzverwalter ist es auch nicht nach Treu und Glauben verwehrt, sich auf die Unzuständigkeit des vorläufigen Verwalters vor Verfahrenseröffnung zu berufen, weil dem Vertragspartner Rechtslage und Verfahrenseröffnung bekannt sind (BGH NZI 2008, 36 (37); zu § 242 BGB → Rn. 60).

64.1   Anders soll es nach **älterer Rechtsprechung** sein, wenn die bereits an den endgültigen Insolvenzverwalter als richtigen Adressaten gerichtete Aufforderung dem vorläufigen Insolvenzverwalter vor Verfahrenseröffnung zugeht (vgl. KG LZ 1909, 162). In diesem Fall sollen die Folgen der Erklärungsaufforderung mit

Zugang beim richtigen Adressaten eintreten, wenn der endgültige Verwalter nach allgemeinen Grundsätzen erstmalig Gelegenheit zur Kenntnisnahme des in seinen Machtbereich gelangten Schreibens hat. Das kann auch bei Personenidentität und dann bereits unmittelbar nach der Verfahrenseröffnung der Fall sein.

Ist **nicht eindeutig,** an wen bzw. in welcher Eigenschaft die Erklärungsaufforderung adressiert ist, tut der vorläufige Verwalter gut daran, die Erklärung unter Hinweis auf seine Unzuständigkeit zurückzuweisen, um vorsorglich einer etwaigen Wirkung bei späterer Ernennung als endgültiger Verwalter entgegenzutreten. Eine Weiterleitungspflicht besteht nicht. Der Vertragspartner wiederum sollte, um den Zugang sicherzustellen und Unklarheiten zu vermeiden, seine Erklärungsaufforderung erst nach Verfahrenseröffnung und dann direkt an den endgültigen Verwalter richten. 64.2

Der Verwalter muss sich auf die Aufforderung hin **unverzüglich,** also ohne schuldhaftes Zögern erklären (RegE BT-Drs. 12/2443, 145). Die ihm für die Wahl zuzubilligende **Fristlänge** hängt davon ab, wieviel Zeit er braucht, um **Vor- und Nachteile** einer Erfüllung für die Masse zu beurteilen (RegE BT-Drs. 12/2443, 145). Einfluss hierauf haben ua die Natur, Komplexität des Vertrags, seine Bedeutung für die Masse, das Ausmaß vorheriger Befassung des Verwalters mit Verfahren und Vertrag als vorläufiger Verwalter und der Zeitpunkt der Aufforderung. In der Insolvenz des **Eigentumsvorbehaltskäufers** braucht sich der Verwalter gem. **§ 107 Abs. 2** zur Erfüllungswahl erst unverzüglich nach dem Berichtstermin zu erklären, soweit nicht eine erhebliche Verminderung des Werts der Sache zu erwarten ist und er hierauf hingewiesen wurde. Über den vom Gesetzgeber vorgesehenen Anwendungsbereich des § 107 Abs. 2 hinaus wird verschiedentlich vertreten, dem Verwalter mehr Zeit für die – mitunter komplexe – Prüfung der vom Schuldner geschlossenen Verträge, deren Erfüllungsstand und die Beurteilung der aus dem Leistungsaustausch für die Masse realisierbaren Vorteile einzuräumen. Insbesondere soll für die Betriebsfortführung zentralen Verträgen soll der Verwalter seine Entscheidung bei für erforderlicher gehaltener Zustimmung der Gläubigerversammlung bis zum Berichtstermin aufschieben können, ohne die Ablehnungswirkung des § 103 Abs. 2 S. 2 auszulösen (OLG Köln NZI 2003, 149 (150); MüKoInsO/Huber Rn. 173; Braun/Kroth Rn. 50). Nach hier vertretener Ansicht ist § 107 Abs. 2 demgegenüber nicht analogiefähig (→ § 107 Rn. 33); eine derartige Verlängerung der „unverzüglichen" Wahlrechtsausübung für alle § 103 unterfallenden Verträge läuft Gefahr, die Interessen des Vertragspartners an einer Beendigung des Schwebezustandes unangemessen zu beeinträchtigen. Zudem lässt auch eine „unverzügliche" Erklärung noch hinreichend Zeit zur Beurteilung komplexer Situationen. 65

Eine nicht oder verspätet abgegebene Erklärung schließt die Erfüllungswahl aus, sodass es bei den Folgen der Verfahrenseröffnung bleibt. Es ist sodann Sache des Vertragspartners, durch die Geltendmachung von Nichterfüllungsansprüchen das Schuldverhältnis in ein Rückabwicklungsverhältnis umzuwandeln und seine Ansprüche zur Tabelle anzumelden (→ Rn. 75). 66

C. Rechtsfolgen

Bei **Erfüllungswahl** des Vertrags erlangen die mit Verfahrenseröffnung suspendierten Erfüllungsansprüche ihre Durchsetzbarkeit zurück. Die gegenseitigen Forderungen erhalten eine neue rechtliche Qualität als Masseforderung bzw. Masseverbindlichkeit (→ Rn. 68), behalten im Übrigen aber ihren ursprünglichen Inhalt (→ Rn. 70). Dieser „**Qualitätssprung**" tritt nur im Anwendungsbereich des § 103 ein; im Falle der Vertragsspaltung sind Ansprüche hiervon nur insoweit erfasst, als sie sich im Zeitpunkt der Verfahrenseröffnung als beidseitig unerfüllt gegenüberstehen und § 103 unterfallen (→ Rn. 83). Wählt der Verwalter **nicht Erfüllung,** dh lehnt er eine ab oder erklärt sich nicht, bleibt es zunächst bei dem mit Verfahrenseröffnung eingetretenen Schwebezustand der Undurchsetzbarkeit gegenseitiger Ansprüche (→ Rn. 72). Dieser wird durch Umgestaltung des Vertragsverhältnisses beendet, wenn der Vertragspartner seine Nichterfüllungsansprüche geltend macht (→ Rn. 75), die den Rang von **Insolvenzforderungen** haben (§ 103 Abs. 2 S. 1). Bei nur teilweiser Erfüllung des Vertrags erfasst die Erfüllungswahl lediglich die noch beidseitig unerfüllten Vertragsteile, sodass es in der Regel zur **Vertragsspaltung** kommt (→ Rn. 82). 67

I. Erfüllungswahl

1. „Qualitätssprung" und „Aufwertung" gegenseitiger Ansprüche zu Masseforderungen bzw. -verbindlichkeiten

Wählt der Insolvenzverwalter Erfüllung, werden die gegenseitigen Ansprüche bzw. Verbindlichkeiten aus dem Vertrag zu originären **Masseforderungen** bzw. **Masseverbindlichkeiten** aufge- 68 wertet (BGH NZI 2002, 375 ff.; BGH NZI 2006, 575 (576)). Soweit die Erfüllungswahl reicht (→ Rn. 83), entstehen Ansprüche also nicht neu, sondern erlangen lediglich eine **neue rechtliche Qualität** (MüKoInsO/Huber Rn. 39; Uhlenbruck/Wegener Rn. 133; Braun/Kroth Rn. 45; K. Schmidt InsO/Ringstmeier Rn. 39). Die Annahme einer neuen rechtlichen Qualität anstelle des Erlöschens und der Neubegründung von Ansprüchen von Masseforderungen und -verbindlichkeiten hat für Vorausabtretungen und Aufrechnungen ähnliche Folgen wie zuvor unter der Erlöschenstheorie die Neuentstehung des Anspruchs mit Erfüllungswahl (zur Entwicklung dieser Dogmatik und der abweichenden früheren Rechtslage → Rn. 5).

68.1 Grund für volle Durchsetzbarkeit gegenseitiger Ansprüche und die Privilegierung des Vertragspartners gegenüber anderen Gläubigern ist das fortbestehende und auch in der Insolvenz zu schützende funktionelle Synallagma. So wie der Masse für die von ihr aufgrund der Erfüllungswahl erbrachte Leistung die Gegenleistung zufließen soll (BGH NZI 2003, 491 (494)), muss sichergestellt sein, dass auch der Vertragspartner bei Erfüllungswahl für seine noch ausstehende Leistung die darauf entfallende Gegenleistung erlangt und nicht auf die Quote verwiesen wird. Der Empfang der Gegenleistung und die Realisierung der wirtschaftlichen Vorteile für die Masse rechtfertigt die Privilegierung des Vertragspartners in Abweichung von der par condicio creditorum.

68.2 Im Falle einer **Doppelinsolvenz** beider Vertragsparteien ist § 103 jeweils anwendbar. Zur Durchführung kommt es hier nur bei Erfüllungswahl beider Verwalter (BGH NJW 2016, 711 (712)).

69 Mit der Erfüllungswahl hat der Verwalter den Vertrag aus der Masse zu **erfüllen**. Bei Nichterfüllung haftet die Masse und auch unter Umständen der Verwalter persönlich gem. § 61 (zur zeitlichen Reichweite der Erfüllungswahl → Rn. 83).

2. Bindung an bestehenden Vertrag

70 Die aus der Erfüllungswahl erwachsenden Ansprüche **entsprechen inhaltlich** den ursprünglichen Erfüllungsansprüchen. Der Verwalter ist an den Vertrag wie geschlossen – mit allen rechtlichen und wirtschaftlichen Nachteilen – gebunden (BGH NZI 2017, 60 (61); 2011, 634 (635); BGH ZInsO 2004, 88 = BeckRS 2003, 10371; BGH NZI 2003, 491 (493); Uhlenbruck/Wegener Rn. 133; Braun/Kroth Rn. 45; K. Schmidt InsO/Ringstmeier Rn. 40; RSZ InsO/Zeuner Rn. 42; Marotzke EWiR 2017, 49). Wählt er Erfüllung, muss er die **vereinbarten Konditionen** und die **Rechtslage** so **hinnehmen**, wie er sie vorfindet. Der Verwalter tritt in die Rechte und Pflichten des Schuldners ein und kann für die Masse nicht mehr und keine anderen Rechte beanspruchen, als dem Schuldner zustehen (BGH NZI 2006, 575 (576); BGH ZInsO 2004, 88 = BeckRS 2003, 10371; BGH NZI 2003, 491 (492)). Die Folgen eines eingetretenen Verzugs, vereinbarter oder gar ausgeübter Kündigungsrechte und auch von Vertragsstrafen, welche die Masse verwirken kann, muss der Verwalter gegen sich gelten lassen, solange diese nicht spezifisch für den Insolvenzfall vereinbart und als Umgehung der §§ 103 ff. nach § 119 unwirksam sind.

71 Ein „**Rosinenpicken**" – über die bei Teilleistungen ohnehin erfolgende Vertragsspaltung zugunsten der Masse hinaus – ist dem Verwalter **verwehrt**. Ebenso wie Lasten und Beschränkungen des vorhandenen schuldnerischen Vermögens die Verwaltungs- und Verfügungsbefugnis des Insolvenzverwalters eingrenzen, setzen auch bestehende schuldrechtliche Bindungen dem Verwalter Grenzen (BGH NZI 2012, 76 (78); BGH NJW 1971, 1750). Gerade deswegen kann (und muss) er für seine Erfüllungswahl die bestehenden Konditionen des Vertrags mit etwaigen rechtlichen und wirtschaftlichen Risiken und deren Folgen für die Masse berücksichtigen. Es steht dem Verwalter freilich offen, die Erfüllung abzulehnen und neu zu verhandeln. Dieselbe Möglichkeit hat auch der Vertragspartner, soweit er sich auf ein (wirksames) Lösungsrecht berufen kann.

71.1 Bestehende vertragliche oder gesetzliche **Kündigungsrechte** des Vertragspartners – soweit nicht gem. §§ 112, 119 unwirksam – sowie deren Ausübung muss der Insolvenzverwalter hinnehmen (BGH WM 2017, 1951 (1952) zu § 649 BGB; BGH NZI 2004, 144 (145) zu § 14 Abs. 1 VVG aF). Allein die Verfahrenseröffnung lässt ein bestehendes wirksames Lösungsrecht nicht unwirksam werden; § 119 beinhaltet keine Ausübungskontrolle (→ § 119 Rn. 38). Freilich müssen für eine Ausübung auch deren Voraussetzungen im Einzelfall erfüllt sein. So wird für eine Kündigung **aus wichtigem Grund** in einem normalen Werklieferungsvertrag die Verfahrenseröffnung allein oder der Hinweis auf die Rechte aus § 103 nicht ausreichen (BGH WM 2017, 1951 (1954)), anders wegen der besonderen Interessenlage in einem Bauvertrag (BGH NZI 2016, 532 (534)). Entsprechendes gilt für die Voraussetzungen vertraglicher Kündigungsrechte. Auch **Rücktrittsrechte** des Vertragspartners bleiben unberührt und können ausgeübt werden (BGH NZI 2003, 491 (492); zur Anwendung des § 103 auf das Rückabwicklungsverhältnis → Rn. 36). Besondere **Fälligkeitsregelungen** sind für den Verwalter ebenso bindend (vgl. BGH NZI 2017, 60 zum Nachweis verschiedener behördlicher Unbedenklichkeitsbescheinigungen als Fälligkeitsvoraussetzung für

Werklohn). **Erleichterte Kündigungen** sieht die InsO dort vor, wo der Vertrag im Insolvenzfall kraft Gesetzes fortbesteht und dem Verwalter kein Wahlrecht an die Hand gegeben ist (§§ 109 Abs. 1, 111, 113).

Die vorinsolvenzliche **Abtretung** einzelner Ansprüche muss die Masse gegen sich gelten lassen (BGH NZI 2003, 491 (493)), soweit es sich nicht um der Masse zustehende Ansprüche auf die Gegenleistung für aufgrund einer Erfüllungswahl noch zu erbringenden Leistungen handelt; in diesem Fall ist die Abtretung unwirksam (→ Rn. 109). 71.2

Eine **Schiedsvereinbarung** als solche ist weder gegenseitiger Vertrag iSd § 103 noch Auftrag iSd § 115. Sie unterliegt weder der Erfüllungswahl noch erlischt sie mit Verfahrenseröffnung (BGH BeckRS 2017, 134687 Rn. 11; MüKoInsO/Huber Rn. 94). Schiedsabreden **binden die Masse** nur insoweit, als sie Ansprüche aus oder im Zusammenhang mit dem jeweiligen Vertragsverhältnis erfassen (zB Erfüllungsansprüche, Aus- und Absonderungsrechte am Leistungsgegenstand, ggf. zusammenhängende deliktische Ansprüche). Der Verwalter ist hieran nicht gebunden, soweit dadurch ein selbstständiges, der Verfügungsgewalt des Schuldners entzogenes Recht des Verwalters streitgegenständlich ist, wie das als originäre Befugnis auf der InsO beruhende Erfüllungswahlrecht, das der Schuldner nicht wahrzunehmen befugt wäre (BGH NZI 2018, 106 Rn. 11; 2011, 634 (635 f.)). Die Bindung entfällt allerdings nicht schon dann, wenn der Streit die Frage betrifft, ob Ansprüche unter § 103 fallen, sondern entfällt nur, wenn die Anträge im Schiedsverfahren unmittelbar oder als entscheidungserhebliche Vorfrage tatsächlich ein insolvenzspezifisches Recht des Verwalters betreffen (BGH BeckRS 2017, 134687 Rn. 22). Wählt der Verwalter Erfüllung eines Vertrages mit Schiedsklausel, ist bei Nichtleistung des Vertragspartners ein Prozess um Erfüllungsansprüche auch vor dem Schiedsgericht zu führen. 71.3

II. Erfüllungsablehnung oder fehlende Erfüllungswahl

1. Fortdauernd suspendierte Durchsetzbarkeit gegenseitiger Ansprüche

Sofern der Verwalter nicht Erfüllung wählt, bleibt der Vertrag (zunächst) in dem Zustand bestehen, der mit der Verfahrenseröffnung eingetreten ist (BGH NJW 2016, 711 (712); BGH NZI 2002, 375 ff.). Ohne die Erfüllungswahl dauert der mit der **Verfahrenseröffnung** geschaffene **Schwebezustand** für die Dauer des Insolvenzverfahrens fort, ohne dass es zu einer materiellrechtlichen Umgestaltung kommt (MüKoInsO/Huber Rn. 18; FK-InsO/Wegener Rn. 117). Die Verfahrenseröffnung hat wegen der beiderseitigen Nichterfüllungseinreden der Vertragspartner (§ 320 BGB) zur Folge, dass diese ihre noch ausstehenden Erfüllungsansprüche bis zu einer Erfüllungswahl **nicht durchsetzen** können (BGH NZI 2002, 375; 2010, 180). Daher kann der Verwalter ohne Erfüllungswahl auch keinen Schadenersatz statt der Leistung wegen Nichterfüllung verlangen (BGH NJW 2016, 711 (712)). Erst die Geltendmachung von Nichterfüllungsansprüchen durch den Vertragspartner führt zur Umgestaltung des Schuldverhältnisses in ein Abwicklungsverhältnis (→ Rn. 75). Hält der Vertragspartner dennoch an der Erfüllung fest, können nach Verfahrensbeendigung – die weitere rechtliche Existenz des Schuldners und das Fehlen anderer Erlöschensgründe vorausgesetzt – gegenseitige Ansprüche aus dem fortbestehenden Schuldverhältnis grundsätzlich wieder geltend gemacht werden (BGH NJW 2010, 1284 (1286)). 72

Weder Verfahrenseröffnung noch Erfüllungsablehnung führen daher zu einem Erlöschen der Ansprüche (zu rechtshistorisch anderen Ansätzen → Rn. 5). Erklärt sich der Verwalter nicht, bleibt es zunächst bei dem geschaffenen Schwebezustand, den der Vertragspartner durch Erklärungsaufforderung beenden kann (§ 103 Abs. 2). Da die beidseitigen Erfüllungsansprüche mit der Verfahrenseröffnung ex lege suspendiert sind, kommt auch einer späteren **Erfüllungsablehnung** für das Schicksal dieser Ansprüche nur **deklaratorische Bedeutung** zu (Uhlenbruck/Wegener Rn. 156; FK-InsO/Wegener Rn. 106; aA Wazlawik NZI 2018, 337 (340)). Die Erfüllungsablehnung bewirkt indes eine **Selbstbindung** des Verwalters, da sich sein Wahlrecht erschöpft und er danach keine Erfüllung mehr verlangen kann (MüKoInsO/Huber Rn. 20; Uhlenbruck/Wegener Rn. 157; K. Schmidt InsO/Ringstmeier Rn. 51; Braun/Kroth Rn. 48). 73

Für die **Wirksamkeit** der Erfüllungsablehnung als formlose, einseitige empfangsbedürftige Willenserklärung (Uhlenbruck/Wegener Rn. 154) gelten dieselben Anforderungen wie für die Erfüllungswahl (→ Rn. 57). 74

2. Erlöschen der vertraglichen Ansprüche

Erst wenn der Vertragspartner in Folge der Erfüllungsablehnung seinerseits Ansprüche wegen Nichterfüllung geltend macht, **erlöschen** die Primäransprüche auf Erfüllung und werden mit **Umgestaltung** des Schuldverhältnisses in ein Abwicklungsverhältnis durch Sekundäransprüche ersetzt. 75

InsO § 103 Dritter Teil. Wirkungen der Eröffnung des Insolvenzverfahrens

76 Zu dieser Umgestaltung kommt es, sobald feststeht, dass der Vertrag nicht erfüllt wird (zB nach Erfüllungsablehnung oder Ablauf der Erklärungsfrist für den Insolvenzverwalter gem. § 103 Abs. 2 S. 2, 3) und der Vertragspartner seine **Nichterfüllungsansprüche geltend macht** (Braun/Kroth Rn. 4), jedenfalls durch Anmeldung zur Tabelle (OLG Düsseldorf BeckRS 2011, 21991; BFH ZIP 2007, 976 = BeckRS 2006, 25010852; Uhlenbruck/Wegener Rn. 161). Ansonsten bleibt das Vertragsverhältnis weiterhin im Schwebezustand gegenseitig undurchsetzbarer Ansprüche bestehen.

77 Etwaige **obligatorische Besitzrechte** der Masse sind nach der Rechtsprechung des BGH bereits mit Verfahrenseröffnung suspendiert (BGH NZI 2007, 335); nach aA bestehen sie während des Schwebezustands noch fort und entfallen erst, sobald feststeht, dass der Insolvenzverwalter nicht Vertragserfüllung wählt oder er sein Erfüllungswahlrecht verloren hat (MüKoInsO/Huber Rn. 177; Uhlenbruck/Wegener Rn. 183).

78 Eine „**Freigabe**" des massebezogenen Schuldverhältnisses ist neben der gesetzlich vorgesehenen Erfüllungswahl oder -ablehnung durch den Insolvenzverwalter nicht möglich (Braun/Kroth Rn. 52). Wohl aber kommt nach Verfahrenseröffnung eine Übertragung des Vertrags auf einen Dritten durch Vereinbarung zwischen Vertragspartner, Drittem und Insolvenzverwalter in Betracht. Eine **Vertragsübernahme** ist auch durch Vereinbarung zwischen Vertragspartner und Drittem mit (ggf. konkludenter) Zustimmung des Verwalters möglich (OLG Düsseldorf NJOZ 2012, 1101 (1102)).

3. Geltendmachung von Nichterfüllungsansprüchen (Abs. 2 S. 1)

79 Kommt es infolge der Nichterfüllungswahl des Verwalters und der Geltendmachung von Nichterfüllungsansprüchen durch den Vertragspartner zur Abwicklung des Schuldverhältnisses, kann dieser gem. § 103 Abs. 2 S. 1 seine Forderungen wegen Nichterfüllung nur als **Insolvenzgläubiger** geltend machen.

79.1 Ob § 103 Abs. 2 S. 1 dabei eine eigene **Anspruchsgrundlage** für Nichterfüllungsansprüche bildet (KPB/Tintelnot Rn. 318) oder **lediglich den Rang** von Nichterfüllungsansprüchen des bürgerlichen Rechts im Verfahren festlegt (K. Schmidt InsO/Ringstmeier Rn. 56; RSZ InsO/Zeuner Rn. 48), war unter § 17 KO und ist auch zu § 103 umstritten. Für letzteres sprechen ua der Wortlaut, der eine bestehende Forderung voraussetzt und deren Rang festlegt, und die Systematik der §§ 103 ff., die zuvorderst Regelungen zur Vertragsabwicklung vorsehen und bestehende Ansprüche ggf. modifizieren. Auch nach der Gesetzesbegründung soll § 103 Abs. 2 die Rechtsfolge einer Erfüllungsablehnung nur verdeutlichen (RegE BT-Drs. 12/2443, 145). Für eine mit dem einschlägigen schuldrechtlichen Leistungsstörungsrecht konkurrierende Anspruchsgrundlage gäbe es aus Sicht der Praxis kein Bedürfnis (Braun/Kroth Rn. 53; MüKoInsO/Huber Rn. 184). Bedeutung könnte die Frage der Anspruchsgrundlage allenfalls erlangen, wenn lex contractus und lex concursus auseinanderfallen und zB in einem inländischen Verfahren Ansprüche nach ausländischem Vertragsrecht geltend gemacht werden und es etwa zu Differenzen in der Schadensberechnung kommt.

80 Inhaltlich ist der Nichterfüllungsanspruch regelmäßig auf **Schadensersatz** nach allgemeinen Grundsätzen der §§ 249 ff. BGB gerichtet. Geschuldet wird das **positive Interesse** aus der Vertragserfüllung, sodass der Vertragspartner wirtschaftlich so gestellt werden muss, wie er im Falle ordnungsgemäßer Vertragserfüllung stünde. Berechnet wird der Schaden im Wege der Differenzmethode. Die wechselseitigen Ansprüche – dh unerfüllte Erfüllungsansprüche und etwaige weitere Schäden des Vertragspartners einschließlich entgangener Gewinne unter gegenläufiger Berücksichtigung erbrachter Teilleistungen bzw., soweit diese ausnahmsweise bestehen sollten, Ansprüchen des Insolvenzschuldners auf Rückgewähr vorinsolvenzlicher Teilleistungen (BGH NZI 2013, 296 (297)) – werden dabei zu unselbstständigen **Rechnungsposten** im Rahmen eines **einheitlichen Abrechnungsverhältnisses**, das einen Saldo zugunsten einer bzw. zulasten der anderen Partei auswirft (MüKoInsO/Huber Rn. 185; K. Schmidt InsO/Ringstmeier Rn. 56; Braun/Kroth Rn. 54). Der Schaden für den Vertragspartner besteht aus dem sich ergebenden Verlustsaldo. Dieser ermittelt sich durch **Verrechnung** aller Rechnungsposten im Rahmen der Abrechnung. Insofern bedarf es für die Bestimmung des Ausgleichsbetrags keiner Aufrechnung, und die Beschränkungen der §§ 95 f. sind nicht anzuwenden (BGH NZI 2013, 296; MüKoInsO/Huber Rn. 35). Dem Vertragspartner bleibt so der Schutz durch das funktionelle Synallagma auch in der schadensrechtlichen Abwicklung des Vertrags erhalten. Eine Berechnung nach der **Surrogationsmethode,** unter welcher der Vertragspartner seine Leistung erbringen kann, im Gegenzug aber einen vollen gegenläufigen Schadensersatzanspruch erhält, **scheidet aus** (MüKoInsO/Huber Rn. 186; RSZ InsO/Zeuner Rn. 51; Braun/Kroth Rn. 55; Uhlenbruck/Wegener Rn. 173). Zum

einen kann der Masse keine ungewollte Gegenleistung aufgedrängt werden, mit deren Verwertung der Verwalter belastet wird. Zum anderen liefe das auch den Interessen des Vertragspartners zuwider, dessen zu erbringender Leistung unter Umständen nur die Quote gegenüberstünde.

Bereits erbrachte **Vorleistungen** kann der Vertragspartner – außer im Fall bestehender Aussonderungsrechte – grundsätzlich nicht herausverlangen (Uhlenbruck/Wegener Rn. 182; → § 105 Rn. 34). Auch die Masse kann ihre bereits erbrachten Leistungen grundsätzlich nicht herausverlangen, solange sie nicht ihrerseits die erhaltene Gegenleistung zB bei Aussonderung herausgeben muss (BGH NZI 2013, 296 (297)). In allen diesen Fällen ist der Wert erbrachter Vorleistungen in die Schadensberechnung einzustellen. Ein Saldo zugunsten des Vertragspartners ist als Insolvenzforderung (§ 103 Abs. 2 S. 1) zur Tabelle anzumelden. **81**

Überdies ist für die Berechnung des Nichterfüllungsanspruchs bei Vorleistungen auch eine etwaige **Vertragsspaltung** zu beachten (dazu → Rn. 87): Für von § 103 nicht erfasste Vertragsteile gilt folgendes: Der Vertragspartner muss die auf seine Vorleistung entfallenden Gegenleistungsansprüche zur Tabelle anmelden; diese können im Abrechnungsverhältnis im Einzelnen mit als Schadensposten gewertet werden, solange es zu keiner doppelten Anrechnung kommt. Die Masse ihrerseits kann die auf ihre vorinsolvenzlichen Leistungen entfallenden Gegenleistungsansprüche trotz Erfüllungsablehnung durchsetzen; die Vorleistungen der Masse können im Abrechnungsverhältnis des § 103 unterfallenden Teils jedoch nicht nochmal zugunsten der Masse berücksichtigt werden. **81.1**

III. Grundsatz der Vertragsspaltung bei teilbaren Leistungen

Da § 103 Abs. 1 tatbestandlich nicht nur auf beidseitig **vollständig unerfüllte** Verträge (Alt. 1), sondern auch beidseitig **teilweise unerfüllte** Verträge (Alt. 2) Anwendung findet, schlägt sich diese Unterscheidung auch bei den Rechtswirkungen der Erfüllungswahl nieder. Die Erfüllungswahl erfasst nur die beidseitig noch unerfüllten Vertragsteile (→ Rn. 83). Bei Teilleistungen ist danach zu **differenzieren,** welche Vertragspartei in welchem Maße vorgeleistet hat (→ Rn. 87). **82**

1. Erfüllungswahlrecht nur für beidseitig unerfüllte Vertragsteile

Die Folgen einer Erfüllungswahl treten bei Teilleistungen nur insoweit ein, als sich **beidseitig unerfüllte** Ansprüche nach Verfahrenseröffnung **gegenüberstehen.** Nur in diesem Umfang – und anders als bei der „Alles-oder-Nichts-Lösung" der frühen Rechtsprechung zur KO (→ Rn. 5) – werden Erfüllungsansprüche zu Masseansprüchen bzw. -verbindlichkeiten aufgewertet. **83**

Im Übrigen – soweit der Vertrag also bereits beidseitig oder einseitig erfüllt ist und sich insoweit keine beidseitig unerfüllten Ansprüche gegenüberstehen – bleibt es bei den normalen Folgen der Verfahrenseröffnung: Der **Vertragspartner** hat mit seinen **Vorleistungen** das **Insolvenzrisiko** des Schuldners übernommen und muss etwaige offene anteilige Gegenleistungsansprüche auch bei Erfüllungswahl (LG Düsseldorf NJOZ 2010, 2555) als Insolvenzforderungen zur Tabelle anmelden. Bei **Vorleistungen des Schuldners** kann der Verwalter die Gegenleistungsansprüche ebenfalls unabhängig von einer Erfüllungswahl für die Masse geltend machen. **Beidseitig erfüllte** Forderungen sind – vorbehaltlich der §§ 129 ff. – insoweit von der Verfahrenseröffnung nicht berührt (BGH NZI 2010, 180 (181); MüKoInsO/Huber Rn. 37; Uhlenbruck/Wegener Rn. 19; ebenso bereits die Rechtslage unter der KO, Kilger/K. Schmidt, KO, 17. Aufl. 1997, KO § 17 Rn. 1a). **84**

Dies bewirkt bei teilbaren Leistungen in der Regel eine **Aufspaltung** eines einheitlichen Vertragsverhältnisses in einen vorinsolvenzlichen Teil einerseits und einen von der Erfüllungswahl erfassten Teil andererseits, in dem sich die Erfüllungsansprüche für die Zeit nach Verfahrenseröffnung noch beidseitig unerfüllt gegenüberstehen (BGH NZI 2012, 76 (77); BGH NJW 1995, 1966 (1967); MüKoInsO/Huber Rn. 4). Voraussetzung hierfür ist – wie es **§ 105** für seinen Regelungsbereich ausdrücklich vorsieht, es aber auch für die Vertragsspaltung als allgemeinen Grundsatz gilt –, dass die **geschuldeten Leistungen teilbar** sind. Hiervon geht die Rechtsprechung im Rahmen gegenseitiger Verträge regelmäßig aus. Es genügt, dass sich die vor bzw. nach Verfahrenseröffnung erbrachten Leistungen feststellen und bewerten lassen (BGH NZI 2002, 375; ausführlich → § 105 Rn. 8 ff.). Der Grundsatz der Vertragsspaltung gilt nicht nur für dem Erfüllungswahlrecht unterfallende Verträge iSd §§ 103, 105, sondern auch für kraft Gesetzes fortbestehende Verträge (§ 108 Abs. 3; → § 108 Rn. 43). **85**

Eine solche Vertragsspaltung kann etwa ansetzen am **quantitativen** Ausmaß der vor Verfahrenseröffnung bereits erbrachten bzw. danach noch zu erbringenden Leistung (zB Sukzessivlieferungsverträge mit ausstehenden Lieferungen), an der Erfüllung in bestimmten **Zeitabschnitten** vor bzw. nach Verfahrenseröffnung (zB bei Dauerschuldverhältnissen), an der Erfüllung verschiedener **86** typologisch unterschiedlicher Vertragsbestandteile (zB bei gemischten Verträgen und insbesondere dem Kauf zu errichtender Gebäude vom Bauträger) oder auch an der Frage, ob die geschuldete Leistung vorinsolvenzlich bereits **qualitativ** (zB bei mangelhaften Leistungen) hinreichend erbracht wurde oder nicht (ausführlich → § 105 Rn. 10 ff.).

2. Reichweite des Erfüllungswahlrechts bei unterschiedlichen Vorleistungsszenarien

87   Die Frage, inwieweit sich beidseitig unerfüllte Ansprüche nach Verfahrenseröffnung gegenüberstehen, und damit die Reichweite des Erfüllungswahlrechts, richten sich nach dem Umfang jeweils vorinsolvenzlich erbrachter Vorleistungen. Für die Mechanik des § 103 ist sinnvollerweise danach zu differenzieren, welche Seite in welchem Umfang vorgeleistet hat:

88   **a) Keine Vorleistungen.** Grundfall des § 103 Abs. 1 Hs. 1 Var. 1 ist, dass keine der beiden Parteien bereits Leistungen unter dem Vertrag erbracht hat und dieser beidseitig vollständig unerfüllt ist. Die Erfüllungsansprüche beider Parteien verlieren mit Verfahrenseröffnung jeweils **im vollen Umfang ihre Durchsetzbarkeit,** weil jede Partei der anderen die Einrede des nicht erfüllten Vertrags gem. § 320 BGB entgegensetzen kann (BGH NZI 2010, 180 (181)). Dies gilt unabhängig davon, wer kraft Gesetzes oder Vertrags vorleistungspflichtig war; ab Verfahrenseröffnung sind die Erfüllungsansprüche ohne Erfüllungswahl beidseitig nicht durchsetzbar (MüKoInsO/Huber Rn. 15 ff.; Uhlenbruck/Wegener Rn. 11 f.). Der Insolvenzverwalter kann diesen Schwebezustand durch Erfüllungswahl beenden; der Vertragspartner seinerseits durch die Geltendmachung von Nichterfüllungsansprüchen oder mittelbar durch die Aufforderung zur Wahlrechtsausübung gem. § 103 Abs. 2 S. 2.

89   Eine **Erfüllungswahl** des Verwalters erfasst hier den **gesamten Vertrag** und wertet die beiderseitigen Ansprüche in vollem Umfang zu originären Masseansprüchen bzw. Masseverbindlichkeiten auf, die trotz ihrer neuen rechtlichen Qualität mit den ursprünglichen, durch die Verfahrenseröffnung suspendierten Ansprüchen identisch sind (MüKoInsO/Huber Rn. 39). Die Aufrechnungs- und Abtretungsbeschränkungen gelten ebenfalls im Umfang des § 103, hier also für die gesamten von der Erfüllungswahl erfassten Leistungspflichten. Eine Aufrechnung gegen die Masseansprüche des Schuldners mit einer (anderweitigen, nicht dem Vertrag entstammenden) Insolvenzforderung des Vertragspartners scheitert in der Regel an § 96 Abs. 1 Nr. 1, (→ Rn. 107). Ebenso ist eine vorinsolvenzliche Abtretung späterer Masseansprüche durch den Insolvenzschuldner unwirksam (§ 91 Abs. 1; MüKoInsO/Huber Rn. 41; → Rn. 109).

90   Bei **Nichterfüllung** ist der Verlustsaldo des Vertragspartners für etwaige Ersatzansprüche im Abrechnungsverhältnis (→ Rn. 79) ohne zu berücksichtigende Teilleistungen zu berechnen.

91   **b) Sich deckende Vorleistungen.** Soweit die Parteien sich deckende gleichwertige Teilleistungen vor Insolvenzeröffnung erbracht haben, werden diese in ihrer Wirksamkeit von der Insolvenzeröffnung grundsätzlich nicht berührt (BGH NZI 2010, 180 (181)). Das Vertragsverhältnis wird für die Zwecke seiner insolvenzrechtlichen Behandlung gespalten in die vorinsolvenzlich bereits erbrachten Leistungsteile und die noch unerfüllten Leistungspflichten. Erstere fallen tatbestandlich nicht unter § 103; das Erfüllungswahlrecht erfasst nur die nach Verfahrenseröffnung noch zu erbringenden Leistungen.

92   **c) Vorleistung des Schuldners.** Hat der spätere Insolvenzschuldner vorinsolvenzlich vorgeleistet, steht der Masse ein Anspruch auf den dieser Leistung entsprechenden Teil der Gegenleistung zu (BGH NZI 2010, 180 (181); MüKoInsO/Huber Rn. 32). Dieser Gegenleistungsanspruch besteht unabhängig von der Erfüllungswahl des Verwalters und damit auch bei Erfüllungsablehnung (BGH NZI 2012, 76 (79)). Die erbrachte Leistung ist demgegenüber – ebenfalls unabhängig von der Erfüllungswahl – nicht mehr Massebestandteil und insoweit der Disposition des Verwalters entzogen (BGH NZI 2003, 491 (494)).

93   Bei **voller Vorleistung** des Schuldners – dies ist dann schon tatbestandlich kein Fall des § 103 – kann der Insolvenzverwalter dementsprechend den vollen Gegenleistungsanspruch geltend machen. Voraussetzung dafür ist freilich, dass der Schuldner die geschuldete Leistung auch wie geschuldet – dh auch mangelfrei – erbracht hat und der darauf gerichtete Anspruch des Vertragspartners hinsichtlich der im Synallagma stehenden Hauptleistung erloschen ist. Anderenfalls handelt es sich um einen Fall der teilweisen Vorleistung, und der Vertragspartner kann dem Erfüllungsverlangen § 320 BGB zumindest insofern entgegensetzen, als der Vertrag beidseitig nicht erfüllt ist (BGH NZI 2010, 180). Dieser – insofern beidseitig unerfüllte – Vertragsteil unterfällt dem Erfüllungswahlrecht.

94   Hat allein der Schuldner nur **teilweise vorgeleistet,** ist jeweils nach dem Verhältnis bereits erbrachter gegenläufiger (Teil-)Leistungen zu differenzieren, und die Behandlung in der Insolvenz erfordert regelmäßig eine Vertragsspaltung. Der Insolvenzverwalter kann den auf diese Leistung

entfallenden Gegenleistungsanspruch gegen den Vertragspartner ohne Rücksicht auf die Erfüllungswahl geltend machen (BGH NZI 2012, 76 (79)), jedoch nicht die bereits erbrachte Leistung zurückfordern. Demgegenüber unterfällt der noch beidseitig unerfüllte Vertragsteil dem Erfüllungswahlrecht.

Diese dargestellten Grundsätze gelten ebenso bei **beidseitigen teilweisen Vorleistungen,** die einander im **Wert nicht entsprechen.** Soweit der Schuldner eine „überschießende" Vorleistung erbracht hat, kann die Masse wiederum Gegenleistungsansprüche ohne Rücksicht auf die Erfüllungswahl geltend machen. Die Vertragsspaltung führt hier ggf. zu einer Differenzierung in (i) beidseitig erfüllte (→ Rn. 91), (ii) einseitig erfüllte (→ Rn. 92) und (iii) beidseitig unerfüllte Vertragsteile (→ Rn. 88). 95

Deren jeweils unterschiedliche Behandlung entsprechend den **obigen Grundsätzen:** (i) Soweit sich die teilweisen Vorleistungen als wertidentisch decken, sind sie erfüllt und von der Insolvenz grundsätzlich unberührt. (ii) Soweit die Vorleistung des Schuldners die des Vertragspartners übersteigt, er also „mehr" vorgeleistet hat, hat er einen Masseanspruch auf die ausstehende, der bewirkten Vorleistung entsprechende anteilige Gegenleistung (BGH NZI 2010, 180 (181)). (iii) Nur darüber hinaus – soweit sich also bei Verfahrenseröffnung noch beidseitig unerfüllte Ansprüche im Synallagma gegenüberstehen – besteht ein beidseitig teilweise unerfüllter Vertrag iSd § 103. Nur in diesem Umfang greift das Wahlrecht des § 103 und bestehen wegen § 320 BGB keine durchsetzbaren Ansprüche, bis entweder der Verwalter ein Erfüllungsverlangen ausspricht oder diese mit Geltendmachung von Nichterfüllungsansprüchen durch den Vertragspartner erlöschen. Für den Insolvenzverwalter wird die Erfüllungswahl hier vom Aufwand der Resterfüllung im Verhältnis zur noch ausstehenden Gegenleistung (für den beidseitig unerfüllten Teil, nicht für den bereits erbrachten Teil, für den die Masse die Gegenleistung ohnehin erhält) abhängen. 95.1

Seine vorinsolvenzlich erbrachte **Vorleistung** kann der Schuldner – vorbehaltlich etwaiger Insolvenzanfechtung und noch bestehenden dinglichen Rechten – **nicht zurückfordern** (MüKoInsO/Huber Rn. 32, 34). Diese sind der Masse und Disposition des Verwalters unabhängig von der Erfüllungswahl grundsätzlich entzogen (BGH NZI 2003, 491 (494)). Der fortbestehende Vertrag lässt auch für **Bereicherungsansprüche** keinen Raum (BGH NZI 2013, 296 (297); Uhlenbruck/Wegener Rn. 186; FK-InsO/Wegener Rn. 111; aA K. Schmidt InsO/Ringstmeier Rn. 56, soweit Rückgewähransprüche den Schaden des Vertragspartners übersteigen). Anderes gilt nur dann, wenn auch der Schuldner seinerseits Vorleistungen des Vertragspartners wie bei **aussonderungsfähigen** Leistungen zurückgewähren muss (BGH NZI 2013, 296 (297)). Dieses Schicksal erbrachter Vorleistungen benachteiligt die Masse nicht unangemessen, da gerade auch der Erfüllungszustand eine Grundlage für die Ausübung der Erfüllungswahl bildet. Ist die Nichterfüllung für die Masse nachteilig, sollte der Verwalter Erfüllung wählen. Bei im Regelfall teilbaren Leistungen ist die Masse durch die auf ihre Vorleistungen entfallenden Gegenleistungsansprüche ohnehin geschützt. 96

Der BGH erwägt einen Rückforderungsanspruch allenfalls dann, wenn das Interesse der Masse an der – insoweit von § 103 nicht erfassten – Gegenleistung des Vertragspartners entfällt (BGH NZI 2003, 491 (493) mwN). Praktische Relevanz wird dieser **Interessenfortfall** allenfalls dann haben, wenn der Schuldner vorinsolvenzlich bereits das Entgelt für noch zu liefernde nicht fungible Waren oder Dienstleistungen gezahlt hat, die der Verwalter nicht verwerten könnte und daher die schon erbrachten Zahlungen zurückfordert. Da eine insolvenzrechtliche Rechtsgrundlage für eine solche Rückabwicklung wegen Interessenfortfalls nicht ersichtlich ist, müssen nach hier vertretener Ansicht die nach allgemeinem Schuldrecht erforderlichen Voraussetzungen für eine Rückabwicklung wegen Interessenfortfalls gegeben sein. 96.1

d) Vorleistung des Vertragspartners. Bei Vorleistung des Vertragspartners ist ebenso zu differenzieren wie in den Vorleistungsszenarien des Schuldners. 97

Bei **voller Vorleistung** des Vertragspartners an den Schuldner verwirklicht sich mit dessen Insolvenz das typische Vorleistungsrisiko. Ohne sich beidseitig unerfüllt gegenüberstehende Leistungen ist § 103 nicht anwendbar. Seinen Anspruch auf die Gegenleistung kann der Vertragspartner ab Verfahrenseröffnung nicht mehr durchsetzen. Nichterfüllungsansprüche auf Schadensersatz muss er als Insolvenzforderung zur Tabelle anmelden; der Vertrag wandelt sich in ein Abrechnungsverhältnis (→ Rn. 75). Soweit der Vertragspartner die geschuldete Leistung allerdings nicht vollumfänglich wie geschuldet (zB mangelhaft) erbracht hat, gelten die Grundsätze der teilweisen Vorleistung. 98

Hat allein der Vertragspartner vor Verfahrenseröffnung **teilweise vorgeleistet,** ist nach dem Umfang erbrachter Teilleistungen zu differenzieren und der Vertrag bei teilbaren Leistungen (→ § 105 Rn. 5) insolvenzrechtlich aufzuspalten: Unabhängig von der Erfüllungswahl steht dem Vertragspartner ein der Teilleistung entsprechender Anspruch auf die Gegenleistung als Insolvenzfor- 99 derung zu (BGH NZI 2012, 76 (79); BGH NZI 2010, 180 (181)). Im Übrigen unterfällt der beidseitig noch unerfüllte Vertragsteil dem Erfüllungswahlrecht.

100   Diese dargestellten Grundsätze gelten wiederum bei **beidseitigen teilweisen Vorleistungen, die einander im Wert nicht entsprechen.** Maßgeblich ist, ob der Vertragspartner eine wertmäßig „überschießende" Leistung vorinsolvenzlich erbracht hat und damit ins Vorleistungsrisiko gegangen ist. Bei „überschießenden" Vorleistungen des Vertragspartners führt die Vertragsspaltung hier zu einer Differenzierung in (i) beidseitig erfüllte (→ Rn. 91), (ii) einseitig erfüllte (→ Rn. 98) und (iii) beidseitig unerfüllte Vertragsteile (→ Rn. 88).

100.1   Bei beidseitigen Vorleistungen mit unterschiedlichem Wert, bei denen der Vertragspartner eine wertmäßig „überschießende" Vorleistung an den Schuldner erbracht hat, gelten für jeden Vertragsteil die dargestellten Grundsätze: (i) Soweit sich vorinsolvenzliche gegenläufige Teilleistungen des Vertragspartners und des Schuldners decken (zB wertidentische Teilleistungen), sind sie erfüllt und von der Insolvenz grundsätzlich unberührt. (ii) Soweit der Vertragspartner vorinsolvenzlich in größerem Umfang als der Schuldner vorgeleistet hat, ist der korrespondierende Gegenleistungsanspruch unabhängig von einer Erfüllungswahl Insolvenzforderung. (iii) Nur bei Verfahrenseröffnung beidseitig noch unerfüllte Vertragsteile unterfallen dem Erfüllungswahlrecht; und nur insoweit werden bei Erfüllungswahl die beidseitigen Ansprüche zu Masseanspruch bzw. Masseverbindlichkeit aufgewertet. Bei Nichterfüllungswahl kann der Vertragspartner für diesen Vertragsteil Schadenersatz geltend machen (§ 103 Abs. 2 S. 1). Diese Insolvenzforderung des Vertragspartners tritt ggf. neben weitere von § 103 nicht erfasste Insolvenzforderungen. Ggf. können diese als zu berücksichtigende Vorleistungen auch in das Abrechnungsverhältnis eingestellt werden. Die Vertragsspaltung kann aber nicht dazu führen, dass etwaige Schäden doppelt geltend gemacht werden.

D. Andere Sekundäransprüche und Gegenrechte

I. Leistungsstörungsrecht

101   **Ab Verfahrenseröffnung** und bis zur Erfüllungswahl kann der Vertragspartner – ebenso wie der Verwalter – seine weitere Leistung gem. **§ 320 BGB** verweigern (→ Rn. 8). Die Rückforderung des bereits Geleisteten kann er – ebenso wie bei Nichterfüllungswahl (→ Rn. 81) – nicht verlangen. Ein solcher Anspruch entsteht weder mit der Verfahrenseröffnung noch mit der Erfüllungsablehnung (BGH NZI 2003, 491 (493)). Bei (Weiter-)Nutzung einer an die Masse bereits gelieferten Sache ohne Erfüllungswahl können allerdings Ausgleichsansprüche wegen Massebereicherung in Betracht kommen.

102   Weder die Verfahrenseröffnung noch die Erfüllungsablehnung durch den Insolvenzverwalter beeinflussen wirksam vereinbarte **vertragliche Kündigungs- oder Rücktrittsrechte** (BGH NZI 2006, 229 (231); BGH NZI 2003, 491; Uhlenbruck/WegenerRn. 157). Insofern stehen dem Vertragspartner sowohl während des Schwebezustands als auch bei Erfüllungsverlangen des Verwalters die vereinbarten Lösungsmöglichkeiten frei. Diese dürfen allerdings nicht spezifisch auf den Insolvenzfall vereinbart werden (zur Unwirksamkeit insolvenzabhängiger Lösungsklauseln → § 119 Rn. 21).

103   Sofern **Leistungsstörungen** des Insolvenzschuldners eingetreten sind, hängen die Rechte des Vertragspartners davon ab, wann die Leistungsstörungen eingetreten sind und wann der Vertragspartner seine Rechte ausübt. Bei Leistungsstörungen **vor Verfahrenseröffnung** kann der Vertragspartner seine allgemeinen schuldrechtlichen Rechte ausüben und so etwa im Verzugsfall nach Nachfristsetzung zurücktreten oder Schadenersatz statt der Leistung geltend machen (MüKoInsO/Huber Rn. 139; K. Schmidt InsO/Ringstmeier Rn. 42, 57). Dies gilt auch im Eröffnungsverfahren nach Stellung des Insolvenzantrags. Die InsO sieht mit Ausnahme von § 112 Nr. 1 für die Verzugskündigung in der Mieterinsolvenz keine allgemeine Rücktrittssperre ab dem Eröffnungsantrag vor (aA Braun/Kroth Rn. 60). An die Folgen derart ausgeübter Rechte für den Bestand des Vertrags ist die Masse bei der Verfahrenseröffnung gebunden; ein etwaiges Rückgewährschuldverhältnis unterfällt seinerseits § 103 (→ Rn. 36); unerfüllte Schadenersatzansprüche muss der Vertragspartner zur Tabelle anmelden. Soweit **bei Verfahrenseröffnung** Leistungsstörungen vorliegen, der Vertragspartner seine Gestaltungsrechte aber noch nicht ausgeübt hat, wird überwiegend davon ausgegangen, dass eine bereits gesetzte Frist mit Verfahrenseröffnung endet (Uhlenbruck/Wegener Rn. 104 mwN) oder verlängert wird, bis der Verwalter sich zu seinem Wahlrecht erklären muss (K. Schmidt InsO/Ringstmeier Rn. 58), um der Masse die Gelegenheit zur Leistung zu geben, oder ein Rücktrittsrecht nach Verfahrenseröffnung generell verneint (MüKoInsO/Huber Rn. 139). Ein Rücktritt nach Verfahrenseröffnung ist jedenfalls ausgeschlossen, sofern vor Verfahrenseröffnung keine erforderliche Frist gesetzt wurde, da ab dann die Leistungspflichten suspendiert sind und die Rücktrittsvoraussetzungen entfallen.

Bei **Schadenersatz neben der Leistung** ist – wie bei Dauerschuldverhältnissen (→ § 108 **104**
Rn. 50) – zu differenzieren, wann der Rechtsgrund für den Schadenersatzanspruch gelegt wurde.
Schadenersatz neben der Leistung für vorinsolvenzliche Pflichtverletzungen sind auch dann Insolvenzforderungen, wenn der Verwalter Erfüllung wählt (Uhlenbruck/Wegener Rn. 142; K. Schmidt InsO/Ringstmeier Rn. 42; aA Nerlich/Römermann/Balthasar Rn. 52). Um Masseforderungen handelt es sich nur insoweit, als die Pflichtverletzung nach Verfahrenseröffnung eingetreten ist bzw. fortgesetzt wurde.

Solche Leistungsstörungsrechte, die nicht an die (mit Verfahrenseröffnung suspendierte) Fällig- **105**
keit der Leistung knüpfen (zB §§ 314, 324 BGB) können nach hier vertretener Ansicht grundsätzlich auch im Insolvenzverfahren ausgeübt werden, sofern der Lösungsgrund nicht nur in der Insolvenz als solcher besteht. Eine schwerwiegende Störung des Vertrauens in die tatsächliche Durchführung des Vertrags kann genügen (→ § 119 Rn. 5).

Ab Erfüllungswahl kann der Vertragspartner dem Erfüllungsverlangen des Verwalters § 320 **106**
BGB entgegenhalten, sofern die Masse nach dem Vertrag vorleistungspflichtig ist. Auf ein Zurückbehaltungsrecht gem. § 273 BGB wegen anderer Insolvenzforderungen kann sich der Vertragspartner nicht berufen. Diese Einrede ist ihm durch die Insolvenz abgeschnitten, weil sie zur Durchsetzung einer rein persönlichen Gegenforderung dient, die über die Erfüllungswahl des Verwalters und die Privilegierung von Gegenansprüchen durch § 51 Nr. 2 und 3 InsO hinaus nicht zugelassen wird (BGH NZI 2013, 158 (159); BGH NZI 2005, 157 (160)). Nach der Erfüllungswahl greifen im Umfang der dadurch aufgewerteten gegenseitigen Vertragspflichten wieder die allgemeinen Regelungen des Leistungsstörungsrechts. Kommt die Masse mit der nunmehr als Masseverbindlichkeit geschuldeten, fälligen Leistung (erstmals oder erneut) in Verzug oder wird diese schlecht oder nicht erbracht, hat der Vertragspartner die allgemeinen Rechte aus §§ 280 ff., 323 ff. BGB und kann ggf. zurücktreten oder bei Verschulden der Masse Schadenersatz verlangen. Die sich hieraus ergebenden Ansprüche sind Masseverbindlichkeiten, sodass der Verwalter für die Schlechtleistung der Masse ggf. gem. § 61 persönlich haften kann. Dieselben Rechte hat die Masse spiegelbildlich bei Leistungsstörungen des Vertragspartners.

II. Aufrechnung

Das funktionelle Synallagma ist bei der Erfüllungswahl durch die Aufrechnungsbeschränkungen **107**
des § 96 geschützt. Eine Aufrechnung mit Insolvenzforderungen gegen diejenigen Ansprüche, welche bei einem Erfüllungsverlangen auf die Gegenleistung für die von der Masse nach Verfahrenseröffnung zu erbringenden Leistungen gerichtet sind, ist gem. § 96 Abs. 1 Nr. 1 **unwirksam** (Uhlenbruck/Wegener Rn. 152; FK-InsO/Wegener Rn. 102; K. Schmidt InsO/Ringstmeier Rn. 48; RSZ InsO/Zeuner Rn. 43; Braun/Kroth Rn. 47). In jedem Fall soll der Masse bei einem Erfüllungsverlangen und eigener Leistungsverpflichtung auch die ihr gebührende Gegenleistung zufließen (BGH NJW 1995, 1966 (1967)). Der Vertragspartner kann den Gegenleistungsansprüchen der Masse für die von ihr nach Verfahrenseröffnung zu erbringende Leistung keine Insolvenzforderungen außerhalb des Synallagmas durch Aufrechnung entgegensetzen. Diese Rechtslage entspricht der vormaligen Erlöschenstheorie (BGH NJW 1992, 507 (508); BGH NJW 1995, 1966 (1967); → Rn. 7.3), auch wenn sich dieses Ergebnis mit dem Erlöschen der Hauptforderung bei Verfahrenseröffnung und deren Neubegründung durch Erfüllungswahl dogmatisch schlüssiger begründen ließ (K. Schmidt InsO/Ringstmeier Rn. 47).

Dieser zugunsten der Masse wirkende Schutz des funktionellen Synallagmas bei Erfüllungswahl **108**
ist zugleich Grund und Grenze der Unwirksamkeit von Aufrechnungen.

- So ist eine (von § 96 Abs. 1 Nr. 1 ausgeschlossene) Aufrechnung zunächst streng von der **Verrechnung** gegenseitiger Ansprüche im Rahmen des **Rückabwicklungsverhältnisses** bei Erfüllungsablehnung gem. § 103 Abs. 1 Nr. 1 zu unterscheiden (→ Rn. 80). Hierbei handelt es sich um bloße Rechnungsposten aus dem § 103 unterfallenden Vertrag, die wegen der Saldierung keiner Aufrechnung bedürfen und insofern auch den Beschränkungen der §§ 95 f. nicht unterfallen (BGH NZI 2013, 296; MüKoInsO/Huber Rn. 35). Die Verrechnung von Forderungen aus dem konkreten von § 103 erfassten Vertragsverhältnis bei Nichterfüllungswahl bleibt möglich.
- Ausgeschlossen gem. § 96 Abs. 1 Nr. 1 ist nur eine Aufrechnung mit Insolvenzforderungen. Dem Vertragspartner ist es unbenommen, mit eigenen (zB aus der Erfüllungswahl erwachsenen) **Masseansprüchen** iSd § 55 Abs. 1 Nr. 2 gegen Masseforderungen aufzurechnen.
- Ferner ist trotz Erfüllungswahl die Aufrechnung gegen solche Ansprüche wirksam, die von der Erfüllungswahl nicht erfasst sind und daher keine neue Rechtsqualität erlangen. Dies sind vor allem Gegenleistungsansprüche der Masse für vorinsolvenzlich bereits erbrachte Vorleistungen

des Schuldners, die insoweit unabhängig vom Erfüllungswahlrecht bestehen und vorinsolvenzlich begründet wurden (Uhlenbruck/Wegener Rn. 153; FK-InsO/Wegener Rn. 102). Der Vertragspartner kann also gegen Gegenleistungsansprüche für die Zeit aufrechnen, die auf die von ihm bereits **vor Verfahrenseröffnung erbrachten Leistungen** entfallen (BGH NJW 1995, 1966 (1967) noch zur Erlöschenstheorie). Damit entscheidet die Allokation von Teilleistungen bei einer Vertragsspaltung auch über den Umfang der zulässigen Aufrechnung (vgl. BGH NJW 1995, 1966 (1967); zur vergleichbaren Rechtslage bei Vorausabtretungen → Rn. 110).

- Wo aufgrund von Spezialvorschriften ein **Erfüllungswahlrecht nicht besteht** (zB §§ 106, 107, 108 Abs. 1) und der mit der Erfüllungswahl bewirkte „Qualitätssprung" nicht eintritt, dürfte eine Aufrechnung jedenfalls nicht an § 96 Abs. 1 Nr. 1 scheitern (zur vergleichbaren Rechtslage bei der Vorausabtretung → Rn. 110). Bei fortbestehenden Dauerschuldverhältnissen ist zwischen Ansprüchen zu differenzieren, die auf die Zeit vor bzw. nach Verfahrenseröffnung fallen (→ § 108 Rn. 43).

- Die Aufrechnung gegen Ansprüche **außerhalb** des von § 103 erfassten Vertrags ist an den allgemeinen Voraussetzungen der §§ 95 f. zu messen.

III. Vorausabtretung

109 Eine Vorausabtretung derjenigen Ansprüche, welche bei einem Erfüllungsverlangen auf die Gegenleistung zu der von der Masse nach Verfahrenseröffnung zu erbringenden Leistung gerichtet sind, ist **unwirksam** (BGH NZI 2006, 350; BGH NZI 2002, 375 (376); Uhlenbruck/Wegener Rn. 149; K. Schmidt InsO/Ringstmeier Rn. 46; RSZ InsO/Zeuner Rn. 44). Grund hierfür ist wiederum der allgemeine Gedanke, dass der Masse bei einem Erfüllungsverlangen und eigener Leistungsverpflichtung auch die ihr gebührende Gegenleistung zufließen soll und der Verwalter sein Wahlrecht ungehindert durch etwaige Vorausabtretungen ausüben kann (BGH NZI 2003, 491 (494); NJW 1995, 1966 (1967); 1989, 1282 (1284)). Ebenso wie eine Abtretung verliert auch eine vor Verfahrenseröffnung erfolgte **Pfändung** durch das Erfüllungsverlangen ihre Wirksamkeit (RSZ InsO/Zeuner Rn. 44; Braun/Kroth Rn. 47). Diese Rechtslage entspricht der vormaligen Erlöschenstheorie (BGH NJW 1989, 1282 (1283 f.); BGH NJW 1992, 507 (508); BGH NJW 1995, 1966 (1967); → Rn. 7.2), wenngleich die Unwirksamkeit sich früher mit dem Erlöschen der abgetretenen Ansprüche bei Verfahrenseröffnung und deren Neubegründung mit Erfüllungswahl dogmatisch schlüssiger begründen ließ (K. Schmidt InsO/Ringstmeier Rn. 47). Nunmehr stützt der BGH die Unwirksamkeit auf den Qualitätssprung (BGH NZI 2002, 375 (376)). Da diese Ansprüche erst nach Verfahrenseröffnung zu Masseforderungen aufgewertet werden (→ Rn. 10), sind sie von einer vorinsolvenzlichen Abtretung nicht erfasst (§ 91).

110 Dieser zugunsten der Masse wirkende Schutz des funktionellen Synallagmas bei Erfüllungswahl ist zugleich Grund und Grenze der Unwirksamkeit von Vorausabtretungen. So ist die Vorausabtretung in folgenden Fällen **nicht** (zumindest nicht aufgrund der Erfüllungswahl bei § 103) **unwirksam:**

- Der Verwalter wählt **Nichterfüllung** (BGH NZI 2003, 491 (494)).
- Ferner ist trotz Erfüllungswahl die Abtretung solcher Ansprüche wirksam, die von der **Erfüllungswahl nicht erfasst** sind und daher keine neue Rechtsqualität erlangen. Dies sind vor allem Gegenleistungsansprüche der Masse für vorinsolvenzlich bereits erbrachte Vorleistungen des Schuldners, die insoweit unabhängig vom Erfüllungswahlrecht bestehen (→ Rn. 92). Der Schuldner kann also über Gegenleistungsansprüche für die Zeit verfügen, die auf die von ihm bereits **vor Verfahrenseröffnung erbrachten Leistungen** entfallen (BGH NZI 2002, 375 (377); BGH NZI 2003, 491 (493); BGH NJW 1995, 1966 (1967) noch zur Erlöschenstheorie). Damit entscheidet die Allokation von Teilleistungen bei einer Vertragsspaltung auch über den Umfang der zulässigen Vorausabtretung (vgl. BGH NZI 2002, 375 (376)).
- Dort, wo aufgrund von Spezialvorschriften ein **Erfüllungswahlrecht nicht besteht** (zB §§ 106, 107, 108 Abs. 1) und der mit der Erfüllungswahl bewirkte „Qualitätssprung" nicht eintritt, ist konstruktiv für die Annahme der Unwirksamkeit einer Vorauszession aus diesem Grund kein Raum. Dies hat zur Folge, dass eine vorinsolvenzliche Zession des Schuldners an einen Dritten grundsätzlich wirksam bleibt (BGH NZI 2006, 350 zu § 106; BGH NJW 1998, 2134 (2136) zur Erlöschenstheorie). Freilich müssen in all diesen Fällen auch die **allgemeinen Voraussetzungen** einer trotz §§ 81, 91 insolvenzfesten Vorausabtretung (insbesondere Bestimmbarkeit; bei noch nicht bestehendem Anspruch zumindest angelegter Rechtsgrund) erfüllt sein. Bei Dauerschuldverhältnissen ist zwischen Ansprüchen zu differenzieren, die auf die Zeit vor bzw. nach Verfahrenseröffnung entfallen (dazu → § 108 Rn. 43 sowie → § 110 Rn. 5). Für die

Wirksamkeit einer Vorausabtretung unter § 91 kommt es dabei ua darauf an, ob die Ansprüche als befristete oder betagte Forderungen entstanden sind (dazu → § 91 Rn. 13f., → § 91 Rn. 18). Für die Verfügung über Mietforderungen aus Immobilienmietverhältnissen in der Vermieterinsolvenz enthält § 110 eine Spezialregelung.

- Auch der Abtretung von Ansprüchen **außerhalb** des von § 103 erfassten Vertrags steht die Rechtsprechung des BGH nicht entgegen.

Wirksam ist auch die Abtretung von auf den **Fall der Nichterfüllung bedingten** Ansprüchen, 111 wie zB einem Rückerstattungsanspruch auf Vorleistungen des Vertragspartners; eine unzulässige Umgehung des § 103 liegt jedenfalls dann nicht vor, wenn der Zessionar die Vorleistung des Schuldners finanziert hat (BGH NZI 2003, 491 (493 f.)).

IV. Sicherheiten im Insolvenzfall

Dem Vertragspartner steht es frei, seine Ansprüche aus gegenseitigen Verträgen für den Insol- 112 venzfall durch Sicherheitenbestellung zu schützen. Deren Bestellung ist **nicht als Umgehung** des § 103 wegen § 119 unwirksam, selbst wenn dies faktischen Einfluss auf das Erfüllungswahlrecht des Verwalters haben mag (→ § 119 Rn. 32).

Der Sicherungsgeber kann dem Sicherungsnehmer im Sicherungsfall auch nicht die Nicht- 113 durchsetzbarkeit der Ansprüche gegen den insolventen Schuldner als **Einrede** entgegenhalten, da dies gerade der **Sicherungsfall** ist, der den Sicherungsnehmer zur Inanspruchnahme der Sicherheiten berechtigen soll (OLG Düsseldorf NJOZ 2012, 1101 (1104); MüKoInsO/Huber Rn. 24). Mit der Ablehnung des Insolvenzverwalters **verwirklicht** sich gerade das **Risiko**, gegen das der Sicherungsnehmer – etwa durch eine Vertragserfüllungsbürgschaft – abgesichert werden sollte (BGH NJW 2010, 1284 (1286)). Umgekehrt kann jedoch der Insolvenzverwalter etwaige Sicherheiten zur Vertragserfüllung gegen den Vertragspartner nicht ohne Erfüllungswahl durchsetzen, weil ihm kein durchsetzbarer Anspruch zusteht (MüKoInsO/Huber Rn. 24). Hier muss der Insolvenzverwalter zunächst Vertragserfüllung wählen.

V. Insbesondere weitere Erfüllung im Eröffnungsverfahren

Die Stellung eines Insolvenzantrags berührt zunächst nicht den Bestand geschlossener Ver- 114 träge. Schuldner und Vertragspartner sind an die bestehenden **Verträge gebunden,** die vor der Verfahrenseröffnung unverändert fortbestehen. Der gegenseitige Leistungsverweigerungsrechte begründende Schwebezustand (→ Rn. 8) tritt erst mit der Verfahrenseröffnung ein (BGH NZI 2008, 36 (37)). Auf ein Leistungsverweigerungsrecht nach § 320 BGB kann sich der Vertragspartner vor Verfahrenseröffnung grundsätzlich nicht berufen, wenn er vorleistungspflichtig ist. Auch die Anordnung der vorläufigen Verwaltung hat keinen Einfluss auf den Fortbestand der Verträge.

Der vorleistungspflichtige Vertragspartner kann damit im Eröffnungsverfahren in die Situation 115 geraten, sehenden Auges Vorleistungen zu erbringen, für die er mit Gegenleistungsansprüchen nur auf die Quote verwiesen würde. Deren Aufwertung erfolgt nämlich nur in dem Umfang, in dem die Masse selbst nach Verfahrenseröffnung Leistungen aufgrund einer etwaigen Erfüllungswahl erbringt. Über den schlichten Einbehalt von Leistungen hinaus hat er mehrere Möglichkeiten, ua:

- Sofern diese nicht speziell für den Insolvenzfall vereinbart wurden, kann der Vertragspartner vertragliche **Lösungsrechte** ausüben (→ § 119 Rn. 19, → § 119 Rn. 26 ff.).
- Auch eine Lösung vom Vertrag aufgrund von bereits eingetretenen **Leistungsstörungen** (insbesondere Verzug des Schuldners) ist bei Ausübung bis zur Verfahrenseröffnung (außer in der Mieterinsolvenz, § 112 Nr. 1) möglich.
- Der Vertragspartner kann im Eröffnungsverfahren die Unsicherheitseinrede des **§ 324 BGB** erheben, wenn die Befriedigung der Ansprüche nach Verfahrenseröffnung gefährdet ist (zur Bedeutung des § 324 BGB im Verfahren → § 119 Rn. 34).
- Auf die **Zusage einer Erfüllungswahl** durch den vorläufigen Verwalter kann der Vertragspartner **nicht vertrauen** (→ Rn. 60). Er kann jedoch im Eröffnungsverfahren mit einem „starken" vorläufigen Verwalter einen **neuen Vertrag** mit der Folge der Aufwertung der Gegenleistungsansprüche zu Masseverbindlichkeiten schließen (§ 55 Abs. 2); den gleichen Schutz hat er, wenn dieser die Leistungen unter einem Dauerschuldverhältnis für die Masse in Anspruch nimmt.
- Auch im **Schutzschirmverfahren** sieht § 270 Abs. 3 vor, dass der Schuldner selbst nach Einzelermächtigung Masseverbindlichkeiten begründen kann.

InsO § 104　　　　　　　　Dritter Teil. Wirkungen der Eröffnung des Insolvenzverfahrens

E. Verhältnis zu anderen Vorschriften

116　Neben § 103 als Grundnorm für gegenseitige Verträge finden die Sondervorschriften der §§ 104–118 **vorrangig** Anwendung (→ Rn. 17). Vereinbarungen vor Insolvenzeröffnung, die das Wahlrecht des Verwalters ausschließen oder es beschränken, sind gem. § 119 unwirksam. Die allgemeinen Tatbestände der **Insolvenzanfechtung** gem. §§ 129 ff. werden durch §§ 103 ff. nicht berührt. Im Fall der **Eigenverwaltung** ordnet § 279 ebenfalls die Anwendung der §§ 103 ff. mit der Maßgabe an, dass der Schuldner an die Stelle des Insolvenzverwalters tritt und seine Rechte im Einvernehmen mit dem Sachwalter ausüben soll (→ Rn. 51).

§ 104 Fixgeschäfte, Finanzleistungen, vertragliches Liquidationsnetting

(1) ¹War die Lieferung von Waren, die einen Markt- oder Börsenpreis haben, genau zu einer festbestimmten Zeit oder innerhalb festbestimmten Frist vereinbart und tritt die Zeit oder der Ablauf der Frist erst nach Eröffnung des Insolvenzverfahrens ein, so kann nicht Erfüllung verlangt, sondern nur eine Forderung wegen Nichterfüllung geltend gemacht werden. ²Dies gilt auch für Geschäfte über Finanzleistungen, die einen Markt- oder Börsenpreis haben und für die eine bestimmte Zeit oder eine bestimmte Frist vereinbart war, die nach der Eröffnung des Verfahrens eintritt oder abläuft. ³Als Finanzleistungen gelten insbesondere
1. die Lieferung von Edelmetallen,
2. die Lieferung von Finanzinstrumenten oder vergleichbaren Rechten, soweit nicht der Erwerb einer Beteiligung an einem Unternehmen zur Herstellung einer dauernden Verbindung beabsichtigt ist,
3. Geldleistungen,
    a) die in ausländischer Währung oder in einer Rechnungseinheit zu erbringen sind oder
    b) deren Höhe unmittelbar oder mittelbar durch den Kurs einer ausländischen Währung oder einer Rechnungseinheit, durch den Zinssatz von Forderungen oder durch den Preis anderer Güter oder Leistungen bestimmt wird,
4. von Nummer 2 nicht ausgeschlossene Lieferungen und Geldleistungen aus derivativen Finanzinstrumenten,
5. Optionen und andere Rechte auf Lieferungen nach Satz 1 oder auf Lieferungen, Geldleistungen, Optionen und Rechte im Sinne der Nummern 1 bis 5,
6. Finanzsicherheiten im Sinne des § 1 Absatz 17 des Kreditwesengesetzes.

⁴Finanzinstrumente im Sinne von Satz 3 Nummer 2 und 4 sind die in Anhang I Abschnitt C der Richtlinie 2014/65/EU des Europäischen Parlaments und des Rates vom 15. Mai 2014 über Märkte für Finanzinstrumente sowie zur Änderung der Richtlinien 2002/92/EG und 2011/61/EU (ABl. L 173 vom 12.6.2014, S. 349; L 74 vom 18.3.2015, S. 38; L 188 vom 13.7.2016, S. 28), die zuletzt durch die Richtlinie (EU) 2016/1034 (ABl. L 175 vom 30.6.2016, S. 8) geändert worden ist, genannten Instrumente.

(2) ¹Die Forderung wegen Nichterfüllung bestimmt sich nach dem Markt- oder Börsenwert des Geschäfts. ²Als Markt- oder Börsenwert gilt
1. der Markt- oder Börsenpreis für ein Ersatzgeschäft, das unverzüglich, spätestens jedoch am fünften Werktag nach der Eröffnung des Verfahrens abgeschlossen wird, oder
2. falls kein Ersatzgeschäft nach Nummer 1 abgeschlossen wird, der Markt- oder Börsenpreis für ein Ersatzgeschäft, das am zweiten Werktag nach der Verfahrenseröffnung hätte abgeschlossen werden können.

³Sofern das Marktgeschehen den Abschluss eines Ersatzgeschäfts nach Satz 2 Nummer 1 oder 2 nicht zulässt, ist der Markt- und Börsenwert nach Methoden und Verfahren zu bestimmen, die Gewähr für eine angemessene Bewertung des Geschäfts bieten.

(3) ¹Werden Geschäfte nach Absatz 1 durch einen Rahmenvertrag oder das Regelwerk einer zentralen Gegenpartei im Sinne von § 1 Absatz 31 des Kreditwesengesetzes zu einem einheitlichen Vertrag zusammengefasst, der vorsieht, dass die einbezogenen Geschäfte bei Vorliegen bestimmter Gründe nur einheitlich beendet werden können, gilt die Gesamtheit der einbezogenen Geschäfte als ein Geschäft im Sinne des Absatzes 1. ²Dies gilt auch dann, wenn zugleich andere Geschäfte einbezogen werden; für letztere gelten die allgemeinen Bestimmungen.

(4) ¹Die Vertragsparteien können abweichende Bestimmungen treffen, sofern diese mit den wesentlichen Grundgedanken der jeweiligen gesetzlichen Regelung vereinbar sind, von der abgewichen wird. ²Sie können insbesondere vereinbaren,
1. dass die Wirkungen nach Absatz 1 auch vor der Verfahrenseröffnung eintreten, insbesondere bei Stellung des Antrags einer Vertragspartei auf Eröffnung eines Insolvenzverfahrens über das eigene Vermögen oder bei Vorliegen eines Eröffnungsgrundes (vertragliche Beendigung),
2. dass einer vertraglichen Beendigung auch solche Geschäfte nach Absatz 1 unterliegen, bei denen die Ansprüche auf die Lieferung der Ware oder die Erbringung der Finanzleistung vor der Verfahrenseröffnung, aber nach dem für die vertragliche Beendigung vorgesehenen Zeitpunkt fällig werden,
3. dass zwecks Bestimmung des Markt- oder Börsenwerts des Geschäfts
    a) der Zeitpunkt der vertraglichen Beendigung an die Stelle der Verfahrenseröffnung tritt,
    b) die Vornahme des Ersatzgeschäfts nach Absatz 2 Satz 2 Nummer 1 bis zum Ablauf des 20. Werktags nach der vertraglichen Beendigung erfolgen kann, soweit dies für eine wertschonende Abwicklung erforderlich ist,
    c) anstelle des in Absatz 2 Satz 2 Nummer 2 genannten Zeitpunkts ein Zeitpunkt oder Zeitraum zwischen der vertraglichen Beendigung und dem Ablauf des fünften darauf folgenden Werktags maßgeblich ist.

(5) Der andere Teil kann die Forderung wegen Nichterfüllung nur als Insolvenzgläubiger geltend machen.

Überblick

Innerhalb der §§ 103 ff., die das Schicksal gegenseitiger Verträge in der Insolvenz regeln, stellt der 2017 neu gefasste § 104 eine **Sonderregelung** für Warentermingeschäfte und Finanzleistungsgeschäfte dar. Als Ausnahme zum von § 103 grundsätzlich vorgesehenen Erfüllungswahlrecht des Insolvenzverwalters bestimmt § 104, dass für die dort geregelten Verträge **keine Erfüllung** verlangt werden kann, sondern dass sich diese Geschäfte mit Verfahrenseröffnung automatisch in **Abwicklungsverhältnisse** umwandeln, deren Erfüllungsansprüche erlöschen und automatisch durch einen saldierten einseitigen Nichterfüllungsanspruch ersetzt werden. § 104 ermöglicht insoweit ein insolvenzfestes **Liquidationsnetting** (close-out netting). Hiervon tatbestandlich erfasst sind die in **Abs. 1 S. 1** genannten **Warentermingeschäfte** (→ Rn. 9) sowie **Finanzleistungsgeschäfte** nach Maßgabe des Abs. 1 S. 2 (→ Rn. 18), für welche S. 3 einen nicht abschließenden Katalog von Regelbeispielen sowie S. 4 eine Definition von Finanzinstrumenten vorsieht. Als gesetzlicher Regelfall für die Abwicklung der beendeten Verträge legt **Abs. 2** die **Berechnungsmethoden** für die Nichterfüllungsforderungen fest (→ Rn. 42). **Abs. 3** ermöglicht als Sonderregelung für Geschäfte, die unter einem **Rahmenvertrag** mit Gesamtbeendigungsklausel oder das Regelwerk einer **zentralen Gegenpartei** gem. § 1 Abs. 31 KWG zusammengefasst sind, die **einheitliche Beendigung** und Abrechnung aller erfassten Einzelgeschäfte und somit ein geschäftsübergreifendes Liquidationsnetting (→ Rn. 34). **Abweichende Vereinbarungen** ua über Einzelheiten zur Beendigung der Geschäfte, zur Ermittlung der Nichterfüllungsforderungen und zur Verrechnung erlaubt **Abs. 4,** sofern diese mit den wesentlichen Grundgedanken des § 104 vereinbar sind (→ Rn. 49). In diesem Spannungsfeld zwischen § 104 und § 119 versucht der Gesetzgeber mit dem **Regelbeispielskatalog** des Abs. 4 S. 3 eine gewisse Orientierung zu geben. Die sich aus dem Netting ergebenden Nichterfüllungsansprüche sind gem. **Abs. 5** im **Rang** einfache Insolvenzforderungen.

Übersicht

	Rn.		Rn.
A. Normzweck und Systematik	1	2. Insbesondere Regelbeispielskatalog (Abs. 1 S. 3)	20
B. Tatbestand	8	3. Markt- oder Börsenpreis	31
I. Warenfixgeschäfte (Abs. 1 S. 1)	9	4. Erbringung zu bestimmter Zeit/bestimmter Frist	32
1. Liefergeschäft über Waren	10		
2. Markt- oder Börsenpreis	13	III. Geschäfte unter Gesamtbeendigungsklauseln in Rahmenverträgen oder bei zentraler Gegenpartei (Abs. 3)	34
3. Fixgeschäfte	16		
II. Finanzleistungsgeschäfte (Abs. 1 S. 2–4)	18		
1. Finanzleistungen	19	C. Rechtsfolgen	40

	Rn.		Rn.
I. Erlöschen der Erfüllungsansprüche und Umwandlung in ein Abwicklungsverhältnis	41	III. Insbesondere Saldierung bei Rahmenvertrag und zentraler Gegenpartei (Abs. 3)	48
		D. Zulässigkeit abweichender Vereinbarungen (Abs. 4)	49
II. Saldierung (Netting) der Nichterfüllungsansprüche (Abs. 2)	42	E. Verhältnis zu anderen Vorschriften	53

A. Normzweck und Systematik

1 § 104 ist im Regelungskontext der §§ 103 ff. zu lesen. Im Bereich gegenseitiger, noch nicht beidseitig vollständig erfüllter Verträge gibt § 103 dem Insolvenzverwalter grundsätzlich ein Erfüllungswahlrecht. § 104 weicht als **Sonderregelung** hiervon ab und schließt das Erfüllungswahlrecht für Warengeschäfte mit Fixgeschäftscharakter sowie für Geschäfte über Finanzleistungen aus. Anders als im Regelfall des § 103 bleiben die Rechtsgeschäfte nicht etwa bestehen und werden die gegenseitigen Forderungen mit Verfahrenseröffnung lediglich undurchsetzbar (→ § 103 Rn. 8). Stattdessen bewirkt § 104 die automatische **Beendigung** der Verträge mit Verfahrenseröffnung. Diese werden ex lege in **Abrechnungsverhältnisse** umgestaltet, in denen beide Parteien gegeneinander nur noch Ansprüche wegen Nichterfüllung geltend machen können. Die Berechnung dieser Ansprüche wird nach den Maßgaben des Abs. 2 auf Grundlage der Differenzmethode ohne Leistungsaustausch vorgenommen und resultiert in der einseitigen Zahlung eines **saldierten Ausgleichsbetrages** zugunsten der einen oder anderen Partei. Verbleibende Forderungen des Vertragspartners gegen die Masse sind Insolvenzforderungen (Abs. 5).

2 § 104 wurde durch das Änderungsgesetz v. 22.12.2016 **neu gefasst.** Zuvor hatte der BGH (WM 2016, 1168) die Anwendung des § 104 Abs. 2 S. 3 aF auf bestimmte Klauseln in marktüblichen Rahmenverträgen in Frage gestellt. Um die Rechtsunsicherheit infolge dieses Urteils zu korrigieren, ist § 104 durch das 3. Gesetz zur Änderung der InsO mit binnenstrukturellen Änderungen „klargestellt und präzisiert" worden (RegE, BT-Drs. 18/9983, 8), um die vom Gesetzgeber beabsichtigte **bankaufsichtsrechtliche Anerkennung** marktüblicher Rahmenverträge (→ Rn. 6.1) für die Abwicklung von Finanzmarktkontrakten in der Insolvenz einer Vertragspartei weiterhin sicherzustellen.

2.1 Der Entwurf zur Neufassung des § 104 (RegE, BT-Drs. 18/9983) sah eine **Änderung des § 104 aF** in zwei Stufen vor, und zwar auf der ersten Stufe Neuregelungen mit Rückwirkung zum 10.6.2016, auf der zweiten weitere Änderungen ab dem Datum des Inkrafttretens des Änderungsgesetzes. Nach dem Urteil des BGH hatte zunächst die BaFin gem. § 4a WpHG mit Allgemeinverfügung vom 9.6.2016 (ED WA-Wp 1000-2016/0001) befristet bis zum 31.12.2016 die vereinbarungsgemäße Abwicklung von Nettingvereinbarungen iSd Art. 295 VO 575/2013 (EU) angeordnet. Diesen Zeitraum griff der Gesetzgeber in der ersten Stufe auf. Mit Rückwirkung zum 10.6.2016 wurde § 104 zunächst strukturell klarer zwischen dem gesetzlichen Regelfall und den – erweiterten – vertraglichen Gestaltungsmöglichkeiten getrennt. Dazu wurde der relevante Abrechnungszeitpunkt gem. Abs. 3 S. 1 aF als gesetzlicher Regelfall zunächst der zweite Werktag nach Verfahrenseröffnung. Die Regelung in Abs. 3 S. 2 aF ist entfallen; Abs. 3 S. 3 aF wurde sprachlich verändert der neue Abs. 5. Kernstück der Änderungen bildete der neue Abs. 4. Hiernach ist es den Vertragsparteien ausdrücklich erlaubt, abweichende Bestimmungen zu treffen, sofern diese mit den wesentlichen Grundgedanken der jeweiligen gesetzlichen Regelung vereinbar sind, von der abgewichen wird. Als Konkretisierung dieser Öffnungsklausel wurde Abs. 4 ein Regelbeispielskatalog beigefügt. Im Wesentlichen hat der Gesetzgeber so im ersten Schritt der Änderungen mit Rückwirkung zum 10.6.2016 die Rechtslage klargestellt, wie sie seinen Vorstellungen schon bei Schaffung des § 104 entsprach. Diese Änderungen haben nach Ansicht des Gesetzgebers lediglich klarstellenden Charakter (RegE, BT-Drs. 18/9983, 9; offen gelassen OLG Frankfurt a. M. BeckRS 2020, 15732 Rn. 51).

2.2 Im Rahmen weiterer, mit Inkrafttreten des Änderungsgesetzes wirksamen Änderungen wurden sodann die Regelungen für Warentermingeschäfte und Finanzleistungen der Abs. 1 und 2 aF im neuen Abs. 1 in den S. 1 und 2 einheitlich zusammengefasst. Der Regelbeispielskatalog für Finanzleistungen des Abs. 2 S. 2 aF wurde mit geringen, modernisierenden Änderungen in Abs. 1 S. 3 übernommen und um Finanzinstrumente iSd Anhang I Abschnitt C der RL 2014/65/EU sowie Regelungen zu Derivaten ergänzt. Dies sollte § 104 an den aktuellen Stand der Finanzmarktpraxis und -regulierung anpassen, ohne dass damit grundlegende inhaltliche Änderungen verbunden wären, zumal auch Abs. 2 S. 2 aF schon auf einem nicht abschließenden Katalog von Regelbeispielen basierte. Die Berechnungsmodalitäten des Nichterfüllungsanspruchs aus Abs. 3 aF wurden in Abs. 2 verschoben. Die Regelungen zur Gesamtbeendigung in Rahmenverträgen des Abs. 2 S. 3 aF wurden in einen neuen Abs. 3 überführt, der zudem klarstellt, dass die Gesamtbeendigung auch für das Regelwerk einer zentralen Gegenpartei gilt und als solche bei gemischten

Rahmenverträgen nicht in Frage gestellt wird. Im Fall dieser gemischten Rahmenverträge kommt es – wie bereits zu § 104 aF hier vertreten – zu einer Spaltung der Rechtsfolgen. Zudem wurde die Möglichkeit der vertraglichen Modifizierung der Nichterfüllungsforderung, die bereits im ersten Schritt neu gefasst wurde, nochmals erweitert, und zwar auf die Möglichkeit einer Berechnung nach Markt- oder Börsenwert zur Vornahme eines Ersatzgeschäfts bis zum zwanzigsten Werktag nach Beendigung, soweit dies für eine „wertschonende Abwicklung" erforderlich sein soll. Diese Klarstellungen erschienen dem Gesetzgeber angesichts der zunehmen restriktiven Rechtsprechung des BGH zur Zulässigkeit von vertraglichen Beendigungs- und Abwicklungsklauseln geboten, die den Masseschutz in den Vordergrund rückte, gegenläufige Argumente aus den Gesetzesmaterialien zurückstellte und insbesondere bei § 104 einseitig zulasten des Vertragspartners wirkte (RegE, BT-Drs. 18/9983, 10). Für Altfälle vgl. OLG Frankfurt a. M. BeckRS 2020, 15732.

3 Die Vorschrift für **Warenfixgeschäfte** in **§ 104 Abs. 1 S. 1** existierte weitgehend inhaltsgleich bereits unter § 18 KO (vgl. MüKoInsO/Fried Rn. 11 ff.). Zweck der Regelung ist zum einen **Rechtssicherheit** im Insolvenzfall. Die mit einem Wahlrecht des Verwalters verbundenen Verzögerungen und Ungewissheit wären mit dem Erfordernis zeitgenauer Erfüllung bei Warentermingeschäften unvereinbar (RegE, BT-Drs. 12/2443, 145; RegE, BT-Drs. 15/1853, 15). Zum anderen geht auch die **Interessenabwägung** zwischen Masse und Vertragspartner (→ § 103 Rn. 1) hier zugunsten des Vertragspartners aus, dem es erkennbar auf die Erbringung der Leistung zum vereinbarten Zeitpunkt ankommt. Als Erwerber muss er **rasch Klarheit über den Fortbestand des Vertrages** erhalten, um zeitnah Deckungs- bzw. Kurssicherungsgeschäfte abschließen zu können (RegE, BT-Drs. 18/9983, 9; K. Schmidt InsO/Ringstmeier Rn. 1; dies lässt sich auch mit Marktrisikosteuerungsfähigkeit ausdrücken FK-InsO/Bornemann Rn. 5). Das Interesse der Masse an einem Fortbestand tritt demgegenüber zurück, weil sich der Verwalter auf dem – tatbestandlich von § 104 vorausgesetzten – **Markt leicht anderweitig eindecken** kann (RegE, BT-Drs. 18/9983, 9; RegE, BT-Drs. 12/2443, 145). Wertungsmäßig entsprechen diese Regelungen § 376 HGB und § 323 Abs. 2 Nr. 2 BGB.

4 Die Regelung des Abs. 1 S. 1 wird in **Abs. 1 S. 2** um eine Regelung für **Geschäfte über Finanzleistungen** ergänzt (RegE, BT-Drs. 12/2443, 145). Neben der Vermeidung von Unsicherheiten für eine zeitnahe Abwicklung soll der Ausschluss des Wahlrechts auch die Möglichkeit des Verwalters zu **Spekulationen** auf die künftige Entwicklung von Markt- und Börsenpreisen **zulasten des Vertragspartners verhindern** (RegE, BT-Drs. 18/9983, 9; RegE, BT-Drs. 12/2443, 145; RegE, BT-Drs. 15/1853, 15; BGH NZI 2016, 21 (24)).

4.1 Abs. 1 S. 2 (Abs. 2 aF) wurde seit Inkrafttreten der InsO **mehrfach geändert,** um den Entwicklungen des Finanzmarkts Rechnung zu tragen. Wurde vor Inkrafttreten der InsO noch im Schrifttum bezweifelt, ob Finanztermingeschäfte (insbesondere Swap-Geschäfte) überhaupt unter § 18 KO fielen, hatte dies der Gesetzgeber schon mit Inkrafttreten der InsO klargestellt (RegE, BT-Drs. 12/2443, 145). Gegenüber ihrer Ursprungsfassung wurde die Regelung durch das Gesetz zur **Umsetzung der Finanzsicherheiten-RL** 2002/47/EG (zul. geänd. durch RL 2009/44/EG) nochmals erweitert und an die Erfordernisse der (Banken-)Praxis angepasst (zu den Änderungen vgl. RegE, BT-Drs. 15/1853, 5). Der vormalige Begriff der „Finanztermingeschäfte" wurde durch „Finanzleistungen" ersetzt und im Regelbeispiel der Nr. 6 Finanzsicherheiten iSd § 1 Abs. 17 KWG aufgenommen, um auch für diese im Insolvenzfall ein Close-Out-Netting zu ermöglichen. Aus Art. 7 Finanzsicherheiten-RL (vgl. RegE, BT-Drs. 15/1853, 11) ergibt sich, dass bestimmte Finanzsicherheiten von insolvenzrechtlichen Vorschriften ausgenommen werden müssen, die einer effektiven Verwertung im Wege stehen oder das im Interbankenverkehr übliche Close-Out-Netting behindern. In Umsetzung der Finanzsicherheiten-RL entschied sich der Gesetzgeber dafür, die Richtlinienvorgaben nicht nur auf den Finanzsektor anzuwenden, wie es nach Art. 1 Abs. 3 der Richtlinie möglich gewesen wäre, sondern auch darüber hinaus. Damit ist § 104 nicht auf Finanzsicherheiten im Interbankenverkehr begrenzt (RegE, BT-Drs. 15/1853, 12; krit. Stellungnahme BR, 25).

5 Insoweit **schützt** § 104 nicht in erster Linie die Masse, sondern auch **den Vertragspartner** (RegE, BT-Drs. 18/9983, 13). Das jedem Terminkontrakt innewohnende Risiko einer bestimmten Markt- bzw. Börsenpreisentwicklung wird privatautonom in bestimmter Weise zwischen den Parteien verteilt und schlägt sich in der Regel auch im Entgelt der geschlossenen Geschäfte (zB dem Preis einer Option) nieder. Wäre im Insolvenzfall (nur) einer der beiden Parteien die Möglichkeit eröffnet, den Vertrag in einem Zeitpunkt günstiger Kurse einseitig beizubehalten oder umgekehrt bei ungünstigen Kursen zu beenden, würde die vertragliche Risikoverteilung unterlaufen. Entgegen BGH WM 2016, 1168 (1173) (krit. daher RegE, BT-Drs. 18/9983, 10) dient der Schutz gegen Spekulationen des Verwalters zumindest auch dem Vertragspartner. Ein zu einseitig masseschutzbezogenes Verständnis widerspricht dem Gesetzeszweck.

6 Soweit Geschäfte unter einem **Rahmenvertrag** oder – seit 2017 neu – dem Regelwerk einer zentralen Gegenpartei iSd § 1 Abs. 31 KWG zusammengefasst sind, ermöglicht **Abs. 3** für die Gesamtheit aller Einzelverträge ein geschäftsübergreifendes **Liquidationsnetting** (Close-Out-Netting), das nach Saldierung aller einzelvertraglichen Ansprüche in einen einheitlichen Ausgleichsanspruch zugunsten der einen oder anderen Partei mündet. Unter der Geltung der KO war in der Praxis noch ungeklärt, ob die weithin verwendeten Gesamtbeendigungsklauseln in Rahmenverträgen im Insolvenzfall überhaupt wirksam wären (MüKoInsO/Fried Rn. 16 ff. mwN). Dies ist nunmehr eindeutig geregelt. Der Zweck einer Gesamtsaldierung besteht darin, dass im Insolvenzfall keine Partei die Möglichkeit erhalten soll, sich lediglich die für sie vorteilhaften Geschäfte herauszusuchen (RegE, BT-Drs. 15/1853, 15). Denn auch bei Saldierung nur der Einzelgeschäfte bestünde aufgrund deren Vielzahl, der Höhe gegenläufiger Salden und der Volatilität im Finanzbereich das Risiko, dass der Vertragspartner für einige Geschäfte zur Masse leisten müsste, mit seinen Forderungen aus anderen Geschäften jedoch ausfiele. Das durch Abs. 3 ermöglichte Liquidationsnetting für Geschäfte, die in einem **Rahmenvertrag mit Gesamtbeendigungsklausel** zusammengefasst sind, findet nicht mehr nur auf Finanzleistungen, sondern auch auf Warenfixgeschäfte Anwendung (→ Rn. 36). Gerade im Finanzbereich sind derartige Rahmenverträge weithin üblich. Die insolvenzrechtliche Privilegierung des Close-Out-Netting ist zudem Voraussetzung für eine **bankaufsichtsrechtliche Anerkennung** eines Rahmenvertrags und geminderte Anforderungen an die Bereitstellung **regulatorischen Eigenkapitals**. Ohne die Möglichkeit zum Close-Out-Netting im Insolvenzfall müssten Kreditinstitute das Ausfallrisiko mit mehr regulatorischem Eigenkapital unterlegen (RegE, BT-Drs. 18/9983, 8; dazu auch Paech WM 2010, 1965 (1966)). Vor diesem Hintergrund liegt die eigentliche Bedeutung des § 104 Abs. 3 im bankenregulatorischen Bereich.

6.1 Schon mit der Umsetzung der Finanzsicherheiten-RL wurde die Möglichkeit zum Close-Out-Netting tatbestandlich weiter geschärft und auf den Fall bezogen, dass ein Rahmenvertrag die einheitliche Beendigung der Einzelgeschäfte bei Vorliegen eines Insolvenzgrundes vorsieht; bloße Vertragsverletzungen genügen hierfür nicht (RegE, BT-Drs. 15/1853, 15). Nachdem der BGH (BGH WM 2016, 1168) entgegen dem gesetzgeberischen Willen die Anwendung des § 104 Abs. 2 S. 3 aF auf bestimmte Klauseln in marktüblichen Rahmenverträgen in Frage gestellt hatte, musste der Gesetzgeber erneut – nach seiner Ansicht ausdrücklich – „klarstellend" (RegE, BT-Drs. 18/9983, 9) eingreifen, um durch die Neufassung des § 104 die **bankaufsichtsrechtliche Anerkennung marktüblicher Rahmenverträge** für die Abwicklung von Finanzmarktkontrakten sicherzustellen. Insbesondere ein wirksames Close-Out-Netting dient der Risikosteuerung und ist Voraussetzung für die Anerkennung von Nettingklauseln mit Wirkung für das vorzuhaltende regulatorische Eigenkapital (dazu MüKoInsO/Fried Rn. 199 ff.; FK-InsO/Bornemann Rn. 19 ff.). Deren Fehlen würde Banken hierzulande erheblichen Wettbewerbsnachteilen aussetzen – wenn nicht gar ihre Stabilität in Frage stellen – und daher erhebliche Anreize generieren, im internationalen Standortwettbewerb der Anwendung deutschen Insolvenzrechts zu entgehen (vgl. zur Bedeutung des Standortwettbewerbs auch RegE, BT-Drs. 15/1853, 12; RegE, BT-Drs. 18/9983, 8). Aus internationaler Perspektive trägt der Gesetzgeber mit § 104 Abs. 3 letztlich auch hierzulande der Normativität des Faktischen Rechnung. In der Sache wird § 104 Abs. 3 mitunter als **rechtpolitisch umstrittene Privilegierung des Finanzsektors** gegenüber anderen Gläubigern gesehen (so Stellungnahme BR in RegE, BT-Drs. 15/1853, 25; krit. auch Paulus FS Vallender, 2015, 397 ff.).

7 Auf der Rechtsfolgenseite regelt **Abs. 2** als gesetzlicher **Regelfall** die **Berechnung** der Ausgleichsforderung sowie Abs. 5 deren Rang als bloße Insolvenzforderung. Demgegenüber öffnet **Abs. 4** – in Abweichung von § 119 – die Regelung ausdrücklich für **abweichende Parteivereinbarungen** (die sich vor allem in den vorgenannten Rahmenverträgen finden), welche in einem nicht abschließenden Regelbeispielskatalog beispielhaft genannt werden. Der Normzweck des § 104 erlaubt es, dass die Parteien (im Einklang mit der Marktpraxis) die Einzelheiten zur Beendigung der Geschäfte, zur Ermittlung der Nichterfüllungsforderungen und zur Verrechnung vertraglich regeln. Aufgrund der Vielfalt in der Praxis vorkommender Gestaltungen wollte oder konnte der Gesetzgeber bewusst keine abschließende Regelung treffen, sondern den Parteien **Spielräume** für die Einzelheiten der Beendigung und Abwicklung lassen (RegE, BT-Drs. 18/9983, 9). **Unzulässig** sind Vereinbarungen, die dem Zweck des gesetzlichen Beendigungs- und Abrechnungsmechanismus zuwiderlaufen (RegE, BT-Drs. 18/9983, 9; dazu → Rn. 49).

B. Tatbestand

8 § 104 regelt zum einen Fixgeschäfte über Warenlieferungen (Abs. 1 S. 1, → Rn. 9) und zum anderen Geschäfte über Finanzleistungen (Abs. 1 S. 2, → Rn. 18), für welche der Gesetzgeber die

Regelbespiele des Abs. 1 S. 3 Nr. 1–6 vorsieht. Wenn diese Geschäfte unter einem einheitlichen Rahmenvertrag oder dem Regelwerk einer zentralen Gegenpartei iSd § 1 Abs. 31 KWG zusammengefasst sind, die deren gesamthafte Beendigung im Insolvenzfall vorsehen, ermöglicht Abs. 3 ein insolvenzfestes und geschäftsübergreifendes Liquidationsnetting (→ Rn. 34). Abweichende Parteivereinbarungen ua über Einzelheiten zur Beendigung der Geschäfte, zur Ermittlung der Nichterfüllungsforderungen und zur Verrechnung sind – in den Grenzen des Abs. 4 und in Abweichung von § 119 – möglich (→ Rn. 49).

I. Warenfixgeschäfte (Abs. 1 S. 1)

§ 104 Abs. 1 erfasst die Lieferung von vertretbaren Waren (→ Rn. 10) mit feststellbarem Markt- oder Börsenpreis (→ Rn. 13), deren Erfüllung als Fixgeschäft zu einer festbestimmten Zeit oder innerhalb einer festbestimmten Frist nach Verfahrenseröffnung erfolgen muss (→ Rn. 16). 9

1. Liefergeschäft über Waren

Zu § 104 aF wurde im Einklang mit der systematischen Stellung des § 104 als Sonderregelung 10
zu § 103 vertreten, dass das Rechtsgeschäft, das die Lieferung der in Abs. 1 S. 1 genannten Waren vorsieht, ein **beidseitig noch nicht vollständig erfüllter Vertrag** sein muss (K. Schmidt InsO/Ringstmeier Rn. 7; Uhlenbruck/Lüer, 14. Aufl. 2015, Rn. 5). Nach der Neufassung des § 104 ist auf das Erfordernis eines beidseitig unerfüllten Vertrages **zu verzichten,** soweit es die Einbeziehung von geregelten Leistungen (insbesondere Differenzgeschäften → Rn. 27.1) in den Anwendungsbereich des § 104 in Frage stellen würde (FK-InsO/Bornemann Rn. 39; Uhlenbruck/Knof Rn. 17; HK-InsO/Marotzke Rn. 20). Für reine Warenfixgeschäfte dürfte allerdings ein beidseitig unerfüllter Vertrag im Regelfall vorliegen. Dass im Moment der Verfahrenseröffnung der Vertrag aufseiten des Veräußerers noch nicht erfüllt ist, folgt aus dem Erfordernis eines Lieferzeitpunkts bzw. Ablaufs der Lieferfrist erst nach Verfahrenseröffnung. Darüber hinaus darf auch der Besteller seine Leistung noch nicht erbracht haben. Ist dieser beispielsweise durch Zahlung in Vorleistung gegangen, ist er im Insolvenzfall nach allgemeinen Grundsätzen nicht schutzwürdig und § 104 unanwendbar.

Die zu liefernden **Waren** können bewegliche **körperliche Sachen** iSd § 93 BGB sein, unab- 11
hängig von deren Aggregatzustand (Flüssigkeiten und Gase), aber auch unkörperliche verkehrsfähige Gegenstände wie Energie (FK-InsO/Bornemann Rn. 42; K. Schmidt InsO/Ringstmeier Rn. 10). Damit sind auch Termingeschäfte über **Strom- und Gasmengen** von Abs. 1 S. 1 erfasst, unabhängig davon, ob die Erfüllung durch tatsächliche Lieferungen oder Buchungen in Netzbilanzkreisen erfolgt (BeschlEmpf RAussch, BT-Drs. 18/10470, 13). Dass es sich dabei um **vertretbare Sachen** iSd § 91 BGB handeln muss, ergibt sich aus dem Erfordernis eines Markt- oder Börsenpreises, der eine gewisse Austauschbarkeit und Standardisierbarkeit erfordert (→ Rn. 14). Diese Grundsätze gelten auch für unkörperliche Gegenstände wie **Daten** (die als „Gegenstand" iSd § 90 BGB von den an ihnen bestehenden Rechten zu unterscheiden sind, → § 108 Rn. 25.1) (wie hier HK-InsO/Marotzke Rn. 30).

In Abgrenzung hierzu ist § 104 **nicht** anwendbar auf **unbewegliche Sachen,** denen über den 12
Warencharakter hinaus in der Regel auch die Vertretbarkeit fehlt, sowie **Forderungen** und **Rechte** (K. Schmidt InsO/Ringstmeier Rn. 10; HK-InsO/Marotzke Rn. 27). Wertpapiere iSd § 952 BGB sollen auch unter den Warenbegriff fallen (Braun/Kroth Rn. 3); wären aber auch von Abs. 1 S. 2 erfasst. Soweit es um Rechte an Lieferungen iSd Abs. 1 S. 1 geht (wie etwa bei einem Handel mit Energiebezugsrechten, wenn man diesen als Rechtskauf einordnet), können diese unter Abs. 1 S. 3 Nr. 5 fallen (BeschlEmpf RAussch, BT-Drs. 18/10470, 14).

2. Markt- oder Börsenpreis

§ 104 Abs. 1 gilt nur für solche Waren, die einen objektiv feststellbaren **Markt- oder Börsen-** 13
preis haben.

Diese Voraussetzung geht einher mit dem Erfordernis der **Vertretbarkeit** iSd § 91 BGB, was 14
eine gewisse Standardisierung und Austauschbarkeit voraussetzt, um eine generelle Preisbewertung überhaupt zu ermöglichen (MüKoInsO/Fried Rn. 107). Die Waren dürfen sich von anderen Waren der gleichen Art nicht durch ausgeprägte individuelle Merkmale abheben und müssen nach Anschauung des Verkehrs austauschbar sein. Damit scheiden individuelle Einzelstücke aus, die nur auf die Verhältnisse des Bestellers ausgerichtet und seinen Wünschen angepasst sind und deshalb anderweitig schwer oder gar nicht absetzbar sind (BGH NJW 1971, 1793). In diesem Fall werden die Parteien über deren Preis im Einzelfall auf Grundlage ihrer jeweiligen subjektiven Einschätzungen

verhandeln, und aus dem Ergebnis einer geschäftsindividuellen Preisfindung wird ein Marktpreis schwerlich ableitbar sein.

15   Zudem wird die zu bepreisende Warengattung in der Regel ein **Handelsvolumen** erreichen müssen, bei der überhaupt von der Existenz eines Markts als Grundlage für die Bestimmung eines generellen Marktpreises gesprochen werden kann (vgl. K. Schmidt InsO/Ringstmeier Rn. 9). Allerdings erfordert es § 104 Abs. 1 nicht, dass der Marktpreis wie in einem organisierten Markt ohne weiteres aus den getätigten Geschäften ermittelt wird, öffentlich verfügbar ist oder gar amtlich festgesetzt wird. Insbesondere Geschäfte mit börsengehandelten Waren sind nicht erforderlich (OLG Frankfurt BeckRS 2013, 188917). Ein Marktpreis kann auch im Einzelfall durch Sachverständigengutachten ermittelt werden (MüKoInsO/Fried Rn. 107; K. Schmidt InsO/Ringstmeier Rn. 9).

3. Fixgeschäfte

16   Abs. 1 erfordert die Lieferung der Waren genau zu einer **festbestimmten Zeit** oder innerhalb einer **festbestimmten Frist** und zielt damit – genau wie die Vorgängernorm des § 18 KO – auf **relative Fixgeschäfte**, wie auch § 323 Abs. 2 Nr. 2 BGB (§ 361 BGB aF) bzw. § 376 HGB zugrunde liegen (RegE, BT-Drs. 12/2443, 145; FK-InsO/Bornemann Rn. 43; Braun/Kroth Rn. 4). Bei diesen Geschäften spielt der Leistungszeitpunkt im Vertragsgefüge eine so wesentliche Rolle, dass das Rechtsgeschäft mit der Leistungszeit „stehen oder fallen" soll (vgl. BGH NJW 1990, 2065 (2067); BGH NJW 1959, 933; OLG Hamm NJW-RR 1995, 350 (351)). Nach hM erfasst § 104 Abs. 1 auch **absolute Fixgeschäfte**.

16.1   Die Einbeziehung auch **absoluter Fixgeschäfte**, bei denen das Zeitmoment derart untrennbarer Bestandteil der Leistung ist, dass mit Zeitablauf Unmöglichkeit iSd § 275 Abs. 1 BGB eintritt, entspricht hM (MüKoInsO/Fried Rn. 103; FK-InsO/Bornemann Rn. 43; K. Schmidt InsO/Ringstmeier Rn. 11; Uhlenbruck/Knof Rn. 38; KPB/von Wilmowski Rn. 64; aA Uhlenbruck/Lüer, 14. Aufl. 2015, Rn. 6). Obwohl die Gesetzesbegründung nur relative Fixgeschäfte erwähnt, differenziert der Wortlaut nicht nach relativem und absolutem Fixgeschäft, sodass sich auch erstere unter § 104 subsumieren lassen. Es widerspräche auch dem Zweck des § 104, gerade die Fälle auszunehmen, in denen das Zeitmoment und das Bedürfnis des Vertragspartners nach Rechtssicherheit und Dispositionsschutz durch Deckungsgeschäfte die größte Bedeutung haben. Zwischen dem infolge der Verfahrenseröffnung gem. § 104 eintretenden Abwicklungsverhältnis und dem vorgesehenen Leistungszeitpunkt kann auch bei absoluten Fixgeschäften noch eine beträchtliche Zeit liegen. Mit dem Erfordernis der Rechtssicherheit wäre es zudem unvereinbar, wenn Unsicherheiten über den Charakter des Fixgeschäftes als relatives oder absolutes die Anwendbarkeit des § 104 in Frage stellten.

17   Der **Fristablauf** muss der **Verfahrenseröffnung zeitlich nachfolgen**, dh die Lieferung darf bei Verfahrenseröffnung noch nicht fällig sein. Im Moment der Verfahrenseröffnung werden von § 104 nur die Geschäfte umgestaltet, deren maßgeblicher Ausführungszeitpunkt noch aussteht. Dass dieser Zeitpunkt schon am Tag der Eröffnung oder am ersten Werktag danach eintritt, steht § 104 nicht entgegen (Braun/Kroth Rn. 4).

II. Finanzleistungsgeschäfte (Abs. 1 S. 2–4)

18   Über die von Abs. 1 S. 1 erfassten Warenfixgeschäfte hinaus erweitert Abs. 1 S. 2 den Anwendungsbereich des § 104 auf **Finanzleistungen** (→ Rn. 19), die der Gesetzgeber durch einen Katalog von **Regelbeispielen** näher bestimmt hat (→ Rn. 20). Wie auch Warenfixschäfte müssen Finanzleistungen iSd Abs. 1 S. 2 einen **Markt- oder Börsenpreis** haben (→ Rn. 31) und zu einer **bestimmten Zeit** erbracht werden; ein Fixgeschäftscharakter ist demgegenüber nicht erforderlich (→ Rn. 32). Als Sonderregelung für Geschäfte, die in einem Rahmenvertrag mit Gesamtbeendigungsklausel zusammengefasst sind, ermöglicht Abs. 3 deren einheitliche Beendigung durch ein geschäftsübergreifendes, insolvenzfestes Liquidationsnetting (→ Rn. 34). Abweichende Parteivereinbarungen sind in den Grenzen des Abs. 4 zulässig (→ Rn. 49).

1. Finanzleistungen

19   Welche Geschäfte unter den Oberbegriff der Finanzleistungen iSd Abs. 1 S. 2 fallen, ist gesetzlich **nicht abschließend definiert** (MüKoInsO/Fried Rn. 113; Braun/Kroth Rn. 5), sondern lässt sich am ehesten typologisch aus dem **Regelbeispielskatalog** in Abs. 1 S. 3 herleiten. Dieser wurde mit der Neufassung 2017 um einige Klarstellungen sowie den Begriff der Finanzinstrumente erweitert, um § 104 mit der Finanzmarktrichtlinie 2014/65/EU abzugleichen und dem aktuellen

Stand der Finanzmarktpraxis Rechnung zu tragen. Eine inhaltliche Einschränkung gegenüber der vormaligen Rechtslage ist damit nicht verbunden (RegE, BT-Drs. 18/9983, 18). Die Regelbeispiele bilden mit dem Zweck des § 104 vereinbare praxisrelevante Gestaltungen ab (RegE, BT-Drs. 18/9983, 9). Geschäfte über Finanzleistungen können unterschiedlich **systematisiert** werden, zB vertragstypologisch (Termingeschäfte/Futures, Optionen, Swaps), nach ihren jeweils verschiedenen Leistungsgegenständen (zB die des S. 3 Nr. 1–3) oder nach der Form der Erfüllung in Form eines realen Leistungsaustauschs oder Differenzgeschäfts mit Wertausgleich. Insofern überschneiden sich die in den Nr. 1–6 aufgeführten Regelbeispiele zum Teil, sind untereinander kombinierbar (zB Erwerbsoption auf Edelmetalle iSd Nr. 1 iVm 5), und zwar auch mehrstufig (so ausdrücklich für Optionen Nr. 5).

Vertragstypologisch erfasst Abs. 1 S. 2 zum einen die klassischen **Termingeschäfte** als Festgeschäft (Futures), bei denen ein beidseitig bindender Vertrag bereits gegenwärtig den Preis für eine zukünftig zu erbringende Leistung festlegt und erst zu diesem zukünftigen Zeitpunkt ausgeführt wird. Der Erwerber kann sich so gegen Preissteigerungen im Zeitpunkt der Leistungserbringung hinaus absichern. Der Begriff der Finanzleistungen geht allerdings über den früheren Begriff der Finanztermingeschäfte hinaus und umfasst auch **Kassageschäfte** (dh Termingeschäfte mit einer Fälligkeit von weniger als zwei Tagen, RegE, BT-Drs. 15/1853, 14), nicht aber Bargeschäfte mit noch kürzerer Fälligkeit (MüKoInsO/Fried Rn. 116). Ferner fallen unter Abs. 1 S. 2 **Optionsgeschäfte**, die einer Partei das Recht, nicht aber die Pflicht geben, die Durchführung des Vertrages herbeizuführen. Diese Option kann für den Erwerber als Call-Option oder für den Veräußerer als Put-Option bestehen. Beim **Swap** tauschen zwei Vertragsparteien wirtschaftliche Güter oder – so der Regelfall – zukünftige Zahlungsströme bezogen auf einen Basiswert aus, der zB auf Vermögensgütern (Asset Swap), Währungen (FX-Swap), Unternehmensanteilen (Equity Swap), wirtschaftlichen Erträgen aus Geschäften (Total Return Swap) ua beruhen kann. **19.1**

Verträge über Finanzleistungen können grundsätzlich als **Austauschgeschäft** (Lieferung der vereinbarten Leistungsgegenstände) oder als **Differenzgeschäft** (Zahlung eines Barausgleiches mit demselben wirtschaftlichen Ergebnis) gestaltet sein. Da es sich bei den in Abs. 1 S. 2 genannten Verträgen systematisch strenggenommen um gegenseitige, beidseitig noch **nicht vollständig erfüllte** Verträge handeln müsste (vgl. Uhlenbruck/Lüer, 14. Aufl. 2015, Rn. 19; FK-InsO/Wegener, 8. Aufl. 2014, Rn. 13), bestanden bei Differenzgeschäften mit Barausgleich gewisse Rechtsunsicherheiten, da bei einem von vornherein vereinbarten Barausgleich zugunsten einer Partei sich bei Verfahrenseröffnung keine beidseitig unerfüllten Leistungen gegenüberstehen. Vor der Neufassung 2017 sprach einiges dafür, auch im Barausgleich lediglich eine Erfüllungsmodalität eines gegenseitigen Vertrags in Form der Verrechnung zugunsten jeweils einer bei Vertragsschluss noch nicht feststehenden Partei zu sehen, welche die Anwendung des § 104 nicht in Frage stellt. Dies musste jedenfalls in Fällen gelten, in denen ein Regelbeispiel der Abs. 1 S. 3 sonst weitgehend leer liefe. Diese Ansicht hat der Gesetzgeber nunmehr ausdrücklich bestätigt, sodass auch Differenzgeschäfte nach dem **klaren Willen des Gesetzgebers** § 104 unterfallen. Hier kommt es nicht nun nicht mehr auf das formale Kriterium eines beidseitig unerfüllten Vertrages iSd § 103 an, sondern auf die Frage, ob die Marktrisiken, denen das Geschäft unterliegt, unter das von § 104 aufgegriffene Schutzbedürfnis der Parteien und insbesondere des Vertragsgegners fallen (RegE, BT-Drs. 18/9983, 19). Insoweit sind für § 104 in den von ihm erfassten Gestaltungen beidseitig unerfüllte Verträge **nicht mehr zwingend erforderlich** (FK-InsO/Bornemann Rn. 39; Uhlenbruck/Knof Rn. 17). **19.2**

Swaps, Optionen und andere Rechte auf Leistungen iSd Abs. 1 3 Nr. 1–5 sind **Derivatgeschäfte**, die nicht den unmittelbaren Austausch eines Basiswerts zum Gegenstand haben, sondern ein bestimmtes wirtschaftliches Ergebnis abbilden, welches von einem Basiswert abgeleitet wird. Derivatgeschäfte können – neben spekulativem Handel – der Risikoabsicherung (Hedging) oder dem Ausnutzen möglicher Preisdifferenzen von gleichen Positionen am Markt durch simultane Kauf- und Verkaufstransaktionen (Arbitrage) dienen. Zudem können Derivategeschäfte gegenüber dem Kauf bzw. Verkauf des zugrunde liegenden Basiswerts Vorteile aufweisen, wenn etwa der Erwerb des Basiswerts mehr Kapital binden würde als der eines Derivats, der Verkauf von Basistiteln zum Verlust von Stimmrechten führte oder regulatorische Meldepflichten einschlägig wären, die vermieden werden sollen. **19.3**

2. Insbesondere Regelbeispielskatalog (Abs. 1 S. 3)

Nr. 1: Gegenstand einer Finanzleistung kann die Lieferung von **Edelmetallen** iSd Abs. 1 S. 3 Nr. 1 sein. Hiervon sind ohne weiteres „klassische" Edelmetalle mit Markt- oder Börsenpreis wie zB Gold, Silber oder Platin oder auch andere erfasst (MüKoInsO/Fried Rn. 124). Auch für seltener gehandelte Metalle gilt allerdings die allgemeine Voraussetzung (→ Rn. 31) des Handels an Finanzmärkten in einem Umfang, der einen Markt- oder Börsenpreis ermöglicht (RSZ InsO/Zeuner Rn. 22). Nicht von Nr. 1 erfasst sind sonstige Metalle und Rohstoffe; diese können aber als Waren Abs. 1 S. 1 unterfallen (K. Schmidt InsO/Ringstmeier Rn. 16; RSZ InsO/Zeuner Rn. 22) oder Gegenstand eines warenbezogenen Finanzinstrumentes der Nr. 6 sein. **20**

InsO § 104   Dritter Teil. Wirkungen der Eröffnung des Insolvenzverfahrens

20.1 Bei Edelmetallen kann die **Abgrenzung** zwischen Finanzleistungen als primärem Geschäftszweck (dann Abs. 1 S. 3 Nr. 1) und dem Einsatz als Produktionsmittel (dann Abs. 1 S. 1) im Einzelfall unscharf sein. Um hier Rechtsunsicherheiten zu vermeiden, sollte das generelle Marktverständnis maßgeblich sein, nicht der konkrete Geschäftszweck im Einzelfall. Eine (auch) industrielle Verwendung stellt den Charakter als Edelmetall iSd Abs. 1 S. 3 Nr. 1 nicht in Frage. **Seltene Erden** sind demgegenüber als Waren iSd Abs. 1 S. 1 einzuordnen (MüKoInsO/Fried Rn. 124).

21 Nr. 2: Finanzleistungen sind ferner gem. Abs. 1 S. 3 Nr. 2 die Lieferung von Finanzinstrumenten oder vergleichbaren Rechten mit Ausnahme von solchen mit Unternehmensbeteiligungsabsicht. Vor der Neufassung 2017 stellte der Wortlaut auf die Lieferung von „Wertpapieren" ab. Da der neue Begriff der Finanzinstrumente neben Wertpapieren auch andere Instrumente beinhaltet, wurde der Anwendungsbereich gegenüber der Vorfassung erweitert (RegE, BT-Drs. 18/9983, 18). **Finanzinstrumente** sind – wie Abs. 1 Satz 4 für die Zwecke des § 104 definiert – in Anhang I Abschnitt C der Finanzmarkt-RL 2014/65/EU ausgeführt.

21.1 Als **Finanzinstrumente** definiert Anhang I Abschnitt C der Finanzmarkt-RL 2014/65/EU (MiFID II):
(1) Übertragbare Wertpapiere;
(2) Geldmarktinstrumente;
(3) Anteile an Organismen für gemeinsame Anlagen;
(4) Optionen, Terminkontrakte (Futures), Swaps, außerbörsliche Zinstermingeschäfte (Forward Rate Agreements) und alle anderen Derivatkontrakte in Bezug auf Wertpapiere, Währungen, Zinssätze oder -erträge, Emissionszertifikate oder andere Derivat-Instrumente, finanzielle Indizes oder Messgrößen, die effektiv geliefert oder bar abgerechnet werden können;
(5) Optionen, Terminkontrakte (Futures), Swaps, Termingeschäfte (Forwards) und alle anderen Derivatkontrakte in Bezug auf Waren, die bar abgerechnet werden müssen oder auf Wunsch einer der Parteien bar abgerechnet werden können, ohne dass ein Ausfall oder ein anderes Beendigungsereignis vorliegt;
(6) Optionen, Terminkontrakte (Futures), Swaps und alle anderen Derivatkontrakte in Bezug auf Waren, die effektiv geliefert werden können, vorausgesetzt, sie werden an einem geregelten Markt, über ein MTF oder über ein OTF gehandelt; ausgenommen davon sind über ein OTF gehandelte Energiegroßhandelsprodukte, die effektiv geliefert werden müssen;
(7) Optionen, Terminkontrakte (Futures), Swaps, Termingeschäfte (Forwards) und alle anderen Derivatkontrakte in Bezug auf Waren, die effektiv geliefert werden können, die sonst nicht in Nummer 6 dieses Abschnitts genannt sind und nicht kommerziellen Zwecken dienen, die die Merkmale anderer derivativer Finanzinstrumente aufweisen;
(8) Derivative Instrumente für den Transfer von Kreditrisiken;
(9) Finanzielle Differenzgeschäfte;
(10) Optionen, Terminkontrakte (Futures), Swaps, außerbörsliche Zinstermingeschäfte (Forward Rate Agreements) und alle anderen Derivatkontrakte in Bezug auf Klimavariablen, Frachtsätze, Inflationsraten oder andere offizielle Wirtschaftsstatistiken, die bar abgerechnet werden müssen oder auf Wunsch einer der Parteien bar abgerechnet werden können, ohne dass ein Ausfall oder ein anderes Beendigungsereignis vorliegt, sowie alle anderen Derivatkontrakte in Bezug auf Vermögenswerte, Rechte, Obligationen, Indizes und Messwerte, die sonst nicht im vorliegenden Abschnitt C genannt sind und die die Merkmale anderer derivativer Finanzinstrumente aufweisen, wobei ua berücksichtigt wird, ob sie auf einem geregelten Markt, einem OTF oder einem MTF gehandelt werden;
(11) Emissionszertifikate, die aus Anteilen bestehen, deren Übereinstimmung mit den Anforderungen der Richtlinie 2003/87/EG (Emissionshandelssystem) anerkannt ist.

22 Mit der Neufassung sind Geschäfte wie Credit Default Swaps oder Total Return Swaps eindeutig erfasst (MüKoInsO/Fried Rn. 128). Auch die bisherigen **Wertpapiergeschäfte** der Nr. 2 aF fallen weiterhin unter § 104, wie zB der Erwerb bzw. Rückerwerb von Wertpapieren, Wertpapierpensionsgeschäfte und Wertpapierdarlehensgeschäfte (dazu MüKoInsO/Fried Rn. 130 ff.; FK-InsO/Bornemann Rn. 59). Ob diese Instrumente selbst vollumfänglich dem Finanzinstrumentenbegriff unterfallen, ist nicht maßgeblich. Entscheidend ist nicht, dass die Finanzleistung oder das zugrunde liegende Geschäft, das den Anspruch auf die Finanzleistung vermittelt, als Finanzinstrument zu qualifizieren ist, sondern dass die Finanzleistung auf die Lieferung eines Finanzinstruments gerichtet ist. Dies ist bei Pensions- und Darlehensgeschäften der Fall, sofern sich diese auf ein Wertpapier, ein anderes Finanzinstrument oder ein vergleichbares Recht beziehen (RegE, BT-Drs. 18/9983, 18). Den Finanzinstrumenten **vergleichbare Rechte** sind vor allem nichtverbriefte Beteiligungs- und Forderungsrechte, die wie Wertpapiere gehandelt werden und einen Marktpreis haben; hierunter fallen etwa nicht verbriefte handelbare Schuldbuch- und Registerforderungen (RSZ InsO/Zeuner Rn. 23; FK-InsO/Bornemann Rn. 70).

Bei Finanzinstrumenten mit Beteiligungsrechten sind solche Geschäfte ausdrücklich von Nr. 2 **23**
ausgenommen, die dem Erwerb einer **dauerhaften Unternehmensbeteiligung** dienen und
bei denen folglich diese Beteiligung und nicht die Finanzleistung im Mittelpunkt steht. In diesem
Fall ist nicht davon auszugehen, dass der Verwalter die Anteile zu Kursspekulationen nutzt (BGH
NZI 2016, 21 (24)), und es ist § 103 anzuwenden. Die Abgrenzung kann im Einzelfall schwierig
sein (auf subjektive Elemente abstellend etwa MüKoInsO/Fried Rn. 129). Eine gewisse Orientierung kann etwa § 271 Abs. 1 S. 3 HGB bieten, der von einer Unternehmensbeteiligung ab 20 %
des Nennkapitals ausgeht. Aber auch unter dieser Schwelle können weitere Umstände – wie eine
über bloße Anteilsinhaberschaft hinausgehende Verbindung des Schuldners zum Unternehmen –
diese Ausnahme begründen (BGH NZI 2016, 21 (24)).

Nr. 3a: Mit Geldleistungen, die in ausländischer Währung oder Rechnungseinheit zu erbringen **24**
sind, erfasst Abs. 1 S. 3 Nr. 3a vor allem **Devisentermingeschäfte** (Währungs-Futures). Diese
haben den Erwerb bzw. Verkauf von Fremdwährungen zu einem vorab festgelegten Kurs und
Zeitpunkt zum Gegenstand und dienen regelmäßig als Sicherungsgeschäft zur Absicherung von
Währungsschwankungen im internationalen Handel. Auch Währungs-Swaps unterfallen Nr. 3a
(RSZ InsO/Zeuner Rn. 24; FK-InsO/Bornemann Rn. 72; ausf. Bosch WM 1995, 371). Bei
diesen tauschen die Vertragsparteien Kapitalbeträge aus. Verbindlichkeiten aus Währungsgeschäften entweder real aus oder stellen sich bezüglich Kursentwicklung, Nutzungen und Zinsen wirtschaftlich so, als hätten sie dies getan; je nach Risikoverteilung fällt ggf. ein Entgelt für die Swap-Gegenpartei an.

Nr. 3b: Mit Geldleistungen, deren Höhe unmittelbar oder mittelbar durch Währungskurse, **25**
Zinssatz oder den Preis anderer Waren und Leistungen bestimmt wird, bezieht sich Abs. 1 S. 3
Nr. 3b vor allem auf **kurs-, zins- und indexgekoppelte Geldleistungen.** Regelfall ist die
mittelbare Anknüpfung an ein indexiertes Preisbündel (BT-Drs. 12/7302, 168). Die Indizes, an
deren Wert die Leistung jeweils gebunden ist, können nach der weiten und über „Waren" hinausgehenden Anknüpfung an „andere Güter oder Leistungen" alle möglichen Indizes sein (MüKo-InsO/Fried Rn. 135), wie zB Währungsindizes, Wertpapier- (zB DAX, EuroStoxx), Immobilien-,
Rohstoff-, Inflations-Indizes etc. Anwendungsfälle der Nr. 3b sind zB **Zinssatz-Swaps, Index-Swaps** (RSZ InsO/Zeuner Rn. 25 ff.) und Total Return-Swaps. Auch eine unmittelbare Anknüpfung an den Preis einzelner Güter oder Leistungen ist möglich. All diese Fälle können wiederum
als Austauschgeschäft oder Differenzgeschäfte mit Barausgleich ausgestaltet sein (K. Schmidt InsO/
Ringstmeier Rn. 19; RSZ InsO/Zeuner Rn. 30 → Rn. 19.2).

Nr. 4: Als Auffangtatbestand erfasst Nr. 4 Lieferungen oder Geldleistungen aus **derivativen** **26**
Finanzinstrumenten, die nicht bereits den Nr. 2 und 3 unterfallen. Der Bezug auf Finanzinstrumente iSd Abs. 1 S. 4 **beschränkt** sich für die Zwecke dieser Nr. 4 allerdings auf derivative
Finanzinstrumente gemäß Anhang I Abschnitt C Finanzmarkt-RL 2014/65/EU Nr. 4–10 (RegE,
BT-Drs. 18/9983, 18; MüKoInsO/Fried Rn. 137). Zudem gilt hier wie bei Nr. 2 auch, dass
Lieferungen aus diesen Instrumenten nicht erfasst sind, wenn sie Finanzinstrumente oder vergleichbare Rechte zum Inhalt haben, bei denen die Absicht besteht, eine Beteiligung an einem Unternehmen zum Zwecke der dauerhaften Verbindung aufzubauen (RegE, BT-Drs. 18/9983, 18,
→ Rn. 23).

Nr. 5: Die **Option** gewährt ihrem Inhaber (Optionskäufer) in der Regel gegen Entgelt das **27**
Recht, vom Optionsverkäufer (Stillhalter) den Basiswert zu einem festgelegten Preis bzw. Kurs
(Ausübungspreis) zu einem festgelegten Zeitpunkt („europäisches Modell") oder jederzeit bis zu
einem Verfalldatum („amerikanisches Modell") zu erwerben (Call-Option) oder zu verkaufen
(Put-Option). Dies können zB Aktienoptionsgeschäfte, Anleihenoptionsgeschäfte oder Fondsoptionsgeschäfte sein.

Gegenstand des § 104 ist der Optionsvertrag, welcher das Ausübungsrecht gewährt, einen Vertrag über **27.1**
den Basiswert zustande zu bringen, nicht der aufgrund der Option geschlossene Vertrag (K. Schmidt
InsO/Ringstmeier Rn. 20). Neben Nr. 5 unterfallen Optionsverträge **weitgehend auch der Nr. 4.** Der
Gesetzgeber hielt jedoch bei der Neufassung des § 104 die Beibehaltung der Nr. 5 weiterhin für erforderlich,
um Optionsgeschäfte auch dann in § 104 einzubeziehen, wenn diese nur **einseitig vorerfüllt** sind. Von
Nr. 5 erfasst sind damit auch Optionen mit Barausgleich, die nach Zahlung der Ausübungsprämie einseitig
voll erfüllt sind und dem Optionsberechtigten keine weiteren Pflichten auferlegen (RegE, BT-Drs. 18/
9983, 19; zu Nr. 5 aF BGH WM 2016, 1168 (1173 f.); RSZ InsO/Zeuner Rn. 32 ff.; KPB/von Wilmowski
Rn. 75; aA K. Schmidt InsO/Ringstmeier Rn. 20; Uhlenbruck/Lüer, 14. Aufl. 2015, Rn. 25; FK-InsO/
Wegener, 8. Aufl. 2014, Rn. 21). Nach Ansicht des Gesetzgebers kommt es für die **Anwendung des**
§ 104 nicht auf das formale Kriterium des Vorliegens eines Vertrags iSd § 103 an, sondern auf die Frage,
ob die Marktrisiken, denen das Geschäft unterliegt, unter das von § 104 aufgegriffene **Schutzbedürfnis**
der Parteien und insbesondere des Vertragsgegners fallen (RegE, BT-Drs. 18/9983, 19).

28 Die Optionen iSd Nr. 5 müssen sich ihrerseits auf Lieferungen nach Abs. 1 S. 1 oder auf Leistungen nach S. 2 iVm S. 3 Nr. 1–5 beziehen. Mit der Neufassung des § 104 sind neben Optionen auf **Finanzleistungen** auch Optionen auf **Warentermingeschäfte** erfasst (FK-InsO/ Bornemann Rn. 76). Diese werden zum Teil auch Finanzinstrumente iSd Anhang I Abschnitt C der Finanzmarkt-RL 2014/65/EU Nr. 5–7 darstellen (RegE, BT-Drs. 18/9983, 19). Darüber hinaus soll der Vertragspartner nach Ansicht des Gesetzgebers auch bei anderen markt- und börsengängigen Geschäften über die Lieferung von Waren schutzbedürftig sein, wenn er Marktpreisrisiken ausgesetzt wird, vor denen § 104 ihn schützen soll, und aufgrund von regulatorischen Vorgaben außerhalb des Wertpapierhandelsrechts der Warenmarkt hinreichende Gewähr für eine integre und transparente Preisbildung bietet, wie es bei zB Energiegroßhandelsmärkten (RegE, BT-Drs. 18/ 9983, 19). Ferner ist nunmehr klargestellt, dass Nr. 5 komplexere Geschäftstypen wie **mehrstufige Optionen** sowie gleich- und mehrstufige Kombinationen aus Finanzleistungen erfasst, wenn sie dem Risiko von Markt- oder Börsenpreisschwankungen unterliegen (RegE, BT-Drs. 18/9983, 19).

29 **Nr. 6:** Das unverändert übernommene Regelbeispiel des Abs. 1 S. 3 Nr. 6 hat vor allem im Finanzbereich Bedeutung. **Finanzsicherheiten** sind in **§ 1 Abs. 17 KWG** definiert. Bei Finanzsicherheiten handelt es sich – hier vereinfacht, vgl. § 1 Abs. 17 KWG sowie Art. 1 und 2 Finanzsicherheiten-RL – um bestimmte beschränkte dingliche Sicherungsrechte oder durch Vollrechtsübertragung bestellte Sicherheiten an bestimmten Barguthaben, Geldbeträgen, Wertpapieren, Geldmarktinstrumenten sowie Kreditforderungen von Kreditinstituten (ausführlich MüKoInsO/ Fried Rn. 140ff.).

29.1 Das KWG setzt insoweit zum einen die sachlichen Anforderungen an **Finanzsicherheiten** in Art. 1 Abs. 4 und 5 Finanzsicherheiten-RL iVm Art. 2 Finanzsicherheiten-RL sowie die personellen Anforderungen an Sicherungsgeber und Sicherungsnehmer in Art. 1 Abs. 2, 3 der Richtlinie um (eing. Obermüller/ Hartenfels BKR 2004, 440; Kollmann WM 2004, 1012; krit. Meyer/Rein NZI 2004, 367). Anders als die Finanzleistungen in Nr. 1–5 machen Finanzsicherheiten iSd Nr. 6 nicht die Hauptleistungen der jeweiligen Geschäfte aus, sondern bilden lediglich die Sicherheiten für diese (RegE, BT-Drs. 15/1853, 15). § 104 Abs. 1 S. 3 Nr. 6 kann so die Insolvenzfestigkeit einer Verrechnung von Close-out Betrag und hierfür gestellter Finanzsicherheit bei der Vertragsbeendigung auch dann ermöglichen, wenn der eigentliche Leistungsgegenstand zwar nicht den Nr. 1–5 unterfällt, aber durch eine Finanzsicherheit im obigen Sinne besichert ist. Dass es sich bei Finanzsicherheiten nicht um beiderseitig noch nicht vollständig erfüllte Verträge und unter Umständen nicht einmal um gegenseitige Verträge handelt, steht ihrer Einbeziehung in § 104 nicht entgegen (RegE, BT-Drs. 18/9983, 19).

30 **Weitere Fälle:** Die Liste der Regelbeispiele in S. 3 Nr. 1–6 ist **nicht abschließend** und offen für weitere unbenannte Fälle von Finanzleistungen (RegE, BT-Drs. 18/9983, 8; MüKoInsO/Fried Rn. 164; FK-InsO/Bornemann Rn. 80). Mit der Neufassung des § 104 und der ausdrücklichen Einbeziehung der Finanzinstrumente in Nr. 4 dürfte sich der unbenannte Anwendungsbereich des § 104 S. 3 indes gegenüber § 104 aF deutlich verringert haben.

3. Markt- oder Börsenpreis

31 Wie Waren iSd Abs. 1 S. 1 (→ Rn. 13) müssen auch die Finanzleistungen einen **Markt- oder Börsenpreis** haben (HK-InsO/Marotzke Rn. 56). Insoweit erfordert Abs. 1 S. 2, dass die Finanzleistungen – ähnlich dem Vertretbarkeitsbegriff bei Sachen – nach der Verkehrsanschauung in einer Weise **standardisiert** sind, dass vergleichbare Leistungen auf einem Markt gehandelt werden und deren Preisbestimmung auf der Grundlage eines Marktpreises vorgenommen werden kann. Der Begriff des Mark- oder Börsenpreises ist dabei weit auszulegen; es kommt nicht auf die konkrete Handelbarkeit an, sondern die Möglichkeit, objektiv einen Preis für eine etwaige Ersatzeindeckung überhaupt feststellen zu können (BGH WM 2016, 1168 (1175); OLG Frankfurt BeckRS 2013, 188917). Dies trifft ohne Weiteres für kapitalmarktgehandelte Finanzleistungen wie zB Aktien, Anleihen und private wie staatliche Schuldverschreibungen zu (K. Schmidt InsO/Ringstmeier Rn. 17). Der Handel erfordert allerdings keine Börsenzulassung oder geregelte Märkte; auch OTC-Geschäfte unterfallen Nr. 2 (Uhlenbruck/Knof Rn. 47). Nicht erfasst sind in der Regel Wechsel, Schecks und andere Legitimationspapiere, die unabhängig von ihrer Einordnung als Wertpapier bzw. Finanzinstrument in der Regel keinen Markt- und Börsenpreis iSd Abs. 1 S. 2 aufweisen (K. Schmidt InsO/Ringstmeier Rn. 17; RSZ InsO/Zeuner Rn. 23).

4. Erbringung zu bestimmter Zeit/bestimmter Frist

Wie auch Abs. 1 S. 1 erfordert Abs. 1 S. 2 die Fälligkeit der Finanzleistung nach Verfahrenseröffnung. Anders als für Waren iSd Abs. 1 S. 1, deren Lieferung genau zu einer festbestimmten Zeit bzw. Frist erfolgen muss, verzichtet Abs. 2 jedoch auf das Tatbestandsmerkmal „genau". Vorausgesetzt wird lediglich, dass für Finanzleistungen eine **bestimmte Zeit oder eine bestimmte Frist** vereinbart war. Ein **Fixgeschäft** ist daher für Abs. 1 S. 2 **nicht erforderlich** (RegE, BT-Drs. 12/2443, 145; RegE, BT-Drs. 15/1853, 15; Uhlenbruck/Knof Rn. 48; K. Schmidt InsO/Ringstmeier Rn. 15). 32

Bei Termingeschäften wird der Leistungsaustausch zu einem bestimmten späteren Zeitpunkt oder innerhalb einer bestimmten Frist vorgenommen; bei Optionsgeschäften kann die Option zu diesem Zeitpunkt oder Zeitraum ausgeübt werden. Geschäfte mit **unbestimmter Ausführungsfrist** oder sofort zu erfüllende Geschäfte unterfallen Abs. 1 S. 2 grundsätzlich nicht (K. Schmidt InsO/Ringstmeier Rn. 15; aA Herring/Cristea ZIP 2004, 1627 (1635)). Erfasst sind aber noch schwebende Kassageschäfte mit einer Fälligkeit auch von weniger als zwei Tagen (Uhlenbruck/Knof Rn. 49) sowie Geschäfte auf unbestimmte Zeit, sofern zumindest ein Endtermin für die Erbringung der Finanzleistung vereinbart worden ist. Das erfasst Gestaltungen, ein Finanzleistungsgeschäft (zB Wertpapierdarlehen) jederzeit auf Verlangen zu beenden, wenn nur für die Ausübung dieses Rechts ein **Endtermin** vorgesehen wird (RegE, BT-Drs. 15/1853, 15). Eine bereits erfolgte Fristsetzung durch den Vertragspartner vor Verfahrenseröffnung zur Bestimmung des Leistungszeitpunktes soll ebenfalls ausreichen (K. Schmidt InsO/Ringstmeier Rn. 15). 33

III. Geschäfte unter Gesamtbeendigungsklauseln in Rahmenverträgen oder bei zentraler Gegenpartei (Abs. 3)

Sind in einem Rahmenvertrag oder in einem Regelwerk einer zentralen Gegenpartei iSd § 1 Abs. 31 KWG Geschäfte iSd Abs. 1 zusammengefasst und deren einheitliche Beendigung im Insolvenzfall vorgesehen, können diese Geschäfte gem. Abs. 3 insolvenzrechtlich nur einheitlich abgewickelt werden. Eine derartige Gesamtbeendigungsklausel fasst die Einzelgeschäfte **insolvenzrechtlich** zu einem **einheitlichen Vertragsverhältnis** iSd § 104 zusammen (FK-InsO/Bornemann Rn. 3; MüKoInsO/Fried Rn. 202), um ein gesamthaftes Close-Out-Netting sicherzustellen. 34

Voraussetzung dieser Gesamtsaldierung ist die Zusammenfassung einer Vielzahl von Einzelverträgen in einem Regelwerk einer **zentralen Gegenpartei** iSd § 1 Abs. 31 KWG oder in einem einheitlichen **Rahmenvertrag** mit Gesamtbeendigungsklausel. Abs. 3 erfasst nicht nur **bilaterales** Netting zwischen jeweils zwei Vertragsparteien für Einzel- und Rahmenvertrag, sondern findet auch auf **multilaterale** Clearingsysteme Anwendung (RegE, BT-Drs. 18/9983, 21). 35

Genauere Anforderungen an einen Rahmenvertrag stellt das Gesetz nicht auf. Der Gesetzgeber orientiert sich hierbei an der bestehenden **Marktpraxis**. Hier haben sich vor allem die von den Verbänden der Finanzwirtschaft entwickelten und herausgegebenen **standardisierten Muster-Rahmenverträge** durchgesetzt (dazu MüKoInsO/Fried Rn. 202). 35.1

Diese Rahmenverträge stellen einheitliche Rahmenbedingungen für eine unbestimmte Vielzahl von Einzelgeschäften auf und bieten mit standardisierten Regelungen eine transaktionskostensenkende Grundlage für eine Vielzahl von Finanzgeschäften, so etwa der **DRV**-Rahmenvertrag (Deutscher Rahmenvertrag für Finanztermingeschäfte des Bundesverbands deutscher Banken, abrufbar unter https://bankenverband.de/service/rahmenvertraege-fuer-finanzgeschaefte/), der **EMA**-Rahmenvertrag der European Banking Federation (European Master Agreement for Financial Transactions, http://www.ebf-fbe.eu/european-master-agreement-ema/) oder das **ISDA**-Master Agreement der International Swaps and Derivatives Association (http://www.isda.org/publications/pubguide.aspx). 35.2

Die unter der Gesamtbeendigungsklausel **zusammengefassten Einzelgeschäfte** sind (anders als Abs. 2 S. 3 aF) nicht auf Finanzleistungen iSd Abs. 1 S. 2 beschränkt, sondern erfassen auch Warenfixgeschäfte iSd Abs. 1 S. 1. Nach Ansicht des Gesetzgebers wurde hierdurch kein neues Privileg geschaffen, da bereits Auf- bzw. Verrechnungsmöglichkeiten bestanden (RegE, BT-Drs. 18/9983, 21; BeschlEmpf RAussch, BT-Drs. 18/10470, 13). Auf § 103 unterfallende Geschäfte findet Abs. 3 keine Anwendung. 36

Aus der Zusammenfassung der Einzelgeschäfte folgt zum einen, dass auch einseitig bereits erfüllte Einzelgeschäfte unter den Rahmenvertrag fallen, solange dieser beidseitig nicht vollständig erfüllt ist (RSZ InsO/Zeuner Rn. 39). Überdies ist in zeitlicher Hinsicht die grundsätzlich bei Verfahrenseröffnung erforderliche Fälligkeit nicht für jedes Einzelgeschäft erforderlich. Es genügt, wenn die Leistungszeit nur für 36.1

InsO § 104 Dritter Teil. Wirkungen der Eröffnung des Insolvenzverfahrens

einen Leistungsteil unter dem Rahmenvertrag noch nicht eingetreten ist. Der Rahmenvertrag führt zur Beendigung auch solcher Einzelgeschäfte, die bei Beendigung des Rahmenvertrags bereits fällig sind, aber noch nicht durchgeführt bzw. abgewickelt wurden.

37 Erfasst der Rahmenvertrag nicht nur Geschäfte iSd Abs. 1 und liegt ein **gemischter Rahmenvertrag** vor, so stellt dies gem. Abs. 3 S. 2 die Wirksamkeit der Gesamtbeendigungsklausel oder gar des Rahmenvertrags nicht in Frage. Allerdings tritt die Fiktionswirkung nur insoweit ein, als es sich um Geschäfte iSd Abs. 1 handelt (RegE, BT-Drs. 18/9983, 21; MüKoInsO/Fried Rn. 256; FK-InsO/Bornemann Rn. 95). Sofern man einen Rahmenvertrag und die einbezogenen Einzelverträge als Vertragseinheit begreift, läuft die Klarstellung des Gesetzgebers, bei der nur die von § 104 Abs. 1 erfassten Einzelverträge an der Gesamtbeendigungswirkung teilnehmen, auf den allgemeinen Grundsatz der typologischen **Vertragsspaltung** hinaus (→ § 103 Rn. 34).

38 Die enthaltenen Gesamtbeendigungsklauseln müssen die **einheitliche Beendigung** des Rahmenvertrags und aller erfassten Einzelverträge bei „Vorliegen bestimmter Gründe" vorsehen. Während Abs. 2 S. 3 aF noch das Vorliegen eines Insolvenzgrunds erforderte, wird den Parteien in Abs. 4 nF mehr Flexibilität gegeben und durch die in diesem Rahmen getroffenen Parteivereinbarungen ausgefüllt. Die Frage, inwiefern Gesamtbeendigungsklauseln in Detailregelungen **wirksam** sind oder nicht, ist nun zuvorderst an **Abs. 4** zu messen (→ Rn. 49). Für die Zusammenfassung reicht die Regelung einer einheitlichen Beendigung; eine Geschäftseinheit gem. § 139 BGB ist nicht erforderlich (RegE, BT-Drs. 18/9983, 21).

38.1 Bereits zu Abs. 2 S. 3 aF wurde vertreten, dass jede **vertragliche Beendigungsregelung wirksam** ist, die zu einer Rechtslage führt, die mit der Regelung des § 104 Abs. 2, Abs. 3 im Wesentlichen **vergleichbar** ist (Braun/Kroth, 6. Aufl. 2014, Rn. 16; MüKoInsO/Jahn/Fried, 3. Aufl. 2013, Rn. 171 ff.). Nach dem Urteil des BGH zur Teilunwirksamkeit einer Abrechnungsvereinbarung in einem Rahmenvertrag für Finanztermingeschäfte (BGH WM 2016, 1168) bedurfte dies gesetzgeberischer Klärung. Damit ist das Urteil des BGH überholt.

38.2 Zulässig ist ein **Kündigungsrecht**, unter dem der Vertrag bei Verfahrenseröffnung beendet werden kann. Dasselbe gilt für eine **automatische Beendigung** im Insolvenzfall. Auch das Recht zur **vorzeitigen Vertragsbeendigung**, welches die von § 104 Abs. 2 grundsätzlich erst ab Verfahrenseröffnung angeordneten Rechtsfolgen vorverlegt und Lösungsrechte schon bei Vorliegen materieller Eröffnungsgründe wie Zahlungsunfähigkeit oder dem formellen Eröffnungsantrag gewährt, ist wirksam. Aufgrund der Beendigung können die Voraussetzungen des § 104 – ein bei Verfahrenseröffnung bestehender Vertrag – zwar rechtstechnisch nicht eintreten; die bewirkte Rechtsfolge ist jedoch dieselbe (so für Abs. 2 S 3 aF RSZ InsO/Zeuner Rn. 33; K. Schmidt InsO/Ringstmeier Rn. 33; Uhlenbruck/Lüer, 14. Aufl. 2015, Rn. 38), wie Abs. 4 S. 2 Nr. 1 nun ausdrücklich klarstellt.

38.3 Auch die **Berechnung des Ausgleichsbetrages** und die **Festlegung des Zeitpunkts der Abrechnung** stehen den Parteien im Rahmenvertrag in den Grenzen des Abs. 4 S. 2 Nr. 3 frei. Die Parteien können ausdrücklich eine konkrete Schadensberechnung auf der Grundlage abgeschlossener Ersatzgeschäfte vornehmen, was gem. Abs. 2 S. 2 Nr. 1 sogar der gesetzliche Regelfall ist. Aufrechnungsbefugnisse mit Gegenansprüchen außerhalb des Rahmenvertrags können ebenfalls vorgesehen werden, die in der Sache den §§ 94 f. nicht zuwiderlaufen, oder als minus zur Aufrechnung entsprechende Stundungen. Soweit einzelne Regelungen eines Rahmenvertrags gegen §§ 104 Abs. 4, 119 verstoßen würden, stellt dies die Wirksamkeit der übrigen Bestimmungen des Rahmenvertrags und der übrigen Elemente von Gesamtbeendigungsklauseln als solches gem. § 139 BGB nicht in Frage. Gleiches gilt für in die Gesamtbeendigung einbezogene, für sich genommen unwirksame Einzelabschlüsse.

39 Vorrangig gegenüber den Bestimmungen eines Rahmenvertrags sind aufsichtsrechtliche Befugnisse zu Restrukturierungs- und Abwicklungsmaßnahmen oder sonstige kraft Gesetzes eintretende Beendigungsbeschränkungen, wie sie im Gesetz zur Sanierung und Abwicklung von Instituten und Finanzgruppen (**SAG**) oder dem am 28.12.2020 außer Kraft getretenen Gesetz zur Reorganisation von Kreditinstituten (**KredReorgG**) enthalten sind bzw. waren (dazu MüKoInsO/Fried Rn. 82 ff.).

C. Rechtsfolgen

40 Für Verträge iSd § 104 Abs. 1 kommt das Erfüllungswahlrecht des § 103 nicht zur Anwendung. Die gegenseitigen Erfüllungsansprüche erlöschen ex lege, und diese Verträge wandeln sich in ein Abwicklungsverhältnis mit einheitlichem Ausgleichsanspruch (→ Rn. 41). Die jeweils saldierten wechselseitigen Ansprüche wegen Nichterfüllung berechnen sich grundsätzlich nach Abs. 2 als gesetzlichem Regelfall (→ Rn. 42) bzw. bei Rahmenverträgen mit Gesamtbeendigungsklausel (→ Rn. 34) nach deren Regelungen, soweit Abs. 4 abweichende Parteivereinbarungen über Einzelheiten zur Beendigung der Geschäfte, zur Ermittlung der Nichterfüllungsforderungen und zur Verrechnung erlaubt (→ Rn. 49).

I. Erlöschen der Erfüllungsansprüche und Umwandlung in ein Abwicklungsverhältnis

Für Verträge iSd § 104 Abs. 1 ist das Erfüllungswahlrecht des § 103 ausgeschlossen. Die bestehenden gegenseitigen **Erfüllungsansprüche** werden nicht nur suspendiert (vgl. dazu → § 103 Rn. 8), sondern **erlöschen** bereits mit Verfahrenseröffnung (BGH WM 2016, 1168 (1174)). Das Schuldverhältnis wird **ex lege** in ein **Abwicklungsverhältnis** umgewandelt, im Rahmen dessen an die Stelle der Erfüllungsansprüche die jeweiligen materiell-rechtlichen Nichterfüllungsansprüche treten und saldiert werden. Eine sich gegen die Masse ergebende saldierte **Forderung wegen Nichterfüllung** ist gem. Abs. 5 im Rang bloßer **Insolvenzanspruch**. 41

II. Saldierung (Netting) der Nichterfüllungsansprüche (Abs. 2)

Im Ergebnis sieht Abs. 2 nach Saldierung der im Abwicklungsverhältnis erwachsenden gegenseitigen Ansprüche nur einen **einheitlichen Ausgleichsanspruch** zugunsten einer der Parteien in Höhe des **Saldos** des „Markt- oder Börsenwertes des Geschäfts" vor. Dieser berechnet sich nach den Vorgaben des Abs. 2, sofern die Parteien nichts anderes nach Abs. 4 vereinbaren (→ Rn. 49). Es ist gerade der von § 104 vorausgesetzte Markt- oder Börsenwert, der die Umrechnung von Leistungspflichten in Geld und damit – anders als bei der Aufrechnung – eine Saldierung auch nicht gleichartiger Leistungspflichten ermöglicht. 42

Vor der Neufassung war der Ausgleichsanspruch nach Abs. 3 aF auf den Unterschied zwischen dem vereinbarten Preis und dem **Markt- oder Börsenpreis** zum vereinbarten Zeitpunkt gerichtet (vgl. RegE, BT-Drs. 12/2443, 145). Diese historisch auf den Fixhandelskauf zugeschnittene Formulierung führte bei derivativen Instrumenten wie zB Optionen und Swaps zu Auslegungsschwierigkeiten (zB Verwechslung des Preises des Referenzwerts und den Wert der Option als solcher) und wurde durch die Neufassung ersetzt. In der Sache ist damit keine Änderung verbunden, da es im Ergebnis auf den Preis eines hypothetischen Ersatzgeschäfts ankommt, welches den **Wert der Position** abbildet, die durch das erloschene Geschäft vermittelt wurde (RegE, BT-Drs. 18/9983, 20; zur Berechnung und Einzelfragen vgl. OLG Frankfurt a. M. BeckRS 2020, 15732 für § 104 aF). Mit dem Abstellen auf den Markt- oder Börsenwert des Geschäfts und nicht den Preis wollte der Gesetzgeber zum Ausdruck bringen, dass die Bestimmung eines (erst recht bestimmten) Markt- oder Börsenpreises schwierig sein und rechtsgeschäftliche Konkretisierungen nach Abs. 4 erfordern kann (RegE, BT-Drs. 18/9983, 20 mwN). Bei Termingeschäften ist nach wie vor die Differenz zwischen dem Markt- und dem vereinbarten Kaufpreis maßgeblich. Bei Optionen kommt es auf den Derivatwert an, nicht auf den Preis der erfassten Referenzleistungen (BGH WM 2016, 1168 (1174)), dh im Ergebnis auf den Wert der Ersatzbeschaffung. 42.1

Für die **Berechnung der Ausgleichsforderung** im gesetzlichen **Regelfall** sieht Abs. 2 eine **gestufte Kombination** aus konkreter, abstrakter und modellierter Berechnung vor. So gilt als Markt- oder Börsenwert nach Abs. 2 S. 2 Nr. 1 zunächst der Markt- oder Börsenpreis für ein unverzüglich, spätestens am fünften Werktag nach Verfahrenseröffnung abgeschlossenes **konkretes Ersatzgeschäft**. Wurde dies unter Abs. 3 aF nach hM noch für unzulässig gehalten, sollen nach Ansicht des Gesetzgebers die unverzügliche Eindeckung und das Erfordernis eines Markt- oder Börsenpreises für das Ersatzgeschäft in der Regel eine objektive Wertbestimmung ohne Spekulationen zulasten der anderen Partei erlauben (RegE, BT-Drs. 18/9983, 20). Das Ersatzgeschäft muss dazu einen Anspruch auf dieselbe Finanzleistung zum gleichen Ausübungs- oder Terminpreis, zur selben Leistungszeit bzw. nach derselben Leistungsfrist vermitteln (RegE, BT-Drs. 18/9983, 20; Uhlenbruck/Knof Rn. 75; weitergehend MüKoInsO/Fried Rn. 179 ff.). 43

Ohne Deckungsgeschäft wird als Grundlage konkreter Schadensberechnung nach Abs. 2 S. 2 Nr. 2 auf ein **hypothetisches Ersatzgeschäft** abgestellt, das am zweiten Werktag nach Verfahrenseröffnung hätte abgeschlossen werden können. Dies entspricht der für Abs. 3 aF herrschenden abstrakten Schadensberechnung (vgl. BGH WM 2016, 1168 Rn. 71), welche die Parteien so stellt, wie sie stünden, als hätten sie ein Deckungsgeschäft vorgenommen. Maßgeblicher Zeitpunkt für die Schadensberechnung ist allein die Vertragsbeendigung; die Wertentwicklung bei hypothetischer Vertragsfortsetzung ist unbeachtlich (OLG Frankfurt BeckRS 2013, 188917). 44

Nur wenn dies auch nicht möglich ist, können – subsidiär – nach Abs. 3 S. 3 sodann **andere angemessene Bewertungsmethoden** und -verfahren herangezogen werden. Dies mag der Fall sein, wenn relevante Märkte inaktiv sind oder die dortigen Preise ausnahmsweise die unter marktüblichen Bedingungen gewöhnlichen Preise nicht angemessen repräsentieren (RegE, BT-Drs. 18/ 9983, 16, vgl. Art. 16 der delegierten VO (EU) Nr. 149/2013 v. 19.12.2012 zur Ergänzung der 45

VO (EU) Nr. 648/2012 über OTC-Derivate, zentrale Gegenparteien und Transaktionsregister). Unter diesen Umständen soll es bspw. zulässig sein, als Bewertungsmethode Preise aus dem **Markt- oder Börsenwert anderer Geschäfte** abzuleiten, auf die sich das fragliche Geschäft finanzmathematisch zurückführen lässt, oder durch ein Auktionsverfahren mit offenen, transparenten und diskriminierungsfreien Zugangs- und Teilnahmebedingungen zu bestimmen (vgl. Ehricke NZI 2006, 564 (567)). Auch **finanzmathematische Modelle** zur Messung von Marktrisiken, deren zugrunde liegenden Annahmen, Methoden und statistische Grundlagen Gewähr für eine angemessene Wertbestimmung bieten, sind denkbar. Eine grobe Orientierung an die Anforderungen bieten die aufsichtsrechtlichen Anforderungen an Modelle nach Art. 11 Abs. 2 VO 648/2012 (EU) über OTC-Derivate, zentrale Gegenparteien und Transaktionsregister (RegE, BT-Drs. 18/9983, 16 f.).

46 Ergibt sich bei der automatischen Saldierung bestehender gegenläufiger Verbindlichkeiten zu einer einzigen Ausgleichsforderung gem. Abs. 2 ein **Positivsaldo** zugunsten der Masse, kann er vom Insolvenzverwalter als Masseforderung durchgesetzt werden. Anderenfalls ist ein **Negativsaldo** zulasten der Masse – wie schon unter § 18 Abs. 2 KO, § 26 S. 2 KO – im Verfahren als **Insolvenzforderung** anzumelden (Abs. 3 S. 3; RegE, BT-Drs. 12/2443, 145). Ein tatsächlicher **Leistungsaustausch** mit Lieferung von Waren (Abs. 1 S. 1) bzw. Erbringung von Finanzleistungen (Abs. 1 S. 2) gegen das vereinbarte Entgelt ist **ausgeschlossen**. Ein sich ergebender Ausgleichsanspruch zugunsten der Masse und der Anspruch des Vertragspartners auf Rückgabe verpfändeter Aktien sind Zug um Zug (§ 320 BGB) zu erfüllen (BGH WM 2016, 1168 (1176)).

47 Die einmal bewirkte **Umwandlung** des Vertrags ist **endgültig**, auch bei späterer Aufhebung des Verfahrens (HK-InsO/Marotzke Rn. 6). Ein „Wiederaufleben" wäre mit dem Zweck des § 104, rasch Rechtssicherheit zu schaffen, unvereinbar. Sofern die Parteien abweichend von § 104 am **Fortbestand des Vertrags** interessiert sind, steht es ihnen frei, den Vertrag nach Verfahrenseröffnung durch Vereinbarung mit dem bestehenden Inhalt fortzusetzen bzw. neu zu begründen. In diesem Fall sind die vom Insolvenzverwalter rechtsgeschäftlich begründeten Verbindlichkeiten Masseforderungen (§ 55 Abs. 1 Nr.1).

III. Insbesondere Saldierung bei Rahmenvertrag und zentraler Gegenpartei (Abs. 3)

48 Soweit Einzelverträge unter einem **Rahmenvertrag** mit Gesamtbeendigungsklausel oder in einem Regelwerk einer zentralen Gegenpartei iSd § 1 Abs. 31 KWG gem. Abs. 3 insolvenzrechtlich zu einer Einheit zusammengefasst sind, ist in einem ersten Schritt für jeden Einzelvertrag die Saldoforderung nach Abs. 2 zu ermitteln und sind sodann in einem zweiten Schritt die Einzelsalden nach Abs. 3 zu einem Gesamtsaldo zusammenzufassen. In den Grenzen des Abs. 4 sind in Rahmenverträgen **abweichende Parteivereinbarungen** möglich.

D. Zulässigkeit abweichender Vereinbarungen (Abs. 4)

49 Den Parteien steht es gem. Abs. 4 frei, von § 104 abweichende Bestimmungen zu treffen, sofern diese mit den **wesentlichen Grundgedanken** der jeweiligen gesetzlichen Regelung **vereinbar** sind. Dies soll – insbesondere in Rahmenverträgen – privatautonome Vereinbarungen für ein **praktikables und rechtssicheres Verfahren zur Durchführung des Lösungsmechanismus** ermöglichen (RegE, BT-Drs. 18/9983, 13). Schon zu § 104 aF wurde vertreten, dass vertragliche Gestaltungen zulässig sind, die zu einem im Wesentlichen vergleichbaren Ergebnis wie die in § 104 vorgesehene Beendigung führen (vgl. Andres/Leithaus/Andres, 3. Aufl. 2014, Rn. 7; HK-InsO/Marotzke, 9. Aufl. 2018, Rn. 16). Die Zulässigkeit abweichender Vereinbarungen in Abs. 4 wird insofern als eine bloße Klarstellung verstanden (BeschlEmpf RAussch, BT-Drs. 18/10470, 13) und ist gegenüber § 119 als **gesonderter Prüfungsmaßstab** vorrangig (FK-InsO/Bornemann Rn. 100).

50 Welche Vereinbarungen genau zulässig sind, gibt Abs. 4 nicht abschließend vor. Der Wortlaut des Abs. 4 S. 1 ist **offen**, und auch binnensystematisch könnte sich Abs. 4 auf alle Regelungen der vorgehenden Abs. 1–3 beziehen. Seine Reichweite ist daher im Einklang mit dem **Schutzzweck** des § 104 zu bestimmen, der nicht primär dem Masseschutz dient (RegE, BT-Drs. 18/9983, 14), sondern dem Erhalt der privatautonom vereinbarten Verteilung des Marktpreisrisikos sowie der Entlastung des Vertragspartners von den Unwägbarkeiten eines Erfüllungswahlrechts (→ Rn. 3). Eine Orientierung geben hierbei die **Regelbeispiele** des Abs. 4 S. 2. Diese erlauben insbesondere die Änderung zeitlicher Aspekte der Berechnung, wie die Vorverlagerung der Erlöschens- und Nichterfüllungswirkung auf einen Zeitpunkt vor Verfahrenseröffnung und damit eine vertragliche Beendigung (Nr. 1), die Einbeziehung vor Verfahrenseröffnung, aber nach vertraglicher Beendigung fälliger Leistungen (Nr. 2), die Wahl der vertraglichen Beendigung als Referenz

für die Bestimmung des Markt- oder Börsenwerts (Nr. 3a), die wertschonende Verschiebung des Ersatzgeschäfts bis zum Ablauf des 20. Werktags nach der vertraglichen Beendigung (Nr. 3b) oder eine Flexibilisierung des für die abstrakte Schadensberechnung bei hypothetischen Ersatzgeschäften maßgeblichen Zeitpunkts (Nr. 3c). Der verlängerte Zeitraum für die Vornahme der Ersatzeindeckung nach Nr. 3c kann im Zusammenhang mit der Abwicklung bei komplexen Portfolien unter einem Rahmenvertrag nach § 104 Abs. 3 S. 1 erforderlich sein, die sich nicht ohne Weiteres binnen kurzer Zeiträume werterhaltend reproduzieren lassen. Verzögert allerdings der Vertragspartner die Vornahme des Ersatzgeschäfts, trägt er das Risiko, den aufgewendeten Markt- oder Börsenpreis nicht vollständig in die Berechnung einbringen zu können (RegE, BT-Drs. 18/9983, 22).

Die Gesetzesbegründung orientiert sich hier ersichtlich an der bestehenden Marktpraxis (RegE, BT-Drs. 18/9983, 13; krit. Paulus ZIP 2016, 1234 f.). Zulässig sind Vertragsklauseln, die den gesetzlichen **Abwicklungsmechanismus konkretisieren** und von den Unwägbarkeiten im Zusammenhang mit maßgeblichen Markt- oder Börsenpreisen befreien. Nicht jede Benachteiligung der Masse in diesem Zusammenhang widerspricht schon den Grundgedanken des § 104 (RegE, BT-Drs. 18/9983, 14). Erst recht sind unter § 104 Vereinbarungen zulässig, die auch § 119 nicht verbietet, wie **nicht insolvenzbezogene Lösungsklauseln** für die Fälle wesentlicher Pflichtverletzungen oder der Verschlechterung der Vermögenslage oder bei aufsichtsrechtlichen Moratorien (RegE, BT-Drs. 18/9983, 15). Der Regelbeispielkatalog des Abs. 4 S. 2 ist insoweit **nicht abschließend**. 51

Durch Abs. 4 nicht privilegiert und **unzulässig** gem. § 119 sind Vereinbarungen, die dem Zweck des gesetzlichen Beendigungs- und Abrechnungsmechanismus zuwiderlaufen (RegE, BT-Drs. 18/9983, 9). Nicht disponibel dürfte daher zunächst der tatbestandliche **Anwendungsbereich** des § 104 sein. Unbeschadet der schon in sich offenen Regelbeispieltechnik kann der Kreis von § 104 erfasster Geschäftstypen nicht erweitert werden und vor allem nicht auf das Erfordernis von Markt- oder Börsengeschäften verzichtet werden, welche jederzeitige Ersatzgeschäfte ermöglichen (BeschlE RAussch, BT-Drs. 18/10470, 13). Verträge mit Erfüllungswahlrecht gem. § 103 können nicht in § 104 einbezogen werden; dies folgt mittelbar auch aus der Behandlung gemischter Rahmenverträge iSd Abs. 3 S. 2. Vertraglicher Gestaltungsspielraum besteht hiernach zuvorderst im Rahmen der **Rechtsfolgen** (BeschlEmpf RAussch, BT-Drs. 18/10470, 14) und der Ausgestaltung des Verfahrens zur Durchführung des Lösungsmechanismus. Grenzen sind den Fällen gezogen, in denen der **Vertragspartner übermäßig** mit den Unwägbarkeiten oder Spekulationsmöglichkeiten eines Erfüllungswahlrechts **belastet** wäre. Unzulässig danach Klauseln, die ein Wahlrecht des Schuldners oder Kündigungssperren zulasten des Vertragspartners vorsehen oder andere Regelungen, welche Spekulationen des Verwalters zulasten des Vertragspartners ermöglichen. Gleiches gilt für Gestaltungen, in denen die **jederzeitige Ersatzeindeckung** am Markt oder an der Börse **nicht gewährleistet** ist, die entgegen den Grundgedanken des § 104 eine Vertragsfortsetzung vorsehen, die über voraussetzungslose Leistungsverweigerungsrechte für den Vertragspartner der Masse einen für sie positiven Geschäftswert vorenthalten oder welche entgegen Abs. 5 den **Rang** der Ausgleichsforderungen ändern (RegE, BT-Drs. 18/9983, 14). Auch der Vorrang der konkreten oder hypothetischen Ersatzbeschaffung gem. Abs. 2 S. 2 Nr. 1 und 2 vor der Anwendung von Modellberechnungen ist wesentlicher Grundgedanke des § 104 (RegE, BT-Drs. 18/9983, 22). Ob die abweichenden Regelungen dem Zweck des § 104 entsprechen, unterliegt einer **Inhaltskontrolle** (BeschlEmpf RAussch, BT-Drs. 18/10470, 14). 52

E. Verhältnis zu anderen Vorschriften

§ 104 ist gem. § 119 unabdingbar. Soweit § 104 Abs. 4 allerdings – aus Klarstellungsgründen nunmehr ausdrücklich – Raum für ergänzende und abweichende vertragliche Gestaltungen öffnet, die mit dem **Zweck des § 104 vereinbar** sind (→ Rn. 3), gehen diese § 119 vor. 53

Grundsätzlich kann eine Verrechnung beim Close-Out-Netting der Anfechtung iSd §§ 129 ff. unterliegen (Uhlenbruck/Knof Rn. 19). In Umsetzung der Finanzsicherheiten-RL sind **Finanzsicherheiten** iSd § 1 Abs. 17 KWG jedoch nicht nur iRd § 104 **privilegiert**, sondern auch in der Anfechtung (§ 130 Abs. 1 S. 2), Aufrechnung (§ 96 Abs. 2 Alt. 1) und bei der Verwertung (§ 166 Abs. 3 Nr. 3). Für vertragliche Nettingvereinbarungen wird darüber hinaus diskutiert, ob durch das neue Leitbild des § 104 Abs. 4 die Anfechtung noch weitergehend ausschließe (dazu MüKo-InsO/Fried Rn. 58 ff.). 54

§ 105 Teilbare Leistungen

[1]Sind die geschuldeten Leistungen teilbar und hat der andere Teil die ihm obliegende Leistung zur Zeit der Eröffnung des Insolvenzverfahrens bereits teilweise erbracht, so

ist er mit dem der Teilleistung entsprechenden Betrag seines Anspruchs auf die Gegenleistung Insolvenzgläubiger, auch wenn der Insolvenzverwalter wegen der noch ausstehenden Leistung Erfüllung verlangt. ²Der andere Teil ist nicht berechtigt, wegen der Nichterfüllung seines Anspruchs auf die Gegenleistung die Rückgabe einer vor der Eröffnung des Verfahrens in das Vermögen des Schuldners übergegangenen Teilleistung aus der Insolvenzmasse zu verlangen.

Überblick

§ 105 regelt im Zusammenhang mit dem Erfüllungswahlrecht des § 103 den Umgang mit **Teilleistungen** unter gegenseitigen Verträgen in der Insolvenz. Als Ausdruck des Grundsatzes der **Vertragsspaltung** bewirkt **§ 105 S. 1** bei teilbaren Leistungen (→ Rn. 5), von denen vorinsolvenzlich ein Teil an die Masse geleistet wurde (→ Rn. 23), dass Ansprüche auf die Gegenleistung für diesen Teil Insolvenzforderungen bleiben (→ Rn. 28). Von der Erfüllungswahl erfasst und in den Rang von Masseforderung bzw. Masseverbindlichkeit erhoben sind nur die Leistungen, die ab Verfahrenseröffnung von der Masse erbracht werden und für welche dieser auch die entsprechende Gegenleistung zukommen soll (→ Rn. 29). So wird zum Schutz der Masse sichergestellt, dass ein Erfüllungsverlangen mit den daraus entstehenden Masseverbindlichkeiten nur für die Zukunft wirkt und dass Rückstände aus der Zeit vor Verfahrenseröffnung Insolvenzforderungen sind und die Masse nicht übermäßig belasten. **§ 105 S. 2** stellt zudem klar, dass der Vertragspartner **keine Rückgabe** seiner erbrachten Teilleistung aus der Masse fordern kann, um etwaige Verluste zu kompensieren (→ Rn. 34).

Übersicht

	Rn.		Rn.
A. Normzweck und Systematik	1	I. Vertragsspaltung (S. 1)	27
B. Tatbestand	4	II. Rückforderungsausschluss für vorinsolvenzlich erbrachte Leistungen (S. 2)	34
I. Teilbarkeit geschuldeter Leistungen	5		
1. Teilbarkeit als allgemeines Prinzip	5	D. Verhältnis zu anderen Vorschriften	37
2. Fallgruppen teilbarer Leistungen	10	I. Unabdingbarkeit (§ 119)	37
3. Unteilbare Leistungen	21	II. Entsprechende Regelung für fortbestehende Dauerschuldverhältnisse (§ 108 Abs. 3)	38
II. Vorinsolvenzliche Teilleistung des Vertragspartners	23		
C. Rechtsfolgen	26	III. Vertragsteilung bei Masseunzulänglichkeit	39

A. Normzweck und Systematik

1 § 105 soll die **Unternehmensfortführung** in der Insolvenz durch den Fortbestand wichtiger Verträge erleichtern. Die Gesetzesbegründung hat hierbei vor allem **wichtige Versorgungsverträge** wie die Lieferung von Waren und Energie vor Augen (RegE BT-Drs. 12/2443, 146), ohne jedoch hierauf beschränkt zu sein. Wenn der Verwalter für diese Verträge gem. § 103 Erfüllung wählt, stellt § 105 sicher, dass das Erfüllungsverlangen bei teilbaren Leistungen nur für die Zukunft wirkt, ohne dass die Masse für die vor Verfahrenseröffnung bereits erhaltenen Teilleistungen eine noch ausstehende Gegenleistung erbringen muss. Die Teilungsanordnung des § 105 ermöglicht es daher dem Verwalter, diese Verträge für die Zukunft ohne das **Risiko** fortzusetzen, die Masse mit unter Umständen noch nicht überschaubaren Ansprüchen aus der **Vergangenheit** zu belasten. Gegenüber sonst unter Umständen notwendigen Neuverhandlungen bewahrt § 105 die dabei bestehenden unter Umständen günstigeren Konditionen (Braun/Kroth § 105 Rn. 13). Vor diesem Hintergrund erleichtert § 105 die Ausübung des Erfüllungswahlrechts und ist insoweit Ausfluss des **Masseschutzes** (RSZ InsO/Zeuner Rn. 1; K. Schmidt InsO/Ringstmeier Rn. 1). Die **Kontinuitätsinteressen** des solventen Vertragspartners sollen nur für die Zukunft geschützt werden (BGH WM 2020, 391 (395)). Die Vertragsspaltung, die sich ausdrücklich in § 105 S. 2 und § 108 Abs. 3 niedergeschlagen hat, kann heute als anerkannter und **allgemeiner Rechtsgedanke** der §§ 103 ff. bezeichnet werden.

1.1 Der Rechtsgedanke einer Vertragsspaltung war bereits in § 36 Abs. 2 S. 1 VergleichsO enthalten. Der KO hingegen war eine ausdrückliche Regelung dazu fremd (Uhlenbruck/Knof Rn. 1). Hier ging die **frühe Rechtsprechung** lange Zeit von einem „Alles-oder-Nichts-Prinzip" aus, bei dem eine Erfüllungswahl den gesamten Vertrag erfasste und insbesondere bei Dauerschuldverhältnissen auch der Masse die Pflicht zu Gegenleistungen für vorinsolvenzlich bereits an die Masse geleistete (Teil-)Leistungen des Vertragspartners aufbürdete (BGH NJW 1986, 1496 (1497); → § 103 Rn. 6.1). Das brachte für die Masse, die bei Erfüllungswahl auch Vorleistungen des Vertragspartners aus der Zeit vor Verfahrenseröffnung vergüten musste, erhebliche Belastungen. Zudem führte dies zu einer Besserstellung von Vertragsgläubigern gegenüber anderen Gläubigern für deren vorinsolvenzliche Forderungen (K. Schmidt InsO/Ringstmeier Rn. 1). Nicht selten sahen sich Insolvenzverwalter, vor allem wenn sie das Ausmaß der Rückstände noch nicht überblicken konnten, vorsorglich zu Erfüllungsablehnung und zeitaufwendigen Neuverhandlungen gezwungen, die regelmäßig schlechtere Konditionen brachten. Als Ansatz zur Abhilfe versuchte die Rechtsprechung, bei Energieversorgungsverträgen über die Konstruktion von Wiederkehrschuldverhältnissen als Kette wiederholter Einzelverträge ähnliche Ergebnisse wie bei einer Vertragsspaltung zu erzielen, indem die Erfüllungswahl nur zukünftige Einzelverträge erfasste (RegE BT-Drs. 12/2443, 145). Hierfür besteht jedenfalls aus insolvenzrechtlicher Sicht heute kein Bedürfnis mehr.

Für den **Schutz des faktischen Synallagmas** erhält der **Vertragspartner** bei Erfüllungswahl für die Zeit ab Verfahrenseröffnung die volle Gegenleistung für seine noch zu erbringende Leistung. Für die Zeit davor ist er mit seinen Ansprüchen für bereits erbrachte Leistungen nur Insolvenzgläubiger (RegE BT-Drs. 12/2443, 145 f.). Im Ergebnis ist der Vertragspartner damit für den vorinsolvenzlichen Zeitraum unabhängig von der Erfüllungswahl auf die Quote verwiesen (→ § 103 Rn. 84). 2

Aus Sicht des Vertragspartners stellt sich die Vertragsspaltung oft als Belastung dar. Soweit sie seine **Kalkulationsgrundlage in Frage stellt,** wenn er seine Leistung weiter erbringen muss, für den bereits erbrachten Teil seine Gegenleistung aber nur iHd Quote erhält, teilt er das Schicksal aller Gläubiger, bei denen sich das allgemeine Vorleistungsrisiko verwirklicht (Braun/Kroth Rn. 8; RSZ InsO/Zeuner Rn. 6). Zur **Absicherung** gegen potenzielle Insolvenzsituationen kann der Vertragspartner (unter Beachtung etwaiger Anfechtungsmöglichkeiten) versuchen, das Ausmaß seiner eigenen Vorleistungen zu verringern, zeitnahe Abschlagszahlungen zu vereinbaren und sich Sicherheiten bestellen zu lassen. 2.1

§ 105 S. 2 enthält die Klarstellung, dass der Vertragspartner **keine Rückgabe** seiner erbrachten Teilleistung aus der Masse fordern kann, um etwaige Verluste zu kompensieren, auch nicht im Falle eines bestehenden Rücktrittsrechts (RegE BT-Drs. 12/2443, 146). 3

B. Tatbestand

Die von § 105 angeordnete Vertragsspaltung in einen vorinsolvenzlichen und einen nachinsolvenzlichen Vertragteil setzt voraus, dass die geschuldeten Leistungen teilbar sind (→ Rn. 5) und der Vertragspartner einen Teil seiner Leistungen zum Zeitpunkt der Verfahrenseröffnung bereits erbracht hat (→ Rn. 23). Mit auf die bereits erbrachten Leistungen anteilig entfallenden Gegenleistungsansprüchen ist der Vertragspartner Insolvenzgläubiger. Eine Erfüllungswahl erfasst demgegenüber nur die Leistungen und Gegenleistungen, die nach Verfahrenseröffnung noch zu erbringen sind. 4

I. Teilbarkeit geschuldeter Leistungen

1. Teilbarkeit als allgemeines Prinzip

§ 105 ist grundsätzlich anwendbar auf Leistungspflichten **aller Vertragsverhältnisse** (BAG NJW 2010, 2154 (2157)). Dabei ist es unerheblich, ob der Vertrag die Lieferung von Waren oder Erbringung von Dienstleistungen durch Vertragspartner vorsieht oder der Vertragspartner für Leistungen der Masse zahlt. Auch auf die Rolle eines Vertrages für die konkrete Unternehmensfortführung kommt es nicht an. In allen diesen Fällen findet § 105 Anwendung; eine Beschränkung auf die in der Gesetzesbegründung erwähnten Fälle von Versorgungsleistungen an die Masse in der Unternehmensinsolvenz ist kein Tatbestandsmerkmal. 5

Da die Teilungsanordnung des § 105 auf dem Erfüllungswahlrecht § 103 aufsetzt, darf der Vertrag **nicht einseitig vollständig erfüllt** sein, da es sonst schon an einem beidseitig noch unerfüllten Teil des Vertrages fehlt, auf welchen das Erfüllungswahlrecht überhaupt erst Anwendung findet (vgl. BAG ZInsO 2012, 450). Auf **mehrere rechtlich selbständige** Verträge findet § 105 keine vertragsübergreifende Anwendung. Den Parteien steht es frei, ihren Leistungsaustausch in verschiedenen Verträgen zu regeln, die insolvenzrechtlich dann jeweils gesondert zu behandeln sind. 6

7 Wie es auch schon im Wortlaut zum Ausdruck kommt, müssen **beide** gegenseitig geschuldeten Leistungen **teilbar** sein (BGH NZI 2002, 375 (376)). Ist auch nur eine der beiden unteilbar, so gilt das frühere „Alles-oder-Nichts-Prinzip", unter dem die Erfüllungswahl den gesamten Vertrag erfasst (K. Schmidt InsO/Ringstmeier Rn. 6). Im Regelfall werden sich Fragen der Teilbarkeit bei entgeltlichen Leistungen nur für eine der Leistung stellen, denn eine Gegenleistung in Geld ist stets teilbar.

8 Die Teilbarkeit der geschuldeten Leistungen ist eher **Regelfall** als Ausnahme. Das Erfordernis der Teilbarkeit ist nach heutigem Verständnis **weit auszulegen.** Bezugspunkt ist der konkrete unter dem Vertrag jeweils **geschuldete Leistungsgegenstand.** Dieser ist regelmäßig teilbar, wenn sich die vor und nach Eröffnung des Insolvenzverfahrens erbrachten Leistungen **feststellen und bewerten** lassen (BGH NZI 2002, 375 (376); BAG NJW 2010, 2154 (2157); Braun/Kroth Rn. 4; RSZ InsO/Zeuner Rn. 3; K. Schmidt InsO/Ringstmeier Rn. 8). Maßstab hierfür ist das Verhältnis der vom Vertragspartner vorinsolvenzlich erbrachten Teilleistung zur geschuldeten Gesamtleistung. Dieses Verhältnis muss bestimmbar sein, denn nach ihm richtet sich die von § 105 als Rechtsfolge angeordnete Aufteilung der Gegenleistungsansprüche. Die Gleichartigkeit der Teilleistungen (wie etwa bei Sukzessivlieferungen) ist für die Teilbarkeit nicht notwendig (Uhlenbruck/Knof Rn. 8).

9 Die Feststellung und Bewertung einer Teilleistung in Relation zur Gesamtleistung kann im Einzelfall auf praktische Schwierigkeiten stoßen. Als **Maßstab** zieht die Rechtsprechung die zur Minderung (**§ 441 BGB**) und zur Bestellerkündigung im Werkvertrag (**§ 649 BGB**) entwickelten **Grundsätze** heran (vgl. für einen Bauvertrag BGH NZI 2002, 375; RSZ InsO/Zeuner Rn. 3; K. Schmidt InsO/Ringstmeier Rn. 22). Es genügt, wenn sich der Wert durch Sachverständigengutachten ermitteln lässt (BGH NZI 2002, 375 (376); BAG NJW 2010, 2154 (2157); K. Schmidt InsO/Ringstmeier Rn. 8).

2. Fallgruppen teilbarer Leistungen

10 Leistungen können in verschiedener Hinsicht teilbar sein. Dauerschuldverhältnisse lassen sich **zeitlich** in vor und nach Verfahrenseröffnung entfallende Leistungszeiträume aufteilen. Bei Verträgen über die Lieferung wiederkehrender Leistungen bzw. Einzelleistungen können auf die Zeit vor und nach Verfahrenseröffnung entfallende Leistungen auch **quantitativ** unterschieden werden. Im Fall von Schlechtleistungen vor Verfahrenseröffnung kann von einer **qualitativen** Teilleistung gesprochen werden, die teilweise vor Verfahrenseröffnung (mangelhaft) und teilweise danach (Mangelbeseitigung) erbracht wird. Bei gemischten Verträgen kommt eine Bestimmung der Teilleistungen zudem **typologisch** in Betracht, wie etwa beim Kauf einer zu errichtenden Immobilie vom Bauträger, der in einen werkvertraglichen Teil (§ 103) und einen kaufvertraglichen Teil (bei Vormerkung § 107) getrennt werden kann. Diese Fallgruppen bilden keine trennscharfen Abgrenzungen und werden sich häufig überschneiden.

11 a) **Zeitliche und quantitative Teilbarkeit.** Klassischer Fall des § 105 sind **Dauerschuldverhältnisse,** die sich je nach betroffenen Erfüllungszeiträumen in einen Teil vor und nach Verfahrenseröffnung aufspalten lassen (vgl. BGH NZI 2012, 76 (77); K. Schmidt InsO/Ringstmeier Rn. 23). Bei Dauerschuldverhältnissen mit zu erbringenden Leistungen oder Überlassung von Gegenständen an den Schuldner oder Zugangsgewährung ist die Leistung an den Schuldner in der Regel mit Zeitablauf erbracht.

12 Zu solchen Dauerschuldverhältnissen zählen etwa **Versorgungsverträge,** wie Wasser-, Wärme oder Energielieferungsverträge (LG Rostock ZIP 2007, 2379 = BeckRS 2007, 15966); ferner die heutzutage ebenso bedeutsamen **IT Service-**Verträge mit Dauerschuldcharakter in all ihrer Vielgestaltigkeit. Neben Nutzungsverträgen über Internetzugang (Access Providing) und das Zurverfügungstellen von externem Speicherplatz (Host Providing) haben in jüngerer Zeit Verträge über das Zurverfügungstellen von externer Software über eine Cloud erhebliche Bedeutung erlangt („Software as a Service"; „Application Service Providing"). Diese Verträge können je nach Ausgestaltung dienst- oder mietvertraglicher Natur sein und sind zu unterscheiden von klassischen Softwarelizenzverträgen. In Service-Modellen erbringt der Anbieter laufende Dienstleistungen; im klassischen Softwarevertrieb betreibt der Nutzer die Software vor Ort und benötigt dafür entsprechende Lizenzen.

13 Als Dauerschuldverhältnisse teilbar sind ferner **Miet- und Pachtverhältnisse** über bewegliche Sachen sowie **Leasingverträge** über diese, gleich ob es sich um Operatingleasing oder Finanzierungsleasing handelt (Braun/Kroth Rn. 11; → § 108 Rn. 8). Soweit Immobilienmietverträge § 108 Abs. 1 unterfallen, findet sich auch dort in § 108 Abs. 3 das allgemeine Prinzip der Vertragsspaltung wieder (→ § 108 Rn. 43). Der mietvertragliche Wiederherstellungsanspruch ist teilbar, wenn der Zustand teilweise vor und nach Verfahrenseröffnung verursacht wurde und jede

Veränderung für sich auch Gegenstand eines eigenständigen Wiederherstellungsanspruches sein könnte (OLG Brandenburg ZIP 2015, 1790 = BeckRS 2015, 11640).

Teilbar sind **Arbeits- und Dienstverträge** mitsamt aller damit verbundenen Leistungen (vgl. BGH NZI 2008, 185 (186); zu Arbeitsverträgen eingehend § 113) und **Beraterverträge** (BAG NJW 2010, 2154 (2156); vgl. zu Abschlussprüfern OLG Frankfurt a. M. DStR 2021, 1490). Die Folgen der allgemeinen Vertragsspaltung ergeben sich bei den § 108 Abs. 1 unterfallenden Verträgen wieder aus § 108 Abs. 3. **Versicherungsverträge** sind als Dauerschuldverhältnisse ebenso teilbar, sodass der Verwalter für die Zeit ab Verfahrenseröffnung Versicherungsschutz verlangen kann, wenn er die ab diesem Zeitraum anfallenden Prämien zahlt, auch wenn der Schuldner schon für die Zeit davor im Verzug war (OLG Düsseldorf NJW-RR 2006, 494 (495)). **Lizenzverträge** sind grundsätzlich ebenso teilbar (RSZ InsO/Zeuner Rn. 4); dies spielt vor allem eine Rolle, wenn diese bereits durch Einräumung dinglicher Nutzungsrechte erfüllt wurden (→ § 108 Rn. 73) und das Schicksal sonstiger Haupt- und Nebenleistungen im Raum steht. 14

Quantitativ teilbar sind **Sukzessivlieferungen,** unabhängig davon, ob diese ein festes Enddatum haben oder ohne ein solches als „echtes" unbefristetes Dauerschuldverhältnis ausgestaltet sind oder ihr Leistungsprogramm als Kauf in Sukzessivlieferungen einer bestimmten Warenzahl vereinbart ist (RSZ InsO/Zeuner Rn. 3 f.). 15

Das frühere insbesondere für Versorgungsverträge diskutierte Institut der **Wiederkehrschuldverhältnisse** als Kette wiederholter Einzelverträge, bei dem die Erfüllungswahl nur zukünftige Einzelverträge erfasste (RegE BT-Drs. 12/2443, 145), ist heutzutage für § 105 unerheblich, weil diese Sachverhalte von § 105 erfasst werden (RSZ InsO/Zeuner Rn. 4; unter Rückgriff hierauf aber AG Krefeld BeckRS 2014, 01996). 15.1

Je nach Leistungsfortschritt quantitativ teilbar sind **Bau- und Werkleistungen** (BGH NZI 2002, 375 (376); K. Schmidt InsO/Ringstmeier Rn. 22). Bei einem Werkvertrag über Bauleistungen erfolgt die Teilung entsprechend der Regeln, die für eine Kündigung aus wichtigem Grund entwickelt wurden (BGH NZI 2002, 375). 16

Die Maßstäbe der Vornahme der Leistungen iSd § 105 sind nicht deckungsgleich mit der steuerrechtlichen Beurteilung des Entstehungszeitpunktes der auf diese entfallenden **Umsatzsteuer.** Nach Ansicht des BFH wird eine Werklieferung – wenn keine Teilleistungen iSd § 13 Abs. 1 Nr. 1 lit. a S. 2 und 3 UStG gesondert vereinbart worden sind – erst mit der Leistungserbringung nach Verfahrenseröffnung ausgeführt (BFH NZI 2009, 662; zu steuerrechtlichen Folgefragen eingehend Braun/Kroth Rn. 15 ff.). Diese steuerrechtlichen Wertungen sind nicht ohne weiteres auf das Insolvenzrecht übertragbar. 16.1

Darlehen sind nach hM bezüglich Überlassung und Zinsgewährung teilbar (Uhlenbruck/Knof Rn. 23; Braun/Kroth Rn. 14 ff.; K. Schmidt InsO/Ringstmeier Rn. 2; aA Obermüller Insolvenzrecht in der Bankpraxis, 9. Aufl. 2016, Rn. 5.275). Nach Verfahrenseröffnung bei weiterer Überlassung zu der Masse auflaufende Zinsen sind Masseforderungen; ebenso im (seltenen) Falle einer (Rest-)Valutierung nach Eröffnung der auf diese Valuta entfallende Rückzahlungsanspruch. 17

b) Qualitative Teilbarkeit. Inwiefern die teilweise Nichterfüllung vertraglicher Pflichten bei **mangelhafter Leistung** zu einer sog. qualitativen Teilbarkeit des Vertrages führen kann, ist bislang noch nicht endgültig geklärt. Ausgangspunkt der Überlegungen ist, dass die Lieferung einer mangelhaften Kaufsache keine Erfüllung darstellt, da der Verkäufer dem Käufer die Sache frei von Sach- und Rechtsmängeln zu verschaffen hat (§ 433 Abs. 1 S. 2 BGB; § 651 BGB). Eine mangelhafte Leistung ist keine vollständige Erfüllung in insolvenzrechtlichen Sinn (BGH WM 2019, 1174 (1175) jedenfalls für beseitigungsfähige Mängel). Gleiches gilt für den Werkvertrag (§ 633 Abs. 1 BGB). Ob dies auch insolvenzrechtlich zur Vertragsteilung führt, ist umstritten. Überwiegend wird eine mangelhafte Leistung als **Teilleistung** gewertet, weil sich feststellen lässt, dass diese hinter der Pflicht zur mangelfreien Leistung (vgl. § 433 Abs. 1 S. 2 BGB, § 633 Abs. 1 BGB) zurückbleibt und sich ihr mangelbedingter Minderwert auch bewerten lässt (Uhlenbruck/Knof Rn. 21; MüKoInsO/Huber Rn. 16; K. Schmidt InsO/Ringstmeier Rn. 20; aA HK-InsO/ Marotzke Rn. 16). Für die Anerkennung einer qualitativen Teilleistung im Mangelfall spricht, dass sich auch hier das Vorleistungsrisiko verwirklicht. Der Erwerber einer mangelhaften Sache ist mit etwaigen Mängelbeseitigungs- oder Schadenersatzansprüchen auf die Quote zu verweisen. Hat er an sich noch nicht voll geleistet, kann er dem weiteren Erfüllungsverlangen wegen der Mängel auch § 320 BGB entgegensetzen. 18

Hat der **Vertragspartner als Käufer einer mangelhaften Sache** an den insolventen Verkäufer bereits für eine mangelhafte Lieferung **voll gezahlt,** ist für §§ 103, 105 von vornherein kein Raum, da der Käufer voll erfüllt hat und etwaige Nacherfüllungsansprüche nur als Sekundäransprüche im Rang von 18.1

InsO § 105   Dritter Teil. Wirkungen der Eröffnung des Insolvenzverfahrens

Insolvenzforderungen zur Tabelle anmelden kann (BGH NZI 2006, 575 (576) für einen Nacherfüllungsanspruch beim Bauvertrag). Der Verwalter wird hier nicht Erfüllung wählen. Eine **Nachfristsetzung,** die nicht bereits vorinsolvenzlich gegenüber dem Schuldner ausgesprochen wurde, ist nach Eröffnung gegenüber dem Insolvenzverwalter zu erklären. Die Rechtsfolgen der Nachfristsetzung (zB Auslösung eines Sicherungsfalls für Erfüllungsbürgschaften) werden unabhängig davon herbeigeführt, ob der Verwalter dem Verlangen aus insolvenzrechtlichen Gründen überhaupt entsprechen darf (BGH NJW 2010, 1284 (1287)).

18.2   Hat der **Käufer noch nicht gezahlt,** schuldet er – unabhängig von einer Erfüllungswahl – der Masse den Kaufpreis abzüglich des Mangelunwertes. Die Differenz zum vollen Kaufpreis kann der Verwalter nur dann geltend machen, wenn er Erfüllung wählt und die Masse damit auch zur Mangelbeseitigung verpflichtet (vgl. BGH NZI 2006, 575 (576) für einen Bauvertrag). Wählt der Verwalter Erfüllung, um den gesamten Kaufpreis zur Masse zu ziehen, ist er an den gesamten Vertrag gebunden und muss auch nachbessern.

18.3   Im Fall einer **mangelhaften Teillieferung,** wenn der Verwalter für den Rest des Vertrages Erfüllung wählt, kommt § 105 zum Tragen und erfordert eine genaue Differenzierung, welche Leistungen worauf erbracht wurden. Die geschuldete Leistung ist „qualitativ" teilbar, wenn der Wert der Sache in mangelhaftem und mangelfreiem Zustand verglichen werden kann (K. Schmidt InsO/Ringstmeier Rn. 20; MüKoInsO/Huber Rn. 16). Soweit der Käufer für die mangelhafte Teillieferung **bereits gezahlt** und insoweit in Vorleistung für den Erwerb vermeintlich mangelfreien Eigentums gegangen ist, kann er Mängelansprüche nur als Insolvenzforderung geltend machen. Dies gilt sowohl, wenn der Verwalter die weitere Erfüllung ablehnt, als auch dann, wenn er Erfüllung des Kaufvertrages im Übrigen wählt, denn letztere erstreckt sich nur auf beidseitig noch unerfüllte Pflichten. Vom Erfüllungsverlangen sind jedenfalls weitere noch nicht bezahlte Lieferungen erfasst, die Mängelbeseitigung aber nur dann, wenn der Käufer einen dem Mangelunwert entsprechenden Teil des Kaufpreises noch nicht gezahlt und bspw. zur Sicherung gerade für den Mangelfall einbehalten hat.

18.4   Hat der **Vertragspartner als Verkäufer mangelhaft geliefert,** kommt es ebenfalls darauf an, inwiefern der insolvente Käufer bereits gezahlt hat und sich beidseitig noch unerfüllte Pflichten gegenüberstehen. Bei **vollständiger Zahlung** kommen §§ 103, 105 nicht zur Anwendung; der Verwalter kann ohne weiteres und unabhängig von einer Erfüllungswahl die Mangelbeseitigung fordern.

18.5   Hat der insolvente Käufer den Kaufpreis **noch nicht gezahlt,** erfasst das Erfüllungsverlangen wiederum nur die beidseitig unerfüllten Pflichten, wie sie sich bei Verfahrenseröffnung gegenüberstehen. Aufgrund der Erfüllungswahl schuldet die Masse im Rang des § 55 Abs. 1 Nr. 2 nicht den vollen Kaufpreis, sondern nur die Differenz zwischen Mangelminderwert und Kaufpreis als Gegenleistung für die Beseitigung des Mangels. Die Differenz zum vollen Kaufpreis muss der – insoweit vorleistende – Verkäufer als Insolvenzforderung anmelden.

18.6   Die vorgenannten Grundsätze gelten jedenfalls für Sachmängel, dürften aber grundsätzlich auch auf **Rechtsmängel** übertragbar sein, wenn die Voraussetzungen der Teilbarkeit vorliegen. Dies wird durch die Entscheidung BGH NZI 2006, 350 (351) nicht in Frage gestellt, welche die Verpflichtung des Verkäufers zur Verschaffung des Eigentums am Kaufgegenstand frei von Rechtsmängeln als nicht teilbar in eine Pflicht zur Eigentumsverschaffung und eine Pflicht zur Freiheit von Drittrechten ansieht. Hierbei handelt es sich um eine nicht ohne Weiteres auf § 105 übertragbare Entscheidung zu § 106. Die dortige Vormerkungswirkung erfasst auch später begründete entgegenstehende Rechte Dritter, sodass für eine Spaltung der Erfüllungswahl kein Raum bleibt (→ § 106 Rn. 39). Ist ein Werk insgesamt dermaßen **komplett mangelhaft,** dass sich wirtschaftlich mangelhafte und mangelfreie Leistungen nicht unterscheiden lassen (zB dass es keinen werthaltigen mangelfreien Teil gibt), kommt eine Teilung nach § 105 nicht in Betracht (vgl. BGH NJW 2016, 711 (712)).

19   c) **Typologische Teilbarkeit.** Bei **typengemischten** Verträgen kommt eine Aufteilung in verschiedene typologisch unterschiedliche Leistungen in Betracht. Unabhängig davon, ob dies ein Fall des § 105 ist, kommt hier der allgemeine Grundsatz der **Vertragsspaltung** zum Tragen. Bisweilen stellt die Rechtsprechung bei gemischten Verträgen iRd § 108 Abs. 3 auch auf eine Schwerpunktbetrachtung ab (vgl. → § 108 Rn. 9, Rn. 14, Rn. 19). Deren Verhältnis zur Vertragsspaltung ist noch nicht abschließend geklärt (für eine Vertragsspaltung nur bei § 105, nicht aber bei § 108 Abs. 3 MüKoInsO/Hoffmann Rn. 155 f.). Tendenziell sollte nach hier vertretener Ansicht der Vertragsspaltung der Vorzug gegeben werden, soweit die Leistungen teilbar sind, die Teile jeweils eigenständiges Gewicht besitzen und für den Leistungsempfänger nach den objektiven Umständen einzeln nicht unverwertbar sind.

19.1   So wird ein Kaufvertrag mit einem **Bauträger** über ein erst **zu errichtendes Gebäude** in einen Grundstückskaufvertrag einerseits sowie einen Werkvertrag über die Errichtung des Gebäudes andererseits aufgespalten. Bedeutung hat diese Differenzierung vor allem für § 106, der den durch Auflassungsvormerkung geschützten Übereignungsanspruch insolvenzfest ausgestaltet, nicht aber den Anspruch auf Errichtung des Gebäudes. Auch bei einem erfüllten Immobilienkaufvertrag mit **Rücktrittsoption** kommt § 103 nicht zur Anwendung (BGH NZI 2018, 22 Rn. 16).

Teilbare Leistungen **§ 105 InsO**

Soweit der **Leasingvertrag** zum Laufzeitende den Erwerb des Leasinggutes vorsieht, etwa durch ein 19.2
Andienungsrecht des Leasinggebers bzw. eine **Kaufoption** des Leasingnehmers (oder eine Andienpflicht
des Leasinggebers unter vereinbarten Bedingungen), besteht die Pflicht zur Nutzungsüberlassung gem. § 108
Abs. 1 S. 1 fort, die Andienpflichten unterfallen jedoch § 103 (BGH NJW 1990, 1113). Auch beim
Mobilienleasing kann der Verwalter über die Erfüllung des Leasingvertrages und die Andienung an den
Leasingnehmer unabhängig voneinander entscheiden (OLG Düsseldorf NZI 2010, 21 (22)).

Ein **Softwarelizenzvertrag** mit – insbesondere bei Individualsoftware bedeutsamen – Wartungs- und 19.3
Weiterentwicklungspflichten lässt sich im Insolvenzfall in Lizenz und Wartung aufspalten, sodass die Lizenz
unter Umständen unabhängig vom Schicksal der Wartungspflichten zu beurteilen ist und als dingliche
Lizenz Bestand haben kann (streitig → § 108 Rn. 85).

Nicht unter § 105 fällt eine **Teilung der Anspruchsfolgen**, welche die Rechtsprechung in einigen 19.4
Fällen der Anspruchskonkurrenz annimmt, wenn nicht der gesamte Anspruchsumfang insolvenzfest ist. So
teilt etwa der BGH einen mietvertraglichen Herausgabeanspruch nach Beendigung des Mietverhältnisses
in einen insolvenzfesten Rückgabeanspruch im Umfang des § 985 BGB und einen darüber hinausgehenden,
im Insolvenzfall nicht durchsetzbaren Herstellungsanspruch (zB auf Entfernung von Gegenständen, Reparaturen, vgl. BGH NZI 2001, 531 (532)).

Eine Teilbarkeit kann auch in Betracht kommen, wenn nur **Teile** des Vertrages dem **Massebeschlag** 19.5
unterfallen (dann Anwendung der §§ 103 ff.) und andere Teile nicht. Ein Krankheitskostenversicherungsvertrag ist unter den Voraussetzungen des § 850b Abs. 1 Nr. 4 ZPO insgesamt nicht massebezogen; eine
Teilung und gesonderte Behandlung der Zeiträume vor und nach Verfahrenseröffnung kommt nicht in
Betracht (OLG Schleswig ZIP 2015, 1040 = BeckRS 2015, 02951).

d) Prozess- und Verfahrenskosten. Für einen nach Verfahrenseröffnung und Aussetzung 20
vom Verwalter wieder aufgenommenen Prozess (§ 240 ZPO) sind die Kosten nach dem Grundsatz
der **Kosteneinheit** in einer Instanz grundsätzlich nicht gem. § 105 (analog) danach teilbar, ob
diese vor oder nach Verfahrenseröffnung angefallen sind (BGH NZI 2007, 104; BAG NJW 2010,
2154 (2156); OLG Bremen ZInsO 2005, 1219; OLG Schleswig LSK 2006, 010416). Dies gilt
auch, wenn die Kosten der ersten Instanz angefallen sind und der Verwalter den Rechtsstreit in
einer höheren Instanz aufnimmt (Uhlenbruck/Knof Rn. 25; aA OLG Rostock ZIP 2001, 2145;
BFH BeckRS 2002, 25000999; FG Münster BeckRS 2010, 26030085; folgt man dem, müsste
die Kostenteilung zumindest mit tenoriert werden, Andres/Leithaus/Andres Rn. 4). Anders ist es
nach Ansicht des LAG Köln (BeckRS 2018, 22985), wenn in einem Rechtsstreit mit verschiedenen
Streitgegenständen über einen Teil bereits vorinsolvenzlich durch rechtskräftiges Teil- und Endurteil gem. §§ 301, 318 ZPO entschieden wurde; die hierauf entfallenden Kosten sind Insolvenzforderungen. Bei **sonstigen Kosten** bzw. **Vergütungsansprüchen** in über die Insolvenzeröffnung
hinweg geführten behördlichen und sonstigen **Verfahren** ist im Einzelfall – je nach Ausgestaltung
der Durchführung und Vergütungsregelungen – danach zu differenzieren, ob es sich um ein
einheitliches Verfahren handelt, mit dessen Abschluss Vergütungsansprüche erst entstehen (so BAG
BeckRS 2019, 39639 für die Kosten des einheitlichen Einigungsstellenverfahrens gem. § 76a
BetrVG; aA Kolbe/Bottor NZI 2018, 830 (832)) oder nicht. Es gibt keinen allgemeinen Grundsatz,
dass die Kosten einer im Interesse der Gläubiger vor Verfahrenseröffnung erfolgenden Verwaltung
des Schuldnervermögens durch eine behördlich oder gerichtlich eingesetzte Vertrauensperson
Masseverbindlichkeiten sind (BGH WM 2020, 391 (392)).

3. Unteilbare Leistungen

Logisch unteilbar sind zunächst Leistungen, die nur aus einem **einzigen Gegenstand** bestehen 21
(BGH NZI 2013, 296 zum Grundstückskaufvertrag). Ferner werden als Fall der Unteilbarkeit
höchstpersönliche Leistungen des Schuldners gesehen (RSZ InsO/Zeuner Rn. 5), die jedoch
unter Umständen ohnehin schon mangels Massebezugs außerhalb des Anwendungsbereiches des
§ 103 liegen können (→ § 103 Rn. 18). Die Unteilbarkeit kann zudem auf wirtschaftlichen oder
rechtlichen Gründen beruhen. Wirtschaftlich unteilbar ist etwa die Lieferung von **Unikaten im
Funktionszusammenhang**, von denen ein Teil allein zwangsläufig wertlos ist (K. Schmidt InsO/
Ringstmeier Rn. 11). Beispiel für die Unteilbarkeit aus **Rechtsgründen** ist nach Ansicht des
BAG die Aufteilung des Urlaubsanspruchs auf die Zeit vor und nach Verfahrenseröffnung, die mit
arbeitsrechtlichen Grundsätzen unvereinbar sei (BAG NZA 2007, 696 (697)).

Die Unteilbarkeit auch nur einer Leistung führt zur Unteilbarkeit der synallagmatischen Leis- 22
tungsbeziehung und damit zur Unanwendbarkeit des § 105. Eine Vertragsspaltung ist in diesem
Fall nicht möglich.

II. Vorinsolvenzliche Teilleistung des Vertragspartners

23 Der Vertragspartner muss die ihm obliegende Leistung zur Zeit der Eröffnung des Insolvenzverfahrens bereits teilweise erbracht haben. Da § 105 auf § 103 aufsetzt, darf für diese Vorleistung noch **keine** dieser Leistung voll entsprechende **Gegenleistung** aus der Masse geflossen sein. Decken sich Teilleistung des Vertragspartners und des Schuldners, so wird dieser Leistungsaustausch von der Verfahrenseröffnung nicht berührt, und nur der übrige beidseitig unerfüllte Vertragsteil unterfällt dem Erfüllungswahlrecht. Insoweit muss es sich zumindest teilweise um eine Vorleistung des Vertragspartners handeln. Auch wenn bereits Gegenleistungen aus der Masse geflossen sind, kann § 105 bei einer "**überschießenden**" **Vorleistung** des Vertragspartners anwendbar sein (Braun/Kroth Rn. 6; RSZ InsO/Zeuner Rn. 3; eingehend → § 103 Rn. 87). Bei Dauerschuldverhältnissen ist maßgeblich, auf welche Zeitabschnitte bezogen die Leistungen jeweils erbracht werden (→ § 108 Rn. 43).

24 Ferner muss die Teilleistung in das **Vermögen des Schuldners übergegangen** sein (vgl. auch S. 2 hinsichtlich des Rückforderungsausschlusses). Dafür ist im Regelfall nicht nur die Vornahme der Leistungshandlung, sondern auch der Leistungserfolg erforderlich. So ist etwa die bloße Herstellung eines Werkes vor Übergabe und Übereignung an die Masse keine Teilleistung iSd § 105, da die Masse auf dieses keinen Zugriff hat (K. Schmidt InsO/Ringstmeier Rn. 14; MüKoInsO/Huber Rn. 7).

24.1 Die Annahme, bereits die Herstellung eines Werkes vor Abnahme und Übereignung sei eine Teilleistung, die einen Sachwert schaffe, reicht als solche nicht aus, um bei Erfüllungswahl einen hierauf entfallenden Gegenleistungsteil im Wert der Leistung zur Insolvenzforderung zu machen (aA BGH NZI 2001, 3704 für einen Werklieferungsvertrag nach § 651 BGB aF; dieses Urteil dürfte mit Uhlenbruck/Knof Rn. 20 seit § 651 BGB nF überholt sein).

24.2 Selbst wenn man eine Besitzverschaffung am Werk vor Übereignung als eine Teilleistung ansieht, dürfte diese ohne Eigentumsverschaffung aufgrund des Aussonderungsrechts des Werkunternehmers kaum einen Wert über die Nutzungsmöglichkeit hinaus haben. Der Unternehmer ist nur mit der Nutzungsüberlassung in Vorleistung gegangen. Wählt der Verwalter daher Erfüllung, dürfte im Regelfall das fast vollständige Entgelt zu entrichten sein, Insolvenzforderung wäre allenfalls ein auf die vorinsolvenzliche Nutzungsüberlassung entfallender Wert, sofern deren Wert gesondert feststellbar und bewertbar ist.

25 Die **Beweislast** für den Zeitpunkt der Leistungserbringung liegt bei demjenigen, der sich darauf zu seinem Vorteil beruft. Ist der Vertragspartner oder ein Dritter beweisbelastet, kann den bestreitenden Insolvenzverwalter eine gesteigerte Substanziierungslast treffen, wenn die Umstände des Leistungszeitpunktes in seiner Sphäre liegen (BGH NZI 2002, 375 (378); NZI 2001, 531 (532)).

C. Rechtsfolgen

26 § 105 S. 1 bringt das allgemeine Prinzip der Vertragsspaltung zum Ausdruck (→ Rn. 27), aufgrund dessen der Vertragspartner auch bei Erfüllungswahl die auf seine vorinsolvenzliche Vorleistungen entfallende Gegenleistung nicht im Rang des § 55 Abs. 1 Nr. 2 gegen die Masse geltend machen kann, sondern nur als Insolvenzforderung (→ Rn. 28). § 105 S. 2 stellt klar, dass der Vertragspartner auch keine Rückgabe seiner erbrachten Teilleistung von der Masse verlangen kann (→ Rn. 34).

I. Vertragsspaltung (S. 1)

27 Bei Teilleistungen wird der Vertrag in einen vorinsolvenzlich erfüllten Teil und einen ggf. von der Erfüllungswahl erfassten, beidseitig unerfüllten Teil aufgespalten; § 105 S. 1 stellt dies mit Blick auf die Ansprüche des vorleistenden Vertragspartners deklaratorisch klar (Uhlenbruck/Knof Rn. 3). Das Schicksal der Gegenleistungsansprüche des Vertragspartners hängt somit davon ab, inwieweit sich diese auf bereits vorinsolvenzlich (und mit Vorleistungsrisiko) erbrachte Leistungen oder auf noch nicht erbrachte, von der Erfüllungswahl erfasste Leistungen beziehen.

28 Der auf **vorinsolvenzliche Teilleistungen** an die Masse entfallende **Gegenleistungsanspruch** ist – wie schon nach allgemeinen Grundsätzen (→ § 103 Rn. 84) – **Insolvenzforderung**. Bei Erfüllungswahl ist der vorinsolvenzliche Vertragsteil nicht von der Erfüllungswahl erfasst, da diese nur soweit reicht, wie sich die synallagmatischen Ansprüche beiderseits unerfüllt gegenüberstehen (RSZ InsO/Zeuner Rn. 1; s. auch → § 103 Rn. 87). Die Gegenleistungsansprüche nehmen insoweit auch nicht an der Aufwertung zu Masseverbindlichkeiten teil, wie § 105 S. 1 klarstellt. Bei Erfüllungsablehnung kommt § 105 nicht zum Tragen, da der Vertragspartner gem.

§ 103 Abs. 2 S. 1 ohnehin auf die Geltendmachung von Insolvenzforderungen beschränkt ist (K. Schmidt InsO/Ringstmeier Rn. 29). Damit ist in diesem Fall das Schicksal vorinsolvenzlich bereits erbrachter Teilleistungen **unabhängig von der Erfüllungswahl** (Braun/Kroth Rn. 7).

Im Gegensatz hierzu sind die Ansprüche des Vertragspartners auf die Gegenleistung für solche Teilleistungen, die aufgrund einer Erfüllungswahl **nach Verfahrenseröffnung** an die Masse erbracht werden, **Masseverbindlichkeiten** iSd § 55 Abs. 1 Nr. 2. **29**

Die betragsmäßige **Aufteilung** der jeweiligen Ansprüche bemisst sich nach dem Wert der erbrachten bzw. noch zu erbringenden Teilleistungen im Verhältnis zur geschuldeten Gesamtleistung. Hiernach wird auch die darauf entfallende Gegenleistung anteilig aufgeteilt (K. Schmidt InsO/Ringstmeier Rn. 4). Dauerschuldverhältnisse werden – wie bei § 108 Abs. 3 – zeitanteilig danach aufgeteilt, wann der Masse die Leistung des Vertragspartners zugute gekommen ist (OLG Frankfurt a. M. DStR 2021, 1490 (1493)). Haben die Parteien – wie oft zB in Meilensteinen bei komplexeren Projektentwicklungen – Teilleistungen konkret wertmäßig beziffert, so ist diese wertmäßige **vertragliche Allokation** von Teilleistungen – nicht anders als die Höhe der gesamten Gegenleistung – Ausfluss der Privatautonomie und für den Verwalter bindend. Haben die Parteien keine besonderen Abreden getroffen, muss das Verhältnis ggf. durch Sachverständigengutachten festgestellt und bewertet werden. Ist dies nicht möglich, kommt § 105 nicht zur Anwendung. **30**

Hat der Vertragspartner vorinsolvenzlich die Hälfte der Leistung erbracht, so kann er bei Erfüllungswahl seinen Gegenleistungsanspruch hälftig als Insolvenzforderung anmelden, hälftig als Forderung gegen die Masse geltend machen. Haben die Parteien in ihren Vergütungsabreden den **Wert einer Teilleistung** mit 60 % **vereinbart**, auch wenn deren „objektiver Wert" nur 50 % betragen mag, so ist der Vertragspartner zu 60 % in Vorleistung gegangen. Dementsprechend kann er bei Erfüllungswahl nur 40 % der Gegenleistungsansprüche als Forderung gegen die Masse geltend machen. Das Insolvenzrecht gibt dem Verwalter keine Handhabe, die privatautonom vereinbarte Leistungsbewertung zu ändern. Nichts anderes ergibt sich aus § 119, da § 105 die Aufteilung tatbestandlich voraussetzt und durch die Wertallokation von Teilleistungen nicht beschränkt wird. Allenfalls in Extremfällen, in denen völlig unrealistische Werte spezifisch für den Insolvenzfall angesetzt werden, ist zu prüfen, ob eine solche Gestaltung gegen § 119 verstößt oder Grund zur Insolvenzanfechtung gibt. Anderenfalls ist die vereinbarte kalkulatorische Bewertung von einzelnen Leistungsteilen hinzunehmen. **30.1**

Bei **Dauerschuldverhältnissen** kann klärungsbedürftig sein, wann genau der Masse eine Leistung zugute gekommen ist. Dies gilt insbesondere bei solchen Tätigkeiten, die sich über einen längeren Zeitraum erstrecken, an deren Ende aber erst das eigentlich für den Schuldner verwertbare Ergebnis steht. Nach OLG Frankfurt a. M. DStR 2021, 1490 (1493) gelten für die nach Zeitaufwand vergütete Tätigkeit eines **Abschlussprüfers** keine Besonderheiten, sodass alle Prüfungstätigkeiten vor Verfahrenseröffnung nur als Insolvenzforderung vergütet werden, auch wenn die Prüfung erst nach Verfahrenseröffnung abgeschlossen wird. **30.2**

In Fällen, in denen beidseitige Vorleistungen einander im Wert nicht entsprechen, ist im Ergebnis maßgeblich, welche Vertragspartei eine wertmäßig „überschießende" Leistung vorinsolvenzlich erbracht hat und damit ins Vorleistungsrisiko gegangen ist. Soweit es um eine „überschießende" Vorleistung des Schuldners geht, kann die Masse in diesem Umfang Gegenleistungsansprüche ohne Rücksicht auf die Erfüllungswahl geltend machen. Bei „überschießender" Vorleistung des Vertragspartners übernimmt er das Vorleistungsrisiko und ist darauf verwiesen, den hierauf entfallenden Gegenleistungsanspruch als Insolvenzforderung zur Tabelle anzumelden (→ § 103 Rn. 100). **31**

Dieser Folge kann der Vertragspartner auch **nicht § 320 BGB** entgegenhalten. Abweichend von § 320 Abs. 2 BGB beschränkt § 105 die Einrede auf den Teil des Vertrages, für welchen der Verwalter die Leistung an die Masse verlangt (Jacoby ZIP 2014, 649 (651)). Der Vertragspartner kann sich wegen unerfüllter Gegenleistungsansprüche hinsichtlich des vorinsolvenzlichen Vertragsteils daher auf kein Zurückbehaltungsrecht an den Leistungen berufen, für die der Verwalter Erfüllung verlangt (LG Rostock ZIP 2007, 2379 = BeckRS 2007, 15966; Braun/Kroth Rn. 7; RSZ InsO/Zeuner Rn. 1; K. Schmidt InsO/Ringstmeier Rn. 30). **32**

Diese Vertragsspaltung gilt nicht nur für Erfüllungs-, sondern auch für Sekundäransprüche. So haftet die Masse (wie im Parallelfall des § 108 Abs. 3, → § 108 Rn. 50) nicht auf **Schadenersatz** für einen vor Verfahrenseröffnung vom Schuldner verursachten vertragswidrigen Zustand, sondern nur für solche Zustände, die der Verwalter danach selbst oder durch ihm zuzurechnende Handlungen verursacht (BGH NZI 2001, 531 (532)). **33**

II. Rückforderungsausschluss für vorinsolvenzlich erbrachte Leistungen (S. 2)

34 Der vorleistende Vertragspartner kann wegen der Nichterfüllung seines Anspruchs auf die Gegenleistung nicht verlangen, dass die von ihm erbrachte und in das Vermögen des Schuldners übergegangene Teilleistung aus der Insolvenzmasse zurückgegeben wird. Der von § 105 S. 2 statuierte **Rückforderungsausschluss** setzt sich auch gegenüber etwaigen vertraglichen oder gesetzlichen Rücktrittsrechten durch (FK-InsO/Wegener Rn. 22; Uhlenbruck/Knof Rn. 32; Braun/Kroth Rn. 7; aA mit ähnlichem Ergebnis K. Schmidt InsO/Ringstmeier Rn. 31). Davon unberührt bleiben indes bereits bei Verfahrenseröffnung wirksam ausgeübte Rücktrittsrechte (FK-InsO/Wegener Rn. 24; → § 103 Rn. 103).

34.1 Ein Rücktritt iSd § 323 BGB scheitert ab Verfahrenseröffnung überdies schon mangels fälliger, durchsetzbarer Forderung (BAG NZI 2012, 977 (980); ZInsO 2012, 450; LAG Nds BeckRS 2011, 73473). Sofern man dies anders sieht, ordnet jedenfalls § 105 S. 2 den Ausschluss eines Rücktrittsrechts an.

35 Eine Rückforderung bleibt jedoch möglich, soweit die Leistung (noch) nicht **in das Vermögen des Schuldners** gelangt ist, wie es § 105 S. 2 ausdrücklich voraussetzt. Damit ist die Inhaberschaft am **Vollrecht** gemeint. Ist etwa im Falle eines Eigentumsvorbehalts nur der Besitz, nicht aber das Eigentum übergegangen, kommt § 105 S. 2 nicht zur Anwendung und stellt weder den Schutz des Vertragspartners über § 107 noch eine Aussonderung in Frage (Uhlenbruck/Knof Rn. 31; Braun/Kroth Rn. 8; K. Schmidt InsO/Ringstmeier Rn. 7).

36 Trotz systematischer Verortung in § 105 gilt dessen S. 2 nicht nur für den Fall der Vorleistung einer teilbaren Leistung, sondern für jede teilweise Vorleistung auch bei Unteilbarkeit (LAG Hamm BeckRS 2006, 42357; Nerlich/Römermann/Balthasar Rn. 6). Sofern der Vertragspartner die **volle Vorleistung** erbracht hat, ist schon § 103 nicht anwendbar (→ § 103 Rn. 98), sodass es zu einem Erfüllungsverlangen nicht kommen kann und der Vertragspartner nach allgemeinen Grundsätzen auf die Quote verwiesen ist (Uhlenbruck/Knof Rn. 30).

36.1 Nicht geregelt in § 105 S. 2 ist, wie umgekehrt mit teilweisen **Vorleistungen des Schuldners** umzugehen ist. Hier hat der Verwalter für den der Vorleistung des Schuldners entsprechenden Vertragsteil – unabhängig von der Erfüllungswahl – einen Anspruch auf die Gegenleistung des Vertragspartners. Das Wahlrecht erfasst nur den Vertragsteil, in dem sich die Ansprüche beidseitig unerfüllt gegenüberstehen (→ § 103 Rn. 87). Eine Rückgabe der Vorleistung kann der Verwalter grundsätzlich nicht verlangen (MüKoInsO/Huber § 103 Rn. 32). Weder die Eröffnung des Insolvenzverfahrens noch die Erfüllungsablehnung des Verwalters bewirken grundsätzlich einen Anspruch auf Rückgabe der vom Schuldner vorinsolvenzlich erbrachten Teilleistungen (BGH NZI 2013, 296). Ein Bereicherungsanspruch scheitert regelmäßig daran, dass der Vertrag auch bei Erfüllungsablehnung in der Lage vom Zeitpunkt der Verfahrenseröffnung bestehen bleibt und insoweit weiter einen Rechtsgrund bildet (BGH NZI 2013, 296). Ein Rückzahlungsanspruch kann allerdings dann bestehen, wenn der Masse die korrespondierende Gegenleistung nicht zufließt, etwa wenn der Verkäufer in der Käuferinsolvenz den Kaufgegenstand gem. § 47 aussondert und die Masse deswegen Rückzahlung des angezahlten Kaufpreises verlangen kann (BGH NZI 2013, 296).

36.2 Inwieweit ein Rückgabeanspruch bei **Wegfall des Interesses** des Verwalters an der Durchführung des beiderseits nicht vollständig erfüllten Vertrags entstehen kann, ist nicht abschließend geklärt. Dieser Fall dürfte vor allem dann relevant sein, wenn der Schuldner eine Geldzahlung erbracht hat und die Gegenleistung betrieblich nicht mehr verwendbar ist. In einer früheren Entscheidung zu § 17 KO hatte der BGH dem Konkursverwalter bei Erfüllungsablehnung einen Anspruch auf eine voll an den Vertragspartner erbracht und noch nicht durch dessen Leistungen „aufgebrauchte" Vorleistung zugestanden (BGH NZI 2001, 85 (86)). Spätere Entscheidungen nehmen hierauf unter dem Gesichtspunkt des Interessenfortfalls eher zurückhaltend Bezug (BGH NZI 2003, 491 (493); NZI 2013, 296; zurückhaltend auch MüKoInsO/Huber § 103 Rn. 34; Uhlenbruck/Wegener § 103 Rn. 186).

36.3 Nach hier vertretener Ansicht gibt es für einen Herausgabeanspruch wegen Interessenfortfalls keine insolvenzrechtliche Grundlage. Eine Rückabwicklung des gesamten Vertrages nach Teilleistung käme allenfalls nach schuldrechtlichen Maßgaben in Betracht. Für § 323 Abs. 5 wird es an der dafür nötigen Nichterfüllung eines fälligen Anspruches fehlen, weil die gegenseitigen Ansprüche mit Verfahrenseröffnung suspendiert sind. Der gleiche Grund, der dem Vertragspartner ab Verfahrenseröffnung einen Rücktritt verwehrt, wirkt auch gegenüber dem Schuldner. Eine Verallgemeinerung des Rechtsgedankens des § 323 Abs. 5 ist abzulehnen; dort hat der mit dem Gesamtrücktritt letztlich belastete Vertragspartner immerhin durch seine teilweise Nicht- oder Schlechtleistung selbst die Ursache für den Rücktritt gesetzt. In jedem Fall hätte der Verwalter die volle Darlegungs- und Beweislast für konkrete Verwertungsversuche, welche die absolute Unverwertbarkeit der Teilleistungen belegen. Die Aussicht eines gewinnbringenden Verkaufs an Dritte reicht nicht. Überdies wäre, wenn man eine Rückabwicklung bei Interessenfortfall bejahen wollte, dieser auf den Umfang der Vorleistung des Schuldners beschränkt und würde nicht zur Rückabwicklung sonstiger ns

D. Verhältnis zu anderen Vorschriften

I. Unabdingbarkeit (§ 119)

Die Abbedingung oder Einschränkung des § 105 vor Verfahrenseröffnung ist wegen § 119 37 nicht möglich. Ebenso wenig können die Parteien konkrete **Vereinbarungen über die insolvenzrechtliche Teilbarkeit** oder Unteilbarkeit ihrer Leistungen treffen (K. Schmidt InsO/Ringstmeier Rn. 4). Dies gilt jedenfalls dort, wo diese Vereinbarungen der Natur der Leistungen zuwiderlaufen. Teilweise wird vertreten, dass auch Abreden über die **Bewertung** von Teilleistungen nichtig sein sollen (FK-InsO/Wegener Rn. 26). Das mag allenfalls dort erwogen werden, wo speziell für den Insolvenzfall die Teilbarkeitsvorschriften des § 105 gezielt ausgehebelt werden sollen. Im Übrigen sind vertragliche Abreden und Wertungsmaßstäbe zur Bepreisung von Teilleistungen auch für den Verwalter bindend (→ Rn. 30). Dass sie als Reflex Auswirkungen auf die Berechnung des Wertes der Teilleistungen und der auf diese entfallenden Gegenleistungen haben mögen, ändert nichts daran, dass diese privatautonome Wertallokation als zentraler Teil des Vertrages in seinem Bestand grundsätzlich hinzunehmen ist (→ § 103 Rn. 70; ebenso K. Schmidt InsO/Ringstmeier Rn. 3). Ein Verstoß gegen § 119 wird daher auf Ausnahmefälle beschränkt sein, die – ähnlich wie Lösungsklauseln – spezielle Bewertungen nur für den Insolvenzfall vorsehen. Etwaige Rückgewähransprüche können **dinglich gesichert** werden. In diesem Fall setzt sich die Sicherungswirkung – bei einer Vormerkung etwa § 106 – gegenüber § 105 durch (aA FK-InsO/Wegener Rn. 26).

II. Entsprechende Regelung für fortbestehende Dauerschuldverhältnisse (§ 108 Abs. 3)

Das Prinzip der Vertragsspaltung gilt generell für fortbestehende Verträge in den §§ 103 ff. So 38 wie § 105 dies für Verträge mit Erfüllungswahlrecht regelt, stellt § 108 Abs. 3 für die gem. § 108 Abs. 1 fortbestehenden Dauerschuldverhältnisse die Spaltung nach Vertragsabschnitten im Zeitablauf und die entsprechende Aufteilung von Gegenleistungsansprüchen **pro rata temporis** klar. In der Sache besteht zwischen der Vertragsspaltung des § 105 und § 108 Abs. 3 weitgehender Gleichlauf (vgl. BAG NJW 2010, 2154 (2157); in zeitlicher Hinsicht so auch MüKoInsO/Hoffmann Rn. 156; vgl. → Rn. 19).

III. Vertragsteilung bei Masseunzulänglichkeit

Die Grundsätze zur Teilung gegenseitiger Verträge in Leistungen vor und nach Verfahrenseröff- 39 nung finden entsprechende Anwendung im Fall der Masseunzulänglichkeit, wenn für den Rang der Forderungen gegen die Masse zwischen Neumasseverbindlichkeiten und Altmasseverbindlichkeiten (§ 209 Abs. 1 Nr. 2 und 3) zu unterscheiden ist (vgl. BAG NZA 2007, 696).

§ 106 Vormerkung

(1) ¹Ist zur Sicherung eines Anspruchs auf Einräumung oder Aufhebung eines Rechts an einem Grundstück des Schuldners oder an einem für den Schuldner eingetragenen Recht oder zur Sicherung eines Anspruchs auf Änderung des Inhalts oder des Ranges eines solchen Rechts eine Vormerkung im Grundbuch eingetragen, so kann der Gläubiger für seinen Anspruch Befriedigung aus der Insolvenzmasse verlangen. ²Dies gilt auch, wenn der Schuldner dem Gläubiger gegenüber weitere Verpflichtungen übernommen hat und diese nicht oder nicht vollständig erfüllt sind.

(2) Für eine Vormerkung, die im Schiffsregister, Schiffsbauregister oder Register für Pfandrechte an Luftfahrzeugen eingetragen ist, gilt Abs. 1 entsprechend.

Überblick

§ 106 bezweckt den Erhalt der Sicherungswirkung einer Vormerkung iSd §§ 883 ff. BGB in der Insolvenz und soll dem Vormerkungsberechtigten eine aussonderungsähnliche Rechtsposition geben. **Abs. 1 S. 1** schließt für solche Ansprüche, die vormerkungsfähig und durch eine im

Grundbuch eingetragene Vormerkung gesichert sind (→ Rn. 5 ff.), das sonst ggf. gem. § 103 bestehende Erfüllungswahlrecht des Verwalters aus und gibt dem vormerkungsgesicherten Gläubiger einen Erfüllungsanspruch gegen die Masse (→ Rn. 32 ff.). **Abs. 1 S. 2** stellt – entsprechend dem allgemeinen Grundsatz der Vertragsspaltung bei Verfahrenseröffnung – klar, dass (nicht voll erfüllte) weitergehende Verpflichtungen die Privilegierung des S. 1 nicht in Frage stellen (→ Rn. 41 ff.). Hieraus folgt ebenso, dass § 106 nur in dem Umfang greift, wie auch die Sicherungswirkung der Vormerkung reicht (→ Rn. 38 ff.). **Abs. 2** erstreckt den insolvenzrechtlichen Schutz der Vormerkung auf Schiffe und Luftfahrzeuge, bei denen Rechtsänderungen ebenso vormerkungsfähig sind (→ Rn. 25).

Übersicht

	Rn.		Rn.
A. Normzweck und Systematik	1	IV. Insbesondere Vorkaufsrechte	29
B. Tatbestand	5	**C. Rechtsfolgen**	32
I. Wirksam bestehende Vormerkung (Abs. 1 S. 1)	6	I. Erfüllungsanspruch gegen die Masse	33
1. Vormerkungsfähiger schuldrechtlicher Anspruch auf dingliche Rechtsänderung	8	II. Relative Unwirksamkeit vormerkungswidriger Verfügungen	36
2. Bestellung der Vormerkung durch Bewilligung oder einstweilige Verfügung	17	III. Grenzen der Insolvenzfestigkeit; Gegenrechte	38
3. Grundbucheintrag der Vormerkung bei noch bestehender Verfügungsbefugnis des Schuldners	21	IV. Schicksal weiterer Vertragsteile und Vertragsspaltung (Abs. 1 S. 2)	41
		D. Verhältnis zu anderen Vorschriften	43
II. Erstreckung auf Schiffe und Luftfahrzeuge (Abs. 2)	25	I. Unabdingbarkeit	43
		II. Rückschlagsperre	44
III. Insbesondere gesetzlicher Löschungsanspruch § 1179a BGB	26	III. Insolvenzanfechtung	45

A. Normzweck und Systematik

1   Ziel des § 106 ist es, die Wirkung der **Vormerkung als Sicherungsmittel** in der Insolvenz zu gewährleisten (RegE BT-Drs. 12/2443, 146; MüKoInsO/Vuia Rn. 1; Braun/Kroth § Rn. 1; mit Schwerpunkt auf dem Schutz des mit der Vormerkung einhergehenden **Anwartschaftsrechts** K. Schmidt InsO/Ringstmeier Rn. 1).

2   Eine wirksam bestellte Vormerkung sichert die Erfüllung eines schuldrechtlichen Anspruchs auf dingliche Rechtsänderung, indem sie die relative Unwirksamkeit aller dessen Erfüllung beeinträchtigender Verfügungen bewirkt (§ 883 Abs. 2 S. 1 BGB). Die **Unwirksamkeit vormerkungswidriger Verfügungen** auch des Verwalters folgt bereits aus § 883 Abs. 2 S. 2 BGB; insofern ist der Gegenstand des vorgemerkten Anspruches praktisch der Masse und ihrer Verwertung entzogen. Die Schutzwirkung der Vormerkung überwindet aus Sicht des Gläubigers damit im Ergebnis die mit Verfahrenseröffnung eintretende Verfügungsbeschränkung des Vormerkungsschuldners. Diese sachenrechtlichen Vormerkungswirkungen ergeben sich nicht aus § 106, sondern werden von diesem vorausgesetzt. Da eine wirksame Vormerkung im Ergebnis das Recht gewährt, den Anspruch auf dingliche Rechtsänderung durchzusetzen und eine Sache aus der Ist-Masse herauszulösen, gehört die gesicherte Vermögensposition von vornherein nicht zur Masse und ist die Stellung des Vormerkungsinhabers in der Sache ähnlich wie die eines **Aussonderungsberechtigten** (BGH NZI 2018, 22 Rn. 24 f.; BVerfG NZI 2020, 1112 Rn. 61; MüKoInsO/Vuia Rn. 1; Uhlenbruck/Wegener Rn. 1; RSZ InsO/Zeuner Rn. 1; FK-InsO/Wegener Rn. 1).

3   Um die Insolvenzfestigkeit der Vormerkung auch auf **schuldrechtlicher Ebene abzusichern**, entzieht **§ 106** im Anwendungsbereich des § 103 als vorrangige **Spezialregelung** (bzw. seit Aufgabe der Erlöschenstheorie „ergänzende" Regelung; RSZ InsO/Zeuner Rn. 12; MüKoInsO/Vuia Rn. 21) den durch Vormerkung gesicherten und dieser zugrunde liegenden schuldrechtlichen Anspruch dem Erfüllungswahlrecht. Überdies schützt § 106 auch andere vormerkungsgesicherte Ansprüche, die nicht aus beidseitig noch unerfüllten gegenseitigen Verträgen fließen, vor den Folgen der Verfahrenseröffnung (K. Schmidt InsO/Ringstmeier Rn. 3). Damit wird jeder vormerkungsgesicherte Anspruch praktisch als durchsetzbare und insolvenzfeste Forderung gegen die Masse ausgestaltet.

3.1   Die Vormerkung steht und fällt aufgrund ihrer strengen Akzessorietät mit dem gesicherten schuldrechtlichen Anspruch auf dingliche Rechtsänderung. Nach früherer Dogmatik erloschen die aus gegenseitigen

Verträgen erwachsenden beidseitig nicht vollständig erfüllten Ansprüche mit Verfahrenseröffnung und entstanden erst mit dem Erfüllungsverlangen des Verwalters neu (→ § 103 Rn. 7). Nach der heutigen Undurchsetzbarkeitstheorie verlieren die Ansprüche mit Verfahrenseröffnung lediglich ihre Durchsetzbarkeit und werden durch das Erfüllungsverlangen des Verwalters zu originären Masseforderungen bzw. -verbindlichkeiten aufgewertet. Um in jedem Fall auszuschließen, dass eine Erfüllungsablehnung vermittels ihrer Wirkungen auf den vormerkungsgesicherten Anspruch auch Auswirkungen auf die Vormerkung als akzessorisches Sicherungsmittel haben kann, gewährleistet § 106 auf schuldrechtlicher Ebene – gleichsam als flankierender Schutz zur Wirkung des § 883 BGB auf dinglicher Ebene – die Durchsetzbarkeit des vorgemerkten Anspruches gegen die Masse.

Die Regelung des § 106 entspricht der Rechtslage vor Inkrafttreten der InsO (§ 24 KO; 4 § 50 Abs. 4 VergleichsO; § 9 Abs. 1 S. 3 GesVollstrO) und bringt inhaltlich keine wesentlichen Neuerungen (RegE, BT-Drs. 12/2443, 146).

B. Tatbestand

§ 106 Abs. 1 regelt die Sicherungswirkung der Vormerkung bei Grundstücken oder grund- 5 stücksgleichen Rechten und inkorporiert dabei weitgehend deren allgemeine zivilrechtliche Entstehungsvoraussetzungen (→ Rn. 6). Abs. 2 erstreckt diesen Schutz auf vormerkungsgesicherte Ansprüche bei Schiffen und Luftfahrzeugen (→ Rn. 25).

I. Wirksam bestehende Vormerkung (Abs. 1 S. 1)

Für die Insolvenzfestigkeit einer Vormerkung und die Erfüllung des vorgemerkten Anspruches 6 muss die Vormerkung nach den Maßgaben des BGB wirksam vor Verfahrenseröffnung entstanden und darf nicht wieder erloschen sein. Die Tatbestandsvoraussetzungen des § 106 Abs. 1 S. 1 decken sich insoweit mit denen der §§ 883, 885 BGB (FK-InsO/Wegener Rn. 2). Dies erfordert einen auf eine dingliche, eintragungsfähige Rechtsänderung gerichteten schuldrechtlichen Anspruch (→ Rn. 8), die rechtsgeschäftliche Bewilligung der Vormerkung oder eine einstweilige Verfügung als Bestellungsakt (→ Rn. 17), den Grundbucheintrag der Vormerkung sowie die zum Zeitpunkt der Entstehung der Vormerkung noch bestehende Verfügungsberechtigung des Vormerkungsschuldners zu der in der Vormerkung vorgesehenen Rechtsänderung (→ Rn. 21).

Im gestreckten Erwerbstatbestand der Vormerkung verhindert der Verlust der Verfügungsbefug- 7 nis des Schuldners mit Verfahrenseröffnung (§§ 80, 81) bzw. mit gerichtlichem Verfügungsverbot im Eröffnungsverfahren (§ 21 Abs. 2 Nr. 2) den Erwerb einer Vormerkung nicht per se, wenn dieser hinreichend gesichert ist und zB nach bindendem Eintragungsantrag lediglich noch die Eintragung in das Grundbuch fehlt (→ Rn. 22). Zudem sind gem. § 883 Abs. 1 S. 2 BGB unter bestimmten Voraussetzungen auch künftige oder bedingte Ansprüche vormerkungsfähig (→ Rn. 13).

1. Vormerkungsfähiger schuldrechtlicher Anspruch auf dingliche Rechtsänderung

Die Vormerkung ist als **akzessorisches Sicherungsmittel eigener Art** untrennbar mit dem 8 vorgemerkten Anspruch verknüpft. Ohne diesen kommt die Vormerkung grundsätzlich nicht zur Entstehung (aber → Rn. 13); mit seinem Erlöschen geht auch die Vormerkung unter (BGH NZI 2005, 331 (332); LG Wuppertal ZInsO 2017, 2699 (2701)). Der Insolvenzverwalter kann eine zu Unrecht im Grundbuch eingetragene Vormerkung durch Grundbuchberichtigung (§ 894 BGB) beseitigen (BGH NZI 2009, 235 (236)).

a) Anspruchsinhalt. Vormerkungsfähig sind nur Ansprüche auf Einräumung, Änderung oder 9 Aufhebung eines dinglichen Rechts an einem Grundstück des Schuldners oder einem grundstücksgleichen Recht. Abs. 2 bezieht Schiffe, Schiffbauwerke und Luftfahrzeuge ein. Damit müssen die Ansprüche eine im Grundbuch überhaupt **eintragungsfähige dingliche Rechtsänderung** betreffen, wie zB die Übertragung des Eigentums (als klassische Auflassungsvormerkung), die Eintragung von Sicherheiten wie Hypothek, Grundschuld, Dienstbarkeiten, ferner deren Löschung oder Rangänderung. Rechtsgeschäfte über Rechte an einem grundstücksgleichen Recht sind etwa die Bestellung eines Pfandrechts an einer Grundschuld. Generell erfordert der Grundsatz der Gläubigeridentität bei akzessorischen Sicherungsrechten, dass Anspruchsgläubiger und Vormerkungsberechtigter personenidentisch sind (BGH NJW 2021, 1538 (1540); 1991, 3025; NZI 2004, 110; MüKoBGB/Kohler § 883 Rn. 38). Das Recht, auf das sich der vorgemerkte Anspruch bezieht, muss dem Vormerkungsschuldner tatsächlich zustehen, da die Vormerkung ansonsten ins Leere geht.

10 Für die **Reichweite der Sicherungswirkung** entscheidend ist der Inhalt des Anspruches auf dingliche Rechtsänderung. Das dem Anspruch zugrunde liegende **schuldrechtliche Grundgeschäft** können **Rechtsgeschäfte aller Art** sein (BGH NJW 2021, 1538 (1541)): zB Erfüllungsansprüche eines Grundstückskaufvertrags, Ansprüche auf Hypothekenbestellung aus einer Sicherungsabrede, Übereignungsansprüche aus einer Treuhandvereinbarung (BGH NZI 2003, 594 (596)) wie auch Rückübertragungsansprüche (zB nach Grundstücksschenkung, BGH NZI 2008, 428, auch → Rn. 45.1) und auch aus Rücktrittrechten für den Insolvenzfall (BGH NZI 2018, 22; LG Wuppertal ZInsO 2017, 2699). Die Vormerkung sichert jedoch nicht den Anspruch des Käufers auf Rückzahlung des Kaufpreises nach Rücktritt von dem Kaufvertrag (BGH NZI 2009, 235 (237)). Es ist für § 883 BGB – und konsequenterweise auch für § 106 – nicht erforderlich, dass es sich um eine gegenseitige, beidseitig nicht vollständig erfüllten Vertrag iSd § 103 handelt; auch aus **einseitigen Rechtsgeschäften** erwachsende oder gesetzliche Ansprüche auf dingliche Rechtsänderungen sind vormerkungsfähig (MüKoInsO/Vuia Rn. 4; Uhlenbruck/Wegener Rn. 2; K. Schmidt InsO/Ringstmeier Rn. 9). Ob das Grundgeschäft entgeltlich oder unentgeltlich ist, spielt ebenfalls keine Rolle (BGH NJW 2021, 1538 (1540 f.)).

11 Abzugrenzen davon und **nicht vormerkungsfähig** sind Ansprüche auf lediglich **schuldrechtliche Gebrauchsüberlassung** zB aus Miet- oder Pachtverhältnissen (K. Schmidt InsO/Ringstmeier Rn. 8; RSZ InsO/Zeuner Rn. 2). § 106 gilt nicht ohne weiteres für **Vorkaufsrechte.** Das rein schuldrechtliche Vorkaufsrecht (§§ 463 ff. BGB) ist ohnehin nicht insolvenzfest (§ 471 BGB; FK-InsO/Wegener Rn. 3). Beim dinglichen Vorkaufsrecht (§§ 1094 ff. BGB), das gegenüber Dritten vormerkungsgleiche Wirkung hat (§ 1098 Abs. 2 BGB), ist nach dem Zeitpunkt von Verfahrenseröffnung, Ausübung und Erfüllungswahl zu differenzieren (→ Rn. 29). Ebenfalls nicht unter § 106 fallen sog. **Amts- bzw. Verfahrensvormerkungen** (zB §§ 18 Abs. 2, 76 Abs. 1 GBO), denen kein vorgemerkter Anspruch zugrunde liegt, sondern die nur der verfahrensrechtlichen Rangsicherung dienen (MüKoInsO/Vuia Rn. 34; FK-InsO/Wegener Rn. 3; RSZ InsO/Zeuner Rn. 7).

12 Auf Rechtsänderungen bei **Wohnungseigentum** findet § 106 entsprechende Anwendung (FK-InsO/Wegener Rn. 24; Braun/Kroth Rn. 2).

13 **b) Entstehungszeitpunkt und Fortbestand.** Die Vormerkung setzt aufgrund ihrer Akzessorietät das Bestehen des vormerkungsfähigen Anspruches voraus; dieser muss grundsätzlich bereits entstanden und darf nicht wieder erloschen sein. Gemäß § 883 Abs. 1 S. 2 BGB sind auch künftige und bedingte Ansprüche vormerkungsfähig und können daher nach allgemeiner Ansicht an der Sicherungswirkung des § 106 teilhaben (BGH NZI 2006, 395 (396)). In Abgrenzung zu bloßen ungesicherten Erwerbsaussichten setzen vormerkungsfähige **künftige Ansprüche** jedoch voraus, dass für ihr Entstehen bereits ein hinreichend **sicherer Rechtsboden** gelegt ist und die Rechtsstellung dem Anspruchsgläubiger durch den Anspruchsschuldner jedenfalls nicht mehr einseitig entzogen werden kann (Ob das Grundgeschäft entgeltlich oder unentgeltlich ist, spielt keine Rolle (BGH NJW 2021, 1538 (1540); NZI 2006, 395 (396); 2002, 30 (31); NJW 1997, 861 (862)).

13.1 So ist etwa der Übereignungsanspruch aus einem Grundstückskaufvertrag vormerkungsfähig, sobald der Schuldner ein formgültiges **rechtsverbindliches Angebot** abgegeben hat, das nur noch – sei es auch nach Verfahrenseröffnung – angenommen werden braucht (BGH NZI 2002, 30 (31); NZI 2006, 395 (396)). Hinreichend für einen sicheren Rechtsboden ist es, wenn die Entstehung des Anspruchs nur noch vom **Willen des künftigen Berechtigten** abhängt. Noch nicht abschließend geklärt ist jedoch, inwieweit dies auch erforderlich ist oder ob die Entstehung des Anspruches zudem von weiteren Umständen abhängen kann, die jedenfalls nicht allein in der Sphäre des Schuldners liegen (MüKoBGB/Kohler § 883 Rn. 28 mwN). Hängt demgegenüber die Entstehung des künftigen Anspruchs ausschließlich vom **Willen des Schuldners** oder gar noch von der Vornahme eines Rechtsgeschäftes überhaupt ab, ist dieser nicht vormerkungsfähig (BGH NZI 2006, 395 (396); NJW 1997, 861 (862)). Reine Erwerbsaussichten sind nicht insolvenzfest. Für den gesetzlichen Löschungsanspruch aus **§ 1179a Abs. 1 S. 2 BGB** kommt es hierauf nach neuer Rechtsprechung des BGH allerdings nicht an (→ Rn. 26).

13.2 Generell gelten die zu § 883 Abs. 1 S. 2 BGB entwickelten Grundsätze auch für § 106 (Uhlenbruck/Wegener Rn. 6 mwN).

14 Dieselben Grundsätze gelten für **bedingte Ansprüche.** Auflösend bedingte Ansprüche sind schon als gegenwärtig bestehende Ansprüche vormerkungsfähig; aufschiebend bedingte Ansprüche als zukünftige Ansprüche ebenfalls, solange der Bedingungseintritt nicht allein vom Willen des Vormerkungsschuldners abhängt (MüKoInsO/Vuia Rn. 11).

15 Ansprüche aus **nichtigen** Verträgen sind auch dann keine vormerkungsfähigen künftigen Ansprüche und nicht von § 106 erfasst, wenn diese heilbar sind. Dies betrifft vor allem formungültige Verträge wie unterverbriefte notarielle Kaufverträge.

Unterverbriefte Grundstückskaufverträge sind hinsichtlich des verbrieften Geschäfts als Scheingeschäft (§ 117 BGB) und hinsichtlich des unverbrieften Geschäfts wegen Formmangels (§§ 125, 311b Abs. 1 S. 1 BGB) nichtig. Auch wenn die Formnichtigkeit durch Erfüllung mit Auflassung und Eintragung im Grundbuch geheilt wird (§ 311b Abs. 1 S. 2 BGB), besteht zuvor kein vormerkungsfähiger Anspruch. Die ungewisse zukünftige Heilung eines Formmangels durch Erfüllung ist kein hinreichend sicherer Rechtsboden iSd § 883 Abs. 1 S. 2 BGB (BGH NJW 1970, 1541 (1543)). Ein vor Erfüllung eröffnetes Insolvenzverfahren verhindert daher den Rechtserwerb. **15.1**

Bei **Erlöschen** des Anspruches erlischt die Vormerkung und entfällt die Sicherungswirkung des § 106. Tritt bspw. der vormerkungsgesicherte Käufer eines Grundstücks nach Zahlung des Kaufpreises, aber vor Auflassung vom Kaufvertrag zurück, so verliert er den Schutz der Vormerkung, und der Insolvenzverwalter kann deren Löschung betreiben (§ 894 BGB; BGH NZI 2009, 235 (236)). Zum Austausch eines vorgemerkten Anspruches bei eingetragener Vormerkung → Rn. 22.2. **16**

Die Sicherungswirkung der Vormerkung greift auch dann nicht, wenn der vorgemerkte Anspruch auf dingliche Rechtsänderung seinerseits von **Voraussetzungen** abhängt, die mit der Eröffnung eines **Insolvenzverfahrens entfallen.** Hat der Schuldner bspw. im Rahmen einer Finanzierung Verbindlichkeiten übernommen und sieht die Sicherungsabrede die Eintragung einer Hypothek für diese vor, so kann eine Vormerkung über § 106 den aus der Sicherungsabrede fließenden Anspruch auf Hypothekenbestellung sichern. Unbeschadet dessen ist die Hypothek ihrerseits akzessorisch zu Valutierung und Schicksal des zu besichernden Anspruches. § 106 findet auf diesen keine Anwendung. Erlischt dieser mit Verfahrenseröffnung, geht auch § 106 ins Leere. **16.1**

2. Bestellung der Vormerkung durch Bewilligung oder einstweilige Verfügung

Die Vormerkung wird gem. § 885 Abs. 1 S. 1 BGB aufgrund rechtsgeschäftlicher Bewilligung oder aufgrund einstweiliger Verfügung in das Grundbuch eingetragen. Beide Formen sind von § 106 erfasst (FK-InsO/Wegener Rn. 13; Braun/Kroth Rn. 4). **17**

Grundlage der Entstehung einer Vormerkung kann zum einen die materiell-rechtliche **Bewilligung** desjenigen sein, dessen dingliches Recht von der in der Vormerkung vorgesehenen dinglichen Rechtsänderung betroffen ist (§ 885 Abs. 1 S. 1 BGB). Diese muss unbeschadet der Frage eines späteren Eintrags für § 106 in jedem Fall vor Verfahrenseröffnung abgegeben worden sein. **18**

Alternativ kann die Eintragung einer Vormerkung auf einer **einstweiligen Verfügung** beruhen, für die im einstweiligen Rechtsschutz nur der Verfügungsanspruch, nicht aber dessen Gefährdung als Verfügungsgrund glaubhaft gemacht werden muss (§ 885 Abs. 1 S. 2 BGB). Als Maßnahme der Zwangsvollstreckung unterfällt diese – anders als die Bewilligung – allerdings der Rückschlagsperre iSd § 88 (→ Rn. 44). Eine durch einstweilige Verfügung im letzten Monat vor der Verfahrenseröffnung erwirkte Vormerkung erlischt daher mit Verfahrenseröffnung; der Verwalter kann ihre Löschung gem. § 894 BGB betreiben. **19**

Der so bestellten Vormerkung steht in ihren Wirkungen der gesetzliche **Löschungsanspruch** des § 1179a Abs. 1 BGB gleich; auf ihn ist § 106 anzuwenden (BGH NZI 2012, 756, → Rn. 26). **20**

3. Grundbucheintrag der Vormerkung bei noch bestehender Verfügungsbefugnis des Schuldners

Die rechtsgeschäftlich bewilligte oder aufgrund einstweiliger Verfügung einzutragende Vormerkung ist in das Grundbuch einzutragen (§ 885 Abs. 1 S. 1 BGB). Da der Eintrag im grundbuchrechtlich gestreckten Erwerbstatbestand in der Regel das letzte zu erfüllende Tatbestandsmerkmal ist, muss dieser **grundsätzlich vor Verfahrenseröffnung** erfolgt sein. Bei einem Eintrag nach Verfahrenseröffnung oder richterlichem Verfügungsverbot im Eröffnungsverfahren gem. § 21 Abs. 2 Nr. 2 würde ansonsten der Verlust der **Verfügungsbefugnis** des Schuldners einen wirksamen Vormerkungserwerb verhindern. Eine dennoch eingetragene Vormerkung wäre wirkungslos (BGH NZI 2005, 331 (332)). **21**

Zwar bewirkt die Vormerkung die Insolvenzfestigkeit des vorgemerkten Anspruches und der in Erfüllung dieses Anspruches vorzunehmenden Verfügungen, jedoch muss die Vormerkung selbst dazu wirksam entstanden sein. Dies kann an dem mit Verfahrenseröffnung (§§ 80 f.) oder richterlicher Anordnung im Eröffnungsverfahren (§ 21 Abs. 2 Nr. 2) eintretenden **Verlust der Verfügungsbefugnis** des Schuldners scheitern. Für die Sicherungswirkung der Vormerkung im Vorfeld der Insolvenz ist damit der Zeitpunkt ihrer Entstehung entscheidend; dieser muss vor der Verfahrenseröffnung liegen. Dem Vormerkungsschuldner darf die Verfügungsbefugnis auch nicht aus anderen Gründen fehlen. **21.1**

InsO § 106   Dritter Teil. Wirkungen der Eröffnung des Insolvenzverfahrens

21.2   Ob der **gutgläubige (Erst-)Erwerb** einer Vormerkung nach Bestellung durch den materiell-rechtlich am vorgemerkten Recht nicht berechtigten Schuldner gem. §§ 883 Abs. 1, 885 Abs. 1, 892, 893 BGB ebenfalls gem. § 106 insolvenzfest ist, erscheint zweifelhaft. Allein dies lässt das vorgemerkte Recht eines Dritten noch nicht in die Masse fallen. Relevant wird diese Frage nur dann, wenn das vorgemerkte Recht auch tatsächlich in die Masse fällt, zB die Masse das Eigentum an einem Grundstück später erwirbt, über deren Erwerb der Schuldner eine Vormerkung zugunsten des Vertragspartners bestellt hatte (gegen die Anwendung des § 106 K. Schmidt InsO/Ringstmeier Rn. 21; dafür Uhlenbruck/Wegener Rn. 2).

22   Der für das Bestehen der Verfügungsbefugnis maßgebliche **Zeitpunkt** ist bei einer **rechtsgeschäftlich bewilligten** Vormerkung gem. **§ 878 BGB vorzuverlagern.** Wurde die Vormerkung bereits bewilligt und fehlt es lediglich noch am Grundbucheintrag, ist gem. § 878 BGB iVm § 91 Abs. 2 auf den **Eintragungsantrag** abzustellen (BGH NZI 2005, 331 (332); NJW 1996, 461 (463)). Voraussetzung hierfür ist, dass vor Verfahrenseröffnung eine bindende Bewilligung des Schuldners analog § 875 Abs. 2 BGB abgegeben wurde und der Eintragungsantrag vom Vormerkungsberechtigten gestellt wurde (BGH NZI 2006, 350 (351); NZI 2005, 331 (332); Uhlenbruck/Wegener Rn. 14; K. Schmidt InsO/Ringstmeier Rn. 18). In diesem Fall ist der spätere Verlust der Verfügungsbefugnis mit Verfahrenseröffnung unschädlich (zur Frage des Antrags durch den Schuldner selbst FK-InsO/Wegener Rn. 15). Gleiches gilt beim Verlust der Verfügungsbefugnis im Eröffnungsverfahren durch ein Verfügungsverbot gem. § 21 Abs. 2 Nr. 2; auch hier reicht ein den genannten Voraussetzungen genügender Eintragungsantrag (RSZ InsO/Zeuner Rn. 5) (ergänzend→ Rn. 22.3).

22.1   Maßgeblich für den Erwerb der Vormerkung vor Verfahrenseröffnung ist grundsätzlich der Zeitpunkt des **letzten** noch zu erfüllenden **Erwerbstatbestandsmerkmals** (BGH NZI 2008, 325 (326)). Dies wird wegen der erforderlichen Nachweise gegenüber dem Grundbuchamt im Regelfall der Eintrag sein (BGH NJW 1996, 461 (463)). Ist hingegen eine Vormerkung **bereits eingetragen,** obwohl ein vorgemerkter Anspruch noch nicht entstanden ist oder die Bewilligung unwirksam, kommt es darauf an, ob diese jeweils letzten Entstehungsvoraussetzungen iSd § 883 Abs. 1 BGB spätestens im Zeitpunkt der Verfahrenseröffnung bzw. des Verlustes der Verfügungsbefugnis erfüllt sind. Ist die Eintragung nicht die letzte ausstehende Entstehungsvoraussetzung, ist **§ 878 BGB nicht anwendbar,** da dieser nur Verzögerungen durch die Verfahrensdauer beim Grundbuchamt kompensieren soll, auf die der Schuldner keinen Einfluss hat (MüKoBGB/Kohler § 878 Rn. 18 ff.).

22.2   Eine (nur noch) fehlende Bewilligung ist selten, da der Grundbucheintrag auf den formalen Nachweis der Bewilligung hin vorgenommen wird und ihr daher in der Regel nachfolgt. Dies ist denkbar, wenn bspw. ein bestehender Eintrag für eine neue Vormerkung genutzt werden soll. Der **Austausch eines vorgemerkten Anspruches** unter Nutzung eines bereits bestehenden Vormerkungseintrags ist bei inhaltsgleichem Anspruch und erneuter Bewilligung möglich, allerdings nur mit dem Zeitrang der späteren Neubewilligung (BGH NZI 2008, 325 (326)). Eine Bewilligung nach Verfahrenseröffnung kann die Vormerkung nicht mehr wirksam zur Entstehung bringen.

22.3   Handelt es sich im Zeitpunkt der Verfahrenseröffnung bei den vorgemerkten Ansprüchen um **künftige Ansprüche,** steht dies einer wirksamen Entstehung der Vormerkung nicht entgegen, sofern die Voraussetzungen des § 883 Abs. 1 S. 2 BGB erfüllt sind (→ Rn. 13). Die Vormerkung ist in diesem Fall kein künftiges Sicherungsrecht, sondern bereits vorinsolvenzlich als wirksames Sicherungsrecht für künftige Ansprüche entstanden (vgl. BGH NZI 2006, 395 (396)).

23   § 878 BGB ist nur bei rechtsgeschäftlicher Bewilligung der Vormerkung anwendbar. Die Vorverlagerung soll der Entstehung einer Vormerkung in einem gestreckten Erwerbstatbestand Rechnung tragen und den Schuldner nicht mit Verzögerungen im Eintragungsverfahren vor dem Grundbuchamt belasten. Bei Vormerkungen hingegen, die aufgrund einer **einstweiligen Verfügung** eingetragen werden, muss der gesamte Erwerbstatbestand vollendet und der **Grundbucheintrag vollzogen** sein, bevor Verfügungsbeschränkungen zulasten des Schuldners greifen (LG Frankfurt ZIP 1983, 351 = LSK 1983, 280075; OLG Dresden OLG-NL 1996, 109 (111); Uhlenbruck/Wegener Rn. 16; K. Schmidt InsO/Ringstmeier Rn. 19; aA MüKoInsO/Vuia Rn. 15). Zudem unterliegt der Eintrag aufgrund einstweiliger Verfügung als Maßnahme der Zwangsvollstreckung der Rückschlagsperre § 88 (→ Rn. 44).

24   Bei einer **zu Unrecht eingetragenen** Vormerkung steht es dem Insolvenzverwalter frei, mit einem Widerspruch gegen die Vormerkung den öffentlichen Glauben in deren Bestand zu beseitigen (§ 899 BGB) und die Löschung der Vormerkung über eine Grundbuchberichtigung durchzusetzen (§ 894 BGB).

II. Erstreckung auf Schiffe und Luftfahrzeuge (Abs. 2)

§ 106 gilt nicht nur für Grundstücke und grundstücksgleiche Rechte, sondern wird durch 25
Abs. 2 auch auf Schiffe, Schiffsbauwerke und Luftfahrzeuge erstreckt, bei denen Ansprüche auf eintragungsfähige dingliche Rechtsänderungen ebenso vormerkungsfähig sind (§ 10 SchiffsRG; § 10 LuftFzG). Für diese gelten die hiesigen Ausführungen entsprechend.

III. Insbesondere gesetzlicher Löschungsanspruch § 1179a BGB

§ 1179a Abs. 1 S. 1 BGB gewährt einem Grundpfandrechtsgläubiger einen gesetzlichen 26
Löschungsanspruch gegen den Grundstückseigentümer auf Löschung eingetragener vorrangiger oder gleichrangiger Grundpfandrechte, die sich mit dem Eigentum vereinigt haben. Dieser Löschungsanspruch ist gem. § 1179a Abs. 1 S. 3 BGB in gleicher Weise gesichert, als wenn zu seiner Sicherung eine Vormerkung eingetragen worden wäre. Damit unterfällt der Anspruch im Insolvenzfall dem **Schutz des § 106** (BGH NZI 2012, 756).

Die **Vereinigung von Grundpfandrecht und Eigentum** (§ 1163 Abs. 1 BGB) eröffnet dem Eigentü- 26.1
mer grundsätzlich die Möglichkeit wiederholter Rangnutzung. Demgegenüber trägt **§ 1179a** dem Interesse nachrangiger Grundpfandgläubiger am gleitenden Rangverhältnis (§ 879 BGB) Rechnung, wenn die Vereinigung endgültig erfolgt. Zur Sicherung des in diesem Fall bestehenden gesetzlichen Löschungsanspruchs mussten nachrangige Grundschuldgläubiger früher eine Löschungsvormerkung iSd § 1179 aF BGB bestellen. Um der damit verbundenen erheblichen Belastung der Grundbuchämter entgegenzuwirken, sieht § 1179a Abs. 1 S. 3 BGB nun vor, dass der Löschungsanspruch in gleicher Weise gesichert ist, als wenn zu seiner Sicherung eine Vormerkung eingetragen worden wäre. Der Inhaber eines nachrangigen Grundpfandrechts hat indes keinen Anspruch auf Herbeiführung des Vereinigungsfalls (BGH NZI 2006, 395 (396)). Die Vereinigung von Grundpfandrechten mit dem Eigentum kann der Eigentümer etwa durch Abtretung des Rückgewähranspruches einer Grundschuld an Dritte oder erneute Valutierung verhindern.

Etwaige Einflussmöglichkeiten des Eigentümers, den Vereinigungsfall zu verhindern, stehen 27
dem Vormerkungsschutz des Löschungsanspruches nach der Rechtsprechung des BGH nicht entgegen, weil anders als bei künftigen Ansprüchen iSd § 883 Abs. 1 S. 2 BGB für § 1179a Abs. 1 BGB kein „sicherer Rechtsboden" gelegt sein muss (BGH NZI 2012, 756 (758)). Unschädlich ist es auch, wenn die Voraussetzungen von § 1179a BGB – insbesondere der Zusammenfall von Grundpfandrecht und Eigentum – erst nach Verfahrenseröffnung vorliegen. Auch nach altem Recht war die Löschungsvormerkung bereits ab Eintrag konkursfest, selbst wenn noch nicht alle Voraussetzungen des gesicherten Löschungsanspruches vorlagen. Hieran sollte sich durch § 1179a Abs. 1 S. 3 BGB nichts ändern (BGH NZI 2012, 756 (757); unter Aufgabe BGH NZI 2006, 395).

Die Möglichkeit einer Löschungsvormerkung iSd § 1179 BGB hat für den gesetzlichen 28
Löschungsanspruch keine Bedeutung mehr, besteht aber für **vertragliche Löschungsansprüche**. Auch in dem Fall ist die Löschungsvormerkung gem. § 106 insolvenzfest, wenn sich das Grundpfandrecht erst nach Verfahrenseröffnung mit dem Eigentum vereinigt (BGH NZI 2012, 756 (758)).

IV. Insbesondere Vorkaufsrechte

Die Anwendung des § 106 auf Vorkaufsrechte bedarf einer differenzierten Betrachtung. Das 29
rein **schuldrechtliche** Vorkaufsrecht unterfällt § 106 nicht, da es von Gesetzes wegen weder dingliche Wirkung noch sonst wegen § 471 BGB in der Insolvenz Bestand hat (FK-InsO/Wegener Rn. 12; K. Schmidt InsO/Ringstmeier Rn. 29). Nur bei zusätzlicher rechtsgeschäftlicher Sicherung durch eine Vormerkung kann die Schutzwirkung des § 106 erreicht werden (RSZ InsO/ Zeuner Rn. 10).

Das **dingliche Vorkaufsrecht** hat zwar Wirkung wie Vormerkung (§ 1098 Abs. 2 BGB), 30
jedoch ist zu beachten, dass erst mit dem Eintritt des Vorkaufsfalls und der Ausübung ein Anspruch auf Eigentumsübertragung iSd § 106 begründet wird. Welche Folgen sich in der Insolvenz ergeben, hängt davon ab, zu welchem Zeitpunkt der Vorkaufsfall im Verhältnis Schuldner – Erstkäufer eintritt und wann das Vorkaufsrecht durch den Vorkaufsberechtigten ausgeübt wird (zu nachfolgenden Szenarien auch RSZ InsO/Zeuner Rn. 8 f.; K. Schmidt InsO/Ringstmeier Rn. 26; Braun/Kroth Rn. 10):

- Sind **Vorkaufsfall und Ausübung** beide **vor Verfahrenseröffnung** erfolgt, so besteht auch die Vormerkungswirkung des § 1098 Abs. 2 BGB bei Verfahrenseröffnung und ist durch § 106 geschützt. Entscheidend für die Vormerkungswirkung ist der Eintritt der Vorkaufslage (Uhlenbruck/Wegener Rn. 22). Der Vorkaufsberechtigte kann den Vorkauf mit einem Erfüllungsanspruch gegen die Masse (§ 106) und Zustimmungsanspruch gegen den Dritten (§ 888 BGB) durchsetzen.

- Ist der **Vorkaufsfall vor Verfahrenseröffnung** eingetreten, wurde das **Vorkaufsrecht** aber erst **nach Verfahrenseröffnung ausgeübt,** ist umstritten, welche Folgen eine Erfüllungsablehnung des Verwalters im Verhältnis zum Erstkäufer hat. Diese Frage stellt sich freilich nicht, wenn der Schuldner selbst bereits vorinsolvenzlich an den Erstkäufer geleistet hat, der Verwalter selbst gegenüber dem Erstkäufer Erfüllung wählt oder erfüllen muss, weil der Erstkäufer seinerseits insolvenzfest zB durch eine Vormerkung gem. § 106 gesichert ist (RSZ InsO/Zeuner Rn. 9). In diesen Fällen ist der Vorkaufsfall im Verhältnis Schuldner – Erstkäufer eingetreten und der vormerkungsähnlich besicherte Erfüllungsanspruch des Vorkaufsberechtigten insolvenzfest. Ansonsten hängt die Ausübung des Vorkaufsrechts – insbesondere bei einem Erfüllungswahlrecht im Verhältnis zum Erstkäufer – davon ab, ob es auch bei einem Vorkaufsfall bleibt oder schon die Veräußerung an den Erstkäufer scheitert. Mit Erfüllungsablehnung erlischt nach wohl hM das Vorkaufsrecht, da es keinen Vorkaufsfall mehr gibt (MüKoInsO/Vuia Rn. 16c; RSZ InsO/Zeuner Rn. 9; aA K. Schmidt InsO/Ringstmeier Rn. 27; Uhlenbruck/Wegener Rn. 24: Erlöschen erst mit Nichterfüllungsforderung des Erstkäufers).
- Bei **Vorkaufsfall und Ausübung im Verfahren** (dh Veräußerung durch den Insolvenzverwalter als Vorkaufsfall) kommt es darauf an, ob diese Veräußerung freihändig erfolgt oder im Wege der Zwangsvollstreckung. Nur im ersteren Fall kann sich der Vorkaufsberechtigte auf § 1098 Abs. 1 S. 2 BGB, § 106 berufen; in der Zwangsvollstreckung kann das Vorkaufsrecht nicht ausgeübt werden (RSZ InsO/Zeuner Rn. 8; Braun/Kroth Rn. 11).

31 Vor diesem Hintergrund hat der Insolvenzverwalter gewisse Steuerungsmöglichkeiten über die Art und Weise der Verwertung. So könnte der Verwalter die Erfüllung eines vorinsolvenzlichen Verkaufs an einen Dritten ablehnen, um diesen im Verfahren später selbst vorzunehmen. Auch könnte er die Ausübung eines Vorkaufsrechts dadurch verhindern, dass er nicht freihändig verwertet, was indes nur Sinn macht, wenn eine Verwertung durch Zwangsvollstreckung gegenüber der freihändigen Verwertung zu Vorteilen für die Masse führte.

C. Rechtsfolgen

32 Eine wirksam bestehende Vormerkung hat im Insolvenzverfahren zweierlei Wirkung: Zum einen kann der vorgemerkte schuldrechtliche Anspruch gem. § 106 Abs. 1 S. 1 gegen die Masse durchgesetzt werden; der Vormerkungsgläubiger kann für den schuldrechtlichen Anspruch trotz Verfahrenseröffnung Befriedigung aus der Insolvenzmasse verlangen (→ Rn. 33). Zum anderen bewahrt die sachenrechtliche Vormerkungswirkung zur Erfüllung des Anspruches die Verfügungsbefugnis über das vorgemerkte dingliche Recht (→ Rn. 36). Beide Rechtsfolgen treten auch in der Insolvenz in dem Umfang ein, in dem die sachenrechtliche Vormerkungswirkung reicht (→ Rn. 38). Abs. 1 S. 2 stellt klar, dass diese Folgen durch vereinbarte sonstige Nebenleistungen weder in Frage gestellt noch auf diese erstreckt werden (→ Rn. 41).

I. Erfüllungsanspruch gegen die Masse

33 Gemäß § 106 Abs. 1 S. 1 kann der Vertragspartner, der Gläubiger des schuldrechtlichen vorgemerkten Anspruches und Vormerkungsberechtigter ist (→ Rn. 9), für seinen Anspruch in aussonderungsähnlicher Weise **Befriedigung aus der Insolvenzmasse** verlangen. Soweit der vorgemerkte Anspruch einem beidseitig unerfüllten gegenseitigen Vertrag entspringt, entzieht § 106 diesen als Spezialvorschrift den allgemeinen Wirkungen der Verfahrenseröffnung (→ § 103 Rn. 8). Es besteht insbesondere **kein Erfüllungswahlrecht** iSd § 103 (BGH NZI 2018, 22 Rn. 17). Auch außerhalb des Anwendungsbereiches des § 103 bleiben vorgemerkte Ansprüche – zB aus Gesetz oder einseitigen Rechtsgeschäften (→ Rn. 10) – durchsetzbar, und der Gläubiger kann deren Erfüllung aus der Insolvenzmasse verlangen.

33.1 Ist der Anspruch des Vertragspartners vormerkungsgesichert und unterfällt der Vertrag daher **nicht dem § 103,** so gibt es auch keinen „Qualitätssprung" durch Erfüllungswahl. Dies hat zur Folge, dass eine vorinsolvenzliche **Zession** des Schuldners an einen Dritten ausnahmsweise **wirksam** bleibt (BGH NZI 2006, 350, → § 103 Rn. 110). Konsequenterweise wird man dann auch die mit § 103 einhergehenden Aufrechnungsbeschränkungen für unanwendbar halten müssen (→ § 103 Rn. 108).

Ein vormerkungsgesicherter Anspruch auf Übereignung eines Grundstückes kann auch nicht ohne 33.2
Zustimmung des betroffenen Gläubigers den Regelungen eines **Insolvenzplans** unterworfen werden (vgl.
dazu BVerfG NZI 2020, 1112 Rn. 61 mwN).

Der vormerkungsgesicherte Anspruch muss vollständig **aus der Masse erfüllt** werden. Der 34
Gläubiger ist auf das Verfahren der Forderungsanmeldung (§ 174 ff.) nicht angewiesen und kann
den Anspruch individuell durch **Klage gegen die Masse** geltend machen und ggf. im Wege der
Einzelvollstreckung durchsetzen. Insoweit wird der Anspruch von § 106 im Ausgangspunkt wie
eine Masseverbindlichkeit behandelt. Wegen der aussonderungsähnlichen Wirkung der Vormerkung gilt der Vorrang auch bei **Masseunzulänglichkeit** (OLG Stuttgart ZInsO 2004, 1089
(1090) = BeckRS 2004, 07826; K. Schmidt InsO/Ringstmeier Rn. 40; FK-InsO/Wegener
Rn. 19). Vormerkungsgesicherte Ansprüche treten nicht als Altmasseverbindlichkeiten iSd § 209
Abs. 1 Nr. 3 zurück, sondern gehen anderen Masseverbindlichkeiten vor. In der Sache ähneln sie
Aussonderungsrechten (FK-InsO/Wegener Rn. 19; Uhlenbruck/Wegener Rn. 27; → Rn. 2;
terminologisch für Masseverbindlichkeiten K. Schmidt InsO/Ringstmeier Rn. 32; Andres/Leithaus/Andres Rn. 5).

Gesichert ist der Anspruch nur insoweit, als er auf die Erfüllung der Pflicht zur dinglichen 35
Rechtsänderung frei von vormerkungswidrigen Beeinträchtigungen geht. Für **andere Leistungspflichten** und insbesondere nicht von der Vormerkungswirkung erfasste Gewährleistungsansprüche bleibt es bei den allgemeinen Regeln (K. Schmidt InsO/Ringstmeier Rn. 32). So unterfallen
diese Ansprüche im Fall gegenseitiger Verträge auch bei Bestand des vorgemerkten Anspruches
dem Erfüllungswahlrecht des § 103. § 106 Abs. 1 S. 2 bringt insoweit den Grundsatz der **Vertragsspaltung** zum Ausdruck (ausf. → Rn. 39, → Rn. 41 ff.).

II. Relative Unwirksamkeit vormerkungswidriger Verfügungen

Auf dinglicher Ebene greift zulasten der Masse die allgemeine sachenrechtliche Vormerkungs- 36
wirkung (§ 883 Abs. 2 BGB). Die Vormerkung bewirkt zwar **kein Verfügungsverbot**, führt
aber zur **relativen Unwirksamkeit** vormerkungswidriger Verfügungen. Alle vorinsolvenzlich
vom Schuldner oder nach Eröffnung vom Verwalter vorgenommenen Verfügungen sind gegenüber
dem Vormerkungsinhaber **insoweit** relativ unwirksam, als sie die Erfüllung des vorgemerkten
Anspruchs vereiteln oder **beeinträchtigen** würden. Ebenso wenig wie der Schuldner derartige
Verfügungen wirksam vornehmen kann, ist dies nach Übergang der Verwaltungs- und Verfügungsbefugnis (§§ 80 f., § 21 Abs. 2 Nr. 2) auch dem Insolvenzverwalter möglich. Eine Verwertung des
Rechts zugunsten der Masse durch Veräußerung an einen anderen als den Vormerkungsberechtigten ist damit grundsätzlich ausgeschlossen.

Hat der Verwalter vormerkungswidrige **Verfügungen vorgenommen,** kann der Vertragspart- 37
ner dennoch weiterhin von ihm Erfüllung verlangen (und klageweise durchsetzen) sowie von
Dritten die erforderliche Zustimmung zur Berichtigung der Registerlage (§ 888 BGB).

III. Grenzen der Insolvenzfestigkeit; Gegenrechte

Schuldrechtliche Ansprüche sind nur insoweit insolvenzfest, als sie auf die Herbeiführung der 38
vormerkungsgesicherten dinglichen Rechtsänderung gerichtet sind. Nur dies ist für die Funktion
der Vormerkung als Sicherungsmittel in der Insolvenz nötig; darüber hinaus ist der Vormerkungsberechtigte nicht privilegiert und die par conditio creditorum nicht eingeschränkt. Die Grenzen
der Insolvenzfestigkeit vorgemerkter Ansprüche entsprechen der **Reichweite der Vormerkungswirkung** iSd § 883 Abs. 2 BGB. Damit sind andere Ansprüche als der gesicherte Erfüllungsanspruch nicht erfasst (Abs. 1 S. 2; → Rn. 41) und auch der durch § 106 gesicherte Erfüllungsanspruch nur insoweit, als es gerade um die Herbeiführung der dinglichen
Rechtsänderung und den Schutz gegen vormerkungswidrige Verfügungen geht.

In **zeitlicher Hinsicht** greift die Vormerkungswirkung ab deren Wirksamkeit – in der Regel mit 38.1
Grundbucheintrag als letzter Entstehungsvoraussetzung (→ Rn. 22.1). Vormerkungswidrige Zwischenverfügungen für die Zeit davor sind wirksam. Wird ein aufzulassendes Grundstück kaufvertragswidrig mit
Grundpfandrechten belastet, bevor eine Vormerkung zur Entstehung gelangt, steht diese Vormerkung den
früheren Belastungen wegen des Prioritätsprinzips nicht entgegen. Der Anspruch des Käufers auf Freiheit
von vor der Vormerkungsbestellungen bestellten Lasten ist nicht vormerkungsgesichert und nicht gem.
§ 106 insolvenzfest (BGH NJW 1994, 3231; OLG Koblenz VersR 1982, 250). Belastungen des Grundstücks
nach Entstehung einer Vormerkung sind demgegenüber als vormerkungswidrige Verfügungen von der
Vormerkungswirkung erfasst. Insoweit kann eine Rechtsmängelhaftung an der Wirkung des § 106 teilhaben
(→ Rn. 39).

InsO § 106   Dritter Teil. Wirkungen der Eröffnung des Insolvenzverfahrens

38.2   Die **sachlichen Grenzen der Vormerkungswirkung** bestimmen darüber, inwieweit Ansprüche am Schutz des § 106 teilhaben. Nicht jede Zwischenverfügung ist per se vormerkungswidrig. Sie muss den vorgemerkten Rechtserwerb vereiteln oder beeinträchtigen. Eine lastenfreie geschuldete Übereignung wird durch später bestellte Grundpfandrechte beeinträchtigt, nicht aber durch die spätere Abtretung bereits bestehender Grundpfandrechte (BGH NJW 1975, 1356). Ist die Bestellung eines Grundpfandrechts vorgemerkt, führt eine zwischenzeitliche Veräußerung eines Grundstückes aufgrund des Übernahmeprinzips nicht zu dessen Beeinträchtigung. Diese Fälle sind auch von § 106 nicht erfasst.

38.3   Auch wenn die Vormerkung allein (zB durch Verzicht) oder zusammen mit dem vorgemerkten Anspruch **erlischt** (zB bei Rücktritt vom zugrunde liegenden Vertrag, BGH NZI 2009, 235), ist der Rechterwerb nicht mehr insolvenzfest. Bei Erlöschen der Vormerkung durch Rücktritt kann der Insolvenzverwalter vom Käufer eine Löschungsbewilligung (§ 894 BGB) verlangen. Die Rückzahlung eines etwaig schon gezahlten Kaufpreises kann der Käufer nur als Insolvenzforderung zur Tabelle anmelden; er hat gegenüber der Grundbuchberichtigung auch kein Zurückbehaltungsrecht aus § 273 BGB (BGH NZI 2009, 235). Insoweit verwirklich sich bei Erlöschen des gesicherten Anspruches und Entfall der Auflassungsvormerkung das volle Vorleistungsrisiko.

39   Die Frage der Insolvenzfestigkeit von **Gewährleistungsansprüchen** im Zusammenhang mit dem gem. § 106 zu erfüllenden Vertragsteil ist ebenfalls anhand der Reichweite der Vormerkungswirkung zu beantworten. So ist zB bei einer Auflassungsvormerkung die Verschaffung von Eigentum rechtsmängelfrei von vormerkungswidrigen, prioritätsjüngeren dinglichen Belastungen gesichert, nicht aber frei von anderen Rechtsmängeln (zB prioritätsälteren Grundpfandrechten, vertragswidriger Vermietung) und von Sachmängeln. Dass § 106 keinen Schutz vor Belastungen biete (so K. Schmidt InsO/Ringstmeier Rn. 32) erscheint in dieser Allgemeinheit nicht treffend. Vielmehr ist danach zu differenzieren, ob die Begründung der Belastungen die Erfüllung des vormerkungsgesicherten Anspruches beeinträchtigen würde. Dies hat der BGH in einem Fall abgelehnt, in dem die Belastungen vor Vormerkungsbestellung bestanden (BGH NJW 1994, 3231; ebenso im Verweis auf OLG Koblenz VersR 1982, 250) und schon von den zeitlichen Grenzen der Vormerkungswirkung nicht erfasst waren:

- Ein Anspruch auf Befreiung von **Lasten** ist nicht durch § 106 geschützt, wenn diese **vor Eintrag** der Vormerkung bestanden (Uhlenbruck/Wegener Rn. 28; Braun/Kroth Rn. 7).
- **Nach Eintrag** der Vormerkung kommt es bei **Rechtsmängeln** darauf an, ob diese **vormerkungswidrige Verfügungen** iSd § 883 Abs. 2 BGB darstellen. Bei bestehender Auflassungsvormerkung ist die vormerkungswidrige Bestellung dinglicher Rechte als Verfügung relativ unwirksam; und insoweit erfasst auch § 106 den schuldrechtlichen Anspruch auf rechtsmangelfreie Erfüllung der Übereignungspflichten iSd § 433 Abs. 1 S. 2, 435 BGB. Insofern kann es auch innerhalb von Gewährleistungsrechten zu einer Vertragsspaltung kommen (OLG Stuttgart ZInsO 2004, 1089 (1090) = BeckRS 2004, 07826). Allerdings geht auch ein von § 106 erfasster Anspruch nicht spezifisch auf Maßnahmen zur Herbeiführung von Lastenfreiheit, sondern allgemein auf Erfüllung (K. Schmidt InsO/Ringstmeier Rn. 32), wobei die Lastenbeseitigung ggf. über § 888 BGB gegen Dritte durchgesetzt werden muss. Teils wird weitergehend vertreten, dass Übereignungspflichten generell rechtsmangelfrei iSd § 433 Abs. 1 S. 2, 435 zu erfüllen und auch in diesem Umfang von § 106 erfasst sind (RSZ InsO/Zeuner Rn. 17; in diese Richtung wohl auch BGH NZI 2006, 350 (351), der eine Teilung der Leistungspflicht in Eigentumsverschaffung und Rechtsmangelfreiheit ablehnt). Die Vermietung des vorgemerkten Grundstücks ist keine vormerkungswidrige Verfügung (BGH NJW 1989, 451) und ein Gewährleistungsanspruch auf Erfüllung frei von diesem Rechtsmangel demzufolge nicht insolvenzfest. Sähe man demgegenüber mit Teilen der Literatur die abredewidrige Vermietung und Verpachtung vom Schutz des § 883 Abs. 2 erfasst (MüKoBGB/Kohler § 883 Rn. 54 mwN), gilt dies konsequenterweise auch für § 106.
- Gewährleistungsrechte bei **Sachmängeln** sind generell nicht insolvenzfest, da nicht von der Vormerkungswirkung erfasst (OLG Stuttgart ZInsO 2004, 1087 (1090) = MittBayNot 2005, 162 (163)).
- A priori nicht durch § 106 gesichert sind **andere Ansprüche** als diejenigen, welche auf eine dingliche Rechtsänderung gerichtet sind (BGH NZI 2009, 235 (237)), oder die auf gesonderten Abreden beruhen (BGH NJW 1994, 3231).

40   Gegen den vorgemerkten Anspruch hat der Verwalter alle **Einwendungen und Einreden,** die auch dem Schuldner zustehen (FK-InsO/Wegener Rn. 20; Braun/Kroth Rn. 9). § 106 soll verhindern, dass die Insolvenzeröffnung die Wirkung der Vormerkung beeinträchtigt, nicht jedoch den Vertragspartner besser stellen, als er ohne Insolvenz stünde. Ist der Vertragspartner vorleistungspflichtig, muss auch der Verwalter den Vertrag nur Zug um Zug iSd § 320 BGB erfüllen. Umge-

Vormerkung **§ 106 InsO**

kehrt bleiben auch dem Vertragspartner alle Einwendungen und Einreden erhalten. Bei einer Vertragsspaltung sind die Einreden für den jeweiligen Vertragsteil gesondert zu würdigen.

IV. Schicksal weiterer Vertragsteile und Vertragsspaltung (Abs. 1 S. 2)

§ 106 Abs. 1 S. 2 ordnet die Insolvenzfestigkeit des Anspruchs auf dingliche Rechtsänderung **41** auch dann an, wenn der Schuldner dem Gläubiger als Vormerkungsberechtigtem gegenüber weitere Verpflichtungen übernommen hat und diese nicht oder nicht vollständig erfüllt hat. Hieraus folgt zweierlei: Zum einen wird klargestellt, dass das **Bestehen weiterer** gesonderter, nicht vormerkungsfähiger **Haupt- oder Nebenpflichten** eines Vertrages den Schutz des auf dingliche Rechtsänderung gerichteten Erfüllungsanspruchs durch **§ 106 nicht in Frage stellt**. Zum anderen bringt Abs. 1 S. 2 die Prämisse zum Ausdruck, dass § 106 diese sonstigen Pflichten auch nicht mit erfasst (Braun/Kroth Rn. 6; MüKoInsO/Vuia Rn. 24). Wie generell bei den §§ 103 ff. kommt es hier zu einer **Vertragsspaltung,** die Abs. 1 S. 2 als allgemeinen Grundsatz wiedergibt (FK-InsO/Wegener Rn. 21).

Soweit Ansprüche durch eine Vormerkung sicherbar und gesichert sind (→ Rn. 38), unterfallen sie **41.1** § 106. Der Vertragspartner kann insoweit als Vormerkungsberechtigter von der Masse Erfüllung verlangen und schuldet im Gegenzug die auf den von § 106 erfasstem Vertragsteil entfallende Gegenleistung. Die Wirkung des § 106 besteht damit unabhängig vom Schicksal anderer, **nicht von § 106 erfasster Vertragsteile.** Das Schicksal dieser Vertragsteile im Übrigen bemisst sich nach den jeweils einschlägigen Vorschriften der §§ 103 ff. Nicht von § 106 erfasste Ansprüche aus einem gegenseitigen, beidseitig nicht vollständig erfüllten Vertrag unterfallen dem Erfüllungswahlrecht des § 103. Seine hierauf entfallenden Ansprüche kann der Vertragspartner nur bei Erfüllungswahl durchsetzen und muss sie ansonsten als Insolvenzforderung zur Tabelle anmelden. Die hierauf entfallende Gegenleistung schuldet er indes auch nur bei Erfüllungswahl. Insoweit korrespondiert die Spaltung der von der Masse in jedem Fall zu erbringenden (§ 106) und dem Erfüllungswahlrecht unterfallenden (§ 103) Leistung mit einer Spaltung der Gegenleistung.

Erhebliche praktische Bedeutung hat die Vertragsspaltung insbesondere in **Bauträgerinsolven-** **42** **zen,** wenn Bauträgerverträge den vormerkungsgesicherten Erwerb eines unbebauten Grundstückes und die Errichtung eines Gebäudes vorsehen. Hier ist der **Grundstückserwerb** als solcher gem. § 106 **insolvenzfest,** nicht aber die werkvertragliche Errichtung des Gebäudes, für die der Verwalter sein Wahlrecht gem. § 103 ausüben kann (OLG Koblenz NJW-RR 2007, 964; OLG Stuttgart ZInsO 2004, 1087 = MittBayNot 2005, 162 (164)). Das Schicksal beider Vertragsteile ist unabhängig voneinander. Von einer Erfüllungsablehnung des § 103 unterfallenden Teils bleibt der vorgemerkte Anspruch auf Auflassung unberührt. Auch die **Gegenleistung,** sofern nicht bereits vertraglich klar auf die jeweiligen Leistungsteile Grundstücksveräußerung und Bauwerkerrichtung allokiert, ist bei Erfüllungsablehnung entsprechend ihrem relativen Wert zueinander aufzuteilen. Der Vertragspartner schuldet diese dann nur für den § 106 unterfallenden Vertragsteil. Bei einheitlichem Preis kann der Grundstückswert im Wege ergänzender Vertragsauslegung oder nach § 316, 315 BGB ermittelt werden (MüKoInsO/Vuia Rn. 31; RSZ InsO/Zeuner Rn. 16; allgemein zur Allokation der Gegenleistung bei Vertragsspaltung → § 105 Rn. 30). Dem Übereignungsverlangen kann der Verwalter ein Zurückbehaltungsrecht iSd § 320 BGB nur entgegensetzen, wenn der vorleistungspflichtige Vertragspartner gerade den auf die Übereignung entfallenden Gegenleistungsanteil nicht erbringt. Wegen unerfüllter Forderungen aus dem § 103 unterfallenden Werkvertragsteil kann der Verwalter die Übereignung hingegen nicht verweigern (FK-InsO/Wegener Rn. 21; Uhlenbruck/Wegener Rn. 38), auch nicht bei Erfüllungswahl. Die Fälligkeit des Auflassungsanspruchs richtet sich nicht danach, ob die gesamte vereinbarte Gegenleistung erbracht wurde, sondern nur danach, ob der Teil des Kaufpreises gezahlt wurde, welcher auf die Übereignung entfällt (OLG Koblenz NJW-RR 2007, 964). Diese Vertragsspaltung zeigt sich auch bei **Sekundäransprüchen.** Eine Umgestaltung des Schuldverhältnisses, wenn der Vertragspartner aufgrund der Erfüllungsablehnung seinerseits Nichterfüllungsansprüche geltend macht (→ § 103 Rn. 76) erfasst nur den § 103 unterfallenden Vertragsteil, nicht aber den im Anwendungsbereich des § 106.

Daher bringt der Vertragspartner durch die Geltendmachung von Schadenersatz wegen Nichterrichtung **42.1** des Bauwerkes die insolvenzfeste Pflicht der Masse zur Übereignung des Grundstückes nicht in Gefahr. Freilich ist für die Berechnung des Schadenersatzes nur der auf diese Verpflichtung zur Bebauung entfallenden Wert anzusetzen.

D. Verhältnis zu anderen Vorschriften

I. Unabdingbarkeit

43 Die Anwendung des § 106 kann aufgrund von § 119 nicht im Voraus ausgeschlossen oder beschränkt werden. So sind etwa **Vereinbarungen unwirksam,** welche zulasten der Masse die Wirkung des § 106 ausdehnen und zB dessen Wirkungen auch auf Nebenleistungen oder weitere Verpflichtungen iSd Abs. 1 S. 2 erstrecken wollen. Dinglich würden solche Vereinbarungen ohnehin ins Leere gehen, denn sie könnten die Vormerkungswirkung nicht abweichend von § 883 Abs. 2 BGB regeln. Diskutiert wird indes die **teleologische Reduktion** des § 119, sodass § 106 einschränkende und im Ergebnis massebegünstigende Vereinbarungen wirksam möglich sein sollen (so RSZ InsO/Zeuner Rn. 20; FK-InsO/Wegener Rn. 26; differenzierend MüKoInsO/Vuia Rn. 35; dagegen → § 119 Rn. 1.2).

II. Rückschlagsperre

44 Neben der rechtsgeschäftlich durch Bewilligung bestellten Vormerkung kann diese auch als Sicherungsmittel im Rahmen der Zwangsvollstreckung auf **einstweilige Verfügung** hin eingetragen werden, um vormerkungsfähige Ansprüche auf dingliche Rechtsänderung gegen vertragswidrige Zwischenverfügungen an Dritte zu schützen (→ Rn. 19). Als Maßnahme der **Zwangsvollstreckung** unterfällt der Eintrag der Vormerkung jedoch der Rückschlagsperre des § 88 und ist **unwirksam,** soweit die Eintragung im letzten Monat vor der Verfahrenseröffnung erfolgte (BGH NZI 1999, 407). Insoweit setzt sich § 88 gegen § 106 durch, weil der Vormerkung ihre von § 106 vorausgesetzte Wirkung genommen wird. Für die **Monatsfrist** ist die Eintragung der Vormerkung entscheidend, nicht der Antrag (RSZ InsO/Zeuner Rn. 6; K. Schmidt InsO/Ringstmeier Rn. 22). § 140 findet auf die nicht rechtsgeschäftlich bewilligte Eintragung einer Vormerkung keine Anwendung (FK-InsO/Wegener Rn. 13).

III. Insolvenzanfechtung

45 Die Insolvenzanfechtung eines durch § 106 gesicherten Erwerbs bleibt nach allgemeinen Grundsätzen und nach Maßgabe der §§ 129 ff. möglich. Anknüpfungspunkt ist hier eine etwaige Gläubigerbenachteiligung des gesicherten Grundgeschäfts (vgl. BGH NZI 2018, 22). Unabhängig von der Sicherungswirkung der Vormerkung soll § 106 weder von seinem Regelungsziel her noch systematisch einen anfechtbaren Vermögenserwerb privilegieren.

45.1 Die Vereinbarung eines **vormerkungsgesicherten Rückübertragungsanspruches** nach Grundstücksschenkung ist keine Gläubigerbenachteiligung, auch wenn diese für den Fall des Vermögensverfalls oder der Insolvenz des Beschenkten erfolgt (BGH NZI 2008, 428 (429)). Auch ein in einem Grundstückskaufvertrag zugunsten des Verkäufers vereinbartes **Rücktrittsrecht für den Insolvenzfall** ist **nicht gläubigerbenachteiligend,** wenn das Rücktrittsrecht von vornherein Bestandteil des gegenseitigen Vertrags ist, der Schuldner Rechte an der Sache ausschließlich aufgrund dieses Vertrags erworben hat, die Rücktrittsklausel den Berechtigten in den Stand setzt, einen Zugriff der Gläubiger auf die Sache jederzeit abwehren zu können, und die Rücktrittsklausel freie Verfügungen des Schuldners zugunsten einzelner Gläubiger ausschließt (BGH NZI 2018, 22). Dies ist dann nicht der Fall und der Rückerwerb ggf. anfechtbar, wenn die Rückübertragung unentgeltlich erfolgen soll oder die Rückabwicklungsregelungen zum Nachteil der Masse hinter §§ 346 ff. BGB zurückbleiben. Nach Verfahrenseröffnung können zudem die Voraussetzungen des Rücktritts gem. § 80 nicht mehr geändert werden (LG Wuppertal ZInsO 2017, 2699 (2700)).

§ 107 Eigentumsvorbehalt

(1) ¹Hat vor der Eröffnung des Insolvenzverfahrens der Schuldner eine bewegliche Sache unter Eigentumsvorbehalt verkauft und dem Käufer den Besitz an der Sache übertragen, so kann der Käufer die Erfüllung des Kaufvertrages verlangen. ²Dies gilt auch, wenn der Schuldner dem Käufer gegenüber weitere Verpflichtungen übernommen hat und diese nicht oder nicht vollständig erfüllt sind.

(2) ¹Hat vor der Eröffnung des Insolvenzverfahrens der Schuldner eine bewegliche Sache unter Eigentumsvorbehalt gekauft und vom Verkäufer den Besitz an der Sache erlangt, so braucht der Insolvenzverwalter, den der Verkäufer zur Ausübung des Wahlrechts aufgefordert hat, die Erklärung nach § 103 Abs. 2 Satz 2 erst unverzüglich nach

dem Berichtstermin abzugeben. ²Dies gilt nicht, wenn in der Zeit bis zum Berichtstermin eine erhebliche Verminderung des Wertes der Sache zu erwarten ist und der Gläubiger den Verwalter auf diesen Umstand hingewiesen hat.

Überblick

§ 107 regelt als Spezialnorm zu § 103 das Schicksal von **Kaufverträgen** mit **Eigentumsvorbehalt** in der Insolvenz, und zwar sowohl für den Fall der Verkäuferinsolvenz (Abs. 1) als auch der Käuferinsolvenz (Abs. 2). In der **Verkäuferinsolvenz** gibt **Abs. 1 S. 1** beim Verkauf (→ Rn. 6) einer beweglichen Sache (→ Rn. 13) unter Eigentumsvorbehalt (→ Rn. 7) mit Besitzübertragung (→ Rn. 15) und Entstehung eines dinglichen Anwartschaftsrechts (→ Rn. 11) dem Käufer einen insolvenzfesten Erfüllungsanspruch gegen die Masse. Damit wird das ohne diese Regelung ansonsten bestehende Erfüllungswahlrecht des Verwalters für den zugrunde liegenden schuldrechtlichen Kaufvertrag ausgeschlossen (→ Rn. 20), um die Insolvenzfestigkeit des Anwartschaftsrechts in den Händen des Käufers zu gewährleisteten. Der Schutz des Käufers vor Zwischenverfügungen des Verkäufers bzw. Verwalters folgt aus dem Anwartschaftsrecht selbst (→ Rn. 23). **Abs. 1 S. 2** stellt klar, dass der von Abs. 1 S. 1 erfasste Übereignungsanspruch auch dann insolvenzfest ist, wenn weitergehende Verpflichtungen bestehen. Diese selbst sind von § 107 jedoch nicht erfasst (→ Rn. 25), weswegen es ggf. zu einer Vertragsspaltung in Übereignung (§ 107) und den Rest des Vertrages (§ 103) kommen kann. Da Abs. 1 auf den Schutz des Anwartschaftsrechtes zielt, ist sein Anwendungsbereich nach hM über den Wortlaut hinaus nicht auf Kaufverträge beschränkt (→ Rn. 10). Im umgekehrten Fall der **Käuferinsolvenz** hat der Verwalter beim Eigentumsvorbehaltskauf (→ Rn. 31 ff.) ein Erfüllungswahlrecht iSd § 103 (→ Rn. 36), welches jedoch auf der Rechtsfolgenseite modifiziert wird. Um die sanierungsfeindliche Zerschlagung der Masse durch frühe Aussonderung zu verhindern, verlängert **Abs. 2 S. 1** für den Verwalter die **Ausübungsfrist** nach Ausübungsaufforderung über den Berichtstermin hinaus (→ Rn. 40), solange keine **Verschlechterung** des Vorbehaltsguts droht und er hierauf hingewiesen wurde (Abs. 2 S. 2, → Rn. 42).

Übersicht

	Rn.		Rn.
A. Normzweck und Systematik	1	C. Eigentumsvorbehalt in der Käuferinsolvenz (Abs. 2)	29
B. Eigentumsvorbehalt in der Verkäuferinsolvenz (Abs. 1)	5	I. Tatbestand	30
I. Tatbestand	5	1. Vorinsolvenzlicher Kauf unter Eigentumsvorbehalt und Besitzerlangung durch späteren Insolvenzschuldner	31
1. Verkauf unter Eigentumsvorbehalt	6	2. Besitzerlangung des Käufers	34
2. Entstehung eines Anwartschaftsrechts in den Händen des Käufers	11	II. Rechtsfolge	35
3. Bewegliche Sache als Vorbehaltsgut	13	1. Erfüllungswahlrecht des Verwalters	36
4. Besitzübertragung an den Käufer	15	2. Verlängerung der Ausübungsfrist des Erfüllungswahlrechts nach Aufforderung (Abs. 2 S. 1)	40
II. Rechtsfolgen	19		
1. Erfüllungsanspruch des Vorbehaltskäufers gegen die Masse	20	3. Keine Fristverlängerung bei Verschlechterungsgefahr und Hinweis (Abs. 2 S. 2)	42
2. Schutz durch relative Unwirksamkeit von Zwischenverfügungen	23	D. Verhältnis zu anderen Vorschriften	45
3. Schicksal weiterer Vertragsteile; Nebenleistungen; Mängel; Vertragsspaltung (Abs. 1 S. 2)	25	I. Unabdingbarkeit (§ 119)	45
		II. Analoge Anwendung	46

A. Normzweck und Systematik

Systematisch ist § 107 zweigeteilt: Abs. 1 regelt den Eigentumsvorbehaltskauf in der Verkäuferinsolvenz; Abs. 2 betrifft den Fall der Käuferinsolvenz. 1

Zweck des **§ 107 Abs. 1** ist der **Schutz des Anwartschaftsrechts** des Vorbehaltskäufers in der **Verkäuferinsolvenz**. Beim Verkauf unter Eigentumsvorbehalt erwirbt der Vorbehaltskäufer mit Übereignung unter aufschiebender Bedingung vollständiger Kaufpreiszahlung ein Anwartschaftsrecht am Vorbehaltsgut. Der Erwerber kann den Eigentumsübergang durch vollständige Kaufpreiszahlung herbeiführen; der Veräußerer kann in der Regel nicht einseitig verhindern, dass das Anwartschaftsrecht dann durch Direkterwerb in den Händen des Käufers zum Vollrecht 2

InsO § 107 Dritter Teil. Wirkungen der Eröffnung des Insolvenzverfahrens

erstarkt. Ein derart entstandenes Anwartschaftsrecht soll auch der Verwalter nicht mehr einseitig durch eine Erfüllungsablehnung zerstören können, solange sich der Käufer seinerseits vertragstreu verhält und der Masse die vereinbarte Gegenleistung zufließt (RegE BT-Drs. 12/2443, 146). § 107 Abs. 1 entscheidet so die vormals unter der KO umstrittene Frage der Insolvenzfestigkeit des Anwartschaftsrechts: Der **vertragstreue Vorbehaltskäufer** kann den Eigentumserwerb gegenüber dem insolventen Vorbehaltsverkäufer durchsetzen.

2.1   Bei zwischenzeitlicher Eröffnung des Insolvenzverfahrens ist das in der Masse noch verbliebene Resteigentum **bereits** mit dem aus der Masse ausgeschiedenen Anwartschaftsrecht **belastet**. Die aus der Natur des Anwartschaftsrechts fließende dingliche Sicherungswirkung ist jedoch mit der strukturellen „Schwäche" behaftet, dass das Anwartschaftsrecht selbst vom Fortbestand des ihm zugrunde liegenden **schuldrechtlichen Vertrages abhängig** ist. Erlischt dieser, kann in der Regel auch die Bedingung für den Vollerwerb nicht mehr eintreten, und das Anwartschaftsrecht erlischt mit ihm. Somit könnten die Auswirkungen der §§ 103 ff. auf schuldrechtlicher Ebene unter Umständen auch auf das dingliche Anwartschaftsrecht durchschlagen.

2.2   Die spezifische Funktion des § 107 Abs. 1 S. 1 zeigte sich noch deutlicher unter der früheren **Erlöschenstheorie.** Schon unter Geltung der KO war **umstritten,** ob das Anwartschaftsrecht des Vorbehaltskäufers insolvenzfest ist. Die frühere Rechtsprechung gab dem Verwalter auch bei Kaufverträgen mit Eigentumsvorbehalt das Erfüllungswahlrecht des § 17 KO. Dies hatte zur Folge, dass die – bei noch bestehendem Eigentumsvorbehalt typischerweise unerfüllten – Ansprüche aus dem Kausalgeschäft erloschen (→ § 103 Rn. 7) und deswegen auch der Fortbestand des Anwartschaftsrechts in Frage stand (BGH NJW 1986, 2948 (2949 f.)). Teile des Schrifttums wollten den Eigentumsvorbehaltskauf daher aus dem Anwendungsbereich des § 17 KO ausnehmen und für insolvenzfest erklären (vgl. dazu Kilger/K. Schmidt, KO, 17. Aufl. 1997, § 17 Nr. 3b mwN). Jedenfalls bei schon fast vollständiger Kaufpreiszahlung konnte der Vorbehaltskäufer geschützt werden, weil der Verwalter die Annahme der Restsumme nicht ohne Verstoß gegen § 242 BGB verweigern durfte (BGH NJW 1986, 2948 (2949 f.)) und selbst bei Ablehnung im Ergebnis nicht verhindern konnte (§ 161 Abs. 1 BGB).

2.3   § 107 Abs. 1 entscheidet diese frühere Streitfrage eindeutig zugunsten der **Insolvenzfestigkeit,** indem der Eigentumsvorbehaltskauf aus dem Anwendungsbereich des § 103 herausgenommen wird. Welche Auswirkungen die vom BGH seit 2002 vertretene Undurchsetzbarkeitstheorie ansonsten auf das Anwartschaftsrecht hätte, ist dogmatisch nicht abschließend geklärt (vgl. dazu Uhlenbruck/Knof Rn. 8) und aus praktischer Sicht wegen § 107 Abs. 1 letztlich unerheblich.

3   Vor diesem Hintergrund sind die Voraussetzungen des § 107 Abs. 1 im Lichte der **Insolvenzfestigkeit des Anwartschaftsrechts** zu lesen. Auch wenn der Wortlaut der Norm an Kaufvertrag und Besitzübertragung knüpft, richtet sich die Anwendung der Norm in der Sache tatbestandlich zuvorderst nach den Entstehungsvoraussetzungen eines dinglichen Anwartschaftsrechts, dessen Wirkung auf schuldrechtlicher Ebene abgesichert wird.

4   Im Fall der **Käuferinsolvenz** bleibt es – wie von **§ 107 Abs. 2** vorausgesetzt – beim Grundsatz der **Erfüllungswahl.** Das Wahlrecht braucht der Verwalter aber trotz Erklärungsaufforderung erst unverzüglich **nach dem Berichtstermin** ausüben. Diese Spezialregelung zu § 103 Abs. 2 S. 2 soll verhindern, dass unter Eigentumsvorbehalt geliefertes und im lfd. Unternehmensbetrieb verwendetes Vorbehaltsgut der Masse schon kurz nach Verfahrenseröffnung entzogen wird. Vielmehr sollen Fortführungs- und Sanierungschancen gestärkt werden, indem die Masse zumindest bis zu einer endgültigen Entscheidung über den Verfahrensfortgang zusammengehalten wird und der Verwalter das Unternehmen mit den gelieferten Gegenständen in der Anfangsphase des Verfahrens fortführen kann, auch wenn noch keine hinreichende Liquidität für die Erfüllungswahl zur Verfügung steht (RegE BT-Drs. 12/2443, 146).

B. Eigentumsvorbehalt in der Verkäuferinsolvenz (Abs. 1)

I. Tatbestand

5   Die Insolvenzfestigkeit des Erfüllungsanspruches setzt den Verkauf (→ Rn. 6) einer beweglichen Sache (→ Rn. 13) unter Eigentumsvorbehalt (→ Rn. 7) und die Besitzübertragung an den Käufer (→ Rn. 15) vor Verfahrenseröffnung voraus. Da Abs. 1 in der Sache auf den Schutz des Anwartschaftsrechtes zielt, müssen dessen Entstehungsvoraussetzungen erfüllt sein (→ Rn. 11), was sich als Voraussetzung im Gesetzeswortlaut indes nicht ausdrücklich niederschlägt.

Eigentumsvorbehalt § 107 InsO

1. Verkauf unter Eigentumsvorbehalt

§ 107 Abs. 1 setzt den Verkauf einer beweglichen Sache unter Eigentumsvorbehalt voraus. Aus **6** dem Charakter als Spezialnorm zu § 103 ergibt sich, dass der **Kaufvertrag** als gegenseitiger Vertrag **noch nicht beiderseitig vollständig erfüllt** sein darf (K. Schmidt InsO/Ringstmeier Rn. 6), was in der von § 107 adressierten Situation vor vollständiger Kaufpreiszahlung und vor Eigentumsverschaffung typischerweise auch nicht der Fall ist. Hat der Käufer erfüllt, ist auch das Anwartschaftsrecht durch Bedingungseintritt zum Vollrecht erstarkt; hat der Verkäufer erfüllt, kommt es auf das Anwartschaftsrecht aus Käufersicht nicht mehr an.

Das Vorbehaltsgut muss dem Käufer **unter Eigentumsvorbehalt** verkauft worden sein. Der **7** Wortlaut der Norm nimmt mit „verkauft" zwar nur auf die **schuldrechtliche** Ebene des Eigentumsvorbehaltskaufs Bezug. In der Sache geht es § 107 jedoch um den Schutz eines auf **dinglicher** Ebene entstandenen Anwartschaftsrechts (mit spezifisch sachenrechtlichem Fokus auch OLG Düsseldorf NZI 2013, 303 (304); OLG Saarbrücken ZInsO 2014, 1393). Aus dieser Diskrepanz erwachsen eine Reihe von Streitfragen, wie die Anwendung des § 107 auf den rein schuldrechtlichen Kauf unter Eigentumsvorbehalt (→ Rn. 8), auf andere Fälle eines Anwartschaftsrechts als einem Kaufvertrag (→ Rn. 10) sowie die Voraussetzungen an die Besitzverschaffung (→ Rn. 16).

Auch wenn der Wortlaut des § 107 Abs. 1 hier unscharf ist und auf den „Verkauf" abstellt, **8** reicht es nicht, dass der Eigentumsvorbehalt nur schuldrechtlich vereinbart, aber nicht dinglich derart vollzogen wurde, dass der Käufer ein **Anwartschaftsrecht** erhält. Da § 107 Abs. 1 auf den Schutz des Anwartschaftsrechts zielt, muss der Käufer ein solches auch durch **bedingte Übereignung iSd §§ 929 ff., 158 BGB** vorinsolvenzlich wirksam erworben haben (K. Schmidt InsO/Ringstmeier Rn. 5; MüKoInsO/Vuia Rn. 8; Uhlenbruck/Knof Rn. 3; KPB/Tintelnot Rn. 11; Andres/Leithaus/Andres Rn. 4; HK-InsO/Marotzke Rn. 3). Aus praktischer Sicht wird diese Frage allerdings nur dann relevant, wenn es beim Verkauf unter Eigentumsvorbehalt trotz Lieferung an den Käufer noch zu keiner bedingten Übereignung gem. §§ 929, 158 BGB käme. Dies wird kaum vorkommen. Ohne konkrete, abweichende Erklärungen des Verkäufers darf der Käufer nämlich typischerweise (§§ 133, 157 BGB) davon ausgehen, dass die Lieferung – jedenfalls konkludent – ein bedingtes Übereignungsangebot beinhaltet und der Verkäufer dieses nicht vertragswidrig zurückhalten will.

Da es für § 107 maßgeblich auf das Anwartschaftsrecht ankommt, erfasst § 107 grundsätzlich **9** den Übereignungsanspruch für **jede zulässige Form des Eigentumsvorbehalts,** bei der ein Anwartschaftsrecht entsteht (Uhlenbruck/Knof Rn. 5; RSZ InsO/Zeuner Rn. 2; MüKoInsO/Vuia Rn. 8). Sofern jedoch dessen Erstarken noch an weitere Bedingungen als nur die vollständige Kaufpreiszahlung geknüpft ist, hilft § 107 für den Eintritt dieser Bedingungen nicht weiter.

Von § 107 erfasst ist der **einfache Eigentumsvorbehalt,** bei dem die Übereignung unter der aufschie- **9.1** benden Bedingung vollständiger Kaufpreiszahlung steht

Beim **erweiterten Eigentumsvorbehalt** hängt der Eigentumsübergang darüber hinaus von der Erfül- **9.2** lung weiterer Verpflichtungen ab, etwa aus mehreren zwischen den Parteien geschlossenen Geschäften. § 107 sichert hier nur die Erfüllung der Übereignungspflicht aus dem konkreten Kaufvertrag. Darüber hinaus werden mehrere Kausalgeschäfte allein durch ihre Bedingungsrelevanz für den Eigentumsübergang nicht zusammengefasst; vielmehr sind die Folgen der Verfahrenseröffnung auf schuldrechtlicher Ebene für diese Rechtsgeschäfte jeweils eigenständig zu beurteilen (Uhlenbruck/Knof Rn. 5). Wenn die vollständige Bezahlung des Kaufpreises noch nicht zum Eigentumserwerb des Käufers führt, bewirkt § 107 nicht die Insolvenzfestigkeit des Übereignungsanspruches bezüglich anderer Bedingungen (K. Schmidt InsO/Ringstmeier Rn. 8). Insofern bewahrt § 107 den Käufer vor dem Verlust seines Anwartschaftsrechts, stellt ihn aber auch nicht besser.

Beim **verlängerten Eigentumsvorbehalt** wird der Kaufgegenstand unter der Bedingung vollständiger **9.3** Kaufpreiszahlung übereignet; die Weiterveräußerung ist dem Käufer bei Vorausabtretung der Kaufpreisforderungen aus dem Weiterverkauf gestattet. Vor vollständiger Kaufpreiszahlung bzw. Weiterübereignung greift § 107; nach wirksamer Weiterveräußerung des Kaufgegenstands durch den Käufer an den Dritten ist § 107 nicht mehr anwendbar, da der Käufer kein Anwartschaftsrecht mehr hat. Zur Behandlung von Globalzession und verlängertem Eigentumsvorbehalt im Eröffnungsverfahren vgl. BGH NZI 2019, 274.

Stehen gelieferte Gegenstände in der Käuferinsolvenz unter **Kontokorrentvorbehalt,** der alle Forde- **9.4** rungen im Kontokorrent sichern soll, geht es nicht mehr allein um den Erwerb des Vorbehaltsgutes, sodass der Kontokorrentvorbehalt nur ein Absonderungsrecht gewährt (MüKoInsO/Vuia Rn. 8).

Ein **Konzernvorbehalt,** der auch die Erfüllung von Forderungen Dritter, insbesondere mit dem Ver- **9.5** käufer konzernverbundener Unternehmen, zur Bedingung für den Eigentumsübergang erklärt, ist gem. § 449 Abs. 3 BGB nichtig.

9.6 Beim **weitergeleiteten Eigentumsvorbehalt** mit Übertragung des Anwartschaftsrechts auf einen zweiten Käufer ist § 107 in einer Leistungskette beim insolventen Verkäufer anwendbar (FK-InsO/Wegener Rn. 9). Auch ein in den Händen des Verkäufers **bereits bestehendes Anwartschaftsrecht** (zB bei aufschiebend bedingter Sicherungsübereignung an einen dritten Sicherungsnehmer), das sodann an den Käufer **übertragen** wird, genügt für dessen Schutz durch § 107 (OLG Saarbrücken ZInsO 2014, 1393 = BeckRS 2014, 08427). Es ist nicht erforderlich, dass das Anwartschaftsrecht originär beim Käufer entsteht. Freilich sichert § 107 in diesem Fall nur den Bedingungseintritt aus dem zwischen Verkäufer und Käufer bestehenden Kaufvertrag und bewirkt insbesondere auch keinen Vorrang des Anwartschaftsrechts über ein etwaiges Absonderungsrecht des Sicherungsnehmers. Dieser Konflikt ist nach sachenrechtlichen Prioritätsgrundsätzen (und bei Übergabe des unmittelbaren Besitzes an den gutgläubigen Käufer ggf. § 936 BGB) zu beurteilen.

9.7 Der **nachträgliche Eigentumsvorbehalt,** bei dem Käufer und Verkäufer nach unbedingter Übereignung einen Eigentumsvorbehalt vereinbaren, fällt nicht unter §§ 103, 107 (Braun/Kroth § 103 Rn. 38), sondern ist als nachträgliche Sicherungs(rück)übereignung auszulegen. Der ursprüngliche Kaufvertrag ist bereits erfüllt worden, sodass § 107 nicht zur Anwendung kommt und am Sicherungsgut ein Absonderungsrecht besteht.

9.8 Darüber hinaus erfasst § 107 auch den Fall eines **„nur dinglichen" Eigentumsvorbehalts,** der schuldrechtlich nicht vereinbart war, bei dem die Übereignung aber dennoch nur unter der Bedingung vollständiger Kaufpreiszahlung – und damit ggf. unter Verstoß gegen Pflichten zur unbedingten Übereignung – vollzogen wird (Uhlenbruck/Knof Rn. 3; K. Schmidt InsO/Ringstmeier Rn. 5; Braun/Kroth Rn. 3). Auch hier ist das Anwartschaftsrecht des Käufers durch § 107 geschützt. Ein Eigentumsvorbehalt gänzlich ohne Kausalgeschäft erscheint demgegenüber schwer vorstellbar. Ohne beidseitig noch nicht vollständig erfüllten schuldrechtlichen Vertrag ist § 107 unanwendbar. Zudem würde ohne die Möglichkeit eines vom Erwerber bewirkten Bedingungseintrittes auch kein Anwartschaftsrecht entstehen.

10 Der für § 107 maßgebliche Schutz des Anwartschaftsrecht ist auch Grund dafür, das zugrunde liegende Kausalgeschäft nicht streng typologisch auf Kaufverträge iSd § 433 BGB zu beschränken. Vielmehr spricht einiges dafür, den Schutz des § 107 über den Wortlaut hinaus auch auf **andere schuldrechtliche Verträge** zu erstrecken, die einen Eigentumsvorbehalt vorsehen, dh zu einer Übereignung verpflichten, welche aufschiebend bedingt auf die vollständige Erbringung der Gegenleistung ist, und mit denen ein dingliches Anwartschaftsrecht einhergeht (Braun/Kroth Rn. 3; RSZ InsO/Zeuner Rn. 2; K. Schmidt InsO/Ringstmeier Rn. 18; KPB/Tintelnot Rn. 16; HK-InsO/Marotzke Rn. 2; aA Andres/Leithaus/Andres Rn. 6; FK-InsO/Wegener Rn. 4 mit Ausnahme des Werklieferungsvertrages iSd §§ 651, 433 BGB). Daher kann § 107 grundsätzlich auch auf **Leasingverträge** anwendbar sein, wenn eine dinglich bedingte Übereignung des Leasinggegenstandes vorgenommen wurde. Auf typische Leasingverträge mit rein schuldrechtlicher **Erwerbsoption** und ohne dingliches Anwartschaftsrecht des Leasingnehmers ist § 107 jedoch **nicht** anwendbar (MüKoInsO/Vuia Rn. 7; Braun/Kroth Rn. 9; K. Schmidt InsO/Ringstmeier Rn. 19; s. auch OLG Düsseldorf NZI 2010, 21 (23)). Soweit § 107 unterfallende Verträge **sonstige Pflichten** haben, kann es zur **Vertragsspaltung** kommen, wie zB bei einem Vertrag mit Nutzungsüberlassung (§ 103) und anschließendem bedingtem Eigentumserwerb (§ 107). Ob bei Erfüllungsablehnung der weiteren Überlassung allerdings die Bedingung überhaupt eintreten kann, hängt von der Ausgestaltung im Einzelfall ab.

2. Entstehung eines Anwartschaftsrechts in den Händen des Käufers

11 Im Wortlaut des § 107 nur undeutlich vorausgesetzt, muss der Käufer durch vorinsolvenzlich vollzogene, auf vollständige Kaufpreiszahlung **bedingte Übereignung** iSd §§ 929 ff., 158 BGB ein dingliches **Anwartschaftsrecht** wirksam erworben haben (K. Schmidt InsO/Ringstmeier Rn. 5; MüKoInsO/Vuia Rn. 8; Uhlenbruck/Knof Rn. 5). Wenn der Vorbehaltskäufer trotz entsprechender Verpflichtung hierzu nicht übereignet ist, ist § 107 Abs. 1 unanwendbar (→ Rn. 8). Alle Entstehungsvoraussetzungen des Anwartschaftsrechts müssen erfüllt sein, bevor die Verfügungsbeschränkungen durch Verfahrenseröffnung oder durch ein im Eröffnungsverfahren angeordnetes Verfügungsverbot eintreten.

12 Zudem muss das Anwartschaftsrecht weiterhin wirksam bestehen und darf **nicht erloschen** sein. Tritt der Verkäufer etwa bei Verzug des Käufers wirksam vom Kaufvertrag zurück, so geht mit der Umwandlung des Vertrages in ein Rückgewährschuldverhältnis gem. §§ 346 ff. BGB auch das Anwartschaftsrecht unter. Eine Übereignung unter **auflösender Bedingung** kann zwar ebenfalls zur Entstehung eines Anwartschaftsrechtes führen, jedoch in den Händen des Verkäufers. Hier ist § 107 in der Käuferinsolvenz nicht anwendbar (FK-InsO/Wegener Rn. 8; K. Schmidt InsO/Ringstmeier Rn. 10).

3. Bewegliche Sache als Vorbehaltsgut

§ 107 erfasst nur den Verkauf **beweglicher Sachen**. Ein Eigentumsvorbehalt bei Immobilien **13** ist nicht möglich; dort übernehmen die Vormerkung und der strukturgleiche § 106 die Sicherungsfunktion für den Insolvenzfall des Verkäufers.

Auf den Verkauf von Forderungen und sonstigen **Rechten** ist § 107 **nicht** anwendbar. Selbst **14** wenn ihr Erwerb unter aufschiebender Bedingung zu einem Anwartschaftsrecht führen kann, steht dem der eindeutige Wortlaut der Norm entgegen. Auch wäre eine Besitzverschaffung als Publizitätsakt nicht möglich. Anders als bei der in → Rn. 10 befürworteten Anwendung des § 107 auf andere Verträge als Kaufverträge würde hier der Wille des Gesetzgebers überschritten. Dieser hatte bei der Einführung des § 107 eindeutig nur das sachenrechtliche Anwartschaftsrecht vor Augen (RegE BT-Drs. 12/2443, 146). Auf den Rechtskauf oder den Kauf von Sach- und Rechtsgesamtheiten wie Unternehmen ist § 107 nicht anwendbar (FK-InsO/Wegener Rn. 5; MüKoInsO/Vuia Rn. 7; aA K. Schmidt InsO/Ringstmeier Rn. 18).

4. Besitzübertragung an den Käufer

Der Verkäufer muss vor Verfahrenseröffnung dem Käufer den Besitz an dem Vorbehaltsgut **15** übertragen haben. Dies ist bereits allgemeine Voraussetzung für den Erwerb eines dinglichen Anwartschaftsrechts gem. **§§ 929 ff. BGB analog**. Dass das Gesetz den Besitzerwerb gesondert erwähnt, liegt daran, dass der Wortlaut des § 107 Abs. 1 nicht ausdrücklich an das Anwartschaftsrecht anknüpft, sondern an den Kaufvertrag; im Ergebnis kommt es aber auf das Anwartschaftsrecht an (OLG Düsseldorf NZI 2013, 303 (304); Andres/Leithaus/Andres Rn. 5).

§ 107 ist nicht auf spezifische **Formen des Besitzes** beschränkt. Dies ergibt sich schon aus **16** den Entstehungsvoraussetzungen des Anwartschaftsrechts. Neben der dinglichen Einigung iSd § 929 S. 1 BGB, § 158 BGB analog erfordert die Bestellung des Anwartschaftsrechts als Publizitätsakt die Übergabe des Besitzes iSd § 929 S. 1 BGB oder eines der Übergabesurrogate iSd § 929 S. 2 BGB, §§ 930, 931 BGB. Damit ist § 107 nicht nur dann anwendbar, wenn der Käufer **unmittelbaren Besitz** erlangt, wie es der Gesetzesbegründung für den typischen Fall der Lieferung von Betriebsmitteln vorschwebt, sondern es reicht auch die Verschaffung **mittelbaren Besitzes** (OLG Saarbrücken ZInsO 2014, 1393; OLG Düsseldorf NZI 2013, 303 (304); Braun/Kroth Rn. 4; RSZ InsO/Zeuner Rn. 3; K. Schmidt InsO/Ringstmeier Rn. 11).

Ein anderes Ergebnis findet sich weder im Wortlaut noch wäre eine Differenzierung durch den Zweck **16.1** der Norm geboten. Auch Vorbehaltsgut im nur mittelbaren Besitz des Käufers – etwa bei Einlagerung bei Dritten oder Vermietung an Dritte bereits vor oder nach Erwerb – ist **wirtschaftlich Teil des Betriebsvermögens**, das § 107 zusammenhalten will.

Der **Verlust jeglichen Besitzes** beim Verkäufer ist nicht erforderlich (Andres/Leithaus/Andres Rn. 5; **16.2** MüKoInsO/Vuia Rn. 11). § 107 gilt selbst dann, wenn der **Vorbehaltsverkäufer unmittelbarer (Fremd-)Besitzer** bleibt und die Übergabe gem. § 930 BGB analog erfolgt. Das Entstehen eines Anwartschaftsrechts erfordert nicht, dass der Käufer sachenrechtlich „näher" an die Sache heranrückt als der Eigentumsvorbehaltskäufer, wenn dieser erstterem den Besitz kraft Besitzkonstituts mittelt und sich damit dessen Sachherrschaft unterwirft. Entscheidend ist, dass der Verkäufer die Sache als fremde behandelt (OLG Düsseldorf NZI 2013, 303 (304) für gesondert bereitgestelltes, für den Erwerber hergerichtetes und verwahrtes Vorbehaltsgut). Auch gestuft mittelbarer Besitz ist nach diesen Maßstäben bei § 107 möglich. Folgen kann dies allerdings sachenrechtlich für den gutgläubigen Erwerb haben.

Die Übergabe muss – als Teil der Übereignung iSd §§ 929 ff., 158 BGB – **vor Verfahrenseröff-** **17** **nung** erfolgt sein. Anderenfalls wäre der dingliche Erwerbstatbestand nicht vollendet und der Erwerb des Anwartschaftsrechts würde an §§ 80 f., 91 scheitern.

Das Gesetz erfordert nur eine Besitzübertragung im Zusammenhang mit dem Erwerb des **18** Anwartschaftsrechts. Ein **späterer Besitzverlust** des Vorbehaltskäufers an einen Dritten oder gar an den Verkäufer selbst ist unerheblich (Uhlenbruck/Knof Rn. 6). Dieser Verlust allein würde ein erworbenes Anwartschaftsrecht auch nicht in Frage stellen.

Der Eigentumsvorbehalt bleibt auch dann insolvenzfest, wenn bspw. das Vorbehaltsgut an den **Verkäufer** **18.1** **zurückgegeben** wird und sich dieser zum Eigenbesitzer aufschwingt. Eine erneute Übereignung an einen Dritten kann jedoch durch dessen gutgläubig lastenfreien Erwerb zum Verlust des Anwartschaftsrechts führen (§ 929 S. 1 BGB, §§ 932, 936 BGB) und damit auch zur Unanwendbarkeit des § 107 Abs. 1.

II. Rechtsfolgen

19 Auf der Rechtsfolgenseite gibt § 107 dem Eigentumsvorbehaltskäufer einen gegen die Masse durchsetzbaren Erfüllungsanspruch (→ Rn. 20). Zudem schützt das erworbene Anwartschaftsrecht den Käufers auf dinglicher Ebene schon gem. § 161 Abs. 1 BGB vor Zwischenverfügungen an Dritte (→ Rn. 23). § 107 Abs. 1 S. 2 stellt klar, dass diese Folgen durch weitere Verpflichtungen weder in Frage gestellt noch auf diese erstreckt werden; vielmehr kommt es in diesem Fall zu einer Vertragsspaltung (→ Rn. 25).

1. Erfüllungsanspruch des Vorbehaltskäufers gegen die Masse

20 Als Spezialvorschrift nimmt § 107 den Anspruch des Vorbehaltskäufers auf Übereignung von den Wirkungen des § 103 aus. Damit ist dieser sowohl dem **Erfüllungswahlrecht** des Verwalters **entzogen** als auch dem infolge der Verfahrenseröffnung im Anwendungsbereich des § 103 eintretenden **Suspensiveffekt** (Uhlenbruck/Knof Rn. 8). Der vertragstreue Käufer kann die Erfüllung aus der Insolvenzmasse verlangen und der Verwalter kann das Anwartschaftsrecht nicht einseitig zu Fall bringen. Der Gesetzeswortlaut, dass der Käufer Erfüllung verlangen kann, gibt dem Käufer allerdings **kein Wahlrecht** (Braun/Kroth Rn. 6; RSZ InsO/Zeuner Rn. 4). Der Übereignungsanspruch wird ex lege zur **Masseverbindlichkeit** gem. § 55 Abs. 1 Nr. 2 aufgewertet (K. Schmidt InsO/Ringstmeier Rn. 13). Diese umfasst jedoch nur die eigentliche, für das Erstarken des Anwartschaftsrechts erforderliche Übereignungspflicht, nicht aber etwaige sonstige Pflichten und Gewährleistungsansprüchen bei Sach- oder Rechtsmängeln (dazu → Rn. 28).

21 Die streitige **Durchsetzung** des Übereignungsanspruches gegen die Masse ist – anders als bei § 106 – für die Vertragserfüllung nicht erforderlich. Mit vollständiger **Kaufpreiszahlung erstarkt das Anwartschaftsrecht** unmittelbar in den Händen des Vorbehaltskäufers zum Vollrecht und setzt sich so auch nach Verfahrenseröffnung gegen §§ 80, 91 InsO durch (Braun/Kroth Rn. 6; RSZ InsO/Zeuner Rn. 5; FK-InsO/Wegener Rn. 23; Uhlenbruck/Knof Rn. 8; aA K. Schmidt InsO/Ringstmeier Rn. 14). Der Verkäufer hat im Fall des § 107 schon alle für den Eigentumsübergang notwendigen Leistungshandlungen vorgenommen, sodass der Käufer den Vollrechtserwerb in der Hand hat (MüKoInsO/Vuia Rn. 12; Uhlenbruck/Knof Rn. 7). Der Insolvenzverwalter darf die Annahme des Kaufpreises nicht unberechtigt verweigern (Uhlenbruck/Knof Rn. 8); anderenfalls führte auch § 162 BGB zum Bedingungseintritt.

22 An den gem. § 107 fortbestehenden Vertrag ist der **Insolvenzverwalter gebunden** und hat alle Rechte, die auch dem Schuldner als Verkäufer vertraglich oder gesetzlich zustehen. So kann er vor Erfüllung durch den Käufer den (Rest-)Kaufpreisanspruch gegen den Käufer durchsetzen (zur Rechtslage bei Mängeln und Vertragsspaltung → Rn. 27). Die noch nicht vollständig bezahlte Ware kann der Verwalter **nicht zurückfordern,** da der Vorbehaltskäufer aus dem fortbestehenden Kaufvertrag – wie auch aus seinem Anwartschaftsrecht (streitig, vgl. BeckOK BGB/Fritzsche § 986 Rn. 13 mwN) – ein Recht zum Besitz hat (MüKoInsO/Vuia Rn. 12). Da der Vertrag bei § 107 von den Wirkungen des § 103 ausgenommen ist, gilt dies unabhängig davon, ob man bei § 103 auch das Besitzrecht für mit Verfahrenseröffnung suspendiert hält (so BGH NZI 2007, 335, streitig, → § 103 Rn. 77). Kommt der Käufer mit seinen Zahlungsverpflichtungen in Verzug, kann der Verwalter gem. §§ 323, 346 BGB zurücktreten und erst **nach Rücktritt** das Vorbehaltsgut für die Masse herausverlangen (FK-InsO/Wegener Rn. 24). Die Ansprüche des Käufers auf Rückgewähr geleisteter Kaufpreiszahlungen sind Insolvenzforderungen (RSZ InsO/Zeuner Rn. 5; aA Uhlenbruck/Knof Rn. 8 für Masseverbindlichkeiten gem. § 55 Abs. 1 Nr. 1).

2. Schutz durch relative Unwirksamkeit von Zwischenverfügungen

23 Auf dinglicher Ebene fällt das vorinsolvenzlich übertragene Anwartschaftsrecht beim aufschiebend bedingten Eigentumserwerb nicht in die Masse (OLG Saarbrücken ZInsO 2014, 1393). Das verbleibende Resteigentum der Masse ist mit dem Anwartschaftsrecht belastet. Dessen dingliche **Sicherungswirkung** zeigt sich darin, dass es mit Bedingungseintritt unmittelbar in den Händen des Erwerbers zum Vollrecht erstarkt, ohne dass dem die zwischenzeitlich eingetretenen **Verfügungsbeschränkungen** der §§ 80 f., 91 entgegenstünden. Diese Folge ergibt sich indes nicht aus § 107, sondern aus sachenrechtlichen Grundsätzen.

24 Überdies ist der Käufer durch § 161 Abs. 1 BGB vor **Zwischenverfügungen** über das Vorbehaltsgut geschützt. Alle vor Verfahrenseröffnung vom Vorbehaltsverkäufer oder danach vom Verwalter vorgenommenen Verfügungen sind gegenüber dem Eigentumsvorbehaltskäufer insoweit relativ unwirksam, als sie den unbelasteten Eigentumsübergang vereiteln oder beeinträchtigen würden. Ebenso wenig wie der Eigentumsvorbehaltsverkäufer könnte nach Übergang der Verwal-

tungs- und Verfügungsbefugnis (§§ 80 f., §§ 21 Abs. 2 Nr. 2) der Insolvenzverwalter derartige Verfügungen zur Verwertung erfolgreich vornehmen.

3. Schicksal weiterer Vertragsteile; Nebenleistungen; Mängel; Vertragsspaltung (Abs. 1 S. 2)

§ 107 Abs. 1 S. 2 stellt – wie § 106 Abs. 1 S. 2 für die Vormerkung – klar, dass der Übereignungs- 25 anspruch auch dann insolvenzfest ist, wenn der Verkäufer **zusätzliche Pflichten** (wie zB Aufbau-, Montage- oder dauerhafte Versorgungsleistungen) übernommen hat. Diese stellen die Privilegierung des § 107 Abs. 1 nicht in Frage.

Das ändert allerdings nichts daran, dass § 107 nur Pflichten zur Übereignung erfasst und grund- 26 sätzlich keine weiteren sonstigen Haupt- oder Nebenpflichten oder gar weitere Vertragsteile bei gemischten Verträgen (MüKoInsO/Vuia Rn. 14; RSZ InsO/Zeuner Rn. 7). Allein der die Übereignung betreffende Vertragsteil ist für den Bestand des Anwartschaftsrechts in der Insolvenz von Bedeutung. Dies hat ggf. eine **Vertragsspaltung** in den die Übereignung betreffenden Vertragsteil und den Rest des Vertrages zur Folge (K. Schmidt InsO/Ringstmeier Rn. 15; FK-InsO/Wegener Rn. 16). Während der Übereignungsanspruch gem. § 107 durchsetzbar ist, richtet sich das Schicksal anderer Vertragsteile nach der Ausübung des Erfüllungswahlrechts gem. § 103 (bzw. soweit einschlägig nach spezifischen Sonderregelungen der §§ 104–118).

Teilweise wird vertreten, dass sich der Schutz des § 107 auch auf solche Pflichten erstrecke, ohne die 26.1 das Anwartschaftsrecht und Eigentumserwerb **wirtschaftlich wertlos** wären, wie zB Einweisungen des Verkäufers (MüKoInsO/Vuia Rn. 14; RSZ InsO/Zeuner Rn. 7) Dies erscheint zweifelhaft, weil § 107 nur das Anwartschaftsrecht schützt. Ließe man hier wirtschaftliche Erwägungen zur Nutzbarkeit des erworbenen Gegenstandes zu, führte das zu erheblicher Rechtsunsicherheit. Überdies wäre dann konsequenterweise auch zu erwägen, entgegen der hM Gewährleistungsansprüche unter § 107 Abs. 1 zu fassen. Es macht wirtschaftlich keinen Unterschied, ob das Vorbehaltsgut für den Käufer nicht nutzbar ist, weil es Einarbeitungen erfordert oder weil es defekt ist. Sofern also zusätzliche Leistungen von der Masse erbracht werden sollen, steht es dem Käufer frei, diese mit dem Verwalter zu vereinbaren (§ 55 Abs. 1 Nr. 1).

Das Schicksal der die **Übereignung** betreffenden und **sonstiger** Vertragsteile ist **unabhängig** 27 voneinander (zum Parallelfall des § 106 dort → § 106 Rn. 42). Von einer Erfüllungsablehnung für den § 103 unterfallenden Vertragsteil bleibt der die Übereignung betreffende Vertragsteil unberührt. Auch die **Gegenleistung** ist bei Erfüllungsablehnung entsprechend dem Wert von Übereignung zu sonstigen Pflichten aufzuteilen. Der Käufer schuldet bei Erfüllungsablehnung nur den auf § 107 zu allokierenden Anteil. Bei wirtschaftlich bedeutsamen Nebenpflichten bzw. verbundenen Verträgen kann sich daher isoliert auf die Übereignung entfallende **Kaufpreis reduzieren,** sodass schon die Zahlung dieses geringeren Betrages den Bedingungseintritt bewirkt (K. Schmidt InsO/Ringstmeier Rn. 15; RSZ InsO/Zeuner Rn. 7; Uhlenbruck/Knof Rn. 9; FK-InsO/Wegener Rn. 27). Dies folgt aus dem Schutz des funktionellen Synallagmas bei der Vertragsspaltung: Wenn es die Verfahrenseröffnung dem Verwalter ermöglicht, die Erfüllung eines Teils ursprünglich geschuldeter Pflichten zu verweigern, entfällt in entsprechendem Umfang auch die Leistungspflicht des Vertragspartners. Deren isolierte Wertbestimmung wird regelmäßig praktische Probleme bereiten; ggf. muss deren Wert im Wege ergänzender Vertragsauslegung oder nach §§ 316, 315 BGB ermittelt werden (zum Parallelfall → § 106 Rn. 42; allgemein zur Gegenleistung bei Vertragsspaltung → § 105 Rn. 27). Ein Zurückbehaltungsrecht aus **§ 320 BGB** an den fälligen Kaufpreisraten hat der Käufer bei Erfüllungsablehnung nicht, weil jeder Vertragsteil eigenständig zu behandeln ist. Die Vertragsspaltung zeigt sich letztlich auch bei **Sekundäransprüchen.** Wenn der Käufer aufgrund der Erfüllungsablehnung seinerseits Nichterfüllungsansprüche geltend macht (→ § 103 Rn. 79) erfasst die Abwicklung des Schuldverhältnisses nur den § 103 unterfallenden Vertragsteil, nicht aber den die Übereignung betreffenden Teil iSd § 107.

Bei bestehenden **Sach- oder Rechtsmängeln** geht das Eigentum bei Kaufpreiszahlung man- 28 gelbehaftet über. Anwartschaftsrecht und Eigentumserwerb werden hierdurch nicht in Frage gestellt. Nacherfüllungsansprüche auf Mängelbeseitigung sind daher von § 107 nicht erfasst und unterfallen dem Erfüllungswahlrecht (RSZ InsO/Zeuner Rn. 6); insofern kommt es auch hier zur Vertragsspaltung in Übereignung (§ 433 Abs. 1 S. 1 BGB) und Mangelfreiheit (§ 433 Abs. 1 S. 2 BGB). Bei Erfüllungsablehnung kann der Käufer **keine Gewährleistungsrechte** geltend machen, sondern nur Schadensersatzansprüche zur Tabelle anmelden → § 103 Rn. 100.1), muss aber – für die Schadensberechnung relevant – für die mangelhaft gelieferte Sache auch nur einen dem Mangelunwert entsprechend **geringeren Kaufpreis** zahlen (K. Schmidt InsO/Ringstmeier Rn. 16).

28.1 Sofern der Käufer **Hinweise auf bestehende Mängel** hat, sollte er sein Vorgehen sorgfältig prüfen. Mit der Restkaufpreiszahlung würde er unter Umständen nur mangelhaftes Eigentum erwerben, und der Verwalter hätte kaum einen Grund, die Nacherfüllung nicht abzulehnen. Zahlt der Käufer bei Verweigerung der Mängelbeseitigung **weniger als den vereinbarten Kaufpreis**, ist eine gewisse Rechtsunsicherheit über dessen Höhe kaum vermeidbar. Will der Käufer sichergehen, dass er Eigentum erwirbt, wird er mit der Zahlung eine klare Tilgungsbestimmung treffen und im Zweifel eher eine Überzahlung ggf. unter Vorbehalt tätigen. In diesem Fall hat er – jedenfalls für nach Verfahrenseröffnung gezahlte Beträge – einen Bereicherungsanspruch gegen die Masse (K. Schmidt InsO/Ringstmeier Rn. 16).

C. Eigentumsvorbehalt in der Käuferinsolvenz (Abs. 2)

29 Spiegelbildlich zu § 107 Abs. 1 betrifft Abs. 2 die Insolvenz des Käufers, in der für den Eigentumsvorbehaltskauf § 103 gilt. Die Regelung des Abs. 2 zielt – anders als Abs. 1 – nicht auf den Schutz des Anwartschaftsrechts, sondern soll die Entscheidungsfrist des Verwalters verlängern, um die weitere betriebliche Nutzung des Vorbehaltsgutes vorerst sicherzustellen.

I. Tatbestand

30 Tatbestandlich übernimmt Abs. 2 fast wortgleich – unter umgekehrten Vorzeichen – die Voraussetzungen des Abs. 1. Der Käufer hat vor Verfahrenseröffnung eine bewegliche Sache unter Eigentumsvorbehalt gekauft (→ Rn. 31) und vom Verkäufer den Besitz an der Sache erlangt (→ Rn. 34), jedoch den Kaufpreis noch nicht vollständig entrichtet und damit den Eigentumserwerb noch nicht herbeigeführt. Aufgrund des abweichenden Normzwecks ist jedoch die bei Abs. 1 vorgenommene anwartschaftsrechtsspezifische Auslegung nicht auf Abs. 2 übertragbar.

1. Vorinsolvenzlicher Kauf unter Eigentumsvorbehalt und Besitzerlangung durch späteren Insolvenzschuldner

31 Ähnlich wie in Abs. 1 muss der Käufer vor Verfahrenseröffnung eine bewegliche Sache unter **Eigentumsvorbehalt gekauft** haben. Der Vertrag darf **noch nicht** ein- oder beidseitig vollständig **erfüllt** sein, da ansonsten das von Abs. 2 vorausgesetzte Wahlrecht nicht bestünde. Dies ist beim Kauf unter Eigentumsvorbehalt vor vollständiger Kaufpreiszahlung und Eigentumserwerb auch nicht der Fall, weil der Leistungserfolg (→ § 103 Rn. 38) beiderseitig noch nicht eingetreten ist. Ob seitens des Verkäufers alle erforderlichen Leistungshandlungen erbracht worden sein mögen, ist nicht entscheidend.

32 Im Kaufvertrag muss ein **Eigentumsvorbehalt** iSd § 449 Abs. 1 BGB vereinbart worden sein. Anders als bei Abs. 1 ist eine aufschiebend bedingte dingliche Einigung hier keine zwingende Voraussetzung (Uhlenbruck/Knof Rn. 12; K. Schmidt InsO/Ringstmeier Rn. 24; Braun/Kroth Rn. 10; RSZ InsO/Zeuner Rn. 10; aA MüKoInsO/Ott/Vuia Rn. 18). Abs. 2 zielt nicht auf den Schutz des Anwartschaftsrechts, sondern soll den tatsächlichen Besitz der Masse und die weitere Nutzung des Vorbehaltsgutes gewährleisten. Für eine engere Auslegung wie bei Abs. 1 ist daher kein Anlass. Es reicht ein im Kaufvertrag schuldrechtlich vereinbarter Eigentumsvorbehalt mit Besitzverschaffung, auch wenn dies nicht zur Entstehung eines Anwartschaftsrechts geführt haben sollte.

33 Umstritten ist, ob Abs. 2 **analog** auf andere Verträge anwendbar ist, die nur eine **Besitzüberlassung** von Gegenständen an die Masse vorsehen (dafür Braun/Kroth Rn. 18; K. Schmidt InsO/Ringstmeier Rn. 23; dagegen MüKoInsO/Vuia Rn. 18; RSZ InsO/Zeuner Rn. 10; KPB/Tintelnot Rn. 73; Andres/Leithaus/Andres Rn. 10). Auch wenn die Weiternutzung von Gegenständen des Betriebsvermögens generell im Interesse der Masse sein mag, ist § 107 Abs. 2 eine nicht verallgemeinerungsfähige Ausnahmevorschrift. Dass der Gesetzgeber die für den Vorbehaltsverkäufer unter Umständen lange Zeit ohne Zugriff auf das Vorbehaltsgut, ohne Erhalt der Kaufpreisraten und ohne klare Entschädigungsmöglichkeiten über § 107 Abs. 2 hinaus zum allgemeinen Grundsatz erheben wollte, ist nicht ersichtlich.

2. Besitzerlangung des Käufers

34 Da Abs. 2 die weitere Nutzung des Vorbehaltsgutes durch die Masse sichern will, muss der Käufer freilich vor Verfahrenseröffnung schon Besitz an diesem erhalten haben. Wie im Einzelnen bei Abs. 1 braucht der Besitz kein **unmittelbarer** Besitz zu sein; hinreichend ist nach hM auch **mittelbarer** Besitz des Käufers (aA Nerlich/Römermann/Balthasar Rn. 13; nach Bedeutung für die Unternehmensfortführung diff. MüKoInsO/Vuia Rn. 18). Das kann allerdings nur dann gelten,

Eigentumsvorbehalt   § 107 InsO

wenn nicht der Verkäufer selbst eine stärkere Besitzstellung hat, sondern ein Dritter als unmittelbarer Besitzer den Besitz mittelt (RSZ InsO/Zeuner Rn. 11; Uhlenbruck/Knof Rn. 12, FK-InsO/Wegener Rn. 21; K. Schmidt InsO/Ringstmeier Rn. 25; wohl auch Braun/Kroth Rn. 11).

Der Masse sollen die **betrieblichen Nutzungsmöglichkeiten** erhalten bleiben. Dafür kann es keine **34.1** Rolle spielen, ob sich das Vorbehaltsgut gerade bei Dritten befindet, die der Masse über ein Besitzkonstitut den Besitz mitteln. Die Nutzung von unter Eigentumsvorbehalt erworbenen Vermögenswerten direkt in betrieblichen Produktionsstätten ist ebenso zu behandeln wie bei Dritten eingelagerte Waren, verleaste Maschinen oder Arbeitsmitteln im Außeneinsatz. Anderenfalls käme es auch zu erheblichen Abgrenzungsproblemen. So wäre etwa Vorbehaltsgut bei Besitzdienern im mitarbeiterähnlichen Abhängigkeitsverhältnis (§ 855 BGB) anders zu behandeln als bei sonstigen Dritten, die sich Willen und Weisungen des Käufers „nur" im Rahmen eines Besitzkonstitutes unterwerfen (§ 868 BGB). Das kann für die Betriebsfortführung aber keinen Unterschied machen.

Wenn der **Vorbehaltsverkäufer selbst** als unmittelbarer Fremdbesitzer den Besitz mittelt (zB kraft **34.2** eines verwahrungsähnlichen Verhältnisses oder wenn der Käufer das Vorbehaltsgut zB zur Reparatur an den Verkäufer und nicht an einen Dritten gibt) hebt das zwar noch nicht die Zugehörigkeit zum Betriebsvermögen und den potenziellen Zugriff auf das Vorbehaltsgut auf, solange der Verkäufer die Sache als fremde behandelt (OLG Düsseldorf NZI 2013, 303 (304) zu § 107 Abs. 1). Dennoch spricht mehr für die hM. Widersetzt sich der Verkäufer dem Herausgabeverlangen des Verwalters und begründet er damit Eigenbesitz, verliert der Käufer den für § 107 Abs. 2 nötigen Besitz ohnehin.

II. Rechtsfolge

In der Käuferinsolvenz bleibt es beim Grundsatz des Erfüllungswahlrechts (→ Rn. 36). Jedoch **35** verlängert sich dessen Ausübungsfrist, und der Verwalter kann dieses Recht auch bei Erklärungsaufforderung noch bis unverzüglich nach dem Berichtstermin ausüben (→ Rn. 40), sofern keine Verschlechterung des Vorbehaltsgutes droht, auf die er hingewiesen wurde (→ Rn. 42).

1. Erfüllungswahlrecht des Verwalters

Beim Eigentumsvorbehaltskauf hat der Verwalter in der **Käuferinsolvenz** gem. § 103 ein **36** Erfüllungswahlrecht, wenn der Kaufpreis noch nicht vollständig gezahlt ist und das Eigentum noch nicht erworben wurde. Dessen Bestehen erwähnt § 107 Abs. 2 nicht, setzt es aber voraus.

Die Rechtslage hängt demnach wie generell bei § 103 von der Wahlrechtsausübung ab: Bei **37** **Erfüllungswahl** werden die mit Verfahrenseröffnung suspendierten gegenseitigen Ansprüche zu Masseforderungen bzw. Masseverbindlichkeiten aufgewertet. Der Verwalter muss den Restkaufpreis aus der Masse zahlen, und mit Zahlung der letzten Rate erstarkt das in der Masse befindliche Anwartschaftsrecht automatisch zum Volleigentum. Bei **Erfüllungsablehnung** kann der Verkäufer vom Vertrag zurücktreten (§ 449 Abs. 2 BGB) bzw. Nichterfüllungsansprüche geltend machen. Am Vorbehaltsgut besteht ab diesem Zeitpunkt ein **Aussonderungsrecht** (§ 47). Dem Aussonderungsverlangen kann der Insolvenzverwalter bis zur Rückzahlung der bereits geleisteten Kaufpreisraten § 320 BGB entgegen halten.

Wann genau das **Aussonderungsrecht** für den Verkäufer entsteht, ist nicht abschließend geklärt. Teils **37.1** wird vertreten, dass eine Aussonderung schon mit Erfüllungsablehnung ohne Rücktritt möglich sei (KPB/Tintelnot Rn. 60; Braun/Kroth Rn. 12; Andres/Leithaus/Andres Rn. 12). Nach wohl hM ist die Aussonderung ab dem Zeitpunkt des **Rücktritt** vom Kaufvertrag möglich (BGH NJW-RR 2008, 818 (821); MüKoInsO/Vuia Rn. 17a; K. Schmidt InsO/Ringstmeier Rn. 31). Eine Fristsetzung für den Rücktritt ist nach Erfüllungsablehnung gem. § 323 Abs. 2 Nr. 1 BGB entbehrlich. Sofern das Bestehen eines Rücktrittsrechts abgelehnt wird, weil die vorinsolvenzliche Nichterfüllung hierzu nicht berechtigt und nach Verfahrenseröffnung keine fälligen Leistungspflichten mehr bestehen, ist auf den Zeitpunkt der Umgestaltung des Kaufvertrages in ein Rückgewährschuldverhältnis durch die Geltendmachung von **Nichterfüllungsansprüchen** abzustellen (Uhlenbruck/Knof Rn. 16).

Das Erfüllungswahlrecht des Verwalters besteht auch bei vorinsolvenzlicher **Veräußerung des Anwart- 37.2 schaftsrechts** an einen Dritten (Braun/Kroth Rn. 12; RSZ InsO/Zeuner Rn. 9), etwa bei einer Weiterveräußerung des Vorbehaltsgutes durch den Käufer, wenn der Dritterwerber statt des Eigentums vorerst nur das dem Käufer zustehende Anwartschaftsrecht erwirbt. Gibt der Insolvenzverwalter durch Erfüllungsablehnung im Verhältnis Verkäufer-Käufer Anlass zu Rücktritt und Aussonderung, wird der Bedingungseintritt im Verhältnis Verkäufer-Käufer vereitelt und erlischt das Anwartschaftsrecht. Der Dritterwerber kann dies durch Zahlung des vom Käufer geschuldeten Restkaufpreises direkt an den Verkäufer verhindern (§ 268 BGB) und so das Erstarken des Anwartschaftsrechts direkt in seinen Händen – ohne Durchgangserwerb der Masse – bewirken.

37.3 Bei **Sicherungsübereignung des Anwartschaftsrechts** (zB bei „Sicherungsübereignung" des Vorbehaltsgutes, bei der die Übertragung des Vollrechts fehlschlägt, aber im Zweifel zumindest das Anwartschaftsrecht als wesensgleiches minus übertragen worden ist) ist der Dritte so zu behandeln wie bei einer Sicherungsübereignung des Vollrechts. Durch das Anwartschaftsrecht sollen weder Käufer noch Dritter besser gestellt werden, als hätten sie gleich das Vollrecht erworben. Auch bei Ablösung des Restkaufpreises (§ 268 BGB) soll ein Geldkreditgeber lediglich ein Absonderungsrecht iSd § 51 erwerben, wenn das Anwartschaftsrecht seiner Funktion nach nicht den Erwerb sichert, sondern eine Geldforderung (RSZ InsO/Zeuner Rn. 9).

38 Während des – durch § 107 Abs. 2 S. 1 verlängerten – **Schwebezustandes** vor der Ausübung des Wahlrechts hat der Käufer weiterhin ein **Recht zum Besitz** und zur Nutzung des Vorbehaltsgutes. Der Verwalter kann die Zahlung der Kaufpreisraten bis zur Entscheidung über die Erfüllung bzw. deren Fiktion einstellen, um der Masse Liquidität zu erhalten (FK-InsO/Wegener Rn. 29); er gerät hierdurch vor der Erfüllungswahl nicht in Verzug. Um das ihm gewährte Wahlrecht nicht zu unterlaufen, ist ein etwaiges **Rücktrittsrecht** des Verkäufers bis zur Ausübung des Erfüllungswahlrechts durch § 107 Abs. 2 **gesperrt**. In dem Zeitraum des Abs. 2 kann der Verkäufer insbesondere nicht deswegen vom Vertrag zurücktreten, weil der Verwalter die offenen Kaufpreisraten nicht zahlt.

38.1 Als Grundlage des **Besitzrechts** wird teils auf § 107 selbst abgestellt, der bis zur Erfüllungsablehnung dem Verwalter als Recht zum Besitz iSd 986 Abs. 1 S. 1 entgegenhalten werden kann (RSZ InsO/Zeuner Rn. 13; Andres/Leithaus/Andres Rn. 12); nach aA gibt der **Vorbehaltskaufvertrag** das Recht zum Besitz (K. Schmidt InsO/Ringstmeier Rn. 29; Uhlenbruck/Knof Rn. 16; MüKoInsO/Vuia Rn. 31). Da der BGH im Fall des § 103 ein vertragliches Besitzrecht ab Verfahrenseröffnung als suspendiert ansieht (BGH NZI 2007, 335 (336)), wird dieses Recht § 107 zu entnehmen sein, da anderenfalls dessen Normzweck nicht erreicht werden kann. Das Besitzrecht besteht **bis zur Erfüllungsablehnung** oder der entsprechenden Fiktion gem. § 103 Abs. 2 S. 3 iVm Abs. 2 S. 1 (FK-InsO/Wegener Rn. 32; Braun/Kroth Rn. 12; RSZ InsO/Zeuner Rn. 13). Dass die Erfüllungsablehnung für die vertraglichen Pflichten rein deklaratorisch ist (Uhlenbruck/Knof Rn. 16), steht dem nicht entgegen, wenn man das Besitzrecht direkt aus § 107 herleitet.

38.2 Die **Sperrung des Rücktrittsrechts** für den Verkäufer wird ebenfalls teilweise originär insolvenzrechtlich begründet (MüKoInsO/Vuia Rn. 17a; Braun/Kroth Rn. 17; K. Schmidt InsO/Ringstmeier Rn. 30), teils damit, dass ein Rücktritt wegen vorinsolvenzlicher Pflichtverletzungen im Verfahren ohnehin nicht möglich sein soll und danach keine fälligen Ansprüche mehr bestehen, wie sie § 323 BGB voraussetzt (Uhlenbruck/Knof Rn. 17). Im Ergebnis besteht Einigkeit, dass die Rücktrittsfrist mindestens die Zeit bis zum Berichtstermin umfassen muss. Nach Ausübung einer Erfüllungswahl gelten wieder die allgemeinen Regeln. Im Verzugsfall des Käufers kann der Verkäufer dann nach Fristsetzung gem. § 323 BGB zurücktreten und dann das Vorbehaltsgut aussondern.

39 Im Schwebezustand hat der Verkäufer mangels Fälligkeit keine Ansprüche auf Verzugszinsen bzw. **Verzugsschaden** (Braun/Kroth Rn. 12). Mit Blick auf den unter Umständen langen Zeitraum einer sonst ersatzlosen Nutzung durch die Masse wird vertreten, als Ausgleich **§ 169** analog anzuwenden (Braun/Kroth Rn. 12; erst ab Erfüllungsablehnung KPB/Tintelnot Rn. 79; aA FK-InsO/Wegener Rn. 33: nur Massebereicherung § 55 Abs. 1 Nr. 3). Ein Wertverlust der Sache ist über **§ 172** zu entschädigen (MüKoInsO/Vuia Rn. 22).

2. Verlängerung der Ausübungsfrist des Erfüllungswahlrechts nach Aufforderung (Abs. 2 S. 1)

40 Kerngehalt des Abs. 2 ist die Verlängerung der **Ausübungsfrist** für das Erfüllungswahlrecht. Auch bei Ausübungsaufforderung (§ 103 Abs. 2 S. 2) bleibt dem Verwalter das Wahlrecht bis nach dem Berichtstermin erhalten. Er braucht sich nicht bereits nach Aufforderung, sondern erst **unverzüglich nach dem Berichtstermin** (§ 156) zu erklären, in dem in der Regel über die Fortführung oder Stilllegung des Unternehmens – und damit auch über das Erfordernis einer weiteren Nutzung des Vorbehaltsgutes – entschieden wird. Dies verhindert eine unnötig frühe Stilllegung und Zerschlagung des Betriebes aufgrund von Aussonderung notwendigen, noch nicht vollständig bezahlten Betriebsvermögens.

41 Das Wahlrecht ist nach dem Berichtstermin sodann **ohne schuldhaftes Zögern** (dazu → § 103 Rn. 65) auszuüben. Die Dauer dieser Frist bemisst sich nach den Umständen des Einzelfalles. Dabei ist indes zu berücksichtigen, dass der Verwalter hier – anders als bei § 103 Abs. 2 S. 2 – in der Regel schon Gelegenheit zur vertieften Einarbeitung gehabt haben wird und die Frist in der Regel kürzer ist (K. Schmidt InsO/Ringstmeier Rn. 28; Braun/Kroth Rn. 14). Die Entscheidungsfrist und der Schwebezustand enden jedenfalls mit einer Entscheidung zur **Betriebsstillegung**, weil § 107 Abs. 2 seinem Zweck nach hier ins Leere ginge (FK-InsO/Wegener Rn. 30; MüKoInsO/Vuia Rn. 29).

Nach AG Düsseldorf DZWiR 2000, 347 (348) soll dem Vorbehaltsverkäufer gegen den Verwalter während der Ausübungsfrist ein Auskunftsanspruch über den Zustand des Vorbehaltsgutes nicht zustehen. 41.1

3. Keine Fristverlängerung bei Verschlechterungsgefahr und Hinweis (Abs. 2 S. 2)

Bei der kurzen Frist des § 107 Abs. 2 S. 2 bleibt es dann, wenn in der Zeit bis zum Berichtstermin eine **erhebliche Verminderung des Wertes** des Vorbehaltsgutes zu erwarten ist und der Verkäufer den Verwalter auf diesen Umstand hingewiesen hat. Hier verhindert Abs. 2 S. 2, dass der Verkäufer durch das Zuwarten Einbußen erleiden müsste. Als typische Fälle werden Saisonartikel und verderbliche Waren gesehen (RSZ InsO/Zeuner Rn. 22; Braun/Kroth Rn. 15). 42

Von Wertminderungen durch tatsächliche Verschlechterung der Ware oder typische Fälle geminderter Verkäuflichkeit sind bloß **vorübergehende Preisschwankungen** am Markt zu unterscheiden (K. Schmidt InsO/Ringstmeier Rn. 26). Bei Preisschwankungen im normalen – anhand historischer Erfahrungen erwartbaren – Umfang wird es in der Regel an einer erheblichen Wertminderung fehlen. Auch bei größeren Schwankungen, die sich üblicherweise nach einer gewissen Zeit wieder ausgleichen, ist der Wert des Vorbehaltsgutes nicht nachhaltig beeinträchtigt (weitergehend K. Schmidt InsO/Ringstmeier Rn. 26). Anders kann dies im Fall eines völligen Zusammenbruches eines Marktes sein, bei dem der Verkäufer das Vorbehaltsgut nicht mehr zu seinem jetzigen Wert veräußern könnte und auch nicht absehbar ist, ob und wann dies wieder der Fall sein mag. 43

Auf den drohenden Wertverlust muss der Verwalter **hingewiesen** worden sein. 44

D. Verhältnis zu anderen Vorschriften

I. Unabdingbarkeit (§ 119)

Die Anwendung des § 107 kann aufgrund von § 119 nicht im Voraus ausgeschlossen oder beschränkt werden. So sind etwa Vereinbarungen unwirksam, welche zulasten der Masse die Wirkung des § 107 ausdehnen und zB dessen Wirkungen auch auf Nebenleistungen oder weitere Verpflichtungen iSd Abs. 1 S. 2 erstrecken wollen. Diskutiert wird indes – ähnlich wie bei § 106 – eine teleologische Reduktion des § 119, sodass § 107 einschränkende und im Ergebnis massebegünstigende Vereinbarungen wirksam möglich sein sollen (RSZ InsO/Zeuner Rn. 23; dazu → § 119 Rn. 1.2). 45

II. Analoge Anwendung

§ 107 Abs. 1 ist auf andere Verträge als Kaufverträge anwendbar, soweit diese eine aufschiebend bedingte Übereignung mit Entstehung eines Anwartschaftsrechtes vorsehen (→ Rn. 10), nicht aber § 107 Abs. 2 (→ Rn. 33). 46

§ 108 Fortbestehen bestimmter Schuldverhältnisse

(1) ¹Miet- und Pachtverhältnisse des Schuldners über unbewegliche Gegenstände oder Räume sowie Dienstverhältnisse des Schuldners bestehen mit Wirkung für die Insolvenzmasse fort. ²Dies gilt auch für Miet- und Pachtverhältnisse, die der Schuldner als Vermieter oder Verpächter eingegangen war und die sonstige Gegenstände betreffen, die einem Dritten, der ihre Anschaffung oder Herstellung finanziert hat, zur Sicherheit übertragen wurden.

(2) Ein vom Schuldner als Darlehensgeber eingegangenes Darlehensverhältnis besteht mit Wirkung für die Masse fort, soweit dem Darlehensnehmer der geschuldete Gegenstand zur Verfügung gestellt wurde.

(3) Ansprüche für die Zeit vor der Eröffnung des Insolvenzverfahrens kann der andere Teil nur als Insolvenzgläubiger geltend machen.

InsO § 108 Dritter Teil. Wirkungen der Eröffnung des Insolvenzverfahrens

Überblick

In Abweichung vom Grundsatz des Erfüllungswahlrechts bei gegenseitigen Verträgen nimmt § 108 die von ihm erfassten Dauerschuldverhältnisse als **lex specialis** vom Anwendungsbereich des § 103 aus (→ Rn. 2). und ordnet deren **Fortbestand** auch über die Verfahrenseröffnung hinaus an (→ Rn. 37). Damit werden die Vertragspflichten mit Verfahrenseröffnung weder suspendiert noch hat der Verwalter ein Erfüllungswahlrecht.

Dies gilt gem. **Abs. 1 S. 1** für Miet- und Pachtverhältnisse über Immobilien (→ Rn. 4) und für Dienstverhältnisse (→ Rn. 18) sowie gem. **Abs. 1 S. 2** für Miet- und Pachtverhältnisse über Mobilien als Sicherheiten in bestimmten drittfinanzierten Anschaffungskonstellationen eines Leasinggebers (→ Rn. 22). Für Darlehen stellt **Abs. 2** klar, dass auch diese in der Insolvenz des Darlehensgebers nach Valutierung nicht vom Verwalter zurückgefordert werden können (→ Rn. 32). Entsprechend dem allgemeinen Grundsatz der Vertragsspaltung weist **Abs. 3** vorinsolvenzlichen Ansprüchen aus allen in § 108 geregelten Verträgen grundsätzlich den Rang von Insolvenzforderungen zu, während Ansprüche für die Zeit nach Verfahrenseröffnung in der Regel Masseforderungen sind (→ Rn. 43, → Rn. 61, → Rn. 63).

Im engen Regelungszusammenhang mit § 108 sind die **§§ 109–113** zu lesen, welche für fortbestehende Verträge ua weitere spezielle Regelungen zu Kündigungs- und Rücktrittsrechten bzw. deren Beschränkungen sowie zu Vorausverfügungen treffen. Regelungen für die sehr streitige Behandlung von Lizenzverträgen in der Insolvenz hat der Gesetzgeber trotz mehrerer Gesetzgebungsvorhaben bislang nicht schaffen können; hier ist ausgehend von den durch die Rechtsprechung entwickelten Grundsätzen nach wie vor eine interessen- und praxisgerechte Lösung zu finden (→ Rn. 69).

Übersicht

	Rn.
A. Normzweck und Systematik	1
B. Tatbestand	3
I. Miet- und Pachtverträge über Immobilien (Abs. 1 S. 1 Alt. 1)	4
1. Anwendbarkeit in Insolvenz von Vermieter oder Mieter	5
2. Miet- oder Pachtverhältnisse; andere typologisch vergleichbare Verträge	6
3. Unbewegliche Gegenstände oder Räume als Mietgegenstand	11
4. Vollzug des Mietverhältnisses durch Überlassung der Mietsache; Besitz des Mieters	16
II. Dienstverträge (Abs. 1 S. 1 Alt. 2)	18
III. Drittfinanzierte Leasingverträge (Abs. 1 S. 2)	22
1. Anwendbarkeit nur in der Vermieterinsolvenz	23
2. Miet- oder Pachtverhältnisse, insbesondere Leasingvertrag	24
3. Sonstige Gegenstände als Mietgegenstand	25
4. Drittfinanzierte Anschaffung oder Herstellung des Leasinggegenstands	27
5. Sicherungsübertragung im unmittelbaren Finanzierungszusammenhang	29
IV. Darlehensverträge (Abs. 2)	32
C. Rechtsfolgen	37
I. Fortbestand von Miet- und Pachtverträgen über Immobilien und Räume (Abs. 1 S. 1 Alt. 1)	37
1. Fortbestand des Vertrags in geschlossener Form ohne Erfüllungswahlrecht	38

	Rn.
2. Beendigung des fortgesetzten Mietverhältnisses	40
3. Rangfragen erwachsender Forderungen; Vertragsspaltung (Abs. 3)	43
II. Fortbestand drittfinanzierter Leasingverträge (Abs. 1 S. 2)	59
III. Fortbestand von Dienstverträgen (Abs. 1 S. 1 Alt. 2)	62
IV. Fortbestand von Darlehensverträgen (Abs. 2)	64
D. Verhältnis zu anderen Vorschriften	67
E. Insbesondere Insolvenzfestigkeit von Lizenzen	69
I. Insolvenz des Lizenzgebers	69
1. Rechtslage unter der KO: Insolvenzfestigkeit gem. § 21 KO analog	71
2. Ausgangspunkt: Lizenzverträge als gegenseitige Verträge iSd § 103	72
3. Erfüllung durch Einräumung bei dinglicher Lizenz	73
4. Rechtsnatur der Lizenz	76
5. Kein Rechterückfall mit Verfahrenseröffnung	80
6. Aussonderungsrecht bei dinglichen Lizenzen	81
7. Insbesondere Grenzen der Gestaltungsbefugnis (§ 119)	82
8. Insbesondere Nebenpflichten; Teilbarkeit	83
9. Insbesondere Unterlizenzen in der Insolvenz des Hauptlizenzgebers	86
II. Kautelarjuristische Überlegungen	87
III. Nicht in Kraft getretener Gesetzesentwurf § 108a	88
IV. Insolvenz des Lizenznehmers	89

A. Normzweck und Systematik

Abweichend vom Grundsatz des Erfüllungswahlrechts iSd § 103 ordnet § 108 für die von ihm erfassten **Dauerschuldverhältnisse** deren **Fortbestand** auch über die Verfahrenseröffnung hinaus an. In der **Abwägung** von Massebelangen und berechtigten Interessen des Vertragspartners hat der Gesetzgeber zunächst für **Immobilienmietverträge** ein Erfüllungswahlrecht ausgeschlossen, weil deren nicht fristgebundene Beendigung den Vertragspartner – unabhängig von dessen Stellung als Mieter oder Vermieter – unzumutbar belasten würde (vgl. BGH NZI 2007, 713 (714)). Der plötzliche Entzug von Geschäftsräumen, Betriebsstätten oder gar Wohnung hätte für den Mieter in der Vermieterinsolvenz einschneidende Folgen, während der Masse die weitere Überlassung bei zufließendem Entgelt zumutbar wäre (→ Rn. 1.1). Auch im umgekehrten Fall der Mieterinsolvenz wird die Masse – jedenfalls in einem Fortführungsszenario – in der Regel auf die weitere Nutzung angewiesen sein und kann anderenfalls das an Stelle des Wahlrechts tretende Kündigungsrecht des § 109 ausüben (BGH NZI 2006, 97 (98); RegE BT-Drs. 12/2443, 146). Das rechtspolitisch kritisierte **Leasingprivileg** des Abs. 1 S. 2 wurde zuvorderst mit Blick auf die Interessen von Leasinggesellschaften und Banken in die InsO aufgenommen (K. Schmidt InsO/Ringstmeier Rn. 37 mwN; FK-InsO/Wegener Rn. 20). Der Inhalt des Abs. 2, dass ein **valutiertes Darlehen** in der Insolvenz des Darlehensgebers nicht dem Wahlrecht des § 103 unterfällt und vom Verwalter nicht zurückgefordert werden kann, ist zuvorderst klarstellender Natur und beendet den vormals bestehenden Streit darüber, ob der Darlehensvertrag mit Valutierung durch den Darlehensgeber erfüllt ist.

Der Fortbestand von Miet- und Dienstverhältnissen entspricht im Grundsatz bereits der Rechtslage vor Inkrafttreten der InsO (§§ 19–22 KO, § 51 VerglO, § 9 Abs. 2, 3 S. 1 GesO; s. auch RegE BT-Drs. 12/2443, 146). Bei Mietverträgen brachte § 108 Abs. 1 gegenüber den §§ 19–21 KO einige wesentliche **Änderungen**. So wurden Mietverträge über **bewegliche Sachen** von der Fortbestehensanordnung ausgenommen und unterfallen dem Erfüllungswahlrecht (RegE BT-Drs. 12/2443, 146 f.). Zudem verzichtete der Gesetzgeber darauf, dass Mietgegenstände wie noch unter § 21 Abs. 1 KO dem Mieter **überlassen** und das Mietverhältnis in Vollzug gesetzt sein musste, wenngleich der BGH dieses Erfordernis in § 108 hineinliest (→ Rn. 16). Das Leasingprivileg des Abs. 1 S. 2 sowie die Klarstellung des Abs. 2 existierten unter der KO noch nicht.

§ 108 nimmt die erfassten Dauerschuldverhältnisse als **lex specialis** vom Anwendungsbereich und Rechtsfolgen des **§ 103** aus (BGH NZI 2019, 731 (732); BGH NZI 2006, 97 (98); RegE BT-Drs. 12/2443, 146). Weder ist das Erfüllungswahlrecht des § 103 eröffnet noch verlieren die gegenseitigen Ansprüche mit der Verfahrenseröffnung ihre Durchsetzbarkeit (→ § 103 Rn. 8). Verdrängt wird § 103 nur, soweit § 108 tatbestandlich reicht. Bei nicht von Abs. 1 S. 2 erfassten Mietverträgen über Mobilien oder noch nicht überlassenen Mietsachen verbleibt dem Verwalter das Erfüllungswahlrecht des § 103 (BGH NZI 2007, 713); und nach Ansicht des BGH soll der Verwalter sogar bei Rückgabe der Mietsache ein Erfüllungswahlrecht haben können (BGH NZI 2015, 123; → Rn. 16). Im engen **Zusammenhang** mit § 108 sind die **§§ 109–113** zu lesen, welche für fortbestehende Schuldverhältnisse **besondere Regelungen** voraussetzen. In der Mieterinsolvenz sind die Lösungsmöglichkeiten für den Insolvenzverwalter durch § 109 erleichtert, für den Vermieter hingegen beschränkt, der gem. § 112 nach dem Eröffnungsantrag Zahlungsrückstände für die Zeit davor nicht mehr als Kündigungsgrund geltend machen kann. In der Vermieterinsolvenz beschränkt § 110 die Wirksamkeit von Vorausverfügungen des Schuldners, um der Masse die Gegenleistung für die Gebrauchsüberlassung zu sichern. Zudem erleichtert § 111 die Verwertung von Immobilien, indem er etwaige vereinbarte Kündigungsfristen zugunsten des Erwerbers abändert. Die verschiedenen Kündigungsrechte treten hier als ausgewogenes System an die Stelle des fehlenden Erfüllungswahlrechts des § 103 (BGH NZI 2006, 97 (98); RegE BT-Drs. 12/2443, 146). Die intensiv diskutierte Insolvenzfestigkeit von **Lizenzverträgen** ist gesondert dargestellt (→ Rn. 69).

B. Tatbestand

Die Regelung des § 108 zum Fortbestand der genannten Vertragsverhältnisse erfasst Miet- und Pachtverträge über unbewegliche Gegenstände und Räume (→ Rn. 4), drittfinanzierte Miet- und Pachtverträge über sonstige Gegenstände wie Mobilien, Forderungen, Rechte als Sicherheiten in bestimmten drittfinanzierten Anschaffungskonstellationen (→ Rn. 22) sowie Darlehen in der Insolvenz des Darlehensgebers (→ Rn. 32). Dienstverträge sind an dieser Stelle lediglich überblicksartig dargestellt (→ Rn. 18); für Einzelheiten wird auf die Kommentierung des § 113 verwiesen. Andere Verträge unterfallen § 108 insoweit, als sie – wie zB Leasing (→ Rn. 8) – den genannten Dauerschuldverhältnissen vertragstypologisch vergleichbar sind. Aus dem systematischen Regelungszusammenhang zu § 103 folgt, dass diese gegenseitigen Verträge wirksam, nicht beendet und – bei Dauerschuldverhältnissen die Regel – beidseitig noch nicht vollständig erfüllt sein dürfen. Lizenzverträge sind als Sonderthema kommentiert (→ Rn. 69).

I. Miet- und Pachtverträge über Immobilien (Abs. 1 S. 1 Alt. 1)

4 § 108 Abs. 1 S. 1 Alt. 1 gilt sowohl in der Mieter- als auch in der Vermieterinsolvenz (→ Rn. 5) und setzt einen wirksamen, fortbestehenden Miet- oder Pachtvertrag (→ Rn. 6) über unbewegliche Gegenstände oder Räume als Mietgegenstand voraus (→ Rn. 11), der nach Rechtsprechung des BGH – zumindest in der Vermieterinsolvenz – durch Übergabe der Mietsache vollzogen sein muss (→ Rn. 16).

1. Anwendbarkeit in Insolvenz von Vermieter oder Mieter

5 § 108 Abs. 1 S. 1 setzt lediglich voraus, dass der Schuldner Partei des Miet- oder Pachtverhältnisses ist. Nicht maßgeblich ist daher, ob die Insolvenz über das Vermögen des **Mieters** oder des **Vermieters** eröffnet wurde (BGH NZI 2019, 731 (732); BGH NZI 2015, 331 (332)). Das Miet- oder Pachtverhältnis besteht in **beiden Fällen** fort. Im Gegensatz dazu ist bei den auf § 108 aufbauenden spezifischen Kündigungsrechten und Modifikationen der §§ 109–112 sowie bei § 108 Abs. 1 S. 2, Abs. 2 zwischen Mieter- und Vermieterinsolvenz zu differenzieren.

2. Miet- oder Pachtverhältnisse; andere typologisch vergleichbare Verträge

6 Bei den fortbestehenden Miet- oder Pachtverhältnissen iSd **§§ 535 ff., 581 ff. BGB** (nachfolgend vereinfachend nur Mietverträge) handelt es sich um Verträge, die eine zeitweise Gebrauchsüberlassung des Mietgegenstands gegen Entgelt mit dessen Rückgabe bei Beendigung vorsehen. Ob diese ihrerseits als **Haupt-, Zwischen-, oder Untermietvertrag** einzuordnen sind, spielt keine Rolle (RSZ InsO/Zeuner Rn. 3; K. Schmidt InsO/Ringstmeier Rn. 11; Braun/Kroth Rn. 7; aA HK-InsO/Marotze Rn. 45: in Vermieterinsolvenz nur bei Massezugehörigkeit der Mietsache).

6.1 Wie in **Vertragsketten** allgemein sind auch bei Mietverhältnissen die Folgen der etwaigen Insolvenz eines Vertragspartners auf jeder Stufe gesondert zu bestimmen. Für den Fortbestand eines Mietverhältnisses spielt es keine Rolle, ob der (Unter-)Vermieter sein Recht zur Besitzüberlassung von einem Dritten ableitet oder ob der Mieter die Sache einem weiteren Dritten (unter-)mietweise überlassen hat. Allerdings kann bei Beendigung eines Hauptmietvertrags das abgeleitete Besitzrecht als Grundlage für den Untermietvertrag entfallen.

7 **Nicht** erfasst sind **Sachdarlehensverträge** iSd § 607 BGB, die – bei Immobilien ohnehin schwer denkbar – den Verbrauch vertretbarer Sachen und die Rückgabe anderer Sachen selber Menge, Art und Güte vorsehen. Diese können aber § 108 Abs. 2 unterfallen (→ Rn. 22). Auch auf **Leihverträge** gem. §§ 598 ff. BGB als unvollkommen zweiseitig verpflichtende Verträge ist § 108 Abs. 1 – wie auch § 103 – nicht anwendbar, weil die Überlassungspflicht des § 598 BGB und die Rückgabepflicht des § 604 nicht im Synallagma stehen. Bei Verträgen über **Fruchtziehung** ist abzugrenzen, ob der Schwerpunkt auf der Muttersache (dann Pacht) oder auf den Früchte (dann unter Umständen Kauf) liegt (FK-InsO/Wegener Rn. 10). **Lizenzverträge** bestehen, anders als es noch unter der KO Praxis war, nicht mehr kraft Gesetzes fort, da § 108 Abs. 1 S. 1 nur Immobilien erfasst und keine Rechte. Allerdings gibt es bei Lizenzen unterschiedliche Ausgestaltungen, die bei Einräumung eines dinglichen Rechts in der Insolvenz des Lizenzgebers unter bestimmten Umständen insolvenzfest sein können (str., dazu → Rn. 69 ff.). Keine Anwendung findet § 108 Abs. 1 S. 1 auch auf **dingliche Rechte** wie das Erbbaurecht, selbst wenn es inhaltlich eine zeitlich begrenzte Nutzungsbefugnis gegen wiederkehrende Leistungen vorsieht (BGH NZI 2006, 97 (97 f.); OLG Stuttgart BeckRS 2007, 03387). Die Nutzung eines Mietgegenstands bei gem. § 108 fortbestehenden Verträgen kann daher auch gegen das Kündigungsrecht aus § 111 durch dingliche Rechte wie **Mieterdienstbarkeiten** abgesichert werden (FG Saarland BeckRS 2016, 94075).

7.1 Da die §§ 103 ff. nur die Behandlung schuldrechtlicher Verträge in der Insolvenz regeln, ist bei **dinglichen Rechten** zwischen dem Recht und dem zugrunde liegenden **Kausalgeschäft** zu differenzieren. Nur auf letzteres sind die §§ 103 ff. anwendbar (→ § 103 Rn. 29). So ist beim **Erbbaurecht** zwischen dem dinglichen Recht und dem schuldrechtlichen Erbbaurechts-(bestellungs-)Vertrag zu unterscheiden. § 108 Abs. 1 ist weder auf das Erbbaurecht selbst noch auf den schuldrechtlichen Erbbaurechts-(bestellungs-)Vertrag anwendbar, weil letzterer wie ein Rechtskauf grundsätzlich § 103 unterfällt; er wird mit der Einräumung des Erbbaurechts in der Regel aber insoweit erfüllt sein (BGH NZI 2006, 97 f.). Ansprüche auf Erbbauzinsen in der Insolvenz des Erbbauberechtigten sind keine Masseverbindlichkeiten iSd § 55 Abs. 1 Nr. 2 Alt. 2, sondern geben dem Erbbaurechtsverpflichteten ein Absonderungsrecht (BGH NZI 2006, 97 (98)).

Insbesondere Leasingverträge sind im Verhältnis von Leasinggeber und Leasingnehmer vertragstypologisch als Mietvertrag anzusehen, sodass mietähnliche **Immobilienleasingverträge** in der Insolvenz fortbestehen (BGH NJW 1986, 1335; BGH NJW 1990, 1113 (1114) zu § 21 Abs. 1 KO; K. Schmidt InsO/Ringstmeier Rn. 8). Dies gilt in der Insolvenz des Leasinggebers (OLG Brandenburg ZInsO 2012, 1946) wie auch der des Leasingnehmers (OLG Düsseldorf ZIP 2010, 2212 = BeckRS 2010, 22289; LG Essen NZI 2001, 217). Die Rechtsprechung differenziert für den Fortbestand auch nicht danach, ob es sich um **Operating Leasing** handelt, das eine in der Regel kündbare Gebrauchsüberlassung auf unbestimmte Zeit vorsieht, oder **Finanzierungsleasing,** bei dem die Gebrauchsüberlassung für einen bestimmten Zeitraum vorgesehen ist und die Leasingraten auch eine Finanzierungskomponente haben. Soweit der Leasingvertrag zum Laufzeitende den **Erwerb** des Leasingguts vorsieht – etwa durch ein Andienungsrecht des Leasinggebers bzw. eine Kaufoption des Leasingnehmers – gilt der allgemeine Grundsatz der **Vertragsspaltung.** Von § 108 erfasst ist nur die Gebrauchsüberlassung (→ Rn. 46). Etwaig ausgeübte Verlängerungsoptionen muss der Verwalter gegen sich gelten lassen. § 108 Abs. 1 S. 1 ist auch beim **Sale-and-lease-back** anwendbar, wenn nach Erwerb des Leasinggegenstands durch den Leasinggeber die Leasingphase eingesetzt hat (OLG Brandenburg ZInsO 2012, 1946); die Rückerwerbsoption unterfällt jedoch ebenso wie eine Andienpflicht § 103 (→ Rn. 47). Gleiches gilt beim **Mietkauf** während der Mietphase (BGH NZI 2013, 586 (588)).

Typengemischte Verträge können mit ihren mietvertraglichen Elementen § 108 Abs. 1 unterfallen, wenn diese den **Schwerpunkt** des Vertrags ausmachen. Anderenfalls ist der Schwerpunkt anderer Elemente maßgeblich oder ohne einen deutlichen Schwerpunkt der Vertrag im Einzelfall bei Teilbarkeit in mietvertragliche Elemente und weitere Leistungen aufzuspalten. Entsprechend dem allgemeinen Grundsatz der Vertragsspaltung (→ § 103 Rn. 82, → § 105 Rn. 27) ist dann auch die Gegenleistung entsprechend aufzuteilen; etwaige Gegenrechte sind auf den jeweils betroffenen Vertragsteil beschränkt. So steht der Annahme eines Mietvertrags nicht entgegen, dass sich ein Vermieter neben der Überlassung zuvor auch zur Errichtung der Mietsache verpflichtet, jedoch greift § 108 Abs. 1 S. 1 nur für den Mietvertrag (BGH NZI 2007, 713).

Das Mietverhältnis muss im Übrigen **wirksam und noch nicht beendet** sein. § 108 hilft mit seiner Fortbestehensanordnung lediglich über die insolvenzrechtlichen Wirkungen der Verfahrenseröffnung und des § 103 hinweg, nicht über allgemeinen Unwirksamkeits- oder Beendigungsgründe. Da der Insolvenzverwalter an den Vertrag in seinem jeweiligen Bestand gebunden ist (→ § 103 Rn. 70), muss er auch eine vorinsolvenzlich ergangene, wirksame Kündigung gegen sich gelten lassen (zu Abwicklungsansprüchen → Rn. 56).

3. Unbewegliche Gegenstände oder Räume als Mietgegenstand

Anders als unter der KO sieht § 108 Abs. 1 den Fortbestand von Mietverhältnissen nur bei unbeweglichen Mietgegenständen oder Räumen vor. Was **unbewegliche Gegenstände** sind, bemisst sich für § 108 – ebenso wie für § 49 – im Ausgangspunkt nach ihrer zwangsvollstreckungsrechtlichen Einordnung. Diese Gegenstände müssen einer Zwangsvollstreckung in das unbewegliche Vermögen iSd §§ 864 f. ZPO iVm dem ZVG unterliegen. Hierunter fallen **Grundstücke,** einschließlich nicht sonderrechtsfähigen **wesentlichen Bestandteile** iSd § 94 BGB, zudem für die Zwecke des § 108 auch **Scheinbestandteile** iSd § 95 BGB, die nur zu einem vorübergehenden Zweck mit dem Grundstück verbunden sind. Die Grenzen sachenrechtlicher Sonderrechtsfähigkeit sind für die Zwecke des § 108 Abs. 1 nicht zwingend maßgeblich (MüKoInsO/Hoffmann Rn. 38), sodass auch vermietete **Grundstücksteile,** einzelne Gebäude und **Gebäudeteile** mit erfasst sind. Werden über bewegliche Sachen als dem wirtschaftlichen Zweck eines Grundstücks dienendes **Zubehör** (§ 97 BGB) eigenständige Mietverträge geschlossen, unterfallen diese § 103, selbst wenn das Zubehör vollstreckungsrechtlich gem. § 1120 BGB in den hypothekarischen Haftungsverband fiele. Ist das Zubehör aber zusammen mit der Immobilie vermietet, greift wegen der Schwerpunktbetrachtung (→ Rn. 14) insgesamt § 108. Erfasst sind ferner im Schiffs- bzw. Flugzeugregister eingetragene **Schiffe,** Schiffsbauwerke und **Flugzeuge.**

12 Die in § 108 Abs. 1 S. 1 gesondert aufgeführten **Räume** sind umschlossene Teile fester Gebäude, die zum Aufenthalt von Menschen oder zur Lagerung von Sachen bestimmt und geeignet sind (MüKoInsO/Hoffmann Rn. 39). Unerheblich ist hierbei ihr wirtschaftlicher Nutzungszweck; erfasst sind sowohl **Wohn-, Geschäfts-** als auch **sonstige** Räume (Uhlenbruck/Wegener Rn. 14; Braun/Kroth Rn. 10). Es genügt, wenn diese – wie Messestände oder Behelfsbauten – nur vorübergehend errichtet sind (Andres/Leithaus/Andres Rn. 4; FK-InsO/Wegener Rn. 19). Umstritten ist, ob § 108 auch auf Räume anwendbar ist, die wie Wohncontainer **gebäudegleich** genutzt werden, obwohl sie strenggenommen sachenrechtlich bewegliche Sachen wären (dafür FK-InsO/Wegener Rn. 19; aA RSZ InsO/Zeuner Rn. 4; Uhlenbruck/Wegener § 103 Rn. 40; MüKoInsO/Hoffmann Rn. 39).

12.1 Es spricht einiges dafür, **entgegen der hM** jedenfalls zum nicht nur vorübergehenden Aufenthalt von Menschen bestimmte Räume wie Wohncontainer und sogar Wohnwagen unter § 108 Abs. 1 S. 1 zu fassen. Trotz seines vollstreckungsrechtlichen Ausgangspunkts folgt § 108 schon bei unbeweglichen Gegenständen – wie bei Teilflächen und Zubehör – nicht ohne Weiteres streng sachenrechtlichen Kriterien. Bei Räumen erfordern weder Wortlaut noch Zweck ein solch enges Verständnis. Für die § 108 zugrunde liegende Interessenabwägung zwischen Masse und Vertragspartner kann es nicht darauf ankommen, ob Behelfsheime gerade so dauerhaft konstruiert sind, dass sie schon unter einen unbeweglichen Gegenstand subsumierbar wären. Stattdessen sollte der Schutz des § 108 wegen identischer Interessenlage auch dann nicht ausgeschlossen sein, wenn Betriebstätten in Container-Leichtbauweise betrieben werden oder solche Räumlichkeiten – insbesondere mit Blick auf § 109 Abs. 1 S. 2 – bei zunehmender Wohnungsknappheit Lebensmittelpunkt werden. Da der Wortlaut des § 108 diese Fälle mit „Räumen" noch erfasst und diese systematisch neben den unbeweglichen Gegenständen stehen, ist dafür auch keine Analogie nötig. Gleiches gilt nach hier vertretener Ansicht auch für fest installierte Wohnwagen.

13 Keine tauglichen Mietgegenstände sind demgegenüber **bewegliche Sachen, Forderungen, Rechte** sowie sonstige verkehrsfähige unkörperliche Gegenstände wie zB Daten; diese können aber unter Umständen von § 108 Abs. 1 S. 2 erfasst sein (dazu → Rn. 22). Abgrenzungsprobleme können sich auch zur Rechtspacht stellen (dazu FK-InsO/Wegener Rn. 17 f.).

14 Bilden **Immobilien und Mobilien zugleich** den Gegenstand eines einheitlichen Mietvertrags – ohne dass letztere schon als wesentliche Bestandteile Teil der Immobilie im Rechtssinne wären –, ist nach Ansicht des BGH maßgeblich, welcher Teil die Leistung **schwerpunktmäßig prägt** (so BGH NZI 2015, 331 (332) mit 80% Mietanteil Immobilien) und welcher von untergeordneter Bedeutung mit vermietet wurde (zB Einrichtungsgegenstände in einer Wohnung). Zu erwägen ist allerdings auch, den Vertrag nach dem allgemeinen Grundsatz der **Vertragsspaltung** für die insolvenzrechtliche Behandlung in einen Teil als Immobilienmietverhältnis (§ 108) und einen Teil als Mobilienmietverhältnis (§ 103) aufzuspalten (vgl. MüKoInsO/Hoffmann Rn. 58 ff.; zu den Rechtsfolgen → Rn. 46). Dies gilt jedenfalls dann, wenn eine vorrangige Schwerpunktbetrachtung nicht durchführbar ist, beide Arten von Mietgegenständen eigenständige Bedeutung haben und das Mietverhältnis diesbezüglich teilbar ist (→ § 105 Rn. 8).

15 Die **Versorgung** einer Immobilie mit **Wärme, Energie, Wasser und Medien** ist nur dann Teil der unter § 108 Abs. 1 S. 1 zu erbringenden Leistungen, falls hierzu eine mietvertragliche Verpflichtung als Teil der Gebrauchsgewährung besteht. Bei eigenständigen Verträgen zwischen Mieter und Dritten ist deren Schicksal gesondert zu beurteilen (LG Rostock ZIP 2007, 2379 = BeckRS 2007, 15966).

4. Vollzug des Mietverhältnisses durch Überlassung der Mietsache; Besitz des Mieters

16 Nach Ansicht des BGH soll in der **Vermieterinsolvenz ungeschriebene Voraussetzung** des § 108 Abs. 1 S. 1 Alt. 1 der Vollzug des Mietverhältnisses durch **Überlassung** der Mietsache an den Mieter sein (BGH NZI 2007, 713 (714)). Davor greift § 103 und eröffnet die Erfüllungswahl. Insbesondere in Fällen, in denen die Mietsache **erst noch hergestellt** werden müsste, kann so verhindert werden, dass die Masse erhebliche und schwer amortisierbare Aufwendungen tätigen müsste, um den Mietvertrag zu erfüllen bzw. Schadenersatzansprüche zu vermeiden (→ Rn. 16.1). Nach Ansicht des BGH soll § 108 auch den fortdauernden Besitz des Mieters an der Mietsache erfordern, sodass beim Besitzaufgabe durch **Rückgabe** an den Vermieter § 103 Anwendung findet (BGH NZI 2015, 123). Auf den Schutz des § 108 Abs. 1 kann sich ein Mieter hiernach nur dann berufen, wenn er zumindest noch mittelbaren Besitz behalten hat (→ Rn. 16.2).

16.1 Das ungeschriebene Tatbestandsmerkmal der **Überlassung** wird zum Teil im Schrifttum nach wie vor **abgelehnt** (vgl. nur FK-InsO/Wegener Rn. 8; Braun/Kroth Rn. 9; HK-InsO/Marotzke Rn. 6; Dahl/

Schmitz NZI 2007, 716 (717)). Während die Vorgängervorschrift § 21 Abs. 1 KO noch ausdrücklich die Überlassung der Mietsache vor Verfahrenseröffnung voraussetzte, sieht § 108 Abs. 1 dies gerade nicht mehr vor. Zu den Gründen verhält sich die Gesetzesbegründung nicht. Eine Differenzierung nach dem Vollzug eines Mietverhältnisses wird erst in den §§ 109 ff. vorgenommen. Um die Masse gleichwohl nicht mit einer Herstellungspflicht oder Schadenersatzansprüchen zu belasten, wird teils auch vermittelnd darauf abgestellt, ob die **Mietsache** überhaupt **existiert** (MüKoInsO/Eckert, 3. Aufl. 2013, Rn. 12a). Der BGH hingegen erklärt die Überlassung zur Voraussetzung des § 108 Abs. 1 S. 1 und gelangt so zu gleichen Ergebnissen wie schon zuvor unter § 21 KO (BGH NZI 2007, 713 (714); zust. MüKoInsO/Hoffmann Rn. 69; RSZ InsO/Zeuner Rn. 6; K. Schmidt InsO/Ringstmeier Rn. 10).

Nach Rechtsprechung des BGH soll auch § 103 statt § 108 auch dann Anwendung finden, wenn der Mieter den **Besitz an der Wohnung aufgibt** (BGH NZI 2015, 123 (124); krit. MüKoInsO/Hoffmann Rn. 69; Biehl NJ 2015, 257). Im entschiedenen Fall war ein Mieter wegen Sanierung seiner langjährigen Wohnung auf Grundlage einer „**Sanierungsvereinbarung**" **vorübergehend ausgezogen**, weswegen ihm im Insolvenzfall seines Vermieters der Schutz des § 108 nicht zugutekam. In jedem Fall wird es Mietern zu raten sein, bei vorübergehendem Auszug mit dem Vermieter zB in einer Sanierungsvereinbarung ausdrücklich festzuhalten, dass diese zugleich Besitzkonstitut ist, der Vermieter dem für die Dauer der Sanierung vorübergehend ausgezogenen Mieter den Besitz mittelt (daran fehlte es im Fall des BGH; allerdings spricht mit Marotzke EWiR 2015, 117 auch ohne eine solche viel für fortwährenden mittelbaren Besitz des Mieters) oder der Mieter ggf. Besitz an wechselnden Teilen der Wohnung behält. Auch bei nur mittelbarem Besitz des Mieter bleibt § 108 Abs. 1 anwendbar (BGH NZI 2015, 123 (124)). Gerade wegen der vom BGH erzeugten Risiken dürfte der Mieter zur Duldung von Modernisierungen gem. § 555d Abs. 2 S. 1 BGB nun nur verpflichtet sein, wenn er auch in Besitz der Wohnung bleibt (Piekenbrok LMK 2015, 367511) oder anderweitig insolvenzfest gesichert ist. Wird sogar eine finanziell nicht hinreichend ausgestattete juristische Person als Vermieter eingesetzt, um die „**Entmietung**" eines Hauses unter Nutzung des Insolvenzverfahrens zu betreiben, können die handelnden Personen, dh in der Regel deren Geschäftsführer, Gesellschafter und sonstige hieran planvoll Mitwirkende, dem Mieter persönlich gem. § 826 BGB haften (BGH NZI 2015, 123 (126)). **16.2**

Bei Anwendung des § 103 in der Vermieterinsolvenz sind konsequenterweise auch die §§ 110, 111 unanwendbar (Dahl/Schmitz NZI 2007, 716 (717); zur Anknüpfung von Sonderregelungen der §§ 109 ff. gerade an den Fortbestand gem. § 108 BGH NZI 2006, 97 (98)). In der Sache ist das unschädlich, da auch bei § 103 Vorausverfügungen über die Gegenleistung nach Verfahrenseröffnung unwirksam sind (→ § 103 Rn. 109) und es vor Überlassung keinen Eintritt des Erwerbers in das Mietverhältnis gem. 566 BGB gibt. **16.3**

Wenn man einer solchen teleologisch reduzierten Auslegung des BGH folgt, wird man diese jedenfalls auf Fälle der Vermieterinsolvenz beschränken müssen (Uhlenbruck/Wegener Rn. 10 f.; HK-InsO/Marotzke Rn. 7). In der **Insolvenz des Mieters** gibt § 109 Abs. 2 als Spezialregelung vor Überlassung beiden Vertragsparteien ohnehin ein Rücktrittsrecht. Überdies käme es zu Friktionen mit den mieterschützenden Enthaftungsregelungen gem. § 109 Abs. 1 S. 2, wenn man diese auch vor Überlassung für anwendbar hält. **17**

In der Mieterinsolvenz bleibt der geschlossene **Vertrag unabhängig von der Überlassung** gem. § 108 Abs. 1 S. 1 **bestehen**. Vor Überlassung der Mietsache haben beide Parteien das Rücktrittsrecht des § 109 Abs. 2; danach lediglich der Verwalter das Kündigungsrecht des § 109 Abs. 1 S. 1. Für persönlichen Wohnraum des Schuldners verdrängt die Enthaftung iSd § 109 Abs. 1 S. 2 Kündigungs- (→ § 109 Rn. 20) und Rücktrittsrecht (str., → § 109 Rn. 41.1). Ohne Fortbestand des Vertrags vor Überlassung würde das Rücktrittsrecht in § 109 Abs. 2 leerlaufen. Die Masseschutzerwägungen des BGH wären in der Mieterinsolvenz nicht einschlägig. Demgegenüber wären unter Umständen erhebliche Dispositionen des Mieters auf Überlassung einer an den ihn schon vermieteten, aber noch nicht überlassenen Wohnung gefährdet. **17.1**

II. Dienstverträge (Abs. 1 S. 1 Alt. 2)

§ 108 Abs. 1 S. 1 Alt. 2 schließt ferner das Erfüllungswahlrecht des § 103 auch bei Dienstverträgen iSd § 611 BGB aus, bei denen eine **Tätigkeit gegen Entgelt** erbracht wird. Dies gilt für den **Arbeitsvertrag** als Unterfall des Dienstvertrags (dazu eingehend § 113) ebenso wie für den **Anstellungsvertrag** eines Geschäftsführers bzw. geschäftsführenden Gesellschafters (OLG Brandenburg NZI 2003, 324 (325)), der jedoch von dessen gesellschaftsrechtlicher Organstellung zu unterscheiden ist. Zudem fallen hierunter typologische alle Verträge, mit denen allgemein Dienstleistungen erbracht werden und damit auch eine Vielzahl heutzutage für die Unternehmensfortführung bedeutender Serviceverträge insbesondere im IT- und Outsourcing-Bereich. Es muss sich dabei um ein **Dauerschuldverhältnis** handeln (differenzierend für den Anwaltsvertrag BGH WM 2020, 391 (395)). § 108 Abs. 1 S. 1 differenziert nicht nach Insolvenz des **Dienstverpflichteten** oder des **Dienstberechtigten** (→ Rn. 18.1); der Dienstvertrag besteht somit in beiden Fällen **18** fort (K. Schmidt InsO/Ringstmeier Rn. 25; Braun/Kroth Rn. 13; aA KPB/Tintelnot Rn. 136). Bei **höchstpersönlichen Leistungen** des dienstverpflichteten Schuldners wird die Masse nicht verpflichtet. Ob eine derartige geschuldete Leistung dem Insolvenzbeschlag unterliegt, ist generelle Vorfrage für die Anwendbarkeit der §§ 103 ff. (→ § 103 Rn. 18). Eine **Ausnahme** vom Fortbestand des Vertrags in der Insolvenz des Dienstverpflichteten soll nach Ansicht des BGH auch dann bestehen, wenn die Dienstleistung nur durch Begründung erheblicher Masseschulden erbracht werden kann (so BGH NZI 2011, 936).

18.1 Diese **Ausnahme** vom Fortbestand des Vertrags in der Insolvenz des Dienstverpflichteten aufgrund **Begründung erheblicher Masseschulden** nahm der BGH (NZI 2011, 936) für einen Privatschulvertrag an, weil die Erbringung der Unterrichtsleitungen durch die Masse aufgrund Entlohnung der Lehrkräfte und Anmietung der Schulräume erhebliche Aufwendungen erfordere (ebenso MüKoInsO/Caspers § 113 Rn. 5; Wente ZIP 2005, 335 (337)). Diese Ausnahme widerspricht dem klaren Gesetzeswortlaut und ist nach hier vertretener Ansicht **abzulehnen**. Der Verwalter hat bestehende Verträge auch bei § 108 in ihrem Bestand so hinzunehmen, wie er sie vorfindet. Eine Einschränkung contra legem brächte zudem erhebliche Rechtsunsicherheit. Der Fortbestand von Dienstverhältnissen wäre unter Umständen schon dann in Frage gestellt, wenn der Dienstverpflichtete seinerseits Aufwendungen hat, weil er Angestellte beschäftigt, Dienstleistungen oder Materialien bezieht oder Subunternehmer einsetzt. Ab wann diese Aufwendungen „erheblich" sein sollen, ist unklar. Auch beim Fortbestand eines Immobilienmietvertrags in der Vermieterinsolvenz muss die Masse erforderliche Erhaltungsaufwendungen tätigen. Soweit der BGH die Masse dort bei noch nicht erstellten Mietsachen vor erheblichen Belastungen schützt (→ Rn. 16.1), knüpft diese Einschränkung immerhin an das klar fassbare Kriterium der Überlassung einer Mietsache, nicht aber an eine Erheblichkeitsschwelle, von der der Vertragsfortbestand abhängen soll. Nunmehr hat BGH WM 2020, 391 (395) den Anwendungsbereich dieser Entscheidung relativiert und für den Anwaltsvertrag offen gelassen.

19 Von erheblicher Bedeutung in der Insolvenz ist die vertragstypologische **Abgrenzung** des Dienstvertrags einerseits zum Werkvertrag iSd § 631 BGB, für den gem. § 103 das Erfüllungswahlrecht eröffnet ist, und andererseits zu Auftrag und Geschäftsbesorgungsvertrag iSd §§ 662 ff., 675 ff. BGB, die mit Verfahrenseröffnung in der Insolvenz des Geschäftsherrn erlöschen (§§ 116, 115). Bei **gemischten Verträgen** richtet sich die typologische Einordnung nach dem Schwerpunkt der unter dem Vertrag zu erbringenden spezifischen Leistungen (BGH NZI 2011, 936); ist dieser nicht eindeutig und sind die Leistungen teilbar, kommt eine Vertragsspaltung in Betracht (→ § 105 Rn. 19).

19.1 Als fortbestehende Dienstverträge wurden etwa angesehen: ein **Privatschulvertrag** (BGH NZI 2011, 936); ein **Handelsvertretervertrag** in der Insolvenz des Handelsvertreters (OLG Düsseldorf NZI 2010, 105). Zu IT-Verträgen vgl. → § 103 Rn. 33.2.

20 Anders als bei Immobilienmietverträgen und der nach dem BGH in der Vermieterinsolvenz erforderlichen Überlassung der Mietsache bestehen Dienstverträge **unabhängig vom Vollzug** fort. Auch geschlossene, aber noch nicht angetretene Dienstverhältnisse binden die Masse, schon um einen etwaigen Kündigungsschutz nicht leer laufen zu lassen (RSZ InsO/Zeuner Rn. 7; Braun/Kroth Rn. 13; KPB/Tintelnot Rn. 134; HK-InsO/Marotzke Rn. 8).

21 Der Dienstvertrag muss **wirksam** und **ungekündigt** bestehen. Ist dieser vom Schuldner vorinsolvenzlich bereits gekündigt worden, endet er mit Wirksamwerden der Kündigung und § 108 Abs. 1 S. 1 Alt. 2 geht ins Leere (BGH NZI 2005, 628). Ebenso reicht es für § 108 nicht, wenn nur ein Anspruch auf Abschluss eines Dienstvertrages besteht (LAG Hamm BeckRS 2021, 7893).

III. Drittfinanzierte Leasingverträge (Abs. 1 S. 2)

22 § 108 Abs. 1 S. 2 betrifft Mietverhältnisse (→ Rn. 24) über sonstige Gegenstände (→ Rn. 25) in der Vermieterinsolvenz (→ Rn. 23). Diese bestehen fort, wenn sie einem deren Anschaffung oder Herstellung finanzierenden Dritten (→ Rn. 27) zur Sicherheit übertragen wurden (→ Rn. 29). Diese Regelung betrifft in erster Linie drittfinanzierte Leasingverträge in der Insolvenz des Leasinggebers.

1. Anwendbarkeit nur in der Vermieterinsolvenz

23 Anders als § 108 Abs. 1 S. 1 gilt S. 2 nur in der Insolvenz des Vermieters bzw. des **Leasinggebers.** Ziel des Gesetzgebers ist der Schutz leasingtypischer Finanzierungslagen. In der Insolvenz des Leasingnehmers gilt § 103.

23.1 Üblicherweise finanziert der Leasinggeber den Erwerb des Leasinggegenstands über eine Bank und besichert die Finanzierung durch Sicherheitsübereignung des Leasinggegenstands sowie Vorausabtretung seiner zukünftigen Leasingforderungen gegen den Leasingnehmer an die Bank. Diese Vorausabtretung würde bei einem Wahlrecht des Insolvenzverwalters in der Insolvenz des Leasinggebers gem. § 103 bei Erfüllungswahl für die Zeit nach Verfahrenseröffnung ins Leere gehen (→ § 103 Rn. 109). Unter anderem dies soll § 108 Abs. 1 S. 2 verhindern (KPB/Tintelnot Rn. 17).

2. Miet- oder Pachtverhältnisse, insbesondere Leasingvertrag

Ebenso wie Abs. 1 S. 1 (→ Rn. 6) knüpft Abs. 1 S. 2 an Miet- und Pachtverhältnisse an. **24** Hierunter fallen zuvorderst die vom Gesetzgeber privilegierten **Leasingverträge**, sowohl Operating- als auch Finanzierungsleasing (→ Rn. 8). Auch **andere** Verträge sind erfasst, wenn diese typologisch als Miet- und Pachtverhältnisse einzuordnen sind (RSZ InsO/Zeuner Rn. 8. Ein Lizenzvertrag kann unter Abs. 1 S. 2 fallen, sofern er auf seine Laufzeit begrenzt die Nutzung von Rechten gegen in der Regel laufende Zahlungen gestattet (zur Insolvenzfestigkeit im Übrigen → Rn. 69).

3. Sonstige Gegenstände als Mietgegenstand

Abs. 1 S. 2 ist nicht wie S. 1 auf Immobilien und Räume beschränkt, sondern erfasst alle **25** sonstigen Gegenstände. Darunter fallen **bewegliche Sachen, Rechte** (insbesondere Softwarenutzungsrechte, gewerbliche Schutzrechte), **Forderungen** (KPB/Tintelnot Rn. 164) und auch sonstige **unkörperliche Gegenstände** wie digitale Daten und Software, soweit deren Anschaffung drittfinanziert und besichert ist und diese zeitlich begrenzt überlassen werden (zum drittfinanzierten Softwareleasing RSZ InsO/Zeuner Rn. 8 mwN).

Software und **Daten** als solche (Datenbanken, virtuelle Gegenstände, E-Books etc) sind – ähnlich wie **25.1** Energie – unabhängig von den an ihnen bestehenden weiteren Rechten Wirtschaftsgut. Sie sind unabhängig von ihrer Verkörperung auf einem Datenträger als Sache oder ubiquitärer Verfügbarkeit in der Cloud verkehrsfähiger, abgrenzbarer „**Gegenstand**" iSd § 90 BGB als individualisiertes, vermögenswertes Objekte der natürlichen Welt, über die Rechtsmacht ausgeübt werden kann. Etwaige an ihnen bestehende (Immaterialgüter-)Rechte sind davon streng zu trennen (wie zB Datenbankrechte an der Zusammenstellung von Daten gemäß §§ 87a ff. UrhG oder Urheberrechte an Software gem. §§ 69a ff. UrhG). Bei der Softwareüberlassung zB tritt neben die tatsächliche Überlassung der Software (durch Übergabe eines Datenträgers oder Download oder Zugang in SaaS-Modellen) die Lizenz zur Nutzung der daran bestehenden Urheberrechte. Gleiches gilt für Daten (dazu Berberich/Kanschik NZI 2017, 1). Auch bei unkörperlicher, ubiquitärer, digitaler „Verkörperung" bleibt der Dualismus von Immaterialgut und (digitaler) Verkörperung – wie bei urheberrechtlichem Werk und körperlichem Werkstück als Sache – erhalten.

Die **Überlassung** des Leasinggegenstands an den Leasingnehmer ist – anders als nach Ansicht **26** des BGH zu Abs. 1 S. 1 – hier nicht erforderlich (FK-InsO/Wegener Rn. 24; MüKoInsO/Hoffmann Rn. 133). Die dort tragenden Gründe für den Schutz der Masse bei sich herzustellenden Mietgegenständen (→ Rn. 16.1) greifen hier nicht, da die Finanzierung der Herstellung bzw. Anschaffung gerade durch einen Dritten vorgenommen wird.

4. Drittfinanzierte Anschaffung oder Herstellung des Leasinggegenstands

Die Anschaffung oder Herstellung der Gegenstände durch den Leasinggeber/Vermieter muss **27** ein Dritter – in der Regel eine Bank – finanziert haben. **Art und Rang der Finanzierung** sind hierbei nicht vorgegeben. Das Gesetz differenziert nicht danach, ob es sich um eine Fremdfinanzierung über Darlehen, bestehende Kreditlinien, Anleihen oder zB Mezzanine-Finanzierungen handelt, solange diese nur im unmittelbaren Zusammenhang mit der Anschaffung oder Herstellung des Leasingguts stehen und besichert sind. Sowohl Einzel- wie auch **syndizierte** Finanzierungen unter Beteiligung eines Bankenkonsortiums sind erfasst. Auch eine teilweise **unwesentliche Eigenfinanzierung** durch den Leasinggeber selbst ist unschädlich (MüKoInsO/Hoffmann Rn. 45).

Die Finanzierung muss – ebenso wie die Sicherungsübertragung (sogleich → Rn. 29) – im **28** **unmittelbaren sachlichen und zeitlichen Zusammenhang** mit der Anschaffung bzw. Herstellung erfolgt sein. Sachlich muss sie gerade der Anschaffung oder Herstellung des **konkreten Leasinggegenstands** dienen (FK-InsO/Wegener Rn. 22). Ein reiner Betriebsmittelkredit ohne diesen spezifischen Bezug reicht nicht aus (MüKoInsO/Hoffmann Rn. 138; RSZ InsO/Zeuner Rn. 12). Zeitlich wird die Finanzierung der Anschaffung in der Regel vorausgehen. Bei späterer Finanzierung ist dieser Zusammenhang noch gewahrt, wenn diese eine kurzfristige vorübergehende anderweitige Finanzierung (zB durch Eigenmittel oder sonstige Kredite) ablöst und dies von vornherein konkret beabsichtigt und angelegt war (FK-InsO/Wegener Rn. 22; MüKoInsO/Eckert, 3. Aufl. 2013, Rn. 46; KPB/Tintelnot Rn. 176 f.).

5. Sicherungsübertragung im unmittelbaren Finanzierungszusammenhang

29 Der Mietgegenstand muss dem Dritten im Zusammenhang mit dessen Finanzierung zur Sicherheit übertragen worden sein. Der Begriff „übertragen" ist entsprechend dem Begriff des Gegenstands weit gefasst. Bei Sachen zielt er vor allem auf eine **Sicherungsübereignung,** bei Rechten und Forderungen vor allem auf eine **Sicherungszession.** In Betracht kommen nur Sicherungsrechte, die es erlauben, dass dem Leasinggeber/Vermieter das Recht zur Nutzung des Gegenstands verbleibt und er dies auf den Leasingnehmer/Mieter übertragen kann. Die Sicherheitenbestellung als Rechtsgeschäft muss bei Verfahrenseröffnung **wirksam erfolgt** sein, ansonsten ist § 108 Abs. 1 S. 2 unanwendbar, und der Leasing- bzw. Mietvertrag unterfällt § 103 (RSZ InsO/Zeuner Rn. 11; FK-InsO/Wegener Rn. 23). Bei Auseinanderfall von Besitzgesellschaft als Partei der Sicherungsübertragung und Betriebsgesellschaft als Partei des Leasingvertrags können diese für die Zwecke des § 108 Abs. 1 S. 2 zusammengefasst werden, soweit sie eine wirtschaftliche Einheit unter einheitlicher Kontrolle (§§ 17 ff. AktG) bilden (Uhlenbruck/Sinz Rn. 127).

30 Auch die Sicherungsübertragung muss im **unmittelbaren sachlichen und zeitlichen Zusammenhang mit der Finanzierung** erfolgt sein (RSZ InsO/Zeuner Rn. 12). Wird ein bereits hergestellter bzw. angeschaffter Leasinggegenstand im Rahmen einer **späteren** Refinanzierung **erstmals** zur Sicherheit an den Kreditgeber übertragen, fehlt es daran (MüKoInsO/Hoffmann Rn. 138; FK-InsO/Wegener Rn. 23; Braun/Kroth Rn. 16; aA und großzügiger Andres/Leithaus/Andres Rn. 8).

31 In Refinanzierungsszenarien, in denen eine **bestehende konkrete Finanzierung** des Leasinggegenstands durch eine **andere Refinanzierung abgelöst** wird, ist der Wechsel der finanzierenden Bank unschädlich (RSZ InsO/Zeuner Rn. 12). Eine Ablösung des Kredits mit erneuter Sicherungsübertragung beseitigt nicht die Privilegierung des § 108 Abs. 1 S. 2 (MüKoInsO/Eckert, 3. Aufl. 2013, Rn. 46 mwN).

31.1 Fraglich ist dabei im Einzelfall, inwiefern die ursprüngliche **Zweckbestimmung gewahrt** bleiben muss. Für deren Lockerung nach erstmaliger Anschaffungsfinanzierung spricht, dass Abs. 2 S. 1 lediglich die Vornahme einer Anschaffungs- oder Herstellungsfinanzierung erfordert, nicht aber die dauerhafte Fixierung einer bestimmten Finanzierungslösung. Folgt man dem, so entfällt die einmal entstandene Privilegierung nicht durch eine Refinanzierung (RSZ InsO/Zeuner Rn. 12; MüKoInsO/Eckert, 3. Aufl. 2013, Rn. 46). Diese darf aber nicht zur grundlegenden Änderung der ursprünglichen Zweckbestimmung führen; die Sicherung muss – insbesondere in Sicherheitenpools – weiterhin der Refinanzierung einer konkreten Leasingsache zugeordnet werden können (Andres/Leithaus/Andres Rn. 8). Soweit vertreten wird, dass § 108 Abs. 1 S. 2 auch bei erstmaligen späteren Refinanzierungen anwendbar sein soll (KPB/Tintelnot Rn. 178), gilt dies erst recht. Ein spezifischer Akquisitionskredit kann jedoch nicht ohne Verlust der Privilegierung des Abs. 1 S. 2 in einen allgemeinen Betriebsmittelkredit umgewandelt werden.

IV. Darlehensverträge (Abs. 2)

32 § 108 Abs. 2 enthält die Klarstellung, dass Darlehensverträge in der Insolvenz des Darlehensgebers mit Wirkung für die Masse **fortbestehen, soweit** diese **valutiert** sind.

32.1 Darlehensverträge gem. §§ 488 ff. BGB unterfallen als gegenseitige Verträge grundsätzlich § 103. Da sich im Synallagma die Pflicht zur Darlehensgewährung und Zinszahlung gegenüberstehen, ist der Darlehensvertrag **mit der Valutierung** durch den Darlehensgeber **erfüllt** und § 103 eigentlich tatbestandlich nicht mehr einschlägig. Auch ohne § 108 Abs. 2 würde der Darlehensvertrag nach Valutierung nicht mehr § 103 unterfallen. Da dies im Schrifttum bestritten wurde, hielt der Gesetzgeber 2007 eine ausdrückliche Klarstellung zum Schutz von Darlehensnehmern für erforderlich, die ihrerseits bei (nach im Schrifttum vertretener Ansicht) Erfüllungsablehnung des Verwalters und Rückzahlungspflicht kaum zu einer zeitnahen Refinanzierung in der Lage wären (RegE BT-Drs. 16/3227, 19).

33 Dies gilt nicht nur für **Gelddarlehen** iSd §§ 488 ff. BGB, sondern auch für **Sachdarlehen** iSd § 607 BGB (Braun/Kroth Rn. 19; RSZ InsO/Zeuner Rn. 15; aA K. Schmidt InsO/Ringstmeier Rn. 31; KPB/Tintelnot Rn. 197). Da nicht jede Überlassung vertragstypologisch ein Darlehen sein muss, kommt der **Abgrenzung** zu § 116 erhebliche Bedeutung zu. So ist etwa ein Kontokorrent in der Insolvenz des Geschäftsherrn kein Fall des § 108 Abs. 2, sondern des § 116 (RegE BT-Drs. 16/3227, 19, → § 116 Rn. 10).

Der Darlehensbetrag muss dem Darlehensnehmer (oder auf seine Anweisung hin einem Dritten) **34** überlassen sein. Bei nur **teilweiser Valutierung** kommt es nach allgemeinen Grundsätzen (→ § 103 Rn. 82) zu einer **Spaltung** des Vertrags: Im Umfang der valutierten Summe bleibt der Vertrag insolvenzfest gem. § 108 Abs. 2 bestehen; im Übrigen ist dem Verwalter das Erfüllungswahlrecht des § 103 eröffnet, und er kann die weitere Auszahlung verhindern (Braun/Kroth Rn. 19; RSZ InsO/Zeuner Rn. 14).

Von § 108 Abs. 2 erfasst sind nach hM nur **verzinsliche** Darlehen, weil nur diese gegenseitige **35** Verträge iSd § 103 sind, zu der als Grundnorm § 108 Abs. 2 eine Ausnahme statuiert. Das vom Gesetzgeber gesehene Schutzbedürfnis des Darlehensnehmers ist jedenfalls nicht geringer, nur weil ein Darlehen unverzinslich ist. Allerdings unterfiele ein unverzinsliches Darlehen nicht § 103 (RSZ InsO/Zeuner Rn. 15; Uhlenbruck/Wegener Rn. 62; K. Schmidt InsO/Ringstmeier Rn. 31).

Zu interessanten rechtlichen Verwerfungen könnte ein „**negativer Zins**" führen, da nach der Konzep- **35.1** tion des BGB der Zins das vom Darlehensnehmer für die überlassenen Mittel zu zahlende Entgelt ist. Bei einer Zahlungspflicht des „Darlehensgebers" mag man zweifeln, ob vertragstypologisch überhaupt noch ein Darlehen oder nicht vielmehr ein entgeltlicher Verwahrungsvertrag vorliegt (vgl. Tröger NJW 2015, 657). Unabhängig davon spricht aus insolvenzrechtlicher Sicht bei § 108 einiges für eine analoge Anwendung der für Darlehen geltenden Vorschriften, soweit es um die Überlassung der Darlehensvaluta geht. Eine Marktentwicklung hin zu negativen Zinsen hat der Gesetzgeber nicht voraussehen können; die Interessenlage zum Schutz des Darlehensnehmers ändert sich nicht.

Abs. 2 gilt nur in der Insolvenz des **Darlehensgebers**. Typischer Fall wird die Insolvenz eines **36** Kreditinstituts sein; § 108 Abs. 2 ist hierauf jedoch nicht beschränkt und erfasst zB auch private Darlehensgeber (K. Schmidt InsO/Ringstmeier Rn. 31). In der Insolvenz des Darlehensnehmers bleibt es demgegenüber generell bei den allgemeinen Regelungen (→ Rn. 66).

C. Rechtsfolgen

I. Fortbestand von Miet- und Pachtverträgen über Immobilien und Räume (Abs. 1 S. 1 Alt. 1)

Miet- und Pachtverträge über Immobilien und Räume bestehen in der Insolvenz fort (→ **37** Rn. 38). An die Stelle des nicht anwendbaren Erfüllungswahlrechts treten einige Sondervorschriften und Kündigungsrechte (→ Rn. 40). Der Rang erwachsender Forderungen – zB Gebrauchsüberlassung, Mietzahlung, Nebenkostenvorschüsse etc – hängt maßgeblich davon ab, ob sich diese auf den Zeitraum vor oder nach der Verfahrenseröffnung beziehen (→ Rn. 43).

1. Fortbestand des Vertrags in geschlossener Form ohne Erfüllungswahlrecht

Miet- und Pachtverträge über Immobilien und Räume iSd § 108 Abs. 1 S. 1 Alt. 1 bestehen **38** in Vermieter- und Mieterinsolvenz mit Wirkung für die Masse fort. Der Verwalter hat **kein Erfüllungswahlrecht** iSd § 103 (BGH NZI 2015, 331 (332)), und die aus diesen Verträgen erwachsenden gegenseitigen Ansprüche verlieren auch nicht mit Verfahrenseröffnung (wie sonst → § 103 Rn. 8) ihre Durchsetzbarkeit. Der Vertrag bleibt **unverändert mit dem Inhalt bestehen,** wie ihn der Verwalter vorgefunden hat (→ § 103 Rn. 70). Änderungen kann der Verwalter nur durchsetzen, soweit diese im Vertrag angelegt waren, oder diese im Einvernehmen mit dem Vertragspartner vornehmen.

Der Erfüllung kann sich der Verwalter auch nicht durch eine „**Freigabe**" entziehen, da nur Vermögens- **38.1** gegenstände einseitig freigegeben werden können, nicht aber gegenseitige Verträge (LG Dortmund ZInsO 2005, 724). Die Masse bliebe daraus verpflichtet. Eine solche „Freigabe" mag als Ausübung eines ggf. bestehenden Sonderkündigungsrechts ausgelegt werden (dazu OLG Rostock ZInsO 2007, 996). Bei einem Mietverhältnis über die Wohnung des Schuldners kann eine „Freigabe" als Enthaftungserklärung gem. § 109 Abs. 1 S. 2 zu verstehen sein. Im Übrigen wäre eine mit „Freigabe" gemeinte Überleitung auf den Schuldner nur möglich, wenn alle Parteien zustimmen (aA Derleder NZM 2004, 568 (576): Zustimmung des Schuldners entbehrlich).

Über sonstige Unwirksamkeits- oder **Erlöschensgründe** hilft die Fortbestandsanordnung des **39** § 108 nicht hinweg. Vorinsolvenzlich ausgeübte Rechte wie eine Kündigung eines Mietvertrags (OLG Frankfurt BeckRS 2012, 09246) oder die Verlängerungsoption eines Leasingvertrags (OLG Düsseldorf NZI 2010, 21 (24)) müssen die Parteien gegen sich gelten lassen.

39.1 Nach **Beendigung** des Insolvenzverfahrens wird ein fortbestehender, ungekündigter Mietvertrag mit dem Schuldner – sofern noch rechtlich existent – weitergeführt. Vorbehaltlich seiner Restschuldbefreiung **haftet** dieser für die vorinsolvenzlich entstandenen Mietforderungen fort, soweit diese im Verfahren nicht vollständig befriedigt wurden (§ 201 Abs. 1). Für nicht befriedigte Masseverbindlichkeiten (→ Rn. 44) haftet der Mieter bei Forderungen aus dem von ihm begründeten und fortbestehenden Mietverhältnis ab Verfahrenseröffnung bis zur erstmaligen Kündigungsmöglichkeit des § 109 Abs. 1 S. 1, darüber hinaus nur im Umfang der ihm (selten) wieder überlassenen restlichen Masse (OLG Stuttgart NZI 2007, 527 (528)).

2. Beendigung des fortgesetzten Mietverhältnisses

40 An die Stelle des bei § 108 nicht einschlägigen Erfüllungswahlrechts treten die besonderen Kündigungsvorschriften der §§ 109, 111, 112. In der **Mieterinsolvenz** sind die Möglichkeiten zur Beendigung des fortgesetzten Mietverhältnisses für den Verwalter erleichtert und für den Vermieter erschwert. Eine **Kündigung** des Verwalters ist schon nach allgemeinem Mietrecht möglich und setzt sich gegen eine feste Vertragsdauer oder einen vereinbarten Kündigungsausschluss durch (§ 109). Der Vermieter kann demgegenüber ab dem Eröffnungsantrag nicht mehr wegen Mietrückständen aus der Zeit davor oder wegen Verschlechterung der Vermögensverhältnisse des Mieters kündigen (§ 112), wohl aber, wenn der Schuldner während des Eröffnungsverfahrens (BGH NZI 2002, 543; → § 112 Rn. 15) bzw. die Masse nach Eröffnung erneut in Verzug geraten.

41 In der **Vermieterinsolvenz** gelten die allgemeinen gesetzlichen und jeweils vertraglich vereinbarten Kündigungsrechte und -fristen. Bei Veräußerung einer vermieteten Immobilie durch den Verwalter gewährt § 111 einem in das Mietverhältnis eintretenden Erwerber (§ 566 BGB) Erleichterungen bei der Kündigung. Die Verfahrenseröffnung als solche gibt dem Mieter kein Sonderkündigungsrecht, auch nicht bei Eröffnungsablehnung mangels Masse (BGH NJW-RR 2002, 946).

42 Unberührt bleibt das Recht zu Kündigungen wegen **Vertragsverletzungen** (außer Verzug des Mieters vor dem Eröffnungsantrag, § 112 Nr. 1) sowie aus **wichtigem Grund** (§§ 314, 543, 569 BGB). Diese sind auch in der Insolvenz nicht per se ausgeschlossen (→ § 119 Rn. 5). Freilich kann der wichtige Grund nicht allein in einem Insolvenzantrag oder der Verfahrenseröffnung als solchen liegen, sondern erfordert darüber hinaus konkrete Umstände dafür, dass die Fortsetzung mit Blick (auch) auf die Leistungserwartung an den Vertragspartner unzumutbar erscheint (vgl. BGH NJW-RR 2002, 946, dort im Einzelnen wegen fortgesetzter Erfüllung durch Dritten verneint). Der vorleistungspflichtige Vertragspartner kann bei konkreten Anhaltspunkten, dass sein Anspruch durch mangelnde Leistungsfähigkeit des Insolvenzschuldners gefährdet sein wird, auch die **Unsicherheitseinrede** des § 321 BGB erheben (BGH NJW-RR 2002, 946). Dies ist in der Regel nicht der Fall, wenn die Gegenleistung als Masseverbindlichkeit geschuldet wird, keine Masseunzulänglichkeit droht und auch sonst keine Anhaltspunkte für einen Leistungsausfall vorliegen.

3. Rangfragen erwachsender Forderungen; Vertragsspaltung (Abs. 3)

43 a) **Allgemeines.** Trotz Fortbestand des Mietverhältnisses ist für den Rang der aus ihm erwachsenden Forderungen gem. § 108 Abs. 3 danach zu differenzieren, ob diese auf den Zeitraum vor oder nach Verfahrenseröffnung entfallen. Insoweit greift **§ 108 Abs. 3** – ähnlich wie § 105 S. 1 – klarstellend den **allgemeinen Grundsatz der Vertragsspaltung** auf (BGH NZI 2021, 431; 2008, 185 (186); RegE BT-Drs. 12/2443, 147; K. Schmidt InsO/Ringstmeier Rn. 2; krit. MüKo-InsO/Hoffmann Rn. 155 f.). Dieser stellt sicher, dass die Masse bei fortbestehenden gegenseitigen Verträgen eine Leistung nur insoweit voll im Rang einer Masseverbindlichkeit schuldet, wie ihr auch die Gegenleistung im Verfahren zufließt (grundlegend zum Schutz des funktionellen Synalagmas → § 103 Rn. 3 f.; zum Parallelfall bei Erfüllungswahl → § 103 Rn. 82, → § 105 Rn. 26), und vermeidet eine übermäßige Belastung der Masse mit vorinsolvenzlichen Forderungen des Vertragspartners. Die Kontinuitätsinteressen des solventen Vertragspartners sollen nur für die Zukunft geschützt werden (BGH WM 2020, 391 (395)). Bei Dauerschuldverhältnissen hat das eine **zeitliche Vertragsspaltung in Leistungszeiträume** vor und nach Verfahrenseröffnung zur Folge. Voraussetzung für § 108 Abs. 3 – ebenso wie für § 105 S. 1 – ist dabei die **Teilbarkeit** der Vertragsleistungen. Diese ist gegeben, wenn wechselseitige Ansprüche bestimmten Zeitabschnitten zugeordnet werden können, wie bei einer Bemessung von Leistung und Vergütung nach Zeitabschnitten (BGH WM 2020, 391 (396)).

43.1 Bei Dauerschuldverhältnissen gehen Vertragsspaltung und Zuordnung auf Leistungszeiträume mit der Frage einher, **wann** die Ansprüche des Vertragspartners jeweils **entstanden** sind. Zur Zeit der Verfahrenser-

Fortbestehen bestimmter Schuldverhältnisse **§ 108 InsO**

öffnung bereits begründete Ansprüche iSd § 38 InsO werden als Insolvenzforderungen nur quotal befriedigt. Um den zeitlichen Zusammenhang von Leistung und Gegenleistung zu wahren, geht die Rechtsprechung davon aus, dass der jeweilige periodische Mietzinsanspruch keine betagte, sondern eine befristete Forderungen ist, die zu Beginn der jeweils korrespondierenden periodischen Gebrauchsüberlassung entsteht (BGH NZI 2013, 586 (589); OLG Frankfurt a. M. BeckRS 2018, 38394; OLG Brandenburg ZInsO 2012, 1946; ebenso BGH NZI 2013, 42 (43 f.) für Dienstverträge).

44 Gemäß § 108 Abs. 3 sind hiernach **vor Verfahrenseröffnung** entstandene Ansprüche des Vertragspartners **Insolvenzforderungen,** soweit sie sich auf die Gegenleistung für vor Verfahrenseröffnung an den Schuldner erbrachte Leistungen beziehen (zB rückständige Mietzinsforderungen für den vorinsolvenzlichen Gebrauch der Mietsache in der Mieterinsolvenz). **Danach** sind Ansprüche des Vertragspartners aus einem gem. § 108 Abs. 1 S. 1 fortbestehenden Vertrag als **Masseverbindlichkeiten** iSd § 55 Abs. 1 Nr. 2 Alt. 2 zu befriedigen, soweit sie die Gegenleistung für im Verfahren an die Masse erbrachte Leistungen zum Gegenstand haben (BGH NZI 2015, 331 (332); BGH NZI 2012, 406; BGH NZI 2003, 373). Das erfordert im Eröffnungsmonat eine Aufteilung der monatlichen Mietzahlung pro rata temporis (BGH NZI 2021, 431). Dies gilt sowohl in der Mieter- als auch in der Vermieterinsolvenz.

45 **Masseverbindlichkeiten** können bereits **im Eröffnungsverfahren** begründet werden, wenn ein **starker vorläufiger Verwalter** die Gegenleistung in Anspruch nimmt (§ 55 Abs. 2 S. 2 InsO), indem er zB den Mietgegenstand für die Zwecke der Masse nutzt. § 55 Abs. 2 geht als Spezialvorschrift § 108 Abs. 3 vor (BGH NZI 2002, 543 (544)). Dies erfordert entweder die Anordnung eines allgemeinen **Verfügungsverbots** im Eröffnungsverfahren gem. § 21 Abs. 2 Nr. 2 Alt. 1, § 22 Abs. 1 oder zumindest einer hinreichend bestimmten Ermächtigung an den vorläufigen Insolvenzverwalter, einzelne, genau festgelegte Verpflichtungen zulasten der späteren Insolvenzmasse einzugehen, die mit einem hinreichend bestimmten besonderen Verfügungsverbot einhergeht (BGH NZI 2002, 543 (544, 546)). Ein bloßer Zustimmungsvorbehalt gem. § 21 Abs. 2 Nr. 2 Alt. 2 reicht nicht (BGH NZI 2002, 543 (544); OLG Hamm NZI 2002, 162).

45.1 Der „schwache" vorläufige Verwalter kann im Eröffnungsverfahren keine Masseverbindlichkeiten begründen. Allerdings sollte er in der Mieterinsolvenz dafür sorgen, dass sich zwischen Eröffnungsantrag und Eröffnung keine erneuten Mietrückstände im Umfang des § 543 Abs. 2 S. 1 Nr. 3 BGB aufgebaut haben, wenn die Masse das Mietverhältnis fortsetzen und eine Kündigung des Vermieters vermieden werden soll (→ § 112 Rn. 15.1).

46 Neben der – von § 108 Abs. 3 vorausgesetzten – zeitlichen Vertragsspaltung kann auch eine **typologische Aufspaltung** eines Vertrags in Betracht kommen (→ § 105 Rn. 19), wenn wesentliche Elemente des Vertrags im Einzelfall nicht mietvertraglicher Natur sind, sondern zB Auftrags-, Geschäftsbesorgungs-, Kauf- oder Darlehenscharakter haben. Eine Aufspaltung eines einheitlichen Mietvertrags kommt grundsätzlich nicht in Betracht. Ein einheitlicher Mietgegenstand kann auch nicht nach unterschiedlichen Nutzungszwecken aufgespalten werden (OLG München BeckRS 2013, 10770).

47 Insbesondere beim **Leasingvertrag** hat eine typologische Aufspaltung Bedeutung. Soweit ein Immobilienleasingvertrag zum Laufzeitende den Erwerb des Leasingguts vorsieht, etwa durch ein Andienungsrecht des Leasinggebers bzw. eine Kaufoption des Leasingnehmers, ist diese von der Gebrauchsüberlassung zu trennen. Die Gebrauchsüberlassung besteht gem. § 108 Abs. 1 S. 1 Alt. 1 gegenüber der Masse bis zum vorgesehenen Laufzeitende oder bis zur Wirksamkeit einer Kündigung trotz zwischenzeitlicher Insolvenz weiter fort, während sich die Durchsetzbarkeit von Andienpflichten nach § 103 richtet (BGH NJW 1990, 1113).

47.1 Auch beim **Mobilienleasing** kann der Verwalter über die Erfüllung der weiteren Gebrauchsüberlassung und der Andienung unabhängig voneinander entscheiden (OLG Düsseldorf NZI 2010, 21 (22)). Eine im Verhältnis zu Dritten vorgenommene (Re-)Finanzierung ist dagegen unbeachtlich. Ein **Finanzierungsleasingvertrag** über Immobilien besteht einheitlich gem. § 108 Abs. 1 S. 1 fort und kann nicht in einen Gebrauchsüberlassungsanteil und einen Finanzierungsanteil aufgespalten werden, selbst wenn dessen Leasingraten rechnerisch zur Amortisation so kalkuliert sind (OLG Düsseldorf ZIP 2010, 2212 = BeckRS 2010, 22289 mwN).

47.2 Haben der Schuldner oder der Vertragspartner eine **Erwerbsoption** bereits vor Verfahrenseröffnung **ausgeübt,** so eröffnet § 103 dem Verwalter die Wahl, ob er die suspendierten Pflichten aus der Option zugunsten der Masse vollzieht. Gleiches gilt, wenn die Option vom Vertragspartner erst nach Verfahrenseröffnung ausgeübt wurde, denn auch hier war die Option bereits im Leasingvertrag angelegt und begründet keine Masseverbindlichkeiten (OLG Düsseldorf NZI 2010, 21 (22)). Die Ausübung der Option durch den Verwalter dürfte hingegen eine konkludente Erfüllungswahl darstellen.

48 **b) Mietzahlung und Gebrauchsgewährung.** In der **Mieterinsolvenz** sind alle Ansprüche auf ausstehende Miete für die Gebrauchsüberlassung vor Verfahrenseröffnung grundsätzlich Insolvenzforderungen (§ 108 Abs. 3). Ab Verfahrenseröffnung sind entstehende **Mietzahlungsansprüche** aus einem fortbestehenden Mietvertrag, die mit einer Gebrauchsüberlassung an den Schuldner korrespondieren, grundsätzlich Masseverbindlichkeiten. Dies gilt auch bei Wohnraummiete. Ohne eine Enthaftungserklärung gem. § 109 Abs. 1 S. 2 richten sich die ab dem Tag der Verfahrenseröffnung auflaufenden Mietforderungen gegen die Masse, nicht gegen den Mieter persönlich (BGH NZI 2012, 406 (407); Uhlenbruck/Wegener Rn. 30; zur tagesscharfen Betrachtung im Eröffnungsmonat BGH NZI 2021, 431). Ob der Verwalter die Mietsache bei fortbestehendem Mietverhältnis tatsächlich für die Masse nutzt oder nicht ist unerheblich (OLG Stuttgart BeckRS 2007, 03387); benötigt er sie nicht, steht ihm die Kündigung gem. § 109 offen. Auf eine vorinsolvenzliche Vereinbarung zwischen Vermieter und Mieter über eine **Stundung** der Miete für die Dauer finanzieller Schwierigkeiten soll sich in der Mieterinsolvenz auch der Verwalter berufen und diese den Masseforderungen des Vermieters aus § 108 Abs. 1 S. 1, § 55 Abs. 1 Nr. 2 entgegensetzen können (OLG Düsseldorf ZMR 2012, 14).

49 In der **Vermieterinsolvenz** fallen die Ansprüche auf **Mietzahlung** in die Masse und werden vom Verwalter durchgesetzt. Die mit der Mietzahlung jeweils korrespondierenden Ansprüche auf **Gebrauchsüberlassung** einschließlich der laufenden Erhaltung bzw. Herstellung eines vertragsgemäßen Zustands der Mietsache (§ 535 Abs. 1 S. 2 BGB) sind in der Vermieterinsolvenz ab Verfahrenseröffnung Masseverbindlichkeiten. Dies beinhaltet auch die Beseitigung von **Mietmängeln.** Die Herstellung des vertragsgemäßen Zustands als Dauerpflicht ist Masseverbindlichkeit, und zwar nach Ansicht des BGH unabhängig davon, ob der zu beseitigende Mangel vor oder nach Verfahrenseröffnung entstanden ist (BGH NZI 2003, 373 mkritAnm Gundlach/Frenzel; K. Schmidt InsO/Ringstmeier Rn. 17). Die Masse bleibt auch zur notwendigen **Versorgung** mit Wärme, Wasser und ggf. auch Energie verpflichtet, soweit die Gebrauchsüberlassung diese als Teil des Mietvertrags erfordert (LG Dortmund ZInsO 2005, 724).

50 Beim Rang von **Sekundäransprüchen** wegen Nichterfüllung und Schlechterfüllung ist zu **differenzieren:** Beruhen diese, wie die zu vertretene Nichterfüllung oder ein nachträglicher Sachmangel auf einer Pflichtverletzung **nach Verfahrenseröffnung,** sind sie originäre Masseverbindlichkeiten (Braun/Kroth Rn. 21). Sind Ansprüche dagegen wegen früherer Pflichtverletzungen bereits **vor Eröffnung** entstanden, handelt es sich um bloße Insolvenzforderungen. Ein Mietmangel vor Verfahrenseröffnung führt daher – unbeschadet des gegen die Masse gerichteten Erfüllungsanspruchs auf Mangelbeseitigung aus fortlaufenden Erhaltungspflichten (§ 535 Abs. 1 S. 2 BGB) – für die Zwecke des Schadenersatzes nur zu Insolvenzforderungen iSd § 108 Abs. 3; dies gilt insbesondere für Ansprüche aus § 536a Abs. 1 Alt. 2 BGB (MüKoInsO/Hoffmann Rn. 84). Sofern Schadenersatz gegen die Masse geltend gemacht werden kann, ist dieser bei Vorenthaltungsschäden der Höhe nach auf den Zeitpunkt beschränkt, in dem das Mietverhältnis nach Pflichtverletzung frühestens hätte gekündigt werden können (§ 109 Abs. 1 S. 2).

51 In der **Mieterinsolvenz** kann der Verwalter, soweit er selbst die Miete für das fortbestehende Vertragsverhältnis vertragsgemäß entrichtet, fortlaufende Gebrauchsüberlassung verlangen und alle Ansprüche des Mieters geltend machen – es sei denn, er gibt das Mietverhältnis über persönlichen Wohnraum des Schuldners gem. § 109 Abs. 1 S. 2 mit der Folge frei, dass es auf den Mieter persönlich übergeht.

52 **c) Nebenkosten.** In der **Mieterinsolvenz** kommt es auch für die fortlaufend abzurechnenden Betriebskosten zur Vertragsspaltung. Nachforderungen des Vermieters für einen Abrechnungszeitraum vor Verfahrenseröffnung sind Insolvenzforderungen, auch wenn die Abrechnung selbst erst nach Verfahrenseröffnung erfolgt (BGH NZI 2011, 404; OLG Düsseldorf ZInsO 2014, 502). Ansprüche können vor Abrechnung vorerst noch ohne endgültige Bezifferung zur Tabelle angemeldet werden. Im Abrechnungszeitraum ab Verfahrenseröffnung sind etwaige Nachforderungen Masseverbindlichkeiten. Für die Parteien liegt es daher nahe, eine Zwischenablesung nach Verfahrenseröffnung vorzunehmen.

53 In der **Vermieterinsolvenz** muss der Insolvenzverwalter bei Fortführung des Mietvertrags im Rahmen der übernommenen Vermieterpflichten auch die nach Verfahrenseröffnung turnusmäßig anfallenden Nebenkostenabrechnungen – auch für vergangene Abrechnungszeiträume (K. Schmidt InsO/Ringstmeier Rn. 18) – in angemessener Zeit durchführen. Anderenfalls kann der Mieter bei Nichterfüllung dieser Masseverbindlichkeit gem. § 273 BGB die weitere Zahlung von Nebenkostenvorschüssen verweigern (OLG Stuttgart BeckRS 2007, 03387). Ein etwaiges Betriebskostenguthaben zugunsten des Mieters für einen Abrechnungszeitraum vor Verfahrenseröffnung ist Insolvenzforderung, für den Zeitraum danach Masseforderung (BGH NZI 2007, 164). Dass die Abrechnung erst nach Verfahrenseröffnung erfolgt, ändert hieran nichts, ebenso wenig wie eine

Freigabe gem. § 109 Abs. 1 S. 2 (BGH NZI 2011, 404 (405)). Die Aufrechnung mit Betriebskostenrückzahlungsansprüchen für den Zeitraum vor Verfahrenseröffnung gegen Mietforderungen vor Verfahrenseröffnung ist möglich, nicht aber gegen Mietforderungen im Rang von Masseforderungen für die Zeit danach (vgl. BGH NZI 2011, 936 (937), insoweit unter Aufgabe von BGH NZI 2007, 164). Insoweit kann sich der Mieter auch nicht auf § 273 BGB berufen.

d) Kaution, Sicherheiten. Ist in der **Mieterinsolvenz** die geschuldete Mietkaution noch nicht geleistet, ist der Vermieter noch ungesichert und hat hierauf nur eine Insolvenzforderung (Braun/Kroth Rn. 23). Ist die Kaution bereits erbracht, steht sie dem Vermieter bestimmungsgemäß als insolvenzfeste Sicherheit für sämtliche Ansprüche aus dem Mietverhältnis und dessen Abwicklung zur Verfügung (BGH NJW 2006, 1422). **54**

Der Vermieter kann **bestimmen**, mit welcher Schuld des Mieters die **Mietsicherheit** nach Verwertung verrechnet werden soll. Im Regelfall wird er damit seinen quotalen Ausfall bei vorinsolvenzlich entstandenen Insolvenzforderungen kompensieren. Der Insolvenzverwalter kann ohne konkrete gegenteilige Verrechnungsabrede nicht erzwingen, dass die Mietsicherheit auf Masseforderungen angerechnet wird (OLG Hamburg ZMR 2008, 714 = BeckRS 2009, 08977). Eine Tilgungsbestimmung des verwertenden Insolvenzverwalters, nach welcher der Erlös aus der Verwertung von Mietsicherheiten vorrangig auf die nach Verfahrenseröffnung entstehenden Masseverbindlichkeiten anzurechnen ist, ist unwirksam; stattdessen gilt die gesetzliche Tilgungsreihenfolge des § 366 Abs. 2 BGB (BGH NZI 2014, 1044 (1045)). **54.1**

Nach Verwertung der Sicherheit ist der Anspruch des Vermieters auf **Wiederauffüllung der Kaution** bei fortgesetztem Vertrag bloße Insolvenzforderung. Der Vermieter kann auch nicht wegen fehlender Wiederauffüllung der Kaution kündigen, wenn er diese zur Befriedigung vorinsolvenzlicher Mietrückstände verwendet, wegen denen er gem. § 112 nicht hätte kündigen können (AG Hamburg NZI 2007, 598). **54.2**

Bei einem vorinsolvenzlichen **Vertragsbeitritt** des späteren Insolvenzschuldners auf Mieterseite gilt für diesen dasselbe wie für den Mieter. Ab Verfahrenseröffnung ist die Masse gem. § 108 Abs. 1, § 55 Abs. 1 Nr. 2 Alt. 2 verpflichtet. Demgegenüber wäre eine vorinsolvenzliche Erfüllungsgarantie für die Pflichten des Mieters bloße Insolvenzforderung (vgl. BGH WM 2012, 1079 auch zur Anfechtbarkeit des Beitritts). **54.3**

In der **Vermieterinsolvenz** steht die Kaution der Masse zur Verfügung. Bei Beendigung des Mietverhältnisses ist sie nach Endabrechnung, sofern nicht in Anspruch genommen, zurück an den Mieter zu gewähren. An der Kaution hat der Mieter ein **Aussonderungsrecht**, sofern sie vom restlichen Vermögen des Vermieters getrennt angelegt war (BGH NZI 2008, 235). Hierzu ist der Vermieter bei Wohnraum gem. § 551 Abs. 3 BGB und im Übrigen ggf. vertraglich verpflichtet. **55**

Wird die Kaution **nicht ordnungsgemäß getrennt angelegt,** so ist der Kautionsrückzahlungsanspruch bloße **Insolvenzforderung** (BGH NZI 2013, 158 (159); OLG Hamburg NJW-RR 1990, 213; OLG München ZMR 1990, 413). Der Mieter kann die insolvenzfeste Anlage seiner Kaution nur vor Eröffnung des Verfahrens – zB durch Klage oder Zurückbehalt seiner laufenden Miete in Höhe des Kautionsbetrags (BGH NZI 2008, 235) – durchsetzen. Danach fällt die Kaution in die Masse, und der Anspruch auf ordnungsgemäße Kautionsanlage ist Insolvenzforderung. Der Mieter hat als bloßer Insolvenzgläubiger weder ein Zurückbehaltungsrecht gem. § 273 BGB an der Miete, noch kann er mit dem Kautionsrückzahlungsanspruch gegen offene Mietforderungen aufrechnen (BGH NZI 2013, 158 (159); anders in der Einzelzwangsvollstreckung wegen § 152 Abs. 2 ZVG). Das soll nach Ansicht des BGH sogar in dem Fall gelten, dass der Vermieter die Entstehung eines Aussonderungsrechts bewusst verhindert hat (BGH NZI 2013, 158 (159) mwN). **55.1**

e) Ansprüche bei Beendigung. Bei Beendigung des Mietverhältnisses in der **Mieterinsolvenz** (bspw. durch Kündigung) hat der Vermieter sowohl einen vertraglichen Rückgabeanspruch gem. § 546 Abs. 1 BGB als auch einen **Herausgabeanspruch** gem. § 985 BGB. Er kann daher ein insolvenzfestes Aussonderungsrecht gem. § 47 an der Mietsache geltend machen (OLG Celle ZInsO 2003, 948), und zwar auch dann, wenn er nicht Eigentümer der Mietsache ist (BGH NZI 2001, 531 (532)). Diese beiden Ansprüche stehen in echter Anspruchskonkurrenz und reichen unterschiedlich weit. Während der Herausgabeanspruch gem. § 985 BGB nur auf die Verschaffung des Besitzes an der – ggf. unberäumten und in vertragswidrigem Zustand befindlichen – Mietsache geht, beinhaltet der vertragliche Rückgabeanspruch darüber hinaus die **Räumung** und ggf. Wiederherstellung der Mietsache im **vertragsgemäßen Zustand,** was ua die Beseitigung von Veränderungen und Verschmutzungen sowie die Entfernung störender oder zurückgelassener Sachen erfordern kann (BGH NZI 2001, 531 (532); KG NZI 2019, 379 (380)). In diesem überschießenden Umfang ist der vertragliche Räumungsanspruch grundsätzlich bloße Insolvenzforderung (BGH NZI 2001, 531 (532) unter Aufgabe früherer Rechtsprechung; vgl. BGH NJW 1994, **56**

3232; 1983, 1049). Die Anspruchsfolgen sind insoweit teilbar (BGH NZI 2001, 531 (532); NJW 1994, 1858). Der Verwalter ist grundsätzlich nicht verpflichtet, das Mietobjekt auf Kosten der Masse zu räumen, egal ob der Mietvertrag vor oder nach Verfahrenseröffnung beendet wurde. Nur wenn und soweit der vertragswidrige Zustand **durch den Verwalter** oder ihm zurechenbare Handlungen im Rahmen der Nutzung der Mietsache **verursacht** wurde (§ 55 Abs. 1 Nr. 1), muss dieser auch mit den Mitteln der Masse beseitigt werden (BGH NZI 2001, 531 (532); KG NZI 2019, 379 (380)). Dies ist jedenfalls bei einer Betriebsfortführung durch den Verwalter unter Ausschluss des Schuldners der Fall (OLG Köln EWiR 2002, 583). Wurde der Zustand teilweise vor Verfahrenseröffnung durch den Schuldner und danach durch den Verwalter verursacht, ist der Wiederherstellungsanspruch insoweit **teilbar** (OLG Brandenburg ZIP 2015, 1790 = BeckRS 2015, 11640; KG NZI 2019, 379 (380)).

56.1 Setzt der Verwalter das Mietverhältnis zunächst fort und kündigt später, kann es auch für die Beseitigung eines vertragswidrigen Zustands zur **Vertragsspaltung** kommen: Für vorinsolvenzliche Veränderungen durch den Mieter muss der Vermieter seine Ansprüche als Insolvenzforderungen zur Tabelle anmelden; für die Zeit danach durch den Verwalter sind sie Masseforderung. Die **Beweislast** dafür, dass **Veränderungen** nach Verfahrenseröffnung vorgenommen wurden, trägt der Vermieter (BGH NZI 2001, 531 (532)). Auch für den **Besitz** des Verwalters ist der Vermieter darlegungs- und beweispflichtig. Einzelne in der Mietsache belassene Gegenstände des Schuldners begründen nach LG Mannheim NZM 2007, 443 keinen Besitz des Verwalters, wohl aber eine darüber hinausgehende Nutzung der Mietsache für die Masse. Hierfür genügt, dass der Verwalter ein Recht an der Sache beansprucht oder sich auch nur die Entscheidung über den Zeitpunkt und die Art der Rückgabe vorbehält (BGH NZI 2008, 554 (555)). Hat der Verwalter überhaupt nicht Besitz an der Mietsache für die Masse ergriffen oder diesen aufgegeben, dann ist der Herausgabeanspruch gegen den persönlichen Schuldner durchzusetzen, und zwar unabhängig davon, ob das Mietverhältnis vor oder nach Verfahrenseröffnung beendet wurde (BGH NZI 2008, 554).

56.2 Bei Grundstücken erfolgt die gem. § 985 BGB geschuldete **Übergabe** durch das Verschaffen der Zugriffsmöglichkeit, was das Ermöglichen der Inbesitznahme und die Beseitigung von Zugangshindernissen erfordern kann. Bestehen solche nicht, genügt unter Umständen eine bloße Einigung gem. § 854 Abs. 2 BGB für die Rückgabe (BGH NZI 2001, 531 (533)). Bei Untervermietung kann die Rückgabe durch den Hauptmieter auch durch Übertragung des mittelbaren Besitzes erfolgen; der Vermieter muss dabei das Recht zur Einziehung des Untermietzinses erhalten (BGH NZI 2007, 335 (336)). Eine mit den Mitteln der Masse zu behebende Verschlechterung der Mietsache kann auch die Ausübung eines **Wegnahmerechts** iSd § 539 Abs. 2 BGB durch den Verwalter darstellen, wenn dabei nicht der ursprüngliche Zustandes der Mietsache iSd § 258 BGB wiederhergestellt wird (KG NZI 2019, 379 mit Differenzierung zwischen bloßer Räumung und vertragsgemäßer Wiederherstellung bei nur teilweiser Entfernung von Gegenständen).

56.3 Besteht der Mietvertrag nicht nach § 108 fort, sondern findet wie bei einer beweglichen Mietsache § 103 Anwendung, so ist der Verwalter bereits zu Verfahrenseröffnung zur **Herausgabe** an den Vermieter verpflichtet, wenn er nicht die Erfüllung des Mietvertrags wählt (BGH NZI 2007, 335 (336)). Bei Entschädigung für verspätete Rückgabe ist wie bei §§ 108 ff. zu differenzieren: Ergreift der Verwalter von der Mietsache unter Ausschluss des Vermieters Besitz für die Masse, begründet er eine Masseverbindlichkeit auch hinsichtlich der Nutzungsentschädigung (BGH NZI 2007, 335 (336)). Diese endet erst mit Rückgewähr der Mietsache.

57 Wird der Räumungsanspruch nicht oder nicht rechtzeitig erfüllt, richtet sich nach den vorgenannten Maßstäben auch der Rang etwaiger Ersatzansprüche. Etwaige **Räumungs- und Wiederherstellungskosten** stellen grundsätzlich nur im Umfang der Herausgabepflicht des § 985 BGB oder bei Verursachung durch den Verwalter Masseverbindlichkeiten dar (BGH NZI 2001, 531 (532)). Schadenersatzansprüche sind Insolvenzforderungen, soweit der vertragswidrige Zustand vorinsolvenzlich durch den Mieter – und nicht durch den Verwalter – verursacht wurde. Für die Dauer einer **Vorenthaltung** der Mietsache nach Beendigung des Mietvertrages gibt § 546a BGB einen Anspruch auf **Nutzungsentschädigung** in Höhe der ortsüblichen Vergleichsmiete, wenn der Mieter die Mietsache nicht geräumt zurückgibt und das Unterlassen der Herausgabe dem Willen des Vermieters widerspricht. Dieser Anspruch ist grundsätzlich Insolvenzforderung, unabhängig davon, ob er vor oder nach der Eröffnung fällig wird (BGH NZI 2007, 287 (288)). Zur Masseverbindlichkeit wird der Anspruch jedoch dann, wenn der Verwalter die Mietsache – wie im Falle einer auch nur vorübergehenden Betriebsfortführung – für die Masse nutzt und den Vermieter vom Besitz ausschließt (BGH NZI 2007, 335 (336); OLG Rostock ZInsO 2007, 996; OLG Köln EWiR 2002, 583; OLG Saarbrücken BeckRS 2018, 1532). Dafür genügt mittelbarer Besitz dadurch, dass er Dritten die Mietsache belässt und den Mietzins einzieht (BGH NZI 2007, 335 (336)). Gleiches gilt, wenn der Verwalter selbst die Ursache für die Vorenthaltung setzt (KG NZI 2019, 379 (381)).

Wenn Einrichtungen bei der Ausübung eines **Wegnahmerechts** iSd § 539 Abs. 2 BGB durch den 57.1
Verwalter nicht vollständig entfernt wurden, kann dies einer Rückgabe entgegenstehen und einen Anspruch auf Nutzungsentschädigung iSd § 546a BGB als Masseverbindlichkeit begründen (KG NZI 2019, 379 (381)). Einen Anspruch auf Nutzungsentschädigung hat der Vermieter nur dann, wenn das Unterlassen der Herausgabe seinem **Willen widerspricht;** hieran soll es fehlen, wenn sich der Vermieter statt Nutzungsentschädigung die Zahlung von Mietzinsen beantragt (OLG Celle NZI 2019, 111; bei sachgerechter Auslegung des prozessualen Begehrens zweifelhaft).

Die Masse haftet zivilrechtlich grundsätzlich nicht für bei Verfahrenseröffnung existierende **Altlasten;** 57.2
eine andere Beurteilung kann indes aus der spezifisch öffentlich-rechtlichen Verantwortlichkeit als Anlagenbetreiber oder Zustandsstörer nach Inbesitznahme denkbar sein, zur Abgrenzung BGH NZI 2001, 531 (532 f.).

Auch nach Vertragsende können den Verwalter **nachvertragliche Obhutspflichten** zur Vermeidung von Verschlechterungen der Mietsache treffen (BGH NJW 1983, 1049 (1050)). 58

II. Fortbestand drittfinanzierter Leasingverträge (Abs. 1 S. 2)

Drittfinanzierte Leasingverträge bestehen unter den Voraussetzungen des Abs. 1 S. 2 mit Verfahrenseröffnung fort. Insofern gelten die Ausführungen unter → Rn. 38 entsprechend. Der Vertrag ist dem Anwendungsbereich des § 103 entzogen, sodass die gegenseitigen Ansprüche durchsetzbar bleiben und der Verwalter kein Erfüllungswahlrecht hat. 59

Ein Unterschied zu Abs. 1 S. 1 besteht bei **Vorausverfügungen** über die Leasingforderungen. 60
Während diese nach allgemeinen Grundsätzen bei § 103 wie auch bei § 108 Abs. 1 S. 1 für die Zeit nach Verfahrenseröffnung ins Leere gehen (und § 110 für den dort genannten Zeitraum die beschränkte Wirksamkeit anordnen muss), sind Vorausverfügungen des insolventen Leasinggebers an den finanzierenden Dritten im Fall des § 108 Abs. 1 S. 2 wirksam, da sonst der ihm vom Gesetzgeber beigemessene Hauptzweck verfehlt würde (K. Schmidt InsO/Ringstmeier Rn. 38).

Soweit die Masse weitere Leistungen erbringen muss als lediglich die leasingtypische fortdau- 61
ernde Gebrauchsüberlassung, gilt der allgemeine Grundsatz der **Vertragsspaltung** (FK-InsO/Wegener Rn. 20): Diese führt zu einer Teilung der Leistungspflichten in die gem. § 108 Abs. 1 S. 2 fortbestehende **Gebrauchsüberlassung** und **andere Leistungen** der Masse. Entsprechend dem wertmäßigen Verhältnis dieser Pflichten wird auch die Gegenleistung aufgeteilt und auf die jeweiligen Vertragsbestandteile allokiert. Für die Teile der Leasingraten, welche auf andere Leistungen der Masse als die Gebrauchsüberlassung entfallen, gilt § 103, nicht § 108. Der Verwalter hat ein Erfüllungswahlrecht, und bei Erfüllungswahl geht auch deren Vorausabtretung ins Leere, soweit die Leasingraten auf Leistungen der Masse nach Verfahrenseröffnung entfallen. Demgegenüber findet keine Aufspaltung der Leasingraten in einen (intern kalkulatorischen) Gebrauchsüberlassungsteil und einen Finanzierungsteil statt (OLG Düsseldorf ZIP 2010, 2212 = BeckRS 2010, 22289).

III. Fortbestand von Dienstverträgen (Abs. 1 S. 1 Alt. 2)

Dienstverträge bestehen in der Insolvenz des Dienstberechtigten wie auch des Dienstverpflichte- 62
ten mit Wirkung für die Masse fort. An die Stelle des verdrängten Erfüllungswahlrechts tritt das **Kündigungsrecht,** das § 113 in der Insolvenz des Dienstberechtigten sowohl dem Verwalter (ggf. schadenersatzpflichtig, § 113 S. 3) als auch dem Dienstverpflichteten gibt. Unberührt hiervon bleibt der Arbeitnehmerkündigungsschutz (für Einzelheiten vgl. § 113). Für die Insolvenz des Dienstverpflichteten finden sich nach dem Wegfall des § 114 keine weiteren Sonderregelungen.

Als Ausdruck des allgemeinen Grundsatzes der **Vertragsspaltung** ordnet § 108 Abs. 3 für die 63
§ 108 unterfallenden Dauerschuldverhältnisse eine (hier: zeitliche) Aufteilung der Leistungen an (→ Rn. 63.1). **Lohnforderungen** des Dienstverpflichteten aus einem nach Abs. 1 fortbestehenden Dienst- bzw. Arbeitsverhältnis gegen den insolventen Dienstberechtigten sind Insolvenzforderungen, soweit sie auf das Entgelt für bereits vor Verfahrenseröffnung an den Schuldner erbrachte Leistungen gerichtet sind. Soweit sie das Entgelt für Leistungen darstellen, welche ab Verfahrenseröffnung an die Masse erbracht werden, sind die Vergütungsforderungen als Masseforderungen gem. § 55 Abs. 1 Nr. 2 Alt. 2 durchsetzbar. Die Abgrenzung bemisst sich danach, wann die jeweils zeitlich korrespondierenden **Dienst- bzw. Arbeitsleistungen** erbracht wurden und ob diese somit der Masse zugutekommen (vgl. BAG NZA 2005, 1016). In der Insolvenz des Dienstverpflichteten gilt dies spiegelbildlich.

Die hier eintretende Vertragsspaltung erfasst nicht nur das Entgelt, sondern bewirkt auch eine Aufteilung 63.1
aller anderen zeitlich auf die erbrachte Leistung allokierbaren Ansprüche. Offene Ansprüche auf Überbrü-

IV. Fortbestand von Darlehensverträgen (Abs. 2)

64 § 108 Abs. 2 enthält für valutierte Darlehen in der **Insolvenz des Darlehensgebers** die ausdrückliche **Klarstellung,** dass dem Verwalter **kein Wahlrecht** zusteht und das Darlehensverhältnis mit Wirkung für die Masse fortbesteht. Dies gilt ebenso für einen an Dritte abgetretenen Rückzahlungsanspruch. Will der Verwalter das ausgereichte Darlehen vor Ablauf des Vertrags wieder an sich ziehen, verbleiben ihm nur etwaige mit dem Darlehensnehmer vertraglich vereinbarte oder gesetzliche Kündigungsrechte.

65 Bei noch **nicht vollständiger Valutierung** des Darlehens bei Verfahrenseröffnung kommt es zur Vertragsspaltung. Das valutierte Darlehen ist insolvenzfest; im Übrigen kann der Verwalter auf Grundlage seines **Wahlrechts** gem. § 103 über die Ausreichung des Darlehens entscheiden. Nach Verfahrenseröffnung bei weiterer Überlassung an die Masse auflaufende Zinsen sind Masseforderungen; ebenso im (seltenen) Falle einer (Rest-)Valutierung nach Eröffnung der auf diese Valuta entfallende Rückzahlungsanspruch (→ § 105 Rn. 29).

66 In der **Insolvenz des Darlehensnehmers** bleibt es demgegenüber bei den **allgemeinen Regelungen.** Der Verwalter hat ein Erfüllungswahlrecht gem. § 103. Nimmt er so noch nicht ausgeschöpfte Kreditlinien in Anspruch, werden sich Darlehensgeber überlegen, ob sie auf die Privilegierung von Rückzahlungs- und Zinsanspruch gem. § 55 Abs. 1 Nr. 2 vertrauen und das Darlehen bei Erfüllungswahl auszahlen oder etwaige Kündigungsrechte (§ 490 BGB; Banken-AGB; zur Wirksamkeit → § 119 Rn. 29) ausüben. Die Inanspruchnahme von liquiditätssichernden Massedarlehen im Verfahren wird in der Regel gesondert vereinbart und besichert (dazu KVV Insolvenz-HdB Kap. 10 Rn. 74).

D. Verhältnis zu anderen Vorschriften

67 Die **Fortbestandsanordnung** des § 108 ist gem. § 119 **zwingend** und kann vorinsolvenzlich nicht abbedungen oder eingeschränkt werden. Insbesondere unmittelbar insolvenzbezogene Lösungsklauseln sind gem. § 119 unwirksam (→ § 119 Rn. 21). Auch Vereinbarungen, welche die Zuordnung von Ansprüchen in die Leistungszeiträume vor bzw. nach Verfahrenseröffnung modifizieren und damit den Rang entstehender Forderungen ändern, scheitern an § 119 (BAG NZA 2005, 1016 für ein Altersteilzeit-Blockmodell). In Verfahrenskonstellationen, in denen die InsO keinen Insolvenzverwalter vorsieht, ist für die Ausübung aller Befugnisse (wie zB besonderen Kündigungsrechten gem. §§ 109, 113) derjenige zuständig, der funktional die Aufgaben des Verwalters wahrnimmt. Das ist bei der **Eigenverwaltung** der Schuldner selbst, der seine Befugnisse im Einvernehmen mit dem Sachwalter ausüben soll (§ 279).

68 Ist der Vermieter eines gem. § 108 Abs. 1 fortbestehenden Mietverhältnisses **zugleich Gesellschafter** des Mieters, findet **§ 135 Abs. 3** als Neuregelung der ehemaligen Grundsätze zur eigenkapitalersetzenden Nutzungsüberlassung Anwendung. Einen Anspruch des Insolvenzverwalters auf unentgeltliche Nutzung gibt es in Abweichung von den vor dem MoMiG bestehenden Rechtsprechungsgrundsätzen nicht mehr. Nunmehr ordnet § 135 Abs. 3 bei Gebrauchsüberlassung durch den Vermieter-Gesellschafter eine bis zu einjährige Aussonderungssperre für Mietgegenstände mit erheblicher Bedeutung für die Unternehmensfortführung an, für welche die Masse im Gegenzug einen Ausgleich in Höhe der durchschnittlich vor Verfahrenseröffnung tatsächlich gezahlten Vergütung schuldet. Dies gilt jedoch nur im Fall einer Aussonderung, wenn kein vertragliches Besitzrecht mehr besteht. § 135 Abs. 3 ist bei Fortbestand des Mietverhältnisses gem. § 108 nicht einschlägig. Will der Verwalter die Miete auf den Ausgleichsanspruch reduzieren, muss er daher das Mietverhältnis zB gem. § 109 kündigen (BGH NZI 2015, 331 (335)).

E. Insbesondere Insolvenzfestigkeit von Lizenzen

I. Insolvenz des Lizenzgebers

69 Sehr **umstritten** und ist die Frage, ob und unter welchen Umständen immaterialgüterrechtliche Lizenzverträge in der **Insolvenz des Lizenzgebers** Bestand haben. Die neuere Rechtsprechung

des BGH zeigt eine Tendenz zur Insolvenzfestigkeit von Lizenzen durch Einräumung eines dinglichen Nutzungsrechts als Erfüllung des Lizenzvertrags.

Nachdem die unter der KO noch anerkannte Insolvenzfestigkeit von Lizenzen abgeschafft wurde (→ Rn. 71), existieren mehrere Ansätze, die den Bestand der Lizenz schützen wollen: Zum einen kann der Lizenzvertrag abhängig von seiner Ausgestaltung mit Verfahrenseröffnung **bereits erfüllt** sein, so etwa bei Einräumung einer dinglichen Lizenz (→ Rn. 73). Zum anderen ist die (dingliche) Lizenz als Belastung des Stammrechts **aussonderungsfähig** (→ Rn. 81). Beide Begründungsansätze laufen letztlich an der Schnittstelle zwischen Insolvenzrecht und Immaterialgüterrecht auf die Frage der Rechtsnatur einer immaterialgüterrechtlichen Lizenz hinaus (→ Rn. 76). In welcher Form der Lizenznehmer seine Leistung erbringt (Einmalzahlung oder laufende Zahlungen), ist hierfür nicht unmittelbar ausschlaggebend, da es für die Frage der Erfüllung auf die Leistung des Lizenzgebers ankommt; sie kann aber mit ein Indiz für die Auslegung der Lizenz als schuldrechtlich oder dinglich sein (→ Rn. 74). Auch etwaige Nebenpflichten oder sonstige Hauptleistungspflichten ändern nach hier vertretener Ansicht nichts an der Beurteilung des Bestands einer eingeräumten dinglichen Lizenz, da ihr Schicksal, sofern abweichend, an einer erfolgten Rechteeinräumung nichts mehr ändert und bei Verfahrenseröffnung nur zu einer Vertragsspaltung führt (→ Rn. 83). 70

1. Rechtslage unter der KO: Insolvenzfestigkeit gem. § 21 KO analog

Unter Geltung der KO waren Lizenzverträge nicht ausdrücklich geregelt. § 21 KO sah den Fortbestand von Verträgen über vom Schuldner vermietete und überlassene Gegenstände vor. Nach hM erfasste § 21 Abs. 1 KO auch Lizenzverträge in der Insolvenz des Lizenzgebers nach „Überlassung" des Lizenzgegenstands (BGH NJW-RR 1995, 936 (938); Jäger/Henckel, KO, 9. Aufl. 1997, KO § 1 Rn. 63). Mit der Beschränkung von § 108 Abs. 1 als Nachfolgeregelung auf Immobilien entfiel auch die Grundlage für die Annahme einer Insolvenzfestigkeit von Lizenzverträgen, ohne dass der Gesetzgeber diese Auswirkungen konkret mitbedacht hätte (BT-Drs. 16/7416, 30). 71

2. Ausgangspunkt: Lizenzverträge als gegenseitige Verträge iSd § 103

Im **Ausgangspunkt** besteht über die Behandlung von Lizenzverträgen Einigkeit: Als gegenseitige Verträge unterfallen Lizenzverträge dem **Erfüllungswahlrecht** des § 103, wenn und soweit sie im Zeitpunkt der Verfahrenseröffnung beidseitig noch nicht vollständig erfüllt worden sind (→ Rn. 72.1; BGH NZI 2006, 229 (230)). § 108 Abs. 1 ist auf Lizenzverträge nicht anwendbar (ganz hM, vgl. nur OLG München NZI 2013, 899 (900); LG München ZIP 2014, 2406 = NZI 2014, 887 (Ls.); FK-InsO/Wegener § 103 Rn. 24; MüKoInsO/Hoffmann Rn. 163; Uhlenbruck/Wegener § 103 Rn. 38; Ganter NZI 2011, 833 (837); nur extrem vereinzelt wird wie von Fezer WRP 2004, 793 eine analoge Anwendung des § 108 Abs. 1 vertreten). In der Insolvenz des Lizenzgebers werden folglich nicht erfüllte Ansprüche des Lizenznehmers gegen den Lizenzgeber mit Verfahrenseröffnung undurchsetzbar, sofern nicht der Verwalter Erfüllung verlangt. Im Fall der Erfüllungswahl werden die gegenseitigen Verbindlichkeiten, soweit sie sich bei Verfahrenseröffnung unerfüllt gegenüberstehen, zu Masseforderungen bzw. Masseverbindlichkeiten aufgewertet. Ohne Erfüllungswahl bzw. bei Erfüllungsablehnung verbleibt es vorerst bei dem durch Verfahrenseröffnung geschaffenen Schwebezustand; der Lizenznehmer kann in diesem Fall etwaige Schadenersatzansprüche als Insolvenzforderung geltend machen. Soweit hiernach die (schuldrechtliche) Lizenz ähnlich einem Rechtspachtvertrag die andauernde Nutzungsgewährung an einem Immaterialgut erlaubt, wäre diese mit Verfahrenseröffnung suspendiert. Der Lizenznehmer dürfte im Grunde die **lizenzierten Rechte nicht mehr nutzen.** Dies wird allgemein – vor allem der IP/IT-Praxis – als kaum hinnehmbares Ergebnis gesehen. 72

Ein Lizenzverlust in der Insolvenz des Lizenzgebers hätte aufgrund der zunehmenden Technisierung und der damit praktisch überall zu findenden Lizenzen an Immaterialgüterrechten insbesondere bei **Softwarelizenzen gravierende Folgen für eine Vielzahl von Lizenznehmern.** Lizenzierte Rechte sind in der Regel nicht oder nur schwer substituierbar (Fischer WM 2013, 821 (822); Wimmer ZIP 2012, 545 (548); Kellenter FS Tillmann, 2003, 807). Ohne Software ist heutzutage kein Unternehmen mehr überlebensfähig. In der Unternehmenspraxis werden Entwicklungs-, Einkaufs-, Verwaltungs-, Produktions- oder Vertriebsprozesse durchweg IT-gestützt ausgeführt und hängen in der Regel von Drittlizenzen ab, die heutzutage immer häufiger weniger als Softwarelauf, sondern als Dauerschuldverhältnis ausgestaltet sind. Die Insolvenz bspw. eines größeren Softwareherstellers hätte beim Erlöschen eingeräumter Nutzungsrechte **erhebliche disruptive Auswirkungen** für einen großen Kreis betroffener Unternehmen, die ohne Lizenz 72.1

von einem – zumeist strafrechtlich sanktionierten – Nutzungsverbot betroffen wären und eigentlich ohne Übergangszeit für Migrationen ihre Softwarenutzung und Prozesse einstellen müssten. Dieses volkswirtschaftlich absurde Ergebnis muss im insolvenztypischen Zielkonflikt zwischen Massemaximierung und Belastung der Gläubiger mit bedacht werden. Die rechtspolitische Dimension dieser Diskussion kann auch nicht einfach mit Hinweis auf den formalen Grundsatz der Gläubigergleichbehandlung weggewischt werden. Auch die par condicio creditorum ist für sich genommen wie die Massemaximierung (welche letztlich der Betriebsfortführung und unter Umständen einer Sanierung dienen mag) Teil einer Interessenabwägung zwischen den Beteiligten des Insolvenzverfahrens. Die seit über einem Jahrzehnt in Wissenschaft und Praxis entwickelten vielfältigen Ansätze zur Insolvenzfestigkeit von Lizenzen zeugen nur von der Dringlichkeit, den gegenwärtigen Zustand der Rechtsunsicherheit durch die Gerichte oder den Gesetzgeber (zum Entwurf des § 108a → Rn. 88) zu überwinden. Auch wenn noch keine der entwickelten Lösungen für sich genommen als gerichtsfest bezeichnet werden kann, hat die **Rechtsprechung** mit der ausdrücklichen **Anerkennung des dinglichen Rechtscharakters** der (auch einfachen) Lizenz nach hier vertretener Ansicht einen gangbaren Lösungsweg für die **Insolvenzfestigkeit von Lizenzen de lege lata** aufgezeigt gewiesen (→ Rn. 76).

3. Erfüllung durch Einräumung bei dinglicher Lizenz

73 Wie weit das Erfüllungswahlrecht des Insolvenzverwalters reicht bzw. in welchem Umfang die lizenzvertraglichen Pflichten durch die Verfahrenseröffnung suspendiert werden, hängt davon ab, inwieweit der Lizenzvertrag **vorinsolvenzlich bereits erfüllt** wurde (→ Rn. 73.1). Maßgeblich hierfür ist eine differenzierte Betrachtung der **Ausgestaltung des Vertrags im Einzelfall** (OLG München NZI 2013, 899 (901); LG München ZIP 2014, 2406 = NZI 2014, 887 (Ls.)). Eine Lizenz kann unterschiedlich ausgestaltet werden und in unterschiedlicher Art und Weise eingeräumt werden.

73.1 Art und Umfang der **Rechteeinräumung** an Immaterialgüterrechten unterliegen weitgehend der **Vertragsfreiheit.** Nutzungsrechte können mit unterschiedlichem Zuschnitt **inhaltlich, räumlich oder zeitlich beschränkt** eingeräumt werden. Im Zuge der Vertragsfreiheit kann die Lizenz als **ausschließliche Lizenz** mit umfassendem negativem Verbotsrecht oder als **einfache Lizenz** mit (nur) positivem Nutzungsrecht ausgestaltet sein. Mit dieser immaterialgüterrechtlichen Gestaltungsfreiheit korrespondiert auch die Frage der Rechtsnatur der Lizenz. Je nach Vereinbarung kann die Lizenz als Ausfluss der Vertragsfreiheit als rein **schuldrechtliche** Vereinbarung ähnlich einer Rechtspacht geschlossen werden oder als **quasidingliches Recht** mit Wirkung gegen Dritte eingeräumt werden (Fezer, Markenrecht, 4. Aufl. 2009, MarkenG § 30 Rn. 7; BeckOK MarkenR/Taxhet, 25. Ed. 1.4.2021, MarkenG § 30 Rn. 11; Kellenter FS Tillmann, 2003, 807 (817)). In letzterem Fall ist zwischen dem Lizenzvertrag als Kausalgeschäft und dem in Erfüllung dieses Vertrags eingeräumten Nutzungsrecht zu unterscheiden, welches das Stammrecht des Lizenzgebers mit der Nutzungsbefugnis belastet. Auch einfache Lizenzen können mit dinglicher Wirkung eingeräumt werden (→ Rn. 77). Beschränkungen mit dinglicher Wirkung können allerdings nur „Zuschnitte" einer Lizenz bilden, die nach der Verkehrsauffassung hinreichend klar abgrenzbare und wirtschaftlich-technisch einheitliche und selbstständige Nutzungsarten umfassen (vgl. für das Urheberrecht § 31 Abs. 1 UrhG; dazu BGH GRUR 1992, 310 (311) – Taschenbuch-Lizenz; BGH GRUR 2001, 153 (154) – OEM-Version).

74 Ausschlaggebend für § 103 ist zuvorderst die **Erfüllung** des Lizenzvertrags **aufseiten des Lizenzgebers** als Insolvenzschuldner (mit dieser Perspektive auch OLG München NZI 2013, 899 (901); Hölder/Schmoll GRUR 2004, 830 (834)). Hat dieser vorinsolvenzlich vorgeleistet, steht ihm ggf. ein Masseanspruch auf den dieser Leistung entsprechenden Teil der Gegenleistung zu (BGH NZI 2010, 180 (181); MüKoInsO/Huber § 103 Rn. 32), und zwar unabhängig von der Erfüllungswahl des Verwalters (BGH NZI 2012, 76 (79); → § 103 Rn. 92). Die bereits erbrachte Leistung in Form einer einmal eingeräumten dinglichen Lizenz ist hingegen unabhängig von der Erfüllungswahl des Verwalters nicht mehr Massebestandteil und seiner Disposition entzogen (BGH NZI 2003, 491 (494); → § 103 Rn. 96 und → § 105 Rn. 36.1). Soweit argumentiert wird, dass **kaufähnliche Lizenzverträge mit Einmalzahlung als Erfüllung des Lizenznehmers** nicht in den Anwendungsbereich des § 103 fallen (vgl. KPB/Tintelnot § 103 Rn. 64 mwN; wohl auch MüKoInsO/Huber § 103 Rn. 76), ist das zwar zutreffend, würde dem Lizenznehmer aber ohne dingliche Lizenz nicht weiter helfen. Käme es auf die Einmalzahlung des Lizenznehmers an, wäre zwar für die Ausübung des Erfüllungswahlrechts kein Raum, weil sich insoweit keine beidseitig unerfüllten Pflichten gegenüberstehen. Der Lizenznehmer hätte dann aber vorgeleistet und könnte bei einer rein schuldrechtlichen Nutzungsgestattung auch ohne Erfüllungswahlrecht seine Forderungen auf fortdauernde Nutzungsgewährung ab Verfahrenseröffnung nicht mehr durchsetzen. Entscheidend für die Insolvenzfestigkeit ist daher nach hier vertretener Ansicht nicht eine Einmalzahlung des Lizenznehmers, sondern die Leistung des Lizenzgebers durch – bei einem Lizenzkauf regelmäßig anzunehmender – Einräumung einer dinglichen Lizenz. Dass jedenfalls eine **beidseitig vorinsolvenzliche Erfüllung** – wie bei **Lizenzkäufen** mit Einmalzahlung oder mit atypischer Gegenleistung – § 103 entzogen und insolvenzfest ist, dürfte der BGH nunmehr geklärt haben (BGH NZI 2016, 97 (101); Koós MMR 2017, 13).

Eine **generelle Klärung** der Frage bringt BGH NZI 2016, 97 **nicht**. Bemerkenswert ist, dass der für Gewerblichen Rechtsschutz zuständige I. Zivilsenat etwas unklar für § 103 nicht auf beidseitige Nichterfüllung als Voraussetzung der Erfüllungswahl iSd § 103 abzustellen scheint, sondern mit beidseitiger Erfüllung als Grund für die Nichtanwendung des § 103 argumentiert, was bei einseitiger Erfüllung Unklarheiten erzeugt (krit. dazu Berberich ZInsO 2016, 154). Soweit ein Vertrag auch nur einseitig erfüllt wurde, scheidet eine Erfüllungswahl aus, weil sich insofern keine beidseitig unerfüllten Ansprüche im Synallagma mehr gegenüberstehen. Sofern die Lizenz eine dauerhafte, mietähnliche, rein schuldrechtliche Nutzungsüberlassung darstellt, hätte der Lizenznehmer auch bei Einmalzahlung voll vorgeleistet (→ § 103 Rn. 98). Selbst wenn der Lizenzvertrag mangels beidseitig unerfüllter Pflichten vom Erfüllungswahlrecht nicht erfasst ist – und der Verwalter die Erfüllungsansprüche nicht zu Masseforderungen bzw. -verbindlichkeiten aufwerten kann –, änderte das nichts an der Undurchsetzbarkeit des Anspruchs des Lizenznehmers gegen die Masse auf weitere Nutzungsgewährung. Der Lizenznehmer könnte den Anspruch nur umgerechnet in Geld zur Tabelle anmelden. Entscheidender ist damit letztlich die Frage, ob und inwieweit der Lizenzvertrag vom mit Blick auf die vom Lizenzgeber erbrachte Leistung erfüllt wurde.

Grundsätzlich existiert diese Thematik im Softwarebereich auch bei **Open Source-Softwarelizenzen**. 74.2 Diese sind ohne Gegenleistung des Lizenznehmers zwar keine gegenseitigen Verträge (Metzger/Barudi CR 2009, 557 (559); KPB/Tintelnot § 103 Rn. 63). Auch dort stellt sich aber – unabhängig davon, wie weit ein etwaiges Erfüllungswahlrecht reichen würde – die Frage, ob die Nutzungsberechtigung des Lizenznehmers auf einem noch unerfüllten Dauerschuldverhältnis und nach allgemeinen Grundsätzen bei Verfahrenseröffnung nicht mehr gegen die Masse durchsetzbar ist. Zu beachten ist hier jedoch, dass der Lizenzgeber in der Regel keine deutschen Unternehmen sind und die InsO als lex fori concurses nur selten Anwendung finden wird.

Wenn der Erwerber für eine Nutzung von Software gar keine rechtsgeschäftliche Lizenz benötigt (wie 74.3 in den zB von § 69d UrhG kraft Gesetzes **erlaubten Nutzungen** oder bei **Erschöpfung** aufgrund des erstmaligen erlaubten Inverkehrbringens, vgl. GRUR 2014, 264 – Used Soft II); kommt es auf ein Erfüllungswahlrecht nicht an.

In der Einräumung einer **dinglichen Lizenz** (genauer: eines dinglichen Nutzungsrechts, die 75 von einer schuldrechtlichen Lizenz als Kausalgeschäft ähnlich einer Rechtspacht mit Dauerschuldcharakter zu unterscheiden ist, liegt die **Erfüllung** der Hauptleistung des Lizenzvertrags durch den Lizenzgeber (BGH NZI 2016, 97 (101); ähnlich schon BGH NZI 2006, 97 zur Einräumung des dinglichen Erbbaurechts als Erfüllung des schuldrechtlichen Erbpachtvertrags). Mit Einräumung eines dinglichen Nutzungsrechts ist der Lizenzvertrag als Kausalgeschäft insoweit nicht mehr unerfüllt (KPB/Tintelnot § 103 Rn. 64; Verweyen K&R 2012, 563; Kellenter FS Tilmann, 2003, 807 (818); ebenso OLG München NZI 2013, 899 (901) sogar unabhängig von dinglichen Rechten; wohl auch MüKoInsO/Huber § 103 Rn. 76). Der Lizenznehmer kann das ihm eingeräumte Recht dem Lizenzgeber und Dritten entgegenhalten und ist auf keinen (undurchsetzbaren) Nutzungsgewährungsanspruch angewiesen (weitergehend gar LG München ZIP 2014, 2406 = NZI 2014, 887 (Ls.)); Erfüllung selbst bei schuldrechtlichen Lizenzen im Fall einmalig eingeräumter Freedom-to-operate-Nutzungsrechte). Auch etwaige Nebenpflichten oder sonstige unerfüllte Hauptleistungspflichten ändern nach hier vertretener Ansicht nichts an der Beurteilung des Bestands einer Lizenz, da ihr Schicksal, sofern abweichend, bei Verfahrenseröffnung zu einer Vertragsspaltung führt (→ Rn. 83).

4. Rechtsnatur der Lizenz

Entscheidend für die Frage der Erfüllung ist damit die **Rechtsnatur der Lizenz**. Soweit im 76 insolvenzrechtlichen Schrifttum nach **ausschließlicher** (→ Rn. 76.1) und **einfacher Lizenz** (→ Rn. 76.2) differenziert und vertreten wird, dass nur erstere insolvenzfest sei (s. nur MüKoInsO/Huber § 103 Rn. 76; RSZ InsO/Zeuner § 103 Rn. 25; FK-InsO/Wegener § 103 Rn. 24), so ist dies eine stark vereinfachende These, die der Diskussion um die Rechtsnatur der Lizenz und der neueren Rechtsprechung im Immaterialgüterrecht nicht hinreichend Rechnung trägt. Während die ausschließliche Lizenz nach allgemeiner Ansicht seit langem als dingliches Recht gesehen wird, ist dies für die einfache Lizenz – mit je nach Schutzrecht anderem Meinungsbild – strittig, wobei sich jüngst jedoch eine **deutliche Tendenz zur Dinglichkeit** zeigt. Diese entsprach im Urheberrecht schon immer hM und ist im Markenrecht mit der Ablösung des WZG durch das MarkenG zur hM geworden. Nur das patentrechtliche Schrifttum vertritt überwiegend noch die Gegenauffassung, an der sich auch Teile des insolvenzrechtlichen Schrifttums orientieren.

76.1 **Ausschließliche Lizenzen** bzw. Nutzungsrechte haben nach allgemeiner Ansicht im Immaterialgüterrecht **dinglichen** Charakter (vgl. nur im Patentrecht: Kraßer/Ann, Patentrecht, 7. Aufl. 2016, § 40 V. c) aa); Mes, Patentgesetz – Gebrauchsmustergesetz, 5. Aufl. 2020, PatG § 15 Rn. 41; Osterrieth, Patentrecht, 6. Aufl. 2021, Rn. 687; Ganter NZI 2011, 833 (834); Wimmer ZIP 2012, 545 (549); Kellenter FS Tilmann, 2003, 807 (816); im Urheberrecht: BGH GRUR 1959, 200 (202) – Heiligenhof; Schulze in Dreier/Schulze, Urheberrechtsgesetz, 6. Aufl. 2018, UrhG § 31 Rn. 56; Schricker, Verlagsrecht, 3. Aufl. 2001, VerlG § 28 Rn. 23; Stickelbrok WM 2004, 549 (555); im Markenrecht: OLG München NJW-RR 1997, 1266 (1267); OLG Hamburg GRUR-RR 2005, 181 (182); BeckOK MarkenR/Taxhet, 25. Ed. 1.4.2021, MarkenG § 30 Rn. 10; Ingerl/Rohnke, 3. Aufl. 2010, MarkenG § 30 Rn. 13; jeweils mwN).

76.2 **Einfache Lizenzen** bzw. Nutzungsrechte können in jedem Fall als rechtspachtähnliche **Dauerschuldverhältnisse** vereinbart werden. Ob diese Rechte **darüber hinaus** auch mit **dinglicher Wirkung** eingeräumt werden können, ist nach wie vor streitig. Ein schutzrechtsübergreifender Blick aus der Perspektive des Geistigen Eigentums zeigt jedoch die auch von der Rechtsprechung hier getragene Tendenz zur Verdinglichung. Das **Patentrecht** wird zum Teil noch von der überkommenen Auffassung vom rein schuldrechtlichen Charakter einfacher Lizenzen geprägt (so die frühere Rechtsprechung BGH GRUR 1982, 411 (412) – Verankerungsteil; Osterrieth, Patentrecht, 6. Aufl. 2021, Rn. 693; Mes, Patentgesetz – Gebrauchsmustergesetz, 5. Aufl. 2020, PatG § 15 Rn. 43; Kühnen in Schulte, Patentgesetz mit EPÜ, 10. Aufl. 2017, PatG § 15 Rn. 40 mit Verweis auf RGZ 116, 78 und RGZ 137, 358; relativierend Ullmann in Benkard, Patentgesetz, 11. Aufl. 2015, PatG § 15 Rn. 99; aA für dinglichen Charakter Kellenter FS Tilmann, 2003, 807 (819 f.)). Das insolvenzrechtliche Schrifttum tendiert wohl überwiegend zur Orientierung an der patentrechtlichen Sicht (vgl. Ganter NZI 2011, 833 (834) mwN). Im **Urheberrecht** entspricht der dingliche Charakter einfacher Lizenzen seit langem schon hM (Schulze in Dreier/Schulze, Urheberrechtsgesetz, 6. Aufl. 2018, UrhG § 31 Rn. 52; Schack, Urheber- und Urhebervertragsrecht, 9. Aufl. 2019, Rn. 593 ff., 604; Schricker, Verlagsrecht, 3. Aufl. 2001, VerlG § 28 Rn. 23; Schricker/Loewenheim, Urheberrecht, 6. Aufl. 2020, UrhG § 31 Rn. 47; J. Nordemann in Fromm/Nordemann, Urheberrecht, 12. Aufl. 2018, UrhG § 31 Rn. 87; aA Pahlow ZUM 2005, 865). Gleiches gilt mittlerweile im **Markenrecht** (OLG Hamburg GRUR-RR 2005, 181 (182); Fezer, Markenrecht, 4. Aufl. 2009, MarkenG § 30 Rn. 7; Ingerl/Rohnke, MarkenG, 3. Aufl. 2010, MarkenG § 30 Rn. 13; aA Ströbele/Hacker, MarkenG, 13. Aufl. 2021, MarkenG § 30 Rn. 21 ff.). Die gegenteilige ältere Rechtsprechung zum WZG ist insoweit überholt, nachdem mit Inkrafttreten des MarkenG die Bindung der Marke an den Geschäftsbetrieb aufgegeben wurde (BGH GRUR 2007, 877 (879) Rn. 29; anders jedoch nach wie vor bei nicht vom Geschäftsbetrieb eigenständigen Unternehmens- und Namensbezeichnungen BGH GRUR 1993, 151 (153) – Universitätsemblem).

77 Nach hier vertretener Ansicht kann eine Rechteeinräumung in Form **einfacher Nutzungsrechte** generell auch mit **dinglicher** Wirkung vorgenommen werden. Dies hat der BGH mittlerweile wiederholt bestätigt und wurde von Instanzgerichten aufgegriffen (BGH GRUR 2009, 946 (948) – Reifen Progressiv; BGH GRUR 2010, 628 (631) – Vorschaubilder I; BGH GRUR 2012, 602 (604) – Vorschaubilder II; OLG München GRUR-RR 2011, 303 (304) – BluRay Disc; OLG München BeckRS 2012, 05500; LG Mannheim BeckRS 2011, 04156; LG München GRUR-RR 2012, 142 (144)). Die Annahme der Dinglichkeit liegt auch der Rechtsprechung des BGH für den Fortbestand von Unterlizenzen zugrunde (BGH GRUR 2012, 916 – M2Trade). Für eine unterschiedliche Behandlung je nach lizenziertem Schutzrecht gibt es dabei keinen Anlass (zutr. Fischer WM 2013, 821 (825); aA Ganter NZI 2011, 833 (835)). In der **Einräumung der Lizenz** liegt eine **Erfüllung** des Vertrags durch den Lizenzgeber (BGH NZI 2016, 97 (101), allerdings ohne Auseinandersetzung mit deren Rechtsnatur).

78 Damit unterliegt es als Ausfluss der **Vertragsfreiheit** der **jeweiligen Ausgestaltung** des Nutzungsrechts, in welcher Form dieses eingeräumt wird (Fezer, Markenrecht, 4. Aufl. 2009, MarkenG § 30 Rn. 7; BeckOK MarkenR/Taxhet, 25. Ed. 1.4.2021, MarkenG § 30 Rn. 11; Kellenter FS Tilmann, 2003, 807 (817)). Die Nutzungsberechtigung kann als **ausschließliche** Lizenz eingeräumt werden, die neben der positiven Nutzungsbefugnis auch die umfassende negative Abwehrbefugnis gegen Dritte in sich trägt und schon deshalb dinglicher Natur ist. Eine **einfache** Lizenz kann qua **dinglicher** Rechteeinräumung zur positiven Nutzung und zur Abwehr gegenüber jedem Dritten berechtigen oder als lediglich **schuldrechtliche** Nutzungsbefugnis mit Dauerschuldcharakter nur gegenüber dem Lizenzgeber. Die Nutzungsberechtigung kann sich auch in einer bloßen **Einwilligung** erschöpfen. Insofern lässt sich mit diesen unterschiedlichen vereinbaren Formen von einer „**Stufenleiter**" denkbarer Lizenzen sprechen (Pahlow WM 2016, 1717 (1718)). Dabei ist der Parteiwille für die insolvenzrechtliche Wirkung gegenüber Dritten freilich nicht entscheidend; er ist aber – ähnlich wie bei der Wahl zwischen Mietvertrag und dinglichem Wohnrecht – Maßstab für die gewählte Form der Lizenz, welche der Verwalter in ihrem Bestand hinzunehmen hat, und ihre jeweiligen insolvenzrechtlichen Folgen.

Bei dieser Gestaltungsfreiheit ist maßgeblich zunächst die **konkrete vertragliche Regelung**. 79 Eine Lizenz kann dinglich oder nur schuldrechtlich ausgestaltet sein; kautelarjuristisch ist diese Regelung in Lizenzverträgen unter deutschem Recht de lege artis üblich. Ist die Frage der dinglichen oder nur obligatorischen Rechtsnatur nicht ausdrücklich geregelt, ist die Rechtsnatur der Lizenz im Wege der **Auslegung** zu bestimmen. Bei unbefristeten, kaufähnlichen Lizenzen gegen Einmalzahlung (bei denen nicht beabsichtigt ist, dass der Lizenznehmer das Recht wieder verlieren soll) ist im Zweifel eher von einem dem Lizenznehmer **dauerhaft zustehenden** dinglichen Recht auszugehen (ähnlich Fischer WM 2013, 821 (829)) als bei zeitlich begrenzten Lizenzen gegen laufende Zahlungen. Der wirtschaftliche Wert wurde dort bereits für die Masse realisiert, und jegliche weitere Forderungen wären allein in dem „nuisance value" des drohenden Entzugs begründet. Auch bei **freedom-to-operate-**Lizenzen und **Kreuzlizenzen** an (insbesondere) Patentpools steht der dauerhafte Bestand der Lizenz im Vordergrund, sodass eine dingliche Rechteeinräumung anzunehmen ist (mit anderer Begründung LG München ZIP 2014, 2406 = NZI 2014, 887 (Ls.)). Gleiches gilt für **konzerninterne** Lizenzen (vgl. BGH NZI 2016, 97 (101); zur konkludenten Konzernkreuzlizenz LG Mannheim BeckRS 2015, 15001). Nach Ansicht des OLG Hamburg GRUR-RR 2005, 181 (182) ist im Zweifel von einer dinglichen Lizenz auszugehen. Grenzen für die Annahme der Dinglichkeit insbesondere bei Nutzungsbeschränkungen können im Urheberrecht bestehen, wenn die gewährte Art und Weise der Nutzung keine im Verkehr anerkannte und wirtschaftlich-technisch eigenständige Nutzungsart ist (dazu → Rn. 74.3).

Der Lizenzvertrag als **Kausalgeschäft** wird bei Einräumung eines dinglichen Rechts gegen Einmalzah- 79.1 lung **typologisch** eher dem Kaufrecht im Sinne eines **Rechtskaufs** zuzuordnen sein (vgl. Staudinger/ Beckmann, 2014, BGB Vor §§ 433 ff. Rn. 183). Ein Erfüllungswahlrecht iSd § 103 bestünde nur insoweit, als Vertragsschluss und Rechteeinräumung bzw. Zahlung zeitlich auseinanderfallen. Ein echtes, **rechtspachtähnliches** Dauerschuldverhältnis liegt demgegenüber nahe, wenn sich der Lizenzgeber lediglich schuldrechtlich zur dauerhaften Nutzungsgewährung verpflichtet. Hier erfasst das Erfüllungswahlrecht die ab Verfahrenseröffnung für die Zukunft ausstehenden gegenseitigen Leistungspflichten (BGH NZI 2006, 229 (230)). Oft zu finden sind Lizenzen auch in Service-Verträgen mit **Dienstvertragscharakter,** die gem. § 108 Abs 1 S. 2 bei Verfahrenseröffnung fortbestehen.

5. Kein Rechterückfall mit Verfahrenseröffnung

Mit Eröffnung des Insolvenzverfahrens **fallen dinglich eingeräumte Rechte nicht an den** 80 **Lizenzgeber zurück** – erst recht nicht mit der rein deklaratorischen Erfüllungsablehnung (Grützmacher CR 2004, 814 (815); Wallner NZI 2002, 70; Schwarz, Die Beendigung urheberrechtlicher Nutzungsrechte, 2018, S. 208; aA LG Mannheim ZIP 2004, 576 = LSK 2004, 030692; FK-InsO/Wegener § 103 Rn. 110; Berger NZI 2006, 380 (381)). Ein etwaiger Rechterückfall bei Beendigung des Lizenzvertrags als Kausalgeschäft in analoger Anwendung des **§ 9 VerlG** (dazu BGH GRUR 2012, 916 (917) – M2Trade) wäre allenfalls unter der früheren Erlöschenstheorie zu erwägen gewesen (dazu BGH NZI 2006, 229 (231), im Einzelnen ablehnend). Die Verfahrenseröffnung als solche führt jedoch **nicht mehr zum Erlöschen** des Lizenzvertrags, sondern allein zur Undurchsetzbarkeit unerfüllter Erfüllungsansprüche (→ § 103 Rn. 8). Der Erfüllungsablehnung als solcher kommt insoweit keine Rechtswirkung zu (→ § 103 Rn. 9). Damit besteht der Lizenzvertrag im Schwebezustand fort, solange der Vertragspartner nicht seinerseits Nichterfüllungsansprüche geltend macht (→ § 103 Rn. 75), und gibt – anders als ein gekündigter Lizenzvertrag (dazu BGH GRUR 2012, 916 (917) – M2Trade) – keinen Anlass für die Annahme eines Rechterückfalls.

6. Aussonderungsrecht bei dinglichen Lizenzen

Losgelöst von der Frage der **Vertragserfüllung** begründen dingliche Lizenzen (→ 81 Rn. 81.1 f.) **zugleich** ein **Aussonderungsrecht** des Lizenznehmers in der Insolvenz des Lizenzgebers (Fischer WM 2013, 821 (822 ff.); Haedicke ZGE 2011, 377 (396 ff.); Ganter NZI 2011, 833 (834); Wimmer ZIP 2012, 545 (549); Kellenter FS Tilmann, 2003, 807 (818)). Diese Rechte sind bei Verfahrenseröffnung bereits nicht mehr Teil der Insolvenzmasse (BGH NZI 2006, 229 (230 f.)). Der Lizenznehmer kann dem Verwalter das Recht bei Inanspruchnahme einredeweise entgegenhalten. Da er bereits Inhaber des Nutzungsrechts ist, braucht er das Aussonderungsrecht auch nicht gegen die Masse auf Herausgabe geltend machen (Kellenter FS Tilmann, 2003, 807

(818)). Die Frage des Aussonderungsrechts ist dabei gesondert vom Schicksal des schuldrechtlichen Lizenzvertrages iSd §§ 103 ff. zu betrachten (MüKoInsO/Hoffmann Rn. 165).

81.1 Der BGH hat die **Massefremdheit** für den Fall einer vor Verfahrenseröffnung vorgenommenen, aufschiebend bedingten **dinglichen Rechteeinräumung** in einem Softwarenutzungsvertrag angenommen (BGH NZI 2006, 229 (230 f.)). Erst recht gilt dies für die unbedingte Einräumung einer dinglichen Lizenz. Entscheidend ist, ob das **Recht aus dem Vermögen des Schuldners** bereits zum Zeitpunkt der Insolvenzeröffnung **ausgeschieden** war, sodass für ihn keine Möglichkeit mehr bestand, es aufgrund alleiniger Entscheidung wieder zurückzuerlangen (BGH NZI 2006, 229 (230)). Eine dingliche Lizenz, die einem Dritten eingeräumt ist, ist nießbrauchsähnlich vom Stammrecht abgespalten. Damit ist die Lizenz aus dem Vermögen des Schuldners ausgeschieden, und es besteht – jedenfalls bei einer unbedingten, unwiderruflichen Lizenz – für den Schuldner in der Regel keine Möglichkeit, dieses Recht aufgrund alleiniger Entscheidung zurück zu erlangen. Selbst wenn es dem Verwalter gem. § 103 offen stünde, Nichterfüllung zu wählen, würde dies das dem Dritten eingeräumte Nutzungsrecht ohne weiteres wieder entziehen (vgl. BGH NZI 2006, 229 (230)).

81.2 Der Einwand eines Zirkelschlusses, weil die Dinglichkeit gerade (auch) die Insolvenzfestigkeit voraussetze und daher nicht begründen könne (so Hirte/Knof JZ 2011, 889; ähnlich MüKoInsO/Hoffmann Rn. 179), greift im Ergebnis nicht durch, da eine Aussonderung nicht zwingend an die Dinglichkeit von Rechten anknüpft, sondern an die haftungsrechtliche Zuordnung (Fischer WM 2013, 821 (822)). Auch dass nur die ausschließliche Lizenz dem Lizenznehmer zugeordnet sei und gerade die Ausschlussfunktion Merkmal der Dinglichkeit sei (Wimmer ZIP 2012, 545 (549)), ist als sachenrechtlicher Grundsatz im Immaterialgüterrecht nur begrenzt überzeugend. Anders als Sachen sind Immaterialgüter nichtrivalisierende Güter, welche ohne Beeinträchtigung durch konfligierende Nutzungen des Lizenzgegenstands durch eine Vielzahl von Nutzern zugleich nutzbar sind. Die durch ein dingliches Recht gewährleistete unbeeinträchtigte Nutzung ist durch die positive Nutzungsbefugnis gesichert, ohne dass es dazu – anders als bei körperlichen Gegenständen – zwingend auch eines Ausschlusses Dritter bedürfte (dazu Berberich, Virtuelles Eigentum, 2010, 120 ff.).

7. Insbesondere Grenzen der Gestaltungsbefugnis (§ 119)

82 **Insolvenzfeste Ausgestaltungen** einer Lizenz **verstoßen nicht gegen § 119** (zutr. KPB/Tintelnot § 103 Rn. 68; Berger GRUR 2004, 20 (22); Rektorschek/Nauta BB 2016, 264 (269); aA Ganter NZI 2011, 833 (837 f.); Dahl/Schmitz NZI 2007, 626 (628)). Der gesetzgeberische Wille, dem Verwalter ein Erfüllungswahlrecht zu geben, wird nicht umgangen, wenn der Schuldner vorinsolvenzlich erfüllt hat oder dingliche Rechte als Sicherungsmittel einräumt. Dann steht dem Verwalter dieses Recht nicht mehr zu. Es ist auch nicht der Vertragspartner, welcher der Erfüllungswahl den Boden entzieht, wenn der Schuldner dingliche Rechte eingeräumt hat. Ansonsten müsste der Umgehungsvorwurf auch bei insolvenzsicherer Strukturierung, der Bestellung von Sicherheiten und Treuhandkonstruktionen oder der Vereinbarung einer Vorleistung des späteren Insolvenzschuldners im Raum, deren Wesen gerade die Vermeidung einer Stellung als Insolvenzgläubiger ist (→ § 119 Rn. 32). Bei Erfüllung der jeweiligen Voraussetzungen mögen im Einzelfall innerhalb der jeweiligen Anfechtungsfristen die §§ 129 ff. einschlägig sein, nicht aber § 119.

8. Insbesondere Nebenpflichten; Teilbarkeit

83 Diskutiert wird ferner, ob in Lizenzverträgen vereinbarte **Nebenpflichten** den Vertrag § 103 unterfallen lassen. So wird vertreten, dass das Erfüllungswahlrecht des § 103 auch bei Lizenzverträgen mit unerfüllten, nicht völlig unbedeutenden Nebenleistungen greife (Fischer WM 2013, 821 (830); LG Mannheim ZIP 2004, 576 = LSK 2004, 030692; RSZ InsO/Zeuner § 103 Rn. 25; in diese Richtung wohl auch McGuire GRUR 2012, 657). Im Hinblick auf Nebenpflichten hat der BGH den Anwendungsbereich des § 103 allerdings jüngst verengt und klargestellt, dass es sich bei den von § 103 vorausgesetzten unerfüllten Leistungspflichten um solche im **Synallagma** des **§ 320 BGB** handeln muss (BGH WM 2019, 1174 (1176); ebenso zuvor LG München ZIP 2014, 2406 = BeckRS 2014, 16898; LG München ZIP 2014, 2406 = BeckRS 2014, 16898; KPB/Tintelnot § 103 Rn. 64, 174; Lejeune ITRB 2015, 76 (77 f.); zum Streitstand → § 103 Rn. 40).

84 Selbst wenn derartige Nebenpflichten vereinbart und noch nicht vollständig erfüllt sind, ändern diese nach hier vertretener Ansicht nichts an der **fortbestehenden Nutzungsberechtigung** des Lizenznehmers nach Einräumung einer dinglichen Lizenz. Im Ergebnis ist die Frage, ob unerfüllte Nebenpflichten ein Erfüllungswahlrecht auch für den Rest des Vertrages begründen können, **für die Insolvenzfestigkeit einer einmal eingeräumten dinglichen Lizenz nicht erheblich.**

Diese Leistungen sind nämlich im Regelfall teilbar. Nach dem Grundsatz der **Vertragsspaltung** kommt es für die Insolvenzfestigkeit der Lizenz nur darauf an, ob der Lizenzgeber seine Pflicht zur Gewährung einer Nutzungsberechtigung bereits durch Einräumung einer dinglichen Lizenz erfüllt hat oder nicht (ohne Erörterung der Teilbarkeit obiter dictum I. ZS BGH NZI 2016, 97 (101); krit. Berberich ZInsO 2016, 154). Hat er eine Lizenz eingeräumt, so kann der Verwalter eine hierauf entfallende und noch ausstehende Gegenleistung unabhängig von einem Erfüllungswahlrecht durchsetzen. Ist die auf die Lizenzeinräumung entfallende Gegenleistung erbracht, so ist der hierauf entfallende Vertragsteil insoweit vorinsolvenzlich beidseitig erfüllt und insolvenzfest (→ § 103 Rn. 94). Ob sich nach Verfahrenseröffnung für weitere Vertragsteile noch beidseitig unerfüllte Ansprüche gegenüberstehen, die vom Erfüllungswahlrecht erfasst sind, ist für die vorinsolvenzlich erbrachten Leistungen unerheblich.

Sieht man demnach die bereits eingeräumte Lizenz als insolvenzfest an, so ist deren Schicksal 85
wegen der **Vertragsspaltung** unabhängig von weiteren, bei Verfahrenseröffnung nicht erfüllten Vertragspflichten. Dies gilt für **Nebenpflichten** ebenso wie für **weitere Hauptleistungspflichten** wie Wartungs- und Pflegepflichten bei Softwareverträgen (im Einzelnen ebenso Kellenter FS Tilmann, 2003, 807 (819)). Eine Aufteilung in Lizenzvertrag und Supportvertrag (dazu Lejeune ITRB 2015, 76 (77 f.)) oder der Verzicht auf Nebenpflichten (dazu Hölder/Schmoll GRUR 2004, 830 (836)) sind hier nach hier vertretener Auffassung rechtlich nicht erforderlich, wenngleich kautelarjuristisch zur weiteren Risikominderung erwägenswert (vgl. zur Problematik auch Pahlow WM 2016, 1717 (1723); Koós MMR 2017, 13 (14)).

9. Insbesondere Unterlizenzen in der Insolvenz des Hauptlizenzgebers

Aufgrund von Entscheidungen des BGH zum Fortbestand der Unterlizenz bei Erlöschen der 86
Hauptlizenz (BGH GRUR 2012, 916 (918 f.) – M2Trade; BGH GRUR 2012, 914 (915 f.) – Take Five; BGH GRUR 2009, 946 (947 f.) – Reifen Progressiv) wird erwogen, dass eine Insolvenz des Hauptlizenzgebers unabhängig vom Erlöschen der Hauptlizenz den Fortbestand einer vom Hauptlizenznehmer seinerseits erteilten Unterlizenz unberührt lasse (vgl. nur Klawitter GRUR-Prax 2012, 425 (427)). Ob dies so allgemein zutrifft, ist bislang nicht geklärt. Zu bedenken ist, dass der Fortbestand der Unterlizenz kein Automatismus ist, sondern in den entschiedenen Fällen letztlich auf einer Interessenabwägung beruhte, welche auch etwaige Zahlungen für die weitere Nutzung beinhaltete. Gerade für die Insolvenz des Hauptlizenzgebers als (alleinigem) Erlöschensgrund wurde dies bislang nicht ausdrücklich entschieden (zweifelnd McGuire/Kunzmann GRUR 2014, 28 (34)). Auch können bei gespaltener Nichterfüllungswahl in Lizenzketten Bereicherungsansprüche bestehen (vgl. nur Pahlow WM 2016, 1717 (1720)).

II. Kautelarjuristische Überlegungen

Höchstrichterlich ist zwar geklärt, dass einfache Lizenzen mit dinglicher Wirkung eingeräumt 87
werden können (→ Rn. 77) und dass die Einräumung eines dinglichen Rechts die Erfüllung des diesem zugrunde liegenden schuldrechtlichen Verpflichtungsgeschäfts darstellt (→ Rn. 75). **Ungeklärt** ist jedoch die Folgerung, dass auch dingliche Lizenzen insolvenzfest eingeräumt werden können. Für die Praxis besteht daher nach wie vor **Rechtsunsicherheit**. Das Risiko der Insolvenz kann bis zu einem gewissen Grad kautelarjuristisch durch verschiedene – ggf. auch kombinierte – Absätze abgemildert werden.

Auf einer ersten Stufe lässt sich das Risiko der Insolvenz des Lizenzgebers in der **Strukturierung einer** 87.1
Unternehmenstransaktion rein faktisch dadurch minimieren, dass als Lizenzgeber eine reine **Schutzrechtsholdinggesellschaft ohne operatives Geschäft** (HoldCo) neu gegründet wird, in welche die Schutzrechte eingebracht werden, die einem geringeren Insolvenzrisiko ausgesetzt sind. Eine solche Übertragung von Schutzrechten ist bei Marken und Patenten ohne Weiteres möglich, bei unübertragbaren Urheberrechten schwieriger, allerdings können unter Umständen die beim Arbeitgeber konzentrierten (§§ 43, 69b UrhG) Nutzungsrechte von der HoldCo gehalten werden.

Auch könnte erwogen werden, zusätzlich auf einer zweiten Stufe eine **doppelstöckige Konstruktion** 87.2
mit der Zwischenschaltung einer konzerninternen weiteren Schutzrechtsholding (HoldCo2) vorzunehmen, die ihrerseits nur Unterlizenzen an die Lizenznehmer vergibt. Grund hierfür sind die Entscheidungen des BGH zum Fortbestand der Unterlizenz in Insolvenz des Hauptlizenzgebers. Zu beachten ist allerdings, dass in der Insolvenz der HoldCo der Verwalter bei gesellschaftsrechtlich vermitteltem Einfluss auf die HoldCo2 ggf. auch auf den Bestand der Unterlizenzen einwirken könnte.

Drittens lässt sich das Risiko des Lizenzverlusts für en Lizenznehmer verringern, wenn der Lizenzgeber 87.3
eine Gesellschaft mit Mittelpunkt ihrer hauptsächlichen Interessen in einer Rechtsordnung ist, welche den

Bestand von Lizenzverträgen anerkennt. Ein COMI außerhalb Deutschlands führt aus der deutschen **lex fori concursus** heraus und damit auch zu einer ggf. insolvenzfesten Behandlung von Lizenzverträgen (Art. 3 Abs. 1 iVm 4 Abs. 1 EuInsVO; § 335 InsO). Die bloße Rechtswahl einer anderen auf den Vertrag anzuwendenden lex causae iSd Art. 3 Abs. 1, 2 Rom-I VO genügt hingegen nicht.

87.4 Auf einer vierten Stufe sollte bei der **Verhandlung von Lizenzverträgen** die Vergabe von Nutzungsrechten möglichst insolvenzfest ausgestaltet werden. Eine einfache Lizenz sollte ausdrücklich als unbefristetes, unwiderrufliches und **ausdrücklich dingliches Nutzungsrecht** (wenn möglich auch gegen Einmalzahlung) eingeräumt werden, um den Willen der Parteien zum sofortigen und dauerhaften Ausscheiden aus dem Vermögen des Lizenzgebers zu zeigen und so zum einen die Erfüllung des Lizenzvertrags zu ermöglichen, zum anderen die Aussonderung des massefremden dinglichen Nutzungsrechts iSd § 47.

87.5 Im Sonderfall einer **Rechteübertragung mit Rücklizenz** kann zudem – entsprechend dem Münchener „Qimonda-Ansatz" (LG München GRUR-RR 2012, 142 (144); OLG München GRUR 2013, 1125 (1132)) – eine Übertragung des Vollrechts unter „**Zurückbehalt**" spezifizierter Nutzungsbefugnisse erfolgen. Dies soll – jedenfalls bei beschränkten Patentübertragungen gem. § 15 Abs. 1 S. 2 PatG – die Nutzungsrechte schon nicht in die Masse des später insolventen Erwerbers fallen lassen. Inwieweit dieser Ansatz auf andere Immaterialgüterrechte übertragbar ist, ist derzeit ungeklärt. In der Sache spricht allerdings einiges dafür, dass es sich hierbei nur um eine Rücklizenz handelt, deren Nutzungsrecht im Moment der Übertragung des Vollrechts uno actu abgespalten und begründet wird. Sofern die Abspaltung von Teilbefugnissen möglich ist, gilt dies auch für eine Vollrechtsübertragung unter Zurückbehalt von Teilbefugnissen (vgl. für eine konstruktiv ähnliche Übereignung unter Nießbrauchsvorbehalt MüKoBGB/Pohlmann BGB § 1032 Rn. 5; zweifelnd Pahlow WM 2016, 1717 (1721)).

87.6 Auch wenn **Nebenpflichten** und gemischte Verträge aufgrund des Grundsatzes der Vertragsspaltung am Schicksal der Lizenz nach hiesiger Ansicht nichts ändern, empfiehlt es sich zudem vorsorglich, ggf. Lizenz- und sonstige **Verträge zu trennen**.

87.7 Diskutiert wird ferner die Vereinbarung eines **Lizenzsicherungsnießbrauchs** als Mittel, um ein etwaiges Erlöschen der dinglichen Lizenz zu überwinden (Berger GRUR 2004, 20; Rektorschek/Nauta BB 2016, 264). Sofern man wie hier vom dinglichen Charakter der Lizenz ausgeht, besteht hierfür kein Bedürfnis. Sofern man gleichwohl – ggf. auch vorsorglich – einen Lizenzsicherungsnießbrauch vereinbart, stellen sich erhebliche dogmatische und kautelarjuristische Herausforderungen. Der Nießbrauch wird konstruktiv **neben der Lizenz** am Recht des Lizenzgebers (Stammrecht oder abgeleitetes Recht) vereinbart. Entfällt die Lizenz, wird die Nutzungsbefugnis des Lizenznehmers auf den Nießbrauch gestützt. Da Lizenzen nur selten vollumfassend ausgestaltet sind und in der Regel mit dinglicher Wirkung inhaltlich und räumlich beschränkt eingeräumt werden, wird bezweifelt, ob die typischen Beschränkungen einer einfachen Lizenz – und damit die Fälle, in denen die Frage der Insolvenzfestigkeit besonders akut wird – mit dem Rechtscharakter des Nießbrauchs als umfassendes Recht überhaupt vereinbar wären (Fischer WM 2013, 821 (826)). Richtigerweise sollte nach hier vertretener Ansicht wegen der Besonderheiten des Immaterialgüterrechts auch ein im Umfang der Lizenz beschränkbarer Nießbrauch anerkannt werden (Berger GRUR 2004, 20 (23); Plath CR 2005, 613 (617)). Wenn – anders als im Sachenrecht – das Stammrecht schon vielfältig **dinglich beschränkbar nach Nutzungsarten** auslizenziert wird, sollte dies im Immaterialgüterrecht auch für einen Nießbrauch gelten. Sofern man eine solche dingliche Beschränkung ablehnt, kann die Ausübungsbefugnis des Nießbrauchs **zumindest schuldrechtlich beschränkt** werden. Diese Beschränkungen des Lizenznehmers bleiben auch in der Insolvenz des Lizenzgebers wirksam, da diese einseitig zugunsten der Masse gelten und nicht als gegenseitiger Vertrag dem § 103 unterfallen. Zudem wäre auch nicht einzusehen, dass der Lizenznehmer im Insolvenzfall des Lizenzgebers besser stünde als bei fortbestehender Lizenz (§ 242 BGB). Ob sich der Lizenzgeber indes auf einen Lizenzsicherungsnießbrauch einlässt, ist fraglich und wird von der Verhandlungsmacht abhängen, da für ihn das **Risiko eines überschießenden dinglichen Nießbrauchs** und der Behinderung späterer Auslizenzierung besteht. Zu erheblichen praktischen Herausforderungen dürfte der passende Zuschnitt eines Nießbrauchs bei vielen parallelen Lizenznehmern führen. Kollisionen sind denkbar zwischen (zB territorial oder nach Nutzungsarten) beschränkten exklusiven Lizenzen und allumfassenden „überschießendem" Nießbrauch. Eine Lösung allein nach dem Prioritätsprinzip wird hier oft nicht interessengerecht sein. Auch wie ein Nießbrauch in der Insolvenz des Lizenzgebers die Möglichkeit des Hauptlizenznehmers zur Erteilung weiterer Unterlizenzen (auf Grundlage dann des Nießbrauchs) ermöglichen soll, ist nicht hinreichend geklärt. Sofern der Nießbrauch den Umfang der Lizenz überschreitet (bzw. nicht zumindest schuldrechtlich wirksam hinreichend beschränkt ist), kann unter Umständen eine inkongruente Deckung iSd § 131 vorliegen, wenn Zweck des Lizenzsicherungsnießbrauchs die Sicherung der Lizenz in ihrem bestehenden Umfang ist.

87.8 Eine **Sicherungsübereignung** oder Verpfändung des lizenzierten Schutzrechts (dazu Hombrecher WRP 2006, 219) erscheint wenig praktikabel. Abgesehen von den erheblichen Risiken der Weiterveräußerung und den Schwierigkeiten bei der Lizenzvergabe kann das Auseinanderfallen von tatsächlichem Inhaber und Registerinhaber bei registrierten Schutzrechten unter Umständen zu Problemen bei der Legitimation gegenüber Ämtern und bei der Rechtedurchsetzung (Prozessstandschaft, Aktivlegitimation, Schadenersatzberechnung) führen. Ähnliches gilt für Treuhandkonstruktionen (dazu Paulus CR 1990, 1 (3)) und die Doppeltreuhand.

III. Nicht in Kraft getretener Gesetzesentwurf § 108a

Dem Thema Insolvenzfestigkeit von Lizenzen hatte sich der Gesetzgeber mehrfach erfolglos 88 angenommen. Nachdem der erste Anlauf zur Einführung eines neuen § 108a im Jahr 2007 zunächst als unzureichend erachtet wurde und nach Widerstand in Schrifttum und Praxis dann der parlamentarischen Diskontinuität zum Opfer fiel, hatte das BMJ im Jahr 2012 einen neuen Regelungsvorschlag erarbeitet, der in der Sache einen Kompromiss zwischen dem Untergang der Lizenz im Insolvenzfall ohne Erfüllungswahl und – wie wohl überwiegend gefordert – ihrem Fortbestand ähnlich wie unter § 21 KO bzw. § 108 (eingehend Wimmer ZIP 2012, 545) vorsah.

In der Sache gewährte § 108a Abs. 1 dem Lizenznehmer im Falle der Erfüllungsablehnung das Recht, 88.1 vom Verwalter oder einem Rechtsnachfolger den rückwirkenden Abschluss eines neuen Lizenzvertrags zu angemessenen Bedingungen binnen eines Monats nach Zugang der Erfüllungsverweigerung zu verlangen. Um eine solche Verhandlungslösung zu ermöglichen, sollte ein Nutzungsrecht zunächst für drei Monate fortbestehen; danach war Klageerhebung auf Vertragsschluss binnen einer Ausschlussfrist von zwei Wochen und Zahlung einer angemessenen Vergütung erforderlich. Diesen Kontrahierungszwang auf Basis einer gestuften Verhandlungs-Klagelösung bei Fortbestand des Nutzungsrechts sollte auch auf die Unterlizenznehmer in die Insolvenz des Hauptlizenznehmers/Unterlizenzgebers Anwendung finden. Die Vorteile dieses Regelungsansatzes bestanden in der durch die Verhandlungslösung geschaffenen Flexibilität und dem ausdrücklichen Schutz auch von Unterlizenznehmern. Auch Vorausabtretungen sollte der Boden dadurch entzogen werden, dass der neu geschlossene Lizenzvertrag den alten im Wege der Novation ersetzte. Bei der Höhe der angemessenen Vergütung gestand die Gesetzesbegründung ein, dass die Feststellung einer marktgerechten Vergütung in Einzelfällen nicht möglich oder zumindest mit erheblichen Schwierigkeiten verbunden wäre und verwies hierbei auf die Erfahrungen zu § 32a UrhG. Ob sich diese Hoffnung in der Praxis erfüllt hätte, erscheint fraglich, da auch dort bislang höchstrichterliche Vorgaben für Vergütungsgrundsätze nur für sehr enge Nutzungsbereiche und in jahrelangen Verfahren erstritten wurden. Vielmehr hat der Gesetzgeber in ähnlichem Regelungszusammenhang gerade die Gefahr gesehen, dass Gerichte mit der Feststellung angemessener Nutzungsbedingungen überfordert sein könnten, und sich in § 16 Abs. 1 UrhWG aF / §§ 92 ff. VGG nF) für Streitigkeiten über Tarife und Gesamtverträge für ein zwingend vorgelagertes Schiedsstellenverfahren vor einer Institution mit besonderer Sachkompetenz entschieden, deren erhebliche Verfahrensdauer allerdings mit der im Insolvenzverfahren gebotenen raschen Klärung kaum zu vereinbaren wäre.

Auch wenn dieser Regelungsansatz letztlich nicht Gesetz geworden ist, nimmt er etwaige Lösungsansätze 88.2 der Rechtsprechung nicht vorweg und steht ihnen insbesondere nicht im Wege eines Umkehrschlusses entgehen. Der Gesetzgeber gab einer ausdrücklichen Regelung im Insolvenzrecht gegenüber materiellrechtlichen Konstruktionen der Rechtsprechung deshalb den Vorzug, weil letztere – vor allem auch wegen verbleibender Rechtsunsicherheiten – dem Sicherungsbedürfnis des Lizenznehmers nicht umfassend Rechnung tragen und insbesondere im angloamerikanischen Rechtskreis auf wenig Akzeptanz stoßen würden (BT-Drs. 16/7416, 30). Nach dem Scheitern der Gesetzesänderung ist nunmehr die Rechtsprechung zu Lösungen berufen.

IV. Insolvenz des Lizenznehmers

In der Insolvenz des Lizenznehmers unterfällt der Lizenzvertrag dem **Erfüllungswahlrecht** des 89 § 103. Spiegelbildlich zur Insolvenz des Lizenzgebers ist für dieses schon kein Anwendungsbereich eröffnet, wenn der Lizenzvertrag durch dingliche Rechteeinräumung gegen geleistete Zahlung vollständig erfüllt ist. Bei einem dauerschuldartigen Lizenzvertrag anderenfalls kann der Verwalter durch Erfüllungswahl die Nutzungsrechte für die Masse sichern und begründet im Gegenzug ab Verfahrenseröffnung (→ § 105 Rn. 11) Masseverbindlichkeiten.

Zu **Lösungsklauseln** zugunsten des Lizenzgebers s. § 119. Ist eine Lizenz von der Stellung 90 des Lizenznehmers als Gesellschafter abhängig (zB Konzernlizenzen), so kann deren Erlöschen mit Beendigung der Gesellschafterstellung wirksam ohne Verstoß gegen § 119 vereinbart werden. Der Ausschluss aus der Gesellschaft im Insolvenzfall führt bei Kopplung mit der Lizenz zu deren Erlöschen (OLG Köln SpuRt 2004, 110 = BeckRS 2010, 09020).

Da Lizenzverträge den mietvertraglichen Fortbestandsregelungen des § 108 nicht unterfallen, 91 gilt auch § 112 nicht. Ein vereinbartes Kündigungsrecht wegen Verzugs oder Vermögensverschlechterung kann daher auch noch nach Eröffnungsantrag wirksam ausgeübt werden (OLG Köln SpuRt 2004, 110 = BeckRS 2010, 09020). Eine Kündigung des Lizenzgebers kann auch auf die Verletzung der Ausübungspflicht eines Lizenznehmers gestützt werden (Cepl NZI 2000, 357).

§ 109 Schuldner als Mieter oder Pächter

(1) ¹Ein Miet- oder Pachtverhältnis über einen unbeweglichen Gegenstand oder über Räume, das der Schuldner als Mieter oder Pächter eingegangen war, kann der Insolvenzverwalter ohne Rücksicht auf die vereinbarte Vertragsdauer oder einen vereinbarten Ausschluss des Rechts zur ordentlichen Kündigung kündigen; die Kündigungsfrist beträgt drei Monate zum Monatsende, wenn nicht eine kürzere Frist maßgeblich ist. ²Ist Gegenstand des Mietverhältnisses die Wohnung des Schuldners, so tritt an die Stelle der Kündigung das Recht des Insolvenzverwalters zu erklären, dass Ansprüche, die nach Ablauf der in Satz 1 genannten Frist fällig werden, nicht im Insolvenzverfahren geltend gemacht werden können. ³Kündigt der Verwalter nach Satz 1 oder gibt er die Erklärung nach Satz 2 ab, so kann der andere Teil wegen der vorzeitigen Beendigung des Vertragsverhältnisses oder wegen der Folgen der Erklärung als Insolvenzgläubiger Schadenersatz verlangen.

(2) ¹Waren dem Schuldner der unbewegliche Gegenstand oder die Räume zur Zeit der Eröffnung des Verfahrens noch nicht überlassen, so kann sowohl der Verwalter als auch der andere Teil vom Vertrag zurücktreten. ²Tritt der Verwalter zurück, so kann der andere Teil wegen der vorzeitigen Beendigung des Vertragsverhältnisses als Insolvenzgläubiger Schadenersatz verlangen. ³Jeder Teil hat dem anderen auf dessen Verlangen binnen zwei Wochen zu erklären, ob er vom Vertrag zurücktreten will; unterlässt er dies, so verliert er das Rücktrittsrecht.

Überblick

Bei gem. § 108 Abs. 1 fortbestehenden Miet- oder Pachtverhältnissen erleichtert § 109 die Kündigungsmöglichkeiten für den Verwalter in der Mieterinsolvenz und gibt die Möglichkeit, die Masse durch Freigabe von Mietverhältnissen über Wohnraum des Schuldners zu entlasten. **Abs. 1 S. 1** gibt für gem. § 108 Abs. 1 S. 1 Alt. 1 in der Insolvenz fortbestehende Mietverhältnisse (→ Rn. 7) über bereits überlassene unbewegliche Gegenstände oder Räume (→ Rn. 9) dem Verwalter in der Mieterinsolvenz (→ Rn. 10) ein **Sonderkündigungsrecht** (→ Rn. 12). **Abs. 1 S. 2** sieht als Sonderregelung für Mietverhältnisse über die Wohnung des Schuldners (→ Rn. 21) eine **Enthaftungserklärung** an Stelle der Kündigung vor, welche zur Folge hat, dass das Mietverhältnis mit dem Schuldner persönlich fortgeführt wird (→ Rn. 24). Etwaige **Schadenersatzansprüche** insbesondere wegen der vorzeitigen Beendigung sind gem. **Abs. 1 S. 3** Insolvenzforderungen. Für noch nicht überlassene Mietgegenstände (→ Rn. 39) gewährt **Abs. 2 S. 1** als Sonderregelung beiden Vertragsparteien ein **Rücktrittsrecht** statt eines Kündigungsrechts (→ Rn. 42). **Schadenersatzansprüche** sind gem. **Abs. 2 S. 2** wie im Parallelfall des Abs. 1 S. 3 Insolvenzforderungen (→ Rn. 18, → Rn. 47). Den Schwebezustand bis zur Ausübung des Rücktrittsrechts kann gem. **Abs. 2 S. 3** jede Vertragspartei durch eine **Ausübungsaufforderung** beenden, die der anderen Vertragspartei zur Erklärung binnen zwei Wochen zwingt und anderenfalls das Rücktrittsrecht erlöschen lässt (→ Rn. 44).

Übersicht

	Rn.
A. Normzweck und Systematik	1
B. Sonderkündigungsrecht für fortgesetzte Immobilienmietverträge (Abs. 1 S. 1)	6
I. Tatbestand	7
1. Fortbestehendes Immobilienmietverhältnis	7
2. Abschluss durch Mieter als späteren Insolvenzschuldner	10
II. Rechtsfolge	12
1. Sonderkündigungsrecht mit dreimonatiger Kündigungsfrist	12
2. Ersatzansprüche und Rangfragen (Abs. 1 S. 3)	18
C. Enthaftungserklärung bei Wohnraum (Abs. 1 S. 2)	20
I. Tatbestand: Wohnung des Schuldners als Mietgegenstand	21
II. Rechtsfolge: Enthaftung statt Kündigung (Abs. 1 S. 2)	24
1. Verdrängung der Verwalterkündigung	25
2. Anforderungen an Enthaftungserklärung	26
3. Enthaftungsfolgen: Überleitung auf Schuldner; Rangfragen entstandener Ansprüche	30
D. Rücktritt vor Überlassung der Mietsache (Abs. 2)	38
I. Tatbestand: Fehlende Überlassung der Mietsache	39
II. Rechtsfolge: Rücktrittsrecht, Erklärungsaufforderung	42
E. Verhältnis zu anderen Vorschriften	48

A. Normzweck und Systematik

Die besonderen Kündigungs- und Rücktrittsrechte des § 109 knüpfen systematisch – wie die übrigen Sonderregelungen der §§ 109–113 – an die Fortbestehensanordnung des **§ 108 Abs. 1** an. Auf § 103 unterfallende Schuldverhältnisse – wie Mietverträge über bewegliche Sachen – ist § 109 nicht anwendbar. Zudem gilt § 109 – anders als § 108 Abs. 1 S. 1 – nur in der Mieterinsolvenz. Für fortbestehende Dienstverhältnisse enthält § 113 eine entsprechende Regelung zugunsten des Dienstberechtigten. 1

Vergleichbare Kündigungsrechte existierten bereits vor Inkrafttreten der InsO (§§ 19, 26 S. 2 KO; § 51 Abs. 2, 52 Abs. 1 VerglO; § 9 Abs. 3 S. 2 GesO); diese hat der Gesetzgeber im Wesentlichen übernommen (RegE, BT-Drs. 12/2443, 147). 1.1

Bei den gem. § 108 Abs. 1 fortbestehenden Miet- oder Pachtverhältnissen über überlassene unbewegliche Gegenstände oder Räume (im Folgenden vereinfachend Immobilienmietverhältnisse) schuldet die Masse in der Mieterinsolvenz ab Verfahrenseröffnung die laufende Zahlung der Miete. Um eine unnötige **Belastung durch aufoktroyierte Masseverbindlichkeiten zu vermeiden,** wenn die Mietsache nicht wirtschaftlich genutzt werden kann oder soll, gibt § 109 dem Verwalter ein **Sonderkündigungsrecht.** Dieses tritt an die Stelle des ausgeschlossenen Erfüllungswahlrechts und ermöglicht es dem Verwalter, das Immobilienmietverhältnis zu beenden. Ein Kündigungsrecht ist in der Mieterinsolvenz nur für den Verwalter vorgesehen, nicht jedoch für den Vermieter. Dieser kann sich lediglich auf seine gesetzlichen bzw. vertraglich vereinbarten Kündigungsrechte berufen, die in der Mieterinsolvenz durch § 112 und § 119 ggf. eingeschränkt sind. 2

Das **frühere Vermieterkündigungsrecht** gem. § 19 Abs. 1 S. 1 KO – die VglO sah ein solches nicht – ist mit Inkrafttreten der InsO entfallen (RegE, BT-Drs. 12/2443, 147), da dieses unter Umständen einer erfolgreichen Sanierung im Weg stehen konnte. Bedeutung für den **Masseschutz** hat § 109 in der Mieterinsolvenz etwa zur Vermeidung von Mietzinszahlungen bei nicht für die Masseverwertung benötigten Mietgegenständen oder bei unwirtschaftlichen Betriebspflichten, denen der Mieter und damit auch die Masse sonst unterliegen würden (vgl. für Betriebspflichten einer Apotheke OLG Koblenz NJW-RR 2019, 1103 (1106)). 2.1

Als **Sonderregelung für Wohnraum** des Schuldners sieht Abs. 1 S. 2 eine **Enthaftungserklärung** vor, welche an die Stelle der Kündigung tritt und diese verdrängt. Anlass zu dieser 2001 ergänzten Regelung gaben vermehrte Kündigungen von Wohnraummietverträgen in Verbraucherinsolvenzen, mit denen Verwalter bzw. Treuhänder (§ 313 aF) einerseits die Masse von weiteren Verbindlichkeiten frei hielten und andererseits Kautionsrückzahlungsansprüche zur Masse zogen, schon um eine drohende persönliche Haftung vermeiden (BT-Drs. 14/5680, 27; Vallender/Dahl NZI 2000, 246 (247); Dahl NZI 2009, 376). Die dem Schuldner bei dieser Praxis drohende Obdachlosigkeit und Verhinderung weiterer Erwerbstätigkeit hätte das Ziel eines wirtschaftlichen Neuanfanges im Verbraucherinsolvenzverfahren weitgehend verfehlt (BT-Drs. 14/5680, 27). Die daher vom Gesetzgeber neu geschaffene Möglichkeit der „Freigabe" des Mietverhältnisses durch Enthaftungserklärung ermöglicht es, das Schuldverhältnis auf den persönlichen Schuldner überzuleiten, der es ungekündigt fortführt und aus seinem insolvenzfreien Vermögen bzw. mithilfe von Sozialleistungen erfüllt. Nach Wirksamwerden der Erklärung **haftet die Masse nicht mehr** für die danach fälligen Ansprüche (BGH NZI 2011, 404 (405)). Die Enthaftung wahrt somit einerseits die Interessen der Masse, wie bei einer Kündigung vor weiteren Verbindlichkeiten geschützt zu werden; zugleich dient sie dem Sozialschutz und dem Interesse des insolventen Schuldners am **Erhalt seiner Wohnung.** Die Enthaftung ist im Zusammenhang mit dem Verbraucherinsolvenzverfahrens zu sehen, das „…sein Ziel, dem Schuldner einen wirtschaftlichen Neuanfang zu ermöglichen, weitgehend verfehlen [würde], wenn es mit der Gefahr einer Obdachlosigkeit des Schuldners verbunden wäre." (BT-Drs. 14/5680, 27; diesen ausdrücklichen Willen des Gesetzgebers übergehend BGH (VIII. ZS) NZM 2015, 618 (620); vgl. nun aber BGH (IX. ZS) NZI 2017, 444 (445)). 3

Wurde die Mietsache noch nicht überlassen, verdrängt Abs. 2 als Sonderregelung das Kündigungsrecht des Abs. 1 S. 1 (RegE BT-Drs. 12/2443, 147). Beiden Vertragsparteien wird für diese Zeit ein **Rücktrittsrecht** gegeben, um zu verhindern, dass das Mietverhältnis erst in Vollzug gesetzt werden muss, um es dann nach Abs. 1 beenden zu können. Die Möglichkeit der Erklärungsaufforderung gem. Abs. 2 S. 3 verringert die Rechtsunsicherheit darüber, ob es zu einem Rücktritt kommt oder nicht. Dass auch der Vermieter dieses Recht hat, wird mitunter als systemwidrig angesehen (FK-InsO/Wegener Rn. 29 mwN). 4

5   Etwaige **Schadenersatzansprüche** des Vermieters wegen einer vorzeitigen Kündigung, Enthaftung und Rücktritt sind Insolvenzforderungen; bei Abs. 1 S. 3 und Abs. 2 S. 2 handelt es sich insoweit um reine Klarstellungen (K. Schmidt InsO/Ringstmeier Rn. 3).

B. Sonderkündigungsrecht für fortgesetzte Immobilienmietverträge (Abs. 1 S. 1)

6   Für die nach § 108 Abs. 1 S. 1 fortgesetzten Immobilienmietverhältnisse (→ Rn. 7) in der Mieterinsolvenz (→ Rn. 10) gewährt Abs. 1 S. 1 dem Verwalter ein Sonderkündigungsrecht mit dreimonatiger Kündigungsfrist, das sich gegen etwaige längere Kündigungsfristen oder Kündigungsausschlüsse durchsetzt (→ Rn. 12). Bei Wohnraum des Schuldners wird eine Kündigung durch die Enthaftungserklärung gem. Abs. 1 S. 2 verdrängt (→ Rn. 20). Ist die Mietsache noch gar nicht überlassen, tritt an die Stelle der Kündigung das Rücktrittsrecht des Abs. 2 (→ Rn. 38).

I. Tatbestand

1. Fortbestehendes Immobilienmietverhältnis

7   Abs. 1 S. 1 knüpft tatbestandlich an § 108 Abs. 1 S. 1 und setzt ein trotz Verfahrenseröffnung **fortbestehendes Miet- oder Pachtverhältnis** über **unbewegliche Gegenstände oder Räume** voraus (→ § 108 Rn. 4), die **nicht Wohnraum** des Schuldners sind (dann Abs. 1 S. 2, → Rn. 20). Darunter fallen alle von **§ 108 Abs. 1 S. 1** erfassten Verträge einschließlich Immobilienleasingverträge (OLG Düsseldorf ZIP 2010, 2212; Braun/Kroth Rn. 7). Demgegenüber sind Verträge, die nicht § 108 Abs. 1 S. 1 unterfallen, auch nicht nach § 109 kündbar. Dies betrifft vor allem Mietverträge über bewegliche Sachen, bei denen der Verwalter ein Erfüllungswahlrecht iSd § 103 hat. Auch auf gem. § 108 Abs. 1 S. 2 fortbestehende drittfinanzierte Mobilienleasingverträge ist § 109 Abs. 1 schon deswegen unanwendbar, weil dieser auf den Fortbestand in der Insolvenz des Leasinggebers vorsieht, während § 109 nur in der Insolvenz des Mieters/Leasingnehmers greift.

8   Das Mietverhältnis muss bei Verfahrenseröffnung fortbestehen und darf **noch nicht** aus anderen Gründen **beendet** sein. Bei einer vorinsolvenzlich bereits erklärten, aber bei Verfahrenseröffnung noch nicht wirksamen Kündigung hat das Sonderkündigungsrecht unter Umständen dann Bedeutung, wenn die dreimonatige Kündigungsfrist des § 109 Abs. 1 S. 1 kürzer ist als die noch laufende. Ist eine Kündigung bereits wirksam, so gilt für das Rückgewährschuldverhältnis § 103.

9   Im Umkehrschluss zu Abs. 2 muss der **Mietgegenstand bereits überlassen** worden sein. Davor greift das Rücktrittsrecht des Abs. 2. Ob der Mietgegenstand nach Überlassung für die Masse tatsächlich genutzt wird, ist unerheblich. Übt der Verwalter ein Rücktrittsrecht vor Überlassung nicht aus und setzt das Mietverhältnis danach in Vollzug, schneidet er sich das Kündigungsrecht des Abs. 1 S. 1 nicht ab und kann es weiterhin ausüben (K. Schmidt InsO/Ringstmeier Rn. 10; Braun/Kroth Rn. 6). Auch wenn der Besitz an der Mietsache nach Überlassung wieder zurück- oder aufgegeben wird, bleibt das Kündigungsrecht des Abs. 1 bestehen (LG Dortmund BeckRS 2008, 08180; MüKoInsO/Eckert/Hoffmann Rn. 19). Das beidseitige Rücktrittsrecht des Abs. 2 lebt jedoch nicht wieder auf, da die Nutzungsmöglichkeit des Verwalters nicht durch ein Rücktrittsrecht auch des Vertragspartners gefährdet werden soll.

2. Abschluss durch Mieter als späteren Insolvenzschuldner

10 Ein Kündigungsrecht des Verwalters besteht nur in der **Insolvenz des Mieters** (bzw. Pächters, Leasingnehmers), nicht aber des Vermieters (LG Dortmund ZInsO 2005, 724 = BeckRS 2005, 12798). Insoweit ist § 109 tatbestandlich enger als § 108 Abs. 1 S. 1, der den Fortbestand von Immobilienmietverträgen sowohl in der Mieter- als auch in der Vermieterinsolvenz vorsieht. In der Vermieterinsolvenz kann sich der Verwalter nur auf allgemeine vertragliche oder gesetzliche Lösungsrechte berufen; bei Veräußerung kann der eintretende Erwerber gem. § 113 ein Kündigungsrecht haben.

11 Das Immobilienmietverhältnis muss vorinsolvenzlich mit dem Schuldner abgeschlossen worden sein. Vom Verwalter erst im Laufe des Verfahrens begründete bzw. geänderte oder bestätigte Verträge fallen ebenso wenig unter § 109 wie solche Verträge, die im Vorverfahren durch einen starken vorläufigen Verwalter geschlossen wurden (K. Schmidt InsO/Ringstmeier Rn. 8).

Schuldner als Mieter oder Pächter § 109 InsO

II. Rechtsfolge
1. Sonderkündigungsrecht mit dreimonatiger Kündigungsfrist

Als Rechtsfolge gewährt Abs. 1 S. 1 dem Insolvenzverwalter in der Mieterinsolvenz ab Verfahrenseröffnung ein **Sonderkündigungsrecht**. Dieses besteht auch dann, wenn das ordentliche Kündigungsrecht – wie bei bestimmter Vertragsdauer (§ 542 Abs. 1 BGB) oder kraft vertraglicher Vereinbarung – ausgeschlossen ist. 12

Das Kündigungsrecht in der Mieterinsolvenz steht – anders als vormals unter § 19 Abs. 1 S. 1 KO (→ Rn. 2.1) – nur dem Verwalter über das Vermögen des Mieters zu (RegE BT-Drs. 12/2443, 147). 12.1

Demgegenüber sind die **Kündigungsrechte des Vermieters** – unbeschadet bestehender Kündigungsbeschränkungen und der Geltung der sozialen Mieterschutzvorschriften der §§ 573 ff. BGB – zusätzlich eingeschränkt: So schließt § 112 für die Zeit ab dem Eröffnungsantrag eine Verzugskündigung für Rückstände aus der Zeit davor aus. Ebenso kann der Vermieter sich auch vertraglich kein Kündigungsrecht speziell für den Fall der Mieterinsolvenz wirksam ausbedingen (→ § 119 Rn. 21). Ohne Lösungsmöglichkeiten kann ein Vermieter vom Mieter bei Insolvenzverschleppung gem. 823 Abs. 2 BGB iVm § 15a Abs. 1 S. 1 InsO regelmäßig auch nur als Altgläubiger den Quotenschaden verlangen (BGH NZI 2014, 25 (26)). 12.2

Sonstige ordentliche oder außerordentliche **Kündigungsrechte** werden durch § 109 Abs. 1 nicht berührt und behalten eine eigenständige Bedeutung, wenn diese kürzere Kündigungsfristen als die Dreimonatsfrist des § 109 Abs. 1 vorsehen. Eine außerordentliche Kündigung aus wichtigem Grund ist immer möglich und auch nicht vertraglich ausschließbar. Freilich kann der wichtige Grund nicht nur in der Insolvenz als solcher liegen. 13

Die **Kündigungsfrist** beträgt maximal **drei Monate** zum Monatsende. Eine längere gesetzliche oder vereinbarte Frist wird verdrängt; soweit sonst eine kürzere Frist maßgeblich wäre, gilt die kürzere (OLG Hamm BeckRS 2019, 38756 Rn. 42). Insofern handelt es sich bei der Dreimonatsfrist um eine Obergrenze. Wurde bereits vorinsolvenzlich eine Kündigung ausgesprochen, kann die in Gang gesetzte (längere) Kündigungsfrist durch nochmalige „überholende" Kündigung nach § 109 Abs. 1 S. 1 abgekürzt werden (K. Schmidt InsO/Ringstmeier Rn. 13). 14

Eine **zeitliche Grenze** für die Ausübung des Sonderkündigungsrechts ist nicht vorgesehen. Der Verwalter kann die Kündigung **jederzeit** während des laufenden Insolvenzverfahrens erklären. Anders als bei § 103 Abs. 2 S. 2 oder § 109 Abs. 2 S. 3 kann der Vertragspartner eine Entscheidung nicht erzwingen. Grenzen zieht hier nur **§ 242 BGB**, der als allgemeine Rechtsausübungsschranke grundsätzlich auch in der Insolvenz anwendbar ist (→ § 103 Rn. 60). Hierfür wird es jedoch nicht ausreichen, dass der Verwalter den Mietvertrag über längere Zeit fortführt, da der Vertragspartner gerade wegen der jederzeitigen Kündigungsmöglichkeit nicht hierauf vertrauen kann. Nur wenn darüber hinaus ein konkreter Vertrauenstatbestand gesetzt wurde, wird man eine Verwirkung des Kündigungsrechts erwägen können. 15

Für Wirksamkeit und Auslegung der **Kündigungserklärung** als einseitige empfangsbedürftige Willenserklärungen mit bedingungsfeindlicher Gestaltungswirkung gelten die allgemeinen Grundsätze. Eine eindeutigen Beendigungswillen zeigende „Erfüllungsverweigerung" kann für ein gem. § 108 Abs. 1 S. 1 fortbestehendes Mietverhältnis gem. §§ 133, 157 BGB als Kündigung iSd § 109 Abs. 1 S. 1 **auszulegen** sein (OLG Frankfurt a. M. ZInsO 2005, 378). Adressat der Erklärung ist der Vermieter. 16

Bei einem Mietverhältnis mit **mehreren Mietern** hat die Kündigung des Verwalters in der Insolvenz auch nur eines Mieters **Gesamtwirkung** und beendet das Mietverhältnis auch mit Wirkung für alle anderen Mitmieter (BGH NZI 2012, 414 (415)), sofern kein Ausscheiden des insolventen Mieters unter Fortsetzung mit den verbleibenden Mietern vereinbart war bzw. sich durch Auslegung des Mietvertrags ergibt. Den verbleibenden Mietern bleibt es unbenommen, das Mietverhältnis mit dem Vermieter einvernehmlich fortzusetzen. 17

2. Ersatzansprüche und Rangfragen (Abs. 1 S. 3)

Ansprüche gegen den Mieter im Zusammenhang mit dem fortbestehenden Mietverhältnis unterliegen dem Grundsatz der **Vertragsspaltung**. Für die Zeit vor Verfahrenseröffnung sind sie Insolvenzforderungen, für die Zeit ab Eröffnung bis zur Wirksamkeit der Kündigung Masseverbindlichkeiten gem. § 55 Abs. 1 Nr. 2 (zur Vertragsspaltung → § 108 Rn. 43). In diesem Zusammenhang enthält Abs. 1 S. 3 die **Klarstellung,** dass auch etwaige Schadenersatzansprüche wegen vorzeitiger Vertragsbeendigung aufgrund der Kündigung Insolvenzforderungen sind. Anderes gilt unter Umständen für Schäden, die der Verwalter selbst bei der Nutzung des Mietgegenstands für die Masse verursacht hat. 18

18.1 Für die **Höhe des Schadens** wegen vorzeitiger Vertragsbeendigung ist Vergleichsmaßstab der für den Schuldner **nächstmögliche Kündigungszeitpunkt** (Braun/Kroth Rn. 15). Der Vermieter kann nicht besser gestellt werden, als er stünde, wenn der Mieter eine Vertragsbeendigung auf normalem Wege herbeigeführt hätte. Ferner sind etwaig erzielte Weitervermietungs- und Zwischenvermietungserlöse des Vermieters **schadensmindernd** abzuziehen; zu solchen Maßnahmen kann der Vermieter aus seinen Schadensminderungspflichten gehalten sein (K. Schmidt InsO/Ringstmeier Rn. 15).

19 Die **weitere Nutzung** des Mietgegenstands nach Kündigung durch den Verwalter kann eine stillschweigende Verlängerung gem. **§ 545 BGB** darstellen. Will der Verwalter dies verhindern, muss er der Verlängerung widersprechen, aber auch dann begründet er durch die fortgesetzte Nutzung einen Nutzungsentschädigungsanspruch gem. § 546a BGB. In beiden Fällen handelt es sich um Masseverbindlichkeiten iSd § 55 Abs. 1 Nr. 1 (OLG Rostock ZInsO 2007, 996).

C. Enthaftungserklärung bei Wohnraum (Abs. 1 S. 2)

20 Grundsätzlich unterliegt auch das Wohnraummietverhältnis des Insolvenzschuldners dem Insolvenzbeschlag (BGH NZI 2012, 770; Vallender/Dahl NZI 2000, 246 (247)). Um einerseits die Masse von den sonst ab Verfahrenseröffnung aufoktroyierten Masseverbindlichkeiten zu entlasten und andererseits einen Verlust der Wohnung bei Kündigung des Mietverhältnisses gem. Abs. 1 S. 1 zu vermeiden, **verdrängt** im Fall der Wohnung des Schuldners (→ Rn. 21) die Enthaftungserklärung gem. Abs. 1 S. 2 als **Sonderregelung** das Kündigungsrecht des Abs. 1 S. 1 (→ Rn. 24). Die Enthaftung ermöglicht stattdessen – ohne Vermieterzustimmung – eine beschränkte „Freigabe" des Mietverhältnisses aus der Masse und dessen Überleitung auf den Schuldner persönlich.

20.1 Der oftmals verwendete **Begriff der „Freigabe"** (vgl. nur AG Göttingen NZI 2009, 607) ist dabei untechnisch zu verstehen, da es nicht um die Freigabe von Vermögensgegenständen aus der Masse geht, sondern um gegenseitige Schuldverhältnisse mit Verpflichtungen für die Masse, die eigentlich nicht freigegeben werden können (vgl. OLG Rostock ZInsO 2007, 996; LG Dortmund ZInsO 2005, 724).

I. Tatbestand: Wohnung des Schuldners als Mietgegenstand

21 Tatbestandlich setzt Abs. 1 S. 2 ein **Mietverhältnis** iSd S. 1 voraus und damit ein fortbestehendes Immobilienmietverhältnis, das der Schuldners vorinsolvenzlich als Mieter eingegangen ist (→ Rn. 7). Ob der Mietgegenstand wie bei der Kündigung iSd S. 1 bereits überlassen sein muss oder ob die Enthaftung auch vorher möglich ist, ist strittig (zum Verhältnis von Enthaftung und Rücktritt → Rn. 41).

22 Gegenstand dieses Mietverhältnisses muss im Zeitpunkt der Verfahrenseröffnung die **Wohnung** des Schuldners sein. Aus dem Charakter als Ausnahmevorschrift und dem ihr zugrunde liegenden sozialen Schutzgedanken (→ Rn. 3) folgt, dass nur die vom Schuldner (auch) selbst bewohnte Wohnung, die seinen Lebensmittelpunkt bildet, gemeint ist. Für Dritte angemietete oder untervermietete, aber nicht tatsächlich selbst bewohnte Wohnungen sind ebenso wenig erfasst wie Zeit- oder Ferienwohnungen, bei deren Kündigung keine Obdachlosigkeit droht (Uhlenbruck/Wegener Rn. 19; K. Schmidt InsO/Ringstmeier Rn. 20; relativierend für nahe Angehörige MüKoInsO/Eckert/Hoffmann Rn. 49). Ein einheitlicher Mietgegenstand kann nicht nach unterschiedlichen Nutzungszwecken in einen gewerblichen und einen Wohnzwecken dienenden Teil aufgespalten werden (OLG München BeckRS 2013, 10770); entscheidend ist die Schwerpunktnutzung (MüKoInsO/Eckert/Hoffmann Rn. 49).

22.1 Bei **mehreren Wohnungen** wird man dem Schuldner die Einschätzungsprärogative überlassen müssen, welche seinen Lebensmittelpunkt bildet, sofern er dies nicht bereits durch andere Indizien wie die meldungsrechtliche Einordnung als Haupt- oder Nebenwohnung getan hat. Auch wenn eine Zweitwohnung für die Erwerbstätigkeit des Schuldners erforderlich ist, kommt für diese keine Enthaftung gem. Abs. 1 S. 2 in Betracht. Allerdings ist der Verwalter zu einer Kündigung gem. Abs. 1 S. 1 nicht gezwungen, sondern dürfte die Notwendigkeit der Fortführung des Mietverhältnisses einsehen, wenn etwaige daraus in die Masse fließende Einkünfte die Mietkosten übersteigen.

22.2 Soweit § 108 Abs. 1 S. 1 als **Räume** auch für nicht nur vorübergehende Wohnzwecke genutzte Wohncontainer und fest aufgestellte Wohnwagen erfasst (→ § 108 Rn. 12, str.), die dem Schuldner als Wohnung dienen, können auch diese Mietverhältnisse nicht nach § 109 Abs. 1 S. 1 gekündigt, sondern nur nach Abs. 1 S. 2 enthaftet werden. Für den sozialen Schutzzweck der Enthaftung macht es keinen Unterschied, inwiefern Räume als Grundstücksbestandteile sachenrechtlich sonderrechtsfähig sind.

Bei **Genossenschaftswohnungen** findet § 109 Abs. 1 S. 2 nur auf das Mietverhältnis Anwendung, die Kündigung der Mitgliedschaft in der Genossenschaft, die in der Regel als Nutzungsvoraussetzung für die Wohnung ausgestaltet ist, wird durch § 67c GenG beschränkt (→ Rn. 50). 23

II. Rechtsfolge: Enthaftung statt Kündigung (Abs. 1 S. 2)

Als Folge der Enthaftungserklärung (→ Rn. 26) wird mit deren Wirksamkeit das Mietverhältnis über den Wohnraum des Schuldners auf den Schuldner persönlich übergeleitet (→ Rn. 30). Eine Kündigung gem. Abs. 1 S. 1 ist ausgeschlossen (→ Rn. 25). 24

1. Verdrängung der Verwalterkündigung

Im Anwendungsbereich der Enthaftungserklärung gem. Abs. 1 S. 2 tritt diese an die Stelle der Kündigung nach Abs. 1 S. 1. Diese **Sonderregelung schließt** nicht nur das dortige **Kündigungsrecht aus,** sondern auch jede nicht hierauf gestützte ordentliche Kündigung, da der Zweck der Enthaftung sonst unterlaufen werden könnte, den Schuldner vor Obdachlosigkeit zu schützen (dazu BGH NZI 2012, 406 (407); BT-Drs. 14/5680, 27). Der Verwalter kann daher das Mietverhältnis über Wohnraum des Schuldners nicht kündigungsweise beenden (K. Schmidt InsO/Ringstmeier Rn. 27; MüKoInsO/Eckert/Hoffmann Rn. 51). 25

2. Anforderungen an Enthaftungserklärung

Die Enthaftung erfolgt durch **Erklärung** des Verwalters (vormals auch des Treuhänders gem. § 313 aF) gegenüber dem Vermieter. Die Enthaftungserklärung tritt an die Stelle der Kündigung. Damit gelten die jeweiligen Wirksamkeitserfordernisse der Kündigung auch für die Enthaftung. Die Erklärung bedarf der **Schriftform** (FK-InsO/Wegener Rn. 16; Braun/Kroth Rn. 19; Cymutta NZI 2012, 408 (409); aA K. Schmidt InsO/Ringstmeier Rn. 22; Uhlenbruck/Wegener Rn. 21; MüKoInsO/Eckert/Hoffmann Rn. 50). Sofern sie keine konkrete Angabe des **Zeitpunkts** beinhaltet, zu dem die Enthaftungswirkung eintreten soll (dazu Braun/Kroth Rn. 19), muss dieser wie bei der Kündigung durch Auslegung bestimmt werden. Hinreichend ist eine Erklärung, die gegenüber dem Vermieter den Willen zur Enthaftung jedenfalls zum nächstmöglichen Zeitpunkt erkennen lässt. 26

Bei der **Auslegung** und Wirksamkeit folgt die Enthaftungserklärung als einseitige empfangsbedürftige Willenserklärung gem. §§ 133, 157 BGB mit bedingungsfeindlicher Gestaltungswirkung allgemeinen Regeln. Es reicht eine Erklärung, für Ansprüche aus dem Wohnraummietverhältnis des Schuldners nach Ablauf der dreimonatigen gesetzlichen Kündigungsfrist nicht mehr mit der Insolvenzmasse aufzukommen. Dass eine Erklärung darüber hinaus **inhaltlich falsch** ist (und zB eine Zahlungspflicht der Masse ab Verfahrenseröffnung verneigert), steht dem nicht entgegen (BGH NZI 2012, 406). Ihr **Adressat** ist der Vermieter als Vertragspartei. 27

Bei zwischenzeitlicher **Veräußerung** der Mietsache an einen Dritten ohne Kenntnis des Verwalters wirkt die Enthaftungserklärung entsprechend §§ 412, 407 Abs. 1 BGB auch gegenüber dem Erwerber (BGH NZI 2012, 406 (407 f.)). 28

Die bloße (frühzeitige) Mitteilung eines Nutzen-/Lastenwechsels durch eine Hausverwaltung soll nicht genügen, um dem Verwalter **positive Kenntnis** vom Eigentumsübergang zu verschaffen (BGH NZI 2012, 406 (408)). Auch eine Information gegenüber dem Mieter genügt nicht, da dieser vor Wirksamkeit der Enthaftungserklärung die Verwaltungs- und Verfügungsbefugnis mit Blick auf das Schuldverhältnis noch nicht wiedererlangt hat (offen in BGH NZI 2012, 406 (408)). 28.1

Die **Wirksamkeit** der Enthaftungserklärung tritt entsprechend der für die Kündigung iSd Abs. 1 S. 1 geltenden Frist ein und damit spätestens drei Monate nach Zugang der Erklärung zum jeweiligen Monatsende. Eine kürzere Kündigungsfrist führt zu einer entsprechend früheren Enthaftungswirkung. 29

3. Enthaftungsfolgen: Überleitung auf Schuldner; Rangfragen entstandener Ansprüche

Die Enthaftungserklärung hat nach dem Gesetzeswortlaut zur Folge, dass Ansprüche nach Ablauf der Erklärungsfrist nicht mehr im Insolvenzverfahren geltend gemacht werden können. Nach vorübergehenden Unklarheiten über die Reichweite dieser Anordnung hat der BGH nunmehr klargestellt, dass der **Mietvertrag auf den Schuldner übergeleitet** wird und dieser damit wieder vollständig die **Verwaltungs- und Verfügungsbefugnis** über das Wohnraummietverhält- 30 nis zurückerhält (BGH NZI 2014, 452 (453); BGH NZI 2017, 444 (445)). Die vormalige Auffassung, wonach sich die Bedeutung der Enthaftung darauf beschränke, dass die Masse als fortwährende Vertragspartei lediglich nicht mehr für fällige Verbindlichkeiten hafte, ist damit überholt.

31 Der Mietvertrag wird durch die Enthaftung **nicht beendet** (BT-Drs. 14/5680, 27). Mit ihrer Wirksamkeit nach Ablauf der Frist des § 109 Abs. 1 S. 1 wird das Mietverhältnis mit dem Schuldner persönlich fortgesetzt, der ab diesem Zeitpunkt die **Gegenleistung** aus seinem **insolvenzfreiem Vermögen** oder Sozialleistungen erbringen muss (BT-Drs. 14/5680, 27; BGH NZI 2012, 770 (774)). Eine Zahlungspflicht der Masse entfällt insoweit. Soweit der Verwalter die Mietsache in **Besitz** genommen hat, muss er sie an den Schuldner herausgeben. Nach KG NZI 2021, 80 Rn. 25 ff. steht dem Schuldner etwaiger **Untermietzins** jedenfalls dann zu, wenn er zumindest einen Teil der Wohnung selbst weiterhin mit nutzt. Nach Ansicht des BGH soll ab Wirksamkeit der Enthaftungserklärung auch die **Kündigungssperre** des § 112 Nr. 1 entfallen, sodass der Vermieter eine außerordentliche Kündigung iSd § 543 Abs. 2 S. 1 Nr. 3 BGB auch wieder auf offene Rückstände aus der Zeit vor dem Eröffnungsantrag stützen kann, mit denen der Mieter bereits vorinsolvenzlich in Verzug geraten ist (BGH NZM 2015, 618 (620)).

32 Nach dem Zeitpunkt der Wirksamkeit der Enthaftung richtet sich auch, wer richtiger **Adressat** mietvertragsbezogener **Erklärungen** (zB einer Kündigung durch den Vermieter) ist: Eine vor Verfahrenseröffnung an den Mieter gerichtete Erklärung wirkt auch nach Verfahrenseröffnung gegenüber der Masse. Ab Eröffnung (§ 80 Abs. 1) sind Erklärungen an den Verwalter zu richten. Dieser bleibt auch nach der Enthaftungserklärung bis zum Eintritt ihrer Wirksamkeit richtiger Adressat (BGH NZI 2012, 770). Erst ab Wirksamkeit sind alle Erklärungen wieder an den Mieter persönlich als Schuldner zu richten (BGH NZI 2014, 452 (453)). Eine Kündigung an den falschen Adressaten ist – vorbehaltlich etwaiger Empfangsvollmachten – unwirksam (BGH NZI 2012, 770 (774)).

33 Für die Geltendmachung von **Ansprüchen** gegen den Schuldner bzw. die Masse ist nach allgemeinen Grundsätzen (→ § 108 Rn. 43) zu **differenzieren,** wann die Ansprüche entstanden sind bzw. ob die im Gegenzug erbrachte Leistung des Anspruchsinhabers der Masse zugutegekommen ist. Hiernach sind Forderungen gegen den Schuldner für den Zeitraum **vor der Verfahrenseröffnung Insolvenzforderungen.** Forderungen für den Zeitraum **ab Verfahrenseröffnung** bis zur Wirksamkeit der Enthaftung sind **Masseverbindlichkeiten.** An der Verpflichtung der Masse und am Rang bereits entstandener Forderungen ändert auch die Enthaftung nichts; diese führt **nicht zur Umqualifizierung** entstandener Ansprüche (BGH NZI 2011, 404 (405)). § 109 Abs. 1 S. 2 gibt lediglich die Möglichkeit, die Masse für die Zukunft von weiteren Masseverbindlichkeiten zu befreien, nicht aber bereits bestehende Ansprüche wieder zu beseitigen. Die Enthaftung gibt auch keine Grundlage dafür, den Schuldner für Sachverhalte in Anspruch zu nehmen, die ihren Grund in der Nutzung durch die Masse haben. Nach Wirksamkeit der Enthaftungserklärung sind sämtliche Ansprüche (Mietzinsen, Nebenkosten, Schönheitsreparaturen etc) aus dem mit dem Schuldner persönlich fortgeführten Mietverhältnis aus dessen **insolvenzfreiem Vermögen** oder mithilfe von Sozialleistungen zu erfüllen. Kann der Schuldner den Mietzins hieraus nicht aufbringen, so steht dem Vermieter unter Umständen ein Recht zur außerordentlichen Kündigung zu (BT-Drs. 14/5680, 27).

34 Ist etwa eine **Betriebskostennachzahlung** für einen vorinsolvenzlichen Abrechnungszeitraum Insolvenzforderung, so bleibt sie es auch nach Freigabe des Mietverhältnisses (BGH NZI 2011, 404 (405)). Bei unterjähriger Verfahrenseröffnung und Freigabe kann daher nach allgemeinen Grundsätzen der Vertragsspaltung auch eine **Teilung** der Abrechnungszeiträume nötig sein: Für den Zeitraum vor Verfahrenseröffnung muss der Vermieter Insolvenzforderungen zur Tabelle anmelden. Für den Zeitraum ab Verfahrenseröffnung bis zur Enthaftung haftet die Masse, der die Leistungen zugutegekommen sind. Ab Wirksamkeit der Enthaftung trifft die Zahlungspflicht den Schuldner persönlich. Auf den Zeitpunkt der Abrechnung kommt es dabei nicht an (BGH NZI 2011, 404). Dieselbe zeitliche Differenzierung gilt spiegelbildlich für **Betriebskostenguthaben.** Dieses fällt nur insoweit in die Masse, als es um den Abrechnungszeitraum vor Wirksamkeit der Enthaftung geht; danach steht es dem Mieter zu (FK-InsO/Wegener Rn. 20; Cymutta/Schädlich NZI 2017, 445 (447)). Für eine Klage gegen den Vermieter auf Auszahlung eines nach Enthaftungserklärung entstandenen Nebenkostenguthabens fehlt dem Insolvenzverwalter die Prozessführungsbefugnis (BGH NZI 2014, 614 (615)). Der Verwalter sollte daher Verbrauchsablesungen nicht nur bei Verfahrenseröffnung (→ § 108 Rn. 52), sondern auch bei einer Enthaftung vornehmen.

34.1 Soweit vertreten wird, dass das Betriebskostenguthaben – wie der Kautionsrückzahlungsanspruch – vollständig der Masse zustehen soll, dürfte das durch BGH NZI 2014, 452 überholt sein. Teils wird eine Aufspaltung auch mit der Folge abgelehnt, dass das Betriebskostenguthaben – wie die Kaution – vollständig

Schuldner als Mieter oder Pächter § 109 InsO

an den Schuldner übergehen soll (AG Göttingen NZI 2009, 607). Dies trägt jedoch den Unterschieden zwischen einem zeitlich teilbaren Betriebskostenguthaben für die zeitanteilige Nutzung und der zeitlich unteilbaren Kautionsrückzahlung nicht hinreichend Rechnung.

Mangels Beendigung des Mietverhältnisses gibt es bei der Enthaftung noch keinen fälligen **35 Kautionsrückzahlungsanspruch,** der zur Masse ziehbar wäre. Mit Wirksamkeit der Enthaftungserklärung wird der Anspruch des Schuldners auf Rückzahlung einer die gesetzlich zulässige Höhe nicht übersteigenden Mietkaution vom Insolvenzbeschlag frei und steht dem Schuldner zu (BGH NZI 2017, 444 (445); vgl. Dahl NZM 2008, 585 (587)). Wem der Rückzahlungsanspruch zusteht, war zuvor strittig (offen noch BGH NZI 2014, 452 (453); für einen Anspruch des Mieters FK-InsO/Wegener Rn. 19; für einen Anspruch der Masse noch AG Detmold BeckRS 2016, 20166; K. Schmidt InsO/Ringstmeier Rn. 26).

Mit etwaigen **Schadenersatzansprüchen** wegen der Enthaftung ist der Vermieter, wie Abs. 1 **36** S. 3 insoweit klarstellt, bloßer Insolvenzgläubiger.

Ein solcher **Schaden** kann beispielsweise im Durchsetzungsaufwand bzw. Verzugsschäden oder **37** Zahlungseinstellungen durch den Schuldner liegen, welche der Vermieter gegenüber der Masse nicht erlitten hätte.

Inwieweit solche Schäden vom **Schutzzweck der Norm** erfasst sind, ist differenziert zu beantworten. **37.1** Einerseits wird der Vermieter durch die Überleitung auf den Schuldner dem spezifischen Zahlungsrisiko ausgesetzt, das er unter Umständen gegenüber der sonst haftenden Masse nicht hätte. Andererseits liegt es fern, dass der Gesetzgeber die Masse in die Haftung nehmen wollte, wenn der Schuldner persönlich irgendwann einmal seine Miete nicht (mehr) zahlt, nur weil der Verwalter mit der Enthaftungserklärung dafür die Ursache gesetzt hat. Der strukturelle Gleichlauf von Enthaftung und Kündigung legt nahe, etwaigen Schadensersatz auch hier zeitlich auf Einbußen bis zum **Ablauf der regulären Kündigungsfrist zu beschränken** (Braun/Kroth Rn. 19).

Auch bei **Schadenersatz wegen Beschädigung** der Mietsache ist zu differenzieren: Die Wiederher- **37.2** stellungskosten bei Beschädigungen vor Verfahrenseröffnung sind als Insolvenzforderung im Verfahren anzumelden; insoweit verwirklicht sich für den Vermieter das normale Insolvenzrisiko des Mieters. Beschädigungen während des Nutzungszeitraums durch die Masse führen zu Masseverbindlichkeiten. Ab Enthaftung entstehende Ansprüche richten sich gegen den Schuldner. Unmittelbare Substanzschäden sind – anders als entgangener Gewinn – bereits im Moment der Rechtsgutsverletzung eingetreten, sodass es hier auf das Ende der regulären Kündigungsfrist nicht ankommt.

D. Rücktritt vor Überlassung der Mietsache (Abs. 2)

Abweichend vom Kündigungsrecht des Abs. 1 S. 1 sieht Abs. 2 in der Mieterinsolvenz ein **38** Rücktrittsrecht beider Vertragsparteien vor, wenn das Mietverhältnis bei Verfahrenseröffnung noch nicht durch Überlassung des Mietgegenstands vollzogen war.

I. Tatbestand: Fehlende Überlassung der Mietsache

Tatbestandlich setzt Abs. 2 ein Mietverhältnis iSd Abs. 1 S. 1 voraus und damit ein **fortbeste- 39 hendes Immobilienmietverhältnis** (→ Rn. 7), das der Schuldners vorinsolvenzlich eingegangen ist (→ Rn. 10). Wie auch das Kündigungsrecht nach Abs. 1 S. 1 gilt das Rücktrittsrecht nur in der **Mieterinsolvenz.** In der Insolvenz des Vermieters ist vor Überlassung hingegen nach Ansicht des BGH schon § 108 nicht anwendbar, und der Verwalter hat ein Erfüllungswahlrecht gem. § 103 (BGH NZI 2007, 713 (714); → § 108 Rn. 16).

Der Mietgegenstand darf dem Schuldner im Zeitpunkt der Verfahrenseröffnung **noch nicht 40 überlassen** worden sein. Ab Überlassung wird das Rücktrittsrecht durch das Kündigungsrecht des Abs. 1 S. 1 abgelöst. Auch wenn die Mietsache nach Überlassung an den Vermieter zurück- oder der Besitz daran aufgegeben wird, lebt das Rücktrittsrecht nicht wieder auf (LG Dortmund BeckRS 2008, 08180). Der Vollzug des Mietverhältnisses ohne Ausübung des Rücktritts schneidet dem Verwalter allerdings die Kündigung nach Abs. 1 S. 1 nicht ab (MüKoInsO/Eckert/Hoffmann Rn. 75; K. Schmidt InsO/Ringstmeier Rn. 10).

Noch nicht abschließend geklärt ist das Verhältnis des Rücktrittsrechts in Abs. 2 zur Enthaf- **41** tungserklärung in Abs. 1 S. 2. Es spricht viel dafür, dass das Rücktrittsrecht des Verwalters gem. Abs. 2 bei **persönlichem Wohnraum** des Schuldners **nicht anwendbar** ist und durch die Enthaftung nach Abs. 1 S. 2 verdrängt wird (MüKoInsO/Eckert/Hoffmann Rn. 66; K. Schmidt InsO/Ringstmeier Rn. 32; aA FK-InsO/Wegener Rn. 35).

Auch wenn ein systematischer Vorrang des Abs. 2 als Spezialregelung vor Überlassung gegenüber Abs. 1 **41.1** nicht von der Hand zu weisen ist, dürfte entscheidend der vom Gesetzgeber bei der späteren Einfügung des Abs. 1 S. 2 beabsichtigte **soziale Mieterschutz** sein. Dass der Verwalter das Mietverhältnis über die Wohnung des Schuldners beenden kann, muss (mit K. Schmidt InsO/Ringstmeier Rn. 32) auch dann ausgeschlossen sein, wenn der Mieter beim Umzug das neue Mietverhältnis noch nicht in Vollzug gesetzt hat, weil er in diesem Fall in der Regel das Altmietverhältnis gekündigt haben wird und sonst Gefahr liefe, letztlich ohne Wohnung zu enden. Freilich wird man dann konsequenterweise die Enthaftungserklärung auch vor Überlassung der Mietsache zulassen müssen. Auch vor der Überlassung muss die Masse die Möglichkeit haben, sich von aufoktroyierten Masseverbindlichkeiten zu befreien. Mieterschutzbelange erfordern es nicht, mit der Enthaftung bis zur Überlassung abzuwarten.

41.2 Dasselbe muss dann auch für einen etwaigen Rücktritt des Vermieters gelten, sofern man ihn zulassen will (vgl. MüKoInsO/Eckert, 3. Aufl. 2013, Rn. 69). Bei persönlichem Wohnraum wird **§ 109 Abs. 2 insgesamt verdrängt** (MüKoInsO/Eckert/Hoffmann; aA Voraufl.).

II. Rechtsfolge: Rücktrittsrecht, Erklärungsaufforderung

42 Bis zur Überlassung der Mietsache haben in der Mieterinsolvenz **beide Vertragsparteien** ein Rücktrittsrecht gem. Abs. 2. Für den Verwalter verdrängt dieses das Kündigungsrecht nach Abs. 1 S. 1.

43 Wirksamkeit und Auslegung der **Rücktrittserklärung** als empfangsbedürftige Willenserklärung gem. §§ 133, 157 BGB mit bedingungsfeindlicher Gestaltungswirkung folgen allgemeinen Grundsätzen. Eine Form sieht das Gesetz nicht vor (K. Schmidt InsO/Ringstmeier Rn. 30).

44 Wie schon bei der Kündigung nach Abs. 1 S. 1 sieht Abs. 2 für den Rücktritt keine **Ausübungsfrist** vor. Jede Vertragspartei kann allerdings durch **Erklärungsaufforderung** gem. Abs. 2 S. 3 der anderen eine zweiwöchige Rücktrittsfrist setzen, die bei Nichtausübung für die andere Partei verloren geht (K. Schmidt InsO/Ringstmeier Rn. 31; MüKoInsO/Eckert/Hoffmann Rn. 65). Ohne Erklärungsaufforderung sind die Parteien frei darin, den bestehenden Schwebezustand vor Überlassung auch längere Zeit beizubehalten.

44.1 Teils wird vertreten, dass die **Rücktrittsfrist** nach Aufforderung analog § 107 Abs. 2 erst mit dem **Berichtstermin** beginnen solle (Braun/Kroth Rn. 26; aA MüKoInsO/Eckert/Hoffmann Rn. 63). Abgesehen davon, dass § 107 Abs. 2 nach hier vertretener Ansicht schon grundsätzlich nicht analogiefähig ist (→ § 107 Rn. 33), gibt es auch speziell für eine Anwendung auf § 109 Abs. 2 S. 3 keinen Grund, da es hier nicht um einen schützenswerten vorübergehenden Erhalt von Besitzes und Nutzung an einer schon von der Masse genutzten Sache geht, sondern die Masse den Mietgegenstand noch gar nicht nutzt.

45 Im Falle des Rücktritts erlöschen die Erfüllungsansprüche, und das Mietverhältnis wandelt sich in ein **Rückgewährschuldverhältnis** gem. §§ 346 ff. BGB, in dem etwaige schon erbrachte Leistungen (Kaution, Schlüsselübergabe etc) zurückzugeben sind. Zur Abwicklung beendeter Mietverhältnisse → § 108 Rn. 56; zur Rechtslage bei mehreren Mitmietern → Rn. 17.

46 Wird das Rücktrittsrecht nicht ausgeübt und der Vertrag durch Überlassung der Mietsache in Vollzug gesetzt, so bleibt das **Kündigungsrecht** des Abs. 1 S. 1 dennoch erhalten (MüKoInsO/Eckert/Hoffmann Rn. 75; K. Schmidt InsO/Ringstmeier Rn. 10; Braun/Kroth Rn. 25).

47 Etwaige **Schadenersatzansprüche** des Vermieters beim Rücktritt des Verwalters wegen vorzeitiger Beendigung sind nach der Klarstellung des Abs. 3 S. 2 – ebenso wie gem. Abs. 1 S. 3 (→ Rn. 18) – Insolvenzforderungen.

E. Verhältnis zu anderen Vorschriften

48 § 109 ist **gem. § 119 unabdingbar.** Die Rechte zu Kündigung, Enthaftung oder Rücktritt können dem Verwalter nicht durch eine vorinsolvenzliche Vereinbarung entzogen oder – zB durch zusätzliche Tatbestandsvoraussetzungen – beschränkt werden. Gleiches gilt für das Rücktrittsrecht des Vermieters. Kündigungsrechte des Vermieters, die als insolvenzabhängige Lösungsklauseln spezifisch an zB Insolvenzantrag und Verfahrenseröffnung knüpfen, sind unwirksam (BGH NZI 2014, 25 (26); → § 119 Rn. 21). Zulässig in Mietverhältnissen mit mehreren Mietern sind **Ausscheidensklauseln** für den insolvenzbedingt kündigenden Mieter, welche die Fortsetzung des Mietverhältnisses mit den verbleibenden Mietern ermöglichen (BGH NZI 2013, 414 (416)). Eine solche Regelung berührt nicht den Regelungsbereich des § 109, da sie das Kündigungsrecht des Verwalters nicht einschränkt, sondern das Verhältnis des Vertragspartners zu Dritten regelt.

49 In Verfahrenskonstellationen, in denen die InsO keinen Insolvenzverwalter vorsieht, ist für die Ausübung aller Befugnisse des § 109 derjenige zuständig, der funktional die Aufgaben des Verwalters wahrnimmt. Das ist bei der **Eigenverwaltung** der Schuldner selbst, der seine Befugnisse im Einvernehmen mit dem Sachwalter ausüben soll (§ 279).

Für die Mitgliedschaft in **Wohnungsgenossenschaften** ist § 67c GenG zu beachten. Hier **50** bestehen zwischen Mieter und Genossenschaft als Vermieter in der Regel **zwei** parallele **Rechtsverhältnisse:** Zum einen hat der Mieter ein schuldrechtliches Nutzungsrecht an der Wohnung auf vertragstypologisch in der Regel mietvertraglicher Grundlage (BGH NZI 2012, 770 (771)). Zum anderen ist der Anteile haltende Mieter Gesellschafter der Genossenschaft. In aller Regel ist die Nutzung der Wohnung von der fortgesetzten Mitgliedschaft in der Genossenschaft abhängig. Nach Ansicht des BGH findet § 109 Abs. 1 S. 2 **nur auf das Mietverhältnis** Anwendung (BGH NZI 2009, 374). Kündigte der Verwalter die Mitgliedschaft, um das Auseinandersetzungsguthaben (§ 73 GenG) zur Masse zu ziehen, entfiel in der Regel auch die Grundlage der Nutzungsberechtigung.

Um den sozialen Mieterschutz hier nicht leer laufen zu lassen, hat der Gesetzgeber im Jahr 2013 **51** flankierend auch die Möglichkeit zur Kündigung der Mitgliedschaft in § 67c GenG beschränkt. Hiernach ist die **Kündigung der Mitgliedschaft** in einer Wohnungsgenossenschaft durch den Insolvenzverwalter **ausgeschlossen,** wenn die Mitgliedschaft Nutzungsvoraussetzung für Wohnraum ist und das Geschäftsguthaben höchstens das Vierfache der Nettokaltmiete oder 2.000 EUR beträgt oder bei höheren Beträgen diese durch Teilkündigungen einzelner Geschäftsanteile vermindert werden können.

Die Neufassung gilt nicht für **Altfälle** vor dem 19.7.2013 (BGH NZI 2014, 953). Sofern hiernach **51.1** eine Kündigung der Mitgliedschaft möglich ist, fällt das Auseinandersetzungsguthaben in die Masse (BGH ZInsO 2011, 93 = BeckRS 2010, 31037). Für Altfälle hat der BGH eine Satzungsbestimmung, nach welcher der Anspruch auf Auszahlung des Auseinandersetzungsguthabens die Rückgabe der Wohnung voraussetzt, zwar für wirksam gehalten, der Wohnungsgenossenschaft jedoch im Einzelfall die Berufung hierauf gem. § 242 BGB verwehrt (BGH WM 2018, 1140). Eine solche Massebegünstigung über § 242 BGB erscheint methodisch problematisch, da die Rechtslage bei Verfahrenseröffnung vom Verwalter hinzunehmen ist und gerade keine insolvenzspezifische Norm wie § 119 diese Gestaltung ausschließt. Es spricht einiges dafür, eine derartige Ausübungskontrolle über § 242 BGB auf Extremfälle ähnlich dem entschiedenen zu beschränken, in denen die Satzung (i) die Auszahlung des Guthabens zeitlich unbegrenzt ausschließt, (ii) dies auch für Geschäftsanteile gilt, welche für eine Wohnungsnutzung nicht erforderlich sind, und (iii) keine Möglichkeit besteht, die Fälligkeit zB durch Stellung von Sicherheiten herbeizuführen (vgl. BGH WM 2018, 1140 (1141)).

§ 110 Schuldner als Vermieter oder Verpächter

(1) ¹Hatte der Schuldner als Vermieter oder Verpächter eines unbeweglichen Gegenstands oder von Räumen vor der Eröffnung des Insolvenzverfahrens über die Miet- oder Pachtforderung für die spätere Zeit verfügt, so ist diese Verfügung nur wirksam, soweit sie sich auf die Miete oder Pacht für den zur Zeit der Eröffnung des Verfahrens laufenden Kalendermonat bezieht. ²Ist die Eröffnung nach dem fünfzehnten Tag des Monats erfolgt, so ist die Verfügung auch für den folgenden Kalendermonat wirksam.

(2) ¹Eine Verfügung im Sinne des Abs. 1 ist insbesondere die Einziehung der Miete oder Pacht. ²Einer rechtsgeschäftlichen Verfügung steht eine Verfügung gleich, die im Wege der Zwangsvollstreckung erfolgt.

(3) ¹Der Mieter oder der Pächter kann gegen die Miet- oder Pachtforderung für den in Abs. 1 bezeichneten Zeitraum eine Forderung aufrechnen, die ihm gegen den Schuldner zusteht. ²Die §§ 95 und 96 Nr. 2 bis 4 bleiben unberührt.

Überblick

§ 110 ist im Regelungszusammenhang der §§ 108 ff. InsO zu lesen. Bei gem. § 108 Abs. 1 fortbestehenden Miet- oder Pachtverhältnissen über unbewegliche Gegenstände oder Räume schuldet die Masse in der Vermieterinsolvenz weiterhin Gebrauchsüberlassung. Damit Miet- bzw. Pachtzins als Gegenleistung in die Masse fließen, können Vorausverfügungen und Aufrechnungen hierüber nur beschränkt vorgenommen werden. Nach **Abs. 1 S. 1 und 2** sind **Vorausverfügungen** des Vermieters über die Mietforderungen aus einem gem. § 108 Abs. 1 S. 1 fortbestehenden Mietverhältnis (→ Rn. 5), welche die Zeit nach Verfahrenseröffnung betreffen (→ Rn. 9), unwirksam, soweit diese über den Eröffnungsmonat – bzw. bei Verfahrenseröffnung in der zweiten Monatshälfte auch den Folgemonat – hinausgehen (→ Rn. 15). **Abs. 2** stellt klar, dass unter den **Verfügungsbegriff** auch Einziehungen des Mietzinses und Zwangsvollstreckungsmaßnahmen

InsO § 110 Dritter Teil. Wirkungen der Eröffnung des Insolvenzverfahrens

fallen (→ Rn. 13). Der zeitlich gleichlaufende **Abs. 3** erweitert als Spezialvorschrift zu § 96 Abs. 1 Nr. 1 die **Aufrechnungsbefugnisse** des Mieters für den in Abs. 1 genannten Zeitraum; die Unwirksamkeit einer Aufrechnung im Übrigen ergibt sich aus § 96 (→ Rn. 17).

Übersicht

	Rn.		Rn.
A. Normzweck und Systematik	1	3. Inbesondere Einziehung und Zwangsvollstreckungsmaßnahmen (Abs. 2)	13
B. Unwirksamkeit von Vorausverfügungen (Abs. 1, 2)	4	II. Rechtsfolge: Unwirksamkeit nach Fristablauf	15
I. Tatbestand	5	C. Aufrechnung (Abs. 3)	17
1. Fortbestehendes Immobilienmietverhältnis in der Vermieterinsolvenz	5	D. Verhältnis zu anderen Vorschriften	22
2. Vorinsolvenzliche Vorausverfügung des Schuldners über Mietforderung für Zeit nach Eröffnung	9	I. Unwirksamkeit abweichender Vereinbarungen (§ 119)	22
		II. Insolvenzanfechtung	23

A. Normzweck und Systematik

1 Die Beschränkung von Vorausverfügungen des Vermieters in § 110 ist als Teil der Sonderregelungen in §§ 109–113 systematisch eng mit der Fortbestehensanordnung des § 108 für Dauerschuldverhältnisse verzahnt. Wo § 108 Abs. 1 den Fortbestand von Miet- und Pachtverhältnissen über unbewegliche Gegenstände oder Räume anordnet und das Erfüllungswahlrecht des Verwalters nach § 103 ausschließt, trägt § 110 in der Vermieterinsolvenz den berechtigten Verwertungsbelangen der Masse Rechnung. Wenn die Masse im Rahmen fortbestehender Immobilienmietverhältnisse ab Verfahrenseröffnung weiterhin Leistungen erbringen muss und **Gebrauchsgewährung** an den Mietgegenständen als aufoktroyierte Masseverbindlichkeit **schuldet,** soll ihr auch die damit korrespondierende **Gegenleistung zufließen** (zur vergleichbaren Rechtslage bei der Erfüllungswahl → § 103 Rn. 4). Daher soll § 110 nach Ansicht des Gesetzgebers die Unwirksamkeit von Vorausverfügungen über die zukünftige Miete bewirken, um der Masse für ab Verfahrenseröffnung erbrachte Leistungen auch die Gegenleistungen des Mieters zukommen zu lassen. Diese Folge ergibt sich bereits aus § 91 im Zusammenspiel § 110 als lex specialis.

1.1 Die Unwirksamkeit von Vorausverfügungen hat ihr Vorbild in § 21 Abs. 2 und 3 KO. Abweichend von der früheren Rechtslage sollen nach der Vorstellung des Gesetzgebers allerdings auch Vorausverfügungen vor Überlassung des Mietgegenstandes erfasst werden (RegE, BT-Drs. 12/2443, 147).

1.2 Wenn man mit der Rechtsprechung davon ausgeht, dass Miet- und Pachtforderungen jeweils erst für die von ihnen betroffenen Zeitabschnitte entstehen (BGH NZI 2007, 158 (159); NZI 2005, 164), ist eine Vorausverfügung eigentlich **schon nach § 91 unwirksam** (K. Schmidt InsO/Ringstmeier Rn. 1; Braun/Kroth Rn. 9; eingehend MüKoInsO/Eckert/Hoffmann Rn. 3 ff.). Dieser wird in seinem Anwendungsbereich von § 110 verdrängt (BGH NZI 2007, 158 (159); NZI 2013, 586 (588)). Entgegen der Vorstellung des Gesetzgebers, dass § 110 die Unwirksamkeit von Vorausverfügung bewirkt (RegE, BT-Drs. 12/2443, 147), hat **§ 110 als lex specialis** eher die vorübergehende **Privilegierung** des Zessionars (Abs. 1, 2) bzw. des vorauszahlenden Mieters (Abs. 3) im genannten Zeitraum zur Folge (OLG Frankfurt a. M. BeckRS 2018, 38394).

2 Die Regelung in **Abs. 2,** dass auch Verfügungen im Wege der Zwangsvollstreckung – einschließlich Arrest und einstweiliger Verfügung – unwirksam sind, nimmt die bereits unter der KO bestehende Rechtslage **klarstellend** auf (RegE, BT-Drs. 12/2443, 147).

3 Ebenfalls klarstellend gegenüber der Vorgängernorm § 21 Abs. 3 KO erweitert **Abs. 3** als Spezialvorschrift zu § 96 Abs. 1 Nr. 1 – im zeitlichen Gleichlauf zu Abs. 1 – die **Aufrechnungsbefugnisse** des Mieters. Andere Aufrechnungsbeschränkungen als § 96 Abs. 1 Nr. 1 bleiben hiervon unberührt (RegE, BT-Drs. 12/2443, 147).

B. Unwirksamkeit von Vorausverfügungen (Abs. 1, 2)

4 Vorausverfügungen des Vermieters über die Mietforderungen aus einem gem. § 108 Abs. 1 S. 1 fortbestehenden Immobilienmietverhältnis (→ Rn. 5) für die Zeit nach Verfahrenseröffnung (→ Rn. 9) sind in der Vermieterinsolvenz unwirksam, soweit diese über den Eröffnungsmonat – bzw. bei Verfahrenseröffnung in der zweiten Monatshälfte auch den Folgemonat – hinausgehen

Schuldner als Vermieter oder Verpächter § 110 InsO

(→ Rn. 15). Dies betrifft auch Einziehungen des Mietzinses und Zwangsvollstreckungsmaßnahmen (→ Rn. 13).

I. Tatbestand

1. Fortbestehendes Immobilienmietverhältnis in der Vermieterinsolvenz

§ 110 Abs. 1 setzt ein gem. § 108 Abs. 1 S. 1 fortbestehendes Miet- oder Pachtverhältnis über 5 unbewegliche Gegenstände oder Räume (nachfolgend: **Immobilienmietverhältnis**) voraus und knüpft damit an die dort dargestellten Voraussetzungen an (→ § 108 Rn. 4). Enger als § 108 Abs. 1 S. 1 ist § 110 nur in der **Vermieterinsolvenz** anwendbar. Der Schuldner muss das Immobilienmietverhältnis als Vermieter vor Verfahrenseröffnung wirksam abgeschlossen haben, und dieses muss noch bestehen.

Mietgegenstand sind damit nur **unbewegliche** Gegenstände oder Räume, die der Schuldner 6 vorinsolvenzlich vermietet oder verpachtet hatte. Als Mietverhältnisse iSd § 110 kommen auch – wie bei § 108 – Immobilienleasingverträge in Betracht (vgl. BGH NZI 2013, 586 (588)); ferner Untermietverträge in der Insolvenz des Hauptmieters. Die Eigentümerstellung des Vermieters wird von § 110 ebenso wenig wie von § 108 vorausgesetzt (K. Schmidt InsO/Ringstmeier Rn. 4).

Miet- und Pachtverhältnisse über **bewegliche** Sachen sind von § 110 **nicht** erfasst (allgM 7 Uhlenbruck/Wegener Rn. 4). Dies gilt selbst dann, wenn diese wie bei **drittfinanziertem Mobilienleasing** gem. § 108 Abs. 1 S. 2 fortbestehen, weil diese Spezialvorschrift gerade die wirksame Abtretung der Leasingraten an die finanzierende Bank sicherstellen soll und damit § 110 zuwider liefe (RSZ InsO/Zeuner Rn. 1; → § 108 Rn. 60).

Ob § 110 die vorinsolvenzliche **Überlassung der Mietsache** erfordert, ist nicht abschließend 8 geklärt. Nach der Vorstellung des Gesetzgebers sollte § 110 unabhängig von der Überlassung der Mietsache zur Anwendung kommen (RegE, BT-Drs. 12/2443, 147). Nachdem allerdings der BGH die Überlassung zum ungeschriebenen Tatbestandsmerkmal des § 108 in der Vermieterinsolvenz erklärt hat (→ § 108 Rn. 16), spricht einiges dafür, dieses Erfordernis auf § 110 zu übertragen, sofern man – entgegen der hier vertretenen Ansicht – dem BGH bei § 108 folgen will.

Im Schrifttum zeigt sich ein unterschiedliches Bild (gegen das Überlassungserfordernis FK-InsO/Wege- 8.1 ner Rn. 4; KPB/Tintelnot Rn. 12; Braun/Kroth Rn. 7; dafür Uhlenbruck/Wegener Rn. 5; offen K. Schmidt InsO/Ringstmeier Rn. 6; RSZ InsO/Zeuner Rn. 1; differenzierend für die Möglichkeit des Verwalters, die Mietsache noch zu überlassen MüKoInsO/Eckert/Hoffmann Rn. 14). Im Wortlaut hat sich die Ansicht des Gesetzgebers, dass es auf die Überlassung nicht ankomme, nicht niedergeschlagen. Systematisch knüpft § 110 gerade an die Fortbestandsanordnung des § 108 Abs. 1 S. 1, den der BGH vor Überlassung für nicht eröffnet hält. Im Anwendungsbereich des Erfüllungswahlrechts gem. § 103 ist für § 110 eigentlich kein Raum. Wählt der Verwalter nicht Erfüllung, ist schon die Masse nicht zur Leistung verpflichtet, sodass auch die Gegenleistung im funktionellen Synallagma nicht zur Masse gezogen werden braucht und Vorausabtretungen wirksam bleiben (→ § 103 Rn. 110). Bei Erfüllungswahl hingegen sind Vorausabtretungen der Masse an Dritte ohnehin unwirksam (→ § 103 Rn. 109). Die Absicht des Gesetzgebers, gerade die Unwirksamkeit der Vorausverfügungen anzuordnen, wird schon durch neuere Rechtsprechung zu § 103 erreicht. Bei Anwendung des § 110 würde daher dessen vorübergehende Privilegierung des Zessionars iRd § 108 auch auf § 103 übertragen. Die hieraus resultierende Ungleichbehandlung mit anderen § 103 unterfallenden Dauerschuldverhältnissen wäre schwer rechtfertigungsfähig.

2. Vorinsolvenzliche Vorausverfügung des Schuldners über Mietforderung für Zeit nach Eröffnung

Regelungsgegenstand des § 110 Abs. 1 sind **vorinsolvenzliche Verfügungen** des Schuldners 9 **über die Mietforderung** für die der Eröffnung nachfolgende Zeit. Hauptanwendungsfälle sind Abtretungen oder Verpfändungen der Miete zugunsten Dritter sowie deren Einziehung.

Im Einklang mit dem allgemeinen zivilrechtlichen Begriffsverständnis ist eine **Verfügung** auch 10 für die Zwecke des § 110 jedes Rechtsgeschäft, das ein Recht aufhebt, überträgt, belastet oder seinen Inhalt ändert. Dies betrifft insbesondere Abtretungen (vgl. OLG Brandenburg ZInsO 2012, 1946), Belastung mit Sicherungsrechten (zB Verpfändung), Rechtsgeschäfte mit Erlöschenswirkung wie Erlass oder Erfüllung, aber auch Stundung und sonstige Änderung der Zahlungsmodalitäten (BGH NZI 1999, 68 (70) zu § 1124 BGB; Uhlenbruck/Wegener Rn. 8; Braun/Kroth Rn. 3). In diesem Zusammenhang stellt Abs. 2 klar, dass auch die Einziehung der Miete sowie Verfügungen im Wege der Zwangsvollstreckung von § 110 erfasst sind (→ Rn. 13). Änderungen des Mietvertrages selbst wie solche der Laufzeit oder der Miethöhe sind nicht Gegenstand des § 110 (RSZ InsO/

InsO § 110 Dritter Teil. Wirkungen der Eröffnung des Insolvenzverfahrens

Zeuner Rn. 2; MüKoInsO/Eckert/Hoffmann Rn. 18). Wird das schuldrechtliche Kausalgeschäft geändert (bspw. die geschuldete Miete reduziert), so führt § 110 im Insolvenzfall nicht zur Unwirksamkeit einer solchen Vereinbarung. Eine von § 110 erfasste Forderung ist dann als Verfügungsgegenstand von vornherein nur in der vereinbarten Höhe entstanden. Der Verwalter hat das Schuldverhältnis grundsätzlich in seinem Bestand hinzunehmen (→ § 103 Rn. 70). Insofern ist zu unterscheiden, ob im Voraus über eine für einen bestimmten Überlassungszeitraum entstehende Forderung verfügt wurde (dann § 110) oder ob eine Forderung aufgrund einer generellen Änderung des Grundverhältnisses bereits schon nicht entsteht (dann ggf. §§ 129 ff.). Die Verfügung muss im Übrigen **wirksam** sein; insbesondere sind die allgemeinen Anforderungen an die Bestimmtheit des Verfügungsgegenstandes zu beachten.

11 Die vorinsolvenzliche Verfügung muss nach Verfahrenseröffnung entstehende, **künftige Forderungen auf Zahlung der Miete** zum Gegenstand haben. Diese entstehen in der Regel korrespondierend mit der jeweiligen periodischen Gebrauchsüberlassung (BGH NZI 2013, 586 (589); → § 108 Rn. 43.1). Verfügungen über Forderungen für den Zeitraum vor Verfahrenseröffnung sind von § 110 nicht erfasst, da die Masse insofern keine Leistungen erbringen muss und es zum Schutz des funktionellen Synallagmas keinen Grund gibt, auch diese Gegenleistungen zur Masse zu ziehen.

11.1 Soweit Mietzahlungen nicht wie üblich mit den jeweiligen Gebrauchsüberlassungsperioden korrespondieren, ist durch **Auslegung** zu ermitteln, für **welchen Überlassungszeitraum** die Zahlungen die Gegenleistung bilden. Vorinsolvenzliche **Einmalzahlungen** des Mieters an den Vermieter sind als Gegenleistung dem Schuldner zugeflossen und können nicht wegen § 110 für die Zeit nach Verfahrenseröffnung erneut gefordert werden (BGH NJW 2007, 2919 zu § 1124 BGB; Uhlenbruck/Wegener Rn. 7; Braun/Kroth Rn. 4; aA K. Schmidt InsO/Ringstmeier Rn. 7). Insoweit ist hier auch der vorleistende Mieter durch die Fortbestandsanordnung des § 108 Abs. 1 S. 1 geschützt. Auch die Vereinbarung von **Baukostenzuschüssen**, bei denen der Mieter im Gegenzug für übernommene Renovierungsarbeiten zeitweise von der Pflicht zur Mietzahlung entbunden wird, ist in der Vermieterinsolvenz unter den vom BGH aufgestellten Voraussetzungen insolvenzfest, wenn die vereinbarte Vorleistung des Mieters aus seinem Vermögen vereinbarungsgemäß der Finanzierung der Herstellung oder Instandsetzung eines Gebäudes dient und die dadurch bewirkte Wertsteigerung des Grundstückes der Masse zugute kommt. In diesem Fall wäre es mit Treu und Glauben nicht zu vereinbaren, wenn die Miete im Insolvenzfall nochmals geleistet werden müsste (BGH NJW 1952, 867 zu § 21 KO; BGH NZM 2012, 301 für die Einzelvollstreckung; OLG Frankfurt a. M. BeckRS 2018, 38394; OLG Rostock BeckRS 2006, 10064; OLG Brandenburg BeckRS 2006, 12571; aA OLG Schleswig ZInsO 2001, 239 für Gewerberaummiete; AG Dortmund NZI 2017, 897; AG Hamburg ZInsO 2017, 2625 ohne Diskussion der BGH-Rspr.). Die Aufhebung des § 57c ZVG aF hat hieran nach hier vertretener Ansicht nichts geändert (Berberich NZI 2017, 896).

11.2 Mietforderungen umfassen nur solche Zahlungen des Mieters, die im Synallagma zur Gebrauchsüberlassung durch die Masse stehen. § 110 ist nach hier vertretener Ansicht nicht auf **Nebenpflichten** und vertraglich übergewälzte **Schönheitsreparaturen** anwendbar, selbst wenn man diese spalten und auf die Zeiten vor und nach Verfahrenseröffnung allokieren wollen würde (so hM MüKoInsO/Eckert/Hoffmann Rn. 15; K. Schmidt InsO/Ringstmeier Rn. 7; FK-InsO/Wegener Rn. 5). Der Vermieter kann die Gebrauchsüberlassung bei fehlender Ausführung der Schönheitsreparaturen nicht gem. § 320 BGB verweigern, weil diese grundsätzlich von ihm zu erbringende Leistung nur dem Mieter zugutekommt (vgl. BGH NJW 1990, 2376 (2377) zur Anwendung des § 326 Abs. 1 S. 2 aF BGB). Zwar mögen Schönheitsreparaturen wirtschaftlich werthaltig sein, jedoch schränkt eine Überwälzung auf den Mieter im Gegenseitigkeitsverhältnis den vom Vermieter übernommenen Umfang der Gebrauchserhaltung ein und reduziert damit auch den vom Mieter geschuldeten und abtretbaren Mietzins. Der diskutierte Anwendungsfall des § 110, in dem der Vermieter auf Schönheitsreparaturen verzichtet (vgl. MüKoInsO/Eckert/Hoffmann Rn. 15), wäre ohnehin nicht eindeutig von § 110 erfasst, da es hier wohl eher um Abbedingung der Schönheitsreparaturen als Änderung des Kausalgeschäftes gehen würde, die von § 110 nicht erfasst ist (→ Rn. 10).

12 Der **Schuldner** muss die Verfügung vor Verfahrenseröffnung vorgenommen haben. Unerheblich ist, ob er im Eröffnungsverfahren mit oder ohne Zustimmung des schwachen vorläufigen Verwalters verfügt hat. Kein Fall des § 110 sind demgegenüber Verfügungen, die der starke **vorläufige Verwalter** im Eröffnungsverfahren vorgenommen hat, diese sind genauso wirksam wie Verfügungen des Verwalters nach Verfahrenseröffnung (Uhlenbruck/Wegener Rn. 9). In diesen Fällen wären Verfügungen des Schuldners ohnehin gem. § 81 Abs. 1 unwirksam, ohne dass es auf § 110 ankäme.

3. Inbesondere Einziehung und Zwangsvollstreckungsmaßnahmen (Abs. 2)

Beispielhaft stellt Abs. 2 S. 1 klar, dass auch die **Einziehung** der Miete oder Pacht eine Verfügung darstellt. Damit trifft das Insolvenzrisiko den Mieter, der bereits im Voraus das Entgelt für einen Zeitraum über § 110 Abs. 1 hinaus entrichtet hat und dies unter Umständen nochmal an die Masse leisten muss, ohne dass ein Rückgriff gegen den Vermieter persönlich Erfolg versprechend wäre. Insofern verwirklicht sich hier das allgemeine Vorleistungsrisiko im Insolvenzfall. Zu nicht klar allokierbaren Zahlungen und Einmalzahlungen aber → Rn. 11.1.

Vorausverfügungen umfassen neben den oben genannten rechtsgeschäftlichen Verfügungen auch solche im Wege der **Zwangsvollstreckung** in künftige Mietforderungen. Damit stellt Abs. 2 S. 2 klar, was auch schon unter der KO anerkannt war (RegE, BT-Drs. 12/2443, 147). Unter die nach Ablauf der Frist des Abs. 1 unwirksamen Zwangsvollstreckungsmaßnahmen fallen alle im Achten Buch der ZPO genannten, dh neben den eigentlichen Vollstreckungsmaßnahmen auch **Sicherungsmaßnahmen** wie Arrest und einstweilige Verfügung (RegE, BT-Drs. 12/2443, 147; SLZ 110, 5). Absonderungsberechtigte Grundpfandgläubiger können im Haftungsverband mithaftende Mieten nicht ohne Zwangsverwaltung pfänden (RSZ InsO/Zeuner Rn. 5). Generell anwendbar bleibt die **Rückschlagsperre** des § 88 und führt zur Unwirksamkeit von Vollstreckungsmaßnahmen im letzten Monat vor Verfahrenseröffnung, auch wenn § 110 in seinem zeitlichen Anwendungsbereich die Wirksamkeit vorsehen würde (K. Schmidt InsO/Ringstmeier Rn. 9).

II. Rechtsfolge: Unwirksamkeit nach Fristablauf

Die von § 110 erfassten Vorausverfügungen sind nur bis zum Ablauf der in Abs. 1 genannten Fristen wirksam und danach unwirksam. Zeitlich wie folgt zu differenzieren: Verfügungswirkungen für die Zeit **vor Verfahrenseröffnung** sind von § 110 nicht erfasst und wirksam (vgl. OLG Stuttgart BeckRS 2007, 03387). Während des Eröffnungsverfahrens tritt die Unwirksamkeitsfolge noch nicht ein (Uhlenbruck/Wegener Rn. 3; aA LG Erfurt NZI 2004, 599). Für die Zeit **nach Verfahrenseröffnung** kommt es auf deren Zeitpunkt an: Erfolgt diese bis zum 15. eines Monats, ist die Verfügung noch für alle in den Zeitraum bis zum Ende dieses Kalendermonats fallenden Ansprüche wirksam. Erfolgt die Eröffnung nach dem 15. eines Monats, gilt dies auch noch für den auf den Eröffnungsmonat folgenden Kalendermonat. Vorausverfügungen für den Zeitraum danach sind unwirksam.

Diese Unwirksamkeit ergibt sich dogmatisch aus dem Zusammenspiel zwischen § 91 und § 110. Da Miet- und Pachtforderungen jeweils erst für die von ihnen betroffenen Zeitabschnitte entstehen (BGH NZI 2013, 586 (589); NZI 2007, 158 (159); NZI 2005, 164), wäre eine Vorausverfügung im Grunde **schon nach § 91 unwirksam** (K. Schmidt InsO/Ringstmeier Rn. 1; Braun/Kroth Rn. 9). Dieser wird in seinem Anwendungsbereich von § 110 verdrängt (BGH NZI 2007, 158 (159); NZI 2013, 586 (588)). Entgegen der Vorstellung des Gesetzgebers, dass § 109 zum Schutz der Masse die Unwirksamkeit von Vorausverfügung bewirkt (RegE, BT-Drs. 12/2443, 147), hat § 110 praktisch die Privilegierung des Zessionars (Abs. 1, 2) bzw. des vorauszahlenden Mieters (Abs. 3) im genannten Zeitraum zur Folge, in dem § 91 nicht zur Anwendung kommt. Ob sich die Unwirksamkeit für die Zeit danach aus § 91 ergibt, der insofern wieder zur Anwendung kommt (Braun/Kroth Rn. 8; K. Schmidt InsO/Ringstmeier Rn. 1), oder direkt aus § 110 folgt (KPB/Tintelnot Rn. 8), wenn man ihn als lex specialis gegenüber § 91 mit inhaltsgleicher Rechtsfolge sieht, dürfte kaum praktische Auswirkungen haben.

Hiernach können Vorausverfügungen je nach Eröffnungszeitpunkt für einen Zeitraum zwischen einem halben bis zu anderthalb Monaten wirksam sein. Leistungen für diesen Zeitraum gebühren im Fall der Vorausabtretung dem **Zessionar;** ihm steht insoweit ein Absonderungsrecht zu (K. Schmidt InsO/Ringstmeier Rn. 11). Soweit die Vorausabtretung über diesen Zeitraum hinaus unwirksam ist, kann der Verwalter an den Zessionar geleistete Zahlungen entweder vom Mieter erneut zur Masse verlangen und den Mieter auf einen Kondiktionsanspruch gegen den Zessionar verweisen, oder der Verwalter kondiziert gem. § 816 Abs. 2 BGB selbst gegenüber dem Zessionar (vgl. OLG Schleswig BeckRS 2016, 03695). Hat der **Mieter vorgeleistet,** beschränkt sich auch die Erfüllungswirkung seiner Zahlung auf den genannten Zeitraum. Darüber hinaus bleibt der Mieter gegenüber der Masse zur Leistung verpflichtet. Verlangt der Verwalter erneute Leistung, kann sich der Mieter nicht auf Erfüllung berufen und muss nochmal leisten. Seine erbrachte Vorleistung kann er vom Zahlungsempfänger kondizieren. Ist dies der Schuldner, hat der Mieter einen Rückgewähranspruch als Insolvenzforderung, die er nicht gegen Masseforderungen auf lfd. Mietzahlungen aufrechnen kann (RSZ InsO/Zeuner Rn. 6; Braun/Kroth Rn. 9).

C. Aufrechnung (Abs. 3)

17 Abs. 3 betrifft die Aufrechnung, die ein Mieter mit einem ihm gegen den insolventen Vermieter zustehenden Anspruch (Gegenforderung) gegen einen Anspruch des Vermieters aus einem gem. § 108 Abs. 1 S. 1 fortbestehenden Immobilienmietverhältnis (Hauptforderung) erklärt, soweit diese den in Abs. 1 bezeichneten Zeitraum betrifft.

18 Da die Mietforderungen jeweils zeitraumbezogen neu entstehen (→ Rn. 15.1), wäre eine Aufrechnung von Insolvenzforderungen gegen die Mietforderungen für die Zeit nach Verfahrenseröffnung eigentlich nach § 96 Abs. 1 Nr. 1 unwirksam, soweit der Mieter letztere erst nach Verfahrenseröffnung zur Masse schuldig geworden ist. Jedoch schließt Abs. 3 S. 1 als **lex specialis** die Anwendung des § 96 Abs. 1 Nr. 1 aus (RegE, BT-Drs. 12/2443, 147). Im zeitlichen **Gleichlauf zu Abs. 1** ermöglicht Abs. 3 dem Mieter für diesen Zeitraum, in welchem die Mietforderungen nach Abs. 1 (noch) nicht der Masse gebühren, eine Aufrechnung und **erweitert** so seine **Aufrechnungsmöglichkeiten.** Nach Ablauf des in Abs. 1 genannten Zeitraums kommt § 96 Abs. 1 Nr. 1 zur Anwendung und eine Aufrechnung ist nicht mehr möglich.

19 An den **Rechtsgrund** und die **Art** der zur Aufrechnung gestellten **Gegenforderung** des Mieters stellt Abs. 3 S. 1 keine besonderen Anforderungen, sodass alle Arten aufrechenbarer Forderungen in Betracht kommen (BGH NZI 2007, 164 (165)). Häufig wird es sich um Vorauszahlungen oder Überzahlungen handeln. So kann der Mieter etwa mit Betriebskostenguthaben aus Zeiträumen vor Insolvenzeröffnung gegen Mietforderungen noch für den Zeitraum des Abs. 1 aufrechnen. Es kommt hier auf den Zeitpunkt der Entstehung, nicht der Abrechnung an (→ § 108 Rn. 53).

20 Von der Privilegierung des Abs. 3 unberührt bleiben die **allgemeinen Aufrechnungsvoraussetzungen,** die weiterhin gegeben sein müssen (RSZ InsO/Zeuner Rn. 7). Abs. 3 S. 2 stellt ferner klar, dass die besonderen Beschränkungen der **§§ 95 und 96 Nr. 2–4 anwendbar** bleiben und durch Abs. 3 nicht beschränkt werden (BGH NZI 2007, 164 (165); RegE, BT-Drs. 12/2443, 147). Daher kann der Mieter bspw. nicht mit einer erst nach Eröffnung von einem Dritten oder in anfechtbarer Weise erworbenen Forderung aufrechnen (§ 96 Abs. 1 Nr. 2 und 3).

21 Auf **Zurückbehaltungsrechte** des Mieters ist Abs. 3 nicht – mangels planwidriger Regelungslücke auch nicht analog – anwendbar (MüKoInsO/Eckert/Hoffmann Rn. 29; RSZ InsO/Zeuner Rn. 7; Braun/Kroth Rn. 14; aA FK-InsO/Wegener Rn. 19).

D. Verhältnis zu anderen Vorschriften

I. Unwirksamkeit abweichender Vereinbarungen (§ 119)

22 Von § 110 abweichende oder diesen beschränkende vertragliche Vereinbarungen vor Verfahrenseröffnung sind gem. § 119 unwirksam. Dies gilt etwa für Abs. 3 entgegen laufende vertragliche Aufrechnungsverbote.

II. Insolvenzanfechtung

23 Die Anfechtungsrechte der §§ 129 ff. bleiben unberührt. Auch in den Grenzen des § 110 wirksame Vorausverfügungen können anfechtbar sein (BGH ZIP 1997, 513 = DtZ 1997, 156).

§ 111 Veräußerung des Miet- oder Pachtobjekts

¹**Veräußert der Insolvenzverwalter einen unbeweglichen Gegenstand oder Räume, die der Schuldner vermietet oder verpachtet hatte, und tritt der Erwerber anstelle des Schuldners in das Miet- oder Pachtverhältnis ein, so kann der Erwerber das Miet- oder Pachtverhältnis unter Einhaltung der gesetzlichen Frist kündigen.** ²**Die Kündigung kann nur für den ersten Termin erfolgen, für den sie zulässig ist.**

Überblick

§ 111 ist im Regelungszusammenhang der §§ 108 ff. zu lesen. Gemäß § 108 Abs. 1 bestehen Miet- oder Pachtverhältnissen über unbewegliche Gegenstände oder Räume in der Insolvenz fort, ohne dass der Verwalter in der Vermieterinsolvenz besondere Lösungsrechte hätte. Um in der Vermieterinsolvenz die Verwertung der Mietsache zugunsten der Masse zu erleichtern, gewährt

Veräußerung des Miet- oder Pachtobjekts § 111 InsO

§ 111 S. 1 bei diesen nach Verfahrenseröffnung fortbestehenden Miet- und Pachtverhältnissen (→ Rn. 2) im Falle der Veräußerung der Mietsache unter Vertragseintritt des Erwerbers gem. § 566 BGB (→ Rn. 8) dem eintretenden Erwerber ein **Sonderkündigungsrecht** (→ Rn. 12). Dieses ist gem. S. 2 nur einmalig im ersten dafür zulässigen Termin **ausübbar** (→ Rn. 12). Besondere Kündigungsschutzvorschriften zugunsten des Mieters bleiben davon unberührt (→ Rn. 13).

Übersicht

	Rn.		Rn.
A. Normzweck und Systematik	1	C. Rechtsfolgen	12
B. Tatbestand	2	I. Sonderkündigungsrecht des Erwerbers	12
I. Fortbestehendes Immobilienmietverhältnis in der Vermieterinsolvenz	2	II. Ersatzansprüche und Rangfragen	14
II. Veräußerung des Mietgegenstandes und Vertragseintritt des Erwerbers	8	D. Verhältnis zu anderen Vorschriften	17

A. Normzweck und Systematik

Das Sonderkündigungsrecht des § 111 ist systematisch eng mit der Fortbestehensanordnung des § 108 für Dauerschuldverhältnisse verzahnt und Teil der Sonderregelungen in §§ 109–113. Wo § 108 Abs. 1 den Fortbestand von Miet- und Pachtverhältnissen über unbewegliche Gegenstände oder Räume anordnet und das Erfüllungswahlrecht des Verwalters nach § 103 ausschließt, trägt § 111 in der Vermieterinsolvenz den berechtigten **Verwertungsbelangen der Masse** Rechnung. An die gem. § 108 Abs. 1 S. 1 fortbestehenden Dauerschuldverhältnisse ist die Masse gebunden, ohne dass der Verwalter in der Vermieterinsolvenz – anders als bei § 109 – besondere Lösungsrechte hätte. Da dies eine Verwertung des Mietgegenstandes durch Veräußerung an Dritte deutlich **erschweren** kann, weil der gem. § 566 BGB in das Mietverhältnis eintretende Erwerber auch an dessen Konditionen – wie langfristige Laufzeiten, Mietbindungen, Kündigungsausschlüsse uÄ – gebunden wäre, gewährt § 111 diesem ein einmaliges Sonderkündigungsrecht. Besondere **Kündigungsschutzvorschriften** – insbesondere bei Wohnraum des Mieters – bleiben dabei **unberührt**. 1

Ein vergleichbares Sonderkündigungsrecht besteht in der **Einzelzwangsvollstreckung**. Wie dort § 57a ZVG beschränkt auch § 111 den Grundsatz „Kauf bricht nicht Miete", um die Übernahme langfristiger Bindungen des Erwerbers zu vermeiden und so zugunsten der Masse und der Gläubigergemeinschaft den Wert des Veräußerungsobjekts zu erhöhen. 1.1

§ 111 entspricht – redaktionell leicht abgeändert – dem früheren § 21 Abs. 4 KO (RegE BT-Drs. 12/2443, 147). Der vormals in S. 3 aF angeordnete Ausschluss der Kündigung im Falle eines vom Mieter geleisteten Baukostenvorschusses wurde 2006 aufgehoben; zu den Folgen für die Rechtsprechung zu Baukostenzuschüssen → § 110 Rn. 11.1. 1.2

B. Tatbestand

I. Fortbestehendes Immobilienmietverhältnis in der Vermieterinsolvenz

§ 111 setzt ein in der Vermieterinsolvenz fortbestehendes Miet- oder Pachtverhältnis über unbewegliche Gegenstände oder Räume voraus (nachfolgend **Immobilienmietverhältnis**) und knüpft damit an die in § 108 Abs. 1 S. 1 genannten Schuldverhältnisse und die dort dargestellten Voraussetzungen an (→ § 108 Rn. 6ff.). § 111 ist jedoch – enger als § 108 Abs. 1 S. 1 – nur in der **Vermieterinsolvenz** anwendbar. 2

Der Vermieter muss das fortbestehende Immobilienmietverhältnis iSd § 108 Abs. 1 S. 1 **vor Verfahrenseröffnung** wirksam mit einem Dritten abgeschlossen haben, und dieses muss noch bestehen. Vertragstypologisch gilt § 111 wie auch § 108 Abs. 1 S. 1 für alle typologisch vergleichbaren Verträge und damit auch für das Immobilienleasing (K. Schmidt InsO/Ringstmeier Rn. 3; RSZ InsO/Zeuner Rn. 1). 3

Verträge, die im **Eröffnungsverfahren** mit einem **starken vorläufigen Verwalter** oder sogar nach Eröffnung mit dem endgültigen Verwalter begründet (bzw. geändert oder bestätigt) werden, geben kein Sonderkündigungsrecht (FK-InsO/Wegener Rn. 6; K. Schmidt InsO/Ringstmeier Rn. 5). 4

Soweit der Verwalter selbst die Verwertung im Rahmen seiner Befugnisse gestaltet und die Bindung der Masse zurechenbar herbeiführt (vgl. § 55 Abs. 1 Nr. 1), ist für Verwertungserleichterungen kein Raum, 4.1

welche die InsO nur als Ausgleich für den zwingenden Fortbestand von Schuldverhältnissen vorsieht. Umgekehrt ist es aus diesem Grund allerdings für § 111 auch unschädlich und das Sonderkündigungsrecht unberührt, wenn der Schuldner selbst im Eröffnungsverfahren einen Vertrag mit Zustimmung des nur schwachen vorläufigen Verwalters schließt (K. Schmidt InsO/Ringstmeier Rn. 5; MüKoInsO/Eckert/ Hoffmann Rn. 3; aA FK-InsO/Wegener Rn. 6).

5   **Mietgegenstand** sind wie bei § 108 Abs. 1 S. 1 nur **unbewegliche** Gegenstände oder Räume, die der Schuldner vorinsolvenzlich vermietet oder verpachtet hatte. Dies schließt Schiffe und Luftfahrzeuge mit ein (vgl. § 49). § 111 differenziert nicht zwischen Wohn- und Geschäftsräumen; allerdings kann im ersteren Fall der besondere mietrechtliche Kündigungsschutz greifen (→ Rn. 13). Miet- und Pachtverhältnisse über bewegliche Sachen sind – auch im Fall von § 108 Abs. 1 S. 2 – von § 111 nicht erfasst (MüKoInsO/Eckert/Hoffmann Rn. 32; Braun/Kroth Rn. 6).

6   Der Mietgegenstand muss im **Alleineigentum** des Schuldners stehen (FK-InsO/Wegener Rn. 3; Braun/Kroth Rn. 7; RSZ InsO/Zeuner Rn. 2). Dies entspricht der Rechtslage in der Einzelzwangsvollstreckung; bei einer Teilungsversteigerung zur Aufhebung von Miteigentum findet § 57a ZVG keine Anwendung (§§ 180 Abs. 1, 183 ZVG). Es ist nicht ersichtlich, wieso § 111 hier zu einer Besserstellung des Erwerbers führen soll.

7   Ob § 111 die **Überlassung der Mietsache** an den Mieter **vor Verfahrenseröffnung** erfordert, ist noch nicht abschließend geklärt. Nachdem nach Ansicht des BGH die Überlassung ungeschriebenes Tatbestandsmerkmal des § 108 Abs. 1 S. 1 sein soll (→ § 108 Rn. 16), spricht einiges dafür, dieses Erfordernis auch auf § 111 zu übertragen (dafür Uhlenbruck/Wegener Rn. 7; K. Schmidt InsO/Ringstmeier Rn. 4; FK-InsO/Wegener Rn. 7).

7.1 Systematisch knüpft § 111 gerade an die Fortbestandsanordnung des § 108 Abs. 1 S. 1 an. Zudem besteht vor Überlassung an den Mieter für ein Sonderkündigungsrecht gar kein Bedürfnis, da der Verwalter vor Überlassung die weitere Erfüllung gem. § 103 ablehnen und den Mietgegenstand ohne Bindung durch fortbestehende Mietverhältnisse veräußern kann. Selbst wenn man das anders sieht, muss die Mietsache dem Mieter **jedenfalls vor Veräußerung überlassen** worden sein. Ansonsten tritt der Erwerber nach § 566 BGB nicht einmal in den Mietvertrag ein, und § 111 kommt schon deswegen nicht zur Anwendung (→ Rn. 11).

II. Veräußerung des Mietgegenstandes und Vertragseintritt des Erwerbers

8   Weiterhin muss der Insolvenzverwalter den Mietgegenstand veräußern und der Erwerber infolge dessen kraft Gesetzes in das fortbestehende Miet- und Pachtverhältnis eintreten.

9   Mit **Veräußerung** ist nur eine freihändige Veräußerung gemeint. Würde der Verwalter im Wege der Zwangsversteigerung vorgehen, gäbe § 57a ZVG ein dem § 111 entsprechendes Kündigungsrecht (vgl. K. Schmidt InsO/Ringstmeier Rn. 1). Maßgeblich ist hier – wie auch für § 566 BGB – der Eigentumserwerb als dingliches Rechtsgeschäft. Für den Übergang des Mietverhältnisses kommt es auf die Vollendung des dinglichen Erwerbs mit Vornahme des letzten Erwerbstatbestands an. Dies ist bei erfolgter Auflassung zwischen berechtigtem Veräußerer und Erwerber in der Regel der Eintrag im Grundbuch.

10 Der wirksame **Dritteintritt des Erwerbers** anstelle des Schuldners ist eigenständiges Tatbestandsmerkmal des § 111. Dessen Voraussetzungen wiederum richten sich nach den jeweiligen Bestimmungen des bürgerlichen Rechts (RegE BT-Drs. 12/2443, 147), dh **§ 566 BGB** bei vermietetem Wohnraum sowie – hierauf verweisend – § 578 Abs. 1 BGB bei Grundstücken, § 578 Abs. 2 BGB bei Nicht-Wohnräumen; § 581 Abs. 1 BGB bei Pachtverträgen und § 593b bei Landpacht; § 578a Abs. 1 BGB bei Schiffen und § 98 Abs. 2 LuftFzgG bei Luftfahrzeugen. Für den Dritteintritt muss ein veräußertes Schiff im Register eingetragen worden sein, für ein Luftfahrzeug gilt dies entsprechend (RegE BT-Drs. 12/2443, 147).

11 § 566 BGB erfordert seinerseits, dass der vermietete Mietgegenstand vom Vermieter an einen Dritten **nach Überlassung an den Mieter veräußert** wird. Unabhängig von der Frage, ob § 111 seinerseits die Überlassung des Mietgegenstandes schon bei Verfahrenseröffnung verlangt (→ Rn. 7), ist dessen Überlassung an den Mieter als unmittelbaren Besitzer (Uhlenbruck/Wegener Rn. 7; K. Schmidt InsO/Ringstmeier Rn. 8) in jedem Fall vor der Veräußerung nötig. Dies ist für § 566 BGB unstreitig, sodass der Gesetzgeber keine Veranlassung sah, die Überlassung nochmals in § 111 aufzunehmen (RegE BT-Drs. 12/2443, 147). Bei Veräußerung einer vermieteten, aber noch nicht überlassenen Sache wird der Erwerber nicht kraft Gesetzes neue Vertragspartei, sodass die Masse verpflichtet bleibt (BGH NZI 2007, 713 (714)). Etwaige Nichterfüllungsansprüche des Mieters richten sich weiterhin gegen die Masse. In diesem Fall muss eine gesonderte Vertragsübernahme vereinbart werden.

Veräußerung des Miet- oder Pachtobjekts § 111 InsO

C. Rechtsfolgen

I. Sonderkündigungsrecht des Erwerbers

Als Rechtsfolge gibt § 111 dem Erwerber mit dem Eintritt in das Miet- oder Pachtverhältnis 12
ein im Voraus unabdingbares (→ Rn. 17) Sonderkündigungsrecht. Dieses muss innerhalb der
jeweiligen **gesetzlichen Frist** zum erstmöglichen Kündigungszeitpunkt (vgl. §§ 573d Abs. 2,
575a Abs. 3, 580a Abs. 4, 584 Abs. 2, 594a Abs. 2 BGB) ausgeübt werden. Die Ausübung ist nur
einmalig nach Veräußerung möglich (vgl. BGH NZM 2019, 941 (943)). Ein vorinsolvenzlich
vereinbarter vertraglicher Kündigungsausschluss oder längere vertragliche Kündigungsfristen werden von § 111 verdrängt (K. Schmidt InsO/Ringstmeier Rn. 9). Die Ausübung muss ohne schuldhaftes Zögern nach Wirksamkeit der Veräußerung erfolgen, also in der Regel unverzüglich nach
dem Grundbucheintrag (Uhlenbruck/Wegener Rn. 10; Braun/Kroth Rn. 9). Ein vereinbarter
wirtschaftlicher Nutzen/Lastenwechsel zu einem früheren Zeitpunkt als dem Eigentumsübergang
ist für § 111 unerheblich (K. Schmidt InsO/Ringstmeier Rn. 10).

Unberührt von § 111 bleiben **besondere gesetzliche Kündigungsschutzvorschriften** 13
(RegE BT-Drs. 12/2443, 148; RSZ InsO/Zeuner Rn. 5; MüKoInsO/Eckert/Hoffmann
Rn. 19 ff.). Relevant sind hier insbesondere die sozialen Kündigungsbeschränkungen bei der
Wohnraummiete (§§ 573 ff. BGB), auf welche sich der Mieter auch in der Vermieterinsolvenz
bei Drittveräußerung berufen kann. Der Erwerber muss demnach ein berechtigtes Interesse iSd
§ 573 BGB nachweisen. Die Nutzung eines Mietgegenstandes kann gegen das Kündigungsrecht
aus § 111 auch durch dingliche Rechte wie **Mieterdienstbarkeiten** abgesichert werden (FG
Saarland BeckRS 2016, 94075). Diese Gestaltung verstößt ebenso wenig gegen § 119 wie jede
andere Absicherung gegen den Insolvenzfall durch dingliche Rechte.

II. Ersatzansprüche und Rangfragen

Die wirksame Kündigung führt zur Beendigung des Mietverhältnisses. Der Mieter ist gegenüber 14
dem Erwerber aus § 546 BGB sowie aus § 985 BGB zur **Rückgabe** der Mietsache verpflichtet
(zu Unterschieden in der Reichweite dieser Ansprüche bei Beräumung der Mietsache → § 108
Rn. 56).

Überdies hat der Mieter einen **Schadenersatzanspruch** gegen die **Insolvenzmasse** – nicht 15
gegen den Erwerber – für die vorzeitige Kündigung. Ob dieser seine Grundlage in schuldrechtlichen Normen hat (§§ 275, 280, 283 BGB, so MüKoInsO/Eckert, 3. Aufl. 2013, Rn. 28; Uhlenbruck/Wegener Rn. 12) oder insolvenzrechtlich fundiert ist (§ 109 Abs. 1 S. 2 analog, so K.
Schmidt InsO/Ringstmeier Rn. 14; Braun/Kroth Rn. 11; RSZ InsO/Zeuner Rn. 6), wird unterschiedlich beurteilt. Die Anspruchshöhe beurteilt sich jedenfalls nach denselben Grundsätzen wie
beim spiegelbildlichen Kündigungsfall des § 109 Abs. 1 in der Mieterinsolvenz. Ersatzfähig sind
nur Schäden wegen einer **vorzeitigen Beendigung** des Mietverhältnisses im Vergleich zum sonst
frühestmöglichen Beendigungszeitpunkt. Rangmäßig muss der Schadenersatzanspruch wie auch
bei § 109 Abs. 1 als **Insolvenzforderung** zur Tabelle angemeldet werden (MüKoInsO/Eckert/
Hoffmann Rn. 27; K. Schmidt InsO/Ringstmeier Rn. 14; Braun/Kroth Rn. 11; RSZ InsO/
Zeuner Rn. 6; aA FK-InsO/Wegener Rn. 12; Uhlenbruck/Wegener Rn. 13: Masseverbindlichkeit). Seine Aufrechnung ist nur gegen vor Verfahrenseröffnung entstandenen Forderungen des
Vermieters möglich und scheidet danach gem. § 96 Abs. 1 Nr. 1 aus.

Umstritten ist, wer bei Beendigung des Mietverhältnisses zur **Kautionsrückzahlung** verpflich- 16
tet ist, wenn der Vermieter die Kaution vertragswidrig nicht insolvenzfest von seinem übrigen
Vermögen getrennt angelegt hatte, sodass der Mieter keine Absonderung geltend machen kann.
Die besseren Gründe sprechen für eine Pflicht des eintretenden Erwerbers.

Nach dem Gesetz tritt der Erwerber gem. § 566a BGB auch in die Pflicht zur Kautionsrückzahlung 16.1
ein, und die Rückzahlungspflicht des Veräußerers besteht subsidiär fort. Anders als im früheren § 572
BGB aF ist aus Mieterschutzgründen nicht mehr erforderlich, dass der Erwerber die hinterlegte Kaution
tatsächlich erhalten hat. Demgegenüber wird vertreten, dass § 566a im Insolvenzfall nicht gelten solle
(LG Braunschweig ZMR 2010, 361; K. Schmidt InsO/Ringstmeier Rn. 18; MüKoInsO/Eckert/Hoffmann Rn. 11). Nach aA kann der Mieter auch im Insolvenzfall vom Erwerber Kautionsrückzahlung
verlangen (Derleder NZM 2004, 568 (578)). Dies scheint aus den vom Gesetzgeber mit § 566a verfolgten Mieterschutzgründen vorzugswürdig. Die materiellrechtlich begründete Rückzahlungspflicht des
Erwerbers ist keine Aufwertung der Rückzahlungsansprüche des Mieters, für die es eine insolvenzrechtliche Grundlage geben müsse (so K. Schmidt InsO/Ringstmeier Rn. 18), weil dieser Anspruch sich
gegen den Erwerber richtet. Nach dessen Vertragseintritt hat dieser alle Ansprüche zu erfüllen. Die

übernommene Pflicht zur Kautionsrückzahlung ist von der Insolvenz des Veräußerers ebenso wenig berührt ist wie andere vom Erwerber zu erfüllende Vertragspflichten. Der Erwerber kann sich hiergegen schützen, indem er den Kautionsanteil im Kaufpreis berücksichtigt. Dass der Veräußerungserlös dadurch gemindert wird, muss der Verwalter hinnehmen, der die bestehenden Vertragsverhältnisse in ihrem bestehenden Zustand übernimmt. Überdies wird die Kaution realistischerweise kaum eine Höhe erreichen, welche eine Veräußerung der Mietsache vereiteln würde.

D. Verhältnis zu anderen Vorschriften

17 Das von § 111 vorgesehene Sonderkündigungsrecht ist gem. § 119 unabdingbar und kann daher weder ausgeschlossen noch von zusätzlichen Voraussetzungen abhängig gemacht werden. Der Erwerber ist nicht gehindert, neben § 111 bestehende gesetzliche oder auch (ggf. übernommene) vertragliche Kündigungsrechte auszuüben, soweit deren jeweilige Voraussetzungen erfüllt sind. Diese unterliegen nicht den Fristen und Ausübungsanforderungen des § 111.

§ 112 Kündigungssperre

Ein Miet- oder Pachtverhältnis, das der Schuldner als Mieter oder Pächter eingegangen war, kann der andere Teil nach dem Antrag auf Eröffnung des Insolvenzverfahrens nicht kündigen:
1. **wegen eines Verzugs mit der Entrichtung der Miete oder Pacht, der in der Zeit vor dem Eröffnungsantrag eingetreten ist;**
2. **wegen einer Verschlechterung der Vermögensverhältnisse des Schuldners.**

Überblick

§ 112 ist im Regelungszusammenhang der §§ 103, 108 ff. zu lesen. Gemäß § 108 Abs. 1 bestehen Miet- oder Pachtverhältnisse über Immobilien sowie über bestimmte drittfinanzierte, sicherungsübereignete Mobilien in der Insolvenz fort. Sonstige Miet-/Pachtverträge unterfallen dem Erfüllungswahlrecht des § 103. In der Insolvenz des Mieters hat der Vermieter – anders als der Mieter in der Vermieterinsolvenz nach § 109 – keine insolvenzspezifischen Lösungsrechte; bestehende vertragliche und allgemeine gesetzliche Kündigungsrechte kann er indes ausüben. Damit in der Mieterinsolvenz für Miet-/Pachtverhältnisse deren Fortbestand (§ 108) bzw. eine Erfüllungswahl (§ 103) nicht schon im Eröffnungsverfahren durch eine Verzugskündigung des Vermieters gegenstandslos wird, was der Masse unter Umständen für eine Betriebsfortführung notwendige Gegenstände entziehen würde, beschränkt § 112 die Kündigungsrechte des Vermieters. **§ 112 Nr. 1** schließt in der Mieterinsolvenz (→ Rn. 5) für alle Miet-/Pachtverhältnisse (→ Rn. 6) unabhängig von ihrem Gegenstand (→ Rn. 10) ab dem Eröffnungsantrag eine **Verzugskündigung** des Vermieters für Mietrückstände vor diesem Zeitpunkt aus (→ Rn. 13). Ebenso kann der Vermieter ab dem Eröffnungsantrag gem. **§ 112 Nr. 2** nicht mehr wegen einer **Verschlechterung der Vermögensverhältnisse** des Mieters kündigen (→ Rn. 17). Von § 112 nicht berührt bleiben bereits vor Antragstellung ausgesprochene Kündigungen (→ Rn. 23), Kündigungen wegen erneuten Verzuges des Schuldners oder der Masse mit nach Eröffnungsantrag fälligen Leistungen (→ Rn. 15) sowie Kündigungen aus sonstigen als den in § 112 genannten Gründen (→ Rn. 14).

Übersicht

	Rn.		Rn.
A. Normzweck und Systematik	1	II. Verzug vor dem Eröffnungsantrag (Nr. 1)	13
B. Tatbestand	4		
I. Miet- oder Pachtverhältnis in der Mieterinsolvenz	5	III. Verschlechterung der Vermögensverhältnisse (Nr. 2)	17
1. Vertragstypologie: Miete, Pacht, Leasing uä zeitweise Gebrauchsüberlassung	6	C. Rechtsfolge: Ausschluss des Kündigungsrechts	21
2. Miet- bzw. Pachtgegenstand: Alle Gegenstände unabhängig von Überlassung	10	D. Verhältnis zu anderen Vorschriften	28

A. Normzweck und Systematik

Bei der Schaffung des § 112 hatte der Gesetzgeber vor allem Unternehmensinsolvenzen vor Augen. Die Norm soll verhindern, dass das schuldnerische Unternehmen als wirtschaftliche Einheit zur Unzeit auseinandergerissen wird (RegE, BT-Drs. 12/2443, 148; BGH NZM 2015, 618 (620)). Dieses wird im Regelfall auf gemietete, gepachtete und geleaste Produktionsmittel angewiesen sein. Könnte der Vermieter ohne Weiteres eine Kündigung aufgrund eines vorinsolvenzlichen Zahlungsverzugs aussprechen und die weitere Nutzung wichtiger Betriebsmittel verhindern – wozu er mit Bekanntwerden eines Eröffnungsantrags neigen mag – wäre die Fortführung des Unternehmens in Frage gestellt, bevor sich der Verwalter überhaupt ein Bild von den Sanierungschancen verschaffen kann. Vor diesem Hintergrund soll § 112 als **besondere Kündigungssperre** die Masse zunächst als Verbund erhalten und dem vorläufigen Insolvenzverwalter einen Einarbeitungszeitraum schaffen, um nicht der Prüfung einer etwaigen Betriebsfortführung durch die Entziehung von Betriebsmitteln vorzugreifen (BGH NZI 2002, 543 (548); OLG Hamm BeckRS 2020, 11854 Rn. 51). Mit dem **Schutz der wirtschaftlichen Unternehmenseinheit** schon im Eröffnungsverfahren flankiert § 112 das generelle Ziel der InsO, die Fortführung von Unternehmen zu stärken und deren Sanierungschancen zu erhöhen (vgl. dazu auch RegE, BT-Drs. 12/2443, 148 zu § 107). 1

Den **Interessen des Vermieters** wird dadurch Rechnung getragen, dass die Kündigungssperre bei Verzug nur für Rückstände vor Antragstellung greift. Aufgrund von erneutem **Verzug im Eröffnungsverfahren** kann er **erneut kündigen**, sobald die auflaufenden Zahlungsrückstände die für ein Kündigungsrecht notwendigen Schwellenwerte erreicht haben. Damit wird er unter Umständen einen (weiteren) Ausfall von bis zu zwei Monatsmieten im Eröffnungsverfahren hinnehmen müssen (BGH NZI 2002, 543 (547)). Ab Verfahrenseröffnung sind seine Forderungen bei Erfüllungswahl oder im Fall des § 108 Abs. 1 Masseverbindlichkeiten. 2

Systematisch beschränkt § 112 die Kündigungsrechte sowohl für gem. § 108 Abs. 1 fortbestehende als auch der Erfüllungswahlrecht des § 103 unterfallende Miet- oder Pachtverhältnisse. Er gilt demnach **unabhängig von automatischem Fortbestand oder Erfüllungswahlrecht** für Miet- und Pachtverhältnisse über Immobilien (§ 108 Abs. 1 S. 1), drittfinanzierte, sicherungsübereignete Mobilien (§ 108 Abs. 1 S. 2) und sonstige Mobilien (§ 103). Insoweit weicht § 112 von §§ 109–111 ab, welche an die Fortbestandsanordnung des § 108 anknüpfen. Auch in zeitlicher Hinsicht ist § 112 innerhalb der §§ 103 ff. eine Ausnahme, weil seine Rechtsfolgen schon ab Antragstellung im Eröffnungsverfahren greifen. 3

B. Tatbestand

§ 112 setzt in der Mieterinsolvenz ein Miet- oder Pachtverhältnis (→ Rn. 6) über einen zeitweise überlassenen oder noch zu überlassenden Gegenstand voraus (→ Rn. 10). Im Fall der Nr. 1 muss der Mieter mit der Entrichtung der Miete vor dem Eröffnungsantrag in Verzug sein (→ Rn. 13); für Nr. 2 muss eine Verschlechterung seiner Vermögensverhältnisse drohen oder eingetreten sein (→ Rn. 17). Für diese beiden Fälle schließt § 112 eine Kündigung aus (→ Rn. 21). Unberührt bleiben bereits vor Antragstellung ausgesprochene Kündigungen (→ Rn. 23), Kündigungen, weil der Schuldner mit nach Eröffnungsantrag fälligen Leistungen (erneut) in Verzug gerät (oder später die Masse mit Masseverbindlichkeiten, → Rn. 15), sowie Kündigungen aus sonstigen nicht in § 112 genannten Gründen (→ Rn. 14). 4

I. Miet- oder Pachtverhältnis in der Mieterinsolvenz

Von den Kündigungsbeschränkungen des § 112 erfasst sind alle Miet- oder Pachtverhältnisse, die der Schuldner vor dem Eröffnungsantrag als Mieter oder Pächter eingegangen ist und die noch wirksam fortbestehen. Wie § 109 – und anders als §§ 110, 111 – gilt § 112 nur in der **Mieterinsolvenz**. 5

1. Vertragstypologie: Miete, Pacht, Leasing uä zeitweise Gebrauchsüberlassung

Vertragstypologisch ist § 112 denkbar weit zu verstehen und umfasst alle Arten von **Miet- und Pachtverträgen**, auch **Leasingverträge** (RegE, BT-Drs. 12/2443, 148; OLG Düsseldorf BeckRS 2009, 05983; Braun/Kroth Rn. 3; K. Schmidt InsO/Ringstmeier Rn. 9) im Umfang der Gebrauchsüberlassung (→ § 108 Rn. 8). Entscheidend für § 112 ist das Element **zeitweiser Gebrauchsüberlassung** in einem grundsätzlich kündbaren **Dauerschuldverhältnis**. Wie sich aus der Systematik der §§ 103 ff. ergibt, muss es sich um ein schuldrechtliches Nutzungsverhältnis 6 im Sinne eines gegenseitigen Vertrages handeln. Nicht von § 112 erfasst sind dingliche Nutzungsrechte (BGH NZI 2011, 443 (445)).

7   Auf **andere** als zeitlich begrenzte Nutzungsüberlassungsverträge ist § 112 **nicht** anwendbar (FK-InsO/Wegener Rn. 6; MüKoInsO/Hoffmann Rn. 15). So ist eine Kündigung von Vertragshändler-, Servicepartner- und Agenturverträgen nicht ausgeschlossen (OLG Braunschweig NZI 2009, 387). Im Schrifttum wird teilweise die analoge Anwendung des § 112 auf andere Geschäfte wie Kaufverträge vertreten (HK-InsO/Marotzke Rn. 24; RSZ InsO/Zeuner Rn. 6), damit dem Verwalter das Wahlrecht des § 103 auch bei vorinsolvenzlichem Zahlungsverzug erhalten bleibt. Jedoch ist nicht ersichtlich, dass der Gesetzgeber diese Situation bei der Schaffung des § 112 übersehen hätte und daher eine planwidrige Regelungslücke existiert. Allenfalls können diese als gemischte Verträge § 112 unterfallen, wenn ihre Nutzungsüberlassungsbestandteile typologisch prägend sind oder es zu einer Vertragsspaltung kommt.

8   Bei **gemischten Verträgen** ist grundsätzlich der **Schwerpunkt** des Vertrages maßgeblich (K. Schmidt InsO/Ringstmeier Rn. 5; → § 103 Rn. 33). So ändert eine erteilte Markenlizenz nicht die typologische Einordnung eines sonst von § 112 nicht erfassten Vertragshändlervertrages (OLG Braunschweig NZI 2009, 387). Bei mehreren gleichwertig schwerpunktmäßigen Leistungspflichten ist entsprechend allgemeiner Grundsätze auch eine **Spaltung** des Vertrages möglich, wenn die Leistungspflichten teilbar sind (→ § 105 Rn. 8).

8.1   Bei **Lizenzverträgen** ist aufgrund der typologischen Gestaltungsfreiheit zu differenzieren: Soweit es sich um zeitlich begrenzte Dauerschuldverhältnisse handelt, gilt § 112 (dazu RSZ InsO/Zeuner Rn. 3; K. Schmidt InsO/Ringstmeier Rn. 8). Sind sie demgegenüber als kaufähnlicher Vertrag über ein dingliches Nutzungsrecht ausgestaltet, fehlt es am Dauerschuldcharakter; allerdings kann das Kausalgeschäft durch die dingliche Rechteinräumung schon erfüllt sein (→ § 108 Rn. 73). Üblicherweise wird man einen Lizenzvertrag gegen Einmalentgelt eher als **kaufähnlich** auffassen, gegen lfd. Entgelt vertragstypologisch eher als **rechtspachtähnlich**. Die Annahme einer reinen Rechtspacht würde vernachlässigen, dass nicht nur Softwarenutzungsrechte, sondern auch die Software als solche überlassen werden muss. Eine Differenzierung zwischen **Standardsoftware** und **Individualsoftware** (dafür K. Schmidt InsO/Ringstmeier Rn. 8) ist weniger für die Nutzungsüberlassung als für die Entwicklungsphase zielführend. Bei einer nach bestimmten Spezifikationen hergestellten oder angepassten (§ 631 ff. BGB) und sodann zeitweise überlassenen (§§ 535 ff. BGB) Individualsoftware kann in einen werkvertraglichen und einen mietvertraglichen Teil unterschieden werden. Im Insolvenzfall während der Nutzungsüberlassung schützt § 112 nur die Gebrauchsüberlassung. Gängige Softwarewartung und Fehlerbeseitigung danach dürften – ähnlich den Erhaltungspflichten des Vermieters – noch Teil der von § 112 erfassten Leistungspflichten sein, nicht aber die Erstellung von Neuversionen und umfassend geänderte Funktionsanforderungen. Treten diese Softwarewartungs- und -weiterentwicklungskomponenten in den Vordergrund, ist der Vertrag in **Lizenz und Weiterentwicklungspflichten aufzuspalten**.

8.2   Beim **Leasing mit Restwerterwerbsoption** kann zwischen zeitweiser Überlassung und Erwerbsoption unterschieden werden, vom denen nur erstere § 112 unterfällt (MüKoInsO/Hoffmann Rn. 15).

9   Die Verträge müssen vom Schuldner **vor dem Eröffnungsantrag** wirksam geschlossen worden sein und **noch fortbestehen**. Bereits gekündigte, aber noch nicht beendete Verträge werden zwar von § 112 formal erfasst, jedoch kann § 112 die Folgen der ausgesprochenen Kündigung nicht mehr verhindern. Wohl aber kann § 112 einer „überholenden" zweiten Kündigung entgegenstehen, wenn etwa bereits eine ordentliche Kündigung mit langer Kündigungsfrist ausgesprochen wurde und die Restnutzungsdauer, auf welche der Schuldner für die geordnete Ersetzung der Betriebsmittel angewiesen sein kann, durch eine Verzugskündigung abgekürzt würde.

2. Miet- bzw. Pachtgegenstand: Alle Gegenstände unabhängig von Überlassung

10   Miet- bzw. Pachtgegenstand sind gleichermaßen **unbewegliche wie bewegliche Gegenstände** (MüKoInsO/Hoffmann Rn. 11). Neben Grundstücken und Räumen nennt die Gesetzesbegründung ausdrücklich Maschinen und sonstige Betriebsmittel (RegE, BT-Drs. 12/2443, 148). Hierher gehören auch **Rechte** (K. Schmidt InsO/Ringstmeier Rn. 6) sowie **unkörperliche Gegenstände** (zB Software, Daten), an denen Rechte bestehen können (→ § 108 Rn. 25). § 112 setzt also nicht voraus, dass der Überlassungsvertrag selbst gem. § 108 insolvenzfest ist, sondern dient dem Vorfeldschutz sowohl im Fall des Fortbestandes gem. § 108 als auch im Fall der Erfüllungswahl gem. § 103.

11   Auch wenn die Gesetzesbegründung auf die Unternehmensfortführung abstellt, gilt § 112 selbst dann, wenn eine **Unternehmensfortführung** nicht im Raum steht oder die Mietgegenstände dafür nicht erforderlich sind (MüKoInsO/Hoffmann Rn. 12). Ein engeres Verständnis hat sich im

Wortlaut nicht niedergeschlagen. Die konkrete Prüfung der **Erforderlichkeit** im Einzelfall, erst recht bereits im für § 112 relevanten Eröffnungsverfahren, wäre weder praktikabel noch unter Gesichtspunkten der Rechtssicherheit realistisch. Der Anwendungsbereich des § 112 ist daher weiter als sein Schutzzweck. Die Anwendung des § 112 auf **Wohnraummietverträge** des Schuldners ist allerdings nicht unstrittig. Teile des Schrifttums plädieren für eine teleologische Reduktion des § 112, da der Gesetzgeber nur die Betriebsfortführung privilegieren wollte (HK-InsO/Marotzke Rn. 4; MüKoInsO/Hoffmann Rn. 12). Mit der hM ist ein solch enges Verständnis abzulehnen (AG Hamburg NZI 2007, 598; FK-InsO/Wegener Rn. 6; RSZ InsO/Zeuner Rn. 3; MüKoInsO/Eckert, 3. Aufl. 2013, Rn. 3). Im Wortlaut des § 112 hat sich eine Einzelfallprüfung, wofür gemietete Gegenstände verwendet werden, nicht niedergeschlagen. Allerdings muss der Mietgegenstand **massebefangen** sein. Mit der Wirksamkeit einer Enthaftungserklärung iSd § 109 Abs. 1 S. 2 ist die Kündigungssperre des § 112 nicht mehr anwendbar (BGH NZM 2015, 618 (619)).

Überdies ist bei § 112 **umstritten,** ob die Mietgegenstände dem Mieter **bereits überlassen** **12** sein müssen, damit der Kündigungsausschluss greift (dafür HK-InsO/Marotzke Rn. 5; KPB/Tintelnot Rn. 4; MüKoInsO/Hoffmann Rn. 18; dagegen Braun/Kroth Rn. 4; K. Schmidt InsO/Ringstmeier Rn. 7; Uhlenbruck/Wegener Rn. 5; MüKoInsO/Eckert, 3. Aufl. 2013, Rn. 12; KPB/Tintelnot Rn. 20). Nach hier vertretener Ansicht sprechen die besseren Gründe dagegen. Insbesondere ergibt sich dieses Erfordernis bei § 112 gerade nicht aus der neuen BGH-Rspr. zu § 108 Abs. 1 in der Vermieterinsolvenz, da zwischen § 108 und § 112 kein Gleichlauf besteht.

Der Wortlaut des § 112 schließt die Anwendung der Norm auf nicht vollzogene Mietverhältnisse **12.1** nicht aus. Systematisch gibt es keinen zwingenden Grund, das Überlassungserfordernis der BGH-Rspr. zu § 108 (→ § 108 Rn. 16) auf § 112 zu übertragen. Anders als etwa § 110 und § 111 knüpft § 112 gerade nicht nur an die gem. § 108 fortbestehenden Mietverhältnisse an und betrifft zudem die Mieterinsolvenz. Und selbst nach Ansicht des BGH hätte der Verwalter vor Überlassung in der Vermieterinsolvenz ein Erfüllungswahlrecht gem. § 103. Dies ist nicht anders als bei Mobilienmietverhältnissen, die von § 112 erfasst sind. Teleologisch § 112 soll (auch) die Ausübung des Erfüllungswahlrechts schützen. Ob der Schutz der wirtschaftlichen Betriebseinheit vor Überlassung nicht erforderlich ist, wie zuweilen vorgebracht wird, kann pauschal nicht beurteilt werden, weil auch die Betriebsfortführung von gerade vorgenommenen Dispositionen (zB neu angemieteten Maschinen) abhängig sein kann. Vor allem die teleologische Reduktion des BGH bei § 108 Abs. 1 S. 2, die Masse vor übermäßigen Belastungen bei erst herzustellenden Mietsachen zu schützen, ist auf § 112 nicht übertragbar. Auch die Erwägung, dem Vermieter keine weiteren Vorleistungen aufzubürden, ist nicht zwingend. Bei Immobilienmietverträgen ist dieser durch das Rücktrittsrecht des § 109 Abs. 2 geschützt. Bei Mobilien kann er sich auf § 321 BGB berufen; das Zurückbehaltungsrecht wird durch § 112 nicht ausgeschlossen (KPB/Tintelnot Rn. 4); der vorläufige Verwalter kann Sicherheit leisten (→ Rn. 15).

II. Verzug vor dem Eröffnungsantrag (Nr. 1)

§ 112 Nr. 1 betrifft den Fall des Verzugs mit der Entrichtung von Miete oder Pacht, der in der **13** Zeit vor dem Eröffnungsantrag eingetreten ist. Der Kündigungsausschluss ist zum einen sachlich auf den Fall des **Zahlungsverzugs** beschränkt, ohne andere Kündigungsgründe auszuschließen. Zum anderen bezieht er sich zeitlich nur auf die Zeit **vor dem Eröffnungsantrag.**

Sachlich ist nur Nr. 1 nur eine Kündigung wegen eines Verzugs mit der Entrichtung der Miete **14** oder Pacht ausgeschlossen. Das betrifft zuvorderst die außerordentliche **Verzugskündigung,** wie sie als besonderes Kündigungsrecht etwa in § 543 Abs. 2 Nr. 3 und § 569 Abs. 3 BGB normiert ist. Auch ein Verzug mit **sonstigen Zahlungspflichten** kommt für § 112 Nr. 1 in Betracht, sofern diese im unmittelbaren **Zusammenhang** mit der Miete als Hauptleistungspflicht stehen, wie etwa die Betriebskostenvorauszahlungen (K. Schmidt InsO/Ringstmeier Rn. 13). Auch eine Kündigung wegen allgemeiner Pflichtverletzungen wie **laufend unpünktlichen** Zahlungen, die zwar die gesetzlichen Rückstandsschwellen für eine Kündigung nicht erreichen, aber in ihrer Gesamtheit eine verzugsbezogene kündigungsrelevante Pflichtverletzung darstellen können (vgl. BGH NZM 2006, 338), sind durch § 112 Nr. 1 ausgeschlossen (K. Schmidt InsO/Ringstmeier Rn. 13; MüKoInsO/Eckert, 3. Aufl. 2013, Rn. 24). Für **sonstige Pflichtverletzungen,** die zu einer außerordentlichen Kündigung berechtigen (zB gem. § 543 Abs. 2 Nr. 2), werden die Kündigungsrechte durch § 112 Nr. 1 **nicht eingeschränkt** (RSZ InsO/Zeuner Rn. 5). Auch eine **ordentliche Kündigung** bleibt möglich, soweit diese vereinbart oder gesetzlich zulässig ist.

In zeitlicher Hinsicht betrifft § 112 Nr. 1 nur den Verzug mit **Rückständen aus der Zeit** **15** **vor dem Insolvenzantrag.** Rückstände im Verzug zwischen Eröffnungsantrag und Eröffnung sind von § 112 nicht erfasst, weil in dieser Zeit der vorläufige Insolvenzverwalter für deren Begleichung sorgen kann (RegE, BT-Drs. 12/2443, 148). Daher ist eine Kündigung aufgrund des Verzuges mit (weiteren) Mietzahlungen nach dem Eröffnungsantrag nicht ausgeschlossen (BGH NZI 2008, 365 (366); BGH NZI 2002, 543 (547); OLG Hamm BeckRS 2020, 11854 Rn. 51). Die für eine Kündigung nötigen Rückstände (vgl. §§ 543 Abs. 2, 569 Abs. 2, 4 BGB) können allerdings nach Antragstellung nur auf diejenigen Forderungen gestützt werden, die erst nach Antragstellung fällig wurden und mit denen der Mieter ab diesem Zeitpunkt in Verzug geriet (K. Schmidt InsO/Ringstmeier Rn. 15; Braun/Kroth Rn. 13). Insoweit dürfen offene Forderungen aus der Zeit vor und nach dem Eröffnungsantrag für die Berechnung der Kündigungsschwellen nicht aufaddiert werden.

15.1 Bei Einsetzung eines (**schwachen**) **vorläufigen Verwalters** ist der im Eröffnungsverfahren noch verfügungsbefugte Schuldner für die Zahlung der weiteren Miete verantwortlich. Daneben ist auch der vorläufige Verwalter jedenfalls bei Einzelermächtigung zu Zahlungen an den Vermieter berechtigt, wenn die Nutzung für die Masse vorteilhaft ist (BGH NZI 2002, 543 (547)). Der vorläufige Verwalter wird gut daran tun, **neue Rückstände** im Eröffnungsverfahren **nicht** bis zu den kritischen Schwellen der Kündigungsrechte **anwachsen** zu lassen, wenn er eine Verzugskündigung des Vermieters verhindern und der Masse die Nutzungsmöglichkeit erhalten will. Die Zahlungen kann der (endgültige) Insolvenzverwalter in der Regel nicht gem. § 130 Abs. 1 Nr. 2 anfechten, wenn diese so zeitnah erfolgen, dass sie noch als Bargeschäft iSd § 142 zu qualifizieren sind (BGH NZI 2002, 543 (547)). Rückständige Mietforderungen aus der Zeit vor Antragstellung und während des Eröffnungsverfahrens kann der Vermieter nur als **Insolvenzforderungen** geltend machen. Dies hat zur Folge, dass es im Eröffnungsverfahren zu weiteren Mietrückständen (bis hin zu nicht ganz zwei Monatsmieten, vgl. § 543 Abs. 2 S. 1 Nr. 3b BGB) kommen kann, ohne dass diese eine Verzugskündigung auslösen.

15.2 Bei einem **starken vorläufigen Verwalter** sind Mietrückstände bei einer für die Masse genutzten Mietsache für die Zeit ab Eröffnungsantrag **Masseverbindlichkeiten** (§ 55 Abs. 1 S. 1). Einen Verzug muss sich die Masse zurechnen lassen (BGH NZI 2002, 541 (548)). Auch hier ist eine Verzugskündigung nicht durch § 112 beschränkt.

15.3 § 112 greift auch, wenn der Mieter mit der Entrichtung der Miete bei Verfahrenseröffnung nicht in Verzug ist, aber nach Eröffnung die im **Lastschriftverfahren** abgebuchten Beträge widerrufen und **zurückgebucht** werden. Gleiches gilt, wenn der Vermieter die rückständigen Mietforderungen aus der Kaution befriedigt und sodann wegen Nichterfüllung des Kautionswiederauffüllungsanspruches kündigt (AG Hamburg NZI 2007, 598). Die praktische Relevanz dieser Konstellation dürfte in Verbraucherinsolvenzen mit BGH NZI 2010, 731 gesunken sein.

16 Der **Kündigungsausschluss** wirkt **ab** Eingang des gestellten **Eröffnungsantrags** beim Insolvenzgericht, unabhängig von der Kenntnis des Vertragspartners (Braun/Kroth Rn. 5; RSZ InsO/Zeuner Rn. 7) und dessen Erfolgsaussichten. Eine Ausnahme wird nur im Missbrauchsfall anzunehmen sein, wenn der Antrag ganz offensichtlich unzulässig oder unbegründet ist (K. Schmidt InsO/Ringstmeier Rn. 11; MüKoInsO/Hoffmann Rn. 21).

III. Verschlechterung der Vermögensverhältnisse (Nr. 2)

17 Nach § 112 Nr. 2 ist die Kündigung wegen einer **Verschlechterung der Vermögensverhältnisse** des Schuldners ab dem Eröffnungsantrag ausgeschlossen. Ein solcher Kündigungsgrund ist zwar gesetzlich bei Mietverträgen nicht vorgesehen (anders § 490 Abs. 1 BGB; s. auch § 775 Abs. 1 Nr. 1 BGB), kann aber vertraglich vereinbart werden (BGH NZI 2014, 25 (26)) und findet sich in vielen Verträgen vor allem im Unternehmensbereich.

18 In **zeitlicher** Hinsicht ist eine Kündigung nicht nur wegen einer Verschlechterung der Vermögensverhältnisse ausgeschlossen, die bis zur Antragstellung eingetreten ist, sondern **auch** für eine solche **nach dem Eröffnungsantrag** (K. Schmidt InsO/Ringstmeier Rn. 19; MüKoInsO/Hoffmann Rn. 30). Insoweit ist Nr. 2 tatbestandlich weiter als Nr. 1, der für den Verzug im Eröffnungsverfahren nicht gilt. Sobald der Eröffnungsantrag gestellt ist, ist eine Kündigung wegen Verschlechterung der Vermögensverhältnisse generell nicht mehr möglich (RegE, BT-Drs. 12/2443, 148).

19 Sofern Verschlechterungen der Vermögensverhältnisse **vor Abschluss** des jeweiligen Vertrages Grund für eine Lösung vom Vertrag sein sollen, ist dieser Sachverhalt für § 112 nicht erfasst. Die Beurteilung der Bonität seines zukünftigen Vertragspartners ist ureigene Aufgabe einer jeden Vertragspartei, sodass es hier grundsätzlich auch kein Kündigungsrecht gibt, das § 112 beschränken könnte. Soweit allerdings eine Täuschung des Vertragspartners oder ein Irrtum über dessen Vermögensverhältnisse den Insolvenzschuldner nach allgemeinen Vorschriften zu einer **Anfechtung gem. §§ 119, 123 BGB** berechtigen, ist diese durch § 112 nicht ausgeschlossen (MüKoInsO/Hoffmann Rn. 34; FK-InsO/Wegener Rn. 13).

In **sachlicher** Hinsicht schließt § 112 Nr. 2 über seinen Wortlaut hinaus nicht nur Kündigungs- 20
rechte, sondern ähnlich wie § 119 auch **andere Lösungsmöglichkeiten** wie insbesondere auflösende Bedingungen, Lösungsklauseln oder auch Rücktrittsrechte aus, soweit diese an die in Nr. 2 genannten Umstände knüpfen. Dazu muss die – im Gesetz nicht definierte – Verschlechterung der Vermögensverhältnisse nicht selbst Tatbestandsmerkmal sein. Ebenso wie bei § 119 reicht es, wenn an deren typische Folgen wie etwa einen Insolvenzantrag oder die Verfahrenseröffnung angeknüpft wird. Nach Ansicht des BGH zielt auf eine Verschlechterung der Vermögensverhältnisse auch eine Klausel, welche auf eine Zahlungseinstellung abstellt, weil diese ihrerseits gem. § 17 Abs. 2 S. 2 Zahlungsunfähigkeit vermuten lässt (BGH NZI 2014, 25 (26)).

Bei der **Auslegung** einer solchen **Kündigungsklausel** ist allerdings sorgfältig abzugrenzen, ob diese 20.1
zB im Fall einer „Zahlungseinstellung" eine Nichtleistung an den Vertragspartner (dann nur Nr. 1) und eine generelle Zahlungseinstellung (dann Nr. 2) meint, weil anderenfalls die zeitliche Differenzierung zwischen Nr. 1 und 2 unterlaufen wird. Es wäre ein Wertungswiderspruch, wenn eine Kündigung wegen Verzugs oder der Nichtleistung geschuldeter Sicherheiten nach Antragstellung durch Nr. 1 gerade erlaubt wird, letztlich aber an einer weiten Auslegung von Nr. 2 scheitert. Nur wenn die Kündigung daran knüpft, dass der Schuldner generell nicht in der Lage ist, einen erheblichen Teil aller seiner fälligen Verbindlichkeiten (vgl. BGH NZI 2007, 36 (37)) zu bedienen, kann sie an Nr. 2 scheitern.

C. Rechtsfolge: Ausschluss des Kündigungsrechts

Eine entgegen § 112 ausgesprochene Kündigung ist **unwirksam.** Sie hat auf den Fortbestand 21
des Vertrages im Eröffnungsverfahren keinen Einfluss (zur Auslegung der „Bestätigung" einer nichtigen Kündigung durch den Verwalter OLG Hamm BeckRS 2019, 38756). Diese Rechtsfolge ist eine **Ausübungssperre** und betrifft lediglich die Kündigung als einseitiges Rechtsgeschäft (vgl. BGH NZI 2014, 25 Rn. 14; s. auch OLG Hamm NZI 2002, 162); die Wirksamkeit einer vereinbarten Kündigungsklausel als solcher bleibt von § 112 – anders als bei § 119 – unberührt.

Unwirksam sind nicht nur Kündigungen auf der Grundlage der besonderen **gesetzlichen** 22
Kündigungsrechte wegen Zahlungsverzugs (§ 543 Abs. 2 Nr. 3 BGB, § 569 Abs. 3 BGB), sondern auch aufgrund **vertraglicher Kündigungsrechte** mit entsprechendem Inhalt (RegE, BT-Drs. 12/2443, 148). Eine Kündigung wegen Verschlechterung der Vermögensverhältnisse wird bei Mietverträgen ohnehin nur vertraglich vereinbart sein. Entsprechende Anwendung findet § 112 erst recht auf **automatische Beendigungsklauseln** (Braun/Kroth Rn. 2). Kündigungen und Lösungsrechte aus **anderen Gründen** als den genannten sind demgegenüber von § 112 **nicht ausgeschlossen** (K. Schmidt InsO/Ringstmeier Rn. 23). Dies gilt auch für lizenzvertragliche Kündigungsrechte wegen Verstoßes gegen Ausübungspflichten (Schmoll/Hölder GRUR 2004, 743 (746); aA MüKoInsO/Hoffmann Rn. 33). Auch eine – ggf. hilfsweise erklärte oder durch Umdeutung (BGH NZM 2018, 515) anzunehmende – **ordentliche Kündigung** bleibt möglich, wenn ein solches Kündigungsrecht besteht; der Verwalter hat sie mitsamt Kündigungsrechten sowie bereits erfolgten Erklärungen insoweit in seinem Bestand hinzunehmen (OLG Hamm BeckRS 2019, 38756 Rn. 45; → § 103 Rn. 70).

In **zeitlicher** Hinsicht greift § 112 – anders als §§ 103 ff. – nicht erst ab Verfahrenseröffnung, 23
sondern schließt eine Kündigung schon **ab Antragstellung** aus. Entscheidend hierfür ist der Eingang des Eröffnungsantrags beim Insolvenzgericht (§ 13). Eine **vor dem Eröffnungsantrag** bereits ausgesprochene Kündigung scheitert demgegenüber nicht an § 112; auch nicht bei Setzung einer Schonfrist zugunsten des Mieters (Braun/Kroth Rn. 6).

Vor diesem Hintergrund ergeben sich folgende **Kündigungsszenarien:** 23.1

Vor dem Eröffnungsantrag kann der Vermieter das Mietverhältnis unbeschränkt durch § 112 aus 23.2
allen in Betracht kommenden Gründen ordentlich und außerordentlich kündigen. An eine wirksam ausgesprochene Kündigung ist die spätere Masse gebunden, auch wenn die Vertragsbeendigung aufgrund der Kündigungsfristen erst im Eröffnungsverfahren oder nach Verfahrenseröffnung eintritt. Mietrückstände sind Insolvenzforderungen, unter Umständen gesichert durch das Vermieterpfandrecht. Den Parteien steht es allerdings frei, einvernehmlich die Fortsetzung bzw. einen Neuabschluss des Vertrages zu vereinbaren. Will der Vermieter sicher gehen, dass er auch im Eröffnungsverfahren den Mietzins als Masseforderung erhält, sollte er das Mietverhältnis mit einem starken vorläufigen Verwalter neu begründen (§ 55 Abs. 2 S. 1).

Ab dem Eröffnungsantrag kann der Vermieter keine wirksame Kündigung wegen Verschlechterung 23.3
der Vermögensverhältnisse aussprechen und eine Verzugskündigung nicht mehr auf Rückstände stützen, mit denen der Mieter in der Zeit vor dem Eröffnungsantrag in Verzug geriet. Wohl aber ist eine Verzugskündigung möglich, wenn der Mieter im Eröffnungsverfahren erneut in Verzug gerät und mit diesen neuen Rückständen die Schwellenwerte zur Kündigung erreicht. Eine ordentliche Kündigung sowie eine außeror-

dentliche Kündigung wegen sonstiger Pflichtverletzungen sind auch im Eröffnungsverfahren möglich. Mietrückstände bis zur Verfahrenseröffnung sind grundsätzlich Insolvenzforderungen, unter Umständen aber durch das Vermieterpfandrecht gesichert. Bei starkem vorläufigem Verwalter und Nutzung des Mietgegenstandes für die Masse sind die Mietzinsen Masseforderungen (§ 55 Abs. 2 S. 2).

23.4 Gerade § 112 kann dem Vermieter Anreize geben, bei Zahlungsverzug frühzeitig zu kündigen, um der Wirkung des § 112 ab einem Eröffnungsantrag zuvorzukommen. Umgekehrt wird der vorläufige Verwalter, der an einem Fortbestand des Mietvertrages interessiert ist, während des Eröffnungsverfahrens für die Zahlung des Mietzinses sorgen wollen – jedenfalls in einer Höhe, um die Schwellen zur Verzugskündigung nicht auszulösen. Ist die Nutzung der Mietsache für die Masse nicht von Interesse, wird der vorläufige Verwalter – sofern dies nicht schon der Schuldner tut – den Verzug nicht beenden und damit unter Umständen eine Kündigung auslösen. Ersatzansprüche des Vermieters sind grundsätzlich Insolvenzforderungen. Auch im Fall eines Untermietvertrages sind Forderungen des Vermieters gegen den insolventen Hauptmieter keine Masseverbindlichkeiten, selbst wenn dieser seinerseits Forderungen gegenüber dem Untermieter hat (BGH NZI 2008, 295).

23.5 **Bei Verfahrenseröffnung** besteht der Vertrag im Fall des § 108 Abs. 1 fort oder unterfällt ansonsten dem Erfüllungswahlrecht des § 103. Gebrauchsüberlassung und Miete für ein nach § 108 Abs. 1 fortbestehendes Mietverhältnis Masseverbindlichkeit bzw. Masseforderung (§ 55 Abs. 1 Nr. 2). Gleiches gilt bei Erfüllungswahl. Gerät die Masse in Verzug, hat der Vermieter die üblichen Kündigungsrechte. Für die Zwecke einer Verzugskündigung können auch die Rückstände aus dem Eröffnungsverfahren herangezogen werden.

24 Zwischen Eröffnungsantrag und Verfahrenseröffnung schließt § 112 nur das Kündigungsrecht und inhaltlich vergleichbare Lösungsrechte aus, nicht aber andere Gegenrechte des Vermieters wie die **Unsicherheitseinrede** des **§ 321 BGB** (RSZ InsO/Zeuner Rn. 4; FK-InsO/Wegener Rn. 19). Relevant dürfte dies etwa bei einem noch nicht vollzogenen Mietvertrag werden.

24.1 Der Wortlaut des § 112 schließt nur Gestaltungen zur dauerhaften Beendigung der Gebrauchsüberlassung aus. Zu einer weitergehenden Auslegung besteht in der gesetzgeberischen Interessenabwägung zwischen Masse und Vermieter kein Anlass. Vor Überlassung hat der **Vermieter gerade kein Vorleistungsrisiko übernommen**. Ganz im Gegenteil würde er sehenden Auges zu einer Vorleistung gezwungen, für die er bei Verfahrenseröffnung absehbar mit seinem Gegenleistungsanspruch teilweise ausfiele (→ Rn. 15.1), sofern es sich nicht um Immobilien handelt, wo ein Rücktritt möglich ist (§ 109 Abs. 2).

24.2 **Nach Überlassung** der Mietsache ist die Frage der Leistungsverweigerung jedenfalls für die Gebrauchsüberlassung (anders ggf. bei Instandhaltungsmaßnahmen) eher theoretischer Natur. Anders kann dies ggf. bei der mietweisen Überlassung unkörperlicher Gegenstände im IT-Bereich sein. Besteht die Leistung des Vermieters darin, diese lfd. zur Verfügung zu stellen und den technischen Zugang aufrecht zu erhalten, kann der Erfüllungsanspruch des Nutzers bei Zahlungsverzug § 320 BGB oder bei Verschlechterung der Vermögensverhältnisse § 321 BGB entgegengehalten werden. Ohne unmittelbaren Besitz hat der Nutzer anders als im Fall einer Mietwohnung (vgl. BGH NZM 2010, 701 (702)) auch keine Besitzschutzansprüche.

25 Der Schutz des § 112 kommt auch **mehreren Mitmietern** zugute. Wenn der Vermieter nur einheitlich gegenüber allen Mietern kündigen kann, wie es ohne ausdrückliche gegenteilige Abreden normalerweise der Fall ist (vgl. BGH NJW 2000, 3133 (3135)), ist die Kündigung gegenüber auch nur einem Mieter nach dem Eröffnungsantrag durch § 112 gegenüber allen ausgeschlossen (OLG Düsseldorf BeckRS 2009, 05983; K. Schmidt InsO/Ringstmeier Rn. 25; RSZ InsO/Zeuner Rn. 3).

26 Eine einmal unwirksame Kündigung kann **nicht** nachträglich dadurch **geheilt** werden, dass sie bei Ablehnung der Eröffnung wirksam wird (OLG Düsseldorf BeckRS 2009, 05983; aA MüKoInsO/Hoffmann Rn. 22), sondern muss erneut ausgesprochen werden.

27 Nach Aufhebung des Insolvenzverfahrens verliert § 112 seine Wirkung, und eine Kündigung kann – nach Ansicht des BGH auch im Restschuldbefreiungsverfahren (BGH NZM 2015, 618 (620); aA LG Neubrandenburg BeckRS 2001, 31155087; AG Hamburg NZI 2009, 331) – wieder auf noch offene Rückstände auch aus der Zeit vor Verfahrenseröffnung gestützt werden. Gleiches gilt nach Ansicht des BGH, wenn eine **Enthaftungserklärung** iSd § 109 Abs. 1 S. 2 zur Überleitung des Mietverhältnisses auf den Schuldner persönlich führt (BGH NZM 2015, 618 (620)). Nach Wirksamwerden der Enthaftungserklärung sind rückständige Mieten, mit deren Zahlung der Mieter vor Insolvenzantragstellung in Verzug war, für die Beurteilung der Wirksamkeit einer Vermieterkündigung (zB § 543 Abs. 2 S. 1 Nr. 3 lit. b BGB) wieder zu berücksichtigen.

D. Verhältnis zu anderen Vorschriften

28 Die Kündigungsbeschränkung des § 112 ist gem. **§ 119** durch vorinsolvenzliche Vereinbarungen nicht abdingbar. Im Hinblick auf **vertragliche Lösungsklauseln** ist **§ 112 neben § 119** anwendbar: Während § 112 tatbestandlich nur für Miet- und Pachtverträge gilt und dort mit Nr. 1 auch nicht insolvenzbezogene Kündigungen erfasst, gilt § 119 unabhängig vom Vertragstyp für alle insolvenzbedingten Lösungsklauseln (→ § 119 Rn. 21). Ein Unterschied zwischen beiden besteht auch auf der Rechtsfolgenseite. § 112 hat als Ausübungsbeschränkung die Unwirksamkeit der Kündigung zur Folge. Demgegenüber bewirkt § 119 die Unwirksamkeit der Klausel, die ein unzulässiges Lösungsrecht vorsieht. Darüber hinaus lässt sich für § 119 aus § 112 mit Blick auf die Wirksamkeit der von § 112 gerade nicht erfassten insolvenzbedingten Lösungsklauseln nichts herleiten (BGH NZI 2014, 25 (26)).

Das **Rücktrittsrecht** des § 109 Abs. 2 wird von § 112 nicht berührt (MüKoInsO/Hoffmann Rn. 36). Der Vermieter einer noch nicht überlassenen Immobilie, dem die Kündigung durch § 112 abgeschnitten ist, kann ab Verfahrenseröffnung zurücktreten.   29

Unberührt bleiben grundsätzlich auch die §§ 129 ff. Zahlt der vorläufige Insolvenzverwalter den Mietzins im Eröffnungsverfahren, um eine Verzugskündigung des Vermieters abzuwehren, kann der endgültige Insolvenzverwalter diese Zahlungen nicht gem. § 130 Abs. 1 Nr. 2 anfechten, wenn diese Zahlungen so zeitnah erfolgen, dass sie noch als Bargeschäft iSd § 142 zu qualifizieren sind (BGH NZI 2002, 543 (547)).   30

§ 113 Kündigung eines Dienstverhältnisses

¹**Ein Dienstverhältnis, bei dem der Schuldner der Dienstberechtigte ist, kann vom Insolvenzverwalter und vom anderen Teil ohne Rücksicht auf eine vereinbarte Vertragsdauer oder einen vereinbarten Ausschluß des Rechts zur ordentlichen Kündigung gekündigt werden.** ²**Die Kündigungsfrist beträgt drei Monate zum Monatsende, wenn nicht eine kürzere Frist maßgeblich ist.** ³**Kündigt der Verwalter, so kann der andere Teil wegen der vorzeitigen Beendigung des Dienstverhältnisses als Insolvenzgläubiger Schadenersatz verlangen.**

Überblick

Die Vorschrift erleichtert dem insolventen Unternehmen den schnellen Personalabbau, um eine Sanierung oder Liquidation des Betriebes zu begünstigen. Durch die Begrenzung der maximalen Kündigungsfrist auf drei Monate zum Monatsende wird zudem die Insolvenzmasse geschont.

Übersicht

	Rn.		Rn.
A. Allgemeines	1	3. Kündigung vor Verfahrenseröffnung	17
B. Garantie des Kündigungsrechts	5	4. Nachkündigung	18
I. Grundsatz	5	5. Noch nicht angetretene Dienstverhältnisse	20
II. Anwendungsbereich	11	6. Ausschluss der ordentlichen Kündigung	21
1. Arbeitsverhältnisse und Dienstverhältnisse	12	7. Unwirksamkeit abweichender Vereinbarungen	22
2. Recht zur ordentlichen Kündigung im eröffneten Verfahren	15	C. Verfrühungsschaden	23

A. Allgemeines

§ 113 S. 1 sichert in der Insolvenz das unabdingbare Recht zur ordentlichen Kündigung eines **Arbeits- oder Dienstverhältnisses** (→ Rn. 12.1). Dieser Anspruch kann weder durch eine einzelvertragliche, tarifliche oder sonstige kollektivrechtlich vereinbarte Unkündbarkeit (BAG AP InsO § 113 Nr. 19; ArbG Düsseldorf BeckRS 2018, 10092), noch durch eine vereinbarte feste Vertragsdauer verhindert oder ausgeschlossen werden. § 113 gehört zusammen mit § 119 zu den beiderseitig zwingenden Vorschriften. Die Norm findet gem. § 279 S. 1 auch in Fällen der **Eigenverwaltung** Anwendung. Ein Sonderkündigungsrecht des **Nachlassverwalters** nach § 113 (analog) zur Beendigung eines Geschäftsführeranstellungsvertrags scheidet jedoch grundsätzlich aus. Für § 113 bleibt ausnahmsweise nur dann Raum für eine analoge Anwendung, wenn für die im Nachlass befindliche Gesellschaft zum Zeitpunkt der Kündigungserklärung bereits Insolvenz oder Insolvenzreife bestand (OLG Celle ZEV 2018, 26).   1

2 Durch die Vorschrift soll einem insolventen Unternehmen eine erleichterte Möglichkeit zum schnellen und kostengünstigen Personalabbau gegeben werden, um eine Sanierung oder Liquidation des Betriebs zu fördern. § 113 begründet ein **beiderseitiges Kündigungsrecht**. Somit kann sich nicht nur der Insolvenzverwalter bzw. Eigenverwalter, sondern auch der Arbeitnehmer durch § 113 vorzeitig vom Vertrag lösen. Auch Arbeitnehmer können am frühzeitigen Verlassen eines insolventen Unternehmens interessiert sein. Ob sich aus der InsO allerdings das Recht des Insolvenzverwalters ableiten lässt, Arbeitnehmer des Insolvenzschuldners gegen deren Willen von ihrer Arbeitspflicht freizustellen, ist umstritten. Das LAG Hessen (NZI 2017, 902) hat ein **insolvenzspezifisches Freistellungsrecht** in einer aktuellen Entscheidung zuletzt abgelehnt, wegen der grundsätzlichen Bedeutung der Frage aber die Revision zugelassen, die beim BAG eingelegt wurde (Az.: 9 AZR 367/17). Das BAG hat zu der Frage bisher nicht abschließend Stellung genommen (s. BAG NZI 2004, 636 (638)). Sollte ein insolvenzspezifisches Freistellungsrecht, insbesondere in Fällen der **Masseunzulänglichkeit,** abgelehnt werden, könnte die Freistellung (mangels Rechtsgrundlage) gem. § 61 ggf. einen Schadensersatzanspruch begründen.

2.1 Stellt der Insolvenzverwalter einen Arbeitnehmer von der Verpflichtung zur Arbeitsleistung frei, bleibt sein Vergütungsanspruch aus Annahmeverzug bestehen. Dieser arbeitsrechtliche Grundsatz gilt jedoch nicht in masseunzulänglichen Insolvenzverfahren. **Masseunzulänglichkeit** (→ § 209 Rn. 1) bedeutet, dass die um Aus- und Absonderungsberechtigte Forderungen bereinigte Insolvenzmasse nicht oder nicht mehr ausreicht, um die Masseverbindlichkeiten bei Fälligkeit zu begleichen. Bei Masseunzulänglichkeit werden nur die Vergütungsansprüche derjenigen Arbeitnehmer, deren Arbeitsleistung der Insolvenzverwalter auch nach Anzeige der Masseunzulänglichkeit (§ 208, → § 208 Rn. 1) in Anspruch nimmt (zB für Abwicklungsarbeiten) zu „**Neumasseverbindlichkeiten**" (→ § 209 Rn. 13). Neumasseverbindlichkeiten werden aus der Masse, soweit diese auskömmlich ist, in voller Höhe befriedigt (§ 209 Abs. 1 Nr. 2, Abs. 2 Nr. 3). Die Ansprüche der Arbeitnehmer, die – etwa unter Anrechnung auf Urlaubsansprüche – von der Arbeitspflicht freigestellt (→ § 209 Rn. 12) werden, werden hingegen als „Altmasseverbindlichkeiten" (→ § 208 Rn. 12) berücksichtigt (BAG AP InsO § 55 Nr. 12), die im Regelfall nicht (voll) befriedigt werden und wegen der auch nicht in die Masse vollstreckt werden kann (§ 210 InsO). Auch durch die Freistellung entstandene Ansprüche auf Urlaubsentgelt (§§ 1, 11 BUrlG) und durch die Beendigung des Arbeitsverhältnisses entstehende Ansprüche auf Urlaubsabgeltung (§ 7 Abs. 4 BUrlG) sind „Altmasseverbindlichkeiten" (BAG NZA 2007, 696; vgl. Anm. Schulz zu HessLAG NZI 2017, 902).

2.2 Die Annahmeverzugsansprüche im Freistellungszeitraum sind aber nur insoweit „Altmasseverbindlichkeiten", die bis zum **ersten Termin** (→ § 209 Rn. 12) entstehen, zu dem der Insolvenzverwalter nach Anzeige der Masseunzulänglichkeit kündigen konnte. § 209 II Nr. 2 legt somit den Zeitpunkt fest, bis zu dem der Insolvenzverwalter das Arbeitsverhältnis spätestens (wirksam!) beendet haben muss, um Neumasseverbindlichkeiten zu vermeiden. Kündigt der Insolvenzverwalter das Arbeitsverhältnis nach Anzeige der Masseunzulänglichkeit nicht zum **erstmöglichen Termin** oder erweist sich die **Kündigung als unwirksam,** werden dadurch die für die Zeit nach dem erstmöglichen Kündigungstermin entstehenden Annahmeverzugsansprüche „Neumasseverbindlichkeiten" gem. § 209 Abs. 2 Nr. 2, Abs. 1 Nr. 2 InsO (BAG AP InsO § 209 Nr. 9). Dies bedeutet, dass der Insolvenzverwalter das Risiko trägt, dass sich eine bereits vor Anzeige der Masseunzulänglichkeit ausgesprochene Kündigung im Nachgang als unwirksam erweist (→ Rn. 18.1).

3 Im eröffneten Insolvenzverfahren beträgt die maximale Kündigungsfrist drei Monate zum Monatsende (§ 113 S. 2) und gilt für beide Parteien des Arbeitsvertrags oder Dienstvertrages (→ Rn. 12.1). Durch die Begrenzung der Kündigungsfrist auf maximal drei Monate zum Monatsende soll vermieden werden, dass die Insolvenzmasse (§ 55 Abs. 1 Nr. 2) durch die Auslauflöhne gekündigter Mitarbeiter unverhältnismäßig belastet wird. Die Insolvenzsituation macht die Einhaltung einer Kündigungsfrist nicht unzumutbar. Umgekehrt kommt eine Verlängerung der Mindestfrist aus persönlichen Gründen nicht in Betracht.

4 Als Ausgleich für die Verkürzung der Kündigungsfrist durch § 113 S. 2 steht dem gekündigten Arbeitnehmer bzw. Geschäftsführer/Vorstand nach § 113 S. 3 ein Schadensersatzanspruch als Insolvenzgläubiger zur Insolvenztabelle (→ § 175 Rn. 1) zu (§ 38).

B. Garantie des Kündigungsrechts

I. Grundsatz

5 § 113 schafft keinen selbstständigen Kündigungsgrund in der Insolvenz oder Sanierung (BAG NZA 2006, 720; LAG RhPf NZA 2021, 247). Das wirtschaftliche Risiko trägt der Arbeitgeber auch in der Insolvenz. Mit schlechter wirtschaftlicher Lage oder einer (drohenden) Insolvenz des

Arbeitgebers kann die Kündigung somit nicht begründet werden (BAG BeckRS 2013, 69473). Dieser Grundsatz kommt in § 113 S. 1–2 zum Ausdruck. Die Beendigung von Arbeitsverhältnissen erfolgt auch im Insolvenzfall unter Anwendung der **allgemeinen Regeln des Arbeitsrechts**, lediglich ergänzt bzw. modifiziert durch die Sondervorschriften des Insolvenzarbeitsrechts (§§ 113, 120–122, 125–128). Hierzu gehört insbesondere die Einhaltung der Regeln über eine ordnungsgemäße **Anhörung des Betriebsrates** nach § 102 BetrVG und ggf. der **Schwerbehindertenvertretung** nach § 178 Abs. 2 SGB IX vor Ausspruch einer Kündigung sowie die ordnungsgemäße Durchführung des **Massenentlassungsverfahrens** nach §§ 17 ff. KSchG. Unterlaufen dem Insolvenzverwalter bereits Fehler im formellen Verfahren vor Ausspruch der Kündigung, spielen weitere Unwirksamkeitsgründe keine Rolle mehr. Gerichte schenken vor allem gestellten Massenentlassungsanzeigen besondere Beachtung (→ Rn. 5.1). Wenn die Anzeige bereits fehlerhaft ist, ist eine weitere bisweilen umfangreiche Auseinandersetzung mit der sozialen Rechtfertigung für das Gericht entbehrlich.

In seiner Entscheidung vom 13.2.2020 hat das BAG den **Betriebsbegriff des Massenentlassungsrechts** durch unionskonforme Auslegung im Hinblick auf die **MERL** konkretisiert und explizit darauf hingewiesen, dass dieser sich auf den Massenentlassungsschutz bezieht und nicht anhand des BetrVG oder des KSchG ausgelegt werden kann (BAG NZA 2020, 1006 ff.). An den unionskonformen Begriff des „Betriebes" sind danach keine hohen organisatorischen Anforderungen an die Leitungsstruktur zu stellen und es gibt **keinen berufsgruppenbezogenen Betriebsbegriff**. Der unionskonforme Betriebsbegriff des Massenentlassungsschutzes ist vielmehr sehr weit auszulegen, sodass er nach Maßgabe der Umstände die Einheit bezeichnet, der die von der Entlassung betroffenen Arbeitnehmer zur Erfüllung ihrer Aufgabe angehören (EuGH NZA 2015, 669). Eine **Verkennung des Betriebsbegriffes** im Sinne des Massenentlassungsschutzes kann dazu führen, dass die **Anzeige fehlerhaft** und dadurch eine Vielzahl von **Kündigungen unwirksam** sind. Wird dem Betrieb wegen Verkennung des Betriebsbegriffs eine falsche Betriebsstruktur zugrunde gelegt, wird die in § 17 Abs. 3 S. 4 KSchG enthaltene Pflicht zu objektiv richtigen „Muss-Angaben" verletzt und dadurch die Zahl der „in der Regel beschäftigten Arbeitnehmer" unzutreffend angegeben. Sowohl die Erstattung der Massenentlassungsanzeige bei der unzuständigen Behörde als auch falsche „Muss-Angaben" infolge einer Verkennung des Betriebsbegriffs führen dann zur Fehlerhaftigkeit der Massenentlassungsanzeige selbst und dadurch zur Unwirksamkeit der auf der Grundlage einer solchen Anzeige erklärten Kündigung (§ 134 BGB).

Da § 113 keinen selbstständigen Kündigungsgrund der Insolvenz oder Sanierung enthält, ist das Kündigungsschutzgesetz (**KSchG**) auch bei einer Kündigung in der Insolvenz nach § 113 zu beachten, wenn es nach seinem persönlichen und betrieblichen Geltungsbereich Anwendung findet (BAG NZI 2012, 1011 Rn. 20; LAG RhPf NZA-RR 2021, 244; ArbG Stuttgart BeckRS 2012, 71374; MüKoInsO/Caspers Rn. 20). Damit bleiben auch die **Grundsätze über die Sozialauswahl** anwendbar. Gemäß § 1 Abs. 2 S. 1 KSchG muss die Kündigung bedingt sein durch dringende betriebliche Erfordernisse, die einer Weiterbeschäftigung des Arbeitnehmers in diesem Betrieb entgegenstehen. Das ist der Fall, wenn die Umsetzung einer **unternehmerischen Entscheidung,** etwa der zur Stilllegung des gesamten Betriebs, spätestens mit Ablauf der Kündigungsfrist zu einem voraussichtlich dauerhaften Wegfall des Bedarfs an einer Beschäftigung des betroffenen Arbeitnehmers führt (LAG RhPf BeckRS 2020, 45142). Der Insolvenzverwalter, der einen Betrieb stilllegt (→ Rn. 7.1), kann oftmals nicht allen Arbeitnehmern zum selben Termin kündigen, wenn er einige von ihnen noch über den Zeitpunkt der Betriebseinstellung (→ § 122 Rn. 8.1) hinaus für Abwicklungsarbeiten benötigt. Kündigt er gleichwohl alle Arbeitsverhältnisse zum frühestmöglichen Zeitpunkt, findet keine Sozialauswahl statt, weil es in diesem Fall keine Weiterbeschäftigungsmöglichkeiten gibt (BAG NZG 2016, 35 (39)). Wird aber einigen Arbeitnehmern zu einem späteren Termin gekündigt, weil sie für **Restarbeiten** eingesetzt werden sollen, gibt es – und sei es nur für einen kurzen Zeitraum – eine anderweitige Beschäftigungsmöglichkeit (LAG Bln-Bbg NZI 2019, 177). Um diese **freien Arbeitsplätze** konkurrieren alle Arbeitnehmer, die für die Tätigkeiten geeignet sind. Unter diesen geeigneten Beschäftigten muss dann eine Sozialauswahl stattfinden (vgl. BAG NZA 1996, 931 (932)). Im Rahmen dieser Sozialauswahlentscheidung ist bei einem Kreis von **schwerbehinderten** Menschen wegen des Beschäftigungsanspruchs aus § 164 Abs. 4 SGB IX besonders zu prüfen, ob dieser auf einem freien, tatsächlich noch existierenden, Arbeitsplatz vorrangig weiterbeschäftigt werden kann (BAG ZIP 2019, 1877 = ArbRAktuell 2019, 278). Eine **Beschäftigungsgarantie,** wenn der bisherige Arbeitsplatz durch eine Organisationsänderung des Arbeitgebers entfällt, kann aus § 164 Abs. 4 SGB IX aber ebenso wenig hergeleitet werden wie ein absoluter Schutz vor einer betriebsbedingten Kündigung. Ist kein freier Arbeitsplatz vorhanden, scheidet eine Pflicht zur „**Freikündigung**" jedenfalls dann aus, wenn der Inhaber der in Frage kommenden freien Stelle den allgemeinen Kündigungsschutz genießt (BAG ZIP

2019, 1877). Damit bleiben **soziale Gesichtspunkte** des Arbeitnehmers wie Lebensalter oder Dauer der Betriebszugehörigkeit sowie eine bestehende Schwerbehinderteneigenschaft für die Wirksamkeit der Kündigung relevant (vgl. § 1 KSchG) (→ Rn. 6.1). Ist eine Sozialauswahl unterblieben, ist die Kündigung gleichwohl sozial gerechtfertigt, wenn eine Sozialauswahl, wäre sie vorgenommen worden, dazu geführt hätte, dass die gekündigten Arbeitnehmer sozial weniger schutzwürdig sind als die weiterbeschäftigten (BAG NZA 2018, 234 (238)).

6.1 Neben dem **allgemeinen Kündigungsschutz** sind in bestimmten Fällen **Sonderregelungen** zu beachten, etwa bei Berufsausbildungsverhältnissen (§ 22 BBiG), bei schwerbehinderten Menschen (§§ 168 ff. SGB IX), in Elternzeit (§§ 18, 19 BEEG), während der Schwangerschaft (§ 9 MuSchG), bei Heimarbeitern (§ 29 Abs. 3–4 HAG), für Wehrdienstleistende (§ 2 ArbPlSchG) oder für Mitglieder betriebsverfassungsrechtlicher Organe (§ 15 KSchG, § 103 BetrVG, § 96 Abs. 3 SGB IX, § 94 Abs. 6 S. 2 SGB IX). Auf Leiharbeitsverhältnisse ist § 622 Abs. 5 S. 1 Nr. 1 BGB gem. § 11 Abs. 4 AÜG nicht anwendbar.

7 Besteht ein **Betriebsrat**, so ist dieser vor Ausspruch einer Kündigung nach allgemeinen Regelungen (§§ 102–103 BetrVG) zu beteiligen. Auch bei Vorliegen eines **Interessenausgleichs mit Namensliste** iSd § 1 Abs. 5 KSchG oder des § 125 InsO (→ § 125 Rn. 5) unterliegt die **Betriebsratsanhörung** keinen erleichterten Anforderungen. Der Inhalt der Anhörung ist nach ihrem Sinn und Zweck grundsätzlich subjektiv determiniert. Der Betriebsrat soll in die Lage versetzt werden, die Stichhaltigkeit und Gewichtigkeit der mitgeteilten Kündigungsgründe zu überprüfen, um sich über sie eine **eigene Meinung** bilden zu können. Der Arbeitgeber bzw. Insolvenzverwalter hat deshalb die Umstände mitzuteilen, die seinen Kündigungsentschluss tatsächlich bestimmt haben (BAG NZA 2016, 99 (101)). Einer näheren Darlegung der Kündigungsgründe durch den Arbeitgeber bedarf es aber dann nicht, wenn der Betriebsrat bei Einleitung des Anhörungsverfahrens bereits über den erforderlichen Kenntnisstand verfügt, um zu der konkret beabsichtigten Kündigung eine sachgerechte Stellungnahme abgeben zu können (BAG BeckRS 2009, 60407). Ein ausreichender Kenntnisstand kann sich zB aus dem vorangegangenen Verfahren über den Abschluss eines Interessenausgleichs (§§ 111 ff. BetrVG) ergeben, sofern hier das gleiche Betriebsratsgremium beteiligt worden ist. Die **ordentliche Kündigung von Mitgliedern des Betriebsrats** und diesen **gleichgestellten Personen** ist nach § 15 Abs. 1–3 KSchG grundsätzlich unzulässig. Der Zweck der Regelung besteht darin, den geschützten Personen die erforderliche Unabhängigkeit bei der Ausübung ihres Amtes zu gewährleisten und dadurch die Stetigkeit der Amtsausübung auch in Konfliktsituationen mit dem Arbeitgeber sicherzustellen (→ Rn. 7.1).

7.1 Eine ordentliche Kündigung von Mitgliedern des Betriebsrates und diesen gleichgestellten Personen ist auch bei der Insolvenz des Arbeitgebers nur in den Grenzen des § 15 Abs. 4–5 KSchG bei **Stilllegung des Geschäftsbetriebs** oder einer **Betriebsabteilung** zulässig, in der das jeweilige Betriebsratsmitglied beschäftigt ist. Die Eröffnung des Insolvenzverfahrens bewirkt jedoch keine Betriebsstilllegung, sondern nur eine Änderung des Betriebszwecks unter Beibehaltung der Betriebsorganisation. Denn der Betrieb kann vom Insolvenzverwalter weitergeführt werden.

7.2 Erweist sich eine Kündigung des Insolvenzverwalters wegen einer beabsichtigten **Betriebsstilllegung** aufgrund der **Prognose** zum **Zeitpunkt des Zugangs der Kündigung** als wirksam und kommt es im Anschluss doch noch vor Ablauf der Kündigungsfrist des Arbeitnehmers zu einem Betriebsübergang auf einen Erwerber, kann dem Arbeitnehmer ein **Wiedereinstellungsanspruch** (→ Rn. 7.3) gegenüber dem Betriebserwerber zustehen (ArbG Düsseldorf NZI 2021, 332). Ein solcher Wiedereinstellungsanspruch stellt auch in der Insolvenz des Arbeitgebers ein notwendiges Korrektiv dafür dar, dass die Rechtsprechung allein aus Gründen der Rechtssicherheit, Verlässlichkeit und Klarheit bei der Prüfung des Kündigungsgrunds auf den Zeitpunkt des Kündigungsausspruchs abstellt und schon eine Kündigung aufgrund einer Prognoseentscheidung (zB „wegen beabsichtigter Betriebsstilllegung") zulässt, obwohl der Verlust des Arbeitsplatzes, vor dem die Arbeitnehmer durch § 1 KSchG geschützt werden sollen, erst mit der Entlassung, also dem Ablauf der Kündigungsfrist eintritt (BAG NJW 1997, 2257 Rn. 26 f.; 1998, 1885 Rn. 22 f.).

7.3 Ob ein **Wiedereinstellungsanspruch in der Insolvenz** anzuerkennen ist, auch wenn der Betriebsübergang **vor Ablauf der Kündigungsfrist** erfolgt, hat das BAG bislang nicht entschieden. Es gibt jedoch keinen sachlichen Grund dafür, einen gekündigten Arbeitnehmer im Hinblick auf einen Betriebsübergang nach Eröffnung des Insolvenzverfahrens schlechter zu stellen als bei einer Betriebsübernahme außerhalb der Insolvenz. Da die Kündigungsfrist in der Insolvenz gem. § 113 Abs. 1 S. 2 ohnehin nur drei Monate beträgt, muss der Kündigungsgrund innerhalb dieses kurzen Zeitraums entfallen, sodass der Erwerber sehr früh das von ihm gewünschte Maß an Rechtssicherheit erreicht. Nachträgliche Veränderungen der Sachlage sind deshalb auch bei einer Kündigung durch den Insolvenzverwalter zu berücksichtigen, weil sich bereits aus § 125 Abs. 1 S. 2, § 127 Abs. 1 S. 2 ergibt (→ § 127 Rn. 8).

Kündigung eines Dienstverhältnisses § 113 InsO

Durch § 113 S. 2 wird kein besonderer Kündigungsgrund geschaffen. Es werden lediglich im **8** eröffneten Insolvenzverfahren die **Kündigungsfristen nach §§ 621, 622 Abs. 2 BGB im Interesse eines beschleunigten Personalabbaus sowie zur Schonung der Insolvenzmasse verkürzt**. Deshalb kann auch während einer vereinbarten **Probezeit** (§ 622 Abs. 3 BGB) das Arbeitsverhältnis mit der gesetzlichen Frist von zwei Wochen gekündigt werden, nicht nur zum Monatsende. Die Frist des § 113 S. 2 stellt also keine Regel-, sondern eine **Höchstfrist** dar (BAG NZA 2001, 23 = BeckRS 2000, 41199).

Sofern einzelarbeitsvertraglich, tarifvertraglich oder gesetzlich (§ 621 Nr. 1–3 BGB, § 622 **9** Abs. 2 S. 1 Nr. 1–2 BGB) eine **kürzere Frist als drei Monate zum Monatsende** maßgeblich ist, so verbleibt es bei der kürzeren Frist. Ist eine längere Kündigungsfrist vereinbart, so greift die Dreimonatshöchstfrist auch dann, wenn die längere Kündigungsfrist auf einen anderen Beendigungstermin, etwa auf das **Quartalsende**, fällt (→ Rn. 9.1).

Auch im Falle der **Elternzeit** muss der Insolvenzverwalter den Zeitpunkt der Beendigung des Arbeits- **9.1** verhältnisses nicht an den sich aus § 192 SGB V ergebenden sozialversicherungsrechtlichen Folgen ausrichten (BAG NZA 2014, 897). Damit besteht **keine Verpflichtung**, das Arbeitsverhältnis zugunsten des Elternzeit-Arbeitnehmers, etwa zur Aufrechterhaltung des gesetzlichen Versicherungsschutzes, erst zum Zeitpunkt des Endes der beantragten Elternzeit zu beenden. Dass § 113 für die vorzeitige Beendigung des Arbeitsverhältnisses nur einen Schadenersatzanspruch vorsieht, steht im Einklang mit Art. 6 GG.

§ 113 eröffnet auch die Möglichkeit zur Kündigung von Arbeitsverhältnissen, bei denen die **10** **ordentliche Kündigung durch Individualvertrag oder Tarifvertrag bzw. sonstige kollektivrechtliche Regelungen ausgeschlossen** ist (BAG ZIP 2019, 1877; BAG AP InsO § 113 Nr. 19). § 113 Abs. 1 S. 2 ersetzt dabei nicht nur die tarifvertraglichen längeren Kündigungsfristen durch die Drei-Monats-Frist, sondern auch tarifvertragliche Regelungen, mit denen ab einem bestimmten Lebensalter und einer bestimmten Dauer der Betriebszugehörigkeit die ordentliche Kündigung solcher Arbeitnehmer ausgeschlossen oder beschränkt wird (BAG AP InsO § 113 Nr. 5). Tariflich **unkündbare Arbeitsverhältnisse sind im Insolvenzverfahren ordentlich kündbar** (BAG ZIP 2019, 1877; BAG NZI 2006, 50; BAG AP ATG § 3 Nr. 13). Dem Insolvenzverwalter oder Eigenverwalter steht danach – selbst bei Ausschluss der ordentlichen Kündigung – bei betrieblichen Gründen (nur) das Recht zur ordentlichen Kündigung mit einer Frist von bis zu drei Monaten zu (vgl. BAG NZA 2013, 959; ArbG Düsseldorf BeckRS 2018, 10092). Die Verdrängung von tarifvertraglichen Kündigungsfristen durch § 113 S. 2 ist verfassungskonform und stellt keinen unzulässigen Eingriff in die **Tarifautonomie** (Art. 9 Abs. 3 GG) dar (BAG ZIP 2019, 1877; BAG NZA 1999, 1331). Der Eingriff in die tarifautonome Regelungskompetenz ist durch die Besonderheiten des Insolvenzverfahrens gerechtfertigt (BAG ZIP 2019, 1877; BAG NZA 2000, 658 = BeckRS 2000, 30091133) (→ Rn. 10.1 f.).

Die Vereinbarung in einem **Sanierungstarifvertrag**, dass betriebsbedingte Kündigungen befristet aus- **10.1** geschlossen sind und nur in unvorhergesehenen, wirtschaftlich dringenden Fällen mit ausdrücklicher Zustimmung des Betriebsrats und der Gewerkschaft zulässig sind, wird vom Sonderkündigungsrecht des Insolvenzverwalters nach § 113 S. 1 verdrängt (LAG Düsseldorf NZI 2016, 368). Gleiches gilt für eine **Standortsicherungsvereinbarung** mit dem Verbot betriebsbedingter Kündigungen. **Gesetzliche Kündigungsbeschränkungen** für Funktionsträger in der Betriebsverfassung, für Schwerbehinderte, Schwangere und Arbeitnehmer in Elternzeit bleiben aber von § 113 unberührt; denn hierbei handelt es sich gerade nicht um einen „vereinbarten" Kündigungsschutz, auf den allein § 113 abstellt (BAG BeckRS 2009, 68954). Das bei der **Abspaltung** geltende Verschlechterungsverbot nach § 323 UmwG von zwei Jahren steht § 113 nicht entgegen.

Eine **Lösungsklausel** im Arbeitsvertrag, welche im Insolvenzfall für den Arbeitgeber das Recht zur **10.2** außerordentlichen Kündigung oder die automatische Vertragsbeendigung bestimmt, ist nach § 119 unwirksam (→ § 119 Rn. 3).

II. Anwendungsbereich

§ 113 S. 1 sichert in der Insolvenz das **unabdingbare Recht zur ordentlichen Kündigung** **11** eines Arbeits- oder Dienstverhältnisses **mit der Schuldnerin**. Die Norm findet gem. § 279 S. 1 auch in Fällen der Eigenverwaltung Anwendung (BAG NZI 2017, 577). Dieser Anspruch kann weder durch eine vereinbarte **Unkündbarkeit** noch durch eine vereinbarte **feste Vertragsdauer** verhindert oder ausgeschlossen werden (BAG AP InsO § 113 Nr. 27; ArbG Düsseldorf BeckRS 2018, 10092). Sofern der Insolvenzverwalter jedoch **im eigenen Namen und auf eigene Rechnung** Hilfspersonen anstellt, findet § 113 keine Anwendung; es gelten dann die allgemeinen Kündigungsfristen.

11a Einschränkungen hinsichtlich einer bestimmten Art oder einer bestimmten Dauer der Tätigkeit ergeben sich nach dem Wortlaut des § 113 nicht. Gleichwohl stellt sich die Frage, ob bei **langjähriger reiner Abwicklungstätigkeit** eines Arbeitnehmers der Anwendungsbereich des § 113 einzuschränken ist. Mit der Begründung, § 113 diene der schnellen Sanierung, hat das ArbG Kiel die Anwendung des § 113 in einem Sonderfall verneint, bei dem ein Arbeitnehmer vom Insolvenzverwalter **über zehn Jahre** mit reinen Abwicklungsarbeiten nach erfolgter Betriebseinstellung beschäftigt wurde (ArbG Kiel NZI 2016, 849). Dass § 113 neben dem Ziel einer **schnellen Sanierung** als weiteres Ziel die **Schonung der Insolvenzmasse** bezweckt, hat das ArbG Kiel nicht problematisiert. Die Entscheidung ist deshalb kritisch zu sehen, zumal der Wortlaut des § 113 gerade keine zeitliche Einschränkung für eine Betriebsfortführungen in der Insolvenz oder eine Ausproduktion kennt.

1. Arbeitsverhältnisse und Dienstverhältnisse

12 Gemeint sind sowohl Arbeitsverhältnisse (§ 622 BGB) als auch Dienstverhältnisse, die keine Arbeitsverhältnisse sind (§ 621 BGB). **Arbeitnehmerähnliche Personen** sind nur insoweit von § 113 erfasst, als sie auf Grundlage eines Dienstvertrags tätig sind. Auf **Heimarbeiter** findet § 113 direkt nur dann Anwendung, wenn diese auf Grundlage eines Dienstvertrags tätig sind; sind Heimarbeiter auf Grundlage eines Werkvertrags tätig, gilt § 113 analog (MüKoInsO/Caspers Rn. 9; → Rn. 12.1 f.),

12.1 Auch die **Anstellungsverträge** von **Organmitgliedern juristischer Personen** können als Dienstverträge nach § 113 gekündigt werden. Somit werden die regelmäßig im Geschäftsführeranstellungsvertrag vereinbarten langen Kündigungsfristen im eröffneten Insolvenzverfahren ebenfalls auf drei Monate zum Monatsende (§ 113 S. 2) abgekürzt. Der Geschäftsführer einer GmbH ist nur dann nach § 621 BGB zu kündigen, wenn er einen beherrschenden Einfluss auf die Gesellschaft besitzt. Im Übrigen bemisst sich die gesetzliche Kündigungsfrist nach § 622 Abs. 2 S. 1 BGB.

12.2 Vom Anstellungsvertrag ist das **Organverhältnis zur Gesellschaft** zu unterscheiden. Die Bestellung des Geschäftsführers einer GmbH ist gem. § 38 Abs. 1 GmbHG zu jeder Zeit widerruflich. Die Abberufung von Geschäftsführern unterfällt nach § 46 Nr. 5 GmbHG der Bestimmung der Gesellschafter (vgl. BeckOK GmbHG/Schindler GmbHG § 46 Rn. 52 ff.). Dies gilt auch für die mit der Abberufung zusammenhängende Kündigung oder Aufhebung des Anstellungsvertrags (MüKoGmbHG/Liebscher GmbHG § 46 Rn. 115 mwN).

13 Die Vorschrift erfasst auch **befristete Dienstverhältnisse** oder **auflösend bedingte Arbeitsverhältnisse,** wenn eine Kündigungsmöglichkeit nicht vereinbart wurde. Für befristete Arbeitsverhältnisse gilt die gesetzliche Höchstkündigungsfrist von drei Monaten zum Monatsende immer dann, wenn das Arbeitsverhältnis im Zeitpunkt der Kündigung durch den Insolvenzverwalter ohne ordentliche Kündigungsmöglichkeit **noch für zumindest drei weitere Monate befristet ist** (LAG Düsseldorf ZInsO 2000, 169; LAG Hamm ZInsO 2000, 407; → Rn. 13.1).

13.1 Die Kündigungsfrist beträgt bei befristeten Arbeitsverhältnissen ohne vereinbarte Kündigungsmöglichkeit somit drei Monate zum Monatsende, sofern die Laufzeit noch mindestens drei (weitere) Monate beträgt, auch wenn das befristete Beschäftigungsverhältnis in den meisten Fällen wegen § 14 Abs. 2 TzBfG (Befristung ohne Sachgrund) praktisch nur auf maximal zwei Jahren abgeschlossen wird und dementsprechend die **Betriebszugehörigkeit** eben auch auf nur zwei Beschäftigungsjahre limitiert ist. Ein **Rückgriff auf die kürzere gesetzliche Kündigungsfrist des § 622 Abs. 1 BGB,** wonach das Arbeitsverhältnis mit einer Kündigungsfrist von **vier Wochen zum Fünfzehnten oder zum Ende des Kalendermonats** gekündigt werden kann, **verbietet sich,** wenn eben diese Kündigungsfrist vertraglich ausgeschlossen wurde und § 622 BGB deshalb nicht zur Anwendung kommt (aA Uhlenbruck/Zobel Rn. 104, 105).

14 § 113 findet auch auf Kündigungen vor Dienstantritt Anwendung (BAG NZA 2017, 995). Falls das (befristete oder unbefristete) **Arbeitsverhältnis noch nicht angetreten** und die Kündigungsmöglichkeit vor Arbeitsaufnahme ausgeschlossen ist, muss der Insolvenzverwalter mit der Kündigung nicht warten, bis der Arbeitnehmer seine Arbeitsstelle zum vereinbarten Termin antritt. Die Kündigungsfrist des § 113 S. 2 beginnt mit dem **Zugang der Kündigungserklärung** und nicht erst mit dem vereinbarten Dienstantritt (BAG NZA 2006, 1207).

2. Recht zur ordentlichen Kündigung im eröffneten Verfahren

15 Nach § 113 S. 1 kann jedes Dienstverhältnis, bei dem der Insolvenzschuldner der Dienstberechtigte ist, sowohl vom Insolvenzverwalter als auch vom Arbeitnehmer ohne Rücksicht auf eine vereinbarte Vertragsdauer oder einen vereinbarten Ausschluss des Rechts zur ordentlichen Kündi-

Kündigung eines Dienstverhältnisses **§ 113 InsO**

gung gekündigt werden. Der Insolvenzverwalter hat kein Wahlrecht nach § 103, ob er in bestehende Dienstverträge eintritt (→ § 103 Rn. 5). Anstelle des Wahlrechts tritt die Kündigungsbefugnis nach § 113. Wird das Insolvenzverfahren in **Eigenverwaltung** eröffnet, stehen die insolvenzrechtlichen Sondervorschriften dem **Eigenverwalter** zu (BAG NZI 2017, 577). Darum kann in der Eigenverwaltung der Schuldner selbst mit der Höchstfrist des § 113 S. 2 kündigen. Soweit er dabei entgegen der Sollvorschrift des § 279 S. 2 zuvor **kein Einvernehmen mit dem Sachwalter herstellt,** ist die Kündigung gleichwohl wirksam, sofern nicht gem. § 277 Zustimmungsbedürftigkeit angeordnet ist. Der Gesetzgeber hat nur in den in § 279 S. 3 ausdrücklich genannten Fällen, in denen in die Rechtsstellung einer Vielzahl von Arbeitnehmern eingegriffen wird, einen **Zustimmungsvorbehalt** normiert (BGH NZI 2015, 1041 Rn. 49; → Rn. 15.1).

Bei der Ausgestaltung des Verfahrens der **Eigenverwaltung** hat sich der Gesetzgeber dafür entschieden, für dieses Verfahren kein besonderes materielles Insolvenzrecht einzuführen, sondern es grundsätzlich unverändert zur Geltung zu bringen, um so den Gleichlauf mit dem Regelfall eines fremdverwalteten Verfahrens herzustellen. § 279 S. 1 ist Ausprägung dieser Grundentscheidung. Danach tritt bei der Anwendung der §§ 103–128 der Schuldner an die Stelle des Insolvenzverwalters. Sind die **Arbeitgeberbefugnisse beim Schuldner verblieben,** ist es konsequent, diesem auch die Ausübung der mit dem Fortbestand des Arbeitsverhältnisses in der Eigenverwaltung zusammenhängenden Entscheidungen, insbesondere die Wahrnehmung des Kündigungsrechts, zu belassen (BT-Drs. 12/2443, 223 (225)). **15.1**

Die Regelung des § 113 ist nur auf Kündigungen durch den Insolvenzverwalter, also **nach Eröffnung,** anwendbar. Die Höchstfrist des § 113 S. 2 steht nur dem **Insolvenzverwalter** oder **Eigenverwalter** zu (BAG NZA 2006, 1352 = BeckRS 2005, 41832). Sie gilt nicht für den (auch „starken"), vorläufigen Insolvenzverwalter. Dies ergibt sich aus der systematischen Einordnung des § 113 in den dritten Teil der InsO – Wirkungen der Eröffnung des Insolvenzverfahrens (→ Rn. 16.1). **16**

§ 113 gilt auch dann, wenn die Kündigung in einem **Chapter 11 B. C. Verfahren** oder einem anderen nach § 343 Abs. 1 S. 1 als **ausländisches Insolvenzverfahren** anzuerkennenden Verfahren ausgesprochen wurde. Aufgrund der Anerkennung des ausländischen Insolvenzverfahrens nach § 343 wird insoweit das Tatbestandsmerkmal des „Insolvenzverwalters" in § 113 durch den „debtor in possession" ersetzt (BAG EWiR 2015, 27). § 113 ist nicht als Sonderrecht des Insolvenzverwalters konzipiert sondern dient dem Interessenausgleich zwischen Arbeitnehmern und sonstigen Gläubigern (LAG Hessen NZI 2014, 917). **16.1**

3. Kündigung vor Verfahrenseröffnung

Bei einer **Kündigung vor Eröffnung** des Insolvenzverfahrens durch den Schuldner oder durch den vorläufigen Insolvenzverwalter ist die „normale" gesetzliche, tarifvertragliche oder einzelvertragliche Kündigungsfrist ohne Berücksichtigung der Höchstfrist des § 113 S. 2 einzuhalten. Während des Insolvenzantragsverfahrens kann sich der **vorläufige Insolvenzverwalter** selbst dann nicht auf § 113 berufen, wenn dem Schuldner ein **allgemeines Verwaltungs- und Verfügungsverbot** (→ § 22 Rn. 5) auferlegt und ihm die Rechtsstellung eines sog. „starken" vorläufigen Insolvenzverwalters (§ 21 Abs. 2 Nr. 2 Alt. 1, § 22 Abs. 1 S. 1) übertragen wurde. **17**

4. Nachkündigung

Nach Verfahrenseröffnung hat der Insolvenzverwalter zu prüfen, ob er unter Ausnutzung der Höchstfrist des § 113 S. 2 die gekündigten Arbeitsverhältnisse eventuell auch zu einem früheren Kündigungstermin beendigen kann. Ist dies der Fall, ist der Insolvenzverwalter im Interesse der Insolvenzmasse **zur Nachkündigung verpflichtet** (BAG ArbRAktuell 2010, 450 mAnm Winzer). Die Kündigung des Insolvenzverwalters mit der Frist des § 113 S. 2 unterliegt **keiner Billigkeitskontrolle** nach § 315 Abs. 3 BGB (BAG AP InsO § 113 Nr. 25). **18**

Will der Insolvenzverwalter nach Anzeige der Masseunzulänglichkeit (→ § 208 Rn. 1) zur Vermeidung von Neumasseverbindlichkeiten (→ § 209 Rn. 12) nach § 209 Abs. 2 Nr. 2, Abs. 1 Nr. 2 eine **Nachkündigung** erklären und verweigert die notwendige das Integrationsamt nach § 168 SGB IX erforderliche Zustimmung, weil über die Wirksamkeit einer früheren Kündigung noch nicht rechtskräftig entschieden sei, ist der Insolvenzverwalter verpflichtet, gegen den **Ablehnungsbescheid** die rechtlich vorgesehenen **Rechtsbehelfe** einzulegen. Bis zur bestandskräftigen Entscheidung über die erforderliche Zustimmung zur Kündigung besteht ein rechtliches Hindernis für die Nachkündigung, das den Termin der von § 209 Abs. 2 Nr. 2 verlangten erstmöglichen Kündigung hinausschiebt (BAG BeckRS 2018, 06431). Das BAG bestätigt seine Entscheidung v. 22.2.2018 (→ Rn. 2.2, BAG AP InsO § 209 Nr. 9), dass der Insolvenzverwalter das Risiko trägt, dass eine vorzeitige Kündigung unwirksam ist. Dann sind die Annahmeverzugsansprüche, die nach **18.1**

InsO § 113   Dritter Teil. Wirkungen der Eröffnung des Insolvenzverfahrens

Ablauf der Kündigungsfrist der erstmöglichen Kündigung (→ § 209 Rn. 12) entstanden sind, die nach der Anzeige hätte erklärt werden können, Neumasseverbindlichkeiten nach § 209 Abs. 1 Nr. 2, Abs. 2 Nr. 2.

19   Die **Nachkündigung** stellt keine unzulässige Wiederholungskündigung dar, da die Eröffnung des Insolvenzverfahrens und die Abkürzung der Kündigungsfrist einen **neuen Kündigungsgrund** darstellen (BAG BeckRS 1999, 30779252 (nv)). § 113 gilt auch für Arbeitsverhältnisse oder Dienstverhältnisse, die nach der Eröffnung durch den Verwalter für die Masse begründet wurden.

5. Noch nicht angetretene Dienstverhältnisse

20   § 113 unterscheidet nicht danach, ob ein Dienstverhältnis bereits angetreten ist oder nicht. § 113 findet somit auch auf **Kündigungen vor Dienstantritt** Anwendung, da der Wortlaut der Vorschrift keine entsprechende Einschränkung vorsieht (BAG AP InsO § 113 Nr. 27). Der Insolvenzverwalter bzw. der Schuldner in Eigenverwaltung kann im Interesse der Gläubigergesamtheit die fortbestehenden Arbeitsverhältnisse gem. § 113 kündigen (→ Rn. 20.1 ff.).

20.1   Die Rechtslage unterscheidet sich insoweit von derjenigen der KO. § 22 Abs. 1 S. 1 KO sah die erleichterte Kündigungsmöglichkeit nur für ein „angetretenes Dienstverhältnis" vor. Vor Arbeitsantritt wird man dem Arbeitnehmer aber das **Recht zur außerordentlichen Kündigung** nach § 626 BGB aus wichtigem Grund zubilligen müssen, da es für ihn in aller Regel unzumutbar ist, den Dienst bei einem insolventen Arbeitgeber anzutreten (HK-InsO/Marotzke § 109 Rn. 40).

20.2   Grundsätzlich kann ein Arbeitsvertrag vor dem vereinbarten Dienstantritt **nur dann nicht** gekündigt werden, wenn die Parteien dies ausdrücklich ausgeschlossen haben oder sich der Ausschluss der Kündigung aus den Umständen zweifelsfrei ergibt (vgl. BGH NZA 2006, 1207 = NJW 2006, 3167 Ls., Rn. 36). § 113 findet somit auch auf Kündigungen vor Antritt des Dienstverhältnisses Anwendung (BAG NZI 2017, 577 mwN). Hinsichtlich der Ausführungen zur insolvenzspezifischen Kündigungsmöglichkeit des § 113, die allen (tarif-)vertraglichen Regelungen gegenüber vorrangig ist (→ Rn. 10), folgt das BAG der bisherigen Linie der Literatur somit auch für noch nicht angetretene Arbeitsverhältnisse (ErfK/Müller-Glöge, 17. Aufl. 2017, Rn. 6 f.; Fuhlrott GWR 2017, 251).

20.3   Wurde die Kündigungsmöglichkeit vor Arbeitsaufnahme **nicht ausgeschlossen,** kann der Insolvenzverwalter das noch nicht angetretene Arbeitsverhältnis somit kündigen. Die maßgebliche Kündigungsfrist ergibt sich ohne besondere Vereinbarung aus §§ 621–622 BGB. Ist jedoch einzelvertraglich eine längere Kündigungsfrist als die in § 113 S. 2 festgelegt worden, ist die Höchstfrist von drei Monaten zum Monatsende einzuhalten.

20.4   Wurde die Kündigungsmöglichkeit hingegen vor Arbeitsaufnahme **ausgeschlossen,** ist der Insolvenzverwalter hieran gebunden und muss mit der Kündigung warten, bis der Arbeitnehmer seine Arbeitsstelle zum vereinbarten Termin antritt.

6. Ausschluss der ordentlichen Kündigung

21   Ist die ordentliche Kündigung durch Tarifvertrag ausgeschlossen, so wird diese Regelung durch § 113 S. 1 durchbrochen. Damit wird gewährleistet, dass im Rahmen eines Personalabbaus nicht zunächst vorrangig alle nicht **altersgeschützten Arbeitnehmer** entlassen werden müssen, was automatisch zu einer **personellen Überalterung** des zu sanierenden Betriebs führen würde (Uhlenbruck/Berscheid Rn. 70). Dieser Vorrang gewährleistet, dass es trotz Massenkündigungen möglich bleibt, eine **ausgewogene Personalstruktur zu erhalten oder zu schaffen (§ 125 Abs. 1 Nr. 2 Hs. 2,** → § 125 Rn. 28).

21.1   Da es bei einer **außerordentlichen Kündigung** keine ordentliche Kündigungsfrist geben kann (BAG NZA 1995, 1157 = BeckRS 9998, 153007), handelt es sich bei einer Kündigung nach § 113 S. 1 stets um eine „ordentliche Kündigung" (Berscheid ZInsO 1998, 115, (119)) und nicht etwa um eine außerordentliche Kündigung mit Auslauffrist (so aber Zwanziger Rn. 13), auch wenn die „erdienten" Kündigungsfristen gem. § 113 S. 2 auf längstens drei Monate zum Monatsende „gekappt" werden.

7. Unwirksamkeit abweichender Vereinbarungen

22   **§ 113 S. 1–2 unterliegen nicht der Dispositionsbefugnis.** Nach § 119 sind alle Vereinbarungen, durch die im Voraus die Anwendung der §§ 103–118 ausgeschlossen oder beschränkt werden, **unwirksam** (→ § 119 Rn. 3). Dies gilt auch für im sog. **Schutzschirmverfahren** (§ 270b, → § 270b Rn. 1) getroffene Vereinbarungen, durch welche die Anwendung des § 113 ausgeschlossen oder beschränkt wird (BAG AP InsO § 113 Nr. 27). Das Schutzschirmverfahren ist eine spezielle Variante des Eröffnungsverfahrens. Es ist auf den Zeitraum ab dem Eröffnungsantrag bis zur Eröffnung des Insolvenzverfahrens beschränkt. Die Regelung des § 113 S. 1 ist so zu verstehen, dass ein Arbeitsverhältnis vom Insolvenzverwalter und vom anderen Teil ohne Rücksicht auf einen „(einzel- oder tarif-)vertraglichen" oder sonstigen kollektivrechtlichen Ausschluss des Rechts zur ordentlichen Kündigung gekündigt werden kann (BAG NZA 2000, 658). Dies gilt auch für Vereinbarungen zwischen Insolvenzverwalter und Betriebsrat in einem Interessenausgleich zur Verlängerung der Höchstfrist des § 113 S. 2 (BAG KTS 2001, 186; → Rn. 22.1 f.).

Tarifvertragliche Regelungen, wonach bei Erreichen einer bestimmten Altersgrenze die betriebsbedingte Kündigung **ausgeschlossen** oder nur **gegen Zahlung einer bestimmten Abfindungssumme zulässig** ist, stellen in der Insolvenz unzulässige Kündigungserschwerungen dar und sind unanwendbar. Mit der Zielsetzung des § 113 ist eine Unterscheidung zwischen (absolutem) Kündigungsausschluss und (finanziellen) Kündigungserschwerungen nicht zu vereinbaren (LAG Hamm ZInsO 1999, 302; 1999, 544). Davon unberührt bleibt die Möglichkeit des Insolvenzverwalters, das Arbeitsverhältnis zur Vermeidung einer Kündigung oder zur Beendigung einer Kündigungsschutzklage gegen Zahlung einer Abfindung (als Masseschuld nach § 55 Abs. 1 Nr. 1) aufzuheben. 22.1

Ist in einem Tarifvertrag geregelt, dass betriebsbedingte Kündigungen der **Zustimmung des Betriebsrats** bedürfen, so enthält diese Bestimmung keine Unkündbarkeitsklausel (BAG BeckRS 2009, 68954), sondern eine verfahrensmäßige Absicherung des individuellen Kündigungsschutzes auf der kollektiven Ebene, wonach die Beteiligungsrechte des Betriebsrats im Verhältnis zur bloßen Anhörung nach § 102 Abs. 1 BetrVG und zum Widerspruchsrecht nach § 102 Abs. 3 BetrVG durch eine zusätzliche verfahrensmäßige Hürde verstärkt werden. Bei einer **reinen Personalanpassung** nach Verfahrenseröffnung ist ein solches **Zustimmungserfordernis** deshalb vom Insolvenzverwalter zu beachten, sodass der Betriebsrat nicht nur nach § 102 Abs. 1 S. 1 BetrVG anzuhören ist, sondern der Kündigung ausdrücklich zustimmen muss. Dass die Regelung wie eine zeitlich befristete Kündigungssperre wirken kann, ist als Reflex dieser Bestimmung hinzunehmen. Verweigert der Betriebsrat die Zustimmung zur Kündigung, ist der Insolvenzverwalter gezwungen, die Einigungsstelle anzurufen. Lediglich bei einer **vollständigen Betriebsstilllegung** ist durch einschränkende Auslegung der betrieblichen oder tariflichen Vorschrift der Zustimmungsvorbehalt unbeachtlich (BAG KTS 2001, 186), um eine „Kollision" mit § 119 zu vermeiden. 22.2

Ähnlich hat das ArbG Berlin im Zusammenhang mit der **Insolvenz von Air Berlin** entschieden. Im Geltungsbereich des § 117 Abs. 2 BetrVG sollen die Tarifvertragsparteien „insolvenzsicher" vereinbaren können, dass betriebsbedingte Kündigungen „nur nach Abschluss eines Sozialtarifvertrages … über einen Interessenausgleich und Sozialplan zulässig" sind. Ein solches **Kündigungshindernis** gelte auch in der Insolvenz und bliebe trotz § 113 unabhängig von einer Gewerkschaftszugehörigkeit wirksam. Sehe der Tarifvertrag keinen Lösungsmechanismus für den Fall einer fehlenden Einigung der Tarifvertragsparteien vor, gelte das tarifvertragliche Kündigungshindernis aber nicht „auf ewig", sondern analog § 122 Abs. 1 S. 1 nur für einen Zeitraum von drei Wochen nach Verhandlungsbeginn oder Verhandlungsaufforderung unter der Voraussetzung einer vollständigen Unterrichtung der Gewerkschaft (ArbG Berlin BeckRS 2019, 2593). 22.3

Kündigt der Insolvenzverwalter mit der Höchstfrist des § 113 S. 2, unterliegt diese Wahl der Kündigungsfrist keiner Billigkeitskontrolle nach § 315 Abs. 3 BGB (BAG NZA 2014, 897 = BeckRS 2014, 68695). 22.4

C. Verfrühungsschaden

Kündigt der Insolvenzverwalter das Arbeitsverhältnis oder Dienstverhältnis (→ Rn. 12.1) nach § 113 S. 1, so steht dem Arbeitnehmer bzw. Organmitglied einer juristischen Person wegen der vorzeitigen Beendigung des Arbeitsverhältnisses nach § 113 S. 3 ein **verschuldensunabhängiger Schadensersatzanspruch als Insolvenzgläubiger** (§ 38) zu. Voraussetzung für den Anspruch nach § 113 S. 3 ist, dass das Arbeitsverhältnis oder Dienstverhältnis **durch eine Kündigung des Insolvenzverwalters** endet (BAG NZI 2016, 181 mAnm Bissels/Krings NZI 2016, 160). Dieser Schadensersatzanspruch ist auf die **Höhe des Verdienstausfalls begrenzt,** der durch eine Verkürzung der sonst anwendbaren Kündigungsfrist im Insolvenzfall entsteht. Er stellt einen Ausgleich für die dadurch entstehenden Nachteile dar (BAG NZA 2014, 897 = BeckRS 2014, 68695). Einen Ausgleich allgemein für durch die Insolvenz bedingte Nachteile und Risiken begründet § 113 S. 3 hingegen nicht (→ Rn. 23.1 f.). 23

Der Schadensersatz umfasst die dem Arbeitnehmer entgangene **Vergütung, Provisionsverluste** wie auch Einbußen im Hinblick auf die **betriebliche Altersvorsorge** (MüKoInsO/Hefermehl § 55 Rn. 183). Andere Nachteile wegen der Kündigung in der Insolvenz sind nicht ersetzbar, insbesondere nicht der Nachteil durch den eventuell früher endenden Bezugszeitraum für Arbeitslosengeld I (LAG Hessen NZI 2013, 363; BeckRS 2013, 67343). 23.1

Dabei handelt es sich um eine **Insolvenzforderung iSv § 38** (→ § 38 Rn. 1) und nicht um (sonstige) Masseforderung gem. § 55 InsO (→ § 55 Rn. 1) (LAG Düsseldorf BeckRS 2014, 72696 Rn. 56). Voraus- 23.2

setzung für die Geltendmachung dieses sog. **Verfrühungsschadens** ist, dass das Arbeitsverhältnis früher endet als bei einer Kündigung ohne den Insolvenzfall.

24 Ist die ordentliche Kündigung **vertraglich ausgeschlossen,** ist der nach § 113 S. 3 zu ersetzende Verfrühungsschaden nach dem BAG auf die ohne die vereinbarte Unkündbarkeit maßgebliche **längste ordentliche Kündigungsfrist beschränkt** (BAG ZIP 2007, 1829). Diese Beschränkung auf die längste ordentliche Kündigungsfrist gilt nach dem OLG Celle jedoch nicht für einen Geschäftsführer einer GmbH, dessen Dienstvertrag im Zeitpunkt der Kündigung noch eine **vertraglich vereinbarte Restlaufzeit** von gut zwei Jahren aufweist und vorzeitig ordentlich nicht kündbar ist (OLG Celle NZI 2018, 946). Bei einer Restlaufzeit des Dienstvertrages von zwei Jahren und vier Monaten führe der Schadensersatzanspruch nicht zu einem nicht hinnehmbaren „Endlosschaden", was sich auch durch einen Vergleich mit der Rechtslage nach § 87 Abs. 3 AktG bei Vorstandsmitgliedern einer Aktiengesellschaft ergebe.

24.1 Nach § 87 Abs. 3 AktG ist der Schadensersatzanspruch bei **Vorstandsmitgliedern einer Aktiengesellschaft** begrenzt auf zwei Jahre nach Ablauf des Dienstverhältnisses. Der Insolvenzverwalter kann gegenüber einem Schadensersatzanspruch mit Gegenansprüchen der Gesellschaft, zB aus Pflichtverletzungen des Vorstands, aufrechnen.

25 Sofern der Insolvenzverwalter jedoch, unabhängig von § 113, zum entsprechenden Zeitpunkt oder vorzeitig kündigen kann, zB weil ein wichtiger Grund zur **fristlosen Kündigung** vorliegt, hat der Arbeitnehmer keinen Anspruch auf Schadensersatz. Unerheblich ist dabei, ob der Grund, der zur fristlosen Kündigung berechtigt, vor oder nach Insolvenzeröffnung eingetreten ist (ErfK/Müller-Glöge Rn. 14; → Rn. 25.1 f.).

25.1 Schließen die Parteien in einem Kündigungsschutzprozess einen **Vergleich,** durch den das Arbeitsverhältnis nicht mit Ablauf der Höchstfrist des § 113 S. 3, sondern erst zu einem späteren Zeitpunkt endet, schließen sie materiell-rechtlich einen **Aufhebungsvertrag,** der die Kündigung gegenstandslos macht und durch den **Prozessvergleich** als neuen, eigenständigen Beendigungstatbestand ersetzt. Dies schließt den Schadensersatzanspruch nach § 113 S. 3 aus (BAG NZI 2016, 181). Der **Abschluss eines Aufhebungsvertrags** zwischen Arbeitnehmer und Insolvenzverwalter begründet also keinen Anspruch nach § 113 S. 3 (BAG NZA 2008, 1135; ZIP 2007, 1875; BeckRS 2007, 46522). Aus diesem Grunde entsteht auch dann kein Schadensersatzanspruch, wenn Arbeitnehmer durch dreiseitigen Aufhebungsvertrag in eine **Transfergesellschaft** wechseln.

25.2 **Nimmt der Arbeitnehmer die Kündigung letztlich nur hin,** gegen die er sich in einem Kündigungsschutzprozess noch zur Wehr gesetzt hat, schafft er durch den Vergleich keinen eigenständigen Beendigungsgrund mit der Folge, dass der Schadensersatzanspruch nach § 113 S. 3 davon unberührt bleibt (BAG NZA 2016, 314 = BeckRS 2015, 73386).

26 Auch der **Arbeitnehmer** kann während des Insolvenzverfahrens gem. § 113 mit einer Kündigungsfrist von höchstens drei Monaten kündigen. In diesem Fall steht ihm wegen der vorzeitigen Beendigung des Arbeitsverhältnisses aber **kein Schadensersatzanspruch** nach § 113 S. 3 zu.

§ 114 [aufgehoben]

Überblick

§ 114 aufgehoben mWv 1.7.2014 durch Gesetz v. 15.7.2013 (BGBl. I 2379).

§ 115 Erlöschen von Aufträgen

(1) Ein vom Schuldner erteilter Auftrag, der sich auf das zur Insolvenzmasse gehörende Vermögen bezieht, erlischt durch die Eröffnung des Insolvenzverfahrens.

(2) ¹Der Beauftragte hat, wenn mit dem Aufschub Gefahr verbunden ist, die Besorgung des übertragenen Geschäfts fortzusetzen, bis der Insolvenzverwalter anderweitig Fürsorge treffen kann. ²Der Auftrag gilt insoweit als fortbestehend. ³Mit seinen Ersatzansprüchen aus dieser Fortsetzung ist der Beauftragte Massegläubiger.

(3) ¹Solange der Beauftragte die Eröffnung des Verfahrens ohne Verschulden nicht kennt, gilt der Auftrag zu seinen Gunsten als fortbestehend. ²Mit den Ersatzansprüchen aus dieser Fortsetzung ist der Beauftragte Insolvenzgläubiger.

Überblick

§ 115 regelt das Schicksal vom Schuldner erteilter Aufträge in der Insolvenz. Er ordnet – abweichend vom Grundsatz der Erfüllungswahl (§ 103) bzw. dem Fortbestand einzelner Verträge (zB § 108) – in **Abs. 1** für massebezogene Aufträge (→ Rn. 4) das **automatische Erlöschen** mit Verfahrenseröffnung an (→ Rn. 9), um die Konzentration der Masseverwaltung in den Händen des Verwalters sicherzustellen und fortbestehende Einwirkungsmöglichkeiten Dritter auf die Masse auszuschließen. Im Fall der **Notgeschäftsführung** (→ Rn. 15) sieht **Abs. 2** davon abweichend den Fortbestand des Auftrags vor, um Nachteile für die Masse zu vermeiden (→ Rn. 18), und erhebt Ausgleichsansprüche des Beauftragten insofern zu Masseverbindlichkeiten (→ Rn. 20). Zum Schutz des Beauftragten in **Unkenntnis der Verfahrenseröffnung** (→ Rn. 22) gilt der Auftrag im Verhältnis (nur) zu diesem gem. **Abs. 3** als fortbestehend (→ Rn. 24); mit etwaigen Ersatzansprüchen ist er anders als bei Abs. 2 nur Insolvenzgläubiger (→ Rn. 26). § 115 wird flankiert durch die Parallelnorm des **§ 116** für **Geschäftsbesorgungsverträge**; im Außenverhältnis ordnet **§ 117** entsprechend das Erlöschen von **Vollmachten** mit Verfahrenseröffnung an, soweit dies nicht ohnehin schon bei Erlöschen des Grundgeschäfts aus § 168 S. 1 BGB folgt.

Übersicht

	Rn.		Rn.
A. Normzweck und Systematik	1	2. Fortbestandsfiktion (Abs. 2 S. 2)	18
B. Tatbestand	4	3. Aufwertung der Ersatzansprüche (Abs. 2 S. 3)	20
I. Vom Schuldner erteilter Auftrag	4	III. Fortbestandsfiktion bei unverschuldeter Unkenntnis (Abs. 3)	22
II. Bezug auf das zur Insolvenzmasse gehörende Vermögen	8	1. Unverschuldete Unkenntnis von der Verfahrenseröffnung (Abs. 3 S. 1)	22
C. Rechtsfolgen	9	2. Eingeschränkte Fortbestandsfiktion	24
I. Erlöschen (Abs. 1)	9	3. Keine Privilegierung von Ersatzansprüchen (Abs. 3 S. 2)	26
II. Fortbestandsfiktion bei Notgeschäftsführung (Abs. 2)	15	D. Verhältnis zu anderen Vorschriften	27
1. Notgeschäftsführung (Abs. 2 S. 1)	15		

A. Normzweck und Systematik

Zweck des § 115 ist es sicherzustellen, dass die **Masseverwaltung** ab Verfahrenseröffnung allein in den Händen des **Insolvenzverwalters konzentriert** ist (RegE BT-Drs. 12/2443, 151). Mit Verfahrenseröffnung erhält der Verwalter die alleinige Verwaltungs- und Verfügungsbefugnis über die Masse unter Ausschluss des Schuldners (§ 80). Um Dritten die Möglichkeit zur entgeltlichen (§ 116) oder unentgeltlichen (§ 115) Besorgung von Geschäften mit Belastung des schuldnerischen Vermögens durch (weitere) Insolvenzforderungen zu nehmen, ordnet § 115 als **Sondervorschrift** iRd §§ 103 ff. das **automatische Erlöschen** vom Schuldner erteilter Aufträge mit Verfahrenseröffnung an – ebenso wie die Parallelnormen des § 116 bei Geschäftsbesorgungsverträgen und § 117 bei Vollmachten. Streng genommen handelt es sich systematisch nicht um eine Spezialregelung zu § 103, weil § 103 nur gegenseitige Verträge erfasst und damit für den Auftrag als einseitiges Rechtsgeschäft schon tatbestandlich nicht einschlägig ist (RSZ InsO/Zeuner Rn. 3). 1

Zum Schutz der Masse bzw. des Beauftragten sieht § 115 zwei **Ausnahmen** von der Erlöschenswirkung vor. Zum einen wird für den Fall der **Notgeschäftsführung** der Fortbestand fingiert, um Nachteile für die Masse abzuwenden (Abs. 2). Dem Schutz der Masse und der Gläubigergemeinschaft vor drohenden Wertverlusten kommt hier ein höherer Stellenwert zu als der Konzentration der Verwaltungsbefugnis. Der in diesem Fall zugunsten der Masse tätige Auftragnehmer erhält hierfür Ausgleichsansprüche im Rang von Masseverbindlichkeiten. Zum anderen gilt der Auftrag zum Schutz des Beauftragten bei dessen **Unkenntnis** von der Verfahrenseröffnung im Verhältnis zu diesem als fortbestehend, ohne dass jedoch die Ersatzforderungen wie in Abs. 2 privilegiert wären (Abs. 3). 2

Dies entspricht der Rechtslage unter der KO, deren §§ 23, 27 KO zu Aufträgen und Geschäftsbesorgungsverträgen inhaltlich unverändert in die InsO übernommen wurden (RegE BT-Drs. 12/2443, 151). Die wirtschaftliche Bedeutung des § 115 ist gering; wichtiger sind die Anwendungsfälle des Verweises aus § 116 heraus. 3

InsO § 115　　　Dritter Teil. Wirkungen der Eröffnung des Insolvenzverfahrens

B. Tatbestand

I. Vom Schuldner erteilter Auftrag

4　Der Auftrag iSd § 115 Abs. 1 umfasst entsprechend dem zivilrechtlichen Verständnis iSd §§ 662 ff. BGB jede **einseitige unentgeltliche Geschäftsbesorgung** (MüKoBGB/Schäfer BGB § 662 Rn. 3). Entsprechend dem umfassenden Schutz der Verwaltungs- und Verfügungsbefugnis ist Geschäftsbesorgung denkbar weit zu verstehen. Neben vorzunehmenden Rechtsgeschäften sind dies auch geschäftsähnliche Handlungen und Realakte (MüKoBGB/Schäfer BGB § 662 Rn. 18; K. Schmidt InsO/Ringstmeier Rn. 5).

5　**Nicht unter § 115** – sondern unter § 116 – fällt die zweiseitige entgeltliche Geschäftsbesorgung. Abgrenzungsfragen stellen sich dort vor allem zum Dienstvertrag, der genau anders als der Geschäftsbesorgungsvertrag bei Verfahrenseröffnung gem. § 113 fortbesteht (→ § 116 Rn. 5). Kein Auftrag ist mangels rechtsgeschäftlichen Charakters eine bloße Gefälligkeit, die ohnehin keine Ersatzansprüche nach sich zieht (MüKoInsO/Vuia Rn. 6).

6　§ 115 betrifft nur den **vom Schuldner erteilten** Auftrag (BGH WM 2020, 391 (394)). In der Insolvenz des Auftragnehmers ist § 115 – ebenso wie § 103 mangels gegenseitigen Vertrags – unanwendbar. Für die Geltendmachung etwaiger Ansprüche des Auftraggebers (→ Rn. 13) gelten in diesem Fall die allgemeinen Regeln; diese werden regelmäßig Insolvenzforderungen sein. Zudem kann der Auftraggeber den Auftrag in diesem Fall (und jederzeit, § 671 Abs. 1 BGB) widerrufen, ohne dass es auf die Frage von Lösungsklauseln iSd § 119 ankäme. Aufträge des „starken" vorläufigen Verwalters erlöschen nicht (FK-InsO/Wegener Rn. 8), können aber von diesem wie vom endgültigen Verwalter jederzeit widerrufen werden (§ 671 Abs. 1 BGB).

7　Der Auftrag darf noch **nicht vollständig ausgeführt** sein (K. Schmidt InsO/Ringstmeier Rn. 7; Braun/Kroth Rn. 2); sonst wäre der Auftrag durch Erfüllung gem. § 362 BGB erloschen. Die Anwendung des § 115 Abs. 1 liefe ins Leere.

II. Bezug auf das zur Insolvenzmasse gehörende Vermögen

8　Das kraft Auftrags zu besorgende Geschäft muss einen Bezug zur Insolvenzmasse haben. Damit sind Aufträge ohne Massebezug, etwa solche nur über das **freie Vermögen** des Schuldners oder Aufträge im Zusammenhang mit **höchstpersönlichen** Rechtsgeschäften des Schuldners nicht erfasst, wie Pflege, Betreuung, Seelsorge (MüKoInsO/Vuia Rn. 9; K. Schmidt InsO/Ringstmeier Rn. 6; FK-InsO/Wegener Rn. 6). Ein massebezogenes Geschäft liegt auch bei einem Auftrag im Zusammenhang mit Neuerwerb vor (dazu RSZ InsO/Zeuner Rn. 4; KPB/Tintelnot §§ 115, 116 Rn. 7).

C. Rechtsfolgen

I. Erlöschen (Abs. 1)

9　Anders als beim Regelfall des Wahlrechts für gegenseitige Verträge gem. § 103 **erlöschen** massebezogene Aufträge mit der Eröffnung des Insolvenzverfahrens über das Vermögen des Auftraggebers.

10　Der Auftrag erlischt mit Wirkung **ex nunc** (BGH NZI 2006, 637; MüKoInsO/Vuia Rn. 11; Braun/Kroth Rn. 5; RSZ InsO/Zeuner Rn. 2). Es erlischt dabei das **gesamte** Auftragsverhältnis als Rechtsgeschäft (MüKoInsO/Vuia Rn. 13; aA HK-InsO/Marotzke Rn. 4 ff.; RSZ InsO/Zeuner Rn. 2: nur Erlöschen der Geschäftsführungsbefugnis bzw. der Ermächtigung zur weiteren Durchführung).

11　Bereits davor **getätigte Geschäfte** des Beauftragten sind gegenüber der Masse wirksam (MüKoInsO/Vuia Rn. 11; RSZ InsO/Zeuner Rn. 5). Welche Rechtsfolgen diese abgeschlossenen Drittgeschäfte für die Masse zeigen, hängt ihrerseits von der Natur der Drittgeschäfte ab. Vorgenommene Realakte haben naturgemäß unmittelbare Wirkung auf den Vermögensbestand des Schuldners. Bei Rechtsgeschäften gelten die gleichen Maßstäbe wie bei Geschäften, die vom Schuldner selbst vorgenommen wurden. Die Einschaltung beauftragter Dritter kann nicht zu einer großzügigeren Behandlung der Eröffnungswirkungen für die Masse führen. Die Wirksamkeit von Verfügungen mit Mitteln der Masse richtet sich daher nach §§ 81, 91. Erbringt ein Geschäftspartner Leistungen an den Schuldner, wird er nur unter den Voraussetzungen des § 82 frei. Vom Auftragnehmer mit Dritten für die Masse abgeschlossene schuldrechtliche gegenseitige Verträge können ihrerseits als Rechtsgeschäfte §§ 103 ff. unterfallen, soweit diese noch nicht vollständig erfüllt sind.

Um den Auftrag nach Verfahrenseröffnung mit Wirkung für die Masse fortbestehen zu lassen, 12
ist eine **Neuerteilung** durch den Verwalter möglich und erforderlich (MüKoInsO/Vuia Rn. 15;
FK-InsO/Wegener Rn. 9); nach aA soll eine originäre Bestätigung durch den Verwalter zur
Fortführung analog § 103 möglich sein (RSZ InsO/Zeuner Rn. 3; HK-InsO/Marotzke Rn. 8).
Da das Gesetz für ein Wahlrecht keinen Raum lässt, wird eine „Bestätigung" als konkludente
Neuerteilung auszulegen sein. Alle nach Neuerteilung entstehenden Ersatzansprüche sind Masseverbindlichkeiten
(§ 55 Abs. 1 Nr. 1).

Für die **Abwicklung** des erloschenen Auftrags mit Blick auf die Verpflichtungen und **Ersatz-** 13
ansprüche des Beauftragten ist das materielle Recht maßgeblich: Der Beauftragte ist gegenüber
der Masse zuvorderst zur Rechenschaft (§ 666 BGB) und zur Herausgabe des Erlangten (§ 667
BGB) verpflichtet. Im Gegenzug hat der Beauftragte einen Anspruch auf Aufwendungsersatz
(§ 670 BGB) als Insolvenzforderung für vorinsolvenzlich getätigte Aufwendungen; für Aufwendungen
nach Verfahrenseröffnung verhindert die Erlöschenswirkung in der Regel weitere Ansprüche.
Ein Schadenersatzanspruch wegen Erlöschen des Auftrags wird normalerweise nicht in
Betracht kommen, weil der Auftrag auch gem. § 671 BGB jederzeit widerrufbar wäre (RSZ InsO/
Zeuner Rn. 6). Ein **Zurückbehaltungsrecht** am Erlangten steht dem Beauftragten gegenüber
der Masse – außer bei existierenden Absonderungsrechten – nicht zu (MüKoInsO/Vuia Rn. 11;
FK-InsO/Wegener Rn. 19). Dieser kann auch nicht wirksam mit einem vorinsolvenzlichen Aufwendungsersatzanspruch
gegen erst nach Verfahrenseröffnung entstehende Herausgabeansprüche
aufrechnen (§ 96 Abs. 1 Nr. 1; BGH NJW 1898, 1353 (1354)). Bei weiterer Tätigkeit des
Beauftragten nach Verfahrenseröffnung kommt eine Geschäftsführung ohne Auftrag in Betracht
(Braun/Kroth Rn. 5); diese wird aber wegen der erforderlichen Verwaltungskonzentration (→
Rn. 1) in der Regel dem Interesse des Geschäftsherrn (Verwalter) widersprechen und unberechtigt
sein. Dringliche Geschäfte zum Schutz der Masse unterfallen Abs. 2.

Entsprechend allgemeinen Grundsätzen der **Vertragsspaltung** mit Verfahrenseröffnung kommt 14
auch bei Aufträgen ein teilweises Erlöschen in Betracht. Sofern ein Auftrag nur **teilweise Massebezug**
hatte und sich im Übrigen zB auf freies Vermögen bezog, erlischt nur der massebezogene
Teil, und der Auftrag besteht im Übrigen schuldrechtlich fort. Sofern **mehrere Auftraggeber**
den Auftrag erteilt haben, ist bei Insolvenz eines Auftraggebers sorgfältig durch Auslegung zu
ermitteln, ob eine Teilung nach dem Vertragsgegenstand in Betracht kommt. Ist der Auftrag
logisch unteilbar oder wäre eine Teilung nicht gewollt (analog § 139 BGB), erlischt er insgesamt
(RSZ InsO/Zeuner Rn. 5).

II. Fortbestandsfiktion bei Notgeschäftsführung (Abs. 2)

1. Notgeschäftsführung (Abs. 2 S. 1)

Abs. 2 statuiert als Ausnahme zu Abs. 1 eine **Fortbestandsfiktion** für den Auftrag im Fall der 15
Notgeschäftsführung, wenn „mit dem Aufschub Gefahr verbunden ist". Der Wortlaut entspricht
§ 665 S. 2 und § 672 S. 2 BGB, der einen Fortbestand für den Tod des Beauftragten vorsieht.
Diese Hürde ist niedriger als in § 680 BGB, der an eine Geschäftsführung zur „Abwendung einer
dem Geschäftsherrn drohenden dringenden Gefahr" knüpft.

Für die „Gefahr" genügt es, wenn der Masse objektiv **Nachteile drohen** (K. Schmidt InsO/ 16
Ringstmeier Rn. 12; Braun/Kroth Rn. 6) und der Verwalter das diese abwendende Geschäft nicht
rechtzeitig selbst besorgen kann. Dies erfordert eine drohende wertmäßige Schlechterstellung der
Masse zulasten der Gläubigergemeinschaft gegenüber dem status quo. Die bloße Nichtvornahme
vorteilhafter Geschäfte – etwa besonders günstiger Erwerbsmöglichkeiten – ist von Abs. 2 nicht
erfasst und nicht privilegiert. Der Auftragnehmer wird daher die Vornahme „nur" vorteilhafter
Geschäfte ohne drohende Verschlechterung des status quo mit Blick auf seine Aufwendungsersatzansprüchen
sorgfältig zu prüfen haben.

Für das Vorliegen von Nachteilen ist eine **objektive Betrachtung** maßgeblich. Die fehlende 17
Kenntnis des Beauftragten von den drohenden Nachteilen steht der Fortbestandsfiktion ebenso
wenig entgegen (Braun/Kroth Rn. 6), wie die irrtümliche Annahme einer Gefahrenlage den
Fortbestand auslöst. Insofern trifft den Beauftragten ein **Prognoserisiko,** wenn er in Kenntnis
der Insolvenz den Auftrag aufgrund einer angenommenen Gefahrenlage fortführt (K. Schmidt
InsO/Ringstmeier Rn. 12).

2. Fortbestandsfiktion (Abs. 2 S. 2)

Bei bestehender Gefahrenlage gilt der Auftrag in **zeitlicher** Hinsicht als **fortbestehend,** bis 18
der Insolvenzverwalter anderweitig Fürsorge treffen kann (Abs. 2 S. 2) und somit bis zu dessen

erster Gelegenheit, das Geschäft **selbst zu besorgen** (RSZ InsO/Zeuner Rn. 8). Die Fortbestandsfiktion erlischt auch mit tatsächlichem **Entfall der Gefahr**. Wie auch für das Vorliegen der Gefahr trägt der Beauftragte für deren Entfall sowie für die Eingriffsmöglichkeiten des Verwalters das **Prognoserisiko**, ab wann ein rechtzeitiges Einschreiten möglich wäre. Dem Beauftragten stehen bei irrtümlicher Annahme einer Gefahr keine privilegierten Ersatzansprüche zu.

19 Diese Fortbestandsfiktion wirkt in **personeller** Hinsicht – insofern anders als bei Abs. 3 – für und gegen alle Beteiligten. Die Masse wird durch das Geschäft gebunden, ohne dass es auf eine Genehmigung des Verwalters ankäme (MüKoInsO/Vuia Rn. 16; RSZ InsO/Zeuner Rn. 8). Sofern der **Auftrag im Innenverhältnis** als fortbestehend gilt, bestehen in der Regel auch erteilte **Vollmachten** im Außenverhältnis fort. Ohne Erlöschen des Grundverhältnisses entfällt die Vollmacht nicht nach § 168 S. 1 BGB; das insolvenzrechtliche Erlöschen gem. § 117 Abs. 1 wird durch § 117 Abs. 2 verhindert.

3. Aufwertung der Ersatzansprüche (Abs. 2 S. 3)

20 Die dem Beauftragten aus der Notgeschäftsführung nach Verfahrenseröffnung zustehenden Ersatzansprüche (→ Rn. 13, insbesondere § 670 BGB) sind gem. Abs. 2 S. 3 **Masseverbindlichkeit** iSd § 55 Abs. 1 Nr. 2 (RSZ InsO/Zeuner Rn. 9); vor Verfahrenseröffnung entstandene Ansprüche bleiben demgegenüber entsprechend allgemeiner Grundsätze Insolvenzforderungen (FK-InsO/Wegener Rn. 16).

21 Greift die Fortbestandsfiktion des Abs. 2 nicht, etwa weil der Masse keine Gefahr drohte oder weil der Fortbestand mit einer Eingriffsmöglichkeit des Verwalters entfiel, kommt eine **Geschäftsführung ohne Auftrag** in Betracht. Massegläubiger ist der Beauftragte hier nur bei Genehmigung durch den Verwalter (§ 684 S. 2 BGB, § 683 S. 1 BGB; § 55 Abs. 1 Nr. 1) oder bei Massebereicherung (§ 684 S. 1 BGB iVm § 55 Abs. 1 Nr. 3, RSZ InsO/Zeuner Rn. 9; aA FK-InsO/Wegener Rn. 17).

III. Fortbestandsfiktion bei unverschuldeter Unkenntnis (Abs. 3)

1. Unverschuldete Unkenntnis von der Verfahrenseröffnung (Abs. 3 S. 1)

22 Im Falle **unverschuldeter Unkenntnis** von der Verfahrenseröffnung (ähnlich § 674 BGB) gilt der Auftrag zugunsten des Beauftragten gem. Abs. 3 S. 1 als fortbestehend. Maßstab ist tatsächliche Kenntnis von der Verfahrenseröffnung. Auf etwaige Rechtsirrtümer über den Fortbestand des Auftrags nach einer ihm bekannten Verfahrenseröffnung kann sich der Beauftragte nicht berufen.

22.1 Die **Bekanntgabe** des Eröffnungsbeschlusses (§§ 30 ff.) fingiert die Kenntnis nicht und führt jedenfalls nicht als solche zur Annahme schuldhafter Unkenntnis, da § 115 Abs. 3 sonst leer liefe. Die Bekanntgabe kann für das Verschulden allerdings im Einzelfall zusammen mit anderen Umständen eine Rolle spielen, welche eine Insolvenz nahelegen und es daher pflichtgemäß gebieten, diesen Informationen durch einen Blick in die einschlägigen Register und Veröffentlichungen nachzugehen. Der Fahrlässigkeitsvorwurf knüpft hierbei aber an die **anlassbedingte** schuldhafte **Nichtnutzung von Informationsmöglichkeiten**, nicht an die Unkenntnis der öffentlichen Bekanntgabe. Den Auftragnehmer trifft ohne konkreten Anlass **keine Erkundigungspflicht** (OLG München NZI 2009, 555 (556) zu § 117).

23 Sobald der Beauftragte positiv Kenntnis von der Verfahrenseröffnung erlangt oder von Umständen, aus denen er pflichtgemäß auf diese hätte schließen müssen und dies schuldhaft nicht tut, **erlischt** die Fortbestandsfiktion des Abs. 3. Die **Beweislast** für Kenntnis bzw. fahrlässige Unkenntnis des Auftragnehmers trifft den Verwalter (RSZ InsO/Zeuner Rn. 11).

2. Eingeschränkte Fortbestandsfiktion

24 Die Fortbestandsfiktion des Abs. 3 S. 1 ist in ihrer Rechtswirkung **eingeschränkt** und wirkt nur **zu Gunsten des Beauftragten**, nicht darüber hinaus für und gegen Dritte (MüKoInsO/Vuia Rn. 17). Nach Verfahrenseröffnung geschlossene Geschäfte entfalten – anders als Abs. 2 – insbesondere keine Wirkung zwischen Dritten und der Masse (Braun/Kroth Rn. 8). Die Wirkung des § 115 Abs. 3 beschränkt sich zuvorderst auf eine Privilegierung des Beauftragten, die ihn zB vor einer Haftung aus § 678 BGB oder § 179 BGB schützt. Ihn treffen keine Ausführungspflichten. Sofern die Voraussetzungen des Abs. 3 nicht vorliegen, kommt bei einer Fortsetzung des Auftrages eine Geschäftsführung ohne Auftrag in Betracht.

25 Dem Verwalter steht es frei, das Geschäft durch **Genehmigung** an sich zu ziehen und dessen Wirkung gegenüber der Masse zu begründen (→ Rn. 21). Ist dies außerhalb der Voraussetzungen

von Abs. 3 S. 1 bei einer Geschäftsführung ohne Auftrag möglich, gilt dies erst recht im Falle des Abs. 3 S. 1 bei nur eingeschränkter Fortbestandsfiktion.

3. Keine Privilegierung von Ersatzansprüchen (Abs. 3 S. 2)

Ersatzansprüche des Auftragnehmers werden nicht privilegiert und sind – wie Abs. 3 S. 2 für die Zeit vor Verfahrenseröffnung klarstellt und für die Zeit danach anordnet – bloße **Insolvenzforderungen,** solange der Verwalter das Geschäft nicht genehmigt. 26

D. Verhältnis zu anderen Vorschriften

Wie alle Vorschriften der §§ 103–118 ist auch § 115 unabdingbar. Der Schuldner kann vorinsolvenzlich gem. § 119 keine wirksame Regelung über das Fortbestehen des Auftrags im Insolvenzfall treffen (BGH NZI 2006, 637 (639)). Dies gilt nach hier vertretener Ansicht nicht nur für das Erlöschen sowie die masseschützende Fortbestandsfiktion, sondern auch für **Abweichungen zum Schutz des Auftragnehmers.** Wie jede Regelung für den Fortbestand von Verträgen in den §§ 103 ff. ist auch § 115 Ausdruck einer gesetzgeberischen Interessenabwägung zwischen den berechtigten Belangen der Masse und (hier) des Beauftragten. Vor diesem Hintergrund ist es weder angebracht noch im Wortlaut ersichtlich, dass § 119 eine nur halbzwingende Wirkung zukommen soll (→ § 119 Rn. 1.2). Überdies dient der Schutz des Beauftragten in Abs. 2 mittelbar auch der Masse, da ohne die Privilegierung von Ersatzansprüchen ein Handeln zugunsten der Masse aus Anreizgesichtspunkten kaum erwartet werden kann. 27

§ 116 Erlöschen von Geschäftsbesorgungsverträgen

¹Hat sich jemand durch einen Dienst- oder Werkvertrag mit dem Schuldner verpflichtet, ein Geschäft für diesen zu besorgen, so gilt § 115 entsprechend. ²Dabei gelten die Vorschriften für die Ersatzansprüche aus der Fortsetzung der Geschäftsbesorgung auch für die Vergütungsansprüche. ³Satz 1 findet keine Anwendung auf Zahlungsaufträge sowie auf Aufträge zwischen Zahlungsdienstleistern oder zwischengeschalteten Stellen und Aufträge zur Übertragung von Wertpapieren; diese bestehen mit Wirkung für die Masse fort.

Überblick

§ 116 regelt das Schicksal von Geschäftsbesorgungsverträgen in der Insolvenz. Abweichend vom Grundsatz der Erfüllungswahl (§ 103) ordnet **§ 116 S. 1** – ebenso wie § 115 für Aufträge – für massebezogene (→ Rn. 14) Geschäftsbesorgungsverträge (→ Rn. 5) in der Insolvenz des Geschäftsherrn (→ Rn. 12) das automatische **Erlöschen** mit Verfahrenseröffnung an (→ Rn. 15), um die Konzentration der Masseverwaltung in den Händen des Verwalters sicherzustellen und fortbestehende Einwirkungsmöglichkeiten Dritter auszuschließen. Ebenso sieht S. 1 iVm § 115 Abs. 2 S. 1 und 2 davon abweichend im Fall der **Notgeschäftsführung** den **Fortbestand** des Geschäftsbesorgungsvertrages vor, um Nachteile für die Masse zu vermeiden (→ Rn. 22). S. 2 iVm § 115 Abs. 2 S. 3 erhebt Ausgleichsansprüche des Geschäftsbesorgers insofern zu Masseverbindlichkeiten (→ Rn. 24). Zum Schutz des Geschäftsbesorgers in **Unkenntnis der Verfahrenseröffnung** gilt der Geschäftsbesorgungsvertrag im Verhältnis (nur) zu diesem gem. S. 1 iVm § 115 Abs. 3 S. 1 als fortbestehend (→ Rn. 25); etwaiger Ersatzansprüchen ist er gem. S. 2 iVm § 115 Abs. 3 S. 2 nur Insolvenzgläubiger. S. 3 statuiert eine **Privilegierung** für bestimmte Überweisungs- und Zahlungsverträge und weitere **Finanzgeschäfte,** die bei Verfahrenseröffnung nicht erlöschen, sondern im Gegenteil mit Wirkung für die Masse fortbestehen (→ Rn. 26).

Übersicht

	Rn.		Rn.
A. Normzweck und Systematik	1	2. Insolvenz des Geschäftsherrn	12
		3. Massebezug	14
B. Erlöschen von Geschäftsbesorgungsverträgen	4	II. Rechtsfolge	15
I. Tatbestand	5	1. Erlöschen der Geschäftsbesorgung (S. 1 iVm § 115 Abs. 1)	15
1. Geschäftsbesorgungsvertrag	5	2. Ersatzansprüche	19

	Rn.		Rn.
C. Fortbestandsfiktion bei Notgeschäftsführung (S. 1 iVm § 115 Abs. 2)	22	E. Fortbestand von Überweisungs- und ähnlichen Verträgen (S. 3)	26
D. Fortbestandsfiktion bei Unkenntnis (S. 1, 2 iVm § 115 Abs. 3)	25	F. Verhältnis zu anderen Vorschriften	29

A. Normzweck und Systematik

1 Als Ausnahme zum Grundsatz des Erfüllungswahlrechts iSd § 103 ist Regelungszweck des § 116 S. 1 und 2, durch das automatische Erlöschen von Geschäftsbesorgungsverträgen sicherzustellen, dass die **Verwaltung** der Masse ab Verfahrenseröffnung allein in den Händen des Insolvenzverwalters **konzentriert** ist (RegE, BT-Drs. 12/2443, 151; RSZ InsO/Zeuner Rn. 1; FK-InsO/Wegener Rn. 1). Eine etwaige Geschäftsbesorgung nach Verfahrenseröffnung soll grundsätzlich **keine zusätzliche Belastung** der Masse herbeiführen. Insofern deckt sich der Normzweck des § 116 mit der in Verweis genommenen Parallelnorm § 115 für Aufträge.

2 Wie auch bei Aufträgen sieht § 116 **Ausnahmen** von der Erlöschenswirkung bei Notgeschäftsführung und gutgläubigem Geschäftsbesorger vor. Für den Fall der **Notgeschäftsführung** wird der Fortbestand des Geschäftsbesorgungsvertrages fingiert, um der Masse drohende Nachteile abzuwenden. Insoweit kommt dem Schutz der Masse vor Wertverlust ein höherer Stellenwert zu als dem Schutz der Verwaltungsbefugnis. Die aus der Notgeschäftsführung erwachsenden Ansprüche des Geschäftsbesorgers sind als Masseforderungen privilegiert, um die Bereitschaft zu solchen Maßnahmen im Bedarfsfall zu fördern. Die Fortbestandsfiktion bei Unkenntnis des Geschäftsbesorgers von der Verfahrenseröffnung dient dessen Schutz; Ersatzforderungen sind hier nicht privilegiert. In der Sache führt § 116 zusammen mit § 115 die vormaligen Regelungen zu Aufträgen und Geschäftsbesorgungsverträgen der §§ 23, 27 KO fort (RegE, BT-Drs. 12/2443, 151).

3 Im Gegensatz zu § 116 S. 1 und 2 bewirkt **§ 116 S. 3** gerade nicht das Erlöschen, sondern im Gegenteil den **Fortbestand** der dort geregelten Zahlungs- und Übertragungsgeschäfte. Vorinsolvenzlich mit dem Schuldner geschlossene Zahlungs- bzw. Übertragungsverträge können Geldinstitute mit Wirkung für und gegen die Masse ausführen und Aufwendungsersatz im Rang einer Masseverbindlichkeit verlangen. S. 3 zielt – als insoweit gegenüber S. 1 und 2 eigenständige Regelung – auf die Sicherung der Funktionsfähigkeit von Zahlungssystemen. Der Wortlaut des S. 3 wurde gegenüber seiner Ursprungsfassung zuletzt ohne inhaltliche Änderung durch die Umsetzung der ZahlungsdiensteRL 2007/64/EG geändert (RegE, BT-Drs. 16/11643, 144; K. Schmidt InsO/Ringstmeier Rn. 3).

B. Erlöschen von Geschäftsbesorgungsverträgen

4 Gemäß § 116 S. 1 und 2 iVm § 115 führt die Verfahrenseröffnung im Regelfall bei Geschäftsbesorgungsverträgen (→ Rn. 5) mit Massebezug (→ Rn. 14) in der Insolvenz des Geschäftsherrn (→ Rn. 12) zu deren Erlöschen (→ Rn. 15). Anderes gilt in den Sonderfällen der Notgeschäftsführung (→ Rn. 22) und des gutgläubigen Geschäftsbesorgers in Unkenntnis der Verfahrenseröffnung (→ Rn. 25). In diesen Fällen regelt § 116 iVm § 115 auch den Rang von Ausgleichsforderungen des Geschäftsbesorgers in teilweiser Abweichung von den allgemeinen Erlöschensfolgen. Als weitere Ausnahme bestehen die in S. 3 geregelten Finanzgeschäfte mit Wirkung für und gegen die Masse fort (→ Rn. 26).

I. Tatbestand

1. Geschäftsbesorgungsvertrag

5 § 116 S. 1 und 2 erfordern einen entgeltlichen zweiseitigen Geschäftsbesorgungsvertrag iSd **§§ 675 ff. BGB.** Ein Geschäftsbesorgungsvertrag ist jeder Dienstvertrag oder Werkvertrag, der eine Geschäftsbesorgung zum Leistungsgegenstand hat.

5.1 Für die Erlöschensfolge bei diesen Verträgen ist § 116 lex specialis zu § 103 und § 108 (RSZ InsO/Zeuner Rn. 1). Sofern Werkverträge keinen Geschäftsbesorgungscharakter haben und folglich nicht gem. § 116 erlöschen, unterliegen sie dem Erfüllungswahlrecht des § 103. Dienstverträge ohne Geschäftsbesorgungscharakter bestehen gem. §§ 108 Abs. 1 iVm § 113 fort. Geschäftsbesorgungsverträge iSd § 116 schließen ihre gesetzlich geregelten Sonderformen wie etwa der Zahlungsdiensteverträge (§§ 675c ff. BGB) ein. Allerdings findet bei Finanztermingeschäften als Sondervorschrift § 104 Anwendung.

Erlöschen von Geschäftsbesorgungsverträgen § 116 InsO

Als Geschäftsbesorgung wird jede **selbstständige Tätigkeit** wirtschaftlicher Art zur **Wahrneh-** 6
mung fremder Vermögensinteressen verstanden, für die ursprünglich der Geschäftsherr selbst
zu sorgen hatte und die ihm durch den Geschäftsbesorger abgenommen wird (BGH NZI 2006,
637). Maßgebliches Element ist die selbstständige Wahrnehmung fremder Vermögensinteressen.
Diese Interessenwahrnehmung ist mehr als die bloße Erbringung von Leistungen des Geschäftsbesorgers
an den Geschäftsherrn in einem bloßen Austauschvertrag, welche für § 116 nicht genügt
(RSZ InsO/Zeuner Rn. 2). Insoweit ist § 116 tatbestandlich enger als § 115, wo Gegenstand des
Auftrages denkbar weit jede Form einer (auch rein tatsächlichen) Tätigkeit sein kann (K. Schmidt
InsO/Ringstmeier Rn. 6).

Eine Fallgruppe typischer Geschäftsbesorgungsverträge sind entgeltliche **Treuhandverträge.** 7
Hier ist zwischen der fremdnützigen (in der Regel Verwaltungs-)Treuhand und der eigennützigen
(in der Regel Sicherungs-)Treuhand zu unterscheiden: **Fremdnützige** (Verwaltungs-)Treuhandverträge
(zB Inkassozession) erlöschen gem. § 116 in der Insolvenz des Treugebers; hierbei wird
das vom Treuhänder gehaltene Treugut haftungsrechtlich – auch bei Vollrechtsübertragung an den
Treunehmer – der Masse des Treugebers zugerechnet (RSZ InsO/Zeuner Rn. 12; FK-InsO/
Wegener Rn. 36 ff.). Sofern die Treuhand keinen automatischen Rückfall des Treuguts vorsieht,
trifft den Treunehmer bei Erlöschen des Treuhandvertrages eine Rückübertragungspflicht. Demgegenüber
besteht die **eigennützige** (vor allem Sicherungs-)Treuhand (zB bei Sicherungsübereignung
und Sicherungszession) in der Insolvenz des Treugebers fort; ihr Zweck ist gerade die
Befriedigung des Treuhänders/Sicherungsnehmers aus dem Treugut im Sicherungsfall. Die **Doppeltreuhand**
folgt einer differenzierten Behandlung: Sofern sie teilbar ist, erlischt eine zwischen
Treugeber und Treuhänder bestehende Verwaltungstreuhand, während die zwischen Treuhänder
und Sicherungsnehmer bestehende Sicherungstreuhand in Kraft bleibt und letzterem eine abgesonderte
Befriedigung ermöglicht (RSZ InsO/Zeuner Rn. 12). Liegt allerdings schon die Verwaltung
typischerweise im Drittinteresse, sodass insgesamt sicherungstreuhändische Elemente prägend sind,
besteht eine **drittschützende Treuhand** fort (BGH NZI 2016, 21 (25)). Dies gilt insbesondere
für eine Sanierungs- und Restrukturierungstreuhand, bei der ein Treuhänder Gesellschaftsanteile
zum Sanierungszweck übernimmt und diese zugunsten drittbegünstigter Gläubiger im Sicherungsfall
verwerten kann. Eine solche drittschützende Sanierungstreuhand kann sogar dann vorliegen,
wenn eine ausdrückliche drittbegünstigende Verwertungsabrede fehlt (BGH NZI 2016, 21 (25)).

Im Rahmen der Handelsgeschäfte des HGB findet sich eine Vielzahl von Geschäftsbesorgungs- 8
verträgen. So werden **Handelsvertreter** iSd §§ 84 ff. HGB, **Kommissionär** iSd §§ 383 ff. HGB,
Absatzmittler und **Spediteur** iSd §§ 453 ff. HGB als Geschäftsbesorger gesehen, deren Vertragsbeziehungen
mit dem Prinzipal, Kommittenten bzw. Versender in deren Insolvenz gem. § 116
erlöschen (K. Schmidt InsO/Ringstmeier Rn. 10; OLG Düsseldorf NZI 2010, 105; RGZ 78, 91
(94)). Dies gilt nicht für angestellte Geschäftsmittler iSd § 84 Abs. 2 HGB (RSZ InsO/Zeuner
Rn. 10) und Vertragshändler (OLG München ZInsO 2006, 1060 = BeckRS NJOZ 2006, 3489;
Uhlenbruck/Wegener § 103 Rn. 48; aA FK-InsO/Wegener Rn. 27).

Die **Interessenwahrnehmung durch freie Berufe** ist ebenso ein typischer Fall einer 9
Geschäftsbesorgung. Mandate bzw. Aufträge an Rechtsanwälte, Steuerberater, Wirtschaftsprüfer,
Makler etc. erlöschen daher mit Verfahrenseröffnung (K. Schmidt InsO/Ringstmeier Rn. 11),
soweit diese sich auf die Masse beziehen (→ Rn. 14). An Dokumenten und Handakten bestehen
auch bei offenen Honorarforderungen keine Zurückbehaltungsrechte (RSZ InsO/Zeuner
Rn. 14). Die Herausgabe dringend benötigter Dokumente, wie etwa der Buchhaltung, kann der
Verwalter zB gegen den Steuerberater im Bedarfsfall mittels einstweiliger Verfügung durchsetzen
(FK-InsO/Wegener Rn. 33). Darüber hinaus brauchen vertraglich geschuldete Arbeitsergebnisse
allerdings nicht herausgegeben werden; der Verwalter kann diese nicht honorarfrei zur Masse
ziehen (BGH NJW-RR 2004, 1290). Mit Verfahrenseröffnung erlöschen zudem das einer Ermächtigung
des Insolvenzschuldners zur **gewillkürten Prozessstandschaft** zugrunde liegende Rechtsverhältnis
und entsprechend § 168 S. 1 BGB auch die vom Insolvenzschuldner erteilte Ermächtigung
zur Prozessführung (BGH ZInsO 2016, 1852 Rn. 9).

Im Bereich der **Bankverträge** unterfällt eine Vielzahl von Verträgen in der Insolvenz des 10
Kunden § 116. So erlischt mit Verfahrenseröffnung etwa ein **Zahlungsdiensterahmenvertrag**
(ehemals **Girovertrag**) iSd § 675f Abs. 2 BGB, der die Errichtung eines Kontos, die Gutschrift
eingehender Zahlungen und die Abwicklung von Überweisungsaufträgen zulasten dieses Kontos
beinhaltet (BGH WM 2019, 550 (551)). Es erlöschen alle Abbuchungsaufträge und Einzugsermächtigungen
(FK-InsO/Wegener Rn. 31). Allerdings muss die Bank trotz Erlöschens eingehende
Zahlungen dem Schuldner aufgrund nachwirkender Vertragspflichten gutschreiben (K. Schmidt
InsO/Ringstmeier Rn. 24; RSZ InsO/Zeuner Rn. 16). Die Erlöschensfolge ist de lege lata
zwingend (krit. Bitter/Vollmerhausen WuB 2019, 358 (361)). Eine etwaige Fortführung dieses

Berberich

Kontos durch den Verwalter stellt in der Regel einen konkludenten Neuabschluss dar (OLG Koblenz BeckRS 2020, 29464; RSZ InsO/Zeuner Rn. 15). Eine Ausnahme besteht beim **Pfändungsschutzkonto** iSd § 850k ZPO, das in Höhe des pfändungsfreien Betrages unpfändbar ist und ohne Massebezug daher auch nicht gem. § 116 erlischt, sondern vom Schuldner persönlich fortgeführt wird (K. Schmidt InsO/Ringstmeier Rn. 28). Hierzu kann die kontoführende Bank auch im Wege des einstweiligen Rechtsschutzes verpflichtet werden (AG München VuR 2015, 68). Vom Girovertrag/Zahlungsdiensterahmenvertrag zu trennen ist der spezifische **Überweisungsauftrag** iSd § 675f Abs. 4 S. 2 BGB; er wird auch insolvenzrechtlich gesondert behandelt und bei Verfahreneröffnung nach Zugang gem. S. 3 von der Erlöschenswirkung ausgenommen (→ Rn. 26). Ein im Rahmen eines Girovertrages vereinbarter **Kontokorrent** iSd § 355 HGB erlischt bei Verfahreneröffnung (BGH NJW 2005, 3213 (3214)) und erfordert daher einen außerordentlichen Saldoabschluss mit Verrechnung der in das Kontokorrent eingestellten Forderungen (FK-InsO/Wegener Rn. 44; K. Schmidt InsO/Ringstmeier Rn. 26). Ein Saldo zugunsten der Bank ist – sofern nicht aufgrund entsprechender Regelungen in den Banken-AGB besichert – Insolvenzforderung. Vom Schuldner vorinsolvenzlich erteilte **Lastschriftaufträge** erlöschen ebenso. Etwaige Belastungen ab Verfahreneröffnung sind von der Bank rückgängig zu machen; die Beträge muss die Bank beim Lastschriftgläubiger kondizieren (K. Schmidt InsO/Ringstmeier Rn. 27), wobei ggf. weiter nach Kredit- und Debetsalden zu differenzieren ist (Einzelheiten RSZ InsO/Zeuner Rn. 31). Für **weitere** Finanzverträge gilt Folgendes:

10.1 Bei einem **Anderkonto** erlischt in der Insolvenz des formell berechtigten Kontoinhabers der Vertrag über die weitere Führung des Anderskontos; allerdings fällt das Kontoguthaben nicht in die Masse (K. Schmidt InsO/Ringstmeier § 116 Rn. 13).

10.2 **Gemeinschaftskonten** bestehen grundsätzlich fort, wobei nach gemeinschaftlicher (Und-Konto) und jeweils alleiniger Verfügungsbefugnis (Oder-Konto) zu differenzieren ist. Beim Oder-Konto bleiben sowohl der nicht insolvente Verfügungsberechtigte wie auch der Verwalter für den insolventen Verfügungsberechtigten verfügungsbefugt; beim Und-Konto sind sie es nur zusammen. Die Auseinandersetzung bei Gemeinschaftskonten erfolgt gem. § 84 (FK-InsO/Wegener Rn. 47). Sofern im Einzelfall eine GbR bestehen und Kontoinhaber sein sollte (wobei die bloße Kontoführung als hinreichender Gesellschaftszweck nicht ausreicht), wird diese bei Gesellschafterinsolvenz und ohne andere Regelung wie zB Ausscheidensklausel aufgelöst (§ 728 Abs. 2 BGB). Der Girovertrag besteht zunächst fort und muss bis zur Vollbeendigung beendet werden.

10.3 Der bloße Auftrag zur Eröffnung eines Akkreditivs erlischt vor Verfahreneröffnung (RSZ InsO/Zeuner Rn. 35); ein von der Bank für den Schuldner bereits unwiderruflich eröffnetes **Akkreditiv (letter of credit)** bleibt bestehen, allerdings kann die Bank ein etwaiges Widerrufsrecht ausüben (K. Schmidt InsO/Ringstmeier Rn. 12). Ein **Avalkredit** mit Pflichten zur Bürgschaftsübernahme ist Geschäftsbesorgung (BGH NJW 1986, 310 (311)) und erlischt. **Kautionsversicherungsverträge** mit der Pflicht, lfd. Gewährleistungs- bzw. Vertragserfüllungsbürgschaften bis zu einem bestimmten Limit zu stellen, mit denen Gewährleistungseinbehalte abgelöst werden können, erlöschen gem. § 116 (BGH NZI 2010, 859; BGH NZI 2006, 637; dazu ausf. Proske ZIP 2006, 1035). In diesen Fällen bereits gestellte Bürgschaften bleiben indes – insoweit als Erfüllung des Vertrages – bestehen (BGH NZI 2010, 859 (860)).

10.4 Ein **Depotvertrag** wird in der Insolvenz einheitlich behandelt und erlischt gem. § 116 (K. Schmidt InsO/Ringstmeier Rn. 18; RSZ InsO/Zeuner Rn. 44; MüKoInsO/Vuia Rn. 44). Ein **Schließfachmietvertrag** besteht gem. § 108 Abs. 1 unbeschadet etwaiger Kündigungsrechte zunächst fort (FK-InsO/Wegener Rn. 54). **Verwahrungsverträge** unterliegen dem Erfüllungswahlrecht des § 103 (FK-InsO/Wegener Rn. 55); allerdings führen allein „negative Zinsen" nicht zur insolvenzrechtlichen Qualifikation eines Darlehens als Verwahrung (→ § 108 Rn. 35.1). Bei **Wechseln** und **Schecks** erlöschen etwaige Aufträge zur Einziehung und Einlösung (RSZ InsO/Zeuner Rn. 33); im Übrigen kommt es darauf an, ob das Diskontgeschäft als Kauf bzw. Darlehen oder als Geschäftsbesorgung gesehen wird (ausf. MüKoInsO/Vuia Rn. 45).

10.5 Beim **Factoring** ist zu differenzieren zwischen den einzelnen Forderungskäufen mit Delkredererisiko (dann echtes Factoring) oder ohne (dann unechtes), dem den Forderungen jeweils zugrunde liegenden Drittgeschäft und dem Factoring als Rahmenvertrag. In der Insolvenz des Kunden erlischt der Rahmenvertrag (K. Schmidt InsO/Ringstmeier Rn. 22; RSZ InsO/Zeuner Rn. 38), wohingegen sich das Schicksal der Forderungen aus den einzelnen Forderungskäufen und erst recht das der Drittgeschäfte weiter nach allgemeinen Grundsätzen richtet, dh unter Umständen hat der Verwalter das Erfüllungswahlrecht gem. § 103. In der Insolvenz des Factors ist § 116 generell unanwendbar, und es greift § 103 (FK-InsO/Wegener Rn. 13).

11 Bedeutsam ist die **Abgrenzung** der Geschäftsbesorgung als eigenständige Wahrnehmung **fremder Vermögensinteressen** zur Erbringung einer **eigenen Leistung**. Diese Grenzziehung ist vor allem bei typengemischten Verträgen nicht immer trennscharf, wenn beide Elemente privatautonom zum Gegenstand des Pflichtenprogramms gemacht wurden. Relevant ist dies etwa im Baubereich. Während der reine Bau- bzw. Bauträgervertrag ähnlich bei einem Architektenvertrag seinen Schwerpunkt in der Leistungserbringung hat und damit § 116 nicht unterfällt (Uhlenbruck/Sinz Rn. 3), hat der **Baubetreuungsvertrag** seinen Schwerpunkt in der Wahrnehmung von Vermögensinteressen und erlischt in der Insolvenz des Bauherrn (FK-InsO/Wegener Rn. 10). Gleiches gilt für einen Projektsteuerungsvertrag (K. Schmidt InsO/Ringstmeier Rn. 9). Der **Anstellungsvertrag** als Organ einer juristischen Person ist keine Geschäftsbesorgung (RSZ InsO/Zeuner Rn. 2; aA FK-InsO/Wegener Rn. 8), ebenso wenig entgeltliche **Verwahrungsverträge** (→ § 103 Rn. 31) und **Darlehensverträge**. In der Insolvenz des Darlehensgebers greift nach Valutierung § 108 Rn. 2 (→ § 108 Rn. 64), ansonsten § 103; etwaige Lösungsklauseln in der Insolvenz des Darlehensnehmers sind unter Umständen wirksam (→ § 119 Rn. 29 und § 490 BGB). Ein **Arbeitsvermittlungsvertrag** mit einer von der BfA zahlbaren Fallpauschale unterfällt als Vertrag sui generis § 103 (BGH NZI 2010, 180).

2. Insolvenz des Geschäftsherrn

Anwendung findet § 116 nur in der Insolvenz des Geschäftsherrn (BGH WM 2020, 391 (394)). 12
In der Insolvenz des **Geschäftsbesorgers** gelten die allgemeinen Regeln und geben dem Verwalter grundsätzlich ein Erfüllungswahlrecht gem. **§ 103,** sofern keine sonstige Spezialnorm greift und wie § 108 Abs. 1 S. 1 den Fortbestand anordnet (vgl. für die Insolvenz des Handelsvertreters BGH NZI 2010, 180; OLG Düsseldorf NZI 2010, 105).

Überdies kann die Insolvenz des Geschäftsbesorgers aufgrund dessen Tätigkeit im Einwirkungs- 13
und Vertrauensbereich des Geschäftsherrn eine außerordentliche **Kündigung** aus wichtigem Grund gem. §§ 314, 626, 649 BGB ermöglichen (MüKoInsO/Vuia Rn. 4). Soweit Lösungsrechte für diesen Fall vereinbart wurden, steht dem die neuere Rechtsprechung zur grundsätzlichen Unzulässigkeit von Lösungsklauseln nicht entgegen (→ § 119 Rn. 29).

3. Massebezug

Wie bei § 115 muss der Geschäftsbesorgungsvertrag überhaupt vermögensrechtlichen Bezug 14
zur Insolvenzmasse aufweisen (K. Schmidt InsO/Ringstmeier Rn. 8). Dieser kann bei vor allem **höchstpersönlichen** Geschäften (zB Mandate des Schuldners in nicht vermögensbezogenen Ehe- und Familiensachen) und Geschäften über das freie und unpfändbare Vermögen fehlen (zum unpfändbaren P-Konto → Rn. 10; zur Freigabe von Vermögen aus selbstständiger Tätigkeit und dem Schicksal verbuchter Forderungen auf einem Girokonto BGH WM 2019, 550). Auch bei höchstpersönlicher Tätigkeit des Geschäftsbesorgers kann es am Massebezug des Vertrages fehlen, was dann eine Erfüllungswahl ausschließt (offen gelassen BGH WM 2020, 391 (395) mwN).

II. Rechtsfolge

1. Erlöschen der Geschäftsbesorgung (S. 1 iVm § 115 Abs. 1)

Die von § 116 S. 1 und 2 erfassten Geschäftsbesorgungsverträge **erlöschen** bei Verfahrenseröff- 15
nung kraft Gesetzes, ohne dass es einer weiteren Erklärung des Insolvenzverwalters bedarf. Der Geschäftsbesorger ist zur weiteren Wahrnehmung von Schuldnerinteressen weder berechtigt noch verpflichtet (BGH NZI 2006, 637 (638); BGH NZI 2004, 206).

Das Erlöschen und die Umwandlung in ein **Abwicklungsverhältnis** erfolgen **ex nunc** ohne 16
Rückwirkung (BGH NZI 2006, 637; FK-InsO/Wegener Rn. 30). Ab Verfahrenseröffnung entfallen für die Zukunft – vorbehaltlich § 115 Abs. 2 und 3 – weitere Ausführungspflichten des Geschäftsbesorgers; auch können weitere (Ersatz-)Ansprüche ab dann grundsätzlich nicht mehr begründet werden. Davon **unberührt** bleiben bis dahin **bereits vorgenommene Geschäfte** (BGH NZI 2006, 637 (638)). Diese wirken für und gegen die Masse in dem Umfang, in dem sie für und gegen den Schuldner wirken würden (RSZ InsO/Zeuner Rn. 4). Welche Rechtsfolgen abgeschlossene Drittgeschäfte für die Masse zeigen, hängt ihrerseits von deren Rechtsnatur ab.

Vorinsolvenzlich bereits **entstandene Ansprüche** des Geschäftsbesorgers (→ Rn. 19) folgen 17
als Insolvenzforderungen den allgemeinen Regeln: So sind etwa unerfüllte Vergütungsansprüche zur Tabelle anzumelden. Ein **Zurückbehaltungsrecht** gegen Ansprüche der Masse (zB auf Herausgabe des Erlangten) steht dem Geschäftsbesorger nicht zu (K. Schmidt InsO/Ringstmeier Rn. 32). Auch Zahlungen Dritter an den Geschäftsbesorger müssen trotz Erlöschens aus fortwirkenden nachvertraglichen Pflichten an die Masse weitergeleitet werden, ohne dass der Geschäftsbe-

sorger mit eigenen Insolvenzforderungen aufrechnen kann (K. Schmidt InsO/Ringstmeier § 116 Rn. 32).

18 Eine einseitige Fortsetzung des Geschäftsbesorgungsvertrages durch den Verwalter kommt nicht in Betracht. Insbesondere hat der Verwalter kein diesbezügliches optionsähnliches Recht, das er mit Blick auf eine denkbare Kostenersparnis der Masse ausüben könnte (BGH NZI 2006, 637 (638); krit. K. Schmidt InsO/Ringstmeier Rn. 2; aA für Fortsetzungsmöglichkeit HK-InsO/Marotzke § 115 Rn. 6). Dem Verwalter steht es lediglich frei, das Vertragsverhältnis **durch Vereinbarung** mit dem bisherigen Vertragspartner **fortzusetzen** oder ein entsprechendes Vertragsverhältnis mit einem anderen Vertragspartner neu abzuschließen, wenn dies im Interesse der Masse geboten ist (BGH NZI 2006, 637 (638)). Ein solcher Neuabschluss mit Bindung der Masse gem. § 55 Abs. 1 Nr. 1 ist auch **konkludent** durch beiderseitige Fortführung der Geschäftsbeziehung möglich (BGH WM 2019, 550 (551); OLG Koblenz BeckRS 2020, 29464; K. Schmidt InsO/Ringstmeier Rn. 34).

2. Ersatzansprüche

19 Für die **Abwicklung** des erloschenen Geschäftsbesorgungsvertrages ist mit Blick auf Verpflichtungen und Ersatzansprüche das materielle Recht maßgeblich: Wie auch bei Aufträgen (→ § 115 Rn. 13) hat der Geschäftsherr Ansprüche auf Herausgabe, Auskunft und Rechenschaft (§§ 675 iVm 666, 667 BGB); ebenso aus den entsprechenden handelsrechtlichen Vorschriften bei Kommission (§ 384 Abs. 2 HGB) einschließlich uneigentlicher Kommission und Gelegenheitskommission (§ 483 HGB). Gegenläufige Ersatz- (§§ 675, 670 BGB) sowie Vergütungsansprüche des Geschäftsbesorgers sind – wie S. 2 für den Verweis auf § 115 ausdrücklich klarstellt – für die Zeit vor Verfahrenseröffnung **Insolvenzforderungen**. Inwieweit sich solche Ansprüche auf die Zeit vor Verfahrenseröffnung beziehen, muss im Einzelfall anhand des Entstehungszeitpunktes der Ansprüche unter Beachtung der für eine Vertragsspaltung maßgeblichen Grundsätze (→ § 108 Rn. 43) bestimmt werden.

19.1 Für **Provisionsansprüche** von Handelsvertretern iSd § 87a HGB ist der Zeitpunkt des Abschlusses eines Drittgeschäftes entscheidend. Die Provision für die Vermittlung eines vorinsolvenzlich geschlossenen und erst nachinsolvenzlich erfüllten Drittgeschäfts ist auch bei Erfüllungswahl durch den Verwalter Insolvenzforderung (BGH NJW 1990, 1665); seine Nichtdurchführung durch den Verwalter begründet keinen Anspruch aus § 87a Abs. 3 HGB (RSZ InsO/Zeuner Rn. 10). Bei Tätigkeiten, zu denen der Geschäftsbesorger ohnehin gegenüber Dritten verpflichtet ist, kann es an einer Geschäftsbesorgung als Grundlage für Ersatzansprüche fehlen (BGH NZI 2006, 637 (639)).

19.2 Unter Umständen können zugunsten des Geschäftsbesorgers vertragliche oder gesetzliche **Sicherungsrechte** bestehen. So sichert zB das Pfandrecht des Kommissionärs an den Erlösen aus dem getätigten Ausführungsgeschäft dessen Forderungen und gibt ein Absonderungsrecht gem. §§ 397, 399 HGB iVm § 50 Abs. 1.

20 Für die Zeit **nach Verfahrenseröffnung** wird es in der Regel wegen der Erlöschenswirkung nicht zu weiteren Ersatzansprüchen des Geschäftsbesorgers kommen. Nur ausnahmsweise bei Fortdauer der Geschäftsbesorgung wegen Notgeschäftsführung iSd S. 1, 2 iVm § 115 Abs. 2 und privilegierten Finanzverträgen iSd S. 3 erlangen Ersatzansprüche den Rang von **Masseverbindlichkeiten**.

21 Das Erlöschen des Geschäftsbesorgungsvertrags löst **keinen Schadensersatzanspruch** aus, weil es nicht auf einer zivilrechtlichen Leistungsstörung bzw. Pflichtverletzung beruht und eine mit §§ 103 Abs. 2 S. 1, 113 S. 3 vergleichbare Regelung in §§ 115 f. fehlt (BGH NZI 2006, 637 (639); RSZ InsO/Zeuner Rn. 7; FK-InsO/Wegener Rn. 35).

C. Fortbestandsfiktion bei Notgeschäftsführung (S. 1 iVm § 115 Abs. 2)

22 Mit dem Verweis auf das Auftragsrecht in § 115 Abs. 2 statuiert auch § 116 S. 1 für den Geschäftsbesorgungsvertrag eine **Fortbestandsfiktion** für den Fall der **Notgeschäftsführung**, wenn mit dem Aufschub Gefahr verbunden ist.

23 Erfasst hiervon ist die Vornahme eilbedürftiger Geschäfte nach Verfahrenseröffnung. Eine den Geschäftsbesorger gem. §§ 116 S. 1, 115 Abs. 1 S. 1 zur Fortsetzung seiner Tätigkeit verpflichtende Gefahr liegt vor, wenn der Masse bei einem Aufschub **objektiv Nachteile** drohen (BGH NZI 2006, 637 (639)). Solche können zB erhebliche Verluste bei Nichtausführung von Kommissionsgeschäften in der Kommittenten-Insolvenz sein (RSZ InsO/Zeuner Rn. 11). Dafür darf der Verwalter das Geschäft nicht selbst rechtzeitig abschließen und die Gefahr so abwenden können. Entschei-

Erlöschen von Vollmachten   § 117 InsO

dend für das Vorliegen von Nachteilen ist eine objektive Betrachtung; die subjektive Einschätzung des Geschäftsbesorgers und irrtümliche Annahmen sind egal. Das bloße Unterlassen einer Verbesserung des status quo genügt – wie auch beim Auftrag (→ § 115 Rn. 16) – nicht. In zeitlicher Hinsicht gilt der Geschäftsbesorgungsvertrag solange als fortbestehend, bis der Insolvenzverwalter anderweitig Fürsorge treffen kann und Gelegenheit hat, das Geschäft selbst zu besorgen (→ § 115 Rn. 18).

Die dem Beauftragten zustehenden **Ersatzansprüche** (→ Rn. 19, insbesondere § 670 BGB) sind gem. § 115 Abs. 2 S. 3 Masseverbindlichkeit, soweit diese sich auf den Zeitraum der Notgeschäftsführung seit Verfahrenseröffnung beziehen (RSZ InsO/Zeuner Rn. 8). 24

D. Fortbestandsfiktion bei Unkenntnis (S. 1, 2 iVm § 115 Abs. 3)

Im Falle **unverschuldeter Unkenntnis** von der Verfahrenseröffnung gilt der Geschäftsbesorgungsvertrag wie ein Auftrag (→ § 115 Rn. 22) zugunsten des Geschäftsbesorgers als fortbestehend (S. 1 iVm § 115 Abs. 3). Maßstab hierfür ist tatsächliche Kenntnis von der Verfahrenseröffnung. **Ersatzansprüche** des Geschäftsbesorgers werden nicht aufgewertet und bleiben, wie S. 2 iVm § 115 Abs. 3 S. 2 insoweit klarstellt, auch für den Zeitraum nach Verfahrenseröffnung bloße Insolvenzforderungen. 25

E. Fortbestand von Überweisungs- und ähnlichen Verträgen (S. 3)

§ 116 S. 3 sieht als **Sonderregelung** vor, dass Zahlungsaufträge sowie Aufträge zwischen Zahlungsdienstleistern oder zwischengeschalteten Stellen und Aufträge zur Übertragung von Wertpapieren nicht mit Verfahrenseröffnung erlöschen, sondern im Gegenteil mit Wirkung für (und gegen) die Masse **fortbestehen**. Der Fortbestand der genannten Verträge iSd §§ 675a ff. BGB ohne Erfüllungswahlrecht ist insoweit nicht nur eine Ausnahme zu § 115 S. 1, 2 iVm § 116, sondern auch zu § 103. 26

Erforderlich ist, dass die genannten Überweisungs-, sonstigen Zahlungs- und Übertragungsverträge bereits **wirksam zustande gekommen** sind, aber noch nicht ausgeführt wurden. Im Falle eines noch nicht zustande gekommenem Überweisungsvertrags (zB bei bloßem Angebot; eine Annahme mag durch § 151 BGB erleichtert sein, ist aber nicht entbehrlich) geht dieser auch bei Annahme nach Insolvenzeröffnung ins Leere. Auch bei einem vom Schuldner erst nach Verfahrenseröffnung erteilen Überweisungsauftrag wird die Masse wegen §§ 80 Abs. 1, 81 Abs. 1 nicht gebunden. Nur vor Verfahrenseröffnung angenommene Überweisungsaufträge sollen (und dürfen) auch nach Verfahrenseröffnung mit Wirkung gegen die Masse ausgeführt werden. Ein Rückgriff auf die Vorschriften zu Notgeschäftsführung oder Gutglaubensschutz des § 116 iVm § 115 Abs. 2, 3 ist im Anwendungsbereich des Abs. 3 entbehrlich. Ein etwaiger Aufwendungsersatzanspruch ist eine Masseverbindlichkeit gem. § 51 Abs. 1 Nr. 2. 27

§ 116 S. 3 regelt nur den Interessenausgleich im **Deckungsverhältnis** zwischen Schuldner und Bank, nicht aber im Valutaverhältnis zwischen Schuldner und Empfänger (RSZ InsO/Zeuner Rn. 20). Ob die Verfügung vermittels der Überweisung an § 81 scheitert, bemisst sich nach allgemeinen Grundsätzen (dazu § 81). 28

F. Verhältnis zu anderen Vorschriften

§ 116 ist im Voraus **unabdingbar;** gem. § 119 ist jeder Ausschluss und jede Einschränkung des § 116 unwirksam. Die Folgen der Insolvenz des **Geschäftsbesorgers** sind nicht in § 116 geregelt, sondern folgen den jeweiligen Vorschriften wie zB § 103 oder § 108. Für diesen Fall können aufgrund der besonderen Vertrauensstellung und Einwirkungsmöglichkeiten Lösungsrechte wirksam vereinbart werden (→ Rn. 13). Beim Erlöschen von Geschäftsbesorgungsverträgen im Innenverhältnis bewirkt § 117 gleichlaufend das Erlöschen im Außenverhältnis erteilter Vollmachten, sofern dies nicht ohnehin schon aus § 168 S. 1 BGB folgt. 29

§ 155 Abs. 3 S. 2 ist eine gesetzliche Durchbrechung der §§ 115, 116. Diese beschränkt sich nach Ansicht des OLG Frankfurt a. M. (DStR 2021, 1490 (1492)) nicht nur auf die Fortwirkung des Bestellungsaktes eines Abschlussprüfers, sondern führt auch zum Fortbestand des der Bestellung zugrundeliegenden Vertragsverhältnisses (zur Teilung der Vergütungsansprüche → § 105 Rn. 30). 30

§ 117 Erlöschen von Vollmachten

(1) Eine vom Schuldner erteilte Vollmacht, die sich auf das zur Insolvenzmasse gehörende Vermögen bezieht, erlischt durch die Eröffnung des Insolvenzverfahrens.

(2) Soweit ein Auftrag oder ein Geschäftsbesorgungsvertrag nach § 115 Abs. 2 fortbesteht, gilt auch die Vollmacht als fortbestehend.

(3) Solange der Bevollmächtigte die Eröffnung des Verfahrens ohne Verschulden nicht kennt, haftet er nicht nach § 179 des Bürgerlichen Gesetzbuchs.

Überblick

§ 117 regelt das Schicksal von Vollmachten in der Insolvenz. Er ordnet bei Verfahrenseröffnung das **automatische Erlöschen** vom Schuldner erteilter Vollmachten (→ Rn. 2) mit Massebezug (→ Rn. 6) an, um die Konzentration der Masseverwaltung in den Händen des Verwalters sicherzustellen und fortbestehende Einwirkungsmöglichkeiten Dritter auf die Masse auszuschließen. **Abs. 1** regelt die Erlöschenswirkung (→ Rn. 7). Davon abweichend sieht **Abs. 2** durch Verweis auf § 115 Abs. 2 für den Fall einer **Notgeschäftsführung** im Innenverhältnis den Fortbestand der Vollmacht auch im Außenverhältnis vor, um deren Durchführung zu ermöglichen (→ Rn. 14). Zum Schutz des Beauftragten bei schuldloser **Unkenntnis der Verfahrensöffnung** schließt **Abs. 3** eine Haftung als Vertreter ohne Vertretungsmacht aus (→ Rn. 17). § 115 läuft weitgehend **parallel** mit entsprechenden Regelungen für das Erlöschen bzw. den ausnahmsweisen Fortbestand von Aufträgen (**§ 115**) und Geschäftsbesorgungsverträgen (**§ 116**). Soweit diese (oder andere) Grundgeschäfte im Innenverhältnis erlöschen, folgt das Erlöschen von Vollmachten bereits aus § 168 S. 1 BGB. Eigenständige Bedeutung hat § 117 dort, wo das Grundverhältnis – wie bei Dienstverträgen gem. § 108 Abs. 1 – fortbesteht.

Übersicht

	Rn.		Rn.
A. Normzweck und Systematik	1	I. Erlöschen mit Verfahrenseröffnung (Abs. 1)	7
B. Tatbestand	2	II. Fortbestand bei Notgeschäftsführung (Abs. 2)	14
I. Vom Schuldner erteilte Vollmacht	2		
II. Bezug auf das Insolvenzmasse gehörende Vermögen	6	III. Haftungserleichterung bei unverschuldeter Unkenntnis (Abs. 3)	17
C. Rechtsfolgen	7	D. Verhältnis zu anderen Vorschriften	21

A. Normzweck und Systematik

1 § 117 wurde mit Inkrafttreten der InsO ohne Entsprechung in der vormaligen KO in das Gesetz aufgenommen. Systematisch enthält er eine eigenständige Regelung für Vollmachten und ist – ähnlich wie § 115 für den Auftrag – keine Ausnahme zu § 103, da dieser nur die Grundnorm für zweiseitig verpflichtende Verträge bildet. Zweck des § 117 ist es, in Ergänzung zu §§ 115, 116 sicherzustellen, dass die **Masseverwaltung** bei Verfahrenseröffnung allein in den Händen des **Insolvenzverwalters konzentriert** ist (RegE, BT-Drs. 12/2443, 151). Dieser erhält mit Verfahrenseröffnung die alleinige Verwaltungs- und Verfügungsbefugnis über die Masse unter Ausschluss des Schuldners (→ § 80 Rn. 1 f.). Für Vollmachten im Zusammenhang mit Aufträgen und Geschäftsbesorgungsverträgen als Grundgeschäft bewirken bereits § 168 S. 1 BGB iVm §§ 115, 116 deren Erlöschen; insoweit ist § 117 lediglich klarstellender Natur. Bestehen Grundgeschäfte im Innenverhältnis ausnahmsweise fort (→ § 115 Rn. 15 f., → § 116 Rn. 1 f.), parallelisiert Abs. 2 Innen- und Außenverhältnis mit dem Fortbestand auch der Vollmacht (RegE, BT-Drs. 12/2443, 152). Im Übrigen – etwa bei über den Eröffnungszeitpunkt fortbestehenden Dienstverhältnissen oder bei isolierten Vollmachten – ordnet § 117 das Erlöschen unabhängig vom Grundverhältnis **konstitutiv** an (RegE, BT-Drs. 12/2443, 151 f.). Eigenständige Bedeutung hat § 117 auch bei der Eigenverwaltung iSd §§ 270 ff. ohne Übergang der Verwaltungs- und Verfügungsbefugnis auf einen Verwalter (MüKoInsO/Vuia Rn. 1).

B. Tatbestand

I. Vom Schuldner erteilte Vollmacht

2 Die von § 117 Abs. 1 erfassten Vollmachten betreffen jegliche Art **rechtsgeschäftlich erteilter Vertretungsmacht** unabhängig von ihrer konkreten Reichweite, einschließlich Generalvoll-

machten sowie gesetzlich geregelter Sonderformen wie Prokura und Handlungsvollmacht (RegE, BT-Drs. 12/2443, 152; MüKoInsO/Vuia Rn. 7; Braun/Kroth Rn. 4). Die Natur des ihr zugrunde liegenden schuldrechtlichen Grundverhältnisses ist für § 117 unerheblich (K. Schmidt InsO/Ringstmeier Rn. 3). Auf eine Bezeichnung als Vollmacht kommt es nicht an; auch die „Ermächtigung" des Schuldners zur Ausübung von Rechten wird gem. § 117 mit Verfahrenseröffnung wirkungslos (BGH NZI 2003, 491 (492)). Nur **vorinsolvenzlich** erteilte Vollmachten unterfallen § 117; danach kann der Schuldner ohnehin keine wirksamen Vollmachten mehr mit Wirkung für und gegen die Masse erteilen.

Bei einer Kette von Bevollmächtigungen erlischt die jeweils vom Schuldner erteilte Vollmacht 3 und ebenfalls alle weiteren davon abgeleiteten **Untervollmachten** (MüKoInsO/Vuia Rn. 9; FK-InsO/Wegener Rn. 10). Zu Prozessvollmachten → Rn. 9. Entsprechend dem Normzweck des § 117 sollen auch etwaige **Rechtsscheinvollmachten** iSd §§ 170–173 BGB sowie Anscheins- oder Duldungsvollmachten erlöschen (MüKoInsO/Vuia Rn. 17; K. Schmidt InsO/Ringstmeier Rn. 12).

Auch das Bestehen von Rechtsscheinvollmachten würde die ausschließliche Verwaltungsbefugnis des 3.1 Verwalters in Frage stellen. Ein aus Verkehrsschutzgründen bestehender **Rechtsschein** kann allerdings zu keiner stärkeren Bindung des Vertretenen führen, als sie eine tatsächlich erteilte (aber aus Insolvenzgründen erloschene) Vollmacht bewirken würde. Daher werden die Rechtsscheintatbestände der §§ 170–173 BGB sowie die Grundsätze der Anscheins- und Duldungsvollmacht durch § 117 verdrängt (MüKoInsO/Vuia Rn. 17). Zum gleichen Ergebnis führt das Argument, dass der gesetzte Rechtsscheintatbestand wegen der **Zäsurwirkung** der Verfahrenseröffnung entfällt und der Masse nicht mehr zurechenbar ist. Durch den Verwalter kann allerdings ein neuer Zurechnungstatbestand gesetzt worden sein (K. Schmidt InsO/Ringstmeier Rn. 20).

§ 117 erfasst lediglich **vom Schuldner erteilte** Vollmachten. Weder seinem Wortlaut noch 4 seinem Zweck nach ist er in der Insolvenz des Bevollmächtigten anwendbar. An den Schuldner erteilte Vollmachten bestehen im Insolvenzfall auch dann fort, wenn die Verpflichtungen aus einem Grundgeschäft zum Vollmachtgeber gem. § 103 suspendiert sind. Diese Vollmachten erlöschen gem. § 168 S. 1 BGB aber zusammen mit dem Grundgeschäft (so zB bei § 103 mit Umgestaltung in ein Abwicklungsverhältnis nach Nichterfüllungswahl und Geltendmachung von Nichterfüllungsansprüchen durch den Vertragspartner, bei § 104 mit Verfahrenseröffnung).

Gesetzliche Vertretungsmacht insbesondere bei Gesellschaftsorganen ist von § 117 nicht 5 erfasst (MüKoInsO/Vuia Rn. 10; RSZ InsO/Zeuner Rn. 2). Diesen ist ab Verfahrenseröffnung die Befugnis zur Vornahme massebezogener Rechtsgeschäfte ohnehin entzogen und auf den insolvenzfreien Bereich beschränkt (dazu MüKoInsO/Klöhn § 276a Rn. 2).

II. Bezug auf das zur Insolvenzmasse gehörende Vermögen

Wie generell bei §§ 103 ff. (→ § 103 Rn. 18) ist auch § 117 nur bei **Massebezug** der Vollmacht 6 einschlägig. Die von der Vollmacht verliehene Rechtsmacht muss einen Bezug zur Insolvenzmasse aufweisen und Vermögensgegenstände im Massebeschlag oder zumindest denkbaren Neuerwerb (§ 35) erfassen (MüKoInsO/Vuia Rn. 6; Braun/Kroth Rn. 3). Dem Schuldner steht es demgegenüber frei, über sein **freies Vermögen** oder im Zusammenhang mit **höchstpersönlichen** Rechtsgeschäften auch Vollmachten zu erteilen; diese werden von der Verfahrenseröffnung nicht berührt (FG Hamburg BB 2015, 664 = BeckRS 2015, 94282). Ebenso bleiben Vollmachten zur Vertretung gerade im Insolvenzverfahren bestehen (OLG Dresden ZIP 2002, 2000 = LSK 2003, 020514).

C. Rechtsfolgen

I. Erlöschen mit Verfahrenseröffnung (Abs. 1)

Erteilte Vollmachten **erlöschen** ex lege mit Eröffnung des Insolvenzverfahrens über das Vermö- 7 gen des Vollmachtgebers. § 117 gilt auch im Fall der **Eigenverwaltung** (MüKoInsO/Vuia Rn. 14; K. Schmidt InsO/Ringstmeier Rn. 10). Im **Eröffnungsverfahren** hat eine erteilte Vollmacht noch Bestand, da § 117 keine Anwendung findet, kann aber ggf. durch einen „starken" vorläufigen Verwalter (§ 22 Abs. 1 S. 1) widerrufen werden (FK-InsO/Wegener Rn. 6). Darüber hinaus wären Rechtshandlungen des Bevollmächtigten zulasten der Masse bei Erlass eines Verwaltungs- und Verfügungsverbotes auch schon nach allgemeinen Vorschriften unwirksam, denn dem Bevollmächtigten kann nicht mehr Rechtsmacht zukommen als dem Schuldner selbst (Uhlenbruck/Sinz Rn. 20; MüKoInsO/Vuia Rn. 12; K. Schmidt InsO/Ringstmeier Rn. 9).

InsO § 117   Dritter Teil. Wirkungen der Eröffnung des Insolvenzverfahrens

8   Das Schicksal des **Grundverhältnisses** ist für das Erlöschen der Vollmacht zweitrangig. Bei fortbestehenden Verträgen (§ 108 Abs. 1) und solchen mit Erfüllungswahlrecht (§ 103) sowie isolierten Vollmachten ordnet § 117 das Erlöschen konstitutiv an; bei Erlöschen des Grundverhältnisses (zB §§ 115, 116) erlischt die Vollmacht ohnehin gem. § 168 S. 1 BGB. Umgekehrt wird das Schicksal des Grundgeschäfts durch das Erlöschen der Vollmacht nicht berührt.

9   Auch vorinsolvenzlich erteilte **Notarvollmachten** (BayObLG NZI 2004, 499 (500)) und **Prozessvollmachten** erlöschen grundsätzlich mit der Verfahrenseröffnung (BGH BeckRS 2019, 16329; BGH NJW-RR 1989, 183; OLG Brandenburg NZI 2001, 255), außer wenn sie zB bei Verfahrensrechten oder Familiensachen keinen Massebezug haben (RSZ InsO/Zeuner Rn. 5; Braun/Kroth Rn. 3; zur Einlegung von Rechtsmitteln vgl. OLG Hamm BeckRS 2017, 100355). Auf Prozessvollmachten ist § 86 ZPO nicht anwendbar (BAG NJW 2006, 461; VG Frankfurt (Oder) BeckRS 2020, 5054 Rn. 19; MüKoInsO/Vuia Rn. 8; K. Schmidt InsO/Ringstmeier Rn. 11). Wegen der kraft Gesetzes eintretenden Unterbrechung schwebender Verfahren gem. § 240 ZPO wird es in der Regel auf die Fortbestandswirkung des § 87 ZPO wohl nicht ankommen; ansonsten ist § 87 ZPO grundsätzlich anwendbar (RSZ InsO/Zeuner Rn. 5; LG Bonn ZInsO 2008, 514 = BeckRS 2008, 03479). Der Wiederaufnahmeschriftsatz gem. § 250 ZPO ist dem Insolvenzverwalter zuzustellen. Ein vormaliger Prozessbevollmächtigter des Schuldners ist für den Verwalter nicht zustellungsbevollmächtig, wenngleich Zustellungsmängel bei tatsächlicher Weiterleitung an den Verwalter gem. § 189 ZPO geheilt werden können (BGH BeckRS 2019, 16329).

10   Die Vollmacht **erlischt** nach herrschender Meinung in **vollem Umfang** und endgültig, selbst wenn diese auch Rechtsgeschäfte ohne Massebezug mit abdecken würde (OVG Lüneburg NJW-RR 2007, 1715 (Ls.) = BeckRS 2007, 25077; MüKoInsO/Vuia Rn. 13; aA nur soweit Massebezug KPB/Tintelnot Rn. 35). Dass nur nicht massebezogene Vollmachten bestehen bleiben, ist durch die ansonsten bestehende Rechtsunsicherheit über den Vollmachtsumfang gerechtfertigt. Für eine Spaltung der Vollmacht entsprechend den Grundsätzen der Vertragsspaltung besteht zudem kein Bedürfnis, weil der Schuldner eine nicht massebezogene Vollmacht neu erteilen bzw. geschlossene Rechtsgeschäfte ex tunc genehmigen kann. Gegen rechtsgeschäftliche Abreden über den Fortbestand setzt sich die Erlöschensanordnung des § 117 zwingend durch, sodass auch – und mit Blick auf den Zweck des § 117 insbesondere – **unwiderrufliche** Vollmachten erlöschen (RSZ InsO/Zeuner Rn. 2; Braun/Kroth Rn. 4).

11   Die Unwirksamkeitsfolge tritt **ex nunc** ein. Bereits vorinsolvenzlich vom Bevollmächtigten getätigte Geschäfte mit Dritten muss der Verwalter für und gegen die Masse gelten lassen.

11.1   Welche **Rechtsfolgen** vorinsolvenzlich **abgeschlossene Drittgeschäfte** für die Masse zeigen, hängt von der Natur der Drittgeschäfte ab. Handelt es sich um gegenseitige noch nicht vollständig erfüllte Verträge, bemisst sich das Schicksal wiederum nach den §§ 103 ff. Die Wirksamkeit von Verfügungen mit Mitteln der Masse richtet sich nach §§ 81, 91. Der Geschäftspartner kann durch die Einschaltung eines Vertreters nicht besser gestellt werden, als er stünde, hätte er mit dem Schuldner selbst kontrahiert.

11.2   Nach Ansicht des OLG München (NZI 2017, 612; 2018, 696) soll eine von Gesellschaftern einer GbR erteilte (Notar-)Vollmacht in der **Gesellschafterinsolvenz** auch für die Gesellschaft ihre Wirkung verlieren und somit § 117 vom insolventen Gesellschafter auf die Vertretung der Gesellschaft bei Drittgeschäften durchschlagen (zu Recht krit. Kesseler EWiR 2017, 567; Proff ZInsO 2017, 2007).

12   Das Schicksal solcher Geschäfte, die **nach Erlöschen der Vollmacht getätigt** wurden, richtet sich – vorbehaltlich Abs. 2 und 3 – nach den allgemeinen Vorschriften: Eine Verpflichtung der Masse wird mangels Vertretungsmacht nicht begründet; stattdessen würde der vollmachtlose Vertreter ohne Abs. 3 grundsätzlich gegenüber dem Geschäftspartner nach **§ 179 BGB** haften (dazu → Rn. 18.1), wenn nicht der Verwalter gem. § 177 Abs. 1 BGB genehmigt.

13   **Nach Verfahrenseröffnung** steht es dem Verwalter frei, eine **neue Vollmacht** mit Wirkung für die Masse zu erteilen (RegE, BT-Drs. 12/2443, 152), auch in Form einer Prokura. Diese Vollmacht kann jedoch keine spezifisch insolvenzbezogenen Verwaltertätigkeiten erfassen (RSZ InsO/Zeuner Rn. 4). Da das Gesetz für ein Wahlrecht keinen Raum lässt, wird eine „Bestätigung" der Vollmacht als konkludente Neuerteilung auszulegen sein. Alle entstehenden Ansprüche aus der Betätigung dieser Vollmacht sind Masseverbindlichkeiten (§ 55 Abs. 1 Nr. 1). Die **Genehmigung** eines vorher vollmachtlos geschlossenen Geschäftes ist möglich und begründet ex tunc eine Masseverbindlichkeit.

II. Fortbestand bei Notgeschäftsführung (Abs. 2)

14   Für die Fälle, dass ein Auftrag oder ein Geschäftsbesorgungsvertrag nach § 115 Abs. 2 in den Fällen der Notgeschäftsführung als **fortbestehend gilt,** ordnet Abs. 2 als Rechtsgrundverweisung

Erlöschen von Vollmachten   § 117 InsO

(K. Schmidt InsO/Ringstmeier Rn. 15) das Fortbestehen insoweit auch für eine **Vollmacht** in dem für die Notgeschäftsführung **erforderlichen Umfang** an. Dies betrifft Fälle, in denen mit dem Aufschub eines Geschäfts objektiv für die Masse die Gefahr **drohender Nachteile** verbunden ist und der Verwalter das Geschäft nicht rechtzeitig selbst besorgen kann (→ § 115 Rn. 15).

Umstritten ist, ob die Fortbestandsfiktion nur an den Fortbestand von Auftrag und Geschäftsbe- 15
sorgung als dort ausdrücklich erwähnten Grundgeschäften nach § 115 Abs. 2 knüpft oder auch im Fall einer Massegefährdung bei isolierter Vollmacht oder **anderen Grundgeschäften** greift.

Da das Schicksal von Grundgeschäft und Vollmacht grundsätzlich auseinanderfällt (→ Rn. 8), liegt es 15.1
nahe, aufgrund der § 117 Abs. 2 zugrunde liegenden **Masseschutzerwägungen** den Fortbestand der Vollmacht **nicht von der Typologie des Grundgeschäfts abhängig** zu machen (HK-InsO/Marotzke Rn. 6; KPB/Tintelnot Rn. 47; aA MüKoInsO/Ott/Vuia Rn. 17). Damit bestehen jedenfalls isolierte Vollmachten fort. Konsequenterweise wird man das auch für andere Grundgeschäfte wie Dienstverhältnisse annehmen können. Der Wortlaut des Abs. 2 deckt diese Auslegung noch, denn systematisch lässt sich der Verweis als beschränkter Rechtsgrundverweis auf die Situation der Notgeschäftsführung iSd § 115 Abs. 2 verstehen, ohne zwingend einen Auftrag oder Geschäftsbesorgungsvertrag vorauszusetzen. Aus Sicht des Masseschutzes wäre es schwer zu rechtfertigen, wenn ein beauftragter Handelsvertreter Ware bei drohendem Verderb veräußern könnte, jedoch kein angestellter Handelsvertreter. Damit bestehen nach hier vertretener Ansicht im Fall des Abs. 2 auch isolierte Vollmachten und solche im Rahmen anderer Grundgeschäfte als §§ 115 und 116 fort.

Soweit die Vollmacht nach Abs. 2 fortbesteht, können vom Bevollmächtigten geschlossene 16
Rechtsgeschäfte ab Verfahrenseröffnung ohne weitere Genehmigung auch **Masseverbindlichkeiten** begründen (MüKoInsO/Vuia Rn. 16; Braun/Kroth Rn. 9). Handelt der Bevollmächtigte außerhalb des Umfangs der fortbestehenden Vollmacht, wird die Masse wie im Erlöschensfall des Abs. 1 nicht verpflichtet.

III. Haftungserleichterung bei unverschuldeter Unkenntnis (Abs. 3)

Hat der Bevollmächtigte von der **Eröffnung** des Verfahrens ohne Verschulden **keine Kenntnis**, 17
schließt Abs. 3 seine Haftung als falsus procurator iSd § 179 BGB aus. Sofern die Vollmacht schon nach Abs. 2 fortbesteht, ist Abs. 3 gegenstandslos.

Die Voraussetzungen des Abs. 3 entsprechen § 115 Abs. 3 S. 1 bzw. § 116 S. 1. Die Haftungspri- 18
vilegierung greift nur bei **unverschuldeter** Unkenntnis. Die Beweislast für Kenntnis bzw. fahrlässige Unkenntnis des Auftragnehmers trifft den Verwalter. Auf etwaige Rechtsirrtümer über den Fortbestand der Vollmacht kann sich der Bevollmächtigte nicht berufen (→ § 115 Rn. 22). Ihn treffen ohne konkreten Anlass aber keine Erkundigungspflichten, auch nicht beim Vollmachtgeber (OLG München NZI 2009, 555 (556)). Sobald der Bevollmächtigte positiv Kenntnis von der Eröffnung erlangt oder von Umständen, aus denen er pflichtgemäß die Eröffnung hätte schließen müssen und dies schuldhaft nicht tut, endet die Haftungsprivilegierung des Abs. 3, und der Bevollmächtigte haftet gem. § 179 Abs. 2 BGB.

Bei **unverschuldeter Unkenntnis** von der Verfahrenseröffnung entfällt gem. Abs. 3 jegliche Haftung 18.1
aus § 179 Abs. 1, Abs. 2 BGB. Bei **verschuldeter Unkenntnis** kann sich der Vertreter zwar nicht auf § 115 Abs. 3 berufen, haftet ohne positive Kenntnis gem. § 179 Abs. 2 BGB aber allenfalls auf das negative Interesse. Nur bei **positiver Kenntnis** könnte der Geschäftspartner das positive Erfüllungsinteresse gem. § 179 Abs. 1 BGB geltend machen. Überwiegend wird vertreten, dass im Fall des § 117 die Haftung als falsus procurator auf das **Erfüllungsinteresse** entfallen müsse (FK-InsO/Wegener Rn. 10; Uhlenbruck/Sinz Rn. 18) bzw. sogar jegliche Haftung (MüKoInsO/Vuia Rn. 19), weil auch der Vertretene selbst den Vertrag ab dem für § 117 maßgeblichen Zeitpunkt nicht mehr hätte schließen können. Für die Erfüllungshaftung ist dem zuzustimmen; der Geschäftspartner kann nicht besser gestellt werden als hätte er mit dem Schuldner direkt kontrahiert.

Als Rechtsfolge sieht Abs. 3 – anders als die Parallelnorm § 115 Abs. 3 – **keine Fortbestands-** 19
fiktion, sondern nur eine **Haftungsprivilegierung** vor. Die Masse wird in keinem Fall rechtsgeschäftlich verpflichtet, solange der Verwalter das Geschäft nicht genehmigt (§ 177 BGB). Die Haftungsprivilegierung greift zudem nur, soweit das Fehlen der Vertretungsmacht seinen Grund in der Verfahrenseröffnung hat. War die Vollmacht ohnehin aus anderen Gründen entfallen oder hatte der Bevollmächtigte den Umfang der ihm erteilten Vollmacht überschritten, hilft Abs. 3 über eine Haftung nach § 179 Abs. 3 BGB nicht hinweg.

Abs. 3 ist zugunsten des gutgläubigen Bevollmächtigten wegen identischer Interessenlage auch 20
dann anwendbar, wenn der Schuldner die Vollmacht (unwirksam) nach Verfahrenseröffnung erteilt hat (OLG München NZI 2009, 555 (556)).

InsO § 118 Dritter Teil. Wirkungen der Eröffnung des Insolvenzverfahrens

D. Verhältnis zu anderen Vorschriften

21   Wie alle Vorschriften der §§ 103 ff. ist auch § 117 **unabdingbar**. Der Schuldner kann vorinsolvenzlich keine wirksame Regelung über das Fortbestehen erteilter Vollmachten im Insolvenzfall treffen. Dies gilt nach hier vertretener Ansicht nicht nur für das Erlöschen, sondern auch für die Haftungsprivilegierung des Bevollmächtigten (→ § 115 Rn. 27).

§ 118 Auflösung von Gesellschaften

¹Wird eine Gesellschaft ohne Rechtspersönlichkeit oder eine Kommanditgesellschaft auf Aktien durch die Eröffnung des Insolvenzverfahrens über das Vermögen eines Gesellschafters aufgelöst, so ist der geschäftsführende Gesellschafter mit den Ansprüchen, die ihm aus der einstweiligen Fortführung eilbedürftiger Geschäfte zustehen, Massegläubiger. ²Mit den Ansprüchen aus der Fortführung der Geschäfte während der Zeit, in der er die Eröffnung des Insolvenzverfahrens ohne sein Verschulden nicht kannte, ist er Insolvenzgläubiger; § 84 Abs. 1 bleibt unberührt.

Überblick

§ 118 betrifft den Fall, dass eine Gesellschaft ohne Rechtspersönlichkeit (→ Rn. 4) wegen Gesellschafterinsolvenz (nicht: Gesellschaftsinsolvenz) aufgelöst ist (→ Rn. 6) und dem geschäftsführenden Gesellschafter wegen der Fortführung der Geschäfte dieser Gesellschaft in ihrem Interesse – und damit mittelbar auch im Interesse der Masse des insolventen Gesellschafters – Ansprüche gegen den insolventen Gesellschafter zustehen (→ Rn. 9). In dieser Situation privilegiert § 118 S. 1 bei **Notgeschäftsführung** zB Aufwendungsersatz- oder Vergütungsansprüche, die der die Geschäfte fortführende Gesellschafter gegen den insolventen Mitgesellschafter haben kann, wenn er von der Gesellschaft keine Befriedigung erlangt (→ Rn. 14). **§ 118 S. 2** erfasst entsprechend Fälle der **unverschuldeten Unkenntnis** von der Insolvenzeröffnung (→ Rn. 15). In beiden Fällen gewährt § 118 S. 2 Hs. 2 (zu lesen als S. 3) als Sicherung ein **Absonderungsrecht** am Auseinandersetzungsguthaben des insolventen Gesellschafters (→ Rn. 16).

A. Normzweck und Systematik

1   § 118 betrifft nicht die Insolvenz einer Gesellschaft, sondern die Insolvenz eines Gesellschafters, die durch gesellschaftsvertragliche Vereinbarung oder kraft Gesetzes zur Auflösung der Gesellschaft und zu ihrer Liquidation führen kann. Betreiben in diesem Fall geschäftsführende Gesellschafter die Geschäfte vorübergehend weiter, kommt dies dem Vermögen der Gesellschaft und damit mittelbar auch dem Vermögen des insolventen Gesellschafters zugute. Dies rechtfertigt es, ähnlich wie beim Auftrag (§ 115 Abs. 2 und Abs. 3) bestimmte Ausgleichsansprüche gegen den insolventen Gesellschafter zu privilegieren. Zweck des § 118 ist insofern, ähnlich wie bei § 115 Abs. 2 und 3, § 116, der **mittelbare Masseschutz** durch den unmittelbaren **Schutz des geschäftsführenden Gesellschafters**. Diese Privilegierung entspricht dem früheren § 28 KO, der dem Wortlaut nach eine entsprechende Regelung (nur) für die GbR traf, aber nach allgemeiner Ansicht auch auf die OHG, KG und KGaA Anwendung fand (RegE BT-Drs. 12/2443, 152; Kilger/K. Schmidt, KO, 16. Aufl. 1993, § 28 KO Rn. 3).

2   Systematisch regelt § 118 – ähnlich wie § 115 und § 117 – allerdings keine gegenseitigen Verträge, sodass die zu § 103 entwickelten allgemeinen Grundsätze nicht ohne weiteres auf § 118 übertragbar sind.

B. Tatbestand

3   § 118 erfasst Fälle, in denen eine Gesellschaft ohne Rechtspersönlichkeit (→ Rn. 4) aufgrund der Insolvenz eines Gesellschafters aufgelöst wird (→ Rn. 6) und ein die Geschäfte fortführender Gesellschafter im Zusammenhang mit Notgeschäftsführung oder unverschuldeter Unkenntnis von der Insolvenzeröffnung Aufwendungsersatz- oder Vergütungsansprüche gegen den insolventen Mitgesellschafter hat (→ Rn. 9).

Auflösung von Gesellschaften § 118 InsO

I. Anwendungsbereich: Gesellschaft ohne Rechtspersönlichkeit

Als Gesellschaft ohne Rechtspersönlichkeit zählen zunächst die in § 11 Abs. 2 Nr. 1 genannten 4 OHG, KG, PartG, GbR, Partenreederei sowie die EWIV, und die zweigliedrige stille Gesellschaft (RSZ InsO/Zeuner Rn. 2). Überdies findet § 118 neben Gesellschaften ohne Rechtspersönlichkeit auch auf die KGaA Anwendung.

Die Norm greift **nicht** bei Gesellschaften **mit Rechtspersönlichkeit** (wie zB GmbH, AG), bei 5 denen die Gesellschaft körperschaftlich soweit verselbständigt ist, dass die Gesellschafterinsolvenz ohnehin nicht kraft Gesetzes zur Auflösung der Gesellschaft führt. Ebenfalls ist § 118 **nicht** anwendbar auf Bruchteilsgemeinschaften iSd §§ 741 ff. BGB (K. Schmidt InsO/Ringstmeier Rn. 5) sowie auf den nicht rechtsfähigen Verein (RSZ InsO/Zeuner Rn. 2; Braun/Kroth Rn. 3).

II. Auflösung infolge Gesellschafterinsolvenz

Im Fall des § 118 geht es nicht um die Insolvenz der Gesellschaft und eine dadurch bewirkte 6 Auflösung, sondern um die **Insolvenz eines Gesellschafters**. Deren Folgen sind je nach Gesellschaftsform unterschiedlich und ergeben sich aus den jeweiligen Vorschriften des Gesellschaftsrechts (RegE BT-Drs. 12/2443, 152), soweit diese nicht abbedungen wurden. Maßgeblich hierfür ist in der Praxis in erster Linie der **Gesellschaftsvertrag**; die gesetzlichen Vorschriften kommen nachrangig zur Anwendung.

Bei juristischen Personen hat die Gesellschafterinsolvenz für die Gesellschaft keine Folgen 7 (weswegen diese auch nicht von § 118 erfasst sind). Bei Gesellschaften ohne Rechtspersönlichkeit führt die Gesellschafterinsolvenz kraft Gesetzes nur noch bei der GbR (§ 728 Abs. 2 S. 1 BGB) und bei der zweigliedrigen stillen Gesellschaft zur **Auflösung**. Demgegenüber hat die Gesellschafterinsolvenz bei der OHG nicht (mehr) die Auflösung, sondern nur das **Ausscheiden** des insolventen Gesellschafters zur Folge (§ 131 Abs. 3 Nr. 2 HGB), ebenso zB kraft der Verweisnormen auf § 131 HGB bei der KG (§ 161 Abs. 2 HGB), Partnerschaftsgesellschaft (§ 9 Abs. 1 PartGG) und der KGaA (§ 278 Abs. 2 AktG). In diesen Fällen ist § 118 nur in den (seltenen) Fällen gesellschaftsvertraglicher Auflösungsregelungen einschlägig. Umgekehrt dürfte die große Mehrzahl aller Gesellschaftsverträge auch bei einer GbR gerade den Fortbestand der GbR unter Ausscheiden oder Ausschluss des insolventen Gesellschafters vorsehen. Derartige Ausscheidens- oder Ausschlussklauseln für den Insolvenzfall sind zulässig; in die Masse fällt nicht der Gesellschaftsanteil, sondern nur Abfindungsansprüche gegen die Gesellschaft (FK-InsO/Wegener Rn. 4).

Ein **Fortsetzungsbeschluss** nach Auflösung führt zum Entfall des § 118 ex nunc (K. Schmidt 8 InsO/Ringstmeier Rn. 8).

III. Ansprüche des geschäftsführenden Gesellschafters

Die Auflösung der Gesellschaft führt nicht zu ihrem sofortigen Erlöschen, sondern zu ihrer 9 **geordneten Abwicklung** und Liquidation durch Beendigung der schwebenden Geschäfte und Auseinandersetzung des Gesellschaftsvermögens (vgl. § 730 BGB). Im Rahmen der Auflösung führt der bzw. führen die geschäftsführenden Gesellschafter die **Geschäfte** vorerst zu diesem Zwecke gemeinsam mit dem Insolvenzverwalter fort. Zur einstweiligen Fortführung ist der geschäftsführende Gesellschafter sogar **verpflichtet**, wenn mit einem Aufschub Gefahr verbunden ist, bis die übrigen Gesellschafter zusammen mit ihm anderweitig Fürsorge treffen können (§ 728 Abs. 2 S. 2 BGB, § 727 Abs. 2 S. 2 BGB). Diese Regelungen gelten nicht nur für die GbR, sondern auch für die OHG, KG, PartG und KGaA, sofern für einen gesellschaftsvertraglich angeordneten Fall der Auflösung keine spezifischen Regelungen zur Fortführung der Geschäfte im Gesellschaftsvertrag enthalten sind (Braun/Kroth Rn. 6).

§ 118 setzt Ansprüche des geschäftsführenden Gesellschafters **gegen den insolventen Mitge-** 10 **sellschafter** aufgrund der Fortführung der Geschäfte voraus und ist keine eigene Anspruchsgrundlage (K. Schmidt InsO/Ringstmeier Rn. 11).

Erfasst sind **alle Ansprüche** im Zusammenhang mit der Fortführung der Geschäfte (FK-InsO/ 11 Wegener Rn. 6). So kann der geschäftsführende Gesellschafter vertragliche Ansprüche aus einem Anstellungsverhältnis zur Gesellschaft haben. Insbesondere bei Notgeschäftsführung (§ 728 Abs. 2 S. 2 BGB, § 727 Abs. 2 S. 2 BGB) kommen Aufwendungsersatzansprüche (§§ 713, 670 BGB), Schadenersatzansprüche für geschäftstypische Schäden oder, sofern im Gesellschaftsvertrag vorgesehen, auch Vergütungsansprüche in Betracht. Dabei ist zu berücksichtigen, dass sich diese Ansprüche in erster Linie gegen die Gesellschaft richten und direkte Ansprüche gegen den Mitgesellschafter nur subsidiär geltend gemacht werden können.

InsO § 118   Dritter Teil. Wirkungen der Eröffnung des Insolvenzverfahrens

11.1   Die Durchsetzung von Ansprüchen, die der geschäftsführende Gesellschafter nicht als Sozialanspruch, sondern wie ein Drittgläubiger auf vertraglicher Grundlage wie zB dem Anstellungsvertrag hat, ist gegen den akzessorisch gem. § 128 HGB haftenden Gesellschafter gesperrt, solange eine Befriedigung aus dem Gesellschaftsvermögen möglich ist (Baumbach/Hopt/Roth § 128 HGB Rn. 24). Ansprüche aus dem gesellschaftsrechtlichen Innenverhältnis richten sich gegen die Gesellschaft und können grundsätzlich erst dann (quotal) gegen einen Gesellschafter geltend gemacht werden, wenn nach Abwicklung die endgültige Gewinn- bzw. Verlustverteilung feststeht; die Vorwegnahme einer Schlussabrechnung ist nur im Ausnahmefall unter engen Voraussetzungen möglich (Baumbach/Hopt/Roth § 110 HGB Rn. 5). Der praktische Anwendungsbereich des § 118 ist daher sehr eng (K. Schmidt InsO/Ringstmeier Rn. 2).

12   Für solche Ansprüche differenziert § 118 nach den Umständen ihrer Entstehung: Erwachsen diese aus einer **Notgeschäftsführung**, bei der eilbedürftige Geschäfte iSd § 728 Abs. 2 S. 2, § 727 Abs. 2 S. 2 BGB einstweilen zum Erhalt des Gesellschaftsvermögens fortgeführt werden, bis die übrigen Gesellschafter oder der Insolvenzverwalter anderweitig Fürsorge treffen können, gilt § 118 S. 1 (zu den Voraussetzungen der Notgeschäftsführung → § 115 Rn. 15). Erfasst sind nur Geschäfte **nach Verfahrenseröffnung**, nicht solche davor (Braun/Kroth Rn. 9).

13   Für andere Geschäfte, die in **unverschuldeter Unkenntnis** von der Insolvenzeröffnung vorgenommen werden (zu diesem Maßstab → § 115 Rn. 22), gilt S. 2.

C. Rechtsfolge

I. Masseforderung für Notgeschäftsführung (S. 1)

14   Ansprüche gegen den insolventen Mitgesellschafter im Zusammenhang mit der Fortführung der Geschäfte erhebt § 118 für den Fall der **Notgeschäftsführung** in den Rang von **Masseverbindlichkeiten.** Dieses Rangprivileg wird erst bedeutsam, wenn der geschäftsführende Gesellschafter seine Ansprüche gegen die Gesellschaft nicht realisieren kann (→ Rn. 11.1). Überdies hat der geschäftsführende Gesellschafter gem. § 118 S. 2, § 84 Abs. 1 S. 2 ein **Absonderungsrecht** an einem etwaigen Auseinandersetzungsguthaben der Masse (→ Rn. 16).

II. Insolvenzforderung bei unverschuldeter Unkenntnis (S. 2)

15   Bei unverschuldeter Unkenntnis (→ § 115 Rn. 22) der Verfahrenseröffnung über das Vermögen des Gesellschafters und damit des Auflösungsgrundes für die Gesellschaft gilt die **Geschäftsführungsbefugnis** des geschäftsführenden Gesellschafters zu seinen Gunsten als **fortbestehend** (§ 729 BGB). Mit Ersatzansprüchen gegen seinen Mitgesellschafter ist er – wie S. 1 klarstellt – nur **Insolvenzgläubiger.** Wiederum wird dieser Anspruch erst relevant, wenn und soweit der geschäftsführende Gesellschafter mit seinen Ansprüchen gegen die Gesellschaft ausfällt und auch der Zugriff auf das ihm für abgesonderte Befriedigung reservierte Auseinandersetzungsguthaben des insolventen Gesellschafters (§ 118 S. 2 Hs. 2, § 84 Abs. 1 S. 2) nicht ausreicht.

III. Absonderungsrecht an Auseinandersetzungsguthaben (S. 2, Hs. 2)

16   Der Verweis des S. 2 aE auf § 84 Abs. 1 gewährt dem geschäftsführenden Gesellschafter **Absonderungsrecht am Auseinandersetzungsguthaben** des insolventen, persönlich haftenden Gesellschafters. Dieses Absonderungsrecht besteht nach allgemeiner Ansicht unabhängig vom Vorliegen einer Notgeschäftsführung (RSZ InsO/Zeuner Rn. 4; K. Schmidt InsO/Ringstmeier Rn. 15; Braun/Kroth Rn. 7). Die Regelung ist daher **systematisch** missverständlich; der letzte Hs. des S. 2 kann als **S. 3** gelesen werden. Dies brachte die inhaltsgleiche Vorgängernorm des § 28 KO deutlicher zum Ausdruck.

D. Verhältnis zu anderen Vorschriften

17   § 118 ist gem. § 119 **unabdingbar.** Eine Vereinbarung, die im Voraus den Rang etwaiger von § 118 erfasster Ersatzansprüche ändern soll, ist unwirksam.

18   Davon zu trennen sind jedoch **zulässige gesellschaftsrechtliche Gestaltungen.** Da § 118 nur den Rang etwaiger Ausgleichsansprüche regelt und deren Entstehung voraussetzt, lässt eine Regelung zu den Voraussetzungen solcher Ansprüche die von § 118 angeordnete Folge unberührt. In die Organisationshoheit der Gesellschafter kann auch nicht über § 119 eingegriffen werden. Dies ist Regelungsbereich des Gesellschaftsrechts und dort insbesondere des den §§ 103 ff. nicht unterfallenden (→ § 103 Rn. 32) Gesellschaftsvertrags. Sofern dieser etwa die Fortsetzung einer

GbR im Insolvenzfall bestimmt oder – im gesellschaftsrechtlich zulässigen Rahmen – Ausgleichsansprüche ausschließt, ist dies als Ausfluss vorrangiger Verbandsautonomie hinzunehmen.

§ 119 Unwirksamkeit abweichender Vereinbarungen

Vereinbarungen, durch die im Voraus die Anwendung der §§ 103 bis 118 ausgeschlossen oder beschränkt wird, sind unwirksam.

Überblick

§ 119 erklärt die in §§ 103–118 enthaltenen Regelungen für im Voraus unabdingbar. Die Norm schützt damit in erster Linie die Freiheit des Verwalters, über die Fortsetzung bestehender Verträge iSd § 103 zu entscheiden und günstige Verträge zur Masse zu ziehen bzw. ungünstige Verträge beenden zu können. Ebenso sichert § 119 die abweichenden Regelungen für spezielle Vertragstypen in den §§ 104 ff. Von § 119 erfasst sind nur **vertragliche Vereinbarungen** (→ Rn. 4), nicht gesetzliche Regelungen. Diese müssen zwischen Schuldner und Vertragspartner **vor Verfahrenseröffnung** geschlossen worden sein; danach steht es dem Insolvenzverwalter im Rahmen der Masseverwertung grundsätzlich frei, mit dem Vertragspartner von den §§ 103 ff. abweichende Regelungen zum Umgang mit gegenseitigen Verträgen zu treffen (→ Rn. 6). Unwirksam ist nicht nur der ausdrückliche **Ausschluss** der Anwendung der §§ 103–118 (→ Rn. 9), sondern auch deren **Beschränkung,** zB durch zusätzliche tatbestandliche Erfordernisse oder verkürzte Rechtsfolgen (→ Rn. 11). Hierunter können auch Gestaltungen fallen, welche die Ausübung der in §§ 103–118 vorgesehenen Befugnisse rechtlich nicht einschränken, jedoch wirtschaftlich leer laufen lassen (→ Rn. 15), wie es insbesondere bei insolvenzabhängigen **Lösungsklauseln** bei Verträgen mit Erfüllungswahlrecht iSd § 103 der Fall sein kann (→ Rn. 18). Eine gegen § 119 verstoßende Vereinbarung ist **nichtig** (→ Rn. 37).

Übersicht

	Rn.		Rn.
A. Normzweck und Systematik	1	3. Wirtschaftliche Beschränkungen im weiteren Sinne (Sanktionen, Lösungsklauseln, sonstige wirtschaftliche Nachteile)	15
B. Tatbestand	3		
I. Vertragliche Vereinbarungen	4	C. Rechtsfolge	37
II. Abschluss vor Verfahrenseröffnung	7	D. Verhältnis zu anderen Vorschriften	39
III. Ausschluss oder Beschränkung der §§ 103–118	8	I. Andere Lösungsrechte sowie Beschränkungen	39
1. Ausschluss	9		
2. Rechtliche Beschränkungen im engeren Sinne	11	II. AGB-Kontrolle vertraglicher Lösungsrechte	42

A. Normzweck und Systematik

Die Behandlung schwebender Rechtsgeschäfte in der Insolvenz richtet sich zwingend nach §§ 103 bis 118 (RegE BT-Drs. 12/2443, 152). Diese Normen sind Ausdruck einer gesetzgeberischen **Abwägung** zwischen den **Interessen der Gläubigergesamtheit** an einer Massemehrung einerseits und des schutzbedürftigen **Vertragspartners** andererseits (→ § 103 Rn. 1). In diesem Spannungsverhältnis ordnet § 119 die zwingende Anwendung der §§ 103–118 sowie der aus ihnen fließenden Befugnisse des Insolvenzverwalters an. Im Anwendungsbereich des § 103 schützt § 119 in erster Linie die **Entscheidungsfreiheit** des Verwalters, günstige Verträge zur Masse zu ziehen und massebelastende Verträge zu beenden. Zudem sichert § 119 auch die abweichenden Regelungen der §§ 104 ff. für spezielle Vertragstypen. 1

Der **zwingende Charakter** des Erfüllungswahlrechts war auch ohne ausdrückliche Regelung bereits unter der KO anerkannt und in der VergleichsO in § 53 geregelt (RegE BT-Drs. 12/2443, 152). 1.1

Teilweise wird vertreten, in § 119 eine reine **Masseschutznorm** zu sehen und nur Abweichungen von den §§ 103–118 zu verhindern, mit welcher die Rechte des Verwalters beschränkt werden (→ § 106 Rn. 43). Im Wortlaut schlägt sich ein solch einseitiges Verständnis jedenfalls nicht nieder. Sofern man die §§ 103–118 als gesetzgeberischen Ausgleich der Interessen der Masse und des schutzbedürftigen Vertragspartners begreift (vgl. zu diesem Interessenausgleichsgedanken bei § 103 nur BGH, NZI 2012, 76 (79)), 1.2

liegt es nahe, dass § 119 eine **beidseitig zwingende Wirkung** hat und grundsätzlich alle Beschränkungen der §§ 103–118 erfasst, unabhängig davon, ob diese zugunsten der Masse oder des Vertragspartners von der gesetzlichen Regelung abweichen. Differenzierungen lassen sich nach dem Schutzzweck der jeweils betroffenen Regelung vornehmen, wenn diese als solche nur den Schutz entweder der Masse oder des Vertragspartners bezweckt. Letztlich bleibt stets die Möglichkeit, dass Verwalter und Vertragspartner nach Eröffnung einvernehmlich abweichende Vereinbarungen treffen.

2   Während sich die Unwirksamkeit einer die Anwendung der §§ 103–118 ausschließenden oder direkt einschränkenden Klausel klar aus dem Gesetzeswortlaut ergibt, ist es seit langem Gegenstand intensiver Diskussionen, inwiefern § 119 vertragliche Gestaltungen erfasst, welche die Befugnisse des Insolvenzverwalters rechtlich unberührt lassen, aber faktisch die Ausübung des Wahlrechts beeinflussen können, weil sie die **Fortführung wirtschaftlich unattraktiv** machen oder dem Wahlrecht den Boden entziehen. Von besonderer praktischer Bedeutung sind hierbei **Lösungsklauseln** bei Verträgen im Anwendungsbereich des § 103. Grundsätzlich ist der Insolvenzverwalter an vorinsolvenzliche Vereinbarungen gebunden und muss die vom Schuldner geschlossenen Verträge in ihrem Bestand so hinnehmen, wie er sie bei Verfahrenseröffnung vorfindet (→ § 103 Rn. 70), selbst wenn dies Nachteile für die Masse brächte oder dem Vertragspartner Lösungsmöglichkeit gäbe. Andererseits wären derartige Lösungsrechte unter Umständen für eine Unternehmensfortführung kritisch. Schon der Gesetzgeber sah die Gefahr, dass Lösungsklauseln zugunsten des Vertragspartners der Wahlfreiheit des Verwalters die Grundlage entziehen können (§ 137 Abs. 2, RegE BT-Drs. 12/2443, 152). Gerade dieser ursprünglich vorgesehene Abs. 2 wurde jedoch vom Rechtsausschuss im Gesetzgebungsverfahren gestrichen, sodass über die Wirksamkeit von Lösungsklauseln lange Zeit Streit bestand (→ Rn. 20.1). Die mittlerweile ergangenen Grundsatzentscheidungen des BGH haben sich zwar für die grundsätzliche Unwirksamkeit insolvenzabhängiger Lösungsklauseln ausgesprochen, allerdings immer noch keine trennscharfe Abgrenzung zwischen zulässigen und unzulässigen Gestaltungen sowie betroffenen Verträgen gebracht (→ Rn. 22).

B. Tatbestand

3   Die Unwirksamkeitsfolge des § 119 erfasst sämtliche vertraglichen Vereinbarungen (→ Rn. 4), welche vor Verfahrenseröffnung zwischen Schuldner und Vertragspartner abgeschlossen wurden (→ Rn. 7) und die Anwendung der §§ 103 bis 118 ausschließen oder beschränken (→ Rn. 8). Insbesondere inwieweit Lösungsklauseln nichtig sind, welche die wirtschaftliche Attraktivität der Erfüllungswahl beeinflussen oder mit denen sich der Vertragspartner einer Erfüllungswahl entziehen kann, ist nach wie vor im Detail sehr umstritten (→ Rn. 18).

I. Vertragliche Vereinbarungen

4   In den Anwendungsbereich des § 119 fallen nur **vertragliche Vereinbarungen** zwischen Schuldner und Vertragspartner. Dieser Begriff ist im Einklang mit dem Zweck dieser Norm **weit auszulegen** (Braun/Kroth Rn. 4). Erfasst sind zivilrechtliche Verträge ebenso wie einbezogene standardisierte Geschäftsbedingungen, wie zB VOB (OLG Frankfurt NZI 2015, 466 (467)), AGB-Banken, ferner Betriebsvereinbarungen und Tarifverträge (LAG Hamm BeckRS 2006, 42357). Bei diesen Verträgen muss es sich um Verträge der in §§ 103 ff. genannten Typologien handeln, allerdings – wie §§ 115 f. zeigen – nicht zwingend um gegenseitige Verträge.

5   Abzugrenzen sind derartige Vereinbarungen von Rechten, die dem Vertragspartner bereits auf **gesetzlicher Grundlage** zustehen. Deren Bestehen und Ausübung werden von § 119 **nicht erfasst** (BGH NJW 2013, 1159 (1161); LAG München NZI 2019, 708 (710); RSZ InsO/Zeuner Rn. 4; K. Schmidt InsO/Ringstmeier Rn. 5; Braun/Kroth Rn. 2; Huber ZIP 2013, 493 (494)). Auch wenn solche Rechte bei gegenseitigen Verträgen die Verwertungsmöglichkeiten des Insolvenzverwalters faktisch einschränken und seinen Befugnissen den Boden entziehen können, hat der Verwalter diese hinzunehmen. Insbesondere **gesetzliche Kündigungs- und Rücktrittsrechte** (§§ 314, 323, 490, 543, 626, 648, 648a BGB; § 89a HGB; § 36 Abs. 3 VerlagsG) bestehen in der Insolvenz fort, sofern nicht § 112 als Sonderregelung greift. Damit stehen dem Vertragspartner zB bei Verzug, Nichtleistung, Schlechtleistung oder sonstigen Vertragsverletzungen die üblichen Rechtsbehelfe offen (→ Rn. 26).

5.1   Der Regierungsentwurf sah die Klarstellung, dass die Wirksamkeit von Vereinbarungen, die an den Verzug oder andere **Vertragsverletzungen** anknüpfen, **nicht berührt** wird, in § 137 Abs. 3 noch ausdrücklich vor (RegE BT-Drs. 12/2443, 152); von einer Umsetzung dieser Selbstverständlichkeit wurde dann abgesehen.

Unwirksamkeit abweichender Vereinbarungen **§ 119 InsO**

Zu den Rechten des Vertragspartners zählt insbesondere das **Rücktrittsrecht** des § 323 BGB. Da dies 5.2
die Nichterbringung fälliger Leistungen voraussetzt, wird seine Ausübung vorwiegend dort in Betracht
kommen, wo der Insolvenzverwalter trotz Erfüllungswahl – und damit erneuter Durchsetzbarkeit der
Ansprüche – die Leistung nicht oder nicht wie geschuldet erbringt. Der Rücktritt wegen Leistungsstörungen **vor Verfahrenseröffnung** (wie einer mangelhaften Leistung des späteren Insolvenzschuldners) ist
demgegenüber im Fall des § 103 **nur eingeschränkt** möglich (→ § 103 Rn. 103).

Dem Vertragspartner ist es ferner unbenommen, ein Dauerschuldverhältnis aus **wichtigem Grund** 5.3
gem. § 314 BGB bzw. §§ 543, 626, 648a BGB, § 89a HGB zu kündigen (BGH WM 2017, 1951 (1954);
BGH NJW-RR 2013, 1142; Muhl GWR 2014, 496 (497)). Gehen mit der Insolvenz tatsächliche Umstände
einher, die eine Fortsetzung des Vertrages **unzumutbar** machen, kann sie der Vertragspartner geltend
machen, ohne durch die Insolvenz hieran gehindert zu sein (vgl. OLG Bamberg Urt. v. 12.4.2010 – 4 U
48/09 = BauR 2011, 567 (Ls.) für die Kündigung eines Bauvertrags). Dies kann auch eine durch den
Insolvenzfall **gesteigerte Gefährdungslage** des Vertragspartners sein, wie es typischerweise bei § 89a
HGB der Fall ist (BGH NJW 1995, 1958 (1959) für die Kündbarkeit eines Handelsvertreters im Insolvenzfall; Jacoby ZIP 2014, 649 (656)). Beim Bauvertrag sieht der BGH schon im Eigenantrag eine nachhaltige
Störung des Vertrauensverhältnisses (BGH NZI 2016, 532 (534). Hieran wird auch mit der Einführung
des außerordentlichen Kündigungsrechts in **§ 648a nF BGB** festzuhalten sein (Wellensiek/Kurtz DZWiR
2018, 2629). Die Gesetzesbegründung stellt für den Insolvenzfall ausdrücklich darauf ab, ob ein Bauvorhaben gefährdet ist (RegE, BT-Drs. 18/8486, 50). Dies gilt nicht ohne Weiteres bei einem normalen Werklieferungsvertrag, für den aber auch nach Antragstellung und Verfahrenseröffnung eine Kündigung nach **§ 648
BGB (§ 649 aF)** in Betracht kommt (BGH WM 2017, 1951 (1954)). In einem **Tarifvertrag** für den
Insolvenzfall enthaltene außerordentliche Kündigungsrechte können nach LAG München NZI 2019, 708
(710) wirksam sein, wenn das Erfordernisses eines wichtigen Grundes der Kündigungsklausel durch Auslegung entnommen werden kann.

Darlehensverträge können wegen Vermögensverschlechterung gem. **§ 490 BGB** gekündigt werden. 5.4
Bei Verlagsverträgen gewährt **§ 36 Abs. 3 VerlagsG** dem Verfasser ein Rücktrittsrecht, wenn bei Insolvenz
des Verlegers mit der Vervielfältigung noch nicht begonnen wurde. Dem Versicherungsgeber gestattete
der – mittlerweile aufgehobene – **§ 14 VVG aF** die wirksame Ausbedingung eines Kündigungsrechts im
Insolvenzfall (BGH NZI 2004, 144 (145)).

Vertragliche Vereinbarungen, welche den Grundgedanken gesetzlicher Regelungen im 6
Wesentlichen **inhaltlich entsprechen,** sind ebenfalls nicht von § 119 erfasst (Einzelheiten
→ Rn. 14 und Rn. 29). Die von § 119 geschützten Befugnisse des Verwalters würden durch
solche vertraglichen Vereinbarungen nicht über die ohnehin bestehende Rechtslage hinaus
beschränkt (BGH NZI 2013, 178 (179)).

II. Abschluss vor Verfahrenseröffnung

Der Anwendungsbereich und die Nichtigkeitsfolge des § 119 betreffen **nur vorinsolvenzlich** 7
zwischen Schuldner und Vertragspartner **getroffene Abreden.** Unberührt bleibt die Befugnis
des Insolvenzverwalters, mit dem Vertragspartner nach Verfahrenseröffnung von den §§ 103 ff.
abweichende Regelungen zum Umgang mit gegenseitigen Verträgen zu treffen, zumal auch der
gesamte Vertrag aufgehoben und durch einen neuen ersetzt werden könnte (BGH NJW 1988,
1790 (1791)). Solche abweichenden Vereinbarungen dürfen jedoch im Gesamtkontext der Masseverwertung nicht den Interessen der Masse zuwiderlaufen; andernfalls würde der Verwalter im
Innenverhältnis pflichtwidrig handeln (§ 60; s. auch → § 103 Rn. 53.2).

III. Ausschluss oder Beschränkung der §§ 103–118

§ 119 verbietet zunächst den Ausschluss der Anwendung der §§ 103–118 (→ Rn. 9), ferner 8
deren Beschränkung zB durch zusätzliche tatbestandliche Erfordernisse oder nicht vorgesehene
belastende Rechtsfolgen (→ Rn. 11). Inwieweit darüber hinaus Gestaltungen erfasst sind, welche
die Ausübung der in den §§ 103–118 vorgesehene Befugnisse nicht berühren, jedoch wirtschaftlich
unattraktiv machen oder faktisch leer laufen lassen, ist – insbesondere im Bereich der Lösungsklauseln – nicht abschließend geklärt und hängt vom jeweils betroffenen Vertrag und der Gestaltung
im Einzelfall ab (→ Rn. 15).

1. Ausschluss

Unwirksam ist zunächst jede Regelung, welche die **§§ 103–118** als solche abbedingt oder die 9
dort angeordneten Rechtsfolgen **komplett ausschließt.** Das gilt nach Sinn und Zweck über

InsO § 119 Dritter Teil. Wirkungen der Eröffnung des Insolvenzverfahrens

seinen Wortlaut hinaus auch für die Abbedingung des § 119 selbst (MüKoInsO/Huber Rn. 77; Braun/Kroth Rn. 6).

10 Es ist daher vertraglich im Voraus nicht möglich, dem Verwalter das durch § 103 eröffnete Wahlrecht zu entziehen, das Erlöschen fortbestehender Schuldverhältnisse (zB § 108 Abs. 1) bzw. gegen die Masse durchsetzbarer Ansprüche (§§ 106, 107) zu vereinbaren oder die angeordneten gesetzlichen Modifikationen von zB Kündigungsrechten (§ 112) abzubedingen. Auch die Fortgeltung kraft Gesetzes erlöschender Schuldverhältnisse (§§ 104, 115–117) kann ex ante nicht vereinbart werden (BGH NZI 2006, 637 (639)).

2. Rechtliche Beschränkungen im engeren Sinne

11 Unwirksam sind ferner Gestaltungen, welche die in §§ 103–118 getroffenen Regelungen, eröffneten Rechte oder deren Rechtsfolgen **in rechtlicher Hinsicht** zulasten der jeweils von der Norm geschützten Partei **einschränken bzw. modifizieren**. Dies können zB zusätzliche tatbestandliche Voraussetzungen, Hürden bei der Ausübung der Rechte, Abweichungen bei Kündigungsfristen, gesetzlich nicht vorgesehene Kündigungsrechte (BGH NZI 2014, 25 (26)) Veränderungen des Forderungsranges oder verkürzte Rechtsfolgen sein.

12 Unwirksam ist es etwa, das **Erfüllungswahlrecht** des § 103 von zusätzlichen Voraussetzungen wie zB vorherigen Verhandlungen abhängig zu machen, die **Erklärungsfristen** für § 103 Abs. 2 S. 1 oder § 107 Abs. 2 abzukürzen oder zu verlängern, entgegen § 105 eine kontrafaktische Zuordnung bestimmter erbrachter **Teilleistungen** auf den Zeitraum vor bzw. nach Verfahrenseröffnung vorzunehmen (→ Rn. 12.2), die Voraussetzungen oder den Zeitpunkt für das **Erlöschen** eines Vertrages iSd § 104 – dort sind jedoch Parteivereinbarungen innerhalb der Grenzen des § 104 Abs. 4 zulässig – oder §§ 115, 116 zu ändern oder umgekehrt für dessen **Fortbestehen** im Fall des § 108. Auch die **Durchsetzbarkeit** von Ansprüchen iSd §§ 106, 107 oder die in §§ 109–113 vorgesehenen schuldvertraglichen Modifikationen können grundsätzlich nicht beschränkt werden. Der Insolvenzverwalter hat im Falle wirksamer Vertragsbeendigung auch kein Recht, die Verträge einseitig wieder in Kraft zu setzen (vgl. rechtsvergleichend dazu Faber/Vermunt/Kilborn/van der Linde, Treatment of Contracts in Insolvency, 2013). Ist der Vertrag wirksam beendet, muss er mit dem Vertragspartner ggf. im Verhandlungswege eine Fortsetzung erreichen.

12.1 Von § 119 erfasst ist auch die von der Rechtsprechung entwickelte und den §§ 103 ff. zugrunde liegende **Dogmatik**. Unabdingbar ist daher etwa die **Undurchsetzbarkeit** von Ansprüchen ab Verfahrenseröffnung oder die grundsätzliche Spaltung des Vertrages bei teilbaren Leistungen entsprechend dem Vorleistungsrisiko (MüKoInsO/Huber Rn. 61). Die Anwendung der früheren Erlöschenstheorie (→ § 103 Rn. 7) kann vertraglich ebenso wenig vereinbart werden wie eine sonst unwirksame Abtretung oder Aufrechenbarkeit von Forderungen (→ § 103 Rn. 11).

12.2 Eine Zuordnung bestimmter Leistungen auf den **Zeitraum** vor bzw. nach Verfahrenseröffnung entgegen § 105, um damit gezielt den **Rang** von Masseverbindlichkeiten bzw. Insolvenzforderungen zuzuweisen (BAG NZA 2005, 1016 = BeckRS 2005, 40816; LAG Hamm BeckRS 2006, 42357) ist unwirksam. Gleiches kann auch für eine Gestaltung gelten, die im Ergebnis das Rückforderungsverbot des § 105 S. 2 umgeht (LAG Hamm BeckRS 2006, 42357, dort im Einzelnen wegen arbeitsrechtlicher Wertungen verneint).

13 Nach hier vertretener Ansicht sprechen gute Gründe dafür, dass § 119 **beidseitig zwingend** ist (→ Rn. 1.2). Solche Normen, die Ausdruck eines **Interessenausgleichs** zwischen Insolvenzschuldner und Vertragspartner sind, sind daher in beide Richtungen unabdingbar. So dient beispielsweise die Erklärungsfrist des § 103 Abs. 2 S. 1 einerseits dazu, dem Vertragspartner Klarheit über die Vertragsfortsetzung zu geben und die Beendigung des mit Verfahrenseröffnung geschaffenen Schwebezustands zu ermöglichen. Andererseits soll eine „unverzügliche" Erklärung auch dem Verwalter noch die angemessene Prüfung der Rechtslage erlauben. Vor diesem Hintergrund spricht einiges dafür, dass sowohl eine Verkürzung als auch eine Verlängerung der Erklärungsfrist durch § 119 ausgeschlossen sind.

14 Keine Beschränkung der Rechte des Verwalters besteht dort, wo dessen Befugnisse bereits durch anderweitige gesetzliche Regelungen (wie zB Kündigungsrechte) eingeschränkt werden oder eine vertragliche Vereinbarung die Grundgedanken solcher **gesetzlichen Befugnisse** lediglich **nachbildet** (vgl. BGH NZI 2013, 178 (179); BGH NZI 2004, 144 (145); LAG München NZI 2019, 708 (710); RegE BT-Drs. 12/2443, 152). Hierbei ist im Einzelfall und je nach betroffenem Vertragstypus zu prüfen, in welcher Weise eine getroffene Regelung im Vergleich zur gesetzlichen Anordnung tatsächlich beschränkend wirkt (Knof DB 2013, 1769 (1771); Jacoby ZIP 2014, 649

(651)). Während bspw. die automatische Beendigung eines § 103 unterfallenden Energielieferungsvertrages im Insolvenzfall das Erfüllungswahlrecht des Verwalters unterlaufen kann, würde eine entsprechende Regelung für einen ohnehin gem. § 116 erlöschenden Girovertrag nicht an § 119 scheitern. Auch ein Rücktritts- oder Lösungsrechte für den Fall der Insolvenzeröffnung unterlaufen nicht das Erfüllungswahlrecht, wenn die Voraussetzungen des § 103 nicht vorliegen (Vgl. BGH NZI 2018, 22 Rn. 16). Noch nicht abschließend geklärt ist, inwiefern vertragliche Regelungen die gesetzlichen deckungsgleich wiedergeben müssen (in diese Richtung BGH WM 2016, 1168 (1173)) oder es reicht, wenn sie sich „eng" an diese „anlehnen" (so BGH NZI 2016, 532 (533)). Hier ist richtigerweise mit BGH NZI 2016, 532 eine **Differenzierung im Einzelfall** nach **betroffenem Vertragstyp** und **Interessenlage** angezeigt (→ Rn. 21). Stets möglich bleibt auch die Möglichkeit, nach Verfahrenseröffnung abweichende Vereinbarungen zwischen Verwalter und Vertragspartner zu treffen.

3. Wirtschaftliche Beschränkungen im weiteren Sinne (Sanktionen, Lösungsklauseln, sonstige wirtschaftliche Nachteile)

Eine Beschränkung iSd § 119 ist nicht nur bei rechtlichen Einschränkungen der §§ 103–118 anzunehmen, sondern unter Umständen auch bei spezifischen Gestaltungen für den Insolvenzfall, welche die Ausübung der dem Verwalter zustehenden Rechte an **erhebliche Nachteile** knüpfen oder ihr faktisch den **Boden entziehen**. Insoweit mag man in § 119 eine Form des Umgehungsverbotes sehen (so Knof DB 2013, 1769 (1771)). Dass die Ausübung der Verwalterbefugnisse – und insbesondere des Erfüllungswahlrechts – der Masse keinen wirtschaftlichen Vorteil bringt, reicht hierfür allerdings nicht aus. Wann im Einzelfall erhebliche wirtschaftliche Nachteile die formal bestehenden Befugnisse des Verwalters in einem Maße beeinflussen, das einer Beschränkung iSd § 119 gleichkommt, ist auch nach neuerer Rechtsprechung des BGH noch nicht gänzlich geklärt. 15

a) Insbesondere Sanktionen und Verschlechterung von Vertragsbedingungen. Nach allgemeiner Ansicht sind Vereinbarungen mit **Sanktionscharakter** für den Fall, dass der Verwalter seine Befugnisse in bestimmter Weise ausübt, unwirksam. So kann die Nichterfüllungswahl bei § 103 nicht wirksam mit **Vertragsstrafen** belegt werden (BGH NZI 2006, 231). Demgegenüber sind solche Folgen, die in gleicher Weise eintreten, weil das Vertragsverhältnis aus anderen Gründen beendet wird, keine Beschränkung iSd § 119 (BGH NZI 2006, 231). Für einen unzulässigen Sanktionscharakter müssen die der Insolvenzmasse vertraglich auferlegten Nachteile über diejenigen hinausgehen, die eine bloße Vertragsbeendigung in der Regel mit sich bringt; ein bloßer Rechtsverlust genügt nicht. Eine Vereinbarung von **pauschaliertem Schadensersatz** ist (auch für den Nichterfüllungsanspruch gem. § 103 Abs. 2 S. 1) möglich, soweit dieser der vereinfachten Abwicklung dient und keinen pönalen Charakter hat. Dazu muss die Höhe realistisch angesetzt sein und dem Insolvenzverwalter der Nachweis eines geringeren Schadens offen stehen (Braun/Kroth Rn. 8). 16

Als unzulässige Beschränkungen im weiteren Sinne aufgrund wirtschaftlicher Nachteile können auch erheblich höhere Vergütungen, Sonderzahlungen des Schuldners oder andere **ungerechtfertigte Verschlechterungen der Vertragsbedingungen im Insolvenzfall** zählen. Einen Verstoß gegen § 119 stellen diese wiederum nur dann dar, wenn sie spezifisch auf den Insolvenzfall zielen und nicht an andere, nicht insolvenzspezifische Umstände anknüpfen. Die Folgen der Ausübung allgemeiner Gläubiger- und Schuldnerrechte ist von § 119 nicht erfasst. So ist die Vereinbarung eines allgemeinen, nicht insolvenzspezifischen Rückzahlungsanspruches für Vorleistungen bei Nichtdurchführung des Vertrages kein Verstoß gegen § 119, selbst wenn es hierzu anlässlich einer Insolvenz kommt (BGH NZI 2003, 491 (492 f.)). Zudem muss es sich auch hier um Verschlechterungen handeln, die eine solche Intensität erreichen, dass ihre Wirkung faktisch zu einer Beschränkung der Ausübung der in §§ 103 ff. vorgesehenen Rechte führen kann. 17

Ob allerdings jegliche **Änderung der Vertragskonditionen** allein wegen einer Anknüpfung an den Insolvenzfall von § 119 erfasst ist, erscheint fraglich. Zwar darf der Insolvenzschuldner nicht zum alleinigen Anlass werden, mit dem Vertragspartner bessere Konditionen aushandeln oder durchsetzen will (so in BGH NJW 2013, 1159). Allerdings wird man nicht jeder insolvenzbezogenen Vertragsanpassung eine solche Wirkung zusprechen können, dass sie faktisch Rechte aus §§ 103 ff. beschränkt. Insoweit wird man auch die neuere Rechtsprechung des BGH zur Unzulässigkeit direkt insolvenzbezogener Lösungsklauseln nicht ohne Weiteres auf andere Klauseln übertragen können, denn dort ergab sich die Beschränkung schon aus der einschneidenden Folge der Lösungsmöglichkeit selbst. Zurückhaltung ist insbesondere dort geboten, wo Verträge für die weitere Vertragsdurchführung im Insolvenzfall oder dessen Vorfeld erforderliche, sachlich nachvollziehbare Änderungen vorsehen. Sofern demgegenüber spezifische Vertragsgestaltungen darauf zie- 17.1

len, dass ein Vertragspartner die Insolvenz des Schuldners zu seinem Vorteil ausnutzen will und es zu ungerechtfertigten Nachteilen für die Masse kommt, kann dies auch iRd §§ 129 ff. beurteilt werden (dazu MüKoInsO/Huber Rn. 50 ff.).

18 **b) Insbesondere vertragliche Lösungsklauseln.** Lösungsklauseln, die dem Vertragspartner bei einem § 103 unterfallenden Vertrag im Insolvenzfall Kündigungsrechte an die Hand geben oder als auflösende Bedingung zur automatischen Vertragsbeendigung führen, sind sehr umstritten. Nicht jeder Fall, in dem das Erfüllungswahlrecht des Insolvenzverwalters im Ergebnis durch die bestehende Vertragsgestaltung unterlaufen werden kann, ist ein Fall unwirksamer Lösungsklauseln. Hier hat der BGH durch sein Grundsatzurteil im Jahr 2013 eine grobe Linie vorgegeben (BGH NJW 2013, 1159 (1160); BGH NZI 2006, 231). Zu **unterscheiden** sind hier **insolvenzabhängige und insolvenzunabhängige** Lösungsklauseln. Maßgeblich für deren Abgrenzung ist ihre tatbestandliche Anknüpfung. Um im Fall des § 103 gegen § 119 zu verstoßen, muss die Klausel auf das **Ziel ausgerichtet sein, das Wahlrecht des Verwalters zu unterlaufen** (BGH NJW 2013, 1159 (1160); NZI 2006, 231). Ob dies der Fall ist, muss ihr durch objektivierte Auslegung unter Würdigung der Umstände ihres Zustandekommens entnommen werden.

19 **Insolvenzunabhängige Lösungsklauseln** knüpfen tatbestandlich nicht an die Eröffnung des Insolvenzverfahrens oder den Eröffnungsantrag, sondern an nicht unmittelbar insolvenzbezogene Sachverhalte wie zB Verzug, Vertragsverletzungen, Vermögensverschlechterung, Change-of-Control oder allgemein ein außerordentliches Kündigungsrecht gem. § 314 BGB an. Sie sind nicht auf das Ziel ausgerichtet, die Wahlmöglichkeiten des Insolvenzverwalters nach § 103 auszuhöhlen und unterfallen daher nicht § 119. Eine Anknüpfung an Tatsachen, die sowohl in der Insolvenz als auch außerhalb vorliegen können, ist nicht spezifisch insolvenzbezogen (BGH NZI 2006, 229 (231)). Insolvenzunabhängige Lösungsklauseln sind daher **wirksam** (BGH NJW 2013, 1159 (1160); Uhlenbruck/Sinz Rn. 12; RSZ InsO/Zeuner Rn. 6; FK-InsO/Wegener Rn. 4; Braun/Kroth Rn. 5).

19.1 Allein die Erforderlichkeit eines Vertrages für die **Unternehmensfortführung** löst § 119 nicht aus; maßgeblich sind Natur und objektivierte Zielrichtung der Lösungsklausel (BGH NJW 2013, 1159 (1160)). **Anknüpfungsmomente**, die auch **außerhalb der Insolvenz** vorliegen können, sind nicht auf das Ziel gerichtet, die Handlungsmöglichkeiten des Verwalters auszuhöhlen (Raesche-Kessler/Christopeit WM 2013, 1592 (1593)). Dass der Vertragspartner von einer wirksam vereinbarten Klausel sodann im Insolvenzfall Gebrauch macht, spielt nach hiesiger Ansicht für die Bestimmung der ihr **ex ante innewohnenden Zielrichtung** zum Zeitpunkt des Vertragsschlusses keine Rolle. Wird eine wirksam vereinbarte Klausel zum Mittel, sich ex post in der Insolvenz zulässigerweise von einem Vertrag zu lösen, führt dies nicht zu ihrer Unwirksamkeit. § 119 gewährt – anders als § 112 – auch keine ex post-Ausübungskontrolle (→ Rn. 38). Die **Umstände der Ausübung** von Rechten kann allerdings eine Frage der Insolvenzanfechtung sein (eingehend Jacoby ZIP 2014, 649; vgl. auch MüKoInsO/Huber Rn. 50 ff.).

20 Hiervon zu unterscheiden sind **insolvenzabhängige Lösungsklauseln,** die ein Kündigungsrecht oder eine Vertragsauflösung für den Fall der Insolvenzeröffnung oder etwa – zeitlich vorgelagert – einer generellen Zahlungseinstellung oder des Insolvenzantrags vorsehen (BGH NJW 2003, 2744 (2746); BGH NJW 2013, 1159 (1160); BGH NZI 2014, 25 (26)). Deren Behandlung war lange Zeit strittig.

20.1 Insolvenzabhängige Lösungsklauseln wurden vormals teilweise für **wirksam** gehalten (OLG München ZInsO 2006, 1060 (1062) = NJOZ 2006, 3489 (3491); MüKoInsO/Huber, 3. Aufl. 2013, Rn. 39 ff.; LSZ InsO/Zeuner Rn. 12; v. Wilmowsky ZIP 2007, 553 (554 ff.)), nach **aA** unterfallen sie § 119 und sind **unwirksam** (OLG Düsseldorf ZInsO 2007, 152 (154) = BeckRS 2006, 12418; OLG Hamm NZI 2002, 162 (163); LG Stendal ZInsO 2001, 524; KPB/Tintelnot, vor 74. EL, Rn. 15 ff.; Braun/Kroth Rn. 12). Gute Gründe existierten für beide Auffassungen. Der Wortlaut des § 119 erfasst diesen Fall nicht eindeutig, da die bloße Möglichkeit des Vertragspartners, sich vom Vertrag zu lösen, das Erfüllungswahlrecht des Verwalters nicht beschränkt, sondern es – nicht anders als anderweitige im Vertrag angelegte und vom Insolvenzverwalter hinzunehmende Beendigungsgründe – ins Leere laufen lässt. Dies kann jedenfalls nicht ohne Zirkelschluss mit Verweis auf der § 119 bezweifelt werden, weil es hier gerade um den dessen Reichweite geht. Die **Gesetzeshistorie** liefert ebenso wenig ein eindeutiges Ergebnis. Das noch vom Regierungsentwurf vorgesehene Verbot von Lösungsklauseln in § 137 Abs. 2 (RegE BT-Drs. 12/2443, 152) wurde zwar im Laufe des Gesetzgebungsprozesses vom Rechtsausschuss mit der Begründung aufgehoben, dass ein solches Verbot gerade in kritischen Sanierungssituationen einen Vertragsschluss erschwere und daher sanierungshinderlich sein könne (BeschlE RAusschuss BT-Drs. 12/7302, 170). Diese Erwägungen haben sich allerdings nicht im Gesetzeswortlaut niedergeschlagen. In systematischer Hinsicht kann man speziellere Regelungen mit ähnlichem Gehalt wie § 112 Nr. 2 entweder zu einer generellen Tendenz der InsO gegen

Lösungsklauseln verallgemeinern oder gerade den Umkehrschluss ziehen, die InsO setze im Übrigen die grundsätzliche Zulässigkeit voraus. Die sanierungsfreundliche Wirkung ist ein ebenso zweischneidiges Argument, da die Unzulässigkeit insolvenzbezogener Lösungsklauseln die Kautelarpraxis absehbar zu einer Vorverlagerung der Anknüpfung für Lösungsmöglichkeiten veranlassen wird (→ Rn. 21.1). Überdies können Lösungsklauseln für den Vertragspartner nicht nur willkommener Anlass zu Neuverhandlungen sein (wie in BGH NJW 2013, 1159), sondern oftmals der einzige Weg, die Rechtsunsicherheit über die Ausübung des Erfüllungswahlrechts zu beenden, die insbesondere bei einer analogen Anwendung des § 107 Abs. 2 zum Problem wird (Huber ZIP 2013, 493 (494)).

Der IX. Zivilsenat des **BGH** hat sich grundsätzlich **für die Unwirksamkeit** insolvenzabhängiger Lösungsklauseln ausgesprochen, da der Masseschutz als Ziel des § 103 insbesondere bei Unternehmensfortführungen den Fortbestand wichtiger Vertragsverhältnisse erfordere und dieser mit einer Lösungsmöglichkeit unterlaufen werden könne (BGH NJW 2013, 1159 (1160 f.); BGH NZI 2014, 25 (26)). Die Reichweite und Interpretation dieses Grundsatzurteils sind jedoch nach wie vor Gegenstand intensiver Diskussionen, zumal sich der VII. Zivilsenat für Bauverträge **gegen eine Verallgemeinerung** ausgesprochen hat und an den Lösungsmöglichkeiten festhält (BGH NZI 2016, 532 (535)). Letztlich wird es – grob gesagt – auf die Natur des betroffenen Vertrages und eine Interessenabwägung (auch unter Berücksichtigung der Vertragsfreiheit) ankommen, ob die Lösungsklausel legitimen Zwecken dient oder (wie in BGH NJW 2013, 1159) vom Vertragspartner anlässlich der Insolvenz für Neuverhandlungen zur Verbesserung seiner Vertragskonditionen instrumentalisiert wird. Gegen den Insolvenzbezug einer Lösungsklausel spricht es zudem, wenn die außerinsolvenzlichen Kündigungsvoraussetzungen für beide Parteien gleich ausgestaltet sind (BGH NZI 2006, 231). **21**

Mit einem **engen Verständnis** des Grundsatzurteils BGH NJW 2013, 1159 wird teils auf die **Spezifika des Falles** verwiesen, in dem sich der Vertragspartner anlässlich der Insolvenz vom Vertrag lösen wollte, um bessere Konditionen durchzusetzen (MüKoInsO/Huber Rn. 33 ff.; ausf. Huber ZIP 2013, 493 (496); gegen eine Verallgemeinerung auch RSZ InsO/Zeuner Rn. 12). Teils wurde das Urteil entsprechend seinem engen Tenor auf die **Lieferung von Waren oder Energie** beschränkt (gegen die Übertragbarkeit auf Bauverträge etwa LG Wiesbaden ZInsO 2014, 1015 = BeckRS 2014, 03916; Huber NZI 2016, 525 (528); zurückhaltend auch Löffler BB 2013, 1283 (1285); Gottwald/Haas InsR-HdB/Huber § 35 Rn. 14c). Andererseits wird teils angenommen, dass die Erwägungen des BGH allgemein auf Lösungsklauseln im weiteren Sinne übertragbar seien (vgl. nur Raesche-Kessler/Christopeit WM 2013, 1592 (1596)). Innerhalb des BGH hat der IX. Zivilsenat seine Linie zunächst auch für § 104 aF fortgesetzt (BGH WM 2016, 1168), was das sofortige Eingreifen des Gesetzgebers und die Neufassung des § 104 nach sich zog (→ § 104 Rn. 2; krit. zur den Masseschutz in den Vordergrund stellenden Auslegung des IX. Zivilsenats RegE BT-Drs. 18/9983, 10). Speziell für § 104 hat der Gesetzgeber den Spielraum für vertragliche Vereinbarungen nun in **§ 104 Abs. 4 nF** klargestellt und erweitert (→ § 104 Rn. 50). Der VII. Zivilsenat hält demgegenüber für **Bauverträge** mit einer ausführlich begründeten Interessenabwägung an den Lösungsmöglichkeiten fest (BGH NZI 2016, 532 (535)). Diesen differenzierenden Ansatz hat der IX. Zivilsenat bislang nicht ausdrücklich ausgeschlossen, sieht aber bei **Werklieferungsverträgen** in der Verfahrenseröffnung als solcher noch keinen wichtigen Kündigungsgrund (BGH WM 2017, 1951 (1954)). In der Sache wird hier **nach der Art des Vertrages und den durch die Insolvenz spezifischen betroffenen Interessen zu differenzieren** sein. Vor diesem Hintergrund besteht nach wie vor gewisse Rechtsunsicherheit, welche außer den ausdrücklich genannten Anknüpfungspunkten unwirksam wären und wie weit die vom BGH postulierte Vorwirkung (→ Rn. 24) reicht. Zu bedenken ist hierbei auch, dass ein weites Verständnis insolvenzabhängiger Lösungsklauseln die Kautelarpraxis zum **Ausweichen auf insolvenzunabhängige Lösungsklauseln** wie zB Vermögensverschlechterung und den Vertragspartner in der Krisensituation zur möglichst frühzeitigen Lossagung unter Umständen schon bei bloßem Verzug veranlassen wird. Insoweit wäre die sanierungsfördernde Wirkung des § 119 in sein Gegenteil verkehrt (zutr. die Bedenken von MüKoInsO/Huber Rn. 44). Zudem hat auch das LAG München eine insolvenzabhängige Lösungsklausel in einem Tarifvertrag für wirksam gehalten, (ua) weil das Erfordernis eines wichtigen Grundes iSd **§ 314 BGB durch Auslegung in diese hineinzulesen** sei (LAG München NZI 2019, 708 (710)). Ein solcher **wichtiger Grund** iSd § 314 BGB kann in der Insolvenz bei Interessengefährdung durchaus vorliegen (vgl. für einen Tarifvertrag LAG München NZI 2019, 708 (710)), wenngleich die Verfahrenseröffnung als solche ohne weitere Umstände dafür noch nicht reichen dürfte. **21.1**

Für solche Verträge, für die das Erfüllungswahlrecht des § 103 eröffnet ist oder die zB gem. § 108 Abs. 1 nach Verfahrenseröffnung kraft Gesetzes fortbestehen, lässt sich aus der Linie des IX. Zivilsenats grob Folgendes ableiten, sofern nicht die Natur des betroffenen Vertrages und eine Interessenabwägung nach der Linie des VII. Zivilsenats ein anderes Ergebnis rechtfertigen: **22**

23 Klauseln, die dem Vertragspartner für den Fall der **Verfahrenseröffnung** ein Kündigungsrecht geben oder gar eine automatische Vertragsauflösung vorsehen, sind als insolvenzabhängige Lösungsklauseln grundsätzlich unwirksam (BGH NJW 2013, 1159 (1161); BGH NZI 2014, 25 (26); OLG Düsseldorf, ZInsO 2007, 152 (154)). Dies gilt nicht nur für Verträge mit Erfüllungswahlrecht gem. § 103, sondern auch für bei Verfahrenseröffnung fortbestehende Verträge wie Mietverträge gem. § 108 Abs. 1 S. 1 (OLG Hamm NZI 2002, 162 (163); LG Stendal ZInsO 2001, 524). An den Insolvenzfall knüpfende Rücktrittsrechte verstoßen jedoch nicht gegen § 119, wenn der zugrunde liegende Vertrag nicht mehr beidseitig unerfüllt (§ 103) und die Rückgewähransprüche vormerkungsgesichert sind (§ 106); in diesem Fall hat der Gläubiger eine absonderungsähnliche Rechtsposition (dazu und zur Anfechtbarkeit BGH NZI 2018, 22).

24 Unwirksam ist grundsätzlich auch ein Lösungsrecht, das an den **Eröffnungsantrag** knüpft. Nach Ansicht des BGH soll § 119 eine Vorwirkung über die Verfahrenseröffnung hinaus jedenfalls ab dem Zeitpunkt entfalten, in dem wegen eines zulässigen Insolvenzantrags mit der Verfahrenseröffnung zu rechnen sei (BGH NJW 2013, 1159 (1161); krit. MüKoInsO/Huber Rn. 30; Jacoby ZIP 2014, 649 (653)).

25 Der BGH sieht offenbar auch eine an die **Zahlungseinstellung** des Schuldners knüpfende Lösungsklausel als insolvenzabhängig (BGH NJW 2003, 2744 (2746); BGH NJW 2013, 1159 (1160); BGH NZI 2016, 532 (beide obiter); Raesche-Kessler/Christopeit WM 2013, 1592 (1596); aA FK-InsO/Wegener § 119 Rn. 4). Über die Vermutung des § 17 Abs. 2 S. 2 soll so mittelbar an Zahlungsunfähigkeit bzw. Überschuldung des Schuldners als Eröffnungsgründe angeknüpft werden (Jacoby ZIP 2014, 649 (650)). Hieran bestehen in dieser Allgemeinheit allerdings Zweifel.

25.1 Maßstab für § 119 ist der *ex ante veröbjektivierte Ziel* einer Lösungsklausel, nicht die Umstände ihrer Ausübung (→ Rn. 19.1). Daher ist bei einer pauschal auf Zahlungseinstellung abstellenden vertraglichen Formulierung **zu differenzieren:** Wenn man ein Lösungsrecht bei Zahlungseinstellung für insolvenzabhängig hält, so beträfe dies lediglich die generelle Zahlungseinstellung bei Nichterfüllung eines maßgeblichen Teils aller fälligen Verbindlichkeiten, aufgrund derer gem. § 17 Abs. 2 S. 2 Zahlungsunfähigkeit widerleglich vermutet wird, nicht aber Sachverhalte unterhalb dieser Schwelle und erst recht nicht die bloße Nichtleistung an den Vertragspartner oder bestimmte Dritte. Dies ist als Fall von Verzug bzw. Pflichtverletzung vom BGH ausdrücklich als zulässiger Lösungsgrund anerkannt (→ Rn. 26). Bei unklaren Klauseln, die nicht eindeutig eine **generelle Zahlungseinstellung** beinhalten, sondern zB nur eine solche gegenüber dem Vertragspartner, dürfte nach hier vertretener Ansicht schon tatbestandlich keine an § 17 Abs. 2 S. 2 anknüpfende insolvenzbezogene Lösungsklausel vorliegen.

25.2 Zum anderen erscheint – entgegen der Ansicht des BGH – auch die rechtliche Einordnung einer Zahlungseinstellung als insolvenzabhängigem Lösungsgrund problematisch. Zum einen tragen die vom BGH vorgebrachten Argumente für eine insolvenzrechtliche Vorwirkung des § 119 allenfalls im Eröffnungsverfahren, nicht aber für die Zeit davor. Zum anderen kommt es bei einer Anknüpfung an eine Zahlungseinstellung iSd § 17 Abs. 2 S. 2 zu Verwerfungen, weil die Zwecksetzung einer Vertragsklausel objektiviert ex ante beurteilt werden muss. Eine konkrete Zahlungseinstellung kann aber auf verschiedenen Gründen beruhen und muss nicht stets Zahlungsunfähigkeit als Eröffnungsgrund bedeuten, zumal die Vermutung des § 17 Abs. 2 S. 2 auch widerlegbar ist. Diese Beurteilung knüpft an eine konkrete Zahlungssituation ex post und passt nicht recht, wenn § 119 die abstrakte Würdigung einer Kündigungsklausel zum Zeitpunkt des Vertragsschlusses erfordert. Dieser Bruch lässt sich (entgegen Knof DB 2013, 1769 (1775)) nicht mit einer Würdigung der Umstände der konkreten Kündigungssituation beheben. Anders als § 112 ist § 119 **keine Ausübungssperre,** sondern erklärt bereits die Vereinbarung für unwirksam. Deswegen müssen die herangezogenen Umstände bereits zum Zeitpunkt des Vertragsschlusses vorgelegen haben. Sofern daher eine Klausel unspezifisch an eine Zahlungseinstellung knüpft und nicht eindeutig auf Zahlungsunfähigkeit als deren Grund, kann ihr nach hier vertretener Ansicht auch keine (nur) insolvenzbezogene, unzulässige Zielrichtung unterstellt werden (im Ergebnis ähnlich Löffler BB 2013, 1283 (1285) mit Differenzierung nach Antragspflichten).

26 Lösungsklauseln, die demgegenüber zB an **allgemeine Pflichtverletzungen** oder **Verzug** des Vertragspartners anknüpfen, sind als insolvenzunabhängige Lösungsklauseln nach allgemeiner Ansicht in der Regel wirksam (FK-InsO/Wegener Rn. 4; MüKoInsO/Huber Rn. 19; Huber ZIP 2013, 493 (494); Raesche-Kessler/Christopeit WM 2013, 1592 (1593); Knof DB 2013, 1769 (1770)). Die Ausübung gesetzlicher Rechte ist zulässig, ebenso die Vereinbarung von diesen inhaltlich im Wesentlichen entsprechenden vertraglichen Befugnissen (BGH NZI 2013, 178 (179)), wie außerordentliche Kündigungen bei Störungen des Vertrauensverhältnisses (BGH NZI 2016, 532 (535)).

27 Die bloße **Vermögensverschlechterung** ist ebenso wenig ein Fall des § 119 und kann – außerhalb des § 112 Nr. 2 für Miet- und Pachtverträge (vgl. BGH NZI 2014, 25) – wirksam

Unwirksamkeit abweichender Vereinbarungen § 119 InsO

als Kündigungsgrund vereinbart werden (FK-InsO/Wegener Rn. 4; MüKoInsO/Huber Rn. 19; HmbKommInsR/Ahrend Rn. 4; Huber ZIP 2013, 493 (494); Jacoby ZIP 2014, 649 (650); Knof DB 2013, 1769 (1770); Löffler BB 2013, 1283 (1286); einschr. nach Ausübungsumständen Knof DB 2013, 1769 (1775); aA v. Wilmowski JZ 2013, 998 (999) Fn. 8). Diese Anknüpfung ist auch über Darlehensverträge (§ 490 BGB) hinaus – weder inhaltlich insolvenzspezifisch, weil die Vermögensverschlechterung nicht mit einer Insolvenz einhergeht, noch bewegt sie sich zeitlich in dem vom BGH gezogenen Rahmen der Vorwirkung ab Beginn des Eröffnungsverfahrens.

Ein Lösungsrecht soll für den Fall der **Abweisung mangels Masse** zulässig sein (Römermann 28 NJW 2013, 1162; aA OLG Düsseldorf ZInsO 2007, 152; für praktisch irrelevant hält dies MüKo-InsO/Huber Rn. 42). Hierfür spricht immerhin, dass in diesem Fall eine Betriebsfortführung ohnehin nicht in Betracht kommt und der auch § 119 zugrunde liegende und vom BGH betonte Sanierungszweck nicht erreicht werden kann.

Auch wenn das **vertraglich vereinbarte Lösungsrecht im Wesentlichen einem gesetzli-** 29 **chen Leitbild folgt** (zB § 648a BGB nF, § 314 BGB, § 490 Abs. 1 BGB) bzw. sich „eng an eine gesetzliche Lösungsmöglichkeit anlehnt" (BGH NZI 2016, 532 (533)), kann es ohne Verstoß gegen § 119 vertraglich vereinbart werden (BGH NZI 2013, 178 (179)). Bestehende gesetzliche Kündigungsrechte können, sofern ihre Voraussetzungen vorliegen, auch nach Verfahrenseröffnung ausgeübt werden (BGH WM 2017, 1951 (1952) zu § 648 (§ 649 aF) BGB). Bei der **Entsprechensprüfung** für vertragliche Kündigungsrechte ist aus Gründen der Rechtssicherheit eine typisierte Betrachtung möglich (BGH NZI 2016, 532 (533)).

- Bei **Bauverträgen** verstößt das außerordentliche Kündigungsrecht in § 8 Abs. 2 Nr. 1 Fall 2 iVm § 8 Abs. 2 Nr. 2 VOB (2009) nicht gegen § 119 (BGH NZI 2016, 532; ebenso OLG Schleswig NZI 2012, 293 (294 f.); OLG Brandenburg BeckRS 2010, 01052; OLG Düsseldorf BauR 2006, 1908). Schon unter der KO hatte der BGH § 8 Nr. 2 VOB/B (1973) für wirksam befunden, weil dem Auftraggeber im Insolvenzfall über die jederzeitige Kündigungsmöglichkeit des § 648 BGB (§ 649 aF) hinaus kein zusätzliches Kündigungsrecht an die Hand gegeben wird, sondern lediglich dessen Rechtsfolgen modifiziert werden (BGH NJW 1986, 255). Diese Unterscheidung findet sich auch in der Gesetzesbegründung (RegE BT-Drs. 12/2443, 152 f.), war allerdings nicht kritiklos geblieben (aA etwa Braun/Kroth, 6. Aufl. 2014, Rn. 13; zur KO Jaeger/Henckel § 17 KO Rn. 214; abl. für den Fall des Eröffnungsantrags durch den Auftraggeber LSZ InsO/Zeuner Rn. 9). Eine unzulässige Lösungsklausel ist hierin nicht zu sehen, da der Verwalter die ohnehin nach **§ 648 BGB** (§ 649 aF BGB) bestehende jederzeitige Lösungsmöglichkeit hinzunehmen hat (OLG Celle NJW-RR 2014, 1432 (1436); OLG Koblenz NZI 2014, 807 (808); LG Wiesbaden ZInsO 2014, 1015 = BeckRS 2014, 03916 mwN; Huber NZI 2014, 49; aA OLG Frankfurt NZI 2015, 466 (467); Jacoby ZIP 2014, 649 (656); Knof DB 2013, 1769 (1775)). Für den Bauherrn ist eine rasche Klärung von entscheidender Bedeutung und die Interessenlage in der Abwägung zwischen Insolvenzschuldner und Vertragspartner deutlich anders gelagert als etwa bei Energielieferungsverträgen. Es ist in der Regel unzumutbar, die Entscheidung des Verwalters abzuwarten, da diese komplexe Prüfung unter Umständen eine geraume Zeit dauern und der Baustillstand zu erheblichen Schäden führen kann (BGH NZI 2016, 532 (534); anders für einen normalen Werklieferungsvertrag BGH WM 2017, 1951 (1954)). Auch die nachhaltige Störung des **Vertrauensverhältnisses** ermöglicht eine außerordentliche Kündigung (OLG Bamberg Urt. v. 12.4.2010 – 4 U 48/09 = BauR 2011, 567 (Ls.); s. auch BGH NZI 2016, 532 (534) für die Berücksichtigung dieser Erwägung beim Eigenantrag). Diese Erwägungen hat der Gesetzgeber für das seit 1.1.2018 geltende außerordentliche Kündigungsrecht **§ 648a nF BGB** aufgegriffen (RegE, BT-Drs. 18/8486, 50), sodass im Insolvenzfall eine Kündigung nach Interessenabwägung insbesondere bei Einstellung der Bautätigkeit möglich ist.
- Ein vertragliches Kündigungsrecht für den Insolvenzfall bei **Handelsvertretern** und Vertriebsverträgen, welches im Ergebnis den Lösungsmöglichkeiten des **§ 89a Abs. 1 HGB** entspricht, ist wirksam (aA Muhl GWR 2014, 496 (497)).
- Die außerordentlichen Kündigungsrechte von **Kreditinstituten** in Ziff. 19 AGB-Banken bzw. Ziff. 26 AGB-Sparkassen sind grundsätzlich bei Finanzleistungsgeschäften iSd § 104 sowie bei Kontoführung und Zahlungsverkehr iSd §§ 115 f. zulässig. Aufträge und **Geschäftsbesorgungsverträge** erlöschen bei Verfahrenseröffnung in der Insolvenz des Geschäftsherrn ohnehin gem. §§ 115 f. und wären zudem gem. §§ 671 Abs. 1, 675, 662 S. 2 BGB beendbar. Auch darüber hinaus handelt es sich um keine unzulässigen insolvenzabhängigen Lösungsklauseln, soweit diese an vergleichbare Voraussetzungen wie **§ 314 BGB, § 490 BGB** bzw. Vertragsverletzungen anknüpfen (Huber ZIP 2013, 493 (497); Jacoby ZIP 2014, 649 (656); Knof DB 2013, 1769 (1771 f.); FK-InsO/Wegener Rn. 8). Soweit – wie in Ziff. 26 AGB-Sparkassen – ein

Kündigungsrecht bei Zahlungseinstellung für § 103 unterfallende Verträge besteht, ist dessen Wirksamkeit derzeit nicht geklärt (dazu MüKoInsO/Huber Rn. 37a; Huber ZIP 2013, 493 (497); für die Unwirksamkeit Jacoby ZIP 2014, 649 (657)). Teils wird in diesen Fällen die Unzumutbarkeit der Vertragsfortführung als Lösungsgrund angenommen (Uhlenbruck/Sinz Rn. 18).

- Modifikationen des § 104 und insbesondere Gesamtbeendigungsklauseln in **Rahmenverträgen** über **Finanzleistungen** sind wirksam, wenn sie den Anforderungen der Regelungen des § 104 Abs. 4 entsprechen (→ § 104).
- Finanzierungsverträge enthalten häufig Kündigungsklauseln, die an eine wesentliche Verschlechterung der Umstände (**material adverse change**) anknüpfen. Weder Kündigungsrechte wegen allgemeiner nachteiliger Veränderung der Marktumstände noch wegen unternehmensspezifischer Veränderungen verstoßen gegen § 119. Das gilt jedenfalls, solange die Anknüpfung nicht ausdrücklich an den Insolvenzfall erfolgt. Aber sehr dann spricht viel dafür, dass das Leitbild des § 490 BGB bei Finanzierungsverträgen eine Lossagung erlaubt.
- **Fixgeschäfte** iSd § 323 Abs. 2 Nr. 2 BGB, § 376 HGB enden gem. § 104 ohnehin mit Verfahrenseröffnung, sodass eine etwaige Lösungsklausel der Gesetzeslage entspricht.
- Nach Ansicht des LAG Hamm (BeckRS 2006, 42357) soll eine **tarifvertragliche** Vereinbarung, in der die rückwirkende Aufhebung von Verzichtsvereinbarungen im Insolvenzfall vorgesehen ist, nicht gegen § 119 verstoßen. Das LAG München (NZI 2019, 708 (710)) hält eine insolvenzabhängige Lösungsklausel in einem Tarifvertrag für wirksam, wenn sie so ausgelegt werden kann, dass sie in der Sache auf das Vorliegen eines wichtigen Grundes iSd § 314 BGB abstellt.
- Das Ausscheiden eines Mitglieds einer **Gesellschaft** (hier: GbR als ARGE) im Insolvenzfall ist eine zulässige gesellschaftsvertragliche Regelung (BGH NZI 2007, 222 (223); Huber ZIP 2013, 493 (498); zu Ausscheidensklauseln → Rn. 35).
- **Change-of-Control-**Klauseln, die Lösungsrechte bei einer Änderung der gesellschaftsrechtlichen Mehrheitsverhältnisse des Schuldners geben, sind von § 119 nicht erfasst. Dies zeigt schon der Umkehrschluss zu § 225a Abs. 4 nF, der bei Restrukturierungen im Planverfahren unter Einbeziehungen der Anteilseigner (insbesondere beim Debt-Equity-Swap) § 225a Abs. 4 die Unwirksamkeit gegenteiliger Change-of-Control-Klauseln anordnet und damit ähnlich wie § 112 deren Wirksamkeit im Übrigen gerade voraussetzt.

30 Außerordentliche vertragliche Kündigungsrechte, die allgemein an die **Unzumutbarkeit der Vertragsfortsetzung** knüpfen und nicht spezifisch auf das Erfüllungswahlrecht zielen, sind von § 119 nicht erfasst (BGH NZI 2006, 229 (231)). Freilich müssen für die Ausübung der Kündigungsrechte deren Voraussetzungen im Einzelfall erfüllt sein. So wird für eine Kündigung aus wichtigem Grund in einem normalen Werklieferungsvertrag die Verfahrenseröffnung allein in der Regel nicht ausreichen (BGH WM 2017, 1951 (1954); anders wegen der besonderen Interessenlage in einem Bauvertrag BGH NZI 2016, 532 (534)).

31 c) **Weitere zulässige Gestaltungen mit nur mittelbaren Nachteilen für die Masse.** Jede Vertragspartei hat ein legitimes Interesse daran, sich gegen die Insolvenz ihres Vertragspartners zu schützen und ihr eigenes Vorleistungsrisiko zu vermindern. Auf der bestehenden und ausgehandelten Risikoverteilung eines Vertrages setzen die §§ 103 ff. auf. Bei **Teilleistungen** iSd § 105 steht es den Parteien frei, die Gesamtleistung auf mehrere Tranchen zu verteilen und diese jeweils mit einer Gegenleistung zu verbinden, deren Allokation der Verwalter grundsätzlich nicht in Frage stellen kann (→ § 105 Rn. 37). Ebenso können die Vertragsparteien statt eines gemischten Vertrages auch **mehrere einzelne Verträge** schließen, um etwaige Unsicherheiten bezüglich der Erfüllung und Vertragsteilung gem. § 105 zu vermeiden (→ § 105 Rn. 6).

32 Der wirksamen Bestellung von **Sicherheiten** für den Vertragspartner eines gegenseitigen Vertrages iSd §§ 103 ff. steht § 119 nicht entgegen. Das gilt zunächst für Sicherheiten für den allgemeinen Fall der Nichterfüllung. Aber auch Sicherheiten mit ausdrücklich auf die Insolvenz zielendem Sicherungszweck scheitern nicht an § 119. Selbst wenn diese die Verteilungsmasse schmälern, sind sie für die Ausübung der Befugnisse der §§ 103 ff. keine Beschränkung iSd § 119, da ihre Existenz und Realisierung in der Insolvenz von der InsO anerkannt sind und allenfalls bei deren gläubigernachteiligender Bestellung die §§ 129 ff. ein hinreichendes Korrektiv bilden. So sind grundsätzlich auch Sicherheiten **für etwaige Nichterfüllungsansprüche** bei Erfüllungsablehnung nicht wegen § 119 unwirksam (MüKoInsO/Huber Rn. 58; Uhlenbruck/Sinz Rn. 5; aA FK-InsO/Wegener Rn. 9). Etwas anderes ist denkbar, wenn die Sicherheiten spezifische unzulässige Gestaltungen wie Vertragsstrafen absichern (dazu FK-InsO/Wegener Rn. 9). Da diese selbst aber schon an § 119 scheitern, wird es hier in der Regel schon an einem gesicherten Anspruch fehlen.

Keine Beschränkung der §§ 103 ff. sind auch die Bestellung, Aufhebung und sonstige Vereinbarungen über **dingliche Rechte**. So kann eine für den Insolvenzfall auflösende Bedingung einer persönlichen Dienstbarkeit ohne Verstoß gegen § 119 wirksam vereinbart werden (BGH NZI 2011, 443 (444 f.); OLG Frankfurt a.M. BeckRS 2011, 10465) ebenso wie der Heimfall eines Erbbaurechts (LG Magdeburg BeckRS 2011, 11629). Gleiches gilt für die Einräumung einer dinglichen Lizenz mit der Folge, dass ein Lizenzvertrag von Seiten des Lizenzgebers erfüllt ist und nicht § 103 unterfällt (→ § 108 Rn. 73). Die Nutzung eines Mietgegenstandes kann gegen das Kündigungsrecht aus § 111 durch Mieterdienstbarkeiten abgesichert werden. 33

Eine vertragliche Regelung, die im Insolvenzfall die weitere Lieferung automatisch und voraussetzungslos nur gegen **Vorkasse** anordnet, soll gegen § 119 verstoßen können (FK-InsO/Wegener Rn. 3; Uhlenbruck/Sinz Rn. 3). Zu bedenken ist allerdings, dass der Vertragspartner im Eröffnungsverfahren gezwungen wird, für seine erbrachten Leistungen sehenden Auges nur Insolvenzforderungen auf die Gegenleistung zu erhalten (→ § 103 Rn. 114). Wirksam ist jedenfalls eine Vorkassevereinbarung, die an nicht unmittelbar insolvenzbezogene Umstände knüpft. Eine gewisse Orientierung bietet überdies die **Unsicherheitseinrede** des § 321 BGB, auf die sich der Vertragspartner vorinsolvenzlich (Knof DB 2013, 1769 (1771)) und auch im Insolvenzfall bei Erfüllungswahl berufen kann, wenn die Gefährdung seines Anspruches auf die Gegenleistung konkret zu besorgen ist (BGH NJW-RR 2002, 946). Einer vertraglichen Konkretisierung der in § 321 BGB angelegten Fälle mit im Wesentlichen ähnlichem Inhalt steht § 119 nicht entgegen. 34

d) Gesellschaftsrechtliche Gestaltungen. Gesellschaftsrechtliche Kündigungsrechte, Auflösungsgründe oder Ausscheidensregelungen für den Insolvenzfall verstoßen nicht gegen § 119. Insbesondere **Ausscheidens- oder Ausschlussklauseln** für den Fall der Insolvenz des Gesellschafters einer Personengesellschaft sind zulässig (RegE BT-Drs. 12/2443, 152; BGH NZI 2007, 222 (223); Huber ZIP 2013, 493 (494)). Der Gesellschaftsvertrag selbst ist schon kein gegenseitiger, §§ 103 ff. unterfallender Vertrag (→ § 103 Rn. 32). Überdies zeigt bereits die Vielzahl entsprechender gesetzlicher Regelungen für verschiedene Gesellschaftsformen (→ § 118 Rn. 7), dass der Gesetzgeber die Organisationsoheit des Gesellschafter höher gewichtet hat als die Verwertungsbefugnisse des Verwalters. Nichts anderes gilt dort, wo dies vertraglich vereinbart ist. In die Masse eines insolventen Gesellschafters fallen dann nicht die Gesellschaftsanteile, sondern etwaige Abfindungsansprüche. 35

Die **Verknüpfung von gegenseitigen Verträgen** und Gesellschafterstellung ist grundsätzlich zulässig (BGH NZI 2009, 374 (375); OLG Köln SpuRt 2004, 110 = BeckRS 2010, 09020). Dass die Beendigung der Gesellschafterstellung auch zur Vertragsbeendigung führt, hat der Verwalter hinzunehmen. 36

C. Rechtsfolge

Eine gegen § 119 verstoßende Vereinbarung ist **nichtig**. Ist die Beschränkung – wie bei Lösungsklauseln praktisch immer – Teil eines anderen Rechtsgeschäfts, beschränkt sich die Nichtigkeit nach allgemeinen Grundsätzen gem. **§ 139 BGB** auf die beschränkende Klausel. Im Regelfall wird daher ein Vertrag mit einer gegen § 119 verstoßenden Lösungsklausel im Übrigen fortbestehen. Eine geltungserhaltende Reduktion der von § 119 erfassten Klausel selbst kommt nicht in Betracht. 37

Für **vorleistungspflichtige Lieferanten** birgt die Unwirksamkeit von Lösungsklauseln das grundsätzliche Problem, dass diese im Eröffnungsverfahren ohne starken Verwalter ihre Leistungen eigentlich weiter zu erbringen haben, aber sehenden Auges für diesen Zeitraum keine Gegenleistung erhalten, weil auch bei späterer Erfüllungswahl des Verwalters erst ab Masseverbindlichkeit aufgrund der Vertragsspaltung nur ab Eröffnungszeitpunkt begründet wird (→ § 103 Rn. 114). Will sich der Vertragspartner Kündigungsmöglichkeiten erhalten, empfehlen sich aus kautelarjuristischer Sicht generische, nicht insolvenzbezogene Formulierungen und die Vorverlagerung von Kündigungstatbeständen auf Umstände vor der Verfahrenseröffnung. Will sich der Vertragspartner von einem Vertrag lösen, wird er neben einer auf die Lösungsklausel gestützten Kündigung hilfsweise auch eine ordentliche Kündigung zum nächstmöglichen Termin aussprechen. 37.1

Anders als § 112 (vgl. BGH NZI 2014, 25 (26)) ist § 119 **keine Ausübungssperre** (aA wohl OLG Düsseldorf BeckRS 2006, 11122 = BauR 2006, 1908 bei vor Inkrafttreten der InsO wirksam vereinbarten Lösungsklauseln; Knof DB 2013, 1769 (1775); auf die Ausübung abstellend wohl auch Huber ZIP 2013, 493 (499)), sondern bewirkt die **Unwirksamkeit** der vereinbarten Regelung. Die Beurteilung der tatbestandlichen Voraussetzungen einer Lösungsklausel muss daher an deren objektivierte Zweckrichtung zum Zeitpunkt der Vereinbarung der Klausel anknüpfen. Übt 38 der Vertragspartner eine wirksam vereinbarte Lösungsklausel aus, ist es – vorbehaltlich etwaiger Anfechtungstatbestände gem. §§ 129 ff. – unschädlich, dass dies im Zusammenhang mit einer Insolvenz erfolgt. Die konkreten Umstände einer späteren Ausübung ex post sind für die Beurteilung der Wirksamkeit einer vereinbarten Klausel aus objektivierter ex ante-Sicht nach hier vertretener Ansicht nicht entscheidend. Hat der Vertragspartner ein Lösungsrecht, kann er sich nach den jeweils vereinbarten Voraussetzungen darauf berufen. Hierzu zählen auch etwaige Ausübungsfristen bei Kündigungen aus wichtigem Grund. Darüber hinaus ist der InsO allerdings kein Gebot zu entnehmen, Lösungsrechte unverzüglich geltend zu machen (aA MüKoInsO/Huber Rn. 49).

D. Verhältnis zu anderen Vorschriften

I. Andere Lösungsrechte sowie Beschränkungen

39 **Gesetzliche** Regelungen, welche die Befugnisse der §§ 103 ff. ausschließen oder beschränken und dem Vertragspartner Lösungsrechte geben, fallen schon tatbestandlich nicht unter § 119 (→ Rn. 5).

40 Speziell für Mietverträge sieht **§ 112** im Eröffnungsverfahren – tatbestandlich enger, aber in den Rechtsfolgen weitergehend – eine Ausübungssperre für Kündigungen des Vermieters gegenüber dem insolventen Mieter vor.

41 **§ 225a Abs. 4** ordnet bei Restrukturierungen im Planverfahren unter Einbeziehungen der Anteilseigner die Unwirksamkeit von Change-of-Control-Klauseln an, um den Fortbestand von Verträgen zu gewährleisten.

II. AGB-Kontrolle vertraglicher Lösungsrechte

42 Der Unwirksamkeit von Lösungsklauseln aufgrund § 119 vorgelagert ist die Frage, ob diese Klauseln im Falle einer Verwendung als vorformulierte AGB für eine Vielzahl von Verträgen eine unangemessene Benachteiligung des Schuldners iSd § 307 BGB darstellen können. Ein Verstoß gegen ein gesetzliches Leitbild wird nicht anzunehmen sein, wenn die Lösungsklausel weder § 119 unterfällt (FK-InsO/Wegener Rn. 8; im Einzelnen MüKoInsO/Huber Rn. 46 ff.; aA Tintelnot ZIP 1995, 616 (623)) noch sonstwie wesentlich von der schuldrechtlichen Vertragstypologie abweicht. Vor diesem Hintergrund halten § 8 Abs. 2 Nr. 1 iVm Abs. 2 Nr. 2 VOB/B (BGH NZI 2016, 532 (536)) sowie die AGB Banken (→ Rn. 29) einer Inhaltskontrolle stand. Eine unangemessene Benachteiligung scheidet ohnehin dann aus, wenn ein ausbedungenes Kündigungsrecht dem Inhalt einer gesetzlichen Regelung entspricht (BGH NZI 2004, 144 (145)). Die Einführung des § 648a BGB zum 1.1.2018 stärkt damit die formularmäßige Vereinbarung außerordentlicher Kündigungen vor allem im Bauvertragsrecht (Wellensiek/Kurtz DZWiR 2018, 26 (29)). Insbesondere bei Dauerschuldverhältnissen dürfte sich eine unzumutbare Benachteiligung allein aus der Lösungsmöglichkeit nicht ohne Weiteres ergeben (im Einzelnen auch MüKoInsO/Huber Rn. 46 ff.; RSZ InsO/Zeuner Rn. 13 ff.; s. auch OLG Karlsruhe WRP 1981, 477 (478)).

§ 120 Kündigung von Betriebsvereinbarungen

(1) ¹Sind in Betriebsvereinbarungen Leistungen vorgesehen, welche die Insolvenzmasse belasten, so sollen Insolvenzverwalter und Betriebsrat über eine einvernehmliche Herabsetzung der Leistungen beraten. ²Diese Betriebsvereinbarungen können auch dann mit einer Frist von drei Monaten gekündigt werden, wenn eine längere Frist vereinbart ist.

(2) Unberührt bleibt das Recht, eine Betriebsvereinbarung aus wichtigem Grund ohne Einhaltung einer Kündigungsfrist zu kündigen.

Überblick

Sämtliche kollektivrechtlichen Regelungen (**Tarifverträge, Betriebsvereinbarungen, Gesamtzusagen**), an die Arbeitnehmer, Betriebsräte und Insolvenzverwalter gebunden sind, bleiben bei Eröffnung des Insolvenzverfahrens neben den individual-arbeitsrechtlichen Ansprüchen bestehen. § 103 gibt dem Insolvenzverwalter **kein Recht zum Nichteintritt** in kollektivrechtliche Regelungen.

§ 120 InsO

Übersicht

	Rn.		Rn.
A. Anwendungsbereich	1	II. Vorzeitige Kündigung	10
B. Änderung von Betriebsvereinbarungen	9	III. Kündigung aus wichtigem Grund	12
I. Einvernehmliche Änderung	9	IV. Weitere Beendigungsmöglichkeiten	15

A. Anwendungsbereich

Die Geltung von Betriebsvereinbarungen bleibt durch die Einleitung oder Eröffnung eines Insolvenzverfahrens unberührt. Gemäß § 3 Abs. 3 TVG bleibt ferner auch die Tarifgebundenheit so lange bestehen, bis der Tarifvertrag endet. Nach dem Ablauf des Tarifvertrags gelten seine Rechtsnormen weiter, bis sie durch eine andere Vereinbarung ersetzt werden (§ 4 Abs. 5 TVG). Auch die Rechtsnormen eines allgemeinverbindlichen Tarifvertrags (§ 5 TVG) sind für den Insolvenzverwalter zwingend. Allerdings bestimmt § 120, dass die Betriebsparteien **Sozialleistungen**, die sie in der Zeit, in der das Unternehmen wirtschaftlich noch stabil war, geregelt haben, **an die wirtschaftliche Lage eines insolventen Unternehmens angepasst** werden sollen. 1

Die Vorschrift soll der **Entlastung der Insolvenzmasse von Personalkosten** (MüKoInsO/Caspers Rn. 1) zur Gewährleistung einer gleichmäßigen Gläubigerbefriedigung dienen. Durch die Norm wird in gewisser Weise den praktischen Erfordernissen zur erleichterten Anpassung von Betriebsvereinbarungen an die Bedürfnisse eines Investors bei bevorstehenden **Veräußerungen von Betrieben** oder Betriebsteilen entsprochen. Da aber § 120 weder eine Verhandlungspflicht der Betriebsparteien noch ein eigenständiges, insolvenzbedingtes Kündigungsrecht begründet, bringt die Norm keine allzu großen Erleichterung für die Praxis (Oetker/Friese DZWir 2000, 397). 2

Diese „massebelastenden" Betriebsvereinbarungen können mit einer **Kündigungsfrist von maximal drei Monaten zum Monatsende** gekündigt werden, wobei dann allerdings die allgemeinen Regelungen zur **Nachwirkung** von gekündigten Betriebsvereinbarungen zu beachten sind. 3

§ 120 Abs. 2 enthält die klarstellende Regelung, dass das Recht zur **Kündigung einer Betriebsvereinbarung aus wichtigem Grund** von der Insolvenzeröffnung unberührt bleibt, wenn ihre Fortgeltung bis zum vereinbarten Ende oder zum Ablauf der ordentlichen Kündigungsfrist einer Seite nicht zugemutet werden kann (LAG Köln NZA-RR 2016, 543), wobei auch in diesem Fall die allgemeinen Regelungen zur **Nachwirkung** zu beachten sind. 4

§ 120 erfasst alle **Betriebsvereinbarungen** iSv § 77 Abs. 2 BetrVG einschließlich **Gesamtbetriebsvereinbarungen** und **Konzernbetriebsvereinbarungen** (KPB/Moll Rn. 12; Oetker/Friese DZWIR 2000, 397 (398)), soweit diese Leistungsverpflichtungen begründen, die über die „normale" Entlohnung hinausgehen (Seel JA 2011, 372) und von der Insolvenzmasse zu tragen sind. 5

Unerheblich ist dabei, ob diese Betriebsvereinbarung im Bereich der erzwingbaren betrieblichen Mitbestimmung (insbesondere § 87 BetrVG) abgeschlossen wurde („**erzwingbare Betriebsvereinbarung**") oder ob es sich um eine sog. „**freiwillige Betriebsvereinbarung**" nach § 88 BetrVG außerhalb des Regelungsbereichs der erzwingbaren betrieblichen Mitbestimmung handelt. 5a

Auf Regelungsabreden ist § 120 entsprechend anwendbar (hierzu auch → Rn. 6.1). Auch Regelungsabreden können somit von § 120 dann erfasst werden, wenn sie den Arbeitgeber zu Leistungen verpflichtet, die die Insolvenzmasse belasten. 6

Regelungsabreden sind **formlose Vereinbarungen** zwischen den Betriebsparteien, in denen mitbestimmungspflichtige Angelegenheiten geregelt werden. Die Regelungsabrede wirkt lediglich **schuldrechtlich** zwischen den Betriebsparteien und hat keine normative Wirkung auf den Inhalt der Arbeitsverhältnisse (BAG NZA 1991, 426). Vereinbaren Insolvenzverwalter und Betriebsrat somit eine einvernehmliche Herabsetzung von Leistungen in einer Regelungsabrede, wirkt diese Vereinbarung nicht unmittelbar auf die Arbeitsverhältnisse ein. Vielmehr muss der Insolvenzverwalter die Herabsetzungen noch individualvertraglich gegenüber dem Arbeitnehmer als „Dritter" durchsetzen. 6.1

Die Regelungsabrede ist wie eine Betriebsvereinbarung kündbar, entfaltet aber – soweit sie keine mitbestimmungspflichtige Angelegenheit zum Inhalt hat – keine Nachwirkung. (Braun/Wolf Rn. 4). 6a

Gossak

7 Von § 120 erfasst sind nur in Betriebsvereinbarungen enthaltende Leistungen, die die **Insolvenzmasse materiell belasten**, wie zB **Sozialeinrichtungen** iSv § 88 Nr. 2 BetrVG, **Urlaubsgelder, Arbeitskleidung, Essensgeldzuschüsse, Gratifikationen, Akkordregelungen, Schichtzuschläge, Ausbildungsbeihilfen, Jubiläumszuwendungen,** etc (umfangreiche Aufstellung nebst Rechtsprechungsnachweisen bei Uhlenbruck/Berscheid/Ries Rn. 7 ff.). Erfasst werden auch Leistungen an den Betriebsrat, zB **überobligatorische Freistellungen,** über die Verpflichtung des § 40 BetrVG hinausgehende **Kostentragungsregelungen.** Auch diese Leistungen können über § 120 reduziert werden (MüKoInsO/Caspers Rn. 11).

8 Auf die **Anpassung von Sozialplänen** aus der Zeit vor Eröffnung des Insolvenzverfahrens findet § 120 grundsätzlich ebenfalls Anwendung, allerdings nur, wenn der Sozialplan **früher als drei Monate** vor Stellung des Insolvenzantrags aufgestellt wurde. Auf einen Sozialplan, der später als drei Monate vor Antragstellung aufgestellt wurde, ist § 124 als **lex specialis** vorrangig. Sozialpläne gelten zwar gem. § 112 Abs. 1 S. 3 BetrVG als Betriebsvereinbarungen, ihre Behandlung in der Insolvenz wird aber durch § 124 geregelt.

B. Änderung von Betriebsvereinbarungen

I. Einvernehmliche Änderung

9 Nach § 120 Abs. 1 S. 1 sollen sich Insolvenzverwalter und Betriebsrat zunächst über eine **einvernehmliche Herabsetzung** einer die Insolvenzmasse belastenden Leistung aus einer Betriebsvereinbarung verständigen. Denn in insolventen Unternehmen sind diese Leistungen nicht mehr gerechtfertigt. Eine einvernehmliche Änderung zwischen Insolvenzverwalter und Betriebsrat kann dabei darin bestehen, die bestehende Betriebsvereinbarung entweder inhaltlich **abzuändern,** die bisherige Betriebsvereinbarung durch eine neue Betriebsvereinbarung **abzulösen** oder eine einvernehmliche **ersatzlose Aufhebung** der Betriebsvereinbarung zu vereinbaren. In allen drei Fällen ist die Schriftform des § 77 Abs. 2 S. 1 BetrVG einzuhalten (Richardi BetrVG § 77 Rn. 33 ff.).

II. Vorzeitige Kündigung

10 Betriebsvereinbarungen können bereits nach **allgemeinen Grundsätzen** mit einer Frist von **drei Monaten** gekündigt werden (§ 77 Abs. 5 BetrVG), soweit keine längere Kündigungsfrist vereinbart wurde. Das vorzeitige Kündigungsrecht des § 120 Abs. 1 S. 2 KSchG bezieht sich nur auf „**massebelastende" Betriebsvereinbarungen,** bei denen eine längere Kündigungsfrist oder eine längere restliche Geltungsdauer vereinbart ist und steht sowohl dem Insolvenzverwalter als auch dem Betriebsrat zu. **Teilkündigungen** sind dann zulässig, wenn dies in der Betriebsvereinbarung selbst **zugelassen** ist oder wenn die Betriebsvereinbarung **mehrere selbstständige Regelungskomplexe** enthält, die für sich (auch) in getrennten Betriebsvereinbarungen hätten geregelt werden können (BAG NZA 2008, 422). Der Betriebsrat wird unter Umständen dann von seiner Kündigungsmöglichkeit Gebrauch machen, um einer selektiven (Teil-)Kündigung durch den Insolvenzverwalter zuvorzukommen (ergänzend → Rn. 10.1).

10.1 Soweit **erzwingbare Betriebsvereinbarungen** (§ 87 Abs. 1 Nr. 10 BetrVG) gekündigt werden, wirken diese im Unterschied zu freiwilligen Betriebsvereinbarungen bis zum Abschluss einer neuen Betriebsvereinbarung nach (§ 77 Abs. 6 BetrVG). Eine unmittelbare Entlastung der Insolvenzmasse erreicht der Insolvenzverwalter deshalb mit einer Kündigung nach § 120 in allen Fällen der erzwingbaren Betriebsvereinbarungen nicht. Soll die massebelastende Wirkung sofort entfallen, erscheint vor diesem Hintergrund eine Anfechtung (des Abschlusses) der Betriebsvereinbarung nach §§ 129 ff. zielführender (Mückl/Krings ZIP 2015, 1714). Die Anfechtung hätte gegenüber der Kündigung nach § 120 einen sofort spürbaren erheblichen liquiditätsschonenden Effekt.

11 § 120 Abs. 1 S. 2 sichert dem Insolvenzverwalter und dem Betriebsrat das Recht zur Kündigung mit einer **Höchstfrist von drei Monaten zum Monatsende.** Der Kündigung müssen keine Beratungen vorangestellt werden (Braun/Wolf Rn. 7). Die Kündigungsbefugnis erstreckt sich dabei nicht nur auf Betriebsvereinbarungen, in denen eine **längere Frist** vereinbart wurde, sondern auch auf Betriebsvereinbarungen, die auf eine **bestimmte Zeit** ohne vorzeitige Kündigungsmöglichkeit abgeschlossen wurden oder bei denen die **ordentliche Kündigungsfrist gänzlich ausgeschlossen** wurde. Ansonsten würde der Sinn und Zweck der Regelung, die in Betriebsvereinbarungen geregelten Personalkosten in der Insolvenz senken zu können, durch vor der Insolvenz abgeschlossene Betriebsvereinbarungen „ordentlich unkündbar" vereitelt werden. Kündigungsempfänger ist bei einer Kündigung durch den Insolvenzverwalter der Betriebsratsvorsitzende (§ 26 Abs. 2 S. 2 BetrVG; ergänzend → Rn. 11.1).

Soweit die gekündigten Betriebsvereinbarungen für die Arbeitnehmer **Anwartschaften auf betriebliche Altersversorgung** enthalten, fallen die noch nicht unverfallbaren Versorgungsansprüche, die nicht über den PSVaG insolvenzgeschützt sind (§§ 7 ff. BetrAVG), infolge der Kündigung nicht ohne weiteres weg. Zum Schutz wohlerworbener Rechte ist nach den Grundsätzen der **Verhältnismäßigkeit und des Vertrauensschutzes** auf Grundlage der vom BAG entwickelten **Stufenlehre** im Einzelfall zu entscheiden, inwieweit diese bestehen bleiben trotz Kündigung der Betriebsvereinbarung (BAG NZA 2000, 498). 11.1

III. Kündigung aus wichtigem Grund

Aus **wichtigem Grund** können Betriebsvereinbarungen ohne Einhaltung einer Kündigungsfrist gekündigt werden (§ 120 Abs. 2), wobei selbst dann die **Nachwirkung** gem. § 77 Abs. 6 BetrVG zu beachten ist (BAG ZIP 1995, 1037). Dabei ist es grundsätzlich möglich, eine Betriebsvereinbarung aus wichtigem Grund fristlos zu kündigen – allerdings nur, wenn ihre Fortgeltung bis zum vereinbarten Ende oder zum Ablauf der ordentlichen Kündigungsfrist einer Seite **nicht zugemutet werden kann.** Dabei sind an die Gründe für die fristlose Kündigung strenge Anforderungen zu stellen (BAG NZA 1993, 31). Eine pauschale Begründung kann die Kündigung nicht rechtfertigen (LAG Köln NZA-RR 2016, 543). Nach allgemeinen Grundsätzen muss derjenige, der nicht länger an einem Vertragsverhältnis festhalten will und eine außerordentliche Kündigung erklärt, im einzelnen Tatsachen vortragen, denen zu entnehmen ist, dass wichtige Gründe für eine vorzeitige Beendigung vorliegen und warum ein Festhalten am Vereinbarten auch nur bis zum Ablauf der ordentlichen Kündigungsfrist nicht von ihm verlangt werden kann (BAG NZA 1993, 31). 12

Die **Insolvenz** und die **Eröffnung des Insolvenzverfahrens** stellen allerdings für sich gesehen keine wichtigen Gründe zur fristlosen Kündigung einer Betriebsvereinbarung dar (Belling/Hartmann NZA 1998, 57 (63); KPB/Moll Rn. 46). 13

Eine lediglich pauschal vorgetragene Begründung kann die fristlose Kündigung nicht rechtfertigen (LAG Köln NZA-RR 2016, 543). Eine fristlose Kündigung ist vielmehr nur dann zulässig, wenn das Festhalten an der Betriebsvereinbarung unter Berücksichtigung aller Umstände und unter **Abwägung des Interesses an der Entlastung der Insolvenzmasse** auf der einen Seite und der **Belegschaft** und der von der Regelung betroffenen **Arbeitnehmer** auf der anderen Seite unzumutbar ist (BAG NZA 1993, 31). 14

IV. Weitere Beendigungsmöglichkeiten

Soll die massebelastende Wirkung sofort entfallen, kann eine Beseitigung der massebelastenden Betriebsvereinbarung ggf. durch **Anfechtung** (des Abschlusses) der Betriebsvereinbarung nach §§ 129 ff. in Betracht kommen (Smid/Weisemann/Streuber Rn. 12). Da die Anfechtung **keine Nachwirkung** entfaltet, hat die Beseitigung einer massebelastenden Betriebsvereinbarung im Wege der Anfechtung einen sofort wirksamen liquiditätsschonenden Effekt (Mückl/Krings ZIP 2015, 1714). Dies gilt auch für insolvenznahe Sozialpläne (Uhlenbruck/Zobel Rn. 22), namentlich dann, wenn ein solcher „Sozialplan" in einem nicht sozialplanfähigen Kleinbetrieb, der also nicht mehr als 20 wahlberechtigte Arbeitnehmer hat, abgeschlossen wird (LAG München NZA 1987, 464 = ZIP 1987, 589). In Betracht kommt auch die Anfechtung einer durch Betriebsvereinbarung eingeführten Versorgungszusage; auch hier handelt es sich um eine Rechtshandlung des Schuldners, durch die seine Gläubiger benachteiligt werden (Ganter NZI 2013, 769). 15

Daneben sind die Grundsätze des **Wegfalls der Geschäftsgrundlage** (BAG NZA 1997, 109 (110); 1995, 314 (317 f.)) zur Lösung von der Betriebsvereinbarung anwendbar (Nerlich/Römermann/Hamacher Rn. 51). 16

§ 121 Betriebsänderungen und Vermittlungsverfahren

Im Insolvenzverfahren über das Vermögen des Unternehmers gilt § 112 Abs. 2 S. 1 des Betriebsverfassungsgesetzes mit der Maßgabe, daß dem Verfahren vor der Einigungsstelle nur dann ein Vermittlungsversuch vorangeht, wenn der Insolvenzverwalter und der Betriebsrat gemeinsam um eine solche Vermittlung ersuchen.

InsO § 122

1 Die Vorschriften der §§ 111–113 BetrVG gelten auch in der Insolvenz des Unternehmens. Die §§ 121 ff. InsO setzen die Anwendbarkeit dieser Vorschriften voraus (BAG ZIP 2003, 2216; LAG Bln BeckRS 2005, 40233).

1a Um das Insolvenzverfahren zügig durchführen zu können, modifiziert § 121 den § 112 Abs. 2 BetrVG dahingehend, dass ein Vermittlungsversuch des Vorstands der Bundesagentur für Arbeit nur beantragt werden kann, wenn sowohl der Insolvenzverwalter als auch der Betriebsrat darum gemeinsam ersuchen. Damit steht es beiden Betriebsparteien gleichermaßen zu, sofort die Einigungsstelle anzurufen, wenn die Verhandlungen zwischen ihnen über einen Interessenausgleich oder einen Sozialplan gescheitert sind.

1b § 121 dient der **Verfahrensbeschleunigung bei Betriebsänderungen** in der Insolvenz, um das Insolvenzverfahren zügig durchführen zu können. Dadurch sollen die Sanierungsaussichten bzw. die Verwertungschancen für das insolvente Unternehmen erhöht werden. Deshalb geht dem Verfahren vor der Einigungsstelle nur dann ein Vermittlungsversuch voraus, wenn Insolvenzverwalter und Betriebsrat **gemeinsam** darum ersucht haben. Hierdurch wird § 112 Abs. 2 S. 1 BetrVG, wonach der Vorstand der Bundesagentur für Arbeit auch einseitig vom Betriebsrat um Vermittlung gebeten werden kann, zugunsten des Insolvenzverwalters abgeändert (BeckOK ArbR/Plössner Rn. 6).

2 Um die Belastungen für die Insolvenzmasse aus einem langwierigen Vorgang abzumildern, ermöglicht § 121 dem Insolvenzverwalter, den in § 112 Abs. 2 BetrVG vorgesehenen **Vermittlungsversuch beim Vorstand der Bundesagentur für Arbeit zu vermeiden.** Damit kann das komplexe und oftmals langwierige Verfahren der betrieblichen Mitbestimmung bei Betriebsänderungen gem. §§ 111–113 BetrVG abgekürzt werden. § 121 enthält damit eine verfahrensbezogene Vorschrift, die den Gegenstand des Interessenausgleichs unberührt lässt. Es sind dabei **beide Parteien** berechtigt, ohne Vermittlungsversuch unmittelbar die Einigungsstelle anzurufen, wenn die Verhandlungen zwischen ihnen über einen Interessenausgleich oder einen Sozialplan gescheitert sind (Braun/Wolf Rn. 1–5). Der Insolvenzverwalter kann durch diese Erleichterung einfacher einen **Nachteilsausgleich vermeiden,** da er nach dem Scheitern der Verhandlungen sofort die Einigungsstelle anrufen kann (→ Rn. 2.1).

2.1 Hält sich ein Insolvenzverwalter bzw. Eigenverwalter nicht an die Verpflichtung, das Zustandekommen eines Interessenausgleichs bis zur Einschaltung der Einigungsstelle zumindest zu versuchen, schuldet er den von der Betriebsänderung betroffenen Arbeitnehmern Nachteilsausgleich nach § 113 BetrVG (stRspr, vgl. nur BAG NZA 2004, 220; 2004, 93; 1990, 619; 1985, 400; BeckOK ArbR/Plössner Rn. 7–12).

3 Da der Insolvenzverwalter mit Eröffnung des Insolvenzverfahrens nach § 80 in die Rechtsstellung des Unternehmers/Arbeitgebers eintritt, ist er in der Insolvenz des Unternehmens genauso wie der Unternehmer verpflichtet, vor einer geplanten Betriebsänderung **Verhandlungen über Interessenausgleich und Sozialplan nach §§ 111 ff. BetrVG** zu führen (BAG ZIP 2004, 235 ff.). Das Vorschalten des Vermittlungsversuchs des Vorstands der Bundesagentur für Arbeit, der die Vermittlungsaufgabe auf andere Bedienstete der Bundesagentur für Arbeit übertragen kann, würde zu einer **zeitlichen Verzögerung** führen, die der **Betriebsrat aus taktischen Gründen** zum Nachteil der Insolvenzmasse ausnutzen könnte. Aufgrund der Vorschrift des § 121 kann der Insolvenzverwalter deshalb unmittelbar die Einigungsstelle anrufen, ohne Nachteilsausgleichsansprüche nach § 113 BetrVG befürchten zu müssen (→ Rn. 3.1). Will der Insolvenzverwalter die Kündigungserleichterungen des § 125 nutzen, muss er sich mit dem Betriebsrat auf einen Interessenausgleich einigen.

3.1 Im Verfahren vor der **Einigungsstelle** bleibt **§ 112 Abs. 2 S. 3 BetrVG unberührt.** Wenn der Vorsitzende der Einigungsstelle darum ersucht, nimmt ein Vorstandsmitglied oder ein beauftragter Mitarbeiter der Bundesagentur für Arbeit an der Verhandlung teil (FK-InsO/Eisenbeis Rn. 2).

4 Die **Verfahrensbeschleunigung** durch § 121 wird durch § 122 erweitert. Kommt eine Einigung während der dreiwöchigen Frist des § 122 nicht zustande, hat der Insolvenzverwalter das Recht, eine **gerichtliche Entscheidung gem. § 122** zu beantragen, um die Betriebsänderung mit Zustimmung des Arbeitsgerichts durchführen zu können, ohne die Einigungsstelle anrufen zu müssen (Braun/Wolf Rn. 1–5). Gleichzeitig dazu kann er weiterhin versuchen, mit dem Betriebsrat eine Einigung zu erzielen, auch durch Anrufung der Einigungsstelle.

§ 122 Gerichtliche Zustimmung zur Durchführung einer Betriebsänderung

(1) ¹Ist eine Betriebsänderung geplant und kommt zwischen Insolvenzverwalter und Betriebsrat der Interessenausgleich nach § 112 des Betriebsverfassungsgesetzes nicht

innerhalb von drei Wochen nach Verhandlungsbeginn oder schriftlicher Aufforderung zur Aufnahme von Verhandlungen zustande, obwohl der Verwalter den Betriebsrat rechtzeitig und umfassend unterrichtet hat, so kann der Verwalter die Zustimmung des Arbeitsgerichts dazu beantragen, daß die Betriebsänderung durchgeführt wird, ohne daß das Verfahren nach § 112 Abs. 2 des Betriebsverfassungsgesetzes vorangegangen ist. ²§ 113 Abs. 3 des Betriebsverfassungsgesetzes ist insoweit nicht anzuwenden. ³Unberührt bleibt das Recht des Verwalters, einen Interessenausgleich nach § 125 zustande zu bringen oder einen Feststellungsantrag nach § 126 zu stellen.

(2) ¹Das Gericht erteilt die Zustimmung, wenn die wirtschaftliche Lage des Unternehmens auch unter Berücksichtigung der sozialen Belange der Arbeitnehmer erfordert, daß die Betriebsänderung ohne vorheriges Verfahren nach § 112 Abs. 2 des Betriebsverfassungsgesetzes durchgeführt wird. ²Die Vorschriften des Arbeitsgerichtsgesetzes über das Beschlußverfahren gelten entsprechend; Beteiligte sind der Insolvenzverwalter und der Betriebsrat. ³Der Antrag ist nach Maßgabe des § 61a Abs. 3 bis 6 des Arbeitsgerichtsgesetzes vorrangig zu erledigen.

(3) ¹Gegen den Beschluß des Gerichts findet die Beschwerde an das Landesarbeitsgericht nicht statt. ²Die Rechtsbeschwerde an das Bundesarbeitsgericht findet statt, wenn sie in dem Beschluß des Arbeitsgerichts zugelassen wird; § 72 Abs. 2 und 3 des Arbeitsgerichtsgesetzes gilt entsprechend. ³Die Rechtsbeschwerde ist innerhalb eines Monats nach Zustellung der in vollständiger Form abgefaßten Entscheidung des Arbeitsgerichts beim Bundesarbeitsgericht einzulegen und zu begründen.

Überblick

§ 122 gibt dem Insolvenzverwalter die Möglichkeit, die **gerichtliche Zustimmung** zur **Durchführung einer Betriebsänderung** (→ Rn. 1.1) ohne vorheriges **Einigungsstellenverfahren**, ohne drohende **Unterlassungsverfügungen** sowie ohne die Gefahr von **Nachteilsausgleichsansprüchen** (→ Rn. 1.2 f.) zu bekommen (LAG Niedersachsen ZIP 1997, 1201). Gemäß § 82 Abs. 1 ArbGG ist das Arbeitsgericht zuständig, in dessen Bezirk der Betrieb liegt (ArbG Bauzen ZIP 2006, 732).

Übersicht

	Rn.		Rn.
A. Allgemeines	1	IV. Zustimmungskriterien	14
B. Voraussetzungen	6	V. Praktische Bedeutung	18
I. Schwellenwert	6	C. Arbeitsgerichtliches Beschlussverfahren	19
II. Betriebsänderung	8		
III. Rechtzeitige und umfassende Unterrichtung	10	D. Rechtsmittel und Rechtskraft	24
		E. Einstweilige Verfügung	26

A. Allgemeines

Die Regelung des § 122 findet nach Eröffnung des Insolvenzverfahrens Anwendung (Oetker/Friese DZWir 2001, 133 (135)) und setzt voraus, dass der Insolvenzverwalter mit der Durchführung der **Betriebsänderung noch nicht begonnen** hat (Mückl/Götte ArbRAktuell 2018, 624). Dies wird in aller Regel bereits mit dem Aussprechen von unwiderruflichen Freistellungen und (einzelnen) Kündigungen der Fall sein. Ist die Betriebsänderung bereits durchgeführt, ist ein nachträglicher Antrag nach § 122 unzulässig, da es sich dann nicht mehr um eine „**geplante**" **Betriebsänderung** handelt (LAG LSA BeckRS 2016, 68616; ArbG Berlin BeckRS 2017, 138890; ergänzend → Rn. 1.1). Einer nachträglichen Zustimmung zu einer vom Insolvenzverwalter (oder Eigenverwalter) bereits eingeleiteten Betriebsänderung fehlt nach § 122 Abs. 1 S. 1 das **Rechtsschutzinteresse**. Als Merkmal, wann mit der Betriebsänderung begonnen wurde, wendet das ArbG Berlin die Entstehung des Nachteilsausgleichsanspruchs nach § 113 Abs. 3 BetrVG an (NZI 2018, 222 mAnm Krings NZI 2018, 227 f.). Das ist insoweit folgerichtig, da § 122 ua den Zweck verfolgt, den Insolvenzverwalter vor der Entstehung von Nachteilsausgleichsansprüchen zu schützen. Der Normzweck des § 122 ist somit die gerichtliche Freistellung von der Sanktion des § 113 Abs. 3 BetrVG. Wird die Betriebsänderung durchgeführt, ohne über sie entweder einen

InsO § 122   Dritter Teil. Wirkungen der Eröffnung des Insolvenzverfahrens

Interessenausgleich mit dem Betriebsrat versucht zu haben bzw. ohne dass vom Insolvenzverwalter zuvor die gerichtliche Zustimmung nach § 122 eingeholt wurde, entstehen Nachteilsausgleichsansprüche nach § 113 BetrVG. Der Nachteilsausgleichsanspruch dient vornehmlich der Sicherung des sich aus § 111 S. 1 BetrVG ergebenden **Verhandlungsanspruchs des Betriebsrats** in Bezug auf die Festlegungen zum „Ob", „Wann" und „Wie" personalbezogener Maßnahmen (BAG NZA-RR 2021, 140) und schützt dabei mittelbar die Interessen der von einer Betriebsänderung betroffenen Arbeitnehmer (LAG BW BeckRS 2016, 69656). Der Verhandlungsanspruch ist nicht verletzt, wenn nach dem Scheitern der Interessenausgleichverhandlungen ein Einigungsstellenverfahren zwar eingeleitet wird, sich die Einigungsstelle aber für unzuständig erklärt. In diesem Fall bleibt ein Versuch des Interessenausgleichs unternommen, denn § 113 BetrVG verlangt nicht die Anfechtung des Einigungsstellenspruchs im arbeitsgerichtlichen Beschlussverfahren (BAG ArbRAktuell 2020, 63 mAnm Bauer). Allerdings sollen Nachteilsansprüche ausnahmsweise dann nicht begründet sein, wenn es zu dem „Ob" der Betriebsstilllegung zu diesem Zeitpunkt keinerlei realistische Alternative gab (LAG Bln-Bbg BeckRS 2019, 28909).

1.1   Wird eine **Betriebsänderung nach Eröffnung des Insolvenzverfahrens** beschlossen und durchgeführt, ohne über sie einen Interessenausgleich mit dem Betriebsrat versucht zu haben, so ist der Anspruch auf **Nachteilsausgleich eine Masseverbindlichkeit** iSv § 55 Abs. 1 Nr. 1 Alt. 1 (→ § 55 Rn. 6; BAG NZA 2018, 464; BAG BeckRS 2006, 30806164). Der Anspruch auf Nachteilsausgleich ist hingegen als **Insolvenzforderung** (→ § 38 Rn. 1) zu berichtigen, wenn unabhängig vom Verhalten des Insolvenzverwalters die Betriebsänderung vor Eröffnung des Insolvenzverfahrens begonnen wurde und der Versuch eines vorherigen Interessenausgleichs unterblieben ist bzw. kein Beschluss über die gerichtliche Durchführung einer Betriebsänderung ergangen ist (LAG Düsseldorf BeckRS 2019, 18563). Der Nachteilsausgleich knüpft als Abfindungsanspruch nach § 113 Abs. 3 iVm Abs. 1 BetrVG an die Durchführung einer geplanten Betriebsänderung iSd § 111 BetrVG (ohne hinreichenden Interessenausgleichsversuch) an. Für seine Einordnung als Masseschuld nach § 55 Abs. 1 Nr. 1 Alt. 1 (→ § 55 Rn. 6) ist damit der **Zeitpunkt der Durchführung der Betriebsänderung** entscheidend, nicht derjenige ihrer – die Pflicht zum Interessenausgleichsversuch auslösenden – Planung (BAG NZA 2018, 464). Die **Bemessung der Höhe** des Nachteilsausgleichs erfolgt unter Berücksichtigung des Lebensalters und der Betriebszugehörigkeit (§ 10 KSchG) **ohne Begrenzung durch § 123 Abs. 1** (→ § 123 Rn. 3) (analog) und **ohne Berücksichtigung der besonderen Insolvenzsituation.** Ebenso sind die Arbeitsmarktchancen des Nachteilsausgleichsberechtigten und das Ausmaß des betriebsverfassungswidrigen Verhaltens des Arbeitgebers zu beachten. Die in § 1a Abs. 2 KSchG festgelegte Höhe des gesetzlichen Abfindungsanspruchs kann wegen der hierin ausgedrückten gesetzgeberischen Wertung als Berechnungsgrundlage herangezogen werden (BAG NZA 2018, 464). Als Masseverbindlichkeit kann der Nachteilsausgleich grundsätzlich im Wege der **Leistungsklage** gegen den Insolvenzverwalter geltend gemacht werden (BAG NZA 2003, 1087). Dies gilt aber nicht mehr, wenn der Insolvenzverwalter die **Unzulänglichkeit der Masse** (→ § 208 Rn. 2) anzeigt. Dann wird nach § 210 (→ § 210 Rn. 1) die Vollstreckung einer zuvor begründeten Masseverbindlichkeit nach § 209 Abs. 1 Nr. 3 unzulässig und lässt das Rechtsschutzbedürfnis für eine Leistungsklage entfallen. In diesem Fall kann der Arbeitnehmer seinen Anspruch gegen den Insolvenzverwalter nur noch im Wege der **Feststellungsklage** nach § 256 Abs. 1 ZPO geltend machen (BAG NZA 2004, 93).

1.2   Bei dem Anspruch auf Nachteilsausgleich handelt es sich nur dann um eine **einfache Insolvenzforderung** (→ § 38 Rn. 2), die gem. §§ 38, 108 Abs. 2 zur Insolvenztabelle anzumelden ist, wenn die **Betriebsänderung vor Eröffnung des Insolvenzverfahrens** begonnen wurde.

1.3   Der Nachteilsausgleich nach § 113 Abs. 3 BetrVG ist in der Insolvenz **nicht auf 2 1/2 Monatsverdienste begrenzt** (BAG NZA 2004; LAG Sachsen-Anhalt BeckRS 2016, 68613; aA LAG Niedersachsen BeckRS 2004, 40921), sondern bestimmt sich hinsichtlich der Höhe ausschließlich durch § 113 Abs. 3, Abs. 1 Hs. 2 BetrVG iVm § 10 KSchG. Für eine analoge Anwendung des § 123 Abs. 1 fehlt es an einer Regelungslücke.

2   Nach § 122 kann der Insolvenzverwalter bereits **nach drei Wochen vergeblicher Verhandlungen** über den Abschluss eines Interessenausgleichs die Zustimmung des Arbeitsgerichts zur Durchführung der geplanten Betriebsänderung **ohne Rücksicht auf den Stand der Interessenausgleichsverhandlungen** beantragen. Der Gesetzgeber hat erkannt, dass die Durchführung der gesetzlichen Regelungen nach §§ 111 ff. BetrVG einen erheblichen Zeitaufwand erfordert, wodurch im Insolvenzverfahren Sanierungen insbesondere durch die Übertragung von Betriebsteilen unter gleichzeitiger Entlassung von Arbeitnehmern oftmals scheitern.

2a   Es empfiehlt sich, das arbeitsgerichtliche Zustimmungsverfahren nach § 122 parallel zu dem Interessenausgleichsverfahren nach § 112 Abs. 2 BetrVG zu betreiben, um keine zeitlichen Verzögerungen hinnehmen zu müssen (Kreuzer/Rößner NZI 2012, 699). Bereits in der Antragstellung sollte darauf hingewiesen werden, dass das Verfahren nach § 122 Abs. 2 S. 3 durch das Arbeitsgericht beschleunigt zu bearbeiten ist.

Das **Gericht erteilt die Zustimmung** zur Durchführung der beabsichtigten Betriebsänderung ohne Interessenausgleich, wenn die **wirtschaftliche Lage des Unternehmens** auch unter Berücksichtigung der **sozialen Belange der Arbeitnehmer** erfordert, dass die Betriebsänderung ohne vorheriges Verfahren nach § 112 Abs. 2 BetrVG durchgeführt wird (§ 122 Abs. 2). § 122 gibt insofern eine **zweistufige Prüfung** der Zustimmungskriterien vor. Zunächst ist festzustellen, ob die „wirtschaftliche Lage" für sich betrachtet, die Durchführung einer Betriebsänderung notwendig macht. Danach sind die sozialen Belange der Arbeitnehmer zu bewerten (→ Rn. 3.1). Beachtliche soziale Belange der Arbeitnehmer sind dabei nur solche, die durch die Einhaltung des betriebsverfassungsrechtlichen Verfahrens nach § 112 Abs. 2 BetrVG überhaupt oder besser gewährleistet werden können (Oetker/Friese DZWir 2001, 133 (138)). Die **Abwägung der sozialen Belange** kann schwierig sein, weil die sofortige Durchführung der Betriebsänderung für den einen Teil der Belegschaft den Erhalt der Arbeitsplätze bedeuten kann, für einen anderen Teil hingegen den schnellen Verlust des bisherigen Arbeitsplatzes. 3

Das Interesse der Arbeitnehmer an einer bloß **verzögerten Durchführung der Betriebsänderung** ist dabei unbeachtlich (Kreuzer/Rößner NZI 2012, 699). Der Betriebsrat muss vielmehr unter Darlegung echter Alternativen substantiiert vortragen können, dass bei der Durchführung des Verfahrens nach § 112 Abs. 2 BetrVG **sozialverträglichere Lösungen** für die betroffenen Arbeitnehmer gefunden werden können, die die wirtschaftliche Lage des Unternehmens nicht unangemessen mehr strapazieren (Schaub DB 1999, 217 (226)). 3.1

Dem Insolvenzverwalter steht mit dem gerichtlichen Zustimmungsverfahren nach § 122 in wirtschaftlich dringenden Fällen somit eine **echte Wahlmöglichkeit zum Interessenausgleichsverfahren** zu. Er kann anstelle des Einigungsstellenverfahrens das Verfahren auf gerichtliche Zustimmung zur Durchführung einer Betriebsänderung nach § 122 einleiten, auf den Zustimmungsantrag verzichten oder längere Interessenausgleichsverhandlungen bewusst in Kauf nehmen, um beispielsweise eine **Namensliste** (→ § 125 Rn. 1) für die zu kündigenden Arbeitnehmer nach § 125 Abs. 1 zu bekommen. Selbst nach Durchführung des gerichtlichen Zustimmungsverfahrens nach § 122 bleibt es dem Insolvenzverwalter unberührt, mit dem Betriebsrat einen Interessenausgleich mit Namensliste nach § 125 Abs. 1 (→ § 125 Rn. 12) abzuschließen. 4

Gegen den Beschluss des ArbG findet **keine Beschwerde** an das LAG statt. Die **Rechtsbeschwerde** an das BAG findet nur statt, wenn sie in dem Beschluss des ArbG zugelassen wird (§ 122 Abs. 3). 5

B. Voraussetzungen

I. Schwellenwert

§ 122 Abs. 1 S. 1 hat die **gleichen Voraussetzungen wie § 111 Abs. 1 S. 1 BetrVG**. Auch der Insolvenzverwalter unterliegt der betriebsverfassungsrechtlich niedergelegten betrieblichen Mitbestimmung der §§ 111 ff. BetrVG, wenn er in Betrieben eines **Unternehmens** mit **mehr als 20 Arbeitnehmern Betriebsänderungen** vornehmen will (→ Rn. 6.1). 6

Bilden mehrere Unternehmen einen **Gemeinschaftsbetrieb,** ist nicht auf die Anzahl der im Gemeinschaftsbetrieb beschäftigten Arbeitnehmer abzustellen sondern darauf, ob das insolvente Unternehmen für sich betrachtet mehr als 20 Arbeitnehmer beschäftigt (MüKoInsO/Caspers §§ 121, 122 Rn. 5). 6.1

Zur Ermittlung der in der Regel wahlberechtigten Arbeitnehmer iSd § 111 S. 1 BetrVG ist auf die Personalgröße abzustellen, die **für das Unternehmen im Allgemeinen kennzeichnend** ist (→ Rn. 7.1). Abzustellen ist darauf, ob die einzelnen Arbeitnehmer während des Großteils des Jahres normalerweise beschäftigt werden. 7

Zur Bestimmung des Schwellenwerts zählen auch die nach § 7 S. 2 wahlberechtigten **Leiharbeitnehmer** im Unternehmen des Entleihers (BAG NZA 2012, 221 = ZIP 2012, 540). 7.1

II. Betriebsänderung

Was eine **Betriebsänderung** ist, bestimmt sich nach § 111 S. 3 BetrVG. Die praktisch wichtigste Fallgruppe ist die **Einschränkung und Stilllegung** (→ Rn. 12.1) **des ganzen Betriebes oder von wesentlichen Betriebsteilen** (→ Rn. 8.1 ff.). 8

8.1 Unter einer **Betriebsstilllegung** (→ § 113 Rn. 7.1) ist die Einstellung der wirtschaftlichen Betätigung in der ernsthaften Absicht zu verstehen, den bisherigen Betriebszweck dauerhaft oder für eine ihrer Dauer nach unbestimmte, wirtschaftlich nicht unerhebliche Zeitspanne nicht weiterzuverfolgen (BAG NZA-RR 2012, 465).

8.2 Der Insolvenzverwalter muss **endgültig entschlossen** sein:
- ab sofort **keine neuen Aufträge** mehr anzunehmen,
- allen Arbeitnehmern zum nächstmöglichen Zeitpunkt (§ 113 S. 2) zu **kündigen,**
- **zur Abarbeitung der vorhandenen** Aufträge die Arbeitnehmer nur noch während der jeweiligen Kündigungsfristen einzusetzen und so den **Betrieb schnellstmöglich stillzulegen** (BAG NZA 2001, 719).

8.3 Unterhalten mehrere Unternehmen einen **Gemeinschaftsbetrieb,** wird dieser durch Aufhebung der Vereinbarung über die Führung des gemeinsamen Betriebs aufgelöst. Dadurch entstehen wieder selbstständige Betriebe des jeweiligen Unternehmens, die ihrerseits stillgelegt werden können.

9 Eine Betriebsänderung kann auch im bloßen **Personalabbau** (→ Rn. 9.1) unter Beibehaltung der sächlichen Mittel liegen (BAG ZIP 1997, 1471).

9.1 Als Richtgröße dafür, wann erhebliche Teile der Belegschaft betroffen sind, sind die **Zahlen und Prozentangaben des § 17 Abs. 1 KSchG** über die **Anzeigepflicht bei Massenentlassungen** heranzuziehen, wobei aber in größeren Betrieben mindestens 5 % der Belegschaft betroffen sein müssen (BAG BeckRS 1999, 30779040). Maßgeblich ist die Zahl der im Betrieb in der Regel beschäftigten Arbeitnehmer zum Zeitpunkt der Entlassung. Im Insolvenzverfahren ist rückblickend auf die bisherige, normale Belegschaftsstärke abzustellen (BAG NZA 1996, 166).

III. Rechtzeitige und umfassende Unterrichtung

10 Das Zustimmungsverfahren nach § 122 setzt voraus, dass der Betriebsrat, wie in § 111 S. 1 BetrVG bestimmt, **rechtzeitig und umfassend unterrichtet** wurde. § 122 stellt insoweit klar, dass den Insolvenzverwalter die gleiche Unterrichtungspflicht trifft, wie gem. § 111 BetrVG den Unternehmer. Nur wenn der Betriebsrat objektiv betrachtet ausreichend informiert wurde, hat der Insolvenzverwalter seiner Pflicht genügt und auch nur dann beginnt die dreiwöchige Frist zu laufen (ArbG Zwickau BeckRS 2008, 58149; → Rn. 10.1).

10.1 Dies ist dann der Fall, wenn die geplante **Betriebsänderung bisher weder ganz noch teilweise verwirklicht** ist und dem Betriebsrat die **wirtschaftlichen und sozialen Gründe,** die für die Durchführung der Betriebsänderung sprechen, so mitgeteilt wurden, dass sich dieser ein **vollständiges Bild** hierüber machen kann (ArbG Berlin ZInsO 1999, 51–52).

11 Eine unzureichende Unterrichtung bewirkt, dass die Informationsphase nicht abgeschlossen ist, sodass die sich hieran anschließende Dreiwochenfrist nicht in Gang gesetzt wird. Allerdings ist der Betriebsrat vor dem Hintergrund der **Verpflichtung zur vertrauensvollen Zusammenarbeit** nach § 2 Abs. 1 BetrVG verpflichtet, den Insolvenzverwalter darauf hinzuweisen, wenn er die Unterrichtung nicht für umfassend hält. Verletzt der Betriebsrat diese **Obliegenheit,** kann er sich im Nachhinein nicht auf die mangelhafte Unterrichtung berufen.

12 Die **Verhandlungsbereitschaft** des Insolvenzverwalters ist Antragsvoraussetzung (→ Rn. 12.2).

12.1 Die Unterrichtung ist nur dann rechtzeitig, wenn **Kündigungen** noch nicht ausgesprochen wurden und die tatsächliche Stilllegung, Verlegung oder Veräußerung von **Produktionsmaschinen** noch nicht durchgeführt worden ist.

12.2 Das **Eröffnungsgutachten** des Insolvenzverwalters kann dabei eine **wichtige Informationsquelle** hinsichtlich der wirtschaftlichen Gesamtsituation darstellen. Der allgemeine Hinweis auf die Eröffnung des Insolvenzverfahrens genügt den Voraussetzungen einer umfassenden Unterrichtung nicht. Die Darlegungs- und Beweislast obliegt dem Insolvenzverwalter.

13 Die in § 122 Abs. 1 S. 1 bestimmte Dreiwochenfrist fängt mit dem **Beginn der Verhandlungen über den Interessenausgleich** an zu laufen. Statt des Beginns der Verhandlungen genügt ferner die **schriftlich zugegangene** (§ 130 BGB) Aufforderung des Insolvenzverwalters (→ Rn. 13.1) gegenüber dem Betriebsrat, die Beratungen aufzunehmen.

13.1 Die **Aufforderung kann mit der Unterrichtung verbunden** werden, wobei die Frist erst dann zu laufen beginnt, wenn der Betriebsrat vollständig unterrichtet ist.

IV. Zustimmungskriterien

Das Gericht erteilt die Zustimmung, wenn die **wirtschaftliche Lage des Unternehmens** auch unter Berücksichtigung der **sozialen Belange der Arbeitnehmer** es erfordert, dass die Betriebsänderung **vor** Abschluss des Interessenausgleichsverfahrens gem. § 112 Abs. 2 BetrVG durchgeführt wird (→ Rn. 14.1). Das Interessenausgleichverfahren ist dabei zur Vermeidung von **Nachteilsausgleichsansprüchen** gem. § 113 BetrVG erst dann abgeschlossen, wenn nach einem Scheitern der Verhandlungen auch das Einigungsstellenverfahren durchlaufen ist. Wurde mit der Betriebsänderung bereits begonnen, entfällt das **Rechtsschutzbedürfnis** (ArbG Berlin NZI 2018, 222). 14

Das in § 112 Abs. 2 BetrVG normierte zwischengeschaltete zeitaufwändige **Vermittlungsverfahren des Vorstands der Bundesagentur für Arbeit für einen Einigungsversuch,** welches bereits durch einseitiges Anrufen des Betriebsrat eingeleitet werden kann, ist **wegen § 121 entbehrlich.** § 112 Abs. 2 S. 1 BetrVG wird im eröffneten Insolvenzverfahren dadurch modifiziert, dass ein Vermittlungsversuch durch den Vorstand der Bundesagentur einer Durchführung des Einigungsstellenverfahrens nur dann vorgeschaltet ist, wenn **Insolvenzverwalter und Betriebsrat gemeinsam** darum bitten. 14.1

In der Insolvenz kann die wirtschaftliche Lage eines Unternehmens jedoch nicht wie im Normalfall eines wirtschaftlich-werbenden Unternehmens ausgelegt werden, sondern muss entsprechend dem Hauptzweck des Insolvenzverfahrens aus dem **Blickwinkel einer bestmöglichen Gläubigerbefriedigung** heraus beurteilt werden (Arend ZInsO 1998, 303 (304)). Die Betrachtung der wirtschaftlichen Lage des Unternehmens hat sich dabei an den **Interessen der Verfahrensgläubiger** zu orientieren. Die Insolvenz als solche reicht als Grund nicht aus, will man § 112 Abs. 2 BetrVG nicht leerlaufen lassen (ArbG Zwickau BeckRS 2008, 58149). Zu berücksichtigen sind etwaige **Nachteile für die Insolvenzmasse,** die aus einer verzögerten Durchführung des Einigungsstellenverfahrens und der damit verbundenen späteren Durchführung der Betriebsänderung resultieren können. Der Insolvenzverwalter muss insoweit konkret vortragen, welche **Verluste für die Insolvenzmasse drohen** und welche **künftigen Massebelastungen entstehen,** wenn ein Einigungsstellenverfahren über den Interessenausgleich durchgeführt wird. Hierzu bedarf es einer **Prognoseberechnung,** wie in welcher Höhe die zu erwartenden Massebelastungen durch einen Aufschub der Betriebsänderung anfallen und wie sich der damit zusammenhängende Quotenausfall berechnet (ArbG Zwickau BeckRS 2008, 58149). 15

Das Gericht hat dann festzustellen, ob sich wesentliche Nachteile für die Insolvenzmasse daraus ergeben, dass die Betriebsänderung aufgrund des Einigungsverfahrens erst wesentlich später durchgeführt werden kann. Der Insolvenzverwalter muss insoweit konkret vortragen, **welche Verluste für die Insolvenzmasse** drohen. Die Insolvenz als solche reicht als Grund nicht aus, will man § 112 Abs. 2 BetrVG nicht leerlaufen lassen. Der Insolvenzverwalter muss angeben, welche künftigen Massebelastungen entstehen, wenn ein Einigungsstellenverfahren über den Interessenausgleich durchgeführt wird (ArbG Zwickau BeckRS 2008, 58149; ausf. → Rn. 15a.1). 15a

Dabei steht unabhängig von der verfolgten Verwertungsart die **Vermögenshaftung des Schuldners aus der Insolvenzmasse** im Vordergrund (Kreuzer/Rößner NZI 2012, 699). Denn die Insolvenzmasse soll möglichst ungeschmälert und vollständig zur **Befriedigung der Gläubiger** eingesetzt werden (Hohenstatt NZA 1998, 846 (850)). Die wirtschaftliche Lage des Unternehmens und die daraus resultierende Beurteilung der Eilbedürftigkeit der Betriebsänderung muss also vom Interesse der Gläubiger aus bestimmt werden. Die wirtschaftliche Lage ist daher im Hinblick auf die Nachteile für die Insolvenzmasse zu bestimmen, die durch ein weiteres Zuwarten mit der Durchführung der Betriebsänderung verursacht werden können (Annuß NZI 1999, 344 (347)). Bezugspunkt ist dabei nach dem Wortlaut von § 122 Abs. 2 das (Gesamt-)Unternehmen, nicht nur der von der Betriebsänderung betroffene Betrieb oder Betriebsteil (Oetker/Friese DZWir 2001, 133 (137)). 15a.1

Das Gericht kann trotz der **prognostischen Massebelastung** seine Zustimmung zur Durchführung einer Betriebsänderung dann noch verweigern, wenn es im **konkreten Einzelfall** zu der Auffassung gelangt, dass im Einigungsstellenverfahren ggf. doch noch eine **sozialverträglichere Lösung für die Arbeitnehmerschaft** gefunden werden kann (MüKoInsO/Caspers §§ 121, 122 Rn. 44; → Rn. 16.1). 16

Bei der Berücksichtigung der **sozialen Belange** iRd § 122 ist es jedoch kein relevanter Belang der Arbeitnehmer, dass die Durchführung des Einigungsstellenverfahrens die Realisierung der Betriebsänderung verzögert und infolgedessen auch die Kündigungstermine hinausgeschoben werden (ArbG Lingen ZInsO 1999, 656). 16.1

17   Die Entscheidung des Arbeitsgerichts nach § 122 Abs. 2 S. 1 ergeht dabei nicht über die Frage des „Ob" der Betriebsänderung, sondern über die Frage des „Wann" (**ohne oder erst nach Durchführung des Einigungsstellenverfahrens**). Der Gerichtsbeschluss enthält also keine Zustimmung zur geplanten Betriebsänderung. Es geht lediglich um die **Eilbedürftigkeit** der Umsetzung der Entscheidung des Insolvenzverwalters, also um den Zeitpunkt der Betriebsänderung. Ob die geplante Betriebsänderung sinnvoll oder wirtschaftlich zweckmäßig ist, hat das Gericht nicht zu entscheiden (ArbG Lingen ZInsO 1999, 656–658).

V. Praktische Bedeutung

18   Die **praktische Relevanz** des § 122 ist **gering**, obwohl der Beschluss nach § 122 – im Unterschied zu einem erstinstanzlichen Beschluss nach § 98 ArbGG – grundsätzlich nicht mit dem Rechtsmittel der Beschwerde angegriffen werden kann (BAG BB 2001, 2535), was zur Verfahrensbeschleunigung beiträgt. Sie wird auch zukünftig vor allem davon abhängen, welche Anforderungen die Gerichte an eine ordnungsgemäße Unterrichtung des Betriebsrats stellen.

C. Arbeitsgerichtliches Beschlussverfahren

19   Nach § 122 Abs. 2 S. 2 Hs. 1 gelten die Vorschriften des ArbGG über das Beschlussverfahren entsprechend. Im Verfahren sind nur der **Insolvenzverwalter und der Betriebsrat Beteiligte**, nicht aber die betroffenen Arbeitnehmer. **Örtlich zuständig** ist gem. § 82 ArbGG das Arbeitsgericht, in dessen Bezirk der Betrieb liegt. Nach § 83 Abs. 1 S. 1 ArbGG gilt der **Untersuchungsgrundsatz**. Der Antrag des Insolvenzverwalters ist nach Maßgabe des § 61a Abs. 3-6 ArbGG **vorrangig** zu erledigen.

20   Im Antrag nach § 122 Abs. 1 S. 1 hat der Insolvenzverwalter die geplante **Betriebsänderung so genau wie möglich zu bezeichnen.** Er muss vortragen, dass zwischen Insolvenzverwalter und Betriebsrat ein Interessenausgleich nach § 112 Abs. 1 S. 1 BetrVG nicht innerhalb von drei Wochen nach Verhandlungsbeginn oder schriftlicher Aufforderung zur Aufnahme von Verhandlungen zustande gekommen ist, obwohl der Insolvenzverwalter den Betriebsrat rechtzeitig und umfassend unterrichtet hat. Er hat zu beantragen, dass der Insolvenzverwalter **zur Durchführung der Betriebsänderung berechtigt ist, ohne das zeitaufwändige Verfahren nach § 112 Abs. 2 BetrVG durchlaufen zu haben**.

21   Nach § 84 ArbGG entscheidet das ArbG über den Antrag des Insolvenzverwalters durch **Beschluss.**

22   Das Gericht muss dabei **keine verfahrenseinheitliche Entscheidung** über die geplante Betriebsänderung treffen, sondern kann nach den jeweiligen betroffenen **Betriebsabteilungen differenziert entscheiden.** Das ArbG kann dem Antrag des Insolvenzverwalters somit auch nur teilweise stattgeben und im Übrigen ablehnen. Es kann beispielsweise nur darin zustimmen, dass der Insolvenzverwalter wegen der prognostischen hohen Kostenbelastung für die Masse nur die stark defizitäre Betriebsabteilung 1 sanktionsfrei stilllegen darf, während es seine Zustimmung zur Stilllegung der profitablen Betriebsabteilung 2 bis zum Abschluss des Einigungsstellenverfahrens verweigert (→ Rn. 22.1).

22.1   Kommt es während des Beschlussantrages des Insolvenzverwalters zwischenzeitlich zu einem Interessenausgleich oder wird das Scheitern der Einigungsstelle festgestellt, **erledigt sich der Antrag** nach erfolgter **Antragsrücknahme** oder **beiderseitiger Erledigungserklärung** mit der Folge, dass der Vorsitzende **das Verfahren einstellt.**

23   Soweit das ArbG der Durchführung der Betriebsänderung **zustimmt**, kann diese vom Insolvenzverwalter ohne Einleitung bzw. Durchführung des Einigungsstellenverfahrens und somit ohne Nachteilsausgleichsansprüche nach § 113 Abs. 3 BetrVG „**sanktionsfrei**" durchgeführt werden. Aufgrund der **subjektiven Rechtskrafterstreckung** der gerichtlichen Entscheidung werden die von der Betriebsänderung betroffenen Arbeitnehmer von der Geltendmachung ihrer individuellen Abfindungsansprüche auf Nachteilsausgleich ausgeschlossen, obwohl ihnen nicht die Rechte eines Verfahrensbeteiligten zugestanden haben.

D. Rechtsmittel und Rechtskraft

24   Nach § 122 Abs. 3 S. 1 ist gegen den Beschluss des Gerichts das **Rechtsmittel der Beschwerde an das LAG ausgeschlossen.** Eine **Rechtsbeschwerde an das BAG** (→ Rn. 24.1) findet nur statt, wenn dies im Beschluss ausdrücklich **zugelassen** wurde (§ 122 Abs. 3 S. 2; → Rn. 24.2).

Durch die Verweisung von § 122 Abs. 3 S. 2 Hs. 2 auf § 72 Abs. 2–3 ArbGG darf das ArbG die **Rechtsbeschwerde nur dann zulassen,** wenn die Rechtssache **grundsätzliche Bedeutung** hat oder die Entscheidung von einer obergerichtlichen Entscheidung abweicht und auf dieser Abweichung beruht (**Divergenz**) oder ein **absoluter Revisionsgrund** oder eine entscheidungserhebliche **Verletzung des Anspruchs auf rechtliches Gehör** geltend gemacht wird und vorliegt. 24.1

Eine **Nichtzulassungsbeschwerde scheidet aus,** da § 122 Abs. 3 S. 2 aus prozessökonomischen Gründen ganz bewusst keine Verweisung auf §§ 92a und 72a ArbGG enthält. 24.2

Nach § 122 Abs. 3 S. 3 ist die Rechtsbeschwerde innerhalb **eines Monats** nach Zustellung der in vollständiger Form abgefassten Entscheidung des ArbG **beim BAG einzulegen und zu begründen.** 25

E. Einstweilige Verfügung

Der gerichtliche Zustimmungsantrag nach § 122 kann vom Insolvenzverwalter auch im Wege der **einstweiligen Verfügung** gestellt werden, da § 122 Abs. 2 S. 2 auf das Beschlussverfahren generell und somit auch auf § 85 Abs. 2 ArbGG verweist. Auch der Rechtsausschuss im Gesetzgebungsverfahren hat ausdrücklich klargestellt, dass „auch im Beschlussverfahren nach § 140 (jetzt: § 122) der Erlass einer einstweiligen Verfügung zulässig ist (BT-Dr 12/7302, 171). 26

Das ArbG wird einer einstweiligen Verfügung trotz des beschleunigten Verfahrens nach § 122 Abs. 2 S. 3 InsO, § 61a ArbGG in aller Regel nur in **engen Ausnahmefällen** stattgeben, wenn der Insolvenzverwalter als Verfügungsgrund **besonders schwere Nachteile** für die Insolvenzmasse glaubhaft macht. Ein besonders schwerer Nachteil für die Insolvenzmasse kann beispielsweise darin gesehen werden, dass bei Durchführung des Hauptsacheverfahrens die Insolvenzmasse vollständig aufgezehrt werden würde und dadurch eine **Einstellung des Verfahrens nach § 207 Abs. 1** droht (→ § 207 Rn. 1). 27

§ 123 Umfang des Sozialplans

(1) In einem Sozialplan, der nach der Eröffnung des Insolvenzverfahrens aufgestellt wird, kann für den Ausgleich oder die Milderung der wirtschaftlichen Nachteile, die den Arbeitnehmern infolge der geplanten Betriebsänderung entstehen, ein Gesamtbetrag von bis zu zweieinhalb Monatsverdiensten (§ 10 Abs. 3 des Kündigungsschutzgesetzes) der von einer Entlassung betroffenen Arbeitnehmer vorgesehen werden.

(2) ¹Die Verbindlichkeiten aus einem solchen Sozialplan sind Masseverbindlichkeiten. ²Jedoch darf, wenn nicht ein Insolvenzplan zustande kommt, für die Berichtigung von Sozialplanforderungen nicht mehr als ein Drittel der Masse verwendet werden, die ohne einen Sozialplan für die Verteilung an die Insolvenzgläubiger zur Verfügung stünde. ³Übersteigt der Gesamtbetrag aller Sozialplanforderungen diese Grenze, so sind die einzelnen Forderungen anteilig zu kürzen.

(3) ¹Sooft hinreichende Barmittel in der Masse vorhanden sind, soll der Insolvenzverwalter mit Zustimmung des Insolvenzgerichts Abschlagszahlungen auf die Sozialplanforderungen leisten. ²Eine Zwangsvollstreckung in die Masse wegen einer Sozialplanforderung ist unzulässig.

Überblick

Die §§ 123, 124 regeln **Rang und Volumen von Sozialplänen** im Zusammenhang mit dem Insolvenzverfahren.

Übersicht

	Rn.		Rn.
A. Betriebsverfassungsrechtliche Grundlagen (§ 112 Abs. 1 S. 2 BetrVG)	1	I. Absolute Obergrenze	17
I. Inhalt des Sozialplans	6	II. Relative Obergrenze	22
II. Sozialplanpflicht	12	III. Abschlagszahlungen	25
III. Abschluss eines Sozialplans	15	IV. Vollstreckungsverbot	26
B. Sozialplan nach Verfahrenseröffnung (§ 123)	16a	V. Verjährung	27
		VI. Tarifliche Ausschlussfristen	29

A. Betriebsverfassungsrechtliche Grundlagen (§ 112 Abs. 1 S. 2 BetrVG)

1 Die §§ 123, 124 enthalten eine abschließende Regelung hinsichtlich des Umfangs der Leistungen, die in einem Sozialplan zulasten der Masse vereinbart werden dürfen (LAG Niedersachsen ArbRAktuell 2009, 245 mAnm Schindele). Mit der insolvenzrechtlichen Privilegierung der Ansprüche aus Sozialplänen hat der Gesetzgeber dabei klargestellt, welche besondere Bedeutung er dem sozialen Ausgleich selbst in der Insolvenz beimisst. Betriebsparteien bzw. eine Einigungsstelle können daher nicht verpflichtet sein, bei drohender Insolvenz einen „Null-Sozialplan" zu vereinbaren bzw. zu beschließen (Eisemann NZA 2019, 81).

1a Die Vorschrift gilt nur für **Sozialpläne**, die nach Eröffnung des Insolvenzverfahrens abgeschlossen werden, eine analoge Anwendung auf den Nachteilsausgleich nach § 113 Abs. 2 BetrVG scheidet aus (LAG LSA BeckRS 2016, 68613).

1b Die Vorschrift gilt ferner nicht für **Abfindungszahlungen außerhalb eines Sozialplans**, beispielsweise zur Vermeidung oder Erledigung von Kündigungsschutzklagen. Wird eine Abfindung durch ein Verhalten des Insolvenzverwalters, insbesondere durch Abschluss eines gerichtlichen Vergleichs, nach Eröffnung des Insolvenzverfahrens begründet, liegt eine Verpflichtung der Insolvenzmasse vor, sodass die Abfindung als Masseverbindlichkeit nach **§ 55 Abs. 1 Nr. 1 InsO** (→ § 55 Rn. 5) zu behandeln ist. Dies gilt selbst dann, wenn die Kündigungsschutzklage noch vor Eröffnung des Insolvenzverfahrens gegenüber dem Schuldner eingelegt worden war, der Insolvenzverwalter aber sein Gestaltungsrecht selbst ausgeübt hat. Um eine bloße Insolvenzforderung iSd **§ 38** (→ § 38 Rn. 1) handelt es sich bei Abfindungen demgegenüber dann, wenn der Rechtsgrund für die Abfindung bereits vor Eröffnung des Insolvenzverfahrens entstanden ist bzw. der Insolvenzverwalter einen bereits rechtshängigen Auflösungsantrag des Schuldners gem. §§ 9, 10 KSchG nach Verfahrenseröffnung lediglich weiterverfolgt (BAG NZA 2019, 567).

2 § 123 trägt dem Umstand Rechnung, dass die Anreicherung und Sicherung der Insolvenzmasse eine **Beschränkung von Sozialplanforderungen** erforderlich machen. Die Insolvenzsituation gebietet es, die Belastungen aus den betriebsverfassungsrechtlichen Mitbestimmungsbefugnissen des Betriebsrats zu beschränken, um Gläubigerinteressen zu schützen, deren Befriedigungschancen durch übermäßige Sozialplanvolumina beeinträchtigt würden (Balz DB 1985, 689 (691)). In der Insolvenz ist der **Ermessensspielraum** bei der Aufstellung eines Sozialplans deshalb von Gesetzes wegen **eingeschränkt**. Die wirtschaftliche Vertretbarkeit des Sozialplans für das Unternehmen spielt bei der Verwertung des Unternehmens mit Liquidation des alten Rechtsträgers aber keine Rolle (MüKoInsO/Caspers Rn. 40). Ein Sozialplan ist dabei so zu dotieren, dass er über den Ausgleich der den Arbeitnehmern durch die Betriebsänderung (→ § 125 Rn. 10) entstehenden Nachteile nicht hinausgeht, diese aber zumindest substanziell mildert, die Arbeitnehmer also von den Nachteilen spürbar entlastet. Er ist insoweit zu begrenzen, als die gebotene Entlastung wirtschaftlich nicht vertretbar ist, weil der Ausgleich der Nachteile den Bestand des Unternehmens gefährden würde (LAG Bln-Bbg ArbRAktuell 2019 mAnm Schindele).

3 Nach § 123 Abs. 1 wird die **absolute Obergrenze** des Sozialplanvolumens auf das **2½-fache der Bruttomonatsverdienste** – ohne Abzug von Steuern und Sozialversicherungsbeiträgen – aller aus dem Betrieb ausscheidenden Arbeitnehmer begrenzt.

4 § 123 Abs. 2 bestimmt die sog. **relative Obergrenze** des Sozialplanvolumens, wonach zur Begleichung von Sozialplanforderungen nicht mehr als **1/3 der Masse** verwendet werden darf, die ohne Berücksichtigung des Sozialplans für die Verteilung an die Insolvenzgläubiger zur Verfügung gestanden wäre. Ist die Gesamtsumme aller Sozialplanforderungen höher als diese relative Grenze, so sind die einzelnen Sozialplananspruche **anteilig zu kürzen**. Die relative Obergrenze kann in einem **Insolvenzplan** aufgehoben oder abweichend festgelegt werden. Sozialplanforderungen werden nach § 123 Abs. 2 als sonstige („nachrangige") **Masseverbindlichkeiten** (→ § 55 Rn. 1) **nach § 55 Abs. 1** definiert, wodurch gegenüber den Regelungen der KO die Anmeldung (→ § 174 Rn. 5) und Feststellung (→ § 176 Rn. 7) zur Tabelle (→ § 175 Rn. 1) entfallen ist.

5 Der Insolvenzverwalter darf nach § 123 Abs. 3 **Abschlagszahlungen** auf den Sozialplan nur dann leisten, wenn und soweit genügend Barmittel vorhanden sind und das Insolvenzgericht die Vorabzahlung an die Arbeitnehmer genehmigt hat. Durch diese Regelung soll eine **beschleunigte Auszahlung von Sozialplanansprüchen** an die Arbeitnehmerschaft – jedoch nur unter **Beachtung der Leistungsfähigkeit** des insolventen Unternehmens – erreicht werden.

I. Inhalt des Sozialplans

6 Der Sozialplan ist nach der **Legaldefinition** des § 112 Abs. 1 S. 2 BetrVG eine Einigung zwischen Arbeitgeber (Insolvenzverwalter) und Betriebsrat über den **Ausgleich oder die Milderung von wirtschaftlichen Nachteilen,** die den Arbeitnehmern infolge einer **Betriebsände-**

rung (§ 111 BetrVG) entstehen. Er soll die möglichen **Folgen** einer geplanten Betriebsänderung für die Arbeitnehmer **pauschal und sozialverträglich gestalten** und **abgelten** (BAG NZA 1992, 227; ergänzend → Rn. 6.1).

Dabei ist der Ausgleich der durch die Betriebsänderung entstehenden Nachteile für die Arbeitnehmer **möglichst konkret** vorzunehmen, wobei insbesondere auch die individuellen Aussichten der einzelnen Arbeitnehmer auf dem **Arbeitsmarkt** zu berücksichtigen sind (BAG ZIP 1995, 771). 6.1

Anstelle bzw. zusätzlich zu Abfindungszahlungen kann der Sozialplan auch Leistungen vorsehen, die den Arbeitnehmern den Übertritt in eine Transfergesellschaft ermöglichen („**Transfersozialplan**"). Ein solcher Transfersozialplan regelt den Ausgleich der Kosten der beruflichen Weiterbildung, Mobilitätshilfen (Fahrtkosten, Trennungskosten, Umzugskosten), Kosten für Trainingsmaßnahmen zur Verbesserung der Eingliederungsaussichten sowie Bewerbungskosten und Reisekosten im Zusammenhang mit Fahrten zur Berufsberatung, Eignungsfeststellung und zu Vorstellungsgesprächen (MüKoInsO/Caspers Rn. 31). 6.2

In „**masseärmen Verfahren**" mit einer geringen Verteilungsquote kann es wegen § 123 Abs. 2 S. 2 (→ Rn. 22) zweckmäßig sein, auf einen bestimmten Verteilungsschlüssel für alle Arbeitnehmer zu verzichten und stattdessen einen **Härtefonds** einzurichten, aus dem nur diejenigen Arbeitnehmer eine Leistung erhalten, die durch die Betriebsänderung besonders hart getroffen werden. Als abgrenzbares Sondervermögen ist ein solcher Härtefonds eine Sozialeinrichtung iSd § 87 Abs. 1 Nr. 8 BetrVG, die vom Insolvenzverwalter und Betriebsrat gemeinsam verwaltet wird (MüKoInsO/Caspers Rn. 31). Der Abschluss eines „**Null-Sozialplans**" dürfte vom Gesetzgeber selbst bei masseärmen Verfahren nicht vorgesehen sein (vgl. Eisemann NZA 2019, 81). 6.3

Der Sozialplan ist eine **Betriebsvereinbarung** (BAG ZIP 1991, 535). Nach § 112 Abs. 1 S. 4 BetrVG gilt für den Sozialplan jedoch nicht der Tarifvorbehalt des § 77 Abs. 3 BetrVG. Deshalb können Ansprüche in Sozialplänen und solche in Tarifverträgen nebeneinander bestehen, wobei es sich bei den tariflichen Ansprüchen nur um Insolvenzforderungen (→ § 38 Rn. 20) gem. § 38 handelt, wenn sie bereits vor Eröffnung des Insolvenzverfahrens begründet worden sind (MüKoInsO/Caspers Rn. 53). Im Sozialplan sind auch **Individualregelungen für einzelne Arbeitnehmer zulässig** (BAG AP BetrVG 1972 § 112 Nr. 86). Dabei ist aber das **Diskriminierungsverbot** zu beachten. 7

Gemäß § 75 Abs. 1 BetrVG haben der Insolvenzverwalter und Betriebsrat darüber zu wachen, dass jede **Benachteiligung von Personen** aus den in dieser Vorschrift genannten Gründen unterbleibt. § 75 Abs. 1 BetrVG enthält nicht nur ein **Überwachungsgebot**, sondern **verbietet zugleich Vereinbarungen,** durch die Arbeitnehmer aufgrund der dort aufgeführten Merkmale benachteiligt werden (→ Rn. 8.1). 8

Das Diskriminierungsverbot verbietet es, **Teilzeitbeschäftigte** von den Sozialplanleistungen ganz auszunehmen oder für sie geringere Leistungen vorzusehen, als ihrer persönlichen Arbeitszeit im Verhältnis zur Arbeitszeit Vollzeitbeschäftigter entspricht. Zulässig ist es aber, für die Berechnung der Abfindung an die Unterschiede im Hinblick auf den Beschäftigungsumfang anzuknüpfen (BAG NZA 2007, 860) und die Berechnung der Abfindung „**pro rata temporis**" (§ 4 Abs. 1 S. 2 TzBfG) zu regeln. 8.1

Im Sozialplan können für **schwerbehinderte Arbeitnehmer** wirksam Sonderabfindungen vereinbart werden. Diese sind nach § 5 AGG gerechtfertigt, weil es sich dabei um eine angemessene Maßnahme handelt, durch die ein Nachteil wegen eines in § 1 AGG genannten Grunds ausgeglichen werden soll (MüKoInsO/Caspers Rn. 45). 8.2

Für Arbeitnehmer, die ihr Arbeitsverhältnis aus **eigenem Anlass** durch Eigenkündigung oder Aufhebungsvertrag beendet haben, darf ein reduzierter Abfindungsbetrag oder die gänzliche Herausnahme vom Sozialplan vereinbart werden. In der Praxis empfiehlt sich insoweit die Aufnahme einer entsprechenden **Stichtagsregelung**. Ist das Ausscheiden allerdings vom Arbeitgeber bzw. Insolvenzverwalter veranlasst worden, würde die Herabsetzung der Sozialplanleistung gegen § 75 Abs. 1 S. 1 BetrVG und den arbeitsrechtlichen Gleichbehandlungsgrundsatz verstoßen (BAG NZA-RR 2008, 636). 8a

Die **Bildung von Altersgruppen** ist bei der Aufstellung eines Sozialplans nach den Regelungen des Allgemeinen Gleichbehandlungsgesetzes (§ 3 Abs. 1 S. 1 AGG) grundsätzlich zulässig. In diesem Fall ist zugleich auch der betriebsverfassungsrechtliche **Gleichbehandlungsgrundsatz** gewahrt (BAG AP BetrVG 1972 § 75 Nr. 55). Nach § 10 S. 1–2 AGG ist die unterschiedliche Behandlung wegen des Alters zulässig, wenn diese objektiv und angemessen und durch ein legitimes Ziel gerechtfertigt ist. Die Mittel zur Erreichung dieses Ziels müssen ihrerseits angemessen und erforderlich sein (ergänzend → Rn. 9.1 f.). 9

Gemäß § 10 S. 3 Nr. 6 AGG kann eine unterschiedliche Behandlung auch durch eine **nach Alter gestaffelte Abfindungsregelung** erfolgen, in der die wesentlich vom Alter abhängigen **Chancen auf** 9.1

dem Arbeitsmarkt durch eine verhältnismäßig starke Betonung des Lebensalters erkennbar berücksichtigt werden (BAG NZA 2011, 988).

9.2 Der **vollständige Ausschluss der Arbeitnehmer von Sozialplanabfindungsansprüchen,** die das sofortige Ausscheiden aus dem Arbeitsverhältnis und den **Wechsel in die Beschäftigung- und Qualifizierungsgesellschaft (Transfergesellschaft)** durch den Abschluss eines (vom Arbeitgeber veranlassten) dreiseitigen Vertrags abgelehnt haben, verstößt gegen den arbeitsrechtlichen Gleichbehandlungsgrundsatz (LAG Hamm BeckRS 2014, 73735). Es bleibt aber möglich, die Vertragsbedingungen in der Transfergesellschaft im Sozialplan durch Aufnahme einer Motivations- und Turboprämie oder einer Aufzahlung auf das Nettoentgelt so auszugestalten, dass ein Anreiz zum Übertritt besteht.

10 Sozialplanabfindungen sind nach der Rechtsprechung des BAG **keine Entschädigungen,** sondern haben **Ausgleichs-, Vorsorge- und Überbrückungsfunktion** (BAG ZIP 1995, 767). In einem Sozialplan können deshalb Arbeitnehmer von Leistungen ausgeschlossen werden, die bereits einen **neuen Arbeitsplatz gefunden** haben (BAG DB 1995, 781); auch können verminderte Leistungen für Mitarbeiter vorgesehen werden, die kurz vor **Erreichen des Rentenalters** stehen (BAG NZA 1998, 1021). Der vollständige Ausschluss der Arbeitnehmer von Sozialplanabfindungsansprüchen, die das sofortige Ausscheiden aus dem Arbeitsverhältnis und den **Wechsel in die Beschäftigung- und Qualifizierungsgesellschaft** durch den Abschluss eines dreiseitigen Vertrags **abgelehnt** haben, verstößt nach einem Urteil des LAG Hamm aber gegen den arbeitsrechtlichen **Gleichbehandlungsgrundsatz.** Sinn und Zweck des Sozialplans ist es nämlich nicht, dem Insolvenzverwalter die Durchführung des Insolvenzverfahrens zu erleichtern und ihm Kosten durch ein vorzeitiges Ausscheiden der Arbeitnehmer aus dem Arbeitsverhältnis zu ersparen, sodass diese Umstände die unterschiedliche Behandlung der Arbeitnehmer wegen des Wechsels bzw. dessen Ablehnung sachlich nicht rechtfertigen können (LAG Hamm BeckRS 2016, 68679; ebenso ArbG Herford BeckRS 2014, 65059).

11 Die Betriebspartner können einen Sozialplan jederzeit einvernehmlich mit Wirkung für die Zukunft **abändern.** Ist die **Geschäftsgrundlage eines Sozialplans weggefallen** und ist einem Betriebspartner das Festhalten am Sozialplan mit dem bisherigen Inhalt nach Treu und Glauben nicht mehr zuzumuten, so können die Betriebspartner die Regelungen des Sozialplans den veränderten tatsächlichen Umständen **anpassen.** Verweigert der andere Betriebspartner die Anpassung, entscheidet die **Einigungsstelle** verbindlich (BAG AP BetrVG 1972 § 112 Nr. 86).

11a Die Wirkung des Sozialplans endet grundsätzlich mit Zweckerreichung, also wenn die in ihm vorgesehenen Ausgleichsleistungen an die betroffenen Arbeitnehmer geflossen sind (MüKoInsO/Caspers Rn. 54).

II. Sozialplanpflicht

12 Eine Sozialplanpflicht besteht, wenn eine **Betriebsänderung geplant** wird (§ 111 S. 1 BetrVG), im Betrieb ein **Betriebsrat** eingerichtet ist und dort **mehr als 20 wahlberechtigte Arbeitnehmer** beschäftigt werden (→ § 125 Rn. 6). Zuständig für den Abschluss eines Sozialplans ist in der Regel der örtliche Betriebsrat. Der **Gesamtbetriebsrat** ist nach § 50 Abs. 1 BetrVG für den Sozialplan nur dann zuständig, wenn die Regelung des Ausgleichs oder der Milderung der durch die Betriebsänderung entstehenden Nachteile zwingend unternehmenseinheitlich oder betriebsübergreifend erfolgen muss (MüKoInsO/Caspers Rn. 20). Ob es dem Unternehmen wirtschaftlich gut oder schlecht geht, ist unerheblich.

13 Ein Sozialplan ist vom Betriebsrat nur dann erzwingbar, wenn der Personalabbau die **Größenordnung des § 112a Abs. 1 BetrVG** erreicht oder überschreitet (ergänzend → Rn. 13.1).

13.1 Erreicht der Personalabbau „nur" die Größenordnung des § 17 Abs. 1 KSchG, nicht aber die des § 112a Abs. 1 BetrVG, werden nur die Beteiligungsrechte des Betriebsrats im Zusammenhang mit dem Interessenausgleichsverfahren ausgelöst.

14 Trotz Erreichens der Größenordnung des § 112a Abs. 1 BetrVG ist die Aufstellung eines Sozialplans dann nicht erzwingbar, wenn das Unternehmen – nicht der Betrieb – **nicht älter als vier Jahre ist.** Maßgeblich für die Bestimmung des Alters ist der **Zeitpunkt der Aufnahme der Erwerbstätigkeit gem. § 138 Abs. 1 AO.** Diese Privilegierung bezieht sich auf die **Neugründung von Unternehmen,** nicht auf die Errichtung oder Übernahme eines neuen Betriebs (BAG ZIP 1989, 1487). Die Befreiung von der Sozialplanpflicht gilt nicht für Neugründungen im Zusammenhang mit der rechtlichen Umstrukturierung von Unternehmen und Konzernen (§ 112a Abs. 2 S. 2 BetrVG), sondern nur dann, wenn ein **unternehmerischer Neuanfang** vorliegt (ergänzend → Rn. 14.1).

Keine Privilegierung besteht deshalb in allen Fällen der **Verschmelzung** von Unternehmen auf ein 14.1
neu gegründetes Unternehmen, der **Umwandlung** auf ein neugegründetes Unternehmen, der **Auflösung**
eines Unternehmens und **Übertragung** seines Vermögens auf ein neugegründetes Unternehmen, der
Aufspaltung eines Unternehmens auf mehrere neugegründete Unternehmen oder der **Abspaltung** von
Unternehmensteilen und Übertragung auf neugegründete Tochtergesellschaften.

III. Abschluss eines Sozialplans

In der Praxis werden **Interessenausgleich und Sozialplan oftmals parallel verhandelt.** 15
Der Sozialplan bedarf, wie der Interessenausgleich (→ § 125 Rn. 6), der Schriftform nach § 125
BGB; beide können in einer (Gesamt-)Urkunde vereinbart werden (BAG DB 1994, 2038). Vor
jeder geplanten Betriebsänderung müssen Insolvenzverwalter und Betriebsrat **versuchen,** einen
Sozialplan im **Verhandlungswege** (→ § 125 Rn. 12) abzuschließen.

Kommt ein Sozialplan nicht zustande, ggf. nach Scheitern eines Vermittlungsversuchs durch 16
den Präsidenten des LAG (§ 112 Abs. 2 BetrVG), können Insolvenzverwalter oder Betriebsrat die
Aufstellung des Sozialplans durch die **Einigungsstelle** erzwingen (§ 112 Abs. 4 BetrVG; ergänzend → Rn. 16.1). Für die Aufstellung des Sozialplans durch die Einigungsstelle gilt dann das in
§ 76 BetrVG vorgesehene Verfahren (MüKoInsO/Caspers Rn. 22).

Der Spruch der Einigungsstelle (§ 76 BetrVG) kann im arbeitsgerichtlichen Beschlussverfahren vom 16.1
Insolvenzverwalter oder vonseiten des Betriebsrats **angefochten** werden (§ 2a ArbGG). Das Arbeitsgericht
entscheidet dann, ob die Einigungsstelle bei der Aufstellung des Sozialplans eine **vertretbare Ermessensentscheidung** getroffen hat. Ermessensfehler der Einigungsstelle sind dabei innerhalb der in § 76 Abs. 5
S. 4 BetrVG normierten **zweiwöchigen Frist beim ArbG** geltend zu machen.

B. Sozialplan nach Verfahrenseröffnung (§ 123)

§ 123 gilt nur für **nach Eröffnung des Insolvenzverfahrens** (→ § 80 Rn. 1) zwischen 16a
Insolvenzverwalter und Betriebsrat vereinbarte oder von der Einigungsstelle aufgestellte Sozialpläne. Unerheblich ist insoweit, ob die Betriebsänderung bereits vor oder erst nach der Stellung
des Insolvenzantrags bzw. der Insolvenzeröffnung geplant und eingeleitet wird (LAG Hamm
BeckRS 2010, 72019). Das Schicksal von **vor Verfahrenseröffnung aufgestellten Sozialplänen**
richtet sich dagegen allein nach § 124 (→ § 124 Rn. 1.2).

I. Absolute Obergrenze

Nach § 123 Abs. 1 kann in einem Sozialplan, der **nach Eröffnung des Insolvenzverfahrens** 17
(→ § 80 Rn. 1) aufgestellt ist, für den Ausgleich oder die Milderung der wirtschaftlichen Nachteile, die den Arbeitnehmern infolge der geplanten Betriebsänderung entstehen, ein **Gesamtbetrag von bis zu zweieinhalb Monatsverdiensten** (§ 10 Abs. 3 KSchG) der von einer **Entlassung** betroffenen Arbeitnehmer vereinbart werden. Die Begrenzung des Sozialplanvolumens dient
dem umfassenden insolvenzspezifischen Schutz der Masse (LAG LSA BeckRS 2016, 68616).

Der **Begriff der Entlassung** umfasst neben der betriebsbedingten Arbeitgeberkündigung auch 18
ein Ausscheiden aufgrund eines **vom Arbeitgeber veranlassten Aufhebungsvertrags** oder nach
Eigenkündigung des Arbeitnehmers. Bei der Ermittlung der Zahl der Entlassung betroffenen
Arbeitnehmerzahl sind neben den **Vollzeitkräften** auch **Teilzeitbeschäftigte** zu berücksichtigen,
nicht jedoch leitende Angestellte nach § 5 Abs. 3 KSchG. **Befristet Beschäftigte** sind bei
der Bestimmung des Sozialplanvolumens dann zu berücksichtigen, wenn sie ursächlich wegen der
Entlassung vor Fristablauf aus ihrem Arbeitsverhältnis ausscheiden.

Zum Monatsverdienst zählen **alle Geld- und Sachbezüge,** die dem Arbeitnehmer für die 19
Arbeitsleistung bei der für ihn maßgeblichen **regemäßigen Arbeitszeit** zustehen. Leistungen,
die für einen längeren Zeitraum gewährt werden, werden anteilig berücksichtigt (ergänzend →
Rn. 19.1 f.).

Dazu gehören neben der **Grundvergütung** auch **Zulagen** (Gefahren-, Wege- und Schmutzzulagen), 19.1
Überstunden, Zusatzvergütung für Sonntags-, Feiertags- und Nachtarbeit, **Sonderzahlungen, Gratifikationen,** der Wert von Naturalleistungen, **Akkordzuschläge,** Vergütung und Zuschläge für **Mehrarbeit, Ruf- und Bereitschaftsdienste.**

Verdienstminderungen, etwa durch **Krankheits- oder Urlaubszeiten,** bleiben unberücksichtigt, weil 19.2
auf die **regelmäßige Arbeitszeit** abzustellen ist.

Leistungen ohne Entgeltcharakter, wie beispielsweise Aufwandsentschädigungen oder Spe- 20
senpauschalen, zählen nicht.

InsO § 123 Dritter Teil. Wirkungen der Eröffnung des Insolvenzverfahrens

21   Die Grenze des § 123 Abs. 1 bildet die **absolute Obergrenze des Sozialplans.** Überschreitet der Sozialplan die absolute Obergrenze, ist er unwirksam und muss neu aufgestellt werden (Fitting BetrVG §§ 112, 112a Rn. 304 ff. mwN). Eine anteilige Kappung des Sozialplanvolumens auf die gesetzliche Obergrenze, wie von Teilen der Literatur (etwa MüKoInsO/Caspers Rn. 64 mwN) vertreten wird, scheidet aus. Es kann nicht davon ausgegangen werden, dass die Betriebsparteien bei einem geringeren Volumen möglicherweise einen anderen Verteilungsschlüssel gewählt hätten.

21a   Die absolute Obergrenze gilt auch in der Insolvenz eines beherrschten Unternehmens in einem **faktischen oder vertraglichen Konzern.** Gerechtigkeitserwägungen müssen gegenüber den gesetzgeberisch bevorzugten Interessen der gleichmäßigen Behandlung aller Gläubiger und einer schnellen und regulierten Durchführung eines Insolvenzverfahrens zurücktreten (Schwarzbug NZA 2009, 176; aA Roden NZA 2009, 659).

II. Relative Obergrenze

22   Wenn im eröffneten Insolvenzverfahren ein Insolvenzplan nicht zustande kommt, darf nach § 123 Abs. 2 S. 2 für die Berichtigung von Sozialplanforderungen nur **maximal ein Drittel der Masse** verwendet werden, die ohne einen Sozialplan für die Verteilung an die Insolvenzgläubiger zur Verfügung stünde. Übersteigt der Gesamtbetrag aller Sozialplanforderungen (ggf. aus mehreren Sozialplänen) die relative Obergrenze, so sind die einzelnen Forderungen nach § 123 Abs. 2 S. 3 **quotal zu kürzen** (LAG Düsseldorf NZI 2014, 183). Nach Abzug der Verfahrenskosten (§ 54, → § 54 Rn. 1) und den sonstigen Masseverbindlichkeiten (§ 55, → § 55 Rn. 1), die gem. § 53 (→ § 53 Rn. 3) vorab zu berichtigen sind, ist also zunächst eine **fiktive Teilungsmasse** zur Berechnung der relativen Obergrenze zu bilden. Beträgt der Sozialplanhöchstbetrag mehr als ein Drittel der fiktiven Teilungsmasse, sind die entsprechenden individuellen Abfindungsbeträge im Verhältnis entsprechend zu kürzen. Liegt der Sozialplanhöchstbetrag auf oder unterhalb dieser Grenze, kann der Sozialplan zu 100 % ausgezahlt werden. Wird der Sozialplan gekürzt, erhöht sich die Teilungsmasse zugunsten der Insolvenzgläubiger.

23   Die Verbindlichkeiten aus einem im eröffneten Insolvenzverfahren aufgestellten Sozialplan sind nach § 123 Abs. 2 S. 1 **Masseverbindlichkeiten** (→ § 55 Rn. 1). Dies gilt auch für Sozialplanansprüche, die nach Eröffnung eines Insolvenzverfahrens entstanden sind, aber auf eine noch **von der Insolvenzschuldnerin geplante Betriebsänderung** zurückgehen (LAG Hamm BeckRS 2010, 72019). Zwar stellt § 123 Abs. 1 auf eine „geplante Betriebsänderung" ab, jedoch lässt der Wortlaut ausdrücklich offen, ob die einen Sozialplan verursachende Betriebsänderung (→ § 125 Rn. 6) vom Insolvenzverwalter oder von der Insolvenzschuldnerin geplant sein muss. Bei **masseunzulänglichen Verfahren** (→ § 209 Rn. 1) gehen die Arbeitnehmer trotz der Masseschuldqualität ihrer Forderungen finanziell leer aus. Denn dann reicht die Masse schon nicht zur vollständigen Vorwegbefriedigung der Massekosten und sonstigen Masseverbindlichkeiten. Daraus folgt, dass im Falle der Masseunzulänglichkeit keine Sozialplanansprüche bestehen (LAG Düsseldorf BeckRS 2014, 65167).

24   Die **relative Obergrenze** gilt nicht, wenn ein **Insolvenzplan** zustande kommt (hierzu auch → Rn. 24.1). Die absolute Obergrenze bleibt unberührt und ist auch im Falle des Zustandekommens eines Plans zu beachten.

24.1   Im **Insolvenzplan** (→ § 218 Rn. 1) kann jedoch eine relative Obergrenze ausdrücklich **vereinbart** werden. Die Aufnahme einer relativen Obergrenze im Insolvenzplan kann zweckmäßig und geboten sein, um zu verhindern, dass ansonsten einzelne Gläubiger **durch den Insolvenzplan schlechter gestellt werden als ohne Insolvenzplan und dem Plan deshalb widersprechen** (§ 245 Abs. 1 Nr. 1, § 251, → § 251 Rn. 1).

24a   Sozialplanabfindungsansprüche können in der Insolvenz des Arbeitgebers wegen § 123 Abs. 3 S. 2 nur mit eigener **Feststellungsklage** geltend gemacht werden (BAG BeckRS 2010, 66693; LAG Hamm ArbRAktuell 2014, 622). Der Übergang von der Leistungsklage zur Feststellungsklage ist auch noch in der Berufungsinstanz nach § 264 Nr. 2 ZPO zulässig (LAG Hamm BeckRS 2016, 68679). Da nach § 123 Abs. 3 S.2 eine Zwangsvollstreckung in die Masse wegen einer Sozialplanforderung unzulässig ist, ist eine Leistungsklage wegen Forderungen aus einem Sozialplan unzulässig (BAG NZA 2006, 220). Einer Leistungsklage fehlt das erforderliche **Rechtsschutzbedürfnis,** weil ein entsprechender Leistungstitel dauerhaft keine Vollstreckungsgrundlage wäre (LAG Baden-Württemberg BeckRS 2011, 66407). Der Übergang von der Leistungsklage zur Feststellungsklage ist auch noch in der **Berufungsinstanz** nach § 264 Nr. 2 ZPO zulässig.

Sozialplan vor Verfahrenseröffnung § 124 InsO

III. Abschlagszahlungen

Sind ausreichende Barmittel in der Insolvenzmasse vorhanden, so soll der Insolvenzverwalter 25
mit **Zustimmung des Insolvenzgerichts Abschläge** auf die Sozialplanforderungen auszahlen.
Da die zur Bestimmung der relativen Obergrenze relevante fiktive Teilungsmasse in aller Regel
erst mit Abschluss des Verfahrens abschließend berechnet werden kann, besteht bei einer Vorabzahlung immer die Gefahr, dass eine zu hohe Quote ausbezahlt wird und die in § 123 Abs. 2 normierte
relative Obergrenze dadurch überschritten wird. Für eine **Überzahlung** haftet der Insolvenzverwalter nach § **60** (→ § 60 Rn. 1), wenn Rückzahlungen durch die Arbeitnehmer ausbleiben und
dadurch die Teilungsmasse zulasten der Insolvenzgläubiger verkürzt wird.

IV. Vollstreckungsverbot

§ 123 Abs. 3 S. 2 statuiert ein **Zwangsvollstreckungsverbot wegen einer Sozialplanforde-** 26
rung. Die besondere Normierung eines Vollstreckungsverbots für Sozialplanforderungen ist erforderlich, weil das **Vollstreckungsverbot nach § 90** (→ § 90 Rn. 1) zeitlich nur für **sechs Monate**
(→ § 90 Rn. 9) begrenzt ist und § 89 (→ § 89 Rn. 5) nur für Insolvenzforderungen (→ § 38
Rn. 8) gilt. Das besondere Vollstreckungsverbot für Sozialplanforderungen stellt sicher, dass durch
Vollstreckungsmaßnahmen ausgeschiedener Arbeitnehmer die relative Obergrenze nicht gefährdet
wird.

V. Verjährung

Ansprüche der Arbeitnehmer aus Sozialplänen unterliegen der **regelmäßigen Verjährungs-** 27
frist des § 195 BGB (BAG NZA 2007, 825). Maßgeblich ist auch hierbei grundsätzlich der
Zeitpunkt, in welchem der Anspruch erstmals geltend gemacht werden kann, also regelmäßig die
Fälligkeit des Anspruchs. Soweit keine anderweitige Regelung im Sozialplan getroffen wurde,
tritt Fälligkeit einer Sozialplanabfindung im Zweifel mit rechtlicher Beendigung des Arbeitsverhältnisses ein, wenn der Sozialplan zu diesem Zeitpunkt bereits besteht (BAG NJW 1984, 1650;
aA ArbG Duisburg BeckRS 2013, 69772).

Die **Verjährung von Sozialplanansprüchen in der Insolvenz** beginnt nicht zu laufen, 28
solange die Ansprüche nicht wenigstens im Wege der **Feststellungsklage** verfolgt werden können
(LAG Düsseldorf ZIP 2014, 592; Pott NZI 2015, 539). Dadurch bleibt berücksichtigt, dass eine
Bezifferung der Sozialplanansprüche so lange nicht möglich ist, wie nicht sicher berechnet werden
kann, ob – und wenn ja in welchem Umfang – die Gesamtheit der Sozialplansprüche die
Drittelgrenze des § 123 Abs. 2 S. 2 übersteigt. Dies gilt auch und gerade im Fall der angezeigten
Masseunzulänglichkeit (→ § 208 Rn. 1) unabhängig von den Regelungen der § 209 (→ § 209
Rn. 1), § 210 (→ § 210 Rn. 1), da § 123 insoweit vorgeschaltet ist (LAG Düsseldorf ZIP 2014,
592 = BeckRS 2013, 72852; Pott NZI 2015, 539; aA ArbG Oberhausen BeckRS 2013, 65300).

Die Erhebung der **Verjährungseinrede** wird jedoch in aller Regel gegen **Treu und Glauben** 28a
verstoßen, wenn die Regelungen im Sozialplan erkennen lassen, dass eine zeitnahe Auszahlung
nicht möglich ist und sowohl Arbeitnehmer, Insolvenzverwalter als auch sonstige Massegläubiger
kein Interesse an der Durchführung eines Rechtsstreits wegen eines unstreitigen Anspruchs und
wegen der besonderen Kostentragungspflicht gem. § 12a ArbGG haben (LAG Düsseldorf NZI
2014, 183; ArbG Duisburg BeckRS 2013, 69772).

VI. Tarifliche Ausschlussfristen

Die **Rückforderung einer Sozialplanabfindung** gem. § 123 unterliegt den tariflichen Ver- 29
fallfristen (LAG Hamm BeckRS 2008, 50918).

§ 124 Sozialplan vor Verfahrenseröffnung

**(1) Ein Sozialplan, der vor der Eröffnung des Insolvenzverfahrens, jedoch nicht früher
als drei Monate vor dem Eröffnungsantrag aufgestellt worden ist, kann sowohl vom
Insolvenzverwalter als auch vom Betriebsrat widerrufen werden.**

**(2) Wird der Sozialplan widerrufen, so können die Arbeitnehmer, denen Forderungen
aus dem Sozialplan zustanden, bei der Aufstellung eines Sozialplans im Insolvenzverfahren berücksichtigt werden.**

InsO § 124 Dritter Teil. Wirkungen der Eröffnung des Insolvenzverfahrens

(3) ¹Leistungen, die ein Arbeitnehmer vor der Eröffnung des Verfahrens auf seine Forderung aus dem widerrufenen Sozialplan erhalten hat, können nicht wegen des Widerrufs zurückgefordert werden. ²Bei der Aufstellung eines neuen Sozialplans sind derartige Leistungen an einen von einer Entlassung betroffenen Arbeitnehmer bei der Berechnung des Gesamtbetrags der Sozialplanforderungen nach § 123 Abs. 1 bis zur Höhe von zweieinhalb Monatsverdiensten abzusetzen.

Überblick

§ 124 **ermöglicht den Widerruf** von Sozialplänen aus dem Zeitraum von **drei Monaten vor Eröffnung des Insolvenzverfahrens** und ergänzt somit die Regelung des § 123. Wird der frühere Sozialplan widerrufen oder einvernehmlich aufgehoben, entfallen die durch ihn begründeten Forderungen der Arbeitnehmer und der Sozialplan verliert seine Wirksamkeit.

A. Allgemeines

1   Die §§ 123, 124 enthalten dabei eine abschließende Regelung hinsichtlich des Umfangs der Leistungen, die in einem Sozialplan zulasten der Masse vereinbart werden dürfen (LAG Nds ArbRAktuell 2009, 245 mAnm Schindele).

1.1 Die Vorschrift gilt für Sozialpläne, die als **Betriebsvereinbarung** (→ § 123 Rn. 7) abgeschlossen worden sind (§ 112 Abs. 1 S. 3 BetrVG iVm § 77 Abs. 2 BetrVG).

1.2 Auf Ansprüche aus einem in den letzten drei Monaten vor Insolvenzeröffnung abgeschlossenen **Tarifsozialplan** (→ § 123 Rn. 6.2) oder einem Sozialplan auf **arbeitsvertraglicher Grundlage** gilt § 124 seinem Wortlaut nach nicht. Es spricht jedoch vieles dafür, die Vorschrift wegen des gesetzlichen Ziels, einen angemessenen Ausgleich der Interessen der Arbeitnehmer mit denen der Insolvenzgläubiger zu erzielen, hier analog anzuwenden (MüKoInsO/Caspers Rn. 22).

2   Der Widerruf führt zur **Unwirksamkeit des Sozialplans** und schafft die Möglichkeit, die betroffenen Arbeitnehmer in den im eröffneten Insolvenzverfahren aufgestellten Sozialplan **aufzunehmen**, sodass auch deren Abfindungsansprüche als **Masseverbindlichkeiten** nach § 123 Abs. 2 S. 1 (→ § 123 Rn. 4) zu qualifizieren sind. Im Gegenzug werden diese Sozialplanforderungen der **absoluten** (→ § 123 Rn. 3) **und relativen Obergrenze** (→ § 123 Rn. 4) **des § 123 unterstellt.** Dies gilt auch dann, wenn der widerrufene Sozialplan vor Verfahrenseröffnung von einem „starken" (→ § 22 Rn. 6) vorläufigen Insolvenzverwalter mit Verwaltungs- und Verfügungsbefugnis (§ 22 Abs. 1) aufgestellt wurde und die Forderungen zunächst als Masseverbindlichkeiten nach § 55 Abs. 2 (→ § 55 Rn. 63) zu qualifizieren waren (MüKoInsO/Caspers Rn. 9). Der vor Verfahrenseröffnung aufgestellte Sozialplan begründet für die Arbeitnehmer nur Insolvenzforderungen (→ § 38 Rn. 20) nach § 38 (BAG NZA 1999, 719). Bereits empfangene Leistungen sind wegen des Widerrufs **nicht rückforderbar,** können jedoch in einem nach Verfahrenseröffnung aufgestellten Sozialplan berücksichtigt werden (§ 124 Abs. 2–3 S. 2).

3   Auf Sozialpläne, die **früher als drei Monate** vor dem Eröffnungsantrag aufgestellt worden sind, findet weder § 124 noch § 123 Anwendung. Aus diesen Sozialplänen erhalten die Arbeitnehmer Abfindungszahlungen nur als Insolvenzforderungen nach § 38 selbst dann, wenn das Arbeitsverhältnis erst nach Verfahrenseröffnung sein Ende findet (BAG ZIP 2006, 1962 = NZI 2006, 716 = NZA 2006, 1282; BAG NZI 1999, 334).

4   Die vom Gesetzgeber in §§ 123, 124 geregelten Rechtsfolgen einer Insolvenzeröffnung für Sozialpläne sind **abschließend** und können weder durch eine **Regelung im Sozialplan selbst,** noch durch die Lehre vom **Wegfall der Geschäftsgrundlage** umgangen werden. Die Betriebspartner können die Aufstellung eines neuen Sozialplans nach Eröffnung des Insolvenzverfahrens auch nicht dadurch herbeiführen, dass sie die Wirksamkeit des Sozialplans von der auflösenden Bedingung der Erfüllung der Sozialplanforderungen vor Insolvenzeröffnung abhängig machen. Dadurch wäre es sonst möglich, aus einer einfachen Insolvenzforderung unter Umgehung der §§ 123, 124 eine Masseforderung zu machen (LAG Nds ArbRAktuell 2009, 245 mAnm Schindele). In der Praxis ist daher beim Abschluss eines Sozialplans in einem „notleidenden" Unternehmen darauf zu achten, dass die Ansprüche aus einem Sozialplan **insolvenzgesichert** sind.

B. Widerruf

5   Ein Sozialplan, der vor Eröffnung des Insolvenzverfahrens (§ 27, → § 27 Rn. 2), aber nicht früher als drei Monate vor dem Eröffnungsantrag (§ 13 Abs. 1, → § 13 Rn. 7) aufgestellt wurde,

kann (nicht: muss) **vom Betriebsrat oder Insolvenzverwalter** nach Abs. 1 **ohne Vorliegen von Gründen widerrufen** werden. Das gilt auch für einen von einem vorläufigen Insolvenzverwalter (§ 22 Abs. 1 oder 2, → § 22 Rn. 5) vereinbarten Sozialplan (MüKoInsO/Caspers Rn. 3). Der vor Verfahrenseröffnung aufgestellte Sozialplan begründet für die Arbeitnehmer nur **Insolvenzforderungen** (→ § 174 Rn. 1) nach § 38 (BAG NZA 1999, 719). Der Abfindungsanspruch ist auch dann bloße Insolvenzforderung, wenn der Sozialplan vor Verfahrenseröffnung aufgestellt, die Kündigung aber erst nach Eröffnung des Insolvenzverfahrens durch den Insolvenzverwalter erklärt wird (LAG Hamm ZIP 2010, 2315). Der Betriebsrat wird einen solchen Sozialplan widerrufen, wenn die Sozialplanforderungen noch nicht zur Auszahlung gekommen sind. Der Insolvenzverwalter hingegen wird widerrufen, wenn der vor Verfahrenseröffnung abgeschlossene Sozialplan in seinem Volumen über der absoluten Obergrenze des § 123 Abs. 1 liegt und **keine Anpassungsklausel für den Fall der Insolvenz** vereinbart ist. **Ist der Sozialplan bereits ausbezahlt,** wird der Insolvenzverwalter den Sozialplan hingegen nicht widerrufen. Die Einräumung des Widerrufsrechts ermöglicht es dem Insolvenzverwalter, eine **Neufestsetzung der Sozialplanleistungen** herbeizuführen, die die wirtschaftliche Lage des Unternehmens besser berücksichtigt (ergänzend → Rn. 5.1).

Für die Neufestsetzung der einzelnen Sozialplanleistungen gelten dann die allgemeinen Regelungen 5.1 eines Sozialplans nach § 123 (→ § 123 Rn. 1). Durch die Einbeziehung der betroffenen Arbeitnehmer **erhöht sich zunächst das Sozialplanvolumen** iSd § 123 Abs. 1 (→ § 123 Rn. 3), da deren Bruttomonatsverdienste zur Bestimmung der absoluten Höchstgrenze des Gesamtvolumens Berücksichtigung finden. Die einbezogenen Arbeitnehmer können bei der Aufstellung der Verteilungskriterien aber **keine Besserbehandlung** im Vergleich zu den übrigen von der Betriebsänderung betroffenen Arbeitnehmern verlangen.

Der **Sozialplan ist an dem Tag aufgestellt,** an dem er von beiden Parteien **unterschrieben** 6 ist (§ 126 BGB). Bei einem von der **Einigungsstelle** aufgestellten Sozialplan ist auf den Zeitpunkt der **Zustellung an beide Betriebspartner** abzustellen (§ 76 Abs. 3 S. 3 BetrVG).

Der Widerruf kann **form- und fristlos** ausgeübt werden und führt zur **Ungültigkeit des** 7 **Sozialplans** (ergänzend → Rn. 7.1).

Der **Widerruf ist jedoch ausgeschlossen,** wenn es nach Verfahrenseröffnung nicht mehr zur Aufstel- 7.1 lung eines Sozialplans nach § 123 kommen kann, wenn etwa der Betrieb zwischenzeitlich **betriebsratslos** geworden ist und **keine Betriebsratsmitglieder zur Ausübung eines Restmandats** (§ 21b BetrVG) vorhanden sind. Denn Sinn und Zweck der Widerrufsmöglichkeit ist die Anpassung des in der Krise abgeschlossenen Sozialplans an die wirtschaftliche Situation eines insolventen Unternehmens und nicht die rückwirkende Beseitigung der bei Aufstellung des Sozialplans noch bestehenden Sozialplanpflicht (MüKoInsO/Caspers Rn. 13).

Das Recht zur **Insolvenzanfechtung** (→ § 129 Rn. 1) gem. §§ 130–132, 133 bleibt neben der Mög- 7.2 lichkeit zum Widerruf unberührt. Ein vor Eröffnung des Insolvenzverfahrens aufgestellter Sozialplan und aufgrund eines solchen Plans an Arbeitnehmer erbrachte Leistungen können **anfechtbare Rechtshandlungen** (→ § 129 Rn. 19) sein (LAG Hamm ZIP 1982, 615 (617); Uhlenbruck/Hirte/Ede Rn. 418).

Auf das Widerrufsrecht kann auch **verzichtet** werden (LAG Köln BeckRS 2003, 40216). Eine 7a Ausübungsfrist kennt § 124 nicht. Gleichwohl kann das Recht zum Widerruf **verwirkt** werden, wenn es sehr spät ausgeübt und durch das Verhalten des Betriebsrats ein Vertrauenstatbestand beim Insolvenzverwalter begründet wird, etwa dadurch, dass er den Sozialplan „bestätigt". Ein Widerruf **über ein Jahr nach Insolvenzeintritt** ist wegen des bestehenden Klärungsbedarfs über das Schicksal eines vor Insolvenz abgeschlossenen Sozialplans **erheblich verspätet** (LAG Köln BeckRS 2003, 40216).

Wird der Sozialplan widerrufen, so können die auf eine Sozialplanforderung erbrachten finanzi- 8 ellen Leistungen wegen Abs. 3 S. 1 nicht zurückgefordert werden. Unterbleibt der Widerruf, können die noch nicht erbrachten Leistungen im Insolvenzverfahren nur als Insolvenzforderungen (§ 38) nach §§ 174 ff. zur **Insolvenztabelle** (→ § 174 Rn. 22) angemeldet werden, es sei denn, der Abschluss ist durch einen „**starken**" (→ § 22 Rn. 6) **vorläufigen Insolvenzverwalter** mit Verfügungsbefugnis iSd § 22 Abs. 1 erfolgt, weshalb diese Verbindlichkeiten dann wegen § 55 Abs. 2 als **Masseverbindlichkeiten** (→ § 55 Rn. 71) gelten (BAG NZI 2003, 45).

C. Ältere Sozialpläne

Ältere als drei Monate vor dem Eröffnungsantrag aufgestellte Sozialpläne können **nicht** 9 **widerrufen** werden, die Abfindungsansprüche begründen deshalb für die Arbeitnehmerschaft nur Insolvenzforderungen nach § 38 (→ § 38 Rn. 1) und sind daher praktisch wertlos. Die Forderungen sind nach den §§ 174 ff. beim Insolvenzverwalter **zur Tabelle anzumelden** (ergänzend → Rn. 9.1 f.).

9.1 **Wiederkehrende Leistungen** sind auf die Insolvenzzeiträume **aufzuteilen:** Für die Zeit vor Insolvenzeröffnung sind die Leistungen Insolvenzforderungen nach § 38 nach Verfahrenseröffnung Masseverbindlichkeiten nach § 55 Abs. 1 Nr. 2.

9.2 Ein **Altsozialplan mit Dauerregelung** kann regelmäßig gem. § 77 Abs. 5 BetrVG unter Einhaltung einer Dreimonatsfrist gekündigt werden, selbst wenn eine längere Frist bestimmt ist (§ 120 Abs. 1 S. 2, → § 120 Rn. 11). Regelungen der erzwingbaren Mitbestimmung **wirken** jedoch gem. § 77 Abs. 6 BetrVG (→ § 120 Rn. 12) **nach.**

§ 125 Interessenausgleich und Kündigungsschutz

(1) ¹Ist eine Betriebsänderung (§ 111 des Betriebsverfassungsgesetzes) geplant und kommt zwischen Insolvenzverwalter und Betriebsrat ein Interessenausgleich zustande, in dem die Arbeitnehmer, denen gekündigt werden soll, namentlich bezeichnet sind, so ist § 1 des Kündigungsschutzgesetzes mit folgenden Maßgaben anzuwenden:
1. es wird vermutet, daß die Kündigung der Arbeitsverhältnisse der bezeichneten Arbeitnehmer durch dringende betriebliche Erfordernisse, die einer Weiterbeschäftigung in diesem Betrieb oder einer Weiterbeschäftigung zu unveränderten Arbeitsbedingungen entgegenstehen, bedingt ist;
2. die soziale Auswahl der Arbeitnehmer kann nur im Hinblick auf die Dauer der Betriebszugehörigkeit, das Lebensalter und die Unterhaltspflichten und auch insoweit nur auf grobe Fehlerhaftigkeit nachgeprüft werden; sie ist nicht als grob fehlerhaft anzusehen, wenn eine ausgewogene Personalstruktur erhalten oder geschaffen wird.

²Satz 1 gilt nicht, soweit sich die Sachlage nach Zustandekommen des Interessenausgleichs wesentlich geändert hat.

(2) Der Interessenausgleich nach Absatz 1 ersetzt die Stellungnahme des Betriebsrats nach § 17 Abs. 3 Satz 2 des Kündigungsschutzgesetzes.

Überblick

§ 125 betrifft **betriebsbedingte Kündigungen** aufgrund einer **Betriebsänderung** nach § 111 BetrVG. Hierunter fällt insbesondere der größere Personalabbau, der die Schwellenwerte für eine **Massenentlassung nach § 17 KSchG** überschreitet.

Übersicht

	Rn.		Rn.
A. Anwendungsbereich	1	III. Prüfungsmaßstab	24
I. Erleichterungen zum Kündigungsschutz in der Insolvenz	2	IV. Angemessene Personalstruktur	28
		1. Erhaltung der Altersstruktur	29
II. Betriebsänderung nach § 111 BetrVG und Interessenausgleich	6	2. Schaffung einer Altersstruktur	30
		3. Leiharbeiter	33
1. Betriebsänderung	8	4. Sozialauswahl und Leistungsträgerklausel (§ 1 Abs. 3 S. 2 KSchG)	34
2. Interessenausgleich	10		
3. Eröffnetes Insolvenzverfahren	14	C. Wesentliche Änderung der Sachlage	37
4. Zeitpunkt der Unterrichtung	15		
5. Zuständigkeit des Betriebsrats	16	D. Interessenausgleich und Massenentlassungsanzeige	39
6. Namensliste	17		
7. Erwerbermodell	18	I. Anzeigepflicht	39
8. Teileinigung und Teilnamensliste	19	II. Entlassungen	42
B. Eingeschränkter Kündigungsschutz bei Namensliste	20	III. Konsultationsverfahren	46
		IV. Stellungnahme des Betriebsrates	49
I. Vermutungsgrundlage	21	V. Verhältnis zum Kündigungsschutz und zur betrieblichen Mitbestimmung	53
II. Darlegungs- und Beweislast	22		

A. Anwendungsbereich

Die Vorschrift erleichtert den Personalabbau durch eine **kollektive Vorabklärung mit dem** 1
Betriebsrat über die erforderlichen Kündigungen, welche die gekündigten Arbeitnehmer nur
eingeschränkt gerichtlich überprüfen lassen können.

I. Erleichterungen zum Kündigungsschutz in der Insolvenz

Um dem Bedürfnis eines möglichst schnellen und rechtssicheren Personalabbaus in der Insolvenz 2
Rechnung zu tragen, wird das **KSchG durch §§ 125–127 modifiziert:** Einigen sich Insolvenzverwalter und Betriebsrat im Interessenausgleich über die zu kündigenden Arbeitnehmer durch
deren **namentliche Benennung,** so wird gem. § 125 die **Betriebsbedingtheit der Kündigung**
der namentlich genannten Arbeitnehmer **vermutet** und die **Sozialauswahl** kann gerichtlich
nur auf einen **groben Fehler** überprüft werden. Dies gilt auch für ein Insolvenzverfahren mit
Eigenverwaltung, für das nach § 270 Abs. 1 S. 2, § 279 Abs. 1 grundsätzlich die gleichen Vorschriften
wie für ein Regelinsolvenzverfahren und somit auch die Vorschriften für die Kündigung eines
Arbeitsverhältnisses nach Eröffnung des Insolvenzverfahrens gelten (BAG NZA 2011, 1108; LAG
Hamm BeckRS 2018, 15595).

Nach § 125 Abs. 1 S. 2 gelten die Vermutungen der Betriebsbedingtheit der Kündigung der 3
im Interessenausgleich benannten Arbeitnehmer und die Beschränkung der Nachprüfung der
Sozialauswahl auf grobe Fehlerhaftigkeit insoweit nicht, als sich „die **Sachlage** nach Zustandekommen des Interessenausgleichs **wesentlich geändert** hat". Wesentlich ist eine Änderung dann,
wenn im Kündigungszeitpunkt von einem **Wegfall der Geschäftsgrundlage** auszugehen ist
(BAG NZA-RR 2013, 68 = ZIP 2013, 184; MüKoInsO/Caspers Rn. 103).

Der Interessenausgleich nach § 125 Abs. 2 **ersetzt die Stellungnahme des Betriebsrats bei** 4
Massenentlassungen (§ 17 Abs. 3 S. 2 KSchG). Da in einem Interessenausgleich mit namentlicher
Benennung der zu kündigenden Arbeitnehmer die Stellung des Betriebsrats zu den Entlassungen
enthalten ist, erfüllt der Interessenausgleich auch die Funktion der Stellungnahme.

Die Pflicht zur **Anhörung des Betriebsrats nach § 102 BetrVG** sowie zur ordnungsgemäßen 5
Beteiligung der **Schwerbehindertenvertretung** (§ 178 Abs. 2 SGB IX; vgl. LAG Hamm NZA-RR 2019, 253) bleibt davon unberührt. Gehen dem Abschluss eines Interessenausgleichs, der mit
einer Namensliste der zu kündigenden Arbeitnehmer verbunden ist, längere Verhandlungen voran,
aufgrund derer beim Betriebsrat erhebliche Vorkenntnisse über die vom Arbeitgeber geltend
gemachten Kündigungsgründe und auch die mit dem Betriebsrat zusammen vorgenommene Sozialauswahl vorhanden sein können, ergeben sich hieraus praktische Erleichterungen für die Anhörung nach § 102 BetrVG. Die dem Betriebsrat aus diesen Verhandlungen bekannten Tatsachen
muss der Arbeitgeber im Anhörungsverfahren nicht erneut vortragen (LAG Hamm ArbRAktuell
2018, 398 mAnm Schindele).

II. Betriebsänderung nach § 111 BetrVG und Interessenausgleich

Plant der Insolvenzverwalter eine mitbestimmungspflichtige Betriebsänderung in einem Unter- 6
nehmen mit in der Regel **mehr als 20 wahlberechtigten Arbeitnehmern,** die **wesentliche**
Nachteile für die Belegschaft oder **erhebliche Teile der Belegschaft** zur Folge hat, muss er
den Betriebsrat ebenso wie nach § 111 S. 1 BetrVG rechtzeitig und umfassend hierüber **unterrichten** und mit diesem in **Beratungen über einen Interessenausgleich** eintreten (LAG Hamm
DB 1972, 632).

Der Insolvenzverwalter ist selbst dann zur Einhaltung des Interessenausgleichsverfahrens ver- 7
pflichtet, wenn die geplante Betriebsänderung eine **zwangsläufige Folge** der Eröffnung des
Insolvenzverfahrens ist (BAG DB 1974, 2207). Führt der Insolvenzverwalter eine nach § 111
BetrVG geplante Betriebsänderung durch, ohne über diese einen Interessenausgleich mit dem
Betriebsrat versucht zu haben oder weicht er nach Verfahrenseröffnung von einem Interessenausgleich über die geplante Betriebsänderung ohne zwingenden Grund ab, entstehen Nachteilsausgleichsansprüche nach § 113 BetrVG. Der Nachteilsausgleich knüpft als Abfindungsanspruch nach
§ 113 Abs. 3 iVm Abs. 1 BetrVG an die Durchführung einer geplanten Betriebsänderung iSd
§ 111 BetrVG (ohne hinreichenden Interessenausgleichsversuch) an. Für seine Einordnung als
Masseschuld oder Insolvenzforderung (→ § 122 Rn. 1.1) ist der **Zeitpunkt der Durchführung**
der Betriebsänderung entscheidend, nicht derjenige ihrer – die Pflicht zum Interessenausgleichsversuch auslösenden – Planung (BAG NZA 2018, 464).

1. Betriebsänderung

8 § 125 betrifft Kündigungen aufgrund einer Betriebsänderung nach § 111 BetrVG. Diese kann auch im **bloßen Personalabbau** unter Beibehaltung der sächlichen Mittel liegen (BAG ZIP 1997, 1471). Als Richtgröße dafür, wann erhebliche Teile der Belegschaft betroffen sind, sind die **Zahlen und Prozentangaben des § 17 Abs. 1 KSchG** über die **Anzeigepflicht bei Massenentlassungen** heranzuziehen, wobei aber in größeren Betrieben mindestens 5 % der Belegschaft betroffen sein müssen (BAG BeckRS 1999, 30779040).

9 Maßgeblich ist die Zahl der im Betrieb **in der Regel** beschäftigten Arbeitnehmer **zum Zeitpunkt der Entlassung.** Im Insolvenzverfahren ist rückblickend auf die bisherige, normale Belegschaftsstärke abzustellen (BAG NZA 1996, 166).

2. Interessenausgleich

10 Der Interessenausgleich ist die **schriftliche Vereinbarung** zwischen Insolvenzverwalter und Betriebsrat über die Umsetzung der beabsichtigten Betriebsänderung (→ Rn. 10.1 ff.). Gegenstand der Beratung ist das **Ob, Wann und Wie der Betriebsänderung** (BAG ZIP 1999, 1411). Der Inhalt des Interessenausgleichs umschreibt die unternehmerische Maßnahme, den Kreis der betroffenen Arbeitnehmer und die Art, in der sie betroffen sind, ob sie also zB entlassen, freigestellt, versetzt, qualifiziert oder umgeschult werden sollen (BAG ZIP 1992, 260). Im Interessenausgleich können auch Auswahlrichtlinien iSd § 95 BetrVG für anstehende Kündigungen oder Versetzungen aufgestellt werden. Nach § 112 Abs. 1 S. 1 BetrVG ist ein Interessenausgleich über eine geplante Betriebsänderung schriftlich niederzulegen und von Unternehmer und Betriebsrat zu unterschreiben. Auf das gesetzliche Schriftformerfordernis sind die §§ 125, 126 BGB anwendbar. Nach § 126 Abs. 2 iVm Abs. 1 BGB muss bei einem Vertrag die Unterzeichnung der Parteien eigenhändig durch Namensunterschrift auf derselben Urkunde erfolgen. Da § 125 Abs. 1 verlangt, dass die zu entlassenden Arbeitnehmer „in einem Interessenausgleich namentlich bezeichnet" werden, erstreckt sich das Schriftformerfordernis auch auf die Namensliste. Gleichwohl treten die Wirkungen des § 125 Abs. 1 S. 1 Nr. 1 und Nr. 2 nicht nur ein, wenn die Arbeitnehmer, denen gekündigt werden soll, unmittelbar im **Text des Interessenausgleichs** zwischen Arbeitgeber und Betriebsrat namentlich bezeichnet sind, sondern auch, wenn Interessenausgleich und Namensliste zwar zwei textlich separate Schriftstücke, aber gleichwohl eine **einheitliche Urkunde** bilden, die insgesamt dem Schriftformerfordernis der §§ 125, 126 BGB genügt (BAG AP KSchG 1969 § 1 Namensliste Nr. 20; BAG AP KSchG 1969 § 1 Nr. 80). Wird die Namensliste getrennt von dem Interessenausgleich erstellt, reicht es dafür aus, dass im Interessenausgleich auf die zu erstellende Namensliste verwiesen wird, die erstellte Namensliste – ebenso wie zuvor der Interessenausgleich – von den Betriebsparteien unterschrieben worden ist und die **Liste ihrerseits eindeutig auf den Interessenausgleich Bezug nimmt** (BAG NZA 2013, 86; BAG AP KSchG 1969 § 1 Namensliste Nr. 20; LAG Hamm BeckRS 2018, 15595).

10.1 Der Interessenausgleich ist nach § 112 Abs. 1 S. 1 BetrVG **schriftlich (§ 125 BGB)** abzufassen und vom Insolvenzverwalter und Betriebsrat auf einer Urkunde zu **unterschreiben.** Ein mündlich geschlossener Interessenausgleich ist unwirksam (BAG NZA 1986, 100–102). Besteht der Interessenausgleich aus **mehreren Seiten,** die zB mittels **Heftmaschine** verbunden sind, genügt die **Unterschrift auf nur einem Blatt** (BAG ZInsO 2000, 351).

10.2 Nimmt der Interessenausgleich auf eine als **Anlage beigefügte Liste** Bezug, auf der die zu entlassenden Arbeitnehmer namentlich bezeichnet sind (**„Kündigungsnamensliste"**), genügt es, wenn die nicht unterzeichnete Namensliste mittels Heftklammer fest mit dem unterschriebenen Interessenausgleich verbunden ist (BAG NZA 1998, 1110). Dies muss aber schon **zum Zeitpunkt der Unterzeichnung** der Fall sein (BAG NZA 2013, 86). Eine spätere Verbindung durch den Arbeitgeber reicht nicht aus (BAG NZA 2008, 72). Es genügt aber, wenn die Betriebsparteien im Interessenausgleich auf eine Liste verwiesen haben, diese Liste selbst **zeitnah** (sechs Wochen sollen nach dem BAG noch zeitnah sein) (BAG BB 2009, 2539; NZA 2006, 64 (Ls.)) unterschrieben wird und **zusätzlich sämtliche Einzelseiten paraphiert** sind (BAG NZA 2008, 72).

10.3 Die **gemeinsame Unterschrift auf einer Massenentlassungsanzeige** nach § 17 Abs. 3 KSchG stellt ebenso wenig einen wirksamen Interessenausgleich dar wie ein gemeinsam von Arbeitgeber und Betriebsrat unterschriebenes **Protokoll über den Verhandlungsverlauf** oder ein gemeinsam unterschriebenes **Rundschreiben.** Wird der Interessenausgleich vor der Einigungsstelle geschlossen, bedarf es der Unterschrift durch dessen Vorsitzenden (§ 112 Abs. 3 S. 3 BetrVG).

11 Der zustande gekommene Interessenausgleich ist für den Insolvenzverwalter **nicht bindend.** Der Betriebsrat kann die Einhaltung des Interessenausgleichs nicht erzwingen (BAG ZIP 1992,

950). Weicht der Insolvenzverwalter allerdings ohne zwingenden Grund von einem Interessenausgleich ab oder versucht er erst gar nicht dessen Abschluss, so macht er sich gegenüber den betroffenen Arbeitnehmern nach § 113 BetrVG iVm § 10 KSchG **nachteilsausgleichspflichtig**. Solange der Interessenausgleich nicht abgeschlossen ist oder der Vorsitzende der Einigungsstelle das Scheitern eines Interessenausgleichs nicht festgestellt hat, kann der Insolvenzverwalter den **Beschluss der Gläubigerversammlung zur Betriebsstilllegung** durch Kündigung der Arbeitsverhältnisse nicht ohne Massebelastung umsetzen, da er sonst Nachteilsausgleichsansprüche nach § 113 BetrVG auslöst (ergänzend → Rn. 11.1 f.).

Ein Anspruch auf **Nachteilsausgleich nach § 113 Abs. 3 BetrVG** ist nur dann **Masseschuld** nach § 55 Abs. 1 Nr. 2, wenn die Betriebsänderung nach Eröffnung des Insolvenzverfahrens beschlossen und durchgeführt wird (BAG ZIP 1999, 873). Der Nachteilsausgleichsanspruch steht neben einem Anspruch aus einem abzuschließenden Sozialplan (BAG ZIP 1989, 1205). **11.1**

Die Parteien können allerdings **Anrechnungsklauseln** wirksam vereinbaren, zumal nach der Rechtsprechung des BAG ohnehin eine Anrechnung auf einen nachträglich vereinbarten Sozialplan erfolgt (BAG ZIP 1989, 1205). **11.2**

Dem Insolvenzverwalter steht es **frei zu entscheiden, wann er einen Interessenausgleich in freien Verhandlungen nicht mehr für erreichbar hält**, sofern **ernsthafte Verhandlungen** mit dem Betriebsrat stattgefunden haben (LAG Frankfurt a. M. NZA 1992, 853). **12**

Kommt auch vor der **Einigungsstelle** keine Einigung zustande, wird dort das Scheitern festgestellt und das Verfahren eingestellt. Der Insolvenzverwalter kann sodann die Betriebsänderung durch Ausspruch der erforderlichen Kündigungen umsetzen, ohne die Insolvenzmasse mit Nachteilsausgleichsansprüchen zu belasten. Anstelle eines Einigungsstellenverfahrens kann der Insolvenzverwalter auch die **gerichtliche Zustimmung zur Durchführung der geplanten Betriebsänderung nach § 122 beantragen** (→ Rn. 13.1). **13**

Die Regelung des § 112 Abs. 2 BetrVG, nach der nach dem Scheitern der Verhandlungen sowohl Arbeitgeber als auch Betriebsrat den **Vorstand der Bundesagentur für Arbeit um Vermittlung ersuchen** können, wird in der Insolvenz insoweit modifiziert, als nach § 121 Betriebsrat und Insolvenzverwalter **nur gemeinsam** einen Vermittlungsversuch durchsetzen können. Unterbleibt ein Vermittlungsgesuch oder bewirkt dieser keine Einigung, kann jede Partei die Einigungsstelle anrufen und ggf. ihre Einrichtung erzwingen. **13.1**

3. Eröffnetes Insolvenzverfahren

Die Vorschrift des § 125 ist nur im **eröffneten Insolvenzverfahren** anwendbar. Der vorläufige Insolvenzverwalter kann keinen Interessenausgleich nach § 125 schließen, sondern nur das Verfahren nach den §§ 111, 112 BetrVG durchführen (BAG NZA 2006, 1352; → Rn. 13.1). Allerdings kann vor Verfahrenseröffnung auf die weitestgehend gleichlautende Regelung in **§ 1 Abs. 5 KSchG** zurückgegriffen werden, nicht aber gegenüber tariflich ordentlich unkündbaren Arbeitnehmern. **14**

4. Zeitpunkt der Unterrichtung

Die Unterrichtung des Betriebsrats hat so rechtzeitig zu erfolgen, dass der Interessenausgleich noch **vor der Betriebsänderung** verhandelt werden kann. Sie hat spätestens bei Einholung der Zustimmung des Gläubigerausschusses zur Betriebsstilllegung (**§ 158 Abs. 1**) oder bei Unterrichtung des Schuldners von der Schließungsabsicht (**§ 158 Abs. 1 S. 1**) zu erfolgen (ergänzend → Rn. 15.1). **15**

Die Unterrichtung des Betriebsrates und die Beratung mit dem Betriebsrat stehen dann zunächst unter dem **Vorbehalt der Zustimmung des Gläubigerausschusses zur Betriebsschließung**. Fasst die Gläubigerversammlung einen Stilllegungsbeschluss (§§ 156, 159 Abs. 1), so hat der Insolvenzverwalter den Betriebsrat auch hierüber zu unterrichten. **15.1**

5. Zuständigkeit des Betriebsrats

Zuständig ist grundsätzlich der **örtliche Betriebsrat** (→ Rn. 16.1). Gemäß § 50 BetrVG kann aber anstelle des örtlichen Betriebsrats der **Gesamtbetriebsrat** zuständig sein (BAG NJW 2011, 3180). Dies ist dann der Fall, wenn nach den Planungen des Insolvenzverwalters (HessLAG BeckRS 2011, 73347) der Personalabbau auf Grundlage eines **unternehmenseinheitlichen Konzeptes** durchgeführt wird, **mehrere Betriebe** vom Personalabbau betroffen sind und das „Verteilungs- **16** problem" nur **betriebsübergreifend** gelöst werden kann (BAG NZI 2012, 1011). Der Gesamtbetriebsrat, nicht der jeweilige örtliche Betriebsrat, bleibt dann auch zuständig für den Abschluss einer betriebsübergreifenden Namensliste nach § 125.

16.1 Unschädlich ist es, wenn nach dem Abschluss des Interessenausgleichs durch den Gesamtbetriebsrat sich auch die **örtlichen Betriebsräte** das Ergebnis zu Eigen machen und den Interessenausgleich **mitunterzeichnen** (BAG NZI 2012, 1011).

6. Namensliste

17 Der Interessenausgleich nach § 125 beinhaltet neben dem eigentlichen Interessenausgleich nach §§ 111, 112 BetrVG eine Namensliste der zu kündigenden Arbeitnehmer. Die Namen der zu kündigenden Arbeitnehmer sind entweder in den Interessenausgleich **aufzunehmen** oder in einer gesonderten, mit dem Interessenausgleich **fest verbundenen Liste** aufzuführen (ergänzend → Rn. 17.1).

17.1 Es ist zulässig, zunächst einen Interessenausgleich zu vereinbaren und **erst später,** aber **zeitnah (!)**, diesen um eine **Namensliste zu ergänzen** (BAG ArbRAktuell 2009, 70 mAnm Lingemann). Bis zu welchem Zeitpunkt eine „zeitnahe" Ergänzung des Interessenausgleichs vorliegt, lässt sich dabei nicht durch eine starre Regelfrist bestimmen. Entscheidend sind die **Umstände des Einzelfalls,** wie bspw. die **fortdauernden Verhandlungen** der Betriebsparteien über die Erstellung einer Namensliste. Allerdings muss die **Ergänzung spätestens vor Ausspruch der Kündigung** erfolgen. Auch müssen die Arbeitnehmer, die in die Namensliste aufgenommen werden, gerade aufgrund der in dem Interessenausgleich zugrunde liegenden Betriebsänderung zu kündigen sein. Erforderlich ist somit ein **Kausalzusammenhang** zwischen der maßgeblichen Betriebsänderung und den Kündigungen der Arbeitnehmer, die in der Namensliste benannt sind.

7. Erwerbermodell

18 Für § 125 ist es ausreichend, wenn die **Betriebsänderung erst durch den Betriebserwerber durchgeführt** werden soll (§ 128 Abs. 1 S. 1). Es ist statthaft, dass eine Betriebsänderung auf Grundlage eines sog. **Erwerbermodells** erstellt wird. Dies führt aber nicht dazu, dass auch der Erwerber eine eigene Namensliste vereinbaren kann, sondern bedeutet nur, dass der Insolvenzverwalter diese Liste im Hinblick auf eine beim Erwerber vorzunehmende Betriebsänderung vereinbaren kann.

8. Teileinigung und Teilnamensliste

19 **Teileinigungen** sind allenfalls dann möglich, wenn **mehrere Kündigungswellen** geplant sind und zunächst nur für die erste(n) Welle(n) eine Einigung auf eine Namensliste erfolgt ist (BAG NZA 2013, 86). Eine „**Teilnamensliste**" ist immer dann „problematisch", wenn sich die Teilnamensliste nicht auf **abgrenzbare Regelungskomplexe** bezieht, sondern **bewusst unvollständig** gehandhabt wird (BAG NZA 2009, 1151).

B. Eingeschränkter Kündigungsschutz bei Namensliste

20 Der **Kündigungsschutz** ist bei einem Interessenausgleich mit Namensliste nach § 125 **deutlich eingeschränkt.** Ist eine Betriebsänderung iSd § 111 BetrVG geplant und haben sich Insolvenzverwalter und Betriebsrat auf einen Interessenausgleich geeinigt, in dem die zu kündigenden Arbeitnehmer namentlich bezeichnet sind, so wird gesetzlich **vermutet (widerleglich § 292 S. 1 ZPO),** dass die Kündigungen der bezeichneten Arbeitnehmer **durch dringende betriebliche Erfordernisse bedingt** sind, die einer Weiterbeschäftigung in diesem Betrieb bzw. in einem anderen Betrieb desselben Unternehmens entgegenstehen (BAG ZIP 1998, 1885; LAG RhPf NZA-RR 2021, 244). Diese Vermutung bezieht sich sowohl auf den Wegfall der bisherigen Beschäftigung als auch auf das Fehlen anderer Beschäftigungsmöglichkeiten im Betrieb (BAG AP KSchG 1969 § 1 Namensliste Nr. 24). Nach § 292 ZPO ist (nur) der Beweis des Gegenteils zulässig (LAG RhPf NZA-RR 2021, 244). Es ist deshalb Sache des Arbeitnehmers darzulegen und ggf. zu beweisen, dass in Wirklichkeit eine Beschäftigungsmöglichkeit für ihn weiterhin besteht. Eine bloße Erschütterung der Vermutung reicht nicht aus (LAG Hamm BeckRS 2018, 15595).

Interessenausgleich und Kündigungsschutz § 125 InsO

I. Vermutungsgrundlage

Der Insolvenzverwalter braucht zur sozialen Rechtfertigung der Kündigung keine weiteren Tatsachen vortragen, wenn er die **Vermutungsgrundlage** dargelegt hat (BAG NZA 2007, 387). Hierzu muss er **durch konkreten Vortrag darlegen und unter Beweis stellen,** dass die Kündigung aufgrund einer Betriebsänderung (§ 111 BetrVG) erfolgt ist und ein rechtswirksamer, von beiden Betriebsparteien unterzeichneter Interessenausgleich mit Namensliste vorliegt (BAG NZA 2007, 1307). Dieser Namensliste kommt eine **Richtigkeitsgewähr** dahingehend zu, dass sich Insolvenzverwalter und Betriebsrat Gedanken darüber gemacht haben, welchen aufgrund ihrer Tätigkeit vergleichbaren Arbeitnehmern unter Abwägung der sozialen Schutzbedürftigkeit gekündigt werden soll (Fischermeier NZA 1997, 1089 (1097)). 21

II. Darlegungs- und Beweislast

Es findet somit eine **Umkehr der Darlegungs- und Beweislast** statt (Bader NZA 1996, 1125 (1133)), weshalb entgegen § 1 KSchG nicht der Insolvenzverwalter den Wegfall der Beschäftigungsmöglichkeit des gekündigten Arbeitnehmers darlegen und beweisen muss, sondern der Arbeitnehmer konkret zu behaupten und unter Beweis zu stellen hat, dass im Betrieb ein freier Arbeitsplatz vorhanden ist, auf dem seine Weiterbeschäftigung möglich ist (Meyer BB 1998, 2417 (2418)). Der Insolvenzverwalter kann sich demnach zunächst auf die Behauptung beschränken, dass eine **Betriebsänderung iSv § 111 BetrVG** vorliegt und der gekündigte Arbeitnehmer in einem mit dem Betriebsrat vereinbarten **Interessenausgleich namentlich bezeichnet** ist. 22

Der Arbeitgeber ist jedoch auch in den Fällen des § 125 Abs. 1 S. 1 Nr. 2 verpflichtet, dem Arbeitnehmer nach § 1 Abs. 3 S. 3 Hs. 1 KSchG **auf dessen Verlangen** die Gründe mitzuteilen, die zu der getroffenen sozialen Auswahl geführt haben (→ Rn. 23.1). Hierzu sind vor allem die **klägerischen Sozialdaten** und diejenigen der **vergleichbaren Arbeitnehmer** vorzutragen, damit das Gericht die Sozialauswahl nachvollziehen kann. Eines diesbezüglichen umfangreichen Sachvortrags des Insolvenzverwalters im Kündigungsschutzprozess bedarf es vor allem dann, wenn der vorgelegte Interessenausgleich selbst weder die Sozialdaten, noch eine organisatorische Zuordnung des Arbeitsplatzes des gekündigten Arbeitnehmers enthält. Insoweit besteht eine **abgestufte Darlegungslast.** Als Konsequenz aus der materiellen Auskunftspflicht des Arbeitgebers folgt, dass er auf Verlangen des Arbeitnehmers im Prozess substantiiert die Gründe vortragen muss, die ihn zu seiner Auswahl veranlasst haben. **Erst nach Erfüllung der Auskunftspflicht trägt der Arbeitnehmer die volle Darlegungslast für die Fehlerhaftigkeit der Sozialauswahl** (BAG NZA 2006, 64; 2002, 1360). Teilt der Insolvenzverwalter seine Auswahlüberlegungen im Arbeitsgerichtsprozess nicht mit läuft er Gefahr, dass der Kündigungsschutzklage bereits aus diesem Grund stattgegeben wird (ArbG Mönchengladbach BeckRS 2015, 70964). 23

Die Vermutungsregelung des § 125 Abs. 1 S. 1 Nr. 2 greift mithin erst dann ein, wenn der die Sozialauswahl bestimmende Sachverhalt nach den auch für „normale" Kündigungsschutzprozesse geltenden Regeln der Darlegungs- und Beweislast vollständig aufgeklärt ist (ArbG Mönchengladbach BeckRS 2015, 70964). Es reicht dabei nicht aus, dass der Arbeitnehmer die gesetzliche Vermutung nur **erschüttert,** er muss vielmehr **das Gegenteil beweisen** (LAG RhPf BeckRS 2020, 27334 Rn. 47). Der Prüfungsmaßstab der groben Fehlerhaftigkeit ändert an der Verteilung der Darlegungslast nichts (BAG NZA 2006, 661). 23.1

III. Prüfungsmaßstab

Die gesetzliche Regelung reduziert den Umfang der gerichtlichen Überprüfung einer im Insolvenzverfahren erklärten betriebsbedingten Kündigung (LAG Hamm BeckRS 2018, 15595). Hinsichtlich der Korrektheit der Sozialauswahlerwägungen bleibt die Darlegungs- und Beweislast beim Insolvenzverwalter, jedoch mit der Erleichterung, dass die soziale Auswahl der Arbeitnehmer nur im Hinblick auf die **Dauer der Betriebszugehörigkeit,** das **Lebensalter** und die **Unterhaltsverpflichtungen** und auch insoweit nur auf **grobe Fehlerhaftigkeit** überprüft werden kann (§ 125 Abs. 1 S. 1 Nr. 2). Die **Schwerbehinderung** ist dabei **kein** im Rahmen der Sozialauswahl zu beachtendes Kriterium. Eine Ausnahme hiervon soll jedoch nur dann gelten, wenn die Kündigung nachweisbar nur deshalb ausgesprochen wurde, um sich den Belastungen zu entziehen, die aus den besonderen Rechten schwerbehinderter Menschen folgen. Auch ein **tariflicher Sonderkündigungsschutz** greift im eröffneten Insolvenzverfahren gem. § 113 S. 1 nicht. Ein solcher Eingriff in die nach Art. 9 Abs. 3 GG geschützte Tarifautonomie ist vor dem Hintergrund der insolvenzrechtlichen Zwecksetzung von § 113 InsO verfassungsrechtlich gerechtfertigt. Mit der 24

Beschränkung der gerichtlichen Kontrolle auf „grobe Fehler" wird der Prüfungsmaßstab gesenkt und gleichzeitig der Beurteilungsspielraum des Arbeitgebers bei der sozialen Auswahl zugunsten einer mit dem Betriebsrat vereinbarten betrieblichen Gesamtlösung erweitert (LAG Hamm BeckRS 2018, 15595). Die beschränkte Prüfungsmöglichkeit im Arbeitsgerichtsprozess bei Vorliegen der übrigen Voraussetzungen des § 125 bezieht sich nicht nur auf die **Sozialindikatoren** selbst sowie deren **Gewichtung,** sondern auch auf die **Bildung der auswahlrelevanten Gruppe** als Bestandteil der Sozialauswahl (BAG ZIP 1998, 1885; LAG Hamm BeckRS 2018, 15595). Dies gilt auch für die Herausnahme von Arbeitnehmern aus einer Vergleichsgruppe jedenfalls insoweit, als dies gem. § 125 Abs. 1 S. 1 Nr. 2 Hs. 2 dem Erhalt oder der Schaffung einer ausgewogenen Personalstruktur → Rn. 28 dient.

25   Grob fehlerhaft ist eine Sozialauswahl, wenn eine **evidente, massive Abweichung** von den Grundsätzen des § 1 Abs. 3 KSchG vorliegt und der Interessenausgleich jede soziale Ausgewogenheit vermissen lässt. Dabei muss sich die getroffene Auswahl gerade mit Blick auf den klagenden Arbeitnehmer im Ergebnis als grob fehlerhaft erweisen. Nicht entscheidend ist, ob das ausgewählte Auswahlverfahren als solches Anlass zu Beanstandungen gibt (BAG NZA 2013, 333; LAG Düsseldorf NZI 2016, 368, → Rn. 25.1). **Grobe Fehlerhaftigkeit liegt vor,** wenn die Gewichtung der Sozialkriterien **jede Ausgewogenheit vermissen** lässt, wenn sie also mit einem so **schweren und ins Auge springenden Fehler** behaftet ist, dass sie angesichts der Funktion der Sozialauswahl nicht hingenommen werden kann (Bader NZA 1996, 1125 (1131)). Dies ist etwa dann der Fall, wenn zB ein soziales **Grunddatum überhaupt nicht beachtet** worden ist. Die Bewertung ist ferner dann grob fehlerhaft, wenn bei der Bestimmung des Kreises vergleichbarer Arbeitnehmer die **Austauschbarkeit offensichtlich verkannt** worden ist oder bei der Anwendung des Ausnahmetatbestands des § 1 Abs. 3 S. 2 KSchG die **betrieblichen Interessen augenfällig überdehnt** worden sind (BAG NZA 2007, 387). Allerdings ist auch bei der Frage, ob einzelne Arbeitnehmer zu Recht aus der Sozialauswahl herausgenommen worden sind, der Maßstab der groben Fehlerhaftigkeit anzuwenden (BAG ArbRAktuell 2010, 631).

25.1   Maßgeblich ist also nur das **Auswahlergebnis.** Deshalb kann selbst ein mangelhaftes Auswahlverfahren zu einem richtigen – nicht grob fehlerhaften – Auswahlergebnis führen (BAG ArbRAktuell 2010, 631 mAnm Merten).

26   Arbeitgeber und Betriebsrat können **Auswahlrichtlinien iSv § 1 Abs. 4 KSchG** vereinbaren und diese später oder zeitgleich – etwa bei Abschluss eines Interessenausgleichs mit Namensliste – wieder ändern (ergänzend → Rn. 26.1).

26.1   Setzen sich die Betriebsparteien in einem bestimmten Punkt gemeinsam über eine vereinbarte Auswahlrichtlinie hinweg, ist die Namensliste zumindest dann maßgeblich, wenn Interessenausgleich und Auswahlrichtlinie von **denselben Betriebsparteien** herrühren (BAGE 140 (169); Lingemann/Rolf NZA 2005, 264 (268)). Dies gilt auch dann, wenn die Sozialauswahl nicht in einer (echten) Auswahlrichtlinie, sondern „nur" in einem als „**Sozialbetrachtung**" formulierten Punktesystem geregelt ist. Die Namensliste ist zur Vermeidung eines Widerspruchs insbesondere dann gegenüber dem Punktesystem zur Sozialauswahl vorrangig, wenn **beide Regelungen bzw. Betrachtungen am selben Tag verabschiedet** wurden, da davon auszugehen ist, dass die Namensliste als speziellere und inhaltlich verbindliche Regelung der bloßen „Betrachtung" vorgeht (LAG Düsseldorf NZI 2016, 368). Für diesen Fall bleibt also die Namensliste als Prüfungsmaßstab für die Sozialauswahl gleichwohl erhalten (BAG NZA 2014, 46).

27   Im Falle eines **Betriebsübergangs (§ 613a BGB)** erstreckt sich die gesetzliche Vermutung des § 125 Abs. 1 S. 1 Nr. 1 auch darauf, dass die Kündigung nicht wegen des Betriebsübergangs erfolgt und damit unwirksam ist (§ 128 Abs. 2, → Rn. 27.1). Die Kündigung aufgrund eines eigenen Sanierungskonzepts des Veräußerers – Insolvenzverwalters – verstößt deshalb nicht gegen § 613a Abs. 4 BGB (BAG NZA 2007, 387).

27.1   Die Vermutung erstreckt sich dann auch darauf, dass der Arbeitnehmer nicht in einem **anderen Betrieb des Insolvenzschuldners** weiterbeschäftigt werden kann, wenn sich die Betriebsparteien damit befasst haben, wovon regelmäßig auszugehen ist (BAG NZI 2012, 1011). Das BAG gewährt dem Arbeitnehmer jedoch gewisse Erleichterungen durch Begründung einer abgestuften Darlegungs- und Beweislast. Mit **Hinweisen des Arbeitnehmers,** insbesondere zu Weiterbeschäftigungsmöglichkeiten, muss sich der Insolvenzverwalter **konkret** auseinandersetzen. Dies gilt verstärkt, wenn sich **Anhaltspunkte** dazu ergeben, dass der Betriebsrat während der Verhandlungen die **Einsatzmöglichkeit in einem anderen Betrieb nicht ausreichend prüfen konnte** (BAG NZA 2008, 633).

IV. Angemessene Personalstruktur

Die Sozialauswahl ist nicht als grob fehlerhaft anzusehen, wenn eine **angemessene Personal-** 28
struktur erhalten oder geschaffen werden soll (§ 125 Abs. 1 S. 1 Nr. 2 aE), wenn also zB in einem Betrieb verschiedene Arbeitsgruppen tätig sind (→ Rn. 28.1) und in diesen Arbeitsgruppen alle Altersgruppen anteilsmäßig mit Kündigungen belastet werden. Der Begriff der Personalstruktur in § 125 Abs. 1 S. 1 Nr. 2 Hs. 2 ist aber nicht mit dem der **Altersstruktur** gleichzusetzen (SächsLAG BeckRS 2017, 133768). Er ist im Hinblick auf die Gesetzesbegründung (BT-Drs. 12/7302, 172), nach der dem Schuldner oder dem Übernehmer ein funktions- und wettbewerbsfähiges Arbeitnehmerteam zur Verfügung stehen soll, in einem umfassenderen Sinn zu verstehen, sodass auch weitere Aspekte in Betracht kommen (BAG AP InsO § 125 Nr. 1; LAG Hamm BeckRS 2018, 15595). Als weitere **Aspekte einer Personalstruktur** kommen deshalb auch die Ausbildung und die Qualifikation der Arbeitnehmer und Arbeitnehmerinnen im Betrieb und damit die Bildung entsprechender Qualifikationsgruppen und -bereiche in Betracht (BAG NZA 2004, 432 (435)). Auch Leistungen, Fehlzeiten und bestimmte Verhaltensweisen können einbezogen werden (SächsLAG BeckRS 2017, 133768).

Das BAG hat bereits mehrfach entschieden, dass die **Bildung von Altersgruppen** mit dem Zweck 28.1
der Erhaltung einer ausgewogenen Altersstruktur im Rahmen der Sozialauswahl auch unter dem Gesichtspunkt des Verbots der Altersdiskriminierung innerhalb und außerhalb der Insolvenz **zulässig** ist (vgl. BAG NZA 2013, 86). Das BAG hat ebenfalls entschieden, dass noch bei einem Durchschnittsalter von 51 Jahren auf eine ausgewogene Personalstruktur geschlossen werden könne (vgl. BAG NZA-RR 2014, 185). Das Urteil des LAG Sachsen geht aber insofern über die Rechtsprechung des BAG hinaus, als dass dieses eine „Ausgewogenheit" der Personalstruktur nur dann annimmt, wenn in einem Betrieb neben jüngeren auch ältere Arbeitnehmer beschäftigt werden (vgl. Bissels/Witt NZI 2018, 837).

1. Erhaltung der Altersstruktur

Eine Altersgruppenbildung zur **Erhaltung der Altersstruktur** der Belegschaft ist nach dem 29
BAG nur geeignet, wenn sie dazu führt, dass die **bestehende Struktur bewahrt** bleibt. Sind mehrere Gruppen vergleichbarer Arbeitnehmer von den Entlassungen betroffen, muss deshalb eine **proportionale Berücksichtigung aller Altersgruppen** auch innerhalb der jeweiligen Vergleichsgruppen erkennbar sein (BAG NZA 2013, 86).

2. Schaffung einer Altersstruktur

§ 125 Abs.1 S. 1 Nr. 2 geht insoweit darüber hinaus, als in der Insolvenz nicht nur die Möglich- 30
keit der Erhaltung einer bestehenden Altersstruktur, sondern auch die **Schaffung einer ausgewogenen Altersstruktur durch Bildung von Altersgruppen** für zulässig erklärt wird, ohne dass das Verbot der Altersdiskriminierung verletzt wird (BAG BeckRS 2014, 66812).

Das BAG erkennt in seiner Entscheidung an, dass die gegenüber § 1 Abs. 3 KSchG weiterge- 31
hende Regelung der InsO durch ein legitimes Ziel, nämlich die **Sanierung eines insolventen Unternehmens,** gerechtfertigt ist. Es schränkt die praktische Anwendbarkeit der Vorschrift aber durch verschärfte Anforderungen an die Darlegungslast des Insolvenzverwalters ein.

Während bei einer **Massenentlassung** vom BAG unterstellt wird, dass die Bildung von Alters- 32
gruppen mit dem Ziel der Erhaltung der Altersstruktur im berechtigten betrieblichen Interesse liegt und damit nicht gegen § 10 AGG und das Unionsrecht (Art. 21 der Charta der Grundrechte der Europäischen Union) verstößt (→ Rn. 32.1), setzt die Durchführung einer Sozialauswahl mit dem Ziel der Schaffung einer ausgewogenen Altersstruktur eine konkrete Darlegung des Insolvenzverwalters hinsichtlich eines nachvollziehbaren **Bezugs zu einem konkreten Sanierungsvorhaben** voraus.

Der bloße **Wunsch nach einer Verjüngung** der Belegschaft oder ein bloßer **Vergleich mit der** 32.1
durchschnittlichen Altersstruktur vergleichbarer Betriebe reicht nicht aus. Allein das Erreichen eines bestimmten Durchschnittsalters ist keine „Struktur" (SächsLAG BeckRS 2017, 133768). Vielmehr muss der Insolvenzverwalter im Streitfall selbst im Falle einer Massenentlassung darlegen und ggf. beweisen, weshalb die Schaffung einer **ausgewogenen Altersstruktur** erforderlich ist (BAG BeckRS 2014, 66812). Hierbei müssen alle maßgeblichen Aspekte in einem Gleichgewicht stehen, um „ausgewogen" sein zu können. Bezogen auf das Lebensalter muss es daher insbesondere auch unter dem Gesichtspunkt, dass der Gesetzgeber langjährig beschäftigten, älteren Arbeitnehmern grundsätzlich einen besonderen Schutz vor Kündigungen zukommen lässt, in einem Betrieb **sowohl jüngere als auch ältere Arbeitnehmer geben** (SächsLAG BeckRS 2017, 133768). Ist eine solche „Ausgewogenheit" zu bejahen, kann die „Erforderlich-

keit" nach dem BAG beispielsweise mit **erhöhten Personalkosten** oder aus Gründen einer **besseren Verkäuflichkeit** zur Sanierung des insolventen Unternehmens begründet werden.

3. Leiharbeiter

33 Die Vermutung des § 125 Abs. 1 S. 1 Nr. 1 wird nicht bereits dadurch widerlegt, dass im Interessenausgleich eine sog. **Leiharbeitnehmerklausel** vereinbart wird, auf dessen Grundlage der Arbeitgeber bei einem zukünftigen Personalmehrbedarf berechtigt ist, vorrangig eine festgelegte Anzahl von Leiharbeitnehmern zu beschäftigen. Ob die (geplante) Beschäftigung von Leiharbeitnehmern die Annahme rechtfertigt, im Betrieb oder Unternehmen des Arbeitgebers seien freie Arbeitsplätze vorhanden, hängt dann von den **Umständen des Einzelfalls** ab (ergänzend → Rn. 33.1 f.).

33.1 Keine alternative Beschäftigungsmöglichkeit iSv § 1 Abs. 2 S. 2 KSchG besteht, wenn Leiharbeitnehmer lediglich eingesetzt werden, um **Auftragsspitzen** aufzufangen. An einem freien Arbeitsplatz fehlt es in der Regel auch, wenn der Arbeitgeber Leiharbeitnehmer als **Personalreserve** vorhält, um den Bedarf **zur Vertretung** abwesender Stammarbeitnehmer zu decken. Das gilt unabhängig davon, ob der Vertretungsbedarf vorhersehbar ist und regelmäßig anfällt. Andernfalls bliebe der Arbeitgeber nicht frei in seiner Entscheidung, ob er Vertretungszeiten überhaupt und – wenn ja – für welchen Zeitraum überbrückt.

33.2 Beschäftigt der Arbeitgeber dagegen Leiharbeitnehmer, um mit ihnen ein nicht schwankendes, ständig vorhandenes **(Sockel-)Arbeitsvolumen** zu decken, kann von einer alternativen Beschäftigungsmöglichkeit iSv § 1 Abs. 2 S. 2 KSchG auszugehen sein, die vorrangig für sonst zur Kündigung anstehende Stammarbeitnehmer genutzt werden muss (BAG NZA-RR 2013, 68 mAnm Krings).

4. Sozialauswahl und Leistungsträgerklausel (§ 1 Abs. 3 S. 2 KSchG)

34 Bei der Sozialauswahl sind die sozialen Gesichtspunkte gem. § 1 Abs. 3 S. 1 KSchG „**ausreichend**" zu berücksichtigen (→ Rn. 34.1). Der Arbeitgeber hat damit bei der Gewichtung der Sozialkriterien einen **Wertungsspielraum**. Die Auswahlentscheidung muss lediglich **sozial vertretbar** sein. Dies führt dazu, dass nur **deutlich schutzwürdigere** Arbeitnehmer mit Erfolg die Fehlerhaftigkeit der sozialen Auswahl rügen können.

34.1 Nach der ständigen Rechtsprechung des BAG bestimmt sich der Kreis der in die soziale Auswahl einzubeziehenden vergleichbaren Arbeitnehmer in erster Linie nach **arbeitsplatzbezogenen Merkmalen**, also zunächst nach der **ausgeübten Tätigkeit**. Dies gilt nicht nur bei einer Identität der Arbeitsplätze, sondern auch dann, wenn der Arbeitnehmer aufgrund seiner Tätigkeit und Ausbildung eine andersartige, aber gleichwertige Tätigkeit ausführen kann (BAG NZA 1998, 1332). Die Notwendigkeit einer **kurzen Einarbeitungszeit** steht einer Vergleichbarkeit nicht entgegen („**qualifikationsmäßige Austauschbarkeit**"). Die Vergleichbarkeit wird noch nicht allein dadurch ausgeschlossen, dass einzelne Arbeitnehmer bestimmte Tätigkeiten **besonders beherrschen,** beispielsweise bestimmte Maschinen bedienen können.

35 Die Sozialauswahl ist dabei bei **jeder betriebsbedingten Kündigung** notwendig, auch wenn diese im Rahmen einer **Massenentlassung** erfolgt (BAG NZA 1998, 1332). Jedoch kann hier die „**Leistungsträgerklausel**" des § 1 Abs. 3 S. 2 KSchG besondere Bedeutung gewinnen, da die Sozialauswahl betriebsbezogen (und nicht nur abteilungsbezogen) vorzunehmen ist (BAG BB 2005, 892), der Arbeitgeber aber ein schützenswertes Interesse daran hat, dass der Arbeitsprozess nicht durch das **Auseinanderreißen eingespielter Abteilungen** ernsthaft gefährdet wird (BAG BB 2003, 1624). § 1 Abs. 3 S. 1 KSchG stellt dabei die Regel für die Sozialauswahl dar. Die Ausklammerung sog. Leistungsträger bildet die Ausnahme.

36 Nach der Leistungsträgerklausel dürfen Mitarbeiter aus der Sozialauswahl herausgenommen werden, wenn ihre **Weiterbeschäftigung,** insbesondere wegen ihrer **Kenntnisse, Fähigkeiten und Leistungen im berechtigten betrieblichen Interesse** liegt (ergänzend → Rn. 36.1).

36.1 **Problematisch** an der Leistungsträgerklausel ist, dass nach der Rechtsprechung des BAG ein Herausnehmen des Leistungsträgers **nur nach Abwägung mit der sozialen Schutzbedürftigkeit** des dann zu entlassenden Mitarbeiters möglich ist (BAG NZA 2012, 1040). Das höhere Alter, die längere Betriebszugehörigkeit etc. (also das Interesse des sozial schwächeren Arbeitnehmers) sind abzuwägen mit den besonderen Kenntnissen des Leistungsträgers (das betriebliche Interesse des Arbeitgebers an der Herausnahme des sog. Leistungsträgers). Je schwerer dabei das soziale Interesse wiegt, desto gewichtiger müssen die Gründe für die Ausklammerung des Leistungsträgers sein. Diese **Bewertung ist mit erheblichen Unsicherheiten verbunden.** Letztlich muss bspw. also die Frage beantwortet werden, welche Qualifikation wie viele Jahre einer längeren Betriebszugehörigkeit aufwiegt.

C. Wesentliche Änderung der Sachlage

§ 125 Abs. 1 gilt nicht, soweit sich die Sachlage nach Zustandekommen des Interessenausgleichs wesentlich geändert hat (§ 125 Abs. 1 S. 2). **Wesentlich** ist die Änderung, wenn sich nachträglich ergibt, dass **keine Betriebsänderung** oder eine **andere Betriebsänderung** (iSv § 111 BetrVG) durchgeführt werden soll oder wenn sich nachträglich ergibt, dass **erheblich weniger Mitarbeiter** entlassen werden sollen als ursprünglich geplant (Lakies ArbRAktuell 2012, 366 (369)). Maßgebender Zeitpunkt für die Beurteilung der wesentlichen Änderung ist der Zeitpunkt der Kündigung. Bei späteren Änderungen kommt nur ein Wiedereinstellungsanspruch in Betracht (BAG AP KSchG 1969 § 1 Soziale Auswahl Nr. 97; LAG Hamm BeckRS 2018, 15595). 37

Die Sachlage muss sich so wesentlich geändert haben, dass von einem **Wegfall der Geschäftsgrundlage** für den Interessenausgleich gesprochen werden kann (auch → Rn. 38.1). 38

Wird etwa ein Interessenausgleich im Hinblick auf eine **Betriebsstilllegung** vereinbart, findet aber nach Ausspruch der Kündigungen eine **Betriebsübernahme** statt, so ist von einer wesentlichen Änderung auszugehen. Ist schon gekündigt, so kommt in diesem Fall ein **Wiedereinstellungsanspruch** in Betracht. Die Darlegungs- und Beweislast für die wesentliche Änderung der Sachlage liegt beim Arbeitnehmer (BAG BeckRS 2001, 41069). 38.1

D. Interessenausgleich und Massenentlassungsanzeige

I. Anzeigepflicht

Auch im Insolvenzverfahren besteht die Verpflichtung gegenüber der **Agentur für Arbeit** zur ordnungsgemäßen Anzeige von Massenentlassungen (→ Rn. 39.1) sowie zur **Beteiligung des Betriebsrates im Rahmen des Konsultationsverfahrens**. Bei der Einreichung der Massenentlassungsanzeige nach § 17 KSchG empfiehlt es sich, auf die amtlichen Formulare der Bundesagentur für Arbeit (BA) zurückzugreifen und zusätzlich die Gründe der geplanten Entlassungen dezidiert in einem ausführlichen **Anschreiben** unter Beifügung des Interessenausgleichs und Sozialplans darzustellen. Die Formulare wurden im November 2016 neu veröffentlicht und können im Internet auf der Homepage der Bundesagentur für Arbeit bezogen werden (Entlassungsanzeige, Angaben für die Arbeitsvermittlung). Auf den von der Bundesagentur zur Verfügung gestellten Formblättern ist über die **Zahl und die Berufsgruppen** der zu entlassenden und der in der Regel beschäftigten Arbeitnehmer sowie über den **Zeitraum**, in dem die Entlassungen vorgenommen werden sollen, zu informieren. 39

Die BA bittet vorrangig darum, dass (abweichend vom Gesetz) **Berufsklassen** angegeben werden sollen. Auf die Wirksamkeit der Massenentlassungsanzeige hat es keinen Einfluss, wenn dieser Wunsch nicht erfüllt wird. Wegen des Risikos falscher Angaben sollten deshalb, wie in § 17 Abs. 3 S. 4 KSchG vorgesehen, die **Berufsgruppen** abgefragt werden. Wenn seitens der BA der Wunsch besteht, schon über die Massenentlassungsanzeige weitere Informationen zu Berufsklassen zu bekommen, sollten diese in einem separaten Formular auf freiwilliger Basis abgefragt werden. 39.1

Hinsichtlich der vorgesehenen Kriterien für die Auswahl der zu entlassenden Arbeitnehmer kann auf den der Anzeige beigefügten **Interessenausgleich** Bezug genommen werden (LAG Hamm BeckRS 2018, 15595). Der Interessenausgleich ersetzt zugleich nach § 125 Abs. 2 InsO die Stellungnahme des Betriebsrates nach § 17 Abs. 3 S. 2 KSchG. 39a

Eine noch vom **Schuldner mit Zustimmung des vorläufigen Insolvenzverwalters eingebrachte Massenentlassungsanzeige** bleibt auch im eröffneten Insolvenzverfahren wirksam, falls die Kündigungen nicht bis zur Verfahrenseröffnung erklärt worden sind. Der Insolvenzverwalter kann sich also auf die vor Verfahrenseröffnung eingereichte, jedoch noch nicht verbrauchte, im Übrigen ordnungsgemäße Massenentlassungsanzeige berufen (BAG NZA 2010, 1057). 39a.1

Soweit die gegenüber dem Betriebsrat bestehenden Pflichten aus § 111 BetrVG mit denen aus § 17 KSchG übereinstimmen, kann der Arbeitgeber sie gleichzeitig erfüllen (ergänzend → Rn. 40.1). 40

In der Praxis nach wie vor üblich und ohne weiteres zulässig ist es deshalb, Interessenausgleichsverfahren und Konsultationsverfahren trotz **unterschiedlicher Gegenstände** miteinander zu verbinden (BAG ArbRAktuell 2012, 347 mAnm Mück; v. Hoyningen-Huene/Linck KSchG § 17 Rn. 69). Eine **Verknüpfung der unterschiedlichen Beteiligungsrechte** muss dann jedoch ausreichend **deutlich gemacht** werden, etwa durch Aufnahme in die Präambel des Interessenausgleichs oder durch gesonderte Vereinbarung zwischen den Betriebsparteien. 40.1

41 Die Verpflichtung für anzeigepflichtige Entlassungen besteht nur, wenn die in § 17 Abs. 1 KSchG niedergelegten **Schwellenwerte** überschritten werden. Entlassungen innerhalb eines beliebigen **Zeitraums von 30 Kalendertagen** sind zusammenzurechnen. Dies kann dazu führen, dass Kündigungen, die für sich betrachtet zu Beginn des 30-Tage-Zeitraums nicht anzeigepflichtig gewesen sind, zusammen mit späteren Entlassungen anzeigepflichtig werden (→ Rn. 41.1). Die **nachträgliche Anzeige** ist dann nur im Hinblick auf die späteren Entlassungen relevant. Sie bewirkt aber nicht, dass die früheren Entlassungen wirksam werden.

41.1 Der Arbeitgeber sollte deshalb eine **vorsorgliche Anzeige** erstatten, wenn er damit rechnet, innerhalb des 30-Tage-Zeitraums weitere Entlassungen auszusprechen (BAG BB 1963, 1424).

II. Entlassungen

42 Die Anforderungen an die Massenentlassungsanzeige sind in § 17 Abs. 3 S. 2–6 KSchG detailliert geregelt. Die Anzeige hat vor der Entlassung zu erfolgen. Unter **Entlassung** ist dabei infolge richtlinienkonformer Auslegung der RL 98/59/EG des Rates v. 20.7.1998 zur Angleichung der Rechtsvorschriften der Mitgliedstaaten über Massenentlassungen, nicht die tatsächliche Beendigung des Arbeitsverhältnisses zu verstehen, sondern die **Erklärung der Kündigung** (BAG NZA 2006, 971; EuGH NJW 2005, 1099).

43 Auch **Änderungskündigungen sind „Entlassungen"** iSv § 17 KSchG. Das gilt unabhängig davon, ob der Arbeitnehmer das ihm mit der Kündigung unterbreitete Änderungsangebot ablehnt oder – und sei es ohne Vorbehalt – annimmt (BAG NZA 2014, 1069). **Fristlose Entlassungen** werden bei der Berechnung der Mindestzahl der Entlassungen nicht mitgerechnet (§ 17 Abs. 4 KSchG).

44 Nach § 17 Abs. 1 S. 2 KSchG stehen Entlassungen **andere Beendigungen** des Arbeitsverhältnisses gleich, die vom Arbeitgeber veranlasst wurden (ergänzend → Rn. 44.1).

44.1 Eine **Veranlassung** liegt dann vor, wenn der Arbeitgeber dem Arbeitnehmer zu verstehen gibt, dass andernfalls das Arbeitsverhältnis gekündigt werde, weil nach Durchführung der Betriebsänderung (§§ 111 ff. BetrVG) keine Beschäftigungsmöglichkeit mehr bestehe (BAG ArbRAktuell 2012, 347 mAnm Mückl).

45 Kommt der Arbeitnehmer einer betriebsbedingten Kündigung durch Ausspruch einer **Eigenkündigung** oder durch Abschluss eines **Aufhebungsvertrages** (in zeitlicher Hinsicht) nur zuvor, ist er bei der Angabe der Zahl der zu entlassenden Arbeitnehmer trotzdem zu berücksichtigen (ergänzend → Rn. 45.1 f.).

45.1 Auch wenn der Wechsel einzelner Arbeitnehmer in eine **Transfergesellschaft** vorgesehen ist, sind diese bei der Berechnung des Schwellenwertes nach § 17 KSchG jedenfalls dann zu berücksichtigen, wenn der **Übertritt** im Zeitpunkt der Massenentlassungsanzeige noch **nicht feststeht** (vgl. BAG ArbRAktuell 2012, 347 mAnm Mückl; Ginal/Raif ArbRAktuell 2013, 95).

45.2 Das **LAG BW** will darüber hinaus sogar alle Arbeitnehmer, die bereits vor Ausspruch einer Kündigung **dreiseitige Verträge unterschrieben** haben, bei der Zahl der zu entlassenden Arbeitnehmer mitzählen und bei der Anzeigepflicht nach § 17 Abs. 1 KSchG berücksichtigen (LAG BW ZIP 2014, 937).

III. Konsultationsverfahren

46 Besteht die **Absicht, anzeigepflichtige Entlassungen vorzunehmen,** so hat der Arbeitgeber dem Betriebsrat gem. **§ 17 Abs. 2 KSchG** rechtzeitig die zweckdienlichen Auskünfte insbesondere zu den in Ziff. 1–6 benannten Mitteilungspflichten zukommen zu lassen und ihn schriftlich zu unterrichten (**Konsultationsverfahren**).

47 Spricht der Insolvenzverwalter Kündigungen aus, ohne das vorgeschriebene Konsultationsverfahren durchgeführt zu haben, hat dies die **Unwirksamkeit der Kündigungen** wegen Verstoßes gegen ein gesetzliches Verbot iSv § 134 BGB zur Folge (BAG NZA 2013, 966; ergänzend → Rn. 47.1 f.). Ein im Kündigungsschreiben lediglich zu einem späteren Zeitpunkt als in der Massenentlassungsanzeige, fälschlicherweise und nicht vorsätzlich angegebene **Kündigungsdatum** wirkt sich nicht auf die Wirksamkeit der Kündigung aus (LAG Düsseldorf BeckRS 2019, 38767).

47.1 **Verletzen Arbeitgeber oder Insolvenzverwalter die Pflicht zur Massenentlassungsanzeige,** ist die **Kündigung unwirksam,** wenn sich der Arbeitnehmer auf die Pflichtverletzung **beruft** (BAG NZA 2013, 32; 2010, 1057). Dies gilt auch dann, wenn der Insolvenzverwalter ein bereits vom Schuldner gekündigtes Arbeitsverhältnis **nachkündigt,** um in den Genuss der **kurzen Kündigungsfrist des § 113 S. 2** zu gelangen. Die Massenentlassungsanzeige des Schuldners wurde durch die noch vom Schuldner selbst ausgesprochene Kündigung „verbraucht", der Insolvenzverwalter ist also bei Ausspruch der Nachkündigung erneut an die in § 17 KSchG geregelten Pflichten gebunden (BAG NZA 2010, 1057).

Auch dann, wenn das **Konsultationsverfahren überhaupt nicht durchgeführt** worden ist, führt die Verletzung der dem Arbeitgeber nach § 17 Abs. 2 KSchG obliegenden Pflichten zu einer **Unwirksamkeit der Massenentlassungsanzeige** (BAG NZI 2013, 447). Denn nach der Rechtsprechung des EuGH besteht das Hauptziel der Massenentlassungsrichtlinie (MERL) gerade darin, den Massenentlassungen eine Konsultation mit der Arbeitnehmervertretung und die Unterrichtung der zuständigen Arbeitsagentur vorangehen zu lassen. Ausgehend von diesen Zielen hat der EuGH den Arbeitnehmern ein **kollektiv ausgestaltetes Recht auf Information und Konsultation im Vorfeld einer Massenentlassung** zugebilligt und zur Wahrung dieses Rechts ein zumindest eingeschränktes Klagerecht der Arbeitnehmerseite verlangt (vgl. BAG NZA 2012, 1029). **47.2**

Die Konsultationspflicht setzt zu dem Zeitpunkt ein, zu dem die **Entscheidung zur Umstrukturierung des Betriebs** durch den Insolvenzverwalter getroffen wurde. Durch das Konsultationsverfahren soll es dem Betriebsrat ermöglicht werden, **Alternativen zu der geplanten Massenentlassungsmaßnahme** aufzuzeigen. Die eigentliche Entscheidung, wie die Massenentlassung durchgeführt werden sollen, darf also noch nicht feststehen, da ansonsten das gesamte Konsultationsverfahren keinen Sinn machen würde (Ginal/Raif ArbRAktuell 2013, 95). Im Anschluss an die Unterrichtung haben Arbeitgeber und Betriebsrat über die **Möglichkeiten zu beraten,** wie die Entlassungen vermieden oder eingeschränkt und wie ihre Folgen gemildert werden können (§ 17 Abs. 2 S. 2 KSchG). **48**

IV. Stellungnahme des Betriebsrates

Der Arbeitgeber hat grundsätzlich eine **Abschrift seiner Mitteilung an den Betriebsrat** und die **Stellungnahme des Betriebsrats** hierzu der Agentur für Arbeit zuzuleiten, die für den Betriebssitz zuständig ist (§ 17 Abs. 3 S. 1 KSchG). Der **Betriebsbegriff** des Massenentlassungsrechts ist dabei unionskonform, insbesondere im Hinblick auf die **MERL** „weit" auszulegen. Der Begriff „Betrieb" bezeichnet danach nach Maßgabe der Umstände diejenige Einheit, die der von der Entlassung betroffenen Arbeitnehmer zur Erfüllung ihrer Aufgabe angehören (EuGH NZA 2015, 669 Rn. 44). Zu beachten ist ferner, dass die Übermittlung der Mitteilung und der Stellungnahme nicht die Massenentlassungsanzeige nach § 17 Abs. 1 KSchG ersetzt. **49**

Gemäß § 125 Abs. 2 ersetzt im Insolvenzfall die Namensliste im Interessenausgleich die Stellungnahme des Betriebsrats nach § 17 Abs. 3 S. 2 KSchG (BAG NZA 2011, 1108) (ergänzend → Rn. 49.1). **49a**

Wird im Falle einer **betriebsübergreifenden Betriebsänderung** ein Interessenausgleich mit Namensliste mit dem **Gesamtbetriebsrat** vereinbart, so ersetzt dieser Interessenausgleich die Stellungnahme des örtlichen Betriebsrats (BAG NZA 2011, 1108). **49.1**

Dementsprechend **muss der Massenentlassungsanzeige des Insolvenzverwalters der Interessenausgleich gem. § 125 beigefügt** werden. Dies gilt selbst dann, wenn im Interessenausgleich keine Bekundungen des Betriebsrats zu den Beratungen mit dem Arbeitgeber enthalten sind (BAG NZA 2013, 966). Ein **Interessenausgleich ohne Namensliste** kann mangels gesetzlicher Anordnung die Stellungnahme des Betriebsrats nach § 17 Abs. 3 S. 2 KSchG nicht ersetzen (ergänzend → Rn. 50.1 f.). **50**

Die **Stellungnahme des Betriebsrats** wird nur in den Fällen des **§ 1 Abs. 5 S. 4 KSchG** und des **§ 125 Abs. 2** durch die Betriebsratsbeteiligung in anderen Zusammenhängen **ersetzt**. Mit Ausnahme dieser Fälle gibt der Betriebsrat eine Stellungnahme iSv § 17 Abs. 3 S. 2 KSchG durch die Ausübung anderer betriebsverfassungsrechtlicher oder sonstiger Rechte nicht ab. **50.1**

Gleichwohl kann auch eine **in einen Interessenausgleich ohne Namensliste integrierte Stellungnahme** des Betriebsrats den Anforderungen des § 17 Abs. 3 S. 2 KSchG genügen, wenn sie erkennen lässt, dass sie sich auf die angezeigten Kündigungen bezieht (Krieger/Ludwig NZA 2010, 919 (921); Mückl ArbRAktuell 2011, 238, (239 f.); Schramm/Kuhnke NZA 2011, 1071 (1073)). Das gilt umso mehr, als die **Unterrichtungspflichten nach § 111 BetrVG und § 17 Abs. 2 S. 1 KSchG weitgehend übereinstimmen.** Die Verfahrensregelungen der §§ 111 ff. BetrVG gewährleisten eine umfangreiche Information des Betriebsrats und ernsthafte Beratungen über Alternativlösungen iSd Massenentlassungsrichtlinie (vgl. Niklas/Koehler NZA 2010, 913 (915)). **50.2**

Anzeigepflichtige Entlassungen werden nach **§ 18 Abs. 1 KSchG** grundsätzlich erst wirksam, wenn ein Monat nach Eingang der wirksam erstatteten Anzeige bei der Agentur für Arbeit **51** abgelaufen ist (sog. „**Sperrfrist**"). Die Agentur für Arbeit kann die Sperrzeit allerdings auf Antrag des Arbeitgebers verkürzen oder selbstständig auf zwei Monate verlängern (auch → Rn. 51.1).

51.1 In dieser Zeit wäre allerdings die **Einführung von Kurzarbeit** zulässig, wenn die Agentur für Arbeit einem darauf gerichteten Antrag zustimmt (§ 19 Abs. 1 KSchG).

52 Wird durch **bestandskräftigen Verwaltungsakt** der Agentur für Arbeit die Wirksamkeit der Massenentlassungsanzeige bestätigt, sind die Gerichte für Arbeitssachen hieran **nicht gebunden**; eine fehlerhafte Massenentlassungsanzeige führt trotz bestandskräftigem Verwaltungsakt der Arbeitsverwaltung zur Unwirksamkeit der Kündigungen (BAG NZA 2013, 32; BeckRS 2012, 72741; anders noch HessLAG BeckRS 2012, 68410).

V. Verhältnis zum Kündigungsschutz und zur betrieblichen Mitbestimmung

53 Die Anzeige nach § 17 Abs. 1 KSchG und die Beteiligung des Betriebsrats nach § 17 Abs. 2 KSchG ersetzen nicht die anderweitig vorgesehenen Anforderungen an Entlassungen, insbesondere nicht den **allgemeinen individualrechtlichen Kündigungsschutz** und die **Beteiligungsrechte des Betriebsrats** nach dem BetrVG. Auch bei Vorliegen eines Interessenausgleichs mit Namensliste bleibt somit eine **Betriebsratsanhörung gem. § 102** BetrVG erforderlich. Beide Verfahren (Interessenausgleichsverfahren und Anhörungsverfahren) können jedoch miteinander verbunden werden (ergänzend → Rn. 53.1).

53.1 Das gilt allerdings **nicht automatisch**. Sollen die Verfahren miteinander verbunden werden, muss der Insolvenzverwalter das bei der Einleitung des Beteiligungsverfahrens ausdrücklich **klarstellen** (BAG NZA 1999, 1039).

53.2 Nach ständiger Rechtsprechung des BAG bedarf es keiner weiteren Darlegung der Kündigungsgründe durch den Arbeitgeber nach § 102 BetrVG, wenn der Betriebsrat bereits über den **erforderlichen Kenntnisstand verfügt**, um zu der konkret beabsichtigten Kündigung eine sachgerechte Stellungnahme abgeben zu können. Hat der Betriebsrat den erforderlichen Kenntnisstand, um sich über die Stichhaltigkeit der Kündigungsgründe ein Bild zu machen und eine Stellungnahme hierzu abgeben zu können, und weiß dies der Arbeitgeber oder kann er dies nach den gegebenen Umständen jedenfalls als sicher annehmen, so würde es dem Grundsatz der vertrauensvollen Zusammenarbeit gem. § 2 Abs. 1 BetrVG widersprechen und es wäre eine kaum verständliche **Förmelei**, vom Arbeitgeber dann gleichwohl noch eine detaillierte Begründung zu verlangen (BAG AP BetrVG 1972 § 102 Nr. 37 mwN). Regelmäßig gehen dem Abschluss eines Interessenausgleichs, der mit einer Namensliste der zu kündigenden Arbeitnehmer verbunden ist, längere Verhandlungen voran, aufgrund derer beim Betriebsrat erhebliche Vorkenntnisse über die vom Arbeitgeber geltend gemachten Kündigungsgründe und auch die mit dem Betriebsrat zusammen vorgenommene Sozialauswahl vorhanden sein können (LAG Hamm BeckRS 2018, 15595). Die dem Betriebsrat **aus diesen Verhandlungen bekannten Tatsachen** muss der Arbeitgeber im Anhörungsverfahren nicht erneut vortragen (BAG AP BetrVG 1972 § 102 Nr. 134; BAG AP KSchG 1969 § 1 Namensliste Nr. 5).

§ 126 Beschlußverfahren zum Kündigungsschutz

(1) ¹Hat der Betrieb keinen Betriebsrat oder kommt aus anderen Gründen innerhalb von drei Wochen nach Verhandlungsbeginn oder schriftlicher Aufforderung zur Aufnahme von Verhandlungen ein Interessenausgleich nach § 125 Abs. 1 nicht zustande, obwohl der Verwalter den Betriebsrat rechtzeitig und umfassend unterrichtet hat, so kann der Insolvenzverwalter beim Arbeitsgericht beantragen festzustellen, daß die Kündigung der Arbeitsverhältnisse bestimmter, im Antrag bezeichneter Arbeitnehmer durch dringende betriebliche Erfordernisse bedingt und sozial gerechtfertigt ist. ²Die soziale Auswahl der Arbeitnehmer kann nur im Hinblick auf die Dauer der Betriebszugehörigkeit, das Lebensalter und die Unterhaltspflichten nachgeprüft werden.

(2) ¹Die Vorschriften des Arbeitsgerichtsgesetzes über das Beschlußverfahren gelten entsprechend; Beteiligte sind der Insolvenzverwalter, der Betriebsrat und die bezeichneten Arbeitnehmer, soweit sie nicht mit der Beendigung der Arbeitsverhältnisse oder mit den geänderten Arbeitsbedingungen einverstanden sind. ²§ 122 Abs. 2 Satz 3, Abs. 3 gilt entsprechend.

(3) ¹Für die Kosten, die den Beteiligten im Verfahren des ersten Rechtszugs entstehen, gilt § 12a Abs. 1 Satz 1 und 2 des Arbeitsgerichtsgesetzes entsprechend. ²Im Verfahren vor dem Bundesarbeitsgericht gelten die Vorschriften der Zivilprozeßordnung über die Erstattung der Kosten des Rechtsstreits entsprechend.

Überblick

§ 126 ergänzt § 125 für die Fälle, dass in **betriebsratslosen Betrieben** ein Interessenausgleich mit Namensliste bei fehlender betrieblicher Interessenvertretung nicht abgeschlossen werden kann **oder** ein solcher **in Betrieben mit Betriebsrat** im Verhandlungswege **nicht innerhalb** der **Dreiwochenfrist** zustande gekommen ist. Neben den allgemeinen Antragsvoraussetzungen für das Beschlussverfahren (§§ 80 ff. ArbGG) müssen die besonderen Verfahrensvoraussetzungen des Abs. 1 vorliegen.

Übersicht

	Rn.		Rn.
A. Anwendungsbereich	1	IV. Antrag beim Arbeitsgericht	13
I. Betriebsbedingte Beendigungs- oder Änderungskündigung	4	B. Wirkungen des Feststellungsverfahrens	17
II. Betriebsratsloser Betrieb (Abs. 1 S. 1 Alt. 1)	9	C. Rechtsmittel	22
III. Betrieb mit Betriebsrat (Abs. 1 S. 1 Alt. 2)	11	D. Rechtskraft	23

A. Anwendungsbereich

In den genannten Fällen kann der Insolvenzverwalter ein **kollektives Beschlussverfahren zum Kündigungsschutz** beim ArbG anhängig machen, die zu kündigenden Arbeitnehmer selbst benennen und die Feststellung beantragen, dass deren Kündigungen betriebsbedingt und sozial gerechtfertigt sind. Die Vorschrift stellt somit ein **Bindeglied zwischen den §§ 125, 128 und 127** dar. **1**

Im Feststellungsverfahren gelten die Vorschriften des ArbG über das **Beschlussverfahren** entsprechend. Es herrscht – wie in jedem arbeitsgerichtlichen Beschlussverfahren – der **Amtsermittlungsgrundsatz**. Beteiligte des Beschlussverfahrens sind der **Insolvenzverwalter** und – wenn ein Betriebsrat eingerichtet ist – der **Betriebsrat** sowie diejenigen **Arbeitnehmer**, die mit der Beendigung ihres Arbeitsverhältnisses oder mit der Änderung ihrer Arbeitsbedingungen nicht einverstanden sind. Die **Kosten der anwaltlichen Vertretung** im arbeitsgerichtlichen Beschlussverfahren gehören, soweit sie erforderlich sind, zu den gem. § 40 Abs. 1 BetrVG vom Arbeitgeber zu tragenden Kosten der Betriebsratstätigkeit. Der Freistellungsanspruch des Betriebsrats gegen den Arbeitgeber wandelt sich bei der Abtretung an den anwaltlichen Vertreter in einen Zahlungsanspruch (LAG Hamburg ArbRAktuell 2017, 425 mAnm Schindele). **2**

Die rechtskräftige Entscheidung im Beschlussverfahren nach § 126 entfaltet **Bindungswirkung** für das individuelle Kündigungsschutzverfahren (§ 127 Abs. 1). Die Bindungswirkung erstreckt sich nur auf betriebsbedingte Kündigungen und bezieht sich ausschließlich auf die Frage der sozialen Rechtfertigung nach § 1 KSchG. **3**

Ob das **Sammelverfahren** die gewünschte Effektivität erreicht, wird vielfach bezweifelt (ua Heinze NZA 1999, 57). Denn der im Verfahren geltende Untersuchungsgrundsatz und das allen betroffenen Arbeitnehmern zu gewährende rechtliche Gehör werden zu manchen Verzögerungen führen. Der **praktische Nutzen** der Regelung ist für den Insolvenzverwalter eher gering, was auch die geringe Zahl gerichtlicher Entscheidungen belegt. **3a**

Durch das Verfahren des § 126 können jedoch zumindest unterschiedliche Urteile und Vergleichsvorschläge **verschiedener Kammern** vermieden werden (MüKoInsO/Caspers Rn. 2). Eine zusätzliche Erleichterung besteht darin, dass nach Abs. 1 S. 2 eine bestehende **Schwerbehinderung** nicht als zusätzlicher sozialer Gesichtspunkt im Rahmen der Sozialauswahl Berücksichtigung finden muss (→ Rn. 7). **3b**

I. Betriebsbedingte Beendigungs- oder Änderungskündigung

§ 126 betrifft **nur betriebsbedingte ordentliche Kündigungen,** nicht aber verhaltens- oder personenbedingte Kündigungen (BeckOK ArbR/Plössner Rn. 2) sowie Kündigungen aus wichtigem Grund **im eröffneten Insolvenzverfahren** (→ Rn. 4.1). **4**

§ 126 gilt – wie die §§ 120 ff. – nur für den endgültigen, nicht bereits für den vorläufigen Insolvenzverwalter (§ 22). Dies ergibt sich aus der systematischen Stellung im Dritten Teil der InsO (Wirkungen der Eröffnung des Insolvenzverfahrens) sowie aus dem Wortlaut der Norm, denn es ist nur vom „**Insolvenzver- 4.1**

InsO § 126 Dritter Teil. Wirkungen der Eröffnung des Insolvenzverfahrens

walter" die Rede. Auch in § 22 Abs. 1 gibt es keine entsprechende Verweisungsnorm (Lakies NZI 2000, 345).

5   Die Vorschrift ermöglicht dem Insolvenzverwalter die Durchführung eines **kollektiven Kündigungsschutzverfahrens** mit dem Ziel, die Rechtmäßigkeit einer Mehrzahl von betriebsbedingten Kündigungen feststellen zu lassen, wobei unerheblich ist, ob es sich um **Änderungs- oder Beendigungskündigungen** handelt, die geplant oder bereits erfolgt sind (BAG ZIP 2000, 1588; ergänzend → Rn. 5.1 ff.).

5.1   Voraussetzung ist, dass die Kündigungen **im Zusammenhang mit einer geplanten Betriebsänderung** iSd § 111 BetrVG stehen. Dies ergibt sich aus dem Verweis auf das Nichtzustandekommen eines Interessenausgleichs nach § 125 Abs. 1, der seinerseits voraussetzt, dass eine Betriebsänderung geplant ist. Aber auch bei einer geplanten Betriebsänderung in einem Kleinbetrieb, der nicht unter § 111 S. 1 BetrVG fällt, kann das Verfahren nach § 126 betrieben werden, denn § 126 Abs. 1 S. 1 erwähnt ausdrücklich auch den betriebsratslosen Betrieb (Lakies NZI 2000, 345).

5.2   Kündigungsschutzklage und Beschlussverfahren nach § 126 haben unterschiedliche **Streitgegenstände**: Die Kündigungsschutzklage bezieht sich mit ihrem **punktuellen Streitgegenstand** auf eine konkrete Kündigungserklärung. Das Verfahren nach § 126 behandelt abstrakt die **Kündbarkeit als solche**, also das Vorliegen eines betriebsbedingten Grunds, der für eine Kündigung genutzt werden kann (Rieble NZA 2007, 1393). Weil es sich um unterschiedliche Streitgegenstände handelt, bleibt die Kündigungsschutzklage trotz rechtshängigem Beschlussverfahren zulässig – ja zur Verhinderung der Heilung nach § 7 KSchG geboten. Die gerichtliche Feststellung des Kündigungsgrunds oder der Kündbarkeit ist Vorfrage für den Individualprozess. Deswegen ordnet § 127 Abs. 2 die Aussetzung des Individualprozesses an.

5.3   Eine betriebsbedingte Kündigung ist dann gerechtfertigt, wenn **eine unternehmerische Entscheidung** vorliegt, derzufolge ein **veränderter Arbeitsbedarf** im Betrieb gegeben ist, die **Kündigung dringlich** ist, also durch andere Maßnahmen nicht ersetzt werden kann und die **notwendige Folge betrieblicher Erfordernisse** darstellt (ArbG Offenbach ZInsO 2001, 684). Die Ausführungen zu den betriebsbedingten Kündigungen können praktischerweise zugleich auch als Anhörung des Betriebsrats nach § 102 BetrVG ausgestaltet werden. Dies kann auch in dem Verfahrensantrag selbst geschehen, der dem Betriebsrat als Beteiligter des Beschlussverfahrens zugeleitet wird. Die Beteiligung des Betriebsrats sorgt für Rechtskraft ihm gegenüber.

5.4   Auch die **Entscheidung** des Insolvenzverwalters, den **Personalbestand auf Dauer zu reduzieren**, gehört zu den unternehmerischen Maßnahmen, die zum Wegfall von Arbeitsplätzen führen und damit den entsprechenden Beschäftigungsbedarf entfallen lassen können (BAG BB 1998, 1111).

6   Bei der Entscheidung darüber, ob die im Antrag bezeichneten Kündigungen sozial gerechtfertigt sind, hat das ArbG **jeden einzelnen Fall individuell zu überprüfen** und auch die **Sozialauswahlkriterien nachzuvollziehen**.

7   Die **Überprüfung der Sozialkriterien** ist im Beschlussverfahren jedoch insoweit eingeschränkt, als dass das Kriterium der **Schwerbehinderung** aus der Nachprüfbarkeit im Rahmen der Sozialauswahl ausgenommen ist. Die Sozialauswahl kann vom ArbG nur im Hinblick auf die **Dauer der Betriebszugehörigkeit**, das **Lebensalter** und die **Unterhaltspflichten** nachgeprüft werden.

8   Anders als bei § 125 wird der **Prüfungsmaßstab** in Bezug auf die Sozialauswahl aber **nicht auf grobe Fehlerhaftigkeit reduziert**; auch die **Betriebsbedingtheit der Kündigung** wird **nicht vermutet**, eine **Umkehr der Beweislast** findet also **nicht statt** (Schrader NZA 1997, 70 (76); BeckOK ArbR/Plössner Rn. 11).

II. Betriebsratsloser Betrieb (Abs. 1 S. 1 Alt. 1)

9   Das Verfahren nach § 126 steht neben den Mitbestimmungsrechten nach den §§ 111 ff. BetrVG, wenn ein Betriebsrat eingerichtet ist. Das Verfahren nach § 126 wirkt sich auch nicht auf die Anhörung nach § 102 Abs. 1 BetrVG aus. Diese hat der Insolvenzverwalter gesondert zu erfüllen, auch wenn die Kündigungen erst nach Abschluss des Verfahrens nach § 126 erklärt werden (sollen).

9a   Gibt es im Betrieb **keinen Betriebsrat**, so kann ein Interessenausgleich mit Namensliste nach § 125 mangels betrieblicher Interessenvertretung nicht geschlossen werden. In diesem Fall hat der Insolvenzverwalter die Drei-Wochen-Frist nicht einzuhalten. Er kann den Antrag unmittelbar nach Eröffnung des Insolvenzverfahrens beim Arbeitsgericht stellen (BeckOK ArbR/Plössner Rn. 5–10). Auf die **Unternehmensgröße** kommt es beim betriebsratslosen Betrieb (§ 126 Abs. 1 S. 1 Alt. 1) nicht an mit der Folge, dass das Beschlussverfahren zum Kündigungsschutz auch dann eingeleitet werden kann, wenn das **Unternehmen weniger als 21 wahlberechtigte** Arbeitnehmer beschäftigt oder wenn der Personalabbau die Schwelle der **Massenentlassung** (§ 17 Abs. 1 KSchG) **unterschreitet** (aA BeckOK ArbR/Plössner Rn. 9).

Der Anwendungsbereich des § 126 Abs. 1 S. 1 Alt. 1 verlangt nicht, dass die Voraussetzungen 10 des § 111 S. 1 und 3 BetrVG vorliegen müssen. Ansonsten würde man einer erheblichen Anzahl **kleinerer oder mittlerer Unternehmen** den Zugang zu den arbeitsrechtlichen Sanierungserleichterungen im Insolvenzverfahren nehmen, bei denen das KSchG wegen **Überschreitens der Kleinbetriebsschwelle** des § 23 Abs. 1 KSchG (mehr als 10 Arbeitnehmer im Betrieb) Anwendung findet, deren Personalgröße aber unterhalb der Schwellenwerte des § 111 S. 1 und 3 BetrVG (**mindestens 21 wahlberechtigte Arbeitnehmer im Unternehmen**) liegen und somit nicht nach den Vorschriften der §§ 125–128 saniert bzw. veräußert werden können. Die Vorschrift muss deshalb in betriebsratslosen Betrieben auf alle betriebsbedingten Kündigungen, unabhängig von Unternehmensgröße und Anzahl der Kündigungen (MüKoInsO/Caspers Rn. 6 mwN; aA KPB/Moll Rn. 11 f.), Anwendung finden.

III. Betrieb mit Betriebsrat (Abs. 1 S. 1 Alt. 2)

Ist ein **Betriebsrat eingerichtet,** ist der Anwendungsbereich des § 126 Abs. 1 S. 1 Alt. 2 nur 11 eröffnet, wenn auch die **betriebsverfassungsrechtlichen Voraussetzungen des § 111 S. 1–2 BetrVG vorliegen.** Danach ist ein Interessenausgleich nach § 125 Abs. 1 nur dann zu verhandeln, wenn in Betrieben eines Unternehmens mehr als 20 wahlberechtigte Arbeitnehmer beschäftigt sind **und** eine Betriebsänderung iSd § 111 S. 3 BetrVG geplant ist. Der Wortlaut ist insoweit eindeutig.

Der Anwendungsbereich ist auch dann eröffnet, wenn die Betriebspartner zuvor einen Interes- 12 senausgleich nach § 125 abgeschlossen haben, aber ein wegen einer **weiteren Betriebsänderung** iSd § 111 S. 3 BetrVG erforderlich werdender **zweiter Interessenausgleich** nach § 125 nicht zustande kommt (BAG DB 2000, 1822).

IV. Antrag beim Arbeitsgericht

Gemäß § 82 Abs. 1 ArbGG ist das Arbeitsgericht zuständig, in dessen Bezirk der Betrieb liegt 13 (ArbG Bautzen ZIP 2006, 732). Es gilt der Beschleunigungsgrundsatz, sodass das Arbeitsgericht auf den (nach § 80 Abs. 2 S. 2 ArbGG rechtlich möglichen) Gütetermin im Regelfall zu verzichten hat (Lakies NZI 2000, 345 (347 f.)). Der Insolvenzverwalter hat die **Feststellung zu beantragen,** dass die Kündigung bestimmter, im Antrag bezeichneter Arbeitnehmer **durch dringende betriebliche Erfordernisse bedingt** und darüber hinaus auch **sozial gerechtfertigt** ist (→ Rn. 13.1). Das Feststellungsverfahren gilt dabei für **geplante,** aber auch für bereits **erfolgte betriebsbedingte Kündigungen** (§ 127 Abs. 2).

Der an die Kündigungen anzulegende **Prüfungsmaßstab** entspricht dabei uneingeschränkt dem des 13.1 Kündigungsschutzprozesses nach dem KSchG. Insbesondere wird die Sozialauswahl nicht analog § 125 Abs. 1 Nr. 2 nur auf grobe Fehlerhaftigkeit geprüft, wenn kein Interessenausgleich mit Namensliste vorliegt.

Sind die **Kündigungen bereits ausgesprochen,** so müssen die Verhandlungen über eine 14 Kündigungsschutzklage bis zur rechtskräftigen Entscheidung im Verfahren nach § 126 **auf Antrag des Insolvenzverwalters ausgesetzt** werden.

Unerheblich ist, **wie viele Arbeitnehmer** sich gegen ihre Kündigung zur Wehr setzen, sodass 15 das Feststellungsverfahren auch dann durchzuführen ist, wenn nur ein einziger Arbeitnehmer eine Kündigungsschutzklage führt (MüKoInsO/Caspers Rn. 9; aA LAG München ZInsO 2003, 339; Rieble NZA 2007, 1393 (1394); Zwanziger Rn. 5). Wenn die Vorschrift das präventive Kündigungsverfahren in betriebsratslosen Betrieben für zulässig bestimmt, dann ist es nur konsequent, dieses auch bei Betrieben unterhalb der Größenordnung des § 111 S. 1 BetrVG zuzulassen (ErfK/Gallner Rn. 1; MüKoInsO/Caspers Rn. 6; Löwisch RdA 1997, 80 (85); Lakies NZI 2000, 345; Caspers, Personalabbau und Betriebsänderung, 1. Aufl. 1998, Rn. 242).

Das **Bedürfnis zur erleichterten Sanierung im Insolvenzfall** ist nämlich nicht von der 16 Anzahl der Kündigungsschutzklagen abhängig, da die Beschränkung der Sozialauswahlkriterien auf das Lebensalter, die Betriebszugehörigkeit und Unterhaltspflichten auch bei einer **einzigen Kündigungsschutzklage** zur gebotenen Verfahrenserleichterung führt.

B. Wirkungen des Feststellungsverfahrens

Das ArbG entscheidet über den Feststellungsantrag durch **Beschluss** (§ 84 ArbGG). Dem 17 Antrag des Insolvenzverwalters kann dabei **stattgegeben** oder als **unzulässig** oder **unbegründet abgewiesen** werden.

18 Die rechtskräftige Entscheidung nach § 126 entfaltet **Bindungswirkung** für das individuelle Kündigungsschutzverfahren (§ 127 Abs. 1). Die Bindungswirkung erstreckt sich nur auf **betriebsbedingte Kündigungen** und bezieht sich ausschließlich auf die Frage der **sozialen Rechtfertigung nach § 1 KSchG**. Steht rechtskräftig fest, dass die Kündigung eines Arbeitnehmers betriebsbedingt ist, kann der **Betriebsrat** im Rahmen der **Betriebsratsanhörung** nach § 102 BetrVG dieser Kündigung nach § 102 Abs. 3 BetrVG nicht rechtswirksam **widersprechen**. Die dort genannten Widerspruchsgründe sind nämlich von der Rechtskraft des arbeitsgerichtlichen Beschlusses insgesamt erfasst. Ein gleichwohl erklärter Widerspruch wäre deshalb **unbeachtlich**, sodass der antragstellende Insolvenzverwalter nicht verpflichtet ist, den Arbeitnehmer nach § 102 Abs. 5 BetrVG weiterzubeschäftigen. Diese Rechtskraftwirkung erklärt die an sich systemwidrige Beteiligung am individuellen Sammelverfahren.

19 Beruft sich der Arbeitnehmer bei seiner individuellen Kündigungsschutzklage auf **andere Unwirksamkeitsgründe**, wie zB die Nichtbeachtung von gesetzlichem Sonderkündigungsschutz oder sonstiger Zustimmungserfordernisse, hat das ArbG diese insoweit in einem „**ordentlichen**" **Kündigungsschutzverfahren** zu überprüfen.

20 Wird dem Antrag des Insolvenzverwalters **stattgegeben,** so tritt die Bindungswirkung zulasten der betroffenen Arbeitnehmer ein. Erweist es sich, dass die Kündigung nur in Bezug auf einen Teil der angegebenen Arbeitnehmer gerechtfertigt ist, so ist dem Antrag teilweise stattzugeben (BAG NZA 2000, 1180). Das BAG hat die kündigungsrechtlichen Risiken eines derartigen Teilunterliegens mit der Aufgabe der Dominotheorie deutlich reduziert (BAG NZA 2007, 549). Gleichwohl kann ein Sozialauswahlfehler immer noch eine Mehrzahl von Kündigungen vernichten. Das würde das Verfahren nach § 126 entwerten, weil eine zweite „korrigierende" Kündigungsrunde mit neuem Kündigungskonzept ein zweites Verfahren erforderlich machte (Rieble NZA 2007, 1393; ergänzend → Rn. 20.1).

20.1 § 126 will dem Verwalter frühzeitig **Rechtsklarheit** in Bezug auf anstehende Kündigungen verschaffen. Ein Teilunterliegen in Bezug auf einige Arbeitnehmer schließt eine **zweite Kündigungsrunde** nicht aus – weder gegenüber solchen Arbeitnehmern, die im Antrag gar nicht genannt waren (und mithin nicht von der Rechtskraft erfasst werden) noch gegenüber obsiegenden Arbeitnehmern, denen auf der Basis einer erneuten und fehlerfreien Sozialauswahl gekündigt worden ist, weil sich insofern die Sachlage wesentlich geändert hat (§ 127 Abs. 1 S. 2; Rieble NZA 2007, 1393).

21 Wird der Antrag jedoch teilweise oder ganz **abgewiesen**, so sind die betroffenen Arbeitnehmer von der Bindungswirkung in ihrem individuellen Kündigungsschutzprozess begünstigt. Denn ein Antrag auf positive Feststellung enthält bei Abweisung zugleich die Feststellung des genauen Gegenteils (MüKoInsO/Caspers Rn. 10).

C. Rechtsmittel

22 § 126 Abs. 2 S. 2 verweist auch auf § 122 Abs. 3. Danach findet gegen den Beschluss des ArbG die **Beschwerde an das LAG** nicht statt. Eine **Rechtsbeschwerde an das BAG** findet nur statt, wenn sie in dem Beschluss des ArbG **zugelassen** ist. Die Möglichkeit der **Nichtzulassungsbeschwerde** ist nicht gegeben. Die Rechtsbeschwerde kann entsprechend § 93 Abs. 1 ArbGG nur darauf gestützt werden, dass der Beschluss des Arbeitsgerichts auf der **Nichtanwendung oder unrichtigen Anwendung einer Rechtsnorm** beruht. An die tatsächlichen Feststellungen des ArbG ist das BAG gebunden, soweit bei der Feststellung des Sachverhalts nicht gegen Rechtsvorschriften verstoßen worden ist (Lakies NZI 2000, 345 (349)).

D. Rechtskraft

23 An die Entscheidung des ArbG sind alle Beteiligten, also die benannten Arbeitnehmer, der Insolvenzverwalter, der potenzielle Betriebserwerber und der Betriebsrat gebunden – vorbehaltlich einer nachträglichen Änderung der Sachlage gem. § 127 Abs. 1 S. 2.

§ 127 Klage des Arbeitnehmers

(1) ¹Kündigt der Insolvenzverwalter einem Arbeitnehmer, der in dem Antrag nach § 126 Abs. 1 bezeichnet ist, und erhebt der Arbeitnehmer Klage auf Feststellung, daß das Arbeitsverhältnis durch die Kündigung nicht aufgelöst oder die Änderung der Arbeitsbedingungen sozial ungerechtfertigt ist, so ist die rechtskräftige Entscheidung

im Verfahren nach § 126 für die Parteien bindend. ²Dies gilt nicht, soweit sich die Sachlage nach dem Schluß der letzten mündlichen Verhandlung wesentlich geändert hat.

(2) Hat der Arbeitnehmer schon vor der Rechtskraft der Entscheidung im Verfahren nach § 126 Klage erhoben, so ist die Verhandlung über die Klage auf Antrag des Verwalters bis zu diesem Zeitpunkt auszusetzen.

Überblick

Die Vorschrift steht in einem sachlichen Zusammenhang mit den § 125 (→ § 125 Rn. 1), § 126 (→ § 126 Rn. 1), aber auch mit § 128 Abs. 1 (→ § 128 Rn. 1) und ordnet an, dass das Ergebnis des präventiven Kündigungsverfahrens nach § 126 dem individuellen Kündigungsschutzprozess nach § 4 KSchG vorgeht. Nach Abs. 2 (→ Rn. 11) ist der Kündigungsschutzprozess während des Laufes des präventiven Kündigungsverfahrens auf Antrag des Insolvenzverwalters auszusetzen.

A. Bindungswirkung

Das kollektive Feststellungsverfahren zum Kündigungsschutz gem. § 126 (→ § 126 Rn. 1) entfaltet **Bindungswirkung** für den (späteren) individuellen Kündigungsschutzprozess. Sie tritt **unabhängig vom Ausgang des Feststellungsverfahrens** ein. 1

Die Bindungswirkung an das Beschlussverfahren sichert ab, dass **keine abweichenden Entscheidungen** über die Frage der sozialen Rechtfertigung der betriebsbedingten Kündigung (→ § 113 Rn. 6) getroffen werden. Wegen der auf die Sozialwidrigkeit der betriebsbedingten (→ § 126 Rn. 4) Kündigungen beschränkten Reichweite der Bindungen ist der praktische Nutzen der Vorschrift begrenzt. § 127 Abs. 1 S. 2 schränkt die Bindungswirkung bei einer wesentlich veränderten Sachlage weiter ein. 2

Der Anwendungsbereich der Vorschrift deckt sich mit § 126 und setzt voraus, dass die Entscheidung im Beschlussverfahren nach § 126, an der der Arbeitnehmer **formell beteiligt und gehört** worden sein muss, **rechtskräftig** ist. 3

Wird dem Antrag nach § 126 stattgegeben, dann steht zugleich zulasten des betroffenen Arbeitnehmers die **Betriebsbedingtheit** (→ § 126 Rn. 3) und **soziale Rechtfertigung** (→ § 126 Rn. 3) der Kündigung auch im Kündigungsschutzprozess fest (ergänzend → Rn. 4.1). 4

Ob die Kündigung ggf. aus **anderen Gründen**, etwa wegen **fehlerhafter Betriebsratsanhörung** (→ § 113 Rn. 7) (§ 102 BetrVG), wegen eines Fehlers im **Massenentlassungsverfahren** (→ § 113 Rn. 5.1) (§§ 17 ff. KSchG), wegen Nichtbeachtung eines gesetzlichen Kündigungsschutzes (→ § 113 Rn. 5) (zB **Schwerbehinderung** (§§ 85 ff. SGB X), **Kündigungsschutz** (§ 15 KSchG etc) oder wegen Verletzung des **Schriftformerfordernisses** (§§ 623, 134 BGB) unwirksam ist, bleibt im Kündigungsschutzprozess voll nachprüfbar, da insoweit gerade keine Überprüfung und Entscheidung im Feststellungsverfahren nach § 126 stattgefunden hat. 4.1

Wird der **Antrag abgewiesen**, ergibt sich daraus umgekehrt die Bindungswirkung zugunsten des betroffenen Arbeitnehmers mit der Folge, dass im Kündigungsschutzprozess ohne weitere Prüfung durch das ArbG festgestellt wird, dass das Arbeitsverhältnis durch die angegriffene betriebsbedingte Kündigung nicht aufgelöst wurde. 5

Nach Einleitung des Verfahrens nach § 126 trägt der **Insolvenzverwalter somit auch das Risiko eines möglichen negativen Ausgangs** (Uhlenbruck/Zobel Rn. 42; APS/Künzl Rn. 46 ff.; ErfK/Gallner Rn. 2; Giesen ZIP 1998, 46 (54); BeckOK ArbR/Plössner Rn. 2; aA KPB/Moll Rn. 22; Schrader NZA 1997, 70 (77)). Bei geringer Aussicht auf Erfolg bleibt ihm die „Flucht" in die Antragsrücknahme, um einer negativen Bindungswirkung zu entgehen (ergänzend → Rn. 6.1). 6

Dem Insolvenzverwalter bleibt es im Falle einer für ihn negativen Entscheidung im Beschlussverfahren aber unbenommen, sich im Kündigungsschutzprozess ggf. auf **andere Beendigungsgründe** zu berufen und sich zur sozialen Rechtfertigung der Kündigung zB auf **verhaltensbedingte** oder **personenbedingte** Gründe zu stützen. 6.1

Die Bindungswirkung im Beschlussverfahren nach § 126 steht der Anwendbarkeit des **§ 7 KSchG** nicht entgegen. Versäumt der Arbeitnehmer die in § 4 S. 1 KSchG niedergelegte Dreiwochenfrist für die Erhebung einer Kündigungsschutzklage und wird diese auch nicht nach § 5 7

KSchG nachträglich zugelassen, so gilt die Kündigung ohne Rücksicht auf die soziale Rechtfertigung als von Anfang an wirksam, § 7 KSchG.

8 Nach § 1 S. 2 gilt die Bindungsfrist nicht, wenn sich die Sachlage im Zeitraum **nach dem Schluss der letzten mündlichen Verhandlung** und **vor Ausspruch der betriebsbedingten Kündigungen** wesentlich geändert hat (ergänzend → Rn. 8.1 f.)

8.1 Die **Bindungswirkung entfällt also nicht**, soweit die betriebsbedingten **Kündigungen bereits ausgesprochen** sind. In diesen Fällen ist die soziale Rechtfertigung allein im Zeitpunkt des Zugangs der Kündigung festzustellen.

8.2 Kommt es nach **dem Ausspruch der Kündigung** zu einer wesentlichen Änderung der Rechtslage (→ Rn. 8), kann dem Arbeitnehmer jedoch das Recht auf **Wiedereinstellung** zustehen.

9 Eine **wesentliche Änderung der Sachlage** ist etwa dann anzunehmen, wenn das Gericht in Bezug auf eine **größere Anzahl** von Arbeitnehmern, für dessen Kündigungsschutzprozess die Bindungswirkung in Frage steht, eine **andere Entscheidung gefällt** hatte und somit der geschilderte Lebenssachverhalt für die tragenden Entscheidungsgründe im Feststellungsbeschluss nicht mehr besteht. Als Richtgröße könnte bspw. auf die Zahlen- und Prozentangaben des § 17 KSchG zurückgegriffen werden (**aA** MüKoInsO/Caspers Rn. 13, der keine größere Anzahl von Arbeitnehmern verlangt).

10 Die **Sachlage** erfährt auch dann eine **wesentliche Änderung**, wenn sich der zukünftige Beschäftigungsbedarf im Betrieb aufgrund einer **deutlichen Verbesserung der Auftragslage** so signifikant und nachhaltig gegenüber der ursprünglichen Prognoseentscheidung des Insolvenzverwalters geändert hat, dass das tatsächliche Beschäftigungsvolumen nur durch eine entsprechende Anzahl von **Neueinstellungen** bewältigt werden kann oder die vom Personalabbau nicht betroffenen Arbeitnehmer in entsprechender Anzahl das Unternehmen durch **Eigenkündigung oder Aufhebungsvertrag** verlassen und die nachträglich **freigewordenen Arbeitsplätze** mit gekündigten Arbeitnehmern fachgerecht **neu besetzt** werden können. Dies kann auch in einem unerwarteten Betriebsübergang nach Abschluss des präventiven Kündigungsverfahrens begründet sein, wenn dadurch die Arbeitsplätze der im Beschluss genannten Arbeitnehmer erhalten bleiben (BeckOK ArbR/Plössner Rn. 5).

B. Aussetzung des Kündigungsschutzprozesses

11 Spricht der Insolvenzverwalter betriebsbedingte Kündigungen oder Änderungskündigungen schon **vor Rechtskraft** einer Entscheidung im Feststellungsverfahren nach § 126 aus, und erheben die im Antrag bezeichneten und im Beschlussverfahren ordnungsgemäß beteiligten Arbeitnehmer, insbesondere zur Einhaltung der dreiwöchigen Klagefrist eine Kündigungsschutzklage oder Änderungsschutzklage, sind diese Kündigungsschutzprozesse gem. Abs. 2 auf **Antrag des Insolvenzverwalters zwingend** (kein Ermessen des Gerichts) **auszusetzen.** Wird der Kündigungsschutzprozess nicht ausgesetzt und ergeht ein Urteil gegen den Insolvenzverwalter, ist dieses im Wege der Restitutionsklage (§ 580 Nr. 6 ZPO) zu beseitigen, wenn der Insolvenzverwalter im Nachgang im Beschlussverfahren obsiegt und der Arbeitnehmer dort namentlich bezeichnet war (ErfK/Gallner Rn. 5; BeckOK ArbR/Plössner Rn. 6).

12 Abs. 2 entfaltet gegenüber **§ 148 ZPO** keine Sperrwirkung. Unabhängig vom Aussetzungsantrag des Insolvenzverwalters kann das Gericht des Kündigungsschutzprozesses das Verfahren auch unter den Voraussetzungen des § 148 ZPO **von Amts wegen** aussetzen.

13 Nimmt der Insolvenzverwalter den Antrag im Verfahren nach § 126 zurück oder **erledigt sich das Verfahren** auf andere Weise, endet die Aussetzung. Der individuelle Kündigungsschutzprozess ist dann vom Arbeitsgericht fortzusetzen (§ 61a ArbGG; MüKoInsO/Caspers Rn. 21).

§ 128 Betriebsveräußerung

(1) Die Anwendung der §§ 125 bis 127 wird nicht dadurch ausgeschlossen, dass die Betriebsänderung, die dem Interessenausgleich oder dem Feststellungsantrag zugrunde liegt, erst nach einer Betriebsveräußerung durchgeführt werden soll. An dem Verfahren nach § 126 ist der Erwerber des Betriebs beteiligt.

(2) Im Falle eines Betriebsübergangs erstreckt sich die Vermutung nach § 125 Abs. 1 Satz 1 Nr. 1 oder die gerichtliche Feststellung nach § 126 Abs. 1 Satz 1 auch darauf, dass die Kündigung der Arbeitsverhältnisse nicht wegen des Betriebsübergangs erfolgt.

Betriebsveräußerung § 128 InsO

Überblick

Die Regelungen des Betriebsüberganges gem. § 613a BGB finden grundsätzlich auch in der Insolvenz Anwendung (→ Rn. 2). Jedoch gelten hierbei Einschränkungen (→ Rn. 3). Zum einen sind die §§ 125–127 entsprechend anwendbar (→ Rn. 4). Somit gilt, bei Vorliegen der entsprechenden Voraussetzungen, die Vermutung, dass die in diesem Zusammenhang erteilten Kündigungen nicht aufgrund des Betriebsüberganges, sondern aus betriebsbedingten Gründen erfolgt sind (→ Rn. 35). Zum anderen haftet der Erwerber nicht für die Ansprüche, die zum Zeitpunkt der Eröffnung des Insolvenzverfahrens bereits entstanden waren (→ Rn. 18, → Rn. 29).

Übersicht

	Rn.		Rn.
A. Allgemeines	1	1. Übergang der Arbeitsverhältnisse auf den Erwerber	17
I. Normzweck	1	2. Fortgeltung der Kollektivvereinbarungen	20
II. Anwendungsbereich	4	3. Beendigung der Arbeitsverhältnisse	23
B. Betriebsübergang nach § 613a BGB	6	**C. Eingeschränkte Erwerberhaftung**	29
I. Anwendungsvoraussetzungen des § 613a BGB	6	**D. Anwendbarkeit der §§ 125–127**	30
1. Rechtsgeschäftlicher Betriebsübergang	6	I. Interessenausgleich und Feststellungsantrag vor Betriebsübergang	31
2. Bestehen von Arbeitsverhältnissen zum Zeitpunkt des Betriebsübergangs	12	II. Beteiligung des Erwerbers im Feststellungsverfahren	33
3. Unterrichtung der betroffenen Arbeitnehmer	13	III. Erweiterung der Vermutungs- und Feststellungswirkung	34
4. Widerspruchsrecht des Arbeitnehmers	14	1. Vermutungswirkung	35
II. Rechtsfolgen des § 613a BGB	15	2. Feststellungswirkung	37

A. Allgemeines

I. Normzweck

In der Praxis hat sich die sog. übertragende Sanierung als vorgreifende Maßnahme zu einer **1** Betriebsveräußerung bewährt. Dabei wird ein Unternehmen oder ein Betrieb oder ein Betriebsteil aus der Insolvenzmasse heraus auf einen anderen Unternehmensträger übertragen (MüKoInsO/Caspers Rn. 1).

Dabei werden regelmäßig die Voraussetzungen eines **Betriebsübergangs gem. § 613a BGB 2** erfüllt (MüKoInsO/Caspers Rn. 1; Blersch/Goetsch/Haas Rn. 1). Nach der Rechtsprechung des Bundesarbeitsgerichts bleibt § 613a BGB auch in der Insolvenz grundsätzlich anwendbar (BAG NJW 1980, 1124).

Es ist offensichtlich, dass § 613a BGB eine wesentliche Erschwernis für das Konzept der übertra- **3** genden Sanierung darstellt (MüKoInsO/Caspers Rn. 1 mwN; Braun/Wolf Rn. 1; BeckOK ArbR/Plössner Rn. 3). Zwar hielt der Gesetzgeber daran fest, stellte aber zugleich klar, dass § 613a BGB auch in der Insolvenz **in modifizierter Weise** gelten soll, um praktischen Schwierigkeiten entgegenzuwirken, die sich aus der Anwendung der Norm ergeben (BT-Drs. 12/2443, 150). Dies ist insbesondere vor dem Hintergrund des in § 613a Abs. 4 BGB geregelten Kündigungsverbots relevant (Andres/Leithaus/Andres Rn. 1). Auch das Bundesarbeitsgericht hat konstatiert, dass es nicht die Aufgabe des § 613a BGB sei, Sanierungen im Falle von Betriebsübernahmen zu ermöglichen oder zu erschweren (BAG NZA 1988, 655). Vielmehr soll die Wahl der Verwertungsform nicht von arbeitsrechtlichen Rahmenbedingungen abhängig gemacht werden, was durch die Anwendbarkeit der §§ 125, 126 bei der Betriebsveräußerung sichergestellt wird (Nerlich/Römermann/Hamacher Rn. 2).

II. Anwendungsbereich

Voraussetzung ist ein Interessenausgleich (§ 125 InsO) oder ein Feststellungsantrag (§ 126 InsO). **4** Das wiederum bedeutet, dass § 128 InsO eine **Betriebsänderung nach § 111 BetrVG** erfordert (Braun/Wolf Rn. 2; aA MüKoInsO/Caspers Rn. 4). Liegt neben der Betriebsänderung auch ein Betriebsübergang vor, gelten die Vorschriften des §§ 125–127 entsprechend für den Erwerber (Braun/Wolf Rn. 2). Allerdings sind die §§ 125–127 InsO nicht anzuwenden, wenn der Betrieb

Göpfert

InsO § 128 Dritter Teil. Wirkungen der Eröffnung des Insolvenzverfahrens

zunächst auf den Erwerber übergeht und der Erwerber erst danach die Betriebsänderung durchführt (Braun/Wolf Rn. 2).

5 Der Anwendungsbereich von § 128 ist auch bei **Änderungskündigungen** eröffnet (Uhlenbruck/Zobel Rn. 20). Hintergrund ist, dass sich das Kündigungsverbot nach § 613a Abs. 4 BGB nicht nur auf Beendigungs-, sondern auch auf Änderungskündigungen erstreckt (LAG Hamm BeckRS 1999, 30777909).

B. Betriebsübergang nach § 613a BGB

I. Anwendungsvoraussetzungen des § 613a BGB

1. Rechtsgeschäftlicher Betriebsübergang

6 **a) Wechsel des Betriebsinhabers.** Die betroffene wirtschaftliche Einheit muss zwingendermaßen unter **Wahrung ihrer Identität** übergehen (MüKoInsO/Caspers Rn. 6).

7 Folglich muss an die Stelle des ursprünglichen Inhabers ein anderer Inhaber treten, der den Betrieb im eigenen Namen tatsächlich fortführt (KR/Treber BGB § 613a Rn. 18). Maßgeblich ist hier, dass ein Wechsel in der Person durchgeführt wird, die den Betrieb innehat und in deren Namen der Betrieb fortgeführt werden soll, mit anderen Worten ein **Wechsel der Rechtspersönlichkeit des Betriebsinhabers** erfolgt (BAG NZA 2007, 1428). Gleiches gilt, wenn eine Gesellschaft auf eine andere Gesellschaft innerhalb desselben Konzern übergeht (EuGH NZA 2014, 423). Daraus folgt, dass etwa ein umwandlungsrechtlicher Formwechsel gem. §§ 190 ff. UmwG keinen Betriebsübergang darstellt, da hier Identität zwischen den Rechtssubjekten vorliegt (MüKoBGB/Müller Glöge BGB § 613a Rn. 55). Inwieweit Spaltungen einen Wechsel des Betriebsinhabers darstellen, hängt von der konkreten Ausgestaltung der Spaltung ab. § 613a BGB ist einschlägig, wenn ein Betrieb auf ein rechtlich verselbständiges Unternehmen übertragen wird (ErfK/Preis BGB § 613a Rn. 45). Leitet ein Insolvenzverwalter die Geschäfte eines Unternehmens, liegt kein Wechsel des Betriebsinhabers vor (ErfK/Preis BGB § 613a Rn. 48).

8 Der übergegangene Betrieb muss seine Geschäftstätigkeit auch **tatsächlich weiterführen** bzw., sofern die Geschäftstätigkeit zuvor eingestellt wurde, **wieder aufnehmen** (BAG NZA 1999, 310; aA BAG NZA 1995, 1155). Ein Betriebsübergang liegt vor, wenn der Betrieb oder Betriebsteil vor dem Erwerb endgültig und ernstlich für eine unbestimmte, nicht unerhebliche Zeit stillgelegt wird. Das BAG hat dahingehend entschieden, dass bei alsbaldiger Wiedereröffnung des Betriebs oder bei alsbaldiger Wiederaufnahme der Produktion durch einen Betriebserwerber eine tatsächliche Vermutung gegen eine ernsthafte Absicht, den Betrieb stillzulegen spricht (BAG NZA 1988, 170).

9 **b) Übergang eines Betriebs oder Betriebsteils.** § 613a BGB setzt den Übergang eines Betriebs oder Betriebsteils voraus. Dabei stellen insbesondere die beiden Begriffe „Betrieb" und „Betriebsteil" den Rechtsanwender vor Schwierigkeiten (Braun/Wolf Rn. 9 mwN). Abzustellen ist nämlich nicht auf den traditionellen Betriebsbegriff des deutschen Arbeitsrechts, sondern auf den Übergang einer sog. **„wirtschaftlichen Einheit"** (Der Betriebsbegriff iSd § 613a BGB wurde geprägt durch die Rechtsprechung des EuGH zur Rl 2001/23/EG, die auch vom BAG in ständiger Rechtsprechung iRv § 613a BGB zu Grunde gelegt wird). Wirtschaftliche Einheit meint in diesem Zusammenhang die organisatorische Gesamtheit von Personen und Sachen zur auf Dauer angelegten Ausübung einer wirtschaftlichen Tätigkeit mit eigener Zielsetzung. Maßgeblich ist die Wahrung der Identität der wirtschaftlichen Einheit. Zur Abgrenzung bedarf es einer typologischen Gesamtwürdigung aller den Vorgang betreffender Tatsachen (BAG NZA-RR 2013, 179). Hierzu haben der EuGH und das BAG einen sog. **7-Punkte-Katalog** entwickelt (MüKoBGB/Müller-Glöge BGB § 613a Rn. 25).

10 Im Besonderen sollten etwa (1.) die Art des betreffenden Unternehmens oder Betriebs, (2.) der etwaige Übergang der materiellen Betriebsmittel wie Gebäude oder bewegliche Güter, (3.) der Wert des immateriellen Aktiva im Zeitpunkt des Übergangs, (4.) die etwaige Übernahme der Hauptbelegschaft, (5.) der etwaige Übergang der Kundschaft sowie (6.) der Grad der Ähnlichkeit zwischen den vor und nach dem Übergang verrichteten Tätigkeiten und (7.) die Dauer einer eventuellen Unterbrechung dieser Tätigkeit, als Teilaspekte in die Gesamtwürdigung einfließen (EuGH NZA 1997, 433 – Süzen).

10a Für die Annahme eines Betriebsüberganges ist es allerdings nicht notwendig, dass alle Teilaspekte gegeben sind. Nach dem EuGH kann es beispielsweise im Einzelfall unschädlich sein, dass keine materiellen Betriebsmittel von erheblicher Bedeutung auf den Betriebserwerber übergehen, solange aber alle Arbeitnehmer übernommen werden und eine Funktionsnachfolge stattfindet

(EuGH NZA 2020, 443 – Grafe und Pohle/Südbrandenburger Nahverkehrs GmbH, OSL Bus GmbH).

Nach § 613a Abs. 1 BGB ist bereits der **Übergang eines Betriebsteils** ausreichend. Betriebsteil ist eine Teilorganisation, in der innerhalb des betrieblichen Gesamtzwecks sachlich und organisatorisch abgrenzbare arbeitstechnische Teilzwecke erfüllt werden, bei welchen es sich auch um bloße Hilfsfunktionen handeln kann (BAG NZA 2006, 263). Insofern müssen auch beim Übergang eines Betriebsteils sowohl der Teilzweck als auch die wesentlichen Betriebsmittel übergehen und infolgedessen die wirtschaftliche Einheit beibehalten werden (MüKoInsO/Caspers Rn. 10). **10b**

c) **Rechtsgeschäftlicher Übergang des Betriebs(-teils).** § 613a Abs. 1 S. 1 BGB bestimmt, dass der Übergang des Betriebs bzw. Betriebsteils durch Rechtsgeschäft erfolgen muss. Rechtsgeschäft iSd § 613a BGB umfasst alle Fälle der Fortführung einer wirtschaftlichen Einheit im Rahmen **vertraglicher und sonstiger rechtsgeschäftlicher Beziehungen** (BAG NZA-RR 2008, 367). Dabei ist die Art des Rechtsgeschäfts irrelevant, dh es kommen ua Kauf- und Pachtverträge, Schenkungen, Verpachtungen sowie Management Buy-Outs in Betracht (DFL/Bayreuther BGB § 613a Rn. 32) Die Wirksamkeit des zu Grunde liegenden Rechtsgeschäfts ist nicht entscheidend (BAG NZA 2006, 597). Um einen rechtsgeschäftlichen Übergang handelt es sich auch bei der Übertragung des Betriebs in eine dafür gegründete Auffanggesellschaft (MüKoInsO/Caspers Rn. 11). Kein Betriebsübergang stellt die Fortführung des Betriebs durch den Insolvenzverwalter nach §§ 80, 148, 159 dar. Dem Insolvenzverwalter werden die Betriebsmittel nicht durch Rechtsgeschäft übertragen. Vielmehr erhält er nur die Betriebsfortführungsbefugnis (ErfK/Preis BGB § 613a Rn. 63). **11**

2. Bestehen von Arbeitsverhältnissen zum Zeitpunkt des Betriebsübergangs

§ 613a BGB legt fest, dass ausschließlich diejenigen Arbeitsverhältnisse auf den Erwerber übergehen, die zum Zeitpunkt des Übergangs bestehen. Folglich müssen die Arbeitnehmer, die zuvor bereits ausgeschieden sind, ihre Rechte im Insolvenzverfahren geltend machen. Abzustellen ist hierbei auf den Zeitpunkt, zu dem der Erwerber den Betrieb fortführt und nutzt, folglich der **Zeitpunkt der Übernahme des Betriebs.** Nicht entscheidend ist hingegen der Zeitpunkt des Abschlusses des Übernahmevertrags (MüKoInsO/Caspers Rn. 13). **12**

Der im Vorfeld aufgrund einer zunächst geplanten Betriebsstilllegung wirksam gekündigte Arbeitnehmer hat jedoch gegenüber dem Betriebserwerber einen **Wiedereinstellungsanspruch,** wenn während des Laufs der Kündigungsfrist doch ein Betriebsübergang vorgenommen wird und bei dem Betriebserwerber eine Weiterbeschäftigungsmöglichkeit besteht. Ein Weiterbeschäftigungsanspruch liegt allerdings dann nicht vor, wenn der Betriebsübergang erst nach Ablauf der Kündigungsfrist im Zuge eines Insolvenzverfahren erfolgt, da ansonsten die übertragenen Sanierungen gefährdet wären (vgl. BAG NZA-RR 2013, 179; MüKoInsO/Caspers Rn. 32). Auch darüber hinaus können schützenswerte Interessen des Betriebserwerbers dem Wiedereinstellungsanspruch entgegenstehen (Gallner/Mestwerdt/Nägele, Kündigungsschutzrecht, 7. Aufl. 2021, § 1 Rn. 788). Das Arbeitsgericht Düsseldorf hat in einem aktuellen Urteil jedoch entschieden, dass sich aus § 128 kein generelles, dem Wiedereinstellungsanspruch entgegenstehendes schützenswertes Interesse des Betriebserwerbers ergibt (ArbG Düsseldorf NZI 2021, 332). Eine höchstrichterliche Entscheidung hierzu steht aber noch aus. **12a**

3. Unterrichtung der betroffenen Arbeitnehmer

Gemäß § 613a Abs. 5 BGB sind die betroffenen Arbeitnehmer vor dem Übergang in Textform über den Zeitpunkt oder den geplanten Zeitpunkt des Übergangs, den Grund für den Übergang, die rechtlichen, wirtschaftlichen und sozialen Folgen des Übergangs für die Arbeitnehmer sowie die hinsichtlich der Arbeitnehmer in Aussicht genommenen Maßnahmen zu unterrichten. Zur Unterrichtung verpflichtet sind sowohl der Erwerber als auch der Veräußerer als Gesamtschuldner. Dabei sind alle Arbeitnehmer zu unterrichten, deren Arbeitsverhältnis auf den Erwerber übergehen werden (Nerlich/Römermann/Hamacher Rn. 26). Für den Inhalt der Unterrichtung ist der jeweilige Kenntnisstand des Veräußerers und des Erwerbers maßgeblich (BeckOK BGB/Fuchs/Baumgärtner BGB § 613a Rn. 79). Zu Mutmaßungen sind Veräußerer und Erwerber nicht verpflichtet (BAG BeckRS 2012, 66397). Die Unterrichtung muss in einer klaren und für Arbeitnehmer ohne juristischen Hintergrund verständlichen Sprache vollzogen werden. Die reine Wiedergabe des Gesetzestextes ist nicht ausreichend (ErfK/Preis BGB § 613a Rn. 86). **13**

4. Widerspruchsrecht des Arbeitnehmers

14 Nach § 613a Abs. 6 S. 1 BGB steht dem Arbeitnehmer das Recht zu, dem Übergang des Arbeitsverhältnisses auf den Betriebsnachfolger innerhalb eines Monats nach der Unterrichtung zu widersprechen und damit den Fortbestand des Arbeitsverhältnisses mit dem ursprünglichen Arbeitgeber zu erreichen. Gemäß § 613a Abs. 6 S. 2 BGB kann der Widerspruch sowohl gegenüber dem bisherigen Arbeitgeber, mithin auch dem Insolvenzverwalter, als auch gegenüber dem neuen Arbeitgeber erklärt werden. Der Widerspruch muss schriftlich nach § 126 Abs. 1 BGB erklärt werden (ErfK/Preis BGB § 613a Rn. 98). Die Monatsfrist des § 613a Abs. 6 S. 1 BGB beginnt mit einer ordnungsgemäßen Unterrichtung. Bei einer unrichtigen oder unvollständigen Unterrichtung beginnt die Frist nicht zu laufen (Braun/Wolf Rn. 8 mwN). Der Arbeitnehmer kann den Widerspruch frei von Sachgründen erklären (BAG NZA 1998, 750 (751)). Stimmt der Arbeitnehmer dem Übergang seines Arbeitsverhältnisses vor oder nach der Übertragung ausdrücklich oder konkludent zu, geht das Widerspruchsrecht unter. Das Recht auf Widerspruch kann mithin auch gem. § 242 BGB verwirken. Dies ist etwa dann der Fall, wenn der Arbeitnehmer anderweitig über sein Arbeitsverhältnis verfügt hat, wie zB wenn der Arbeitnehmer eine vom Betriebserwerber ausgesprochene Kündigung nicht angegriffen hat (BAG BeckRS 2011, 70756).

II. Rechtsfolgen des § 613a BGB

15 Auf Rechtsfolgenseite ordnet § 613a Abs. 1 S. 1 BGB an, dass die **Arbeitsverhältnisse** auf den Betriebserwerber **übergehen**. Zudem ist in § 613a Abs. 1 S. 2–4 BGB festgeschrieben, dass Rechte und Pflichten, welche durch Rechtsnormen eines Tarifvertrags oder durch eine Betriebsvereinbarung geregelt werden, Inhalt des Arbeitsverhältnisses zwischen dem neuen Inhaber und dem Arbeitnehmer werden.

16 Generell werden von der Regelung des § 613a Abs. 1 BGB **alle Arbeitsverhältnisse** des übergegangenen Betriebs oder Betriebsteils umfasst. Demnach sind von dieser Regelung auch die Arbeitsverhältnisse der Auszubildenden, leitenden Angestellten sowie der in Teilzeit und befristet beschäftigten Arbeitnehmer betroffen (MüKoBGB/Müller-Glöge BGB § 613a Rn. 80).

1. Übergang der Arbeitsverhältnisse auf den Erwerber

17 § 613a Abs. S. 1 BGB legt fest, dass der Erwerber in alle Rechte und Pflichten aus den im Zeitpunkt des Betriebsübergangs bestehenden Arbeitsverhältnissen eintritt. Demzufolge begründet § 613a Abs. 1 S. 1 BGB einen **Wechsel des Vertragspartners** auf der Seite des Arbeitgebers (ErfK/Preis BGB § 613a Rn. 66). Der Erwerber muss mithin alle Haupt- und Nebenforderungen der Arbeitnehmer aus dem Arbeitsverhältnis erfüllen (MüKoInsO/Caspers Rn. 18). Der Arbeitnehmer muss diesem gesetzlich angeordneten Wechsel des Vertragspartners auf Arbeitgeberseite nicht einwilligen. Dem Arbeitnehmer steht nur ein Recht zu, dem Übergang des Arbeitsverhältnisses zu widersprechen (→ Rn. 14).

18 Im **Insolvenzfall** gilt die **Haftung** des Betriebserwerbers allerdings **nur eingeschränkt**. Vom Übergang der Verpflichtungen aus dem Arbeitsverhältnis auf den Betriebserwerber nicht umfasst sind die Ansprüche, die zum Zeitpunkt der Eröffnung des Insolvenzverfahrens bereits entstanden waren (APS/Steffan BGB § 613a Rn. 235). Dies bedeutet, dass die betreffende Forderung zur Zeit der Verfahrenseröffnung bereits „erdient" worden sein muss (MüKoInsO/Caspers Rn. 19). Das führt allerdings dazu, dass der Erwerber für Forderungen haftet, die im Zeitraum zwischen der Verfahrenseröffnung und dem tatsächlichen Betriebsübergang entstanden und als Masseverbindlichkeiten zu berücksichtigen sind (MüKoInsO/Caspers Rn. 21). Eine Haftung des Erwerbers für nicht beglichene Lohnforderungen oder Abfindungsansprüche aus einem vor der Insolvenz vereinbarten Sozialplan besteht nicht (BAG NZA 2002, 1034).

19 In Bezug auf die **betriebliche Altersvorsorge** gilt die Haftungsbeschränkung im Insolvenzfall ebenfalls. Demnach tritt der Betriebserwerber grundsätzlich in die unverfallbaren Versorgungsanwartschaften der übergegangenen Belegschaft ein, schuldet allerdings nur denjenigen Teil der Leistung, der nach Eröffnung des Insolvenzverfahrens durch den Arbeitnehmer erworben wurde (BAG NZA-RR 2006, 373). Die verfallbaren Anwartschaften werden dagegen Insolvenzforderungen gem. §§ 45, 46 (Gottwald/Haas InsR-HdB § 107 Rn. 78). Nach §§ 7 ff. BetrAVG tritt der Pensionssicherungsverein für diejenigen Versorgungsanwartschaften ein, die vor Verfahrenseröffnung entstanden sind und für die der Betriebserwerber nicht haftet. Jedoch ist der Anspruch nicht dynamisch. Der Pensionssicherungsverein hat nach § 7 Abs. 2a S. 4 BetrAVG nicht die Veränderungen der Bemessungsgrundlage, zu denen es nach der Eröffnung des Insolvenzverfahrens kommen kann, zu berücksichtigen. Die möglicherweise entstehende „Haftungslücke" kann jedoch

aber vom Insolvenzverwalter abgefunden oder von den betroffenen Arbeitnehmern bei unverfallbaren Anwartschaften als Insolvenzforderung geltend gemacht werden (Nerlich/Römermann/Hamacher Rn. 59; Gottwald/Haas InsR-HdB § 107 Rn. 78).

Das BAG hat dem EuGH die Frage vorgelegt, ob diese eingeschränkte Haftung des Erwerbers im Insolvenzfall **gegen europäische Richtlinien verstößt** (BAG BeckRS 2018, 34982; 2018, 26879). Der EuGH hat einen solchen Verstoß verneint (EuGH NZA 2020, 1531 – EM/TMD Friction GmbH und FL/TMD Friction EsCo GmbH). Der notwendige Mindestschutz des Arbeitnehmers sei durch den gegen den Pensionssicherungsverein gerichteten Anspruch des Arbeitnehmers abgesichert (BeckOK ArbR/Gussen BGB § 613a Rn. 77a). Das BAG geht sodann in seiner Entscheidung unter Verweis auf die EuGH-Rechtsprechung von einer beschränkten Haftung des Erwerbers aus (BAG BeckRS 2021, 8693). 19a

2. Fortgeltung der Kollektivvereinbarungen

Gemäß § 613a Abs. 1 S. 2 BGB **gelten** Rechtsnormen aus Tarifvertrag oder Betriebsvereinbarung nach dem Betriebsübergang im Grundsatz **individualrechtlich weiter,** werden mithin Inhalt des Arbeitsverhältnisses. Die Rechtsnatur als Tarifvertrag oder Betriebsvereinbarung und somit ihre unmittelbare und zwingende Wirkung gem. § 4 Abs. 1 TVG sowie § 77 Abs. 4 S. 1 BetrVG erlischt folglich (BeckOK BGB/Baumgärtner BGB § 613a Rn. 34). Die individualrechtlich weitergeltenden Regelungen dürfen vor Ablauf eines Jahres nach dem Zeitpunkt des Übergangs nicht zum Nachteil des Arbeitnehmers geändert werden, § 613a Abs. 1 S. 2 BGB. Dies gilt jedoch nach § 613a Abs. 1 S. 3 BGB nicht, wenn die in der Kollektivvereinbarung geregelten Rechte und Pflichten bei dem neuen Betriebsinhaber durch Rechtsnorm eines anderen Tarifvertrags oder durch eine andere Betriebsvereinbarung geregelt werden. Nicht entscheidend ist hingegen, ob die ablösende Regelung günstiger oder schlechter für den Arbeitnehmer ist (MüKoBGB/Müller-Glöge BGB § 613a Rn. 142; ErfK/Preis BGB § 613a Rn. 125). 20

Den Regelungen des § 613a Abs. 1 S. 2–4 BGB kommt allerdings nur eine **Auffangfunktion** zu. Gehören Veräußerer und Erwerber etwa demselben Arbeitgeberverband an und gelten dieselben Tarifverträge oder Betriebsvereinbarungen im Betrieb des Schuldners bzw. Erwerbers, behalten diese grundsätzlich ihren normativen Charakter (APS/Steffan BGB § 613a Rn. 109). 21

In Betracht käme im Insolvenzfall eine **Kündigung** von belastenden Betriebsvereinbarung durch den Insolvenzverwalter, wobei hier die Maximalkündigungsfrist des § 120 zu beachten ist (Nerlich/Römermann/Hamacher Rn. 33). 22

3. Beendigung der Arbeitsverhältnisse

a) Kündigung. Gemäß § 613a Abs. 4 S. 1 BGB ist die Kündigung des Arbeitsverhältnisses eines Arbeitnehmers durch den bisherigen Arbeitgeber oder durch den neuen Inhaber **wegen** des Übergangs eines Betriebs oder eines Betriebsteils unwirksam. Diese Regelung soll eine Umgehung des Schutzes der Arbeitnehmer gewährleisten, der durch den Übergang der Arbeitsverhältnisse auf den Betriebserwerber geschaffen wurde. Durch die Schaffung eines eigenständigen Kündigungsverbotes in § 613a Abs. 4 BGB, greift dieser Schutz nicht nur im Bereich des § 1 Abs. 1 KSchG, sondern gilt auch für Arbeitnehmer, die die Wartezeit nach § 1 Abs. 1 KSchG nicht erfüllt haben. Gleiches gilt für Betriebe mit weniger als elf Arbeitnehmern (MüKoInsO/Caspers Rn. 28). 23

Vom Kündigungsverbot erfasst werden sowohl ordentliche als auch außerordentliche Kündigungen, sowie Beendigungs- und Änderungskündigungen, letztlich auch Kündigungen die im Insolvenzverfahren durch den Insolvenzverwalter ausgesprochen werden (BAG NZA 2007, 387). 24

Ob eine Kündigung wegen des Betriebsübergangs erfolgt, ist anhand von objektiven sowie subjektiven Umständen zu beurteilen. Allerdings muss es sich dabei **um den tragenden Grund der Kündigung** handeln (BAG NZA 1999, 706). Eine Kündigung des Arbeitsverhältnisses aus anderen Gründen ist grundsätzlich möglich. Denkbar wäre etwa ein Sanierungskonzept eines Insolvenzverwalters, der durch betriebsbedingte Kündigungen eine Verbesserung des Betriebs bezwecken und dadurch den Betrieb verkaufsfähig machen will, sofern der Betrieb anderenfalls stillgelegt werden müsste (BAG NZA 1997, 148). Dagegen greift bereits das Kündigungsverbot nach § 613a Abs. 4 S. 1 BGB, wenn durch die Kündigungen ein Betriebsübergang vorbereitet werden soll. Selbiges gilt, wenn sich der Erwerber weigert, bestimmte Arbeitnehmer zu übernehmen (Nerlich/Römermann/Hamacher Rn. 41). Fällt der Arbeitsplatz des Arbeitnehmers aufgrund eines Sanierungskonzepts des Betriebserwerbers weg und hat die Durchführung des verbindlichen Konzepts oder Sanierungsplans des Erwerbers im Zeitpunkt des Zugangs der Kündigungserklärung bereits greifbare Formen angenommen, ist das Kündigungsverbot nach § 613a Abs. 4 S. 1 BGB 25 nicht einschlägig (BAG NZA 2003, 1027). Dabei ist irrelevant, ob der Betriebsveräußerer oder der Betriebserwerber das Konzept umsetzen werden (KPB/Schöne Rn. 9 mwN).

26   Ist eine Kündigung **aus betriebs-, personen-, oder verhaltensgebundenen Gründen** nach § 1 Abs. 2 KSchG sozial gerechtfertigt, ist sie auch **wirksam,** wenn es im Nachhinein noch zu einem Betriebsübergang kommt. Zweck der Regelung ist es nicht den Arbeitnehmer vor einem Risiko zu schützen, dass sich unabhängig von einem Betriebsübergang realisieren kann (BAG NZA 2003, 1027).

27   **b) Aufhebungsvertrag.** Grundsätzlich steht es dem Veräußerer oder Erwerber zu, den Arbeitnehmer zu Eigenkündigungen zu veranlassen oder das Arbeitsverhältnis durch einen Aufhebungsvertrag zu beenden. Beachtet werden muss allerdings, dass ein solches Vorgehen gem. § 134 BGB unwirksam ist, wenn die Kündigung bzw. der Aufhebungsvertrag lediglich den Abschluss eines neuen Arbeitsvertrags beim Erwerber zu verschlechterten Konditionen ermöglichen soll (BAG NZA 2013, 961).

28   Ist die Vereinbarung jedoch **auf das endgültige Ausscheiden des Arbeitnehmers** gerichtet, ist dies **zulässig** (Braun/Wolf Rn. 10). Dies gilt auch für die Konstellation, dass durch eine Aufhebungsvereinbarung, zumeist in Form eines dreiseitigen Vertrags, ein Wechsel in eine Transfergesellschaft ermöglicht werden soll. Jedoch muss auch hier die Aufhebungsvereinbarung auf ein tatsächliches Ausscheiden gerichtet sein. Die Zwischenschaltung einer Transfergesellschaft führt zu einer Umgehung des § 613a Abs. 4 BGB und ist folglich nicht möglich (MüKoInsO/Caspers Rn. 35). Wurde ein Arbeitsverhältnis beim Erwerber weder versprochen noch verbindlich in Aussicht gestellt, liegt keine Umgehung des § 613a Abs. 4 BGB vor (Braun/Wolf Rn. 12).

C. Eingeschränkte Erwerberhaftung

29   Um dem Zweck des § 128 gerecht zu werden, Schwierigkeiten zu verringern, die sich nach § 613a BGB aus dem zwingenden Übergang aller Arbeitsverhältnisse auf einen Betriebserwerber ergeben, muss § 613a BGB dahingehend teleologisch reduziert werden, dass der Erwerber **nicht für solche Verbindlichkeiten haftet, die bereits vor Eröffnung des Insolvenzverfahrens entstanden sind** (BAG NJW 1980, 1124). Diese teleologische Reduktion ist allerdings auch notwendig um den Grundsatz der gleichmäßigen Gläubigerbefriedigung zu wahren. Dies spielt insbesondere bei noch ausstehenden Ansprüchen der Arbeitnehmer (wie zB ausstehender Arbeitslohn, Gewinnbeteiligungen, Gratifikationen) eine Rolle, denn durch das Hinzutreten des Erwerbers wären die Arbeitnehmer gegenüber den anderen Gläubigern unangemessen bevorteilt (Nerlich/Römermann/Hamacher § 128 Rn. 51).

D. Anwendbarkeit der §§ 125–127

30   Neben den dargelegten Auswirkungen auf die Erwerberhaftung, legt § 128 für den Betriebserwerber in der Insolvenz weitere Erleichterungen im Bereich des Interessensausgleichs (§ 125) und des Feststellungsantrags (§ 126) fest.

I. Interessensausgleich und Feststellungsantrag vor Betriebsübergang

31   Gemäß § 128 Abs. 1 S. 1 wird die Anwendung der §§ 125–127 nicht dadurch ausgeschlossen, dass die Betriebsänderung, die einem Interessensausgleich oder dem Feststellungsantrag zugrunde liegt, erst nach einer Betriebsveräußerung durchgeführt werden soll.

32   Gemäß § 125 Abs. 1 S. 1 Nr. 1 wird vermutet, dass die Kündigung der Arbeitsverhältnisse der bezeichneten Arbeitnehmer durch dringende betriebliche Erfordernisse, die einer Weiterbeschäftigung in diesem Betrieb oder einer Weiterbeschäftigung zu unveränderten Arbeitsbedingungen entgegenstehen, bedingt ist. Die Regelung des § 125 Abs. 1 S. 1 Nr. 2 hingegen trifft Einschränkungen im Bereich der sozialen Auswahl.

II. Beteiligung des Erwerbers im Feststellungsverfahren

33   Im Rahmen des § 126 ist anerkannt, dass auch der Erwerber im Feststellungsverfahren zu beteiligen ist (Andres/Leithaus/Andres Rn. 7; Nerlich/Römermann/Hamacher Rn. 72 mwN). Inwieweit dies auch für Kaufinteressenten gilt, bleibt umstritten. Richtigerweise muss eine **Erwerbsabsicht des Interessenten** vorliegen, die bspw. durch einen entsprechenden Vorvertrag gesichert ist (Nerlich/Römermann/Hamacher Rn. 72; Braun/Wolf Rn. 14). Lediglich die feste Kaufabsicht (Müller NZA 2018, 1315 (1321)) bzw. laufende Verhandlungen (MüKoInsO/Caspers Rn. 40) genügen hingegen nicht.

III. Erweiterung der Vermutungs- und Feststellungswirkung

Die Regelung in § 128 Abs. 2 sieht im Falle eines Betriebsübergangs in den Fällen der § 125 Abs. 1 S. 1 Nr. 1 und § 126 Abs. 1 S. 1 eine Vermutungs- und Feststellungswirkung dahingehend vor, dass die Kündigung der Arbeitsverhältnisse nicht wegen des Betriebsübergangs erfolgt ist und folglich kein Verstoß gegen § 613a Abs. 4 BGB vorliegt. Es müssen jedoch die Voraussetzungen der § 125 (→ § 125 Rn. 6) oder §§ 126, 127 (→ § 126 Rn. 1, → § 127 Rn. 1) vorliegen (Nerlich/Römermann/Hamacher Rn. 74). 34

1. Vermutungswirkung

Wenn die Voraussetzungen des § 125 Abs. 1 S. 1 Nr. 1 erfüllt sind, wird vermutet, dass die **Kündigung der Arbeitsverhältnisse aus betriebsbedingten Gründen iSd § 1 Abs. 2 KSchG** erfolgt ist (Nerlich/Römermann/Hamacher Rn. 75). Aufgrund der Regelung in § 128 Abs. 2 muss der Arbeitnehmer somit entkräften, dass seine Kündigung zum einen nicht wegen eines Betriebsübergangs erfolgt ist und zum anderen, dass dringende betriebliche Erfordernisse den Grund für die Kündigung bildeten (Andres/Leithaus/Andres Rn. 8 mwN). Der Arbeitnehmer ist hierfür auch voll beweispflichtig (Nerlich/Römermann/Hamacher Rn. 75 mwN). Ein überzeugender Vortrag des Arbeitnehmers liegt nur dann vor, wenn der Arbeitnehmer substantiiert darlegen und beweisen kann, dass der nach dem Interessenausgleich in Betracht kommende betriebliche Grund tatsächlich nicht vorliegt. Hierfür muss er durch einen substantiierten Tatsachenvortrag die gesetzliche Vermutung nicht nur in Zweifel ziehen, sondern ausschließen (LAG Nds ZIP 2021, 592). 35

Teilweise wird in der Literatur § 128 Abs. 2 nur dann eine eigenständige Funktion zugemessen, wenn der Arbeitnehmer sich auf den Kündigungsschutzgrund in § 613a Abs. 4 S. 1 BGB beruft, weil sein Arbeitsverhältnis noch nicht in den Regelungsbereich des KSchG fällt (MüKoInsO/Caspers Rn. 43). Eine andere Ansicht lehnt dies mit der Begründung ab, dass die Regelung in § 128 Abs. 2 auf den Wirkungen und dem Geltungsbereich des § 125 aufbaue, die Regelung in § 125 sich aber nur mit der Kündigung von Arbeitsverhältnissen befasse, die dem KSchG unterfallen. Außerhalb des KSchG müsse der Arbeitnehmer ohnehin darlegen und beweisen, dass ein Verstoß gegen § 613a Abs. 4 BGB vorliege. Die Regelung diene vor allem dem Ausschluss von Beweiserleichterungen, wie zB ein Anscheinsbeweis, die die Rechtsprechung Arbeitnehmern gewähre (Nerlich/Römermann/Hamacher Rn. 76 mwN). 36

2. Feststellungswirkung

Bei Vorliegen einer Entscheidung nach § 126 steht für einen Kündigungsschutzprozess nach § 127 bindend fest, dass die Kündigungen nicht aufgrund des Betriebsübergangs erfolgten (Andres/Leithaus/Andres Rn. 9 mwN). 37

Dritter Abschnitt. Insolvenzanfechtung

§ 129 Grundsatz

(1) Rechtshandlungen, die vor der Eröffnung des Insolvenzverfahrens vorgenommen worden sind und die Insolvenzgläubiger benachteiligen, kann der Insolvenzverwalter nach Maßgabe der §§ 130 bis 146 anfechten.
(2) Eine Unterlassung steht einer Rechtshandlung gleich.

Überblick

Die insolvenzrechtliche Anfechtung setzt voraus, dass die Grundvoraussetzungen des § 129 erfüllt sind und einer der Anfechtungstatbestände der §§ 130 ff. gegeben ist. Die „vor die Klammer" gezogenen Erfordernisse des § 129 sind dabei eine gläubigerbenachteiligende (→ Rn. 41 ff.) Rechtshandlung (→ Rn. 19 ff.), die vor Eröffnung des Insolvenzverfahrens (→ Rn. 38) vorgenommen wurde. Zudem ist ein Zurechnungszusammenhang (→ Rn. 55) zwischen Rechtshandlung und Gläubigerbenachteiligung erforderlich. Ohne Vorliegen dieser Voraussetzungen kommt

InsO § 129 Dritter Teil. Wirkungen der Eröffnung des Insolvenzverfahrens

eine Anfechtung nach den §§ 130–146 grundsätzlich nicht in Betracht. § 129 Abs. 2 stellt klar, dass auch Unterlassungen (→ Rn. 34) Gegenstand der Anfechtung sein können.

Durch das mit Wirkung zum 1.3.2020 in Kraft getretene COVInsAG wurden im Zusammenhang mit der Covid-19-Pandemie vorübergehend bestimmte Rechtshandlungen der Insolvenzanfechtung entzogen (→ Rn. 18a; → COVInsAG § 2 Rn. 1).

Das am 1.1.2021 in Kraft getretene StaRUG schränkt die Anfechtbarkeit von Rechtshandlungen während der Rechtshängigkeit eines Restrukturierungsverfahrens sowie aufgrund eines rechtskräftig bestätigten Restrukturierungs- oder Sanierungsplanes ein (→ Rn. 18b).

Übersicht

	Rn.		Rn.
A. Allgemeines	1	II. Zeitpunkt der Vornahme	38
I. Zweck der Insolvenzanfechtung	1	III. Gläubigerbenachteiligung	41
II. Voraussetzungen; Inhalt; Rechtsnatur	2	1. Unmittelbare Gläubigerbenachteiligung	46
III. Systematik der Insolvenzanfechtung	7	2. Mittelbare Gläubigerbenachteiligung	53
IV. Anspruchskonkurrenzen	10	IV. Ursächlicher Zusammenhang; Zurechnungszusammenhang	55
1. Insolvenzanfechtung	10	1. Ursächlicher Zusammenhang	55
2. Anfechtung nach dem Anfechtungsgesetz	11	2. Zurechnungszusammenhang	61
3. Bereicherungsrecht; Deliktsrecht	12	V. Drei- und Mehrpersonenverhältnisse	63
V. Besondere Verfahren	15	1. Mittelbare Zuwendungen	65
VI. COVInsAG	18a	2. Leistungsketten	80
VII. StaRUG	18b	3. Treuhandverhältnisse	82
B. Einzelheiten	19	4. Leistungen mit Doppelwirkung	84
I. Rechtshandlung	19	**C. Prozessuales**	89
1. Rechtshandlung iSd Abs. 1	19	I. Gerichtliche Geltendmachung	89
2. Handelnder	28	II. Beweislastverteilung	90
3. Unterlassen iSd Abs. 2	34		

A. Allgemeines

I. Zweck der Insolvenzanfechtung

1 Das Recht der Insolvenzanfechtung ist eine der Kernmaterien des Insolvenzrechts (Gehrlein ZInsO 2017, 128). Indem es dem Insolvenzverwalter ein Instrumentarium zur Verfügung stellt, durch welches **im Vorfeld der Insolvenzeröffnung** vorgenommene Vermögensverschiebungen zugunsten Einzelner im Interesse einer gleichmäßigen Aufteilung unter der Gesamtheit der Gläubiger rückgängig gemacht werden können, fördert es den Hauptzweck des Insolvenzverfahrens, nämlich die gleichmäßige und anteilige Befriedigung der Gläubiger (**par conditio creditorum**, § 1; vgl. BT-Drs. 12/2443, 156 f.). Die im Vorfeld des Insolvenzverfahrens ansetzende Insolvenzanfechtung ergänzt die §§ 80 ff., die den Schutz der Insolvenzmasse nach Eröffnung des Insolvenzverfahrens regeln.

II. Voraussetzungen; Inhalt; Rechtsnatur

2 Der Anfechtungsanspruch **setzt voraus,** dass die Erfordernisse des § 129 erfüllt sind und zusätzlich einer der Anfechtungstatbestände der §§ 130 ff. gegeben ist. Im internationalen Kontext müssen zudem die Voraussetzungen des § 339 (→ § 339 Rn. 1) bzw. die Voraussetzungen der EUInsVO (→ § 339 Rn. 9; Art. 7 Abs. 2 lit. m, 16 EUInsVO) erfüllt sein (vgl. zur Anfechtbarkeit der Rückzahlung eines ausländischen Gesellschafterdarlehens Gehrlein ZInsO 2020, 2591 ff.).

3 **Inhalt** des Anfechtungsanspruchs ist gem. § 143 die **Rückgewähr zur Insolvenzmasse** desjenigen, das durch die anfechtbare Handlung aus dem Vermögen des Schuldners veräußert, weggegeben oder aufgegeben wurde (hierzu → § 143 Rn. 12 ff.). Bei der Anfechtung geht es nicht um die Sanktionierung von Handlungsunrecht, sondern lediglich um die Beseitigung der gläubigerbenachteiligenden Wirkung von Rechtshandlungen (BGH NZI 2014, 218 (220); 2009, 644 (645)). Daher zielt die Insolvenzanfechtung auch lediglich auf die Rückgängigmachung der gläubigerbenachteiligenden Wirkung der angefochtenen Rechtshandlung, nicht aber auf das Rückgängigmachen der Rechtshandlung selbst (BGH NZI 2014, 397; → § 143 Rn. 13).

4 Seiner **Rechtsnatur** nach ist der Anfechtungsanspruch ein **gesetzlicher bürgerlich-rechtlicher Anspruch,** der **mit der Insolvenzeröffnung entsteht und fällig wird,** dem Insolvenzverwalter vorbehalten ist und mit dessen Amt untrennbar verbunden ist. Er ist von Ansprüchen aus dem ihm zugrunde liegenden Rechtsverhältnis wesensverschieden und folgt eigenen Regeln (BGH NZI 2016, 86 (88)).

Nach überwiegender Auffassung handelt es sich bei dem Anfechtungsanspruch um einen **schuldrechtlichen Verschaffungsanspruch,** der auf Rückgewähr des betroffenen Gegenstands zur Insolvenzmasse abzielt (vgl. Uhlenbruck/Borries/Hirte Rn. 6; Gehrlein ZInsO 2017, 128; → § 143 Rn. 20). Unabhängig vom schuldrechtlichen Charakter des Anspruchs bejaht der BGH allerdings im Fall der Insolvenz des Anfechtungsgegners ein **Aussonderungsrecht** des Insolvenzverwalters nach § 47. Er begründet dies damit, dass nicht nur dingliche Rechte, sondern auch schuldrechtliche Ansprüche bei einer den Normzweck beachtenden Betrachtungsweise ein Aussonderungsrecht begründen können (BGH NZI 2004, 78 (80) mAnm Huber; vgl. auch OLG Schleswig NZI 2017, 19 mAnm Faude) (→ Rn. 5.1). 5

Mit dieser Rechtsprechung kommt der BGH trotz der Rechtsnatur des Anfechtungsanspruchs als schuldrechtlicher Verschaffungsanspruch den gegenläufigen sog. „haftungsrechtlichen" Theorien entgegen, nach denen der Insolvenzverwalter schon vor Rückgewähr die Haftungsunterworfenheit des zurückzugewährenden Gegenstands geltend machen kann (vgl. Uhlenbruck/Borries/Hirte Rn. 8). 5.1

Ferner kann der Insolvenzverwalter (nicht aber ein Dritter) gegenüber einer Inanspruchnahme aus einem anfechtbaren Vertrag die **Anfechtbarkeit einwenden** (BGH NZI 2014, 1057 (1058)) und im Fall der Vollstreckung eines anfechtbar erworbenen Pfandrechts die **Drittwiderspruchsklage** (§ 771 ZPO) erheben (Braun/de Bra Rn. 7). 5a

Der Anfechtungsanspruch entsteht bereits mit Verfahrenseröffnung und wird zugleich fällig, ohne dass es einer gesonderten Anfechtungserklärung bedürfte (BGH NJW 1987, 2821 (2822); → § 143 Rn. 17). Für die Ausübung des Anfechtungsrechts genügt jede erkennbare – auch konkludente – Willensäußerung, dass der Insolvenzverwalter eine Gläubigerbenachteiligung in der Insolvenz nicht hinnimmt, sondern zur Masseanreicherung wenigstens wertmäßig auf Kosten des Anfechtungsgegners wieder auszugleichen sucht. Davon zu unterscheiden ist die Frage, auf welche Weise erforderlichenfalls die Verjährung des Anfechtungsanspruchs (§ 146) unterbrochen oder gehemmt werden kann. Dies beurteilt sich nach den §§ 203 ff. BGB (BGH NZI 2008, 372 f.; → § 146 Rn. 10; → Rn. 6.1). 6

Die hemmende Wirkung einer auf Gläubigeranfechtung gestützten Zahlungsklage erstreckt sich auch auf die Verjährung eines alternativ gegebenen, auf Zahlung gerichteten Bereicherungsanspruchs, wenn dessen Voraussetzungen mit dem Sachvortrag der Klage dargelegt sind (BGH NZI 2015, 1047). 6.1

Anfechtungsklagen mit erheblichem Streitwert bedürfen der Zustimmung des Gläubigerausschusses bzw. der Gläubigerversammlung nach § 160 Abs. 2 Nr. 3. Ein Handeln des Insolvenzverwalters ohne Zustimmung ist gleichwohl wirksam (§ 164). Ein zur Masse eines Sekundärinsolvenzverfahrens gehörender Anspruch aus Insolvenzanfechtung kann vom Verwalter des Hauptinsolvenzverfahrens geltend gemacht werden, wenn das Sekundärverfahren abgeschlossen und der Anspruch vom Verwalter des Sekundärverfahrens nicht verfolgt worden ist (BGH NZI 2015, 183). 6a

III. Systematik der Insolvenzanfechtung

Kernstück der Anfechtungsregeln sind vier Haupttatbestände, die im Grundsatz den Regelungen der früheren Konkursordnung entsprechen (vgl. BT-Drs. 12/2443, 156): 7
- die „**besondere Insolvenzanfechtung**" der §§ 130–132, die grundsätzlich die materielle Insolvenz des Schuldners voraussetzen (Anfechtung kongruenter Deckung, inkongruenter Deckung und unmittelbar benachteiligender Rechtshandlungen),
- die „**Vorsatzanfechtung**" des § 133 (Anfechtung vorsätzlicher Benachteiligungen),
- die „**Schenkungsanfechtung**" des § 134 (Anfechtung unentgeltlicher Leistungen) und
- die **Anfechtung** der Rückzahlung oder Sicherung **von Gesellschafterdarlehen** oder wirtschaftlich entsprechenden Forderungen nach § 135.

Die den Haupttatbeständen der §§ 130–135 nachfolgenden §§ 136–147 ergänzen diese, indem sie für bestimmte Sondersituationen **spezielle Anfechtungsregeln** treffen, etwa: 8
- § 136 (Anfechtung der Einlagenrückgewähr oder des Verlustanteilserlasses bei einer **stillen Gesellschaft**),
- § 137 (Anfechtung bei Wechsel- und Scheckzahlungen),
- § 141 (kein Ausschluss der Anfechtung bei **vollstreckbarem Titel**),
- § 142 (Ausschluss der Anfechtung im Falle eines **Bargeschäfts**) und

InsO § 129 Dritter Teil. Wirkungen der Eröffnung des Insolvenzverfahrens

- § 147 (Anfechtung von Rechtshandlungen nach Verfahrenseröffnung im Fall von Gutgläubenserwerb),

und indem sie allgemeine, eher **technische Fragen** der Insolvenzanfechtung regeln, etwa:
- § 138 (Legaldefinition der „**nahestehenden Person**"),
- § 139 (Berechnung der **Fristen** vor dem Eröffnungsantrag),
- § 140 (Bestimmung des **Zeitpunkts der Vornahme** einer Rechtshandlung),
- § 143 (**Rechtsfolgen** der Insolvenzanfechtung),
- § 144 (Ansprüche des Anfechtungsgegners),
- § 145 (**Anfechtung gegen Rechtsnachfolger** des Anfechtungsgegners) und
- § 146 (**Verjährung** des Anfechtungsanspruchs).

8a Weitere spezielle Anfechtungsregeln sind in den Regelungen des **§ 2 COVInsAG** (→ Rn. 18a) und der **§§ 89 ff. StaRUG** enthalten (→ Rn. 18b).

9 Die konkrete Ausgestaltung der Anfechtungstatbestände durch den Gesetzgeber zielt auf einen **Ausgleich** zwischen dem **schutzwürdigen Vertrauen** des Rechtsverkehrs in das Verfügungsrecht des (späteren) Insolvenzschuldners einerseits und der **Sicherung der gleichmäßigen Gläubigerbefriedigung** durch Rückgängigmachung von Vermögensverschiebungen zugunsten Einzelner andererseits ab. Dementsprechend sind die Anforderungen an die Voraussetzungen der Insolvenzanfechtung umso niedriger, je kürzer die anzufechtende Rechtshandlung vor dem Eröffnungsantrag zurückliegt (Braun/de Bra Rn. 4, 66) und werden die Anfechtungsmöglichkeiten zeitlich umso weiter ausgedehnt, je weniger schutzwürdig der Zuwendungsempfänger erscheint:
- So sind **im letzten Monat vor dem Eröffnungsantrag** vorgenommene **inkongruente Deckungen** stets anfechtbar (§ 131 Abs. 1 Nr. 1). Wurden die inkongruenten Leistungen im **zweiten oder dritten Monat vor dem Eröffnungsantrag** vorgenommen, so sind sie anfechtbar, wenn der Schuldner zur Zeit der Handlung zahlungsunfähig war oder wenn dem Gläubiger zur Zeit der Handlung bekannt war, dass sie die Insolvenzgläubiger benachteiligte (§ 131 Abs. 1 Nr. 2, 3).
- In den **letzten drei Monaten vor dem Eröffnungsantrag** vorgenommene **kongruente Leistungen** sind anfechtbar, wenn der Schuldner zahlungsunfähig war und der Gläubiger die Zahlungsunfähigkeit oder entsprechende Umstände kannte (§ 130 Abs. 1). Gleiches gilt für **unmittelbar benachteiligende** Rechtsgeschäfte (§ 132).
- Die Rückzahlung von **Gesellschafterdarlehen** oder wirtschaftlich entsprechender Forderungen ist anfechtbar, wenn sie **innerhalb eines Jahres** vor Eröffnungsantrag erfolgten (§ 135 Abs. 1 Nr. 2, Abs. 2).
- **Entgeltliche Verträge mit nahestehenden Personen** sind anfechtbar, wenn sie **innerhalb von zwei Jahren vor dem Eröffnungsantrag** geschlossen wurden und wenn der Anfechtungsgegner den Gläubigerbenachteiligungsvorsatz des Schuldners kannte (§ 133 Abs. 4).
- **Unentgeltliche Leistungen** des Schuldners sind anfechtbar, wenn sie innerhalb von **vier Jahren vor dem Eröffnungsantrag** vorgenommen wurden (§ 134).
- Schließlich sind Rechtshandlungen anfechtbar, die der Schuldner in den letzten **zehn Jahren vor dem Eröffnungsantrag** mit dem **Vorsatz** vorgenommen hat, seine **Gläubiger zu benachteiligen**, wenn der Anfechtungsgegner diesen Vorsatz kannte (§ 133 Abs. 1). Im Fall von (kongruenten oder inkongruenten) **Deckungshandlungen** iSd §§ 130, 131 ist die Anfechtungsfrist allerdings auf **vier Jahre** verkürzt (§ 133 Abs. 2).
- Ebenfalls mit **zehnjähriger Anfechtungsfrist** anfechtbar sind **Besicherungen von Gesellschafterdarlehen** oder wirtschaftlich entsprechender Forderungen (§ 135).

IV. Anspruchskonkurrenzen

1. Insolvenzanfechtung

10 Die Anfechtungsgründe der §§ 130–135 stehen **grundsätzlich selbstständig nebeneinander** und können nebeneinander geltend gemacht werden (BGH NZI 2009, 891), jedoch schließen sie sich teilweise inhaltlich gegenseitig aus: So kann eine nach § 130 oder § 131 anfechtbare Leistung (dh die Gewährung oder Ermöglichung einer Sicherung oder Befriedigung) bei Vorliegen der weiteren Voraussetzungen auch nach § 133 (→ § 133 Rn. 1) oder nach § 134 (→ § 134 Rn. 2) angefochten werden, nicht aber nach § 132, da eine Anfechtung nach dieser Vorschrift im Falle einer Leistung gem. §§ 130, 131 ausscheidet (→ § 131 Rn. 1; → § 132 Rn. 1). Ebenso schließt eine Anfechtung nach § 130 eine Anfechtung nach § 131 aus, da eine kongruente Leistung nicht zugleich als inkongruent qualifiziert werden kann; ist jedoch nicht klar, ob eine Leistung kongruent oder inkongruent iSd §§ 130, 131 ist, kann der Insolvenzverwalter sie stets nach § 130

anfechten (→ § 130 Rn. 10; Uhlenbruck/Borries/Hirte Rn. 15). Ist nicht klar, ob die erfüllte oder gesicherte Forderung eine Gesellschafterdarlehensforderung oder eine wirtschaftlich entsprechende Forderung iSd § 135 ist, kann der Insolvenzverwalter nach § 130 als Auffangtatbestand vorgehen (Uhlenbruck/Borries/Hirte § 130 Rn. 4). Weiterhin ist das Bargeschäftsprivileg (§ 142) nicht auf § 131 anwendbar, da ein inkongruenter Leistungsaustausch schon tatbestandlich kein Bargeschäft darstellen kann (→ § 142 Rn. 2). Hingegen kommt eine Anfechtung nach § 133 und nach § 134 nebeneinander in Betracht, wobei § 134 in seinem Anwendungsbereich gegenüber § 133 eine erleichterte Anfechtbarkeit ermöglicht und somit für den Insolvenzverwalter vorteilhaft sein kann (→ § 133 Rn. 1; → § 134 Rn. 2).

2. Anfechtung nach dem Anfechtungsgesetz

Die Eröffnung des Insolvenzverfahrens begründet eine Sperrwirkung in Bezug auf die Anfechtung nach dem AnfG. So kommt eine Anfechtung nach dem AnfG **während des Insolvenzverfahrens nicht in Betracht,** und zwar auch nicht in Bezug auf das insolvenzfreie Vermögen des Schuldners, durch Gläubiger nachrangiger Insolvenzforderungen oder durch Gläubiger, deren Forderungen erst nach Eröffnung des Insolvenzverfahrens entstanden sind; nach Abschluss des Insolvenzverfahrens ist die Verfolgung von Ansprüchen nach dem Anfechtungsgesetz hingegen wieder möglich (vgl. Uhlenbruck/Borries/Hirte Rn. 17 ff.). **Anfechtungsprozesse,** die bei Eröffnung des Insolvenzverfahrens rechtshängig sind, werden unterbrochen, können jedoch vom Insolvenzverwalter aufgenommen werden (§ 17 AnfG); ebenso kann der Insolvenzverwalter aus vollstreckbaren Anfechtungsurteilen zugunsten der Masse vollstrecken (dazu Uhlenbruck/Borries/Hirte Rn. 21 ff.). Ist der Anfechtungsgegner vor Eröffnung des Insolvenzverfahrens schon nach dem Anfechtungsgesetz in Anspruch genommen worden, ist in diesem Umfang eine Inanspruchnahme aufgrund der Insolvenzanfechtung nicht mehr möglich (BGH NZI 2013, 292). 11

3. Bereicherungsrecht; Deliktsrecht

Auf den Anfechtungsanspruch als schuldrechtlichen Rückgewähr- bzw. Verschaffungsanspruch (→ Rn. 3) sind die allgemeinen Vorschriften des Schuldrechts anwendbar (→ § 143 Rn. 15). 12

Weitere schuldrechtliche Ansprüche wie Ansprüche aus ungerechtfertigter Bereicherung (BGH NZI 2005, 374 (375)) oder Delikt (BGH NZI 2005, 215; BGH NZI 2000, 471) können **neben den Anfechtungsanspruch** treten, soweit ihre jeweiligen Voraussetzungen vorliegen; sie werden durch das Anfechtungsrecht nicht verdrängt (BGH NZI 2017, 854 (855); 2017, 3516; Uhlenbruck/Borries/Hirte Rn. 28 ff.; zum Verhältnis rechtsgrundloser und unentgeltlicher Leistungen BGH NZI 2017, 669 mAnm Lütcke; Becker DZWIR 2018, 201 ff.; zur Abgrenzung des Anfechtungsrechts nach § 133 von der Haftung wegen Sittenwidrigkeit nach §§ 138, 826 BGB → § 133 Rn. 3). 13

Schließlich werden etwaige Ansprüche der (insolventen) Gesellschaft gegenüber der Geschäftsführung aus § 823 Abs. 2 BGB iVm § 15a Abs. 1 (Insolvenzverschleppungshaftung) oder aus § 64 GmbHG von etwaig parallel bestehenden Anfechtungsansprüchen nicht berührt (vgl. BGH NJW 1996, 850; Braun/de Bra Rn. 75). 14

V. Besondere Verfahren

Im **Insolvenzplanverfahren** können Geltendmachung und Inhalt der Anfechtungsansprüche durch den Insolvenzplan modifiziert werden; zudem kann vorgesehen werden, dass der Insolvenzverwalter einen anhängigen Anfechtungsrechtsstreit auch nach der Aufhebung des Insolvenzverfahrens fortführen kann (§ 259 Abs. 3; dazu Uhlenbruck/Borries/Hirte Rn. 71 ff.). 15

Ist **Eigenverwaltung** angeordnet, steht das Anfechtungsrecht dem Sachwalter zu (§ 280; dazu Uhlenbruck/Borries/Hirte Rn. 74). 16

Im Rahmen der Insolvenz eines **Kredit- oder Finanzdienstleistungsinstituts** (§ 1 Abs. 1b KWG) ordnet § 46c KWG eine Modifizierung der Berechnung der Anfechtungsfristen insoweit an, als dass nicht auf den Antrag auf Eröffnung des Insolvenzverfahrens abzustellen ist, sondern auf Maßnahmen der BaFin nach § 46 Abs. 1 KWG. Für den Fall der Insolvenz einer Pfandbriefbank regelt § 30 Abs. 4 PfandBG, dass eine Anfechtung der Handlungen des Sachwalters durch den Insolvenzverwalter der Pfandbriefbank ausgeschlossen ist (dazu Uhlenbruck/Borries/Hirte Rn. 78). 17

Im **Nachlassinsolvenzverfahren** werden die Vorschriften der §§ 129 ff. durch die §§ 322, 328 ergänzt (→ § 322 Rn. 1). 18

VI. COVInsAG

18a Das COVInsAG („Gesetz zur vorübergehenden Aussetzung der Insolvenzantragspflicht und zur Begrenzung der Organhaftung bei einer durch die COVID-19-Pandemie bedingten Insolvenz (COVID-19-Insolvenzaussetzungsgesetz – COVInsAG)") (BGBl. I 569) trat mit Rückwirkung zum 1.3.2020 in Kraft (vgl. allgemein Bitter ZIP 2020, 685; Hölzle/Schulenburg ZIP 2020, 633; Lüdtcke/Holzmann/Swierczok BB 2020; Mylich ZIP 2020, 1097 ff.; Smid DZWiR 2020, 262; Thole ZIP 2020, 650). Das Gesetz dient der Abmilderung der negativen wirtschaftlichen Folgen der Covid-19-Pandemie für Unternehmen. Zu diesem Zweck sieht § 1 ua eine vorübergehende Aussetzung der Insolvenzantragspflicht (→ COVInsAG § 1 Rn. 2) vor; § 2 bestimmt ua die anfechtungsrechtliche Privilegierung von im Aussetzungszeitraum nach § 1 gewährten Krediten und Kreditsicherheiten sowie bestimmter weiterer kongruenter Handlungen und Leistungen im Zahlungsverkehr (→ COVInsAG § 2 Rn. 1 ff.). Ziel ist es, den Anreiz zur Unterstützung von in finanzielle Schwierigkeiten geratenen Unternehmen zu erhöhen, indem die anfechtungsrechtlichen Risiken für den Fall gemindert werden, dass die Bemühungen um eine Rettung des Unternehmens doch noch scheitern und ein Insolvenzverfahren eröffnet wird (vgl. Begründung zum Gesetzesentwurf, BT-Drs. 19/18110, 23).

VII. StaRUG

18b Das StaRUG („Gesetz über den Stabilisierungs- und Restrukturierungsrahmen für Unternehmen (Unternehmensstabilisierungs- und -restrukturierungsgesetz – StaRUG)") (BGBl. I 3256) trat am 1.1.2021 in Kraft. Es dient der Einführung des vorinsolvenzlichen Restrukturierungsrahmens in Umsetzung der RL (EU) 2019/1023 in nationales deutsches Recht. Sein Kapitel 5 (§§ 89–91 StaRUG) enthält Modifizierungen der §§ 129 ff. insbesondere für den Fall, dass die Sanierung des Schuldners im Wege der Instrumente des Restrukturierungsrahmens scheitert und es nachfolgend zu einem Insolvenzverfahren kommt (vgl. hierzu Schoppmeyer ZIP 2021, 869 ff.; Madaus NZI-Beil. 1/2021, 35). Die §§ 89–91 StaRUG dienen der Umsetzung der Art. 17 und 18 RL (EU) 2019/1023. Ziel ist insbesondere der Schutz von Zwischenfinanzierungen im Rahmen des Restrukturierungsvorhabens und von Maßnahmen, die für die Aushandlung eines Restrukturierungsplanes notwendig sind (Erwägungsbegründung 68 und Art. 18 RL (EU) 2019/1023). § 89 StaRUG schränkt die Vorsatzanfechtung (§ 133) in Bezug auf Rechtshandlungen ein, die während der Rechtshängigkeit einer Restrukturierungssache vorgenommen werden (→ § 133 Rn. 20a). § 90 StaRUG bestimmt eine weitgehende Insolvenzfestigkeit für die Regelungen eines Restrukturierungsplanes und für Handlungen in Vollzug des Plans. § 91 StaRUG ordnet die Verlängerung ua der Insolvenzantragspflichten um den Zeitraum der Rechtshängigkeit der Restrukturierungssache an. Nach § 97 Abs. 3 StaRUG gelten die Regelungen des § 90 StaRUG auch für die Anfechtung eines gerichtlich bestätigten Sanierungsvergleichs.

B. Einzelheiten

I. Rechtshandlung

1. Rechtshandlung iSd Abs. 1

19 Der Begriff der Rechtshandlung ist weit auszulegen. Er umfasst jedes von einem Willen getragene Handeln, das rechtliche Wirkungen auslöst und das Vermögen des Schuldners zum Nachteil der Insolvenzgläubiger verändern kann (BGH NZI 2014, 321 (322); BGH NZI 2009, 644 (645)). Der Begriff der Rechtshandlung ist insbesondere nicht beschränkt auf den bereicherungsrechtlichen Begriff der „Leistung", sondern im weitesten Sinne zu verstehen (BGH NZI 2004, 374; BFH DStR 2009, 2670): In Betracht kommt danach jedes Geschäft, das zum (anfechtbaren) Erwerb einer Gläubiger- oder Schuldnerstellung führt, beispielsweise Willenserklärungen als Bestandteil von Rechtsgeschäften aller Art, rechtsgeschäftsähnliche Handlungen und Realakte (→ Rn. 26), denen das Gesetz Rechtswirkungen beimisst (BGH NZI 2009, 644 (645)). Erforderlich ist allerdings stets ein willensgeleitetes und verantwortungsgesteuertes Handeln (BGH WM 2017, 1348; BGH NZI 2014, 218; zur praxisrelevanten Problematik der Hinnahme von bzw. Teilnahme an Zwangsvollstreckungsmaßnahmen → § 133 Rn. 7.3). Zu den Rechtshandlungen zählen zB: (→ Rn. 19.1 ff.).

19.1 **Herstellung einer Aufrechnungslage** (OLG Düsseldorf NZI 2020, 1000; OLG Düsseldorf NZI 2019, 622 Rn. 40; BSG NZS 2016, 699).

Zahlungen per Lastschrift vom Bankkonto des Insolvenzschuldners im Wege des Abbuchungsauftrags- oder des Einzugsermächtigungsverfahrens sind zusammen mit dem jeweiligen Abbuchungsauftrag oder der Einzugsermächtigung als einheitliche Rechtshandlung anzusehen, bei der sich der Schuldner seines abbuchenden Kreditinstituts als Zahlstelle bedient (BGH NZI 2003, 253 (256)). Bei nicht genehmigtem Lastschrifteinzug kann es allerdings an einer Rechtshandlung fehlen, wobei eine nachträgliche (ggf. konkludente) Genehmigung des Schuldners wiederum eine Rechtshandlung darstellen kann (vgl. BGH NZI 2008, 685). Ebenso kann die Nichtvornahme eines Widerspruchs gegen einen unberechtigten Lastschrifteinzug ein anfechtungsrelevantes Unterlassen darstellen (Uhlenbruck/Borries/Hirte Rn. 151). Bei einer Zahlung im Einziehungsermächtigungsverfahren liegt die anfechtbare Rechtshandlung erst in der Genehmigung der Lastschriftbuchung, nicht bereits in dieser Buchung selbst, weil die Belastung des Kontos bis zur Genehmigung ohne materielle Wirkung bleibt (BGH NZI 2018, 114 (116); allg. zur Anfechtbarkeit von Rückerstattungen im elektronischen Zahlungsverkehr Madaus/Knauth/Kraftczyk WM 2020, 1283 ff.). 19.2

Rückführung eines Kontokorrentkredits, weil etwaige Zahlungen nur nach Maßgabe der zwischen dem Schuldner und seinem Kreditinstitut getroffenen Kontokorrentabrede Tilgungswirkung entfalten (BGH NZI 2014, 321; 2013, 804). 19.3

Handlungen, mit denen der Schuldner die **Zwangsvollstreckungsmaßnahmen ermöglicht oder fördert** (BGH NJW-Spezial 2018, 565; NZI 2017, 854 (Anweisung der Bank); NZI 2017, 926 (927); 2014, 218; 2014, 72 (zielgerichtete Förderung eines Pfändungspfandrechts); NZI 2012, 658 (Ausstellung eines Schecks); NZI 2011, 249 (Auffüllung des Kassenbestands); NZI 2008, 180 (Abruf von Kreditmitteln)). Unbeachtlich ist dabei, ob die schuldnerische Rechtshandlung – wie bei sog. „Druckzahlungen" – unter dem Druck der Zwangsvollstreckung, **zur Abwendung der Zwangsvollstreckung** (BGH NZI 2017, 715 (717); dazu Lütcke NZI 2017, 701; BGH NZI 2005, 692 (693); 2003, 535) oder **zur Rücknahme eines Insolvenzantrags** (BGH NZI 2012, 963) erfolgt (vgl. hierzu auch Gottwald InsR-HdB/Huber § 48 Rn. 9, 11). Die **Zwangsvollstreckungsmaßnahmen** selbst stellen als einseitige Maßnahmen der Gläubigerseite regelmäßig keine Rechtshandlungen des Schuldners dar (BGH NZI 2005, 215). Trotz aktiven Handelns des Schuldners ist eine Anfechtung von Zwangsvollstreckungsmaßnahmen allerdings dann ausgeschlossen, wenn ein selbstbestimmtes Handeln des Schuldners ausgeschlossen ist, beispielsweise wenn der Schuldner nur noch die Wahl hat, die geforderte Zahlung sofort zu leisten oder die Vollstreckung durch die bereits anwesende Vollziehungsperson zu dulden (BGH NZI 2017, 715; NZI 2014, 218; 2005, 215 (217)). Andererseits liegt dann wiederum eine Rechtshandlung vor, wenn ein selbstbestimmtes Handeln oder Unterlassen des Schuldners zumindest einen Beitrag zur Vermögensverlagerung geleistet hat, etwa wenn der Schuldner durch seine Handlungen Befriedigungsmöglichkeiten eröffnet, die der (anwesende) Vollziehungsbeamte nicht selbst hätte durchsetzen können (BGH NZI 2017, 715; NZI 2014, 218; 2012, 658 (Scheckausstellung gegenüber dem anwesenden und vollstreckungsbereiten Vollziehungsbeamten); BGH NZI 2017, 850 (851); 2010, 184 (Ratenzahlungsvereinbarung mit Gerichtsvollzieher); verneinend OLG Düsseldorf NZI 2017, 529 (Aufrechterhaltung des Geschäftsbetriebs eines Apothekers)). Entscheidend ist mithin, ob der Schuldner willentlich über die konkrete Art und Weise der Befriedigung des Gläubigers entscheiden kann oder nicht (Uhlenbruck/Borries/Hirte Rn. 15). Allerdings schränkt der BGH seine Rechtsprechung zur Mitwirkung an Zwangsvollstreckungshandlungen insofern ein, als dass **nicht jeder auch nur entfernte Mitwirkungsbeitrag des Schuldners** es rechtfertigt, die im Rahmen der Zwangsvollstreckung vom Gläubiger bewirkte Vermögensverschiebung als Rechtshandlung des Schuldners zu werten. Zwar ist schon eine mitwirkende, nicht allein ursächliche Handlung ausreichend (BGH NZI 2017, 926). Erforderlich ist jedoch, dass der Schuldner einen Beitrag zum Erfolg der Zwangsvollstreckung leistet, der ein der Vollstreckungstätigkeit des Gläubigers **vergleichbares Gewicht** hat (BGH NZI 2017, 718; 2017, 715; Ganter NZI 2018, 289 (298)). So fehlt es an einer relevanten Rechtshandlung des Schuldners, wenn dieser sich darauf beschränkt, die Vollstreckungshandlung hinzunehmen und sich nicht anders verhält, als er dies auch ohne die bevorstehende Vollstreckungsmaßnahme getan hätte (BGH NZI 2017, 701 (Verwendung eines bereits vor Pfändung bestehenden Zahlungswegs); Ganter NZI 2018, 289 (298)). Vollstreckt ein Gläubiger aus einem Anerkenntnisurteil, führt das Anerkenntnis durch den Schuldner zu keiner eigenen mitwirkenden Rechtshandlung, wenn die anerkannte Forderung bestand und eingefordert werden konnte und der Schuldner dem Gläubiger durch das Anerkenntnis nicht beschleunigt einen Titel verschaffen wollte (BGH NZI 2017, 926; Pape ZInsO 2018, 745 (748); Ganter NZI 2018, 289 (298)). 19.4

Die durch den Abschluss eines Vertrags durch eine Tochtergesellschaft begründete Vermögensverlagerung kann in der Insolvenz der Muttergesellschaft anfechtbar sein, wenn die Muttergesellschaft zum Vertragsschluss durch die **Fassung eines Gesellschafterbeschlusses** ursächlich beigetragen hat (OLG Celle NZI 2011, 115 (116)). 19.5

Vereinbarung zur **Vorausabtretung von Forderungen.** Da ihre rechtlichen Wirkungen (§ 140) jedoch erst mit Entstehen der Forderungen eintreten, ist für die Frage, ob die Vorausabtretung innerhalb des Anfechtungszeitraums erfolgte, der Zeitpunkt des Entstehens der Forderungen maßgeblich (BGH DtZ 1997, 156). Entsprechendes gilt für die Verpfändung zukünftiger Rechte, da das Pfandrecht erst mit Entstehen der verpfändeten zukünftigen Rechte entsteht (BGH NZI 2010, 220). 19.6

19.7 Veranlassung des Schuldners einer **Überweisung von seinem Bankkonto,** selbst wenn zuvor Ansprüche auf Auszahlungen von diesem Konto zugunsten des Zahlungsempfängers gepfändet und diesem zur Einziehung überwiesen wurden (BGH NZI 2017, 718 (719)).

19.8 Anfechtbar sind in einem Folgeinsolvenzverfahren grundsätzlich auch **vor dem Erstverfahren vorgenommene Rechtshandlungen** (hierzu Frind ZInsO 2020, 390 ff.)).

19.9 Vereinbarung und Regelungen eines rechtskräftig bestätigten **Restrukturierungsplans** und Rechtshandlungen, die im Vollzug eines solchen Plans erfolgen, sowie der Sanierungsvergleich (§§ 90, 97 StaRUG; vgl. Madaus NZI-Beil. 1/2021, 35 (36)).

19.10 Keine Rechtshandlungen sind:

19.11 Eigentumserwerb durch **Zuschlag im Rahmen der Zwangsversteigerung** (öffentlich-rechtlicher Eigentumsübertragungsakt) (BGH NJW 2004, 2900). Dennoch kann er bei kollusiver Schaffung des Vollstreckungstitels anfechtbar sein, oder wenn der Schuldner die Vollstreckung anderweitig fördert (vgl. BGH NJW-RR 1986, 1115 (1117)).

19.12 **Zwangsvollstreckungsmaßnahmen** selbst stellen als einseitige Maßnahmen der Gläubigerseite regelmäßig keine Rechtshandlungen des Schuldners dar (BGH NZI 2005, 215).

20 **Höchstpersönliche Rechtshandlungen** sind allerdings der Anfechtung entzogen (BGH NZI 2013, 137).

21 Ebenfalls nicht anfechtbar sind Rechtshandlungen, die im Zusammenhang mit **Stabilisierungsmaßnahmen nach dem Finanzmarktstabilisierungsbeschleunigungsgesetz** stehen (§ 18 FMStBG).

22 Besteht ein anfechtungsrelevanter Vorgang aus mehreren Rechtshandlungen, so gilt **grundsätzlich, dass jede Rechtshandlung separat** auf ihre Anfechtbarkeit zu untersuchen ist und zwar auch dann, wenn die Rechtshandlungen zeitgleich vorgenommen werden oder sich wirtschaftlich ergänzen (vgl. BGH NZI 2009, 45 (46); BGH NZI 2007, 718; sog. „Grundsatz der Einzelbetrachtung", vgl. Uhlenbruck/Borries/Hirte Rn. 92; → Rn. 22.1).

22.1 Auch **Grund- und Erfüllungsgeschäfte** können **separat** angefochten werden, was sich schon aus § 144 ergibt (vgl. BGH NZI 2009, 45 (47); BGH NJW 1959, 1539). Wird lediglich das Erfüllungsgeschäft angefochten, lebt die entsprechende Grundforderung wieder auf (§ 144 Abs. 1, dazu → § 144 Rn. 5 ff.). Eine separate Anfechtung des Grundgeschäfts hingegen führt zur Inkongruenz des Erfüllungsgeschäfts (Uhlenbruck/Borries/Hirte Rn. 103; dazu auch → § 144 Rn. 13 ff.).

23 Bilden mehrere Handlungen einen **einheitlichen wirtschaftlichen Vorgang im Hinblick auf eine einheitliche Vermögenszuwendung,** so kann trotz der mehreren Einzelhandlungen eine einheitliche Rechtshandlung vorliegen, wenn die Zerlegung in verschiedene Einzelteile sinnentstellend ist (BGH NZI 2013, 137; BGH NZI 2001, 23 (25); sog. „Gesamtbetrachtung", vgl. Uhlenbruck/Borries/Hirte Rn. 92). Bei einem solchen mehraktigen Rechtsgeschäft ist für die Anfechtbarkeit die letzte, die anfechtbare Handlung vollendende Handlung maßgeblich (BGH NJW 1995, 659 (662)) (→ Rn. 23.1).

23.1 So ist bei der **Übereignung eines Grundstücks** die Eintragung des Eigentumswechsels im Grundbuch maßgeblich, sofern diese der Auflassung nachfolgt. Daran ändert nichts, wenn die Gläubigerbenachteiligung bereits mit der Einräumung eines Anwartschaftsrechts entstanden ist, da erst der Abschluss der Rechtsübertragung den gewollten vollständigen und endgültigen Rechtserfolg herbeiführt. Insofern beginnt auch die Anfechtungsfrist erst mit der Vollendung des Rechtserwerbs und nicht mit dem vorherigen Erwerb des Anwartschaftsrechts (BGH NJW 1995, 659 (662)).

24 Hat eine einheitliche Rechtshandlung **mehrere abtrennbare Wirkungen,** so kann jede Wirkung **separat** angefochten werden (BGH NZI 2001, 357).

25 Ist ein einheitliches Rechtsgeschäft **teilbar** und hat es nur zum Teil gläubigerbenachteiligende Wirkung, so greift die Anfechtung im Sinne einer **Teilanfechtung nur für den benachteiligenden Teil** durch (→ § 143 Rn. 13; → § 134 Rn. 1.1) (→ Rn. 25.1 f.).

25.1 So kann bei der Anfechtung von **Anwaltshonoraren** nur der über den angemessenen Teil hinausgehende Betrag anfechtbar sein (BGH NJW 1980, 1962 (1964)).

25.2 Liegt ein allgemein ausgewogener **Vertrag** vor, der lediglich und gezielt **für den Fall der Insolvenz** den späteren Schuldner **benachteiligt,** kann lediglich die benachteiligende Klausel entfallen (BGH NZI 2008, 428 (429); BGH NZI 2007, 462; vgl. auch BGH NRW 1994, 449 f.). Schon keine Benachteiligung für den Fall der Insolvenz ist allerdings gegeben, wenn ein in einem Grundstückskaufvertrag zugunsten des Verkäufers vereinbartes Rücktrittsrecht für den Insolvenzfall von vornherein Bestandteil des Vertrages ist, der Schuldner Rechte an der Sache ausschließlich aufgrund dieses Vertrages erworben hat, die Rücktrittsklausel den Berechtigten in den Stand setzt, einen Zugriff der Gläubiger auf die Sache jederzeit

Grundsatz § 129 InsO

abwehren zu können, und die Rücktrittsklausel freie Verfügungen des Schuldners zugunsten einzelner Gläubiger ausschließt; dieser Fall entspricht dem eines Absonderungsberechtigten (BGH NZI 2018, 22; → Rn. 43).

Nicht separat anfechtbar ist hingegen eine **Zahlungseinstellung** des Schuldners an sich, da sie lediglich das Ergebnis vorangehender (ggf. anfechtbarer) Handlungen oder Unterlassungen ist (Uhlenbruck/Borries/Hirte Rn. 130). 25.3

Neben Willenserklärungen unterliegen als Rechtshandlung der Anfechtung auch **rechtsgeschäftsähnliche Handlungen** (BeckOK BGB/Wendtlandt BGB § 133 Rn. 16) und auch **Realakte** (BeckOK BGB/Wendtlandt BGB § 133 Rn. 15) (→ Rn. 26.1 ff.). 26

Zu den **rechtsgeschäftsähnlichen Handlungen** gehören beispielsweise **Kündigungen** (BGH NZI 2013, 694 (695)) oder **Zahlungen** an die Staatskasse auf Grundlage des § 153 StPO (BGH NZI 2008, 488) oder zur Begleichung von Steuerschulden (DStR 2009, 2670 (2672); vgl. auch MüKoInsO/Kayser/Freudenberg Rn. 21). 26.1

In die Kategorie der anfechtbaren **Realakte** fallen beispielsweise das **Einbringen einer Sache in eine Wohnung**, das zu einem Vermieterpfandrecht führt (BGH NZI 2009, 103), **Handlungen** des Schuldners oder Dritter, die **zum Entstehen einer Umsatzsteuerschuld** führen (BGH NZI 2010, 17), das **Brauen von Bier** aufgrund der mit dem Beginn des Herstellungsvorgangs ausgelöste Sachhaftung für die Biersteuer (BGH NZI 2009, 644 (645)) und Handlungen nach den §§ 946 ff. BGB (vgl. auch MüKoInsO/Kayser/Freudenberg Rn. 22). 26.2

Relevanz erhält die Anfechtung rechtgeschäftsähnlicher Handlungen oder von Realakten insbesondere auch in den Fällen des **Werthaltigmachens von Forderungen**, etwa zukünftiger Forderungen aus einer Globalzession. Werthaltig gemacht wird eine Forderung dabei regelmäßig durch Erbringung der vertraglich geschuldeten Leistung, aber auch durch seitens des Schuldners veranlasste Maßnahmen, welche die Fälligkeit herbeiführen oder die Einrede nach § 320 BGB ausräumen, nicht aber eine allein aufgrund eines Zeitablaufs und ohne erforderliche Aufwendungen der Masse eintretende Fälligkeit (BGH NZI 2014, 765 (766); vgl. auch Uhlenbruck/Borries/Hirte Rn. 111 f.). 26.3

Schließlich kann auch die **Vereinnahmung der Vergütung durch den vorläufigen Insolvenzverwalter** in einem nicht zur Eröffnung gelangten Verfahren in einem später eröffneten Insolvenzverfahren anfechtbar sein (BGH NZI 2012, 135; dazu Uhlenbruck/Borries/Hirte Rn. 154). 26.4

Ebenso unterliegen als Rechtshandlung der Anfechtung schließlich auch **prozessuale Handlungen** wie Klageverzicht, Klagerücknahme, Rücknahme eines Rechtsmittels etc (vgl. Beispiele bei MüKoInsO/Kayser/Freudenberg Rn. 20). Nicht anfechtbar ist nach hM hingegen ein Unterlassen des Insolvenzantrags, selbst wenn dies in der Absicht erfolgt, einen einzelnen Gläubiger zum Nachteil der übrigen Gläubiger zu begünstigen (BGH NZI 2005, 215 (217 f.)). 26a

Zuletzt können **auch materiell nichtige Rechtsgeschäfte** der Insolvenzanfechtung nach § 133 unterliegen; die Nichtigkeit einer Rechtshandlung schließt ihre Anfechtbarkeit nicht aus (BGH NZI 2017, 854 (855)). Neben der Anfechtung kommt in diesem Fall auch die Erhebung einer Klage zur Feststellung der Nichtigkeit des Rechtsgeschäfts in Betracht (BGH NJW 1996, 3147; BAG NZI 2007, 58; vgl. auch Uhlenbruck/Borries/Hirte Rn. 45 ff.). 27

2. Handelnder

Die anfechtbaren Rechtshandlungen können nicht nur vom (späteren) **Insolvenzschuldner**, sondern auch – außer in den Fällen der §§ 132–134 – von **Gläubigern** oder **weiteren Dritten** vorgenommen worden sein (BT-Drs. 12/2443, 157; vgl. zum alten Recht auch NZI 2000, 161). Relevant ist die Frage nach der Person des Handelnden beispielsweise bei der Anfechtung von Maßnahmen im Rahmen der Zwangsvollstreckung (→ § 141 Rn. 8 ff.), bei denen grundsätzlich auf die Person der Vollstreckungsperson abzustellen ist, wobei im Fall von Mitwirkungshandlungen des Schuldners auch eine Anfechtung nur dieser Mitwirkungshandlung nach § 133 in Frage kommt (→ § 133 Rn. 7.3; BGH NZI 2014, 218 (219)). 28

Handlungen von **gesetzlichen Vertretern** und **Bevollmächtigten** werden dem Handelnden zugerechnet. Dies gilt auch für uneigennützige Behördenhandlungen (Grundbucheintragungen, Vollstreckungsakte durch neutrale Vollstreckungsorgane etc) (Uhlenbruck/Borries/Hirte Rn. 133 ff.; MüKoInsO/Kayser/Freudenberg Rn. 47). Handelt ein Vertreter ohne Vertretungsmacht, so wird dem Vertretenen die Handlung mit Genehmigung zugerechnet; allerdings kann die Handlung des Vertreters unter Umständen auch ohne Genehmigung anfechtbar sein, wenn bereits sie das Schuldnervermögen schmälert (vgl. BGH NZI 2001, 360) (→ Rn. 29.1). 29

Erteilt der Sohn seinem Vater im Rahmen einer „Kontoleihe" Kontovollmacht, so reicht dies für die Zurechnung der Bösgläubigkeit des Vaters jedoch nicht (BFH NZI 2021, 226 (230) mAnm Riewe). 29.1

30 Handlungen von **Rechtsvorgängern** wie Erblasser oder verschmolzene Gesellschaft können im Fall der Insolvenz des Rechtsnachfolgers angefochten werden (vgl. BGH NJW 1978, 1525; Uhlenbruck/Borries/Hirte Rn. 132).

31 Die Rechtshandlungen eines **Insolvenzverwalters** sind hingegen nicht anfechtbar, und zwar weder im laufenden Verfahren noch in einem dem ersten Insolvenzverfahren nachfolgenden Folgeverfahren. Dies folgt zum einen daraus, dass die Insolvenzanfechtung grundsätzlich nur Rechtshandlungen vor Eröffnung des Insolvenzverfahrens betrifft (→ Rn. 1, → Rn. 38) und zum anderen daraus, dass der Insolvenzverwalter Masseschulden begründet und diese aus Vertrauensschutzgründen anfechtungsrechtlich nicht rückabgewickelt werden dürfen (BGH NZI 2014, 321 (322)). Auch wenn die Rechtshandlungen eines Insolvenzverwalters nicht angefochten werden können, bleibt die Möglichkeit, sie im Wege der Haftung des Insolvenzverwalters nach §§ 60, 61 zu sanktionieren (Uhlenbruck/Borries/Hirte Rn. 137).

31.1 Die Quotenausschüttungen eines Insolvenzverwalters aus früherem Insolvenzverfahren sind im Folgeverfahren nicht anfechtbar, da sie eine andere Insolvenzmasse betreffen und somit die Insolvenzmasse im Nachfolgeverfahren nicht schmälern können (AG Mannheim NZI 2019, 596 mAnm Ganter NZI 2019, 597).

32 Rechtshandlungen eines **vorläufigen Insolvenzverwalters** (§ 21 Abs. 2 Nr. 1) können hingegen vom (endgültigen) Insolvenzverwalter unter bestimmten Umständen angefochten werden (vgl. nur BGH NZI 2014, 321), und zwar grundsätzlich auch dann, wenn vorläufiger Insolvenzverwalter und (endgültiger) Insolvenzverwalter personenidentisch sind. **Entscheidendes Kriterium** in Bezug auf die Frage der Anfechtbarkeit ist zunächst, ob der vorläufige Insolvenzverwalter **Masseverbindlichkeiten begründen** konnte. Ist dies der Fall, etwa weil ein „starker" vorläufiger Insolvenzverwalter bestellt und dem Schuldner ein allgemeines Verfügungsverbot (§ 21 Abs. 2 Nr. 2) auferlegt wurde (§ 55 Abs. 2), oder weil der vorläufige Insolvenzverwalter im Einzelfall zur Begründung von Masseverbindlichkeiten ermächtigt war (BGH NZI 2014, 321 (322); im Einzelnen zur Begründung von Masseverbindlichkeiten im Eröffnungsverfahren MüKoInsO/Hefermehl § 55 Rn. 226), kommt eine Anfechtung nicht in Betracht. Hat der vorläufige Insolvenzverwalter im Einzelfall keine Masseverbindlichkeiten begründet, was insbesondere bei der Tilgung von Altforderungen in Betracht kommt, ist eine Anfechtung hingegen grundsätzlich möglich (vgl. BGH NZI 2014, 321 (322); weiterhin BGH NZI 2006, 227; BGH NZI 2013, 315). Eine (Rück-)Ausnahme besteht allerdings dann, wenn der vorläufige Insolvenzverwalter durch sein Handeln zwar keine Masseverbindlichkeiten begründet, aber einen schutzwürdigen Vertrauenstatbestand beim Empfänger begründet hat und dieser infolgedessen nach Treu und Glauben (§ 242 BGB) damit rechnen durfte, ein nicht mehr entziehbares Recht erlangt zu haben; in diesem Fall kommt eine Anfechtung nicht in Betracht (BGH NZI 2008, 551 (554)).

32.1 Ein solcher Vertrauenstatbestand kann beispielsweise bestehen, wenn der vorläufige Insolvenzverwalter ausdrücklich seinen Verzicht auf die Anfechtung erklärt hat (Uhlenbruck/Borries/Hirte Rn. 144), er ist jedoch ausgeschlossen, wenn die Zustimmung des vorläufigen Verwalters zur Vornahme der fraglichen Rechtshandlung infolge der Marktmacht des Gläubigers zur Fortführung des Unternehmens erforderlich war (BGH NZI 2006, 227; krit. Spliedt ZInsO 2007, 405 (410 ff.)), bei ersichtlicher Insolvenzzweckwidrigkeit der Leistung oder wenn sich der vorläufige Insolvenzverwalter die Anfechtung vorbehalten hat (BGH NZI 2013, 315; zur Kasuistik ausf. Uhlenbruck/Borries/Hirte Rn. 137 ff.; zur Frage der Anfechtung von Handlungen der vorliegenden Eigenverwaltung vgl. Frind ZInsO 2019, 1292 ff.).

32a Sind die Handlungen des vorläufigen Insolvenzverwalters insolvenzzweckwidrig in dem Sinne, dass sie dem Insolvenzzweck der gleichmäßigen Befriedigung der Gläubiger (§ 1 S. 1) klar und eindeutig (offensichtlich) zuwiderlaufen, kommt neben einer Anfechtbarkeit auch ihre Nichtigkeit in Frage; bloß unzweckmäßige oder unrichtige Handlungen genügen für die Begründung der Nichtigkeit allerdings nicht (vgl. BGH NZI 2014, 450; Uhlenbruck/Borries/Hirte Rn. 152 f.; → § 143 Rn. 8).

33 Auch für **Rechtshandlungen des Schuldners im Rahmen der Eigenverwaltung oder des Schutzschirmverfahrens** (§§ 270–270b) ist das entscheidende Kriterium für die Frage der Anfechtbarkeit, ob Masseverbindlichkeiten und/oder schutzwürdiges Vertrauen beim Anfechtungsgegner begründet wurden oder nicht. Im vorläufigen Eigenverwaltungsverfahren (§ 270a) oder im Schutzschirmverfahren (§ 270b) begründen die Handlungen des Schuldners grundsätzlich keine Masseverbindlichkeit, sodass sie grundsätzlich anfechtbar sind; im eröffneten Eigenverwaltungsverfahren handelt der Schuldner hingegen als Amtswalter (→ § 270 Rn. 73) mit den Befugnissen eines endgültigen Insolvenzverwalters und kann daher Masseverbindlichkeiten begründen, sodass eine Anfechtbarkeit grundsätzlich nicht in Betracht kommt (→ Rn. 32; Uhlenbruck/

3. Unterlassen iSd Abs. 2

Nach § 129 Abs. 2 steht ein **Unterlassen** einer Rechtshandlung gleich und kann dementsprechend ebenfalls Anknüpfungspunkt für die Insolvenzanfechtung nach den verschiedenen Anfechtungstatbeständen sein. Daneben greift die Regelung des § 132 Abs. 2 die Anfechtbarkeit von Unterlassungen gesondert auf (→ § 132 Rn. 17). 34

Voraussetzung für ein anfechtbares Unterlassen ist nach der Rechtsprechung des BGH, dass das Unterlassen auf einer **Willensbetätigung** (→ Rn. 19) beruht, also das Unterlassen einer Handlung bewusst und gewollt erfolgt; ein Unterlassen aus bloßer Unachtsamkeit oder Vergesslichkeit genügt hingegen nicht (BGH NZI 2014, 218 (219); 2011, 249 (250); hierzu Mehring FS Kayser, 2020, 581 (585)). Zudem muss der Schuldner das Gebotene in dem Bewusstsein unterlassen haben, dass sein Nichthandeln irgendwelche Rechtsfolgen auslöst. Dabei müssen sich die Vorstellungen des Schuldners nicht auf eine konkrete Rechtsfolge beziehen oder rechtlich zutreffend sein; es genügt, wenn aus einer Situation, die naheliegenderweise materiell-rechtliche Ansprüche zur Folge hat, bewusst keine Konsequenzen gezogen werden. Auch ist nicht erforderlich, dass der Schuldner im Sinne eines Garanten eine spezielle Handlungspflicht verletzt, da die Insolvenzanfechtung nicht die Rechtswidrigkeit des Tuns oder Unterlassens sanktioniert, sondern den gläubigerbenachteiligenden Erfolg (BGH NZI 2014, 218 (219)). 35

Weiterhin ist für die Anfechtbarkeit von Unterlassungen erforderlich, dass die Unterlassung das **Vermögen des Schuldners zum Nachteil der Insolvenzgläubiger verändert** (→ Rn. 19); der Schuldner muss durch die Unterlassung mithin eine Rechtsposition aufgeben oder nicht wahrnehmen (Uhlenbruck/Borries/Hirte Rn. 121). Unterlässt der Schuldner lediglich einen möglichen Rechtserwerb, so ist das Unterlassen nicht anfechtbar, weil es nicht zu einer Minderung des Schuldnervermögens führt, sondern lediglich dessen Mehrung verhindert (BGH NZI 2009, 429 (430); in diesem Sinne auch Mehring FS Kayser, 2020, 581 (585)) (→ Rn. 36.1 f.). 36

Anfechtbares Unterlassen wurde in den folgenden Fällen **bejaht**: 36.1
- Die untätige Hinnahme von Vollstreckungshandlungen (BGH NZI 2011, 214 Rn. 13).
- **Unterlassen der Rückforderung eines Gesellschafterdarlehens** durch „**Stehenlassen**" und damit Verlust der Durchsetzbarkeit (BGH NZI 2009, 429 (430)).
- Nichteinlegung von (aussichtsreichen) Rechtsmitteln (BGH NZI 2011, 249) oder das Unterlassen sonstiger prozessualer Handlungen.
- Nichtausübung von **Gestaltungsrechten** (BeckOK BGB/Henrich BGB § 194 Rn. 17) oder die **Nichtunterbrechung einer Verjährungs- oder Ersitzungsfrist** (Uhlenbruck/Borries/Hirte Rn. 123, 127).
- Unterlassen der Geltendmachung von Freistellungs- und Unterlassungsansprüchen nach §§ 30 ff. GmbHG (BGH NZI 2006, 155).

Anfechtbares Unterlassen wurde in folgenden Fällen **verneint**: 36.2
- Unterlassen eines Schuldners, dessen Konten durch seinen Gläubiger gepfändet sind, ein weiteres **Konto zu eröffnen und Zahlungen seiner Schuldner auf dieses freie Konto zu leiten** (BGH NZI 2014, 218). Denn es besteht keine Garantenpflicht des Schuldners, schon vor Eintritt der Krise sämtliche ihm möglichen Maßnahmen zu ergreifen, um eine gleichmäßige Befriedigung aller Gläubiger zu gewährleisten (BGH NZI 2014, 218 (220)).
- Unterlassen der **Auszahlung eines Darlehens an den (späteren) Insolvenzschuldner**. Ein Darlehensgeber kann im Wege der Anfechtung nicht dazu gezwungen werden, Leistungen, die vor Eröffnung des Insolvenzverfahrens fällig waren, nach der Insolvenzeröffnung noch an die Masse zu erbringen; der Insolvenzverwalter ist auf die Geltendmachung des Auszahlungsanspruchs beschränkt, solange und soweit dieser fortbesteht (BGH NZI 2012, 415 (416)).
- Unterlassen von ohnehin aussichtslosen **Rechtsbehelfen** (BGH NZI 2014, 72 (73)).
- Kein relevantes Unterlassen liegt vor, wenn es der Schuldner lediglich **unterlässt, seinen Forderungseinzug nach der Pfändung seines Geschäftskontos umzustellen**, etwa auf einen Einzug über ein bestehendes oder neu zu eröffnendes Bankkonto oder durch Bar- oder Scheckzahlung (Ganter NZI 2018, 289 (298); BGH NZI 2017, 718; 2017, 715).

Nicht erforderlich und gänzlich unbeachtlich ist hingegen, ob der Schuldner durch seine Untätigkeit eine spezielle **Pflicht zum Handeln verletzt** oder nicht; anfechtungsrechtlich wird nicht die Rechtswidrigkeit des Tuns oder Unterlassens sanktioniert, sondern der gläubigerbenachteiligende Erfolg (BGH NZI 2014, 218 Rn. 16). 37

II. Zeitpunkt der Vornahme

38 Nach dem Wortlaut des § 129 können nur **vor Eröffnung des Insolvenzverfahrens vorgenommene Rechtshandlungen** angefochten werden. Der Zeitpunkt der Vornahme bestimmt sich nach § 140 (→ § 140 Rn. 2 ff.; BGH WM 2021, 458). Allerdings macht § 147 insofern eine **Ausnahme,** als dass auch nach Verfahrenseröffnung vorgenommene Rechtshandlungen dann der Insolvenzanfechtung unterliegen, wenn sie aufgrund des öffentlichen Glaubens des Grundbuchs, des Schiffsregisters oder der Luftfahrzeugrolle wirksam sind (→ § 147 Rn. 1 ff.). Eine weitere Ausnahme besteht – entsprechend dem Rechtsgedanken des § 147 – in Fällen, in denen Rechtshandlungen, die nicht unter § 147 fallen, vorgenommen werden, deren Wirksamwerden der Insolvenzverwalter gleichwohl nicht anderweitig verhindern konnte (BGH NZI 2012, 19 (20 ff.)) (→ Rn. 38.1).

38.1 Wenn nach Insolvenzeröffnung eine am Gesellschafts- und am Gesellschaftervermögen gesicherte Forderung eines Dritten durch Verwertung der Gesellschaftssicherheit befriedigt wurde, kann der Gesellschafter gem. §§ 135 Abs. 2, 143 Abs. 3 analog zur Erstattung des Betrags in Anspruch genommen werden (BGH NZI 2012, 19).

38.2 Erfolgt eine **mittelbare Zuwendung** in der Weise, dass ein Geldbetrag auf das Konto einer Zwischenperson überwiesen wurde und diese den Betrag an den Leistungsmittler durch Überweisung weitergeleitet hat (→ Rn. 80), ist die Wertstellung auf dem Konto des Leistungsempfängers der für die Beurteilung der subjektiven Voraussetzungen der Vorsatzanfechtung maßgebliche Zeitpunkt (BGH NZI 2021, 387 (389)).

39 Im Falle eines anfechtbaren Unterlassens ist der maßgebliche Zeitpunkt für die „Vornahme" der Rechtshandlung derjenige, in dem die entsprechende positive Handlung nicht mehr hinzugedacht werden kann, ohne dass der Eintritt der Rechtsfolge entfiele, wenn also die Rechtsfolge der Unterlassung nicht mehr durch positives Handeln abgewendet werden kann. Dies kann insbesondere in Fällen eines Fristablaufs geschehen (BT-Drs. 12/2443, 166; → § 140 Rn. 13.1).

40 Bei **mehraktigen Rechtshandlungen,** wie etwa dem Erwerb eines Grundstücks, ist auf denjenigen Rechtsakt abzustellen, der die anfechtbare Rechtshandlung vollendet (BGH NJW 1995, 659 (661 f.); → Rn. 23.1, → § 140 Rn. 4).

III. Gläubigerbenachteiligung

41 Die Rechtshandlung führt zu einer Gläubigerbenachteiligung, wenn sie entweder die Schuldenmasse des Schuldners vermehrt oder die Aktivmasse verkürzt und dadurch den Zugriff der Gläubiger auf das Vermögen des Schuldners vereitelt, erschwert oder verzögert, mithin wenn sich die Befriedigungsmöglichkeiten der Insolvenzgläubiger ohne die Handlung bei wirtschaftlicher Betrachtungsweise günstiger gestaltet hätten; die Wirkungen der Rechtshandlungen sind dabei grundsätzlich isoliert zu betrachten (BGH NZG 2020, 119 (120); NZI 2017, 68; 2016, 359; 2012, 562 (563)) (→ Rn. 41.1 ff.).

41.1 Eine Gläubigerbenachteiligung kann auch darin liegen, dass der Schuldner ein Grundstück einem Dritten zur wirtschaftlichen **Nutzung unentgeltlich überlässt** und dadurch das Aktivvermögen des Schuldners um den wirtschaftlichen Wert der Nutzungsvorteile (§ 100 BGB) verkürzt. In einem solchen Fall setzt die Gläubigerbenachteiligung allerdings voraus, dass dem Schuldner selbst die wirtschaftliche Nutzung des Grundstücks rechtlich und tatsächlich überhaupt möglich war (BGH NZI 2018, 800 (unentgeltliche Nutzungsüberlassung eines Grundstücks zum Betrieb einer Klinik); Gehrlein BB 2018, 2499 (2500)).

41.2 Wird ein **unentgeltliches Darlehen** ausgereicht, so kann darin eine unentgeltliche Leistung iSd § 134 liegen. Zwar ist die Hingabe der Darlehensvaluta entgeltlich, weil ihr der Rückgewähranspruch gegenübersteht; jedoch kann die zinslose Überlassung der Kapitalnutzung eine unentgeltliche Leistung des Schuldners darstellen (BGH NZI 2019, 333 (335); → § 134 Rn. 5.3). Eine Gläubigerbenachteiligung ist in diesem Fall aber nur dann gegeben, wenn die (weggegebenen) Nutzungen tatsächlich Teil des Aktivvermögens waren; ist dies nicht der Fall, kann es keine Rolle spielen, ob der Schuldner das Geld selbst ungenutzt lässt oder es zur Nutzung weggibt (Gehrlein DB 2019, 351 (356)), sodass lediglich ein Fall das Auslassens von Erwerbsmöglichkeiten vorliegt (→ Rn. 44). Der Tatrichter kann allerdings regelmäßig davon ausgehen, dass die Nutzungsmöglichkeiten Teil des Aktivvermögens waren, wenn der Schuldner geschäftlich tätig ist und der weggegebene Gegenstand sich der geschäftlichen Tätigkeit des Schuldners zuordnen lässt (BGH NZI 2019, 333 (334 f.)).

41.3 Auch eine **Verpflichtung zur unentgeltlichen Rückgewähr** im Falle des Rücktritts vom Kaufvertrag kann eine Gläubigerbenachteiligung gesehen werden, sofern der Käufer auf seine Rechte aus Nutzungs- und Verwendungsersatz (§§ 346, 347 BGB) verzichtet (BGH NZI 2018, 22 (24)).

Grundsatz § 129 InsO

41.4 Die Überführung eines pfändbaren Auszahlungsanspruches gegen ein Kreditinstitut oder sonstige Drittschuldner in ein formal einem Dritten zustehendes Kontoguthaben im Rahmen einer „**Kontoleihe**" stellt eine Gläubigerbenachteiligung dar, da der pfändbare Auszahlungsanspruch gegen den Drittschuldner und das formal einem Dritten zustehende Kontoguthaben nicht gleichwertig sind (BFH NZI 2021, 226 (228) mAnm Riewe).

41.5 Die Errichtung eines Treuhandkontos durch mit dem vorläufigen schwachen Insolvenzverwalter in einer Sozietät verbundenen Rechtsanwalt (sog. **Dritt-Treuhänder-Modell**) stellt regelmäßig keine Gläubigerbenachteiligung dar, da ein Treuhandkonto des Insolvenzverwalters im eigenen Namen die Rechtsstellung der Gläubiger nicht verbessern würde (OLG Koblenz NZI 2021, 277).

41a § 129 Abs. 1 geht dabei vor dem Hintergrund des Grundsatzes der Gläubigergleichbehandlung von einem umfassenden bzw. weiten Verständnis der Gläubigerbenachteiligung aus, sodass im Rahmen der Anfechtungstatbestände der §§ 129 ff. grundsätzlich eine bloß **mittelbare Gläubigerbenachteiligung** für die Anfechtbarkeit der Rechtshandlung ausreicht. Lediglich die Anfechtungstatbestände der §§ 132 und 133 Abs. 4 erfordern explizit eine **unmittelbare Gläubigerbenachteiligung** (Begr. RegE, BT-Drs. 12/2443, 157).

42 Für eine Gläubigerbenachteiligung erforderlich ist die Benachteiligung der (nicht voll gesicherten) **Gläubiger in ihrer Gesamtheit.** Werden nur einzelne Gläubiger benachteiligt, so ist dies grundsätzlich unbeachtlich. Die Insolvenzgläubiger können allerdings auch dann benachteiligt sein, wenn nur ein einziger Insolvenzgläubiger vorhanden ist (BGH NZI 2019, 392). Ausreichend ist auch eine Benachteiligung lediglich der nachrangigen Gläubiger (§ 39) (OLG München NZI 2002, 207; MüKoInsO/Kayser/Freudenberg Rn. 103). Unbeachtlich ist, wenn der Insolvenzverwalter inzwischen die Masseunzulänglichkeit angezeigt hat (BGH NZI 2001, 585; Braun/de Bra Rn. 29).

43 **Keine Gläubigerbenachteiligung** liegt vor, wenn sich die Rechtshandlung nicht nachteilig auf die Insolvenzmasse und damit auf die Befriedigungsmöglichkeit der Insolvenzgläubiger auswirkt.

43.1 Keine Gläubigerbenachteiligung besteht, wenn die Rechtshandlung **ausschließlich schuldnerfremdes Vermögen** betrifft (BGH NZG 2020, 119 (120); FD-InsR 2019, 421283; BGH NZI 2018, 22 (23); 2014, 321; 2004, 492 (493); OLG Hamm NZI 2018, 72; zur Insolvenz in Treuhandfällen → Rn. 82).

43.2 Gleiches gilt für Zahlungen eines Unterhaltsverpflichteten aus dem **zugunsten der Unterhaltsgläubiger geschützten Vermögen** (BGH NZI 2019, 851 mAnm von Lojowsky FD-InsR 2019, 41283).

43.3 Ebenso ist die Rückgewähr von Sachen aus dem Vermögen des Schuldner unter Umständen dann nicht gläubigerbenachteiligend, wenn die Sachen vom Schuldner aufgrund eines gegenseitigen Vertrages erworben worden waren, der von vornherein ein Rücktrittsrecht für den Insolvenzfall vorsah; in diesem Fall erwirbt der Schuldner nur **einen mit einem insolvenzfesten Rückforderungsrecht behafteten Vermögensgegenstand** (BGH NZI 2018, 22 (23); → Rn. 25.2).

43.4 Gleiches gilt im Hinblick auf **wirtschaftlich wertloses Vermögen**. So besteht keine Gläubigerbenachteiligung, wenn eine Sozialkasse ihre Erstattungspflichten mit offenen Beitragszahlungen des Insolvenzschuldners verrechnet, wenn die Erstattungspflichten von dem Ausgleich des Beitragskontos abhängen; denn in diesem Fall stellt die Erstattungspflicht für die Gläubiger keine Rechtsposition dar, auf die sie zugreifen könnten (BGH NZI 2018, 527).

43.5 Auch **Verfügungen über unpfändbare Gegenstände oder über den pfändungsgeschützten Teil des Einkommens** benachteiligen die Gläubiger nicht, da diese von vornherein nicht zur Insolvenzmasse gehören (BGH FD-InsR 2019, 421283; BGH NZI 2016, 584; 2007, 225 (227)), wenn der Schuldner ein insolvenzfestes Absonderungsrecht durch Zahlung ablöst, soweit deren Höhe den Erlös nicht überschreitet, den der Absonderungsberechtigte bei einer Verwertung des mit dem Absonderungsrecht belasteten Gegenstandes hätte erzielen können (BGH NZI 2017, 926 (927); 2015, 321; 2006, 403 (404); 2004, 492; Bork JuS 2019, 565 (661)), oder wenn der Schuldner über einen Gegenstand verfügt, dessen er sich schon vorher aufgrund eines verlängerten Eigentumsvorbehalts wirksam entäußert hat (BGH NZI 2000, 364).

43.6 Nicht benachteiligend ist weiterhin die Weggabe völlig **wertloser Gegenstände** aus dem Schuldnervermögen (BGH NZI 2004, 253 (254); MüKoInsO/Kayser/Freudenberg Rn. 108), oder die **Veräußerung wertausschöpfend belasteter Gegenstände.** Für die Frage, ob ein Gegenstand wertausschöpfend belastet ist, kommt es nicht auf den Zeitpunkt der Bestellung der Belastungen, sondern auf den Zeitpunkt der letzten mündlichen Verhandlung an (BGH NZI 2016, 773 Rn. 40; OLG Karlsruhe NZI 2017, 395 (396 f.)) (vgl. im Einzelnen auch MüKoInsO/Kayser/Freudenberg Rn. 109 f.) (→ Rn. 43.1). So kann Veräußerung eines **wertausschöpfend belasteten Grundstücks** durch den Schuldner objektiv gläubigerbenachteiligend sein, wenn die bei der Übertragung noch bestehenden Belastungen im Nachhinein vertragsgemäß von ihm beseitigt werden (BGH NZI 2009, 512) oder anderweitig wegfallen, oder wenn der Marktwert des Grundstücks nach Veräußerung über den Wert der Belastungen steigt (BGH NZI 2016, 773 (776);

2007, 169; Bork JuS 2019, 565 (661)). Eine mittelbare Gläubigerbenachteiligung kann sich im Falle des Verkaufs eines wertausschöpfend belasteten Grundstücks auch daraus ergeben, dass ein über die dinglichen Belastungen hinausgehender Marktpreis erst infolge der späteren Eröffnung eines Insolvenzverfahrens und der dadurch bedingten Möglichkeit eines freihändigen Verkaufs durch den Insolvenzverwalter erwirkt werden kann; steht dem freihändigen Verkauf durch den Insolvenzverwalter allerdings eine von dem Grundpfandgläubiger betriebene Zwangsvollstreckung entgegen, so ist nicht auf den in der freihändigen Veräußerung, sondern auf den in der Zwangsversteigerung erzielbaren Erlös abzustellen (BGH NZI 2016, 773 (776); OLG Karlsruhe NZI 2017, 395 (396 f.)). Wird ein mit Grundschulden wertausschöpfend belastetes Grundstück (anfechtungsfest) veräußert und vom Insolvenzschuldner später auf das gesicherte Darlehen gezahlt, so liegt in der Zahlung auf das Darlehen keine Leistung an den Grundstückseigentümer, wenn das Grundstück trotz Zahlungen auf die gesicherten Darlehen nicht enthaftet wird, sondern wertausschöpfend belastet bleibt, da es in diesem Fall durch die Zahlungen keine Wertsteigerung erfährt (vgl. OLG Dresden NZI 2016, 841 (842)). Objektiv gläubigerbenachteiligend ist auch die **Zahlung von Mieten an einen Grundpfandrechtsgläubiger,** die zwar in den Haftungsverband eines Grundstücks fallen, die Mietzahlungen jedoch nicht insolvenzfest beschlagnahmt waren und somit dem Gläubigerzugriff unterlagen (BGH NZI 2020, 687).

43.7 Keine Gläubigerbenachteiligung besteht im Falle einer „**kalten Zwangsverwaltung**" eines Grundstückes, wenn diese in ihren Wirkungen einer formalen Zwangsverwaltung entspricht (BGH NZI 2020, 687 (Erstreckung der kalten Zwangsverwaltung auf Mietforderungen, die insolvenzfest vom Grundpfandrecht erfasst sind)).

43.8 Nicht anfechtbar ist schließlich ein **Anerkenntnis des Schuldners, wenn die anerkannte Forderung bestand** und eingefordert werden konnte und der Schuldner dem Gläubiger durch das Anerkenntnis nicht beschleunigt einen Titel verschaffen wollte (BGH NZI 2017, 926 (929); Ganter NZI 2018, 289 (299)).

44 Werden **Masseschulden** besichert oder bezahlt, führt dies grundsätzlich nicht zu einer Gläubigerbenachteiligung (MüKoInsO/Kayser/Freudenberg Rn. 105a); umgekehrt ist eine Gläubigerbenachteiligung nicht ausgeschlossen, wenn der Anfechtungsgegner nach Verfahrenseröffnung alle Insolvenzforderungen, nicht aber die Masseforderungen begleicht (BGH NZI 2019, 392). Weiterhin besteht keine Gläubigerbenachteiligung, wenn die Masse ohne die Anfechtung ausreicht, um alle Gläubiger zu befriedigen (BGH NZI 2020, 420; NZI 2014, 321 (323)). Auch das Unterlassen, einen möglichen Erwerb zu realisieren, ist mangels Verkürzung der Aktivmasse keine Gläubigerbenachteiligung (BGH NZI 2019, 333 (335); anderes gilt beim Unterlassen der wirtschaftlichen Nutzung einer Sache, wenn die Nutzung (§ 100 BGB) Bestandteil des Aktivvermögens war (BGH NZI 2019, 333; 2018, 800; Gehrlein DB 2019, 351 (356); → Rn. 41.2).

45 Auch bei **bankmäßigen Buchungen** kann eine Gläubigerbenachteiligung fehlen.

45.1 So fehlt der Einzahlung von Geldern auf ein (im Haben geführtes) Bankkonto bei Solvenz der Bank die Gläubigerbenachteiligung, es sei denn, die Zugriffsmöglichkeit wird etwa durch Schaffung einer Aufrechnungslage anderweitig beeinträchtigt (MüKoInsO/Kayser/Freudenberg Rn. 108a mit Hinweis auf RGZ 45, 110). Auch eine Stornierung von nur unter Vorbehalt erfolgten (irrtümlichen) Bankgutschriften wirkt nicht gläubigerbenachteiligend, da diese noch nicht zum haftenden Vermögen des Bankkunden zählen (MüKoInsO/Kayser/Freudenberg Rn. 108a).

45.2 Eine Gläubigerbenachteiligung liegt hingegen regelmäßig vor, wenn der Schuldner mit darlehensweise in Anspruch genommenen Mitteln die Forderung eines späteren Insolvenzgläubigers erfüllt, auch wenn es in einem solchen Fall an sich lediglich zu einem Austausch der Gläubiger kommt (BGH NZI 2002, 255). Unbeachtlich ist dabei auch, wenn die Mittel aus einer (geduldeten) überzogenen Kreditlinie stammen (BGH NZI 2009, 764; ThürLSG BeckRS 2016, 127037 Rn. 25; MüKoInsO/Kayser/Freudenberg Rn. 108a; Braun/de Bra Rn. 35).

45.3 Liegt die anfechtbare Rechtshandlung in der Überweisung eines Guthabens des Schuldners auf das Konto eines Dritten, wird die objektive Gläubigerbenachteiligung nicht dadurch wieder rückgängig gemacht, dass der Dritte den Betrag planmäßig abhebt und dem Schuldner bar zur Verfügung stellt (NZI 2015, 937).

45.4 Auch bei der **Verrechnung wechselseitiger Forderungen im Kontokorrentverhältnis** kann es an einer Gläubigerbenachteiligung fehlen, wenn die Gutschriften auf der Bezahlung solcher Forderungen beruhen, die der Bank anfechtungsfest zur Sicherheit abgetreten waren (unmittelbarer Sicherheitentausch, BGH NZI 2017, 349; Kayser ZInsO 2019, 1597 (1598); Ganter NZI 2018, 289 (297); Smid DZWiR 2018, 351 (364) → Rn. 47.3).

45a Ausnahmen gelten nach **§ 2 Abs. 1 Nr. 2 COVInsAG** für bestimmte Rechtshandlungen zur Unterstützung von Unternehmen im Zusammenhang mit der COVID-19-Pandemie: § 2 Abs. 1 Nr. 2 COVInsAG bestimmt, dass (i) die bis zum 30.9.2023 erfolgte Rückgewähr eines im Aussetzungszeitraum gewährten neuen Kredits und (ii) eine im Aussetzungszeitraum erfolgte Bestellung

Grundsatz § 129 InsO

von Sicherheiten zur Absicherung eines solchen neuen Kredits als **nicht gläubigerbenachteiligend** gilt; gleiches gilt für die Rückgewähr von Gesellschafterdarlehen und Zahlungen auf Forderungen aus Rechtshandlungen, die einem solchen Darlehen wirtschaftlich entsprechen, nicht aber für deren Besicherung (→ COVInsAG § 2 Rn. 3).

Nach **§ 89 StaRUG,** der insbesondere auf die Regelung des § 133 abzielt, kann der Gläubigerbenachteiligungsvorsatz nicht allein darauf gestützt werden, dass ein an der Rechtshandlung Beteiligter Kenntnis davon hatte, dass eine Restrukturierungssache rechtshängig war oder dass der Schuldner Instrumente des Stabilisierungs- und Restrukturierungsrahmens in Anspruch genommen hat (→ Rn. 18b, → § 133 Rn. 20a); BeckOK StaRUG/Fridgen StaRUG § 89 Rn. 1 ff.). 45b

1. Unmittelbare Gläubigerbenachteiligung

Eine **unmittelbare Benachteiligung** liegt vor, wenn die Rechtshandlung des Schuldners die Zugriffsmöglichkeiten der Gläubigergesamtheit unmittelbar verschlechtert, ohne dass weitere Umstände hinzutreten müssen (BGH NJW-RR 2013, 880 (883)). Dabei ist eine isolierte Beurteilung mit Bezug auf die konkret angefochtene Minderung des Aktivvermögens oder die Vermehrung der Passiva des Schuldners vorzunehmen: Zu berücksichtigen sind lediglich solche Folgen, die an die angefochtene Rechtshandlung selbst anknüpfen (BGH NZI 2008, 163 (164); BGH BeckRS 2009, 03916; vgl. auch BGH NZI 2018, 22 (24)) (→ Rn. 46.1). 46

Beispiele für eine unmittelbare Benachteiligung (vgl. Uhlenbruck/Borries/Hirte Rn. 239 ff.; MüKoInsO/Kayser/Freudenberg Rn. 11) sind etwa die Vereinbarung eines zulasten des Schuldners unausgewogenen Vertrags, der Verkauf von Waren unter Wert, es sei denn im Rahmen eines Notverkaufs, der die Befriedigungsaussichten der Gläubiger verbessert (beispielsweise bei verderblichen Waren), der Ankauf von Waren über deren Wert (BGH DtZ 1995, 285 (286)), der Erwerb gleichwertiger, aber dem Gläubigerzugriff entzogener Vermögenswerte (BGH NZI 2009, 230), die Vereinbarung einer nicht werthaltigen oder nicht ernstlich zu erbringenden Gegenleistung oder gar keiner unmittelbaren Gegenleistung (BGH NZI 2007, 718 (719)). Ebenso benachteiligend ist die Abführung der Arbeitnehmerbeiträge zu den Sozialkassen (BGH NZI 2009, 886) oder Abführung von Lohnsteuer an das Finanzamt (BGH NZI 2004, 206). 46.1

Die vollständige Begleichung eines Regressanspruchs eines Dritten, der aufgrund der Stattgabe der Insolvenzanfechtungsklage entstünde, stellt eine Gläubigerbenachteiligung dar, da er ebenso eine (lediglich quotal zu befriedigende) Insolvenzforderung ist wie die Hauptforderung, die Gegenstand der Anfechtungsklage ist (BGH NZI 2017, 68 f.). 46.2

Auch die **nachträgliche Gewährung einer Sicherheit** für eigene Verbindlichkeiten kann eine unmittelbare Gläubigerbenachteiligung auslösen, etwa die zusätzliche dingliche Belastung eines bereits mit anderen Grundpfandrechten belasteten Grundstücks (BGH NZI 2016, 773 (774)). 46.3

Weitere Beispiele finden sich etwa in der **ausführlichen Kasuistik** bei MüKoInsO/Kayser/Freudenberg Rn. 127 ff. und bei Uhlenbruck/Borries/Hirte Rn. 335 ff. 46.4

Zwingend erforderlich ist eine unmittelbare Gläubigerbenachteiligung für eine Anfechtung nach den §§ 132 und 133 Abs. 4; für die übrigen Anfechtungstatbestände ist hingegen eine mittelbare Gläubigerbenachteiligung (→ Rn. 53) ausreichend (Begr. RegE, BT-Drs. 12/2443, 157). 46a

Keine unmittelbare Gläubigerbenachteiligung liegt in Fällen sog. **wirtschaftlich neutraler Vorgänge** vor, wenn der Schuldner für das, was er aus seinem Vermögen weggibt, **unmittelbar eine vollwertige Gegenleistung** erhält (BGH NZI 2019, 812; dazu Schubert NZI 2019, 790 (791 f.); BGH NZI 2007, 718 f.). Unmittelbar ist eine Gegenleistung, wenn sie in unmittelbarem Zusammenhang mit der Vornahme der Rechtshandlung in das Vermögen des Schuldners gelangt; zeitlich ist allerdings nicht der enge Maßstab des § 142 anzulegen, sondern es reicht ein genereller zeitlicher Zusammenhang (MüKoInsO/Kayser/Freudenberg § 132 Rn. 11). So kann auch bei Nichtvorliegen eines Bargeschäftes eine Anfechtbarkeit am Fehlen einer Gläubigerbenachteiligung scheitern, wenn ein gleichwertiger Leistungsaustausch stattgefunden hat und die Gegenleistung des Anfechtungsgegners noch bis zum Zeitpunkt der letzten mündlichen Verhandlung in der Insolvenzmasse vorhanden ist (vgl. BGH NZI 2019, 790; dazu Schubert NZI 2019, 790 (791 f.); → Rn. 48). Die Frage der Vollwertigkeit der Gegenleistung entscheidet sich nach objektiven Kriterien (Uhlenbruck/Borries/Hirte Rn. 239; hierzu auch → § 142 Rn. 14 ff., → Rn. 47.1 ff.). 47

Bei der Anfechtung einer Erklärung auf Abschluss eines Vertrags ist für die Frage der Gläubigerbenachteiligung demgemäß der **Anspruch auf die Gegenleistung** in die Beurteilung mit einzubeziehen (BGH NZI 2012, 562 (564)). 47.1

Bei der **Erfüllung eines bei Abschluss ausgewogenen Vertrags** ist für die Frage der vollwertigen Gegenleistung allein maßgeblich, ob die zu erfüllende Forderung rechtlich noch besteht. Denn die Befreiung von einer rechtsgültigen, unanfechtbaren Verbindlichkeit ist regelmäßig ein vollwertiger wirtschaftlicher 47.2

Raupach 987

Ausgleich für die entsprechende Tilgungsleistung. Der Umstand, dass im Zeitpunkt der Leistung der wirtschaftliche Wert der vom Schuldner erlangten vertraglichen Gegenleistung gesunken sein mag, ist dagegen für die unmittelbare – im Gegensatz zur mittelbaren – Gläubigerbenachteiligung nicht ohne weiteres erheblich (BGH DtZ 1995, 285 (286)). Allerdings kann es trotz Belieferung des Schuldners zu marktgerechten Preisen wegen der Vereinbarung eines **verlängerten oder erweiterten Eigentumsvorbehalts** an einem unmittelbaren Austausch gleichwertiger Leistungen fehlen (BGH NZI 2015, 320).

47.3 Auch ein **unmittelbarer Sicherheitentausch** benachteiligt die Gläubiger nicht, wenn die folgenden Kriterien erfüllt sind: Das abzulösende Sicherungsrecht muss insolvenzfest entstanden und darf im Zeitpunkt des Erwerbs des neuen Sicherungsrechts noch nicht erloschen sein, es muss ein Austausch der Sicherheiten erfolgen (keine Kumulation) und das neue Sicherungsgut darf weder höherwertig noch für die besicherten Gläubiger leichter oder schneller verwertbar sein (zu diesen Kriterien im Einzelnen Ganter WM 2017, 261 ff.; eingehend auch MüKoInsO/Kayser/Freudenberg Rn. 108d; Bork JuS 2019, 656 (661)). Geht bei der Bank des Schuldners eine Zahlung ein, die von einer vorangegangenen Globalabtretung erfasst wurde, ist der Erwerb des AGB-Pfandrechts der Bank an dem auf das Konto des Schuldners bezahlten Betrag anfechtungsfest, sofern die Bank aufgrund der Globalabtretung bereits ein anfechtungsfestes Absonderungsrecht erworben hatte (BGH NZI 2017, 349; 2015, 765; 2006, 155; Kayser ZInsO 2019, 1597 (1599)).

47.4 Werden durch eine Zahlung des Schuldners aufgrund eines mit dem Gläubiger vereinbarten Verzichts über den Zahlungsbetrag hinausgehende Verbindlichkeiten getilgt, scheidet eine Gläubigerbenachteiligung aus, wenn der in der Zahlung liegende Vermögensverlust durch den damit verbundenen Verzicht auf weitere Forderungen voll ausgeglichen wird (BGH NZI 2016, 262).

47.5 Liegt ein **Bargeschäft** (§ 142) vor, ist schon fraglich, ob überhaupt eine kausale Benachteiligung der Gläubiger besteht, weil der Insolvenzmasse unmittelbar eine gleichwertige Gegenleistung zugeflossen ist (→ Rn. 58). Die eigentliche Privilegierung des Bargeschäfts besteht daher darin, dass es – mit Ausnahme von § 133 Abs. 1 – auch nicht bei mittelbarer Gläubigerbenachteiligung (→ Rn. 53) angefochten werden kann (→ § 142 Rn. 3).

47.6 Eine Gläubigerbenachteiligung ist auch dann ausgeschlossen, wenn ein **anfechtungsfestes Absonderungsrecht durch eine den Wert ausgleichende Zahlung aus dem Schuldnervermögen abgelöst** wird (BGH NZI 2015, 320 (321); Ledermann JuS 2019, 936 (937)). Im Falle eines verlängerten oder erweiterten Eigentumsvorbehalts in Form eines Kontokorrentvorbehalts wird das Sicherungsrecht allerdings erst mit Tilgung sämtlicher Verbindlichkeiten aus der Geschäftsbeziehung abgelöst (BGH NZI 2017, 64 (65)).

48 Hat der Schuldner unmittelbar eine vollwertige Gegenleistung erhalten, so ist es für die Frage einer unmittelbaren Gläubigerbenachteiligung unbeachtlich, wenn die erhaltene Gegenleistung später infolge eines weiteren, nicht zu dem Gesamttatbestand des Rechtsgeschäfts gehörenden Umstands nicht mehr im Vermögen des Schuldners vorhanden ist (BGH NZI 2019, 812; dazu Schubert NZI 2019, 790 (791 f.); BGH NZI 2014, 775 (780)). In diesem Fall kommt allerdings eine mittelbare Gläubigerbenachteiligung in Betracht (→ Rn. 53, → Rn. 53.1).

49 Erhält der Schuldner als Folge der Rechtshandlung zwar keine Gegenleistung, sondern etwas, das sich in anderer Weise als – **zumindest gleichwertiger – Vorteil** erweist, ist eine unmittelbare Benachteiligung ebenfalls ausgeschlossen, wenn der Vorteil unmittelbar und in zurechenbarer Weise mit dem Vermögensopfer zusammenhängt und sich unmittelbar in einer – den anderweitigen Nachteil zumindest ausgleichenden – Mehrung des Schuldnervermögens niederschlägt (BGH NZG 2020, 119 (120); NZI 2016 (262); 2007, 718 f.; 2003, 315 (316)) (→ Rn. 49.1 ff.).

49.1 Nach den Erläuterungen des BGH (NZI 2003, 315 (316)) ist ein solcher nicht in einer Gegenleistung bestehender Vorteil beispielsweise gegeben, wenn ein Schuldner gegenüber seinem Lieferanten bestehende Altschulden begleicht, damit dieser im Gegenzug eine Zustimmung zur Veräußerung des Betriebs erteilt, wenn der Betrieb des Schuldners nur mit Zustimmung des Lieferanten günstig zu verwerten ist und ohne die „erkaufte" Einwilligung weniger wert gewesen wäre als der tatsächlich erzielte Kaufpreis abzüglich der Tilgungsleistung (BGH BeckRS 1959, 31201456).

49.2 Umgekehrt entfällt die gläubigerbenachteiligende Wirkung der Bezahlung der Schulden aus Stromlieferungen nicht deshalb, weil sonst die - berechtigte - Einstellung der Stromversorgung in dem Betrieb des Schuldners zu einem Produktionsausfall geführt hätte (BGH BeckRS 1952, 31191839). Dass ein Subunternehmer sich gegen Bewilligung einer Sicherheit für ausstehende Forderungen verpflichtet, die ihm übertragenen Arbeiten gegen Entgelt weiterzuführen, gleicht den Verlust der Sicherheit für die Insolvenzgläubiger des Hauptunternehmers nicht aus (BGH BeckRS 1984, 31078811 = WM 1984, 1194 (1195)).

49.3 Des Weiteren ist der Abschluss eines Vertrags, durch den einem Beteiligten für den Fall seiner Insolvenz Vermögensnachteile auferlegt werden, die über die gesetzlichen Folgen hinausgehen und nicht zur Erreichung des Vertragszwecks geboten sind, gläubigerbenachteiligend, selbst wenn der Beteiligte bei ungestörter Durchführung des Vertrags wirtschaftliche Vorteile erzielt hätte (BGH NJW 1994, 449). Die durch den

Schuldner fortgesetzte Nutzung von gemieteten Räumen gleicht nicht die Beitreibung älterer Mietforderungen durch den Vermieter aus (OLG Frankfurt a. M. HRR 1936 Nr. 480 aE).

50 Für die Frage eines gleichwertigen Vorteils nicht zu berücksichtigen sind jedoch Folgen der Rechtshandlung, die in rein tatsächlicher und **nicht in zurechnungsrelevanter Weise verursacht** worden sind; eine Vorteilsausgleichung nach schadensersatzrechtlichen Grundsätzen findet im Insolvenzanfechtungsrecht nicht statt (BGH NZI 2007, 718 f.; 2009, 644 (645); Uhlenbruck/Borries/Hirte Rn. 238).

51 Zuletzt liegt auch dann keine unmittelbare Benachteiligung vor, wenn der durch die Rechtshandlung bewirkte Vermögensabfluss zu einem Zeitpunkt erfolgt, in dem der Schuldner noch über ausreichende Mittel zur Befriedigung sämtlicher Gläubiger verfügt; in diesem Fall kommt allerdings eine mittelbare Gläubigerbenachteiligung (→ Rn. 53) in Betracht (Uhlenbruck/Borries/Hirte Rn. 246; für eine unmittelbare Gläubigerbenachteiligung MüKoInsO/Kayser/Freudenberg Rn. 120).

51a Eine Gläubigerbenachteiligung kann auch dann ausscheiden, wenn ein einmal eingetretener Nachteil nachträglich **wieder behoben** wird. Dabei setzt die Beseitigung der Gläubigerbenachteiligung allerdings voraus, dass die Rückgewähr eindeutig zu dem Zweck erfolgt, dem Schuldner den entzogenen Vermögenswert wiederzugeben und damit die Verkürzung der Haftungsmasse ungeschehen zu machen. Von der Zweckbestimmung her muss es sich um eine vorweggenommene Befriedigung des individuellen anfechtungsrechtlichen Rückgewähranspruches handeln; nicht ausreichend ist, wenn mit der Rückgewähr des anfechtbar erlangten Gegenstandes ein anderer Anspruch erfüllt werden soll (BGH DStR 2020; 130; NZI 2019, 591). Die Anfechtbarkeit muss dem Anfechtungsgegner dabei allerdings nicht bewusst sein (BGH NZI 2018, 216) (→ Rn. 51a.1).

51a.1 Eine Beseitigung der Gläubigerbenachteiligung kann etwa dann bestehen, wenn ein abgetretenes Recht an den Schuldner zurückabgetreten wird, oder wenn ein Darlehensgeber dem Schuldner, der ein Darlehen durch Barzahlung getilgt hat, Barmittel zu gleichen Bedingungen wieder zur Verfügung stellt (BGH NZI 2018, 216; Gehrlein BB 2018, 2499 (2501)).

51a.2 Eine in der Rückzahlung eines Gesellschafterdarlehens liegende Gläubigerbenachteiligung wird hingegen nicht beseitigt, indem der Gesellschafter die empfangenen Darlehensmittel zwecks Erfüllung einer von ihm übernommenen Kommanditeinlagepflicht an die Muttergesellschaft der Schuldnerin weiterleitet, welche der Schuldnerin anschließend Gelder in gleicher Höhe auf der Grundlage einer von ihr übernommenen Verlustdeckungspflicht zur Verfügung stellt (BGH NZI 2019, 591). Ebenso wird die in der Rückzahlung eines Gesellschafterdarlehens liegende Gläubigerbenachteiligung nicht durch eine Zahlung des Gesellschafters an die Gesellschaft beseitigt, wenn der Gesellschaft in diesem Umfang eine weitere Darlehensforderung (Auszahlungsanspruch) gegen den Gesellschafter zusteht (BGH DStR 2020, 130).

51a.3 Demgegenüber liegt keine Beseitigung der Gläubigerbenachteiligung vor, wenn ein Gesellschafter, dem ein Gesellschafterdarlehen zurückgezahlt wurde, die empfangenen Darlehensmittel zwecks Erfüllung einer von ihm übernommenen Kommanditeinlagepflicht an die Muttergesellschaft der Schuldnerin weiterleitet, welche der Schuldnerin anschließend Gelder in gleicher Höhe auf Grundlage einer von ihr übernommenen Verlustdeckungspflicht zur Verfügung stellt (BGH NZI 2019, 591 mAnm Brandenburg/Hackl).

52 **Maßgeblicher Zeitpunkt** für die Prüfung der unmittelbaren Benachteiligung ist derjenige der Vollendung der anfechtbaren Rechtshandlung (BGH NZI 2007, 718; → § 140 Rn. 1 ff.). Ist für die Wirksamkeit eines Rechtsgeschäfts eine Registereintragung erforderlich, gilt § 140 Abs. 2, wonach nicht auf den Zeitpunkt der Eintragung, sondern auf den Zeitpunkt abzustellen ist, in dem die übrigen Voraussetzungen für das Wirksamwerden erfüllt sind (→ § 140 Rn. 14 ff.; vgl. auch BGH NJW 1995, 659 (661)).

2. Mittelbare Gläubigerbenachteiligung

53 Eine **mittelbare Gläubigerbenachteiligung** liegt vor, wenn die Rechtshandlung zwar nicht zu einer unmittelbaren Gläubigerbenachteiligung geführt hat, aber die Grundlage für einen weiteren Ablauf geschaffen hat, der zu einer Gläubigerschädigung geführt hat (BGH NZI 2014, 372 (376)). Der eingetretene weitere Umstand muss dabei nicht seinerseits durch die angefochtene Rechtshandlung verursacht worden sein. Es reicht aus, dass die Benachteiligung objektiv jedenfalls auch durch die angefochtene Rechtshandlung verursacht wurde (BGH NZI 2012, 562 (563)) (→ Rn. 53.1 ff.).

53.1 Typisches Beispiel für eine mittelbare Gläubigerbenachteiligung bei gleichzeitigem Fehlen einer unmittelbaren Gläubigerbenachteiligung ist die **Veräußerung eines Gegenstands zu einem angemessenen Preis und der nachfolgende Verbrauch des erlösten Geldes,** sodass dieses im Zeitpunkt der Eröffnung des Insolvenzverfahrens nicht mehr im Vermögen des Schuldners vorhanden ist (Begr. RegE, BT Drs. 12/ 2443, 157).

53.2 Eine Gläubigerbenachteiligung kann auch in der Auszahlung von Kontoguthaben an den Schuldner bestehen, wenn dadurch ein „Umtausch" eines für die Gläubiger pfändbaren Auszahlungsanspruches gegen das Kreditinstitut in einen für die Gläubiger nur schwer auszumachenden Bargeldbetrag erfolgt (BGH NZI 2017, 855 (854); → Rn. 83).

53.3 Ebenso verhält es sich mit der Zahlung von **Arbeitslohn**. Auch hier gewährt die erbrachte Arbeitsleistung den Insolvenzgläubigern regelmäßig nicht dieselbe Zugriffsmöglichkeit auf Vermögenswerte, wie sie die abgeflossenen Zahlungsmittel geboten hätten, sodass auch hier eine (für § 133 Abs. 1 ausreichende) mittelbare Gläubigerbenachteiligung vorliegen kann (BGH NZI 2014, 372 (376)).

53.4 Eine mittelbare Gläubigerbenachteiligung liegt auch vor, wenn Vermögenswerte weggegeben werden und der Gegenanspruch im Wege der **Aufrechnung** erlischt (BGH NJW 1984, 1557 (1558)). Ebenso werden die Insolvenzgläubiger durch die **Herstellung einer Aufrechnungslage** benachteiligt, die sich daraus ergibt, dass der spätere Schuldner Gegenstände an einen Insolvenzgläubiger verkauft, die er einem anderen Gläubiger zur Sicherheit übereignet hatte und die dieser zur Veräußerung nur an diesen Käufer „freigibt" (BGH NZI 2004, 82).

53.5 Auch die **Kündigung eines unverzinslichen Darlehens** gegenüber der Schuldnerin **wegen Vermögensverfalls** im Vorfeld des Insolvenzverfahrens kann die Insolvenzgläubiger aufgrund des Wegfalls der gesetzlichen Abzinsung nach § 41 Abs. 2 mittelbar benachteiligen; denn aufgrund der Kündigung des Darlehens kann der volle Darlehensbetrag und nicht nur der nach § 41 Abs. 2 abgezinste Betrag zur Tabelle angemeldet werden. Rechtsfolge der Anfechtung ist in diesem Fall, dass die durch die Kündigung herbeigeführte Fälligkeit des Rückzahlungsanspruchs außer Betracht bleibt und der Rückzahlungsanspruch wie andere nicht fällige Forderungen erst aufgrund der Eröffnung des Insolvenzverfahrens gem. § 41 Abs. 1 als fällig gilt und entsprechend abzuzinsen ist (BGH NZI 2017, 352).

53.6 Weitere Beispiele für mittelbare Gläubigerbenachteiligungen finden sich etwa in der **ausführlichen Kasuistik** bei MüKoInsO/Kayser/Freudenberg Rn. 127 ff. und bei Uhlenbruck/Borries/Hirte Rn. 335 ff.

54 **Maßgeblicher Zeitpunkt** für die Prüfung der mittelbaren Gläubigerbenachteiligung ist der **Zeitpunkt der letzten mündlichen Tatsachenverhandlung** der letzten Tatsacheninstanz im Anfechtungsprozess. Zu berücksichtigen sind daher in jedem Fall diejenigen Tatsachen, die in erster Instanz vorgetragen waren, aber auch solche Tatsachen, die zwar erst in der Berufung vorgetragen, aber zugelassen oder zuzulassen waren, die sich erst nach Schluss der mündlichen Verhandlung erster Instanz ergeben. Daher kann auch jemand, der zur Zeit der Vornahme der Rechtshandlung noch nicht benachteiligt oder noch nicht einmal Gläubiger war, durch eine Rechtshandlung mittelbar benachteiligt sein (BGH NZI 2012, 562 (563)).

IV. Ursächlicher Zusammenhang; Zurechnungszusammenhang

1. Ursächlicher Zusammenhang

55 Jede Insolvenzanfechtung setzt voraus, dass **zwischen der angefochtenen Rechtshandlung und der Gläubigerbenachteiligung ein ursächlicher Zusammenhang** besteht. Ein solcher ist grundsätzlich gegeben, wenn die Insolvenzgläubiger ohne die Rechtshandlung bessere Befriedigung erlangt hätten (BGH NZI 2005, 497 (498); BGH NJW-RR 1989, 1010). Ausreichend ist dabei, wenn die Rechtshandlung im natürlichen Sinne eine Bedingung für die Gläubigerbenachteiligung darstellt. Eine **Einschränkung im Sinne einer Adäquanztheorie wie im Schadensrecht findet nicht statt** (BGH NZI 2000, 116 (117); krit. Ahrens ZIP 2017, 58 (65 f.) mwN), wohl aber können Fragen des Zurechnungszusammenhangs beachtlich sein (→ Rn. 61).

56 Beachtlich sind allerdings **Unterbrechungen des Ursachenzusammenhangs**. So kann etwa die zwischenzeitliche Wiedererlangung der Zahlungsfähigkeit durch den Schuldner den Ursachenzusammenhang zwischen Rechtshandlung und Gläubigerbenachteiligung im Hinblick auf die Deckungsanfechtungen nach § 130 Abs. 1 Nr. 1 Alt. 1, § 131 Abs. 1 Nr. 2 oder § 132 Abs. 1 unterbrechen, da diese die materielle Insolvenz des Schuldners voraussetzen (BGH NZI 2017, 28 (30) mAnm Ahrens). Die Möglichkeit zur Anfechtung nach § 133 Abs. 1, die keine materielle Insolvenz des Schuldners im Zeitpunkt der Rechtshandlung voraussetzt, bleibt hiervon allerdings grundsätzlich unberührt (eing. hierzu Ahrens ZIP 2017, 58 ff.; vgl. auch Wischemeyer/Dimassi ZIP 2017, 593 ff.; Frind ZinsO 2020, 390 ff. zur Anfechtbarkeit von Rechtshandlungen vor einem Erstinsolvenzverfahren in einem nachfolgenden Zweitinsolvenz- bzw. Folgeverfahren). Den Wegfall einer einmal eingetretenen Zahlungsunfähigkeit hat der Anfechtungsgegner zu beweisen (BGH NZI 2017, 64; 2017, 28 (30) mkritAnm Ahrens; → § 133 Rn. 19.2, → § 133 Rn. 35.2).

Grundsatz § 129 InsO

Bei der Prüfung des Ursachenzusammenhangs ist allein auf den realen Geschehensablauf abzustellen. **Für hypothetische, nur gedachte Kausalverläufe ist kein Raum** (BGH NZI 2017, 68; 2011, 141 (143); 2008, 293) (→ Rn. 57.1). 57

So sind freiwillige Spenden gegenüber Religionsgesellschaften in der Rechtsform von Körperschaften des öffentlichen Rechts als unentgeltliche Leistungen selbst dann anfechtbar, wenn die Religionsgesellschaft an sich befugt wäre, gleich hohe Beträge als Kirchensteuer einzuziehen (BGH NZI 2017, 31; 2016, 359). 57.1

Die Anfechtung eines (anfechtbaren) Grundstückserwerbs wird nicht dadurch ausgeschlossen, dass dem Anfechtungsgegner das Grundstück ohnehin im Rahmen der Zwangsversteigerung zugeschlagen worden wäre (BGH NJW 2004, 2900 (zum Anfechtungsgesetz)). 57.2

Die Befriedigung eines Insolvenzgläubigers mit Kreditmitteln benachteiligt die Gläubigergesamtheit unabhängig davon, ob dem Insolvenzverwalter die Kreditmittel zur Verfügung stünden oder nicht (BGH NZI 2008, 293; weitere Beispiele bei Uhlenbruck/Borries/Hirte Rn. 231). 57.3

Begleicht ein Werkbesteller (Bauherr) die Werklohnforderung des Insolvenzschuldners (Bauunternehmer), indem der Werkbesteller nicht fällige Lieferantenverbindlichkeiten des Insolvenzschuldners begleicht (Direktzahlung), ist für den Ursachenzusammenhang mit der durch den Verlust der Werklohnforderung eingetretenen Gläubigerbenachteiligung unbeachtlich, wenn der Lieferant ohne die Direktzahlung die Lieferung hätte verweigern können (BGH NZI 2014, 762 (763)). 57.4

Bei direkten Mietzahlungen eines Endmieters auf Anweisung des zahlungsunfähigen Zwischenmieters an den Vermieter ist für das Bestehen des Ursachenzusammenhangs unbeachtlich, wenn der Vermieter ohne die Mietzahlung wegen der offenen Mieten fristlos hätte kündigen können und damit die Krise des Zwischenmieters verschärfen können (BGH NZI 2011, 141 (143); krit. hierzu Uhlenbruck/Borries/Hirte Rn. 233). 57.5

Auch ist für die Frage der kausalen Gläubigerbenachteiligung zunächst isoliert auf die durch die Rechtshandlung ausgelöste Minderung des Aktivvermögens abzustellen. Eine **Vorteilsausgleichung** nach schadensrechtlichen Grundsätzen findet im Anfechtungsrecht **nicht** statt. Sie würde dem Zweck des Insolvenzverfahrens, die Insolvenzmasse zu schützen, widersprechen (BGH NZI 2016, 262 (263)). Zu beachten sind jedoch solche für die Masse vorteilhaften Folgen der Rechtshandlung, die ihrerseits an die konkret angefochtene Rechtshandlung anknüpfen. Das sind zum einen unmittelbare Gegenleistungen und zudem Vermögensmehrungen, die zwar keine Gegenleistung darstellen, sich aber in anderer Weise als – zumindest gleichwertiger – Vorteil erweisen, unmittelbar mit dem Vermögensopfer zusammenhängen und sich unmittelbar in einer – den anderen Nachteil zumindest ausgleichenden – Mehrung des Schuldnervermögens niederschlagen (BGH NZI 2007, 718 f.; BGH NZI 2016, 262 mAnm Böhme; dazu auch Lind/Wigand DB 2016, 999; Mehring FS Kayser, 2020, 581 (586); → Rn. 58.1 f.). 58

Bejaht wurde der ursächliche Zusammenhang in folgenden Fällen: 58.1
- Teilzahlungen des Schuldners gegenüber einem Gläubiger und ein auf die Teilzahlungen aufschiebend bedingter Verzicht des Gläubigers auf über den Zahlungsbetrag hinausgehende Forderungen (BGH NZI 2016, 262 (263) mAnm Böhme).
- Tilgung einer Verbindlichkeit durch den Schuldner und daraus folgende Ermöglichung einer gewinnbringenden Veräußerung des Schuldnerunternehmens (BGH NZI 2016, 262 (263) (obiter dictum), mit Hinweis auf BGH BeckRS 1956, 31201456 und BGH NZI 2003, 315).

Verneint wurde der ursächliche Zusammenhang hingegen in folgenden Fällen: 58.2
- Die durch das Bierbrauen ausgelöste gläubigerbenachteiligende Sachhaftung zur Sicherung der Biersteuer wird nicht durch eine mit dem Brauvorgang in Zusammenhang stehende übersteigende Wertschöpfung zugunsten des Schuldnervermögens ausgeglichen (BGH NZI 2009, 644).
- Aufhebung und Neueinräumung eines Bezugsrechts aus einer Risikolebensversicherung (BGH NZI 2016, 35; insgesamt instruktiv Anm. Böhme zu BGH NZI 2016, 262).

Bei Vorliegen mehrerer Rechtshandlungen ist grundsätzlich **jede Rechtshandlung selbstständig** auf ihre Ursächlichkeit für die konkret angefochtene gläubigerbenachteiligende Folge zu überprüfen (BGH NZI 2016, 262 (263); BGH BeckRS 2009, 03916); werden mehrere Rechtshandlungen gleichzeitig vorgenommen oder ergänzen sie sich wirtschaftlich, so sind auch diese anfechtungsrechtlich selbstständig zu erfassen (BGH NZI 2007, 718 f.; vgl. auch die Ausführungen unter → Rn. 23). 59

Auch im Fall eines anfechtbaren **Unterlassens** (§ 129 Abs. 2) muss dieses für die Gläubigerbenachteiligung ursächlich geworden sein (→ Rn. 60.1 f.). 60

Im Falle des Nichteinlegens eines Rechtsmittels oder des Unterlassens prozessualer Angriffs- oder Verteidigungsmittel oder Einreden ist für die Ursächlichkeit erforderlich, dass der Anfechtungsgegner die in Rede stehende Zuwendung allein aufgrund des Unterlassens behalten konnte. So beruht ein Erwerb im Wege der **Zwangsvollstreckung** folglich nur dann auf einem Unterlassen im anfechtungsrechtlichen 60.1

Raupach

Sinne, wenn der Gläubiger bei Vornahme der dem Schuldner möglichen und von ihm bewusst vermiedenen Rechtshandlung den zwangsweise erworbenen Gegenstand nicht erlangt hätte oder ihn vor Insolvenzeröffnung hätte zurückgewähren müssen (BGH NZI 2005, 215 (218)).

60.2   Die Ursächlichkeit des Unterlassens fehlt hingegen bei der **Nichteinlegung eines von vornherein aussichtslosen Rechtsbehelfs** (BGH NZI 2011, 249 (250)).

2. Zurechnungszusammenhang

61   Trotz Bejahung eines ursächlichen Zusammenhangs zwischen Rechtshandlung und Gläubigerbenachteiligung (→ Rn. 55 ff.) kann im Einzelfall der Inhalt des Anfechtungsanspruchs durch einen fehlenden oder eingeschränkten Zurechnungszusammenhang begrenzt werden. So ist nach der Rechtsprechung des BGH trotz bestehender Ursächlichkeit im Wege **wertender Betrachtung** zu prüfen, ob eine bestehende Gläubigerbenachteiligung (dh Schuldenmehrung oder Masseschmälerung, → Rn. 41) auch durch eine gesetzlich nicht missbilligte Rechtshandlung des Schuldners hätte herbeigeführt werden können und ob die Dauerhaftigkeit der mit der angefochtenen Rechtshandlung erzielten Wirkung mit dem Zweck der Anfechtungsvorschriften vereinbart werden kann (BGH NZI 2007, 718 (719); → Rn. 61.1).

61.1   So ist bei einer **verfrühten Erfüllung einer rechtswirksamen Zahlungsverpflichtung** zu prüfen, ob die eingetretenen Folgen auch dann eingetreten wären, wenn der Schuldner erst bei Fälligkeit der Schuld gezahlt hätte (BGH DtZ 1997, 228).

61.2   Auch kann eine Anfechtung ausgeschlossen sein, wenn die einmal eingetretene Gläubigerbenachteiligung in der Folge **wieder entfällt**, etwa durch Rückzahlung/Rückführung des anfechtbar Erlangten (BGH NZI 2013, 804; 2013, 397; → § 143 Rn. 3; weitere Beispiele bei MüKoInsO/Kayser/Freudenberg Rn. 183; Uhlenbruck/Borries/Hirte Rn. 230).

62   Die wertende Betrachtung im Rahmen der Prüfung des Zurechnungszusammenhangs ist von der (Nicht-)Berücksichtigung eines bloß hypothetischen Kausalverlaufs (→ Rn. 57) zu trennen (BGH DtZ 1997, 228).

V. Drei- und Mehrpersonenverhältnisse

63   Die in der anfechtungsrechtlichen Behandlung von Drei- oder Mehrpersonenverhältnissen aufgeworfenen Fragestellungen sind regelmäßig komplex und haben über die Jahre zu einer entsprechend komplexen höchstrichterlichen Rechtsprechung geführt (Gehrlein Der Betrieb 2017, 1761 ff.; dazu auch → § 134 Rn. 12 ff.).

64   Zu den typischen Fallgruppen zählen „**mittelbare Zuwendungen**", bei denen der Schuldner (Leistender) eine Mittelsperson (Leistungsmittler) einbindet und mit deren Hilfe Vermögensbestandteile an den gewünschten Empfänger verschiebt (→ Rn. 65), „**Leistungsketten**", innerhalb derer Vermögensverschiebungen lediglich im jeweiligen Zweipersonenverhältnis, aber in Kette erfolgen (→ Rn. 80), sowie **Verträge zugunsten Dritter** (→ Rn. 72), **Treuhandkonstellationen** (→ Rn. 82) und **Leistungen mit Doppelwirkung** (→ Rn. 84).

1. Mittelbare Zuwendungen

65   Eine mittelbare Zuwendung ist nach der Rechtsprechung des BGH gegeben, wenn der Schuldner Vermögensbestandteile **mit Hilfe einer Mittelsperson an den gewünschten Empfänger verschiebt, ohne mit diesem äußerlich in unmittelbare Rechtsbeziehungen zu treten**. Weitere Voraussetzung ist, dass für den Dritten **erkennbar** ist, dass es sich um eine Leistung des Schuldners und nicht der Mittelsperson handelt (BGH NZI 2016, 262 (263); 2008, 733 (734); 1999, 448). Typischerweise erfolgt eine mittelbare Zuwendung auf Grundlage **mehrerer Rechtshandlungen,** nämlich zum einen aufgrund der Anweisung des Schuldners an den Leistungsmittler, eine Leistung an den Empfänger zu erbringen, und zum anderen aufgrund der entsprechenden Befolgung der Anweisung durch den Leistungsmittler (vgl. zB BGH NZI 2008, 167 – Zahlung auf Anweisung); in diesem Fall ist für die Anfechtbarkeit erforderlich, dass die Vermögensverschiebung **von Anfang an geplant** war (BGH NZI 2008, 733 (734); Uhlenbruck/Borries/Hirte Rn. 267). Allerdings wird teilweise auch dann von mittelbaren Zuwendungen gesprochen, in denen die Vermögensverschiebung lediglich aus einer **einzelnen Rechtshandlung** folgt, mittels derer der Leistungsmittler sowohl das Vermögen des Schuldners schmälert, als auch das des Empfängers mehrt (krit. zur Verwendung des Begriffs der „mittelbaren Zuwendung" in diesen Fällen Uhlenbruck/Borries/Hirte Rn. 266; MüKoInsO/Kayser/Freudenberg Rn. 53, 68).

Grundsatz § 129 InsO

66 Anfechtungsrechtlich sind mittelbare Zuwendungen **so zu behandeln, als habe der befriedigte Gläubiger unmittelbar von dem Schuldner erworben;** dementsprechend findet eine Deckungsanfechtung (§§ 130, 131) grundsätzlich nicht gegenüber dem Leistungsmittler, sondern allein gegenüber dem Leistungsempfänger statt (BGH NZI 2013, 583; 2012, 453; 2008, 167; aber → Rn. 81).

67 Bei der Prüfung der **gläubigerbenachteiligenden Wirkung** der mittelbaren Zuwendung gelten die allgemeinen Grundsätze: Es muss entweder die Schuldenmasse vermehrt oder die Aktivmasse verkürzt werden (→ Rn. 41). Demnach ist die mittelbare Zuwendung gläubigerbenachteiligend, wenn der Leistungsmittler durch seine Handlung auch eine Schuld gegenüber dem anweisenden Leistenden tilgt („**Anweisung auf Schuld**", → Rn. 68). Tilgt der Leistungsmittler hingegen keine Schuld gegen den Anweisenden, sondern erwirbt er stattdessen aufgrund seiner Handlung einen Aufwendungs- oder Schadensersatzanspruch gegen den Schuldner („**Anweisung auf Kredit**", → Rn. 70), so bewirkt dies grundsätzlich lediglich einen neutralen Gläubigerwechsel (vgl. OLG Hamm NZI 2018, 72).

68 **a) Anweisung „auf Schuld".** Tilgt der Angewiesene mit der Zahlung an den Empfänger eine eigene, gegenüber dem anweisenden Schuldner im Zahlungszeitpunkt bestehende Verbindlichkeit, liegt eine sog. „**Anweisung auf Schuld**" vor, die zu einer Gläubigerbenachteiligung führt, weil der Schuldner mit der Zahlung an den Dritten seine Forderung gegen den Angewiesenen verliert (BGH NZI 2018, 562; 2016, 262; 2012, 805; 2009, 56; Jacobi/Böhme NZI 2012, 865; OLG Hamm NZI 2018, 72; Ledermann JuS 2019, 936 (939)) (→ Rn. 68.1 ff.).

68.1 **Beispiele** einer Anweisung auf Schuld sind etwa **Banküberweisungen,** wenn der (später insolvente) Schuldner seine Bank anweist, zur Tilgung von Verbindlichkeiten des Schuldners Überweisungen zugunsten des Empfängers zu tätigen (Uhlenbruck/Borries/Hirte Rn. 270), oder Fälle von „**Direktzahlungen" auf fremde Verbindlichkeiten,** beispielsweise:
- die Direktauszahlung eines Kredits durch die Bank an einen Gläubiger des Kreditnehmers (BGH NZI 2011, 499; dazu Ganter NZI 2011, 475; Lütcke NZI 2011, 702),
- die Zahlung einer Geldstrafe des Schuldners an die Justizkasse durch eine dritte Person, der die erforderlichen Mittel zuvor vom Schuldner zur Verfügung gestellt wurden (BGH NZI 2011, 189 (190)),
- die Direktzahlung der Miete an den Vermieter durch den Endmieter auf Anweisung des zahlungsunfähigen Zwischenmieters (BGH NZI 2011, 141),
- die Anweisung eines Verkäufers an den Käufer, die Kaufpreiszahlungen direkt an einen Dritten zur Tilgung von Verbindlichkeiten des Verkäufers zu leisten (BGH NZI 2008, 163 (165)) oder
- die Zahlung von Werklohnverbindlichkeiten einer Auftraggeberin gegenüber ihrer (später insolventen) Generalunternehmerin direkt an deren Subunternehmerin (BGH NZI 2007, 456),
- die Zahlung des Arbeitgebers von Beiträgen freiwillig krankenversicherter Arbeitnehmer im sog. Firmenzahlungsverfahren unter Anrechnung auf das dem Arbeitnehmer auszuzahlende Arbeitsentgelt (Anm. Ganter zu SG Dresden NZI 2021, 232 (238)), welches eine aA vertritt).

69 Etwas anderes gilt allerdings, wenn die „auf Schuld" geleistete Zahlung des Angewiesenen keine Tilgungswirkung hat; in diesem Fall scheidet eine Gläubigerbenachteiligung aus (BGH NZI 1999, 313 (314)).

70 **b) Anweisung „auf Kredit".** Zahlt der Angewiesene an den Empfänger, ohne dadurch zugleich eine eigene Verbindlichkeit gegenüber dem Schuldner zu tilgen (sog. „**Anweisung auf Kredit**"), erlangt er grundsätzlich einen Rückgriffsanspruch gegen den Schuldner, der die Masse belastet. Diese Belastung wird jedoch regelmäßig durch die zugleich erfolgende Befreiung des Insolvenzschuldners von seiner Schuld gegenüber dem Zahlungsempfänger ausgeglichen, sodass sich die Situation aus Sicht des Insolvenzschuldners dann als neutraler Gläubigerwechsel darstellt und eine Gläubigerbenachteiligung ausscheidet (BGH NZI 2018, 562; 2016, 262; 2012, 805 (806); OLG Hamm NZI 2018, 72; Ledermann JuS 2019, 936 (939)). Etwas anderes gilt nur dann, wenn der Rückgriffsanspruch für den Schuldner belastender ist als die durch den Leistungsmittler getilgte Schuld, etwa weil er nur gegen Sicherheiten gewährt wurde (BGH NZI 2009, 56), oder wenn der Leistungsmittler den Rückgriffsanspruch nutzen kann, um mit einer bereits gegenüber dem Insolvenzschuldner bestehenden Verbindlichkeit aufzurechnen (BGH NZI 2007, 452 (453)); in diesen Fällen ist eine Gläubigerbenachteiligung zu bejahen (Uhlenbruck/Borries/Hirte Rn. 314) (→ Rn. 70.1 ff.).

70.1 Ein Beispiel für eine Anweisung auf Kredit ist etwa die **Begleichung von Verbindlichkeiten der** späteren Insolvenzschuldnerin **durch den dazu nicht verpflichteten Geschäftsführer aus eigenen Mitteln** (BGH NZI 2012, 805).

70.2 Um Anweisungen auf Kredit kann es sich auch im Fall von **Kreditkartenzahlungen** handeln. So enthält der autorisierte Einsatz der Kreditkarte durch deren Inhaber die Weisung an das Kartenunternehmen, die Zahlung an das Vertragsunternehmen auszuführen, und begründet einen entsprechenden Aufwendungsersatzanspruch des Kartenunternehmens nach §§ 675 Abs. 1, 670 BGB, der nach Maßgabe der Vereinbarungen im Deckungsverhältnis gegenüber dem Karteninhaber abgerechnet wird (BGH NZI 2015, 32 (33)).

70.3 **Keine (unanfechtbare) Anweisung auf Kredit** liegt hingegen bei der Forderungstilgung mit Mitteln aus einer **ungenehmigten Konto- oder Kreditlinienüberziehung** vor (BGH NZI 2016, 298; 2009, 764 ff.; dazu Lütcke NZI 2011, 702).

71 Die von der Rechtsprechung vorgenommene Unterscheidung zwischen der (grundsätzlich nachteiligen) Anweisung auf Schuld und der (grundsätzlich nicht nachteiligen) Anweisung auf Kredit wird in der Literatur teilweise kritisiert; Wertungsgesichtspunkte sprächen für eine grundsätzliche Anfechtbarkeit beider Konstellationen (im Einzelnen Uhlenbruck/Borries/Hirte Rn. 275; Lütcke NZI 2011, 702 ff.). Der BGH ist einer generellen Aufgabe dieser Unterscheidung jedoch ausdrücklich entgegengetreten (BGH NZI 2012, 805 (806); 2016, 262 (263)).

72 **c) Verträge zugunsten Dritter. (Unechte) Verträge zugunsten Dritter** (MüKoBGB/Gottwald BGB § 328 Rn. 9 f.) können mittelbare Zuwendungen darstellen, beispielsweise Lebensversicherungsverträge (→ § 134 Rn. 13.6), welche anfechtungsrechtlich wie eine Anweisung auf Schuld (→ Rn. 68) zu behandeln sind (Uhlenbruck/Borries/Hirte Rn. 280). **Echte Verträge** zugunsten Dritter (MüKoBGB/Gottwald BGB § 328 Rn. 1 ff.) sind anfechtungsrechtlich hingegen zumeist als Leistungen mit „Doppelwirkung" (→ Rn. 87) zu qualifizieren.

73 **d) Insolvenz des Anweisenden.** In der Insolvenz des Anweisenden kommt zunächst eine **Anfechtung** der mittelbaren Zuwendung **gegenüber dem Zuwendungsempfänger** in Frage. Dies gilt auch, wenn sich der Zuwendungsempfänger eines Mittlers als Empfangsbeauftragten bedient (BGH NZI 2009, 384) oder eine Einziehungsermächtigung oder eine Inkassozession begründet wurde (hierzu BGH NZI 2014, 650 (651 f.)) (→ Rn. 73.1).

73.1 Wird eine Kreditkarte als Barzahlungsersatz eingesetzt, richtet sich die Deckungsanfechtung in der Insolvenz des Karteninhabers gegen das Vertragsunternehmen und nicht gegen den Kartenaussteller (BGH NZI 2015, 32 (33)).

74 Anfechtungsansprüche **gegenüber dem Leistungsmittler** kommen dann in Betracht, wenn ihm gegenüber die Voraussetzungen des § 133 oder des § 134 bestehen (→ § 133 Rn. 14.1; → § 134 Rn. 12 ff.). Hierbei ist zunächst irrelevant, ob es sich beim Leistungsmittler um einen eigennützigen oder um einen uneigennützigen Leistungsmittler handelt; fungiert der Leistungsmittler allerdings lediglich als Zahl- oder Verwaltungsstelle ohne eigene Vorteile, kann eine Anfechtung gegenüber dem Leistungsmittler ausgeschlossen sein (BGH NZI 2018, 114 mkritAnm de Bra FD-InsR 2017, 399989; NZI 2015, 32; 1999, 448; 2013, 896 (897); Uhlenbruck/Borries/Hirte Rn. 293 ff.). (→ Rn. 74.1 ff.).

74.1 Besondere Relevanz kommt in der Praxis der Frage der **Anfechtung gegenüber Banken im bargeldlosen Zahlungsverkehr** zu. Hier gilt, dass grundsätzlich von einer Unanfechtbarkeit gegenüber der Bank auszugehen ist, solange diese lediglich als reine Zahlstelle unter dem Girovertrag oder im Rahmen eines Cash-Poolings handelt (BGH NZI 2012, 453; 2013, 896; Uhlenbruck/Borries/Hirte Rn. 306 ff.; → § 133 Rn. 14.2). Sofern sich aufgrund der getätigten Zahlungen allerdings zugleich die Forderungen der Bank gegen den (späteren) Insolvenzschuldner vermindern, beispielsweise durch Überweisungen des bürgenden Insolvenzschuldners auf ein debitorisch geführtes Konto eines anderen, kommt eine Anfechtung auch gegenüber der Bank in Betracht (BGH NZI 2008, 733 (734)).

74.2 Ebenso in Betracht kommt eine Anfechtung gegenüber treuhänderisch tätigen **Rechtsanwälten oder Steuerberatern** als Leistungsmittler (BGH NZI 2018, 114 mkritAnm de Bra FD-InsR 2017, 399989 im Hinblick auf die Abgrenzung zu „nur in technischen Funktionen" beteiligten Banken).

74.3 Grundsätzlich anfechtbar sind auch Zahlungen an die (private) **Betreiberin des Systems zur Erhebung der LkW-Maut** in Deutschland. Denn die Zahlungen an die Betreiberin erfolgen sowohl zur Erfüllung des öffentlich-rechtlichen Gebührenanspruchs der Bundesrepublik Deutschland als auch zur Erfüllung der Verpflichtungen gegenüber der privaten Betreiberin des Maut-Systems. Die Betreiberin handelt mithin nicht nur als rein technische Zahlstelle (BGH NZI 2018, 267 (268 f.); Gehrlein BB 2018, 2499 (2501)).

75 Ebenso kommt eine Anfechtung gegenüber dem Leistungsmittler in Frage, wenn er das ihm übertragene Vermögen noch nicht weitergeleitet hat oder wenn er im Rahmen der Leistungsabwicklung sonst eigene Vorteile erlangt hat (BGH NZI 2012, 453 ff.; Uhlenbruck/Borries/Hirte Rn. 302 ff.; instruktiv Gehrlein Der Betrieb 2017, 1761 (1764 ff.)).

76 Die Anfechtungsansprüche gegen den Zuwendungsempfänger und gegen den Leistungsmittler stehen im Verhältnis der Gesamtschuld zueinander (BGH NZI 2008, 167).

e) Insolvenz des Leistungsmittlers. In der Insolvenz des Leistungsmittlers ist die Leistung an den Zuwendungsempfänger dann gläubigerbenachteiligend, wenn der zugewendete Vermögensgegenstand zuvor in das Vermögen des Leistungsmittlers übergegangen war (BGH NZI 2016, 362). In Fällen einer **„Anweisung auf Schuld"** (bzw. Leistung auf fremde Schuld) (→ Rn. 68) richtet sich die Anfechtung gegen den Anweisenden, der durch die Leistung des Leistungsmittlers von seiner Verbindlichkeit gegenüber dem Zuwendungsempfänger befreit wurde (BGH NZI 2004, 374 (375)). Tilgt die Leistung des Leistungsmittlers hingegen sowohl eine Schuld gegenüber dem Anweisenden als auch eine Schuld gegenüber dem Zuwendungsempfänger (**Doppelwirkung,** → Rn. 84) (→ Rn. 54 ff.), kommt neben einer Anfechtung gegenüber dem Anweisenden auch eine Anfechtung gegenüber dem Zuwendungsempfänger in Betracht; der Insolvenzverwalter hat dann ein Wahlrecht, wen er in Anspruch nimmt (BGH NZI 2013, 258 (260); Uhlenbruck/Borries/Hirte Rn. 318). Weitere Anfechtungsansprüche gegenüber dem Zuwendungsempfänger können sich aus § 134 ergeben (etwa wenn die Rechtshandlung des Leistungsmittlers gegenüber dem Zuwendungsempfänger unentgeltlich erfolgt, weil der Anspruch des Zuwendungsempfängers gegen den Anweisenden nicht werthaltig war (→ § 134 Rn. 13)), oder – bei Vorliegen der jeweiligen Voraussetzungen – aus § 133 (BGH NZI 2013, 145) (→ Rn. 77.1). 77

Eine Anweisung auf Schuld kann (in Abgrenzung zu einer Leistungskette) auch dann vorliegen, wenn der Schuldner Geld an den Leistungsmittler überträgt, das bestimmungsgemäß an einen Gläubiger des Schuldners weitergeleitet werden soll (BGH NZI 2021, 387). 77.1

f) Doppelinsolvenz von Anweisendem und Leistungsmittler. Sofern im Dreipersonenverhältnis sowohl Anweisender (Leistender) als auch Leistungsmittler insolvent werden, kommen Insolvenzanfechtungsansprüche beider Insolvenzverwalter gegen den Zuwendungsempfänger in Betracht (→ Rn. 73, → Rn. 77). Geht der Insolvenzverwalter des Anweisenden (Leistenden) aus Deckungsanfechtung (§§ 130, 131) vor und der Insolvenzverwalter des Leistungsmittlers aus Schenkungsanfechtung, etwa weil der Anspruch des Zuwendungsempfängers zum Zeitpunkt der mittelbaren Leistung bereits wertlos war (→ Rn. 77, → § 134 Rn. 13), **so geht allerdings die Deckungsanfechtung durch den Insolvenzverwalter des Leistenden der Schenkungsanfechtung durch den Insolvenzverwalter des Leistungsmittlers vor** (BGH NZI 2009, 891 f.; 2008, 163 (166); dazu Huber NZI 2008, 149; krit. Wazlawik NZI 2010, 881; Uhlenbruck/Borries/Hirte Rn. 322 ff.). Der Vorrang der Deckungsanfechtung hat allerdings nur so lange Bestand, wie sie tatsächlich geltend gemacht wird bzw. gemacht werden kann. So ist die Schenkungsanfechtung etwa dann zulässig, wenn die Deckungsanfechtung durch den Insolvenzverwalter des Anweisenden an den Fristen der §§ 130, 131 scheitert (BGH NZI 2009, 891 (892)). 78

Der Leistungsempfänger, der sich unter Hinweis auf eine vorrangige Deckungsanfechtung gegen eine Schenkungsanfechtung wendet, hat im Streitfall darzulegen und zu beweisen, dass eine Deckungsanfechtung tatsächlich durchgreift (BGH NZI 2009, 891 (892)). 79

2. Leistungsketten

Bei **„Leistungsketten"** erfolgt der Leistungsaustausch zwar im Mehrpersonenverhältnis, jedoch bestehen Leistungspflichten lediglich im Verhältnis der unmittelbar interagierenden Personen, dh zwischen dem Schuldner und dem „Mittler" und zwischen dem „Mittler" und dem Endempfänger. Hingegen bestehen keine direkten Leistungsverpflichtungen zwischen dem Schuldner und dem Endempfänger, die die Vermögensverschiebungen als „mittelbare" Zuwendungen qualifizieren. Entsprechend erfolgt innerhalb einer Leistungskette die Anfechtung lediglich im Verhältnis der jeweiligen Leistungsbeziehung (Uhlenbruck/Borries/Hirte Rn. 290) (→ Rn. 80.1 f.). Eine mittelbare Zuwendung und keine Leistungskette liegt nach der Rechtsprechung des BGH jedoch vor, wenn der Schuldner Geld an den Leistungsmittler überträgt, das bestimmungsgemäß an einen Gläubiger der Schuldners weitergeleitet werden soll (BGH NZI 2021, 387; → Rn. 77.1). 80

Eine Leistungskette liegt etwa dann vor, wenn eine Sparkasse bei der Schuldnerin eine Lastschrift einzieht (in Höhe einer von der Bürgin angeforderten Avalprovision) und vier Tage später aus ihrem eigenen Vermögen an die Bürgin diese Avalprovision überweist (BGH NZI 2009, 381). 80.1

Ein weiterer Fall einer Leistungskette ist gegeben, wenn eine Schwestergesellschaft der Schuldnerin Kundenschecks überlässt, welche die Schuldnerin zur Rückführung eines ihr eingeräumten Darlehens bei ihrer Bank einreicht (BGH NZI 2009, 471). 80.2

Anweisungsfälle sind dann wie eine Leistungskette zu behandeln, wenn der angewiesene Dritte den zuzuwendenden Gegenstand zunächst dem Anweisenden zur Verfügung stellt, der diesen dann an den Zuwendungsempfänger weiterleitet (→ Rn. 81.1). 81

81.1 Ein solcher Fall liegt vor, wenn die Bank dem Anweisenden den angewiesenen Geldbetrag zur Verfügung stellt und dieser diesen dann an seine Gläubiger auszahlt (vgl. BGH NZI 2003, 533 (534); Uhlenbruck/Borries/Hirte Rn. 271).

3. Treuhandverhältnisse

82 In der **Insolvenz des Treugebers** können sowohl die Begründung des Treuhandverhältnisses als auch der Zugriff des Treuhänders auf das Treugut bzw. dessen Weitergabe als gläubigerbenachteiligende Rechtshandlung anfechtungsrechtlich relevant sein. So entsteht mit der Weitergabe des Treuguts an den Treuhänder zwar regelmäßig ein entsprechender Herausgabeanspruch des Schuldners gegen den Treuhänder, der der Weggabe des Treuguts gegenübersteht; jedoch ist der Herausgabeanspruch kein gleichwertiges Surrogat der abgeflossenen Vermögenswerte (BGH NZI 2012, 453 (454); → § 134 Rn. 13.7). Im späteren Zugriff des Treuhänders auf das Treugut (zB durch Weitergabe an den Begünstigten) ist dann eine weitere gläubigerbenachteiligende Rechtshandlung zu sehen (BGH NZI 2012, 135 (136)). Auch entfällt die durch Zahlungen an den uneigennützigen Treuhänder bewirkte Gläubigerbenachteiligung nicht zwingend dann, wenn die überwiesenen Beträge teilweise in bar an die Schuldnerin zurückfließen, da die Gläubigerbenachteiligung durch einen nur schwer ausfindig zu machenden Bargeldbetrag vertieft werden kann (BGH NZI 2017, 854 mAnm Huber; Ganter NZI 2018, 289 (297)). Als Anfechtungsgegner kommen in Treuhandkonstellationen sowohl der Treuhänder als auch der letztendliche Zuwendungsempfänger als Gesamtschuldner in Betracht. Allerdings dürfte der Zuwendungsempfänger im Innenverhältnis zum Treuhänder letztendlich regelmäßig allein haften, was das Risiko des Treuhänders mindert (vgl. BGH NZI 2012, 453 (454); → § 133 Rn. 14.1; Uhlenbruck/Borries/Hirte Rn. 285 ff.).

83 Im Fall der **Insolvenz des Treuhänders** kommt es für die Frage, ob die Weitergabe des Treuguts eine Benachteiligung der Gläubiger des Treuhänders bewirkt, darauf an, ob das Treugut zuvor haftendes Vermögen des Treuhänders (§§ 35, 36) geworden ist (→ § 35 Rn. 43; Uhlenbruck/Borries/Hirte Rn. 284).

4. Leistungen mit Doppelwirkung

84 Leistungen mit Doppelwirkung im Mehrpersonenverhältnis sind solche, deren Bewirkung Auswirkung auf mehrere der bestehenden Rechtsverhältnisse hat.

85 **a) Anweisungsfälle.** Typische Konstellationen, bei denen im Fall der Leistungserbringung Rechtswirkungen sowohl im **Valutaverhältnis** (zwischen Leistendem und Zuwendungsempfänger) als auch im **Deckungsverhältnis** (zwischen Leistendem und Angewiesenem (Leistungsmittler), vgl. MüKoBGB/Habersack BGB § 783 Rn. 4) ausgelöst werden, sind die Anweisung auf Schuld (→ Rn. 68) oder das Werthaltigmachen von zur Sicherung abgetretenen Forderungen (BGH NZI 2008, 89; → Rn. 85.1).

85.1 Ein Werthaltigmachen liegt beispielsweise in der Weiterzahlung von Versicherungsprämien nach einer sicherungsweisen Abtretung von Versicherungsansprüchen aus einer Lebensversicherung an ein Kreditinstitut, da die Zahlungen an den Versicherer sowohl eine Befriedigung der Ansprüche des Versicherers als auch eine Erhöhung bzw. Erhaltung des Werts des Sicherungsguts bewirken (BGH NZI 2013, 258 (260); Uhlenbruck/Borries/Hirte Rn. 281; → § 134 Rn. 13.6).

86 In der **Insolvenz des Anweisenden** kommen Anfechtungsansprüche sowohl gegen den Angewiesenen als auch gegenüber dem Zuwendungsempfänger in Betracht, welche im Verhältnis der Gesamtschuld zueinander stehen (BGH NZI 2008, 167; → Rn. 73 ff.). In der **Insolvenz des Leistungsmittlers** kann der Insolvenzverwalter wahlweise den Anweisenden oder den Zuwendungsempfänger in Anspruch nehmen, sofern die übrigen Anfechtungsvoraussetzungen jeweils vorliegen (BGH NZI 2013, 258 (260); → Rn. 77).

87 **b) Mithaftung.** Rechtshandlungen mit Doppelwirkung im Mehrpersonenverhältnis kommen zudem in Betracht, wenn dem Zuwendungsempfänger **mehrere Personen haften** und die Leistung des einen Haftenden sowohl Wirkungen in seinem Verhältnis zum Zuwendungsempfänger als auch in seinem Verhältnis zum Mithaftenden hat. Typische Konstellationen sind Schuldbeitritte, Bürgschaften (NZI 2008, 733), echte Verträge zugunsten Dritter oder steuerliche Organschaften mit einer Haftung nach § 73 AO (NZI 2012, 177; Uhlenbruck/Borries/Hirte Rn. 325). Bei der Leistung eines Mithaftenden ist zunächst zu prüfen, ob dieser auf seine eigene Verbindlichkeit gegenüber dem Zuwendungsempfänger leistet oder auf die fremde Verbindlichkeit, für die er lediglich mithaftet. Maßgeblich hierfür ist, welche (ausdrückliche oder konkludente) Tilgungsbestimmung er aus Sicht des Leistungsempfängers trifft (BGH NZI

2012, 805 (806)). Fehlt eine Tilgungsbestimmung, ist grundsätzlich davon auszugehen, dass auf die eigene Schuld geleistet wird, auch weil für den Leistungsempfänger regelmäßig keine Fremdleistung erkennbar (→ Rn. 65) sein wird (BGH NZI 2012, 177 (179 f.); eing. Uhlenbruck/Borries/Hirte Rn. 327 ff.).

Erfüllt der Leistende nach dem Vorstehenden eine eigene Verpflichtung mit Mitteln aus seinem eigenen Vermögen, so kann der Insolvenzverwalter in der **Insolvenz des Leistenden** wählen, ob er Rückgriff gegenüber dem Mithaftenden nimmt oder ob er die Leistung gegenüber dem Zuwendungsempfänger anficht (BGH NZI 2012, 177 (180); vgl. aber für eine nachrangige Inanspruchnahme des FA BFH DStR 2009, 2670 (2672 f.)). Des Weiteren kommt unter Umständen noch eine Anfechtung des Leistungsmittlers gegenüber dem Zuwendungsempfänger nach § 134 oder nach § 133 in Betracht (→ Rn. 77) in Betracht. In der **Insolvenz des (mithaftenden) ursprünglichen Schuldners** kommt hingegen eine Anfechtung nicht in Betracht, da keine mittelbare Zuwendung des ursprünglichen Schuldners, sondern eine Eigenleistung des Leistenden vorliegt (BGH NZI 2014, 650 (652); 2012, 805 f.). Erfüllt der Leistende hingegen trotz Eigenverpflichtung die Verbindlichkeit des anderweitig Mithaftenden, so liegt in der Insolvenz des Mithaftenden (auch) eine (anfechtbare) Leistung des Mithaftenden vor, welche auch in dessen Insolvenz gegenüber dem Zuwendungsempfänger anfechtbar ist (→ Rn. 66). 88

C. Prozessuales

I. Gerichtliche Geltendmachung

Für Fragen der gerichtlichen Zuständigkeit und Geltendmachung des Anfechtungsanspruch wird auf die entsprechende Kommentierung des § 143 verwiesen (→ § 143 Rn. 46 ff.). 89

II. Beweislastverteilung

Die **Darlegungs- und Beweislast** für die Voraussetzungen des § 129 trägt der klagende Insolvenzverwalter (BGH NZI 2012, 658 (659); 2004, 492 (493); BGH NJW-RR 2006, 552 (553)), während der Anfechtungsgegner im Rahmen einer sekundären Darlegungslast die von ihm geltend zu machenden Gegenrechte vorzubringen hat (BGH NZI 2012, 658 (659)) (→ Rn. 90.1 ff.). 90

Im Hinblick auf die **Gläubigerbenachteiligung** genügt der Insolvenzverwalter seiner Darlegungs- und Beweislast, wenn er vorträgt und im Bestreitensfalle beweist, dass der Anfechtungsgegner einen Gegenstand aus dem Vermögen des Schuldners ohne (angemessene) Gegenleistung erlangt hat (BGH NJW 1992, 624 (626)). Dabei hat der Insolvenzverwalter darzulegen und zu beweisen, dass der Gegenstand aus dem Schuldnervermögen stammte (BGH NZI 2004, 492 (493)). 90.1

Im eröffneten Verfahren spricht das Anscheinsbeweis dafür, dass die **Insolvenzmasse nicht ausreicht**, um alle Gläubigeransprüche zu befriedigen. Dabei sind auch diejenigen Gläubigeransprüche zu berücksichtigen, denen der Insolvenzverwalter widersprochen hat, da die Möglichkeit besteht, dass der Widerspruch durch eine Feststellungsklage (§ 179 InsO) beseitigt wird (BGH NZI 2020, 420). Will der Anfechtungsgegner den Anscheinsbeweis erschüttern, so muss er sich eingehend mit allen zum Vermögen des Schuldners gehörenden Posten befassen und aufzeigen, dass das Vermögen ausreicht, um alle zu berücksichtigenden Gläubigerforderungen zu tilgen (BGH NZI 2014, 321 (323)). Eine Erschütterung des Anscheinsbeweises besteht beispielsweise dann, wenn die ernsthafte Möglichkeit eines atypischen Verlaufs besteht, etwa wenn es sich bei den bestrittenen Forderungen um eine Vielzahl, auf vergleichbarem Sachverhalt beruhende Forderungen mehrerer Insolvenzgläubiger handelt, der Insolvenzverwalter sämtlichen angemeldeten Forderungen widersprochen hat, seit dem Prüftermin und dem Widerspruch des Insolvenzverwalters eine erhebliche Zeit verstrichen ist, keiner der betreffenden Gläubiger eine Feststellungsklage erhoben hat, ein – nicht notwendig das Insolvenzverfahren betreffender – Musterprozess rechtskräftig verloren gegangen ist und der rechtliche Bestand der Insolvenzforderungen erheblichen Zweifeln ausgesetzt ist (BGH NZI 2020, 420). Wird das Insolvenzverfahren allerdings wegen drohender Zahlungsunfähigkeit eröffnet, ist der Insolvenzverwalter für das Nichtvorliegen ausreichender Masse voll beweisbelastet (Uhlenbruck/Borries/Hirte Rn. 260). 90.2

Steht die **wertausschöpfende Belastung** (→ Rn. 43 f.) eines übertragenden Grundstücks in Frage, so trifft den Anfechtungsgegner, der sich auf eine wertausschöpfende Belastung des ihm übertragenen Grundstücks beruft, eine sekundäre Darlegungslast dazu, in welcher Höhe im Zeitpunkt seines Erwerbs Belastungen bestanden und valutierten (BGH NJW-RR 2006, 552; zum nachträglichen Wegfall einer wertausschöpfenden Belastung aufgrund Wertsteigerung des Grundstücks oder Wegfall einer Sicherheit BGH NZI 2016, 773 (776)). Gegen den Einwand der wertausschöpfenden Belastung kann nicht geltend 90.3

gemacht werden, dass eine vorrangige Belastung anfechtbar war, wenn die Möglichkeit zur Anfechtung nur gegenüber Dritten besteht (BGH NZI 2018, 934).

90.4 Steht dem Anfechtungsgegner ein anfechtungsfest begründetes **Absonderungsrecht** an einer abgetretenen Forderung zu, das die objektive Gläubigerbenachteiligung ausschließt (→ Rn. 43), muss der Insolvenzverwalter eine nachträgliche Wertschöpfung, die erst zur Werthaltigkeit des Absonderungsrechts geführt hat, darlegen und beweisen (BGH NZI 2015, 765).

90.5 Den **Wegfall einer einmal eingetretenen Zahlungsunfähigkeit** zur Unterbrechung des Ursachenzusammenhangs zwischen Rechtshandlung und Gläubigerbenachteiligung (→ Rn. 57) hat der Anfechtungsgegner zu beweisen. Voraussetzung ist allerdings, dass der Gläubiger beweist, dass es dem Schuldner in der Zwischenzeit nicht nur vorübergehend möglich war, sämtliche Gläubiger vollständig zu befriedigen (→ § 133 Rn. 19.2, → § 133 Rn. 29, → § 133 Rn. 35.1).

§ 130 Kongruente Deckung

(1) ¹Anfechtbar ist eine Rechtshandlung, die einem Insolvenzgläubiger eine Sicherung oder Befriedigung gewährt oder ermöglicht hat,
1. wenn sie in den letzten drei Monaten vor dem Antrag auf Eröffnung des Insolvenzverfahrens vorgenommen worden ist, wenn zur Zeit der Handlung der Schuldner zahlungsunfähig war und wenn der Gläubiger zu dieser Zeit die Zahlungsunfähigkeit kannte oder
2. wenn sie nach dem Eröffnungsantrag vorgenommen worden ist und wenn der Gläubiger zur Zeit der Handlung die Zahlungsunfähigkeit oder den Eröffnungsantrag kannte.

²Dies gilt nicht, soweit die Rechtshandlung auf einer Sicherungsvereinbarung beruht, die die Verpflichtung enthält, eine Finanzsicherheit, eine andere oder eine zusätzliche Finanzsicherheit im Sinne des § 1 Abs. 17 des Kreditwesengesetzes zu bestellen, um das in der Sicherungsvereinbarung festgelegte Verhältnis zwischen dem Wert der gesicherten Verbindlichkeiten und dem Wert der geleisteten Sicherheiten wiederherzustellen (Margensicherheit).

(2) Der Kenntnis der Zahlungsunfähigkeit oder des Eröffnungsantrags steht die Kenntnis von Umständen gleich, die zwingend auf die Zahlungsunfähigkeit oder den Eröffnungsantrag schließen lassen.

(3) Gegenüber einer Person, die dem Schuldner zur Zeit der Handlung nahestand (§ 138), wird vermutet, daß sie die Zahlungsunfähigkeit oder den Eröffnungsantrag kannte.

Überblick

§ 130 Abs. 1 erlaubt die Anfechtbarkeit von gläubigerbenachteiligenden Rechtshandlungen (→ Rn. 4 f.), durch die einem (späteren) Insolvenzgläubiger Sicherungen (→ Rn. 7) oder Befriedigungen (→ Rn. 7) gewährt (→ Rn. 7) oder ermöglicht (→ Rn. 8) werden. Ausgenommen von der Anfechtung sind Margensicherheiten (§ 130 Abs. 1 S. 2). Die weiteren Anfechtungsvoraussetzungen hängen vom Zeitpunkt (§ 140) der angefochtenen Rechtshandlung ab: Wurde sie in den letzten drei Monaten vor dem Eröffnungsantrag vorgenommen, ist sie anfechtbar, wenn der Schuldner im Zeitpunkt der Vornahme zahlungsunfähig war und der Gläubiger zu dieser Zeit die Zahlungsunfähigkeit kannte (→ Rn. 16). Wurde sie nach dem Eröffnungsantrag vorgenommen, ist sie anfechtbar, wenn der Gläubiger zur Zeit der Handlung die Zahlungsunfähigkeit oder den Eröffnungsantrag kannte (§ 130 Abs. 1 Nr. 2, → Rn. 29).

§ 130 Abs. 2 und 3 gewähren dem Insolvenzverwalter für die Durchsetzung des Anfechtungsanspruchs nach § 130 Abs. 1 Darlegungs- und Beweiserleichterungen im Hinblick auf die subjektiven Tatbestandsmerkmale „Kenntnis der Zahlungsunfähigkeit oder des Eröffnungsantrags", wenn dem (späteren) Insolvenzgläubiger Umstände bekannt waren, die zwingend auf die Zahlungsunfähigkeit oder den Eröffnungsantrag schließen ließen (→ Rn. 22) oder wenn der (spätere) Insolvenzgläubiger eine dem Schuldner nahestehende Person war (→ Rn. 27).

Kongruente Deckung
§ 130 InsO

Übersicht

	Rn.		Rn.
A. Allgemeines	1	V. Weitere Anfechtungsvoraussetzungen; Anfechtungszeiträume	15
B. Im Einzelnen	4	1. Anfechtungsvoraussetzungen nach § 130 Abs. 1 S. 1 Nr. 1	16
I. Rechtshandlung, die einem Insolvenzgläubiger eine Sicherung oder Befriedigung gewährt oder ermöglicht hat	4	2. Anfechtungsvoraussetzungen nach § 130 Abs. 1 S. 1 Nr. 2	29
1. Gläubigerbenachteiligende Rechtshandlung	4	3. (Keine) Anfechtung von Margensicherheiten nach § 130 Abs. 1 S. 2	33
2. Gewährung oder Ermöglichung einer Sicherung oder Befriedigung	6	C. Prozessuales	38
II. Kongruenz	10	I. Darlegungs- und Beweislast	38
III. COVInsAG; StaRUG	10a	II. Beweiserleichterung nach § 130 Abs. 2 (Kenntnis von Umständen)	44
IV. Anfechtungsgegner	11	III. Beweiserleichterung nach § 130 Abs. 3 (nahestehende Person)	45

A. Allgemeines

Nach § 130 kann der Insolvenzverwalter Sicherungen oder Befriedigungen (Deckungen), welche einem Insolvenzgläubiger bei Zahlungsunfähigkeit oder nach dem Eröffnungsantrag gewährt wurden, anfechten. Nach der gesetzgeberischen Wertung soll das Vermögen des Schuldners nach Offenbarwerden der akuten Krise im Sinne der par conditio creditorum der Allgemeinheit der Gläubiger „verfangen"; einzelne Gläubiger sollen sich in dieser Zeit keine Deckung mehr verschaffen können (vgl. BGH NJW 1972, 870 (871)). Aus Gründen der Rechtssicherheit ist die Anfechtbarkeit allerdings auf drei Monate vor dem Eröffnungsantrag begrenzt (§ 130 Abs. 1 Nr. 1; BT-Drs. 12/2443, 157 f.). Diese Frist kann um den Zeitraum der Rechtshängigkeit einer Restrukturierungssache verlängert werden (§ 91 StaRUG) (Schoppmeyer ZIP 2021, 869 (881)). 1

Die Regelung des § 130 Abs. 1 S. 2, welche für sog. Margensicherheiten eine Ausnahme von der Anfechtbarkeit vorsieht, wurde in 2004 mit dem „Gesetz zur Umsetzung der Richtlinie 2002/47/EG vom 6. Juni 2002 über Finanzsicherheiten und zur Änderung des Hypothekenbankgesetzes und anderer Gesetze" in die InsO aufgenommen und dient der Umsetzung europarechtlicher Vorgaben (→ Rn. 33 ff.). 2

§ 130 steht in freier Konkurrenz neben den anderen Anfechtungstatbeständen mit Ausnahme von § 132, welcher im Anwendungsbereich der §§ 130, 131 (dh, wenn es sich um die Gewährung oder Ermöglichung einer Sicherung oder Befriedigung eines Insolvenzschuldners handelt) von diesen als spezielleren Tatbeständen verdrängt wird (BT-Drs. 12/2443, 159). In Bezug auf §§ 131, 135 stellt § 130 einen Auffangtatbestand dar, der eingreift, sofern unklar ist, ob die erleichterten Anfechtungsvoraussetzungen dieser Vorschriften vorliegen; besteht eine solche Unklarheit, kann der Insolvenzverwalter stets nach § 130 vorgehen (BGH NZI 2012, 177 (178)). 3

Bei Vorliegen eines Bargeschäfts (§ 142) ist eine Anfechtbarkeit nach § 130 ausgeschlossen (BGH NZI 2016, 311 (312); → § 142 Rn. 3). Im Falle von kongruent gezahltem Arbeitsentgelt kann unter Umständen aus dem Grundrecht auf Gewährleistung eines menschenwürdigen Existenzminimums (Art. 1 Abs. 1 GG iVm Art. 20 Abs. 1 GG) eine verfassungsrechtliche Anfechtungssperre abgeleitet werden (vgl. BAG EWIR 2018, 183 mAnm Freudenberg). Weitere Beschränkungen der Anfechtung nach § 130 können sich aus § 2 COVInsAG (→ Rn. 10a) und aus den §§ 89, 90 StaRUG ergeben (→ Rn. 10b). 3a

B. Im Einzelnen

I. Rechtshandlung, die einem Insolvenzgläubiger eine Sicherung oder Befriedigung gewährt oder ermöglicht hat

1. Gläubigerbenachteiligende Rechtshandlung

Voraussetzung ist zunächst das Vorliegen einer **Rechtshandlung** oder Unterlassung (→ § 129 Rn. 19 ff.) des Schuldners oder eines Dritten, durch die eine Gläubigerbenachteiligung (→ § 129 Rn. 41 ff.) verursacht (→ § 129 Rn. 55 ff.) wurde. 4

5 Ausreichend ist eine bloß **mittelbare Gläubigerbenachteiligung** (→ § 129 Rn. 53); § 130 enthält kein Erfordernis einer unmittelbaren Benachteiligung (→ § 129 Rn. 41).

2. Gewährung oder Ermöglichung einer Sicherung oder Befriedigung

6 Die Rechtshandlung muss **einem Insolvenzgläubiger** eine Sicherung oder Befriedigung gewährt oder ermöglicht haben (Deckung). Nicht ausreichend ist, dass die Rechtshandlung den Dritten erst zum Insolvenzgläubiger gemacht hat oder – im Fall einer Unterlassung (→ § 129 Rn. 34) – gemacht haben würde.

6.1 Deshalb ist es beispielsweise nicht möglich, dass der Insolvenzverwalter einen Schuldner des Insolvenzschuldners im Wege der Anfechtung dazu zwingt, Leistungen an den Insolvenzschuldner zu erbringen, die vor Eröffnung des Insolvenzverfahrens fällig waren (zB die Ausreichung eines Darlehens), um den Schuldner dann wegen der Rückforderung auf die Quote verweisen zu können. Der Insolvenzverwalter ist vielmehr darauf beschränkt, den Leistungsanspruch (etwa den Darlehensauszahlungsanspruch) direkt – und nicht im Wege der Anfechtung – geltend zu machen, solange und soweit dieser fortbesteht (BGH NZI 2012, 415 (416)).

7 **a) Gewährung einer Sicherung oder Befriedigung.** Die Gewährung einer Befriedigung meint jegliche Form von vollständiger oder teilweiser Befriedigung des Anspruchs eines Gläubigers nach den §§ 362 ff. BGB (HK-InsO/Thole Rn. 12). Demgegenüber bedeutet Sicherung die Gewährung einer Rechtsposition, die geeignet ist, die Durchsetzung eines Anspruchs, für den sie eingeräumt ist und fortbesteht, zu erleichtern (Uhlenbruck/Borries/Hirte Rn. 9). Hierunter fallen sowohl vertragliche als auch gesetzliche Sicherungsrechte (MüKoInsO/Kayser/Freudenberg/Freudenberg Rn. 8; OLG München BeckRS 2021, 1918 Rn. 22).

7a Die Gleichstellung von Sicherung und Befriedigung im Rahmen der §§ 130, 131 ist darin begründet, dass die Sicherung eine Vorstufe der Befriedigung ist (HK-InsO/Thole Rn. 12).

8 **b) Ermöglichung einer Sicherung oder Befriedigung.** Rechtshandlungen, die eine Sicherung oder Befriedigung ermöglichen, sind solche, die selbst zwar keine Deckung eines Anspruchs gewähren, jedoch zu einer solchen führen können.

8.1 Gedacht ist dabei insbesondere an Prozesshandlungen wie zB ein **Anerkenntnis** (§ 307 ZPO) (BT-Drs. 12/2443, 157); in Frage kommen aber auch ein **Geständnis** (§ 288 ZPO) oder eine (Darlehens-)**Kündigung** (BGH NZI 2017, 352 mAnm Leithaus NZI 2017, 353; BGH NZI 2009, 471).

9 Die Sicherung oder Befriedigung „ermöglichende" Rechtshandlung führt allerdings häufig noch nicht selbst zu einer Gläubigerbenachteiligung, sondern erst die nachfolgende Deckungshandlung, sodass nur diese anfechtbar ist.

9.1 Dies trifft regelmäßig auf das in der Gesetzesbegründung erwähnte Anerkenntnis zu (§ 307 ZPO). Ist vor Insolvenzeröffnung der anerkannte Anspruch noch nicht befriedigt worden, kann der Insolvenzverwalter dem Befriedigungsverlangen allerdings die Anfechtbarkeit des Anerkenntnisses entgegenhalten (BGH NZI 2017, 352 (mAnm Leithaus)).

II. Kongruenz

10 Nach § 130 können „kongruente" Deckungshandlungen angefochten werden. Dies sind Deckungshandlungen, auf die genau die der jeweilige Gläubiger einen Anspruch hatte. Aufgrund seines Charakters als Auffangtatbestand für § 131 (→ Rn. 3) können nach § 130 allerdings auch inkongruente Deckungen angefochten werden, insbesondere wenn zweifelhaft ist und es nicht bewiesen werden kann, dass Inkongruenz vorliegt und die erleichterte Anfechtung nach § 131 (→ § 131 Rn. 29) einschlägig ist. Eine positive Feststellung der „Kongruenz" ist iRd § 130 daher nicht erforderlich (Uhlenbruck/Borries/Hirte Rn. 6; zur Abgrenzung kongruenter von inkongruenten Deckungen → § 131 Rn. 5 ff.).

III. COVInsAG; StaRUG

10a Nach § 2 Abs. 1 Nr. 2, 4 COVInsAG sind bestimmte, im zeitlichen Zusammenhang mit der sog. COVID-19-Pandemie erfolgte kongruente Deckungshandlungen von der Insolvenzanfechtung ausgenommen, zB die kongruente Besicherung oder Rückgewähr von neuen, im Aussetzungszeitraum nach §§ 1, 4 COVInsAG ausgereichten Krediten (→ COVInsAG § 2 Rn. 3 ff.).

10b Ebenfalls nicht anfechtbar sind grundsätzlich die Regelungen eines rechtskräftig bestätigten Restrukturierungsplans oder eines Sanierungsvergleichs und Rechtshandlungen, die im Vollzug

Kongruente Deckung § 130 InsO

eines solchen Plans bzw. Vergleichs erfolgen (§§ 90, 97 Abs. 3 StaRUG); zudem kann auch § 89 Abs. 2 StaRUG die Anfechtung nach § 130 einschränken (Schoppmeyer ZIP 2021, 869 (876)).

IV. Anfechtungsgegner

Anfechtungsgegner ist nach dem Wortlaut des § 130 der **(spätere) Insolvenzgläubiger**. Dies ist zunächst jeder, der in der Insolvenz eine Insolvenzforderung (§ 38) oder eine nachrangige Forderung (§ 39) hat oder gehabt hätte, wäre er nicht befriedigt worden (BGH NZI 2006, 581 (582); BGH NZI 2006, 403). Unerheblich ist, ob der Leistungsempfänger tatsächlich am Insolvenzverfahren teilnehmen kann; so kommt zB ein Anfechtungsanspruch gegen einen Gesamtschuldner auch dann in Betracht, wenn er gem. § 44 seinen Ausgleichsanspruch nicht geltend machen kann (BGH NZI 2006, 581 (582)) (→ Rn. 11.1 f.). **11**

Massegläubiger sind keine Insolvenzgläubiger (zur Begründung von Masseverbindlichkeiten durch den vorläufigen Insolvenzverwalter → § 129 Rn. 31 ff.). Bei **Arbeitnehmern** hängt ihre Massegläubigerstellung davon ab, ob ihre Forderungen vor oder nach der Insolvenzeröffnung begründet wurden (→ § 38 Rn. 24). **11.1**

Baugeldgläubiger sind Insolvenzgläubiger, sofern sie nicht dinglich oder im Wege einer Treuhandkonstruktion eine insolvenzfeste Sicherung am Baugeld erlangt haben (BGH NZI 2013, 719 (720); Uhlenbruck/Borries/Hirte Rn. 32). **11.2**

Zu den Insolvenzgläubigern iSd § 130 zählen auch **absonderungsberechtigte Gläubiger**, jedenfalls für die Fälle, in denen sie auch persönlicher Gläubiger des Schuldners sind (§ 52) (BGH NZI 2007, 394 (395)), und – nach Ansicht des BGH – auch solche **Personen, die zwar zivilrechtlich keine Gläubiger des Schuldners sind,** die jedoch aufgrund einer vermeintlichen, tatsächlich aber nicht bestehenden Forderung eine Leistung erhalten haben, wenn nur die Leistung aus ihrer Warte bei objektiver Betrachtung zur Tilgung der nicht bestehenden Forderung bestimmt ist. Nach Ansicht des BGH folgt dies schon aus dem Wortlaut des § 131 Abs. 1, wonach auch solche Zuwendungen der Anfechtung unterworfen sind, die „nicht" zu beanspruchen sind, und aus der Erwägung, dass § 130 einen Auffangtatbestand zu § 131 darstellt und daher auch inkongruente Deckungen iSd § 131 erfasst (BGH NZI 2012, 177 f., str.). **Aussonderungsberechtigte Gläubiger** sind hingegen keine Insolvenzgläubiger iSd § 130. **12**

Kein Insolvenzgläubiger ist, wer durch eine (unterlassene) Rechtshandlung erst zu einem Insolvenzgläubiger werden würde (→ Rn. 13.1). **13**

Unterlässt beispielsweise ein Schuldner des Insolvenzschuldners die Auszahlung eines Darlehens, ist dieses Unterlassen nicht nach § 130 anfechtbar (BGH NZI 2012, 415 (416); → Rn. 6). **13.1**

Bei mittelbaren Zuwendungen in **Drei- oder Mehrpersonenverhältnissen** richtet sich die Deckungsanfechtung grundsätzlich gegen den mittelbaren Leistungsempfänger, nicht aber gegen den Leistungsmittler, wenn es sich für diesen erkennbar um eine Leistung des Schuldners handelte (BGH NZI 2013, 896 (897); → § 129 Rn. 65 ff.; Uhlenbruck/Borries/Hirte Rn. 22). **14**

V. Weitere Anfechtungsvoraussetzungen; Anfechtungszeiträume

Die weiteren Voraussetzungen für eine Anfechtung nach § 130 Abs. 1 hängen vom Zeitpunkt der Vornahme (§ 140) der anzufechtenden Rechtshandlung ab: **15**

1. Anfechtungsvoraussetzungen nach § 130 Abs. 1 S. 1 Nr. 1

Wurde die Rechtshandlung in den letzten drei Monaten vor dem Eröffnungsantrag vorgenommen, ist sie anfechtbar, wenn (a) der Schuldner zur Zeit der Handlung **zahlungsunfähig war** und wenn (b) der Gläubiger zur Zeit der Handlung die **Zahlungsunfähigkeit kannte**. **16**

a) Zahlungsunfähigkeit. Erforderlich ist Zahlungsunfähigkeit iSd § 17; drohende Zahlungsunfähigkeit (§ 18) oder Überschuldung (§ 19) genügen nicht. **17**

Die Zahlungsunfähigkeit wird im gesamten Insolvenzrecht und darum auch im Rahmen des Insolvenzanfechtungsrechts einheitlich nach § 17 bestimmt (BGH NZI 2013, 932; zu grenzüberschreitenden Sachverhalten Uhlenbruck/Borries/Hirte Rn. 50 f.) (→ Rn. 17.1). **17.1**

Eine Zahlung, die erst die Zahlungsunfähigkeit auslöst, unterliegt nicht selbst der Anfechtung. Eine Forderung, deren Begleichung angefochten wird, muss jedoch bei der Feststellung, ob zu diesem Zeitpunkt bereits eine Zahlungsunfähigkeit bestand, mit berücksichtigt werden (BGH NZI 2009, 471 (473)). Hieraus folgt, dass im Ergebnis eine Zahlung nur dann die Zahlungsunfähigkeit auslösen kann, wenn sie auf eine **17.2**

InsO § 130 Dritter Teil. Wirkungen der Eröffnung des Insolvenzverfahrens

einredebehaftete oder nicht bestehende Forderung geleistet wird, was insbesondere iRd § 64 Abs. 3 GmbHG relevant wird (Uhlenbruck/Borries/Hirte Rn. 41).

18 Hat der Schuldner seine **Zahlungen eingestellt,** so wird seine Zahlungsunfähigkeit vermutet (§ 17 Abs. 2 S. 2; → § 17 Rn. 30 ff.). Die gesetzliche Vermutung gilt auch im Rahmen des Insolvenzanfechtungsrechts (BGH NZI 2013, 932).

19 Die Zahlungsunfähigkeit muss im **Zeitpunkt der Vornahme der angefochtenen Rechtshandlung** (§ 140, → § 140 Rn. 1) vorliegen und ununterbrochen **bis zum Insolvenzeröffnungsantrag** fortbestehen. Fällt die Zahlungsunfähigkeit weg, wenn auch nour vorübergehend, kann dies den erforderlichen Ursachenzusammenhang zwischen Rechtshandlung und Gläubigerbenachteiligung unterbrechen (dazu → § 129 Rn. 55; Uhlenbruck/Borries/Hirte Rn. 46) (→ Rn. 19.1).

19.1 Eine einmal nach außen in Erscheinung getretene Zahlungseinstellung **wirkt grundsätzlich fort.** Sie kann nur dadurch wieder beseitigt werden, dass die Zahlungen im Allgemeinen wieder aufgenommen werden (BGH NZI 2012, 963 (964)). In diesem Fall kann es iRd §§ 130–132 zu einer Unterbrechung des **Ursachenzusammenhangs zwischen Rechtshandlung und Gläubigerbenachteiligung** kommen, welche dann einer Anfechtbarkeit entgegensteht → § 129 Rn. 55). Nicht ausreichend für eine Wiederaufnahme von Zahlungen „im Allgemeinen" ist allerdings, wenn der Schuldner im Anschluss an den gegen ihn gestellten Insolvenzantrag seinen Forderungsrückstand lediglich über einen längeren Zeitraum (mehr als drei Wochen) nach und nach schleppend abträgt, oder wenn er nach Befriedigung von einzelnen Forderungen gleich wieder mit der Befriedigung anderer Forderungen in Rückstand gerät (BGH NZI 2012, 963 (964)).

19.2 Die Vereinbarung von **Ratenzahlungen** kann eine Zahlungseinstellung wieder entfallen lassen, sofern die vereinbarungsgemäß zu erbringenden Raten geleistet werden (BGH NZI 2013, 140 (143)).

19.3 Eine an den Gläubiger gerichtete **harte Patronatserklärung** der Muttergesellschaft kann weder die objektive Zahlungsunfähigkeit der Tochtergesellschaft noch die darauf bezogene Kenntnis des Gläubigers beseitigen (BGH NZI 2011, 536).

19.4 Relevanz kann das Entfallen des Ursachenzusammenhangs im Fall **rückwirkender Stundungen** erhalten. Zwar kann eine rückwirkende Stundung nicht die in dem früheren Zeitpunkt bestehende Zahlungsunfähigkeit bzw. Zahlungseinstellung rückwirkend beseitigen, da maßgebend für die Beurteilung der Anfechtungsvoraussetzungen und somit der Zahlungsunfähigkeit nach § 140 Abs. 1 der Zeitpunkt ist, in dem die rechtlichen Wirkungen der Rechtshandlung eintreten (BGH NZI 2014, 698 (699)). Die rückwirkend bewilligte Stundung kann jedoch die Zahlungsunfähigkeit ab Wirksamwerden der Stundungsabrede und somit den für die Anfechtung erforderlichen Ursachenzusammenhang zwischen Rechtshandlung und Gläubigerbenachteiligung beseitigen (dazu → § 129 Rn. 55; Uhlenbruck/Borries/Hirte Rn. 46).

20 **b) Kenntnis des Gläubigers von der Zahlungsunfähigkeit.** Der Gläubiger muss **im Zeitpunkt der Vornahme der Rechtshandlung** (dh grundsätzlich bei Eintritt ihrer Rechtswirkungen, → § 140 Rn. 2 ff.) Kenntnis von der Zahlungsunfähigkeit des Schuldners gehabt haben (zusf. Hölken DZWiR 2018, 207 (212 ff.)). Eine der Rechtshandlung nachfolgende Kenntnis ist ebenso unbeachtlich wie eine frühere Kenntnis, die entfallen ist (BGH NZI 2008, 366 (367); → Rn. 25) (→ Rn. 20.1).

20.1 Kannte der Anfechtungsgegner im Vorfeld der Rechtshandlung die Zahlungsunfähigkeit des Schuldners, so ist für ein **Entfallen dieser Kenntnis** nicht erforderlich, dass er im Zeitpunkt der Rechtshandlung überzeugt war, die Zahlungsunfähigkeit sei behoben. Es genügt, wenn er aufgrund neuer, objektiv geeigneter Tatsachen zu der Ansicht gelangt, nun sei der Schuldner möglicherweise wieder zahlungsfähig (BGH NZI 2008, 366 (367)), wobei diese Änderung der Einschätzung nicht lediglich aufgrund eines „Gesinnungswandels" beruhen darf, sondern an eine dem Anfechtungsgegner nachträglich bekannt gewordene **Veränderung der Tatsachengrundlage** anknüpfen muss (BGH NZI 2013, 133 (136); → Rn. 25).

20.2 Beruft sich der Gläubiger auf geänderte Umstände und einen dadurch hervorgerufenen Wegfall der Kenntnis der Zahlungsunfähigkeit, so hat der Tatrichter allerdings im Wege einer Gesamtwürdigung der Umstände zu prüfen, ob nicht eine Kenntnis der Zahlungsunfähigkeit bei Vornahme der Rechtshandlung aufgrund anderer Umstände begründet ist (BGH NZI 2011, 536 (537); Uhlenbruck/Borries/Hirte Rn. 77).

20.3 Rahmen von „**Distressed M&A Transaktionen**" kann sich der Käufer durch ein **Gutachten** eines unabhängigen Experten (zB Wirtschaftsprüfer) das Nichtvorliegen der Zahlungsunfähigkeit bestätigen lassen, um so etwaige Anfechtungsrisiken zu minimieren (vgl. Bressler NZG 2018, 321 (322)).

21 Kenntnis der Zahlungsunfähigkeit erfordert **positive Kenntnis,** dh für sicher gehaltenes Wissen (BGH NZI 2008, 366 (367)); die bloße Vermutung oder die billigende Inkaufnahme einer Zahlungsunfähigkeit sind ebenso wenig ausreichend (BGH NZI 2011, 536 (538)) wie ein bloßes

Kennenmüssen im Sinne einer grob fahrlässigen Unkenntnis (BGH NZI 2002, 91 (93)). Die positive Kenntnis erfordert aufgrund der Komplexität der Rechtsbegriffe der Zahlungsunfähigkeit und der (die Zahlungsunfähigkeit indizierenden) Zahlungseinstellung allerdings nicht, dass der Gläubiger eine korrekte rechtliche Wertung des Vorliegens oder Nichtvorliegens der Zahlungsunfähigkeit vornimmt; ausreichend (aber auch erforderlich) ist, dass der Gläubiger die Liquidität oder das Zahlungsverhalten des Schuldners wenigstens laienhaft bewerten kann (NZI 2009, 228 (229)) und aus den ihm vorliegenden Tatsachen bei natürlicher Betrachtungsweise den **Schluss auf die tatsächlichen Voraussetzungen einer Zahlungsunfähigkeit** zieht (vgl. BGH NZI 2007, 36 (38); → Rn. 21.1). Wird dieser Schluss nicht gezogen, kommt unter Umständen eine Anfechtung nach § 130 Abs. 2 in Betracht, die aufgrund der schwierigen Beweisführung iRd § 130 Abs. 1 in der Praxis erhebliche Bedeutung hat (Uhlenbruck/Borries/Hirte Rn. 61; dazu → Rn. 22).

Nach der Rechtsprechung des **BGH** liegt eine Kenntnis der Zahlungsunfähigkeit vor, wenn der Gläubiger aus den ihm bekannten Tatsachen und dem Verhalten des Schuldners bei natürlicher (laienhafter) Betrachtungsweise den **zutreffenden Schluss** gezogen hat, dass der Schuldner wesentliche Teile, dh **10 % und mehr, seiner fällig gestellten Verbindlichkeiten in einem Zeitraum von drei Wochen nicht wird tilgen können** (BGH NZI 2007, 36 (38)). 21.1

Insofern gleichlaufend ist die Rechtsprechung des **BAG**. Demnach kennt der Gläubiger die Zahlungsunfähigkeit oder Zahlungseinstellung als komplexen Rechtsbegriff nur, wenn er selbst die Liquidität oder das Zahlungsverhalten des Schuldners wenigstens laienhaft so bewertet. Dazu ist regelmäßig erforderlich, dass dem Gläubiger zum einen Informationen über den Gesamtbestand der gegen den Schuldner gerichteten, in den nächsten drei Wochen fällig werdenden Verbindlichkeiten und über die in dieser Zeit vorhandenen Geldmittel vorliegen, und zum anderen muss der Gläubiger aus diesen Informationen **den Schluss ziehen, dass der Schuldner wesentliche Teile seiner in den nächsten drei Wochen fällig werdenden Verbindlichkeiten nicht wird tilgen können.** Allein die Kenntnis der einzelnen Tatsachen, die eine Zahlungsunfähigkeit begründen, genügt daher iRd § 130 Abs. 1 nicht, wenn nicht die entsprechende Schlussfolgerung gezogen wird (vgl. aber zu § 130 Abs. 2 → Rn. 22). Nicht ausreichend für die Kenntnis der Zahlungsunfähigkeit ist es auch, wenn der Gläubiger nur die Eröffnung eines Insolvenzverfahrens fürchtet oder Zweifel an der Kreditwürdigkeit des Schuldners hat (BAG BeckRS 2011, 79785). 21.2

Im Prozess kann das Vorliegen der Zahlungsunfähigkeit und die entsprechende Kenntnis des Gläubigers durch Indizien (**Beweisanzeichen**) nachgewiesen werden (BGH NZI 2015, 717 (718); → Rn. 23.1 ff., auch → § 133 Rn. 29 ff.). 21.3

c) Kenntnis von Umständen, die zwingend auf die Zahlungsunfähigkeit schließen lassen (§ 130 Abs. 2). Nach § 130 Abs. 2 steht der Kenntnis der Zahlungsunfähigkeit die Kenntnis von Umständen gleich, die zwingend auf die Zahlungsunfähigkeit schließen lassen. Im Gegensatz zu § 130 Abs. 1 Nr. 1 (→ Rn. 21) verlangt § 130 Abs. 2 keinen tatsächlichen Schluss auf die Zahlungsunfähigkeit, sondern es genügt die Kenntnis von Umständen, nach denen ein Schluss auf die Zahlungsunfähigkeit zwingend ist. Um zu verhindern, dass über § 130 Abs. 2 die grob fahrlässige Unkenntnis der Zahlungsunfähigkeit der Kenntnis der Zahlungsunfähigkeit nach § 130 Abs. 1 Nr. 1 gleichgestellt wird, sind an die „Kenntnis" iRd § 130 Abs. 2 erhöhte Anforderungen zu stellen. Erforderlich ist, dass der Insolvenzgläubiger **Umstände kennt, aus denen bei zutreffender rechtlicher Bewertung die Zahlungsunfähigkeit zweifelsfrei folgt.** Das ist der Fall, wenn sich ein redlich Denkender der Einsicht nicht verschließen kann, der Schuldner sei zahlungsunfähig. Kennt der Gläubiger alle Umstände, zieht er aber die **falschen Schlüsse,** so ist dies unbeachtlich (BGH NZI 2009, 228 (229); BAG BeckRS 2013, 74786 Rn. 63; Uhlenbruck/Borries/Hirte Rn. 65). 22

Als Umstände, die einzeln oder in ihrer Gesamtschau auf eine Zahlungseinstellung bzw. Zahlungsunfähigkeit des Schuldners schließen lassen, wurden anerkannt (vgl. auch → § 133 Rn. 29 ff.): 22.1
- die **Aussage des Schuldners, die fälligen Zahlungspflichten nicht erfüllen zu können,** auch wenn diese Aussage mit der Bitte um eine Ratenzahlung verbunden wurde (BGH NZI 2015, 470);
- die Ankündigung des Schuldners, im Falle des Zuflusses neuer Mittel die Verbindlichkeit nur durch eine **Einmalzahlung und zwanzig folgende Monatsraten** begleichen zu können (BGH NZI 2016, 739);
- die schleppende Zahlung von Weihnachtsgeld oder gegen den Schuldner betriebene **Vollstreckungsverfahren** (BGH NZI 2015, 369 (371); BGH NZI 2011, 589);
- die **mehrmonatige** - nicht notwendigerweise sechsmonatige – **Nichtabführung von Sozialversicherungsbeiträgen** (BGH NZI 2015, 717; 2002, 91 (93). Anderes kann sich allerdings ergeben, wenn Beitragsforderungen über mehrere Monate anwachsen, jedoch die Sozialkasse keine Maßnahmen der Forderungseinziehung getroffen hat, deren Erfolglosigkeit den Rückschluss auf eine ungünstige Vermögenslage des Schuldners gestattet (BGH BeckRS 2014, 09622);

- die Kenntnis eines Kreditinstituts von erfolglosen Versuchen der Finanzverwaltung, Steuerforderungen per Lastschrift einzuziehen mit anschließender **Zustellung einer Pfändungs- und Einziehungsverfügung** an das Kreditinstitut als Drittschuldner (BGH NZI 2014, 698 (700));
- die **ständige verspätete Begleichung von Verbindlichkeiten** und ein damit verbundenes Vorsichherschieben eines Forderungsrückstands (BGH NZI 2013, 932 (933); KG BeckRS 2018, 42199);
- die **Nichtzahlung oder schleppende Zahlung von Steuerforderungen;** Nichteinlösung eines Schecks mangels Deckung (BGH NZI 2011, 589 (591));
- **Rücklastschriften** und eigene Erklärungen des Schuldners, nicht in der Lage zu sein, die fälligen Verbindlichkeiten innerhalb von drei Wochen vollständig zu befriedigen (BGH BeckRS 2010, 19843).

22.2 Als **nicht ausreichend** wurden folgende Umstände angesehen:
- verspätete Zahlung von **Sozialversicherungsbeiträgen jeweils um drei bis vier Wochen** über eine Dauer von zehn Monaten. Zwar kann die Nichtbegleichung von Sozialversicherungsbeiträgen infolge ihrer Strafbewehrtheit (§ 266a StGB) den Schluss auf eine Zahlungseinstellung gestatten; bei verspäteten Zahlungen macht allerdings erst eine mehrmonatige Nichtabführung von Sozialversicherungsbeiträgen eine Zahlungseinstellung umfassend glaubhaft (BGH NZI 2014, 23 (25));
- **Bitte des Schuldners auf Abschluss einer Ratenzahlungsvereinbarung,** wenn sie sich im Rahmen der Gepflogenheiten des Geschäftsverkehrs hält (BGH NZI 2015, 470 mAnm Ganter; zur entsprechenden neuen Regelung in § 133 Abs. 3 → § 133 Rn. 30);
- gegen eine Kenntnis des Gläubigers von der Zahlungsunfähigkeit des Schuldners spricht auch, wenn der Gläubiger zugunsten des Schuldners eine selbstschuldnerische Bürgschaft übernimmt, oder wenn er eine Klage gegen das (insolvente) Schuldnerunternehmen anstrengt (BGH NZI 2014, 775 (780)).

23 Nicht ausreichend ist die Kenntnis von Umständen, die **lediglich den Verdacht** einer Zahlungsunfähigkeit beim Schuldner begründen, er diesem Verdacht durch weitere Erkundigungen aber nicht nachgeht und ihm nur deshalb Umstände verborgen geblieben sind, die zwingend auf die Zahlungsunfähigkeit schließen lassen. Denn dies käme einer grob fahrlässigen Unkenntnis gleich.

23.1 Dies gilt jedenfalls für Kleingläubiger wie Arbeitnehmer, ist vom BGH allerdings zunächst offengelassen für institutionelle Gläubiger (Finanzamt, Sozialkassen), die schon im fiskalischen Allgemeininteresse oder im Interesse der Versichertengemeinschaft die weitere Entwicklung eines krisenbehafteten Unternehmens zu verfolgen haben (BGH NZI 2009, 228 (230); BAG BeckRS 2013, 74786 Rn. 64; Uhlenbruck/Borries/Hirte Rn. 68; zu Informationsorganisationspflichten bei arbeitsteiliger Organisation → Rn. 26.5).

24 Nicht ausreichend ist auch, wenn der Schuldner **irrig Tatsachen** annimmt, die bei einer Gesamtbetrachtung den Schluss auf die Zahlungsunfähigkeit des Schuldners nicht zwingend nahelegen (Uhlenbruck/Borries/Hirte Rn. 67).

25 **d) Entfallen der Kenntnis.** Eine Anfechtung nach § 130 ist ausgeschlossen, wenn die ursprünglich bestehende Kenntnis des Gläubigers von der Zahlungsunfähigkeit oder von Umständen, die zwingend auf die Zahlungsunfähigkeit des Schuldners schließen lassen, bei Vornahme der Rechtshandlung wieder entfallen ist (→ Rn. 20). Das Entfallen der Kenntnis muss dabei auf einer Veränderung der Tatsachengrundlage und darf nicht lediglich auf einem „Gesinnungswandel" des Anfechtungsgegners beruhen (BGH NZI 2011, 536 (537); → Rn. 20.1).

25.1 Tilgt ein Schuldner seine Rückstände gegenüber der Sozialkasse, so kann die Sozialkasse aufgrund ihrer auf der Strafandrohung des § 266a StGB beruhenden besonderen Gläubigerstellung nicht schließen, der Schuldner könne auch seine übrigen (nicht privilegierten) Gläubiger wieder befriedigen und die einmal eingetretene Zahlungsunfähigkeit sei wieder behoben (OLG Hamm BeckRS 2011, 23787).

26 **e) Kenntnis von Vertretern und anderen Repräsentanten.** Tatsachenkenntnisse und Wissen von Vertretern oder anderer Repräsentanten des Gläubigers oder des Schuldners werden diesen in entsprechender Anwendung der Regelungen des § 166 Abs. 1 BGB zugerechnet (dazu allg. MüKoBGB/Schubert BGB § 166 Rn. 90 ff.). (→ Rn. 26.1 ff.).

26.1 Hat für den Gläubiger ein **Vertreter** gehandelt, muss sich der Gläubiger entsprechend § 166 Abs. 1 BGB dessen Kenntnis der Zahlungsunfähigkeit bzw. der die Zahlungsunfähigkeit glaubhaft machenden Umstände zurechnen lassen (vgl. zB BGH NZI 2009, 384; BGH NZI 2014, 650 (653); Uhlenbruck/Borries/Hirte Rn. 76 ff.). Handelt der Vertreter nach bestimmten **Weisungen,** kommt es hingegen (auch) auf die Kenntnis des Vertretenen an (§ 166 Abs. 2 BGB; vgl. BGH NZI 2004, 376 (378)).

26.2 Zu den **anderen Repräsentanten,** bei denen eine Wissenszurechnung entsprechend § 166 erfolgen kann, zählen Vertrauensmänner mit Kontrollfunktionen oder Besitzdiener (BGH NJW 1964, 1277 (1278)), nicht aber Boten oder Vermieter für den Mieter (LG München I LSK 1989, 320180; vgl. Uhlenbruck/Borries/Hirte Rn. 104).

Handelt ein **vollmachtloser Vertreter,** so erfolgt eine Zurechnung des Vertreterhandelns, sobald das 26.3
Handeln genehmigt wurde (MüKoInsO/Kayser/Freudenberg/Freudenberg Rn. 42). Für die Kenntnis des
Genehmigenden kommt es dabei in entsprechender Anwendung des § 166 Abs. 2 BGB auf den Zeitpunkt
der Genehmigung an (Uhlenbruck/Borries/Hirte Rn. 83).
Beschränkt Geschäftsfähigen wird die Kenntnis ihrer gesetzlichen Vertreter grundsätzlich nach § 166 26.4
BGB zugerechnet. Dies gilt allerdings nicht, wenn der beschränkt Geschäftsfähige eine eigene wirksame
Willenserklärung abgeben kann: Überträgt ein Schuldner zur Benachteiligung seiner Gläubiger Vermögensgegenstände auf sein minderjähriges Kind und kann dieses aufgrund der Erlangung lediglich eines rechtlichen Vorteils (§ 107 BGB) die zum Erwerb seinerseits erforderlichen Willenserklärungen im eigenen
Namen abgeben, ist ihm die Benachteiligungsabsicht des Schuldners nicht zuzurechnen (BGH NJW 2004,
3510 (3511); BGH NJW 1985, 2470). Umstritten ist allerdings, ob eine Zurechnung der Kenntnis des
gesetzlichen Vertreters auch dann erfolgt, wenn der gesetzliche Vertreter die Willenserklärung des
beschränkt Geschäftsfähigen nach § 108 BGB lediglich genehmigt; da in einem solchen Fall die Willenserklärung des beschränkt Geschäftsfähigen nicht zu einer Erklärung des Vertretenen wird, sondern eine
Erklärung des beschränkt Geschäftsfähigen bleibt, sprechen in diesem Fall im Ergebnis wohl die besseren
Gründe gegen eine Zurechnung (MüKoBGB/Schmitt BGB § 108 Rn. 21; offengelassen Uhlenbruck/
Borries/Hirte Rn. 83).
Arbeitsteilig organisierte Einheiten wie Banken, andere Wirtschaftsunternehmen oder Behörden 26.5
treffen bei ihrer Teilnahme am Rechtsverkehr bestimmte **Informationsorganisationspflichten** um
sicherzustellen, dass ordnungsgemäß zugehende, rechtserhebliche Informationen von den zuständigen Entscheidungsträgern zur Kenntnis genommen werden können. Es muss sichergestellt sein, dass die jeweils
handelnden Repräsentanten die von ihnen erlangten erheblichen Informationen tatsächlich an die entscheidenden Personen weiterleiten (BGH NZI 2011, 684 (686); BGH NZI 2006, 175 (176); OLG Hamm
BeckRS 2011, 23787 (in Bezug auf vollautomatisierte Datenverarbeitung)). Nicht zulässig ist es allerdings,
aus der Tatsache des Bestehens eine Informationsorganisationspflicht eine Vermutung herzuleiten, dass die
Informationsorganisationspflicht auch erfüllt wird und eingegangene Informationen tatsächlich ordnungsgemäß weitergeleitet werden. Daher besteht keine Vermutung, dass ein Aufsichtsratsmitglied Kenntnis von
denjenigen Tatsachen hat, über die der Aufsichtsrat pflichtgemäß durch den Vorstand unterrichtet werden
muss (BGH NZI 2011, 715). Infolge der Informationsorganisationspflichten muss sich ein Geschäftsherr
die Kenntnis seines Repräsentanten im Geschäftsverkehr allerdings entsprechend § 166 Abs. 1 BGB zurechnen lassen (vgl. BGH NJW 2007, 1584 (1587); BGH NJW 1984, 1953 (Bankkassierer); BGH NJW 1989,
2879 (Bankfilialleiter); einschränkend aber BGH NJW 1971, 1702 (uneigennütziger Treuhänder)). **Für
juristische Personen** gilt, dass ihnen dasjenige Wissen zuzurechnen ist, welches ein Organvertreter erlangt
und welches „typischerweise aktenmäßig festzuhalten" ist (BGH NJW 1996, 1339 (1340)). Das Wissen von
Gesellschaftern ist einer GmbH entsprechend § 166 Abs. 2 zuzurechnen, sofern diese der Geschäftsführung
Weisungen erteilt haben und die Geschäftsführung weisungsgemäß gehandelt hat (BGH NZI 2004, 376
(378)). Bei **Personengesellschaften** kommt es auf die Kenntnis ihrer geschäftsführenden Gesellschafter
an (BGH NZI 2014, 259 (261)). Bei Gesamtvertretung genügt bereits die Kenntnis eines Gesellschafters
(BGH NJW 1961, 1022 (1023)). Einer **Behörde** ist die Kenntnis des maßgeblichen Sachbearbeiters zuzurechnen (BGH NZI 2011, 589 (591)), grundsätzlich jedoch nicht die Kenntnis anderer Behörden, da
behördliche Zuständigkeitsgrenzen zu respektieren sind. Nutzt allerdings eine Behörde durch Zusammenarbeit gezielt das Wissen anderer Behörden, kommt auch hier eine Zurechnung des gesamten rechtserheblichen Wissens in Betracht (BGH NZI 2011, 684 (686)). Bedient sich der Sozialversicherungsträger bei der
Vollstreckung seiner Bescheide des Hauptzollamtes (§ 66 Abs. 1 SGB X, § 4 Buchst. b VwVfG, § 249
Abs. 1 S. 3 AO, § 1 Nr. 3 FVG), ist ihm das Wissen des Hauptzollamtes zuzurechnen (BGH NZI 2020,
223). Für die Zusammenarbeit von **Konzerngesellschaften** sollen die Grundsätze über die Wissenszurechnung bei Zusammenarbeit von Behörden entsprechend gelten (Uhlenbruck/Borries/Hirte Rn. 98; Bork
DB 2012, 33 (40 ff.)).
Sofern es um die Anfechtbarkeit von Prozesshandlungen geht, bei denen der Schuldner anwaltlich 26.6
vertreten wird, ist bei Befassung einer **größeren Rechtsanwaltssozietät** allein die Kenntnis des mit der
Sache befassten Rechtsanwalts maßgeblich (OLG Celle BeckRS 1981, 31390190). Zuzurechnen ist die
Kenntnis allerdings nur dann, wenn der Rechtsanwalt diese im Rahmen des Mandats oder aus allgemein
zugänglichen Quellen erlangt (zB Internet, BGH NZI 2013, 133 (135)), nicht aber, wenn er sie aus
einem anderen Mandatsverhältnis erlangt hat und insoweit der Verschwiegenheit unterliegt (OLG Hamburg
BeckRS 2011, 15283; Uhlenbruck/Borries/Hirte Rn. 100).
Die Kenntnis **staatlicher Vollzugsbeamter** (zB Gerichtsvollzieher, Vollziehungsbeamte des Hauptzoll- 26.7
amts, Vollziehungsbeamte des Finanzamts) sind dem die Vollstreckung durchführenden Gläubiger mangels
Vertretereigenschaft nicht entsprechend § 166 zuzurechnen (BGH BeckRS 2012, 09141; OLG München
NJW-RR 1993, 106; vgl. aber BGH NZI 2013, 398 bei gegenseitiger Vertretung durch Behörden,
→ Rn. 26.5). Zurechenbar ist einer Behörde allerdings die Kenntnis ihres Vollzugssachbearbeiters

InsO § 130   Dritter Teil. Wirkungen der Eröffnung des Insolvenzverfahrens

(OLG München NJW-RR 1993, 106; BGH NZS 2012, 581 Rn. 4) oder des Sachbearbeiters der von ihr für die Vollziehung ersuchten Behörde (BGH NZI 2013, 398).

27   **f) Vermutung der Kenntnis der Zahlungsunfähigkeit bei nahestehenden Personen (§ 138).** War der Gläubiger bei Vornahme der anfechtbaren Handlung eine dem Schuldner nahestehende Person (§ 138, → § 138 Rn. 2 ff.), besteht nach § 130 Abs. 3 die gesetzliche Vermutung, dass der Gläubiger die Zahlungsunfähigkeit des Schuldners oder den Eröffnungsantrag kannte. Hintergrund ist, dass eine dem Schuldner nahestehende Person regelmäßig besondere Informationsmöglichkeiten über die wirtschaftlichen Verhältnisse des Schuldners hat. Der Anfechtungsgegner kann die tatsächlichen Voraussetzungen der gesetzlichen Vermutung entkräften, zB indem er beweist, dass der Informationsfluss, der seinen typischen Wissensvorsprung begründete, tatsächlich versiegt ist oder auf längere Zeit unterbrochen war (BGH NZI 2013, 39 (40)). Zudem kann er die Vermutungsfolgen – dh die Kenntnis der Zahlungsunfähigkeit – positiv widerlegen (§ 292 ZPO; vgl. BT-Drs. 12/2443, 158).

28   **g) Anfechtungsfrist.** Die Anfechtungsfrist des § 130 Abs. 1 S. 1 Nr. 1 beträgt **drei Monate** vor dem Insolvenzeröffnungsantrag. Für die Berechnung der Anfechtungsfrist gilt § 139 (→ § 139 Rn. 1 ff.), für den Zeitpunkt der Vornahme der anzufechtenden Rechtshandlung § 140 (→ § 140 Rn. 1 ff.). Die Frist kann um den Zeitraum der Rechtshängigkeit einer Restrukturierungssache verlängert werden (§ 91 StaRUG) (Schoppmeyer ZIP 2021, 869 (881)).

2. Anfechtungsvoraussetzungen nach § 130 Abs. 1 S. 1 Nr. 2

29   Wurde die **Rechtshandlung nach dem Eröffnungsantrag** vorgenommen, ist sie anfechtbar, wenn der Gläubiger zur Zeit der Handlung (§ 140) die Zahlungsunfähigkeit (→ Rn. 20) oder den Eröffnungsantrag kannte (§ 131 Abs. 1 S. 1 Nr. 2), oder wenn er Kenntnis von Umständen hatte, die zwingend auf die Zahlungsunfähigkeit (→ Rn. 22) oder den Eröffnungsantrag schließen ließen. Die Kenntnis eines Vertreters wird dem Gläubiger entsprechend § 166 BGB zugerechnet (→ Rn. 26).

30   Allein aus der **öffentlichen Bekanntmachung** der Bestellung eines vorläufigen Insolvenzverwalters im Eröffnungsverfahren nach § 9 ergibt sich allerdings noch nicht zwangsläufig die Kenntnis des Anfechtungsgegners vom Insolvenzeröffnungsantrag. Die Publizitätswirkung des § 9 Abs. 3 ist auf das Insolvenzverfahren selbst beschränkt, und dem Wortlaut des § 130 Abs. 1 S. 1 Nr. 2 ist nicht zu entnehmen, dass die Veröffentlichung von Sicherungsmaßnahmen die Kenntnis des Eröffnungsantrages vermuten lässt oder fingiert (BGH NZI 2011, 18 (19); → Rn. 41).

31   Wurden **mehrere Eröffnungsanträge** gestellt, genügt die Kenntnis von einem (auch → § 139 Rn. 9); die Kenntnis eines ausländischen Eröffnungsverfahrens ist im Rahmen eines Sekundärverfahrens nur dann von Belang, wenn damit die Kenntnis von der universalen Beschlagwirkung des Sekundärverfahrens verbunden ist (Uhlenbruck/Borries/Hirte Rn. 64).

32   War der Anfechtungsgegner im Zeitpunkt der Vornahme der Rechtshandlung (§ 140) eine dem Schuldner **nahestehende Person** (§ 138), so wird seine Kenntnis vom Eröffnungsantrag vermutet (§ 130 Abs. 3; hierzu → Rn. 27).

3. (Keine) Anfechtung von Margensicherheiten nach § 130 Abs. 1 S. 2

33   § 130 Abs. 1 S. 2 nimmt die Bestellung von Sicherheiten von der Anfechtung nach § 130 Abs. 1 aus, die (a) auf einer Sicherungsvereinbarung beruht, die die Verpflichtung enthält, eine Finanzsicherheit, eine andere oder eine zusätzliche Finanzsicherheit iSd § 1 Abs. 17 KWG zu bestellen, um (b) das in der Sicherungsvereinbarung festgelegte Verhältnis zwischen dem Wert der gesicherten Verbindlichkeiten und dem Wert der geleisteten Sicherheiten wiederherzustellen (**Margensicherheit**).

34   Die Ausnahmeregelung des § 130 Abs. 1 S. 2 wurde durch das „**Gesetz zur Umsetzung der Richtlinie 2002/47/EG vom 6. Juni 2002 über Finanzsicherheiten und zur Änderung des Hypothekenbankgesetzes und anderer Gesetze**" v. 5.4.2004 in die InsO eingefügt. Ziel der Richtlinie ist die Förderung des freien Dienstleistungs- und Kapitalverkehrs im Finanzbinnenmarkt und des Finanzsystems in der EU; zu diesem Zweck sollten ua Finanzsicherheiten vom Insolvenzanfechtungsrecht ausgenommen werden, soweit dieses der effektiven Verwertung entgegensteht und soweit dieses im Bankenverkehr praktizierte Verfahren, wie die bilaterale Aufrechnung infolge Beendigung („close out netting") oder die Ersetzung bestehender bzw. die Bereitstellung zusätzlicher Sicherheiten, in Frage stellt (BR-Drs. 563/03, 12). § 130 Abs. 1 S. 2 hat in Einklang mit Art. 8 Abs. 3 der Richtlinie dabei insbesondere Margensicherheiten im Blick, die im Bankenverkehr üblicherweise bei Wertschwankungen von geleisteten (Wertpapier-)Sicherheiten oder bei Wertschwankungen der besicherten Verbindlichkeit zu bestellen sind, um die unbesicherte Marge abzudecken. Wird eine solche Margensicherheit in der Krise des Sicherungsgebers geleistet, so wäre sie ohne die Regelung des § 130 Abs. 1 S. 2 nach § 130 anfechtbar, da aufgrund des zeitlichen Auseinanderfallens von Leistung und Gegenleistung regelmäßig kein Bargeschäft (§ 142) vorliegt (BR-Drs. 563/03, 19).

Die in der Richtlinie ebenfalls vorgesehene Privilegierung eines Austauschs von Sicherheiten **34a** wurde nicht explizit in die InsO aufgenommen, da der Sicherheitentausch aus Sicht des Gesetzgebers als Bargeschäft (§ 142) ohnehin nicht anfechtbar ist (dazu → § 142 Rn. 16.7). Weiterhin erfolgte auch keine Privilegierung der Margensicherheiten in Bezug auf eine mögliche Anfechtung nach § 133 oder § 131, da dies von der Richtlinie nicht verlangt wurde. Allerdings soll nach dem Willen des Gesetzgebers bei der Prüfung einer Anfechtung von Margensicherheiten nach § 131 diese Vorschrift „im Lichte von § 130 Abs. 1 Satz 2" ausgelegt werden, sodass an die sich aus der Sicherungsvereinbarung ergebende Bestimmbarkeit der Sicherheit keine „übertriebenen Anforderungen" gestellt werden sollen, um die Umsetzung der Richtlinie nicht zu unterlaufen (BR-Drs. 563/03, 19).

Voraussetzung für das Eingreifen des § 130 Abs. 1 S. 2 ist zunächst das Vorliegen einer „**Finanz-** **35** **sicherheit**" iSd § 1 Abs. 17 KWG. Dies sind insbesondere als Sicherheit gestellte Barguthaben, Geldbeträge, Wertpapiere, Geldmarktinstrumente und Kreditforderungen.

Die Bestellung der Sicherheit muss **aufgrund einer Vereinbarung** beruhen, also kongruent **36** sein (aber → Rn. 10 aE für den Fall der Inkongruenz).

Die Bestellung der Finanzsicherheit muss erfolgen, um das in der Sicherungsvereinbarung **37** festgelegte **Verhältnis zwischen dem Wert der gesicherten Verbindlichkeiten und dem Wert der geleisteten Sicherheiten wiederherzustellen**. Die Vorschrift erfasst somit nur ergänzende Sicherheiten, die Wertschwankungen der Sicherheiten bzw. der Sicherungsobjekte ausgleichen sollen, nicht aber die erstmalige Besicherung oder die Veränderung der Sicherungsquote (Uhlenbruck/Borries/Hirte Rn. 37).

C. Prozessuales

I. Darlegungs- und Beweislast

Der Insolvenzverwalter hat alle objektiven und subjektiven Voraussetzungen einer Anfechtung **38** nach § 130 darzulegen und zu beweisen (BAG BeckRS 2011, 79275 Rn. 28); der Gläubiger ist in Bezug auf etwaige Einwendungen darlegungs- und beweisbelastet.

a) Zahlungsunfähigkeit. Der Insolvenzverwalter kann die **Zahlungsunfähigkeit** im Wege **39** der Aufstellung einer Liquiditätsbilanz oder anderweitig nachweisen (BGH NZI 2013, 888 (890); vgl. aber BGH NZI 2013, 970). Möglich ist etwa, durch **Beweisanzeichen** die Zahlungseinstellung des Schuldners und damit über § 17 Abs. 2 S. 2 die Zahlungsunfähigkeit herzuleiten (BGH NZI 2012, 663; BGH NZI 2013, 888 (890)).

Als Beweisanzeichen kommen in Betracht (auch → Rn. 22.1; Uhlenbruck/Borries/Hirte Rn. 106): **39.1**
- sog. wirtschaftskriminalistische Beweisanzeichen wie die ausdrückliche Erklärung, nicht zahlen zu können, das Ignorieren von Rechnungen und Mahnungen, gescheiterte Vollstreckungsversuche, Nichtzahlung von Löhnen und Gehältern, der Sozialversicherungsabgaben oder der sonstigen Betriebskosten, Scheck- und Wechselproteste oder Insolvenzanträge von Gläubigern (BGH NZI 2013, 970 (971));
- das Bestehen von fälligen Verbindlichkeiten in einem erheblichen Umfang, die bis zur Verfahrenseröffnung nicht mehr beglichen wurden (BGH NZI 2013, 888; BGH NZI 2012, 663) oder
- das Nichtgelingen des Schuldners über mehrere Monate, seine fälligen Verbindlichkeiten spätestens innerhalb von drei Wochen auszugleichen, und wenn die rückständigen Beträge insgesamt so erheblich sind, dass von lediglich geringfügigen Liquiditätslücken keine Rede sein kann (BGH NZI 2013, 133 (134); zur Abgrenzung der Zahlungsunfähigkeit von einer bloßen Zahlungsstockung → § 17 Rn. 13).

Will der Anfechtungsgegner dem Insolvenzverwalter eine bloße **Zahlungsstockung** (dazu **40** → § 17 Rn. 13) entgegensetzen, obliegt ihm die Darlegungs- und Beweislast. Denn nach der Rechtsprechung des BGH ist nicht erforderlich, dass der Insolvenzverwalter die genaue Höhe der Verbindlichkeiten des Schuldners oder eine 10 % der Gesamtverbindlichkeiten übersteigende Liquiditätslücke darlegt (BGH NZI 2012, 663; BGH NZI 2012, 416 (417); BGH NZI 2013, 888 (890); vgl. auch Hölzle ZIP 2006, 101 (103)).

Ebenso ist der Anfechtungsgegner beweisbelastet, wenn er geltend machen will, dass die einmal **41** bestandene **Zahlungsunfähigkeit weggefallen** und damit der für die Anfechtung nach § 130 erforderliche Ursachenzusammenhang (→ § 129 Rn. 57) zwischen Rechtshandlung und Gläubigerbenachteiligung unterbrochen ist (BGH NZI 2017, 64; BGH NZI 2017, 28 (30) mkritAnm Ahrens; BGH NZI 2013, 140; Ahrens ZIP 2017, 58 ff.).

41.1 Im Hinblick auf die Darlegung des Anfechtungsgegners für den Wegfall der Zahlungsunfähigkeit ist zu beachten, dass nach der Rechtsprechung des BGH **eine einmal nach außen in Erscheinung getretene Zahlungseinstellung grundsätzlich fortwirkt** und nur dadurch wieder beseitigt werden kann, dass die Zahlungen im Allgemeinen wieder aufgenommen werden. Dies erfordert, dass – bis auf unwesentliche Ausnahmen – alle Zahlungen geleistet werden (BGH NZI 2012, 963 (964); Ahrens ZIP 2017, 58 (60) weist klarstellend zutreffend darauf hin, dass die vom BGH in seiner Rechtsprechung bisweilen angenommene Fortwirkung der „Zahlungsunfähigkeit" (vgl. zB die Formulierung in BGH NZI 2017, 64) sich lediglich auf Fälle einer Zahlungsunfähigkeit aufgrund Zahlungseinstellung und der damit begründeten Vermutungswirkung (§ 17 Abs. 2 S. 2) bezieht). Einer allgemeinen Wiederaufnahme von Zahlungen steht beispielsweise entgegen, wenn es dem Schuldner nicht gelingt, seine einzelnen Verbindlichkeiten jeweils binnen drei Wochen nach Fälligkeit zu begleichen (vgl. BGH NZI 2008, 231), der Schuldner ständig einen Forderungsrückstand vor sich herschiebt, den er nur schleppend abträgt (vgl. BGH NZI 2011, 589) oder unmittelbar nach Befriedigung der Beklagten abermals mit den von ihm zu erbringenden Zahlungen in Rückstand gerät und somit nicht auf Dauer zu einer allgemeinen Begleichung seiner alsbald fälligen Verbindlichkeiten im Stande ist (BGH NZI 2012, 963 (964)). Im Fall eines gewerblich tätigen Schuldners, gegen den ständig neue Forderungen begründet werden, kann von einer Wiederaufnahme der Zahlungen im Allgemeinen nicht ausgegangen werden, wenn er sich durch die Befriedigung seiner Gläubiger zu einem bestimmten Zeitpunkt derjenigen Mittel entäußert, die er zur Begleichung seiner künftigen, alsbald fällig werdenden Verbindlichkeiten benötigt (BGH NZI 2012, 963 (964)).

41.2 Die vor der angefochtenen Rechtshandlung gegebene Kenntnis des Anfechtungsgegners von der Zahlungsunfähigkeit des Schuldners entfällt, wenn er **aufgrund neuer, objektiv geeigneter Tatsachen** zu der Ansicht gelangt ist, nun sei der Schuldner möglicherweise wieder zahlungsfähig. Der Beweis für den Wegfall der Kenntnis durch den Anfechtungsgegner ist erbracht, wenn feststeht, dass der Anfechtungsgegner infolge der neuen Tatsachen ernsthafte Zweifel am Fortbestand der Zahlungsunfähigkeit hatte (BGH NZI 2008, 366). Erforderlich ist dabei, dass die Schlussfolgerung des Anfechtungsgegners, wonach die Zahlungsunfähigkeit des Schuldners zwischenzeitlich behoben ist, von einer ihm nachträglich bekannt gewordenen Veränderung der Tatsachengrundlage und nicht von einem bloßen „Gesinnungswandel" getragen ist. So dürfen zum einen die Umstände, welche die Kenntnis des Anfechtungsgegners begründen, nicht mehr gegeben sein. Und zum anderen ist auf der Grundlage aller von den Parteien vorgetragenen Umstände des Einzelfalls zu würdigen, ob eine Kenntnis der Zahlungsunfähigkeit bei Vornahme der Rechtshandlung nicht mehr bestanden hat (BGH NZI 2012, 963 (964)).

41.3 Zur **Entkräftung der widerlegbaren Vermutung des § 17 Abs. 2 S. 2** kann der Gläubiger entweder nachweisen, dass der Schuldner seine Zahlungen im Allgemeinen wieder aufgenommen hat (was in der Praxis jedoch nur schwer zu führen sein dürfte), oder aber dass zu irgendeinem Zeitpunkt zwischen der anzufechtenden Rechtshandlung und dem Eröffnungsantrag die Zahlungsunfähigkeit beseitigt war. Prozessual geeignetes Mittel ist daneben neben einer Zeugeneinvernahme der Antrag, durch einen Sachverständigen eine Liquiditätsbilanz erstellen zu lassen (BGH NZI 2015, 511); befinden sich die dazu erforderlichen Unterlagen beim Schuldner, kann nach § 421 ZPO Beweis durch den Antrag angetreten werden, dem Insolvenzverwalter die Vorlage der Unterlagen aufzugeben (Ahrens ZIP 2017, 58 (60 f.) mit ausführlichen Ausführungen zur prozessualen Vorgehensweise).

41.4 **Hält der Schuldner den Gläubiger** aufgrund einer früheren Kenntnis der Zahlungsunfähigkeit im Zeitpunkt der Rechtshandlung **irrtümlich für zahlungsfähig**, so muss iRd § 130 dennoch eine Anfechtung ausscheiden, da die Zahlungsunfähigkeit im Rahmen dieser Norm eine zentrale objektive Voraussetzung für die Anfechtbarkeit ist (vgl. kritische Anm. Ahrens zu BGH NZI 2017, 28 (30); Ahrens ZIP 2017, 58).

41.5 Sofern der Gläubiger mit dem Schuldner eine **Ratenzahlungsvereinbarung** geschlossen hat und **diese vereinbarungsgemäß bedient wird**, entfällt die Kenntnis des Gläubigers von einer bestehenden Zahlungsunfähigkeit dann nicht, wenn es sich bei dem Gläubiger um einen wichtigen Großgläubiger handelt und nicht davon ausgegangen werden kann, dass der Schuldner auch die Forderungen anderer Gläubiger bedient, die aufgrund ihrer für den Schuldner weniger wichtigen wirtschaftlichen Stellung keinen vergleichbaren Druck zur Eintreibung ihrer Forderungen ausüben können (BGH NZI 2013, 140 (144)).

42 **b) Kenntnis des Anfechtungsgegners von der Zahlungsunfähigkeit.** Auch insofern ist der Insolvenzverwalter beweisbelastet (vgl. hierzu ausf. Huber ZInsO 2012, 52 (55 ff.)). Der Gläubiger hingegen muss darlegen und beweisen, dass seine einmal bestandene **Kenntnis von der Zahlungsunfähigkeit weggefallen** ist (BGH NZI 2016, 739; NJW-RR 2013, 161; NZI 2008, 366; → Rn. 25).

43 **c) Kenntnis des Anfechtungsgegners von einem erfolgten Eröffnungsantrag.** Aus der öffentlichen Bekanntmachung (§ 9) der Anordnung von Sicherungsmaßnahmen (§ 21) ist zwingend auf einen Eröffnungsantrag zu schließen. In dieser Situation obliegt es dem Anfechtungsgegner nachzuweisen, dass er von der öffentlichen Bekanntmachung keine Kenntnis hatte. Eine (unwiderlegliche) Vermutung der Kenntnis des Anfechtungsgegners folgt aus der öffentlichen Bekanntmachung von Sicherungsmaßnahmen nicht (BGH BeckRS 2011, 26902; NZI 2011, 18).

II. Beweiserleichterung nach § 130 Abs. 2 (Kenntnis von Umständen)

Bei der Regelung des § 130 Abs. 2 (→ Rn. 22 ff.) handelt es sich um eine **unwiderlegliche** 44 **Vermutung** (BGH NZI 2011, 536 (537)).

III. Beweiserleichterung nach § 130 Abs. 3 (nahestehende Person)

Bei der Regelung des § 130 Abs. 3 handelt es sich um eine **gesetzliche Vermutung** (§ 292 45 ZPO), die der Anfechtungsgegner durch Gegenbeweis widerlegen kann (→ Rn. 27). Von einer solchen Widerlegung bleiben die Beweiserleichterung des Abs. 2 und die sonstigen allgemeinen Beweisanzeichen unberührt (BGH NZI 2013, 39 (40 f.); Uhlenbruck/Borries/Hirte Rn. 112). Die Beweiserleichterung des § 130 Abs. 3 gilt nur innerhalb der Dreimonatsfrist vor Antragstellung, nicht jedoch davor (vgl. BGH NZI 2013, 39).

§ 131 Inkongruente Deckung

(1) Anfechtbar ist eine Rechtshandlung, die einem Insolvenzgläubiger eine Sicherung oder Befriedigung gewährt oder ermöglicht hat, die er nicht oder nicht in der Art oder nicht zu der Zeit zu beanspruchen hatte,
1. wenn die Handlung im letzten Monat vor dem Antrag auf Eröffnung des Insolvenzverfahrens oder nach diesem Antrag vorgenommen worden ist,
2. wenn die Handlung innerhalb des zweiten oder dritten Monats vor dem Eröffnungsantrag vorgenommen worden ist und der Schuldner zur Zeit der Handlung zahlungsunfähig war oder
3. wenn die Handlung innerhalb des zweiten oder dritten Monats vor dem Eröffnungsantrag vorgenommen worden ist und dem Gläubiger zur Zeit der Handlung bekannt war, dass sie die Insolvenzgläubiger benachteiligte.

(2) ¹Für die Anwendung des Absatzes 1 Nr. 3 steht der Kenntnis der Benachteiligung der Insolvenzgläubiger die Kenntnis von Umständen gleich, die zwingend auf die Benachteiligung schließen lassen. ²Gegenüber einer Person, die dem Schuldner zur Zeit der Handlung nahestand (§ 138), wird vermutet, dass sie die Benachteiligung der Insolvenzgläubiger kannte.

Überblick

§ 131 Abs. 1 ermöglicht die Anfechtung von inkongruenten Leistungen gegenüber einem (späteren) Insolvenzgläubiger (→ Rn. 25). Eine Inkongruenz liegt vor, wenn Sicherungen oder Befriedigungen gewährt oder ermöglicht wurden, die der Anfechtungsgegner (i) nicht (→ Rn. 7) oder (ii) nicht in der Art (→ Rn. 15) oder (iii) nicht zu der Zeit (→ Rn. 20) zu beanspruchen hatte. Die weiteren Anfechtungsvoraussetzungen hängen vom Zeitpunkt (§ 140) der angefochtenen Rechtshandlung ab: Wurde die anzufechtende Rechtshandlung im letzten Monat vor dem Eröffnungsantrag vorgenommen, ist sie ohne weiteres anfechtbar (§ 131 Abs. 1 Nr. 1, → Rn. 27). Wurde sie innerhalb des zweiten oder dritten Monats vor dem Eröffnungsantrag vorgenommen, ist sie anfechtbar, wenn der Schuldner im Zeitpunkt der Vornahme entweder zahlungsunfähig war (§ 131 Abs. 1 Nr. 2, → Rn. 28), oder wenn dem Gläubiger im Zeitpunkt der Rechtshandlung bekannt war, dass die Handlung die Insolvenzgläubiger benachteiligte (§ 131 Abs. 1 Nr. 3, → Rn. 30). Im Vergleich zur Anfechtbarkeit kongruenter Leistungen (§ 130) ist die Anfechtbarkeit inkongruenter Leistungen erleichtert, was sich aus dem höheren Grad der Verdächtigkeit rechtfertigt.

§ 131 Abs. 2 gewährt Darlegungs- und Beweiserleichterungen in Bezug auf den Anfechtungstatbestand des § 131 Abs. 1 Nr. 3 (→ Rn. 34).

Übersicht

	Rn.		Rn.
A. Allgemeines	1	III. COVInsAG; StaRUG	24a
B. Im Einzelnen	4	IV. Anfechtungsgegner	25
I. Gläubigerbenachteiligende Rechtshandlung, die einem Insolvenzgläubiger eine Sicherung oder Befriedigung gewährt oder ermöglicht	4	V. Weitere Anfechtungsvoraussetzungen; Anfechtungszeiträume	26
		1. Anfechtungsvoraussetzungen nach Abs. 1 Nr. 1, Nr. 2	27
II. Inkongruenz	5	2. Anfechtungsvoraussetzungen nach Abs. 1 Nr. 3	30
1. Nicht zu beanspruchende Sicherung oder Befriedigung (Alt. 1)	7	3. Verlängerung der Anfechtungsfristen nach § 91 StaRUG	32a
2. Nicht in der Art zu beanspruchende Sicherung oder Befriedigung (Alt. 2)	15	**C. Prozessuales**	33
3. Nicht zu der Zeit zu beanspruchende Sicherung oder Befriedigung	20	I. Allgemeines	33
		II. Beweiserleichterung des Abs. 2	34

A. Allgemeines

1 In der Krise des Schuldners vorgenommene inkongruente Leistungen erscheinen im Allgemeinen verdächtig (vgl. etwa BGH BeckRS 2010, 13379; BGH NZI 2005, 497) und müssen auch beim begünstigten Gläubiger per se Misstrauen erwecken (Uhlenbruck/Borries/Hirte Rn. 1, 3). Vor diesem Hintergrund ermöglicht § 131 die Insolvenzanfechtung in der akuten Krise schon bei Vorliegen bestimmter objektiver Umstände (§ 131 Abs. 1 Nr. 1, 2); die subjektiven Anforderungen sind hingegen geringer, insbesondere auch im Vergleich zur Kongruenzanfechtung nach § 130 (→ Rn. 29).

2 Eine Leistung, die nach § 131 anfechtbar ist, kann daneben auch nach § 133 oder nach § 134 angefochten werden (zB eine „nicht zu beanspruchende" Leistung) (→ Rn. 7). Eine Anfechtung nach § 132 scheidet hingegen aus (→ § 132 Rn. 1). Ist unklar, ob eine Leistung inkongruent oder kongruent ist, kann stets nach dem Auffangtatbestand des § 130 angefochten werden (BGH NZI 2012, 177 (178); → § 130 Rn. 3). Das Bargeschäftsprivileg (§ 142) ist nicht auf § 131 anwendbar, da ein inkongruenter Leistungsaustausch tatbestandlich kein Bargeschäft darstellen kann (→ § 142 Rn. 2).

2a Beschränkungen der Anfechtung nach § 131 können sich aus § 2 COVInsAG (→ Rn. 24a) und aus den § 90 StaRUG ergeben (→ Rn. 24c).

3 Die Deckungsanfechtung des § 131 korrespondiert mit dem Straftatbestand der Gläubigerbegünstigung (§ 283c StGB).

B. Im Einzelnen

I. Gläubigerbenachteiligende Rechtshandlung, die einem Insolvenzgläubiger eine Sicherung oder Befriedigung gewährt oder ermöglicht

4 Die Anfechtung nach § 131 erfordert das Vorliegen einer gläubigerbenachteiligenden Rechtshandlung, die dem Anfechtungsgegner eine Sicherung oder Befriedigung gewährt oder ermöglicht. Tatbestandlich entspricht der § 131 in diesem Bereich dem § 130 (→ § 130 Rn. 4 ff.). Dementsprechend braucht die anzufechtende Rechtshandlung nicht vom Schuldner vorgenommen zu werden, und eine bloß mittelbare Gläubigerbenachteiligung reicht aus; eine unmittelbare Benachteiligung ist nicht erforderlich (→ § 129 Rn. 41 ff.).

II. Inkongruenz

5 Nach § 131 können „inkongruente" Leistungen angefochten werden. Dies sind nach dem Gesetzeswortlaut Sicherungen oder Befriedigungen, die der Anfechtungsgegner (i) nicht (→ Rn. 7), (ii) nicht in der Art (→ Rn. 15) oder (iii) nicht zu der Zeit (→ Rn. 20) beanspruchen konnte. Voraussetzung ist also eine Abweichung des tatsächlichen Vorgehens vom rechtlich geschuldeten Vorgehen. In der Praxis liegt dabei der Schwerpunkt auf „nicht zu beanspruchenden Sicherungen" (Fallbeispiele unter → Rn. 11.1 ff.) und „nicht in der Art zu beanspruchenden Befriedigungen" (Fallbeispiele unter → Rn. 17.1 ff.). Maßgeblicher Zeitpunkt für das Vorliegen der Anfechtungsvoraussetzungen ist der Zeitpunkt der angefochtenen Rechtshandlung (BGH NZI 2019, 509 (510) mAnm Proßeder).

Ist die **Abweichung lediglich gering** und entspricht sie der Verkehrssitte (§§ 157, 242 BGB) oder Handelsbräuchen (§ 346 HGB), kann die Abweichung allerdings unbeachtlich sein, wobei hier ausgehend vom Zweck der Insolvenzanfechtung, Schmälerungen der Insolvenzmasse wieder zu korrigieren, nach der Rechtsprechung ein **strenger Maßstab** anzulegen ist (BGH NZI 2005, 497 (498); 2003, 197 (198); BAG NZA 2014, 255). 6

Unbeachtlich und grundsätzlich als kongruent anzusehen sind beispielsweise Überweisungen, Scheckausstellungen oder Lastschriftverfahren als **Alternativen zur Bargeldzahlung,** selbst wenn sie nicht ausdrücklich vereinbart wurden (Uhlenbruck/Borries/Hirte Rn. 6, 92 ff., allerdings mit Zweifeln hinsichtlich Wechseln mangels Verkehrsüblichkeit). Gleiches kann für die Erfüllung in **Teilleistungen** (§ 266 BGB) gelten (OLG Saarbrücken NZI 2008, 687). 6.1

Kongruent ist auch die **Erfüllung eines Schadensersatzanspruchs in Geld,** obwohl grundsätzlich Naturalrestitution (§ 249 BGB) geschuldet ist (Uhlenbruck/Borries/Hirte Rn. 47). 6.2

Unbeachtlich kann auch die Erbringung einer Leistung beim Schuldner (als **Bringschuld**) sein, wenn eine **Holschuld vereinbart** war (Uhlenbruck/Borries/Hirte Rn. 45). 6.3

Eine unerhebliche geringfügige Abweichung kann auch bei Zahlungen einer später insolventen Konzerngesellschaft auf Schuld einer anderen Konzerngesellschaft vorliegen, wenn die Zahlungen im Rahmen eines externen Cash-Management System über Jahre hinweg ohne Beanstandung durchgeführt wurden und das Cash-Management System außerhalb der Krise eingerichtet wurde (BGH NJW 2019, 3578 mAnm Schluck-Amend). 6.4

Andererseits ist eine Zahlung oder sonstige Zuwendung durch einen Dritten auf Anweisung des Schuldners („**Direktzahlung**") in der Regel als relevante Abweichung anzusehen und somit als inkongruente Deckung anfechtbar (BGH NZI 2018, 267 (LKW-Maut-System); BAG NZA 2014, 255; BGH NZI 2006, 159; BGH NZI 2003, 197), sofern nicht der Anspruch auf Direktzahlung unanfechtbar begründet wurde (BGH NZI 2014, 762 (764); Uhlenbruck/Borries/Hirte Rn. 15). 6.5

Ebenso ist eine Zahlung, die beim Gläubiger früher als **fünf Bankgeschäftstage vor Fälligkeit** eingeht, als inkongruent anzusehen (BGH NZI 2005, 497). Hingegen liegt keine inkongruente Deckung vor, wenn der Schuldner vor Fälligkeit unter Ausnutzung einer befristet eingeräumten Möglichkeit zum **Skontoabzug** eine Zahlung an seinen Gläubiger erbringt, da dies unter Berücksichtigung der Verkehrssitte unverdächtig ist (BGH NJW-Spezial 2010, 503). 6.6

Die Herstellung einer Aufrechnungslage ist immer dann inkongruent, wenn sich die Aufrechnungsbefugnis nicht aus dem zwischen Schuldner und dem Gläubiger zuerst entstandenen Rechtsverhältnis ergibt (OLG Düsseldorf NZI 2020, 1000 Rn. 32). 6.7

1. Nicht zu beanspruchende Sicherung oder Befriedigung (Alt. 1)

Eine Sicherung oder Befriedigung ist grundsätzlich nicht zu beanspruchen, wenn der Anfechtungsgegner keinen unangreifbaren und durchsetzbaren Anspruch auf deren Gewährung oder Ermöglichung hat (zum Vertrag zugunsten Dritter → Rn. 10). 7

a) Nicht zu beanspruchende Befriedigung. Hierunter fallen beispielsweise die Erfüllung einer mit einer dauernden Einrede (zB Verjährung (§ 214 BGB)) belasteten Forderung, die Erfüllung einer durch ein zivilrechtlich anfechtbares Rechtsgeschäft (§§ 119 ff. BGB) oder ein insolvenzrechtlich anfechtbares Grundgeschäft (BGH NZI 2014, 266; BGH NZI 2011, 856) begründeten Forderung, oder die Erfüllung eines nichtigen Grundgeschäfts, das durch die erbrachte Leistung geheilt wird (zB § 311b BGB, § 15 Abs. 4 S. 2 GmbHG, BGH NZI 2012, 177 (178)). 8

Für den Fall der zivilrechtlichen Anfechtbarkeit einer Deckungshandlung nach §§ 119, 123 BGB differenziert der BGH wie folgt: Ist der der Deckungshandlung zugrunde liegende Vertrag **durch den Gläubiger** anfechtbar, so bleibt eine im Zeitpunkt ihrer Vornahme kongruente Leistung auch nach vollzogener Anfechtung noch kongruent; die Situation gleicht mithin einem auflösend bedingten Vertrag. Ist der der Deckungshandlung zugrunde liegende Vertrag hingegen **durch den Schuldner** anfechtbar, ist die Deckungshandlung inkongruent, da der Schuldner durch rechtzeitige Anfechtung seine Leistung an den Gläubiger hätte verhindern können (BGH NZI 2019, 509 (510 f.) mAnm Proßeder). Zudem können nach der Rechtsprechung des BGH nach § 131 auch Leistungen angefochten werden, die auf von vornherein nicht bestehende Forderungen erbracht werden, obwohl dem Anfechtungsgegner in diesem Fall keine rechtsbeständige Forderung gegen den Schuldner zusteht und er somit gar kein (Insolvenz-)Gläubiger ist (vgl. BGH NZI 2012, 177 (178); BGH NJW 1995, 1093; Uhlenbruck/Borries/Hirte Rn. 5, 45). 8.1

Der Begriff des „Insolvenzgläubigers" in §§ 130, 131 setzt nach Ansicht des BGH nicht voraus, dass dem Leistungsempfänger eine rechtsbeständige Forderung gegen den Schuldner zusteht. Auch wenn der Schuldner auf eine vermeintliche, tatsächlich aber nicht bestehende Forderung eine Zahlung erbringt, sei 8.2

InsO § 131 Dritter Teil. Wirkungen der Eröffnung des Insolvenzverfahrens

der Empfänger in §§ 130, 131 als Insolvenzgläubiger zu betrachten, wenn die Leistung aus seiner Warte bei objektiver Betrachtung zur Tilgung der nicht bestehenden Forderung bestimmt ist. Dem Wortlaut des § 131 Abs. 1, der Zuwendungen der Anfechtung unterwirft, die der Insolvenzgläubiger „nicht", „nicht in der Art" oder „nicht zu der Zeit" zu beanspruchen hatte, sei zu entnehmen, dass auch der Empfänger einer Zuwendung, die eines Rechtsgrundes entbehrt, „Insolvenzgläubiger" ist (BGH NZI 2012, 177 f.).

9 Auch bei der Erfüllung von **unvollkommenen Verbindlichkeiten** kommt eine Anfechtung nach § 131 in Betracht (zB §§ 656, 762 BGB; vgl. MüKoInsO/Ehricke § 38 Rn. 48).

10 Bei einem **Vertrag zugunsten Dritter** (§ 328 BGB) ohne eigenes Forderungsrecht des Dritten soll die an den Dritten vertragsgemäß bewirkte Leistung hingegen kongruent sein (Uhlenbruck/Borries/Hirte Rn. 59).

11 **b) Nicht zu beanspruchende Sicherung.** Die Gewährung von **Kreditsicherheiten** ist inkongruent, wenn der Sicherungsnehmer keinen Anspruch auf gerade die gewährten Sicherheiten hatte; dies umfasst auch Fälle, in denen der Sicherheitenbestellung zwar eine vertragliche Vereinbarung zugrunde liegt, diese aber Umfang und Art der Sicherheit oder die Auswahl der Sicherungsgegenstände offenlässt (BGH NJW 1998, 1561 (1562)).

11.1 Dementsprechend sind Sicherheiten, die auf Grundlage des **Nachbesicherungsanspruchs** gem. **Nr. 13 AGB-Banken** oder gem. **Nr. 22 AGB-Sparkassen** bestellt wurden, inkongruent. Dies gilt selbst dann, wenn der Schuldner zuletzt nur noch über ein einziges werthaltiges Sicherungsgut verfügte, auf das sich der Nachbesicherungsanspruch praktisch konkretisiert (BGH NZI 1999, 70; Bork JuS 2019, 656 (661)).

11.2 Inkongruent sind nach der Rechtsprechung des BGH grundsätzlich auch **AGB-Pfandrechte** der Banken, die nach **Nr. 14 AGB-Banken** bzw. **Nr. 21 AGB-Sparkassen** an den Auszahlungsansprüchen des Bankkunden entstehen (BGH NZI 2005, 622; 2004, 314; krit. dazu Berger LMK 2004, 116; BGH NZI 2002, 311; die Aussagen in BGH NJW 1998, 2592 (2597), in denen ein AGB-Pfandrecht als kongruent angesehen wurde, sind nicht verallgemeinerungsfähig, da in dem dortigen Fall eine individuelle Konkretisierung durch die Beteiligten vorangegangen war und sich das Pfandrecht gerade nicht allein aus den AGB der Bank ergab (BGH NZI 1999, 70 (71))). Gleiches gilt grundsätzlich auch für **sonstige rechtsgeschäftliche Kontopfandrechte;** denn nach Ansicht des BGH begründet eine pauschale Einigung dahin, im Voraus sämtliche künftig für den Kunden entstehenden Ansprüche gegen eine Bank zu verpfänden, lediglich eine inkongruente Sicherung. Kongruenz könne nur durch einen bestimmten Sicherungsanspruch begründet werden, der auf einen von vornherein individualisierbaren Gegenstand gerichtet ist. Absprachen, die es dem Ermessen der Beteiligten oder dem Zufall überlassen, welche konkrete Sicherheit erfasst werden wird, rechtfertigen die Besserstellung einzelner Gläubiger nicht (BGH NZI 2005, 622; kritisch Berger LMK 2004, 116). War der kontoführenden Bank die eingezogene Forderung zuvor allerdings zur Sicherheit abgetreten worden, kommt – sofern die Sicherungsabtretung ihrerseits insolvenzfest war (vgl. dazu → Rn. 12.1) – ein insolvenzfester Sicherheitentausch (→ Rn. 11.4) in Frage, der einer Anfechtbarkeit des Kontopfandrechtes entgegenstünde (vgl. BGH NZI 2005, 622 (623) mwN).

11.3 Eine **Kontosperre** ist inkongruent, wenn die Befriedigung aus dem ihr zugrunde liegenden Pfandrecht inkongruent wäre. Grundsätzlich aber kann eine Bank von der Kontosperre zur Sicherung der Pfandrechtsverwertung auch schon vor Pfandreife Gebrauch machen (BGH NZI 2004, 314 mAnm Berger LMK 2004, 116; BGH NZI 2004, 248; Uhlenbruck/Borries/Hirte Rn. 96).

11.4 Ein **Sicherheitentausch** (zB die Einzahlungen auf ein verpfändetes Bankkonto zur Befriedigung von der Bank sicherungshalber abgetretener Forderungen) kann inkongruent sein, wenn er nicht schon in der Sicherungsabrede vereinbart wurde (Uhlenbruck/Borries/Hirte Rn. 28). Trotz Inkongruenz kann eine Anfechtung allerdings an einer fehlenden Gläubigerbenachteiligung scheitern, wenn es sich um den Austausch gleichwertiger Sicherheiten handelt (BGH NZI 2010, 58 (60); 2006, 700 (702); Kayser ZInsO 2019, 1597 (1599); → § 129 Rn. 47.3).

11.5 Inkongruent ist auch die Erlangung von **Sicherungen durch Zwangsvollstreckungsmaßnahmen** (zur Inkongruenz der Befriedigung durch Zwangsvollstreckung → Rn. 17.3), wobei wegen § 88 Abs. 1 lediglich eine Anfechtung der im zweiten oder dritten Monat vor dem Eröffnungsantrag erlangten Sicherheiten erforderlich ist. Die im letzten Monat vor dem Eröffnungsantrag erlangten Sicherheiten sind schon aufgrund § 88 Abs. 1 unwirksam. Inkongruent ist mitunter auch die aufgrund eines Vollstreckungstitels nach § 885 BGB erlangte Zwangshypothek (vgl. Uhlenbruck/Borries/Hirte Rn. 41).

11.6 Das Entstehen **gesetzlicher Sicherungsrechte** (§§ 562, 647 BGB, §§ 397, 441, 464, 475b HGB) ist regelmäßig kongruent (Uhlenbruck/Borries/Hirte Rn. 39; BGH NZI 2002, 485). So gilt der Erwerb des **Frachtführerpfandrechts** selbst für Altforderungen aus früheren Transportgeschäften als kongruent, wenn der Schuldner innerhalb des Zeitraums des § 131 Abs. 1 Nr. 1 einem Frachtführer einen neuen Frachtauftrag erteilt (BGH NZI 2005, 389; BGH NZI 2002, 485). Ebenfalls kongruent ist die auf Grundlage des § 650f BGB bestellte **Bauhandwerkersicherungshypothek** (Uhlenbruck/Borries/Hirte Rn. 41). Hingegen kann die Einbringung von Gegenständen in eine Mietwohnung, um diese durch das **Vermieterpfandrecht** dem allgemeinen Gläubigerzugriff zu entziehen, nach § 133 anfechtbar sein (Uhlenbruck/Borries/Hirte Rn. 39; MüKoInsO/Kayser/Freudenberg Rn. 24).

Kongruent ist auch das **gesetzliche Zurückbehaltungsrecht** nach § 369 Abs. 1 HGB sowie sonstige gesetzliche Zurückbehaltungsrechte, aber nicht unbedingt die Gewährung einer Sicherheit zur Ausräumung der Geltendmachung von Zurückbehaltungsrechten (Uhlenbruck/Borries/Hirte Rn. 43). **11.7**

Sofern geprüft wird, ob eine **Margensicherheit** (§ 130 Abs. 1 S. 2; → § 130 Rn. 34) nach § 131 anfechtbar ist, soll § 131 nach dem Willen des Gesetzgebers „im Lichte von § 130 Abs. 1 Satz 2" ausgelegt werden, sodass an die sich aus der Sicherungsvereinbarung ergebende Bestimmbarkeit der Sicherheit keine „übertriebenen Anforderungen" gestellt werden sollen, um die Umsetzung der Finanzsicherheitenrichtlinie nicht zu unterlaufen (BR-Drs. 563/03, 19). **11.8**

Wird ein Anspruch auf Sicherung in demselben Vertrag eingeräumt, durch den der gesicherte Anspruch selbst entsteht, liegt auch in der zeitlich **wesentlich späteren vertragsgemäßen Gewährung der Sicherheit** keine inkongruente Deckung, weil von Anfang an ein Anspruch auf die Sicherung bestand (BGH NZI 2013, 133 (135)). **12**

Dementsprechend stellen im Wege der **Globalzession** im Voraus abgetretene Forderungen eine kongruente Deckung dar (BGH NZI 2008, 89; hierzu Kammel/Staps NZI 2008, 143; zur Insolvenzfestigkeit von Globalzessionen ferner Leithaus NZI 2007, 545; Bruckhoff NZI 2008, 87; zum möglichen Bargeschäftscharakter revolvierender Sicherheiten Kayser ZInsO 2019, 1597 (1600) → § 142 Rn. 16.3). Ebenso ist eine Werthaltigmachung kongruent abgetretener Forderungen im Rahmen der Globalzession als kongruente Rechtshandlung anzusehen (BGH NZI 2008, 302 (303)), nicht aber die Abtretung von der Globalzession nicht unterfallenden Forderungen (Uhlenbruck/Borries/Hirte Rn. 35). **12.1**

Auch **erweiterte und verlängerte Eigentumsvorbehalte** sind hinsichtlich der abgetretenen, zukünftig entstehenden oder zukünftig werthaltig gemachten Forderungen grundsätzlich nur als kongruente Deckung anfechtbar (BGH NZI 2011, 366). Allerdings kann ein erst nachträglich vereinbarter erweiterter/ verlängerter Eigentumsvorbehalt eine inkongruente Nachbesicherung darstellen (Uhlenbruck/Borries/ Hirte Rn. 38; zur Nachbesicherung → Rn. 13). **12.2**

Für die **revolvierende Sicherungsübereignung von Warenlagern** gelten nach untergerichtlicher Rechtsprechung die gleichen Maßstäbe wie für die Globalzession (LG Berlin BeckRS 2008, 21380; Uhlenbruck/Borries/Hirte Rn. 35, die allerdings darauf hinweisen, dass diese Frage noch nicht höchstrichterlich geklärt ist). **12.3**

Wird eine bereits bestehende Verbindlichkeit **nachträglich besichert,** liegt darin hingegen eine inkongruente Deckung (BGH NZI 2013, 133 (135); Uhlenbruck/Borries/Hirte Rn. 11 ff., Rn. 25 f.). Wenn allerdings ein Anspruch auf Sicherung nachträglich vereinbart und sodann durch Bestellung einer Sicherheit vollzogen wird, ist diese Besicherung kongruent, sofern der nachträglich vereinbarte Sicherungsanspruch anfechtungsfest ist (Uhlenbruck/Borries/Hirte Rn. 25). **13**

Wird für einen Anspruch aus unerlaubter Handlung nachträglich ein **abstraktes Schuldanerkenntnis** abgegeben und dieses durch die Bewilligung der **Gesamtsicherungshypothek** nachträglich besichert, so sind beide Rechtshandlungen inkongruent (BGH NZI 2010, 439 (440)). **13.1**

Eine (inkongruente) nachträgliche Besicherung liegt auch dann vor, wenn ein **ungesicherter Anspruch an einen Dritten abgetreten** und zugleich zu dessen Gunsten eine Sicherung gewährt wird, da die abgetretene Forderung nicht neu begründet, sondern lediglich ein Gläubigerwechsel vorgenommen wird (BGH NZI 2004, 372). **13.2**

Ebenso ist die **Einbeziehung ursprünglich ungesicherter Forderungen in den Sicherungsumfang** eines besicherten Gläubigers durch Abtretung der ungesicherten Forderungen an diesen als inkongruente Deckung anfechtbar (sog. „Auffüllen" von Sicherheiten, BGH NJW 1972, 2084). **13.3**

Eine **Kreditsicherheit,** die das für sie ausgezahlte **Darlehen und zugleich auch Altforderungen** des Gläubigers sichern soll, ist insgesamt inkongruent, wenn nicht festgestellt werden kann, ob und in welchem Umfang sich die Sicherungen auf bestimmte Ansprüche beziehen (BGH NZI 2012, 81; NJW-RR 1993, 276). Haben die Parteien hingegen vereinbart, dass die Sicherheit vorrangig die Forderung aus dem im Gegenzug gewährten Darlehen abdecken soll und nachrangig die Altforderungen (sog. „**gestufter Sicherungszweck**"), so gilt Folgendes: **14**

• Haben die Parteien zugleich eine Aufteilung der Sicherheit vereinbart, kommt eine separate Teilanfechtung des nachbesichernden Teils in Betracht (BGH NJW-RR 1993, 276). Erforderlich ist allerdings stets eine Parteivereinbarung zur Aufteilung der Sicherheit; die bloße Möglichkeit, die Sicherheit nachträglich rechnerisch aufzuteilen, ist hingegen nicht ausreichend (BGH NZI 2012, 81 (82)).

- Haben die Parteien keine Aufteilung vereinbart, aber reicht der Erlös lediglich zur Tilgung der neuen Forderungen aus, ist die Sicherheit insgesamt dennoch unanfechtbar, da es hinsichtlich des inkongruenten Teils an einer Gläubigerbenachteiligung fehlt (BGH NJW-RR 1993, 276).
- Lässt sich der Sicherungsgegenstand nicht in selbständige Teile zerlegen oder haben die Parteien keine Aufteilung vereinbart, und reicht der Erlös sowohl für die Befriedigung der neuen Verbindlichkeiten als auch der alten Verbindlichkeiten aus, kommt nach der Rechtsprechung des BGH eine Anfechtung der bestellten Sicherheiten insgesamt in Betracht, nicht jedoch eine Teilanfechtung (BGH NJW-RR 1993, 276; BGH NZI 2012, 81; Uhlenbruck/Borries/Hirte Rn. 27).

2. Nicht in der Art zu beanspruchende Sicherung oder Befriedigung (Alt. 2)

15 Nicht in der Art zu beanspruchen ist eine Sicherung oder Befriedigung, wenn sie von der nach dem Inhalt des Schuldverhältnisses **geschuldeten Leistung abweicht.** Ausgehend vom Zweck der Insolvenzanfechtung, Schmälerungen der Insolvenzmasse wieder zu korrigieren, ist insofern ein **strenger Maßstab** anzulegen. Lediglich **geringfügige Abweichungen** von der geschuldeten Leistung, die Verkehrssitte (§§ 157, 242 BGB) oder Handelsbräuchen (§ 346 HGB) entsprechen, sind unerheblich (dazu → Rn. 5; BGH FD-InsR 2019, 421541; BGH NZI 2005; 497 (498); BGH NZI 2003, 197 (198); BAG NZA 2014, 255; Uhlenbruck/Borries/Hirte Rn. 6).

16 Haben die Parteien den ursprünglichen **Inhalt des Schuldverhältnisses,** das der Leistung zugrunde liegt, **abgeändert,** bevor die erste Leistung eines Vertragsteils erbracht wurde, so ist für die Prüfung der Kongruenz der abgeänderte Vertrag maßgeblich; dabei kann die Vertragsänderung auch stillschweigend getroffen werden (OLG Düsseldorf NZI 2018, 979 mAnm Bangha-Szabo NZI 2018, 982; BAG NZI 2014, 276 (278); BGH NZI 2014, 762 (764)). Voraussetzung für die Begründung einer Kongruenz durch die Abänderungsvereinbarung ist allerdings, dass der Änderungsvertrag selbst nicht anfechtbar ist (Uhlenbruck/Borries/Hirte Rn. 7; vgl. hierzu auch BGH NZI 2005, 671; BGH NZI 2012, 142; BAG BeckRS 2013, 74786 Rn. 73).

16.1 Für die Prüfung, ob (stillschweigende) Abreden insolvenzfest sind, kommt es auf den Zeitpunkt an, in dem die Abrede getroffen wird. Wird die das ursprüngliche Schuldverhältnis abändernde Abrede im letzten Monat vor dem Insolvenzantrag getroffen, kann sie keine Kongruenz herstellen. Eine solche Abrede unterliegt aufgrund ihrer Inkongruenz der Anfechtung nach § 131 Abs. 1 Nr. 1. Erfolgt die abändernde Absprache innerhalb der Dreimonatsfrist des § 131 Abs. 1 Nr. 2 und Nr. 3, kann eine kongruente Deckung nur erzielt werden, wenn der Schuldner im Zeitpunkt der neuen Vereinbarung weder zahlungsunfähig war noch der Gläubiger die benachteiligende Wirkung kannte. Werden abändernde Vereinbarungen vor Beginn der Dreimonatsfrist des § 131 Abs. 1 Nr. 2 und Nr. 3 getroffen, ist eine der so geänderten Parteivereinbarung entsprechenden Leistung grundsätzlich kongruent (vgl. BGH NZI 2005, 671). Allerdings kann die abändernde Vereinbarung ihrerseits bei Vorliegen der Voraussetzungen des § 133 anfechtbar sein (BAG NZI 2014, 276 (278)).

16.2 Eine Kongruenzvereinbarung zwischen Gläubiger und Schuldner kann auch konkludent dadurch zustande kommen, dass der Gläubiger die langjährig (hier: mehr als zehn Jahre) praktizierte Zahlung der Verbindlichkeiten des Schuldners durch ein konzernangehöriges Unternehmen widerspruchslos hinnimmt und damit auch für den Schuldner verständlich sein Einverständnis mit dieser Art der Befriedigung zum Ausdruck bringt (OLG Düsseldorf NZI 2018, 979 mAnm Bangha-Szabo NZI 2018, 982).

17 **a) Nicht in der Art zu beanspruchende Befriedigung.** Einschlägig ist diese Alternative des § 131 Abs. 1 insbesondere bei der Leistung von **Erfüllungssurrogaten** (Leistung an Erfüllungs statt oder erfüllungshalber, § 364 BGB; BGH NZI 2014, 266 (267); BGH NZI 2004, 580 (582); Uhlenbruck/Borries/Hirte Rn. 6), sofern nicht die Parteien den Inhalt des Schuldverhältnisses anfechtungsfest durch Abänderungsvereinbarung (→ Rn. 16) entsprechend angepasst haben.

17.1 Bei **Aufrechnungen** gilt, dass ein Anspruch auf Zahlung keinen Anspruch auf Aufrechnung gibt (BGH BeckRS 2011, 17989). Ob die Begründung der Aufrechnungslage zu einer kongruenten oder inkongruenten Deckung führt, richtet sich nach gefestigter Rechtsprechung des BGH danach, ob der Aufrechnende einen Anspruch auf Abschluss der Vereinbarung hatte, welche die Aufrechnungslage entstehen ließ, oder ob dies nicht der Fall war (BGH BeckRS 2011, 17989; BGH NZI 2004, 345 (346)). Kongruenz ist regelmäßig gegeben, wenn die aufzurechnenden Ansprüche aus einem einheitlichen Vertrag erwachsen (Uhlenbruck/Borries/Hirte Rn. 52) oder wenn der Gläubiger, der vom Insolvenzschuldner eine Zahlung zu fordern hat, durch pflichtgemäßes Verhalten seinerseits Schuldner einer Gegenforderung des späteren Insolvenzschuldners wird (BGH NZI 2010, 985 (987)). Gleiches gilt auch im Falle von **Verrechnungslagen** (BGH NZI 2008, 89). Entschieden wurde beispielsweise, dass ein Rechtsanwalt aus seinem Mandatsvertrag keinen Anspruch auf Verrechnung seines Honoraranspruchs mit eingezogenen Mandantenforderungen hat (BGH NZI 2007, 515 (517); vgl. allgemein Uhlenbruck/Borries/Hirte

Rn. 53). Die Aufrechnung selbst ist im Falle einer anfechtbar erlangten Aufrechnungslage per Gesetz unzulässig (§ 96 Abs. 1 Nr. 3) und muss nicht separat angefochten werden. Maßgeblicher Zeitpunkt für die Vornahme der anzufechtenden Rechtshandlung ist in diesem Fall gem. § 140 Abs. 1 derjenige, in dem das für die Aufrechnung/Verrechnung erforderliche Gegenseitigkeitsverhältnis begründet worden ist. Dagegen ist es grundsätzlich unerheblich, ob die Forderung des Schuldners oder die Forderung des Insolvenzgläubigers früher entstanden oder fällig geworden ist (BGH NZI 2008, 89).

Im **Kontokorrent** gilt, dass Verrechnungen der Bank so lange kongruent sind, soweit die Bank sich ihrem Kunden (dem späteren Insolvenzschuldner) gegenüber vertragskonform verhält und ihn vereinbarungsgemäß wieder über die Eingänge verfügen lässt, insbesondere die Kreditlinie offen hält (BGH NZI 2002, 311; zum Bargeschäftscharakter der Verrechnungen vgl. zudem allgemein BGH NZI 2008, 175; Kayser ZInsO 2019, 1597 (1600)). Lässt die Bank hingegen weitere Verfügungen vereinbarungswidrig nicht mehr zu und führt sie dadurch den Debetsaldo zurück, kann diese Verrechnung inkongruent sein (vgl. Uhlenbruck/Borries/Hirte Rn. 79). Ebenso stellt es eine inkongruente Deckung dar, wenn der Kontokorrentkredit dadurch getilgt wird, dass der Schuldner einen ungekündigten Kontokorrentkredit nicht ausschöpft und den in kritischer Zeit eingehenden, dem Konto gutgeschriebenen Zahlungen keine Abbuchungen gegenüberstehen (BGH NZI 2009, 436). Allerdings besteht in den Fällen der Rückführung des Kontokorrentkredits eine Inkongruenz nur insoweit, als dass der Sollstand am Ende des Anfechtungszeitraums niedriger ist als zu dessen Beginn (nicht entscheidend ist die Differenz zum höchsten Sollstand während des Anfechtungszeitraums, BGH NJW-Spezial 2008, 341). Hat die Bank die Kontokorrentlinie wirksam gekündigt (zB auf Grundlage der Nr. 19 AGB-Banken) oder liegt eine ungenehmigte Überziehung des Kredits vor, stellt die Rückführung des Kontokorrentkredits hingegen eine kongruente Deckung dar (dazu Uhlenbruck/Borries/Hirte Rn. 86 ff.). Schließlich kann eine Anfechtung mangels Gläubigerbenachteiligung auch dann ausgeschlossen sein, wenn die Zahlungseingänge zur Befriedigung von Forderungen erfolgen, die der Bank bereits insolvenzfest zur Sicherheit abgetreten waren (Uhlenbruck/Borries/Hirte Rn. 91; zum Kontokorrent in der Insolvenz allgemein Uhlenbruck/Borries/Hirte Rn. 72 ff.).

Auch **Befriedigungen im Wege der Zwangsvollstreckung** sind grundsätzlich inkongruent (zu im Wege der Zwangsvollstreckung erlangten Sicherungen → Rn. 11.5) und zwar selbst dann, wenn der Gerichtsvollzieher lediglich in Besitz genommenes Geld beim Vollstreckungsgläubiger abliefert (ausf. BGH NJW 1997, 3445; ausf. zur Inkongruenz bei Zwangsvollstreckungen Uhlenbruck/Borries/Hirte Rn. 60 ff.). Erbringt der Schuldner aufgrund einer nach § 802b ZPO mit dem Gerichtsvollzieher geschlossenen Zahlungsvereinbarung Teilzahlungen, sind diese selbstständig anfechtbar (BAG NZA 2018, 468). Erfolgt die Vollstreckung im Wege einer Forderungspfändung und -überweisung, so ist zu beachten, dass die Pfändung und Überweisung der Forderung einerseits und die Zahlung durch den Drittschuldner andererseits selbstständige Rechtshandlungen darstellen, sodass die Zahlung dann unanfechtbar ist, wenn die Pfändung und Überweisung außerhalb des kritischen Zeitraums erfolgte und ein insolvenzfestes Pfändungspfandrecht begründeten (vgl. Braun/de Bra Rn. 14).

Ebenso inkongruent sind Leistungen bzw. „**Druckzahlungen**" (allgemein dazu Berbuer NZI 2016, 717) auf fällige Forderungen **zur Abwendung der Zwangsvollstreckung** (BAG NJW 2018, 253; BGH NZI 2002, 378; 2012, 561; → Rn. 17.5) **oder eines angedrohten Insolvenzverfahrens** (BGH NZI 2013, 492; 2004, 201; dazu Uhlenbruck/Borries/Hirte Rn. 69). Dabei beurteilt sich aus der objektivierten Sicht des Schuldners, ob er aufgrund eines unmittelbaren Vollstreckungsdrucks geleistet hat (BGH NZI 2012, 561; dazu Uhlenbruck/Borries/Hirte Rn. 65). Ein auf den Schuldner ausgeübter Druck, der nicht durch Drohung mit Zwangsvollstreckung oder durch Androhung eines Insolvenzantrags erfolgt, macht die daraufhin erfolgte Zahlung hingegen grundsätzlich nicht inkongruent (BGH GWR 2009, 156); eine Ausnahme gilt im Fall einer Zahlung einer Geldstrafe zur Abwendung einer angedrohten Ersatzfreiheitsstrafe, die als inkongruent anzusehen ist (BGH NZI 2011, 189 (190)). Wurde zur Abwendung eines Insolvenzantrags eine **Ratenzahlungsvereinbarung** geschlossen, sind auch die darauf erhaltenen Zahlungen als inkongruent zu werten (BAG NJOZ 2014, 1992; BAG NJW 2018, 331).

Die noch im Regierungsentwurf zur Reform des Anfechtungsrechts v. 16.12.2016 (Entwurf eines Gesetzes zur Verbesserung der Rechtssicherheit bei Anfechtungen nach der Insolvenzordnung und nach dem Anfechtungsgesetz, BT-Drs. 18/7054) enthaltene Regelung, wonach die durch **Zwangsvollstreckung** oder zu deren Abwendung erwirkten Sicherungen oder Befriedigungen von der Inkongruenz ausgenommen werden sollte, wurde im Rahmen des Gesetzgebungsverfahrens verworfen, nachdem in ihr vor allem eine Privilegierung des Fiskus und der Sozialversicherungsträger gesehen wurde, die sich ihre Vollstreckungstitel ohne großen Zeitverlust selbst schaffen können (vgl. etwa Flaig GWR 2016, 71 (72)).

Inkongruent sind grundsätzlich auch Zahlungen oder sonstige Zuwendungen durch einen Dritten aufgrund Vereinbarung oder auf Anweisung des Schuldners (zB „**Direktzahlungen**"; → Rn. 6.4), sofern nicht der Anspruch auf Direktzahlung unanfechtbar begründet wurde (BGH NZI 2014, 762 (764)). Denn der Gläubiger hat grundsätzlich keinen Anspruch auf die Begleichung seiner Forderungen durch einen Dritten. Beispielsweise begründen **Direktzahlungen des Auftraggebers** gem. § 16 Nr. 6 VOB/B **an einen Nachunternehmer** eine inkongruente Deckung (BGH NZI 2009, 55; vgl. dazu auch BGH NZI

1999, 313). Ebenso gewährt die auf Anweisung des zahlungsunfähigen Zwischenmieters erfolgte **Direktzahlung des Endmieters an den Vermieter** eine inkongruente Deckung (BGH NZI 2011, 141); Gleiches gilt für **Lohnzahlungen durch ein Schwesterunternehmen** des insolventen Arbeitgebers, sofern nicht mit dem Arbeitnehmer eine entsprechende dreiseitige Abrede getroffen oder stillschweigend vereinbart wurde (BAG NZI 2014, 276 (278)). Eine inkongruente Deckung liegt auch vor im Falle der Begleichung einer Forderung gegen die Gesellschaft durch den Geschäftsführer (LG Aachen BeckRS 2017, 106604).

17.7 Reicht der Schuldner bei seiner Bank zwecks Darlehensrückführung ihm von einem Dritten zur Erfüllung einer Forderung überlassene **Kundenschecks** ein, erlangt die Bank eine inkongruente Deckung, wenn ihr die den Schecks zugrunde liegenden Kausalforderungen nicht abgetreten waren (BGH NZI 2009, 471; vgl. auch BGH NJW 1993, 3267).

17.8 Die **Rückgabe von Waren** anstatt der geschuldeten Kaufpreiszahlung ist ebenfalls inkongruent, wobei eine Anfechtung mangels Gläubigerbenachteiligung dann ausscheidet, wenn der Verkäufer sich das Eigentum an der rückgewährten Ware vorbehalten hatte (Braun/de Bra Rn. 9).

17.9 Im Rahmen einer **gesellschaftsrechtlichen Abfindung** ist bei einer auf Zahlung lautenden Abfindungsverpflichtung die Übertragung von Gesellschaftsvermögen auf den ausscheidenden Gesellschafter inkongruent (Uhlenbruck/Borries/Hirte Rn. 103).

18 Kongruent sind hingegen alle Leistungen, die vom Schuldner aufgrund einer **Wahlschuld** (§ 262 BGB) zu erbringen sind, gleichgültig, wer die Wahl vorzunehmen hat. Gleiches gilt für Leistungen, die der Schuldner aufgrund einer in unkritischer Zeit getroffenen Vereinbarung über eine **Ersetzungsbefugnis** erbringen darf (BGH NZI 2008, 89 (91)).

19 **b) Nicht in der Art zu beanspruchende Sicherung.** Solange die Abweichungen des Schuldners von seinen Verpflichtungen lediglich geringfügig sind und die Gläubiger nicht stärker beeinträchtigen, sind sie unbeachtlich, beispielsweise die Bestellung einer Grundschuld anstatt einer Hypothek. Bei wesentlichen Abweichungen, etwa wenn der Sicherungsgegenstand ein anderer ist als der vereinbarte (zB Bestellung eines Grundpfandrechts an einem anderen als dem vereinbarten Grundstück), so liegt hingegen eine inkongruente Sicherheitengewährung vor (MüKoInsO/Kayser/Freudenberg Rn. 36 f.; Braun/de Bra Rn. 28; zum **Sicherheitentausch** → Rn. 11.4).

3. Nicht zu der Zeit zu beanspruchende Sicherung oder Befriedigung

20 „Nicht zu der Zeit zu beanspruchen" (→ Rn. 20.1) sind Sicherungen oder Befriedigungen, deren Bestellung bzw. Leistung noch **nicht fällig, aufschiebend bedingt oder betagt** sind (Uhlenbruck/Borries/Hirte Rn. 8; Braun/de Bra Rn. 16, 30). Die Erfüllung aufschiebend bedingter Leistungen kann zudem nach § 131 Abs. 1 S. 1 Alt. 1 („nicht" zu beanspruchend) angefochten werden (vgl. Braun/de Bra Rn. 6).

20.1 „Nicht zur Zeit zu beanspruchen" ist etwa die **vorzeitige Ablösung eines Darlehens**, auf die seitens der Bank kein Anspruch bestand (BGH NZI 2013, 888 (889); Kayser ZInsO 2019, 1597 (1598)), oder die **vorzeitige Begleichung von Sozialversicherungsbeiträgen** (BGH NZI 2005, 497).

20.2 Inkongruent sind auch **Vorschusszahlungen an einen Rechtsanwalt in einer abgeschlossenen Angelegenheit**, für die bereits der Vergütungsanspruch fällig geworden, jedoch nicht geltend gemacht ist (BGH NZI 2006, 469).

20.3 **Abschlagszahlungen** auf vertraglich zu erbringende Leistungen können hingegen kongruent sein, wenn dem Zahlungsempfänger nach der vertraglichen Vereinbarung das Recht zustand, Abschlagszahlungen zu verlangen (etwa auf Dekaden- oder Monatsrechnungen) (OLG Düsseldorf BeckRS 2015, 122436).

20.4 Gleiches gilt für die **Zahlung einer Organgesellschaft auf den Haftungsanspruch** für die Steuern des Organträgers nach § 73 AO, solange ihr aufgrund der Zahlungsfähigkeit des Organträgers ein Leistungsverweigerungsrecht eröffnet war (BGH NZI 2012, 177 (179)).

21 **Hintergrund** der erleichterten Anfechtbarkeit verfrühter Leistungen ist, dass diese in der Regel als **verdächtig** anzusehen sind. Dabei ist unbeachtlich, dass der Schuldner die Leistung schon vor Fälligkeit bewirken darf (§ 271 Abs. 2 BGB) und der Gläubiger bei Annahmeverweigerung in Annahmeverzug (§ 293 BGB) kommen kann (Uhlenbruck/Borries/Hirte Rn. 8), denn gerade das Recht des Gläubigers, die Leistung einzufordern, unterscheidet kongruente von inkongruenten Rechtshandlungen (BGH NZI 2005, 497).

22 Nur **geringfügig verfrühte Leistungen,** die sich nach der Verkehrssitte als unverdächtig darstellen, können hingegen noch kongruent sein.

22.1 So liegt eine kongruente Deckung vor, wenn der Schuldner vor Fälligkeit unter Ausnutzung einer befristet eingeräumten Möglichkeit zum **Skontoabzug** eine Zahlung an seinen Gläubiger erbringt, da dies unter Berücksichtigung der Verkehrssitte unverdächtig ist (BGH NJW-Spezial 2010, 503).

Im Fall von **Überweisungen** gilt aufgrund der Dreitagesfrist des § 676a Abs. 2 Nr. 2 BGB allerdings, 22.2
dass eine Zahlung mehr als **fünf Bankarbeitstage vor Fälligkeit** als inkongruent anzusehen ist (BGH
NZI 2005, 497 (498)).

Anfechtbar ist bei verfrühten Leistungen im Ergebnis **die gesamte vorzeitige Leistung und** 23
nicht nur ein etwaiger Zwischenzinsvorteil (Uhlenbruck/Borries/Hirte Rn. 10 mit Verweis
auf BGH NZI 2005, 497).

Erfolgt die Leistung nicht verfrüht, sondern aufgrund einer die Fälligkeit herbeiführenden 24
Handlung (zB Kündigung eines Kredits), so gilt Folgendes: Beruht die Fälligkeit auf einer **Kündigung durch den Gläubiger,** so ist die Befriedigung seiner Forderung grundsätzlich kongruent,
wenn der Kündigung ein wirksamer Kündigungsgrund zugrunde lag. Wird die Fälligkeit innerhalb
der kritischen Zeit hingegen durch eine **Rechtshandlung des Schuldners** – sei es eine Kündigung oder die Mitwirkung an einer Vertragsaufhebung – herbeigeführt, so liegt eine inkongruente
Deckung vor, da der Schuldner dem Gläubiger mehr Rechte einräumt, als diesem kraft seiner
eigenen Rechtsstellung gebühren (BGH NZI 2009, 471).

III. COVInsAG; StaRUG

Nach § 2 Abs. 1 Nr. 4 S. 2 iVm S. 1 des zum 1.3.2020 in Kraft getretenen COVInsAG werden 24a
im zeitlichen Zusammenhang mit der sog. COVID-19-Pandemie die folgenden inkongruenten
Rechtshandlungen vorübergehend von der Insolvenzanfechtung ausgenommen:
 a) Leistungen an Erfüllungs statt oder erfüllungshalber;
 b) Zahlungen durch einen Dritten auf Anweisung des Schuldners;
 c) die Bestellung einer anderen als der ursprünglich vereinbarten Sicherheit, wenn diese nicht
werthaltiger ist; und
 d) die Verkürzung von Zahlungszielen.

Ebenso sind nach Maßgabe des § 2 Abs. 1 Nr. 2 COVInsAG inkongruente Besicherungen 24b
(→ Rn. 11) von neuen Krediten und die Rückgewähr von neuen, im Aussetzungszeitraum nach
§§ 1, 4 COVInsAG ausgereichten Krediten mangels Gläubigerbenachteiligung von der Insolvenzanfechtung ausgenommen (→ COVInsAG § 2 Rn. 5).

Ebenfalls nicht anfechtbar sind grundsätzlich die Regelungen eines rechtskräftig bestätigten 24c
Restrukturierungsplans oder eines Sanierungsvergleichs und Rechtshandlungen, die im Vollzug
eines solchen Plans bzw. Vergleichs erfolgen (§§ 90, 97 Abs. 3 StaRUG). Zudem können sich die
Anfechtungsfristen nach § 91 StaRUG um die Zeit der Rechtshängigkeit einer Restrukturierungssache verlängern (Schoppmeyer ZIP 2021, 869 (876 ff.)).

IV. Anfechtungsgegner

Anfechtungsgegner sind dieselben Personen wie iRd § 130 (→ § 130 Rn. 11). Erfasst werden 25
Insolvenzgläubiger (BGH NZI 2006, 581 (582); BGH NZI 2006, 403), absonderungsberechtigte
Gläubiger, soweit sie auch persönliche Gläubiger des Schuldners sind (§ 52) (BGH NZI 2007,
394 (395)), und nach Ansicht des BGH auch Empfänger einer rechtsgrundlosen Leistung („nicht"
zu beanspruchen, BGH NZI 2012, 177 f., str.; vgl. insofern → § 130 Rn. 12).

V. Weitere Anfechtungsvoraussetzungen; Anfechtungszeiträume

Die weiteren Anfechtungsvoraussetzungen des § 131 Abs. 1 hängen vom Zeitpunkt der Vor- 26
nahme (§ 140) der anzufechtenden (inkongruenten) Rechtshandlung ab:

1. Anfechtungsvoraussetzungen nach Abs. 1 Nr. 1, Nr. 2

Wurde die Rechtshandlung **im letzten Monat vor dem Eröffnungsantrag** oder nach diesem 27
Antrag vorgenommen, ist sie ohne weitere Voraussetzungen anfechtbar (§ 131 Abs. 1 Nr. 1). Dies
gilt auch, wenn die Eröffnung lediglich wegen drohender Zahlungsunfähigkeit (§ 18) beantragt
wurde (Uhlenbruck/Borries/Hirte Rn. 17). § 131 Abs. 1 Nr. 1 korrespondiert mit dem auf
Zwangsvollstreckungshandlungen beschränkten § 88 Abs. 1 (Begr. RegE BT-Drs. 12/2443 zu
§ 146; → Rn. 11.5)).

Wurde die anzufechtende (inkongruente) Rechtshandlung **innerhalb des zweiten oder drit-** 28
ten Monats vor dem Eröffnungsantrag vorgenommen, ist sie anfechtbar, wenn
 (i) der Schuldner zur Zeit der Handlung **zahlungsunfähig** war (§ 131 Abs. 1 Nr. 2)
oder wenn

(ii) dem Gläubiger zur Zeit der Handlung **bekannt war, dass er die Insolvenzgläubiger benachteiligte** (§ 131 Abs. 1 Nr. 3; zur Zahlungsunfähigkeit und der entsprechenden Kenntnis des Anfechtungsgegners → § 130 Rn. 17 ff., → § 130 Rn. 20 ff.).

29   Im Gegensatz zur kongruenten Deckungsanfechtung nach § 130 werden bei § 131 Abs. 1 Nr. 1 im letzten Monat vor dem Eröffnungsantrag wegen der besonderen Verdächtigkeit inkongruenten Erwerbs daneben keine weiteren Anfechtungsvoraussetzungen verlangt (Begr. RegE BT-Drs. 12/2443 zu § 146), und wird bei § 131 Abs. 1 Nr. 2 im zweiten und dritten Monat vor dem Eröffnungsantrag bei bestehender Zahlungsunfähigkeit auf die Kenntnis verzichtet. Im Vergleich zu § 130 wird somit das Mehr an objektiven Anfechtungsvoraussetzungen durch ein Minus an subjektiven Anfechtungsvoraussetzungen ausgeglichen.

2. Anfechtungsvoraussetzungen nach Abs. 1 Nr. 3

30   § 131 Abs. 1 Nr. 3 ermöglicht eine Anfechtung inkongruenter Leistungen im **zweiten und dritten Monat vor dem Eröffnungsantrag** auch dann, wenn keine Zahlungsunfähigkeit des Schuldners vorlag. Voraussetzung ist allerdings, dass der Anfechtungsgegner im Zeitpunkt der Vornahme der Rechtshandlung (§ 140) die **Benachteiligung der übrigen Insolvenzgläubiger kannte.**

31   Nach der Begründung zum Regierungsentwurf der InsO handelt es sich bei § 131 Abs. 1 Nr. 3 um einen **Unterfall der Vorsatzanfechtung** des § 133 (Begr. RegE BT-Drs. 12/2443 zu § 146). Aufgrund der zeitlichen Nähe zum Insolvenzeröffnungsantrag und der Tatsache, dass die Rechtsprechung iRd § 133 eine inkongruente Deckung als Beweisanzeichen sowohl für den Nachweis des Gläubigerbenachteiligungsvorsatzes als auch für die Kenntnis des anderen Teils davon zulässt (→ § 133 Rn. 19.4 und → § 133 Rn. 27.2), beschränkt § 131 Abs. 1 Nr. 3 die subjektiven Voraussetzungen allerdings auf die Kenntnis des Anfechtungsgegners von der Gläubigerbenachteiligung (Begr. RegE BT-Drs. 12/2443 zu § 146). Eine solche Kenntnis liegt vor, wenn der Gläubiger weiß, dass der Schuldner wegen seiner finanziell beengten Lage in absehbarer Zeit nicht mehr fähig ist, sämtliche Insolvenzgläubiger zu befriedigen (BGH NZI 2004, 201 (203); MüKoInsO/Kayser/Freudenberg Rn. 53). § 131 Abs. 2 gewährt für den Nachweis der subjektiven Voraussetzungen eine **Beweiserleichterung,** indem er der Kenntnis von der Benachteiligung die Kenntnis von Umständen gleichstellt, die zwingend auf eine Benachteiligung schließen lassen und statuiert im Falle von nahestehenden Personen (§ 138) eine **gesetzliche Vermutung** der Kenntnis (dazu → Rn. 34). Die Kenntnis von Vertretern ist dem Anfechtungsgegner wie iRd § 130 entsprechend § 166 BGB zuzurechnen (→ § 130 Rn. 26).

32   Weiterhin unterscheidet sich § 131 Abs. 1 Nr. 3 von § 133 insbesondere dadurch, dass er eine Anfechtung nicht nur von Rechtshandlungen des Schuldners, sondern auch von Dritten ermöglicht, was insbesondere bei Zwangsvollstreckungsmaßnahmen relevant werden kann (vgl. Braun/de Bra Rn. 34; dazu → Rn. 17.3 und → § 133 Rn. 7.3).

3. Verlängerung der Anfechtungsfristen nach § 91 StaRUG

32a   Nach § 91 StaRUG können die Anfechtungsfristen des § 131 um die Zeit der Rechtshängigkeit einer Restrukturierungssache verlängert werden.

C. Prozessuales

I. Allgemeines

33   Der Nachweis der Anfechtungsvoraussetzungen obliegt dem Insolvenzverwalter, wobei ihm bei der Beweisführung die **Beweiserleichterungen** des § 131 Abs. 2 zugutekommen: Nachzuweisen sind die Vornahme der Rechtshandlung, deren Inkongruenz (→ Rn. 5) und Gläubigerbenachteiligung (→ Rn. 4), die Insolvenzgläubigereigenschaft des Anfechtungsgegners (→ Rn. 25), der Zeitpunkt der Rechtshandlung (§ 140) und des Eröffnungsantrags. Im Fall des § 131 Abs. 1 Nr. 2 hat der Insolvenzverwalter zudem die objektive Anfechtungsvoraussetzung der Zahlungsunfähigkeit zu beweisen (→ § 130 Rn. 17; → § 130 Rn. 39) und im Fall des § 131 Abs. 1 Nr. 3, dass dem Anfechtungsgegner die Benachteiligung der anderen Gläubiger bekannt war (Begr. RegE BT-Drs. 12/2443 zu § 146; Uhlenbruck/Borries/Hirte Rn. 21). In letzterem Fall kann der Insolvenzverwalter dabei – abgesehen von den Beweiserleichterungen des § 131 Abs. 2 (→ Rn. 34) – unter Umständen auch auf die Beweiswirkung der Inkongruenz als Beweisanzeichen für die Kenntnis des Anfechtungsgegners (dazu → § 133 Rn. 27.2) zurückgreifen: Zwar kann die Inkongruenz als tatbestandsmäßige Anfechtungsvoraussetzung im Rahmen des § 131 nicht zugleich als

selbstständige, zusätzliche Beweislastregel dienen, jedoch kann sie Indizwirkung für die Kenntnis der Gläubigerbenachteiligung entfalten, etwa wenn der Anfechtungsgegner – was vom Insolvenzverwalter zu beweisen ist – bei Vornahme der Handlung wusste, dass sich der Schuldner in einer finanziell beengten Lage befand (BGH NZI 2004, 201 (203)).

II. Beweiserleichterung des Abs. 2

§ 131 Abs. 2 gewährt dem Insolvenzverwalter für die Beweisführung hinsichtlich der Kenntnis des Anfechtungsgegners in § 131 Abs. 1 Nr. 3 eine zweifache Erleichterung: 34
- Zum einen steht nach § 131 Abs. 2 S. 1 die **Kenntnis von Umständen, die zwingend auf die Gläubigerbenachteiligung schließen lassen,** der Kenntnis der Gläubigerbenachteiligung des Anfechtungsgegners gleich. Hierfür muss der Anfechtungsgegner solche Tatsachen kennen, aus denen sich bei zutreffender rechtlicher Beurteilung zweifelsfrei ergibt, dass der Schuldner infolge seiner Liquiditäts- und Vermögenslage in absehbarer Zeit seine Zahlungspflichten nicht mehr in vollem Umfang erfüllen kann und dass dann Insolvenzgläubiger wenigstens teilweise leer ausgehen (BGH NZI 2004, 201 (203); → § 130 Rn. 22 ff.).
- Zum anderen wird nach § 131 Abs. 2 S. 2 dann, wenn der Anfechtungsgegner im Zeitpunkt der anfechtbaren Rechtshandlung eine **nahestehende Person** (§ 138) des Schuldners war, dessen **Kenntnis der Gläubigerbenachteiligung vermutet.** Bei dieser Beweisregel handelt es sich um eine **gesetzliche Vermutung** (§ 292 ZPO), sodass der Anfechtungsgegner bei Vorliegen des Vermutungstatbestandes – dh seiner Eigenschaft als nahestehende Person – die Vermutungsfolgen positiv zu widerlegen hat (→ § 130 Rn. 27).

§ 132 Unmittelbar nachteilige Rechtshandlungen

(1) Anfechtbar ist ein Rechtsgeschäft des Schuldners, das die Insolvenzgläubiger unmittelbar benachteiligt,
1. wenn es in den letzten drei Monaten vor dem Antrag auf Eröffnung des Insolvenzverfahrens vorgenommen worden ist, wenn zur Zeit des Rechtsgeschäfts der Schuldner zahlungsunfähig war und wenn der andere Teil zu dieser Zeit die Zahlungsunfähigkeit kannte oder
2. wenn es nach dem Eröffnungsantrag vorgenommen worden ist und wenn der andere Teil zur Zeit des Rechtsgeschäfts die Zahlungsunfähigkeit oder den Eröffnungsantrag kannte.

(2) Einem Rechtsgeschäft, das die Insolvenzgläubiger unmittelbar benachteiligt, steht eine andere Rechtshandlung des Schuldners gleich, durch die der Schuldner ein Recht verliert oder nicht mehr geltend machen kann oder durch die ein vermögensrechtlicher Anspruch gegen ihn erhalten oder durchsetzbar wird.

(3) § 130 Abs. 2 und 3 gilt entsprechend.

Überblick

§ 132 ermöglicht die Anfechtung (a) unmittelbar benachteiligender Rechtsgeschäfte (→ Rn. 6) des Schuldners (→ Rn. 8), (b) von Rechtshandlungen (→ Rn. 18), die zu einem Rechtsverlust oder zu einer Durchsetzungshinderung führen und (c) von Rechtshandlungen, die den Erhalt oder die Durchsetzung von Vermögensrechten gegen den Schuldner begründen (→ Rn. 19). Voraussetzung ist jeweils, dass (a) das Rechtsgeschäft innerhalb von drei Monaten vor dem Eröffnungsantrag (→ Rn. 15) vorgenommen wurde, der Schuldner bei Vornahme zahlungsunfähig war und der Anfechtungsgegner die Zahlungsunfähigkeit kannte (→ Rn. 16) oder dass (b) das Rechtsgeschäft nach dem Eröffnungsantrag vorgenommen wurde (→ Rn. 15) und der Anfechtungsgegner entweder den Eröffnungsantrag oder die Zahlungsunfähigkeit des Schuldners (so sie denn vorlag) kannte (→ Rn. 16).

Ausreichend für die Anfechtung nach § 132 ist die bloß mittelbare Gläubigerbenachteiligung (→ Rn. 21).

§ 132 Abs. 3 stellt durch den Verweis auf § 130 Abs. 2 und Abs. 3 der Kenntnis der Zahlungsunfähigkeit oder des Eröffnungsantrags iRd § 132 Abs. 1 die Kenntnis von Umständen gleich, die zwingend auf die Zahlungsunfähigkeit oder den Eröffnungsantrag schließen lassen; zudem wird gegenüber einer nahestehenden Person (§ 138) die Kenntnis der Zahlungsunfähigkeit oder des Eröffnungsantrags vermutet (→ Rn. 22).

Übersicht

	Rn.		Rn.
A. Allgemeines	1	II. Anderweitig nachteilige Rechtshandlung des Schuldners (Abs. 2)	17
B. Einzelheiten	6	1. Rechtshandlung des Schuldners	18
I. Unmittelbar benachteiligendes Rechtsgeschäft des Schuldners (§ 132 Abs. 1)	6	2. Besonderer Nachteil	19
		3. Gläubigerbenachteiligung	20
1. Rechtsgeschäft des Schuldners	6	III. COVInsAG; StaRUG	21a
2. Unmittelbare Gläubigerbenachteiligung	10	IV. Beweiserleichterungen (Abs. 3)	22
3. Zeitpunkt der Vornahme	15	C. Prozessuales – Beweislast	23
4. Zahlungsunfähigkeit und Kenntnis	16		

A. Allgemeines

1   Der Anwendungsbereich des § 132 ist weit gefasst. Er ermöglicht die Anfechtung jeglicher Rechtsgeschäfte und Rechtshandlungen, die die Gläubiger unmittelbar benachteiligen (→ Rn. 6 ff.). Dabei erfasst § 132 Abs. 1 jegliche **Rechtsgeschäfte** des Schuldners und somit insbesondere auch die Begründung von Verbindlichkeiten, wodurch § 132 die bloßen Deckungsanfechtungen der §§ 130, 131 ergänzt. Umfasst werden zudem einseitige Rechtsgeschäfte, was einen Unterschied zur Vorgängerregelung der KO (§ 30 Nr. 1 Fall 1 KO) ausmacht. § 132 Abs. 2 begründet daneben einen eigenständigen Anfechtungstatbestand für nachteilige **Rechtshandlungen**, durch die der Schuldner ein Recht oder die Durchsetzbarkeit eines Rechtes verliert oder durch die die Durchsetzung von vermögensrechtlichen Ansprüchen gegen ihn gefördert wird. § 132 Abs. 2 dient als Auffangtatbestand sowohl zu § 132 Abs. 1 als auch zu den §§ 130, 131; zudem erfasst er insbesondere auch schuldnerisches **Unterlassen** (Begr. RegE zu § 147, BT-Drs. 12/2443).

2   Systematisch steht § 132 grundsätzlich frei **neben den anderen Anfechtungstatbeständen**, jedoch wird er **im Anwendungsbereich der §§ 130, 131** (Gewährung oder Ermöglichung einer Sicherung oder Befriedigung eines Insolvenzschuldners) von diesen als spezielleren Tatbeständen **verdrängt** (Begr. RegE zu § 147, BT-Drs. 12/2443; BGH NZI 2012, 506 (508); Uhlenbruck/Hirte/Ede Rn. 4; MüKoInsO/Kayser/Freudenberg Rn. 5).

2.1   In **Drei-Personen-Verhältnissen** gilt diese Verdrängung auch für eine mögliche Anfechtung gegenüber dem Leistungsmittler, sofern eine Anfechtung nach den §§ 130, 131 lediglich gegenüber dem Zuwendungsempfänger in Betracht kommt (vgl. BGH NZI 2012, 506 (509) Rn. 40; Uhlenbruck/Hirte/Ede Rn. 4; MüKoInsO/Kayser/Freudenberg Rn. 5).

3   In Bezug auf **unentgeltliche Leistungen** erscheint eine Anfechtung nach § 132 nicht sinnvoll, da § 134 für diesen Fall eine erleichterte Anfechtungsmöglichkeit eröffnet (MüKoInsO/Kayser/Freudenberg Rn. 21).

4   Ein Vertrag, in Bezug auf den der Insolvenzverwalter nach §§ 103 ff. die Erfüllung gewählt hat, kann im Nachhinein nicht mehr nach § 132 Abs. 1 angefochten werden. Denn das würde dem Insolvenzverwalter die unter der InsO nicht vorgesehene Möglichkeit eröffnen, seine Erfüllungswahl nachträglich zu widerrufen (MüKoInsO/Kayser/Freudenberg Rn. 12).

5   Hat der Insolvenzverwalter einen Vertrag nach § 132 Abs. 1 angefochten, so kann er damit seinen Widerspruch gegen die Anmeldung der auf diesem Vertrag beruhenden Forderungen zur Insolvenztabelle begründen (MüKoInsO/Kayser/Freudenberg Rn. 29).

B. Einzelheiten

I. Unmittelbar benachteiligendes Rechtsgeschäft des Schuldners (§ 132 Abs. 1)

1. Rechtsgeschäft des Schuldners

6   § 132 Abs. 1 erfasst alle **unmittelbar gläubigerbenachteiligenden Rechtsgeschäfte** des Schuldners mit Ausnahme von Rechtsgeschäften, die unter §§ 130, 131 fallen (Gewährung oder Ermöglichung einer Sicherung oder Befriedigung eines Insolvenzschuldners). Diese können allein nach den insoweit spezielleren §§ 130, 131 angefochten werden (Begr. RegE zu § 147, BT-Drs. 12/2443; Uhlenbruck/Hirte/Ede Rn. 4; MüKoInsO/Kayser/Freudenberg Rn. 1 ff.; → Rn. 1).

Der Begriff des Rechtsgeschäfts ist derjenige des BGB (MüKoInsO/Kayser/Freudenberg Rn. 6; MüKoBGB/Armbrüster BGB Vor § 116 Rn. 3).

§ 132 Abs. 1 erfasst **vertragliche Abreden** ebenso wie **einseitige Rechtsgeschäfte** (Begr. RegE zu § 147, BT-Drs. 12/2443). Erfasst werden nach der klarstellenden Regelung auch die Vereinbarung eines **Restrukturierungsplans** oder eines **Sanierungsvergleichs** (§§ 90, 97 StaRUG; vgl. Madaus NZI-Beil. 1/2021, 35 f.). **Schweigen** wird erfasst, soweit es rechtsgeschäftlich wirkt (MüKoInsO/Kayser/Freudenberg Rn. 6; Uhlenbruck/Hirte/Ede Rn. 13, die das Schweigen allerdings iRd § 132 Abs. 2 verorten) (→ Rn. 7.1 ff.).

7

Als **vertragliche Abreden** iSd § 132 Abs. 1 kommen bspw. in Frage der Verkauf oder die Vermietung einer Sache **unter Marktwert**, Darlehensaufnahmen zu **überhöhtem Zinssatz** (vgl. MüKoInsO/Kayser/Freudenberg Rn. 12), die Gewährung eines Darlehens zu einem **niedrigeren als marktüblichen Zinssatz** (BGH NJW 1989, 1037), der Abschluss eines Vertrags, nach dem neben der vertraglich geschuldeten (angemessenen) Vergütung auch bereits **nicht mehr werthaltige Altforderungen zu bezahlen** sind (BGH NZI 2003, 315 (316)), die Übernahme einer **Bürgschaft** oder die Bestellung sonstiger **Kreditsicherheiten** (MüKoInsO/Kayser/Freudenberg Rn. 7 f.) oder die vertragliche **Zustimmung** des Schuldners zu einer nachteiligen **(weil erlösmindernden) Sicherheitsverwertung** (BGH NJW 1997, 1063 (1065). Die Vorschrift findet somit typischerweise Anwendung auf „Verschleuderungsgeschäfte" oder „Notverkäufe" unter Wert (Uhlenbruck/Hirte/Ede Rn. 4).

7.1

Weiterhin sind als anfechtbare Rechtsgeschäfte denkbar der Ankauf von Gegenständen zu einem **überhöhten Preis**, das Eingehen von **Wechselverbindlichkeiten**, der Abschluss von **Verträgen mit nachteiligen Folgen für den Insolvenzfall** oder von **nachteiligen güterrechtlichen Vereinbarungen** (MüKoInsO/Kayser/Freudenberg Rn. 7; Uhlenbruck/Hirte/Ede Rn. 2), die **Umwandlung einer Lebensversicherung in eine Alterslebensversicherung** (§ 851c ZPO), weil den (künftigen) Insolvenzgläubigern hierdurch deren Rückkaufswert entzogen wird (BGH NZI 2011, 937; vgl. aber OLG Stuttgart NZI 2012, 250), die **Umwandlung einer Versicherung in eine pfändungsgeschützte Versicherung** nach § 167 VVG (AG Köln NZI 2012, 615; vgl. hierzu auch Uhlenbruck/Hirte/Ede Rn. 2a) oder eine **Betriebsvereinbarung** nach § 88 BetrVG (LAG München NZA 1987, 464). Im Falle des Abschlusses von **Sozialplänen** innerhalb der Anfechtungsfrist greift allerdings die erleichterte Widerrufsmöglichkeit nach § 124, sodass deren Anfechtung in der Praxis keine Relevanz hat (MüKoInsO/Kayser/Freudenberg Rn. 7; Braun/de Bra Rn. 9); anfechtbar (nach §§ 130, 131) sind allenfalls die durch den Sozialplan begründeten Zahlungen (MüKoInsO/Kayser/Freudenberg Rn. 7).

7.2

Auch **verfügende Verträge** können nach § 132 Abs. 1 angefochten werden, sofern sie nicht die Sicherung oder Befriedigung eines Insolvenzschuldners ermöglichen oder gewähren und somit unter §§ 130, 131 fallen, bspw. **Forderungsabtretungen, Erlassverträge** oder die **Bestellung von Kreditsicherheiten** (BGH NZI 2016, 773; → Rn. 11.5; MüKoInsO/Kayser/Freudenberg Rn. 8).

7.3

Erfüllungshandlungen können nach § 132 Abs. 1 angefochten werden, sofern sie nicht zeitlich nach der Begründung der Verbindlichkeiten erfolgen und somit in den Anwendungsbereich der §§ 130, 131 fallen; denkbar erscheint eine Anfechtung von Erfüllungsleistungen nach § 132 Abs. 1 insbesondere dann, wenn diese zeitgleich mit der Eingehung des Verpflichtungsgeschäfts erfolgen oder dessen Formnichtigkeit heilen (vgl. §§ 311b, 766 BGB; Uhlenbruck/Hirte/Ede Rn. 3 ff.; MüKoInsO/Kayser/Freudenberg Rn. 8, 5).

7.4

Als anfechtbare **einseitige Rechtsgeschäfte** kommen insbesondere **Kündigung, Rücktritt** oder **Widerruf** in Betracht, ebenso wie einseitig wirksame **Verzichtserklärungen** oder das **prozessuale Anerkenntnis** (§ 307 ZPO) einer nichtbestehenden Forderung. Für **Aufrechnungserklärungen** gilt die Sonderregelung des § 96 (Uhlenbruck/Hirte/Ede Rn. 5; MüKoInsO/Kayser/Freudenberg Rn. 9).

7.5

Realakte (MüKoBGB/Armbrüster BGB Vor § 116 Rn. 14), **Unterlassungen** oder **geschäftsähnliche Handlungen** (vgl. dazu BeckOK BGB/Wendtlandt BGB § 133 Rn. 16) fallen nicht unter § 132 Abs. 1, können aber nach § 132 Abs. 2 angefochten werden (Uhlenbruck/Hirte/Ede Rn. 5; MüKoInsO/Kayser/Freudenberg Rn. 9).

7.6

Der **Schuldner muss** an dem anzufechtenden Rechtsgeschäft als Vertragspartner des Begünstigten oder – im Falle eines einseitigen Rechtsgeschäfts – als Handelnder **beteiligt sein**. Das Handeln eines **Vertreters** wird ihm zugerechnet. Im Fall eines Vertreters ohne Vertretungsmacht ist auf die Genehmigung des Schuldners abzustellen (Uhlenbruck/Hirte/Ede Rn. 6; MüKoInsO/Kayser/Freudenberg Rn. 10).

8

Der Anfechtungsgegner braucht kein Insolvenzgläubiger zu sein. Anfechtbar sind nach § 132 Abs. 1 auch **Rechtsgeschäfte des Schuldners mit Dritten**, die eine unmittelbar benachteiligende Wirkung zulasten der Gläubiger des Schuldners entfalten. Ebenso ist nicht erforderlich, dass der Anfechtungsgegner durch das Rechtsgeschäft bereichert ist oder sonst einen persönlichen Vorteil aus dem Geschäft zieht (Uhlenbruck/Hirte/Ede Rn. 7).

9

2. Unmittelbare Gläubigerbenachteiligung

10 Durch das anzufechtende Rechtsgeschäft müssen die Gläubiger **unmittelbar benachteiligt** werden. Erforderlich ist hierfür, dass das Schuldnervermögen schon im Zeitpunkt der Vornahme des Rechtsgeschäfts (§ 140) vermindert wird, was immer dann der Fall ist, wenn dem Schuldnervermögen nicht unmittelbar eine **gleichwertige Gegenleistung** oder ein anderer **gleichwerter Vorteil** zufließt (Uhlenbruck/Hirte/Ede Rn. 9; MüKoInsO/Kayser/Freudenberg Rn. 11; BGH NZI 2003, 315 (316)).

11 Die Prüfung der **Gleichwertigkeit** erfolgt anhand objektiver Kriterien. Bei Austauschverträgen ist ausschließlich das Wertverhältnis zwischen den konkret ausgetauschten Leistungen maßgeblich, welches marktüblich sein muss (BGH NJOZ 2003, 1737 (1738)). Stehen die Leistungen nicht mehr in einem **marktüblichen Verhältnis** zueinander, bzw. bewegt sich der Preis einer Ware nicht mehr im marktüblichen Rahmen, so ist keine Gleichwertigkeit gegeben. „Sonderangebote" im ordentlichen Geschäftsbetrieb sind allerdings tolerabel, nicht aber negative Preisabweichungen, die sich aus der krisenbedingten Eilbedürftigkeit ergeben, da § 132 ja gerade „Verschleuderungsgeschäfte" und „Notverkäufe" angreift (→ Rn. 7.1, → Rn. 11.1 ff.).

11.1 Im Fall der **Vergütung von Rechtsanwälten** kann eine Gleichwertigkeit grundsätzlich sowohl bei Abrechnung nach dem Rechtsanwaltsvergütungsgesetz (RVG) als auch im Fall des Abschlusses einer angemessenen Vergütungsvereinbarung (§ 3a RVG) angenommen werden. Ist das vereinbarte Rechtsanwaltshonorar nur teilweise unangemessen, ist nur der nicht angemessene Teil zurückzugewähren (BGH NJW 1980, 1962 (1964); BGH NZI 2008, 173 (175); MüKoInsO/Kayser/Freudenberg Rn. 14).

11.2 Werden **Beraterverträge in einer Sanierungssituation** abgeschlossen, so kommt trotz eines ausgewogenen Verhältnisses zwischen Leistung und Gegenleistung eine Anfechtung nach § 132 Abs. 1 dann in Betracht, wenn schon bei ex ante-Betrachtung im Zeitpunkt der Eingehung der entsprechenden Verpflichtungen der Sanierungsversuch als aussichtslos hätte erkannt werden müssen (Braun/de Bra, Rn. 8, mit Hinweis auf die Notwendigkeit einer restriktiven Anwendung; MüKoInsO/Kayser/Freudenberg Rn. 14; BGH NJW 1980, 1962 f.). Inwiefern dies auch für **Sanierungskredite** gelten soll, ist in der Literatur umstritten (vgl. Nachweis des Streitstands bei MüKoInsO/Kayser/Freudenberg Rn. 15); schlüssig erscheint die Ansicht, Sanierungskredite nach den gleichen Maßstäben wie Beraterentgelte zu behandeln, sodass trotz objektiver Gleichwertigkeit von Leistung und Gegenleistung (dh marktüblicher Zinssatz) eine Anfechtung nach § 132 Abs. 1 dann in Betracht kommt, wenn der Sanierungsversuch schon bei Vertragsschluss erkennbar aussichtslos war.

11.3 **Risikoverträge** (zB Versicherungs- und Leibrentenverträge), bei denen der Leistungsumfang nicht von vornherein festgelegt ist, benachteiligen den Schuldner nur dann unmittelbar, wenn bereits bei Vertragsschluss eine mangelnde Gleichwertigkeit zulasten des Schuldners vorliegt (MüKoInsO/Kayser/Freudenberg Rn. 13).

11.4 Auch bei **Schenkungs-** oder **Leihgeschäften** ist eine Gleichwertigkeit iSd § 132 Abs. 1 regelmäßig nicht gegeben (vgl. MüKoInsO/Kayser/Freudenberg Rn. 12), wobei sich die Anfechtung in diesen Fällen aufgrund der erleichterten Anfechtungsmöglichkeit für unentgeltliche Leistungen auf § 134 konzentrieren dürfte (vgl. MüKoInsO/Kayser/Freudenberg Rn. 21).

11.5 Die **nachträgliche Besicherung einer eigenen Verbindlichkeit** kann eine unmittelbare Gläubigerbenachteiligung auslösen, weil ihr keine unmittelbare gleichwertige Gegenleistung (→ Rn. 10) entgegensteht (BGH NZI 2016, 773 (774); → § 129 Rn. 46.3; → § 134 Rn. 5.2).

11.6 In Bezug auf den Kaufvertrag im Rahmen von „**distressed M&A-Transaktionen**" kann dem Vorwurf der unmittelbaren Gläubigerbenachteiligung durch einen zu niedrigen Kaufpreis durch die Beibringung eines Wertgutachtens („Fairness Opinion") entgegengewirkt werden (vgl. Bressler NZI 2018, 321 (322)).

12 An einer unmittelbaren Benachteiligung fehlt es, wenn der Schuldner die gleichwertige Gegenleistung oder den anderen gleichwerten Vorteil in einem **engen zeitlichen Zusammenhang** mit dem von ihm erbrachten Vermögensopfer erhält. Ausreichend ist in jedem Fall ein enger zeitlicher Zusammenhang im Sinne eines Bargeschäfts nach § 142 (dazu → § 142 Rn. 17), jedoch soll auch genügen, wenn die gleichwertige Gegenleistung bzw. der anderweitige gleichwertige Vorteil in einem etwas weniger engen zeitlichen Zusammenhang ins Schuldnervermögen fließt (so MüKoInsO/Kayser/Freudenberg Rn. 13; anders wohl Braun/de Bra Rn. 4). Ist die unmittelbar erhaltene gleichwertige Gegenleistung zu einem späteren Zeitpunkt nicht mehr im Schuldnervermögen vorhanden (zB Verwendung von erlöstem Geld), ändert dies nichts an der Verneinung der unmittelbaren Gläubigerbenachteiligung; die dann in Betracht kommende mittelbare Gläubigerbenachteiligung reicht für die Anfechtung nach § 132 Abs. 1 nicht aus (MüKoInsO/Kayser/Freudenberg Rn. 11).

13 Erlangt der Schuldner als Vermögensausgleich keine gleichwertige Gegenleistung, sondern einen anderen gleichwertigen Vorteil, so ist zum Ausschluss der unmittelbaren Gläubigerbenachtei-

Unmittelbar nachteilige Rechtshandlungen § 132 InsO

ligung zudem erforderlich, dass der erlangte Vorteil mit dem Vermögensopfer des Schuldners **unmittelbar zusammenhängt** (BGH NZI 2003, 315) (→ Rn. 13.1).

Der **unmittelbare Zusammenhang** zwischen dem Vermögensopfer des Schuldners und einem nicht 13.1
in einer Gegenleistung bestehenden Vorteil ist nach der Rechtsprechung des BGH nicht schon dann gegeben, wenn das Vermögensopfer gezielt eingesetzt wird, um den Vorteil zu erreichen. Vielmehr muss sich der Vorteil unmittelbar in einer – den anderweitigen Nachteil zumindest ausgleichenden – Mehrung des Schuldnervermögens niederschlagen. Ist bspw. der Betrieb des Schuldners nur mit Zustimmung eines Lieferanten günstig zu verwerten und macht dieser seine Einwilligung davon abhängig, dass ihm der Schuldner ausstehende Schulden bezahlt, so benachteiligt diese Schuldtilgung die anderen Insolvenzgläubiger nicht, wenn der Betrieb ohne die „erkaufte" Einwilligung weniger wert gewesen wäre als der tatsächlich erzielte Kaufpreis abzüglich der Tilgungsleistung. Hier schlägt sich der Vorteil unmittelbar und gegenständlich in einer Mehrung des Schuldnervermögens nieder. Umgekehrt entfällt die gläubigerbenachteiligende Wirkung der Bezahlung der Schulden aus Stromlieferungen nicht deshalb, weil sonst die – berechtigte – Einstellung der Stromversorgung in dem Betrieb des Schuldners zu einem Produktionsausfall geführt hätte (BGH NZI 2003, 315 (316)).

Schließlich muss gerade die Vornahme des anzufechtenden Rechtsgeschäfts die unmittelbare 14
Gläubigerbenachteiligung **verursacht** haben (→ Rn. 14.1).

Die **Einstellung eines Strafverfahrens** mit Zustimmung des Schuldners nach § 153a StPO ist kein 14.1
nach § 132 Abs. 1 anfechtbares Rechtsgeschäft, da die Einstellung die Insolvenzgläubiger des Schuldners noch nicht unmittelbar benachteiligt. Die Benachteiligung tritt erst mit Zahlung der im Rahmen der Einstellung auferlegten Zahlungen an die Staatskasse ein (BGH NZI 2008, 488).

3. Zeitpunkt der Vornahme

Das anzufechtende Rechtsgeschäft muss **innerhalb von drei Monaten vor** (§ 132 Abs. 1 15
Nr. 1) **oder nach** (§ 132 Abs. 1 Nr. 2) **dem Insolvenzeröffnungsantrag** vorgenommen worden sein. Für den Zeitpunkt der Vornahme gilt § 140, für die Fristberechnung gilt § 139. Der Anfechtungszeitraum kann nach § 91 StaRUG um die Zeit der Rechtshängigkeit einer Restrukturierungssache verlängert werden.

4. Zahlungsunfähigkeit und Kenntnis

Für die Anfechtung nach § 132 Abs. 1 muss der Schuldner zur Zeit des Rechtsgeschäfts **zah-** 16
lungsunfähig sein und **der andere Teil die Zahlungsunfähigkeit kennen** (§ 132 Abs. 1 Nr. 1), nicht jedoch die Unausgewogenheit des Rechtsgeschäfts (MüKoInsO/Kayser/Freudenberg Rn. 18); wenn das Rechtsgeschäft nach dem Eröffnungsantrag vorgenommen wurde, reicht alternativ auch die **Kenntnis des Eröffnungsantrags** (§ 132 Abs. 1 Nr. 2). Der Kenntnis der Zahlungsunfähigkeit oder des Eröffnungsantrags steht die Kenntnis von Umständen gleich, die zwingend auf die Zahlungsunfähigkeit oder den Eröffnungsantrag schließen lassen (§ 132 Abs. 3 iVm § 130 Abs. 2). War der andere Teil zur Zeit der Handlung des Schuldners eine dem Schuldner **nahestehende Person** (§ 138), wird vermutet, dass er die Zahlungsunfähigkeit oder den Eröffnungsantrag kannte (§ 132 Abs. 3 iVm § 130 Abs. 3). Der Tatbestand des § 132 entspricht insoweit vollumfänglich den entsprechenden Tatbestandsmerkmalen des § 130 (zur Erläuterung vgl. → § 130 Rn. 15 ff.).

II. Anderweitig nachteilige Rechtshandlung des Schuldners (Abs. 2)

Bei Vorliegen der übrigen Voraussetzungen des § 132 Abs. 1 (zur unmittelbaren Gläubigerbe- 17
nachteiligung → Rn. 21) sind neben den von § 132 Abs. 1 erfassten Rechtsgeschäften gem. § 132 Abs. 2 auch **Rechtshandlungen** des Schuldners anfechtbar, durch die der Schuldner **ein Recht verliert** oder **nicht mehr geltend machen** kann oder durch die ein **vermögensrechtlicher Anspruch gegen ihn erhalten** oder **durchsetzbar** wird. Nach der gesetzgeberischen Begründung soll diese Vorschrift als Auffangtatbestand zu den §§ 130, 131 und zu § 132 Abs. 1 fungieren und insbesondere auch die Anfechtung von Unterlassungen ermöglichen (Begr. RegE zu § 147, BT-Drs. 12/2443; MüKoInsO/Kayser/Freudenberg Rn. 20).

1. Rechtshandlung des Schuldners

Erforderlich ist zunächst eine **Rechtshandlung des Schuldners** (hierzu → § 133 Rn. 5 ff.) 18
oder eines Vertreters (→ Rn. 8). Unbeachtlich ist, ob die Rechtshandlung **entgeltlich oder**

Raupach

unentgeltlich erfolgt, wobei sich in der Praxis aufgrund der erleichterten Anfechtungsmöglichkeit nach § 134 eine Anfechtung iRd § 132 Abs. 2 auf entgeltliche Rechtshandlungen beschränken wird (MüKoInsO/Kayser/Freudenberg Rn. 21) (→ Rn. 18.1 f.).

18.1 **Zwangsvollstreckungsmaßnahmen** sind als reine Dritthandlungen in der Regel nicht als Rechtshandlungen des Schuldners anzusehen (→ § 133 Rn. 7.3).

18.2 Die aktive **Herausgabe eines Gegenstands**, an dem ein Absonderungsrecht besteht, an den absonderungsberechtigten Gläubiger vor Insolvenzeröffnung und auch die **Duldung der Wegnahme des Gegenstands** durch den Absonderungsberechtigten können als Rechtsgeschäft des Schuldners angesehen werden (vgl. Gundlach/Frenzel/Schmidt NZI 2002, 20 (23)); etwas anderes gilt für die unbemerkte Wegnahme eines Gegenstands (MüKoInsO/Kayser/Freudenberg Rn. 21).

2. Besonderer Nachteil

19 Die Rechtshandlung des Schuldners muss eine der **in § 132 Abs. 2 aufgezählten negativen Folgen** im Schuldnervermögen auslösen: Der Schuldner muss durch seine Rechtshandlung ein **Recht verlieren** oder **nicht mehr geltend machen können** oder es muss durch die Rechtshandlung ein **vermögensrechtlicher Anspruch gegen den Schuldner erhalten** oder **durchsetzbar** werden. Als Begrenzung des Auffangtatbestands des § 132 Abs. 2 ist die Aufzählung als abschließend anzusehen (MüKoInsO/Kayser/Freudenberg Rn. 22) (→ Rn. 19.1 ff.).

19.1 Zu den Rechtshandlungen, durch die der Schuldner **ein Recht verliert** (Alt. 1), gehören bspw. das Unterlassen eines Wechselprotests mit der Folge des Rechtsverlusts (Art. 44 WG) oder das Unterlassen der Unterbrechung der Ersitzung (§ 940 BGB) mit dem damit einhergehenden Eigentumsverlust (Begr. RegE zu § 147, BT-Drs. 12/2443), weiterhin die Auslösung einer Bedingung (§ 158 BGB), welche zu einem Wegfall eines Vermögensrechts führt, oder die vorbehaltlose Annahme einer Schlussrechnung durch den Auftragnehmer, welche zum Verlust von Nachforderungen führt (§ 16 Abs. 3 Nr. 2 VOB/B) (MüKoInsO/Kayser/Freudenberg Rn. 23).

19.2 Rechtshandlungen, aufgrund derer der Schuldner **ein Recht nicht mehr geltend machen kann** (Alt. 2), sind bspw. das Unterlassen der Erhebung von Rechtsmitteln oder Rechtsverlusten (zB Einspruch gegen ein Versäumnisurteil nach § 338 ZPO) oder das Unterlassen der Verjährungsunterbrechung (nun: Neubeginn, § 212 BGB) (Begr. RegE zu § 147, BT-Drs. 12/2443).

19.3 Eine Rechtshandlung, durch die **ein Recht erhalten** wird (Alt. 3) ist bspw. das schuldnerische Unterlassen einer rechtzeitigen Irrtums- oder Täuschungsanfechtung (§§ 119 ff. BGB) (Begr. RegE zu § 147, BT-Drs. 12/2443), weiterhin das Unterlassen einer Kündigung oder des Herbeiführens einer auflösenden Bedingung, ferner der Verzicht seitens des Auftraggebers auf die Einrede der Schlusszahlung (§ 16 Abs. 3 Nr. 2 VOB/B) (MüKoInsO/Kayser/Freudenberg Rn. 25).

19.4 Zu den Rechtshandlungen, durch die **ein Anspruch durchsetzbar** wird (Alt. 4), zählt bspw. das schuldnerische Unterlassen der Erhebung der Einrede der Verjährung (§ 214 BGB) in einem Passivprozess (Begr. RegE zu § 147, BT-Drs. 12/2443) oder wenn er gegenüber einem Mahn- und Vollstreckungsbescheid untätig bleibt (MüKoInsO/Kayser/Freudenberg Rn. 26).

3. Gläubigerbenachteiligung

20 Die negative Folge für das Vermögen muss **unmittelbare Folge** der Rechtshandlung des Schuldners in dem Sinne sein, dass keine kausalen Zwischenakte anderer Personen hinzukommen müssen (→ Rn. 20.1).

20.1 Die **Herbeiführung eines Zahlungsverzugs** ist daher keine nach § 132 Abs. 2 anfechtbare Rechtshandlung, da für den hierdurch hervorgerufenen Vermögensverlust noch die Kündigung des anderen Teils erforderlich ist (MüKoInsO/Kayser/Freudenberg Rn. 22).

21 Darüber hinaus ist für § 132 Abs. 2 (im Unterschied zu § 132 Abs. 1) nicht erforderlich, dass die anzufechtende Rechtshandlung tatsächlich eine unmittelbare Gläubigerbenachteiligung bewirkt, da nach dem Wortlaut der Vorschrift die Rechtshandlung „einem Rechtsgeschäft, das die Insolvenzgläubiger unmittelbar benachteiligt", schon von Gesetzes wegen gleichgestellt wird (MüKoInsO/Kayser/Freudenberg Rn. 26; vgl. auch Begr. RegE zu § 147, BT-Drs. 12/2443). Ausreichend ist mithin auch eine durch die Rechtshandlung verursachte **mittelbare Benachteiligung** (hM, vgl. MüKoInsO/Kayser/Freudenberg Rn. 26; Uhlenbruck/Hirte/Ede Rn. 14).

III. COVInsAG; StaRUG

21a Rechtshandlungen, die nach § 2 Abs. 1 Nr. 2, 4 COVInsAG privilegiert sind (→ COVInsAG § 2 Rn. 3 ff.), sind von einer Anfechtbarkeit nach § 132 ausgenommen.

Ebenfalls nicht anfechtbar sind grundsätzlich die Regelungen eines rechtskräftig bestätigten Restrukturierungsplans oder eines Sanierungsvergleichs und Rechtshandlungen, die im Vollzug eines solchen Plans bzw. Vergleichs erfolgen (§§ 90, 97 Abs. 3 StaRUG; Schoppmeyer ZIP 2021, 869 (877)). 21b

IV. Beweiserleichterungen (Abs. 3)

Nach § 132 Abs. 3 iVm § 130 Abs. 2 steht der Kenntnis der Zahlungsunfähigkeit oder des Eröffnungsantrags die **Kenntnis von Umständen** gleich, die zwingend auf die Zahlungsunfähigkeit oder den Eröffnungsantrag schließen lassen. Nach § 132 Abs. 3 iVm § 130 Abs. 3 wird **vermutet,** dass der andere Teil die Zahlungsunfähigkeit oder den Eröffnungsantrag kannte, sofern der andere Teil dem Schuldner zur Zeit der Handlung nahe stand (§ 138). Aufgrund der Verweisungen auf § 130 Abs. 2 und Abs. 3 entsprechen die Beweiserleichterungen des § 132 Abs. 3 vollumfänglich denen des § 130 (demgemäß wird auf die dortige Kommentierung verwiesen, → § 130 Rn. 22 ff.). 22

C. Prozessuales – Beweislast

Der **Insolvenzverwalter** hat alle objektiven und subjektiven Tatbestandsmerkmale zu beweisen (MüKoInsO/Kayser/Freudenberg Rn. 30; Uhlenbruck/Hirte/Ede Rn. 17 f.) (→ Rn. 23.1). 23

Steht die Anfechtung der Vergütung eines Rechtsanwalts in Frage, umfasst die Darlegungs- und Beweislast des Insolvenzverwalters auch die **Unangemessenheit des Honorars** (BGH NJW 1980, 1962 (1963)). 23.1

Im Hinblick auf die Kenntnis der Zahlungsunfähigkeit oder des Eröffnungsantrags seitens des Anfechtungsgegners profitiert er allerdings von der **Beweiserleichterung** des § 132 Abs. 3 iVm § 130 Abs. 2; ist der Anfechtungsgegner eine nahestehende Person (§ 138), profitiert der Insolvenzverwalter zudem von der **gesetzlichen Kenntnisvermutung** des § 132 Abs. 3 iVm § 130 Abs. 3 (→ Rn. 22). In diesem Fall obliegt es dem Anfechtungsgegner, die gesetzliche Vermutung durch den Beweis des Gegenteils zu widerlegen (§ 292 ZPO). 24

§ 133 Vorsätzliche Benachteiligung

(1) ¹Anfechtbar ist eine Rechtshandlung, die der Schuldner in den letzten zehn Jahren vor dem Antrag auf Eröffnung des Insolvenzverfahrens oder nach diesem Antrag mit dem Vorsatz, seine Gläubiger zu benachteiligen, vorgenommen hat, wenn der andere Teil zur Zeit der Handlung den Vorsatz des Schuldners kannte. ²Diese Kenntnis wird vermutet, wenn der andere Teil wußte, daß die Zahlungsunfähigkeit des Schuldners drohte und daß die Handlung die Gläubiger benachteiligte.

(2) Hat die Rechtshandlung dem anderen Teil eine Sicherung oder Befriedigung gewährt oder ermöglicht, beträgt der Zeitraum nach Absatz 1 Satz 1 vier Jahre.

(3) ¹Hat die Rechtshandlung dem anderen Teil eine Sicherung oder Befriedigung gewährt oder ermöglicht, welche dieser in der Art und zu der Zeit beanspruchen konnte, tritt an die Stelle der drohenden Zahlungsunfähigkeit des Schuldners nach Absatz 1 Satz 2 die eingetretene. ²Hatte der andere Teil mit dem Schuldner eine Zahlungsvereinbarung getroffen oder diesem in sonstiger Weise eine Zahlungserleichterung gewährt, wird vermutet, dass er zur Zeit der Handlung die Zahlungsunfähigkeit des Schuldners nicht kannte.

(4) ¹Anfechtbar ist ein vom Schuldner mit einer nahestehenden Person (§ 138) geschlossener entgeltlicher Vertrag, durch den die Insolvenzgläubiger unmittelbar benachteiligt werden. ²Die Anfechtung ist ausgeschlossen, wenn der Vertrag früher als zwei Jahre vor dem Eröffnungsantrag geschlossen worden ist oder wenn dem anderen Teil zur Zeit des Vertragsschlusses ein Vorsatz des Schuldners, die Gläubiger zu benachteiligen, nicht bekannt war.

Überblick

§ 133 Abs. 1 ermöglicht die Anfechtung von vorsätzlich gläubigerbenachteiligenden Rechtshandlungen des Schuldners innerhalb der letzten zehn Jahre vor der Insolvenzantragstellung.

InsO § 133 Dritter Teil. Wirkungen der Eröffnung des Insolvenzverfahrens

Voraussetzung ist neben dem Gläubigerbenachteiligungsvorsatz des Schuldners (→ Rn. 12) die Kenntnis (→ Rn. 22) des anderen Teils (→ Rn. 32) davon. Die Kenntnis wird bei Kenntnis der drohenden Zahlungsunfähigkeit und der Gläubigerbenachteiligung der Rechtshandlung vermutet (→ Rn. 28); bei der Anfechtung kongruenter Deckungshandlungen ist Kenntnis der eingetretenen Zahlungsfähigkeit erforderlich (§ 133 Abs. 3 S. 1; → Rn. 28). Zahlungsvereinbarungen oder sonstige Zahlungserleichterungen begründen die Vermutung, dass der Anfechtungsgegner die Zahlungsunfähigkeit des Schuldners nicht kannte (§ 133 Abs. 3 S. 2; → Rn. 30).

Werden Deckungshandlungen iSd §§ 130, 131 angefochten, ist die Anfechtungsfrist gem. § 133 Abs. 2 auf vier Jahre verkürzt (→ Rn. 11).

§ 133 Abs. 4 ermöglicht die Anfechtung unmittelbar benachteiligender (→ Rn. 40) entgeltlicher Verträge (→ Rn. 38) zwischen nahestehenden Personen (§ 138) (→ Rn. 39). Die Anfechtungsfrist beträgt zwei Jahre. Die Anfechtung ausgeschlossen, wenn die dem Schuldner nahestehende Person keine Kenntnis vom Gläubigerbenachteiligungsvorsatz hatte, wofür sie beweisbelastet ist (→ Rn. 42).

Übersicht

	Rn.		Rn.
A. Allgemeines	1	6. Kenntnis des anderen Teils	22
B. Einzelheiten	4	7. Prozessuales – Beweislast	32
I. Anfechtung nach Abs. 1 (Rechtshandlung mit Gläubigerbenachteiligungsvorsatz)	4	II. Anfechtung nach Abs. 4 (entgeltlicher Vertrag mit nahestehender Person)	35
		1. Entgeltlicher Vertrag	38
1. Rechtshandlung des Schuldners	5	2. Nahestehende Person	39
2. Gläubigerbenachteiligung	9	3. Unmittelbare Gläubigerbenachteiligung	40
3. COVInsAG; StaRUG	10		
4. Anfechtungszeitraum	11	4. Maßgeblicher Zeitraum	41
5. Gläubigerbenachteiligungsvorsatz	12	5. Prozessuales – Beweislast	42

A. Allgemeines

1 § 133 ist mit seiner bis zu zehnjährigen Anfechtungsfrist (→ Rn. 11) der **zeitlich weitreichendste Anfechtungstatbestand**. Grund für die lange Anfechtungsfrist ist der **besondere Unwert** einer vorsätzlich gläubigerbenachteiligenden Rechtshandlung und die mangelnde Schutzbedürftigkeit eines bösgläubigen Leistungsempfängers (vgl. allgemein Fridgen, Die Rechtsfolgen der Insolvenzanfechtung, 2009, 3 ff.). § 133 steht grundsätzlich selbstständig neben den weiteren Anfechtungstatbeständen der §§ 130–135, wobei § 134 in seinem Anwendungsbereich gegenüber § 133 eine erleichterte Anfechtbarkeit ermöglicht (→ § 134 Rn. 2). Auch Bargeschäfte iSd § 142 können nach § 133 angefochten werden, wenn eine mittelbare Gläubigerbenachteiligung vorliegt und der andere Teil das unlautere Handeln des Schuldners erkannt hat (→ § 142 Rn. 2; → Rn. 1.1).

1.1 Der Anfechtungstatbestand des § 133 ist mWz 5.4.2017 reformiert worden (Gesetz zur Verbesserung der Rechtssicherheit von Anfechtungen nach der Insolvenzordnung und nach dem Anfechtungsgesetz v. 29.3.2017 (BGBl. 2017 I 654 v. 4.4.2017)). § 133 Abs. 2 und 3 wurden neu eingefügt, und der vormalige Abs. 2 wurde zum neuen Abs. 4. Zugleich wurde § 142 Abs. 1 insofern abgeändert, als dass Bargeschäfte nunmehr nur noch dann nach § 133 angefochten werden können, wenn der Anfechtungsgeber die „Unlauterkeit" der Schuldnerhandlung erkannt hat (zur Gesetzesreform vgl. etwa Kayser ZIP 2018, 1153; Pape ZInsO 2018, 296 (303); Zivkovic ZVI 2017, 369; Thole ZIP 2017, 401 ff.; Flaig GWR 2016, 71; Zenker NZI 2015, 1006; Hacker NZI 2015, 873; Kühn/Willemsen BB 2015, 3011; K. Schmidt ZIP 2015, 2104; Dahl/Linnenbrink/Schmitz NZI 2015, 441; Jungclaus/Keller NZI 2015, 297; sowie den Gesetzesentwurf der Bundesregierung mit ausführlicher Begr. in BT-Drs. 18/7054). Die neue Fassung des § 133 gilt für Insolvenzverfahren, die am oder nach dem 5.4.2017 eröffnet wurden; für vor dem 5.4.2017 eröffnete Insolvenzverfahren gilt die bis dahin geltende Fassung des § 133 (Art. 103j Abs. 1 EGInsO).

2 Der weite objektive Tatbestand des § 133 Abs. 1 erfährt durch die **subjektiven Tatbestandsmerkmale** des Gläubigerbenachteiligungsvorsatzes des Schuldners und der Kenntnis des Anfechtungsgegners ein Korrektiv, welches in der Praxis den **Schwerpunkt der rechtlichen Prüfung** bildet (vgl. Uhlenbruck/Borries/Hirte Rn. 3).

3 Eine nach § 133 anfechtbare Rechtshandlung ist trotz ihres besonderen, aus der Gläubigerbenachteiligung folgenden Unwerts **nicht ohne Weiteres sittenwidrig iSd §§ 138, 826 BGB,** da die Anfechtungsvorschriften der InsO in ihrem Anwendungsbereich grundsätzlich abschließend regeln, unter welchen Voraussetzungen die Gläubiger geschützt werden. Eine weite parallele Anwendung der §§ 138, 826 BGB würde die ausdifferenzierten Anfechtungsregelungen und -fristen konterkarieren (BGH NZI 2016, 659 (662), → Rn. 3.1; BAG NZI 2007, 58). §§ 138, 826 BGB kommen neben § 133 Abs. 1 daher nur zur Anwendung, wenn die Rechtshandlung über die Gläubigerbenachteiligung hinausgehende erschwerende Umstände aufweist (BGH NZI 2019, 414; 2016, 659; NJW-RR 2005, 1361 (1362); OLG Koblenz NZI 2021, 277). Auch materiell nichtige Rechtsgeschäfte können einer Anfechtung nach § 133 unterliegen (→ § 129 Rn. 27; BGH NJW 1996, 3147; BAG NZI 2007, 58; vgl. auch Uhlenbruck/Borries/Hirte § 129 Rn. 45 ff.).

Wenn eine Bank einem insolvenzreifen Unternehmen einen **besicherten Sanierungskredit** gewährt und sich vor der Krediteinräumung nicht von den Erfolgsaussichten des Sanierungsvorhabens überzeugt hat, kann die Bestellung der Kreditsicherheiten sittenwidrig und nach § 138 BGB nichtig sein, wenn durch das Handeln der Bank möglicherweise Dritte zu ihrem Schaden über die Kreditwürdigkeit des Unternehmens getäuscht werden (BGH NJW 1953, 1665). Voraussetzung für einen Sittenverstoß ist die **Insolvenzreife** des Darlehensnehmers, welche in jedem Fall bei Vorliegen eines Eröffnungsgrundes nach §§ 17, 19 besteht. Ob auch die drohende Zahlungsunfähigkeit oder eine noch früher einsetzende „Sanierungsbedürftigkeit" im Sinne einer schuldnerischen Krise für eine „Insolvenzreife" ausreicht, wurde vom BGH ausdrücklich offen gelassen (BGH NZI 2016, 659 (661 f.); dazu Huber NZI 2015, 447 (448 f.)), ist im Ergebnis aber abzulehnen, da eine Krise oder auch eine drohende Zahlungsunfähigkeit gerade keinen zwingenden Übergang in die Insolvenz bedeutet. Ausreichend ist jedenfalls nicht, dass der Sicherungsnehmer den Sicherungsgeber über einen längeren Zeitraum hinweg (ggf. mehrere Jahre lang) als „Sanierungsfall" angesehen hat (BGH NZI 2016, 659 (661 f.)). 3.1

Nach **§ 2 Abs. 1 Nr. 3 COVInsAG** sind Kredite und deren Besicherung, die innerhalb des Aussetzungszeitraumes nach § 1 COVInsAG gewährt wurden, allerdings nicht als sittenwidrig anzusehen (Lütcke/Holzmann/Swierzcok BB 2020, 898 (902)). Von der Vorschrift sind auch Prolongationen und Novationen erfasst. Hintergrund der Regelung ist, dass nach Ansicht des Gesetzgebers die Voraussetzungen eines Sittenverstoßes (§§ 138, 826 BGB) bei der Gewährung von Krediten und/oder deren Besicherung im Rahmen der finanziellen Stützung von Unternehmen, die durch die Covid-19-Krise in eine akute Schieflage geraten sind, in aller Regel nicht vorliegen (vgl. Begründung zur Vorabfassung des COVInsAG vom 27.3.2020, BT-Drs. 19/18110, 24). In Fällen kollusiven Zusammenwirkens zwischen Kreditgeber und Schuldner zur Benachteiligung anderer Gläubiger oder bei anderen Fällen vorsätzlich sittenwidrigen Handelns (zB Wucherzinsen) kann die Vorschrift des § 2 Abs. 1 Nr. 3 COVInsAG nach zutreffender Ansicht allerdings keine Anwendung finden (vgl. Bitter ZIP 2020, 685 (693); Smid DZWiR 2020, 251 (257 f.)). 3.2

Nach **§ 89 Abs. 1 StaRUG** kann allein aus der Kenntnis der Rechtshängigkeit einer Restrukturierungssache oder der Inanspruchnahme von Instrumenten des Stabilisierungs- und Restrukturierungsrahmens im Sinne des StaRUG ein sittenwidriger Beitrag zur Insolvenzverschleppung nicht hergeleitet werden. Dies gilt nach § 89 Abs. 2 StaRUG auch für die Kenntnis einer Zahlungsunfähigkeit oder einer Überschuldung, sofern das zuständige Gericht nach Anzeige der Zahlungsunfähigkeit oder Überschuldung die Restrukturierungssache nicht nach § 33 Abs. 2 S. 1 Nr. 1 StaRUG aufhebt (dazu Schoppmeyer ZIP 2021, 869 (874 ff.)). 3.3

B. Einzelheiten

I. Anfechtung nach Abs. 1 (Rechtshandlung mit Gläubigerbenachteiligungsvorsatz)

§ 133 Abs. 1 erfordert eine vorsätzlich (→ Rn. 12) gläubigerbenachteiligende Rechtshandlung des Schuldners (→ Rn. 5) innerhalb von zehn bzw. – bei Deckungshandlungen – vier Jahren vor dem Eröffnungsantrag oder danach (→ Rn. 11), sowie die Kenntnis des anderen Teils vom Gläubigerbenachteiligungsvorsatz im Zeitpunkt der Rechtshandlung (→ Rn. 22). 4

1. Rechtshandlung des Schuldners

Der Begriff der **Rechtshandlung** entspricht demjenigen in §§ 129. Er ist weit auszulegen und umfasst jedes von einem Willen getragene Handeln **des Schuldners,** das rechtliche Wirkungen auslöst und das Vermögen des Schuldners zum Nachteil der Insolvenzgläubiger verändern kann (→ § 129 Rn. 19). Dazu zählen Willenserklärungen, rechtsgeschäftsähnliche Handlungen und Realakte, denen das Gesetz Rechtswirkungen zumisst (→ § 129 Rn. 26). 5

Voraussetzung einer Rechtshandlung ist stets ein **willensgeleitetes verantwortungsgesteuertes Handeln** des Schuldners. Der Schuldner muss darüber entscheiden können, ob er eine Leistung erbringt oder verweigert (BGH NZI 2014, 218). 6

7 Auch **Unterlassen** kann anfechtbar sein, wenn es auf einer Willensbetätigung beruht (→ § 129 Rn. 35).
8 [Derzeit nicht belegt.]

2. Gläubigerbenachteiligung

9 Im Rahmen des § 133 Abs. 1 genügt eine **bloß mittelbare, erst künftig eintretende Gläubigerbenachteiligung** der Rechtshandlung (BGH NZI 2012, 963; BGH NZI 2010, 439).

9.1 So können nach der Rechtsprechung des BGH in der Insolvenz einer Gesellschaft **Prämienzahlungen** zur Erhöhung des Rückkaufswerts einer Direktversicherung für ihren Geschäftsführer eine Gläubigerbenachteiligung darstellen, da die hiermit vergüteten Tätigkeiten des Geschäftsführers den Gläubigern nicht die gleiche Zugriffsmöglichkeit auf das Schuldnervermögen eröffnen wie die zur Entrichtung der Versicherungsprämien abgeflossenen Zahlungsmittel. Die Anfechtung ist auch dann möglich, wenn ein unwiderrufliches Bezugsrecht des Geschäftsführers in anfechtungsfreier Zeit entstanden ist (BGH NZI 2012, 246).

9a Dementsprechend ist **unschädlich, wenn der Schuldner zum Zeitpunkt der Rechtshandlung noch gar keine Gläubiger hatte** (BGH NZI 2017, 28, m. Anm. Ahrens; BGH NZI 2012, 963; BGH NZI 2010, 4392012, 562; BGH NZI 2010, 439; LG Mönchengladbach BeckRS 2020, 31945 Rn. 19). Ausreichend ist, wenn sich im Zeitpunkt der letzten mündlichen Tatsachenverhandlung im Anfechtungsprozess ergibt, dass die Möglichkeit der Gläubiger, sich aus dem Vermögen des Schuldners zu befriedigen, durch das Hinzutreten weiterer Umstände beeinträchtigt wurde (BGH NZI 2012, 562 (563)).

3. COVInsAG; StaRUG

10 Nach § 2 Abs. 1 Nr. 2–5 COVInsAG sind vorübergehend bestimmte kongruente und inkongruente Rechtshandlungen von der Insolvenzanfechtung ausgenommen (→ COVInsAG § 2 Rn. 3 ff.).

10a Ebenfalls grundsätzlich der Anfechtung entzogen sind gem. §§ 90, 97 Abs. 3 StaRUG die Regelungen eines rechtskräftig bestätigten Restrukturierungsplans oder eines Sanierungsvergleichs und Rechtshandlungen, die im Vollzug eines solchen Plans bzw. Vergleichs erfolgen. Zudem regelt § 89 StaRUG, dass die Annahme einer vorsätzlich gläubigerbenachteiligenden Rechtshandlung nicht allein auf die Kenntnis der Rechtshängigkeit einer Restrukturierungssache oder der Inanspruchnahme von Instrumenten des Stabilisierungs- und Restrukturierungsrahmens gestützt werden darf (→ Rn. 20a).

4. Anfechtungszeitraum

11 Die im Wege des § 133 Abs. 1 angefochtene Rechtshandlung muss **in den letzten zehn Jahren vor dem Insolvenzantrag oder nach dem Insolvenzantrag** vorgenommen worden sein; handelt es sich bei der Rechtshandlung um eine (kongruente oder inkongruente, vgl. OLG München BeckRS 2021, 1918) **Deckungshandlung** iSd §§ 130, 131, ist die Anfechtungsfrist nach § 133 Abs. 2 auf **vier Jahre** verkürzt. Der Zeitpunkt der Vornahme der Rechtshandlung bestimmt sich nach § 140; für die Fristberechnung gilt § 139.

11.1 Die verkürzte Anfechtungsfrist im Fall von **Deckungshandlungen** (§§ 130, 131) wurde mit dem Gesetz zur Verbesserung der Rechtssicherheit bei Anfechtungen nach der Insolvenzordnung und nach dem Anfechtungsgesetz mit Wirkung zum 5. April 2017 eingeführt (→ Rn. 3.2) und gilt für alle Insolvenzverfahren, die am oder nach dem 5. April 2017 eröffnet wurden (Art. 103j Abs. 1 EGInsO). Die Verkürzung der Anfechtungsfrist ist zur Erhöhung der Rechtssicherheit im Rechtsverkehr zu begrüßen; allerdings dürften die Auswirkungen in der Praxis begrenzt sein, da die meisten im Wege des § 133 erfolgenden Anfechtungen ohnehin nicht über einen Anfechtungszeitraum von vier Jahren hinausreichen (vgl. Kayser UIP 2018, 1153 (1158); Pape ZInsO 2018, 296 (299); Zivkovic ZVI 2017, 369; Flaig GWR 2016, 71 (72)).

11.2 Bei einer **Sicherungsübereignung** wird das Schuldnervermögen bereits mit dieser und nicht erst mit der Verwertung verkürzt, sodass es für den Fristablauf auf den Abschluss des Sicherungsübereignungsvertrages und dessen Erfüllung ankommt (OLG München BeckRS 2021, 1918).

11a Im Fall einer vorangegangenen Restrukturierungssache kann der Anfechtungszeitraum nach § 91 StaRUG um die Zeit der Rechtshängigkeit der Restrukturierungssache verlängert werden.

5. Gläubigerbenachteiligungsvorsatz

Der Schuldner handelt mit Gläubigerbenachteiligungsvorsatz, wenn er bei Vornahme der Rechtshandlung (§ 140) die Benachteiligung der Gläubiger im Allgemeinen als Erfolg seiner Rechtshandlung will oder als mutmaßliche Folge – sei es auch als unvermeidliche Nebenfolge eines an sich erstrebten anderen Vorteils – erkennt und billigt (BGH NZI 2014, 863 (864); 2014, 259; 2013, 140 (141)). Ausreichend ist mithin **bedingter Vorsatz** (BGH NZI 2017, 854; 2003, 533). Ein **unlauteres Zusammenwirken** zwischen Schuldner und Anfechtungsgegner ist für eine Anfechtbarkeit nach § 133 hingegen **nicht erforderlich** (BGH NZI 2005, 692 (693); 2003, 597; Fischer NZI 2008, 588 (589); Kayser ZIP 2018, 1153 (1156)). Allerdings steht das Fehlen eines unlauteren Handelns des Schuldners oder eine mangelnde Kenntnis des Anfechtungsgegners von einem unlauteren Handeln des Schuldners der Anfechtbarkeit entgegen, wenn es sich bei der anzufechtenden Rechtshandlung um ein **Bargeschäft** handelt (→ Rn. 1.1; zum Begriff der Unlauterkeit Kayser ZIP 2018, 1153 (1155); → § 142 Rn. 22). 12

Bei schuldnerischem **Unterlassen** besteht ein Gläubigerbenachteiligungsvorsatz, wenn der Schuldner alternative Handlungen in Erwägung zieht, diese aber unter billigender Inkaufnahme einer durch die Nichtvornahme der gebotenen Handlung bewirkten Gläubigerbenachteiligung unterlässt (BGH NZI 2014, 218 (219); Uhlenbruck/Borries/Hirte Rn. 45). Nicht ausreichend ist allerdings, wenn der Schuldner die Bevorzugung eines einzelnen Gläubigers lediglich geschehen lässt (BGH NZI 2014, 218 (219)). 13

In **Dreipersonenverhältnissen** (→ § 129 Rn. 63) kann der Benachteiligungsvorsatz des Schuldners im Deckungs- und Valutaverhältnis nur einheitlich bestimmt werden (BGH NZI 2012, 453 (454); BGH NZI 2008, 167). Eine Anfechtung ist sowohl gegenüber dem Leistungsmittler als auch gegenüber dem Zuwendungsempfänger möglich (BGH NZG 2013, 349 (350); auch → Rn. 8). 14

Bei Vorliegen der Anfechtungsvoraussetzungen ist eine Vorsatzanfechtung sowohl gegen einen **eigennützigen Leistungsmittler**, der einen eigenen wirtschaftlichen Vorteil erlangt (BGH NZI 2013, 583 (Versicherungsmakler)), als auch gegen einen **uneigennützigen Leistungsmittler** ohne eigenen Vorteil (BGH NZI 2018, 114; NZI 2012, 453 (jeweils Steuerberater)) möglich. Der BGH hält auch den bloß zahlungsvermittelnden (uneigennützigen) Verwaltungstreuhänder für nicht schutzwürdig, da er sich bei Kenntnis des Gläubigerbenachteiligungsvorsatzes des Schuldners die weitere Gläubigerbenachteiligung zurechnen lassen muss. In diesem Fall haftet der uneigennützige Leistungsmittler gesamtschuldnerisch mit dem Zuwendungsempfänger, wobei der Zuwendungsempfänger im Innenverhältnis allein haftet und somit das Risiko des uneigennützigen Leistungsmittlers mindert (BGH NZI 2012, 453 (454); krit. Uhlenbruck/Borries/Hirte Rn. 180; auch → Rn. 14.2). Nimmt der Leistungsmittler im Eigen- oder Fremdinteresse aktiv an einer Gläubigerbenachteiligung des Schuldners teil, kann aus dieser Mitwirkung und einer Kenntnis der (fortdauernden) Zahlungsunfähigkeit eine Kenntnis des Benachteiligungsvorsatzes abgeleitet werden (BGH NZI 2018, 144). 14.1

Eine **Ausnahme der Anfechtung gegenüber dem Leistungsmittler** lässt der BGH bei der Einschaltung von **bloßen Zahlstellen** (beispielsweise **Kreditinstituten**) zu. So soll eine Vorsatzanfechtung gegenüber der Zahlstelle regelmäßig dann nicht in Betracht kommen, wenn sie erteilte Zahlungsaufträge lediglich technisch umsetzt, weil sie dann nicht erkennen kann, ob die Zahlungsvorgänge überhaupt rechtlich zu beanstanden sind und ob ein Wille des Anweisenden besteht, seine Gläubiger zu benachteiligen (BGH NZI 2017, 854 (856) mAnm Huber). Zudem ist im Fall von Kreditinstituten zu beachten, dass selbst die Kenntnis des Kreditinstituts von der Zahlungsunfähigkeit des Schuldners oder eines Eröffnungsantrags dieses nicht dazu berechtigt, die Ausführung eines bereits eingereichten Zahlungsauftrages des Schuldners zu verweigern (BGH NZI 2012, 453 (455); BGH NZI 2013, 896 (897); auch Uhlenbruck/Borries/Hirte Rn. 182). Auch im Falle eines **Cash-Pools** kommt nach der Rechtsprechung des BGH eine Anfechtung gegenüber der kontoführenden Bank hinsichtlich der Buchungen zwischen den teilnehmenden Gesellschaften grundsätzlich nicht in Betracht, da ansonsten aufgrund des damit begründeten Kreditrisikos das wirtschaftlich sinnvolle und vom Gesetzgeber gestützte Cash-Pool-Verfahren wesentlich erschwert oder gar unmöglich gemacht würde (BGH NZI 2013, 896 (898)). Im Rahmen des **Lkw-Maut-Abrechnungsverfahrens** ist der private Betreiber keine bloße Zahlstelle, wenn der Transportunternehmer nur durch Bezahlung an den privaten Betreiber die Verpflichtungen gegenüber dem privaten Betreiber und zur Zahlung der Maut erfüllen kann (BGH NZI 2018, 267). 14.2

Handelt ein **Vertreter** des Schuldners, ist entsprechend § 166 BGB auf dessen Willen und Wissen abzustellen, es sei denn, es liegen die Umstände des § 166 Abs. 2 BGB vor (Uhlenbruck/Borries/Hirte Rn. 43; Uhlenbruck/Borries/Hirte § 130 Rn. 80). Im Falle eines Vertreters ohne Vertretungsmacht ist auf die Genehmigung des Schuldners abzustellen (→ § 130 Rn. 26.3) (→ Rn. 15.1 f.). 15

15.1 Die Zurechnung fremden Wissens ist in folgenden Fällen anerkannt:
- Die Einzugsstelle für die Gesamtsozialversicherbeiträge muss sich bei der Beurteilung der subjektiven Voraussetzungen des § 133 InsO die Kenntnisse des Sachbearbeiters des Hauptzollamts, dessen sich die Stelle bei der Vollstreckung ihrer Bescheide bedient, entsprechend § 166 Abs. 1 BGB zurechnen lassen (BGH NZI 2020, 223 mAnm Lange; NZI 2013, 398)
- Im Falle der Bildung einer behördenübergreifenden Handlungs- und Informationseinheit zur Bezahlung einer Forderung durch Aufrechnung (BGH NJW 2011, 2791)

15.2 Hingegen hat sich das Bundesamt für Justiz keine Kenntnisse der Bundesanzeiger Verlags GmbH über die handelsbilanzielle Überschuldung zurechnen zu lassen (BGH NZI 2021, 720 (721)).

16 **a) Erkenntnis der Gläubigerbenachteiligung (Wissenselement).** Für die Erkenntnis der Gläubigerbenachteiligung reicht aus, dass der Schuldner entweder weiß, dass seine Rechtshandlung die Gläubiger benachteiligt, oder dass er sich diese Folge zumindest als möglich vorstellt (BGH NZI 2014, 863 (864); BGH NZI 2014, 762 (764)) (→ Rn. 16.1 ff.).

16.1 Die **irrige Annahme von Fakten, die bei Vorliegen einer Gläubigerbenachteiligung entgegenstünden,** kann zum Ausschluss des Gläubigerbenachteiligungsvorsatzes führen: Irrige Annahme des Schuldners, er könne mit Sicherheit alle seine Gläubiger befriedigen oder die Krise bald überwinden, etwa wegen einer sicheren Aussicht, Kredit zu erhalten oder Forderungen zu realisieren (BGH NZI 2016, 355; dazu Gehrlein DB 2017, 472; BGH NZI 2014, 762 (764); 2013, 129; 1999, 268; vgl. auch Uhlenbruck/Borries/Hirte Rn. 37). Irrige Annahme, dass Unterhaltsansprüche sowohl in der Einzelzwangsvollstreckung als auch in der Gesamtvollstreckung gesondert geschützt sind und den Ansprüchen der übrigen Gläubiger vorgehen (BGH NZI 2019, 851; vgl. → § 129 Rn. 43). Irrige Annahme eines bargeschäftsähnlichen Leistungsaustausches (BGH NZI 2019, 812 mAnm Schubert NZI 2019, 790; Lojowski FD-InsR 2019, 419678; Hirte FD-InsR 2019, 419679). Irrige Annahme, eine kalte Zwangsverwaltung entspreche im Einzelfall der formellen Zwangsverwaltung (BGH NZI 2021, 687 (691)).

16.2 Bei **Anschubfinanzierungen** für neu gegründete Unternehmen gilt, dass ein (auch nur bedingter) Vorsatz immer dann ausscheidet, wenn der Gründer tatsächlich davon ausgeht, er habe gute Chancen, sein Unternehmen am Markt zu etablieren. Die in einer solchen Situation stets bestehende Unsicherheit des Gründers, ob sein Konzept wirtschaftlich tragfähig sein wird, begründet kein „Wissen und Wollen" im Sinne eines Gläubigerbenachteiligungsvorsatzes (NZI 2009, 372 (373)).

16.3 Soll eine Gesellschaft ohne ordnungsgemäße Liquidation beseitigt werden, um so alle Verbindlichkeiten zu „erledigen" (sog. **Firmenbestattung**), liegt in aller Regel ein Gläubigerbenachteiligungsvorsatz vor (BGH NZI 2006, 155).

17 Der Gläubigerbenachteiligungsvorsatz muss sich **nicht auf die konkrete Benachteiligung** beziehen, die später tatsächlich eingetreten ist (BGH NZI 2008, 233 (235)). Auch ist **unerheblich, ob sich der Benachteiligungsvorsatz des Schuldners gegen alle oder nur einzelne, gegen bestimmte oder unbestimmte, gegen schon vorhandene oder nur mögliche künftige Gläubiger** richtet (BGH NZI 2009, 768); dies folgt schon daraus, dass für § 133 Abs. 1 eine mittelbare, erst künftig eintretende Gläubigerbenachteiligung genügt (→ Rn. 9) und es unerheblich ist, wenn der Schuldner zum Zeitpunkt der angefochtenen Rechtshandlung noch gar keine Gläubiger hat (→ Rn. 10). Der Gläubigerbenachteiligungsvorsatz in Bezug auf künftige Gläubiger erfordert, dass der Schuldner damit rechnen muss, dass neue Gläubiger hinzukommen; bei unternehmerisch tätigen Schuldnern ist dies regelmäßig der Fall (vgl. Uhlenbruck/Borries/Hirte Rn. 44).

18 **b) Billigung der Gläubigerbenachteiligung (Wollenselement).** Neben dem Wissen um die Benachteiligung muss der Schuldner diese als Erfolg seiner Rechtshandlungen auch wollen oder zumindest als mutmaßliche Folge erkennen und billigen. Für eine Billigung ist ausreichend, dass sich der Schuldner durch die Erkenntnis der (möglichen) Gläubigerbenachteiligung nicht von seinem Handeln abhalten lässt (BGH NZI 2014, 762 (764); BGH NZI 2005, 692 (693)).

18.1 Im Fall von Rechtshandlungen im Rahmen eines **Sanierungsversuchs** kann das Wollenselement des Gläubigerbenachteiligungsvorsatzes entfallen, wenn die Beteiligten ernsthaft und mit aus ihrer Sicht tauglichen Mitteln eine Sanierung anstreben, da sie in diesem Fall von einem „anfechtungsrechtlich unbedenklichen Willen" geleitet werden und das Bewusstsein der Benachteiligung anderer Gläubiger in den Hintergrund tritt (BGH NZI 2019, 594 (595); 2018, 840 f.; 2016, 636; 2016, 355 (357 ff.); NJW 1998, 1561 (1564); auch → Rn. 20.1 ff.).

18.2 Im Fall der Erfüllung von **Zahlungsauflagen zur Einstellung eines Strafverfahrens** (§ 153a StPO) steht der Inkaufnahme der Gläubigerbenachteiligung hingegen nicht entgegen, dass es dem Schuldner allein darauf angekommen sein mag, mit Erfüllung der Einstellungsauflage einer Bestrafung zu entgehen. Gleiches gilt für den Strafdruck als Motiv gläubigerbenachteiligender Rechtshandlungen bei der anfechtbaren **Abführung von Arbeitnehmerbeiträgen** an die Einzugsstellen der Sozialversicherung (BGH NZI 2008, 488 (489)). Denn hier ist Strafdruck als Motiv geradezu die Regel (BGH NZI 2018, 34 mAnm Frystatzki; Ganter NZI 2018, 289 (299)).

c) Beweisanzeichen. Im Prozess ist der Gläubigerbenachteiligungsvorsatz als innere Tatsache dem Beweis nur eingeschränkt zugänglich und kann zumeist nur mittelbar aus objektiven (Hilfs-)Tatsachen, sog. Beweisanzeichen, hergeleitet werden (BGH NZI 2021, 720 (721); 2014, 68; Kayser NJW 2014, 422 (427)). Die Beweisanzeichen sind durch den Tatrichter auf der Grundlage des Gesamtergebnisses der mündlichen Verhandlung und einer etwaigen Beweisaufnahme umfassend und widerspruchsfrei zu würdigen. Die einzelnen Beweisanzeichen dürfen dabei nicht schematisch angewandt werden (BGH NZI 2021, 720 (721); vgl. Tolani JZ 2018, 652 (655)) (→ Rn. 19.1 ff.). 19

In der Rechtsprechung sind folgende Umstände als Beweisanzeichen für einen Gläubigerbenachteiligungsvorsatz anerkannt: 19.1

Zahlungsunfähigkeit: Nach früherer gefestigter Rechtsprechung des BGH lag ein Gläubigerbenachteiligungsvorsatz regelmäßig vor, wenn der Schuldner bei Vornahme der Rechtshandlung seine **Zahlungsunfähigkeit oder seine drohende Zahlungsunfähigkeit** kannte, da er in diesem Fall regelmäßig wissen sollte, dass sein Vermögen nicht ausreicht, um sämtliche Gläubiger zu befriedigen. Diese Rechtsprechung hat der BGH mit **Urteil vom 6.5.2021** (NZI 2021, 720 mAnm Ganter) neu ausgerichtet: Die amtlichen Leitsätze lauten: 19.2

1. Die Annahme der subjektiven Voraussetzungen der Vorsatzanfechtung kann nicht allein darauf gestützt werden, dass der Schuldner im Zeitpunkt der angefochtenen Rechtshandlung erkanntermaßen zahlungsunfähig ist.

2. Der Gläubigerbenachteiligungsvorsatz des Schuldners setzt im Falle der erkannten Zahlungsunfähigkeit zusätzlich voraus, dass der Schuldner im maßgeblichen Zeitpunkt wusste oder jedenfalls billigend in Kauf nahm, seine übrigen Gläubiger auch künftig nicht vollständig befriedigen zu können; dies richtet sich nach den ihm bekannten objektiven Umständen.

3. Für den Vollbeweis der Kenntnis vom Gläubigerbenachteiligungsvorsatz des Schuldners muss der Anfechtungsgegner im Falle der erkannten Zahlungsunfähigkeit des Schuldners im maßgeblichen Zeitpunkt zusätzlich wissen, dass der Schuldner seine übrigen Gläubiger auch künftig nicht wird befriedigen können; dies richtet sich nach den ihm bekannten objektiven Umständen.

4. Auf eine im Zeitpunkt der angefochtenen Rechtshandlung nur drohende Zahlungsunfähigkeit kann der Gläubigerbenachteiligungsvorsatz des Schuldners in der Regel nicht gestützt werden.

5. Eine besonders aussagekräftige Grundlage für die Feststellung der Zahlungseinstellung ist die Erklärung des Schuldners, aus Mangel an liquiden Mitteln nicht zahlen zu können; fehlt es an einer solchen Erklärung, müssen die für eine Zahlungseinstellung sprechenden sonstigen Umstände ein der Erklärung entsprechendes Gewicht erreichen.

6. Stärke und Dauer der Vermutung für die Fortdauer der festgestellten Zahlungseinstellung hängen davon ab, in welchem Ausmaß die Zahlungsunfähigkeit zutage getreten ist; dies gilt insbesondere für den Erkenntnishorizont des Anfechtungsgegners.

Demnach ist es nicht mehr zulässig, allein aus der erkannten Zahlungsunfähigkeit auf den Gläubigerbenachteiligungsvorsatz und dessen Kenntnis zu schließen. Nach Ansicht des BGH lässt die erkannte Zahlungsunfähigkeit für sich genommen „in einer nicht zu vernachlässigenden Zahl" nicht mit hinreichender Gewissheit iSd § 286 ZPO den Schluss auf die subjektiven Voraussetzungen der Vorsatzanfechtung zu. Dies gilt insbesondere dann, wenn der Schuldner ex ante trotz eingetretener Zahlungsunfähigkeit berechtigterweise davon ausgehen durfte, noch alle seine Gläubiger befriedigen zu können. Denn die Beurteilung der Liquiditätslage im Zeitpunkt im Moment der Rechtshandlung ist keine hinreichend sichere Beurteilungsgrundlage für den Gläubigerbenachteiligungsvorsatz. Entscheidend ist vielmehr, dass der Schuldner weiß oder jedenfalls billigend in Kauf nimmt, dass er seine (übrigen) Gläubiger auch zu einem späteren Zeitpunkt nicht vollständig befriedigen können wird. Die gegenwärtige Zahlungsunfähigkeit spricht daher allein nur für den Gläubigerbenachteiligungsvorsatz, wenn sie ihrem Ausmaß nach eine vollständige Befriedigung der übrigen Gläubiger auch in Zukunft nicht erwarten lässt, etwa deshalb, weil ein Insolvenzverfahren unausweichlich erscheint. Denn dann muss der Schuldner klar sein, dass die Befriedigung des einen Gläubigers auf Kosten der anderen geht. In diesem Fall ist der Rückschluss von der Zahlungsunfähigkeit auf die Gläubigerbenachteiligungsvorsatz zulässig. Ist die Krise jedoch noch nicht so weit fortgeschritten, oder besteht aus anderen Gründen (auch unter Beachtung des Ausmaßes der Deckungslücke) Aussicht auf nachhaltige Beseitigung der Zahlungsunfähigkeit, besteht kein Gläubigerbenachteiligungsvorsatz. Beachtlich ist hierbei auch der dem Gläubiger zur Verfügung stehende Zeitraum, dessen Ausmaß auch vom Verhalten der Gläubiger abhängt. Sieht sich der Schuldner im Zeitpunkt der angefochtenen Rechtshandlung erheblichem Mahn- und/oder Vollstreckungsdruck ausgesetzt, so begrenzt dies den ihm zur Verfügung stehenden Zeitraum (BGH NZI 2021, 720 (722 ff.) mAnm Ganter). Prozessual reicht zum Nachweis der

Zahlungsunfähigkeit aufgrund der gesetzlichen Regelvermutung des § 17 Abs. 2 S. 2 zunächst der Nachweis von Umständen einer **Zahlungseinstellung** durch den Schuldner, etwa durch Nachweis, dass der Schuldner im Zeitpunkt der Rechtshandlung bestehende fällige Verbindlichkeiten bis zur Verfahrenseröffnung nicht beglichen hat (vgl. BGH NZI 2011, 589 (590); BGH NZI 2013, 140 (143)), oder aufgrund der Erklärung des Schuldners, dass eine vollständige Begleichung offener Forderungen nicht möglich sei, sondern nur das gezahlt werden könne, was da sei (BGH NZI 2020, 520). Bestehen zum Zeitpunkt der angefochtenen Rechtshandlung erhebliche offene Forderungen, so kann auch dies ein Indiz für den Gläubigerbenachteiligungsvorsatz des Schuldners sein (BGH NZI 2017, 718 (719); Ganter NZI 2018, 289 (299)).

19.3 **Drohende Zahlungsunfähigkeit:** Auch ein Schluss allein aus der erkannten **drohenden Zahlungsunfähigkeit** auf den Gläubigerbenachteiligungsvorsatz ist nicht mehr zulässig. Grund ist, dass die drohende Zahlungsunfähigkeit nach § 18 Abs. 1 nur bei Eigenantrag des Schuldners Eröffnungsgrund ist. Diese gesetzgeberische Wertung würde beeinträchtigt, wenn die drohende Zahlungsunfähigkeit der eingetretenen gleichgestellt würde. Allerdings ist nicht ausgeschlossen, dass auch Deckungshandlungen im Stadium der nur drohenden Zahlungsunfähigkeit bei Hinzutreten weiterer Umstände angefochten werden können, etwa bei sicherer Erwartung des Eintritts der Zahlungsunfähigkeit und negativer Prognose der Gläubigerbefriedigung (BGH NZI 2021, 720 (724) mAnm Ganter). Allerdings wird nach § 133 Abs. 1 S. 2 für den Anfechtungsgegner die Kenntnis vom Gläubigerbenachteiligungsvorsatz des Schuldners vermutet, wenn er wusste, dass dessen Zahlungsunfähigkeit (lediglich) drohte.

19.4 Die Kenntnis der Zahlungsunfähigkeit oder drohenden Zahlungsunfähigkeit kann dann nicht als Beweisanzeichen für den Gläubigerbenachteiligungsvorsatz gewertet werden, wenn der Leistungsaustausch zwischen Schuldner und Gläubiger **Bargeschäftscharakter** hat und zur Fortführung des Unternehmens notwendig ist, sofern nicht das Unternehmen weiterhin unrentabel wirtschaftet und daher für die Gläubiger auf längere Sicht nicht mehr von Nutzen ist (sog. „bargeschäftsähnliche Lage", BGH NZI 2020, 25; NJW-Spezial 2020, 86; NZI 2019, 74; dazu Gehrlein DB 2019, 351 (357); BGH NZI 2015, 320; 2017, 620 mAnm Riewe; NZI 2016, 837 mAnm Wazlawik; dazu auch Huber ZIP 2018, 519 ff.; zu Mietzahlungen des Schuldners Pape NZM 2015, 314 (324)). Nach Änderung des § 142 und der Einführung des Merkmals der Unlauterkeit (→ Rn. 1.1) mWz 5.4.2017 ist die Rechtsprechung zur bargeschäftsähnlichen Lage iRd § 133 nach dem Willen des Gesetzgebers bei Anwendbarkeit des neuen § 142 allerdings überholt: Nach der Gesetzesbegründung soll es nämlich am Merkmal der Unlauterkeit des schuldnerischen Handelns dann fehlen, solange der Schuldner Geschäfte führt, die allgemein zur Fortführung des Geschäftsbetriebs erforderlich sind, selbst wenn der Schuldner erkennt, dass die Betriebsfortführung verlustträchtig ist (BT-Drs. 18/7054, 19; dazu Ganter NZI 2018, 585). Hierdurch werden solche Fälle, die bisher durch das Korrektiv der „bargeschäftsähnlichen Lage" iRd § 133 von der Vorsatzanfechtung ausgenommen wurden, schon im Rahmen der – dem § 133 vorgeschalteten – Prüfung des § 142 von der Anfechtbarkeit ausgenommen (Kayser ZIP 2018, 1153 (1157)). Zudem erweitert der neue § 142 nach dem Willen des Gesetzgebers auch die Ausnahmen von der Anfechtung nach § 133 im Rahmen bargeschäftlicher Situationen: Indem nach dem Willen des Gesetzgebers der Leistungsaustausch zur Betriebsfortführung selbst bei Unrentabilität des Unternehmens von der Anfechtung nach § 133 ausgenommen sein soll, werden auch solche Konstellationen der Anfechtbarkeit entzogen, bei denen die bisherige Rechtsprechung zur „bargeschäftsähnlichen Lage" iRd § 133 keine Anwendung fand (so ausdrücklich BT-Drs. 18/7054, 19; vgl. auch Anm. Riewe zu BGH NZI 2017, 620). Insofern geht die Vorschrift (bewusst) erheblich über die bisherige von der Rechtsprechung geprägte Reichweite der bargeschäftsähnlichen Lage hinaus (Kayser ZIP 2018, 1153 (1157); Ganter NZI 2018, 585; Pape ZInsO 2018, 269 (303)).

19.5 Den **Wegfall einer einmal eingetretenen Zahlungsunfähigkeit**, etwa durch Wiederaufnahme von Zahlungen gegenüber allen Gläubigern, hat grundsätzlich der Anfechtungsgegner als derjenige darzulegen und zu beweisen, der sich hierauf beruft (BGH NZI 2017, 64 (66); BGH NZI 2017, 28 (30); BGH NZI 2016, 134; dazu Ahrens ZIP 2017, 58 (62 ff.)). Allerdings ist hierbei das Ausmaß der eingetretenen Zahlungsunfähigkeit zu beachten. So kann aus einer verhältnismäßig geringfügigen Liquiditätslücke nicht auf die Fortdauer der Zahlungsunfähigkeit geschlossen werden; anderes gilt, wenn das Ausmaß der Illiquidität aus objektiver Sicht im maßgeblichen Zeitpunkt (§ 140) ein Insolvenzverfahren erforderlich erscheinen lassen (BGH NZI 2021, 720 (724)).

19.6 Wird eine **kongruente Rechtshandlung** (→ § 130 Rn. 10) angefochten, rechtfertigt weder das Beweisanzeichen der Zahlungsunfähigkeit noch das der drohenden Zahlungsunfähigkeit für sich genommen den Schluss auf die subjektiven Voraussetzungen der Vorsatzanfechtung. Hielte man die Anfechtung einer kongruenten Deckung schon im Falle der erkannten Zahlungsunfähigkeit für möglich, würde dies zu einem weitgehenden Gleichlauf mit den Voraussetzungen der Deckungsanfechtung nach § 130 Abs. 1 Nr. 1 und damit faktisch zu einer Verlängerung der Anfechtungsfrist des § 130 führen, was unzulässig erscheint (BGH NZI 2021, 720 (723) mAnm Ganter). Das Abstellen allein auf die drohende Zahlungsunfähigkeit verbietet sich schon aus den unter → Rn. 19.3 dargelegten Gründen. Zudem würde dies der Wertung des in 2017 eingeführten § 133 Abs. 3 S. 1 (→ Rn. 1.1) zuwiderlaufen (vgl. Tolani JZ 2018, 652 (657)).

Auch bei Vorliegen eines **ernsthaften Sanierungsversuches** (→ Rn. 20.1) oder im Fall der **§§ 89, 90 StaRUG** (BeckOK StaRUG/Fridgen StaRUG § 89 Rn. 1 ff.) ist trotz erkannter Zahlungsunfähigkeit ein Gläubigerbenachteiligungsvorsatz zu verneinen. **19.7**

Die (kongruente) Bestellung von **Kreditsicherheiten** außerhalb einer Krise und die damit verbundene „Entziehung" von Vermögenswerten kann für sich allein einen Gläubigerbenachteiligungsvorsatz noch nicht begründen, selbst wenn der Kredit unter Einsatz des gesamten Vermögens des Kreditnehmers besichert wird und der Kreditgeber das erkennt (BGH NZI 2009, 372; 2014, 68). Ein Benachteiligungsvorsatz und dessen Kenntnis kann allerdings dann angenommen werden, wenn die Beteiligten **bei Bestellung der Sicherheit den Eintritt einer Insolvenz während der Dauer des Sicherungsgeschäfts konkret für wahrscheinlich halten** (BGH NZI 2014, 68 (70)). **19.8**

Auch **inkongruente Leistungen** sind regelmäßig ein erhebliches Beweisanzeichen für das Vorliegen eines Gläubigerbenachteiligungsvorsatzes (und für die Kenntnis des Gläubigers davon (→ Rn. 27.2)), wenn **Zweifel an der Liquidität** des Schuldners bestehen, da sich in diesem Fall die Gefährdung der anderen Gläubiger aufdrängt (BGH NZI 2020, 1101; 2014, 68 (69); 2013, 133 (135); vgl. auch NZI 2017, 718); daran hat sich auch nach Einführung des § 133 Abs. 2 (→ Rn. 11.1) nichts geändert (Tolani JZ 2018, 652 (657)). Voraussetzung für die Indizwirkung der Inkongruenz ist allerdings nicht, dass der Schuldner bei der Rechtshandlung bereits drohend zahlungsunfähig war (BGH NZI 2020, 1101). Als inkongruente Leistungen kommen insbesondere folgende in Betracht: **Inkongruente Bestellung von Kreditsicherheiten** (BGH NZI 2013, 133; KG LSK 1983, 320032); **Druckzahlung** zur Abwendung eines angedrohten Insolvenzantrags (BGH NZI 2012, 963; BGH NZI 2004, 201) oder zur Abwendung einer angedrohten Zwangsvollstreckung innerhalb des Drei-Monats-Zeitraums vor dem Eröffnungsantrag; vor diesem Zeitraum erbrachte Druckzahlungen zur Abwendung der Zwangsvollstreckung sind nach der Rechtsprechung des BGH hingegen kongruent (BGH NZI 2005, 692 (693); BGH NZI 2004, 87 (88)); **Abweichungen vom normalen Zahlungsweg** (BGH NZI 2011, 141 (auf Anweisung des zahlungsunfähigen Zwischenmieters erfolgte Direktzahlung des Endmieters an den Vermieter); **Rückzahlung** eines Darlehensbetrags **vor Fälligkeit** aufgrund eines (anfechtbaren) Vergleichs (BGH NZI 2010, 142); **Direktzahlungen** des Auftraggebers gem. § 16 Nr. 6 VOB/B an einen Nachunternehmer (BGH NZI 2009, 55); **Vorschusszahlungen** auf noch nicht fällige oder einforderbare Vergütungsansprüche (BGH NZI 2006, 469 (470)). Je schwächer allerdings die Inkongruenz ist, desto schwächer ist auch ihre Indizwirkung; so hat eine erfüllungshalber an Erfüllungs statt erbrachte (inkongruente) Leistung weniger Indizwirkung als eine Druckzahlung (Uhlenbruck/Borries/Hirte Rn. 105). Zudem kann sich die **Indizwirkung mindern**, wenn die inkongruente Rechtshandlung des Schuldners längere Zeit vor dem Insolvenzantrag liegt und der Schuldner nach der Rechtshandlung weiter geschäftlich tätig gewesen ist (BGH NZI 2020, 1101 mAnm Huber; NJW 2004, 1385 (1388)). Die Indizwirkung der Inkongruenz kann auch durch andere Umstände entkräftet werden, etwa wenn der Schuldner im Zeitpunkt der Rechtshandlung zweifelsfrei liquide ist oder hiervon ausgeht (BGH NZI 2008, 556 (557); BGH NZI 2005, 678; BGH NJW 1998, 1561 (1562)) oder die Rechtshandlung von einem anfechtungsrechtlich unbedenklichen Willen getragen wird (Uhlenbruck/Borries/Hirte Rn. 106 ff.), etwa wenn die Leistungen im Rahmen eines ernsthaften und nicht offensichtlich undurchführbaren Sanierungskonzepts erfolgten (BGH NJW 1998, 1561 (1563); BGH NJW-RR 1993, 238; dazu → Rn. 20.1 ff.). Die Indizwirkung einer inkongruenten Leistung wird auch dann entkräftet, wenn der Schuldner irrtümlich von einer kongruenten Leistung ausgeht (vgl. Uhlenbruck/Borries/Hirte Rn. 109). Für die Anfechtung einer inkongruenten Leistung bedarf es allerdings dann keines Gläubigerbenachteiligungsvorsatzes, wenn die besondere Anfechtung nach § 131 möglich ist. **19.9**

Unentgeltliche Leistungen sind ebenso wie inkongruente Leistungen ein Beweisanzeichen für den Gläubigerbenachteiligungsvorsatz, wenn Zweifel an der Liquidität des Schuldners bestehen (BGH NZI 2013, 140; BGH NZI 2002, 175; vgl. Uhlenbruck/Borries/Hirte Rn. 117). Die Indizwirkung kann auf die gleiche Weise wie im Falle einer inkongruenten Leistung gemindert sein oder entfallen (BGH NZI 2005, 678; Uhlenbruck/Borries/Hirte Rn. 117). **19.10**

Eine **unmittelbar benachteiligende Leistung** kann ein Beweisanzeichen darstellen, allerdings nur von minderem Wert (BAG BeckRS 2013, 74786 Rn. 57; BGH NJW 1998, 1561; Uhlenbruck/Borries/Hirte Rn. 117). **19.11**

Eine **besondere Nähe** des Anfechtungsgegners zum Schuldner kann ebenfalls nur mindere indizielle Bedeutung haben (BGH NZI 2013, 39; Uhlenbruck/Borries/Hirte Rn. 118). **19.12**

Hingegen sind vertraglich vereinbarte nachteilige Folgen für das Schuldnervermögen gerade **für den Insolvenzfall** ein starkes Indiz für den Gläubigerbenachteiligungsvorsatz, denn die gezielte Gewährung eines Sondervorteils an bestimmte Gläubiger gerade für den Insolvenzfall schmälert zwangsläufig die Rechte der anderen Gläubiger und lässt nach allgemeiner Erfahrung den Schluss auf einen entsprechenden Willen zu (Anm. Ganter zu BAG NZI 2021, 127 (133); BGH NZI 2018, 22 (26); 2014, 68 (70)). Welches Gewicht dem Indiz im konkreten Fall zukommt, ist jedoch unter Einbeziehung des **Gesamtzusammenhanges** der Klausel zu bestimmen (BGH NZI 2018, 22 mAnm Fach; Ganter NZI 2018, 289 (299)). So begründet die Gewährung von **aufschiebend auf den Fall der Insolvenz bedingten Kreditsicherheiten** ein **19.13**

Beweisanzeichen für den Benachteiligungsvorsatz (BGH NZI 2014, 68 (70)). Anderes gilt jedoch für sofort wirksame und unbedingt bestellte Sicherheiten, denn ansonsten wären sämtliche innerhalb der zehnjährigen Anfechtungsfrist bestellten Sicherungen nach Verfahrenseröffnung ohne weiteres anfechtbar, was zum einen mit dem über Art. 14 GG vermittelten Schutz der Absonderungsrechte unvereinbar erschiene und zum anderen die Bereitschaft zur Kreditgewährung in Ermangelung anfechtungsfester Sicherungen nachhaltig beeinträchtigen würde. Unbedingt bestellte Kreditsicherheiten können daher nur bei Vorliegen weiterer Beweisanzeichen nach § 133 Abs. 1 angefochten werden, oder wenn die Beteiligten den Eintritt einer Insolvenz konkret für wahrscheinlich halten (BGH NZI 2014, 68 (70)). Ähnliche Maßstäbe gelten für **Versorgungsversprechen des Arbeitgebers** gegenüber dem Arbeitnehmer (vgl. Ganter NZI 2013, 769; Uhlenbruck/Borries/Hirte Rn. 167). Auch bei **Lösungsklauseln** für den Insolvenzfall kommt eine Vorsatzanfechtung in Betracht, sofern man sie trotz § 119 für wirksam erachtet (Gottwald/Haas InsR-HdB/ Huber § 48 Rn. 4 mwN).

19.14 Auch **Druckzahlungen** zur Abwendung der Zwangsvollstreckung können ein Beweisanzeichen für den Gläubigerbenachteiligungsvorsatz darstellen, wenn der Schuldner weiß, dass er nicht mehr alle seine Gläubiger befriedigen kann (BGH NZI 2006, 692 (693); NZI 2019, 812). Erfolgt die Druckzahlung innerhalb des Drei-Monats-Zeitraums vor dem Eröffnungsantrag, ist sie zudem als inkongruente Leistung zu qualifizieren (→ Rn. 19.5).

19.15 Eigene **Erklärungen des Schuldners, fällige Verbindlichkeiten nicht begleichen zu können**, deuten auf eine Zahlungseinstellung hin, auch wenn sie mit einer Stundungsbitte versehen sind (BGH NZI 2020, 520; 2016, 837 (839); BGH NZI 2014, 863 (865)), und sind eines der gewichtigsten Beweisanzeichen für den Benachteiligungsvorsatz und die entsprechende Kenntnis des Gläubigers (→ Rn. 22), was insbesondere in Sanierungssituationen bei der Information über die Sanierungsbedürftigkeit oder der Übersendung eines Sanierungskonzepts Relevanz haben kann (dazu Pape ZAP 2017, 183; Pape ZInsO 2017, 114 (119); zur Einordnung von vereinbarten Zahlungserleichterungen nach § 133 Abs. 3 S. 2 → Rn. 29.4).

19.16 Auch die **Nichteinhaltung von** durch den Schuldner selbst erteilten **Zahlungszusagen** oder die verspätete Begleichung von Verbindlichkeiten nur unter dem Druck der **Androhung einer Liefersperre** ist ein Indiz für eine Zahlungseinstellung (BGH NZI 2016, 736; dazu Blöse GmbHR 2016, 870; ferner KG BeckRS 2018, 42199).

19.17 Ebenso ist Indiz für die Zahlungseinstellung, wenn der **Schuldner einer erheblichen**, seit mehr als neun Monaten fälligen **Forderung** nach anwaltlicher Mahnung und Androhung gerichtlicher Maßnahmen **bis zum Erlass eines Vollstreckungsbescheids schweigt** und erst nach dessen Rechtskraft die Begleichung der Forderung in nicht näher bestimmten Teilbeträgen aus seinem laufenden Geschäftsbetrieb anbietet (BGH NZI 2018, 264).

19.18 Auch die **Umleitung von Zahlungen** an eine GmbH, um zu verhindern, dass die Zahlungen über ein von einem Gläubiger gepfändetes Geschäftskonto laufen, spricht für einen Gläubigerbenachteiligungsvorsatz (BGH NZI 2017, 712 (713); Ganter NZI 2018, 289 (299)).

20 Ergeben die Umstände im Einzelfall allerdings, dass der Schuldner von einem anfechtungsrechtlich unbedenklichen Willen geleitet war (→ Rn. 19.4) und das Bewusstsein der Benachteiligung anderer Gläubiger infolgedessen in den Hintergrund getreten ist, kann die **Indizwirkung von Beweisanzeichen auch ganz ausgeschlossen** sein (BGH NZI 2014, 775 (780)). Andererseits kann in der Praxis die Wirkung eines gewichtigen Beweisanzeichens faktisch an eine **Beweislastumkehr** heranreichen (Kayser NJW 2014, 422 (425)).

20.1 Im Fall von Rechtshandlungen im Rahmen eines **ernsthaften, letztlich aber fehlgeschlagenen Sanierungsversuchs** kann die Indizwirkung der (drohenden) Zahlungsunfähigkeit und der Inkongruenz für den Gläubigerbenachteiligungsvorsatz entkräftet werden, da nach der Rechtsprechung des BGH in einem solchen Fall die Beteiligten von einem anfechtungsrechtlich unbedenklichen Willen geleitet werden und das Bewusstsein der Benachteiligung anderer Gläubiger in den Hintergrund tritt (BGH NZI 2018, 840 f.; 2012, 142). Maßgeblich muss dabei sein, dass der Sanierungsversuch derart ausgestaltet ist, dass der Schuldner trotz Krise darauf vertrauen darf, dass er in der Lage sein wird, alle Gläubiger zu befriedigen, wobei auch die angestrebten Sanierungsmaßnahmen Berücksichtigung finden können (Uhlenbruck/Borries/Hirte Rn. 129). Aus der Rechtsprechung des BGH ergeben sich folgende Kriterien für einen ernsthaften Sanierungsversuch:

- Zunächst muss ein **schlüssiges,** von den tatsächlichen Gegebenheiten ausgehendes **Sanierungskonzept** vorliegen, das beim Schuldner die ernsthafte und begründete Aussicht auf Erfolg rechtfertigt; die bloße Hoffnung des Schuldners auf eine Sanierung räumt seinen Benachteiligungsvorsatz nicht aus (BGH NZI 2018, 840 (841); 2014, 650 (653); OLG Düsseldorf BeckRS 2019, 27861 Rn. 32; zu den Anforderungen eingehend Pape ZAP 2017, 183 ff.; Pape ZInsO 2017, 114 ff.; Stöber DB 2018, 1450 (1454)). Erforderlich sind eine Analyse der Verluste und der Möglichkeit deren künftiger Vermeidung, eine Beurteilung der Erfolgsaussichten und der Rentabilität des Unternehmens in der Zukunft und Maßnahmen zur Vermeidung oder Beseitigung der (drohenden) Insolvenzreife. Bei einem Sanierungsvergleich müssen zumindest die Art und Höhe der Verbindlichkeiten, die Art und Zahl der Gläubiger und die zur Sanierung erforderliche Quote des Erlasses der Forderungen festgestellt werden. Da eine Zustimmung aller Gläubiger regelmäßig nicht zu erreichen ist, muss eine Zustimmungsquote nach Schuldenstand festgelegt werden, ggf. für unterschiedliche Arten von Gläubigergruppen, sowie die Behandlung nicht verzichtender Gläubiger. Gegebenenfalls sind Art und Höhe einzuwerbenden frischen Kapitals darzustellen sowie die Chance, dieses tatsächlich zu gewinnen (BGH NZI 2018, 840 (841)). Das Konzept muss **keinen bestimmten Formalia** folgen (etwa Standard IDW S 6 oder Mindestanforderungen nach ISU) (BGH NZI 2018, 840 (841); BGH NZI 2016, 636 (637)). Erforderlich sind eine Analyse der Verluste und die Möglichkeit deren künftiger Vermeidung, eine Beurteilung der Erfolgsaussichten und der Rentabilität des Unternehmens in der Zukunft und Maßnahmen zur Vermeidung oder Beseitigung der (drohenden) Insolvenzreife (BGH NZI 2018, 840 (841)). Nicht zwingend notwendig ist hingegen die Behandlung der der Ursachen der wirtschaftlichen Lage der Schuldnerin (BGH NZI 2019, 594 (595)) – Ausreichen einer „Sanierungsskizze"). Ausreichend für die den Gläubigerbenachteiligungsvorsatz ausschließende notwendige Überzeugung des Schuldners ist eine Prognoseentscheidung, die nachvollziehbar und vertretbar sein muss, aber auf rechnerischen, mit tatsächlichen Unsicherheiten behafteten Annahmen beruhen kann (BGH NJW-RR 1993, 238 (241); Fischer NZI 2008, 588 (593)). Sowohl für die Frage der Erkennbarkeit der Ausgangslage als auch für die Prognose der Durchführbarkeit ist auf die Beurteilung eines unvoreingenommenen branchenkundigen Fachmanns abzustellen, dem die vorgeschriebenen oder üblichen Buchhaltungsunterlagen zeitnah vorliegen (BGH NZI 2018, 840 (841)). Wurde das Sanierungskonzept objektiv nicht hinreichend fachgerecht vorbereitet, ist dennoch kein Gläubigerbenachteiligungsvorsatz gegeben, wenn der Schuldner die Ungeeignetheit lediglich fahrlässig verkannt hat (BGH NJW 1998, 1561 (1564); Uhlenbruck/Borries/Hirte Rn. 133).

- In **wenig komplexen Fällen** ist allerdings zu erwägen, ob im Zusammenhang mit der Sanierungsfähigkeitsprüfung unter Umständen auf die Einbindung externer Dritter in die Prüfung der Sanierungsfähigkeit verzichtet werden kann; denn in diesen Fällen erscheint es naheliegend, für die Bejahung eines anfechtungsrechtlich unbedenklichen Willen ausreichen zu lassen, wenn beispielsweise die finanzierende Bank selbst die Sanierbarkeitsprüfung vornimmt (vgl. Anm. Barkhausen zu BGH NJW 1953, 1665 (1666); in diesem Sinne auch Oswald NZI 2018, 825 (827)).
- Ob bei der Schlüssigkeits- bzw. Umsetzbarkeitsprüfung des Sanierungskonzepts auch mögliche **fehlerhafte untergerichtliche Entscheidungen** einkalkuliert werden müssen, die die Sanierung verzögern können, ist nicht abschließend geklärt (so OLG Frankfurt NZI 2017, 265 im Anschluss an LG Frankfurt NZI 2015, 1022 – „Q-Cells"– mAnm Riewe; Nichtzulassungsbeschwerde beim BGH unter Az.: IX ZR 26/16). Hierfür spricht grundsätzlich der im deutschen Rechtssystem vorgesehene Instanzenzug, der ja gerade von der Möglichkeit einer fehlerhaften Rechtsanwendung durch die Gerichte ausgeht. Andererseits erscheint es schwer hinnehmbar, einerseits einem auf die richtige Rechtsanwendung des zuständigen Gerichts vertrauenden Schuldner (der diese Rechtsauffassung dem zuständigen Gericht zudem – wie im Fall „Q-Cells" – ggf. mittels Rechtsgutachten darlegt) einen Gläubigerbenachteiligungsvorsatz zu unterstellen, wenn andererseits ein Schuldner, der ein fehlerhaftes Sanierungskonzept fahrlässiger Weise als schlüssig annimmt, einen solchen nicht haben soll (vgl. für den letzteren Fall BGH NJW 1998, 1561 (1564)). Denn in beiden Fällen handelt der Schuldner subjektiv redlich.

Ist mangels schlüssigen Sanierungskonzepts ein Gläubigerbenachteiligungsvorsatz des Schuldners gegeben, ist weitere Voraussetzung einer Anfechtbarkeit nach § 133, dass der Anfechtungsgegner den Gläubigerbenachteiligungsvorsatz kannte (→ Rn. 22), wobei diese Kenntnis nach § 133 Abs. 1 S. 2 unter Umständen vermutet wird (→ Rn. 28). Zur Widerlegung der Vermutung nach § 133 Abs. 1 S. 2 hat der Anfechtungsgegner darzulegen und zu beweisen, dass er die Sanierungsleistungen (zB Zahlungen) auf Grundlage eines schlüssigen Sanierungskonzeptes erlangt hat. Nach der Rechtsprechung des BGH können an die auf die Schlüssigkeit des Sanierungskonzeptes bezogene Kenntnis des Anfechtungsgegners jedoch nicht die gleichen Anforderungen gestellt werden wie an diejenige des Schuldners. Zur Widerlegung der Vermutung genügt daher, dass der Anfechtungsgegner konkrete Umstände darlegt, die es naheliegend erscheinen lassen, dass ihm der Gläubigerbenachteiligungsvorsatz des Schuldners nicht bekannt war (BGH NZI 2019, 594 (595); → Rn. 29).

- Das Sanierungskonzept muss nach der Rechtsprechung zudem zumindest **in den Anfängen schon in die Tat umgesetzt** worden sein. Die bloße Hoffnung des Schuldners auf eine Sanierung soll seinen Benachteiligungsvorsatz nicht ausräumen, wenn die dazu erforderlichen Bemühungen über die Entwicklung von Plänen und die Erörterung von Hilfsmöglichkeiten nicht hinausgekommen sind (BGH NZI 2018, 840 (841); 2012, 142 (143); krit. zu diesem Kriterium Kayser NJW 2014, 422 (428); bejahend Pape ZAP 2017, 183 ff.; Pape ZInsO 2017, 114 (117)).
- Ist das Sanierungskonzept noch nicht in den Anfängen in die Tat umgesetzt, können bestimmte Vorbereitungs- oder andere Maßnahmen im Anfangsstadium der Sanierung gleichwohl mangels Gläubigerbenachteiligungsvorsatz von der Anfechtung ausgenommen sein, etwa Maßnahmen im Zusammenhang mit

InsO § 133   Dritter Teil. Wirkungen der Eröffnung des Insolvenzverfahrens

einem **Überbrückungskredit,** der nicht die Qualität eines Sanierungsversuchs erreicht (BGH NJW-RR 1998, 1561 (1564)). Auch muss in solchen Fällen die **Vergütung von Sanierungsberatern** grundsätzlich insolvenzfest möglich sein, wobei die Rechtsprechung hier restriktive Maßstäbe angelegt hat (Stefanink ZIP 2019, 1557; zusammenfassend Stöber DB 2018, 1450 zu OLG Frankfurt a. M. BeckRS 2018, 1081; zur Kritik an der Rechtsprechung vgl. auch Anm. Riewe zu LG Frankfurt NZI 2015, 1022 (1025) mwN; Kayser NJW 2014, 422 (428); seit Änderung des § 142 mWz 5.4.2017 dürfte den Sanierungsberatern allerdings die Ausweitung des Bargeschäftsprivilegs bei nicht unlauterem Handeln zugute kommen (→ § 142 Rn. 22; dazu Stefanink ZIP 2019, 1557).

20.2   Die Indizwirkung der Inkongruenz kann allgemein auch durch weitere Umstände des Einzelfalls ausgeschlossen sein, die auf einen **anfechtungsrechtlich unbedenklichen Willen** schließen lassen, zB wenn der Schuldner mit der baldigen Überwindung der Krise rechnen durfte, etwa wegen einer sicheren Aussicht auf Kredit oder auf die Realisierung von Forderungen (BGH NZI 2014, 762 (764); 2013, 129; 1999, 268; vgl. auch Uhlenbruck/Borries/Hirte Rn. 37). Die bloße Hoffnung des Schuldners, sein Unternehmen zu retten, reicht jedoch nicht (BGH NZI 2006, 159 (162)).

20.3   Das Vorliegen einer **kongruenten Leistung** kann die Indizwirkung der (drohenden) Zahlungsunfähigkeit als Beweisanzeichen für den Gläubigerbenachteiligungsvorsatz (→ Rn. 19.2) entkräften. Zwar geht es nach der Rechtsprechung des BGH einem Schuldner, der in der Krise kongruente Leistungen erbringt, nicht in erster Linie um die Erfüllung seiner Zahlungsverpflichtungen, sondern um die Bevorzugung eines einzelnen Gläubigers, womit er die Benachteiligung der Gläubiger im Allgemeinen in Kauf nimmt, was für den Gläubigerbenachteiligungsvorsatz ausreicht (BGH NZI 2013, 133 (134); 2013, 583 (584)); krit. hierzu Uhlenbruck/Borries/Hirte Rn. 84 ff.; Gottwald/Haas InsR-HdB/Huber § 48 Rn. 16). Allerdings kann ein Gläubigerbenachteiligungsvorsatz bei einer kongruenten Leistung **in einer bargeschäftsähnlichen Lage** ausscheiden, wenn dem Schuldner aufgrund des gleichwertigen Leistungsaustauschs die Möglichkeit einer mittelbaren Gläubigerbenachteiligung nicht bewusst geworden ist (BGH NZI 2014, 775 (780); BGH NZI 2014, 762 (765)). So handelt ein Schuldner in der Regel nicht mit Gläubigerbenachteiligungsvorsatz, wenn der kongruente Leistungsaustausch Zug um Zug bargeschäftlichen Charakter hat, zur Fortführung des Unternehmens unentbehrlich ist und somit den Gläubigern im Allgemeinen nützt (BGH NZI 2015, 320; BGH NZI 2014, 775). Anders sollten nach der bisherigen Rechtsprechung allerdings Fälle zu beurteilen sein, in denen die Fortführung des Unternehmens nicht möglich ist (BGH NZI 2020, 25 mAnm Borries; BGH NZI 2015, 320 (323); krit. dazu Hacker NZI 2015, 873 (876)); diese Fälle dürften mit der Änderung des § 142 mWz 5.4.2017 (→ Rn. 1.1) in Zukunft jedoch in den Anwendungsfall des Bargeschäftsprivilegs des § 142 fallen und in Zukunft ebenfalls von der Anfechtung nach § 133 ausgenommen werden (→ Rn. 16.1; BT-Drs. 18/7054 Seite 19). Ebenso steht die Vereinbarung von verlängertem und erweitertem Eigentumsvorbehalt in Form des sog. Kontokorrentvorbehalts einer bargeschäftlichen Lage entgegen, da es an dem für das Bargeschäft erforderlichen unmittelbaren Austausch von Leistung und Gegenleistung mangelt (BGH NZI 2017, 64 (67)).

20.4   Gesellschaftsrechtlich ordentliche **Gewinnausschüttungen** beruhen auf erwirtschaftetem Gewinn und sprechen im Rahmen der richterlichen Beweiswürdigung gegen eine Zahlungsunfähigkeit und somit gegen einen Benachteiligungsvorsatz; anderes kann für verdeckte Gewinnausschüttungen gelten (vgl. Uhlenbruck/Borries/Hirte Rn. 263 mwN).

20a   Kein zulässiges Beweisanzeichen ist die bloße Kenntnis, dass eine **Restrukturierungssache im Sinne des StaRUG rechtshängig** ist oder dass der Schuldner Instrumente des Stabilisierungs- und Restrukturierungsrahmens im Sinne des StaRUG in Anspruch genommen hat, auch wenn dies das Vorliegen einer zumindest drohenden Zahlungsunfähigkeit voraussetzt (§ 29 Abs. 1 StaRUG). Denn nach § 89 Abs. 1 StaRUG kann die Annahme eines Gläubigerbenachteiligungsvorsatzes nicht **allein** auf diese Kenntnis gegründet werden. Zeigt der Schuldner dem Gericht während der Rechtshängigkeit der Restrukturierungssache den Eintritt einer Zahlungsunfähigkeit oder Überschuldung an, und hebt das Gericht die Restrukturierungssache dennoch nicht auf, kann der Gläubigerbenachteiligungsvorsatz auch nicht allein auf die Kenntnis der Zahlungsunfähigkeit oder der Überschuldung gestützt werden (§ 89 Abs. 2 StaRUG; vgl. BeckOK StaRUG/Fridgen StaRUG § 89 Rn. 21 ff.). Entsprechend § 133 Abs. 3 S. 2 (→ Rn. 30) ist es in diesen Fällen allerdings möglich, den Gläubigerbenachteiligungsvorsatz im Wege einer Gesamtwürdigung anderer Indizien herzuleiten (dazu Schoppmeyer ZIP 2021, 869 (874 ff.); Bork ZInsO 2020, 2177 (2178)). Die Privilegierung der Kenntnis der Rechtshängigkeit der Restrukturierungssache begründet sich daraus, dass diese gerade auf die nachhaltige Beseitigung der Krise abzielt (§ 29 Abs. 1 StaRUG), was eine Gleichbehandlung mit einem Sanierungsversuch (→ Rn. 18.1) rechtfertigt.

21   **d) Maßgeblicher Zeitpunkt.** Die anzufechtende Rechtshandlung muss „mit dem Vorsatz" der Gläubigerbenachteiligung vorgenommen worden sein, dh der **Gläubigerbenachteiligungsvorsatz muss im Zeitpunkt der Vornahme der Rechtshandlung (§ 140 BGB) bestehen**

(BGH NZI 2012, 137 (138)). Im Fall von mehraktigen Vorgängen oder beim Auseinanderfallen von Verpflichtungs- und Verfügungsgeschäft ist demzufolge separat zu prüfen, ob und zu welchem Zeitpunkt ein Gläubigerbenachteiligungsvorsatz gegeben war. Sofern sich die Umstände zwischen Verpflichtungs- und Verfügungsgeschäft allerdings nicht wesentlich geändert haben, kann im Rahmen der richterlichen Beweiswürdigung davon ausgegangen werden, dass auch die subjektiven Voraussetzungen beim Schuldner unverändert geblieben sind (BGH NZI 2008, 233). Allerdings erscheint es auch denkbar, dass zwar nicht im Zeitpunkt des Verpflichtungsgeschäfts, aber im Zeitpunkt der Erfüllung einer Verpflichtung der Benachteiligungsvorsatz besteht; in diesem Fall ist lediglich das Erfüllungsgeschäft nach § 133 Abs. 1 anfechtbar (Uhlenbruck/Borries/Hirte Rn. 48).

6. Kenntnis des anderen Teils

Der Anfechtungsgegner muss im Zeitpunkt der angefochtenen Rechtshandlung (§ 140) positive Kenntnis vom **Gläubigerbenachteiligungsvorsatz** des Schuldners und auch von der **Rechtshandlung** haben (BGH NZI 2012, 514 (515))....22

a) Positive Kenntnis. Erforderlich ist stets die **positive Kenntnis**. Allerdings ist nicht erforderlich, dass der Anfechtungsgegner alle Umstände, aus denen sich der Benachteiligungsvorsatz des Schuldners ergibt, im Einzelnen kennt. Ausreichend ist ein allgemeines Wissen um den Benachteiligungsvorsatz. Auch die Rechtshandlung muss der Anfechtungsgegner nicht in allen Einzelheiten kennen (BGH NZI 2021, 387 (390))....23

Im Hinblick auf die **Rechtshandlung** genügt, wenn der Anfechtungsgegner Kenntnis von der gläubigerbenachteiligenden Willensrichtung des Schuldners hatte, eine Rechtshandlung des Schuldners tatsächlich vorliegt und die Befriedigung aufgrund äußerlich zutage tretender Gegebenheiten nach allgemeiner Erfahrung auf eine Rechtshandlung des Schuldners zurückgehen kann; eine fehlende Kenntnis kann nur in besonders gelagerten Ausnahmefällen anerkannt werden, in denen der Anfechtungsgegner über den maßgeblichen Geschehensablauf im Ansatz unterrichtet ist, aber auf der Grundlage des für ihn nicht vollständig erkennbaren Sachverhaltes bei unvoreingenommener Betrachtung eine Rechtshandlung des Schuldners oder eine Gläubigerbenachteiligung zuverlässig ausschließen darf (BGH NZI 2018, 562 (563); 2014, 66; BeckRS 2013, 18105)....23.1

Im Hinblick auf die **Kenntnis des Gläubigerbenachteiligungsvorsatzes** genügt, wenn der Anfechtungsgegner um die Willensrichtung des Schuldners weiß und nach allgemeiner Erfahrung eine gläubigerbenachteiligende Rechtshandlung des Schuldners zugrunde legen muss (BGH NZI 2014, 66; BGH BeckRS 2013, 18105)....23.2

Kennt der Schuldner die genauen Handlungsabläufe und Sachverhaltskonstellationen nicht, so reicht es aus, wenn er diejenigen Tatsachen kennt, aus denen sich eine Gläubigerbenachteiligung ergibt. Die bloße Möglichkeit von (mehr oder weniger wahrscheinlichen) **Sachverhaltsalternativen**, die eine Rechtshandlung der Schuldnerin oder (auch) eine Gläubigerbenachteiligung ausschließen können, steht einer Kenntnis der Rechtshandlung und der durch sie bewirkten Gläubigerbenachteiligung nicht entgegen (BGH NZI 2021, 387 (390); 2014, 66 (67))....23.3

Positive Kenntnis ist hingegen dann nicht gegeben, wenn der Anfechtungsgegner auf Grundlage eines ihm nur unvollständig bekannten Sachverhalts eine Rechtshandlung des Schuldners **zuverlässig ausschließen konnte** (BGH BeckRS 2013, 18105)....23.4

In Dreipersonenverhältnissen (→ Rn. 14) ist Voraussetzung für eine Anfechtung in der Insolvenz des Leistungsmittlers, dass dem Anfechtungsgegner der **Gläubigerbenachteiligungsvorsatz des Leistungsmittlers** bekannt ist (BGH NZI 2013, 145)....23.5

Im Falle eines **bargeschäftsähnlichen Leistungsaustausches** (→ Rn. 16.1) kann eine Kenntnis des Anfechtungsgegners vom Benachteiligungsvorsatz regelmäßig nur dann angenommen werden, wenn der Anfechtungsgegner von der fehlenden Rentabilität des Schuldnerunternehmens weiß. Die Darlegungs- und Beweislast trägt insofern der Insolvenzverwalter (BGH NZI 2020, 25 mAnm Borries)....23.6

Maßgeblicher **Zeitpunkt** für das Vorhandensein der Kenntnis ist der Zeitpunkt der Vornahme der Rechtshandlung (§ 140)....23a

Gemäß § 140 Abs. 1 bestimmt sich der Zeitpunkt der Vornahme der Rechtshandlung nach dem Eintritt der rechtlichen Wirkungen, dh die Begründung der maßgeblichen Rechtsposition. Dieser Zeitpunkt kann, muss aber nicht mit der Gläubigerbenachteiligung zusammenfallen. Im Falle der Anfechtung einer **mittelbaren Zuwendung** (→ § 129 Rn. 65) ist daher nicht der Zeitpunkt des Vermögensabflusses beim Leistenden maßgeblich, sondern der Erhalt der Leistung durch den Leistungsempfänger. Wird die mittelbare Leistung bewirkt, indem ein Geldbetrag auf das Konto einer Zwischenperson zur bestimmungsgemäßen Weiterleitung an einen Gläubiger des Schuldners überwiesen wird, ist die Wertstellung auf dem Konto des Gläubigers der maßgebliche Zeitpunkt (BGH NZI 2021, 387 (390) mAnm Postel)....23a.1

24 Bloßes Kennenmüssen des Anfechtungsgegners vom Gläubigerbenachteiligungsvorsatz oder grob fahrlässige Unkenntnis genügen hingegen nicht (BGH NZI 2011, 684 (686)). Dennoch kann sich insbesondere bei Bestehen von Prüfobliegenheiten des Anfechtungsgegners der Maßstab für die positive Kenntnis in Richtung einer **grob fahrlässigen Unkenntnis** verschieben (Uhlenbruck/Borries/Hirte Rn. 51).

24.1 Sofern etwa einem Gläubiger, wie etwa dem Finanzamt oder den Sozialkassen als **institutionellen Großgläubigern,** bestimmte Beobachtungs- und Erkundigungspflichten obliegen, kann sich ein solcher Gläubiger bei Nichtbeachtung dieser Pflichten nicht auf mangelnde Kenntnis berufen (BGH NZI 2011, 684 (686)). Das Bundesamt für Justiz trifft mangels Stellung eines institutionellen Großgläubigers keine Beobachtungs- und Erkundigungspflicht (BGH NZI 2021, 720 (721)).

25 **Irrtümer** des Anfechtungsgegners auf tatsächlicher Ebene können die positive Kenntnis vom Gläubigerbenachteiligungsvorsatz ausschließen, etwa wenn der Anfechtungsgegner annimmt, dass die vom Schuldner bedienten Forderungen umfassend **insolvenzfest besichert** waren, sodass die schuldnerische Leistung nicht als gläubigerbenachteiligend zu werten ist (BGH NZI 2012, 514). Auch wenn der Anfechtungsgegner lediglich **irrtümlich einen Benachteiligungsvorsatz** des Schuldners annimmt, ohne dass ein solcher vorliegt, scheidet eine Anfechtbarkeit nach § 133 Abs. 1 aus.

25.1 **Problematisch** in diesem Zusammenhang ist allerdings die **Rechtsprechung des BGH zum Beweisanzeichen der Zahlungseinstellung:** Nach dieser kann von der Kenntnis des Anfechtungsgegners von der Zahlungseinstellung des Schuldners wegen § 17 Abs. 2 S. 2 regelmäßig auf die Kenntnis der (drohenden) Zahlungsunfähigkeit geschlossen werden. Zudem wird die Fortdauer der Zahlungseinstellung und der entsprechenden Kenntnis grundsätzlich vermutet, es sei denn, dass der Anfechtungsgegner beweisen kann, dass der spätere Insolvenzschuldner seine Zahlungen zwischenzeitlich allgemein wieder aufgenommen hat (→ Rn. 29.2, → Rn. 34.2). Eine weitere Einschränkung erfährt die Vermutung bei relativ geringfügigen Liquiditätsschwierigkeiten, die erfahrungsgemäß im laufenden Geschäftsbetrieb ohne tiefgreifende Sanierungsbemühungen beseitigt werden können (BGH NZI 2021, 720 (724)). Problematisch erscheint die Vermutung der Fortdauer der Zahlungsunfähigkeit vor dem Hintergrund, dass sie daraus hinausläuft, dass auch solche Zahlungen anfechtbar sind, bei deren Vornahme der Schuldner aufgrund der ihm zuvor einmal bekannt gewordenen Zahlungseinstellung/Zahlungsunfähigkeit lediglich irrtümlich davon ausgeht, der Schuldner sei noch zahlungsunfähig (kritisch insofern Ahrens, Anm. zu BGH NZI 2017, 28 (30)).

26 Ein eigener Gläubigerbenachteiligungsvorsatz des Anfechtungsgegners oder ein unlauteres Zusammenwirken zwischen Schuldner und Anfechtungsgegner ist neben der Kenntnis des Gläubigerbenachteiligungsvorsatzes nicht erforderlich (BGH NZI 2021, 720; 2003, 59). Handeln Schuldner und Anfechtungsgegner jedoch **kollusiv,** sind Benachteiligungsvorsatz und Kenntnis des Anfechtungsgegners davon regelmäßig gegeben.

26.1 Ein **kollusives Zusammenwirken** wurde zB angenommen bei der Überweisung von Geldern von einem Guthaben- auf ein Darlehenskonto durch ein Kreditinstitut in Kenntnis der Zahlungsunfähigkeit (BGH NZI 2012, 453) oder bei Verhinderung der Befriedigung anderer Gläubiger durch Anstrengung nicht erforderlicher Gerichtsverfahren (Uhlenbruck/Borries/Hirte Rn. 53).

26a Handelt lediglich der Anfechtungsgegner mit eigenem Gläubigerbenachteiligungsvorsatz, besteht ein solcher aber nicht beim Schuldner, so genügt dies für eine Anfechtung nach § 133 Abs. 1 nicht (Uhlenbruck/Borries/Hirte Rn. 54 mit Hinweis auf BGH NZI 2012, 453).

27 **b) Beweisanzeichen.** Ebenso wie der Gläubigerbenachteiligungsvorsatz kann im Prozess auch die entsprechende Kenntnis des anderen Teils als innere Tatsache über sog. Beweisanzeichen im Wege **objektiver Tatsachen und Indizien** hergeleitet werden. Die Tatsachenwürdigung erfolgt dabei spiegelbildlich zum Benachteiligungsvorsatz des Schuldners (BGH NJW-RR 2014, 231 (232)); es genügt daher zum Nachweis der Kenntnis grundsätzlich, wenn dem anderen Teil diejenigen Tatsachen bekannt sind, die ein Beweisanzeichen für das Vorliegen des Benachteiligungsvorsatzes des Schuldners begründen (BGH NZI 2011, 684; Braun/de Bra Rn. 22; aber → Rn. 28a.2).

27.1 Nach der Rechtsprechung lassen insbesondere folgende Beweisanzeichen auf eine positive Kenntnis des Anfechtungsgegners schließen:

27.2 **Kennt der Gläubiger die Zahlungsunfähigkeit oder drohende Zahlungsunfähigkeit** des Schuldners, so kann allein aus dieser Kenntnis nicht ohne Weiteres auf die Kenntnis vom Gläubigerbenachteiligungsvorsatz geschlossen werden. Denn auch in diesem Fall ist entscheidend, dass der Schuldner weiß oder billigend in Kauf nimmt, dass er nicht nur gegenwärtig, sondern auch zukünftig nicht in der Lage sein wird, alle seine Gläubiger zu befriedigen, sodass für den Schluss auf die subjektiven Voraussetzungen der

Vorsatzanfechtung weitere Umstände hinzutreten müssen (BGH NZI 2021, 720, in Neuausrichtung seiner früheren Rechtsprechung; → Rn. 19.2). Im Fall **kongruenter Leistungen** kann ohne Weiteres weder aus der erkannten Zahlungsunfähigkeit noch aus der lediglich drohenden Zahlungsunfähigkeit ein Beweisanzeichen für die Kenntnis vom Gläubigerbenachteiligungsvorsatz hergeleitet werden (BGH NZI 2021, 720; Tolani JZ 2018, 652 (657); → Rn. 19.2). In **Mahnschreiben** kann sich eine dauerhaft schleppende Zahlungsweise des Schuldners widerspiegeln, die auf eine drohende oder bereits eingetretene Zahlungsunfähigkeit schließen lassen kann (KG BeckRS 2018, 42199).

Die Erbringung einer **inkongruenten Leistung** oder einer **inkongruenten Bestellung von Kreditsicherheiten**, mag die Wirkungen der Rechtshandlung zu einem Zeitpunkt eintreten, in dem anstandslos aus der Sicht des Empfängers der Leistung Anlass bestand, an der Liquidität des Schuldners zu zweifeln (BGH NZI 2010, 440; BAG BeckRS 2013, 74786; OLG Saarbrücken BeckRS 2017, 116496). Wie in Bezug auf den Gläubigerbenachteiligungsvorsatz (→ Rn. 19.9) genügt grundsätzlich, dass der Anfechtungsgegner die Umstände kennt, aus denen sich die Inkongruenz ergibt, und kann die Indizwirkung aufgrund der Umstände des Einzelfalls gemindert sein oder ganz entfallen (BGH NZI 2013, 133 (137); BGH NZI 2004, 201; Uhlenbruck/Borries/Hirte Rn. 115). **27.3**

Auch **Vereinbarungen, die Nachteile für das Schuldnervermögen erst im Insolvenzfall begründen** (zB eine mit Wirkung für den Insolvenzfall abgeschlossene Kreditsicherheit), gestatten regelmäßig den Schluss sowohl auf einen Benachteiligungsvorsatz des Schuldners (→ Rn. 19.13) als auch auf seine Kenntnis bei dem Anfechtungsgegner (BGH NZI 2014, 68 (70)). **27.4**

Wird ein Anfechtungsgegner hingegen als bloße **Zahlstelle** des Schuldners tätig und ist er an dem Zahlungsvorgang nur in technischen Funktionen beteiligt (→ Rn. 14.2), kann auch bei Kenntnis der Zahlungsunfähigkeit oder des Insolvenzantrags nicht auf die Kenntnis des Benachteiligungsvorsatzes geschlossen werden. Ist der Leistungsmittler in dieser Funktion gesetzlich verpflichtet, die vom Schuldner veranlasste Zahlungsaufträge durchzuführen, kann vielmehr eine Kenntnis vom Gläubigerbenachteiligungsvorsatz des Schuldners nur unter besonderen Voraussetzungen bejaht werden (BGH NZI 2013, 583 (585)). **27.5**

Die Kenntnis eines Arbeitnehmers der eigenen **Lohnrückstände** und der Gehalts- und Lohnrückstände des Großteils der anderen Arbeitnehmer ist hingegen nicht unbedingt ein ausreichendes Indiz für die Kenntnis der drohenden Zahlungsunfähigkeit des Arbeitgebers oder von Umständen, die zwingend auf eine drohende Zahlungsunfähigkeit des Schuldners hingewiesen haben (BAG BeckRS 2011, 79276 Rn. 44; zur Anfechtung von Lohnforderungen insgesamt vgl. BGH NZI 2014, 775). **27.6**

Auch der Umstand, dass der Anfechtungsgegner eine **dem Schuldner nahstehende Person** iSd § 138 (→ Rn. 39) ist, kann bei der Beurteilung der Kenntnis des Anfechtungsgegners vom Benachteiligungsvorsatz indizielle Bedeutung haben, insbesondere wenn der Anfechtungsgegner wusste, dass die Zahlungsunfähigkeit des Schuldners drohte oder bereits eingetreten war (BGH NZI 2017, 358 (360); Ganter NZI 2018, 289 (299)). **27.7**

c) Gesetzliche Vermutung der positiven Kenntnis (§ 133 Abs. 1 S. 2). Nach § 133 Abs. 1 S. 2 wird die (positive) Kenntnis des Gläubigerbenachteiligungsvorsatzes vermutet, wenn der Anfechtungsgegner **wusste,** dass (i) die **Zahlungsunfähigkeit des Schuldners drohte** und (ii) **die Handlung die Gläubiger benachteiligte.** Im Fall von kongruenten Deckungshandlungen, dh im Fall einer kongruenten Gewährung oder Ermöglichung einer Sicherung oder Befriedigung (zur Abgrenzung kongruenter von inkongruenten Deckungen → § 131 Rn. 5 ff.), ist anstatt der Kenntnis der drohenden Zahlungsunfähigkeit die **Kenntnis der (eingetretenen) Zahlungsunfähigkeit** erforderlich (§ 133 Abs. 3 S. 1) (→ Rn. 28.1 f.). **28**

Das Erfordernis der Kenntnis der (eingetretenen) Zahlungsunfähigkeit – anstatt der bloß drohenden – als Voraussetzung für die gesetzliche Vermutung des Gläubigerbenachteiligungsvorsatzes im Falle von kongruenten Deckungshandlungen wurde mit der Reform des Anfechtungsrechts (→ Rn. 1.1) in 2017 in § 133 Abs. 3 aufgenommen und wird in der Literatur beispielsweise im Hinblick auf sog. „Closing Handlungen" im Rahmen von Distressed M&A-Transaktionen begrüßt (Bressler NZG 2018, 321 (324)). Da sich der Nachweisaufwand für den Insolvenzverwalter erhöht, wird dieser mitunter auch von sachlich begründeten Anfechtungen Abstand nehmen, und teilweise werden Sachverhalte schlicht aus der Anfechtung herausfallen (Kayser ZIP 2018, 1153 (1159 ff.); mit Zweifeln an nennenswerten Auswirkungen in der Praxis Pape ZInsO 2018, 296 (300)). **28.1**

Während iRd § 130 aufgrund seines Charakters als Auffangtatbestand eine positive Feststellung der Kongruenz einer Deckungshandlung nicht erforderlich ist (→ § 130 Rn. 10), dürfte im Rahmen des § 133 Abs. 2 der Anfechtungsgegner für das Vorliegen einer Kongruenz darlegungs- und beweisbelastet sein. **28.2**

Die (gesetzliche) Vermutung (§ 292 ZPO) nach § 133 Abs. 1 S. 2, § 133 Abs. 3 bewirkt eine Umkehr der Beweislast, dh bei Vorliegen des Vermutungstatbestands hat der Anfechtungsgegner den Gegenbeweis durch Widerlegung der Vermutungsfolgen zu führen (BGH NZI 2016, 355 (356); krit. Zivkovic ZVI 2017, 369). Konkret hat er Umstände darzulegen und zu beweisen, die **28a** es naheliegend erscheinen lassen, dass ihm der Gläubigerbenachteiligungsvorsatz des Schuldners trotz Vorliegens des Vermutungstatbestands nicht bekannt war (BGH NZI 2007, 512).

28a.1 Als Möglichkeit zur Widerlegung der gesetzlichen Vermutung erscheint die Darlegung und der Beweis, dass der Schuldner nach der anfechtbaren Rechtshandlung seine Zahlungsfähigkeit wiedererlangt hat, und dass zwischen dem nunmehr eingetretenen Insolvenzgrund und der früheren Zahlungsunfähigkeit kein Zusammenhang besteht; Voraussetzung ist allerdings, dass der Gläubiger beweist, dass es dem Schuldner in der Zwischenzeit nicht nur ganz vorübergehend möglich war, sämtliche Gläubiger vollständig zu befriedigen (Pape ZAP 2017, 183 ff., mit dem Hinweis, dass ein solcher Beweis in der Praxis schwer zu führen sein dürfte).

28a.2 Zur Widerlegung der gesetzlichen Vermutung im Falle von fehlgeschlagenen Sanierungsversuchen hat der Anfechtungsgegner grundsätzlich darzulegen und zu beweisen, dass er die Sanierungsleistungen (zB Zahlungen) auf Grundlage eines schlüssigen Sanierungskonzeptes erlangt hat. Allerdings werden an die auf die Schlüssigkeit des Sanierungskonzeptes bezogene Kenntnis des Anfechtungsgegners geringere Anforderungen gestellt als beim Schuldner. Zur Widerlegung der Vermutung genügt daher, dass der Anfechtungsgegner konkrete Umstände darlegt, die es naheliegend erscheinen lassen, dass ihm der Gläubigerbenachteiligungsvorsatz des Schuldners nicht bekannt war (BGH NZI 2019, 594 (595); → Rn. 20.1).

29 Auch iRd § 133 Abs. 1 S. 2 kann das Vorliegen der inneren Tatsachen prozessual durch sog. **Beweisanzeichen** nachgewiesen werden. Kennt der Gläubiger tatsächliche Umstände, die zwingend auf eine **drohende oder bereits eingetretene Zahlungsunfähigkeit** des Schuldners hinweisen, spricht eine tatsächliche Vermutung dafür, dass er auch die (drohende) Zahlungsunfähigkeit kennt (BGH NZI 2009, 768; BGH NZI 2007, 512 (514)). Die tatsächliche Vermutung kann allerdings durch Nachweis gegenläufiger Tatsachen entkräftet werden (§ 286 ZPO). Wird die tatsächliche Vermutung der Kenntnis der (drohenden) Zahlungsunfähigkeit nicht entkräftet, begründet diese wiederum die (widerlegliche) Vermutung der Kenntnis des Gläubigerbenachteiligungsvorsatzes (vgl. BGH NZI 2009, 768 (769)).

29.1 Als Beweisanzeichen für das Wissen um die (drohende) Zahlungsunfähigkeit dient regelmäßig **Zahlungsverzug**, wenn der Gläubiger damit rechnen muss, dass der Schuldner auch andere Gläubiger nicht befriedigt (BGH NZI 2013, 140; 2009, 847; 2009, 768; 2007, 512; vgl. Uhlenbruck/Borries/Hirte Rn. 69).

29.2 Auch von der Kenntnis einer **Zahlungseinstellung** des Schuldners (§ 17 Abs. 2 S. 2), oder von Umständen, die zwingend auf eine Zahlungseinstellung hinweisen, kann regelmäßig auf die Kenntnis der (drohenden) Zahlungsunfähigkeit geschlossen werden (BGH NZI 2021, 720 (722); 2015, 768; 2012, 416; 2010, 985 (989); aber → Rn. 29.7). Allerdings entfalten Zahlungsunfähigkeit und drohende Zahlungsunfähigkeit nach dem Urteil des BGH vom 6.5.2021 (NZI 2021, 720) nur noch eingeschränkte Indizwirkung zur Begründung des Gläubigerbenachteiligungsvorsatzes (→ Rn. 19.2). Dass der Gläubiger aus den ihm bekannten Tatsachen nicht die richtige rechtliche Wertung – also das Vorliegen der Zahlungsunfähigkeit – zieht, ist grundsätzlich unbeachtlich (vgl. BGH NZI 2010, 985 (989)).

29.3 Auch die **Rückgabe von Lastschriften** stellt ein erhebliches Beweisanzeichen für eine drohende Zahlungsunfähigkeit und die entsprechende Kenntnis des Gläubigers dar (BGH BeckRS 2010, 19843).

29.4 Die Bitte des Schuldners auf Abschluss einer **Ratenzahlungsvereinbarung** ist, wenn sie sich im Rahmen der Gepflogenheiten des Geschäftsverkehrs hält, als solche kein Indiz für eine Zahlungseinstellung oder Zahlungsunfähigkeit des Schuldners (BGH NZI 2016, 837 mAnm Wazlawik; Wiester/Naumann ZIP 2016, 2351 ff.). Die Bitte bewegt sich außerhalb der Gepflogenheiten des Geschäftsverkehrs, wenn sie nach mehrmaligen fruchtlosen Mahnungen und nicht eingehaltenen Zahlungszusagen gegenüber einem von dem Gläubiger mit dem Forderungseinzug betrauten Inkassounternehmen geäußert wird (BGH ZIP 2015, 2180). Eine Bitte um Ratenzahlung ist nur dann ein Indiz für eine Zahlungseinstellung, wenn sie vom Schuldner mit der Erklärung verbunden wird, seine fälligen Verbindlichkeiten (anders) nicht begleichen zu können (BGH NZI 2016, 266 (267); BGH NZI 2015, 470; kritisch Schmidt ZInsO 2017, 200 ff. in Bezug auf im Geschäftsverkehr übliche Warenkredite). Dies ist beispielsweise dann der Fall, wenn der Anfechtungsgegner gegenüber dem Schuldner über viele Monate erfolglos Zahlung rückständiger Rechnungen angemahnt, ein Inkassounternehmen betraut, einen Mahnbescheid erwirkt und schließlich das streitige gerichtliche Verfahren beschritten hat, und erst dann eine Ratenzahlungsvereinbarung geschlossen wurde (BGH NZI 2016, 266 (267)). Hingegen kann bei dem im erstmaligen Geschäftskontakt mit dem Schuldner stehenden Gläubiger aus der Tatsache, dass der Schuldner die verhältnismäßig geringfügige Forderung erst nach dreimaliger außergerichtlicher Mahnung und Erlass eines Vollstreckungsbescheides im Rahmen einer mit dem Gerichtsvollzieher geschlossenen Zahlungsvereinbarung beglich, nicht zwingend auf die aus einer Zahlungseinstellung herrührende Zahlungsunfähigkeit geschlossen werden (BGH NZI 2017, 850 (852) mAnm Jensen; Ganter NZI 2018, 289 (300)). Das Gesetz zur Verbesserung der Rechtssi-

Vorsätzliche Benachteiligung **§ 133 InsO**

cherheit bei Anfechtungen nach der Insolvenzordnung und nach dem Anfechtungsgesetz (→ Rn. 3.2) hat die Rechtsprechung zu Zahlungserleichterungen nun im neuen § 133 Abs. 3 aufgegriffen (→ Rn. 30).

Sofern der Schuldner **Steuerforderungen nur noch unter Vollstreckungsdruck** zahlt und das Finanzamt weiß, dass die Hausbank des Schuldners eine Ausweitung eines ausgeschöpften Kreditlimits ablehnt und Zahlungen nur noch aus einer geduldeten Kontoüberziehung erfolgen, lässt dieser Umstand auf eine Zahlungseinstellung des Schuldners und einen Benachteiligungsvorsatz sowie die Kenntnis davon schließen (BGH NZI 2016, 222). **29.5**

Vereinbaren Schuldner und Gläubiger im Hinblick auf aufgelaufene Zahlungsrückstände, dass wegen knapper Mittel Bestellungen nicht mehr bei Lieferung bezahlt werden müssen, sondern **nur noch nach Kassenlage**, wenn neue Bestellungen aufgegeben werden, haben beide Parteien Kenntnis von Umständen, die zwingend auf eine (drohende) Zahlungsunfähigkeit des Schuldners schließen lassen (BGH NZI 2017, 64 (66)). **29.6**

Im Fall einer erfolgreichen **zwangsweisen Durchsetzung einer unbestrittenen Forderung** kann hingegen **nicht** stets auf eine Kenntnis des Gläubigers von der Zahlungsunfähigkeit oder Zahlungseinstellung des Schuldners geschlossen werden, wenn der Gläubiger außer dieser Forderung und den von ihm zur zwangsweisen Durchsetzung der Forderung unternommenen erfolgreichen Schritten keine weiteren konkreten Tatsachen über die Liquiditäts- oder die Vermögenslage seines Schuldners kennt (BGH NZI 2017, 645; 2017, 850 (852)). Aber auch der Gläubiger, der sich mangels näherer Kenntnisse der Liquiditätslage des Schuldners der staatlichen Zwangsmittel bedient, um seine Forderung durchzusetzen, unterliegt außerhalb des Zeitraums der besonderen Insolvenzanfechtung (→ § 129 Rn. 7) grundsätzlich keinen vom Anfechtungsrecht ausgehenden Beschränkungen (BGH NZI 2017, 718 (719); Ganter NZI 2018, 289 (300)). **29.7**

Die gesetzliche Vermutung des § 133 Abs. 1 S. 2 wird durch **§ 89 StaRUG** eingeschränkt. Nach § 89 Abs. 1 und 2 kann allein aus der Kenntnis der Rechtshängigkeit einer Restrukturierungssache – die ja das Vorliegen einer zumindest drohenden Zahlungsunfähigkeit erfordert (§ 29 Abs. 1 StaRUG) –, nicht auf das Vorliegen eines Gläubigerbenachteiligungsvorsatzes geschlossen werden (Schoppmeyer ZIP 2021, 869 (874 ff.); Bork ZInsO 2020, 2177 (2178); → Rn. 20a). **29a**

Die **Vereinbarung von Zahlungserleichterungen** ist kein Beweisanzeichen für die Kenntnis des Gläubigers von der Zahlungsunfähigkeit des Schuldners. Nach § 133 Abs. 3 S. 2, der mit Wirkung zum 5.4.2017 in § 133 eingefügt wurde und für ab diesem Zeitpunkt eröffnete Insolvenzverfahren gilt (→ Rn. 3.2), knüpft sich an die Vereinbarung einer Zahlungserleichterung im Gegenteil eine gesetzliche „Gegenvermutung" an, dass der Anfechtungsgegner zur Zeit der Handlung die Zahlungsunfähigkeit des Schuldners dann nicht kannte (vgl. Tolani JZ 2018, 652 (657 ff.)). Der Begriff der Zahlungsvereinbarung umfasst etwa Vereinbarungen auf Grundlage des § 802b ZPO (LG Aachen BeckRS 2018, 18199), §§ 222, 258 AO, § 76 SGB IV, § 42 StGB, § 459a StPO, und unter Zahlungserleichterungen fallen beispielsweise Stundungen oder die Vereinbarung von Ratenzahlungen (vgl. Begr. RegE BT-Drs. 18/7054, Seite 18). Es werden nicht nur solche Vereinbarungen erfasst, die schon bei Abschluss des jeweiligen Rechtsgeschäfts geschlossen werden (zB im Rahmen eines Abzahlungskaufs), sondern auch solche, die einem Schuldner im Nachhinein gerade erst im Falle von Liquiditätsschwierigkeiten gewährt werden. **30**

Nach der **Begründung zum Regierungsentwurf** (BT-Drs. 18/7054, Seite 18) soll durch die Regelung des § 133 Abs. 3 S. 2 ausdrücklich die Möglichkeit für Wirtschaftsunternehmen, mit Schuldnern bei vorübergehenden Liquiditätsschwierigkeiten einen Zahlungsaufschub oder Ratenzahlungen zu vereinbaren und diesen damit eine Art Überbrückungsfinanzierung zu gewähren, auf rechtssicheren Boden gestellt werden. Zudem soll denjenigen Gläubigern Rechtssicherheit verschafft werden, die im Rahmen der Durchsetzung ihrer Forderung auf eine gütliche Erledigung bedacht sind und auf der Grundlage gesetzlicher Regelungen (vgl. etwa § 802b ZPO, §§ 222, 258 AO, § 76 SGB IV, § 42 StGB, § 459a StPO) mit dem Schuldner Zahlungsvereinbarungen treffen oder diesem in anderer Weise Zahlungserleichterungen gewähren. **30.1**

Nach § 2 Abs. 1 Nr. 4 lit. e COVInsAG aF wurden Zahlungserleichterungen im Zusammenhang mit der COVID-19-Pandemie zusätzlich anfechtungsrechtlich privilegiert. Die Regelung des § 2 Abs. 1 Nr. 4 lit. e COVInsAG aF wurde durch Gesetz zur Änderung des COVID-19-Insolvenzaussetzungsgesetzes (BT-Drs. 19/26245; BT-Drs. 19/25976) aufgehoben. **30a**

Die Regelung des § 133 Abs. 3 S. 2 steht im Einklang mit der Rechtsprechung des BGH, wonach eine Stundungsbitte des Schuldners bzw. sein Bitten um eine Ratenzahlungsvereinbarung für sich allein genommen nicht genügen, die Kenntnis von der Zahlungsunfähigkeit oder vom Gläubigerbenachteiligungsvorsatz zu begründen (vgl. Kayser ZIP 2018, 1153 (1159 f.); Pape ZInsO 2018, 296 (302); Huber ZIP 2018, 519 (522); BGH NZI 2016, 837; BGH NZI 2015, 470; → Rn. 29.4). Hinzu kommt jedoch die Vermutungswirkung, die der Gesetzgeber der Zah- **30b** lungsvereinbarung bzw. Zahlungserleichterung zuschreibt: War nach der Rechtsprechung des BGH eine entsprechende Bitte des Schuldners nicht anfechtungsbegründend sondern lediglich ungeeignet, die sich aus anderen Umständen ergebende Kenntnis des Gläubigers vom Gläubigerbenachteiligungsvorsatz bzw. der Zahlungsunfähigkeit des Schuldners im Rahmen der richterlichen Gesamtwürdigung nach § 286 ZPO auszuräumen (vgl. Ganter, Anm. zu BGH NZI 2015, 470 (471)), so wird an die Zahlungsvereinbarung bzw. -erleichterung nach § 133 Abs. 2 S. 2 die gesetzliche Vermutung geknüpft, dass der Anfechtungsgegner zur Zeit der Handlung die Zahlungsunfähigkeit des Schuldners nicht kannte.

30b.1 Hintergrund der Vermutungswirkung ist nach der **Begründung zum Regierungsentwurf** (BT-Drs. 18/7054, 18) der Gedanke des Gesetzesinitiators, dass die mit einer Stundungs- oder Ratenzahlungsbitte dem Gläubiger offenbar werdende Liquiditätslücke mit Gewährung der Stundung respektive Abschluss der Ratenzahlungsvereinbarung regelmäßig beseitigt sein wird und ein Gläubiger, der einer Stundungs- oder Ratenzahlungsbitte seines Schuldners entspricht, grundsätzlich keinen Anlass hat, von der Insuffizienz des schuldnerischen Vermögens auszugehen.

30c Zur gesetzlichen Vermutung wird bisweilen dahingehend Kritik geäußert, dass sie die Gefahr begründe, dass der Gläubiger sich im Schutze einer Ratenzahlungsvereinbarung die letzten Mittel eines Schuldners sichern könne und die Regelung damit weniger zur Stärkung von Sanierungen, als vielmehr zur Insolvenzverschleppung beitragen könne (vgl. Darstellung bei Flaig GWR 2016, 71 (73)). Dem ist allerdings entgegenzuhalten, dass der Insolvenzverwalter die gesetzliche Vermutung weiterhin gem. § 292 ZPO durch Gegenbeweis widerlegen kann. Dies kann auch im Rahmen eines Indizienbeweises erfolgen, im Rahmen dessen sich der Insolvenzverwalter wie bisher auf all diejenigen Umstände bzw. Beweisanzeichen (→ Rn. 29) berufen kann, die für die Kenntnis des Anfechtungsgegners von der Zahlungsunfähigkeit des Schuldners sprechen (dazu Tolani JZ 2018, 652 (660)).

30c.1 Die **Begründung zum Regierungsentwurf** (BT-Drs. 18/7054, 18) führt aus, dass der Insolvenzverwalter zur Widerlegung der Vermutung des § 133 Abs. 3 S. 2 konkret Umstände darlegen und ggf. beweisen muss, die darauf schließen lassen, dass dem Anfechtungsgegner die Zahlungsunfähigkeit des Schuldners zum Zeitpunkt der angefochtenen Handlung doch bekannt war. Die Vermutung hat vor diesem Hintergrund die Wirkung, dass der Insolvenzverwalter den ihm ohnehin obliegenden Beweis der Kenntnis des Anfechtungsgegners von der Zahlungsunfähigkeit des Schuldners weder auf die Gewährung der Zahlungserleichterung noch auf die dieser Gewährung typischerweise zugrunde liegende Bitte des Schuldners stützen kann. Umstände, die hierüber hinausgehen, kann der Verwalter hingegen uneingeschränkt geltend machen. Solche Umstände können im Verhältnis des Schuldners zum Anfechtungsgegner angelegt sein, wie es zB der Fall ist, wenn der Schuldner die geschlossene Ratenzahlungsvereinbarung nicht einhält oder anderweitig, etwa mit neu entstandenen Forderungen, in erheblichen Zahlungsrückstand gerät. In Betracht kommen ferner Umstände, die darauf hindeuten, dass der Schuldner gegenüber weiteren Gläubigern erhebliche fällige Verbindlichkeiten hat, die er nicht, auch nicht ratenweise, bedienen kann. Zu denken ist dabei an die eigene Erklärung des Schuldners, alle oder einen erheblichen Teil seiner fälligen Zahlungspflichten nicht mehr erfüllen zu können, oder an dem Anfechtungsgegner bekannte erfolglose Vollstreckungsversuche durch andere Gläubiger. Von Bedeutung kann insoweit auch sein, ob der Anfechtungsgegner Grund zur Annahme hat, der Schuldner werde bis zuletzt nur seine Forderung (und nicht die anderer Gläubiger) bedienen. So kann es etwa liegen, wenn der Anfechtungsgegner in einem persönlichen Näheverhältnis zum Schuldner steht, er Großgläubiger des Schuldners ist oder ihm bekannt ist, dass die Nichterfüllung seiner Forderung für den Schuldner strafrechtliche Sanktionen nach sich ziehen würde. Sucht der Schuldner in einem solchen Fall um die Anpassung einer gewährten Zahlungserleichterung oder um weitere Zahlungserleichterungen nach, ohne seine Zahlungsfähigkeit plausibel zu erläutern, liegt die Annahme nahe, dass der Schuldner auch fällige Zahlungspflichten, die er gegenüber anderen Gläubigern hat, nicht (mehr) erfüllen kann.

30d Das **Wissen** des Anfechtungsgegners **um die objektive Gläubigerbenachteiligung** ergibt sich mitunter indiziell bereits aus der Kenntnis der (drohenden) Zahlungsunfähigkeit (BGH NZI 2015, 222 (223); BAG NZI 2014, 372 (381)), sofern der Anfechtungsgegner mit weiteren (zu benachteiligenden) Gläubigern rechnen muss, was bei einem unternehmerisch tätigen Schuldner regelmäßig der Fall ist (BGH NZI 2020, 682; 2010, 439 (441); aber → Rn. 16.1 zu Fällen bargeschäftlichen Leistungsaustauschs zur Unternehmensfortführung; → Rn. 30c.1).

30d.1 Weitere Indizien, aus denen auf das Wissen um die Gläubigerbenachteiligung geschlossen werden kann, sind:
- Kenntnis des **Insolvenzeröffnungsantrags** (BGH NZI 2013, 583 (584)); BGH NZI 2012, 453 (455)).

- Kenntnis des Gläubigers, dass der Schuldner ein **Schneeballsystem** betreibt und der daraus folgenden drohenden Zahlungsunfähigkeit (BGH NZI 2015, 222; dazu Kluth NZI 2015, 405).

d) Anfechtungsgegner. Anfechtungsgegner nach § 133 Abs. 1 ist „der andere Teil". Somit ist abweichend von §§ 130, 131 **nicht erforderlich, dass der Anfechtungsgegner ein Insolvenzgläubiger ist;** die Vorsatzanfechtung kann sich auch gegen Dritte richten (BGH NZI 2012, 137 (138)). Die Kenntnis eines **Vertreters** wird dem Anfechtungsgegner nach § 166 BGB zugerechnet (BGH NZI 2013, 133 (135)). Ausnahmen können im Falle der gesetzlichen Vertretung geschäftsunfähiger oder beschränkt geschäftsfähiger Personen (zB Minderjähriger) bestehen; so kann einer geschäftsunfähigen oder beschränkt geschäftsfähigen Person die Kenntnis ihres gesetzlichen Vertreters vom Benachteiligungsvorsatz des Schuldners nicht angelastet werden, wenn der gesetzliche Vertreter die unbeschränkte Vertretungsmacht aus wirtschaftlichem Eigennutz ohne Rücksicht auf die Vermögensinteressen des Vertretenen ausübt (BGH NZI 2017, 3516). 31

7. Prozessuales – Beweislast

Der Schwerpunkt der prozessualen Prüfung im Rahmen des § 133 Abs. 1 liegt bei den **subjektiven Anfechtungsvoraussetzungen** des Gläubigerbenachteiligungsvorsatzes und der entsprechenden Kenntnis des anderen Teils (→ Rn. 2). Diese hat der Tatrichter gem. § 286 ZPO unter Würdigung aller maßgeblichen Umstände des Einzelfalls auf der Grundlage des Gesamtergebnisses der Verhandlung und einer etwaigen Beweisaufnahme zu prüfen. Da sie jedoch als innere Tatsachen dem direkten Beweis nur eingeschränkt zugänglich sind, können sie prozessual mittelbar durch Darlegung und Beweis von bestimmten objektiven Tatsachen (sog. **Beweisanzeichen** hergeleitet werden (BGH NZI 2016, 837 (838); BGH NZI 2014, 68; Kayser NJW 2014, 422 (427); zu Beweisanzeichen für den Gläubigerbenachteiligungsvorsatz → Rn. 19, zu Beweisanzeichen für die Kenntnis des anderen Teils → Rn. 27). Die Beweisanzeichen sind als Indizien im Rahmen der richterlichen Beweiswürdigung nach § 286 ZPO zu beachten (vgl. Tolani JZ 2018, 652 (655)). 32

Eine Ausnahme gilt nach § 133 Abs. 1 S. 2, wenn der Leistungsempfänger die (drohende) Zahlungsunfähigkeit des Schuldners kennt. In diesem Fall wird seine Kenntnis vom Gläubigerbenachteiligungsvorsatz **gesetzlich vermutet,** sodass es ihm prozessual obliegt, die Vermutung zu widerlegen und den Beweis des Gegenteils zu erbringen (§ 292 ZPO; vgl. BAG NZI 2014, 372 (378)). 33

In **Sanierungsfällen** trifft den über die (drohende) Zahlungsunfähigkeit des Schuldners unterrichteten Anfechtungsgegner die Darlegungs- und Beweislast dafür, spätere Zahlungen des Schuldners auf der Grundlage eines schlüssigen Sanierungskonzepts erlangt zu haben (BGH NZI 2018, 840 (841); 2014, 650 (653); hierzu → Rn. 20.1 ff.; zu den Anforderungen an die anwaltliche Beratung in Sanierungssituationen zudem Pape ZAP 2017, 183 ff.). Dabei kann der Anfechtungsgegner grundsätzlich den Angaben des Schuldners oder ihrer Sanierungsberater vertrauen (etwa im Rahmen eines ausgearbeiteten Businessplans), solange keine (erheblichen) Anhaltspunkte bestehen, dass der Anfechtungsgegner getäuscht werden soll oder dass der Sanierungsplan keine Aussicht auf Erfolg hat (BGH NZI 2018, 840 (841)). Hinsichtlich der Schlüssigkeit des Sanierungskonzeptes sind an den Anfechtungsgegner allerdings geringere Anforderungen zu stellen als an den Schuldner (BGH NZI 2019, 594 – „Sanierungsskizze"; FD-InsR 2019, 417234 mAnm Kiesel). 33.1

Ebenso trifft den Anfechtungsgegner die Beweislast für den Einwand eines bargeschäftsähnlichen Leistungsaustausches (→ Rn. 16.1). Die Beweislast für den Gegeneinwand der fehlenden Rentabilität des Schuldnerunternehmens sowie der Kenntnis des Anfechtungsgegners davon (→ Rn. 23.6) trägt hingegen der Insolvenzverwalter (BGH NZI 2020, 25; BeckRS 2019, 25514 Rn. 16). 33.2

Die Kenntnis der Zahlungsunfähigkeit als Vermutungstatbestand wiederum kann durch (zu entkräftende) Beweisanzeichen dargelegt werden oder durch Darlegung der Kenntnis des Anfechtungsgegners von einer Zahlungseinstellung, aus der gem. § 17 Abs. 2 S. 2 die gesetzliche Regelvermutung der Zahlungsunfähigkeit folgt. 34

Lässt ein gewerblich tätiger Schuldner monatelang einen Rückstand von erheblicher Höhe mit betriebsnotwendigen fortlaufenden Verbindlichkeiten – insbesondere Steuern und Sozialabgaben, aber auch Löhne und Mieten – aufkommen und zahlt er danach unregelmäßig einzelne Raten, ohne jedoch die Gesamtschuld verringern zu können, so deuten diese Tatsachen auf eine **Zahlungsunfähigkeit** hin (BGH NZI 2015, 768; 2016, 355). Das monatelange völlige Schweigen eines Schuldners auf Rechnungen und vielfältige Mahnungen kann für sich genommen ein Indiz für eine **Zahlungseinstellung** begründen (BGH NZI 2018, 264; 2016, 266). Kenntnis des Gläubigers von der Zahlungseinstellung ist ebenfalls anzunehmen, wenn der Gläubiger bei Leistungsempfang seine Ansprüche ernsthaft eingefordert hat, diese verhältnismäßig hoch sind und er weiß, dass der Schuldner nicht in der Lage ist, die Forderungen zu erfüllen (BGH NZI 34.1

2015, 768). Andererseits muss aus der Äußerung des Schuldners, er könne die insgesamt offenstehende Forderung nicht sofort und nicht in einem Zuge bezahlen, nicht zwingend auf dessen Zahlungseinstellung geschlossen werden (BGH NZI 2016, 837 (839); abl. Schmidt ZInsO 2017, 200 ff.).

34.2 Kennt der Anfechtungsgegner die **Zahlungseinstellung,** so kann er sich aufgrund der gesetzlichen Regelvermutung des § 17 Abs. 2 S. 2 nicht darauf berufen, er habe nicht auf Zahlungsunfähigkeit geschlossen, sondern sei lediglich von Zahlungsunwilligkeit des Schuldners ausgegangen; denn eine insolvenzrechtlich erhebliche Zahlungsunwilligkeit setzt voraus, dass der Schuldner tatsächlich noch zahlungsfähig ist. Daher kann die Vermutung der Zahlungsunfähigkeit nach § 17 Abs. 2 S. 2 auch nicht durch den Nachweis der Zahlungsunwilligkeit widerlegt werden, sondern es ist der Nachweis der Zahlungsfähigkeit erforderlich (BGH NZI 2018, 34 mAnm Frystatzki; NZI 2013, 140 (143); 2012, 416 (417)), etwa mittels Erstellung einer Liquiditätsbilanz durch einen Sachverständigen (BGH NZI 2019, 850). Dementsprechend wirkt nach der Rechtsprechung des BGH eine einmal nach außen hin in Erscheinung getretene Zahlungseinstellung grundsätzlich fort und kann nur dadurch wieder beseitigt werden, dass alle **Zahlungen** grundsätzlich – bis auf unwesentliche Ausnahmen – **wieder aufgenommen** werden (BGH NZI 2017, 926; 2017, 64; 2016, 266 (268); 2012, 963 (964)). Für die Verteilung der Darlegungs- und Beweislast bedeutet dies, dass dann, wenn der beweisbelastete Insolvenzverwalter für einen bestimmten Zeitpunkt den Beweis der Zahlungseinstellung des Schuldners geführt hat, der Anfechtungsgegner grundsätzlich beweisen muss, dass diese Voraussetzung zwischenzeitlich wieder entfallen ist. Gleiches gilt für den nachträglichen Wegfall der subjektiven Anfechtungsvoraussetzung der Kenntnis der Zahlungsunfähigkeit: Ein Gläubiger, der von der einmal eingetretenen Zahlungsunfähigkeit des Schuldners wusste, hat grundsätzlich darzulegen und zu beweisen, warum er später davon ausging, der Schuldner habe seine Zahlungen möglicherweise allgemein wieder aufgenommen (BGH NZI 2017, 64; 2017, 28 (30); 2016, 266 (268); zur daraus resultierenden Irrtumsproblematik → Rn. 25.1). Diese **Vermutung der Fortdauer einer einmal eingetretenen** Zahlungseinstellung darf nach Urteil des BGH vom 6.5.2021 (NZI 2021, 720) allerdings **nicht undifferenziert angewendet werden.** Stärke und Dauer der Vermutung hängen davon ab, in welchem Ausmaß die Zahlungsunfähigkeit zutage getreten ist. So kann aus einer verhältnismäßig geringfügigen Liquiditätslücke nicht auf die Fortdauer der Zahlungsunfähigkeit geschlossen werden; anderes gilt, wenn das Ausmaß der Illiquidität aus objektiver Sicht im maßgeblichen Zeitpunkt (§ 140) ein Insolvenzverfahren erforderlich erscheinen lässt (BGH NZI 2021, 720 (724)).

34.3 Stehen die **Zahlungsunfähigkeit** des Schuldners und die darauf bezogene Kenntnis des Anfechtungsgegners als Beweisanzeichen für den Gläubigerbenachteiligungsvorsatz (→ Rn. 19.2) und Tatbestand der gesetzlichen Vermutung des § 133 Abs. 1 S. 2 fest, so kann der Anfechtungsgegner die Indizwirkung erschüttern und den Vermutungstatbestand beheben, indem er nachweist, dass die (drohende) Zahlungsunfähigkeit im Zeitpunkt der Rechtshandlung **wieder entfallen** war bzw. er davon ausgehen durfte. Dabei muss diese Schlussfolgerung auf einer Veränderung der Tatsachengrundlage beruhen (BGH NZI 2013, 140 (144); vgl. auch BGH NZI 2016, 266 (268)). Sind dem Anfechtungsgegner nicht alle Tatsachen bekannt oder nimmt er irrtümlich Tatsachen an, die bei einer Gesamtbetrachtung den Schluss auf die Zahlungsunfähigkeit des Schuldners nicht zwingend nahelegen, fehlt ihm die entsprechende Kenntnis. Bewertet er hingegen das ihm vollständig bekannte Tatsachenbild, das objektiv die Annahme der Zahlungsunfähigkeit gebietet, falsch, kann er sich nicht darauf berufen, dass er diesen Schluss nicht gezogen habe (BGH NZI 2009, 228 (229)).

34a Darlegungs- und beweisbelastet für die tatsächlichen Umstände, die über die erkannte Zahlungsunfähigkeit hinaus für den Gläubigerbenachteiligungsvorsatz und die Kenntnis von diesem erforderlich sind (→ Rn. 19.2), ist der Insolvenzverwalter. Dies gilt auch, soweit es sich – wie bei dem Umstand, dass keine begründete Aussicht auf Beseitigung der Illiquidität bestand – um negative Tatsachen handelt (BGH NZI 2021, 720 (725)).

34b Wird eine kongruente Deckungshandlung (→ § 131 Rn. 10) angefochten, greift gem. § 133 Abs. 3 S. 1 die Vermutung der Kenntnis vom Benachteiligungsvorsatz des § 133 Abs. 1 S. 2 nur im Fall der Kenntnis der (eingetretenen) Zahlungsunfähigkeit; die Kenntnis der bloß drohenden Zahlungsunfähigkeit genügt hingegen nicht (→ Rn. 28).

34c Die **Vereinbarung von Zahlungserleichterungen** ist kein Beweisanzeichen für die Kenntnis des Gläubigers von der Zahlungsunfähigkeit des Schuldners. Nach § 133 Abs. 3 S. 2 wird vielmehr gesetzlich vermutet (§ 292 ZPO), dass der Anfechtungsgegner zur Zeit der Handlung die Zahlungsunfähigkeit des Schuldners dann nicht kannte, wenn er mit dem Schuldner eine Zahlungsvereinbarung getroffen oder diesem in sonstiger Weise eine Zahlungserleichterung gewährt hat; der Insolvenzverwalter kann diese gesetzliche Vermutung gem. § 292 ZPO durch Gegenbeweis widerlegen (BGH NZI 2020, 682; → Rn. 30; vgl. auch Zivkovic ZVI 2017, 369).

34c.1 Die Vermutung kann auch durch den Nachweis widerlegt werden, dass der Anfechtungsgegner Umstände kannte, die bereits vor Gewährung der Zahlungserleichterung bestanden und aus denen nach der gewährten Zahlungserleichterung wie schon zuvor auf die Zahlungsunfähigkeit des Schuldners geschlossen werden kann (BGH NZI 2020, 682).

Die Regelung des § 133 Abs. 3 S. 2, die mit Wirkung zum 5.4.2017 in § 133 eingefügt wurde und für ab diesem Zeitpunkt eröffnete Insolvenzverfahren gilt (→ Rn. 3.2), bewirkt allerdings keine grundsätzliche Änderung der Darlegungs- und Beweislast iRd § 133 Abs. 1 S. 2 iVm § 133 Abs. 3 S. 1. So trägt der Insolvenzverwalter weiterhin die Darlegungs- und Beweislast für die (drohende) Zahlungsunfähigkeit des Schuldners und die entsprechende Kenntnis des Anfechtungsgegners. Erfolgen Darlegung und Beweis im Wege von Beweisanzeichen als Indizien, so hat sich insofern lediglich die „Stoßrichtung" geändert, als dass die Beweisführung nunmehr auch die gesetzliche Vermutung der Nichtkenntnis tragen muss (vgl. Tolani JZ 2018, 652 (660)). **34d**

II. Anfechtung nach Abs. 4 (entgeltlicher Vertrag mit nahestehender Person)

§ 133 Abs. 4 statuiert eine erleichterte Anfechtbarkeit von **entgeltlichen Verträgen** des Schuldners mit einer ihm **nahestehenden Person (§ 138),** durch die die Insolvenzgläubiger **unmittelbar benachteiligt** werden. Die Anfechtung nach § 133 Abs. 2 ist ausgeschlossen, wenn der Vertrag früher als **zwei Jahre** vor dem Eröffnungsantrag geschlossen wurde oder wenn der nahestehenden Person der Gläubigerbenachteiligungsvorsatz im Zeitpunkt des Vertragsschlusses nicht bekannt war. **35**

§ 133 Abs. 4 ist kein eigenständiger Anfechtungstatbestand, sondern ein **Sonderfall der Vorsatzanfechtung nach § 133 Abs. 1** im Fall von entgeltlichen Verträgen mit nahestehenden Personen, welcher zum einen den allgemeinen Tatbestand des § 133 Abs. 1 einschränkt, indem er eine unmittelbare Gläubigerbenachteiligung verlangt, zum anderen aber die Anfechtbarkeit insofern erweitert, als dass eine **Beweislastumkehr** hinsichtlich der Kenntnis vom Gläubigerbenachteiligungsvorsatz statuiert wird. **36**

Hintergrund der Regelung des § 133 Abs. 4 ist nach der Rechtsprechung des BGH, dass nahestehende Personen in der Regel die wirtschaftlichen Schwierigkeiten des Schuldners kennen, daher seine Absichten leichter durchschauen und wegen ihrer wirtschaftlichen und persönlichen Verbundenheit eher bereit sind, zum Schaden seiner Gläubiger mit ihm Verträge abzuschließen. Gläubigerbenachteiligende Verträge des Schuldners mit einer nahestehenden Person sind daher ohne Weiteres anfechtbar, es sei denn, die nahestehende Person kann ihre Redlichkeit beweisen (vgl. BGH NJW 1966, 730 (731)). **37**

1. Entgeltlicher Vertrag

Der Begriff des entgeltlichen Vertrags iSd § 133 Abs. 4 ist **weit auszulegen.** Erfasst werden sowohl schuldrechtliche als auch dingliche Verträge, aber auch reine Erfüllungsgeschäfte, bei denen das Entgelt in der Befreiung von der Schuld besteht (BGH NZI 2014, 775 (780); überholt insofern die Ausführungen in BGH NZI 2013, 39; vgl. auch Uhlenbruck/Borries/Hirte Rn. 185). **38**

Zwangsvollstreckungsakte (→ Rn. 7.3) sind als einseitige Akte grundsätzlich unentgeltlich, es sei denn der Anfechtungsgegner wirkt kollusiv mit, was eine Entgeltlichkeit begründen kann (Uhlenbruck/Borries/Hirte Rn. 186; zur Abgrenzung von Entgeltlichkeit und Unentgeltlichkeit vgl. → § 134 Rn. 5 ff.). **38.1**

2. Nahestehende Person

Der Begriff der nahestehenden Person bestimmt sich nach § 138 (vgl. dazu → § 138 Rn. 1 ff.). **39**

Auch eine **Steuerberatersozietät** kann eine dem Schuldner nahestehende Person iSd §§ 133 Abs. 4, 138 sein, wenn sie aufgrund einer den Organen oder qualifizierten Gesellschaftern des Schuldners vergleichbaren gesellschaftsrechtlichen oder dienstvertraglichen Verbindung die Möglichkeit hat, sich über die wirtschaftlichen Verhältnisse des Schuldners zu unterrichten (BGH NZI 2013, 39 (40)). **39.1**

3. Unmittelbare Gläubigerbenachteiligung

Anders als § 133 Abs. 1 verlangt § 133 Abs. 4, dass die Rechtshandlung die Gläubiger unmittelbar benachteiligt. Das ist der Fall, wenn die **Rechtshandlung des Schuldners die Zugriffsmöglichkeiten der Gläubigergesamtheit unmittelbar verschlechtert,** ohne dass weitere Umstände hinzutreten müssen (BGH NZI 2014, 775 (780); zu den Begriffen der unmittelbaren und der mittelbaren Gläubigerbenachteiligung wird auf die Kommentierung zu § 129 verwiesen). Auch iRd § 133 Abs. 4 ist nicht erforderlich, dass der Schuldner schon im Zeitpunkt des Vertragsschlusses andere Gläubiger hat (Uhlenbruck/Borries/Hirte Rn. 193; dazu → Rn. 10). **40**

4. Maßgeblicher Zeitraum

41 Die Anfechtung nach § 133 Abs. 4 ist ausgeschlossen, wenn der entgeltliche Vertrag oder die Erfüllung früher als **zwei Jahre** vor dem Eröffnungsantrag geschlossen bzw. vorgenommen wurde. Für die Berechnung der Fristen gelten § 139 (→ § 139 Rn. 1) und § 140 (→ § 140 Rn. 1).

5. Prozessuales – Beweislast

42 Der **Insolvenzverwalter** ist für den Abschluss eines entgeltlichen Vertrags mit einer nahestehenden Person und für das Vorliegen der unmittelbaren Gläubigerbenachteiligung darlegungs- und beweisbelastet. Gläubigerbenachteiligungsvorsatz des Schuldners und Kenntnis des Anfechtungsgegners werden im Falle der Gläubigerbenachteiligung widerleglich vermutet (LAG Köln BeckRS 2020, 19030 Rn. 67; BGH NJW-RR 2013, 880 (884)).

43 Den **Anfechtungsgegner** trifft innerhalb des Zweijahreszeitraums des § 133 Abs. 4 die volle Darlegungs- und Beweislast dafür, dass der Schuldner nicht mit Benachteiligungsvorsatz gehandelt hat, und dass er (der Anfechtungsgegner) vom Benachteiligungsvorsatz des Schuldners keine Kenntnis hatte (BGH NJW-RR 2013, 880 (884)). Will er sich darauf berufen, dass der Vertrag früher als zwei Jahre vor dem Eröffnungsantrag geschlossen wurde, so hat er dies ebenfalls darzulegen und zu beweisen. Durch diese Beweislastregel soll der Gefahr betrügerischer Rückdatierungen begegnet werden (Begr. RegE zu § 148, BT-Drs. 12/2243).

§ 134 Unentgeltliche Leistung

(1) Anfechtbar ist eine unentgeltliche Leistung des Schuldners, es sei denn, sie ist früher als vier Jahre vor dem Antrag auf Eröffnung des Insolvenzverfahrens vorgenommen worden.

(2) Richtet sich die Leistung auf ein gebräuchliches Gelegenheitsgeschenk geringen Werts, so ist sie nicht anfechtbar.

Überblick

Gemäß § 134 sind unentgeltliche (→ Rn. 5) Leistungen (→ Rn. 4) des Schuldners anfechtbar, wenn diese innerhalb der letzten vier Jahre vor Insolvenzantragsstellung (→ Rn. 14) vorgenommen worden sind. Ausgenommen hiervon sind gebräuchliche Gelegenheitsgeschenke von nur geringem Wert (→ Rn. 15). Für die Gläubigerbenachteiligung ist eine mittelbare Benachteiligung ausreichend (→ Rn. 1).

Übersicht

	Rn.		Rn.
A. Allgemeines	1	V. Keine Entgeltvereinbarung	7
B. Einzelheiten	4	VI. Irrtum über die Entgeltlichkeit	9
I. Leistung des Schuldners	4	VII. Drei-Personen-Verhältnisse	11
II. COVInsAG; StaRUG	4b	VIII. Anfechtungsfrist	14
III. Unentgeltlichkeit der Leistung	5	IX. Gelegenheitsgeschenke von geringem Wert	15
IV. Wertigkeit der Gegenleistung	6	C. Prozessuales	18

A. Allgemeines

1 § 134 statuiert einen erleichterten Anfechtungstatbestand für unentgeltliche Leistungen des Schuldners mit vierjähriger Anfechtungsfrist. Es genügt, wenn die Leistungen die Gläubiger nur mittelbar benachteiligen (BGH NZI 2009, 429 (430)). Hintergrund der Vorschrift ist die gesetzgeberische Wertung, dass der Empfänger einer unentgeltlichen Leistung weniger schutzwürdig ist und daher der Bestand des unentgeltlich erlangten Vorteils unsicherer ist als im Falle einer entgeltlichen Leistung (BGH NZI 2014, 564; vgl. auch § 816 Abs. 1 S. 2 BGB, § 822 BGB). Dementsprechend hat der Insolvenzverwalter über § 134 die Möglichkeit, freigiebige Zuwendungen aus dem Schuldnervermögen zugunsten der Insolvenzmasse ohne weitere subjektive Voraussetzungen bei Schuldner oder Anfechtungsgegner rückgängig zu machen (Uhlenbruck/Borries/Hirte Rn. 2).

Ausgenommen sind nach § 134 Abs. 2 lediglich gebräuchliche Gelegenheitsgeschenke von geringem Wert. Die „Schenkungsanfechtung" nach § 134 bezweckt nicht die Durchsetzung des Prinzips der gleichen Behandlung aller Gläubiger, sondern gibt dem Insolvenzverwalter aus Billigkeitsgründen die Möglichkeit, freigebige Zuwendungen, die der Schuldner in den letzten vier Jahren vor dem Eröffnungsantrag gemacht hat, zugunsten der Insolvenzgläubiger rückgängig zu machen; ein in Vermögensverfall geratener Schuldner soll sich nicht auf Kosten seiner Gläubiger freigiebig zeigen, und die Empfänger freigiebiger Leistungen sollen diese billigerweise nicht auf Kosten der Gesamtheit der Gläubiger behalten (BGH NZI 2017, 669 mAnm Lütcke; Ganter NZI 2018, 189 (301); vgl. BGH NJW 1972, 870 (871); Gehrlein Der Betrieb 2017, 1761 (1765)). Der Umfang der Herausgabepflicht richtet sich dabei nach § 143. Dementsprechend hat der Anfechtungsgegner grundsätzlich den gesamten durch die Rechtshandlung erlangten Vermögenswert herauszugeben (→ § 143 Rn. 13; MüKoInsO/Kayser/Freudenberg Rn. 45; → Rn. 1.1).

Wird der Wert der angefochtenen Leistung jedoch nur zum Teil benötigt, um alle Gläubiger zu befriedigen, wird der Anfechtungsanspruch im Falle unteilbarer Leistungen bisweilen auf Rechtsfolgenseite modifiziert (für den Fall der Anfechtung teilbarer Leistungen → § 129 Rn. 25; vgl. auch OLG München NZI 2015, 769). So hat das OLG Hamm für den Fall der unentgeltlichen Zuwendung eines Grundstücks, dessen Wert den Finanzbedarf der Masse zur Befriedigung aller Schuldner überstieg, entschieden, dass keine Rückübertragung des gesamten Grundstücks in die Insolvenzmasse erforderlich ist, sondern dass eine Vollstreckung durch den Insolvenzverwalter wegen der Restsumme in das Grundstück in Betracht kommt, sodass der Zuwendungsempfänger die Möglichkeit hat, das Grundstück unter vereinfachten Bedingungen selbst zu ersteigern („umgekehrtes Absonderungsrecht") (OLG Hamm BeckRS 1992, 09276 Rn. 13). Für den Fall der unentgeltlichen Zuwendung des Bezugsrechts einer Rentenversicherung hat das LG Stuttgart entschieden, dass es dem Insolvenzverwalter möglich ist, den Versicherungsvertrag zu kündigen und mit der Einmalzahlung die Gläubiger zu befriedigen; der Anfechtungsgegner werde durch den Anspruch auf Zahlung des Masseüberschusses geschützt (LG Stuttgart BeckRS 2016, 114786). 1.1

§ 134 steht in Anspruchskonkurrenz zu den meisten sonstigen Anfechtungstatbeständen (→ § 129 Rn. 10). Unentgeltliche Leistungen können daher, sofern die jeweiligen sonstigen Voraussetzungen erfüllt sind, auch nach den §§ 130, 131, 132, 133 Abs. 1, 136 Abs. 1 anfechtbar sein; auch § 134 Abs. 2 schließt eine Anfechtung nach diesen Vorschriften nicht aus. Im Anwendungsbereich des § 133 Abs. 1 ist die Möglichkeit zur parallelen Anfechtung nach § 134 aus Sicht des Insolvenzverwalters je nach Fallkonstellation von Vorteil, weil die Unentgeltlichkeit regelmäßig leichter nachzuweisen ist als die Voraussetzungen des § 133 Abs. 1. Eine Anfechtung nach § 133 Abs. 4 hingegen kommt parallel zu § 134 nicht in Betracht, da dieser eine entgeltliche Leistung voraussetzt. Aus demselben Grund ist das Bargeschäftsprivileg des § 142 iRd § 134 nicht anwendbar (vgl. Uhlenbruck/Borries/Hirte Rn. 6 ff.). Fragen der Anspruchskonkurrenz ergeben sich insbesondere in Mehrpersonenverhältnissen (→ Rn. 11 ff.; ausf. Gehrlein Der Betrieb 2017, 1761 ff.). 2

§ 134 wurde gegenüber dem früheren § 32 KO modifiziert. Der Begriff der „Verfügung" wurde durch „Leistung" ersetzt, Abs. 2 wurde enger gefasst, die Fristen wurden erweitert und die Beweislast für den Fristablauf umgekehrt. § 134 findet seine Entsprechung in § 4 AnfG. 3

B. Einzelheiten

I. Leistung des Schuldners

Der Begriff der Leistung in § 134 ist weit zu verstehen (BGH NJW 2005, 323). Er umfasst jede Schmälerung des Schuldnervermögens aufgrund eines Verhaltens des Schuldners, durch welche die Insolvenzgläubiger unmittelbar oder mittelbar benachteiligt werden (BGH NZI 2015, 315 (319)). Der Leistungsbegriff entspricht nach allgemeiner Ansicht dem Begriff der „Rechtshandlung" in § 129, sodass neben Verfügungen auch Verpflichtungsgeschäfte, rechtsgeschäftsähnliche Handlungen, Realakte und Unterlassungen erfasst werden (→ § 129 Rn. 19; Uhlenbruck/Borries/Hirte Rn. 14). Hingegen entspricht der Leistungsbegriff nicht demjenigen des bürgerlichen Rechts, insbesondere des Bereicherungsrechts; nach der Begründung des Regierungsentwurfs wurde der in § 32 KO verwendete Begriff der unentgeltlichen „Verfügung" durch denjenigen der unentgeltlichen „Leistung" ersetzt, um deutlich zu machen, dass gerade nicht nur rechtsgeschäftliche Verfügungen im engen materiell-rechtlichen Sinne erfasst werden sollen (BGH NZI 2014, 397 mit Verweis auf BT-Drs. 12/2443, 160 zu § 149 RegE; Uhlenbruck/Borries/Hirte Rn. 15; → Rn. 4.1 ff.). 4

Sind **sowohl Schenkungsversprechen als auch Schenkung** innerhalb der Anfechtungsfrist des § 134 erfolgt, können beide angefochten werden. Ist nur die Schenkung innerhalb der Anfechtungsfrist erfolgt 4.1

InsO § 134 Dritter Teil. Wirkungen der Eröffnung des Insolvenzverfahrens

und wird angefochten, lebt das (ggf. unanfechtbare) Schenkungsversprechen wieder auf (§ 144) und kann bei Aufforderung des Gerichts (§ 173 Abs. 3) als nachrangige Forderung (§ 39 Abs. 1 Nr. 4, → § 39 Rn. 1 ff.) zur Tabelle angemeldet werden (vgl. Uhlenbruck/Borries/Hirte Rn. 17).

4.2 Unentgeltliche Verpflichtungsversprechen (Bürgschaften, abstrakte Schuldanerkenntnisse, Schenkungsversprechen, Vertragsübernahmen (BGH NZI 2012, 562)) können angefochten werden, sofern sie trotz ihrer Nachrangigkeit (§ 39 Abs. 1 Nr. 4) gläubigerbenachteiligend sind.

4a Ob eine Leistung des Insolvenzschuldners vorliegt, bestimmt sich nach objektiven Maßstäben aus Sicht des Empfängers; ordnet dieser eine erhaltene Leistung nicht dem Schuldner, sondern einem Dritten zu, so kann es am Vorliegen einer Leistung iSd § 134 fehlen. Dabei entsprechen die Zuordnungskriterien denen des Leistungsbegriffs im bereicherungsrechtlichen Sinne (BGH NZI 2018, 699).

II. COVInsAG; StaRUG

4b Nicht anfechtbar sind Leistungen des Schuldners iSd **§ 2 Abs. 1 Nr. 2, 4 COVInsAG**. In Betracht kommen hier beispielsweise im Aussetzungszeitraum nach § 1 COVInsAG bestellte unentgeltliche Kreditsicherheiten (→ COVInsAG § 2 Rn. 5).

4c Ebenfalls nicht anfechtbar sind grundsätzlich die Regelungen eines rechtskräftig bestätigten Restrukturierungsplans oder eines Sanierungsvergleichs und Rechtshandlungen, die im Vollzug eines solchen Plans bzw. Vergleichs erfolgen (§§ 90, 97 Abs. 3 StaRUG). Im Rahmen des § 134 kann die Regelung des § 90 StaRUG insbesondere in Drei-Personen-Verhältnissen Anwendung finden, bspw. wenn die dem Anfechtungsgegner aufgrund des Restrukturierungsplans zustehende Leistung aufgrund der Wertlosigkeit seines Anspruches gegen den Schuldner (→ Rn. 13.1) als unentgeltlich anzusehen ist (Schoppmeyer ZIP 2021, 869 (877)).

III. Unentgeltlichkeit der Leistung

5 Wie der Begriff der Leistung (→ Rn. 4) ist auch der anfechtungsrechtliche Begriff der Unentgeltlichkeit weit auszulegen (BGH NZI 2015, 315 (319)). Nach der Rechtsprechung des BGH ist eine Leistung unentgeltlich, wenn für sie vereinbarungsgemäß keine (gleichwertige) Gegenleistung, sei es an den Schuldner, sei es an einen Dritten, erbracht wird, der Leistungsempfänger also keine eigene Rechtsposition aufgibt, die der Leistung des Schuldners entspricht (BGH NZI 2017, 105 (109)). Über die Gleichwertigkeit von Leistung und Gegenleistung entscheidet grundsätzlich das objektive Verhältnis der ausgetauschten Werte (BGH NZI 2008, 488; 2012, 562; 2015, 315). Für das Vorliegen von Entgeltlichkeit müssen Leistung und Gegenleistung nicht durch ein vertragliches Synallagma verknüpft sein; es genügt auch eine freiwillige Gegenleistung des Leistungsempfängers oder die Tatsache, dass dieser nach Empfang der Leistung von vornherein einem Bereicherungsanspruch ausgesetzt ist (BFH NZI 2021, 226 (229)). Denn der Leistungsempfänger, der für die erhaltene Leistung oder durch sie eine eigene Rechtsposition aufgibt, ist schützwürdiger als der Empfänger einer freigiebigen Zuwendung, sodass die Billigkeitsanfechtung des § 134 (→ Rn. 1) nur gegen diesen durchgreift (BGH NZI 2017, 854 mAnm Huber; BGH NZI 2008, 488; 2012, 562; 2014, 397; 2014, 564) (→ Rn. 5.1 ff.).

5.1 **Forderungsverzicht oder -freistellung** ohne Gegenleistung sind regelmäßig unentgeltlich (OLG Frankfurt a. M. BeckRS 2017, 124842 Rn. 60; BGH NZI 199, 188; NJW 2012, 2099), nicht aber, wenn für den Verzicht ein ausgleichender Vermögensvorteil versprochen wird (BGH NZI 2017, 105). Gleiches gilt für die (unentgeltliche) **Übertragung einer vertraglichen Gläubigerstellung** (BGH NZI 2018, 491 (492)). Ebenfalls unentgeltlich sind **Zahlungen auf** – oder Anerkenntnisse oder Sicherungen von – **nichtexistenten Verbindlichkeiten,** und zwar unabhängig davon, ob dies bewusst (BGH NZI 2011, 107 (Schneeballsystem); LG Tübingen NZI 2020, 30; BGH NZI 2013, 841 (Auszahlung eines gesellschaftsrechtlichen Scheinauseinandersetzungsguthabens)) oder unbewusst erfolgt. Denn weder die Einschlägigkeit des § 814 BGB (im Falle der bewussten Bezahlung einer Nichtschuld; BGH NZI 2015, 315; dazu Ganter NZI 2016, 193 (203)) noch fehlerhafte Parteivorstellungen können das objektive Fehlen einer Gegenleistung kompensieren (Uhlenbruck/Borries/Hirte Rn. 48 mit Hinweis auf BGH NZI 2013, 841; OLG Köln BeckRS 2006, 07367).

5.2 Für **Kreditsicherheiten** gilt Folgendes: Die **Besicherung einer eigenen** entgeltlich begründeten **Verbindlichkeit** ist als entgeltlich anzusehen, und zwar unabhängig davon, ob die Besicherung zeitgleich mit der Begründung der besicherten Verbindlichkeit oder nachträglich erfolgt (BGH NZI 2016, 773 (774); 2010, 439; 2013, 81; BGH NJW 1972, 870; OLG Karlsruhe NZI 2017, 395 (396); Bork JuS 2019, 565 (661); krit. Braun/de Bra Rn. 27, welche die freiwillige Besicherung eigener Verbindlichkeiten als unentgeltlich ansehen wollen). Die **Besicherung einer unentgeltlich begründeten Verbindlichkeit** ist ebenso wie die Verbindlichkeit selbst als unentgeltlich anzusehen (Uhlenbruck/Borries/Hirte Rn. 50; vgl. BGH NZI 2010, 439; OLG Karlsruhe NZI 2017, 395 (396)). Bei der **Besicherung einer fremden Schuld (Drittsicherheit)** ist im Hinblick auf das jeweilige Rechtsverhältnis zu differenzieren: Im **Verhältnis zum Sicherungsnehmer** (Kreditgeber) stellt die **anfängliche Sicherheitengewährung** regelmäßig eine entgeltliche Leistung dar, da der Sicherungsnehmer eine Gegenleistung erbringt (zB Ausreichung eines Kredits an den Kreditnehmer) (BGH NZI 2013, 258); die **Nachbesicherung einer fremden Schuld** hingegen ist nach der Rechtsprechung des BGH regelmäßig unentgeltlich, da das im Gegenzug gewährte Stehenlassen der (nachbesicherten) Forderung keine ausgleichende Gegenleistung darstellen soll, und zwar unabhängig davon, ob diese durchsetzbar (werthaltig) ist oder nicht (BGH NZI 2009, 435; krit. Uhlenbruck/Hirte/Ede Rn. 105). Im **Verhältnis zum Schuldner der gesicherten Forderung** (Kreditnehmer) liegt hingegen regelmäßig eine unentgeltliche Leistung vor, es sei denn, der Sicherungsgeber war aufgrund einer entgeltlich begründeten Verpflichtung zur Bestellung der Sicherheit gehalten. Dass der Sicherungsgeber mit der Gewährung der Drittsicherheit oftmals ein eigenes wirtschaftliches Interesse verfolgt, reicht für die Entgeltlichkeit allein nicht (BGH NZI 2006, 399), ebensowenig wie ein Interesse am Wohlergehen von im Konzern verbundenen Unternehmen (vgl. Anm. Runge zu BGH NZI 2013, 258 (262), unter Hinweis die insoweit aufgegebene anderslautende frühere Rechtsprechung). Auch der Umstand, dass zwischen dem Sicherungsgeber und dem Kreditnehmer als der Muttergesellschaft ein Gewinnabführungsvertrag besteht, begründet allein noch keine Entgeltlichkeit (OLG Köln NZI 2000, 602; zusammenfassend zum Einfluss von § 134 auf die Kreditgewährung Wittig NZI 2005, 606). Wird die Drittsicherheitenbestellung im Verhältnis zum Schuldner (Kreditnehmer) angefochten, geht der Anspruch nach § 143 auf die Verpflichtung zur Rückübertragung der Sicherheit oder, falls dies nicht möglich ist, auf Wertersatz (Uhlenbruck/Hirte/Ede Rn. 106). Die **(anteilige) Enthaftung eines mit einer Grundschuld belasteten Grundstücks in Form eines Anspruchs auf (anteilige) Rückgewähr einer Grundschuld** in Folge von Zahlungen an den Grundschuldgläubiger kann eine unentgeltliche Leistung an den Grundstückseigentümer darstellen (BGH NZI 2017, 393; Ganter NZI 2018, 289 (300))).

Im Zusammenhang mit der **COVID-19-Pandemie** bestellte Kreditsicherheiten können anfechtungsrechtlich privilegiert sein (vgl. → COVInsAG § 2 Rn. 5). 5.2a

Wird ein **unverzinsliches Darlehen** ausgereicht, so kann darin eine unentgeltliche Leistung liegen. Zwar ist die Hingabe der Darlehensvaluta entgeltlich, weil ihr der Rückgewähranspruch gegenübersteht; jedoch kann die zinslose Überlassung des Kapitalnutzung eine unentgeltliche Leistung des Schuldners darstellen (BGH NZI 2019, 333 (335); zur Frage der Gläubigerbenachteiligung → § 129 Rn. 41.2). **Kreditbearbeitungsgebühren** können als unentgeltliche Leistungen gegenüber der kreditgewährenden Bank anfechtbar sein, wenn ihnen keine vergütungsfähige Leistung der Bank entgegensteht, die nicht schon mit dem Darlehenszins abgegolten ist (LG Braunschweig BeckRS 2017, 111272). 5.3

Die Rückgewähr eines im Zusammenhang mit der **COVID-19-Pandemie** ausgereichten Darlehens kann anfechtungsrechtlich privilegiert sein (vgl. → COVInsAG § 2 Rn. 2 ff.). 5.3a

Wird eine mit einem **qualifizierten Rangrücktritt** versehene Verbindlichkeit trotz Insolvenzreife beglichen, kann die Zahlung als unentgeltliche Leistung angefochten werden (BGH NZI 2015, 315). 5.4

Die **treuhänderische Übertragung von Vermögenswerten** kann eine Gläubigerbenachteiligung darstellen, da der Zugriff auf das Treugut erschwert wird; sie kann in Folge des Rückforderungsanspruchs des Treugebers jedoch nicht als unentgeltlich betrachtet werden (BGH NZI 2017, 105 (109); 2015, 937 (938) im Anschluss an BGH NZI 2012, 453). Dies gilt auch dann, wenn die betreffende Treuhandvereinbarung wegen eines Vertretungsmangels unwirksam ist (BGH NZI 2017, 854 mAnm Huber). 5.5

Unentgeltlich sind auch sog. **„ehebedingte Zuwendungen"**, sofern sie ohne adäquate Gegenleistung erbracht werden. Etwas anderes hingegen gilt für **Unterhaltsleistungen**, da diese aufgrund gesetzlicher Schuld beruhen und somit als entgeltlich anzusehen sind (BGH NZI 2019, 629; vgl. auch Uhlenbruck/Borries/Hirte Rn. 138). 5.6

Der **Verzicht** einer Ehefrau gegenüber ihrem Ehemann **auf ihr gesetzliches Pflichtteilsrecht** in Ansehung der Übertragung eines Miteigentumsanteils an einem Grundstück stellt bei objektiver Betrachtung keine Gegenleistung für die Übereignung wertvollen Grundbesitzes durch den Ehemann dar (BGH NJW 1991, 1610). 5.7

Ebenso ist die Bezahlung von **Überstunden** im Arbeitsverhältnis als unentgeltliche Leistung anzusehen, wenn diese nach dem Arbeitsvertrag bereits mit dem Gehalt abgegolten waren (LAG Hamm ZIP 1998, 920). Bei betrieblichen **Gratifikationen** ist zu unterscheiden, ob diese aufgrund eines Anspruchs (und sei es aus betrieblicher Übung) als Gegenleistung für die Arbeitsleistung erbracht werden (dann entgeltlich) (BGH NJW 1997, 866), oder lediglich einem Dankesgefühl entsprechen (dann unentgeltlich) (vgl. Uhlenbruck/Borries/Hirte Rn. 154 mit Hinweis auf RGZ 125, 380). Die Absprache über die **Altersversorgung von Arbeitnehmern** ist keine unentgeltliche Leistung des Arbeitgebers, sondern Teil des Arbeitsentgeltes (BAG NZI 2021, 127 (130) mAnm Ganter). 5.8

Freiwillige **Spenden gegenüber Religionsgesellschaften** in der Rechtsform von Körperschaften des öffentlichen Rechts sind als unentgeltliche Leistungen anfechtbar, und zwar selbst dann, wenn die 5.9

Religionsgesellschaft an sich befugt wäre, gleich hohe Beträge als Kirchensteuer einzuziehen (BGH NZI 2016, 359; BGH BeckRS 2016, 19988).

5.10 Im Falle der Unterwerfung unter eine **strafbewehrte Unterlassungsverpflichtungserklärung** aufgrund des Verletzung des Anspruchs eines Markenrechtes stellt weder die Unterwerfung selbst noch eine daraus folgende Zahlung eine unentgeltliche Leistung dar, da der Berechtigte mit der Unterlassungsverpflichtungserklärung sein Recht verliert, seinen gesetzlichen Anspruch auf Unterlassung nach § 14 MarkenG durchzusetzen (BGH NZI 2015, 653).

5.11 **Auszahlungen an Gesellschafter** können unentgeltlich sein, wenn es sich um sog. „Scheingewinne" im Rahmen eines Schneeballsystems handelt (dazu BGH NZI 2011, 107; NJW 2011, 1732). Unentgeltlichkeit ist hingegen zu verneinen, wenn es sich bei den Auszahlungen um im Gesellschaftsvertrag vorgesehene, gewinnunabhängige **Ausschüttungen** oder um die **Rückgewähr einer Einlage** handelt (BGH NZI 2017, 1941; NZI 2017, 713, dazu Göb/Nebel NZI 2017, 705; BGH NZI 2017, 802 mAnm Wazlawik; Pape ZInsO 2018, 745 (752); LG Tübingen BeckRS 2019, 30155 (Rückzahlung von betrügerisch erlangtem Kapital)). Gleiches gilt für **Ausschüttungen an Genussscheininhaber:** Besteht ein Anspruch auf Ausschüttung, ist die Ausschüttung nicht unentgeltlich (LG Arnsberg BeckRS 2018, 39782).

5.12 Bei der **Übertragung von Vermögensgegenständen einer Gesellschaft auf ihre Tochter** hängt die Anfechtbarkeit nach § 134 von der konkreten Ausgestaltung des Übertragungsvorgangs und der Vereinbarung einer Gegenleistung ab (vgl. Gleim ZIP 2017, 1000 ff.). Die Ausreichung eines (subordinierten) **Gesellschafterdarlehens** an die Gesellschaft stellt hingegen regelmäßig keine nach § 134 anfechtbare Leistung dar (BGH NZI 2017, 24; vgl. auch Haas ZIP 2017, 545).

5.13 Die **Erlangung einer Aufrechnungslage** aufgrund wechselseitiger Ansprüche im Zusammenhang mit einem Vertragsverhältnis ist keine unentgeltliche Leistung (BGH NZI 2017, 669 mAnm Lütcke).

5.14 **Dotationszahlungen an eine Unterstützungskasse** im Rahmen der betrieblichen Altersversorgung sind keine unentgeltliche Leistung, da diese aufgrund eines Geschäftsbesorgungsvertrags geleistet werden. Es liegt keine freigiebige Leistung des Schuldners vor, sondern der Leistung steht die Verpflichtung des Geschäftsbesorgers gegenüber, die empfangenen Mittel auftragsgemäß zu verwenden und sie, soweit dies nicht erfolgt ist, gem. § 667 BGB nach Beendigung des Auftrags zurückzugewähren (BGH NZI 2017, 105 (109)).

5.15 Unentgeltlich ist auch ein formal in der Form eines Darlehens gekleideter **verlorener Zuschuss**, wenn dem Leistenden zu keinem Zeitpunkt ein rechtlich durchsetzbarer Anspruch auf Rückzahlung der gewährten Leistungen zusteht (BGH NJW 2019, 2923 (2930); 2017, 1235 (1236)).

IV. Wertigkeit der Gegenleistung

6 Ob eine die Unentgeltlichkeit ausschließende wertmäßige Entsprechung von Leistung und Gegenleistung vorliegt, entscheidet grundsätzlich das objektive Verhältnis der ausgetauschten Werte im Rahmen einer wirtschaftlichen Gesamtbetrachtung (BGH NZI 2018, 491 Rn. 12; NZI 2008, 488; 2012, 562). Liegt objektiv eine unentgeltliche Leistung vor, da sich der Wert von Leistung und Gegenleistung nicht entspricht, dann ist § 134 anwendbar. Erst wenn feststeht, dass der Zahlungsempfänger einen Gegenwert für seine Zuwendung erbracht hat, ist zu prüfen, ob gleichwohl der Hauptzweck des Geschäfts Freigiebigkeit gewesen ist (sog. „objektiv/subjektive" Sicht des BGH, vgl. Smid DZWiR 2018, 351 (372); Ganter NZI 2016, 193 (203); BGH NZI 2015, 315 (319); krit. Bork NZI 2018, 1 (9)). Eine objektiv völlige Gleichwertigkeit der erbrachten Leistungen ist allerdings nicht erforderlich. Vielmehr sind auch die subjektiven Vorstellungen der Beteiligten zusätzlich von Bedeutung, wenn zu beurteilen ist, ob die Gegenleistung den Wert der Leistung des Schuldners erreicht, denn den Parteien steht insofern ein gewisser Bewertungsspielraum zu (BGH NZI 2004, 376). Dies ermöglicht es zu berücksichtigen, dass die Findung von Leistung und Gegenleistung maßgeblich durch die jeweiligen Marktverhältnisse beeinflusst werden, zB auch im Falle von „Notverkäufen" unter Wert (Uhlenbruck/Borries/Hirte Rn. 29). Unentgeltlichkeit einer Leistung liegt daher im Falle eines Leistungsaustausches erst dann vor, wenn der Wert der Leistung den der Gegenleistung übersteigt und die Vertragsparteien den ihnen zustehenden Bewertungsspielraum überschritten haben (BGH NZI 2004, 376). Die Grenze ist hier insbesondere Willkür und grobe Unangemessenheit (Uhlenbruck/Borries/Hirte Rn. 29) (→ Rn. 6.1 ff.).

6.1 **Teilweise unentgeltliche Leistungen** (zB gemischte Schenkungen) sind nach § 134 anfechtbar, wenn die Vertragsparteien den ihnen zustehenden Bewertungsspielraum überschritten haben (BGH NJW-RR 1989, 1057 (1061)). Ist die Leistung **teilbar**, so ist nur der unentgeltliche Teil nach § 134 anfechtbar (vgl. BGH NJW 1992, 2421 (2423)). Ist die teilweise unentgeltliche Leistung **unteilbar**, ist umstritten, in welchem Umfang und mit welchen Folgen diese angefochten werden kann. Mit Bezug auf die Rechtsprechung des BGH zum Widerruf gemischter Schenkungen (vgl. BGH NJW 1989, 2122) erscheint es hier gerechtfertigt, jedenfalls bei überwiegend unentgeltlichem Charakter der Leistung eine vollständige Rückgewähr der erbrachten Leistung nur Zug-um-Zug gegen Rückgewähr der erbrachten Gegenleistung anzuerkennen (vgl. Uhlenbruck/Borries/Hirte Rn. 34).

Das Aufgeben von Rechtspositionen im Wege eines **vergleichsweisen Nachgebens** gem. § 779 Abs. 1 BGB ist regelmäßig nicht als unentgeltliche Leistung anzusehen. Erst wenn das Nachgeben über dasjenige hinausgeht, was bei objektiver Beurteilung ernstlich zweifelhaft sein kann, kann es als unentgeltliche Leistung gewertet werden, etwa wenn der Vergleich auf einer finanziellen Notlage und nicht auf rechtlicher Ungewissheit beruht (BGH NZI 2017, 926; NZI 2007, 101; Uhlenbruck/Borries/Hirte Rn. 55). 6.2

Im Fall von **Vertrags- und Schuldübernahmen** durch den späteren Insolvenzschuldner bestimmt sich die Frage nach der Unentgeltlichkeit grundsätzlich nach dem Verhältnis von Leistung und Gegenleistung in dem übernommenen Vertrag, wobei hier zwischen künftigen Verbindlichkeiten und übernommenen Altverbindlichkeiten zu differenzieren ist (BGH NZI 2012, 562; vgl. ausf. Uhlenbruck/Borries/Hirte Rn. 107 ff.). 6.3

V. Keine Entgeltvereinbarung

Die Unentgeltlichkeit ist ausgeschlossen, wenn sich die Parteien in irgendeiner Weise einig waren, dass das Motiv der Leistung nicht Freigiebigkeit sein sollte (Uhlenbruck/Borries/Hirte Rn. 19 ff.). Eine die Unentgeltlichkeit ausschließende Entgeltvereinbarung muss allerdings nicht auf eine synallagmatische Gegenleistung gerichtet sein; vielmehr ist jeder Vermögenswert, der abredegemäß als Kompensation geleistet wird, bei der Beurteilung zu beachten (MüKoInsO/Kayser/Freudenberg Rn. 17). 7

Maßgeblicher Zeitpunkt für die Unentgeltlichkeit ist gem. § 140 die Vornahme der angefochtenen Rechtshandlung; die Unentgeltlichkeit einer Leistung ist nach den rechtlichen und tatsächlichen Verhältnissen in dem Zeitpunkt zu beurteilen, in dem die jeweilige Leistung vorgenommen wurde (BGH NZI 2019, 509 mAnm Prosteder; 2005, 323 (324)). Nachträgliche Veränderungen oder Vereinbarungen über eine Entgeltlichkeit sind somit unbeachtlich (BGH NZI 2019, 509; NJW 1988, 3174) (→ Rn. 8.1 ff.). 8

Entgeltlichkeit ist demnach regelmäßig bei **synallagmatischer** Verknüpfung von Leistung und Gegenleistung gegeben; unbeachtlich soll dabei sein, ob der dem Leistungsaustausch zugrunde liegende Vertrag (unerkannt) nichtig ist (Uhlenbruck/Borries/Hirte Rn. 19, 41, 48). 8.1

Gleiches gilt für eine **konditionale Verknüpfung** von Leistung und Gegenleistung im Sinne einer aufschiebenden oder auflösenden Bedingung (Uhlenbruck/Borries/Hirte Rn. 41; aA hinsichtlich der auflösenden Bedingung MüKoInsO/Kayser/Freudenberg Rn. 26), für die Erfüllung gesetzlicher Verbindlichkeiten (vgl. BGH NZI 2012, 177 (steuerrechtlicher Haftungsanspruch nach § 73 AO); BGH NZI 2010, 439 (Anspruch aus unerlaubter Handlung)) oder hoheitlicher Auflagen, die zum Verzicht auf die Durchsetzung staatlicher Ansprüche führen (vgl. BGH NZI 2008, 488 (Zahlung einer Geldauflage zur Einstellung eines Strafverfahrens)). Entgeltlichkeit ist ebenfalls gegeben bei einer Verknüpfung von Leistung und Gegenleistung im Sinne eines **quid pro quo** (zB Leistung von Bestechungsgeldern nach entsprechender Absprache, Uhlenbruck/Borries/Hirte Rn. 21), und bei der **Erfüllung nicht durchsetzbarer oder unvollkommener Verbindlichkeiten** (einredebehaftete Schuld; Spiel, Wette (§ 762 BGB)), da Handlungsmotiv der jeweiligen Leistung nicht Freigiebigkeit sondern Erfüllung ist (Uhlenbruck/Borries/Hirte Rn. 49). 8.2

Unentgeltlich ist Leistung **mangels Abrede über eine Entgeltlichkeit,** wenn sie nur auf der Hoffnung auf Gegenleistung (Bestechungsgelder, Werbegeschenke) oder auf nicht in rechtlicher Abhängigkeit von der Zuwendung begründeten wirtschaftlichen (OLG Köln NZI 2000, 602 (Sicherung einer Schuld der Konzernmutter durch Tochtergesellschaft)) oder steuerlichen Interessen beruht (vgl. BGH NZI 2006, 583 (Schenkung zur Ausnutzung des Steuerfreibetrags)). 8.3

Eine **positive Einigung über die Unentgeltlichkeit** der Zuwendung ist allerdings **nicht erforderlich** (BGH NZI 2015, 315 (316)). Echte Schenkungen iSv § 516 BGB sind daher nur eine Unterart der unentgeltlichen Leistung iSd § 134 (Uhlenbruck/Borries/Hirte Rn. 33). 8.4

VI. Irrtum über die Entgeltlichkeit

Bei der Bewertung der Frage nach der Entgeltlichkeit sind **einseitige Irrtümer von nur einer Partei über den objektiven Wert der Leistungen** (oder einer Leistung) aufgrund des hier anzulegenden grundsätzlich objektiven Maßstabes **unbeachtlich.** Erst wenn feststeht, dass der Zuwendungsempfänger einen objektiven Gegenwert für die erhaltene Zuwendung erbracht hat, ist zu prüfen, ob gleichwohl der Hauptzweck des Geschäfts Freigiebigkeit gewesen ist (BGH NZI 2005, 323 (324) (Insolvenzrechtliche Anfechtung einer nicht werthaltigen Leistung als unentgeltlich – Cash-Pooling)). Dies gilt auch dann, wenn der Irrtum des Zuwendungsempfängers über den Wert der von ihm erbrachten Leistung vom Schuldner hervorgerufen wurde (BGH NZI 9

2011, 107 (Anfechtbarkeit der Auszahlung von in Schneeballsystemen erzielten Scheingewinnen)). **Beidseitige Irrtümer (beider) Parteien über den objektiven Wert der ausgetauschten Leistungen** können hingegen **beachtlich** sein. So ist nach der Rechtsprechung des BGH § 134 Abs. 1 jedenfalls dann nicht einschlägig, wenn beide Teile nach den objektiven Umständen der Vertragsanbahnung, der Vorüberlegungen der Parteien und des Vertragsschlusses selbst von einem Austauschgeschäft ausgehen und zudem von der Gleichwertigkeit der ausgetauschten Leistungen überzeugt sind, auch wenn sich dies im Nachhinein als unrichtig erweist (BGH NZI 2021, 26 (Grundstücksveräußerung unter Wert); NZI 2017, 68 (Erwerb eines objektiv wertlosen GmbH-Geschäftsanteils); ablehnend Bork NZI 2018, 1).

10 Hingegen sind **Irrtümer der Parteien über die Gegenseitigkeit,** also über die Frage der Pflicht zur wechselseitigen Leistungserbringung, **beachtlich;** denn für die Frage der Gegenseitigkeit ist vorrangig von dem subjektiven Verständnis der Parteien auszugehen. Zwar ist eine Einigung über die Unentgeltlichkeit als solche nicht nötig (BGH NZI 2005, 323 (324)). Nimmt jedoch auch nur einer der Beteiligten in tatsächlicher Hinsicht an, dass vereinbarungsgemäß ein objektiv ausgleichendes Entgelt zu erbringen ist, entfällt eine Anfechtung nach § 134 (BGH NZI 2017, 854 mAnm Huber; MüKoInsO/Kayser/Freudenberg Rn. 17; → Rn. 10.1).

10.1 So nimmt ein Schuldner keine unentgeltliche Leistung vor, wenn er im Zwei-Personen-Verhältnis auf eine tatsächlich nicht bestehende Schuld leistet, aber irrtümlich annimmt, zu einer entgeltlichen Leistung verpflichtet zu sein, beispielsweise im Fall von unwirksamen **Bearbeitungsentgelten** von Kreditinstituten (BGH NZI 2017, 975; 2017, 669 mAnm Lütcke; dazu auch Bitter WuB 2018, 97; Ganter NZI 2018, 289 (301); BGH NZI 2017, 854 mAnm Huber; vgl. auch Becker DZWIR 2018, 201 ff.). Unberührt bleibt in diesem Fall die Anfechtbarkeit als inkongruente Leistung nach § 131 (→ § 131 Rn. 7).

Hieraus folgt auch, dass eine **Leistung ohne rechtlichen Grund** nicht in jedem Fall die Voraussetzungen einer unentgeltlichen Leistung erfüllt. Eine Anfechtbarkeit nach § 134 kommt bei rechtsgrundlosen Leistungen nur dann in Betracht, wenn der Schuldner in Kenntnis des fehlenden Rechtsgrundes handelt und eine Rückforderung des Schuldners nach § 814 BGB ausgeschlossen ist (BGH NZI 2017, 669 (671); dazu Bitter WUB 2018, 97).

10a Beachtlich sind solche Irrtümer allerdings nur im Zusammenhang mit der Gegenseitigkeit; Fehlvorstellungen über Tatsachen, die nicht in rechtlicher Abhängigkeit zur erbrachten Zuwendung stehen, sind unbeachtlich. So können einseitige Vorstellungen des Insolvenzschuldners über mögliche wirtschaftliche Vorteile, die nicht in rechtlicher Abhängigkeit zu seiner Zuwendung stehen, deren Entgeltlichkeit nicht begründen (BGH NJW-RR 1993, 1379 (1381); Uhlenbruck/Borries/Hirte Rn. 32).

VII. Drei-Personen-Verhältnisse

11 Bei der Beurteilung, ob eine Leistung des Schuldners unentgeltlich erfolgte, unterscheidet der Bundesgerichtshof grundsätzlich zwischen Zwei-Personen-Verhältnissen und Drei-Personen-Verhältnissen. Im Zwei-Personen-Verhältnis ist eine Verfügung als unentgeltlich anzusehen, wenn ihr nach dem Inhalt des Rechtsgeschäfts keine Leistung gegenübersteht, dem Leistenden also keine dem von ihm aufgegebenen Vermögenswert entsprechende Gegenleistung zufließen soll (BGH NJW 2019, 2923 (2930); BeckRS 2016, 20846; NJW 2013, 3720; NZI 2015, 315) und er somit freigiebig handelt (Gehrlein DB 2017, 1761 (1765)).

11.1 Dabei scheidet im Zwei-Personen-Verhältnis eine unentgeltliche Leistung auch dann aus, wenn nicht der Leistungsempfänger, sondern ein Dritter dem Leistenden eine ausgleichende Gegenleistung erbringt, sofern zwischen Leistung und Gegenleistung (des Dritten) ein ausreichender rechtlicher Zusammenhang besteht (BGH NZI 2018, 800).

11a Wird hingegen eine dritte Person in den Zuwendungsvorgang eingeschaltet, kommt es nicht darauf an, ob der Leistende selbst einen Ausgleich für seine Leistung erhalten hat; maßgeblich ist vielmehr, ob der Zuwendungsempfänger eine Gegenleistung erbringt (BGH NJW 2013, 3720; Gehrlein DB 2017, 1761 (1765)). Dabei kommt es nicht darauf an, ob der Leistungsempfänger dem Leistenden gegenüber zur Erbringung der Gegenleistung (an den Dritten) verpflichtet war; in einer solchen Konstellation ist allerdings dann Unentgeltlichkeit gegeben wenn der Schuldner seine Leistung zeitlich vor der Leistung des Anfechtungsgegners erbracht hat, denn der maßgebliche Zeitpunkt für die Beurteilung der Frage, ob Unentgeltlichkeit vorliegt, ist der Zeitpunkt des Rechtserwerbs des Anfechtungsgegners infolge der Leistung des Schuldners (BGH NZI 2013, 258 (260)). Hat der Insolvenzschuldner mit dem Dritten eine angemessene Gegenleistung für die von ihm erbrachte Zuwendung vereinbart, kann die Zuwendung nicht schon deshalb als unentgeltlich angefochten werden, weil die Gegenleistung ausgeblieben ist (BGH NZI 1999, 1111).

Hinsichtlich der Frage nach dem **richtigen Anfechtungsgegner** in Drei-Personen-Verhältnissen ist zunächst zu unterscheiden zwischen der Insolvenz des Anweisenden und der des Angewiesenen/Leistungsmittlers. In der **Insolvenz des Anweisenden** ist regelmäßig der Leistungsempfänger Anfechtungsgegner, da dieser grundsätzlich so zu behandeln ist, als hätte er die erfolgte Leistung direkt vom Schuldner erlangt; im Hinblick auf § 134 ist somit zu prüfen, ob der Leistungsempfänger selbst eine entgeltliche Gegenleistung erbracht hat (→ Rn. 5; ausf. Gehrlein DB 2017, 1761 (1765)). Der Leistungsmittler kommt als Anfechtungsgegner hingegen in Betracht, wenn sich die zu mittelnde Leistung noch in seinem Vermögen befindet, dh er diese noch nicht weitergegeben hat (Uhlenbruck/Borries/Hirte Rn. 6). **12**

Neben der „Schenkungsanfechtung" kommt in Mehrpersonenverhältnissen in bestimmten Fallkonstellationen gegenüber dem Leistungsmittler auch eine Deckungsanfachtung nach §§ 130, 131 oder eine Vorsatzanfechtung nach § 133 in Betracht (→ § 129 Rn. 74 ff.). **12.1**

In der **Insolvenz des Leistungsmittlers** kommt eine Anfechtung sowohl gegenüber dem Anweisenden als auch gegenüber dem Zuwendungsempfänger in Betracht. Eine Anfechtung gegenüber dem Anweisenden nach § 134 kommt in Betracht, wenn der Leistungsmittler diesem gegenüber nicht zur Leistung verpflichtet war (sog. Anweisung „auf Kredit"); allerdings fehlt es in diesem Verhältnis dann an einer Leistung des Leistungsmittlers an den Anweisenden, wenn der Leistungsmittler die befriedigte Forderung oder einen sonstigen Rückgriffs- oder Abtretungsanspruch gegen den Anweisenden erwirbt (Uhlenbruck/Borries/Hirte Rn. 65). Im Hinblick auf eine mögliche Anfechtung nach § 134 gegenüber dem Zuwendungsempfänger ist auch in diesem Verhältnis darauf abzustellen, ob dieser eine werthaltige Gegenleistung erbringt, was bei der Begleichung einer fremden Schuld maßgeblich davon abhängt, ob diese werthaltig war (→ Rn. 13.1; Uhlenbruck/Borries/Hirte Rn. 66 ff.). **13**

Hat der Insolvenzschuldner gemäß § 267 BGB eine **fremde (werthaltige) Schuld beglichen,** so kommt grundsätzlich der bisherige Schuldner der getilgten Forderung als Anfechtungsgegner in Betracht, nicht aber der Gläubiger; allerdings scheidet gegenüber dem Schuldner eine Anfechtung nach § 134 insoweit aus, als dass er durch den Verlust seiner werthaltigen Forderung eine Gegenleistung erbracht hat (BGH NZI 2004, 374). Ist hingegen die vom Insolvenzschuldner beglichene **Forderung des Zuwendungsempfängers wertlos,** kann die Tilgung gegenüber dem Schuldner als unentgeltliche Leistung angefochten werden (BGH NZI 2016, 398; 2016, 307; 2009, 891; zum Verhältnis zur Deckungsanfechtung in diesem Falle → Rn. 2). Die Wertlosigkeit der Forderung ist in der Regel anzunehmen, wenn die Forderung nicht mehr isoliert durchgesetzt werden kann (BGH NZI 2010, 678; vgl. hierzu Uhlenbruck/Borries/Hirte Rn. 67 ff.), etwa weil der Dritte zahlungsunfähig und damit insolvenzreif ist (BGH NZI 2014, 564). Dies wird auch durch eine etwaige auf den Gläubiger entfallende Quote nicht berührt. Kann der Gläubiger seine durch die Insolvenzreife entwertete Forderung nicht mehr isoliert durchsetzen, kann ihr auch im Falle einer Drittleistung ein eigenständiger wirtschaftlicher Wert nicht beigemessen werden (BGH NZI 2009, 891). Trotz Zahlungsunfähigkeit des Dritten kann die getilgte Forderung jedoch ausnahmsweise dann als werthaltig angesehen werden, wenn eine weitere Person für die Forderung eine werthaltige Sicherheit gestellt hatte, die der durch die Zahlung befriedigte Gläubiger verliert, oder wenn sich der Leistungsempfänger anderweitig – etwa durch Aufrechnung – insolvenzfest Befriedigung verschaffen kann (BGH NZI 2014, 564; Uhlenbruck/Borries/Hirte Rn. 69 ff.). Im Fall der **Doppelinsolvenz von Schuldner und Leistungsmittler** kann einer Deckungsanfechtung des Schuldners der Vorrang gegenüber der Schenkungsanfechtung des Leistungsmittlers (der auf eine wertlose Forderung gezahlt hat) gebühren, soweit der Anfechtungsgegner das Erlangte tatsächlich an den Schuldner zurückgewährt hat (BGH NZI 2016, 307; NJW 2008, 655 (658); → Rn. 2). **13.1**

Befriedigt ein **persönlich haftender Gesellschafter** die Forderung eines Gläubigers gegen die Gesellschaft und erlischt dadurch die Haftungsverbindlichkeit des Gesellschafters, ist seine Leistung im Insolvenzverfahren über sein Vermögen nicht als unentgeltliche Leistung anfechtbar (BGH NZI 2016, 80). **13.2**

Ebenso ist die **Ausreichung eines Gesellschafterdarlehens** an die Gesellschaft in der Insolvenz des Gesellschafters grundsätzlich nicht als unentgeltliche Leistung anzusehen, da die Ausreichung eines Darlehens grundsätzlich ein entgeltliches Geschäft ist. Etwas anderes kann allerdings gelten, wenn verlorener Zuschuss formal in die Form eines Darlehens gekleidet worden ist, was aber wiederum dann nicht anzunehmen ist, wenn die Parteien bei Ausreichung des Darlehens in gutem Glauben von der Werthaltigkeit des Rückzahlungsanspruches überzeugt sind (BGH NZI 2017, 24 mAnm Bangha-Szabo, in Abkehr von seiner zur Rechtslage vor MoMIG ergangenen Rechtsprechung). **13.3**

Erbringt der spätere Insolvenzschuldner als Dritter zur **Abwendung der Zwangsvollstreckung** des Gläubigers gegen den Forderungsschuldner aus einem lediglich vorläufig vollstreckbaren Urteil die von jenem geschuldete Leistung, ist diese grundsätzlich unentgeltlich, da sie lediglich zur Abwendung der vom Gläubiger angedrohten oder bereits eingeleiteten Zwangsvollstreckung aus einem nur vorläufig vollstreckba- **13.4** ren Urteil erfolgt und keine Erfüllung der dem Urteil zugrunde liegenden Forderung bewirkt (BGH NZI 2015, 892).

13.5 Die **Zahlung eines Schuldners auf ein debitorisch geführtes Girokonto seines Gläubigers** ist in der Insolvenz des Schuldners nur dann als – mittelbare – unentgeltliche Leistung gegenüber der Bank anfechtbar, wenn der Wille des Schuldners erkennbar darauf gerichtet ist, die Zahlung im Endergebnis der Bank zuzuwenden (BGH NZI 2015, 807 mit Hinweis auf BGH NJW 1998, 2592 (2599)).

13.6 Hat der Insolvenzschuldner einem Dritten das **Bezugsrecht aus einer Lebensversicherung unwiderruflich** zugewendet, so liegt darin grundsätzlich eine unentgeltliche Leistung unabhängig davon, ob die Bezugsrechtszuwendung mit Abschluss des Versicherungsvertrages von Anfang an oder erst nachträglich eingeräumt wurde. Zwar befand sich in ersterem Fall der zugewendete Anspruch nie im Vermögen des Schuldners; jedoch wird in beiden Fällen der Anspruch auf Auszahlung durch die Prämienzahlungen aus dem Vermögen des Schuldners erkauft, was eine Gläubigerbenachteiligung begründet (BGH NJW 2004, 214 (215); NZI 2016, 35 (36)). Erfolgt die Abtretung der Ansprüche aus einer Lebensversicherung **als Drittsicherheit** gegen die Ausreichung eines Darlehens, liegt hingegen keine Unentgeltlichkeit vor (BGH NZI 2013, 258 (259)). In Betracht kommt allerdings die Anfechtbarkeit der Prämienzahlungen als mittelbare Zuwendung an den Empfänger, da diese die Sicherheit werthaltig machten. Insofern gilt, dass die Prämienzahlungen an die Versicherung im Verhältnis zum Begünstigten dann als entgeltlich anzusehen sind, wenn die Abtretung entgeltlich erfolgt ist (BGH NZI 2013, 258). Bei einer lediglich **widerruflich** erfolgten Zuwendung des Bezugsrechts hat der Insolvenzverwalter zunächst die Möglichkeit, die Zuwendung zu widerrufen. Erst mit Eintritt des Versicherungsfalls (im Falle von Lebensversicherungen der Tod) entsteht ein Bedürfnis nach Anfechtung (vgl. BGH NZI 2016, 35 (36)).

13.7 Auch die **treuhänderische Übertragung von Vermögenswerten** kann eine Gläubigerbenachteiligung darstellen, da der Zugriff auf das Treugut erschwert wird; sie kann in Folge des Rückforderungsanspruchs des Treugebers diesem gegenüber jedoch nicht als unentgeltlich betrachtet werden (BGH NZI 2017, 105 (109); 2015, 937 (938) im Anschluss an BGH NZI 2012, 453). Dies gilt auch dann, wenn die betreffende Treuhandvereinbarung wegen eines Vertretungsmangels unwirksam ist (BGH NZI 2017, 8654 mAnm Huber).

VIII. Anfechtungsfrist

14 Die Anfechtungsfrist des § 134 beträgt vier Jahre vor dem Insolvenzeröffnungsantrag. Die lange Frist begründet sich aus der von der Rechtsordnung angenommenen geringeren Schutzwürdigkeit des unentgeltlichen Erwerbs (→ Rn. 1). Für die Berechnung der Anfechtungsfrist gilt § 139. Die Frist kann nach § 91 StaRUG um die Zeit der Rechtshängigkeit einer Restrukturierungssache verlängert werden (BeckOK StaRUG/Fridgen StaRUG § 91 Rn. 13). Wann eine Leistung iSd § 134 Abs. 1 als vorgenommen gilt, bestimmt sich nach § 140 (BGH NZI 2021, 222 (223)) (→ Rn. 14.1).

14.1 Im Falle einer **Vormerkung** beginnt die Anfechtungsfrist mit Antrag auf Eintragung zu laufen. Der Vormerkungsschutz des § 106 gilt auch bei einem unentgeltlichen Grundgeschäft unbeschränkt (BGH NZI 2021, 577 (578 f.)).

IX. Gelegenheitsgeschenke von geringem Wert

15 § 134 Abs. 2 nimmt gebräuchliche Gelegenheitsgeschenke von geringem Wert von der Anfechtung nach § 134 aus. Die Einschränkung betrifft nicht jede unentgeltliche Leistung, sondern lediglich Schenkungen iSd §§ 516 ff. BGB (BGH NZI 2016, 359 (361)). Gelegenheitsgeschenke sind entsprechend dem Wortlaut Geschenke zu bestimmten Gelegenheiten oder Anlässen wie Weihnachten, Geburtstag, Hochzeit, Kommunion, Firmung usw. In diesem Sinne können Gelegenheitsgeschenke auch unregelmäßig vorgenommene Spenden an Parteien, an Wohltätigkeitsorganisationen oder an Kirchen sein (BGH NZI 2016, 359 (361); Uhlenbruck/Borries/Hirte Rn. 159).

16 Ein Gelegenheitsgeschenk liegt nicht vor, wenn keine unregelmäßige Leistung erbracht wird, sondern wenn regel- und planmäßige Zahlungen ohne besonderen Anlass zu allgemeinen Finanzierungszwecken geleistet werden, etwa bei freiwilligen aber regel- und planmäßigen Spenden an Religionsgemeinschaften zur Deckung deren allgemeinen Finanzbedarfs, da diese nicht bei „Gelegenheit" erfolgen (BGH NZI 2016, 359 (361)).

17 Die Voraussetzung des „geringen Werts" wird objektiv anhand einer absoluten Wertobergrenze beurteilt. Als Obergrenze werden in der Rechtsprechung 200 EUR für ein einzelnes Geschenk und maximal 500 EUR pro Kalenderjahr angesetzt. Die Vermögenssituation des Schenkenden bleibt dabei außer Acht (BGH NZI 2016, 359 (361 f.)).

C. Prozessuales

Den Insolvenzverwalter trifft die Darlegungs- und Beweislast für die Unentgeltlichkeit der angefochtenen Rechtshandlung (BGH NJW-RR 2020, 1500 (1502); NZI 2017, 395 (396); 2017, 393; OLG Köln BeckRS 2016, 10095) (→ Rn. 18.1). Beruft sich der Anfechtungsgegner darauf, die Vertragsparteien seien (wenn auch irrtümlich) von einem gleichwertigen Leistungsaustausch ausgegangen, muss der Insolvenzverwalter beweisen, dass die Fehlvorstellung keine Grundlage in den objektiven Umständen des Vertragsschlusses hatte. Nach den Grundsätzen der sekundären Darlegungslast muss jedoch der Anfechtungsgegner solche Umstände substanziiert darlegen (BGH NJW-RR 2020, 1500). 18

In Fällen, in denen sich die Parteien darauf berufen, (irrig) angenommen zu haben, einen gleichwertigen Leistungsaustausch vorgenommen zu haben (→ Rn. 9), dürfte es für den Insolvenzverwalter letztendlich schwierig sein, mit einer Anfechtung nach § 134 durchzudringen, da er ja für das Vorliegen der Unentgeltlichkeit darlegungs- und beweisbelastet ist. Beruft sich der Anfechtungsgegner darauf, die Vertragsparteien seien von einem gleichwertigen Leistungsaustausch ausgegangen, reicht es nicht aus, dass der Insolvenzverwalter ein Missverhältnis des objektiven Wertes von Leistung und Gegenleistung darlegt und beweist. Vielmehr muss er dartun und beweisen, dass keine solchen Umstände vorgelegen haben, die eine solche Annahme der Vertragsparteien erlaubten (BGH NZI 2021, 26 (27) mAnm d'Avoine; NJW-RR 2020, 1500 (1502), → Rn. 9). Die Möglichkeit für Schuldner und Gläubiger, sich im Prozess auf ihre subjektive (irrige) Annahme der Werthaltigkeit einer objektiv wertlosen (Gegen-)Leistung zu berufen, mag Missbrauchspotential zur Manifestierung an sich anfechtbarer Vermögensverschiebungen bergen (Pape ZInsO 2018, 745 (752)). 18.1

In Dreiecksverhältnissen obliegt es ihm folglich, im Falle des Fehlens einer Entgeltlichkeitsvereinbarung (→ Rn. 7) die zeitliche Reihenfolge der Leistungen vorzutragen (BGH NZI 2013, 258 (260)). Hängt die Unentgeltlichkeit der Leistung von der Wertlosigkeit der beglichenen Forderung ab (→ Rn. 13.1), muss der Insolvenzverwalter auch diese beweisen und etwa Beweis dafür antreten, dass der Forderungsschuldner im Leistungszeitpunkt zahlungsunfähig war (BGH NZI 2006, 399 (400)). Beruft sich der Anfechtungsgegner demgegenüber darauf, dass die beglichene Forderung trotz Insolvenz des Forderungsschuldners werthaltig war, trägt er die Darlegungs- und Beweislast für diese Ausnahme (BGH NZI 2013, 592; 2010, 678). 18a

Bei Relevanz von Umständen aus dem Bereich des Anfechtungsgegners trifft den Anfechtungsgegner eine sekundäre Darlegungslast. Wendet er gegenüber dem Vortrag einer unentgeltlichen Leistung ein, eine Gegenleistung erbracht zu haben, hat er diese ggf. darzulegen zu beweisen (BGH NZI 2017, 395 (396); → Rn. 19.1). Gleiches gilt, wenn er einwendet, dass von Anfang an ein Herausgabe- oder Erstattungsanspruch des Schuldners bestanden habe (BFH NZI 2021, 226 (229) („Kontoleihe")). 19

Behauptet der Anfechtungsgegner, dem Insolvenzschuldner ein Darlehen gewährt zu haben, welches lange zurückliegt und außerhalb der Erkenntnissphäre des Insolvenzverwalters steht, hat er vorzutragen, in welcher Weise das Darlehen gewährt wurde – durch Barzahlung oder Überweisung, durch Zahlung an den Schuldner oder direkt an die jeweiligen Gläubiger – und ggf. Belege vorzulegen. Nur aufgrund eines solchen Vortrags wird der Insolvenzverwalter, der von Anfang an die Nichtgewährung des Darlehens vorgetragen hat, in die Lage versetzt, zu beweisen, dass die konkret bezeichneten Zahlungen nicht vorgenommen wurden (BGH NZI 2017, 395 (396)). 19.1

Steht fest, dass der Anfechtungsgegner eine unentgeltliche Leistung erhalten hat, hat er gem. § 143 Abs. 2 nach den Regeln des § 818 Abs. 3 BGB darzulegen und zu beweisen, dass und warum er objektiv nicht mehr bereichert ist (zu den insofern geltenden Maßstäben BGH BeckRS 2016, 19988; → § 143 Rn. 39). 20

Im Fall der Verschiebung beweglicher Sachen zwischen Ehegatten kann sich aus der Regelung des § 1362 Abs. 1 S. 1 BGB zugunsten des Insolvenzverwalters eine Vermutung unentgeltlicher Verfügungen ergeben (BGH NJW 1955, 20 (Bargeld); MüKoBGB/Weber-Monecke BGB § 1362 Rn. 20). 21

§ 135 Gesellschafterdarlehen

(1) Anfechtbar ist eine Rechtshandlung, die für die Forderung eines Gesellschafters auf Rückgewähr eines Darlehens im Sinne des § 39 Abs. 1 Nr. 5 oder für eine gleichgestellte Forderung

1. Sicherung gewährt hat, wenn die Handlung in den letzten zehn Jahren vor dem Antrag auf Eröffnung des Insolvenzverfahrens oder nach diesem Antrag vorgenommen worden ist, oder
2. Befriedigung gewährt hat, wenn die Handlung im letzten Jahr vor dem Eröffnungsantrag oder nach diesem Antrag vorgenommen worden ist.

(2) Anfechtbar ist eine Rechtshandlung, mit der eine Gesellschaft einem Dritten für eine Forderung auf Rückgewähr eines Darlehens innerhalb der in Absatz 1 Nr. 2 genannten Fristen Befriedigung gewährt hat, wenn ein Gesellschafter für die Forderung eine Sicherheit bestellt hatte oder als Bürge haftete; dies gilt sinngemäß für Leistungen auf Forderungen, die einem Darlehen wirtschaftlich entsprechen.

(3) ¹Wurde dem Schuldner von einem Gesellschafter ein Gegenstand zum Gebrauch oder zur Ausübung überlassen, so kann der Aussonderungsanspruch während der Dauer des Insolvenzverfahrens, höchstens aber für eine Zeit von einem Jahr ab der Eröffnung des Insolvenzverfahrens nicht geltend gemacht werden, wenn der Gegenstand für die Fortführung des Unternehmens des Schuldners von erheblicher Bedeutung ist. ²Für den Gebrauch oder die Ausübung des Gegenstandes gebührt dem Gesellschafter ein Ausgleich; bei der Berechnung ist der Durchschnitt der im letzten Jahr vor Verfahrenseröffnung geleisteten Vergütung in Ansatz zu bringen, bei kürzerer Dauer der Überlassung ist der Durchschnitt während dieses Zeitraums maßgebend.

(4) § 39 Abs. 4 und 5 gilt entsprechend.

Überblick

§ 135 regelt in Abs. 1 (iVm Abs. 4, § 39 Abs. 1 S. 1 Nr. 5, Abs. 4 und 5) die Insolvenzanfechtung bei Gesellschafterdarlehen und gleichgestellten Rechtshandlungen (→ Rn. 2 ff.). Mit dem zum 1.11.2008 in Kraft getretenen MoMiG wurde Abs. 1 an das neue Konzept der Gesellschafterfremdfinanzierung (→ § 39 Rn. 39) angepasst. Die analoge Anwendung der §§ 30, 31 GmbHG aF, die bis 2008 die zentrale Rechtsgrundlage für Erstattungsansprüche gegen den Gesellschafter bildete, spielt keine Rolle mehr. Abs. 2–4 wurden mit dem MoMiG neu aufgenommen. Abs. 2 erfasst die Insolvenzanfechtung bei gesellschafterbesicherten Drittdarlehen (→ Rn. 2 ff.); Abs. 2 wird durch § 143 Abs. 3 ergänzt. Zum Verhältnis von Abs. 1 und Abs. 2 → Rn. 4. Abs. 3 betrifft die Weiternutzung der an die Schuldnerin überlassenen Gegenstände in den Fällen, in denen der Gegenstand für die Unternehmensfortführung von erheblicher Bedeutung ist; er ersetzt die früheren Regelungen zur Nutzungsüberlassung (→ Rn. 61 ff.). Nach Abs. 4 ist die Insolvenzanfechtung gem. Abs. 1 ausgeschlossen, wenn die Voraussetzungen des Sanierungsprivilegs (§ 39 Abs. 4) oder des Kleinbeteiligtenprivilegs (§ 39 Abs. 5) vorliegen (dazu → § 39 Rn. 43, → § 39 Rn. 75 ff., → § 39 Rn. 99 ff.). Durch das COVInsAG ist unter den Voraussetzungen des § 2 Abs. 1 Nr. 2 COVInsAG in Insolvenzverfahren, die bis zum 30.9.2023 beantragt wurden, eine bis zum 30.9.2023 erfolgende Rückzahlung von ab dem 1.3.2020 neu gewährte Gesellschafterdarlehen und wirtschaftlich entsprechenden Rechtshandlungen weitgehend anfechtungsfest (→ Rn. 93).

Übersicht

	Rn.		Rn.
A. Sinn und Zweck	1	1. Befriedigungshandlung	23
B. Allgemeine Voraussetzungen von Abs. 1 und Abs. 2	4	2. Revolvierende Kredite, Kontokorrent, Cash Pool	28
I. Insolvenzschuldner	7	3. Zeitpunkt/Frist	31
II. Anfechtungsgegner	9	4. Anfechtungsgegner	34
III. Art der Finanzierungsleistung	12	5. Rechtsfolge	35
IV. Übergangsrecht	13a	6. Verjährung	36
V. Anwendbares Recht bei grenzüberschreitenden Sachverhalten	16a	III. Anfechtbare Besicherung (Abs. 1 Nr. 1)	37
C. Anfechtung der Befriedigung oder der Sicherung eines Gesellschafters (Abs. 1)	17	1. Gewährung Besicherung	37
		2. Zeitpunkt/Frist	42
		3. Anfechtungsgegner	45
I. Forderung	17	4. Rechtsfolge	46
		5. Verjährung	47
II. Anfechtbare Befriedigung (Abs. 1 Nr. 2)	23	D. Anfechtbare Befreiung von einer Gesellschaftersicherheit (Abs. 2)	48
		I. Gegenstand der Anfechtung	48

	Rn.		Rn.
II. Anfechtbare Rechtshandlung	51	H. Verfahrensrechtliche Fragen	90
III. Rechtsfolge	56	I. Beweislast	90
E. Nutzungsüberlassung (Abs. 3)	61	II. Gerichtsstand	91
I. Historischer Zusammenhang, Allgemeines	61	**I. Privilegierung Kredite ab 1.3.2020 (§ 2 Abs. 1 Nr. 2, Nr. 4, Nr. 5 und Abs. 2 COVInsAG)**	93
II. Aussonderungssperre (Abs. 3 S. 1)	64	I. Rückgewähr bis 30.9.2023 (§ 2 Abs. 1 Nr. 2 COVInsAG)	93
1. Anwendungsbereich	64	II. Rückgewähr während des Aussetzungszeitraums (§ 2 Abs. 1 Nr. 4 COVInsAG)	98
2. Tatbestandvoraussetzungen	70		
III. Vergütung (Abs. 3 S. 2)	78		
F. Ausnahmen (insbesondere Abs. 4)	85	III. Rückgewähr bis 31.3.2022 bei Beantragung staatlicher Hilfen (§ 2 Abs. 1 Nr. 5 COVInsAG)	99
G. Konkurrenzen	86		

A. Sinn und Zweck

Die Anfechtungsregeln des § 135 dienen, wie jede Anfechtungsregel, dem Schutz der Gläubiger (K. Schmidt InsO/K. Schmidt Rn. 1; Thole ZHR 2012, 513 (524 f.)). Dabei ist zwischen den Abs. 1 und 2 einerseits und Abs. 3 anderseits wie folgt zu unterscheiden: 1

§ 135 Abs. 1 und 2: Forderungen aus Gesellschafterdarlehen bzw. Gesellschaftersicherheiten und gleichgestellte Rechtshandlungen sind im Insolvenzverfahren nachrangig (**§ 39 Abs. 1 S. 1 Nr. 5**). Im Falle gesellschafterbesicherter Drittdarlehen wird der Darlehensgeber/Drittgläubiger bei der Durchsetzung seiner Forderungen beschränkt; die Rückgriffsforderung des Gesellschafters bei Inanspruchnahme der Sicherheit ist ebenfalls nachrangig (**§ 44a**). § 135 Abs. 1 und Abs. 2 komplettieren die § 39 Abs. 1 S. 1 Nr. 5 und § 44a, indem sie ihre masse- und gläubigerschützende Wirkung in das Vorfeld der Insolvenz ausdehnen (Wiederherstellung des Schuldnervermögens bei Befriedigung von Forderungen die bei Insolvenzeröffnung nachrangig wären; BGH NZG 2017, 66 (68); CPM/Zenker Rn. 1) und damit eine Umgehung der § 39 Abs. 1 S. 1 Nr. 5 und § 44a verhindern (OLG Hamm BeckRS 2017, 110875 Rn. 26; allgemein zum Zusammenhang zwischen subordinierten Gesellschafterdarlehen und anfechtungsrechtlicher Umsetzung Haas ZIP 2017, 545 ff.; differenzierend in Bezug auf die Schutzrichtung von § 135 Abs. 1 und § 39 Abs. 1 S. 1 Nr. 5: Thole ZHR 2012, 513). Ein Gesellschafter kann sich mit Blick auf seine bisherigen Finanzierungsbeiträge vor einer Insolvenz der Gesellschaft seiner Verantwortung nicht entziehen. Außerhalb des Insolvenzverfahrens mangels Masse gelten die §§ 6, 6a, 11 AnfG. 2

§ 135 Abs. 3 ist keine Anfechtungsvorschrift und wäre systematisch besser in den §§ 103 ff. platziert (HK-InsO/Kleindiek Rn. 50; K. Schmidt InsO/K. Schmidt Rn. 31). Die Vorschrift regelt die Aussonderungssperre für Gegenstände, die der Gesellschaft von einem Gesellschafter zur Verfügung gestellt wurden und die für die Fortführung des Unternehmens von erheblicher Bedeutung sind. Die Aussonderungssperre ermöglicht der Gesellschaft die Weiternutzung dieser Gegenstände nach Insolvenzeröffnung. Die Vorschrift dient damit der Erhaltung von Sanierungschancen der Gesellschaft und ist Ausfluss der Treuepflicht des Gesellschafters (BT-Drs. 16/9737, 59). 3

B. Allgemeine Voraussetzungen von Abs. 1 und Abs. 2

Wie bei jedem Anfechtungstatbestand müssen bei einer Anfechtung nach § 135 Abs. 1 und Abs. 2 die allgemeinen Anfechtungsvoraussetzungen vorliegen: Rechtshandlung im anfechtungsrelevanten Zeitraum vor Verfahrenseröffnung, die eine mindestens **mittelbare Gläubigerbenachteiligung** zur Folge hat (§§ 129, 140; zur Anwendbarkeit der allgemeinen Vorschriften HK-InsO/ Kleindiek Rn. 21; K. Schmidt InsO/K. Schmidt Rn. 15; CPM/Zenker Rn. 5). 4

Letztere liegt regelmäßig vor, wenn ein Gläubiger **auf Kosten der Gesellschaft** Befriedigung bzw. Sicherung erhält (Abs. 1) oder von einer Sicherheit befreit wird (Abs. 2) (BGH NJW 2014, 1737; OLG Frankfurt BeckRS 2016, 03055). Gewährt der Gesellschafter/Gläubiger die empfangenen Leistungen vor Eröffnung des Insolvenzverfahrens an die Gesellschaft zurück (dh bei Tilgung durch Barzahlung oder durch Ausreichen eines neuen Darlehens zu denselben Konditionen, auf das noch kein anderweitiger Anspruch der Gesellschaft bestand), entfällt die Gläubigerbenachteiligung (BGH DStR 2020, 130 Rn. 15 ff.; NZI 2019, 591 Rn. 13 ff.; 2018, 216 (217 f.); de Bra FS-InsR 2019, 418188; Thole ZRI 2020, 338 (339 f.)). Dem Anfechtungsgegner muss die Anfechtbarkeit der an ihn bewirkten Zahlung nicht bewusst gewesen sein; es genügt, wenn der Anfechtungsgegner 5

InsO § 135   Dritter Teil. Wirkungen der Eröffnung des Insolvenzverfahrens

dem Schuldner Vermögenswerte zukommen lässt, die bestimmungsgemäß die angefochtene Leistung vollständig ausgleichen und dem Gläubigerzugriff zustehen, ohne dass dadurch andere Ansprüche des Schuldners berührt werden (BGH DStR 2020, 130 Rn. 16 f., Wiederherstellung des ursprünglichen Darlehenszustandes). Kann die Zahlung auch auf andere Ansprüche angerechnet werden, wie zB Anspruch des Schuldners auf Auszahlung weiterer Darlehen, geht der BGH davon aus, dass die Gläubigerbenachteiligung insoweit nicht beseitigt wird (BGH DStR 2020, 130 Rn. 19).

6   Die Voraussetzung einer **Krise** im Zeitpunkt der Vornahme der anfechtungsrelevanten Rechtshandlung wurde **aufgegeben** (BGH NZI 2015, 657; Braun/de Bra Rn. 10; → § 39 Rn. 43). Auf Rechtsfolgenseite sind die §§ 143 f. anzuwenden. Die Anfechtung nach § 135 wird entweder durch Klage (§ 143) oder Einrede (§ 146 Abs. 2) geltend gemacht. Die Verjährung des Anfechtungsanspruchs richtet sich nach § 146 Abs. 1, §§ 195 ff. BGB.

I. Insolvenzschuldner

7   Als Insolvenzschuldner iSd § 135 kommen gem. Abs. 4 alle **Gesellschaften iSd § 39 Abs. 4 S. 1** in Betracht (BT-Drs. 16/6140, 56 f.; Braun/de Bra Rn. 7; FK-InsO/Dauernheim Rn. 10; K. Schmidt InsO/K. Schmidt Rn. 11; HmbKommInsR/Schröder Rn. 14; MüKoInsO/Gehrlein Rn. 32; Nerlich/Römermann/Nerlich Rn. 20; → § 39 Rn. 49 ff.).

8   Wie bei § 39 Abs. 1 S. 1 Nr. 5 fallen **Auslandsgesellschaften** in den Anwendungsbereich der Vorschrift, wenn das Insolvenzverfahren nach deutschem Insolvenzrecht geführt wird. Dies gilt sowohl für den Anwendungsbereich des Art. 3 Abs. 1 S. 1 EuInsVO (BT-Drs. 16/6140, 57; MüKoInsO/Gehrlein Rn. 32; Nerlich/Römermann/Nerlich Rn. 20) als auch für Drittstaatengesellschaften (HmbKommInsR/Schröder Rn. 16). Drittstaatengesellschaften werden dann als Personengesellschaften behandelt (BGH NJW 2009, 289 (Sitztheorie)). § 135 gilt für Drittstaatengesellschaften nicht, wenn der persönlich haftende Gesellschafter eine natürliche Person oder eine Gesellschaft ist, an der als persönlich haftender Gesellschafter eine natürliche Person beteiligt ist (§§ 135 Abs. 4, 39 Abs. 4 S. 1) (HmbKommInsR/Schröder Rn. 16).

II. Anfechtungsgegner

9   Anfechtungsgegner ist der **Gesellschafter bzw. der gleichgestellte Dritte** gem. § 39 Abs. 1 S. 1 Nr. 5. Dies gilt auch, wenn es um die Anfechtung einer **Drittsicherheit**, der Rückzahlung **nach Zession** (hier neben dem Zedenten, → Rn. 10) oder Rückzahlung **an Dritte** (die nicht selbst Gläubiger sind) als mittelbare Zuwendung (Weisungsfälle; für eine zusätzlich entsprechende Anwendung von § 145 Abs. 2 CPM/Zenker Rn. 24; K. Schmidt ZIP-Beil. 39/2010, 15 (23); aA Uhlenbruck/Hirte Rn. 12) geht. Die **Einbeziehung von Dritten** in den Anwendungsbereich des § 135 folgt den gleichen Grundsätzen **wie bei § 39 Abs. 1 S. 1 Nr. 5** (FK-InsO/Dauernheim Rn. 20; Graf-Schlicker/Neußner Rn. 7; K. Schmidt InsO/K. Schmidt Rn. 12; aA (kein zwingender Gleichlauf zwischen §§ 135 und 39) Thole ZHR 2012, 513 (536); → § 39 Rn. 61 ff.). Erfasst werden daher bei Beherrschung auch mit dem Gesellschafter **verbundene Unternehmen** (ausf. → § 39 Rn. 64; BGH NZG 2013, 469 Rn. 14 ff. = BGH NJW 2013, 2282; zum Streitstand im Schrifttum ausf. Altmeppen, GmbHG, 10. Aufl. 2021, GmbHG Anh. § 30 Rn. 54 ff.; zum Streitstand, wer bei Einsatz von **Mittelspersonen** (zB Treuhänder) Anfechtungsgegner ist, ausf. Haas ZIP 2017, 454 (551); zur Rückzahlung anfechtbar erlangter Gelder durch den Treuhänder an den Treugeber BGH NZG 2016, 193). Nicht erfasst sind **Kleinbeteiligte** und **Sanierungsgesellschafter** (§ 135 Abs. 4, § 39 Abs. 4 S. 2 und § 39 Abs. 5; ausf. MüKoInsO/Gehrlein Rn. 23 ff.).

10   Tritt ein Gesellschafter seine Forderung an einen Nichtgesellschafter ab, dann richten sich die §§ 39, 135 auch gegen den **Zessionar**. Dies folgt aus dem Grundgedanken der §§ 404, 412 BGB (→ § 39 Rn. 59); BGH NJW 2013, 2282; Braun/de Bra Rn. 10; K. Schmidt InsO/K. Schmidt Rn. 12; KPB/Preuß Rn. 43 ff.; MüKoInsO/Gehrlein Rn. 22; Nerlich/Römermann/Nerlich Rn. 24). Ist die Forderung einmal nach § 39 Abs. 1 S. 1 Nr. 5 verhaftet, entfällt ihre Verstrickung erst mit Ablauf der Anfechtungsfrist gem. § 135 Abs. 1 (→ § 39 Rn. 58 ff.; Nerlich/Römermann/Nerlich Rn. 23); soweit der Zessionar nicht einem Gesellschafter nach § 39 Abs. 1 S. 1 Nr. 5 gleichgestellt werden kann, entfällt die Verstrickung der abgetretenen Forderung daher nach dem Grundgedanken des Abs. 1 nach Ablauf eines Jahres (Graf-Schlicker/Neußner Rn. 7; K. Schmidt InsO/K. Schmidt Rn. 12). Der Gesellschafter bleibt trotz Abtretung seiner Forderung an einen Nichtgesellschafter bis zum Ablauf der Anfechtungsfrist gem. § 135 Abs. 1 Anfechtungsadressat (BGH NJW 2013, 2282; dazu Bork EWiR 2013, 217; Braun/de Bra Rn. 10; Preuß ZIP 2013, 1145; K. Schmidt InsO/K. Schmidt Rn. 12; MüKoInsO/Gehrlein Rn. 22; krit. und im Zusam-

menhang mit der Abtretung verstrickter Darlehensforderungen im Zusammenhang mit M&A-Transaktionen: Schniepp/Hensel BB 2015, 777 (780)). Diese Wertung wird auch für Sicherheiten gelten müssen, die die Gesellschaft zugunsten des Gesellschafters für ein Darlehen des Gesellschafters an die Gesellschaft oder für ein Darlehen einer Bank an den Gesellschafter bestellt hat (upstream-Sicherheiten). Ein Jahr nach der Abtretung des Darlehens/der Sicherheit ist eine Anfechtung nach § 135 Abs. 1 Nr. 2 auch in Bezug auf die Sicherheit ausgeschlossen. Es fehlt dann bereits tatbestandlich an einer nachrangigen (besicherten) Forderung (§§ 39 Abs. 1 S. 1 Nr. 5, 135 Abs. 1). Für die Sicherheit dürfen keine strengeren Anforderungen gelten als für die Darlehensforderung selbst und zwar unabhängig davon, ob es sich um eine akzessorische oder nicht akzessorische Sicherheit handelt.

Zedent (Gesellschafter) und Zessionar (Dritter) haften der Insolvenzmasse gegenüber als **Gesamtschuldner** (BGH NJW 2013, 2282 (2284); Braun/de Bra Rn. 10; krit. Haas ZIP 2017, 454 (552); zu Gestaltungsvorschlägen im Rahmen des Unternehmenskaufs Thole, Gesellschaftsrechtliche Maßnahmen in der Insolvenz, 3. Aufl. 2020, Rn. 395 ff.). 10a

Übernimmt ein **Dritter eine Sicherung** für ein Darlehen, welches ein Nichtgesellschafter der Gesellschaft gewährt hat, und wird der Dritte innerhalb des anfechtungsrelevanten Jahres vor dem Antrag auf Eröffnung des Insolvenzverfahrens Gesellschafter der Gesellschaft, fällt er in den Anwendungsbereich von § 135 Abs. 2. 11

III. Art der Finanzierungsleistung

§ 135 Abs. 1 und 2 gelten für Gesellschafterdarlehen und darlehensgleiche **Finanzierungsleistungen** (Abs. 1, → § 39 Rn. 82 ff. sowie **Sicherungen** von Drittforderungen **durch einen Gesellschafter** oder eine gleichgestellte Person (Abs. 2, → § 44a Rn. 8). 12

Anfechtbar nach § 135 Abs. 1 und Abs. 2 sind grundsätzlich nur Befriedigungen und Sicherungen auf **Forderungen,** die **ex lege** von § 39 Abs. 1 S. 1 Nr. 5 bzw. § 44a erfasst werden (Bitter ZIP 2013, 2 ff.; K. Schmidt InsO/K. Schmidt Rn. 12). Zum Rangrücktritt → Rn. 18. 13

IV. Übergangsrecht

Zu den Regelungen des seit dem 1.3.2020 geltenden COVInsAG → Rn. 93. 13a

Für Verfahren, die **vor dem 1.11.2008** eröffnet wurden, sind die bis dahin geltenden Vorschriften weiter anzuwenden (Art. 103d S. 1 EGInsO). Derartige Altverfahren werden entsprechend der Rechtslage vor MoMiG, einschließlich Rechtsprechungsregeln analog §§ 30, 31 GmbHG aF, abgewickelt (BGH NJW 2009, 1277; Braun/de Bra Rn. 22; HmbKommInsR/Schröder Rn. 97 K. Schmidt InsO/K. Schmidt Rn. 14; ausf. → § 39 Rn. 39). 14

Art. 103d S. 2 EGInsO regelt die Anwendbarkeit der vor MoMiG geltenden Anfechtungsvorschriften auf Verfahren, die **nach dem 1.11.2008** eröffnet wurden, wenn die anfechtbaren Rechtshandlungen vor diesem Stichtag erfolgten. Die Vorschrift gilt entsprechend für die Anwendung der sog. Novellenregeln gem. §§ 32a, 32b GmbHG aF (BGH NJW 2013, 3031). Die Weitergeltung der alten Anfechtungsregeln dient dem Vertrauensschutz in eine günstigere Anfechtungslage vor dem 1.11.2008 (Gutmann/Nawroth ZInsO 2009, 174 (175 f.); HmbKommInsR/Schröder Rn. 99; Holzer ZIP 2009, 206 (207)). Unterlag eine Rechtshandlung nach altem Recht mindestens in gleichem Umfang der Anfechtung, ist das Anfechtungsrecht nach MoMiG anzuwenden (AG Hamburg NJW-RR 2009, 483; Gutmann/Nawroth ZInsO 2009, 174 (176)). Für **vor dem 1.11.2008 entstandene Ansprüche** der Gesellschaft gilt nach hM das alte Recht fort unabhängig davon, wann die Eröffnung des Insolvenzverfahrens erfolgt (ausführliche Nachweise bei → § 39 Rn. 39). 15

Zu den streitigen Fällen im Rahmen des Übergangsrechts s. auch HmbKommInsR/Schröder Rn. 100 sowie K. Schmidt InsO/K. Schmidt Rn. 6 (→ Rn. 16.1 f.). 16

V. Anwendbares Recht bei grenzüberschreitenden Sachverhalten

Im Anwendungsbereich der EuInsVO unterliegt die Anfechtung von Rechtshandlungen gem. Art. 7 Abs. 2 S. 2 lit. m grundsätzlich dem Recht des Staates der Verfahrenseröffnung (lex fori concursus). Der Anfechtungsgegner kann bei abweichendem Vertragsstatut jedoch grundsätzlich einwenden, dass für die anfechtungsrelevante Handlung das Recht eines anderen Mitgliedstaates als dem Staat der Verfahrenseröffnung anwendbar ist und die Rechtshandlung nach diesem Recht nicht anfechtbar ist, Art. 16 EuInsVO (2015) (entspricht Art. 13 EuInsVO aF (2000)). Dies dient dem in Erwägungsgrund 67 verankerten Vertrauensschutz. 16a

16b Eine Sonderregelung im Rahmen der EuInsVO gibt es für Gesellschafterdarlehen nicht, da die Unterscheidung in Dritt- und Gesellschafterdarlehen nur in einzelnen Mitgliedstaaten vorgenommen wird. Ob an eine GmbH begebene Gesellschafterdarlehen dem Recht einer ausländischen Rechtsordnung unterstellt werden können mit der Folge, dass für die Frage der Anfechtbarkeit das ausländische Recht maßgeblich ist (Art. 16 EuInsVO, § 339 InsO), dh ob das Vertragsstatut oder das Insolvenz- bzw. Gesellschaftsstatut maßgeblich ist, ist nach wie vor höchstrichterlich nicht geklärt. Der BGH hat diese Frage zuletzt offen gelassen (BGH ZIP 2020, 280). Damit ist weiterhin nicht ausgeschlossen, dass ein Gesellschafter durch die Wahl eines anfechtungsfreundlichen Rechts im Darlehensvertrag einer Anfechtung von Rückzahlungen gem. §§ 135, 133 InsO entgehen kann, jedenfalls dann, wenn der Darlehensgeber eine Gesellschaft mit Sitz im Ausland ist. Allerdings sind an den Nachweis der fehlenden Anfechtbarkeit dem BGH zufolge hohe Anforderungen zu stellen (ausführlich hierzu Pleister/Koa ZRI 2020, 1 ff.; Bitter in Scholz, GmbHG, 12. Aufl. 2018, GmbHG Anh. § 64 Rn. 536 ff. mwN).

16b.1 Umstritten ist die Frage, welches Sachrecht auf die Rückzahlung und dessen Anfechtbarkeit eines an eine deutsche Gesellschaft begebenen Gesellschafterdarlehens an einen Gesellschafter in einem anderen Mitgliedstaat anzuwenden ist. Dabei ist auf das konkrete Rechtsverhältnis abzustellen (BGH NJW 2002, 1574; BGH DZWiR 2006, 31). Zu dieser Frage beziehen das OLG Naumburg und das OLG Dresden konträre Positionen: Das **OLG Naumburg** hat hierzu entschieden (OLG Naumburg BeckRS 2010, 29926): Der generelle Vorrang des Schuldstatuts sei zwar grundsätzlich anzuerkennen. Das OLG Naumburg macht jedoch eine Ausnahme für Gesellschafterdarlehen; Gesellschafterdarlehen unterlägen entweder dem Gesellschaftsstatut (Sitz der insolventen Darlehensnehmerin) oder dem Insolvenzstatut (lex fori concursus) mit der Folge, dass Art. 13 EuInsVO aF (Art. 16 EuInsVO) nicht auf Gesellschafterdarlehen anzuwenden sei. Ein Gesellschafter könne nach Ansicht des OLG Naumburg nicht das von Art. 16 EuInsVO geforderte schutzwürdige Vertrauen aufbauen, da er wisse, nach welchem Recht die von ihm gehaltene Gesellschaft organisiert sei.

16b.2 Ein Teil der Literatur stimmt dem OLG Naumburg im Ergebnis zu (Brinkmann IILR 2013, 371; Knof EWiR 2011, 709; Paulus, EuInsVO, 2021, EuInsVO Art. 16 Rn. 8; Schall ZIP 2011, 2177; HmbKomm-InsR/Undritz EuInsVO Art. 16 Rn. 8). Argumentiert wird, dass bei uneingeschränkter Anwendung des Vertragsstatuts auch iRd Art. 16 EuInsVO (Art. 13 EuInsVO aF) der Gesellschafter die lex fori concursus durch Rechtswahl partiell aushebeln könnte, indem er das Gesellschafterdarlehen einem Recht unterstellt, dass die Anfechtung von Rückzahlungen nicht per se zulässt (zB England, Österreich) (Brinkmann ZIP 2016, 14 (17); Schall ZIP 2011, 2177 (2180)). Es sei widersprüchlich, die Frage des Nachrangs (Art. 7 Abs. 2 S. 2 lit. i EuInsVO) ausnahmslos der lex fori concursus zu unterwerfen, die Frage der Anfechtung über die Hintertür des Art. 16 EuInsVO hingegen einem fremden Sachrecht (Knof EWiR 2011, 709; Schall ZIP 2011, 2177 (2180)).

16b.3 Die Gegenansicht kritisiert, dass aus der insolvenzrechtlichen Natur der Rechtsfolgenanordnung unzulässigerweise auf die Anknüpfung der Rechtshandlung zurück geschlossen wird (Prager/Keller NZI 2011, 697; s. auch MüKoBGB/Kindler, 8. Aufl., EuInsVO Art. 16 Rn. 12 mit Verweis auf aufgegebenes Merkmal des Eigenkapitalersatzes). Im Ergebnis würde Art. 16 EuInsVO iRv § 135 per se keine Anwendung mehr finden können. Einer rechtsmissbräuchlichen Rechtswahl des Gesellschafterdarlehens könne flexibler durch Unwirksamkeit oder Anfechtbarkeit der Rechtswahlklausel vorgebeugt werden (Prager/Keller NZI 2011, 697 (701)). Eingehend diskutiert, aber im Ergebnis offen gelassen, Vallender/Thole, EuInsVO, 1. Aufl. 2017, EuInsVO Art. 16 Rn. 7; deutlicher jetzt Vallender/Thole, EuInsVO, 2. Aufl. 2020, EuInsVO Art. 16 Rn. 5 f. Nach der Ansicht von Kalbfleisch (WM 2020, 1619) könne rechtsmissbräuchlichen Gestaltungen vorgebeugt werden, in dem Rechtswahlklauseln in Gesellschaftsdarlehensverträgen nur dann mit der Folge eines Anfechtungsausschlusses gemäß der anzuwendenden lex causea anerkannt werden, wenn die Rechtswahl als branchenüblich anzusehen ist.

16b.4 Das **OLG Dresden** lehnt die Auffassung des OLG Naumburg ab (OLG Dresden BeckRS 2018, 30341). Die Entscheidung des OLG Dresden erging zwar nicht zu Art. 16 EuInsVO, jedoch zur Parallelnorm des deutschen internationalen Insolvenzrechts, § 339 InsO. Auch nach § 339 InsO ist eine Rechtshandlung dann nicht anfechtbar, wenn der Anfechtungsgegner nachweist, dass für die Rechtshandlung das Recht eines anderen Staates maßgebend und die Rechtshandlung nach diesem Recht in keiner Weise angreifbar ist. Die Frage, wie dieses Recht zu bestimmen sein soll, beantwortet das OLG Dresden eindeutig. Ausschlaggebend soll allein das Schuldstatut des Vertrages sein, in dessen Rahmen die angefochtene Rechtshandlung vorgenommen wurde. Als Begründung wird der Vertrauensschutz des Anfechtungsgegners angeführt. Diesem kann nicht aufgebürdet werden, bei Vornahme der Rechtshandlung stets im Blick zu haben, dass sich das Recht, dem die angefochtene Handlung zum Vornahmezeitpunkt unterliegt, danach richtet, welche Wirkung durch die spätere Anfechtung rückgängig gemacht werden soll. Der Anfechtungsgegner würde einer erheblichen Rechtsunsicherheit begegnen, nicht beurteilen zu können, was das im Falle einer Insolvenz maßgebliche Recht für Rechtshandlungen wäre, wenn für jede Anfechtungsvariante ein anderes Statut gelten würde.

Der **BGH** hat in seiner **Revisionsentscheidung zum OLG Dresden** (BGH ZIP 2020, 280) die Frage, ob das Vertragsstatut oder das Insolvenz- bzw. Gesellschaftsstatut maßgeblich ist, offen gelassen. Damit ist weiterhin nicht ausgeschlossen, dass ein Gesellschafter durch die Wahl eines anfechtungsfreundlichen Rechts im Darlehensvertrag einer Anfechtung von Rückzahlungen entgehen kann, jedenfalls dann, wenn der Darlehensgeber eine Gesellschaft mit Sitz im Ausland ist. 16b.5

Darüber hinaus hat der BGH dem EuGH eine ähnlich gelagerte Frage in Bezug auf Zahlungen Dritter vorgelegt. Nach dem Urteil vom 22.4.2021 (EuGH NJW 2021, 1583) sind Art. 13 VO (EG) 1346/2000 (EuInsVO aF = Art. 16 EuInsVO 2015) und Art. 12 Abs. 1 lit. b VO (EG) 593/2008 (Rom I-VO) so auszulegen, dass das nach der Rom I-VO anzuwendende Recht auch für Zahlungen Dritter maßgeblich ist, die zur Erfüllung einer Verpflichtung einer Vertragspartei geleistet werden und im Rahmen eines Insolvenzverfahrens angefochten werden (dazu eingehend Wehner, jurisPR-InsR 15/2021 Anm. 1). Begründet wird diese Auslegung mit dem von Art. 13 EuInsVO aF/Art. 16 EuInsVO 2015 vermittelten Vertrauensschutz. Auch Dritte sollen sich darauf verlassen dürfen, dass von ihnen vorgenommene Rechtshandlungen auch nach Eröffnung eines Insolvenzverfahrens dem Recht unterliegen, das für sie bei Vornahme der Rechtshandlung relevant war. 16b.6

C. Anfechtung der Befriedigung oder der Sicherung eines Gesellschafters (Abs. 1)

I. Forderung

Die anfechtbare Rechtshandlung (Gewähren von Sicherung gem. Nr. 1 oder Befriedigung gem. Nr. 2) muss sich auf eine **Forderung** beziehen, die im Insolvenzverfahren **von § 39 Abs. 1 S. 1 Nr. 5** (iVm § 39 Abs. 4, 5) **erfasst wäre** (HK-InsO/Kleindiek Rn. 12). Erfasst sind somit Forderungen aus Gesellschafterdarlehen und Forderungen aus Rechtshandlungen, die einem Gesellschafterdarlehen wirtschaftlich entsprechen (§ 39 Abs. 1 S. 1 Nr. 5), soweit sie nicht dem Sanierungsprivileg (Abs. 4, § 39 Abs. 4) und nicht dem Kleinbeteiligtenprivileg unterfallen (Abs. 4, § 39 Abs. 5). 17

Forderungen von Nicht-Gesellschaftern, die einem **Rangrücktritt** unterstellt wurden, fallen nicht in den Anwendungsbereich des § 135 (BGH NZI 2015, 315; Uhlenbruck/Hirte Rn. 8 mwN; K. Schmidt InsO/K. Schmidt Rn. 12; aA Bork ZIP 2012, 2277). Zahlungen auf derartige Forderungen werden gem. § 812 BGB oder § 134 rückabgewickelt (BGH NZI 2015, 315; aA (für analoge Anwendung des § 135) K. Schmidt InsO/K. Schmidt Rn. 12 aE; K. Schmidt ZIP 2015, 901 (910)). Umgekehrt schließt die Vereinbarung eines Rangrücktritts mit einem Gesellschafter ein Eingreifen des § 135 nicht aus (Bitter ZIP 2013, 2; Graf-Schlicker/Neußner Rn. 8; Uhlenbruck/Hirte Rn. 8 mwN). 18

Ob auch die Begleichung bzw. Besicherung der (nicht gestundeten/kreditierten) **laufenden Darlehenszinsen** bis zur Verfahrenseröffnung erfasst ist, ist (wie bei § 39 Abs. 1 S. 1 Nr. 5, → § 39 Rn. 84) umstritten (erfasst: OLG Düsseldorf ZIP 2015, 187; HK-InsO/Kleindiek Rn. 26; zweifelhaft/nicht erfasst: BGH NZG 2019, 1026; K. Schmidt in Scholz, GmbHG, 10. Aufl. 2010, GmbHG Nachtrag MoMiG §§ 32a/b aF Rn. 41; Bitter in Scholz, GmbHG, 12. Aufl. 2018, GmbHG Anh. § 64 Rn. 164; Mylich ZGR 2009, 474 (496); K. Schmidt InsO/K. Schmidt Rn. 19; Uhlenbruck/Hirte Rn. 7). Eine Anfechtbarkeit kann sich jedoch aus den §§ 130 ff. ergeben. 19

Nicht erfasst sind (nicht gestundete/kreditierte) **Nutzungsentgelte** (BGH NJW 2015, 1109 (1116); K. Schmidt InsO/K. Schmidt Rn. 19 mwN; aA noch LG Kiel DStR 2011, 1283; Andres/Leithaus/Leithaus Rn. 17; Braun/de Bra Rn. 27; Marotzke JZ 2010; 592; gestundete/kreditierte Nutzungsentgelte sind von Abs. 1 erfasst (BGH NJW 2015, 1109 (1116); K. Schmidt InsO/K. Schmidt Rn. 19 mwN). 20

Eine Gesellschafterforderung entsteht nach hM nicht bereits durch ein **Darlehensversprechen** (ohne Auskehrung des Darlehens), sodass seine Kündigung nicht unter Abs. 1 fällt (Nerlich/Römermann/Nerlich Rn. 39; K. Schmidt InsO/K. Schmidt Rn. 19). Zur Kündigung von Finanzplankrediten (Begriff → § 39 Rn. 85 und BGH NJW 2010, 3442 (3444)) und harten Patronatserklärungen → Rn. 26. 21

§ 135 Abs. 1 kann analoge Anwendung auf die Befriedigung oder Sicherung von Forderungen aus dem **Gesellschaftsverhältnis** finden, wenn die entsprechende Forderung in der Insolvenz unter **§ 199 S. 2** fiele (zB Rückgewähr von Einlagen; Ulmer/Habersack/Löbbe GmbHG, 2. Aufl. 2013, GmbHG § 30 Rn. 60; Graf-Schlicker/Neußner Rn. 9; CPM/Zenker Rn. 13). Die Frage, ob dies auch für **Entnahmen aus Kapital- oder Gewinnrücklagen** (Kapitalgesellschaft) bzw. 22

für **Entnahmen von Kapitalkonten** (Kommanditgesellschaft) gilt, wird uneinheitlich beantwortet. Für die GmbH wird vertreten, dass von einer dem Gesellschafterdarlehen gleichgestellten Forderung auszugehen ist, wenn die Gesellschafter durch Gewinnvortrag auf neue Rechnung oder durch Bildung einer Gewinnrücklage der Gesellschaft liquide Mittel zur Verfügung stellen; dann sei der Anspruch auf den Bilanzgewinn, der aufgrund Auflösung einer Gewinnrücklage oder eines Gewinnvortrags beruhe, eine dem Darlehen gleichzustellende Forderung (OLG Koblenz NZI 2014, 27 mwN; Mylich ZGR 2009, 474 (493); im Ergebnis ebenso Bitter in Scholz, GmbHG, 12. Aufl. 2018, GmbHG Anh. 64 Rn. 231 f.). Die Gegenansicht verneint bereits den erforderlichen Forderungscharakter damit, dass eine Forderung unentziehbar sein müsse, Eigenkapital jedoch durch den weiteren Geschäftsverlauf aufgezehrt werden könne. Gleiches gelte, wenn im Fall der Kommanditgesellschaft eine Entnahme von einem Kapitalkonto erfolgt, welches durch Verluste gemindert werden kann (OLG Schleswig ZIP 2017, 13 mwN; dazu Kruth DStR 2017, 2126; auch LG Hamburg BeckRS 2015, 12400; zust. ebenfalls Graf-Schlicker/Neußner Rn. 9; Wünschmann NZG 2017, 52). Dies hat der BGH nunmehr bestätigt (BGH ZIP 2021, 93). Typisches Kennzeichen einer Einlage sei, dass der Kommanditist mit seiner Einlage auch am Verlust der Gesellschaft beteiligt ist oder gebuchte Gewinne durch spätere Verluste aufgezehrt werden können. Um eine Forderung, die dem Nachrang unterfallen kann, handele es sich dagegen, wenn eine spätere Verlustverrechnung ausgeschlossen ist. Ob dies der Fall ist, sei durch Auslegung, vor allem des Gesellschaftsvertrages, zu ermitteln. Dabei biete die Bezeichnung des Kontos als „Privatkonto" oder „Verrechnungskonto" lediglich einen Anhaltspunkt (BGH ZIP 2021, 93 (96); dazu Gehrlein NZI 2021, 165).

22.1 Für die Ansicht des OLG Schleswig und des BGH spricht die Entstehungsgeschichte und der Telos der Norm: § 135 zieht (wie bereits § 32a Abs. 3 S. 1 GmbHG) den Gesellschafter zur Verantwortung, der die Gesellschaft fremdfinanziert anstatt erforderliches Eigenkapital zuzuführen (Finanzierungsverantwortung aufgrund Finanzierungsentscheidung im Sinn einer unternehmerischen Kreditfinanzierung, → § 39 Rn. 47 ff.; ähnlich wie zuvor die Finanzierungsfolgenentscheidung). Den Eigenkapital zuführenden Gesellschafter trifft keine vergleichbare Finanzierungsverantwortung wie den, der nur Fremdkapital gewährt, denn er belastet die Gesellschaft nicht mit einem Rückzahlungsanspruch, sondern nimmt stattdessen in Kauf, dass das Eigenkapital durch Verluste der Gesellschaft aufgezehrt wird. Auch anderweitige Vorwürfe, wie der Missbrauch der Gesellschaftsform oder die Schaffung von Risikokapital, sind dem Eigenkapital zuführenden Gesellschafter nicht zu machen. Es liegt vielmehr eine im Rahmen der Kapitalerhaltungsvorschriften gesellschaftsrechtlich zulässige Handlung vor (ausführlich Wünschmann NZG 2017, 54 mwN; Habersack ZIP 2008, 2385 (2387 f.)). Durch die Kapitalerhaltungsvorschriften (§ 30 GmbHG (auch über die Komplementärin bei der GmbH & Co. KG), §§ 171 f. HGB) sowie die weiterhin bestehende Möglichkeit von Deckungs- oder Vorsatzanfechtungen ist zudem ein ausreichender Gläubigerschutz gewährleistet, sodass auch keine planwidrige Regelungslücke vorliegt (OLG Koblenz ZIP 2017, 622). Dagegen Bitter, der mangels unmittelbar auf die Kapitalrücklage anwendbarer Kapitalschutzvorschriften die Kapitalrücklage sogar für die Zwecke der Überschuldungsbilanz nicht als Eigenkapital werten will, wenn nicht auch insoweit ein Rangrücktritt erklärt wird (Bitter in Scholz, GmbHG, 12. Aufl. 2018, GmbHG Anh. 64 Rn. 233 ff.).

22.2 Kein Fall einer solchen Eigenkapitalausschüttung betraf der vom BGH entschiedene Fall der Rückgewähr einer stillen Beteiligung. Der BGH hatte den Fall zu entscheiden, dass ein Gesellschafter zusätzlich zu seiner Beteiligung als Gesellschafter eine typisch stille Beteiligung übernommen hatte. Der BGH entschied, dass der Anspruch auf Rückgewähr der stillen Einlage eine einem Darlehen gleichgestellte Forderung darstelle (BGH NZG 2018, 109).

II. Anfechtbare Befriedigung (Abs. 1 Nr. 2)

1. Befriedigungshandlung

23 Erhält der Gläubiger für eine Forderung iSv § 39 Abs. 1 S. 1 Nr. 5 (→ Rn. 17 ff.) im letzten Jahr vor Stellung des Insolvenzantrags oder danach bis zur Verfahrenseröffnung Befriedigung, die die Insolvenzgläubigergesamtheit benachteiligt (mittelbare Benachteiligung ausreichend, → Rn. 4), ist dies nach § 135 Abs. 1 Nr. 2 anfechtbar. Die Gläubigerbenachteiligung ergibt sich im Regelfall aus dem Abfluss freier Mittel, der nur die Befreiung von einer im Insolvenzverfahren nachrangigen Verbindlichkeit gegenübersteht.

24 Befriedigung iSd § 135 Abs. 1 Nr. 2 erfasst alle Arten von Rechtshandlungen, die im Ergebnis eine Erfüllungswirkung herbeiführen. Rechtshandlung ist auch iRd § 135 jede bewusste Willensbetätigung, die eine rechtliche Wirkung auslöst (BGH ZInsO 2013, 1686; HmbKommInsR/Schröder Rn. 33 mwN). Befriedigung erfasst daher **Erfüllung** (§ 362 Abs. 1 und Abs. 2 BGB), **Vollstreckung** (§ 141) und jedes **Erfüllungssurrogat**, zB Leistung an **Erfüllungs statt** oder

erfüllungshalber; ebenso **Aufrechnung gegen eine Forderung der Gesellschaft** (§ 389 BGB) (Altmeppen, GmbHG, 10. Aufl. 2021, GmbHG Anh. § 30 Rn. 177 Uhlenbruck/Hirte Rn. 11; K. Schmidt InsO/K. Schmidt Rn. 20; zum Erfüllungssurrogat OLG Hamm NZI 2017, 625; zum Zeitpunkt der Aufrechnung (überzeugend) CPM/Zenker Rn. 15: dann rückbezogen auf den Zeitpunkt des Entstehens der Aufrechnungslage (§ 389 BGB) unabhängig vom Zeitpunkt der Aufrechnungserklärung unter Verweis auf § 96 Abs. 1 Nr. 3); **Verrechnung** (Uhlenbruck/Hirte Rn. 11; K. Schmidt InsO/K. Schmidt Rn. 20). Entstehung einer **Aufrechnungslage** und **Verrechnung** sind iRd § 135 keine Sicherung; daher ist die Verrechnung von aufsteigenden Gesellschafterdarlehen im Rahmen des Cash Pooling Befriedigung gem. Nr. 2 und keine länger anfechtbare Sicherung gem. Nr. 1 (Uhlenbruck/Hirte Rn. 11; CPM/Zenker Rn. 15; aA Baumbach/Hueck/Fastrich, 21. Aufl. 2017, GmbHG Anh. § 30 Rn. 63a, der zwar Sicherung bejaht, aber zugleich bei Tilgung der gesicherten Forderung Begrenzung auf einjährige Anfechtungsfrist annimmt (Abs. 1 Nr. 2)). Ob auch die **Ausschüttung von Eigenkapital** Befriedigung sein kann, ist umstritten (dafür OLG Koblenz ZIP 2013, 2325; dagegen OLG Schleswig ZIP 2017, 622).

Verwertung einer Sicherheit ist (nur) als Befriedigung anfechtbar, wenn die Besicherung 25 ihrerseits anfechtbar ist (BGH NJW 2013, 3035; K. Schmidt InsO/K. Schmidt Rn. 20; aA Altmeppen ZIP 2013, 1745). Liegt die Bestellung der Sicherheit mehr als 10 Jahre zurück, ist sie insolvenzfest (so wohl BGH NJW 2013, 3035; HK-InsO/Kleindiek Rn. 12 mwN), war die Sicherung aber nach Abs. 1 Nr. 1 anfechtbar, entfaltet Abs. 1 Nr. 2 keine Sperrwirkung (BGH NJW 2013, 3035; K. Schmidt InsO/K. Schmidt Rn. 20 mwN; aA HK-InsO/Kleindiek Rn. 17 ff.; Altmeppen, GmbHG, 10. Aufl. 2021, GmbHG Anh. § 30 Rn. 177 ff., 179; zum Verhältnis Abs. 1 Nr. 1 und Nr. 2 → Rn. 86 ff.). Im Schrifttum ist umstritten, ob eine schon bei Darlehensgewährung bestellte Sicherheit (anfängliche Sicherheit) von der Insolvenzanfechtung auszunehmen ist (befürwortend Uhlenbruck/Hirte Rn. 13; Bitter ZIP 2013, 1497 (1506f.); Marotzke ZInsO 2013, 641 (652); dagegen K. Schmidt InsO/K. Schmidt Rn. 16; zum Streitstand HK-InsO/Kleindiek Rn. 11; Thole in VGR, Gesellschaftsrecht in der Diskusion 2019, 114 Rn. 14ff.; zum Bargeschäftseinwand als Begründung → Rn. 88). Bei wertausschöpfendem Absonderungs- oder Aussonderungsrecht am verwerteten Gegenstand scheidet im Regelfall die Gläubigerbenachteiligung aus (zum Absonderungsrecht bei Sicherung von Forderungen gem. § 39 Abs. 1 S. 1 Nr. 5 → § 39 Rn. 98; ebenso CPM/Zenker Rn. 15).

Die Kündigung oder Aufhebung einer Darlehenszusage insbesondere einer harten (internen) 26 **Patronatserklärung** oder eines **Finanzplankredits** steht nach wohl hM einer Befriedigung nicht gleich (K. Schmidt InsO/K. Schmidt Rn. 19; CPM/Zenker Rn. 15; s. auch BGH NZI 2010, 952 – STAR 21, zu § 135 aF im Fall (konkludent) vereinbarten Kündigungsrechts; aA Uhlenbruck/Hirte Rn. 11; OLG München ZInsO 2004, 1040 mwN).

Das „**Stehenlassen**" und die Auswirkungen in der **Doppelinsolvenz** werden uneinheitlich 27 beurteilt. Vor MoMiG wurde das „Stehenlassen" des Kredits oder der Kredithilfe in der Krise als eine der Darlehensgewährung wirtschaftlich vergleichbare Handlung angesehen, die im Fall der Doppelinsolvenz von Gesellschaft und Gesellschafter als unentgeltliche Überlassung des Werts seiner Darlehensforderung qualifizierte und eine Rückzahlung als gem. §§ 129 Abs. 2, 134 als anfechtbar galt (BGH NJW-RR 2009, 1563; vgl. Jacoby ZIP 2018, 505; Altmeppen, GmbHG, 10. Aufl. 2021, GmbHG Anh. § 30 Rn. 117 ff.). Nach Aufgabe des Krisenmerkmals wird vertreten, dass die Rechtsprechung zur Anfechtbarkeit bei Doppelinsolvenz nicht mehr aufrechterhalten werden könne (Haas DStR 2009, 1592 (1594); Burmeister/Nohlen NZI 2010, 41 (42ff.); wohl auch Thole FS Kübler, 2015, 681 (692ff.); dagegen Altmeppen, GmbHG, 10. Aufl. 2021, GmbHG Anh. § 30 Rn. 117ff. mwN. Zur Anerkennung als darlehensgleiche Rechtshandlung → § 39 Rn. 92).

2. Revolvierende Kredite, Kontokorrent, Cash Pool

Kontrovers diskutiert ist die Behandlung revolvierender Kredite, Kontokorrent und Cash Pool. 28 § 135 ist grundsätzlich auch im **Kontokorrentverhältnis** zwischen Gesellschaft und Gesellschafter anwendbar. Details sind (bis hin zur Saldierung) strittig (vgl. Baumbach/Hueck/Fastrich, 21. Aufl. 2017, GmbHG Anh. § 30 Rn. 63a; Altmeppen, GmbHG, 10. Aufl. 2021, GmbHG Anh. § 30 Rn. 120ff.; HK-InsO/Kleindiek Rn. 35 ff.). Der BGH hat zwar das Bargeschäftsprivileg bezüglich der Anfechtung gem. §§ 130, 131 beim Bankkontokorrent anerkannt (BGH NJW 2002, 1722). Streitig ist jedoch, ob das **Bargeschäftsprivileg** (§ 142) auch iRd § 135 Anwendung finden kann (Baumbach/Hueck/Fastrich, 21. Aufl. 2017, GmbHG Anh. § 30 Rn. 63a mwN; näher Thole in VGR, Gesellschaftsrecht in der Diskussion 2019, 114 Rn. 14ff.; im Einzelnen → Rn. 88). Höchstrichterlich entschieden ist, dass bei einem Kontokorrent mit echter Kreditobergrenze nicht auf die einzelnen Zahlungen abgestellt werden kann, sondern die **Salden** maßgeblich sind (BGH DStR 2020, 130; BGH NZI 2014, 309; 2013, 483 Rn. 16 = NJW-Spezial 2013, 375; zur Kontokorrentähnlichkeit eines Staffelkredits aufgrund gesellschaftlicher Treuepflicht BGH NZI 2013, 483; 2013, 804). Denn der Gesellschafter hatte nie die Absicht, der Gesellschaft Mittel über den vereinbarten Höchstbetrag hinaus zu gewähren. Sachlich erfasst ist daher jedenfalls nur ein Betrag bis **zur Kreditobergrenze;** die Anfechtung ist auf die **Verringerung des Schuldsaldos im Anfechtungszeitraum** beschränkt (BGH DStR 2020, 130 Rn. 24; BGH NZI 2013, 483 Rn. 16 = NJW-Spezial 2013, 375; BGH NJW 2013, 3031; Altmeppen, GmbHG, 10. Aufl. 2021, GmbHG Anh. § 30 Rn. 121; Bitter in Scholz, GmbHG, 12. Aufl. 2018, GmbHG Anh. § 64 Rn. 153 f.). Richtigerweise ist bei nicht erfolgter Ausschöpfung des Kreditrahmens nur der **höchste jemals erreichte Saldo** zugrunde zu legen (Altmeppen, GmbHG, 10. Aufl. 2021, GmbHG Anh. § 30 Rn. 120; Baumbach/Hueck/Fastrich, 21. Aufl. 2017, GmbHG Anh. § 30 Rn. 63a). Auch revolvierende Warenkredite sind wie ein Kontokorrent zu behandeln (K. Schmidt InsO/K. Schmidt Rn. 21 mwN). Außer bei der Staffelkontokorrentabrede erfolgt die Befriedigung (Erfüllung) erst durch periodische Verrechnung, sodass sich die Frage stellt, ob die Verrechnungslage bis dahin eine Sicherung darstellt (zB abl. Altmeppen, GmbHG, 10. Aufl. 2021, GmbHG Anh. § 30 Rn. 121; bejahend (aber im Ergebnis eine Fristverlängerung in Fällen des § 135 Abs. 1 Nr. 2 abl. (im Einzelnen → Rn. 24), Baumbach/Hueck/Fastrich, 21. Aufl. 2017, GmbHG Anh. § 30 Rn. 63a mwN). Zur strittigen Rechtslage bis zur jeweiligen Saldierung der einzelnen Buchungen näher Bork/Schäfer/Thiessen GmbHG Anh. § 30 Rn. 11 f.; Klinck/Gärtner NZI 2008, 457; Hamann NZI 2008, 667; Bitter ZIP 2013, 1583 (1585); Schubmann GmbHR 2014, 519).

29   Im Rahmen eines **Cash Pool Systems** ist bei down-stream Loans zu fragen, inwieweit überhaupt eine Kreditgewährung erfolgt und der Anwendungsbereich des § 135 Abs. 1 eröffnet ist oder ob die Forderungen der Gesellschaft im Cash Pool wie Buchgeld der Kontoinhaber zu behandeln sind (K. Schmidt InsO/K. Schmidt Rn. 21). Nach hM ist § 135 auf Cash Pool-Forderungen der Gesellschaft anwendbar (Altmeppen, GmbHG, 10. Aufl. 2021, GmbHG Anh. § 30 Rn. 121; Bork/Schäfer/Thiessen GmbHG Anh. § 30 Rn. 11; s. auch Göcke/Rittscher DZWIR 2012, 355; Marwyk ZInsO 2015, 335 (337 ff.)); dabei gelten dieselben Grundsätze wie beim Kontokorrent. Insbesondere ist auch hier eine Saldierung vorzunehmen und nicht die Einzelbeträge zu addieren (Hirte/Uhlenbruck Rn. 12a; K. Schmidt InsO/K. Schmidt Rn. 21; Altmeppen, GmbHG, 10. Aufl. 2021, GmbHG Anh. § 30 Rn. 121). Eine allgemeine Saldierung sämtlicher in der Frist des Abs. 1 erfolgten Zahlungen wird allerdings abgelehnt (OLG München BeckRS 2014, 02754; Altmeppen, GmbHG, 10. Aufl. 2021, GmbHG Anh. § 30 Rn. 121; Baumbach/Hueck/Fastrich, 21. Aufl. 2017, GmbHG Anh. § 30 Rn. 63a mwN; zur Anfechtung gegenüber der kontoführenden Bank beim Cash Pool BGH ZInsO 2013, 1898; Hirte/Uhlenbruck Rn. 12a).

30   Werden **kurzfristige Kredite revolvierend,** ähnlich einem Kontokorrent, ausgereicht, so ist ebenfalls lediglich die **höchste jemals ausgereichte Summe** zu erstatten, soweit dieser vor Eröffnung des Insolvenzverfahrens an den Gesellschafter zurückgeführt wurde (BGH NZG 2019, 1026 Rn. 40 ff.; BGH NZI 2013, 483 Rn. 16 ff., 26; Altmeppen, GmbHG, 10. Aufl. 2021, GmbHG Anh. § 30 Rn. 120; Baumbach/Hueck/Fastrich, 21. Aufl. 2017, GmbHG Anh. § 30 Rn. 63a mwN; krit. Reuter NZI 2011, 921; Zahrte NZI 2010, 596). Voraussetzung ist aber, dass die einzelnen kurzfristigen Kredite in einem inneren Zusammenhang stehen (näher dazu BGH ZIP 2014, 785 Rn. 4 ff.; Altmeppen, GmbHG, 10. Aufl. 2021, GmbHG Anh. § 30 Rn. 120), anderenfalls behält jedes Darlehen sein eigenes rechtliches Schicksal.

3. Zeitpunkt/Frist

31   Relevanter Zeitpunkt ist die **Vornahme** der Befriedigung gem. § 140 (bzw. bei § 96 Abs. 1 Nr. 3 die Entstehung der Aufrechnungslage). Diese muss innerhalb von **einem Jahr vor Antragstellung** (oder danach bis zur Insolvenzeröffnung) erfolgen; bei mehraktigen Erfüllungshandlungen kommt es auf die letzte Erfüllungshandlung an (K. Schmidt InsO/K. Schmidt Rn. 22). Zur Berechnung der Frist gelten die §§ 139, 140 (zur Anfechtung im Fall der sog. Doppelinsolvenz s. Wischmeyer/Dimassi ZIP 2017, 593 ff.).

32   Voraussetzung ist grundsätzlich auch, dass es sich im Zeitpunkt der Befriedigung um ein Gesellschafterdarlehen oder eine gleichgestellte Forderung (§ 39 Abs. 1 S. 1 Nr. 5) handelte (Uhlenbruck/Hirte Rn. 11; CPM/Zenker Rn. 16). Diese Einschränkung gilt auf Grundlage der BGH-Rspr. zu Abtretungsfällen binnen Jahresfrist (BGH NJW 2013, 2282) jedoch nicht gegenüber dem Zedenten, der seine Beteiligung bzw. seine Forderung erst innerhalb der Anfechtungsfrist des

§ 135 Abs. 1 Nr. 2 veräußert hat; das Darlehen ist dann nach § 39 Abs. 1 S. 1 Nr. 5 verstrickt (HmbKommInsR/Schröder Rn. 19 mwN, → Rn. 10).

Die strenge Jahresfrist vor Antragstellung ist auch dann maßgeblich, wenn der Gesellschafter eine **Insolvenzverschleppung** begeht oder die Geschäftsführung zu solcher veranlasst; es erfolgt insbesondere keine Berechnung vom Zeitpunkt der Antragspflicht (Baumbach/Hueck/Fastrich, 21. Aufl. 2017, GmbHG Anh. § 30 Rn. 64; Uhlenbruck/Hirte Rn. 11; CPM/Zenker Rn. 14; Gehrlein BB 2008, 846 (852); aA Hölzle GmbHR 2007, 729). Die Jahresfrist schützt nur bei Befriedigung aus der Sicherheit, wenn die Bestellung unanfechtbar ist (10-Jahres-Frist, Abs. 1 Nr. 1) oder aus sonstigem Vermögen (→ Rn. 44 und → Rn. 86). 33

4. Anfechtungsgegner

Im Fall der Rückzahlung an (nicht einem Gesellschafter vergleichbare) Dritte folgt aus Abs. 1 keine Verpflichtung des Dritten, einen Ausgleich in die Insolvenzmasse zu leisten, es sei denn, das Darlehen wurde innerhalb der Jahresfrist nach Abs. 1 Nr. 2 an den Dritten abgetreten (dann ggf. Gesamtschuldnerschaft zwischen (ehem.) Gesellschafter und Drittem (BGH NZI 2013, 208; Uhlenbruck/Hirte Rn. 12) bzw. die Gesellschaftsanteile wurden innerhalb der Jahresfrist nach Abs. 1 Nr. 2 unter Rückbehalt der Forderung abgetreten (→ Rn. 9). 34

5. Rechtsfolge

Der Anfechtungsgegner muss den Betrag, der ihm auf seine Darlehensforderung Befriedigung gewährt hat, nach § 143 Abs. 1 S. 1 zur Insolvenzmasse zurückgewähren. Seine eigene Forderung lebt wieder auf (§ 144 Abs. 1) in dem vor Verfahrenseröffnung bestehenden Rang (§ 39 Abs. 1 S. 1 Nr. 5; Uhlenbruck/Hirte Rn. 14). Im Falle der Zession soll gesamtschuldnerische Haftung von Zessionar und Gesellschafter eintreten (BGH NJW 2013, 2282; dazu → Rn. 10). Teilweise wird vertreten, dass der Nachrang einer Forderung isoliert angefochten werden kann, zB im Fall der Doppelinsolvenz, wenn der Gesellschafter aufgrund Stehenlassens eine nur mehr nachrangige Forderung iSd § 39 Abs. 1 S. 1 Nr. 5 gegen die ebenfalls insolvente Tochtergesellschaft hat; die Anfechtung durch den Verwalter über das Vermögen des Gesellschafters führt dann zum Untergang des Anfechtungsanspruchs nach § 135 (Jacoby ZIP 2018, 505 mwN). Im Fall der Doppelinsolvenz kann der Verwalter des Gesellschafters dem vom Verwalter der Gesellschaft erhobenen Anfechtungsanspruch gem. § 135 Abs. 1 Nr. 2 InsO durch Geltendmachung einer Einrede entgegenhalten, dass die der Rückzahlung vorausgegangene Gewährung des Darlehens ihrerseits anfechtbar gewesen sei (BGH NZG 2019, 1026 Rn. 51 ff.; Graf-Schlicker/Neußner Rn. 30; Spiekermann NZI 2019, 840). 35

6. Verjährung

Der Anfechtungsanspruch verjährt nach der Regelverjährung von drei Jahren ab Jahresende (§ 146 Abs. 1 iVm §§ 195 ff. BGB). Maßgebliches Ereignis für den Beginn der Verjährung ist (neben Kenntnis des Insolvenzverwalters, § 199 Abs. 1 Nr. 2 BGB) regelmäßig die Eröffnung des Insolvenzverfahrens (Altmeppen, GmbHG, 10. Aufl. 2021, GmbHG Anh. § 30 Rn. 179; MüKo-InsO/Kirchhof/Piekenbrock § 146 Rn. 8; Uhlenbruck/Hirte § 146 Rn. 2 f.; aA Bork/Schäfer/Thiessen GmbHG Anh. § 30 Rn. 71: Eingang des Insolvenzantrags bei Gericht). 36

III. Anfechtbare Besicherung (Abs. 1 Nr. 1)

1. Gewährung Besicherung

Erhält der Gläubiger für eine Forderung iSv § 39 Abs. 1 S. 1 Nr. 5 (→ Rn. 17) innerhalb von 10 Jahren vor Stellung des Insolvenzantrags oder danach bis zur Verfahrenseröffnung aus Gesellschaftsmitteln eingeräumte Sicherheiten, die die Insolvenzgläubigergesamtheit benachteiligen (mittelbare Benachteiligung ausreichend, → Rn. 4), ist dies nach § 135 Abs. 1 Nr. 1 anfechtbar. Bei Sicherheiten aus dem Vermögen der Schuldnerin liegt die **Benachteiligung** regelmäßig darin, dass dem Gesellschafter im Insolvenzverfahren aufgrund der Sicherheit ein Vorzugsrecht gem. §§ 47 ff. zusteht oder dass er bei Rückzahlung vor der Insolvenz die Sicherheit gegen die Anfechtbarkeit einwenden könnte (CPM/Zenker Rn. 21). Maßgebliche Rechtshandlung ist **Besicherung** der Forderung, **nicht Verwertung** der Sicherheit; die Anfechtung der Verwertung der Sicherheit richtet sich nach Abs. 1 Nr. 2 (K. Schmidt InsO/K. Schmidt Rn. 17; HmbKommInsR/Schröder Rn. 40; Altmeppen, GmbHG, 10. Aufl. 2021, GmbHG Anh. § 30 Rn. 177). 37

38 Erfasst sind nur Sicherheiten, die das **Gesellschaftsvermögen belasten** (K. Schmidt InsO/K. Schmidt Rn. 16; HK-InsO/Kleindiek Rn. 22). Bei Drittsicherheiten besteht eine Benachteiligung nur, wenn das Sicherungsgut mittelbar der Masse entstammt, der Sicherungsgeber aus dem Innenverhältnis einen nicht nachrangigen Freistellungsanspruch gegen die Schuldnerin hat oder der Sicherungsgeber im Lauf des letzten Jahres vor Antragstellung (oder danach) an den Gesellschafter geleistet hat und ihm entweder ein Rückgriffsanspruch zusteht oder ein solcher bereits von der Schuldnerin anfechtungsfest befriedigt wurde (CPM/Zenker Rn. 21).

39 Der Begriff der Sicherung ist weit zu verstehen (HK-InsO/Kleindiek Rn. 22). Sicherung umfasst **alle akzessorischen und nicht akzessorischen Sicherheiten**, sofern sie das Gesellschaftsvermögen belasten (Altmeppen, GmbHG, 10. Aufl. 2021, GmbHG Anh. § 30 Rn. 167; K. Schmidt InsO/K. Schmidt Rn. 16; HK-InsO/Kleindiek Rn. 22). Erfasst sind Mobiliar- und Immobiliarsicherheiten, wie zB Pfandrechte, Grundpfandrechte, Sicherungsinhaberschaft von Forderungen (Sicherungsabtretung), Sicherungseigentum, sonstige Inhaberschaft von Sicherungstreugut und vergleichbare Rechtspositionen, die dem Gläubiger einen bevorzugten Zugriff auf Gegenstände gestatten, die ansonsten der Masse zugeordnet wären (CPM/Zenker Rn. 22; K. Schmidt InsO/K. Schmidt Rn. 16 mwN). Im Schrifttum wird zum Teil vertreten, dass auch die Aufhebung von Rangrücktrittsvereinbarungen als Sicherheitsgewährung einzustufen sei (Schäfer ZInsO 2012, 1354 (1355)).

40 Ob auch wegen wirtschaftlicher Betrachtungsweise (wie gemäß der hM nach alter Rechtslage) der **Eigentumsvorbehalt** eines Gesellschafters als Lieferant zu erfassen ist (dh der gestundete Kaufpreisanspruch sei wie ein Gesellschafterkredit zu behandeln, der mit Mitteln aus dem Gesellschaftsvermögen (Sicherungsübereignung) zurückgeführt wird), wird uneinheitlich gesehen (dafür CPM/Zenker Rn. 22; Graf/Schlicker/Neußner Rn. 12 mwN; Thole in VGR, Gesellschaftsrecht in der Diskussion 2019, 114 Rn. 32 ff.; dagegen Altmeppen, GmbHG, 10. Aufl. 2021, GmbHG Anh. § 30 Rn. 127 ff. mwN; ebenfalls krit. HK-InsO/Kleindieck Rn. 22).

41 Im Schrifttum ist umstritten, ob eine schon bei Darlehensgewährung bestellte Sicherheit (**anfängliche Sicherheit**) von der Insolvenzanfechtung auszunehmen ist (befürwortend Bitter ZIP 2013, 1497 (1506 f.); Marotzke ZInsO 2013, 641 (652); dagegen K. Schmidt InsO/K. Schmidt Rn. 16; zum Streitstand HK-InsO/Kleindiek Rn. 11; Neuberger ZInsO 2018, 1125 (1129); Thole in VGR, Gesellschaftsrecht in der Diskussion 2019, 114 Rn. 14 ff.; zum Bargeschäftseinwand → Rn. 88).

2. Zeitpunkt/Frist

42 Maßgeblicher Zeitpunkt ist die Vornahme der **Besicherung** der Forderung, **nicht die Verwertung** der Sicherheit. Der Fristbeginn der Zehnjahresfrist ist bei mehraktigen Rechtshandlungen der Zeitpunkt, in dem Besicherung wirksam wird (K. Schmidt InsO/K. Schmidt Rn. 17). Auch im Fall nachträglicher Erlangung der Gesellschafterstellung kommt es für den Fristlauf auf den Zeitpunkt der ursprünglichen Sicherheitenbestellung an (Uhlenbruck/Hirte Rn. 13 mwN).

43 Die **Bedeutung der Zehnjahresfrist** in § 135 Abs. 1 Nr. 1 ist umstritten. Nach Rechtsprechung und hM wird die jenseits dieser Frist, etwa 11 Jahre vor Insolvenzantrag, gewährte Sicherheit insolvenzfest erworben (BGH NJW 2013, 3035; Baumbach/Hueck/Fastrich, 21. Aufl. 2017, GmbHG Anh. § 30 Rn. 69 mwN; KPB/Preuß Rn. 19; Spliedt ZIP 2009, 149 (153); Bitter ZIP 2013, 1998 (1999); Thole FS Kübler, 2015, 681 (686 ff.); aA Altmeppen, GmbHG, 10. Aufl. 2021, GmbHG Anh. § 30 Rn. 172 ff.).

44 Hat der Gesellschafter die Sicherheit jenseits der Jahresfrist des § 135 Abs. 1 Nr. 2 zu seiner Befriedigung verwertet, ist diese dennoch anfechtbar, wenn sie innerhalb des § 135 Abs. 1 Nr. 1 gewährt wurde. Die bis dahin von der hM angenommene „**Sperrwirkung**" des § 135 Abs. 1 Nr. 2 im Verhältnis zu § 135 Abs. 1 Nr. 1 (zur Vermeidung von Wertungswidersprüchen zwischen der (unanfechtbaren) Befriedigung aus Gesellschaftsvermögen und der Verwertung der Sicherheit) hat der BGH verworfen. Das Urteil ist vielfach auf Ablehnung gestoßen (zB Altmeppen, GmbHG, 10. Aufl. 2021, GmbHG Anh. § 30 Rn. 173 ff. und HK-InsO/Kleindiek Rn. 9 ff., 19 f. mit jeweils umfassenden Nachweisen). Eine vermittelnde Ansicht stellt darauf ab, ob die Sicherheit vor oder mit der Darlehensgewährung eingeräumt wurde: Bei anfänglicher Besicherung scheitert danach die Anfechtbarkeit an dem Bargeschäftsprivileg (§ 142); nur bei nachträglicher Besicherung des Gesellschafterdarlehens bleibe es bei der zehnjährigen Anfechtbarkeit nach § 135 Abs. 1 Nr. 1 (Uhlenbruck/Hirte Rn. 13; Bitter ZIP 2013, 1497 (1506 ff.); Bitter ZIP 2013, 1998 (1999); Marotzke ZInsO 2013, 641 (644); weitere Nachweise Altmeppen, GmbHG, 10. Aufl. 2021, GmbHG Anh. § 30 Rn. 173; auch → Rn. 86).

3. Anfechtungsgegner

Der Anfechtungsgegner bestimmt sich nach denselben Grundsätzen bei Abs. 1 Nr. 2 45
(→ Rn. 33).

4. Rechtsfolge

Der Anfechtungsanspruch ist nach § 143 Abs. 1 auf Nichtausübung und Aufhebung bzw. Rück- 46
gewähr des Sicherungsrechts gerichtet (K. Schmidt InsO/K. Schmidt Rn. 18; Baumbach/Hueck/
Fastrich, 21. Aufl. 2017, GmbHG Anh. § 30 Rn. 65) bzw. auf die Unwirksamkeit gegenüber
Insolvenzgläubigern und Insolvenzverwalter (Uhlenbruck/Hirte Rn. 13).

5. Verjährung

Die Verjährung richtet sich nach denselben Grundsätzen wie der Anfechtungsanspruch nach 47
Abs. 1 Nr. 2 (→ Rn. 36).

D. Anfechtbare Befreiung von einer Gesellschaftersicherheit (Abs. 2)

I. Gegenstand der Anfechtung

§ 135 Abs. 2 sichert die vorrangige Haftung der Gesellschaftersicherheit iSd § 44a sowie die 48
Nachrangigkeit des Rückgriffsanspruchs des Gesellschafters gegen die Gesellschaft, der bei Inanspruchnahme der Gesellschaftersicherheit durch den Darlehensgeber/Drittgläubiger entsteht (zB
aus §§ 774, 1143 BGB), anfechtungsrechtlich ab (BGH NJW 2012, 156 f. = ZIP 2011, 2417
(2418); HmbKommInsR/Schröder Rn. 49; KPB/Preuß Rn. 48; zur Nachrangigkeit des Rückgriffanspruches → § 44a Rn. 16 ff.). Der Wortlaut des § 135 Abs. 2 ist insoweit irreführend.

Nicht die Tilgung des durch einen Dritten gewährten Darlehens ist Gegenstand der Anfech- 49
tung, sondern das damit verbundene Freiwerden des Gesellschafters aus der Gesellschaftersicherheit (BGH DStR 2020, 1928; BB 2012, 279; 2017, 2126 (2127); OLG München BeckRS 2018,
16135; Andres/Leithaus/Leithaus Rn. 12; FK-InsO/Dauernheim Rn. 35; Graf-Schlicker/Neußner Rn. 35; HK-InsO/Kleindiek Rn. 43; KPB/Preuß Rn. 48; MüKoInsO/Gehrlein Rn. 37;
Nerlich/Römermann/Nerlich Rn. 52; Thole in VGR, Gesellschaftsrecht in der Diskussion 2019,
114 Rn. 49 ff.). Zahlt die Gesellschaft im letzten Jahr vor dem Antrag auf Eröffnung des Insolvenzverfahrens oder danach, das Darlehen an den Darlehensgeber/Drittgläubiger zurück, wird der
Gesellschafter in diesem Umfang von der von ihm bestellten Sicherheit frei (Uhlenbruck/Hirte
Rn. 15), weil mit der Zahlung auf die Darlehensschuld gleichzeitig der Freistellungsanspruch/
Sicherheitenfreigabeanspruch des Gesellschafters gegenüber dem Darlehensgeber/Drittgläubiger
bedient wird (MüKoInsO/Gehrlein Rn. 37). Dies gilt auch im Fall der Doppelbesicherung eines
Darlehens durch den Gesellschafter und zugleich die Gesellschaft, und zwar auch dann, wenn die
Darlehensrückzahlung im Verhältnis zum Darlehensgeber aufgrund einer ihm gegenüber insolvenzfesten Besicherung durch die Gesellschaft unanfechtbar ist (BGH WuB 2018, 37 mAnm
Weber; BB 2017, 2126 (2127) mAnm Thole ZIP 2017, 1742). Voraussetzung einer Anfechtung
nach § 135 Abs. 2 ist, dass der kreditgebende Dritte nicht selbst gesellschaftergleicher Dritter und
damit Anfechtungsgegner nach § 135 Abs. 1 ist (BGH DStR 2020, 1928).

§ 135 Abs. 2 stellt das Freiwerden aus der Gesellschaftersicherheit also anfechtungsrechtlich der 50
Rückzahlung des Darlehens gleich (Gesellschafter als „Quasi-Kreditgeber"; BGH NJW 2014,
1737; OLG Frankfurt BeckRS 2016, 03055; Altmeppen NJW 2008, 3601 (3607); Graf-Schlicker/
Neußner Rn. 35; HmbKommInsR/Schröder Rn. 49; K. Schmidt InsO/K. Schmidt Rn. 25;
KPB/Preuß Rn. 48; MüKoInsO/Gehrlein Rn. 37).

II. Anfechtbare Rechtshandlung

Der Tatbestand des § 135 Abs. 2 setzt einen Anwendungsfall von § 44a voraus. Zu den Voraus- 51
setzungen → § 44a Rn. 6 ff. Im Zeitpunkt der anfechtbaren Rechtshandlung muss die Stellung
als Gesellschafter und Sicherungsgeber zusammenfallen (BGH NJW 2014, 1737; Braun/de Bra
Rn. 15); zur Besonderheit des Ausscheidens eines Gesellschafters innerhalb der Jahresfrist aber vor
Inkrafttreten des MoMiG OLG Düsseldorf NZI 2016, 542; LG Hamburg ZIP 2016, 1239). Auf
das Merkmal der Krise bei Vornahme der Rechtshandlung kommt es nicht an (BGH NZI 2015,
657) (→ Rn. 51.1).

51.1 Anfechtbar ist nach § 135 Abs. 2 jede **Rechtshandlung der Gesellschaft** (BGH NJW 2013, 3031), die im letzten Jahr vor dem Antrag auf Eröffnung des Insolvenzverfahrens (§ 139, relevant ist der Zeitpunkt der Gläubigerbefriedigung) vorgenommen wurde und dem Gesellschafter eine vollständige oder teilweise Befreiung von seiner Verpflichtung aus der von ihm bestellten Sicherheit verschafft. Letzteres ist im Einzelfall, und je nach Art der Sicherheit, gesondert festzustellen. Nicht verwirklicht ist der Tatbestand, wenn der Gesellschafter weiterhin aus der Sicherheit in Anspruch genommen werden kann (MüKoInsO/Gehrlein Rn. 39). Führt die Gesellschaft ein von dritter Seite gewährtes Darlehen, für das sie eine insolvenzfeste Sicherheit bestellt hatte, im anfechtungsrelevanten Zeitraum zurück, kann eine anfechtbare Rechtshandlung im Verhältnis zum Gesellschafter vorliegen, wenn der Gesellschafter ebenfalls eine Sicherheit für die Darlehensrückzahlungsansprüche begeben hatte (Doppelsicherheit); entsprechend dem Gedanken von § 44a wäre der Gesellschafter vorrangig in Anspruch zu nehmen gewesen (BGH BB 2017, 2126; dazu Gehrlein BB 2017, 2370 (2383); K. Schmidt EWiR 2017, 565; Thole ZIP 2017, 1742; Thole in VGR, Gesellschaftsrecht in der Diskussion 2019, 114 Rn. 49 ff.).

52 Nach teilweise vertretener Ansicht können auch **Rechtshandlungen Dritter** oder des **Gesellschafters** selbst erfasst sein. Allein entscheidend ist danach, dass die Befriedigung bzw. Sicherung auf Kosten des Gesellschaftsvermögens erfolgt (CPM/Zenker Rn. 28; HK-InsO/Kleindiek Rn. 44; BK-InsR/Haas Rn. 44; Braun/de Bra Rn. 15; K. Schmidt InsO/K. Schmidt Rn. 25). Als Rechtshandlung des Gesellschafters ist beispielsweise erfasst: Leistung des Gesellschafters auf die gegen ihn gerichtete Darlehensforderung der Gesellschaft, wenn der Gesellschafter dadurch von der Verpflichtung aus der für diese Forderung von ihm übernommenen Bürgschaft befreit wird (BGH NZG 2005, 396). Demnach können auch **Zwangsvollstreckungsmaßnahmen** des Gläubigers erfasst sein (→ Rn. 54).

53 Ist der Gesellschafter durch die (teilweise) Rückzahlung des Darlehens nur teilweise von seiner Pflicht aus der Gesellschaftersicherheit befreit, kommt eine **Teilanfechtung** in Betracht (BGH NJW 1990, 2260).

54 Eine Befreiung des Gesellschafters kann durch Erfüllung der Darlehensrückzahlungsverpflichtung der Gesellschaft gegenüber dem Drittgläubiger/Darlehensgeber erfolgen, aber auch durch **Erfüllungssurrogate** wie zB Aufrechnung, sonstige Sicherheitenverwertung oder (Zwangs-)Vollstreckung (Andres/Leithaus/Leithaus Rn. 11; HK-InsO/Kleindiek Rn. 44; K. Schmidt InsO/ K. Schmidt Rn. 25; KPB/Preuß Rn. 35; MüKoInsO/Gehrlein Rn. 39; Nerlich/Römermann/ Nerlich Rn. 53; Uhlenbruck/Hirte Rn. 11; BK-InsR/Haas Rn. 44). Die Befreiung muss auf Kosten des Gesellschaftsvermögens erfolgen. In der Rechtsprechung anerkannte Sachverhalte sind ua: (i) Rückführung eines Kontokorrentkredits durch Widerruf der Einzugsaufträge und Abbuchungsermächtigungen (BGH NJW 2014, 1737; K. Schmidt InsO/K. Schmidt Rn. 25; Uhlenbruck/Hirte Rn. 17); (ii) Wiedereinzahlung eines Gesellschafterdarlehens auf vom Gesellschafter besichertes Bankkonto (Ablösung des Anfechtungsanspruchs nach § 135 Abs. 1: BGH NJW 2013, 3031); (iii) Verwertung einer von der Gesellschaft bestellten Sicherheit im Falle der Doppelbesicherung (dazu ausf. → § 44a Rn. 20 ff.), soweit der Gesellschafter dadurch tatsächlich entlastet wird (BGH NJW 1988, 824; sowie bei Befriedigung aus der Gesellschaftersicherheit im Insolvenzverfahren BGH NJW 2012, 156) sowie (iv) Verzicht des Drittgläubigers auf Gesellschaftersicherheit innerhalb des anfechtungsrelevanten Zeitraums (OLG Stuttgart ZIP 2012, 834; KPB/ Preuß Rn. 35; Uhlenbruck/Hirte Rn. 18; weitere Fälle bei MüKoInsO/Gehrlein Rn. 39). Zu keiner Befreiung des Gesellschafters führt die Erbringung von Werkleistungen der Gesellschaft unter einem Werkvertrag mit einem Dritten, für den eine Bank Anzahlungsbürgschaften begeben hat und der Gesellschafter der Bank dafür Sicherheiten begeben hat. Anzahlungsbürgschaften sichern den bedingten Anspruch auf Rückgewähr der geleisteten Anzahlungen. Bei Erfüllung der Werkleistung kommen die durch Anzahlungsbürgschaft gesicherten Forderungen gar nicht erst zur Entstehung (BGH NZI 2017, 305; dazu Cranshaw jurisPR-InsR 6/2017, Anm. 1).

55 Nimmt der Gesellschafter nach Verwertung der von ihm begebenen Sicherheiten bei der Gesellschaft **Regress**, ist die Leistung der Gesellschaft an den Gesellschafter nicht nach § 135 Abs. 2, sondern nach § 135 Abs. 1 Nr. 2 anfechtbar (BGH NJW 2012, 156 (157); BGH BB 2017, 2126 (2128); K. Schmidt BB 2008, 1966 (1970)). Die Übertragung der Sicherheit oder der Gesellschafterstellung im letzten Jahr vor dem Antrag auf Eröffnung des Insolvenzverfahrens ist nach § 135 Abs. 1 Nr. 2 analog anfechtbar (HK-InsO/Kleindiek § 44a Rn. 7; MüKoInsO/Bitter § 44a Rn. 19).

III. Rechtsfolge

56 Rechtsfolge der Anfechtung nach § 135 Abs. 2 ist gem. § 143 Abs. 3 S. 1 ein Erstattungsanspruch der Insolvenzmasse gegen den Gesellschafter, der die Sicherheit bestellt hatte und durch die angefochtene Rechtshandlung von seiner Verpflichtung aus der Sicherheit ganz oder teilweise befreit wurde (zur Sonderkonstellation der Anfechtung der Entlassung aus einer Bürgschaftsverpflichtung bei nachträglicher Verwertung einer von dritter Seite bestellten Grundschuld OLG Düsseldorf NZI 2016, 542). Der Erstattungsanspruch umfasst neben dem zurückgezahlten Darlehensbetrag auch darauf angefallene Zinsen und Nebenleistungen, sofern diese von der ursprünglich gewährten Sicherheit umfasst waren (MüKoInsO/Kirchhof/Piekenbrock § 143 Rn. 111).

Anfechtungsgegner ist nicht der Drittgläubiger, der das Darlehen oder eine vergleichbare Leistung gewährt hat. Der Gesellschafter muss den Betrag an die Insolvenzmasse zurückzahlen, den er durch die Befreiung von der von ihm bestellten Sicherheit erspart hat (→ § 143 Rn. 41). Wurde der Gesellschafter nur teilweise von den Verpflichtungen aus der Sicherheit befreit, darf die Summe aus Anfechtungsanspruch und der fortbestehenden Belastung aus der Sicherheit den durch die Sicherheit ursprünglich übernommenen Höchstbetrag nicht überschreiten (so auch BGH NJW 2013, 3031 (Ls. 2). Dies entspricht der absoluten Höchstgrenze des Gesellschafters iSd § 143 Abs. 3 S. 2. 57

Der Gesellschafter kann die Erstattungspflicht abwenden, wenn er das Sicherungsgut, das dem Drittgläubiger ursprünglich als Sicherheit gedient hat, im Umfang seiner Haftung der Insolvenzmasse zur Verfügung stellt (§ 143 Abs. 3 S. 3). Davon erfasst können nur Sachsicherheiten sein. Die Überlassung muss rechtlich und tatsächlich möglich sein und die Möglichkeit für den Insolvenzverwalter umfassen, das Sicherungsgut zu verwerten (KPB/Preuß Rn. 57; MüKoInsO/Kirchhof/Piekenbrock § 143 Rn. 113). Einen Anspruch auf Überlassung des Sicherungsguts hat die Gesellschaft nicht (KPB/Preuß Rn. 38). 58

Der Anfechtungsanspruch unterliegt der Regelverjährung gem. § 146 Abs. 1 BGB, §§ 195 ff. BGB (HK-InsO/Kleindiek Rn. 43; → Rn. 36). 59

Die Anfechtung nach § 143 Abs. 3 lässt die Möglichkeit der Anfechtung der Darlehensrückzahlung gegenüber dem Darlehensgeber/Drittgläubiger nach den allgemeinen Vorschriften unberührt (Graf-Schlicker/Neußner Rn. 35). Gewährt der Darlehensgeber/Drittgläubiger die erhaltenen Zahlungen zurück, leben die Sicherungsverpflichtungen des Gesellschafters wieder auf (→ § 143 Rn. 43). 60

E. Nutzungsüberlassung (Abs. 3)

I. Historischer Zusammenhang, Allgemeines

Die Aussonderungssperre in § 135 Abs. 3 löst die durch die Rechtsprechung entwickelte Fallgruppe der „eigenkapitalersetzenden Nutzungsüberlassung" (BGH NJW 1990, 516; 1993, 392; 1994, 2760; 1999, 577; HmbKommInsR/Schröder Rn. 64; HK-InsO/Kleindiek Rn. 46; KPB/Preuß Rn. 58; MüKoInsO/Gehrlein Rn. 44) ab. Entsprechend der Rechtslage vor MoMiG hatte der Insolvenzverwalter nach Eröffnung des Insolvenzverfahrens ein Recht, Vermögensgegenstände, die von einem Gesellschafter im Wege der kapitalersetzenden Nutzungsüberlassung zur Verfügung gestellt wurden, unentgeltlich zugunsten der Masse weiter zu nutzen. Rechtsdogmatisch wurde eine solche Nutzungsüberlassung als einem Gesellschafterdarlehen entsprechende Rechtshandlung eingeordnet (§ 32a Abs. 3 S. 1 GmbHG aF; s. Nachweise bei K. Schmidt InsO/K. Schmidt Rn. 30). 61

Mit Inkrafttreten des MoMiG waren diese Grundsätze hinfällig (BGH NZI 2015, 331 Rn. 40 ff.). Durch § 135 Abs. 3 wird nach geltender Rechtslage sichergestellt, dass dem Unternehmen nach Verfahrenseröffnung die für eine Betriebsfortführung notwendigen Gegenstände weiter zur Verfügung stehen. Nach Ansicht des Gesetzgebers würde es dem Zweck des Insolvenzverfahrens sowie der Treuepflicht des Gesellschafters widersprechen, wenn der Gesellschafter dem Schuldner überlassene Gegenstände jederzeit zurückverlangen könnte (BT-Drs. 16/9737, 59; HmbKommInsR/Schröder Rn. 66; Uhlenbruck/Hirte Rn. 21). Die Regelung des § 135 Abs. 3 ist an das österreichische Recht, § 26a der KO, angelehnt. 62

Hat ein Gesellschafter der Gesellschaft vor der Insolvenz einen Gegenstand zur Verfügung gestellt, kann er ein etwaiges Aussonderungsrecht während der Dauer des Insolvenzverfahrens, höchstens aber für eine Zeit von einem Jahr (ab Eröffnung des Insolvenzverfahrens) nicht geltend machen. Der Gesetzgeber geht davon aus, dass der Insolvenzverwalter bis zum Ablauf eines Jahres bei bestehender Sanierungsaussicht in der Lage ist, eine entsprechende Vereinbarung mit dem Gesellschafter zur Weiternutzung des Gegenstandes zu treffen (BT-Drs. 16/9737, 59; HmbKommInsR/Schröder Rn. 67; Nerlich/Römermann/Nerlich Rn. 54; Uhlenbruck/Hirte Rn. 21). § 135 Abs. 3 ist daher keine Anfechtungsvorschrift, sondern vielmehr eine Modifikation der §§ 103 ff. 63

(Altmeppen NJW 2008, 3601 (3607); HmbKommInsR/Schröder Rn. 65; KPB/Preuß Rn. 60; K. Schmidt InsO/K. Schmidt Rn. 31).

II. Aussonderungssperre (Abs. 3 S. 1)

1. Anwendungsbereich

64 Besteht zwischen Gesellschafter und Gesellschaft ein **Vertrag zur Nutzungsüberlassung**, kann der Insolvenzverwalter die Weiternutzung der überlassenen Gegenstände durch die Gesellschaft auf vertraglicher Grundlage weiter beanspruchen. In diesem Fall besteht auch kein Aussonderungsrecht (KPB/Preuß Rn. 66; Uhlenbruck/Brinkmann § 47 Rn. 47). Die vertragliche Nutzungsabrede geht § 135 Abs. 3 vor. Die **Vorschrift ist in diesem Falle unanwendbar** (BGH NZI 2015, 331 Rn. 59; OLG Hamm ZInsO 2014, 243 (245); HmbKommInsR/Schröder Rn. 68; KPB/Preuß Rn. 66). Die Voraussetzungen und Rechtsfolgen solcher Verträge in der Insolvenz werden von §§ 103 ff. geregelt. Bei Miet- und Pachtverhältnissen über unbewegliche Gegenstände und Räume (bei einem gemischten Vertrag kommt es darauf an, ob der Schwerpunkt des Mietverhältnisses unbewegliche Gegenstände sind, BGH NZI 2015, 331 Rn. 30; 2007, 713 Rn. 11) gelten Sonderregeln (§ 108).

65 **§ 135 Abs. 3 regelt den Fall der vertragslosen Nutzung** von vor der Insolvenz überlassenen Gegenständen (BGH NZI 2015, 331 Rn. 59; Graf-Schlicker/Neußner Rn. 51; HmbKommInsR/ Schröder Rn. 66; HK-InsO/Kleindiek Rn. 51; K. Schmidt InsO/K. Schmidt Rn. 42; MüKoInsO/Gehrlein Rn. 45). Teilweise wird vertreten, dem Verwalter ungeachtet des Merkmals „Aussonderungsrecht" die Weiternutzung des Gegenstands auf vertraglicher Grundlage zur in § 135 Abs. 3 S. 2 geregelten Gegenleistung für ein Jahr zu gestatten (Dahl/Schmitz NZG 2009, 325 (329); KPB/Preuß Rn. 69; Spliedt ZIP 2009, 149 (158)). Unseres Erachtens findet dieser Ansatz keine Stütze im Gesetz und ist zur Erreichung des Normzwecks nicht erforderlich. Entweder ist der Vertrag für die Insolvenzmasse günstig und wird weitergeführt oder der Verwalter kündigt ihn und nutzt den Gegenstand auf Grundlage von § 135 Abs. 3 (auch → Rn. 67; ähnl. Braun/de Bra Rn. 28 aE).

66 Die Vorschrift begründet ein gesetzliches Schuldverhältnis für die Weiternutzung des Gegenstands, welches durch den Insolvenzverwalter ausgeübt werden muss (BGH NZI 2015, 331 Rn. 59; FK-InsO/Dauernheim Rn. 42; Fischer FS Wellensiek, 2011, 443 (446); Gehrlein WM 2016, 57 (67); HmbKommInsR/Schröder Rn. 69; HK-InsO/Kleindiek Rn. 47; KPB/Preuß Rn. 69; K. Schmidt BB 2008, 1727 (1732); MüKoInsO/Gehrlein Rn. 48; Nerlich/Römermann/Nerlich Rn. 57; Uhlenbruck/Hirte Rn. 26). Eine gesetzliche Pflicht zur Ausübung dieser Option besteht nicht. Der Gesellschafter kann den Insolvenzverwalter aber auffordern, das Optionsrecht auszuüben (§ 103 Abs. 2 S. 2 und 3 analog; HK-InsO/Kleindiek Rn. 52; Uhlenbruck/Hirte Rn. 21 aE). Das Optionsrecht sollte aus Gründen der Rechtssicherheit schriftlich ausgeübt werden (Nerlich/ Römermann/Nerlich Rn. 59). Zwingend ist dies aber nicht. Duldet der Gesellschafter trotz Fehlens eines Überlassungsvertrags die Weiternutzung durch den Insolvenzverwalter, kann das gesetzliche Schuldverhältnis iSd § 135 Abs. 3 S. 1 auch konkludent begründet werden (K. Schmidt InsO/ K. Schmidt Rn. 45).

67 Der Insolvenzverwalter kann den vor Insolvenz begründeten Nutzungsvertrag gem. §§ 103 ff. kündigen und den Gegenstand auf Grundlage von § 135 Abs. 3 S. 1 weiternutzen (HmbKommInsR/Schröder Rn. 68; HK-InsO/Kleindiek Rn. 51; K. Schmidt InsO/K. Schmidt Rn. 42; MüKoInsO/Gehrlein Rn. 45; Nerlich/Römermann/Nerlich Rn. 57). Er kann das gesetzliche Nutzungsverhältnis zeitlich beschränken oder es, auch ohne Kündigungserklärung, beenden (GrafSchlicker/Neußner Rn. 53; HmbKommInsR/Schröder Rn. 78; MüKoInsO/Gehrlein Rn. 48). Allerdings darf die Beendigung nicht willkürlich sein und der Verwalter muss seine Entscheidung dem Gesellschafter vorab mitteilen (K. Schmidt InsO/K. Schmidt Rn. 41; K. Schmidt BB 2008, 1727 (1734); Uhlenbruck/Hirte Rn. 21 aE). In der Praxis werden diese Konstellationen eher selten vorkommen. Vielmehr werden Insolvenzverwalter und Gesellschafter bemüht sein, eine neue vertragliche Grundlage für die Weiternutzung des Gegenstandes zu finden.

68 Wurde das Nutzungsverhältnis vor der Insolvenz beendet und der Gegenstand an den Gesellschafter zurückgegeben, findet § 135 Abs. 3 keine Anwendung. Die vorzeitige Beendigung des Nutzungsverhältnisses kann unter Umständen nach §§ 130, 131, 133 (nicht § 135 Abs. 1) angefochten werden (erfolgt diese durch Rechtsgeschäft mit der Schuldnerin (zB Aufhebungsvertrag) kommt eine Anfechtung nach § 132 in Betracht), nicht jedoch die Rückgabe des Gegenstands an sich, soweit damit nur der Aussonderungsanspruch des Gesellschafters erfüllt wird (Graf-Schlicker/ Neußner Rn. 51; Gruschinske GmbHR 2010, 179 (183); HmbKommInsR/Schröder Rn. 67;

HK-InsO/Kleindiek Rn. 52; K. Schmidt DB 2008, 1727 (1734), der aber auch eine praeterlegem-Erweiterung des § 135 Abs. 3 in Betracht zieht; MüKoInsO/Gehrlein Rn. 51; Schäfer NZI 2010, 505 (507 f.); Spliedt ZIP 2009, 149 (158 f.); aA Rühle ZIP 2010, 1358 (1364)).

Die Vorschrift ist **zwingendes Recht** und kann nicht durch Vereinbarung zwischen Gesellschafter und Gesellschaft abbedungen werden (HK-InsO/Kleindiek Rn. 50; K. Schmidt InsO/K. Schmidt Rn. 33; MüKoInsO/Gehrlein Rn. 48; Nerlich/Römermann/Nerlich Rn. 55; Uhlenbruck/Hirte Rn. 27). **69**

2. Tatbestandvoraussetzungen

Der **persönliche Anwendungsbereich** erstreckt sich auf Gesellschafter, die dem Schuldner **70** (§ 11) vor Insolvenz einen Gegenstand zum Gebrauch oder zur Ausübung überlassen haben. Aus § 135 Abs. 4 kann abgeleitet werden, dass § 135 Abs. 3 nur für Gesellschafter iSd § 39 Abs. 4 S. 1 gilt. Gesellschafter, die dem Sanierungs- und Kleinbeteiligtenprivileg unterfallen (§§ 39 Abs. 4 S. 2, Abs. 5), werden nicht von § 135 Abs. 3 erfasst (HmbKommInsR/Schröder Rn.73, 83 ff.; K. Schmidt InsO/K. Schmidt Rn. 34; MüKoInsO/Gehrlein Rn. 49).

Umstritten ist, ob der persönliche Anwendungsbereich des § 135 Abs. 3 entsprechend der **71** Regelung des § 39 Abs. 1 S. 1 Nr. 5 auf gleichgestellte Dritte erweitert werden soll. Dagegen spricht, neben dem Wortlaut, dass die Konstruktion der eigenkapitalersetzenden Nutzungsüberlassung mit Einführung des MoMiG weggefallen ist und nunmehr eine Gleichsetzung von Finanzierungsleistung und Nutzungsüberlassung nicht mehr vorgesehen ist. Darüber hinaus unterliegen nur Gesellschafter einer gesellschaftsrechtlichen Treuepflicht, die einer der Kerngedanken des Gesetzgebers zu § 135 Abs. 3 war (→ Rn. 62). Schließlich verweist § 135 Abs. 3, anders als § 135 Abs. 1, nicht auf § 39 Abs. 1 S. 1 Nr. 5 (Dahl/Schmitz NZG 2009, 325 (329); KPB/Preuß Rn. 64; Spliedt ZIP 2009, 149 (156)). Der BGH folgt dieser Ansicht, unseres Erachtens zu Recht, nicht und weitet den persönlichen Anwendungsbereich des § 135 Abs. 3 auf Fälle des § 39 Abs. 1 S. 1 Nr. 5 (nicht jedoch „echte Dritte") aus (BGH NZI 2015, 331 Rn. 48; so auch Fischer FS Wellensiek, 2011, 443 (447); Gehrlein BB 2011, 3 (10); Gehrlein WM 2016, 57 (66); Graf-Schlicker/Neußner Rn. 49; HmbKommInsR/Schröder Rn. 73; HK-InsO/Kleindiek Rn. 56; K. Schmidt InsO/K. Schmidt Rn. 36; MüKoInsO/Gehrlein Rn. 46; Nerlich/Römermann/Nerlich Rn. 63; Uhlenbruck/Hirte Rn. 21). Im streitgegenständlichen BGH-Fall ging es um die Einbeziehung verbundener Unternehmen. § 135 Abs. 4 verweise auf § 39 Abs. 4 und Abs. 5, die wiederum im direkten Zusammenhang mit § 39 Abs. 1 S. 1 Nr. 5 stehen. Ferner wollte der Gesetzgeber die Einbeziehung gesellschaftsgleicher Dritter unter dem alten Eigenkapitalersatzrecht nach Einführung des MoMiG allgemein fortführen (BT-Drs. 16/6140, 56). § 135 Abs. 3 basiert zumindest auch auf dem Gedanken, den Zweck des Insolvenzverfahrens nicht durch den Entzug von Gegenständen mit erheblicher Bedeutung zu gefährden (→ Rn. 3). Eine solche Gefährdung kann durch Gesellschafter und gleichgestellte Dritte gleichermaßen eintreten. Darüber hinaus gilt die gesellschaftsrechtliche Treuepflicht auch für verbundene Unternehmen (BGH NZI 2015, 331 Rn. 48).

Hat der Gesellschafter den Gegenstand vor Verfahrenseröffnung **an einen Dritten veräußert,** **72** gilt § 135 Abs. 3 nicht zulasten des Erwerbers (HmbKommInsR/Schröder Rn. 67 aE; aA MüKoInsO/Gehrlein Rn. 46; Nerlich/Römermann/Nerlich Rn. 63). § 145 Abs. 2 Nr. 1 gilt insoweit nicht (Uhlenbruck/Hirte Rn. 21). Die Veräußerung kann aber ggf. vom Insolvenzverwalter angefochten werden, zB nach § 133 (Koutsos ZInsO 2011, 1626 (1629)). Darüber hinaus kommen Schadenersatzansprüche wegen Verletzung der gesellschaftsrechtlichen Treuepflicht in Betracht.

Die Aussonderungssperre nach § 135 Abs. 3 betrifft **Gegenstände,** die der Gesellschaft zum **73** Gebrauch oder zur Ausübung überlassen wurden. Erfasst sind damit zum einen alle zum Gebrauch geeigneten, **bewegliche wie unbewegliche,** Wirtschaftsgüter sowie Rechte, die von der Gesellschaft ausgeübt werden können, zB Lizenzen und Patente (BT-Drs. 16/9737, 59; HmbKommInsR/Schröder Rn. 71; HK-InsO/Kleindiek Rn. 53; Graf-Schlicker/Neußner Rn. 50; KPB/Preuß Rn. 45; MüKoInsO/Gehrlein Rn. 47). Mit anderen Worten fällt alles in den Anwendungsbereich, was Gegenstand eines Miet-, Pacht-, Leih- oder sonstigen Überlassungsvertrags sein kann (K. Schmidt InsO/K. Schmidt Rn. 35). Ob der Gegenstand oder das Recht vor Insolvenz auf vertraglicher oder faktischer Grundlage der Gesellschaft überlassen wurde, ist unerheblich (KPB/Preuß Rn. 65; MüKoInsO/Gehrlein Rn. 48; Nerlich/Römermann/Nerlich Rn. 61).

Soweit ein vom Gesellschafter zum Gebrauch überlassenes **Grundstück mit dinglichen** **74** **Sicherheiten Dritter** belastet ist, endet, im Grundsatz, das Recht der Gesellschaft zur Nutzung des Grundstücks mit dem Beschlagnahmebeschluss (Dahl/Schmitz NZG 2009, 325 (331); Fischer/Knees ZInsO 2009, 745 (747 ff.); HK-InsO/Kleindiek Rn. 60; MüKoInsO/Gehrlein Rn. 48; Uhlenbruck/Hirte Rn. 22; zur Rechtslage vor MoMiG BGH NJW 1999, 577). Die Interessen der Insolvenzmasse treten gegen die des Sicherungsnehmers zurück. Dies ergibt sich durch entsprechende Anwendung der §§ 148, 152 Abs. 2 ZVG, §§ 1123, 1124 Abs. 2 BGB. Möchte der Insolvenzverwalter das Grundstück weiter nutzen, hat er wie ein fremder Dritter den vollen Miet-/Pachtzins an den Zwangsverwalter zu zahlen (Bitter ZIP 2010, 1 (13 f.)). Umstritten ist, ob der Insolvenzverwalter vom Gesellschafter die Differenz aus an den Zwangsverwalter zu zahlenden Miet-/Pachtzins und der Vergütung nach § 135 Abs. 3 S. 2 erstatten muss. Dafür spricht, dass der Insolvenzverwalter nach § 135 Abs. 3 S. 1 einen Anspruch gegen den Gesellschafter auf Nutzungsüberlassung gegen Zahlung der in § 135 Abs. 3 S. 2 geregelten Vergütung hat (Bitter ZIP 2010, 1 (13 f.); Koutsos ZInsO 2011, 1626 (1632); Uhlenbruck/Hirte Rn. 22; aA Dahl/Schmitz NZG 2009, 325 (331) mit Verweis auf den historischen Zusammenhang und das Sonderkündigungsrecht in § 109). Dies gilt auch bei einer Insolvenz des Gesellschafters (Doppelinsolvenz): Die Interessen der Gläubiger des Gesellschafters haben Vorrang. Das Insolvenzverfahren über das Vermögen des Gesellschafters schließt das Recht der Gesellschaft nach § 135 Abs. 3 aus (Bitter ZIP 2010, 1 (14); Dahl/Schmitz NZG 2009, 325 (331); HmbKommInsR/Schröder Rn. 74; KPB/Preuß Rn. 73; MüKoInsO/Gehrlein Rn. 48; Nerlich/Römermann/Nerlich Rn. 69; Uhlenbruck/Hirte Rn. 22 aE; aA Göcke/Henkel ZInsO 2009, 170 (172 f.); Henkel ZInsO 2006, 1013 ff.).

75 Die Aussonderungssperre nach § 135 Abs. 3 S. 1 **setzt ein wirksames Aussonderungsrecht** (§ 47) des Gesellschafters voraus. Nutzt der Insolvenzverwalter den Gegenstand auf vertraglicher Grundlage im Insolvenzverfahren weiter, fehlt es an einem Aussonderungsrecht (K. Schmidt InsO/K. Schmidt Rn. 37; KPB/Preuß Rn. 66; Uhlenbruck/Brinkmann § 47 Rn. 47).

76 § 135 Abs. 3 ist nicht anwendbar, wenn der **Betrieb des Schuldners bereits eingestellt** wurde oder bei Masselosigkeit (BGH NZI 2015, 331 Rn. 62; Gehrlein WM 2016, 57 (66); KPB/Preuß Rn. 67; MüKoInsO/Gehrlein Rn. 48; Nerlich/Römermann/Nerlich Rn. 65). Dann kann der Gegenstand keine **erhebliche Bedeutung** für die Fortführung des Unternehmens haben. Der Begriff der Fortführung ist allerdings nicht eng im Sinne einer Bestandserhaltung zu verstehen (HmbKommInsR/Schröder Rn. 76). Es genügt, dass die Fortführung während des in § 135 Abs. 3 S. 1 relevanten Zeitraums dem Zweck des Insolvenzverfahrens dient (K. Schmidt InsO/K. Schmidt Rn. 43; Uhlenbruck/Hirte Rn. 21). Eine spätere Liquidierung schließt die Anwendung des § 135 Abs. 3 nicht aus. Das Merkmal der erheblichen Bedeutung für die Fortführung des Unternehmens ist wie in § 21 Abs. 2 Nr. 5 auszulegen (→ § 21 Rn. 105) und bezieht sich auf die Nutzung des Gegenstands für die Insolvenzmasse (HmbKommInsR/Schröder Rn. 75; K. Schmidt InsO/K. Schmidt Rn. 43).

77 Der genaue **Maßstab der erheblichen Bedeutung** wird nicht einheitlich angewandt. Er ist zwischen der bloßen Nützlichkeit und Unentbehrlichkeit anzulegen. Zum Teil wird vertreten, eine erhebliche Bedeutung läge vor, wenn durch den Entzug des Nutzungsgegenstands eine nicht unerhebliche Beeinträchtigung der Unternehmensfortführung einherginge (HmbKommInsR/Schröder Rn. 76; HK-InsO/Kleindiek Rn. 54; K. Schmidt InsO/K. Schmidt Rn. 43). Nach aA ist die Nutzungsmöglichkeit für einen Gegenstand nur dann von erheblicher Bedeutung, wenn ohne sie der Betriebsablauf tatsächlich oder wirtschaftlich erheblich beeinträchtigt ist oder sogar unmöglich wird (KPB/Preuß Rn. 67 f.; MüKoInsO/Gehrlein Rn. 47; Nerlich/Römermann/ Nerlich Rn. 66). Kann der Insolvenzverwalter den Gegenstand ebenso gut von einem Dritten beschaffen, dann entfällt das Merkmal der erheblichen Bedeutung nur, wenn das Entgelt für die Nutzungsüberlassung durch den Dritten das Entgelt nach § 135 Abs. 3 S. 2 nicht übersteigt (Bitter ZIP 2010, 1 (12); KPB/Preuß Rn. 68; MüKoInsO/Gehrlein Rn. 47). Die Beweislast für das Vorliegen einer erheblichen Bedeutung trägt der Insolvenzverwalter (Uhlenbruck/Hirte Rn. 21).

III. Vergütung (Abs. 3 S. 2)

78 Für die Aussonderungssperre nach § 135 Abs. 3 S. 1 ist dem Gesellschafter nach § 135 Abs. 3 S. 2 ein Ausgleich zu leisten, der dem Durchschnitt der im letzten Jahr vor Stellung des Insolvenzantrages erbrachten Vergütung entspricht. Die Vergütungspflicht in § 135 Abs. 3 S. 2 ist eine Ausgleichspflicht für einen vertragslosen Zustand (→ Rn. 65) und ist daher ein gesetzlicher Anspruch des Gesellschafters gegen die Insolvenzmasse (BGH NZI 2015, 331 Rn. 59 aE; Fischer FS Wellensiek, 2011, 443 (446); MüKoInsO/Gehrlein Rn. 45).

79 War für die Zeit vor Insolvenz ein Entgelt für die Nutzungsüberlassung vereinbart, ist dieses bei Nutzung weiterhin geschuldet und als **Masseforderung** zu behandeln (BGH NZI 2015, 331 Rn. 60; Andres/Leithaus/Leithaus Rn. 15; Braun/de Bra Rn. 29; FK-InsO/Dauernheim Rn. 45; Graf-Schlicker/Neußner Rn. 56; HmbKommInsR/Schröder Rn. 81; KPB/Preuß Rn. 70; K. Schmidt InsO/K. Schmidt Rn. 43; MüKoInsO/Gehrlein Rn. 49; Uhlenbruck/Hirte Rn. 23). Dies gilt sowohl, wenn die Weiternutzung aufgrund fortgesetzten Vertrags erfolgt als auch im

Falle einer Kündigung und Weiternutzung auf der Grundlage von § 135 Abs. 3 S. 1. Dem Gesellschafter soll durch die Aussonderungssperre **kein Sonderopfer** abverlangt werden (BT-Drs 16/ 9737, 59). Er soll dieselbe Vergütung erhalten, die ihm vor der Insolvenz **tatsächlich zugeflossen** ist (BGH NZI 2015, 331 Rn. 43; FK-InsO/Dauernheim Rn. 44; Gehrlein WM 2016, 57 (67); MüKoInsO/Gehrlein Rn. 49; zur Deckelung bei Marktunüblichkeit → Rn. 81). Ist dem Gesellschafter im Jahr (oder einem kürzeren Zeitraum) vor Insolvenz **weniger zugeflossen, als vertraglich vereinbart** war, ist dieser Wert der Berechnung nach § 135 Abs. 3 S. 2 zugrunde zu legen (BT-Drs. 16/9737, 59; BGH NZI 2015, 331 Rn. 55; Andres/Leithaus/Leithaus Rn. 16; HmbKommInsR/Schröder Rn. 82; KPB/Preuß Rn. 51). Haben sich die Gesellschaft und der Gesellschafter im Jahr vor dem Antrag auf Insolvenzeröffnung über noch nicht beglichene Mietforderungen verglichen, ist der Vergleichsbetrag in die Berechnung einzubeziehen (Uhlenbruck/ Hirte Rn. 23). Aus dem Gedanken der Weiterführung des vor Insolvenz bestehenden Zustands kann abgeleitet werden, dass der Gesellschafter den Gegenstand weiter wie vertraglich vereinbart oder faktisch erfolgt unterhalten muss (Uhlenbruck/Hirte Rn. 21 aE). War im Jahr vor Insolvenz kein Entgelt vereinbart oder wurde ein solches nicht gezahlt, kann der Insolvenzverwalter den Gegenstand ausnahmsweise unentgeltlich nutzen (MüKoInsO/Gehrlein Rn. 49).

80 Darüber hinaus soll der Gesellschafter nach dem Sinn und Zweck des § 135 Abs. 3 als Vergütung nur das erhalten, was er trotz Eröffnung des Insolvenzverfahrens hätte behalten dürfen. Waren **Zahlungen vor Insolvenz anfechtbar**, müssen diese bei der Berechnung der Vergütung nach § 135 Abs. 3 S. 2 außer Ansatz bleiben (BGH NZI 2015, 331 Rn. 55; Andres/Leithaus/Leithaus Rn. 16; Bitter ZIP 2010, 1 (11); Dahl/Schmitz NZG 2009, 325 (330); MüKoInsO/Gehrlein Rn. 49, Gehrlein WM 2016, 57 (67); HmbKommInsR/Schröder Rn. 82; HK-InsO/Kleindiek Rn. 59; Uhlenbruck/Hirte Rn. 23).

81 Ist die Vergütung nach § 135 Abs. 3 S. 2 **unüblich hoch** und hält einem Drittvergleich nicht stand, ist diese als verdeckte Kapitalausschüttung (§ 30 Abs. 1 S. 1 GmbHG) nicht bei der Berechnung der Vergütung zu berücksichtigen (HmbKommInsR/Schröder Rn. 82; K. Schmidt FS Wellensiek, 2011, 551 (558); Gehrlein NZI 2016, 561 (566)). Die angemessene (marktübliche) Vergütung ist die Höchstgrenze (Graf-Schlicker/Neußner Rn. 57; Gehrlein NZI 2016, 561 (566)).

82 Ersatzansprüche wegen **Wertverlust durch Nutzung oder Beschädigung** des überlassenen Gegenstands schuldet die Insolvenzmasse nur, wenn die entsprechenden Risiken nicht bereits von der Nutzungsausfallentschädigung gedeckt sind. Ausschlaggebend dafür sind die Regelungen des Überlassungsvertrags (zu § 21 Abs. 2 Nr. 5 BGH NZI 2012, 369; Uhlenbruck/Hirte Rn. 23). Nach Verfahrenseröffnung sind derartige Ersatzansprüche Masseverbindlichkeiten (BGH NZI 2012, 369).

83 Der **zeitliche Anknüpfungspunkt** im Gesetz – Verfahrenseröffnung – ist missverständlich. Richtigerweise ist, im Wege der teleologischen Auslegung, auf den Zeitpunkt des Eröffnungsantrags abzustellen (BGH NZI 2015, 331 Rn. 56; Dahl/Schmitz NZG 2009, 325 (330); MüKoInsO/ Gehrlein Rn. 49; Gehrlein WM 2016, 57 (67); Nerlich/Römermann/Nerlich Rn. 73; Spliedt ZIP 2009, 149 (157); Uhlenbruck/Hirte Rn. 23; aA Bitter ZIP 2010, 1 (12); HK-InsO/Kleindiek Rn. 58; Graf-Schlicker/Neußner Rn. 57). Andernfalls könnte die Vergütung durch das Insolvenzeröffnungsverfahren (oder vorläufige Eigenverwaltungsverfahren) beeinflusst werden. Dies widerspräche aber der Intention des Gesetzgebers (→ Rn. 3), die Höhe der Vergütung anhand des nicht durch die Insolvenzlage beeinflussten Geschäftsverkehrs zu bestimmen. Der Vergütungsanspruch bleibt auch bestehen, wenn das Nutzungsverhältnis binnen Jahresfrist vor Antragstellung beendet wurde (Gehrlein NZI 2016, 561 (566)).

84 Zahlt der Insolvenzverwalter die nach § 135 Abs. 3 S. 2 geschuldete Vergütung nicht, kann der Gesellschafter das Nutzungsverhältnis außerordentlich kündigen (§ 543 Abs. 2 Nr. 3 BGB analog; HmbKommInsR/Schröder Rn. 79).

F. Ausnahmen (insbesondere Abs. 4)

85 § 135 Abs. 1–3 kommt nicht zur Anwendung, wenn der Gesellschafter oder ein gleichgestellter Dritter dem **Kleinbeteiligten- (§ 39 Abs. 5) oder Sanierungsprivileg (§ 39 Abs. 4 S. 2)** unterfallen. Darüber hinaus stellt § 135 Abs. 4 klar, dass eine Anfechtung nur gegenüber Gesellschaften in Betracht kommt, die weder eine natürliche Person noch eine Gesellschaft als persönlich haftenden Gesellschafter haben, bei der ein persönlich haftender Gesellschafter eine natürliche Person ist (§ 39 Abs. 4 S. 1). Die Vorschrift hat klarstellenden Charakter. Sie stellt einen Gleichlauf der Anwendungsbereiche von § 39 und § 44a einerseits sowie § 135 andererseits her (BT-Drs. 16/ 9737, 59).

85a Nach der Rechtsprechung des BGH führt das Ausscheiden eines Gesellschafters aus einer Personengesellschaft grundsätzlich dazu, dass Ansprüche des Gesellschafters gegen die Gesellschaft und die Mitgesellschafter sowie Ansprüche der Gesellschaft gegen den ausgeschiedenen Gesellschafter nicht mehr selbstständig im Wege der Leistungsklage durchgesetzt werden können (sog. **Durchsetzungssperre**), sondern als unselbstständige Rechnungsposten in die Auseinandersetzungsrechnung aufzunehmen sind, deren Saldo ergibt, wer von wem noch etwas zu fordern hat (BGH NZG 2013, 216; 2012, 1107, jeweils mwN), es sei denn, vor Beendigung der Auseinandersetzung steht mit Sicherheit fest, dass der Anspruchsteller jedenfalls einen bestimmten Betrag fordern kann (BGH NZG 2015, 674). Der BGH hat nunmehr in Zweifel gezogen, ob die Durchsetzungssperre auch für Anfechtungsansprüche gegen einen ausgeschiedenen Gesellschafter in der Insolvenz der Gesellschaft gilt; die Auffassung, auch Anfechtungsansprüche unterlägen der Durchsetzungssperre, ist dem BGH zufolge „nicht bedenkenfrei" (BGH BeckRS 2017, 110007). In der Vorinstanz hatte das OLG Koblenz geurteilt, der Grundsatz der Durchsetzungssperre sei nicht deshalb unanwendbar, weil sich die Gesellschaft zwischenzeitlich im Insolvenzverfahren befinde (kein Vorrang insolvenzrechtlicher Vorschriften gegenüber den handelsrechtlichen Vorschriften betreffend die Auseinandersetzung der Gesellschaft). Bei Ausscheiden aus der Gesellschaft müsse der Insolvenzverwalter den bereits vor Insolvenzeröffnung eingetretenen Rechtszustand der Durchsetzungssperre hinnehmen und zunächst eine Auseinandersetzungsrechnung erstellen, um einen sich daraus ergebenden Anspruch der Gesellschaft aus dem Saldo zugunsten der Insolvenzmasse einzuziehen (OLG Koblenz BeckRS 2017, 110008).

G. Konkurrenzen

86 Der BGH hat in seinem Grundsatzurteil v. 18.7.2013 (NJW 2013, 3035) das **Verhältnis von Abs. 1 Nr. 1 und Abs. 1 Nr. 2** wie folgt beurteilt: Abs. 1 Nr. 2 entfalte keine Sperrwirkung gegenüber Abs. 1 Nr. 1. Die Regelung des Abs. 1 Nr. 1 sei daher anwendbar, wenn der Gesellschafter die von der Gesellschaft gewährte Sicherung außerhalb der Frist des Abs. 1 Nr. 2 zur Befriedigung seiner Forderung veräußert habe. Der BGH hat sich darin gegen die bis dahin im Schrifttum überwiegend vertretene Auffassung ausgesprochen, wonach bei der Verwertung einer Sicherung durch den Gesellschafter wegen der darin liegenden Befriedigung nur eine Anfechtung nach Abs. 1 Nr. 2 in Betracht kommen solle (**Sperrwirkung** des Abs. 1 Nr. 2 gegenüber Abs. 1 Nr. 1; HK-InsO/Kleindiek Rn. 18 f.; Bork/Schäfer/Thiessen GmbHG Anh. § 30 Rn. 68; Baumbach/Hueck/Fastrich, 21. Aufl. 2017, GmbHG Anh. § 30 Rn. 64). Dem BGH zufolge kann auch dann, wenn sich der Gesellschafter außerhalb der Frist des Abs. 1 Nr. 2 aus der ihm gewährten Sicherung befriedigt hat, eine Anfechtung nach Abs. 1 Nr. 1 in Frage kommen; beide Tatbestände seien isoliert zu betrachten. Folgt man der Rechtsprechung des BGH, ist somit eine Befriedigung des Gesellschafters außerhalb der Jahresfrist nach § 135 Abs. 1 Nr. 2 anfechtungsfrei, soweit der Gesellschafter die Befriedigung außerhalb der gewährten Sicherheit erhält oder die Sicherheit vor der Frist des § 135 Abs. 1 Nr. 1 gewährt wurde (aA (überzeugend) Altmeppen, GmbHG, 10. Aufl. 2021, GmbHG Anh. § 30 Rn. 177, 174 ff.; HK-InsO/Kleindiek Rn. 9 ff., 19 f. mwN; auch → Rn. 44).

87 Neben der Anfechtung nach § 135 bleibt eine Vorsatzanfechtung nach **§ 133** möglich (BGH NZI 2013, 743 (745); ZIP 2020, 723 Rn. 14; Bangha-Szabo ZIP 2013, 1058 ff.; CPM/Zenker Rn. 9; MüKoInsO/Gehrlein Rn. 35; Nerlich/Römermann/Nerlich Rn. 77; differenzierend HK-InsO/Kleindiek Rn. 9 ff.). Gleiches gilt für eine etwaige Deckungsanfechtung nach **§§ 130, 131** (BGH NZI-Beil. 2006, 42 Rn. 31; CPM/Zenker Rn. 9; HmbKommInsR/Schröder Rn. 93; MüKoInsO/Kirchhof/Freudenberg Vor §§ 129–147 Rn. 94; aA Uhlenbruck/Hirte Rn. 6). Der BGH ist der zuvor im Schrifttum verbreiteten Ansicht entgegengetreten, die Gewährung eines Gesellschafterdarlehens sei per se als unentgeltliche Leistung gem. **§ 134** anfechtbar, weil der Rückzahlungsanspruch durch die Anordnung des Nachrangs in § 39 Abs. 1 S. 1 Nr. 5 in der Insolvenz der Gesellschaft wirtschaftlich entwertet sei (BGH NZG 2017, 66 (68) mit zahlreichen Nachweisen zum vertretenen Meinungsspektrum). Vielmehr ist dem BGH zufolge die Darlehensgewährung grundsätzlich entgeltlich, weil der Leistung des Gläubigers der Rückzahlungsanspruch gegenüberstehe und dessen Nachrang gem. § 39 Abs. 1 S. 1 Nr. 5 erst nach dem Zeitpunkt der Leistungserbringung eintrete, nämlich wenn das Insolvenzverfahren über das Vermögen der Gesellschaft eröffnet und nicht schon im Zeitpunkt der Leistungserbringung (BGH NZG 2017, 66 (67 f.) mit zahlreichen Nachweisen zum vertretenen Meinungsspektrum; dazu Haas ZIP 2017, 545 (553 f.)).

88 Ob der **Bargeschäftseinwand (§ 142)** iRd § 135 anwendbar ist, wird kontrovers diskutiert (für Anwendbarkeit OLG Karlsruhe NZI 2018, 938 (gleichzeitige Aufgabe einer Sicherheit);

Habersack ZIP 2007, 2145 (2150); HmbKommInsR/Schröder Rn. 44 mwN; MüKoInsO/Kirchhof/Piekenbrock § 142 Rn. 22; Uhlenbruck/Hirte Rn. 13; Willemsen/Rechel BB 2009, 2215 (2217 f., Cash-Pooling); CPM/Zenker Rn. 7; Bitter ZIP 2013, 1497 (1506 f.); Ulmer/Habersack/Winter GmbHG ErgBd MoMiG, 1. Aufl. 2008, § 30 Rn. 59; aA Haas ZInsO 2007, 617 (624); MüKoInsO/Gehrlein Rn. 19; Zahrte NZI 2010, 596 (597 f.); Hölzle ZIP 2013, 1992 (1997); Henkel ZInsO 2009, 1577 ff.; HK-InsO/Kleindiek Rn. 16; Kleindiek ZInsO 2010, 2209 (2212 f.); Altmeppen, GmbHG, 10. Aufl. 2021, GmbHG Anh. § 30 Rn. 174 im Kontokorrent Baumbach/Hueck/Fastrich, 21. Aufl. 2017, GmbHG Anh. § 30 Rn. 63a). Folgt man der Ansicht, der Bargeschäftseinwand sei iRd § 135 zulässig, unterfällt die anfängliche Besicherung, die im Zuge der Darlehensgewährung vorgenommen wurde, nicht dem § 135 Abs. 1 Nr. 1 (Uhlenbruck/Hirte Rn. 13; HmbKommInsR/Schröder Rn. 12 mwN; auch → Rn. 44).

88a Der BGH hat diese Frage nun entschieden (BGH NJW 2019, 1289 Rn. 40 ff.; OLG Düsseldorf ZIP 2019, 2491 (für nach dem 4.4.2017 eröffnete Insolvenzverfahren); zust. de Bra FD-InsR 2019, 416910; Lägler/Urlaub ZInsO 2019, 1642; Lengersdorf/Wernert ZIP 2020, 1286; Ganter ZIP 2019, 1141 sowie ZInsO 2019, 1141 (differenzierend iRv § 135 Abs. 1 nach dem Zeitpunkt des Wirksamwerdens der Besicherung); Praxiskommentar von Bork EWiR 2019, 241 (242); umfassend zu den Folgerungen für die Unternehmensfinanzierung Thole in VGR, Gesellschaftsrecht in der Diskussion 2019, 114 Rn. 14 ff.). § 142 InsO finde (massefreundlich) bei der Anfechtbarkeit ursprünglicher Sicherheiten für Gesellschafterdarlehen gem. § 135 Abs. 1 Nr. 1 InsO keine Anwendung. Ausschlaggebend dafür seien vor allem der Wortlaut des § 135 Abs. 1 Nr. 1 InsO sowie der Sinn und Zweck sowohl des Bargeschäftsprivilegs als auch der Anfechtung der Sicherheiten für Gesellschafterdarlehen. Die Handlungsfähigkeit des Schuldners in Krise und Insolvenz könne nach Ansicht des BGH auch durch anfechtungsneutrale (Bar-)Geschäfte mit Dritten aufrechterhalten werden; ein Gesellschafterdarlehen sei kein übliches Umsatzgeschäft. Andernfalls könne sich der Schuldner seiner Finanzierungsfolgenverantwortung durch Gestaltung der Gesellschafterdarlehens als Bargeschäft entziehen und die Rechtsfolgen des § 135 Abs. 1 umgehen. Kritisch äußert sich Bitter (ZIP 2019, 737). Die Entscheidung des BGH führe zu einer weiteren Erschwerung im Recht der Gesellschafterdarlehen und zu einem Wertungswiderspruch mit § 135 Abs. 3 InsO.

89 Eine Anspruchskonkurrenz ist auch mit zivilrechtlichen Ansprüchen möglich, etwa § **826 BGB** (HmbKommInsR/Schröder Rn. 93; Graf-Schlicker/Neußner Rn. 29). Dabei wird mit unterschiedlichen Ergebnissen diskutiert, ob die Tilgung eines Gesellschafterdarlehens im Falle späterer Insolvenz der Gesellschaft einen Schadensersatzanspruch nach § 826 BGB wegen „existenzvernichtenden Eingriffs" begründen kann (vgl. Altmeppen, GmbHG, 10. Aufl. 2021, GmbHG Anh. § 30 Rn. 186; Gehrlein BB 2008, 846 (854); Hölzle GmbHR 2007, 729 (733) zum Streitstand). Dies ist jedoch zu verneinen (überzeugend Altmeppen, GmbHG, 10. Aufl. 2021, GmbHG Anh. § 30 Rn. 186 mwN: der kompensationslose Eingriff und die Tilgung eines nicht verstrickten Gesellschafterdarlehens sind rechtswidrig. Hinsichtlich verstrickter Darlehen hat es heute sein Bewenden mit der Anfechtbarkeit von Tilgungsleistungen binnen der Jahresfrist (§ 135 Abs. 1 Nr. 2; Altmeppen, GmbHG, 10. Aufl. 2021, GmbHG Anh. § 30 Rn. 186).

H. Verfahrensrechtliche Fragen

I. Beweislast

90 Dem Insolvenzverwalter obliegt der Beweis (i) der **Gewährung** eines Gesellschafterdarlehens, einer wirtschaftlich entsprechenden Forderung oder eines gesellschafterbesicherten Drittdarlehens (BGH NJW 1989, 1219 (1220); BGH NJW-RR 1989, 1372; 2005, 766), (ii) der Gewährung einer Sicherung oder Befriedigung während der Anfechtungsfrist sowie (iii) der damit verbundenen Gläubigerbenachteiligung (CPM/Zenker Rn. 8; MüKoInsO/Gehrlein Rn. 42; Uhlenbruck/Hirte Rn. 20). Der Gesellschafter muss in einem möglichen Anfechtungsprozess nachweisen, dass die Insolvenzmasse auch ohne die streitgegenständliche Anfechtung zur Befriedigung aller Gläubiger ausreicht (BGH NJW-RR 1989, 33; HmbKommInsR/Schröder Rn. 89). Der BGH geht in diesem Zusammenhang von einem Anscheinsbeweis aus, dass in einem eröffneten Insolvenzverfahren die Insolvenzmasse nicht ausreicht, um alle Gläubigeransprüche zu befriedigen (BGH NJW 2015, 1737). Dem Anfechtungsgegner obliegt die Beweislast für anspruchsvernichtende Umstände, etwa das Sanierungs- oder Kleinbeteiligtenprivileg (§ 135 Abs. 4, § 39 Abs. 4 und 5; MüKoInsO/Gehrlein Rn. 42). Im Rahmen des Abs. 2 hat der Insolvenzverwalter zunächst darzulegen und zu beweisen, dass der Kreditgeber kein Gesellschafter ist (zB anhand der Gesellschafterliste); der

Anfechtungsgegner hat dann darzulegen und zu beweisen, dass eine Rolle des Kreditgebers besteht, wenn er sich auf den Vorrang der Inanspruchnahme berufen möchte (BGH DStR 2020, 1928 ff.).

II. Gerichtsstand

91 Der Insolvenzverwalter muss die Anfechtungsklage am Gerichtsstand der Mitgliedschaft erheben (§ 22 ZPO; Uhlenbruck/Hirte Rn. 28; CPM/Zenker Rn. 8). Gleiches gilt für die internationale Zuständigkeit (OLG Jena NZG 1999, 34; OLG München GmbHR 2006, 1153; Uhlenbruck/Hirte Rn. 29; zur funktionalen Zuständigkeit ausführlich Fröhner NZI 2016, 1).

92 Innerhalb des Anwendungsbereichs der Europäischen Insolvenzverordnung gilt, dass das nach Art. 3 EuInsVO für das grenzüberschreitende Insolvenzverfahren zuständige Gericht auch über Anfechtungsklagen entscheidet, die mit dem Insolvenzverfahren in Zusammenhang stehen (die Begründung der sog. Annexzuständigkeit ist umstritten; s. Überblick bei Uhlenbruck/Knof EuInsVO Art. 6 Rn. 2 ff.). Dies gilt auch, wenn der Beklagte seinen Wohnsitz in einem Drittstaat hat (EuGH NZI 2013, 947). Ab dem 26.6.2017 gilt für die Annexzuständigkeit Art. 6 Abs. 1 EuInsVO (s. VO (EU) 2015/848 des Europäischen Parlaments und des Rates v. 20.5.2015).

I. Privilegierung Kredite ab 1.3.2020 (§ 2 Abs. 1 Nr. 2, Nr. 4, Nr. 5 und Abs. 2 COVInsAG)

I. Rückgewähr bis 30.9.2023 (§ 2 Abs. 1 Nr. 2 COVInsAG)

93 Gesellschafterdarlehen und Rechtshandlungen, die einem solchen Darlehen wirtschaftlich entsprechen (auch Darlehen von gesellschaftergleichen Dritten und einschließlich Warenkredite und andere Formen der Leistungserbringung auf Ziel), die **zwischen dem 1.3.2020 und 30.9.2020** (ursprünglicher Aussetzungszeitraum für zahlungsfähige und überschuldete Unternehmen) bzw. zwischen **1.10.2020 und 31.12.2020** (verlängerter Aussetzungszeitraum für überschuldete, aber nicht zahlungsunfähige Unternehmen) bzw. an Unternehmen bei Beantragung staatlicher Hilfen nach Maßgabe des § 1 Abs. 3 COVInsAG zwischen **1.1.2021 und 28.2.2021** als **Neukredit** gewährt (→ Rn. 94) wurden (keine bloße Novation, Prolongation, Stundung oder ähnliche bloße Verlängerungen, → Rn. 94, Ausnahme § 2 Abs. 1 Nr. 5 COVInsAG), können bis zum **30.9.2023 anfechtungsfrei zurückgeführt werden,** weil die Rückführung gem. § 2 Abs. 1 Nr. 2 COVInsAG als nicht gläubigerbenachteiligend gilt (gesetzliche Fiktion, unwiderleglich), wenn bei Begebung des Darlehens (bzw. Vornahme der einem Gesellschafterdarlehen entsprechenden Rechtshandlung) die Voraussetzungen für die Aussetzung der Insolvenzantragspflicht gem. § 1 COVInsAG vorgelegen haben (§ 2 Abs. 1 Nr. 2 COVInsAG). Bei zwischen dem **1.1.2021 und 28.2.2021** gewährten **Stundungen** zugunsten von Unternehmen, die staatlicher Hilfen beantragt haben nach Maßgabe des § 1 Abs. 3 COVInsAG, ist die Rückzahlung unter den Voraussetzungen des § 2 Abs. 1 Nr. 5 COVInsAG anfechtungsfrei gestellt. Der ursprüngliche **Aussetzungszeitraum** gem. § 1 Abs. 1 S. 1 COVInsAG (**1.3.2020 bis 30.9.2020**) wurde durch das Gesetz zur Änderung des COVID-19 Aussetzungsgesetzes vom 25.9.2020 (BGBl. 2016 I Nr. 43) eingeschränkt verlängert. Zwischen dem **1.10.2020 und 31.12.2020** war die Insolvenzantragspflicht gem. § 1 Abs. 2 COVInsAG nur noch für den Fall der Überschuldung ausgesetzt. War ein Schuldner am 1.10.2020 oder danach zahlungsunfähig, besteht gem. § 15a wieder die Pflicht, unverzüglich Insolvenzantrag zu stellen (ausgenommen die Fälle des § 2 Abs. 1 Nr. 5 COVInsAG). Für zahlungsunfähige Unternehmen entfällt (außerhalb des § 2 Abs. 1 Nr. 5 COVInsAG) die Privilegierung von Neukreditgebern nach § 2 Abs. 1 Nr. 2 COVInsAG, mit der Folge, dass Kreditgeber ab dem 1.10.2020 wieder den gewöhnlichen Insolvenzanfechtungsrisiken unterliegen (BT-Drs. 19/22178, 6). Für lediglich überschuldete Unternehmen änderte sich die Rechtslage ab dem 1.10.2020 zunächst nicht. Die Insolvenzantragspflicht blieb weiter ausgesetzt, soweit die Voraussetzungen des § 1 Abs. 1 COVInsAG vorlagen, und § 2 Abs. 1 Nr. 2 COVInsAG gilt uneingeschränkt weiter, dh Neukredite, die zwischen 1.3.2020 und 31.12.2020 gewährt wurden, können bis zum 30.9.2023 anfechtungsfrei zurückgeführt werden. Die nur partielle Verlängerung des Aussetzungszeitraums begründet der Gesetzgeber damit, dass bei Zahlungsunfähigkeit die Krise bereits so weit fortgeschritten ist, dass Unternehmen nicht mehr in der Lage seien, ihre laufenden Kosten und Verbindlichkeiten zu decken und eine Aussicht auf Fortführung der Geschäftstätigkeit gering sei. Eine weitere Aussetzung führe zu unverhältnismäßigen Belastungen des Rechts- und Wirtschaftsverkehrs. Die Prüfung der Überschuldung/Fortführungsprognose ist im Wesentlichen eine Liquiditätsprognose über das laufende und kommende Geschäftsjahr. Unter den gegenwärtigen Bedingungen könne eine solche Prognose jedoch nicht verlässlich gestellt werden (zum Ganzen: BT-

Drs. 19/22178, 4). Der Wortlaut des ursprünglichen Entwurfs der Bundesregierung wurde auf die Beschlussempfehlung des Ausschusses für Recht und Verbraucherschutz nochmals angepasst (BT-Drs. 19/22593). Durch § 2 Abs. 4 COVInsAG wird klargestellt, dass (i) die Privilegierungen in § 2 Abs. 1 COVInsAG entweder gelten, wenn die Insolvenzantragspflicht im Zeitraum zwischen 1.3.2020 bis 30.9.2020 oder zwischen 1.10.2020 und 31.12.2020, dann aber nur soweit keine Zahlungsunfähigkeit vorliegt, ausgeschlossen war oder ist, (ii) die Erleichterungen auch weiterhin für Unternehmen gelten, die nicht bereits insolvenzreif sind oder keiner Insolvenzantragspflicht unterliegen, und (iii) die Privilegierungen für Kredite durch staatliche Hilfsprogramme weiterhin gelten (und zwar in zeitlicher Hinsicht nicht beschränkt). Aufgrund der anhaltenden, wirtschaftlich einschneidenden Maßnahmen zur Bekämpfung der Pandemie und durch die schleppende Auszahlung der von der Bundesregierung zugesagten Hilfsleistungen, hat der Gesetzgeber den Aussetzungszeitraum abermals verlängert: Vom **1.1.2021 bis 30.4.2021** war die Insolvenzantragspflicht unter den Voraussetzungen des § 1 Abs. 1 COVInsAG ausgesetzt (bei Überschuldung und bei Zahlungsunfähigkeit), wenn (1) ein Schuldner im Zeitraum vom 1.11.2020 bis 28.2.2021 Antrag auf die Gewährung finanzieller Hilfeleistungen im Rahmen staatlicher Hilfsprogramme zur Abmilderung der Folgen der COVID-19-Pandemie gestellt hat (§ 1 Abs. 3 S. 1 COVInsAG) oder diesen Antrag aus rechtlichen, insbesondere beihilferechtlichen, oder tatsächlichen, insbesondere IT-technischen Gründen nicht stellen konnte, jedoch in den Bereich der Antragsberechtigten des Hilfsprogramms fällt (§ 1 Abs. 3 S. 2 COVInsAG), (2) die Erlangung der Finanzhilfe nicht offensichtlich aussichtslos ist und (3) die Finanzhilfe ausreicht, um die Insolvenzreife zu beseitigen. Grund der Erweiterung in Abs. 3 sind zum einen die anhaltenden, wirtschaftlich einschneidenden Maßnahmen zur Bekämpfung der Pandemie und zum anderen die schleppende Auszahlung der von der Bundesregierung zugesagten Hilfsleistungen. Erfasst sind ausweislich der Gesetzesbegründung (BT-Drs. 19/26245, 16) sämtliche aufgrund der Folgen der Pandemie gewährte Hilfen, darunter insbesondere „November- und Dezemberhilfe", „November- und Dezemberhilfe Plus" oder „Überbrückungshilfe III". Die Privilegierung greift gem. § 1 Abs. 1 S. 2 COVInsAG (der über das Merkmal „nach Maßgabe des Abs. 1" auch für die Fälle von § 1 Abs. 2 und Abs. 3 COVInsAG gilt) dann nicht, wenn (a) die zum Zeitpunkt der Darlehensbegebung (bzw. Vornahme der vergleichbaren Handlung) bestehende Insolvenzreife nicht auf den Folgen der COVID-19-Pandemie beruht oder (b) wenn keine Aussichten darauf bestehen, eine bestehende Zahlungsunfähigkeit zu beseitigen. Das Vorliegen der beiden Voraussetzungen (Zusammenhang der Insolvenzreife mit der COVID-19-Pandemie und Aussichten auf Beseitigung der Zahlungsunfähigkeit) wird gem. § 1 Abs. 1 S. 3 COVInsAG vermutet, wenn der Schuldner am 31.12.2019 nicht zahlungsunfähig war. Ausweislich der Gesetzesbegründung sind „höchste Anforderungen" an die Widerlegung der Vermutung zu stellen; eine Widerlegung soll nur dann in Betracht kommen, wenn kein Zweifel daran bestehen kann, dass die COVID-19-Pandemie nicht ursächlich für die Insolvenzreife war oder dass die Beseitigung einer eingetretenen Insolvenzreife nicht gelingen konnte (BT-Drs. 19/18110, 22). So, wie § 1 Abs. 1 S. 2 COVInsAG negativ formuliert ist, spricht alles dafür, dass die Mitursächlichkeit anderer Ursachen als die Pandemie für die Insolvenzreife die Aussetzung der Antragspflicht und die Privilegierung nicht in Frage stellen; die Aussetzung und die darauf aufbauenden Privilegierungen gelten nur dann nicht, wenn die Insolvenzreife nicht auf den Folgen der Pandemie beruht, dh gar nicht (ebenso Thole ZIP 2020, 650 (652); Uhlenbruck/Hirte, Bd. 2, CovInsAG § 1 Rn. 23; Schmidt, COVID-19, Rechtsfragen zur Corona Krise, 2020, § 14 Rn. 24 f.; Kroiß, Rechtsprobleme durch COVID-19, 2020, § 6 Rn. 26; Nerlich/Römermann/Römermann CovInsAG § 1 Rn. 27); solange eine Mitursächlichkeit der Pandemie möglich bleibt, ist der Gegenbeweis nicht erbracht (so auch Bornemann jurisPR-InsR 9/2020, Anm. 1, S. 9; Gehrlein DB 2020, 713 (715); Hölzle/Schulenberg ZIP 2020, 633 (636)). Die Rückführung ist unter den vorstehenden Voraussetzungen anfechtungsfrei sowohl in den Fällen des **§ 135 Abs. 1 Nr. 2** als auch in den Fällen des **§ 135 Abs. 2** möglich (nicht aber die Verwertung von für Gesellschafterdarlehen oder dem gleichgestellte Rechtshandlungen gewährte Sicherheiten, insoweit gilt § 135 Abs. 1 Nr. 1, weil die Besicherung von Gesellschafterdarlehen gem. § 2 Abs. 1 Nr. 2 Hs. 2 COVInsAG nicht privilegiert ist (BT-Drs. 19/18110, 23). Wegen der Fiktion der fehlenden Gläubigerbenachteiligung scheidet eine Anfechtung nach allen sonstigen außerhalb von § 135 in Betracht kommenden Anfechtungstatbeständen aus (ebenso Gehrlein DB 2020, 713 (722)). Auf die **subjektiven** Vorstellungen des Kreditgebers kommt es nicht an (ebenso Hölzle/Schulenberg ZIP 2020, 640 (643); Uhlenbruck/Borries, Bd. 2, COVInsAG § 2 Rn. 14). Das Gesetz enthält darüber hinaus keine Einschränkung in Bezug auf die (Mindest-)**Dauer der Neukreditierung.** Vor dem Hintergrund der ratio legis – Neukredit als Privilegierungstatbestand – wird eine (Mindest-)Dauer nicht erforderlich sein (Bitter GmbHR 2020, 861 Rn. 19; aA für Gesellschafterdarlehen Bormann/Backes GmbHR 2020, 513 (517)).

93a Liegen die Voraussetzungen des § 2 Abs. 1 Nr. 2 COVInsAG vor (Gewährung im Aussetzungszeitraum und Rückzahlung bis zum 30.9.2023), ist die Rückführung auch unter allen **anderen Anfechtungstatbeständen** (auch § 133 InsO) ausgeschlossen, weil es bereits an der Grundvoraussetzung der Gläubigerbenachteiligung gem. § 129 fehlt (ebenso Thole ZIP 2020, 650 (656); Gehrlein DB 2020, 713 (722); Bitter GmbHR 2020, 861 Rn. 40; Bornemann/Backes GmbHR 513 (518); KPB/Prütting CovInsAG § 2 Rn. 8; Uhlenbruck/Borries, Bd. 2, CovInsAG § 2 Rn. 31). Nur so kann auch das Ziel erreicht werden, dass trotz finanzieller Krise und ggf. Insolvenzreife der Geschäftsbetrieb aufrechterhalten werden kann, weil Kreditgeber nicht befürchten müssen, bei der Vergabe neuer Kredite Sicherheiten zu verlieren oder wegen Rückgewährpflicht zwischenzeitlich erlangter Rückzahlungen auszufallen. Die Privilegierung gilt auch für **Zinszahlungen und sonstige Nebenforderungen** (BT-Drs. 19/18110, 23; Bitter GmbHR 2020, 861 Rn. 41). Hat der Kreditgeber bei oder nach der Kreditgewährung mit dem Kreditnehmer einen **qualifizierten Rangrücktritt** vereinbart, sind Rückzahlungen aufgrund der vertraglichen Vereinbarung von der Privilegierung ausgenommen. Der Kreditnehmer hat durch den Rangrücktritt deutlich gemacht, dass der nachrangig befriedigt werden will (ebenso Bitter GmbHR 2020, 861 Rn. 43 ff.; Mock NZI 2020, 405 (406); Uhlenbruck/Borries, Bd. 2, CovInsAG § 2 Rn. 38).

94 Gesellschafterdarlehen und Rechtshandlungen, die einem solchen Darlehen wirtschaftlich entsprechen, müssen als Neukredit **gewährt** werden. Dieses Tatbestandsmerkmal in § 2 Abs. 1 Nr. 2 Hs. 1 COVInsAG findet über die Formulierung „insoweit" in § 2 Abs. 1 Nr. 2 Hs. 2 COVInsAG Anwendung auf Gesellschafterdarlehen und Rechtshandlungen, die einem solchen Darlehen wirtschaftlich entsprechen. Ob ein Neukredit bereits gewährt ist, wenn sich der Darlehensgeber zur Ausreichung des Kredits verpflichtet hat, oder es auf den Zeitpunkt der Auszahlung ankommt, wurde vom Gesetzgeber nicht geregelt und wird in der Literatur unterschiedlich beantwortet: Teilen reicht der Abschluss des schuldrechtlichen Geschäfts (Darlehensvertrag) aus (Bornemann jurisPR-InsR 9/2020, Anm. 1 unter Ziff. III. 5. c) aa), Ziff. III. 8; Uhlenbruck/Borries, Bd. 2, CovInsAG § 2 Rn. 22). Hingegen für ein grundsätzliches Erfordernis der Auszahlung (oder Bereitstellung einer Linie) im Aussetzungszeitraum Bitter GmbHR 2020, 861 Rn. 21; KPB/Prütting CovInsAG § 2 Rn. 7; Schmidt, COVID-19, Rechtsfragen zur Corona Krise, 2020, § 14 Rn. 99; Thole ZIP 2020, 650 (656): effektive Zuführung oder Bereitstellung, nicht Darlehenszusage. Differenzierend, auf den Vereinbarungszeitpunkt abstellend bei komplexen Strukturen (zB Joint Ventures) Brünkmans ZInsO 2020, 797 (804, 806). Erfolgte die Darlehenszusage bereits vor dem 1.3.2020, wird die Einordung als vom Gesetzgeber geforderten neuen Kredit zum Teil hinterfragt (Mock NZG 2020, 505 (507 f.)), weil das mit der Gewährung des Kredits verbundene Risiko letztlich schon vor dem 1.3.2020 eingegangen wurde. Etwas anderes kann aber gelten, wenn der Darlehensvertrag zwar schon vor dem 1.3.2020 abgeschlossen wurde, danach aber ein zusätzliches (vertragliches) Risiko eingegangen wurde, etwa durch Verzicht auf Kündigungs- oder sonstiges Lösungsrecht (Bitter GmbHR 2020, 861 Rn. 22).

94a Ausgenommen von der Fiktion fehlender Gläubigerbenachteiligung gem. **§ 2 Abs. 1 Nr. 2 COVInsAG** und damit auch der Anfechtungsfestigkeit sind ausweislich der Gesetzesbegründung die bloße **Novation** oder **Prolongation** und **wirtschaftlich vergleichbare Sachverhalte,** die etwa auf ein Hin- und Herzahlen hinauslaufen. Allerdings gelten gem. § 2 Abs. 1 Nr. 3 COVInsAG derartige Rechtshandlungen nicht als sittenwidriger Beitrag zur Insolvenzverschleppung (BT-Drs. 1/18110, 24; Gehrlein WM 2021, 1 (7); krit. dazu Tressel/Nagel/Neudenberger COVuR 2020, 510). **Stundungen** sind daher ebenfalls nicht von der Privilegierung des § 2 Abs. 1 Nr. 2 COVInsAG erfasst (nur von § 2 Abs. 1 Nr. 3 COVInsAG, ebenso Thole ZIP 2020, 650 (656)); sind jedoch unter den Voraussetzungen des § 2 Abs. 1 Nr. 5 COVInsAG privilegiert. Die Regelung in § 2 COVInsAG zielt darauf ab, Kreditgeber, auch Gesellschafter, zu motivieren, dem Unternehmen in der Krise **neue** Liquidität zuzuführen (BT-Drs. 19/18110, 23). Ein „Insolvenzfestmachen" von vor dem 1.3.2020 begebenen Gesellschafterdarlehen (oder vorgenommenen vergleichbaren Rechtshandlungen) ist hingegen ebenso ausgeschlossen wie die Umgehung der Anforderung durch Einschaltung Dritter (Bitter GmbHR 2020, 861 Rn. 28). Praktisch relevant ist diese Unterscheidung vor allem bei der mehrfachen Gewährung und Rückführung von Krediten, etwa im Rahmen einer **Kontokorrentlinie und im Cash-Pool.** Bei der Frage nach der Anfechtbarkeit kommt es in diesem Zusammenhang auf den im Anfechtungszeitraum zurückgeführten höchsten Saldo an (dazu → Rn. 28 f.). Beträge, die den bis zum 1.3.2020 ausgereichten Höchstsaldo oder gewährten Kreditrahmen überschreiten, dürften im Sinne der Intension des Gesetzgebers als Zuführung zusätzlicher Liquidität anzusehen sein. Insofern hat der Kreditgeber sein Ausfallrisiko im Aussetzungszeitraum auch erhöht. Zahlungen im Rahmen des Kontokorrent oder des Cash Pools unterhalb des bis zum 1.3.2020 ausgereichten Höchstsaldos laufen Gefahr, von einem Gericht als bloßes Hin- und Herzahlen angesehen zu werden (Bitter ZIP 2020, 685 (697); Gehrlein DB 2020, 713

(721); Hölzle/Schulenberg ZIP 2020, 633 (644 f.); Römermann, Leitfaden für Unternehmen in der COVID-19-Pandemie, 2020, Teil 2 Rn. 131). Die in der Literatur vorgeschlagenen Lösungsansätze umfassen den Wegfall der Gläubigerbenachteiligung unter bestimmten Voraussetzungen (zB solange der Cash Pool in Anwendung der Vermutung des § 1 Abs. 1 S. 3 COVInsAG der Umsetzung eines ernsthaft betriebenen und erfolgsversprechenden Finanzierungs- oder Sanierungskonzepts dient und jeder Rückzahlungsanspruch voll werthaltig ist und davon ausgegangen werden kann, dass in den Cash Pool per Saldo geleistete Rückzahlungen wegen des erfolgsversprechenden Konzepts eines vor der Krise wirtschaftlich gesunden Unternehmens künftig auch wieder in Anspruch genommen werden können, Hölzle/Schulenberg ZIP 2020, 633 (646 f.)). Tendenziell solle jeglicher Anreiz gesetzt werden, die besicherte „Kreditlinie" offen zu halten (Bitter ZIP 2020, 685 (697)). Teilweise wird daher vertreten, den 1.3.2020 als rein zeitliche Zäsur zu betrachten und sämtliche im Aussetzungszeitraum erfolgten Zahlungen zu privilegieren (Mock NZG 2020, 505 (508)). Die Auslegung im Zusammenhang mit weiteren Streitfragen in diesem Bereich (s. Beispiele bei Bitter ZIP 2020, 685 (695 ff.)) wird sich daran orientieren müssen, ob dem Unternehmen im Ergebnis tatsächlich zusätzliche Liquidität zugeflossen ist und der Kreditgeber ein **zusätzliches Risiko** eingegangen ist (so auch Bitter GmbHR 2020, 861 Rn. 32; Bornemann/Backes GmbHR 2020, 513 (517) mit dem Hinweis, dass die Geschäftsleitung der in den Cash-Pool einzahlenden Gesellschaften bereits ein Risiko eingehen, wenn die Cash-Pool Linie bei (drohendem) Verlust der Vollwertigkeit von Rückzahlungsansprüchen offen gelassen wird; krit. Tressel/Nagel/Neudenberger COVuR 2020, 510 (512 ff.)).

Für Stundungen wurde nachträglich mit Wirkung ab dem 1.1.2021 in § 2 Abs. 1 Nr. 5 COVInsAG eine Sonderregelung geschaffen (→ Rn. 99). **94b**

Nicht privilegiert ist dem Wortlaut des **§ 2 Abs. 1 Nr. 2 COVInsAG** zufolge die Gewährung **95** von aus dem Vermögen der Gesellschaft gewährten **Sicherheiten** für Gesellschafterdarlehen; diese bleiben unter den Voraussetzungen des **§ 135 Abs. 1 Nr. 1** und ggf. weiteren Anfechtungstatbeständen anfechtbar (BT-Drs. 19/18110, 23).

Die Privilegierung und damit Anfechtungsfestigkeit nach § 2 Abs. 1 Nr. 2 COVInsAG gilt auch **96** für Unternehmen, die **keiner Antragspflicht** unterliegen und Schuldner, die bei Begebung des Darlehens (bzw. Vornahme der einem Gesellschafterdarlehen entsprechenden Rechtshandlung) **weder zahlungsunfähig noch überschuldet** sind (§ 2 Abs. 2 COVInsAG). Auch im Aussetzungszeitraum neu gegründete Unternehmen sollen erfasst ein (Bitter GmbHR 2020, 861 Rn. 16; Bitter ZIP 2020, 685 (686 f., 694 f.): eine telelogische Reduktion der Norm sei vor dem Hintergrund der Gesetzesbegründung nicht angezeigt). In zeitlicher Hinsicht gelten dieselben Voraussetzungen wie im Aussetzungszeitraum, dh Darlehensbegebung bzw. Vornahme der Rechtshandlung zwischen dem 1.3.2020 und 30.9.2020 sowie Rückgewähr bis zum 30.9.2023 (→ Rn. 93; BT-Drs. 19/18110, 24).

Die Anfechtungsfreistellung ist zwar hinsichtlich der Rückzahlung auf den 30.9.2023 befristet, **97** nicht aber hinsichtlich des Eintritts des Insolvenzverfahrens. Das Insolvenzverfahren kann auch nach dem 30.9.2023 beantragt werden und die Anfechtungsfreistellung bleibt auch dann noch bestehen. Wird eine durch § 2 Abs. 1 Nr. 2 COVInsAG privilegierte Forderung oder privilegierte Sicherung (auch nach Ende des Aussetzungszeitraums) abgetreten, bleibt die Privilegierung erhalten (Bitter GmbHR 2020, 861 Rn. 35 f.).

II. Rückgewähr während des Aussetzungszeitraums (§ 2 Abs. 1 Nr. 4 COVInsAG)

§ 2 Abs. 1 Nr. 4 COVInsAG zufolge sind während des Aussetzungszeitraums vorgenommene **98** kongruente Deckungshandlungen, dh Rechtshandlungen, die dem anderen Teil eine Sicherung oder Befriedigung in der Art und zu der Zeit gewährt oder ermöglicht haben, wie geschuldet, anfechtungsfest. Dasselbe gilt auch für die in den lit. a–d aufgeführten Tatbestände, die kongruenten Deckungen gleichgestellt werden. Trotz des weiten Wortlauts ist fraglich, ob hierunter auch die Rückführung von Krediten und damit auch von Gesellschafterdarlehen oder Gesellschaftersicherheiten fallen kann. Eine **Sperrwirkung von Nr. 2 gegenüber Nr. 4 ist nicht zwingend**, weil tatbestandlich Nr. 4 die Zahlungen nur im Aussetzungszeitraum erfasst, Nr. 2 hingegen auch Zahlungen bis zum 30.9.2023 und weil Kreditrückzahlungen zum gem. Abs. 1 Nr. 1 weiterhin zulässigen ordentlichen Geschäftsgang gehören können. Lehnt man daher eine Sperrwirkung der Nr. 2 gegenüber der Nr. 4 ab und lässt grundsätzlich auch Kredite in den Anwendungsbereich von Nr. 4 fallen, stellt sich die Frage, ob dies auch für Gesellschafterdarlehen gelten soll. Vertreten wird ua eine **teleologische Auslegung** dahingehend, dass die Rückgewähr von Gesellschafterdarlehen als nicht von der Anfechtungsfestigkeit gem. Nr. 4 erfasst sein soll (Thole ZIP 2020, 650 (657) Umkehrschluss zu § 2 Abs. 1 Nr. 2 COVInsAG ziehend; Bitter ZIP 2020, 685 (694); Bitter

GmbHR 2020, 861 Rn. 42 (teleologische Reduktion); Bornemann jurisPR-InsR 9/2020, Anm. 1, S. 14 (jeweils über teleologische Reduktion oder Auslegung); Hölzle/Schulenberg ZIP 2020, 633 (640, 647); Uhlenbruck/Borries, Bd. 2, CovInsAG § 2 Rn. 88; aA mit dem Verweis auf Wortlaut und Systematik: KPB/Prütting CovInsAG § 2 Rn. 9; Schmidt, COVID-19, Rechtsfragen zur Corona Krise, 2020, § 14 Rn. 108). Zutreffend ist, dass der Gesetzgeber ausweislich der Regierungsbegründung die Aufrechterhaltung von Dauerschuldverhältnissen im Blick hatte, um Vertragspartnern einen weitergehenden Anreiz für eine Fortsetzung der Vertragsbeziehungen zu geben, zB Vermieter, Leasinggeber, Lieferanten; dass die Rückführung von Gesellschafterdarlehen im Aussetzungszeitraum per se anfechtungsfrei gestellt werden sollte, ist nicht anzunehmen. § 2 Abs. 1 Nr. 5 COVInsAG tritt als weiterer anfechtungsrechtlicher Privilegierungstatbestand neben Nr. 2 und Nr. 4.

III. Rückgewähr bis 31.3.2022 bei Beantragung staatlicher Hilfen (§ 2 Abs. 1 Nr. 5 COVInsAG)

99 Zahlungen, die bis zum 31.3.2022 auf Forderungen aufgrund bis zum 28.2.2021 gewährten Stundungen erfolgen und sich das betroffene Unternehmen im Aussetzungszeitraum nach Maßgabe des § 1 Abs. 3 COVInsAG befindet (Beantragung(smöglichkeit) staatlicher Hilfen), gelten dann nicht als gläubigerbenachteiligend (mit der Folge, dass sämtliche Anfechtungstatbestände ausgeschlossen sind), sofern über das Vermögen des Schuldners bis zum 18.2.2021 noch kein Insolvenzverfahren eröffnet worden ist. Die Stundung muss bis zum 28.2.2021 gewährt, dh vereinbart worden sein. Die Wirkung der Stundung kann in der Zukunft liegen, wobei Rückzahlungen nur bis zum 31.3.2022 privilegiert sind. Es sollen nach der Intention des Gesetzgebers Gläubiger privilegiert werden, die in wirtschaftliche Not geratene Schuldner unterstützen, die durch staatliche Hilfsprogramme bestehenden Sanierungsaussichten nicht zu vereiteln (BT-Drs. 19/26245, 17). Bei restriktiver Auslegung sind nur zwischen 1.1.2021 und 28.2.2021 vereinbarte Stundungen mit Schuldnern erfasst, die aufgrund § 1 Abs. 3 COVInsAG von der Stellung eines Insolvenzantrages befreit sind, dh wenn (1) ein Schuldner im Zeitraum vom 1.11.2020 bis 28.2.2021 Antrag auf die Gewährung finanzieller Hilfeleistungen im Rahmen staatlicher Hilfsprogramme zur Abmilderung der Folgen der COVID-19-Pandemie gestellt hat (§ 1 Abs. 3 S. 1 COVInsAG) oder diesen Antrag aus rechtlichen, insbesondere beihilferechtlichen, oder tatsächlichen, insbesondere IT-technischen Gründen nicht stellen konnte, jedoch in den Bereich der Antragsberechtigten des Hilfsprogramms fällt (§ 1 Abs. 3 S. 2 COVInsAG), (2) die Erlangung der Finanzhilfe nicht offensichtlich aussichtslos ist und (3) die Finanzhilfe ausreicht, um die Insolvenzreife zu beseitigen. Die Privilegierung nach § 2 Abs. 1 Nr. 5 COVInsAG gilt für Stundungen durch Gesellschafter und Drittgläubiger gleichermaßen; insoweit differenziert § 2 Abs. 1 Nr. 5 COVInsAG nicht.

§ 136 Stille Gesellschaft

(1) ¹Anfechtbar ist eine Rechtshandlung, durch die einem stillen Gesellschafter die Einlage ganz oder teilweise zurückgewährt oder sein Anteil an dem entstandenen Verlust ganz oder teilweise erlassen wird, wenn die zugrundeliegende Vereinbarung im letzten Jahr vor dem Antrag auf Eröffnung des Insolvenzverfahrens über das Vermögen des Inhabers des Handelsgeschäfts oder nach diesem Antrag getroffen worden ist. ²Dies gilt auch dann, wenn im Zusammenhang mit der Vereinbarung die stille Gesellschaft aufgelöst worden ist.

(2) Die Anfechtung ist ausgeschlossen, wenn ein Eröffnungsgrund erst nach der Vereinbarung eingetreten ist.

Überblick

§ 136 begründet eine erleichterte, auf einem rein objektiven Tatbestand beruhende besondere Anfechtungsmöglichkeit wegen inkongruenter Deckung (→ Rn. 1). Eines Benachteiligungsvorsatzes bedarf es nicht. Der Tatbestand setzt voraus, dass innerhalb eines Jahres vor Eröffnung des Insolvenzverfahrens eine Vereinbarung (→ Rn. 4) getroffen wurde, aufgrund derer einem stillen Gesellschafter (→ Rn. 2 ff.) die Einlage ganz oder zum Teil zurückgewährt oder sein Anteil an entstandenem Verlust ganz oder teilweise erlassen wurde, es sei denn, die Vereinbarung wurde vor Eintritt eines Insolvenzeröffnungsgrundes getroffen. Der Tatbestand steht kumulativ neben den anderen Anfechtungsgründen, was bedeutet, dass die Einlagenrückgewähr oder der Erlass des

Verlustanteils auch auf Grundlage anderer Anfechtungsgründe angegriffen werden kann. Seine praktische Relevanz ist gering.

A. Allgemeines

Hintergrund des erleichterten Anfechtungsgrundes nach § 136 ist das besondere Näheverhältnis 1 des stillen Gesellschafters zum Schuldner und die sich daraus ergebende abstrakte Gefahr eines Wissensvorsprungs, der es dem stillen Gesellschafter ermöglicht, sein Kapital bei sich abzeichnender Krise abzuziehen. Es soll eine mögliche Vorwegbefriedigung des stillen Gesellschafters durch Rückzahlung seiner Einlage verhindert werden, zumal die Einlage des stillen Gesellschafters Kapitalcharakter besitzt (BGH NJW 1969, 1211) und der stille Gesellschafter seine Rückforderung lediglich als Insolvenzgläubiger geltend machen kann und auch nur, soweit seine Einlage den Betrag des auf ihn fallenden Anteils am Verlust übersteigt (§ 236 Abs. 1 HGB; MüKoInsO/Gehrlein Rn. 1).

B. Einzelheiten

I. Stille Gesellschaft in Bezug auf ein Handelsgewerbe

Voraussetzung ist das Vorliegen einer stillen Gesellschaft iSd §§ 230 ff. HGB, wobei unschädlich 2 ist, wenn sie im Zeitpunkt der Insolvenzeröffnung keinen Bestand mehr hat (MüKoInsO/Gehrlein Rn. 3). Auch die Anfechtbarkeit der Gesellschaft bei Vorliegen einer fehlerhaften Gesellschaft steht der Anwendbarkeit der § 136 grundsätzlich nicht entgegen (→ Rn. 2.1).

Allerdings ist § 136 dann nicht anwendbar, wenn die Einlagenrückgewähr oder der Erlass des Verlustan- 2.1 teils aufgrund der Anfechtung der fehlerhaften Gesellschaft erfolgt, da es in diesem Fall an der die Anfechtbarkeit nach § 136 begründenden Inkongruenz (Braun/Riggert Rn. 21) fehlt (vgl. zur Kündigung bei Bestehen eines außerordentlichen Kündigungsgrundes, BGH NJW 1971, 375 (377)).

Ist die fehlerhafte Gesellschaft nichtig (MüKoBGB/Schäfer BGB § 705 Rn. 332 ff.), ist § 136 3 mangels Vorliegens einer stillen Gesellschaft und eines gesellschaftsrechtlichen Näheverhältnisses nicht anwendbar (MüKoInsO/Gehrlein Rn. 5).

II. Vereinbarung

Die der anfechtbaren Rechtshandlung zu Grunde liegende Vereinbarung muss eine solche sein, 4 die über die ohnehin gesellschaftsrechtlich vorgesehenen Mechanismen zur Einlagenrückgewähr oder zum Erlass des Verlustanteils hinausgeht und daher eine Inkongruenz begründet (BGH BeckRS 2015, 20726 Rn. 16). Eine sich auf den Gesellschaftsvertrag oder auf eine ordentliche oder außerordentliche Kündigung gründende Einlagenrückgewähr ist somit nicht nach § 136 anfechtbar, es sei denn, dass die gesellschaftsrechtliche Einlagenrückgewährmöglichkeit oder das besondere Kündigungsrecht selbst aufgrund einer besonderen Vereinbarung innerhalb der Jahresfrist in den Gesellschaftsvertrag aufgenommen wurde (vgl. MüKoInsO/Gehrlein Rn. 10). Die Anfechtbarkeit soll selbst dann nicht bestehen, wenn materiell keine Kündigung ausgesprochen wird, jedoch Kündigungsgründe bestehen und sich im Wege einer Vereinbarung so stellen, als wenn eine Kündigung ausgesprochen worden wäre; nur, wenn eine von den Kündigungsfolgen abweichende Regelung getroffen wird (zB Aufrechterhaltung des Gesellschaftsverhältnisses trotz Einlagenrückgewähr) soll die Rückgewährshandlung anfechtbar sein (MüKoInsO/Gehrlein Rn. 11) (→ Rn. 4.1).

Die Möglichkeiten des Gesellschafters zu einer – eine Einlagenrückgewähr herbeiführenden – anfech- 4.1 tungsfesten Kündigung der Gesellschaft dürfte der Hauptgrund sein, warum der Anfechtungsgrund des § 136 in der Praxis weitestgehend ohne Belang ist. Dies gilt umso mehr, als dass auch die wirtschaftliche Krise der Gesellschaft (finanzieller Zusammenbruch eines Gesellschafters, Eintritt nachhaltiger Verluste, Gefährdung der Kapitalbasis und mangelnde Rentabilität des Unternehmens) als wichtiger Grund für eine außerordentliche Kündigung anerkannt sind (vgl. MüKoInsO/Gehrlein Rn. 12; MüKoHGB/K. Schmidt HGB § 234 Rn. 49). Die Anerkenntnis eines solchen Kündigungsgrundes auch (und gerade) im letzten Jahr vor Insolvenzeröffnung bedeutet allerdings einen gewissen Wertungswiderspruch zum Rechtsgedanken des § 136: Wenn Grund einer Anfechtung nach § 136 und der auf ein Jahr ausgeweiteten Anfechtungsfrist die abstrakte Gefahr eines Wissensvorsprungs des stillen Gesellschafters ist, der es ihm ermöglicht, sein Kapital bei sich abzeichnender Krise abzuziehen, erscheint es widersprüchlich ihm in diesem Zeitraum einen wichtigen Grund zur Kündigung aufgrund wirtschaftlicher Krise der Gesellschaft zuzusprechen, welcher gerade die „Unzumutbarkeit" des Festhaltens an der Gesellschaft voraussetzt (vgl. ausf. MüKoInsO/Gehrlein Rn. 12).

III. Anfechtbare Rechtshandlung

5   Anfechtbar sind die auf der Vereinbarung beruhenden Rechtshandlungen, die die Einlagenrückgewähr oder den Erlass des Verlustanteils bewirken.

1. Einlagenrückgewähr

6   Hierzu gehören jedwede Leistungen, die zur Masseschmälerung führen, wie die Barzahlung oder die Überweisung, aber auch Erfüllungssurrogate (zB Leistungen an einen Dritten (§ 362 Abs. 2 BGB), Leistungen an Erfüllungs Statt (§ 364 BGB), Aufrechnungen (§§ 387, 389 BGB)), Rückzahlung eines durch Umwandlung (innerhalb der Jahresfrist) des Einlagenrückgewähranspruchs entstandenen Darlehens (hierzu eingehend MüKoInso/Gehrlein Rn. 17), die Umwandlung des Einlagenrückgewähranspruchs in ein Darlehen und dessen Rückzahlung oder die Bestellung von Sicherheiten für den Rückzahlungsanspruch. Nicht anfechtbar sind hingegen die Rückgabe von zum Gebrauch überlassenen Gegenständen oder der Erlass einer noch offenen Einlageforderung (arg. ex § 236 Abs. 2 HGB); die Auszahlung von Gewinnanteilen ist nur dann anfechtbar, wenn sie dem Gesellschaftsvertrag widerspricht, etwa weil sie zum Ausgleich früherer Verluste hätten verwendet werden müssen (§ 232 Abs. 2 HGB; vgl. MüKoInsO/Gehrlein Rn. 17 ff.).

2. Erlass des Verlustanteils

7   Im Falle einer unechten stillen Gesellschaft mit Verlustbeteiligung kann auch der Erlass des Verlustanteils nach § 136 anfechtbar sein. Dabei stellt § 136 seinem Wortlaut nach lediglich auf die entstandenen Verluste ab; die Aufhebung künftiger Verluste ist hingegen nicht nach § 136 anfechtbar (MüKoInsO/Gehrlein Rn. 21).

IV. Gläubigerbenachteiligung

8   Für das Erfordernis der Gläubigerbenachteiligung gelten die allgemeinen Grundsätze; insbesondere liegt nach den Grundsätzen des Bargeschäfts (§ 142) keine Gläubigerbenachteiligung vor, wenn der stille Gesellschafter für die Rückgewähr der Einlage oder den Erlass des Verlustanteils zu Gunsten des Gesellschaftsvermögens eine unmittelbare Gegenleistung erbringt (→ § 142 Rn. 1 ff.).

V. Keine Erweiterung des Anwendungsbereichs

9   Eine Erweiterung des Anwendungsbereichs der Sonderregelung des § 136 im Wege analoger Anwendung, etwa auf nichtkaufmännische Unternehmen (so noch vertreten von K. Schmidt DB 1976, 1707 f.), auf Unterbeteiligungen und auf langfristige Fremdfinanzierungen ist nicht zulässig; im Falle masseloser Liquidation sprechen der Sinn und Zweck der Norm des § 136 zwar unter Umständen für eine Anwendbarkeit des § 136 im Anfechtungsrecht (MüKoHGB/K. Schmidt Rn. 30), jedoch scheint das Vorliegen einer für eine solche Anwendung erforderlichen planwidrigen Regelungslücke und vergleichbaren Interessenlage zweifelhaft (vgl. MüKoInsO/Gehrlein Rn. 6 ff.; Mock NZI 2014, 102 (105)).

VI. Jahresfrist

10 Für die Fristberechnung gilt § 139 (→ § 139 Rn. 1).

VII. Praktische Relevanz

11 Die praktische Relevanz der Vorschrift ist gering; eine relevante Fallgruppe ist jedoch, dass ein Lieferant in der Krise seines Kunden seine Außenstände in eine stille Beteiligung umwandelt. In diesem Fall ist zu prüfen, ob Leistungen an den Lieferanten als (ggf. als Bargeschäft zu qualifizierende) Gegenleistung oder als (verdeckte) Einlagenrückgewähr erfolgt (zB bei Überzahlungen) (vgl. Braun/Riggert Rn. 23).

C. Prozessuales

Der Insolvenzverwalter ist nach allgemeinen Grundsätzen für das Vorliegen der das Anfech- 12
tungsrecht begründenden Tatsachen darlegungs- und beweisbelastet; hierzu gehört nach dem Wortlaut des § 136 auch, dass die zugrundeliegende Vereinbarung im letzten Jahr vor dem Antrag auf Eröffnung des Insolvenzverfahrens getroffen worden ist. Aufgrund hier typischerweise auftretender Beweisführungsschwierigkeiten wird zum Teil allerdings vertreten, dass der stille Gesellschafter darlegen und beweisen muss, dass die angefochtene Handlung auf einer außerhalb der Jahresfrist geschlossenen Vereinbarung beruht (Nerlich/Römermann/Nerlich Rn. 15; MüKoHGB/K. Schmidt Rn. 24); systematisch richtig erscheint jedoch die Ansicht, wonach den stillen Gesellschafter allenfalls eine sekundäre Behauptungs- und Beweislast trifft (MüKoInsO/Gehrlein Rn. 23; zur sekundären Behauptungs- und Beweislast MüKoZPO/Prütting ZPO § 286 Rn. 131).

§ 137 Wechsel- und Scheckzahlungen

(1) **Wechselzahlungen des Schuldners können nicht auf Grund des § 130 vom Empfänger zurückgefordert werden, wenn nach Wechselrecht der Empfänger bei einer Verweigerung der Annahme der Zahlung den Wechselanspruch gegen andere Wechselverpflichtete verloren hätte.**

(2) ¹**Die gezahlte Wechselsumme ist jedoch vom letzten Rückgriffsverpflichteten oder, wenn dieser den Wechsel für Rechnung eines Dritten begeben hatte, von dem Dritten zu erstatten, wenn der letzte Rückgriffsverpflichtete oder der Dritte zu der Zeit, als er den Wechsel begab oder begeben ließ, die Zahlungsunfähigkeit des Schuldners oder den Eröffnungsantrag kannte.** ²**§ 130 Abs. 2 und 3 gilt entsprechend.**

(3) **Die Absätze 1 und 2 gelten entsprechend für Scheckzahlungen des Schuldners.**

Überblick

§ 137 ergänzt die Anfechtungstatbestände der §§ 130, 132 in Bezug auf die Besonderheiten des Scheck- und Wechselrechts (→ Rn. 1). Abs. 1 schließt eine Anfechtung gegen den Empfänger einer Wechselzahlung aus, wenn dieser Empfänger bei Zahlungsannahmeverweigerung nach den Regelungen des Wechselrechts seine Regressansprüche verloren hätte (→ Rn. 3 ff.). Abs. 2 statuiert einen selbständigen Anfechtungsanspruch gegen den letzten Rückgriffsverpflichteten, um eine missbräuchliche Anwendung des Abs. 1 zu vermeiden (→ Rn. 6 ff.). Abs. 3 ordnet die entsprechende Anwendbarkeit der Abs. 1 und 2 für den Fall von Scheckzahlungen an (→ Rn. 13 f.).

A. Allgemeines

Der Empfänger eines Wechsels kann bei Annahmeverweigerung oder Nichtzahlung durch den 1
Bezogenen grundsätzlich Rückgriff gegen die anderen Wechselverpflichteten (Aussteller oder ggf. Indossanten) nehmen (Art. 43 WG); Voraussetzung hierfür ist die fristgerechte Erhebung des Wechselprotests (Art. 44 WG). Im Falle der Anfechtung und Rückforderung der Wechselzahlung in der Insolvenz des Bezogenen stünde dem Empfänger ein solches Rückgriffsrecht jedoch regelmäßig nicht mehr zu, da die Erhebung des Wechselprotests regelmäßig nicht mehr rechtzeitig wäre. Vor diesem Hintergrund privilegiert Abs. 1 den Empfänger der Wechselzahlung, wobei Abs. 2 ein Korrektiv gegen eine missbräuchliche Ausnutzung dieser Privilegierung darstellt und einen Anfechtungsanspruch gegen den letztendlich durch die Wechselzahlung Begünstigten statuiert. Nach Abs. 3 sind die Abs. 1 und 2 auf Scheckzahlungen des Schuldners entsprechend anwendbar, weil hier eine vergleichbare Regresslage besteht; sein Anwendungsbereich beschränkt sich allerdings auf Bankeninsolvenzen.

§ 137 findet keine Anwendung auf andere Wertpapiere, da diesen eine dem Wechsel vergleich- 2
bare Garantiefunktion fehlt. In der Praxis hat § 137 nur geringe Bedeutung (Braun/Riggert Rn. 15).

B. Einzelheiten

I. Rückforderungsausschluss (Absatz 1)

3   Der Rückforderungsausschluss nach Abs. 1 stellt eine Privilegierung des Empfängers im Hinblick auf den Anfechtungstatbestand des § 130 und – über seinen Wortlaut hinaus – im Hinblick auf die Anfechtungstatbestände des § 132 Abs. 1 bei kongruenter Deckung dar, das nach dem Willen des Gesetzgebers § 137 dem alten § 34 KO entsprechen sollte (Begr. RegE, BT-Drs. 12/2443, 161; Braun/Riggert Rn. 3; MüKoInsO/Kirchhof/Gehrlein Rn. 3). In der Praxis werden die Voraussetzungen einer kongruenten Anfechtung allerdings selten vorliegen, was die Anwendbarkeit des § 137 stark einschränkt (Braun/Riggert Rn. 15). Eine Anfechtung nach § 131 ist von § 137 hingegen nicht ausgeschlossen; ebenso ist § 137 nicht auf die Anfechtung einer durch Bürgschaft gesicherten Forderung nach § 133 anwendbar (BGH NJW 1974, 57; Uhlenbruck/Hirte Rn. 2). Der Anfechtungsausschluss bezieht sich nur auf die Erfüllungsleistungen; eine mögliche Anfechtung des Kausalgeschäfts oder der Begründung der Wechselverbindlichkeit bleiben unberührt (Braun/Riggert Rn. 7; Uhlenbruck/Hirte Rn. 3).

4   **Begünstigt** von dieser Privilegierung sind sowohl der Wechselgläubiger, als auch der Prokuraindossatar (Art. 18 WG), der Domiziliat (Art. 27 WG; vgl. hierzu MüKoInsO/Kirchhof/Gehrlein Rn. 5) und der Ehrenzahler nach Ehrenannahme (Art. 61, 58 WG), der einen späteren Insolvenzgläubiger befriedigt hat (Uhlenbruck/Hirte Rn. 1; MüKoInsO/Kirchhof/Gehrlein Rn. 5). Nicht anwendbar ist § 137, wenn der Schuldner Akzeptant eines gezogenen (Art. 28 WG) oder Aussteller eines eigenen Wechsels (Art. 78 WG) ist, da ihm insofern keine Rückgriffsansprüche zustehen (BGH NZI 2007, 517 (518); MüKoInsO/Kirchhof/Gehrlein Rn. 5).

5   Voraussetzung ist zunächst eine **Zahlung** des Schuldners. Hierunter fallen die Barzahlung und dieser gleichgestellte Zahlungen (zB durch Überweisung), Aufrechnungen und auch Teilzahlungen (Braun/Riggert Rn. 4; Uhlenbruck/Hirte Rn. 1; MüKoInsO/Kirchhof/Gehrlein Rn. 6).

6   Der Empfänger müsste bei Annahmeverweigerung einen **Verlust seines Rückgriffsanspruchs** gegen andere Verpflichtete erleiden. Dies ist regelmäßig der Fall, da die §§ 43, 44 WG für den Fall der Annahmeverweigerung die Möglichkeit des Regresses und der Protesterhebung nicht vorsehen. Da § 137 voraussetzt, dass ein Rückgriffsanspruch durch Verweigerung der Zahlungsannahme verloren geht, findet § 137 auch keine Anwendung, wenn der Rückgriffsanspruch bereits verloren ist (zB nach Ablauf der Protestfrist), bereits gesichert ist (zB nach Protesterhebung) oder wenn gar kein anderer Rückgriffsverpflichteter besteht (vgl. BGH NZI 2007, 517 (518)); ebenso ist § 137 nicht anwendbar bei Protesterlass (Art. 46 WG; Braun/Riggert Rn. 6; Uhlenbruck/Hirte Rn. 2; MüKoInsO/Kirchhof Rn. 5, 8).

II. Erstattungsanspruch gegen den letzten Rückgriffsverpflichteten (Absatz 2)

7   Abs. 2 begründet einen **besonderen Anfechtungsanspruch gegen den letzten Rückgriffsverpflichteten bzw. den begünstigten Dritten;** Zweck ist, eine missbräuchliche Verschaffung anfechtungsfester Positionen durch Ausnutzung des Abs. 1 zu verhindern (Braun/Riggert Rn. 8; Uhlenbruck/Hirte Rn. 4). Voraussetzung für eine Anfechtung nach Abs. 2 ist, dass eine Anfechtung nur aufgrund des Abs. 1 ausscheidet; folglich ist auch er nur anwendbar im Falle einer Anfechtung nach § 130 oder § 132 Abs. 1 (Braun/Riggert Rn. 10; Uhlenbruck/Hirte Rn. 6; MüKoInsO/Kirchhof/Gehrlein Rn. 12).

8   **Anfechtungsgegner** ist der letzte Rückgriffsverpflichtete (Aussteller, erster Indossant), oder ein begünstigter Dritter, für dessen Rechnung gehandelt wurde. Sind diese insolvent, bestehen keine weiteren Ansprüche gegen andere Rückgriffsverpflichtete (Uhlenbruck/Hirte Rn. 6; ausf. zum Anfechtungsgegner: MüKoInsO/Kirchhof/Gehrlein Rn. 13).

9   Voraussetzung ist, dass der Rückgriffsverpflichtete oder der Dritte **zur Zeit der Wechselbegebung die Zahlungsunfähigkeit des Schuldners oder den Eröffnungsantrag kannte.** Ausreichend ist die Kenntnis von Umständen, die zwingend darauf schließen lassen (§ 130 Abs. 2); dem Dritten wird die Kenntnis des letzten Rückgriffsverpflichteten entsprechend § 166 BGB zugerechnet. Ebenso werden Kenntnisse von Stellvertretern oder Wissensvertretern zugerechnet (MüKoInsO/Kirchhof/Gehrlein Rn. 17). Bei nahestehenden Personen (§ 138 BGB) wird aufgrund des Verweises auf § 130 Abs. 3 die Kenntnis der Zahlungsunfähigkeit oder des Eröffnungsantrags vermutet, woraus sich insofern eine Beweislastumkehr ergibt (Begr. RegE, BT-Drs. 12/2443, 161; Braun/Riggert Rn. 9; Uhlenbruck/Hirte Rn. 6).

10   Maßgeblicher Zeitpunkt für das Vorliegen der Kenntnis ist die Wechselbegebung; eine spätere Kenntniserlangung ist unschädlich (MüKoInsO/Kirchhof/Gehrlein Rn. 16).

Der Inhalt des Anspruchs richtet sich nach § 143 und umfasst die **Erstattung der Wechsel-** 11
summe nebst Zinsen, Kosten und Provisionen (Braun/Riggert Rn. 9; Uhlenbruck/Hirte Rn. 6).

Bei Inanspruchnahme nach § 137 Abs. 2 leben die Ansprüche des letzten Rückgriffsverpflich- 12
teten gegen seine Vormänner wieder auf (§ 144 entsprechend; Uhlenbruck/Hirte Rn. 6).

III. Scheckzahlungen (Absatz 3)

Hintergrund der von Abs. 3 angeordneten entsprechenden Anwendung der Abs. 1 und 2 auf 13
Scheckzahlungen ist die Vergleichbarkeit der Regresslagen bei Scheck und Wechsel. Da Bezogener unter Abs. 3 nur ein Bankier sein kann (Art. 3 ScheckG), kommt Abs. 3 nur im Falle von Bankeninsolvenzen in Frage und ist daher praktisch wenig bedeutsam (Braun/Riggert Rn. 13; Uhlenbruck/Hirte Rn. 8).

Als relevante Zahlung nach Abs. 3 iVm Abs. 1, 2 gilt auch die Verrechnung eines Verrechnungs- 14
schecks (Art. 39 Abs. 2 S. 2 ScheckG) oder die mit Einverständnis des Empfängers erfolgte Gutschrift eines Barschecks, da diese einer Barzahlung gleichsteht (Braun/Riggert Rn. 14; Uhlenbruck/Hirte Rn. 9).

C. Prozessuales

Die Darlegungs- und Beweislast für eine Anfechtbarkeit der Wechselzahlungen nach §§ 130, 15
132 Abs. 1 liegt beim Insolvenzverwalter; dem Empfänger obliegt dann der Nachweis des Vorliegens der Voraussetzungen des Abs. 1. Im Rahmen des Abs. 2 gelten die Beweislastregelungen des § 130 Abs. 2 und 3 entsprechend. Dies bedeutet auch, dass ein Rückgriffsverpflichteter zu beweisen hat, dass er den Wechsel für die Rechnung eines Dritten begeben hatte (Uhlenbruck/Hirte Rn. 11).

§ 138 Nahestehende Personen

(1) Ist der Schuldner eine natürliche Person, so sind nahestehende Personen:
1. der Ehegatte des Schuldners, auch wenn die Ehe erst nach der Rechtshandlung geschlossen oder im letzten Jahr vor der Handlung aufgelöst worden ist;
1a. der Lebenspartner des Schuldners, auch wenn die Lebenspartnerschaft erst nach der Rechtshandlung eingegangen oder im letzten Jahr vor der Handlung aufgelöst worden ist;
2. Verwandte des Schuldners oder des in Nummer 1 bezeichneten Ehegatten oder des in Nummer 1a bezeichneten Lebenspartners in auf- und absteigender Linie und voll- und halbbürtige Geschwister des Schuldners oder des in Nummer 1 bezeichneten Ehegatten oder des in Nummer 1a bezeichneten Lebenspartners sowie die Ehegatten oder Lebenspartner dieser Personen;
3. Personen, die in häuslicher Gemeinschaft mit dem Schuldner leben oder im letzten Jahr vor der Handlung in häuslicher Gemeinschaft mit dem Schuldner gelebt haben sowie Personen, die sich auf Grund einer dienstvertraglichen Verbindung zum Schuldner über dessen wirtschaftliche Verhältnisse unterrichten können;
4. eine juristische Person oder eine Gesellschaft ohne Rechtspersönlichkeit, wenn der Schuldner oder eine der in den Nummern 1 bis 3 genannten Personen Mitglied des Vertretungs- oder Aufsichtsorgans, persönlich haftender Gesellschafter oder zu mehr als einem Viertel an deren Kapital beteiligt ist oder auf Grund einer vergleichbaren gesellschaftsrechtlichen oder dienstvertraglichen Verbindung die Möglichkeit hat, sich über die wirtschaftlichen Verhältnisse des Schuldners zu unterrichten.

(2) Ist der Schuldner eine juristische Person oder eine Gesellschaft ohne Rechtspersönlichkeit, so sind nahestehende Personen:
1. die Mitglieder des Vertretungs- oder Aufsichtsorgans und persönlich haftende Gesellschafter des Schuldners sowie Personen, die zu mehr als einem Viertel am Kapital des Schuldners beteiligt sind;
2. eine Person oder eine Gesellschaft, die auf Grund einer vergleichbaren gesellschaftsrechtlichen oder dienstvertraglichen Verbindung zum Schuldner die Möglichkeit haben, sich über dessen wirtschaftliche Verhältnisse zu unterrichten;
3. eine Person, die zu einer der in Nummer 1 oder 2 bezeichneten Personen in einer in Absatz 1 bezeichneten persönlichen Verbindung steht; dies gilt nicht, soweit die

in Nummer 1 oder 2 bezeichneten Personen kraft Gesetzes in den Angelegenheiten des Schuldners zur Verschwiegenheit verpflichtet sind.

Überblick

§ 138 enthält eine Legaldefinition für den Begriff der „nahestehenden Person", welcher in der InsO an verschiedener Stelle – etwa im Zusammenhang mit Beweislastregelungen (§ 130 Abs. 3, § 131 Abs. 2, § 132 Abs. 3, § 137 Abs. 2) oder als Tatbestandsvoraussetzung (§ 133 Abs. 2, § 162 Abs. 1 Nr. 1) – verwendet wird. Die Norm differenziert dabei zwischen nahestehenden Personen einer natürlichen Person (§ 138 Abs. 1, → Rn. 2) und nahestehenden Personen einer juristischen Person oder einer Gesellschaft ohne Rechtspersönlichkeit (§ 138 Abs. 2, → Rn. 13).

Übersicht

	Rn.		Rn.
A. Normzweck und Anwendungsbereich	1	1. Mitglieder des Vertretungs- oder Aufsichtsorgans	16
		2. Persönlich haftende Gesellschafter	19
B. Nahestehende Personen einer natürlichen Person (Absatz 1)	2	3. Zu mehr als einem Viertel am Schuldnerkapital beteiligte Gesellschafter	20
I. Ehegatte (Absatz 1 Nr. 1)	4	II. Nahestehende Personen aufgrund vergleichbarer gesellschaftsrechtlicher oder dienstvertraglicher Verbindung zum Schuldner (Absatz 2 Nr. 2)	24
II. Lebenspartner (Absatz 1 Nr. 1a)	5		
III. Nahe Verwandte (Absatz 1 Nr. 2)	6		
IV. Häusliche Gemeinschaft (Absatz 1 Nr. 3)	8	1. Vergleichbare gesellschaftsrechtliche Verbindung zum Schuldner	27
V. Gesellschaftsrechtliche Beziehungen (Absatz 1 Nr. 4)	11	2. Dienstvertragliche Verbindung zum Schuldner	31
		3. Prozessuales	33
C. Nahestehende Personen einer juristischen Person oder einer Gesellschaft ohne Rechtspersönlichkeit (§ 138 Absatz 2)	13	III. Nahestehende Personen von gesellschaftsrechtlichen Insidern (Nr. 3)	34
		1. Persönliche Verbindung	34
		2. Ausnahme: Verschwiegenheitspflicht	37
I. Nahestehende Personen aufgrund gesellschaftsrechtlicher Stellung (Absatz 2 Nr. 1)	16	D. Sonstiges	39

A. Normzweck und Anwendungsbereich

1 Hintergrund der Sonderbehandlung nahestehender Personen im Rahmen der InsO ist eine besondere Skepsis, die im Hinblick auf gläubigerbenachteiligende Handlungen angebracht ist, wenn diese zugunsten bzw. in Zusammenwirken mit Personen erfolgen, die aus persönlichen, gesellschaftsrechtlichen oder ähnlichen Gründen mit dem Schuldner verbunden erscheinen oder eine besondere Informationsmöglichkeit über die wirtschaftlichen Verhältnisse des Schuldners haben (BT-Drs. 12/2443, 161 f. zu § 153). Erfahrungsgemäß ist es naheliegend, dass solche Personen eher bereit sind, zum Schaden der Gläubiger mit dem Schuldner Verträge zu schließen (BGH NJW 1986, 1047 (1049)), und dass der Schuldner geneigt ist, Vermögensteile durch Übertragung auf ihm nahestehende Personen dem Gläubigerzugriff zu entziehen, wenn er wegen der engen Verbundenheit daran in irgendeiner Weise selbst weiter partizipieren kann (MüKoInsO/Kirchhof/Gehrlein Rn. 2).

B. Nahestehende Personen einer natürlichen Person (Absatz 1)

2 Nahestehende Personen einer natürlichen Person sind zunächst Personen mit familiärer oder sonstiger enger persönlicher Beziehung zum Schuldner, namentlich sein Ehegatte (§ 138 Abs. 1 Nr. 1), sein Lebenspartner (§ 138 Abs. 1 Nr. 1a), nahe Verwandte des Schuldners, seines Ehegatten oder Lebenspartners, sowie Ehegatten und Lebenspartner solcher naher Verwandter (§ 138 Abs. 1 Nr. 2), und in häuslicher Gemeinschaft mit dem Schuldner lebende Personen und Personen, die sich aufgrund dienstvertraglicher Verbindung mit dem Schuldner über seine wirtschaftlichen Verhältnisse unterrichten können (§ 138 Abs. 1 Nr. 3).

3 Nach § 138 Abs. 1 Nr. 4 sind nahestehende Personen einer natürlichen Person weiterhin mit diesem in besonderer Verbindung stehende juristische Personen oder Gesellschaften ohne Rechtspersönlichkeit.

I. Ehegatte (Absatz 1 Nr. 1)

Für die Qualifikation des Ehegatten als nahestehende Person nach § 138 Abs. 1 Nr. 1 genügt 4 eine wirksame Ehe, wobei ausreicht, wenn die Ehe erst nach der anfechtbaren Rechtshandlung geschlossen oder innerhalb des letzten Jahres vor Vornahme der anfechtbaren Rechtshandlung aufgelöst wurde (etwa durch rkr. Scheidungsurteil bzw. Aufhebung, oder durch Tod) (Braun/Riggert Rn. 3; Uhlenbruck/Hirte Rn. 3f). Zeitpunkt der Rechtshandlung und der Auflösung der Ehe bestimmen sich nach § 140 und § 139 (analog) (vgl. Uhlenbruck/Hirte Rn. 3f). Unschädlich ist, wenn die Ehegatten getrennt leben, eine Scheidung anstreben oder die Ehe aufhebbar ist. Nichtige Ehen führen hingegen nicht zur Qualifizierung als nahestehende Person; sie können allenfalls bei Auslandsbezug relevant sein. Allerdings kann sich in diesem Fall ein Näheverhältnis aus dem Vorliegen einer häuslichen Gemeinschaft nach § 138 Abs. 1 Nr. 3 ergeben.

II. Lebenspartner (Absatz 1 Nr. 1a)

Lebenspartner iSd Nr. 1a meint nur die Partner einer (gleichgeschlechtlichen) Lebensgemein- 5 schaft nach dem Lebenspartnerschaftsgesetz. Nicht erfasst werden faktische (nichteheliche) Lebensgemeinschaften, da der Wortlaut des § 138 Abs. 1, 1a auf die rechtsverbindliche Schließung einer Ehe oder einer Lebenspartnerschaft abstellt (BGH NZI 2011, 448); faktische (nichteheliche) Lebensgemeinschaften werden regelmäßig jedoch unter § 138 Abs. 1 Nr. 3 fallen. Die Lebenspartnerschaft wird vor dem Standesbeamten eingegangen (§ 1 Abs. 1 LPartG) und durch gerichtliches Urteil aufgehoben (§ 15 Abs. 1 LPartG). Für den Zeitraum, in dem die Lebenspartnerschaft bestehen muss, um die Eigenschaft als nahestehende Person zu begründen, gilt dieselbe Regelung wie für die Ehe (MüKoInsO/Kirchhof/Gehrlein Rn. 5; Uhlenbruck/Hirte Rn. 5).

III. Nahe Verwandte (Absatz 1 Nr. 2)

Nach § 138 Abs. 1 Nr. 2 zählen auch nahe Verwandte zu den nahestehenden Personen des 6 Schuldners, namentlich Verwandte in auf- und absteigender Linie (Eltern, Großeltern, Kinder, Enkelkinder) und voll- und halbbürtige Geschwister des Schuldners, seines Ehegatten oder Lebenspartners, sowie die Ehegatten oder Lebenspartner dieser Personen. In Bezug auf Verwandte und Geschwister des Ehegatten oder des Lebenspartners des Schuldners ergibt sich aus der Verweisung auf Abs. 1, 1a, dass auch dann nahestehende Personen sind, wenn die Ehe oder Lebenspartnerschaft der Person, mit der sie verwandt sind, erst nach der Rechtshandlung geschlossen oder im letzten Jahr vor der Rechtshandlung aufgehoben wurde (Uhlenbruck/Hirte Rn. 9). Für die Ehegatten oder Lebenspartner dieser Personen gilt allerdings, dass die Ehe bzw. Lebenspartnerschaft im Zeitpunkt der Rechtshandlung bestanden haben musste (OLG Hamm BeckRS 2008, 04759; Uhlenbruck/Hirte Rn. 10).

Für das Verwandtschaftsverhältnis sind die Bestimmungen des BGB maßgeblich, insbesondere 7 § 1589 BGB. Zu den Verwandten in absteigender Linie gehören somit auch Adoptivkinder, § 1754 BGB; im Falle der Adoption eines Volljährigen erstreckt sich die Verwandtschaft jedoch nicht auf die Verwandten der Annehmenden, § 1770 Abs. 1 BGB (Braun/Riggert Rn. 6; Uhlenbruck/Hirte Rn. 7). Aus der expliziten Aufführung der voll- und halbbürtigen Geschwister in Abs. 1 Nr. 2 ergibt sich im Gegenschluss, dass andere in Seitenlinie Verwandte (zB Onkel, Tanten, Nichten, Neffen) nicht als persönlich nahe stehend gelten (Uhlenbruck/Hirte Rn. 8).

IV. Häusliche Gemeinschaft (Absatz 1 Nr. 3)

Gemäß Abs. 1 Nr. 3 Alt. 1 sind solche Personen als „nahestehend" zu qualifizieren, die mit dem 8 Schuldner in häuslicher Gemeinschaft leben oder im letzten Jahr vor der Handlung in häuslicher Gemeinschaft gelebt haben; anders als bei der Ehe (→ Rn. 4) reicht die Begründung der häuslichen Gemeinschaft nach der Rechtshandlung allerdings nicht (Uhlenbruck/Hirte Rn. 11).

Nach Sinn und Zweck des § 138 muss es sich bei der häuslichen Gemeinschaft dabei um eine 9 Gemeinschaft handeln, aufgrund derer sich die beteiligten Personen besonders leicht über die wirtschaftliche Lage des Schuldners informieren können, wie dies bei einer der Ehe oder der Lebenspartnerschaft vergleichbar engen Gemeinschaft der Fall ist (MüKoInsO/Kirchhof/Gehrlein Rn. 7). Dies ergibt sich auch daraus, dass über Abs. 1 Nr. 3 insbesondere auch die Partner nichtehelicher Lebensgemeinschaften erfasst werden sollen, um im Hinblick auf Art. 6 Abs. 1 GG eine Benachteiligung von Ehegatten gegenüber nichtehelichen Lebensgemeinschaften zu verhindern (BT-Drs. 12/2443, 162 zu § 153), ergänzend → Rn. 9.1 f.

9.1 Abs. 1 Nr. 3 erfasst nichteheliche (eheähnliche) Lebensgemeinschaften (vgl. zu den Kriterien OLG Hamm NJW-RR 1999, 1233), sowohl verschieden- als auch gleichgeschlechtliche, aber darüber hinaus auch andere häusliche Gemeinschaften wie die Aufnahme von Pflegekindern oder klösterliche Gemeinschaften (MüKoInsO/Kirchhof/Gehrlein Rn. 7); entgegen des Gesetzeswortlauts reicht dagegen eine bloße Wohngemeinschaft regelmäßig nicht aus, da durch sie nicht der für die Regelung des Abs. 1 Nr. 3 typische Informationsvorsprung vermittelt wird (Uhlenbruck/Hirte Rn. 11).

9.2 Wird eine häusliche Gemeinschaft von nichtehelichen Lebensgefährten fortgeführt, obwohl ihre Beziehung beendet wurde, kommt es im Einzelfall darauf an, ob der für § 138 Abs. 1 Nr. 3 typische Informationsvorsprung weiterhin vermittelt wird; die iRd § 1567 Abs. 1 BGB entwickelten Kriterien zur Bestimmung, ob eine häusliche Gemeinschaft zwischen Ehegatten als aufgehoben anzusehen ist, dürften hier allerdings nicht geeignet sein (MüKoInsO/Kirchhof/Gehrlein Rn. 7). Besteht zwischen dem Schuldner und einem nichtehelichen Lebensgefährten keine häusliche Gemeinschaft, ist § 138 Abs. 1 Nr. 3 nicht einschlägig (BGH NZI 2011, 448; Braun/Riggert Rn. 4).

10 Die Alt. 2 des Abs. 1 Nr. 3 erweitert den Kreis der nahestehenden Personen auf solche Personen, die sich aufgrund einer dienstvertraglichen Verbindung zum Schuldner über dessen wirtschaftlichen Verhältnisse unterrichten können. Mit der nachträglichen Einfügung dieser Alt. in Abs. 1 Nr. 3 hat der Gesetzgeber eine zuvor bestehende Regelungslücke geschlossen (BT-Drs. 16/3227, 20 zu Nr. 19). Der erfasste Personenkreis bestimmt sich grundsätzlich nach denjenigen Kriterien, die iRd § 138 Abs. 2 Nr. 2 (→ Rn. 24) entwickelt wurden und umfasst etwa leitende Angestellte des Schuldners (Uhlenbruck/Hirte Rn. 12a, 47).

V. Gesellschaftsrechtliche Beziehungen (Absatz 1 Nr. 4)

11 Vor dem Hintergrund der schon unter der KO geltenden Rechtsauffassung (vgl. BGH NJW 1986, 1047) bestimmt § 138 Abs. 1 Nr. 4 (→ Rn. 11.1), dass unter bestimmten Umständen nicht nur natürliche Personen sondern auch juristische Personen oder Gesellschaften ohne Rechtspersönlichkeit als dem Schuldner nahestehend anzusehen sind. Die Vorschrift beinhaltet zwei Regelungsalternativen: Nach der ersten Alternative ist eine juristische Person oder eine Gesellschaft ohne Rechtspersönlichkeit als dem Schuldner nahestehende Person anzusehen, wenn der Schuldner oder eine der in § 138 Abs. 1 Nr. 1–3 genannten Personen Mitglied des Vertretungs- oder Aufsichtsorgans ist, persönlich haftender Gesellschafter ist oder (unmittelbar oder mittelbar, → Rn. 20) mit mehr als einem Viertel an ihrem Kapital beteiligt ist. Die zweite Alternative stellt darauf ab, dass aufgrund einer gesellschaftsrechtlichen oder dienstvertraglichen Verbindung die Möglichkeit besteht, sich über die wirtschaftlichen Verhältnisse des Schuldners zu unterrichten. Gemeint ist dabei wohl die Unterrichtungsmöglichkeit der juristischen Person oder der Gesellschaft ohne Rechtspersönlichkeit und nicht des Schuldners selbst (vgl. Uhlenbruck/Hirte Rn. 12c; BT-Drs. 16/3227, 20 zu Nr. 19; unklar MüKoInsO/Kirchhof/Gehrlein Rn. 10); der Wortlaut bleibt allerdings unverständlich (Bork ZIP 2008, 1041 (1042); Uhlenbruck/Hirte Rn. 12c) (→ Rn. 11.1).

11.1 § 138 Abs. 1 Nr. 4 wurde durch das Gesetz zur Vereinfachung des Insolvenzverfahrens v. 4.7.2007 zur Schließung einer gesetzlichen Regelungslücke eingeführt, die darin bestand, dass in § 138 Abs. 2 zwar geregelt war, welche natürlichen Personen in Bezug auf Gesellschaften als nahestehende Personen anzusehen sind, eine entsprechende Regelung für die Frage, welche Gesellschaften in Bezug auf eine natürliche Person als nahestehende Personen anzusehen sind, jedoch fehlte (BT-Drs. 16/3227, 20 zu Nr. 19). Mit der Regelung in § 138 Abs. 1 Nr. 4 folgte der Gesetzgeber der überwiegenden Auffassung in der Literatur, die in Folge der Rechtsprechung zur KO (vgl. BGH NJW 1986, 1047) in den nun gesetzlich geregelten Fällen ohnehin von einem beachtlichen Näheverhältnis ausging (Uhlenbruck/Hirte Rn. 12b).

12 § 138 Abs. 1 Nr. 4 ist weitestgehend spiegelbildlich zu § 138 Abs. 2 konzipiert, weshalb für die in § 138 Abs. 1 Nr. 4 verwendeten Begrifflichkeiten die nachfolgenden Erläuterungen zu § 138 Abs. 2 (→ Rn. 16) entsprechend gelten.

C. Nahestehende Personen einer juristischen Person oder einer Gesellschaft ohne Rechtspersönlichkeit (§ 138 Absatz 2)

13 § 138 Abs. 2 enthält die Legaldefinition für nahestehende Personen einer juristischen Person oder einer Gesellschaft ohne Rechtspersönlichkeit. Im Gegensatz zur Konzeption des § 138 Abs. 1 muss das nach § 138 Abs. 2 maßgebliche Näheverhältnis stets im Zeitpunkt der Vornahme der relevanten Rechtshandlung (§ 140) bestehen (Uhlenbruck/Hirte Rn. 13).

Juristische Personen sind nach bürgerlichem Recht insbesondere die Aktiengesellschaft, die **14** Kommanditgesellschaft auf Aktien, die GmbH, die eingetragene Genossenschaft, der eingetragene Verein und über die Verweisung in § 11 Abs. 1 S. 2 auch der nicht rechtsfähige Verein. Aus dem öffentlichen Recht kommen Körperschaften, Stiftungen und Anstalten (§ 89 BGB) in Betracht, sofern sie insolvenzfähig sind (vgl. § 12).

Gesellschaften ohne Rechtspersönlichkeit sind nach § 11 Abs. 2 Nr. 1 die offene Handelsgesell- **15** schaft, die Kommanditgesellschaft, die Partnerschaftsgesellschaft, die Gesellschaft bürgerlichen Rechts, die Partenreederei und die Europäische wirtschaftliche Interessenvereinigung (EWIV).

Ausgenommen bleiben grundsätzlich reine Innengesellschaften, etwa BGB-Innengesellschaften oder **15.1** stille Gesellschaften, da sie keine Rechtsbeziehungen zu Dritten begründen und bei ihnen daher schon kein Insolvenzeröffnungsgrund eintreten kann (BT-Drs. 12/2443, 112 zu § 13; MüKoInsO/Gehrlein Rn. 16). Anders kann der Fall jedoch liegen, wenn der Geschäftsherr eine Gesellschaft ist, an der der stille Gesellschafter im Innenverhältnis beteiligt ist; in diesem Fall kann die Anwendbarkeit von § 138 Abs. 2 Nr. 2 erwogen werden (vgl. Ropohl NZI 2006, 425 (431)).

I. Nahestehende Personen aufgrund gesellschaftsrechtlicher Stellung (Absatz 2 Nr. 1)

1. Mitglieder des Vertretungs- oder Aufsichtsorgans

Zu den Mitgliedern eines Vertretungs- oder Aufsichtsorgans zählen zunächst die Vorstands- **16** oder Aufsichtsratsmitglieder einer Aktiengesellschaft, eines Vereins, einer Genossenschaft oder einer Stiftung, sowie die Geschäftsführer einer GmbH oder einer EWIV, und auch etwaige „stellvertretende" Vorstandsmitglieder (§ 94 AktG) oder Geschäftsführer (Uhlenbruck/Hirte Rn. 14; MüKoInsO/Kirchhof/Gehrlein Rn. 17). Da für die Qualifizierung als nahestehende Person grundsätzlich das faktische Näheverhältnis maßgeblich ist, ist eine wirksame Bestellung des jeweiligen Organmitglieds nicht erforderlich; es reicht eine faktische Wahrnehmung der jeweiligen Aufgaben (MüKoInsO/Kirchhof/Gehrlein Rn. 17; Braun/Riggert Rn. 9) (→ Rn. 16.1).

Die Grundsätze des § 138 Abs. 2 Nr. 1 gelten bei Anwendung der InsO auch für ausländische Gesell- **16.1** schaften und supranationale Gesellschaftsformen (Uhlenbruck/Hirte Rn. 14).

Neben dem – obligatorischen oder fakultativen – Aufsichtsrat kommen auch jegliche andere **17** fakultative Organe (zB Beiräte, Verwaltungsräte) als Aufsichtsorgane iSd § 138 Abs. 2 Nr. 1 Alt. 1 in Betracht, soweit ihnen Aufsichtsbefugnisse übertragen sind. Unerheblich ist, ob sie auf Gesetz- oder Gesellschaftsvertrag beruhen (BT-Drs. 12/2443, 162 zu § 154). Ob ein Aufsichtsgremium vorliegt, ist jeweils im Einzelfall anhand der entsprechenden gesetzlichen Regelung, des Gesellschaftsvertrages oder der jeweils relevanten Satzung zu bestimmen (→ Rn. 17.1).

Reine „Honoratiorengremien" werden von § 138 Abs. 2 Nr. 1 nicht erfasst, soweit sie nicht den Ein- **17.1** druck eines Aufsichtsorgans hervorrufen. Ebensowenig wird die Gesellschafterversammlung einer GmbH erfasst; für die GmbH-Gesellschafter gilt die Regelung des § 138 Abs. 2 Nr. 1 Alt. 3 (KP/Noack InsO GesellschaftsR Rn. 17; Uhlenbruck/Hirte Rn. 14). Sofern sie fakultativ errichtet werden, kommen Aufsichtsorgane iSd § 138 Abs. 2 Nr. 1 Alt. 1 allerdings auch für Gesellschaften ohne Rechtspersönlichkeit in Betracht, für die aufgrund des Grundsatzes der Selbstorganschaft von Gesetzes wegen an sich keine Aufsichtsorgane vorgesehen sind (Uhlenbruck/Hirte Rn. 15).

§ 138 Abs. 2 Nr. 1 Alt. 1 qualifiziert lediglich die Mitglieder des jeweiligen Vertretungs- oder **18** Aufsichtsorgans persönlich zu nahestehenden Personen des Schuldners. Ob dieser Status auch auf Institutionen durchschlägt, die jeweils Mitglieder in das jeweilige Aufsichtsorgan entsandt haben, etwa im Falle des § 101 Abs. 2 AktG oder – wie nicht ungewöhnlich – Beteiligte (etwa Kreditinstitute oder Eigenkapitalgebern) im Rahmen von Unternehmenssanierungen, ist anhand der Umstände des jeweiligen Einzelfalls zu prüfen; sofern das entsandte Mitglied einer Verschwiegenheitspflicht zugunsten der beaufsichtigten Gesellschaft unterliegt (zB § 93 Abs. 1 S. 2 AktG, § 116 AktG), ist ein Durchschlagen mangels vermittelter Informationsmöglichkeit zu verneinen (Uhlenbruck/Hirte Rn. 16).

2. Persönlich haftende Gesellschafter

Nach § 138 Abs. 2 Nr. 1 Alt. 2 sind jegliche persönlich haftende Gesellschafter des Schuldners **19** als nahestehende Personen zu qualifizieren. Unbeachtlich ist dabei, ob sie vertretungsberechtigt oder von der Vertretung ausgeschlossen sind (vgl. zB § 125 Abs. 1 HGB), und welche Höhe ihre Beteiligung hat. Hintergrund der Qualifikation als nahestehende Person sind die umfangreichen

Informationsmöglichkeiten eines persönlich haftenden Gesellschafters (vgl. zB § 716 BGB, § 118 HGB) (→ Rn. 19.1).

19.1 Erfasst werden mithin die Gesellschafter einer GbR, einer OHG, die Komplementäre einer KG (wobei Komplementäre (wie auch andere Gesellschaftergeschäftsführer) auch nach § 138 Abs. 2 Nr. 1 Alt. 1 erfasst werden) und auch die Mitreeder einer Partenreederei. Auch eine Komplementärgesellschaft einer KG wird als persönlich haftende Gesellschafterin erfasst, ebenso wie die Mitglieder deren Vertretungs- oder Aufsichtsorgans, sowie die mit mehr als einem Viertel am Kapital der Komplementärgesellschaft beteiligten Gesellschafter (Uhlenbruck/Hirte Rn. 18, MüKoInsO/Kirchhof/Gehrlein Rn. 20; Fridgen ZInsO 2004, 1341 (1342)). Die grundsätzlich nur beschränkt auf ihre Einlage haftenden Kommanditisten werden hingegen nicht erfasst; möglich erscheint ihre Qualifikation als nahestehende Personen unter entsprechenden Umständen jedoch über Alt. 3 (bei einer Beteiligung von über 25 %) oder Abs. 2 Nr. 3 ((Uhlenbruck/Hirte Rn. 19, MüKoInsO/Kirchhof/Gehrlein Rn. 19; zum stillen Gesellschafter (→ Rn. 15.1) Ropohl NZI 2006, 425 (431); Uhlenbruck/Hirte Rn. 19).

3. Zu mehr als einem Viertel am Schuldnerkapital beteiligte Gesellschafter

20 Nach § 138 Abs. 2 Nr. 1 Alt. 3 sind schließlich jegliche Gesellschafter des Schuldners als nahestehende Personen zu qualifizieren, sofern sie zu mehr als einem Viertel am Kapital des Schuldners beteiligt sind. Beachtlich sind dabei nur Beteiligungen am Grund- bzw. Stammkapital. Gesellschafterdarlehen oder sonstige Gesellschafterleistungen mit Kapitalersatzcharakter sind bei § 138 Abs. 2 Nr. 1 Alt. 3 nicht zu berücksichtigen; im Falle von Kommanditisten sind nur die „echten" Einlagen beachtlich, nicht aber auf Sonderkonten gutgeschriebene Gewinne, die jederzeit abgezogen werden können (MüKoInsO/Kirchhof/Gehrlein Rn. 23) (→ Rn. 20.1).

20.1 Die vom Gesetzgeber iRd § 138 Abs. 2 Nr. 1 Alt. 3 vorgenommene Grenzziehung bei 25 % der Kapitalbeteiligung stößt in der Literatur auf umfangreiche Kritik. Verwiesen wird bspw. auf einen gewissen Widerspruch zu den 10%-Grenzen, die vom Gesetzgeber in Bezug auf das Kleinbeteiligtenprivileg (§ 39 Abs. 5) oder in Bezug auf die Minderheitenrechte in § 50 GmbHG gewählt wurden (Uhlenbruck/Hirte Rn. 21; MüKoInsO/Kirchhof/Gehrlein Rn. 23 ff.).

21 Für die Berechnung der Kapitalbeteiligung sind (entsprechend dem Rechtsgedanken von § 16 Abs. 4 AktG) auch mittelbare Beteiligungen am Schuldner einzubeziehen. Es reicht daher auch aus, wenn die Beteiligung von mehr als 25 % durch Zwischenschaltung einer oder mehrerer anderer natürlichen oder juristischen Personen oder einer anderen Personenvereinigung erreicht wird (vgl. MüKoInsO/Kirchhof/Gehrlein Rn. 24). Folglich sind dem Anfechtungsgegner sowohl Anteile zuzurechnen, die ein Treuhänder für ihn hält, als auch Anteile, die einem Unternehmen gehören, an dem er seinerseits mehrheitlich beteiligt ist (MüKoInsO/Kirchhof/Gehrlein Rn. 24; → Rn. 11).

22 Abs. 2 Nr. 1 ist zudem anwendbar, wenn mehrere nahe Angehörige an einer Gesellschaft beteiligt sind. Dies ergibt sich aus Abs. 2 Nr. 3. Demgemäß sind nahestehende Personen auch nahe Angehörige eines Gesellschafters, der mehr als 25 % des Gesellschaftskapitals hält. In der Konsequenz muss die Einbeziehung naher Angehöriger in den Kreis der gesellschaftsrechtlich nahestehenden Personen auch dann gelten, wenn mehrere von ihnen zusammen die Beteiligungsquote von 25 % erreichen (Familienverbund → Rn. 13). Anders als im Konzernrecht (§ 17 AktG) muss den nahen Angehörigen aufgrund der gesetzlichen Vermutung allerdings nicht die Verfolgung gleichgerichteter Interessen nachgewiesen werden (MüKoInsO/Kirchhof/Gehrlein Rn. 25).

23 Ist zB eine GmbH Gesellschafterin einer Personengesellschaft, so können auch sämtliche Gesellschafter der GmbH nahestehende Personen (auch) der Personengesellschaft sein, wenn sie in Bezug auf die Personengesellschaft (mittelbar) jeweils die erforderlichen Beteiligungsgrenzen erreichen (Uhlenbruck/Hirte Rn. 32).

II. Nahestehende Personen aufgrund vergleichbarer gesellschaftsrechtlicher oder dienstvertraglicher Verbindung zum Schuldner (Absatz 2 Nr. 2)

24 Auch der Inhaber einer besonderen gesellschaftsrechtlichen oder dienstvertraglichen Verbindung zum Schuldner hat regelmäßig die Möglichkeit, sich über die wirtschaftlichen Verhältnisse des Schuldners zu unterrichten, was ihn als nahestehende Person qualifiziert. Hierbei reicht schon das bloße Bestehen der Unterrichtungsmöglichkeit aus; es ist nicht erforderlich, dass diese Möglichkeit auch tatsächlich ausgenutzt wird (Uhlenbruck/Hirte Rn. 36).

25 Bereits aus dem Wortlaut ergibt sich, dass zu den nahestehenden Personen iSd Nr. 2 sowohl natürliche Personen als auch juristische Personen gezählt werden.

Abs. 2 Nr. 2 dient als Auffangtatbestand zu Abs. 2 Nr. 1 und erfasst ua auch Gesellschafter, **26** deren Anteil 25 % oder weniger an dem Gesellschaftsvermögen beträgt. Im Fall des Abs. 2 Nr. 2 muss, anders als in Abs. 2 Nr. 1, die Möglichkeit der Unterrichtung über die wirtschaftlichen Verhältnisse vom Insolvenzverwalter jedoch positiv nachgewiesen werden, dh es müssen Tatsachen verwirklicht sein, die auf eine Informationsmöglichkeit hinweisen, welche derjenigen des Personenkreises des Abs. 2 Nr. 1 vergleichbar ist (Braun/Riggert Rn. 18; LSZ InsO/Zeuner Rn. 23.1).

1. Vergleichbare gesellschaftsrechtliche Verbindung zum Schuldner

a) Herrschende und abhängige Unternehmen. Nahestehende Personen sind sowohl das **27** herrschende Unternehmen (§ 17 AktG) in der Insolvenz des abhängigen Unternehmens als auch das abhängige Unternehmen in der Insolvenz des herrschenden Unternehmens (MüKoInsO/Kirchhof/Gehrlein Rn. 28).

Ferner besteht ein Näheverhältnis nach Abs. 2 Nr. 2 auch dann, wenn ein Unternehmen auf **28** andere Weise durchgängig und umfassend einen beherrschenden Einfluss ausüben kann (BGHZ NJW 1981, 1512 (1513)), etwa im Fall von Beherrschungsverträgen iSd § 18 AktG oder Eingliederungen nach § 319 AktG, oder entsprechende Stimmbindungsverträge oder Satzungsgestaltungen (Uhlenbruck/Hirte Rn. 40).

b) Mitgesellschafter; Schwesterunternehmen. Bloße Mitgesellschafter sind im Verhältnis **29** zueinander keine nahestehenden Personen, da gleichgerichtete wirtschaftliche Interessen schon in der Natur des Gesellschaftsvertrags und der gemeinsamen Beteiligung am Unternehmen liegen. Dies muss dementsprechend auch für (sonstige) daraus entstehende persönliche Beziehungen zwischen den Gesellschaftern gelten (so auch MüKoInsO/Kirchhof/Gehrlein Rn. 29; einschr. jedoch Uhlenbruck/Hirte Rn. 45: wenn ein Gesellschafter im Verhältnis zur Gesellschaft nach Abs. Nr. 1 als nahestehende Person anzusehen ist, sollte eine solche Nähebeziehung auch im Verhältnis zu den Mitgesellschaftern angenommen werden können).

Nach der Regierungsbegründung zur InsO sollen abhängige Unternehmen, die vom selben **30** Unternehmen beherrscht werden (Schwestergesellschaften), nicht als einander nahestehend anzusehen sein, da abhängigen Unternehmen nicht unterstellt werden könne, dass sie im Verhältnis zueinander besondere Informationsmöglichkeiten hätten (BT-Drs. 12/2443, 163 zu § 154). Dieser Schluss ist zwar konsequent, wenn allein auf das Kriterium der Informationsmöglichkeiten abgestellt wird. Dies vernachlässigt jedoch die Tatsache, dass enge Verbundenheit dazu verleiten kann, Vermögensgegenstände zur Verhinderung des Gläubigerzugriffs auf eine „nahe stehende Person" zu verlagern, weil der Schuldner daran „im Innenverhältnis" weiter partizipieren kann (MüKoInsO/Kirchhof/Gehrlein Rn. 32). Gerade im Fall einer Krise entspricht es allgemeiner Lebenserfahrung, dass ein herrschendes Unternehmen versuchen wird, Vermögenswerte von einem gefährdeten Unternehmen auf ein anderes abhängiges Unternehmen zu übertragen, um es dem Zugriff der Gläubiger zu entziehen. Zum Schutz der Gläubiger erscheint es deshalb notwendig, die insolvenzrechtliche Anfechtung auch in diesen Fällen nach den für nahestehende Personen geltenden Grundsätzen zu erleichtern (MüKoInsO/Kirchhof/Gehrlein Rn. 32) (→ Rn. 30.1).

Der BGH hatte bereits gem. § 31 Nr. 2 KO zwei Gesellschaften als „verwandt" angesehen, deren **30.1** wesentlichen Gesellschafter identisch waren (BGHZ 58, 20 (25); BGHZ 129, 236 (246)). Begründung bietet iRd § 138 die Konzernvermutung des § 18 Abs. 1 S. 3 AktG an: Danach wird von einem abhängigen Unternehmen vermutet, dass es mit dem herrschenden Unternehmen unter dessen einheitlicher Leitung zu einem Konzern (§ 18 Abs. 1 S. 1 AktG) zusammengefasst ist. Sind mehrere Unternehmen von demselben anderen Unternehmen abhängig, so gilt die Konzernvermutung für alle (MüKoInsO/Kirchhof/Gehrlein Rn. 32).

2. Dienstvertragliche Verbindung zum Schuldner

Zu den nahestehenden Personen gehören auch natürliche Personen und Gesellschaften, die **31** durch ihre Tätigkeit innerhalb des Unternehmens eine besondere Informationsmöglichkeit über seine wirtschaftlichen Verhältnisse haben (BT-Drs. 12/2443, 163 zu § 155). Ihre dienstvertragliche Verbindung muss im Hinblick auf die Informationsmöglichkeiten mit der Stellung vergleichbar sein, die ein Mitglied des Vertretungs- oder Aufsichtsorgans im Unternehmen hat; die Position muss also mit Unterrichtungsmöglichkeiten verbunden sein, die mit denen eines Organmitglieds vergleichbar sind (MüKoInsO/Kirchhof/Gehrlein Rn. 33). Die Position muss grundsätzlich auch innerhalb des Unternehmens angesiedelt sein; ein Externer kann nur dann erfasst werden, wenn ihm nach der ihm vertraglich eingeräumten Rechtsstellung wie einem in gleicher Zuständigkeit tätigen Angestellten alle über die wirtschaftliche Lage des Auftraggebers erheblichen Daten üblicherweise im normalen Geschäftsgang zufließen (BGH BeckRS 2012, 24337 Rn. 11; → Rn. 31.2).

31.1 Zum entsprechenden Personenkreis gehören leitende Angestellte und Prokuristen (HK-InsO/Kreft Rn. 17), ein mit Geschäftsführungsbefugnis und Prokura ausgestatteter Kommanditist (MüKoInsO/Gehrlein Rn. 34) oder Abschluss- und Sonderprüfer sowie deren Hilfspersonen, vgl. § 404 Abs. 1 Nr. 2 AktG (MüKoInsO/Gehrlein Rn. 34). Eine dienstvertragliche Verbindung iSd Abs. 2 Nr. 2 ist auch ein Betriebsführungsvertrag, wenn der Betriebsführer die Geschäfte des Schuldners ähnlich einem Geschäftsführer und ausgestattet mit der einem solchen zur Verfügung stehenden Informationsmöglichkeiten zu leiten hat (BGHZ 129, 236 (245 f.)).

31.2 Externe Wirtschaftsberater und Dienstleister sind regelmäßig keine nahestehenden Personen iSv Abs. 2 Nr. 2, da ihre Beziehungen zum Schuldner regelmäßig nicht so intensiv wie die eines Vertretungsorgans- oder Aufsichtsratsmitglieds sind (OLG Frankfurt a. M. BeckRS 2018, 1081 Rn. 115); ein tatsächliches Näheverhältnis im Rahmen einer Geschäftsbeziehung, aufgrund dessen der Anfechtungsgegner einen tieferen Einblick in die Verhältnisse des Schuldners hatte als sonstige Dritte, genügt daher nicht (BGH BeckRS 2012, 24337 Rn. 10 f.; Uhlenbruck/Hirte Rn. 38). Jedoch kann ein der Geschäftsbeziehung geschuldeter, tiefergehender Einblick in die wirtschaftlichen Verhältnisse des Schuldners ein Indiz für die Kenntnis des Anfechtungsgegners von der (drohenden) Zahlungsunfähigkeit des Schuldners iSd § 133 Abs. 1 S. 2 sein (OLG Düsseldorf BeckRS 2019, 818 Rn. 39 ff.). Auch Großlieferanten, Kunden und kreditgewährende Banken gehören deshalb üblicherweise nicht zu den nahestehenden Dritten (BGH BeckRS 2012, 24337 Rn. 11). Ausnahmsweise kann ein Steuerberater als nahestehende Person angesehen werden, wenn auf ihn die wesentliche Buchhaltung des Schuldners ausgelagert ist und ihm nach der vertraglich eingeräumten Rechtsstellung wie einem in gleicher Zuständigkeit tätigen Angestellten alle über die wirtschaftliche Lage des Auftraggebers erheblichen Daten üblicherweise im normalen Geschäftsgang zufließen; das Buchhaltungsmandat muss den typischen Wissensvorsprung über die wirtschaftliche Lage des Mandanten vermitteln, den sonst nur damit befasste leitende Angestellte des Unternehmens haben (BGH BeckRS 2012, 24337 Rn. 11).

32 Ist es zur Begründung eines Näheverhältnisses gekommen, kann dieses durch Kündigung oder Änderung des Dienstvertrags wieder erlöschen (BGH BeckRS 2012, 24337 Rn. 12). Das Näheverhältnis erlischt ferner, wenn der Informationsfluss, der den das Näheverhältnis qualifizierenden Wissensvorsprung auslöst, tatsächlich versiegt oder für längere Zeit – nach der Rechtsprechung des BGH drei Monate oder mehr – unterbrochen wird (BGH BeckRS 2012, 24337 Rn. 13).

3. Prozessuales

33 Die Beweislast für das Entstehen eines Näheverhältnisses obliegt dem anfechtenden Insolvenzverwalter und für dessen Erlöschen dem Anfechtungsgegner (BGH BeckRS 2012, 24337 Rn. 13). Der Anfechtungsgegner kann die sich aus seiner Stellung als nahestehender Person ergebenden Vermutungswirkungen widerlegen, etwa indem er beweist, dass der Informationsfluss, der seinen typischen Wissensvorsprung begründete, tatsächlich versiegt oder auf längere Zeit unterbrochen worden ist, sodass bspw. die iRd § 130 Abs. 3 vermutete Kenntnis der Zahlungsunfähigkeit des Schuldners oder des Eröffnungsantrag nicht bestand (BGH BeckRS 2012, 24337 Rn. 14).

III. Nahestehende Personen von gesellschaftsrechtlichen Insidern (Nr. 3)

1. Persönliche Verbindung

34 Nach Abs. 2 Nr. 3 sind nahestehende Personen einer juristischen Person oder Gesellschaft auch Personen (iSd Abs. 1 Nr. 1–3), die mit gesellschaftsrechtlichen Insidern (iSd Abs. 2 Nr. 1 oder 2) verheiratet oder verwandt sind oder mit ihnen in häuslicher Gemeinschaft leben (→ Rn. 4 ff.; Uhlenbruck/Hirte Rn. 49).

35 Nahestehende Personen iSd Abs. 2 Nr. 3 sind nach dem eindeutigen Wortlaut auch juristische Personen oder Gesellschaften ohne Rechtspersönlichkeit, bei denen die in Abs. 1 Nr. 4 das Näheverhältnis begründenden Umstände im Verhältnis zu einer der in Abs. 2 Nr. 1 oder 2 bezeichneten Personen gegeben sind (→ Rn. 11; vgl. nun auch Uhlenbruck/Hirte Rn. 49, welcher nur natürliche Personen davon erfasst hält).

36 Eine GmbH & Co. KG gilt gegenüber einer GmbH als nahestehende Person, wenn die Geschäftsführer der Komplementär-GmbH und der GmbH miteinander verheiratet sind (BGH NZI 2017, 358).

2. Ausnahme: Verschwiegenheitspflicht

Das Gesetz macht eine Ausnahme für Angehörige von Personen, die gesetzlich zur Verschwiegenheit verpflichtet sind. Eine vertragliche Vereinbarung der Verschwiegenheit reicht hingegen nicht aus (Uhlenbruck/Hirte Rn. 53). Der Gesetzgeber geht bei diesen Personen davon aus, dass sie sich aufgrund der gesetzlichen Haftungsrisiken gesetzestreu verhalten und ihre Verschwiegenheitspflicht regelmäßig nicht durch die unerlaubte Weitergabe von Informationen verletzen (OLG Düsseldorf BeckRS 2005, 04944; → Rn. 37.1). 37

Die Regelung betrifft aufgrund der strafbewehrten (§ 404 AktG) gesetzlichen Verschwiegenheitspflicht nach § 93 Abs. 1 S. 2, § 116 AktG vor allem die Vorstands- und Aufsichtsratsmitglieder einer Aktiengesellschaft. Gleiches gilt für Geschäftsführer und Aufsichtsratsmitglieder einer GmbH (§ 85 Abs. 1 GmbHG), für Liquidatoren (§ 404 Abs. 1 Nr. 1 AktG, § 85 Abs. 1 GmbHG) sowie für Prüfer und deren Hilfspersonal (§ 404 Abs. 1 Nr. 2 AktG). 37.1

In der Literatur wird diese Vermutung gesetzestreuen Verhaltens im Vorfeld von Insolvenzverfahren im Fall von Vorstands- oder Aufsichtsratsmitgliedern oder Geschäftsführern als nicht gerade lebensnah kritisiert (Uhlenbruck/Hirte Rn. 51). Demnach lasse sich die Ausnahme für diese Personen nur begründen, wenn die Verschwiegenheitspflichten auch tatsächlich eingehalten wurden (Uhlenbruck/Hirte Rn. 51 mwN). Zuzustimmen ist, dass eine privilegierende Einschränkung dann nicht gerechtfertigt ist, wenn objektiv eine Verletzung der Verschwiegenheitspflicht vorliegt oder wenn die für die Anfechtung relevanten Informationen nicht den Geheimhaltungsvorschriften unterliegen (Biehl, Insider im Insolvenzverfahren, 2000, 101; Uhlenbruck/Hirte Rn. 53). Dennoch kann andererseits nicht per se ein gesetzeswidriges Verhalten vermutet werden. 38

D. Sonstiges

§ 138 ist in der Praxis sehr relevant, da bei vielen Insolvenzverfahren durch den Schuldner oder seine Organe versucht wird, Vermögensgegenstände dem Zugriff der Gläubiger zu entziehen (Braun/Riggert Rn. 24). 39

§ 139 Berechnung der Fristen vor dem Eröffnungsantrag

(1) ¹Die in den §§ 88, 130 bis 136 bestimmten Fristen beginnen mit dem Anfang des Tages, der durch seine Zahl dem Tag entspricht, an dem der Antrag auf Eröffnung des Insolvenzverfahrens beim Insolvenzgericht eingegangen ist. ²Fehlt ein solcher Tag, so beginnt die Frist mit dem Anfang des folgenden Tages.

(2) ¹Sind mehrere Eröffnungsanträge gestellt worden, so ist der erste zulässige und begründete Antrag maßgeblich, auch wenn das Verfahren auf Grund eines späteren Antrags eröffnet worden ist. ²Ein rechtskräftig abgewiesener Antrag wird nur berücksichtigt, wenn er mangels Masse abgewiesen worden ist.

Überblick

§ 139 legt den Bezugspunkt für die Rückberechnung der in § 88 (Rückschlagsperre für Vollstreckung vor Verfahrenseröffnung) und §§ 130–136 (Insolvenzanfechtung) vorgesehenen Fristen vor dem Eröffnungstag fest (→ Rn. 1 f.). Die Norm stellt maßgeblich auf den Tag ab, an dem der Eröffnungsantrag beim zuständigen Gericht eingegangen ist (Abs. 1, → Rn. 3 ff.) bzw. – bei mehreren Anträgen – an dem der erste zulässige und begründete Eröffnungsantrag bei einem Gericht eingegangen ist (Abs. 2, → Rn. 9 ff.).

A. Allgemeines; Anwendungsbereich

§ 139 begründet einen einheitlichen Bezugspunkt für die rückwärtsgerichtete Fristberechnung. Einer Anwendbarkeit der §§ 187 f. BGB, die ohnehin vorwärtslaufende Fristen behandeln, über § 4, § 222 ZPO bedarf es nicht (Uhlenbruck/Hirte/Borries Rn. 1). 1

§ 139 ist direkt anwendbar auf die in der Vorschrift genannten Fälle von Fristberechnungen nach §§ 88, 130–136; für andere rückzurechnende Fristen gilt die Vorschrift jedoch entsprechend, bspw. für § 138 Abs. 1 Nr. 1 und 3 (MüKoInsO/Kirchhof/Piekenbrock Rn. 3 f.; Uhlenbruck/ 2

Hirte/Ede Rn. 1; Braun/Riggert Rn. 1; Andres/Leithaus /Leithaus Rn. 2). Die Vorschrift ist unanwendbar auf § 140.

B. Einzelheiten

I. Fristberechnung bei nur einem Antrag (Abs. 1)

1. Eröffnungsantrag beim zuständigen Gericht

3 Bei **nur einem gestellten Eröffnungsantrag** kommt für die Fristberechnung Abs. 1 zur Anwendung. Es ist auf den Tag abzustellen, an dem der Eröffnungsantrag beim Insolvenzgericht eingegangen ist (Braun/Riggert Rn. 2): die Frist beginnt mit dem Anfang des Tages, der der Zahl dieses Tages entspricht oder, falls ein solcher Tag fehlt, mit dem Anfang des nächsten Tages.

4 Voraussetzung für den Fristbeginn ist grundsätzlich ein zulässiger (§§ 2, 3, 11 ff.) und begründeter (§§ 16 ff.) Antrag (LG Itzehoe BeckRS 2010, 21649; Uhlenbruck/Hirte/Borries Rn. 4). Wird der Antrag bei einem unzuständigen Gericht gestellt, so ist der Antragseingang bei diesem Gericht dennoch maßgeblich, wenn das Gericht das Verfahren ungeachtet seiner Unzuständigkeit rechtskräftig eröffnet hat und der Beschluss nicht ausnahmsweise als nichtig anzusehen ist (BGH NJW 1998, 1318 (1319); vgl. auch Braun/Riggert Rn. 4; LG Bonn NZI 2006, 110); im Falle einer Weiterverweisung an das **zuständige Gericht** gem. § 4 iVm §§ 281 Abs. 1, 495 ZPO ist der Eingang des Antrags bei diesem unzuständigen Gericht maßgeblich (Uhlenbruck/Hirte/Borries Rn. 4; Braun/Riggert Rn. 3). Der Eingang eines anfänglich formungültigen Antrags ist maßgeblich, sofern dessen Fehlerhaftigkeit später geheilt wird (Braun/Riggert Rn. 4).

2. Fristberechnung

5 Der nach § 139 maßgebliche Zeitpunkt bezeichnet – dem Charakter als Rückrechnung geschuldet – das **Ende** der Frist als Ausgangspunkt für die Berechnung. Der daraus folgende **Fristbeginn** markiert wiederum das Ende der von einer Rechtshandlung ausgehenden, anfechtungsrechtlich noch zu berücksichtigenden Entwicklung (MüKoInsO/Kirchhof/Piekenbrock Rn. 9).

6 § 139 gilt nur für die Berechnung von Jahres- oder Monatsfristen. Abs. 1 S. 1 regelt, dass der Tag des Antragseingangs entsprechend seiner Zahl um die jeweils zu erfassende Anzahl von Monaten oder Jahren zurückzuverlegen ist (MüKoInsO/Kirchhof/Piekenbrock Rn. 9). Abs. 1 S. 2 stellt klar, dass, wenn der für den Fristbeginn maßgebliche Monat keine dem Eingangsmonat entsprechende Tageszahl aufweist, der darauf folgende Tag maßgeblich ist.

7 Somit beginnt bei einem am 18.6.2015 um 15:20 Uhr eingegangenen Eröffnungsantrag gem. Abs. 1 S. 1 die Monatsfrist am 18.5.2015 um 0:00 Uhr und die Jahresfrist am 18.6.2014 um 0:00 Uhr. Ein Eingang an 31.7.2015 bedeutet gem. Abs. 1 S. 2 den Beginn einer Monatsfrist am 1.7.2015.

8 **Sonn- und Feiertage** sind – anders als bei einem Fristende nach §§ 187 f. BGB – für die Fristberechnung nach § 139 gänzlich unbeachtlich (Uhlenbruck/Hirte/Borries Rn. 2; MüKoInsO/Kirchhof/Piekenbrock Rn. 11). Zum einen sind diese nur (gem. dem hier zudem nicht anwendbaren § 193 BGB) für die Bestimmung eines Fristendes relevant; zum anderen ist ihre Beachtung auch insofern nicht erforderlich, als dass innerhalb der für § 139 relevanten Fristen keine Handlungen zu bewirken sind, die nur an einem Wochentag vorgenommen werden könnten (MüKoInsO/Kirchhof/Piekenbrock Rn. 11).

II. Fristberechnung bei mehreren Anträgen (Abs. 2)

1. Maßgeblichkeit des ersten Antrags (Abs. 2 S. 1)

9 Abs. 2 S. 1 bestimmt für die Konstellation, dass **mehrere Eröffnungsanträge** zu unterschiedlichen Zeitpunkten gestellt wurden, jedoch nicht der erste tatsächlich zum Eröffnungsbeschluss geführt hat, dass für die Fristberechnung dennoch der **Eingang des ersten Antrags** beim zuständigen Gericht **maßgeblich** ist, sofern er zulässig und begründet war (BT-Drs. 12/2443, 163 zu § 156; BAG BeckRS 2017, 130965 Rn. 18). Dies gilt auch, wenn die Anträge bei mehreren zuständigen Insolvenzgerichten gestellt wurden (Braun/Riggert Rn. 8). Der erste Antrag ist dabei für sämtliche Anfechtungstatbestände (vor sowie nach Antragstellung), auf die Abs. 1 verweist, maßgeblich.

10 Allerdings sind nach der Rechtsprechung des BGH nur solche ersten Anträge nach Abs. 1 S. 1 beachtlich, die auch noch im Zeitpunkt der Entscheidung über die Eröffnung zulässig und begrün-

det sind und insofern eine „einheitliche" Insolvenz vorliegt (BGH NJW-RR 2008, 645 (646); BGH NZI 2009, 377 (377); BGH BeckRS 2014, 18992 Rn. 12; relativierend Braun/Riggert Rn. 8, die es ausreichen lassen wollen, dass die Zulässigkeit und Begründetheit des ersten Antrags überhaupt gegeben war, aber nicht notwendigerweise im Zeitpunkt der Verfahrenseröffnung fortbestand). Zwar ergibt sich dies nicht aus dem Wortlaut der Norm, da nach diesem auch solche erste Anträge zu berücksichtigen wären, jedoch aus der amtlichen Begründung zur InsO, wonach nur solche Anträge für die Berechnung der Anfechtungsfristen maßgeblich sein sollen, die zur Verfahrenseröffnung geführt hätten, wenn sie nicht mangels Masse rechtskräftig abgewiesen worden wären oder das Verfahren nicht aufgrund eines späteren Antrags eröffnet worden wäre (BT-Drs. 12/2443, 163 zu § 156).

Wurde ein bereits eröffnetes Verfahren eingestellt oder aufgehoben, später aufgrund eines neuen 11 Antrags jedoch ein neues Verfahren eröffnet, sind die für das erste Verfahren maßgeblichen Anträge nicht mehr beachtlich (BGH NJW 2006, 3555; hierzu auch Uhlenbruck/Hirte/Borries Rn. 12 f.).

2. Keine Berücksichtigung eines abgewiesenen Antrags (Abs. 2 S. 2)

Ein rechtskräftig **abgewiesener Antrag** ist nicht zu berücksichtigen, es sei denn, die Abweisung 12 erfolgte mangels Masse (Abs. 2 S. 2). Hintergrund ist, dass in diesem Fall rechtskräftig feststeht, dass es sich bei einem abgewiesenen Antrag um einen unzulässigen oder unbegründeten Antrag handelte (OLG Naumburg DZWIR 2002, 290; Braun/Riggert Rn. 11); allerdings gilt Abs. 2 S. 2 auch dann, wenn die Abweisung zu Unrecht oder erst in höherer Instanz erfolgte (BT-Drs. 12/2443, 163 zu § 156; MüKoInsO/Kirchhof/Piekenbrock Rn. 20; vgl. auch schon RG LZ 1911, 856 Nr. 6). Darüber hinaus gibt es Stimmen in der Literatur, die sich für eine analoge Anwendung des Abs. 2 S. 2 in Fällen von Zweit- und Folgeinsolvenzverfahren aussprechen, ebenfalls unter der Voraussetzung einer „einheitlichen Insolvenz" (Kuleisa ZVI 2021, 52 (93)).

3. Abweisung mangels Masse (Abs. 2 S. 2)

Nach § 139 Abs. 2 S. 2 ist ein mangels Masse abgewiesener Antrag für die Berechnung der 13 Fristen zu berücksichtigen. Diese Rückausnahme von Abs. 2 S. 1 rechtfertigt sich dadurch, dass der Schuldner in diesem Fall als insolvent anzusehen ist (BGH ZInsO 2006, 1224; Braun/Riggert Rn. 11). Voraussetzung ist allerdings auch hier, dass zwischen dem mangels Masse abgewiesenen Antrag und dem Eröffnungsbeschluss eine „einheitliche" bzw. identische Insolvenz bestand, dh der Insolvenzgrund zwischenzeitlich nicht behoben worden und später erneut eingetreten ist. Liegt diese Voraussetzung vor, so ist auch ein mehrjähriger Zeitraum zwischen dem Eingang des abgewiesenen Antrags und der Eröffnung des Insolvenzverfahrens aufgrund des späteren Antrags unschädlich (BGH NJW-RR 2008, 645 (646) – Dreijahreszeitraum; LG Stendal BeckRS 2019, 5615 – selbst bei einem Zeitraum von fast 11 Jahren sei die zeitliche Grenze für die Anwendbarkeit des § 139 Abs. 2 nicht überschritten).

4. Für erledigt erklärte oder zurückgenommene Anträge

§ 139 regelt nicht ausdrücklich, wie mit für erledigt erklärten oder zurückgenommenen Anträ- 14 gen zu verfahren ist. Ausgehend von der amtlichen Begründung zur InsO, wonach nur solche Anträge für die Berechnung der Anfechtungsfristen maßgeblich sein sollen, die zur Verfahrenseröffnung geführt hätten, wenn sie nicht mangels Masse rechtskräftig abgewiesen worden wären oder das Verfahren nicht aufgrund eines späteren Antrags eröffnet worden wäre (BT-Drs. 12/2443, 163 zu § 156), kommt nach der Rechtsprechung des BGH ein rechtswirksam für **erledigt** erklärter Eröffnungsantrag, der nicht zu einer rechtskräftigen Insolvenzeröffnung geführt hat, für die Fristberechnung grundsätzlich nicht in Betracht. Eine Ausnahme gilt nur bei prozessualer Überholung durch einen weiteren Antrag (vgl. BGH NJW 2002, 515; NJW-RR 2009, 926). Bei **zurückgenommenen** Anträgen ist die Rechtslage hingegen nicht höchstrichterlich geklärt, jedoch sollten auch diese Fälle nach der ratio der amtlichen Begründung (BT-Drs. 12/2443, 163 zu § 156; → Rn. 9) behandelt werden und grundsätzlich außer Betracht bleiben (vgl. OLG Brandenburg NZI 2003, 649; Braun/Riggert Rn. 12 mwN, die für die Fälle einer „einheitlichen" Insolvenz jedoch auch (ursprünglich) zulässige und begründete, aber zurückgenommene Anträge als beachtlich ansehen wollen, wohl auch insbesondere zur Sanktionierung von Druckanträgen; vgl. dazu auch Braun/Riggert Rn. 12).

C. Prozessuales

15 Den Insolvenzverwalter trifft bei mehreren Anträgen die **Darlegungs- und Beweislast** dafür, dass derjenige Antrag, auf dessen Maßgeblichkeit für die Fristberechnung er seine Anfechtung stützt, zulässig (§§ 2, 3, 11 ff.) und begründet (§§ 16 ff.) war, insbesondere, wenn er sich auf einen früheren Antrag als den Antrag stützt, aufgrund dessen das Insolvenzverfahren eröffnet wurde (Uhlenbruck/Hirte/Borries Rn. 10; MüKoInsO/ Kirchhof/Piekenbrock Rn. 21). Der Anfechtungsgegner ist grundsätzlich darlegungs- und beweisbelastet dafür, dass – bei mehreren Anträgen – keine „einheitliche" Insolvenz vorlag und somit der erste Antrag für die Fristberechnung unbeachtlich ist (BeckRS 2020, 23494 Rn. 35).

§ 140 Zeitpunkt der Vornahme einer Rechtshandlung

(1) Eine Rechtshandlung gilt als in dem Zeitpunkt vorgenommen, in dem ihre rechtlichen Wirkungen eintreten.

(2) ¹Ist für das Wirksamwerden eines Rechtsgeschäfts eine Eintragung im Grundbuch, im Schiffsregister, im Schiffsbauregister oder im Register für Pfandrechte an Luftfahrzeugen erforderlich, so gilt das Rechtsgeschäft als vorgenommen, sobald die übrigen Voraussetzungen für das Wirksamwerden erfüllt sind, die Willenserklärung des Schuldners für ihn bindend geworden ist und der andere Teil den Antrag auf Eintragung der Rechtsänderung gestellt hat. ²Ist der Antrag auf Eintragung einer Vormerkung zur Sicherung des Anspruchs auf die Rechtsänderung gestellt worden, so gilt Satz 1 mit der Maßgabe, daß dieser Antrag an die Stelle des Antrags auf Eintragung der Rechtsänderung tritt.

(3) Bei einer bedingten oder befristeten Rechtshandlung bleibt der Eintritt der Bedingung oder des Termins außer Betracht.

Überblick

§ 140 legt fest, wann eine Rechtshandlung als „vorgenommen" im Sinne des Anfechtungsrechts gilt und somit, welcher Zeitpunkt für die Prüfung der Anfechtbarkeit einer Rechtshandlung relevant ist (→ Rn. 1). Die Vorschrift stellt dabei in Abs. 1 grundsätzlich auf den Eintritt der rechtlichen Wirkungen der Rechtshandlung und somit auf die Begründung der Rechtsposition ab (→ Rn. 2 ff.), während die Abs. 2 und 3 jedoch Sonderregelungen für Fälle vorsehen, in denen schon vor Eintritt der Rechtswirkungen eine gesicherte Rechtsposition geschaffen wurde, nämlich in Fällen von eintragungsbedürftigen (→ Rn. 14 ff.), bedingten und befristeten Rechtsgeschäften (→ Rn. 25 ff.).

Übersicht

	Rn.		Rn.
A. Allgemeines; Anwendungsbereich	1	1. Erfasste Rechtsgeschäfte	14
B. Einzelheiten	2	2. Übrige Voraussetzungen für das Wirksamwerden erfüllt	16
I. Grundregel: Eintritt der rechtlichen Wirkung (Abs. 1)	2	3. Eintragungsantrag	18
1. Einaktige Rechtshandlungen	3	III. Sonderfall Bedingung oder Befristung (Abs. 3)	25
2. Mehraktige Rechtshandlungen	4		
II. Sonderfall Registereintragung (Abs. 2)	14	C. Prozessuales	29

A. Allgemeines; Anwendungsbereich

1 Der Vornahmezeitpunkt einer Handlung erfährt anfechtungsrechtliche Relevanz für die Fragen, ob eine Handlung vor oder nach Verfahrenseröffnung vorgenommen wurde, ob eine Handlung im anfechtungsrelevanten Zeitraum erfolgte, ob eine Person im Zeitpunkt der Handlung „nahestehend" iSd § 138 war und wann spätestens eine Kenntnis des Anfechtungsgegners von bestimmten Umständen vorliegen muss (vgl. §§ 130–133). Abgestellt wird nach § 140 grundsätzlich auf den letzten für die Einräumung einer gesicherten Rechtsposition maßgeblichen Teilakt.

Zeitpunkt der Vornahme einer Rechtshandlung § 140 InsO

B. Einzelheiten

I. Grundregel: Eintritt der rechtlichen Wirkung (Abs. 1)

Als Grundregel legt Abs. 1 für die Vornahme einer Rechtshandlung denjenigen Zeitpunkt fest, 2
in dem ihre **rechtlichen Wirkungen eintreten.**

1. Einaktige Rechtshandlungen

Bei einaktigen Rechtshandlungen treten die rechtlichen Wirkungen mit dem **Abschluss des** 3
entsprechenden Aktes ein, sodass die Rechtshandlung bereits dann als „vorgenommen" gilt.
Zu den einaktigen Rechtshandlungen zählen bspw. die einseitige Aufgabe von dinglichen Rechten, etwa des Eigentums oder der Verzicht auf eine Hypothek (MüKoInsO/Kirchhof/Piekenbrock Rn. 6).

2. Mehraktige Rechtshandlungen

Bei mehraktigen Rechtshandlungen für den Vornahmezeitpunkt ist auf denjenigen Teilakt 4
abzustellen, der die **Wirksamkeit konstituiert** (BT-Drs. 12/2443, 166 zu § 159; BGH NJW
1991, 1610; NJW 1987, 904 (907); MüKoInsO/Kirchhof/Piekenbrock Rn. 7).
Schuldrechtliche Verpflichtungsgeschäfte gelten mit Annahme des Antrages als vorgenom- 5
men (MüKoInsO/Kirchhof/Piekenbrock Rn. 9). Dies gilt auch für Verträge zugunsten Dritter
(MüKoInsO/Kirchhof/Piekenbrock Rn. 9; Uhlenbruck/Borries/Hirte Rn. 52). Ansprüche auf
künftige Mietraten entstehen jeweils neu, wenn sie abschnittsweise für die festgelegten
Gebrauchsüberlassungszeiträume fällig werden (BGH NJW 2003, 2601 (2602); BGH DtZ 1997,
156 (157); Christiansen KTS 2003, 373 (376); MüKoInsO/Kirchhof/Piekenbrock Rn. 12)
(→ Rn. 5.1 f.).

Wegen der Abhängigkeit von Leistung und Gegenleistung sowie der Möglichkeit vorzeitiger Vertragsbe- 5.1
endigung (§§ 568 ff. BGB, § 57a ZVG, §§ 103, 109) bleibt es bis zum Eintritt des Fälligkeitstermins ungewiss, ob der Vermieter die Miete von Rechts wegen wird verlangen dürfen (MüKoInsO/Kirchhof/Piekenbrock Rn. 12).

Die Ansprüche auf die einzelnen Mietraten sind deshalb iSv § 163 BGB befristet (BGH NJW-RR 5.2
2005, 1641 (1642); OLG Celle ZMR 1999, 382, bestätigt durch BGH XII ZR 300/96; OLG Hamm ZIP
2006, 433 (434); Ehricke ZInsO 2008, 1058 (1059 f.); vgl. MüKoInsO/Kirchhof/Piekenbrock Rn. 12).
Da diese Vorschrift auf § 158 BGB verweist, gelten alle Mietraten im Anwendungsbereich des § 140 Abs. 3
als mit Vertragsschluss bedingt entstanden. Soweit aber die Ausnahmevorschrift des § 140 Abs. 3 nicht
eingreift, also insbesondere wenn nicht die Begründung des Mietverhältnisses selbst, sondern die Abtretung
einzelner Ansprüche daraus angefochten wird, bleibt Abs. 1 maßgeblich (MüKoInsO/Kirchhof/Piekenbrock Rn. 12, 63; Andres/Leithaus Rn. 3; Nerlich/Römermann/Nerlich Rn. 7).

Werden zur Sicherung einer Forderung gegenwärtige und künftige Mietansprüche abgetreten, so 5.3
kommt es für die Beurteilung der Anfechtung der Sicherungszession nicht auf den Zeitpunkt ihrer Vereinbarung an. Abzustellen ist in diesem Fall auf den Zeitpunkt, in dem die jeweilige Mietforderung entstanden
ist (BGH NZI 2020, 687 (690) mwN). Dies ist der Anfangstermin des jeweiligen Zeitraums der Nutzungsüberlassung (BGH NZI 2010, 58 Rn. 10 mwN).

Erfüllungsgeschäfte sind mit der letzten Erfüllungshandlung abgeschlossen (MüKoInsO/ 6
Kirchhof/Piekenbrock Rn. 16; Andres/Leithaus/Leithaus Rn. 3; Nerlich/Römermann/Nerlich
Rn. 7).

Wird eine **künftige Forderung abgetreten,** kommt es auf den Zeitpunkt an, in dem die 7
Forderung entsteht (BGH BKR 2008, 112 (112); BGH BeckRS 2015, 11915 Rn. 15).

Eine Forderungspfändung ist grundsätzlich zu dem Zeitpunkt vorgenommen, in dem der Pfändungsbe- 7.1
schluss dem Drittschuldner zugestellt wird, denn damit treten ihre rechtlichen Wirkungen ein (§ 829 Abs. 3
ZPO). Soweit sich die Pfändung auf eine künftige Forderung bezieht, wird ein Pfandrecht erst mit deren
Entstehung begründet, sodass auch anfechtungsrechtlich auf diesen Zeitpunkt abzustellen ist (BGH NZI
2010, 58 (59); LG Bonn NZI 2020, 567).

Vorbehaltlich gesonderter Regelungen im Einzelfall wird dies bei der Vorausabtretung kaufver- 8
traglicher Ansprüche zumeist der Kaufvertragsabschluss sein (Andres/Leithaus/Leithaus Rn. 6).
Weiterhin ist für dienstvertragliche Forderungen entschieden worden, dass kein Zeitpunkt vor der
Dienstleistung maßgeblich sein solle (BGH NJW-RR 2008, 1441), bei der Vorausabtretung künftigen Arbeitsentgelts sei in Einklang mit § 614 BGB der jeweilige Entstehungszeitpunkt der perio-

disch zu entrichtenden Vergütung relevant (BGH NJW 2010, 444), bei der Vorausabtretung eines Werklohnanspruches schließlich seien weder Erbringung der Werkleistung noch Abnahme von Bedeutung, sondern bereits der Vertragsschluss (BGH NJW-RR 2000, 1154; vgl. auch MüKo-InsO/Kirchhof/Piekenbrock Rn. 15).

9   Ist eine Rechtshandlung zustimmungs- oder genehmigungsbedürftig, so zählt der Zeitpunkt der **Zustimmung** bzw. **Genehmigung** (Braun/Riggert Rn. 3; MüKoInsO/Kirchhof Rn. 8). Öffentlich-rechtliche Genehmigungen bleiben dabei außer Betracht; diese haben keinen Einfluss auf das Wirksamwerden der Rechtshandlung iSv § 140 (BGH WM 1958, 1417).

10 Im Falle der **Aufrechnung** kommt es auf die Begründung eines Gegenseitigkeitsverhältnisses an (BGH NJW 2008, 430 (431)). Auch bei einer vertraglich vereinbarten Verrechnung kommt es auf den Zeitpunkt der Entstehung der Verrechnungslage an (OLG Düsseldorf NZI 2019, 622 (625)). Wird eine streitige Forderung durch nachträgliche Vereinbarung unter Einbeziehung neuer, nicht (teil-)identischer Forderungen auf eine völlig neue Grundlage gestellt und die Aufrechenbarkeit der neuen Forderung mit einer fälligen Gegenforderung vereinbart, ist auf den Zeitpunkt der Vereinbarung abzustellen (OLG Düsseldorf BeckRS 2020, 24187).

11 Bei einer **Lastschriftbuchung** im Abbuchungsauftragsverfahren ist der Zeitpunkt maßgeblich, in dem die Schuldnerbank die Lastschrift einlöst (BGH NJW-RR 2013, 492 = BeckRS 2013, 02432); bei einer in den AGB der Bank vorgesehenen Stornofrist ist die Rechtshandlung jedoch erst mit Ablauf der Stornofrist abgeschlossen, wenn nicht die Bank ausnahmsweise einen von den AGB abweichenden Einlösungsvorbehalt erklärt (OLG Düsseldorf BeckRS 2016, 07705).

12 Bei der Verpfändung von Bankkonten (dh der Verpfändung der Auszahlungsansprüche des Kontoinhabers gegen die kontoführende Bank) kommt es auf den Zeitpunkt der Gutschrift auf dem jeweiligen Bankkonto an, da das Pfandrecht aufgrund seiner Akzessorietät zur Forderung erst mit Eingang der Gutschrift entsteht (vgl. BGH NZI 2004, 314 = BeckRS 2004, 02889). Im Hinblick auf die Insolvenzanfechtung von Kontenpfandrechten bedeutet dies, dass selbst dann, wenn der Kontenverpfändungsvertrag schon weit außerhalb des jeweiligen Anfechtungszeitraums geschlossen wurde, die Pfandrechte an den Auszahlungsansprüchen, die auf Gutschriften innerhalb des Anfechtungszeitraums beruhen, anfechtbar sind. Dementsprechend besteht das Pfandrecht des Pfandgläubigers lediglich in Höhe des Kontostandes unmittelbar vor Beginn der Anfechtungsfrist, bzw. in Höhe des niedrigsten Standes, der innerhalb der Anfechtungsfrist erreicht wird, weshalb sich für den Pfandgläubiger eine frühzeitige Sperre des Kontos durch Widerruf der Verfügungsmacht des Schuldners (Kontoinhabers) empfehlen mag (vgl. hierzu Berger, Anm. zu BGH LMK 2004, 116).

13 Im Falle einer Vorpfändung gem. § 845 ZPO, die bereits vor der „kritischen" Zeit des § 131 InsO ausgebracht wird, der die Hauptpfändung jedoch gem. § 845 Abs. 2 ZPO innerhalb eines Monats und damit während des von § 131 InsO geschützten Zeitraums nachfolgt, ist für die Anfechtung nach §§ 130, 131 InsO maßgeblicher Zeitpunkt derjenige der Hauptpfändung (BHG NJW 2006, 1870 (1872); aA RGZ 83, 332 (335 f.)). Mit erforderlicher Anfechtung der Hauptpfändung verliert auch die zuvor ausgebrachte Vorpfändung ihre Wirkung.

13a Bei der Anfechtung der „Ermöglichung einer Sicherung und Befriedigung" gem. §§ 130 f. kommt es darauf an, dass der Schuldner alles seinerseits Erforderliche getan hat, die Ermöglichung also vollendet ist (Braun/Riggert Rn. 4).

13b Ein **Unterlassen** gilt frühestens in dem Zeitpunkt als wirksam, in dem die entsprechende positive Handlung nicht mehr hinzugedacht werden kann, ohne dass der Eintritt der Rechtsfolge entfiele (BT-Drs. 12/2443, 166 zu § 159). Dies kann insbesondere durch Fristablauf geschehen.

II. Sonderfall Registereintragung (Abs. 2)

1. Erfasste Rechtsgeschäfte

14 Abs. 2 erfasst Rechtsgeschäfte, für deren Wirksamkeit eine **Registereintragung** erforderlich ist. Die Vorschrift bestimmt für den Zeitpunkt der Vornahme allerdings schon den Zeitpunkt als maßgeblich, in dem die übrigen Voraussetzungen für das Wirksamwerden erfüllt sind, die Willenserklärung des Schuldners für ihn bindend geworden ist und ein Antrag auf Eintragung gestellt wurde, als maßgeblich.

15 In dieser Vorverlagerung liegt eine deutliche Abkehr zur Rechtsprechung der KO.

2. Übrige Voraussetzungen für das Wirksamwerden erfüllt

16 Es müssen **alle für den Rechtserwerb erforderlichen Akte bis auf die Registereintragung** vollzogen sein; die Willenserklärung muss für den Schuldner **bereits bindend** geworden sein. Im

Falle von Grundstücksgeschäften müssen die §§ 873 ff., 925 BGB erfüllt sein (Braun/Riggert Rn. 6).

Fehlt es an einer materiellen Voraussetzung, findet keine Vorverlagerung nach Abs. 2 statt und Abs. 1 bleibt anwendbar (MüKoInsO/Kirchhof/Piekenbrock Rn. 39; OLG Düsseldorf NZI 2015, 616 (616)) (→ Rn. 17.1). 17

Deshalb kann bspw. eine Grundschuld an einem Erbbaurecht nicht iSv § 140 vorgenommen sein, ehe das Erbbaurecht selbst entstanden ist; allenfalls kommt eine Vorverlagerung auf denjenigen Zeitpunkt in Betracht, in dem die Voraussetzungen des Abs. 2 auch für das Erbbaurecht selbst vorliegen (MüKoInsO/Kirchhof/Piekenbrock Rn. 39). 17.1

3. Eintragungsantrag

Schließlich setzt Abs. 2 einen Antrag auf Eintragung der Rechtsänderung voraus, und zwar grundsätzlich denjenigen des anderen Teils (S. 1), oder im Falle eines Antrags auf Vormerkung zur Sicherung eines Anspruchs auf Rechtsänderung, ebenjenen Antrag (S. 2). 18

a) **Grundsatz (S. 1).** Für die Fälle des S. 1 muss der **andere Teil**, also der Vertragspartner des Schuldners, den Eintragungsantrag stellen. Dieser hat mit Stellung eines Antrags eine Rechtsposition erlangt, die der Schuldner nicht mehr durch einseitige Erklärung ändern kann. Ein Antrag des Schuldners hingegen genügt nicht, da der Schuldner diesen bis zur Eintragung noch zurückzunehmen könnte (MüKoInsO/Kirchhof/Piekenbrock Rn. 49; Braun/Riggert Rn. 7; Raebel ZInsO 2002, 954 f.; Christiansen KTS 2003, 353 (359); Hallermann, Die Risiken einer Insolvenzanfechtung für den Käufer eines Unternehmens, 2007, 92 f.). 19

Der andere Teil kann sich bei der Antragsstellung wirksam **vertreten** lassen, etwa durch den beurkundenden **Notar.** Dabei ist unschädlich, wenn der Notar – wie im Regelfall – gleichzeitig für beide Teile handelt; dies steht der Anwendung des Abs. 2 S. 1 nicht entgegen (MüKoInsO/Kirchhof/Piekenbrock Rn. 50; Uhlenbruck/Borries/Hirte Rn. 32; Gerhardt FS U. Huber, 2006, 1231 (1241)). 20

Wird ein Antrag **zurückgenommen** oder endgültig **zurückgewiesen,** entfällt die Bindung und damit die Wirkung des Abs. 2 S. 1 (MüKoInsO/Kirchhof/Piekenbrock Rn. 51). 21

b) **Vormerkung (S. 2).** S. 2 stellt auf den **Antrag auf Eintragung der Vormerkung** ab. Der Erwerber erhält bereits hierdurch seine gesicherte Rechtsposition (BGH NZI 2010, 190; Braun/Riggert Rn. 9). Dabei ist zu beachten, dass eine gesicherte Rechtsposition iSd Abs. 1 bei Mitwirkung eines Notars nur besteht, wenn dieser den Antrag auf Eintragung einer Auflassungsvormerkung nicht ohne Zustimmung des Erwerbers einseitig wieder zurücknehmen durfte (vgl. BHG NZI 2018, 934 (936)). Allerdings ist S. 2 nur auf eine vom Schuldner **freiwillig** eingeräumte Vormerkung anwendbar, wobei eine gem. § 894 Abs. 1 ZPO durch rechtskräftiges Urteil fingierte Bewilligung als freiwillig abgegeben gilt (MüKoInsO/Kirchhof/Piekenbrock Rn. 57). 22

Die Insolvenzbeständigkeit der Vormerkung wird durch § 106 angeordnet (MüKoInsO/Kirchhof/Piekenbrock Rn. 56). 23

Für die Anwendbarkeit des Abs. 2 S. 2 müssen neben dem Antrag auf Vormerkung sämtliche **sonstigen Voraussetzungen des S. 1** vorliegen. 24

III. Sonderfall Bedingung oder Befristung (Abs. 3)

Bei bedingten oder befristeten Rechtshandlungen ist nicht der Eintritt der Bedingung oder der Ablauf der Frist maßgeblich, sondern es wird auf die **rechtsbegründenden Tatsachen** abgestellt. 25

Abs. 3 gilt nur für **rechtsgeschäftlich** vereinbarte Bedingungen oder Befristungen. 26

Unter Abs. 3 können grundsätzlich alle aufschiebenden oder auflösenden **Bedingungen iSd § 158 BGB** fallen. Dies gilt auch für die Abtretung von bedingten Forderungen, die im Zeitpunkt der Abtretung als Anwartschaft auf das Vollrecht in das Vermögen eines anderen übergehen (BGH ZIP 2018, 1606 (1607)). So gilt die Zuwendung einer Sicherheit an den persönlichen Schuldner als mit der Abtretung vorgenommen, wenn sämtliche Ansprüche aus einer Kapitallebensversicherung an ein Kreditinstitut zur Sicherung einer fremden Darlehensschuld abgetreten werden (BeckRS 2020, 38344). Potestativbedingungen werden jedoch nicht erfasst, da bei diesen eine gegenüber den anderen Insolvenzgläubigern gesicherte Stellung fehlt (Christiansen KTS 2003, 353 (363 ff.); vgl. auch MüKoInsO/Kirchhof/Piekenbrock Rn. 64). Bei dem Erlass einer künftigen Forderung durch den späteren Insolvenzschuldner gilt die Zuwendung des Forderungserlasses im Zeitpunkt des Erlassvertragsschlusses als vorgenommen (BeckRS 2020, 38344). 27

28 Als befristete Rechtshandlungen gelten **Zeitbestimmungen iSv § 163 BGB,** also Termine, bei denen das Eintreten des künftigen Ereignisses, welches die Rechtswirkung der Handlung beeinflussen soll, nach Vorstellung der Beteiligten gewiss und allenfalls dessen Zeitpunkt ungewiss ist (BGH NZI 2010, 985 (986); Palandt/Ellenberger BGB § 163 Rn. 1 f.; Christiansen KTS 2003, 353; MüKoInsO/Kirchhof/Piekenbrock Rn. 68). Hierunter können **Kündigungen mit Wirkung zu einem künftigen Zeitpunkt** fallen (BT-Drs. 12/2443, 167 zu § 159; Uhlenbruck/Borries/Hirte Rn. 49; MüKoInsO/Kirchhof/Piekenbrock Rn. 68), sowie **Fälligkeitsvereinbarungen** (MüKoInsO/Kirchhof/Piekenbrock Rn. 68).

C. Prozessuales

29 Der Insolvenzverwalter, der sich im Rahmen der Anfechtung auf die Vornahme einer Rechtshandlung beruft, muss darlegen und beweisen, dass deren Rechtswirkungen eingetreten sind.

30 Will der Anfechtungsgegner entgegenhalten, dass die Rechtshandlung aufgrund des Vorliegens eines Falles des Abs. 2 schon früher als vom Insolvenzverwalter dargelegt als vorgenommen gilt, ist er darlegungs- und beweisbelastet für das Vorliegen dieser Ausnahme.

§ 141 Vollstreckbarer Titel

Die Anfechtung wird nicht dadurch ausgeschlossen, dass für die Rechtshandlung ein vollstreckbarer Schuldtitel erlangt oder dass die Handlung durch Zwangsvollstreckung erwirkt worden ist.

Überblick

§ 141 stellt klar, dass die Insolvenzanfechtung auch dann erfolgen kann, wenn die anfechtbare Rechtshandlung unter **staatlicher Einwirkung** durch Titulierung der anzufechtenden Rechtshandlung (→ Rn. 5 ff.) oder Erwirkung derselben durch Zwangsvollstreckung (→ Rn. 8 ff.) erfolgte. Die Vorschrift hält die Insolvenzanfechtung somit unabhängig von staatlicher Einwirkung.

A. Normzweck

1 § 141 legt dar, dass es bei der Anfechtung von Rechtshandlungen nicht darauf ankommt, ob **staatliche Gewalt** involviert war oder nicht. Es ist demnach **unerheblich,** ob für die anzufechtende Rechtshandlung ein vollstreckbarer Schuldtitel erlangt wurde (Alt. 1), sie durch Zwangsvollstreckung bewirkt wurde (Alt. 2), oder freiwillig erfolgte.

2 Die Vorschrift ist **kein selbstständiger Anfechtungstatbestand.**

3 In Abs. 1 kommt der Grundsatz der **Gleichbehandlung aller Gläubiger in der wirtschaftlichen Krise des Schuldners** zum Ausdruck. Auswirkungen hat dies etwa auf den in § 804 Abs. 3 ZPO bestimmten Prioritätsgrundsatz, der im Falle des § 141 relativiert wird (MüKoInsO/Kirchhof Rn. 1).

B. Regelungsinhalt

4 Seiner Rechtsnatur nach trägt § 141 zur Bestimmung des Begriffs der anfechtbaren Rechtshandlung bei, ohne jedoch die Anfechtungstatbestände zu erweitern (MüKoInsO/Kirchhof Rn. 3). Die Norm ist auf alle Anfechtungstatbestände anwendbar.

I. Vollstreckbarer Schuldtitel erlangt (Alt. 1)

5 Die Anfechtung von **freiwilligen Leistungen auf titulierte Forderungen** erfolgt ebenso, als wäre auf eine nicht titulierte Forderung geleistet worden.

6 Als **Titel** im Sinne der Norm gelten alle in den §§ 704, 794 Abs. 1 ZPO genannten, sowie Arrestbefehle, einstweilige Verfügungen (§§ 928, 936 ZPO), ein Zuschlagsbeschluss im Versteigerungsverfahren (§ 93 ZVG), der Auszug aus der Insolvenztabelle (§ 201 Abs. 2), Insolvenzpläne (§ 257), die Vollstreckungstitel nach § 168 VwGO, vollziehbare Verwaltungsakte (vgl. § 3 Abs. 3a VwVfG; Braun/Riggert Rn. 3), Notarkostenrechnungen (§ 155 KostG), sowie für vollstreckbar erklärte Schiedssprüche (§ 1060 ZPO) (vgl. § 1055 ZPO; Braun/Riggert Rn. 3).

7 Der Vollstreckungstitel selbst ist mit den **verfahrensrechtlichen Rechtsbehelfen** anzugreifen. Der Insolvenzanfechtung können dagegen nur die Rechtshandlungen des Schuldners unterliegen,

Bargeschäft § 142 InsO

die zur Erlangung des Titels förderlich waren, bzw. erwirkende oder ausnutzende Rechtshandlungen des Gläubigers (MüKoInsO/Kirchhof/Piekenbrock Rn. 5). Allerdings kann weder mit der Einlegung von Rechtsbehelfen gegen Vollstreckungsakte, noch mit der Einlegung von Rechtsmitteln gegen die Erwirkung von Vollstreckungstiteln die **Anfechtungsfrist** des § 146 gewahrt werden (MüKoInsO/Kirchhof/Piekenbrock Rn. 4).

II. Handlung durch Zwangsvollstreckung erwirkt (Alt. 2)

§ 141 Alt. 2 normiert, ebenfalls nur klarstellend, dass in Bezug auf die Anfechtung **kein Unterschied** zu machen ist, ob die anfechtbare Handlung auf freiwilliger Leistung des Schuldners beruht, oder durch **Zwangsvollstreckung beigetrieben** wurde. 8

Als Zwangsvollstreckung iSd Norm gilt auch die Vollziehung eines Arrests oder einer einstweiligen Verfügung (vgl. §§ 928, 935, 940 ZPO) (Uhlenbruck/Borries/Hirte Rn. 5; MüKoInsO/Kirchhof/Piekenbrock Rn. 9). 9

Meist wird es keiner Anfechtung bedürfen, wenn die Vollstreckungsmaßnahme unter § 88 fällt, zumal Sicherungen, die im letzten Monat vor dem Eröffnungsantrag im Wege der Zwangsvollstreckung erlangt wurden, nach § 88 mit Verfahrenseröffnung **ipso iure** unwirksam werden (MüKoInsO/Kirchhof/Piekenbrock Rn. 10). 10

§ 142 Bargeschäft

(1) Eine Leistung des Schuldners, für die unmittelbar eine gleichwertige Gegenleistung in sein Vermögen gelangt, ist nur anfechtbar, wenn die Voraussetzungen des § 133 Absatz 1 bis 3 gegeben sind und der andere Teil erkannt hat, dass der Schuldner unlauter handelte.

(2) ¹Der Austausch von Leistung und Gegenleistung ist unmittelbar, wenn er nach Art der ausgetauschten Leistungen und unter Berücksichtigung der Gepflogenheiten des Geschäftsverkehrs in einem engen zeitlichen Zusammenhang erfolgt. ²Gewährt der Schuldner seinem Arbeitnehmer Arbeitsentgelt, ist ein enger zeitlicher Zusammenhang gegeben, wenn der Zeitraum zwischen Arbeitsleistung und Gewährung des Arbeitsentgelts drei Monate nicht übersteigt. ³Der Gewährung des Arbeitsentgelts durch den Schuldner steht die Gewährung dieses Arbeitsentgelts durch einen Dritten nach § 267 des Bürgerlichen Gesetzbuchs gleich, wenn für den Arbeitnehmer nicht erkennbar war, dass ein Dritter die Leistung bewirkt hat.

Überblick

§ 142 privilegiert den unmittelbaren (→ Rn. 17) Austausch wirtschaftlich gleichwertiger Leistungen (→ Rn. 12) auf Grundlage einer rechtlichen Verknüpfung (→ Rn. 6) zwischen den Parteien insofern, als dass dieser Leistungsaustausch grundsätzlich nur unter den Voraussetzungen der Vorsatzanfechtung (→ Rn. 21) anfechtbar sein soll (sog. Bargeschäftsprivileg).

Übersicht

	Rn.		Rn.
A. Allgemeines	1	III. Unmittelbarkeit von Leistung und Gegenleistung	17
B. Einzelheiten	6		
I. Rechtlicher Zusammenhang zwischen Leistung und Gegenleistung	6	IV. Rechtsfolgen bei Vorliegen eines Bargeschäfts	21
II. Gleichwertigkeit von Leistung und Gegenleistung	12	C. Prozessuales	24

A. Allgemeines

§ 142 soll verhindern, dass ein Schuldner, der sich in der Krise befindet, praktisch vom Geschäftsverkehr ausgeschlossen wird; unterlägen nämlich auch die vom Schuldner abgeschlossenen, wertäquivalenten Bargeschäfte der Anfechtung (einschließlich verkehrsüblicher durch Barzahlung abzuwickelnde Umsatzgeschäfte), bestünde die Gefahr, dass diejenigen Geschäftspartner, die von der Krise Kenntnis haben, aufgrund der Anfechtungsgefahr von weiteren Geschäften mit dem 1

Schuldner Abstand nehmen (vgl. BT-Drs. 12/2443, 167 zu § 161; BGH NJW 2014, 2579 (2581)). Dies würde dem Schuldner praktisch jegliche wirtschaftliche Handlungsmöglichkeit und damit auch jegliche Sanierungsmöglichkeit nehmen (Braun/Riggert Rn. 2). Die Vorschrift dient daher gleichermaßen dem Schutz der Geschäftspartner in ihrem Vertrauen, die Gegenleistung des Schuldners trotz Anfechtungsmöglichkeiten in der Insolvenz behalten zu dürfen (vgl. BHG NZG 2017, 1034 (1035)).

2   Das Vorliegen eines Bargeschäftes bedeutet stets die Kompensation einer (unmittelbaren) Gläubigerbenachteiligung; die durch die Leistung des Schuldners erfolgte Gläubigerbenachteiligung bleibt aufgrund des unmittelbaren Vermögensverlustausgleichs durch die Gegenleistung außer Betracht (BT-Drs. 12/2443, 167 zu § 161). Folglich ist bei Vorliegen eines Bargeschäftes automatisch eine Anfechtbarkeit wegen unmittelbarer Gläubigerbenachteiligung ausgeschlossen, weshalb § 132 Abs. 1 und § 133 Abs. 4 nicht anwendbar sind, da diese stets eine unmittelbare Gläubigerbenachteiligung verlangen (MüKoInsO/Kirchhof/Piekenbrock Rn. 36; aA Braun/Riggert Rn. 22); auch eine Anfechtbarkeit nach § 134 dürfte bei Vorliegen eines Bargeschäftes schon tatbestandlich nicht zur Anwendung kommen, da das Bargeschäft einen gleichwertigen Leistungsaustausch voraussetzt, der in den Fällen des § 134 gerade nicht gegeben ist. Gleiches gilt schließlich für die Anfechtung der Einlagenrückgewähr an den stillen Gesellschafter nach § 136; auch die Voraussetzungen dieser Norm dürften im Falle eines Bargeschäfts nicht vorliegen (MüKoInsO/Kirchhof/Piekenbrock Rn. 36).

3   Die eigentliche Privilegierung des Bargeschäfts besteht darin, dass es – mit Ausnahme von § 133 Abs. 1 – auch nicht bei mittelbarer Gläubigerbenachteiligung angefochten werden kann, etwa wenn die erhaltene Gegenleistung wieder aus dem Vermögen des Schuldners abfließt (MüKoInsO/Kirchhof/Piekenbrock Rn. 38; Uhlenbruck/Borries/Hirte Rn. 7; vgl. auch BGH NJW 1993, 3267). Somit schließt das Vorliegen eines Bargeschäfts eine Anfechtbarkeit nach den §§ 130, 132 wegen mittelbarer Gläubigerbenachteiligung aus. Eine Anfechtbarkeit nach § 131 wegen inkongruenter Deckung ist hingegen nicht ausgeschlossen, da es im Falle der inkongruenten Deckung an der für das Bargeschäft erforderlichen kongruenten Verknüpfung fehlt (vgl. BGH NZI 2007, 337 (338); tiefergehend → Rn. 7).

4   Das Verhältnis von § 142 zu § 135 ist noch nicht abschließend geklärt. In einer neuen Entscheidung hat der BGH jedenfalls die Streitfrage einer Anfechtbarkeit ursprünglicher Sicherheiten für Gesellschafterdarlehen gem. § 135 Abs. 1 Nr. 1 entschieden und eine Anwendung von § 142 (idF vor dem 5.4.2017) abgelehnt (BGH ZIP 2019, 666; diese Entscheidung kritisierend im Hinblick auf die Konsequenzen für die Praxis Bitter ZIP 2019, 737). In einer ausführlichen Darstellung begründet der Insolvenzrechtssenat dies unter Auseinandersetzung mit den Gegenargumenten, vor allem der Entstehungsgeschichte der beiden Normen mit dem Sinn und Zweck des § 135 Abs. 1 Nr. 1, der nicht nur im Erhalt der wirtschaftlichen Handlungsfähigkeit des Schuldners zu sehen ist, sondern eine Teilnahme des Schuldners am allgemeinen Geschäftsverkehr mit neutralen Dritten ermöglichen soll (BGH ZIP 2019, 666 (671 ff.)). Für die Anwendbarkeit des Privilegs des § 142 in Fällen des § 135 Abs. 1 spricht jedoch weiterhin die Gesetzessystematik (wie auch der BGH einräumt, vgl. BGH ZIP 2019, 666 (671)). Das Argument, dass die Verfasser des MoMiG die § 39 Abs. 1 Nr. 5, § 135 Abs. 1 geändert haben, jedoch nicht den § 142, lässt der BGH unter Verweis auf die Gesetzesbegründung zum MoMiG, in dem eine Schlechterstellung der darlehensgewährenden Gesellschafter gegenüber der früheren Rechtslage ausgeschlossen wird, ebenfalls nicht gelten (BGH ZIP 2019, 666 (671); aA Marotzke DB 2015, 2495 (2496)). Auch der § 142 InsO idF ab dem 5.4.2017 soll eine Anfechtung nach § 135 nicht ausschließen; Ziel der Gesetzesänderung war, das Bargeschäftsprivileg teilweise auf die Vorsatzanfechtung zu erstrecken (OLG Düsseldorf BeckRS 2019, 30186); § 135 ist aber ein besonderer Anfechtungstatbestand, der sich krisenunabhängig gegen die letztrangigen Insolvenzgläubiger iSd § 39 Abs. 1 Nr. 5 richtet. Der Anwendungsbereich der beiden Vorschriften kann sich jedoch in anderen Fällen als der Anfechtung von anfänglichen Besicherungen für Gesellschafterdarlehen überschneiden (Uhlenbruck/Borries/Hirte Rn. 9). Beispielsweise können Lohnzahlungen an einen Gesellschafter durchaus Bargeschäftscharakter haben, so lange diese nicht gestundet oder stehen gelassen sind, da dies wiederum eine Kreditierung bedeutete, die ein (unmittelbares) Bargeschäft ausschlösse (vgl. BGH NZI 2014, 775 (781) mAnm Froehner) (→ Rn. 4.1f.).

4.1   Die **Rückzahlung eines Darlehens** an einen Gesellschafter kann nicht als Bargeschäft gewertet werden, da die Darlehensrückgewährung schon keine Gegenleistung für die Darlehensüberlassung darstellt und es daher am erforderlichen Austausch von Leistung und Gegenleistung fehlt; das gilt auch für kurzfristige Überbrückungsdarlehen (BGH NZI 2013, 816; 2006, 469). Hingegen können **Lohnzahlungen** an einen Gesellschafter Bargeschäftscharakter haben, so lange sie nicht gestundet oder stehen gelassen sind, da dies aus wirtschaftlicher Sicht wiederum einem Darlehen entspricht (BGH NZI 2014, 775 (781)). Anwendbar ist § 142 grundsätzlich auch auf **Zinszahlungen** und – sofern man § 135 als einschlägig ansieht – **Miet- oder Leasingzahlungen** einer Gesellschaft an den Gesellschafter (Uhlenbruck/Borries/Hirte Rn. 9, 61).

Streitig ist jedoch, ob die anfängliche angemessene **Besicherung eines Gesellschafterdarlehens** (oder einer gleichgestellten Forderung) ein Bargeschäft darstellen kann. Dies wird teilweise mit Hinweis darauf verneint, dass § 135 Abs. 1 Nr. 1 sogar jede frühere Besicherung für anfechtbar erklärt (MüKoInsO/Gehrlein § 135 Rn. 18); angesichts des Wortlauts und der Stellung des § 142 als den Anfechtungsgründen nachfolgende Ausnahmevorschrift erscheint dies jedoch bei Vorliegen der Voraussetzungen eines Bargeschäfts nicht zwingend (vgl. Uhlenbruck/Borries/Hirte Rn. 9; Bloß/Zuleger NZG 2011, 332 (333) in Fn. 21; Rühle ZIP 2009 1358 (1360f.)). Der BGH äußert sich zu dieser Frage in seiner neuesten Entscheidung zu diesem Thema nicht, sondern lehnt eine Anwendung des Bargeschäftsprivilegs für die Sicherung von Forderungen aus Gesellschafterdarlehen oder von gleichgestellten Forderungen iSv § 135 Abs. 1 Nr. 1 generell ab (BGH ZIP 2019, 666 (670ff.)). Auch für die seit dem 5.4.2017 geltende Fassung des § 142 Abs. 1 lehnt das OLG Düsseldorf eine Anwendung des Bargeschäftsprivilegs bei der Anfechtung der Besicherung eines Gesellschafterdarlehens ab (BeckRS 2019, 30186). 4.2

Konzeptionell stellt die Norm des § 142 eine Ausnahmevorschrift dar, für deren erweiternde Auslegung grundsätzlich kein Platz ist (BGH NZI 2010, 897 (900)). 5

B. Einzelheiten

I. Rechtlicher Zusammenhang zwischen Leistung und Gegenleistung

§ 142 kommt nur zur Anwendung, wenn Leistung und Gegenleistung durch Parteivereinbarung miteinander verknüpft sind. Das wird durch die Worte "für die" zum Ausdruck gebracht (BT-Drs. 12/2443, 167 zu § 161; BGH NJW-RR 2006, 1134 (1136)). Grundsätzlich ist eine rechtsgeschäftliche Verknüpfung von Leistung und Gegenleistung erforderlich; ein lediglich wirtschaftlicher Zusammenhang genügt nicht, etwa wenn Leistung und Gegenleistung aus rechtlich selbständigen Verträgen folgen, die in einem unmittelbaren wirtschaftlichen Zusammenhang stehen (BGH NZI 2010, 985 (987); vgl. für das Stehenlassen einer Forderung BGH NZI 2009, 435). 6

Zudem müssen Leistung und Gegenleistung auch der jeweiligen Parteivereinbarung im Sinne einer Kongruenz entsprechen. Eine Leistung, die nicht der Parteivereinbarung entspricht, stellt keine Bardeckung dar (BGH NZI 2010, 897 (899)), denn es besteht weder rechtlich noch wirtschaftlich ein Anlass, Umsatzgeschäfte des Schuldners in der Krise zu begünstigen, soweit sie anders abgewickelt werden als vereinbart. Im Gegenteil stellt nach der Rechtsprechung der Erwerb desjenigen Gläubigers, der etwas anderes erhält als vereinbart, anfechtungsrechtlich auch dann eine einseitige Begünstigung dar, wenn der Gläubiger seinerseits eine Gegenleistung von gleichem Wert erbracht hat (BGH NJW 1993, 3267 (3268); 1992, 1960). Dementsprechend finden bei inkongruenter Sicherung oder Deckung die Vorschriften über das Bargeschäft keine Anwendung (BGH NZI 2007, 337 (338)); BAG BeckRS 2015, 65285 Rn. 19) (→ Rn. 7.1). 7

Die Inkongruenz kann sich auch aus einer **unwirksamen Parteivereinbarung** ergeben, etwa im Falle einer mangels Textform wegen § 3a RVG formunwirksamen anwaltlichen Honorarvereinbarung (vgl. Utsch DZWIR 2013, 353; Uhlenbruck/Borries/Hirte Rn. 40). Zur Kongruenz bei revolvierenden Sicherheiten → Rn. 16.3. 7.1

Eine ausreichende vertragliche Verknüpfung besteht bei gegenseitig verpflichtenden Verträgen iSd §§ 320ff. BGB. Jedoch kommen auch weniger enge vertragliche Absprachen in Betracht wie Vereinbarungen im Dreiecksverhältnis, bei denen die „Parteivereinbarung" aus der Deckungs- und der Valutabeziehung zu entnehmen ist (KG BeckRS 2011, 01749; BGH NZBau 2007, 514 (515f.); dazu Huber NZBau 2008, 737ff.; MüKoInsO/Kirchhof/Piekenbrock Rn. 7). Voraussetzung für ein Bargeschäft im Dreiecksverhältnis ist allerdings, dass der dreiseitige Leistungsaustausch durch Parteiabrede ausreichend miteinander verknüpft ist; wird die Leistung lediglich an einen (außenstehenden) Dritten erbracht, liegt nämlich kein Bargeschäft vor, da die Leistung dann nicht wie von § 142 vorausgesetzt in das Vermögen des Schuldners „gelangt" ist (BGH NZI 2010, 897 (899)). 8

Unerheblich ist, ob die Parteivereinbarung vor oder nach Beginn des – in den §§ 130–132 festgelegten – Krisenzeitraumes abgeschlossen wurde (MüKoInsO/Kirchhof/Piekenbrock Rn. 4). Dabei können die Vertragsparteien den Inhalt ihrer Vereinbarungen auch noch abändern, ohne den Charakter der Bardeckung zu gefährden, wenn sie die Abänderungsvereinbarung treffen, bevor die erste Leistung eines Vertragsteils erbracht worden ist (BGH NZI 2014, 762 (764))). 9

10 Für die Frage des Vorliegens einer vertraglichen Verknüpfung maßgeblich sind die tatsächlich von den Parteien getroffenen Vereinbarungen; liegt auf deren Grundlage kein Bargeschäft vor, so ist unerheblich, ob die Parteien im Einzelfall Abreden hätten treffen können, bei deren Vorliegen ein Bargeschäft gegeben wäre (vgl. BGH NZI 2010, 897 (899)).

11 Leistungen ohne vertragliche Gegenleistung sind vom Anwendungsbereich des § 142 ausgenommen, selbst wenn sie zu Vermögensvorteilen des Schuldners führen; eine Vorteilsausgleichung findet nicht statt (vgl. BGH NZI 2010, 897 (900); Uhlenbruck/Borries/Hirte Rn. 17, → Rn. 14).

11.1 Trotz des Charakters des § 142 als Ausnahmevorschrift (BGH NZI 2010, 897 (900)) werden vom Grundsatz der erforderlichen vertraglichen Verknüpfung **Ausnahmen** erwogen. So soll bei **gesetzlichen Rückabwicklungsverhältnissen** (etwa bei Leistungsaustausch Zug-um-Zug aufgrund Rücktritts oder ungerechtfertigter Bereicherung) trotz Fehlens einer vertraglichen Verknüpfung die Annahme von Bargeschäften möglich sein (Uhlenbruck/Borries/Hirte Rn. 18); und auch im Hinblick auf die **Vergütungszahlungen des vom Gericht bestellten vorläufigen Insolvenzverwalters,** dessen Tätigkeit mit der eines Rechtsanwaltes zu vergleichen ist, erscheint die Annahme des Bargeschäftsprivilegs als erwägenswert (BGH NZI 2012, 135 (136); hierzu auch Uhlenbruck/Borries/Hirte Rn. 44).

11.2 Nicht vom Bargeschäftsprivileg erfasst werden allerdings die Entrichtung von **Sozialversicherungsbeiträgen** des Arbeitgebers; die sozialversicherungsrechtliche Pflicht der Arbeitgebers, die Beiträge an die Einzugsstelle zu entrichten (§ 28e Abs. 1 SGB IV), ersetzt die notwendige Vereinbarung nicht (BGH NZI 2005, 497 (498)). Gleiches gilt für die Abführung der **Lohnsteuer** durch den Arbeitgeber an das Finanzamt; neben der Parteivereinbarung fehlt es hier auch an einer gleichwertigen Gegenleistung (BGH NZI 2004, 206 (209)).

II. Gleichwertigkeit von Leistung und Gegenleistung

12 § 142 verlangt, dass für die Leistung des Schuldners unmittelbar eine gleichwertige Gegenleistung in sein Vermögen gelangt. In diesem Fall findet wegen des ausgleichenden Vermögenswerts keine Vermögensverschiebung zulasten des Schuldners, sondern eine bloße Vermögensumschichtung statt (BGH NZI 2010, 897 (899)). Mit Rücksicht auf den Gesetzeszweck ist es allerdings unschädlich, falls die dem Schuldnervermögen zugeflossene Leistung höherwertig ist als die Leistung des Schuldners (BGH NZI 2014, 775 (776)).

13 Als Gegenleistung in Betracht kommen jegliche Leistungen mit wirtschaftlichem Wert (BAG NZA 2009, 105 (109)). Das bloße – wenn auch vertragliche – Versprechen des anderen Teils, eine Leistung zu erbringen, stellt allerdings noch keine Gegenleistung dar (BGH NZI 2008, 173 (174)).

14 Leistung und Gegenleistung müssen objektiv gleichwertig sein, weil die Benachteiligung ein objektives Erfordernis ist (BT-Drs. 12/2443, 167 zu § 161); bloß subjektive Vorstellungen der Beteiligten von der Gleichwertigkeit sind daher irrelevant (Uhlenbruck/Borries/Hirte Rn. 23). Die Gleichwertigkeit bemisst sich anhand objektiver wirtschaftlicher Kriterien; Abweichungen im Rahmen des Üblichen (zB Preisschwankungen aufgrund der Marktsituation oder „Drücken" des Kaufpreises) sind hierbei unschädlich (Braun/Riggert Rn. 3). Eine Anrechnung sonstiger Vorteile neben der Gegenleistung im Sinne einer Vorteilsausgleichung, wie etwa die Fortsetzung von Vertrags- und Lieferverhältnissen, kommt allerdings nicht in Betracht. Der Eintritt der Gläubigerbenachteiligung ist isoliert in Bezug auf das konkret bewirkte Minderung des Aktivvermögens oder die Vermehrung der Passiva des Schuldners zu beurteilen (vgl. BGH NZI 2013, 742 (743); BGH NZI 2010, 897 (900); Uhlenbruck/Borries/Hirte Rn. 17).

15 Um ein Bargeschäft annehmen zu können, muss die Gegenleistung tatsächlich in das schuldnerische Vermögen gelangen; eine von dem Anfechtungsgegner an einen Dritten erbrachte Zuwendung kann daher nicht als eine ein Bargeschäft rechtfertigende Gegenleistung anerkannt werden (BGH NZI 2010, 897 (900)). Ebenso wenig können unentgeltliche Leistungen des Schuldners, oder die bloße Verringerung von Verbindlichkeiten (ohne unmittelbare Gegenleistung) des Schuldners Bargeschäfte darstellen (MüKoInsO/Kirchhof/Piekenbrock Rn. 6). So stellt die Rückzahlung eines Darlehens grundsätzlich kein Bargeschäft dar, weil die Darlehensrückgewährung keine unmittelbare Gegenleistung für die Darlehensüberlassung darstellt (OLG Celle NZI 2012, 890; → Rn. 4.1); etwas anderes kann aber gelten, wenn der Schuldner eine Darlehensrückzahlung gegen Freigabe einer entsprechend werthaltigen Sicherheit aus seinem Vermögen vornimmt (BAG NZI 2009, 105 (109)). So kann etwa die Hingabe einer Grundschuld Zug um Zug gegen gleichzeitige oder zumindest zeitnahe Auszahlung eines mindestens gleichwertigen Darlehensbetrags ein Bargeschäft iSd § 142 darstellen (Marotzke DB 2015, 2495 (2498)). Gleichwertigkeit liegt jedoch nur dann vor, wenn der Wert der Sicherheit den Wert des Kredits nicht wesentlich überschreitet (Uhlenbruck/Borries/Hirte Rn. 45).

Für das Vorliegen eines Bargeschäfts unerheblich sind durch den Leistungsaustausch verursachte **16** mittelbare Gläubigerbenachteiligungen (→ Rn. 3): So ist es etwa irrelevant, ob die Gegenleistung leichter als die Leistung verschleudert werden kann, im Vermögen des Schuldners wegen § 811 Abs. 1 ZPO nicht in gleicher Weise dem Haftungsdurchgriff unterliegt wie die ausgeschiedene Leistung oder nicht im Schuldnervermögen erhalten bleibt, und zwar selbst dann, wenn sie als Vorleistung erbracht wurde und schon im Zeitpunkt der schuldnerischen Leistung nicht mehr vorhanden ist (BGH NJW 1995, 709; Uhlenbruck/Borries/Hirte Rn. 24; → Rn. 16.1 ff.).

Besondere Relevanz hat die Frage des Vorliegens eines Bargeschäfts in der Kreditwirtschaft. **16.1**

Die abredegemäße **Bestellung von Kreditsicherheiten** im Zusammenhang mit der Ausreichung **16.2** eines Kredits kann ein Bargeschäft darstellen (BGH NJW 1977, 718). Jedoch müssen die Sicherheiten in angemessener Höhe zur Darlehenssumme stehen; eine anfängliche Übersicherung kann der Gleichwertigkeit entgegenstehen (vgl. OLG Brandenburg BeckRS 2002, 30248968; Braun/Riggert Rn. 4; Uhlenbruck/Borries/Hirte Rn. 45; zur Besicherung von Überbrückungskrediten Huber NZI 2016, 521 (524)).

Bei **revolvierenden Sicherheiten** erstreckt sich der Bargeschäftscharakter lediglich auf die zum Zeit- **16.3** punkt der Sicherheitenbestellung entstehenden Sicherheiten, nicht aber auf die durch Revolvierung nach Vertragsschluss erlangten Sicherheiten (OLG Hamm NZM 2006, 397; wobei hier eine Zeitspanne von zwei Wochen unbeachtlich sein soll, vgl. Uhlenbruck/Borries/Hirte Rn. 29). Auf diese sind allerdings zumindest die Grundsätze der kongruenten Deckung anwendbar; eine inkongruente Deckung besteht nicht (BGH NZI 2008, 89; hierzu Kammel/Staps NZI 2008, 143; zur Insolvenzfestigkeit von Globalzessionen ferner Leithaus NZI 2007, 545; Bruckhoff NZI 2008, 87; Gleiches gilt für revolvierende Sicherungsübereignungen von Warenlagern (LG Berlin BeckRS 2008, 21380). Dem im Falle einer Revolvierung laufend stattfindenden Austausch von alten und neuen Sicherheiten kann allerdings kein Bargeschäftscharakter zugewiesen werden. Die neuen Sicherheiten sind keine Gegenleistung für die Aufgabe bestehender Sicherheiten, sondern für die Kreditgewährung, jedoch ist das bloße Unterlassen der Kreditrückforderung keine das Schuldnervermögen mehrende Leistung (Anm. Dahl/Schmitz zu BGH NZI 2008, 539 (542)).

Der Bargeschäftscharakter einer Sicherheitenbestellung kann verloren gehen, wenn im Falle einer Neu- **16.4** kreditvergabe die hierfür bestellten Sicherheiten zugleich auch **Altkredite** abdecken sollen, da es sich dann um ein insgesamt inkongruentes, in vollem Umfang anfechtbares Deckungsgeschäft handelt; etwas anderes soll nur gelten, sofern die Sicherheit vorrangig die Forderung aus dem im Gegenzug gewährten Neukredit abdecken soll und der Erlös nur zur Tilgung dieser Forderung ausreicht, also keine Übersicherung besteht. Denn in diesem Falle kommt eine bloße Teilanfechtung der (nachrangigen) Besicherung der Altkredite wegen inkongruenter Sicherung in Betracht (BGH NJW-RR 1993, 238 (240)).

Bei der Vereinbarung von verlängertem oder erweiterten **Eigentumsvorbehalt** fehlt es an der Gleich- **16.5** wertigkeit, wenn sämtliche Forderungen des Lieferanten gesichert werden (sog. Kontokorrentvorbehalt; BGH NJW 2015, 1756 (1759)).

Bei **Sanierungskrediten** kann der Bargeschäftscharakter der Sicherheitenbestellung in Frage stehen, **16.6** wenn die Kreditverwendung nur unter Aufsicht eines Treuhänders erfolgen darf, da die Kreditmittel bei wirtschaftlicher Betrachtung dann nicht wirklich in das Vermögen des Schuldners gelangen. Weiterhin kann der Bargeschäftscharakter in Frage stehen, wenn der Sanierungskredit auf einem von vornherein untauglichen Sanierungskonzept beruht, da die Kredite dann insofern „wertlos" sind, als dass sie die angestrebte Sanierung nicht bewirken können (OLG Brandenburg BeckRS 2002, 30248968).

Auch der **Austausch von gleichwertigen Kreditsicherheiten** als masseneutraler Sicherheitentausch **16.7** kann anfechtungsrechtlich unbedenklich sein (BGH NZI 2008, 89). Hieran fehlt es aber, wenn das eine Recht erloschen ist, bevor das andere Recht begründet worden ist, sodass dem Schuldner in der Zwischenzeit ein dinglich unbelastetes Recht zugestanden hat, auf welches die Gläubiger hätten zugreifen können (BGH NZI 2012, 667 (669)).

Beim (echten und unechten) **Factoring** soll der marktübliche Sicherheitseinbehalt bzw. die Abtretung **16.8** nicht bevorschusster Forderungen nicht zu einer Gläubigerbenachteiligung führen (OLG Bremen BeckRS 1980, 31137411); dementsprechend schließt eine solche Vorgehensweise weder die Unmittelbarkeit noch die Gleichwertigkeit im Sinne eines Bargeschäftes aus (Uhlenbruck/Borries/Hirte Rn. 60; MüKoInsO/ Kirchhof/Piekenbrock Rn. 22).

Der **Verkauf notleidend gewordener Forderungen** zu einem als marktüblich bewerteten Restpreis **16.9** soll die Gleichwertigkeit von Leistung und Gegenleistung nicht ausschließen (MüKoInsO/Kirchhof/Piekenbrock Rn. 22).

Auch die zeitnahe **Zahlung von Leasingraten**, die Miet- und Pachtzahlungen vergleichbar sind, kann **16.10** ein Bargeschäft sein (BGH NJW 2008, 248 (253)).

III. Unmittelbarkeit von Leistung und Gegenleistung

Die Gegenleistung muss „unmittelbar" ins Schuldnervermögen gelangen. Nach § 142 Abs. 2 **17** S. 1 (→ Rn. 17.1) setzt Unmittelbarkeit voraus, dass der Austausch von Leistung und Gegenleistung „nach Art der ausgetauschten Leistungen und unter Berücksichtigung der Gepflogenheiten des Geschäftsverkehrs in einem engen zeitlichen Zusammenhang" erfolgt. Nach der Rechtsprechung ist für das Vorliegen des engen zeitlichen Zusammenhangs unschädlich, wenn eine gewisse Zeitspanne zwischen Leistung und Gegenleistung liegt; die Zeitspanne darf jedoch nicht so lang sein, dass das Rechtsgeschäft unter Berücksichtigung der üblichen Zahlungsbräuche den Charakter eines Kreditgeschäfts annimmt (BT-Drs. 12/2443, 167 zu § 161). Die Abgrenzung zwischen Bargeschäft und Kreditierung erfolgt unter Berücksichtigung der Art des Geschäfts, der üblichen Leistungs- oder Zahlungsbräuche, der konkreten Erfüllungsmöglichkeiten und der sonstigen Umstände des Einzelfalls nach der Verkehrsauffassung und einer „wirtschaftlichen Einheitsbetrachtung" (vgl. BGH NZI 2008, 173; NJW 2006, 2701); im Regelfall kann der Rechtsgedanke des § 286 Abs. 3 BGB (30 Tage) herangezogen werden, wobei die Rechtslage bei einfachen Zahlungsvorgängen anders zu beurteilen ist als bei komplizierteren (Braun/Riggert Rn. 19). Für **Arbeitsentgelt** gilt nach § 142 Abs. 2 S. 2, S. 3 gesetzlich eine **Dreimonatsfrist.**

17.1   Die Regelung des § 142 Abs. 2 wurde durch das Gesetz zur Verbesserung der Rechtssicherheit bei Anfechtungen nach der Insolvenzordnung und nach dem Anfechtungsgesetz v. 29.3.2017 in die InsO eingefügt und greift die bisherige Rechtsprechung zum Begriff der „Unmittelbarkeit" auf. In Bezug auf das Arbeitsentgelt schloss sich der Gesetzgeber dabei der Auffassung des BAG an, welches aus Arbeitnehmerschutzgründen Zahlungen innerhalb von drei Monaten nach Fälligkeit als unschädlich ansah (BAG NZI 2014, 372), wohingegen der BGH auch hier auf eine Frist von 30 Tagen abstellen wollte (BGH NZI 2014, 775).

18   Unschädlich ist, wenn das Verpflichtungsgeschäft zeitlich deutlich vor dem Leistungsaustausch abgeschlossen wurde, denn auf den Zeitpunkt des dem Leistungsaustausch zugrunde liegenden schuldrechtlichen Vertrags kommt es nicht an (BAG NZI 2014, 372 (376)).

19   Verzögerungen der Leistung durch den Insolvenzschuldner können einem Bargeschäft entgegenstehen, etwa wenn er eine Rechnung zu spät bezahlt; zwar mag es unbillig erscheinen, dass eine solch einseitige „Kreditierzwingung" durch den Schuldner zu Lasten des Gläubigers geht (Braun/Riggert Rn. 20), jedoch kann andererseits die oftmals typische Säumigkeit des in der Krise befindlichen Schuldners auch nicht die Anfechtung zugunsten seiner Insolvenzgläubiger im Allgemeinen beeinträchtigen (MüKoInsO/Kirchhof/Piekenbrock Rn. 26). Nach der Rechtsprechung des BGH ist es daher durchaus möglich, dass eine einseitige Zahlungsverzögerung den Zusammenhang von Leistung und Gegenleistung derart lockert, dass die schließlich erfolgte Zahlung nicht mehr als „unmittelbar" in Bezug auf die erbrachte Leistung angesehen werden kann (BGH NZI 2002, 602 (603)). Nach dem OLG Düsseldorf kann eine geringfügige Zahlungsverzögerung von weniger als einer Woche, auch, wenn sie durch den Insolvenzschuldner verursacht wird, den Zusammenhang von Leistung und Gegenleistung nicht derart lockern, dass die schließlich erfolgte Zahlung nicht mehr als „unmittelbar" in Bezug auf die erbrachte Leistung angesehen werden kann (OLG Düsseldorf NZI 2020, 631 (633)).

20   Selbst hinsichtlich Verzögerungen durch neutrale Dritte wird erwogen, diese als schädlich anzusehen (MüKoInsO/Kirchhof/Piekenbrock Rn. 26), wobei dies wiederum in den Fällen eingeschränkt werden soll, wenn der Dritte notwendigerweise in den Leistungsvorgang eingeschaltet ist (zB Bank bei Scheckgutschrift). Dann nämlich realisiert sich in der Verzögerung nur das allgemeine Risiko der jeweiligen Verkehrsgeschäfte (BGH NJW 1980, 1961; Braun/Riggert Rn. 20). Im Falle von Grundbuchämtern gilt nunmehr allerdings § 140 Abs. 2 (→ Rn. 20.1 ff.).

20.1   Aus Rechtsprechung und Literatur ergeben sich folgende Leitlinien:

20.2   Ein gewisser zeitlicher Abstand zwischen Leistung und Gegenleistung ist unschädlich; eine Zug-um-Zug-Erfüllung ist nicht erforderlich (BGH NJW 1980, 1961). Auch ist unbeachtlich, welche der beiden Parteien vorleistet (BGH NZI 2006, 469 (472); BGH NZI 2010, 985 (988)).

20.3   Bei **Kaufverträgen über bewegliche Sachen** ist eine Zeitspanne von je einer Woche zwischen Lieferung und Rechnungsstellung und zwischen Rechnungsstellung und Scheckbegebung nicht zu lang, um ein Bargeschäft anzunehmen (BGH NJW 1980, 1961 (1962)).

20.4   Bei monatsweise zu zahlenden **Leasingraten** steht eine vorschüssige Begleichung zum 20. des Vormonats der Annahme eines Bargeschäfts nicht entgegen (BGH NJW 2008, 3348 (3353)).

20.5   Im Rahmen eines **Kontokorrents** übersteigt ein Zeitraum von zwei Wochen zwischen den zu verrechnenden Soll- und Habenbuchungen nicht den Rahmen des engen zeitlichen Zusammenhangs (BGH NZI 2002, 311). Drei Monate wären allerdings zu lang; ob bei monatlicher Abrechnung der „enge zeitliche Zusammenhang" noch gewahrt wäre, wurde vom BGH ausdrücklich offengelassen (BGH NZI 2001, 247 (248 f.); im Einzelnen zum Kontokorrent Uhlenbruck/Borries/Hirte Rn. 50 ff.).

20.6   Die Eintragung einer **Grundsicherheit** (Hypothek) innerhalb eines Monats nach Kreditvergabe steht der Annahme eines Bargeschäftes nicht entgegen (BGH NJW 1955, 709). Angesichts des § 140 Abs. 2 ist nunmehr allerdings nicht mehr auf den Zeitpunkt bis zur Eintragung der Grundsicherheit abzustellen, sondern auf den Zeitpunkt der Antragstellung beim Grundbuchamt. Ein Zeitraum von einem Monat zwischen Kreditvergabe und Antragstellung erscheint hier als noch angemessen (MüKoInsO/Kirchhof/Piekenbrock Rn. 35). Ein Zeitraum von sechs Monaten zwischen Valutierung des Darlehens und Stellung des Antrags auf Eintragung der Grundschuld ist in jedem Fall zu lang (BGH MittBayNot 2009, 61 = BeckRS 2008, 12542); Gleiches gilt im Falle der Besicherung durch Abtretung einer Eigentümergrundschuld (OLG Brandenburg BeckRS 2002 30248968).

Hinsichtlich der **Zahlung von Arbeitsentgelt** gilt die nunmehr Dreimonatsfrist des § 142 Abs. 2 S. 3 und S. 4 (→ Rn. 17.1). **20.7**

Bei der **Vergütung von Rechtsanwälten** ist nach der Rechtsprechung des BGH das Vorliegen eines Bargeschäfts zu verneinen, wenn zwischen Beginn der Tätigkeit und Erbringung der Gegenleistung (dh Vergütung) mehr als 30 Tage liegen; um der Gefahr einer durch verspätete Zahlung des Schuldners ausgelösten Überschreitung dieser Frist entgegenzuwirken, soll es einem Rechtsanwalt, der in den Genuss des Bargeschäftsprivilegs kommen will, auch möglich und zumutbar sein, in regelmäßigen Abständen Vorschüsse einzufordern, die in etwa dem Wert seiner inzwischen entfalteten oder der in den nächsten 30 Tagen noch zu erbringenden Tätigkeit entsprechen (vgl. BGH NZI 2008, 659). Auf welcher Rechtsgrundlage dies allerdings erfolgen soll, bleibt – abgesehen von § 9 RVG und möglicherweise §§ 648, 648a BGB – offen (MüKoInsO/Kirchhof/Piekenbrock Rn. 34). Diese Rechtsprechung führt in der Praxis insbesondere bei **Sanierungsberatungen** zu Schwierigkeiten und trifft neben Rechtsanwälten auch die zugleich in Sanierungsfällen tätigen Steuerberater oder Wirtschaftsprüfer. Denn in einer Sanierungssituation sind für die Berater des sich in der Krise befindlichen, aber noch nicht insolventen Unternehmens häufig weder laufende Vorschusszahlungen noch kurzfristige nachschüssige Bezahlungen durchsetzbar, sodass die Berater faktisch stets das Risiko der „Krediterzwingung" durch den (späteren) Insolvenzschuldner tragen (→ Rn. 19). Ein weiteres Risiko besteht für die Sanierungsberater darin, dass nach der Rechtsprechung des BGH die „Gleichwertigkeit" von erarbeiteten Sanierungskonzepten zur Vergütung in Frage steht, wenn diese im weiteren Verlauf der Sanierung nicht von Nutzen waren bzw. dies nicht erwartet werden konnte (vgl. BGH NZI 2008, 173). In solchen Fällen sollte im Einzelfall jedoch geprüft werden, ob die Erstellung des Sanierungskonzeptes oder die Prüfung der Möglichkeiten eines Sanierungskonzepts die maßgeblich vom Berater zu erbringende Gegenleistung war, da in letzterem Fall ein mangelnder Nutzen des Konzepts der Vorlage eines Bargeschäfts möglicherweise nicht entgegensteht (vgl. Uhlenbruck/Borries/Hirte Rn. 43). Ein letztes Risiko im Hinblick auf die Honoraransprüche der Sanierungsberater ergibt sich schließlich daraus, dass sie sich trotz Vorliegens eines Bargeschäfts typischerweise der Gefahr einer Vorsatzanfechtung nach § 133 ausgesetzt sehen, da ja der Schuldner den Sanierungsberater oft gerade erst deswegen aufsucht, weil er sich in einer Krise befindet. Die insofern weitgehende Rechtsprechung zur Vorsatzanfechtung (vgl. zuletzt OLG Frankfurt a. M. NZI 2017, 265; LG Frankfurt NZI 2015, 1022 mAnm Riewe – „Q-Cells") wird in der Literatur folgerichtig seit Jahren als völlig inakzeptabel kritisiert (vgl. nur Ganter ZIP 2015, 1413; Riewe NZI 2015, 1035 zur Entscheidung des LG Frankfurt NZI 2015, 1022 – „Q-Cells"; Ganter WM 2009, 1441 (1450); Fischer NZI 2008, 588). Mit den durch das Gesetz zur Verbesserung der Rechtssicherheit bei Anfechtungen nach der Insolvenzordnung und nach dem Anfechtungsgesetz v. 29.3.2017 vorgenommenen Ergänzungen der § 133 und § 142 dürfte die Anfechtbarkeit der Beraterentgelte allerdings deutlich schwieriger geworden sein: Zum einen wird iRd § 133 Abs. 1 die Kenntnis des Anfechtungsgegners vom Gläubigerbenachteiligungsvorsatz im Fall von kongruenten Deckungshandlungen nur noch dann vermutet, wenn der Anfechtungsgegner die Zahlungsunfähigkeit des Schuldners kannte (§ 133 Abs. 2); Kenntnis der drohenden Zahlungsunfähigkeit (§ 133 Abs. 1 S. 2) – die typischerweise gegeben ist, wenn ein Unternehmen Sanierungsberater heranzieht – reicht in diesem Fall nicht mehr. Und zum anderen dürfte das neue Kriterium der Kenntnis „unlauteren" Handelns (→ Rn. 22), welches vom Insolvenzverwalter zu beweisen ist, eine Anfechtbarkeit von Bargeschäften deutlich erschweren. **20.8**

IV. Rechtsfolgen bei Vorliegen eines Bargeschäfts

Nach dem Wortlaut des § 142 kann ein Bargeschäft nur unter den Voraussetzungen des § 133 Abs. 1 angefochten werden (zum Verhältnis zu den anderen Anfechtungstatbeständen → Rn. 2). Hintergrund ist, dass Geschäfte, bei denen subjektiv eine Gläubigerschädigung im Vordergrund steht, trotz Vorliegens einer ausreichenden (unmittelbaren) wirtschaftlichen Kompensation nicht dem Bargeschäftsprivileg unterstellt werden sollen. Voraussetzung für das Eingreifen des § 133 Abs. 1 ist in diesem Fall allerdings das Vorliegen einer mittelbaren Gläubigerbenachteiligung, etwa wenn der Schuldner den Erlös beiseite bringen konnte. Die Vorsatzanfechtung trotz Vorliegens eines Bargeschäfts wird allerdings durch die Rechtsprechung zum bargeschäftlichen Leistungsaustausch als entkräftendes Beweisanzeichen gegen das Vorliegen eines Gläubigerbenachteiligungsvorsatzes eingeschränkt. Demnach kann das aus der Kenntnis des Schuldners folgende starke Beweisanzeichen für seinen Gläubigerbenachteiligungsvorsatz iRd § 133 entfallen, wenn der mit dem **21**

Gläubiger vorgenommene Leistungsaustausch bargeschäftlichen Charakter hat und zur Fortführung des Unternehmens notwendig ist (vgl. BGH NJW 2015, 1756).

22 Das Erfordernis der Erkenntnis **unlauteren Handelns** wurde mit dem Gesetz zur Verbesserung der Rechtssicherheit bei Anfechtung nach der Insolvenzordnung und nach dem Anfechtungsgesetz v. 29.3.2017 in § 142 Abs. 1 eingefügt. Nach der Begründung zum Gesetzentwurf (BT-Drs. 18/7054, 19) erfordert „unlauteres Handeln" einen „besonderen Unwert" im Sinne einer „gezielten Benachteiligung von Gläubigern". Dies soll jedenfalls noch nicht bei Geschäften zur Fortführung des Geschäftsbetriebs zu bejahen sein, auch wenn der Schuldner erkennt, dass die Betriebsfortführung verlustträchtig ist. Der Gesetzgeber hat insofern die Rechtsprechung zum bargeschäftlichen Leistungsaustausch als entkräftendes Beweisanzeichen gegen das Vorliegen eines Gläubigerbenachteiligungsvorsatzes (→ Rn. 21) aufgegriffen. Geht es beispielsweise dem Schuldner ausschließlich darum, seine Verbindlichkeiten aus einem Bargeschäft zu tilgen, gestattet die Kenntnis des Schuldners von der Unrentabilität seiner Geschäftstätigkeit nicht den Schluss auf Unlauterkeit (OLG Düsseldorf NZI 2020, 631 (634)). Unlauteres Handeln ist jedoch anzunehmen, „wenn es dem Schuldner in erster Linie darauf ankommt, durch die Befriedigung des Leistungsempfängers andere Gläubiger zu schädigen". Die Begründung zum Gesetzesentwurf (BT-Drs. 18/7054, 19) nennt hierfür beispielsweise Ausgaben für flüchtige Luxusgüter oder das Abstoßen von Betriebsvermögen, das zur Fortführung des Geschäftsbetriebs unverzichtbar ist, wenn der Schuldner den vereinnahmten Gegenwert seinen Gläubigern entziehen will (→ Rn. 22.1; s. zum aktuellen Stand der Diskussion in der Literatur um den Begriff der Unlauterbarkeit Ganter NZI 2018, 585).

22.1 Zusammen mit der prozessualen Verteilung der Darlegungs- und Beweislast, wonach der Insolvenzverwalter beweisen muss, dass der Anfechtungsgegner die Unlauterkeit kannte (→ Rn. 24), könnte diese Regelung die Vorsatzanfechtung von kongruenten Deckungen im Rahmen von Bargeschäften in der Praxis enorm erschweren (Brinkmann/Jacoby/Thole ZIP 2015, 2001 (2002); Dahl/Schmitz NJW 2017, 1505 (1509)). Abzuwarten wird sein, ob dies auch Beratungsleistungen im Rahmen von ernsthaften Sanierungsversuchen (→ Rn. 20.8) umfasst.

23 Nach dem eindeutigen Wortlaut des § 142 bleibt der Einwand des Bargeschäfts iRd § 135 möglich (→ Rn. 4).

C. Prozessuales

24 Darlegungs- und beweispflichtig für die tatsächlichen Voraussetzungen des § 142 ist der Anfechtungsgegner (BGH NZI 2007, 456 (457)). Bei Vorliegen eines Bargeschäfts hat der Insolvenzverwalter hingegen die tatsächlichen Voraussetzungen des § 133 Abs. 1–3 (hierzu → § 133 Rn. 16) sowie die Kenntnis des Anfechtungsgegners von einem unlauteren Handeln des Schuldners (→ Rn. 22) zu beweisen (→ Rn. 24.1).

24.1 Entgegen teilweise vertretener Ansicht (Braun/Riggert Rn. 24) greift die Beweislastregel des § 133 Abs. 4 hingegen nicht, da § 133 Abs. 4 eine unmittelbare Gläubigerbenachteiligung voraussetzt, die im Falle des Bargeschäfts jedoch gerade fehlt (MüKoInsO/Kirchhof/Piekenbrock Rn. 40; Uhlenbruck/Borries/Hirte Rn. 34; → Rn. 2). Auch beschränkt § 142 Abs. 1 seine Bezugnahmen auf § 133 Abs. 1–3.

§ 143 Rechtsfolgen

(1) ¹Was durch die anfechtbare Handlung aus dem Vermögen des Schuldners veräußert, weggegeben oder aufgegeben ist, muß zur Insolvenzmasse zurückgewährt werden. ²Die Vorschriften über die Rechtsfolgen einer ungerechtfertigten Bereicherung, bei der dem Empfänger der Mangel des rechtlichen Grundes bekannt ist, gelten entsprechend. ³Eine Geldschuld ist nur zu verzinsen, wenn die Voraussetzungen des Schuldnerverzugs oder des § 291 des Bürgerlichen Gesetzbuchs vorliegen; ein darüber hinausgehender Anspruch auf Herausgabe von Nutzungen eines erlangten Geldbetrags ist ausgeschlossen.

(2) ¹Der Empfänger einer unentgeltlichen Leistung hat diese nur zurückzugewähren, soweit er durch sie bereichert ist. ²Dies gilt nicht, sobald er weiß oder den Umständen nach wissen muß, daß die unentgeltliche Leistung die Gläubiger benachteiligt.

(3) ¹Im Fall der Anfechtung nach § 135 Abs. 2 hat der Gesellschafter, der die Sicherheit bestellt hatte oder als Bürge haftete, die dem Dritten gewährte Leistung zur Insolvenz-

masse zu erstatten. ²Die Verpflichtung besteht nur bis zur Höhe des Betrags, mit dem der Gesellschafter als Bürge haftete oder der dem Wert der von ihm bestellten Sicherheit im Zeitpunkt der Rückgewähr des Darlehens oder der Leistung auf die gleichgestellte Forderung entspricht. ³Der Gesellschafter wird von der Verpflichtung frei, wenn er die Gegenstände, die dem Gläubiger als Sicherheit gedient hatten, der Insolvenzmasse zur Verfügung stellt.

Überblick

Gemäß § 143 soll die Insolvenzmasse als Folge der Anfechtung in die Lage zurückversetzt werden, in der sie sich befinden würde, wenn die anfechtbare Handlung unterblieben wäre. Nach Abs. 1 S. 1 ist daher primär alles „in Natur" zur Insolvenzmasse zurück zu gewähren, was dem Schuldnervermögen durch die anfechtbare Rechtshandlung entzogen wurde (→ Rn. 19). Ist dies nicht möglich, ist Wertersatz zu leisten, auch wenn der Rückgewährschuldner die Unmöglichkeit der Rückgewähr oder die Verschlechterung des anfechtbar erworbenen Gegenstands nicht zu vertreten hat (Abs. 1 S. 2, → Rn. 21). Aus Gerechtigkeitserwägungen kann der Schuldner zum Ausgleich im Gegenzug jedoch den Ersatz bestimmter Verwendungen verlangen (→ Rn. 33). Abs. 2 privilegiert zudem den gutgläubigen Empfänger einer unentgeltlichen Leistung (§ 134); er hat das Empfangene nur insoweit zurück zu gewähren, als dass er noch bereichert ist (→ Rn. 36). Im Falle der Bösgläubigkeit gilt allerdings auch für ihn die Haftung nach Abs. 1 S. 1 (→ Rn. 38). Abs. 3 stellt eine Sonderregelung für eine auf § 135 Abs. 2 gestützte Anfechtung von gesellschafterbesicherten Drittdarlehen dar (→ Rn. 41).

Übersicht

	Rn.		Rn.
A. Allgemeines	1	I. Rückgewähranspruch (Absatz 1)	19
I. Rechtsnatur	1	1. Rückgewähr „in Natur" (Absatz 1 S. 1)	19
II. Anspruchsberechtigter	4	2. Anwendung bereicherungsrechtlicher Grundsätze	21
III. Anspruchsgegner	7	II. Privilegierung des Empfängers einer unentgeltlichen Leistung (Absatz 2)	36
IV. Geltendmachung des Anfechtungsanspruchs; Verfügungen des Insolvenzverwalters	8	III. Anfechtung des Rückgewähr eines gesellschafterbesicherten Drittdarlehens (Absatz 3)	41
V. Rückgewähr in die Insolvenzmasse	12	IV. Prozessuales	46
VI. Anwendbarkeit allgemeiner Vorschriften	15	1. Verfahrensfragen	46
B. Einzelheiten	19	2. Beweisfragen	54

A. Allgemeines

I. Rechtsnatur

Beim Anfechtungsanspruch nach § 143 handelt es sich um ein gesetzliches Schuldverhältnis. **1** Es begründet einen Rückgewähranspruch in Form eines schuldrechtlichen Verschaffungsanspruchs, auf den die allgemeinen Vorschriften des BGB Anwendung finden (MüKoInsO/Kirchhof/Piekenbrock Rn. 16). Der Anfechtungsanspruch ist kein Bereicherungsanspruch; er zielt primär auf „Rückgewähr" dessen, was dem Vermögen des Schuldners durch die anfechtbare Handlung entzogen wurde und nicht auf Abschöpfung dessen, was in das Vermögen des Anfechtungsgegners gelangt ist. Insofern ist die Verweisung in Abs. 1 S. 2 lediglich eine Rechtsfolgenverweisung (BGH NZI 2008, 238; BAG NZI 2011, 644 (646)). Im Rahmen des Abs. 1 (anders aber bei Abs. 2; → Rn. 36) ist aufgrund der Gleichstellung mit einem bösgläubigen Bereicherungsschuldner auch ein Berufen des Rückgewährschuldners auf Entreicherung (§ 818 Abs. 3 BGB) ausgeschlossen (BAG NJW 2018, 331 (334); BGH NZI 2012, 453 (457) in Aufgabe seiner früheren Rechtsprechung zum uneigennützigen Treuhänder). Unanwendbar auf den Anfechtungsanspruch sind auch die §§ 814, 817 BGB und die bereicherungsrechtliche Saldotheorie (Uhlenbruck/Borries/Hirte Rn. 28). Der Anfechtungsanspruch hat auch keinen schadensersatzrechtlichen Charakter, sodass auch die §§ 249 ff. BGB und insbesondere die Grundsätze über das Mitverschulden nach § 254 BGB nicht anwendbar sind (Uhlenbruck/Borries/Hirte Rn. 25; vgl. aber Fridgen,

Die Rechtsfolgen der Insolvenzanfechtung, 2009, 161 f.); allenfalls kann § 242 BGB die Berücksichtigung schuldhafter Mitverursachung rechtfertigen (LG Dortmund BeckRS 2013, 13613).

2 Der Anfechtungsanspruch entsteht und wird fällig mit Eröffnung des Insolvenzverfahrens (BGH NZI 2010, 298 (299); MüKoInsO/Kirchhof/Piekenbrock Rn. 14; Uhlenbruck/Borries/Hirte Rn. 6; vgl. aber BFH BeckRS 2008, 25013224). Einer Ausübung des Anfechtungsrechts durch den Insolvenzverwalter bedarf es nicht (BGH NZI 2007, 230 (231)), ausreichend ist das Vorliegen einer „anfechtbaren Handlung". Sofern der Rückgewähranspruch in einer Geldschuld besteht, also sofern er auf Geld lautet oder sich auf Wertersatz in Geld konkretisiert hat, ist er gem. § 143 Abs. 1 S. 3 allerdings erst dann zu verzinsen, wenn die Voraussetzungen des Schuldnerverzugs oder des § 291 BGB vorliegen; ein darüber hinausgehender Anspruch auf Herausgabe von Nutzungen eines erlangten Geldbetrags ist ausgeschlossen (→ Rn. 2.1).

2.1 Die Regelung des § 143 Abs. 1 S. 3 wurde durch das Gesetz zur Verbesserung der Rechtssicherheit bei Anfechtungen nach der Insolvenzordnung und nach dem Anfechtungsgesetz v. 29.3.2017 in die InsO eingefügt. Sie findet ohne Überleitung auch auf die beim Inkrafttreten des Gesetzes bereits bestehenden Insolvenzverfahren Anwendung (§ 103j EGInsO). Zuvor galt, dass eine Geldschuld bereits ab Verfahrenseröffnung aufgrund fingierter Rechtshängigkeit (→ Rn. 17) in Höhe von fünf Prozentpunkten über dem Basiszinssatz p.a. zu verzinsen war (§ 819 Abs. 1 BGB, § 818 Abs. 4 BGB, § 291 BGB; BGH NZI 2014, 266 (268); BGH NZI 2007, 230; vgl. auch MüKoInsO/Kirchhof/Piekenbrock Rn. 2, 89); dieser während einer Niedrigzinsperiode sehr hohe Zinssatz hatte dazu geführt, dass Insolvenzverwalter die Anfechtungsansprüche zum Teil erst längere Zeit nach Insolvenzeröffnung geltend machten und sich die Anfechtungsgegner bisweilen erheblichen Zinsansprüchen ausgesetzt sahen. Für das Inkrafttreten des Änderungsgesetzes laufende Insolvenzverfahren gilt mithin für den Zinslauf, dass der Anfechtungsanspruch vor dem 5.4.2017 in Höhe von fünf Prozentpunkten über dem Basiszinssatz p.a. zu verzinsen ist, ab dem 5. April dann aber nur noch (bzw. erst wieder dann), wenn die Voraussetzungen des Schuldnerverzugs oder des § 291 BGB vorliegen (vgl. hierzu auch Beschlussempfehlung und Bericht des Rechtsausschusses, BT-Drs. 18/11199, 11 f.; BGH NZI 2018, 562 (565); LG Hamburg BeckRS 2019, 1231 Rn. 51 ff.). Liegen die Voraussetzungen des § 291 BGB vor, so ergibt sich der Zinssatz von fünf Prozentpunkten über dem Basiszinssatz p.a. aus der entsprechenden Anwendung des § 288 Abs. 1 S. 2 BGB über § 291 S. 2 BGB. Eine Entgeltforderung iSv § 288 Abs. 2 BGB liegt nur vor, wenn die Forderung auf die Zahlung eines Entgelts als Gegenleistung für eine vom Gläubiger erbrachte oder zu erbringende Leistung gerichtet ist, die in der Lieferung von Gütern oder der Erbringung von Dienstleistungen besteht. Der Rückgewähranspruch aus § 143 InsO stellt keine solche Entgeltforderung dar, sodass ein erhöhter Zinssatz von neun Prozentpunkten über dem Basiszinssatz p.a. nach § 288 Abs. 2 BGB ausscheidet (BGH NZI 2018, 562 (565)).

3 Ist das anfechtbar Erlangte bereits vor Verfahrenseröffnung zurückgewährt worden oder stellt sich später heraus, dass die angefochtene Handlung zu keiner Gläubigerbenachteiligung geführt hat (zB weil die vorhandene Masse zur Befriedigung der Gläubiger ausreichend war), kommt der Anfechtungsanspruch nicht zur Entstehung (Uhlenbruck/Borries/Hirte Rn. 3, 97).

II. Anspruchsberechtigter

4 Gläubiger des Rückgewähranspruchs ist der Insolvenzschuldner als Rechtsinhaber der Masse. Ausgeübt werden kann er jedoch nur vom jeweiligen Insolvenzverwalter kraft seines Amtes (→ Rn. 4.1 f.).

4.1 Der Insolvenzverwalter kann jedoch einen Dritten, auch den Schuldner, dazu ermächtigen, die Rechte als gewillkürter Prozessstandschafter wahrzunehmen (BGH NJW 1987, 2018; Uhlenbruck/Borries/Hirte Rn. 9).

4.2 Insolvenzgläubiger können im Rahmen eines Anfechtungsprozesses aufseiten des Insolvenzverwalters als Streithelfer (§ 66 ZPO) beitreten, jedoch nicht selbst das Anfechtungsrecht ausüben; bei Unterlassen einer Anfechtung durch den Insolvenzverwalter können die Insolvenzgläubiger allenfalls gerichtliche Aufsicht (§ 58) anregen, wobei die gerichtliche Kontrolle sich auf Ermessensüberprüfung beschränkt (Uhlenbruck/Borries/Hirte Rn. 12 f.). Ebensowenig kann der Insolvenzverwalter eine Anfechtung bzw. Anfechtbarkeit als Nebenintervenient geltend machen (BGH NJW 1989, 985; Uhlenbruck/Borries/Hirte Rn. 177).

5 Dem vorläufigen Insolvenzverwalter steht kein Anfechtungsrecht zu, da das Recht erst mit Verfahrenseröffnung entsteht (stRspr, zB BGH ZInsO 2012, 1321 = ZIP 2012, 1359; BGH ZIP 2013, 1504; anders BFH ZIP 2008, 1780; Jaeger/Henckel Rn. 103). Er kann dementsprechend auch nicht zur Geltendmachung von Rückgewähransprüchen ermächtigt werden oder auf das Anfechtungsrecht verzichten. Demgegenüber können Handlungen des vorläufigen Insolvenzver-

walters im eröffneten Verfahren angefochten werden (HmbKommInsR/Rogge/Leptien Rn. 4; Uhlenbruck/Borries/Hirte Rn. 11).

Im Rahmen der Eigenverwaltung steht das Anfechtungsrecht dem Sachwalter zu (§ 280). **6**

III. Anspruchsgegner

Anfechtungsgegner ist diejenige Person, die durch die anfechtbare Rechtshandlung des Schuld- **7** ners eine vermögenswerte Position zum Nachteil der Masse erlangt hat, oder deren Rechtsnachfolger (§ 145); irrelevant ist, ob der Anfechtungsgegner Vertragspartner oder Insolvenzgläubiger des Schuldners ist (BGH NZI 2012, 713). Die Passivlegitimation als Anfechtungsgegner kann auch aus Rechtsscheinsgesichtspunkten folgen (BGH NZI 2011, 107). Mehrere Personen haften beim Erhalt einer unteilbaren Leistung als Gesamtschuldner (§ 431 BGB; HmbKommInsR/Rogge/ Leptien Rn. 7 ff.; Uhlenbruck/Borries/Hirte Rn. 80 ff.). Bei der Inanspruchnahme von Vertretern oder Mittelpersonen im Rahmen der Leistungsabwicklung ist richtiger Anspruchsgegner der letztlich Begünstigte (Vertretener, mittelbarer Empfänger). Die Anfechtung einer mittelbaren Zuwendung gegenüber dem Begünstigten schließt insoweit die Anfechtung gegenüber dem Leistungsmittler aus, sofern dieser – für den Begünstigten erkennbar – für den Leistenden handelte (BGH NJW-RR 2015, 178 (179)).

Tilgt der Leistungsschuldner eine zum Zwecke des Forderungseinzugs abgetretene Forderung gegenüber **7.1** einem Inkassounternehmen als Forderungszessionar, kann die Zahlung nach Weiterleitung an den ursprünglichen Forderungsinhaber nur diesem gegenüber angefochten werden (BGH NZI 2016, 82). Gleiches gilt für den Fall einer Zahlung des Schuldners auf das Konto eines Treuhänders, gegen den infolgedessen der Treugeber einen Herausgabeanspruch aus Treuhand- und Auftragsverhältnis erlangt. Richtiger Anspruchsgegner ist der Treugeber als unmittelbarer Empfänger der Schuldnerleistung (BGH NJW-RR 2016, 367 (368)). In beiden Fällen werden Mittelspersonen als Empfangsbeauftragte bzw. Zahl- und Verrechnungsstelle für den Dritten als unmittelbar Begünstigtem tätig.

Eine Vorsatzanfechtung gegen den uneigennützigen Treuhänder kommt ausnahmsweise in Betracht, **7.2** wenn der Treuhänder als Zahlungsmittler im Rahmen kollusiven Zusammenwirkens an einer vorsätzlichen Gläubigerbeteiligung teilgenommen hat (BGH NZI 2018, 114; so auch OLG Brandenburg BeckRS 2019, 28452).

Demgegenüber ist die Mittelperson selbst immer dann richtiger Anspruchsgegner, wenn durch die **7.3** Vermögensübertragung unmittelbar auch eigene Rechte oder Pflichten der Mittelperson berührt sind, so etwa bei (Mit-)Schuldnern oder Sicherungsnehmern. Eine Anfechtung gegenüber dem unmittelbar Begünstigten kommt in diesen Fällen nur in Betracht, wenn der Wille des leistenden Schuldners erkennbar darauf gerichtet war, die Zahlung dem begünstigten Gläubiger zukommen zu lassen.

Ob der Anfechtungsgegner die erlangte Sache zwischenzeitlich weitergeleitet oder sonst verloren hat, **7.4** ist für seine Stellung als Rückgewährschuldner unerheblich (OLG Saarbrücken BeckRS 2020, 4172 Rn. 40; Uhlenbruck/Borries/Hirte Rn. 69). So ist ein Versicherungsträger auch dann als Empfänger der angefochtenen Zahlungen anzusehen, wenn er verpflichtet ist, die empfangenen Beiträge unverzüglich an eine Pensionskasse weiterzuleiten (OLG Saarbrücken BeckRS 2020, 4172 Rn. 40).

Während einer laufenden Zwangsverwaltung richtet sich der Rückgewähranspruch einer anfechtbar **7.5** erbrachten Leistung allein gegen den Zwangsverwalter (BGH NJW 2018, 706 (707)). Mit Anordnung der Zwangsverwaltung gehen die Befugnis der Verwaltung und Benutzung des Grundstücks sowie diverse weitergehende Rechte von dem Schuldner auf den bestellten Zwangsverwalter über. Er hat das Grundstück auf Rechnung des Vollstreckungsschuldners zu verwalten. Der Zwangsverwalter fungiert hierbei nicht als Leistungsmittler einer von dem Insolvenzschuldner an den Vollstreckungsgläubiger erbrachten Leistung, sondern agiert weisungsunabhängig von Vollstreckungsschuldner und -gläubiger. Als unabhängige Zwischenperson ist er daher richtiger Anspruchsgegner.

Auch bei Zahlungen an öffentlich-rechtlich Beliehene ist richtiger Anspruchsgegner stets der Empfänger **7.6** der Leistung, also derjenige, bei dem die durch die insolvenzrechtliche Anfechtung zu beseitigenden Rechtswirkungen eingetreten sind (OLG Brandenburg BeckRS 2019, 11258).

Eine kommunale Gebietskörperschaft, der per Zuständigkeitsregelung das Recht übertragen wurde, **7.7** bestimmte, auf das Land übergegangene Ansprüche außergerichtlich und gerichtlich geltend zu machen, ist Anfechtungsgegnerin, wenn sie Zahlungen des Schuldners entgegengenommen hat (BGH NZI 2019, 851).

In der Insolvenz des Anfechtungsschuldners begründet der Anfechtungsanspruch ein Aussonde- **7a** rungsrecht, sofern noch ein aussonderungsfähiger Gegenstand unterscheidbar in der Masse vorhanden oder hinterlegt ist (BGH NZI 2009, 429 (432)).

IV. Geltendmachung des Anfechtungsanspruchs; Verfügungen des Insolvenzverwalters

8 Dem Insolvenzverwalter steht ein Ermessensspielraum hinsichtlich der Geltendmachung und Verfügung über den Anfechtungsanspruch zu. Sein alleiniges Verfügungsrecht folgt aus § 80; so kann er den Anspruch beispielsweise erlassen, auf ihn verzichten oder sich über ihn mit dem Schuldner vergleichen (BGH NZI 2011, 486 (487); BGH NJW 1995, 2783 (2784); BGH BeckRS 2016, 02258 Rn. 27; Uhlenbruck/Borries/Hirte Rn. 92). Auch kann er ihn an den Schuldner oder einen Dritten abtreten, einschließlich im Rahmen eines Factoring (BGH NZG 2011, 873). Bei der Ausübung seines Ermessens hat sich der Insolvenzverwalter allerdings stets am Insolvenzzweck zu orientieren, dh an der größtmöglichen und gleichmäßigen Befriedigung aller Insolvenzgläubiger. Überschreitet er seinen Ermessensspielraum, ist die Maßnahme des Insolvenzverwalters gleichwohl wirksam; lediglich Maßnahmen, die dem Insolvenzzweck „offensichtlich zuwider laufen, bei denen der Verstoß also für einen verständigen Beobachter ohne weiteres ersichtlich ist", sind nach der Rechtsprechung des BGH nichtig (BGH NZI 2013, 347 (348); NJW 1994, 323 (326); → Rn. 8.1 f.).

8.1 **Beispiele** nichtiger Maßnahmen sind Schenkungen aus der Masse, die Anerkennung nicht bestehender Aus- und Absonderungsrechte oder die entgeltliche Ablösung einer offensichtlich wertlosen Grundschuld (BGH NZI 2013, 347 (348)).

8.2 Die Abtretung eines Anfechtungsanspruchs gegen Erhalt einer gleichwertigen Gegenleistung ist grundsätzlich nicht insolvenzzweckwidrig; Gleiches gilt für die Abtretung eines streitigen Rückgewähranspruchs, wenn die Masse als Gegenleistung einen Anspruch auf Auskehrung des hälftigen Erlöses des vom Abtretungsempfänger zu führenden Rechtsstreits erhält (NZI 2013, 347). Auch eine „Verschleuderung" zu einem in Anbetracht aller Umstände (Kosten der Rechtsverfolgung; Prozessrisiko) unangemessen niedrigen Preis ist wirksam, eröffnet jedoch den Anwendungsbereich des § 60. Hingegen wird eine Abtretung ohne Gegenleistung in der Regel insolvenzzweckwidrig und damit nichtig sein (BGH NZI 2011, 486 (487)).

9 Grundsätzlich ist der Insolvenzverwalter daher gesetzlich verpflichtet, unter der Einhaltung der Sorgfalt eines ordentlichen Insolvenzverwalters aussichtsreiche Anfechtungsansprüche geltend zu machen (BGH NJW 1994, 323 (327)); unterlässt er dies, droht ihm eine Haftung auf Schadensersatz nach § 60 InsO (vgl. BGH NJW 1996, 850 (851); zur Pflicht des Insolvenzverwalters, Anfechtungsansprüche zu ermitteln, vgl. BGH NZI 2017, 102 (104)). Dabei bedarf die Geltendmachung keiner besonderen Form; es genügt jede erkennbare – auch konkludente – Willensäußerung, dass der Insolvenzverwalter eine Gläubigerbenachteiligung in der Insolvenz nicht hinnimmt, sondern zur Masseanreicherung wenigstens wertmäßig auf Kosten des Anfechtungsgegners wieder auszugleichen sucht (BGH NZI 2008, 372) (→ Rn. 9.1).

9.1 Zur Durchsetzung des Anfechtungsanspruchs stehen dem Insolvenzverwalter gegen den Anfechtungsgegner zudem grundsätzlich die allgemeinen Auskunftsansprüche nach dem BGB zu (§§ 242, 260 BGB); umgekehrt kann aber auch der Anfechtungsgegner vom Insolvenzverwalter unter Umständen Auskunft hinsichtlich Informationen in Bezug auf Tatsachen verlangen, für die er beweisbelastet ist und die der Insolvenzverwalter unschwer beschaffen kann (MüKoInsO/Kirchhof/Piekenbrock Rn. 24; vgl. auch BGH NZI 2000, 422). Für den Fall, dass sich der Anfechtungsanspruch gegen Verwaltungsträger richtet, etwa gegen Finanzbehörden oder Sozialversicherungsträger, kommen zudem Informationsansprüche nach dem jeweils einschlägigen Informationsfreiheitsgesetz in Betracht (vgl. BVerwG NZI 2012, 1020; MüKoInsO/Kirchhof/Piekenbrock Rn. 22). Der Insolvenzschuldner ist zudem nach §§ 5, 97 ff. auskunftspflichtig.

10 Auch zur gerichtlichen Geltendmachung aussichtsreicher Anfechtungsansprüche ist der Insolvenzverwalter grundsätzlich verpflichtet (vgl. BGH NJW 1994, 323 (327)). Auch die Anstrengung eines aussichtslosen Anfechtungsprozesses unter Auslösung eines aus der Massearmut folgenden Kostenrisikos für den Anfechtungsgegner ist grundsätzlich nicht pflichtwidrig und führt nur im Fall einer vorsätzlichen sittenwidrigen Schädigung (§ 826 BGB) zu einer Haftung des Insolvenzverwalters; bloße Fehler oder Versäumnisse reichen hierfür allerdings nicht aus (BGH NZI 2003 533 (536)).

11 Im Falle der Abtretung, des Verzichts oder eines Vergleichs in Bezug auf den Anfechtungsanspruch kann es für den Insolvenzverwalter je nach Höhe des Anspruchs und prozessualer Lage geboten sein, die Zustimmung des Gläubigerausschusses einzuholen (§ 160 Abs. 2 Nr. 3). Diese Zustimmung wirkt jedoch nur im Innenverhältnis; auf ihr Fehlen kann sich der Anfechtungsgegner nicht berufen (Uhlenbruck/Borries/Hirte Rn. 17 f.).

Rechtsfolgen § 143 InsO

V. Rückgewähr in die Insolvenzmasse

Das Weggegebene muss wieder **zur Insolvenzmasse zurückgewährt** werden. Allerdings kann der Insolvenzverwalter im Rahmen seiner ermessensgebundenen Verfügungsbefugnis (→ Rn. 8) auch andere Leistungsempfänger bestimmen (MüKoInsO/Kirchhof/Piekenbrock Rn. 43). 12

Der Anfechtungsgegner hat grundsätzlich den gesamten durch die anfechtbare Rechtshandlung erlangten Vermögenswert herauszugeben und kann sich nicht darauf berufen, dass er einen nicht unerheblichen Betrag im Verteilungsverfahren zurückerhält; eine Ausnahme hiervon kommt lediglich dann in Betracht, wenn der überschießende Rest zur Erfüllung vor- und gleichrangiger Forderungen offensichtlich nicht benötigt wird (vgl. zu Ausnahmefällen OLG München NZI 2015, 769; OLG Hamm BeckRS 1992, 09276; ferner BGH NJW 1992, 2485 (2486)); insofern unterscheidet sich § 143 von § 11 AnfG, welcher eine Zurverfügungstellung nur insofern verlangt, als dass dies zur Befriedigung des Gläubigers erforderlich ist (MüKoInsO/Kirchhof/Piekenbrock Rn. 44). Auch eine Teilanfechtung der nachteiligen Rechtshandlung, etwa im Umfang der Gläubigerbenachteiligung, kommt grundsätzlich nicht in Betracht (MüKoInsO/Kirchhof/Piekenbrock Rn. 30), obwohl der Anfechtungsanspruch bei Entfallen der Gläubigerbenachteiligung erlischt (vgl. Uhlenbruck/Borries/Hirte Rn. 96). Etwas anderes gilt allerdings, wenn die Folgen der anfechtbaren Rechtshandlung in mehrere separate Wirkungen unterschieden werden können; dann erstreckt sich der Rückgewähranspruch nur auf die gläubigerbenachteiligenden Wirkungen (MüKoInsO/Kirchhof/Piekenbrock Rn. 31; Uhlenbruck/Borries/Hirte Rn. 22; → Rn. 13.1). 13

Relevanz erhält die Frage der separaten **Anfechtbarkeit von Teilwirkungen** im Hinblick auf **Kreditsicherheiten**, wenn im Falle einer Neukreditvergabe die hierfür bestellten Sicherheiten zugleich auch Altkredite abdecken sollen. Während die Besicherung der neuen Kredite ein kongruentes Geschäft ist, welches ggf. Bargeschäftscharakter hat (→ § 142 Rn. 16.1 ff.), handelt es sich bei der Nachbesicherung um eine inkongruente Besicherung, welche auch auf den kongruenten Teil durchschlägt, wenn sich die Sicherheit nicht auf die verschiedenen besicherten Forderungen aufgliedern lässt (vgl. BGH NJW-RR 1993, 238 (240); MüKoInsO/Kirchhof/Piekenbrock Rn. 32). 13.1

Die gesamten **Kosten** der Rückgewähr hat der Anfechtungsgegner zu tragen; Ausnahmen bestehen nur iRd Abs. 2 S. 1 (MüKoInsO/Kirchhof/Piekenbrock Rn. 45). 14

VI. Anwendbarkeit allgemeiner Vorschriften

Auf das Rückgewährverhältnis sind die allgemeinen Vorschriften des Schuldrechts anwendbar, insbesondere über Schuldner- und Gläubigerverzug, Erfüllung, Hinterlegung und Verwirkung (MüKoInsO/Kirchhof/Piekenbrock Rn. 16; Uhlenbruck/Borries/Hirte Rn. 25, 92 ff.); die Aufrechnung und die Geltendmachung von Zurückbehaltungsrechten ist allerdings nur gegen eine Masseverbindlichkeit, nicht aber mit bloßen Insolvenzforderungen möglich (BGH NZI 2004, 248 (249); Uhlenbruck/Borries/Hirte Rn. 94, 112 f.) (→ Rn. 15.1). 15

Im Falle einer Immobilie, die die Anfechtungsgegnerin herauszugeben, aber schon verkauft hatte, und von Mieten, die diese vereinnahmt hatte, ist nach einem neueren Urteil des BGH eine Aufrechnung mit einem Anspruch auf Erstattung von Fruchtgewinnungskosten (§ 102 BGB) nur gegenüber dem Anspruch der Masse auf Herausgabe der vereinnahmten Mieten, nicht aber gegenüber dem Wertersatzanspruch der Masse wegen einer unmöglich gewordenen Herausgabe der Immobilie möglich, da hier die Masse den Wert der ersparten Fruchtgewinnungskosten nicht mit der Rückgewähr der Immobilie bzw. dem an der deren Stelle getretenen Wertersatzanspruch erlangt, sondern erst mit der Herausgabe der gezogenen Nutzungen – sprich der vereinnahmten Mieten (BGH NZI 2019, 372 (373)). 15.1

Bei Verzug mit der Rückgewährpflicht hat der Anfechtungsgegner der Insolvenzmasse den Verzugsschaden zu ersetzen (§ 280 Abs. 2 BGB). Hierzu gehört insbesondere der Vorenthaltungsschaden, dh derjenige Schaden, der über Substanzwert und Nutzungen hinaus dem Schuldnervermögen entstanden ist, weil der weggegebene Vermögensgegenstand dem Vermögen gefehlt hat, etwa entgangene Erlöse aufgrund Unmöglichkeit einer zeitlich früheren Verwertung (vgl. OLG Celle BeckRS 1999, 04438; MüKoInsO/Kirchhof/Piekenbrock Rn. 83). 16

Aufgrund der Rechtshängigkeitsfiktion (§ 143 Abs. 1 S. 2 iVm §§ 819 Abs. 1, 818 Abs. 4 BGB) tritt Verzug schon mit Verfahrenseröffnung ein (Uhlenbruck/Borries/Hirte Rn. 6, 34; vgl. auch BGH NZI 2014, 266 (268); aA MüKoInsO/Kirchhof/Piekenbrock Rn. 83, 89, wonach Verzug unabhängig von der Rechtshängigkeitsfiktion begründet werden muss; → Rn. 17.1). 17

Geldschulden sind nach der Neuregelung des § 143 Abs. 1 S. 3 allerdings nur zu verzinsen, wenn die Voraussetzungen des Schuldnerverzugs oder des § 291 BGB vorliegen (→ Rn. 2.1; zur Verzinsung → Rn. 32.8). 17.1

18 Die Rechtsfolgen bei Unmöglichkeit mit der Rückgewähr sind durch § 143 insoweit modifiziert, als dass in diesem Falle unter bestimmten Voraussetzungen Wertersatz zu leisten ist (→ Rn. 26 ff.).

B. Einzelheiten

I. Rückgewähranspruch (Absatz 1)

1. Rückgewähr „in Natur" (Absatz 1 S. 1)

19 § 143 Abs. 1 S. 1 statuiert einen schuldrechtlichen Verschaffungsanspruch auf Rückgewähr zur Insolvenzmasse dessen, was durch die anfechtbare Handlung aus dem Vermögen des Schuldners weggegeben wurde. Die Insolvenzmasse ist in die Lage zu versetzen, in der sie sich befände, wenn das anfechtbare Verhalten unterblieben wäre (BGH NZI 2007, 462 (465)). Der angefochtene Erwerbsgegenstand ist grundsätzlich „in Natur" zur Insolvenzmasse zurückzugewähren (Begr. RegE, BT-Drs. 12/2443, 167). Primäres Ziel ist somit eine „spiegelbildliche" Naturalrestitution und nicht die bereicherungsrechtliche Abschöpfung desjenigen, was sich im Vermögen des Anfechtungsgegners befindet; Wertersatz ist nur unter den Voraussetzungen des Abs. 1 S. 2 zu leisten (Uhlenbruck/Borries/Hirte Rn. 21, 23).

20 Angesichts des Grundsatzes der Rückgewähr in Natur steht dem Verwalter kein (einseitiges) Wahlrecht zwischen Naturalrestitution und Wertersatz zu; allerdings ist er im Rahmen seines Ermessensspielraums (→ Rn. 8 ff.) frei, mit dem Anfechtungsgegner trotz bestehender Rückgewährmöglichkeiten einen Wertausgleich zu vereinbaren (NJW 1995, 2783 (2784); → Rn. 20.1 ff.).

20.1 Fallgruppen der Rückgewähr zur Insolvenzmasse (vgl. auch die Darstellungen bei MüKoInsO/Kirchhof/Piekenbrock Rn. 43 ff.; Uhlenbruck/Borries/Hirte Rn. 186 ff.):

20.2 Bei der Anfechtung einer **Verbindlichkeit** hat sich der Anfechtungsgegner so zu verhalten, als bestünde diese nicht; eine bereits erbrachte Erfüllung wird inkongruent. Ist eine Erfüllungsleistung ausnahmsweise nicht anfechtbar, kann sie kondiziert werden. Der Insolvenzverwalter kann dem Erfüllungsverlangen eines Gläubigers die Einrede der Anfechtbarkeit entgegensetzen (vgl. auch § 146 Abs. 2; im Einzelnen Uhlenbruck/Borries/Hirte Rn. 194; MüKoInsO/Kirchhof/Piekenbrock Rn. 78). Eine für die angefochtene Verbindlichkeit bestellte Sicherheit wird durch die Anfechtung insoweit nicht berührt, als dass sie auch andere, nicht angefochtene Verbindlichkeiten sichert (MüKoInsO/Kirchhof/Piekenbrock Rn. 78). Zur (Teil-)Anfechtung der Sicherheit selbst → Rn. 13.1.

20.3 Bei anfechtbaren **Verfügungen** sind die veräußerten Gegenstände so zurückzugewähren, dass der Insolvenzverwalter frei über sie verfügen kann (Uhlenbruck/Borries/Hirte Rn. 187a).

20.4 **Geldleistungen** sind zurückzuzahlen, wobei die Rückzahlung mangels Unterscheidbarkeit des hingebenen Geldes im Vermögen des Anfechtungsgegners rechtlich regelmäßig als Wertersatz nach Abs. 1 S. 2 zu qualifizieren sein dürfte, obwohl es sich um vertretbare Sachen handelt (MüKoInsO/Kirchhof/Piekenbrock Rn. 48; Uhlenbruck/Borries/Hirte Rn. 188, 190).

20.5 Anfechtbar **übereignete Gegenstände/übertragene Rechte** sind nach den allgemeinen bürgerlich-rechtlichen Vorschriften an den Insolvenzschuldner (vertreten durch den Insolvenzverwalter) zurückzuübertragen (BGH NJW-RR 1986, 991 (992)). Bei **Sicherungsübereignung** von Gegenständen, die sich weiterhin im Besitz des Insolvenzschuldners befinden, hat der Anfechtungsgegner eine Rückübereignung anzubieten (Uhlenbruck/Borries/Hirte Rn. 189; BGH NJW 1980, 226). Die Rückübertragung wird mit ihrem Vollzug ex nunc wirksam; wurde während des Zeitraums der anfechtbaren Übertragung der weggegebene Gegenstand vom Insolvenzschuldner verpfändet, geht diese Verpfändung dementsprechend ins Leere und wird nicht mit Vollzug der Rückübertragung (rückwirkend) wirksam (vgl. BGH NJW 1987, 226; Uhlenbruck/Borries/Hirte Rn. 24). Bei anfechtbarer Übereignung einer unter **Eigentumsvorbehalt** stehenden Sache ist das vom Insolvenzschuldner übertragende **Anwartschaftsrecht** zurückzuübertragen (Uhlenbruck/Borries/Hirte Rn. 190).

20.6 Wurde ein **Grundstück** anfechtbar übertragen, hat der Anfechtungsgegner es an den Insolvenzschuldner wieder aufzulassen und dessen Eintragung im Grundbuch zu bewilligen (BGH NJW-RR 1986, 991 (992); MüKoInsO/Kirchhof/Piekenbrock Rn. 49; Uhlenbruck/Borries/Hirte Rn. 208 ff.). Dieser Anspruch kann durch eine Vormerkung gesichert werden (MüKoInsO/Kirchhof/Piekenbrock Rn. 49; allgemein Uhlenbruck/Borries/Hirte Rn. 208 ff.). Sofern der Insolvenzverwalter ein anfechtbar veräußertes Grundstück verwerten will, kann er anstatt auf Rückgewähr zur Insolvenzmasse auch gleich Duldung der Zwangsvollstreckung verlangen (Uhlenbruck/Borries/Hirte Rn. 170; BGH NJW 1985, 2031 mwN).

20.7 Bei anfechtbaren **Belastungen von Gegenständen** kann der Insolvenzverwalter Verzicht auf die Belastung verlangen; ein ausgehändigter Pfandgegenstand ist herauszugeben. Im Falle einer anfechtbaren Pfändungsmaßnahme eines Gläubigers, durch die dieser Sicherung erlangt, gilt Entsprechendes: das Pfändungspfandrecht ist wie ein anfechtbar erworbenes Pfandrecht zurückzugewähren (§ 141 Alt. 2; dazu MüKoInsO/Kirchhof/Piekenbrock Rn. 64 ff.; Uhlenbruck/Borries/Hirte Rn. 206 f.).

Im Falle von anfechtbar erworbenen **Grundpfandrechten** kann der Insolvenzverwalter Verzicht verlangen, welcher zum Entstehen einer Eigentümergrundschuld führt; alternativ kommt im Rahmen des Ermessens des Insolvenzverwalters (→ Rn. 8) ein Anspruch auf Erteilung einer Löschungsbewilligung in Frage mit der Folge des Nachrückens etwaiger nachrangiger Grundpfandrechtsgläubiger (Nerlich/Römermann/Nerlich Rn. 38 ff.; Uhlenbruck/Borries/Hirte Rn. 214). Gegen das Betreiben der Zwangsvollstreckung durch den Gläubiger eines anfechtbaren Grundpfandrechts steht dem Insolvenzverwalter die Vollstreckungsgegenklage (§ 767 ZPO) zu oder, sofern die Zwangsversteigerung bereits abgeschlossen ist, Herausgabe des Versteigerungserlöses (Nerlich/Römermann/Nerlich Rn. 40). Der Rückgewähranspruch im Falle einer anfechtbar erworbenen Grundschuldbestellung kann durch Eintragung einer Vormerkung einstweilen gesichert werden (OLG Karlsruhe NZI 2017, 395).   20.8

Anfechtbar erlangter **Besitz** ist gem. § 854 BGB zur Insolvenzmasse – zu Händen des Verwalters – zurückzuübertragen (MüKoInsO/Kirchhof/Piekenbrock Rn. 46).   20.9

Bei der anfechtbaren Einräumung des **Nutzungsrechts** an einem Gegenstand sind die gezogenen Nutzungen und ggf. der Besitz am Gegenstand herauszugeben (BGH NJW 1989, 1037). Hierbei handelt es sich nicht unmittelbar um einen Fall der Nutzungsherausgabe gem. Abs. 1 S. 2 (→ Rn. 22 ff.), jedoch sind die Nutzungen entsprechend der Regelungen unter Abs. 1 S. 2 herauszugeben (MüKoInsO/Kirchhof/Piekenbrock Rn. 85 ff.).   20.10

Die Anfechtung der anfänglichen Einräumung eines Rücktrittsrechts, bei der eine unentgeltliche Rückübertragung durch den Schuldner vereinbart wurde, hat mangels unmittelbarer Gläubigerbenachteiligung des Rücktrittsrechts lediglich zur Folge, dass der Insolvenzverwalter die gesetzlichen Ansprüche des Rückgewährschuldners aus dem Rückgewährschuldverhältnis gem. §§ 346 ff. BGB geltend machen kann (BGH NJW-RR 2018, 48).   20.11

Auch im Falle anfechtbarer **Unterlassungen** gilt, dass der Insolvenzmasse dasjenige zurückzugewähren ist, das ihr entzogen wurde. Hierbei kann die Rückgewähr dadurch erfolgen, dass der Anfechtungsgegner durch die Unterlassung etwaig erworbene Rechte zurückzugewähren hat (zB bei unterlassener Unterbrechung einer Ersitzung) oder dass die unterlassene Handlung mit Wirkung gegen den Anfechtungsgegner als vorgenommen unterstellt wird. Hat zB der Insolvenzschuldner es unterlassen, einer gegen ihn geltend gemachten Forderung in einem Passivprozess die Einrede der Verjährung entgegenzuhalten, kann der Insolvenzverwalter bei der Anmeldung der Forderung zur Tabelle immer noch widersprechen. Im Falle der Unterlassung prozessualen Handelns ist das Gericht verpflichtet, die unterlassenen Handlungen (verspätet) zuzulassen, zB verspäteten Vortrag (Uhlenbruck/Borries/Hirte Rn. 192 f.).   20.12

Angefochtene **Prozesshandlungen** bleiben bestehen, sind jedoch als nicht existent zu betrachten. Gerichtliche Entscheidungen werden nicht beseitigt, jedoch werden ihre materiellen Wirkungen beschränkt (§ 141). Dementsprechend kann ein anfechtbares prozessuales Anerkenntnis nicht vollstreckt werden (Braun/Riggert Rn. 9; MüKoInsO/Kirchhof/Piekenbrock Rn. 81 f.).   20.13

Bei einer Anfechtung von **Entgeltzahlungen** gegenüber einem Arbeitnehmer des Insolvenzschuldners hat der Anfechtungsgegner im Normalfall nur den Nettolohn erhalten und muss auch nur diesen zurückzahlen. Hat der Insolvenzschuldner jedoch gesetzeswidrig weder den Arbeitnehmeranteil des Gesamtsozialversicherungsbeitrags noch die Einkommensteuer abgeführt, sondern das Bruttogehalt an den Arbeitnehmer ausgezahlt, so hat der Arbeitnehmer in diesem Fall auch den erhaltenen Bruttobetrag zurückzuzahlen; selbst wenn von diesem die entsprechenden Beiträge und Steuern zwischenzeitlich selbst abgeführt wurden (BAG BeckRS 2018, 34157 Rn. 33 ff.).   20.14

Bei mittelbaren Zuwendungen (zB Prämienzahlung im Rahmen einer Lebensversicherung bei vorheriger Abtretung der Erlebensfallansprüche an einen Dritten) ist dasjenige Gegenstand eines Rückgewähranspruchs, was durch die anfechtbare Handlung dem Vermögen des Insolvenzschuldners entzogen wurde (OLG Saarbrücken BeckRS 2019, 38384).   20.15

2. Anwendung bereicherungsrechtlicher Grundsätze

Nach Abs. 1 S. 2 sind auf den Rückgewähranspruch des Abs. 1 S. 1 die Vorschriften über die Rechtsfolgen der Bereicherung für den Fall, dass der Empfänger den Mangel des rechtlichen Grunds gekannt hat, entsprechend anzuwenden. Diese Rechtsfolgenverweisung führt zur Anwendbarkeit insbesondere des § 818 Abs. 1 BGB (Herausgabe gezogener Nutzungen; Surrogat) und § 818 Abs. 2 BGB (Wertersatz), sowie der darauf bezogenen §§ 929, 987 BGB (hinsichtlich Nutzungen), §§ 989, 990 Abs. 2 BGB (hinsichtlich Wertersatz) und schließlich der § 994 Abs. 2 BGB, §§ 995, 997–1003 BGB (hinsichtlich des Gegenanspruchs auf Ersatz von Verwendungen) (MüKoInsO/Kirchhof/Piekenbrock Rn. 84).   21

22 **a) Nutzungen (§ 818 Abs. 1 BGB).** Der Rückgewähranspruch umfasst neben dem anfechtbar empfangenen Gegenstand auch die tatsächlich aus diesem gezogenen Nutzungen (Früchte und Gebrauchsvorteile gem. § 100 BGB), und zwar ab Vornahme der anfechtbaren Handlung (BGH NZI 2007, 230; hierzu Uhlenbruck/Borries/Hirte Rn. 41; → Rn. 22.1 f.).

22.1 Zu den gezogenen Nutzungen gehören beispielsweise **Mieteinnahmen** als Grundstücksnutzungen (vgl. hierzu BGH NJW 1996, 3147) oder Nutzungen von verpachteten Rechten (MüKoInsO/Kirchhof/Piekenbrock Rn. 88).

22.2 Hinsichtlich anfechtbar abgeführter Steuern sind vom Fiskus bestimmte **Zinserträge** und ersparte Zinszahlungen herauszugeben (BGH NJW-RR 2012, 1511). Auch hinsichtlich sonstigem anfechtbar weggebenen Geld sind tatsächlich erwirtschaftete Zinsen und schuldhaft nicht gezogene Zinsen als Nutzungen herauszugeben (BGH NZI 2007, 230; MüKoInsO/Kirchhof/Piekenbrock Rn. 89; → Rn. 32.8).

23 Aufgrund der über § 143 Abs. 1 S. 2 angeordneten verschärften Haftung sind auch schuldhaft nicht gezogene Nutzungen zu ersetzen (§ 987 Abs. 2 BGB). Für sie ist Wertersatz zu leisten. Hierbei kommt es darauf an, welche Nutzungen der Anfechtungsgegner – nicht der Insolvenzverwalter – hätte ziehen können. Eine noch unter der KO vorgesehene Begrenzung durch diejenigen Nutzungen, die der Insolvenzschuldner gezogen hätte (vgl. BGH NZI 2005, 679), findet hingegen nach wohl hM nicht statt (str.; zur hM vgl. MüKoInsO/Kirchhof/Piekenbrock Rn. 86; Uhlenbruck/Borries/Hirte Rn. 43, mit Hinweis auf OLG Stuttgart BeckRS 2005, 10929; → Rn. 23.1).

23.1 Hierzu gehören bei anfechtbar weggegebenem Geld auch marktübliche **Zinsen** (vgl. BGH NZI 2007, 230; MüKoInsO/Kirchhof/Piekenbrock Rn. 89; → Rn. 32.8).

24 Bei Unmöglichkeit der Nutzungsherausgabe hat der Anfechtungsgegner den gewöhnlichen Wert der Nutzungen in Höhe eines angemessenen Nutzungsentgelts zu ersetzen (Uhlenbruck/Borries/Hirte Rn. 42).

25 **b) Surrogate (§ 818 Abs. 1 BGB).** Nach § 818 Abs. 1 BGB erstreckt sich die Herausgabepflicht auch auf dasjenige, was der Empfänger „auf Grund eines erlangten Rechts oder als Ersatz für die Zerstörung, Beschädigung oder Entziehung des erlangten Gegenstands erwirbt". Hierunter fallen iRd § 143 zunächst unstreitig die sog. „**gesetzlichen**" **Surrogate**; dies sind insbesondere diejenigen Gegenstände, die der Anfechtungsgegner aufgrund der bestimmungsgemäßen Ausübung eines erlangten Rechts (zB Einziehung einer Forderung, Pfandrechtsverwertung) oder aufgrund von gesetzlichen oder vertraglichen Ersatzansprüchen erwirbt (zB Schadensersatz). Unbeachtlich ist, wenn das Surrogat den Wert des surrogierten Erlangten übersteigt (Uhlenbruck/Borries/Hirte Rn. 36). Unklar ist hingegen, ob auch „**rechtsgeschäftliche**" **Surrogate** herausverlangt werden können, worunter Gegenleistungen für das Erlangte aufgrund von vom Anfechtungsgegner eingegangenen Austauschgeschäften fallen (zB Verkaufserlös; für die wohl hM in der Literatur zust. MüKoInsO/Kirchhof/Piekenbrock Rn. 100; abl. HmbKommInsR/Rogge/Leptien Rn. 56; ausdrücklich offengelassen von BGH NZI 2009, 67 (69 f.); Uhlenbruck/Borries/Hirte Rn. 37). In jedem Fall aber kann der Insolvenzverwalter im Rahmen seines Ermessens (→ Rn. 8) ein rechtsgeschäftliches Surrogat an Erfüllungs statt vom Anfechtungsgegner annehmen. Für den Fall eines wertmäßig hinter dem Erlangten zurückbleibenden Surrogats → Rn. 26.

26 **c) Wertersatz (§ 818 Abs. 2 BGB).** Der Anfechtungsgegner hat bei **Unmöglichkeit** der Rückgewähr zur Insolvenzmasse oder bei sonstigen **Verschlechterungen** der Sache Wertersatz zu leisten. Bei einer nur teilweisen Unmöglichkeit bzw. Verschlechterung ist Rückgewähr zu leisten, soweit dies möglich ist, und ansonsten Wertersatz zu leisten; auch im Falle eines wertmäßig hinter dem Erlangten zurückbleibenden Surrogats kann ergänzend Wertersatz verlangt werden (MüKoInsO/Kirchhof/Piekenbrock Rn. 100, 104; Uhlenbruck/Borries/Hirte Rn. 37).

27 Voraussetzung für den Wertersatzanspruch ist grundsätzlich, dass der Anfechtungsgegner die Unmöglichkeit zu vertreten hat. Für die Fälle von nach Verfahrenseröffnung eingetretener Unmöglichkeit oder Verschlechterung der Sache gilt allerdings der verschärfte Haftungsmaßstab (→ Rn. 21 ff.) mit der Folge, dass der Anfechtungsgegner dann auch für den zufälligen Untergang oder die zufällige Verschlechterung der Sache haftet, sofern er nicht positiv nachweisen kann, dass er die Unmöglichkeit oder die Verschlechterung nicht zu vertreten hat (§§ 286 Abs. 4, 287 BGB). Folge dieser Regelung ist, dass nach Verfahrenseröffnung eingetretene Wertminderungen praktisch lediglich dann nicht zu ersetzen sind, wenn sie auch bei Verbleib des erlangten Gegenstandes im Vermögen des Insolvenzschuldners eingetreten wären (Uhlenbruck/Borries/Hirte Rn. 32). Verschulden von Erfüllungsgehilfen ist dem Anfechtungsgegner nach § 278 BGB zuzurechnen (MüKoInsO/Kirchhof/Piekenbrock Rn. 107; → Rn. 27.1).

27.1 Wird die Unmöglichkeit dadurch begründet, dass Gläubiger des Anfechtungsgegners den von diesem anfechtbar erlangten Gegenstand pfänden, so soll das Verschulden bereits darin liegen, dass der Anfechtungs-

Rechtsfolgen **§ 143 InsO**

gegner die Gläubiger nicht anderweitig befriedigt hat, da der Anfechtungsgegner für seine finanzielle Leistungsfähigkeit einzustehen hat (MüKoInsO/Kirchhof/Piekenbrock Rn. 109).

Der Anspruch auf Wertersatz ist bezogen auf den Anspruch auf Rückgewähr „in Natur" nach 28 § 143 Abs. 1 S. 1 nachrangig bzw. sekundär; der Insolvenzverwalter hat kein Wahlrecht zwischen beiden Ansprüchen, sondern kann auf den Wertersatzanspruch nur dann zurückgreifen, wenn der primäre Rückgewähranspruch aus rechtlichen oder tatsächlichen Gründen ganz oder teilweise unmöglich geworden ist; allerdings ist er im Rahmen seines Ermessensspielraums (→ Rn. 8 ff.) frei, mit dem Anfechtungsgegner trotz bestehender Rückgewährmöglichkeiten einen Wertausgleich zu vereinbaren (BGH NJW 1995, 2783 (2784); → Rn. 28.1 ff.).

Für eine Unmöglichkeit genügt dabei, dass die Rückgewähr in Natur **unverhältnismäßige Schwierigkeiten** 28.1 bereitet, worunter die Fälle „praktischer" oder „wirtschaftlicher" Unmöglichkeit iSd §§ 275, 313 BGB (vgl. dazu BeckOK BGB/Lorenz BGB § 275 Rn. 33) fallen dürften (vgl. MüKoInsO/Kirchhof/Piekenbrock Rn. 105; Uhlenbruck/Borries/Hirte Rn. 29; HmbKommInsR/Rogge/Leptien Rn. 61).

Zweifel bestehen jedoch, ob auch eine bloße **Unpraktikabilität** für die Annahme der Unmöglichkeit 28.2 ausreicht, zB im Falle einer Rückabwicklung eines Unternehmenskaufvertrags in der Form eines „asset deal" im Rahmen einer übertragenden Sanierung (Uhlenbruck/Borries/Hirte Rn. 30).

Bei bloßer **Ungewissheit** über die Unmöglichkeit kann der Insolvenzverwalter den Anspruch auf 28.3 Rückgewähr zunächst aufrechterhalten, um dann nach fruchtloser Vollstreckung nach § 281 BGB, § 255 ZPO vorzugehen (OLG Stuttgart BeckRS 2005, 07856; BGH NJW-RR 1986, 991 (993); MüKoInsO/Kirchhof/Piekenbrock Rn. 111; Uhlenbruck/Borries/Hirte Rn. 32). Zudem kann der Insolvenzverwalter mit dem Anfechtungsgegner im Rahmen seines Ermessens (→ Rn. 8 ff.) stets eine von der gesetzlichen Konzeption des Rückgewähr- und Wertersatzanspruches abweichende Regelung vereinbaren (Uhlenbruck/Borries/Hirte Rn. 29).

Auch die Fälle des subjektiven **Unvermögens** der Rückgewähr in Natur, zB als Folge einer 29 Weiterveräußerung des erlangten Gegenstands durch den Anfechtungsgegner, führen regelmäßig zum Wertersatzanspruch. Sofern die Voraussetzungen des § 145 vorliegen, kann sich der Insolvenzverwalter allerdings auch mit dem Ziel der Rückgewähr in Natur direkt an den Dritten halten (MüKoInsO/Kirchhof/Piekenbrock Rn. 103, 108; Uhlenbruck/Borries/Hirte Rn. 31). In diesem Fall haften Anfechtungsgegner und Dritter nebeneinander, sodass die Ersatzpflicht des Anfechtungsgegners erst entfällt, wenn der Anspruch auf Rückgewähr oder Wertersatz in voller Höhe erfüllt ist (§ 422 BGB; MüKoInsO/Kirchhof/Piekenbrock Rn. 108; → Rn. 29.1).

Der Wertersatz des Anfechtungsgegners im Falle der Weiterveräußerung umfasst grundsätzlich den 29.1 vollen Wert des übertragenen Gegenstands. Dies gilt grundsätzlich auch für einen uneigennützigen Treuhänder, der das Treugut (anfechtbar) erlangt und dann entsprechend seinem Treuhandauftrag weitergegeben hat (BGH NZI 2012 453 (456) in ausdrücklicher Aufgabe seiner früheren Rechtsprechung (BGH NJW 1994, 726), wonach der uneigennützige Treuhänder nur insoweit Wertersatz schulden sollte, als das Treugut ihm wirtschaftlich zugutegekommen ist, und darüber hinaus Entreicherung einwenden konnte).

Der **Umfang des Wertersatzes** richtet sich grundsätzlich nach dem tatsächlichen Wert des 30 „weggegebenen" Vermögenswerts. Da der Anfechtungsanspruch primär auf Rückgewähr dessen abzielt, was dem Vermögen des Schuldners durch die anfechtbare Handlung entzogen wurde (→ Rn. 1) und nicht auf das, was (noch) im Vermögen des Anfechtungsgegners vorhanden ist, kommt es auch beim Wertersatzanspruch nicht darauf an, was in das Vermögen des Anfechtungsgegners gelangt ist, sondern welcher Wert dem Vermögen des Schuldners entzogen wurde. Maßgeblich für die Bewertung ist dabei grundsätzlich der gewöhnliche Wert, den der Gegenstand im **Zeitpunkt der letzten mündlichen Verhandlung** der letzten Tatsacheninstanz gehabt hätte, wenn er im Vermögen des Schuldners verblieben wäre (vgl. BGH NJW 1980, 1580 f.). Denn dies wäre der Wert gewesen, der der Masse bei einer Verwertung durch den Insolvenzverwalters zugeflossen wäre. Für den Anfechtungsgegner bedeutet dies, dass er insoweit das Risiko einer Wertsteigerung trägt (BGH NJW 1996, 3341 (3342); → Rn. 30.1 f.).

Konsequenterweise sollten hierbei Wertsteigerungen außer Acht bleiben, die bei Verbleib des anfechtbar 30.1 weggegebenen Gegenstands beim Schuldner nicht eingetreten wären (Uhlenbruck/Borries/Hirte Rn. 38).

Ist ein Gegenstand zum Zeitpunkt der Verfahrenseröffnung bereits untergegangen bzw. befindet sich 30.2 dieser nicht mehr im Eigentum des Anfechtungsgegners, ist der Zeitpunkt der Eröffnung des Insolvenzverfahrens für die Berechnung des Wertersatzes maßgeblich (BGHZ 101, 286; BGH NJW 1987, 2821).

Auch hat der Anfechtungsgegner ggf. für **Wertminderungen** durch Verschlechterung während 31 des Anfechtungsprozesses einzustehen (§ 143 Abs. 1 S. 2, § 287 BGB; MüKoInsO/Kirchhof/Piekenbrock Rn. 114; Uhlenbruck/Borries/Hirte Rn. 38).

InsO § 143 Dritter Teil. Wirkungen der Eröffnung des Insolvenzverfahrens

32 Der Anfechtungsgegner hat grundsätzlich den gesamten durch die anfechtbare Rechtshandlung erlangten Vermögenswert herauszugeben; so kann er sich grundsätzlich nicht darauf berufen, dass er einen nicht unerheblichen Betrag im Verteilungsverfahren zurückerhält; eine Ausnahme hiervon kommt lediglich dann in Betracht, wenn der überschießende Rest zur Erfüllung vor- und gleichrangiger Forderungen offensichtlich nicht benötigt wird (vgl. zu einem solchen Ausnahmefall BGH NZI 2015, 769; ferner BGH NJW 1992, 2485 (2486)). Bei einer durch den Insolvenzverwalter verursachten Verzögerung der Rückgewähr kann sich der Anspruch allerdings unter Umständen wegen mitwirkenden Verschuldens mindern (MüKoInsO/Kirchhof/Piekenbrock Rn. 110; vgl. auch LG Dortmund BeckRS 2013, 13613). Hat der Anfechtungsgegner den Gegenstand bereits vorprozessual zurückgewährt und streiten sich die Parteien im Anschluss um Werterhöhungen oder -minderungen, so ist der Zeitpunkt der tatsächlichen Rückgewähr der relevante Zeitpunkt (MüKoInsO/Kirchhof/Piekenbrock Rn. 114; → Rn. 32.1 ff.).

32.1 Vor dem Hintergrund der in → Rn. 30 ff. aufgeführten Grundsätze ergeben sich folgende **Fallgruppen** für die Leistung von Wertersatz (vgl. auch MüKoInsO/Kirchhof/Piekenbrock Rn. 116 ff.):

32.2 Bei anfechtbarer **Veräußerung einer Sache** und Unmöglichkeit deren Rückgewähr wegen Weiterveräußerung bemisst sich der Wertersatzanspruch am tatsächlichen Wert der Sache und bleibt von der Höhe des vom Anfechtungsgegner erzielten Kaufpreises grundsätzlich unberührt: Weder hat der Rückgewährschuldner denjenigen Teil des **Kaufpreises** als Wertersatz zu leisten, der über den Wert des Gegenstands hinausgeht, noch kann er sich darauf berufen, dass der Kaufpreis unter dem wirklichen Wert geblieben ist (BGH NJW 1980, 1580 f.; Uhlenbruck/Ede/Hirte Rn. 35). Problematisch kann in diesem Fall allerdings die genaue Bestimmung des wirklichen Werts sein, insbesondere wenn der Gegenstand im Wege einer Versteigerung und zu dem in diesem Rahmen über den Markt gebildeten Kaufpreis weiterverkauft wurde; in diesem Fall fragt es sich, ob der erzielte Kaufpreis nicht den tatsächlichen Wert widerspiegelt, sodass der Insolvenzverwalter Gründe dartun muss, dass ein höherer Wert zu erzielen wäre (vgl. BGH NJW 1980, 1580 f.; MüKoInsO/Kirchhof/Piekenbrock Rn. 116).

32.3 Bei der **Verwertung anfechtbar erlangten Sicherungsguts** ist die bei der Insolvenzmasse anfallende Umsatzsteuer zu erstatten, nicht aber entgangene Feststellungskosten nach § 171 Abs. 1, § 170 Abs. 2 (MüKoInsO/Kirchhof/Piekenbrock Rn. 117; vgl. auch BGH NJW 2001, 367; NJW-RR 2007, 1207).

32.4 Bei der anfechtbaren Veräußerung von **Grundstücken** ist der Verkehrswert zu ersetzen. Wurde das Grundstück etwa im Wege eines **Grundpfandrechts** anfechtbar belastet und kann diese Belastung nicht mehr rückgängig gemacht werden, ist der dadurch ausgelöste Minderwert zu ersetzen, beispielsweise der Mindererlös im Rahmen einer Verwertung (MüKoInsO/Kirchhof/Piekenbrock Rn. 118, 123 mit allgemeinen Ausführungen zu anfechtbaren Belastungen von Gegenständen). Bei einer anfechtbaren Aufhebung eines Grundpfandrechts ist ein dadurch verursachter Rangverlust auszugleichen (MüKoInsO/Kirchhof/Piekenbrock Rn. 123). Bei der anfechtbaren Abtretung eines Grundpfandrechts und dessen Verwertung ist die Differenz zu einer möglichen Verwertung durch den Insolvenzverwalter zu ersetzen (MüKoInsO/Kirchhof/Piekenbrock Rn. 122).

32.5 Bei **Wertpapieren,** die nicht zurückgewährt werden können, sind im Rahmen des Wertersatzes ggf. Kursschwankungen bis zum Zeitpunkt der letzten mündlichen Verhandlung zu beachten (MüKoInsO/Kirchhof/Piekenbrock Rn. 120).

32.6 Für anfechtbar übertragenen **Besitz** soll als Wertersatz ein ortsübliches Nutzungsentgelt gezahlt werden (MüKoInsO/Kirchhof/Piekenbrock).

32.7 Allgemein gilt für die anfechtbare **Erfüllung von Verbindlichkeiten,** dass der objektive Wert der Leistung zu ersetzen ist und nicht der Wert der getilgten Forderung, da der objektive Wert der Leistung den Wert der getilgten Forderung übersteigen oder hinter diesem zurückbleiben kann, insbesondere in Fällen der Hingabe von Vermögensgegenständen an Erfüllungs statt. Bei Tilgung einer fremden Forderung hat der Forderungsschuldner den Wert der erlangten Schuldbefreiung zu ersetzen. Dieser entspricht grundsätzlich dem vom Insolvenzschuldner an den Dritten gezahlten Betrag, kann aber auch darunter bleiben, etwa im Falle einer bereits eingetretenen Zahlungsunfähigkeit des Schuldners; in diesem Fall kann sich auch der Dritte eines Anfechtungsanspruchs wegen unentgeltlicher Zuwendung ausgesetzt sehen (MüKoInsO/Kirchhof/Piekenbrock Rn. 125, 129 allgemein zu Wertersatz bei mittelbaren Zuwendungen im Dreiecksverhältnis). Bei der Einziehung einer anfechtbar übertragenen oder zur Einziehung überlassenen Forderung ist Wertersatz zu leisten. Dieser umfasst regelmäßig die Höhe des eingezogenen Betrags, geht jedoch darüber hinaus, wenn der Insolvenzverwalter einen höheren Betrag erzielt hätte (vgl. MüKoInsO/Kirchhof/Piekenbrock Rn. 121).

32.8 Für anfechtbar weggegebenes **Geld** gilt, dass regelmäßig die entsprechende Summe als Wertersatz zu zahlen ist, da das Geld regelmäßig nicht mehr unterscheidbar im Vermögen des Anfechtungsgegners vorhanden sein wird (→ Rn. 20.4). Hinsichtlich der Zahlung von Zinsen gilt Folgendes:
 • Ab dem Zeitpunkt der anfechtbaren Weggabe des Geldes, dh schon im Zeitraum vor Verfahrenseröffnung, sind **gezogene Zinsen** und aufgrund der in § 143 Abs. 1 S. 2 angeordneten verschärften Haftung über

§ 987 Abs. 2 BGB auch schuldhaft nicht gezogene Zinsen herauszugeben (BGH NZI 2007, 230 (231)). Für **schuldhaft nicht gezogene Zinsen** soll hierbei ein Zinssatz von mindestens 4 % zugrunde gelegt werden (MüKoInsO/Kirchhof/Piekenbrock Rn. 89, 119).
- Nach der Neuregelung des § 143 Abs. 1 (→ Rn. 2.1) sind **Prozesszinsen** lediglich unter den Voraussetzungen des § 291 BGB zu verzinsen, nicht aber schon ab Verfahrenseröffnung (zur früheren Rechtslage BGH NZI 2007, 230; 2012, 658 (661)). Die Prozesszinsen betragen 5 Prozentpunkte über dem Basiszinssatz (§ 280 Abs. 1 BGB, § 247 BGB, BGH NZI 2007, 230 (231)); der erhöhte Zinssatz des § 288 Abs. 2 BGB (9 Prozentpunkte über dem Basiszinssatz) kommt hingegen nicht zur Anwendung, da es sich bei den Forderungen nach § 143 nicht um „Entgeltforderungen" handelt (OLG München BeckRS 2004 30471040; Uhlenbruck/Ede/Hirte Rn. 6; abw. MüKoInsO/Kirchhof/Piekenbrock Rn. 119).
- Nach der Neuregelung des § 143 Abs. 1 S. 3 (→ Rn. 2.1) sind **Verzugszinsen** nur zu zahlen, wenn die Voraussetzungen des Schuldnerverzugs vorliegen; wie die Prozesszinsen betragen auch die Verzugszinsen 5 Prozentpunkte über dem Basiszinssatz (BAG NZI 2014, 559).

Bei anfechtbarer **Schuldbegründung** oder -beitritt, die vom Anfechtungsgegner nicht zurückgewährt **32.9** werden können (etwa im Falle einer weiteren Abtretung) ist Wertersatz bzw. Freistellung in Höhe desjenigen zu leisten, was vom Schuldner bzw. nach Insolvenzeröffnung aus der Insolvenzmasse als Quote noch zu leisten ist (MüKoInsO/Kirchhof/Piekenbrock Rn. 128).

Für anfechtbare **Dienst- oder Werkleistungen** ist als Wertersatz die übliche Vergütung zu leisten **32.10** (§§ 612 Abs. 2, 632 Abs. 2 BGB), bei Arbeitnehmerüberlassung das übliche Entgelt (vgl. BGH NZI 2004, 253 (255)).

d) Anspruch des Anfechtungsgegners auf Verwendungsersatz. Dem Anfechtungsgegner **33** steht gegen die Insolvenzmasse ein Anspruch auf **Ersatz von notwendigen Verwendungen** als Wertersatzanspruch zu, die er auf den zurückzugewährenden Gegenstand vorgenommen hat; dies ergibt sich aus dem Verweis in Abs. 1 S. 2 auf § 819 Abs. 1 BGB, § 818 Abs. 4 BGB, § 292 Abs. 1 BGB, §§ 990, 994 Abs. 2 BGB (MüKoInsO/Kirchhof/Piekenbrock Rn. 90; Uhlenbruck/Borries/Hirte Rn. 52). Notwendige Verwendungen sind solche Aufwendungen, die zur Erhaltung oder ordnungsgemäßen Bewirtschaftung der Sache nach objektivem Maßstab zur Zeit ihrer Vornahme erforderlich sind und die daher, wäre keine Anfechtungshandlung erfolgt, vom Eigentümer (oder der Masse) zu tragen gewesen wären (MüKoInsO/Kirchhof/Piekenbrock Rn. 90; Uhlenbruck/Borries/Hirte Rn. 52). Aufgrund seines Charakters als Anspruch gegen die Insolvenzmasse kann der Anfechtungsgegner den Anspruch auf Verwendungsersatz auch im Wege der Aufrechnung oder als Grundlage eines Zurückbehaltungsrechts geltend machen (→ Rn. 15).

Relevant ist der Verwendungsersatzanspruch insbesondere als Korrektiv dafür, dass Wertsteige- **34** rungen (oder Werterhalt) im Hinblick auf den anfechtbar erworbenen Gegenstand grundsätzlich „zulasten" des Anfechtungsgegners gehen (→ Rn. 30); beruhen die Wertsteigerungen oder der Werterhalt auf notwendigen Verwendungen des Anfechtungsgegners, so kann er zumindest insofern Ersatz verlangen.

Bloß **nützliche Verwendungen** können hingegen nicht als Wertersatzanspruch, sondern allen- **35** falls als Bereicherungsanspruch gegen die Masse geltend gemacht werden, sofern die Insolvenzmasse durch die nützlichen Verwendungen eine Wertsteigerung erfahren hat; zudem kann dem Anfechtungsgegner ein Wegnahmerecht nach § 997 BGB zustehen (MüKoInsO/Kirchhof/Piekenbrock Rn. 95; Uhlenbruck/Borries/Hirte Rn. 53; vgl. aber BGH NJW-RR 2007, 639 (640)).

II. Privilegierung des Empfängers einer unentgeltlichen Leistung (Absatz 2)

§ 143 Abs. 2 S. 1 beschränkt die Rückgewährpflicht des Empfängers einer unentgeltlich **36** erlangten Leistung insofern, als dass dieser die Leistung nur zurückzugewähren hat, soweit er durch sie noch bereichert ist (Abs. 2 S. 1) und sich ansonsten auf die Entreicherungseinrede des § 818 Abs. 3 BGB berufen kann. Die Vorschrift soll verhindern, dass der gutgläubige Empfänger einer unentgeltlichen Leistung wie andere Anfechtungsgegner für die schuldhafte Unmöglichkeit der Rückgewähr des empfangenen Gegenstands oder die schuldhafte Verschlechterung desselben haftet; auch eine Ersatzpflicht für schuldhaft nicht gezogene Nutzungen soll entfallen (BGH NZI 2013, 292 (293)). Dies gilt allerdings nicht, sofern er im Hinblick auf die Gläubigerbenachteiligung der Leistung bösgläubig ist **(Abs. 2 S. 2)**.

Das Privileg des Abs. 2 S. 1 greift allein im Falle der Anfechtung einer unentgeltlichen Leistung **37** auf Grundlage des § 134, einschließlich Fällen des unentgeltlichen Erwerbs eines Rechtsnachfolgers (§ 145 Abs. 2 Nr. 3, § 322). Es ist hingegen nicht anwendbar, wenn daneben auch andere Anfechtungstatbestände erfüllt sind. Im Falle der parallelen Anwendbarkeit nach § 133 Abs. 1 ergibt sich dies schon daraus, dass es schon tatbestandlich an der für § 143 Abs. 2 S. 1 erforderlichen Gutgläubigkeit mangelt (vgl. Abs. 2 S. 2; BGH NZI 2013, 292 (293); Uhlenbruck/Borries/Hirte

38 Rn. 57). Auch im Falle der anfechtbaren Rückzahlung eines Gesellschafterdarlehens nach § 135 Abs. 1 Nr. 2 greift § 143 Abs. 2 S. 1 nicht ein (Uhlenbruck/Borries/Hirte Rn. 58).

38 Der Empfänger ist nicht in gutem Glauben, wenn er „weiß oder den Umständen nach wissen muss, dass die unentgeltliche Leistung die Gläubiger benachteiligt". Maßgeblich ist hier der gesamte Zeitraum zwischen Empfang der unentgeltlichen Leistung bis zur Entreicherung. Sobald in diesem Zeitraum Bösgläubigkeit eintritt oder der Rückgewähranspruch rechtshängig wird, haftet auch der Empfänger der unentgeltlichen Leistung voll (BGH NZI 2013, 292; MüKoInsO/Kirchhof/Piekenbrock Rn. 144). Bezugspunkt für das Wissen bzw. Wissenmüssen sind die Indizien für eine Überschuldung und Zahlungsunfähigkeit und – entsprechend § 133 Abs. 2 – einer drohenden Zahlungsunfähigkeit (MüKoInsO/Kirchhof/Piekenbrock Rn. 141). Dies ist dann der Fall, wenn dem Empfänger Tatsachen bekannt sind, die mit auffallender Deutlichkeit für eine Gläubigerbenachteiligung sprechen und deren Kenntnis auch einem Empfänger mit durchschnittlichem Erkenntnisvermögen ohne gründliche Überlegung die Annahme nahelegt, dass die Befriedigung der Gläubiger infolge der Freigiebigkeit verkürzt wird (BGH NZI 2017, 71; → Rn. 38.1 ff.).

38.1 Höchstrichterlich noch nicht geklärt ist in diesem Zusammenhang die Frage, ob schon **leicht fahrlässige Unkenntnis** schädlich ist, oder ob die Privilegierung nur bei grob fahrlässiger Unkenntnis entfällt (vgl. BGH BeckRS 2008, 13181). Angesichts der Legaldefinition des „Kennenmüssens" als (leicht) fahrlässige Unkenntnis in § 122 Abs. 2 BGB liegt es nahe, schon eine leicht fahrlässige Unkenntnis als schädlich zu erachten (MüKoInsO/Kirchhof/Piekenbrock Rn. 142); angesichts der Tatsache aber, dass der Gesetzgeber der InsO bei vergleichbarer Interessenlage auf eine grob fahrlässige Unkenntnis abstellt (vgl. § 130 Abs. 2), sprechen die besseren Argumente dafür, auch iRd § 134 Abs. 2 S. 2 eine solche zu verlangen (Uhlenbruck/Ede/Hirte Rn. 59). Auch der BGH scheint in jüngeren Entscheidungen zu diesem Maßstab zu tendieren (BGH BeckRS 2016, 20068; Kayser ZIP 2019, 293 (300)).

38.2 Unklar ist weiterhin iRd § 143 Abs. 2, ob ein Empfänger einer unentgeltlichen Leistung, der eine dem Urheber der angefochtenen Rechtshandlung iSd § 138 **nahestehende Person** ist, seine Bösgläubigkeit ausräumen muss (vgl. BGH BeckRS 2008, 13181 mit Hinweis auf OLG Düsseldorf NZI 2001, 477 einerseits und OLG Rostock NZI 2008, 438 andererseits).

38.3 Schließlich ist höchstrichterlich auch nicht entschieden, ob § 143 Abs. 2 erweiternd dahin ausgelegt werden kann, dass er auch dann greift, wenn die einmal bestehende **Bösgläubigkeit** des Empfängers **entfallen** ist, etwa weil er im Zeitraum zwischen dem Erhalt der Leistung und dem Wegfall der Bereicherung die Überzeugung gewonnen hat, dass der Schuldner nunmehr seine Gläubiger befriedigen kann. Zwar scheint der BGH angesichts des Gesetzeswortlauts gegen die Zulassung eines solchen Ausnahmetatbestands zu tendieren; entschieden hat er die Frage jedoch nicht, sondern betont vielmehr, dass für den Fall der Zulassung eines solchen Ausnahmetatbestands der Anfechtungsgegner dessen Voraussetzungen darzulegen und zu beweisen habe (BGH NZI 2013, 292 f.; Uhlenbruck/Borries/Hirte Rn. 60).

39 Der **Umfang des Rückgewähranspruchs** richtet sich nach den iRd § 143 Abs. 2 geltenden Grundsätzen, allerdings ergänzt durch die Vorschriften des Entreicherungsrechts. So erstreckt sich die Rückgewährpflicht zunächst auf das Erlangte, einschließlich tatsächlich gezogener Nutzungen oder Surrogate (§ 818 Abs. 1 BGB; → Rn. 22 ff.). Für – auch schuldhafte – Verschlechterungen des Gegenstands, Unmöglichkeit der Rückgewähr oder schuldhaft nicht gezogene Nutzungen haftet der Empfänger allerdings nicht (für die nicht privilegierte Haftung → Rn. 21). Ist die Herausgabe in Natur nicht möglich, so ist Wertersatz zu leisten (§ 818 Abs. 2 BGB; → Rn. 26 ff.). Die Verpflichtung zur Herausgabe in Natur oder zum Wertersatz ist jedoch ausgeschlossen, soweit der Empfänger nicht mehr bereichert ist (§ 818 Abs. 3 BGB). Auf Entreicherung kann sich der Empfänger allerdings insoweit nicht berufen, als dass er durch Verwendung bzw. Verbrauch des empfangenen Gegenstands notwendige Aufwendungen erspart hat (BGH BeckRS 2016, 19988; OLG Rostock NZI 2008, 438; Uhlenbruck/Borries/Hirte Rn. 62; → Rn. 39.1).

39.1 Eine endgültige steuerliche Mehrbelastung aufgrund des Erwerbs des Anfechtungsgegenstands ist iRd § 143 Abs. 2 InsO, § 818 Abs. 3 BGB als Entreicherung zu berücksichtigen (BGH NZI 2010, 605 (607)).

40 Auch wenn sich der Umfang der Rückgewährpflicht nach den Bereicherungsvorschriften richtet (§ 818 BGB), wird der Rückgewähranspruch hierdurch nicht selbst zu einem Bereicherungsanspruch; so finden etwa die bereicherungsrechtliche Saldotheorie, und auch eine Vorteilsausgleichung, keine Anwendung (BGH NZI 2010, 695; Uhlenbruck/Borries/Hirte Rn. 64).

III. Anfechtung der Rückgewähr eines gesellschafterbesicherten Drittdarlehens
(Absatz 3)

41 § 143 Abs. 3 trifft eine Sonderregelung für die Rechtsfolgen im Falle der Anfechtung der Rückzahlung eines gesellschafterbesicherten Drittdarlehens oder wirtschaftlich entsprechender

Verbindlichkeiten nach § 135 Abs. 2. Er trägt der Tatsache Rechnung, dass in diesem Fall auch der Gesellschafter profitiert, der die Sicherheit oder Bürgschaft geleistet hat, und der nun von seiner Eventualhaftung befreit wird. Dementsprechend richtet sich der Rückgewähranspruch nach § 143 Abs. 3 S. 1 in einem solchen Fall gegen den Gesellschafter, der die dem Dritten vom Insolvenzschuldner gewährte – angefochtene – Leistung zur Insolvenzmasse zurückzugewähren hat.

Die Vorschrift modifiziert die Regelung des § 143 Abs. 1 S. 1, lässt jedoch § 143 Abs. 1 S. 2 unberührt. Sie kommt nur zur Anwendung, wenn eine Inanspruchnahme des Gesellschafters allein aufgrund einer Anfechtbarkeit nach § 135 Abs. 2 möglich ist (MüKoInsO/Kirchhof/Piekenbrock Rn. 146). **42**

§ 143 Abs. 3 lässt eine mögliche Anfechtung der Darlehensrückzahlung gegenüber dem Darlehensgeber unberührt (MüKoInsO/Kirchhof/Piekenbrock Rn. 146; Uhlenbruck/Borries/Hirte Rn. 116); erfolgt eine solche Anfechtung und gewährt der Darlehensgeber die Tilgungsleistung zurück, so leben mit seinem Darlehensrückzahlungsanspruch gegen den Insolvenzschuldner unter den Voraussetzungen des § 144 Abs. 1 auch die Sicherungsverpflichtungen des Gesellschafters wieder auf (vgl. Uhlenbruck/Borries/Hirte Rn. 117; → Rn. 43.1 ff.; auch → § 144 Rn. 5). **43**

§ 143 Abs. 3 ist entsprechend anwendbar, wenn sowohl der Gesellschafter als auch die (insolvente) Gesellschaft dem Drittdarlehensgeber Sicherheit geleistet haben und der Darlehensrückzahlungsanspruch nach Eröffnung des Insolvenzverfahrens durch Verwertung der Gesellschaftssicherheit befriedigt wurde (BGH NZI 2012, 19; 2017, 760 (761)). **43.1**

Ist neben der Gesellschaft auch der Gesellschafter insolvent, so stellt der Rückgewähranspruch nach § 143 Abs. 1, 3 eine Insolvenzforderung der Gesellschaft gegen den Gesellschafter dar (Uhlenbruck/Borries/Hirte Rn. 117). **43.2**

Haben mehrere Sicherungsgeber die Darlehensrückzahlungspflicht gesichert, ist § 143 Abs. 3 anwendbar, wenn und soweit sich unter den Sicherungsgebern ein Gesellschafter befindet und dieser von seiner Sicherungsschuld freigeworden ist (BGH NZI 2009, 336). **43.3**

Die Rückgewährpflicht des § 143 Abs. 3 S. 1 umfasst den zurückgezahlten Darlehensbetrag einschließlich Nebenleistungen wie Zinsen und Kosten, soweit auch diese von der Gesellschaftersicherheit erfasst waren (MüKoInsO/Kirchhof/Piekenbrock Rn. 147; Uhlenbruck/Borries/Hirte Rn. 118). **44**

§ 143 Abs. 3 S. 2 begrenzt die Haftung jedoch bis zur Höhe des Betrags, mit der der Gesellschafter als Bürge haftete oder der dem Wert der von ihm bestellten Sicherheit im Zeitpunkt der Rückgewähr des Darlehens oder der Leistung auf die gleichgestellte Forderung entspricht (Abs. 3 S. 2). Alternativ kann sich der Gesellschafter von der Verpflichtung befreien, indem er die Gegenstände, die dem Gläubiger als Sicherheit gedient hatten, der Insolvenzmasse zur Verfügung stellt (Abs. 3 S. 3). **45**

Unabhängig vom Betrag der bestellten Sicherheit haftet der Gesellschafter auch für einen etwaigen Übererlös, der bei der Verwertung von dinglichen Sicherheiten erzielt wurde (OLG Frankfurt a. M. NZI 2018, 887 (890)). **45.1**

IV. Prozessuales

1. Verfahrensfragen

International zuständig für Insolvenzanfechtungsklagen sind die Gerichte desjenigen EU-Mitgliedstaats, in dem das Insolvenzverfahren eröffnet wurde, auch wenn der Anfechtungsgegner seinen Sitz in einem anderen Mitgliedstaat hat oder in einem Staat, der nicht Mitglied der Europäischen Union ist (EuGH NZI 2014, 134; 2009, 199). Dies gilt allerdings nicht im Falle einer Abtretung des Anfechtungsanspruchs; in diesem Falle verbleibt es bei den Zuständigkeitsregelungen des EuGVVO (EuGH NZI 2012, 469; krit. Uhlenbruck/Borries/Hirte Rn. 157). **46**

Zulässiger **Rechtsweg** in Deutschland ist grundsätzlich der Rechtsweg zu den ordentlichen Gerichten, da die Anfechtungsstreitigkeiten als bürgerliche Rechtsstreitigkeiten iSd § 13 GVG zu qualifizieren sind. Eine Zuständigkeit der Kammer für Handelssachen ist nicht eröffnet; der Rückgewähranspruch ist auch dann kein Anspruch aus einem Handelsgeschäft, wenn die anfechtbare Rechtshandlung ein solches war (BGH NJW 1987, 2821; aA zum Teil die landgerichtliche Rechtsprechung, vgl. zB LG Osnabrück BeckRS 2014, 15827; LG Dortmund NZI 2015, 894 mablAnm Beumling). Ist Klagegegenstand jedoch die Rückgewähr von Arbeitsentgelt, ist als Sonderfall der Rechtsweg zu den Gerichten für Arbeitssachen gegeben (GmS-OGB NZI 2011, 15 (16)). Kritik an dieser Entscheidung des Gemeinsamen Senats der Obersten Gerichtshöfe des **47**

Bundes wird vor allem mit der Begründung geübt, dass der insolvenzrechtliche Anspruch kraft Gesetzes mit Insolvenzeröffnung entstehe und bürgerrechtlicher Natur sei, unabhängig davon, ob die angefochtene Rechtshandlung zu einem anderen Rechtsgebiet gehöre (Dahl NJW-Spezial 2010, 277 (278); Hess NZI 2009, 705 (708); Uhlenbruck/Borries/Hirte Rn. 138; → Rn. 47.1 f.).

47.1 Auch für die Durchsetzung von Anfechtungsansprüchen gegen Verwaltungsträger (zB Finanz- oder Sozialverwaltungsträger) sind die ordentlichen Gerichte zuständig (BGH NJW 1991, 2147; 2011, 1365; vgl. auch Uhlenbruck/Borries/Hirte Rn. 139 ff.; abw. Flies KTS 1995, 411 ff.). Für damit in Zusammenhang stehende Auskunftsansprüche nach den relevanten Informationsfreiheitsgesetzen (→ Rn. 9.1) ist hingegen der Verwaltungsrechtsweg eröffnet (BVerwG NZI 2012, 1020; 2012, 684; vgl. auch Uhlenbruck/Borries/Hirte Rn. 123 ff.).

47.2 Wurde vor Eröffnung des Insolvenzverfahrens bereits ein materiell-rechtlicher Anspruch von einer anderen Person als dem Insolvenzverwalter geltend gemacht und wird der gleiche Anspruch (Lebenssachverhalt) nun nach Eröffnung im Wege der Insolvenzanfechtung vom Insolvenzverwalter gerichtlich geltend gemacht, so steht nicht die anderweitige Rechtshängigkeit der Streitsache (§ 261 Abs. 3 Nr. 1 ZPO) entgegen, da der prozessuale Streitgegenstand bei einem einheitlichen Lebenssachverhalt Ansprüche aus Insolvenzanfechtung neben materiell-rechtlichen Ansprüchen nur dann umfasst, wenn die Klage von dem Insolvenzverwalter erhoben wurde (BGH ZIP 2019, 37).

48 Die **sachliche und die örtliche Zuständigkeit** bestimmen sich nach den allgemeinen Regeln, dh dem Streitwert (§§ 23 Nr. 1, 71 Abs. 1 GVG) sowie den §§ 13 ff. ZPO (vgl. dazu Uhlenbruck/Ede/Hirte Rn. 147 ff.; → Rn. 48.1 f.).

48.1 Vor der Verfahrenseröffnung vom Insolvenzschuldner geschlossene **Gerichtsstandsvereinbarungen** binden den Insolvenzverwalter grundsätzlich nicht, da der Insolvenzschuldner nicht im Voraus über Masseansprüche verfügen kann; tritt der Insolvenzverwalter allerdings in einen schon vor Insolvenzeröffnung rechtshängig gewordenen Anfechtungsstreit eines Gläubigers ein, der die Einzelanfechtung betreibt, so ist auch er an eine bereits im Wege einer Gerichtsstandsvereinbarung begründete Zuständigkeit des Gerichts gebunden (MüKoInsO/Kirchhof/Piekenbrock Rn. 161).

48.2 Auch vorinsolvenzlich vom Insolvenzschuldner getroffene **Schiedsabreden** gelten für den Anfechtungsanspruch nicht; Schiedsabreden können den Insolvenzverwalter nur insofern binden, als dass sie sich nicht auf Rechte beziehen, die gerade insolvenzspezifisch sind (vgl. BGH NZI 2011, 634; Uhlenbruck/Borries/Hirte Rn. 143).

49 Die Anfechtungsklage ist durch den Insolvenzverwalter grundsätzlich als **Leistungsklage** mit dem Begehren der Rückgewähr zur Insolvenzmasse zu erheben; bei Zahlung von Insolvenzgeld gelten allerdings die Besonderheiten des § 166 SGB III (dazu Uhlenbruck/Borries/Hirte Rn. 231; → Rn. 49.1).

49.1 Sofern der Insolvenzverwalter ein anfechtbar veräußertes Grundstück verwerten will, kann er anstatt auf Rückgewähr zur Insolvenzmasse auch gleich auf Duldung der Zwangsvollstreckung klagen (Uhlenbruck/Borries/Hirte Rn. 170; BGH NJW 1985, 2031 mwN).

50 Herrscht Ungewissheit, ob der Anfechtungsgläubiger in Natur zurückgewähren kann oder ob Wertersatz zu leisten ist, kommt die Erhebung einer **Stufenklage** nach § 254 ZPO oder **Klagehäufung** durch Stellung von Haupt- und Hilfsantrag (§ 260 ZPO) in Betracht. Trotz der Möglichkeit, eine Leistungsklage zu erheben, ist in besonderen Fällen – bei Bestehen des erforderlichen rechtlichen Interesses nach § 256 ZPO – auch eine **Feststellungsklage** zulässig (→ Rn. 50.1 f.).

50.1 Zulässig ist eine Feststellungsklage beispielsweise zur Feststellung, dass eine Masseverbindlichkeit anfechtbar begründet wurde und ihrer Durchsetzung daher die Einrede des § 146 Abs. 2 (→ § 146 Rn. 17) entgegensteht (Uhlenbruck/Borries/Hirte Rn. 168), zur Hemmung der Verjährung des Wertersatzanspruchs gegenüber dem Ersterwerber bei Weiterveräußerung des Gegenstands (BGH BeckRS 1995, 09132) oder zur Haftungsprävention des Insolvenzverwalters, wenn ein Gläubiger Ansprüche gegen den insolventen Schuldner in anfechtbarer Weise erworben hat, die der Insolvenzverwalter nach § 93 in gesetzlicher Prozessstandschaft geltend zu machen hat (vgl. Smid NZI 2013, 817 (819)). Trotz Möglichkeit der Erhebung einer Leistungsklage kommt eine Erhebung der Feststellungsklage auch dann in Betracht, wenn schon ein Feststellungsurteil zur endgültigen Streitbeilegung führt und erwartet werden kann, dass der Beklagte auf den Feststellungsausspruch hin leisten wird (BGH NZI 2007, 452).

50.2 Umgekehrt kann sich auch der Anfechtungsgegner im Wege einer negativen Feststellungsklage gegen die Geltendmachung des Anfechtungsanspruchs wehren (vgl. BGH 2007, 158; Uhlenbruck/Borries/Hirte Rn. 168 f.).

Schließlich kann der Insolvenzverwalter den Anfechtungsanspruch auch im Wege der **Vollstre-** 51
ckungsgegenklage (§ 767 ZPO) geltend machen, etwa wenn der Anfechtungsgegner ein anfechtbar erlangtes Recht auf Grundlage eines vor Verfahrenseröffnung erwirkten Titels geltend macht (BGH NJW 1957, 137). Im Wege der **Drittwiderspruchsklage** kann der Rückgewähranspruch nach bisheriger Rechtsprechung des BGH mangels ein „die Veräußerung hinderndes Recht" hingegen wohl nicht geltend gemacht werden (vgl. BGH NJW 1990, 990 (992)), was allerdings in gewissem Widerspruch zur Rechtsprechung des BGH zum Anfechtungsrecht als Aussonderungsrecht in der Insolvenz des Anfechtungsgegners steht (BGH NZI 2009, 429 (432); krit. daher Uhlenbruck/Borries/Hirte Rn. 172; Fridgen, Die Rechtsfolgen der Insolvenzanfechtung, 2009, 73 ff.).

Sofern innerhalb eines gerichtlichen Verfahrens von einem Anfechtungstatbestand auf einen 52
anderen Anfechtungs- oder Rückgewährtatbestand übergegangen werden soll, stellt dies dann keine **Klageänderung** dar, wenn Tatsachenvortrag und Klagebegehren die jeweiligen Rechtsfolgen umfassen; anderes gilt für die Umstellung auf ein Klagebegehren nach § 145 Abs. 2 gegen einen Sonderrechtsnachfolger (→ § 145 Rn. 15 ff.), da in diesem Fall ein gewillkürter Parteiwechsel erfolgt (Uhlenbruck/Borries/Hirte Rn. 174 ff.). Zu Fragen der **Prozessstandschaft und Nebenintervention** → Rn. 4.1 f.

Die **Kostentragung** im Anfechtungsprozess richtet sich nach den allgemeinen Regeln der 53
§§ 91 ff. ZPO; auch kann der Insolvenzverwalter zur Finanzierung eines Anfechtungsrechtsstreits grundsätzlich **Prozesskostenhilfe** beantragen (§§ 114 f. ZPO; vgl. Uhlenbruck/Borries/Hirte Rn. 183 ff.). Bei der Beurteilung der Zumutbarkeit nach § 116 S. 1 Nr. 1 ZPO hat das Gericht im Prozesskostenhilfeverfahren im Rahmen der Risikobewertung neben Vollstreckungs- auch sonstige Verfahrensrisiken sowie die jeweilige Gläubigerstruktur zu berücksichtigen (BGH NZI 2018, 581 (582)).

2. Beweisfragen

Im Rahmen des **§ 143 Abs. 1** hat der Insolvenzverwalter Bestehen und Umfang des Anfech- 54
tungsanspruchs darzulegen und zu beweisen, dh die anfechtbare Weggabe des Gegenstands an den Anfechtungsgegner, etwaige Nutzungen und Surrogate sowie den konkreten Wert; dagegen trifft den Anfechtungsgegner die Darlegungs- und Beweislast, dass und aus welchen Gründen ihm eine Rückgewähr in Natur nicht möglich ist, und/oder dass ihn an Unmöglichkeit der Herausgabe, Verzug oder Verschlechterung kein Verschulden trifft, oder dass er notwendige Verwendungen auf den Gegenstand gemacht hat (vgl. MüKoInsO/Kirchhof/Piekenbrock Rn. 171 f.).

Im Rahmen des **§ 143 Abs. 2** obliegt dem Anfechtungsgegner der Nachweis, dass Rückgewähr 55
in Natur unmöglich ist und dass und warum er nicht mehr bereichert ist (BGH NZI 2010, 295 (297)). Sofern der Insolvenzverwalter Wertersatz über die noch vorhandene Bereicherung hinaus fordert, obliegt ihm der Nachweis der „Unredlichkeit" des Anfechtungsgegners im maßgeblichen Zeitpunkt (OLG Rostock NZI 2008, 438 (439)). Ebenfalls obliegt ihm der Nachweis, wenn er sich darauf beruft, dass Entreicherung erst nach Eintritt der verschärften Haftung erfolgt ist (MüKoInsO/Kirchhof/Piekenbrock Rn. 173; → Rn. 55.1).

Ungeklärt ist, ob bei nahestehenden Personen iSd § 138 eine Ausnahme von der Beweislastverteilung 55.1
zu machen ist (vgl. MüKoInsO/Kirchhof/Piekenbrock Rn. 174 und → Rn. 38.2).

Im Rahmen des **§ 143 Abs. 3** hat der Insolvenzverwalter die Leistung aus Mitteln der Gesell- 56
schaft an den Dritten zu beweisen; dem Anfechtungsgegner wiederum obliegt der Nachweis der wertmäßigen Beschränkung der Rückgewährpflicht gem. S. 2 sowie das ordnungsgemäße Angebot gem. S. 3, den Sicherungsgegenstand zur Insolvenzmasse zur Verfügung zu stellen (MüKoInsO/Kirchhof/Piekenbrock Rn. 175).

§ 144 Ansprüche des Anfechtungsgegners

(1) Gewährt der Empfänger einer anfechtbaren Leistung das Erlangte zurück, so lebt seine Forderung wieder auf.

(2) ¹Eine Gegenleistung ist aus der Insolvenzmasse zu erstatten, soweit sie in dieser noch unterscheidbar vorhanden ist oder soweit die Masse um ihren Wert bereichert ist. ²Darüber hinaus kann der Empfänger der anfechtbaren Leistung die Forderung auf Rückgewähr der Gegenleistung nur als Insolvenzgläubiger geltend machen.

Überblick

§ 144 regelt die Folgen einer Insolvenzanfechtung für die in Zusammenhang mit der angefochtenen Leistung stehenden Gegenansprüche des Anfechtungsgegners. Dabei wird zwischen angefochtenem Erfüllungs- (→ Rn. 5 ff.) und Verpflichtungsgeschäft (→ Rn. 13 f.) unterschieden. Zusätzlich kommen teilweise die Grundsätze des Bereicherungsrechts des BGB zur Anwendung, um eine ungerechtfertigte Bereicherung der Masse zu verhindern (→ Rn. 15 ff.).

Übersicht

	Rn.		Rn.
A. Normzweck und Anwendungsbereich	1	I. Allgemeines	13
B. Erfüllungsgeschäft – Wiederaufleben der Forderung (Abs. 1)	5	II. Masseverbindlichkeiten (Abs. 2 S. 1)	15
I. Voraussetzungen	5	1. Gegenleistung unterscheidbar vorhanden (Abs. 2 S. 1 Alt. 1)	15
II. Rechtsfolgen	6	2. Masse um Wert bereichert (Abs. 2 S. 1 Alt. 2)	17
1. Forderungen	6	III. Insolvenzforderungen (Abs. 2 S. 2)	19
2. Sonstiges	7	D. Sowohl Erfüllungs- als auch Verpflichtungsgeschäft	20
C. Verpflichtungsgeschäft – Schicksal der Gegenleistung (Abs. 2)	13	E. Prozessuale Fragen	21

A. Normzweck und Anwendungsbereich

1 § 144 regelt in zwei unterschiedlichen Fallgestaltungen, was nach einer erfolgten Insolvenzanfechtung **mit den Forderungen des Anfechtungsgegners** geschieht. Abs. 1 betrifft das Wiederaufleben getilgter Forderungen des Anfechtungsgegners, wenn ein **Erfüllungsgeschäft angefochten** wurde, dagegen Abs. 2 das Schicksal der Gegenleistung, wenn ein **Verpflichtungsgeschäft angefochten** wurde.

2 Damit kommen zwei Grundprinzipien zum Ausdruck: Zunächst darf eine Anfechtung keine ungerechtfertigte Bereicherung der Insolvenzmasse zur Folge haben (OLG Jena NZG 2002, 1116 (1118); Braun/Riggert Rn. 1). Außerdem rechtfertigt nur ein wechselseitiger Austausch mit der Insolvenzmasse die Erstarkung einer bloßen Insolvenzforderung des anderen Teils zur Masseforderung (MüKoInsO/Kirchhof/Piekenbrock Rn. 3) (→ Rn. 2.1 ff.).

2.1 Zur Erläuterung des Verhältnisses der beiden Absätze soll folgendes Beispiel dienen: Insolvenzschuldner (S) und Insolvenzgläubiger (G) haben einen Kaufvertrag über einen Pkw abgeschlossen und vollzogen: S hat dem G den Pkw übergeben und übereignet und G hat S den Kaufpreis bar bezahlt. Anschließend wird über das Vermögen des S das Insolvenzverfahren eröffnet.

2.2 (1) Abs. 1: Der Insolvenzverwalter ficht gegenüber G die von S getätigte Erfüllungsleistung an, also Übergabe und Übereignung des Pkw. Folge ist, dass G den Pkw zurück zu gewähren hat; zugleich lebt – nach Anfechtung der Erfüllungsleistung – der zunächst durch Erfüllung erloschene kaufvertragliche Anspruch des Gesetzes auf Übereignung und Übergabe des Pkw wieder auf. Das als Kaufpreis geleistete Geld hingegen kann G nicht zurückverlangen. Dies wurde von G auf Grundlage des Kaufvertrages mit Rechtsgrund geleistet, und dieser rechtliche Grund bleibt von der Anfechtung der Erfüllungsleistung unberührt. Es besteht allerdings ein Bereicherungsanspruch als Insolvenzforderung.

2.3 (2) Abs. 2: Der Insolvenzverwalter ficht gegenüber G den Kaufvertrag an. Auch hier hat G den Pkw zurückzugewähren, allerdings nach bereicherungsrechtlichen Grundsätzen, da der Rechtsgrund für die Leistung weggefallen ist. Zugleich hat G jedoch den in § 144 Abs. 2 normierten (seinem Wesen nach bereicherungsrechtlichen) Anspruch auf Rückgewähr des Kaufpreises. Diesen Anspruch kann er jedoch nur als Insolvenzforderung geltend machen (Abs. 2 S. 2).

2.4 Zur Doppelanfechtung → Rn. 20.

3 **Gemeinsame Voraussetzung** der Abs. 1 und 2 ist jedoch, dass eine eigene Leistung des Anfechtungsgegners zunächst an den Insolvenzschuldner erbracht wurde und der Insolvenzverwalter angefochten hat (MüKoInsO/Kirchhof/Piekenbrock Rn. 3).

4 Anders als die übrigen Vorschriften des Insolvenzanfechtungsrechts kann die Regelung des § 144 zu einer **Masseminderung** führen (Braun/Riggert Rn. 22).

B. Erfüllungsgeschäft – Wiederaufleben der Forderung (Abs. 1)

I. Voraussetzungen

Abs. 1 ergänzt § 143 und regelt die Folgen der Anfechtung des Erfüllungsgeschäfts (Uhlenbruck/Hirte/Borries Rn. 1). Erfasst sind folglich allein Fälle, in denen zumindest auch eine Verbindlichkeit des Insolvenzschuldners in anfechtbarer Weise getilgt worden ist (vgl. ausf. MüKoInsO/Kirchhof/Piekenbrock Rn. 6 ff.). Auch die Leistung an Erfüllungs Statt oder eine vom Gläubiger erzwungene Leistung (Aufrechnung) sind vom Anwendungsbereich erfasst (Uhlenbruck/Hirte/Borries Rn. 1).

II. Rechtsfolgen

1. Forderungen

Abs. 1 regelt, dass die der angefochtenen Erfüllungsleistung zugrundeliegende Forderung als Insolvenzforderung wieder auflebt (OLG Brandenburg BeckRS 2004, 30340215; vgl. auch Braun/Riggert Rn. 1). Abs. 1 zielt somit darauf ab, möglichst den Zustand wieder herzustellen, der ohne die anfechtbare Rechtshandlung (dh Erfüllungsleistung) bestanden hätte (OLG Karlsruhe NZI 2008, 188 (190)). Wird allein das Erfüllungsgeschäft angefochten, bleibt das Verpflichtungsgeschäft unter Beachtung des Abstraktionsprinzips unberührt. Die zugrundeliegende Forderung lebt erst mit der Rückgewähr des Erlangten wieder auf, dann rückwirkend und in derselben Form, wie sie durch das Kausalgeschäft vor der Erfüllung begründet war – also möglicherweise bedingt, befristet, oder nicht einklagbar (Uhlenbruck/Hirte/Borries Rn. 3; MüKoInsO/Kirchhof/Piekenbrock Rn. 14).

Der Steueranspruch, der aus der Berichtigung eines Vorsteuerabzugs folgt, welche durch eine Insolvenzanfechtung ausgelöst wurde ist ein Masseanspruch und keine Insolvenzforderung (BFH NZI 2017, 270).

Bei Zinsansprüchen und Säumniszuschlägen ist danach zu differenzieren, ob die anfechtbare Hauptforderung vor oder nach Ablauf des Fälligkeitstags erfüllt wurde. Für den Fall, dass vor Ablauf des Fälligkeitstags erfüllt wurde, entstehen keine Säumniszuschläge, sondern ausschließlich die Hauptforderung lebt wieder auf (BFH NZI 2018, 565). Wird hingegen eine Hauptforderung erst nach Fälligkeit erfüllt, so lebt die selbstständige Zinsforderung bzw. der Säumniszuschlag nach § 144 Abs. 1 wieder auf, wenn und soweit sie vor der den Anfechtungsanspruch begründenden Zahlung entstanden war, durch die Zahlung erfüllt und von dem Anfechtungsschuldner wieder an die Masse zurückgezahlt wurden (Mitlehner NZI 2018, 550 (553)).

2. Sonstiges

Gemeinsam mit der Forderung leben auch die für sie bestellten **Neben- und Sicherungsrechte** wieder auf, sofern sie unanfechtbar begründet worden sind (BT-Drs. 12/2443, 168 zu § 163; OLG Bamberg BeckRS 2015, 09850 Rn. 12). Darunter fallen zugesicherte Vertragsstrafen, Wechsel und Schecks, die für den getilgten Anspruch begeben wurden (Uhlenbruck/Borries/Hirte Rn. 7; vgl. auch MüKoInsO/Kirchhof/Piekenbrock Rn. 15).

Teilweise wird im Hinblick auf das Wiederaufleben von Sicherungsrechten zwischen akzessorischen und nichtakzessorischen Sicherheiten unterschieden: **akzessorische** leben unstreitig ohne Weiteres wieder auf, selbst als Drittsicherheiten (BGH BeckRS 2010, 12194; OLG Frankfurt a. M. NZI 2004, 267; vgl. auch Braun/Riggert Rn. 4; MüKoInsO/Kirchhof/Piekenbrock Rn. 18). Gleiches gilt für **nichtakzessorische Sicherheiten des Schuldners** (MüKoInsO/Kirchhof/Piekenbrock Rn. 19; Braun/Riggert Rn. 4); zwar sind dafür ggf. Mitwirkungshandlungen erforderlich, jedoch fingiert das Anfechtungsurteil (§ 894 ZPO) die Abgabe der Willenserklärungen durch die Prozessparteien im Falle der Rückgewähr (MüKoInsO/Kirchhof/Piekenbrock Rn. 19). Für **nichtakzessorische Sicherheiten Dritter** ist anerkannt, dass sie grundsätzlich neu begründet werden müssen (so auch: OLG Frankfurt a. M. NZI 2004, 267; OLG Naumburg NZI 2009, 558; MüKoInsO/Kirchhof/Piekenbrock Rn. 19). Teilweise wird deshalb gefordert, es sei eine erneute Bestellung erforderlich, wenn das dingliche Verfügungsgeschäft bereits rückgängig gemacht worden war (Ganter WM 2011, 245 (251)); dazu seien Insolvenzverwalter bzw. der Drittsicherungsgeber verpflichtet und der Sicherungsnehmer im eigenen Interesse angehalten (MüKoInsO/Kirchhof/Piekenbrock Rn. 19). Die Rechtsprechung und die hM in der Literatur folgen allerdings einem pragmatischen Ansatz und schließen aus der Ratio des Abs. 1, zu Gunsten der Gläubiger den Rechtszustand wieder herzustellen, der ohne die anfechtbare Handlung bestanden hätte, dass eine Unterscheidung zwischen akzessorischen und nicht akzessorischen Sicherungsrechten nicht geboten ist (OLG Frankfurt a. M. NZI 2004, 267; Naumburg NZI 2009, 558; Braun/Riggert Rn. 4; Uhlenbruck/Hirte/Borries Rn. 7a; Heidbrink NZI 2005, 363 (365)). Demnach leben also auch nichtakzessorische Sicherheiten Dritter automatisch wieder auf. Die Rechtsprechung verkennt dabei nicht, dass „abstrakte Sicherheiten grundsätzlich neu bestellt werden müssen", jedoch soll sich der Sicherungsgeber im Fall seiner Inanspruchnahme nach Treu und Glauben nicht auf das Nichtbestehen des Sicherungsrechts berufen können, und sich deshalb so behandeln lassen, als wäre er seiner Verpflichtung zur Neubestellung der Sicherheit nachgekommen (OLG Frankfurt a.M. NZI 2004, 267; OLG Naumburg NZI 2009, 558). Für die Rechtsprechung und hM spricht zudem die Gesetzesbegründung, welche nicht zwischen akzessorischen und nichtakzessorischen Sicherheiten differenziert (BT-Drs. 12/2443, 168 zu § 163).

8a Die Verpflichtung aus einer Patronatserklärung besteht nach Anfechtung einer zugunsten des patronierten Unternehmens erbrachten Zahlung fort, gleich ob eine Patronatserklärung als akzessorisches oder als nichtakzessorisches Sicherungsrecht zu bewerten ist. Der Gläubiger kann insoweit gegenüber dem Patron die ihm aus der Patronatserklärung zustehenden Rechte direkt geltend machen (BGH NZI 2017, 157).

9 Gelöschte Grundschulden oder Hypotheken sind im Wege des Grundbuchberichtigungsanspruches an ihrer alten Rangstelle wieder einzutragen (Nerlich/Römermann/Nerlich Rn. 4).

10 Die Verjährung wird auf den Zeitpunkt der Vornahme der anfechtbaren Rechtshandlung zurückgerechnet; für den Zeitraum zwischen der angefochtenen Rechtshandlung und der Rückgewähr wird die Verjährung also gehemmt (Braun/Riggert Rn. 4).

11 Auf einen Erwerber, der im Zeitraum zwischen Tilgung der Verbindlichkeit und Anfechtungserklärung vom Schuldner ein Sicherungsrecht erworben hat, sind Gutglaubenstatbestände anwendbar (K. Schmidt InsO/Büteröwe Rn. 4; MüKoInsO/Kirchhof/Piekenbrock Rn. 20).

12 **Urkunden,** wie Inhaber- oder Orderpapiere, kann der Anfechtungsgegner vom Insolvenzverwalter nach §§ 812 ff. BGB herausverlangen.

C. Verpflichtungsgeschäft – Schicksal der Gegenleistung (Abs. 2)

I. Allgemeines

13 § 144 Abs. 2 kommt jedenfalls zur Anwendung, wenn das **Verpflichtungsgeschäft isoliert** angefochten wird (zur Doppelanfechtung → Rn. 20). Dann bricht die Grundlage für den Leistungsaustausch zwischen Schuldner und Anfechtungsgegner weg und es besteht kein Grund mehr, die vom Anfechtungsgegner gewährte Gegenleistung in der Insolvenzmasse zu belassen (Braun/Riggert Rn. 6).

14 S. 1 ordnet die Rückerstattung von Gegenleistungen an, die entweder noch unterscheidbar in der Insolvenzmasse vorhanden sind (Alt. 1), oder die Masse noch um ihren Wert bereichern (Alt. 2). S. 2 hingegen bestimmt solche Gegenleistungen, die nicht unter S. 1 fallen, zu einfachen Insolvenzforderungen.

II. Masseverbindlichkeiten (Abs. 2 S. 1)

1. Gegenleistung unterscheidbar vorhanden (Abs. 2 S. 1 Alt. 1)

15 Ist die Gegenleistung noch unterscheidbar in der Masse vorhanden, ist sie **in natura herauszugeben.** Das gilt auch dann, wenn sie sich bei einem Dritten befindet, demgegenüber ein Herausgabeanspruch besteht. Dies setzt in allen Konstellationen voraus, dass die Gegenleistung oder Bereicherung wenigstens teilweise **in die Insolvenzmasse gelangt** ist (MüKoInsO/Kirchhof/Piekenbrock Rn. 30; Uhlenbruck/Hirte/Borries Rn. 11).

16 Dieser Bereicherungsanspruch begründet eine **Massebereicherungsschuld** iSd § 55 Abs. 1 Nr. 3 (MüKoInsO/Kirchhof/Piekenbrock Rn. 31; Uhlenbruck/Hirte/Borries Rn. 11); § 818 Abs. 1 BGB ist entsprechend anwendbar: demnach erstreckt sich der Anspruch auch auf aus der Gegenleistung gezogene **Nutzungen** (MüKoInsO/Kirchhof/Piekenbrock Rn. 29) und ggf. auf das dafür erlangte Surrogat (BGH NJW-RR 1986, 991 (993); für den Fall einer Wertdifferenz zwischen Gegenleistung und Surrogat vgl. auch Braun/Riggert Rn. 10). Sinngemäß gilt auch die Entreicherungseinrede des § 818 Abs. 3 BGB, falls die Bereicherung der Masse entfallen ist (Uhlenbruck/Hirte/Borries Rn. 8). In diesem Fall besteht kein Anspruch auf Rückgewähr der Gegenleistung, obwohl diese noch unterscheidbar vorhanden ist (→ Rn. 16.1).

Geldzahlungen in Form von **Überweisungen** sind in die Insolvenzmasse insoweit verblieben, als der Kontostand ununterbrochen im Guthabenbereich verblieben ist (BGH NJW 1999, 1709 (1710); MüKoInsO/Kirchhof/Piekenbrock Rn. 29). **16.1**

2. Masse um Wert bereichert (Abs. 2 S. 1 Alt. 2)

Soweit die Gegenleistung nicht mehr unterscheidbar in der Masse vorhanden und somit die Naturalherausgabe unmöglich ist, kann ihr **Gegenwert** gefordert werden, soweit die Masse noch bereichert ist, Abs. 2 S. 1 Alt. 2 (→ Rn. 17.1). **17**

Anwendungsfälle können einerseits die Verbindung, Vermischung oder Verarbeitung nach §§ 946 ff. BGB sein, andererseits auch der Untergang der Gegenleistung oder ihr Ausscheiden aus der Insolvenzmasse (Braun/Riggert Rn. 13). **17.1**

Im Übrigen gilt das zu Alt. 1 Gesagte. Insbesondere findet für die Frage der Entreicherung § 818 Abs. 3 entsprechende Anwendung. **18**

III. Insolvenzforderungen (Abs. 2 S. 2)

Wenn für eine Gegenleistung keine der Alternativen des S. 1 einschlägig ist, sie also weder unterscheidbar in der Masse vorhanden ist, noch als Surrogat oder zumindest der Gegenwert, so hat der Anfechtungsgegner keinen Anspruch gegen die Masse auf Rückgewähr. Er kann lediglich regulär als Insolvenzgläubiger am Insolvenzverfahren teilnehmen. Dann steht ihm eine **Insolvenzforderung** iSd §§ 38, 174 zu, die er zur Tabelle anmelden kann (Braun/Riggert Rn. 17; MüKoInsO/Kirchhof/Piekenbrock Rn. 32). **19**

D. Sowohl Erfüllungs- als auch Verpflichtungsgeschäft

Der Fall, dass der Insolvenzverwalter gleichzeitig sowohl Erfüllungs- als auch Verpflichtungsgeschäft anficht, ist in § 144 nicht ausdrücklich geregelt. Teilweise wird vertreten, dass der Anfechtungsgegner in einem solchen Fall den Anfechtungsgegenstand ohne Ausgleich zurückzugewähren habe (Braun/Riggert Rn. 18). Vorzugswürdig erscheint es aber, auch in einem solchen Fall im Hinblick auf die vom Anfechtungsgegner zu beanspruchende Gegenleistung Abs. 2 zur Anwendung zu bringen. Dem stehen weder der Wortlaut des Abs. 2 noch sonstige Gründe entgegen, insbesondere auch nicht die in der Literatur bisweilen vorzufindende Aussage, dass sich Abs. 1 und Abs. 2 in ihren Voraussetzungen gegenseitig ausschließen (MüKoInsO/Kirchhof/Piekenbrock Rn. 3). Zwar ist richtig, dass bei einer Anfechtung auch des Verpflichtungsgeschäftes für die Regelung des Abs. 1 kein Anwendungsbereich verbleibt. Andersherum stehen aber der Anwendung des Abs. 2 bei Anfechtung sowohl des Verpflichtungs- als auch des Verfügungsgeschäftes keine Gründe entgegen. **20**

E. Prozessuale Fragen

Ob Forderungen besichert waren, sodass die Forderungen wieder aufleben (→ Rn. 8), muss derjenige darlegen und beweisen, der aus den Sicherheiten Rechte herleiten will (Braun/Riggert Rn. 21; MüKoInsO/Kirchhof/Piekenbrock Rn. 34). Den Antragsgegner trifft die Beweislast bezüglich der Bereicherung der Insolvenzmasse und des Bestehens einer Gegenleistung. **21**

§ 145 Anfechtung gegen Rechtsnachfolger

(1) **Die Anfechtbarkeit kann gegen den Erben oder einen anderen Gesamtrechtsnachfolger des Anfechtungsgegners geltend gemacht werden.**
(2) **Gegen einen sonstigen Rechtsnachfolger kann die Anfechtbarkeit geltend gemacht werden:**
1. **wenn dem Rechtsnachfolger zur Zeit seines Erwerbs die Umstände bekannt waren, welche die Anfechtbarkeit des Erwerbs seines Rechtsvorgängers begründen;**
2. **wenn der Rechtsnachfolger zur Zeit seines Erwerbs zu den Personen gehörte, die dem Schuldner nahestehen (§ 138), es sei denn, daß ihm zu dieser Zeit die Umstände unbekannt waren, welche die Anfechtbarkeit des Erwerbs seines Rechtsvorgängers begründen;**
3. **wenn dem Rechtsnachfolger das Erlangte unentgeltlich zugewendet worden ist.**

Überblick

§ 145 regelt die Anfechtung gegen Rechtsnachfolger (→ Rn. 4 ff.) und zielt auch diesen gegenüber auf die Herausgabe des Erlangten ab (→ Rn. 20 ff.). Dabei werden lediglich im Falle der Einzelrechtsnachfolge erhöhte Anforderungen normiert (→ Rn. 11 ff.).

Übersicht

	Rn.		Rn.
A. Normzweck und Anwendungsbereich	1	I. Allgemeine Anforderungen	11
B. Gesamtrechtsnachfolger (Abs. 1)	4	II. Besondere persönliche Anforderungen (Abs. 2 Nr. 1–3)	14
I. Erben (Abs. 1 Alt. 1)	5	1. Kenntnis (Abs. 2 Nr. 1)	15
II. Andere Gesamtrechtsnachfolger (Abs. 1 Alt. 2)	9	2. Vermutete Kenntnis bei nahestehenden Personen iSd § 138 (Abs. 2 Nr. 2)	17
		3. Unentgeltlicher Erwerb (Abs. 2 Nr. 3)	18
C. Sonstiger Rechtsnachfolger (Abs. 2)	11	D. Rechtsfolgen	20
		E. Prozessuales	24

A. Normzweck und Anwendungsbereich

1 Für die **Rückführung von Massegegenständen** soll es nicht hinderlich sein, dass der primäre Empfänger nicht mehr Vermögensträger des Gegenstandes ist. Andernfalls könnte er schon durch bloße Weitergabe der erhaltenen Leistung die Anfechtungsvorschriften aushebeln. Ein Gesamtrechtsnachfolger, der gänzlich in die Rechtsposition seines Vorgängers tritt, kann dabei ohne weitere Voraussetzungen als Anfechtungsgegner herangezogen werden (Abs. 1). Demgegenüber gelten für die Einzelrechtsnachfolge die zusätzlichen Voraussetzungen der Abs. 2 Nrn. 1–3, um einer besonderen Schutzbedürftigkeit des Einzelrechtsnachfolgers Rechnung zu tragen.

2 Der Anwendungsbereich des § 145 ist eröffnet, wenn eine **Rechtsnachfolge** bezüglich des anfechtbar gewordenen Gegenstandes besteht (BGH NJW 2003, 3345 (3346)). Er richtet sich gegen direkte Rechtsnachfolger und alle weiteren Rechtsnachfolger, soweit jeder Zwischenerwerber selbst gem. § 145 Anfechtungsgegner sein konnte. Dies gilt auch dann, wenn Einzelrechtsnachfolger von Gesamtrechtsnachfolgern erworben haben oder umgekehrt (MüKoInsO/Kirchhof/Piekenbrock Rn. 4). Sobald der Erstempfänger oder ein Zwischenerwerber wegen Unmöglichkeit der Rückgewähr in Natur nur Wertersatz schuldete (→ § 143 Rn. 26 ff.), greift § 145 allerdings nicht mehr ein (BGH NJW 2003, 3345 (3346); Uhlenbruck/Hirte/Borries Rn. 1).

3 Streitig ist, ob § 145 Abs. 2 die Anfechtung auf Rechtsnachfolger erweitert oder umgekehrt eine grundsätzlich unbeschränkte Haftung personell einschränkt (erstgenannter Ansicht folgend BGH NJW 1987, 1703 sowie Jaeger, Gläubigeranfechtung § 11 Rn. 7; aA Marotzke KTS 1987, 569). Dieser Streit kann jedoch in der Rechtspraxis dahinstehen, da er rein dogmatischer Natur ist und für die Rechtsfolgenseite keine Relevanz hat (MüKoInsO/Kirchhof/Piekenbrock Rn. 4).

B. Gesamtrechtsnachfolger (Abs. 1)

4 § 145 setzt den Erwerb einer anfechtbaren Leistung im Wege der Gesamtrechtsnachfolge voraus. Ein neuer Rechtsträger muss also auf gesetzlich geregelter Grundlage in alle Verbindlichkeiten seines Vorgängers eingetreten sein (MüKoInsO/Kirchhof/Piekenbrock Rn. 5, 7). Ausdrücklich wird in Abs. 1 wegen seiner Häufigkeit der **Erbe (Abs. 1 Alt. 1)** genannt; der Begriff der „**anderen Gesamtrechtsnachfolger**" (Abs. 1 Alt. 2) ist weit zu verstehen (BGH NJW 2003, 3345 (3346)). Anders als in den Fällen der Einzelrechtsnachfolge iSd Abs. 2 Nrn. 1 und 2 ist für die Anfechtbarkeit gegenüber einem Gesamtrechtsnachfolger keine Kenntnis von den anfechtungserheblichen Umständen erforderlich.

I. Erben (Abs. 1 Alt. 1)

5 Die in Abs. 1 Alt. 1 erwähnte Möglichkeit der Anfechtung gegenüber dem Erben ist lediglich deklaratorischer Natur, da sich dasselbe bereits aus §§ 1922, 1967 BGB ergibt. Daraus folgt auch, dass **keine Kenntnis** von den die Anfechtung begründenden Umständen vorausgesetzt ist (Braun/Riggert Rn. 2).

6 Mehrere Erben haften als **Gesamtschuldner,** §§ 2058 ff. BGB.

Im Falle einer **Vor- und Nacherbschaft** haftet der Vorerbe bis zum Eintritt der Nacherbschaft, 7
sodann grundsätzlich der Nacherbe. Der maßgebliche Zeitpunkt wird durch den Erblasser
bestimmt (§ 2100 BGB), sonst durch Gesetz (§ 2106 BGB) (Palandt/Weidlich BGB § 2139 Rn. 1).
Auch ein Erbschaftskäufer ist gem. § 2382 BGB Gesamtrechtsnachfolger und somit möglicher 8
Anfechtungsgegner, wobei die Gesamtrechtsnachfolge im Wege des Erbschaftskaufes eine „andere"
Gesamtrechtsnachfolge iSd Vorschrift ist (Abs. 1 Alt. 2). Wer nur einen Miterbenanteil erwirbt,
haftet wie ein Miterbe (BGHZ 80, 205 (211); Nerlich/Römermann/Nerlich Rn. 5).

II. Andere Gesamtrechtsnachfolger (Abs. 1 Alt. 2)

Die Vorschrift ist **weit zu verstehen.** Erfasst werden bspw. (MüKoInsO/Kirchhof/Piekenbrock 9
Rn. 12 ff.)
- eheliche Gütergemeinschaft,
- Firmenfortführung (§ 25 HGB),
- Verschmelzung (§§ 20, 36 UmwG),
- Spaltung (§ 131 UmwG) sowie
- Vermögensübertragung (§ 174 UmwG)
- Erbschaftskäufer (§ 2382 BGB; → Rn. 8).

Eine Gesamtrechtsnachfolge iSd Abs. 1 Alt. 2 besteht auch, wenn über das Vermögen des Anfech- 10
tungsgegners selbst ein **Insolvenzverfahren** eröffnet wird. Dann ist der dortige Insolvenzverwalter
Rechtsnachfolger iSd Norm (K. Schmidt InsO/Büteröwe Rn. 5).

C. Sonstiger Rechtsnachfolger (Abs. 2)

I. Allgemeine Anforderungen

Sonstiger Rechtsnachfolger iSd Abs. 2 ist jeder, der den anfechtbar weggegebenen Gegen- 11
stand anders als durch Gesamtrechtsnachfolge vom ursprünglichen Anfechtungsgegner erlangt hat
(NJW 2003, 3345 (3346)). Rechtsnachfolger muss nicht ein Dritter sein. Vielmehr kann auch der
Insolvenzschuldner selbst Rechtsnachfolger im anfechtbaren Erwerb werden (OLG Düsseldorf
BeckRS 2021, 15350 für den Fall der dinglichen Belastung eines Grundstücks durch den Anfechtungsgegner zugunsten des Schuldners, nachdem dieser ihm zuvor seinen Miteigentumsanteil
übertragen hatte).

Der **Erwerbsvorgang durch den Rechtsnachfolger muss abgeschlossen** sein (K. Schmidt 12
InsO/Büteröwe Rn. 7) (→ Rn. 12.1 ff.).

Auf welche Weise der Erwerb stattgefunden hat, ist **unerheblich.** Gutgläubiger Erwerb ermöglicht 12.1
die Rechtsnachfolge (Uhlenbruck/Hirte/Borries Rn. 20; MüKoInsO/Kirchhof/Piekenbrock Rn. 18)
ebenso wie ein **Scheingeschäft** gem. § 117 Abs. 1 BGB (Uhlenbruck/Hirte/Borries Rn. 20; MüKoInsO/
Kirchhof/Piekenbrock Rn. 18). Weiterhin ist ohne Belang, ob der Erwerb **unter Lebenden oder von
Todes wegen** stattgefunden hat: auch der Vermächtnisnehmer ist Einzelrechtsnachfolger des Erben (Uhlen-
bruck/Hirte/Borries Rn. 20; MüKoInsO/Kirchhof/Piekenbrock Rn. 26). Es macht auch keinen Unterschied, ob der Gegenstand **freiwillig oder unfreiwillig** (etwa durch Zwangsvollstreckung oder per Gesetz
(zB § 774 BGB)) übertragen wurde (Braun/Riggert Rn. 13; K. Schmidt InsO/Büteröwe Rn. 8). Sowohl
ableitbare Voll- als auch Teilrechtsübertragungen sind anfechtbar, also etwa auch bei Verpfändung des
anfechtbar übertragenen Gegenstandes sowie bei Belastung mit einer Dienstbarkeit (MüKoInsO/Kirchhof/
Piekenbrock Rn. 23; OLG Hamm InVo 2001, 337).

Beim Erwerb bloßer **Geldsummen** liegt eine Sonderrechtsnachfolge regelmäßig nicht vor (BGH 12.2
ZInsO 2008, 1202). Denn bei der Weitergabe von Geld kommt es nur zur Rechtsnachfolge, wenn die
anfechtbar übertragenen Geldscheine und Münzen körperlich – also nicht nur ihrem Wert nach – weitergegeben werden (MüKoInsO/Kirchhof/Piekenbrock Rn. 19; Uhlenbruck/Hirte/Borries Rn. 21; BGH
NJW 2008, 3780; 2018, 706), also nicht bei Einzahlung auf ein Bankkonto (OLG Rostock BeckRS 2007,
04690; vgl. auch MüKoInsO/Kirchhof/Piekenbrock Rn. 19). Dagegen kommt es zur Einzelrechtsnachfolge, wenn der Empfänger eines anfechtbar begebenen Schecks diesen über das Konto einer anderen
Person zu deren Gunsten einziehen lässt (BGH NJW 2002, 1342; vgl. auch MüKoInsO/Kirchhof/Pieken-
brock Rn. 19).

Eine Sonderrechtsnachfolge iSd § 145 Abs. 2 liegt nicht bei der Übertragung der durch Teilung des 12.3
anfechtbar erworbenen Geschäftsanteils an einer GmbH entstandenen neuen Geschäftsanteile vor (OLG
Düsseldorf BeckRS 2014, 19270 Rn. 137).

Der Erwerb des Rechtsvorgängers muss wiederum anfechtbar sein und die Weiterübertragung 13
des anfechtbar Erlangten auf den Nachfolger muss die Insolvenzgläubiger iSd § 129 Abs. 1 wenigs-

tens mittelbar benachteiligen; eine mittelbare Benachteiligung liegt jedoch schon dann vor, wenn die durch die Rechtshandlung des Schuldners zuerst eingetretene Benachteiligung durch die Rechtsnachfolge wenigstens ganz oder teilweise aufrechterhalten wird (BGH NJW 1995, 2846 (2847); MüKoInsO/Kirchhof/Piekenbrock Rn. 27; Uhlenbruck/Hirte/Borries Rn. 23).

II. Besondere persönliche Anforderungen (Abs. 2 Nr. 1–3)

14   Die Anfechtung gegenüber dem **Einzelrechtsnachfolger** ist nur unter den in Abs. 2 Nrn. 1-3 genannten **Voraussetzungen** möglich.

1. Kenntnis (Abs. 2 Nr. 1)

15   Der Rechtsnachfolger muss **zur Zeit der Vollendung seines Erwerbs** (§ 140) die Umstände gekannt haben, welche die Anfechtbarkeit des Erwerbs seines Rechtsvorgängers begründen (Abs. 2 Nr. 1). Erforderlich ist hierbei **positive Kenntnis der konkreten Umstände**. Unkenntnis der rechtlichen Folgen, also der Anfechtbarkeit, schadet dabei nicht.

16   Der Erwerb, auf den sich die Kenntnis beziehen muss, ist ausschließlich derjenige des letzten unmittelbaren Rechtsvorgängers (→ Rn. 16.1).

16.1   Beruht der **Erwerb des Vorgängers seinerseits wiederum auf § 145 Abs. 2**, so muss der Nachfolger sowohl die Kenntnis des Vorgängers kennen, als auch die Kenntnis der zur Anfechtbarkeit führenden Umstände des vorangegangenen (hin zum Vorgänger führenden) Erwerbs (Uhlenbruck/Hirte/Borries Rn. 34; MüKoInsO/Kirchhof/Piekenbrock Rn. 29).

2. Vermutete Kenntnis bei nahestehenden Personen iSd § 138 (Abs. 2 Nr. 2)

17   Bei **nahestehenden Personen** wird die Kenntnis gem. Nr. 2 **widerlegbar vermutet**. Der Begriff der nahestehenden Person richtet sich nach § 138. Die Umkehr der Darlegungs- und Beweislast liegt im Umstand begründet, dass der Zwischenerwerber nur zur Umgehung des § 133 Abs. 2 eingeschaltet worden sein könnte (MüKoInsO/Kirchhof/Piekenbrock Rn. 31). Maßgeblicher Zeitpunkt für das Vorliegen der Kenntnis ist wie bei Abs. 2 Nr. 1 die Vollendung des Erwerbs des Rechtsnachfolgers.

3. Unentgeltlicher Erwerb (Abs. 2 Nr. 3)

18   Die Anfechtbarkeit kann gegen den Rechtsnachfolger, dem das Erlangte unentgeltlich zugewendet worden ist, ohne Weiteres geltend gemacht werden. Anders als in den Fällen der Nr. 1 und Nr. 2 ist hier nicht erforderlich, dass der Empfänger von der Anfechtbarkeit des Erwerbs des Rechtsnachfolgers Kenntnis hat. Allerdings kann sich der unentgeltliche Empfänger gegenüber dem Rückgewährverlangen auf Entreicherung berufen (§ 143 Abs. 2 S. 1; → § 143 Rn. 36 ff.).

19   Eine Leistung ist **unentgeltlich**, wenn der Erwerb des Empfängers in seiner Endgültigkeit vereinbarungsgemäß nicht von einer ausgleichenden Zuwendung abhängt. Es gilt der Unentgeltlichkeitsbegriff des § 134 (dazu BGH NJW-RR 1993, 1379 (1381); MüKoInsO/Kayser § 134 Rn. 17) (→ Rn. 19.1).

19.1   Unentgeltlichkeit liegt bspw. vor beim Aufrücken eines nachrangig Berechtigten aufgrund des anfechtbaren Erlasses eines vorrangigen Rechts (MüKoInsO/Kirchhof/Piekenbrock Rn. 33).

D. Rechtsfolgen

20   Für den Inhalt des Anfechtungsanspruchs gilt § 143. Der Rechtsnachfolger hat das Erlangte zur Insolvenzmasse zurück zu gewähren und bei Unmöglichkeit Wertersatz zu leisten (→ § 143 Rn. 19 ff.).

21   Soweit der Rechtsvorgänger fortbesteht (also keine Erbschaft vorliegt), haftet jeder Rechtsnachfolger neben diesem, nicht an dessen Stelle; der Einzelrechtsnachfolger haftet jedoch immer nur soweit, wie sein eigener Erwerb reicht, also in demjenigen Umfang, wie er den anfechtbar weggegebenen Gegenstand erlangt hat (MüKoInsO/Kirchhof/Piekenbrock Rn. 35).

22   Da der Gesamtrechtsnachfolger umfänglich in die Rechtsposition des Rechtsvorgängers eintritt, werden ihm entsprechend auch die in der Person bzw. im Verhalten des Rechtsvorgängers begründeten Anspruchsvoraussetzungen „zugerechnet", so etwa eine Unredlichkeit im Zusammenhang mit der Haftung iSd § 143 Abs. 1 S. 2; im Falle der Einzelrechtsnachfolge hingegen ist die Haftung eines jeden Einzelrechtsnachfolgers auf Wertersatz aus seiner eigenen Person heraus selbständig zu

beurteilen (vgl. § 145 Abs. 2 Nr. 1 und 2). Im Falle eines unentgeltlichen Erwerbs hängt die Haftungsmilderung des § 143 Abs. 2 S. 1 von der Redlichkeit des Empfängers der unentgeltlichen Leistung ab; der Einzelrechtsnachfolger haftet danach nur gemildert, wenn er ausschließlich nach § 145 Abs. 2 Nr. 3 in Anspruch zu nehmen ist. Sein guter Glaube muss bis zu demjenigen Zeitpunkt anhalten, in dem ihm die Bereitstellung unmöglich wird (MüKoInsO/Kirchhof/Piekenbrock Rn. 36).

Rechtsnachfolger und früherer Leistungsempfänger haften als Gesamtschuldner, wenn sie 23 inhaltlich das Gleiche schulden (§§ 421 ff. BGB). Ist die Schuld nicht identisch, tritt die Haftung des Rechtsnachfolgers selbstständig neben die des früheren Leistungsempfängers (BGH NJW-RR 1986, 991 (994); MüKoInsO/Kirchhof/Piekenbrock Rn. 35).

E. Prozessuales

Ersterwerber und Rechtsnachfolger sind individuell an ihren jeweiligen Gerichtsständen zu 24 verklagen (Braun/Riggert Rn. 26; MüKoInsO/Kirchhof/Piekenbrock Rn. 44). Sie können einfache Streitgenossen sein (§ 59 ZPO).

Es gelten die allgemeinen Grundsätze der Beweislastverteilung. Der Anfechtende hat die jeweili- 25 gen Tatbestandsvoraussetzungen des § 145 darzulegen und ggf. zu beweisen. Dazu gehört bei einer Anfechtung nach Abs. 2 der Eintritt der mittelbar durch die Weiterveräußerung ausgelösten Gläubigerbenachteiligung (→ Rn. 13; MüKoInsO/Kirchhof/Piekenbrock Rn. 27).

Im Falle des Abs. 2 Nr. 2 genügt es auf Seiten des Insolvenzverwalters, dass er vorträgt und 26 beweist, dass der Anfechtungsgegner eine seinem Rechtsvorgänger nahestehende Person ist. In diesem Falle trifft den Anfechtungsgegner die Darlegungs- und Beweislast, dass ihm zum Zeitpunkt des Rechtserwerbs die Umstände der Anfechtbarkeit gegenüber seinem Rechtsvorgänger unbekannt waren.

§ 146 Verjährung des Anfechtungsanspruchs

(1) Die Verjährung des Anfechtungsanspruchs richtet sich nach den Regelungen über die regelmäßige Verjährung nach dem Bürgerlichen Gesetzbuch.

(2) Auch wenn der Anfechtungsanspruch verjährt ist, kann der Insolvenzverwalter die Erfüllung einer Leistungspflicht verweigern, die auf einer anfechtbaren Handlung beruht.

Überblick

§ 146 regelt zweierlei: zum einen die Verjährung des Anfechtungsanspruchs, für die Abs. 1 auf die regelmäßige Verjährung nach dem Bürgerlichen Gesetzbuch verweist (→ Rn. 6 ff.). Zum anderen ist in Abs. 2 ein unverjährbares Leistungsverweigerungsrecht des Insolvenzverwalters normiert, das sich auf die Erfüllung von Leistungspflichten bezieht, die auf anfechtbaren Handlungen beruhen (→ Rn. 17 ff.).

Übersicht

	Rn.		Rn.
A. Normzweck und Anwendungsbereich	1	4. Kein Ausschluss	12
		II. Prozessuale Durchsetzung	13
B. Verjährung (Abs. 1)	6	C. Leistungsverweigerungsrecht des Insolvenzverwalters (Abs. 2)	17
I. Materieller Anfechtungsanspruch	6	I. Rechtsnatur	17
1. Fristbeginn und -ende	6		
2. Hemmung und Neubeginn der Verjährung	10	II. Voraussetzungen und Wirkung	20
3. Wirkung	11	III. Gegeneinrede	24

A. Normzweck und Anwendungsbereich

§ 146 dient der **zeitlichen Begrenzung der Durchsetzbarkeit des Anfechtungsan- 1 spruchs.** Die Norm schützt zunächst den Anfechtungsgegner vor einer unzumutbar langen Inanspruchnahmemöglichkeit (BGH NJW 1973, 100 (101); MüKoInsO/Kirchhof/Piekenbrock

Schoon 1131

Rn. 1). Außerdem verhindert Abs. 1, dass ein anfechtbar weggegebener Gegenstand unangemessen lange dem uneingeschränkten Rechtsverkehr vorenthalten wird, vorbehaltlich allerdings der Möglichkeiten der Hemmung oder des Neubeginns der Verjährung (→ Rn. 10; MüKoInsO/Kirchhof/Piekenbrock Rn. 1).

2   **Abs. 2** normiert korrespondierend dazu zum Schutze der Insolvenzmasse ein unverjährbares Leistungsverweigerungsrecht des Insolvenzverwalters dahingehend, dass Positionen, die anfechtbar veräußert wurden, sich aber noch in der Insolvenzmasse befinden, der Masse nicht noch entrissen werden können.

3   Durch die Einführung des § 146 wurde im Vergleich zur Rechtslage unter der Konkursordnung zweierlei bewirkt: durch die Unterstellung des Anfechtungsanspruchs (§ 143) unter die regelmäßige Verjährung nach dem Bürgerlichen Gesetzbuch wurden zum einen die Fristen im Vergleich zur Vorgängerregelung verlängert (Jahresfrist des § 41 KO aF). Zum anderen wurde der Schutz der Insolvenzmasse dadurch noch weiter verstärkt, als dass der Insolvenzverwalter nun die Möglichkeit hat, auf eine Hemmung oder den Neubeginn der Verjährung hinzuwirken und somit die Möglichkeit der Anfechtung zusätzlich zu verlängern.

4   Während die Norm ihrem Wortlaut nach lediglich die Verjährung „des **Anfechtungsanspruchs**" regelt, erfasst ihr Anwendungsbereich auch **Gestaltungsrechte**; insbesondere wirkt sich § 146 auf die Unzulässigkeit der Aufrechnung gem. § 96 Abs. 1 Nr. 3 insofern aus, als dass der Insolvenzverwalter die Unzulässigkeit nicht mehr durchsetzen kann, wenn von der anderen Seite die Einrede der Verjährung erhoben wird (BGH NJW 2007, 78 (80); MüKoInsO/Kirchhof/Piekenbrock Rn. 5). Auch gilt **Abs. 2** entsprechend für die Abwehr sonstiger Gegenrechte, die nach § 96 Abs. 1 Nr. 3 geltend gemacht werden (BGH NJW-RR 2008, 1731 (1733)).

5   **Unanwendbar** ist § 146 auf vertraglich geregelte Rückgewähransprüche, da die Parteivereinbarung hier einen eigenständigen Rechtsgrund bildet (MüKoInsO/Kirchhof/Piekenbrock Rn. 7), sowie auf andere Anspruchsgrundlagen, auf die der Insolvenzverwalter die mit einer Anfechtung angestrebte Rückgewähr stützen kann (BGH NZI 2011, 601 (602)).

B. Verjährung (Abs. 1)

I. Materieller Anfechtungsanspruch

1. Fristbeginn und -ende

6   Die regelmäßige Verjährungsfrist beginnt gemäß den Regelungen des Bürgerlichen Gesetzbuches (§§ 194–218 BGB) mit dem Schluss des Jahres, in dem der Anfechtungsanspruch entstanden ist, also das Insolvenzverfahren eröffnet wurde (→ § 143 Rn. 2 ff.), und der Insolvenzverwalter von den Anspruch begründenden Umständen, die notwendig sind, um eine Klage erfolgversprechend, wenn auch nicht risikolos, erheben zu können, und der Person des Anfechtungsgegners Kenntnis erlangt hat oder ohne grobe Fahrlässigkeit hätte erlangen müssen (§ 199 Abs. 1 BGB) (OLG Brandenburg BeckRS 2021, 5602). Für den Zeitpunkt der Verfahrenseröffnung ist der Tag entscheidend, in dem der Eröffnungsbeschluss erlassen wurde (BGH WM 2015, 1246; NJW-RR 2004, 1047 (1048 f.); MüKoInsO/Kirchhof/Piekenbrock Rn. 9).

7   Bezüglich der **Kenntnis** als fristauslösendes Ereignis ist umstritten, ob eine (regelmäßig vorliegende) Kenntnis des Schuldners dem Insolvenzverwalter **zugerechnet** werden kann. Teilweise wird vertreten, dass – da im Übergang der Verfügungsbefugnis auf den Insolvenzverwalter ein der Rechtsnachfolge entsprechender Akt zu sehen sei (vgl. BGH NJW 2003, 3345 (3346)) – sich der Insolvenzverwalter die Kenntnis des Schuldners zurechnen lassen muss (HmbKommInsR/Rogge/Leptien Rn. 3). Die wohl hM argumentiert demgegenüber, dass das Anfechtungsrecht ein originäres Recht des Insolvenzverwalters sei und sich dieser daher diesbezüglich keine fremde Kenntnis zurechnen lassen muss (MüKoInsO/Kirchhof/Piekenbrock Rn. 12; Nehrlich/Römermann/Nehrlich Rn. 6; Uhlenbruck/Hirte/Borries Rn. 2e). Allerdings muss sich der Verwalter die Kenntnis eines früheren Verwalters analog § 404 BGB zurechnen lassen (BGH NZI 2015, 734 (735)).

8   **Grob fahrlässige Unkenntnis** aufseiten des Insolvenzverwalters setzt eine besonders schwere, auch subjektiv vorwerfbare Vernachlässigung der Ermittlungspflichten des Insolvenzverwalters voraus. Grobe Fahrlässigkeit kann insbesondere vorliegen, wenn der Verwalter einem sich aufdrängenden Verdacht nicht nachgeht oder auf der Hand liegende, Erfolg versprechende Erkenntnismöglichkeiten nicht ausnutzt oder sich die Kenntnis in zumutbarer Weise ohne nennenswerte Mühen und Kosten beschaffen könnte (BGH NZI 2015, 734 (735); NJW 2003, 288 (289); MüKoInsO/Kirchhof/Piekenbrock Rn. 11; → Rn. 8.1).

Der BGH hat in seiner Rechtsprechung **Leitlinien** aufgestellt, wann die Nichtermittlung von Anfech- 8.1
tungsansprüchen durch den Insolvenzverwalter ein grob fahrlässiges Verhalten darstellt. Demnach gilt,
dass je umfangreicher das Verfahren ist, desto mehr Zeit vergehen muss, ehe die Unkenntnis eines Anfechtungsanspruches grob fahrlässig ist. Insbesondere erlaubt der BGH dem Insolvenzverwalter ein strukturiertes
Vorgehen bei der Feststellung von Anfechtungsansprüchen: So darf ein Insolvenzverwalter in umfangreichen
Verfahren zunächst die Buchhaltung des Schuldners nach inkongruenten Zahlungen im letzten Monat vor
Antragstellung insbesondere an die institutionellen Gläubiger durchforsten, sodann die Prüfung auf Zahlun-
gen in den letzten drei Monaten vor Antragstellung ausweiten und anschließend immer weiter in der
Prüfung zeitlich zurückgehen. Ebenso darf er zunächst Zahlungen an die institutionellen Gläubiger und
erst daran anschließend die Zahlungen an die Anleger auf Anfechtungsansprüche prüfen, und nach dem
Umfang der Zahlungen an einzelne Gläubiger differenzieren (BGH NZI 2017, 102 (104) mAnm Fuchs).

Die Frist **endet** am 31.12., 24 Uhr, des dritten Jahres nach Entstehen des Anfechtungsanspruchs 9
und Kenntniserlangung, bzw. grob fahrlässiger Unkenntnis, von dem fristauslösenden Ereignis
(§§ 195, 199 Abs. 1 BGB; → Rn. 6). Unabhängig von Kenntnis oder grob fahrlässiger Unkenntnis
endet sie spätestens 10 Jahre nach der Entstehung des Anspruchs, dh der Verfahrenseröffnung
(§ 199 Abs. 3 BGB).

2. Hemmung und Neubeginn der Verjährung

Auf die Verjährung des Anfechtungsanspruchs finden die Vorschriften zur Hemmung (§§ 203 ff. 10
BGB) und zum Neubeginn (§§ 212 ff. BGB) direkte Anwendung (→ Rn. 10.1).

Bei einem **Verwalterwechsel** beginnt die Verjährungsfrist nicht neu, sondern endet gem. §§ 210 f. 10.1
BGB frühestens sechs Monate nach der Bestellung des neuen Verwalters (Braun/Riggert Rn. 3; MüKo-
InsO/Kirchhof/Piekenbrock Rn. 37). Praktisch bedeutsam ist weiterhin § 204 BGB für die Hemmung der
Verjährung durch Rechtsverfolgung, speziell durch **Klageerhebung** (§ 204 Abs. 1 Nr. 1): hier muss die
Klageschrift allerdings alle Tatsachen enthalten, aus denen die Anfechtung hergeleitet wird, einer gesonder-
ten Geltendmachung der Anfechtung bedarf es nicht (Braun/Riggert Rn. 5). Nötig sind Angaben tatsächli-
cher Art, die eine Identifizierung der angefochtenen Rechtshandlung bei sinnvoller Auslegung ermöglichen
(BGH NJW 1994, 449 (452); MüKoInsO/Kirchhof/Piekenbrock Rn. 23). Zur Fristwahrung genügt dabei
nicht nur die Klageerhebung selbst, sondern auch die konkludente Willensäußerung, dass der Insolvenzan-
fechter die Gläubigerbenachteiligung nicht hinnimmt (BGH NZI 2008, 372 f.). Bereits die Erhebung einer
Klage, mit der mehrere Ansprüche geltend gemacht werden, deren Summe den geltend gemachten Teil
übersteigt, hemmt die Verjährung aller ausreichend bezeichneten Teilansprüche; die Bestimmung, bis zu
welcher Höhe und in welcher Reihenfolge die einzelnen Teilansprüche verfolgt werden, kann rückwirkend
nachgeholt werden (BGH BeckRS 2015, 10183 Rn. 29). Ein **Mahnbescheid** entfaltet verjährungshemmende Wirkung gem. § 146 InsO iVm § 204 Abs. 1 Nr. 3 BGB, wenn kein nachlässiges Verhalten der
Partei vorliegt, das zu einer Verzögerung der Zustellung des Mahnbescheids von mehr als einem Monat
führt (BAG BeckRS 2015, 65286 Rn. 46). Die Veranlassung der Bekanntgabe eines erstmaligen Antrags
auf Prozesskostenhilfe entfaltet verjährungshemmende Wirkung (BGH BeckRS 2015, 16967 Rn. 11).

3. Wirkung

Die Verjährung kann vom Anfechtungsgegner als **Einrede** geltend gemacht werden und ist 11
nicht von Amts wegen zu berücksichtigen (§ 214 BGB). Sie begründet für die Zukunft ein
Leistungsverweigerungsrecht des Anfechtungsgegners, betrifft also nur die Durchsetzbarkeit
eines weiterhin bestehenden Anfechtungsanspruches, der erfüllbar bleibt.

4. Kein Ausschluss

Die Erhebung der Verjährungseinrede kann gem. **§ 242 BGB** treuwidrig sein, wenn der 12
Anfechtungsgegner zuvor den Insolvenzverwalter objektiv – selbst wenn schuldlos und nicht
zielgerichtet – von der rechtzeitigen Verjährungsunterbrechung abgehalten hat (BT-Drs. 12/2443,
169 zu § 165; ausf. MüKoInsO/Kirchhof/Piekenbrock Rn. 42). So lange die Voraussetzungen des
§ 242 BGB vorliegen, ist die Verjährungseinrede nicht zu berücksichtigen.

II. Prozessuale Durchsetzung

Über den **Anfechtungsrechtsstreit** haben die ordentlichen Gerichte zu entscheiden (BT-Drs. 13
12/3803, 57 zu § 7 AnfG; BGH NJW-RR 2005, 1138; → § 143 Rn. 47 f.).

Hinsichtlich der Zuständigkeit gelten die §§ 12 ff. ZPO sowie die § 23 Nr. 1 GVG, § 71 Abs. 1 14
GVG. Dabei ist zu beachten, dass hinsichtlich des ausschließlichen Gerichtsstands des § 24 ZPO

die Art der geltend gemachten Rückgewährfolgen entscheidend ist (im Einzelnen MüKoInsO/Kirchhof/Piekenbrock § 143 Rn. 157; auch → § 143 Rn. 48 ff.).

15 Die Anfechtung wird mit einem **Leistungsantrag** geltend gemacht, der dem Inhalt der jeweiligen Rückgewährverpflichtung anzupassen ist (MüKoInsO/Kirchhof/Piekenbrock § 143 Rn. 164; → § 143 Rn. 49 ff.).

16 Der Insolvenzverwalter hat nach allgemeinen **Beweislastgrundsätzen** die Tatsachen darzulegen, die Hemmung, Neubeginn oder Unzulässigkeit der Verjährungseinrede begründen. Der Anfechtungsgegner trägt entsprechend die Beweislast für Beginn und Ablauf der Verjährungsfrist (vgl. BGH NJW-RR 2015, 1321 Rn. 17; OLG Brandenburg BeckRS 2021, 5602). Allerdings kann den Insolvenzverwalter eine Mitwirkungspflicht bezüglich Umständen treffen, die Kenntnis oder grobfahrlässige Unkenntnis begründen, da es sich hierbei um Umstände aus seiner Sphäre handelt. Er hat zunächst darzulegen, ab wann er Kenntnis hatte und was er zur Ermittlung der Voraussetzungen seines Anspruchs und der Person des Schuldners getan hat (BGH NJW 2008, 2576 Rn. 25 mwN; OLG Brandenburg BeckRS 2021, 5602).

C. Leistungsverweigerungsrecht des Insolvenzverwalters (Abs. 2)

I. Rechtsnatur

17 Abs. 2 gewährt dem Insolvenzverwalter ein **Leistungsverweigerungsrecht**, „auch wenn der Anfechtungsanspruch verjährt ist", welches also von der Verjährung des Anfechtungsanspruchs gänzlich losgelöst ist. Dem Insolvenzverwalter wird aus Billigkeitsgründen gestattet, auch nach Ablauf der Anfechtungsfrist solche Leistungen zu verweigern, die kausal auf anfechtbaren Handlungen beruhen (BGH NJW 1989, 985 (986)).

18 Neben schuldrechtlichen Leistungspflichten erfasst das Leistungsverweigerungsrecht auch Aus- und Absonderungsansprüche sowie jenen gegenüber sekundäre Herausgabe- oder Ersatzansprüche (Braun/Riggert Rn. 9; MüKoInsO/Kirchhof/Piekenbrock Rn. 46).

19 Das Leistungsverweigerungsrecht ist außerprozessual oder prozessual als Einrede zu erheben, etwa im Rahmen einer negativen Feststellungsklage (Uhlenbruck/Hirte/Borries Rn. 14).

II. Voraussetzungen und Wirkung

20 Die zu verweigernde Leistungspflicht muss kausal auf einer anfechtbaren Handlung beruhen, also einen **Ursachenzusammenhang** zu ihr aufweisen. Dazu genügt es, wenn die anfechtbare Handlung nur eine Voraussetzung für den gegen die Insolvenzmasse erhobenen Anspruch darstellt (mittelbarer Zusammenhang; BT-Drs. 12/2443, 169 zu § 165 Abs. 3; Uhlenbruck/Hirte/Borries Rn. 11).

21 Die zu verweigernde Leistungspflicht muss dabei nicht schon bei Insolvenzeröffnung (BT-Drs. 12/2443, 169 zu § 165 Abs. 3) bestanden haben, es reicht stattdessen aus, wenn sie erst später durch eine Maßnahme des Insolvenzverwalters entstanden ist (MüKoInsO/Kirchhof Rn. 47).

22 Der Gegenstand, auf den sich das Leistungsverweigerungsrecht des Insolvenzverwalters bezieht, muss sich noch in der Masse selbst befinden.

23 Die Einrede des Abs. 2 kann den vom Anfechtungsgegner geltend gemachten Anspruch lediglich **abwehren**, nicht aber zu einer Rückforderung von bereits Geleistetem über § 813 BGB führen (Braun/Riggert Rn. 11). Ihre Wirkungen sind auf die **Dauer des Insolvenzverfahrens** begrenzt und hemmen die Rechtsdurchsetzung lediglich für diesen Zeitraum, es handelt sich damit um eine aufschiebende (dilatorische) Einrede (MüKoInsO/Kirchhof/Piekenbrock Rn. 55).

III. Gegeneinrede

24 Prozessual kann die Einrede auch als **Replik** eingesetzt werden. Wenn der Insolvenzverwalter Klage erhebt und der Gegner sich mit einer aus einer anfechtbaren Rechtsposition folgenden Position verteidigt, kann wiederum der Insolvenzverwalter die Gegeneinrede aus Abs. 2 entgegenhalten (BGH NJW-RR 2009, 1563 (1565); MüKoInsO/Kirchhof/Piekenbrock Rn. 57).

§ 147 Rechtshandlungen nach Verfahrenseröffnung

¹Eine Rechtshandlung, die nach der Eröffnung des Insolvenzverfahrens vorgenommen worden ist und die nach § 81 Abs. 3 Satz 2, §§ 892, 893 des Bürgerlichen Gesetzbuchs, §§ 16, 17 des Gesetzes über Rechte an eingetragenen Schiffen und Schiffsbauwer-

ken und §§ 16, 17 des Gesetzes über Rechte an Luftfahrzeugen wirksam ist, kann nach den Vorschriften angefochten werden, die für die Anfechtung einer vor der Verfahrenseröffnung vorgenommenen Rechtshandlung gelten. ²Satz 1 findet auf die den in § 96 Abs. 2 genannten Ansprüchen und Leistungen zugrunde liegenden Rechtshandlungen mit der Maßgabe Anwendung, dass durch die Anfechtung nicht die Verrechnung einschließlich des Saldenausgleichs rückgängig gemacht wird oder die betreffenden Zahlungsaufträge, Aufträge zwischen Zahlungsdienstleistern oder zwischengeschalteten Stellen oder Aufträge zur Übertragung von Wertpapieren unwirksam werden.

Überblick

§ 147 begründet ein Anfechtungsrecht des Insolvenzverwalters in Bezug auf verfügende Rechtshandlungen, die zwar nach Verfahrenseröffnung vorgenommen wurden, deren Wirksamkeit jedoch durch eine Gutglaubensregelung geschützt ist (→ Rn. 3 ff.). S. 2 schließt Verrechnungen in sog. Clearingsystemen mit der Maßgabe ein, dass dort auf Rechtsfolgenseite lediglich Wertersatz vorgesehen ist (→ Rn. 15).

A. Normzweck

Grundsätzlich können nur solche Rechtshandlungen des Schuldners angefochten werden, die vor Verfahrenseröffnung vorgenommen wurden (§ 129 Abs. 1), zumal **Rechtshandlungen nach Verfahrenseröffnung** schon gem. § 81 Abs. 1 S. 1 unwirksam sind (vgl. auch §§ 82, 89 und 91 Abs. 1). In den Fällen jedoch, in denen Handlungen des Schuldners aufgrund von Gutglaubensvorschriften und nach Verfahrenseröffnung insofern Wirkung entfalten können, als ein gutgläubiger Erwerb möglich ist, wird dem Insolvenzverwalter korrespondierend auch die Möglichkeit der Anfechtung dieser Handlungen eingeräumt. Andernfalls wäre der Gläubiger in Bezug auf die Anfechtbarkeit einer Rechtshandlung bessergestellt, wenn der Schuldner sie nach Verfahrenseröffnung vorgenommen hat. Zudem erstreckt sich der Schutz des gutgläubigen Erwerbs auch gerade nicht auf die Anfechtbarkeit, sodass eine aufgrund § 81 Abs. 3 S. 2, §§ 892 f. BGB, §§ 16 f. SchiffRG oder §§ 16 f. LuftRG wirksame Rechtshandlung gem. § 147 S. 1 angefochten werden kann. Voraussetzung ist, dass der Gläubiger auf das eingetragene materielle Recht des Schuldners vertraut hat und ein regulärer Anfechtungstatbestand erfüllt ist. 1

S. 2 sieht eine entsprechende Anwendung des S. 1 für die, den in § 96 Abs. 2 genannten Ansprüchen und Leistungen zugrundeliegenden Handlungen vor, schränkt hier jedoch die Rechtsfolgen der Anfechtung dahingehend ein, dass die Beständigkeit laufender oder täglicher Verrechnungen in bestimmten Finanzsystemen für und gegen alle Teilnehmer gesichert und dadurch das Vertrauen der Finanzmärkte geschützt wird, indem das Ergebnis oft vielseitiger und weit verzweigter Verrechnungen nicht insgesamt rückwirkend für die Zeit bis zur Insolvenzeröffnung in Frage gestellt werden kann (BR-Drs. 456/99, 6 ff.). 2

B. Anwendungsbereich

Entsprechend der in S. 1 aufgelisteten Normen ergibt sich eine **direkte Anwendbarkeit** des § 147 S. 1 für 3
- Verfügungen des Schuldners über Finanzsicherheiten gem. § 1 Abs. 17 KWG (§ 81 Abs. 3 S. 2),
- verfügende Rechtshandlungen, die Immobilien des Schuldners betreffen (§§ 892, 893 BGB) – hierin liegt der Hauptanwendungsbereich,
- den rechtsgeschäftlichen Erwerb des Eigentums an einem Schiff, einer Schiffshypothek oder eines Rechts an einer solchen oder eines Nießbrauchs an einem Schiff (§§ 16, 17 SchiffsRG), und
- den rechtsgeschäftlichen Erwerb eines (Rechts an einem) Registerpfandrecht(s), der das Eigentum an einem Luftfahrzeug betrifft (§§ 16, 17 LuftRG).

Den drei letztgenannten Anwendungsfällen ist gemein, dass sich der Glaube an die Wirksamkeit der Verfügungen auf den öffentlichen Glauben des Grundbuchs oder eines entsprechenden Registers stützen kann, in dem die Insolvenzeröffnung gem. §§ 32 f. einzutragen ist: soweit diese Eintragung im Zeitpunkt der Rechtshandlung unterblieben war, obwohl das Insolvenzverfahren bereits eröffnet war, kann der Gläubiger sich auf die Richtigkeit des Grundbuchs/Registers berufen. Ergab sich hingegen die Verfahrenseröffnung aus dem Register oder kannte sie der andere Teil, so fehlt es bereits an einem Gutglaubenstatbestand, sodass es bei der Unwirksamkeit der jeweiligen Verfügung nach § 81 Abs. 1 S. 1 bleibt (Braun/Riggert Rn. 2). 4

InsO § 147

5   Die Einbeziehung der Finanzsicherheiten gem. § 1 Abs. 17 KWG in § 147 dient der Umsetzung der Finanzsicherheitenrichtlinie (vgl. Art. 1 Nr. 6 des Gesetzes zur Umsetzung der Finanzsicherheitenrichtlinie v. 5.4.2004, BGBl. I 502).

6   S. 1 findet **entsprechende Anwendung** auf Leistungen an den Schuldner, die nach § 82 S. 1 Erfüllungswirkung haben, also wenn ein (Dritt-)Schuldner (des Insolvenzschuldners) nach der Eröffnung des Insolvenzverfahrens zur Erfüllung einer Verbindlichkeit an den Insolvenzschuldner geleistet hat, obwohl die Verbindlichkeit zur Insolvenzmasse zu erfüllen war. Denn dann stellt die Annahme der Leistung durch den Insolvenzschuldner eine Verfügung über seinen Leistungsanspruch dar (Nerlich/Römermann/Nerlich Rn. 6; MüKoInsO/Kirchhof/Piekenbrock Rn. 6) und ist dementsprechend anfechtbar.

7   Problematisch ist, dass § 147 den Erwerb gem. § 878 BGB (und parallel gem. § 3 Abs. 3 SchiffsRG und § 5 Abs. 3 LuftfRG) unerwähnt lässt. Das hat zur Folge, dass insbesondere ein Rechtsgeschäft, das wegen § 140 Abs. 2 als wirksam zu betrachten ist, nicht durch § 147 doch noch angefochten werden kann. Allerdings decken sich die Tatbestände der § 878 BGB und § 140 Abs. 2 nicht. Während § 140 Abs. 2 einen Eintragungsantrag des anderen Teils verlangt, lässt § 878 BGB auch einen Antrag des Schuldners selbst ausreichen (Staudinger/Gursky BGB § 878 Rn. 48 ff.; Palandt/Bassenge BGB § 878 Rn. 14). Dementsprechend vertritt die wohl hM, § 147 dahingehend auszulegen, dass die Norm zwar nicht angewandt werden soll, wenn der Tatbestand des § 140 Abs. 2 erfüllt ist, also der Gläubiger den Eintragungsantrag gestellt hat; war es hingegen der Schuldner selbst, gebe es keine Kollision mit § 140 Abs. 2, und aufgrund § 878 BGB sollen weitere Rechtshandlungen sollen insoweit gem. § 147 angefochten werden können (MüKoInsO/Kirchhof/Piekenbrock Rn. 5; Uhlenbruck/Hirte/Borries Rn. 10; Braun/Riggert Rn. 5). Allerdings geht diese Auslegung des § 147 über die klaren Grenzen des Wortlauts der Norm hinaus. Für eine Erweiterung des Anwendungsbereiches, die die Anfechtbarkeit von Rechtshandlungen teilweise auf § 878 erstreckt, besteht kein Bedarf. Vor dem Hintergrund des eindeutigen Wortlauts und dem dahinterstehenden ausdrücklichen Wunsch des Gesetzgebers (BT-Drs. 12/2443, 169 zu § 166) erscheint es daher zutreffender, dass ein **Erwerb gem. § 878 BGB nicht nach § 147 anfechtbar ist**.

8   **Unanwendbar** bleibt § 147 hingegen bei **Mobilien**; diese fallen schon nicht unter die in der Norm aufgezählten Gutglaubenstatbestände. Verfügungen über Mobilien sind bereits gem. § 81 Abs. 1 S. 1 unwirksam (MüKoInsO/Kirchhof/Piekenbrock Rn. 9). Ebenso ist § 147 nicht, auch nicht sinngemäß, anzuwenden, um eine Anfechtung nach Anzeige der Masseunzulänglichkeit (§§ 208 f.) gegenüber Altmassegläubigern zu ermöglichen (MüKoInsO/Kirchhof/Piekenbrock Rn. 10). Auch scheidet eine sinngemäße Anwendung des § 147 bei Einzelgläubigeranfechtung gem. dem Anfechtungsgesetz aus (MüKoInsO/Kirchhof/Piekenbrock Rn. 11).

C. Voraussetzungen

I. S. 1

9   Voraussetzung nach S. 1 ist eine **rechtsgeschäftliche Verfügung** des Schuldners oder eines Dritten, die **nach Verfahrenseröffnung** vorgenommen worden ist und trotz § 81 Abs. 1 S. 1, § 91 Abs. 1 wirksam werden konnte, weil es aufgrund des öffentlichen Glaubens des Grundbuchs oder eines der genannten Register zum **gutgläubigen Erwerb** kam.

10   Dabei müssen die sonstigen **allgemeinen und besonderen Anfechtungsvoraussetzungen** erfüllt sein, freilich bis auf die dort einschlägigen Fristen.

11   Die **Gläubigerbenachteiligung** muss bereits eingetreten sein (MüKoInsO/Kirchhof/Piekenbrock Rn. 18).

II. S. 2

12   S. 2 erstreckt die Anwendung auf Rechtshandlungen, die den in § 96 Abs. 2 genannten Ansprüchen und Leistungen zugrunde liegen.

13   Erfasst werden insbesondere **Verrechnungen in Clearingsystemen** und betrifft somit Zahlungs- Überweisungs- und Übertragungsaufträge, welche vor Verfahrenseröffnung (oder nach teilweise vertretener Ansicht) spätestens am Tage der Verfahrenseröffnung in das System eingebracht wurden (Uhlenbruck/Hirte/Borries Rn. 2; MüKoInsO/Kirchhof/Piekenbrock Rn. 16).

D. Rechtsfolgen

I. S. 1

§ 147 bewirkt, dass eine **Anfechtung,** deren Tatbestand ansonsten erfüllt ist, nicht dadurch 14 ausgeschlossen ist, dass die anzufechtende **Rechtshandlung erst nach Insolvenzeröffnung** vorgenommen wurde. Das hat zugleich zur Folge, dass die Anfechtungsfristen nach § 130 Abs. 1 Nr. 1, § 131 Abs. 1, § 132 Abs. 1 Nr. 1, § 133, § 134 Abs. 1, §§ 135 oder 136 Abs. 1 in den Fällen des § 147 unanwendbar sind; die Anfechtung nach § 147 erfasst ausschließlich Rechtshandlungen, die nach der Insolvenzeröffnung vorgenommen wurden, sodass sie zwangsläufig nach den sonst üblichen Fristen vorgenommen worden sein müssen (MüKoInsO/Kirchhof/Piekenbrock Rn. 15). Die **Verjährungsfrist** iSd § 147 beginnt mit dem Wirksamwerden der Rechtshandlung und diesbezüglicher Kenntnis (§ 195 BGB iVm § 146 Abs. 1; Nerlich/Römermann/Nerlich Rn. 10; MüKoInsO/Kirchhof/Piekenbrock Rn. 17).

II. S. 2 – Besonderheiten bei Clearingsystemen

Während S. 2 den Anwendungsbereich des § 147 zunächst erweitert, nimmt er auf Rechtsfol- 15 genseite für **Verrechnungen** in Clearingsystemen indes eine Einschränkung dahingehend vor, dass die Verrechnungen in den in § 96 Abs. 2 bestimmten Systemen nicht selbständig durch Anfechtung in Frage gestellt werden können. Das bedeutet allerdings keinen vollständigen Anfechtungsausschluss, sondern modifiziert den Anspruchsinhalt (§ 143) des Anfechtungsanspruchs dahingehend, dass die Rückgewähr in Natur innerhalb des Systems selbst ausgeschlossen ist und durch einen Anspruch auf **Wertersatz** ersetzt wird, welcher sich gegen den durch die Verrechnung Begünstigten richtet (MüKoInsO/Kirchhof/Piekenbrock Rn. 16).

Vierter Teil. Verwaltung und Verwertung der Insolvenzmasse

Erster Abschnitt. Sicherung der Insolvenzmasse

§ 148 Übernahme der Insolvenzmasse

(1) Nach der Eröffnung des Insolvenzverfahrens hat der Insolvenzverwalter das gesamte zur Insolvenzmasse gehörende Vermögen sofort in Besitz und Verwaltung zu nehmen.

(2) ¹Der Verwalter kann auf Grund einer vollstreckbaren Ausfertigung des Eröffnungsbeschlusses die Herausgabe der Sachen, die sich im Gewahrsam des Schuldners befinden, im Wege der Zwangsvollstreckung durchsetzen. ²§ 766 der Zivilprozeßordnung gilt mit der Maßgabe, dass an die Stelle des Vollstreckungsgerichts das Insolvenzgericht tritt.

Überblick

Die Vorschrift begründet die Pflicht des Insolvenzverwalters, das zur Masse gehörende Vermögen (→ Rn. 3 ff.) in Besitz (→ Rn. 7 ff.) und Verwaltung (→ Rn. 14 f.) zu nehmen. Zugleich wird der Insolvenzverwalter in die Lage versetzt, vermittels einer vollstreckbaren Ausfertigung des Eröffnungsbeschlusses die Herausgabe massezugehöriger Sachen gegenüber dem Schuldner im Wege der Zwangsvollstreckung durchzusetzen, ohne dass insoweit ein weiterer Titel erforderlich ist (→ Rn. 16 ff.). Soweit der Schuldner die Art und Weise der Zwangsvollstreckung angreift, hat das Insolvenzgericht hierüber kraft besonderer gesetzlicher Zuweisung funktional als Vollstreckungsgericht zu entscheiden (→ Rn. 20 ff.). Schließlich hat der Insolvenzverwalter als Partei kraft Amtes nach Maßgabe von § 116 S. 1 Nr. 1, S. 2 ZPO die Möglichkeit, für eine Prozessführung zwecks Masseanreicherung – etwa die gerichtliche Geltendmachung von Anfechtungs- oder anderen Zahlungsansprüchen – Prozesskostenhilfe vom zuständigen Prozessgericht zu beantragen (→ Rn. 23 ff.).

Übersicht

	Rn.		Rn.
A. Allgemeines	1	I. Eröffnungsbeschluss als Vollstreckungstitel	16
B. Vom Insolvenzverwalter zu übernehmendes Vermögen	3	II. Privat- und Geschäftsräume des Schuldners	18
C. Inbesitznahme und Verwaltung durch den Insolvenzverwalter	7	E. Rechtsmittel	20
I. Pflicht zur sofortigen Inbesitznahme	7	F. Prozesskostenhilfe für den Insolvenzverwalter	23
1. Inbesitznahme körperlicher Gegenstände	7	I. Allgemeines	23
2. Inbesitznahme unkörperlicher Gegenstände	10	II. Voraussetzungen für die Gewährung von Prozesskostenhilfe	23b
3. Frist für die Inbesitznahme	11	1. Bedürftigkeit der Insolvenzmasse	23b
4. Ausnahmen von der Inbesitznahmepflicht	12	2. Hinreichende Erfolgsaussichten und fehlende Mutwilligkeit	24
II. Pflicht zur Verwaltung	14		
D. Herausgabevollstreckung nach Abs. 2	16	3. Unzumutbarkeit der Kostenaufbringung	25

A. Allgemeines

1   Mit der Eröffnung des Insolvenzverfahrens kommt es gem. § 80 zum **Übergang der Verwaltungs- und Verfügungsrechte** über das zur Insolvenzmasse gehörende Vermögen auf den Insolvenzverwalter. Damit korrespondierend wird dem Insolvenzverwalter in § 148 der gesetzliche Auftrag erteilt, das gesamte dem Insolvenzbeschlag unterfallende Vermögen sofort in Besitz zu nehmen und zu verwalten. Auf diese Weise wird die Masse gegen den unberechtigten Zugriff durch den Insolvenzschuldner oder Dritte geschützt (AGR/Lind Rn. 1). Verwertungsmaßnahmen fallen dagegen im Grundsatz nicht unter die Verwaltung nach § 148 und kommen im Hinblick

auf § 159 regelmäßig erst nach dem Berichtstermin in Betracht (eingehend zu dem den Verwalter treffenden – vorläufigen – Verwertungsverbot sowie den Ausnahmen davon MüKoInsO/Jaffé Rn. 6–10).

Bereits während der **vorläufigen Verwaltung** kann die Inbesitznahme der Masse erfolgen, 2 sofern das Insolvenzgericht einen „starken" vorläufigen Verwalter mit Verwaltungs- und Verfügungsbefugnis einsetzt (§ 22 Abs. 1 S. 1). Bei einem „schwachen" vorläufigen Verwalter kommt eine Besitzergreifung an der Masse dagegen nicht in Betracht (FK-InsO/Schmerbach § 22 Rn. 39; aM Gundlach/Frenzel/Jahn ZInsO 2010, 122 (123); offengelassen in OLG Koblenz NZI 2021, 277 (280)).

B. Vom Insolvenzverwalter zu übernehmendes Vermögen

Nach § 148 Abs. 1 hat der Insolvenzverwalter das gesamte zur Insolvenzmasse gehörende Ver- 3 mögen in Besitz und Verwaltung zu nehmen. Davon erfasst sind alle körperlichen Gegenstände, Forderungen (einschließlich der Rückgewähransprüche nach § 143) sowie Rechte des Schuldners (FK-InsO/Wegener Rn. 2). Die Inbesitznahme durch den Verwalter hat sich auch auf Gegenstände des Schuldners zu erstrecken, die mit **Absonderungsrechten** belastet sind (MüKoInsO/Jaffé Rn. 12). Diese Gegenstände sind nämlich – anders als das Aussonderungsgut – sehr wohl Bestandteil der Masse iSd §§ 35 f. Überdies geht das Gesetz bei beweglichem Absonderungsgut (§§ 50 f.) im Grundsatz von einem Inbesitznahmerecht des Verwalters aus, weil andernfalls seine Verwertungsbefugnis nach § 166 Abs. 1 leerliefe.

Was das Bestehen von **Aussonderungsrechten** (§ 47) an dem beim Schuldner vorgefundenen 4 Vermögen (sog. Ist-Masse) angeht, besteht Einigkeit, dass der Vermögensbegriff des § 148 Abs. 1 über die von §§ 35 f. abgesteckte Soll-Masse (Teilungsmasse) hinausreicht und **auf die Ist-Masse abzielt**, welche erst im weiteren Verfahrensablauf zur Soll-Masse zu berichtigen ist (KPB/Holzer Rn. 3; Uhlenbruck/Sinz Rn. 1). Bis zur abschließenden Prüfung der dinglichen Rechtslage durch den Verwalter findet insofern die Eigentumsvermutung des § 1006 BGB zugunsten der Masse Anwendung (MüKoInsO/Jaffé Rn. 12; FK-InsO/Wegener Rn. 4). Lediglich bei **erkennbar massefremden Gegenständen** ist eine Pflicht des Verwalters zur Inbesitznahme abzulehnen (Braun/Haffa/Leichtle Rn. 3; KPB/Holzer Rn. 9). Diese Ausnahme von der Inbesitznahmepflicht gilt freilich nur, sofern der Verwalter zuvor die Möglichkeit geprüft hat, in ggf. bestehende Miet- bzw. Leasingverträge über die Aussonderungsgut einzutreten (§ 103) bzw. sich für die Erfüllung eines vom Schuldner abgeschlossenen Vorbehaltskaufes zu entscheiden (§ 107 Abs. 2), und er den betreffenden Gegenstand nicht zur Unternehmensfortführung benötigt (FK-InsO/Wegener Rn. 4; AGR/Lind Rn. 4).

Zur Insolvenzmasse zählt nach dem Universalitätsgrundsatz **auch das im Ausland belegene** 5 **Schuldnervermögen** (Braun/Haffa/Leichtle Rn. 4; KPB/Holzer Rn. 4). In den EU-Mitgliedstaaten kann der im deutschen Hauptinsolvenzverfahren bestellte Insolvenzverwalter gem. Art. 21 Abs. 1 EuInsVO iVm § 148 Massegegenstände in Besitz und Verwaltung nehmen, solange in dem anderen Staat nicht ein weiteres Insolvenzverfahren eröffnet oder eine gegenteilige Sicherungsmaßnahme ergriffen worden ist. Soweit die Rechte des Verwalters – außerhalb des Anwendungsbereichs der EuInsVO – im Ausland keine oder nur eingeschränkte Anerkennung finden, ist der Schuldner im Rahmen seiner in § 97 statuierten Auskunfts- und Mitwirkungspflichten zur **Erteilung von Auslandsvollmachten und sonstigen Ermächtigungserklärungen** verpflichtet, die den Verwalter berechtigen, auf die im Ausland befindlichen Vermögensgegenstände zuzugreifen (BGH NZI 2004, 21).

Da auch nach Eröffnung des Insolvenzverfahrens vom Schuldner erworbene Vermögenswerte 6 (sog. **Neuerwerb**) zur Insolvenzmasse zählen (§ 35 Abs. 1 aE), besteht die Pflicht des Verwalters zur Inbesitznahme während des gesamten Verfahrens fort (K. Schmidt InsO/Jungmann Rn. 1; HK-InsO/Depré Rn. 7).

C. Inbesitznahme und Verwaltung durch den Insolvenzverwalter

I. Pflicht zur sofortigen Inbesitznahme

1. Inbesitznahme körperlicher Gegenstände

Inbesitznahme verlangt bei Sachen iSv § 90 BGB die **Begründung der tatsächlichen Sach-** 7 **herrschaft** (§ 854 BGB). Der Insolvenzverwalter erlangt auf diese Weise den unmittelbaren Fremdbesitz daran und genießt die Besitzschutzrechte nach §§ 859 ff. BGB, § 1007 BGB (KPB/

von Bodungen

Holzer Rn. 10; HK-InsO/Depré Rn. 6; K. Schmidt InsO/Jungmann Rn. 9). Zugleich ist er aufgrund seiner tatsächlichen Sachherrschaft zustandsverantwortlich für Gefahren, die von Massegegenständen ausgehen (VG Augsburg NZI 2019, 165 f.). In Bezug auf Unternehmensdaten trifft den Insolvenzverwalter spätestens mit deren Inbesitznahme die volle datenschutzrechtliche Verantwortlichkeit iSd Art. 4 Nr. 7 DSGVO (Bornheimer/Park NZI 2018, 877 (879 f.); umfassend zur datenschutzrechtlichen Stellung des Verwalters → Datenschutz in der Insolvenz Rn. 11 ff.). Tritt ein Wechsel in der Person des Verwalters ein, bedarf es der tatsächlichen Besitzergreifung der Massegegenstände durch den neu bestellten Verwalter (KPB/Holzer Rn. 13a; Uhlenbruck/Sinz Rn. 27). Der Schuldner hat nach der Besitzergreifung durch den Verwalter den **mittelbaren Eigenbesitz** an den massezugehörigen Sachen (Braun/Haffa/Leichtle Rn. 5).

8   Befinden sich **Geschäftsunterlagen des Schuldners** bei dessen bisherigen Rechtsanwälten, Steuerberatern oder Wirtschaftsprüfern, steht dem Verwalter gleichwohl ein Herausgabeanspruch zu, weil diese Unterlagen nach § 36 Abs. 2 Nr. 1 Bestandteil der Insolvenzmasse sind und ein daran wegen rückständiger Vergütungsansprüche bestehendes vertragliches oder gesetzliches Zurückbehaltungsrechtes in der Insolvenz keinen Bestand hat (HmbKommInsR/Jarchow Rn. 22; KPB/Holzer Rn. 8). Etwas anderes gilt dagegen im Hinblick auf das vom Berater **auf Grundlage der Geschäftsunterlagen des Schuldners erstellte (vertragliche) Arbeitsergebnis.** So ist bspw. nach BGH NJW 1989, 1216 (1217) die Jahresabschlussbilanz als das Ergebnis originärer Steuerberatertätigkeit anzusehen, welches nicht von dem – die Honorarzahlung verweigernden – Insolvenzverwalter herausverlangt werden kann. Ebenso wenig besteht ein Herausgabeanspruch des Verwalters hinsichtlich solcher Handakten bzw. Bestandteile davon, die der nach § 53 Abs. 10 S. 1 BRAO, § 55 Abs. 3 S. 1 BRAO verfügungsbefugte Kanzleiabwickler an frühere Mandanten des Schuldners zwecks Wahrnehmung von deren Belangen durch einen neuen Anwalt übereignet hat (BGH NJW-RR 2019, 637 (638 f.)). Zur Inbesitznahme von Geschäftsunterlagen des Schuldners, die zum Zeitpunkt der Verfahrenseröffnung bereits der strafprozessualen Beschlagnahme unterliegen, s. MüKoInsO/Jaffé Rn. 14.

9   Bei **Grundstücken und grundstücksgleichen Rechten** ist neben der Besitzergreifung ergänzend die Eintragung eines Insolvenzvermerks in das Grundbuch nach § 32 erforderlich (Braun/Haffa/Leichtle Rn. 2; FK-InsO/Wegener Rn. 9). Auf diese Weise wird die Verfügungsmacht des Insolvenzverwalters bekannt gemacht und ein gutgläubiger rechtsgeschäftlicher Erwerb Dritter vom Schuldner (§ 892 Abs. 1 BGB) ausgeschlossen.

2. Inbesitznahme unkörperlicher Gegenstände

10 Eine Besitzergreifung durch den Verwalter kommt naturgemäß nicht in Betracht, soweit **Rechte und Forderungen** in Rede stehen. Diese erfahren allerdings bereits durch § 28 Abs. 3, § 82 einen gewissen Schutz. Ergänzend empfiehlt sich für den Verwalter eine Anzeige gegenüber den Drittschuldnern samt Hinweis darauf, dass mit befreiender Wirkung nur an die Masse geleistet werden kann (FK-InsO/Wegener Rn. 7). Sind die Forderungen und Rechte verbrieft, hat der Verwalter die zugehörigen Urkunden (ua Sparkassenbücher, Wertpapiere, Hypotheken-, Grundschuld- und Rentenschuldbriefe) in Besitz zu nehmen (HmbKommInsR/Jarchow Rn. 6; KPB/Holzer Rn. 8). Sofern der Schuldner schließlich **Inhaber von GmbH-Geschäftsanteilen** ist, wird der Verwalter zu prüfen haben, ob der Schuldner als Gesellschafter der im Handelsregister aufgenommenen Gesellschafterliste eingetragen ist, und – bejahendenfalls – deren Berichtigung betreiben müssen; andernfalls besteht die Gefahr, dass Dritte Geschäftsanteile nach § 16 Abs. 3 GmbHG gutgläubig vom Schuldner erwerben (Braun/Haffa/Leichtle Rn. 2).

3. Frist für die Inbesitznahme

11 Die Inbesitznahme durch den Insolvenzverwalter hat nach § 148 Abs. 1 **sofort nach der Eröffnung** des Insolvenzverfahrens zu erfolgen. Während in Anbetracht der Bedeutsamkeit des Masseschutzes überwiegend an diesem Erfordernis festgehalten wird (KPB/Holzer Rn. 7; Uhlenbruck/Sinz Rn. 7; FK-InsO/Wegener Rn. 14), soll nach aA eine **unverzüglich (iSv § 121 BGB)** erfolgende Inbesitznahme genügen, da dem Verwalter nicht mehr als ein pflichtgemäßes Bemühen um die schnellstmögliche Besitzergreifung abzuverlangen sei (Braun/Haffa/Leichtle Rn. 6; MüKoInsO/Jaffé Rn. 24). Sofern der Verwalter die Inbesitznahme verspätet vornimmt und diese Pflichtverletzung zu einer Schmälerung der Insolvenzmasse führt, macht er sich ggf. nach § 60 schadensersatzpflichtig (Andres/Leithaus/Andres Rn. 3).

4. Ausnahmen von der Inbesitznahmepflicht

Eine Ausnahme von der dem Verwalter in § 148 Abs. 1 aufgetragenen Besitzergreifung kommt in Betracht, wenn Massegegenstände wertlos oder dergestalt mit Absonderungsrechten belastet sind, dass **kein Überschuss für die Masse zu erwarten** ist (FK-InsO/Wegener Rn. 5; KPB/Holzer Rn. 5). Ebenso kann der Verwalter von einer Inbesitznahme absehen, wenn diese einen unverhältnismäßigen Aufwand mit sich brächte oder der die Verfahrenseröffnung überdauernde unmittelbare Schuldnerbesitz keine Gefahr für die Befriedigung der Gläubiger darstellt (BGH NJW 2008, 2580 (2581); HK-InsO/Depré Rn. 2). Letzteres lässt sich bei vom Schuldner bewohnten Immobilien annehmen, sofern der Insolvenzvermerk im Grundbuch eingetragen ist (FK-InsO/Wegener Rn. 5). 12

Soweit der Schuldner eine natürliche Person ist, hat der Verwalter nach § 36 Abs. 1 S. 1, Abs. 2 Nr. 2 die **Pfändungsverbote des § 811 ZPO** (außer Abs. 1 Nr. 4, 9) zu beachten, wenn es um die Ermittlung der Reichweite des Insolvenzbeschlags geht. Gemäß § 36 Abs. 1 S. 2 sind in diesem Zusammenhang auch die **Pfändungsschutzvorschriften der §§ 850a ff. ZPO für Arbeitseinkommen** belangvoll. Letztere greifen allerdings nicht zugunsten eines selbstständig tätigen Schuldners ein (BGH NJW 2003, 2167 (2170)). Diesem bleibt vielmehr nur die Möglichkeit eines Antrages auf Pfändungsschutz nach § 850i ZPO; daneben kommt ein Antrag auf Unterhaltsgewährung aus der Masse gem. § 100 in Betracht. 13

II. Pflicht zur Verwaltung

Neben den Auftrag zur Inbesitznahme der Insolvenzmasse tritt nach § 148 Abs. 1 die **allgemeine Pflicht des Verwalters zu deren Verwaltung.** Darunter fällt bspw. die Sicherstellung des vollständigen Massebestands bis zu dessen Verwertung oder einer anderweitigen Beendigung des Insolvenzverfahrens (Braun/Haffa/Leichtle Rn. 14), die Einziehung von Forderungen sowie die Geltendmachung von Ansprüchen gegen Dritte (HK-InsO/Depré Rn. 5; MüKoInsO/Jaffé Vor Rn. 42), die Auslotung der nach §§ 99, 149 f. bestehenden Handlungsoptionen sowie die Ausübung des Wahlrechts nach § 103 (K. Schmidt InsO/Jungmann Rn. 8). Dabei hat der Verwalter in Anlehnung an handels- und gesellschaftsrechtliche Sorgfaltsanforderungen solche rechtlichen Pflichten und Vorgaben gleich einem Gesellschaftsorgan zu wahren, die einen Bezug zur Insolvenzmasse aufweisen (BGH NZI 2020, 739 (740)). Aus dieser Rechtsstellung folgt bspw. auch seine Befugnis zur Erhebung einer Nichtigkeitsfeststellungsklage gem. § 256 Abs. 7 S. 1 AktG, § 249 Abs. 1 S. 1 AktG, soweit die Fehlerhaftigkeit eines vorinsolvenzlichen Jahresabschlusses die Insolvenzmasse betrifft (BGH NZI 2020, 739 (740 f.); Uhlenbruck/Hirte § 11 Rn. 140). 14

Zur Masseverwaltung gehört zuvörderst auch die Pflicht, das zur **Masse gehörende Vermögen zu bewahren und gegen allgemeine Risiken abzusichern** (K. Schmidt InsO/Jungmann Rn. 8; HmbKommInsR/Jarchow Rn. 30). In diesem Zusammenhang hat der Insolvenzverwalter – insbesondere bei Immobilien – für ausreichenden Versicherungsschutz Sorge zu tragen (BGH NJW 1989, 1034 (1035 f.)). Dazu bedarf es – nicht zuletzt im Hinblick auf etwaige Prämienrückstände – der Überprüfung bestehender sowie ggf. des Abschlusses neuer Versicherungsverträge (AGR/Lind Rn. 22; K. Schmidt InsO/Jungmann Rn. 8). Die Entrichtung von Grundsteuern und Grundbesitzabgaben kann ebenfalls zur Masseverwaltung gehören, um eine andernfalls drohende Zwangsversteigerung (§ 10 Abs. 1 Nr. 3 ZVG) abzuwenden. 15

D. Herausgabevollstreckung nach Abs. 2

I. Eröffnungsbeschluss als Vollstreckungstitel

Trotz seiner Inbesitznahme- und Verwaltungspflicht ist dem Verwalter nicht gestattet, sich den Besitz an den Massegegenständen gegen oder ohne den Willen des Schuldners zu verschaffen (Braun/Haffa/Leichtle Rn. 8; K. Schmidt InsO/Jungmann Rn. 13). Ein derartiges eigenmächtiges Vorgehen des Verwalters stellte eine **verbotene Eigenmacht iSv § 858 Abs. 1 BGB** dar (HmbKommInsR/Jarchow Rn. 27; KPB/Holzer Rn. 14). Der Verwalter hat vielmehr einen Gerichtsvollzieher zwecks Wegnahme der – im Vollstreckungsauftrag (§ 754 ZPO) zu spezifizierenden – Massegegenstände einzuschalten (§§ 883, 885 ZPO). Dabei ist der Eröffnungsbeschluss nach der ausdrücklichen gesetzlichen Anordnung in § 148 Abs. 2 S. 1 ein ausreichender Titel iSv § 794 Abs. 1 Nr. 3 ZPO zur Durchsetzung des Herausgabeanspruchs gegen den Schuldner (Uhlenbruck/Sinz Rn. 28; Andres/Leithaus/Andres Rn. 4). Der – ggf. zeitaufwändigen – Erwirkung eines vollstreckungsfähigen Herausgabetitels gegen den Schuldner bedarf es mithin nicht. Erforderlich ist lediglich eine **vollstreckbare Ausfertigung des Eröffnungsbeschlusses** nach 16

§ 724 Abs. 1 ZPO, § 725 ZPO, für deren Erteilung nach § 797 Abs. 1 ZPO der Urkundsbeamte des Insolvenzgerichts zuständig ist (MüKoInsO/Jaffé Rn. 63). Eine solche Ausfertigung des Eröffnungsbeschlusses stellt zugleich einen für ein Auskunftsersuchen nach § 802l ZPO ausreichenden Vollstreckungstitel dar (AG Rosenheim NZI 2017, 87 (88)).

17 Gegenüber **Dritten,** die Gewahrsam an massezugehörigen Sachen haben, ist der Eröffnungsbeschluss ausweislich des – insoweit eindeutigen – Wortlauts von § 148 Abs. 2 S. 1 kein zur Durchsetzung der Herausgabe tauglicher Titel. Vielmehr ist der Verwalter auf den Klageweg angewiesen (HmbKommInsR/Jarchow Rn. 16; Braun/Haffa/Leichtle Rn. 9), will er sich nicht aufgrund verbotener Eigenmacht persönlich herausgabepflichtig (§§ 823 Abs. 1, 249 Abs. 1 BGB) sowie auskunftspflichtig (§ 260 Abs. 1 BGB) machen (OLG Hamm BeckRS 2016, 114215). Im Fall eines mitbesitzenden Ehegatten oder eingetragenen Lebenspartners kann sich der Insolvenzverwalter allerdings unwiderleglich auf die **Vermutung der § 739 ZPO, § 1362 BGB, § 8 Abs. 1 LPartG** stützen.

II. Privat- und Geschäftsräume des Schuldners

18 Eine vollstreckbare Ausfertigung des Eröffnungsbeschlusses berechtigt den Verwalter sowie den von ihm beauftragten Gerichtsvollzieher zur **Betretung und Durchsuchung der Privat- und Geschäftsräume des Schuldners** (BT-Drs. 12/2443, 170; Braun/Haffa/Leichtle Rn. 9; K. Schmidt InsO/Jungmann Rn. 15; Kor DZWIR 2020, 393 (396); aM MüKoInsO/Jaffé Rn. 66: kein Betretungsrecht des Insolvenzverwalters bei Wohnräumen des Schuldners). Eine gesonderte Durchsuchungsanordnung nach § 758a ZPO ist insoweit entbehrlich (FK-InsO/Wegener Rn. 23; Holzer DGVZ 2008, 69 (71)). Dies gilt selbst dann, wenn der Schuldner die Wohnung in ehelicher oder eheähnlicher Gemeinschaft bewohnt (FK-InsO/Wegener Rn. 23; KPB/Holzer Rn. 18).

19 Des Weiteren ermächtigt eine vollstreckbare Ausfertigung des Eröffnungsbeschlusses zur **Räumungsvollstreckung nach § 885 ZPO,** sofern die Privat- oder Geschäftsräume des Schuldners in dessen alleinige Sachherrschaft fallen (Holzer DGVZ 2008, 69 (70); MüKoInsO/Jaffé Rn. 70). Hat dagegen der Ehegatte des Schuldners an den Wohnräumen Mitgewahrsam, ist der Eröffnungsbeschluss gem. BGH NJW 2004, 3041 kein ausreichender Räumungstitel. Es bedarf dann zusätzlich der Erwirkung eines eigenen Räumungstitels gegen den Ehegatten. Ebenso wenig gestattet der Eröffnungsbeschluss die Räumungsvollstreckung gegen Mitmieter oder Untermieter des Insolvenzschuldners (MüKoInsO/Jaffé Rn. 71; KPB/Holzer Rn. 17; umfassend zu diesem Problemkreis Uhlenbruck/Sinz Rn. 31 ff.). Vollstreckungsschutz ist unter den – strengen – Voraussetzungen des § 765a ZPO zu gewähren, sofern bei Durchführung der Räumungsvollstreckung eine konkrete Gesundheits- oder Lebensgefahr für den Schuldner besteht oder dessen sonstige Rechte in insolvenzuntypischer Weise gravierend beeinträchtigt werden (BGH NJW 2009, 78 (79); AG Hamburg NZI 2017, 819 (820)).

E. Rechtsmittel

20 Über Einwendungen des Schuldners gegen die Art und Weise der Zwangsvollstreckung entscheidet nach § 148 Abs. 2 S. 2 – abweichend von § 766 Abs. 1 S. 1 ZPO, § 764 ZPO – **nicht das Vollstreckungs-, sondern das Insolvenzgericht.** Dies ist insofern sinnvoll, als die vom Verwalter betriebene Herausgabevollstreckung die Sammlung der Insolvenzmasse bezweckt (BT-Drs. 12/2443, 170) und das Insolvenzgericht zu den mit einer Herausgabevollstreckung nach § 148 Abs. 2 typischerweise einhergehenden – insolvenzrechtlichen – Fragestellungen die größere Sachnähe aufweist (Holzer DGVZ 2008, 69 (71)). Funktionell zuständig für die Entscheidung über die vom Schuldner eingelegte Vollstreckungserinnerung ist nach § 20 Abs. 1 Nr. 17 S. 2 RPflG der Richter am Insolvenzgericht. Wegen § 117 Abs. 1 S. 3 ZPO entscheidet das Insolvenzgericht als besonderes Vollstreckungsgericht auch über einen – dem Vollstreckungsauftrag nach § 148 Abs. 2 vorgeschalteten – Antrag auf Bewilligung von Prozesskostenhilfe (BGH NZI 2012, 666 (667)).

21 Soweit das Insolvenzgericht funktional als Vollstreckungsgericht entscheidet, bestimmt sich der weitere Rechtszug nach den **allgemeinen vollstreckungsrechtlichen Vorschriften** (BGH NZI 2006, 699). Folglich ist gegen die Entscheidung des Insolvenzgerichts über die Art und Weise der Zwangsvollstreckung die sofortige Beschwerde nach § 793 ZPO das statthafte Rechtsmittel (BGH NZI 2006, 699 (700); Braun/Haffa/Leichtle Rn. 18). Dagegen bleibt es bei dem – der Verfahrensbeschleunigung dienenden – Grundsatz der Unanfechtbarkeit insolvenzgerichtlicher Entscheidungen gem. § 6 Abs. 1, sofern eine Entscheidung des Insolvenzgerichts **ausschließlich insolvenzrechtliche Fragen** zum Gegenstand hat (K. Schmidt InsO/Jungmann Rn. 20; KPB/Holzer

Rn. 20). Letzteres ist bspw. der Fall, wenn der Schuldner geltend macht, dass der Gerichtsvollzieher von ihm die Herausgabe von Gegenständen verlange, die wegen § 36 Abs. 1 S. 1 iVm § 811 ZPO nicht dem Insolvenzbeschlag unterlägen (KPB/Holzer Rn. 20).

Nimmt der Insolvenzverwalter eine Sache, über deren Zugehörigkeit zur Masse Streit besteht, selbst in Besitz, liegt schon keine Vollstreckungshandlung vor. Folglich ist der Streit vor dem **allgemeinen Prozessgericht** auszutragen (HmbKommInsR/Jarchow Rn. 40; KPB/Holzer Rn. 22; MüKoInsO/Jaffé Rn. 74). 22

F. Prozesskostenhilfe für den Insolvenzverwalter

I. Allgemeines

Der Insolvenzverwalter hat als Partei kraft Amtes die Möglichkeit, für eine zwecks Masseanreicherung beabsichtigte Durchsetzung von Ansprüchen **Prozesskostenhilfe nach Maßgabe des § 116 S. 1 Nr. 1, S. 2 ZPO** vom zuständigen Prozessgericht zu beantragen (BGH NZI 2007, 410 (411); umfassend hierzu unter Berücksichtigung prozessstrategischer Gesichtspunkte Hees/Freitag NZI 2017, 377 ff.). Die Bewilligung von Prozesskostenhilfe umfasst nicht die Kosten des Insolvenzverfahrens (FK-InsO/Schmerbach § 26 Rn. 46). Sie kommt aber bspw. dann in Betracht, wenn der Verwalter mit der Anfechtung von Rechtshandlungen nach Maßgabe der §§ 129 ff. eine ihm mit seinem Amt übertragene Aufgabe wahrnimmt. Die Gewährung von Prozesskostenhilfe an den Insolvenzverwalter ist dabei nicht der Regelfall, ebenso wenig stellt ihre Versagung eine besonders zu rechtfertigende Ausnahme dar (BGH NZI 2013, 82 (83)). 23

Maßgeblich ist vielmehr stets eine **Einzelfallprüfung unter wertender Gesamtabwägung aller Umstände** (BGH BeckRS 2014, 22064 Rn. 2; 2015, 11500 Rn. 2). Dabei hat der Verwalter, der Prozesskostenhilfe beantragt, die nachfolgend dargestellten **Voraussetzungen für deren Gewährung** darzutun und zu belegen (§ 117 Abs. 2 ZPO) und auf Verlangen des Gerichts auch glaubhaft zu machen (§ 118 Abs. 2 S. 1 ZPO): Bedürftigkeit der Masse (→ Rn. 23b), hinreichende Erfolgsaussichten der beabsichtigten Klage und fehlende Mutwilligkeit derselben (→ Rn. 24), schließlich die Unzumutbarkeit der Kostenaufbringung durch die am Gegenstand des Rechtsstreits wirtschaftlich Beteiligten (→ Rn. 25 ff.). 23a

II. Voraussetzungen für die Gewährung von Prozesskostenhilfe

1. Bedürftigkeit der Insolvenzmasse

Die Gewährung von Prozesskostenhilfe an den Insolvenzverwalter setzt zunächst voraus, dass die Kosten der Prozessführung nicht aus der verwalteten Insolvenzmasse aufgebracht werden können (§ 116 S. 1 Nr. 1 Hs. 1 ZPO). Eine solche Bedürftigkeit der Insolvenzmasse ist anzunehmen, wenn die – um die Massekosten und Masseverbindlichkeiten iSv §§ 54 f. bereinigten – vorhandenen **Barmittel einschließlich des kurzfristig verwertbaren Vermögens nicht ausreichen**, um die nach dem Streitwert berechneten Prozesskosten zu bestreiten (HmbKommInsR/Kuleisa § 80 Rn. 66; Hees/Freitag NZI 2017, 377 (378)). 23b

2. Hinreichende Erfolgsaussichten und fehlende Mutwilligkeit

Des Weiteren muss die beabsichtigte Rechtsverfolgung oder -verteidigung hinreichende Aussicht auf Erfolg bieten und darf nicht mutwillig erscheinen (§ 116 S. 2 iVm § 114 Abs. 1 S. 1 Hs. 2, Abs. 2 ZPO). Hinreichende Erfolgsaussichten sind bereits dann anzunehmen, wenn der vom Verwalter eingenommene Standpunkt **bei summarischer Prüfung zumindest vertretbar** erscheint und eine Beweisführung möglich ist (HmbKommInsR/Kuleisa § 80 Rn. 60; Hees/Freitag NZI 2017, 377 (378)). Trotz hinreichender Aussicht auf Erfolg ist die Rechtsverfolgung bzw. -verteidigung nach Maßgabe von § 114 Abs. 2 ZPO als mutwillig anzusehen, wenn eine Partei, die für die Prozesskosten selbst aufkommen müsste, **vernünftigerweise darauf verzichtete**. Das ist der Fall, wenn die Durchsetzung des mit der beabsichtigten Klage verfolgten Anspruchs nicht geeignet ist, die eingetretene Massekostenarmut zu beseitigen (BGH NZI 2013, 79; FK-InsO/Schmerbach § 26 Rn. 56). Dagegen ist die Rechtsverfolgung durch den Insolvenzverwalter nicht bereits deshalb als mutwillig anzusehen, weil nach Abzug aller mit dem Rechtsstreit verbundenen Risiken sowie der Kosten nur eine geringe Quotenverbesserung zu erreichen ist (BGH NZI 2018, 581 (583)) bzw. die vom Verwalter intendierte Klage unter Kosten-Nutzen-Gesichtspunkten nicht unbedingt sinnvoll erscheint (KG NZI 2021, 246 (247)). 24

3. Unzumutbarkeit der Kostenaufbringung

25 Soweit § 116 S. 1 Nr. 1 Hs. 2 ZPO verlangt, dass den am Gegenstand des Rechtsstreits wirtschaftlich Beteiligten nicht zuzumuten sein darf, die Kosten aufzubringen, ist damit zugleich die diffizilste Voraussetzung für die Gewährung von Prozesskostenhilfe an den Insolvenzverwalter angesprochen. **Wirtschaftlich beteiligt** am Gegenstand des Rechtsstreits sind alle Gläubiger, deren Befriedigungsaussichten sich dadurch verbessern, dass der Insolvenzverwalter **im konkret angestrebten Prozess** obsiegt (BGH NZI 2007, 410 (411); 2018, 581 (582); Uhlenbruck/Sinz § 80 Rn. 199). Das betrifft zuvörderst die Insolvenzgläubiger mit zur Tabelle festgestellten Forderungen (BGH BeckRS 2015, 17089 Rn. 4; Hees/Freitag NZI 2017, 377 (379)).

26 Erfasst sind aber auch Gläubiger „für den Ausfall" festgestellter (§ 52 S. 2) bzw. vorläufig (also nicht endgültig) bestrittener Forderungen, sofern der Verwalter nicht dartut, dass mit einer Bedienung dieser Forderungen nicht ernsthaft zu rechnen ist (BGH BeckRS 2015, 11500 Rn. 5; Hees/Freitag NZI 2017, 377 (380)). Massegläubiger zählen ebenfalls zum Kreis der wirtschaftlich Beteiligten, wenn sie für ihre Befriedigung bei Masseunzulänglichkeit auf den Prozesserfolg angewiesen sind (BGH NZI 2019, 644 (645); HmbKommInsR/Kuleisa § 80 Rn. 70, 73). Kann dagegen ein Gläubiger bereits aufgrund eines Absonderungsrechtes mit der Befriedigung seiner Ansprüche rechnen, partizipiert er nicht an einem etwaigen Erfolg der Rechtsverfolgung durch den Insolvenzverwalter und ist daran nicht wirtschaftlich beteiligt (BGH NZI 2012, 626 (627); FK-InsO/Schmerbach § 26 Rn. 59).

27 Maßgeblich für die Beurteilung der Vorschusspflicht der wirtschaftlich Beteiligten ist eine wertende – und daher mit rechtlichen Unsicherheiten behaftete – **Abwägung der Umstände des Einzelfalls,** wonach Vorschüsse auf die Prozesskosten solchen Beteiligten zuzumuten sind, die die erforderlichen Mittel unschwer aufbringen können und für die bei vernünftiger, auch das Eigeninteresse sowie das Prozesskostenrisiko angemessen berücksichtigender Betrachtungsweise der bei erfolgreicher Rechtsverfolgung zu erwartende Nutzen von Rechtsverteidigung **zu erwartende Nutzen deutlich größer sein wird als die als Vorschuss aufzubringenden Kosten** (BGH NZI 2007, 410 (411); BeckRS 2014, 22064 Rn. 2; HmbKommInsR/Kuleisa § 80 Rn. 73). Determinanten dieser Abwägung sind eine seitens des vorschusspflichtigen Gläubigers zu erwartende Quotenverbesserung im Falle des Obsiegens, das Prozess- und Vollstreckungsrisiko sowie die Gläubigerstruktur (BGH BeckRS 2014, 22064 Rn. 2; 2015, 11500 Rn. 2). Soweit angenommen wird, dass **Minimalgläubigern** mit Forderungen von **weniger als 5 %** vom Gesamtvolumen der festgestellten Forderungen in keinem Fall Vorschüsse auf die Prozesskosten zumutbar seien (OLG Schleswig NZI 2009, 522), hat sich der BGH einer derart schematischen Betrachtungsweise bislang nicht angeschlossen (BGH NZI 2018, 581 f.; vgl. auch BGH BeckRS 2015, 11500 Rn. 8, wonach Großgläubigern mit jeweils mehr als 5 % an den festgestellten Forderungen nur „grundsätzlich" eine Vorschussleistung zumutbar sein soll).

28 Bei der Ermittlung der **Quotenverbesserung,** die für die im Einzelfall vorzunehmende Abwägung (→ Rn. 27) belangvoll ist, sind die der Masse im Falle erfolgreicher Prozessführung und Vollstreckung zufließenden Geldbeträge zugrunde zu legen und etwaige Abschläge für Prozess- und Vollstreckungsrisiken vorzunehmen (eingehend hierzu Hees/Freitag NZI 2017, 377 (382 f.)). In der Regel kann dabei ein pauschales **Prozess- und Vollstreckungsrisiko von 50 %** in Ansatz gebracht werden (BGH NZI 2018, 581 (582); Hees/Freitag NZI 2017, 377 (382)). Die Ermittlung der verbesserten Quote erlaubt sodann eine Aussage darüber, in welchem Verhältnis der vom jeweiligen Gläubiger zu leistende Prozesskostenvorschuss zu dem von ihm im Insolvenzverfahren voraussichtlich zu vereinnahmenden Geldbetrag steht. Erst im Falle eines deutlichen Mehrertrags gegenüber den auszulegenden Prozesskosten kommt eine Vorschusspflicht in Betracht, wobei sich – nicht zuletzt in Anbetracht des einzelfallspezifischen Abwägungsgebotes – starre Mindestquoten verbieten. Gleichwohl wird sich regelmäßig erst dann einer Vorschusspflicht das Wort reden lassen, wenn der im Falle eines Prozesserfolgs für den einzelnen Gläubiger erzielte – absolute – Ertrag **deutlich mehr als das Doppelte** des von ihm aufzubringenden Vorschusses ausmacht (BGH NZI 2018, 581 (582); BeckRS 2021, 4545 Rn. 16). Weniger als das Doppelte dürfte nur in eng begrenzten Ausnahmekonstellationen genügen, wenn sich etwa das Prozess- und Vollstreckungsrisiko mit (nahezu) Null ansetzen lässt (Wache NJW 2018, 388 (389)).

29 Nicht annehmen lässt sich eine **feste oder starre Anzahl heranzuziehender Insolvenzgläubiger,** bei deren Überschreitung es dem Insolvenzverwalter nicht zumutbar sein soll, die Kostenaufbringung für diese vielzähligen Gläubiger zu koordinieren (BGH BeckRS 2010, 30932 Rn. 12; aA FK-InsO/Schmerbach § 26 Rn. 62: Obergrenze jedenfalls bei 20 Gläubigern erreicht). Zwar mag mit zunehmender Gläubigerzahl der vom Verwalter zu leistende Koordinierungs- und Überzeugungsaufwand ansteigen, weil einzelne Gläubiger auf die Prozessfinanzierung durch andere

Gläubiger vertrauen (BGH NZI 2006, 348 (349); Hees/Freitag NZI 2017, 377 (382)). Gleichwohl handelt es sich bei der Einziehung der Kostenvorschüsse um eine allgemeine Aufgabe des Verwalters, und vor Erreichen der Unzumutbarkeitsschwelle wäre überdies zu fragen, ob nicht den Insolvenzgläubigern selbst weitere Koordinierungstätigkeiten abzuverlangen sind (BGH BeckRS 2010, 30932 Rn. 12; ähnlich Hees/Freitag NZI 2017, 377 (382)). Mehrere Gläubiger lassen sich zur anteiligen Kostenaufbringung im Grundsatz nur im Verhältnis der für sie anzunehmenden Quotenverbesserung heranziehen (HmbKommInsR/Kuleisa § 80 Rn. 76). Da es auf die Gesamtheit der Gläubiger ankommt, die vom Prozesserfolg profitierten, ist Prozesskostenhilfe zu versagen, sofern nur einzelne Gläubiger zur Finanzierung eines Rechtsstreits nicht willens und die verbleibenden Gläubiger dazu allein nicht in der Lage sind (BGH NJW 1997, 3318 (3319); FK-InsO/Schmerbach § 26 Rn. 62; K. Schmidt InsO/Sternal § 80 Rn. 56).

Finanzbehörden und der Fiskus sind mit den von ihnen zur Insolvenztabelle angemeldeten 30 Ansprüchen wirtschaftlich Beteiligte und in zumutbarer Weise an der Aufbringung der Prozesskosten zu beteiligen (BGH NZI 1999, 26 (27); FK-InsO/Schmerbach § 26 Rn. 60). Dagegen wird für **Sozialversicherungsträger** eine generelle Freistellung von der Heranziehung zur Prozesskostenfinanzierung befürwortet und dies an ihrer Funktion als Sachwalter fremder Gläubigerinteressen mit entsprechend zweckgebundenen öffentlichen Mitteln festgemacht (OLG München NZI 2013, 608; Hees/Freitag NZI 2017, 377 (379 f.); aA KG NZI 2021, 385 (386 f.); HmbKommInsR/Kuleisa § 80 Rn. 72). Ebenso wenig wird dem **Insolvenzverwalter** als Partei kraft Amtes eine eigene Beteiligung an den Kosten eines beabsichtigten Prozesses zugemutet, und zwar selbst dann nicht, wenn der Erfolg des Prozesses vornehmlich den eigenen Vergütungsanspruch des Verwalters befriedigte (BGH NZI 2004, 26 (27); HmbKommInsR/Kuleisa § 80 Rn. 69).

§ 149 Wertgegenstände

(1) ¹Der Gläubigerausschuss kann bestimmen, bei welcher Stelle und zu welchen Bedingungen Geld, Wertpapiere und Kostbarkeiten hinterlegt oder angelegt werden sollen. ²Ist kein Gläubigerausschuss bestellt oder hat der Gläubigerausschuss noch keinen Beschluss gefasst, so kann das Insolvenzgericht entsprechendes anordnen.

(2) Die Gläubigerversammlung kann abweichende Regelungen beschließen.

Überblick

Der Wortlaut von § 149 verstellt den Blick darauf, dass die Hinterlegung und Anlage (→ Rn. 2) von Geld und Wertsachen (→ Rn. 4 ff.) grundsätzlich dem durch §§ 80, 148 abgesteckten Verantwortungsbereich des Insolvenzverwalters (→ Rn. 12) zuzuordnen ist. Der Gläubigerausschuss bzw. – wenn ein solcher nicht bestellt oder noch keine Entscheidung getroffen hat – das Insolvenzgericht können allerdings die Initiative ergreifen (→ Rn. 13), indem sie die Stelle (→ Rn. 8 ff.) und Bedingungen der Hinterlegung bzw. Anlage von Wertgegenständen selbst bestimmen. Dieses Mitwirkungsrecht wird wiederum durch von der Gläubigerversammlung beschlossene abweichende Regelungen beschränkt (→ Rn. 14).

A. Allgemeines

Indem § 149 den Gläubigern die Möglichkeit der Einflussnahme auf die Art und Weise der 1 Hinterlegung bzw. Anlage von Wertgegenständen eröffnet, wird zugleich der Handlungs- und Verantwortungsbereich des Verwalters jedenfalls potentiell beschnitten (OLG Koblenz NZI 2021, 277 (280)). Der Zweck der Vorschrift lässt sich insofern dahingehend umschreiben, dass in einem klar abgesteckten Bereich eine – partielle – **Selbstverwaltung der Gläubiger** ermöglicht wird (MüKoInsO/Jaffé Rn. 1; K. Schmidt InsO/Jungmann Rn. 2).

Die insolvenzrechtliche **Hinterlegung** darf nicht mit jener nach §§ 372 ff. BGB gleichgesetzt 2 werden, welche dem Schuldner als Erfüllungssurrogat die Befreiung von einer Verbindlichkeit ermöglicht. Die Hinterlegung nach § 149 schützt vielmehr im Wege der Begründung eines Verwahrungsverhältnisses die in die Masse fallenden Wertgegenstände vor unbefugten Verfügungen Dritter (Andres/Leithaus/Andres Rn. 1; MüKoInsO/Jaffé Rn. 4). Insofern wird auch von einer „Hinterlegung im untechnischen Sinne" gesprochen (Uhlenbruck/Sinz Rn. 11). Unter **Anlage** ist dagegen die Nutzbarmachung von Werten zu verstehen, wobei eine Hinterlegung zugleich nutzbringend und mithin Anlage sein kann (MüKoInsO/Jaffé Rn. 4).

von Bodungen

3 § 149 kommt nur **geringe praktische Relevanz** zu. Durch die Hinterlegung werden nämlich Wertgegenstände eingefroren, was im Fall der Unternehmensfortführung zumeist wenig zielführend ist (K. Schmidt InsO/Jungmann Rn. 6). Überdies stellen bereits §§ 69, 157, 160, 217 ff. die Mitwirkung der Gläubiger bei der Verwaltung und Verwertung der Masse hinreichend sicher (Uhlenbruck/Sinz Rn. 2).

B. Hinterlegungs- bzw. anlagefähige Gegenstände

4 Hinterlegungs- bzw. anlagefähig sind gem. § 149 Abs. 1 S. 1 **Geld, Wertpapiere und Kostbarkeiten.** Es besteht weitgehend Deckungsgleichheit mit den in § 372 BGB aufgeführten Gegenständen. Lediglich „sonstige Urkunden" finden sich – abweichend von § 372 BGB – nicht in § 149 erwähnt.

5 Unter **Geld** ist neben Bar- auch Buchgeld zu verstehen. Richtigerweise fallen ausländische Währungen ebenfalls darunter (K. Schmidt InsO/Jungmann Rn. 10). Sofern ausländische Gelder allerdings nicht angelegt werden können, ist ihre Behandlung als Kostbarkeit angezeigt (KPB/Holzer Rn. 2).

6 Der Begriff des **Wertpapiers** ist bei § 149 weit zu verstehen. Erfasst sind nicht nur Urkunden, deren Besitz Voraussetzung für die Ausübung des darin verbrieften Rechts ist (also etwa Aktien, Schecks, Wechsel und Inhaberschuldverschreibungen). Einbezogen sind vielmehr auch sonstige Papiere über Vermögenswerte des Schuldners wie Sparkassenbücher oder Inhaberversicherungsscheine nach § 4 VVG (Nerlich/Römermann/Andres Rn. 12; einschränkend MüKoInsO/Jaffé Rn. 6: Einbeziehung nur dann, wenn das Vermögensrecht, auf das sich das Papier bezieht, nicht seinerseits der alleinigen Verwaltung des Insolvenzverwalters unterliegt).

7 **Kostbarkeiten** sind bewegliche Sachen, deren Wert im Vergleich zu ihrem Umfang und Gewicht besonders hoch ist und die überdies leicht aufzubewahren und unverderblich sind (Palandt/Grüneberg BGB § 372 Rn. 2). Unter diese Definition fallen ua Gold, Schmucksachen, Edelsteine sowie (wertvolle) Münz- und Briefmarkensammlungen. Keine Kostbarkeiten sind dagegen bspw. Videokassetten (OLG Frankfurt a.M. NJW-RR 1988, 443 (444)).

C. Geeignete Hinterlegungs- bzw. Anlagestellen

8 In Betracht kommen **sowohl öffentliche als auch private Stellen.** Einer Hinterlegung bei öffentlichen Hinterlegungsstellen gem. den Hinterlegungsgesetzen der Länder bedarf es folglich nicht (KPB/Holzer Rn. 6). Vielmehr ist – nicht zuletzt im Hinblick auf den Schutz der Masse vor Zugriffen Nichtberechtigter – entscheidend, dass die Hinterlegungsstelle **Gewähr für die Sicherheit und Verzinsung** der betreffenden Wertgegenstände bietet (Braun/Haffa/Leichtle Rn. 3). Dies ist gem. § 1807 Abs. 1 Nr. 5 BGB bei öffentlichen Sparkassen, die von der zuständigen Landesbehörde für mündelsicher erklärt worden sind, und Kreditinstituten, die einer für die konkret in Rede stehende Anlage ausreichenden Sicherungseinrichtung angehören, der Fall.

9 Führt der Insolvenzverwalter ein Hinterlegungskonto, das nicht die Masse selbst als materiell berechtigt ausweist, verhält er sich nach jüngster höchstrichterlicher Rechtsprechung pflichtwidrig (BGH NZI 2019, 414 (416); ferner FG Düsseldorf NZI 2020, 645 (647); HK-InsO/Depré Rn. 7; HmbKommInsR/Jarchow Rn. 10 f.; FK-InsO/Wegener Rn. 7). Zwar ist der Gegenansicht, die Einrichtung von **Anderkonten** als Spezialfall des offenen Treuhandkontos bislang für zulässig erachtet hat (MüKoInsO/Jaffé Rn. 15–17; KPB/Holzer Rn. 8; Kießling NZI 2006, 440 (443 f.)) zuzugeben, dass Anderkonten bestimmten Berufsgruppen (ua Rechtsanwälte, Steuerberater, Wirtschaftsprüfer) vorbehalten sind, die bereits aufgrund ihres Standesrechts (vgl. insoweit etwa § 43a Abs. 5 BRAO iVm § 4 BORA) strengen Maßstäben beim Umgang mit fremdem Vermögen unterliegen, und die Masse überdies aufgrund der Kontrolle durch das Insolvenzgericht (§ 58) sowie der Haftung des Verwalters (§ 60) gegen ein zweckfremde Verwendung von Vermögenswerten geschützt ist. Richtigerweise muss aber doch entscheidend sein, dass Anderkonten als **Vollrechtstreuhandkonten** zu begreifen sind, bei denen ausschließlich der das Konto eröffnende Verwalter persönlich der Bank gegenüber berechtigt und verpflichtet ist (s. insoweit bereits BGH NZI 2015, 704 f.). Zu einer solchen Überführung von Geldern der Insolvenzmasse in sein eigenes Vermögen ist der Insolvenzverwalter indes nicht berechtigt (BGH NZI 2019, 414 (417); Gottwald/Haas InsR-HdB/Obermüller § 98 Rn. 19).

10 Zwar wird man jedenfalls solche Treuhandverträge, die zeitlich vor dem jüngsten Urteil des BGH zur Unzulässigkeit von Anderkonten abgeschlossen wurden, nicht wegen Insolvenzzweckwidrigkeit als nichtig anzusehen haben (s. dazu OLG Koblenz NZI 2021, 277 (280)). Spätestens seit der Entscheidung des BGH ist indes allein die Einrichtung eines **Insolvenz-Sonderkontos**

als Konto auf den Namen des Schuldners (oder jenen des Verwalters als Partei kraft Amtes für eine bestimmte Insolvenzmasse) der Amtsstellung des Verwalters angemessen und seiner Pflichten- und Interessenlage adäquat (BGH NZI 2019, 414 (416 f.); eing. hierzu bereits Stahlschmidt NZI 2011, 272 (275 f.)). Es ist dann von einer **Ermächtigungstreuhand** auszugehen, bei der der Schuldner alleiniger Rechtsinhaber der Guthabenforderung gegen die kontoführende Bank bleibt und der Verwalter über dieses Treugut (nur) verfügungsberechtigt ist. Nicht zu verhehlen ist freilich, dass das Erfordernis eines solchen Sonderkontos in der insolvenzrechtlichen Praxis gewichtige Schwierigkeiten bereitet, etwa mit Blick auf dessen – insbesondere durch geldwäscherechtliche Vorgaben erschwerte – Einrichtung oder die Gefahr von Kontosperren bei von Gläubigern des Schuldners in das Insolvenz-Sonderkonto ausgebrachten Pfändungen (hierzu eing. Commandeur/Brocker NZG 2019, 895 (897 f.); Zuleger NZI 2019, 417 (418 f.); Kamm ZInsO 2019, 1085 (1089); Heerma/Rinck ZIP 2019, 2000 (2001–2003)). Es wundert denn auch nicht, dass bereits die Forderung nach gesetzgeberischer Abhilfe erhoben worden ist (Braun/Haffa/Leichtle Rn. 11).

Die zur Hinterlegungsstelle bestimmte Sparkasse, Bank oder sonstige Stelle ist **Beteiligte des Insolvenzverfahrens** (Andres/Leithaus/Andres Rn. 4; Uhlenbruck/Sinz Rn. 20; offengelassen von BGH NZI 2019, 414 (415)). In Ermangelung einer den §§ 60 f., 71 entsprechenden rechtlichen Grundlage hat dies allerdings nicht zur Folge, dass eine zur Hinterlegungsstelle bestimmte Bank besondere insolvenzspezifische Pflichten zum Schutz der Insolvenzmasse oder -gläubiger treffen, deren Verletzung die Bank zum Schadensersatz verpflichten könnte (BGH NZI 2019, 414 (415); HmbKommInsR/Jarchow Rn. 24; aA Uhlenbruck/Sinz Rn. 20). Eine schadensersatzbewährte Warnpflicht der Bank gegenüber dem Insolvenzgericht und – sofern vorhanden und bekannt – dem Gläubigerausschuss lässt sich allenfalls dann annehmen, wenn sich der Bank im Falle eines bei ihr geführten Insolvenz-Sonderkontos nach den Gesamtumständen aufdrängen musste, dass es sich – etwa bei Verfügung über nahezu das gesamte Vermögen zugunsten des Verwalters ohne triftige Gründe – um einen **objektiv evident insolvenzzweckwidrigen Zahlungsauftrag** handelte (BGH NZI 2019, 414 (416); Braun/Haffa/Leichtle Rn. 8; HmbKommInsR/Jarchow Rn. 28). Im Fall der Einrichtung eines Anderkontos ist dementgegen eine solche Warnpflicht der Bank mangels Kundenbeziehung zur Insolvenzmasse a priori abzulehnen, worin ein weiterer Grund für die Unzulässigkeit der Einrichtung eines solchen allein den Verwalter berechtigenden und verpflichtenden Kontos zu sehen ist.

D. Entscheidung über die Hinterlegung bzw. Anlage

Die Auswahl der Hinterlegungs- bzw. Anlagestelle sowie die Bestimmung der Bedingungen der Hinterlegung bzw. Anlage stehen – solange eine Anordnung durch den Gläubigerausschuss oder das Insolvenzgericht nicht ergangen ist – im **pflichtgemäßen Ermessen des Verwalters** (Braun/Haffa/Leichtle Rn. 4). Belastbare Gründe sprechen in diesem Zusammenhang dafür, Massegelder nicht auf Konten bei einem Kreditinstitut zu hinterlegen, mit dem der Schuldner bereits vertragliche Beziehungen unterhält. Dies gilt insbesondere hinsichtlich der Hausbank des Schuldners. Insoweit sind nämlich Fälle denkbar, in denen die Bank dem Auszahlungsverlangen des Verwalters mit Gegenrechten begegnen kann, die im früheren Kontoverhältnis zum Schuldner begründet sind (Braun/Haffa/Leichtle Rn. 5; Uhlenbruck/Sinz Rn. 15).

§ 149 Abs. 1 eröffnet – sofern bestellt – dem **Gläubigerausschuss, ansonsten dem Insolvenzgericht** die Möglichkeit anzuordnen, wo und zu welchen Bedingungen Geld, Wertpapiere und Kostbarkeiten hinterlegt oder angelegt werden sollen. Eine Pflicht, von diesem Mitwirkungsrecht Gebrauch zu machen, besteht nach dem (eindeutigen) Gesetzeswortlaut nicht. Das Insolvenzgericht entscheidet durch **unanfechtbaren Beschluss,** ohne dass ein (formloser) Antrag des Insolvenzverwalters vorausgegangen sein müsste (HmbKommInsR/Jarchow Rn. 16; aM KPB/Holzer Rn. 10: Erfordernis eines formlosen Antrags, weil das Insolvenzgericht zumeist kein Kenntnis von der (Un-)Tätigkeit des Gläubigerausschusses haben wird). Entscheidungen des Gläubigerausschusses oder Insolvenzgerichts nach § 149 binden den Insolvenzverwalter, der in der Folge keine anderen (oder weiteren) Hinterlegungsstellen bzw. -bedingungen bestimmen darf (Braun/Haffa/Leichtle Rn. 6). Dies gilt insbesondere auch für die Einrichtung weiterer Massekonten bei anderen Kreditinstituten.

Eine abweichende Regelung für die Hinterlegung oder Anlage von Wertgegenständen kann die **Gläubigerversammlung** gem. § 149 Abs. 2 treffen. Nimmt die Gläubigerversammlung lediglich zur Kenntnis, dass der Insolvenzverwalter eine Hinterlegungsstelle eingerichtet hat, so substituiert dies nicht den iRd § 149 Abs. 2 erforderlichen **förmlichen Beschluss** der Gläubigerversammlung (BGH NZI 2019, 414 (415)). Als oberstes Organ der Selbstverwaltung ist die Gläubigerversammlung in ihrer Beschlussfassung nicht an die vom Gläubigerausschuss oder Insolvenzgericht nach § 149 Abs. 1 erlassenen Anordnungen gebunden. Die Gläubigerversammlung kann sie daher **aufheben, ändern oder auch originär einen Hinterlegungs- bzw. Anlagebeschluss fassen** (MüKoInsO/Jaffé Rn. 10). Die einzige Grenze für die Anordnungen der Gläubigerversammlung bildet § 78, wonach das Insolvenzgericht einen Beschluss der Gläubigerversammlung aufheben kann, sofern dieser dem gemeinsamen Interesse der Insolvenzgläubiger widerspricht (Nerlich/Römermann/Andres Rn. 20).

§ 150 Siegelung

¹**Der Insolvenzverwalter kann zur Sicherung der Sachen, die zur Insolvenzmasse gehören, durch den Gerichtsvollzieher oder eine andere dazu gesetzlich ermächtigte Person Siegel anbringen lassen.** ²**Das Protokoll über eine Siegelung oder Entsiegelung hat der Verwalter auf der Geschäftsstelle zur Einsicht der Beteiligten niederzulegen.**

Überblick

Flankierend zur Inbesitznahmeverpflichtung nach § 148 wird dem Insolvenzverwalter in § 150 das Recht eingeräumt, die Siegelung (→ Rn. 1) bestimmter oder aller Massegegenstände (→ Rn. 4) zu veranlassen. Ob der Insolvenzverwalter hiervon Gebrauch macht, steht in seinem pflichtgemäßen Ermessen (→ Rn. 5). Mit Rücksicht auf das Gewaltmonopol hat die Siegelung im Auftrag des Insolvenzverwalters durch ein staatliches Organ (insbesondere den Gerichtsvollzieher) zu erfolgen (→ Rn. 7).

A. Allgemeines

1   Die Siegelung ist eine **Sicherungsmaßnahme**, mittels derer die Massezugehörigkeit der den §§ 35 f. unterfallenden Vermögensgegenstände **nach außen kenntlich gemacht** wird (Holzer DGVZ 2003, 147). Als Maßnahme des Insolvenzverwalters bedarf sie keiner gerichtlichen Anordnung und stellt insbesondere auch keinen Akt dar Zwangsvollstreckung dar (Uhlenbruck/Sinz Rn. 1; HK-InsO/Depré Rn. 1).

2   Wer ein angelegtes Siegel beschädigt, ablöst oder unkenntlich macht, begeht einen **Siegelbruch** nach § 136 Abs. 2 StGB. Entsprechendes gilt, wenn das Siegel zwar an seiner Stelle belassen, der durch das Siegel bewirkte Verschluss aber ganz oder teilweise unwirksam gemacht wird (etwa durch Einsteigen in den versiegelten Raum durch ein Fenster). Idealkonkurrenz (§ 52 StGB) besteht mit einem **Verstrickungsbruch** nach § 136 Abs. 1 StGB, wenn der Siegelung unterfallende Sachen zerstört, beschädigt, unbrauchbar gemacht oder in anderer Weise ganz oder zum Teil der Verstrickung entzogen werden. Streitig ist, ob die von § 136 Abs. 1 StGB tatbestandsmäßig vorausgesetzte dienstliche Inbeschlagnahme trotz fehlender Besitzergreifung bereits mit Übergang der Verwaltungs- und Verfügungsbefugnis auf den Insolvenzverwalter nach § 80 Abs. 1 eintritt (so MüKoStGB/Hohmann StGB § 136 Rn. 8) oder erst mit der Siegelung anzunehmen ist (so Holzer DGVZ 2003, 147 (152)).

3   Trotz des mit der Siegelung einhergehenden strafrechtlichen Schutzes kommt dem Siegelungsverfahren in der Praxis nur **untergeordnete Bedeutung** zu. Ebenso wirkungsvoll erweisen sich neben der Fortschaffung gefährdeter Güter auch deren private Bewachung oder die Etablierung vergleichbarer Schutzvorkehrungen (Holzer DGVZ 2003, 147).

B. Durchführung der Siegelung

I. Gegenstände der Siegelung

4   Der Insolvenzverwalter kann zur Sicherung der Insolvenzmasse deren Siegelung durch den Gerichtsvollzieher oder eine andere dazu gesetzlich ermächtige Person veranlassen. Erfassen lassen sich durch eine solche Maßnahme alle Gegenstände, die der Pflicht des Insolvenzverwalters zur sofortigen Besitzergreifung nach § 148 unterfallen (→ § 148 Rn. 3 ff.). Die Siegelung kann auch **auf bestimmte Gegenstände** (etwa die Geschäfts- und Betriebsunterlagen des Schuldners) **oder Räume beschränkt** werden (Holzer DGVZ 2003, 147 (148)). Für Geld, Wertpapiere und Kostbarkeiten ist § 149 **lex specialis**.

II. Antragsberechtigung

Ob und in welchem Umfang die Siegelung erfolgt, bestimmt sich allein nach dem **pflichtge-** 5
mäßen Ermessen des Insolvenzverwalters, der den Auftrag zur Siegelung erteilt. Sofern der
Verwalter in pflichtwidriger Weise davon absieht, eine Siegelung bei der funktionell zuständigen
Person zu beauftragen, kann ihn das Insolvenzgericht dazu im Rahmen seiner Aufsichtspflicht
nach § 58 anhalten.

Auch der **vorläufige Insolvenzverwalter,** auf den die Verwaltungs- und Verfügungsbefugnis 6
übergegangen ist, kann Gegenstände der – künftigen – Insolvenzmasse siegeln lassen (MüKoInsO/
Haarmeyer/Schildt § 22 Rn. 45). Ordnet das Insolvenzgericht allerdings seinerseits nach § 21
Abs. 1 eine Siegelung an, wird die Siegelungsbefugnis des vorläufigen Verwalters insoweit verdrängt
(Holzer DGVZ 2003, 147 (148)).

III. Vornahme der Siegelung

Die Vornahme der Siegelung erfolgt auf Antrag des Insolvenzverwalters **durch den Gerichts-** 7
vollzieher oder eine andere dazu gesetzlich ermächtigte Person. Die anderweitige gesetzliche
Ermächtigung (etwa eines Notars) folgt aus dem jeweiligen Landesrecht. Die Siegel werden an den
Massegegenständen selbst oder den sie umschließenden Räumen bzw. Behältnissen angebracht. Im
Fall abschließbarer Räume bzw. Gegenstände sind dem Insolvenzverwalter auch die zugehörigen
Schlüssel auszuhändigen (Uhlenbruck/Sinz Rn. 2). Die Kosten der Siegelung sind Massekosten
(→ § 55 Rn. 25 ff.).

Über die Siegelung ist ein **Protokoll** zu erstellen, welches auf der Geschäftsstelle des Insolvenz- 8
gerichts zur Einsicht der Beteiligten niederzulegen ist. Zwar findet sich der Beteiligtenbegriff in
der Insolvenzordnung nicht definiert, sodass er jeweils normzweckbezogen ausgelegt werden muss
(HmbKommInsR/Rüther § 4 Rn. 34). Warum der Beteiligtenbegriff bei § 150 allerdings enger
als jener bei § 154 (→ § 154 Rn. 4) zu verstehen sein soll (so HmbKommInsR/Jarchow § 154
Rn. 4), ist nicht recht ersichtlich. Richtigerweise ist beiden Normen ein kongruentes Verständnis
des Beteiligtenbegriffs zugrunde zu legen (so zutr. K. Schmidt InsO/Jungmann Rn. 7). **Einsichts-**
berechtigt sind folglich nicht nur der Schuldner sowie alle Insolvenz- und Masseglaubiger. Vielmehr haben auch **aus- und absonderungsberechtigte** Gläubiger ein Einsichtsrecht, und zwar
unabhängig davon, ob ihnen der Schuldner persönlich haftet (K. Schmidt InsO/Jungmann Rn. 7;
aM Braun/Haffa/Leichtle Rn. 6; Uhlenbruck/Sinz Rn. 6). Hierfür spricht nicht zuletzt, dass das
Ab- bzw. Aussonderungsgut sehr wohl von der Siegelung betroffen sein kann (MüKoInsO/Jaffé
Rn. 3).

IV. Entsiegelung

Die Entsiegelung erfolgt als **Gegenakt** zur Siegelung ebenfalls durch den vom Verwalter beauf- 9
tragten Gerichtsvollzieher (bzw. eine andere dazu gesetzlich ermächtigte Person). Der Insolvenzverwalter ist zur Entfernung angebrachter Siegel nicht selbst befugt und begeht seinerseits einen
Siegelbruch, wenn er diese eigenmächtig entfernt. In der Praxis wird der Verwalter allerdings
zumeist vom Gerichtsvollzieher zur Entsiegelung ermächtigt (Uhlenbruck/Sinz Rn. 5). Über die
Entsiegelung ist ebenfalls ein **Protokoll** zu fertigen, das ua anzugeben hat, ob die im Protokoll
über die Siegelung spezifizierten Siegel unversehrt oder beschädigt vorgefunden wurden (MüKo-
InsO/Jaffé Rn. 4).

C. Rechtsmittel

Gegen die Anordnung der Siegelung bzw. Entsiegelung durch den Insolvenzverwalter ist **kein** 10
Rechtsmittel gegeben, da dieser im Verhältnis zum beauftragten Gerichtsvollzieher als Privat-
rechtssubjekt handelt, sodass keine gerichtliche Entscheidung gegeben ist (KPB/Holzer Rn. 12;
HmbKommInsR/Jarchow Rn. 9). Vielmehr ist auf dem **Zivilrechtsweg** gegen den Insolvenzverwalter vorzugehen, wenn die Besitzschutz- bzw. Herausgabeklage eines Dritteigentümers hinsichtlich der in einem versiegelten Raum befindlichen Sachen in Rede steht (OLG Düsseldorf BeckRS
2008, 14696; Uhlenbruck/Sinz Rn. 8).

Gegen die Vornahme der Siegelung bzw. Entsiegelung durch (insbesondere) den Gerichtsvoll- 11
zieher ist in Ermangelung einer Zwangsvollstreckungsmaßnahme die **Vollstreckungserinnerung**
gem. § 766 ZPO unzulässig (K. Schmidt InsO/Jungmann Rn. 8; Holzer DGVZ 2003, 147
(151); aM MüKoInsO/Jaffé Rn. 7: § 766 ZPO analog). Nimmt der Gerichtsvollzieher trotz

Antrags eine Siegelung oder Entsiegelung nicht vor, kann der Insolvenzverwalter diesem Fehlverhalten (nur) im Wege der **Dienstaufsichtsbeschwerde** begegnen (KPB/Holzer Rn. 13).

§ 151 Verzeichnis der Massegegenstände

(1) ¹Der Insolvenzverwalter hat ein Verzeichnis der einzelnen Gegenstände der Insolvenzmasse aufzustellen. ²Der Schuldner ist hinzuzuziehen, wenn dies ohne eine nachteilige Verzögerung möglich ist.

(2) ¹Bei jedem Gegenstand ist dessen Wert anzugeben. ²Hängt der Wert davon ab, ob das Unternehmen fortgeführt oder stillgelegt wird, sind beide Werte anzugeben. ³Besonders schwierige Bewertungen können einem Sachverständigen übertragen werden.

(3) ¹Auf Antrag des Verwalters kann das Insolvenzgericht gestatten, dass die Aufstellung des Verzeichnisses unterbleibt; der Antrag ist zu begründen. ²Ist ein Gläubigerausschuss bestellt, so kann der Verwalter den Antrag nur mit Zustimmung des Gläubigerausschusses stellen.

Überblick

Die Aufstellung des Masseverzeichnisses (→ Rn. 3 ff.) gehört zum originären Pflichtenkreis des Insolvenzverwalters und dient als Bestandteil der insolvenzspezifischen Rechnungslegung der Information der Verfahrensbeteiligten über das Aktivvermögen des insolventen Schuldners (→ Rn. 1 f.). Schwierigkeiten bereitet in der Praxis das gesetzliche Erfordernis der doppelten Bewertung, wonach für die einzelnen Massegegenstände nicht nur Stilllegungs-, sondern auch Fortführungswerte anzugeben sind (→ Rn. 14 ff.). Unter bestimmten Voraussetzungen kommt die Einschaltung eines Sachverständigen (→ Rn. 21 f.) oder sogar ein Absehen von der Aufstellung des Masseverzeichnisses (→ Rn. 23 ff.) in Betracht.

Übersicht

	Rn.		Rn.
A. Allgemeines	1	I. Pflicht zur Bewertung der einzelnen Massegegenstände	14
B. Aufstellung des Masseverzeichnisses	3	II. Stilllegungswerte	16
I. Erfassung sämtlicher Massegegenstände	3	III. Fortführungswerte	18
II. Maßgeblicher Stichtag für die Aufstellung des Masseverzeichnisses	8	1. Pflicht zur Bildung von Einzel-Fortführungswerten	18
III. Form und Frist der Aufstellung des Masseverzeichnisses	10	2. Methodisches Vorgehen	19
IV. Hinzuziehung des Insolvenzschuldners	12	IV. Übertragung der Bewertung auf Sachverständige	21
C. Bewertung der Massegegenstände	14	D. Befreiung von der Aufstellungspflicht	23

A. Allgemeines

1   Das Verzeichnis der einzelnen Gegenstände der Insolvenzmasse (regelmäßig auch als Masseverzeichnis bezeichnet) dokumentiert die massezugehörigen Vermögenswerte und erlaubt auf diese Weise einen **Überblick über das Aktivvermögen des Schuldners** (Braun/Haffa/Leichtle Rn. 1). Damit dient es zugleich der Massesicherung sowie der Kontrolle des Verwalters, der über den späteren Verbleib eines jeden Massegegenstandes rechenschaftspflichtig ist (MüKoInsO/Jaffé Rn. 1; Uhlenbruck/Sinz Rn. 1).

2   Das Masseverzeichnis ist ferner – zusammen mit dem Gläubigerverzeichnis nach § 152 – **Grundlage für die Aufstellung der Vermögensübersicht nach § 153**. Letztere soll den Insolvenzgläubigern eine Beurteilung der Gesamtvermögenssituation des Schuldners ermöglichen (BT-Drs. 12/2443, 171; KPB/Wipperfürth Rn. 1) und stellt ein **zentrales Element der insolvenzspezifischen (internen) Rechnungslegung** dar (Braun/Haffa/Leichtle Rn. 1).

B. Aufstellung des Masseverzeichnisses

I. Erfassung sämtlicher Massegegenstände

In das Masseverzeichnis ist jeder zur Insolvenzmasse iSv §§ 35 f. gehörende Gegenstand – mit Wertangabe (dazu → Rn. 14) – aufzunehmen. Es gilt das **Gebot der Einzelerfassung sowie der Vollständigkeit** (Braun/Haffa/Leichtle Rn. 2). Um diesem Gebot Rechnung zu tragen, bedarf es einer körperlichen Bestandserfassung der Aktiva des Insolvenzschuldners, welche im Grundsatz den Regeln der §§ 240 f. HGB zur Aufstellung eines Inventars folgt (KPB/Wipperfürth Rn. 5; MüKoInsO/Jaffé Rn. 2). 3

In das Masseverzeichnis haben zuvörderst alle **beweglichen und unbeweglichen Sachen sowie Forderungen und Rechte** des Insolvenzschuldners Eingang zu finden (Andres/Leithaus/Andres Rn. 4). Zu erfassen sind aber auch Anfechtungsansprüche nach § 129 ff. (Braun/Haffa/Leichtle Rn. 3). Dies gilt fernerhin für den gleichfalls insolvenzspezifischen und nunmehr in § 15b Abs. 1, 4 rechtsformneutral formulierten Anspruch auf Erstattung solcher Zahlungen, die das für die Gesellschaft verantwortliche Organ trotz eingetretener materieller Insolvenzreife vornimmt (so zu den durch das SanInsFoG mit Wirkung zum 1.1.2021 aufgehobenen § 64 GmbHG etwa HmbKommInsR/Jarchow Rn. 9; K. Schmidt InsO/Jungmann Rn. 7), sowie für die konzernrechtliche Verlustübernahmepflicht nach § 302 AktG (MüKoInsO/Jaffé Rn. 7; K. Schmidt InsO/Jungmann Rn. 7), weil auch sie einen realisierbaren Vermögenswert darstellen (können). Das Masseverzeichnis reicht insofern über das Inventar iSv § 240 HGB hinaus (Uhlenbruck/Sinz Rn. 3). 4

Keine Ausnahme von der Pflicht zur Auflistung im Masseverzeichnis ist für sog. **gebundene Aktiva** anzunehmen, hinsichtlich derer Absonderungsrechte oder Aufrechnungslagen bestehen. Diese Gegenstände sind nämlich gleichwohl der Insolvenzmasse zuzuordnen und lediglich im Masseverzeichnis besonders kenntlich zu machen (K. Schmidt InsO/Jungmann Rn. 5; HmbKommInsR/Jarchow Rn. 11). Gegenstände, die der **Aussonderung** unterfallen, gehören dagegen nicht zur Insolvenzmasse, weshalb sie der Verwalter nicht in das Masseverzeichnis aufzunehmen hat (KPB/Wipperfürth Rn. 16; FK-InsO/Wegener Rn. 9). Etwas anderes ist allerdings – unter Aufnahme eines entsprechenden Hinweises im Verzeichnis – dann anzunehmen, wenn Ungewissheit über die Existenz eines Aussonderungsrechtes besteht bzw. dieses – etwa im Fall eines Eigentumsvorbehalts (§ 107 Abs. 2) – davon abhängt, dass der Verwalter nicht die Erfüllung wählt (Braun/Haffa/Leichtle Rn. 4; MüKoInsO/Jaffé Rn. 6). Überdies wird es vielfach aus Gründen der besseren Information der Gläubiger **in das Belieben des Insolvenzverwalters gestellt,** auch aussonderungspflichtige Gegenstände – in einer eigenen Rubrik – in das Masseverzeichnis aufzunehmen (Uhlenbruck/Sinz Rn. 3; HmbKommInsR/Jarchow Rn. 12 (unter „Hinweis")). 5

Unerheblich für die Pflicht zur Aufnahme eines Gegenstandes in das Masseverzeichnis ist, ob sich dieser **im Besitz des Verwalters** befindet. Hat ein Dritter (etwa ein absonderungsberechtigter Gläubiger) Besitz an dem Gegenstand, kann der Insolvenzverwalter nach der Vorstellung des Gesetzgebers in jedem Fall nach §§ 809, 811 BGB die Gestattung der Besichtigung des Gegenstandes verlangen, um die nach § 151 Abs. 2 erforderliche Bewertung (dazu → Rn. 14) vorzunehmen (BT-Drs. 12/2443, 171). 6

Eine Durchbrechung des Gebots der Einzelerfassung sämtlicher Massegegenstände kommt schließlich aus Praktikabilitätsgründen in Betracht, wenn **vielzählige gleichartige oder annähernd gleichwertige Massegegenstände** in Rede stehen. Diese können vom Verwalter ggf. entsprechend § 240 Abs. 4 HGB in einer Gruppe zusammengefasst und veranlagt werden (KPB/Wipperfürth Rn. 14; FK-InsO/Wegener Rn. 12). Ebenso ist es denkbar, dass die handelsrechtlichen Inventurvereinfachungsverfahren nach § 241 HGB bei der Aufzeichnung der Massegegenstände (analog) zum Tragen kommen (Uhlenbruck/Sinz Rn. 4). 7

II. Maßgeblicher Stichtag für die Aufstellung des Masseverzeichnisses

Das Gesetz beantwortet nicht unmittelbar, auf welchen Zeitpunkt die Aufstellung des Masseverzeichnisses bezogen sein muss. Allerdings bestimmt § 153 Abs. 1 S. 1, dass der Referenzzeitpunkt für die Aufstellung der Vermögensübersicht der Zeitpunkt der Verfahrenseröffnung ist. Für das Verzeichnis der Massegegenstände, welches – zusammen mit dem Gläubigerverzeichnis – Grundlage der Vermögensübersicht ist (→ § 153 Rn. 5), kann nichts anderes gelten. Relevanter Stichtag ist folglich ebenfalls der **Zeitpunkt der Verfahrenseröffnung** (FK-InsO/Wegener Rn. 13; IDW RH HFA 1.010 (Stand: 13.6.2008) Rn. 23 = ZInsO 2009, 75 (77)). Streitig ist insoweit, ob nach Verfahrenseröffnung erworbene Gegenstände (sog. Neuerwerb) aufgrund ihrer Zugehörigkeit zur Insolvenzmasse (vgl. § 35 Abs. 1 aE) und wegen des Vollständigkeitsgebots in das – insoweit 8

InsO § 151 Vierter Teil. Verwaltung und Verwertung der Insolvenzmasse

zu aktualisierende – Masseverzeichnis aufzunehmen sind (so KPB/Wipperfürth Rn. 5) oder die entsprechenden Ergänzungen (erst) in den Zwischenrechnungslegungen zu erfolgen haben (so IDW RH HFA 1.010 Rn. 20 = ZInsO 2009, 75 (77)).

9   Soweit vereinzelt vertreten wird, dass bei der Aufstellung des Masseverzeichnisses ein **nahe am Berichtstermin liegender Stichtag** zu wählen sei (so K. Schmidt InsO/Jungmann Rn. 8), hat diese Ansicht für sich, dass die Gläubiger – anders als im Fall der Maßgeblichkeit des zeitlich früheren Stichtags der Insolvenzeröffnung – ein möglichst aktuelles Bild von der Vermögenslage des Schuldners erhalten. Andererseits erlaubt gerade das Abstellen auf die Insolvenzeröffnung den Gläubigern im Berichtstermin eine Einschätzung darüber, ob sich die Betriebsfortführung wegen Vermögensverzehrs für die Masse als nachteilig darstellt (HmbKommInsR/Jarchow Rn. 5). In der Gesamtschau sprechen die besseren Gründe dafür, der von der hM insbesondere unter Verweis auf den systematischen Zusammenhang mit § 153 vertretenen Ansicht zu folgen.

III. Form und Frist der Aufstellung des Masseverzeichnisses

10   Gesetzliche Vorgaben zur Form des Masseverzeichnisses existieren – abgesehen von der Angabe von Liquidations- und Fortführungswerten (dazu → Rn. 14 ff.) – nicht. Die Praxis orientiert sich überwiegend am **handelsrechtlichen Gliederungsschema nach § 266 HGB** (Braun/Haffa/Leichtle Rn. 7; KPB/Wipperfürth Rn. 47 mit ausführlichem Gliederungsvorschlag in Rn. 50). Denkbar ist freilich auch eine tabellarische Aufstellung nach dem **Grad der Liquidierbarkeit** (MüKoInsO/Jaffé Rn. 8; Heyn Insbüro 2009, 214 (216)). Die Wahl der Darstellungsform liegt im Ermessen des Insolvenzverwalters. Dieser hat sich insbesondere von dem Ziel der Klarheit und Übersichtlichkeit der Darstellung leiten zu lassen, damit das Masseverzeichnis die Beteiligten bestmöglich über die realisierbaren Vermögenswerte des Schuldners informiert.

11   Eine **Frist für die Fertigstellung** des Masseverzeichnisses ergibt sich – mittelbar – aus dem Umstand, dass das Masseverzeichnis – zusammen mit dem Gläubigerverzeichnis und der Vermögensübersicht – spätestens eine Woche vor dem Berichtstermin in der Geschäftsstelle des Insolvenzgerichts niederzulegen ist (→ § 154 Rn. 2), wobei der Berichtstermin wiederum nicht später als drei Monate nach dem Wirksamwerden des Eröffnungsbeschlusses stattfinden darf (§ 29 Abs. 1 Nr. 1 Hs. 2). Darüber hinaus wird man **e contrario** aus § 151 Abs. 1 S. 2 folgern können, dass der Verwalter die Erstellung des Masseverzeichnisses in jedem Fall **zügig** in Angriff zu nehmen hat (Braun/Haffa/Leichtle Rn. 5; weitergehend KPB/Wipperfürth Rn. 2: Pflicht zur **unverzüglichen** Erstellung des Masseverzeichnisses).

IV. Hinzuziehung des Insolvenzschuldners

12   Der Insolvenzschuldner ist nach § 151 Abs. 1 S. 2 hinzuzuziehen, sofern dies ohne nachteilige Verzögerung möglich ist. Die Hinzuziehung kann insbesondere sinnvoll sein, wenn davon – was häufig der Fall sein dürfte – **zusätzliche Informationen über seine wirtschaftlichen Verhältnisse** zu erwarten sind. Gleichwohl hat der Schuldner keinen Anspruch auf Verlegung eines Inventarisierungstermins, sollte er – ggf. auch unverschuldet – an der Teilnahme verhindert sein (Uhlenbruck/Sinz Rn. 9; HmbKommInsR/Jarchow Rn. 7). Eine Terminverlegung liegt vielmehr im **pflichtgemäßen Ermessen** des Insolvenzverwalters (KPB/Wipperfürth Rn. 11; MüKoInsO/Jaffé Rn. 5).

13   Bereits §§ 97, 101 statuieren weitreichende Auskunfts- und Mitwirkungspflichten des Schuldners, die sich auch auf die Vollständigkeit und Richtigkeit des Masseverzeichnisses erstrecken. Zur Durchsetzung dieser Pflichten kommt nach § 98 auch die Anordnung der Abgabe einer entsprechenden eidesstattlichen Versicherung durch den Schuldner in Betracht. Vor diesem Hintergrund hat § 151 Abs. 1 S. 2 **in der Praxis keine besondere Bedeutung** (MüKoInsO/Jaffé Rn. 5).

C. Bewertung der Massegegenstände

I. Pflicht zur Bewertung der einzelnen Massegegenstände

14   Der Verwalter hat nach § 151 Abs. 2 jeden Massegegenstand – bezogen auf den Zeitpunkt der Verfahrenseröffnung – einzeln zu bewerten. **Sowohl der Stilllegungs- als auch der Fortführungswert** sind anzugeben, sofern die Werte voneinander abweichen. Dadurch soll der Boden für eine ökonomisch fundierte Entscheidung der Gläubiger über die Einstellung oder Fortführung des schuldnerischen Unternehmens bereitet werden. Fortführungswerte sind im Regelfall höher anzusetzen als Stilllegungswerte, weshalb das Gebot der zweifachen Bewertung zumeist Platz greift.

Maßgeblich ist bei beiden Werten der **Bruttoverwertungserlös einschließlich Umsatzsteuer** (HmbKommInsR/Jarchow Rn. 19; KPB/Wipperfürth Rn. 19).

Die **Angabe des Fortführungswertes** ist dann **entbehrlich,** wenn die Möglichkeit einer 15 Fortführung des schuldnerischen Unternehmens – etwa bei bereits endgültig eingestelltem Geschäftsbetrieb – nicht länger besteht bzw. unter keinen realistischen Umständen denkbar ist (HmbKommInsR/Jarchow Rn. 20; Braun/Haffa/Leichtle Rn. 8; K. Schmidt InsO/Jungmann Rn. 13). Im Übrigen kommt es aber nicht darauf an, ob der Verwalter eine Fortführung des Unternehmens für wahrscheinlich erachtet, weil diese Entscheidung in die Zuständigkeit der Gläubigerversammlung fällt (vgl. § 157). Deren Beschluss darf der Verwalter nicht durch Beschränkung auf die Angabe von Stilllegungs- oder Fortführungswerten präjudizieren (BT-Drs. 12/2443, 171). Vielmehr hat er nach dem Willen des Gesetzgebers durch Ermittlung beider Werte dafür Sorge zu tragen, dass die Beteiligten im Berichtstermin über hinreichende Informationen verfügen, um eine belastbare Entscheidung über den Fortgang des Verfahrens zu treffen (zweifelnd insoweit allerdings K. Schmidt InsO/Jungmann Rn. 14).

II. Stilllegungswerte

Der Stilllegungswert wird häufig auch als **Zerschlagungs- oder Liquidationswert** bezeich- 16 net. Maßgeblich ist der im voraussichtlichen Stilllegungszeitpunkt zu erwartende Veräußerungserlös (Uhlenbruck/Sinz Rn. 7; Braun/Haffa/Leichtle Rn. 9). Dieser wird zum einen – objektbezogen – durch Zustand und Alter (bei Forderungen: Verität und Bonität) des betreffenden Massegegenstandes determiniert (KPB/Wipperfürth Rn. 20). Ebenso hat bei seiner Ermittlung aber auch – absatzmarktbezogen – das konkrete Marktumfeld Berücksichtigung zu finden, wobei der in der Insolvenzsituation bestehende Verwertungszwang wertmindernd zu Buche schlagen kann (MüKoInsO/Jaffé Rn. 9; FK-InsO/Wegener Rn. 15). Sofern eine Masseforderung rechtlich zweifelhaft oder schwer einbringlich ist, hat ein entsprechender Abschlag vom Forderungsbetrag zu erfolgen (BT-Drs. 12/2443, 171).

Der Stilllegungswert ist im Regelfall **für jeden Gegenstand einzeln** anzugeben (Grundsatz 17 der Einzelbewertung), wobei seine Einzelveräußerung zu unterstellen ist. Abweichungen kommen in Betracht, wenn bestimmte Aktiva nur zusammenhängend veräußerbar sind oder ein konkretes Angebot für den Erwerb einer Gesamtheit von Massegegenständen vorliegt (MüKoInsO/Jaffé Rn. 9; HmbKommInsR/Jarchow Rn. 17; Möhlmann DStR 1999, 163 (164)).

III. Fortführungswerte

1. Pflicht zur Bildung von Einzel-Fortführungswerten

Unter Fortführung ist die **dauerhafte Unternehmensfortsetzung** zu verstehen, die sich in 18 aller Regel im Wege der Restrukturierung des insolventen Rechtsträgers oder seiner übertragenden Sanierung vollzieht (KPB/Wipperfürth Rn. 22; FK-InsO/Wegener Rn. 17). Die von § 151 Abs. 2 S. 1, 2 geforderte Angabe von Fortführungswerten bereitet **in der Praxis erhebliche Schwierigkeiten.** Diese resultieren daraus, dass die Ermittlung der Fortführungswerte nach den Vorgaben des Gesetzgebers **im Hinblick auf die einzelnen Massegüter** zu erfolgen hat. Derartige Werte lassen sich im Regelfall aber nur auf der Grundlage von Kaufangeboten bestimmen, die im für die Wertermittlung relevanten Zeitpunkt häufig noch gar nicht vorliegen (Braun/Haffa/Leichtle Rn. 10) bzw. sich – unbesehen sämtlicher Einzelgegenstände der Masse – auf das insolvente Unternehmen als Ganzes (oder abgetrennt veräußerbare Teile desselben) beziehen werden (K. Schmidt InsO/Jungmann Rn. 16; Heni ZInsO 1999, 609 (610)). Fortführungswerte beruhen schon naturgemäß auf einer Gesamtbetrachtung des jeweiligen Unternehmens und bilden auch solche Faktoren ab, die zwar dessen Gesamtwert, nicht aber den Wert der vom Unternehmen umfassten einzelnen Vermögensgegenstände erhöhen (Höffner ZIP 1999, 2088 (2089)). Das gilt insbesondere für immaterielle Vermögenswerte wie Marktstellung, Vertriebs- und Kundenstruktur, Geschäfts- und Firmenwert sowie die Kompetenz der Mitarbeiter, welche bei einer Einzelbewertung von Massegegenständen unter Fortführungsgesichtspunkten schwerlich Berücksichtigung finden können (Höffner ZIP 1999, 2088 (2089)). Das methodische Vorgehen bei der Bildung von Einzel-Fortführungswerten ist im Schrifttum denn auch umstritten.

2. Methodisches Vorgehen

Auf **handelsrechtliche Buchwerte** lässt sich nach ganz überwiegender Ansicht nicht abstellen, 19 weil sich dann – entgegen dem gesetzgeberischen Willen (vgl. BT-Drs. 12/2443, 172) – interne

von Bodungen

und externe Rechnungslegung entsprächen und die insolvenzspezifische Zielsetzung des Masseverzeichnisses missachtet würde, sämtliche – also ggf. auch nicht bilanzierungsfähige – Massegegenstände des Schuldners mit Vermögenswert zu erfassen (K. Schmidt InsO/Jungmann Rn. 17; KPB/Wipperfürth Rn. 28; aM Nerlich/Römermann/Andres Rn. 15). Vielfach wird zur Bestimmung des Fortführungswertes stattdessen der **Teilwertbegriff gem. § 6 Abs. 1 Nr. 1 S. 3 EStG** herangezogen. Dabei handelt es sich um denjenigen Betrag, den ein fiktiver Erwerber des gesamten fortzuführenden Betriebs im Rahmen des Gesamtkaufpreises für das einzelne Wirtschaftsgut ansetzen würde. Gegen die Heranziehung des Teilwertbegriffs wird jedoch ins Feld geführt, dass die Aufteilung des Gesamtkaufpreises auf die einzelnen Massegegenstände auf hypothetischen Annahmen fuße und sachlich kaum nachprüfbar sei (FK-InsO/Wegener Rn. 18; Höffner ZIP 1999, 2088 (2091)). Daher wird auch vertreten, dass der Unternehmensgesamtwert erst dann auf die einzelnen Massegegenstände zu verteilen sei, wenn die leistungswirtschaftliche Sanierungsfähigkeit des insolventen Unternehmens geprüft und ein **Fortführungskonzept erstellt** worden sei (Steffan ZInsO 2003, 106 (108 ff.); IDW RH HFA 1.010 (Stand: 13.6.2008) Rn. 36 f. = ZInsO 2009, 75 (79)). Freilich bleibt auch insoweit der Einwand, dass die Summe der Fortführungswerte der einzelnen Massegegenstände nicht zwangsläufig den Fortführungswert des Gesamtunternehmens widerspiegelt (KPB/Wipperfürth Rn. 29; Uhlenbruck/Sinz Rn. 8). Schließlich wird in der Literatur dem sog. **Substanzwertkonzept** das Wort geredet, wonach die Massegegenstände mit dem Geldbetrag, der für ihre Wiederbeschaffung aufzuwenden wäre (sog. Rekonstruktionswert), zu bewerten sind (Möhlmann DStR 1999, 163 (165)). Auch die Leistungsfähigkeit dieses Ansatzes wird freilich in Abrede gestellt (vgl. Mitlehner ZIP 2000, 1825 (1826)).

20 In Anbetracht des Umstandes, dass keines der vorgestellten Konzepte über jeden Zweifel erhaben ist, wird empfohlen, **auf die Angabe von Fortführungswerten zu verzichten** und den Gläubigern stattdessen als Beurteilungsgrundlage „dynamische" bzw. „zahlungsstromorientierte" Informationen, jedenfalls aber Umsatzzahlen, Kostenstrukturen und Geschäftsbeziehungen des insolventen Unternehmens an die Hand zu geben (Heni WP 1990, 93 (96); Förster ZInsO 1999, 555 (556); Höffner ZIP 1999, 2088 (2090 f.)). Freilich erweist sich diese Auffassung bereits in Anbetracht des – eindeutigen – Normwortlauts als wenig praxistauglich (HmbKommInsR/Jarchow Rn. 21; FK-InsO/Wegener Rn. 18). Vorzugswürdig dürfte der Ansatz sein, den Insolvenzverwalter – gleichsam situationsbezogen – über den **im Einzelfall heranzuziehenden Bewertungsansatz** entscheiden zu lassen (HmbKommInsR/Jarchow Rn. 22; K. Schmidt InsO/Jungmann Rn. 18). Allerdings sind insoweit zwei Einschränkungen vonnöten: Zum einen darf bei der Ermittlung des Fortführungswertes nicht die insolvenzspezifische Perspektive verlorengehen, wonach – ggf. in Abkehr von steuer- und handelsrechtlichen Vorgaben – sämtliche Vermögenswerte des Schuldners (also auch immaterielle Werte sowie der Goodwill des Unternehmens) in Ansatz zu bringen sind, sofern sie einen tatsächlichen Wert aufweisen (s. ausf. zu Einzelfragen der Bewertung MüKoInsO/Jaffé Rn. 16–30). Zum anderen hat der Verwalter aus Transparenz- und Informationsgründen die Wahl des im konkreten Fall herangezogenen Bewertungsansatzes sowie die auf dieser Grundlage ermittelten Fortführungswerte gegenüber den Gläubigern zu substantiieren (K. Schmidt InsO/Jungmann Rn. 18; KPB/Wipperfürth Rn. 31).

IV. Übertragung der Bewertung auf Sachverständige

21 Sofern die Bewertung von Massegegenständen dem Insolvenzverwalter besondere Schwierigkeiten bereitet, kommt nach § 151 Abs. 2 S. 3 die **Einschaltung eines Sachverständigen** in Betracht. Zu denken ist in diesem Zusammenhang an die Bewertung von Grundstücken, großen Warenlagern, gewerblichen Schutzrechten sowie Auslandsvermögen des Schuldners (K. Schmidt InsO/Jungmann Rn. 19). Verallgemeinernd wird die Übertragung der Wertermittlung auf einen Sachverständigen insbesondere dann in Erwägung zu ziehen sein, wenn kein funktionierender und transparenter Markt vorhanden ist, der die Bewertung des in Rede stehenden Vermögensgegenstandes erlaubt (Braun/Haffa/Leichtle Rn. 11; FK-InsO/Wegener Rn. 23).

22 Zu Recht wird allerdings auch darauf hingewiesen, dass die Übertragung der Bewertung von Massegegenständen auf Sachverständige **nicht zum Regelfall werden dürfe** (K. Schmidt InsO/Jungmann Rn. 19). Denn bereits § 56 Abs. 1 bestimmt, dass die zum Insolvenzverwalter bestimmte Person über die für den jeweiligen Einzelfall erforderliche Eignung und Geschäftskunde verfügen muss. Überdies darf die Masse durch die für den Sachverständigen anfallende Vergütung (Masseverbindlichkeit nach § 55 Abs. 1 Nr. 1 iVm § 4 Abs. 1 S. 3 InsVV!) nicht unnötig bzw. über Gebühr belastet werden. Gleichwohl wird die Hinzuziehung von Sachverständigen inzwischen – nicht zuletzt aus Gründen der Vermeidung von Fehlbewertungen sowie einer damit ggf. einhergehenden Verwalterhaftung nach § 60 InsO – als der Normalfall begriffen (HmbKommInsR/Jarchow

Rn. 23) bzw. angeraten (IDW RH HFA 1.010 (Stand: 13.6.2008) Rn. 56 = ZInsO 2009, 75 (80)).

D. Befreiung von der Aufstellungspflicht

Das Insolvenzgericht kann gem. § 151 Abs. 3 S. 1 auf begründeten Antrag des Verwalters **23** gestatten, von der Aufstellung des Masseverzeichnisses abzusehen. Sofern ein Gläubigerausschuss bestellt ist, benötigt der Verwalter nach § 151 Abs. 3 S. 2 dessen Zustimmung, um den Befreiungsantrag beim Insolvenzgericht zu stellen.

Weitgehende Einigkeit besteht darüber, dass der Verwalter von seiner Pflicht zur Aufstellung **24** des Masseverzeichnisses **nur in Ausnahmefällen dispensiert werden kann,** weil das Masseverzeichnis (größere) Transparenz für die Gläubiger hinsichtlich der vorhandenen Masse schafft und Grundlage für die Erstellung der Vermögensübersicht nach § 153 ist (HmbKommInsR/Jarchow Rn. 25; K. Schmidt InsO/Jungmann Rn. 12). Als Gründe, die einen Verzicht auf das Masseverzeichnis rechtfertigen können, werden die Geringwertigkeit der Masse, die Überschaubarkeit des Aktivbestandes sowie das Vorliegen einer zuverlässigen Aufstellung aller Vermögenswerte etwa aufgrund einer unmittelbar vor Antragstellung erfolgten Inventur angeführt (FK-InsO/Wegener Rn. 27; Braun/Haffa/Leichtle Rn. 13). Zu Recht wird allerdings auch darauf hingewiesen, dass die Aufstellung des Masseverzeichnisses gerade in den vorgenannten Situationen häufig keine signifikanten Schwierigkeiten bereite, weshalb der mit einem Verzicht auf das Verzeichnis einhergehende Minderaufwand des Verwalters eher gering sei und durch den zur Erlangung des gerichtlichen Dispenses erforderlichen Aufwand häufig mehr als aufgezehrt werde (Andres/Leithaus/ Andres Rn. 7; Uhlenbruck/Sinz Rn. 10).

Gegen eine den Befreiungsantrag des Verwalters ablehnende Entscheidung kann dieser die **25** befristete **Erinnerung** (§ 11 RPflG) einlegen; die sofortige Beschwerde ist dagegen wegen § 6 Abs. 1 S. 1 nicht möglich (KPB/Wipperfürth Rn. 10; FK-InsO/Wegener Rn. 29).

§ 152 Gläubigerverzeichnis

(1) Der Insolvenzverwalter hat ein Verzeichnis aller Gläubiger des Schuldners aufzustellen, die ihm aus den Büchern und Geschäftspapieren des Schuldners, durch sonstige Angaben des Schuldners, durch die Anmeldung ihrer Forderungen oder auf andere Weise bekannt geworden sind.

(2) ¹In dem Verzeichnis sind die absonderungsberechtigten Gläubiger und die einzelnen Rangklassen der nachrangigen Insolvenzgläubiger gesondert aufzuführen. ²Bei jedem Gläubiger sind die Anschrift sowie der Grund und der Betrag seiner Forderung anzugeben. ³Bei den absonderungsberechtigten Gläubigern sind zusätzlich der Gegenstand, an dem das Absonderungsrecht besteht, und die Höhe des mutmaßlichen Ausfalls zu bezeichnen; § 151 Abs. 2 Satz 2 gilt entsprechend.

(3) ¹Weiter ist anzugeben, welche Möglichkeiten der Aufrechnung bestehen. ²Die Höhe der Masseverbindlichkeiten im Falle einer zügigen Verwertung des Vermögens des Schuldners ist zu schätzen.

Überblick

Die Aufstellung eines Verzeichnisses sämtlicher Gläubiger des Schuldners gibt Aufschluss über die Belastungen und Verbindlichkeiten der Insolvenzmasse (→ Rn. 1 f.) und ist Bestandteil der originären Sachverhaltsermittlungspflicht des Insolvenzverwalters (→ Rn. 3 f.). Was die inhaltliche Ausgestaltung des Gläubigerverzeichnisses anbelangt, finden sich in § 152 gewisse Vorgaben hinsichtlich der vertikalen und horizontalen Gliederung (→ Rn. 5 ff.) dieses auf den Stichtag der Verfahrenseröffnung auszurichtenden Verzeichnisses (→ Rn. 13 f.). Schließlich sind bestimmte Form- und Fristvorgaben zu beachten (→ Rn. 15 f.).

A. Allgemeines

Indem das Gesetz dem Verwalter die Aufstellung eines Verzeichnisses aller Gläubiger des Schuld- **1** ners (kurz: Gläubigerverzeichnis) vorschreibt, verfolgt es den Zweck, die **Belastungen und Verbindlichkeiten,** die dem – vermittels des Masseverzeichnisses nach § 151 festgestellten – Schuldnervermögen gegenüberstehen, **möglichst vollumfänglich transparent zu machen** (BT-Drs.

InsO § 152 Vierter Teil. Verwaltung und Verwertung der Insolvenzmasse

12/2442, 171). Damit tritt das Gläubigerverzeichnis als weiterer Eckpfeiler der internen Rechnungslegung neben das Masseverzeichnis und bildet mit diesem wiederum die Grundlage für die Erstellung der Vermögensübersicht nach § 153 (KPB/Wipperfürth Rn. 1). Der Begriff „Gläubigerverzeichnis" ist freilich insofern unpräzise, als es im Kern um die Aufstellung der Passiva geht, auch wenn deren Individualisierung durch Spezifizierung der zugehörigen Gläubiger erfolgt (K. Schmidt InsO/Jungmann Rn. 1).

2   Das Gläubigerverzeichnis ist **umfassender als die Insolvenztabelle nach § 175,** weil der Insolvenzverwalter darin alle ihm bekannten Gläubiger aufzunehmen hat, selbst wenn diese ihre Forderungen (noch) nicht angemeldet haben (MüKoInsO/Jaffé Rn. 3). Überdies erfasst das Gläubigerverzeichnis auch den absonderungsberechtigten Gläubiger, dem keine persönliche Forderung gegen den Schuldner zusteht (BT-Drs. 12/2443, 171). Obgleich für die Verteilung der Masse allein die Tabelle maßgeblich ist (vgl. §§ 174, 177, 178), erlaubt die Gegenüberstellung von Gläubiger- und Masseverzeichnis eine Prognose der – quotalen – Befriedigungsaussichten der Gläubigergemeinschaft (Uhlenbruck/Sinz Rn. 1). Das Gläubigerverzeichnis erfüllt auch insoweit eine **wichtige Informationsfunktion,** als die Angabe der einzelnen Gläubiger samt Anschrift im Hinblick auf § 8 Abs. 2 überhaupt erst die Zustellung des Eröffnungsbeschlusses an die Gläubiger ermöglicht (MüKoInsO/Jaffé Rn. 1).

B. Aufstellung des Gläubigerverzeichnisses

I. Grundsatz der Vollständigkeit

3   § 152 Abs. 1 verpflichtet den Insolvenzverwalter zur **vollständigen Aufnahme der ihm bekannt gewordenen Gläubiger** des Schuldners in das Gläubigerverzeichnis. Die Verbindlichkeiten des Schuldners sind so vollständig wie möglich aufzuführen (KPB/Wipperfürth Rn. 8). Das gilt auch für noch nicht fällige Forderungen (vgl. § 41) sowie – etwa aus Bürgschaften und Gewährleistungen herrührende – Eventualverbindlichkeiten (KPB/Wipperfürth Rn. 11; FK-InsO/Wegener Rn. 3). Der Verwalter hat zu diesem Zweck **sämtliche ihm zu Gebote stehenden Erkenntnisquellen auszuschöpfen** (Nerlich/Römermann/Andres Rn. 2; KPB/Wipperfürth Rn. 8). Die – nicht abschließende – Auflistung in § 152 Abs. 1 verweist auf die Bücher, Geschäftspapiere und sonstigen Angaben des Schuldners. Ausdrückliche Erwähnung findet überdies die schriftliche Forderungsanmeldung beim Verwalter im Verfahren nach § 174. Für die Zwecke des § 152 genügt es freilich, dass die Gläubiger dem Verwalter ihre Forderungen auf andere Weise mitteilen (K. Schmidt InsO/Jungmann Rn. 4).

4   Der Insolvenzverwalter wird sich bei der Erstellung des Gläubigerverzeichnisses insbesondere auch der **Hilfe des Schuldners** bedienen. Dieser hat aufgrund seiner Auskunfts- und Mitwirkungspflicht nach § 97 sämtliche Informationen, die für die Erstellung des Verzeichnisses belangvoll sind, zur Verfügung zu stellen (KPB/Wipperfürth Rn. 7). Hat der Schuldner eine funktionierende Buchhaltung, kann die Aufstellung des Gläubigerverzeichnisses auf dem aktuellen Kreditorenverzeichnis aufsetzen (Andres/Leithaus/Andres Rn. 3). Im Fall eines Eigenantrags wird das vom Schuldner zur Verfügung zu stellende Gläubigerverzeichnis (vgl. § 13 Abs. 1 S. 3) dem Verwalter wichtige Informationen liefern (K. Schmidt InsO/Jungmann Rn. 4). Der Verwalter darf sich freilich nicht auf die vom Schuldner zur Verfügung gestellten Informationen beschränken, sondern muss ggf. weiterführende Nachforschungen anstellen (FK-InsO/Wegener Rn. 3).

II. Inhalt des Gläubigerverzeichnisses

1. Vertikale und horizontale Gliederung des Gläubigerverzeichnisses

5   In § 152 Abs. 1, Abs. 2 S. 1 werden die vom Insolvenzverwalter im Gläubigerverzeichnis **gesondert aufzuführenden Gläubigerklassen** näher spezifiziert. Dazu zählen neben den Insolvenzgläubigern die absonderungsberechtigten Gläubiger, die einzelnen Rangklassen der nachrangigen Insolvenzgläubiger iSv § 39 sowie die – ggf. geschätzten – Verbindlichkeiten gegenüber den Massegläubigern. Damit ist die Gliederung des Gläubigerverzeichnisses **auf vertikaler Ebene** weitgehend gesetzlich vorgegeben. **Aussonderungsberechtigte Gläubiger** bleiben bei der Aufstellung des Gläubigerverzeichnisses grundsätzlich unberücksichtigt, da sie nach § 47 keine Insolvenzgläubiger sind (BT-Drs. 12/2443, 171; IDW RH HFA 1.010 (Stand: 13.6.2008) Rn. 64 = ZInsO 2009, 75 (81); HK-InsO/Depré Rn. 10). Etwas anderes ist freilich anzunehmen, wenn aussonderungspflichtige Gegenstände Eingang in das Masseverzeichnis gefunden haben (→ § 151 Rn. 5), damit

der Gleichlauf von Masse- und Gläubigerverzeichnis gewährleistet ist (K. Schmidt InsO/Jungmann Rn. 5; MüKoInsO/Jaffé Rn. 6).

Zusätzlich zur vertikalen Gliederung nach Gläubigerklassen finden sich in § 152 Abs. 2, 3 **6** gesetzliche Vorgaben, die den **horizontalen Aufbau und Inhalt** des Gläubigerverzeichnisses betreffen. So sind nach § 152 Abs. 2 S. 2 bei jedem Gläubiger dessen ladungsfähige Anschrift sowie Grund und Betrag seiner nominellen Forderung zu spezifizieren. Dadurch wird der Boden für die Zustellung des Eröffnungsbeschlusses bereitet und die voraussichtliche Quote prognostizierbar (insoweit → Rn. 1 f.). Im Übrigen statuiert das Gesetz im Hinblick auf **bestimmte Gläubigergruppen** weitere Vorgaben, was die Horizontalgliederung des Gläubigerverzeichnisses anbelangt. Darauf wird sogleich eingegangen (→ Rn. 7 ff.).

2. Absonderungsberechtigte Gläubiger

Bei absonderungsberechtigten Gläubigern ist nach § 152 Abs. 2 S. 3 Hs. 1 ergänzend der **haf-** **7** **tende Vermögensgegenstand sowie der mutmaßliche Ausfall** bei Verwertung des Absonderungsrechtes anzugeben. Die Angabe des Absonderungsgutes macht deutlich, welche Vermögensgegenstände nicht (vollumfänglich) für die Befriedigung der Gläubigergesamtheit zur Verfügung stehen (KPB/Wipperfürth Rn. 16; Heyn Insbüro 2009, 214 (215)). Der voraussichtliche Ausfallbetrag ergibt sich, wenn man vom Wert der Verbindlichkeit den – aus dem Masseverzeichnis ersichtlichen – Wert des absonderungsbelasteten Gegenstandes in Abzug bringt (Nerlich/Römermann/Andres Rn. 8). Diese Berechnung ist allerdings wegen der Ungewissheit über den zu erzielenden Verwertungserlös mit (erheblichen) Unsicherheiten behaftet (krit. insoweit FK-InsO/Wegener Rn. 12: vorgegebene Schätzung „praxisfremd"). In Höhe des mutmaßlichen Ausfalls ist der Absonderungsberechtigte – als ungesicherter Gläubiger – zur anteilsmäßigen Befriedigung aus der Masse berechtigt (§ 52 S. 2). Es ist daher ratsam, beim Absonderungsrecht zugleich den Abschnitt im Gläubigerverzeichnis über die einfachen Insolvenzgläubiger zu referenzieren (K. Schmidt InsO/Jungmann Rn. 7).

Dass ein **Absonderungsrecht anfechtbar iSv §§ 129 ff. erlangt** wurde, spricht nicht gegen **8** seine Erfassung im Abschnitt über die absonderungsberechtigten Gläubiger, weil die dingliche Rechtslage bis zur Durchsetzung des Anfechtungsrechtes unverändert bleibt (FK-InsO/Wegener Rn. 12; KPB/Wipperfürth Rn. 22; aM HmbKommInsR/Jarchow Rn. 8: Erfassung – mit entsprechendem Vermerk – bei den Insolvenzgläubigern). Allerdings sollte im Gläubigerverzeichnis auf die mögliche Anfechtung hingewiesen werden (MüKoInsO/Jaffé Rn. 18). Überdies ist zur Wahrung der Kohärenz der Verzeichnisse der Anfechtungsanspruch nach § 143 Abs. 1 S. 1 in das Masseverzeichnis aufzunehmen (→ § 151 Rn. 4).

Wegen des Verweises in § 152 Abs. 2 S. 3 Hs. 2 auf § 151 Abs. 2 S. 2 sind absonderungsbelas- **9** tete Gegenstände **sowohl unter Stilllegungs- als auch unter Fortführungsgesichtspunkten zu bewerten**, sofern das schuldnerische Unternehmen nicht bereits bei Verfahrenseröffnung stillgelegt bzw. seine Fortführung unter keinen realistischen Umständen denkbar ist (→ § 151 Rn. 15). Fallen Fortführungs- und Liquidationswert eines absonderungsbehafteten Gegenstandes unterschiedlich aus, ergeben sich bei der Berechnung des Ausfallbetrages (→ Rn. 7) abweichende Werte, welche daher auch beide im Gläubigerverzeichnis zu vermerken sind. § 151 Abs. 2 S. 3 ist dagegen von der Verweisung in § 152 Abs. 2 S. 3 Hs. 2 nicht umfasst. Das legt den Schluss nahe, dass nach dem Willen des Gesetzgebers selbst bei problematischen Bewertungsfragen die Einschaltung eines Sachverständigen ausgeschlossen sein soll (Andres/Leithaus/Andres Rn. 4).

3. Aufrechnungslagen

Gemäß § 152 Abs. 3 S. 1 sind im Gläubigerverzeichnis etwaige Aufrechnungsmöglichkeiten **10** nach §§ 94 ff. zu vermerken. Der besondere Ausweis von Aufrechnungslagen erfolgt aus Transparenzgründen, weil die Aufrechnung mit Gegenforderungen des Schuldners – **in gleicher Weise wie ein Absonderungsrecht** – die vollständige Befriedigung des Gläubigers bewirken kann (BT-Drs. 12/2443, 171). Die gesetzliche Forderung nach der Angabe von Aufrechnungslagen in einer eigenen Rubrik schließt eine Saldierung der wechselseitig bestehenden Verbindlichkeiten aus (Uhlenbruck/Sinz Rn. 5; Braun/Haffa/Leichtle Rn. 8). Schließlich kann aus dem Wortlaut der Norm („Möglichkeit der Aufrechnung") gefolgert werden, dass ggf. bestehende Aufrechnungsverbote nach § 96 InsO Berücksichtigung finden sollen (Andres/Leithaus/Andres Rn. 5).

von Bodungen

4. Masseverbindlichkeiten

11 Auch Masseverbindlichkeiten iSv §§ 53 ff. haben in das Gläubigerverzeichnis Eingang zu finden. Dies ergibt sich mittelbar aus § 152 Abs. 3 S. 2; überdies ist in § 152 Abs. 1 ohne weitere Einschränkung von „alle[n] Gläubiger[n]" die Rede (MüKoInsO/Jaffé Rn. 19). Gleichwohl stellt sich die Einbeziehung von Masseverbindlichkeiten **aus systematischer Perspektive als Abweichung** von der auf den Zeitpunkt der Verfahrenseröffnung gerichteten (→ Rn. 13) Erfassung der Verbindlichkeiten des Schuldners dar, da insoweit auch künftige – mithin zu schätzende – Aufwendungen Berücksichtigung finden (IDW RH HFA 1.010 (Stand: 13.6.2008) Rn. 71 = ZInsO 2009, 75 (81)). Auf diese Weise sollen die Gläubiger ein besseres Bild von der zur Verteilung bereitstehenden Vermögensmasse erhalten (KPB/Wipperfürth Rn. 26; FK-InsO/Wegener Rn. 17).

12 § 152 Abs. 3 S. 2 verpflichtet den Insolvenzverwalter, die **Höhe der Masseverbindlichkeiten zu schätzen** und dabei die zügige Verwertung des Schuldnervermögens zu unterstellen. Der Gesetzgeber will auf diese Weise dem Umstand Rechnung tragen, dass die Höhe der bei einer Unternehmensfortführung entstehenden Masseverbindlichkeiten ganz entscheidend von der Dauer der Fortführung abhängt und sich daher im Voraus kaum belastbar schätzen lässt (BT-Drs. 12/2443, 171). Ausweislich der Gesetzesbegründung bezieht sich das Erfordernis der Schätzung allerdings nur auf solche Masseverbindlichkeiten, die **zum Zeitpunkt der Verfahrenseröffnung noch nicht feststehen** (BT-Drs. 12/2443, 171). Soweit Masseschulden dagegen bei Insolvenzeröffnung bereits bekannt sind, hat der Verwalter sie im Gläubigerverzeichnis konkret zu beziffern. Dies wird insbesondere bei Masseverbindlichkeiten nach § 55 Abs. 1 Nr. 2 und § 55 Abs. 2 regelmäßig der Fall sein (FK-InsO/Wegener Rn. 17; Uhlenbruck/Sinz Rn. 6; aM K. Schmidt InsO/Jungmann Rn. 8).

III. Maßgeblicher Stichtag für die Aufstellung des Gläubigerverzeichnisses

13 Gemäß § 153 Abs. 1 S. 1 ist die Vermögensübersicht stichtagsbezogen auf den Zeitpunkt der Verfahrenseröffnung zu erstellen. Das Gläubigerverzeichnis ist Grundlage für die Erstellung der Vermögensübersicht (→ § 153 Rn. 5) und muss daher ebenfalls **auf den Stichtag der Verfahrenseröffnung ausgerichtet** sein (KPB/Wipperfürth Rn. 5; IDW RH HFA 1.010 (Stand: 13.6.2008) Rn. 57 = ZInsO 2009, 75 (80)). Es gilt insoweit nichts anderes als beim Massenverzeichnis (→ § 151 Rn. 8).

14 Soweit vereinzelt vertreten wird, dass für das Masseverzeichnis aus Gründen der Gewährung eines möglichst aktuellen Überblicks über die Vermögensverhältnisse des Schuldners ein **nahe am Berichtstermin liegender Stichtag** zu wählen sei (→ § 151 Rn. 9), wird dies konsequenterweise auch im Hinblick auf das Gläubigerverzeichnis angenommen und mit dem Verweis auf die nach § 152 Abs. 3 S. 2 aufzunehmenden – und zum Teil erst nach Verfahrenseröffnung entstehenden – Masseverbindlichkeiten zusätzlich untermauert (K. Schmidt InsO/Jungmann Rn. 3). Neben dem systematischen Zusammenhang mit § 153 Abs. 1 S. 1 wird dem zu Recht entgegengehalten, dass Insolvenzgläubiger nur diejenigen seien, die bis zum – daher auch maßgeblichen – Zeitpunkt der Verfahrenseröffnung einen Vermögensanspruch gegen den Schuldner erworben haben (FK-InsO/Wegener Rn. 8).

IV. Form und Frist der Aufstellung des Gläubigerverzeichnisses

15 Aufbau und Inhalt des Gläubigerverzeichnisses sind durch die gesetzlichen Vorgaben in § 152 im Wesentlichen vorgezeichnet. Das gilt zuvörderst im Hinblick auf die vertikale Einteilung in Abschnitte nach Gläubigerklassen (→ Rn. 5). Innerhalb der Abschnitte bedarf es sodann – auf horizontaler Ebene – verschiedener Rubriken, um die inhaltlichen Informationen abzubilden, deren Ermittlung das Gesetz vorschreibt (→ Rn. 6 ff.). Im Übrigen sind sowohl auf vertikaler als auch auf horizontaler Ebene die Bedürfnisse der Praxis sowie der **Grundsatz der Informationstransparenz und -übersichtlichkeit** maßgeblich (K. Schmidt InsO/Jungmann Rn. 5; KPB/Wipperfürth Rn. 29). Ausgearbeitete Gliederungsvorschläge für das Gläubigerverzeichnis finden sich ua bei KPB/Wipperfürth Rn. 29 sowie IDW RH HFA 1.010 (Stand: 13.6.2008) Anlage B = ZInsO 2009, 75 (83 f.).

16 Der Insolvenzverwalter kann bei der Erstellung des Gläubigerverzeichnisses nicht zeitlich frei agieren. Er hat vielmehr zu berücksichtigen, dass das Gläubigerverzeichnis – wie auch das Masseverzeichnis und die Vermögensübersicht – gem. § 154 **spätestens eine Woche vor dem Berichtstermin** in der Geschäftsstelle des Insolvenzgerichts zur Einsicht der Verfahrensbeteiligten niederzulegen ist (→ § 154 Rn. 2).

§ 153 Vermögensübersicht

(1) ¹Der Insolvenzverwalter hat auf den Zeitpunkt der Eröffnung des Insolvenzverfahrens eine geordnete Übersicht aufzustellen, in der die Gegenstände der Insolvenzmasse und die Verbindlichkeiten des Schuldners aufgeführt und einander gegenübergestellt werden. ²Für die Bewertung der Gegenstände gilt § 151 Abs. 2 entsprechend, für die Gliederung der Verbindlichkeiten § 152 Abs. 2 Satz 1.

(2) ¹Nach der Aufstellung der Vermögensübersicht kann das Insolvenzgericht auf Antrag des Verwalters oder eines Gläubigers dem Schuldner aufgeben, die Vollständigkeit der Vermögensübersicht eidesstattlich zu versichern. ²Die §§ 98, 101 Abs. 1 Satz 1, 2 gelten entsprechend.

Überblick

Das Masseverzeichnis nach § 151 und das Gläubigerverzeichnis nach § 152 münden in die nach § 153 vom Insolvenzverwalter aufzustellende – bilanzähnliche – Darstellung der Gegenstände der Insolvenzmasse und Verbindlichkeiten des Schuldners (→ Rn. 3 ff.). Die besondere Wichtigkeit dieser Vermögensübersicht für die insolvenzspezifische Rechnungslegung findet ihren Ausdruck darin, dass § 153 Abs. 2 dem Verwalter sowie den Gläubigern mit der eidesstattlichen Versicherung zur Vollständigkeit der Vermögensübersicht ein besonderes Zwangsmittel gegen den Schuldner an die Hand gibt (→ Rn. 13).

Übersicht

	Rn.		Rn.
A. Allgemeines	1	C. Eidesstattliche Versicherung nach § 153 Absatz 2	13
B. Aufstellung der Vermögensübersicht	3	I. Zielsetzung und Abgrenzung	13
I. Inhalt der Vermögensübersicht	3	II. Antragsberechtigung	15
1. Autonomie gegenüber der Handelsbilanz	3	III. Zur Abgabe der eidesstattlichen Versicherung Verpflichtete	18
2. Gesetzliche Vorgaben für den Inhalt der Vermögensübersicht	5	IV. Verfahren zur Abgabe der eidesstaatlichen Versicherung	20
II. Maßgeblicher Stichtag für die Aufstellung der Vermögensübersicht	8	V. Inhalt und Umfang der eidesstattlichen Versicherung	22
III. Form und Frist der Aufstellung der Vermögensübersicht	10	VI. Zwangs- und Rechtsmittel	24

A. Allgemeines

§ 153 verlangt vom Verwalter die Aufstellung einer auf den Zeitpunkt der Eröffnung des Verfahrens bezogenen **bilanzähnlichen Übersicht**, welche auf der Aktivseite alle einzelnen Vermögenswerte der Insolvenzmasse und auf der Passivseite die Verbindlichkeiten des Schuldners aufführt (Braun/Haffa/Leichtle Rn. 1; KPB/Wipperfürth Rn. 1; IDW RH HFA 1.011 (Stand: 13.6.2008) Rn. 12 = ZInsO 2009, 130 (132)). Diese Vermögensübersicht ergibt sich bei der **Zusammenführung des Masseverzeichnisses nach § 151 sowie des Gläubigerverzeichnisses nach § 152** und fasst die Salden aus beiden Verzeichnissen in kontomäßiger Form zusammen (Nerlich/Römermann/Andres Rn. 4).

Als Bestandteil der internen insolvenzspezifischen Rechnungslegung erlaubt die Vermögensübersicht den Verfahrensbeteiligten eine **Prognose über die Ausschüttungsquote** (Nerlich/Römermann/Andres Rn. 1 f.; HmbKommInsR/Jarchow Rn. 2). Zugleich dient die Vermögensübersicht der Gläubigerversammlung als **Planungs- und Entscheidungsgrundlage** dafür, ob das schuldnerische Unternehmen fortgeführt oder liquidiert werden soll (Nerlich/Römermann/Andres Rn. 3; Braun/Haffa/Leichtle Rn. 2). Schließlich befördert die Vermögensübersicht die Selbstinformation und Selbstkontrolle des Verwalters sowie dessen Beaufsichtigung und Überwachung durch das Insolvenzgericht bzw. den Gläubigerausschuss (Nerlich/Römermann/Andres Rn. 3; FK-InsO/Wegener Rn. 3).

B. Aufstellung der Vermögensübersicht

I. Inhalt der Vermögensübersicht

1. Autonomie gegenüber der Handelsbilanz

3   Zwar hat die Aufstellung der Vermögensübersicht nach dem Willen des Gesetzgebers „ähnlich wie in einer Bilanz" zu erfolgen (BT-Drs. 12/2443, 172). Gleichwohl lässt sich die Vermögensübersicht nicht durch schlichten Verweis auf eine vorhandene Handels- oder Steuerbilanz substituieren (IDW RH HFA 1.011 (Stand: 13.6.2008) Rn. 17 = ZInsO 2009, 130 (132)), sondern ist auf Grundlage des Masse- und Gläubigerverzeichnisses **„autonom" zu erstellen** (MüKoInsO/Jaffé Rn. 1). Bereits die nach § 153 Abs. 1 S. 2 Hs. 2 (iVm § 152 Abs. 2 S. 1) an den Befriedigungsrangklassen auszurichtende Passivseite der Vermögensübersicht macht deren insolvenzspezifische Ausrichtung greifbar.

4   Freilich bleiben die klassischen allgemeinen Grundsätze einer ordnungsgemäßen Buchführung und Bilanzierung auch für das bilanzähnliche Rechenwerk der Vermögensübersicht relevant (eingehend hierzu MüKoInsO/Jaffé Rn. 2–7). Das betrifft insbesondere auch die **Richtigkeit, Vollständigkeit, Wesentlichkeit, Klarheit und Übersichtlichkeit** der Vermögensübersicht (IDW RH HFA 1.011 (Stand: 13.6.2008) Rn. 19 = ZInsO 2009, 130 (132); Nerlich/Römermann/Andres Rn. 4).

2. Gesetzliche Vorgaben für den Inhalt der Vermögensübersicht

5   § 153 Abs. 1 S. 1 begreift die Vermögensübersicht als geordnete Auflistung und Gegenüberstellung von Vermögen und Verbindlichkeiten des Schuldners. Das Ergebnis ist eine **„verdichtete" Zusammenfassung des Masse- und Gläubigerverzeichnisses,** welche sich im Wesentlichen darauf beschränkt, Gesamtbeträge der verschiedenen Aktiv- bzw. Passivpositionen zu bilden und die Salden der Aktiva und Passiva in kontomäßiger Form auszuweisen (Heyn Insbüro 2009, 246 (249); ferner Nerlich/Römermann/Andres Rn. 4). Eine Verrechnung oder Saldierung von Vermögens- und Schuldposten erfolgt dagegen nicht (Braun/Haffa/Leichtle Rn. 2).

6   Für die **Bewertung der Massegegenstände** finden aufgrund der Verweisung in § 153 Abs. 1 S. 2 Hs. 1 die Grundsätze der Bewertung der Vermögenswerte im Masseverzeichnis gem. § 151 Abs. 2 entsprechende Anwendung (→ § 151 Rn. 14 ff.). Folglich sind auch in der Vermögensübersicht **Fortführungs- und Liquidationswerte** nebeneinander anzugeben, sofern sich nicht ausschließen lässt, dass das Unternehmen fortgeführt wird.

7   § 153 Abs. 1 S. 2 Hs. 2 nimmt für die **Darstellung der Passivseite** der Vermögensübersicht auf den Aufbau des Gläubigerverzeichnisses gem. § 152 Abs. 2 S. 1 Bezug (→ § 152 Rn. 5). Die verschiedenen Gläubigergruppen – also absonderungsberechtigte Gläubiger, einfache bzw. nachrangige Insolvenzgläubiger sowie Massegläubiger – sind mithin gesondert auszuweisen (einschränkend Andres/Leithaus/Andres Rn. 4: Aufnahme nachrangiger Gläubiger nur im Fall einer vernünftigerweise bestehenden Ausschüttungserwartung).

II. Maßgeblicher Stichtag für die Aufstellung der Vermögensübersicht

8   Die Vermögensübersicht ist ausweislich des Wortlautes von § 153 Abs. 1 S. 1 **auf den Zeitpunkt der Eröffnung des Insolvenzverfahrens** zu beziehen (KPB/Wipperfürth Rn. 4; Braun/Haffa/Leichtle Rn. 2). Insofern ist vom selben Stichtag wie beim Masseverzeichnis (→ § 151 Rn. 8 f.) und Gläubigerverzeichnis (→ § 152 Rn. 13 f.) auszugehen (aM K. Schmidt InsO/Jungmann Rn. 3: nur für die Vermögensübersicht ist die Verfahrenseröffnung maßgeblich).

9   In Anbetracht des Umstands, dass § 35 Abs. 1 aE Vermögenszuflüsse beim Schuldner nach Verfahrenseröffnung der Insolvenzmasse zuschlägt, ist **streitig, ob auch ein solcher Neuerwerb in der Vermögensübersicht zu aktivieren** ist. Dies wird zum Teil jedenfalls dann angenommen, wenn die Entstehung des Neuerwerbs bei Insolvenzeröffnung bereits sicher feststehe, und mit dem Wunsch nach einer möglichst umfassenden Information der Gläubiger über die Vermögenslage des Schuldners zusätzlich gestützt (KPB/Wipperfürth Rn. 5). Die Gegenansicht beruft sich zu Recht auf den – eindeutigen – Wortlaut des § 153 Abs. 1 S. 1 (HmbKommInsR/Jarchow Rn. 7) und führt ergänzend aus, dass sich ein gesicherter Neuerwerb überhaupt nur bei Bestehen eines durchsetzbaren Anspruches zum Zeitpunkt der Verfahrenseröffnung annehmen lasse, welcher dann ohnehin zu aktivieren sei (MüKoInsO/Jaffé Rn. 7). Folgt man dem, so wird der Verwalter über nachträgliche Ergänzungen und Änderungen gegenüber der vom Vermögensverzeichnis reflektierten Vermögenssituation des Schuldners (erst) in den vom Verwalter im Verfahrensfortgang zu

erstattenden Zwischenberichten zu informieren haben (FK-InsO/Wegener Rn. 4; aM KPB/Wipperfürth Rn. 39 ff.: Fortschreibung des Vermögensverzeichnisses über die gesamte Verfahrensdauer).

III. Form und Frist der Aufstellung der Vermögensübersicht

Was die Darstellungsform der Vermögensübersicht angeht, ist zunächst den gesetzlichen Vorgaben gem. § 153 Rechnung zu tragen (→ Rn. 5 ff.). Vorgeschrieben ist danach insbesondere die **vertikale Gliederung der Passiva nach Gläubigergruppen** (HmbKommInsR/Jarchow Rn. 17; KPB/Wipperfürth Rn. 17). 10

Überdies hat die Vorstellung des Gesetzgebers von einer bilanzähnlichen Gegenüberstellung der Aktiva und Passiva des Schuldners Berücksichtigung zu finden. Dies spricht für eine **kontoförmige Gliederung,** die sich – unter Berücksichtigung der insolvenzrechtlichen Spezifika – an § 266 HGB orientiert und die Aktiva und Passiva nebeneinander ausweist (HmbKommInsR/Jarchow Rn. 11 f.; KPB/Wipperfürth Rn. 17–19 (mit ergänzendem Gliederungsvorschlag in Rn. 21 f.). Zwar finden sich auch Darstellungsweisen, welche die Gegenstände der Insolvenzmasse und die Verbindlichkeiten des Schuldners – staffelförmig – untereinander anordnen (IDW RH HFA 1.011 (Stand: 13.6.2008) Anlage A = ZInsO 2009, 130 (136–139)). Hiergegen werden aber zu Recht der gesetzgeberische Wille sowie Gründe der Übersichtlichkeit ins Feld geführt (HmbKommInsR/Jarchow Rn. 12; KPB/Wipperfürth Rn. 18). Bei der vorzugswürdigen **horizontalen Darstellungsform** ist freilich aus Gründen der Klarheit und Übersichtlichkeit darauf zu achten, dass Aktiva und Passiva harmonieren (K. Schmidt InsO/Jungmann Rn. 7). Beispielsweise sind absonderungsbefangene Gegenstände auf der Aktivseite und die zugehörigen gesicherten Gläubigerforderungen auf der Passivseite darzustellen; ebenso sind Aufrechnungslagen sowohl aktivisch als auch passivisch auszuweisen (FK-InsO/Wegener Rn. 5; KPB/Wipperfürth Rn. 12 f.). 11

Zwar nennt § 153 keine Frist für die Erstellung der Vermögensübersicht. Allerdings ist die Vermögensübersicht wegen § 154 so rechtzeitig zu erstellen, dass sie – zusammen mit dem Masse- und dem Gläubigerverzeichnis – **spätestens eine Woche vor dem Berichtstermin (§ 156)** in der Geschäftsstelle des Insolvenzgerichts niedergelegt werden kann. 12

C. Eidesstattliche Versicherung nach § 153 Absatz 2

I. Zielsetzung und Abgrenzung

Auf Anordnung des Insolvenzgerichts hat der Schuldner gem. § 153 Abs. 2 S. 1 die Vollständigkeit der Vermögensübersicht eidesstaatlich zu versichern. Das Gesetz trägt mit diesem Zwangsmittel dem Umstand Rechnung, dass der Verwalter zur vollständigen Erfassung der Vermögensverhältnisse des Schuldners im Regelfall dessen Mitwirkung bedarf (HmbKommInsR/Jarchow Rn. 19; Uhlenbruck/Sinz Rn. 3). Hat der Verwalter **Zweifel an der Vollständigkeit und Richtigkeit** der schuldnerischen Angaben, kann er die Abgabe einer eidesstattlichen Versicherung beantragen. An das damit zugleich angesprochene Kriterium der **Erforderlichkeit der eidesstaatlichen Versicherung** zur Herbeiführung wahrheitsgemäßer Aussagen (vgl. BT-Drs. 12/2443, 172) sind allerdings keine überhöhten Anforderungen zu stellen. Insbesondere bedarf es keiner konkreten Anhaltspunkte für die Unwahrheit bzw. Unvollständigkeit der Auskünfte des Schuldners (Uhlenbruck/Sinz Rn. 3; aM HmbKommInsR/Jarchow Rn. 20: berechtigte Zweifel an der Vollständigkeit und Richtigkeit des Vermögensverzeichnisses erforderlich). 13

Im Gegensatz zur eidesstattlichen Versicherung gem. § 98 Abs. 1 beschränkt sich diejenige nach § 153 Abs. 2 auf die **Vollständigkeit und Richtigkeit der Vermögensübersicht als Ganzes** (BGH NZI 2011, 61 (62)) und ist (nur) insoweit **lex specialis.** Neben der eidesstattlichen Versicherung nach § 153 Abs. 2 kann das Insolvenzgericht dem Schuldner folglich nach § 98 Abs. 1 insbesondere aufgeben, die Vollständigkeit und Richtigkeit des Masse- bzw. Gläubigerverzeichnisses an Eides statt zu versichern; Entsprechendes gilt mit Blick auf den – nicht der Vermögensübersicht unterfallenden (→ Rn. 9) – Erwerb zur Masse nach dem für die Vermögensübersicht maßgeblichen Stichtag der Verfahrenseröffnung (MüKoInsO/Jaffé Rn. 11). Während die Anordnung der eidesstattlichen Versicherung nach § 98 Abs. 1 von Amts wegen erfolgen kann, verlangt § 153 Abs. 2 zwingend einen **Antrag des Verwalters oder eines Gläubigers** (FK-InsO/Wegener Rn. 8). 14

II. Antragsberechtigung

15 Nach dem Wortlaut der Norm steht die Berechtigung zur Beantragung der Abgabe einer eidesstattlichen Versicherung neben dem Insolvenzverwalter auch allen Gläubigern zu. Erfasst sind zuvörderst die **Insolvenzgläubiger iSv § 38** (Braun/Haffa/Leichtle Rn. 6). **Nachrangige Gläubiger** sind jedenfalls dann antragsberechtigt, wenn das Insolvenzgericht zur Anmeldung der Nachrangforderungen nach § 174 Abs. 3 aufgefordert hat (Braun/Haffa/Leichtle Rn. 6; FK-InsO/Wegener Rn. 9; abw. KPB/Wipperfürth Rn. 26 f.: Antragsberechtigung aller Nachranggläubiger, aber Verneinung des Rechtsschutzbedürfnisses bei Fehlen einer gerichtlichen Anordnung nach § 174 Abs. 3).

16 Was **aus- und absonderungsberechtigte Gläubiger** angeht, wird vielfach nur dann eine Antragsberechtigung angenommen, wenn ihnen der Schuldner auch persönlich haftet (FK-InsO/Wegener Rn. 9; HmbKommInsR/Jarchow Rn. 22). Hiergegen spricht indes der Normwortlaut („Antrag ... eines Gläubigers"), der – über die Insolvenzgläubiger hinaus – auch diese Gläubigergruppen sehr wohl erfasst (so bereits MüKoInsO/Jaffé Rn. 12). Gleichwohl wirkt sich dieser Streit im Ergebnis kaum aus, weil es Aus- und Absonderungsberechtigten ohne persönliche Forderung gegen den Insolvenzschuldner regelmäßig am **Rechtsschutzbedürfnis** mangeln wird (MüKoInsO/Jaffé Rn. 12; KPB/Wipperfürth Rn. 28). Anders verhält es sich wiederum bei **Massegläubigern,** die sich ebenfalls unter den Normwortlaut fassen lassen (Uhlenbruck/Sinz Rn. 4; aM Braun/Haffa/Leichtle Rn. 6; FK-InsO/Wegener Rn. 9) und im Regelfall das erforderliche Rechtsschutzbedürfnis aufweisen werden (KPB/Wipperfürth Rn. 27).

17 Obgleich das Gesetz die **Forderungsanmeldung** nicht ausdrücklich vorschreibt, wird sie bei Insolvenzgläubigern unter Verweis auf § 77 Abs. 1 für erforderlich erachtet, da erst auf diese Weise die verfahrensrechtliche Gläubigerstellung begründet werde (KPB/Wipperfürth Rn. 29; K. Schmidt InsO/Jungmann Rn. 9; FK-InsO/Wegener Rn. 11).

III. Zur Abgabe der eidesstattlichen Versicherung Verpflichtete

18 Nach § 153 Abs. 2 S. 2, § 98 Abs. 1 S. 2 iVm § 478 ZPO trifft den Schuldner die Verpflichtung zur **persönlichen Abgabe** der eidesstattlichen Versicherung. Fehlt dem Schuldner die Prozessfähigkeit (§ 4 iVm §§ 52 f. ZPO), gibt sie der gesetzliche Vertreter ab (MüKoInsO/Jaffé Rn. 21). Bei der Nachlassinsolvenz muss der Erbe die eidesstattliche Versicherung abgeben (FK-InsO/Wegener Rn. 15).

19 Ist der Schuldner **keine natürliche Person,** so sind nach § 153 Abs. 2 S. 2, § 101 Abs. 1 S. 1 die Mitglieder des Vertretungs- oder Aufsichtsorgans (bei juristischen Personen) bzw. die vertretungsberechtigten, persönlich haftenden Gesellschafter (bei Personengesellschaften) zu entsprechenden Versicherungen verpflichtet. Nach § 153 Abs. 2 S. 2, § 101 Abs. 1 S. 2 gilt dies ebenso für Personen, die eine Rechtsstellung der vorstehend genannten Art in den letzten zwei Jahre vor dem Antrag auf Eröffnung des Insolvenzverfahrens innehatten. Angestellte des schuldnerischen Unternehmens zählen dagegen – mangels Verweises in Abs. 2 S. 2 auf § 101 Abs. 2 – nicht zu den nach § 153 Abs. 2 Verpflichteten (KPB/Wipperfürth Rn. 36).

IV. Verfahren zur Abgabe der eidesstattlichen Versicherung

20 In Anbetracht der Zustellungspflichtigkeit der Ladung zur Abgabe einer eidesstattlichen Versicherung (FK-InsO/Wegener Rn. 12; KPB/Wipperfürth Rn. 30) ist der Antrag auf deren Abgabe schriftlich oder zu Protokoll der Geschäftsstelle zu stellen (vgl. § 4 iVm § 496 ZPO). Die **Zuständigkeit des Insolvenzgerichts** für das gesamte Verfahren umfasst neben der Anordnung einer eidesstattlichen Versicherung auch deren Abnahme (K. Schmidt InsO/Jungmann Rn. 18; HK-InsO/Depré Rn. 10; aM Hess/Weis NZI 1999, 482 (485): Zuständigkeit des Vollstreckungsgerichts). Der – allein auf die Anordnung der eidesstattlichen Versicherung abzielende – Wortlaut des § 153 Abs. 2 S. 1 greift insoweit zu kurz und ist nicht zuletzt aus Gründen der Sachnähe erweiternd zu interpretieren (vgl. Schmerbach NZI 2002, 538).

21 Ist ein zulässiger Antrag auf Abgabe einer eidesstattlichen Versicherung gestellt, hat das Insolvenzgericht den Schuldner von Amts wegen zu laden (§ 4 iVm §§ 214 ff. ZPO). Der Termin ist nicht öffentlich (Uhlenbruck/Sinz Rn. 7). Im Termin ist der Schuldner über Umfang und Zweck seiner Erklärungspflicht zu belehren, ehe Gericht und Schuldner die Vermögensübersicht im Einzelnen erörtern (BGH NZI 2011, 61 (62)). Insbesondere wird das Gericht auch auf die **strafrechtlichen Konsequenzen** falscher oder unvollständiger Angaben (§ 156 StGB!) hinzuweisen haben (§ 153 Abs. 2 S. 2, § 98 Abs. 1 S. 2 iVm § 480 ZPO).

V. Inhalt und Umfang der eidesstattlichen Versicherung

Die vom Schuldner abzugebende Erklärung muss nach dem Wortlaut des § 153 Abs. 2 S. 1 die 22
Vollständigkeit der Vermögensübersicht zum Gegenstand haben. Maßgeblich sind nach § 153
Abs. 1 S. 1 die **Masseaktiva und -passiva zum Zeitpunkt der Eröffnung des Insolvenzverfahrens.** Folglich muss der Schuldner weder insolvenzfreie (§ 36) noch völlig wertlose Gegenstände offenlegen (HmbKommInsR/Jarchow Rn. 25; Uhlenbruck/Sinz Rn. 6). Erfasst sind dagegen Rückgewähransprüche aus Anfechtungslagen, weil amer dort Massezugehörigkeit bereits bei Verfahrenseröffnung gegeben ist (KPB/Wipperfürth Rn. 32; MüKoInsO/Jaffé Rn. 26).

Der Schuldner ist verpflichtet, die vom Verwalter vorgelegte Vermögensübersicht – soweit 23
erforderlich – **nach eigenen Erkenntnissen zu korrigieren oder zu ergänzen**, und kann sich der Abgabe der eidesstattlichen Versicherung nicht aus Gründen der Unrichtigkeit oder Unvollständigkeit der Übersicht entziehen (BGH NZI 2011, 61 (62)). Ist der Schuldner trotz gehöriger Anspannung seines Gedächtnisses außer Stande, Unstimmigkeiten in der vom Verwalter aufgestellten Vermögensübersicht aufzuklären, kann er einer ansonsten ggf. wegen falscher Versicherung an Eides Statt (§ 156 StGB) drohenden Strafbarkeit durch entsprechende Formulierung seiner eidesstattlichen Versicherung begegnen (s. die Formulierungsvorschläge bei FK-InsO/Wegener Rn. 17; K. Schmidt InsO/Jungmann Rn. 20).

VI. Zwangs- und Rechtsmittel

Sofern der Schuldner die eidesstattliche Versicherung verweigert, kann das Gericht nach § 153 24
Abs. 2 S. 2, § 98 Abs. 2 zur zwangsweisen Durchsetzung einen **Vorführungs- bzw. Haftbefehl** erlassen, wobei letzterer Fall eine Anhörung des Schuldners voraussetzt.

Die Anordnung zur Abgabe der eidesstattlichen Versicherung bzw. Ablehnung eines entsprechenden Antrags durch den Insolvenzrichter ist **wegen § 6 nicht rechtsmittelfähig** (Schmerbach 25
NZI 2002, 538 (539)). Trifft der Rechtspfleger die Entscheidung, besteht gem. § 11 Abs. 2 S. 1 RPflG die Möglichkeit zur befristeten Rechtspflegererinnerung, über die der Insolvenzrichter abschließend befindet (Schmerbach NZI 2002, 538 (539)). Gegen die Anordnung der Haft findet die sofortige Beschwerde statt (§ 153 Abs. 2 S. 2, § 98 Abs. 3 S. 3).

§ 154 Niederlegung in der Geschäftsstelle

Das Verzeichnis der Massegegenstände, das Gläubigerverzeichnis und die Vermögensübersicht sind spätestens eine Woche vor dem Berichtstermin in der Geschäftsstelle zur Einsicht der Beteiligten niederzulegen.

Überblick

Die rechtzeitige (→ Rn. 2) Niederlegung der in § 154 spezifizierten Unterlagen in der Geschäftsstelle des Insolvenzgerichts erlaubt es den zur Einsichtnahme Berechtigten (→ Rn. 4 ff.), sich bereits im Vorfeld des Berichtstermins über die Vermögenssituation des Schuldners zu informieren.

A. Allgemeines

§ 154 dient der Verfahrensbeschleunigung, indem den am Insolvenzverfahren Beteiligten die 1
Möglichkeit eröffnet wird, sich bereits vor dem Berichtstermin (§ 156) einen **umfassenden Überblick über die Vermögensverhältnisse des Schuldners** zu verschaffen (Braun/Haffa/Leichtle Rn. 1; Uhlenbruck/Sinz Rn. 1). Die auf diese Weise gewonnenen Informationen dienen ua als Grundlage für die von der Gläubigerversammlung im Berichtstermin zu treffende Entscheidung über das weitere Schicksal des schuldnerischen Unternehmens (KPB/Wipperfürth Rn. 1; HK-InsO/Depré Rn. 2).

Die Niederlegungspflicht des Verwalters ist spätestens eine Woche vor dem Berichtstermin zu 2
erfüllen, erstreckt sich allerdings ausschließlich auf bestimmte Unterlagen. Es handelt sich dabei um die **Verzeichnisse und Unterlagen der §§ 151–153.** Nicht erfasst sind folglich Geschäfts- und Rechnungslegungsunterlagen des Schuldners sowie der schriftliche Bericht des Insolvenzverwalters (Uhlenbruck/Sinz Rn. 2). Siegelungsprotokolle sind bereits nach § 150 niederzulegen. Eine dem § 154 vergleichbare Regelung normiert § 234 für das Insolvenzplanverfahren.

von Bodungen

3   Damit die Vorschrift ihren Informationszweck erfüllt, muss der Insolvenzverwalter **gesicherte und vor allem aktuelle Informationen** niederlegen. Nur ausnahmsweise darf er vorläufige – ggf. auf Schätzwerten beruhende – Ergebnisse vorlegen, insbesondere wenn ihm – etwa bei umfangreichen oder unübersichtlichen Verfahren – eine abschließende Informationsbeschaffung bis zum relevanten Zeitpunkt vor dem Berichtstermin nicht möglich oder zumutbar ist (Braun/Haffa/Leichtle Rn. 1). Der Insolvenzverwalter muss dann aber spätestens im Berichtstermin auf den vorläufigen Stand des von ihm präsentierten Zahlenmaterials hinweisen (MüKoInsO/Jaffé Rn. 1).

B. Einsichtnahme

4   Einsicht in die niederzulegenden Verzeichnisse und Übersichten ist allen am Verfahren Beteiligten zu gewähren. Bei § 154 wird ganz überwiegend – zum Teil abweichend von § 150 (→ § 150 Rn. 8) – ein **weites Verständnis des Beteiligtenbegriffs** zugrunde gelegt (HmbKommInsR/Jarchow Rn. 4; Uhlenbruck/Sinz Rn. 3), welches ein **berechtigtes Interesse an der Einsicht** genügen lässt (MüKoInsO/Jaffé Rn. 2). Zur Einsichtnahme berechtigt sind danach neben dem Schuldner alle Insolvenz- und Massegläubiger sowie die Mitglieder des Gläubigerausschusses. Letztere müssen wegen § 67 Abs. 3 nicht zwingend Insolvenzgläubiger sein. Erfasst sind ferner der Betriebsrat und der Sprecherausschuss der leitenden Angestellten, die gem. § 156 Abs. 2 S. 1 im Berichtstermin zum Bericht des Insolvenzverwalters Stellung nehmen können (KPB/Wipperfürth Rn. 5). Einsichtsberechtigt sind schließlich alle **aus- und absonderungsberechtigten Gläubiger** (KPB/Wipperfürth Rn. 5; MüKoInsO/Jaffé Rn. 2; FK-InsO/Wegener Rn. 3; Uhlenbruck/Sinz Rn. 3). Für die Einbeziehung auch dieser Gläubiger streitet insbesondere, dass die Einsicht in das Verzeichnis der Massegegenstände ihnen die – wichtige – Feststellung erlaubt, ob der Verwalter das betreffende Aus- bzw. Absonderungsgut für die Masse erfasst sowie ihre Rechte daran kenntlich gemacht hat (FK-InsO/Wegener Rn. 3; MüKoInsO/Jaffé Rn. 2). Allen Beteiligten ist gem. § 4 iVm § 299 Abs. 1 ZPO gestattet, sich auf eigene Kosten **Abschriften** der genannten Verzeichnisse erteilen zu lassen (FK-InsO/Wegener Rn. 5).

5   Streitig ist, ob auch am Verfahren unbeteiligte Dritte ein Einsichtsrecht haben können. Virulent wird diese Frage insbesondere im Hinblick auf **potentielle Erwerber des schuldnerischen Unternehmens oder einzelner Vermögensgegenstände desselben**. Vielfach wird insoweit ein Einsichtsrecht wegen der Gefahr des Missbrauchs abgelehnt und der Erwerbsinteressierte stattdessen auf die Informationsgewährung durch den Insolvenzverwalter verwiesen (KPB/Wipperfürth Rn. 6; FK-InsO/Wegener Rn. 2). Die gegenteilige Ansicht lässt dagegen genügen, dass ein berechtigtes Interesse an der Einsichtnahme glaubhaft gemacht wird (§ 4 iVm § 299 Abs. 2 ZPO), sofern der Schuldner der Einsichtnahme nicht ohnehin zustimmt (HmbKommInsR/Jarchow Rn. 6).

6   Schließlich kann das Einsichtsrecht **im Fall des Rechtsmissbrauchs verwirkt** sein (MüKoInsO/Jaffé Rn. 3; KPB/Wipperfürth Rn. 7). In Betracht kommt dies bspw., wenn die Einsicht in das Gläubigerverzeichnis allein dem Zweck dienen soll, vermittels der dort aufgeführten Adressen Personen zwecks Abschlusses einer Kreditversicherung anzuschreiben (MüKoInsO/Jaffé Rn. 3). Sofern **gewichtige öffentliche Interessen einer Einsichtnahme entgegenstehen**, kommt ebenfalls ein Ausschluss des Einsichtsrechtes in Betracht (eingehend hierzu Uhlenbruck/Sinz Rn. 3).

C. Rechtsmittel

7   Sofern der Verwalter seine Pflicht zur rechtzeitigen Niederlegung der erforderlichen Unterlagen in der Geschäftsstelle verletzt, kann das Insolvenzgericht Aufsichtsmaßnahmen einleiten (§ 58) oder ihn – in schwerwiegenden Fällen – aus dem Amt entlassen (§ 59). Verweigert dagegen das Insolvenzgericht einem Beteiligten die Einsichtnahme in die in der Geschäftsstelle niedergelegten Unterlagen, ist mangels ausdrücklicher gesetzlicher Anordnung eine sofortige Beschwerde ausgeschlossen (→ § 6 Rn. 4 ff.). In Betracht kommt allein die **Rechtspflegererinnerung nach § 11 RPflG** (K. Schmidt InsO/Jungmann Rn. 2; HmbKommInsR/Jarchow Rn. 10).

§ 155 Handels- und steuerrechtliche Rechnungslegung

(1) ¹**Handels- und steuerrechtliche Pflichten des Schuldners zur Buchführung und zur Rechnungslegung bleiben unberührt.** ²**In bezug auf die Insolvenzmasse hat der Insolvenzverwalter diese Pflichten zu erfüllen.**

(2) ¹Mit der Eröffnung des Insolvenzverfahrens beginnt ein neues Geschäftsjahr. ²Jedoch wird die Zeit bis zum Berichtstermin in gesetzliche Fristen für die Aufstellung oder die Offenlegung eines Jahresabschlusses nicht eingerechnet.

(3) ¹Für die Bestellung des Abschlußprüfers im Insolvenzverfahren gilt § 318 des Handelsgesetzbuchs mit der Maßgabe, daß die Bestellung ausschließlich durch das Registergericht auf Antrag des Verwalters erfolgt. ²Ist für das Geschäftsjahr vor der Eröffnung des Verfahrens bereits ein Abschlußprüfer bestellt, so wird die Wirksamkeit dieser Bestellung durch die Eröffnung nicht berührt.

Überblick

In § 155 Abs. 1 wird – gleichsam deklaratorisch – festgehalten, dass die handelsrechtlichen (→ Rn. 6 ff.) und steuerrechtlichen (→ Rn. 25 ff.) Buchführungs- und Rechnungslegungspflichten nicht von den in §§ 151–154 statuierten Regelungen über die spezifisch insolvenzrechtliche Rechnungslegung verdrängt werden und mit Blick auf die Masse vom Insolvenzverwalter zu erfüllen sind. Die auf den Verwalter übertragenen Pflichten erfahren allerdings in § 155 Abs. 2 und 3 gewisse Modifikationen. So lässt die Eröffnung des Insolvenzverfahrens ein neues Geschäftsjahr entstehen (→ Rn. 33 ff.). Zugleich werden die Fristen für die Aufstellung und Offenlegung des Jahresabschlusses prolongiert, um den Verwalter zu entlasten (→ Rn. 37). Schließlich liegt die Befugnis zur Wahl des Abschlussprüfers im Insolvenzverfahren nicht länger bei den Gesellschaftern, sondern beim Registergericht, welches die Bestellung des Prüfers auf Antrag des Insolvenzverwalters vornimmt (→ Rn. 38 f.).

Übersicht

	Rn.		Rn.
A. Allgemeines	1	5. Konzernabschlüsse in der Insolvenz	24
B. Erfüllung der handelsrechtlichen Buchführungs- und Rechnungslegungspflichten des Schuldners durch den Insolvenzverwalter	6	C. Erfüllung der steuerrechtlichen Buchführungs- und Rechnungslegungspflichten des Schuldners durch den Insolvenzverwalter	25
I. Pflichtenübergang auf den Insolvenzverwalter	6	I. Pflichtenübergang auf den Insolvenzverwalter	25
II. Reichweite des Pflichtenkanons des Insolvenzverwalters	10	II. Pflicht des Insolvenzverwalters zur Abgabe von Steuererklärungen	28
III. Die vom Insolvenzverwalter zu erfüllenden Pflichten im Einzelnen	12	III. Zwangsmittel und Haftung	31
1. Jahresabschluss bei Verfahrenseröffnung	12	D. Beginn eines neuen Geschäftsjahres (Abs. 2 S. 1)	33
2. Handelsrechtliche Eröffnungsbilanz	15	E. Prolongation von Aufstellungs- bzw. Offenlegungspflichten (Abs. 2 S. 2)	37
3. Jahresabschlussprüfung während des Insolvenzverfahrens	18	F. Bestellung des Abschlussprüfers (Abs. 3)	38
4. Handelsrechtliche Schlussbilanz	22		

A. Allgemeines

Indem § 155 Abs. 1 S. 1 in der Insolvenz die **handels- und steuerrechtlichen Buchführungs- und Rechnungslegungspflichten des Schuldners unangetastet** lässt, hat sich der Gesetzgeber zur trennscharfen Abgrenzung der externen Rechnungslegung von der in §§ 151–154 normierten und spezifisch insolvenzrechtlich geprägten („internen") Rechnungslegung entschieden. Damit folgt er einer **dualen Betrachtungsweise**, die dem Verwalter die Erstellung zweier getrennter Rechenwerke abverlangt (KPB/Kübler Rn. 4; Uhlenbruck/Sinz Rn. 1). Die externe Rechnungslegung zielt dabei über die Information der Adressaten der internen Rechnungslegung (also Gläubiger, Schuldner, Insolvenzgericht) hinaus (auch) auf die Information der interessierten Öffentlichkeit ab, wozu ua potentielle Erwerber, Kreditgeber, Lieferanten und Abnehmer des schuldnerischen Unternehmens, dessen Arbeitnehmer sowie der Fiskus zählen (IDW RH HFA 1.012 (Stand: 6.12.2018) Rn. 3; Pink ZIP 1997, 177 (178)). 1

Die Buchführungs- und Rechnungslegungspflichten des Handels- und Steuerrechts werden in § 155 Abs. 1 S. 2 dem Insolvenzverwalter auferlegt, soweit es um die Insolvenzmasse geht. Aus der **Beschränkung der Pflichten des Insolvenzverwalters auf die Masse** ergibt sich im Umkehrschluss, dass ihn für das dem Insolvenzbeschlag nicht unterfallende – insolvenzfreie – 2

Vermögen keine Pflichten zur Buchführung und Rechnungslegung treffen (Andres/Leithaus/ Andres Rn. 4; Uhlenbruck/Sinz Rn. 11). Eine – direkte oder analoge – Anwendung der Vorschrift auf den **vorläufigen Verwalter** scheidet selbst dann aus, wenn die Verwaltungs- und Verfügungsbefugnis über das schuldnerische Vermögen auf diesen übergegangen ist (BK-InsR/Kießling Rn. 10; Uhlenbruck/Sinz Rn. 9). Sofern ein solcher „starker Verwalter" bestellt ist, hat er gleichwohl nach § 34 Abs. 3 AO die steuerlichen (Rechnungslegungs-)Pflichten des Schuldners zu erfüllen, sodass es insoweit auf § 155 Abs. 1 S. 2 schon nicht ankommt (MüKoInsO/Jaffé Rn. 3). Im Fall der Eigenverwaltung obliegt die Pflicht zur (internen wie externen) Rechnungslegung dem Schuldner (§ 281 Abs. 3 S. 1).

3   Modifikationen der vom Insolvenzverwalter zu erfüllenden Rechnungslegungsvorschriften finden sich in § 155 Abs. 2 und 3. § 155 Abs. 2 S. 1 ordnet mit der Eröffnung des Insolvenzverfahrens zugleich den **Beginn eines neuen Geschäftsjahres** an (im Einzelnen → Rn. 33 ff.). Dementsprechend hat der Insolvenzverwalter für das der Verfahrenseröffnung vorausgehende (Rumpf-)Geschäftsjahr einen **Jahresabschluss** zu erstellen (§ 242 HGB). Allerdings verlängert die Erleichterungsregelung in § 155 Abs. 2 S. 2 die gesetzlichen Fristen für die Aufstellung und Offenlegung von Jahresabschlüssen um die Zeit bis zum Berichtstermin (→ Rn. 37). Im Hinblick auf prüfungspflichtige Kapitalgesellschaften (§ 316 Abs. 1 HGB) beendet § 155 Abs. 3 S. 1 die in § 318 Abs. 1 S. 1 HGB statuierte Befugnis der Gesellschafter, den **Abschlussprüfer** zu bestimmen, und auferlegt sie dem Registergericht (→ Rn. 38 f.). Sofern allerdings bereits ein Abschlussprüfer für das mit der Eröffnung des Insolvenzverfahrens endende – regelmäßig verkürzte – Geschäftsjahr bestellt ist, lässt § 155 Abs. 3 S. 2 die Wirksamkeit dieser Bestellung unangetastet.

4   Der Dualismus von internen und externen Buchführungs- und Rechnungslegungspflichten belastet den Verwalter zeitlich und führt im Falle der Beauftragung eines Steuerberaters oder Wirtschaftsprüfers zur Entstehung zusätzlicher Masseverbindlichkeiten. Vor diesem Hintergrund versteht sich das in der Literatur artikulierte Bestreben, interne und externe Rechnungslegung – insbesondere bei sofortiger Betriebseinstellung nach Insolvenzeröffnung – im Wege eines **einheitlichen Rechenwerkes zu harmonisieren** (vgl. Pink ZIP 1997, 177 (186 ff.)). In Anbetracht der signifikanten Unterschiede der internen und externen Rechenwerke mangelt es derartigen Angleichungsbestrebungen allerdings an einem tragfähigen Fundament (KPB/Kübler Rn. 85). Dies gilt ebenso für die in der Literatur vertretene Ansicht, wonach die Verpflichtung zur handelsrechtlichen Buchführung und Rechnungslegung (§§ 238 ff. HGB) bei – an den Größengrenzen des § 267 HGB zu bemessenden – kleineren und mittleren Verfahren im Wege einer **teleologischen Reduktion entfallen** soll, sofern das schuldnerische Unternehmen zum Zeitpunkt der Verfahrenseröffnung **bereits eingestellt oder seine Einstellung beabsichtigt ist** (zur Einstellung von Kapitalgesellschaften vor Verfahrenseröffnung eing. MüKoInsO/Jaffé Rn. 11–16; die dortigen Erwägungen sollen nach MüKoInsO/Jaffé Rn. 10 ebenso bei Personenhandelsgesellschaften Platz greifen). In diesem Fall seien die handelsrechtlichen Rechnungslegungszwecke (Dokumentation, Informationsvermittlung und Ausschüttungsbemessung) sämtlich nicht mehr zu erreichen, weshalb sich das Gläubigerinteresse an einer bestmöglichen – nicht durch Beraterhonorare für die Erstellung der externen Rechnungslegung geschmälerten – Befriedigung durchzusetzen habe (MüKoInsO/ Jaffé Rn. 14).

5   Unberücksichtigt bleibt bei der vorstehend skizzierten Suspendierung der §§ 238 ff. HGB allerdings, dass die Buchführungs- und Rechnungslegungspflichten unabhängig vom Massebestand (also abstrakt) sind und die Abwicklung des schuldnerischen Unternehmens auch nach Schließung des Geschäftsbetriebs Gewerbebetrieb bleibt, da die Absicht bestmöglicher Verwertung des vorhandenen Vermögens eine Gewinnerzielungsabsicht konnotiert (LG Frankfurt/Oder NZI 2007, 294 (295); FK-InsO/Boochs/Nickel Rn. 23). Die Rechnungslegungszwecke sind folglich auch im Abwicklungsstadium noch von Relevanz. Der wohl überwiegende Teil der insolvenzrechtlichen Literatur unterwirft denn auch den Insolvenzverwalter – unbesehen des Standes der Verfahrensabwicklung – den handels- und steuerrechtlichen Buchführungs- und Rechnungslegungspflichten (vgl. nur Braun/Haffa/Leichtle Rn. 1; K. Schmidt InsO/Schmittmann Rn. 31; Uhlenbruck/Sinz Rn. 10; FK-InsO/Boochs/Nickel Rn. 23; AGR/Lind Rn. 5). Bei Einzelkaufleuten mag insoweit freilich der Befreiungstatbestand des § 241a HGB eingreifen. **Rechtspraktisch** ergibt sich überdies der Befund, dass die externe Rechnungslegung im Insolvenzverfahren **nur von geringem Belang** ist (BK-InsR/Kießling Rn. 7; ferner Haarmeyer/Hillebrand ZInsO 2012, 412 (414) zu einer empirischen Erhebung, wonach nur in 5 % der Fälle die handelsrechtlichen Rechnungslegungspflichten vollumfänglich befolgt werden). Dieser Praxis fehlt es freilich an der rechtlichen Legitimationsbasis, die ihr allein der Gesetzgeber zu verschaffen vermöchte (so bereits K. Schmidt InsO/ Schmittmann Rn. 31).

B. Erfüllung der handelsrechtlichen Buchführungs- und Rechnungslegungspflichten des Schuldners durch den Insolvenzverwalter

I. Pflichtenübergang auf den Insolvenzverwalter

In § 155 Abs. 1 S. 2 wird die Erfüllung der handelsrechtlichen Buchführungs- und Rechnungslegungspflichten des Schuldners, die die Insolvenzmasse betreffen, dem Insolvenzverwalter zugewiesen. Insoweit handelt es sich um einen **mit Verfahrenseröffnung eintretenden – derivativen – Pflichtenerwerb**, dem es wesenseigen ist, dass das dem Verwalter gesetzlich auferlegte Pflichtenprogramm nicht umfänglicher oder geringer ausfallen darf als die vorinsolvenzlich den Schuldner treffenden Buchführungs- und Rechnungslegungspflichten (Uhlenbruck/Sinz Rn. 10). Der Pflichtenübergang ist schon deshalb folgerichtig, weil der Verwalter gem. § 148 Abs. 1 sofort nach der Verfahrenseröffnung das zur Insolvenzmasse gehörende Vermögen in Besitz und Verwaltung zu nehmen hat und diese Pflicht auch die der Rechnungslegung dienenden **Geschäftsbücher des Schuldners** erfasst (vgl. § 36 Abs. 2 Nr. 1). 6

Sofern der Schuldner im **vorinsolvenzlichen Zeitraum** Buchführungs- und Rechnungslegungspflichten nicht erfüllt hat, soll deren Nachholung ebenfalls dem Verwalter obliegen, weil diesem während seiner Amtstätigkeit das Verwaltungs- und Verfügungsrecht über die Insolvenzmasse zusteht und dem Schuldner in Anbetracht der Inbesitznahme der Geschäftsbücher durch den Insolvenzverwalter bereits faktisch die Erfüllung der Buchführungspflichten unmöglich ist (LG Frankfurt/Oder NZI 2007, 294 (295); Eickes DB 2015, 933; AGR/Lind Rn. 12; IDW HFA 1.012 (Stand: 6.12.2018) Rn. 5; aA BK-InsR/Kießling Rn. 21 f.: Nachholung allein Pflicht des Schuldners, dem der Verwalter lediglich die erforderlichen Geschäftsunterlagen zugänglich machen muss). **Einschränkungen** werden allerdings **unter Zumutbarkeitsgesichtspunkten (§§ 275, 242 BGB)** diskutiert, sofern der Verwalter beim Schuldner gar keine Buchhaltung vorfindet oder diese sehr lückenhaft oder fehlerbehaftet ist und sich die Mängel nicht oder jedenfalls nicht mit zumutbaren Mitteln beheben lassen (BGH NJW 1979, 2212 (2213); FK-InsO/Boochs/Nickel Rn. 27; Uhlenbruck/Sinz Rn. 11; ähnlich K. Schmidt InsO/Schmittmann Rn. 16: Pflichtenumfang abhängig von konkreten Mängeln der Buchführung). In Anbetracht des Umstandes, dass das Kriterium der Unzumutbarkeit für den Verwalter mit nicht unerheblicher Rechtsunsicherheit behaftet ist, wird man Beschränkungen seiner Buch- und Rechnungslegungspflichten für den Zeitraum vor Verfahrenseröffnung auch nicht an überhöhte Anforderungen knüpfen dürfen. Dafür streitet ebenso das Verfahrensziel bestmöglicher Befriedigung der Insolvenzgläubiger (§ 1 S. 1), welches sich gegen die Einrichtung einer vollständigen und fehlerfreien Buchführung für die Vergangenheit einschließlich der damit verbundenen – zulasten der Masse gehenden – Aufwände ins Feld führen lässt. Die hier befürwortete Beschneidung nachholender Buchführungs- und Rechnungslegungspflichten des Verwalters kommt freilich dann nicht in Betracht, wenn deren Befolgung für die Erfüllung der ab Verfahrenseröffnung uneingeschränkt Platz greifenden Rechnungslegungsgrundsätze unerlässlich ist (MüKoInsO/Jaffé Rn. 4). In Zweifelsfällen ist dem Verwalter die Einholung eines gerichtlichen Dispenses von seinen die Vergangenheit betreffenden Buchführungs- und Rechnungslegungspflichten anzuraten, um haftungsrechtliche Konsequenzen (§ 60 Abs. 1) auszuschließen (FK-InsO/Boochs/Nickel Rn. 28). 7

Streitig ist, ob die **Massearmut** eines Insolvenzverfahrens den Insolvenzverwalter von der Pflicht zur handelsrechtlichen Rechnungslegung dispensiert. Verneint wird dies unter Hinweis auf die höchstrichterliche Rechtsprechung zum Auslagenersatzanspruch des Insolvenzverwalters (BGH NJW 2004, 2976 ff.) sowie darauf, dass sich in der InsO keine Erleichterungsvorschriften für die handelsrechtliche Rechnungslegung des Verwalters bei Massearmut fänden (IDW RH HFA 1.012 (Stand: 6.12.2018) Rn. 37; Pink ZIP 1997, 177 (182); Andres/Leithaus/Andres Rn. 4; AGR/Lind Rn. 17; HmbKommInsR/Denkhaus Rn. 4). Nach vorzugswürdiger Ansicht ist der Verwalter indes wegen **Überschreitung der Zumutbarkeitsschwelle** von seinen Rechnungslegungspflichten befreit, wenn deren Erfüllung nur mit unverhältnismäßigem Zeitaufwand oder Spezialkenntnissen (etwa des Bilanzrechts und der Bilanzpraxis) zu leisten und die insofern erforderliche Hinzuziehung externer Berater aus der Masse nicht zu finanzieren ist (Uhlenbruck/Sinz Rn. 15; zum Parallelproblem der Beschränkung steuerrechtlicher Pflichten (→ Rn. 28 ff.) ebenso Braun/Haffa/Leichtle Rn. 16; BK-InsR/Kießling Rn. 68; ähnlich KPB/Kübler Rn. 106: teleologische Reduktion des § 155). Anderenfalls sähe sich jedenfalls derjenige Verwalter, der über die erforderlichen (Sonder-)Kenntnisse verfügt, gezwungen, die überobligatorischen Buchführungsarbeiten selbst durchzuführen, will er nicht Gefahr laufen, einem damit beauftragten Dritten bei Masseinsuffizienz nach § 61 S. 1 persönlich einstehen zu müssen. 8

von Bodungen

9 Wird das Insolvenzverfahren wegen **Masseunzulänglichkeit nach § 211 Abs. 1** eingestellt, geht das Verwaltungs- und Verfügungsrecht gem. § 215 Abs. 2 wieder auf den Schuldner über. Damit erlischt zugleich die Verpflichtung des Verwalters zur Erfüllung der Buchführungs- und Rechnungslegungspflichten (HmbKommInsR/Denkhaus Rn. 4; MüKoInsO/Jaffé Rn. 41).

II. Reichweite des Pflichtenkanons des Insolvenzverwalters

10 § 155 Abs. 1 knüpft an die **vor Verfahrenseröffnung existierenden Buchführungs- und Rechnungslegungspflichten** des Schuldners an, welche auf den Verwalter übergeleitet werden. Die handelsrechtlichen Buchführungs- und Rechnungslegungspflichten sind zuvörderst in **§§ 238 ff. HGB** niedergelegt. Danach ist jeder Kaufmann iSd §§ 1 ff. HGB zur Führung von Büchern verpflichtet (§ 238 HGB). Ferner hat der Kaufmann bei Geschäftsbeginn eine Eröffnungsbilanz sowie für den Schluss eines jeden Geschäftsjahres einen Jahresabschluss aus Bilanz sowie Gewinn- und Verlustrechnung aufzustellen (§ 242 HGB). Bei Kapitalgesellschaften (und diesen nach § 264a HGB gleichgestellten Personenhandelsgesellschaften) ist gem. § 264 Abs. 1 HGB der Jahresabschluss um einen Anhang (§§ 284 ff. HGB) zu erweitern sowie – sofern nicht eine kleine Kapitalgesellschaft iSv § 267 Abs. 1 HGB in Rede steht – ein Lagebericht (§§ 289 f. HGB) aufzustellen. Bei sog. Mutterunternehmen ist den Vorschriften über den Konzernabschluss und Konzernlagebericht (§§ 290 ff. HGB) Rechnung zu tragen. Der Jahresabschluss und der Lagebericht mittelgroßer und großer Kapitalgesellschaften (sowie diesen gleichgestellter Personenhandelsgesellschaften) unterliegen gem. §§ 316 ff. HGB der Pflichtprüfung durch einen Abschlussprüfer, ohne die der Jahresabschluss nicht festgestellt werden kann; Entsprechendes gilt für den Konzernabschluss und Konzernlagebericht. Schließlich treten in §§ 325 ff. HGB Offenlegungspflichten für Kapitalgesellschaften (und gleichgestellte Personenhandelsgesellschaften) hinzu. Für Unternehmen in anderer Rechtsform als einer Kapitalgesellschaft oder gleichgestellten Personenhandelsgesellschaften können die Rechnungslegungspflichten nach dem **Publizitätsgesetz (PublG)** beachtlich sein.

11 Über die Regelungen in § 155 Abs. 2 und 3 hinaus finden sich in der InsO keine Bestimmungen, die Aufstellung und Inhalt der externen Rechenwerke in der besonderen Situation des Insolvenzverfahrens zum Gegenstand haben (KPB/Kübler Rn. 18). Str. ist, ob sich diese Lücke jedenfalls bei Kapitalgesellschaften unter **entsprechender Heranziehung der §§ 270 AktG, 71 GmbHG** schließen lässt, die die **außerinsolvenzliche Abwicklung** zum Gegenstand haben. Dies wird zum Teil unter Hinweis darauf bejaht, dass das Insolvenzverfahren lediglich eine besondere Art der Liquidation darstelle, die unter Leitung eines externen Abwicklers, des Insolvenzverwalters, erfolge (KPB/Kübler Rn. 19; Braun/Haffa/Leichtle Rn. 3; Pink ZIP 1997, 177 (180)). Nach aA sollen dagegen in Ermangelung einer gesetzlichen Regelungslücke die allgemeinen Buchführungs- und Rechnungslegungsvorschriften der §§ 238 ff. HGB Anwendung finden, ohne dass Bedarf für eine analoge Heranziehung der gesellschaftsrechtlichen Rechnungslegungsvorschriften in der Insolvenz bestehe (Nerlich/Römermann/Andres Rn. 18; MüKoInsO/Jaffé Rn. 1, der gleichwohl im Einzelfall eine Analogie für möglich erachtet).

III. Die vom Insolvenzverwalter zu erfüllenden Pflichten im Einzelnen

1. Jahresabschluss bei Verfahrenseröffnung

12 Nach § 155 Abs. 2 S. 1 beginnt mit der Eröffnung des Insolvenzverfahrens ein neues Geschäftsjahr. Zugleich schließt das alte Geschäftsjahr, welches im Regelfall ein **Rumpfgeschäftsjahr** ist (sofern nicht Geschäftsjahresende und Insolvenzeröffnung zusammenfallen). Folglich ist ein (Rumpf-)Jahresabschluss aufzustellen, der den auf Jahresabschlüsse anwendbaren Rechnungslegungsvorschriften (→ Rn. 10) zu entsprechen hat. Die Aufstellung des Jahresabschlusses für das letzte (Rumpf-)Geschäftsjahr der werbenden Gesellschaft obliegt bereits dem Verwalter, dem die Verwaltungs- und Verfügungsbefugnis über die Insolvenzmasse und damit auch der Besitz an den für die Rechnungslegung erforderlichen Unterlagen zusteht (KPB/Kübler Rn. 45; IDW RH HFA 1.012 (Stand: 6.12.2018) Rn. 14).

13 Vorzugswürdig ist es, die Schlussbilanz nicht auf den Ablauf des Tages vor Insolvenzeröffnung aufzustellen (so IDW RH HFA 1.012 (Stand: 6.12.2018) Rn. 12), sondern vielmehr auf den **genauen Zeitpunkt der Eröffnung des Insolvenzverfahrens** (so KPB/Kübler Rn. 25; Grashoff NZI 2008, 65 (67), der allerdings aus Praktikabilitätsgründen ein Abstellen auf den Ablauf des Vortages der Eröffnung noch für akzeptabel erachtet). Die Naturalkomputation korreliert mit der Regelung in § 27 Abs. 2 Nr. 3 und trägt dem Umstand Rechnung, dass Änderungen im Schuldnervermögen sich noch bis unmittelbar vor Verfahrenseröffnung ergeben können (KPB/

Kübler Rn. 23). Insolvenzspezifische Ansprüche (etwa gem. §§ 129 ff.) und Verpflichtungen finden in der Schlussbilanz noch keine Berücksichtigung (Uhlenbruck/Sinz Rn. 17).

Da die Aufstellung der Schlussbilanz der werbenden Gesellschaft sich uneingeschränkt nach §§ 238 ff. HGB richtet, ist bei der Bewertung des insolventen Unternehmens (nur) dann gem. § 252 Abs. 1 Nr. 2 HGB von seiner **Fortführung (Going-Concern-Prinzip)** auszugehen, wenn hierfür trotz Verfahrenseröffnung hinreichende Anhaltspunkte streiten (IDW RH HFA 1.012 (Stand: 6.12.2018) Rn. 15). Kann dagegen – etwa bei einem bereits in vollem Umfang eingestellten Geschäftsbetrieb – die Unternehmensfortführung nicht mehr unterstellt werden, sind die einzelnen Vermögens- und Schuldpositionen nicht mit Fortführungs-, sondern mit **Zerschlagungs- bzw. Stilllegungswerten** anzusetzen (Braun/Haffa/Leichtle Rn. 7; Eickes DB 2015, 933 (936)). Die sich im Falle des Wegfalls der Fortführungsannahme für die Bilanzierung und Bewertung einstellenden Konsequenzen sind in IDW RS HFA 17 (Stand: 11.7.2018) umfassend dargestellt. 14

2. Handelsrechtliche Eröffnungsbilanz

Aus dem in § 155 Abs. 2 S. 1 mit Verfahrenseröffnung zugleich angeordneten Beginn eines neuen Geschäftsjahres wird die Pflicht des Verwalters zur **Aufstellung einer handelsrechtlichen (Insolvenz-)Eröffnungsbilanz** hergeleitet (BT-Drs. 12/2443, 172; IDW RH HFA 1.012 (Stand: 6.12.2018) Rn. 16). Nach aA lässt sich eine solche Pflicht nur mit einer Analogie zu §§ 270 Abs. 1 AktG, 71 Abs. 1 GmbHG begründen, weil § 242 Abs. 1 S. 1 HGB die Aufstellung einer Eröffnungsbilanz allein für den Beginn des Handelsgewerbes vorsehe (MüKoInsO/Jaffé Rn. 8). Die Eröffnungsbilanz ist nach dem Grundsatz der Naturalkomputation auf den exakten Zeitpunkt der Eröffnung des Insolvenzverfahrens aufzustellen (KPB/Kübler Rn. 39; aA IDW RH HFA 1.012 (Stand: 6.12.2018) Rn. 16: Beginn des Tags der Insolvenzeröffnung). Insolvenzspezifische Ansprüche (etwa gem. §§ 129 ff.) und Verpflichtungen finden dabei – im Gegensatz zur Schlussbilanz der werbenden Gesellschaft (→ Rn. 13) – Berücksichtigung (Uhlenbruck/Sinz Rn. 18). 15

Bejaht man die Analogiefähigkeit der §§ 270 AktG, 71 GmbHG, so ist der Eröffnungsbilanz jedenfalls bei Kapitalgesellschaften ein **erläuternder Bericht** beizufügen (KPB/Kübler Rn. 42; nach K. Schmidt InsO/Schmittmann Rn. 27 gilt dies ebenso für haftungsbeschränkte Personenhandelsgesellschaften, während IDW RH HFA 1.012 (Stand: 6.12.2018) Rn. 21 die Aufstellung eines Erläuterungsberichtes in diesem Fall nur für „sachgerecht" erachtet). Die Aufstellung einer Gewinn- und Verlustrechnung ist dagegen entbehrlich, denn § 242 Abs. 2 HGB verlangt diese nur für den Jahresabschluss (K. Schmidt InsO/Schmittmann Rn. 26, der die Aufstellung einer Gewinn- und Verlustrechnung gleichwohl aus informatorischen Gründen als zweckmäßig ansieht). Ebenso wenig greift das in § 264 Abs. 1 S. 1 HGB (nur) für den Jahresabschluss statuierte Erfordernis eines Anhangs sowie eines Lageberichts Platz (KPB/Kübler Rn. 42). 16

Der in § 252 Abs. 1 Nr. 1 HGB statuierte **Grundsatz der formellen Bilanzidentität** schreibt eine inhaltlich kongruente Verknüpfung aufeinanderfolgender Bilanzen vor, weshalb die Eröffnungsbilanz für das mit der Verfahrenseröffnung beginnende neue Geschäftsjahr dieselben Wertansätze aufzuweisen hat wie das mit Verfahrensbeginn endende alte Geschäftsjahr (Nerlich/Römermann/Andres Rn. 23; Uhlenbruck/Sinz Rn. 18). Insbesondere hat sich der Verwalter hinsichtlich der Going-Concern-Prämisse (→ Rn. 14) ebenso zu entscheiden wie im Zusammenhang mit der Schlussbilanz des werbenden Unternehmens: Sofern keine ausreichende Möglichkeit der Unternehmensfortführung besteht, sind nicht Fortführungs-, sondern Stilllegungs- bzw. Zerschlagungswerte zugrunde zu legen (KPB/Kübler Rn. 59). In Anbetracht der zumeist bestehenden inhaltlichen Kongruenz beider Rechenwerke wird aus wirtschaftlichen Gründen eine registergerichtliche Befreiung von der Pflicht zur Prüfung der Eröffnungsbilanz analog §§ 270 Abs. 3 AktG, 71 Abs. 3 GmbHG befürwortet (KPB/Kübler Rn. 61). 17

3. Jahresabschlussprüfung während des Insolvenzverfahrens

Wird das Insolvenzverfahren nicht innerhalb von zwölf Monaten nach Verfahrenseröffnung abgeschlossen, trifft den Verwalter nach § 155 Abs. 1 iVm § 242 Abs. 1 und 2 HGB die Pflicht, für den **Schluss eines jeden Geschäftsjahres während des Insolvenzverfahrens** eine Bilanz sowie eine Gewinn- und Verlustrechnung aufzustellen (KPB/Kübler Rn. 46; Pink ZIP 1997, 177 (180)). 18

Bei Kapitalgesellschaften (und diesen gleichgestellten Personenhandelsgesellschaften) tritt die Pflicht hinzu, den Jahresabschluss **um einen Anhang zu erweitern und einen Lagebericht aufzustellen** (§ 155 Abs. 1 iVm § 264 HGB). Streitig ist, ob kleine Kapitalgesellschaften iSv § 267 Abs. 1 HGB nach § 264 Abs. 1 S. 4 Hs. 1 HGB von der Pflicht zur Aufstellung eines Lageberichts befreit sind (bejahend insoweit MüKoInsO/Jaffé Rn. 20; HmbKommInsR/Denkhaus Rn. 12; 19

wohl auch Nerlich/Römermann/Andres Rn. 25, wonach rechtsform- und unternehmensgrößenbezogene Erleichterungen zum Tragen kommen sollen). Nach aA folgt aus §§ 270 Abs. 1 AktG, 71 Abs. 1 GmbHG, dass bei Jahresabschlüssen im Abwicklungsstadium ein Lagebericht ausnahmslos erforderlich ist, weshalb kleine Kapitalgesellschaften im Insolvenzverfahren nicht von der Pflicht zur Aufstellung eines Lageberichts dispensiert werden könnten (KPB/Kübler Rn. 47 f.). Hiergegen spricht allerdings, dass § 264 Abs. 1 S. 4 Hs. 1 HGB über den Verweis in § 155 Abs. 1 S. 1 unmittelbar Anwendung findet, weshalb es schon an einer Regelungslücke mangelt, die durch Analogieschluss zu §§ 270 Abs. 1 AktG, 71 Abs. 1 GmbHG zu füllen wäre. Greift die Pflicht zur Erstellung Platz, hat der Verwalter im Lagebericht den Abwicklungsstatus und solche Umstände darzulegen, die den Abschluss der Abwicklung verzögern (Nerlich/Römermann/Andres Rn. 25).

20 Die Insolvenz lässt bei mittelgroßen und großen Kapitalgesellschaften (sowie gleichgestellten Personenhandelsgesellschaften) die in § 316 Abs. 1 HGB verankerte Pflicht zur **Prüfung des Jahresabschlusses und des Lageberichts** durch einen Abschlussprüfer unberührt (K. Schmidt InsO/Schmittmann Rn. 54 f.; Grashoff NZI 2008, 65 (68)). Ein vom Registergericht auszusprechender Dispens von der Prüfungspflicht kommt allerdings bei analoger Anwendung der Liquidationsrechnungslegungsvorschriften in §§ 270 Abs. 3 AktG, 71 Abs. 3 GmbHG in Betracht, sofern eine Prüfung im Interesse der Gläubiger und der Gesellschaft nicht geboten erscheint (HmbKommInsR/Denkhaus Rn. 13; MüKoInsO/Jaffé Rn. 21; einschr. Grashoff NZI 2008, 65 (68): nur bei Einstellung oder Veräußerung des Geschäftsbetriebes). Der Verwalter hat den Befreiungsantrag (erst) nach erfolgter Abstimmung mit dem Gläubigerausschuss bzw. der Gläubigerversammlung zu stellen (Nerlich/Römermann/Andres Rn. 27).

21 Bei Kapitalgesellschaften (und gleichgestellten Personenhandelsgesellschaften) sind überdies die **Offenlegungspflichten nach §§ 325 ff. HGB** belangvoll. Die von der Unternehmensgröße abhängigen Erleichterungen bei der Offenlegung nach §§ 326 f. HGB finden Anwendung (IDW RH HFA 1.012 (Stand: 6.12.2018) Rn. 46). Eine vollständige Befreiung von der Offenlegungsverpflichtung vermittels (doppelt) analoger Anwendung der Liquidationsrechnungslegungsvorschriften in §§ 270 Abs. 3 AktG, 71 Abs. 3 GmbHG kommt dagegen bereits aus Gründen des Gläubigerschutzes nicht in Betracht (MüKoInsO/Jaffé Rn. 22) und verkennt zudem, dass § 155 Abs. 2 S. 2 ersichtlich von der Verpflichtung des Verwalters zur Offenlegung von Jahresabschlüssen ausgeht (Grashoff NZI 2008, 65 (69)). Ein **Ordnungsgeld wegen unterlassener Offenlegung** nach § 335 Abs. 1 HGB kann allerdings nicht gegen den Verwalter persönlich verhängt werden (K. Schmidt InsO/Schmittmann Rn. 49; Grashoff NZI 2008, 65 (69)). Adressat einer Ordnungsgeldverfügung sind ausweislich des Wortlautes von § 335 Abs. 1 S. 1 und 2 HGB vielmehr die Mitglieder des vertretungsberechtigten Organs der schuldnerischen Kapitalgesellschaft bzw. die Insolvenzgesellschaft selbst (LG Bonn NZG 2009, 593 (593 f.); K. Schmidt InsO/Schmittmann Rn. 47). Freilich setzt die Verhängung eines Ordnungsgeldes nach § 335 Abs. 3 S. 4 HGB wegen ihres strafähnlichen Charakters Verschulden voraus (LG Bonn NZG 2009, 593 (595); NZI 2009, 781). Auf dessen Fehlen werden sich die Mitglieder des vertretungsberechtigten Organs einer Kapitalgesellschaft regelmäßig berufen können, da die Insolvenzgesellschaft aufgrund des mit der Verfahrenseröffnung eintretenden Insolvenzbeschlags (§§ 35, 80) schon aus Rechtsgründen auf Rücklagen zur Aufbringung der Rechnungs- und Offenlegungskosten nicht mehr zugreifen kann (LG Bonn NZI 2009, 781 (781 f.); Uhlenbruck/Sinz Rn. 14a). Eine Durchsetzung der Verpflichtung zur Offenlegung gegen den Verwalter kommt dagegen allein im Rahmen der **Aufsicht durch das Insolvenzgericht** in Betracht (KPB/Kübler Rn. 79; Andres/Leithaus/Andres Rn. 4).

4. Handelsrechtliche Schlussbilanz

22 Die Aufhebung (§ 200) oder Einstellung (§§ 207 ff.) des Insolvenzverfahrens beendet das letzte Geschäftsjahr in der Insolvenz. Dieses Geschäftsjahr ist ein **Rumpfgeschäftsjahr,** sofern sein regulärer Schluss nicht zufällig mit der Verfahrensbeendigung koinzidiert (KPB/Kübler Rn. 49). Für das letzte (Rumpf-)Geschäftsjahr der Insolvenzgesellschaft ist nach § 242 Abs. 1 S. 1 HGB eine **handelsrechtliche Schlussbilanz** aufzustellen. Aus § 242 Abs. 2 HGB folgt zudem die gesetzliche Notwendigkeit, eine Gewinn- und Verlustrechnung – und damit einen vollständigen Jahresabschluss (§ 242 Abs. 3 HGB) – aufzustellen. Bei Kapitalgesellschaften (und diesen gleichgestellten Personenhandelsgesellschaften) sind nach § 264 Abs. 1 S. 1 HGB überdies ein Anhang und ggf. ein Lagebericht aufzustellen (IDW RH HFA 1.012 (Stand: 6.12.2018) Rn. 26; K. Schmidt InsO/Schmittmann Rn. 37).

23 Stichtag für die Aufstellung der Schlussbilanz ist grundsätzlich der **Tag der Aufhebung bzw. der Einstellung des Verfahrens** (IDW RH HFA 1.012 (Stand: 6.12.2018) Rn. 28; MüKoInsO/Jaffé Rn. 24). Für die Aufstellung der Schlussbilanz soll der Insolvenzverwalter verantwortlich sein

(IDW RH HFA 1.012 (Stand: 6.12.2018) Rn. 28). Problematisch ist insoweit allerdings, dass das Amt des Verwalters mit der Aufhebung bzw. Einstellung des Verfahrens endet und er daher seine Aufgabe praktisch nicht mehr erfüllen kann (K. Schmidt InsO/Schmittmann Rn. 38; aA BK-InsR/Kießling Rn. 50: Scheinproblem, da Verwalter aufgrund nachorganschaftlicher Rechtsmacht handeln kann). Konsequenterweise müsse zumindest im Fall der Unternehmensfortführung das reorganisierte Unternehmen selbst – ggf. unter Hinzuziehung fachlicher Hilfe – in der Pflicht stehen (so MüKoInsO/Jaffé Rn. 24). Alternativ wird vorgeschlagen, als Stichtag für die Schlussbilanz den früheren Zeitpunkt des Vollzugs der Schlussverteilung (§ 200) und der Verteilung der Masse (§ 209) zu wählen (so KPB/Kübler Rn. 50 f.; K. Schmidt InsO/Schmittmann Rn. 38).

5. Konzernabschlüsse in der Insolvenz

Die Verpflichtungen zur Konzernrechnungslegung nach §§ 290 ff. HGB bzw. §§ 11 ff. PublG greifen in der Insolvenz im Grundsatz uneingeschränkt Platz, weshalb der Insolvenzverwalter eines Mutterunternehmens – vorbehaltlich etwaiger gesetzlicher Befreiungstatbestände oder Ausnahmen – bei Verfahrenseröffnung sowie zu den relevanten Stichtagen während des Verfahrens **Konzernabschlüsse und Konzernlageberichte** aufzustellen hat (Nerlich/Römermann/Andres Rn. 30; IDW RH HFA 1.012 (Stand: 6.12.2018) Rn. 29). Gleichwohl bedarf es in jedem Einzelfall der Prüfung, ob in Anbetracht der Insolvenzeröffnung weiterhin die Grundlage für die Konzernrechnungslegung – einheitliche Leitung (§ 290 Abs. 1 HGB) oder Controlling (§ 290 Abs. 2 HGB) der Konzernmutter über ihre Töchter – gegeben ist. Das ist bspw. dann nicht mehr der Fall, wenn das Insolvenzgericht für Mutter und Töchter verschiedene Insolvenzverwalter bestellt hat (FK-InsO/Boochs/Nickel Rn. 253). 24

C. Erfüllung der steuerrechtlichen Buchführungs- und Rechnungslegungspflichten des Schuldners durch den Insolvenzverwalter

I. Pflichtenübergang auf den Insolvenzverwalter

Gemäß § 155 Abs. 1 S. 2 hat der Insolvenzverwalter in Bezug auf die Insolvenzmasse (einschließlich eines etwaigen Neuerwerbs) nicht nur die handels-, sondern auch die **steuerrechtlichen Buchführungs- und Rechnungslegungspflichten** des Schuldners zu erfüllen. Den insoweit relevanten steuerlichen Pflichtenkanon des Schuldners steckt § 140 AO durch Rekurs auf die in anderen Gesetzen als den Steuergesetzen statuierten Buchführungs- und Aufzeichnungspflichten ab. Damit wird zugleich vollumfänglich auf die §§ 238 ff. HGB Bezug genommen und den danach verpflichteten Personen auch die steuerrechtliche Buchführung und Aufzeichnung auferlegt. Steuerliche Buchführungs- und Aufzeichnungspflichten können sich überdies – originär – aus § 141 AO ergeben. Soweit diese Pflichten nach § 155 Abs. 1 S. 2 auf den Verwalter übergehen, betrifft dies grundsätzlich auch bereits den **vorinsolvenzlichen Zeitraum**. Weist etwa die Buchführung des Schuldners Mängel aus der Zeit vor der Verfahrenseröffnung auf, hat der Verwalter die Buchführung den steuerlichen Anforderungen gemäß in Ordnung zu bringen, sofern eine Korrektur nach der Verfahrenseröffnung noch möglich ist (BGH NJW 1979, 2212 (2213); zu Einschränkungen der Buchführungs- und Rechnungslegungspflichten des Verwalters unter Zumutbarkeitsgesichtspunkten → Rn. 7 f. sowie → Rn. 28 ff.). 25

Über den spezifischen Anwendungsbereich des § 155 hinaus führt der Übergang der Verwaltungs- und Verfügungsbefugnis auf den Verwalter (§ 80 Abs. 1) dazu, dass dieser nach § 34 Abs. 3 iVm Abs. 1 AO **sämtliche steuerlichen Verpflichtungen des Schuldners** im Hinblick auf die Insolvenzmasse zu erfüllen und insbesondere dafür Sorge zu tragen hat, dass die Steuern aus den verwalteten Mitteln entrichtet werden (dazu auch → § 80 Rn. 47 f.). Dem Insolvenzverwalter obliegt insofern die Erfüllung des gesamten steuerlichen Pflichtenprogramms des Schuldners. Dieses reicht (weit) über die Buchführungs- und Aufzeichnungspflichten nach §§ 140 ff. AO hinaus und umfasst neben Mitwirkungs-, Auskunfts- und Anzeigepflichten (§§ 90, 93 ff., 137 ff. AO) insbesondere auch die Pflicht zur Abgabe und Berichtigung von Steuererklärungen (149 ff. AO). Sofern ein **vorläufiger Insolvenzverwalter** bestellt wird, ist dieser allerdings (nur) dann Adressat des § 34 Abs. 3 AO, wenn dem Schuldner zugleich ein allgemeines Verfügungsverbot gem. § 21 Abs. 2 S. 1 Nr. 2 Alt. 1, § 22 Abs. 1 S. 1 auferlegt wird, mit dem die Verwaltungs- und Verfügungsbefugnis über das Schuldnervermögen auf den vorläufigen Verwalter übergeht (Nerlich/Römermann/Andres Rn. 36). Wird kein solches allgemeines Verfügungsverbot ausgesprochen, ist der – insoweit „schwache" – vorläufige Insolvenzverwalter nicht Vermögensverwalter iSv § 34 Abs. 3 AO. 26

27 Dass der Insolvenzverwalter Vermögensverwalter iSv § 34 Abs. 3 AO ist, befreit den steuerpflichtigen Schuldner nicht automatisch von sämtlichen steuerlichen Pflichten im Hinblick auf die Insolvenzmasse (BGH NJW 1979, 2212 (2213); HmbKommInsR/Denkhaus Rn. 16). Insbesondere hindert der Übergang der Verwaltungs- und Verfügungsmacht auf den Verwalter den Schuldner nicht an der Abgabe von Wissenserklärungen, weshalb er weiterhin im Rahmen der **Auskunftspflicht nach § 93 AO** finanzbehördlichen Auskunftsersuchen Folge zu leisten hat. Als „Beteiligter" ist er dabei vorrangig gegenüber dem Verwalter in Anspruch zu nehmen, welcher nach § 93 Abs. 1 S. 3 AO erst dann zur Auskunft herangezogen werden soll, wenn die Sachverhaltsaufklärung durch den Schuldner keinen Erfolg verspricht (FG Brandenburg BeckRS 2004, 26020288; HmbKommInsR/Denkhaus Rn. 16).

II. Pflicht des Insolvenzverwalters zur Abgabe von Steuererklärungen

28 Den Verwalter trifft nach §§ 34 Abs. 3, 149 ff. AO die Pflicht zur Abgabe von Steuererklärungen für den Schuldner. Dies betrifft zuvörderst Steuerschulden, die nach Eröffnung des Verfahrens begründet werden, also zu Masseverbindlichkeiten führen. Ebenso gilt dies aber auch für noch nicht aufgearbeitete **Steuerabschnitte, die vor der Eröffnung des Verfahrens liegen** (BFH BeckRS 2007, 25012691; MüKoInsO/Jaffé Rn. 30). Erlangt der Verwalter während des Verfahrens positive Kenntnis davon, dass der Schuldner in der Vergangenheit unrichtige oder unvollständige Steuererklärungen abgegeben hat, so ist er gem. §§ 153, 34 Abs. 3 AO verpflichtet, die Steuererklärungen zu berichtigen (Braun/Haffa/Leichtle Rn. 18; HmbKommInsR/Denkhaus Rn. 25). Einschränkungen dieses Pflichtenprogramms können sich nach hier vertretener Ansicht (dazu → Rn. 7 f.) unter **Zumutbarkeitsgesichtspunkten** aus §§ 275, 242 BGB ergeben, wenn dem Insolvenzverwalter – etwa wegen einer unzureichenden Buchführung des Schuldners – die Erstellung der Steuererklärungen faktisch nicht möglich bzw. der Schuldner nicht willens oder in der Lage ist, diese Aufgabe – unter Beaufsichtigung durch den Verwalter – zu erfüllen (BGH NJW 1979, 2212 (2213); HmbKommInsR/Denkhaus Rn. 23: Pflichtenreduktion auf die Mitteilung einer Schätzungsgrundlage an das Finanzamt).

29 Die Verpflichtung zur Abgabe von Steuererklärungen kann nach der Rechtsprechung auch dann vom Verwalter zu erfüllen sein, wenn die **Masse nicht für die Beauftragung eines Steuerberaters ausreicht** (BGH NZI 2004, 577 (577 f.); BFH DStR 1995, 18 (19); BeckRS 2007, 25012691). Denn zum einen stünden einer Entpflichtung des Verwalters bei massearmen Verfahren übergeordnete öffentliche Interessen an der Erstellung der Steuererklärungen entgegen, denen sich auch der Steuerpflichtige selbst nicht unter Berufung auf die Kosten hätte entziehen können. Zum anderen sei der Verwalter im Regelfall aufgrund seiner Ausbildung und beruflichen Erfahrung in besonderer Weise zur Abgabe von Steuererklärungen qualifiziert, weshalb er die entsprechenden Erklärungen notfalls selbst erstellen müsse. Für Verwalter mit der Qualifikation eines Rechtsanwalts wird dieses Argument zusätzlich auf § 3 Nr. 1 StBerG gestützt, welcher diese Berufsgruppen zur geschäftsmäßigen Hilfeleistung in Steuersachen berechtigt (BFH DStR 1995, 18 (19); abl. insoweit Pink ZIP 1997, 177 (184)). Eine Suspendierung der Pflichten aus § 34 Abs. 3 iVm Abs. 1 AO soll lediglich in Ausnahmefällen der **Überschreitung der Grenze der Zumutbarkeit** in Betracht zu ziehen sein, wenn der Verwalter seiner Steuererklärungspflicht – wegen deren Komplexität oder Umfang – nicht nachkommen kann und der von ihm stattdessen beauftragte Steuerberater wegen der Massearmut jede Tätigkeit ablehnt (BFH DStR 1995, 18 (19)).

30 Nach aM steht die Erfüllung der aus § 155 Abs. 1 sowie § 34 Abs. 3 AO resultierenden – allein öffentlichen Interessen dienenden – steuerlichen Pflichten des Verwalters dagegen von vornherein unter dem **Vorbehalt einer ausreichenden Masse,** weil sie schon nicht seinem originären Pflichtenkreis zuzurechnen seien und ihre Erfüllung aus eigenen Mitteln ein unangemessenes Sonderopfer des Insolvenzverwalters darstelle (AG Duisburg NZI 2003, 384 (386); KPB/Kübler Rn. 98 f.). Insbesondere sei es dem Verwalter in massearmen Verfahren nicht zumutbar, eigene Mittel für die Beauftragung eines Steuerfachmannes aufzuwenden, wenn dieser wegen der ungesicherten Aussicht auf Zahlung seiner Vergütung aus der Masse (ua Nachrang dieser Masseverbindlichkeiten gegenüber den Verfahrenskosten gemäß der Prioritätenabfolge des § 209 Abs. 1) andernfalls nicht tätig werde. Ebenso wenig könne dem Verwalter redlicherweise abverlangt werden, eigene besondere steuerrechtliche Expertise einzusetzen oder einen das Übliche übersteigenden Zeitaufwand zu treiben, sofern die ihm dafür nach § 5 InsVV zustehende – neben die Regelvergütung nach § 4 InsVV tretende – besondere Vergütung wegen ihres Nachrangs gegenüber den Verfahrenskosten (vgl. §§ 54, 55 Abs. 1 Nr. 1, 209 InsO) aus der Masse nicht zu bezahlen sei. Dem Einwand der Unzumutbarkeit lässt sich zwar im Fall der Verfahrenskostenstundung nach

§ 4a entgegenhalten, dass die Rechtsprechung dem Insolvenzverwalter insoweit einen **vorschüssig von der Staatskasse zu erfüllenden Anspruch auf Erstattung** der den Umständen nach angemessenen Kosten für die Beauftragung eines Steuerberaters **als Auslagen** gewährt (§ 63 Abs. 1 S. 1 Alt. 2, Abs. 2 iVm § 4 Abs. 2 S. 1 InsVV, § 9 InsVV), sofern die Finanzbehörde trotz Hinweises des Insolvenzverwalters auf die bestehende Masseunzulänglichkeit keinen Dispens von den steuerlichen Pflichten ausspricht, deren Erfüllung die Einschaltung eines Steuerberaters erforderlich macht (BGH NZI 2004, 577 (578 f.); aM KPB/Kübler Rn. 102 ff.: Überdehnung des Auslagenbegriffes; zweifelnd insoweit auch Gerke/Sietz NZI 2005, 373 (374)). Sofern indes dieser Auslagenerstattungsanspruch – jenseits der vom BGH entschiedenen (Sonder-)Konstellation – nicht Platz greift, ist zu bedenken, dass der Verwalter wegen Art. 12 GG einen **verfassungsrechtlich verbürgten Anspruch auf eine insgesamt angemessene Vergütung** hat (vgl. insoweit BGH NZI 2004, 196 (197)). Diesem Anspruch ist bei der Frage, ob die Erfüllung steuerrechtlicher Erklärungspflichten dem Verwalter im jeweiligen Einzelfall zumutbar ist, adäquat Rechnung zu tragen.

III. Zwangsmittel und Haftung

Erfüllt der Verwalter die ihm nach § 155 Abs. 1, § 34 Abs. 3 AO obliegenden steuerlichen Verpflichtungen nicht, so kann die Finanzbehörde **gegen ihn persönlich Zwangsmittel** nach §§ 328 ff. AO festsetzen. Bei verspäteter Abgabe von Steuererklärungen kommt auch ein Verspätungszuschlag nach § 152 AO in Betracht, sofern die Versäumnis nicht entschuldbar erscheint. 31

Die Erfüllung der steuerrechtlichen Pflichten ist überdies **haftungsbewehrt** nach § 69 AO, weshalb der Insolvenzverwalter bei vorsätzlicher oder grob fahrlässiger Pflichtverletzung dem Steuerfiskus für daraus resultierende Schäden persönlich haftet (Nerlich/Römermann/Andres Rn. 35; KPB/Kübler Rn. 93). Der Haftungsmaßstab des § 69 AO greift auch im Rahmen der Haftung nach § 60 wegen **Verletzung spezifisch insolvenzrechtlicher (Vermögensbetreuungs-)Pflichten** Platz, soweit Ansprüche des Fiskus in Rede stehen. Insoweit ist § 69 AO mit seiner Haftungsbeschränkung auf Vorsatz und grobe Fahrlässigkeit lex specialis (KPB/Kübler Rn. 93; Braun/Haffa/Leichtle Rn. 21). Gegenüber sonstigen Dritten bleibt es dagegen bei der Haftung des Verwalters auch für einfache Fahrlässigkeit – etwa dann, wenn die Finanzbehörden aufgrund insuffizienter Angaben des Verwalters eine überhöhte Steuerpflicht oder zu niedrigere Steuererstattungsansprüche des Schuldners ermittelt haben, womit der Verwalter seine insolvenzspezifische Pflicht verletzt hat, für eine möglichst vollständige Befriedigung der Insolvenzgläubiger Sorge zu tragen (KPB/Kübler Rn. 93). 32

D. Beginn eines neuen Geschäftsjahres (Abs. 2 S. 1)

Mit der Eröffnung des Insolvenzverfahrens ordnet § 155 Abs. 2 S. 1 zugleich den Beginn eines neuen Geschäftsjahres an. Für die Zeit bis zur Eröffnung des Insolvenzverfahrens entsteht folglich ein Rumpfgeschäftsjahr, sofern Insolvenzeröffnung und reguläres Geschäftsjahresende nicht – zufällig – zusammenfallen (→ Rn. 12). Das neue Geschäftsjahr muss der Vorgabe des § 240 Abs. 2 S. 2 HGB Rechnung tragen und dauert ab der Eröffnung des Insolvenzverfahrens zwölf Monate, womit es zu einer **Abkehr vom satzungsmäßigen Geschäftsjahresrhythmus** kommt (BGH NJW-RR 2015, 245; K. Schmidt InsO/Schmittmann Rn. 19 f.; MüKoInsO/Jaffé Rn. 18; Braun/Haffa/Leichtle Rn. 8). Soweit die Gegenauffassung das bisherige satzungsmäßige Geschäftsjahresende fortbestehen lassen will (so Nerlich/Römermann/Andres Rn. 41), steht dem neben dem Wortlaut von § 155 Abs. 2 S. 1 insbesondere auch entgegen, dass der Verwalter auf diese Weise gezwungen sein könnte, bereits kurz nach Verfahrenseröffnung einen weiteren Jahresabschluss aufzustellen (BGH NJW-RR 2015, 245). Die in § 155 Abs. 2 S. 1 angeordnete Änderung des bisherigen Geschäftsjahresendes stellt sich schließlich auch als eine **Umstellung des für die Gewinnermittlung maßgeblichen Wirtschaftsjahres** dar, deren steuerliche Wirksamkeit gem. § 4a Abs. 1 S. 2 Nr. 2 S. 2 EStG bzw. § 7 Abs. 4 S. 3 KStG davon abhängt, dass sie im Einvernehmen mit dem Finanzamt erfolgt. Nach Auffassung des Gesetzgebers wäre es im Fall der Eröffnung eines Insolvenzverfahrens allerdings in der Regel ermessensfehlerhaft, wenn das Finanzamt seine Zustimmung verweigerte (BT-Drs. 12/2443, 172; KPB/Kübler Rn. 89). Nach aA ist in Anbetracht der gesetzlich zwingend angeordneten Umstellung des Wirtschaftsjahres die Zustimmung des Finanzamtes bereits entbehrlich (Uhlenbruck/Sinz Rn. 19; IDW RH HFA 1.012 (Stand: 6.12.2018) Rn. 25). 33

Für den Verwalter kann es nicht zuletzt im Hinblick auf die mit der Umstellung des Geschäftsjahres einhergehenden Kosten (etwa für die EDV-technische Umstellung) von Interesse sein, zu dem vor der Eröffnung des Verfahrens geltenden – von der Satzung bestimmten – Geschäftsjahres- 34 rhythmus zurückzukehren. Eine derartige Umstellung zieht für die Zeit ab Verfahrenseröffnung die Entstehung eines – weiteren – Rumpfgeschäftsjahres nach sich und fällt wegen §§ 80, 155 Abs. 1 in die Kompetenz des Insolvenzverwalters (BGH NJW-RR 2015, 245; KPB/Kübler Rn. 28; HmbKommInsR/Denkhaus Rn. 8; K. Schmidt InsO/Schmittmann Rn. 21). Ein **satzungsändernder Beschluss** der Hauptversammlung (§ 179 AktG) bzw. der Gesellschafter (§ 53 GmbHG) ist dagegen nicht vonnöten, weil die Festlegung des Geschäftsjahres in der Satzung, die durch § 155 Abs. 2 S. 1 außer Kraft gesetzt wurde, **lediglich wiederhergestellt** wird und die Rückführung des Geschäftsjahresrhythmus die Gesellschafter nicht in ihren Rechten beeinträchtigt (BGH NJW-RR 2015, 245; MüKoInsO/Jaffé Rn. 18; aA Weisang BB 1998, 1149 (1151)).

35 Allerdings muss die Entscheidung des Insolvenzverwalters, das Geschäftsjahr zu ändern, **nach außen erkennbar werden,** was durch Anmeldung zur Eintragung im Handelsregister oder sonstige Mitteilung an das Registergericht geschehen kann (BGH NJW-RR 2015, 245 (246); K. Schmidt InsO/Schmittmann Rn. 21; HmbKommInsR/Denkhaus Rn. 8a; Uhlenbruck/Sinz Rn. 16). Die betreffende Entscheidung des Insolvenzverwalters stellt keine notwendige Folge der Insolvenzeröffnung dar, weshalb nicht von einer aus Anlass des Insolvenzverfahrens von Amts wegen vorzunehmenden und mithin nach § 58 Abs. 1 S. 2 GNotKG gebührenfreien Eintragung auszugehen ist (KG NZI 2019, 823 (824)). Eine sonstige Verlautbarung der Rückkehr zum satzungsmäßigen Turnus – etwa gegenüber dem Steuerberater, dem Wirtschaftsprüfer, den Finanzbehörden oder der Gläubigerversammlung – genügt dagegen nicht (BGH NZI 2017, 630 (631)). In zeitlicher Hinsicht hat der Verwalter mit seiner Entscheidung zur Rückkehr zum bisherigen Geschäftsjahresrhythmus Zeit bis zum Ende des durch § 155 Abs. 2 S. 1 ausgelösten ersten Geschäftsjahres nach der Eröffnung des Insolvenzverfahrens (BGH NZI 2017, 630 (631)). Er kann seinen Beschluss mithin noch nach Ende des entstehenden Rumpfgeschäftsjahres – **also rückwirkend** – fassen, weil § 181 Abs. 3 AktG, § 54 Abs. 3 GmbHG (ex nunc-Wirkung der handelsregisterlichen Eintragung) weder direkt noch analog anwendbar sind (BGH NZI 2015, 135 (137); HmbKommInsR/Denkhaus Rn. 8a; Hancke/Schildt NZI 2012, 127 (128)). Was schließlich die **steuerliche Wirksamkeit** der Wiederherstellung des ursprünglichen Wirtschaftsjahres angeht, wird abweichend von § 4a Abs. 1 S. 2 Nr. 2 S. 2 EStG bzw. § 7 Abs. 4 S. 3 KStG die Zustimmung des Finanzamtes insbesondere dann für entbehrlich erachtet, wenn wieder auf das Kalenderjahr als Wirtschaftsjahr umgestellt wird (KPB/Kübler Rn. 31; HmbKommInsR/Denkhaus Rn. 8c).

36 Korrespondierend zum Beginn eines neuen Geschäftsjahres mit Eröffnung des Insolvenzverfahrens soll nach dem Willen des historischen Gesetzgebers auch die **Beendigung des Verfahrens** ein neues Geschäftsjahr beginnen lassen, sofern der Schuldner sein Unternehmen nach Abschluss des Abwicklungszeitraumes fortführt (BT-Drs. 12/2443, 172). Im Gesetz hat dies freilich nicht unmittelbar Ausdruck gefunden. Mit der Einstellung bzw. Beendigung des Insolvenzverfahrens findet für die werbende Gesellschaft automatisch wieder die Geschäftsjahresregelung in der Satzung Anwendung, weshalb ein neues **Rumpfgeschäftsjahr** entsteht, das sich von der Beendigung des Insolvenzverfahrens bis zum Beginn des in der Satzung vorgesehenen Geschäftsjahres erstreckt (IDW RH HFA 1.012 (Stand: 6.12.2018) Rn. 11; offengelassen allerdings von BGH NJW-RR 2015, 245 (246), wonach auch das Erfordernis eines Gesellschafterbeschlusses in Betracht kommen soll, um zur satzungsmäßigen Regelung zurückzukehren).

E. Prolongation von Aufstellungs- bzw. Offenlegungspflichten (Abs. 2 S. 2)

37 Die Erleichterungsvorschrift des § 155 Abs. 2 S. 2 will in der initialen Phase des Insolvenzverfahrens einer **zu starken Belastung des Insolvenzverwalters** durch die – ansonsten erforderliche – parallele Erstellung interner wie externer Rechenwerke vorbeugen (BT-Drs. 12/2443, 172; KPB/Kübler Rn. 33). Zu diesem Zweck werden die gesetzlichen Fristen für die Aufstellung und Offenlegung von Jahresabschlüssen (vgl. insbesondere §§ 243 Abs. 3, 264 Abs. 1 S. 3 und 4 HGB, § 325 Abs. 1a HGB, § 5 Abs. 1 S. 1 PublG, § 9 Abs. 1 S. 1 PublG) um die Zeit von der Verfahrenseröffnung bis zum Berichtstermin prolongiert. Daraus ergibt sich wegen § 29 Abs. 1 Nr. 1 ein **Aufschub von sechs Wochen bis zu drei Monaten**. § 155 Abs. 2 S. 2 gilt nicht nur für die auf den Eröffnungstag zu errichtende Eröffnungsbilanz, sondern auch für den auf den Schluss des vorangehenden Rumpfgeschäftsjahres zu errichtenden Jahresabschluss (IDW RH HFA 1.012 (Stand: 6.12.2018) Rn. 33; KPB/Kübler Rn. 33). Auf diese Weise wird den insolvenzrechtlichen Rechenwerken der §§ 151–153 insgesamt (zeitliche) Priorität vor der handels- und steuerrechtlichen Rechnungslegung eingeräumt (BT-Drs. 12/2443, 172; Nerlich/Römermann/Andres Rn. 44).

F. Bestellung des Abschlussprüfers (Abs. 3)

Die Insolvenz lässt die Verpflichtung mittelgroßer und großer Kapitalgesellschaften iSv § 267 Abs. 2 und 3 HGB (sowie gleichgestellter Personenhandelsgesellschaften) zur Prüfung von Jahresabschluss und Lagebericht durch einen Abschlussprüfer (§§ 316 ff. HGB) unberührt (→ Rn. 20). Während § 318 Abs. 1 HGB die Wahl und Bestellung des Abschlussprüfers den Gesellschaftern zuweist, lässt § 155 Abs. 3 S. 1 diese Zuständigkeit mit der Eröffnung des Insolvenzverfahrens auf das Registergericht übergehen, das ausschließlich auf Antrag des Insolvenzverwalters tätig wird. Hintergrund dieser Regelung ist, dass es dem Gesetzgeber in Anbetracht der **wirtschaftlichen Signifikanz der Bestellung des Abschlussprüfers** nicht angemessen erschien, dessen Wahl auch im Insolvenzverfahren den Gesellschaftern zu überantworten (BT-Drs. 12/2443, 173; KPB/Kübler Rn. 68; K. Schmidt InsO/Schmittmann Rn. 56). 38

Eine vor Insolvenzeröffnung von den Gesellschaftsorganen ordnungsgemäß vorgenommene Bestellung eines Abschlussprüfers bleibt allerdings nach Maßgabe des § 155 Abs. 3 S. 2 von der Verfahrenseröffnung unberührt. Abweichend von der Grundregel in §§ 115 f. **besteht die Prüferbestellung fort,** soweit sie sich auf das Geschäftsjahr vor der Eröffnung des Verfahrens bezieht. Gemeint ist damit das wegen § 155 Abs. 2 S. 1 mit der Verfahrenseröffnung endende (Rumpf-)Geschäftsjahr (OLG Dresden NZG 2010, 396 (397); MüKoInsO/Jaffé Rn. 21; Kaiser/Berbuer ZIP 2017, 161 (163)). Stehen für dieses Geschäftsjahr noch einzelne Prüfungsschritte des Abschlussprüfers aus, so kann er allein seine Honoraransprüche für die nach Insolvenzeröffnung erbrachten Leistungen als Masseforderungen iSv § 55 Abs. 1 Nr. 2 geltend machen, wohingegen davor erbrachte Teilleistungen lediglich Insolvenzforderungen zu begründen vermögen (OLG Frankfurt a. M. DStR 2021, 1490 (1493)). 39

Für Geschäftsjahre, die dem mit der Verfahrenseröffnung endenden Geschäftsjahr zeitlich vorangehen, wird einer **analogen Anwendung von § 155 Abs. 3 S. 2** das Wort geredet, um auch insoweit einer bei Insolvenzeröffnung bereits erfolgten Bestellung eines Abschlussprüfers Bestandskraft zu verleihen (so BGH NZI 2018, 647 (648 f.); aA Kniebes ZInsO 2015, 383 (385): fehlende planwidrige Regelungslücke). Eine Durchbrechung der Kontinuität der Prüferbestellung wird allerdings stets dann in Betracht zu ziehen sein, wenn dies erforderlich ist, um eine **ordnungsgemäße Verfahrensabwicklung** zu gewährleisten (K. Schmidt InsO/Schmittmann Rn. 58, der einen Austausch des Prüfers bei Verdacht der Beteiligung an der Begehung von Bilanzdelikten oder Interessenkollision für möglich erachtet; ähnlich jetzt auch BGH NZI 2018, 647 (649) bei Vorliegen der Voraussetzungen des § 318 Abs. 3 HGB). 40

Zweiter Abschnitt. Entscheidung über die Verwertung

§ 156 Berichtstermin

(1) ¹Im Berichtstermin hat der Insolvenzverwalter über die wirtschaftliche Lage des Schuldners und ihre Ursachen zu berichten. ²Er hat darzulegen, ob Aussichten bestehen, das Unternehmen des Schuldners im ganzen oder in Teilen zu erhalten, welche Möglichkeiten für einen Insolvenzplan bestehen und welche Auswirkungen jeweils für die Befriedigung der Gläubiger eintreten würden.

(2) ¹Dem Schuldner, dem Gläubigerausschuß, dem Betriebsrat und dem Sprecherausschuß der leitenden Angestellten ist im Berichtstermin Gelegenheit zu geben, zu dem Bericht des Verwalters Stellung zu nehmen. ²Ist der Schuldner Handels- oder Gewerbetreibender oder Landwirt, so kann auch der zuständigen amtlichen Berufsvertretung der Industrie, des Handels, des Handwerks oder der Landwirtschaft im Termin Gelegenheit zur Äußerung gegeben werden.

Überblick

Der Berichtstermin (s. auch § 29 Abs. 1 Nr. 1) ist eine spezielle Ausprägung des Grundsatzes der Gläubigerautonomie im Insolvenzverfahren. Die Gläubigerversammlung trifft an dieser Stelle des Verfahrens eine (erste) Entscheidung über die verschiedenen Möglichkeiten für den Fortgang des Verfahrens (§§ 156, 157). Als Grundlage für ihre richtungsweisende Entscheidung dient den Gläubigern dabei der Bericht des Insolvenzverwalters zur Lage des Schuldners und der sich daraus ergebenden Ausgangslage des Insolvenzverfahrens (Möhlmann NZI 1999, 433). Die Vorschrift hat im Verlaufe der Zeit immer wieder Kritik erfahren, da diese wichtige Möglichkeit der Gläubiger, Einfluss auf das Insolvenzverfahren zu nehmen, im Verfahrensverlauf zu spät komme (Kreft/Ries Rn. 3). Das ESUG (v. 7.12.2011, BGBl. I 2582), das den Gläubigereinfluss gerade mit Blick auf verbesserte Sanierungsmöglichkeiten unter der Insolvenzordnung stärken wollte, hat mit der Einführung des vorläufigen Gläubigerausschusses (§§ 22a, 56a, 67) sicherlich einen Schritt in die richtige Richtung getan. Es bleibt allerdings abzuwarten, ob das ausreicht (vgl. auch Uhlenbruck/Zipperer Rn. 1).

A. Verfahrensgang

1   Der **Termin** für die **Berichtslegung** durch den Insolvenzverwalter wird durch das Gericht bereits im Eröffnungsbeschluss bestimmt und kann mit dem Prüftermin verbunden werden (vgl. § 29 Abs. 1 Nr. 1, Abs. 2).

I. Bericht des Insolvenzverwalters/eigenverwaltenden Schuldners

2   Die Durchführung des Berichtstermins stellt eine **höchstpersönliche Verpflichtung** des Insolvenzverwalters dar (K. Schmidt InsO/Jungmann Rn. 7). Lediglich in dringenden Ausnahmefällen kann die Vertretung durch ausreichend informierte Personen geboten sein (MüKoInsO/Görg/Janssen Rn. 14).
3   Ob die Verpflichtung lediglich die mündliche (so vgl. Nerlich/Römermann/Balthasar Rn. 30) oder auch die schriftliche Berichterstattung zu den Akten (so vor allem K. Schmidt InsO/Jungmann Rn. 7; MüKoInsO/Görg/Janssen Rn. 15 ff.) betrifft, kann aus hiesiger Sicht dahinstehen; denn jedenfalls stellt es schon zur Vermeidung zeitaufwendiger Rückfragen gängige Praxis dar, den mündlichen Bericht auf der Grundlage einer **schriftlichen Ausfertigung** zu erstatten.
4   Gemäß § 281 Abs. 2 gilt vorstehendes im Verfahren in **Eigenverwaltung** entsprechend für den eigenverwaltenden Schuldner und den zu dessen Bericht eine eigene Stellungnahme abgebenden Sachwalter.
5   Die Berichtspflicht besteht lediglich gegenüber der Gläubigerversammlung, nicht gegenüber einzelnen Gläubigern (BGH NJW 1974, 238); sie ist zudem beschränkt auf den Termin. Anderes kann in Einzelfällen in Bezug auf individuelle Informationsbegehren von Gläubigern gelten (vgl. K. Schmidt InsO/Jungmann Rn. 16 f.).

II. Inhalt des Berichts

6   Art und Umfang des Berichts liegt eine einzelfallbezogene **Ermessensausübung** durch den Insolvenzverwalter zugrunde (Kreft/Ries Rn. 5). Mit Blick auf die häufig gegebene lange Dauer und hohe Komplexität von Unternehmensinsolvenzen kann zu diesem Zeitpunkt des Verfahrens der Bericht gerade in Bezug auf die verschiedenen Verfahrensoptionen und die sich daraus jeweils für die Gläubigerbefriedigung ergebenden Konsequenzen sicherlich nicht über einen ersten **Überblick** hinausgehen.
7   Der Bericht des Insolvenzverwalters soll nach Abs. 1 die folgenden vier **Themenkreise** umfassen:

1. Wirtschaftliche Lage

8   Der Insolvenzverwalter hat die Gläubigerversammlung umfassend über die wirtschaftliche Lage des schuldnerischen Unternehmens sowie die **Gründe** und Ursachen für die **Insolvenz** zu informieren. Hierzu gehört auch die Darstellung der im Eröffnungsverfahren bereits getroffenen Maßnahmen und zwischenzeitlich eingetretenen Veränderungen (K. Schmidt InsO/Jungmann Rn. 8).

2. Sanierungsoptionen

9   Der Insolvenzverwalter hat die Gläubigerversammlung über die Möglichkeiten eines Erhalts des schuldnerischen Unternehmens im Ganzen oder zumindest von Teilen zu informieren. Wie einleitend bereits erwähnt, kann an dieser Stelle vom Insolvenzverwalter gerade mit Blick auf komplexe Unternehmensinsolvenzen kein detailliertes Sanierungsgutachten erwartet werden.
10   Seine Pflicht besteht aber mit Sicherheit darin, den Gläubigern auf der Grundlage seiner Ausführungen zur wirtschaftlichen Lage der Gesellschaft **erste Anhaltspunkte** über die eigene Einschätzung der Möglichkeiten zu geben und sie dabei auch über den Stand der Verhandlungen mit Großgläubigern und/oder Investoren ins Bild zu setzen.

3. Insolvenzplanalternative

Der Insolvenzverwalter hat gegenüber der Gläubigerversammlung Stellung dazu zu nehmen, ob sich eventuell Möglichkeiten für eine Insolvenzabwicklung in Form eines Insolvenzplans ergeben. Auch hier gilt bereits oben gesagtes; es kann vom Insolvenzverwalter zu diesem Zeitpunkt – für den Fall, dass er die Ausarbeitung eines Insolvenzplans überhaupt für eine echte Alternative hält – lediglich eine Grundaussage zu den Chancen und Risiken aus der Sicht des Unternehmens und der Gläubiger erwartet werden. Hierzu kann auch ein bereits ausgefertigtes **Grobkonzept** gehören (MüKoInsO/Görg/Janssen Rn. 33). 11

Im Fall des durch das ESUG neu eingeführten **Schutzschirmverfahrens** nach § 270 b (→ § 270b Rn. 1 ff.) kann dies mit Blick auf die kurze Vorlagefrist von drei Monaten selbstverständlich auch schon weiter ins Detail gehen. 12

4. Auswirkung auf Befriedigung der Gläubiger

Bei der Darstellung der verschiedenen Möglichkeiten für den Fortgang des Insolvenzverfahrens hat sich der Insolvenzverwalter mit Blick auf das vorrangige Verfahrensziel der bestmöglichen Gläubigerbefriedigung auch dazu zu äußern, wie sich diese Möglichkeiten auf die **Quotenaussicht** der Gläubiger auswirken würden. 13

B. Beteiligung/Rechte der Verfahrensbeteiligten

Der Abs. 2 sucht dem Interesse aller Beteiligten an einer Entscheidung auf möglichst umfassender Grundlage Rechnung zu tragen, indem er sowohl dem Schuldner und dem Gläubigerausschuss als auch dem Betriebsrat und dem Sprecherausschuss der leitenden Angestellten eine Gelegenheit zur **Stellungnahme** zuspricht. In das Ermessen des Gerichts legt Abs. 2 S. 2 die Entscheidung in bestimmten Fällen auch der jeweils einschlägigen Berufsvertretung die Möglichkeit zur Anhörung zu gewähren. Die Zuständigkeit der jeweiligen Berufsvertretung bestimmt sich sachlich und örtlich nach der Art des Unternehmens sowie dem Ort der gewerblichen Hauptniederlassung (K. Schmidt InsO/Jungmann Rn. 21). 14

Eine gesonderte **Ladung** der Anhörungs- und Äußerungsberechtigten zum Berichtstermin ergeht nicht (K. Schmidt InsO/Jungmann Rn. 18). Verweigert das Insolvenzgericht einem Anhörungsberechtigten die Gelegenheit zur Stellungnahme, kann dieser dagegen im Wege der Erinnerung nach § 11 RPflG vorgehen (Kreft/Ries Rn. 10). 15

C. Rechtsmittel

Das Insolvenzgericht hebt Beschlüsse, die von der Gläubigerversammlung im Rahmen des Berichtstermins gefasst wurden, auf, wenn diese im Widerspruch zum gemeinsamen Interesse der Gläubiger stehen und ein nicht nachrangiger Gläubiger oder der Insolvenzverwalter dies noch in der Gläubigerversammlung beantragen (→ § 78 Rn. 1 ff.). 16

Ein **gemeinsames Interesse** im Sinne dieser Vorschrift ist auf die bestmögliche und gleichmäßige Befriedigung aller Gläubiger – nicht lediglich der Mehrheit – gerichtet (BGH NZI 2008, 490; für eine Auflistung von Beispielen möglicher Fälle, in denen eine Entscheidung der Gläubigerversammlung insolvenzzweckwidrig ist und die Insolvenzgläubiger um ihren Anspruch auf bestmögliche Befriedigung im Verfahren bringen kann, vgl. Pape ZInsO 2000, 476 f.). 17

§ 157 Entscheidung über den Fortgang des Verfahrens

¹Die Gläubigerversammlung beschließt im Berichtstermin, ob das Unternehmen des Schuldners stillgelegt oder vorläufig fortgeführt werden soll. ²Sie kann den Verwalter beauftragen, einen Insolvenzplan auszuarbeiten, und ihm das Ziel des Plans vorgeben. ³Sie kann ihre Entscheidungen in späteren Terminen ändern.

Überblick

Aufgrund der Gläubigerautonomie obliegt der Gläubigerversammlung die Entscheidung, ob das schuldnerische Unternehmen sofort stillgelegt oder vorläufig fortgeführt werden soll. Nur sie hat darüber zu bestimmen, wie eine Befriedigung der Gläubigerforderungen im Einzelfall am besten erreicht werden kann. Sie kann mithin Vorgaben gegenüber dem Insolvenzverwalter machen, wie er zu verfahren hat und von welchen gesetzlichen Handlungsoptionen er – zB im Rahmen eines Insolvenzplans – Gebrauch macht.

A. Stilllegung oder Fortführung

1   Durch Beschluss entscheidet die Gläubigerversammlung, ob das schuldnerische Unternehmen vorläufig fortzuführen oder sofort stillzulegen ist. Diese Entscheidung ist grundsätzlich nicht irreversibel, sondern kann durch die Gläubigerversammlung später auch geändert werden (Haarmeyer/Wutzke/Förster Rn. 6). Dies ist ausnahmsweise ausgeschlossen, sofern die auf Basis der Gläubiger-Entscheidung durch den Insolvenzverwalter bereits umgesetzten Maßnahmen irreversibel sind, etwa durch bindende Verträge mit Dritten. An diesen Grundsätzen ändert sich grundsätzlich nichts, wenn bei Eröffnung des Insolvenzverfahrens die Eigenverwaltung angeordnet wird (BGH NZI 2020, 284).

I. Fortführung

2   Wird das schuldnerische Unternehmen zumindest vorübergehend unter Leitung bzw. Aufsicht des Insolvenzverwalters weiterbetrieben, handelt es sich um eine Fortführung. Weil eine solche das Risiko einer Masseschmälerung und zugleich die Chance auf eine Mehrung der Masse impliziert, hat allein die Gläubigerversammlung darüber zu entscheiden, ob es zu einer Fortführung kommt. Folglich darf der Insolvenzverwalter dem Beschluss solange nicht vorgreifen, wie aus der Fortführung kein irreparabler Werteverzehr durch ungedeckte Masseverbindlichkeiten droht (Ries ZInsO 2009, 2030 (2034)). Im Berichtstermin kann die Gläubigerversammlung nur über eine vorläufige Fortführung beschließen, während über die endgültige Fortführung ausschließlich in einem Insolvenzplan im Abstimmungstermin entschieden werden kann (§ 235).

II. Stilllegung

3   Trifft die Gläubigerversammlung keinen Beschluss oder beschließt sie die Stilllegung, so ist der Insolvenzverwalter grundsätzlich dazu verpflichtet, unverzüglich die Verwertung durchzuführen. Eine Ausnahme besteht zum einen für den Fall, dass der Schuldner einen Insolvenzplan vorlegen kann und dessen Durchführung durch Umsetzung des Stilllegungsbeschlusses gefährdet würde (Andres/Leithaus/Leithaus Rn. 11). Zum anderen wird eine Stilllegung für den Fall abgelehnt, dass in der Einladung zum Berichtstermin explizit darauf hingewiesen wurde, dass der Insolvenzverwalter die vorläufige Fortführung beabsichtigt und dass die hierfür erforderliche Zustimmung der Gläubigerversammlung bei deren Beschlussunfähigkeit als erteilt gilt. In diesem Fall wird im Schrifttum eine Fiktion analog § 160 Abs. 1 S. 3 angenommen (K. Schmidt InsO/Jungmann Rn. 14), was auch sachgerecht ist, da der Insolvenzverwalter seinen Vorschlag gegenüber der Gläubigerversammlung transparent gemacht hat und mit der vorläufigen Fortführung alle Optionen für die Gläubiger offen gehalten werden, zumal sie jederzeit die Stilllegung beschließen können.

III. Insolvenzplan

4   Nach § 157 S. 2 kann die Gläubigerversammlung den Insolvenzverwalter zur Ausarbeitung eines Insolvenzplans verpflichten und in diesem Rahmen auch eine endgültige Fortführung beschließen. Werden ihm Inhalte und Ziele vorgegeben, ist der Insolvenzverwalter insoweit entscheidungsgebunden; ob er ein eigenes Initiativrecht zur Initiierung und Vorlage eines Insolvenzplans hat, ist umstritten (dafür: K. Schmidt InsO/Jungmann Rn. 21; Kreft/Ries Rn. 6; Landfermann BB 1995, 1654; dagegen: Andres/Leithaus/Andres Rn. 13; Grub ZIP 1993, 393 (397)). Jedenfalls darf der Insolvenzverwalter die Masse nicht mit Kosten für die Erstellung des Insolvenzplans belasten, wenn absehbar ist, dass die Mehrheit in der Gläubigerversammlung ein solches Vorhaben ablehnt oder es aus anderen Gründen aussichtslos ist. Die Vorlage des Insolvenzplans gegenüber dem Insolvenzgericht muss innerhalb einer angemessenen Frist erfolgen gem. § 218 Abs. 2.

B. Aufgabendelegation

5   Ihre Beschlusskompetenz nach § 157 kann die Gläubigerversammlung nach hM per Beschluss auf den Gläubigerausschuss, nicht hingegen auf das Insolvenzgericht übertragen. Umstritten ist die Zulässigkeit einer Delegation auf den Insolvenzverwalter (dafür: Andres/Leithaus/Andres Rn. 14; Kreft/Ries Rn. 10; dagegen: K. Schmidt InsO/Jungmann Rn. 18). Gegen eine Übertragung auf

den Insolvenzverwalter spricht die Gläubigerautonomie; allein die Gläubiger sollen nach dem eindeutigen Wortlaut des § 157 über Stilllegung oder vorläufige Fortführung entscheiden können, während der Insolvenzverwalter eine ausführende und beratende Funktion hat und Vorschläge unterbreiten kann.

C. Aufhebung und Abänderung

Die Gläubigerversammlung ist gem. § 157 S. 3 berechtigt, grundsätzlich jederzeit ihre nach §§ 157, 159 getroffenen Entscheidungen über eine Stilllegung oder vorläufige Fortführung zu ändern oder aufzuheben. Zu den Stimmrechten und Mehrheitserfordernissen s. §§ 76, 77. 6

D. Prozessuales

Neben der Beschlussfassung nach § 157 können im Berichtstermin auch weitere Tagesordnungspunkte nach vorheriger Ankündigung behandelt werden. Dies kann die Neuwahl des Insolvenzverwalters (§ 57), die Rechnungslegung (§ 66), die Wahl eines Gläubigerausschusses (§ 68) oder besonders bedeutsame Rechtshandlungen (§§ 160, 162, 163) betreffen. In praxi wird der Berichtstermin zudem oft aus Effizienzgründen mit dem Prüfungstermin kombiniert. 7

§ 158 Maßnahmen vor der Entscheidung

(1) Will der Insolvenzverwalter vor dem Berichtstermin das Unternehmen des Schuldners stilllegen oder veräußern, so hat er die Zustimmung des Gläubigerausschusses einzuholen, wenn ein solcher bestellt ist.

(2) ¹Vor der Beschlußfassung des Gläubigerausschusses oder, wenn ein solcher nicht bestellt ist, vor der Stilllegung oder Veräußerung des Unternehmens hat der Verwalter den Schuldner zu unterrichten. ²Das Insolvenzgericht untersagt auf Antrag des Schuldners und nach Anhörung des Verwalters die Stilllegung oder Veräußerung, wenn diese ohne eine erhebliche Verminderung der Insolvenzmasse bis zum Berichtstermin aufgeschoben werden kann.

Überblick

Der seit der Einführung der Insolvenzordnung im deutschen Insolvenzrecht niedergelegte Fortführungsgrundsatz (vgl. §§ 1, 22, 157) verfolgt den Zweck, den Entscheidungsspielraum der Gläubiger bis zum Berichtstermin möglichst weitgehend ungestört zu erhalten (Spieker NZI 2002, 472). Diesem Grundgedanken entsprechend regelt § 158 das Zustimmungsbedürfnis des Gläubigerausschusses für den Fall, dass der Insolvenzverwalter den schuldnerischen Betrieb zwischen Verfahrenseröffnung und Berichtstermin stilllegen möchte.

A. Normzweck

Die Option der Sanierung als gleichberechtigtes Verfahrensmittel – zur Erreichung einer bestmöglichen Gläubigerbefriedigung – neben der Liquidation ist eine der wesentlichen Neuerungen seit der Einführung der **Insolvenzordnung** (Uhlenbruck GmbHR 1995, 84 ff.). Die Regelungen der InsO erkennen in § 1 Abs. 1 nun ausdrücklich diese beiden Verfahrensmittel an und finden in § 22 Abs. 2 S. 2 Nr. 2 eine unterstützende Regelung. 1

Hierin ist festgelegt, dass der vorläufige Insolvenzverwalter den Betrieb eines schuldnerischen Unternehmens – so wie er ihn vorfindet – zunächst grundsätzlich **fortzuführen** hat. Die endgültige Entscheidung über Stilllegung oder Fortführung ist nach der Eröffnung grundsätzlich den Gläubigern vorbehalten (§§ 156, 157; im Insolvenzeröffnungsverfahren kann der Insolvenzverwalter jedenfalls nicht ohne Zustimmung des Insolvenzgerichts das schuldnerische Unternehmen stilllegen, → § 22 Rn. 1 ff.). Diese Grundsätze gelten auch im Rahmen der (vorläufigen) Eigenverwaltung (BAG NZA 2020, 1090). 2

B. Verfahren bei Stilllegung oder Veräußerung

Der Begriff der Stilllegung des Betriebs des schuldnerischen Unternehmens erfasst jede Maßnahme des Insolvenzverwalters, die die operative Tätigkeit des gesamten oder von Teilen des 3

Betriebes des schuldnerischen Unternehmens beendet (Andres/Leithaus/Andres Rn. 2). Die **Stilllegung** in diesem Sinne umfasst faktisches Handeln des Insolvenzverwalters genauso, wie das Unterlassen von fortführungsnotwendigen Maßnahmen (HmbKommInsR/Decker Rn. 3).

4   Die Veräußerung des Unternehmens als von der Regelung des § 158 erfasste Maßnahme ist mit dem Gesetz zur Vereinfachung des Insolvenzverfahrens (v. 13.4.2007, vgl. BGBl. I Nr. 13 2007, 509) aufgenommen worden. Damit hat der Gesetzgeber einen alten Rechtsstreit über die grundsätzliche Möglichkeit der **Unternehmensveräußerung** (häufig wird dies die Fälle der sog. „Übertragenden Sanierung" betreffen, vgl. Zipperer NZI 2008, 207) zwischen der Eröffnung des Insolvenzverfahrens und dem Berichtstermin aufgelöst (ausf. zu diesem Rechtsstreit vgl. Spieker NZI 2002, 472 ff.).

5   Nun ist die Veräußerung vor dem Berichtstermin sogar ohne Beteiligung der Gläubiger möglich, wenn ein (vorläufiger) Gläubigerausschuss nicht bestellt ist (mit diesem Hinweis vgl. MüKo-InsO/Görg/Janssen Rn. 11). Die **Chance** zur Unternehmensveräußerung ergibt sich in der Praxis häufig in einem frühen Verfahrensstadium. Dem Insolvenzverwalter soll mit der Neuregelung deshalb die Möglichkeit eingeräumt werden, nach Verfahrenseröffnung zügig den **Betriebsübergang** einzuleiten und nicht noch unter Umständen drei Monate bis zum Berichtstermin abwarten zu müssen (BT-Drs. 16/3227, 20 zu Nr.21; vgl. auch Pannen/Riedemann NZI 2006, 195).

I. Beteiligung des Gläubigerausschusses

6   Hat das Insolvenzgericht einen (vorläufigen) Gläubigerausschuss eingesetzt, so ist dessen vorherige Zustimmung bindende Voraussetzung für den Insolvenzverwalter bei seiner Entscheidung für eine Betriebsstilllegung bzw. Unternehmensveräußerung.

7   Dem **Schutzgedanken** der Norm, die Gläubiger in die Lage zu versetzen selbständig und auf ausreichender Informationsbasis eine Entscheidung über den weiteren Verfahrensverlauf zu treffen, entsprechend, hat der Insolvenzverwalter diese vor deren Entscheidung über die Zustimmung mit allen notwendigen Informationen zu versorgen (Braun/Esser Rn. 2). Das **Initiativrecht** steht dabei allerdings weiter ausschließlich dem Insolvenzverwalter zu; ohne dessen Ersuchen einer Zustimmung dürfen die Gläubiger eine Stilllegung nicht beschließen (vgl. Uhlenbruck/Zipperer Rn. 10).

8   Für das Verfahren der Beschlussfindung der Gläubiger gelten die allgemeinen Regeln (→ § 72 Rn. 1 ff.).

9   Handelt der Insolvenzverwalter **ohne** die **Zustimmung** eines eingesetzten Gläubigerausschusses und legt den Betrieb still bzw. führt die Veräußerung des Unternehmens eigenmächtig durch, dann gilt die Regelung des § 164 (BGH ZIP 1995, 290 f.). Genau wie in den Fällen der §§ 160 ff. behält eine einmal vorgenommene Stilllegung/Veräußerung im Außenverhältnis ihre Gültigkeit. Der Insolvenzverwalter kann sich lediglich haftbar machen, gem. → § 60 Rn. 1 ff.

II. Information des Schuldners

10 Ist ein (vorläufiger) Gläubigerausschuss nicht bestellt, liegt die **Entscheidungsbefugnis** allein beim Insolvenzverwalter, der vor dem Hintergrund einer möglichen Haftung gem. § 60 nach pflichtgemäßem **Ermessen** zu entscheiden hat. In keinem Fall kommt es auf die Zustimmung des Insolvenzgerichts an; hat ein zwar bestellter (vorläufiger) Gläubigerausschuss keine Entscheidung getroffen, dann gilt sein **Schweigen** als Verweigerung der Zustimmung (Uhlenbruck/Zipperer Rn. 10).

11 Der Insolvenzverwalter hat **vor** seiner **Entscheidung** den Schuldner so früh wie möglich über die Stilllegungs- oder Veräußerungsabsicht in Kenntnis zu setzen. Für den Fall eines laufenden Zustimmungsverfahrens bei eingesetztem (vorläufigem) Gläubigerausschuss gilt dies auf jeden Fall bis zur endgültigen Beschlussfassung. Für Fälle in denen ein (vorläufiger) Gläubigerausschuss nicht eingesetzt worden ist, muss die **Information** vor der Durchführung der Maßnahme erfolgen (K. Schmidt InsO/Jungmann Rn. 14).

12 Bei der Wahl der Form bzw. des Mediums zur Information des Schuldners ist der Insolvenzverwalter grundsätzlich frei. Diese kann in mündlicher, schriftlicher oder sonstiger Form erfolgen (MüKoInsO/Görg/Janssen Rn. 24).

III. Keine Untersagung durch das Insolvenzgericht

13 Abs. 2 S. 2 gibt dem Schuldner die Möglichkeit, sich durch einen **Untersagungsantrag** beim Insolvenzgericht vor einer Veräußerung bzw. Stilllegung seines Unternehmens zu schützen.

Das Insolvenzgericht untersagt die Maßnahmendurchführung, wenn diese ohne eine erhebliche 14
Verminderung der Insolvenzmasse bis zum Berichtstermin aufgeschoben werden kann. Damit ist
dem Insolvenzgericht für seine Entscheidung ein gewisser **Beurteilungsspielraum** eröffnet. Diesen wird es vor allem auf der Grundlage von durch die Anhörung des Insolvenzverwalters eingeholten Informationen ausfüllen. Das Insolvenzgericht überprüft dann im weiteren Verlauf allerdings nicht die Entscheidung des Insolvenzverwalters (ggf. mitsamt der Zustimmung des Gläubigerausschlusses), sondern hat eine **eigene Entscheidung** zu treffen und ist hierbei auch – bis auf den Beurteilungsspielraum bezüglich der Folgen für die Insolvenzmasse – gebunden (K. Schmidt InsO/Jungmann Rn. 19).

C. Rechtsmittel

Für den Fall der Entscheidung durch einen Richter sind Rechtsmittel nicht gegeben. Trifft der 15
Rechtspfleger die Entscheidung zur Untersagung der vom Insolvenzverwalter avisierten Maßnahme oder weist er den Antrag des Schuldners zurück, dann ist hiergegen die Erinnerung nach
§ 11 Abs. 2 S. 1 RPflG gegeben.

§ 159 Verwertung der Insolvenzmasse
Nach dem Berichtstermin hat der Insolvenzverwalter unverzüglich das zur Insolvenzmasse gehörende Vermögen zu verwerten, soweit die Beschlüsse der Gläubigerversammlung nicht entgegenstehen.

Überblick

Fasst die Gläubigerversammlung im Berichtstermin keinen eindeutigen Beschluss über die
Unternehmensfortführung, so kommt das Verwertungsgebot des § 159 zum Tragen, wonach der
Insolvenzverwalter unverzüglich nach dem Berichtstermin mit der Verwertung der Masse zu beginnen hat. Ziel ist eine bestmögliche Befriedigung der Gläubiger für den Fall, dass eine Fortführung
von diesen für aussichtslos bzw. für nicht sachgerecht gehalten wird. An den Beschluss der Gläubigerversammlung ist der Insolvenzverwalter gebunden; er nimmt die Verwertung aufgrund seiner
auf § 80 Abs. 1 beruhenden Verfügungsmacht vor.

A. Verwertungsbegriff

Eine Verwertung iSd § 159 bezeichnet die Veräußerung von Massegegenständen des Schuldners; 1
mithin die endgültige Umwandlung des realen Vermögens in Geld (K. Schmidt InsO/Jungmann
Rn. 2). Es handelt sich um eine Realisierung der Massewerte durch den Insolvenzverwalter (Häsemeyer, Insolvenzrecht, 4. Aufl. 2007, Rn. 13.35).

In Fällen, in denen zu der Masse ein Unternehmen gehört, kann die Verwertung durch Veräuße- 2
rung des gesamten Unternehmens insbesondere im Wege der übertragenden Sanierung oder durch
Veräußerung einzelner Vermögensgegenstände erfolgen.

B. Verwertungspflicht

Während vor dem Berichtstermin eine sog. Verwertungssperre besteht (s. § 158), ist der Insol- 3
venzverwalter unmittelbar nach dem Berichtstermin verpflichtet die Verwertung vorzunehmen;
sofern die Gläubigerversammlung nichts Abweichendes beschlossen hat. Die Verwertungspflicht
entsteht somit qua Gesetz im Innenverhältnis zwischen Gläubigern und Insolvenzverwalter und
bedarf nicht eines besonderen Beschlusses.

Hinsichtlich der konkreten Vorgehensweise zur Verwertung ist der Insolvenzverwalter grund- 4
sätzlich frei und kann das Unternehmen auch vorübergehend fortführen, sofern dies mit hoher
Wahrscheinlichkeit einen höheren Verwertungserlös im Sinne der Gläubigergesamtheit verspricht.
Insoweit kann sich der Insolvenzverwalter auf die business judgment rule iSv § 93 Abs. 1 AktG
analog stützen. Hinsichtlich der gesellschaftsrechtlichen Exkulpationsmöglichkeit der Geschäftsleitung besteht nämlich angesichts des aus § 80 Abs. 1 resultierenden Insolvenzbeschlags eine vergleichbare Interessenlage und eine planwidrige Regelungslücke (ähnlich Berger/Frege/Nicht NZI
2010, 321 ff.; Erker ZInsO 2012, 199 ff.; aA Jungmann NZI 2009, 80 ff.). Folglich scheidet eine
Haftung des Insolvenzverwalters nach § 60 für solche Schäden aus, die für die Gläubiger aus

einer zu niedrigen Verwertung der Masse des Schuldners resultieren. Dies jedenfalls, sofern der Insolvenzverwalter eine informierte Entscheidung getroffen und diese auf Basis einer Abwägung der Vor- und Nachteile sowie Chancen und Risiken getroffen hat.

5   Eine Ausnahme von der eigenverantwortlichen Verwertung besteht, sofern der Insolvenzverwalter durch Beschlüsse der Gesellschafterversammlung bzw. durch Zustimmungserfordernisse nach §§ 160, 162 gebunden ist. Diese Folgepflicht findet ihre Grenze in rechtsmissbräuchlichen, verfahrenszweckfremden Beschlüssen (K. Schmidt InsO/Jungmann Rn. 4).

C. Verwertungsarten

6   Welche Art der Verwertung im Einzelfall angewandt wird, kann der Insolvenzverwalter grundsätzlich nach freiem Ermessen entscheiden, wobei er grundsätzlich die günstigste und effizienteste Verwertungsart zu wählen hat (BGH NJW-RR 2006, 1273 f.). Eine Ausnahme besteht für die Verwertung von Massegegenständen, an denen ein Absonderungsrecht besteht.

7   Mobilien werden – sofern der Insolvenzverwalter die jeweilige Sache in seinem Besitz hat (§ 166) – durch freihändigen Verkauf, private oder öffentliche Versteigerung verwertet. Bestehen Absonderungsrechte, so sind die §§ 165 ff. zu beachten.

8   Die Verwertung von Immobilien erfolgt durch freihändigen Verkauf mit Zustimmung nach § 160 Abs. 2 Nr. 1 oder ohne Zustimmung durch Zwangsverwaltung bzw. Zwangsversteigerung. Zubehör, Erzeugnisse oder Bestandteile des Grundstücks können zum Haftungsverband der Hypothek gehören (§ 1120 BGB). Das zu einem Unternehmen gehörige Zubehör qualifiziert nur dann als Grundstückszubehör, wenn das Betriebsgrundstück gemessen am Inventar des Betriebs die Hauptsache darstellt (BGHZ 85, 234 ff.).

D. Verwertungssonderfälle

9   Eine Verwertung durch Unternehmensveräußerung im Ganzen (zur übertragenden Sanierung s. Theiselmann/Stengel/Sax, Praxishandbuch des Restrukturierungsrechts, 3. Aufl. 2016, Kap. 17) bedarf der Zustimmung der Gläubigerversammlung (§ 160).

10 Sollen Verwertungen im Ausland (bspw. der Geschäftsanteile oder Vermögenswerte von Tochtergesellschaften) vorgenommen werden, so erfordert dies in der Regel eine – ggf. zu erzwingende (→ § 98 Rn. 12) – Vollmacht des Schuldners, sofern der Insolvenzbeschlag in dem jeweiligen Land nicht anerkannt wird.

11 Erfindungen von Arbeitnehmern lassen sich unter Beachtung des § 27 ArbnErfG verwerten.

12 Sollen Kundendaten verwertet werden, sind datenschutzrechtliche Regelungen (insbesondere §§ 28 ff. BDSG) zu beachten; in der Folge kommt es vor allem darauf an, ein berechtigtes Interesse darzutun.

13 Bei einem Verkauf von Kunden-, Patienten- oder Mandantenstämmen ist aufgrund von § 203 StGB die Zustimmung der Betroffenen erforderlich, bevor Daten weitergegeben werden.

14 Verwerten lassen sich im Miteigentum des Schuldners stehende Gegenstände, sofern der aussonderungsberechtigte Miteigentümer seine Zustimmung erteilt (§ 747 BGB).

15 Immaterielle Vermögensgegenstände (Forderungen, gewerbliche Schutzrechte, Marken, Patente) müssen zu ihrer Verwertung eingezogen und daraufhin veräußert werden. Gehört der Name des Schuldners zur Marke, so ist dessen Zustimmung erforderlich (BGHZ 32, 103, 113; BGH ZIP 1990, 388).

E. Verwertungsaussetzung

16 Kollidiert die Verwertung mit einem Insolvenzplan, so kann sie durch das Insolvenzgericht gem. § 233 (→ § 233 Rn. 1 ff.) ausgesetzt werden, soweit die Durchführung des Insolvenzplans durch die Fortsetzung der Verwertung gefährdet würde.

17 Eine Aussetzung der Verwertung kann sich auch konkludent durch einen Beschluss der Gläubigerversammlung (→ § 157 Rn. 4) ergeben, wenn diese die Erarbeitung eines Insolvenzplans beauftragt hat und somit eine Verwertung entgegenstünde.

F. Steuerliche Aspekte der Verwertung

18 Bei der Verwertung nach Eröffnung des Insolvenzverfahrens handelt es sich um einen umsatzsteuerpflichtigen Vorgang, sofern auch der Schuldner zur Umsatzsteuer veranlagt war (BFH ZIP 1987, 119; 1989, 384).

Die Zahlung der Umsatzsteuer erfolgt aus der Masse (→ § 55 Rn. 29), wobei eine Masseschuld im Falle eines starken vorläufigen Insolvenzverwalters nach § 55 Abs. 2 S. 1 (→ § 55 Rn. 63 ff.) und im Falle eines schwachen vorläufigen Insolvenzverwalters nach § 55 Abs. 4 (→ § 55 Rn. 69) entsteht. 19

§ 160 Besonders bedeutsame Rechtshandlungen

(1) ¹Der Insolvenzverwalter hat die Zustimmung des Gläubigerausschusses einzuholen, wenn er Rechtshandlungen vornehmen will, die für das Insolvenzverfahren von besonderer Bedeutung sind. ²Ist ein Gläubigerausschuß nicht bestellt, so ist die Zustimmung der Gläubigerversammlung einzuholen. ³Ist die einberufene Gläubigerversammlung beschlussunfähig, gilt die Zustimmung als erteilt; auf diese Folgen sind die Gläubiger bei der Einladung zur Gläubigerversammlung hinzuweisen.

(2) Die Zustimmung nach Absatz 1 ist insbesondere erforderlich,
1. wenn das Unternehmen oder ein Betrieb, das Warenlager im ganzen, ein unbeweglicher Gegenstand aus freier Hand, die Beteiligung des Schuldners an einem anderen Unternehmen, die der Herstellung einer dauernden Verbindung zu diesem Unternehmen dienen soll, oder das Recht auf den Bezug wiederkehrender Einkünfte veräußert werden soll;
2. wenn ein Darlehen aufgenommen werden soll, das die Insolvenzmasse erheblich belasten würde;
3. wenn ein Rechtsstreit mit erheblichem Streitwert anhängig gemacht oder aufgenommen, die Aufnahme eines solchen Rechtsstreits abgelehnt oder zur Beilegung oder zur Vermeidung eines solchen Rechtsstreits ein Vergleich oder ein Schiedsvertrag geschlossen werden soll.

Überblick

Die Vorschrift dient zum einen als Generalklausel sozusagen ultimativ dem Zweck der Gewährleistung der Gläubigerautonomie. Indem sie alle Entscheidungen der Gläubigerversammlung, die nicht bereits auf der Grundlage der §§ 157–159 getroffen wurden, umfasst (Abs. 1). Zudem bestimmt sie in Abs. 1 S. 2 für die Fälle, in denen es nicht zur Einsetzung eines Gläubigerausschusses gekommen ist, eine Zustimmungspflicht der Gläubigerversammlung. Zum anderen zählt sie in ihrem Abs. 2 noch einmal ausdrücklich solche Rechtshandlungen auf, die ausdrücklich schon nach Gesetz dem Begriff der Rechtshandlungen mit besonderer Bedeutung unterfallen sollen und damit eine Mitwirkung der Gläubiger an solchen wesentlichen Entscheidungen des Insolvenzverwalters garantieren sollen.

Übersicht

	Rn.		Rn.
A. Zustimmungspflichtige Handlungen	1	B. Zustimmungsverfahren	12
I. Rechtshandlungen von besonderer Bedeutung	4	I. Kompetenz	12
II. Regelbeispiele	5	II. Beschluss	14
1. Veräußerungen (Abs. 2 Nr. 1)	6	III. Verweigerung und Zustimmungsfiktion	17
2. Darlehen (Abs. 2 Nr. 2)	8	C. Rechtsmittel	21
3. Rechtsstreit (Abs. 2 Nr. 3)	10		

A. Zustimmungspflichtige Handlungen

Das der Insolvenzverwalter vor bestimmten, für das Verfahren besonders bedeutsamen Rechtshandlungen die Zustimmung des Gläubigerausschusses einholen muss, entsprach im Grundsatz bereits dem Insolvenzrecht unter der Konkursordnung (§§ 133 Nr. 2, 134 KO). Während die KO jedoch diese Rechtshandlungen abschließend aufgezählt hat, hat der Gesetzgeber der InsO in Abs. 1 bewusst den Weg über eine **Generalklausel** gewählt, um die Anwendbarkeit der Norm flexibler zu gestalten (BT-Drs. 12/2443, 174). 1

Im Rahmen der Eigenverwaltung unterliegt der **eigenverwaltende Schuldner** den gleichen Anforderungen bei Vornahme von Rechtshandlungen mit besonderer Bedeutung, wie der Insolvenzverwalter nach § 160 (vgl. § 276). 2

3   Werden Geschäfte, die wegen ihrer herausgehobenen Bedeutung für das Insolvenzverfahren dem Prozedere des § 160 unterliegen im Rahmen einer Insolvenzplanlösung geregelt, dann macht schon die Vollzugswirkung eines **rechtskräftigen Insolvenzplans** (→ § 254 Rn. 1 ff..) weitere Rechtshandlungen des Insolvenzverwalters überflüssig (MüKoInsO/Görg/Janssen Rn. 35).

I. Rechtshandlungen von besonderer Bedeutung

4   Ob eine Rechtshandlung von besonderer Bedeutung ist, muss anhand des jeweiligen **Einzelfalls** und mit Bezug zu den Zielen (Generierung einer möglichst großen Verteilungsmasse, Fortführung des Unternehmens usw) entschieden werden. Das Abstellen auf einzelne quantitative Orientierungsgrößen (bestimmter Prozentsatz der Masse, Wert eines Vermögensgegenstands unabhängig von seinem Nutzen für das weitere Insolvenzverfahren usw.) verbietet sich hierbei von vornherein (MüKoInsO/Görg/Janssen Rn. 8).

II. Regelbeispiele

5   Eine gewisse **Orientierung** bei der Auslegung der Generalklausel im Einzelfall können dabei auch die Regelbeispiele des Abs. 2 bieten (OLG Koblenz ZIP 2015, 392 f.; Braun/Esser Rn. 7).

1. Veräußerungen (Abs. 2 Nr. 1)

6   Diese Regelung umfasst vor allem die Veräußerung von **Sachgesamtheiten** aus der Insolvenzmasse. Will der Insolvenzverwalter das Unternehmen, einen Betrieb (Begriff angelehnt an § 613a BGB, vgl. MüKoInsO/Görg/Janssen Rn. 15) oder das Warenlager im Ganzen veräußern, bedarf er hiernach der Zustimmung des Gläubigerausschusses bzw. der Gläubigerversammlung.

7   Gleiches gilt für die Veräußerung von
- **unbeweglichen Gegenständen** aus freier Hand (von der Zustimmungspflicht nicht betroffen sind dabei neben der Zwangsversteigerung bzw. Zwangsverwaltung insbesondere freiwillige, gerichtliche oder notarielle **Versteigerungen;** auch hier wird durch öffentliche Versteigerung die Realisierung des Marktwerts gewährleistet, vgl. Andres/Leithaus/Andres Rn. 8),
- Beteiligungen an einem anderen Unternehmen (umfasst werden solche **Beteiligungen,** die der Herstellung einer dauerhaften Beziehung zum schuldnerischen Unternehmen dienen sollen, da hierin eine besondere Bedeutung für die Fortführung liegt; Anteilserwerb als bloße **Anlageform** fällt hierunter nicht, vgl. MüKoInsO/Görg/Janssen Rn. 19) sowie
- einem Recht auf Bezug **wiederkehrender Einkünfte** (hierzu gehören insbesondere in die Insolvenzmasse fallende Nießbrauchrechte und Renten, vgl. K. Schmidt InsO/Jungmann Rn. 28).

2. Darlehen (Abs. 2 Nr. 2)

8   Bei Überschreiten einer bestimmten **Erheblichkeitsschwelle** kann die Neuaufnahme von Darlehen eine für die Masse (durch die Mehrung von Masseverbindlichkeiten) und damit für die Befriedigungsaussichten der Gläubiger direkt große Rolle spielen. Gleiches gilt für den Einfluss auf die Fortführungsfähigkeit mit Blick auf den zukünftigen Verfahrensverlauf.

9   Die Wendung „der die Masse erheblich belasten würde" bedarf wie der Begriff der besonderen Bedeutung in Abs. 1 der Auslegung im **Einzelfall;** die dortigen Ausführungen gelten entsprechend (MüKoInsO/Görg/Janssen Rn. 21).

3. Rechtsstreit (Abs. 2 Nr. 3)

10 Unter diesen Punkt fallen die Geltendmachung bzw. die Aufnahme sowie die Entscheidung gegen die Aufnahme eines Rechtsstreits (einschließlich **Nebenintervention,** vgl. K. Schmidt InsO/Jungmann Rn. 30). Bezüglich der **Verteidigung** gegenüber Klagen besteht für den Insolvenzverwalter keine Dispositionsfreiheit, insofern bedarf eine solche nicht der Zustimmung nach dieser Vorschrift (Braun/Esser Rn. 12).

11 Zudem fallen unter die Zustimmungspflicht nach dieser Nr. 3 sämtliche gerichtliche und außergerichtliche **Vergleiche** (zu diesen zählt auch der Sozialplan, vgl. BAG ZIP 1985, 429 f.) oder **Schiedsverträge,** die zur Beilegung oder zur Vermeidung eines solchen Rechtsstreits geschlossen werden.

B. Zustimmungsverfahren

I. Kompetenz

Die in Abs. 1 festgelegte **Primärkompetenz** des Gläubigerausschusses gilt ausschließlich zur Beschleunigung des Verfahrens im Interesse der Beteiligten, vor allem der Gläubiger. Dies ändert allerdings nichts an der grundsätzlichen gesetzlichen Wertung der Gläubigerversammlung als oberstes Organ der Gläubiger.

Kraft dieser herausgehobenen Stellung kann die Gläubigerversammlung nicht nur jederzeit einen einmal getroffenen Beschluss des Gläubigerausschusses rückgängig machen oder abändern, sondern sie kann sich sogar die grundsätzliche **Alleinkompetenz** für die Zustimmung zu besonders wichtigen Rechtshandlungen vorbehalten und dem Insolvenzverwalter eine Generalgenehmigung für Rechtshandlungen iSd § 160 erteilen (ausf. hierzu vgl. Kreft/Ries Rn. 14).

II. Beschluss

Zustimmung iSd Vorschrift des § 160 meint grundsätzlich die **vorherige Zustimmung** (Einwilligung iSd § 183 BGB). Eine erst nach der Vornahme der Rechtshandlung durch den Insolvenzverwalter erfolgende Zustimmung (Genehmigung iSd § 184 Abs. 1 BGB) hat jedenfalls keine Außenwirkung mehr (→ § 164 Rn. 1 ff.). Eventuell kann sie zu einem Ausschluss der Haftung des Insolvenzverwalters nach § 60 führen (MüKoInsO/Görg/Janssen Rn. 28 f.). Unabhängig davon kann der Insolvenzverwalter in **Eilfällen** ein dem § 160 unterfallendes Rechtsgeschäft immer auch unter der aufschiebenden Bedingung der nachfolgenden Genehmigung vornehmen.

Um haftungsrechtliche Probleme in eilbedürftigen Sachverhaltskonstellationen von vornherein auszuschließen, bietet sich zudem ein Vorgehen im Wege des **Vorratsbeschlusses** (für eine bestimmte abgrenzbare Art von besonders wichtigen Rechtshandlungen oder allgemein für Rechtshandlungen iSd § 160) an. Diese Möglichkeit ist den Verfahrensbeteiligten grundsätzlich gegeben; im Fall genereller Zustimmung durch den Gläubigerausschuss gilt es allerdings die möglichen Haftungsrisiken gem. §§ 60, 71 für die Beteiligten zu beachten (für Einzelheiten vgl. Uhlenbruck/Zipperer Rn. 7).

Die Beschlussfassung des Gläubigerausschusses folgt der Regelung des § 72 (→ § 72 Rn. 1 ff.). Ist kein Gläubigerausschuss bestellt erfolgt die Beschlussfassung auf einer hierzu einzuberufenden Gläubigerversammlung und folgt der Regelung des § 76 (→ § 76 Rn. 1 ff.).

III. Verweigerung und Zustimmungsfiktion

Die beteiligten Gläubigerorgane können selbstverständlich jederzeit eine einmal abgegebene Zustimmung widerrufen bzw. eine solche von vornherein verweigern. Aufgrund der Regelung des § 164 zeitigt solches Vorgehen allerdings Wirkung ausschließlich im **Innenverhältnis**.

Hält der Insolvenzverwalter einen Widerruf/Verweigerung durch den Gläubigerausschuss für nicht mit den Interessen der Gläubigergesamtheit vereinbar, ist er gehalten eine Entscheidung der Gläubigerversammlung herbeizuführen (Uhlenbruck/Zipperer Rn. 10). Hierzu wird er von seinem Antragsrecht nach § 75 Abs. 1 Nr. 1 Gebrauch machen (→ § 75 Rn. 1 ff.).

Ist ein Gläubigerausschuss nicht bestellt und ist die daraufhin vom Insolvenzverwalter anzurufende Gläubigerversammlung, trotz ordnungsgemäß durchgeführten **Einberufungsverfahrens**, nicht beschlussfähig (in den weitaus meisten Fällen wird dies in der Praxis solche Kleinverfahren betreffen, in denen sich am Tag des Abstimmungstermins kein Gläubiger bei Gericht einfindet, vgl. Braun/Esser Rn. 6), dann gilt nach Abs. 1 S. 3 die Zustimmung zu der zur Abstimmung gestellten Rechtshandlung als erteilt.

Auf diese Rechtsfolge der gesetzlich normierten **Zustimmungsfiktion** muss in der Ladung hingewiesen worden sein.

C. Rechtsmittel

Für die Anfechtung von Beschlüssen der Gläubigerversammlung im Rahmen der Regelung des Abs. 1 S. 2 gelten die Ausführungen unter § 156 entsprechend.

§ 161 Vorläufige Untersagung der Rechtshandlung

¹In den Fällen des § 160 hat der Insolvenzverwalter vor der Beschlußfassung des Gläubigerausschusses oder der Gläubigerversammlung den Schuldner zu unterrichten,

wenn dies ohne nachteilige Verzögerung möglich ist. ²Sofern nicht die Gläubigerversammlung ihre Zustimmung erteilt hat, kann das Insolvenzgericht auf Antrag des Schuldners oder einer in § 75 Abs. 1 Nr. 3 bezeichneten Mehrzahl von Gläubigern und nach Anhörung des Verwalters die Vornahme der Rechtshandlung vorläufig untersagen und eine Gläubigerversammlung einberufen, die über die Vornahme beschließt.

Überblick

Die Regelung des § 160 dient insgesamt dem **Schuldnerschutz**. Über die **Unterrichtungspflicht** des Insolvenzverwalters aus S. 1 wird sichergestellt, dass der Schuldner die Möglichkeit erhält, eigene Ideen in das Verfahren einzubringen und sich hierzu insbesondere mit den Mitgliedern des Gläubigerausschusses (oder auch sonst einzelnen Gläubigern) auszutauschen. Die Verfahrensökonomik wird dabei durch einen Ermessensspielraum des Insolvenzverwalters sichergestellt (MüKoInsO/Görg Rn. 5). Die **Suspensionsmöglichkeit** in S. 2 soll den Schuldner sowie eine qualifizierte Gläubigerminderheit vor der Schaffung von Tatsachen in für das weitere Verfahren einschneidenden Entscheidungen durch den Insolvenzverwalter und die Gläubigerausschussmitglieder schützen. Die anschließende Einberufung der **Gläubigerversammlung** dient dem Gesamtschutzcharakter der Norm, indem die Entscheidung letztlich auf das oberste Selbstverwaltungsorgan der Gläubiger übertragen wird (Uhlenbruck/Uhlenbruck Rn. 1; auch dem Selbstschutz des Insolvenzverwalters vgl. Pape/Uhlenbruck/Voigt-Salus InsR 2. Aufl. 2010, 201). Dabei muss der Insolvenzverwalter die abstimmenden Gläubiger angemessen informieren, damit diese ihre Entscheidung basierend auf einer ausreichenden Faktenlage treffen können (Berger/Frege/Nicht NZI 2010, 325). Über den Verweis in § 276 S. 2 gilt diese Regelung auch für Verfahren in **Eigenverwaltung** (vgl. § 276).

A. Unterrichtungspflicht

1 Den Insolvenzverwalter trifft nach S. 1 der Norm die Pflicht zur rechtzeitigen Unterrichtung des Schuldners. Ist der Schuldner eine juristische Person, besteht diese Verpflichtung gegenüber deren vertretungsberechtigten Organen. Die **Rechtzeitigkeit** der Unterrichtung bemisst sich nach der Möglichkeit für den Schuldner, seine Rechte nach S. 2 (→ Rn. 5) noch sinnvoll geltend machen zu können (zur Frage, ob dabei eine Mindestfrist von 1 Woche gilt vgl. Uhlenbruck/Zipperer Rn. 2; HmbKommInsR/Decker Rn. 2). Dafür muss sie auch den Umfang und den Inhalt der beabsichtigten Rechtshandlung möglichst eindeutig erkennen lassen. Der Einhaltung einer bestimmten Formvorgabe unterliegt die Mitteilungspflicht dagegen nicht; sie kann in **mündlicher, schriftlicher** oder **sonstiger Form** vorgenommen werden.

2 Es liegt im Ermessen des Insolvenzverwalters, ob er auf die Unterrichtung des Schuldners letztlich verzichtet. Als Grund für einen solchen Verzicht nennt das Gesetz in S. 1 mögliche nachteilige Auswirkungen einer **Verzögerung** der Durchführung der beabsichtigten Rechtshandlung für das Verfahren. Für den Fall, dass die pflichtwidrige Anwendung bzw. Nichtanwendung dieses Ermessens einen Schaden für die Masse hervorruft, führt die unterlassene Mitteilung nicht zur Unwirksamkeit der Rechtshandlung. Nach § 164 hat die Pflicht ausschließlich Auswirkungen im **Innenverhältnis** zwischen dem Insolvenzverwalter und dem Schuldner und kann zu einer **Haftung** des Insolvenzverwalters gegenüber diesem nach § 60 führen (MüKoInsO/Görg Rn. 6; K. Schmidt InsO/Jungmann Rn. 4; aA – Haftung auch gegenüber den Gläubigern – Uhlenbruck/Zipperer Rn. 13; Nerlich/Römermann/Balthasar Rn. 24).

B. Gerichtliche Maßnahmen

I. Verfahren

3 Um eine Maßnahme des Insolvenzgerichts nach § 161 S. 2 zu ermöglichen, bedarf es zunächst eines **Antrags** durch den Schuldner (bzw. im Falle von juristischen Personen das vertretungsberechtigte Organ) oder eine qualifizierte (gem. § 75 Abs. 1 Nr. 3) Minderheit der Gläubiger. Der Antrag kann **formlos** gestellt werden. Es sollte bei Stellung des Antrags allerdings darauf geachtet werden, dass dieser mit einer ausreichenden **Begründung** versehen wird. Es ist grundsätzlich nicht Aufgabe des Gerichts, im Wege der Amtsermittlung die Zweckmäßigkeit der angefochtenen Handlung zu überprüfen (MüKoInsO/Görg Rn. 8; aA K. Schmidt InsO/Jungmann Rn. 6). Das **Rechtsschutzinteresse** für den Antrag – und damit das Antragsrecht – entfällt, wenn zum Zeit-

Betriebsveräußerung an besonders Interessierte § 162 InsO

punkt der Einreichung bereits eine Zustimmung durch die Gläubigerversammlung vorliegt (Uhlenbruck/Zipperer Rn. 4).

Vor Erlass einer Entscheidung über den Antrag hat das Insolvenzgericht den Insolvenzverwalter **anzuhören.** Aus dem Zusammenspiel zwischen den hieraus erhaltenen Informationen und der Begründung des Antrags auf der anderen Seite erhält das Gericht im Idealfall ein gesamthaftes Bild über den Sachverhalt der zu untersagenden Rechtshandlung. In Anbetracht deren besonderer Bedeutung für das weitere Verfahren ist eine solchermaßen ausreichende **Entscheidungsgrundlage** unerlässlich. Zudem kann der Insolvenzverwalter in der Anhörung die **Erklärung** abgeben, dass er die Maßnahme bis zur Entscheidung der Gläubigerversammlung nicht vornehmen werde; was eine Entscheidung über die vorläufige Untersagung obsolet werden lässt (Uhlenbruck/Zipperer Rn. 7). 4

II. Maßnahmen

1. Vorläufige Untersagung

Die Untersagungsentscheidung ergeht im Wege des **Beschlusses** und gilt vorläufig, bis zur endgültigen Entscheidung durch die Gläubigerversammlung (MüKoInsO/Görg Rn. 13). Das Gericht ist bei seiner Entscheidungsfindung nicht an die Begründung durch den Antragsteller und/oder die Einlassungen des Insolvenzverwalters gebunden. Es trifft seine Entscheidung nach freiem **Ermessen,** sodass das Gericht mit seiner Entscheidung für eine vorläufige Untersagung auch von der endgültigen Entscheidung der Gläubigerversammlung abweichen kann. In der Praxis wird dies allerdings nicht häufig vorkommen, da das Gericht die Untersagung ausschließlich bei erkennbarer Unwirtschaftlichkeit und zu erwartendem Schaden für die Masse anordnen soll (Graf-Schlicker § 162 Rn. 4) bzw. seine Abwägung bereits mit Blick auf den Leitgedanken der InsO gem. § 1 S. 1 (→ § 1 Rn. 4 ff.) immer aus der Sicht der Gläubigergesamtheit vornehmen wird. 5

2. Einberufung der Gläubigerversammlung

Im Fall des positiven Beschlusses über die vorläufige Untersagung der Rechtshandlung hat das Gericht eine Gläubigerversammlung nach den allgemeinen Regeln des § 74 einzuberufen (K. Schmidt InsO/Jungmann Rn. 11). 6

III. Rechtsmittel

Gegen die Entscheidung des Insolvenzgerichts sind Rechtsmittel nicht statthaft. Streitig ist, ob für den Fall des Entscheids durch den Rechtspfleger der Weg über die Erinnerung nach § 11 Abs. 2 RechtspflegerG gegeben ist (dies richtigerweise bejahend vgl. Uhlenbruck/Zipperer Rn. 12; MüKoInsO/Görg Rn. 16; aA Nerlich/Römermann/Balthasar Rn. 20). 7

§ 162 Betriebsveräußerung an besonders Interessierte

(1) Die Veräußerung des Unternehmens oder eines Betriebs ist nur mit Zustimmung der Gläubigerversammlung zulässig, wenn der Erwerber oder eine Person, die an seinem Kapital zu mindestens einem Fünftel beteiligt ist,
1. zu den Personen gehört, die dem Schuldner nahestehen (§ 138),
2. ein absonderungsberechtigter Gläubiger oder ein nicht nachrangiger Insolvenzgläubiger ist, dessen Absonderungsrechte und Forderungen nach der Schätzung des Insolvenzgerichts zusammen ein Fünftel der Summe erreichen, die sich aus dem Wert aller Absonderungsrechte und den Forderungsbeträgen aller nicht nachrangigen Insolvenzgläubiger ergibt.
(2) Eine Person ist auch insoweit im Sinne des Absatzes 1 am Erwerber beteiligt, als ein von der Person abhängiges Unternehmen oder ein Dritter für Rechnung der Person oder des abhängigen Unternehmens am Erwerber beteiligt ist.

Überblick

Die Regelung des § 162 wird von Teilen der Literatur als Reaktion des Gesetzgebers auf die Praxisbedeutung der übertragenden Sanierung gesehen (MüKoInsO/Görg/Janssen Rn. 1; Uhlenbruck/Zipperer Rn. 1; das Gebot einer möglichst weiten Auslegung des § 162 sehen deshalb Falk/Schäfer ZIP 2004, 1339). Im Zuge von deren häufiger Anwendung kommt es auch in einer stetig steigenden Zahl von Fällen zur Unternehmensveräußerung aus der Insolvenzsituation heraus. Zum Schutz der **Gläubiger** vor einer eventuellen einseitigen Einflussnahme durch Kaufinteressenten – oder Personen, die zu mindestens einem Fünftel am Kapital einer zum Kauf interessierten Gesellschaft beteiligt sind – mit (direkt, vgl. Abs. 1 oder indirekt, vgl. Abs. 2) hervorgehobener Stellung in Bezug auf Informationen über den Schuldner (vgl. Abs. 1 Nr. 1) oder Möglichkeiten zur Einflussnahme auf das Verfahren (vgl. Abs. 1 Nr. 2) wird die endgültige Entscheidung über den Verkauf an einen solchen Personenkreis der Gläubigerversammlung überantwortet. So entscheidet letztlich das oberste Selbstverwaltungsorgan der Gläubiger selbst, ob die Verfahrensregeln einer ordnungsgemäßen Unternehmensveräußerung eingehalten wurden und am Ende der Übertragung ein **marktgerechter Gegenwert** gegenübersteht (zu dieser Schutzrichtung des Insolvenzrechts vgl. auch Müller-Feldhammer ZIP 2003, 2188).

A. Voraussetzungen für zustimmungsbedürftige Veräußerungen

I. Gegenstand: Unternehmen/Betrieb

1. Unternehmen

1   Die **organisatorische Einheit,** unter der ein Unternehmer seine vermögenswerten Rechte zum Betrieb seines Geschäftes zusammenfasst, stellt das schuldnerische **Unternehmen** dar (MüKoInsO/Görg/Janssen Rn. 5). Schuldner selbst ist der Rechtsträger (entweder die natürliche Person als Einzelkaufmann oder die Gesellschaft als juristische Person), unter dem diese Einheit organisiert wird; damit ist klar zum Ausdruck gebracht, dass das Unternehmen – **nicht** aber die Anteile am **Rechtsträger** – unter den Anwendungsbereich des § 162 fallen (Uhlenbruck/Zipperer Rn. 3).

2. Betrieb

2   Die Unterscheidung zum Unternehmen ist rein akademischer Natur, da der Betrieb als Begriff für die vielen organisatorisch abgrenzbaren **Teileinheiten** auf jeden Fall in dem des Unternehmens aufgeht (Uhlenbruck/Zipperer Rn. 4). Damit unterfällt alles, was im Rahmen eines **asset deal** übertragen werden kann, letztlich auch unter die Regelung des § 162 (zum Begriff des asset deal vgl. Holzapfel/Pöllath, Unternehmenskauf in Recht und Praxis, 101 f.); nicht dagegen der share deal (→ Rn. 1).

II. Erwerber als Insider

1. Nahestehende Personen

3   Für die nahestehenden Personen iSd Abs. 1 Nr. 1 hat sich in der Literatur der Begriff des „**Informationsinsiders**" durchgesetzt (HmbKommInsR/Decker Rn. 3). Diese kommen aufgrund ihrer besonderen Nähe zum Schuldner entweder auf erleichtertem Wege oder überhaupt exklusiv an Informationen über diesen. Die Vorschrift verweist auf die anfechtungsrechtliche Regelung des § 138 und unterscheidet damit zwischen **natürlichen** (§ 138 Abs. 1) und **juristischen Personen** (→ § 138 Rn. 14 ff.). Zum ersten gehören vor allem Ehegatten, Lebenspartner, Verwandte und Personen, die in häuslicher Gemeinschaft mit dem Schuldner leben sowie juristische Personen, wenn der Schuldner oder eine der zuvor genannten Personen zu mehr als einem Viertel an deren Kapital beteiligt sind. Zu letzterem gehören vor allem Mitglieder des Vertretungs- oder Aufsichtsorgans sowie Personen, die zu mehr als einem Viertel am Kapital des Schuldners beteiligt sind (→ § 138 Rn. 1 ff.).

2. Maßgeblich beteiligte Gläubiger

4   Für die maßgeblichen Gläubiger iSd Abs. 1 Nr. 2 hat sich in der Literatur der Begriff des „**Verfahrensinsiders**" durchgesetzt (MüKoInsO/Görg Rn. 6). Dieser bezieht sich auf die gesteigerte Möglichkeit der **Einflussnahme** auf das Verfahren durch die Wahrnehmung von mit Schwellenwerten versehenen Gläubigerrechten. Für das Eingreifen des Zustimmungserfordernisses nach Abs. 1 braucht es demnach – zusätzlich zu dem dort genannten Mindestbeteiligungswert von ein Fünftel am Nennkapital am zu veräußernden Unternehmen – eine Gruppe von Gläubigern

Betriebsveräußerung unter Wert § 163 InsO

("Erwerberkonsortien" werden, wie bei dem Konzept des „acting in concert", zusammengerechnet vgl. Uhlenbruck/Zipperer Rn. 6) oder einen einzelnen Gläubiger, die/der zusammen jeweils entweder ein Fünftel der Gesamtabsonderungsrechte oder ein Fünftel der Gesamtforderungen erreichen. Dieser Wert orientiert sich vor allem an der Möglichkeit gem. § 75 Abs. 1 Nr. 3, die Einberufung einer Gläubigerversammlung zu forcieren; das stellt gleichsam eines der schärfsten Schwerter zur Einflussnahme auf den Verfahrensablauf dar (vgl. BT-Drs. 12/2443, 175).

3. Mittelbar Beteiligte

Abs. 2 (im Zusammenspiel mit Abs. 1) **erweitert** den Kreis potentieller Insider über den Erwerber selbst hinaus auf folgenden Personenkreis:
- Personen die am Kapital des Erwerbers zu mindestens einem Fünftel beteiligt sind (Abs. 1) oder
- von diesen abhängige Unternehmen iSd §§ 16 f. mit Beteiligung am Erwerber (Abs. 2, Alt. 1) oder
- Dritte, die für Rechnung dieser Personen oder der von diesen abhängigen Personen am Erwerber beteiligt sind (Abs. 2, Alt. 2).

Damit sind auch der Umgehung der Zustimmungspflicht für den Erwerb durch „Insider" enge Grenzen gesetzt.

B. Gerichtliches Verfahren

I. Zustimmungsverfahren/Rechtswirkung eines Verstoßes

Der Ablauf des Verfahrens ist in der Vorschrift des § 162 nicht ausdrücklich geregelt; es haben sich deshalb hinsichtlich der Voraussetzungen divergierende Ansichten im Schrifttum entwickelt. Wenngleich dieser Meinungsstreit aufgrund der nach § 164 gegebenen reinen Innenwirkung des § 162 keine große Relevanz in der Praxis gezeigt hat – denn wie bei § 161 sorgt der Verweis in § 164 dafür, dass eine einmal vorgenommene Veräußerung, auch bei Nichtbeachtung des Zustimmungsbedürfnisses nach § 162, gültig ist und bleibt (so auch Gundlach/Frenzel/Jahn ZInsO 2008, 362). Es kann in Fällen des **Verstoßes** gegen § 162 lediglich zur **Haftung** des Insolvenzverwalters nach § 60 kommen. Streitig ist dabei zum einen, ob lediglich der Verwalter das Recht und die Pflicht zur **Beantragung** der Einberufung hat oder ob dieses auch dem Gericht und den Gläubigern zustehen soll (für ein Antragsrecht lediglich des Verwalters ua MüKoInsO/Görg/Janssen Rn. 17; aA Uhlenbruck/Zipperer § 162 Rn. 8). Richtig ist, dass § 162 als umfassende Gläubigerschutzvorschrift konzipiert ist und deshalb neben dem **Insolvenzverwalter** auch das **Gericht** (zur Möglichkeit der aufsichtsrechtlichen Versagung durch das Gericht s. sogleich) und die Gläubiger die Versammlung einberufen bzw. beantragen können sollen. Zum anderen geht es um die Frage, ob eine Zustimmung iSd § 162 Abs. 1 lediglich die vorherige **Einwilligung** meint oder die nachträgliche **Genehmigung** als haftungsrechtliche Entlastung für den Insolvenzverwalter (lediglich vorherige Einwilligung K. Schmidt InsO/Jungmann Rn. 6; MüKoInsO/Görg/Janssen Rn. 16; aA wohl Uhlenbruck/Zipperer Rn. 8; Hilzinger ZInsO 1999, 562). Eine solche Entlastungsmöglichkeit widerspräche allerdings evident dem Gesichtspunkt des Schutzes der Gläubiger vor der Schaffung vollendeter Tatsachen, weshalb es ausschließlich auf die vorherige Zustimmung ankommen kann.

II. Rechtsmittel/Verhinderung des Vollzuges der Rechtshandlung ohne erforderliche Zustimmung

Gegen den ablehnenden Beschluss des Amtsrichters steht dem jeweiligen Antragsteller gem. § 75 Abs. 3 das Rechtsmittel der sofortigen Beschwerde zu. Im Fall des Rechtspflegerentscheids besteht die Möglichkeit der Erinnerung nach § 11 Abs. 2 RPflG. Als letztes Mittel, eine Veräußerung ohne die erforderliche Zustimmung durch die Gläubiger – und trotz der Geltung des § 164 – zu verhindern, steht dem Gericht die Untersagung des Vollzuges der Rechtshandlung im Wege der Ausübung seines Aufsichtsrechts nach § 58 zur Verfügung (Uhlenbruck/Zipperer Rn. 9).

§ 163 Betriebsveräußerung unter Wert

(1) **Auf Antrag des Schuldners oder einer in § 75 Abs. 1 Nr. 3 bezeichneten Mehrzahl von Gläubigern und nach Anhörung des Insolvenzverwalters kann das Insolvenzgericht**

anordnen, dass die geplante Veräußerung des Unternehmens oder eines Betriebs nur mit Zustimmung der Gläubigerversammlung zulässig ist, wenn der Antragsteller glaubhaft macht, dass eine Veräußerung an einen anderen Erwerber für die Insolvenzmasse günstiger wäre.

(2) Sind dem Antragsteller durch den Antrag Kosten entstanden, so ist er berechtigt, die Erstattung dieser Kosten aus der Insolvenzmasse zu verlangen, sobald die Anordnung des Gerichts ergangen ist.

Überblick

Die Regelung des § 163 erklärt sich aus der **Systematik** der **§§ 160, 161 und 162**. Zum einen wird, wie bereits zu § 162 herausgestellt, die Regelung des § 163 von Teilen des Schrifttums als Reaktion des Gesetzgebers auf die erhebliche Praxisbedeutung der übertragenden Sanierung gesehen (MüKoInsO/Görg/Janssen Rn. 1). Im Unterschied zu § 162 werden die Gläubiger bei einer Unternehmensveräußerung iSv § 163 nicht vor einer eventuellen einseitigen Einflussnahme auf den Veräußerungsprozess durch Verfahrens- bzw. Informationsinsider in **Schutz** genommen, sondern vor einer **Veräußerung unter Wert** (zur Frage der Wirksamkeit dieses Schutzes mit Blick auf die Abhängigkeit von der Vorzeigbarkeit eines Gegenangebotes vgl. Müller-Feldhammer ZIP 2003, 2189); zB in Fällen einer Absprache zwischen dem Verwalter und dem potentiellen Erwerber sowie unter Gläubigerminderheit. Zum anderen sieht eine Mehrheit in der Literatur mit Blick auf die §§ 160 und 161 die Norm ohne eigenständigen Anwendungsbereich (MüKoInsO/Görg/Janssen Rn. 3; Uhlenbruck/Zipperer Rn. 1). Neben § 160 Abs. 2, der die Zustimmung der Gläubigerversammlung zu einer geplanten Unternehmensveräußerung bereits für den Fall des Nichtbestehens eines Gläubigerausschusses zur Pflicht macht, setzt § 161 auch bei Bestehen eines Gläubigerausschusses die Zustimmung der Gläubigerversammlung voraus. Die Möglichkeit, eine Zustimmungspflicht und sogar eine **vorläufige Untersagung** nach § 161 zu erreichen, besteht damit **unabhängig** davon, ob es gelingt, die Vorteilhaftigkeit des Alternativangebots glaubhaft zu machen (K. Schmidt InsO/Jungmann Rn. 2). Dem wird allerdings neuerdings zurecht die Überlegung einer Anwendbarkeit der Regelung des § 163 auch im Fall einer **bereits erfolgten** Zustimmung einer zeitlich vorgelagerten **Gläubigerversammlung** entgegengehalten (vgl. K. Schmidt InsO/Jungmann Rn. 3; einschränkend aber letztlich diesen Anwendungsbereich wohl auch sehend Uhlenbruck/Zipperer Rn. 4; MüKoInsO/Görg/Janssen Rn. 11; aA Graf-Schlicker § 163 Rn. 4; Köchling ZInsO 2007, 693). Mit dieser Maßgabe ergibt sich für § 163 ein **eigener**, zu §§ 160, 161 komplementärer **Anwendungsbereich**.

A. Voraussetzungen für Zustimmungsbedürftige Veräußerungen

I. Gegenstand und „günstigeres Angebot"

1 Die Begriffe **„Unternehmen"** und **„Betrieb"** sind für § 163 genauso zu verstehen, wie in § 162 (→ § 162 Rn. 1).

2 Die Wendung „dass eine **Veräußerung** an einen anderen Erwerber für die Insolvenzmasse **günstiger** wäre" stellt sich nicht allein auf eine objektive Betrachtung der Höhe des gebotenen Kaufpreises bzw. die damit eintretende reine Erhöhung der Befriedigungsquote für die Gläubiger der jeweiligen Angebote ab. Maßgebende Faktoren können auch ein früherer Zahlungstermin, die Bonität des Erwerbers, die Übernahme von Arbeitnehmern usw. sein (vgl. BT-Drs. 12/2443, 175; Fröhlich/Köchling ZInsO 2003, 925).

II. Erwerber

3 Als Erwerber iSd § 163 braucht es in jedem Fall **zwei** potentielle **Erwerber** – die von unterschiedlichen Verfahrensbeteiligten gegeneinander ins Feld geführt werden – für das Unternehmen oder den Betrieb; dh ein Erwerber, dessen Angebot eventuell sogar offensichtlich unter dem tatsächlichen Wert des Veräußerungsgegenstands liegt, aber als einziges im Raum steht, kann mit diesem nicht über § 163 an der Akquisition gehindert werden (K. Schmidt InsO/Jungmann Rn. 6).

B. Gerichtliches Verfahren

I. Voraussetzungen

1. Antrag

Der **Schuldner** (bzw. im Falle von juristischen Personen das vertretungsberechtigte Organ) 4
und/oder eine qualifizierte (gem. § 75 Abs. 1 Nr. 3) Minderheit der **Gläubiger** können den
Antrag auf gerichtliche Anordnung eines Zustimmungserfordernisses stellen. Dieser kann **formlos**
gestellt werden. Es sollte bei Einreichung allerdings darauf geachtet werden, dass er mit einer
ausreichenden **Begründung** versehen wird. Es ist grundsätzlich nicht Aufgabe des Gerichts, im
Rahmen der Amtsermittlung der Entscheidung der Gläubiger vorzugreifen (Graf-Schlicker Rn. 5).
Vielmehr trifft es eine an die Glaubhaftmachung durch die im Antrag geschilderte Faktenlage
sowie die Anhörung des Insolvenzverwalters gebundene Ermessensentscheidung (s. sogleich →
Rn. 6).

2. Glaubhaftmachung

Der Antrag muss glaubhaft (also mit **überwiegender Wahrscheinlichkeit** vgl. Musielak § 294 5
ZPO Rn. 3) darstellen, dass mindestens ein **weiterer** Erwerber ein für die Insolvenzmasse **günstigeres** Angebot vorgelegt hat; der Antragsteller trägt bei Einreichung dafür Sorge, dass die notwendige Unterlagen- und Faktenbasis geschaffen wird. Das günstigere Angebot muss direkt oder
indirekt zu Vorteilen für die Insolvenzmasse führen (zB erhöhter Kaufpreis, verbesserte Konditionen im Gesamtangebot oder Bonität des Erwerbers). Vorteilhafte Auswirkungen beschränkt auf
einen rein gesamt- bzw. volkswirtschaftlichen Nutzen – wie zB der Erhalt von Arbeitsplätzen in
einer Region – reichen dagegen nicht (K. Schmidt InsO/Jungmann Rn. 8).

II. Entscheidung

1. Anhörung

Vor seiner Entscheidung stellt das Gericht selbst die **Vergleichbarkeit** der Einlassungen des 6
Antragstellers zu den Konditionen des von ihm ins Feld geführten Angebots mit denen des vom
Insolvenzverwalter ursprünglich präsentierten Erwerbers her, indem es diesem Gelegenheit für
eigene Einlassungen im Rahmen einer Anhörung gibt.

2. Prüfung und Entscheidung

Gelangt das Gericht im Rahmen seiner Ermessensentscheidung zu dem Ergebnis einer überwie- 7
genden Wahrscheinlichkeit des Vortrags des Antragstellers, hat es das Erfordernis der **Zustimmung** anzuordnen und die dafür notwendige **Gläubigerversammlung einzuberufen.** Ansonsten ist der Antrag abzuweisen.

III. Kostenerstattung

Gibt das Gericht dem Antrag statt, entsteht **automatisch** ein Anspruch auf Erstattung der 8
Antragsteller hierdurch entstandenen Kosten. Der Anspruch richtet sich gegen die **Insolvenzmasse.** Solche unter die Vorschrift des § 163 Abs. 2 fallenden **Kosten** können zB sein: Rechtsanwaltsgebühren für die Erstellung des Antrags, Kosten für einen Gutachter oder sonstige Auslagen
zur Informationsbeschaffung für die Glaubhaftmachung des Antrags (K. Schmidt InsO/Jungmann
Rn. 12). **Nicht** umfasst sind hingegen Kosten, die überhaupt erst für das **Einwerben** des Alternativinteressenten aufgewendet werden mussten, da diese nicht „durch den Antrag" als solchen
entstanden sind (MüKoInsO/Jungmann Rn. 17; die Kosten für eine aktive Vermarktung eines
insolventen Unternehmens können allerdings ganz beachtlich sein, s. den Umfang des Leitfadens
bei Fröhlich/Köchling ZInsO 2005, 1121 ff.).

IV. Rechtsmittel

Gegen die Entscheidung des Amtsrichters sind Rechtsmittel nicht statthaft. Gegen eine Ent- 9
scheidung des Rechtspflegers eröffnet § 11 Abs. 2 RPflG den Weg über das Rechtsmittel der
Erinnerung für die Verfahrensbeteiligten (bei stattgebendem Beschluss auch für den Insolvenzverwalter).

§ 164 Wirksamkeit der Handlung

Durch einen Verstoß gegen die §§ 160 bis 163 wird die Wirksamkeit der Handlung des Insolvenzverwalters nicht berührt.

Überblick

Die Regelung des § 164 verankert einen allgemeinen, ungeschriebenen Grundsatz des deutschen Insolvenzrechts in Bezug auf die Vornahme wichtiger Rechtsgeschäfte iSd §§ 160–163. Der **Rechtsverkehr** soll sich auf die Wirksamkeit des Verwalterhandelns verlassen können (so auch MüKoInsO/Görg/Janssen Rn. 1; K. Schmidt InsO/Jungmann Rn. 1 ff.). Selbst eigenmächtiges und evtl. sogar gegen den erklärten Willen der Gläubiger erfolgtes Handeln des Insolvenzverwalters soll **keine Außenwirkung** – mit der Folge der Unwirksamkeit der Handlung – entfalten (Preuß NZI 2003, 629; Heukamp ZInsO 2007, 57). Mit diesem Diktum sollen Rechtsunsicherheiten im Geschäftsverkehr vermieden werden (BT-Drs. 12/2443, 175). Umgekehrt kann sich der Insolvenzverwalter auch nicht im Nachhinein auf das Fehlen einer Zustimmung gem. §§ 160 ff. berufen, um von einem ungünstigen Geschäft freizukommen (Uhlenbruck/Zipperer Rn. 4). Eine **Grenze** für diesen Grundsatz bildet allerdings der Zweck des Insolvenzverfahrens an sich. So verstößt zB eine Schenkung von Massegegenständen an Dritte gegen die Grundlagen des Insolvenzverfahrens, da hierin überhaupt keine Verwertung der Masse zugunsten der Gläubiger mehr gesehen werden kann (Falk/Schäfer ZIP 2004, 1340); zu bedenken ist an dieser Stelle allerdings immer auch der höchstrichterlich anerkannte weite Ermessensspielraum für das Handeln des Insolvenzverwalters (BGH NJW 2002, 2785; vgl. hierzu auch Berger/Frege/Nicht NZI 2010, 322; Jungmann NZI 2020, 657).

A. Wirksamkeit im Außenverhältnis

I. Rechtshandlung des Insolvenzverwalters

1   Zu den Rechtshandlungen des Insolvenzverwalters, denen die Außenwirkung auch bei eigenmächtigem Handeln des Verwalters nicht genommen werden kann, zählen sämtliche wichtigen Rechtshandlungen iSd **§§ 160–163**. Einen Überblick verschafft dabei insbesondere die Regelung des § 160 Abs. 2 Nr. 1–3.

II. Verstoß gegen Zustimmungspflicht

2   Eigenmächtiges Handeln des Insolvenzverwalters bezieht sich iRd § 164 auf die Vornahme einer wichtigen (iSd §§ 160 ff.) Rechtshandlung auch **ohne Genehmigung** der Gläubigerversammlung, obwohl es nach den Vorschriften der §§ 160–163 einer solchen bedurft hätte. Die Kenntnis vom Mangel der Genehmigung auf Seiten des Vertragspartners ist unerheblich (FK-InsO Rn. 2; Preuß NZI 2003, 629); jedenfalls solange sich ihm aufgrund der Umstände des Einzelfalls nicht weitergehende **begründete** Zweifel an der Vereinbarkeit des Geschäfts mit dem Zweck des Insolvenzverfahrens **aufdrängen** mussten (in diesen Fällen steht als Folge die Unwirksamkeit des Verwalterhandelns; vgl. BGH ZIP 2002, 1095; Spickhoff KTS 2000, 15 f.).

B. Haftung im Innenverhältnis

I. Schadensersatz

3   Die **Missachtung** der sich aus den §§ 160–163 evtl. ergebenden Zustimmungserfordernisse kann zur Schadensersatzhaftung des Insolvenzverwalters gegenüber den Beteiligten führen, gem. § 60 (dieser verpflichtet den Insolvenzverwalter grundsätzlich auf die Wahrung der insolvenzspezifischen **Interessen** aller **Verfahrensbeteiligten** vgl. Jungmann NZI 2009, 80; Erker ZInsO 2012, 202; umfassend zur Haftung nach § 60 in Zusammenhang mit zustimmungsbedürftigen Rechtsgeschäften vgl. Pape/Graeber/Gundlach, Handbuch der Insolvenzverwalterhaftung, Teil 3, Rn. 1659 ff.).

II. Aufsichtsrechtliche Maßnahmen

4   Das Gericht hat zusätzlich die Möglichkeit, aufsichtsrechtliche Maßnahmen (→ § 58 Rn. 1 ff.) gegenüber dem Insolvenzverwalter zu ergreifen. Insbesondere kann in der Missachtung ein **wichti-**

ger Grund iSd § 59 gesehen werden; mit der Folge der **Entlassung** aus dem Verwalteramt (näher §§ 59 ff.).

III. Möglichkeit zur Haftungsvermeidung in Eilfällen

Der Insolvenzverwalter hat die Insolvenzmasse grundsätzlich bestmöglich und zügig abzuwickeln bzw. zu verwerten (BGH NJW 1978, 538; → § 159 Rn. 1 ff.). Um dieser gesetzlichen Vorgabe nachzukommen und gleichzeitig der dargestellten Gefahr der Haftung wegen Verwertung trotz fehlender Zustimmung durch die Gläubigerversammlung zu entgehen, bietet sich für den Verwalter und seinen Vertragspartner der Abschluss des Rechtsgeschäfts unter der aufschiebenden (bei Zustimmung) oder auflösenden Bedingung (für den Fall der Ablehnung) der Entschlussfassung der Gläubigerversammlung an (Uhlenbruck/Zipperer Rn. 4). 5

Dritter Abschnitt. Gegenstände mit Absonderungsrechten

§ 165 Verwertung unbeweglicher Gegenstände

Der Insolvenzverwalter kann beim zuständigen Gericht die Zwangsversteigerung oder die Zwangsverwaltung eines unbeweglichen Gegenstands der Insolvenzmasse betreiben, auch wenn an dem Gegenstand ein Absonderungsrecht besteht.

Überblick

Die Verwertung unbeweglicher Gegenstände, an denen Absonderungsrechte bestehen, erfolgt grundsätzlich außerhalb des Insolvenzverfahrens nach den Regelungen des ZVG (→ Rn. 1). § 165 ermächtigt den Insolvenzverwalter, belastetes Immobiliarvermögen nach den Vorschriften des ZVG zu verwerten (→ Rn. 8 ff.). Über den Wortlaut der Vorschrift hinaus kann der Insolvenzverwalter Immobilien allerdings auch freihändig veräußern (→ Rn. 28 ff.) oder aus der Insolvenzmasse freigeben (→ Rn. 39 f.). Leitet ein Gläubiger die Verwertung nach dem ZVG ein, hat der Insolvenzverwalter die Möglichkeit, diese zwangsweise Verwertung einstweilen einstellen zu lassen, wenn die Fortsetzung der zwangsweisen Verwertung eine wirtschaftlich sinnvolle Nutzung der Insolvenzmasse wesentlich erschweren würde (→ Rn. 18 ff.).

Übersicht

	Rn.		Rn.
A. Normzweck	1	2. Verfahrenseinstellung auf Betreiben des Insolvenzverwalters	22
B. Gegenstand der Verwertungsmöglichkeiten	8	3. „Kalte" oder „stille" Zwangsverwaltung	24
I. Unbewegliches Vermögen	8	III. Freihändige Veräußerung	28
II. Massezugehörigkeit	9	1. Zustimmung der Gläubiger	29
III. Zubehör	10	2. Lästigkeitsprämien für nachrangige Grundpfandrechtsgläubiger	34
C. Verwertungsmöglichkeiten	12	3. Erlösverteilung, Absicherung des Gläubigers	38
I. Zwangsversteigerung	12	IV. Freigabe des Grundvermögens	39
1. Zwangsversteigerung durch den Insolvenzverwalter	12	D. Steuerliche Auswirkungen	41
2. Zwangsversteigerung auf Betreiben des Gläubigers	17	I. Zwangsversteigerung	41
II. Zwangsverwaltung	21	II. Freihändige Veräußerung der Immobilie	43
1. Verfahren der Zwangsverwaltung	21	III. Freigabe	46

A. Normzweck

Die Verwertung unbeweglicher Gegenstände, an denen Absonderungsrechte bestehen, erfolgt gem. § 49 nach den Regelungen des ZVG über die Zwangsversteigerung oder -verwaltung. § 165 bestimmt, dass der Insolvenzverwalter Immobiliarvermögen – belastetes oder unbelastetes – nach den Maßgaben des ZVG und ohne Vollstreckungstitel (BGH NZI 2012, 575 Rn. 7) verwerten 1 kann. Darüber hinaus kann er über die §§ 30d, 153b ZVG die einstweilige Einstellung der von einem absonderungsberechtigten Gläubiger betriebenen Zwangsversteigerung und -verwaltung veranlassen. Die Vorschrift schafft somit besondere Verwertungskompetenzen für den Insolvenzverwalter.

2 Der Insolvenzverwalter ist nach § 159 berechtigt, aber auch verpflichtet, die Insolvenzmasse zu verwerten. Für Immobiliarvermögen eröffnet § 165 den besonderen Weg über die Zwangsverwaltung und -versteigerung. Die Rechte des Insolvenzverwalters bestehen auch dann, wenn Absonderungsrechte einzelner Gläubiger am Immobiliarvermögen bestehen (selbst wenn die Belastungen den Wert der Immobilie übersteigen, denn in diesem Fall kann die Anordnung dazu dienen, die Kostenbeiträge nach den §§ 170, 171 für Zubehör aus dem Haftungsverband für die Masse zu sichern, vgl. Braun/Dithmar/Schneider Rn. 1).

3 Der Gläubiger ist dadurch aber nicht gehindert, seinerseits die Zwangsverwaltung oder -versteigerung nach den Vorschriften des ZVG einzuleiten. Sein Verwertungsrecht ist anders als bei der Verwertung beweglicher Vermögensgegenstände nicht subsidiär (Nerlich/Römermann/Becker Rn. 21; Braun/Dithmar/Schneider Rn. 3). Es ist allerdings beschränkt durch die Befugnisse des Insolvenzverwalters aus den §§ 30d, 153b ZVG, da dieser nach diesen Vorschriften die zwangsweise Verwertung durch den Gläubiger einstweilen einstellen lassen kann, wenn das dem Interesse an einer bestmöglichen Verwertung dient.

4 Der Insolvenzverwalter kann sich auch für eine freihändige Verwertung entscheiden. Das Recht des Insolvenzverwalters zur freihändigen Verwertung folgt aus der allgemeinen Verwaltungs- und Verfügungsbefugnis aus § 80 (K. Schmidt InsO/Sinz Rn. 1). Der Gesetzgeber hat diese Möglichkeit in § 160 Abs. 2 Nr. 1 als bestehend vorausgesetzt, sodass kein ernsthafter Zweifel an dieser Befugnis besteht (BGH NZI 2016, 773 (775); 2012, 482 Rn. 10; 2011, 138 Rn. 15; Stapper/Schädlich NZI 2016, 828).

5 Der Insolvenzverwalter kann schließlich massezugehöriges Grundvermögen zum Schutz der Masse freigeben (K. Schmidt InsO/Sinz Rn. 1). Welche Art der Verwertung er wählt, entscheidet er nach pflichtgemäßem (und haftungsbewehrtem) Ermessen (Uhlenbruck/Brinkmann Rn. 15; Braun/Dithmar/Schneider Rn. 3). Maßstab ist § 1 S. 1 und die daraus folgende Pflicht des Insolvenzverwalters zur bestmöglichen Vermögensverwertung (BGH NZI 2016, 773 (774)). Aus dem Gesetz ergibt sich kein Vorrang einer der Verwertungsalternativen (anders wohl Nerlich/Römermann/Becker Rn. 11, der tendenziell einen Vorrang der Zwangsversteigerung und damit einer Zerschlagung des Vermögens sieht).

6 Im vereinfachten Insolvenzverfahren sind in Insolvenzverfahren, die ab dem 1.7.2014 (Art. 103h EGInsO) beantragt wurden, keine Besonderheiten mehr zu berücksichtigen. Durch das Gesetz zur Verkürzung des Restschuldbefreiungsverfahrens und zur Stärkung der Gläubigerrechte v. 15.7.2013 wurde § 313, der die Verwertungskompetenzen des Treuhänders gegenüber dem Insolvenzverwalter einschränkte, gestrichen. Auch hier ergeben sich nun die Verwertungskompetenzen aus den allgemeinen Vorschriften.

7 In der Eigenverwaltung stehen dem Schuldner die Verwertungsrechte zu. Dies ergibt sich aus der allgemeinen Verwaltungs- und Verfügungsbefugnis (§ 270 Abs. 1 S. 1).

B. Gegenstand der Verwertungsmöglichkeiten

I. Unbewegliches Vermögen

8 Unbewegliche Gegenstände iSd Vorschrift sind die Gegenstände, die der Zwangsvollstreckung in das unbewegliche Vermögen nach den Vorschriften der ZPO und des ZVG unterliegen. § 165 verweist insoweit auf § 864 ZPO (hierzu ausf. Stöber ZVG Einl. Rn. 11 ff.); unter den Anwendungsbereich fallen damit Grundstücke sowie die mithaftenden Gegenstände eines Grundstücks (Erzeugnisse, Bestandteile, Zubehör iSd § 1120 BGB), grundstücksgleiche Rechte (wie zB das Erbbaurecht), außerdem im Register eingetragene Schiffe, Schiffsbauwerke (vgl. §§ 162 ff. ZVG) und Luftfahrzeuge (§§ 171a ff. ZVG) und Wohnungs- und Teileigentum (vgl. § 12 Abs. 2 WEG) (ausf. hierzu Nerlich/Römermann/Becker Rn. 3). Bei massezugehörigen Bruchteilen an einem Gegenstand kann der Insolvenzverwalter nach §§ 180 ff. ZVG im Wege der Zwangsversteigerung die Auseinandersetzung der Gemeinschaft betreiben (nicht allerdings die Versteigerung des gesamten Grundstücks nach den §§ 172 ff. ZVG) oder den Anteil isoliert verwerten. Dies folgt aus der nach § 80 Abs. 1 auf ihn übergegangenen Verwaltungs- und Verfügungsbefugnis (BGH NZI 2012, 575; Nerlich/Römermann/Becker Rn. 2 ff.).

II. Massezugehörigkeit

Das unbewegliche Vermögen muss zur Masse gehören, also dem Insolvenzbeschlag unterliegen, oder als Neuerwerb im Verfahren zur Masse gelangen (§ 35 Abs. 1). Außerdem muss der Verwalter die tatsächliche Gewalt über das Grundstück ausüben (Uhlenbruck/Brinkmann Rn. 14). Die Massezugehörigkeit und der Insolvenzbeschlag enden mit der Freigabe des Gegenstands aus der Masse (BGH NZI 2006, 293 Rn. 12). Gehört zum Vermögen des Schuldners nur ein Miteigentumsanteil, beschränkt sich auch die Verfügungsbefugnis des Insolvenzverwalters allein hierauf. Deshalb kann der Insolvenzverwalter den Anteil entweder nur isoliert verwerten oder aber die Teilungsversteigerung, nicht aber die Versteigerung des gesamten Grundstücks, betreiben (BGH NZI 2012, 575 Rn. 14). 9

III. Zubehör

Zubehör gehört wie Erzeugnisse und Bestandteile gem. §§ 1120, 1192 BGB zum Haftungsverband des Grundstücks. Diese Gegenstände werden daher grundsätzlich gemeinsam mit dem unbeweglichen Vermögen nach § 165 verwertet (HK-InsO/Landfermann § 166 Rn. 13; Nerlich/Römermann/Becker Rn. 5). Die Zubehörhaftung entfällt indes, wenn das Zubehör im Rahmen ordentlicher Wirtschaft gem. § 1122 Abs. 2 BGB vom Grundstück entfernt wird. Eine Enthaftung ist auch über § 1121 BGB möglich, wobei sich in diesen Fällen die Frage nach einer Haftung der Masse und des Insolvenzverwalters gegenüber dem Grundpfandrechtsgläubiger stellt, dessen Haftungsmasse sich verringert (hierzu Nerlich/Römermann/Becker Rn. 17). 10

Bei der Verwertung von Zubehör fallen Feststellungs- und Verwertungskosten gem. § 171 an, denn insoweit handelt es sich um die Verwertung von beweglichem Vermögen. Der Anspruch der Masse auf diese Kostenpauschalen ist im Zwangsversteigerungsverfahren in der Rangklasse 1a zu berücksichtigen (§ 10 ZVG). Berechnungsgrundlage ist in diesem Fall die gesondert ausgewiesene Berechnung im Wertgutachten (Uhlenbruck/Brinkmann Rn. 20). Fehlt eine solche, ist der Wert anhand der Unterlagen zu berechnen, die Grundlage des Wertgutachtens waren (Stöber ZVG § 10 Rn. 3.4), wobei maßgeblicher Berechnungszeitpunkt der Beginn der Versteigerung ist (maßgeblicher Zeitpunkt für den Beginn der Zwangsversteigerung soll danach der Moment unmittelbar vor Abgabe der Gebote sein, Stöber ZVG § 55 Rn. 2.2). Die Kritik an dieser Regelung, wonach unbefriedigend sei, dass die Kostenbeiträge für die Masse bei mehreren Grundpfandrechtsgläubigern nicht anteilig verteilt würden (Uhlenbruck/Brinkmann Rn. 20), überzeugt nicht, denn dies folgt einerseits aus dem Rangverhältnis der Sicherungsrechte und ist im Übrigen bei der Verwertung von beweglichem Vermögen, das mit mehreren Sicherungsrechten belastet ist, nicht anders. 11

C. Verwertungsmöglichkeiten

I. Zwangsversteigerung

1. Zwangsversteigerung durch den Insolvenzverwalter

Die Zwangsversteigerung durch den Insolvenzverwalter bietet gegenüber der freihändigen Veräußerung Vorteile. Einerseits durch einen gesetzlich in § 56 S. 3 ZVG angeordneten Gewährleistungsausschluss (wobei der Insolvenzverwalter auch bei einer freihändigen Veräußerung üblicherweise umfassende Gewährleistungsausschlüsse und Haftungsfreistellungen in die Kaufverträge aufnimmt), andererseits durch Einschränkungen der Ausübbarkeit von dinglichen Vorkaufsrechten (§ 1098 Abs. 1 S. 2 BGB) sowie durch das Erlöschen nachrangiger Grundpfandrechte (§ 52 Abs. 1 S. 2 ZVG). 12

Darüber hinaus reduziert der Insolvenzverwalter das Risiko einer Haftung wegen des Vorwurfs, zu günstig verkauft zu haben. Da das Zwangsversteigerungsverfahren von dem Grundgedanken getragen wird, durch die Verwertung im Wege einer förmlichen und öffentlichen Auktion mit Mindestgeboten, Gebotsfristen und einem Zuschlag an den Höchstbietenden den aktuellen Marktwert zu ermitteln, entgeht der Insolvenzverwalter dem Vorwurf, eine Immobilie zu einem zu geringen Wert verkauft zu haben (Stöber ZVG § 172 Rn. 3.1 lit. c). 13

Schließlich hat die Einleitung der Zwangsversteigerung durch den Insolvenzverwalter Einfluss auf die Höhe des geringsten Gebots, das von § 44 Abs. 1 ZVG abweichen kann. Damit wird auch bei hoch belasteten Immobilien ein Anreiz für Bieter zur Gebotsabgabe geschaffen (Nerlich/Römermann/Becker Rn. 13). Die Zwangsversteigerung durch den Insolvenzverwalter stellt indes trotz der genannten Vorteile in der Praxis die Ausnahme dar. 14

15 Der Insolvenzverwalter ist im Zwangsversteigerungsverfahren zugleich betreibender Gläubiger und Vollstreckungsschuldner (Stöber ZVG § 172 Rn. 3.2). Das Verfahren wird durch einen Antrag des Insolvenzverwalters eingeleitet. Das Antragsrecht folgt unmittelbar aus § 165 InsO iVm § 172 ZVG (BGH NZI 2015, 550 Rn. 11). Die Bestallungsurkunde reicht aus zum Nachweis der Berechtigung (Braun/Dithmar/Schneider Rn. 5; Stöber ZVG § 172 Rn. 5.1). Das Verfahren richtet sich sodann nach den §§ 172 ff. ZVG iVm den allgemeinen Vorschriften (Stöber ZVG § 172 Rn. 4.1 ff.).

16 Eine besondere gerichtliche Zuständigkeit gibt es nicht. Zuständiges Gericht ist das Amtsgericht als Vollstreckungsgericht, in dessen Bezirk das Grundstück belegen ist (§ 1 Abs. 1 ZVG, krit. hierzu Mönning/Zimmermann NZI 2008, 134 (139)). Der oder die Grundpfandrechtsgläubiger können der vom Insolvenzverwalter eingeleiteten Zwangsverwaltung und -versteigerung nach § 27 Abs. 1 S. 1 ZVG, § 146 Abs. 1 ZVG, § 172 ZVG beitreten (Braun/Dithmar/Schneider Rn. 9 f.). Zum Löschungsanspruch eines nachrangigen Grundpfandrechtsgläubigers in der Insolvenz unter Aufgabe seiner früheren Rechtsprechung BGH NZI 2012, 756 ff.; ebenfalls dazu HK-InsO/Landfermann Rn. 4). Der Versteigerungserlös wird nach den Maßgaben des ZVG erteilt, auch wenn der Insolvenzverwalter die Zwangsversteigerung veranlasst hat (Nerlich/Römermann/Becker § 164 Rn. 14). Ein Überschuss fließt zur Masse.

2. Zwangsversteigerung auf Betreiben des Gläubigers

17 Die Zwangsversteigerung auf Betreiben des Gläubigers richtet sich nach den allgemeinen Vorschriften. Für die Zwangsversteigerung nach Insolvenzeröffnung muss der Gläubiger den Vollstreckungstitel auf den Insolvenzverwalter umschreiben lassen (§§ 727, 730 ZPO) und diesem dem Verwalter gem. § 750 Abs. 2 ZPO zustellen (vgl. auch BGH ZIP 2016, 1491 (1496)). Der Insolvenzverwalter muss darauf achten, dass er im Zwangsversteigerungsverfahren etwaige Kostenpauschalen für Zubehör aus dem Haftungsverband sichert (K. Schmidt InsO/Sinz Rn. 11 ff.). Entgeht der Masse durch ein Versäumnis des Verwalters ein Zufluss, haftet der Insolvenzverwalter nach den allgemeinen Vorschriften.

18 Nach den Maßgaben der §§ 30d–30f ZVG kann der Insolvenzverwalter die Zwangsversteigerung einstweilen einstellen lassen. Die zeitweilige Verfahrenseinstellung soll die bestmögliche und ungestörte Verwertung der Insolvenzmasse gewährleisten und die Zerschlagung von Verbundwerten verhindern, zB indem eine Zwangsversteigerung zur Unzeit verhindert wird (BGH ZIP 2016, 1491 (1496)). Sie schafft einen Ausgleich zwischen den Interessen der Masse am Fortbestand des Unternehmensverbunds, sofern dies für eine bestmögliche Gläubigerbefriedigung sinnvoll ist, und den Verwertungsinteressen des absonderungsberechtigten Gläubigers. Deshalb steht die Einstellung auch unter dem Vorbehalt der Zumutbarkeit (§ 30d Abs. 1 S. 2 ZVG). Die Einstellung dient in erster Linie dem Interesse der Gläubiger an einem bestmöglichen Verwertungserlös (Mönning/Zimmermann NZI 2008, 134 (135)) und am Erhalt des technisch-organisatorischen Verbunds des Schuldnervermögens (BGH ZIP 2016, 1491 (1496)). Mittelbar steht sie aber auch im Zusammenhang mit den Schuldnerschutzvorschriften der §§ 30a–30c ZVG (Stöber ZVG § 30 Rn. 1.1).

19 Voraussetzung für die Einstellung ist nach § 30d Abs. 1 Nr. 1–4 ZVG, dass der Berichtstermin noch bevorsteht, das Grundstück für eine Fortführung des Unternehmens benötigt wird oder durch die Versteigerung die Durchführung eines Insolvenzplans oder in sonstiger Weise die bestmögliche Verwertung gefährdet würde. Der Insolvenzverwalter muss die Tatsachen, die eine vorläufige Einstellung rechtfertigen, darlegen. Eine rechtliche Begründung ist nicht erforderlich, aber hilfreich und deshalb anzuraten (Stöber ZVG § 30b Rn. 3.2). Die Darlegung der Voraussetzungen für eine Einstellung kann auch durch Vorlage von Berichten des Verwalters erfolgen. Sofern der Insolvenzverwalter seinen Antrag mit der Hoffnung auf einen höheren Verwertungserlös begründet, muss er konkrete Anhaltspunkte dafür vortragen, dass er alsbald durch eine freihändige Veräußerung einen wesentlich höheren Veräußerungserlös erzielen kann (BGH ZIP 2016, 1491 (1496)).

20 Der betroffene Gläubiger wird dadurch geschützt, dass er nach § 30e ZVG einen Ausgleich für seine Nachteile erhält, die ihm durch die Einstellung entstehen. Die Einstellungsentscheidung ist daher mit Auflagen zu verbinden, durch die der Schutz des Gläubigers gewährleistet wird. Inhalt dieser Auflagen ist die Zahlung laufender Zinsen ab dem Berichtstermin oder aber der Ausgleich eines Wertverlustes im Falle der weiteren Nutzung der Immobilie. Nach richtiger Auffassung sind nur die schuldrechtlichen, nicht aber die dinglichen Zinsen geschuldet (zum Streit über die Höhe der geschuldeten Zinsen HK-InsO/Landfermann Rn. 16 mwN; Mönning/Zimmermann NZI 2008, 134 (136 f.)). Eine Einstandspflicht der Insolvenzmasse für die Werthaltigkeit des Sicherungsgutes ist damit allerdings nicht verbunden, was sich unmittelbar aus § 30e Abs. 3 ZVG ableiten lässt (ebenso BGH NZI 2006, 342 Rn. 14). Deshalb hat der Gläubiger keinen Anspruch auf

Zinszahlung und Ausgleich eines Wertverlusts, wenn er unter Berücksichtigung des Wertes der Immobilie und der sonstigen Belastungen nicht mit einer Befriedigung aus einem Versteigerungserlös rechnen könnte (§ 30e Abs. 3 ZVG). Die Einstellung muss somit seine Befriedigungsaussichten konkret beeinträchtigen, um eine Ausgleichspflicht auszulösen.

II. Zwangsverwaltung

1. Verfahren der Zwangsverwaltung

Die Zwangsverwaltung auf Betreiben des Insolvenzverwalters hat keine größere praktische Bedeutung. Eine Zwangsverwaltung auf Betreiben des Gläubigers setzt, sofern nicht die Immobilie aus dem Insolvenzbeschlag freigegeben wurde, eine Titelumschreibung auf den Insolvenzverwalter voraus, der dadurch zum Verfahrensschuldner wird (BGH NZI 2013, 606 Rn. 11). Ein gesetzliches Wohnrecht des Schuldners gegenüber dem Zwangsverwalter nach § 149 Abs. 1 ZVG besteht auch in einem Zwangsverwaltungsverfahren, das gegen den Insolvenzverwalter betrieben wird (BGH NZI 2013, 606 Rn. 8 ff.). Zum Verhältnis zwischen Insolvenzverwalter und einem bereits vor Insolvenzeröffnung bestellten Zwangsverwalter (Braun/Dithmar/Schneider Rn. 12). Bis zur Anordnung der förmlichen Zwangsverwaltung stehen die laufenden Mietüberschüsse der Insolvenzmasse zu (Stapper/Schädlich NZI 2016, 828).

2. Verfahrenseinstellung auf Betreiben des Insolvenzverwalters

Der Insolvenzverwalter kann nach § 153b Abs. 1 ZVG die Einstellung der Zwangsverwaltung beantragen, wenn deren Fortsetzung die wirtschaftlich sinnvolle Nutzung der Insolvenzmasse erschweren würde (BGH NZI 2006, 577 Rn. 7; Gottwald InsO-HdB/Adolphsen § 42 Rn. 107 ff.). Die Vorschrift dient dem Schutz von „Erhaltungslösungen" (Mönning/Zimmermann NZI 2008, 134). Ob bereits Verhandlungen über eine freihändige Veräußerung für eine Einstellung ausreichen, ist umstritten (dagegen Stöber ZVG § 153b Rn. 2.3; dafür Mönning/Zimmermann NZI 2008, 134 (138)). Richtigerweise sollte dies eine Einzelfallentscheidung sein. Ist eine geplante freihändige Veräußerung Anlass für die Einstellung, wird man wie bei der Einstellung der Zwangsversteigerung nach dem BGH konkrete Verkaufsmöglichkeiten fordern müssen, die zudem einen zeitnahen („alsbaldigen") Zufluss erwarten lassen (vgl. BGH ZIP 2016, 1491 (1496)).

Der Insolvenzverwalter muss den Einstellungsgrund gem. § 294 ZPO glaubhaft machen (Uhlenbruck/Brinkmann Rn. 33). Für die Glaubhaftmachung kann die Vorlage des Protokolls über den Berichtstermin nach § 156 ausreichen, wenn sich die Gläubigerversammlung für eine Betriebsfortführung entschieden hat. Andernfalls hängt die Entscheidung von einem schlüssigen Vortrag des Insolvenzverwalters ab. Wie substantiiert der Vortrag sein muss, hängt vom Einzelfall ab. Die Stellungnahme des betreibenden Gläubigers, der grundsätzlich anzuhören ist, ist zu berücksichtigen. Die Einstellung ist mit der Auflage zu verbinden, dass dem betreibenden Gläubiger die Nachteile infolge der Einstellung durch laufende Zahlungen aus der Masse ausgeglichen werden (§ 153b Abs. 2 ZVG). Auszugleichen ist das, was der Gläubiger bei Fortführung der Zwangsverwaltung tatsächlich erwarten könnte. Die Ausgleichspflicht ist Masseschuld gem. § 55 Abs. 1 Nr. 1 (Mönning/Zimmermann NZ 2008, 134 (139)).

3. „Kalte" oder „stille" Zwangsverwaltung

Als „kalte" oder – so zB der BGH – auch „stille" Zwangsverwaltung werden Vereinbarungen zwischen einem Grundpfandrechtsgläubiger und dem Insolvenzverwalter bezeichnet, bei denen sich die Parteien über eine Bewirtschaftung der Immobilie durch den Insolvenzverwalter und eine Aufteilung der sich daraus ergebenden Erlöse außerhalb eines förmlichen Zwangsverwaltungsverfahrens einigen (ausführlich zum Inhalt der Absprachen Keller NZI 2013, 265 (267 ff.)). Diese Verwertungsart ist gesetzlich nicht geregelt, aber in der Praxis anerkannt und verbreitet (ernsthafte Zweifel an der grundsätzlichen Wirksamkeit gibt es nicht, vgl. Bork ZIP 2013, 2129 (2133 f.); Becker ZInsO 2013, 2532 (2534); ebenso BGH ZIP 2016, 1543 (1544), solange die Masse dadurch keine Nachteile erleidet; mzustAnm Stapper/Schädlich NZI 2016, 828). Sie ist an die Grundprinzipien der Zwangsverwaltung angelehnt. Das bedeutet allerdings nicht, dass die Vorschriften des ZVG entsprechend übertragen werden können, vielmehr müssen die Parteien die Rechte und Pflichten konkret vereinbaren (OLG Köln ZInsO 2016, 108 (109)).

Für den gesicherten Gläubiger kann eine kalte Zwangsverwaltung kostengünstiger und schneller sein als der Weg über die förmliche Beschlagnahme. Außerdem ist der Insolvenzverwalter sein zentraler Ansprechpartner statt eines Nebeneinanders von Zwangs- und Insolvenzverwalter (BGH

ZIP 2016, 1543 (1544); Uhlenbruck/Brinkmann Rn. 34). Zugleich verbleibt die Immobilie in der Insolvenzmasse, sodass die Verwertungsalternative einer späteren freihändigen Veräußerung für den Insolvenzverwalter, aber auch für den gesicherten Gläubiger erhalten bleibt. Die Insolvenzmasse wiederum kann an den Erträgen aus der Bewirtschaftung profitieren. Daher liegt ein weiterer Vorteil in der besseren Planbarkeit, sofern sich Grundpfandrechtsgläubiger und Insolvenzverwalter in den wesentlichen Punkten über die endgültige Verwertung einig sind.

26   Die Konditionen der kalten Zwangsverwaltung, speziell die Aufteilung der Erträge, sind grundsätzlich frei verhandelbar. § 10 Abs. 1 Nr. 1a ZVG gilt nicht analog (Andres/Leithaus Rn. 32). Die §§ 17 ff. ZwVwV können indes als Vergleichsmaßstab herangezogen werden. Um späteren Streit zu vermeiden, sollten die Parteien hohe Sorgfalt auf die Verwertungsvereinbarung verwenden (vgl. auch OLG Köln ZInsO 2016, 108 (109)). Die Aufnahme eines fiktiven Beschlagnahmezeitpunktes empfiehlt sich, um die Massezugehörigkeit rückständiger Mietforderungen, aber auch mögliche Insolvenzanfechtungsansprüche abgrenzen zu können. Denn bis zu diesem Zeitpunkt stehen die Mieten grundsätzlich und ebenso wie bei der förmlichen Zwangsverwaltung bis zur Beschlagnahme der Insolvenzmasse zu (Stapper/Schädlich NZI 2016, 828). Ebenso sollten Regelungen aufgenommen werden zu Instandhaltungs- und Instandsetzungskosten (näher hierzu MüKoInsO/Kern Rn. 190) und zur Verteilung etwaiger ertragssteuerlicher Lasten (hierzu Stapper/Schädlich NZI 2016, 828). Die vereinbarte Vergütung erhält die Insolvenzmasse, wobei der Insolvenzverwalter zur Haftungsvermeidung prüfen und überwachen muss, dass die Vergütung nachhaltig höher ist als die laufenden Kosten, die mit der Bewirtschaftung der Immobilie verbunden und auf der Grundlage der vereinbarten Konditionen aus der Masse zu tragen sind. Darüber hinaus muss der Insolvenzverwalter sicherstellen, dass die Insolvenzmasse im Verhältnis zur förmlichen Zwangsverwaltung nicht schlechter gestellt wird bzw. Nachteile erleidet. Im Falle einer Schlechterstellung der Masse kann die kalte Zwangsverwaltung wegen Insolvenzzweckwidrigkeit nichtig und der Insolvenzverwalter zum Schadenersatz verpflichtet sein (BGH ZIP 2016, 1543 (1544 f.); ausf. hierzu Pape ZInsO 2016, 2149 ff.).

27   Für die Durchführung einer kalten Zwangsverwaltung kann der Insolvenzverwalter in der Regel einen Zuschlag auf seine Vergütung fordern, sofern sich seine Vergütung nicht bereits durch die Erhöhung der Berechnungsgrundlage infolge der Zuflüsse aus der Immobilienbewirtschaftung angemessen erhöht (MüKoInsO/Riedel InsVV § 3 Rn. 34; Bork ZIP 2013, 2129 (2134); umfassend Becker ZInsO 2013, 2532 ff.; im Ergebnis ebenso BGH NZI 2013, 1067). Hierzu ist eine Vergleichsrechnung anzustellen (BGH ZIP 2016, 1543 (1546); BGH NZI 2008, 239; Bork ZIP 2013, 2129 (2135)). Die Erträge, die er aufgrund der Vereinbarung mit dem Grundpfandgläubiger an diesen ausschüttet, erhöhen die Berechnungsgrundlage allerdings nicht (MüKoInsO/Riedel InsVV § 1 Rn. 19; anders LG Heilbronn ZIP 2012, 2077). Bei der Bemessung der Berechnungsgrundlage ist nur der Überschuss, der nach Abzug der Kosten bei der Insolvenzmasse verbleibt, unter Einbezug des vereinbarten Kostenbeitrags für die Masse erhöhend zu berücksichtigen (BGH ZIP 2016, 1543 (1545)). Vereinbarungen, wonach der Insolvenzverwalter für seine Mitwirkung direkt vom Grundpfandrechtsgläubiger vergütet wird, sind nach dem BGH nichtig (BGH ZIP 2016, 1491 (1496)). Diese Bewertung ist richtig, denn der Insolvenzverwalter verletzt damit seine Pflicht zur Neutralität und Unabhängigkeit (Pape ZInsO 2016, 2149 ff.; Vill ZInsO 2015, 2245 (2246); Stapper/Schädlich NZI 2016, 828).

III. Freihändige Veräußerung

28   Der Insolvenzverwalter wird und muss auch eine freihändige Veräußerung in Betracht ziehen, wenn daraus ein besseres Verwertungsergebnis zu erwarten ist (ausf. Mitlehner ZIP 2012, 649). Er ist hierzu berechtigt (BGH NZI 2017, 991 Rn. 15; 2011, 247 Rn. 8 mwN). Häufig wird ein höherer Kaufpreis in Aussicht stehen, aber auch die üblicherweise kürzere Dauer der freihändigen Verwertung und die im Vergleich zur Zwangsverwertung geringeren Kosten sind Gründe, die für eine freihändige Veräußerung sprechen können. Für die Verwertung nach dem ZVG wird sich der Insolvenzverwalter dagegen entscheiden, wenn er sich mit den grundpfandrechtlich gesicherten Gläubigern nicht über die Konditionen der freihändigen Verwertung einigen kann.

1. Zustimmung der Gläubiger

29   Bei der freihändigen Veräußerung hat der Insolvenzverwalter nach § 160 Abs. 2 Nr. 1 zuvor die Zustimmung des Gläubigerausschusses oder, falls ein solcher nicht besteht, der Gläubigerversammlung einzuholen. Der Verkauf ist allerdings auch ohne diese Zustimmung wirksam (§ 164), denn die Zustimmungserfordernisse beschränken die Verwaltungs- und Verfügungsbefugnis des Insolvenzverwalters nach § 80 Abs. 1 nicht (HK-InsO/Landfermann Rn. 1; Uhlenbruck/Brink-

mann Rn. 27). Der Insolvenzverwalter sollte das Zustimmungserfordernis jedoch tunlichst beachten, um sein eigenes Haftungsrisiko zu reduzieren. Gänzlich ausschließen kann eine von der Gläubigerversammlung erteilte Zustimmung eine persönliche Haftung des Insolvenzverwalters jedoch nicht. Der Insolvenzverwalter kann insbesondere haften, wenn er auf einer unzureichenden Informationsgrundlage der Gläubigerversammlung einen zu niedrigen Kaufpreis empfiehlt oder er schuldhaft einen ungünstigen Kaufvertrag aushandelt und die Masse dadurch schädigt (Uhlenbruck/Sinz § 60 Rn. 102 ff.). Üblich sind weitgehende Gewährleistungsausschlüsse durch den Insolvenzverwalter; ein Vorteil einer Zwangsversteigerung durch den Insolvenzverwalter gegenüber der freihändigen Veräußerung, der gesetzliche Gewährleistungsausschluss gem. § 56 ZVG, relativiert sich damit.

Vereinbarungen, die der Schuldner vor der Insolvenz mit einem Gläubiger im Hinblick auf die Verwertung getroffen hat, binden den Insolvenzverwalter nicht (BGH NZI 2011, 138 Rn. 14). Betreibt ein Gläubiger während der Verkaufsbemühungen des Insolvenzverwalters die Zwangsverwaltung oder Zwangsversteigerung, ist eine freihändige Veräußerung nicht mehr möglich (Andres/Leithaus Rn. 31; HK-InsO/Landfermann Rn. 7). **30**

Die freihändige Verwertung mit Grundpfandrechten belasteter Gegenstände erfordert eine Abstimmung mit dem oder den gesicherten Gläubigern (zum sinnvollen Inhalt einer Verwertungsvereinbarung s. MüKoInsO/Kern Rn. 187), denn deren Rechte bleiben ebenso wie öffentliche Lasten (BGH NZI 2010, 482 Rn. 11) von einem Verkauf unberührt (HK-InsO/Landfermann Rn. 5; Uhlenbruck/Brinkmann Rn. 27). Ein Verkauf, bei dem der Erwerber die Grundpfandrechte übernimmt und an den Insolvenzverwalter lediglich einen etwaigen Übererlös bezahlt, ist in der Praxis die Ausnahme. Denn ein Erwerber möchte in aller Regel lastenfrei erwerben. Es sind daher Löschungsbewilligungen der gesicherten Gläubiger gegen Ablösung ihrer Sicherungsrechte einzuholen. **31**

Gleichzeitig wird in aller Regel eine Erlösbeteiligung für die Masse und damit für die ungesicherten Gläubiger für die Mitwirkung des Insolvenzverwalters an der freihändigen Verwertung vereinbart (BGH ZIP 2016, 1543 (1546); NZI 2011, 138 Rn. 15). Die Höhe dieser Beteiligung ist grundsätzlich frei verhandelbar (Nerlich/Römermann/Becker Rn. 18; Andres/Leithaus Rn. 32; MüKoInsO/Kern Rn. 187). Die Kostenbeiträge des § 171, die bei der Verwertung beweglichen Vermögens anfallen, gelten nicht (BGH ZIP 2016, 1543 (1546)); es besteht auch kein gesetzlicher Anspruch auf eine Beteiligung am Verkaufserlös, weil der Insolvenzverwalter auf die ihm mögliche Betreibung der Zwangsversteigerung verzichtet (OLG Köln ZInsO 2016, 514 (516) = BeckRS 2016, 04393). Die Kostenbeiträge des § 171 können aber als Anhaltspunkt dienen für die Vereinbarung eines Erlösanteils der Masse. In der Praxis schwanken die Erlösbeteiligungen in Abhängigkeit von der Kaufpreishöhe zwischen 2–5%. Es ist aber, speziell bei geringen Verwertungserlösen oder bei einem besonders hohen Verwertungsaufwand, auch eine höhere prozentuale Beteiligung oder die Vereinbarung eines fixen Kostenbeitrags denkbar. Die Erlösbeteiligung wird nicht nur für die Mitwirkung des Insolvenzverwalters am Verkauf bezahlt, sondern sie dient auch als Ausgleich für die mit einer freihändigen Veräußerung verbundenen Gewährleistungsrisiken (MüKoInsO/Kern Rn. 182; Andres/Leithaus Rn. 33). Weitere Faktoren, die Einfluss auf die Höhe der Erlösbeteiligung haben können, sind Haftungsrisiken für den Insolvenzverwalter, ersparte Vermarktungs- und Verwertungskosten (zB für einen Makler), der alternativ notwendige Aufwand bei einer Zwangsversteigerung oder besondere Schwierigkeiten, zB in Verbindung mit Altlasten. **32**

Da der BFH eine freihändige Veräußerung im Interesse eines grundpfandrechtlichen Gläubigers als entgeltliche Geschäftsbesorgung bewertet (BFH ZIP 2011, 1923; ebenso OLG Köln ZInsO 2016, 108 (109)), ist der vereinbarte Massebeitrag umsatzsteuerpflichtig. (→ § 171 Rn. 25). Die freihändige Veräußerung einer Immobilie kann abhängig vom Einzelfall auch einen Zuschlag bei der Festsetzung der Vergütung des Insolvenzverwalters rechtfertigen. Da die freihändige Veräußerung aber zur Vermögensverwertung und damit zum Regelaufgabenbereich des Insolvenzverwalters gehört, kann ein Zuschlag nur in Ausnahmefällen und bei erheblichem Mehraufwand in Betracht kommen (BGH NZI 2017, 991 Rn. 18 ff. → InsVV § 3 Rn. 27). **33**

Ein Vergütungszuschlag kommt nur ausnahmsweise und bei einem erheblichen, real gestiegenen Arbeitsaufwand in Betracht. Zu berücksichtigen ist dabei auch, ob der Erlös (teilweise) als freie Masse zu einer Erhöhung der Berechnungsgrundlage führt. In einem solchen Fall führt regelmäßig bereits die Erhöhung der Berechnungsgrundlage zu einer Abgeltung der Verwertungsbemühungen, sodass ein weiterer Zuschlag nur noch dann festgesetzt werden kann, wenn der zusätzliche Arbeitsaufwand durch die infolge der erhöhten Berechnungsgrundlage ebenfalls erhöhte Regelvergütung nicht ausreichend vergütet ist (BGH NZI 2018, 991 Rn. 15 ff.). **33.1**

2. Lästigkeitsprämien für nachrangige Grundpfandrechtsgläubiger

34   In der Praxis entsteht ein Konflikt häufig aufgrund unangemessener Forderungen nachrangiger Grundpfandrechtsgläubiger, deren Absonderungsrechte wirtschaftlich keinen Wert haben, die aufgrund ihrer grundbuchrechtlichen Rechtsposition jedoch Ablöse- bzw. Lästigkeitsprämien fordern (K. Schmidt InsO/Sinz Rn. 1). Die Zulässigkeit solcher Lästigkeitsprämien (krit. bereits zum Begriff der Lästigkeitsprämie Frege/Keller NZI 2009, 11 (12)) ist umstritten (BGH ZIP 2008, 884; OLG Schleswig ZInsO 2011, 1745; Tetzlaff ZInsO 2012, 726; Frege/Keller NZI 2009, 11 ff.; Lange NZI 2014, 451; Weiß/Linsenbarth EWiR 2014, 593). Unstreitig dürfte sein, dass der Gläubiger die Löschungskosten verlangen kann (BGH NZI 2008, 365; HK-InsO/Landfermann Rn. 6). Wird die Prämie direkt aus der Insolvenzmasse oder aus dem Erlösanteil der Masse gezahlt, soll nach dem BGH ein offensichtlicher Verstoß gegen den Grundsatz gleichmäßiger Befriedigung vorliegen und die der Prämie zugrunde liegende Vereinbarung nichtig sein (BGH NZI 2008, 365 Rn. 6). In der Praxis tritt diese Konstellation aber selten auf. In aller Regel wird die Prämie aus dem Gesamterlös, also zulasten der vorrangigen Grundpfandrechtsgläubiger oder sogar vom Erwerber (hierzu OLG Köln ZInsO 2016, 514 ff. = BeckRS 2016, 04393) gezahlt. Oder der Insolvenzverwalter zahlt die Prämie aus dem Masseanteil der Masse, sorgt aber dafür, dass die Prämie geringer ist als der Erlösanteil, sodass am Ende noch ein (geschmälerter) Zufluss bei der Masse verbleibt. Auf diese Konstellationen ist die Entscheidung des BGH v. 20.3.2008 nicht anwendbar.

35   Anders bewertet der BGH eine Lästigkeitsprämie, die nicht aus der Masse, sondern zulasten des vorrangigen Grundpfandrechtsgläubigers gezahlt wird (BGH NZI 2015, 550 Rn. 12; 2014, 450 Rn. 22 ff.). Der nachrangig gesicherte Gläubiger sei gegenüber einem vorrangig gesicherten Gläubiger nicht zur Rücksichtnahme verpflichtet. Der vorrangige Gläubiger könne bei der freihändigen Veräußerung in der Regel einen höheren Erlös erzielen, aus dem er dem nachrangigen Gläubiger einen Anteil überlassen könne. Aber auch der Schuldner habe Belastungen, die mit vollstreckungsrechtlich zulässigen Maßnahmen verbunden sind, grundsätzlich hinzunehmen. In der Immobiliarvollstreckung gibt es anders als bei der Mobiliarvollstreckung (§ 803 Abs. 2 ZPO) kein Verbot der zwecklosen Pfändung. Daher könne sich der nachrangige Gläubiger seine formale Rechtsposition abfinden lassen, sofern seine Erlösbeteiligung nur aus dem Veräußerungserlös und nicht aus dem Masseanteil bezahlt werde (BGH NZI 2015, 550 Rn. 12; ebenso OLG Köln ZInsO 2016, 514 ff.; Lange NZI 2015, 552; dagegen OLG Nürnberg ZIP 2013, 2471; Heublein EWiR 2014, 123). Eine solche Prämie ist nicht insolvenzzweckwidrig (MüKoInsO/Kern Rn. 179).

36   Die vom BGH vorgenommene Unterscheidung, ob aus der Masse oder dem Veräußerungserlös gezahlt wird, ist für die Praxis wenig hilfreich. Das „Erpressungspotential" des nachrangigen Gläubigers besteht fort. Letztlich ist dieses Störpotential der Kern seiner Rechtsstellung (so auch Wenzel DZWIR 2015, 395 (396)). Zukünftig ist allein zu erwarten, dass nachrangige Gläubiger ihre Forderungen innerhalb der vom BGH aufgezeigten Grenzen geltend machen werden. Der Streit, ob diese Prämie den Erlösanteil der Masse oder der vorrangigen Gläubiger schmälert, wird lediglich verlagert auf die Verhandlungen zwischen dem Insolvenzverwalter und dem vorrangigen Gläubiger. Eindrücklich zeigt dies der Sachverhalt, der OLG Köln ZInsO 2016, 514 ff. (= BeckRS 2016, 04393) zugrunde lag. Im Ergebnis bleibt es weiterhin dabei, dass der nachrangige Gläubiger kraft seiner Rechtsposition alle übrigen Verfahrensbeteiligten zu einer möglicherweise nachteiligen Verwertung zwingen kann (vgl. auch Pape ZInsO 2016, 2149 (2156)).

37   Ein nachrangiger Gläubiger sollte seine formale Rechtsposition allerdings nicht überschätzen. Können die weiteren Beteiligten, zu denen auch der Grundstückseigentümer zählen kann (OLG Schleswig ZIP 2011, 1254), nachweisen, dass der Streit um eine Lästigkeitsprämie ein besseres Verwertungsergebnis verhindert oder sonstige Schäden bewirkt hat, sind Schadenersatzansprüche über § 242 BGB denkbar („unter besonderen Umständen", so OLG Schleswig ZIP 2012, 1254; Tetzlaff ZInsO 2012, 726 (727); MüKoInsO/Kern Rn. 180). Der BGH hat allerdings darauf hingewiesen, dass die Grenzen für einen Rechtsmissbrauch hoch sind (BGH NZI 2015, 550). Zu weit geht indes die Ansicht, dass auch ein Rückgewähranspruch aus § 242 BGB besteht (ebenso Lange NZI 2015, 552; anders aber OLG Schleswig WM 2011, 1128 (1130); OLG Nürnberg NZI 2014, 158 = EWiR 2014, 1 mzustAnm Heublein; LG Regensburg WM 2010, 316 (317); MüKoInsO/Kern Rn. 181 sieht diesen Anspruch nur bei klaren Missbrauchsfällen, die praktisch kaum denkbar seien). Wenzel (DZWIR 2015, 395 (397)) weist richtigerweise darauf hin, dass dem Insolvenzverwalter nicht mehr Rechte zustehen als dem Schuldner außerhalb der Insolvenz (differenzierend insoweit Frege/Keller NZI 2009, 11 (12)). Dass aber der Gläubiger, der sein Grundpfandrecht durch Zwangsvollstreckung erworben hat, nicht zur Freigabe verpflichtet ist, selbst wenn er bei einer Versteigerung ausfallen würde, hat der BGH in seiner Entscheidung v.

30.4.2015 deutlich ausgesprochen. Im Ergebnis wird dies daher auch für rechtsgeschäftlich eingeräumte Grundpfandrechte geltend müssen müssen (ausf. begründet bei Wenzel DZWIR 2015, 395 (398), ebenso schon Frege/Keller NZI 2009, 11 (12) mit dem Hinweis, dass es einen allgemeinen Anspruch auf Aufhebung des Grundpfandrechts nicht gibt, erst recht nicht mit dem pauschalen Hinweis auf die vermeintliche Wertlosigkeit eines Grundpfandrechts). Es ist letztlich eine Frage des Verhandlungsgeschicks des Insolvenzverwalters, für einen vernünftigen Ausgleich zu sorgen. Scheitert er damit, bleibt nur der Weg über eine Zwangsversteigerung. Der nachrangige Grundpfandrechtsgläubiger droht dann allerdings leer auszugehen.

3. Erlösverteilung, Absicherung des Gläubigers

Da dingliche Lasten im Falle des freihändigen Verkaufs nicht erlöschen, sondern das verkaufte 38 Grundstück weiter hierfür haftet, erhält der gesicherte Gläubiger auch kein Absonderungsrecht am Veräußerungserlös im Wege der dinglichen Surrogation (BGH NZI 2010, 482 Rn. 11; Nerlich/Römermann/Becker Rn. 17). Der Grundpfandrechtsgläubiger, der eine Löschungsbewilligung erteilt, sollte daher bei Bedarf über eine Absicherung seines Anspruchs auf Auszahlung des Erlöses abzüglich des Masseanteils nachdenken. Erwirbt der Grundpfandrechtsgläubiger die Immobilie selbst, kann er bis zur Höhe seiner gesicherten Forderungen mit der Erlösbeteiligung gegen den Kaufpreisanspruch aufrechnen (d'Avoine NZI 2008, 17 ff.; Andres/Leithaus Rn. 33).

IV. Freigabe des Grundvermögens

Die Möglichkeit einer Freigabe von Immobilien aus dem Insolvenzbeschlag ist allgemein anerkannt, 39 sie wird in § 32 Abs. 3 als bestehend vorausgesetzt. Durch eine „echte" Freigabe (zur Abgrenzung der echten Freigabe von sonstigen Freigaben vgl. MüKoInsO/Kern Rn. 197 sowie MüKoInsO/Peters § 35 Rn. 85–89) von Grundvermögen kann der Insolvenzverwalter verhindern, dass die Masse mit Lasten (zB der Grundsteuer, Zustandshaftung für Kontaminationen) oder Risiken, die aus der Massezugehörigkeit der Immobilie folgen (hierzu gehören insbesondere Haftungsrisiken und Verkehrssicherungspflichten, belastet wird. Denn die „echte" Freigabe führt dazu, dass die Verwaltungs- und Verfügungsbefugnis über das Grundvermögen wieder auf den Insolvenzschuldner zurückfällt. Dies gilt auch bei juristischen Personen. Der BGH bewertet das Ziel der bestmöglichen Gläubigerbefriedigung höher als die Vollabwicklung von Gesellschaften (BGH ZInsO 2005, 594). Nach einer echten Freigabe müssen Gläubiger Zwangsverwertungsmaßnahmen oder grundstücksbezogene Ansprüche gegen den Schuldner selbst einleiten bzw. fortsetzen.

Vor der Freigabe steht immer die Prüfung des Insolvenzverwalters, welche Vor- und Nachteile 40 mit der weiteren Massezugehörigkeit der Immobilie verbunden sind (zu den besonderen steuerlichen (Haftungs-)Risiken vgl. Fassin/Tömp ZInsO 2019, 1921 ff.). Im Falle einer fehlerhaften Prognose kommt eine Haftung des Verwalters in Betracht. Häufiger Anlass für eine Freigabe sind von einem Grundstück ausgehende Gefahren, die zu einer behördlichen Inanspruchnahme der Masse im Rahmen der Gefahrenabwehr führen können. In Verfahren mit geringer Masse kann bei einer wertausschöpfend belasteten Immobilie bereits die laufende Grundsteuerbelastung dazu führen, dass der Insolvenzverwalter die Freigabe erklären muss. In diesem Fall sollte jedoch überlegt werden, vor der Freigabe Verbindung zu dem oder den absonderungsberechtigten Gläubigern aufzunehmen, um diese außerhalb einer Zwangsverwaltung an den laufenden Kosten zu beteiligen, sofern dadurch die Möglichkeit einer späteren freihändigen Veräußerung gewahrt werden kann. Die Ankündigung einer Freigabe kann dabei durchaus als Mittel zur Überzeugung dienen (MüKoInsO/Kern Rn. 198).

D. Steuerliche Auswirkungen

I. Zwangsversteigerung

Bei der Zwangsversteigerung fällt gem. § 1 Abs. 1 Nr. 4 GrEStG Grunderwerbsteuer an. Steuer- 41 schuldner ist der Meistbietende (§ 13 Nr. 4 GrEStG). Nach § 4 Nr. 9a UStG sind Umsätze, die unter das GrEStG fallen, umsatzsteuerfrei. Zubehör ist allerdings nicht von der Umsatzsteuerbefreiung für Grundstücke erfasst, denn es zählt nicht zum Grundstück iSd § 2 GrEStG (Mitlehner NZI 2002, 534).

Der Insolvenzverwalter kann nach § 9 Abs. 1 UStG zur Umsatzsteuer optieren. Die Option 42 kann gem. § 9 Abs. 3 UStG nur bis zum Zeitpunkt der Aufforderung zur Abgabe von Geboten im Versteigerungstermin erklärt werden und steht darüber hinaus unter der Voraussetzung, dass der

Erwerber Unternehmer iSd § 2 UStG ist und das Grundstück ausschließlich für unternehmerische Zwecke erwirbt (§ 9 Abs. 2 UStG). Die Ausübung des Optionsrechts ist sinnvoll bzw. zur Vermeidung einer Haftung notwendig, wenn der Schuldner in den letzten zehn Jahren vor der Veräußerung Vorsteuer aus grundstücksbezogenen Kosten geltend gemacht hat. Denn bei einem umsatzsteuerfreien Verkauf sind diese Vorsteuerbeträge zu berücksichtigen; der Berichtigungsanspruch ist Masseverbindlichkeit gem. § 55 Abs. 1 Nr. 1 (näher hierzu Braun/Dittmar/Schneider Rn. 25 ff.; Andres/Leithaus Rn. 37 ff. mwN).

II. Freihändige Veräußerung der Immobilie

43 Verkauft der Insolvenzverwalter eine Immobilie freihändig, fällt Grunderwerbssteuer an, die nach § 13 Nr. 1 GrEStG vom Veräußerer oder Erwerber zu entrichten ist. Es handelt sich um eine Masseverbindlichkeit. Üblicherweise verpflichtet der Kaufvertrag jedoch den Käufer, die Grunderwerbssteuer zu tragen (Obermueller, Insolvenzrecht in der Bankpraxis, 9. Aufl. 2016, Rn. 6.913).

44 Für die Umsatzsteuer gilt ebenfalls die Steuerbefreiung nach § 4 Nr. 9a UStG mit der Optionsmöglichkeit nach § 9 Abs. 1, 3 UStG, sofern der Erwerber Unternehmer iSd UStG ist und das Grundstück für sein Unternehmen nutzen will (zu den weiteren Folgen einer Option zur Umsatzsteuer s. Braun/Dittmar/Schneider Rn. 26). Daneben ist die Massebeteiligung umsatzsteuerpflichtig nach § 1 Abs. 1 Nr. 1 UStG, wenn der Insolvenzverwalter aufgrund einer Vereinbarung mit dem Grundpfandgläubiger gegen ein Entgelt (Massebeteiligung) verwertet und der Schuldner, in dessen Position der Insolvenzverwalter eingetreten ist, Unternehmer war (BFH DStR 2011, 1853; BFH NZI 2005, 55). Entsprechend unterliegen die „Inkassogebühren" des Insolvenzverwalters im Rahmen einer „kalten" Zwangsverwaltung der Umsatzsteuer (vgl. BFH DStR 2011, 1853 sowie die Vorinstanz FG Düsseldorf DStR 2009, 1392 mAnm de Weerth).

45 Der Inhaber einer öffentlichen Last gem. § 12 GrStG kann keine abgesonderte Befriedigung aus dem Veräußerungserlös verlangen, wenn der Insolvenzverwalter das belastete Grundstück freihändig veräußert hat, da das Grundstück für die Last weiterhaftet und die Haftung durch einen gegen den neuen Eigentümer gerichteten Duldungsbescheid geltend gemacht werden kann. Mithin besteht das Absonderungsrecht der Steuerforderung fort. Ein lastenfrei vereinbarter Erwerb ist hierfür unbeachtlich (BGH NZI 2010, 482).

III. Freigabe

46 Die steuerlichen Folgen im Falle einer Freigabe (hierzu Braun/Dittmar/Schneider Rn. 35 f.; Fassin/Tömp ZInsO 2019, 1921 ff.) hängen davon ab, ob eine „echte" Freigabe vorliegt, bei der der Insolvenzverwalter die Immobilie aus dem Insolvenzbeschlag löst und der Schuldner die Verwaltungs- und Verfügungsbefugnis wieder erhält, oder eine „unechte" Freigabe. Bei der „echten" Freigabe liegt kein steuerbarer Umsatz vor (Braun/Dittmar/Schneider Rn. 19; Onusseit ZIP 2001, 1344 ff.). Grunderwerbsteuer fällt nicht an. Die Grundsteuer ist Insolvenzforderung, soweit sie vor der Insolvenzeröffnung entstanden ist. Für den Zeitraum ab Eröffnung bis zur Freigabe ist die Grundsteuer Masseverbindlichkeit. Nach der Freigabe haftet die Masse nicht mehr. Die Grundsteuer ist vom Schuldner zu entrichten. Das Grundstück haftet hierfür.

47 Bei der „unechten" Freigabe erhält die Masse eine Ausgleichszahlung des Schuldners. Auf diese ist Umsatzsteuer zu erheben. Steuerschuldner ist nach § 13a Abs. 1 Nr. 1 UStG der Insolvenzverwalter, der in die Unternehmerstellung des Schuldners eingetreten ist. Die Steuerschuld ist Masseverbindlichkeit.

§ 166 Verwertung beweglicher Gegenstände

(1) Der Insolvenzverwalter darf eine bewegliche Sache, an der ein Absonderungsrecht besteht, freihändig verwerten, wenn er die Sache in seinem Besitz hat.

(2) Der Verwalter darf eine Forderung, die der Schuldner zur Sicherung eines Anspruchs abgetreten hat, einziehen oder in anderer Weise verwerten.

(3) Die Absätze 1 und 2 finden keine Anwendung
1. auf Gegenstände, an denen eine Sicherheit zu Gunsten des Betreibers oder des Teilnehmers eines Systems nach § 1 Abs. 16 des Kreditwesengesetzes zur Sicherung seiner Ansprüche aus dem System besteht,

Verwertung beweglicher Gegenstände § 166 InsO

2. auf Gegenstände, an denen eine Sicherheit zu Gunsten der Zentralbank eines Mitgliedstaats der Europäischen Union oder Vertragsstaats des Europäischen Wirtschaftsraums oder zu Gunsten der Europäischen Zentralbank besteht, und
3. auf eine Finanzsicherheit im Sinne des § 1 Abs. 17 des Kreditwesengesetzes.

Überblick

§ 166 weist das Verwertungsrecht an beweglichen Sachen, die mit einem Absonderungsrecht belastet sind, und sicherungszedierten Forderungen dem Insolvenzverwalter zu. Die Behandlung von Mobiliarsicherheiten in der Insolvenz war ein Kernstück der Reform des Insolvenzrechts, die mit dem Inkrafttreten der InsO bezweckt wurde (→ Rn. 1 ff.). Dem Insolvenzverwalter steht das Verwertungsrecht zu für absonderungsbelastete bewegliche Sachen (→ Rn. 9 ff.), die sich in seinem Besitz befinden (→ Rn. 15 ff.). Ferner kann er sicherungszedierte Forderungen (→ Rn. 34 ff.) und Immaterialgüter und sonstige unkörperliche Rechte (→ Rn. 44 ff.) verwerten. Die Vorschrift wurde später ergänzt durch einen dritten Absatz, der ein Verwertungsrecht des Insolvenzverwalters für besondere Finanzsicherheiten ausschließt (→ Rn. 52). Diese Ausnahmen haben in der Praxis nur eine geringe Bedeutung, weil sie in der Regel die Insolvenz einer Bank voraussetzen.

Übersicht

	Rn.		Rn.
A. Überblick	1	I. Sachlicher Anwendungsbereich	34
B. Verwertung beweglicher Sachen (Abs. 1)	9	II. Umfang des Einziehungsrechts des Verwalters	36
I. Bewegliche Sache	9	III. Keine analoge Anwendung auf verpfändete Forderungen	40
II. Besitz des Insolvenzverwalters	15	IV. Durchführung der Verwertung	41
1. Unmittelbarer Besitz des Insolvenzverwalters	16	D. Immaterialgüter- und sonstige Rechte	44
2. Mittelbarer Besitz des Insolvenzverwalters	17	I. Verwertungsrecht bei Unternehmensbeteiligungen	45
III. Besitzschutz	22		
IV. Art und Weise der Verwertung	25	II. Verwertungsrecht bei sonstigen Immaterialgüterrechten	48
1. Verwertung vor der Insolvenzeröffnung	25		
2. Nutzung der Sache bis zur Verwertung	26	III. Rechtsgrundlage des Verwertungsrechts	50
3. Verwertung durch den Verwalter	27		
V. Umsatzsteuer	30	E. Ausschluss des Verwertungsrechts nach Abs. 3	52
C. Verwertung sicherungsabgetretener Forderungen	34		

A. Überblick

§ 166 konzentriert die Verwertungsbefugnis beim Insolvenzverwalter auch für Gegenstände, an 1 denen Absonderungsrechte bestehen. Diese Kompetenzzuweisung ist zwingend und kann nicht vertraglich im Vorfeld der Insolvenz abbedungen werden (BGH NZI 2009, 312 Rn. 3; ebenso schon die Vorinstanz OLG Rostock ZIP 2008, 1128 (1130); Uhlenbruck/Brinkmann Rn. 2). Dies unterstreicht die besondere Bedeutung des Verwertungsrechts des Insolvenzverwalters für die mit Inkrafttreten der InsO gewollte Reform der Behandlung der Mobiliarsicherheiten in der Insolvenz (BGH NZI 2006, 342 Rn. 30; HK-InsO/Landfermann Rn. 4). Allerdings kann der Insolvenzverwalter auf sein Verwertungsrecht verzichten und es dem Gläubiger überlassen (§ 170 Abs. 2).

Das Verwertungsrecht bezieht sich auf Gegenstände, die nach den §§ 50, 51 mit einem Absonde- 2 rungsrecht belastet sind. Das sind Gegenstände, an denen ein vertragliches oder gesetzliches (auch durch Pfändung bewirktes) Pfandrecht besteht, insbesondere das Vermieter- oder Verpächterpfandrecht, und sicherungsübereignete Gegenstände (nicht allerdings das besitzlose Pfandrecht nach §§ 1204 ff. BGB). Darunter fallen auch die Erweiterungsformen des Eigentumsvorbehalts (MüKoInsO/Kern Rn. 19; KPB/Flöther Rn. 13). Der einfache Eigentumsvorbehalt gewährt dagegen grundsätzlich ein Aussonderungsrecht (Braun/Dithmar Rn. 7 und 8). § 107 Abs. 2 stellt sicher, dass die Entscheidung über die Aussonderung an den Eigentumsvorbehaltsverkäufer nicht vor dem Berichtstermin erfolgen muss.

3 Die Zuweisung des Verwertungsrechts an den Insolvenzverwalter dient ua dazu, eine ungeordnete oder eine Verwertung zur Unzeit durch die absonderungsberechtigten Gläubiger zu verhindern. Im Ergebnis soll damit eine bestmögliche Verwertung zugunsten der Gläubigergesamtheit erreicht werden. Eine Verwertung durch den Gläubiger folgt dagegen in der Regel vornehmlich eigennützigen Interessen. Der Zugriff der Gläubiger auf die wirtschaftliche Einheit des Schuldnerunternehmens soll indes verwehrt werden (BGH ZIP 2016, 1301 Rn. 20; Berger ZInsO 2016, 474 (475)). Eine Verwertung durch den Gläubiger kann eine (zeitweilige) Fortführung des Unternehmens verhindern oder erschweren, denn sie fördert „Zerschlagungstendenzen" (Mönning/Zimmermann NZI 2008, 134). Auch kann eine Gesamtverwertung zusammengehöriger, aber zugunsten mehrerer Gläubiger belasteter Gegenstände höhere Verkaufserlöse oder anderweitige Vorteile versprechen (Andres/Leithaus Rn. 1; K. Schmidt InsO/Sinz Rn. 2; Bitter KTS 2013, 113 (126)). Deshalb soll grundsätzlich die wirtschaftliche Einheit des Schuldnerunternehmens bewahrt (BGH NZI 2016, 21 Rn. 22) bzw. das dem unternehmerischen Zweck gewidmete materielle Substrat zusammengehalten werden (BGH NZI 2019, 274 Rn. 26).

4 Dem Insolvenzverwalter wird eher zugetraut, bestmöglich zu verwerten und damit den Wert des Schuldnervermögens zu maximieren (BGH NZI 2009, 425; NZI 2002, 599 (600)); wobei der BGH dies in ZIP 2016, 1301 Rn. 12 einschränkt: die Verwertung durch den Gläubiger erbringe nicht notwendig einen geringeren Ertrag). Außerdem wird durch die Zuweisung des Verwertungsrechts sichergestellt, dass die Gläubigerversammlung gem. der §§ 159 ff. über die Verwertung der Masse entscheiden kann (K. Schmidt InsO/Sinz Rn. 2). Schließlich wird eine Verwertung durch den Insolvenzverwalter oftmals effektiver sein, denn das Verwertungsrecht setzt den Besitz des Verwalters an dem Gegenstand voraus, sodass der Verwalter zumindest bei unmittelbarem Besitz grundsätzlich am schnellsten und einfachsten verwerten kann. Gleichzeitig kann der Verwalter die Kostenbeteiligung der Masse vor der Auskehr des Erlöses abziehen, er muss diese Beteiligung des Gläubigers also nicht erst geltend machen und ggf. zwangsweise durchsetzen (HK-InsO/Landfermann Rn. 7). Für den Einzug von zur Sicherung abgetretenen Forderungen des Schuldners durch den Insolvenzverwalter gem. § 166 Abs. 2 sprechen ebenfalls praktische Gründe: der Insolvenzverwalter ist regelmäßig im Besitz der Unterlagen, die den Forderungseinzug ermöglichen, während der gesicherte Gläubiger allein kaum in der Lage sein wird, den Forderungseinzug effektiv zu betreiben (BGH ZIP 2019, 2416 Rn. 19).

5 Die betroffenen Absonderungsberechtigten sind durch besondere Vorschriften in den §§ 167 ff. vor Nachteilen, die sich aus dem Entzug des Verwertungsrechts ergeben können, geschützt. Die §§ 166 ff. sollen für einen sachgerechten Interessenausgleich zwischen der Individualinteressen der absonderungsberechtigten Gläubiger und den Interessen der Gläubigergesamtheit, vertreten durch den Insolvenzverwalter, sorgen (Gundlach/Frenzel/Schmidt NZI 2001, 119 ff.). Ziel ist einerseits die Anreicherung der Masse; andererseits ist die Position des gesicherten Gläubigers zu respektieren und zu schützen (ebenso Ganter ZInsO 2016, 2119 (2122)).

6 Das Verwertungsrecht steht dem Insolvenzverwalter nun auch im Verbraucherinsolvenzverfahren zu (krit. hierzu unter Einbezug verfassungsrechtlicher Bedenken HK-InsO/Landfermann Rn. 9, 42). Die Regelung des § 313 Abs. 3, die das Verwertungsrecht noch dem absonderungsberechtigten Gläubiger zuwies, ist mWz 1.7.2014 durch das Gesetz zur Verkürzung des Restschuldbefreiungsverfahrens und zur Stärkung der Gläubigerrechte v. 15.7.2013 ersatzlos entfallen.

7 In der Eigenverwaltung steht das Verwertungsrecht dem Schuldner selbst zu (§ 282 Abs. 1 S. 1), wobei der Schuldner dieses Recht nach § 282 Abs. 2 im Einvernehmen mit dem Sachwalter ausüben soll.

8 Die §§ 166 ff. begründen iVm § 241 Abs. 1 BGB nach Auffassung des OLG Stuttgart (NZI 2012, 845 ff.) ein gesetzliches Schuldverhältnis, das über die Regelungen in den §§ 167 ff. InsO hinaus wechselseitige Mitwirkungs- und Rücksichtnahmepflichten begründet (ebenso K. Schmidt InsO/Sinz Rn. 3). Tendenziell eher zurückhaltend sind die Ausführungen des BGH zu Treue- und Rücksichtnahmepflichten (BGH NZI 2015, 550 (551)). Der BGH verlangt von den absonderungsberechtigten Gläubigern bei der Durchsetzung ihrer Rechte lediglich eine gewisse Rücksichtnahme; zumindest müssten sie die Verwertung durch den Insolvenzverwalter dulden (BGH NZI 2009, 425 Rn. 13; 2002, 599 (600)). Der BGH spricht insoweit von einer „Sonderbeziehung" zwischen Insolvenzverwalter und gesichertem Gläubiger" (BGH ZIP 2019, 2416 Rn. 43).

B. Verwertung beweglicher Sachen (Abs. 1)

I. Bewegliche Sache

9 Das Verwertungsrecht besteht nur an beweglichen Sachen. Der Begriff der Sache ergibt sich aus § 90 BGB. Bewegliche Sachen sind solche, die nach den Vorschriften der Mobiliarzwangsvollstreckung verwertet werden (K. Schmidt InsO/Sinz Rn. 3). Auch Tiere und Scheinbestandteile gehören hierzu, ebenso Order- und Inhaberpapiere gem. §§ 1292, 1293 BGB (Uhlenbruck/Brinkmann Rn. 6).

Gegenstände, die zum Haftungsverband eines Grundstücks gehören (§§ 1120, 1192 BGB), werden nach § 165 verwertet, wobei eine Enthaftung aus dem Haftungsverband nach den §§ 1121, 1122 BGB, also insbesondere durch den Verkauf im Rahmen einer ordnungsgemäßen Bewirtschaftung möglich ist (ausführlicher sowie zu problematischen Abgrenzungsfällen MüKoInsO/Kern Rn. 14 f. mwN). Veräußert der Insolvenzverwalter bewegliche Gegenstände, die zum Haftungsverband gehören, außerhalb einer ordnungsgemäßen Bewirtschaftung, droht seine persönliche Haftung (K. Schmidt InsO/Sinz Rn. 5; HK-InsO/Landfermann Rn. 13). Ferner steht dem geschädigten Grundpfandrechtsgläubiger grundsätzlich ein Ersatzabsonderungsrecht am Erlös gem. § 48 analog zu (MüKoInsO/Ganter Vor §§ 49–52 Rn. 172). 10

Konkurrierende Sicherungsrechte und/oder eine hohe Anzahl von Sicherungsnehmern können, zB bei größeren Warenlagern, zu Abgrenzungsschwierigkeiten führen. In der Praxis schließen sich die Gläubiger in diesen Fällen häufig zu einem Sicherheiten- oder Lieferantenpool zusammen (hierzu ausf. MüKoInsO/Kern Vor §§ 166–173 Rn. 85 ff.; Gottwald InsR-HdB/Adolphsen § 44 Rn. 8 ff.). 11

Umstritten ist, wie Gegenstände zu bewerten sind, die unter den Pfändungsschutz des § 811 Abs. 1 Nr. 5, 7 ZPO fallen, an denen der Schuldner aber Sicherungsrechte eingeräumt hat. Ein Verwertungsrecht des Insolvenzverwalters soll hier ausscheiden, weil solche Gegenstände nach § 36 Abs. 1 nicht zur Insolvenzmasse gehören (LG Aachen NZI 2006, 643; bestätigt durch OLG Köln EWiR 2006, 625 mzustAnm Gundlach/Frenzel/Schmidt; HK-InsO/Landfermann Rn. 14). 12

Die Gegenauffassung (MüKoInsO/Kern Rn. 64; OLG Bamberg MDR 1981, 50 (51); OLG Frankfurt NJW 1973, 104) geht dagegen davon aus, dass der Schuldner zumindest im Verhältnis zum Sicherungsnehmer auf den Pfändungsschutz verzichtet habe. Zudem müsse der Pfändungsschutz bei der Einzelvollstreckung im Insolvenzverfahren grundsätzlich modifiziert werden (MüKoInsO/Kern Rn. 63). Daher seien diese Gegenstände verwertbar, denn der Insolvenzverwalter könnte die betroffenen Gegenstände auch nach § 170 Abs. 2 dem gesicherten Gläubiger zur Verwertung überlassen, demgegenüber der Pfändungsschutz nicht eingreife. 13

Nach einer vermittelnden Ansicht (Sinz/Hiebert ZInsO 2012, 63 (67)) könne der Insolvenzverwalter solche Gegenstände verwerten, müsse aber sicherstellen, dass dem Schuldner ein Nutzungsrecht daran verbliebe. Diese Auffassung dürfte aber zu kaum lösbaren praktischen Problemen bei der Verwertung führen. Außerdem lässt sich eine solche Einschränkung des Pfändungsschutzes aus dem Gesetz nicht herleiten. Gegenstände, die nicht der (Einzel-)Zwangsvollstreckung unterliegen, gehören nach § 36 Abs. 1 S. 1 nicht zur Insolvenzmasse. § 811 Abs. 1 Nr. 5, 7 ZPO sind in den in § 36 Abs. 2 Nr. 2 InsO genannten Ausnahmen von diesem Grundsatz nicht genannt (so auch Sinz/Hiebert ZInsO 2012, 63 (67)). Gegen einen Ausschluss des Pfändungsschutzes spricht auch § 811 Abs. 2 ZPO. Danach soll nur zugunsten desjenigen, der an den Schuldner unter einfachem Eigentumsvorbehalt geliefert hat, der Pfändungsschutz nicht bestehen (MüKoZPO/Gruber ZPO § 811 Rn. 59 mwN; nach der Begründung des Gesetzgebers soll die Privilegierung nur gegenüber dem Gläubiger greifen, wenn die unpfändbare Sache unmittelbar aus seinem Vermögen stamme, sodass sonstige Sicherungen, insbesondere also der Einsatz der Gegenstände zum Zwecke der Kreditsicherung nicht umfasst sind, BT-Drs. 13/341, 25). Wenn der Gesetzgeber nur für diesen Fall eine Ausnahme vom Pfändungsschutz vorsieht, spricht dies dafür, dass es in allen übrigen Fällen beim gesetzlichen Regelfall bleibt. In der Praxis wird der Insolvenzverwalter daher pfändungsgeschützte Gegenstände lediglich dem Gläubiger zur Verwertung überlassen können. Alternativ muss er auf eine Beendigung der Tätigkeit des Schuldners drängen, da mit deren Aufgabe der Pfändungsschutz endet. 14

II. Besitz des Insolvenzverwalters

Weitere Voraussetzung des Verwertungsrechts des Insolvenzverwalters ist sein Besitz an dem belasteten Gegenstand. Nur im Falle des Besitzes des Insolvenzverwalters besteht überhaupt die Gefahr, dass die Insolvenzmasse durch Verwertungsmaßnahmen des Gläubigers auseinandergerissen werden kann (HK-InsO/Landfermann Rn. 11). 15

1. Unmittelbarer Besitz des Insolvenzverwalters

Unmittelbaren Besitz erlangt der Verwalter erst durch die Inbesitznahme der Masse nach § 148 Abs. 1 (Uhlenbruck/Brinkmann Rn. 8). Deshalb genügt der unmittelbare Besitz des Schuldners bzw. des vorläufigen Verwalters bei Insolvenzeröffnung, da dieser mit Insolvenzeröffnung auf den 16

Insolvenzverwalter übergeht (Undritz BB 2016, 74; Uhlenbruck/Brinkmann Rn. 8; HK-InsO/ Landfermann Rn. 11). Bei rechtsgeschäftlich eingeräumten Pfandrechten an beweglichen Sachen scheitert ein Verwertungsrecht des Insolvenzverwalters daher in der Regel an der notwendigen Übergabe der Sache an den Sicherungsnehmer (§ 1205 Abs. 1 BGB; zum Sonderfall bei verpfändeten, in einer Sammelurkunde verbrieften und bei einer Wertpapiersammelbank verwahrten Inhaberaktien BGH NZI 2016, 21 ff.). Es fehlt in diesen Fällen bereits die Zugehörigkeit des Pfandgegenstands zur wirtschaftlichen Einheit, die geschützt werden soll, sodass der Gläubiger selber verwerten kann (HK-InsO/Landfermann Rn. 11). Der unmittelbare Besitz des Pfandnehmers schließt ein auf den mittelbaren Besitz gestütztes Verwertungsrecht des Insolvenzverwalters aus.

2. Mittelbarer Besitz des Insolvenzverwalters

17 Grundsätzlich besteht auch bei mittelbarem Besitz des Schuldners das Verwertungsrecht des Insolvenzverwalters (BGH ZIP 2016, 1301 Rn. 20; BGH NZI 2011, 602 Rn. 31; MüKoInsO/ Kern Rn. 23 ff.; Braun/Dittmar Rn. 10; Undritz BB 2016, 74 (75)). Voraussetzung ist jedoch, dass ein Gegenstand bei mittelbarem Besitz noch in einem technisch-organisatorischen Verbund mit dem übrigen Schuldnervermögen steht und deshalb typischerweise für eine Unternehmensfortführung oder für eine geordnete Abwicklung benötigt wird (BGH ZIP 2018, 695 Rn. 16 ff.; NZI 2016, 21 Rn. 22; 2006, 342 Rn. 24). In diesem Fall muss der Verwalter im Interesse eines bestmöglichen Erlöses verwerten können (BGH NZI 2016, 21 Rn. 24; ebenso Bitter/Alles KTS 2013, 113 (146 ff.); Hirte/Knof WM 2008, 49 (54 f.)).

18 Diese Rechtsprechung ist nicht unumstritten (MüKoInsO/Kern Rn. 28 mwN), deckt sich aber mit dem Ziel der Bündelung der Verwertungskompetenz beim Verwalter, ein „Zerpflücken" der Masse zur eigennützigen Verwertung durch gesicherte Gläubiger zu verhindern. Die Reichweite des Verwertungsrechts muss daher funktional und nach Sinn und Zweck des § 166 (so BGH NZI 2016, 21 Rn. 22) bestimmt werden: Solange ein Gegenstand trotz der Aufgabe des unmittelbaren Besitzes noch zu einer „schutzwürdigen wirtschaftlichen Einheit" gehört, bei der sich ein Mehrwert aus der gemeinsamen Zugehörigkeit verschiedener Gegenstände zu einer betrieblichen Einheit ergeben kann, steht dem Verwalter das Verwertungsrecht zu (Uhlenbruck/Brinkmann Rn. 14; K. Schmidt InsO/Sinz Rn. 8). Das ist zB der Fall, wenn Gegenstände dem Dritten nur kurzzeitig zur Reparatur übergeben oder sie bei einem Dritten aus betrieblichen Gründen gelagert oder untergestellt werden. Ob ein Gegenstand zur wirtschaftlichen Einheit des Unternehmens gehört, soll nach dem BGH im Interesse der Rechtssicherheit typisierend betrachtet werden (BGH NZI 2018, 396 Rn. 13; 2016, 21 Rn. 22).

19 Der BGH nimmt ein Verwertungsrecht aufgrund des mittelbaren Besitzes des Schuldners grundsätzlich auch dann an, wenn der Schuldner das Sicherungsgut einem Dritten gewerblich zur Nutzung überlässt, insbesondere als Vermieter oder Leasinggeber. Auch dies folgert der BGH aus der grundsätzlichen Zugehörigkeit des Gegenstands zum technisch-organisatorischen Verbund des Schuldnervermögens. Der schuldrechtliche Vertrag, der das mittelbare Besitzrecht begründet, besteht nach § 108 Abs. 1 S. 2 für die Masse fort. Könnte der Sicherungsgläubiger auf den Gegenstand zugreifen, muss der unmittelbare Besitzer das Nutzungsentgelt nicht weiter zahlen, wodurch eine Unternehmensfortführung beeinträchtigt wird (BGH NZI 2006, 342 Rn. 22). Das gilt selbst dann, wenn die Gebrauchsüberlassung nicht zum eigentlichen Unternehmensgegenstand gehört, weil auch eine zeitweilige anderweitige Nutzung Folge einer unternehmerischen Entscheidung ist und daher einen Bezug zum Geschäftsbetrieb aufweist (BGH NZI 2007, 95 Rn. 8). Diese Rechtsprechung hat der BGH jüngst im Kern bestätigt, gleichzeitig aber auch etwas eingeschränkt (BGH NZI 2018, 396 mkritAnm Mitlehner NZI 2018, 400, hierzu nachfolgend → Rn. 20). Bei einem Pferdezuchtbetrieb ging der BGH nicht mehr von einem Fortbestand der wirtschaftlichen Einheit aus, nachdem sämtliche Pferde zur Sicherheit einem Dritten übereignet wurden und dieser den unmittelbaren Besitz an den Pferden erlangt hatte. Die Bewirtschaftung der für die wirtschaftliche Einheit notwendigen Betriebsmittel erfolgte durch den Sicherungsgläubiger, sodass der BGH diesem als unmittelbarem Besitzer konsequenterweise das Verwertungsrecht zuwies (BGH ZIP 2016, 1301 Rn. 21).

20 Der BGH fasst einen Bezug zum Geschäftsbetrieb des Schuldners und damit auch den Anwendungsbereich des § 166 Abs. 1 bei der gewerblichen Nutzungsüberlassung sehr weit. Das ist umstritten (zum Streitstand MüKoInsO/Kern Rn. 57 ff. mwN; generell zum verfassungsrechtlichen Rahmen Gundlach/Frenzel/Schmidt NZI 2001, 119 (129)). Wegen § 108 Abs. 1 S. 2 stellt sich die Frage nach dem Verwertungsrecht erst nach Ablauf der Vertragslaufzeit. Erlangt der Insolvenzverwalter sodann den unmittelbaren Besitz, soll er verwerten dürfen (HK-InsO/Landfermann Rn. 19). Die Gegenauffassung geht von einem Verwertungsrecht allein des Absonderungs-

berechtigten aus (Uhlenbruck/Brinkmann Rn. 16), denn bei Ablauf der Vertragslaufzeit erwerbe entweder der Leasingnehmer den Gegenstand über eine Kaufoption oder das Leasinggut werde umgehend verwertet, es werde also zu keiner Zeit in die funktionale Einheit des schuldnerischen Unternehmens integriert. Das überzeugt nicht. Nach Rückgabe des Leasinggutes folgt das Verwertungsrecht unmittelbar aus § 166 Abs. 1. Solange der Leasingvertrag noch besteht, vermittelt er die Zugehörigkeit des Leasingguts zur funktionalen Einheit des Geschäftsbetriebs. Die Auffassung des BGH ist daher grundsätzlich richtig. Der BGH hat sie aber zuletzt selbst eingeschränkt (BGH ZIP 2018, 396; hierzu Lütcke DB 2018, 1257; Mitlehner NZI 2018, 400). Danach soll beim Finanzierungsleasing ein Verwertungsrecht des Insolvenzverwalters ausscheiden, wenn der Leasinggegenstand dem Leasingnehmer für eine feste, nicht ordentlich kündbare Grundlaufzeit überlassen wurde und der Schuldner als Leasinggeber eine Vollamortisation erhält, die nicht zwangsläufig aus den laufenden Leasingraten, sondern auch durch eine Abschlusszahlung, Restwertgarantie, Kaufoption oder ein Andienungsrecht eintreten kann (BGH NZI 2018, 396 Rn. 29). Bei einer solchen vertraglichen Konstellation habe der Schuldner regelmäßig kein Interesse, die Sache am Ende der Vertragslaufzeit zu übernehmen, worin sich das Ausscheiden der Sache aus dem technisch-organisatorischen Verbund mit dem übrigen Schuldnervermögen ausdrücke. Darüber hinaus scheide unabhängig von der Ausgestaltung des Leasingvertrags ein Verwertungsrecht des Insolvenzverwalters beim Finanzierungsleasing aus, wenn der Schuldner seine vertraglichen Herausgabeansprüche gegenüber den Leasingnehmern an den Sicherungsnehmer gem. §§ 929, 931 BGB abgetreten habe (BGH NZI 2018, 396 Rn. 33). Ist der Schuldner dagegen Leasingnehmer, steht dem Leasinggeber ein Aussonderungsrecht zu, der Insolvenzverwalter hat folglich kein Verwertungsrecht (Andres/Leithaus Rn. 6).

Das Verwertungsrecht bei mittelbarem Besitz des Verwalters ist immer dort eingeschränkt, wo **21** der Sicherungsnehmer über ein besseres Besitzrecht verfügt. Das ist immer der Fall, wenn der Sicherungsnehmer selber unmittelbarer Besitzer ist (BGH NZI 2018, 396 Rn. 22), aber beispielsweise auch dann, wenn mittelbare Besitzrechte an verpfändeten, von einer Wertpapiersammelbank verwahrten Inhaberaktien bestehen, der Aktienbesitz aber nicht geprägt ist durch die Wahrnehmung von Mitgliedschaftsrechten, sondern allein der Vermögensanlage dient (BGH NZI 2016, 21 Rn. 30; Undritz BB 2016, 74 ff.). Auch hier argumentiert der BGH mit der Zugehörigkeit des Sicherungsguts zum funktionalen Geschäftsbetrieb. Diese Zugehörigkeit liegt vor, solange sich der Schuldner nicht seiner Mitgliedschaftsrechte, zB durch Übertragung auf einen weisungsunabhängigen Treuhänder begeben hat. Abzugrenzen ist die Unternehmensbeteiligung insoweit von der Vermögensanlage (BGH NZI 2016, 21 Rn. 32 f. unter Bezugnahme auf die in § 104 Abs. 2 S. 1, 2 Nr. 2 getroffene Differenzierung zwischen Finanzgeschäft und Erwerb eines Unternehmensanteils). Die Vermutungsregel des § 271 Abs. 1 S. 3 HGB kann hierfür herangezogen werden, Kernfrage dürfte jedoch der Umfang der Ausübung der Mitgliedschaftsrechte sein. Es kommt also darauf an, ob der Schuldner seine in den Aktien verkörperten Gesellschafterrechte noch in einem Umfang wahrnehmen kann, der kraft der Möglichkeit zur Einflussnahme eine Verbindung zum eigentlichen Geschäftsbetrieb vermittelt. Die Abgrenzung kann im Einzelfall schwierig sein, zumal der BGH darauf verzichtet, sie anhand fester Anteilsquoten vorzunehmen (zu möglichen Abgrenzungskriterien und offenen Abgrenzungsfragen Berger ZInsO 2016, 474 (476 f.)).

III. Besitzschutz

Hat der Schuldner den Besitz an der Sache vor Verfahrenseröffnung dem Gläubiger übertragen, **22** ist ausschließlich dieser verwertungsberechtigt. Das ist konsequent, denn durch die Besitzaufgabe wird die Zugehörigkeit zum betrieblichen Verbund aufgehoben (Uhlenbruck/Brinkmann Rn. 9). Da in diesem Fall keine Kostenbeiträge anfallen, versuchen Gläubiger, vor oder noch kurz nach Einleitung eines Insolvenzantragsverfahrens den Besitz zu erlangen. Schutz bietet insoweit § 21 Abs. 2 S. 1 Nr. 5 (→ § 21 Rn. 115 ff.). In Grenzen ist der Besitzverlust auch anfechtbar (Uhlenbruck/Brinkmann Rn. 11).

Dem Insolvenzverwalter stehen zudem Besitzschutzansprüche, ua aus §§ 858, 861 BGB zu, falls **23** dem Schuldner oder ihm selbst der Besitz durch verbotene Eigenmacht entzogen wurde (HK-InsO/Landfermann Rn. 12; Gottwald InsR-HdB/Adolphsen § 42 Rn. 143; Braun/Dithmar Rn. 11; Eckardt ZIP 1999, 1734 (1743 f.)). Gegenüber dem Schuldner, aber auch nur gegenüber diesem, kann der Verwalter die Inbesitznahme zwangsweise durchsetzen und die Herausgabevollstreckung aus dem Eröffnungsbeschluss nach § 148 Abs. 2 S. 1 betreiben (MüKoInsO/Jaffé § 148 Rn. 60; Uhlenbruck/Sinz § 148 Rn. 29). Bei mittelbarem Besitz des Verwalters verliert dieser sein Verwertungsrecht nicht dadurch, dass der gesicherte Gläubiger den unmittelbaren Fremdbesitzer zur Aufgabe seines Besitzmittlungswillens veranlasst.

24 Hat der Gläubiger unter Verletzung des Verwertungsrechts des Verwalters verwertet, schuldet er der Masse die Feststellungskosten (BGH NZI 2007, 95 Rn. 9) und, bei Vereitelung einer günstigeren Verwertungsmöglichkeit, Schadenersatz, da § 166 ein Gesetz zum Schutz der Gläubigergesamtheit und damit ein Schutzgesetz iSd § 823 Abs. 2 BGB ist (BGH NZI 2004, 137 (138)).

IV. Art und Weise der Verwertung

1. Verwertung vor der Insolvenzeröffnung

25 Eine Verwertung vor Insolvenzeröffnung durch einen starken vorläufigen oder einen schwachen vorläufigen Verwalter, der über eine Einzelermächtigung verfügt, kommt nicht in Betracht (BGH NZI 2003, 496). Der vorläufige Insolvenzverwalter ist grundsätzlich nicht zur Verwertung, sondern nur zur Sicherung der Insolvenzmasse befugt (BGH NZI 2019, 274 Rn. 39 und 57). Er hat keine weitergehenden Rechte als der Schuldner und muss die Rechte und Interessen der Sicherungsgläubiger auch schon im Antragsverfahren umfassend beachten und wahren (BGH NZI 2019, 274 Rn. 39). Nur in besonderen Ausnahmefällen, bei andernfalls drohenden erheblichen Schäden sollen Notverkäufe zB verderblicher Waren möglich sein (Braun/Dithmar Rn. 16). Das ist aber umstritten, soweit es um den Abzug von Kostenpauschalen geht (Gundlach/Frenzel/Schmidt NZI 2001, 119 (122)). Grundsätzlich führt eine Verwertung von Sicherungsgut vor der Insolvenzeröffnung dazu, dass dem gesicherten Gläubiger der volle Erlös ohne Abzug von Kostenpauschalen zusteht (BGH NZI 2019, 274 Rn. 57; 2004, 137; Uhlenbruck/Brinkmann Rn. 29). Möchte der vorläufige Insolvenzverwalter, zB wegen Gefahr im Verzug verwerten, sollte er zuvor die Zustimmung des gesicherten Gläubigers einholen und mit diesem die Konditionen einer Verwertung nebst einer Kostenbeteiligung regeln (vgl. BGH NZI 2019, 274 Rn. 33; K. Schmidt InsO/Sinz Rn. 11; ebenso Gundlach/Frenzel/Schmidt NZI 2001, 119 (122)). Zu den Verwertungsbefugnissen des vorläufigen Verwalters nach einer gerichtlichen Anordnung gemäß § 21 Abs. 2 S. 1 Nr. 5 → § 21 Rn. 102 ff.

2. Nutzung der Sache bis zur Verwertung

26 Der Insolvenzverwalter kann das Absonderungsgut bis zur Verwertung im Rahmen der Maßgaben des § 172 für die Masse nutzen. Sofern dadurch ein Wertverlust eintritt, ist dieser auszugleichen. Die Ausgleichpflicht ist eine Masseschuld nach § 55 Abs. 1 Nr. 1 (Gottwald InsR-HdB/Adolphsen § 42 Rn. 150). Ebenso ist eine Nutzung in Gestalt einer Verbindung, Vermischung und Verarbeitung in den Grenzen des § 172 zulässig, wobei der Verwalter in diesem Fall sicherstellen muss, dass die Rechte des Gläubigers nicht ersatzlos untergehen (hierzu und zu den Haftungsfolgen Schultze ZIP 2016, 1198 (1201 f.)).

3. Verwertung durch den Verwalter

27 Verwertung bedeutet die Vornahme von Handlungen, durch die der Substanzwert des zu verwertenden Gegenstandes realisiert wird (BGH ZIP 2019, 2416 Rn. 23; Uhlenbruck/Brinkmann Rn. 21). Dazu zählen insbesondere die Veräußerung oder den Verbrauch des Sicherungsgutes, nicht aber die entgeltliche Nutzungsüberlassung (BGH ZIP 2006, 1641 Rn. 10; Uhlenbruck/Brinkmann Rn. 21).

27a Der Insolvenzverwalter kann sein Verwertungsrecht, das mit Insolvenzeröffnung entsteht, nach seinem Ermessen ausüben. Das gilt für die Verwertungsart, aber auch für den Verwertungszeitpunkt, denn § 159 gilt nicht für Absonderungsgut (Uhlenbruck/Brinkmann Rn. 19). Schutz vor einer Verzögerung der Verwertung bietet dem Gläubiger § 169 Abs. 1 S. 1 (BGH NZI 2006, 342 Rn. 13).

28 Ein Erwerber erwirbt das Eigentum am Absonderungsgut vom Insolvenzverwalter lastenfrei kraft der gesetzlichen Verfügungsbefugnis, die der Verwalter aus § 166 erhält (HK-InsO/Landfermann Rn. 22; Uhlenbruck/Brinkmann Rn. 21; Andres/Leithaus Rn. 9; Gundlach/Frenzel/Schmidt NZI 2001, 119 (120)). Bei dem freihändigen Verkauf gepfändeter Sache erlischt die Verstrickung ohne besondere Anordnung nach § 825 ZPO (Gottwald InsR-HdB/Adolphsen § 42 Rn. 142; Uhlenbruck/Brinkmann Rn. 22).

29 Nach § 168 Abs. 2 S. 1 kann eine andere Verwertungsmöglichkeit darin bestehen, dass der Gläubiger den Gegenstand übernimmt (→ § 168 Rn. 22). Ebenso kann der Insolvenzverwalter die Verwertung unter den Voraussetzungen des § 170 Abs. 2 dem Gläubiger überlassen (Andres/Leithaus Rn. 9; zu sonstigen alternativen Verwertungsmöglichkeiten s. Markgraf/Remuta ZInsO 2018, 841 ff.). Zu den Informationspflichten → § 168 Rn. 4.

Verwertung beweglicher Gegenstände § 166 InsO

V. Umsatzsteuer

Die Verwertung des Sicherungsguts durch den Insolvenzverwalter stellt eine steuerbare Leistung 30
iSd § 1 Abs. 1 Nr. 1 UStG dar (ausf. zu den steuerlichen Maßgaben D´Avoine ZIP 2012, 58 ff.),
für die im Falle einer inländischen Lieferung Umsatzsteuer als Masseschuld zu entrichten ist (de
Weerth ZInsO 2003, 246 (247)). Der Insolvenzverwalter hat daher eine § 14 UStG entsprechende
Rechnung zu legen, um den Vorsteuerabzug des Erwerbers zu ermöglichen.

Der BFH geht in Änderung seiner früheren Rechtsprechung davon aus, dass die Verwertung 31
durch den Insolvenzverwalter zugleich eine Geschäftsbesorgungsleistung für den gesicherten Gläubiger darstellt. Da der Insolvenzverwalter das Sicherungsgut auch dem Gläubiger zur Verwertung
überlassen könne, bestünde keine Pflicht zur Verwertung. Nehme der Insolvenzverwalter sein
Verwertungsrecht wahr, werde er wie ein Kommissionär für den Sicherungsnehmer tätig und
verwerte in dessen Interesse. Als Entgelt für diese Leistung sei der gesetzliche Aufwendungsersatzanspruch in Gestalt der Verwertungskostenpauschale anzusehen (BFH WM 2012, 788 ff.).

Das BMF hat mit Schreiben v. 30.4.2014 (NZI 2014, 600 ff.) Richtlinien für die Finanzverwal- 32
tung ab dem 1.7.2014 aufgestellt. Danach liegt im Falle der Verwertung durch den Insolvenzverwalter ein Dreifachumsatz vor. Der Verkauf an den Erwerber als eigentliche Lieferung stellt gleichzeitig eine fiktive Lieferung des gesicherten Gläubigers als Kommittent an die Insolvenzmasse dar,
der unmittelbar eine (fiktive) Lieferung der Insolvenzmasse an den Sicherungsnehmer vorgeschaltet
ist. Die Geschäftsbesorgungsleistung der Masse an den Gläubiger geht in diesem Dreifachumsatz
auf, sodass es nicht zu einer zusätzlichen steuerlichen Belastung kommt. Es ist indes für jede
Lieferung eine den Anforderungen des UStG genügende Rechnung zu erteilen (de Weerth NZI
2014, 597 (598)).

Diese Auffassung der Bundesfinanzverwaltung überzeugt nicht. Das BMF beruft sich auf das 33
Urteil des BFH v. 28.7.2011 (WM 2012, 788 ff.), in dem die Frage eines Dreifachumsatzes jedoch
explizit offen gelassen wurde. Darüber hinaus verwertet der Insolvenzverwalter kraft originär
eigenem Recht (de Weerth NZI 2014, 597 (599 f.)), während der gesicherte Gläubiger keinen
Besitz an der Sache und damit rein faktisch keine Möglichkeit zur eigenen Verwertung hat. Es
liegt daher lediglich ein einfacher Umsatz vor. Überlässt der Verwalter die Verwertung dem Gläubiger, liegt nach dem BMF-Schreiben v. 30.4.2014 ein Doppelumsatz vor. Die Masse liefert an den
Gläubiger. Entgelt ist der Betrag, in dem die Masse aus dem Verwertungserlös von Verbindlichkeiten befreit wird. Der Verkauf des Sicherungsguts stellt den zweiten Umsatz dar. Entgelt ist der
vom Erwerber zu zahlende Kaufpreis.

C. Verwertung sicherungsabgetretener Forderungen

I. Sachlicher Anwendungsbereich

Der Insolvenzverwalter ist nach § 166 Abs. 2 befugt, Forderungen, die der Schuldner zur Siche- 34
rung abgetreten hatte, einzuziehen. Eine (Sicherungs-)Abtretung durch den Schuldner ist Voraussetzung für das Verwertungsrecht des Insolvenzverwalters (BGH ZIP 2019, 2416 Rn. 25 ff.). Das
Verwertungsrecht des Insolvenzverwalters besteht unabhängig davon, ob die Sicherungszession
gegenüber dem Drittschuldner offengelegt wurde oder es sich um eine stille Zession handelt
(BGH NZI 2009, 425; NZI 2002, 599 ff.; HmbKommInsR/Büchler Rn. 14; aA mit ausführlicher
Begründung Nerlich/Römermann/Becker Rn. 39 f.; K. Schmidt InsO/Sinz Rn. 19; HK-InsO/
Landfermann Rn. 32; einschränkend Mitlehner ZIP 2001, 679 f.). Der Übergang des Einziehungsrechts ist nicht davon abhängig, dass bereits Verwertungsreife eingetreten ist (BGH NZI 2009,
425).

Eine Sicherungsabtretung liegt vor, wenn die Forderungsabtretung zum Zweck der Sicherung 35
des Zessionars erfolgt. Über die bloße Abtretung hinaus müssen weitere Vereinbarungen über den
Sicherungszweck und die Modalitäten der Rückübertragung nach Wegfall des Sicherungszwecks
im Rahmen einer Sicherungsabrede geschlossen worden sein (Andres/Leithaus Rn. 12). Fehlt es
an einer Sicherungsabrede, soll die Abtretung somit nicht zur Sicherung, sondern zum dauerhaften
Übergang auf den Zessionar erfolgen, steht dem Zessionar ein Aussonderungsrecht zu. § 166
Abs. 2 ist auf diesen Fall daher nicht anwendbar (BGH NZI 2009, 425 (426)). Relevant wird
diese Abgrenzung insbesondere bei Forderungen aus Lebensversicherungsverträgen. Nach der
Kündigung eines solchen Vertrages kann der Insolvenzverwalter einen sicherungsabgetretenen
Anspruch auf Auszahlung des Rückkaufswerts einziehen (OLG Hamm NZI 2002, 50 (51); HK-
InsO/Landfermann Rn. 28). Aussondern kann der Gläubiger dagegen, wenn ihm anfechtungsfest
ein unwiderrufliches Bezugsrecht eingeräumt worden war (BAG ZIP 2012, 2269).

35a Im vorläufigen Insolvenzverfahren besteht das Verwertungsrecht aus § 166 Abs. 2 noch nicht. Zwar erlischt eine dem Schuldner im Rahmen der Sicherungsvereinbarung erteilte Einziehungsermächtigung nicht automatisch mit Insolvenzantragstellung. Sie besteht aber nur unter der Bedingung fort, dass die Rechte des Zessionars durch den weiteren Forderungseinzug nicht verletzt werden. Der vorläufige Insolvenzverwalter zieht daher Forderungen nur dann berechtigt ein, wenn er zuvor eine Verwertungsvereinbarung mit dem Zessionar geschlossen hat oder die Erlöse auf einem offenen Treuhandkonto separiert und auf diese Weise dem Sicherungsgläubiger ein insolvenzfestes Aussonderungsrecht am Erlös einräumt (BGH NZI 2019, 274 Rn. 25 und 39 f.). Der Abschluss einer Verwertungsvereinbarung im vorläufigen Insolvenzverfahren empfiehlt sich auch deshalb, weil die Kostenpauschalen ohne eine gerichtliche Anordnung nach § 21 Abs. 2 S. 1 Nr. 5 (→ § 21 Rn. 112) nicht einbehalten werden können. Es sollte das Ziel von vorläufigem Verwalter und gesichertem Gläubiger sein, durch eine Verwertungsvereinbarung für eine angemessene Verteilung der Verwertungskosten zu sorgen.

II. Umfang des Einziehungsrechts des Verwalters

36 Das Recht zur Einziehung und Verwertung von sicherungszedierten Forderungen geht mit Insolvenzeröffnung umfassend auf den Insolvenzverwalter über (stRspr, vgl. BGH NZI 2009, 425 mwN), solange nur die Forderung bei Insolvenzeröffnung noch besteht (BGH NZI 2006, 178 (179)). Der Absonderungsberechtigte verliert damit im Moment der Insolvenzeröffnung ein eigenes Einziehungs- und Verwertungsrecht (HmbKommInsR/Büchler Rn. 14). Das alleinige Einziehungsrecht des Insolvenzverwalters schafft nach dem LAG Düsseldorf (ZInsO 2016, 1804 (1807)) die notwendige Rechtsklarheit.

37 Die Frage, wie Zahlungen an den Zessionar nach dem Verlust des Einziehungs- und Verwertungsrechts zu bewerten sind, ist höchstrichterlich geklärt. Schuldbefreiend kann der Drittschuldner an den Zessionar zahlen, wenn er keine Kenntnis von der Insolvenzeröffnung und dem Übergang des Verwertungsrechts hatte. § 82 Abs. 1 S. 1 iVm §§ 408, 407 Abs. 1, 412 BGB sind entsprechend anwendbar. Damit trägt der Drittschuldner das Risiko einer doppelten Inanspruchnahme, wenn er trotz einer Kenntnis von der Insolvenzeröffnung an den Absonderungsberechtigten zahlt (BGH NZI 2009, 425 Rn. 20).

38 Der Gläubiger verliert mit dem Übergang des Einziehungsrechts auf den Insolvenzverwalter auch die Möglichkeit, dieses Einziehungsrecht zu übertragen (BGH NZI 2009, 428 Rn. 15). Dieser Verlust bedeutet aber kein generelles Veräußerungsverbot gem. § 134 BGB. Dem Gläubiger verbleibt eine mit dem Verwertungsrecht des Verwalters belastete Rechtsposition. Dieses eingeschränkte Recht kann der Gläubiger auf einen Dritten übertragen. Überträgt der gesicherte Gläubiger die Forderung, erhält der Zessionar nicht lediglich den Anspruch auf Befriedigung aus § 170 Abs. 1 S. 2, sondern die mit dem Verwertungsrecht des Verwalters belastete Forderung (BGH NZI 2009, 428 Rn. 16).

39 Die Möglichkeit zur Abtretung der mit dem Verwertungsrecht belasteten Forderung kann dazu führen, dass der Drittschuldner selbst Inhaber der gegen ihn gerichteten Forderung wird. In diesem Fall liegt zwar grundsätzlich ein Fall der Konfusion vor, der grundsätzlich zum Erlöschen der Forderung führt. Erfolgt die Abtretung jedoch erst nach Insolvenzeröffnung, also nach dem Entstehen des Verwertungsrechts des Insolvenzverwalters, erlischt die Forderung nicht wegen Konfusion. Denn diese Rechtsfolge wäre nicht mit § 166 Abs. 2 vereinbar (BGH NZI 2009, 428 Rn. 19 ff.).

III. Keine analoge Anwendung auf verpfändete Forderungen

40 § 166 Abs. 2 ist nicht anwendbar, wenn eine Forderung verpfändet wird. In diesem Fall hat allein der Gläubiger das Verwertungsrecht. § 166 Abs. 2 kann nicht analog angewendet werden (BGH NZI 2013, 596 Rn. 15; LG Tübingen NZI 2001, 263 (264); MüKoInsO/Kern Rn. 71; HK-InsO/Landfermann Rn. 30; Nerlich/Römermann/Becker Rn. 38; Andres/Leithaus Rn. 13; Gundlach/Frenzel/Schmidt NZI 2001, 119 (123); **aA** Marotzke ZZP 1996, 429 (449 ff.)). Die unterschiedliche Behandlung der Forderungsverpfändung gegenüber einer Sicherungsabtretung ist nur schwer nachvollziehbar (ebenso KPB/Flöther Rn. 21), ist aber im Hinblick auf den klar geäußerten Willen des Gesetzgebers (BT-Drs. 12/2443, 178; Gundlach/Frenzel/Schmidt NZI 2001, 119 (123)) hinzunehmen. Ein Verwertungsrecht des Gläubigers selbst und nicht des Insolvenzverwalters soll auch bestehen im Anwendungsbereich des § 110 VVG, wonach dem Geschädigten an dem Freistellungsanspruch des insolventen Versicherten gegen seinen Haftpflichtversicherer ein als gesetzliches Pfandrecht zu qualifizierendes Sicherungsrecht zustehe (MüKo/InsO/Kern Rn. 68). Ist Pfandreife noch nicht eingetreten, hat der Pfandrechtsgläubiger allerdings nur einen Anspruch auf Sicherstellung. Das Verwertungsrecht hat in diesem Fall der Insolvenzverwalter, wobei dieses Verwertungsrecht nicht aus § 166 Abs. 2, sondern aus einer entsprechenden Anwendung des § 173 Abs. 2 S. 2 folgt (BGH NZI 2013, 596 Rn. 19; NJW 2005, 2231 (2232)). Der Pfandgläubiger selbst kann erst nach Eintritt der Pfandreife gem. § 173 Abs. 1 verwerten (Uhlenbruck/Brinkmann Rn. 30; Ganter ZIP 2014, 53 (54)). Folgt die Verwertung gem. § 173 Abs. 2 S. 2 durch den Insolvenzverwalter, kann dieser in entsprechender Anwendung der §§ 170, 171 die Kostenpauschalen für die Masse einbehalten (BGH NZI 2013, 596 Rn. 22; Uhlenbruck/Brinkmann Rn. 30).

IV. Durchführung der Verwertung

Der Insolvenzverwalter verwertet die sicherungszedierte Forderung in der Regel dadurch, dass 41 er sie einzieht, also den Drittschuldner zur Zahlung auffordert. Verweigert der Drittschuldner grundlos die Zahlung, muss der Verwalter die Forderung einklagen (OLG Rostock ZIP 2008, 1128 (1130); Ganter ZIP 2014, 53). Dabei ist der Insolvenzverwalter an eine Schiedsabrede, die der Schuldner vor der Insolvenzeröffnung mit dem Drittschuldner geschlossen hat, gebunden. Denn § 166 Abs. 2 verleiht dem Insolvenzverwalter nur das Einziehungsrecht. Das zugrunde liegende Rechtsverhältnis, aus dem sich die Forderung ergibt, bleibt dagegen unberührt (BGH NZI 2013, 934 (935)).

Eine Verwertung kann – unter Beachtung von § 168 Abs. 1 – auch durch Verkauf der Forderung 42 oder aber Erteilung einer Einziehungsermächtigung erfolgen (BGH ZIP 2013, 35 (36)). Akzeptiert der Insolvenzverwalter Abschläge oder schließt er einen Vergleich über die Forderung, sollte er zur Vermeidung einer eigenen Haftung zuvor den Gläubiger nach § 168 informieren (für einen zurückhaltenden Umgang mit Vergleichsabschlüssen Ganter ZIP 2014, 53 (55)). Unterlässt der Insolvenzverwalter die vorherige Information des Gläubigers, bleiben seine Rechtshandlungen wirksam (OLG Rostock ZIP 2008, 1128 (1130); Nerlich/Römermann/Becker § 168 Rn. 16; HK-InsO/Landfermann § 168 Rn. 6; differenzierend Ganter ZIP 2014, 53 (55)). Er haftet allerdings gegenüber den Gläubigern für Nachteile (→ § 168 Rn. 21).

Aus dem Erlös des Forderungseinzugs kann der Insolvenzverwalter die Kostenbeiträge gem. 43 §§ 170, 171 abziehen. Zieht der Absonderungsberechtigte nach Insolvenzeröffnung Forderungen ein, für die das Einziehungsrecht auf den Insolvenzverwalter übergegangen war, muss er den Feststellungskostenbeitrag an die Insolvenzmasse abführen; führt das eigenmächtige Vorgehen des Gläubigers zu Schäden für die Masse, haftet er hierfür über § 823 Abs. 2 BGB iVm § 166 (BGH NZI 2004, 137 (138)).

D. Immaterialgüter- und sonstige Rechte

Ob der Insolvenzverwalter auch andere (immaterielle) Rechte (wie zB Geschäftsanteile, Mar- 44 ken, Patente, Urheberrechte, den Kundenstamm, Know-how; zum Einsatz dieser Rechte als Sicherungsmittel Obermüller, Insolvenzrecht in der Bankpraxis, 9. Aufl. 2016, Rn. 6.822 f.) verwerten kann, die sich nicht unmittelbar unter § 166 Abs. 1 oder Abs. 2 fassen lassen, ist umstritten (für ein Verwertungsrecht HmbKommInsR/Büchler Rn. 20; Nerlich/Römermann/Becker Rn. 35; Braun/Dithmar Rn. 26; Gottwald InsR-HdB/Adolphsen § 42 Rn. 162; Häcker ZIP 2001, 995 ff.; Marotzke ZZP 109 (1996), 429 (449 f.); Bitter/Alles KTS 2013, 113 (142); Keller ZIP 2020, 1052 (1056); noch zweifelnd HK-InsO/Landfermann Rn. 30; dagegen BAG NZI 2014, 167 Rn. 70 ff.; MüKoInsO/Kern Rn. 101 ff.; Jaeger/InsO/Jaeger Rn. 427 ff.; Obermüller, Insolvenzrecht in der Bankpraxis, 9. Aufl. 2016, Rn. 6.824; Gundlach/Frenzel/Schmidt NZI 2001, 119 (123); Wallner ZInsO 1999, 453 (454 ff.)). Das Gesetz enthält in dieser Hinsicht eine doppelte Lücke, weil diese sonstigen Rechte weder in § 166 noch in § 173 Abs. 1, der bestimmt, wann der Gläubiger selbst zur Verwertung berechtigt ist, genannt werden (Jaeger/InsO/Jaeger Rn. 36, der dies als Ausfluss eines gesetzgeberischen Dilettantismus besonderer Art und Güte bezeichnet). Eine Besitzposition scheidet bei diesen immateriellen Rechten als primärer Anknüpfungspunkt für das Verwertungsrecht und eine Anwendung von § 166 Abs. 1 aus (Häcker ZIP 2001, 995 (999)). Es handelt sich aber auch nicht um Forderungen iSd § 166 Abs. 2 (Primozic/Voll NZI 2004, 363 (364)). Für ein Verwertungsrecht des Insolvenzverwalters bei solchen sonstigen Rechten sprechen aber Sinn und Zweck des § 166 und die im Regelfall anzutreffende Zugehörigkeit solcher Rechte zum Unternehmensverbund (ebenso Uhlenbruck/Brinkmann Rn. 35; Häcker ZIP 2001, 995 ff.; Keller ZIP 2020, 1052 (1056)). Die insbesondere auf den klaren Gesetzeswortlaut abstellenden Gegenstimmen können aber beachtliche Argumente ins Feld führen, sodass der Gesetzgeber den Meinungsstreit zum Anlass für eine klare gesetzliche Regelung nehmen sollte (so die berechtigte Forderung von Jaeger/Jaeger Rn. 435).

I. Verwertungsrecht bei Unternehmensbeteiligungen

45 Für den BGH ist die Zugehörigkeit des Sicherungsguts zum funktionalen Geschäftsbetrieb das zentrale Abgrenzungskriterium; diese Zugehörigkeit soll bei einer Unternehmensbeteiligung vorliegen, soweit der Schuldner die Beteiligungsrechte noch selbst wahrnehmen kann (BGH NZI 2016, 21). In seiner Entscheidung v. 24.9.2015 (NZI 2016, 21) hat der BGH zwar offengelassen, ob dieser Maßstab zumindest auch auf unkörperliche Unternehmensbeteiligungen anzuwenden ist. Es würde aber überraschen, wenn der BGH seine Abgrenzungskriterien statt auf ein Aktienpaket nicht auch auf eine unverbriefte Unternehmensbeteiligung anwenden würde (Bitter ZIP 2015, 2249; ebenso wohl auch Berger ZInsO 2016, 474 (483) und HK-InsO/Landfermann Rn. 35, der die Tür zu einer analogen Anwendung aber nur „einen Spalt breit" offen sieht; anders dagegen K. Schmidt InsO/Sinz § 173 Rn. 9; Meyer-Löwy/Pickerill GmbHR 2016, 953, keine klare Tendenz sehen MüKoInsO/Kern Rn. 103, der auf eine zurückhaltende Bewertung durch den BGH aus dessen langen Ausführungen zur Besitzlage im konkret entschiedenen Fall schließt, sowie Jaeger/Jaeger Rn. 425).

46 Die Gegenauffassung (Primozic/Voll NZI 2004, 363 (366), die allerdings die jüngere Rechtsprechung des BGH noch nicht berücksichtigen konnten) begründet ein Verwertungsrecht des Gläubigers auch bei nicht verbrieften Unternehmensbeteiligungen ua damit, dass sich das Pfandrecht an der Beteiligung bei Auflösung der Gesellschaft oder Ausscheiden des Gesellschafters im Wege der Surrogation an der Forderung auf Auszahlung des Liquidationserlöses oder des Auseinandersetzungsguthabens fortsetze. Es entstünde sodann ein Pfandrecht an einer Forderung, das der Gläubiger nach § 173 Abs. 1 verwerten könne. Um einen Gleichlauf zwischen der Pfandverwertung und der Verwertung des Geschäftsanteils selbst herzustellen, müsse in beiden Fällen der Gläubiger verwertungsberechtigt sein.

47 Die nach der Gegenauffassung befürchtete unterschiedliche Behandlung beider Konstellationen lässt sich jedoch durchaus mit der jüngeren Rechtsprechung des BGH damit rechtfertigen, dass mit der Auflösung der Gesellschaft oder dem Ausscheiden des Gesellschafters die Verbindung zur funktionalen Unternehmenseinheit beendet wird. Fällt dies in die Zeit vor der Insolvenzeröffnung, ist ein Verwertungsrecht des Insolvenzverwalters nach Insolvenzeröffnung nicht mehr dadurch gerechtfertigt, dass das Schuldnervermögen im Interesse einer Betriebsfortführung oder besseren Verwertbarkeit zusammengehalten werden müsse, denn dieser Zusammenhalt ist bereits zuvor aufgelöst worden. Besteht die Mitgliedschaft zum Unternehmensverbund dagegen bei Insolvenzeröffnung noch, sollte der Insolvenzverwalter über die Verwertung der Beteiligung oder deren weitere Nutzung im Unternehmen entscheiden können. In diesen Fällen ist also ein Verwertungsrecht des Insolvenzverwalters im Interesse eines Zusammenhalts des Unternehmensverbunds gerechtfertigt. Auf diesem Weg kann auch das Erpressungspotential von Gläubigern eingeschränkt werden. In der Finanzierungspraxis werden Unternehmensbeteiligungen oftmals ergänzend zur Sicherungsübertragung der einzelnen, vom Unternehmen gehaltenen Assets verpfändet. Das Verwertungsrecht an den einzelnen Assets liegt regelmäßig über § 166 Abs. 1 InsO beim Insolvenzverwalter, was den wirtschaftlichen Wert der verpfändeten Beteiligung erheblich einschränkt. Im Grunde würde ein Recht des Gläubigers zur Verwertung der Beteiligung diesem lediglich ein Blockadepotential verschaffen in den Fällen, in denen auch die Beteiligung selbst übertragen werden soll. Der vermittelnde Ansatz von Meyer-Löwy/Pickerill (GmbHR 2016, 953 (954) unter Verweis auf US-amerikanische Regelungen zur sog. „substantive consolidation"), das Verwertungsrecht vom Ausmaß der tatsächlichen Verflechtung zwischen Mutter- und Tochtergesellschaft abhängig zu machen, birgt weiteres Streitpotential und könnte die Verwertung zum Nachteil aller verzögern. Außerdem widerspricht eine solche Einzelfallbetrachtung der vom BGH wiederholt geforderten typisierenden Betrachtung im Interesse der Rechtssicherheit (zuletzt BGH NZI 2018, 396 Rn. 13).

II. Verwertungsrecht bei sonstigen Immaterialgüterrechten

48 Gleiches gilt für sonstige Immaterialgüterrechte. Auch hier muss das Verwertungsrecht grundsätzlich beim Insolvenzverwalter liegen. Die praktische Bedeutung des immateriellen Vermögens und sein Anteil am Gesamtvermögen nehmen aufgrund der zunehmenden Digitalisierung nahezu aller Wirtschaftsbranchen immer stärker zu. Eine dem Wohle aller Gläubiger verpflichtete Unternehmensfortführung oder -verwertung wäre im Grunde ausgeschlossen, würde man dem Insolvenzverwalter keinen Zugriff auf diese Rechte über das Verwertungsrecht zugestehen. Das Erpressungspotential, das ein einzelner Gläubiger mit Sicherungsrechten an der Schlüsseltechnologie eines Unternehmens hätte, wäre zu groß, wenn der Gläubiger eigenmächtig verwerten könnte (auf das erhebliche Blockadepotenzial einzelner Gläubiger mit Sicherungsrechten an dringend

benötigten gewerblichen Schutzrechten hat bereits Häcker hingewiesen, ZIP 2001, 995 (997)). Für den interessengerechten Ausgleich der Belange aller Beteiligten und eine „Disziplinierung" des Sicherungsgläubigers kann in einem solchen Fall nur der mit einem Verwertungsrecht ausgestattete Insolvenzverwalter sorgen (die Pflicht des Sicherungsgläubigers zur schonenden Pfandverwertung reicht entgegen MüKoInsO/Kern Rn. 104 nicht aus, um eine geordnete und auch den übrigen Gläubigern dienende Verwertung sicherzustellen).

An anderer Stelle (BGH NZI 2010, 339 Rn. 39) hat der BGH formuliert, dass das Verwertungsrecht des Insolvenzverwalters „das dem unternehmerischen Zweck gewidmete materielle Substrat" zusammenhalten soll. Zählen immaterielle Rechte zu diesem Substrat, zB wenn sie im Rahmen der Geschäftstätigkeit kommerziell genutzt werden, ist von einem Verwertungsrecht des Verwalters auszugehen (ebenso Uhlenbruck/Brinkmann Rn. 37 ff.; für ein generelles Verwertungsrecht des Verwalters auch ohne konkrete Nutzung Häcker ZIP 2001, 995 (1000); abwägend Nerlich/Römermann/Becker Rn. 44 ff., der das Verwertungsrecht vom Ausmaß der Verkörperung solcher Rechte durch Urkunden, Aufzeichnungen, Datenträger oder Legitimationspapiere, die nicht Inhaberpapiere sind, und dem Besitz an diesen Verkörperungen abhängig macht; ähnlich insoweit Gottwald InsR-HdB/Adolphsen § 42 Rn. 162). 49

III. Rechtsgrundlage des Verwertungsrechts

Geht man von einem Verwertungsrecht des Insolvenzverwalters auch bei sonstigen Rechten aus, ist noch zu klären, ob sich dieses Recht aus § 166 Abs. 1 oder Abs. 2 ergibt. Das Verwertungsrecht aus § 166 Abs. 1 fußt auf dem Wunsch, die für eine Unternehmensfortführung unentbehrlichen Betriebsmittel zunächst im Unternehmensverbund zu belassen, also die technisch-organisatorische Einheit nicht zum Vorteil einzelner Gläubiger zu zerreißen. Dadurch sollen vorhandene Chancen für eine zeitweilige oder dauernde Fortführung des Unternehmens des Schuldners erhalten werden (BT-Drs. 12/2443, 178; ebenso BGH ZIP 2016, 1301 Rn. 20 = BeckRS 2016, 10335; ausf. zu den Gesetzesmotiven Hirte/Knof WM 2008, 49 (52 ff.); Häcker ZIP 2001, 995 (996 ff.)). Für das Verwertungsrecht aus § 166 Abs. 2 sind dagegen Zweckmäßigkeitserwägungen und praktische Vorteile maßgeblich. Der Gesetzgeber ging davon aus, dass der Insolvenzverwalter durch seinen Zugriff auf die Geschäftsunterlagen besser in der Lage wäre, offene Forderungen einzutreiben. Der Sicherungsgläubiger würde die Drittschuldner oftmals nicht kennen, ihm fehlten zudem die für eine Forderungsdurchsetzung benötigten Unterlagen (BT-Drs. 12/2443, 178; BGH NZI 2006, 178 Rn. 9; OLG Rostock ZIP 2008, 1128 (1130)). 50

Vor dem Hintergrund dieser unterschiedlichen Zwecke von Abs. 1 und 2 kommt im Grunde nur eine analoge Anwendung des § 166 Abs. 1 in Betracht (ebenso Keller ZIP 2020, 1052 (1056 f.); Berger/Tunze ZIP 2020, 52 (61)). Brinkmann (Uhlenbruck/Brinkmann Rn. 37 f.) hat (unter Berufung auf Hirte/Knof WM 2008, 49 (53)) zutreffend darauf hingewiesen, dass es sich bei dem Besitzkriterium in § 166 Abs. 1 eher um ein Kürzel für die dahinterstehenden Wertungsentscheidungen und weniger um ein hartes Abgrenzungskriterium handele, maßgeblich abzustellen sei vielmehr auf die Nutzungsmöglichkeit im Unternehmen, da hiervon auch die Verwertungsmöglichkeiten insgesamt abhängen. Eine solche Wertungsentscheidung kann man auch dem Urteil des BGH v. 24.9.2015 (BGH NZI 2016, 21) entnehmen. Gehört ein sonstiges Recht somit zur wirtschaftlichen Einheit des Unternehmens, ist der Insolvenzverwalter zur Verwertung befugt. Rechtsgrundlage für dieses Verwertungsrecht ist § 166 Abs. 1 analog. 51

E. Ausschluss des Verwertungsrechts nach Abs. 3

§ 166 Abs. 3 regelt Ausnahmen, in denen kraft gesetzlicher Anordnung kein Verwertungsrecht des Insolvenzverwalters besteht. Diese Ausnahmen wurden eingeführt durch das Gesetz zur Umsetzung der Richtlinie 2002/47/EG v. 6.6.2002 über Finanzsicherheiten und zur Änderung des Hypothekenbankgesetzes und anderer Gesetze (BGBl. 2004 I 502). Sie gelten für alle Insolvenzverfahren, die nach dem 9.4.2004 eröffnet wurden. Für die in § 166 Abs. 3 Nr. 1 genannten Abrechnungssysteme findet sich eine Legaldefinition in § 1 Abs. 16 KWG. Teilnehmer an solchen Systemen können nur Banken sein, sodass sich die praktische Relevanz auf den Interbankenverkehr und damit das Insolvenzverfahren über eine Bank beschränkt. § 166 Abs. 3 Nr. 2 bezieht sich auf Sicherheiten, die bei Insolvenzeröffnung zugunsten einer Zentralbank bestehen, die in Nr. 3 genannten Finanzsicherheiten wiederum sind § 1 Abs. 17 KWG definiert (näher hierzu HK-InsO/Landfermann Rn. 44 ff.; KPB/Flöther Rn. 28 ff.). 52

§ 167 Unterrichtung des Gläubigers

(1) ¹Ist der Insolvenzverwalter nach § 166 Abs. 1 zur Verwertung einer beweglichen Sache berechtigt, so hat er dem absonderungsberechtigten Gläubiger auf dessen Verlangen Auskunft über den Zustand der Sache zu erteilen. ²Anstelle der Auskunft kann er dem Gläubiger gestatten, die Sache zu besichtigen.

(2) ¹Ist der Verwalter nach § 166 Abs. 2 zur Einziehung einer Forderung berechtigt, so hat er dem absonderungsberechtigten Gläubiger auf dessen Verlangen Auskunft über die Forderung zu erteilen. ²Anstelle der Auskunft kann er dem Gläubiger gestatten, Einsicht in die Bücher und Geschäftspapiere des Schuldners zu nehmen.

Überblick

Der Gläubiger, dem die Verwertungsbefugnis entzogen ist, muss die Möglichkeit haben, Informationen über den Zustand des Sicherungsguts einholen zu können. Der Insolvenzverwalter ist ihm deshalb nach § 167 zur Auskunft verpflichtet (→ Rn. 3 ff.). Der Insolvenzverwalter kann dem Gläubiger auch eine Besichtigung des Sicherungsguts zugestehen oder ihm die Unterlagen vorlegen, aus denen sich eine Forderung ergibt (→ Rn. 10 f.). Das Informationsrecht des Gläubigers ist beschränkt auf das, was dem Insolvenzverwalter unter Berücksichtigung der Interessen des Gläubigers zugemutet werden kann (→ Rn. 6 f.). Auch bei Gefahren für eine ordnungsgemäße Verfahrensabwicklung ist die Auskunftspflicht des Insolvenzverwalters beschränkt (→ Rn. 8).

A. Wesentlicher Regelungsgehalt

1   Durch den Entzug der Verwertungskompetenz wird in die Rechtsposition des absonderungsberechtigten Gläubigers eingegriffen. So wie der BGH von Sicherungsgläubigern im Interesse einer Maximierung des Schuldnervermögens eine „gewisse Rücksichtnahme" verlangt (BGH NZI 2009, 425 Rn. 13), muss als Ausgleich hierfür der Insolvenzverwalter im Rahmen seiner Verwertungsbefugnisse zu einer Rücksichtnahme auf die Interessen der Sicherungsgläubiger verpflichtet werden. Deshalb werden dem Insolvenzverwalter zum Schutz des Gläubigers besondere Pflichten auferlegt, die durch korrespondierende Rechte des Gläubigers ergänzt werden und die in den §§ 167–172 geregelt sind. Diese Vorschriften tarieren den Widerstreit zwischen den Interessen der Gläubigergesamtheit und des Gläubigers aus. So erhält der Gläubiger Auskunfts- und Besichtigungsrechte. Er muss außerdem über eine geplante Verwertung informiert werden, um bessere Verwertungsmöglichkeiten aufzeigen zu können. Diese Rechte gewährleisten, dass der Gläubiger den Wert des Sicherungsguts einschätzen und damit das Verwertungsergebnis überprüfen kann (Andres/Leithaus Rn. 1). Gleichzeitig ist die Vorschrift Ausdruck des allgemeinen Grundgedankens eines Ausgleichs der Interessen aller am Verfahren Beteiligten (Jaeger/Jaeger Rn. 3).

2   Einen allgemeinen Auskunftsanspruch, der sich nicht allein auf das Sicherungsgut bezieht oder auch bereits abgeschlossene Vorgänge vor der Insolvenz umfasst (hierzu OLG Stuttgart BeckRS 2010, 23826; bestätigt durch BGH ZInsO 2010, 2234), hat der Gläubiger aus § 167 indes nicht (Braun/Dittmar Rn. 1). Sein Auskunftsanspruch aus § 167 steht vielmehr neben den allgemeinen Informationsmöglichkeiten, die ein Gläubiger zB über den Berichtstermin wahrnehmen kann.

B. Inhalt und Umfang des Auskunftsrechts

I. Gegenstand des Auskunftsrechts

3   Das Auskunftsrecht bezieht sich auf die Vermögenswerte, zu deren Verwertung der Insolvenzverwalter nach § 166 Abs. 1, 2 berechtigt ist. Daraus folgt, dass der Auskunftsanspruch nur solchen Gläubigern zusteht, die von der Zuweisung des Verwertungsrechts an den Insolvenzverwalter betroffen sind (Andres/Leithaus Rn. 2; HK-InsO/Landfermann Rn. 2). Die Grundlage seines Auskunftsanspruchs muss dementsprechend der Gläubiger dar- und notfalls auch belegen. Der Insolvenzverwalter hat Auskünfte nur „auf Verlangen" zu erteilen, er muss folglich nicht von sich aus den Gläubiger informieren. Der Absonderungsberechtigte hat ein konkretes Auskunftsverlangen zu formulieren (Gundlach/Frenzel/Schmidt KTS 2001, 241 (244 f.)), kann dies allerdings formlos tun (HmbKommInsR/Büchler Rn. 2; K. Schmidt InsO/Sinz Rn. 2). Allerdings dürfen die Anforderungen nicht überspannt werden. Dies gilt insbesondere dann, wenn der Gläubiger wie zB beim Vermieterpfandrecht das Sicherungsgut allenfalls allgemein bezeichnen kann (HK-InsO/Landfermann Rn. 2).

II. Art und Umfang der Auskunft

Das Gesetz sieht keine förmlichen Voraussetzungen für die Auskunftserteilung vor. Deshalb kann die Auskunft grundsätzlich formlos und mündlich erteilt werden, wobei sich eine schriftliche Auskunft schon aus Beweisgründen empfiehlt. Bezieht sich die Auskunft auf bewegliches Vermögen, hat der Insolvenzverwalter das Sicherungsgut hinreichend bestimmt zu bezeichnen, zum Zustand des Gegenstands zu berichten und dem Gläubiger mitzuteilen, wo sich der Gegenstand befindet bzw. wie er im Unternehmen genutzt oder verarbeitet wurde. Liegt ein Bewertungsgutachten vor, kann sich der Insolvenzverwalter hierauf beziehen und es für die Auskunftserteilung nutzen (HmbKommInsR/Büchler Rn. 3), wobei sich dem Wortlaut der Vorschrift nicht entnehmen lässt, dass der Insolvenzverwalter zur Mitteilung einer Bewertung verpflichtet wäre (ebenso K. Schmidt InsO/Sinz Rn. 2). In der Praxis empfiehlt es sich zur Vermeidung von Streit, dem Gläubiger eine Besichtigung des Sicherungsguts zu ermöglichen, damit sich dieser einen eigenen Eindruck verschaffen kann. 4

Bei Forderungen muss der Insolvenzverwalter den Rechtsgrund, die Höhe und die Zahlungsbedingungen wie zB die Fälligkeit, aber auch kollidierende Drittrechte mitteilen. Dass der Insolvenzverwalter auch verpflichtet wäre, Angaben zur Werthaltigkeit der Ansprüche bzw. der Bonität des Drittschuldners zu erteilen (HmbKommInsR/Büchler Rn. 3; Braun/Dittmar Rn. 3; K. Schmidt InsO/Sinz Rn. 2), geht aus dem Gesetzestext nicht hervor, dürfte auch zu weit gehen (dagegen für einen weiten Anwendungsbereich der Vorschrift Uhlenbruck/Brinkmann Rn. 7). Allenfalls wird man eine Pflicht annehmen können, dass der Insolvenzverwalter auf offenkundige Umstände wie zB eine ihm bekannte Insolvenz des Drittschuldners, von diesem konkret erhobene Einwände gegen den Bestand oder die Höhe der Forderung oder andere dokumentierte Einwände hinweist. Ist die Verwertung bereits abgeschlossen, muss der Insolvenzverwalter das Verwertungsergebnis mitteilen (Uhlenbruck/Brinkmann Rn. 9). 5

III. Grenzen der Auskunftspflicht

Die Auskunftspflicht des Insolvenzverwalters ist beschränkt auf das, was dem Insolvenzverwalter unter Berücksichtigung der Interessen des Gläubigers noch zugemutet werden kann (BGH NZI 2019, 274 Rn. 48; NJW 2000, 3777 (3779 f.); HK-InsO/Landfermann § 166 Rn. 4; Gundlach/Frenzel/Schmidt KTS 2001, 241 (245); ausf. MüKoInsO/Kern Rn. 29 ff.). Der Arbeits- und Zeitaufwand für die Auskunftserteilung muss in einem ausgewogenen Verhältnis zu den Interessen des Auskunftsberechtigten stehen, wobei ein Missverhältnis zulasten des Verwalters nicht zwangsläufig zu einem Ausschluss des Auskunftsanspruchs führt. Vielmehr kann der Gläubiger in einem solchen Fall darauf verwiesen werden, sich die Auskünfte durch Einsichtnahme in Geschäftsunterlagen oder eine Besichtigung selbst zu verschaffen. Unzumutbaren Aufwand muss der Insolvenzverwalter konkret darlegen (BGH NZI 2019, 274 Rn. 49), pauschale Verweise auf eine unvollständige und ungenügende Buchhaltung reichen nicht (BGH NJW 2000, 3777 (3779 f.); im Ergebnis ebenso OLG Saarbrücken NZI 2016, 491 (492)). 6

Da der Insolvenzverwalter das Sicherungsgut im Besitz hat, muss er sich die für die Auskunftserteilung benötigten Informationen über den Zustand der Sache grundsätzlich selbst besorgen, wobei er notfalls auch eigene Auskunftsrechte gegenüber Dritten durchsetzen muss (BGH NZI 2004, 209 (211)). Dritter ist in diesem Sinne regelmäßig der Schuldner, der nach den §§ 97, 98, 101 zur Auskunft und Mitwirkung verpflichtet ist. Nach dem BGH muss auch ein neu bestellter Insolvenzverwalter Auskünfte von seinem Amtsvorgänger einholen, wenn Gegenstand der Auskunft Vorgänge aus der Zeit vor seiner Bestellung sind. Der abberufene Insolvenzverwalter habe eine nachwirkende Amts- und Auskunftspflicht, seinen Nachfolger umfassend zu informieren und ihm alle für die weitere Amtsausübung benötigten und verfahrensbezogenen Unterlagen zu überlassen. Der neu bestellte Insolvenzverwalter müsse sich diese Informationen daher beschaffen, um den Auskunftsanspruch des Absonderungsberechtigten erfüllen zu können (BGH NZI 2004, 209 (211)). 7

Das Auskunftsrecht wird nicht nur bei unzumutbarem Aufwand beschränkt, sondern auch bei Gefahren für eine ordnungsgemäße Verfahrensabwicklung (BGH NJW 2000, 3777 (3780); Uhlenbruck/Brinkmann Rn. 3). Dies ist zB der Fall, wenn der Gläubiger Geschäftsgeheimnisse oder andere geheimhaltungsbedürftige Informationen erlangen oder sich über das Auskunftsrecht einen Wissensvorsprung im Verwertungsprozess verschaffen könnte. Wann eine konkrete Gefahr vorliegt, wird man nicht allgemein bestimmen können. Dies muss der Insolvenzverwalter im Einzelfall entscheiden. In Zweifelsfällen muss er zum Schutz der Insolvenzmasse den Gläubiger darauf verweisen, seinen Auskunftsanspruch gerichtlich durchzusetzen. Die Voraussetzungen, die ihn zur Ablehnung einer Auskunft oder Besichtigung bewogen haben, muss er im Streitfall darlegen 8 und beweisen (BGH NJW 2000, 3777 (3780)). In Zukunft werden auch datenschutzrechtliche Belange stärker in die Abwägung mit einbezogen werden müssen, insbesondere wenn es um die Einsichtnahme des Gläubigers in die Geschäftsunterlagen des Schuldners geht.

9   Aufwendungen für die Auskunftserteilung muss der Gläubiger nicht erstatten, sie sind mit den Kostenpauschalen gem. §§ 170, 171 abgegolten (Braun/Dithmar Rn. 5).

IV. Ersetzungsbefugnis des Insolvenzverwalters

10 Nach § 167 Abs. 1 S. 2 kann der Insolvenzverwalter anstelle einer Auskunft dem Gläubiger gestatten, das Sicherungsgut besichtigen. Er hat insoweit eine Ersetzungsbefugnis. Auf welche Art er dem Gläubiger Auskunft erteilt, steht im Ermessen des Insolvenzverwalters. Beide Möglichkeiten stehen gleichberechtigt nebeneinander, sie schließen sich nicht wechselseitig aus (HK-InsO/Landfermann Rn. 5). Allerdings ist der Insolvenzverwalter bei der Ausübung seiner Ersetzungsbefugnis nicht gänzlich frei, sondern muss sein Ermessen pflichtgemäß ausüben (Jaeger/Jaeger Rn. 66). An die Stelle der Besichtigung tritt bei sicherungsabgetretenen Forderungen die Möglichkeit, den Gläubiger auf eine Einsichtnahme in die Geschäftsunterlagen des Schuldners zu verweisen. Die Ersetzung ist nicht an weitere Voraussetzungen geknüpft (BGH NZI 2019, 274 Rn. 48).

11 Der Gläubiger kann nicht darauf bestehen, dass ihm neben einer Auskunftserteilung auch eine Besichtigung gestattet wird. Denn die Ersetzungsbefugnis soll der Arbeitserleichterung des Insolvenzverwalters dienen, nicht aber einen Anspruch des Gläubigers auf eine bestimmte Auskunftsart schaffen (K. Schmidt InsO/Sinz Rn. 4; Uhlenbruck/Brinkmann Rn. 9). Allerdings wird es in der Praxis ratsam sein, zur Vermeidung von Streit beide Auskunftsmöglichkeiten zu gewähren, sofern keine gewichtigen Gründe entgegenstehen. Der Insolvenzverwalter kann damit auch eigene Haftungsrisiken mindern, wenn er dem Gläubiger die Möglichkeit einer eigenen Inaugenscheinnahme einräumt. Denn er haftet grundsätzlich für fehlerhafte oder unvollständige Auskünfte nach § 60 Abs. 1 (K. Schmidt InsO/Sinz Rn. 6; Uhlenbruck/Brinkmann Rn. 13).

V. Durchsetzung des Auskunftsanspruchs, Kosten

12 Der Gläubiger kann seinen Auskunftsanspruch gerichtlich durchsetzen. Der Streit ist vor den ordentlichen Gerichten auszutragen. Ist bereits ein Rechtsstreit über das Absonderungsgut anhängig, zB eine Leistungsklage des Sicherungsgläubigers gegen den Insolvenzverwalter, muss ein Auskunftsanspruch nicht gesondert gerichtlich geltend gemacht werden. Dies wäre sonst nicht prozesswirtschaftlich. Vielmehr strahlt der Auskunftsanspruch unmittelbar auf den Sachvortrag der Parteien aus und kann daher zu einer sekundären Darlegungslast der nicht beweisbelasteten Partei führen (BGH NZI 2019, 274 Rn. 47 ff.). Die Kosten der Auskunftserteilung kann der Insolvenzverwalter nicht als Aufwendungen geltend machen. Diese werden, das ist unstreitig, durch die Kostenpauschalen gem. §§ 170, 171 abgegolten. Lediglich besonderer Aufwand, zB im Falle einer vom Gläubiger geforderten Versendung oder für sonstige Maßnahmen, die über das Auskunftsrecht des Gläubigers hinausgehen, können vom Gläubiger verlangt werden. Der Insolvenzverwalter muss daher zur Schonung der Masse, aber auch zur Vermeidung einer eigenen Haftung, sorgfältig prüfen, wann die Grenze zur Unzumutbarkeit überschritten ist (MüKoInsO/Kern Rn. 41). Als Stundensatz, den ein auch als Rechtsanwalt zugelassener Insolvenzverwalter für seinen Aufwand ansetzen kann, hat das OLG Saarbrücken (NZI 2016, 491 (492 f.)) in Anlehnung an das JVEG und die Entschädigung von Zeugen einen Betrag von 100,00 EUR als grundsätzlich angemessen bewertet. Auch hier empfiehlt es sich zur Streitvermeidung, besonderen Kostenaufwand vor der Auskunftserteilung dem Gläubiger darzulegen und Einvernehmen über die Erstattung dieses Aufwands zu erzielen.

12.1 Wird der Streit über die Auskunft gerichtlich ausgetragen, richtet sich der Wert des Beschwerdegegenstandes nach dem Interesse der verurteilten Partei, die Auskunft nicht erteilen zu müssen. Folglich muss der Insolvenzverwalter, der in erster Instanz zur Auskunft verurteilt wird, dies mit der Berufung angreift und dafür die Mindestbeschwer von mehr als 600 EUR erreichen muss, substantiiert darlegen, mit welchem konkreten Aufwand die sorgfältige Erteilung der geschuldeten Auskunft verbunden ist. Seinen Sachvortrag muss er zudem glaubhaft machen (OLG Saarbrücken NZI 2016, 491 (492 f.)).

§ 168 Mitteilung der Veräußerungsabsicht

(1) ¹Bevor der Insolvenzverwalter einen Gegenstand, zu dessen Verwertung er nach § 166 berechtigt ist, an einen Dritten veräußert, hat er dem Absonderungsberechtigten

Gläubiger mitzuteilen, auf welche Weise der Gegenstand veräußert werden soll. ²Er hat dem Gläubiger Gelegenheit zu geben, binnen einer Woche auf eine andere, für den Gläubiger günstigere Möglichkeit der Verwertung des Gegenstands hinzuweisen.

(2) Erfolgt ein solcher Hinweis innerhalb der Wochenfrist oder rechtzeitig vor der Veräußerung, so hat der Verwalter die vom Gläubiger genannte Verwertungsmöglichkeit wahrzunehmen oder den Gläubiger so zu stellen, wie wenn er sie wahrgenommen hätte.

(3) ¹Die andere Verwertungsmöglichkeit kann auch darin bestehen, daß der Gläubiger den Gegenstand selbst übernimmt. ²Günstiger ist eine Verwertungsmöglichkeit auch dann, wenn Kosten eingespart werden.

Überblick

§ 168 sichert die Beteiligung des Sicherungsgläubigers am Verwertungsvorgang. Die Vorschrift soll außerdem den Gläubiger vor Nachteilen durch die Verwertung schützen (→ Rn. 2). Der Insolvenzverwalter muss ihn informieren, wenn er das Sicherungsgut verwerten möchte (→ Rn. 4 ff.). Der Gläubiger kann sodann binnen einer Woche auf eine andere und für ihn günstigere Verwertungsmöglichkeit hinweisen (→ Rn. 18 ff.). Erfolgt ein solcher Hinweis, hat der Insolvenzverwalter entweder die günstigere Verwertungsmöglichkeit wahrzunehmen oder er muss den Gläubiger durch einen Nachteilsausgleich so stellen, als hätte er die für den Gläubiger günstigere Verwertungsmöglichkeit wahrgenommen (→ Rn. 21). Der Gläubiger kann auch anbieten, das Sicherungsgut selbst zu erwerben (§ 168 Abs. 3 S. 1; → Rn. 22).

Übersicht

	Rn.		Rn.
A. Normzweck	1	IV. Form und Inhalt der Information	14
B. Mitteilungspflicht des Insolvenzverwalters	4	C. Hinweismöglichkeit des Gläubigers	18
I. Sachlicher Anwendungsbereich	4	D. Selbsteintritt des Gläubigers durch Übernahme des Gegenstands	22
II. Erfüllung der Hinweispflicht	10	E. Durchführung der Verwertung, Rechtsfolgen	26
III. Zeitpunkt der Mitteilung	12		

A. Normzweck

Auch wenn das Verwertungsrecht aus § 166 grundsätzlich dem Insolvenzverwalter zusteht, bedeutet das nicht, dass der Gläubiger von jeder Mitwirkung am Verwertungsvorgang ausgeschlossen wäre. Ganz im Gegenteil ist seine Beteiligung wünschenswert im Hinblick auf eine bestmögliche Verwertung des Sicherungsguts. Denn oftmals wird der Gläubiger selbst über gute Verwertungsmöglichkeiten und Vermarktungskanäle, besondere Kontakte zu potentiellen Käufern oder über Spezialwissen verfügen (vgl. LG Freiburg ZInsO 2008, 676; anschaulich zeigt dies auch der Sachverhalt, der BGH NJW 2006, 228 ff. zugrunde lag). 1

§ 168 gebietet dem Insolvenzverwalter, den Gläubiger vor der Verwertung über die Art und Weise der Verwertung und das Verwertungsergebnis zu informieren. Die Vorschrift gibt dem Gläubiger die Möglichkeit, eine bessere Verwertungsmöglichkeit zu benennen oder das Sicherungsgut selbst zu übernehmen. Ziel ist die Vermeidung eines Schadens für den Gläubiger (Uhlenbruck/Brinkmann Rn. 1). Nachteile zulasten eines Absonderungsberechtigten sollen tunlichst vermieden werden; § 168 dient diesem Zweck (BGH BZI 2014, 1044 Rn. 19). 2

Durch den Einbezug des Gläubigers werden außerdem spätere Streitigkeiten über den Verwertungsvorgang und den -erlös vermieden (Andres/Leithaus Rn. 1; HmbKommInsR/Büchler Rn. 1; Uhlenbruck/Brinkmann Rn. 2) oder zumindest abgemildert. Man kann die Vorschrift auch in einem größeren Zusammenhang sehen und als Ausdruck des Auftrags einer bestmöglichen Vermögensverwertung in der Insolvenz bewerten (Braun/Dithmar Rn. 1; K. Schmidt InsO/Sinz Rn. 1; ebenso, aber mit Hinweis auf Missbrauchspotentiale Gundlach/Frenzel NZI 2010, 525 (526)). Gleichzeitig wird der Schuldner vor einer Verschleuderung seines Vermögens geschützt; die kurze Frist von einer Woche, innerhalb derer der Gläubiger einen günstigeren Vorschlag unterbreiten muss, soll schließlich auch für eine zügige Verwertung sorgen (Haas/Scholl NZI 2002, 642 f.). 3

B. Mitteilungspflicht des Insolvenzverwalters

I. Sachlicher Anwendungsbereich

4 Ausgangspunkt der Mitteilungspflicht ist § 166. Der Insolvenzverwalter hat deshalb über die geplante Verwertung solcher Gegenstände zu informieren, die seinem Verwertungsrecht unterliegen, also über bewegliche Sachen und Forderungen (BGH ZIP 2013, 35 Rn. 2).

5 Der bloße Einzug einer Forderung stellt nach zutreffender Auffassung keine Veräußerung iSd Vorschrift dar (HK-InsO/Landfermann Rn. 2; HmbKommInsR/Büchler Rn. 2; aA Gundlach/Frenzel/Schmidt DZWIR 2001, 18 (19)). Darüber hinausgehende Verwertungsmaßnahmen wie zB der Verkauf einer Forderung oder auch nur die Erteilung einer rechtsgeschäftlichen Einziehungsermächtigung gegenüber einem Dritten fallen dagegen unter die Mitteilungspflicht (BGH ZIP 2013, 35 Rn. 2; **aA** Uhlenbruck/Brinkmann § 166 Rn. 31). Eine Mitteilungspflicht dürfte allenfalls entfallen, wenn der Verkauf zum Nominalwert, also ohne Abschläge erfolgt (so auch Gundlach/Frenzel/Schmidt DZWIR 2001, 18 (20)). Deshalb empfiehlt sich auch bei einem Forderungsverkauf an einen Factor eine vorherige Abstimmung mit dem Gläubiger. Denn Ganter weist zutreffend darauf hin, dass ein solcher Verkauf immer mit Abschlägen verbunden ist (Ganter ZIP 2014, 53 (54)). Ob generell Absprachen mit dem Drittschuldner zB über gestreckte Zahlungen oder einen Vergleich, der einen Abschlag wegen Gegenrechten oder Einwänden beinhaltet, angezeigt werden müssen, ist umstritten (dafür Gundlach/Frenzel/Schmidt DZWIR 2001, 18 (19); dagegen wohl OLG Rostock ZIP 2008, 1128 (1130)). Unabhängig von der Frage einer Mitteilungspflicht des Insolvenzverwalters kann diesem indes zur Haftungsvermeidung nur angeraten werden, in Zweifelsfällen den Sicherungsnehmer zu informieren (Uhlenbruck/Brinkmann Rn. 5).

6 Eine Hinweispflicht besteht auch dann, wenn der Insolvenzverwalter das Sicherungsgut öffentlich versteigern lässt (OLG Celle NZI 2004, 265 (265)). Eine private Versteigerung ist ein freihändiger Verkauf (Nerlich/Römermann/Becker Rn. 2). Bei sog. Notverkäufen kann eine Hinweispflicht von vornherein entfallen (so die überwiegende Auffassung im Schrifttum, vgl. K. Schmidt InsO/Sinz Rn. 2; Uhlenbruck/Brinkmann Rn. 4; HmbKommInsR/Büchler Rn. 2; Haas/Scholl NZI 2002, 642 (646 f.); Gundlach/Frenzel/Schmidt DZWIR 2001, 18) oder aber die Wochenfrist kann kürzer bemessen werden (Nerlich/Römermann/Becker Rn. 14).

7 Noch nicht abschließend geklärt ist die Bewertung von Veräußerungen im Rahmen einer vorläufigen Fortsetzung des Geschäftsbetriebs. Es wird vertreten, dass in diesen Fällen kein Hinweis erfolgen müsse (Nerlich/Römermann/Becker Rn. 2, 6 ff.). Die Gegenauffassung hält trotz der Sonderregelung in § 172 Abs. 2 einen Hinweis für notwendig (Haas/Scholl NZI 2002, 642 (647); Gundlach/Frenzel/Schmidt DZWIR 2001, 18 (19)).

8 Sowohl bei Notverkäufen als auch bei einem Verkauf im Rahmen einer Betriebsfortführung sollte ein sorgfältig arbeitender Insolvenzverwalter zum eigenen Schutz den Gläubiger über die geplante Verwertung informieren. Andernfalls sind spätere Streitigkeiten vorprogrammiert, so zB bei einer Veräußerung von Waren im Rahmen einer Betriebsfortführung, jedoch mit Preisabschlägen oder zu sonstigen Sonderkonditionen. Hier stellt sich bereits die Frage, bei welchen Abschlägen die Grenze zwischen einer Betriebsfortführung im herkömmlichen Umfang und einem Abverkauf überschritten ist (Braun/Dithmar Rn. 2 wendet insoweit § 158 Abs. 2 S. 2 an, sodass erst bei einer erheblichen Abweichung kein Verkauf im gewöhnlichen Geschäftsgang mehr vorliegen würde).

9 Nicht unter den Begriff der Verwertung fällt dagegen die Verbindung, Vermischung und Verarbeitung von Sachen. Der Wortlaut des § 168 umfasst diese Verwertungsformen nicht (ausf. hierzu Gundlach/Frenzel/Schmidt DZWIR 2001, 18 (20)). Außerdem gibt es hierfür eine Sonderregelung in § 172 Abs. 2. Eine Mitteilungspflicht des Insolvenzverwalters ist in diesen Fällen überflüssig (Haas/Scholl NZI 2002, 642).

II. Erfüllung der Hinweispflicht

10 Im Regelfall genügt der Insolvenzverwalter seiner Informationspflicht durch eine einmalige Information des Gläubigers (OLG Karlsruhe NZI 2008, 747 (748); im Anschluss an LG Freiburg ZInsO 2008, 676, jeweils mwN; vgl. auch Nerlich/Römermann/Becker Rn. 46; Markgraf/Remuta ZInsO 2018, 841 (843)). Bietet der Gläubiger daraufhin nach § 168 Abs. 3 S. 1 die Übernahme des Sicherungsgutes zu einem etwas höheren Erlös an, muss der Insolvenzverwalter den Gläubiger nicht nochmals informieren, wenn er anschließend ein besseres Angebot eines Dritten annimmt. Denn nach dem BGH soll vermieden werden, dass die Mitteilung einen anschließenden Bieterwettstreit auslöst, bei dem der Gläubiger versucht, untere Preisgrenzen auszuloten, um das Sicherungsgut möglichst günstig selbst zu erwerben. Dem Gläubiger könne zuge-

mutet werden, bereits nach der ersten Mitteilung durch den Insolvenzverwalter einen aus seiner Sicht angemessenen Betrag zu benennen, wenn er selbst die Übernahme des Gegenstands beabsichtige (BGH NZI 2010, 525 Rn. 3 mAnm Gundlach/Frenzel). Der Gläubiger soll über § 168 auch nicht die Sonderrolle eines „Letztbietenden" erhalten (LG Freiburg ZInsO 2008, 676 (677); ebenso Tetzlaff jurisPR-InsR 6/2008, Anm. 4).

Einer erneuten Information des Gläubigers bedarf es nur, wenn eine zunächst geplante Verwertung scheitert und für die Folgeverwertung schlechtere Konditionen gelten (Andres/Leithaus Rn. 2; Gundlach/Frenzel/Schmidt DZWIR 2001, 18). Hat der Insolvenzverwalter dagegen den Gläubiger über eine Verwertungsmöglichkeit informiert und die Wochenfrist abgewartet, kann er sodann auch eine günstigere Verwertungsmöglichkeit ohne nochmalige Information wahrnehmen (OLG Karlsruhe NZI 2008, 747 (748)). **11**

III. Zeitpunkt der Mitteilung

Das Gesetz regelt nur die Frist für das Gegenangebot des Gläubigers. Nach Abs. 1 S. 2 muss dem Gläubiger mindestens eine Woche Zeit für ein Gegenangebot gegeben werden. Nicht geregelt ist dagegen, ab wann der Insolvenzverwalter den Gläubiger hinweisen muss. Eine Regelung ist insoweit jedoch entbehrlich. Der Insolvenzverwalter ist nach allgemeinen Grundsätzen zur unverzüglichen Verwertung nach dem Berichtstermin verpflichtet (§ 159). Außerdem kann der Insolvenzverwalter seine Hinweispflicht nicht durch pauschale Angaben ohne konkreten Bezug zu einem tatsächlichen Angebot erfüllen (Haas/Scholl NZI 2002, 642 (643)). Er kann also erst dann informieren, wenn ihm ein hinreichend bestimmtes Angebot vorliegt. In diesem Fall aber wird in der Regel auch der Interessent auf eine zügige Durchführung des Verkaufs drängen, sodass der Insolvenzverwalter schon aus diesem Grund zügig informieren wird. Die in Abs. 2 geregelte Pflicht des Insolvenzverwalters zum Nachteilsausgleich und die allgemeinen Haftungsregelungen sind ein weiterer Anreiz für den Insolvenzverwalter, seine Hinweispflicht rechtzeitig zu erfüllen, um eine ordnungsgemäße und bestmögliche Verwertung zu ermöglichen. Eine möglichst frühzeitige Mitteilung liegt auch im Interesse einer zügigen Verfahrensabwicklung und ermöglicht es dem Gläubiger, rechtzeitig nach Alternativen zu suchen oder ein Übernahmeangebot nach Abs. 3 S. 1 abzugeben. **12**

Bislang ungeklärt ist die Frage, wie mit der Mitteilung einer Verwertungsmöglichkeit umzugehen ist, die dem Gläubiger eine Antwort innerhalb der Wochenfrist besonders erschwert oder unmöglich macht, zB Mitteilungen kurz vor Feiertagen oder während einer urlaubsbedingten Abwesenheit des Gläubigers oder seiner Mitarbeiter. Diese Fälle wird man angemessen über die allgemeinen Haftungsregelungen erfassen können. Bei einer offenkundig zur Unzeit übersandten Mitteilung kann diese auch nach Treu und Glauben als unwirksam angesehen werden. **13**

IV. Form und Inhalt der Information

Für die Mitteilung schreibt das Gesetz keine besondere Form vor. Es handelt sich um eine empfangsbedürftige Willenserklärung; den Zugang muss der Insolvenzverwalter notfalls beweisen (Gundlach/Frenzel/Schmidt DZWIR 2001, 18). Schon aus Beweisgründen empfiehlt sich daher eine schriftliche Mitteilung mit Zugangsnachweis (K. Schmidt InsO/Sinz Rn. 4; Haas/Scholl NZI 2002, 642 (643); Gundlach/Frenzel/Schmidt DZWIR 2001, 18). **14**

Die Mitteilung hat so detailliert zu erfolgen, dass der Gläubiger die Verwertungsalternativen vergleichen kann (LG Düsseldorf DZWIR 2003, 389 (391) mzustAnm Smid DZWIR 2003, 392; Gundlach/Frenzel/Schmidt ZInsO 2001, 537 (539)). Der Gläubiger ist außerdem darüber aufzuklären, dass er nach Abs. 1 S. 2 eine günstigere Verwertungsmöglichkeit benennen kann (Andres/Leithaus Rn. 5). Es sind somit alle wesentlichen Informationen aufzuführen, die der Gläubiger benötigt, um ein Gegenangebot einholen und dieses mit den Konditionen des vom Insolvenzverwalter unterbreiteten Vorschlags vergleichen zu können (OLG Karlsruhe NZI 2008, 747 (748)). Dazu zählen die genaue Bezeichnung des Kaufgegenstands, Art und Höhe des Kaufpreises und etwaige Kosten, die den Erlös schmälern können. Letzteres folgt bereits aus Abs. 3 S. 2, wonach eine günstigere Verwertungsalternative schon dann vorliegt, wenn sie mit geringeren Verwertungskosten verbunden ist. **15**

Ob auch die Zahlungskonditionen selbst anzugeben sind, ist eine Frage des Einzelfalls. Kürzere Zahlungsaufschübe dürften ein Angebot nicht automatisch schlechter erscheinen lassen als ein Gegenangebot, bei dem sofortige Zahlung angeboten wird, sofern der Insolvenzverwalter sicherstellt, dass die Eigentumsübertragung erst nach vollständiger Kaufpreiszahlung erfolgt. Deshalb gehört die Angabe des Zahlungszeitpunkts bei kurzfristigen Zahlungszielen nicht zwangsläufig zum notwendigen Inhalt der Mitteilung (**anders** Andres/Leithaus Rn. 7 sowie Gundlach/Frenzel/ **16**

Lütcke

Schmidt ZInsO 2001, 537 (539); Haas/Scholl NZI 2002, 642 (643)). Längerfristige Stundungen wird man dagegen anders bewerten müssen. Eine Vergleichbarkeit der Angebote kann in diesen Fällen erreicht werden über die Annahme einer marktgerechten Verzinsung während der Stundungsdauer. Hier wird man dem Insolvenzverwalter auferlegen müssen, längere Zahlungsziele offen zu legen.

17   Ob darüber hinaus noch weitere Umstände in die Mitteilung aufzunehmen sind, hängt von den konkreten Umständen ab (für eine flexible Handhabung, speziell bei Massenware, Gundlach/Frenzel/Schmidt DZWIR 2001, 18 (21); ebenso HK-InsO/Landfermann Rn. 3 f.). Grundsätzlich wird man sagen können, dass alle kaufpreisrelevanten Faktoren anzugeben sind, also auch Angaben zu Gewährleistungs-, Transport- oder sonstigen Risiken (ebenso Haas/Scholl NZI 2002, 642 und zur Bonität des Erwerbers (Nerlich/Römermann/Becker Rn. 21; nur bei einer Vorleistungspflicht des Verwalters dagegen Gundlach/Frenzel/Schmidt DZWIR 2001, 18 (21); zur Hinweispflicht bei einer Veräußerung im Rahmen einer übertragenden Sanierung LG Düsseldorf DZWIR 2003, 389 mAnm Smid).

C. Hinweismöglichkeit des Gläubigers

18   Der Gläubiger hat eine Woche Zeit, um dem Insolvenzverwalter eine bessere Verwertungsalternative vorzuschlagen. Für die Form des Gegenangebots gibt es keine Vorschriften. Eine schriftliche Abgabe empfiehlt sich zu Beweiszwecken. Die Frist für den Hinweis von einer Woche ist keine Ausschlussfrist; spätere Gegenangebote muss der Insolvenzverwalter daher berücksichtigen, wenn er bis dahin die Verwertung noch nicht durchgeführt hat (Nerlich/Römermann/Becker Rn. 13, 35; Gundlach/Frenzel/Schmidt ZInsO 2001, 537 (539)).

19   Eine Verwertungsmöglichkeit ist grundsätzlich günstiger, wenn der Verkaufserlös bei Durchführung des Verkaufs höher ausfällt. Aus Abs. 1 S. 2 ergibt sich indes, dass auf eine „für den Gläubiger günstigere Verwertungsmöglichkeit" abzustellen ist. Entscheidend ist daher das Verwertungsinteresse des Gläubigers. Weitere Vorteile für die Gläubigergesamtheit, die ein Erwerber über den Kaufpreis hinaus verspricht, können daher einen geringeren Kaufpreis nicht ausgleichen (Haas/Scholl NZI 2002, 642 (645)). Anders kann es sein, wenn der Gläubiger die Sache selber zu einem geringeren Kaufpreis übernimmt, aber im Gegenzug auf eine Ausfallforderung im Verfahren verzichtet und dies in einer Gesamtbetrachtung zu einem günstigeren Ergebnis für die Masse führt (Markgraf/Remuta ZInsO 2018, 841 mwN).

20   Eine bessere Verwertungsmöglichkeit liegt nach Abs. 3 S. 2 schon dann vor, wenn geringere Verwertungskosten anfallen. Spiegelbildlich muss das Gegenangebot somit alle notwendigen Informationen enthalten, die sich auf das Verwertungsergebnis auswirken können, da nur dann der Insolvenzverwalter beide Alternativen vergleichen kann (K. Schmidt InsO/Sinz Rn. 7; Haas/Scholl NZI 2002, 642 (644)). Erforderlich sind daher konkrete Angaben; vage Möglichkeiten oder pauschale Hinweise auf Schätzwerte oder marktübliche Preise reichen hierfür nicht aus (Haas/Scholl NZI 2002, 642 (644); Gundlach/Frenzel/Schmidt ZInsO 2001, 537 (540); ebenso OLG Celle NZI 2004, 265 (266)). Als zwingend ist auch die Angabe des ins Auge gefassten Käufers anzusehen, damit der Insolvenzverwalter zu diesem umgehend Verbindung aufnehmen kann. Lediglich unverbindliche und taktische Gegenangebote des Gläubigers, die auf Zeitgewinn spielen, lassen sich an diesem Punkt am schnellsten entlarven (zur Haftung des Gläubigers bei fehlerhaften Hinweisen K. Schmidt InsO/Sinz Rn. 9).

21   Der Insolvenzverwalter ist an ein besseres Gegenangebot nicht zwangsläufig gebunden (Nerlich/Römermann/Becker Rn. 26; HK-InsO/Landfermann Rn. 11; Gundlach/Frenzel/Schmidt ZInsO 2001, 537 (540)). Der Gläubiger kann somit die vom Insolvenzverwalter letztlich gewählte Verwertungsart nicht verhindern. Die Verwertung ohne vorherige Information des Gläubigers oder entgegen einer Mitteilung des Gläubigers über eine bessere Verwertungsmöglichkeit bleibt wirksam (Nerlich/Römermann/Becker; HK-InsO/Landfermann Rn. 6). Dies zeigt bereits § 168 Abs. 2. Der Gläubiger kann allenfalls einen Schadensersatzanspruch geltend machen (Uhlenbruck/Brinkmann Rn. 3; Andres/Leithaus Rn. 2). Das Interesse des Gläubigers an einer gewinnträchtigen Weiterveräußerung im Falle der Selbstübernahme wird allerdings nicht geschützt. Veräußert der Insolvenzverwalter somit einen Gegenstand an einen Dritten, dessen Übernahme der Gläubiger zu besseren Konditionen angeboten hatte, kann der Gläubiger nicht über § 60 Abs. 1 geltend machen, er hätte den Gegenstand zu einem deutlich höheren Kaufpreis weiterveräußern können. Der Insolvenzverwalter ist lediglich zum Nachteilsausgleich gem. § 168 Abs. 2 Alt. 2 verpflichtet (OLG Karlsruhe NZI 2008, 747 (748); Markgraf/Remuta ZInsO 2018, 841 (842)).

D. Selbsteintritt des Gläubigers durch Übernahme des Gegenstands

Der Gläubiger kann anbieten, den Gegenstand selbst zu übernehmen. Sinnvoll ist dies, wenn der Gläubiger ein besonderes persönliches Interesse an der Sache hat oder diese gewinnträchtig weiterveräußern kann, aber auch zum Schutz einer Marke, indem eine Verschleuderung zu Dumpingpreisen oder über ungewollte Vertriebskanäle (Outlet, Internet, „Billigmärkte") vermieden wird (Markgraf/Remuta ZInsO 2018, 841 (844)). Der Selbsteintritt des Gläubigers ist eine Form der Verwertung durch den Insolvenzverwalter. Der Gläubiger erwirbt „kaufähnlich" (Foerste NZI 2006, 275 ff.) vom Insolvenzverwalter. Dies ergibt sich aus der Regelung in Abs. 3. Deshalb fallen die Kostenpauschalen gem. §§ 170, 171 an, ebenso Umsatzsteuer (HK-InsO/Landfermann Rn. 14; K. Schmidt InsO/Sinz Rn. 13 f.). Der Selbsteintritt des Gläubigers nach § 168 Abs. 3 S. 1 ist allerdings streng zu trennen von einer Überlassung des Gegenstands an den Gläubiger nach § 170 Abs. 2, damit dieser die Verwertung durchführt (BGH NJW 2006, 228 Rn. 11, 18). 22

Der Gläubiger kann im Falle seines Selbsteintritts mit seinem Erlösanteil gegen die Kaufpreisforderung der Masse aufrechnen. Abs. 3 S. 1 bietet dem Gläubiger allerdings kein Eintrittsrecht, dh dass der Insolvenzverwalter ein solches Gegenangebot nicht wahrnehmen muss (Nerlich/Römermann/Becker Rn. 28; Andres/Leithaus Rn. 12; Gundlach/Frenzel/Schmidt ZInsO 2001, 537 (540 f.)). 23

Veräußert der Gläubiger den übernommenen Gegenstand weiter, wird ein Mehrerlös, der den anlässlich seines Selbsteintritts mit dem Insolvenzverwalter vereinbarten Wert übersteigt, nicht auf seine Forderung angerechnet (MüKoInsO/Kern Rn. 56), der Gläubiger kann diesen Gewinn aus dem Weiterverkauf behalten (BGH NJW 2006, 228 Rn. 9; ebenso HK-InsO/Landfermann Rn. 15; Foerste NZI 2006, 275; aA Nerlich/Römermann/Becker Rn. 28 ff.). Gegenüber einem Bürgen gilt das jedoch nicht, hier muss sich der Gläubiger den Mehrerlös anrechnen lassen (BGH NJW 2006, 228 Rn. 9; krit. hierzu Foerste NZI 2006, 275 ff.). 24

Zum Sonderfall, dass mehrere Gläubiger absonderungsberechtigt sind und den Gegenstand übernehmen möchten, Haas/Scholl NZI 2002, 642 (645). 25

E. Durchführung der Verwertung, Rechtsfolgen

Meldet sich der Gläubiger auf den Hinweis des Insolvenzverwalters nicht, wird er später nicht mit dem Vorwurf gehört, dass die Verwertung nachteilig für ihn gewesen sei (Gundlach/Frenzel/Schmidt ZInsO 2001, 537 (540)). 26

Verwertet der Verwalter trotz eines günstigeren Gegenangebots des Gläubigers, muss er den Gläubiger so stellen, als hätte er auf der Grundlage des Gegenangebots verwertet (Abs. 2 Alt. 2). Der Nachteilsausgleich ist Ausgleich für den Entzug des Verwertungsrechts und der damit verbundenen Möglichkeit des Insolvenzverwalters, trotz einer vom Gläubiger aufgezeigten besseren Verwertungsalternative nach eigenem Ermessen zu verwerten. Er ist zu leisten in Höhe der Differenz zwischen dem tatsächlichen Erlösanteil des Gläubigers und dem Anteil, den er bei Durchführung der günstigeren Möglichkeit erhalten hätte (OLG Celle NZI 2004, 265 (266); ebenso Andres/Leithaus Rn. 10). Der Nachteilsausgleich entfällt, wenn der Gläubiger auch aus dem geringeren Erlös volle Befriedigung erhält. 27

Der Ausgleichsanspruch des Gläubigers stellt eine Masseverbindlichkeit dar (Haas/Scholl NZI 2002, 641 (647); K. Schmidt InsO/Sinz Rn. 12). Nicht ausgeschlossen sind durch den Nachteilsausgleich Haftungsansprüche gem. § 60 Abs. 1 bei schuldhaften Pflichtverletzungen des Verwalters (HK-InsO/Landfermann Rn. 6). Die Haftung nach § 60 besteht freilich nicht nur gegenüber dem Absonderungsberechtigten, sondern gegenüber allen Gläubigen (Nerlich/Römermann/Becker Rn. 51; K. Schmidt InsO/Sinz Rn. 16). 28

§ 169 Schutz des Gläubigers vor einer Verzögerung der Verwertung

¹Solange ein Gegenstand, zu dessen Verwertung der Insolvenzverwalter nach § 166 berechtigt ist, nicht verwertet wird, sind dem Gläubiger vom Berichtstermin an laufend die geschuldeten Zinsen aus der Insolvenzmasse zu zahlen. ²Ist der Gläubiger schon vor der Eröffnung des Insolvenzverfahrens auf Grund einer Anordnung nach § 21 an der Verwertung des Gegenstands gehindert worden, so sind die geschuldeten Zinsen spätestens von dem Zeitpunkt an zu zahlen, der drei Monate nach dieser Anordnung liegt. ³Die Sätze 1 und 2 gelten nicht, soweit nach der Höhe der Forderung sowie dem Wert und der sonstigen Belastung des Gegenstands nicht mit einer Befriedigung des Gläubigers aus dem Verwertungserlös zu rechnen ist.

InsO § 169 Vierter Teil. Verwaltung und Verwertung der Insolvenzmasse

Überblick

§ 169 soll den Insolvenzverwalter zur unverzüglichen Verwertung nach dem Berichtstermin anhalten (→ Rn. 1) und den Sicherungsgläubiger vor den Folgen einer Verzögerung der Verwertung schützen (→ Rn. 2). Deshalb sieht die Vorschrift einen Ausgleich für den Gläubiger vor, wenn die Verwertung aus insolvenzspezifischen Gründen (→ Rn. 10 ff.) verzögert wird (→ Rn. 5 ff.). Der Gläubiger erhält einen Anspruch auf laufende Zinszahlungen (→ Rn. 19). Deren Höhe hängt in erster Linie von den Parteivereinbarungen ab, hilfsweise greifen gesetzliche Vorschriften (→ Rn. 17 ff.). Neben der Zinszahlungspflicht aus § 169 kann der Gläubiger Verzugszinsen fordern, sofern sich der Insolvenzverwalter in Verzug befindet (→ Rn. 19a). Zinszahlungen kann der Gläubiger aber nur beanspruchen, wenn er auch tatsächlich mit einer Befriedigung aus dem Verwertungserlös rechnen konnte (→ Rn. 22).

Übersicht

	Rn.		Rn.
A. Überblick	1	III. Beschränkung der Zahlungspflicht auf insolvenzspezifische Verzögerungen	10
B. Anspruchsvoraussetzungen	4	IV. Rechtsfolge, Inhalt des Anspruchs	14
I. Sachlicher Regelungsbereich	4	V. Ende der Zinszahlungspflicht	20
II. Beginn der Zahlungspflicht	5	VI. Ausschluss der Zahlungspflicht bei mangelnder Werthaltigkeit der Sicherheit	22
1. Regelmäßiger Beginn der Zahlungspflicht nach S. 1	5		
2. Beginn der Zahlungspflicht gem. S. 2	7	VII. Praktische Hinweise	23

A. Überblick

1   Die in § 169 geregelte Pflicht zur Zinszahlung dient dem Schutz des Sicherungsgläubigers (generell krit. hierzu Grub DZWIR 2002, 442 ff.). Sie ist ein Ausgleich dafür, dass ihm das Recht zur Verwertung und zur Entscheidung über den Zeitpunkt der Verwertung entzogen und dieses im Interesse der Gläubigergesamtheit dem Insolvenzverwalter zugewiesen ist (zur Entstehungsgeschichte MüKoInsO/Kern Rn. 1). Der Gläubiger muss somit dulden, dass ihm das Sicherungsgut nicht herausgegeben wird und der Insolvenzverwalter über den Zeitpunkt der Verwertung entscheiden kann (K. Schmidt InsO/Sinz Rn. 1). Der Gläubiger läuft dadurch Gefahr, längere Zeit auf den Verwertungserlös warten zu müssen (BGH NZI 2006, 342 Rn. 13). Der Schaden, der ihm daraus erwächst, soll ausgeglichen werden. Außerdem soll die Zahlungspflicht den Verwalter zu einer zügigen Verwertung und Erlösauskehr anhalten (OLG Stuttgart NZI 2012, 845 (847); MüKoInsO/Kern Rn. 2). Die Vorschrift dient daher wie § 168 dem Ziel, Nachteile für den Gläubiger aufgrund des Entzugs des Verwertungsrechts tunlichst zu vermeiden (BGH NZI 2014, 1044 Rn. 19, → § 168 Rn. 2).

2   Daneben schützt die Zinszahlungspflicht den Gläubiger aber auch davor, dass das Sicherungsgut durch den weiteren Zinslauf seit Insolvenzeröffnung entwertet wird. Zinsen ab Insolvenzeröffnung sind nach § 39 Abs. 1 Nr. 1 nachrangig, sind aber vom Sicherungsumfang des Absonderungsrechts umfasst. Der Gläubiger kann den Verwertungserlös deshalb zunächst mit diesen grundsätzlich nachrangigen Zinsen verrechnen, bevor sich die Hauptforderung reduziert. Je länger sich die Verwertung hinzieht, desto höher sind die Zinsen seit Insolvenzeröffnung und desto geringer wird der Erlösanteil, der eine noch auf die Hauptforderung angerechnet werden kann. Der Anspruch aus § 169 S. 1 soll diese Folge einer verzögerten Verwertung auffangen bzw. mildern. Allerdings werden Zinszahlungen, die der Gläubiger nach § 169 S. 1 erhält, auf die Zinsen auf die Hauptforderung seit Insolvenzeröffnung angerechnet (BGH NZI 2008, 542 Rn. 19).

3   Praktisch relevant wird die Zinszahlungspflicht daher immer dann, wenn der Wert des Sicherungsguts nicht ausreicht, um auch die seit Insolvenzeröffnung laufenden Zinsen abzudecken (MüKoInsO/Kern Rn. 33). Die Zinszahlungspflicht setzt, obwohl es sich um einen schadensersatzähnlichen Anspruch handelt (MüKoInsO/Kern Rn. 4; K. Schmidt InsO/Sinz Rn. 2), kein Verschulden des Verwalters voraus (BGH NZI 2006, 342 Rn. 13; HK-InsO/Landfermann Rn. 6).

B. Anspruchsvoraussetzungen

I. Sachlicher Regelungsbereich

4   Ausgangspunkt ist § 166. Die Zinszahlungspflicht bezieht sich somit auf Gegenstände, die der Insolvenzverwalter nach dieser Vorschrift verwerten kann. Für Gegenstände, die unpfändbar sind,

gilt § 169 nicht, weil solche Gegenstände nicht zur Insolvenzmasse gehören und der Insolvenzverwalter deshalb nicht zu ihrer Verwertung berechtigt ist (LG Aachen NZI 2006, 643; HmbKomm-InsR/Büchler Rn. 1). Diese Auffassung ist indes umstritten (zum Meinungsstreit → § 166 Rn. 12 ff.). § 169 gilt auch nicht bei der Immobiliarverwertung, denn diese erfolgt außerhalb des Insolvenzverfahrens (→ § 165 Rn. 1). Es greifen die Sondervorschriften der §§ 30e, 153b ZVG ein. Schließlich besteht keine Zahlungspflicht für Absonderungsrechte, die in anfechtbarer Weise entstanden sind oder unter die Rückschlagsperre fallen (Nerlich/Römermann/Becker Rn. 11).

II. Beginn der Zahlungspflicht

1. Regelmäßiger Beginn der Zahlungspflicht nach S. 1

Die Masse schuldet Zinsen ab dem Berichtstermin (BGH NZI 2003, 259 (261)). Damit ist ein 5 klarer Ausgangspunkt für die Zinsberechung gegeben. Andere Zeitpunkte für den Beginn der Zahlungspflicht wären unpraktikabel (Uhlenbruck/Brinkmann Rn. 7 mwN zum Meinungsstand), sie würden zudem dem Gesetzeswortlaut widersprechen. Zwingend ist die Anknüpfung an den Berichtstermin indes nicht. Zwar hat der Insolvenzverwalter nach § 159 erst nach dem Berichtstermin – vorbehaltlich entgegenstehender Beschlüsse der Gläubigerversammlung – unverzüglich mit der Verwertung der Insolvenzmasse zu beginnen. Faktisch wird der Gläubiger jedoch schon vorher an der Verwertung gehindert. Besteht eine besonders günstige Verwertungsmöglichkeit nur für kurze Zeit unmittelbar nach Insolvenzeröffnung, kann es sein, dass der Gläubiger den größten Schaden bereits vor dem Berichtstermin erlitten hat. Gleichwohl kann er nach der klaren Anordnung im Gesetz für den Zeitraum bis zum Berichtstermin keine Zinszahlungen verlangen. Ein lückenloser Schutz des Absonderungsberechtigten besteht demzufolge nicht (BGH NZI 2019, 274 Rn. 57). Der Gesetzgeber wollte bewusst alle Verwertungsalternativen bis zum Berichtstermin offen halten (BT-Drs. 12/2443, 180). Dies stärkt die Entscheidungsmacht der Gläubigerversammlung über den Verfahrensfortgang (vgl. §§ 157 ff.).

Der maximale Zeitraum, den der Gesetzgeber dem Gläubiger insoweit zumutet, ergibt sich aus 6 § 29 Abs. 1 Nr. 1, wonach der Berichtszeitraum spätestens drei Monate nach der Insolvenzeröffnung stattfinden muss. Außerdem wird der Gläubiger vor größeren Schäden bis zum Berichtstermin geschützt durch § 172 Abs. 1 S. 1, denn ein Wertverlust ist bereits ab Insolvenzeröffnung auszugleichen (Nerlich/Römermann/Becker Rn. 46).

2. Beginn der Zahlungspflicht gem. S. 2

Für den Fall, dass ein Sicherungsgläubiger aufgrund einer gerichtlichen Anordnung nach § 21 7 Abs. 2 S. 1 Nr. 5 schon vor der Insolvenzeröffnung an der Verwertung des Gegenstands gehindert wurde, bestimmt § 169 S. 2, dass die Pflicht zur Zinszahlung „spätestens" drei Monate nach Erlass der gerichtlichen Anordnung beginnt. Der Wortlaut lässt es daher zu, dass der Ausgleichsanspruch des Gläubigers schon früher entstehen könnte. Der BGH sieht S. 2 aber im Zusammenhang mit S. 1. Bis zum Berichtstermin, der nach § 29 Abs. 1 Nr. 1 spätestens drei Monate nach Insolvenzeröffnung stattfinden muss, mutet es der Gesetzgeber dem Gläubiger zu, auf eine Entschädigung warten zu müssen (BGH NZI 2010, 95 Rn. 33). Deshalb kann aus § 169 S. 1, 2 generell die Wertung entnommen werden, dass ein absonderungsberechtigter Gläubiger erst nach drei Monaten Ausgleichszahlungen für Verzögerungen bei der Verwertung fordern darf (Gehrlein ZInsO 2016, 483 (484); ebenso K. Schmidt InsO/Sinz Rn. 4).

Andererseits stellt § 169 S. 2 sicher, dass der Gläubiger auch dann nur maximal drei Monate 8 auf einen Ausgleich warten muss, wenn er schon im Antragsverfahren aufgrund einer gerichtlichen Anordnung an einer Verwertung gehindert war (BGH NZI 2010, 95 Rn. 34). Auch die Zinszahlungspflicht nach § 169 S. 2 dient dem Ausgleich des Schadens, den der Sicherungsgläubiger aufgrund einer im Interesse der Gläubigergesamtheit erlassenen gerichtlichen Maßnahme dulden muss; allerdings gilt das nur, sofern der Absonderungsberechtigte durch die gerichtliche Anordnung tatsächlich auch an der Wahrnehmung seiner Rechte gehindert wurde (BGH NZI 2003, 259 (262)).

Der Gläubiger soll keine Vorteile erhalten, die er auch ohne die gerichtliche Anordnung nicht 9 erhalten hätte. Der Zessionar einer rechtsgeschäftlich abgetretenen Forderung wird daher durch ein im Antragsverfahren erlassenes Vollstreckungsverbot nicht an der Durchsetzung seiner Rechte gehindert, sodass für ihn § 169 S. 2 nicht gilt (BGH NZI 2003, 259 (262)). § 169 S. 2 ist automatisch anwendbar, wenn das Insolvenzgericht eine Anordnung nach § 21 Abs. 2 S. 1 Nr. 5 erlassen hat, die Anwendbarkeit ist folglich nicht in das Belieben des Insolvenzgerichts gestellt (BGH NZI

2010, 95 Rn. 27). S. 2 gilt auch für Aussonderungsberechtigte (BGH NZI 2010, 95 Rn. 28 ff.; ausf. hierzu K. Schmidt InsO/Sinz Rn. 12 ff.).

III. Beschränkung der Zahlungspflicht auf insolvenzspezifische Verzögerungen

10 Verwertet der Insolvenzverwalter nicht unverzüglich nach dem Berichtstermin, darf dies nicht zu einem Nachteil für den Gläubiger führen. Für diese Verzögerung muss die Masse einen Ausgleich in Form von Zinsen leisten. Dies gilt auch dann, wenn ein berechtigter Grund für die Verzögerung vorliegt, wie zB eine Entscheidung der Gläubigerversammlung. Gerade in diesem Fall zeigt sich, dass die Zinszahlungspflicht ein Ausgleich für den Sicherungsgläubiger ist, der sich Entscheidungen im Interesse der Gläubigergesamtheit beugen muss.

11 § 169 schützt den Gläubiger aber nicht vor jeder Verzögerung, sondern nur vor solchen, die insolvenzspezifisch sind, die also im Zusammenhang mit dem Konflikt zwischen den in der Regel eigennützigen Verwertungsinteressen des Gläubigers und dem Interesse der Gläubigergesamtheit an der bestmöglichen Verwertung der Masse stehen. Beruht die Verzögerung auf anderen Gründen außerhalb dieses insolvenzspezifischen Bezugs, scheidet eine Zinszahlungspflicht aus. Dies ist zB der Fall, wenn die längere Dauer des Einzugs einer sicherungsabgetretenen Forderung auf Gründen aus der Sphäre des Drittschuldners (mangelnde Zahlungsfähigkeit oder -willigkeit, inhaltliche Einwendungen gegen die Berechtigung der Forderung, etc) beruht (BGH NZI 2006, 342 Rn. 14). Gleiches gilt bei Verzögerungen, die sich aus der Beschaffenheit des Gegenstands ergeben. In diesem Fall hätte auch der Gläubiger selbst nicht zügiger verwerten können. Die Insolvenzmasse haftet deshalb nicht gegenüber dem Absonderungsberechtigten für die Werthaltigkeit und eine generelle zügige Vermarktbarkeit des Sicherungsguts (BGH NZI 2003, 259 (262)).

12 Diese Einschränkung der Zahlungspflicht ergibt sich nicht unmittelbar aus dem Gesetz, sie wurde vom BGH entwickelt. Sie ist nicht unumstritten (zum Meinungsstreit vgl. MüKoInsO/Kern Rn. 21 ff.). Nach der Gegenauffassung (HK-InsO/Landfermann Rn. 7 ff.) soll der Umstand, dass auch der Gläubiger für die Verwertung eine gewisse Zeit benötigt hätte, bereits dadurch ausreichend berücksichtigt sein, dass Zinsen erst ab dem Berichtstermin geschuldet sind. Allerdings ist nicht einzusehen, warum die Insolvenzmasse für Verzögerungen haften soll, die nicht auf Entscheidungen des Insolvenzverwalters oder dessen Säumnis beruhen. Verwertungsrisiken, die ihre Ursache in der Beschaffenheit und Vermarktbarkeit des Sicherungsguts haben, hat der Gläubiger in dem Moment übernommen, in dem er das Sicherungsgut als Sicherheit akzeptiert hat. Diese Risiken bestanden daher bereits vor und bei Insolvenzeröffnung, sie beruhen nicht auf der Insolenz und dem damit verbundenen Entzug des Verwertungsrechts. Das gilt auch für sonstige Umstände, die zwischen Eintritt der Verwertungsreife und der Verwertung eintreten, deren Ursache aber nicht in Verwertungsentscheidungen des Insolvenzverwalters oder der Gläubigerversammlung oder zögerlichen Verwertungsbemühungen liegt. Gerade weil der Gläubiger das Sicherungsgut als Sicherungsmittel akzeptiert hat, muss er statt der sonstigen Gläubiger die damit verbundenen Verwertungsrisiken tragen (ebenso Nerlich/Römermann/Becker Rn. 12). Andernfalls stünde der Gläubiger besser da, als wenn er selbst verwertet hätte (so auch MüKoInsO/Kern Rn. 25). Diese Risikoverteilung hat der BGH zutreffend in seiner Entscheidung v. 20.2.2003 herausgearbeitet. Einer zu starken Beschränkung des in § 169 bezweckten Gläubigerschutzes kann dadurch begegnet werden, dass keine zu geringen Anforderungen an die Darlegungs- und Beweislast des Insolvenzverwalters (hierzu BGH NZI 2006, 342 Rn. 16, wobei der BGH die Beweiserleichterung nach § 287 ZPO zulässt) für das Vorliegen von Verzögerungsgründen gestellt werden, die außerhalb der Insolvenz zu suchen und deshalb in den Worten des BGH nicht insolvenzspezifisch sind.

13 Unstreitig ist der Ausschluss der Zinszahlungspflicht, wenn der Gläubiger durch eigenes Handeln eine Verwertung verzögert (Nerlich/Römermann/Becker Rn. 17; ein anschauliches Beispiel für eine Verwertungsverzögerung durch Verhalten des Gläubigers liefert das Urteil des OLG Stuttgart NZI 2012, 845 ff.). Lässt sich ein Streit über die Ursache einer Verzögerung, zB bei einer Auseinandersetzung über die Wirksamkeit der Sicherheit, nicht lösen, bleibt nur die gerichtliche Auseinandersetzung vor den ordentlichen Gerichten (HK-InsO/Landfermann Rn. 24), wobei schadensrechtliche Grundsätze (zB § 254 BGB) zur Anwendung gelangen sollen (MüKoInsO/Kern Rn. 8).

IV. Rechtsfolge, Inhalt des Anspruchs

14 § 169 schafft eine eigenständige Anspruchsgrundlage dem Grunde nach (HK-InsO/Landfermann Rn. 2), begründet aber keine konkrete Zinsforderung (MüKoInsO/Kern Rn. 34 ff.). Der Anspruch ist aus der Masse zu erfüllen (BGH NZI 2008, 542 Rn. 19). Er steht unabhängig von einem Anspruch des Gläubigers auf Ausgleich des Wertverlusts infolge der weiteren Nutzung

durch den Schuldner (Nerlich/Römermann/Becker Rn. 25; HK-InsO/Landfermann Rn. 26). Unberührt bleiben zudem Ansprüche des Gläubigers gegen den Insolvenzverwalter aus den §§ 60, 61, falls der Verwalter wegen schuldhafter Pflichtverletzungen einen Schaden herbeiführt (OLG Stuttgart NZI 2012, 845 (847); Nerlich/Römermann/Becker Rn. 34, 50 f.; Hellmich ZInsO 2005, 678 (680)).

Berechnungsgrundlage für den Zinsanspruch ist der erwartete Verwertungserlös, dh der im **15** Zeitpunkt des Beginns des Zinslaufs geschätzte tatsächliche Wert des Sicherungsguts. Zuvor bereits erzielte Teilerlöse mindern die Berechnungsgrundlage (Nerlich/Römermann/Becker Rn. 4). Es ist daher eine Prognose erforderlich. Diese kann sich während der Verwertung ändern (für eine Überprüfung zu jedem Zahlungstermin Nerlich/Römermann/Becker Rn. 47).

Umstritten ist, ob rückwirkend eine Anpassung erfolgen kann, wenn der tatsächliche Erlös **16** von der Prognose nach oben oder unten abweicht (gegen eine nachträgliche Anpassung ohne entsprechende Grundlagen einer Verwertungsvereinbarung HK-InsO/Landfermann Rn. 14; K. Schmidt InsO/Sinz Rn. 10; Hellmich ZInsO 2005, 678 (682)). Für eine nachträgliche Anpassung spricht die Ausgleichsfunktion des § 169, wonach der konkrete Nachteil des Gläubigers ausgeglichen werden soll; im Gegenzug soll der Gläubiger aber auch nicht zulasten der übrigen Gläubiger bessergestellt werden (Nerlich/Römermann/Becker Rn. 48). Eine nachträgliche Anpassungsmöglichkeit verhindert zudem späteren Streit über ursprüngliche Verwertungsprognosen. Steht somit der endgültige Erlös fest, muss der Insolvenzverwalter die genaue Zinshöhe berechnen und zu hohe Zahlungen zurückfordern oder Nachforderungen des Sicherungsgläubigers aus der Masse erfüllen (MüKoInsO/Kern Rn. 46; Jaeger/InsO/Jaeger Rn. 78 ff.).

Grundsätzlich schuldet die Masse dem Gläubiger den vertraglich vereinbarten Zins, wobei **17** Jaeger zutreffend darauf hinweist, dass die besonderen Verwertungsvorschriften des Insolvenzverfahrens im Grunde keinen Bezug zu vertraglichen Bedingungen aufweisen, die vor der Insolvenz vereinbart wurden (Jaeger/InsO/Jaeger Rn. 70 ff.). Fehlt eine vertragliche Grundlage als Maßstab (nach Jaeger/InsO/Jaeger Rn. 72 dagegen stets), ist auf die Regelungen zum gesetzlichen Zinssatz in Höhe von 4 % gem. § 246 BGB zurückzugreifen (BGH NZI 2006, 342 Rn. 31; ebenso BGH ZIP 2019, 2416 Rn. 42; ebenso und abweichend von der Vorauflage nun auch MüKoInsO/Kern Rn. 36). Der BGH sieht den Zinssatz aus § 246 BGB als Mindestgrenze an, die auch dann gelte, wenn der vertragliche Zinssatz geringer sei (BGH NZI 2006, 342 Rn. 31), wobei ein solcher Mindestzinssatz keine Grundlage im Gesetz findet. Sie ist andererseits praktikabel (MüKoInsO/ Kern Rn. 36). Eine Verzinsung nach dem gesetzlichen Verzugszinssatz gem. § 288 BGB hält der BGH dagegen für nicht angemessen (krit. hierzu unter Hinweis auf den Zweck der Vorschrift, den Gläubiger für eine Verzögerung zu entschädigen, K. Schmidt InsO/Sinz Rn. 8; ebenso, sofern der Verzug bei Insolvenzeröffnung schon vorlag, HK-InsO/Landfermann Rn. 17). Der Verzugszinssatz enthalte ein Sanktionselement. Der Zinsausgleich aus der Masse sei jedoch verschuldensunabhängig geschuldet, sodass eine Sanktion über die Zinshöhe nicht angebracht sei (BGH NZI 2006, 342 Rn. 31).

Die Beschränkung der Zinshöhe wird etwas abgemildert dadurch, dass das Sicherungsgut für **18** die Differenz zwischen dem Verzugszinssatz und dem nach Auffassung des BGH begrenzten Zinssatz von 4 % weiterhin haftet (Uhlenbruck/Brinkmann Rn. 5). Denn der Verwertungserlös deckt auch die laufenden (grundsätzlich gem. § 39 Abs. 1 Nr. 1 nachrangigen) Zinsen ab Insolvenzeröffnung; die §§ 49 ff. verdrängen den Nachrang (BGH NZI 2008, 542 Rn. 15). Die Zinszahlungspflicht nach § 169 ergänzt somit den Umfang, in dem der Absonderungsberechtigte Befriedigung aus dem Sicherungsgut suchen kann, denn danach erhält der Gläubiger Zinsen allein schon aufgrund der verzögerten Verwertung. Der Gläubiger muss sich die Zinszahlungen nach § 169 S. 1 jedoch anrechnen lassen auf die laufenden Zinsen ab Eröffnung (BGH NZI 2008, 542 Rn. 20; HK-InsO/Landfermann Rn. 17).

Die Zinsen sind „laufend" zu zahlen, nicht erst nach Durchführung der Verwertung. Maßgeb- **19** lich ist das zugrunde liegende Rechtsverhältnis zum Gläubiger und darin vereinbarte Zahlungsintervalle, hilfsweise gesetzliche Regelungen (Nerlich/Römermann/Becker Rn. 38). Kern weist zutreffend auf das erhöhte Risiko einer Masseunzulänglichkeit für den Gläubiger hin, sofern über längere Zeiträume keine Zahlungen geleistet werden (MüKoInsO/Kern Rn. 41). Ob dieses Risiko durch Annahme einer monatlichen Zinszahlungspflicht bei Fehlen einer vertraglichen Regelung (MüKoInsO/Kern Rn. 41; Uhlenbruck/Brinkmann Rn. 10; HK-InsO/Landfermann Rn. 22) oder nicht doch besser über das Haftungsrisiko für den Insolvenzverwalter aus § 61 reduziert werden kann, ist offen. In Streitfällen empfiehlt sich eine vorherige Abstimmung mit dem Gläubiger.

Neben der Zinszahlungspflicht aus § 169 kann der Sicherungsgläubiger auch Verzugszinsen **19a** fordern, sofern der Verwertungserlös beim Insolvenzverwalter eingegangen ist, dieser aber trotz einer verzugsbegründenden Mahnung den Erlös nicht an den Gläubiger auszahlt (BGH ZIP 2019, 2416 Rn. 38 ff.).

V. Ende der Zinszahlungspflicht

20 Die Zinszahlungspflicht endet nicht bereits im Moment der Verwertung, sondern erst mit der Auszahlung des Erlöses an den berechtigten Gläubiger (BGH NZI 2003, 259 (263)). Der BGH leitet dies aus dem Schutzzweck des § 169 ab. Der Insolvenzverwalter ist danach nicht nur verantwortlich für eine schnellstmögliche Verwertung, sondern auch für eine schnellstmögliche Weiterleitung des Erlöses. Das ist konsequent, wenn man wie der BGH die Zinszahlungspflicht als Ausgleich für den Verlust des eigenen Verwertungsrechts ansieht (ebenso Obermüller NZI 2003, 416 (418)). Denn bei eigener Verwertung hätte der Gläubiger sofort über den Erlös verfügen können (BGH NZI 2003, 259 (263)).

21 Eine Zahlungspflicht kann auch enden, wenn das Verwertungsrecht des Insolvenzverwalters aus anderen Gründen endet, zB bei mittelbarem Besitz der Masse infolge der Aufgabe des Besitzmittlungswillens (BGH NZI 2006, 342 Rn. 27).

VI. Ausschluss der Zahlungspflicht bei mangelnder Werthaltigkeit der Sicherheit

22 Das Interesse des Gläubigers an einer schnellstmöglichen Verwertung wird nur geschützt, wenn der Gläubiger tatsächlich mit einer Befriedigung aus dem Verwertungserlös rechnen konnte (§ 169 S. 3). Andernfalls ist der Gläubiger nicht schutzwürdig. § 169 S. 3 verfolgt den gleichen Zweck wie die Vorschriften des § 172 Abs. 1 S. 2 und § 30e Abs. 3 ZVG, aber auch § 153b Abs. 2 ZVG (Nerlich/Römermann/Becker Rn. 41). Die Vorschrift ist damit Ausdruck des wiederholt vom BGH betonten Grundsatzes, dass die Insolvenzmasse nicht für die Werthaltigkeit des Sicherungsguts und die diesem unmittelbar anhaftenden Verwertungsrisiken haften soll. Ausgleich kann der Gläubiger deshalb nur verlangen, sofern und soweit ihm durch die Verzögerung tatsächlich ein Schaden entstanden ist.

VII. Praktische Hinweise

23 Bei Sicherungsgut, das aufgrund seiner Beschaffenheit nur mit besonderen Kenntnissen oder auf einem beschränkten Absatzmarkt vermarktet werden kann, sollte sich der Insolvenzverwalter gut überlegen, ob er die Verwertung nicht nach § 170 Abs. 2 dem Gläubiger überlässt. Anders als vom BGH selbst bei nicht marktgängigen Gegenständen angenommen (BGH NZI 2006, 342 Rn. 16 unter Hinweis auf Grub DZWIR 2002, 441, der grundsätzlich von einer besseren und professionelleren Verwertung durch den Insolvenzverwalter spricht), kann man nicht generell davon ausgehen, dass der Insolvenzverwalter regelmäßig über bessere Verwertungsmöglichkeiten als ein außerhalb des Unternehmens stehender Gläubiger verfügt (vgl. auch LG Freiburg ZInsO 2008, 676 (677), das davon ausgeht, dass ein Gläubiger mit der Branche grundsätzlich vertraut und marktkundig ist). Ganz im Gegenteil wird man von umso umfassenderen Verwertungsmöglichkeiten des Gläubigers selbst ausgehen können, je spezieller die Beschaffenheit des Sicherungsguts ist. Denn besonders beschaffene Vermögenswerte können in der Regel nur dann mit einem angemessenen und von beiden Parteien akzeptierten Wert als Sicherungsmittel eingesetzt werden, wenn Sicherungsgeber und -nehmer ähnliche Vorstellungen über den zu erwartenden Erlös im Sicherungsfall haben. Das wiederum setzt eine gute Kenntnis des Absatzmarkts und der Vermarktungszeit für das Sicherungsgut voraus, die man nicht generell bei einem Insolvenzverwalter unterstellen kann.

24 Selbst bei marktgängigen Gegenständen wie Pkw, Lkw oder sonstigen Nutzfahrzeugen kann die Verwertung durch den Gläubiger günstiger sein. Viele Fahrzeughersteller haben mittlerweile Händlerplattformen, über die kurzfristig bundesweit konkurrierende Angebote eingeholt werden können. Da die Masse auch in diesem Fall nach § 170 Abs. 2 die Feststellungskostenpauschale und die Umsatzsteuer erhält, macht eine Verwertung durch den Insolvenzverwalter im Grunde nur Sinn, wenn das Sicherungsgut günstiger in einem Gesamtpaket verwertet werden oder der Insolvenzverwalter verhältnismäßig sicher mit einem höheren Verkaufspreis rechnen kann.

25 In jedem Fall sollte der Insolvenzverwalter zur Haftungsvermeidung die Verwertung sehr eng mit dem Gläubiger abstimmen und die Hinweispflichten nach § 168 Abs. 1, 2 (→ § 168 Rn. 4; → § 168 Rn. 15) umfassend erfüllen. Entscheidet sich der Insolvenzverwalter zur Freigabe des Sicherungsguts für eine Verwertung durch den Gläubiger, sollte er diese Entscheidung nicht zu lange hinauszögern. Denn wenn dem Gläubiger nach der Überlassung eine zügige Verwertung gelingt, wird ihm die Darlegung, dass eine frühere Freigabe auch zu einer früheren Verwertung

geführt hätte, leichter gelingen. In diesem Fall kann die Masse für Zinsen bereits seit dem Zeitpunkt der Freigabe haften (BGH NZI 2006, 342 Rn. 17).

§ 170 Verteilung des Erlöses

(1) ¹Nach der Verwertung einer beweglichen Sache oder einer Forderung durch den Insolvenzverwalter sind aus dem Verwertungserlös die Kosten der Feststellung und der Verwertung des Gegenstands vorweg für die Insolvenzmasse zu entnehmen. ²Aus dem verbleibenden Betrag ist unverzüglich der absonderungsberechtigte Gläubiger zu befriedigen.

(2) Überläßt der Insolvenzverwalter einen Gegenstand, zu dessen Verwertung er nach § 166 berechtigt ist, dem Gläubiger zur Verwertung, so hat dieser aus dem von ihm erzielten Verwertungserlös einen Betrag in Höhe der Kosten der Feststellung sowie des Umsatzsteuerbetrages (§ 171 Abs. 2 Satz 3) vorweg an die Masse abzuführen.

Überblick

Die §§ 170, 171 regeln die Kostenbeteiligung der Gläubiger, die über Absonderungsrechte verfügen. Eine solche Kostenbeteiligung gab es bis zur Einführung der InsO nicht. Aus dem Verwertungserlös werden Kosten für die Feststellung des Sicherungsrechts und die Verwertung entnommen. Außerdem erhält die Masse den Umsatzsteueranteil bei einer umsatzsteuerbaren Verwertung. Die Höhe und die Berechnung der Kosten ergibt sich aus § 171 (→ § 171 Rn. 3 ff.). § 170 Abs. 1 regelt einerseits dem Grunde nach, welche Kosten der Gläubiger zu tragen hat (→ Rn. 4 ff.), und außerdem die Pflicht des Insolvenzverwalters zur unverzüglichen Auszahlung von Verwertungserlösen, die aufgrund eines Sicherungsrechts dem Gläubiger zustehen (→ Rn. 11). Nach § 170 Abs. 2 hat der Insolvenzverwalter die Möglichkeit, das Sicherungsgut dem Gläubiger zur Verwertung zu überlassen (→ Rn. 20 ff.). Auch in diesem Fall muss der Gläubiger jedoch die Feststellungskosten an die Masse abführen. Gleiches gilt für einen etwaigen Umsatzsteueranteil. Die Kosten der Verwertung muss der verwertende Gläubiger selber tragen.

Die Kostenbeteiligung des absonderungsberechtigten Gläubigers setzt ein Verwertungsrecht des Insolvenzverwalters nach § 166 voraus (→ § 166 Rn. 4 ff.). Die §§ 170, 171 gelten auch dann, wenn der Insolvenzverwalter das Verwertungsrecht nach § 173 Abs. 2 vom Gläubiger erhält (→ § 173 Rn. 13).

Übersicht

	Rn.		Rn.
A. Sinn und Zweck der Kostenbeteiligung	1	3. Tilgungsbestimmungsrecht des Insolvenzverwalters	17
B. Verwertung durch den Insolvenzverwalter (Abs. 1)	4	IV. Verwertung im Eröffnungsverfahren	18
I. Einzug des Erlöses	4	**C. Verwertung durch den Gläubiger**	20
II. Vorwegnahme der Kostenbeiträge und des Umsatzsteueranteils	6	I. Möglichkeit zur Verwertungsüberlassung	20
III. Erlösauskehr	11	II. Kostenbelastung bei der Verwertungsüberlassung	24
1. Unverzügliche Auszahlung an den Gläubiger, Abrechnung	11	III. Eigenmächtige Verwertung durch den Gläubiger	27
2. Rechtsnatur des Auszahlungsanspruchs	14		

A. Sinn und Zweck der Kostenbeteiligung

Die Behandlung von besitzlosen Mobiliarsicherheiten war einer der umstrittensten Punkte im 1 Zuge der Reformbestrebungen vor Einführung der InsO (MüKoInsO/Kern Vor §§ 166–173 Rn. 12 ff.; hierzu auch Uhlenbruck/Brinkmann § 171 Rn. 1 f.). Durch die Kostenbeteiligung der absonderungsberechtigten Gläubiger erbringen diese im Ergebnis einen Beitrag zugunsten der ungesicherter Gläubiger (gegen eine „Umverteilung" zugunsten der ungesicherten Gläubiger KPB/Flöther Rn. 2, der aber auch sieht, dass sich letztlich die Befriedigungschancen der ungesicherten Gläubiger verbessern). Darüber hinaus hilft die Kostenbeteiligung, um die Ordnungsfunktion des Insolvenzverfahrens zu erfüllen, weil mittelbare Folge eine höhere Insolvenzeröffnungsquote ist.

2 Ursprünglich war eine deutlich höhere Kostenbeteiligung vorgesehen, die sich aber letztlich nicht durchsetzen ließ (KPB/Flöther § 171 Rn. 1). Gläubiger beziehen die Kostenbeteiligung bei der Bewertung des Sicherungsbedarfs mit ein und versuchen diese abzuwälzen (vgl. Andres/Leithaus §§ 170, 171 Rn. 1; ausf. hierzu und zu den Grenzen einer Übersicherung KPB/Flöther Rn. 13 sowie Dahl NZI 2004, 615 ff.). Die Möglichkeiten eines Schuldners, Sicherheiten bereitzustellen, sind jedoch üblicherweise schon vor der Insolvenzeröffnung ausgeschöpft. Gläubiger sehen vor diesem Hintergrund ggf. davon ab, weitere Kreditmittel bereitzustellen. Die Sicherheiten, die zu diesem Zeitpunkt für die bereits gewährten Kredite haften, werden sodann jedoch im Insolvenzverfahren für die Kostenbeteiligung herangezogen. Es mag sein, dass ein einzelner Gläubiger, der sich frühzeitig umfassende Sicherungsrechte sichern kann, sein aus der Kostenbeteiligung folgendes Ausfallrisiko absichern und sich einer Kostenbeteiligung damit „entziehen" kann. Üblicherweise erleiden aber auch die gesicherten Gläubiger Forderungsausfälle in der Insolvenz. Sie werden deshalb durch die Kostenbeiträge tatsächlich belastet. Das Ziel, aus dem Erlös der Verwertung von Sicherungsgut einen Beitrag zugunsten der ungesicherten Gläubiger zu entnehmen, wird daher erreicht. Die Kostenbeteiligung belastet daher auch nicht mittelbar die freie Masse (HK-InsO/Landfermann Rn. 7; offen gelassen bei Uhlenbruck/Brinkmann Rn. 2).

3 Die Kostenbeteiligung bedeutet einen Eingriff in das Eigentumsrecht der Gläubiger aus Art. 14 GG. Dieser Eingriff ist jedoch gerechtfertigt. Dadurch, dass der Insolvenzverwalter zur Verwertung der Insolvenzmasse verpflichtet ist, muss er tätig werden, soweit ihm nach der InsO das Verwertungsrecht zusteht. Übt der Insolvenzverwalter das Verwertungsrecht für mit Absonderungsrechten belastete Gegenstände aus, entlastet er insoweit auch den Gläubiger. Es ist daher geboten, den Gläubiger an den Kosten für die Verwertung zu beteiligen (HK-InsO/Landfermann Rn. 6; KPB/Flöther Rn. 2; Uhlenbruck/Brinkmann Rn. 1 begründen dies mit dem Verursacherprinzip). Gleiches gilt für den Aufwand, der mit der Prüfung der Wirksamkeit der Sicherheit einhergeht. Dieser Aufwand kann erheblich sein (Nerlich/Römermann/Becker Rn. 1). Eine Beteiligung der gesicherten Gläubiger an dem Mehraufwand, der durch die Prüfung der Sicherheit und Befassung mit den Drittrechten entsteht, ist daher sachgerecht (Schmidt ZInsO 2016, 556 (558)). Die Höhe des Kostenbeitrags belastet die Sicherungsgläubiger nicht über Gebühr (HK-InsO/Landfermann Rn. 17 ff.). Verfassungsrechtliche Bedenken gegen die Wirksamkeit der Kostenbeteiligung sind daher unbegründet (MüKoInso/Kern Rn. 6).

B. Verwertung durch den Insolvenzverwalter (Abs. 1)

I. Einzug des Erlöses

4 Eine Belastung des Gläubigers mit den Feststellungs- und Verwertungskosten setzt zwingend ein Verwertungsrecht des Insolvenzverwalters nach § 166 voraus, der Insolvenzverwalter muss also sein Verwertungsrecht wahrnehmen oder zumindest die Möglichkeit hierzu gehabt haben; der Übergang der Verwaltungs- und Verfügungsbefugnis über § 80 allein reicht dagegen nicht als Grundlage für die Erhebung von Kostenpauschalen aus (BGH ZIP 2019, 2416 Rn. 26).

4a Verwertet der Insolvenzverwalter aufgrund seines Verwertungsrechts aus § 166, zieht er den Erlös zunächst zur Masse. Maßgeblich ist der tatsächlich erzielte Erlös. Gemeint ist der Bruttoerlös inklusive eines etwaigen Umsatzsteueranteils (OLG Nürnberg ZIP 2014, 280 (282); KPB/Flöther Rn. 3; K. Schmidt InsO/Sinz Rn. 5; Mitlehner ZIP 2001, 677 (681)). Nicht zum Verwertungserlös gehören Entgelte wie zB eine Miete, die der Insolvenzverwalter durch die Nutzung des Gegenstands erzielt (K. Schmidt InsO/Sinz § 171 Rn. 5).

5 Der Insolvenzverwalter hat dafür Sorge zu tragen, dass der Erlös unterscheidbar in der Masse vorhanden bleibt, damit er auch im Falle einer Masseunzulänglichkeit noch in der Lage ist, den Auszahlungsanspruch des Gläubigers zu befriedigen. Andernfalls haftet er für einen Schaden des Gläubigers (BGH NZI 2013, 596 Rn. 21; Ganter ZInsO 2016, 2119 (2123); Nerlich/Römermann/Becker Rn. 16; MüKoInsO/Kern Rn. 63 und 69; KPB/Flöther Rn. 8).

II. Vorwegentnahme der Kostenbeiträge und des Umsatzsteueranteils

6 Aus dem Erlös kann der Insolvenzverwalter vorweg die Kostenanteile der Masse entnehmen. Diese betragen für die Kosten der Feststellung des Sicherungsrechts 4 % (§ 171 Abs. 1 S. 2). Die Verwertungskosten können mit pauschal 5 % angesetzt werden, soweit die tatsächlichen Kosten nicht erheblich höher oder niedriger waren (§ 171 Abs. 2 S. 1, 2, → § 171 Rn. 16). Die Belastung des Gläubigers mit Verwertungskosten setzt allerdings die tatsächliche Durchführung der Verwertung durch den Insolvenzverwalter voraus (Nerlich/Römermann/Becker Rn. 2 ff.). Keine Ver-

Verteilung des Erlöses § 170 InsO

wertung iSd § 171 Abs. 2 ist die Herausgabe eines Gegenstands an den Verkäufer im Zuge der Rückabwicklung eines Kaufvertrags (BGH BeckRS 2007, 02051 Rn. 3).

Eine Entnahme der Feststellungs- und Verwertungskosten „vorweg" bedeutet mit Eingang des 7 Erlöses (Uhlenbruck/Brinkmann Rn. 24; K. Schmidt InsO/Sinz Rn. 28). Der Insolvenzverwalter kann außerdem gem. § 171 Abs. 2 S. 3 vorweg den Umsatzsteueranteil entnehmen, sofern die Verwertung zu einer Umsatzsteuerzahllast der Masse führt (OLG Nürnberg ZIP 2014, 280 (282)). Bei einer umsatzsteuerpflichtigen Verwertung ist diese Masseverbindlichkeit gem. § 55 Abs. 1 Nr. 1 Alt. 1. Die Masse soll damit aber nicht belastet werden (BGH NZI 2007, 394 Rn. 8 ff.).

Der Insolvenzverwalter kann abweichende Verwertungsvereinbarungen mit dem Gläubiger 8 schließen. Diese haben grundsätzlich Vorrang (HmbKommInsR/Büchler Rn. 4; HK-InsO/Landfermann Rn. 26; MüKoInsO/Kern Rn. 17). Sie können auch niedrigere Kostenbeiträge enthalten, der Insolvenzverwalter trägt dann aber ein Haftungsrisiko. Vereinbarungen, die vor der Insolvenz geschlossen wurden und abweichende Regelungen von den §§ 170, 171 enthalten, sind dagegen unwirksam (MüKoInsO/Kern Rn. 18).

Zieht der Insolvenzverwalter über § 173 Abs. 2 das Verwertungsrecht an sich, kann er ebenfalls 9 Kostenbeiträge nach den §§ 170, 171 erheben (Nerlich/Römermann/Becker Rn. 4; Braun/Dithmar § 171 Rn. 3, → § 173 Rn. 13).

Verwertet der eigenverwaltende Schuldner, wird der Gläubiger nur mit den tatsächlichen Ver- 10 wertungskosten belastet. Außerdem steht ein Umsatzsteueranteil der Masse zu. Feststellungskosten fallen dagegen nicht an (§ 282 Abs. 1).

III. Erlösauskehr

1. Unverzügliche Auszahlung an den Gläubiger, Abrechnung

Den nach Abzug der Kostenbeiträge verbleibenden Erlös hat der Insolvenzverwalter unverzüg- 11 lich, dh ohne schuldhaftes Zögern (§ 121 Abs. 1 S. 1 BGB), an den Gläubiger auszukehren, sofern – wie im Regelfall – im Zeitpunkt der Verwertung bereits Verwertungsreife vorlag. Schutz des Gläubigers vor einer verzögerten Auszahlung bietet § 169 S. 1, wonach der Gläubiger ab dem Berichtstermin verzugsunabhängig Zinsen in Höhe von 4 % fordern kann (BGH ZIP 2006, 814 Rn. 31). Daneben kann der Gläubiger auch Verzugszinsen fordern, sofern er zuvor den Insolvenzverwalter durch eine Mahnung in Verzug gesetzt hat (BGH ZIP 2019, 2416 Rn. 40). Erst mit der Auszahlung enden Entschädigungszahlungen nach §§ 169, 172 Abs. 1 (Andres/Leithaus §§ 170, 171 Rn. 12).

Der gesicherte Gläubiger hat Anspruch auf eine Abrechnung durch den Insolvenzverwalter. 12 Diese muss mindestens Angaben enthalten zu dem konkret veräußerten Gegenstand und dem erzielten Kaufpreis (BGH NZI 2008, 558 Rn. 11; Uhlenbruck/Brinkmann Rn. 11). Der Gläubiger kann Belege verlangen. Reicht der Verwertungserlös auch nach Abzug der Kostenbeiträge aus, um die Forderung des gesicherten Gläubigers vollständig zu befriedigen, ist eine gesonderte Abrechnung mit Ausweis der Kostenpauschalen entbehrlich (HK-InsO/Landfermann Rn. 12; Andres/Leithaus §§ 170, 171 Rn. 2). Wird ein Überschuss erzielt, der geringer ist als der der Masse zustehende Kostenbeteiligung, wird diese bezogen auf den erzielten Gesamterlös berechnet (Andres/Leithaus §§ 170, 171 Rn. 24). Dies entspricht dem Zweck, mit den Feststellungs- und Verwertungskosten nicht die Masse, sondern den Sicherungsgläubiger zu belasten (→ Rn. 2). Der Insolvenzverwalter ist grundsätzlich berechtigt, gegen den Auszahlungsanspruch des Gläubigers aus § 170 Abs. 1 S. 2 mit Gegenansprüchen aufzurechnen (ausf. und kritisch hierzu HK-InsO/ Landfermann Rn. 10; der BGH lässt die Aufrechnung jedenfalls dann zu, wenn der Gläubiger dadurch nicht schlechter gestellt wird als bei einer Verwertung durch ihn selbst, BGH ZIP 2019, 2416 Rn. 20 ff.).

Ist der Sicherungsgegenstand mit mehreren Absonderungsrechten belastet, muss der Insolvenz- 13 verwalter die Rangfolge wahren, andernfalls droht ihm eine Haftung. Die Verwertung bereitet generell Schwierigkeiten, wenn mehrere Gegenstände gemeinsam verkauft und hierfür keine gesondert ausgewiesenen Einzelkaufpreise vereinbart werden. Weiter erschwert wird die Verwertung in einem solchen Fall, wenn mehrere Sicherungsgläubiger beteiligt sind. Der konkrete Erlösanteil jedes einzelnen Gegenstands oder die jeweilige Zuordnung zum berechtigten Sicherungsgläubiger ist in der Praxis nicht immer klar zu bestimmen. In diesen Fällen ist dringend anzuraten, vor der Verwertung eine Vereinbarung mit den Gläubigern abzuschließen. Notfalls ist ein Sachverständiger hinzuzuziehen, wobei die damit verbundenen Kosten die Erlöse schmälern, sodass Gläubiger vor dem Hintergrund drohender weiterer Verwertungskosten ggf. zu Zugeständnissen bereit sein werden. Der Gläubiger hat Anspruch auf den Anteil des Sicherungsgutes am Gesamterlös.

Lütcke 1229

Unzutreffend ist es jedoch, dem Gläubiger generell nur den Anspruch auf den Liquidationserlös zuzusprechen (so aber wohl Uhlenbruck/Brinkmann Rn. 13). Erzielt der Insolvenzverwalter höhere Fortführungswerte, kann der Gläubiger die Abrechnung auf der Grundlage des erzielten höheren Anteils verlangen, sofern nur der Anteil am Gesamterlös konkret zugeordnet werden kann.

2. Rechtsnatur des Auszahlungsanspruchs

14 § 170 Abs. 1 S. 2 regelt nicht eindeutig, welche Rechte der absonderungsberechtigte Gläubiger am Erlös haben soll. Der Wortlaut spricht für einen lediglich schuldrechtlichen Zahlungsanspruch gegen die Masse, nicht aber für ein dingliches Recht des Gläubigers am Erlös aufgrund einer Surrogation (hierzu ausf. Mitlehner ZIP 2015, 60 (63) und – allerdings mit anderem Ergebnis – Ganter ZInsO 2016, 2119 ff.). Der BGH (NZI 2008, 558 Rn. 10) und mit ihm die ganz überwiegende Auffassung im Schrifttum (K. Schmidt InsO/Sinz Rn. 22; HK-InsO/Landfermann Rn. 9; MüKoInsO/Kern Rn. 63; Uhlenbruck/Brinkmann Rn. 9; HmbKommInsR/Büchler Rn. 6; anders Ganter/Bitter ZIP 2005, 93 (98); abl. dagegen Mitlehner ZIP 2050, 60 (63)) sehen den Verwertungserlös als Surrogat des Absonderungsrechts an, soweit der Erlös von der sonstigen Masse getrennt gehalten wird.

15 Unbestritten dürfte sein, dass der Auszahlungsanspruch des Gläubigers nicht lediglich bloße Masseforderung gem. § 55 Abs. 1 Nr. 1 sein kann (so auch BGH NZI 2010, 339 Rn. 38; Ganter ZInsO 2016, 2119 (2123)). Der Sicherungsgläubiger soll durch den Verlust des Verwertungsrechts nicht das Risiko einer Masseunzulänglichkeit tragen. Diese besondere Schutzwürdigkeit des Absonderungsgläubigers ist gemeinsamer Ausgangspunkt aller dogmatischen Überlegungen, wie dieser Schutz gewährleistet werden kann, und damit Konsens. Deshalb muss der Insolvenzverwalter trotz bestehender Masseunzulänglichkeit außerhalb der Rangfolge der §§ 208, 209 den Auszahlungsanspruch vorrangig erfüllen (BGH NZI 2010, 339 Rn. 38; HK-InsO/Landfermann Rn. 9; Mitlehner ZIP 2050, 60 (64)). Parallel ist der Gläubiger abgesichert durch einen Schadensersatzanspruch gem. § 60 Abs. 1 gegen den Insolvenzverwalter persönlich, wenn die Masse nicht mehr ausreicht, um den Auszahlungsanspruch vollständig zu befriedigen (BGH NZI 2013, 596 Rn. 21; OLG Nürnberg ZIP 2014, 280 (285); Ganter ZInsO 2016, 2119 (2123); HK-InsO/Landfermann Rn. 9; HmbKommInsR/Büchler Rn. 6; zum geringeren Schutzniveau des Schadenersatzanspruches aus § 60 Abs. 1 Primozic/Doetsch NZI 2013, 736 (737)).

16 Der Auszahlungsanspruch des Gläubigers aus § 170 Abs. 1 S. 2 verjährt nach § 197 Abs. 1 Nr. 2 BGB in 30 Jahren (HmbKommInsR/Büchler Rn. 6; **aA** HK-InsO/Landfermann Rn. 8, Fn. 6, der für die Regelverjährung nach § 195 BGB eintritt; differenzierend Uhlenbruck/Brinkmann Rn. 10).

3. Tilgungsbestimmungsrecht des Insolvenzverwalters

17 Der Insolvenzverwalter hat bei der Auszahlung des Erlöses kein unbeschränktes Recht zur Tilgungsbestimmung. Die Auszahlung des Erlöses nach der Verwertung einer Sicherheit stellt keine freiwillige Zahlung iSd § 366 Abs. 1 BGB dar. Das Insolvenzverfahren ist gem. § 1 S. 1 ein Gesamtvollstreckungsverfahren, das der Verwertung des Schuldnervermögens dient. Aufgrund dieses Charakters ist die Auszahlung des Verwertungserlöses durch den Insolvenzverwalter vergleichbar mit einer Erfüllung, die ein Schuldner im Wege der Einzelzwangsvollstreckung erbringt. Deshalb kann ein Recht zur Tilgungsbestimmung aus § 366 Abs. 1 BGB, dass dem Schuldner außerhalb einer Insolvenz in der Einzelzwangsvollstreckung nicht zusteht, im Insolvenzverfahren auch nicht vom Insolvenzverwalter wahrgenommen werden (BGH NZI 2014, 1044 Rn. 11 ff.). Insbesondere muss es dem Insolvenzverwalter verwehrt sein, durch eine für die Masse möglichst günstige Tilgungsbestimmung den Wert des Sicherungsrechts des Absonderungsberechtigten zu schmälern. Würde man den Insolvenzverwalter davon abweichend ein uneingeschränktes Leistungsbestimmungsrecht zugestehen, wäre er in der Lage, einen Verwertungserlös zunächst auf andere, insbesondere Masseforderungen des Gläubigers anzurechnen. Anders sah das noch das OLG Dresden in einem Urteil v. 19.10.2011 (OLG Dresden NZI 2011, 995). Es billigte dem Insolvenzverwalter das Recht zu, mit dem Erlös aus der Verwertung von Gegenständen, die mit dem Vermieterpfandrecht belastet waren, Masseforderungen des Vermieters aus der weiteren Nutzung der Mietsache seit Insolvenzeröffnung zu tilgen (ausf. hierzu Lütcke NZI 2012, 262 ff.). Der BGH ist dieser Auffassung zurecht entgegengetreten (BGH NZI 2014, 1044 ff. mAnm Lütcke NZI 2014, 1035). Das Verwertungsrecht des Insolvenzverwalters dient zwar grundsätzlich auch der Massenanreicherung. Der Insolvenzverwalter darf aber nicht über die Kostenbeteiligung des Gläubigers hinaus durch die Verwertung oder im Zuge der Erlösauskehr die Masse auf Kosten des gesicherten

Gläubigers anreichern (Lütcke NZI 2012, 262 (265 ff.); Klinck ZIP 2015, 859 (864), allerdings mit anderer methodischer Begründung).

IV. Verwertung im Eröffnungsverfahren

§ 166 gilt erst ab Insolvenzeröffnung. Gleiches gilt für die Kostenbeteiligung gem. §§ 170, 171 **18** (BGH NZI 2019, 274 Rn. 57; 2003, 259 (260); später im Hinblick auf den neu eingeführten § 21 Abs. 2 Nr. 5 S. 3 offen gelassen in NZI 2010, 339 Rn. 40). Deshalb können bei einer Verwertung im Eröffnungsverfahren vom Gläubiger auch keine Kostenbeiträge verlangt werden, sofern nicht vor der Verwertung eine Kostenbeteiligung mit ihm vereinbart wurde.

Zog der vorläufige Insolvenzverwalter eine sicherungsabgetretene Forderung im Eröffnungsver- **19** fahren ein, galt § 170 Abs. 1 S. 2 analog. Der Insolvenzverwalter musste die eingezogenen Gelder separieren und nach Insolvenzeröffnung an den berechtigten Gläubiger auskehren. Der BGH sprach insoweit von einem „Ersatzabsonderungsrecht" (BGH NZI 2010, 339 Rn. 41). Mit der Einführung von § 21 Abs. 2 Nr. 5 ging in S. 3 die Anordnung der entsprechenden Anwendung der §§ 170, 171 einher. Ist der vorläufige Insolvenzverwalter auf der Grundlage dieser Vorschrift zum Einzug sicherungsabgetretener Forderungen berechtigt, kann er die Kostenbeiträge entnehmen (BGH NZI 2019, 274 Rn. 57; Uhlenbruck/Vallender § 21 Rn. 38b ff.). Andererseits hat der BGH klargestellt, dass der eigenmächtige Forderungseinzug durch den vorläufigen Insolvenzverwalter ohne vorherige Verwertungsvereinbarung oder Separierung der Erlöse auf einem offenen, zugunsten des Zessionars eingerichteten Treuhandkonto unberechtigt ist. Ein solcher Einzug erfolgt außerhalb eines ordnungsgemäßen Geschäftsverkehrs, denn der Zessionar ist mit dem Einzug nur einverstanden, solange und soweit seine Sicherungsrechte ausreichend gewahrt werden. Dazu ist der vorläufige Verwalter umfassend verpflichtet. Die Rechte des Zessionars sichert er nur ausreichend durch die Separierung der Erlöse auf einem offenen Treuhandkonto, weil nur dort der Gläubiger ein insolvenzfestes Aussonderungsrecht am Erlös erlangt (BGH NZI 2019, 274 Rn. 40). Bei beweglichen Sachen fehlt der Verweis auf die §§ 170, 171. Der vorläufige Insolvenzverwalter kann jedoch die Herausgabe dieser Gegenstände im vorläufigen Verfahren verhindern. Somit kann er die Verwertung bis zur Insolvenzeröffnung aufschieben. Alternativ kann (und sollte) er mit dem Gläubiger eine Verwertungsvereinbarung treffen. Eine solche Verwertungsvereinbarung, die sowohl bei beweglichen Sachen als auch bei sicherungszedierten Forderungen anzuraten ist, verhindert späteren Streit und führt in der Regel zu einer angemessenen Verteilung des Verwertungsaufwands. Näher zu Verwertungshandlungen im Eröffnungsverfahren Uhlenbruck/Brinkmann Rn. 4–6.

C. Verwertung durch den Gläubiger

I. Möglichkeit zur Verwertungsüberlassung

Der Insolvenzverwalter hat die Möglichkeit, einen Gegenstand, für den ihm grundsätzlich das **20** Verwertungsrecht zusteht, gem. § 170 Abs. 2 dem Gläubiger zur Verwertung zu überlassen. Der Gläubiger veräußert dann im eigenen Namen und auf eigene Rechnung (Andres/Leithaus §§ 170, 171 Rn. 5), insbesondere aber auch auf eigenes (Gewährleistungs-)Risiko. Er kann allerdings nur nach den Vorschriften verwerten, nach denen er außerhalb eines Insolvenzverfahrens verwerten könnte (HmbKommInsR/Büchler Rn. 9). Das ist eine wichtige Einschränkung, zB beim Pfandrecht des Vermieters, da dort das Pfand grundsätzlich nur öffentlich versteigert werden kann (§ 1235 Abs. 1 BGB).

Bei der Verwertung nach § 170 Abs. 2 handelt es sich nicht um eine Freigabe des Sicherungsguts **21** (zur Abgrenzung und zu den umsatzsteuerlichen Folgen einer echten Freigabe MüKoInsO/Kern Rn. 44). § 170 Abs. 2 ist zudem abzugrenzen vom Selbsteintritt des Gläubigers gem. § 168 Abs. 3. Im Falle eines Selbsteintritts erwirbt der Gläubiger vom Insolvenzverwalter. Da somit eine Verwertung durch den Insolvenzverwalter vorliegt, ist § 170 Abs. 1 unmittelbar anzuwenden. Für eine Verwertung des Gläubigers nach § 173 Abs. 1 wiederum ist kennzeichnend, dass hier der Gläubiger aufgrund eines eigenen Verwertungsrechts tätig wird. Das aber setzt voraus, dass dem Insolvenzverwalter kein Verwertungsrecht nach § 166 zugewiesen ist. Fehlt es an einem Verwertungsrecht des Insolvenzverwalters und wird der Gläubiger auf der Grundlage von § 173 tätig, fallen dementsprechend auch keine Kostenbeiträge gem. §§ 170, 171 an.

Eine Überlassung der Verwertung kann zahlreiche Gründe haben (hierzu HmbKommInsR/ **22** Büchler Rn. 9). Sinnvoll ist sie immer dann, wenn der Gläubiger über bessere Vermarktungsmöglichkeiten oder über spezielle Kontakte zu potentiellen Käufern verfügt. Der Gläubiger ist allerdings nicht verpflichtet, eine ihm angetragene Verwertungsüberlassung auch anzunehmen. Im Gegenzug hat er aber auch keinen Anspruch darauf, dass ihm ein Gegenstand zur eigenen Verwertung überlassen wird.

23 Welche Art der Verwertung der Insolvenzverwalter wählt und wie weit er den absonderungsberechtigten Gläubiger einbezieht, liegt generell in seinem Ermessen (ebenso HmbKommInsR/Büchler Rn. 9). Der Schutz des Gläubigers wird gewährleistet über die §§ 167–169. Darüber hinaus haftet der Insolvenzverwalter nach § 60 Abs. 1, wenn er schuldhaft die Verwertung nicht betreibt, den Sicherungsgläubiger schädigt oder Verwertungsentscheidungen trifft, die die Masse belasten.

II. Kostenbelastung bei der Verwertungsüberlassung

24 Der verwertende Gläubiger hat aus dem Erlös die Kosten für die Feststellung des Sicherungsrechts in Höhe von 4 % des Bruttoerlöses an die Masse abzuführen, da dort trotz der Verwertungsüberlassung Prüfungsaufwand anfällt. Lediglich eine Verwertungskostenpauschale ist nicht zu bezahlen, weil dieser Aufwand beim Gläubiger angefallen ist (OLG Frankfurt a. M. ZIP 2002, 2140 mzustAnm Gerhardt EWiR 2003, 27 f.; KPB/Flöther Rn. 11). Der Insolvenzverwalter kann selbst dann keine Verwertungskosten fordern, wenn er sich vor der Überlassung des Gegenstandes an den Gläubiger vergeblich um eine eigene Verwertung bemüht hatte und dabei Kosten angefallen sind (HmbKommInsR/Büchler Rn. 11; Uhlenbruck/Brinkmann Rn. 22). Eine bei der Verwertung durch den Gläubiger anfallende Umsatzsteuer ist aus dem Erlös gem. § 171 Abs. 2 S. 3 vorweg an die Masse abzuführen, damit aus dieser die Umsatzsteuerzahllast begleichen werden kann.

25 Der Gläubiger ist verpflichtet, dem Insolvenzverwalter Auskunft über das Verwertungsergebnis zu erteilen (Uhlenbruck/Brinkmann Rn. 24). Notfalls gehört hierzu auch die Vorlage von Belegen. Es handelt sich um einen einklagbaren Anspruch (so wohl auch K. Schmidt InsO/Sinz § 171 Rn. 11).

26 Der Kostenanteil und ein etwaiger Umsatzsteueranteil sind mit dem Abschluss der Verwertung, dh mit Vereinnahmung des Erlöses zur Auszahlung fällig (LG Halle/Saale ZInsO 2001, 270 (271); Braun/Dithmar/Schneider §§ 170, 171 Rn. 8; aA FK-InsO/Wegener §§ 170, 171 Rn. 7, der auf den Zeitpunkt des Abschlusses des Kaufvertrags abstellt). Eine Aufrechnung des Gläubigers gegen die Kostenschuld mit der Ausfallforderung im Fall der persönlichen Haftung des Schuldners ist nach § 96 Nr. 1 nicht möglich (Nerlich/Römermann/Becker Rn. 30).

III. Eigenmächtige Verwertung durch den Gläubiger

27 Zieht der Gläubiger nach Insolvenzeröffnung eigenmächtig eine Forderung ein, die unter das Verwertungsrecht des Insolvenzverwalters nach § 166 Abs. 2 fällt, muss er die Feststellungskostenpauschale an die Masse abführen. Verwertungskosten muss er dagegen nicht an die Masse bezahlen.

28 Schädigt der Gläubiger die Masse durch sein Vorgehen, weil zB eine bessere Verwertungsalternative nicht ergriffen werden konnte, kann er über § 823 Abs. 2 BGB iVm § 166 Abs. 2 haften. Wegen des Verlusts der Verwertungskostenpauschale kann allerdings eine Insolvenzanfechtung nicht erklärt werden, da es insoweit an einer Gläubigerbenachteiligung fehlt (BGH NZI 2004, 340 (341 f.)). Gleiches gilt, wenn sich der Gläubiger noch vor Insolvenzeröffnung Besitz am Sicherungsgut verschafft und sodann selbst verwertet. Auch hier lehnt der BGH eine Gläubigerbenachteiligung ab (BGH NZI 2007, 394 (396); 2004, 82 (83) mablAnm Gundlach/Schmidt NZI 2004, 83 (85)).

29 Erhält der Gläubiger den Besitz am Sicherungsgut noch vor Insolvenzeröffnung, verwertet aber nach Insolvenzeröffnung, muss der Gläubiger den Umsatzsteueranteil aufgrund der analogen Anwendung von § 170 Abs. 2 an die Insolvenzmasse abführen (BGH NZI 2007, 394 Rn. 15 ff.).

§ 171 Berechnung des Kostenbeitrags

(1) ¹Die Kosten der Feststellung umfassen die Kosten der tatsächlichen Feststellung des Gegenstands und der Feststellung der Rechte an diesem. ²Sie sind pauschal mit vier vom Hundert des Verwertungserlöses anzusetzen.

(2) ¹Als Kosten der Verwertung sind pauschal fünf vom Hundert des Verwertungserlöses anzusetzen. ²Lagen die tatsächlich entstandenen, für die Verwertung erforderlichen Kosten erheblich niedriger oder erheblich höher, so sind diese Kosten anzusetzen. ³Führt die Verwertung zu einer Belastung der Masse mit Umsatzsteuer, so ist der Umsatzsteuer-

betrag zusätzlich zu der Pauschale nach Satz 1 oder den tatsächlich entstandenen Kosten nach Satz 2 anzusetzen.

Überblick

Die Vorschrift des § 171 steht in unmittelbarem Zusammenhang mit § 170 (→ § 170 Rn. 4 ff.). Sie regelt die Höhe der Belastung der Sicherungsgläubiger mit Feststellungs- und Verwertungskosten. Die Feststellungskosten sind nach § 171 Abs. 1 S. 2 pauschal mit 4 % anzusetzen (→ Rn. 3 ff.). § 171 Abs. 2 regelt die Verwertungskosten, die mit pauschal 5 % abgerechnet werden können (→ Rn. 15). Allerdings besteht die Möglichkeit, höhere oder niedrigere Verwertungskosten zugrunde zu legen, wenn die tatsächlichen Kosten erheblich abweichen vom Pauschalsatz (→ Rn. 16). Schließlich ist in § 171 Abs. 2 S. 3 geregelt, dass auch der Umsatzsteueranteil im Falle einer umsatzsteuerpflichtigen Verwertung aus dem Verwertungserlös entnommen werden kann. Die Masse soll hierfür nicht haften.

Übersicht

	Rn.		Rn.
A. Feststellungskosten	1	III. Höhe der Verwertungskosten	15
I. Inhaltliche Abgrenzung der Feststellungskosten	1	C. Berücksichtigung der Umsatzsteuer	18
		I. Grundsatz	18
II. Höhe der Feststellungskosten	3	II. Lieferbeziehungen nach herkömmlicher Auffassung	20
B. Verwertungskosten	6	III. BMF-Schreiben vom 30.4.2014	23
I. Begriff, Abgrenzung von anderen Kostenarten	6	IV. Belastung der Verwertungskosten mit Umsatzsteuer	25
II. Erhaltungskosten	12		

A. Feststellungskosten

I. Inhaltliche Abgrenzung der Feststellungskosten

Die Kosten für die Ermittlung des Gegenstands und der daran bestehenden Rechte hat der 1 Gesetzgeber unter dem Begriff Feststellungskosten zusammengefasst. Dazu zählen zunächst die Kosten für die Erfassung des Gegenstands, seines Zustands und des Orts, an dem sich der Gegenstand befindet, ferner die Zuordnung von Sicherungsrechten an dem Gegenstand zu dem jeweils berechtigten Gläubiger (KPB/Flöther Rn. 3; K. Schmidt InsO/Sinz Rn. 6). Es handelt sich folglich um die Kosten für die Inventarisierung und Bewertung des Sicherungsguts.

Außerdem gehören zum Feststellungsaufwand die Kosten für die rechtliche Prüfung des geltend 2 gemachten Sicherungsrechts (hierzu MüKoInsO/Kern Rn. 14 ff.). Der Insolvenzverwalter hat unter allen in Betracht kommenden Gesichtspunkten zu prüfen, ob und in welchem Umfang das Sicherungsrecht tatsächlich besteht und daher im Insolvenzverfahren zu berücksichtigen ist. Trotz der Pauschalierung der Feststellungskosten ist es notwendig, genau zwischen diesen und den Verwertungskosten zu unterscheiden (Nerlich/Römermann/Becker § 170 Rn. 8; K. Schmidt InsO/Sinz Rn. 8). Andernfalls könnten Kosten, die als Feststellungskosten mit der Pauschale des § 171 Abs. 1 S. 2 abgegolten werden sollen, über die Verwertungskosten nochmals weiter belastet werden.

II. Höhe der Feststellungskosten

Die Feststellungskosten sind mit pauschal 4 % anzusetzen. Maßgebliche Berechnungsgrundlage 3 ist der Brutto-Verwertungserlös (OLG Nürnberg ZIP 2014, 280 (282); → § 170 Rn. 4). Dass die tatsächlichen Feststellungskosten im Einzelfall erheblich geringer oder höher sein können als der vom Gesetzgeber angesetzte Pauschalbetrag ist hinzunehmen (Uhlenbruck/Brinkmann Rn. 5; ebenso K. Schmidt InsO/Sinz Rn. 8). Eine Pauschalisierung war ausdrückliches Ziel des Gesetzgebers (BGH NZI 2002, 599 (601)).

Ursprünglich wurde noch eine deutlich höhere Kostenbeteiligung diskutiert, die sich aber 4 nicht durchsetzen ließ (zur Entwicklung des Gesetzgebungsverfahrens Uhlenbruck/Brinkmann Rn. 1 f.). Die Beschränkung auf 4 % ist für die Insolvenzmasse insbesondere dann misslich, wenn den Sicherungsrechten ausländisches Recht zugrunde liegt. Der Prüfungsaufwand kann in diesen

Fällen erheblich sein und die Einholung von Rechtsgutachten nach dem maßgeblichen Recht beinhalten. Dagegen können die Feststellungskosten für jeden einzelnen belasteten Gegenstand geltend gemacht werden (K. Schmidt InsO/Sinz Rn. 10; Uhlenbruck/Brinkmann Rn. 5). Sind die Feststellungskosten deutlich höher, kann der Insolvenzverwalter nur versuchen, durch Individualvereinbarungen mit den Gläubigern eine höhere Kostenbeteiligung der Masse zu verhandeln.

5   Die Feststellungskostenpauschale fällt unabhängig davon an, ob der Insolvenzverwalter oder der Gläubiger verwertet. Denn der Aufwand für die Feststellung eines Gegenstands und der daran bestehenden Rechte fällt für die Insolvenzmasse auch dann an, wenn der Gläubiger selbst verwertet. Absonderungsgut gehört auch dann noch mit einem „selbständigen, im Kern geschützten Vermögenswert" zur Ist-Masse, wenn es sich im Besitz des Gläubigers befindet (BGH NZI 2002, 599 (601)). Besteht ein Anspruch der Masse gegen den Gläubiger auf Auszahlung der Feststellungskostenpauschale, ist dieser vom Gläubiger erst dann zu erfüllen, wenn er den Verwertungserlös tatsächlich erhalten hat (K. Schmidt InsO/Sinz Rn. 12).

B. Verwertungskosten

I. Begriff, Abgrenzung von anderen Kostenarten

6   Zu den Verwertungskosten zählen zunächst die unmittelbaren Kosten, die beim Verwertungsvorgang anfallen. Das sind zB die Kosten, die für die Versteigerung von Sicherungsgut oder, falls dies der Kaufvertrag vorsieht, den Transport eines verkauften Gegenstands zum Käufer anfallen, aber auch die Kosten der gerichtlichen Durchsetzung einer sicherungsabgetretenen Forderung (K. Schmidt InsO/Sinz Rn. 15; HmbKommInsR/Büchler Rn. 5).

7   Auch die Kosten im Vorfeld der Verwertung gehören dazu, sofern sie notwendig sind, um die anschließende Verwertung durchführen zu können. Hierzu zählen Werbungs- und sonstige Vermarktungskosten, also Makler-, Anzeige-, Porto- oder Telefonkosten (Andres/Leithaus §§ 170, 171 Rn. 15). Diese Kosten müssen eindeutig der Verwertung zugeordnet werden können, da allgemeine Büro- und Personalkosten nicht über § 171 auf den Gläubiger abgewälzt werden können (HmbKommInsR/Büchler Rn. 6; MüKoInsO/Kern Rn. 36), sondern aus der Vergütung des Insolvenzverwalters zu bezahlen sind (→ InsVV § 4 Rn. 3 f.). Muss der Insolvenzverwalter Sicherungsgut zunächst verarbeiten, um es sodann verwerten zu können, fällt der Fertigstellungsaufwand auch zu den Verwertungskosten (Uhlenbruck/Brinkmann Rn. 9; HK-InsO/Landfermann Rn. 4).

8   Zu den Verwertungskosten können auch Stilllegungskosten (**str.**, anders K. Schmidt InsO/Sinz Rn. 15) oder erhöhte Transportkosten an einen anderen Ort gehören, wenn der Transport bessere Verwertungschancen verspricht (OLG Nürnberg ZIP 2040, 280 (284 f.)). Nicht zu den Verwertungskosten zählen bei einem Abverkauf die Kosten der Räumung eines angemieteten Ladenlokals (AG Duisburg ZInsO 2003, 190 (191)). Anders kann dies aber sein bei laufenden Betriebskosten wie zB einer Ladenmiete. Diese können zu den Verwertungskosten zählen (vgl. Uhlenbruck/Brinkmann Rn. 9), wobei die Umstände des Einzelfalls maßgeblich sind.

9   Ist die Einschaltung Dritter (zB Verwertungsunternehmen, Auktionator, Spediteur) notwendig, können auch diese Kosten in Abzug gebracht werden (MüKoInsO/Kern Rn. 38 ff.; jedoch differenzierend für Notarkosten im Rahmen eines Asset-Deals, die nur aus dem Erlös getragen werden müssen, wenn es eine sachliche Rechtfertigung für die Einschaltung des Notars gab). Die Kosten für die Bewertung des Sicherungsguts durch einen Gutachter fallen grundsätzlich unter die Feststellungs- und nicht unter Verwertungskosten (Andres/Leithaus Rn. 15; **anders** K. Schmidt InsO/Sinz Rn. 15; MüKoInsO/Kern Rn. 40, sofern der Gutachter speziell für die Vorbereitung einer Verwertung eingeschaltet wird und auch nur hierfür Kosten berechnet). Kosten, die im Zusammenhang mit einem Streit mit dem Gläubiger über die Höhe der Kosten stehen, können nicht über § 171 Abs. 2 S. 1 abgewälzt werden (OLG Jena ZIP 2004, 2107; LG Flensburg NZI 2006, 709; MüKoInsO/Kern Rn. 43; **aA** HmbKommInsR/Büchler Rn. 5). Sie gehören bereits begrifflich nicht zur Verwertung.

10 Verwertungskosten müssen nicht unmittelbar ursächlich gewesen sein, es reicht, wenn der Insolvenzverwalter sie im Zeitpunkt ihres Anfalls für sinnvoll und notwendig ansehen durfte (Nerlich/Römermann/Becker § 170 Rn. 17).

11 Um Streit zu vermeiden, sollte der Insolvenzverwalter in strittigen Fällen vorab Verbindung zum Gläubiger aufnehmen und die Verwertungskonditionen abstimmen. Verwertungsvereinbarungen empfehlen sich grundsätzlich immer, wenn die Verwertung mit laufenden Betriebskosten verbunden ist (zB bei einem längerfristigen Abverkauf oder einer Ausproduktion), oder wenn Sicherungs-

Berechnung des Kostenbeitrags § 171 InsO

gut mehrerer, unter Umständen zahlreicher Gläubiger zu verwerten ist und die Verwertungskosten daher nicht immer individuell zugeordnet werden können.

II. Erhaltungskosten

Umstritten ist, ob Erhaltungskosten erstattungsfähig sind. Dazu zählen die Kosten für die Sicherung und Lagerung, aber auch für die Reparatur und Instandsetzung des Sicherungsguts. Im Entwurf der Bundesregierung v. 15.4.1992 war zunächst in § 196 Abs. 2 vorgesehen, dass auch diejenigen Kosten erstattet werden sollen, die zur „Erhaltung oder nötigen Verbesserung des Gegenstands auch im Interesse des absonderungsberechtigten Gläubigers" erforderlich waren (vgl. BT-Drs. 12/2443, 181). Der Gesetzgeber hat die Erstattungsfähigkeit der Erhaltungskosten sodann jedoch ausgenommen, um die Insolvenzgerichte von Streitigkeiten über die Höhe zu entlasten. Er ging davon aus, dass sich der Insolvenzverwalter mit dem gesicherten Gläubiger über den Ausgleich solcher Kosten verständigen kann (BT-Drs. 12/7302, 177).   12

Höchstrichterlich ist die Einbeziehung von Erhaltungskosten noch nicht geklärt. Die überwiegende Auffassung lehnt die Erstattungsfähigkeit angesichts des klar geäußerten Verzichts des Gesetzgebers ab (Uhlenbruck/Brinkmann § 170 Rn. 17; K. Schmidt InsO/Sinz § 170 Rn. 19; MüKoInsO/Kern Rn. 41; Andres/Leithaus §§ 170, 171 Rn. 15; Nerlich/Römermann/Becker § 170 Rn. 13). Die Gegenauffassung (HK-InsO/Landfermann § 170 Rn. 23 ff.) geht von einem weiteren Begriff der Verwertungskosten aus. Verwertungskosten sind danach auch solche Kosten, die nach kaufmännischen Gesichtspunkten erforderlich sind, um ein optimales Verwertungsergebnis zu erzielen (HK-InsO/Landfermann Rn. 4). In den von Landfermann genannten Fällen gelangt indes auch die überwiegende Auffassung zu einer Erstattungsfähigkeit, wobei ein Ausgleichsanspruch in der Regel auf eine Geschäftsführung ohne Auftrag gestützt wird (K. Schmidt InsO/Sinz § 170 Rn. 19; HmbKommInsR/Büchler Rn. 4; Nerlich/Römermann/Becker § 170 Rn. 13).   13

Wegen der unklaren rechtlichen Einordnung sollte der Insolvenzverwalter in allen streitigen Fällen eine Verständigung mit dem Gläubiger herbeiführen. Oftmals wird bereits die Möglichkeit einer Freigabe oder Überlassung des Sicherungsguts an den Gläubiger zum Zwecke der Verwertung den Gläubiger dazu bewegen, sich an den Erhaltungskosten zu beteiligen oder diese vollständig zu übernehmen. Die Beteiligung des Gläubigers an dem Erhaltungsaufwand ist auch angemessen, wenn er den Großteil des Erlöses erhält. Letztlich ist die Aufteilung der Erhaltungskosten zwischen Insolvenzmasse und Sicherungsgläubiger immer eine Frage des Einzelfalls, bei der einerseits der zu erwartende Erlös und die Erhaltungskosten gegeneinander abgewogen werden müssen und andererseits der konkrete Erlösanteil aller Berechtigten mit einzubeziehen ist.   14

III. Höhe der Verwertungskosten

Grundsätzlich sieht das Gesetz in § 171 Abs. 2 S. 1 ebenfalls einen Pauschalbetrag für die Abgeltung der Verwertungskosten vor. Dieser beträgt 5 %. Es besteht allerdings die Möglichkeit, höhere oder niedrigere Kosten geltend zu machen, wenn die tatsächlichen Kosten erheblich von der Pauschale abweichen. Eine erhebliche Abweichung ist von demjenigen darzulegen und notfalls zu beweisen, der sich auf sie beruft (AG Göttingen ZInsO 2014, 106). Eine kombinierte Geltendmachung von pauschalierten und tatsächlichen Verwertungskosten ist nicht möglich, andernfalls ließe sich nicht klar abgrenzen, welcher Kostenanteil pauschaliert und welcher auf Grundlage tatsächlicher Aufwendungen geltend gemacht wird (BGH NZI 2007, 523 Rn. 2).   15

Umstritten ist, ab wann eine erhebliche Abweichung vorliegt, die zu einer Abweichung von einer pauschalierten Abrechnung berechtigt. Unzweifelhaft dürfte eine erhebliche Abweichung vorliegen, wenn die tatsächlichen Kosten mindestens 50 % höher oder niedriger als der pauschal errechnete Betrag sind (K. Schmidt InsO/Sinz Rn. 17; HmbKommInsR/Büchler Rn. 7; KPB/Flöther Rn. 7; Andres/Leithaus §§ 170, 171 Rn. 16). Zutreffend ist es allerdings, diese Grenzwerte allenfalls als Anhaltspunkte heranzuziehen und Abweichungen hiervon in Abhängigkeit vom Einzelfall zuzulassen (so auch Uhlenbruck/Brinkmann Rn. 14; HK-InsO/Landfermann Rn. 7). Denn die Möglichkeit, höhere oder niedrigere Verwertungskosten geltend zu machen, ist Folge des Verursacherprinzips. Der Gesetzgeber hat einen Pauschalsatz insbesondere aus Praktikabilitätserwägungen vorgesehen (so auch AG Bonn NZI 2001, 50). Aus dem gleichen Grund hat er die Erheblichkeitsschwelle in das Gesetz aufgenommen. Die Schwelle sollte einen Streit zwischen Insolvenzverwalter und Gläubiger wegen verhältnismäßig geringer Beträge vermeiden (ebenso Jaeger/Jaeger Rn. 36 ff.). Jedenfalls sah der Gesetzgeber die Schwelle als übertreten an, wenn die tatsächlichen Kosten die Pauschale um „die Hälfte oder (sic!) das Doppelte" überschreiten. Diese Begründung spricht gegen eine starre Grenze. Außerdem müsste der Gläubiger die Verwertungs-   16 kosten auch im Falle der Eigenverwertung tragen (BT-Drs. 12/2443, 181). Dies rechtfertigt es, insbesondere bei einem hohen Wert des Absonderungsguts bereits geringere Abweichungen ab einer Größenordnung von ca. 10–15 % für eine Anpassung genügen zu lassen.

17 In der Praxis ist es üblich, dass in einfachen Fällen wie zB dem Einzug von Versicherungsleistungen oder Bankguthaben, bei denen der Insolvenzverwalter häufig nur ein kurzes Schreiben aufsetzen muss, die Sicherungsgläubiger lediglich Verwertungskosten von 50,00 oder 100,00 EUR akzeptieren. Sofern der Insolvenzverwalter diese Beträge als zu gering ansieht, sollte er dem Gläubiger darlegen, warum eine höhere Kostenbeteiligung angemessen ist.

C. Berücksichtigung der Umsatzsteuer

I. Grundsatz

18 Die Verwertung von Sicherungsgut durch den Insolvenzverwalter ist im Kern eine fremdnützige Tätigkeit. Verwertet wird zugunsten des Sicherungsnehmers. Es wäre deshalb unbillig, die Masse mit Umsatzsteuer aus der Verwertung für einen Dritten zu belasten. Deshalb soll die Umsatzsteuerzahllast im Ergebnis aus dem Verwertungserlös und nicht aus der Masse beglichen werden (BGH NZI 2007, 523 Rn. 3). Dies sicherzustellen ist Sinn und Zweck des § 171 Abs. 2 S. 3. Der Gläubiger wird dadurch nicht benachteiligt. Denn würde er außerhalb des Insolvenzverfahrens selbst verwerten, wäre er selbst Schuldner der Umsatzsteuer. Dies ergibt sich aus § 13b Abs. 1 Nr. 2, Abs. 5 S. 1 UStG (vgl. auch BGH NZI 2007, 394 Rn. 30; Onusseit ZInsO 2014, 1461 (1463)). In beiden Fällen kann der Gläubiger sich also nur aus dem Nettoerlös befriedigen (de Weerth NZI 2007, 396 (397)).

19 § 171 Abs. 2 S. 3 gilt für die Verwertung von beweglichen Gegenständen, für unbewegliches Vermögen sieht die InsO keine Regelung vor (hierzu näher Uhlenbruck/Brinkmann Rn. 18).

II. Lieferbeziehungen nach herkömmlicher Auffassung

20 Verwertet der Insolvenzverwalter das Sicherungsgut, liegt nach herkömmlicher Auffassung (ausf. hierzu HK-InsO/Landfermann Rn. 10 ff.; de Weerth NZI 2015, 884 ff.; Onusseit ZInsO 2014, 1461 (1463)) eine Lieferung der Masse an den Erwerber vor (Einfachumsatz). Entfällt auf diese Lieferung Umsatzsteuer, ist diese als Masseverbindlichkeit zu begleichen (BGH NZI 2007, 394 Rn. 10). Den hierfür erforderlichen Geldbetrag kann der Insolvenzverwalter nach § 171 Abs. 2 S. 3 aus dem Verwertungserlös vorweg entnehmen. Gleiches gilt bei einem Selbsteintritt des Gläubigers nach § 168 Abs. 3. Es liegt ein Einfachumsatz vor. Aus dem zwischen Insolvenzverwalter und Gläubiger vereinbarten Kaufpreis ist die Umsatzsteuer zu berechnen und abzuführen (zur Umsatzsteuer beim Forderungseinzug und -verkauf s. Uhlenbruck/Brinkmann Rn. 37 ff.).

21 Verwertet der Gläubiger kraft eigenen Rechts, liegt nach der Rechtsprechung des BFH ein Doppelumsatz vor. Durch die Verwertung des Sicherungsguts leistet zunächst der Sicherungsgeber an den Sicherungsnehmer, der sodann mit dem Verkauf des Sicherungsgutes eine Lieferung an den Erwerber erbringt (BFH BeckRS 2004, 25003126). Mit der Lieferung an den Erwerber scheidet das Sicherungsgut endgültig aus dem Vermögen des Sicherungsgebers aus, sodass die Masse für die Umsatzsteuer haftet (Uhlenbruck/Brinkmann Rn. 28). Den Umsatzsteueranteil aus der Lieferung an den Erwerber muss der Gläubiger an die Insolvenzmasse auskehren (§ 171 Abs. 2 S. 3; Onusseit ZInsO 2014, 1461 (1465)).

22 Für den Fall, dass der Gläubiger noch vor Insolvenzeröffnung Besitz am Sicherungsgut erlangt hat, dieses aber erst nach Insolvenzeröffnung verwertet, entschied der BGH bereits 2007, dass der Gläubiger den Umsatzsteueranteil an die Masse herausgeben muss. § 171 Abs. 2 S. 3 sei entsprechend anzuwenden (BGH NZI 2007, 394 Rn. 17 ff.). Über diesen Einzelfall hinaus soll der Kerngedanke der Entscheidung des BGH, dass die aus der Verwertung von Sicherungsgut entstehende Umsatzsteuer im Ergebnis der Gläubiger tragen müsse (BGH NZI 2007, 394 Rn. 19), generell zu einer analogen Anwendbarkeit von § 171 Abs. 2 S. 3 führen, wenn durch Verwertungshandlungen des Gläubigers eine Umsatzsteuerzahllast zulasten der Masse begründet wird (K. Schmidt InsO/Sinz Rn. 21; HK-InsO/Landfermann Rn. 15).

III. BMF-Schreiben vom 30.4.2014

23 Die Finanzverwaltung hat in einem Rundschreiben des BMF v. 30.4.2014 (NZI 2014, 600 ff.) verlautbart, dass im Falle der Verwertung des Sicherungsguts durch den Insolvenzverwalter nunmehr ein Dreifachumsatz vorliegen soll. Grundlage für diese Auffassung ist ein Urteil des BFH v. 28.7.2011 (ZIP 2011, 1923 ff.). Im Moment der Verwertung liefere zunächst der Schuldner als

Sicherungsgeber an den Sicherungsnehmer, dieser liefere im selben Moment das Sicherungsgut zurück an die Masse, die sodann wie ein Kommissionär für den Sicherungsnehmer die Lieferung an den Erwerber durchführe (Weber/Hiller ZInsO 2014, 2555 (2556); Onusseit ZInsO 2014, 1461 (1462)). Für die Lieferung an den Erwerber ist die Umsatzsteuer als Masseverbindlichkeit gem. § 55 Abs. 1 Nr. 1 zu berichten. Der Insolvenzverwalter kann den Umsatzsteueranteil aus dem Verwertungserlös nach § 171 Abs. 2 S. 3 entnehmen. Darüber hinaus sind jedoch auch die beiden Lieferungen zwischen Sicherungsgeber und Sicherungsnehmer mit Umsatzsteuer belastet. Diese beiden Lieferungen sind jedoch wirtschaftlich neutral, die wechselseitigen Umsatzsteuerlasten heben sich auf, da ihnen jeweils abzugsfähige Vorsteuerbeträge in gleicher Höhe gegenüberstehen (Onusseit ZInsO 2014, 1461 (1466f.)).

Diese Auffassung der Finanzverwaltung soll Anwendung finden auf alle offenen Sachverhalte ab dem 1.7.2014 (Uhlenbruck/Brinkmann Rn. 20). Ob der BFH die im BMF-Schreiben vom 30.4.2014 dargelegte Auffassung der Finanzverwaltung teilt, bleibt abzuwarten. 24

IV. Belastung der Verwertungskosten mit Umsatzsteuer

Die Feststellungskostenpauschale ist umsatzsteuerfrei (K. Schmidt InsO/Sinz Rn. 30; Andres/ 25
Leithaus §§ 170, 171 Rn. 21). Für die Verwertungskosten soll dies dagegen nicht gelten. So hat BFH entschieden, dass der zwischen einem Insolvenzverwalter und einem Grundpfandrechtsgläubiger vereinbarte Erlösanteil der Masse für die freihändige Veräußerung eines belasteten Grundstücks eine steuerpflichtige entgeltliche Geschäftsbesorgungsleistung der Masse an den Grundpfandgläubiger darstelle. Diese sei daher grundsätzlich mit Umsatzsteuer zu belegen. Gleiches gelte bei der Verwertung von beweglichen Gegenständen, die mit einem Absonderungsrecht belastet sind (BFH ZIP 2011, 1923 Rn. 14 und 26 ff.).

Diese Rechtsprechung überzeugt jedoch nicht. Der BFH begründet sie damit, dass es dem 26
Insolvenzverwalter freistehe, ob er ein Verwertungsrecht wahrnehme oder nicht. Nehme der Insolvenzverwalter das Verwertungsrecht war, erbringe er damit eine Leistung im Interesse des Gläubigers und an diesen. Das ist zumindest für den Fall der Verwertung von beweglichen Gegenständen und Forderungen unzutreffend. Hier besteht grundsätzlich eine Pflicht des Insolvenzverwalters zur Verwertung. Aber auch bei der freihändigen Verwertung belasteten Grundeigentums stellt der Erlösanteil der Masse kein Entgelt für eine Geschäftsbesorgung zugunsten des Gläubigers dar. Die Auffassung des BFH ist daher abzulehnen (ebenso HK-InsO/Landfermann Rn. 12; Uhlenbruck/Brinkmann Rn. 46, 50; Mitlehner ZIP 2001, 677 (681); hierzu auch Jaeger/Jaeger Rn. 86 ff.).

§ 172 Sonstige Verwendung beweglicher Sachen

(1) ¹Der Insolvenzverwalter darf eine bewegliche Sache, zu deren Verwertung er berechtigt ist, für die Insolvenzmasse benutzen, wenn er den dadurch entstehenden Wertverlust von der Eröffnung des Insolvenzverfahrens an durch laufende Zahlungen an den Gläubiger ausgleicht. ²Die Verpflichtung zu Ausgleichszahlungen besteht nur, soweit der durch die Nutzung entstehende Wertverlust die Sicherung des absonderungsberechtigten Gläubigers beeinträchtigt.

(2) ¹Der Verwalter darf eine solche Sache verbinden, vermischen und verarbeiten, soweit dadurch die Sicherung des absonderungsberechtigten Gläubigers nicht beeinträchtigt wird. ²Setzt sich das Recht des Gläubigers an einer anderen Sache fort, so hat der Gläubiger die neue Sicherheit insoweit freizugeben, als sie den Wert der bisherigen Sicherheit übersteigt.

Überblick

Die Vorschrift des § 172 ergänzt das Verwertungsrecht des Insolvenzverwalters aus § 166 (→
§ 166 Rn. 9). Es ermöglicht dem Insolvenzverwalter, Sicherungsgut über die Verwertung hinaus für die Insolvenzmasse nutzen zu können. Damit schafft die Vorschrift die Grundlage für eine Betriebsfortführung, die eine Möglichkeit der bestmöglichen Vermögensverwertung im Insolvenzverfahren darstellt. § 172 Abs. 1 regelt die Nutzung des Sicherungsgutes für die Masse durch den Insolvenzverwalter (→ Rn. 3 ff.). Ein dadurch entstehender Wertverlust ist aus der Insolvenzmasse zum Schutze des Gläubigers auszugleichen, soweit der Wertverlust die Sicherheit des Gläubigers tatsächlich schmälert (→ Rn. 6 ff.). § 172 Abs. 2 ermächtigt den Insolvenzverwalter, Sicherungs-

gut mit anderen Sachen zu verbinden, zu vermischen und zu verarbeiten (→ Rn. 17 f.). Erleidet der Gläubiger hierdurch einen Rechtsverlust, hat er einen Ausgleichsanspruch gegen die Masse oder einen Haftungsanspruch gegen den Insolvenzverwalter (→ Rn. 19). Eine durch eine Verwendung bewirkte Werterhöhung kommt dagegen der Insolvenzmasse zugute (→ Rn. 20).

A. Nutzung des Sicherheitsguts für die Insolvenzmasse

I. Umfasste Gegenstände

1   Die Rechte des Insolvenzverwalters aus § 172 sind an sein Verwertungsrecht aus § 166 gekoppelt. Damit fallen insbesondere die im Besitz des Insolvenzverwalters befindlichen beweglichen Sachen in den Anwendungsbereich der Norm. Unter Eigentumsvorbehalt gelieferte und noch vorhandene Ware und sonstiges Aussonderungsgut fallen nicht darunter (HK-InsO/Landfermann Rn. 6 mwN). Darüber hinaus kann der Insolvenzverwalter auch solche Gegenstände nutzen, für die er nach § 173 Abs. 2 verwertungsbefugt ist (Nerlich/Römermann/Becker Rn. 3). § 172 ist außerdem entsprechend anwendbar auf unkörperliche Gegenstände (immaterielle Vermögenswerte, Mitgliedschaftsrechte, Geschäftsanteile, etc), für die ein Verwertungsrecht nach der hier vertretenen Auffassung (→ § 166 Rn. 51) aus § 166 Abs. 1 analog besteht (ebenso Uhlenbruck/Brinkmann Rn. 3; HmbKommInsR/Büchler Rn. 2; im Ergebnis auch Nerlich/Römermann/Becker Rn. 4, 47, allerdings unter Verweis auf § 166 Abs. 2 analog). Vertragliche Nutzungsrechte aus dem Sicherungsvertrag zwischen Schuldner und Gläubiger bleiben von § 172 unberührt, sofern sie die Verwertungsbefugnisse erweitern (Nerlich/Römermann/Becker Rn. 3; KPB/Flöther Rn. 15; aA HK-InsO/Landfermann Rn. 2; HmbKommInsR/Büchler Rn. 1). Vertragliche Rechte, die die Nutzungsbefugnis aus § 172 beschränken, sind dagegen nicht zu berücksichtigen (BGH NZI 2009, 312 (313)).

2   Sicherungsgut, das der Insolvenzverwalter nicht im Besitz hat, aber zwingend für eine Betriebsfortführung benötigt, kann der Verwalter nur mit dem Einverständnis des Gläubigers nutzen. Er muss hierfür eine individuelle Vereinbarung schließen (Nerlich/Römermann/Becker Rn. 3).

II. Nutzung für die Masse

1. Nutzungsmöglichkeiten

3   Der Insolvenzverwalter hat, vorbehaltlich von Verwertungsentscheidungen der Gläubigerversammlung, ein weites Ermessen bei der Frage, wie er die Insolvenzmasse für die bestmögliche Gläubigerbefriedigung einsetzt. Dies gilt auch für die Nutzung des Sicherungsgutes. Deshalb kann sich der Insolvenzverwalter auch für eine Nutzungsart entscheiden, die nicht dem eigentlichen bzw. früheren Geschäftsgegenstand der Schuldnerin entspricht (Uhlenbruck/Brinkmann Rn. 6; Nerlich/Römermann/Becker Rn. 7). Verlangt wird allerdings eine Nutzung im Interesse der Gläubigergesamtheit. Nicht zulässig ist dagegen die Nutzung im Interesse eines einzelnen Gläubigers (Uhlenbruck/Brinkmann Rn. 6).

4   Zur Nutzung gehören auch die Vermietung und Verpachtung des Sicherungsgegenstands. Es ist nicht zu fordern, dass diese Nutzungsart zwangsläufig zum Geschäftsgegenstand des Unternehmens gehört (wohl anders K. Schmidt InsO/Sinz Rn. 3; HK-InsO/Landfermann Rn. 3). Auch die Überlassung des Sicherungsguts an einen Dritten zur Ausführung von Aufträgen für den Schuldner ist eine zulässige Nutzungsart (K. Schmidt InsO/Sinz Rn. 3).

2. Vollständiger Verbrauch von Sicherungsgut

5   Umstritten ist, ob der vollständige Verbrauch des Gegenstands noch als Nutzung aufgefasst werden kann. Die überwiegende Auffassung im Schrifttum lehnt das unzutreffenderweise ab (Jaeger/Jaeger Rn. 83; Uhlenbruck/Brinkmann Rn. 7; K. Schmidt InsO/Sinz Rn. 4; HK-InsO/Landfermann Rn. 16; KPB/Flöther Rn. 3). Nach § 197 Abs. 2 des Gesetzesentwurfs der Bundesregierung v. 15.4.1992 sollte der Insolvenzverwalter zum Verbrauch von Sicherungsgut befugt sein, sofern er dem Gläubiger zuvor eine Ersatzsicherheit hierfür stellt. In der Entwurfsbegründung wurde zwar klargestellt, dass der Verbrauch grundsätzlich nicht mehr als Nutzung anzusehen ist (BT-Drs. 12/2443, 182). Außerdem wurde diese Regelung letztlich aus dem Gesetz gestrichen, um das Regelungsgefüge durch die Aufnahme von Ersatzsicherheiten nicht zu kompliziert werden zu lassen (BT-Drs. 12/7302, 178; s. auch Nerlich/Römermann/Becker Rn. 9). Daraus allerdings das Verbot eines Verbrauchs abzuleiten, überzeugt nicht. Es gibt Sicherungsgut, bei dem der

Verbrauch zur bestimmungsgemäßen Nutzung zwangsläufig dazugehört, weil eine andere Art der Nutzung wirtschaftlich unsinnig ist. Das ist bei Brennstoffvorräten der Fall (Beispiel bei Nerlich/Römermann/Becker Rn. 9), aber zB auch bei Tierfutter oder Düngemitteln. Darüber hinaus kann auch die Nutzung körperlicher Gegenstände wie einer Maschine zu irreparablen Schäden und damit dem vollständigen wirtschaftlichen Verlust eines Gegenstands führen. Der substantielle Entzug des Gegenstands im Falle eines Verbrauchs ist deshalb kein taugliches Abgrenzungskriterium (so aber MüKoInsO/Kern Rn. 13), denn in Höhe des Wertverlusts tritt dieser auch bei der Nutzung ein. Der Gläubiger ist in diesem Fall ebenfalls nur durch seinen Anspruch auf Ausgleich des Wertverlusts geschützt. Deshalb gibt es keinen sachlichen Grund, den Verbrauch anders zu bewerten.

III. Ausgleich des Wertverlusts

1. Voraussetzungen

Der Gläubiger muss nicht nur die Verwertung, sondern auch die Nutzung und Verarbeitung **6** des Sicherungsguts dulden. Folge dessen darf aber nicht sein, dass der Wert seines Sicherungsguts beeinträchtigt wird. Deshalb hat der Gläubiger einen Anspruch auf Ausgleich eines Wertverlusts. Voraussetzung für die Pflicht zum Wertausgleich ist zunächst der Eintritt eines Wertverlusts. Außerdem muss die Nutzung hierfür ursächlich gewesen sein. Schließlich muss der Wertverlust dazu geführt haben, dass der Wert der Sicherheit für den Gläubiger tatsächlich geschmälert wird.

Umstritten ist, ob auch ein Wertverlust auszugleichen ist, der nicht auf einer Nutzung, sondern **7** darauf beruht, dass sich der Insolvenzverwalter mit dem Gegenstand überhaupt nicht befasst (dafür HmbKommInsR/Büchler Rn. 4; Nerlich/Römermann/Becker Rn. 11 und 47 mit anschaulichen Beispielen). Der Wortlaut der Vorschrift („dadurch") spricht für einen Ausgleich des Wertverlusts nur bei tatsächlichem Gebrauch des Gegenstands. Sinz weist richtigerweise darauf hin, dass der Gläubiger bei pflichtwidrigem Verhalten durch den Insolvenzverwalter, wozu auch die Nichtbefassung mit Gegenständen der Ist-Masse gehören kann (→ § 60 Rn. 36 ff.), ausreichend über § 60 geschützt ist (K. Schmidt InsO/Sinz Rn. 8; zust. Uhlenbruck/Brinkmann Rn. 8), sodass es daneben nicht noch eines Ausgleichsanspruchs nach § 172 Abs. 1 bedarf.

Die Voraussetzungen des Ausgleichsanspruchs und dessen Höhe hat grundsätzlich der Gläubiger **8** zu beweisen (BGH, NZI 2016, 946 (947); Uhlenbruck/Brinkmann Rn. 8; K. Schmidt InsO/Sinz Rn. 11). Da die Nutzung jedoch in der Regel außerhalb des Wahrnehmungsbereichs des Gläubigers erfolgt, darf man keine zu hohen Anforderungen an die Darlegungs- und Beweislast stellen. Daher können die Grundsätze der sekundären Darlegungslast zulasten des Insolvenzverwalters angewandt werden (ebenso HK-InsO/Landfermann Rn. 9; Christoph/Doghonodo NZI 2016, 809 (812), die dem Gläubiger einen Auskunftsanspruch gegen den Insolvenzverwalter zugestehen). Im Kern geht es darum, den gesicherten Gläubiger vor Beeinträchtigungen seiner Sicherheit zu schützen, die dadurch drohen, dass in seine Rechtsposition zum Wohle der übrigen (ungesicherten) Gläubiger eingegriffen und ihm der Zugriff auf die Sicherheit verwehrt wird. Auch aus diesem Grund dürfen die Anforderungen an die Darlegungslast des Gläubigers nicht überspannt werden.

2. Ausgleich durch laufende Zahlungen

Der Ausgleichsanspruch hat nach unbestrittener Auffassung den Rang einer Masseverbindlich- **9** keit gem. § 55 Abs. 1 Nr. 1. Der Wertverlust ist durch laufende Zahlungen aus der Masse zu leisten. In welchen Abständen Zahlungen zu leisten sind, ist eine Frage des Einzelfalls und insbesondere davon abhängig, wann und in welchem Umfang ein Wertverlust tatsächlich eintritt (Nerlich/Römermann/Becker Rn. 25; für monatliche Zahlungen als Regelfall HK-InsO/Landfermann Rn. 7; MüKoInsO/Kern Rn. 36).

Der Anspruch des Gläubigers auf Ausgleich des Wertverlusts steht unabhängig neben seinem **10** Anspruch auf Zinszahlungen aus § 169 (so schon BT-Drs. 12/7302, 178). Dies entspricht allgemeiner Auffassung (K. Schmidt InsO/Sinz Rn. 5; HmbKommInsR/Büchler Rn. 1). Die Zinszahlungspflicht des § 169 soll die zeitweise Vorenthaltung des Verwertungserlöses abdecken. Sie erfüllt somit einen anderen Zweck (§ 172 Abs. 1).

Unzutreffend ist die Annahme, dass es sich bei den Ausgleichszahlungen um eine vorwegge- **11** nommene Erlösausschüttung handelt und deshalb die Kostenbeiträge nach den §§ 170, 171 von den laufenden Ausgleichszahlungen abgezogen werden müssten (anders Uhlenbruck/Brinkmann Rn. 12; Nerlich/Römermann/Becker Rn. 26). Ob und in welcher Höhe tatsächlich Verwertungskosten den Erlös schmälern, steht erst nach Durchführung der Verwertung fest. Möglicherweise kann die Masse keine Verwertungskosten fordern, zB wenn der Insolvenzverwalter Sicherungsgut nach einer Nutzung zur Verwertung durch den Gläubiger freigibt. Auch die Feststellungskosten können nur berechnet werden auf der Grundlage des tatsächlich erzielten Verwertungserlöses. Der Gläubiger hat Anspruch auf den vollen Wertausgleich zwischen Insolvenzeröffnung und Verwertung, nicht auf einen Wertausgleich abzüglich der Kostenpauschalen bezogen auf den Zeitwert bei Insolvenzeröffnung.

3. Berechnung des Wertausgleichs

12 Auszugleichen ist der tatsächliche Wertverlust (hierzu auch die vergleichbare Vorschrift des § 21 Abs. 2 S. 1 Nr. 5, → § 21 Rn. 125). Dieser ist anhand objektiver Maßstäbe zu bestimmen (MüKoInsO/Kern Rn. 27). Über § 172 Abs. 1 wird keine Entschädigung für den Gebrauch eines Gegenstands gezahlt, denn der Gläubiger hat nur Anspruch auf den Erhalt des wirtschaftlichen Werts seiner Sicherheit (HK-InsO/Landfermann Rn. 4). Deshalb ist auch kein Gewinnanteil wie zB bei einer Miete auszugleichen (MüKoInsO/Kern Rn. 27). Die Gebrauchsmöglichkeit selbst gehört zur Masse (HmbKommInsR/Büchler Rn. 4). Reparatur- und Instandhaltungsaufwand dürfte einen Wertverlust schon auf tatbestandlicher Ebene ausschließen. Gegebenenfalls können auch die Grundsätze der GoA Anwendung finden (→ § 171 Rn. 13). Fehlt es an einem feststellbaren Wertverlust, scheidet ein Ausgleichsanspruch gänzlich aus (hierzu auch Vogel NZI 2018, 588 (593) bezogen auf § 21 Abs. 2. S. 1 Nr. 5).

13 In praktischer Hinsicht bereitet die zutreffende Ermittlung des Wertverlusts große Probleme (Uhlenbruck/Brinkmann Rn. 10; ausf. hierzu MüKoInsO/Kern Rn. 27 ff.). Eine Regelung hierzu findet sich in der InsO nicht (BGH NZI 2016, 946). Grundsätzlich ist der Zeitwert des Sicherungsguts im Zeitpunkt der Insolvenzeröffnung dem Zeitwert im Moment der Verwertung gegenüberzustellen. Um späteren Streit zu vermeiden, empfiehlt es sich, die Bewertung des Sicherungsguts und die Rahmenbedingungen für eine Nutzung vorab zwischen Insolvenzverwalter und Gläubiger abzustimmen (K. Schmidt InsO/Sinz Rn. 11; hierzu auch MüKoInsO/Kern Rn. 50 ff.). Die Einholung eines Sachverständigengutachtens zunächst zum Eröffnungs- und später zum Verwertungsstichtag dürfte schon aus zeitlichen Gründen, insbesondere aber auch wegen der damit verbundenen Kosten, die die Höhe des streitigen Wertverlusts schnell übersteigen werden, nur in Ausnahmefällen sinnvoll sein (Christoph/Doghonadze NZI 2016, 809 (810 f.)). Daher wird man auch eine abstrakte Berechnung des Wertverlusts oder dessen Schätzung nach § 287 ZPO zulassen müssen, wenn die Höhe des ansonsten unstreitigen Wertverlusts anders nicht festgestellt werden kann (so auch Christoph/Doghonadze NZI 2016, 809 (811 f.)). Diese Auffassung hat nun auch der BGH bestätigt und entschieden, dass sich Darlegung und Beweis des Wertersatzanspruchs nach den allgemeinen Regelungen des Zivilprozesses und insbesondere nach § 287 ZPO richten. Der Tatrichter müsse den Schaden unter Würdigung aller Einzelfallumstände nach freier Überzeugung bestimmen und könne nach eigenem Ermessen einen Sachverständigen hinzuziehen. Eine Bezugnahme auf Erfahrungssätze wie zB Abschreibungslisten oder das Verhältnis der tatsächlichen Nutzung zur durchschnittlichen Gesamtnutzungsdauer (zB bei Fahrzeugen) ist nach dem BGH zwar zulässig (BGH NZI 2016, 946 f.), führt aber ggf. und in Abhängigkeit vom Sicherungsgut zu falschen Ergebnissen (Vogel NZI 2018, 588 (593), speziell zu Verkehrsflugzeugen).

14 Rück- oder Nachzahlungen sollen möglich sein, wenn sich nachträglich herausstellt, dass die Berechnung des Wertausgleichs zu hoch oder niedrig war (MüKoInsO/Kern Rn. 37; HmbKommInsR/Büchler Rn. 5; Nerlich/Römermann/Becker Rn. 42 ff.; Uhlenbruck/Brinkmann Rn. 10).

15 Wird das Sicherungsbedürfnis des Gläubigers nicht berührt, kann er keinen Wertausgleich fordern. Das ist der Fall, wenn der Wert des Sicherungsguts trotz einer nutzungsbedingten Wertminderung noch größer ist als die gesicherte Forderung. Eine Beeinträchtigung fehlt aber auch, wenn der Gläubiger aufgrund des Rangs seiner Sicherheit oder des geringen Werts des Sicherungsguts von Beginn an keine Befriedigung erwarten durfte (Nerlich/Römermann/Becker Rn. 37).

IV. Nutzung im vorläufigen Insolvenzverfahren

16 § 172 ist im Eröffnungsverfahren grundsätzlich nicht anwendbar. Der vorläufige Insolvenzverwalter kann Sicherungsgut daher nur in dem Umfang nutzen, in dem dies auch der Schuldner auf der Grundlage des Sicherungsvertrags könnte (K. Schmidt InsO/Sinz Rn. 2). Darüber hinaus können natürlich individuelle Absprachen zwischen Sicherungsgläubiger und Schuldner und mit Zustimmung des vorläufigen Insolvenzverwalters getroffen werden. Erlässt das Gericht eine Anordnung nach § 21 Abs. 2 Nr. 5, ist eine Nutzung des Sicherungsguts im Rahmen einer Betriebsfortführung im vorläufigen Insolvenzverfahren möglich. Die Rechtsfolgen richten sich dann allerdings

Sonstige Verwendung beweglicher Sachen § 172 InsO

unmittelbar nach § 21 Abs. 2 Nr. 5, wobei sie den Maßgaben des § 172 entsprechen (hierzu ausf. Christoph/Doghonadze ZInsO 2016, 809 ff. und Sinz/Hiebert ZInsO 2011, 798 ff.). Der Anspruch des Gläubigers auf Ausgleich des Wertverlusts ist als Masseverbindlichkeit in entsprechender Anwendung des § 55 Abs. 2 S. 1 zu berichtigen (BGH NZI 2012, 369 Rn. 24 ff. mwN).

B. Verbindung, Vermischung und Verarbeitung von Sicherungsgut

I. Verwendungsmöglichkeiten des Insolvenzverwalters

Verbindet, vermischt oder verarbeitet der Insolvenzverwalter Sicherungsgut, gelten die Vor- 17
schriften der §§ 946–950 BGB uneingeschränkt (K. Schmidt InsO/Sinz Rn. 14; HK-InsO/Landfermann Rn. 15). Die Vermengung nach § 948 BGB fällt unter den Begriff der Vermischung (KPB/Flöther Rn. 11). Dem Sicherungsgläubiger droht in diesen Fällen ein Verlust seines Sicherungsrechts und eine wertmäßige Minderung seiner Sicherheit. Diesen Verlust soll § 172 Abs. 2 ausschließen, indem er die Verwendungsmöglichkeiten des Insolvenzverwalters beschränkt auf solche, die nicht zu einem Verlust der dinglichen Rechte des Gläubigers führen (im Einzelnen zu den zulässigen und unzulässigen Verwendungsmöglichkeiten HmbKommInsR/Büchler Rn. 7 f.; MüKoInsO/Kern Rn. 59–64).

Besonders problematisch ist eine Verarbeitung von Sicherungsgut. Da Verarbeitungsklauseln 18
aus dem Vertragsverhältnis mit dem Schuldner grundsätzlich nicht mehr wirksam sind und der Insolvenzverwalter, der kraft seiner gesetzlichen Befugnisse aus den §§ 166 ff. verarbeitet, für den Schuldner handelt, ist die Masse als Verarbeiter iSd § 950 BGB anzusehen (MüKoInsO/Kern Rn. 70; Uhlenbruck/Brinkmann Rn. 19). Folge hiervon ist, dass das Eigentum an dem Produkt der Verarbeitung der Masse zufällt und der Gläubiger seine dinglichen Rechte verliert. Daher ist die Verarbeitung im Regelfall nicht nach § 172 Abs. 2 zulässig (HmbKommInsR/Büchler Rn. 8; Schultze ZIP 2016, 1198 (1201)). Aus diesem Grund sollte der Insolvenzverwalter vor der Verarbeitung Verwertungsvereinbarungen mit dem Gläubiger schließen oder Ersatzsicherheiten stellen (HK-InsO/Landfermann Rn. 17). Beides ist zulässig und zur Streit- und Haftungsvermeidung anzuraten.

II. Ausgleichsansprüche des Gläubigers bei Rechtsverlust

Kommt es dennoch zu einem Rechtsverlust durch eine Verwendung des Sicherungsguts durch 19
den Insolvenzverwalter, entsteht ein Entschädigungsanspruch des Gläubigers nach § 951 BGB. Dieser hat den Rang einer Masseverbindlichkeit gem. § 55 Abs. 1 Nr. 3 (K. Schmidt InsO/Sinz Rn. 16; Schultze ZIP 2016, 1198 (1201)). Daneben kommt eine Haftung des Insolvenzverwalters nach § 60 Abs. 1 in Betracht (Uhlenbruck/Brinkmann Rn. 19), ebenso nach § 61, wenn der Ausgleichsanspruch wegen Masseunzulänglichkeit nicht werthaltig ist (HmbKommInsR/Büchler Rn. 9; Schultze ZIP 2016, 1198 (1201)). Eine Haftung entfällt, wenn der Insolvenzverwalter den Sicherungsgläubiger aus Verwertungserlösen doch noch befriedigen kann.

III. Ausgleich eines Wertzuwachses

Verwendet der Insolvenzverwalter Sicherungsgut in einer nach § 172 Abs. 2 zugelassenen Weise 20
und führt dies zu einem Wertzuwachs, steht dieser nach der Vorstellung des Gesetzgebers der Insolvenzmasse zu. Im Grunde wird der Wert des Sicherungsgutes „eingefroren" auf dem Stand, den er vor der Insolvenz hatte (Schultze ZIP 2016, 1198 (1201)). Das Gesetz sieht in § 172 Abs. 2 S. 2 eine Freigabeverpflichtung des Gläubigers vor. Die Masse hat einen schuldrechtlichen Anspruch auf Freigabe (MüKoInsO/Kern Rn. 76; HK-InsO/Landfermann Rn. 16). In der Praxis wird die Freigabe der Wertsteigerung dadurch durchgeführt werden können, dass der Insolvenzverwalter bei der Erlösauskehr den Wertzuwachs einbehält (HK-InsO/Landfermann Rn. 16). Erfolgte eine Wertsteigerung im Eröffnungsverfahren, kommt deren Anfechtung in Betracht, weil die Insolvenzmasse in aller Regel hierfür Mittel der Masse eingesetzt hat, die dadurch bewirkte Wertsteigerung aber einseitig dem Sicherungsgläubiger zugutekam. Schwierig ist die Berechnung eines Wertzuwachses bei unfertigen Erzeugnissen, da diese bis zur Fertigstellung kaum am Markt abgesetzt werden können und zudem bereits die Bemessung des Werts vor Eintreten des Wertzuwachses schwierig ist. Maßgeblich soll insoweit der objektive Verkehrswert sein, der sich aus der Gewinnerwartung bzw. dem Ertragswert im Falle der Fertigstellung ergeben soll (im Einzelnen hierzu Schultze ZIP 2016, 1198 (1201 f.) unter Verweis auf BGH IBRRS 2013, 5397 Rn. 15 ff.).

Lütcke

§ 173 Verwertung durch den Gläubiger

(1) Soweit der Insolvenzverwalter nicht zur Verwertung einer beweglichen Sache oder einer Forderung berechtigt ist, an denen ein Absonderungsrecht besteht, bleibt das Recht des Gläubigers zur Verwertung unberührt.

(2) ¹Auf Antrag des Verwalters und nach Anhörung des Gläubigers kann das Insolvenzgericht eine Frist bestimmen, innerhalb welcher der Gläubiger den Gegenstand zu verwerten hat. ²Nach Ablauf der Frist ist der Verwalter zur Verwertung berechtigt.

Überblick

Sofern dem Insolvenzverwalter das Recht zur Verwertung nicht zusteht, verbleibt dieses beim Gläubiger. Die Vorschrift setzt ein nach allgemeinem Recht bestehendes Verwertungsrecht des Gläubigers voraus und schafft dieses nicht selbst. Die Verwertung durch den Gläubiger erfolgt nach den allgemeinen Vorschriften und den Vereinbarungen mit dem Schuldner, zB in der Sicherungsabrede (→ Rn. 2). Im Interesse einer zügigen Verwertung kann der Insolvenzverwalter ein dem Gläubiger zustehendes Verwertungsrecht über § 173 Abs. 2 an sich ziehen. Er muss hierfür das Insolvenzgericht anrufen, das dem Gläubiger nach dessen Anhörung eine Frist zur Verwertung setzen kann. Nach dem fruchtlosen Ablauf der Frist kann der Insolvenzverwalter die Verwertung betreiben (→ Rn. 7).

A. Verwertungsrecht des Gläubigers

1 § 173 Abs. 1 regelt, dass ein bereits bestehendes Verwertungsrecht des absonderungsberechtigten Gläubigers weiter besteht, soweit sich nicht ein Verwertungsrecht des Insolvenzverwalters aus § 166 Abs. 1, 2 ergibt. Die Vorschrift setzt somit voraus, dass ein Verwertungsrecht des gesicherten Gläubigers aus der Rechtsbeziehung zum Schuldner bereits besteht (BGH ZIP 2016, 1301 Rn. 7 = BeckRS 2016, 10335; BGH NZI 2013, 596 (597); Uhlenbruck/Brinkmann Rn. 2; Mitlehner ZIP 2015, 60 (61); ebenso Thole NZI 2011, 41 (44), der darüber hinaus in der Vorschrift auch das Element einer negativen Abgrenzung zu den Verwertungskompetenzen des Insolvenzverwalters sieht). Typische Anwendungsfälle für § 173 Abs. 1 sind dem Gläubiger rechtsgeschäftlich verpfändete Forderungen und in seinem Besitz befindliches Sicherungsgut (weitere Beispiele bei Uhlenbruck/Brinkmann Rn. 4).

2 Die Verwertung durch den Gläubiger erfolgt nach den allgemeinen Vorschriften (BGH NZI 2011, 602 Rn. 31). Maßgeblich für die Art der Verwertung sind insbesondere die Parteiabsprachen bzw. die Vereinbarungen im Sicherungsvertrag. Der Gläubiger hat grundsätzlich die effizienteste Verwertungsart zu wählen (Uhlenbruck/Brinkmann Rn. 7). Er kann, muss aber nicht verwerten. Möchte er die Verwertung dem Insolvenzverwalter freiwillig überlassen, empfiehlt sich eine Verwertungsvereinbarung.

3 Vorbehaltlich im Antragsverfahren angeordneter Sicherungsmaßnahmen kann der Sicherungsgläubiger bereits im Eröffnungsverfahren verwerten, solange nur Verwertungsreife vorliegt (Uhlenbruck/Brinkmann Rn. 3; K. Schmidt InsO/Sinz Rn. 7). Liegt diese auch im eröffneten Verfahren noch nicht vor, kann der Gläubiger nicht nach § 173 Abs. 1 verwerten. In diesem Fall steht dem Insolvenzverwalter ein Verwertungsrecht in entsprechender Anwendung von § 173 Abs. 2 S. 2 zu (BGH NZI 2013, 596 Rn. 17; 2005, 384 (385)). Ist eine verpfändete Forderung noch nicht verwertungsreif, findet § 1281 S. 1 BGB nach dem BGH keine Anwendung. In diesem Fall steht das Einziehungsrecht somit nicht dem Gläubiger und dem Insolvenzverwalter gemeinsam zu. Der durch § 1281 S. 1 BGB bezweckte Schutz des Pfändungsgläubigers, wonach ein eigenmächtiger Einzug der Forderung durch den Schuldner und der anschließende Verbrauch des Erlöses durch diesen verhindert werden soll, werde im Insolvenzverfahren dadurch gesichert, dass der Insolvenzverwalter den Forderungserlös separieren müsse (BGH NZI 2013, 596 Rn. 21). Grundsätzlich ist der Verkauf eines Pfands im Wege öffentlicher Versteigerung zu bewirken (§ 1235 Abs. 1 BGB). Davon abweichende Vereinbarungen können die Parteien grundsätzlich erst nach Eintritt der Pfandreife treffen (§§ 1228 Abs. 2, 1245 Abs. 2 BGB). Eine von § 1235 Abs. 1 BGB abweichende Vereinbarung empfiehlt sich für den Gläubiger, da ein Verkauf oder eine andere Verwertung außerhalb einer Versteigerung regelmäßig höhere Erlöse versprechen werden.

4 Streitig ist, ob der Gläubiger einer ihm verpfändeten Unternehmensbeteiligung nach § 173 Abs. 1 zur Verwertung berechtigt ist. Höchstrichterlich ist diese Frage noch nicht geklärt. Mit der Begründung in BGH NZI 2016, 21 zum Verwertungsrecht des Insolvenzverwalters bei verpfändeten, in einer Sammelurkunde verbrieften und bei einer Wertpapiersammelbank verwahrten Inha-

beraktien lässt sich ein Verwertungsrecht des Insolvenzverwalters auch bei unverbrieften Unternehmensbeteiligungen vertreten (Bitter ZIP 2015, 2249; ebenso Berger ZInsO 2016, 474 (483); wohl ebenso, aber noch zweifelnd HK-InsO/Landfermann § 166 Rn. 35; **aA** K. Schmidt InsO/Sinz Rn. 9; MüKoInsO/Kern § 166 Rn. 101 ff.).

Zum Absonderungsrecht aus § 110 VVG s. Thole NZI 2011, 41 ff.; Thole NZI 2013, 665 ff. 5

Verwertet der Gläubiger selbst, fallen keine Kostenpauschalen nach den §§ 170, 171 an (zu den 6 umsatzsteuerrechtlichen Folgen Uhlenbruck/Brinkmann Rn. 9).

B. Übergang des Verwertungsrechts nach Abs. 2

§ 173 Abs. 2 dient dem Schutz der Insolvenzmasse (und mittelbar des Schuldners) vor einer 7 verzögerten Verwertung. Eine dem § 169 S. 1, 2 vergleichbare Regelung zum Schutz der Insolvenzmasse vor einer schleppenden Verwertung durch den Gläubiger gibt es indes nicht. Verzögert der Gläubiger die ihm obliegende Verwertung, kann der Insolvenzverwalter lediglich einen Antrag beim Insolvenzgericht stellen, dass das Verwertungsrecht auf ihn übergeleitet wird, falls der Gläubiger nicht binnen einer vom Insolvenzgericht gesetzten Frist verwertet.

Antragsberechtigt sind (ausschließlich) der Insolvenzverwalter und in der Eigenverwaltung nach 8 § 282 Abs. 1 iVm §§ 166 ff. der Schuldner (Nerlich/Römermann/Becker Rn. 18). Der Antrag ist formlos gültig, muss aber das Absonderungsgut bestimmbar bezeichnen. Der Antrag kann auch als Druckmittel eingesetzt werden, um den Gläubiger zur Verwertung anzuhalten (Nerlich/Römermann/Becker Rn. 22). Kann der Gläubiger mangels Verwertungsreife noch nicht verwerten, kann ihm sein Verwertungsrecht auch nicht über § 173 Abs. 2 entzogen werden (Nerlich/Römermann/Becker § 171 Rn. 1, 17).

Das Insolvenzgericht hat den Gläubiger anzuhören (BGH ZIP 2016, 1301 Rn. 7). Es entschei- 9 det nach pflichtgemäßem Ermessen (Nerlich/Römermann/Becker Rn. 26). Die Länge der vom Gericht zu bemessenden Frist ist nicht geregelt. Eine Frist von einem bis zwei Monaten wird allgemein als ausreichend und angemessen angesehen, kann aber im Einzelfall auch noch länger sein (MüKoInsO/Kern Rn. 32; Uhlenbruck/Brinkmann Rn. 8; K. Schmidt InsO/Sinz Rn. 15). Letztlich ist die Bemessung der Frist jedoch eine Frage des konkreten Einzelfalls. Ihre Dauer wird maßgeblich von der Art und Beschaffenheit des Sicherungsguts und der vom Insolvenzverwalter im Rahmen seines Antrags vorzutragenden Verwertungsmöglichkeiten abhängen (ebenso Braun/Dithmar Rn. 3). Eine Frist zur Auszahlung des Erlöses sollte mit aufgenommen werden, sofern die Auszahlung vom Willen des Gläubigers abhängt, da andernfalls eine weitere Verzögerung eintreten kann (Nerlich/Römermann/Becker Rn. 27).

Gegen eine vom Gericht beschlossene Frist oder eine Ablehnung des Antrags des Insolvenzver- 10 walters besteht kein Rechtsmittel, der Beschluss des Insolvenzgerichts ist somit unanfechtbar (BGH ZIP 2016, 1301 Rn. 7 = BeckRS 2016, 10335). Entscheidet wie im Regelfall der Rechtspfleger, kann Erinnerung nach § 11 Abs. 2 S. 1 RPflG erhoben werden. In diesem Fall entscheidet der Richter durch unanfechtbaren Beschluss (vgl. Weiß ZInsO 2017, 23).

Eine Fristsetzung wird nicht dadurch entbehrlich, dass der Gläubiger Volleigentum an einem 11 Gegenstand behauptet und damit ein Verwertungsrecht des Insolvenzverwalters generell ablehnt. Denn der Gläubiger verwirkt sein Verwertungsrecht nicht dadurch, dass er die Massezugehörigkeit eines Gegenstands leugnet. Auch eine daraufhin vom Insolvenzverwalter erhobene Klage vor den ordentlichen Gerichten kann eine Fristsetzung nach § 173 Abs. 2 nicht ersetzen. Eine unklare Rechtslage kann nicht durch das Insolvenzgericht iRd § 173 Abs. 2 entschieden werden. Bei § 173 Abs. 2 handelt es sich um eine rein verfahrensrechtliche Vorschrift (Weiß ZInsO 2017, 23). Die Massezugehörigkeit ist deshalb zunächst vor den ordentlichen Gerichten zu klären. Erst nach dieser Klärung ist Raum für die verfahrensrechtliche Zuweisung des Verwertungsrechts über § 173 Abs. 2 (BGH ZIP 2016, 1301 ff. = BeckRS 2016, 10335).

Mit fruchtlosem Fristablauf geht das Verwertungsrecht auf den Insolvenzverwalter über, der 12 Gläubiger verliert es. Damit verliert der Gläubiger auch das Recht zum Besitz. Allerdings bleibt das Absonderungsrecht des Gläubigers von der Fristsetzung und einem Fristablauf unberührt, der Gläubiger kann daher in der Zwischenzeit oder auch noch nach Fristablauf seine Rechtsposition übertragen (BGH ZIP 2016, 1301 Rn. 7 = BeckRS 2016, 10335). Problematisch ist allerdings, dass der Insolvenzverwalter den Herausgabeanspruch nur nach den allgemeinen Vorschriften durchsetzen kann, er also notfalls eine Klage auf Herausgabe erheben muss (K. Schmidt InsO/Sinz Rn. 18). Das eigentliche Ziel einer Verfahrensbeschleunigung kann dadurch konterkariert werden.

Nach dem Übergang des Verwertungsrechts muss der Insolvenzverwalter nach überwiegender 13 und zutreffender Auffassung die Maßgaben der §§ 167–169 nicht berücksichtigen (K. Schmidt

InsO/Sinz Rn. 19; HK-InsO/Landfermann Rn. 5; Nerlich/Römermann/Becker Rn. 34; **aA** MüKoInsO/Kern Rn. 42; Uhlenbruck/Brinkmann Rn. 16; ebenso zumindest im Regelfall Jaeger/Jaeger Rn. 132 ff.). Eine Information des Gläubigers nach § 167 über den Zustand des Sicherungsguts ist angesichts des vom Gläubiger ungenutzten Zeitablaufs überflüssig. Der Insolvenzverwalter muss dem Gläubiger auch keine Möglichkeit einräumen, binnen einer Woche eine günstigere Verwertungsmöglichkeit vorzuschlagen. Hätte der Gläubiger eine solche gehabt, hätte er vernünftigerweise bereits verwertet. Die in den §§ 167 und 168 geregelten Rücksichtnahmepflichten kompensieren den mit § 166 verbundenen Verlust des Verwertungsrechts (→ § 167 Rn. 1, → § 168 Rn. 2). Hat der Gläubiger jedoch sein Verwertungsrecht über längere Zeit nicht wahrgenommen, ist nicht nachvollziehbar, warum die Verwertung weiter durch den (nochmaligen) Einbezug des Gläubigers in den Verwertungsprozess verzögert werden soll.

14 Geht das Verwertungsrecht nach § 173 Abs. 2 auf den Insolvenzverwalter über und führt dieser die Verwertung durch, kann er aus dem Erlös die Kostenbeiträge und einen etwaigen Umsatzsteueranteil entnehmen. Die §§ 170,171 gelten uneingeschränkt. Insbesondere können auch die Feststellungskosten in Höhe von 4 % des Bruttoerlöses entnommen werden (K. Schmidt InsO/Sinz Rn. 20; Nerlich/Römermann/Becker Rn. 33; Jaeger/Jaeger Rn. 138; **aA** Uhlenbruck/Brinkmann Rn. 18; MüKoInsO/Kern Rn. 38). Ob das Sicherungsrecht des Gläubigers tatsächlich besteht und zu beachten ist, muss der Insolvenzverwalter auch nach Übergang des Verwertungsrechts prüfen.

Fünfter Teil. Befriedigung der Insolvenzgläubiger. Einstellung des Verfahrens

Erster Abschnitt. Feststellung der Forderungen

§ 174 Anmeldung der Forderungen

(1) ¹Die Insolvenzgläubiger haben ihre Forderungen schriftlich beim Insolvenzverwalter anzumelden. ²Der Anmeldung sollen die Urkunden, aus denen sich die Forderung ergibt, in Abdruck beigefügt werden. ³Zur Vertretung des Gläubigers im Verfahren nach diesem Abschnitt sind auch Personen befugt, die Inkassodienstleistungen erbringen (registrierte Personen nach § 10 Abs. 1 Satz 1 Nr. 1 des Rechtsdienstleistungsgesetzes).

(2) Bei der Anmeldung sind der Grund und der Betrag der Forderung anzugeben sowie die Tatsachen, aus denen sich nach Einschätzung des Gläubigers ergibt, dass ihr eine vorsätzlich begangene unerlaubte Handlung, eine vorsätzliche pflichtwidrige Verletzung einer gesetzlichen Unterhaltspflicht oder eine Steuerstraftat des Schuldners nach den §§ 370, 373 oder § 374 der Abgabenordnung zugrunde liegt.

(3) ¹Die Forderungen nachrangiger Gläubiger sind nur anzumelden, soweit das Insolvenzgericht besonders zur Anmeldung dieser Forderungen auffordert. ²Bei der Anmeldung solcher Forderungen ist auf den Nachrang hinzuweisen und die dem Gläubiger zustehende Rangstelle zu bezeichnen.

(4) ¹Die Anmeldung kann durch Übermittlung eines elektronischen Dokuments erfolgen, wenn der Insolvenzverwalter der Übermittlung elektronischer Dokumente ausdrücklich zugestimmt hat. ²Als Urkunde im Sinne des Absatzes 1 Satz 2 kann in diesem Fall auch eine elektronische Rechnung übermittelt werden. ³Auf Verlangen des Insolvenzverwalters oder des Insolvenzgerichts sind Ausdrucke, Abschriften oder Originale von Urkunden einzureichen.

Überblick

Die von § 1 als Verfahrensziel benannte Gläubigerbefriedigung lässt sich nur dann verwirklichen, wenn feststeht, wer die zu befriedigenden Gläubiger sind und welcher Rang ihnen zukommt. Für die (einfachen wie nachrangigen) Insolvenzgläubiger sehen die §§ 174 ff. daher einen Mechanismus zur Forderungsanmeldung und -prüfung sowie zur Ausräumung von Streitigkeiten vor, der einerseits angesichts der potenziellen Vielzahl von Forderungen möglichst einfach ablaufen und das Insolvenzverfahren und seine Beteiligten möglichst wenig belasten soll, andererseits aber der Rechtsförmlichkeit des Insolvenzverfahrens als gerichtliches Vollstreckungsverfahren und dem Erfordernis der Rechtssicherheit Rechnung tragen muss; für die Anmeldung von Sicherungs- und Vorzugsrechten gilt hingegen insbesondere § 28 Abs. 2 (→ Rn. 2). In § 174 ist die **Anmeldung von Insolvenzforderungen** nach §§ 38 f. (→ Rn. 1) durch ihre **Gläubiger** (→ Rn. 5) - bzw. deren **Vertreter** (Abs. 1 S. 3, → Rn. 7) - geregelt. Sie ist an den **Insolvenzverwalter** zu richten (→ Rn. 11) und muss **schriftlich** bzw. durch Übermittlung eines elektronischen Dokuments (Abs. 4) erfolgen (→ Rn. 16). Die Forderung muss nach zivilprozessualen Maßstäben hinreichend **bestimmt** bezeichnet werden (→ Rn. 22); in der Insolvenz natürlicher Personen muss auch bereits in diesem Stadium der Rechtsgrund, der nach Ansicht des Gläubigers einen Ausschluss der Forderung von der Restschuldbefreiung nach **§ 302 Nr. 1** bewirkt, näher dargelegt werden (Abs. 2, → Rn. 29). Zum **Beleg** der Forderung sollen Urkunden in Kopie mitgeschickt werden, wobei ihr Fehlen die Wirksamkeit der Anmeldung nicht hindert (Abs. 1 S. 2, Abs. 4 S. 2 und S. 3, → Rn. 19). Mit Blick auf die oft fehlenden Befriedigungsaussichten **nachrangiger Insolvenzforderungen** wird im Regelfall schon auf ihre Anmeldung verzichtet (Abs. 3, → Rn. 31). Insolvenzverwalter (→ Rn. 36) und Insolvenzgericht (→ Rn. 41) können die Anmeldung (nur) **formal prüfen**. Sie kann bei Bedarf **korrigiert oder zurückgenommen** werden (→ Rn. 42). Die Anmeldung eröffnet die **Teilnahme** am Insolvenzverfahren (→ Rn. 45), insbesondere an den Verteilungen, und hemmt ggf. die **Verjährung** (→ Rn. 46).

Übersicht

	Rn.		Rn.
A. Anwendungsbereich: Insolvenzforderungen	1	D. Besonderheiten bei nachrangigen Forderungen (Abs. 3)	31
B. Formalien der Anmeldung (Abs. 1, 4)	5	I. Aufforderung zur Anmeldung	31
I. Anmelder	5	II. Angaben zum Nachrang	33
1. Anmeldeberechtigung	5	E. Prüfung/Änderung/Rücknahme	36
2. Bevollmächtigung Dritter	7	I. Prüfung durch den Insolvenzverwalter	36
II. Anmeldungsempfänger	11	II. Prüfung durch das Insolvenzgericht	41
III. Anmeldefrist	15	III. Änderung/Ergänzung/Rücknahme	42
IV. Schriftlich/elektronisches Dokument	16	F. Wirkungen der Anmeldung und ihres Unterbleibens	45
V. Dokumentation der Forderung (Abs. 1 S. 2, Abs. 4 S. 2)	19	I. Insolvenzverfahrensrechtliche Wirkungen	45
C. Inhalt der Anmeldung (Abs. 2)	22	II. Materiell-rechtliche Wirkungen	46
I. Bestimmte Bezeichnung der Forderung	22	III. Unterbleiben der Anmeldung	51
1. Betrag	23	1. Regelverfahren	51
2. Grund	25	2. Planverfahren	52
II. Angaben in Bezug auf § 302 Nr. 1	29		

A. Anwendungsbereich: Insolvenzforderungen

1 Die – zwingenden, nicht plandispositiven (BGH NZI 2009, 230 Rn. 26; vgl. auch BT-Drs. 19/4880, 194) – §§ 174 ff. gelten (nur) für **einfache und nachrangige Insolvenzforderungen** nach §§ 38 f. Aus Gründen der Verfahrensvereinfachung und -beschleunigung sind nachrangige Insolvenzforderungen, auf die im Regelfall keine Ausschüttung erfolgt, jedoch grundsätzlich nur auf besondere Aufforderung des Insolvenzgerichts nach Abs. 3 hin anzumelden (→ Rn. 31). Die Insolvenzgläubiger können ihre Forderungen gem. § 87 nur nach den Vorschriften über das Insolvenzverfahren verfolgen – dies sind im Wesentlichen die Vorschriften über die Feststellung (§§ 174 ff.; vgl. BGH NZI 2016, 301 Rn. 15) und die Verteilung (§§ 187 ff.). Für bedingte, nicht fällige, verbürgte, von Gesellschaftern besicherte bzw. nicht auf Geld gerichtete Forderungen sowie Gesamtschulden gelten die Sonderregelungen der §§ 41–46. **Zug-um-Zug** zu erfüllende Forderungen können nicht als solche angemeldet bzw. festgestellt werden (BGH NZI 2017, 300 Rn. 31 mAnm Willmer NZI 2017, 304; BGH NZI 2016, 301 Rn. 15; → Rn. 23; → Rn. 36); eine Anmeldung in voller Höhe ohne Zug-um-Zug-Einschränkung ist demgegenüber zulässig, nur regelmäßig überhöht (BGH NZI 2016, 301 Rn. 16). Steuerforderungen, für die eine **Aussetzung der Vollziehung** nach § 361 AO gewährt worden ist, können gleichwohl angemeldet und festgestellt werden (aA aber SächsFG BeckRS 2017, 111100) – allerdings kann der Steuerbescheid nicht als Titel iSv § 179 Abs. 2 herhalten und sollte die Forderung für die Dauer der Aussetzung wie eine aufschiebend bedingte behandelt werden. Ansprüche der Gesellschafter auf **Rückzahlung der Einlage** sind (anders als solche auf Rückzahlung von Gesellschafterdarlehen) keine Insolvenzforderungen, sodass sie nicht als solche anzumelden sind und festgestellt werden können – dies gilt selbst dann, wenn es für die Einlage am Rechtsgrund fehlte (BGH NZI 2018, 76 Rn. 24 ff.; LG Hamburg NZI 2018, 745 (746)). Mehrere Forderungen eines Gläubigers, die wirtschaftlich einen einheitlichen Gegenstand haben (zB die ursprüngliche Forderung und der Ersatzanspruch wegen eines Quotenschadens), können nicht nebeneinander festgestellt werden (näher Paulus FS Smid, 2021 (im Erscheinen)).

2 **Aus- und Absonderungsrechte** unterliegen nicht dem Anmeldungs- und Prüfungsverfahren der §§ 174 ff. (K. Schmidt InsO/Jungmann Rn. 8), da sie nicht insolvenzmäßig befriedigt werden, sondern den betreffenden Gegenstand ganz der Masse entziehen bzw. vorrangige Befriedigung aus dem Erlös nach § 170 Abs. 1 S. 2 gewähren. Für sie sieht § 28 Abs. 2 ein besonderes **Anmeldeerfordernis** mit eigenen Formvorschriften, Fristen und Sanktionen voraus. Allerdings liegt einem Absonderungsrecht oftmals (nämlich bei Realsicherheiten aus dem Vermögen eines persönlichen Schuldners) eine Insolvenzforderung zugrunde; sie kann und muss, damit auf sie eine (auf den **Verzichts- oder Ausfallanteil** berechnete, vgl. §§ 52, 190) Ausschüttung erfolgen kann, ihrerseits nach § 174 angemeldet werden und zwar in voller Höhe (zu den Konsequenzen einer Feststellung „für den Ausfall" im Insolvenzplanverfahren vgl. OVG LSA BeckRS 2021, 6601 Rn. 21 ff.). Dabei muss die Anmeldung ihrerseits nicht bereits „für den Ausfall" erfolgen, um wirksam zu sein

(allerdings wird die Forderung dann in der Regel bestritten werden, um eine einschränkungslose Feststellung zu verhindern, → § 176 Rn. 16). Gleiches gilt auch bei Bestehen einer nach §§ 94 f. geschützten **Aufrechnungslage** (aA Uhlenbruck/Sinz Rn. 8).

Auf die **Massegläubiger** nach § 53 finden die Vorschriften der §§ 174 ff. keine Anwendung (BGH NZI 2018, 157 Rn. 23; 2008, 565 Rn. 29; HmbKommInsR/Preß/Henningsmeier Rn. 3; K. Schmidt InsO/Jungmann Rn. 7). Dies gilt selbst im Fall der Masseunzulänglichkeit, für den § 209 eine quasi-insolvenzmäßige, in Rängen gleichmäßige Befriedigung vorsieht. Massegläubiger können sich grundsätzlich jederzeit und formlos an den Insolvenzverwalter wenden, die ihnen vorrangig aus der Masse gebührende Befriedigung einfordern und sie erforderlichenfalls einklagen (vgl. LAG RhPf BeckRS 2017, 130808 Rn. 21). Zum Fall, dass eine Masseverbindlichkeit (zB irrtümlich) „als Insolvenzforderung" angemeldet und festgestellt wird, → § 178 Rn. 26 f. 3

Die InsO unterscheidet im Wesentlichen nicht danach, welches materielle Recht auf die Forderung Anwendung findet, ob es sich um eine vertragliche, gesetzliche oder durch Hoheitsakt begründete Forderung handelt (partielle Ausnahme: § 302), ob sie tituliert bzw. rechtshängig ist, welche Rechtsform der Gläubiger hat oder wo der Gläubiger sitzt. Deshalb können beispielsweise auch **ausländische hoheitliche Ansprüche** (etwa in Form von Steuern, Sozialabgaben, Strafen und Bußen – für Letztere gilt allerdings wegen § 39 Abs. 1 Nr. 3 die Regelung des Abs. 3) im deutschen Insolvenzverfahren nach § 174 angemeldet und verfolgt werden. Für Gläubiger mit Aufenthalt, Wohnsitz oder Sitz in einem anderen **Mitgliedstaat der EuInsVO** (also einem EU-Mitgliedstaat mit Ausnahme von Dänemark) gelten allerdings seit dem 26.6.2017 vorrangig und unmittelbar die Art. 53–55 iVm Art. 2 Nr. 12 der VO (EU) 2015/848 (EuInsVO nF; zuvor mit teilweise abweichendem Inhalt Art. 39–42 EuInsVO aF); § 174 findet dort ergänzend – und im Ergebnis ganz weitgehend – Anwendung, wo die EuInsVO auf die lex fori concursus Bezug nimmt, keine Regelungen enthält oder lediglich Höchstanforderungen regelt (→ Rn. 22). 4

B. Formalien der Anmeldung (Abs. 1, 4)

I. Anmeldender

1. Anmeldeberechtigung

Zur Anmeldung berechtigt ist der **Insolvenzgläubiger** (also der Inhaber der Insolvenzforderung) selbst, wenn und soweit er hinsichtlich der Forderung verfügungsbefugt ist, ansonsten der **Verfügungsbefugte.** In der Insolvenz eines Gläubigers beispielsweise ist daher nur der dortige Insolvenzverwalter anmeldeberechtigt. Auch bei Gläubigermehrheit richtet sich die Anmeldeberechtigung danach, wer (einzeln oder gemeinsam mit anderen) wirksam über die Forderung verfügen bzw. Leistung verlangen kann. Davon zu unterscheiden ist die **Doppelanmeldung,** bei der mehrere Personen dieselbe Forderung jeweils (allein) für sich in Anspruch nehmen – hier sind die Anmeldungen grundsätzlich getrennt als wirksam zu behandeln (näher Uhlenbruck/Sinz Rn. 10). **Inkassoermächtigungen oder -zessionen** sind wirksam und auch für die §§ 174 ff. zu beachten, lösen allerdings ihrerseits unter Umständen nach Maßgabe von § 4 iVm § 79 Abs. 1 S. 2 ZPO einen Vertretungszwang aus (aber → Rn. 9). Zur Anmeldung durch den **Insolvenzverwalter eines ausländischen Parallelverfahrens** (Haupt- oder Sekundärverfahrens) vgl. Art. 45 Abs. 2 EuInsVO nF (Art. 32 Abs. 2 EuInsVO aF), § 341 Abs. 2. Zur Anmeldung fremder Ansprüche noch → Rn. 5.1. Zu Sonderproblemen bei Anleihen → Rn. 5.2. 5

Der BGH (NZI 2016, 406 Rn. 26 ff.) differenziert in einem Fall, in dem ein Landkreis Ansprüche anmeldet, die materiell dem Bundesland zustehen, überzeugend danach, ob dies im eigenen Namen geschah oder (unter unschädlicher Falschbezeichnung) als nach Landesrecht zuständige Behörde für das Land. In der zuerst genannten Alternative könne die Anmeldung letztlich keinen Erfolg haben: Ein eigener Anspruch des Kreises bestehe nicht, und die **Anmeldung eines fremden Anspruchs im eigenen Namen** sei unzulässig. Daran könne auch eine nach der Anmeldung erfolgte Zession des Anspruchs vom Land an den anmeldenden Kreis nichts ändern – dies ist zutreffend, da die Anmeldung dann nicht die erforderlichen Angaben zum Rechtserwerb (BGH NZI 2009, 242 Rn. 10) enthält. Zur Fehlerkorrektur ist eine Ergänzung bzw. Berichtigung der Anmeldung nach § 177 Abs. 1 S. 3 erforderlich (vgl. BGH NZI 2016 Rn. 28, der hier wie in BGH NZI 2009, 242 Rn. 17 von „Neuanmeldung" spricht). In der anderen Alternative (Anmeldung im Namen des Landes) wäre die Anmeldung zulässig und die angemeldete Forderung auch begründet; die Abtretung an den Kreis kann daran nach § 4 iVm §§ 265, 325 ZPO nichts mehr ändern. 5.1

Bei **Anleihen** muss grundsätzlich – trotz ihrer Fungibilität – jeder Anleihegläubiger seine Forderung selbst anmelden; insbesondere scheidet eine Anmeldung durch die Clearstream ebenso aus wie deren 5.2

Einziehung und Verteilung der Quote (Rüberg, Die Anleihe in der Insolvenz, 2019, 73 ff. mwN). Die wirksame Anmeldung erfordert keinen Sperrvermerk und auch keine sonstige Einschränkung der Handelbarkeit; Doppelanmeldungen können de lege lata nicht verhindert werden (Rüberg, Die Anleihe in der Insolvenz, 2019, 77 ff.; zu den Folgerungen für die Forderungsprüfung Rüberg, Die Anleihe in der Insolvenz, 2019, 84 ff.). Anders liegt es jedoch, wenn ein **gemeinsamer Vertreter** nach §§ 7 f., 19 Abs. 2 SchVG bestellt wurde: Dieser ist nach § 19 Abs. 3 SchVG allein berechtigt, die Rechte der (ggf. auch: unbekannten) Gläubiger im Insolvenzverfahren geltend zu machen – also auch, die Forderungen anzumelden; er handelt dabei wie ein Prozessstandschafter im eigenen Namen und wird unter diesem in die Tabelle eingetragen (Rüberg, Die Anleihe in der Insolvenz, 2019, 79 mwN). Zwar verlieren die Forderungen dadurch rechtlich nicht ihre Selbstständigkeit, jedoch sollten die Anforderungen an die Individualisierbarkeit von Forderungen bei Sammelanmeldungen (→ Rn. 28) nicht dazu führen, dass der gemeinsame Vertreter hier etwa die einzelnen Gläubiger, deren Forderungen er anmeldet, die individuelle Stückelung, etc mitteilen müsste (Rüberg, Die Anleihe in der Insolvenz, 2019, 80 f. mwN) – auch wenn dadurch etwa die Prüffähigkeit im Hinblick auf einen möglichen Nachrang einzelner Forderungen nach § 39 Abs. 1 Nr. 5 leiden mag (zu den Konsequenzen Rüberg, Die Anleihe in der Insolvenz, 2019, 94 f.). Hatte ein Gläubiger seine Forderung vor Bestellung eines gemeinsamen Vertreters nach § 19 Abs. 2 SchVG – wirksam – angemeldet, so muss diese Einzelforderung entweder bestritten werden, wenn der gemeinsame Vertreter die Gesamtforderung erneut anmeldet, oder aber die Anmeldung wird mit Zustimmung des Gläubigers (entsprechend einer unstreitigen Rechtsnachfolge, → § 177 Rn. 2.1) umgeschrieben und mit der Gesamtforderung zusammengeführt. Diese Komplikationen versuchen Insolvenzverwalter mitunter dadurch zu vermeiden, dass sie Anleihegläubiger – unverbindlich – bitten, mit der Anmeldung bis zur Anleihegläubigerversammlung oder bis zu einer besonderen Aufforderung abzuwarten; gegen dieses Vorgehen bestehen keine Einwände (aA Rüberg, Die Anleihe in der Insolvenz, 2019, 82).

6 Erforderlich ist ferner **Prozessfähigkeit** gem. § 4 iVm §§ 51 ff. ZPO. Für juristische Personen und Gesellschaften ohne Rechtspersönlichkeit handeln ihre **Organe**, für Prozessunfähige ihre **gesetzlichen Vertreter** oder diesen nach § 51 Abs. 3 ZPO gleichstehende Bevollmächtigte. Wird ein prozessfähiger Gläubiger gleichwohl von einem Betreuer oder Pfleger vertreten, kann er wegen § 53 ZPO selbst nicht mehr tätig werden und etwa die Anmeldung ändern oder zurücknehmen.

2. Bevollmächtigung Dritter

7 Der danach Anmeldeberechtigte kann Dritten grundsätzlich **Vollmacht** zur Anmeldung der Forderung und zur Vertretung im Verfahren zu ihrer Feststellung erteilen. Allerdings finden, wie sich auch aus Abs. 1 S. 3 ergibt, nach § 4 die Regelungen der ZPO über die **Vertretungsbefugnis** Anwendung (BT-Drs. 16/3655, 91), also vornehmlich § 79 ZPO (AG Coburg ZVI 2016, 140; aber → Rn. 9; wenigstens partiell aA AG Göttingen ZInsO 2016, 1593; Schmerbach/Semmelbeck NZI 2014, 547 (548)); besagter Abs. 1 S. 3 erweitert die Vertretungsbefugnis auf nach § 10 Abs. 1 S. 1 Nr. 1 RDG registrierte Inkassounternehmen.

8 Die Vertretung durch **Inkassounternehmen** ist jedoch nur in den insolvenzverfahrensrechtlichen Abschnitten der Forderungsfeststellung zulässig – also insbesondere bei der Forderungsanmeldung, ihrer Änderung und Rücknahme sowie im Prüfungstermin, nicht aber im Rechtsstreit zur Forderungsfeststellung nach §§ 180, 184 (BT-Drs. 16/3655, 92; aA Uhlenbruck/Sinz Rn. 20). Nach Wortlaut und Stellung des Abs. 1 S. 3 dürfen Inkassounternehmen einen Gläubiger hingegen nicht zB bei anderen Gläubigerversammlungen (so Kübler HRI/Hoffmann § 15 Rn. 36; streng genommen auch nicht im nach § 29 Abs. 2 S. 1 mit dem Prüfungstermin verbundenen Berichtstermin), der Beratung und Abstimmung über einen Insolvenzplan oder auch nur der verfahrensbezogenen Korrespondenz mit dem Insolvenzverwalter etwa hinsichtlich der Verwertung von Absonderungsrechten vertreten (was in der Praxis jedoch ganz üblich ist und bis zu einer Zurückweisung nach § 79 Abs. 3 S. 1 ZPO auch die Wirksamkeit etwa von Vereinbarungen nicht infrage stellt, § 79 Abs. 3 S. 2 ZPO; vgl. auch AG Coburg ZVI 2016, 140). Nach den Gesetzesmaterialien sollte die weitere Öffnung in § 305 Abs. 4 S. 2 lediglich auf das gerichtliche Schuldenbereinigungsverfahren bezogen sein (BT-Drs. 16/3655, 92; nach AG Coburg ZVI 2016, 140 ist diese Beschränkung durch die Reform des Verbraucherinsolvenzverfahrens und die damit verbundene Änderung der Vorschrift entfallen; ebenso AG Hannover ZInsO 2017, 1642; aA AG Göttingen ZInsO 2016, 1593), nicht auf das gesamte Verbraucherinsolvenzverfahren. Ein Grund für diese Beschränkungen ist nicht ersichtlich, zumal Inkassounternehmen über insolvenzrechtliche Sachkunde verfügen müssen (§ 11 Abs. 1 RDG) und die etwa in Gläubigerversammlungen zu beratenden Entscheidungen vielfach auch eher wirtschaftlich als rechtlich determiniert sind. Deshalb sollte eine Vertretung von Insolvenzgläubigern durch Inkassounternehmen im gesamten Insolvenzverfahren wohl bereits de lege lata toleriert (aA AG Göttingen ZInsO 2016, 1593), zumindest aber de lege ferenda gestattet werden.

Nicht nach § 79 Abs. 2 ZPO vertretungsberechtigten Personen muss (aber → Rn. 8) das Insolvenzgericht nach § 79 Abs. 3 S. 1 ZPO, inkompetenten Personen nach § 79 Abs. 2 S. 2 Nr. 1–3 ZPO kann es nach § 79 Abs. 3 S. 3 ZPO die **Vertretung untersagen**. Bis dahin vorgenommene Vertretungshandlungen bleiben allerdings wirksam (AG Coburg ZVI 2016, 140), sodass den Beschränkungen des § 79 ZPO für die Forderungsanmeldung selbst regelmäßig keine Bedeutung zukommt. 9

Die Vollmacht ist entsprechend § 80 ZPO **schriftlich** mit der Anmeldung einzureichen, wenn nicht als Vertreter ein Rechtsanwalt tätig wird (arg. § 88 Abs. 2 ZPO); sie kann nachgereicht werden, wofür das Insolvenzgericht (nicht der Insolvenzverwalter) eine Frist bestimmen kann. Der zunächst lediglich fehlende **Nachweis** der (bestehenden) Vollmacht lässt die Wirksamkeit der Anmeldung bereits mit Einreichung unberührt. Bei einer **Vertretung ohne Vollmacht** wird man nach § 4 die §§ 88 f. ZPO anwenden und damit auch eine rückwirkende **Genehmigung** der Anmeldung durch den Anmeldeberechtigten nach § 89 Abs. 2 ZPO zulassen können. 10

II. Anmeldungsempfänger

Die Anmeldung ist an den (jeweils aktuellen) **Insolvenzverwalter** zu richten (Abs. 1 S. 1) (bei Eigenverwaltung an den Sachwalter, § 270c S. 2). Eine Adressierung an die Kanzlei des Insolvenzverwalters oder an seine Mitarbeiter, die mit dem Insolvenzverfahren befasst sind, ist unschädlich, solange sich die Anmeldung dem konkreten Insolvenzverfahren zuordnen lässt. Der Insolvenzverwalter ist verpflichtet, eine Kanzleiorganisation zu gewährleisten, in der falsch adressierte Anmeldungen unverzüglich dem Verfahren zugeordnet und bei Bedarf intern (etwa zwischen verschiedenen Kanzleistandorten) übermittelt werden. 11

Eine Anmeldung beim **vorläufigen Insolvenzverwalter** entfaltet keine Wirkung, auch nicht (insbesondere bei Personenidentität) ex nunc ab Verfahrenseröffnung (K. Schmidt InsO/Jungmann Rn. 5; aA Uhlenbruck/Sinz Rn. 14). Es ist vielmehr eine erneute Anmeldung nach Verfahrenseröffnung erforderlich, die aber ggf. durch **Bezugnahme** auf die frühere Anmeldung erfolgen kann, wenn diese vollständig war. Der vorläufige Insolvenzverwalter hat den Anmeldenden darauf hinzuweisen. Aus Gründen der Praktikabilität sollte dieser Fehler jedoch als **geheilt** angesehen werden, wenn der Insolvenzverwalter die Forderung in die Tabelle nach § 175 aufnimmt. 12

Sollte eine Forderungsanmeldung beim Insolvenzgericht oder einem früheren (ggf. vorläufigen) Insolvenzverwalter eingehen, haben diese sie unverzüglich an den Insolvenzverwalter **weiterzuleiten**. Wirkungen entfaltet sie erst mit dem Eingang beim Insolvenzverwalter. Dies gilt mangels abweichender Anordnung in der InsO auch bei **nachträglichen Anmeldungen,** wenn die Tabelle bereits nach § 175 Abs. 1 S. 2 dem Insolvenzverwalter übergeben worden ist (OLG Brandenburg BeckRS 2018, 3733 Rn. 35; AG Norderstedt NZI 2017, 677 (678) = BeckRS 2017, 113336 Rn. 18). Obwohl die weitere Tabellenführung hier nach den Bestimmungen der einschlägigen Landesaktenordnung (etwa § 15a Abs. 5 BlnAktO) dem Urkundsbeamten der Geschäftsstelle obliegt (→ § 175 Rn. 5) und sich ggf. logistische Probleme stellen, bleibt doch nach der InsO der Insolvenzverwalter nach § 174 Abs. 1 S. 1 zur Entgegennahme der Anmeldungen und nach § 175 Abs. 1 S. 1 zu ihrer Eintragung berufen (MüKoInsO/Riedel § 175 Rn. 20; wohl auch Graf-Schlicker/Graf-Schlicker § 175 Rn. 11; HmbKommInsR/Preß/Henningsmeier § 175 Rn. 4 (abw. aber § 177 Rn. 9); aA Jaeger/Gerhardt § 175 Rn. 13, 19). 13

Das Risiko der **Verzögerung** oder des **Verlusts** der Anmeldung trägt bis zum Eingang beim Insolvenzverwalter der Anmeldende. Der Insolvenzverwalter ist auf Nachfrage verpflichtet, dem Anmeldenden (ggf. auf dessen Kosten) den Erhalt der Forderungsanmeldung zu bestätigen; er darf ihn nicht auf die Einsichtnahme in die Insolvenztabelle nach § 175 verweisen. Für einen Verlust oder eine Verzögerung der Übermittlung einer Anmeldung durch den Insolvenzverwalter hingegen ist der Anmeldende nicht verantwortlich – insbesondere darf er nicht zu den Kosten einer nachträglichen Forderungsprüfung herangezogen werden (KPB/Pape/Schaltke § 177 Rn. 21; Zenker NZI 2017, 368; aA LG Krefeld NZI 2017, 367). 14

III. Anmeldefrist

Die Anmeldefrist wird nach § 28 Abs. 1 S. 1 vom Insolvenzgericht im **Eröffnungsbeschluss** bestimmt. Sie beträgt mindestens zwei Wochen und höchstens drei Monate (§ 28 Abs. 1 S. 2) ab Bekanntmachung des Eröffnungsbeschlusses (vgl. § 9 Abs. 1 S. 3). Seit 26.6.2017 beträgt die Frist für Gläubiger aus anderen EU-Mitgliedstaaten mit Ausnahme Dänemarks gem. Art. 55 Abs. 6 EuInsVO nF wenigstens 30 Tage (zum Fristlauf Paulus/Zenker, EuInsVO, 6. Aufl. 2021, EuInsVO 15

Art. 55 Rn. 16). Prophylaktische Anmeldungen vor Eröffnung sind unwirksam (→ Rn. 12). Hingegen ist die Anmeldefrist **keine Ausschlussfrist,** sodass auch verspätete Anmeldungen – bis zum Ende des Schlusstermins gem. § 197 (Uhlenbruck/Sinz § 177 Rn. 8 f.) – grundsätzlich wirksam sind, aber mit Nachteilen gem. §§ 177, 189 behaftet sein können.

IV. Schriftlich/elektronisches Dokument

16 Nach Abs. 1 S. 1 muss die Anmeldung grundsätzlich schriftlich erfolgen, eine mündliche Forderungsanmeldung ist nicht wirksam. Die Schriftlichkeit stellt keine Bezugnahme auf § 126 Abs. 1 BGB dar (Uhlenbruck/Sinz Rn. 18; aA OLG Jena ZInsO 2018, 1221 (1225) = BeckRS 2018, 9113 Rn. 60), sondern auf die **prozessrechtliche Schriftform,** gestattet also die Übermittlung etwa per Telefax (zu elektronischen Dokumenten → Rn. 18). Auf das (eigentlich aufgrund der Parallele zu einem bestimmenden Schriftsatz naheliegende) Erfordernis einer Unterschrift wird weithin verzichtet, wenn nur die Identität des Anmelders erkennbar ist (KPB/Pape/Schaltke Rn. 43; Uhlenbruck/Sinz Rn. 18; aA OLG Jena ZInsO 2018, 1221 (1225) = BeckRS 2018, 9113 Rn. 60). Die Verwendung bestimmter Formulare ist nicht vorgeschrieben und kann auch weder vom Insolvenzgericht noch vom Insolvenzverwalter verlangt werden. Wird kein Formular verwendet, muss sich allerdings dem Schriftstück (ggf. durch Auslegung) hinreichend deutlich der **Anmeldewille** entnehmen lassen, also der Wille, die bezeichnete Forderung anzumelden und mit ihr als Insolvenzgläubiger am Insolvenzverfahren teilzunehmen (→ Rn. 16.1).

16.1 Der **Anmeldewille** steht wohl nur selten infrage. Es muss jedoch bezweifelt werden, dass er etwa der bloßen Übersendung einer **Forderungsaufstellung** im Lauf des Insolvenzverfahrens entnommen werden kann, die neben zuvor angemeldeten auch einzelne, bisher nicht wirksam angemeldete Forderungen enthält. Davon geht allerdings offenbar das VG Leipzig (BeckRS 2019, 28922 Rn. 37) in einem Fall aus, in dem der Insolvenzverwalter sich darauf berief, ein Schreiben mit der ausdrücklichen Nachmeldung einzelner Steuerforderungen nicht erhalten zu haben, das Finanzamt aber knapp zwei Jahre später eine umfassende Forderungsaufstellung einreichte, die auch diese Steuerforderungen enthielt. Dort erfolgte die Anmeldung aber jedenfalls – und ebenfalls noch vor Eintritt der Verjährung – spätestens dadurch, dass das Finanzamt auf den Hinweis des Verwalters, dass die Forderungen bislang nicht angemeldet worden seien, antwortete, es sei eine Nachmeldung erfolgt und man bitte um Feststellung zur Tabelle.

17 Die Anmeldung muss in **deutscher Sprache** erfolgen (arg. § 184 S. 1 GVG); lediglich bei Insolvenzverfahren im Bezirk des AG Cottbus kommt wegen § 184 S. 2 GVG eine Forderungsanmeldung in sorbischer Sprache in Betracht, die auf Kosten der Masse zu übersetzen ist. (Europäische) **ausländische Gläubiger** (also gem. Art. 2 Nr. 12 EuInsVO nF (nur) solche mit Sitz oder gewöhnlichem Aufenthalt in einem EU-Mitgliedstaat mit Ausnahme Dänemarks) können ihre Forderungen zunächst fristwahrend und verjährungshemmend nach Art. 55 Abs. 5 EuInsVO nF (bis zum 25.6.2017 galt Art. 42 Abs. 2 EuInsVO aF, → Rn. 17.1) in einer Amtssprache der Organe der EU anmelden, müssen die Anmeldung aber auf Verlangen des Verwalters, des eigenverwaltenden Schuldners oder des Insolvenzgerichts auf eigene Kosten (der Rückgriff fällt unter § 39 Abs. 1 Nr. 2) in die deutsche Sprache übersetzen (solange Deutschland keine andere Sprache zulässt). Für **Gläubiger aus Drittstaaten** oder solche mit Sitz oder gewöhnlichem Aufenthalt in Deutschland hingegen gilt dies nicht – ihre fremdsprachige Anmeldung wahrt weder die Anmeldefrist noch hemmt sie die Verjährung (wohl aA Smid, Forderungen in der Insolvenz, 2017, Rn. 1.58; auch Uhlenbruck/Sinz Rn. 27 mwN, wenn die Anmeldung als solche erkennbar ist). Hierauf und auf das Erfordernis einer Übersetzung weist der Insolvenzverwalter den Anmeldenden hin (so auch Fuchs NZI 2018, 9 (12)), wenn er überhaupt erkennt, dass dieser eine Forderung anmelden wollte. Anders ist es nur dann, wenn der Anmeldung auch ohne Fremdsprachenkenntnisse (ggf. durch Auslegung) die Pflichtangaben nach Abs. 2 entnommen werden können – wenn lediglich nähere Erläuterungen oder Belege nachträglich übersetzt werden müssen, ist dies für die Wirksamkeit der Anmeldung unschädlich und allenfalls für die Frage der Kostentragung im Feststellungsstreit von Bedeutung, wenn die Forderung deswegen (zunächst) bestritten wird. Eine **Übersetzung** ist grundsätzlich selbst dann erforderlich und zu verlangen, wenn der Verwalter und das Gericht die Sprache der Anmeldung verstehen, damit gewährleistet ist, dass alle Gläubiger, die der Gerichtssprache mächtig sind, die Forderung prüfen können; das gilt für Gläubiger aus Drittstaaten ebenso wie im Anwendungsbereich der EuInsVO (insoweit aA Fuchs NZI 2018, 9 (11)) und spricht auch (**de lege ferenda**) gegen die generelle Zulassung von englischen Forderungsanmeldungen (Paulus/Zenker, EuInsVO, 6. Aufl. 2021, EuInsVO Art. 55 Rn. 14; aA MMS/J. Schmidt, EuInsVO 2015, 2016, EuInsVO 2015 Art. 55 Rn. 37).

Anmeldung der Forderungen §174 InsO

Das LG Hildesheim (BeckRS 2017, 132623 Rn. 35; ebenso LG Rottweil ZInsO 2018, 2150 (2152) = **17.1** BeckRS 2018, 23154 Rn. 29) hat **formularmäßige englische Forderungsanmeldungen** als formell unzulässig und damit unwirksam behandelt, weil sie nicht wenigstens die deutsche Überschrift „Anmeldung einer Forderung" trugen. Dies steht wohl im Einklang mit dem dort noch anwendbaren Art. 42 Abs. 2 EuInsVO aF (wohl auch FKR InsR Rn. 1551; K. Schmidt InsO/Jungmann Rn. 60; Uhlenbruck/Sinz Rn. 26; aA OLG Stuttgart BeckRS 2019, 24102 Rn. 81). Nach Art. 55 EuInsVO nF ist diese Überschrift zwar Bestandteil des Standardformulars, aber nicht zwingender Bestandteil einer auch ohne Nutzung dieses Formulars möglichen Forderungsanmeldung (so auch Fuchs NZI 2018, 9 (10 f.)). Ebenfalls kann nach Art. 55 EuInsVO nF einer englischen Forderungsanmeldung aus Zypern nicht mehr entgegengehalten werden, dass Englisch weder in Deutschland noch auf Zypern Amtssprache sei (so noch zu Art. 42 Abs. 2 EuInsVO aF LG Rottweil ZInsO 2018, 2150 (2152) = BeckRS 2018, 23154 Rn. 29).

Der Verwalter kann nach Abs. 4 S. 1 ausdrücklich der Forderungsanmeldung in **elektronischer** **18** **Form** zustimmen – häufig wird er dies auch zur eigenen Entlastung tun; eine Pflicht dazu besteht (noch) nicht (→ Rn. 18.1). Eine schriftliche Anmeldung bleibt aber in jedem Fall möglich. Gestattet der Verwalter die elektronische Anmeldung, bestimmt er die Details nach eigenem Ermessen – so kann den Gläubigern etwa eine Anmeldung per E-Mail, De-Mail oder durch Eingabe in eine passwortgeschützte Online-Datenbank (oft als Teil eines Gläubigerinformationssystems, vgl. § 5 Abs. 5; dazu Lüdtke ZVI 2021, 91) ermöglicht werden (zum beA → Rn. 18.2). Datensicherung und -schutz obliegen (auch) in diesem Fall dem Insolvenzverwalter. Eine qualifizierte elektronische Signatur nach dem Signaturgesetz ist bei Eröffnung der elektronischen Anmeldung nur erforderlich, wenn der Verwalter sie ausdrücklich verlangt. Der Insolvenzverwalter darf nicht lediglich einzelnen Gläubigern die elektronische Anmeldung gestatten, sondern muss die Gläubiger insoweit gleich behandeln (K. Schmidt InsO/Jungmann Rn. 15). Die ausdrückliche Zustimmung des Verwalters soll sicherstellen, dass er die empfangenen Daten lesen, bearbeiten, speichern und sonst verarbeiten kann (vgl. BT-Drs. 15/4067, 54); ohne sie ist eine elektronische Anmeldung (auch in den Formen von § 130a ZPO; zum beA erneut → Rn. 18.2) daher nicht wirksam möglich (aA Gessner NZI 2020, 924 (925); offenbar auch Jaeger/Gerhardt Rn. 59; KPB/ Pape/Schaltke Rn. 43; Uhlenbruck/Sinz Rn. 18), wobei eine nachträgliche Zustimmung, die die Anmeldung heilt, denkbar erscheint.

Nach Art. 28 lit. a **RL (EU) 2019/1023** (Richtlinie über Restrukturierung und Insolvenz) müssen die **18.1** Mitgliedstaaten sicherstellen, dass ua in Insolvenzverfahren auch in grenzüberschreitenden Situationen die Geltendmachung von Forderungen elektronisch erfolgen kann. Diese **Pflicht zur Ermöglichung einer elektronischen Forderungsanmeldung** ist nach Art. 34 Abs. 1 RL (EU) 2019/1023 bis zum 17.7.2024 in nationales Recht umzusetzen. Spätestens dann darf es also vom Gesetzgeber nicht mehr ins Belieben des Verwalters gestellt werden, ob er elektronische Anmeldungen akzeptieren will oder nicht.

Bei **anwaltlichen Insolvenzverwaltern** stellt sich ggf. die Frage, ob mit Blick auf ihre passive Nut- **18.2** zungspflicht (§ 31a Abs. 6 BRAO) und die weitgehende prozessuale Gleichstellung von (bestimmten) elektronischen Dokumenten (vgl. § 130a ZPO) mit schriftlichen eine **Forderungsanmeldung per beA** möglich ist. Ohne ausdrückliche Zustimmung des Verwalters dürfte dies derzeit mit Blick auf den Wortlaut von Abs. 4 S. 1 – aus Anwaltssicht: bedauerlicherweise – zu verneinen sein, auch wenn der Formmangel in der Praxis wohl meistens stillschweigend (→ Rn. 37) oder durch nachträgliche Zustimmung geheilt werden wird. Eine ausdrückliche Eröffnung dieses Übermittlungswegs durch anwaltliche Insolvenzverwalter sollte hingegen als zulässig erachtet werden, obwohl das beA ihnen in ihrer Rolle als Rechtsanwalt und nicht in der Rolle als Partei kraft Amtes/Insolvenzverwalter zum Empfang von Schriftstücken dient und obwohl – derzeit – Nichtanwälte (abgesehen von EGVP-Teilnehmern) und ausländische Anwälte keine Möglichkeit haben, Nachrichten an ein beA zu übermitteln. **Praktisch** empfiehlt es sich, bis zur Klärung (oder Umgestaltung) der Rechtslage Forderungen **nicht per beA** anzumelden.

V. Dokumentation der Forderung (Abs. 1 S. 2, Abs. 4 S. 2)

Nach dem insoweit eindeutigen Gesetzeswortlaut handelt es sich bei der abschriftlichen Vorlage **19** von Urkunden, aus denen sich die Forderung ergibt, um eine **Sollbestimmung**. Deshalb ist die Forderungsanmeldung selbst dann wirksam, wenn der Anmeldende ihm zur Verfügung stehende Beweisunterlagen nicht einreicht (BGH NZI 2006, 173 Rn. 9; OLG Jena ZInsO 2018, 1221 (1225) = BeckRS 2018, 9113 Rn. 56). Dies sollte trotz des insoweit strengeren Art. 55 Abs. 2 EuInsVO nF – bis 25.6.2017 Art. 41 EuInsVO aF – auch bei Forderungsanmeldungen im Anwendungsbereich der EuInsVO gelten (Paulus/Zenker, EuInsVO, 6. Aufl. 2021, EuInsVO Art. 55 Rn. 4; aA offenbar Vallender ZInsO 2002, 110 (111)).

Die Vorlage von Belegen für die angemeldete Forderung ist jedoch aus wenigstens zwei Grün- **20** den sinnvoll: Sie erleichtert dem Insolvenzverwalter und den anderen Gläubigern die Einschätzung,

Zenker 1251

ob die angemeldete Forderung wohl berechtigt ist, und verhindert unter Umständen ein vorsorgliches Bestreiten im Prüfungstermin (BGH NZI 2006, 173 Rn. 9; OLG Jena ZInsO 2018, 1221 (1225) = BeckRS 2018, 9113 Rn. 56; zu dessen ggf. nachteiligen Kostenfolgen gem. § 93 ZPO im Feststellungsprozess vgl. AG Köln ZInsO 2003, 1009; KPB/Pape/Schaltke Rn. 52). Außerdem können die vorgelegten Urkunden durch die Möglichkeit einer (ausdrücklichen oder konkludenten) **Bezugnahme** die bestimmte Bezeichnung der angemeldeten Forderung erleichtern (BGH NZI 2018, 743 Rn. 10 mwN).

21 Mit Blick auf den Sollcharakter (→ Rn. 19) ist es **dem Anmeldenden überlassen**, welche Unterlagen er vorlegt, die den Bestand der angemeldeten Forderung ganz oder teilweise belegen können. Es bietet sich jedenfalls an, etwa vorhandene Titel, Schecks, Wechsel oder sonstige Verbriefungen der Forderung **in Kopie** zu übersenden – die Vorlage der Originale ist auch im Prüfungstermin oder Feststellungsstreit nicht erforderlich (BGH NZI 2006, 173 Rn. 10 f.). Des Weiteren kann die Vorlage etwa von Verträgen, Bestätigungsschreiben, Lieferscheinen, Rechnungen, Abtretungsurkunden, Stundungs- und Teilzahlungsvereinbarungen, Quittungen, Kontoauszügen, Schuldversprechen oder -anerkenntnissen, usw., notfalls auch Korrespondenz über die Forderung sinnvoll sein, wobei die Beweis- bzw. Überzeugungskraft sich naturgemäß erheblich unterscheiden kann. Bei **elektronischer Anmeldung** (Abs. 4 S. 1, → Rn. 18) reicht es regelmäßig aus, wenn sie zusammen mit der Anmeldung auf dem vom Verwalter eröffneten Übermittlungsweg in elektronischer Form (insbesondere als Scan oder Fotodatei) übermittelt werden, sofern dies technisch möglich ist. Dies war schon bisher weitgehend geübte Praxis, auch wenn Abs. 4 S. 2 aF vorsah, dass Urkunden unverzüglich in Papierform nachgereicht werden sollen; nunmehr soll dies nach Abs. 4 S. 3 nF nur noch erfolgen, wenn Insolvenzverwalter oder -gericht dazu besonders auffordern (→ Rn. 21.1). Außerdem stellt Abs. 4 S. 2 nF klar, dass eine elektronische Rechnung nach der E-Rechnungsverordnung zu den Urkunden nach Abs. 1 S. 2 gehört (BT-Drs. 19/24181, 199).

21.1 Aus der Stellung der Norm, ihrer Vorgängerbestimmung und der Begründung des Gesetzesentwurfs (BT-Drs. 19/24181, 199) ergibt sich, dass **Abs. 4 S. 3 nF** nur für elektronische Anmeldungen gilt und dort eine Erleichterung für den Anmeldenden bewirken soll. Deshalb handelt es sich zum einen (anders als der Wortlaut nahelegt) auch hier wie bei Abs. 1 S. 2 nur um eine **Sollvorschrift**. Kommt der Anmeldende der Aufforderung zur Vorlage von papierhaften Urkunden nicht nach, so macht das die (im Übrigen wirksame, insbesondere die Forderung hinreichend bestimmt bezeichnende) Anmeldung nicht unwirksam und setzt sich der Anmeldende keinen Ordnungsmaßnahmen aus; allerdings mag es den Verwalter dazu bewegen, die Forderung zu bestreiten. Zum anderen sollte von der hier ausdrücklich vorgesehenen Möglichkeit, das Einreichen von **Originalurkunden** zu verlangen, wohl nur sehr zurückhaltend Gebrauch gemacht werden, da auch bei schriftlicher Anmeldung nach Abs. 1 S. 2 generell nur Kopien eingereicht werden, wie auch hier. Dies schließt – wie auch hier – Abs. 2 S. 3 nicht aus, dass der Verwalter den Anmeldenden darauf hinweist, dass er Zweifel an der Echtheit einer nur in Kopie oder elektronisch vorgelegten Urkunde habe und die Forderung deshalb bestreiten werde, wenn sich diese Zweifel nicht, etwa durch Vorlage des Originals, ausräumen ließen.

C. Inhalt der Anmeldung (Abs. 2)

I. Bestimmte Bezeichnung der Forderung

22 Da die Anmeldung im Insolvenzverfahren in vielerlei Hinsicht der gerichtlichen Geltendmachung der Forderung entspricht, sind an die Bezeichnung der Forderung auch vergleichbare **Bestimmtheitsanforderungen** zu stellen. Die Forderung muss anhand der Anmeldung (ggf. unter Bezugnahme auf eingereichte Unterlagen, → Rn. 20) eindeutig identifizierbar und **individualisierbar** sein (BGH NZI 2009, 242 Rn. 10). Wenn Abs. 2 dazu anders als § 253 Abs. 2 Nr. 2 ZPO lediglich die Angabe von Grund und Betrag, nicht aber des Gegenstandes der Forderung verlangt, enthält das keine Absenkung der Anforderungen, da dem Gegenstand richtigerweise neben Grund und Antrag/Betrag keine eigenständige Bedeutung zukommt (MüKoZPO/Becker-Eberhard ZPO § 253 Rn. 69 ff.; Musielak/Voit/Foerste ZPO § 253 Rn. 24). In Art. 55 Abs. 2, 4 EuInsVO nF – bis zum 25.6.2017 Art. 41 EuInsVO aF – sind darüber hinausgehende Angaben für die Forderungsanmeldung vorgesehen; sie stellen jedoch lediglich Höchstanforderungen dar, die eine nationale Regelung gegenüber Gläubigern aus anderen Mitgliedstaaten festlegen kann (EuGH NZI 2019, 861 Rn. 51 – Riel), und dürfen deshalb mangels einer solchen Regelung nicht zu Voraussetzungen für die Wirksamkeit der Forderungsanmeldung erhoben werden – dies gilt auch für die Angabe des Entstehungszeitpunkts der Forderung (Schmidt ZInsO 2019, 2448 (2451); Swierczok jurisPR-InsR 1/2020 Anm. 1; Paulus/Zenker, EuInsVO, 6. Aufl. 2021,

Anmeldung der Forderungen § 174 InsO

EuInsVO Art. 55 Rn. 3; aA zu Art. 55 Abs. 2, 4 EuInsVO nF Mankowski NZI 2019, 864). Zum erforderlichen Anmeldewillen → Rn. 16.

1. Betrag

Die Forderung ist mit einem bestimmten **Euro-Betrag** anzumelden. Auf andere als Geldleistungen, auf unbestimmte Geldleistungen oder auf Zahlung in ausländischer Währung gerichtete Forderungen sind nach Maßgabe von §§ 45, 46 S. 2, notfalls durch Schätzung, in eine Euro-Forderung **umzurechnen.** Dies gilt auch für Ansprüche auf Abschluss eines Vertrages (BGH NZI 2018, 886 Rn. 11; dazu noch → Rn. 26.1) und für Zug-um-Zug zu erfüllende Forderungen (BGH BeckRS 2021, 16094 Rn. 25), bei denen die Gegenleistung zu bewerten und abzuziehen ist (BGH NZI 2016, 301 Rn. 27; vgl. hierzu Gessner NZI 2020, 924); erfolgt die Anmeldung zum Nominalwert ohne Zug-um-Zug-Vorbehalt ist sie jedoch nicht unzulässig, sondern allenfalls (ganz oder) teilweise unbegründet (BGH NZI 2016, 301 Rn. 18; zur Anmeldung mit Zug-um-Zug-Vorbehalt → Rn. 36). Nicht fällige Forderungen sind unter Umständen nach §§ 41 Abs. 2, 46 S. 1 abzuzinsen. Maßgeblicher Zeitpunkt ist jeweils die Eröffnung des Insolvenzverfahrens. Zinsen als Nebenforderung können, müssen aber nicht ausgerechnet werden, wenn alle Daten zu ihrer Berechnung (Zinsbeginn, Betrag der verzinslichen Forderung und Zinssatz) bestimmt angegeben werden; sie sind grundsätzlich nur bis zur Verfahrenseröffnung anmeldefähig (Abs. 3 iVm § 39 Abs. 1 Nr. 1). Werden **mehrere Forderungen** angemeldet, ist für jede von ihnen der angemeldete Betrag gesondert anzugeben (OLG München BeckRS 2015, 16801 Rn. 31); bei einem Kontokorrentverhältnis ist hingegen allein der Saldo anmeldefähig (OLG Jena ZInsO 2018, 1221 (1226) = BeckRS 2018, 9113 Rn. 61).

Mit Blick auf den Ablauf des Prüfungsverfahrens sind auch diejenigen Forderungen mit einem bestimmten Betrag anzumelden, bei denen im Prozessverfahren ausnahmsweise ein unbezifferter Klageantrag bzw. die bloße Angabe einer Größenordnung oder Untergrenze für ausreichend gehalten wird – wie zB Forderungen auf Zahlung eines **Schmerzensgeldes** (OLG Köln BeckRS 2020, 8671 Rn. 63 f.) oder einer **Abfindung** (LAG Düsseldorf BeckRS 2019, 13453 Rn. 184). Der Gläubiger mag deshalb versucht sein, seine Forderung eher hoch zu schätzen und anzumelden, trägt dann aber ggf. ein höheres Kostenrisiko im Feststellungsstreit (immerhin aus einem geringeren Gebührenstreitwert als bei der Leistungsklage, § 182).

2. Grund

Der ebenfalls anzugebende Grund der Forderung ist der **Lebenssachverhalt,** aus dem die Forderung stammt und sich ergibt, dass gerade der Anmeldende sie gerade gegen den Schuldner geltend machen kann (BGH NZI 2009, 242 Rn. 10). Ergeben sich aus dem Sachverhalt mehrere Forderungen oder eine höhere Forderung, muss angegeben werden, um welche dieser Forderungen bzw. um welchen Teil dieser Forderung es bei der Anmeldung genau geht. Es darf für den objektiven Betrachter, der nur die Anmeldung und den objektiven Sachverhalt kennt, **kein Zweifel** bestehen, ob eine Forderung bzw. ein Forderungsteil von der Anmeldung erfasst sein soll oder nicht. Dabei ist weder die rechtliche Bewertung noch gar die Angabe der gesetzlichen Anspruchsgrundlage erforderlich, wohl aber die hinreichend genaue Schilderung des tatsächlichen Geschehens (BGH NZI 2009, 242 Rn. 10). Die (auch konkludente) Bezugnahme auf der Anmeldung beigefügte Urkunden ist zulässig und sinnvoll (→ Rn. 20; zu einem – nicht überzeugend entschiedenen – Problemfall BGH BeckRS 2021, 16094 Rn. 36). Dennoch sollte – schon für den Fall etwa, dass die Urkunden verloren gehen – in der Anmeldung wenigstens etwa das Datum eines Vertrags, ein Lieferdatum, eine Bestellnummer, ein Abrechnungs- oder Veranlagungszeitraum oÄ zur Individualisierung angegeben und von bloß ganz generischen Angaben wie „Dienstleistung", „Kaufvertrag" oder „Warenlieferung" ohne weitere Individualisierung abgesehen werden. Im Fall des § 144 Abs. 1 ist die ursprüngliche Forderung anzumelden und zu begründen – allein der Hinweis auf die erfolgreiche **Insolvenzanfechtung** genügt dazu nicht (vgl. LG Berlin NZI 2019, 113 (114)).

Auch wenn der BGH (NZI 2020, 782; 2018, 743 Rn. 9, 11; 2016, 78 Rn. 3; 2014, 127 Rn. 6; 2013, 388 Rn. 15; 2009, 242 Rn. 10) – eher missverständlich – die Darlegung eines Lebenssachverhalts verlangt, der in Verbindung mit einem – nicht notwendig ebenfalls vorzutragenden – Rechtssatz die geltend gemachte Forderung begründe, so hat er (unter Aufgabe eventuell abweichender Rechtsprechung) zuletzt klargestellt, dass dies **kein Erfordernis prozessualer Schlüssigkeit** darstelle (BGH NZI 2020, 782 Rn. 16, 24), obwohl er in der Vergangenheit teilweise selbst vom Erfordernis einer schlüssigen Darlegung gesprochen hatte (BGH NZI 2018, 743 Rn. 11; 2009, 242 Rn. 10). In den betreffenden Entscheidungen war die Frage der Schlüssig-

Zenker

keit wohl nicht entscheidungserheblich (anders möglicherweise in BGH NZI 2018, 886 mAnm Cranshaw jurisPR-InsR 23/2018 Anm. 1; dazu → Rn. 26.1; außerdem wohl in OLG München BeckRS 2017, 136542). Diese Klarstellung des BGH ist zu begrüßen – es geht bei Abs. 2 allein um die unverwechselbare **Kennzeichnung und Individualisierung der Ansprüche** als Grundlage der Rechtskraftwirkung der Forderungsfeststellung (BGH NZI 2020, 782 Rn. 19; Jaeger/Gerhardt Rn. 24; KPB/Pape/Schaltke Rn. 49; Brzoza jurisPR-InsR 18/2020 Anm. 1). Hierfür ist – wie nach zivilprozessualen Grundsätzen (vgl. nur Musielak/Voit/Foerste ZPO § 253 Rn. 25) – Schlüssigkeit gerade nicht erforderlich. Wenn Schlüssigkeit verlangt wird (vgl. OLG Celle NZI 2018, 642 (643); OLG Jena ZInsO 2018, 1221 (1225) = BeckRS 2018, 9113 Rn. 58; OLG München BeckRS 2015, 16801 Rn. 31; K. Schmidt InsO/Jungmann Rn. 24, 26; Uhlenbruck/Sinz Rn. 29; daran will Wazlawik NZI 2020, 1081 (1084), – nicht überzeugend – für eine „zulässige" im Gegensatz zur nur „wirksamen" Anmeldung festhalten), so wird oft darauf verwiesen, dass die Anmeldung die Grundlage auch der Forderungsprüfung sei und diese sinnvoll nur anhand schlüssigen Vortrags erfolgen könne (vgl. K. Schmidt InsO/Jungmann Rn. 25, der hier aber nur auf die Prüfung durch den Verwalter abstellt und daher immerhin seinen Kenntnisstand berücksichtigt; ebenso Jungmann NJW 2020, 3105) – dies rechtfertigt es jedoch nicht, eine unschlüssige Anmeldung als unwirksam zu behandeln: Der Gläubiger, der seine Forderung nicht schlüssig und ggf. unter Beifügung ausreichender Belege anmeldet, läuft Gefahr, dass sie bestritten wird und er im Feststellungsstreit bei sofortigem Anerkenntnis nach § 93 ZPO die Kosten zu tragen hat (BGH NZI 2020, 782 Rn. 23; → Rn. 20). Deshalb besteht auch kein Anlass, die **Auslegung** der Anmeldung über das eingangs (→ Rn. 25) Gesagte hinaus zu beschränken (aA OLG Celle NZI 2018, 642 (643)). Es ist demnach nicht erforderlich, dass alle (auch entscheidungserheblichen) Tatsachen des Lebenssachverhalts vorgetragen werden (BGH NZI 2016, 78 Rn. 4) oder dass der vorgetragene Sachverhalt gerade die letztlich einschlägige Anspruchsgrundlage vollständig ausfüllt: Werden der Abschluss eines Darlehensvertrags und die Auszahlung der Valuta vorgetragen, so genügt dies auch dann den Anforderungen, wenn sich später herausstellt, dass der Darlehensvertrag unwirksam ist und der Anspruch sich aus Bereicherungsrecht ergibt (BGH NZI 2016, 78 Rn. 4; aA OLG Celle NZI 2018, 642 f. unter Berufung auf BGH NZI 2013, 388 Rn. 17; vgl. Jungmann EWiR 2018, 597). Allein der Umstand, dass der Lebenssachverhalt den angemeldeten Forderungsbetrag der Höhe nach nicht trägt, macht die Anmeldung nicht unzulässig (BGH NZI 2016, 301 Rn. 18).

26.1 Jedenfalls dann, wenn man trotz der Klarstellung des BGH (BGH NZI 2020, 782 Rn. 19), dass dies nicht erforderlich sei, eine schlüssige Darlegung der Forderung verlangt, könnte erwogen werden (dafür Cranshaw jurisPR-InsR 23/2018 Anm. 1), ob vom Grundsatz der **unbedingten Anmeldung** (zur Anmeldung bedingter Forderungen → Rn. 1) eine Ausnahme zu machen und eine „Eventualanmeldung" bzw. „**Hilfsanmeldung**" – nach dem Vorbild prozessualer Hilfsanträge – zuzulassen ist. So hat der BGH (NZI 2018, 886) etwa unter Berufung auf § 181 die Feststellung einer Forderung, die (vereinfacht) gestützt auf die Nichterfüllung eines Mietvertrags angemeldet worden war, abgelehnt, da es richtigerweise um die davon verschiedene, nach § 45 im Betrag zu schätzende Forderung auf Abschluss jenes Mietvertrags gegangen sei. Der Figur einer Hilfsanmeldung bedarf es jedoch wohl nicht: Häufig wird der Anmeldende die Gefahr einer solchen abweichenden Bewertung bei Anmeldung noch nicht erkennen – dann nützt ihm die Möglichkeit einer Hilfsanmeldung von vornherein nichts. Erkennt der Anmeldende aber das Risiko, kann er zum einen versuchen, den Lebenssachverhalt so zu schildern, dass er beide rechtlichen Interpretationen vollständig ausfüllt und für beide „schlüssig" ist; zum anderen – wenn das nicht gelingt – kann er notfalls beide Forderungen unbedingt anmelden, ohne dass ihm daraus greifbare Nachteile entstehen sollten. Auf Basis des hier vertretenen – und auch aus diesem Grund vorzugswürdigen – Verständnisses des anzugebenden Forderungsgrundes (→ Rn. 25) hätte es sich hingegen wohl ohnedies (noch) um dieselbe Forderung gehandelt, sodass die Feststellungsklage trotz § 181 (ggf. teilweise) Erfolg gehabt und es einer hilfsweisen Anmeldung nicht bedurft hätte.

27 Der erforderliche **Detaillierungsgrad** der Anmeldung hängt ganz maßgeblich von der jeweiligen Forderung ab. So kann bei einem vertraglichen Erfüllungsanspruch die Bezeichnung des Vertrags, aus dem er herrührt, schon ausreichen, insbesondere wenn sie durch die Bezugnahme auf die beigefügte Abschrift der Vertragsurkunde, eine hinreichend aufgeschlüsselte und aussagekräftige Rechnung (zu den Grenzen BGH NZI 2009, 242 Rn. 11) oder einen Lieferschein ergänzt wird. Wesentlich umfangreicher wird die Anmeldung etwa sein müssen, wenn eine unerlaubte Handlung zu einer Vielzahl von (unter Umständen auch erst zukünftigen) Schäden führt (zu weitgehend aber wohl OLG München BeckRS 2017, 136542 Rn. 28 ff.) und die Forderungen ggf. noch vom Geschädigten an eine Versicherung abgetreten worden war.

Anmeldung der Forderungen § 174 InsO

Die vorstehenden Anforderungen gelten auch im Rahmen von **Sammel- oder Poolanmel-** 28
dungen, bei denen eine Vielzahl von Forderungen eines Gläubigers oder mehrerer Gläubiger gemeinsam angemeldet werden. Hier muss die Anmeldung jede einzelne Forderung in dieser Weise bestimmt bezeichnen (BGH NZI 2009, 242 Rn. 11). Der Bestimmtheit einer Forderungsanmeldung von Gesamtgläubigern (§ 428 BGB) steht nicht entgegen, dass die Verteilung der Leistung zwischen den Gläubigern nicht benannt wird und diesen im Innenverhältnis obliegt (BGH NZI 2018, 743 Rn. 10).

II. Angaben in Bezug auf § 302 Nr. 1

Nach Abs. 2 sind bei der Anmeldung neben Betrag und Grund die Tatsachen anzugeben, aus 29
denen sich nach Einschätzung des Gläubigers ergibt, dass der Forderung eine vorsätzlich begangene unerlaubte Handlung, eine vorsätzliche pflichtwidrige Verletzung einer gesetzlichen Unterhaltspflicht oder eine Steuerstraftat des Schuldners nach den §§ 370, 373 oder § 374 AO zugrunde liegt. Dies vermittelt den – falschen – Eindruck, als wären diese Angaben ebenso Wirksamkeitsvoraussetzungen der Anmeldung wie die Angabe von Grund und Betrag. Sie spiegeln ersichtlich die Voraussetzungen, unter denen eine Forderung nach § 302 Nr. 1 bei entsprechender Anmeldung von der **Restschuldbefreiung** ausgenommen ist. Ihnen kommt daher ohnehin nur in der Insolvenz **natürlicher Personen** (und bei Vorliegen eines Antrags auf Restschuldbefreiung AG Aurich NZI 2016, 143 (144) mAnm Ahrens NZI 2016, 121; AG Köln NZI 2017, 78 (79); dazu noch → § 175 Rn. 9.1) eine rechtliche Bedeutung zu, und auch dort führt ihr Fehlen nicht zur Unwirksamkeit der Anmeldung, sondern lediglich dazu, dass die Forderung trotz § 302 Nr. 1 von der Restschuldbefreiung erfasst wird (Uhlenbruck/Sinz § 175 Rn. 31). Unterlässt der anmeldende Anwalt des Gläubigers die Angaben zur Privilegierung, kann das eine Pflichtverletzung darstellen, die zum Schadensersatz verpflichtet (LG Aachen BeckRS 2019, 30313 Rn. 31 ff.).

Während § 302 Nr. 1 die Anmeldung unter **Angabe des besonderen Rechtsgrundes** ver- 30
langt – also abweichend vom Regelfall (→ Rn. 25) den Gläubiger zu einer rechtlichen Bewertung zwingt –, setzt Abs. 2 darüber hinaus die Angabe der **konkreten Tatsachen** voraus, aus denen sich diese Bewertung ergibt. Der Schuldner muss nicht nur erkennen können, aus welchem Lebenssachverhalt sich die Forderung (und ihre Höhe, → Rn. 30.1) ergibt, sondern auch, welches konkrete Verhalten ihm genau aus welchem Grund vorgeworfen wird. Eine schlüssige Darlegung des gesamten Tatbestandes ist hingegen nicht erforderlich (BGH NZI 2014, 127 Rn. 8; Jungmann EWiR 2014, 217 (218); aA Uhlenbruck/Sinz Rn. 38 f., allerdings – zweifelhaft – ausgehend davon, dass der BGH abstrakten Vortrag genügen lasse), wohl aber eine plausible Darstellung (AG Göttingen ZInsO 2016, 648 (650); eingehend zu den Anforderungen AG Mannheim BeckRS 2021, 4668 Rn. 21 ff.). Wird nur ein **Teil der Forderung** zugleich auf einen privilegierten Rechtsgrund gestützt, muss sich aus der Anmeldung ergeben, anhand welcher Kriterien die Aufteilung erfolgt ist (→ Rn. 30.2). Der privilegierte Rechtsgrund kann ungeachtet des von Abs. 2 scheinbar hergestellten zeitlichen Zusammenhangs mit der Forderungsanmeldung – und trotz § 178 Abs. 3 selbst nach Feststellung der Forderung als solcher – auch **nachgemeldet** werden (BGH NZI 2008, 250 Rn. 12; OLG Köln BeckRS 2019, 5546 Rn. 3; → § 177 Rn. 2). Zur rechtskräftigen Verurteilung bei **§ 302 Nr. 1 Fall 3** → Rn. 30.3. Die nach **§ 93** verfolgte Gesellschafterhaftung als solche fällt nie unter § 302 Nr. 1; hier muss ggf. der betroffene Gläubiger selbst die Deliktsforderung gegen den Gesellschafter anmelden (LG Chemnitz ZIP 2020, 1826 (1827 f.)).

Hat der Schuldner (den Behauptungen des Anmeldenden zufolge) sowohl eine Vertragsverletzung als 30.1
auch eine vorsätzliche unerlaubte Handlung begangen (etwa im Fall des „**Schwarzfahrens**"), so genügt es für eine Anmeldung (auch) als privilegierte Deliktsforderung nicht, dass die Forderungshöhe (im Beispiel: erhöhtes Beförderungsentgelt) etwa durch Hinweis auf eine in AGB vereinbarte Vertragsstrafe oder Schadenspauschale begründet wird – vielmehr muss immerhin erkennbar sein, worin der zu **ersetzende Schaden** bestehen soll (AG Köln NZI 2017, 449 (450)).

Bei rückständigen **Sozialversicherungsbeiträgen**, die zugleich zum Teil als Forderung aus vorsätzli- 30.2
cher unerlaubter Handlung (§ 823 Abs. 2 BGB, § 266a StGB) angemeldet werden, wird zu verlangen sein, dass der von der Privilegierung vermeintlich erfasste Forderungsteil – etwa durch Angabe des Zeitraums (und ggf. der betroffenen Arbeitnehmer) – hinreichend bestimmt wird (vgl. AG Freiburg (Breisgau) NZI 2019, 508); dazu reicht es etwa auch, die Forderung nach (privilegierten) Arbeitnehmeranteilen und sonstigen Bestandteilen aufzuschlüsseln und die vom Schuldner erstellten Beitragsnachweise zur weiteren Individualisierung beizufügen, auch wenn sich daraus die betroffenen Arbeitnehmer nicht namentlich ergeben (AG Mannheim BeckRS 2021, 4668 Rn. 15 ff.). Ist der privilegierte Forderungsteil allerdings danach hinreichend bestimmt bezeichnet und wurden die Tatsachen den Anforderungen entsprechend (→ Rn. 30) mitgeteilt, so zieht § 181 dem Vortrag des Gläubigers im Feststellungsstreit keine weiteren

Zenker 1255

Grenzen (möglicherweise aA AG Freiburg (Breisgau) NZI 2019, 508), zumal er auf den Streit um die Privilegierung überhaupt nicht anwendbar ist (→ § 184 Rn. 10).

30.3 Nach **§ 302 Nr. 1 Fall 3** werden von der Erteilung der Restschuldbefreiung nicht berührt Verbindlichkeiten aus einem Steuerverhältnis, sofern der Schuldner im Zusammenhang damit wegen einer Steuerstraftat nach den §§ 370, 373 oder 374 AO **rechtskräftig verurteilt** worden ist. Würde man hier (über den – bewussten, BT-Drs. 17/11268, 32 – Wortlaut von Abs. 2 hinaus) vom Gläubiger – dem Fiskus – verlangen, in der Anmeldung bereits die rechtskräftige Verurteilung anzugeben, so könnte dies mit Blick auf die mögliche Dauer von Steuerstrafverfahren (insbesondere auch bei einer Verzögerungstaktik des Schuldners) diese Privilegierung weitgehend entwerten. Die Anmeldung kann daher auch schon vor der rechtskräftigen Verurteilung erfolgen (OLG Hamm NZI 2019, 337 Rn. 47 ff.; Uhlenbruck/Sternal § 302 Rn. 22 mwN; Hain VIA 2021, 33 (34 f.); aA KPB/Pape/Schaltke Rn. 88 ff.; Pape ZInsO 2016, 2005 (2008 f.), der sich gegen eine – allerdings bei § 302 Nr. 1 Fall 1 ebenfalls verbreitete – „Anmeldung auf Verdacht" ausspricht); sie muss aber immerhin den privilegierten Rechtsgrund nennen und den wesentlichen Lebenssachverhalt umschreiben, aus dem sich die Steuerstraftat ergibt; ob der Fiskus sich auch auf ein konkretes Ermittlungs- oder Steuerstrafverfahren beziehen muss (so OLG Hamm NZI 2019, 337 Rn. 48), ist zweifelhaft. Für den Ausschluss von der Restschuldbefreiung muss es dann ausreichen, wenn bis zu ihrer Erteilung die rechtskräftige Verurteilung erfolgt ist (OLG Hamm NZI 2019, 337 Rn. 69 ff.; Uhlenbruck/Sternal § 302 Rn. 22 mwN; aA (Erteilung der Restschuldbefreiung oder früherer Schlusstermin) KPB/Pape/Schaltke Rn. 88 ff. mwN).

D. Besonderheiten bei nachrangigen Forderungen (Abs. 3)

I. Aufforderung zur Anmeldung

31 Nach Abs. 3 S. 1 sind **nachrangige Insolvenzforderungen** (§§ 39, 327) nur nach **besonderer Aufforderung** durch das Insolvenzgericht anzumelden. Diese Aufforderung wird das Insolvenzgericht nur in den **seltenen Fällen** aussprechen, in denen nach den Berichten des (ggf. bereits vorläufigen) Insolvenzverwalters eine Ausschüttung an die nachrangigen Gläubiger ernsthaft in Betracht kommt (ggf. auch erst während der Wohlverhaltensperiode, vgl. KPB/Pape/Schaltke Rn. 82). Sie kann bereits im Eröffnungsbeschluss oder aber nachträglich erfolgen. Eine nachträgliche Aufforderung ist öffentlich bekanntzumachen und den bekannten nachrangigen Gläubigern auch direkt zu übermitteln (AG Münster NZI 2017, 807 (808)); ausweislich § 177 Abs. 2 ist eine **Frist** für die Anmeldung zu setzen – sie wird sich an § 28 Abs. 1 S. 2 orientieren können. Wird eine nachträgliche Forderungsprüfung erforderlich, erfolgt sie nach § 177 Abs. 2 auf Kosten der Masse. Eine auf bestimmte Nachrangklassen beschränkte Aufforderung sieht das Gesetz nicht vor, auch wenn sie mit Blick auf die nahezu zwangsläufig erheblichen Forderungen nach § 39 Abs. 1 Nr. 1 wohl in einem Großteil der Anwendungsfälle von Abs. 3 S. 1 sinnvoll wäre.

32 Die Anmeldung nachrangiger Forderungen (als solche, also unter Hinweis auf den Nachrang; aA AG Münster NZI 2017, 807 (808)), ohne dass zuvor eine Aufforderung nach Abs. 3 S. 1 erfolgt war, ist grundsätzlich **unzulässig** (OLG Brandenburg BeckRS 2018, 17472 Rn. 17); die Forderungen sind vom Insolvenzverwalter nicht in die Tabelle nach § 175 aufzunehmen – tut er es dennoch und weist auch das Insolvenzgericht die Anmeldung nicht zurück (→ Rn. 41), sind der Mangel als **geheilt** und die Anmeldung als wirksam anzusehen. Eine Anmeldung ist aber ausnahmsweise dort zulässig, wo dem Gläubiger ansonsten **Rechtsnachteile** wie Verjährung oder (bei nachrangigen Forderungen nach § 302 Nr. 1) Restschuldbefreiung drohen (CPM/Zenker § 39 Rn. 4; Jaeger/Henckel § 39 Rn. 4; MüKoInsO/Ehricke/Behme § 39 Rn. 101; aA zumindest für die Verjährung (§ 206 BGB analog) Jaeger/Gerhardt Rn. 107 f.; K. Schmidt InsO/Jungmann Rn. 72; KPB/Pape/Schaltke Rn. 77; vgl. auch Wazlawik NZI 2020, 1081 (1085 ff.)). Bei nachrangigen Nebenforderungen, die nach § 302 Nr. 1 von der Restschuldbefreiung ausgeschlossen sind, lässt der BGH demgegenüber die Anmeldung der Hauptforderung unter Angabe des privilegierenden Rechtsgrundes genügen (BGH ZInsO 2011, 102 Rn. 10 ff. mwN).

II. Angaben zum Nachrang

33 Nach Abs. 3 S. 2 ist bei der Anmeldung nachrangiger Forderungen auf den Nachrang hinzuweisen und die in Anspruch genommene **Rangstelle** (sinnvollerweise in den Kategorien der §§ 39, 327) zu bezeichnen. **Fehlt** es ganz am Hinweis auf den Nachrang, ist die Forderung als nicht-nachrangige angemeldet und in die Tabelle aufzunehmen (LG Waldshut-Tiengen NZI 2005, 396 (397)) – selbst bei Offenkundigkeit des Nachrangs darf der Insolvenzverwalter allenfalls eine Änderung der Anmeldung anregen, jedoch weder die Anmeldung zurückweisen noch gar selbst den Nachrang hinzufügen (K. Schmidt InsO/Jungmann Rn. 69 mwN; aA KPB/Pape/Schaltke

Rn. 79). Fehlt die Angabe der Rangstelle, ist die Forderung als im ersten Nachrang angemeldet zu behandeln, wobei der Insolvenzverwalter bei ersichtlich tieferem Nachrang sinnvollerweise eine Ergänzung der Anmeldung anregen wird.

34 Wird eine nachrangige Forderung absichtlich oder versehentlich als nicht-nachrangige angemeldet, so kann ein auf den Rang beschränktes **Bestreiten** im Prüfungstermin erfolgen. Die Anmeldung einer Insolvenzforderung umfasst als minus den Nachrang (K. Schmidt InsO/Jungmann Rn. 71), sodass die Forderung in diesem Fall – vorbehaltlich des Ergebnisses eines auf den Rang beschränkten Feststellungsstreits – als zumindest nachrangige festgestellt werden kann, selbst wenn es an der Aufforderung nach Abs. 3 S. 1 fehlt. Entsprechend kann bei umfassendem Bestreiten der Feststellungsstreit zur Feststellung lediglich einer nachrangigen Forderung führen. Wird weder die Forderung noch der Rang bestritten, so ist die Forderung als einfache Insolvenzforderung festgestellt; der Nachrang kann dann bei Verteilungen nicht mehr berücksichtigt werden (K. Schmidt InsO/Jungmann Rn. 70 mwN).

35 Wird eine einfache Insolvenzforderung **irrtümlich als nachrangige** angemeldet, so wird sie vorbehaltlich einer wirksamen Berichtigung der Anmeldung auch nur als nachrangige festgestellt und (bei der Ermittlung von Stimmrechten nach § 77 Abs. 1 sowie Verteilungen) behandelt. Den Insolvenzverwalter trifft keine Pflicht, den Anmeldenden auf seinen Irrtum hinzuweisen.

E. Prüfung/Änderung/Rücknahme

I. Prüfung durch den Insolvenzverwalter

36 Der Insolvenzverwalter als Empfänger der Forderungsanmeldungen (→ Rn. 11) ist nicht nur berechtigt, sondern auch **verpflichtet** (KPB/Pape/Schaltke § 175 Rn. 18; aA OLG München ZInsO 2018, 326 (329) = BeckRS 2017, 136542 Rn. 38 f.; Jaeger/Gerhardt Rn. 94), die Anmeldungen unverzüglich (spätestens unmittelbar nach Ablauf der Anmeldefrist bzw. bei Nachmeldungen unverzüglich nach Erhalt; teilweise wird dem Verwalter bei Nachmeldungen keine Prüfung gestattet, vgl. K. Schmidt InsO/Jungmann Rn. 42, § 176 Rn. 1) darauf zu prüfen, ob sie **formell den Anforderungen** genügen (hM, K. Schmidt InsO/Jungmann Rn. 38; Uhlenbruck/Sinz § 175 Rn. 9 f. mwN; aA OLG Dresden ZInsO 2004, 810; offen BGH NZI 2017, 300 Rn. 28 mAnm Willmer NZI 2017, 304). Sie müssen also schriftlich oder ggf. ordnungsgemäß elektronisch in einer zulässigen Sprache erfolgt sein, den Gläubiger und – in Betrag und Grund – die behauptete Forderung hinreichend bestimmt (unverwechselbar) bezeichnen, bei Personenverschiedenheit von Gläubiger und Anmeldendem zudem die Verfügungsbefugnis oder Vollmacht des Anmeldenden behaupten, und erkennen lassen, dass es sich um eine Forderungsanmeldung handeln soll. Fehlt es an einem dieser Erfordernisse oder wird eine Forderung trotz fehlender Aufforderung nach Abs. 3 S. 1 als nachrangige angemeldet, ohne dass ein die Anmeldung legitimierender Ausnahmefall geltend gemacht wird (→ Rn. 32), so weist der Insolvenzverwalter den Anmeldenden auf den Mangel hin, der in seinen Augen zur Unwirksamkeit der Anmeldung führt. Dies gilt auch, wenn eine Forderung angemeldet wird, die nicht auf einfache Zahlung eines in Euro bezifferten Geldbetrags gerichtet ist (→ Rn. 23); deshalb darf und muss der Insolvenzverwalter (mit der folgenden Einschränkung → Rn. 37) auch die Anmeldung von **Zug-um-Zug-Forderungen** beanstanden (aA BGH NZI 2017, 300 Rn. 26 ff. mAnm Willmer NZI 2017, 304; BeckRS 2021, 16094 Rn. 23; → Rn. 36.1).

36.1 Der IX. ZS des BGH (NZI 2017, 300 Rn. 31) wendet sich – zu Unrecht (zustimmend aber etwa Wazlawik NZI 2020, 1081 (1083 f.)) – ausdrücklich gegen die in früheren Entscheidungen vornehmlich des II. ZS (NJW-RR 2013, 1255 Rn. 14) und des III. ZS (etwa BGH NZI 2016, 301 Rn. 15; anders jetzt BGH BeckRS 2021, 16094 Rn. 23), aber auch den IX. ZS selbst (NZI 2016, 167 Rn. 15) anzutreffende Terminologie, **Zug-um-Zug-Forderungen** seien nicht „anmeldefähig" oder „könnten nicht angemeldet werden". Vielmehr gehe es darum, ob eine solche Forderung ihrer Art nach zur Tabelle festgestellt werden könne, was nicht der Fall sei. Eine Anmeldung unter Beachtung der Vorgaben des § 174 sei hingegen möglich (BGH NZI 2017, 300 Rn. 26), und in diesem Fall habe der Verwalter die Forderung zwingend in die Insolvenztabelle aufzunehmen (BGH NZI 2017, 300 Rn. 28). Dies überzeugt nicht: Zum einen (formal) erfolgt bei Zug-um-Zug-Forderungen schon keine Anmeldung mit dem „Betrag der Forderung", wie sie Abs. 2 vorschreibt (→ Rn. 23), und zum anderen (materiell) steht von vornherein fest, dass die Forderung nicht in dieser Form wirksam festgestellt werden kann, selbst wenn kein Beteiligter im Prüfungstermin widerspricht – dem Insolvenzverwalter ist es dann aber nicht zuzumuten, sie vorbehaltlos (→ Rn. 37) in die Tabelle aufzunehmen.

37 Ist die Rechtslage nicht eindeutig, drohen dem Gläubiger offensichtlich durch die Verzögerung Rechtsnachteile oder verlangt der Anmeldende trotz der vermeintlichen Mängel ausdrücklich die

Eintragung in die Tabelle nach § 175 Abs. 1 S. 1, so sollte der Insolvenzverwalter die Eintragung **unter Vorbehalt** vornehmen, um dem Gläubiger effektiven Rechtsschutz zu ermöglichen und eigenen Haftungsgefahren (§ 60) zu entgehen (ähnlich KPB/Pape/Schaltke § 175 Rn. 19 f.; K. Schmidt InsO/Jungmann Rn. 40). Im Regelfall **unterbleibt** die Eintragung jedoch, solange der Gläubiger die Anmeldung nicht berichtigt. Bei Ablehnung der Eintragung kann der Gläubiger **Aufsichtsmaßnahmen** des Insolvenzgerichts nach §§ 58 f. anregen (KPB/Pape/Schaltke § 175 Rn. 20). Übersieht der Verwalter den formellen Mangel und nimmt die **unwirksam angemeldete** Forderung ohne Vorbehalt in die Tabelle auf, so kann dies den formellen Mangel nicht heilen (OLG München ZInsO 2018, 326 (329) = BeckRS 2017, 136542 Rn. 8 f.) – selbst dann nicht, wenn das Insolvenzgericht die Anmeldung nicht beanstandet (→ Rn. 41); ggf. kommt eine Haftung des Verwalters (§ 60), wohl meist unter Berücksichtigung eines erheblichen Mitverschuldens (§ 254 Abs. 1 BGB) des Anmeldenden, in Betracht. In diesem Fall ist – ebenso wie bei einem Austausch des Forderungsgrundes – erforderlich, dass der Gläubiger die Forderungsanmeldung berichtigt (bzw. eine **Neuanmeldung** vornimmt), was ggf. nach § 177 Abs. 1 S. 3 (→ Rn. 42) einen neuen Prüfungstermin erforderlich macht (BGH NZI 2009, 242 Rn. 17, 21 f.; AG Darmstadt ZInsO 2016, 810 (811)). Bleibt die unwirksam angemeldete und dennoch in die Tabelle aufgenommene Forderung im Prüfungstermin unwidersprochen bzw. ergeht hinsichtlich der Forderung ein Feststellungsurteil, so soll der Mangel der Anmeldung **durch die Feststellung geheilt** werden (OLG Braunschweig ZInsO 2018, 1855 (1859); KPB/Pape/Schaltke Rn. 69; Uhlenbruck/Sinz Rn. 45). Dies dürfte insbesondere für Mängel der Form und der Anmeldeberechtigung zutreffen (abw. bis zur 11. Ed.); weist die Anmeldung aber einen **gravierenden inhaltlichen Mangel** auf, insbesondere hinsichtlich ihrer Bestimmtheit, der bei einer Klage dazu führen würde, dass das antragsgemäß ergehende Urteil nicht der materiellen Rechtskraft fähig ist (vgl. etwa BGHZ 124, 164 = NJW 1994, 460), so ist daran festzuhalten, dass auch die Feststellung der Forderung den Fehler der Anmeldung nicht heilen kann (→ § 178 Rn. 2; auch → § 181 Rn. 4).

38 Der Verwalter ist in diesem Stadium berechtigt, wohl nicht verpflichtet, die **Begründetheit** der behaupteten Forderungen zu prüfen und den Anmeldenden auf etwaige Einwände hinzuweisen (ähnlich K. Schmidt InsO/Jungmann Rn. 39), was den Gläubiger zur Ergänzung oder Berichtigung seiner Anmeldung veranlassen mag. Seit dem 26.6.2017 sieht Art. 55 Abs. 7 EuInsVO nF vor, dass der Verwalter dem Gläubiger aus einem anderen Mitgliedstaat bei Zweifeln an der Forderung Gelegenheit zur Vorlage zusätzlicher Belege zu geben hat.

39 Die Eintragung in die Tabelle darf der Verwalter nicht aus **materiellen Gründen** ablehnen; sie beurkundet lediglich die ordnungsgemäße Anmeldung, enthält aber keine (Vor-)Entscheidung über die Forderung (K. Schmidt InsO/Jungmann Rn. 37). Eine formell ordnungsgemäße Anmeldung liegt – unabhängig von einem Hinweis nach Abs. 3 – auch dann vor, wenn eine eigentlich **nachrangige Forderung als einfache Insolvenzforderung** angemeldet wird (LG Waldshut-Tiengen NZI 2005, 396; Riedel NZI 2017, 808 f.; aA AG Münster NZI 2017, 807 (808)). Ebenfalls darf der Verwalter die Anmeldung nicht wegen fehlender Vorlage einer Vollmachtsurkunde für den Anmeldenden, wegen fehlender Vertretungsbefugnis (→ Rn. 9) oder auch überhaupt wegen Fehlens der **Vertretungsmacht** ignorieren bzw. zurückweisen (aA Riedel NZI 2017, 808); die hier zu treffenden Entscheidungen nach § 4 iVm §§ 79, 88 f. ZPO stehen allein dem Insolvenzgericht zu.

40 Fehlt die Darlegung der gem. Abs. 2 Hs. 2 anzugebenden **Voraussetzungen von § 302 Nr. 1**, obwohl der Gläubiger erkennbar eine privilegierte Forderung anmelden will, ändert dies nichts an der Wirksamkeit der Anmeldung und daran, dass die Forderung in die Tabelle aufzunehmen ist – allerdings nicht als solche nach § 302 Nr. 1. Die Berücksichtigung des besonderen Rechtsgrundes setzt bereits auf dieser Ebene – **formell** – den in Abs. 2 Hs. 2 verlangten Tatsachenvortrag (→ Rn. 30) zwingend voraus (BGH NZI 2014, 127 Rn. 8; KPB/Pape/Schaltke § 175 Rn. 35; Uhlenbruck/Sinz Rn. 39). Aus diesem Grund hat der Verwalter den Gläubiger auf den seines Erachtens unzureichenden Vortrag hinzuweisen und ihm Gelegenheit zur Ergänzung zu geben (AG Göttingen ZInsO 2016, 648 (650); Uhlenbruck/Sinz Rn. 38); für die Ergänzung gilt § 177 Abs. 1 S. 3 (aA AG Göttingen ZInsO 2016, 648 (650): Nachholung bis zur Aufhebung des Verfahrens möglich). Zur Anmeldung des besonderen Rechtsgrunds, wenn Restschuldbefreiung – etwa mangels Antrags – von vornherein nicht in Betracht kommt → § 175 Rn. 9.1.

II. Prüfung durch das Insolvenzgericht

41 Durch die Begründung der Zuständigkeit des Insolvenzverwalters für die Entgegennahme der Anmeldungen sollte das Insolvenzgericht entlastet werden (AGR/Wagner § 175 Rn. 1). Dem würde es widersprechen, wenn das Gericht gleichwohl nach Übergabe von Tabelle und Anmelde-

unterlagen gem. § 175 Abs. 1 S. 2 noch zur Einzelprüfung der Anmeldungen verpflichtet wäre (MüKoInsO/Riedel § 175 Rn. 14; aA (summarische Vorprüfung) Uhlenbruck/Sinz § 175 Rn. 15; ähnlich Jaeger/Gerhardt § 175 Rn. 25 ff.; wohl auch AG Münster NZI 2017, 807 (808)). Allerdings ist das Gericht (und hier der Rechtspfleger, § 3 Nr. 2 lit. e RPflG, vgl. Jaeger/Gerhardt § 175 Rn. 20 ff.) ebenso wie der Verwalter (→ Rn. 36) **zu einer formellen Vorprüfung berechtigt** (AG Köln NZI 2017, 78 (79); NZI 2017, 449 (450); AG Norderstedt NZI 2017, 677 (678) = BeckRS 2017, 113336 Rn. 16, 18; aA KPB/Pape/Schaltke § 175 Rn. 21); davon wird es insbesondere dort Gebrauch machen, wo der Verwalter eine Forderung nur unter Vorbehalt in die Tabelle aufgenommen hat (→ Rn. 37; vgl. K. Schmidt InsO/Jungmann § 176 Rn. 1) oder wo eine Forderung als nach § 302 Nr. 1 privilegiert eingetragen worden ist (→ Rn. 40; → § 175 Rn. 9.1), sodass nach § 175 Abs. 2 ein Hinweis zu erteilen ist (hier geht MüKoInsO/Riedel § 175 Rn. 15 sogar von einer Prüfungspflicht aus). Eine materielle Vorprüfung darf auch das Insolvenzgericht nicht vornehmen (Jaeger/Gerhardt § 175 Rn. 27).

III. Änderung/Ergänzung/Rücknahme

Innerhalb der Anmeldefrist (→ Rn. 15) sind **Änderungen und Ergänzungen** der Anmeldung jeder Art – bis hin zum Austausch der Forderung – **jederzeit möglich.** Spätere erhebliche Änderungen und Ergänzungen führen, soweit es sich nicht nur um eine Ermäßigung, Beschränkung (etwa Meldung des Nachrangs) oder Korrektur offensichtlicher Unrichtigkeiten handelt, dazu, dass die Forderung als **nachträglich angemeldet** behandelt wird (§ 177 Abs. 1 S. 3, → § 177 Rn. 2). 42

Bis zur Feststellung der Forderung kann die Anmeldung auch **zurückgenommen** werden (BGH NZI 2019, 536 Rn. 17 mAnm Willmer/Berner NZI 2019, 540). Die Rücknahme der Anmeldung enthält in der Regel keinen Verzicht auf die Forderung, sondern bewirkt nur, dass der Gläubiger mit dieser Forderung – jedenfalls bis zu einer (nicht ausgeschlossenen) erneuten Anmeldung – nicht am Insolvenzverfahren teilnimmt (BGH NZI 2019, 536 Rn. 17 mAnm Willmer/Berner NZI 2019, 540; K. Schmidt InsO/Jungmann Rn. 45). Die einmal erfolgte Feststellung und ihre Rechtskraftwirkung (§ 178 Abs. 3) können durch eine Rücknahme der Anmeldung nicht mehr beseitigt werden (RGZ 112, 297 (299); KPB/Pape/Schaltke § 177 Rn. 31 f.; Willmer/Berner NZI 2015, 877 (880 f.); aA AG Köln NZI 2016, 168 (169) mAnm Willmer NZI 2016, 169; Braun/Specovius § 177 Rn. 24 f.; Schreiber/Birnbreier ZInsO 2009, 2377 (2382 f.)); in ihr liegt jedoch in der Regel ein Verzicht auf die Verfahrensrechte (einschließlich Tantieme) aus der Anmeldung (KPB/Pape/Schaltke § 177 Rn. 31). 43

Eine Änderung, Ergänzung oder Rücknahme muss in der für die Anmeldung geltenden Form (→ Rn. 44.1) durch eine über die Forderung aktuell **verfügungsbefugte Person** oder Personenmehrheit bzw. deren Vertreter erfolgen. Ist der ursprünglich Anmeldende weiterhin (neben Dritten) einzeln verfügungs-/vertretungsbefugt oder ist bspw. die Rechtszuständigkeit oder Rechtsnachfolge streitig, so kann die Änderung nicht ohne seine Zustimmung erfolgen, um zu verhindern, dass interne Streitigkeiten im Insolvenzverfahren ausgetragen werden (ähnlich für die Rücknahme des Insolvenzantrags Uhlenbruck/Wegener § 13 Rn. 162). 44

Änderungen, Ergänzungen und auch Rücknahmen sind – wie die Anmeldung selbst (→ Rn. 13) – stets **gegenüber dem Insolvenzverwalter** zu erklären (vgl. für Rücknahmen OLG Brandenburg BeckRS 2009, 11346), der sie in der Tabelle vermerkt bzw. nach Niederlegung der Tabelle beim Insolvenzgericht gem. § 175 Abs. 1 S. 2 diesem davon Kenntnis gibt und die Erklärung übersendet. Dies erscheint dort zwingend, wo über § 177 Abs. 1 S. 3 eine Gleichstellung mit einer Anmeldung erfolgt (→ Rn. 42) und eine (ggf. erneute) Prüfung der geänderten Forderung erforderlich wird, sollte aber im Interesse einer klaren Kompetenzregelung und der Vermeidung von Abgrenzungsschwierigkeiten auch im Übrigen gelten, also für die Forderungsidentität unberührt lassende Ergänzungen und für teilweise oder vollständige **Rücknahmen.** Erwägenswert ist freilich, ob mangels Schutzbedürftigkeit des Anmeldenden die Rechtswirkungen der Rücknahme (insbesondere § 204 Abs. 2 BGB) auch bei Erklärung nur gegenüber dem Insolvenzgericht schon mit Eingang bei diesem eintreten (in diese Richtung – Erklärung wahlweise gegenüber Gericht oder Verwalter – FKR InsR Rn. 1648). Demgegenüber gehen die **BGH** (NZI 2019, 536 Rn. 20 mAnm Willmer/Berner NZI 2019, 540) und die **hM** davon aus, dass Rücknahmen ab der Niederlegung nach § 175 Abs. 1 S. 2 (OLG Brandenburg BeckRS 2018, 3733 Rn. 39; Gottwald/Haas InsO-HdB/Eickmann/Wimmer § 63 Rn. 40; MüKoInsO/Riedel Rn. 44; Uhlenbruck/Sinz Rn. 49) oder (spätestens) ab dem Prüfungstermin (BGH NZI 2019, 536 Rn. 20 mAnm Willmer/Berner NZI 2019, 540; LG Stuttgart BeckRS 2020, 1538 Rn. 20 ff.; K. Schmidt InsO/Jungmann Rn. 45; vgl. auch (Beginn des Prüfungstermins) Eckardt EWiR 2019, 339 (340); Effer-Uhe KTS 2020, 92 (94)) **gegenüber dem Insolvenzgericht** zu erklären seien. Erklärungen gegenüber dem Verwalter entfalten danach nur und erst dann Wirkung, 44.1

wenn dieser sie (nach OLG Brandenburg BeckRS 2020, 8524 Rn. 40: im Original, nicht lediglich in Kopie) an das Insolvenzgericht weiterleitet (BGH NZI 2019, 536 Rn. 24 ff. mAnm Willmer/Berner NZI 2019, 540); dies soll bei wesentlicher Änderung einer Anmeldung nach § 177 Abs. 1 S. 3 auch für die darin enthaltene Teilrücknahme gelten (BGH NZI 2019, 536 Rn. 23 mAnm Willmer/Berner NZI 2019, 540). Bis zum Eingang beim Insolvenzgericht soll ein Widerruf der Rücknahme nach § 130 Abs. 1 S. 2 BGB möglich sein (BGH NZI 2019, 536 Rn. 42; OLG Brandenburg BeckRS 2020, 8524 Rn. 41). Bei Erklärung gegenüber dem Insolvenzgericht ist der Insolvenzverwalter in jedem Fall wenigstens abschriftlich zu informieren (Uhlenbruck/Sinz Rn. 49). Die **Praxis** wird sich an der BGH-Rechtsprechung orientieren müssen, sodass spätestens ab dem Prüfungstermin, aber wohl schon ab Niederlegung der Tabelle eine Erklärung jedenfalls gegenüber dem Insolvenzgericht und vorsorglich zusätzlich gegenüber dem Insolvenzverwalter erfolgen sollte.

F. Wirkungen der Anmeldung und ihres Unterbleibens

I. Insolvenzverfahrensrechtliche Wirkungen

45 Die wirksame Anmeldung bewirkt zunächst, dass die Forderung zum Gegenstand des **Feststellungsverfahrens** der §§ 175 ff. wird und damit Aussicht hat, festgestellt und damit bei der Verteilung der Masse (bzw. des Erwerbs in der Wohlverhaltensperiode) oder bei Leistungen nach einem Insolvenzplan **berücksichtigt** und zudem tituliert zu werden. Ohne Anmeldung ist dies nicht möglich – auch dann nicht, wenn die Forderung bekannt und etwa in den Gläubigerverzeichnissen nach § 13 Abs. 1 S. 3 und § 152 aufgeführt ist bzw. gem. § 229 S. 3 bei der Erstellung des Insolvenzplans berücksichtigt worden war. Die Anmeldung kann außerdem nach § 77 Abs. 1 bzw. § 237 Abs. 1 S. 1 für das **Stimmrecht** des Insolvenzgläubigers in der Gläubigerversammlung Bedeutung erlangen, auch wenn „angemeldet" in § 77 Abs. 1 S. 1 richtigerweise nicht mit einer Anmeldung nach § 174 gleichzusetzen ist, sondern auch formlose „Anmeldungen" in der jeweiligen Gläubigerversammlung genügen lässt (näher Uhlenbruck/Knof § 77 Rn. 3 mwN).

II. Materiell-rechtliche Wirkungen

46 Nach § 204 Abs. 1 Nr. 10 BGB wird die **Verjährung** eines Anspruchs ua durch seine Anmeldung im Insolvenzverfahren **gehemmt** (entsprechend etwa für die steuerrechtliche Festsetzungsverjährung § 171 Abs. 13 AO, dazu FG Bln-Bbg BeckRS 2021, 9609 Rn. 33 ff.). Maßgeblicher Zeitpunkt für die Hemmungswirkung ist der Eingang einer Anmeldung beim Insolvenzverwalter, die den Anspruch hinreichend bestimmt bezeichnet (→ Rn. 22). Dabei muss die Anmeldung vom materiell Berechtigten oder seinem (bei rückwirkender Genehmigung nach § 4 iVm § 89 Abs. 2 ZPO auch vollmachtlosen) Vertreter stammen. Der Verwalter wird den Eingang von Anmeldungen regelmäßig zu prüfen und das Datum des Eingangs zu **dokumentieren** haben, damit der Eintritt der Hemmung nachvollziehbar ist; im Streitfall trägt die Beweislast aber der Gläubiger (K. Schmidt InsO/Jungmann Rn. 62).

47 Solange die formalen Mindestanforderungen für eine **wirksame Anmeldung** (→ Rn. 36; → Rn. 47.1) objektiv beachtet worden waren, tritt die Hemmungswirkung auch dann ein, wenn der Verwalter irrig von der Unwirksamkeit ausgeht und die Anmeldung **zurückweist**, statt die Forderung in die Tabelle einzutragen. Sie endet gemäß oder zumindest entsprechend § 204 Abs. 2 S. 1 BGB sechs Monate nach der Zurückweisung, wenn der Gläubiger die Forderung nicht inzwischen erneut angemeldet hat. Umgekehrt bewirkt die Eintragung in die Insolvenztabelle grundsätzlich keine **Heilung** von zur Unwirksamkeit der Anmeldung führenden Formmängeln. Ausnahmen sollten generell bei der Eintragung von nachrangigen Forderungen trotz fehlender Aufforderung nach Abs. 3 S. 1 (→ Rn. 32) und – mit Hemmungswirkung ab Verfahrenseröffnung – von bereits vor Verfahrenseröffnung angemeldeten Forderungen gemacht werden (→ Rn. 12). Soweit Mängel der Anmeldung durch die Feststellung der Forderung geheilt werden (→ Rn. 37), tritt auch spätestens in diesem Zeitpunkt die Hemmung ein.

47.1 Wenn der Gläubiger einer **Masseverbindlichkeit** diese nicht als solche, sondern (in der Regel irrtümlich) als Insolvenzforderung anmeldet, so ändert dies nichts an der formellen Wirksamkeit der Anmeldung (→ Rn. 178 Rn. 26.1) – nicht anders als bei Anmeldung einer nachrangigen Insolvenzforderung als einfacher (→ Rn. 33). Deshalb wird auch in diesem Fall die Verjährung durch die Anmeldung der Forderung gehemmt (aA SG München ZInsO 2018, 269 (271) = BeckRS 2017, 135005 Rn. 2).

48 Werden gravierende Mängel der Anmeldung nachträglich durch **Änderung oder Ergänzung** der Anmeldung behoben oder wird auf diese Weise letztlich ein neuer Anspruch angemeldet, so tritt die Verjährungshemmung erst mit dem Eingang der Änderung oder Ergänzung ein.

Anmeldung der Forderungen   **§ 174 InsO**

Wenn die Forderung **nicht festgestellt** wird, **endet** die Verjährungshemmung nach § 204   49
Abs. 2 S. 1 BGB sechs Monate nach dem Ende des Insolvenzverfahrens – also grundsätzlich sechs Monate nach Aufhebung oder rechtskräftiger Einstellung (BGH NJW 2010, 1284 Rn. 46 f.; LSG MV BeckRS 2020, 6092 Rn. 23); dem Ende des Insolvenzverfahrens ist es gleichzustellen, wenn die Forderung infolge einer Rücknahme der Anmeldung nicht mehr am Insolvenzverfahren teilnimmt (OLG Brandenburg BeckRS 2018, 3733 Rn. 31; K. Schmidt InsO/Jungmann Rn. 64). Läuft bei Beendigung des Insolvenzverfahrens noch ein Restschuldbefreiungsverfahren, so sollte auch mit Blick auf § 294 Abs. 1 die Hemmung erst sechs Monate nach dessen Abschluss enden (Jaeger/Gerhardt Rn. 84; differenzierend Vallender ZInsO 2002, 110 (111 f.)). Ist ein Feststellungsstreit bei Beendigung des Insolvenzverfahrens noch nicht abgeschlossen, so bleibt die Verjährung grundsätzlich bis sechs Monate nach seinem Abschluss gehemmt (BT-Drs. 14/6040, 118; K. Schmidt InsO/Jungmann Rn. 65); allerdings gilt dies nicht, wenn dem Feststellungsstreit eine unwirksame Forderungsanmeldung zugrunde liegt (BGH NJW-RR 2013, 992 Rn. 27 ff.; OLG Naumburg DZWIR 2012, 304 (307); Tolani NJW 2019, 2751 (2753)). Wird die Forderung hingegen – nach § 178 Abs. 1 oder im Feststellungsstreit – **festgestellt,** so setzt dies ein neues Verjährungsregime in Kraft (Staudinger/Peters/Jacoby, 2019, BGB § 204 Rn. 141): Nun gilt nach § 197 Abs. 1 Nr. 5 BGB eine dreißigjährige Verjährung; sie beginnt nach dem Wortlaut von § 201 BGB mit der „Feststellung im Insolvenzverfahren" – dies ist jedoch berichtigend so auszulegen, dass es auf die Möglichkeit ankommt, aus der Tabelle (§§ 201 Abs. 2, 215 Abs. 2 S. 2) bzw. dem Insolvenzplan (§ 257 Abs. 1) gegen den Schuldner vorzugehen (Staudinger/Peters/Jacoby, 2019, BGB § 201 Rn. 5; aA Wazlawik NZI 2020, 1081 (1082)). Auch hier kommt es daher auf die Aufhebung oder rechtskräftige Einstellung des Insolvenzverfahrens (bzw. Restschuldbefreiungsverfahrens) an – allerdings ohne die sechsmonatige Karenz des § 204 Abs. 2 S. 1 BGB.

Die Forderungsanmeldung begründet **nicht die Rechtshängigkeit** der Forderung, den   50
Schuldnerverzug oder die Verzinsungspflicht nach § 291 BGB und lässt sich (bei nicht fälligen Forderungen) nicht ohne weiteres als Kündigung auslegen (Jaeger/Gerhardt Rn. 85 ff.).

III. Unterbleiben der Anmeldung

1. Regelverfahren

Der Umstand, dass eine Forderung nicht angemeldet wird, lässt zwar ihren Bestand unberührt,   51
ändert aber auch nichts an ihrer Einordnung als (ggf. nachrangige) Insolvenzforderung gem. §§ 38 f. Daher gelten zunächst während des Insolvenzverfahrens vor allem die §§ 87, 89, sodass eine Geltendmachung oder Vollstreckung der Forderung gegen den Schuldner bzw. die Masse außerhalb des Insolvenzverfahrens nicht möglich ist. Der Gläubiger nimmt **nicht an Verteilungen** nach den §§ 187 ff. und auch nicht an Verteilungen des Treuhänders in der Wohlverhaltensperiode nach § 292 Abs. 1 S. 2 teil, da diese auf der Grundlage (nur) des Schlussverzeichnisses erfolgen – an Vollstreckungen ist der Gläubiger auch in dieser Phase nach § 294 Abs. 1 gehindert. Die **Restschuldbefreiung** erfasst auch nicht angemeldete Forderungen (§ 301 Abs. 1 S. 2). Auf eine Ausnahme von der Restschuldbefreiung nach § 302 Nr. 1 kann sich der Gläubiger nicht berufen, da er seine Forderung nicht – wie erforderlich – unter Angabe des Rechtsgrunds angemeldet hat.

2. Planverfahren

Die Vorschriften der §§ 174 ff. sind nach Ansicht des BGH (NZI 2009, 230 Rn. 26) – anders   52
als die §§ 187 ff. – **planfest;** der Plan kann also keine abweichenden Regelungen zur Ermittlung der Insolvenzforderungen treffen. Daran dürfte die Ergänzung von § 217 durch das ESUG, mit der die Verfahrensabwicklung betreffende (verfahrensleitende) Pläne ausdrücklich für zulässig erklärt wurden, nichts geändert haben.

Im Plan sind den Mitgliedern einer Gruppe **gleiche Rechte** anzubieten (§ 226 Abs. 1). Die   53
Gruppenbildung richtet sich nach dem insolvenzrechtlichen Rang und den wirtschaftlichen Interessen (§ 222), nicht nach der Beteiligung am Insolvenzverfahren. Deshalb dürfen nach der Rechtsprechung (BGH NZI 2015, 697 Rn. 15 mAnm Madaus NZI 2015, 702) die nach dem Plan – jedenfalls für die Zeit nach Aufhebung des Insolvenzverfahrens – vorgesehenen **Leistungen** nicht von der rechtzeitigen Anmeldung der Forderung abhängig gemacht werden. Die §§ 259a, 259b bieten nur einen partiellen Schutz gegen nachträgliche Gläubiger. Aus diesem Grund ist es besonders wichtig, dass wenigstens die bekannten Gläubiger unabhängig von der Anmeldung ihrer Forderungen bei der Planerstellung und der Festlegung der nach dem Plan zu erbringenden Leistungen berücksichtigt werden (§ 229 S. 3).

Zenker

§ 175 Tabelle

(1) ¹Der Insolvenzverwalter hat jede angemeldete Forderung mit den in § 174 Abs. 2 und 3 genannten Angaben in eine Tabelle einzutragen. ²Die Tabelle ist mit den Anmeldungen sowie den beigefügten Urkunden innerhalb des ersten Drittels des Zeitraums, der zwischen dem Ablauf der Anmeldefrist und dem Prüfungstermin liegt, in der Geschäftsstelle des Insolvenzgerichts zur Einsicht der Beteiligten niederzulegen.

(2) Hat ein Gläubiger eine Forderung aus einer vorsätzlich begangenen unerlaubten Handlung, aus einer vorsätzlich pflichtwidrig verletzten gesetzlichen Unterhaltspflicht oder aus einer Steuerstraftat nach den §§ 370, 373 oder § 374 der Abgabenordnung angemeldet, so hat das Insolvenzgericht den Schuldner auf die Rechtsfolgen des § 302 und auf die Möglichkeit des Widerspruchs hinzuweisen.

Überblick

Aus den Anmeldungen nach § 174 erstellt der Insolvenzverwalter nach S. 1 eine Tabelle, die als Grundlage der Forderungsprüfung im Prüfungstermin nach § 176 dient (→ Rn. 1). Die Tabelle selbst enthält vor allem die wesentlichen Angaben nach § 174 Abs. 2 und 3 (→ § 174 Rn. 29, → § 174 Rn. 31 f.) die zur Bezeichnung der Forderung und ihrer insolvenzrechtlichen Behandlung erforderlich sind; weitere Form- und Inhaltsvorgaben trifft die InsO nicht (→ Rn. 8). Um dem Schuldner und den Gläubigern einen Einblick in die angemeldeten Forderungen und eine adäquate Vorbereitung auf den Prüfungstermin zu ermöglichen, wird die Tabelle zur Einsicht durch die Beteiligten rechtzeitig mitsamt den ihr zugrunde liegenden Anmeldungen und den nach § 174 Abs. 1 S. 2 und Abs. 4 S. 2 eingereichten Dokumenten beim Insolvenzgericht ausgelegt (→ Rn. 14); damit geht zugleich die Tabellenführung vom Verwalter auf das Gericht über (→ Rn. 3). Handelt es sich beim Schuldner um eine natürliche Person und wurden Forderungen nach § 174 Abs. 2 als nach § 302 Nr. 1 privilegierte angemeldet, so besteht nach Abs. 2 eine Pflicht des Insolvenzgerichts, den Schuldner bereits vor dem Prüfungstermin auf die mögliche Einschränkung der Restschuldbefreiung sowie darauf hinzuweisen, dass er der Forderung insgesamt bzw. dem privilegierten Rechtsgrund widersprechen könne (→ Rn. 20).

Übersicht

	Rn.		Rn.
A. Insolvenztabelle (Abs. 1 S. 1)	1	B. Auslage und Einsicht (Abs. 1 S. 2)	14
I. Allgemeines/Bedeutung	1		
II. Führung/Pflege der Tabelle	3	C. Hinweispflicht des Insolvenzgerichts (Abs. 2)	20
III. Form/Inhalt	8		

A. Insolvenztabelle (Abs. 1 S. 1)

I. Allgemeines/Bedeutung

1 Die Insolvenztabelle **dokumentiert** in zusammenhängender, übersichtlicher Form die einzelnen, nach § 174 angemeldeten Insolvenzforderungen, soweit die Anmeldungen nicht ausnahmsweise vom Insolvenzverwalter (→ § 174 Rn. 36) oder vom Insolvenzgericht (→ § 174 Rn. 41) wegen gravierender Formmängel zurückgewiesen und deshalb schon nicht in die Tabelle aufgenommen oder wieder aus dieser gestrichen worden sind. Sie dient als Grundlage der **Forderungsprüfung** – im ordentlichen wie besonderen Prüfungstermin (§§ 176 f.) wie auch im schriftlichen Verfahren (§ 5 Abs. 2 S. 1, § 177) – und beurkundet deren Ergebnis (→ § 178 Rn. 8) sowie das Ergebnis von Feststellungsstreiten (§ 183 Abs. 2).

2 Für festgestellte Forderungen wirkt der Tabelleneintrag (eingeschränkt) **Rechtskraft** (§ 178 Abs. 3), und aus einem Tabellenauszug kann – bei Fehlen eines wirksamen Widerspruchs des Schuldners – (vorbehaltlich der Bestimmungen zur Restschuldbefreiung, § 201 Abs. 3) die nachinsolvenzliche **Zwangsvollstreckung** betrieben werden (§ 201 Abs. 2; vgl. § 197 Abs. 1 Nr. 5 BGB zur Verjährung). Schließlich werden aus der Insolvenztabelle die Verteilungsverzeichnisse (§ 188) abgeleitet und kommt ihr wenigstens partiell indizielle Bedeutung bei der Ermittlung des Stimmrechts der Insolvenzgläubiger zu (→ § 174 Rn. 45). Die Tabelle kann **in einem Rechtsstreit** (etwa gegen persönlich haftende Gesellschafter der Schuldnerin) zum Zwecke der Bezeichnung

und Substantiierung von Forderungen vorgelegt werden (vgl. BGHZ 217, 327 = NZI 2018, 442 Rn. 15; näher → Rn. 2.1).

Die Frage, inwieweit und unter welchen Voraussetzungen eine **Insolvenztabelle zur Darlegung und Substantiierung oder zum Nachweis von Forderungen** dienen kann, stellte sich in jüngerer Zeit vor allem bei der Insolvenz von als Kommanditgesellschaften betriebenen **Schiffsfonds** und der Verfolgung der **Kommanditistenhaftung** (§ 171 Abs. 1 HGB, ggf. iVm § 172 Abs. 4 HGB) durch den Insolvenzverwalter nach § 171 Abs. 2 HGB. In der Leitentscheidung des **BGH** (BGHZ 217, 327 = NZI 2018, 442 Rn. 15; dazu etwa Thole ZGR 2019, 301; vgl. auch BGH NZG 2020, 1149 Rn. 11 ff.) heißt es (überzeugend), dass es zur Darlegung der Forderung ausreiche, wenn der Verwalter die Insolvenztabelle vorlege mit festgestellten Forderungen, die nicht aus der Insolvenzmasse befriedigt werden können. Die dadurch ausgelöste Kontroverse, ob es stets der Vorlage der vom Gericht fortgeführten Tabelle mit dem Eintrag nach § 178 Abs. 2 S. 1 zum Ergebnis der Prüfung bzw. eines beglaubigten Tabellenauszugs bedürfe (so OLG Bamberg ZInsO 2019, 1224 (1225) = BeckRS 2019, 11223 Rn. 13 mAnm Hölken jurisPR-InsR 14/2019 Anm. 1; OLG Koblenz BeckRS 2018, 30118 Rn. 10 f.; LG Kempten BeckRS 2018, 30119 Rn. 31 mAnm Hölken jurisPR-InsR 2/2019 Anm. 3 mwN; LG Mainz ZInsO 2019, 338 (340); LG München II ZInsO 2019, 916 (918)) oder ob es ausreiche, wenn der Verwalter „seine" Tabelle vorlegt (so OLG Frankfurt a. M. ZInsO 2019, 42 (43 f.) = BeckRS 2018, 33277 Rn. 38 ff.; OLG München ZInsO 2019, 1913 (1914 f.); OLG Oldenburg BeckRS 2020, 23017 Rn. 34; OLG Stuttgart ZInsO 2019, 2221 (2223) = BeckRS 2019, 24110 Rn. 21 ff.; ZInsO 2019, 2281 (2284) = BeckRS 2019, 24102 Rn. 58; dem zuneigend OLG Hamm BeckRS 2019, 24949 Rn. 53), hat der BGH nunmehr wenigstens implizit in letzterem Sinne entschieden (BGH NZG 2020, 1149 Rn. 15). Danach soll es – überzeugend – genügen, wenn der Verwalter die Feststellung bestimmter Forderungen etwa anhand einer tabellarischen Übersicht behauptet. Zum Vortrag der Forderungen selbst muss es dann aber schon ausreichen, wenn der Verwalter anhand einer tabellarischen Übersicht immerhin angibt, welche Forderungen er als berechtigt ansieht und welche er bestritten hat (oder vor Prüfung: noch bestreiten wird) – dies ist den von Verwaltern fortgeschriebenen und vorgelegten Tabellen allerdings regelmäßig zu entnehmen. Dabei können selbst vom Verwalter bestrittene Forderungen ggf. berücksichtigt werden, solange die ernsthafte Möglichkeit besteht, dass der Widerspruch noch durch eine Feststellungsklage beseitigt wird (BGH NJW-RR 2021, 426 Rn. 13), oder wenn das Bestreiten der Forderung nur vorläufig ist (vgl. aber zur Darlegungs- und Beweislast bei bestrittenen Forderungen BGH NJW-RR 2021, 426 Rn. 14). Nur wenn der Prozessgegner die so substantiiert behaupteten Forderungen wirksam (vgl. dazu auch BGHZ 217, 327 = NZI 2018, 442 Rn. 20) bestreitet, kann es auf den Vortrag und – erneut: bei wirksamem Bestreiten (eher streng OLG München BeckRS 2019, 14725 Rn. 5; ZInsO 2019, 1913 (1915)) – Nachweis ankommen, dass sie wirksam festgestellt wurden – nämlich, wenn diese Feststellung den Prozessgegner bindet (BGH NZG 2020, 1149 Rn. 15; dazu → § 178 Rn. 27). Eine bloße Tabellenstatistik, in der Beträge keinen einzelnen Anmeldungen zuzuordnen sind und die keine Angaben zum jeweiligen Forderungsgrund enthält, dürfte hingegen schon für den vom Insolvenzverwalter zu erwartenden substantiierten Vortrag der Forderungen nicht ausreichen (AG Emmendingen ZInsO 2018, 1816 (1817); offenbar aA OLG München BeckRS 2020, 7209 Rn. 73 ff.). Dass dies stets auch für eine Tabelle gelte, die den Anforderungen nach Abs. 1 S. 1 in Bezug auf die Bezeichnung der Forderungen (→ Rn. 9) nicht genüge (so OLG Bamberg NZI 2019, 752 Rn. 8; LG Rottweil ZInsO 2018, 2150 (2152) = BeckRS 2018, 23154 Rn. 27 f.), trifft hingegen nicht zu (BGH NZG 2020, 1149 Rn. 11 f.; OLG Hamm NZG 2018, 940 Rn. 19; OLG München ZInsO 2019, 1913 (1916); OLG Oldenburg BeckRS 2020, 23017 Rn. 33; OLG Stuttgart ZInsO 2019, 2281 (2284) = BeckRS 2019, 24102 Rn. 61).

II. Führung/Pflege der Tabelle

Nach Abs. 1 S. 1 ist es der **Insolvenzverwalter,** der die Tabelle führt und die Anmeldungen einträgt – die Erstellung, die Führung und die Pflege der Tabelle sind Teil seiner Amtspflichten (K. Schmidt InsO/Jungmann Rn. 1). Das korrespondiert mit seiner Zuständigkeit für die Entgegennahme der Anmeldungen nach § 174 (→ § 174 Rn. 11). Aus § 270c S. 2 folgt, dass bei der Eigenverwaltung der Sachwalter auch die Tabelle anlegt. Anders als noch § 140 Abs. 2 KO schreibt § 175 nicht ausdrücklich vor, dass die Eintragung „sofort nach der Anmeldung" zu erfolgen habe. Für fristgerechte Anmeldungen gibt es keinen Grund, dennoch an diesem Erfordernis festzuhalten und die Organisationshoheit des Insolvenzverwalters zu beschränken (aA K. Schmidt InsO/Jungmann Rn. 2), solange sie nur **bis zur Auslegung der Tabelle** nach Abs. 1 S. 2 eingetragen werden – auch wenn sich die sofortige Eintragung anbietet. **Nachträgliche Anmeldungen** nach § 177 sind demgegenüber im Interesse des Säumigen wenigstens unverzüglich einzutragen und dem Gericht zur Auslegung zu übermitteln, um ggf. noch eine Prüfung im ordentlichen Prüfungstermin oder doch eine beschleunigte nachträgliche Prüfung zu erlauben.

InsO § 175 Fünfter Teil. Befriedigung der Insolvenzgläubiger. Einstellung des Verfahrens

4 Nach der KO war während des gesamten Konkursverfahrens das Gericht für die Verwaltung der Anmeldungen und der Tabelle zuständig. Dies sah auch der RegE-InsO noch vor, wurde jedoch in Anlehnung an die GesO im Gesetzgebungsverfahren mit dem Zweck der Entlastung der Insolvenzgerichte so geändert, dass der Insolvenzverwalter mit der Empfangnahme und Verwaltung der Anmeldungen und ihrer Eintragung in die Tabelle betraut wurde (vgl. BT-Drs. 12/7302, 159 zu § 32 RegE-InsO). Jedoch wird die Tabelle nach Abs. 1 S. 2 (jeweils anders als nach der GesO) weiterhin beim Insolvenzgericht ausgelegt, wird der Prüfungstermin vom Insolvenzgericht geleitet und dokumentiert das Gericht in der Tabelle das Prüfungsergebnis (§ 178 Abs. 2, → § 178 Rn. 8f.). Diese **Orts- und Zuständigkeitsverlagerung** im laufenden Verfahren führt zu praktischen wie rechtlichen Fragen, die die InsO nicht beantwortet (vgl. beispielhaft LG Krefeld NZI 2017, 367 mAnm Zenker NZI 2017, 368).

5 Mit der (rein physischen) **Übergabe der Tabelle** vom Insolvenzverwalter an das Gericht zum Zwecke der Auslegung nach Abs. 1 S. 2 geht der **Übergang der Tabellenführung** einher (Graf-Schlicker/Graf-Schlicker Rn. 11; Jaeger/Gerhardt Rn. 13; MüKoInsO/Riedel Rn. 20; so auch die Landesaktenordnungen, etwa § 15a Abs. 5 BlnAktO; nach aA erst mit dem Prüfungstermin, vgl. AG Leipzig NZI 2017, 619 (620); AG Norderstedt NZI 2017, 677 (678) = BeckRS 2017, 113336 Rn. 18; Braun/Specovius Rn. 4; HK-InsO/Depré Rn. 1; Uhlenbruck/Sinz Rn. 2f.). Ab diesem Zeitpunkt liegt die Entscheidungshoheit betreffend die Berichtigung (→ § 178 Rn. 22), Ergänzung oder Tilgung von Eintragungen beim Insolvenzgericht, das auch das Prüfungsergebnis dokumentiert, Tabellenauszüge erteilt, über die Einsichtnahme und die Erteilung von Abschriften entscheidet.

6 Der Verwalter bleibt dennoch richtiger Empfänger **nachträglicher Anmeldungen** nach § 177, und nach Abs. 1 S. 1 ist er auch trotz Übergabe der Tabelle weiterhin für die Eintragung von Anmeldungen zuständig (→ § 174 Rn. 13) – und damit (→ § 174 Rn. 36) auch für die erste Entscheidung über deren Ablehnung. Logistisch kann dies etwa durch Anlegen neuer Tabellenblätter seitens des Insolvenzverwalters geschehen, die das Gericht der Tabelle hinzufügt (MüKoInsO/Riedel Rn. 20) – oder bei einer computergeführten Tabelle unmittelbar, wobei die Übermittlung der Belege an das Gericht und letztlich auch ein Ausdruck der neuen Eintragungen erforderlich bleiben. Zu **Änderungen, Ergänzungen oder Rücknahmen** → § 174 Rn. 44.1.

7 Von der **Tabellenführung** als rechtlicher Zuständigkeit und Entscheidungshoheit ist die **Tabellenpflege** als tatsächliche Durchführung von Eintragungen und Änderungen zu unterscheiden. Wer die Tabelle pflegt, ist nicht gesetzlich festgelegt, sondern von Gericht und Verwalter im Einzelfall zu vereinbaren, wobei im Zweifel Gleichlauf mit der Tabellenführung herrscht. In der Praxis wird freilich – insbesondere bei computergeführter Tabelle – die Tabellenpflege oft auch nach Übergang der Tabellenführung Sache des Verwalters bleiben (so etwa Braun/Specovius Rn. 5; FK-InsO/Kießner Rn. 10; Pape/Uhländer/Steinbeck, NWB Kommentar zum Insolvenzrecht, 2013, Rn. 4; Uhlenbruck/Sinz Rn. 3) oder von Verwalter und Gericht gemeinsam betrieben. Dabei haben Gericht und Verwalter organisatorisch dafür Sorge zu tragen, dass alle Entscheidungen über Eintragungen alsbald und zutreffend in der Tabelle umgesetzt werden und dass es – unbeschadet der Anfertigung von Sicherungs- bzw. Arbeitskopien – immer genau ein verbindliches und aktuelles Exemplar der Tabelle gibt. Gleichermaßen beruhigend wie erstaunlich ist, dass es an Berichten über praktische Problemfälle fehlt.

III. Form/Inhalt

8 Grundsätzlich entscheidet der Verwalter, in welcher **Form** er die Tabelle führt – eine computergeführte Tabelle ist nach § 5 Abs. 4 S. 1 ebenso zulässig, wie eine papierne. Wird die Tabelle im **Computer** angelegt und geführt, müssen doch eine Verarbeitung durch das Gericht, eine Einsicht bei Gericht (Abs. 1 S. 2) und grundsätzlich auch ein Ausdrucken möglich sein – Letzteres muss nach den Landesaktenordnungen spätestens bei Beendigung des Verfahrens auch tatsächlich erfolgen (vgl. bspw. § 15a Abs. 3 S. 2 BlnAktO; MüKoInsO/Riedel Rn. 2), wenn es keine Sonderregelungen zur Aufbewahrung nach § 5 Abs. 4 S. 2 gibt. Bei papiergeführten Tabellen kann es sinnvoll sein, für jede Forderung ein eigenes Tabellenblatt anzulegen (MüKoInsO/Riedel Rn. 1); zwingend ist das jedoch nicht. Einzelne Länder haben inzwischen Rechtsverordnungen zu **elektronischen Insolvenztabellen** nach § 5 Abs. 4 S. 2–4 erlassen. So ist in **Bremen** vorgesehen, dass das Insolvenzgericht bei der Eröffnung beschließt, wenn die Tabelle elektronisch geführt wird – dies kann stets und soll bei Verfahren geschehen, in denen die Anmeldung von mehr als 100 Forderungen zu erwarten ist (§ 1 BremEInsTabVO). **Nordrhein-Westfalen** sieht eine elektronische Tabellenführung in neuen Verfahren dann verpflichtend vor, wenn beim Insolvenzgericht auch die Akten elektronisch geführt werden; bereits vor der Einführung der elektronischen Akte sind ab einem

gesondert bekannt zu machenden Datum die Insolvenztabellen bei den Amtsgerichten Bonn, Mönchengladbach und Siegen elektronisch zu führen (§ 1 eTab InsO mit Anlage).

Zum **Inhalt** der Tabelle gibt Abs. 1 S. 1 lediglich vor, dass jede (formell ordnungsgemäß, → § 174 Rn. 36) angemeldete Forderung mit den **Angaben nach § 174 Abs. 2 und 3** einzutragen ist, also Grund und Betrag der Forderung, ggf. Geltendmachung eines Privilegs nach § 302 Nr. 1 nebst Tatsachenvortrag (dies allerdings nach AG Aurich NZI 2016, 143 (144) mAnm Ahrens NZI 2016, 121; AG Köln NZI 2017, 78 (79) nur bei Vorliegen eines Restschuldbefreiungsantrags, → Rn. 9.1), ggf. angemeldeter Nachrang nebst Rangstelle (spiegelbildlich ausnahmsweise für geltend gemachte Vorrechte, K. Schmidt InsO/Jungmann Rn. 2). Hier sollte der Verwalter im Wesentlichen wörtlich aus der Anmeldung zitieren und allenfalls offensichtlich überflüssige Angaben weglassen, nicht hingegen – wie in der Praxis durchaus üblich – zur Konkretisierung der Forderung erforderliche (vgl. OLG Bamberg NZI 2019, 752 Rn. 4; LG Rottweil ZInsO 2018, 2150 (2152) = BeckRS 2018, 23154 Rn. 27 ff.); dies ist allerdings im Ergebnis in der Regel unschädlich, solange sich der Tabelleneintrag der Anmeldung mit den erforderlichen Angaben zuordnen lässt (vgl. BGH NZG 2020, 1149 Rn. 11 f.). Bei einer **Abweichung zwischen Anmeldung und Tabelle** ist die Anmeldung maßgeblich (BGH NZI 2017, 300 Rn. 37 mAnm Willmer NZI 2017, 304). Zusätzlich – und selbstverständlich – ist zur bestimmten Bezeichnung der angemeldeten Forderung auch die **Identität des Gläubigers** (mit Anschrift) einzutragen (näher MüKoInsO/Riedel Rn. 5; Uhlenbruck/Sinz Rn. 5). Meldet nicht der Gläubiger, sondern ein anderer Berechtigter oder ein **Vertreter** die Forderung an, sollten auch seine Details Aufnahme in die Tabelle finden (Graf-Schlicker/Graf-Schlicker Rn. 2; aA für organschaftliche Vertreter MüKoInsO/Riedel Rn. 5).

Das AG Aurich (NZI 2016, 143 mAnm Ahrens NZI 2016, 121) und ihm folgend etwa das AG Köln (NZI 2020, 899; NZI 2017, 78 (79)) sowie das AG Norderstedt (NZI 2020, 32 mwN) haben die Aufnahme des **privilegierten Rechtsgrundes** der Forderung nebst Tatsachenvortrags in die Tabelle in Fällen abgelehnt, in denen **kein (zulässiger) Restschuldbefreiungsantrag** gestellt war; so wohl im Ergebnis auch AG Düsseldorf ZInsO 2018, 618 = BeckRS 2018, 2530 (teilweise unzulässige Anmeldung). Die Anmeldung sei insoweit insolvenzrechtlich funktionslos, der Schuldner werde nicht nach Abs. 2 belehrt und nicht auf mögliche Konsequenzen der Feststellung des Forderungsgrunds außerhalb des Insolvenzrechts vorbereitet (vgl. § 850f Abs. 2 ZPO). Steht bei Erstellung der Insolvenztabelle endgültig fest, dass eine Restschuldbefreiung nicht in Betracht kommt, sprechen wohl keine Gründe dagegen, dass Insolvenzverwalter oder Insolvenzgericht ihr formelles Vorprüfungsrecht in dieser Weise ausüben (anders aber offenbar implizit BGH BeckRS 2020, 17492 Rn. 8); allerdings sollten davon nicht die außerinsolvenzlichen Folgen abhängen. Vielmehr sollte die widerspruchslose insolvenzrechtliche Feststellung einer privilegierten Forderung generell nicht dazu führen können, dass ihr Rechtsgrund auch für Zwecke jenseits des Insolvenzverfahrens verbindlich feststeht (so auch LG Hildesheim BeckRS 2019, 23204; LG Koblenz NZI 2018, 569 (570); AG Köln NZI 2017, 78 (80) mwN; Ahrens NJW-Spezial 2018, 725 (726); näher Reck ZVI 2017, 131; aA jedoch BGH NJW 2019, 3237 Rn. 9 ff.; BeckRS 2020, 5128; LG Düsseldorf BeckRS 2009, 01673; LG Lübeck NZI 2018, 609 f.). Der VII. Zivilsenat des **BGH** (NJW 2019, 3237 Rn. 18; BeckRS 2020, 5128; vgl. auch den Hinweis des IX. Zivilsenats darauf in BGH BeckRS 2020, 17492 Rn. 8) geht jetzt demgegenüber – nicht überzeugend – davon aus, dass die unwidersprochene Feststellung des Rechtsgrundes zur Tabelle auch iRv § 850f Abs. 2 ZPO zum Nachweise der Privilegierung genüge; der Hinweis nach Abs. 2 reiche aus, über eine Belehrung über außerinsolvenzliche Folgen sei nicht erforderlich – auf die Frage etwa, ob dies nur gelten soll, wenn im Insolvenzverfahren ein Restschuldbefreiungsantrag gestellt worden war, geht der BGH nicht ein (krit. Hain jurisPR-InsR 20/2019, Anm. 2; implizit verneinend wohl BGH BeckRS 2020, 17492 Rn. 8). Da diese Entscheidungen voraussichtlich die Spruchpraxis der Vollstreckungsgerichte prägen werden, sollten Insolvenzgerichte dazu übergehen, den **Hinweis nach Abs. 2 auf § 850f Abs. 2 ZPO zu erweitern** – eine Verletzung der Unparteilichkeit liegt darin nicht (skeptisch hingegen Hain jurisPR-InsR 20/2019, Anm. 2) –, wenn sie nicht schon bei Fehlen eines Restschuldbefreiungsantrags die Aufnahme der Privilegierung in die Tabelle ablehnen, weil es nicht Sinn und Zweck der §§ 174 ff. sei, einem Gläubiger Zugang zu insolvenzfremden Vollstreckungsprivilegien zu verschaffen (so AG Köln NZI 2020, 899 Rn. 6).

Daneben ist es üblich und sinnvoll, dass eine **laufende Nummer** für jede angemeldete Forderung vergeben wird (diese soll dann auch auf der Anmeldung – sowie den zugehörigen Belegen – vermerkt werden, MüKoInsO/Riedel Rn. 4), wobei gleichzeitig angemeldete Forderungen eines Gläubigers gleichwohl je eigene Nummern erhalten sollen (Graf-Schlicker/Graf-Schlicker Rn. 2; differenzierend Uhlenbruck/Sinz Rn. 5), und dass das genaue **Datum** des Eingangs der Anmeldung in der Tabelle vermerkt wird (Uhlenbruck/Sinz Rn. 5). Auch sollte in die Tabelle aufgenommen werden, wenn die Forderung bereits **tituliert** ist (MüKoInsO/Riedel Rn. 1). In einer Spalte

InsO § 175 Fünfter Teil. Befriedigung der Insolvenzgläubiger. Einstellung des Verfahrens

„**Bemerkungen**" werden meist daneben etwa Mithaftungen, Absonderungsrechte, aufschiebende Bedingungen oÄ vermerkt (vgl. mit weiteren Beispielen Uhlenbruck/Sinz Rn. 5).

11 Der Verwalter kann der Eintragung einen **Vorbehalt** hinzufügen, wenn er Bedenken gegen die formelle Ordnungsmäßigkeit hat und das Insolvenzgericht hierauf hinweisen will, um dieses zu einer genauen Prüfung anzuhalten (→ § 174 Rn. 41). In der Praxis fügt der Verwalter der Eintragung außerdem mitunter bereits vor dem Prüfungstermin einen Vermerk hinzu, der das **vorläufige Ergebnis** seiner materiellen Forderungsprüfung wiedergibt (MüKoInsO/Riedel Rn. 8; Uhlenbruck/Sinz Rn. 5); dabei sollte jedenfalls darauf geachtet werden, dass dieser Vermerk auf Gläubiger und Schuldner, die die Tabelle einsehen, nicht den Eindruck der Endgültigkeit und Verbindlichkeit erweckt (vgl. Bork/Hölzle InsR-HdB/Riedel Kap. 11 Rn. 99).

12 Im weiteren Verfahrensverlauf werden in der Tabelle auch das **Ergebnis** der Forderungsprüfung (§ 178 Abs. 2) sowie etwaige Berichtigungen (→ § 178 Rn. 22, → § 183 Rn. 6), **Änderungen** oder Rücknahmen eingetragen (näher MüKoInsO/Riedel Rn. 8 f.).

13 Vielfach haben **Insolvenzgerichte konkrete Vorstellungen** von der Form und vom Inhalt der Insolvenztabelle, an denen sich der Insolvenzverwalter sinnvollerweise orientieren sollte (vgl. FKR InsR Rn. 1567 ff.; Muster eines Merkblatts zur Tabellenführung FKR InsR Rn. 1571; Muster eines Tabellenblatts FKR InsR Rn. 1572). Dies gilt erst recht, wenn Verwaltungsvorschriften – wie § 16 Abs. 5 S. 2 BbgAktO, der die grundsätzlich maschinelle Tabellenführung anordnet – Vorgaben enthalten, auch wenn sie mangels Verordnungscharakters nicht bereits nach § 5 Abs. 4 S. 2 verbindlich sind.

B. Auslage und Einsicht (Abs. 1 S. 2)

14 Vor allem um den Verfahrensbeteiligten eine Vorbereitung auf den Prüfungstermin bzw. allgemein die Forderungsprüfung zu ermöglichen, ist die Tabelle nebst den Anmeldungen und beigefügten Urkunden nach Abs. 1 S. 2 **zur Einsicht** in der Geschäftsstelle des Insolvenzgerichts **auszulegen**. Eine Einsichtsmöglichkeit beim Verwalter oder (zugangsgeschützt) online darf daneben angeboten werden, genügt aber für sich den gesetzlichen Anforderungen nicht (aA AG Leipzig NZI 2017, 619); ebenfalls zulässig ist die zusätzliche Auslage von Kopien an anderen Orten – etwa an anderen Amtsgerichten im Landgerichtsbezirk –, solange die Einsichtsmöglichkeit wirksam auf Verfahrensbeteiligte beschränkt werden kann (Nerlich/Römermann/Becker Rn. 8). Dabei muss die Tabelle nicht in Papierform nieder- bzw. ausgelegt werden; insbesondere bei einer computergeführten Tabelle genügt es, wenn sie am Computer eingesehen werden kann, solange das Betrachtungsprogramm hinreichend bedienerfreundlich ist und eine Durchsicht der gesamten Tabelle erlaubt (vgl. Nerlich/Römermann/Becker Rn. 8).

15 Zwar kann die Tabelle für sich und können erst recht die zusammen mit ihr auszulegenden Unterlagen einen beträchtlichen Umfang erreichen, der Insolvenzverwalter (bei Kopie und Transport) und Insolvenzgericht (bei Aufbewahrung und Einsichtsgewähr) vor **logistische Herausforderungen** stellen. Jedoch lässt das Gesetz Ausnahmen von der Übergabe an das Gericht und Auslegung bei Gericht nicht zu (FK-InsO/Kießner Rn. 18; Nerlich/Römermann/Becker Rn. 7; aA AG Leipzig NZI 2017, 619; LSZ/Smid Rn. 17). Dem Insolvenzgericht sind die **Originale** von Tabelle (bei Papierform) und Begleitunterlagen zu übergeben (aA Nerlich/Römermann/Becker Rn. 7: Kopien genügen); elektronisch übermittelte Anmeldungen nach § 174 Abs. 4 S. 1 sind jedenfalls dann ausgedruckt einzureichen, wenn sie nicht elektronisch an das Gericht übermittelt und dort leicht gelesen und von den Beteiligten eingesehen werden können. Der Verwalter wird regelmäßig Kopien zur Vorbereitung auf den Prüfungstermin, zur Dokumentation und zur Datensicherung zurückbehalten. Bei **computergeführten Tabellen** ist dem Gericht eine Tabellendatei (auf Datenträger oder per Datenfernübertragung) in einem Dateiformat zur Verfügung zu stellen (ein Fernzugriff allein genügt dem Erfordernis der Niederlegung nicht, Nerlich/Römermann/Becker Rn. 11), das vom Gericht verarbeitet und auf einem bei Gericht vorhandenen Computer zur Einsicht dargestellt werden kann; sollte der Verwalter die Tabelle pflegen (→ Rn. 7), so muss er dem Gericht laufend aktualisierte Dateien übermitteln.

16 Als **Frist** sieht Abs. 1 S. 2 vor, dass die Auslage innerhalb des ersten Drittels der Zeit zwischen Ende der Anmeldefrist und Prüfungstermin erfolgen muss; dieser Zeitraum soll nach § 29 Abs. 1 Nr. 2 insgesamt mindestens eine Woche und höchstens zwei Monate betragen (zu nachträglichen Anmeldungen → Rn. 16.1). Damit besteht ggf. erheblicher Zeitdruck sowohl für den Verwalter und das Insolvenzgericht als auch für diejenigen Beteiligten, die Einsicht nehmen wollen. Bei der Anberaumung der Prüfungstermine sollte das Gericht wenigstens dem voraussichtlichen Umfang der Schuldenmasse, einer möglichen Hinweispflicht nach Abs. 2 sowie etwaigen Feiertagen in einer Weise Rechnung tragen, die eine rechtzeitige Zusammenstellung und Übergabe der Unterla-

gen und eine effektive Möglichkeit der Einsichtnahme gestattet. Die Berechnung des Drittels erfolgt ausgehend von ganzen Tagen unter Einschluss von Wochenenden und Feiertagen (aA Nerlich/Römermann/Becker Rn. 12, der ggf. nach Stunden und Minuten rechnen will, in denen die Geschäftsstelle zugänglich ist). Endet das erste Drittel des relevanten Zeitraums im Lauf eines Tages, muss die Auslage alsbald nach Geschäftsbeginn an diesem Tag erfolgen; an die Stelle eines Wochenend- oder Feiertages tritt entsprechend § 4 iVm § 222 Abs. 2 ZPO der folgende Werktag – jedoch nicht sein Ablauf, sondern erneut der Geschäftsbeginn. Eine gesonderte **Benachrichtigung** der Beteiligten, dass die Tabelle ausliegt, erfolgt nicht.

Entsprechendes gilt auch für Nachmeldungen nach § 177. Sie sind unverzüglich in die ausgelegte Tabelle aufzunehmen (→ Rn. 3), jedenfalls aber eine der kürzesten regulären Auslegungsdauer entsprechende Zeit vor dem zu ihrer Prüfung angesetzten besonderen Prüfungstermin oder dem Ablauf der Widerspruchsfrist im schriftlichen Verfahren. **16.1**

Erfolgt die Eröffnung der Einsichtsmöglichkeit **zu spät**, kann das Gericht nach seinem Ermessen den Prüfungstermin verlegen (Nerlich/Römermann/Becker Rn. 12) oder – was sich für den Regelfall anbietet – entsprechend § 177 Abs. 1 S. 2 Forderungen, deren Prüfung ein Beteiligter mangels Vorbereitung widerspricht, (allerdings auf Kosten der Masse bzw. über § 60 des Verwalters) gesondert und später prüfen. Pragmatisch kommt auch ein „vorsorglicher" Widerspruch gegen die Forderung in Betracht, der ggf. vor (einvernehmlich entsprechend verzögerter) Erhebung der Feststellungsklage zurückgenommen werden kann. **17**

Zur Einsichtnahme sind nach Abs. 1 S. 2 (nur) die **Beteiligten** berechtigt, also außer Verwalter und Gericht vor allem die (auch nachrangigen) Insolvenzgläubiger und der Schuldner (zu Grenzen → Rn. 18.1). Insolvenzgläubiger können die Tabelle auch schon vor Anmeldung ihrer Forderung einsehen (Nerlich/Römermann/Becker Rn. 7), wenn sie ihre Insolvenzforderung glaubhaft machen. Da die Tabelle auch über die Forderungsfeststellung hinaus Bedeutung erlangen kann (→ Rn. 2), sind auch die Mitglieder des Gläubigerausschusses und die Absonderungsberechtigten als Verfahrensbeteiligte berechtigt, die Tabelle einzusehen, und liegt die Tabelle grundsätzlich auch über den Prüfungstermin hinaus aus. Spätestens ab Vorlage eines Insolvenzplans, in den die Anteilsinhaber nach § 217 S. 2, § 225a einbezogen sind, können auch sie die Tabelle als Beteiligte einsehen (aA Nerlich/Römermann/Becker Rn. 7). **Ablichtungen** können nach § 4 iVm § 299 Abs. 1 ZPO angefertigt werden. Rechtsbehelfe: § 4 iVm § 573 Abs. 1 ZPO; § 11 Abs. 2 S. 1 RPflG (Uhlenbruck/Sinz Rn. 25). Zum **allgemeinen Akteneinsichtsrecht** nach § 4 iVm § 299 Abs. 1 ZPO, das jedenfalls außerhalb des Zeitraums der Auslegung besteht, vgl. etwa BGH NZI 2020, 731 mAnm Lürken/Parzinger NZI 2020, 732. **18**

Die Forderungsanmeldung als solche, aber vor allem auch die zum Beleg eingereichten Unterlagen können **Informationen** enthalten, deren **Veröffentlichung für den Gläubiger nachteilig** wäre. Extrembeispiel ist sicherlich die Konstellation, dass durch Bekanntwerden der Exposition eines Gläubigers und die Reaktion des Marktes darauf dieser selbst insolvent zu werden drohte – bzw. es sogar zu einer systemischen Krise kommen könnte (vgl. Uhlenbruck/Sinz Rn. 23). Weniger gravierend, aber durchaus unerwünscht kann etwa der mögliche Einblick eines Konkurrenten oder anderen Kunden in die mit dem Schuldner vereinbarten Preisstrukturen und Lieferbedingungen sein. Dennoch kommt eine Beschränkung des Einsichtsrechts – jenseits von Fällen, in denen sich der beabsichtigte Missbrauch zu verfahrensfremden Zwecken aufdrängt – nicht in Betracht (anders für Extremfälle von gesamtwirtschaftlicher Bedeutung Uhlenbruck/Sinz Rn. 23 mwN). Dies mag den Gläubiger dazu bewegen, die Forderung ohne Belege nach § 174 Abs. 1 S. 2 anzumelden (bzw. sogar nach Zession durch einen Dritten anmelden zu lassen, um die eigene Beteiligung zu verschleiern, vgl. Uhlenbruck/Sinz Rn. 23). Wird sie deswegen bestritten, können die Belege ggf. noch im Feststellungsprozess vorgelegt werden, wo sie in der Regel nur der Widersprechende zu Gesicht bekommt (die nachteilige Kostenfolge des § 93 ZPO nimmt der Gläubiger dann freilich in Kauf) – wenn nicht dann die Forderung sogar aufgegeben bzw. abgeschrieben wird. **18.1**

Nicht Beteiligte iSv § 175 sind hingegen Aussonderungsberechtigte, Masse- und Neugläubiger als solche (aA für Massegläubiger K. Schmidt InsO/Jungmann Rn. 3). Ihnen und sonstigen Dritten kann das Insolvenzgericht (durch seinen Präsidenten/Direktor, soweit keine Delegation stattgefunden hat) nach § 4 iVm § 299 Abs. 2 ZPO die Einsichtnahme bei Glaubhaftmachung eines rechtlichen Interesses gestatten. Rechtsbehelf: § 23 EGGVG. **19**

C. Hinweispflicht des Insolvenzgerichts (Abs. 2)

Wenn der Schuldner eine natürliche Person ist, wenn er **Restschuldbefreiung** beantragt hat (AG Aurich NZI 2016, 143 (144) mAnm Ahrens NZI 2016, 121; aber → Rn. 9.1) – oder dies **20** ausnahmsweise mangels rechtzeitigen Hinweises nach § 20 Abs. 2 noch tun kann – und wenn wenigstens eine Forderung nach § 302 Nr. 1 als solche sowie mit dem nach § 174 Abs. 2 Hs. 2 erforderlichen Tatsachenvortrag (→ § 174 Rn. 29) angemeldet worden ist, muss das Insolvenzgericht aus Fürsorgegründen den Schuldner besonders darauf hinweisen, dass diese Forderung bei entsprechender Feststellung nach § 302 Nr. 1 von der Restschuldbefreiung ausgenommen wäre (zu § 850f Abs. 2 ZPO → Rn. 9.1) und dass er der Forderung im Prüfungstermin insgesamt oder beschränkt auf den Rechtsgrund widersprechen kann (K. Schmidt InsO/Jungmann Rn. 7).

21 Der Hinweis ist so **rechtzeitig** zu erteilen, dass der Schuldner sich angemessen auf den Prüfungstermin und seine Entscheidung über den Widerspruch vorbereiten und ggf. rechtliche Beratung und Vertretung suchen kann; hierzu dürften entsprechend § 217 ZPO drei Tage erforderlich sein (AG Düsseldorf ZInsO 2010, 1707 (1708); K. Schmidt InsO/Jungmann Rn. 8), aber jedenfalls bei entsprechend kurzer Frist nach § 29 Abs. 1 Nr. 2 grundsätzlich auch genügen (Probleme können sich aus der Dauer der Beiordnung eines Rechtsanwalts nach § 4a Abs. 2 ergeben, BGH NZI 2004, 39 (40)). Unterbleibt der Hinweis oder erfolgt er zu spät, ist dem Schuldner ggf. entsprechend § 186 Wiedereinsetzung zu gewähren (AG Duisburg NZI 2008, 628 (629); implizit BGH NZI 2016, 238). Hatte der Schuldner bereits einen **Verfahrensbevollmächtigten** bestellt, so ist der Hinweis analog §§ 171, 172 ZPO (wenigstens auch) ihm zu erteilen (AG Göttingen ZInsO 2016, 648 (649 f.); implizit für Geltung der **Zustellungsregeln** auch BGH NZI 2016, 238 Rn. 9). Ist der Schuldner „abgetaucht", so dürfte ausnahmsweise eine öffentliche Bekanntmachung im Internet nach § 9 Abs. 1 InsO genügen (AG Norderstedt NZI 2019, 715 Rn. 8 f. mAnm Schmerbach NZI 2019, 716).

22 Nach § 175 muss das Gericht dem Schuldner nicht mitteilen, welche (angeblich) privilegierten Forderungen angemeldet worden sind (aA LG Bochum BeckRS 2005, 4077; AG Norderstedt NZI 2019, 715 Rn. 12 (mit Folgeproblemen bei der öffentlichen Bekanntmachung) mAnm Schmerbach NZI 2019, 716; K. Schmidt InsO/Jungmann Rn. 9; auch der Gesetzgeber ging wohl von einer – sogar noch weiter reichenden – Informationspflicht aus, vgl. BT-Drs. 14/6468, 18), auch wenn sich dies praktisch anbieten wird (und ganz üblich ist), um dem Schuldner die Einsichtnahme nach Abs. 1 S. 2 zu ersparen – hierzu kann dem Hinweis etwa ein Tabellenauszug beigefügt werden. Der Hinweis kann **formularmäßig** erfolgen (K. Schmidt InsO/Jungmann Rn. 9; implizit BGH NZI 2004, 39; aA Jaeger/Gerhardt Rn. 29); jedenfalls muss und darf das Gericht den Schuldner nicht im Einzelfall hinsichtlich der Ausübung seines Widerspruchsrechts rechtlich beraten (BGH NZI 2004, 39 f.). Benötigt der Schuldner rechtliche Beratung hinsichtlich der Zweckmäßigkeit eines Widerspruchs, kommt die **Beiordnung** eines Rechtsanwalts nach § 4a Abs. 2 in Betracht (BGH NZI 2004, 39 (40); wohl aA LG Verden NZI 2017, 77); es handelt sich dabei gegenüber der Beratung und Vertretung im Insolvenzverfahren jedoch nicht um eine besondere Angelegenheit (LG Verden NZI 2017, 77: daher auch keine Kostenentscheidung).

§ 176 Verlauf des Prüfungstermins

¹Im Prüfungstermin werden die angemeldeten Forderungen ihrem Betrag und ihrem Rang nach geprüft. ²Die Forderungen, die vom Insolvenzverwalter, vom Schuldner oder von einem Insolvenzgläubiger bestritten werden, sind einzeln zu erörtern.

Überblick

Kernstück des Verfahrens zur Forderungsfeststellung ist der Prüfungstermin, sofern nicht die Forderungsprüfung insgesamt im schriftlichen Verfahren stattfindet (→ Rn. 7). Auf der Grundlage der Tabelle nach § 175 werden die zulässig angemeldeten (→ Rn. 8) Forderungen zur Prüfung gestellt (→ Rn. 10), wobei einzelne Forderungen nur dann näher erörtert werden, wenn Verwalter, Schuldner oder Insolvenzgläubiger Zweifel anmelden (→ Rn. 11). Forderungen, denen im Prüfungstermin letztlich niemand oder nur der Schuldner widerspricht (→ Rn. 14), werden festgestellt (§ 178 Abs. 1). Erfolgt ein wirksamer Widerspruch des Insolvenzverwalters oder (wenigstens) eines Gläubigers, so kann er in einem Gerichtsverfahren beseitigt werden (§ 179). Für den Widerspruch des Schuldners, der die Feststellung der Forderung zur Tabelle nicht hindert, wohl aber die Titulierung sowie ggf. das Privileg nach § 302 Nr. 1, gilt § 184.

A. Prüfungstermin

I. Gläubigerversammlung

1. Termin und Einberufung

Der Prüfungstermin nach § 176 ist eine besondere Gläubigerversammlung. Der **allgemeine** **1** **Prüfungstermin** wird nach § 29 Abs. 1 Nr. 2 im Eröffnungsbeschluss bestimmt und die Gläubigerversammlung mit seiner Bekanntmachung und Zustellung (§ 30) einberufen. Der Termin soll – Abweichungen (allerdings wohl nur zugunsten eines späteren Termins) im Ausnahmefall sind zulässig – mindestens eine Woche und höchstens zwei Monate nach Ablauf der Anmeldefrist liegen. Daraus iVm § 28 Abs. 1 S. 2 folgt, dass der allgemeine Prüfungstermin frühestens drei Wochen und spätestens fünf Monate nach Bekanntmachung des Eröffnungsbeschlusses (vgl. § 9 Abs. 1 S. 3) stattfinden soll. Eine Verbindung mit dem Berichtstermin ist nach § 29 Abs. 2 S. 1 zulässig; ebenso können bei entsprechend bekanntgemachter Tagesordnung (§ 74 Abs. 2 S. 1) im Prüfungstermin Beschlüsse der Gläubigerversammlung (etwa nach §§ 160, 162) gefasst werden.

Wird nach § 177 Abs. 1, 2 ein **besonderer Prüfungstermin** erforderlich oder wird der **2** (allgemeine oder besondere) Prüfungstermin verlegt oder vertagt, so beruft das Insolvenzgericht nach § 74 Abs. 1 S. 1 die neue Gläubigerversammlung (bzw. bei Vertagung den Fortsetzungstermin) ein. Der Termin ist grundsätzlich öffentlich bekanntzumachen, § 74 Abs. 2 S. 1 bzw. § 177 Abs. 3 S. 1, soweit er nicht (bei Anberaumung eines besonderen Prüfungstermins) im allgemeinen Prüfungstermin oder (bei Vertagung) im seinerseits vertagten Termin verkündet wird, § 74 Abs. 2 S. 2 (ggf. iVm § 177 Abs. 2 S. 3). Zum besonderen Prüfungstermin ist zudem nach § 177 Abs. 3 S. 2 besonders zu laden.

2. Teilnahmeberechtigung und -verpflichtung

Der Prüfungstermin wird vom Insolvenzgericht (und hier in der Regel vom Rechtspfleger, **3** § 3 Nr. 2 lit. e RPflG) **geleitet**, § 76 Abs. 1. Zur **Teilnahme** und zum Ergreifen des Worts sind nach § 74 Abs. 1 S. 2 neben dem Verwalter (bzw. Sachwalter), dem Schuldner (bzw. der Geschäftsleitung) sowie den (einfachen und nachrangigen) Insolvenzgläubigern auch die absonderungsberechtigten Gläubiger und die Mitglieder des Gläubigerausschusses berechtigt, obwohl sie die Forderungen nicht wirksam bestreiten können. Im Übrigen ist der Prüfungstermin nicht öffentlich; Einzelzulassungen nach § 175 Abs. 2 S. 1 GVG bleiben möglich.

Der **Insolvenzverwalter** (bzw. Sachwalter) ist zur Teilnahme am Prüfungstermin nicht nur **4** berechtigt, sondern auch verpflichtet. Seine Abwesenheit erzwingt in der Regel eine Verlegung des Prüfungstermins (AG Hohenschönhausen NZI 2000, 139; K. Schmidt InsO/Jungmann Rn. 9). Nur ausnahmsweise, wenn die Verlegung unverhältnismäßig wäre oder zu einer gravierenden Verzögerung führen würde, sollte im Verhinderungsfall die Entsendung eines informierten und ermächtigten **Vertreters** (§ 4 iVm § 141 Abs. 3 S. 2 ZPO) akzeptiert werden (vgl. Mönning/Kebekus/Zenker, Betriebsfortführung in Restrukturierung und Insolvenz, 3. Aufl. 2016, § 10 Rn. 12 mwN; großzügiger KPB/Kübler § 74 Rn. 9e; aA K. Schmidt InsO/Jungmann Rn. 9 mwN). Nicht tolerieren sollte hingegen (obwohl dies praktisch üblich zu sein scheint) das Auftreten eines Boten, der das Prüfungsergebnis des Verwalters übermittelt, aber zur besonderen Erörterung von bestrittenen Forderungen mangels Information nicht imstande und etwa zum Fallenlassen des Widerspruchs nicht ermächtigt ist (aA Uhlenbruck/Sinz Rn. 23; für den besonderen Prüfungstermin auch KPB/Pape/Schaltke Rn. 23).

Der **Schuldner** (für juristische Personen und Gesellschaften vgl. § 101) kann nach § 97 Abs. 1 **5** S. 1, Abs. 3 S. 1 durch Anordnung des Gerichts verpflichtet werden, im Prüfungstermin zu erscheinen und sich zu den einzelnen Forderungen zu erklären. Fehlt eine solche – allerdings oft sinnvolle (KPB/Pape/Schaltke Rn. 9) – Anordnung, ist seine Teilnahme freiwillig (aA offenbar K. Schmidt InsO/Jungmann Rn. 10), wenn nicht Eigenverwaltung angeordnet ist. Bei **Eigenverwaltung** ist der Schuldner zur Teilnahme am Prüfungstermin verpflichtet (arg. § 283 Abs. 1); seine Abwesenheit kann Anlass zur Verlegung des Prüfungstermins geben, muss es aber nicht, wenn der anwesende Sachwalter hinreichend informiert und vorbereitet ist (vgl. MüKoInsO/Schumacher § 186 Rn. 2). Hat der Schuldner den Prüfungstermin unverschuldet versäumt, kann ihm zu dem Zweck, einzelne Forderungen nachträglich zu bestreiten, nach § 186 Wiedereinsetzung in den vorigen Stand gewährt werden.

Mit Ausnahme des Gerichts und des Insolvenzverwalters (→ Rn. 4) – sowie bei Eigenverwal- **6** tung oder entsprechender Anordnung (→ Rn. 5) des Schuldners – können sich die Beteiligten unabhängig von ihrer Verhinderung **vertreten** lassen. Die Regelung des § 174 Abs. 1 S. 3, die Inkassounternehmen die Vertretung von Gläubigern ausdrücklich gestattet (→ § 174 Rn. 8), legt nahe, dass im Übrigen über § 4 die Beschränkungen des § 79 ZPO gelten (→ § 174 Rn. 7). Für die Vollmacht und ihren Nachweis gelten § 4 iVm §§ 80, 88 f. ZPO. Ein Beistand kann nach § 4 iVm § 90 ZPO hinzugezogen werden.

II. schriftliches Verfahren

7   Die Forderungsprüfung kann insgesamt (vgl. § 5 Abs. 2) oder hinsichtlich nachträglich angemeldeter Forderungen (§ 177 Abs. 1 S. 2, Abs. 2) **im schriftlichen Verfahren** stattfinden. In diesem Fall tritt an die Stelle des (je nach Konstellation allgemeinen oder besonderen) Prüfungstermins die **Widerspruchsfrist,** binnen derer Widersprüche gegen angemeldete Forderungen beim Insolvenzgericht eingehen müssen. Sie ist zugleich mit der Anordnung des schriftlichen Verfahrens und ebenso wie die Anberaumung eines Prüfungstermins öffentlich und durch Zustellung besonders bekanntzumachen. Es handelt sich dabei um eine **Ausschlussfrist,** bei deren Versäumung zwar dem Schuldner entsprechend § 186, nicht aber dem Verwalter oder den Insolvenzgläubigern Wiedereinsetzung gewährt werden kann (KPB/Pape/Schaltke § 177 Rn. 19). Über die zur Prüfung gelangenden Forderungen werden Schuldner und Insolvenzgläubiger nicht besonders informiert; sie können sich durch Einsicht in die Tabelle nach § 175 Abs. 1 S. 2 Kenntnis verschaffen.

B. geprüfte Forderungen

8   Im Prüfungstermin werden nach S. 1 die **angemeldeten Forderungen** geprüft. Dies gilt jedoch nur für die Forderungen, deren Anmeldung weder der Verwalter (→ § 174 Rn. 36) noch das Gericht (→ § 174 Rn. 41) im Rahmen ihrer **Vorprüfung** wegen formeller Mängel als unzulässig zurückgewiesen haben. Die danach von der Prüfung ausgeschlossenen Forderungen werden nicht in die Tabelle nach § 175 aufgenommen bzw. aus ihr getilgt.

9   Im allgemeinen Prüfungstermin werden jedenfalls (zu einer möglichen Ausnahme aber → § 175 Rn. 17) die zulässig **bis zum Ablauf der Anmeldefrist** angemeldeten Forderungen geprüft; für nachträgliche Anmeldungen gilt § 177.

C. Ablauf der Prüfung

I. Prüfung der Forderung, S. 1/Aufruf

10   Nach S. 1 werden die Forderungen ihrem Betrag und ihrem Rang nach geprüft; selbstverständlich erstreckt sich die Prüfung außerdem auf das Bestehen der Forderung an sich – zudem bei vermeintlichen, wirksam als solche angemeldeten Forderungen nach § 302 Nr. 1 auf den besonderen Schuldgrund. Die Prüfung erfolgt zunächst lediglich dadurch, dass das Gericht die Forderung **aufruft** (KPB/Pape/Schaltke Rn. 6; K. Schmidt InsO/Jungmann Rn. 8; aA Uhlenbruck/Sinz Rn. 31; wohl auch MüKoInsO/Riedel Rn. 16 f.) und registriert, ob sie vom Verwalter, dem Schuldner oder einem Gläubiger (ganz oder teilweise) bestritten wird. Dabei genügt ein **pauschaler Aufruf** unter Bezugnahme auf die Tabelle bzw. die Anmeldungen, ohne dass jede einzelne Forderung verlesen und zur Diskussion gestellt werden müsste (KPB/Pape/Schaltke Rn. 7), jedoch verbunden mit der Frage, ob jemand einzelne Forderungen zu bestreiten gedenke bzw. ob gegen die Feststellung einzelner Forderungen Bedenken bzw. Einwände bestünden.

II. Bestreiten/Einzelerörterung, S. 2

11   Lediglich dann, wenn vom Insolvenzverwalter (bzw. Sachwalter), vom Schuldner und/oder von wenigstens einem Insolvenzgläubiger im Prüfungstermin mündlich (→ Rn. 14) geäußert wird, dass eine angemeldete Forderung (möglicherweise) nicht, nicht als Insolvenzforderung, nicht in dieser Höhe, nur mit einem schlechteren Rang oder – für den Schuldner im Fall der als nach § 302 Nr. 1 privilegiert angemeldeten Forderungen – nicht aus diesem Rechtsgrund bestehe oder nicht vom Gläubiger anzumelden war (etwa bei § 93; vgl. Braun/Specovius § 175 Rn. 13), kommt es nach S. 2 zu einer **Einzelerörterung** dieser Forderung. Diese kann ganz unterbleiben, wenn zum Prüfungstermin nur der Insolvenzverwalter erscheint (MüKoInsO/Riedel Rn. 17), oder doch sehr kurz ausfallen, wenn der Gläubiger der bestrittenen Forderung nicht anwesend ist – hier besteht immerhin die Möglichkeit, dass sich weitere Beteiligte nach Erörterung dem Widerspruch anschließen.

Ist der betreffende Gläubiger jedoch anwesend, bietet es sich an, dass der Bestreitende ihm kurz 12
den Grund für seine Zweifel mitteilt (wozu allerdings keine Verpflichtung besteht, → Rn. 16) und
die Erörterung sich hieran orientiert. Für ausufernde **Diskussionen** insbesondere des materiellen
Rechts ist der Prüfungstermin kaum der richtige Ort (MüKoInsO/Riedel Rn. 17); allerdings
beschränkt sich die Erörterung nach S. 2 doch nicht (oder nicht notwendig) auf die Verlesung
der Forderung durch das Gericht (aA HK-InsO/Depré Rn. 6). Wohl nur in Ausnahmefällen
wird die Erörterung dazu führen, dass entweder der Widerspruch oder die Forderungsanmeldung
zurückgenommen wird (KPB/Pape/Schaltke Rn. 7), auch wenn dies ihr Hauptzweck ist; im
Regelfall wird der Widerspruch aufrechterhalten.

Reichen lediglich die eingereichten Belege nicht aus, sich ein klares Bild vom Sachverhalt und 13
damit vom Bestehen der Forderung zu machen, oder bedarf die Forderung sonst noch weiterer
Prüfung, kommt praktisch ein **vorläufiges Bestreiten** in Betracht (→ § 178 Rn. 14; Braun/
Specovius Rn. 18 f.; anders, aber mit kaum abweichendem Ergebnis MüKoInsO/Riedel
Rn. 29 ff.). Rein insolvenzrechtlich hat dieses keine anderen Konsequenzen als ein vorbehaltloses
Bestreiten (BGH NJW-RR 2006, 773 Rn. 8); jedoch signalisiert es dem Gläubiger, dass sich der
Widerspruch womöglich anders als mittels der Feststellungsklage ausräumen lasse, er deshalb mit
deren Erhebung sinnvollerweise (auch zur Vermeidung der Kostenfolge des § 93 ZPO) abwarten
und den außergerichtlichen Dialog mit dem Bestreitenden suchen möge, um die Rücknahme des
Widerspruchs zu erreichen. Alternativ kann insbesondere der Verwalter anregen, den Prüfungstermin hinsichtlich einzelner Forderungen nach § 4 iVm § 227 ZPO zu **vertagen** (Braun/Specovius
Rn. 20 f.; KPB/Pape/Schaltke Rn. 15).

III. Widerspruch/Ergebnis der Prüfung

Der Widerspruch (ausf. → § 178 Rn. 4 ff.) muss im Prüfungstermin **mündlich** erhoben werden 14
(zum schriftlichen Verfahren → Rn. 7). Ein bloß vorheriger (mündlicher oder schriftlicher)
Widerspruch reicht nicht (K. Schmidt InsO/Jungmann § 178 Rn. 8; aA wohl nur Nerlich/
Römermann/Becker Rn. 21); jedoch kann im Prüfungstermin auf ihn Bezug genommen werden
(Uhlenbruck/Sinz Rn. 28). **Nachträgliche Widersprüche** sind unbeachtlich, wenn sie nicht
gerade vom Schuldner im Rahmen eines begründeten Wiedereinsetzungsantrags nach § 186 angebracht werden; dies gilt auch dann, wenn ein Gläubiger die Forderung zunächst nur deshalb nicht
bestritten hatte, weil er sich auf ein Bestreiten des Insolvenzverwalters verlassen hatte, dieser jedoch
zwischenzeitlich davon Abstand genommen hat (Uhlenbruck/Sinz Rn. 29).

Als **Insolvenzgläubiger** kann grundsätzlich derjenige eine angemeldete Forderung bestreiten, 15
der selbst eine Insolvenzforderung **angemeldet** hat, ohne dass seine Anmeldung wegen formeller
Mängel als unzulässig zurückgewiesen worden ist (→ § 178 Rn. 7; ähnlich Jaeger/Gerhardt
Rn. 32, der auf den Akt der Zulassung abstellt), auch wenn diese noch nicht geprüft oder festgestellt
und auch wenn sie bestritten worden ist oder wegen nachträglicher Anmeldung nicht mehr im
selben Termin geprüft werden wird. Darüber hinaus können die vermeintlich aus **nachrangigen
Insolvenzforderungen** Berechtigten auch dann bestreiten, wenn eine Aufforderung nach § 174
Abs. 3 nicht erfolgt, aber noch möglich ist (Jaeger/Gerhardt Rn. 33). Das Bestreiten verliert seine
Wirksamkeit, wenn der Gläubiger – etwa durch Verzicht, Rücknahme der Anmeldung oder
rechtskräftige Feststellung, dass seine Forderung nicht besteht – seine Verfahrensstellung einbüßt
oder wenn bei nachrangigen Forderungen feststeht, dass sie keine Berücksichtigung bei der
Schlussverteilung finden werden (Jaeger/Gerhardt Rn. 33 ff., in Rn. 36 ff. zu den Auswirkungen
auf den Feststellungsprozess). Wenn für **Schuldverschreibungsgläubiger** ein **gemeinsamer
Vertreter** bestellt worden ist, kann (nur) er im Namen der von ihm vertretenen Gläubiger nach
§ 19 Abs. 3 SchVG Forderungen anderer Insolvenzgläubiger bestreiten (BGH NZI 2018, 482
Rn. 25).

Das Gericht **protokolliert** in der Tabelle für jede einzelne Forderung das Prüfungsergebnis. 16
Es vermerkt also, ob jemand und ggf. wer der Forderung – auch nach der Einzelerörterung nach
S. 2 – widersprochen hat und ggf. in welchem **Umfang**. Der Widerspruch kann sich auf das
Bestehen der Forderung insgesamt, auf die materiell- oder insolvenzrechtliche Forderungszuständigkeit des Angemeldeten, auf die Qualität als Insolvenzforderung (auch zB in der Form, dass die
Forderung zwar Insolvenzforderung, jedoch nur nach § 52 S. 2, § 190 insolvenzmäßig zu befriedigen sei), auf die Forderungshöhe, auf den angemeldeten Rang oder – nur bei einem Widerspruch
des Schuldners – auf den besonderen, nach § 302 Nr. 1 privilegierten Schuldgrund beziehen.
Wird der Widerspruch nicht qualifiziert, ist er als umfassend anzusehen; eine Pflicht zur **Begründung** oder zur Qualifizierung des Widerspruchs besteht auch auf Nachfrage nicht (KPB/Pape/
Schaltke Rn. 16; partiell aA Uhlenbruck/Sinz Rn. 28).

§ 177 Nachträgliche Anmeldungen

(1) ¹Im Prüfungstermin sind auch die Forderungen zu prüfen, die nach dem Ablauf der Anmeldefrist angemeldet worden sind. ²Widerspricht jedoch der Insolvenzverwalter oder ein Insolvenzgläubiger dieser Prüfung oder wird eine Forderung erst nach dem Prüfungstermin angemeldet, so hat das Insolvenzgericht auf Kosten des Säumigen entweder einen besonderen Prüfungstermin zu bestimmen oder die Prüfung im schriftlichen Verfahren anzuordnen. ³Für nachträgliche Änderungen der Anmeldung gelten die Sätze 1 und 2 entsprechend.

(2) Hat das Gericht nachrangige Gläubiger nach § 174 Abs. 3 zur Anmeldung ihrer Forderungen aufgefordert und läuft die für diese Anmeldung gesetzte Frist später als eine Woche vor dem Prüfungstermin ab, so ist auf Kosten der Insolvenzmasse entweder ein besonderer Prüfungstermin zu bestimmen oder die Prüfung im schriftlichen Verfahren anzuordnen.

(3) ¹Der besondere Prüfungstermin ist öffentlich bekanntzumachen. ²Zu dem Termin sind die Insolvenzgläubiger, die eine Forderung angemeldet haben, der Verwalter und der Schuldner besonders zu laden. ³§ 74 Abs. 2 Satz 2 gilt entsprechend.

Überblick

Die Anmeldefrist nach § 28 Abs. 1 ist keine Ausschlussfrist, auch verspätet angemeldete Forderungen werden – bis zum Schlusstermin (→ Rn. 1) – noch in die Tabelle nach § 175 aufgenommen und geprüft; das Gleiche gilt für nachträgliche Änderungen (→ Rn. 2). Die Prüfung erfolgt nach S. 1 möglichst noch im allgemeinen Prüfungstermin (→ Rn. 7); jedoch können der Verwalter oder ein Insolvenzgläubiger der Prüfung widersprechen, wenn sie sich nicht hinreichend vorbereiten konnten (→ Rn. 8). Dann – oder wenn die Anmeldung/Änderung überhaupt erst nach dem allgemeinen Prüfungstermin erfolgt – wird auf Kosten des Säumigen (→ Rn. 17) nach S. 2 ein besonderer Prüfungstermin bestimmt (→ Rn. 12) oder die Prüfung im schriftlichen Verfahren angeordnet (→ Rn. 15). Bei nachrangigen Forderungen kann es wegen § 174 Abs. 3 dazu kommen, dass die Anmeldefrist zu kurz vor dem allgemeinen Prüfungstermin oder überhaupt erst nach diesem endet; nach Abs. 2 ist hier für die rechtzeitig angemeldeten Forderungen die nachträgliche Prüfung auf Kosten der Masse durchzuführen (→ Rn. 18).

Übersicht

	Rn.		Rn.
A. Prüfungsanspruch/spätester Zeitpunkt für Anmeldung	1	II. Nachträgliche Prüfung (Abs. 1 S. 2)	11
B. Nachträgliche Änderungen (Abs. 1 S. 3)	2	1. Besonderer Prüfungstermin	12
		2. Schriftliches Verfahren	15
C. Durchführung der Prüfung bei Nachmeldungen	7	III. Kosten der nachträglichen Prüfung (Abs. 1 S. 2)	17
I. Im regulären Verfahren (Abs. 1 S. 1)	7	D. Besonderheiten bei nachrangigen Forderungen (Abs. 2)	18

A. Prüfungsanspruch/spätester Zeitpunkt für Anmeldung

1 Die Anmeldefrist nach § 28 Abs. 1 ist **keine Ausschlussfrist**; auch – verschuldet oder unverschuldet (K. Schmidt InsO/Jungmann Rn. 1) – nach ihrem Ablauf angemeldete Forderungen sind **zu prüfen**, sofern dies spätestens im **Schlusstermin** nach § 197 erfolgen kann (BGH NZI 2020, 229 Rn. 15, 17; 2012, 323 Rn. 10; KPB/Pape/Schaltke Rn. 8; MüKoInsO/Riedel Rn. 10; Uhlenbruck/Sinz Rn. 8 f.; aA (bis zur Aufhebung des Verfahrens) AG Bamberg ZInsO 2004, 965; Graf-Schlicker/Graf-Schlicker Rn. 6). Dies gilt erst recht für Forderungen, die rechtzeitig beim Insolvenzverwalter angemeldet worden sind, aber (zunächst) **versehentlich keinen Eingang in die Tabelle** gefunden und daher nicht geprüft worden sind (→ Rn. 17.1) – auf sie ist mit Ausnahme der Kostenfolge **Abs. 1 analog** anzuwenden (Zenker NZI 2017, 368). Zwar kommt bereits ab Niederlegung des Schlussverzeichnisses nach § 188 S. 2 seine Änderung nicht mehr infolge der nachträglichen Anmeldung oder Prüfung einer Forderung in Betracht (aA Graf-Schlicker/Graf-Schlicker Rn. 7), sodass nach diesem Zeitpunkt (angemeldete und) geprüfte Forderungen nicht mehr an der Schlussverteilung oder ggf. den nach § 292 Abs. 1 S. 2 auf dem Schlussver-

zeichnis beruhenden Ausschüttungen in der Wohlverhaltensperiode teilnehmen (BGH NZI 2007, 401 Rn. 10). Jedoch besteht schon wegen der Titelwirkung der Feststellung nach § 201 Abs. 2 S. 1 grundsätzlich ein legitimes Interesse an der Anmeldung auch nach diesem Zeitpunkt (KPB/Pape/Schaltke Rn. 7; aA Gottwald/Haas InsR-HdB/Eickmann/Wimmer § 63 Rn. 49; → Rn. 1.1). Es ist denkbar – und zur Vermeidung einer Schutzlücke (vgl. § 87) wohl auch sachgerecht (so auch Jungmann EWiR 2020, 209 (210)) –, dass (ungeprüft bleibende) Forderungsanmeldungen **zwischen Schlusstermin und Verfahrensaufhebung** noch zur Verjährungshemmung (§ 204 Abs. 1 Nr. 10 BGB) führen können (offengelassen BGH NZI 2020, 229 Rn. 18) und dann wohl auch (ohne Prüfungsvermerk) vom Verwalter nach § 175 Abs. 1 S. 1 in die Tabelle einzutragen sind. Zur Wahrung eines Privilegs nach § 302 Nr. 1 hingegen reicht eine solche Anmeldung nach dem Schlusstermin nicht (BGH NZI 2020, 229 Rn. 19 ff.; näher → Rn. 1.2).

Eickmann/Wimmer (in Gottwald/Haas InsR-HdB § 63 Rn. 49) weisen beachtlich darauf hin, dass die **1.1** Anmeldung zu einem Zeitpunkt, in dem eine Berücksichtigung bei der Schlussverteilung nicht mehr in Frage kommt, leicht zur Titulierung nicht bestehender Forderungen missbraucht werden könne, da Verwalter und Gläubiger keinen Grund zur aufmerksamen Prüfung dieser Forderungen mehr hätten und der Schuldner aus Rechtsunkenntnis in der Regel passiv bliebe. Der (möglicherweise schuldlos verspätet) anmeldende Gläubiger darf gleichwohl keinem Generalverdacht ausgesetzt werden (vgl. KPB/Pape/Schaltke Rn. 7). Vielmehr mag das Insolvenzgericht dem Schuldner in geeigneten Fällen bei der besonderen Ladung nach § 177 Abs. 3 S. 2 bzw. der Mitteilung der schriftlichen Forderungsnachprüfung nach § 4 iVm § 139 ZPO bzw. analog § 175 Abs. 2 einen deutlichen Hinweis auf die Möglichkeit des Widerspruchs und die Folgen seines Unterlassens erteilen. Im Übrigen dürfte die Prüfungspflicht des Verwalters auch zugunsten des Schuldners bestehen, sodass bei Verschulden eine Haftung nach § 60 in Betracht kommt (ggf. nach § 254 Abs. 1 BGB wegen des Mitverschuldens des Schuldners gemindert).

Der **BGH** (NZI 2020, 229 mAnm Ahrens NZI 2020, 232) hatte einen Fall zu entscheiden, in dem der **1.2** Schuldner Geld veruntreut hatte, die Gläubigerin des Schadensersatzanspruchs diesen aber erst **zwischen Schlusstermin und Verfahrensaufhebung** (als nach § 302 Nr. 1 privilegierte Forderung) beim Verwalter anmeldete. Der BGH betont hier – zu Recht (so auch Ahrens NZI 2020, 232) – den **Schuldnerschutz:** Durch das Erfordernis der begründeten Anmeldung des Rechtsgrunds der Forderung und den gerichtlichen Hinweis nach § 175 Abs. 2 solle der Schuldner frühzeitig Klarheit darüber erlangen, welche Forderungen in welcher Höhe von einer Restschuldbefreiung ausgenommen sein werden, und ggf. (etwa durch Rücknahme des Antrags auf Restschuldbefreiung) entsprechend disponieren können (BGH NZI 2020, 229 Rn. 22 f.). Deshalb könne eine beim Insolvenzverwalter erst nach dem Schlusstermin eingegangene Anmeldung **nicht mehr zur Wahrung des Privilegs nach § 302 Nr. 1 genügen** (BGH NZI 2020, 229 Rn. 19 ff.).

B. Nachträgliche Änderungen (Abs. 1 S. 3)

Auch dann, wenn der Anmeldende nach Ablauf der Anmeldefrist **wesentliche Änderungen** **2** seiner Anmeldung vornimmt, ist (bis zur Prüfung der Forderung) durch die Verspätung möglicherweise eine ordnungsgemäße Vorbereitung auf die Prüfung der „aktuellen" Forderung nicht gewährleistet oder wird (nach der Prüfung der ursprünglichen Forderung) eine erneute Prüfung erforderlich. Dies betrifft insbesondere (näher Uhlenbruck/Sinz Rn. 13 ff.) eine Erhöhung des **Betrags,** eine Auswechslung des **Schuldgrundes** (in der Sache eine neue Anmeldung, BGH NZI 2009, 242 Rn. 21 f.; 2004, 214 (215)), die erstmals hinreichende **Individualisierung der Forderung** (BGH NZI 2020, 782 Rn. 27), die Nachmeldung eines **Privilegs** gem. § 302 Nr. 1 (BGH NZI 2008, 250 Rn. 12; dann ist § 175 Abs. 2 zu beachten, KPB/Pape/Schaltke Rn. 33) oder eine Verbesserung des in Anspruch genommenen **Ranges;** daneben der Fortfall von Bedingungen oder der Beschränkung auf den Ausfall bei einer Verwertung von Absonderungsgut (ohne entsprechende Reduzierung der Forderung oder Verzicht auf die Sicherheit). Zur Auswechslung des Gläubigers/Rechtsnachfolge → Rn. 2.1. Zum Adressaten der Änderung → § 174 Rn. 44.1.

Der **Austausch des Gläubigers** ist zwar an und für sich eine wesentliche, den Schuldgrund betreffende **2.1** Änderung; Abs. 1 S. 3 ist daher anzuwenden, wenn er ohne Behauptung einer Rechtsnachfolge stattfindet. Kommt es hingegen während des Verfahrens zu einer **unstreitigen Rechtsnachfolge,** bei der der ursprünglich Anmeldende wegfällt oder seine Zustimmung zur Änderung erteilt (→ § 174 Rn. 44), so macht dies weder eine zusätzliche Vorbereitung noch eine erneute Prüfung erforderlich, sodass eine Anwendung von Abs. 1 S. 3 nicht geboten ist (näher Willmer/Berner NZI 2015, 877 (880); KPB/Pape/Schaltke Rn. 26 ff.; Uhlenbruck/Sinz Rn. 14); jedenfalls bis zur Feststellung der Forderung (→ § 178 Rn. 29) sollte auch ein Nachweis analog § 727 ZPO nicht verlangt werden (Schreiber/Birnbreier ZInsO 2009, 2377 (2380); nach dem Prüfungstermin aA Uhlenbruck/Sinz § 181 Rn. 10). Bereits tatbestandlich kein Fall der

Anmeldungsänderung liegt beim **Prätendentenstreit** – auch im Falle streitiger Rechtsnachfolge – vor; hier muss der zweite Prätendent die Forderung selbst und erneut anmelden; erfolgt dies erst nach Ablauf der Anmeldefrist, gilt Abs. 1 S. 1 unmittelbar. Zu den Folgen eines Prätendentenstreits vgl. etwa K. Schmidt InsO/Jungmann § 174 Rn. 29.

3 Daraus folgt, dass Abs. 1 S. 3 nicht für **unwesentliche Änderungen** – etwa die Einreichung weiterer Belege oder ergänzten Tatsachenvortrag innerhalb des bereits (hinreichend bestimmt) angemeldeten Forderungsgrundes – oder dort gilt, wo eine weitere Vorbereitung auf die Prüfung oder gar eine erneute Prüfung nicht erforderlich sind. Ohne Beachtung von § 177 möglich sind daher etwa die Berichtigung von offensichtlichen Unrichtigkeiten, die auch von Amts wegen hätte erfolgen können, sowie (aber → Rn. 5) die **Reduzierung oder qualitative Beschränkung** (etwa durch Nachmeldung eines Nachrangs oder die Beschränkung auf den Ausfall nach § 52 S. 2). Die (eigentliche) **Rücknahme** der Anmeldung stellt bereits keine Änderung iSv Abs. 1 S. 3 dar (zu ihr → § 174 Rn. 43; zur „uneigentlichen" oder partiellen Rücknahme → Rn. 5).

4 Erfolgt die Änderung noch **vor Prüfung der ursprünglichen Anmeldung**, so wird die Forderung von vornherein nur in der geänderten Form zur (ggf. nachträglichen) Prüfung gestellt – es findet also (bei Widerspruch nach Abs. 1 S. 2) nicht etwa im allgemeinen Prüfungstermin noch eine Prüfung der ursprünglichen Anmeldung statt.

5 Bei Änderungen **nach Prüfung der ursprünglichen Anmeldung** ergeben sich aus der Rechtskraftwirkung nach § 178 Abs. 3 Probleme, wenn die Forderung **bereits festgestellt** worden ist und sich die Änderung als „uneigentliche" (so bei Auswechslung des Schuldgrundes) oder teilweise Rücknahme (so insbesondere bei Ermäßigung des Betrags) darstellt. Da die **Rechtskraftwirkung** nicht zur Disposition des Anmeldenden steht (→ § 174 Rn. 43), bleibt die Forderung mit dem ursprünglichen Schuldgrund bzw. in voller Höhe festgestellt und verzichtet der Anmeldende im Umfang der Änderung lediglich auf die Verfahrensrechte einschließlich seiner Teilhabe an den Verteilungen (vgl. KPB/Pape/Schaltke Rn. 31; aA (jedoch Sperre erneuter Anmeldung) Uhlenbruck/Sinz Rn. 17; (ohne Sperre erneuter Anmeldung) Schreiber/Birnbreier ZInsO 2009, 2377 (2382 f.)). Bei der Auswechslung des Schuldgrundes ist ggf. durch Nachfrage zu klären, ob dieser Verzicht trotz Feststellung beabsichtigt war oder ob eine neue, zusätzliche Forderung angemeldet werden sollte; vor Missbrauch insbesondere im letzten Fall kann ggf. § 826 BGB schützen.

6 Grundsätzlich beziehen sich Änderungen nur auf die verfahrensrechtliche, nicht auf die **materielle Position** des Gläubigers; Rücknahme oder Reduzierung der Anmeldung bzw. Auswechslung des Schuldgrundes enthalten im Zweifel keinen (Teil-)Verzicht auf die Forderung und hindern die erneute Anmeldung bzw. Erhöhung daher nicht, soweit nicht bereits festgestellt worden war, dass die Forderung (insoweit) besteht oder nicht besteht (Uhlenbruck/Sinz Rn. 17). Um das zu verhindern, muss der Verwalter ggf. einen ausdrücklichen materiell-rechtlichen Verzicht einholen (Uhlenbruck/Sinz Rn. 13).

C. Durchführung der Prüfung bei Nachmeldungen

I. Im regulären Verfahren (Abs. 1 S. 1)

7 Bis zum **allgemeinen Prüfungstermin** angemeldete Forderungen werden trotz versäumter Anmeldefrist in diesem geprüft, wenn dagegen kein wirksamer Widerspruch nach Abs. 1 S. 2 erhoben wurde (aA MüKoInsO/Riedel Rn. 2; zum konkludenten Widerspruch → Rn. 7.1) – auch dann, wenn sie erst im Prüfungstermin in die Tabelle aufgenommen werden und die Anmeldungen daher nie zur Einsicht auslagen (HmbKommInsR/Preß/Henningsmeier Rn. 9; aA Uhlenbruck/Sinz Rn. 3). Gleiches gilt für einen **besonderen Prüfungstermin** nach Abs. 1 S. 2, wenn nach dessen Terminierung noch weitere Anmeldungen eingehen. Erfolgt die Forderungsprüfung hingegen ursprünglich (§ 5 Abs. 2) oder nach Abs. 1 S. 2 im **schriftlichen Verfahren,** so besteht diese Möglichkeit nicht – hier sind nachträglich angemeldete Forderungen immer besonders nach Abs. 1 S. 2 zu prüfen.

7.1 Nach hier vertretener Ansicht entscheidet auch im Prüfungstermin der Insolvenzverwalter über die ursprüngliche Aufnahme der angemeldeten Forderung in die Tabelle (→ § 175 Rn. 6). Allein die Aufnahme in die Tabelle kann nicht als Verzicht auf das Widerspruchsrecht gesehen werden (→ Rn. 10); umgekehrt freilich liegt in der **Nichtaufnahme in die Tabelle,** die letztlich ohnehin einer Prüfung zwingend entgegensteht, ein konkludenter Widerspruch nach Abs. 1 S. 2 (AG Norderstedt ZInsO 2016, 1073 f.; Uhlenbruck/Sinz Rn. 3).

8 Den **Widerspruch** nach Abs. 1 S. 2 gegen die reguläre Prüfung können der **Insolvenzverwalter** (bzw. Sachwalter) und jeder **Insolvenzgläubiger** mit Ausnahme des Nachmeldenden selbst

erklären, nicht jedoch der Schuldner. Die Herausnahme des Schuldners wird nicht allein dadurch gerechtfertigt, dass er über seine eigenen Angelegenheiten auch ohne lange Vorbereitung informiert sein sollte, sondern auch dadurch, dass sein Widerspruch die Feststellung nach § 178 Abs. 1 S. 2 nicht hindert; deshalb sollte bei angeordneter Eigenverwaltung mit Blick auf § 283 Abs. 1 S. 2 etwas anderes gelten (KPB/Pape/Schaltke Rn. 11; K. Schmidt InsO/Jungmann Rn. 4; Uhlenbruck/Sinz Rn. 4).

Nach ganz hM ist der Widerspruch mündlich **im Prüfungstermin** zu erklären (Braun/Specovius Rn. 5; KPB/Pape/Schaltke Rn. 13; MüKoInsO/Riedel Rn. 3). Dagegen spricht, dass ein Gläubiger ggf. nur deshalb nicht am Prüfungstermin teilnimmt, weil sich unter den in der nach § 175 Abs. 1 S. 2 niedergelegten Tabelle verzeichneten Forderungen keine befand, die er bestreiten wollte. Wenngleich es mit der Regelung und ihren Zielen unvereinbar sein dürfte, deshalb in diesem Fall schon den Widerspruch ganz für entbehrlich zu halten (so aber MüKoInsO/Riedel Rn. 2), sollte ein vorsorglich **schriftlich** erklärter Widerspruch ausreichen (im Ergebnis Nerlich/Römermann/Becker Rn. 8; Uhlenbruck/Sinz Rn. 5, der auf den im Vergleich zu § 178 Abs. 1 S. 1 offenen Wortlaut hinweist). 9

Eine **Begründung** des Widerspruchs, insbesondere eine Darlegung, warum die Prüfung im laufenden Termin nicht möglich oder zumutbar sei, ist nicht erforderlich (Uhlenbruck/Sinz Rn. 5). Jedoch ist der Widerspruch **eines Gläubigers** dann **unbeachtlich,** wenn die Verspätung seine vom Gesetzgeber für notwendig erachtete Vorbereitung auf die Forderungsprüfung schon abstrakt nicht beeinträchtigen konnte, weil die nachgemeldete Forderung bereits in der ersten nach § 175 Abs. 1 S. 2 ausgelegten Tabellenversion enthalten war (Braun/Specovius Rn. 5; KPB/Pape/Schaltke Rn. 12; aA Graf-Schlicker/Graf-Schlicker Rn. 3; MüKoInsO/Riedel Rn. 2, der überhaupt nur für diesen Fall die Prüfung nach Abs. 1 S. 1 für zulässig hält). Allein der Umstand, dass der Gläubiger nicht Einsicht genommen hat, reicht hingegen nicht, da er sich über Mitgläubiger oder den Schuldner Kenntnis hätte verschaffen können; anders mag es allenfalls dann liegen, wenn nachweislich niemand die Tabelle eingesehen oder sich anderweitig (etwa durch Auskunft des Verwalters) über die Gesamtheit der rechtzeitig angemeldeten Forderungen informiert hat. Der **Verwalter** kann auch der regulären Prüfung von Forderungen widersprechen, die er in die Tabelle aufgenommen hat – dieser formelle Akt ist nicht mit der Erklärung gleichzusetzen, dass er ihre materielle Berechtigung prüfen konnte (aA Uhlenbruck/Sinz Rn. 5). 10

II. Nachträgliche Prüfung (Abs. 1 S. 2)

Kommt eine Prüfung im regulären Verfahren nach Abs. 1 S. 1 infolge eines beachtlichen Widerspruchs (→ Rn. 8) oder deswegen nicht in Betracht, weil die Anmeldung überhaupt erst nach dem Prüfungstermin erfolgt ist, so entscheidet das Gericht nach **freiem Ermessen,** ob es für die noch zu prüfenden Nachmeldungen einen **besonderen Prüfungstermin** ansetzt oder ihre Prüfung im **schriftlichen Verfahren** anordnet. Dabei wird sich oft das schriftliche Verfahren anbieten, wenn nicht eine Verbindung der besonderen Forderungsprüfung mit bereits absehbaren und ohnehin von der Gläubigerversammlung zu behandelnden Angelegenheiten in Betracht kommt (zur Verbindung mit dem Schlusstermin aber → Rn. 13) oder mit Widersprüchen zu rechnen ist, die sich durch eine Erörterung der Forderungen in einem Termin vermutlich ausräumen ließen (ähnlich Braun/Specovius Rn. 8, der aber allgemein bei einer Vielzahl von Nachmeldungen den besonderen Prüfungstermin präferiert). 11

1. Besonderer Prüfungstermin

Der besondere Prüfungstermin dient der Prüfung der **bis zu seiner Terminierung** nachgemeldeten, noch nicht geprüften Forderungen, wobei auf spätere Anmeldungen bis zum Termin Abs. 1 S. 1 entsprechend anzuwenden ist (→ Rn. 7). Bleiben wegen beachtlichen Widerspruchs analog Abs. 1 S. 2 Forderungen auch im besonderen Prüfungstermin ungeprüft oder werden **nachträglich weitere Forderungen** angemeldet, so ist erneut nach Abs. 1 S. 2 zu verfahren. Es kann sich anbieten, nicht sogleich die Prüfung jeder einzelnen Nachmeldung anzuordnen, sondern gleichsam zu sammeln (Jaeger/Gerhardt Rn. 5; vgl. auch LG Würzburg NZI 2020, 421 Rn. 8 f.), solange die Interessen des Gläubigers (zB auf Teilnahme an Verteilungen, → Rn. 13) nicht verletzt werden. 12

Der besondere Prüfungstermin kann mit anderen Terminen zur Gläubigerversammlung **verbunden** werden, auch mit dem Schlusstermin. Jedoch ist von einer Verbindung mit dem Schlusstermin unbedingt abzusehen, wenn und soweit auf anderem Wege (auch im schriftlichen Verfahren) eine Prüfung der Nachmeldungen zu einem Zeitpunkt vor Auslegung des Schlussverzeichnisses möglich ist (vgl. KPB/Pape/Schaltke Rn. 16; (unter Hinweis auf sonst drohende Amts- 13 haftung) MüKoInsO/Riedel Rn. 8; Uhlenbruck/Sinz Rn. 10 f., 33; aA offenbar LG Würzburg NZI 2020, 421 Rn. 8). Dem Gläubiger wird ansonsten selbst für den Fall der Feststellung seiner Forderung die Möglichkeit abgeschnitten, noch an Verteilungen (einschließlich Nachtragsverteilungen sowie Verteilungen während der Wohlverhaltensperiode) teilzunehmen (→ Rn. 1).

14 Der besondere Prüfungstermin ist grundsätzlich nach Abs. 3 S. 1 **öffentlich bekanntzumachen** (§ 9). Dabei müssen die zu prüfenden Forderungen nicht einzeln bezeichnet werden; es bietet sich aber (neben demjenigen nach § 179 Abs. 3 S. 3) der Hinweis darauf an, dass sie der bei Gericht nach § 175 Abs. 1 S. 2 ausgelegten Tabelle entnommen werden können (MüKoInsO/Riedel Rn. 17). **Besonders zu laden** (§ 8) sind nach Abs. 3 S. 2 der Verwalter, der Schuldner sowie (nur) die Gläubiger, deren Forderungen zur Nachprüfung anstehen (KPB/Pape/Schaltke Rn. 15; Uhlenbruck/Sinz Rn. 28; aA Nerlich/Römermann/Becker Rn. 39). Auf die öffentliche Bekanntmachung kann nach § 74 Abs. 2 S. 2 **verzichtet** werden, wenn ein Prüfungstermin vertagt wird (Uhlenbruck/Sinz Rn. 29) oder (iVm Abs. 3 S. 3) wenn der besondere Prüfungstermin in einem vorangegangenen allgemeinen oder früheren besonderen Prüfungstermin anberaumt wird (vgl. BT-Drs. 14/120, 13; Nerlich/Römermann/Becker Rn. 38). Trotz der Systematik gilt dies nach Wortlaut und Telos von Abs. 3 S. 3 nicht auch für die besondere Ladung (wohl ebenso Uhlenbruck/Sinz Rn. 29) – ein Informationsbedarf besteht insbesondere bei Gläubigern, die ihre Forderung erst nach dem vorangegangenen Prüfungstermin angemeldet haben.

2. Schriftliches Verfahren

15 Alternativ zur Anberaumung eines besonderen Prüfungstermins kann das Gericht durch **Beschluss** anordnen, dass die bislang nachträglich angemeldeten und ungeprüften Forderungen schriftlich geprüft werden, und eine **Widerspruchsfrist** bestimmen, innerhalb derer Widersprüche gegen die zu prüfenden Forderungen schriftlich beim Gericht angebracht werden können. Die Ausschlussfrist sollte wenigstens zwei Wochen ab Wirksamkeit der Bekanntmachung betragen (MüKoInsO/Riedel Rn. 20). Es bieten sich zudem Hinweise nach § 179 Abs. 3 S. 3 sowie auf die nach § 175 Abs. 1 S. 2 ausgelegte Tabelle an. Der Beschluss ist analog Abs. 3 S. 1 öffentlich **bekanntzumachen,** wenn kein Fall von Abs. 3 S. 3 iVm § 74 Abs. 2 S. 2 vorliegt; er ist außerdem analog Abs. 3 S. 2 besonders **zuzustellen** (→ Rn. 14; vgl. MüKoInsO/Riedel Rn. 20; Uhlenbruck/Sinz Rn. 36).

16 Nach dem Ablauf der Widerspruchsfrist (aA KPB/Pape/Schaltke Rn. 18: unverzüglich; wohl auch Uhlenbruck/Sinz Rn. 35) vermerkt das Gericht in der Tabelle rechtzeitig eingegangene Widersprüche; die unbestrittenen oder nur vom Schuldner bestrittenen Forderungen stellt es durch entsprechenden Prüfungsvermerk zur Tabelle fest (MüKoInsO/Riedel Rn. 20). Wiedereinsetzung kann analog § 186 allein dem Schuldner gewährt werden (KPB/Pape/Schaltke Rn. 19).

III. Kosten der nachträglichen Prüfung (Abs. 1 S. 2)

17 Unabhängig davon, ob ihn an der Versäumung der Anmeldefrist ein Verschulden trifft, muss der Säumige in den Fällen des Abs. 1 S. 2 die Kosten der nachträglichen Prüfung in einem besonderen Prüfungstermin (auch bei Verbindung mit einer anderen Gläubigerversammlung) bzw. im schriftlichen Verfahren tragen (AG Norderstedt ZInsO 2016, 1073 (1074); K. Schmidt InsO/Jungmann Rn. 9) – nicht aber dann, wenn die Anmeldung rechtzeitig erfolgte und nur verzögert in die Tabelle Eingang gefunden hat (KPB/Pape/Schaltke Rn. 21; Zenker NZI 2017, 368; aA LG Krefeld NZI 2017, 367; → Rn. 17.1). Nach GKG KV 2340 beträgt die **Gerichtsgebühr** 22 EUR pro Gläubiger (nicht pro Forderung). **Auslagen** für die Bekanntmachung (sowie die besondere Ladung) entstehen nach GKG KV 9004 nicht; auch der Verwalter und die anderen Gläubiger können wohl keinen Auslagenersatz vom Säumigen verlangen (näher KPB/Pape/Schaltke Rn. 22 f. mwN; K. Schmidt InsO/Jungmann Rn. 8; Uhlenbruck/Sinz Rn. 32; aA HmbKommInsR/Preß/Henningsmeier Rn. 14; Jaeger/Gerhardt Rn. 17; differenzierend Nerlich/Römermann/Becker Rn. 12). **Kostenschuldner** ist nach § 33 GKG iVm § 177 Abs. 1 S. 2 unmittelbar der einzelne Gläubiger; mehrere Nachzügler haften nicht nach § 31 Abs. 1 GKG als Gesamtschuldner, da es sich nicht um dieselbe Kostenschuld handelt (aA K. Schmidt InsO/Jungmann Rn. 8). Auch der bereits aus dem Amt entlassene Zwangsverwalter kann noch Kostenschuldner sein (AG Norderstedt ZInsO 2016, 1482 f.). Sozialversicherungsträger sind grundsätzlich kostentragungspflichtig, während zB für die Finanzämter und die Deutsche Rentenversicherung Bund nach § 2 GKG Kostenfreiheit besteht (näher Uhlenbruck/Sinz Rn. 30 mwN).

Voraussetzungen und Wirkungen der Feststellung § 178 InsO

Hat der Gläubiger seine Forderung innerhalb der Anmeldefrist beim Insolvenzverwalter angemeldet, **17.1** dieser die Anmeldung aber erst verspätet in die Tabelle eingetragen und dem Gericht übermittelt, sodass eine nachträgliche Prüfung erforderlich wird, so liegt **keine verspätete Anmeldung** als Grundlage der Kostenschuldnerschaft des Anmeldenden gem. Abs. 1 S. 2 vor (AG Leipzig ZVI 2008, 320; Harbeck jurisPR-InsR 7/2017, Anm. 5; Heinze ZVI 2008, 320 (321); KPB/Pape/Schaltke Rn. 21; Zenker NZI 2017, 368; aA LG Krefeld NZI 2017, 367). Die Gerichtsgebühr unmittelbar und verschuldensunabhängig dem Insolvenzverwalter aufzuerlegen (so AG Leipzig ZVI 2008, 320; Harbeck jurisPR-InsR 7/2017, Anm. 5), erscheint systemwidrig (Heinze ZVI 2008, 320 (321); KPB/Pape/Schaltke Rn. 21; Zenker NZI 2017, 368). Vielmehr ist der **Gebührentatbestand** von GKG KV 2340 mangels Säumigkeit gerade eines Gläubigers **nicht erfüllt**. Für sonstige Kosten und Auslagen (insbesondere des Anmeldenden), soweit man sie grundsätzlich für ersatzfähig hält, haftet die Masse, die bei Verschulden des Insolvenzverwalters aber in der Regel einen Rückgriffsanspruch aus § 60 gegen ihn haben wird, sowie ggf. auch nach § 60 der Verwalter persönlich (Zenker NZI 2017, 368).

D. Besonderheiten bei nachrangigen Forderungen (Abs. 2)

Nach § 174 Abs. 3 können nachrangige Forderungen grundsätzlich erst nach besonderer **18** **gerichtlicher Aufforderung** wirksam (als nachrangige) angemeldet werden; das Gericht bestimmt dafür eine besondere Anmeldefrist (→ § 174 Rn. 31). Endet sie zu knapp (weniger als eine Woche) vor oder erst nach dem allgemeinen Prüfungstermin, so ist für die Prüfung der nachrangigen Forderungen insgesamt ein besonderer Prüfungstermin (er kann ggf. mit einem besonderen Prüfungstermin nach Abs. 1 S. 2 verbunden werden, K. Schmidt InsO/Jungmann Rn. 10) anzuberaumen oder das schriftliche Verfahren anzuordnen. Soweit die Anmeldung innerhalb der für sie gesetzten Frist erfolgt, liegt **keine Säumnis** vor, weshalb die zusätzlichen Kosten in diesem Fall gemäß Abs. 2 **Masseverbindlichkeiten** nach §§ 53, 54 Nr. 1 sind (die Gerichtsgebühr nach GKG KV 2340 fällt allerdings nicht an, Zenker NZI 2017, 368). Für verspätet angemeldete nachrangige Forderungen gilt jedoch Abs. 1 mit der Kostenfolge von Abs. 1 S. 2 (K. Schmidt InsO/Jungmann Rn. 11).

§ 178 Voraussetzungen und Wirkungen der Feststellung

(1) ¹Eine Forderung gilt als festgestellt, soweit gegen sie im Prüfungstermin oder im schriftlichen Verfahren (§ 177) ein Widerspruch weder vom Insolvenzverwalter noch von einem Insolvenzgläubiger erhoben wird oder soweit ein erhobener Widerspruch beseitigt ist. ²Ein Widerspruch des Schuldners steht der Feststellung der Forderung nicht entgegen.

(2) ¹Das Insolvenzgericht trägt für jede angemeldete Forderung in die Tabelle ein, inwieweit die Forderung ihrem Betrag und ihrem Rang nach festgestellt ist oder wer der Feststellung widersprochen hat. ²Auch ein Widerspruch des Schuldners ist einzutragen. Auf Wechseln und sonstigen Schuldurkunden ist vom Urkundsbeamten der Geschäftsstelle die Feststellung zu vermerken.

(3) Die Eintragung in die Tabelle wirkt für die festgestellten Forderungen ihrem Betrag und ihrem Rang nach wie ein rechtskräftiges Urteil gegenüber dem Insolvenzverwalter und allen Insolvenzgläubigern.

Überblick

Diese Vorschrift ist gleichsam der **Dreh- und Angelpunkt** der §§ 174 ff. – sie bestimmt in Abs. 1, dass eine (wirksam) nach § 174 angemeldete Forderung jedenfalls für die Zwecke des Insolvenzverfahrens bereits dann als **festgestellt** gilt, wenn ihr weder der Insolvenzverwalter noch ein Insolvenzgläubiger widersprochen hat (→ Rn. 2); die Pflichtbindung des Verwalters (→ Rn. 5) und das Eigeninteresse der anderen Gläubiger an einer hohen Quote sollen die Effektivität dieses Filters sicherstellen. Der Widerspruch des Schuldners hindert zwar nach Abs. 1 S. 2 nicht die Feststellung der Forderung, versperrt dem Gläubiger aber den Zugang zur vereinfachten Titulierung der Forderung nach § 201 Abs. 2 sowie – auch bei auf den Rechtsgrund beschränktem Widerspruch – zum Privileg nach § 302 Nr. 1 (→ Rn. 4). Der (inhaltlich auf die Forderungshöhe oder den Rang beschränkbare, → Rn. 13) Widerspruch muss im Prüfungstermin nach § 176 oder bei schriftlichem Verfahren (nach § 5 Abs. 2 oder § 177) bis zum Stichtag erhoben werden (→ Rn. 8); nur der Schuldner kann nach § 186 Wiedereinsetzung erlangen (→ Rn. 9). Scheitert

InsO § 178 Fünfter Teil. Befriedigung der Insolvenzgläubiger. Einstellung des Verfahrens

die **vereinfachte Feststellung** einer Insolvenzforderung an einem Widerspruch nach Abs. 1 S. 1, der sich auch nicht anderweitig – zB durch Rücknahme etwa nach Vorlage weiterer Belege – ausräumen lässt, richtet sich das weitere Verfahren nach den §§ 179 ff. – in der Regel obliegt es nach § 179 Abs. 1 dem Gläubiger, die gerichtliche Feststellung zu betreiben. – In Abs. 2 S. 1 wird angeordnet, dass das Insolvenzgericht das Ergebnis der Prüfung in der Tabelle genau zu **dokumentieren** hat (→ Rn. 19). Im Falle der Feststellung entfaltet der Tabelleneintrag nach Abs. 3 **Rechtskraftwirkung** gegenüber dem Insolvenzverwalter und allen – auch zB den sich nicht am Verfahren beteiligenden – Insolvenzgläubigern (→ Rn. 24); der in Abs. 3 nicht genannte Schuldner ist wegen § 201 Abs. 2 ebenfalls an die Feststellung gebunden, wenn er der Forderung nicht widersprochen hat (→ Rn. 27). Nach Abs. 2 S. 2 wird die Feststellung vom Gericht auch auf Wechseln und sonstigen **Schuldurkunden** vermerkt (→ Rn. 23).

Übersicht

	Rn.		Rn.
A. Feststellung von Insolvenzforderungen (Abs. 1)	1	III. Wirkungen	18
I. Voraussetzungen	2	B. Dokumentation des Prüfungsergebnisses (Abs. 2)	19
II. Der Widerspruch im Besonderen	3	I. Dokumentation in der Tabelle	19
1. Widerspruchsberechtigte	4	II. Berichtigung der Tabelle	22
2. Erhebung des Widerspruchs	8	III. Dokumentation auf Schuldurkunden (Abs. 2 S. 3)	23
3. Widerspruchsrichtung/Beschränkung des Widerspruchs	11		
4. Beseitigung des Widerspruchs	15	C. Rechtskraftwirkung (Abs. 3)	24

A. Feststellung von Insolvenzforderungen (Abs. 1)

1   Nach Abs. 1 setzt die verbindliche und nach Abs. 3 rechtskräftige Feststellung einer Insolvenzforderung für die Zwecke des Insolvenzverfahrens – das betrifft insbesondere die Verteilung nach §§ 187 ff., aber mittelbar auch das Stimmrecht nach § 77 Abs. 1 (HmbKommInsR/Preß/Henningsmeier Rn. 3) – **keine materielle gerichtliche Prüfung** der Forderung voraus. Es genügt, dass weder der Insolvenzverwalter noch ein Insolvenzgläubiger der (ordnungsgemäß angemeldeten) Forderung widerspricht – der Widerspruch eines anderen Beteiligten wie eines Absonderungsberechtigten, der keine Insolvenzforderung hat, oder (was Abs. 1 S. 2 klarstellt) des Schuldners ist unschädlich. Üblicherweise können auf diesem Wege die weit überwiegende Zahl der angemeldeten Forderungen ohne Verzögerung und **ohne Belastung der Justiz** festgestellt werden, die lediglich – und außerhalb des Insolvenzverfahrens (§ 180), das parallel weiterläuft (vgl. § 189) – mit der Entscheidung in Streitfällen befasst werden kann und zum Zwecke der Feststellung auch muss.

I. Voraussetzungen

2   Die Feststellung nach Abs. 1 setzt stets voraus, dass eine Forderung nach § 174 formell **ordnungsgemäß angemeldet**, nach § 175 in die **Insolvenztabelle** eingetragen und nach §§ 176, 177 im allgemeinen oder besonderen Prüfungstermin oder im schriftlichen Verfahren **geprüft** worden ist. Fehlt es an einer dieser Voraussetzungen – insbesondere der ordnungsgemäßen Anmeldung (auch → § 174 Rn. 37) –, so scheidet eine wirksame Feststellung der Forderung (auf Kosten der Rechtssicherheit) ggf. auch dann aus, wenn der Fehler von keiner Seite beanstandet worden ist und das Gericht den Feststellungsvermerk nach Abs. 2 S. 1 irrig in die Tabelle eingetragen hat. Die Rechtskraftwirkung nach Abs. 3 kann in diesem Fall jedenfalls dann nicht eintreten, wenn die Forderung in der Anmeldung zu unbestimmt bezeichnet worden war und dieser Fehler nicht durch eine erneute Forderungsanmeldung und -prüfung behoben worden ist (erneut → § 174 Rn. 37).

3   Ferner darf kein **wirksamer Widerspruch** (→ § 176 Rn. 14) des Insolvenzverwalters oder eines (einfachen oder nachrangigen) Insolvenzgläubigers **erhoben** worden und noch in der Welt – dh **nicht beseitigt** – sein. Der Widerspruch des Schuldners ist ausweislich Abs. 1 S. 2 (jenseits der Eigenverwaltung → Rn. 6) für die Feststellung unschädlich.

Voraussetzungen und Wirkungen der Feststellung § 178 InsO

II. Der Widerspruch im Besonderen

1. Widerspruchsberechtigte

Nach Abs. 1 können der **Insolvenzverwalter**, alle **Insolvenzgläubiger** ungeachtet der Höhe 4
oder des Ranges ihrer Forderung und der **Schuldner** Widerspruch gegen die Forderung erheben –
sie bestreiten –, wobei der Widerspruch des Schuldners die Feststellung im Regelfall nicht hindert,
sondern insbesondere die Titulierungswirkung nach § 201 Abs. 2 und bei entsprechend angemeldeten Forderungen das Privileg nach § 302 Nr. 1 ausschließen kann.

Die sorgfältige Prüfung der angemeldeten Forderungen – nach Bedarf unter Mitwirkung des 5
Schuldners (§ 97) und seiner Mitarbeiter (§ 101) – (zur Prüfungstiefe LG Stendal NZI 2017, 972
(973) = BeckRS 2017, 128600 Rn. 17) und die darauf beruhende sachgerechte Entscheidung
über die Erhebung eines Widerspruchs ist eine **Kernaufgabe des Insolvenzverwalters**. Ergibt
die Prüfung, dass die Forderung nicht besteht, muss der Verwalter sie bestreiten (→ Rn. 5.1; bei
Zweifeln am Bestehen der Forderung kann ein „vorläufiges" Bestreiten (→ Rn. 14), geboten
sein, vgl. LG Stendal NZI 2017, 972 (973) = BeckRS 2017, 128600 Rn. 16). Ergibt sich umgekehrt, dass die angemeldete Forderung aus einem beliebigen Schuldgrund besteht, darf er sie
nicht bestreiten (LG Trier NZI 2006, 243 (244); → Rn. 5.2). Pflichtverletzungen können eine
persönliche Haftung nach § 60 begründen – und zwar insbesondere gegenüber dem Gläubiger,
dessen Forderung haltlos bestritten wird (vgl. LG Osnabrück ZIP 1984, 91; K. Schmidt InsO/
Jungmann § 179 Rn. 9; Uhlenbruck/Sinz § 60 Rn. 20; weitgehend aA K. Schmidt InsO/Thole
§ 60 Rn. 22) – und in gravierenden Fällen einen Anlass für die **Entlassung nach § 59** bilden
(recht weitgehend allerdings LG Stendal NZI 2017, 972 (974) = BeckRS 2017, 128600 Rn. 25 ff.).

Ein **Schadensersatzanspruch des Schuldners** kommt etwa in Betracht, wenn eine eindeutig nicht 5.1
bestehende Forderung trotz schuldnerischen Hinweises nicht bestritten wird und daraufhin eine Ausschüttung erfolgt, die nachinsolvenzlich beim Schuldner zu einem Schaden führt (ähnlich K. Schmidt InsO/
Jungmann Rn. 16; Uhlenbruck/Sinz Rn. 14). Wegen des ungleich schlechteren Kenntnisstands und
Zugangs zu Informationsquellen seitens **anderer Gläubiger** (vgl. Uhlenbruck/Sinz Rn. 11), die sich
deshalb in der Regel auf die ordnungsgemäße Prüfung und Ausübung des Widerspruchsrechts durch den
Verwalter verlassen werden, wird man auch ihnen einen Schadensersatzanspruch nicht pauschal mit der
Begründung versagen dürfen, sie hätten die Feststellung selbst durch ein Bestreiten verhindern können;
allerdings ist hier sehr genau ein anspruchsreduzierendes Mitverschulden nach § 254 Abs. 1 BGB zu prüfen.

Besonders bedeutsam wird dies, wenn das Bestreiten für den Gläubiger Folgen jenseits des Aufwands 5.2
und der Kosten der Rechtsverfolgung hat – dies kann zB der Fall sein, wenn eine **Kreditversicherung**
besteht (vgl. näher Garz/Engelsberg VersR 2021, 814 (818)). Im Einzelfall kann der Verwalter jedoch auch
gehalten sein, eine Forderung (zunächst) zu **bestreiten, obwohl er sie für begründet hält**. Dies ist dann
der Fall, wenn ein Anerkenntnis – das im fehlenden oder fallengelassenen Bestreiten zu
sehen ist (OLG Köln r+s 2006, 238; OLG Celle BeckRS 2001, 30469815; aA wohl K. Schmidt InsO/
Jungmann Rn. 26) – nachteilige Rechtswirkungen für die Masse haben kann. So liegt es unter Umständen,
wenn eine **Haftpflicht** des versicherten Schuldners geltend gemacht wird, da hier ein Anerkenntnis ohne
Zustimmung des Versicherers den Versicherungsschutz gefährden kann (vgl. Uhlenbruck/Sinz Rn. 33; zur
fehlenden Bindung des Versicherers → Rn. 27.3). Die Masse ist vor einer unbegründeten Verweigerungshaltung des Versicherers wohl in der Regel durch die auch für den Feststellungsprozess geltende passive
Rechtsschutzkomponente der Haftpflichtversicherung ausreichend geschützt.

Bei **Eigenverwaltung** können gleichsam anstelle des Insolvenzverwalters sowohl der **Schuld-** 6
ner als auch der **Sachwalter** angemeldete Forderungen feststellungshindernd bestreiten (§ 283
Abs. 1). Koordination, Verständigung oder gar Einigung von Sachwalter und Schuldner sind nicht
erforderlich; widersprechen beide, ist auch die Feststellung nach §§ 179 f. gegen beide zu betreiben.
Dabei ist im Zweifel davon auszugehen, dass im umfassenden Widerspruch des Schuldners nicht
nur der Verwalter-, sondern auch der persönliche Widerspruch enthalten ist – dies kann bei
Aufhebung der Eigenverwaltung oder bei als nach § 302 Nr. 2 privilegiert angemeldeten Forderungen Relevanz erlangen (vgl. MüKoInsO/Schumacher Rn. 29 f.). Auch der eigenverwaltende
Schuldner kann isoliert der Anmeldung als Forderung nach § 302 Nr. 1 widersprechen (BGH
NZI 2013, 1025; K. Schmidt InsO/Jungmann Rn. 7 mwN).

Durch Abs. 1 wird der Kreis der zum Widerspruch berechtigten **Insolvenzgläubiger** (auch 7
→ § 176 Rn. 15) nicht begrenzt. Da es sich beim Bestreiten nicht um eine Form der Stimmrechtsausübung handelt, ist auch § 77 nicht anwendbar. Dennoch wird grundsätzlich zu verlangen sein,
dass der Bestreitende eine Forderung zur Tabelle **angemeldet** hat und dass die Anmeldung nicht
wegen formaler Mängel zurückgewiesen (→ § 174 Rn. 36 ff.) worden ist (HmbKommInsR/

Zenker

Herchen § 179 Rn. 7, 10; K. Schmidt InsO/Jungmann Rn. 1); nimmt der Gläubiger später seine Anmeldung zurück oder wird gerichtlich festgestellt, dass sie nicht (oder nicht als Insolvenzforderung) besteht, so verliert sein Widerspruch die Wirkung (vgl. Uhlenbruck/Sinz Rn. 12) – er ist iSv Abs. 1 S. 1 beseitigt. Eine Ausnahme vom Erfordernis der Anmeldung gilt für **nachrangige Insolvenzgläubiger**, die auch dann einen Widerspruch gegen einfache Insolvenzforderungen (oder wenigstens ihrer eigenen gleichrangige Forderungen nach § 39) erheben können, wenn sie nicht nach § 174 Abs. 3 zur Anmeldung aufgefordert worden sind (OLG München ZInsO 2010, 1603 (1604); HmbKommInsR/Herchen § 179 Rn. 8; K. Schmidt InsO/Jungmann Rn. 3 mwN; Uhlenbruck/Sinz Rn. 13; wohl aA HmbKommInsR/Preß/Henningsmeier Rn. 5), selbst wenn die Schuldenmasse so hoch ist, dass die Aussicht auf eine Teilnahme an Verteilungen ungeachtet aller Widersprüche minimal bleibt. Umgekehrt allerdings besteht in der Regel (vor allem für einfache Insolvenzgläubiger) kein rechtliches Interesse daran, eine Forderung zu bestreiten, die der eigenen im Rang nachsteht (MüKoInsO/Schumacher Rn. 22 mwN).

2. Erhebung des Widerspruchs

8   Der Widerspruch als **Prozesshandlung** (Uhlenbruck/Sinz Rn. 16) ist grundsätzlich **mündlich im Prüfungstermin** bis zur Eintragung des Prüfergebnisses nach Abs. 2 S. 1 (K. Schmidt InsO/Jungmann Rn. 8) zu erheben; die schriftliche Ankündigung oder Erhebung eines solchen Widerspruchs ist unbeachtlich (BFH ZIP 2017, 1464 = BeckRS 2017, 118168 Rn. 19 mwN; FG MV BeckRS 2016, 95321; aA Nerlich/Römermann/Becker § 176 Rn. 21). Hatte der Verwalter bereits sein (vorläufiges) Prüfungsergebnis in der Tabelle vermerkt (→ § 175 Rn. 11), so kommt eine mündliche Bezugnahme auf diese Vermerke in Betracht (Uhlenbruck/Sinz Rn. 16). **Schriftliches Bestreiten** ist nur dort wirksam (aber dort allein – ein mündlicher Widerspruch ist unbeachtlich, HmbKommInsR/Preß/Henningsmeier Rn. 10), wo die Forderungsprüfung im schriftlichen Verfahren stattfindet – hier muss es bis zum Ablauf des gerichtlich bestimmten Stichtags beim Insolvenzgericht eingehen (HmbKommInsR/Preß/Henningsmeier Rn. 10).

9   Ein **verspäteter Widerspruch** ist wirkungslos; eine Wiedereinsetzung sieht das Gesetz in § 186 nur für den Schuldner vor (K. Schmidt InsO/Jungmann Rn. 9). **Mehrfaches Bestreiten** ist ohne weiteres möglich – insbesondere ist ein Gläubiger nicht gehindert, einer bereits vom Verwalter bestrittenen Forderung ebenfalls noch zu widersprechen (Uhlenbruck/Sinz Rn. 22); dies geht bereits aus § 183 Abs. 3 hervor. In diesem Fall ist die Forderung erst dann nach Abs. 2 S. 1 festgestellt, wenn alle Widersprüche (mit Ausnahme ggf. des schuldnerischen) beseitigt worden sind (Uhlenbruck/Sinz Rn. 22; dazu näher → § 183 Rn. 4).

10 Eine **Begründung** des Widerspruchs ist nicht erforderlich (aA Ganter NZI 2017, 49 (53)), aber oft sinnvoll, um eine zielführende Erörterung der Forderung zu ermöglichen und unnötige Feststellungsprozesse zu vermeiden; eine Bindungswirkung im Feststellungsprozess löst die gegebene Begründung nicht aus (BGH NZI 2017, 300 Rn. 20 mAnm Willmer NZI 2017, 304; MüKoInsO/Schumacher Rn. 32/33). Verbreitet wird immerhin die Angabe der „Widerspruchsrichtung" (→ Rn. 11) verlangt (so von K. Schmidt InsO/Jungmann Rn. 8; Uhlenbruck/Sinz Rn. 17); dies sollte jedoch nicht zur Wirksamkeitsvoraussetzung des Widerspruchs erhoben werden (im Ergebnis MüKoInsO/Schumacher Rn. 35 f.; wohl auch BGH NZI 2017, 300 Rn. 20). Fehlt diese Angabe, gelten Anspruch und Insolvenzgläubigerrecht als umfassend bestritten.

3. Widerspruchsrichtung/Beschränkung des Widerspruchs

11 Der Widerspruch von Verwalter und Gläubigern kann sich einerseits (vermögensrechtlich) gegen den **Grund**, die **Höhe** oder die **Durchsetzbarkeit**, andererseits (insolvenzrechtlich) gegen die **Anmeldbarkeit**, die **Qualität als Insolvenzforderung** oder den **insolvenzrechtlichen Rang** richten. Eine Zwischenstellung nimmt die (haftungsrechtliche) **Anfechtungseinrede** ein; ihre Erhebung ist dem Insolvenzverwalter vorbehalten, hat er sie aber einmal (wenigstens außergerichtlich) geltend gemacht, können sich auch die Gläubiger darauf berufen (MüKoInsO/Schumacher Rn. 34; vgl. Bork/Hölzle InsR-HdB/Zenker Kap. 10 Rn. 133 f.).

12 Nur der Widerspruch des Schuldners kann sich auch (isoliert oder neben anderen Angriffsrichtungen) gegen die Anmeldung der Forderung als **nach § 302 Nr. 1 privilegiert** wenden (BGH NZI 2008, 569 Rn. 12 ff.); der isolierte Widerspruch ist ohne Begründung und auch dann zulässig, wenn sich der Anspruch nur aus einem privilegierten Rechtsgrund ergeben kann (aA K. Schmidt InsO/Jungmann Rn. 7). Im Gegenzug ist zweifelhaft, ob ihm die insolvenz- und haftungsrechtlichen Widerspruchsrichtungen zur Verfügung stehen (verneinend Uhlenbruck/Sinz Rn. 14), da die Wirkungen seines Widerspruchs ausschließlich nach Verfahrensende eintreten und seine Nachhaftung an sich hiervon unabhängig ist.

Eine **Beschränkung des Widerspruchs** ist etwa dergestalt möglich, dass (quantitativ) ein im 13
Betrag bezeichneter Teil der angemeldeten Forderung anerkannt und nur dem Rest widersprochen
wird oder dass (qualitativ) der Bestand der Forderung als solche akzeptiert und nur ihr Rang
bestritten wird; in diesem Fall werden der unstreitige Betrag bzw. der unstreitig niedrigste Rang
sofort festgestellt („soweit"; vgl. die Beispiele bei MüKoInsO/Schumacher Rn. 35 aE); auf diesem
Wege kann trotz fehlender Aufforderung nach § 174 Abs. 3 eine nachrangige Forderung festgestellt
werden (aA wohl OLG Brandenburg BeckRS 2018, 17472 Rn. 17). Da es aber **keine Feststellung
dem Grunde nach** gibt, steht im Feststellungsstreit zum Rest auch der Forderungsgrund zur
Entscheidung. Entsprechendes gilt, wenn der Verwalter die Forderung zunächst nur mit dem
Argument bestreitet, er habe aufgerechnet: Im Feststellungsprozess kann er dennoch geltend
machen, die Forderung habe nie bestanden (Uhlenbruck/Sinz Rn. 17).

In der Praxis verbreitet ist eine Qualifikation des Bestreitens (vor allem seitens des Verwalters) 14
als **„vorläufig"** (auch → § 176 Rn. 13; näher HmbKommInsR/Herchen § 179 Rn. 14 ff.).
Damit soll zum Ausdruck gebracht werden, dass der angemeldete Anspruch (mangels ausreichender
Zeit zur Prüfung und/oder mit Blick auf Informationsdefizite) noch nicht abschließend bewertet
werden kann, sodass die Feststellung zunächst aufgeschoben werden soll. Das vorläufige Bestreiten
ist für die Zwecke des § 178 ein vollwertiger Widerspruch (BGH NZI 2006, 295 Rn. 8); die
Qualifikation soll nur den Anmelder möglichst davon abhalten, sogleich die gerichtliche Feststellung zu betreiben, ohne dem Bestreitenden zuvor Zeit zur Prüfung zu geben bzw. die fehlenden
Informationen zu verschaffen – seine rechtliche Relevanz entfaltet sich vor allem bei der Kostenverteilung im Falle eines sofortigen Anerkenntnisses im gleichwohl eingeleiteten Feststellungsprozess oder seiner Erledigung durch Rücknahme des Widerspruchs: Hier kann je nach den Umständen des Einzelfalls ein vorläufiges Bestreiten unter Umständen nicht als ausreichender Klageanlass
gesehen werden, sodass der Anmelder nach § 93 ZPO die Kosten zu tragen hat (näher BGH NZI
2006, 295 Rn. 9 ff.; K. Schmidt InsO/Jungmann § 179 Rn. 5 ff.). Den vorläufig bestreitenden
Insolvenzverwalter treffen jedoch keine Pflichten, vom Anmeldenden fehlende Informationen
nachzufordern, ihn über die Möglichkeit der Feststellungsklage zu belehren oder über den Stand
seiner Prüfung zu unterrichten (vgl. LG Berlin NZI 2019, 113 (114)); dem Schweigen des vorläufig Bestreitenden nach Übersendung weiterer Unterlagen kann nicht entnommen werden, dass er
das Bestreiten fallenlässt (LG Berlin NZI 2019, 113 (114)). Zu besonderen Problemen der Prüfung
von **Anleiheforderungen** hinsichtlich ihrer Inhaberschaft und der möglichen Lösung mittels
vorläufigen Bestreitens (selbst jedoch – wohl zu – kritisch) Rüberg, Die Anleihe in der Insolvenz,
2019, 84 ff. mwN.

4. Beseitigung des Widerspruchs

Obwohl der Insolvenzverwalter und/oder wenigstens ein Insolvenzgläubiger einen wirksamen 15
Widerspruch gegen die angemeldete Forderung erhoben haben, erfolgt ihre Feststellung nach
Abs. 1 S. 1 dann, wenn der Widerspruch (meint: alle Widersprüche, → Rn. 9) beseitigt ist. Dies
kann insbesondere durch eine **rechtskräftige gerichtliche Feststellungsentscheidung** (§ 183),
einen **bestandskräftigen Feststellungsbescheid** (§§ 185, 183), die **Rücknahme des Widerspruchs** (→ Rn. 16) oder den **Fortfall der Widerspruchsberechtigung** des Bestreitenden
(→ Rn. 17) geschehen.

Sowohl der Verwalter als auch die Gläubiger können einen Widerspruch durch vorbehaltlose 16
(MüKoInsO/Schumacher Rn. 43; offen BGH NZI 2013, 396 Rn. 11) Erklärung gegenüber dem
Insolvenzgericht (str., wie hier AG Bremen NZI 2005, 399; HmbKommInsR/Herchen § 179
Rn. 3; aA (wahlweise gegenüber dem Anmelder) MüKoInsO/Schumacher Rn. 43; Uhlenbruck/
Sinz Rn. 23 mwN; offen BGH NZI 2013, 396 Rn. 11) ganz oder teilweise **zurücknehmen** (K.
Schmidt InsO/Jungmann Rn. 10 f. mwN); im Termin ist die Rücknahme mündlich, außerhalb ist
sie schriftlich oder zum Protokoll der Geschäftsstelle zu erklären (MüKoInsO/Schumacher Rn. 43).
Dadurch ist er iSv Abs. 1 S. 1 (ggf. teilweise) beseitigt und steht einer Feststellung der Forderung
insoweit nicht mehr entgegen. Über die Rücknahme des Widerspruchs ist der Anmelder zu
informieren, die Tabelle ist vom Insolvenzgericht von Amts wegen zu berichtigen (→ § 183
Rn. 8; MüKoInsO/Schumacher Rn. 43; aA K. Schmidt InsO/Jungmann § 183 Rn. 7). In einem
anhängigen Feststellungsstreit entfällt das Feststellungsinteresse im Umfang der Rücknahme
(MüKoInsO/Schumacher Rn. 44).

Ebenfalls beseitigt ist der Widerspruch, wenn der Bestreitende seine **Widerspruchsberechti-** 17
gung verliert – etwa durch Rücknahme der Anmeldung oder Unterliegen im Feststellungsstreit
und entsprechende Berichtigung/Aktualisierung der Tabelle (Uhlenbruck/Sinz Rn. 24; aA
MüKoInsO/Schumacher Rn. 46).

III. Wirkungen

18 Die Feststellung hat die in **Abs. 3** bezeichneten Wirkungen (→ Rn. 24 ff.). Sie treten allerdings erst mit der Eintragung des Feststellungsvermerks in die Insolvenztabelle (→ Rn. 19) ein (vgl. HK-InsO/Depré Rn. 3). **Materiell-rechtlich** bewirkt die Feststellung außerdem, dass der festgestellte Anspruch künftig (also bei einer Vollstreckung aus der Tabelle, § 201 Abs. 2 S. 1, oder dem Insolvenzplan, § 257 Abs. 1 S. 1) der dreißigjährigen Verjährung nach § 197 Abs. 1 Nr. 5 BGB unterliegt.

B. Dokumentation des Prüfungsergebnisses (Abs. 2)

I. Dokumentation in der Tabelle

19 Dem Gericht obliegt es, das **Prüfungsergebnis in der Tabelle zu dokumentieren**. Es trägt nach **Abs. 2 S. 1** bei jeder Forderung (noch → Rn. 19.1) in die Tabelle ein, ob und in welchem Umfang (nach Betrag und Rang; ggf. auch „für den Ausfall", vgl. Uhlenbruck/Sinz Rn. 4 mwN) die Forderung festgestellt wurde und wer – ggf. mit welcher Beschränkung – der Forderung widersprochen hat (Formulierungsbeispiele bei Uhlenbruck/Sinz Rn. 4 ff.). Zur Benachrichtigung der Gläubiger vgl. § 179 Abs. 3 (sowie MüKoInsO/Schumacher Rn. 54).

19.1 Die Empfehlung, einen **Gegeneintrag** beim widersprechenden Gläubiger zu machen, um bei Wegfallen seiner Gläubigerstellung die beseitigten Widersprüche leichter auffinden zu können (HmbKommInsR/Preß/Henningsmeier Rn. 15), dürfte bei papiergeführten Tabellen einigen Umfangs sinnvoll, bei EDV-gestützter Tabellenführung aber weniger relevant sein.

20 Nach **Abs. 2 S. 2** ist auch der **schuldnerische Widerspruch** einzutragen, obgleich er die Feststellung nach Abs. 1 S. 2 nicht hindert.

21 Die Eintragung zu verantworten hat in der Regel der **Rechtspfleger**, soweit nicht nach § 18 RPflG der Richter zuständig ist (HmbKommInsR/Preß/Henningsmeier Rn. 17); mit seiner Unterschrift bestätigt er die Richtigkeit der – unmittelbar meist vom Urkundsbeamten als Protokollführer oder auch dem Verwalter vorgenommenen (vgl. hierzu MüKoInsO/Schumacher Rn. 49; Uhlenbruck/Sinz Rn. 2) – Eintragungen und beurkundet sie. Dabei muss nicht notwendig jede einzelne Eintragung vom Richter/Rechtspfleger und ggf. noch Urkundsbeamten **unterschrieben** werden (so aber K. Schmidt InsO/Jungmann Rn. 17; auch Uhlenbruck/Sinz Rn. 2, wenn nicht der Verwalter die EDV-gestützte Tabelle pflegt); es genügt ein Gesamtbeurkundungsvermerk, mit dem Richter/Rechtspfleger und bei mündlicher Forderungsprüfung ggf. auch Protokollführer die Richtigkeit des Tabelleninhalts insgesamt bestätigen und – bei Vorbereitung durch den Verwalter – sich zu eigen machen (MüKoInsO/Schumacher Rn. 50 mwN).

II. Berichtigung der Tabelle

22 Eine **Berichtigung der Tabelle** – auch zur Anpassung an Veränderungen – kommt auf Antrag oder von Amts wegen in Betracht, ohne zeitliche Beschränkung (etwa durch die Aufhebung des Insolvenzverfahrens) und ohne dass es eines Rückgriffs auf die §§ 319 f. ZPO und ihre Voraussetzungen bedürfte (BGH BeckRS 2020, 17492 Rn. 5, 7; NZI 2017, 213 Rn. 8 (analog § 164 ZPO); überzeugend MüKoInsO/Schumacher Rn. 51 f.; Uhlenbruck/Sinz Rn. 43 ff.; aA wohl HmbKommInsR/Preß/Henningsmeier Rn. 25; K. Schmidt InsO/Jungmann Rn. 29 (abw. aber wohl Rn. 25); differenzierend AG Alzey BeckRS 2020, 40596 mAnm Cymutta VIA 2021, 39; Nerlich/Römermann/Becker Rn. 17). Die **Ablehnung** einer beantragten Berichtigung durch den Rechtspfleger kann mit der befristeten Erinnerung nach **§ 11 Abs. 2 RPflG** angefochten werden (BGH NZI 2017, 213 Rn. 10); die Entscheidung des Richters ist – auch bei fehlerhafter Rechtsmittelbelehrung – unanfechtbar (BGH BeckRS 2020, 17492 Rn. 5 f.). Ob dies auch bei der Vornahme einer „einfachen" Tabellenberichtigung auf Antrag oder von Amts wegen gilt (so etwa MüKoInsO/Schumacher Rn. 51; Uhlenbruck/Sinz Rn. 50) oder ob man insoweit wie der wohl allgM zu § 183 Abs. 2 (→ § 183 Rn. 7) mangels Entscheidungscharakters von der generellen Unanfechtbarkeit ausgehen sollte, ist zweifelhaft – Abgrenzungsschwierigkeiten sprechen wohl für Letzteres.

III. Dokumentation auf Schuldurkunden (Abs. 2 S. 3)

23 Wurden dem Gericht **Schuldurkunden** wie bspw. Wechsel im Original eingereicht (zur nachträglichen Vorlage vgl. Nerlich/Römermann/Becker Rn. 20), auch wenn dies zur Prüfung und

Voraussetzung nicht erforderlich ist (BGH NZI 2006, 173 Rn. 9 ff.), so vermerkt der Urkundsbeamte der Geschäftsstelle darauf – rein deklaratorisch (HmbKommInsR/Preß/Henningsmeier Rn. 18) – die Feststellung (nicht aber den Widerspruch) (**Abs. 2 S. 3**), bevor er sie zurückgibt. Dieser Vermerk ist für das Insolvenzverfahren ohne Bedeutung (Nerlich/Römermann/Becker Rn. 22) und soll vornehmlich dem **Rechtsverkehr** signalisieren, dass und inwieweit die verbriefte Forderung an eventuellen Ausschüttungen teilnehmen wird – er dient damit primär den Interessen des Gläubigers (BGH NZI 2006, 173 Rn. 10 mwN). Zugleich verhindert der Vermerk faktisch eine Doppeltitulierung der Forderung und wirkt dem Risiko doppelter Vollstreckung entgegen (BGH NZI 2006, 173 Rn. 10 mwN); dies kann aber auch ansonsten etwa dadurch geschehen, dass die spätere Erteilung eines vollstreckbaren Tabellenauszugs von der Vorlage der Urkunde zur Entwertung abhängig gemacht wird (BGH NZI 2006, 173 Rn. 10; HmbKommInsR/Preß/Henningsmeier Rn. 18; KPB/Pape/Schaltke Rn. 9).

C. Rechtskraftwirkung (Abs. 3)

Die Eintragung eines (vollständigen oder beschränkten) Feststellungsvermerks (aber **24** → Rn. 24.1) gem. Abs. 2 S. 1 (→ Rn. 19) wirkt nach Abs. 3 in Betrag und Rang wie ein **rechtskräftiges Urteil gegenüber dem Insolvenzverwalter und allen Insolvenzgläubigern.** Die Rechtskraftwirkung soll für das Insolvenzverfahren weiteren Streit über die Forderung und ihre Teilnahme an der Verteilung ausschließen (BGHZ 201, 121 = NZI 2014, 693 Rn. 19; aA Smid FS S. Beck, 2016, 483, der – systemwidrig – ein nachträgliches Bestreiten (nur) des Verwalters zulässt) – bspw. kommt damit auch eine Insolvenzanfechtung nicht mehr in Betracht (K. Schmidt InsO/Jungmann Rn. 21). Für die Rechtskraftwirkung und ihre Reichweite gelten die zu § 322 ZPO entwickelten Grundsätze; daher sind etwa präjudizielle Vorfragen nicht bindend geklärt (BGH NJW-RR 2013, 757 Rn. 6; vgl. K. Schmidt InsO/Jungmann Rn. 19). Mit Blick auf den beschriebenen Zweck und darauf, dass Gegenstand der Feststellung weniger die Forderung als das **Insolvenzgläubigerrecht** ist (vgl. MüKoInsO/Schumacher § 179 Rn. 6; Uhlenbruck/Sinz § 179 Rn. 11 f.; aA Thole ZGR 2019, 301 (310)), entfaltet Abs. 3 jedoch gegenüber den anderen Insolvenzgläubigern unmittelbare Wirkung lediglich für das Insolvenzverfahren – im Übrigen gelten sie als Dritte (→ Rn. 27; vgl. auch BGH NZI 2021, 491 Rn. 17), denen gegenüber Abs. 3 allenfalls mittelbar wirkt (aA aber BFH BeckRS 2019, 33447 Rn. 29; ähnlich wie hier hingegen, aber noch weitergehend Fuchs/Masarwah NZI 2019, 401).

Nach dem Wortlaut und aus praktischer Notwendigkeit eines greifbaren Anknüpfungspunkts entfaltet **24.1** der Tabelleneintrag die Rechtskraftwirkung; er ist jedoch rein beurkundend, insoweit deklaratorisch (vgl. K. Schmidt InsO/Jungmann Rn. 19 mwN) und hat die Wirkung nach Abs. 3 **nur, wenn und soweit die Forderung auch tatsächlich nach Maßgabe von Abs. 1 festgestellt** worden war (K. Schmidt InsO/Jungmann Rn. 25; Uhlenbruck/Sinz Rn. 43 mwN). (Nur) dies erklärt und rechtfertigt auch die weitreichenden Berichtigungsmöglichkeiten des Tabelleneintrags (→ Rn. 22).

Nur die Feststellung der Forderung bzw. des Insolvenzgläubigerrechts löst (in Verbindung **25** mit dem Feststellungsvermerk) die Rechtskraftwirkung aus. Der nicht ausgeräumte Widerspruch für sich hat keine vergleichbare Wirkung – damit unterscheidet sich Abs. 3 von § 183 Abs. 1, der auch der Entscheidung, die den Widerspruch für begründet erklärt, erweiterte Rechtskraftwirkung beimisst. Nach dem klaren Wortlaut von Abs. 3 und nach allgemeinen Rechtskraftgrundsätzen ist die Wirkung beschränkt auf den **Umfang** der Feststellung – bei Teilanmeldungen ist damit also nicht etwa zugleich über den Bestand der Restforderung entschieden, weder verneinend (BGH NZI 2012, 323 Rn. 13; HmbKommInsR/Preß/Henningsmeier Rn. 21) noch sie dem Grunde nach bestätigend. Und auch auf mögliche Gegenansprüche des Schuldners erstreckt sich die Rechtskraftwirkung nicht (BGH NJW-RR 2013, 757 Rn. 6; K. Schmidt InsO/Jungmann Rn. 19).

Gegenstand einer Anmeldung (→ § 174 Rn. 1) und damit einer Feststellung nach Abs. 1 S. 1 **26** (→ Rn. 2) können nur **Insolvenzforderungen** sein. Wird irrtümlich (fehlerhaft) bspw. eine Masseverbindlichkeit angemeldet, in die Tabelle aufgenommen und nicht bestritten (oder ergeht sogar ein positives Feststellungsurteil, BGHZ 168, 112 = NJW 2006, 3068 Rn. 20 ff.), so wird sie damit weder zur Insolvenzforderung noch ist über ihren Bestand als Masseverbindlichkeit nach Abs. 3 rechtskräftig entschieden (BGHZ 168, 112 = NJW 2006, 3068 Rn. 17; aber → Rn. 26.1). Es kann sich also einerseits der Gläubiger noch darauf berufen, dass er als Massegläubiger vorrangig zu befriedigen sei, aber andererseits kann der Insolvenzverwalter ihm dann noch alle Einwendungen gegen die Forderung entgegenhalten (BGHZ 168, 112 = NJW 2006, 3068 Rn. 26); zur Verjährung → § 174 Rn. 47.1.

InsO § 178 Fünfter Teil. Befriedigung der Insolvenzgläubiger. Einstellung des Verfahrens

26.1 Eckardt (ZIP 1993, 1765 (1772 ff.); zuneigend K. Schmidt InsO/Jungmann Rn. 24; aA etwa KPB/Pape/Schaltke Rn. 20 f. mwN, sowie hier die 3. Ed.) hat überzeugend begründet, dass dies der Feststellungswirkung nach Abs. 3 bei **ordnungsgemäßer Anmeldung „als Insolvenzforderung"** nicht entgegensteht. Der BGH (BGHZ 168, 112 = NJW 2006, 3068 Rn. 17) hat die Frage offengelassen, ob sich der Gläubiger einer (ggf. umstrittenen) Masseforderung **mit der erfolgten Feststellung als Insolvenzforderung zufriedengeben** darf oder ob der Insolvenzverwalter nach § 812 BGB den Verzicht auf diese Feststellung verlangen kann. Ersteres dürfte zutreffen: Da die Feststellungswirkung in diesem Umfang auch dann einträte, wenn der Gläubiger eine von vornherein nicht existente Forderung angemeldet hätte, sollte allein der Umstand, dass die Forderung möglicherweise mit einer anderen Qualität bestehen könnte, daran nichts ändern. Wenn der Gläubiger sich allerdings auf die bessere Qualität berufen will, muss er zur Vermeidung des Vorwurfs widersprüchlichen Verhaltens der Berichtigung der Tabelle zustimmen (BGHZ 168, 112 = NJW 2006, 3068 Rn. 17). Bis zur Feststellung kann der Gläubiger einer Masseforderung jedoch nicht etwa durch „Verzicht" oÄ erreichen, als Insolvenzgläubiger behandelt zu werden (LG Neuruppin ZInsO 2018, 2365 (2367 ff.)).

27 **Gegenüber dem Schuldner** wirkt die Feststellung außerhalb des Insolvenzverfahrens (unter Einschluss des Restschuldbefreiungsverfahrens) nur, aber immerhin dann, wenn er der festgestellten Forderung nicht widersprochen hat oder wenn sein Widerspruch ausgeräumt worden ist (BGHZ 217, 327 = NZI 2018, 442 Rn. 22 f.; BFH NZI 2018, 855 Rn. 17, 24 f. mAnm Engels; OLG Köln WM 1995, 597; K. Schmidt InsO/Jungmann Rn. 20), arg. § 201 Abs. 2 (zur Feststellung des privilegierten Forderungsgrundes aber → Rn. 27.1). Ein steuerrechtlicher Vorbehalt der Nachprüfung verliert seine Wirkung (FG Düsseldorf NZI 2018, 656 (657 f.)), und auch auf eine Änderung der festgestellten Steuerschuld im Verwaltungsweg nach § 130 AO kann sich der Schuldner nicht verlassen (BFH NZI 2018, 858 Rn. 21 mAnm Schmittmann). Für **Dritte** und ihnen gegenüber besteht grundsätzlich keine Bindungswirkung nach Abs. 3 (BGH NZI 2016, 588 Rn. 19; Braun/Specovius Rn. 20; HmbKommInsR/Preß/Henningsmeier Rn. 20). Allerdings ist der Umstand der rechtskräftigen Feststellung und damit die Zulassung der Forderung zur Gesamtvollstreckung durch Teilhabe an der Verteilungsmasse ggf. **selbst Anknüpfungspunkt** für bestimmte Rechtsfolgen **im Verhältnis zu Dritten**, zB nach § 650f Abs. 2 S. 2 BGB (OLG Naumburg BeckRS 2008, 08747; LG München I ZInsO 2016, 1706 (1708); vgl. weitere Beispiele bei MüKoInsO/Schumacher Rn. 73; → Rn. 27.3), gehen ihnen dadurch **akzessorische Einreden** verloren (so dem Bürgen im Fall des § 768 Abs. 1 BGB; das unterbliebene Bestreiten ist in der Regel kein Einredeverzicht nach § 768 Abs. 2 BGB, vgl. BGH BKR 2017, 328 = BeckRS 2017, 115585 Rn. 63) oder werden ihnen – jedenfalls bei Beteiligung am Feststellungsverfahren (so für persönlich haftende Gesellschafter, aber nicht für Kommanditisten, BGHZ 217, 327 = NZI 2018, 442 Rn. 34; zust. BGH NZG 2020, 1149 Rn. 15; OLG Hamburg BeckRS 2018, 31895 Rn. 18 f.; aA für ausgeschiedene Kommanditisten Steiner/Lüdicke NZI 2019, 320) – dadurch **Einwendungen abgeschnitten,** zB nach oder analog **§ 129 Abs. 1 HGB** (BGHZ 217, 327 = NZI 2018, 442 Rn. 21 ff.; BGHZ 165, 85 = NJW 2006, 1344 Rn. 23 mwN; OLG Braunschweig ZInsO 2018, 1855 (1860); MüKoInsO/Schumacher Rn. 73; zu **§ 166 AO** → Rn. 27.2; vgl. hierzu Dahl/Engels NZI 2018, 435; Fuchs/Masarwah NZI 2019, 401).

27.1 Weder Abs. 3 noch § 201 Abs. 2 – und im Übrigen auch nicht § 302 Nr. 1 – äußern sich ausdrücklich dazu, ob und in welchem Umfang der nach § 174 Abs. 2 angemeldete **privilegierte Forderungsgrund** durch die widerspruchslose Feststellung der Forderung dem Schuldner gegenüber bindend (oder gar rechtskräftig) mitfestgestellt wird. Es dürfte zu differenzieren sein: Widerspricht der Restschuldbefreiung begehrende Schuldner trotz Hinweises des Gerichts nach § 175 Abs. 2 nicht (der Forderung insgesamt oder dem privilegierten Rechtsgrund), so ist das insolvenzrechtlich privilegierte Gläubigerrecht für die Zwecke des Insolvenzverfahrens festgestellt und kann sich der Schuldner später (außerhalb von § 186) nicht darauf berufen, es handele sich nicht um eine Forderung iSv § 302 Nr. 1 (vgl. BGH NZI 2020, 229 Rn. 22; BT-Drs. 14/6468, 18; MüKoInsO/Stephan § 302 Rn. 16; aA Ahrens NJW-Spezial 2018, 725 (726)). Damit ist allerdings der Forderungsgrund als solcher **nicht über das Insolvenzverfahren hinaus** – etwa für § 850f Abs. 2 ZPO – rechtskräftig festgestellt (LG Koblenz NZI 2018, 569 (570); AG Köln NZI 2017, 78 (80) mwN; **aA BGH** NJW 2019, 3237 Rn. 18; LG Düsseldorf BeckRS 2009, 01673; LG Lübeck NZI 2018, 609 f.; → § 175 Rn. 9.1). Umgekehrt schließt die Feststellung der Forderung (zunächst) ohne privilegierten Forderungsgrund nicht nach Abs. 3 aus, dass der Gläubiger diesen im Lauf des Insolvenzverfahrens nach § 177 Abs. 1 S. 3 **nachmeldet** (BGH NZI 2008, 250 Rn. 12; OLG Köln ZInsO 2019, 961 = BeckRS 2019, 5546 Rn. 3) – freilich allenfalls bis zum Schlusstermin (BGH NZI 2020, 229 Rn. 19 ff.; → § 177 Rn. 1.2) oder dem früheren Ablauf der Abtretungsfrist (BGHZ 197, 186 = NZI 2013, 906 Rn. 14).

Der **BFH** (NZI 2019, 89 Rn. 62 ff.; ZIP 2017, 2401 = BeckRS 2017, 131870 (Verfassungsbeschwerde **27.2** nicht zur Entscheidung angenommen: BVerfG Beschl. v. 12.9.2018 – 1 BvR 1251/18); ZIP 2017, 1464 = BeckRS 2017, 118168 mwN in Rn. 21) und mehrere Finanzgerichte (FG Düsseldorf BeckRS 2017, 135349; FG Köln (10. Senat) BeckRS 2017, 94564; FG München NZI 2017, 83 mAnm Hermes/Schmitt NZI 2017, 85; FG MV BeckRS 2016, 95321; FG RhPf NZI 2015, 567; aA FG Köln (13. Senat) BeckRS 2015, 94537) sehen darin, dass ein **Geschäftsleiter** des Schuldners eine (schließlich zur Tabelle festgestellte) **Steuerforderung nicht für den Schuldner bestreitet,** einen (wohl: analogen) Anwendungsfall von § 166 AO, sodass der Geschäftsleiter sich im eigenen Haftungsprozess (und darüber hinaus, FG RhPf BeckRS 2020, 2547) nicht mehr mit Einwendungen gegen die Steuerforderung verteidigen könne – und zwar teilweise selbst dann, wenn vorinsolvenzlich noch ein Rechtsbehelf eingelegt worden war (ebenso etwa Klein/Rüsken AO § 166 Rn. 10; Wozniak jurisPR-InsR 24/2017 Anm. 2; aA etwa Kahlert EWiR 2017, 555 (556)). Damit würden der (sonst in Gesellschaftsinsolvenzen wegen Abs. 1 S. 2 regelmäßig konsequenzlose und nur Kosten verursachende – und damit möglicherweise nicht im Interesse der Gesellschaft liegende) Widerspruch des Schuldners und wohl ggf. sogar noch seine Verfolgung nach § 184 Abs. 2 jedoch letztlich zu bloßen Haftungsverhinderungsinstrumenten denaturiert – bzw. würden Geschäftsleiter, die nicht aufpassen oder gut beraten sind (Verhaltensempfehlung bei Schmittmann EWiR 2018, 135 (136)), in eine kaum erkennbare Haftungsfalle laufen (Hermes/Schmitt NZI 2017, 85 (86); vgl. zu möglichen verfassungsrechtlichen Bedenken die Überlegungen in BGH NJW 2006, 1344 Rn. 23; für Einzelfälle sucht van Marwyk ZInsO 2019, 549 einen wohl zum Scheitern verurteilten Ausweg über § 186). Eine **Analogie zu § 166 AO** ist daher mangels Vergleichbarkeit der Interessenlagen **abzulehnen.** Dies gilt erst recht dann, wenn der **ehemalige Geschäftsleiter** die Forderung des Fiskus nicht mehr für die Schuldnerin, sondern nur – gleichsam zufällig – in seiner Eigenschaft als Insolvenzgläubiger bestreiten konnte (aA jedoch FG Köln (8. Senat) ZInsO 2019, 113 = BeckRS 2017, 151666, das darauf abstellt, dass § 166 AO ausdrücklich auch die Anfechtungsbefugnis kraft eigenen Rechts erfasst). Umgekehrt hält der BFH (BeckRS 2019, 33447 Rn. 29) für den Fall, dass der Geschäftsleiter **zugleich Insolvenzgläubiger** ist, einen Rückgriff auf § 166 AO sogar für entbehrlich und entnimmt die Bindungswirkung der Feststellung für die Haftung unmittelbar Abs. 3 (dazu → Rn. 24).

Die Bindungswirkung gegenüber Dritten kann sich auch aus **vertraglicher Vereinbarung** ergeben; **27.3** so etwa, wenn in Versicherungsbedingungen vorgesehen ist, dass die Versicherung eintritt, wenn ein Anspruch gegen den Versicherten rechtskräftig festgestellt wurde. Sehen die Versicherungsbedingungen allerdings weiter vor, dass dies bei Anerkenntnissen oder Vergleichen über den Anspruch ohne Zustimmung des Versicherers nur gilt, wenn der Anspruch auch ohne Anerkenntnis oder Vergleich bestanden hätte, so bindet eine **widerspruchslose Feststellung** den Versicherer nicht, da diese **einem Anerkenntnis gleichsteht** (OLG Düsseldorf BeckRS 2020, 16192 Rn. 71 ff.). Nichts anderes gilt für **§ 106 S. 1 VVG** (iVm § 110 VVG): Zwar liegt in der widerspruchslosen Feststellung zur Tabelle ein Anerkenntnis im Sinne dieser Vorschrift; dieses bindet jedoch den Versicherer als Dritten nicht nach Abs. 3 (BGH NZI 2021, 491 Rn. 15 f. mAnm Püttgen/Stommel NZI 2021, 493; Lange r+s 2019, 613 (616 ff.)). Daran ändert es nichts, wenn der Versicherer selbst mit einer Prämienforderung noch Insolvenzgläubiger war (und deshalb der Feststellung der Forderung aus dem Versicherungsfall hätte widersprechen können), da die Feststellungswirkung des Abs. 3 gegenüber anderen Gläubigern sich auf das Insolvenzverfahren beschränkt (→ Rn. 24; iErg auch BGH NZI 2021, 491 Rn. 17).

Mit der Feststellung wird die **Rücknahme der Anmeldung** unmöglich; sie kann in diesem **28** Fall aber in der Regel als Verzicht auf die weiteren Verfahrensrechte einschließlich der Teilnahme an Verteilungen ausgelegt werden (→ § 174 Rn. 43).

Gegen die nach Abs. 3 Rechtskraft wirkende Feststellung sind (nur) die **allgemeinen Rechts- 29 behelfe** gegen rechtskräftige Entscheidungen oder ihre Vollstreckbarkeit (insbesondere Vollstreckungsgegenklage, Wiederaufnahme, deliktischer Unterlassungs- bzw. Schadensersatzanspruch nach § 826 BGB) gegeben (BGHZ 201, 121 = NZI 2014, 693 Rn. 7; HmbKommInsR/Preß/Henningsmeier Rn. 24 f.; K. Schmidt InsO/Jungmann Rn. 28 ff.). Bei **Rechtsnachfolge nach Feststellung** ist eine Umschreibung der Tabelle nur unter den Nachweisanforderungen von § 727 ZPO zulässig (Willmer/Berner NZI 2015, 877 (882); weiter Schreiber/Birnbreier ZInsO 2009, 2377 (2381 f.)).

§ 179 Streitige Forderungen

(1) Ist eine Forderung vom Insolvenzverwalter oder von einem Insolvenzgläubiger bestritten worden, so bleibt es dem Gläubiger überlassen, die Feststellung gegen den Bestreitenden zu betreiben.

(2) **Liegt für eine solche Forderung ein vollstreckbarer Schuldtitel oder ein Endurteil vor, so obliegt es dem Bestreitenden, den Widerspruch zu verfolgen.**

(3) ¹Das Insolvenzgericht erteilt dem Gläubiger, dessen Forderung bestritten worden ist, einen beglaubigten Auszug aus der Tabelle. ²Im Falle des Absatzes 2 erhält auch der Bestreitende einen solchen Auszug. ³Die Gläubiger, deren Forderungen festgestellt worden sind, werden nicht benachrichtigt; hierauf sollen die Gläubiger vor dem Prüfungstermin hingewiesen werden.

Überblick

Wird eine Insolvenzforderung wegen des Widerspruchs des Verwalters oder eines Insolvenzgläubigers nicht vereinfacht nach § 178 Abs. 1 S. 1 festgestellt (→ Rn. 5), so sind die **Gerichte** berufen, die Rechtslage verbindlich zu klären und entweder den Widerspruch zu beseitigen oder seine Berechtigung festzustellen. Im Regelfall obliegt es dabei nach Abs. 1 dem Gläubiger der bestrittenen Forderung, ihre Feststellung gegen den Bestreitenden zu betreiben und so letztlich den Widerspruch aus der Welt zu schaffen (→ Rn. 7); der **Feststellungsprozess** ist in den §§ 180 ff. näher geregelt. Ist die Forderung allerdings bereits **tituliert** (→ Rn. 11), liegt also bereits eine vollstreckungsrechtlich anerkannte Feststellung der Forderung vor, so kehrt sich die Prozesslast nach Abs. 2 um – hier muss der Bestreitende seinen Widerspruch verfolgen und den bereits bestehenden Titel bzw. seine Vollstreckbarkeit angreifen (→ Rn. 16). In Abs. 3 S. 1, 2 wird geregelt, dass der Gläubiger und im Fall des Abs. 2 zusätzlich der Bestreitende einen **beglaubigten Tabellenauszug** erhalten, auf dessen Grundlage dann der Feststellungsprozess geführt werden kann (→ Rn. 20). In systematisch lockerem Zusammenhang hierzu stellt Abs. 3 S. 3 klar, dass Gläubiger deren Forderungen vereinfacht nach § 178 festgestellt worden sind, hierüber keine gesonderte Nachricht vom Gericht erhalten, auch wenn sie am Prüfungstermin nicht teilgenommen haben (→ Rn. 21).

Übersicht

	Rn.		Rn.
A. Verteilung der Betreibungslast	1	D. Titulierte Forderungen (Abs. 2)	11
B. Anwendungsbereich	5	I. Erfasste Titel	11
C. Nicht titulierte Forderungen (Abs. 1)	7	II. Verfolgung des Widerspruchs	16
		E. Tabellenauszug/Mitteilung (Abs. 3)	20

A. Verteilung der Betreibungslast

1   Die Vorschrift knüpft an § 178 Abs. 1 S. 1 an – danach hindert ein Widerspruch von Insolvenzverwalter und/oder (wenigstens) einem Insolvenzgläubiger die Feststellung der Insolvenzforderung zur Tabelle und muss zum Zwecke der Feststellung beseitigt werden. Der Widerspruch löst also eine Art **Schwebezustand** aus. Die Frage, wer nun die Initiative ergreifen muss, um die Rechtslage zu klären, beantworten Abs. 1 und Abs. 2, die in **Zusammenschau mit § 189** zu lesen sind und die **Feststellungs- oder Betreibungslast** zwischen dem Anmelder und dem Bestreitenden verteilen.

2   Nach § 189 Abs. 1 wird eine nicht festgestellte Forderung, für die weder ein vollstreckbarer Titel noch ein Endurteil vorliegt, bei Verteilungen nicht berücksichtigt – allein durch rechtzeitigen Nachweis eines anhängigen Feststellungsstreits kann der Gläubiger erreichen, dass nach § 189 Abs. 2 die auf die Forderung entfallende Tantieme zurückbehalten wird, bis die Rechtslage geklärt ist. Dem entspricht **Abs. 1,** der die Betreibungslast für **nicht titulierte Forderungen** dem **Anmelder** zuweist.

3   Im Umkehrschluss zu § 189 Abs. 1 nehmen **titulierte Forderungen** auch dann an Verteilungen teil, wenn sie infolge eines Widerspruchs nicht festgestellt sind; jedoch räumt man dem Bestreitenden die Möglichkeit ein, dem Verwalter den Nachweis zu erbringen, dass er seinen Widerspruch gerichtlich verfolgt, und damit analog § 189 Abs. 2 die Zurückbehaltung des auf die Forderung entfallenden Teils der Ausschüttung zu erreichen (MüKoInsO/Kebekus/Schwarzer § 189 Rn. 3; Uhlenbruck/Wegener § 189 Rn. 19 f.). Dementsprechend weist **Abs. 2** hier die Betreibungslast dem **Bestreitenden** zu.

Streitige Forderungen   § 179 InsO

Die Verteilung der Betreibungslast sagt aber noch nichts darüber aus, ob bei Untätigkeit des 4
danach Belasteten zur schnellen Klärung der Rechtslage auch die andere Partei von sich aus tätig
werden darf, also gleichsam ein **Betreibungsrecht** hat. Dies ist grundsätzlich der Fall.

B. Anwendungsbereich

Die Vorschrift ist – mit Ausnahme von Abs. 3 S. 3 – nur auf streitige oder **bestrittene** 5
Insolvenzforderungen anwendbar, die (gerade) infolge eines Widerspruchs nicht nach § 178
Abs. 1 S. 1 festgestellt worden sind. Der Widerspruch darf auch nicht zwischenzeitlich (etwa
durch Rücknahme) beseitigt worden sein. Da ein Widerspruch des Schuldners die Feststellung
nach § 178 Abs. 1 S. 2 nicht hindert (Ausnahme: Eigenverwaltung, § 283 Abs. 1), gilt § 179 für
ihn nicht – in § 184 finden sich aber im Wesentlichen parallele Regelungen für diesen Fall.

Zum **Widerspruch** → § 178 Rn. 4 ff.; besonders zum **vorläufigen Bestreiten** → § 178 6
Rn. 14; HmbKommInsR/Herchen Rn. 14 ff.; K. Schmidt InsO/Jungmann Rn. 3 f.

C. Nicht titulierte Forderungen (Abs. 1)

Auch wenn dieses Merkmal in Abs. 1 nicht genannt ist, folgt im Umkehrschluss aus Abs. 2, 7
dass er lediglich dann Anwendung findet, wenn die bestrittene Forderung **nicht tituliert** ist, für
sie also **kein Vollstreckungstitel und kein Endurteil** vorliegt (→ Rn. 11 ff.). Der Ansicht
(Ganter NZI 2017, 49 mwN; Uhlenbruck/Sinz Rn. 29 ff.), Abs. 1 sei auch bei titulierten Forderungen dann anzuwenden, wenn der Widersprechende lediglich geltend mache, es handele sich
nicht um eine Insolvenzforderung, ist zuzugeben, dass der Titel hierzu keine Feststellungen trifft;
die Verschiebung der Betreibungslast ist daher keine Selbstverständlichkeit. Dennoch sprechen
wohl zumindest Praktikabilitätserwägungen mit Blick darauf, dass der Widerspruch nicht – und
erst recht nicht verbindlich – begründet werden muss (→ § 178 Rn. 10; zu einem verwandten
Problem bei der Zuständigkeit → § 180 Rn. 17), sowie die Rechtssicherheit auch in diesem Fall
für die Anwendung von Abs. 2 (MüKoInsO/Schumacher Rn. 32).

In diesem Fall der nicht titulierten Forderung ist es **Sache des Anmelders** (zum Fall der 8
zwischenzeitlichen Rechtsnachfolge vgl. K. Schmidt InsO/Jungmann Rn. 2), die Feststellung
gegen den Bestreitenden zu betreiben. Dies geschieht in der Regel durch Erhebung einer **Insolvenzfeststellungsklage** (§ 180 Abs. 1 S. 1) oder die Aufnahme eines anhängigen, nach § 240
ZPO unterbrochenen Rechtsstreits (§ 180 Abs. 2), bei öffentlich-rechtlichen Forderungen aber
ggf. auch durch Feststellungsbescheid (§ 185 S. 1).

Zu **Zuständigkeit, Antrag und Verfahren** → § 180 Rn. 1 ff. sowie ergänzend → § 185 9
Rn. 1 ff.

Wenn der Anmelder die Feststellung nicht aktiv betreibt, kann ausnahmsweise – bei Vorliegen 10
eines besonderen Interesses an der Klärung der Rechtslage und Ausräumung der bestrittenen
Forderung (restriktiv MüKoInsO/Schumacher Rn. 22) – eine **negative Feststellungsklage** des
Insolvenzverwalters oder eines anderen Insolvenzgläubigers zulässig sein (K. Schmidt InsO/Jung-
mann Rn. 17 mwN; Uhlenbruck/Sinz Rn. 9); im Regelfall ist sie jedoch unzulässig (eingehend
OLG Hamm 24.2.2021 – 8 U 2/20). Als zulässig wird die negative Feststellungsklage insbesondere
dann angesehen, wenn sich der Anmelder auf sie in der Sache einlässt und damit gleichsam selbst
seine Forderung betreibt (MüKoInsO/Schumacher Rn. 21).

D. Titulierte Forderungen (Abs. 2)

I. Erfasste Titel

Im Gegensatz zu Abs. 1 regelt Abs. 2 die Betreibungslast bei Forderungen, für die ein Vollstre- 11
ckungstitel oder ein Endurteil vorliegt. **Vollstreckungstitel** sind alle (vorläufig oder endgültig)
vollstreckbaren Titel, die zur Einzelzwangsvollstreckung (sei es nach dem 8. Buch der ZPO
oder nach Regelungen über die Verwaltungsvollstreckung) im Inland (zu ausländischen Titeln
→ Rn. 11.2) berechtigen – unabhängig davon, ob sie gerichtlicher, behördlicher oder sonstiger
Herkunft sind, also bspw. auf einer Einigung der Parteien beruhen. Insbesondere gehören hierzu
neben rechtskräftigen oder für vorläufig vollstreckbar erklärten Gerichtsurteilen (vgl. § 704 ZPO)
vollstreckbaren Inhalts und vollstreckbaren Verwaltungsakten die in §§ 794, 801 ZPO genannten
Vollstreckungstitel (noch → Rn. 11.1).

Während also der **Vollstreckungsbescheid** (§ 794 Abs. 1 Nr. 4 ZPO) zwanglos als vollstreckbarer 11.1
Schuldtitel von Abs. 2 erfasst ist (Uhlenbruck/Sinz Rn. 20), auch wenn er noch nicht rechtskräftig ist

InsO § 179 Fünfter Teil. Befriedigung der Insolvenzgläubiger. Einstellung des Verfahrens

(MüKoInsO/Schumacher § 180 Rn. 30), gilt dies für den **Mahnbescheid** nicht. Ist das **Mahnverfahren** vor Erlass des Vollstreckungsbescheids (vor oder nach Ergehen des Mahnbescheids) durch die Eröffnung des Insolvenzverfahrens steckengeblieben, so bleibt es bei der Betreibungslast des Gläubigers nach Abs. 1 (implizit Nerlich/Römermann/Becker Rn. 22). In diesem Fall kommt bis zur Abgabe an das Streitgericht nach Widerspruch des Schuldners auch keine Aufnahme nach § 180 Abs. 2 in Betracht, sondern muss Feststellungsklage nach § 180 Abs. 1 erhoben werden (→ § 180 Rn. 19). Auch die Eintragung einer festgestellten und nicht vom Schuldner bestrittenen Forderung in die **Insolvenztabelle** eines früheren Insolvenzverfahrens stellt mit Blick auf § 201 Abs. 2 S. 1 einen vollstreckbaren Schuldtitel iSv Abs. 2 dar (MüKoInsO/Schumacher Rn. 23; aA Ahrens NJW-Spezial 2018, 725).

11.2 Bei **ausländischen Vollstreckungstiteln** kommt es – trotz oder wegen des im Ausgangspunkt universalen Geltungsanspruchs des deutschen Insolvenzverfahrens – allein darauf an, ob sie gerade (auch) in Deutschland vollstreckt werden können, sei es unmittelbar aufgrund Europarechts (vgl. etwa Art. 39, 58 f. EuGVVO), aufgrund völkerrechtlicher Vereinbarungen oder aufgrund einer Vollstreckbarerklärung (**Exequatur**) durch eine deutsche Behörde bzw. ein deutsches Gericht. In diesen Fällen kann die Verfolgung des Widerspruchs auch darin bestehen, dass isoliert die Vollstreckbarkeit im Inland angegriffen wird (etwa nach Art. 46 EuGVVO). Zu **ausländischen Endurteilen** noch → Rn. 12.1.

12 **Endurteile** sind demgegenüber nur gerichtliche Entscheidungen – **Schiedssprüche** werden immerhin auch ohne Vollstreckbarerklärung (Heidbrink/von der Groeben ZIP 2006, 265 (270); aA MüKoInsO/Schumacher Rn. 24; Keller KTS 2020, 283 (285 ff.); wohl auch BGH BeckRS 2017, 111485 Rn. 23; offen Hombeck/Schneider NZI 2020, 449 (454 f.)) erfasst sein –, die für ihre Instanz abschließend über den Bestand der Forderung (oder eines Teiles) entscheiden, allerdings ihrem Inhalt nach (zB Feststellungsurteile) oder aus verfahrensrechtlichen Gründen (zB fehlende Anordnung der vorläufigen Vollstreckbarkeit) nicht vollstreckbar und (insoweit nicht anders als die Vollstreckungstitel) nicht rechtskräftig sein müssen. Zu den Endurteilen gehören etwa auch Teil-, Vorbehalts- oder Versäumnisurteile, nicht aber Grund- oder Zwischenurteile. Zu ausländischen Endurteilen → Rn. 12.1.

12.1 **Ausländische Endurteile** werden – ebenfalls ungeachtet dessen, ob sie einen vollstreckbaren Inhalt haben, im Ausland vollstreckbar sind oder im Inland für vollstreckbar erklärt wurden (aA Jaeger/Gerhardt Rn. 44; K. Schmidt InsO/Jungmann Rn. 10; Uhlenbruck/Sinz Rn. 20; implizit wohl auch BGH NZI 2008, 681 Rn. 12) – dann, und nach nur wenn Abs. 2 fallen, wenn sie in Deutschland (etwa nach Art. 36 EuGVVO oder sonst bei Fehlen von Anerkennungshindernissen nach § 328 ZPO) **anerkannt** werden (MüKoInsO/Schumacher Rn. 24; wohl auch KPB/Pape/Schaltke Rn. 15). Eines besonderen Verfahrens oder einer eigenen Anerkennungsentscheidung bedarf es hierfür nicht.

13 Der Titel muss **nicht notwendigerweise vor Insolvenzeröffnung** entstanden, jedoch darf er nicht zB unter Verletzung der Regelungen über die Wirkungen der Verfahrenseröffnung bzw. der gerichtlichen Anordnungen im Eröffnungsverfahren (§§ 240, 249 ZPO, §§ 21, 80 ff., 87) ergangen sein (im Ergebnis K. Schmidt InsO/Jungmann Rn. 11).

14 Der Titel muss (wenigstens auch) **zwischen dem Anmelder und dem Schuldner** (oder ausnahmsweise dem Bestreitenden selbst) wirken und gerade die bestrittene Forderung in Bestand und Höhe zum **Gegenstand** haben (nach K. Schmidt InsO/Jungmann Rn. 10 muss sein Inhalt „dem Widerspruch entgegenstehen"). Ein Arrestbefehl genügt daher nicht (K. Schmidt InsO/Jungmann Rn. 13). Die Umrechnung einer Fremdwährungsschuld in inländische Währung nach § 45 S. 2 oder die Abzinsung nach § 41 Abs. 2 sind für die **Identität der Forderung** unschädlich (MüKoInsO/Schumacher Rn. 28 (für § 45 S. 2)). Ob dies allerdings auch für andere insolvenzrechtliche Modifikationen (wie einer Schätzung nach § 45 S. 1 oder dem Übergang vom Erfüllungs- zum Ersatzanspruch nach einer Erfüllungsablehnung des Verwalters gemäß § 103) gilt, ist problematisch (grundsätzlich dafür Uhlenbruck/Sinz Rn. 22; aA MüKoInsO/Schumacher Rn. 28 mwN). Bessere Gründe sprechen wohl dafür, eine Identität so lange anzunehmen, wie der Übergang im Gerichtsverfahren als privilegierte Klageänderung nach § 264 ZPO angesehen würde (noch → Rn. 14.1); allerdings muss dem Bestreitenden dann auch bei rechtskräftiger Titulierung der ursprünglichen Forderung wenigstens noch die Möglichkeit bleiben, mittels einer negativen Feststellungsklage die Frage klären zu lassen, ob die der Anmeldung zugrundeliegende Umrechnung zutreffend vorgenommen wurde. Entsprechendes gilt auch dann, wenn **insolvenzspezifische Einwände** – etwa derjenige, dass es sich nicht um eine Insolvenzforderung handle – erhoben werden (→ Rn. 7): Es bleibt bei der Betreibungslast des Bestreitenden nach Abs. 2; auch bei rechtskräftigen Titeln muss er jedoch eine Überprüfung dieser Einwände mit einer Feststellungsklage erreichen können.

Der BGH (NJW 1962, 153 (154 f.)) ging – wie hier – für die Konstellation des Schadensersatzanspruchs **14.1** nach Erfüllungsablehnung davon aus, dass die **Titulierung des Erfüllungsanspruchs** sich auch auf den angemeldeten und bestrittenen **Schadensersatzanspruch** erstreckt. Dort ging es zwar nicht um die Betreibungslast, sondern um die Möglichkeit der Aufnahme des noch anhängigen Rechtsstreits (heute § 180 Abs. 2) durch Einlegung eines Rechtsmittels gegen das noch nicht rechtskräftige Urteil – diese hat der BGH angenommen, unter Hinweis auf die ohne Zustimmung oder Sachdienlichkeit mögliche Klageänderung sowie den Umstand, dass der Gläubiger sonst seines Vorteils durch die Prozesslage verlustig ginge. Letzteres lässt sich aber praktisch nur verlässlich verhindern, wenn man dem Bestreitenden auch die Betreibungslast nach Abs. 2 zuweist – denn mangels Beschwer könnte der Gläubiger selbst nach allgemeinen Grundsätzen kein Rechtsmittel einlegen und damit in einem Fall wie dem des BGH den Rechtsstreit nicht aufnehmen.

Der **Originaltitel** muss weder bei der Anmeldung noch im Prüfungstermin noch auch nur **15** im Feststellungsstreit vorgelegt werden (BGH NZI 2006, 173). Mit der Anmeldung muss aufgrund des Sollcharakters von § 174 Abs. 1 S. 2 nicht einmal eine **Kopie** des Titels eingereicht werden (BGH NZI 2006, 173 Rn. 9); allerdings kann in der Regel ohne jede Vorlage wenigstens einer Kopie des (angeblichen) Titels nicht geklärt werden, ob die Forderung eine solche nach Abs. 1 oder Abs. 2 ist. Legt der Anmelder daher auch bis zum Abschluss der Forderungsprüfung (ggf. nach § 177 Abs. 1 S. 2, 3) keine Titelabschrift vor, wird die Forderung als nicht tituliert behandelt (MüKoInsO/Schumacher Rn. 26).

II. Verfolgung des Widerspruchs

Nach Abs. 2 obliegt es bei Vorliegen eines Titels dem Bestreitenden, seinen Widerspruch zu **16** verfolgen. Der Anmelder bleibt jedoch berechtigt, seinerseits die Feststellung zu betreiben (K. Schmidt InsO/Jungmann Rn. 20 mwN; noch → Rn. 16.1); besonders relevant wird dies bei der Aufnahme von in der Rechtsmittelinstanz anhängigen Gerichtsverfahren nach § 180 Abs. 2 (→ § 180 Rn. 21).

Da die Verfolgung des Widerspruchs und das Betreiben der Feststellung auf **kontradiktorische Gegen-** **16.1** **teile** gerichtet sind (vgl. auch BGH NJW-RR 1994, 1251 f.), kann beides nicht selbstständig parallel erfolgen. Das zeitlich zuerst rechtshängig gewordene Verfahren sperrt das andere (§ 261 Abs. 3 Nr. 1 ZPO); wird ein Rechtsstreit nach § 180 Abs. 2 aufgenommen, so scheidet dort eine Widerklage aus. Dies übersieht wohl das VG Berlin (BeckRS 2019, 33746 Rn. 33), wenn es die Widerklage einer Behörde auf Feststellung der durch Bescheid festgesetzten Subventionsrückforderung zur Tabelle neben der vom bestreitenden Insolvenzverwalter aufgenommenen Anfechtungsklage zulässt, die sich als die Verfolgung des Widerspruchs nach Abs. 2 darstellt – dass der Verwalter den Klageantrag offenbar nicht auf die Feststellung umgestellt (oder ihn darum ergänzt; ein Festhalten am Aufhebungsbegehren ist zulässig, BFH NJW 1978, 2120) hatte, dass sein Widerspruch begründet ist (→ § 180 Rn. 7), ist dabei unschädlich, zumal die Anträge ebenso wie das darauf ergehende Urteil der Auslegung zugänglich sind (vgl. erneut BGH NJW-RR 1994, 1251 (1252)) und diese Feststellung in der Aufhebung des die Forderung begründenden Bescheids enthalten ist.

Für das dem Bestreitenden auferlegte Verfolgen seines Widerspruchs stehen ihm grundsätzlich **17** nur die **allgemeinen Rechtsbehelfe** zur Verfügung, mit denen sich auch der Schuldner gegen den Titel, seinen Inhalt oder seine Durchsetzbarkeit (noch) zur Wehr setzen könnte (näher HmbKommInsR/Herchen Rn. 22).

Ist ein gerichtlicher, der Rechtskraft fähiger Titel (insbesondere infolge einer Unterbrechung **18** des Rechtsstreits in der Rechtsmittelinstanz oder während einer Rechtsmittelfrist) **noch nicht rechtskräftig** oder (etwa bei einem Vorbehaltsurteil) endgültig, so hat der Bestreitende den Rechtsstreit in der jeweiligen Prozesslage, an die er gebunden ist, gegen den Anmelder **aufzunehmen** und fortzuführen (etwa auch durch Einlegung eines Rechtsmittels) (vgl. § 180 Abs. 2). Entsprechendes gilt in den Fällen, in denen gegen einen nicht-gerichtlichen Titel (insbesondere einen behördlichen Bescheid in den Fällen des § 185) ein Rechtsbehelfsverfahren bei Gericht oder einer Behörde anhängig ist.

Gegen rechtskräftige Titel stehen dem Bestreitenden in der Regel nur sehr eingeschränkte **19** Mittel zur Verfügung – insbesondere Restitutions- bzw. Nichtigkeitsklage, Vollstreckungsgegenklage oder eine auf § 826 BGB gestützte Klage. Daneben wird man ihm gestatten müssen, mittels einer Feststellungsklage insolvenzspezifische Fragen klären zu lassen, die an der Rechtskraft des Titels nicht teilhaben, aber das Gläubigerrecht zur Teilnahme am Insolvenzverfahren und an Verteilungen betreffen (→ Rn. 14).

E. Tabellenauszug/Mitteilung (Abs. 3)

20 Nach **Abs. 3 S. 1** erhält der Anmelder einer bestrittenen Forderung von Amts wegen einen beglaubigten Tabellenauszug und damit zugleich eine Mitteilung über das Prüfungsergebnis. Nach **Abs. 3 S. 2** erhält der Bestreitende ebenfalls einen solchen Tabellenauszug. Der Tabellenauszug erfüllt eine wichtige Aufgabe im Feststellungsstreit – er dient hier insbesondere der mit Blick auf § 181 erforderlichen Identifikation der angemeldeten und bestrittenen Forderung sowie der Parteien und dem Nachweis, dass und in welchem Umfang Widerspruch erhoben worden ist (vgl. K. Schmidt InsO/Jungmann Rn. 26).

21 Wird die Forderung im Prüfungstermin oder im schriftlichen Verfahren festgestellt, erhält der Anmelder nicht nur keinen Tabellenauszug, sondern nach **Abs. 3 S. 3** darüber nicht einmal eine Mitteilung. Darauf sollen die Gläubiger im Vorhinein, sinnvollerweise zugleich mit der Anberaumung des Prüfungstermins oder der Festsetzung des Stichtags für die schriftliche Forderungsprüfung, hingewiesen werden.

§ 180 Zuständigkeit für die Feststellung

(1) ¹**Auf die Feststellung ist im ordentlichen Verfahren Klage zu erheben.** ²**Für die Klage ist das Amtsgericht ausschließlich zuständig, bei dem das Insolvenzverfahren anhängig ist oder anhängig war.** ³**Gehört der Streitgegenstand nicht zur Zuständigkeit der Amtsgerichte, so ist das Landgericht ausschließlich zuständig, zu dessen Bezirk das Insolvenzgericht gehört.**

(2) **War zur Zeit der Eröffnung des Insolvenzverfahrens ein Rechtsstreit über die Forderung anhängig, so ist die Feststellung durch Aufnahme des Rechtsstreits zu betreiben.**

Überblick

Für den Prozess zur Feststellung bestrittener Forderungen nach § 179 Abs. 1 (zu § 179 Abs. 2 → Rn. 5) enthält § 180 einige **besondere** (vor allem **Zuständigkeits-)Regelungen**. Nach Abs. 1 S. 1 handelt es sich in der Regel um ein **ordentliches Klageverfahren** (→ Rn. 1) – insbesondere ist dem deutschen Recht eine (international häufig anzutreffende) vis attractiva concursus dergestalt fremd, dass das Insolvenzgericht diese Entscheidung (wenigstens in erster Instanz) träfe (→ Rn. 2). Vielmehr sind (bei Eröffnung des ordentlichen Rechtswegs, sonst vgl. § 185) nach Abs. 1 S. 2 und S. 3 die allgemeinen Zivilabteilungen des Amtsgerichts, bei dem das Insolvenzverfahren durchgeführt wird, bzw. die Zivilkammern des Landgerichts zuständig, in dessen Bezirk das Insolvenzgericht liegt (→ Rn. 13). Dabei handelt es sich um eine **ausschließliche Zuständigkeit** – örtlich, aber auch in der Form sachlich, dass von den gesetzlichen (wertabhängigen und wertunabhängigen) Vorgaben zur Zuständigkeit der Amts- und der Landgerichte nicht durch Parteivereinbarung oder rügelose Einlassung abgewichen werden kann (→ Rn. 13). Der **Fortgang des Insolvenzverfahrens** wird durch Feststellungsverfahren grundsätzlich nicht beeinträchtigt – Stimmrechte werden ggf. nach § 77 geregelt, und für Verteilungen gelten die §§ 189, 192, 198 (→ Rn. 3). Nach Abs. 2 ist dann, wenn bereits ein Rechtsstreit über die Forderung anhängig, aber nach § 240 ZPO unterbrochen ist, die Feststellung der Forderung nicht durch neue Klage, sondern (ohne Beachtung der Zuständigkeitsregelungen nach Abs. 1) durch **Aufnahme dieses Rechtsstreits** mit geändertem Rechtsschutzziel zu betreiben (→ Rn. 16).

Übersicht

	Rn.		Rn.
A. Forderungsfeststellung im ordentlichen Verfahren	1	2. Parteien/Streitgenossenschaft und -hilfe	9
		3. Besondere Verfahrensarten/Schlichtung	11
B. Feststellungsklage (Abs. 1)	5	III. Zuständigkeit (Abs. 1 S. 2 und 3)	13
I. Anwendungsbereich	5	C. Aufnahme eines Rechtsstreits (Abs. 2)	16
II. Klage/Verfahren	7	I. Anwendungsbereich	16
1. Klageantrag/Feststellungsinteresse	7	II. Parteien/Prozessuales	20

A. Forderungsfeststellung im ordentlichen Verfahren

Die Vorschrift stellt zunächst in Abs. 1 S. 1 klar, dass die Verfolgung der angemeldeten, aber bestrittenen Forderung gem. § 179 Abs. 1 **im ordentlichen Verfahren** zu erfolgen hat, und zwar grundsätzlich durch **Klage**. Liest man dies in Zusammenschau mit § 185, ist damit nichts Endgültiges über den Rechtsweg gesagt, auch wenn der ordentliche Rechtsweg der Regelfall ist. Die Kernaussage von Abs. 1 S. 1 ist vielmehr, dass die weitere Prüfung und Feststellung bestrittener Forderungen **außerhalb des Insolvenzverfahrens** und **nicht durch das Insolvenzgericht** erfolgt; dies gilt auch (und erst recht) für die Verfolgung des Widerspruchs gegen eine titulierte Forderung gem. § 179 Abs. 1 (→ § 179 Rn. 11). 1

Damit ist Abs. 1 S. 1 – ergänzt noch von § 185, der auch die Zuständigkeit von Fachgerichtsbarkeiten bzw. sogar Verwaltungsbehörden erhält – Ausdruck dessen, dass dem deutschen Insolvenzverfahren im Wesentlichen **keine vis attractiva concursus** innewohnt (HmbKommInsR/Herchen Rn. 1). In anderen Rechtsordnungen gehört vielfach zumindest eine summarische bzw. erstinstanzliche Forderungsprüfung zu den Aufgaben und Zuständigkeiten des Insolvenzgerichts (teilweise – so etwa in Österreich, vgl. § 110 Abs. 3 öIO – begrenzt auf zivilrechtliche Forderungen). Die deutsche Entscheidung für eine Auslagerung der Entscheidung von Streitigkeiten um einzelne Insolvenzforderungen führt einerseits zu einer Verschlankung und **Beschleunigung** des Insolvenzverfahrens, das ungehindert seinen Fortgang nehmen kann (→ Rn. 3), und (vor allem iVm § 185) zu einer Erhaltung von fachlichen (nicht-insolvenzrechtlichen) **Spezialkompetenzen**, erhöht andererseits aber den **Koordinationsbedarf** und die **Kosten**, führt zu einer gewissen **Zuständigkeitszersplitterung** mit einem erhöhten **Risiko widersprüchlicher Entscheidungen** (zum Teil begrenzt durch Abs. 1 S. 2 und 3 sowie durch § 183) und kann **fachfremde Gerichte** unvermittelt mit insolvenzrechtlichen Fragestellungen konfrontieren (vgl. demgegenüber § 110 Abs. 3 öIO, wonach in Österreich die Entscheidung über den Rang jedenfalls dem Insolvenzgericht vorbehalten bleibt). 2

Dass das Insolvenzverfahren **ungeachtet von Feststellungsstreiten weitergehen** kann, gewährleisten insbesondere § 77, wonach bei bestrittenen Forderungen eine insolvenzspezifische Klärung des Stimmrechts eines (vermeintlichen) Insolvenzgläubigers erfolgt, und § 189, der (ergänzt durch die §§ 192, 198) bei entsprechender Mitwirkung des Gläubigers sicherstellt, dass zwar während eines Feststellungsstreits keine Ausschüttung auf die bestrittene Forderung erfolgt, nach seinem Ende aber das „richtige" Verteilungsergebnis hergestellt werden kann und wird. Zu den **Auswirkungen der Beendigung** des Insolvenzverfahrens während eines Feststellungsstreits vgl. KPB/Pape/Schaltke Rn. 23 ff. 3

Die Festlegung in Abs. 1 S. 1 auf ein ordentliches Verfahren schließt nicht die Möglichkeit aus, dass der Feststellungsstreit von einem **Schiedsgericht** zu entscheiden ist. Dies ist wenigstens dann der Fall, wenn die Parteien des Feststellungsstreits eine **Schiedsvereinbarung besonders schließen** (HmbKommInsR/Herchen Rn. 12; MüKoInsO/Schumacher Rn. 9; Uhlenbruck/Sinz Rn. 15). Schwieriger zu beantworten ist die Frage, ob zwischen dem anmeldenden Gläubiger und dem Schuldner **vorinsolvenzlich geschlossene Schiedsvereinbarungen** (→ Rn. 4.1 ff.), die die streitige Forderung erfassen, den bestreitenden Verwalter (so BGHZ 179, 304 = NJW 2009, 1747 Rn. 11; KPB/Pape/Schaltke Rn. 7; K. Schmidt InsO/Jungmann Rn. 4; Uhlenbruck/Sinz Rn. 16; aA HmbKommInsR/Herchen Rn. 13) bzw. gar auch den bestreitenden Gläubiger (so im Ansatz MüKoInsO/Schumacher Rn. 11 mit Fn. 24; aA Uhlenbruck/Sinz Rn. 16 aE) binden. Die besseren Gründe sprechen wohl im Ergebnis für eine Bindung des Verwalters, aber gegen eine Bindung bestreitender Gläubiger, soweit sie nicht ausnahmsweise selbst Partei der Schiedsvereinbarung sind (KPB/Pape/Schaltke Rn. 7; Hombeck/Schneider NZI 2020, 449 (451 f.)). 4

Die Schiedsvereinbarung wirkt im Ausgangspunkt – was auch in § 129 Abs. 1 ZPO zum Ausdruck kommt – nur zwischen ihren Parteien; sie ändert insbesondere nicht den Inhalt der erfassten Forderungen mit gleichsam absoluter Wirkung. Dem widerspräche es, die nicht an der Schiedsvereinbarung beteiligten **bestreitenden Gläubiger** an sie zu binden; dies käme in den Wirkungen einem unzulässigen **Vertrag zulasten Dritter** gleich (Jaeger/Gerhardt Rn. 20 mwN; Uhlenbruck/Sinz Rn. 16 aE; Hombeck/Schneider NZI 2020, 449 (451)). 4.1

Der **Insolvenzverwalter** hingegen muss die **Rechtsverhältnisse des Schuldners** grundsätzlich in der Form hinnehmen, wie er sie vorfindet – und dazu gehören die Einschränkungen der Geltendmachung bzw. Abwehr von Forderungen, die sich aus Schiedsvereinbarungen des Schuldners ergeben (vgl. MüKoZPO/Münch ZPO § 1029 Rn. 50 mwN); dies gilt nur dort nicht, wo es um Rechte speziell des Insolvenzverwalters geht, die auf der InsO beruhen und über die der Schuldner deshalb nicht verfügen konnte – wie das Anfechtungsrecht oder das Wahlrecht nach § 103 (BGH NZI 2011, 634 Rn. 14). Das 4.2

Argument (etwa HmbKommInsR/Herchen Rn. 13), im Feststellungsstreit gehe es nicht um die Forderung an sich, sondern um die insolvenzspezifische Haftung der Masse, entbehrt zwar nicht einer gewissen Überzeugungskraft – jedoch handelt es sich bei dieser Haftung letztlich wohl um einen Ausschnitt aus der Forderung (und nur „technisch" zugleich beim Bestehen der Forderung um eine bloße Vorfrage der Haftung; dies rückt HmbKommInsR/Herchen Rn. 13 in den Vordergrund), die insgesamt der Schiedsvereinbarung unterliegt.

4.3   Das Schiedsgericht kann (und muss ggf.) bei der Entscheidung über den Bestand der Forderung auch über **insolvenzspezifische Fragen der Anmeldbarkeit und des Rangs als Vorfragen** der Feststellung der Massehaftung mitentscheiden (vgl. BGH NZI 2011, 634 Rn. 16; aA MüKoInsO/Schumacher Rn. 11). Ist der Bestand der Forderung hingegen unstreitig und bezieht sich auf den **Widerspruch allein auf den insolvenzrechtlichen Rang**, so ist dies von der Schiedsvereinbarung wohl nicht erfasst und sollte die Klärung durch die nach § 180 berufenen staatlichen Gerichte erfolgen (Jaeger/Gerhardt Rn. 21); ob dies auch dann gilt, wenn der umfassende Widerspruch (bislang) nur mit anderen insolvenzrechtlichen Einwendungen (etwa der fehlenden Anmeldbarkeit) begründet wurde, ist wegen der fehlenden Bindungswirkung der Widerspruchsbegründung zweifelhaft (vgl. in anderem Kontext BGH NZI 2017, 300 mAnm Willmer NZI 2017, 304 – ausf. → Rn. 17 ff.). Zu einer ähnlichen Differenzierung nach dem Umfang des Widerspruchs → § 185 Rn. 8. In jedem Fall kann der Insolvenzverwalter die **Anfechtbarkeit der Forderung** vor staatlichen Gerichten geltend machen; auf die Erhebung der Anfechtungseinrede vor dem Schiedsgericht muss er sich nicht verweisen lassen (→ Rn. 4.2).

B. Feststellungsklage (Abs. 1)

I. Anwendungsbereich

5   Der Wortlaut legt nahe, dass wenigstens Abs. 1 nur für die auf positive Forderungsfeststellung gerichtete Klage nach **§ 179 Abs. 1** gilt (so Jaeger/Gerhardt § 179 Rn. 96 ff. mwN). Nach hL (KPB/Pape/Schaltke § 179 Rn. 18; K. Schmidt InsO/Jungmann § 179 Rn. 22; MüKoInsO/Schumacher Rn. 12) ist Abs. 1 jedoch auch auf Klagen anwendbar, mit denen der Bestreitende nach **§ 179 Abs. 2** seinen Widerspruch verfolgt – es handle sich auch dabei um eine (negative) Feststellung (K. Schmidt InsO/Jungmann § 179 Rn. 22). Dies trifft wenigstens im Ausgangspunkt zu; jedoch werden sich hier oft einschlägige ausschließliche Gerichtsstände der ZPO gegen die ausschließlichen Gerichtsstände nach Abs. 1 S. 2 und 3 aufgrund eines ungeschriebenen Vorrangverhältnisses durchsetzen (→ Rn. 14; aA KPB/Pape/Schaltke Rn. 5 (Wahlrecht analog § 35 ZPO); HmbKommInsR/Herchen Rn. 9 (in der Regel Vorrang des spezielleren § 180)). Dies gilt vor allem für § 584 ZPO, wohl aber auch für §§ 767, 802 ZPO.

6   **Keine Anwendung** findet die Vorschrift auf die Ausräumung oder Verfolgung eines **Widerspruchs des Schuldners** nach § 184 (OLG Braunschweig ZInsO 2019, 1389 (1390) = BeckRS 2019, 10952 Rn. 31; Uhlenbruck/Sinz Rn. 5) und auf andere insolvenzverfahrensbezogene Klagen des Verwalters oder gegen den Verwalter – etwa in Verfolgung eines **Aus- oder Absonderungsrechts** (Uhlenbruck/Sinz Rn. 6).

II. Klage/Verfahren

1. Klageantrag/Feststellungsinteresse

7   Der **Klageantrag** wird **von § 183 Abs. 1 vorgegeben** (noch → Rn. 7.1). Er ist im Fall des § 179 Abs. 1 darauf zu richten, die (etwa durch Bezugnahme auf den Tabelleneintrag) näher bezeichnete **Forderung** im näher bezeichneten Insolvenzverfahren nach Grund, Betrag und Rang gemäß ihrer Anmeldung **zur Tabelle festzustellen** (BGHZ 168, 112 = NJW 2006, 3068 Rn. 21; HmbKommInsR/Herchen § 179 Rn. 48; KPB/Pape/Schaltke § 179 Rn. 12b); im Fall des § 179 Abs. 2 geht er grundsätzlich dahin, dass der im näher bezeichneten Insolvenzverfahren erhobene **Widerspruch des Klägers** gegen die (näher bezeichnete) Forderung **für begründet erklärt** wird (BGH NJW-RR 1994, 1251; OLG Frankfurt a. M. BeckRS 2019, 16089 Rn. 139; HmbKommInsR/Herchen § 179 Rn. 49; aA Jaeger/Gerhardt § 179 Rn. 70 (Feststellung, dass die Forderung nicht besteht)). Der den Widerspruch gegen eine titulierte Forderung Verfolgende kann daneben oder stattdessen unter Umständen die Aufhebung des Titels verfolgen (vgl. BFH NJW 1978, 2120).

7.1   Auch wenn man – zutreffend – nicht die Forderung als solche für den Streitgegenstand hält, sondern „nur" das **Insolvenzgläubigerrecht** des Anmeldenden (so MüKoInsO/Schumacher § 179 Rn. 6; Uhlenbruck/Sinz § 179 Rn. 11 f.), so ist die vom Gesetz vorgegebene Antragsformulierung doch jedenfalls unschädlich (KPB/Pape/Schaltke § 179 Rn. 12b; Uhlenbruck/Sinz § 179 Rn. 12) und aufgrund ihrer praktischen Üblichkeit vorzuziehen (HmbKommInsR/Herchen § 179 Rn. 48).

Selbst bei absehbarer Nullquote oder Masseunzulänglichkeit kann dem Feststellungsbegehren (sowohl nach § 179 Abs. 1 als auch nach § 179 Abs. 2) nicht die Berechtigung und damit das **Feststellungsinteresse** abgesprochen werden (BGH NZI 2008, 611 Rn. 11 ff.; OLG Brandenburg BeckRS 2018, 17472 Rn. 14; K. Schmidt InsO/Jungmann Rn. 7). Dies gilt nicht nur im Hinblick auf Prognoseunsicherheiten sowie die Möglichkeiten einer Nachtragsverteilung (§ 203) bzw. Nachhaftung des Schuldners (§ 201 Abs. 2), sondern auch zur Sicherung des **Rechts auf Teilnahme** (bzw. zur Abwehr der Teilnahme Unberechtigter) an einem geordneten Insolvenzverfahren. Zur **Anmeldungsakzessorietät** (und damit auch zur Voraussetzung einer **wirksamen Anmeldung**) als besonderer Ausprägung des Feststellungsinteresses → § 181 Rn. 3 f. **Nicht zulässig** ist mangels Feststellungsinteresses ein zusätzlicher Antrag auf **Feststellung der Privilegierung** nach § 302 Nr. 1 (aA LAG RhPf BeckRS 2018, 5108 Rn. 72; BeckRS 2018, 6088 Rn. 73): Der Widerspruch richtet sich von vornherein nicht gegen diesen Teil der Anmeldung (→ § 178 Rn. 12), und die Feststellung hätte auch keinen Einfluss auf den Umfang der Restschuldbefreiung; sie kann und muss daher allein nach § 184 gegenüber dem bestreitenden Schuldner verfolgt werden. 8

2. Parteien/Streitgenossenschaft und -hilfe

Wird eine Forderung **mehrfach bestritten,** so muss der Anmeldende alle Widersprüche ausräumen, damit die Forderung zur Tabelle festgestellt wird. Es ist zwar nicht zwingend, bietet sich jedoch an, eine einheitliche Feststellungsklage gegen alle Widersprechenden zu erheben (sollte die sachliche Zuständigkeit auseinanderfallen, was bei Teilwidersprüchen denkbar ist, ist § 36 Abs. 1 Nr. 3 ZPO analog anwendbar, Jaeger/Gerhardt Rn. 37) bzw., für das Gericht, mehrere anhängige Feststellungsstreite um dieselbe Forderung nach § 147 ZPO zu **verbinden** (K. Schmidt InsO/Jungmann Rn. 6; Uhlenbruck/Sinz Rn. 17). Werden anfänglich oder nachträglich Feststellungsstreite gebündelt, sind mehrere Widersprechende (mit Ausnahme des Schuldners nach § 184) mit Blick auf § 183 Abs. 1 **notwendige Streitgenossen** nach § 62 Abs. 1 Fall 1 ZPO (Jaeger/Gerhardt Rn. 23 ff.; MüKoInsO/Schumacher § 179 Rn. 17; nach aA gilt dies nicht bei beschränkten Widersprüchen, vgl. Uhlenbruck/Sinz Rn. 17; wohl auch K. Schmidt InsO/Jungmann Rn. 6). Haben **Schuldverschreibungsgläubiger** einen **gemeinsamen Vertreter** bestellt, so sind sie zwar selbst Parteien des Feststellungsstreits, jedoch wegen § 19 Abs. 3 SchVG prozessunfähig; wie auch beim Widerspruch gegen andere Forderungen (→ § 176 Rn. 15) vertritt sie der gemeinsame Vertreter (aktiv wie passiv) im Feststellungsstreit (BGH NZI 2018, 482 Rn. 24 f.); dies gilt jedoch nicht für die Gläubiger nicht verbriefter Genussrechte (BGH NZI 2018, 482 Rn. 14 ff.; BeckRS 2018, 17417 Rn. 15). 9

Jeder zum Bestreiten der Forderung Berechtigte kann, auch wenn er der Forderung selbst nicht widersprochen hat, dem Feststellungsstreit auf Seiten des Widersprechenden als **Nebenintervenient** (§ 66 ZPO) beitreten (für **Insolvenzverwalter und Gläubiger** Jaeger/Gerhardt Rn. 27; KPB/Pape/Schaltke § 179 Rn. 12a; MüKoInsO/Schumacher § 179 Rn. 19). Einen sachlichen Grund, dem (nicht eigenverwaltenden) **Schuldner** die Nebenintervention zu versagen, gibt es nicht (aA HmbKommInsR/Herchen § 179 Rn. 42 (§ 178 Abs. 1 S. 2 untersage ihm die persönliche Einflussnahme auf die Feststellung); KPB/Pape/Schaltke § 179 Rn. 12 (kein Bedürfnis)). Sie kann auch nicht davon abhängig gemacht werden, dass der Schuldner selbst der Forderung widerspricht (so aber Jaeger/Gerhardt Rn. 29; MüKoInsO/Schumacher § 179 Rn. 20; Uhlenbruck/Sinz Rn. 16) – gerade beim Fehlen seines eigenen Widerspruchs hat der Schuldner ein (weit zu verstehendes) rechtliches Interesse am Ausgang des Feststellungsstreits nach § 179, da dieser dann direkt über die Nachhaftung nach § 201 Abs. 2 entscheidet. Daneben ist der persönlich haftende Gesellschafter in der Gesellschaftsinsolvenz zur Nebenintervention berechtigt (Uhlenbruck/Sinz Rn. 16). 10

3. Besondere Verfahrensarten/Schlichtung

Das gerichtliche **Mahnverfahren** ist durch § 688 Abs. 1 ZPO auf Zahlungsanträge beschränkt und schon daher für die Feststellungsklage nach § 179 von vornherein **unstatthaft** (Braun/Specovius § 181 Rn. 22; MüKoInsO/Schumacher Rn. 8; im Ergebnis Uhlenbruck/Sinz Rn. 13). Gleiches gilt für den nach § 592 ZPO auf Leistungsklagen beschränkten (BGHZ 16, 207 = NJW 1955, 631 (632)) **Urkunden-, Wechsel- und Scheckprozess** (im Ergebnis hM, BGH WM 1979, 614; OLG München ZIP 1985, 297; HmbKommInsR/Herchen Rn. 10; Jaeger/Gerhardt 11

Rn. 12; KPB/Pape/Schaltke Rn. 7; Musielak/Voit/Voit ZPO § 592 Rn. 3; aA MüKoInsO/Schumacher Rn. 7 mwN; Uhlenbruck/Sinz Rn. 11). Zu **Zahlungsansprüchen auf erstes Anfordern** → Rn. 11.1 f. Auch im **Kostenfestsetzungsverfahren** nach § 11 RVG kann eine Forderungsfeststellung zur Tabelle nicht verfolgt werden (Uhlenbruck/Sinz Rn. 14). Eine **Musterfeststellungsklage** gegen den Insolvenzverwalter zur Klärung der Berechtigung einer Vielzahl gleichgelagerter Insolvenzforderungen kann einzelne Feststellungsstreite jedenfalls nicht ersetzen. Sie dürfte auch daran scheitern, dass der Verwalter iRd §§ 174 ff. bereits nicht als Unternehmer handelt (dies offenlassend, aber im Ergebnis ebenso (fehlendes Rechtsschutzbedürfnis) Thole NZI 2020, 411 (412 ff.)). Demgegenüber geht das OLG München (NZI 2020, 912 Rn. 35 ff. mAnm Kuleba NZI 2020, 919) allerdings davon aus, dass es auf die Unternehmereigenschaft des Verwalters als Musterbeklagtem nach den §§ 606 ff. ZPO nicht ankomme, wenn nur der Schuldner Unternehmer gewesen sei, und dass die Musterfeststellungsklage auch im Übrigen zulässig sein könne.

11.1 Der BGH (NZI 2008, 565 Rn. 15 ff.) will bei **Zahlungsansprüchen auf erstes Anfordern** deren Besonderheiten in den Feststellungsstreit übertragen und daher Einwendungen des Bestreitenden, die nicht die Voraussetzungen für die Anforderung der Zahlung betreffen, in einen Rückforderungsstreit verlagern. Das Interesse des Gläubigers, seine Forderung schnell titulieren zu können und so etwa an Abschlagsverteilungen teilzuhaben, sei auch im Insolvenzverfahren anzuerkennen (BGH NZI 2008, 565 Rn. 19). Im Fall des BGH ging es um ein **Mehrpersonenverhältnis;** hier ist es gewiss richtig, die Anmeldung der Forderung in der Insolvenz des die Zahlung auf erstes Anfordern Versprechenden zuzulassen, und es ist wenigstens plausibel, dem Schuldner (und damit dem Bestreitenden im Feststellungsstreit) gegen den Gläubiger keine Einwendungen zuzugestehen, die außerhalb der Insolvenz nicht dieser, sondern nur ein Dritter in einem Rückforderungsprozess hätte geltend machen können.

11.2 Diese Entscheidung wird allerdings – und etwa der Hinweis auf die auch in der Insolvenz sinnvolle Beschleunigung und die gezogene Parallele zu § 42 (BGH NZI 2008, 565 Rn. 20) legen dies nahe – auf das **Zweipersonenverhältnis** übertragen (etwa von Uhlenbruck/Sinz Rn. 11 f., daraus ein Argument für die Statthaftigkeit auch des **Urkundenprozesses** herleitet). Hier hingegen ist sie ungleich problematischer und wirft Folgefragen auf: So müsste wohl ein Widerspruch in der Form zugelassen werden, dass nur die materielle Berechtigung, nicht aber die Voraussetzungen der ersten Anforderns bestritten werden. Es würde die Rechte der anderen Insolvenzgläubiger unangemessen verkürzen, wenn sie in diesem Fall die Forderung hinnehmen und darauf vertrauen müssten, dass der Insolvenzverwalter ihre Einschätzung teilt und die Rückforderung verfolgt. Dieses Bestreiten hätte dann die Folge, dass die Forderung einer titulierten nach § 179 Abs. 2 gleichzustellen wäre und sogleich ein Feststellungsprozess über die materielle Berechtigung eingeleitet werden könnte. Die vom BGH gewollte Teilhabe des Anmeldenden an Abschlagsverteilungen wäre dann allerdings nur möglich, wenn man § 189 nicht – wie ansonsten – analog auf den Fall anwendet, dass der Widersprechende die Verfolgung seines Widerspruchs nachweist (dagegen aber HmbKommInsR/Herchen Rn. 11 aE). Sinnvoller und systemgerechter ist es jedoch wohl, im Zweipersonenverhältnis bereits im ursprünglichen Feststellungsstreit nach § 179 Abs. 1 InsO **sämtliche Einwendungen** gegen die materielle Berechtigung des Gläubigers zuzulassen (ausführlicher HmbKommInsR/Herchen Rn. 11) – wenn auch mit der Darlegungs- und Beweislastverteilung, die außerhalb der Insolvenz im Rückforderungsprozess gilt.

12 Durch Landesrecht iVm § 15a EGZPO vorgeschriebene **Schlichtungsverfahren** sind vor Erhebung der Feststellungsklage **nicht durchzuführen** (BGH NZI 2011, 687; KPB/Pape/Schaltke Rn. 6; K. Schmidt InsO/Jungmann Rn. 7; wohl auch HmbKommInsR/Herchen Rn. 6; aA Uhlenbruck/Sinz Rn. 2 mwN).

III. Zuständigkeit (Abs. 1 S. 2 und 3)

13 In Abs. 1 S. 2 und 3 sind die örtliche und die sachliche Zuständigkeit für neu eingeleitete Feststellungsstreite, die in den ordentlichen Rechtsweg fallen, geregelt; es handelt sich um **ausschließliche Zuständigkeiten,** die also nicht von den Parteien durch Prorogation oder rügelose Einlassung abweichend geregelt werden können (§ 40 Abs. 2 ZPO). Eine Gerichtsstandsbestimmung nach § 36 Abs. 1 Nr. 3 ZPO bleibt allerdings möglich (OLG Köln NZI 2020, 388 Rn. 16). **Örtlich** ist als Amtsgericht nach Abs. 1 S. 2 das Gericht zuständig, bei dem auch das Insolvenzverfahren geführt wird (funktionell jedoch nicht als Insolvenzgericht, → Rn. 1), als Landgericht nach Abs. 1 S. 3 das Gericht, zu dessen Bezirk das Insolvenzgericht gehört. Damit wird eine **weitgehende örtliche Konzentration** der Feststellungsstreite (mit Ausnahme freilich derjenigen nach Abs. 2 und nach § 185) erreicht, die dem Insolvenzverwalter zugutekommen, die verfahrensmäßige Erledigung (durch Verbindung von Feststellungsstreiten und Beiziehung der Insolvenzakten) erleichtern und die Gefahr widersprechender Entscheidungen reduzieren kann. Die **sachliche Zuständigkeit** ist zwar ebenfalls eine ausschließliche (Jaeger/Gerhardt Rn. 38; K. Schmidt InsO/

Jungmann Rn. 5; Uhlenbruck/Sinz Rn. 8; aA MüKoInsO/Schumacher Rn. 14), entscheidet sich aber streitgegenstandsbezogen nach den allgemeinen Regeln, insbesondere den §§ 23, 23a, 71 GVG (zum Streitwert vgl. § 182). Bei den Landgerichten kann die **Kammer für Handelssachen** nach §§ 94 ff. GVG funktionell zuständig sein (Uhlenbruck/Sinz Rn. 9).

14 Trifft § 180 mit einer **anderen ausschließlichen Zuständigkeit** zusammen, so steht dem Kläger im Grundsatz ein **Wahlrecht** analog § 35 ZPO zu (KPB/Pape/Schaltke Rn. 5; noch → Rn. 14.1); dies gilt allerdings nur dann, wenn sich kein **Vorrangverhältnis** der Zuständigkeitsregelungen feststellen lässt. Ein grundsätzlicher Vorrang von § 180 wegen Spezialität der Insolvenzsituation (so HmbKommInsR/Herchen Rn. 9) ist nicht anzuerkennen; vielmehr dürften sich vor allem bei § 179 Abs. 2 oftmals aus der Verfahrensgeschichte und durch Sachnähe begründete ausschließliche Zuständigkeiten (§ 584 ZPO, wohl auch §§ 767, 802 ZPO) durchsetzen (bereits → Rn. 5).

14.1 Das OLG Hamburg (ZInsO 2006, 1059) neigte der Auffassung zu, die Zuständigkeit nach § 43 WEG aF genieße Vorrang gegenüber § 180 und begründete dies maßgeblich damit, dass es sich um eine Zuständigkeit der freiwilligen Gerichtsbarkeit handelte. Dieses Argument ist mit der Reform des Wohnungseigentumsrechts 2007 entfallen. Ebenso wie etwa bei **§ 29a ZPO** dürfte es auch bei **§ 43 WEG** nunmehr beim allgemeinen Wahlrecht des Klägers bleiben.

15 Die internationale Zuständigkeit hängt maßgeblich davon ab, ob man im Feststellungsstreit ein **Annexverfahren** zum Insolvenzverfahren erblickt (→ Rn. 15.1), für das nach Art. 6 Abs. 1 EuInsVO die Gerichte des Verfahrensstaats (ausschließlich) zuständig sind (eine analoge Anwendung von § 180, so Uhlenbruck/Sinz Rn. 4, scheidet aus). Dies setzt voraus, dass das Verfahren unmittelbar aus dem Insolvenzverfahren hervorgeht und in engem Zusammenhang damit steht. Dies sollte für Feststellungsstreite nach § 179, in denen es letztlich nicht um die Forderung als solche, sondern um das Insolvenzgläubigerrecht und die spezifisch insolvenzrechtliche Haftung der Masse geht, im Ergebnis angenommen werden (ebenso Paulus, EuInsVO, 6. Aufl. 2021, EuInsVO Art. 6 Rn. 11 mwN; sowie (eingehend) Bramkamp, Die Attraktivgerichtsstände des europäischen Insolvenzrechts, 2019, 304 ff. mwN; Cranshaw DZWIR 2018, 1 (11); MMS/Mankowski EuInsVO 2015 Art. 6 Rn. 12; MüKoInsO/Thole EuInsVO aF Art. 3 Rn. 125; aA OLG Frankfurt a. M. BeckRS 2016, 123859 Rn. 42; Grompe, Die vis attractiva concursus im Europäischen Insolvenzrecht, 2018, 300); in diesem Sinne hat jetzt auch der EuGH für eine österreichische Prüfungsklage entschieden (EuGH NZI 2019, 861 Rn. 38 – Riel; vgl. auch KG BeckRS 2020, 33470 Rn. 30). Anderes sollte aber für Klagen nach § 184 gelten (so auch Piekenbrock ZIP 2014, 2067 (2072); aA Cranshaw, jurisPR-IWR 4/2019 Anm. 1), sofern sie nicht nur die Privilegierung nach § 302 Nr. 1 betreffen. Damit folgt aus Art. 6 Abs. 1 EuInsVO die **internationale Zuständigkeit deutscher Gerichte** für Feststellungsstreite, wenn das **Insolvenzverfahren in Deutschland** geführt wird. Da die Anwendungsbereiche von EuInsVO und Brüssel Ia-VO eindeutig voneinander abgegrenzt sind, folgt daraus zugleich, dass Klagen auf Feststellung von Insolvenzforderungen zur Tabelle vom Anwendungsausschluss nach Art. 1 Abs. 2 Buchst. b Brüssel Ia-VO („Konkurse, Vergleiche und ähnliche Verfahren") erfasst werden (EuGH NZI 2019, 861 Rn. 34, 38 f. – Riel; aM MüKoZPO/Gottwald Brüssel Ia-VO Art. 1 Rn. 20). Die Einleitung eines Schiedsverfahrens (dazu → Rn. 4) in einem anderen als dem Verfahrensstaat schließt Art. 6 EuInsVO hingegen wohl nicht aus (aA Wilfinger KTS 2020, 121 (130 ff.)).

15.1 Die – wohl ohne weiteres auf den deutschen Feststellungsstreit übertragbare – Annahme eines **Annexverfahrens** durch den EuGH in der Rs. Riel (NZI 2019, 861 Rn. 38) ist überzeugend, zumal in etlichen anderen Mitgliedstaaten die Forderungsprüfung und -feststellung (zumindest teilweise) als Ausfluss einer **vis attractiva concursus** dem Insolvenzgericht überantwortet ist bzw. im Rahmen von Rechtsmitteln gegen den Forderungs- oder Verteilungsplan stattfindet. Die Entscheidung ist daher zu begrüßen, auch wenn sie im Hinblick vor allem auf die Situation bei Parallelverfahren und die Fortsetzbarkeit unterbrochener Gerichtsverfahren im Ausland sowie die Behandlung ausländischer öffentlich-rechtlicher Forderungen etliche Folgefragen aufwirft: Auch wenn Art. 6 Abs. 1 EuInsVO eine ausschließliche Zuständigkeit regelt, sollten **bereits anhängige ausländische Gerichtsverfahren** grundsätzlich fortgeführt werden können (→ Rn. 17.4). Sollte es mehrere **Parallelverfahren** (Haupt- und Sekundärverfahren) geben, so bestimmt sich die Zuständigkeit nach Art. 6 Abs. 1 EuInsVO für jedes Verfahren gesondert. Nach Vorstellung des EuGH sollen widersprüchliche Entscheidungen allein über die Kooperationspflichten nach Art. 41 ff. EuInsVO vermieden werden (EuGH NZI 2019, 861 Rn. 45 – Riel; näher Schmidt ZInsO 2019, 2448 (2449 f.)). Ob diese – immerhin neben den Verwaltern, was oft ausreichen dürfte – trotz eines weiten Verständnisses des Begriffs „Gericht" (Paulus, EuInsVO, 6. Aufl. 2021, EuInsVO Art. 42 Rn. 12) aber überhaupt auch (bei fehlender vis attractiva concursus) die Prozessgerichte erfassen, könnte wenigstens bezweifelt werden (vgl. Paulus South Square Digest 11/2019, 35 (37 f.)). Für **öffentlich-rechtliche**

InsO § 180 Fünfter Teil. Befriedigung der Insolvenzgläubiger. Einstellung des Verfahrens

Forderungen schließlich sieht § 185 zwar (sachgerecht) vor, dass sie von den zuständigen Behörden und Fachgerichten behandelt werden – diese nationale Bestimmung kann aber naturgemäß nichts an einer europarechtlich determinierten internationalen Zuständigkeit deutscher Gerichte ändern. Gleichwohl wäre es nicht nur unzweckmäßig, sondern mit Blick auf die hoheitsrechtliche Natur und Verwurzelung im jeweiligen Staatssystem wohl auch rechtspolitisch verfehlt, deutschen Behörden oder Gerichten etwa die Anwendung ausländischen Steuerrechts zu übertragen (vgl. auch Cranshaw DZWIR 2020, 158 (171 f.); 2018, 1 (25)); im Ergebnis wird man in diesem Fall wohl bereits der EuInsVO einen impliziten Vorbehalt zugunsten der Zuständigkeit der ausländischen Gerichte entnehmen müssen.

C. Aufnahme eines Rechtsstreits (Abs. 2)

I. Anwendungsbereich

16 Die Insolvenzeröffnung unterbricht nach § 240 S. 1 ZPO einen Rechtsstreit, der die Insolvenzmasse betrifft. Hat er eine (vermeintliche) Insolvenzforderung zum Gegenstand, die angemeldet und vom Insolvenzverwalter oder einem Insolvenzgläubiger bestritten worden ist, so ordnet Abs. 2 vornehmlich aus **prozessökonomischen Gründen** (KPB/Pape/Schaltke Rn. 8) an, dass die Feststellung durch Aufnahme des Rechtsstreits zu betreiben ist; eine selbstständige Klage nach Abs. 1 wäre daher unzulässig (BGH NZI 2017, 300 Rn. 8; zu einer möglichen Ausnahme → Rn. 17; K. Schmidt InsO/Jungmann Rn. 8 verweist zur Begründung auf § 261 Abs. 3 Nr. 1 ZPO – wenngleich die Nähe hierzu offensichtlich ist, dürfte der Grund wegen der fehlenden Identität der Parteien und Gegenstände hingegen in Abs. 2 selbst liegen). Dies gilt sowohl im Fall des **§ 179 Abs. 1** als auch – vor allem dann, wenn der Rechtsstreit in höherer Instanz anhängig ist – im Fall des **§ 179 Abs. 2**. Für den Schuldnerwiderspruch enthält **§ 184 Abs. 1 S. 2** eine parallele Regelung. Zur erforderlichen **Kongruenz** zwischen der angemeldeten und bestrittenen Forderung und dem Gegenstand des Rechtsstreits → Rn. 18.

17 Steht die Forderung außer Streit und bezieht sich der Widerspruch **allein auf insolvenzspezifische Fragen** wie Anmeldbarkeit bzw. Rang, so rechtfertigen an sich weder die Prozessökonomie noch der Vertrauensschutz bezüglich bestehender Prozesslagen die Anwendung von Abs. 2. Deshalb wird hier mitunter eine neue Klage nach Abs. 1 als der richtige Weg zur Feststellung angesehen; § 261 Abs. 3 Nr. 1 ZPO stehe ihr nicht entgegen, da der rechtshängige Prozess (andere Parteien und) einen anderen Streitgegenstand habe (zB Jaeger/Gerhardt Rn. 42; hier bis zur 5. Edition; aA MüKoInsO/Schumacher § 179 Rn. 35). Der BGH (NZI 2017, 300 Rn. 10 ff., 16 mAnm Willmer NZI 2017, 304; so nun auch Uhlenbruck/Sinz Rn. 27) lässt offen, ob eine solche selbstständige Klage nach Abs. 1 zulässig wäre; jedenfalls sei aber eine Aufnahme nach Abs. 2 möglich – dem ist im Wesentlichen zuzustimmen (näher → Rn. 17.1 ff.). Ist **neben insolvenzrechtlichen Einwendungen** die **Forderung an sich** bestritten, bleibt es nach allen Auffassungen bei Abs. 2 – die spezifisch insolvenzrechtlichen Fragen werden mit der Aufnahme in den anhängigen Rechtsstreit einbezogen; in der Revisionsinstanz kann eine Zurückverweisung erforderlich werden, um neuen Tatsachenvortrag zu ermöglichen (Jaeger/Gerhardt Rn. 69).

17.1 Der **BGH** (NZI 2017, 300 Rn. 10 ff. mAnm Willmer NZI 2017, 304) führt überzeugend aus, dass nicht nur das Gesetz in § 180 keinen Anhaltspunkt für die Differenzierung zwischen insolvenzspezifischen und sonstigen Einwendungen liefere, sondern dass auch der **Widerspruch nicht im Einzelnen begründet** werden müsse bzw. eine solche Begründung regelmäßig im Feststellungsprozess nicht bindend sei (→ § 178 Rn. 10). Selbst die Angabe der „Widerspruchsrichtung" (→ § 178 Rn. 11) führt nicht zur Verengung des gerichtlichen Prüfungsprogramms im Feststellungsstreit, solange und soweit nicht eine Teilfeststellung erfolgt ist (→ § 178 Rn. 13), was bei den insolvenzspezifischen Einwendungen mit Ausnahme derjenigen des Nachrangs regelmäßig ausscheidet. Schon aus Gründen der **Rechtssicherheit** ist es deshalb geboten, dem **Anmeldenden** die **Aufnahme des unterbrochenen Rechtsstreits** um die Forderung nach Abs. 2 auch dann zu gestatten, wenn bislang **lediglich insolvenzspezifische Einwendungen** wie die fehlende Anmeldbarkeit (etwa – so im BGH-Fall – bei Zug-um-Zug-Forderungen, → § 174 Rn. 1) oder die fehlende Qualität als Insolvenzforderung geltend gemacht worden sind. In den genannten Fällen dürfte für eine selbstständige Klage nach Abs. 1 kein Raum mehr bestehen (so auch Jungmann EWiR 2017, 241 (242)); jedenfalls ist aber die Aufnahme nach Abs. 2 der „sicherere" und grundsätzlich vorzugswürdige Weg zur Feststellung. Die hier bis zur 5. Edition vertretene Gegenmeinung wird aufgegeben.

17.2 Für die umgekehrte Konstellation, in der nach § 179 Abs. 2 der **Bestreitende seinen Widerspruch verfolgt**, stellt sich das Problem der fehlenden oder änderbaren Widerspruchsbegründung so nicht, da es der aktiv werdende Beteiligte selbst in der Hand hat, worauf er sich vor Gericht berufen will und worauf nicht. Vielmehr mutet es hier eher merkwürdig an, den Bestreitenden in einen „fremden" Rechtsstreit zu zwingen, dessen bisherige Themen ggf. nichts mit seinem Widerspruch zu tun haben. Gleichwohl sollte

Zuständigkeit für die Feststellung　　　　　　　　　　　　　　　　　§ 180 InsO

in der Folge der BGH-Entscheidung (NZI 2017, 300) auch hier die Aufnahme nach Abs. 2 aus Gründen der Rechtssicherheit als zulässig erachtet werden, wobei man dem Bestreitenden den Weg nach Abs. 1 für allein insolvenzrechtliche Einwendungen wohl nicht pauschal abschneiden sollte. Der (also im Fall mehrerer Widersprüche: jeder) Bestreitende hat hier ein **Wahlrecht,** wenn und solange der Anmeldende nicht selbst nach Abs. 2 vorgeht.

Um einen (seltenen) **Sonderfall** handelt es sich, wenn allein dem **angemeldeten Rang** widersprochen **17.3** wurde, da hier die Forderung als solche bereits (im niedrigsten in Betracht kommenden Rang) mit der Rechtskraftwirkung des § 178 Abs. 3 festgestellt wird und sich der Feststellungsstreit zwingend auf die insolvenzrechtliche Rangfrage verengt (→ § 178 Rn. 13). Selbst wenn man hier der Aufnahme nach Abs. 2 nicht schon den res-iudicata-Einwand entgegenhalten wollte, sollte für diesen Fall – ungeachtet dessen, wer die (positive oder negative) Feststellung betreibt – auch im Licht der BGH-Rspr. eine selbstständige Feststellungsklage nach **Abs. 1 wenigstens zulässig** sein.

Ob Abs. 2 auch bei anhängigen **ausländischen Gerichtsverfahren** – sofern diese nach „ihrer" lex **17.4** fori (Art. 18 EuInsVO nF) fortsetzbar sind – anwendbar ist, bleibt zweifelhaft: Einerseits ist die Annexkompetenz der Gerichte des Verfahrensstaates (→ Rn. 15) grundsätzlich eine ausschließliche, andererseits spricht die europäische perpetuatio fori für die Fortsetzbarkeit der schwebenden Verfahren. Eine Aufspaltung in die insolvenzspezifischen und die nicht insolvenzspezifischen Fragen (so Piekenbrock ZIP 2014, 2067 (2072 f.)) ist nicht ohne Charme, sieht sich aber den vorstehenden Einwänden ausgesetzt. Wie auch bei (in- und ausländischen) Schiedsgerichten (→ Rn. 4.3) sollte wohl umfassend Abs. 2 zur Anwendung kommen (ebenso Bramkamp, Die Attraktivgerichtsstände des europäischen Insolvenzrechts, 2019, 317; Wilfinger KTS 2020, 121 (134 ff.); so umgekehrt für ein niederländisches Insolvenzverfahren auch BGH ZIP 2018, 130 = BeckRS 2017, 136174 Rn. 12 f. unter Rückgriff auf Art. 15 EuInsVO aF (entspricht Art. 18 EuInsVO nF)) und sollte ferner das ausländische Gericht aus Gründen der Prozessökonomie auch über die insolvenzrechtlichen Fragen (auf der Grundlage der deutschen lex concursus) entscheiden dürfen. Jedenfalls dann, wenn es diese Entscheidungskompetenz nicht annimmt, wird man dem die Feststellung Betreibenden eine Klage nach Abs. 1 in Deutschland gestatten müssen; ein allgemeines Wahlrecht darüber hinaus kann ihm hingegen wohl allenfalls – und auch dies ist zweifelhaft – für die Entkräftung insolvenzspezifischer Einwendungen zustehen (abweichend bis zur 16. Ed.).

Wird ein in Deutschland anhängiger Rechtsstreit nach § 240 ZPO iVm Art. 18 EuInsVO nF durch **17.5** die Eröffnung eines **ausländischen Insolvenzverfahrens** unterbrochen, so bestimmt das ausländische Insolvenzrecht die Relevanz und insolvenzrechtlichen Rahmenbedingungen seiner Aufnahme (einschließlich der Parteien des aufgenommenen Rechtsstreits, BGH ZIP 2018, 130 = BeckRS 2017, 136174 Rn. 26); lediglich die Möglichkeit zur Aufnahme an sich sowie ihre prozessualen Voraussetzungen und Abläufe richten sich nach deutschem Recht (partiell abweichend wohl BGH ZIP 2018, 130 = BeckRS 2017, 136174 Rn. 20 ff.). Demzufolge kann die wirksame Aufnahme auch nicht von der Vorlage eines Tabellenauszugs nach § 179 Abs. 3 abhängig gemacht werden (insoweit übereinstimmend BGH ZIP 2018, 130 = BeckRS 2017, 136174 Rn. 22).

Abs. 2 ist in **allen Stadien des Verfahrens** – auch im Nichtzulassungsbeschwerde- oder **18** Revisionsverfahren (BGHZ 195, 233 = NJW 2012, 3725 Rn.8) – anwendbar. Er erfasst grundsätzlich **alle Verfahren,** die eine angemeldete und bestrittene Insolvenzforderung betreffen (vgl. BGH NZI 2014, 749 Rn. 9 f.; FG Hamburg BeckRS 2020, 29889 Rn. 31) und in denen es nach **§ 240 ZPO** zu einer Unterbrechung gekommen ist (so auch eine Vollstreckungsgegenklage, OLG Frankfurt a. M. BeckRS 2019, 16089 Rn. 91); über die Verweisung in § 185 S. 2 gilt dies auch für Verfahren in einem anderen Rechtsweg als dem ordentlichen. Die Aufnahme nach Abs. 2 ist auch dann möglich, wenn die streitgegenständliche Forderung erst durch zulässige **Klageänderung nach §§ 263, 264 ZPO** in die angemeldete Forderung überführt werden kann (OLG Brandenburg NZI 2010, 684 (685); KPB/Pape/Schaltke Rn. 11a; K. Schmidt InsO/Jungmann Rn. 11; MüKoInsO/Schumacher Rn. 17 mwN: Wahlrecht zwischen Abs. 1 und Abs. 2) – etwa, weil eine Umrechnung oder Modifikation nach §§ 45, 46 erfolgt ist (BGH NJW-RR 2014, 1512 Rn. 15; hier wird die Aufnahme nach Abs. 2 erfolgen müssen und eine Klage nach Abs. 1 gesperrt sein, vgl. KPB/Pape/Schaltke Rn. 11) oder in der Insolvenz etwa statt der Leistung nach Schadensersatz wegen Nichterfüllung geltend gemacht wird (BGH NJW 1962, 153 (154 f.); Jaeger/Gerhardt Rn. 71 f.). Diese Klageänderung ist allerdings geboten, um die **von § 181 geforderte Kongruenz** von Anmeldung und Feststellung zu erzielen. Fehlt es an dieser Kongruenz oder war die Anmeldung unwirksam, so ist nicht die aufgenommene Klage, sondern bereits die **Aufnahme unzulässig** (BGH NZI 2020, 782 Rn. 11 f.) – über die Zulässigkeit der Aufnahme ist ggf. durch Zwischenurteil zu entscheiden (BGH NZI 2020, 782 Rn. 13). Geht der Gegenstand des Rechtsstreits über die angemeldete Forderung hinaus, so kann der Rechtsstreit **im Umfang der Kongruenz** aufgenommen werden. Geht umgekehrt die angemeldete Forderung über den Gegenstand des Rechtsstreits hinaus (zu einem solchen Fall BSG BeckRS 2021, 16283), so bezieht

Zenker

InsO § 180 Fünfter Teil. Befriedigung der Insolvenzgläubiger. Einstellung des Verfahrens

sich die Aufnahme zunächst nur auf den ursprünglichen Gegenstand; ggf. kann eine (an sich hinsichtlich des Rests erforderliche) zusätzliche Feststellungsklage nach Abs. 1 durch eine Klageänderung bzw. -erweiterung vermieden werden.

19 Ein **Mahnverfahren** kann erst nach Abgabe an das Streitgericht oder Erlass eines (noch nicht rechtskräftigen) Vollstreckungsbescheids nach Abs. 2 aufgenommen werden (MüKoInsO/Schumacher Rn. 30); bis zu diesem Zeitpunkt ist auch (trotz ggf. analoger Anwendung von § 240 ZPO) noch keine Rechtshängigkeit eingetreten (vgl. § 696 Abs. 3 ZPO, § 700 Abs. 2 ZPO), die einer Klage nach Abs. 1 entgegenstünde (näher Jaeger/Gerhardt Rn. 53 ff.). Ein **Schiedsverfahren** wird in der Regel zwar nicht nach § 240 ZPO unterbrochen, aber vom Schiedsgericht ausgesetzt; es ist ggf. nach Abs. 2 (bzw. § 184 Abs. 1 S. 2) fortzusetzen, wenn die Forderung im Insolvenzverfahren (auch) dem Grunde und/oder der Höhe nach bestritten wird und der Bestreitende an die Schiedsvereinbarung gebunden ist (→ Rn. 4 ff.), sonst hat es sich erledigt (Jaeger/Gerhardt Rn. 61 f.). Zur Anwendbarkeit im **Urkundenprozess** vgl. eingehend Jaeger/Gerhardt Rn. 46 ff. mwN. Zum **Kostenfestsetzungsverfahren** nach §§ 103 ff. ZPO vgl. OLG München ZIP 2003, 2318. Zu Verfahren auf **Vollstreckbarerklärung** von Schiedssprüchen oder ausländischen Titeln → Rn. 19.1.

19.1 Verfahren auf **Vollstreckbarerklärung** von Schiedssprüchen oder ausländischen Titeln können durch die Insolvenzeröffnung nach § 240 ZPO unterbrochen werden, wenn sie die Insolvenzmasse betreffen (BGH NZI 2017, 774 Rn. 12 mAnm Pohlmann/Clausen NZI 2017, 776 = BeckRS 2017, 111485; NZI 2008, 681 Rn. 2 ff.). Deshalb stellt sich die Frage nach einer Aufnahme nach Abs. 2 – und die weitere Frage danach, mit welchem Ziel diese Aufnahme zu erfolgen hat. Für die Vollstreckbarerklärung eines **ausländischen Titels** geht der IX. Zivilsenat des BGH davon aus, dass nach vorinstanzlicher Vollstreckbarerklärung eine Aufnahme im Rechtsmittelverfahren zur Verfolgung des Widerspruchs (§ 179 Abs. 2) möglich ist (BGH NZI 2008, 681 Rn. 12), ohne dass er sich zum Prüfungsumfang, zur Möglichkeit einer Aufnahme durch den Anmeldenden bei Unterbrechung vor einer ersten Vollstreckbarerklärung oder zur Zulässigkeit einer neuen Feststellungsklage nach Abs. 1 äußert. Für die Vollstreckbarerklärung eines **Schiedsspruches** nimmt demgegenüber der I. Zivilsenat des BGH an, dass eine Aufnahme nach Abs. 2 zwar mit dem Ziel der Vollstreckbarerklärung, aber nicht mit dem geänderten Ziel der Forderungsfeststellung möglich ist (BGH NZI 2017, 774 mAnm Pohlmann/Clausen NZI 2017, 776 = BeckRS 2017, 111485; dazu Burianski/Kuhnle BB 2017, 1619; zust. Uhlenbruck/Sinz Rn. 15). Durch die Vollstreckbarerklärung erlange der Gläubiger einen Vollstreckungstitel, sodass es sodann nach § 179 Abs. 2 dem Bestreitenden obliege, seine Einwendungen zu verfolgen; stattdessen könne der Gläubiger aber auch das unterbrochene Verfahren ignorieren und direkt nach Abs. 1 auf Feststellung klagen. Zur Begründung wird vornehmlich darauf hingewiesen, dass eine Prüfung insolvenzrechtlicher Fragen (wie Forderungsqualität und Rang) im Verfahren auf Vollstreckbarerklärung nicht möglich sei – eine Begründung für diese petitio principii bleibt der I. Zivilsenat freilich schuldig. Sie überzeugt im Lichte der neuen Rechtsprechung des IX. Zivilsenats zur Entscheidung insolvenzspezifischer Fragen im aufgenommenen Verfahren (→ Rn. 17.1) und auch aus Gründen der Prozessökonomie nicht. Im Übrigen bedarf es der Vollstreckbarerklärung für die Anwendung von § 179 Abs. 2 richtigerweise nicht (→ § 179 Rn. 12).

II. Parteien/Prozessuales

20 Der Rechtsstreit ist im Fall des **§ 179 Abs. 1** vom Anmeldenden **gegen die Bestreitenden** aufzunehmen, die durch von Abs. 2 gestatteten **Parteiwechsel** anstelle des Schuldners (oder nach § 184 Abs. 1 S. 2: neben ihm) in den Rechtsstreit eintreten (BGH NZI 2016, 301 Rn. 25; BGHZ 195, 233 = NJW 2012, 3725 Rn. 10 f.). Dabei ist grundsätzlich eine Aufnahme gegen **alle Bestreitende** (mit Ausnahme ggf. des Schuldners) erforderlich, da jeder Widerspruch ausgeräumt werden muss (BGH NZI 2013, 396 Rn. 9; BGHZ 195, 233 = NJW 2012, 3725 Rn. 24 f.; K. Schmidt InsO/Jungmann § 179 Rn. 20; aA Jaeger/Gerhardt Rn. 64; wohl auch MüKoInsO/Schumacher § 179 Rn. 18; näher → Rn. 20.1).

20.1 Der BGH (NZI 2013, 396 Rn. 10) hat offengelassen, ob eine **Aufnahme nur gegen einzelne Bestreitende** ausnahmsweise dann wirksam ist, wenn auf andere Weise sichergestellt ist, dass kein weiterer Feststellungsstreit (bzw. – wie der BGH formuliert – eine weitere Aufnahme) gegen die übrigen Bestreitenden nötig wird. Hierfür reiche es jedenfalls nicht aus, wenn ein Bestreitender seinen Widerspruch aufschiebend bedingt für den Fall einer entsprechenden rechtskräftigen Entscheidung über einen anderen Widerspruch zurücknimmt – denn dies erfasse nicht die Möglichkeit, dass der Feststellungsstreit anders als durch rechtskräftige Entscheidung (etwa durch Prozessvergleich) ende (BGH NZI 2013, 396 Rn. 12). Ob eine Formulierung ausreicht, dass der Bestreitende den Ausgang des Rechtsstreits gegen sich gelten lasse bzw. als auch für sich verbindlich akzeptiere, muss ebenfalls bezweifelt werden, wenngleich der BGH (NZI 2013, 396 Rn. 13) hier eine Deutung für möglich hält, die den Prozessvergleich umfasst. Letztlich lässt sich der vom BGH geforderte Grad an Gewissheit wohl kaum je erreichen, da stets eine Rücknahme des bekämpften Widerspruchs mit der Folge einer Erledigung des Feststellungsstreits möglich bliebe.

Im Fall des **§ 179 Abs. 2** (→ § 179 Rn. 16; diesen Fall übersieht BGH ZIP 2018, 130 = BeckRS 2017, 136174 Rn. 14) kann **jeder Bestreitende** anstelle des Schuldners (oder bei § 184 Abs. 2 ggf. neben ihm) den Rechtsstreit gegen den Anmeldenden aufnehmen bzw. nachträglich als Partei in den so aufgenommenen Rechtsstreit eintreten. Nicht erforderlich ist hingegen, dass alle Bestreitende den Rechtsstreit aufnehmen (BGHZ 195, 233 = NJW 2012, 3725 Rn. 25). Bleiben die Bestreitenden untätig, kann auch bei § 179 Abs. 2 der Anmeldende den Rechtsstreit aufnehmen (BGH NZI 2017, 300 Rn. 32; BGH NJW-RR 2014, 1270 Rn. 9; BGHZ 195, 233 = NJW 2012, 3725 Rn. 7 mwN). Für separate Feststellungsklagen nach Abs. 1 ist in allen diesen Fällen grundsätzlich kein Raum; sie sind nach Abs. 2 unzulässig (im Anwendungsbereich von § 185 gelten Besonderheiten, → § 185 Rn. 3; ebenso dann, wenn allein insolvenzspezifische Einwendungen geltend gemacht werden, → Rn. 17 ff.). 21

Die Aufnahme erfolgt nach **§ 250 ZPO** durch Zustellung eines bei Gericht einzureichenden **Schriftsatzes**. In ihm sollte zugleich eine Änderung der verfolgten **Anträge** angekündigt werden – einerseits, so erforderlich, um die anhängige Forderung der angemeldeten anzugleichen (→ Rn. 18), andererseits, um dem **neuen Rechtsschutzziel** – Feststellung zur Tabelle oder Erklärung des Widerspruchs für begründet (→ Rn. 7) – Rechnung zu tragen (BGH NJW-RR 2014, 1512 Rn. 15), was stets und ohne Rückgriff auf die Vorschriften zur Klageänderung zulässig ist (BGH NZI 2021, 669 Rn. 21 f.; BeckRS 2021, 16094 Rn. 22; OLG Brandenburg BeckRS 2018, 17472 Rn. 14). Unterbleibt dies, soll das Gericht nach § 139 Abs. 1 S. 2 ZPO auf die Stellung sachdienlicher Anträge hinwirken. Wird daraufhin die Antragsumstellung ausdrücklich verweigert, scheidet eine Auslegung des Antrags aus – der Rechtsstreit ist dann nicht wirksam aufgenommen und daher weiter unterbrochen (BGH NZI 2021, 669 Rn. 18 f.). Wird der Antrag (ohne gerichtlichen Hinweis) irrtümlich nicht auf Feststellung umgestellt, so ist er in der Regel auslegungsfähig (BGH NZI 2021, 669 Rn. 17). Wird nach den Gründen des Urteils erkennbar über das angemeldete Insolvenzgläubigerrecht entschieden, so ist der Tenor in der Regel auslegungsfähig (BGHZ 179, 304 = NJW 2009, 1747 Rn. 8; BGH NJW-RR 1994, 1251 (1252); KPB/Pape/Schaltke Rn. 14, 15). Der **Nachweis**, dass die Voraussetzungen einer Aufnahme vorliegen, wird regelmäßig durch Vorlage des Tabellenauszuges nach § 179 Abs. 3 erbracht (→ § 181 Rn. 6). 22

Der Rechtsstreit wird **in der Lage** fortgesetzt, in der er sich bei Unterbrechung befand. Die neuen Parteien sind an alle bisherigen Prozessergebnisse einschließlich der nachteiligen Folgen versäumter Fristen oder unterlassenen Vortrags gebunden (BGHZ 195, 233 = NJW 2012, 3725 Rn. 17 f.). Für den **Streitwert** gilt ab der Aufnahme § 182; es ist also ein Stufenstreitwert festzusetzen (SächsLSG BeckRS 2018, 15177 Rn. 23; KPB/Pape/Schaltke Rn. 16), jedenfalls dann, wenn nicht alle Gebühren bereits vor Insolvenzeröffnung angefallen sind (BGH BeckRS 2019, 23080). Zu den **Kosten** vgl. etwa BGH NZI 2016, 829; ausf. KPB/Pape/Schaltke Rn. 16 ff.; Hoffmann ZIP 2021, 16; zur vergleichsweisen Übernahme der „Kosten des Rechtsstreits" durch den Verwalter OLG Saarbrücken NZI 2018, 287. 23

§ 181 Umfang der Feststellung

Die Feststellung kann nach Grund, Betrag und Rang der Forderung nur in der Weise begehrt werden, wie die Forderung in der Anmeldung oder im Prüfungstermin bezeichnet worden ist.

Überblick

Die Vorschrift stellt klar, dass der Feststellungsstreit quasi **anmeldungsakzessorisch** ist – der Insolvenzgläubiger kann nur die Feststellung der angemeldeten und bestrittenen Forderung in der angemeldeten Form – nach Grund, Betrag und Rang – betreiben (→ Rn. 1); Entsprechendes gilt im Fall des § 179 Abs. 2 (→ Rn. 5). Begnügt sich der Gläubiger mit einem reinen Weniger, ist das jedoch ebenso zulässig wie Ergänzungen oder Berichtigungen, die die Identität der Forderung nicht berühren (→ Rn. 2). Wird eine nicht angemeldete (auch nicht im Wege der Nachmeldung nach § 177, → Rn. 7) Forderung verfolgt, so ist die Klage **unzulässig** (→ Rn. 3). Denn nur die angemeldete und geprüfte Insolvenzforderung kann schließlich im Insolvenzverfahren auch – zulasten aller Gläubiger – berücksichtigt werden, sodass ein Rechtsstreit um eine andere Forderung sein Ziel verfehlen müsste.

A. Regelungsinhalt

1   Die Vorschrift stellt klar, dass **allein die Anmeldung** – die immerhin auch Grundlage der Prüfung und des Widerspruchs war – darüber **entscheidet,** was zulässigerweise (höchstens) zum **Gegenstand eines Feststellungsstreits** (oder nach § 185 auch eines Feststellungsbescheids, FG Hamburg BeckRS 2018, 3668 Rn. 26) gemacht werden kann. Es kann also nicht mit Erfolg Feststellung einer anderen, höheren oder rangbesseren Forderung als der angemeldeten zur Tabelle beantragt werden.

2   Dem anmeldenden Gläubiger ist es hingegen **nicht verwehrt,** sich mit einem **Weniger** in Betrag (BGHZ 103, 1 (3) = NJW 1988, 1326; K. Schmidt InsO/Jungmann Rn. 4) oder – jedenfalls nach Aufforderung gem. § 174 Abs. 3 – auch Rang zufrieden zu geben (MüKoInsO/ Schumacher Rn. 10; Uhlenbruck/Sinz Rn. 11 f.). Eine konkludente Teilrücknahme der Anmeldung ist darin aber im Zweifel auch dann nicht zu sehen, wenn der Rechtsstreit nach § 180 Abs. 1 S. 2 vor dem Amtsgericht – und ggf. bei derselben Abteilung – geführt wird, bei dem auch das Insolvenzverfahren anhängig ist. Ebenfalls **unschädlich** sind eine veränderte rechtliche Würdigung (K. Schmidt InsO/Jungmann Rn. 3), Ergänzungen oder Berichtigungen des tatsächlichen oder rechtlichen Vortrags, solange sie den Grund (→ § 174 Rn. 25) der angemeldeten Forderung nicht verändern, sowie die Vorlage zusätzlicher Unterlagen iSv § 174 Abs. 1 S. 2 (K. Schmidt InsO/ Jungmann Rn. 5). Auch das **Gericht** kann – und muss ggf. – eine Entscheidung treffen, die der Klage nur teilweise stattgibt und die Forderung nur mit einem geringeren Betrag oder in einem schlechteren Rang feststellt als angemeldet; insbesondere kann trotz fehlender Aufforderung nach § 174 Abs. 3 eine (zulässig) im Rang des § 38 angemeldete und insgesamt bestrittene Forderung als nachrangige festzustellen sein (aA OLG Brandenburg BeckRS 2018, 17472 Rn. 17; auch → § 178 Rn. 13).

3   Es handelt sich bei § 181 mit dem Erfordernis (quasi) einer **Anmeldungsakzessorietät** um eine besondere **Sachurteilsvoraussetzung** (BGH NZI 2019, 587 Rn. 10; 2007, 647 Rn. 12: HmbKommInsR/Herchen Rn. 1), die letztlich eine Ausprägung des **Feststellungsinteresses** darstellt (Uhlenbruck/Sinz Rn. 1; aA Andres/Leithaus/Leithaus Rn. 2 f.: „Präklusion" mit eigenartigen, wohl systemwidrigen Folgerungen zur Wiedereinsetzung): Im Insolvenzverfahren kann nur die angemeldete, – in einem Prüfungstermin oder schriftlich – geprüfte und in die Tabelle eingetragene Forderung berücksichtigt werden. **Grund** dafür ist maßgeblich der Umstand, dass die Feststellung der Forderung nach **§ 183 Abs. 1** gegenüber dem Insolvenzverwalter und allen Gläubigern Wirkungen entfaltet, auch wenn sie am Feststellungsstreit nicht beteiligt waren (OLG München ZInsO 2018, 326 (327) = BeckRS 2017, 136542 Rn. 21; Uhlenbruck/Sinz Rn. 1). An einer Entscheidung über ein die Anmeldung übersteigendes Feststellungsbegehren besteht daher kein rechtlich anerkanntes Interesse. Deshalb ist die auf Feststellung einer nicht angemeldeten, geprüften und bestrittenen Forderung gerichtete **Klage unzulässig** (BAG BeckRS 2020, 32491 Rn. 19; OLG München ZInsO 2018, 326 (327) = BeckRS 2017, 136542 Rn. 21; HmbKommInsR/Herchen Rn. 1); eine Heilung nach § 295 ZPO scheidet aus (MüKoInsO/ Schumacher Rn. 3). Ist die angemeldete Forderung allerdings (als **minus**) in derjenigen enthalten, deren Feststellung begehrt wird, so darf die Klage nicht insgesamt als unzulässig abgewiesen werden, sondern nur hinsichtlich des die Anmeldung übersteigenden Teils (implizit aA offenbar OLG Köln BeckRS 2020, 8671 Rn. 64 f.). Wird ein unterbrochenes Verfahren nach § 180 Abs. 2 aufgenommen, obwohl es an ordnungsgemäßer Anmeldung, Prüfung oder Widerspruch fehlt, so ist nicht die Klage, sondern (nur) die **Aufnahme unzulässig** (BGH NZI 2020, 782 Rn. 11 f.).

4   Ebenfalls – generell – unzulässig ist die Klage (bzw. die Aufnahme des Verfahrens) dann, wenn etwa mangels hinreichend bestimmter Bezeichnung der Forderung (→ § 174 Rn. 22) gar **keine ordnungsgemäße Anmeldung** vorliegt (OLG München BeckRS 2017, 136542 Rn. 23; 2015, 16801 Rn. 30, 32 mwN; AG Darmstadt ZInsO 2016, 810 (811)). Weder die Aufnahme in die Tabelle durch den Insolvenzverwalter noch der Umstand, dass das Insolvenzgericht die Forderung zur Prüfung stellt, heilen den Mangel (BGH NJW-RR 2009, 772 Rn. 8) – selbst ein entgegen § 181 ergehendes Urteil, das die Forderung feststellt, ist dazu allenfalls dann in der Lage, wenn die Forderung immerhin hinreichend bestimmt bezeichnet ist (→ § 174 Rn. 37). Auf die ordnungsgemäße Anmeldung kann auch nicht verzichtet werden (BGH NZI 2007, 647 Rn. 13; OLG Jena ZInsO 2018, 1221 (1225) = BeckRS 2018, 9113 Rn. 58).

5   Der **typische Anwendungsfall** ist der aktive, vom anmeldenden Gläubiger betriebene Feststellungsstreit, mit dem ein Widerspruch gegen die Forderung ausgeräumt werden soll (**§ 179 Abs. 1),**

Streitwert   § 182 InsO

unabhängig davon, ob nach § 180 Abs. 1 eine neue Klage erhoben oder nach § 180 Abs. 2 ein unterbrochener Rechtsstreit aufgenommen wird (Nerlich/Römermann/Becker Rn. 1). Daneben gilt § 181 aber **auch in den Fällen des § 179 Abs. 2**, in denen der Bestreitende im Hinblick auf einen existierenden Schuldtitel seinen Widerspruch verfolgt, wenn (ggf. selbst nach zulässiger Klageänderung) dieser Rechtsstreit nicht die angemeldete Forderung betrifft, sondern eine andere (vgl. BGH NJW 1962, 153 (154); MüKoInsO/Schumacher Rn. 1).

Die Beachtung von § 181 ist vom Prozessgericht in jeder Lage des Verfahrens, auch noch in 6 der Revisionsinstanz, **von Amts wegen** zu prüfen (BGH NZI 2000, 259; OLG Brandenburg BeckRS 2018, 17472 Rn. 15). Zum Nachweis der Anmeldung und Prüfung erteilt das Insolvenzgericht nach § 179 Abs. 3 dem Gläubiger sowie im Fall von § 179 Abs. 2 auch dem Bestreitenden einen **beglaubigten Tabellenauszug** (dies gilt naturgemäß nicht in ausländischen Insolvenzverfahren, BGH BeckRS 2017, 136174 Rn. 22). Weicht dieser allerdings vom Inhalt der Anmeldung ab, entscheidet Letztere (BGH NZI 2017, 300 Rn. 37; HmbKommInsR/Herchen Rn. 12; MüKoInsO/Schumacher Rn. 5).

B. Fehlerkorrektur

Ergibt sich nach der Anmeldung – schlimmstenfalls erst im Rechtsstreit –, dass die Anmeldung 7 fehlerhaft war oder die Forderung sich (allenfalls) aus einem anderen als dem angemeldeten Grund (nicht nur aufgrund einer abweichenden rechtlichen Würdigung, BGH NZI 2016, 78 Rn. 4 (Kondiktion statt Darlehensrückforderung); K. Schmidt InsO/Jungmann Rn. 3 f.) ergibt oder soll ein höherer Betrag oder besserer Rang geltend gemacht werden, so muss die **Anmeldung ergänzt bzw. berichtigt** werden, was iRd § 177 Abs. 1 S. 2 auch während des Feststellungsstreits möglich bleibt, solange die Forderung nur bis zum Schluss der mündlichen Verhandlung geprüft worden ist (HmbKommInsR/Herchen Rn. 1; MüKoInsO/Schumacher Rn. 4: auch noch in der Revisionsinstanz).

Liegt das Problem nicht in der Anmeldung, sondern im Gegenstand des Feststellungsstreits, 8 kann dieser einfach durch **Klageänderung** nach § 263 ZPO der Anmeldung angepasst werden (vgl. MüKoInsO/Schumacher Rn. 7).

§ 182 Streitwert

Der Wert des Streitgegenstands einer Klage auf Feststellung einer Forderung, deren Bestand vom Insolvenzverwalter oder von einem Insolvenzgläubiger bestritten worden ist, bestimmt sich nach dem Betrag, der bei der Verteilung der Insolvenzmasse für die Forderung zu erwarten ist.

Überblick

Der **(Zuständigkeits-, Rechtsmittel- und Gebühren-)Streitwert** im (Regel-)Feststellungsprozess nach § 180 gegen den oder die Bestreitenden bestimmt sich nach dem Interesse des Gläubigers an der Feststellung seiner Forderung – also nach der (vom Gericht in der Regel zu schätzenden) **Ausschüttung**, die dieser Insolvenzgläubiger auf die festzustellende Forderung voraussichtlich erhalten würde. Dasselbe gilt, wenn der Insolvenzverwalter seinen Widerspruch klageweise verfolgt. Verfolgt hingegen ein Gläubiger seinen Widerspruch gegen eine titulierte Forderung (**§ 179 Abs. 2**), so ist für ihn stattdessen die zu erwartende Quotendifferenz beim Fortfall der bestrittenen Forderung anzusetzen. Bei Feststellungsklagen **gegen den Schuldner** wird es demgegenüber auf die Aussichten des Gläubigers ankommen, die Forderung nach Abschluss des Insolvenzverfahrens noch durchzusetzen.

A. Aktiver Feststellungsprozess (§ 179 Abs. 1)

Ihrem Wortlaut nach betrifft die Vorschrift nur den in § 179 Abs. 1 geregelten Fall, dass ein 1 (mutmaßlicher) Insolvenzgläubiger nach einem Widerspruch gegen die von ihm angemeldete Insolvenzforderung deren Feststellung gegen den Bestreitenden (das kann bei Eigenverwaltung wegen § 283 Abs. 1 auch der Schuldner sein, aber → Rn. 10) betreibt – sei es durch neue Klage nach § 180 Abs. 1 oder durch Aufnahme eines unterbrochenen Rechtsstreits nach § 180 Abs. 2 (in diesem Fall ist ein Stufenstreitwert festzusetzen, vgl. SächsLSG ZInsO 2018, 2166 (2168) = BeckRS 2018, 15177 Rn. 23; KPB/Pape/Schaltke Rn. 16; nach BGH BeckRS 2019, 23080 ist das jedoch entbehrlich, wenn alle Gebühren bereits vor Insolvenzeröffnung angefallen sind). Hier bestimmt § 182, dass der Streitwert – und zwar der **Gebühren**-, der **Rechtsmittel**- sowie des § 180 Abs. 1) der **Zuständigkeitsstreitwert** (BGH NZI 2020, 830 Rn. 2; BeckRS 2019, 5578 Rn. 3; NZI 2015, 757 Rn. 1; NJOZ 2014, 936 Rn. 3) – sich nach der **erwarteten Ausschüttung** bestimmt, die auf die Forderung entfallen würde, deren Feststellung verfolgt wird (ein weiterer Abschlag wegen des Feststellungscharakters erfolgt nicht, KPB/Pape/Schaltke Rn. 7). Ausgeblendet werden daher – sofern nicht gleichzeitig nach § 184 Abs. 1 ein Schuldnerwiderspruch ausgeräumt werden soll (→ Rn. 10) – etwa die Aussichten, nach Ende des Insolvenzverfahrens wegen des Forderungsrests nach § 201 Abs. 2 die Zwangsvollstreckung zu betreiben (BGH ZInsO 2016, 1776 Rn. 5; K. Schmidt InsO/Jungmann Rn. 4).

2   Werden **mehrere** (Verwalter- bzw. Gläubiger-)**Widersprüche** in einem einheitlichen Verfahren bekämpft, erfolgt abweichend von § 5 ZPO keine Vervielfachung des Streitwerts, sondern ist wegen der Einheitlichkeit des Interesses lediglich die einfache Quotenerwartung nach § 182 anzusetzen (HmbKommInsR/Herchen Rn. 4). Da die angemeldeten, bis zur Verfahrenseröffnung entstandenen **Zinsen** die Insolvenzforderung und damit die nach § 182 direkt maßgebliche Ausschüttung erhöhen, sind sie trotz § 4 ZPO zu berücksichtigen (aA KPB/Pape/Schaltke Rn. 6 mwN; K. Schmidt InsO/Jungmann Rn. 2; für Berücksichtigung nur bei der Passivmasse zum Zweck der Quotenberechnung BGH BeckRS 2019, 5578 Rn. 3; MüKoInsO/Schumacher Rn. 8; so wohl auch HmbKommInsR/Herchen Rn. 9).

3   Die Quotenerwartung ist vom Gericht zu **schätzen** (BAG NZA 2017, 597 Rn. 16; → Rn. 3.1), wobei Grundlage in der Regel der Bericht oder eine Auskunft des Insolvenzverwalters sein wird, das Gericht aber **sämtliche Erkenntnismöglichkeiten** auszuschöpfen hat und dabei etwa auch auf die Insolvenzakten zurückgreifen kann (vgl. etwa BGH NJOZ 2014, 936 Rn. 4; NZI 2007, 175 Rn. 6; nach FG Köln BeckRS 2016, 95541 – zweifelhaft; ebenso aber FG Düsseldorf BeckRS 2020, 788 Rn. 26 – könne bei Fehlen besserer Erkenntnisse eine Durchschnittsquote von 2 % geschätzt werden). Der relevante **Zeitpunkt** bestimmt sich grundsätzlich nach § 4 Abs. 1 ZPO (dazu vgl. BGH NZI 2016, 167 Rn. 12 f.; näher KPB/Pape/Schaltke Rn. 4; nach LG Osnabrück DZWIR 2016, 447 (448) sind deshalb künftige Lohnzahlungen nicht als Massebestandteile zu berücksichtigen) bzw. im Fall des § 180 Abs. 2 nach der (späteren) Aufnahme des Rechtsstreits (SächsLSG BeckRS 2018, 15177 Rn. 22); für die Wertgrenze der Nichtzulassungsbeschwerde (§ 26 Nr. 8 EGZPO) kommt es nicht auf deren Einlegung, sondern auf den Schluss der mündlichen Verhandlung in der Berufungsinstanz an (BGH BeckRS 2019, 5578 Rn. 3; KPB/Pape/Schaltke Rn. 4). Die **verfolgte Forderung** ist stets mit ihrem **Nennwert** der Passivmasse zuzuschlagen (BGH BeckRS 2019, 5578 Rn. 3; zu Parallelforderungen vgl. BGH BeckRS 2019, 5461 Rn. 6; → Rn. 3.1), soweit sie nicht nur für den Ausfall mit einem Absonderungsrecht angemeldet wurde (HmbKommInsR/Herchen Rn. 11; zweifelnd MüKoInsO/Schumacher Rn. 8); **andere bestrittene Insolvenzforderungen** sind nach ihrer **Feststellungswahrscheinlichkeit** zu bewerten (BGH BeckRS 2019, 5578 Rn. 3; HmbKommInsR/Herchen Rn. 9). Dass für die verfolgte Forderung ggf. dingliche Sicherheiten außerhalb der Masse oder eine Mithaftung Dritter bestehen, ist nach dem Rechtsgedanken des § 43 für die Streitwertbestimmung unbeachtlich (BGH ZInsO 2016, 1776 Rn. 5; NZI 2015, 757 Rn. 3; OLG Köln ZInsO 2015, 2395 (2396); HmbKommInsR/Herchen Rn. 9). Ist eine Quote nicht zu erwarten, ist von einem nominellen Streitwert von 1 EUR auszugehen (im Ergebnis (niedrigste Stufe) BGH NJOZ 2014, 936 Rn. 9; HmbKommInsR/Herchen Rn. 10; KPB/Pape/Schaltke Rn. 1). Auf die Frage, bei welchem Gericht das Verfahren anhängig ist, kommt es generell nicht an (vgl. nur OLG Rostock NZI 2004, 320 (321); partiell aA für den Gebührenstreitwert LG Göttingen ZIP 1990, 61 (62 f.); MüKoInsO/Schumacher Rn. 8) (→ Rn. 3.1).

3.1   Zu fünf **Beispielen** der Wertberechnung nach § 182 (dort für die – jeweils verfehlte – Wertgrenze der Nichtzulassungsbeschwerde gem. § 26 Nr. 8 EGZPO) vgl. BGH BeckRS 2019, 5471; 2019, 5578; 2019, 5468; 2019, 5573 sowie 2019, 5461. Am letztgenannten Beschluss erscheint bemerkenswert, dass der BGH hier einerseits (pragmatisch und gewiss im Ergebnis sachgerecht) einen nach dem relevanten Zeitpunkt (→ Rn. 3) geschlossenen Vergleich bei der Bewertung der Feststellungswahrscheinlichkeit anderer bestrittener Forderungen berücksichtigt und dass er andererseits die Feststellungswahrscheinlichkeit von bestrittenen Forderungen, die offenbar der im Feststellungsstreit verfolgten Forderung ganz vergleichbar waren, im Hinblick auf den Ausgang dieses Rechtsstreits (in der Berufungsinstanz oder unter Einschluss seiner eigenen Verwerfung der Nichtzulassungsbeschwerde?) mit Null bewertet (BGH BeckRS 2019, 5461 Rn. 6). Die Parallelität der Forderungen sollte eigentlich nahelegen, diese Forderungen wie die streitgegenständliche auch (→ Rn. 3) mit ihrem Nennwert zu berücksichtigen; will man stattdessen auch bei Parallelforderungen auf die Feststellungswahrscheinlichkeit abstellen, so dürfte das (schließlich angegriffene) Berufungsurteil ohne sachliche Bewertung durch das Revisionsgericht nicht als ausreichende Grundlage dienen können, und auch die aus rein formalen Gründen erfolgte Verwerfung der Nichtzulassungsbeschwerde sagt nichts über die Feststellungswahrscheinlichkeit der Parallelforderungen aus. Das – auch insoweit sehr pragmatische – Vorgehen des BGH spielte zwar für die Entscheidung über die Nichtzulassungsbeschwerde im Ergebnis keine Rolle, da die Wertgrenze bei jeder Berücksichtigung der Parallelforderungen **erst recht** verfehlt worden wäre, schlug sich aber zugleich in einem höheren Gebührenstreitwert nieder.

Wird die Feststellungsklage mit einem auf **abgesonderte Befriedigung** aus Sicherungsgut gerichteten Leistungsantrag verbunden, so gilt für Letzteren § 6 ZPO. Es kommt also auf den Nennwert der gesicherten Forderung an, wenn die Sicherheit (voraussichtlich) vollwertig ist, sonst auf den (geschätzten) geringeren Wert des Sicherungsguts; im zweiten Fall wird nach § 5 ZPO der nach § 182 bestimmte Wert der Ausfallforderung hinzuzurechnen sein (MüKoInsO/Schumacher Rn. 11; aA KPB/Pape/Schaltke Rn. 3). Wird allein die Feststellung der Forderung (ohne Beschränkung auf den Ausfall) begehrt, wirkt sich ein bestehendes, aber nicht streitgegenständliches Absonderungsrecht keinesfalls streitwerterhöhend aus (BGH ZInsO 2019, 1748 = BeckRS 2019, 14971 Rn. 5; NZI 2015, 757 Rn. 3 mwN), aber auch nicht -reduzierend aus (K. Schmidt InsO/Jungmann Rn. 4 mwN). 4

Ist der Widerspruch auf einen Teil der Forderung oder auf ihren Rang beschränkt, so ist § 182 in der Weise anzuwenden, dass es auf die geschätzte Quotenverbesserung bei Beseitigung des **partiellen Widerspruchs** ankommt (MüKoInsO/Schumacher Rn. 9; im Ergebnis (analoge Anwendung) HmbKommInsR/Herchen Rn. 12; KPB/Pape/Schaltke Rn. 9a; K. Schmidt InsO/Jungmann Rn. 5; so schon RegE InsO, BT-Drs. 12/2443, 185). 5

Zur Anwendbarkeit bei Verfahren in einem **anderen Rechtsweg** als dem ordentlichen (§ 185 S. 3) → § 185 Rn. 2 (s. auch KPB/Pape/Schaltke Rn. 9; K. Schmidt InsO/Jungmann Rn. 8). Zur entsprechenden Anwendung auf die Geltendmachung von Masseverbindlichkeiten bei **Masseunzulänglichkeit** und zu ihrer Reichweite vgl. LAG Bln-Bbg BeckRS 2020, 18830 Rn. 10; 2019, 20587 Rn. 22 ff.; NZI 2019, 639 Rn. 10 mwN; abl. LAG BW BeckRS 2014, 74297. 6

B. Passiver Feststellungsprozess (§ 179 Abs. 2)

Verfolgt in den Fällen des § 179 Abs. 2 der **Insolvenzverwalter** seinen Widerspruch gegen eine titulierte Forderung, so gilt **§ 182 entsprechend** (im Ergebnis (direkte Anwendung) BGH NZI 2015, 757 Rn. 1). Das Interesse des Insolvenzverwalters richtet sich nämlich darauf, die hypothetische Ausschüttung an den Anmeldenden für die Masse zu sparen und zugunsten der anderen Insolvenzgläubiger verwenden zu können. 7

Auch wenn sich eine Entscheidung, die **ein Gläubiger** erstreitet, der nach § 179 Abs. 2 seinen Widerspruch verfolgt, letztlich gleichermaßen zugunsten der Gläubigergesamtheit auswirkt (daher § 183 Abs. 3, → § 183 Rn. 9), richtet sich das streitwertbestimmende Interesse des Klägers doch lediglich auf die Erhöhung der auf ihn entfallenden Ausschüttung. Der Streitwert bestimmt sich daher danach, um wieviel sich die Ausschüttung an den Kläger voraussichtlich erhöhen würde, wenn die bestrittene Forderung wegfällt (KPB/Schaltke Rn. 3; Uhlenbruck/Sinz Rn. 3). 8

C. Klagen des Schuldners/gegen den Schuldner (§ 184)

In den **Fällen des § 184** geht es nicht um die Quotenerwartung des anmeldenden Gläubigers, sondern um die Vollstreckungsaussichten nach Verfahrensende (§ 201 Abs. 2), ggf. unter Berücksichtigung der geltend gemachten Ausnahme von der Restschuldbefreiung nach § 302 Nr. 1. Daher ist der Streitwert **nicht nach § 182** zu bestimmen, sondern nach dem geschätzten **Wert der Vollstreckungsaussichten** bezogen auf die um die erwartete Insolvenztantieme reduzierte Forderung (BGH NZI 2009, 255 Rn. 6; KPB/Pape/Schaltke Rn. 12; K. Schmidt InsO/Jungmann Rn. 10; Uhlenbruck/Sinz Rn. 5; aA (Nennwert der so reduzierten Forderung) HmbKommInsR/Herchen Rn. 3; MüKoInsO/Schumacher Rn. 4). Dies gilt auch, wenn sich der Widerspruch lediglich auf die Voraussetzungen des § 302 Nr. 1 bezieht (BGH NZI 2009, 255 Rn. 6; K. Schmidt InsO/Jungmann § 184 Rn. 19 mwN; Uhlenbruck/Sinz Rn. 5) und wenn nicht der Gläubiger klagt, um den Widerspruch auszuräumen, sondern der Schuldner die Feststellung begehrt, die Forderung sei von der Restschuldbefreiung erfasst (BGH NZI 2021, 99 Rn. 3). Vielfach wird dann, wenn die Vollstreckungsaussichten – wie in vielen Fällen – eher gering sind, ein **Abschlag von 75 %** vorgenommen (vgl. BGH NZI 2021, 99 Rn. 2; 2009, 255), wobei einzelfallabhängig auch ein deutlich geringerer oder ein höherer Abschlag angemessen sein kann (vgl. OLG Hamm NZI 2019, 763 (50 %); weitere Nachweise etwa bei Uhlenbruck/Sinz Rn. 5). 9

10 Wird im **selben Verfahren** auch gegen einen Widerspruch nach § 179 vorgegangen, so sind die nach § 182 (→ Rn. 1) und nach den Vollstreckungsaussichten (→ Rn. 9) bestimmten Werte gem. § 5 ZPO zusammenzurechnen (im Ansatz ebenso, aber mit konsequent abweichendem Ergebnis (Nennwert) HmbKommInsR/Herchen Rn. 4; MüKoInsO/Schumacher Rn. 11). Dies sollte auch bei **Eigenverwaltung** gelten, da nicht sinnvoll zwischen dem Widerspruch des Schuldners als Eigenverwalter (§§ 283 Abs. 1, 179) und dem „als Schuldner" (§ 184) getrennt werden kann (aA (lediglich § 182) KPB/Pape/Schaltke Rn. 13; Uhlenbruck/Sinz Rn. 6).

§ 183 Wirkung der Entscheidung

(1) Eine rechtskräftige Entscheidung, durch die eine Forderung festgestellt oder ein Widerspruch für begründet erklärt wird, wirkt gegenüber dem Insolvenzverwalter und allen Insolvenzgläubigern.

(2) Der obsiegenden Partei obliegt es, beim Insolvenzgericht die Berichtigung der Tabelle zu beantragen.

(3) Haben nur einzelne Gläubiger, nicht der Verwalter, den Rechtsstreit geführt, so können diese Gläubiger die Erstattung ihrer Kosten aus der Insolvenzmasse insoweit verlangen, als der Masse durch die Entscheidung ein Vorteil erwachsen ist.

Überblick

Die Vorschrift ordnet in Abs. 1 – parallel zu § 178 Abs. 3 – eine **Wirkungserstreckung** des Feststellungsurteils auf den Insolvenzverwalter und alle Insolvenzgläubiger an, sodass der Feststellungsstreit für die Zwecke des Insolvenzverfahrens (und wegen § 201 Abs. 2 ggf. darüber hinaus und auch gegenüber dem nicht widersprechenden Schuldner (→ Rn. 5)) den Bestand der Forderung verbindlich klären kann. Dies gilt für die **Feststellung der Forderung** (→ Rn. 4) ebenso wie für den **umgekehrten Fall,** dass der Widerspruch (gegen eine titulierte oder nicht titulierte Forderung) für begründet erklärt wird (→ Rn. 1; zweifelhaft ist hier jedoch, ob sich auch der Schuldner auf die Entscheidung berufen kann (→ Rn. 2)). Nach Abs. 2 kann die obsiegende Partei beim Insolvenzgericht die **Berichtigung der Tabelle** beantragen (→ Rn. 6). Abs. 3 schließlich regelt (einer GoA vergleichbar) einen beschränkten **Kostenerstattungsanspruch** der erfolgreich prozessierenden Gläubiger gegen die profitierende Masse, wenn der Verwalter untätig geblieben war (→ Rn. 9).

A. Rechtskraftwirkung des Feststellungsurteils (Abs. 1)

I. Widerspruch begründet

1 Durch Abs. 1 wird zunächst die **(materielle) Rechtskraft** einer – formell rechtskräftigen – Entscheidung, durch die ein **Widerspruch des Verwalters oder eines Gläubigers für begründet erklärt** wird, unabhängig davon, wer sie erwirkt hat, **auf den Insolvenzverwalter und alle Insolvenzgläubiger erstreckt.** Daher steht mit dem ersten rechtskräftig werdenden Feststellungsurteil, das für den anmeldenden Gläubiger nachteilig ausfällt, für die Zwecke des Insolvenzverfahrens **endgültig fest,** dass die Forderung im Umfang des erfolgreichen Widerspruchs nicht zur Tabelle festgestellt werden kann und daher **nicht zu berücksichtigen ist** (K. Schmidt InsO/Jungmann Rn. 4; Uhlenbruck/Sinz Rn. 4). Sollten noch weitere Feststellungsstreite anhängig sein, so sind sie sinnvollerweise für erledigt zu erklären, wenn und soweit ihr Gegenstand nicht über das bereits Entschiedene hinausgeht – denn insoweit steht der Zulässigkeit nicht nur der res-iudicata-Einwand entgegen (HmbKommInsR/Herchen Rn. 2; im Ergebnis (fehlendes Rechtsschutzbedürfnis) Uhlenbruck/Sinz Rn. 5). Ein inländischer (§ 1055 ZPO) und wohl regelmäßig auch ein ausländischer **Schiedsspruch** dürfte einem rechtskräftigen Urteil selbst ohne Vollstreckbarerklärung gleichstehen (näher Hombeck/Schneider NZI 2020, 449 (454)).

2 Zugunsten des **Schuldners** wirkt die Entscheidung – unabhängig von seinem eigenen Widerspruch – jedenfalls insoweit, als die fehlende Feststellung der Forderung verhindert, dass sie ihm gegenüber nach § 201 Abs. 2 tituliert wird oder eine Restschuldbefreiung nach § 302 Nr. 1 überdauern könnte. Ob die Entscheidung aber unabhängig von der Restschuldbefreiung dauerhafte Klarheit für den Schuldner schaffen kann, also über Abs. 1 hinaus unmittelbar **Rechtskraft auch zu seinen Gunsten wirkt,** ist umstritten. Die Frage ist (im Einklang mit dem Wortlaut und dem System des Gesetzes) **zu verneinen,** da – unabhängig davon, ob der Insolvenzverwalter oder ein Gläubiger die Forderung bestritten hat und warum genau der Widerspruch Erfolg hatte (die Gegenauffassung müsste hiernach differenzieren) – Streitgegenstand nur die insolvenzspezifische Haftung der Masse ist, nicht aber der Bestand der Forderung als solche (überzeugend Jaeger/ Gerhardt Rn. 19 f.; ebenso HmbKommInsR/Herchen Rn. 6; KPB/Pape/Schaltke Rn. 13 f.; Uhlenbruck/Sinz Rn. 8 f.; aA BGH WM 1958, 696 (697); Braun/Specovius Rn. 3; K. Schmidt InsO/Jungmann Rn. 5).

Bei der **Eigenverwaltung** ist Abs. 1 zugunsten der Insolvenzgläubiger, des Sachwalters und 3 des Schuldners in seiner Rolle als Verwalter der Masse für die Dauer des Insolvenzverfahrens anwendbar (Uhlenbruck/Sinz Rn. 10). Jenseits dieser Rolle, für die Zeit nach Verfahrensende, gilt Abs. 1 hingegen nicht und bleibt es bei dem für das Regelverfahren Ausgeführten (→ Rn. 2).

II. Widerspruch unbegründet

Die Vorschrift ist insoweit missverständlich, als sie den unzutreffenden Eindruck erwecken mag, 4 dass auch jedes Feststellungsurteil, das den Bestand der Forderung und ihre involvenzrechtliche Berücksichtigungsfähigkeit bejaht, einen Widerspruch also für unbegründet erklärt, die Rechtskraftwirkung nach Abs. 1 entfaltet (zutr. K. Schmidt InsO/Jungmann Rn. 2; Uhlenbruck/Sinz Rn. 2 mwN; für eine Klarstellung de lege ferenda Graf ZRP 2018, 49 (51)). Richtigerweise gilt dies nur dann, wenn lediglich (ggf.: noch) ein Widerspruch in der Welt war, der ausgeräumt wird, oder wenn die Entscheidung (bei verbundenen Verfahren) zugleich über alle (ggf.: noch) offenen Widersprüche entscheidet. Denn mit Blick auf § 178 Abs. 1 S. 1 kann eine Entscheidung eine Forderung erst dann **iSv Abs. 1 feststellen,** wenn in ihrer Folge **kein unerledigter Widerspruch mehr besteht** (HmbKommInsR/Herchen Rn. 4; K. Schmidt InsO/Jungmann Rn. 2; Uhlenbruck/Sinz Rn. 2). Die Vorschrift gilt entsprechend für den unanfechtbar werdenden **Feststellungsbescheid nach § 251 Abs. 3 AO** (BFH BStBl. II 2016, 482 = NZI 2016, 411 Rn. 24). Die Feststellung einer Forderung zur Tabelle hindert nicht ihre **spätere Geltendmachung als Masseverbindlichkeit;** hier ist dann allerdings der Insolvenzverwalter auch nicht durch das Feststellungsurteil in seiner Verteidigung eingeschränkt (näher BGHZ 168, 112 = NZI 2006, 520).

Der **Schuldner** ist über **§ 201 Abs. 2** mittelbar von der Feststellung der Forderung betroffen, 5 wenn er selbst keinen Widerspruch erhoben hat oder dieser ausgeräumt worden ist (Uhlenbruck/ Sinz Rn. 6). Bei **Eigenverwaltung** ist erneut (→ Rn. 3) Abs. 1 (nur) in Bezug auf die masseverwaltende Rolle des Schuldners während des Verfahrens anzuwenden, während es für die Zeit nach Verfahrensende bei den bloß mittelbaren Folgen über § 201 Abs. 2 bleibt.

B. Tabellenberichtigung (Abs. 2)

Infolge einer rechtskräftigen Entscheidung nach Abs. 1 wird die Insolvenztabelle unrichtig 6 (aA wohl nur Andres/Leithaus/Leithaus Rn. 3 unter Berufung auf Nerlich/Römermann/Becker Rn. 11). Ihre **(deklaratorische) Berichtigung** erfolgt nach Abs. 2 dennoch nicht von Amts wegen, sondern auf Betreiben der obsiegenden Partei. Dem **Antrag** ist eine Ausfertigung der Entscheidung(-en) mit Rechtskraftvermerk beizufügen (HmbKommInsR/Herchen Rn. 7). Die allgemeine Befugnis des Insolvenzgerichts, die unrichtige Tabelle auch von Amts wegen zu berichtigen (→ § 178 Rn. 22), bleibt allerdings von Abs. 2 unberührt (Jaeger/Gerhardt Rn. 23; Uhlenbruck/Sinz Rn. 11; aA Nerlich/Römermann/Becker Rn. 11, der lediglich eine amtswegige Berichtigung der Berichtigung zulässt (Rn. 17)). Die Tabelle kann auch noch **nach Verfahrensende** nach Abs. 2 berichtigt werden; für die Verteilung der Masse ist dies aber nur im Fall des § 189 Abs. 2 noch von Relevanz (Uhlenbruck/Sinz Rn. 12).

Das Insolvenzgericht (und hier in der Regel der Rechtspfleger) muss die Berichtigung antrags- 7 gemäß vornehmen, wenn eine entsprechende rechtskräftige Entscheidung vorgelegt wird. Sein Prüfungsrecht bezieht sich allein darauf, ob die vorgelegte Entscheidung rechtskräftig ist und eine Aussage trifft, die mit der Tabelle nicht in Einklang steht. Die antragsgemäße **Berichtigung** als rein beurkundender Vorgang stellt keine Entscheidung dar, sodass sie **unanfechtbar** ist (K. Schmidt InsO/Jungmann Rn. 6; Uhlenbruck/Sinz Rn. 14); ist sie zu Unrecht erfolgt, muss daher wiederum ihre Berichtigung beantragt werden (MüKoInsO/Schumacher Rn. 8). Gegen die **Ablehnung** der Berichtigung durch den Rechtspfleger ist die **sofortige Erinnerung** (§ 11 Abs. 2 S. 1 RPflG) gegeben (BGH NZI 2017, 213 Rn. 9 f.; AG Hamburg NZI 2007, 123; Uhlenbruck/Sinz Rn. 14).

Abs. 2 ist **entsprechend** anzuwenden, wenn eine rechtskräftige Entscheidung nach § 184 einen 8 schuldnerischen Widerspruch ausräumt oder wenn der Schuldner seinen Widerspruch gegen eine titulierte Forderung mit der Folge des § 184 Abs. 2 S. 2 nicht rechtzeitig verfolgt (KPB/Pape/ Schaltke Rn. 17a; dem zuneigend BGH BeckRS 2010, 30546 Rn. 11 = ZIP 2011, 39). Darüber hinaus soll Abs. 2 auch in allen Fällen entsprechend angewendet werden, in denen ein Widerspruch zurückgenommen wird oder sich sonst erledigt (Jaeger/Gerhardt Rn. 23; K. Schmidt InsO/ Jungmann Rn. 7). Da die Rücknahme des Widerspruchs jedoch unmittelbar gegenüber dem Insolvenzgericht erfolgen muss, wird man hier eine Pflicht zur unverzüglichen Berichtigung der Tabelle von Amts wegen annehmen müssen (→ § 178 Rn. 16), neben der einer entsprechenden Anwendung von Abs. 2 keine eigenständige Bedeutung zukommen dürfte; sieht man von der Klarstellung ab, dass es jedenfalls nicht generell Sache des Verwalters ist, für die Richtigkeit der Tabelle zu sorgen; zu dieser verantwortungs- und haftungsmindernden Komponente von Abs. 2 etwa Jaeger/Gerhardt Rn. 23).

C. Kostenerstattung (Abs. 3)

9   Über die **Kosten des Feststellungsstreits** wird grundsätzlich nach den §§ 91 ff. ZPO entschieden (näher HmbKommInsR/Herchen Rn. 11 f.). Abs. 3 regelt darauf aufbauend einen **besonderen Erstattungsanspruch** obsiegender widersprechender Gläubiger gegen die Masse, der dem Rechtsgedanken der **berechtigten Geschäftsführung ohne Auftrag** folgt. Hat der Insolvenzverwalter der Forderung nicht widersprochen, seinen Widerspruch nicht verfolgt oder – in diesem Fall wird Abs. 3 entsprechend anzuwenden sein (zutr. KPB/Pape/Schaltke Rn. 21; aA Uhlenbruck/Sinz Rn. 17) – unterliegt er anders als die aus Abs. 3 berechtigten Gläubiger in „seinem" Feststellungsstreit, so fällt allein aufgrund der Aktivität der prozessierenden Gläubiger eine ansonsten bei der Verteilung der Masse zu berücksichtigende Insolvenzforderung weg. Jenseits der Fälle der Masseunzulänglichkeit resultiert daraus eine Verbesserung der Insolvenzquote für alle verbleibenden Gläubiger (ungenau bezeichnet Abs. 3 dies als Vorteil für die Masse). Die insoweit auch zugunsten ihrer Mitgläubiger prozessierenden Gläubiger erhalten nun durch Abs. 3 einen durch die (bei mehreren Berechtigten: anteilige) Quotenverbesserung begrenzten, als Masseverbindlichkeit nach § 55 Abs. 1 Nr. 3 zu befriedigenden **Aufwendungsersatzanspruch** (KPB/Pape/ Schaltke Rn. 19; Uhlenbruck/Sinz Rn. 16).

10   Im typischen Fall belastet dieser Anspruch die Masse nicht, da die Aufwendungen nur im Rahmen der gesetzlichen Kosten zu erstatten sind und den obsiegenden Gläubigern in dieser Höhe in der Regel ein prozessualer Kostenerstattungsanspruch gegen den anmeldenden Gläubiger zusteht wird (prominente Ausnahme etwa bei arbeitsgerichtlichen Verfahren, vgl. § 185), dessen Durchsetzbarkeit allerdings ungewiss ist. Dieser Kostenerstattungsanspruch ist – soweit er nicht bereits mit den Anspruch aus Abs. 3 mindernder Wirkung erfüllt worden ist – entsprechend § 255 BGB Zug um Zug gegen Erstattung nach Abs. 3 an die Masse abzutreten (KPB/Pape/Schaltke Rn. 19).

§ 184 Klage gegen einen Widerspruch des Schuldners

(1) ¹Hat der Schuldner im Prüfungstermin oder im schriftlichen Verfahren (§ 177) eine Forderung bestritten, so kann der Gläubiger Klage auf Feststellung der Forderung gegen den Schuldner erheben. ²War zur Zeit der Eröffnung des Insolvenzverfahrens ein Rechtsstreit über die Forderung anhängig, so kann der Gläubiger diesen Rechtsstreit gegen den Schuldner aufnehmen.

(2) ¹Liegt für eine solche Forderung ein vollstreckbarer Schuldtitel oder ein Endurteil vor, so obliegt es dem Schuldner binnen einer Frist von einem Monat, die mit dem Prüfungstermin oder im schriftlichen Verfahren mit dem Bestreiten der Forderung beginnt, den Widerspruch zu verfolgen. ²Nach fruchtlosem Ablauf dieser Frist gilt ein Widerspruch als nicht erhoben. ³Das Insolvenzgericht erteilt dem Schuldner und dem Gläubiger, dessen Forderung bestritten worden ist, einen beglaubigten Auszug aus der Tabelle und weist den Schuldner auf die Folgen einer Fristversäumung hin. ⁴Der Schuldner hat dem Gericht die Verfolgung des Anspruchs nachzuweisen.

Überblick

Obwohl der **Widerspruch des Schuldners** (→ Rn. 1) die Feststellung der Forderung für das Insolvenzverfahren nicht hindert (§ 178 Abs. 1 S. 2), gibt Abs. 1 dem Anmeldenden der bestrittenen Forderung die Möglichkeit (→ Rn. 5), gegen den Schuldner auf Feststellung zu klagen

Klage gegen einen Widerspruch des Schuldners   § 184 InsO

(→ Rn. 10) bzw. einen anhängigen Rechtsstreit mit diesem Ziel aufzunehmen (→ Rn. 13). Damit kann er die Titulierung nach § 201 Abs. 2 und ggf. die Privilegierung nach § 302 Nr. 1 erreichen (→ Rn. 6) – Letzteres auch dann, wenn der Schuldner nur der Anmeldung eines **privilegierten Rechtsgrundes** der Forderung widersprochen hatte (→ Rn. 20). War die Forderung bereits **tituliert**, obliegt nach Abs. 2 S. 1 dem Schuldner die Verfolgung seines Widerspruchs (→ Rn. 14). Anders als beim Widerspruch eines Gläubigers (§ 179 Abs. 2) setzt das Gesetz den Schuldner hier in Zugzwang, indem es in Abs. 2 S. 1, 2 eine **Ausschlussfrist** von einem Monat anordnet (→ Rn. 16), in der er tätig werden muss; darauf hat das Gericht den Schuldner nach Abs. 2 S. 3 **hinzuweisen** (→ Rn. 18).

Übersicht

	Rn.		Rn.
A. Widerspruch des Schuldners	1	C. Betreibungslast des Schuldners (Abs. 2)	14
B. Betreibungslast des Gläubigers (Abs. 1)	5	I. Verfolgung des Widerspruchs	14
I. Interessenlage im Vergleich zu § 179 Abs. 1	6	II. Frist, Tabellenauszüge	16
II. Feststellungsklage oder Aufnahme eines Rechtsstreits	9	D. Widerspruch gegen die Privilegierung	20

A. Widerspruch des Schuldners

Der Widerspruch des (nicht eigenverwaltenden) Schuldners hindert nach § 178 Abs. 1 S. 2 die **1** Feststellung der Forderung nicht – damit lässt er auch ihre vorbehaltlose Teilnahme an der Verteilung und die Ausübung sämtlicher Insolvenzgläubigerrechte durch den Anmelder unberührt. Seine Relevanz liegt vielmehr im Anschluss des Insolvenzverfahrens (im engeren Sinne): Ein nicht ausgeräumter Widerspruch des Schuldners **versperrt die Zwangsvollstreckung** aus dem Tabelleneintrag über die Forderung nach § 201 Abs. 2. Mittelbar kann er – in seltenen Fällen – der Vorbereitung von Haftungsansprüchen gegen den Insolvenzverwalter nach § 60 dienen (→ § 178 Rn. 5.1). Und – praktisch wohl deutlich am wichtigsten – (nur) der Widerspruch des Schuldners **verhindert** die gegenüber dem Schuldner verbindliche Feststellung einer entsprechend angemeldeten Forderung als solche mit einem nach **§ 302 Nr. 1** privilegierten Rechtsgrund, die deshalb von der Restschuldbefreiung ausgenommen wäre.

Der Widerspruch des Schuldners ist in **derselben Form** und **Frist** zu erheben wie der Wider- **2** spruch des Verwalters oder eines Gläubigers (→ § 178 Rn. 8 ff.). Versäumt der Schuldner den Prüfungstermin bzw. den Stichtag im schriftlichen Verfahren, kann ihm – anders als den anderen zum Widerspruch Berechtigten – nach § 186 **Wiedereinsetzung** gewährt werden.

(Nur) der Schuldner kann sich mit seinem Widerspruch (auch oder allein) dagegen wehren, **3** dass für die Forderung ein **nach § 302 Nr. 1 privilegierter Rechtsgrund** festgestellt wird, wenn der Gläubiger diesen nach § 174 Abs. 2 angemeldet hatte. In diesem Fall ist der Schuldner, der Restschuldbefreiung beantragt hat oder dies ausnahmsweise noch tun kann, nach § 175 Abs. 2 vom Gericht auf die Rechtsfolgen des § 302 und auf die Möglichkeit des Widerspruchs hinzuweisen (→ § 175 Rn. 20).

Angesichts der das Insolvenzgläubigerrecht des Anmelders nicht berührenden Wirkungen des **4** Schuldnerwiderspruchs (→ Rn. 1) wird der Schuldner hingegen mit spezifisch insolvenz- oder haftungsrechtlichen Einwendungen (etwa die betreffend den Rang oder die Anfechtbarkeit) nicht gehört, sondern kann nur **sämtliche materiell-rechtlichen Einwendungen** gegen die Forderung anbringen sowie der Behauptung eines privilegierten Rechtsgrundes widersprechen (HmbKommInsR/Herchen Rn. 2; Uhlenbruck/Sinz § 178 Rn. 14) – relevant wird dies vor allem im Feststellungsstreit.

B. Betreibungslast des Gläubigers (Abs. 1)

Die Verteilung der Betreibungslast ist in § 184 **parallel zu § 179** geregelt; auch hier kommt **5** es also maßgeblich darauf an, ob ein Titel für die vom Schuldner bestrittene Forderung existiert oder nicht (K. Schmidt InsO/Jungmann Rn. 2). **Fehlt ein Titel** (zu den Anforderungen → § 179 Rn. 11 ff.), ist es nach Abs. 1 **Sache des Gläubigers**, seine Forderung (auch) gegenüber dem Schuldner feststellen zu lassen. Dies gestattet ihm Abs. 1 auch während des laufenden Insolvenzverfahrens, sodass die §§ 80 ff., insbesondere § 87, diesem Vorgehen nicht entgegenstehen.

Zenker

InsO § 184 Fünfter Teil. Befriedigung der Insolvenzgläubiger. Einstellung des Verfahrens

I. Interessenlage im Vergleich zu § 179 Abs. 1

6 Der wichtigste Unterschied zwischen § 179 Abs. 1 und § 184 Abs. 1 ist der **unterschiedliche Handlungsdruck** für den Anmelder. Während bei § 179 Abs. 1 von der rechtzeitigen Erhebung der Feststellungsklage (§ 189 Abs. 1, 2) die Teilnahme des Gläubigers an den Verteilungen abhängig ist, werden die **Rechte des Gläubigers** durch einen nicht ausgeräumten Schuldnerwiderspruch **nicht eingeschränkt** – allenfalls büßt er die Möglichkeit ein, den Tabellenauszug nach § 201 Abs. 2 als Titel zu gebrauchen (hierfür verlangen K. Schmidt InsO/Jungmann § 201 Rn. 4; MüKoInsO/Hintzen § 201 Rn. 22, dass der Gläubiger vor Beendigung des Insolvenzverfahrens die Klage nach Abs. 1 S. 1 zur Beseitigung des Widerspruchs erhebt; möglicherweise aA BGH NZI 2009, 189 Rn. 7).

7 Selbst dann, wenn der Schuldner Restschuldbefreiung beantragt und der Gläubiger eine **nach § 302 Nr. 1 privilegierte Forderung** angemeldet hat, besteht für die Feststellungsklage des Gläubigers **keine Klagefrist** (BGH NZI 2009, 189 Rn. 7); insbesondere sind weder § 184 Abs. 2 noch § 189 Abs. 1 analog anzuwenden (OLG Stuttgart NZI 2008, 617 (618)). Die Ausnahme der Forderung von der Restschuldbefreiung verlangt nach § 302 Nr. 1 nur, dass sie unter Hinweis auf diesen Rechtsgrund und mit den nach § 174 Abs. 2 erforderlichen Angaben angemeldet wurde. Widerspricht der Schuldner, verhindert er damit, dass das Privileg ihm gegenüber für das Insolvenzverfahren feststeht (→ § 178 Rn. 27.1; von dieser Folge fehlenden Bestreitens geht auch § 175 Abs. 2 aus). Dem Gläubiger hingegen bleibt es unbenommen, auch noch nach Verfahrensaufhebung (bis zur Verjährung der Forderung) die Feststellung des besonderen Rechtsgrundes zu verfolgen oder sogar ohne diese Feststellung erst nach der Restschuldbefreiung die Forderung unter Berufung auf § 302 Nr. 1 geltend zu machen (so wohl auch BGH NZI 2020, 736 Rn. 20 mwN); demgegenüber wird verbreitet die Erteilung der Restschuldbefreiung als zeitliche Grenze genannt (HmbKommInsR/Herchen Rn. 10; Uhlenbruck/Sinz Rn. 14; wie hier AG Göttingen BeckRS 2013, 04751; K. Schmidt InsO/Jungmann Rn. 18).

8 Gerade mit Blick auf das (durch die schuldnerische Insolvenz gesteigerte) Kostenrisiko kann es **für den Gläubiger** durchaus **sinnvoll** (wenn nicht sogar geboten → Rn. 10) sein, den Widerspruch des Schuldners **nicht sofort auszuräumen,** sondern die Entwicklung nach Ende des Insolvenzverfahrens abzuwarten – und erst später zu entscheiden, ob sich das Verfolgen der Nachhaftung lohnt bzw. ob es eines Streits um das Privileg überhaupt bedarf oder ob dem Schuldner die Restschuldbefreiung ggf. ohnehin versagt wird (darauf weist BGH NZI 2009, 189 Rn. 7 hin). Zwar hat **der Schuldner** in der Regel ein berechtigtes Interesse daran, möglichst schnell Gewissheit auch hinsichtlich seiner nachinsolvenzlichen Verpflichtungen zu erlangen – zu diesem Zweck kann er jedoch **selbst tätig werden** und negative Feststellungsklage erheben (BGH NZI 2009, 189 Rn. 12; LG Potsdam BeckRS 2018, 29799 Rn. 19), bei § 302 Nr. 1 Fall 3 aber wohl erst nach Rechtskraft der Verurteilung wegen der Steuerstraftat (offen OLG Hamm NZI 2019, 337 Rn. 37 mwN).

II. Feststellungsklage oder Aufnahme eines Rechtsstreits

9 Entschließt sich der Gläubiger einer nicht titulierten Forderung (bzw. bei fehlender Titulierung des privilegierten Rechtsgrunds), den Widerspruch des Schuldners durch gerichtliche Entscheidung ausräumen zu lassen, so muss er zu diesem Zweck entweder – parallel zu § 180 Abs. 1 – eine **Feststellungsklage** erheben oder – parallel zu § 180 Abs. 2 – einen **anhängigen Rechtsstreit** gegen den Schuldner **aufnehmen.** Ist ein Rechtsstreit über die Forderung anhängig, hat der Gläubiger kein Wahlrecht, sondern muss ihn fortführen statt neu zu klagen.

10 Bei der **Feststellungsklage** (eine Leistungsklage wäre unzulässig, vgl. Uhlenbruck/Sinz Rn. 8 mwN) handelt es sich nicht um eine Insolvenzfeststellungsklage nach §§ 180 ff., sondern um eine „allgemeine" Klage nach **§ 256 ZPO**, auf die die allgemeinen Regeln Anwendung finden (OLG Braunschweig ZInsO 2019, 1389 (1390) = BeckRS 2019, 10952 Rn. 31; HmbKommInsR/Herchen Rn. 10; MüKoInsO/Schumacher Rn. 3; partiell aA K. Schmidt InsO/Jungmann Rn. 4); umgekehrt kann der Schuldner zur Klärung der Rechtslage negative Feststellungsklage erheben (BGH NZI 2009, 189 Rn. 12). Dabei kann das **Feststellungsinteresse** in Frage stehen (vgl. BGH NZI 2013, 801 Rn. 13 f.), wenn ungewiss ist, ob eine nachinsolvenzliche Durchsetzung der Forderung überhaupt in Betracht kommt (etwa wenn Restschuldbefreiung im Raum steht und es sich nicht um eine privilegierte Forderung handelt oder wenn zu erwarten ist, dass die insolvente Gesellschaft nicht fortgeführt wird und auch keine werthaltigen Gegenstände an sie freigegeben werden).

11 Zum **Streitwert** → § 182 Rn. 9.

Hat **nicht nur der Schuldner** widersprochen, sondern auch der Verwalter und/oder wenigs- 12
tens ein Gläubiger und verfolgt der Anmelder seine Forderung gegen alle Bestreitenden, so handelt
es sich um **selbständige Verfahren,** die ggf. nach § 147 ZPO verbunden werden können.
Der Schuldner ist in diesem Fall **einfacher Streitgenosse** der übrigen Bestreitenden (K. Schmidt
InsO/Jungmann Rn. 5 mwN).

Für die **Aufnahme eines unterbrochenen Rechtsstreits** nach Abs. 1 S. 2 und die ggf. 13
erforderlichen Anpassungen der Anträge gelten im Wesentlichen die Ausführungen zu § 180
Abs. 2 entsprechend (→ § 180 Rn. 16 ff.).

C. Betreibungslast des Schuldners (Abs. 2)

I. Verfolgung des Widerspruchs

Liegt für die Forderung ein **Titel** (→ § 179 Rn. 11 ff.) vor, so muss **der Schuldner** nach 14
Abs. 2 S. 1 (in Kraft seit dem 1.7.2007) seinen Widerspruch verfolgen. Ein Rechtsschutz- oder
Feststellungsinteresse des Schuldners kann angesichts der Monatsfrist (→ Rn. 16) nur dann
bezweifelt werden, wenn sicher feststeht, dass jede nachinsolvenzliche Inanspruchnahme des
Schuldners ausscheidet (BGH NZI 2013, 801 Rn. 11) – dies wird so gut wie nie der Fall sein
(vgl. HmbKommInsR/Herchen Rn. 11).

Wie § 179 Abs. 2 dem bestreitenden Gläubiger oder Verwalter (→ § 179 Rn. 17) eröffnet 15
auch Abs. 2 dem Schuldner **keine besonderen Rechtsbehelfe gegen den Titel** – bei rechtskräftigen Titeln ist er daher auf Vollstreckungsgegenklage, Nichtigkeits- oder Restitutionsklage und
die Klage wegen sittenwidriger Erschleichung oder Ausnutzung des Titels nach § 826 BGB
beschränkt (KG NZI 2011, 447; K. Schmidt InsO/Jungmann Rn. 9). Ist der Titel hingegen nicht
rechtskraftfähig, so kann der Schuldner negative Feststellungsklage nach § 256 ZPO erheben.
Wurde ein **Rechtsstreit** über die bereits titulierte Forderung (insbesondere im Rechtsbehelfsverfahren oder zwischen den Instanzen) unterbrochen, so ist er vom Schuldner mit dem geänderten
Rechtsschutzziel der negativen Feststellung **aufzunehmen** und fortzuführen (BGH NZI 2013,
801 Rn. 11). Abs. 2 sieht dies zwar nicht ausdrücklich vor und verweist auch weder auf Abs. 1
S. 2 noch auf § 180 Abs. 2; jedoch kann daraus nicht entnommen werden, dass dieser für alle
anderen Konstellationen vorgesehene Weg hier (ohne ersichtlichen Grund) nicht eröffnet sein soll
(vgl. auch KPB/Pape/Schaltke Rn. 27 ff., 33).

II. Frist, Tabellenauszüge

Das Gesetz bestimmt für die Verfolgung des Widerspruchs eine **Frist von einem Monat** ab 16
Prüfungstermin oder Bestreiten im schriftlichen Verfahren. Für Letzteres ist nicht die tatsächliche
Einreichung des Widerspruchs entscheidend, sondern der vom Gericht bestimmte Stichtag, an
dem das Bestreiten erst Wirksamkeit erlangt (Uhlenbruck/Sinz Rn. 17; aA HmbKommInsR/
Herchen Rn. 15). Für die Fristberechnung gelten § 188 Abs. 2 BGB, § 187 Abs. 1 BGB (aA
Uhlenbruck/Sinz Rn. 17, wohl mit Blick auf die angestrebte Parallele zu § 878 ZPO, die im
Wortlaut zum Fristbeginn aber keinen Niederschlag gefunden hat). Es handelt sich um eine
Ausschlussfrist, jedoch nicht um eine Notfrist, sodass eine Wiedereinsetzung ausscheidet
(K. Schmidt InsO/Jungmann Rn. 8); eine Ausnahme gilt bei unterbliebenem oder verspätetem
Hinweis nach Abs. 2 S. 3 (→ Rn. 18). Der Nachweis der Rechtsverfolgung nach **Abs. 2 S. 4**
muss nicht noch innerhalb der Frist erfolgen, aber die Rechtzeitigkeit umfassen.

Bei **Fristversäumung** gilt der Widerspruch des Schuldners im Umfang des Titels nach **Abs. 2** 17
S. 2 als nicht erhoben – die nachinsolvenzliche Vollstreckung aus dem Tabellenauszug ist daher
(sofern die Forderung festgestellt wurde) nach § 201 Abs. 2 S. 1 möglich, dem (titulierten) nach
§ 302 Nr. 1 privilegierten Rechtsgrunds kann der Schuldner nicht mehr entgegentreten.

Nach **Abs. 2 S. 3** sind Schuldner und Gläubiger beglaubigte Tabellenauszüge zu erteilen und 18
ist der Schuldner **auf die Folgen der Fristversäumung hinzuweisen.** Zwar läuft die Frist
nach Abs. 2 S. 1 unabhängig von diesem Hinweis, der nicht notwendig mit der Erteilung der
Tabellenauszüge verbunden werden muss (aA offenbar HmbKommInsR/Herchen Rn. 4, 15, der
deshalb eine überflüssige zusätzliche Hinweispflicht konstruiert). Jedoch ist er zweckmäßigerweise
im Prüfungstermin oder unverzüglich nach dem Stichtag für die schriftliche Forderungsprüfung
und jedenfalls innerhalb der Frist so rechtzeitig zu erteilen, dass der Schuldner sie noch wahren
kann. Ist dies nicht geschehen, wird dem Schuldner ausnahmsweise **analog § 186 Wiedereinsetzung** zu gewähren sein (K. Schmidt InsO/Jungmann Rn. 8 mwN).

InsO § 185 Fünfter Teil. Befriedigung der Insolvenzgläubiger. Einstellung des Verfahrens

19 Die **Tabellenauszüge** nach Abs. 2 S. 3 dienen dem Nachweis der insolvenzrechtlichen Situation im Rahmen der Forderungs- bzw. Widerspruchsverfolgung – sie sollten daher nicht nur bei titulierten Forderungen erteilt werden, sondern (jedenfalls dem Gläubiger) auch im Fall des Abs. 1.

D. Widerspruch gegen die Privilegierung

20 Wie eingangs erwähnt (→ Rn. 1), kommt § 184 **besondere Bedeutung** dort zu, wo der Schuldner Restschuldbefreiung erstrebt und der Gläubiger eine Forderung unter Geltendmachung eines nach **§ 302 Nr. 1** privilegierten Rechtsgrunds anmeldet. In diesen Fällen kann der Schuldner der Forderung nicht nur insgesamt, sondern auch **beschränkt auf den Rechtsgrund** widersprechen (isolierter Widerspruch). Der Rechtsgrund kann nur vom Schuldner, nicht vom Verwalter oder einem anderen Gläubiger bestritten werden. Der isolierte Widerspruch des Schuldners lässt die **Titelqualität des Tabellenauszugs** nach § 201 Abs. 2 InsO unberührt (BGH NZI 2014, 568 Rn. 13). Auch wenn der Gläubiger damit einen Vollstreckungstitel in Händen hat und der Schuldner so selbst in den Fällen von Abs. 1 tätig werden müsste, um eine spätere Vollstreckung abzuwenden, kann man dem Gläubiger regelmäßig das Feststellungsinteresse für die Klage nach Abs. 1 S. 1 nicht absprechen (näher Schneider MDR 2018, 1227).

21 Auf den Widerspruch gegen die Privilegierung – isoliert oder nicht – finden § 184 und die vorstehenden Ausführungen Anwendung. Bei der Unterscheidung zwischen titulierten (Abs. 1) und nicht titulierten (Abs. 2) Forderungen ist allerdings entscheidend, ob der **Titel auch den privilegierten Rechtsgrund** regelnd umfasst – dies ist bei Gerichtsentscheidungen praktisch nur dann der Fall, wenn der Tenor eine **gesonderte Feststellung** des Rechtsgrundes enthält, da die Titulierung sich nicht auf die Entscheidungsgründe bezieht (K. Schmidt InsO/Jungmann Rn. 16). Selbst dann, wenn die Rechtsfolge rechtlich nur aus einem privilegierten Rechtsgrund folgen kann, sollte schon aus Gründen der Rechtssicherheit nichts anderes gelten (vgl. BGHZ 183, 77 = NZI 2010, 69 Rn. 16). Zur Titulierung durch Bescheid → § 185 Rn. 7.

22 Wenn danach zwar die Forderung, nicht aber der Rechtsgrund tituliert ist, so findet für ihn Abs. 1 Anwendung – und zwar auch dann, wenn der Schuldner sich gegen die Forderung insgesamt zur Wehr setzt. In letzterem Fall kommt es zur **Kombination von Abs. 1 und Abs. 2** etwa mit der Folge, dass eine Fristversäumnis des Schuldners nicht seinen Widerspruch gegen den privilegierten Rechtsgrund entfallen lässt.

23 Ausführlich – und teils kontrovers – zu (im Wesentlichen nur scheinbaren) Besonderheiten bei isoliertem Schuldnerwiderspruch bzw. „Attributsklagen" etwa HmbKommInsR/Herchen Rn. 18 ff.; K. Schmidt InsO/Jungmann Rn. 10 ff.

§ 185 Besondere Zuständigkeiten

¹Ist für die Feststellung einer Forderung der Rechtsweg zum ordentlichen Gericht nicht gegeben, so ist die Feststellung bei dem zuständigen anderen Gericht zu betreiben oder von der zuständigen Verwaltungsbehörde vorzunehmen. ²§ 180 Abs. 2 und die §§ 181, 183 und 184 gelten entsprechend. ³Ist die Feststellung bei einem anderen Gericht zu betreiben, so gilt auch § 182 entsprechend.

Überblick

Die Vorschrift stellt in S. 1 klar (→ Rn. 1), dass abweichend von § 180 Abs. 1 S. 1 für den Feststellungsstreit nicht zwingend der ordentliche Rechtsweg gegeben sein muss, dass vielmehr ggf. beim zuständigen Gericht (→ Rn. 1) des **eröffneten Rechtswegs** (→ Rn. 4) zu klagen ist oder dass unter Umständen sogar eine Feststellung durch eine **Verwaltungsbehörde** erfolgen kann, gegen die dann der Bestreitende mit den eröffneten (außergerichtlichen und gerichtlichen) Rechtsbehelfen seinen Widerspruch verfolgen kann (→ Rn. 3). In S. 2 und S. 3 werden ebenfalls klarstellend die weiteren **Vorschriften der §§ 180–184** für entsprechend anwendbar erklärt (→ Rn. 2).

A. Verhältnis zu § 180 Abs. 1/Regelungsgehalt

1 Auf den ersten Blick scheint § 180 Abs. 1 Feststellungsstreitigkeiten, die nicht durch Aufnahme eines anhängigen Rechtsstreits (§ 180 Abs. 2, → § 180 Rn. 18) auszutragen sind, ungeachtet der Rechtsnatur der (angeblichen) Insolvenzforderung im Wege einer aufdrängenden Sonderzuwei-

Besondere Zuständigkeiten   § 185 InsO

sung dem ordentlichen Rechtsweg zuzuschlagen. Aus S. 1 folgt jedoch (klarstellend), dass dies nicht der Fall ist: Die §§ 180–184 gelten unmittelbar nur dann, wenn für die Feststellung der angemeldeten Forderung ohnehin der ordentliche Rechtsweg eröffnet ist. Gehört die **Forderung nach ihrem Inhalt** hingegen in einen **anderen Rechtsweg**, so bleibt es zunächst umfassend bei den **hierfür geltenden Zuständigkeiten und Verfahrensvorschriften** (ebenso für § 89 Abs. 3 AG Köln BeckRS 2021, 15956 Rn. 22 ff.) – auch eine örtliche Konzentration nach dem Vorbild von § 180 Abs. 1 S. 2 und S. 3 findet nicht statt (Andres/Leithaus/Leithaus Rn. 3; aA offenbar ArbG Reutlingen BeckRS 2020, 1559 Rn. 15). Dem deutschen Recht ist eine vis attractiva concursus, die diese Regelungen überwinden könnte, fremd – üblicherweise wird diese Entscheidung mit der besonderen Sachkompetenz der Fachgerichtsbarkeiten und -behörden gerechtfertigt (etwa HessLAG NJOZ 2017, 1413; K. Schmidt InsO/Jungmann Rn. 1; MüKoInsO/Schumacher Rn. 1).

Aus S. 2 und S. 3 ergibt sich freilich, dass die **§§ 180 Abs. 2, 181–184,** in denen im Wesentlichen die Verbindung der Feststellung mit dem und ihre Auswirkungen auf das Insolvenzverfahren geregelt werden, **dennoch entsprechend gelten.** Eine gewisse Sonderrolle nimmt dabei der in S. 3 auch eigens herausgehobene **§ 182** ein, da er zum einen nur bei gerichtlichen Verfahren passt (behutsam erweiternd MüKoInsO/Schumacher Rn. 4) und zum anderen keinen unmittelbaren Bezug zum Insolvenzverfahren hat – er beantwortet jedoch rechtswegunabhängig eine Frage, die in gerichtlichen Verfahren aus verschiedenen Gründen (in anderen Rechtswegen als dem ordentlichen wohl insbesondere mit Blick auf Anwalts- und ggf. Gerichtsgebühren) Bedeutung erlangen kann, sodass seine flächendeckende Anwendung schlicht opportun ist.   2

B. Konsequenz

Die wohl wichtigste praktische Konsequenz der Vorschrift ist, dass dort, wo der Gläubiger seine **Forderung selbst durch hoheitlichen Bescheid festsetzen** kann – also insbesondere (vielfach) im Steuer-, Verwaltungs- und Sozialrecht –, diese Möglichkeit grundsätzlich auch nach Eröffnung des Insolvenzverfahrens und Bestreiten der Forderung noch fortbesteht (MüKoInsO/Schumacher Rn. 1, 4). Im Steuerrecht ordnet **§ 251 Abs. 3 AO** dies ausdrücklich an (zu § 185 bei Steuerforderungen eingehend MüKoInsO/Schumacher Rn. 5 ff.); auch im Sozialrecht kann bspw. die Krankenkasse als Einzugsstelle aber aufgrund der fortbestehenden Kompetenz nach **§ 28h Abs. 2 S. 1 SGB IV** die Beitragsforderung unmittelbar durch Bescheid feststellen (KPB/Pape/Schaltke Rn. 4; → Rn. 3.1). Nichts anderes gilt für die nach § 49a Abs. 1 S. 2 VwVfG (bzw. entsprechendem Landesrecht) durch Bescheid festzusetzende Erstattung nach Aufhebung eines Verwaltungsakts (VG Berlin BeckRS 2016, 41079). Einer direkten Insolvenzfeststellungsklage würde in diesen Fällen das Rechtsschutzbedürfnis fehlen (HessLSG BeckRS 2020, 5969 Rn. 29; KPB/Pape/Schaltke Rn. 3). Der Feststellungsbescheid ergeht unmittelbar gegen den Bestreitenden (bei mehreren Bestreitenden: gegen alle, KPB/Pape/Schaltke Rn. 3), der seinen Widerspruch dann nur noch durch **Vorgehen gegen diesen behördlichen Bescheid** verfolgen kann (MüKoInsO/Schumacher Rn. 4; jedoch nicht im Eilverfahren BayLSG NZI 2017, 22 (23 f.)) – letztlich wird so „durch die Hintertür" nachträglich die Situation des § 179 Abs. 2 (bzw. § 184 Abs. 2) herbeigeführt. War bereits **vor Eröffnung des Verfahrens ein Bescheid** gegen den Schuldner erlassen worden, ist dieser nach § 179 Abs. 2 bzw. § 184 Abs. 2 direkt vom Bestreitenden mit den eröffneten (behördlichen bzw. gerichtlichen) Rechtsbehelfen anzugreifen (KPB/Pape/Schaltke Rn. 3). Der Steuergläubiger kann gleichwohl noch einen Feststellungsbescheid erlassen und so die Feststellung seines Insolvenzgläubigerrechts aktiv betreiben bzw. den Bestreitenden zum Handeln zwingen (BFH NZI 2010, 496 Rn. 13 ff. mAnm de Weerth NZI 2010, 497). Dies gilt jedoch dann nicht, wenn bereits ein Anfechtungsverfahren (ggf. auch ein Einspruchsverfahren, FG Nürnberg BeckRS 2002, 21009995) schwebte und nach § 240 ZPO unterbrochen wurde – in diesem Fall muss nach § 185 S. 2, § 180 Abs. 2 die Feststellung durch Aufnahme dieses Verfahrens betrieben werden (BFH NZI 2016, 92 Rn. 17; NZI 2010, 496 Rn. 15 mAnm de Weerth NZI 2010, 497; BStBl II 2005, 591 = DStRE 2005, 850 (851 f.)), das daneben oder stattdessen weiterhin auf die Aufhebung des Bescheids gerichtet sein kann (BFH NJW 1978, 2120); ein gleichwohl ergangener Feststellungsbescheid ist rechtswidrig, soll aber – zweifelhaft – nicht nichtig sein (BFH BStBl II 2005, 591 = DStRE 2005, 850 (852); FG Nürnberg BeckRS 2002, 21009995). Wird ein **Feststellungsbescheid unanfechtbar,** gilt § 183 entsprechend (BFH BStBl II 2016, 482 = NZI 2016, 411 Rn. 24); schwebt daneben ein Feststellungsprozess, entfällt – auch noch in der Revisionsinstanz – das Feststellungsinteresse (BFH NZI 2016, 92 Rn. 20 f.).   3

Der Bescheid muss zwar als solcher **keinen vollstreckbaren Inhalt** haben (aA SG Itzehoe ZInsO 2018, 57 (58) = BeckRS 2017, 132459 Rn. 15) – den haben etwa Feststellungsbescheide nach § 251   3.1

Abs. 3 AO nie –, aber doch grundsätzlich vom **Gläubiger** erlassen worden sein bzw. mit Wirkung für ihn die Forderung verbindlich feststellen. Deshalb ist ein **Betriebsprüfungsbescheid** der Rentenversicherung nicht ausreichend; erforderlich ist ein Bescheid der Krankenversicherung als **Einzugsstelle** (insoweit überzeugend SG Itzehoe ZInsO 2018, 57 (58) = BeckRS 2017, 132459 Rn. 19 unter Hinweis auf BSG NZI 2016, 27 Rn. 23). Ebenfalls nicht ausreichend ist eine bloße **Prüfmitteilung** ohne Regelungscharakter, unabhängig davon, ob die Betriebsprüfung beanstandungsfrei verlief oder nicht (HessLSG BeckRS 2020, 5969 Rn. 30 ff.).

C. Eröffneter Rechtsweg

4   Welcher Rechtsweg für eine Forderung – und damit auch nach § 185 für den Feststellungsstreit – eröffnet ist, entscheidet sich nach der **Rechtsnatur** der Forderung und des Rechtsverhältnisses, aus dem sie hergeleitet wird (GmS-OGB BGHZ 102, 280 (283) = NJW 1988, 2295 (2296); BGH BeckRS 2009, 10293 Rn. 10 = ZIP 2009, 825). Aus der **Verschiebung in den Parteien** – der Feststellungsstreit wird (jenseits von § 184) nicht mehr zwischen Gläubiger und Schuldner, sondern zwischen Gläubiger und Insolvenzverwalter bzw. anderem Gläubiger ausgetragen – folgt keine Änderung des Rechtswegs. Insbesondere bleiben die Arbeitsgerichte für die Feststellung einer Lohnforderung zuständig, auch wenn auf Beklagtenseite nicht der Schuldner als Arbeitgeber, sondern ein anderer Gläubiger steht (K. Schmidt InsO/Jungmann Rn. 5).

5   Auch eine Rechtsnachfolge, insbesondere durch (rechtsgeschäftliche oder gesetzliche) **Zession** der Forderung ändert ihre Rechtsnatur nicht, sodass § 185 anwendbar bleibt (KPB/Pape/Schaltke Rn. 10 mwN; K. Schmidt InsO/Jungmann Rn. 2; aA noch BGH NJW 1973, 1077 (1078)).

6   Trotz größerer Sachnähe der ordentlichen Gerichte entspricht es wohl § 185 am ehesten, wenn man die Fachbehörden und -gerichte auch als zur Entscheidung über den **insolvenzrechtlichen Rang** (insbesondere nach §§ 38 f.) berufen selbst dann ansieht, wenn sich der Widerpruch auf den Rang beschränkt (KPB/Pape/Schaltke Rn. 1; Uhlenbruck/Sinz Rn. 2).

7   Besonderheiten gelten jedoch für die **Feststellung der Privilegierung** nach § 302 Nr. 1. Eine **behördliche Kompetenz** zur Feststellung des privilegierten Rechtsgrunds durch Bescheid **besteht nicht** (BVerwG NZI 2013, 550 Rn. 10; Andres/Leithaus/Leithaus Rn. 2; eingehend KPB/Pape/Schaltke Rn. 6; K. Schmidt InsO/Jungmann Rn. 3; Uhlenbruck/Sinz Rn. 5 mwN; aA LG Itzehoe NZI 2009, 689 (691); AG Hamburg NZI 2007, 123; Braun/Specovius Rn. 4; HmbKommInsR/Herchen Rn. 4); ein solcher Bescheid ist nichtig (SächsLSG NZI 2019, 800 Rn. 28). **Anders** entscheidet jedoch – zweifelhaft (skeptisch auch OLG Hamm NZI 2019, 337 Rn. 22 f.) – der **BFH** (NJW 2019, 327 Rn. 13 ff.; vgl. auch FG Düsseldorf BeckRS 2020, 8592 Rn. 20) für die Feststellung der rechtskräftigen Verurteilung wegen einer Steuerstraftat durch Bescheid nach § 251 Abs. 3 AO.

8   **Beschränkt sich der Widerspruch** des Schuldners allein auf den nach § 302 Nr. 1 privilegierten Rechtsgrund der Forderung, handelt es sich beim Feststellungsstreit jedenfalls dann um eine allein zivil- und insolvenzrechtlich determinierte, **bürgerlich-rechtliche Streitigkeit** nach § 13 GVG, für die stets der ordentliche Rechtsweg eröffnet ist (BGH BeckRS 2010, 30435 = ZInsO 2011, 44; vgl. auch BSG NZI 2014, 872 Rn. 6 ff.; BayLSG NZI 2017, 22 (23); HessLSG BeckRS 2020, 5969 Rn. 27), wenn es um die Frage danach geht, ob es sich um eine Forderung aus einer vorsätzlichen unerlaubten Handlung bzw. aus einer vorsätzlichen Verletzung der Unterhaltspflicht handelt (zur funktionellen Zuständigkeit im zweiten Fall vgl. KPB/Pape/Schaltke Rn. 8a). Die von § 302 Nr. 1 ebenfalls privilegierten Steuerverbindlichkeiten bleiben hingegen Steuerverbindlichkeiten, auch wenn der Schuldner im Zusammenhang mit ihnen wegen einer Steuerstraftat verurteilt worden ist; deshalb sprechen wohl die besseren Gründe für eine Anwendung von § 185 (so wohl auch BFH NJW 2019, 327 Rn. 17; aA Hain VIA 2021, 33 (34); K. Schmidt InsO/Jungmann Rn. 3 mwN; Schmittmann DZWIR 2021, 86 (88); offengelassen von BGH NZI 2021, 36 Rn. 6; OLG Karlsruhe BeckRS 2019, 50617 Rn. 22; OLG Hamm NZI 2019, 337 Rn. 22), auch wenn bei der Feststellung der Reichweite des Privilegs ggf. die strafrechtliche Verurteilung näher zu analysieren ist (darauf weist OLG Hamm NZI 2019, 337 Rn. 23, hin).

9   Aus prozessökonomischen Gründen wird man bei einem **umfassenden Widerspruch** des Schuldners demgegenüber § 185 anwenden und die Zuständigkeit der Fachgerichte auch auf die Entscheidung über die Privilegierung erstrecken müssen (so auch KPB/Pape/Schaltke Rn. 9; Uhlenbruck/Sinz Rn. 1 mwN; möglicherweise aA HessLSG BeckRS 2020, 5969 Rn. 27).

§ 186 Wiedereinsetzung in den vorigen Stand

(1) ¹Hat der Schuldner den Prüfungstermin versäumt, so hat ihm das Insolvenzgericht auf Antrag die Wiedereinsetzung in den vorigen Stand zu gewähren. ²§ 51 Abs. 2, § 85 Abs. 2, §§ 233 bis 236 der Zivilprozeßordnung gelten entsprechend.

(2) ¹Die den Antrag auf Wiedereinsetzung betreffenden Schriftsätze sind dem Gläubiger zuzustellen, dessen Forderung nachträglich bestritten werden soll. ²Das Bestreiten in diesen Schriftsätzen steht, wenn die Wiedereinsetzung erteilt wird, dem Bestreiten im Prüfungstermin gleich.

Überblick

Anders als die Insolvenzgläubiger kann der **Schuldner** (→ Rn. 1) gem. Abs. 1, wenn er den Prüfungstermin (oder den Stichtag der Prüfung im schriftlichen Verfahren) schuldlos (→ Rn. 6) versäumt hat (→ Rn. 3), **Wiedereinsetzung** in den vorigen Stand nach den Regelungen der ZPO erlangen (→ Rn. 6), um noch Forderungen bestreiten zu können. Zwar hindert sein Widerspruch nach § 178 Abs. 1 S. 2 die Feststellung der Forderung für das Insolvenzverfahren nicht, jedoch kann er so noch die Titulierung nach § 201 Abs. 2 und ggf. das Privileg nach § 302 Nr. 1 verhindern. Nach Abs. 2 sind dem Gläubiger, dessen Forderung der Schuldner nachträglich bestreiten will, die Schriftsätze des Schuldners **zuzustellen** (→ Rn. 8). Der **schriftliche Widerspruch** des Schuldners steht bei erfolgter Wiedereinsetzung dem Bestreiten im Prüfungstermin gleich (→ Rn. 9).

A. Anwendungsbereich

I. Persönlich

Die (auch von Art. 103 Abs. 1 GG gebotene, HmbKommInsR/Preß Rn. 1) Möglichkeit, Wiedereinsetzung zu erlangen und so angemeldete Forderungen noch nachträglich zu bestreiten, wird vom Gesetz allein **dem Schuldner** eingeräumt, auch wenn sein Widerspruch nach § 178 Abs. 1 S. 2 die Feststellung der Forderung nicht hindert, sondern nur die Titulierung nach § 201 Abs. 2 sowie ggf. das Privileg nach § 302 Nr. 1 sperren kann. Bei **Eigenverwaltung** ist die Vorschrift mit der Maßgabe anzuwenden, dass § 283 Abs. 1 S. 2 für vom Schuldner im Rahmen der Wiedereinsetzung bestrittene Forderungen nicht gilt (vgl. KPB/Pape/Schaltke Rn. 3; MüKo-InsO/Schumacher Rn. 2) – die bereits erfolgte Feststellung der Forderung wird also auch hier nicht infrage gestellt, der Schuldner kann aber seine persönliche Betroffenheit nach Verfahrensende begrenzen bzw. ausschließen. 1

Eine entsprechende Anwendung auf **andere Verfahrensbeteiligte** – vor allem Insolvenzgläubiger, da die Anwesenheit des Insolvenzverwalters bzw. Sachwalters in der Regel zwingende Voraussetzung zur Durchführung des Prüfungstermins ist (→ § 176 Rn. 4) – scheidet aus (KPB/Pape/Schaltke Rn. 2; Nerlich/Römermann/Becker Rn. 4; Uhlenbruck/Sinz Rn. 3; aA für den Verwalter bei schriftlichem Verfahren AG Düsseldorf BeckRS 2020, 13031 Rn. 35; → Rn. 2.1). Hier überwiegt das allgemeine Interesse an Rechtssicherheit und Verfahrensbeschleunigung das Einzelinteresse am Bestreiten einer Insolvenzforderung, zumal die anwesenden Gläubiger sowie der Insolvenzverwalter bzw. Sachwalter letztlich ebenso die Interessen der abwesenden Gläubiger daran wahrnehmen, die Feststellung unbegründeter Forderungen zu verhindern. 2

Das **AG Düsseldorf** (BeckRS 2020, 13031 Rn. 30 ff.) will bei der Prüfung im **schriftlichen Verfahren** § 186 analog auf den Verwalter anwenden, der seinen Widerspruch unverschuldet nicht innerhalb der Frist beim Insolvenzgericht einreicht. Zur Begründung wird darauf hingewiesen, dass § 186 vom Stattfinden eines Prüfungstermins ausgehe und damit von einer Situation, in der der Verwalter stets anwesend sein müsse und seine Widersprüche anbringen könne. Das schriftliche Verfahren sei erst nachträglich eingeführt worden – ohne zu bedenken, dass es dadurch zu Situationen kommen könne, in denen auch der Verwalter schuldlos am Widerspruch gehindert sei. Es handele sich daher um eine „unbewusste Regelungslücke", die im Wege der Analogie geschlossen werden könne. Mit den ausdrücklich – wenn auch ohne nähere Begründung – abweichenden Literaturstimmen (Nerlich/Römermann/Becker Rn. 4; Uhlenbruck/Sinz Rn. 3) setzt sich das Gericht ebenso wenig auseinander wie mit den weiteren Voraussetzungen der Analogie, namentlich der Vergleichbarkeit der Interessenlagen; an Letzterer dürfte es aber fehlen, die Analogie damit scheitern. Da auch Nachmeldungen über den Insolvenzverwalter erfolgen müssen (→ § 174 Rn. 13) und er diese dann wohl meist zusammen mit seinem (vorläufigen) Prüfungsergebnis an das Insolvenzgericht 2.1

weiterleiten wird, dürfte die Frage jedoch selten praktisch relevant werden. Im Düsseldorfer Fall sprach zudem offenbar viel dafür, dass der Verwalter seinen Widerspruch rechtzeitig eingereicht hatte, er jedoch beim Gericht „untergegangen" war – dann wäre es auf die Wiedereinsetzung ohnehin nicht angekommen, und das Insolvenzgericht hätte die Tabelle schlicht berichtigen können.

II. Sachlich

3   Den Antrag auf Wiedereinsetzung in den vorigen Stand kann grundsätzlich (nur) der Schuldner stellen, der den (allgemeinen oder besonderen) **Prüfungstermin versäumt** hat, in dem die nachträglich zu bestreitende Forderung geprüft wurde. Hat der Schuldner den Prüfungstermin nur teilweise versäumt, so kann und muss er dennoch Wiedereinsetzung beantragen, wenn er in seiner Abwesenheit bereits abschließend geprüfte Forderungen nachträglich bestreiten will (so wohl auch Uhlenbruck/Sinz Rn. 2). Wenn der Schuldner zum Prüfungstermin zwar erscheint, aber nicht vorbereitet ist oder aus sonstigen Gründen das Bestreiten unterlässt, ist § 186 nicht (entsprechend) anwendbar (AG Göttingen ZInsO 2004, 516; Braun/Specovius Rn. 2). Anderes muss aber dann gelten, wenn der Schuldner im Prüfungstermin nicht prozessfähig ist (MüKoInsO/Schumacher Rn. 1) oder wenn das Gericht ihn **entgegen § 175 Abs. 2** nicht auf die Folge eines fehlenden Widerspruchs bei als nach § 302 Nr. 1 privilegiert angemeldeten Forderungen hingewiesen hat (AG Duisburg NZI 2008, 628; AG Göttingen ZInsO 2016, 648 (649); implizit BGH NZI 2016, 238; Uhlenbruck/Sinz Rn. 2) – ein allgemeiner Hinweis auf die Titulierung bei fehlendem Widerspruch ist hingegen nicht erforderlich (AG Göttingen ZInsO 2004, 516).

4   Daneben ist § 186 **entsprechend anzuwenden,** wenn die Forderungsprüfung (nach § 177 oder nach § 5 Abs. 2 S. 1) **im schriftlichen Verfahren** stattfindet und der Schuldner die dortige Ausschlussfrist versäumt (BGH NZI 2014, 724 Rn. 7; KPB/Pape/Schaltke Rn. 4; Uhlenbruck/Sinz Rn. 2).

5   Der Antrag des Schuldners auf Wiedereinsetzung ist nicht etwa (zB mit Blick auf sein Rechtsschutzinteresse) dann ausgeschlossen, wenn die Forderung bereits wirksam vom Insolvenzverwalter oder von einem Gläubiger bestritten worden ist. Das **berechtigte Interesse des Schuldners** daran, der Forderung auch selbst zu widersprechen, folgt daraus, dass sich der andere Widerspruch ohne Mitwirkung des Schuldners etwa durch Rücknahme oder gerichtliche Klärung erledigen kann (MüKoInsO/Schumacher Rn. 1).

B. Voraussetzungen der Wiedereinsetzung

6   Die Vorschrift enthält in Abs. 1 S. 2 einen **eingeschränkten Rechtsgrundverweis** auf die einschlägigen Regelungen der ZPO (§§ 233–236 ZPO, § 51 Abs. 2 ZPO und § 85 Abs. 2 ZPO) – eingeschränkt (nur) insoweit, als der Schuldner keine Notfrist oder Rechtsmittelbegründungsfrist verpasst haben muss, sondern eben den Prüfungstermin (bzw. die Ausschlussfrist im schriftlichen Verfahren). Neben den dort geregelten **Formalien** ist daher wesentliche materielle Voraussetzung, dass der Schuldner seine Säumnis **nicht verschuldet** hat (§ 233 S. 1 ZPO). Nach den entsprechend anwendbaren § 51 Abs. 2 ZPO und § 85 Abs. 2 ZPO muss sich der Schuldner das Verschulden seines gesetzlichen Vertreters sowie seines Bevollmächtigten zurechnen lassen – nicht aber das Verschulden der Gehilfen dieser Personen (näher KPB/Pape/Schaltke Rn. 7 sowie sämtliche Kommentare zu § 233 ZPO). Unterlässt das Gericht die Belehrung nach § 175 Abs. 2 (→ Rn. 3), so wird das fehlende Verschulden analog § 233 S. 2 ZPO vermutet; Gleiches wird gelten, wenn die Belehrung entgegen § 172 ZPO nur dem Schuldner, nicht aber (wenigstens auch) seinem Verfahrensbevollmächtigten zugestellt wird (vgl. AG Göttingen ZInsO 2016, 648 (650)).

7   Der **Antrag** auf Wiedereinsetzung ist unter Glaubhaftmachung der Tatsachen, aus denen das fehlende Verschulden folgt, schriftlich oder zu Protokoll der Geschäftsstelle (§ 4 iVm § 496 ZPO) beim **Insolvenzgericht** zu stellen. Die **Antragsfrist** beträgt nach § 234 Abs. 1 S. 1, Abs. 2 ZPO zwei Wochen ab Behebung des Hindernisses – aus Gründen der Rechtssicherheit gilt jedoch grundsätzlich (zu Ausnahmen → Rn. 7.1) eine objektive Höchstfrist von einem Jahr ab dem versäumten Prüfungstermin bzw. Stichtag im schriftlichen Verfahren (§ 234 Abs. 3 ZPO). Die Beendigung des Insolvenzverfahrens steht dem (fristgemäßen) Antrag nicht entgegen (AG Duisburg NZI 2008, 628 (629); KPB/Pape/Schaltke Rn. 9). Innerhalb der Antragsfrist (ggf. auch verbunden mit dem Antrag) ist nach § 236 Abs. 2 S. 2 ZPO die versäumte Prozesshandlung, also der **Widerspruch** gegen genau bezeichnete Insolvenzforderungen (insgesamt, teilweise oder bezogen auf den privilegierten Rechtsgrund), **nachzuholen.**

7.1   Aus rechtsstaatlichen Gründen ist die **Höchstfrist des § 234 Abs. 3 ZPO nicht anzuwenden,** wenn die Fristversäumnis ihren **Grund allein in der Sphäre des Gerichts** hat (BGH NZI 2016, 238 Rn. 7 f.;

AG Duisburg NZI 2008, 628 (629)). Dies gilt insbesondere bei einer gänzlich **unterlassenen Belehrung nach § 175 Abs. 2** (nicht aber bei Zustellungshindernissen aus der Sphäre des Schuldners, BGH NZI 2016, 238 Rn. 9). Nach Auffassung des AG Duisburg (NZI 2008, 628 (629)) soll hier eine Wiedereinsetzung auch noch Jahre später und nach Ende des Insolvenzverfahrens, Gewährung der Restschuldbefreiung und Erteilung einer Vollstreckungsklausel für den Gläubiger in Betracht kommen. Schutzwürdige Interessen des betroffenen Gläubigers stünden nicht entgegen, da er keinen materiellen Rechtsverlust erleide – es werde nur nachträglich eine verfahrensrechtliche Lage hergestellt, die bei ordnungsgemäßer Belehrung ohnehin bereits bestünde. Man wird hier jedenfalls (trotz analoger Anwendung von § 233 Abs. 1 S. 2 ZPO) genau prüfen müssen, ob das Hindernis der unverschuldeten Unkenntnis tatsächlich nicht vorher entfallen war. Aber auch unabhängig davon darf bezweifelt werden, dass die Wiedereinsetzung (und nicht die Amtshaftung) hier noch der sachgerechte Rechtsbehelf für den Schuldner ist. Mit Blick auf die Subsidiarität der Amtshaftung wird dem Schuldner aber wenigstens praktisch der Wiedereinsetzungsantrag zu empfehlen sein.

C. Verfahren und Entscheidung

Das Insolvenzgericht stellt nach **Abs. 2 S. 1 iVm § 8** (aA (§ 270 ZPO) K. Schmidt InsO/ Jungmann Rn. 2; eine öffentliche Bekanntmachung nach § 9 Abs. 3 scheidet in aller Regel aus, vgl. Nerlich/Römermann/Becker Rn. 15) von Amts wegen den Antrag nebst Anlagen sowie evtl. weitere Erklärungen des Schuldners und den nachgeholten Widerspruch dem Gläubiger zu, dessen Forderung nachträglich bestritten werden soll – sollen Forderungen mehrerer Gläubiger bestritten werden, allen von ihnen (Jaeger/Gerhardt Rn. 12), ggf. beschränkt auf den sie betreffenden Auszug (Uhlenbruck/Sinz Rn. 9). Ihm bzw. ihnen ist **Gelegenheit zur Stellungnahme** zu geben (Andres/Leithaus/Leithaus Rn. 4; Jaeger/Gerhardt Rn. 12). Der Insolvenzverwalter ist am Wiedereinsetzungsverfahren nicht beteiligt (BGH NZI 2014, 724 Rn. 10). 8

Die Entscheidung ist dem Schuldner und dem beteiligten Gläubiger zuzustellen. Wird die Wiedereinsetzung gewährt, so steht nach **Abs. 2 S. 2** das schriftsätzlich nachgeholte Bestreiten dem Bestreiten im Prüfungstermin gleich – es wird also **kein neuer Prüfungstermin** oder ein schriftliches Verfahren zur Ermöglichung einer Erörterung der Forderung anberaumt (Uhlenbruck/Sinz Rn. 10 mwN; aA wohl nur Nerlich/Römermann/Becker Rn. 19 ff.). Das Insolvenzgericht berichtigt nach Rechtskraft der Entscheidung die **Insolvenztabelle** von Amts wegen (AG Duisburg NZI 2008, 628 (630); AG Göttingen ZInsO 2016, 648 (650); ein Antrag nach § 183 Abs. 2 ist nicht erforderlich), indem es nach § 178 Abs. 2 S. 2 einen Widerspruch des Schuldners einträgt (aA Nerlich/Römermann/Becker Rn. 20). Sollte dem Gläubiger bereits eine Vollstreckungsklausel erteilt worden sein, so kann mit dem Wiedereinsetzungsantrag eine Klauselerinnerung nach § 732 Abs. 1 ZPO verbunden werden, über die ebenfalls das Insolvenzgericht entscheidet (AG Duisburg NZI 2008, 628 (629)). 9

Funktionell zuständig für die Entscheidung nach § 186 ist in der Regel der **Rechtspfleger** (KPB/Pape/Schaltke Rn. 14); gegen seine – stattgebende ebenso wie versagende – Entscheidung ist die **sofortige Erinnerung** nach § 11 Abs. 2 S. 1 RPflG statthaft (BGH NZI 2014, 724 Rn. 6; ZIP 2011, 1170 Rn. 2 = BeckRS 2011, 11534). Die unmittelbare oder auf Erinnerung ergangene **Entscheidung des Richters** ist **unanfechtbar**, da § 186 die sofortige Beschwerde nach § 6 nicht eröffnet (BGH NZI 2014, 724 Rn. 6; ZIP 2011, 1170 Rn. 2 = BeckRS 2011, 11534). 10

Die **Kosten** des gerichtsgebührenfreien Wiedereinsetzungsverfahrens soll nach § 4 iVm § 238 Abs. 4 ZPO grundsätzlich der Schuldner tragen (AG Göttingen ZInsO 2016, 648 (650)), auch wenn Abs. 1 S. 2 nicht auf § 238 ZPO verweist; in diesem Fall sollte man konsequent die Haftung (nur) des insolvenzfreien Vermögens annehmen (KPB/Pape/Schaltke Rn. 19 mwN; Uhlenbruck/ Sinz Rn. 13; aA Nerlich/Römermann/Becker Rn. 30). Demgegenüber erscheint es als erwägenswert, die Kosten des Gläubigers als Kosten der Teilnahme am Insolvenzverfahren iSv § 39 Abs. 1 Nr. 2 anzusehen. 11

Zweiter Abschnitt. Verteilung

§ 187 Befriedigung der Insolvenzgläubiger

(1) Mit der Befriedigung der Insolvenzgläubiger kann erst nach dem allgemeinen Prüfungstermin begonnen werden.

(2) ¹Verteilungen an die Insolvenzgläubiger können stattfinden, soooft hinreichende Barmittel in der Insolvenzmasse vorhanden sind. ²Nachrangige Insolvenzgläubiger sollen bei Abschlagsverteilungen nicht berücksichtigt werden.

(3) ¹Die Verteilungen werden vom Insolvenzverwalter vorgenommen. ²Vor jeder Verteilung hat er die Zustimmung des Gläubigerausschusses einzuholen, wenn ein solcher bestellt ist.

Überblick

Die Vorschrift regelt die Teilnahme der Insolvenzgläubiger (→ § 38 Rn. 1 und → § 52 Rn. 1) an der Erlösverteilung zur Befriedigung der im Insolvenzverfahren angemeldeten und geprüften Insolvenzforderungen. Hierzu können vom Insolvenzverwalter Verteilungen vorgenommen werden (→ Rn. 3), soweit und sooft hinreichende liquide Mittel (sog. verteilungsfähige Barmittel) in der Insolvenzmasse vorhanden sind. Die Verteilung findet im Rahmen von Abschlagsverteilungen (→ § 195 Rn. 2), der Schlussverteilung (→ § 196 Rn. 1) und Nachtragsverteilungen (→ § 203 Rn. 1) statt. Zuständig für die Ausführung der Verteilungen ist im Regelinsolvenzverfahren der Insolvenzverwalter (→ Rn. 15). Im Verfahren der Eigenverwaltung handelt der Schuldner, den Sachwalter trifft eine gesetzliche Prüfungspflicht (§ 283 Abs. 2 S. 2). Lediglich für die Schlussverteilung (→ § 196 Rn. 1) muss die Zustimmung des Gerichts vorliegen. Abweichungen von §§ 187 ff. sind im Rahmen des Insolvenzplanverfahrens zulässig (→ § 217 Rn. 6).

Übersicht

	Rn.		Rn.
A. Allgemeine Grundsätze	1	V. Besondere Gläubigergruppen	13
I. Verhältnis zwischen Prüfungs- und Verteilungsverfahren	1	B. Verteilungsverfahren	16
		I. Notwendigkeit eines Verteilungsverzeichnisses	16
II. Arten der Verteilung der Insolvenzmasse	4	II. Ausführung der Verteilung	19
III. Zuständigkeit für die Durchführung der Verteilung	8	C. Behandlung nachrangiger Insolvenzgläubiger	25
IV. Abweichungen durch Insolvenzplanregelung	12	D. Behandlung von Verteilungsfehlern	26

A. Allgemeine Grundsätze

I. Verhältnis zwischen Prüfungs- und Verteilungsverfahren

1 Das Gesetz unterscheidet zwischen Prüfungs- bzw. Feststellungsverfahren (§§ 174 ff.) und Verteilungsverfahren (§§ 187 ff.). Gegenstand des Prüfungs- bzw. Feststellungsverfahrens ist die Frage, ob und in welchem Umfang und in welchem Rang der Forderung eines Insolvenzgläubigers besteht. Im Verteilungsverfahren ergibt sich, welche Befriedigung der Gläubiger auf seine Insolvenzforderung tatsächlich erhält (sog. Insolvenzquote) (vgl. AG Düsseldorf NZI 2020, 834 = ZIP 2020, 1768). Hierzu wird die verteilungsfähige Insolvenzmasse (das durch Verwaltung und Verwertung der Insolvenzmasse in liquide Mittel umgesetzte beschlagnahmte Vermögen des Schuldners) in Beziehung gesetzt zu den Insolvenzforderungen, die berechtigt sind, an der jeweiligen Verteilung teilzunehmen. Welche Insolvenzforderungen im Rahmen des Verfahrens berechtigt sind, an der Verteilung der Insolvenzmasse (Erlösausschüttung) teilzunehmen, ist aufgrund der §§ 188–192 zu ermitteln.

2 Es nehmen lediglich die angemeldeten Insolvenzforderungen im Verteilungsverfahren teil, die vorher in einem Prüfungstermin geprüft worden sind (vgl. auch BGH NZI 2007, 401; 2009, 176; MüKoInsO/Kebekus/Schwarzer Rn. 1). Mit der Verteilung der Insolvenzmasse kann deshalb frühestens nach dem allgemeinen Prüfungstermin begonnen werden (vgl. §§ 29, 176 S. 1; Nerlich/Römermann/Westphal Rn. 3, 4). Es muss Klarheit darüber bestehen, welche Insolvenzforderungen in welchem Umfang und Rang (vgl. §§ 174 Abs. 1, 176 S. 1) berechtigt sind (MüKoInsO/Kebekus/Schwarzer Rn. 1); diese haben grundsätzlich das Recht zum Bezug der Insolvenzquote; bestrittene Insolvenzforderungen werden im Verteilungsverfahren nach Maßgabe von § 189 durch Bildung einer Rückstellung berücksichtigt (→ § 189 Rn. 1). Das Gebot, dass vor der Verteilung der Insolvenzmasse ein Prüfungstermin stattgefunden haben muss, hat zur Folge, dass auch

Abschlagsverteilungen nicht stattfinden dürfen, solange die Insolvenzforderungen nicht geprüft worden sind (Nerlich/Römermann/Westphal Rn. 4; MüKoInsO/Kebekus/Schwarzer Rn. 7).

Zudem hängt vom Prüfungsergebnis (§ 176) ab, ob die jeweilige Insolvenzforderung als festgestellte Forderung bereits eine Auszahlung aus der Insolvenzmasse erhält oder im Rahmen von Abschlags- und Schlussverteilungen lediglich Rückstellungen zu bilden sind, weil über das Bestreiten noch nicht rechtskräftig entschieden wurde (→ § 189 Rn. 1). In Abschlagsverteilungen erhalten auch Absonderungsberechtigte noch keine Auszahlung, soweit die Absonderung noch nicht durchgeführt worden ist (→ § 190 Rn. 1). Auch hier ist eine Rückstellung zu bilden. 3

II. Arten der Verteilung der Insolvenzmasse

Die Verteilung an die Insolvenzgläubiger erfolgt in Form von Abschlags-, Schluss- und Nachtragsverteilungen (Abs. 2, §§ 195, 196). Soweit im Insolvenzverfahren Sondermassen gebildet worden sind (zB aufgrund der Haftung persönlich haftender Gesellschafter gem. § 93), werden diese vorab nach Maßgabe der §§ 187 ff. verteilt (BGH NJW 2016, 1592 Rn. 12; OLG Dresden ZIP 2019, 1539 Rn. 7; HK-InsO/Depré Rn. 3). Die §§ 187 ff. enthalten Bestimmungen für sämtliche Verteilungsarten. Es gelten §§ 187–194 allgemein für alle Verteilungsarten (MüKoInsO/Kebekus/ Schwarzer Rn. 2), die §§ 190 Abs. 2, 195 für die Abschlagsverteilung, die §§ 196–199 speziell für die Schlussverteilung, die §§ 203–205 speziell für die Nachtragsverteilung. 4

Abschlagsverteilungen (→ § 195 Rn. 2) finden statt, sooft hinreichende Barmittel in der Insolvenzmasse vorhanden sind (Abs. 2 S. 1). Sie werden während des noch laufenden Insolvenzverfahrens, welches noch nicht iSv § 196 Abs. 1 abschlussreif ist, ausgeführt, um die vorhandene liquide Insolvenzmasse zeitnah an die Insolvenzgläubiger auszuschütten (MüKoInsO/Kebekus/Schwarzer Rn. 3; HK-InsO/Depré Rn. 4; Nerlich/Römermann/Westphal Rn. 5). Hintergrund ist der mögliche Zinsausfall der Insolvenzgläubiger, der sich wegen der Nachrangigkeit der Verfahrenszinsen gem. § 39 Abs. 1 Nr. 1 regelmäßig ergeben wird. Der Insolvenzverwalter (in der Eigenverwaltung der Schuldner) entscheidet nach pflichtgemäßem Ermessen, ob er eine Abschlagsverteilung durchführt (Nerlich/Römermann/Westphal Rn. 5; MüKoInsO/Kebekus/Schwarzer Rn. 6, 8) und in welchem Umfang er vorhandene Barmittel an die Insolvenzgläubiger verteilt (→ § 195 Rn. 2). Hierbei berücksichtigt er insbesondere die laufenden Kosten des Verfahrens (§§ 53, 54), die als Masseverbindlichkeiten ungeachtet der §§ 187 ff. vorab zu korrigieren sind; ggf. sind hierfür Rückstellungen zu bilden (BGH NZI 2015, 128 ff.; MüKoInsO/Kebekus/Schwarzer Rn. 6). Deshalb kann es im Einzelfall geboten sein, auf Abschlagsverteilungen zu verzichten, wenn die liquiden Mittel für die Betriebsfortführung einzusetzen sind (HK-InsO/Depré Rn. 4). Zu den Verfahrenskosten, die nach Aufhebung des Verfahrens in der Wohlverhaltensperiode entstehen vgl. BGH NZI 2015, 128. 5

Die Schlussverteilung im Insolvenzverfahren findet statt, sobald das letzte verwertbare massezugehörige Vermögen in Geld umgesetzt ist (vgl. Keller, Insolvenzrecht, 2. Aufl. 2020, 264 Rn. 803; K. Schmidt InsO/Jungmann § 196 Rn. 2; MüKoInsO/Kebekus/Schwarzer Rn. 4). Sie umfasst die verteilungsfähige Insolvenzmasse mit Ausnahme der Beträge, die nach §§ 189, 191, 198 zurückzubehalten sind (BGH NZI 2015, 128 ff.). Hierzu gehören auch Massekosten, die in der Wohlverhaltensperiode anfallen werden und aus den laufenden Einkünften des Schuldners nicht gedeckt werden können (Bildung einer Rückstellung nach BGH NZI 2015, 128 ff.; dazu Holzer/Semmelbeck NZI 2015, 354 ff.; Meller-Hannich/Konold WuB 2015, 176). 6

Nach der Verfahrensaufhebung zur Verfügung stehende Beträge werden im Rahmen der Nachtragsverteilung verteilt (§§ 203, 204). Die Nachtragsverteilung findet statt, wenn nach dem Schlusstermin entweder zurückbehaltene Beträge für die Verteilung an die Gläubiger frei werden (§ 203 Abs. 1 Nr. 1) oder Beträge, die aus der Insolvenzmasse gezahlt wurden, zurückfließen (§ 203 Abs. 1 Nr. 2) oder nachträglich Gegenstände der Insolvenzmasse ermittelt werden (§ 203 Abs. 1 Nr. 3) (vgl. hierzu Keller, Insolvenzrecht, 2. Aufl. 2020, 269 ff. Rn. 826 ff.). Die Nachtragsverteilung kann vom Insolvenzgericht entweder auf Antrag oder von Amts wegen angeordnet werden (MüKoInsO/Kebekus/Schwarzer Rn. 5). 7

III. Zuständigkeit für die Durchführung der Verteilung

Die Verteilung der im Insolvenzverfahren gebildeten Masse an die nach §§ 188 ff. zu berücksichtigenden Insolvenzgläubiger ist im Regelinsolvenzverfahren insolvenzspezifische Aufgabe des Insolvenzverwalters (Abs. 3 S. 1). Im Verfahren der Eigenverwaltung ist der Schuldner für die Verteilung zuständig (arg e § 283 Abs. 2 S. 2); dem Sachwalter obliegt eine Prüfungs- und Erklärungspflicht. Es ist die Zustimmung des Gläubigerausschusses einzuholen, soweit ein solcher durch das Gericht bestellt worden ist (Abs. 3 S. 2). Der Gläubigerausschuss trifft zu jeder Verteilung eine 8

Nicht

wirtschaftliche Zweckmäßigkeits- und Ermessensentscheidung, keine Entscheidung hinsichtlich der in das Verteilungsverzeichnis aufzunehmenden Forderungen. Insbesondere bei Abschlagsverteilungen gilt, dass das berechtigte wirtschaftliche Interesse der Insolvenzgläubiger an einer schnellen Befriedigung der Insolvenzforderungen ebenso berücksichtigt wird wie die Belange des Verfahrens in Bezug auf die Masseverbindlichkeiten (vgl. auch BGH NZI 2015, 128 zur Rückstellungsbildung). Es besteht jedoch ein großzügiger Ermessensspielraum für den Insolvenzverwalter (bei Eigenverwaltung für den Schuldner) und den Gläubigerausschuss (so auch MüKoInsO/Kebekus/Schwarzer Rn. 8 in Bezug auf die Abschlagsverteilung). Diese müssen entscheiden, ob die Verteilung sinnvoll und zweckmäßig ist. Zu beachten ist hierbei, dass eine zeitnahe Befriedigung der festgestellten Ansprüche wegen § 39 Abs. 1 Nr. 1 im wohlverstandenen Interesse der Insolvenzgläubiger liegt. Ein Hinauszögern würde dem allgemeinen Verfahrenszweck des § 1 zuwiderlaufen. Andererseits sind die aktuellen und die vorhersehbaren Masseverbindlichkeiten, insbesondere Sozialplanansprüche (vgl. § 123 Abs. 2 S. 1) angemessen durch die Bildung von hinreichenden Rückstellungen abzusichern (MüKoInsO/Kebekus/Schwarzer Rn. 8).

9 Das Insolvenzgericht kann den Insolvenzverwalter weder zur Vornahme einer Verteilung (Abschlagsverteilung, Schlussverteilung, Nachtragsverteilung) anweisen noch Weisungen hinsichtlich der Art und Weise der Durchführung oder zum Umfang erteilen. Es kann auch eine fehlende Zustimmung des Gläubigerausschusses nicht ersetzen (HK-InsO/Depré Rn. 9). Das Insolvenzgericht kann allenfalls im Rahmen der Aufsicht über den Insolvenzverwalter (→ § 58 Rn. 1) diesem gegenüber eine Abschlagsverteilung anregen. Eine solche Anregung ist jedoch rechtlich unverbindlich (vgl. auch Nerlich/Römermann/Westphal Rn. 19; MüKoInsO/Kebekus/Schwarzer Rn. 13, 14). Wenn der Insolvenzverwalter aus sachlich nicht mehr nachvollziehbaren Gründen von der Durchführung einer Abschlagsverteilung absieht („Ermessensreduktion auf Null"), soll das Insolvenzgericht im Wege der Rechtsaufsicht tätig werden (vgl. Schmidberger NZI 2011, 928 (930); hierzu auch MüKoInsO/Kebekus/Schwarzer Rn. 16). Hat sich das Verwalterermessen im Einzelfall dergestalt verdichtet, dass keine andere Handlung als die Vornahme einer Abschlagsverteilung rechtmäßig erscheint, dann ist der Kompetenzbereich des § 58 für den Rechtspfleger eröffnet.

10 Auch der Schuldner und die Insolvenzgläubiger verfügen nicht über durchsetzbare Ansprüche gegen den Insolvenzverwalter auf Durchführung einer Verteilung (Nerlich/Römermann/Westphal Rn. 6). Sie können die Verteilung vorhandener Barmittel allenfalls beim Insolvenzverwalter unmittelbar oder über das Insolvenzgericht anregen (Nerlich/Römermann/Westphal Rn. 6; MüKoInsO/Kebekus/Schwarzer Rn. 19).

11 Ist im Insolvenzverfahren ein Gläubigerausschuss bestellt, ist vor der Verteilung dessen Zustimmung einzuholen (Abs. 3). Es ist Aufgabe des Gläubigerausschusses, den Bruchteil auf Vorschlag des Insolvenzverwalters zu bestimmen (§ 195 Abs. 1 S. 1). Eine nicht erteilte Zustimmung kann weder durch das Insolvenzgericht noch durch die Gläubigerversammlung ersetzt werden (HK-InsO/Depré Rn. 9; MüKoInsO/Kebekus/Schwarzer Rn. 20). Sie ist aber kein absolutes Verteilungshindernis. Verfahrensrechtlich kann sich der Insolvenzverwalter über die nicht erteilte Zustimmung hinwegsetzen; es besteht in diesem Fall aber das Risiko der persönlichen Haftung iSv § 60 Abs. 1 (HK-InsO/Depré Rn. 9). Ist kein Gläubigerausschuss eingesetzt, bestimmt der Insolvenzverwalter den Bruchteil selbstständig nach pflichtgemäßem Ermessen. Die Zustimmung des Insolvenzgerichts ist für die Abschlagsverteilung nicht erforderlich (anders bei der Schlussverteilung nach § 196).

IV. Abweichungen durch Insolvenzplanregelung

12 In einem Insolvenzplan kann grundsätzlich von den §§ 187 ff. abgewichen werden. Hierbei soll sich der Insolvenzplan jedoch an den §§ 187 ff. orientieren (BGH ZIP 2009, 480; dazu EWiR 2009, 251 mAnm Landry; BGH ZIP 2010, 1499 = ZVI 2011, 20 = NZI 2010, 734; dazu EWiR 2010, 681 mAnm Huber). Es ist zB zulässig, im Rahmen des Insolvenzplans die Klagefrist des § 189 zu verändern (BGH ZIP 2010, 1499 = ZVI 2011, 20 = NZI 2010, 734; NJW 2015, 2660 ff.; NZI 2016, 170 ff.; BAGE 153, 271; LG Düsseldorf ZInsO 2017, 1324). Der Insolvenzplan darf aber nicht zu einem materiell-rechtlichen Ausschluss bestrittener Gläubiger führen; formelle Ausschlussklauseln sind dagegen grundsätzlich denkbar (BGH ZIP 2010, 1499 = ZVI 2011, 20 = NZI 2010, 734; NJW 2015, 2660 ff.; NZI 2016, 170 ff.; BAGE 153, 271; LG Düsseldorf ZInsO 2017, 1324; instruktiv hierzu Tresselt/Kamp DZWiR 2017, 501 ff.). Auf § 190 darf der Insolvenzplan verweisen mit der Rechtsfolge, dass § 190 im Insolvenzplanverfahren anzuwenden ist (OVG LSA BeckRS 2021, 6601). In der Phase der Planerstellung sind Abschlagsverteilungen grundsätzlich zulässig. Es kann aber geboten sein, diese einzustellen, wenn die Verteilung der vorhandenen Barmittel die Planerfüllung gefährden würde. Das Insolvenzgericht kann gem. § 233 S. 1 nach

Planvorlage die Aussetzung der Verteilung anordnen, wenn ansonsten die Durchführung des vorgelegten Plans gefährdet würde.

V. Besondere Gläubigergruppen

Rechtlich und tatsächlich unabhängig vom Verteilungsverfahren berichtigt der Insolvenzverwalter Masseverbindlichkeiten iSd §§ 53, 54, 55 (HK-InsO/Depré Rn. 2). Masseverbindlichkeiten werden – soweit nicht die §§ 208 ff. eingreifen – nicht quotal im Hinblick auf die verteilungsfähige Insolvenzmasse befriedigt, sondern vorweg bzw. unabhängig von der Vermögensverteilung berichtigt (K. Schmidt InsO/Thole § 53 Rn. 1 ff.; HK-InsO/Depré Rn. 2). Reicht die Insolvenzmasse nicht aus, um die neben den Kosten des Verfahrens (§§ 53, 54) entstehenden sonstigen Masseverbindlichkeiten (§ 55) zu bedienen, wird vom Insolvenzverwalter die Masseunzulänglichkeit angezeigt (HK-InsO/Depré Rn. 2). Dies führt zur Veränderung der Befriedigungsreihenfolge im Hinblick auf die Masseverbindlichkeiten (§ 209 Abs. 1).

Nachrangige Insolvenzgläubiger (→ § 39 Rn. 4) sind erst dann zu berücksichtigen, wenn die Insolvenzgläubiger im Rang des § 38 volle Befriedigung erhalten haben (HK-InsO/Depré Rn. 7). § 174 Abs. 3 sieht deshalb vor, dass die nachrangigen Insolvenzgläubiger ihre Ansprüche erst zur Tabelle anmelden dürfen, wenn das Insolvenzgericht dazu ausdrücklich auffordert. Die Aufforderung ergeht, wenn zur Überzeugung des Insolvenzgerichts feststeht, dass die nachrangigen Insolvenzgläubiger eine tatsächliche Aussicht auf Befriedigung haben, weil im vorgehenden Rang des § 38 Vollbefriedigung erreicht wird (HK-InsO/Depré Rn. 7). Deshalb sollen nachrangige Insolvenzgläubiger im Rahmen von Abschlagsverteilungen nicht berücksichtigt werden (Abs. 2 S. 2). Allerdings kann es praktisch vorkommen, dass eine an sich nachrangige Verbindlichkeit fälschlicherweise im Rang des § 38 angemeldet und dort zu Unrecht aufgrund fehlenden Widerspruchs festgestellt wird. In einem solchen Fall bedingt die Feststellungswirkung (vgl. § 178) die Berücksichtigung im Rang des § 38 und damit auch die Berechtigung zur Teilnahme an den Verteilungen (Nerlich/Römermann/Westphal Rn. 8).

Eine besondere Verteilungsregelung sieht § 44a hinsichtlich der Insolvenzforderungen vor, die durch eine Sicherheit des Gesellschafters der Schuldnerin gesichert sind. Inhaber solcher Forderungen dürfen erst dann aus der Insolvenzmasse der Schuldnerin bedient werden, wenn sie vergeblich versucht haben, aus der Gesellschaftersicherheit Befriedigung zu erlangen und dabei ausgefallen sind (vgl. BGH BeckRS 2011, 27890 Rn. 10; BGHZ 192, 9). Im Hinblick auf die Verrechnung der Erlöse aus der Gesellschaftersicherheit gilt § 52 analog.

B. Verteilungsverfahren

I. Notwendigkeit eines Verteilungsverzeichnisses

Rechtsgrundlage für die Durchführung der Verteilungen an die Insolvenzgläubiger ist zwingend ein Verteilungsverzeichnis (→ § 188 Rn. 1). Es ist vom Insolvenzverwalter zu erstellen (§ 188 Abs. 1) und beim Insolvenzgericht niederzulegen (Keller, Insolvenzrecht, 2. Aufl. 2020, 260 Rn. 787, 788). Im Verfahren der Eigenverwaltung ist der Schuldner selbst für die Erstellung des Verteilungsverzeichnisses und die Verteilung zuständig (Rattunde/Stark, Der Sachwalter, 2015, C. II. Rn. 148; MüKoInsO/Kebekus/Schwarzer Rn. 23), vgl. § 283 Abs. 2. Er wird hierbei vom Sachwalter überwacht. Der Sachwalter muss das Verteilungsverzeichnis prüfen und sich hierzu erklären, § 283 Abs. 2 S. 2 (dazu Rattunde/Stark, Der Sachwalter, 2015, C. III. Rn. 244 ff.; MüKoInsO/Kebekus/Schwarzer Rn. 23).

Die Erstellung des Verteilungsverzeichnisses ist eine insolvenzspezifische Pflicht des Insolvenzverwalters gegenüber den Verfahrensbeteiligten (K. Schmidt InsO/Jungmann § 188 Rn. 9; Nerlich/Römermann/Westphal Rn. 10, 11), deren Verletzung zu einer persönlichen Haftung nach § 60 Abs. 1 führen kann. Im Verfahren der Eigenverwaltung trifft diese Pflicht den Schuldner selbst (§ 283 Abs. 2 S. 1) (MüKoInsO/Kebekus/Schwarzer § 188 Rn. 4). Für Verletzungen solcher insolvenzspezifischen Pflichten sind die organschaftlichen Vertreter des Schuldners gem. § 60 Abs. 1 persönlich verantwortlich.

Das Verteilungsverzeichnis ist aus der Insolvenztabelle abzuleiten (vgl. BGH NZI 2009, 167 ff.; MüKoInsO/Kebekus/Schwarzer § 188 Rn. 3). Hierzu wird der Insolvenzverwalter Verteilungsverzeichnis und Insolvenztabelle abgleichen (vgl. auch AG Düsseldorf NZI 2020, 834 = ZIP 2020, 1768). Es zeigt, welche Forderungen in welchem Umfang und Rang an der Verteilung teilnehmen. Die zur Insolvenztabelle festgestellten Forderungen sind grundsätzlich uneingeschränkt zu berücksichtigen (BGH NZI 2009, 167 ff.; Keller, Insolvenzrecht, 2. Aufl.

2020, 260 Rn. 787). Bestrittene und bedingte Forderungen sind nach Maßgabe der §§ 189 ff. in das Verzeichnis aufzunehmen (Keller, Insolvenzrecht, 2. Aufl. 2020, 260 Rn. 789). Die Beteiligung der zur Absonderung Berechtigten richtet sich nach § 190, soweit die Insolvenzforderung nach Maßgabe von § 52 S. 2 für den Ausfall festgestellt worden ist (vgl. Keller, Insolvenzrecht, 2. Aufl. 2020, 261 Rn. 790 f.).

II. Ausführung der Verteilung

19 Bei allen Verteilungsarten (Abschlags-, Schluss- und Nachtragsverteilung) ist die Insolvenzquote eine Holschuld der Insolvenzgläubiger (AG Hamburg ZInsO 2020, 2725; Stiller/Schmidt ZInsO 2011, 1686 ff.; Predikant NZI 2015, 759 ff.; KPB/Holzer Rn. 12; Nerlich/Römermann/Westphal Rn. 18; vgl. auch KG NZI 2015, 758). Der Gläubiger ist dafür verantwortlich, dem Insolvenzverwalter die erforderlichen Daten für die Auszahlung bereitzustellen (zB Kontoverbindung) und die Möglichkeit der Auszahlung zu schaffen. Im Falle der erforderlichen Hinterlegung gem. § 372 S. 2 BGB (zB im Falle eines verstorbenen Insolvenzgläubigers oder einer im Handelsregister bereits gelöschten GmbH als Insolvenzgläubigerin) sind zulasten des Insolvenzverwalters keine zu hohen Maßstäbe anzulegen (zutreffend AG Hamburg ZInsO 2020, 2725; zu streng KG NZI 2015, 758). Kosten, die mit einer Anschriftenermittlung und der Überweisung etc verbunden sind, gehen zulasten der für den Gläubiger errechneten Insolvenzquote; sie stellen insoweit keine Verfahrensauslagen dar, die der Insolvenzmasse entnommen werden können. Der Gläubiger kommt mit der Annahme der ihm zugedachten Quote in Verzug, soweit die Auszahlung aufgrund von Umständen scheitert, die der Gläubiger zu verantworten hat.

20 Der Insolvenzverwalter (in der Eigenverwaltung der Schuldner) vollzieht die Verteilung durch Auszahlung der Quote an den Insolvenzgläubiger oder dessen mit Inkassovollmacht ausgewiesenen Vertreter oder durch Zurückbehalt, soweit sich dies aus § 189 Abs. 2, § 190 Abs. 2 S. 2 oder § 191 Abs. 1 S. 2 ergibt (MüKoInsO/Kebekus/Schwarzer Rn. 10). Denkbar ist auch die Übersendung eines Verrechnungsschecks. Beträge, die mangels bekannter Bankverbindung oder Anschrift des Gläubigers nicht ausbezahlt werden können, sind gem. § 372 BGB zu hinterlegen (s. KG NZI 2015, 758; AG Hamburg ZInsO 2020, 2725; HK-InsO/Depré Rn. 8).

21 Die Ausschüttungsquote errechnet sich aus dem Verhältnis der iSd §§ 189–192 zu berücksichtigenden Forderungen zu der zu verteilenden Masse. Die Forderungen ergeben sich aus dem Verteilungsverzeichnis; ein Rückgriff auf die Insolvenztabelle ist nicht statthaft. Die zu verteilende Masse hat der Insolvenzverwalter nach pflichtgemäßem Ermessen zu ermitteln.

22 Die §§ 366, 367 BGB sind auf die Verteilung nicht anzuwenden (allenfalls im Rahmen der Anrechnung der Verwertungserlöse von Absonderungsgut werden die §§ 366, 367 BGB zugrunde gelegt, vgl. BGH NZI 2011, 247 ff.). Die Insolvenzquote wird gleichmäßig auf Zinsen, Kosten und die Hauptforderung verteilt (BGH NJW 1985, 3064 ff.; BGH NZI 2020, 736 = ZIP 2020, 1526).

23 Die Abschlagsverteilung ist vom Insolvenzverwalter auszuführen, sobald die Frist für die Erhebung von Einwendungen (§ 194) abgelaufen ist. Für eine Abschlagsverteilung bestimmt der Gläubigerausschuss auf Vorschlag des Verwalters den auszuschüttenden Bruchteil (§ 195 Abs. 1). Der Bruchteil muss nicht mit der Quote übereinstimmen, die sich aus der Anzeige des Insolvenzverwalters nach § 188 S. 3 und der Veröffentlichung des Insolvenzgerichts ergibt. Denn es können nach Anzeige und Veröffentlichung Masseverbindlichkeiten aufgetreten sein, die den verfügbaren Betrag reduzieren. Masseansprüche sind nach § 206 Nr. 1 bis zur Festsetzung des Bruchteils zu berücksichtigen. Es muss auch nicht die gesamte verfügbare (verteilungsfähige) Insolvenzmasse im Rahmen der Abschlagsverteilung ausgekehrt werden. Es kann nach pflichtgemäßem Ermessen festgelegt werden, einen geringeren Bruchteil vorab auszukehren und das Restvermögen weiteren Verteilungen vorzubehalten. Deshalb sieht § 195 Abs. 2 vor, dass der vom Gläubigerausschuss bestimmte Bruchteil den Gläubigern mitzuteilen ist.

24 Die Schlussverteilung ist nach Abhaltung des Schlusstermins auszuführen. Wurden während der Einwendungsfrist bzw. im Schlusstermin Einwendungen gegen das Verteilungsverzeichnis erhoben und ist über die Einwendungen noch nicht rechtskräftig entschieden worden, kann die Verteilung vom Insolvenzverwalter ausgeführt werden, soweit dabei Forderungen bedient werden, die von den Einwendungen nicht betroffen sind. Dies gilt ferner für die Schlussverteilung, wenngleich die Aufhebung des Verfahrens erst nach dem endgültigen Vollzug der Schlussverteilung möglich ist (§ 200 Abs. 1). Die Aufhebung ist aber nur zulässig, wenn erhobene Einwendungen rechtskräftig abgearbeitet wurden.

C. Behandlung nachrangiger Insolvenzgläubiger

Auch nachrangige Insolvenzforderungen (§ 39) können bei der Verteilung berücksichtigt werden, wenn sie zur Tabelle festgestellt worden sind. Dies setzt voraus, dass das Insolvenzgericht zur Anmeldung dieser Forderungen aufgefordert hat und die Forderungen geprüft wurden (§ 174 Abs. 3 S. 1). Selbst dann, wenn nachrangige Insolvenzforderungen zur Tabelle festgestellt wurden, sollen sie nach dem Wortlaut von Abs. 2 S. 2 bei einer Abschlagsverteilung unberücksichtigt bleiben (§ 187 Abs. 2 S. 2). Dies vor dem Hintergrund, dass der Erlös bei der Schlussverteilung anschließend nicht reicht, um die nicht nachrangigen Forderungen zu bedienen (HK-InsO/Depré Rn. 7). Deshalb ist die gesetzliche Grundlage so zu lesen, dass die nachrangigen Forderungen nicht bedient werden dürfen, solange nicht im Rang des § 38 Vollbefriedigung eingetreten ist (HK-InsO/Depré Rn. 7). Im Rahmen der Schlussverteilung sind die festgestellten nachrangigen Insolvenzforderungen ohne Einschränkung zu berücksichtigen. Die Verteilung erfolgt dann geordnet nach Rangstufen. 25

D. Behandlung von Verteilungsfehlern

Verteilungsfehler können sich in unterschiedlicher Art und Weise ergeben, entweder bei der Aufstellung des Verteilungsverzeichnisses (§ 188 S. 1), bei der Umsetzung von Einwendungen und Korrekturen (§§ 193, 194) und bei der Durchführung der Auszahlungen. Dies können rechtliche Fehleinschätzungen des Insolvenzverwalters sein, die zu falschen Zuteilungen von Erlösen führen. Es können auch tatsächliche Rechen- oder Schreibfehler im Rahmen des schlichten Verwaltungshandelns sein, die im Ergebnis eine unrichtige Auszahlung an den Insolvenzgläubiger zur Folge haben (zur Möglichkeit der Berichtigung des Verteilungsverzeichnisses LG Bonn NZI 2014, 831 ff.). 26

Maßgeblich ist das Verteilungsverzeichnis, welches für die Auszahlungen durch den Insolvenzverwalter den Rechtsgrund liefert (BGHZ 91, 198 = ZIP 1984, 980 ff.; K. Schmidt InsO/Jungmann § 188 Rn. 12). Steht eine Forderung verfahrensrechtlich zutreffend im Verteilungsverzeichnis, obgleich dieser Forderung ein materiell-rechtlicher Einwand entgegensteht (zB das Erlöschen der Forderung), muss Verteilungsabwehrklage erhoben werden (BGH NZI 2012, 513 ff. = BGHZ 193, 44 ff.). 27

Für die Vollständigkeit und Richtigkeit des Verteilungsverzeichnisses haftet der Insolvenzverwalter nach § 60 Abs. 1 persönlich (vgl. K. Schmidt InsO/Jungmann § 188 Rn. 9). 28

Regelmäßig besteht gegen die Empfänger unberechtigter Leistungen ein Anspruch aus § 812 BGB, da es am insolvenzspezifischen Rechtsgrund für den Erhalt der Leistung mangelt. Es kommt insoweit darauf an, dass die Auszahlungen mit dem Inhalt des (rechtskräftigen) Verteilungsverzeichnisses übereinstimmen (vgl. BGHZ 91, 198 = ZIP 1984, 980 ff.; Mohrbutter, Der Ausgleich von Verteilungsfehlern in der Insolvenz, 1998, 36; K. Schmidt InsO/Jungmann § 188 Rn. 12). Soweit die Verteilung nicht mit dem Inhalt des Verteilungsverzeichnisses übereinstimmt, besteht ein Bereicherungsanspruch aus Leistungskondiktion, den der Insolvenzverwalter gegen den Begünstigten geltend machen muss (BGHZ 91, 198 = ZIP 1984, 980 ff.; K. Schmidt InsO/Jungmann § 188 Rn. 14). Auch die Überzahlung, die entgegen dem Verteilungsverzeichnis aus der Insolvenzmasse geleistet wird, ist eine Leistung des Insolvenzverwalters an den Gläubiger iSd § 812 BGB (OLG Brandenburg NZI 2002, 107 ff.; K. Schmidt InsO/Jungmann § 188 Rn. 13). Der Anspruch ist ausgeschlossen, soweit der Insolvenzverwalter den fehlenden Rechtsgrund kannte (§ 814 BGB) oder der Leistungsempfänger bereits entreichert ist (§ 818 BGB). Zahlt der Insolvenzverwalter aufgrund eines Schreibversehens einem Insolvenzgläubiger mehr aus, als dieser nach den zur Insolvenztabelle getroffenen Feststellungen und den Inhalten des Verteilungsverzeichnisses zu fordern berechtigt ist, kann die Überzahlung zurückgefordert werden. 29

Ist dagegen eine Insolvenzforderung mit einem überhöhten Betrag zur Insolvenztabelle festgestellt worden, kann die darauf erbrachte Leistung nicht zurückgefordert werden. Da die Feststellung zur Tabelle nach § 178 Abs. 3 die Wirkung eines rechtskräftigen Urteils entfaltet, ist insoweit auch ein insolvenzspezifischer Rechtsgrund gegeben. Ergeben sich erst nach Aufhebung eines Insolvenzverfahrens Anhaltspunkte dafür, dass Leistungen aus der Insolvenzmasse zu Unrecht erbracht wurden, können diese im Rahmen einer vom Insolvenzgericht anzuordnenden Nachtragsverteilung realisiert werden. Die Befugnis des Insolvenzverwalters, Verteilungsfehler zu beheben, endet jedenfalls dann nicht mit der Beendigung des Insolvenzverfahrens, wenn das Insolvenzgericht im Rahmen der Verfahrensaufhebung solche Ansprüche der Nachtragsverteilung vorbehält. Allerdings ist dazu die Kenntnis von dem konkreten Anspruch erforderlich. Ein pauschaler Vorbehalt der Nachtragsverteilung für künftige Ansprüche der Masse ist nicht möglich. 30

Nicht

§ 188 Verteilungsverzeichnis

¹Vor einer Verteilung hat der Insolvenzverwalter ein Verzeichnis der Forderungen aufzustellen, die bei der Verteilung zu berücksichtigen sind. ²Das Verzeichnis ist auf der Geschäftsstelle zur Einsicht der Beteiligten niederzulegen. ³Der Verwalter zeigt dem Gericht die Summe der Forderungen und den für die Verteilung verfügbaren Betrag aus der Insolvenzmasse an; das Gericht hat die angezeigte Summe der Forderungen und den für die Verteilung verfügbaren Betrag öffentlich bekannt zu machen.

Überblick

Rechtsgrundlage für jede Verteilung der Insolvenzmasse an die Insolvenzgläubiger ist ein Verteilungsverzeichnis (→ Rn. 7). Dies gilt für Abschlagsverteilungen (→ § 195 Rn. 1), die Schlussverteilung (→ § 196 Rn. 3) und eventuelle Nachtragsverteilungen (→ § 203 Rn. 1). Das Verteilungsverzeichnis wird im Regelinsolvenzverfahren vom Insolvenzverwalter erstellt (→ Rn. 10) und beim Insolvenzgericht zur Einsicht der Beteiligten niedergelegt (→ Rn. 14); im Verfahren der Eigenverwaltung ist der Schuldner für die Verteilung zuständig (→ § 283 Rn. 13). Nur das Schlussverzeichnis wird vom Gericht inhaltlich geprüft (→ § 196 Rn. 10). Die Summe der teilnehmenden Forderungen und der zu verteilende Betrag werden vom Insolvenzverwalter öffentlich bekannt gemacht (→ Rn. 15). Hieraus ergibt sich die Insolvenzquote, die an die teilnehmenden Insolvenzgläubiger verteilt werden kann.

A. Allgemeines

1   Grundlage jeder Verteilung im Insolvenzverfahren ist ein Verteilungsverzeichnis (Keller InsR 260 Rn. 787). In ihm werden die teilnehmenden Forderungen nach Maßgabe der §§ 189–191 abgebildet. Das Verteilungsverzeichnis ist aus der Insolvenztabelle abzuleiten und muss zwingend inhaltlich mit der Insolvenztabelle übereinstimmen (BGH ZIP 2009, 243 = ZVI 2009, 115 = NZI 2009, 167 ff.; HK-InsO/Depré Rn. 1; MüKoInsO/Kebekus/Schwarzer Rn. 3; Keller InsR 260 Rn. 787; zum Umfang der Prüfungspflicht des Insolvenzverwalters hinsichtlich der Übereinstimmung AG Düsseldorf NZI 2020, 834 = ZIP 2020, 1768). Das Verteilungsverzeichnis ist somit der Anknüpfungsgegenstand für die Einwendungen aus den §§ 193, 194. Sinn und Zweck der Pflicht zur Erstellung eines Verteilungsverzeichnisses ist die Sicherstellung einer ordnungsgemäßen Verfahrensabwicklung (Nerlich/Römermann/Westphal Rn. 2). Das Verteilungsverzeichnis schafft die erforderliche Transparenz und Information (MüKoInsO/Kebekus/Schwarzer Rn. 1). Es zeigt auf, welche Insolvenzgläubiger finanziell aus dem Verfahren heraus bedient werden und damit Befriedigung der Insolvenzforderungen erhalten (Erfüllung gem. § 362 BGB). Die Insolvenzgläubiger erhalten damit eine prüffähige Übersicht, in welchem Umfang die geprüften Forderungen berücksichtigt werden.

2   Das Verteilungsverzeichnis wird im Regelinsolvenzverfahren vom Insolvenzverwalter erstellt (§ 188 S. 1) und auf der Geschäftsstelle des Insolvenzgerichts zur Einsicht der Verfahrensbeteiligten niedergelegt (HK-InsO/Depré Rn. 5), damit diese es auf Richtigkeit prüfen können. Im Insolvenzverfahren in Eigenverwaltung ist der Schuldner für die Erstellung des Verteilungsverzeichnisses funktionell zuständig. Dies ergibt sich aus § 283 Abs. 2 S. 1 (→ § 283 Rn. 13). Der Sachwalter hat die Aufgabe, das Verteilungsverzeichnis zu prüfen und sich zu dessen Inhalt zu erklären (Rattunde/Stark, Der Sachwalter, 2015, C. III. Rn. 244 ff.; MüKoInsO/Kebekus/Schwarzer Rn. 4).

3   Das für die Schlussverteilung im Insolvenzverfahren maßgebende Verteilungsverzeichnis wird als Schlussverzeichnis bezeichnet (§ 197 Abs. 1 S. 1 Nr. 2) (vgl. IDW RH HFA 1.011, ZInsO 2009, 130 Rn. 59).

4   Für Nachtragsverteilungen iSv § 203 ist kein gesondertes Verteilungsverzeichnis zu erstellen, da sich nach dem Schlusstermin grundsätzlich keine Änderungen hinsichtlich der teilnahmeberechtigten Forderungen mehr ergeben können. Zwar können im Schlusstermin noch Forderungen geprüft und ggf. festgestellt werden; jedoch werden diese nicht mehr in den Verteilungen berücksichtigt, sondern ihre Feststellung wirkt sich allenfalls im Rahmen des § 201 Abs. 1 und 2 aus. Für Nachtragsverteilungen ist deshalb das Schlussverzeichnis zugrunde zu legen (MüKoInsO/Kebekus/Schwarzer Rn. 2).

5   In der gerichtlichen Praxis wird bisweilen die Vorlage eines (unechten) „Schlussverzeichnisses" verlangt, in das sämtliche bestrittenen und festgestellten Insolvenzforderungen aufgenommen werden. Dieses Schlussverzeichnis entspricht weitestgehend der Insolvenztabelle, ergänzt um die Angaben zur Befriedigung der gezeigten Forderungen. Die Vorlage eines solchen Verzeichnisses ent-

spricht nicht den gesetzlichen Vorgaben, weshalb der Insolvenzverwalter in einem solchen Fall zusätzlich das (echte) „Verteilungsverzeichnis" nach der gesetzlichen Definition in § 188 S. 1 zu erstellen hat, in dem nur die bei der Verteilung der Insolvenzmasse zu berücksichtigenden Forderungen gezeigt werden dürfen.

Im Restschuldbefreiungsverfahren werden ebenfalls nur die im Schlussverzeichnis aufgeführten Insolvenzgläubiger berücksichtigt (§ 292 Abs. 1 S. 2). **6**

B. Verteilungsverzeichnis

In das Verteilungsverzeichnis sind die bei der Verteilung zu „berücksichtigenden" Insolvenzgläubiger mit ihren in der Tabelle erfassten Forderungen aufzunehmen. Welche Insolvenzgläubiger zu „berücksichtigen" sind, ergibt sich unmittelbar aus den §§ 189–191. **7**

Die an die Insolvenzgläubiger auszuzahlende Quote wird im Verteilungsverzeichnis nicht ausdrücklich gezeigt. Sie ergibt sich jedoch als ermittelbare Rechengröße aus dem Verhältnis der im Verteilungsverzeichnis aufgeführten Insolvenzforderungen zur verteilungsfähigen Insolvenzmasse. **8**

Besonderheiten, die für die Ausführung der Verteilung zu berücksichtigen sind, wie etwa die Tatsache, dass es sich um eine aufschiebend bedingte Forderung handelt (§ 191), können im Verteilungsverzeichnis angemerkt werden (vgl. AG Celle ZVI 2016, 483). Das Gleiche sollte für die Aufteilung der Insolvenzquote gelten, soweit hieraus Steuern einbehalten und abgeführt werden müssen. In diesem Fall ist der Auszahlungsbetrag an den Gläubiger ebenso zu zeigen wie der einbehaltene und abgeführte Steuerbetrag, welcher der Insolvenzquote zugerechnet wird. **9**

Der Insolvenzverwalter (in Verfahren der Eigenverwaltung der Schuldner) ist gegenüber den Verfahrensbeteiligten verpflichtet, das Verteilungsverzeichnis zu erstellen. Es handelt sich hierbei um eine insolvenzspezifische Pflicht iSd § 60 Abs. 1. Deshalb ist er verpflichtet, bei Erstellung des Verteilungsverzeichnisses den Inhalt der Insolvenztabelle mit den übrigen Unterlagen zu vergleichen und auf Richtigkeit und Vollständigkeit hin zu überprüfen (vgl. IDW RH HFA 1.011 ZInsO 2009, 130 Rn. 59; AG Düsseldorf NZI 2020, 834 = ZIP 2020, 1768; s. auch HK-InsO/Depré Rn. 7). Soweit der Schuldner in Eigenverwaltung das Verteilungsverzeichnis gem. § 283 Abs. 2 erstellt, treffen die insolvenzspezifischen Pflichten dessen gesetzliche Vertretungsorgane (Vorstände, Geschäftsführer), die für Pflichtverletzungen gem. § 60 Abs. 1 persönlich einzustehen haben und im Ergebnis genauso haften wie ein Insolvenzverwalter. **10**

Im Verteilungsverzeichnis müssen sämtliche festgestellten Forderungen uneingeschränkt berücksichtigt werden (BGH NZI 2009, 167 ff.); die Nichtaufnahme einer festgestellten Forderung kann zur Haftung nach § 60 Abs. 1 führen (HK-InsO/Depré Rn. 7). Anders ist dies ausnahmsweise, wenn der Insolvenzverwalter mit einer Vollstreckungsgegenklage (§ 767 Abs. 1 ZPO) oder mit einer Klage aus § 826 BGB gegen eine bereits festgestellte Forderung vorgeht mit dem Rechtsschutzziel, dieser festgestellten Insolvenzforderung die Vollstreckbarkeit zu nehmen (MüKoInsO/Kebekus/Schwarzer Rn. 3). Außerhalb dieser besonderen Umstände darf die Aufnahme einer festgestellten Forderung vom Insolvenzverwalter dagegen nicht mit dem Argument verweigert werden, die Forderung sei materiell-rechtlich unbegründet bzw. erloschen (BGH NZI 2009, 167 ff.). Bei gesellschafterbesicherten Forderungen ist aber § 44a zu beachten, der die Teilnahme an der Verteilung beschränkt. **11**

Die persönliche Haftung des Insolvenzverwalters für die Richtigkeit und Vollständigkeit des Verteilungsverzeichnisses wird nicht dadurch ausgeschlossen, dass der Gläubiger die Prüfung des Verzeichnisses unterlassen hat und infolgedessen Einwendungen (§§ 193, 194) wegen Nichtberücksichtigung seiner Forderung unterblieben sind (HK-InsO/Depré Rn. 7). Den Gläubiger trifft jedoch unter Umständen ein nach § 254 BGB zu berücksichtigendes Mitverschulden, wenn er es pflichtwidrig unterlassen hat, das auf der Geschäftsstelle des Insolvenzgerichts zur Einsicht der Beteiligten ausgelegte Verteilungsverzeichnis hinreichend zu prüfen (OLG Hamm ZIP 1983, 341; K. Schmidt InsO/Jungmann Rn. 9; HK-InsO/Depré Rn. 7; MüKoInsO/Kebekus/Schwarzer Rn. 20; Uhlenbruck/Wegener Rn. 30). Dies dürfte insbesondere in den Fällen anzunehmen sein, wenn der Insolvenzverwalter dem betroffenen Gläubiger die Insolvenztabelle und das Verteilungsverzeichnis (ggf. in geschützter elektronischer Form) vorab überlassen hat. **12**

Das Insolvenzgericht ist zu einer inhaltlichen Überprüfung des Verteilungsverzeichnisses, welches auf der Geschäftsstelle des Insolvenzgerichts zur Einsicht der Beteiligten ausgelegt wird, verfahrensrechtlich nicht verpflichtet (MüKoInsO/Kebekus/Schwarzer Rn. 14, 21). Gleichwohl wird das Insolvenzgericht im Rahmen der formalen Verfahrensaufsicht gemäß § 58 InsO das Verteilungsverzeichnis bewerten und es ggf. gegenüber dem Insolvenzverwalter beanstanden, soweit es nicht den Maßgaben der §§ 189–191 entspricht (MüKoInsO/Kebekus/Schwarzer Rn. 14). Eine inhaltliche Prüfung findet statt, wenn Einwendungen gegen das Verzeichnis erhoben **13**

(§ 194) oder Korrekturanträge (§ 193) eingereicht werden (vgl. K. Schmidt InsO/Jungmann Rn. 10; MüKoInsO/Kebekus/Schwarzer Rn. 17).

C. Niederlegung und Anzeige des Verwalters

14   Das Verteilungsverzeichnis ist auf der Geschäftsstelle zur Einsicht der Beteiligten niederzulegen (§ 188 S. 2) (Keller InsR 260 Rn. 788). Daneben hat der Insolvenzverwalter die Summe der Forderungen, die bei einer anstehenden Verteilung zu berücksichtigen sind, und den für die Verteilung zur Verfügung stehenden Betrag anzuzeigen.

15   Das Insolvenzgericht hat nach § 188 S. 3 die angezeigte Summe der Forderungen und den für die Verteilung verfügbaren Betrag öffentlich bekannt zu machen (BGH ZIP 2013, 636 = NZI 2013, 297; Keller InsR 260 Rn. 788) (zu den Wirkungen der öffentlichen Bekanntmachung vgl. BGH NJW-RR 2016, 988). Die öffentliche Bekanntmachung des Verteilungsverzeichnisses ist nur dann wirksam, wenn das Insolvenzgericht Urheber der öffentlich bekannt gemachten Erklärung ist. Hierzu ist erforderlich, dass sich das Gericht durch Unterzeichnung als Urheber der Erklärung ausweist (BGH ZIP 2013, 636 = NZI 2013, 297 ff.).

16   Aus dem Verhältnis der Summe der Forderungen zum verfügbaren Betrag ergibt sich grundsätzlich die auszuzahlende Insolvenzquote. Diese kann sich jedoch ua dadurch nachträglich verändern, dass Einwendungen gegen das Verteilungsverzeichnis erhoben werden, die zur Minderung oder Erhöhung der zu berücksichtigenden Gläubiger führen. Derartige Veränderungen haben indes nicht zur Folge, dass das Insolvenzgericht eine weitere Veröffentlichung auf die Anzeige des Insolvenzverwalters vornehmen muss. Dem Informationsbedürfnis der Gläubiger wird in der Praxis dadurch Rechnung getragen, dass diesen die Quote, die vom Gläubigerausschuss für die Verteilung im Rahmen einer Abschlagsverteilung bestimmt wurde, mitgeteilt wird (§ 195 Abs. 2). Insoweit genügt es, wenn auf dem Überweisungsträger die Quote festgehalten ist.

17   Mit der Niederlegung und Veröffentlichung des Schlussverzeichnisses endet die Möglichkeit, eine Insolvenzforderung mit dem Ziel der Aufnahme in das Schlussverzeichnis nachträglich anzumelden (BGH ZIP 2007, 876 = ZVI 2007, 267 = NZI 2007, 401 ff.; dazu EWiR 2007, 627 mAnm Köster; mAnm Siegmann WuB VI A § 177 InsO 1.07; Gerbers/Pape ZInsO 2006, 685 ff.; Gundlach/Frenzel NZI 2007, 402 ff.). Mit dem Ziel einer Feststellung zur Insolvenztabelle kann dagegen eine Forderung solange angemeldet werden, wie noch eine Prüfung der Forderung möglich ist. Somit kann eine Forderung auch noch im Schlusstermin angemeldet werden, wenn das Gericht diesen Termin in der Tagesordnung mit einem nachträglichen Prüfungstermin verbunden hat oder den Schlusstermin auf einen späteren Zeitpunkt vertagt, um noch einen nachträglichen Prüfungstermin abhalten zu können. Wie eine Forderung nachträglich angemeldet und zur Insolvenztabelle festgestellt werden kann, kann auch die Tatsache, dass es sich bei einer bereits festgestellten Forderung um eine solche aus einer vorsätzlich begangenen unerlaubten Handlung handelt, nachträglich angemeldet und in einem Prüfungstermin festgestellt oder hiergegen (vom Schuldner) Widerspruch erhoben werden. Die nachträgliche Anmeldung und Prüfung der verspätet angemeldeten Forderungen kann im Verfahren sinnvoll sein, obwohl diese Forderungen an der Verteilung nicht teilnehmen. Sie werden gleichwohl tituliert und verhelfen dem Gläubiger insofern zu einem Vollstreckungstitel, von dem er nach Aufhebung des Verfahrens Gebrauch machen kann (§ 201 Abs. 1 und Abs. 2); zudem gilt die Restschuldbefreiung ihm gegenüber als nicht erteilt, wenn die Eigenschaft als vorsätzliche unerlaubte Handlung festgestellt ist (BGH ZIP 2008, 566 = ZVI 2008, 116; BGH NZI 2020, 736 = ZIP 2020, 1526; LG Frankfurt a. M. ZVI 2003, 426).

18   Änderungen des Verteilungsverzeichnisses, die der Insolvenzverwalter gem. § 193 vornimmt oder die sich aus einer gerichtlichen Entscheidung über erhobene Einwendungen ergeben, werden nicht zusätzlich veröffentlicht. Das berichtigte Verzeichnis ist auf der Geschäftsstelle des Insolvenzgerichts niederzulegen (KPB/Holzer § 193 Rn. 4). Die Berichtigung offensichtlicher Unrichtigkeiten kommt analog § 319 ZPO in Betracht. Hierzu können auch außerhalb der Fristen des § 189 offensichtliche Irrtümer und Unrichtigkeiten berichtet werden, wenn diese nicht die Inhalte des § 189 betreffen, denn die gesetzlichen Einwendungsfristen dürfen nicht unterlaufen werden (LG Bonn ZIP 2014, 1689 = NZI 2014, 831 ff.).

19   Nachrangige Insolvenzforderungen können bei der Verteilung nur berücksichtigt werden, wenn sie zur Tabelle festgestellt wurden. Dies setzt voraus, dass das Insolvenzgericht zur Anmeldung dieser Forderungen aufgefordert hat (§ 174 Abs. 3 S. 1). Aber selbst dann, wenn nachrangige Insolvenzforderungen zur Tabelle festgestellt wurden, sollen sie bei einer Abschlagsverteilung unberücksichtigt bleiben (§ 187 Abs. 2 S. 2). Dies vor dem Hintergrund, dass der Erlös bei der Schlussverteilung anschließend nicht reicht, um die nicht nachrangigen Forderungen zu bedienen.

Im Rahmen der Schlussverteilung sind die festgestellten nachrangigen Insolvenzforderungen ohne Einschränkung zu berücksichtigen.

§ 189 Berücksichtigung bestrittener Forderungen

(1) Ein Insolvenzgläubiger, dessen Forderung nicht festgestellt ist und für dessen Forderung ein vollstreckbarer Titel oder ein Endurteil nicht vorliegt, hat spätestens innerhalb einer Ausschlußfrist von zwei Wochen nach der öffentlichen Bekanntmachung dem Insolvenzverwalter nachzuweisen, daß und für welchen Betrag die Feststellungsklage erhoben oder das Verfahren in dem früher anhängigen Rechtsstreit aufgenommen ist.

(2) Wird der Nachweis rechtzeitig geführt, so wird der auf die Forderung entfallende Anteil bei der Verteilung zurückbehalten, solange der Rechtsstreit anhängig ist.

(3) Wird der Nachweis nicht rechtzeitig geführt, so wird die Forderung bei der Verteilung nicht berücksichtigt.

Überblick

Bestrittene nicht titulierte Insolvenzforderungen nehmen an der Verteilung der Insolvenzquote nach Maßgabe des § 189 nur teil, soweit der Gläubiger die Rechtsverfolgung gegenüber dem Bestreitenden betreibt und dies fristgemäß gegenüber dem Insolvenzverwalter nachweist (→ Rn. 7). Die Frist beträgt zwei Wochen nach öffentlicher Bekanntmachung (→ Rn. 9). Gelingt der Nachweis rechtzeitig, wird die entsprechende Insolvenzquote für den Gläubiger zurückbehalten und gesichert (→ Rn. 13). Andernfalls wird die bestrittene nicht titulierte Insolvenzforderung nicht berücksichtigt.

A. Behandlung festgestellter Forderungen

Zur Insolvenztabelle festgestellte Insolvenzforderungen sind grundsätzlich mit ihrem festgestellten Betrag in das Verteilungsverzeichnis aufzunehmen (HK-InsO/Depré § 188 Rn. 1; MüKo-InsO/Kebekus/Schwarzer § 188 Rn. 6; Keller InsR 260 Rn. 787). Sie sind iSd § 188 S. 1 zu berücksichtigen. Dies gilt auch dann, wenn der Insolvenzverwalter festgestellte Insolvenzforderungen materiell-rechtlich für nicht oder inzwischen nicht mehr berechtigt hält (BGH NZI 2009, 167 ff.). Sie werden hierdurch nicht zu bestrittenen Forderungen im Sinne des § 189 Abs. 1. Das Verteilungsverzeichnis muss mit der Insolvenztabelle übereinstimmen, in der die Feststellung vermerkt ist (HK-InsO/Depré § 188 Rn. 1). Deshalb sind die im Prüfungstermin festgestellten Forderungen im Verteilungsverzeichnis ausweisen (BGH NZI 2009, 167 ff.). 1

§ 189 ist bei festgestellten Insolvenzforderungen anzuwenden, soweit sich der Insolvenzverwalter (zum Verteilungsabwehrklage des Treuhänders vgl. BGHZ 193, 44 ff.) gegen eine festgestellte Insolvenzforderung mit der Vollstreckungsgegenklage (§ 767 Abs. 1 ZPO) oder einer Klage nach § 826 BGB wehrt (BGH NZI 2009, 167 ff.). In einem solchen Fall muss der Insolvenzverwalter nach der Erhebung der Klage den streitigen Betrag zugunsten des Gläubigers zurückhalten und hinterlegen (BGH NZI 2009, 167 ff.). 1a

Wurden Insolvenzforderungen nach der Niederlegung und Veröffentlichung des Schlussverzeichnisses (§ 197 Abs. 1 S. 1 Nr. 2) festgestellt, zB im Schlusstermin (der mit einem Prüfungstermin verbunden werden kann), können diese mangels Aufnahme in das Schlussverzeichnis bei der Schlussverteilung nicht mehr berücksichtigt werden (vgl. BGH ZIP 2007, 876 = ZVI 2007, 267; OLG Köln ZIP 1992, 949; dazu EWiR 1992, 689 mAnm Mohrbutter; Gerbers/Pape ZInsO 2006, 685 ff.; Gundlach/Frenzel NZI 2007, 402 ff.). Das rechtliche Interesse der nachmeldenden Gläubiger beschränkt sich auf die Möglichkeit, einen vollstreckbaren Auszug aus der Insolvenztabelle für die festgestellte Insolvenzforderung zu erhalten, von dem nach der Verfahrensaufhebung grundsätzlich Gebrauch gemacht werden kann (vgl. § 201 Abs. 1 und Abs. 2). Dies gilt auch für den Fall, dass ein Gläubiger erst kurz vor dem Schluss- und Nachprüfungstermin infolge der erfolgreichen Anfechtung einer Deckungshandlung des Schuldners durch den Insolvenzverwalter eine Rückzahlung leistet und hierdurch Insolvenzgläubiger nach § 144 Abs. 1 wird (vgl. LG Verden ZVI 2005, 321 = ZInsO 2005, 949). 2

Eine noch nicht geprüfte Insolvenzforderung darf nicht in das Verteilungsverzeichnis aufgenommen werden (BGH ZIP 2007, 876). Sie gilt nicht automatisch als bestrittene Forderung iSv § 189 3

Abs. 1, sondern sie ist ungeprüfte Forderung. Das gilt auch, soweit für diese Forderung bereits ein Vollstreckungstitel vorliegt.

B. Behandlung bestrittener Forderungen

I. Behandlung bestrittener titulierter Forderungen

4   Eine bereits titulierte Insolvenzforderung kann im Prüfungstermin bestritten werden (vgl. § 179 Abs. 2). Sie nimmt an der Verteilung teil, wenn im Prüfungstermin ein Titel vorgelegt worden ist (MüKoInsO/Kebekus/Schwarzer Rn. 7; Uhlenbruck/Wegener Rn. 12). Im Hinblick auf den Vollzug der Verteilung kommt es darauf an, ob der Widerspruch gegen die bestrittene titulierte Forderung durch Erhebung der Feststellungsklage rechtzeitig innerhalb der Fristen des § 189 verfolgt wurde. Bei nicht oder nicht rechtzeitiger Klageerhebung wird die bestrittene titulierte Insolvenzforderung im Verteilungsverzeichnis wie eine festgestellte Forderung behandelt (Uhlenbruck/Wegener Rn. 11). Bei zutreffender Rechtsverfolgung gem. § 179 Abs. 2 ist die bestrittene titulierte Forderung im Verteilungsverzeichnis als bestrittene Forderung zu erfassen und wird mit einer Rückstellung berücksichtigt (Uhlenbruck/Wegener Rn. 13).

II. Behandlung bestrittener nicht titulierter Forderungen

5   Eine Insolvenzforderung, die im Zeitpunkt der Erstellung des Verteilungsverzeichnisses nicht zur Tabelle festgestellt ist und für die kein vollstreckbarer Titel (§§ 704, 794 ZPO) vorliegt, wird dann in das Verteilungsverzeichnis aufgenommen, wenn der Gläubiger dem Insolvenzverwalter gegenüber nachweist, dass und für welchen Betrag die Feststellungsklage erhoben oder das Verfahren in dem früher anhängigen Rechtsstreit aufgenommen ist (§ 189 Abs. 1). Ein vorläufiges Bestreiten steht dabei dem endgültigen Bestreiten gleich, da es sämtliche verfahrensrechtlichen Rechtswirkungen der §§ 178, 179 auslöst (vgl. BGH ZIP 2006, 576).

6   Regelmäßig genügt es für den Nachweis des § 189 Abs. 1, wenn die Feststellungsklage vom Gläubiger fristgerecht eingereicht wird (vgl. BGH, ZIP 1998, 515 = MDR 1998, 671; dazu EWiR 1998, 501 mAnm Johlke/Schröder; LG Dessau-Roßlau ZInsO 2016, 1808 = EWiR 2016, 475 mAnm Heintze/Schaefer).

7   Der Nachweis der Klageerhebung muss vom Gläubiger so geführt werden, dass der Insolvenzverwalter zweifelsfrei erkennen kann, dass die Klage fristgerecht erhoben worden ist (BGH ZIP 2012, 2071 = ZVI 2013, 28 = NZI 2012, 885 ff.; dazu EWiR 2012, 767 mAnm Baumert). Hierzu kann es erforderlich sein, den tatsächlichen Eingang der Klage bei Gericht und die Einzahlung des gerichtlichen Kostenvorschusses nachzuweisen (BGH ZIP 2012, 2071 = ZVI 2013, 28 = NZI 2012, 885 ff.; dazu EWiR 2012, 767 mAnm Baumert; LG Dessau-Roßlau ZInsO 2016, 1808 = EWiR 2016, 475 mAnm Heintze/Schaefer). Eine bestimmte Form ist nicht vorgesehen. Zu beachten ist, dass die Parteien hinsichtlich der Nachweispflicht nicht zur Disposition befugt sind (LG Dessau-Roßlau ZInsO 2016, 1808 = EWiR 2016, 475 mAnm Heintze/Schaefer). Auch besteht grundsätzlich keine Pflicht des Insolvenzverwalters, den betreffenden Gläubiger zu belehren (Heintze/Schaefer EWiR 2016, 475). Geht der Nachweis der Rechtsverfolgung fälschlicherweise beim Insolvenzgericht ein, ist er an den Insolvenzverwalter weiterzuleiten (zur Frist vgl. → Rn. 9 ff.).

8   Soweit im Prüfungstermin mehrere Widersprüche gegen die Forderung erhoben wurden, ist die Feststellung gegen jeden Bestreitenden zu betreiben (§ 179 Abs. 1). Zur Berücksichtigung der bestrittenen Forderung im Verteilungsverfahren muss die Klageerhebung gegen alle Bestreitenden nachgewiesen werden.

C. Berechnung der Ausschlussfrist

9   Dieser Nachweis muss innerhalb einer Frist von zwei Wochen geführt werden, die mit dem Ablauf des zweiten Tages beginnt, der auf den Tag der Veröffentlichung nach § 188 folgt (§ 9 Abs. 1 S. 3) (Vgl. BGH NJW-RR 1993, 255). Wird diese Frist versäumt, bleibt der Gläubiger bei der Verteilung unberücksichtigt. Die Frist beginnt mit der öffentlichen Bekanntmachung gemäß § 188 S. 3 Hs. 2, jedoch nur, wenn die öffentliche Bekanntmachung durch das Insolvenzgericht erfolgt (vgl. BGH ZIP 2013, 636 = NZI 2013, 297 ff.; K. Schmidt InsO/Jungmann Rn. 4; FK-InsO/Kießner Rn. 11). Die Fristberechnung erfolgt gem. Abs. 1 iVm § 4, § 222 Abs. 2 ZPO, § 188 Abs. 2 BGB.

10   Die Ausschlussfrist in Abs. 1 kann als gesetzliche Frist nicht durch das Insolvenzgericht oder durch die Beteiligten des Verfahrens verändert werden ((HK-InsO/Depré Rn. 4; MüKoInsO/

Berücksichtigung absonderungsberechtigter Gläubiger **§ 190 InsO**

Kebekus/Schwarzer Rn. 10). Auch eine Wiedereinsetzung in den vorherigen Stand kommt bei schuldloser Säumnis nicht in Betracht (K. Schmidt InsO/Jungmann Rn. 4; (HK-InsO/Depré Rn. 4; MüKoInsO/Kebekus/Schwarzer Rn. 10). Wird die Frist im Vorfeld einer Abschlagsverteilung versäumt, bleibt der Gläubiger zwar bei dieser unberücksichtigt, kann jedoch bis zur nächsten Abschlagsverteilung bzw. bis zur Schlussverteilung die versäumte Handlung nachholen und erhält dann bei dieser Verteilung vorab einen Betrag, der ihn mit den übrigen Gläubigern gleichstellt (§ 192). Sein persönliches Risiko besteht jedoch darin, dass die Insolvenzmasse nicht ausreicht, um ihn gem. § 192 gleichzustellen (vgl. MüKoInsO/Kebekus/Schwarzer Rn. 12).

Nach der Rechtsprechung kann die Änderung eines falschen Schlussverzeichnisses von einem **11** Gläubiger auch in der Frist des § 197 erreicht werden, jedoch kann der Nachweis des § 189 durch die Einwendungen der §§ 194, 197 nicht nachgeholt werden (BGH ZInsO 2009, 2243 ff.).

Findet die Verteilung auf der Grundlage eines Insolvenzplans statt (§§ 217 ff.), kann der Insol- **12** venzplan vorsehen, dass die Gläubiger wirksam bestrittener Forderungen binnen einer bestimmten Ausschlussfrist Klage auf Feststellung der angemeldeten und bestrittenen Forderung erheben müssen; die Klagefrist beginnt mit der Rechtskraft des Beschlusses zu laufen, der den Insolvenzplan bestätigt (BGH ZIP 2010, 1499 = ZVI 2011, 20 = NZI 2010, 734 ff.). Solche Ausschlussklauseln im Insolvenzplan sind zumindest dann wirksam, wenn sie den betreffenden Anspruch materiellrechtlich nicht berühren (vgl. BGH NJW 2015, 2660 ff.; NZI 2016, 170 ff.; BAGE 153, 271 ff. und BAG BeckRS 2016, 67134; LG Düsseldorf ZInsO 2017, 1324 ff.).

D. Bildung einer Rückstellung

Wird der Nachweis der Rechtsverfolgung gegenüber dem Bestreitenden fristgemäß erbracht, **13** ist bei Abschlagsverteilungen die Insolvenzquote für den Gläubiger zurückzubehalten, solange der Rechtsstreit (§§ 179 ff.) anhängig ist (Abs. 2). Im Rahmen der Schlussverteilung ist die Insolvenzquote nach § 198 zu hinterlegen.

Nicht gesetzlich geregelt ist der Fall, in dem bei einer titulierten Forderung der Widerspre- **14** chende die Feststellung betreibt (§ 179 Abs. 2) und dies innerhalb der Frist des Abs. 1 nachweist, aber bis zur Erstellung des Verteilungsverzeichnisses noch keine gerichtliche Entscheidung herbeiführen konnte. Analog Abs. 2 wird die Insolvenzquote zurückbehalten (Uhlenbruck/Wegener Rn. 20; K. Schmidt InsO/Jungmann Rn. 2).

E. Nichtberücksichtigung

Wird der Nachweis gem. Abs. 1 nicht rechtzeitig geführt, können die Rechtsfolgen gem. Abs. 2 **15** nicht eintreten. Die Vorschrift hat zwingenden Charakter (s. LG Krefeld ZInsO 2011, 870; K. Schmidt InsO/Jungmann Rn. 8).

Für Abschlagsverteilungen ist § 192 zu beachten. Hinsichtlich der Schlussverteilung (§ 196) **16** führt die Fristversäumnis zum endgültigen Ausfall des Gläubigers, weil eine spätere Änderung des Schlussverzeichnisses nicht mehr in Betracht kommt. Dies gilt auch für Nachtragsverteilungen gem. § 203 (K. Schmidt InsO/Jungmann Rn. 8).

§ 190 Berücksichtigung absonderungsberechtigter Gläubiger

(1) ¹Ein Gläubiger, der zur abgesonderten Befriedigung berechtigt ist, hat spätestens innerhalb der in § 189 Abs. 1 vorgesehenen Ausschlußfrist dem Insolvenzverwalter nachzuweisen, daß und für welchen Betrag er auf abgesonderte Befriedigung verzichtet hat oder bei ihr ausgefallen ist. ²Wird der Nachweis nicht rechtzeitig geführt, so wird die Forderung bei der Verteilung nicht berücksichtigt.

(2) ¹Zur Berücksichtigung bei einer Abschlagsverteilung genügt es, wenn der Gläubiger spätestens innerhalb der Ausschlußfrist dem Verwalter nachweist, daß die Verwertung des Gegenstands betrieben wird, an dem das Absonderungsrecht besteht, und den Betrag des mutmaßlichen Ausfalls glaubhaft macht. ²In diesem Fall wird der auf die Forderung entfallende Anteil bei der Verteilung zurückbehalten. ³Sind die Voraussetzungen des Absatzes 1 bei der Schlußverteilung nicht erfüllt, so wird der zurückbehaltene Anteil für die Schlußverteilung frei.

(3) ¹Ist nur der Verwalter zur Verwertung des Gegenstands berechtigt, an dem das Absonderungsrecht besteht, so sind die Absätze 1 und 2 nicht anzuwenden. ²Bei einer Abschlagsverteilung hat der Verwalter, wenn er den Gegenstand noch nicht verwertet

Nicht

hat, den Ausfall des Gläubigers zu schätzen und den auf die Forderung entfallenden Anteil zurückzubehalten.

Überblick

Absonderungsberechtigte (→ § 52 Rn. 4) nehmen an der Verteilung der Insolvenzquote nur teil, soweit ihnen der Insolvenzschuldner auch persönlich haftet (§ 52 S. 1). Sie werden nur dann im Verteilungsverfahren berücksichtigt, wenn sie auf die abgesonderte Befriedigung verzichtet haben oder bei ihr ausgefallen sind (§ 52 S. 2). Im Rahmen von Abschlagsverteilungen muss durch den Absonderungsberechtigten nachgewiesen werden, dass die Verwertung des Absonderungsgutes betrieben wird (→ Rn. 5); der voraussichtliche Ausfall muss glaubhaft gemacht werden. Bei der Schlussverteilung muss der Ausfall endgültig feststehen, damit die verbleibende persönliche Forderung (Insolvenzforderung) ermittelt und bedient werden kann (→ Rn. 7). Besteht das Verwertungsrecht in der Hand des Insolvenzverwalters (→ § 166 Rn. 1), ist der Absonderungsberechtigte nicht in der Pflicht, den Ausfall nachzuweisen.

A. Allgemeines

1 Insolvenzgläubiger, denen der Schuldner persönlich haftet und die zugleich nach Maßgabe der §§ 49 ff. zur Absonderung berechtigt sind (→ § 52 Rn. 4), sind zur anteilsmäßigen Befriedigung aus der Insolvenzmasse nur berechtigt, soweit sie auf die abgesonderte Befriedigung verzichten (vgl. BGH ZIP 2011, 180 = Rpfleger 2011, 289; BGH ZIP 2017, 686 = NZI 2017, 345) oder bei ihr ausgefallen sind (§ 52 S. 2). Nur insoweit nehmen sie im Verteilungsverfahren gem. §§ 187 ff. teil. Hierzu müssen sie ihre Forderungen nach Maßgabe der §§ 174 ff. zur Insolvenztabelle anmelden (vgl. Nerlich/Römermann/Westphal Rn. 3; MüKoInsO/Kebekus/Schwarzer Rn. 3). Diese werden geprüft und soweit berechtigt, in voller Höhe festgestellt (MüKoInsO/Kebekus/Schwarzer Rn. 3). Es kann der Vermerk „Ausfallforderung" oder „festgestellt für den Ausfall" angebracht werden (FK-InsO/Kießner Rn. 3; MüKoInsO/Kebekus/Schwarzer Rn. 3; Keller InsR 261 Rn. 790, 791). Der besondere Charakter der Ausfallforderung zeigt sich jedoch erst im Verteilungsverfahren.

2 Absonderungsberechtigte, denen der Schuldner auch persönlich haftet, dürfen bei der Verteilung des Vermögens nur berücksichtigt werden, wenn ihre Forderungen festgestellt sind oder – sofern die Forderung noch bestritten ist – die Voraussetzungen von § 189 vorliegen (→ § 189 Rn. 1 ff.) (MüKoInsO/Kebekus/Schwarzer Rn. 4).

B. Absonderungsrechte

3 Es nehmen Absonderungsberechtigte an der Verteilung teil, denen der Schuldner auch persönlich haftet (§ 52 S. 2). Inhaber von Drittsicherheiten erhalten keine Insolvenzquote, da ihnen nur das dingliche Recht zur Befriedigung dient. Die Absonderungsberechtigten sind in den §§ 49–51 aufgeführt; die Verwertung des Absonderungsgutes ist in den §§ 165 ff. geregelt (→ § 165 Rn. 1).

4 Eine festgestellte Insolvenzforderung, für die ein Absonderungsrecht besteht, wird nur dann in das Verteilungsverzeichnis aufgenommen, wenn der zur Absonderung berechtigte Gläubiger gegenüber dem Insolvenzverwalter nachweist, dass und für welchen Betrag er auf abgesonderte Befriedigung verzichtet hat (BGH ZIP 2017, 686 = NZI 2017, 345) oder bei ihr ausgefallen ist (§ 190 Abs. 1 S. 1). Dass die Forderung ohne Einschränkung oder nur für den Ausfall festgestellt wurde, spielt dabei keine rechtserhebliche Rolle (umgekehrt umfasst die rechtskräftige Feststellung einer Forderung für den Ausfall aber die Anerkennung des Absonderungsrechts, OLG Karlsruhe OLGR 1998, 273). Denn der Absonderungsberechtigte darf aus der Kombination der Verwertungserlöse (§ 170 Abs. 1) und der Insolvenzquote nicht mehr erlangen als den Gesamtbetrag seiner im Rang des § 38 festgestellten Forderungen (zur Anrechnung der Erlöse aus dem Absonderungsgut auf (nachrangige) Zinsen gem. § 39 Abs. 1 Nr. 1, Kosten und Hauptforderung vgl. BGH NZI 2011, 247 ff.).

5 Der Nachweis des Ausfalls ist spätestens innerhalb einer Ausschlussfrist von zwei Wochen zu führen (§§ 190 Abs. 1, 189 Abs. 1), die mit dem Ablauf des zweiten auf den Tag der Veröffentlichung nach § 188 folgenden Tages beginnt, an dem die Veröffentlichung bewirkt wurde.

6 Zur Berücksichtigung bei einer Abschlagsverteilung genügt es, wenn der zur Absonderung berechtigte Gläubiger gegenüber dem Insolvenzverwalter nachweist, dass die Verwertung des Absonderungsgutes tatsächlich betrieben wird und den Betrag des mutmaßlichen Ausfalls glaubhaft

macht (§ 190 Abs. 2 S. 1). In diesem Fall erhält der Absonderungsberechtigte keine Auszahlung, sondern sein Anteil wird bis zum Abschluss der Verwertung oder bis zur Schlussverteilung zurückzubehalten (§ 190 Abs. 2 S. 2).

C. Verzicht oder Nachweis der Verwertung und des Ausfalls

In das Schlussverzeichnis wird ein absonderungsberechtigter Gläubiger nur aufgenommen, wenn der tatsächliche Ausfall innerhalb der Ausschlussfrist des § 189 Abs. 1 nachgewiesen wird. Ist dies nicht möglich, weil zB das mit einem Grundpfandrecht des Gläubigers belastete Grundstück noch nicht verwertet wurde, bleibt dem Gläubiger nur der Verzicht auf die abgesonderte Befriedigung, wenn er an der Insolvenzquote teilhaben möchte. Hierfür genügt es bei einem Grundpfandrecht nicht, gegenüber dem Insolvenzverwalter auf die Geltendmachung des Rechts zu verzichten; vielmehr ist der Verzicht iSd § 1168 BGB notwendig, also in der Form des § 19 GBO und Eintragung im Grundbuch (vgl. dazu Keller InsR 261 Rn. 791 mit Hinweis auf BGH ZIP 2011, 180 = Rpfleger 2011, 289; BGH ZIP 2017, 686 = NZI 2017, 345). 7

Der Verzicht auf die abgesonderte Befriedigung kann nur in der Form erklärt werden, die auch zur Begründung des Absonderungsrechts erforderlich ist (vgl. Nerlich/Römermann/Westphal Rn. 22). Der Verzicht ist unwiderruflich (HK-InsO/Depré Rn. 1). Er muss endgültig und vorbehaltlos sein. Dies ist gegenüber dem Insolvenzverwalter nachzuweisen (s. LG Dessau-Roßlau ZVI 2009, 149); bei Anordnung der Eigenverwaltung wird der Nachweis gegenüber dem Schuldner erbracht, nicht gegenüber dem Sachwalter (HK-InsO/Depré Rn. 1 mit Verweis auf BGH ZIP 2017, 686 = NZI 2017, 345). Der Verzicht auf den Sicherungsanspruch aus dem Sicherungsvertrag (Zweckvereinbarung) kann ausreichend sein (HK-InsO/Depré Rn. 1). Es genügt hier eine Erklärung, die verhindert, dass das Absonderungsgut zugunsten des Gläubigers verwertet und die gesicherte Insolvenzforderung gleichwohl in voller Höhe berücksichtigt wird. Es muss nicht notwendigerweise über das zur abgesonderten Befriedigung berechtigende Grundpfandrecht verfügt werden (BGH ZIP 2011, 180 = Rpfleger 2011, 289 = ZVI 2011, 54 = ZfIR 2011, 71 (Ls.); dazu EWiR 2011, 193 mAnm Kesseler). Es ist aber erforderlich, dass der durch ein Sicherungsrecht belastete Gegenstand infolge des Verzichts für die Insolvenzmasse endgültig frei wird (BGH ZIP 2017, 686 ff. = NZI 2017, 345 ff.). Deshalb reicht es unter dem Gesichtspunkt der Rechtsklarheit nicht aus, wenn der Insolvenzgläubiger die gesicherte Forderung in voller Höhe zur Insolvenztabelle anmeldet und sich hieraus konkludent ein Verzicht ergeben könnte (BGH ZIP 2017, 686 ff. = NZI 2017, 345 ff.). Es ist zu vermeiden, dass der betreffende Gläubiger doppelt befriedigt werden könnte. Dies gilt nach Ansicht des BGH auch im Hinblick auf das freie Nachforderungsrecht des Gläubigers nach Beendigung des Insolvenzverfahrens. Bei der Eigenverwaltung (§ 270) ist für die Forderungsanmeldung der Sachwalter zuständig, für die Entgegennahme der Verzichtserklärung aber der Schuldner selbst (BGH ZIP 2017, 686 ff. = NZI 2017, 345 ff.). 8

Besteht das Absonderungsrecht in Form einer Abtretung des Arbeitseinkommens des Schuldners und ist zum Zeitpunkt der Verfahrensaufhebung die Zwei-Jahres-Frist des § 114 Abs. 1 noch nicht abgelaufen, so kann der Gläubiger dem Erfordernis des § 190 Abs. 1 dadurch entsprechen, dass er hinsichtlich desjenigen Betrags, der voraussichtlich durch die Abtretung nicht getilgt wird, auf die abgesonderte Befriedigung verzichtet (BGH ZIP 2009, 1580; vgl. BGH NJW-RR 1993, 255). 9

Der Insolvenzverwalter ist zumindest gegenüber einem geschäftserfahrenen Gläubiger nicht verpflichtet, diesen darauf hinzuweisen, dass der Ausfall bisher nicht nachgewiesen wurde (OLG Hamm ZIP 1994, 1373; im Einzelfall kann sich aber eine solche Verpflichtung ergeben, vgl. BGH NJW-RR 1993, 255). 10

Ist nur der Insolvenzverwalter zur Verwertung des Absonderungsguts berechtigt (§ 166), so trifft den Gläubiger keine Darlegungslast. Vielmehr obliegt es dem Verwalter, bei einer Abschlagsverteilung den Ausfall des Gläubigers zu schätzen und den auf die Forderung entfallenden Anteil zurückzubehalten (§ 190 Abs. 3). Hinsichtlich der Schlussverteilung enthält das Gesetz insoweit keine Regelung. Es geht offensichtlich davon aus, dass die Verwertung des Absonderungsgutes bis zur Schlussverteilung abgeschlossen ist und damit die Höhe des Ausfalls feststeht. Dies ist aber zB bei einer Lohnabtretung, die gem. § 114 noch zwei Jahre über die Verfahrenseröffnung hinaus wirksam ist, oft nicht der Fall. 11

§ 191 Berücksichtigung aufschiebend bedingter Forderungen

(1) ¹Eine aufschiebend bedingte Forderung wird bei einer Abschlagsverteilung mit ihrem vollen Betrag berücksichtigt. ²Der auf die Forderung entfallende Anteil wird bei der Verteilung zurückbehalten.

Nicht

(2) ¹Bei der Schlußverteilung wird eine aufschiebend bedingte Forderung nicht berücksichtigt, wenn die Möglichkeit des Eintritts der Bedingung so fernliegt, daß die Forderung zur Zeit der Verteilung keinen Vermögenswert hat. ²In diesem Fall wird ein gemäß Absatz 1 Satz 2 zurückbehaltener Anteil für die Schlußverteilung frei.

Überblick

Aufschiebend bedingte Insolvenzforderungen (→ Rn. 1), zB Versorgungsansprüche aus Altersversorgungszusagen, nehmen an Abschlagsverteilungen und an der Schlussverteilung grundsätzlich in der Weise teil, dass in Höhe der Insolvenzquote eine Rückstellung gebildet wird (→ Rn. 3). Tritt die Bedingung später ein, wird der Betrag an den Gläubiger ausgekehrt. Tritt die Bedingung nicht ein, fließt der zurückgestellte Betrag in die Insolvenzmasse und kann an die Insolvenzgläubiger verteilt werden. Hierzu ist ggf. eine Nachtragsverteilung (→ § 203 Rn. 1) erforderlich.

A. Allgemeines

1 Eine aufschiebend bedingte Insolvenzforderung ist, wenn sie zur Insolvenztabelle festgestellt wurde (→ § 188 Rn. 1 ff.; → § 189 Rn. 1), in das Verteilungsverzeichnis aufzunehmen, denn es besteht potenziell die Möglichkeit des Eintritts der Bedingung (vgl. § 158 BGB) und damit des Erstarkens zur voll durchsetzbaren Verbindlichkeit. Unter den Tatbestand des Abs. 1 S. 1 fallen auch befristete Forderungen (OLG Frankfurt a. M. BeckRS 2017, 152399; BGH ZIP 2018, 2174 = ZInsO 2018, 2515; vgl. auch K. Schmidt InsO/Jungmann Rn. 1 unter Verweis auf BGH NZI 2005, 384 ff. zur Verwertung einer an den Gesellschafter-Geschäftsführer verpfändeten Rückdeckungsversicherung mit unwiderruflichem Bezugsrecht). Aufschiebend bedingte Insolvenzforderungen werden mit ihrem vollen Nominalbetrag im Verteilungsverzeichnis berücksichtigt. Das Verteilungsverzeichnis spiegelt auch hier die Insolvenztabelle (HK-InsO/Depré § 188 Rn. 1). Soweit bei Versorgungsansprüchen aus Altersversorgungszusagen die Kapitalisierung gem. § 45 im Rahmen der Forderungsanmeldung vorzunehmen ist, werden diese Ansprüche als aufschiebend bedingte Ansprüche im Verfahren behandelt und hinterlegt (zutr. OLG Oldenburg ZIP 2018, 1311 ff. im Anschluss an BGH NZI 2005, 384; BGH NJW 1998, 312 (313)). Die derart hinterlegten Beträge werden erst mit dem Erreichen des jeweiligen Fälligkeitstermins zur Auszahlung frei (OLG Oldenburg ZIP 2018, 1311 ff.).

2 Auflösend bedingte Insolvenzforderungen werden gem. § 42 (→ § 42 Rn. 1 ff.) wie unbedingte Forderungen behandelt, solange die Bedingung nicht eingetreten ist. Derartige Forderungen sind somit ohne Einschränkung in das Verteilungsverzeichnis aufzunehmen und auch bei der Ausführung der Verteilung zu berücksichtigen (HK-InsO/Depré Rn. 4). Allerdings führt der spätere Bedingungseintritt nach Feststellung der Forderung zur Notwendigkeit der Vollstreckungsabwehrklage iSv § 767 ZPO (HK-InsO/Depré Rn. 4) und zur Rückforderung bereits geleisteter Quotenzahlungen.

B. Bildung einer Rückstellung bei Abschlagsverteilungen

3 Auszahlungen an den Gläubiger in Ausführung der Verteilung erfolgen jedoch nur dann, wenn der Gläubiger den Eintritt der Bedingung gegenüber dem Insolvenzverwalter nachweist (vgl. die inhaltlich entsprechende Regelung zum Absonderungsrecht in § 190 Abs. 1 S. 1 und S. 2). Bis zum Nachweis des Bedingungseintritts wird der auf die aufschiebend bedingte Forderung entfallende Betrag vom Insolvenzverwalter zurückbehalten (Abs. 1 S. 2) (HK-InsO/Depré Rn. 1; MüKoInsO/Kebekus/Schwarzer Rn. 8). Die Rückstellung wird aufgelöst, wenn der Bedingungseintritt aus tatsächlichen oder rechtlichen Gründen unmöglich wird.

C. Behandlung bei der Schlussverteilung

4 Eine Rückstellung wird in Ergänzung des Wortlauts des § 191 Abs. 1 auch für die Schlussverteilung gebildet, wenn der Eintritt der Bedingung möglich erscheint (MüKoInsO/Kebekus/Schwarzer Rn. 9, 10). Der Zurückbehaltungsbetrag wird gem. § 198 hinterlegt (vgl. K. Schmidt InsO/Jungmann Rn. 3; MüKoInsO/Kebekus/Schwarzer Rn. 9, 10). Erfolgt der Bedingungseintritt nach erfolgter Hinterlegung nicht, fallen die Barmittel an die Insolvenzmasse zurück und werden ggf. im Rahmen einer Nachtragsverteilung an die Gläubiger verteilt (§ 203 Abs. 1 Nr. 1).

5 Die Aufnahme in das Schlussverzeichnis unterbleibt dann, wenn die Möglichkeit des Eintritts der Bedingung so fernliegt, dass die Forderung zurzeit keinen Vermögenswert hat (Abs. 2 S. 1).

Nachträgliche Berücksichtigung § 192 InsO

Die Forderung bleibt in diesem Fall unberücksichtigt, ohne dass Teile der Insolvenzquote zurückbehalten werden (MüKoInsO/Kebekus/Schwarzer Rn. 10, 11). Der betroffene Gläubiger, dessen aufschiebend bedingte Forderung gem. Abs. 2 unberücksichtigt bleibt, kann jedoch Einwendungen gegen das Verzeichnis erheben (§ 194). Das Insolvenzgericht muss nach § 194 Abs. 2 und Abs. 3 entscheiden. Der Insolvenzverwalter muss beweisen, dass der aufschiebend bedingten Forderung im Zeitpunkt der Verteilung kein Vermögenswert zukommt (K. Schmidt InsO/Jungmann Rn. 5).

§ 192 Nachträgliche Berücksichtigung

Gläubiger, die bei einer Abschlagsverteilung nicht berücksichtigt worden sind und die Voraussetzungen der §§ 189, 190 nachträglich erfüllen, erhalten bei der folgenden Verteilung aus der restlichen Insolvenzmasse vorab einen Betrag, der sie mit den übrigen Gläubigern gleichstellt.

Überblick

Das Insolvenzverfahren dient der gleichmäßigen Befriedigung der Insolvenzgläubiger (→ § 1 Rn. 3). Die Insolvenzgläubiger haben einen gleichmäßigen Quotenauszahlungsanspruch nach Maßgabe der §§ 187 ff. Kann ein Insolvenzgläubiger die Teilnahmevoraussetzungen nach §§ 189, 190 bei einer Abschlagsverteilung nicht für sich in Anspruch nehmen (→ Rn. 2), wird er zu einem späteren Zeitpunkt mit den befriedigten Insolvenzgläubigern gleichgestellt (→ Rn. 5), sofern er die Teilnahmevoraussetzungen nachträglich erfüllt. Er trägt jedoch das Risiko des Ausfalls, sofern die verbliebene Insolvenzmasse zur Gleichstellung nicht ausreicht.

A. Allgemeines

Die Vorschrift verwirklicht den gesetzlichen Gedanken der Gläubigergleichbehandlung 1 (gemeinschaftliche und gleichmäßige Befriedigung der Insolvenzgläubiger gem. § 1) im Rahmen der Erlösverteilung. Diejenigen Insolvenzgläubiger, die entgegen §§ 189, 190 bei Abschlagsverteilungen noch nicht die gesetzlich geforderten Nachweise (Rechtsverfolgung, Ausfall bei der Verwertung der Sicherheiten) erbracht haben, verlieren nicht ihr materielles Befriedigungsrecht. Sie nehmen nach Maßgabe der Vorschrift weiterhin an der Verteilung teil, indem sie (bei vorhandener verteilungsfähiger Insolvenzmasse) so gestellt werden, als hätten sie an der vorangegangenen Verteilung teilgenommen (vgl. MüKoInsO/Kebekus/Schwarzer Rn. 1). Es besteht aufgrund der Begrenzung der Teilnahme auf die jeweils im Zeitpunkt der Vornahme der Verteilung vorhandene Insolvenzmasse nunmehr jedoch ein erhöhtes Ausfallrisiko für diese Nachzügler.

Die Vorschrift gilt für Insolvenzgläubiger, die im Rahmen von Abschlagsverteilungen die Nach- 2 weise gem. § 189 Abs. 1, § 190 Abs. 1 S. 1 nicht (oder nicht rechtzeitig) beigebracht haben (MüKoInsO/Kebekus/Schwarzer Rn. 2). Sie gilt auch für die Insolvenzgläubiger, die entgegen der gesetzlichen Vorschriften nicht zutreffend berücksichtigt wurden, zB weil ein fehlerhaftes Verteilungsverzeichnis erstellt worden war (s. K. Schmidt InsO/Jungmann Rn. 1; MüKoInsO/Kebekus/Schwarzer Rn. 4).

B. Spätere Erfüllung der Voraussetzungen der §§ 189, 190

Die Gleichstellung der Insolvenzgläubiger erfolgt im Rahmen einer weiteren Abschlagsvertei- 3 lung oder anlässlich der Schlussverteilung gem. §§ 196, 197. Es finden keine Auszahlungen außerhalb des Verteilungssystems der §§ 187 ff. statt (HK-InsO/Depré Rn. 1). Es werden grundsätzlich auch keine gesonderten Verteilungen anberaumt, um die Gleichstellung zu realisieren (HK-InsO/Depré Rn. 1).

Die in § 192 genannten Berechtigten erhalten die Insolvenzquote, wenn sie die in §§ 189, 190 4 genannten Nachweise gegenüber dem Insolvenzverwalter erbringen. Einen gesonderten Antrag etc müssen diese Insolvenzgläubiger nicht stellen (K. Schmidt InsO/Jungmann Rn. 4; MüKoInsO/Kebekus/Schwarzer Rn. 6).

C. Gleichstellung

Die in § 192 genannten Berechtigten erhalten die Insolvenzquote, die erforderlich ist, um sie 5 mit den Insolvenzgläubigern gleichzustellen, die bislang regulär an der Auszahlung der verteilungs-

Nicht

fähigen Barmittel teilgenommen haben. Sie werden mithin so gestellt (vorbehaltlich ausreichender Insolvenzmasse), als hätten sie auch bislang schon an den Verteilungen teilgenommen.

6 Der Auszahlungsanspruch ist begrenzt durch die im Zeitpunkt der nachträglichen Berücksichtigung (Gleichstellung) vorhandene Insolvenzmasse. Insofern tragen die zunächst nicht berücksichtigten Gläubiger ein erhöhtes Ausfallrisiko, welches sie jedoch selbst begründet haben, indem sie die Nachweise gem. §§ 189, 190 im Rahmen der vorgehenden Abschlagsverteilung nicht erbracht haben. Der Insolvenzverwalter hat nicht bei den bereits berücksichtigten Gläubigern Quotenbeträge zurückzufordern (HK-InsO/Depré 4).

7 Die Durchführung der Gleichstellung erfolgt im Rahmen des förmlichen Verteilungsverfahrens. Hierzu müssen die Voraussetzungen der §§ 187, 188 erfüllt sein. Zuständig für die Durchführung ist der Insolvenzverwalter. Die Zustimmung des Gläubigerausschusses ist erforderlich (HK-InsO/ Depré Rn. 5). Er handelt nach pflichtgemäßem Ermessen. Die Vornahme der Gleichstellung kann ihm gegenüber nicht rechtlich erzwungen werden (K. Schmidt InsO/Jungmann Rn. 5; MüKoInsO/Kebekus/Schwarzer Rn. 10).

§ 193 Änderung des Verteilungsverzeichnisses

Der Insolvenzverwalter hat die Änderungen des Verzeichnisses, die auf Grund der §§ 189 bis 192 erforderlich werden, binnen drei Tagen nach Ablauf der in § 189 Abs. 1 vorgesehenen Ausschlußfrist vorzunehmen.

Überblick

Im Interesse einer zügigen Durchführung von Verteilungen soll der Insolvenzverwalter innerhalb von drei Tagen nach Ablauf der Zweiwochenfrist des § 189 Abs. 1 die Änderungen im Verteilungsverzeichnis umsetzen (→ Rn. 1), die aufgrund der §§ 189–192 erforderlich werden, weil die vom Gesetz geforderten Nachweise erbracht werden. Bei offensichtlichen Schreib- oder Rechenfehlern kann das Verteilungsverzeichnis ebenfalls (analog § 319 ZPO) geändert werden (→ Rn. 2).

A. Allgemeines

1 Wird nach der Niederlegung und der Veröffentlichung nach § 188 die Berichtigung des Verteilungsverzeichnisses erforderlich, weil die Tatbestände der §§ 189–192 nachträglich erfüllt werden, hat der Insolvenzverwalter das Verzeichnis binnen drei Tagen nach Ablauf der in § 189 Abs. 1 vorgesehenen Frist, dh nach Ablauf von zwei Wochen nach Veröffentlichung des Betrags der Gläubigerforderungen und der zur Verteilung stehenden Masse, entsprechend zu ändern (vgl. AG Göttingen NZI 2009, 815).

2 Eine Änderung des Verteilungsverzeichnisses kommt daneben dann in Betracht, wenn sich offensichtliche Schreib- oder Rechenfehler ergeben (vgl. LG Bonn ZIP 2014, 1689 = NZI 2014, 831 ff.; MüKoInsO/Kebekus/Schwarzer Rn. 6). Offensichtliche Irrtümer und Unrichtigkeiten können nach dem Rechtsgedanken des § 319 ZPO auch nach Ablauf der Frist des § 189 korrigiert werden (LG Bonn ZIP 2014, 1689 = NZI 2014, 831 ff.; K. Schmidt InsO/Jungmann Rn. 1; MüKoInsO/Kebekus/Schwarzer Rn. 6).

B. Niederlegung

3 Das geänderte Verzeichnis bleibt auf der Geschäftsstelle des Insolvenzgerichts zur Einsicht der Beteiligten niedergelegt (K. Schmidt InsO/Jungmann Rn. 2; MüKoInsO/Kebekus/Schwarzer Rn. 8). Eine weitere öffentliche Bekanntmachung findet nicht statt.

4 Gegen die Änderungen des Verteilungsverzeichnisses können Einwendungen erhoben werden (§ 194 Abs. 1, → § 194 Rn. 1).

§ 194 Einwendungen gegen das Verteilungsverzeichnis

(1) Bei einer Abschlagsverteilung sind Einwendungen eines Gläubigers gegen das Verzeichnis bis zum Ablauf einer Woche nach dem Ende der in § 189 Abs. 1 vorgesehenen Ausschlußfrist bei dem Insolvenzgericht zu erheben.

Einwendungen gegen das Verteilungsverzeichnis § 194 InsO

(2) ¹Eine Entscheidung des Gerichts, durch die Einwendungen zurückgewiesen werden, ist dem Gläubiger und dem Insolvenzverwalter zuzustellen. ²Dem Gläubiger steht gegen den Beschluß die sofortige Beschwerde zu.

(3) ¹Eine Entscheidung des Gerichts, durch die eine Berichtigung des Verzeichnisses angeordnet wird, ist dem Gläubiger und dem Verwalter zuzustellen und in der Geschäftsstelle zur Einsicht der Beteiligten niederzulegen. ²Dem Verwalter und den Insolvenzgläubigern steht gegen den Beschluß die sofortige Beschwerde zu. ³Die Beschwerdefrist beginnt mit dem Tag, an dem die Entscheidung niedergelegt worden ist.

Überblick

Soweit das vom Insolvenzverwalter erstellte Verteilungsverzeichnis (→ § 188 Rn. 2) nach Ansicht eines teilnehmenden Gläubigers (→ Rn. 1) inhaltlich fehlerhaft (→ Rn. 8) ist, kann eine Einwendung gegen das Verzeichnis erhoben werden (→ Rn. 9). Voraussetzung ist die Beschwer des Rechtsmittelführers. Über die erhobene Einwendung hat das Insolvenzgericht durch Beschluss zu entscheiden (→ Rn. 12).

Übersicht

	Rn.		Rn.
A. Reichweite der Einwendungsbefugnisse	1	C. Entscheidung des Insolvenzgerichts	12
I. Persönlicher Anwendungsbereich	1	I. Zuständigkeit	12
II. Sachlicher Anwendungsbereich	6	II. Verfahren	13
B. Form und Frist zur Erhebung von Einwendungen	9	III. Zurückweisung von Einwendungen	16
		D. Rechtsmittelfristen	20

A. Reichweite der Einwendungsbefugnisse

I. Persönlicher Anwendungsbereich

Nach Abs. 1 kann ein Insolvenzgläubiger Einwendungen gegen das Verteilungsverzeichnis erheben. Aufgrund des Wortlauts wären auch solche Gläubiger, die nicht Insolvenzgläubiger gem. § 38 sind, einwendungsberechtigt. Allerdings wird bei solchen Gläubigern, die keine Aussicht darauf haben, in das Verzeichnis aufgenommen zu werden bzw. durch die Aufnahme eines anderen Gläubigers keine Minderung ihrer Befriedigungsquote erleiden, kein Rechtsschutzbedürfnis für die Erhebung von Einwendungen gegen das Verteilungsverzeichnis bestehen (vgl. Nerlich/Römermann/Westphal Rn. 4; MüKoInsO/Kebekus/Schwarzer Rn. 2). Deshalb besteht eine Befugnis zur Erhebung von Einwendungen nur für Insolvenzgläubiger, die ihre Forderungen angemeldet haben und im Rahmen des Verteilungsverfahrens nach §§ 189 ff. tatsächlich zu berücksichtigen sind (vgl. auch HK-InsO/Depré Rn. 3; Nerlich/Römermann/Westphal Rn. 4; MüKoInsO/Kebekus/Schwarzer Rn. 2). Sie können sich gegen die Nichtaufnahme ihrer Forderung sowie gegen die Aufnahme der Forderung eines anderen Gläubigers zur Wehr setzen, weil hierdurch ihre Quotenerwartung beeinträchtigt wird. 1

Dies gilt nicht für nachrangige Insolvenzgläubiger (MüKoInsO/Kebekus/Schwarzer Rn. 3), die nach § 174 Abs. 3 erst dann ihre Forderungen anmelden dürfen, wenn das Insolvenzgericht hierzu gesondert auffordert, weil die Vollbefriedigung im Rang des § 38 erwartet werden kann. Sie werden bei Abschlagsverteilungen nicht berücksichtigt (§ 187 Abs. 2 S. 2). 2

Der Insolvenzverwalter selbst ist nicht berechtigt, Einwendungen gegen das Verteilungsverzeichnis, zu dessen Erstellung er selbst nach § 188 verpflichtet ist, zu erheben. Er kann eigene Fehler bei der Erstellung des Verteilungsverzeichnisses nicht im Wege der Einwendung korrigieren. 3

Auch der Schuldner ist nicht berechtigt, Einwendungen gegen das Verteilungsverzeichnis zu erheben, da die Einwendungsbefugnis nach dem Wortlaut nur Personen zusteht, die ein Recht als Gläubiger für sich in Anspruch nehmen (vgl. auch K. Schmidt InsO/Jungmann Rn. 3; Nerlich/Römermann/Westphal Rn. 8; MüKoInsO/Kebekus/Schwarzer Rn. 4). 4

Massegläubiger gem. § 53 ff. können die Einwendung nicht erheben, da ihre Befriedigung nicht im Rahmen des Verteilungsverfahrens stattfindet (vgl. auch K. Schmidt InsO/Jungmann Rn. 3; Nerlich/Römermann/Westphal Rn. 7; MüKoInsO/Kebekus/Schwarzer Rn. 4). Massegläubiger 5

Nicht

InsO § 194 Fünfter Teil. Befriedigung der Insolvenzgläubiger. Einstellung des Verfahrens

bilden keine eigene Rangklasse unter der InsO (K. Schmidt InsO/Thole § 53 Rn. 7). Sie werden vorweg aus der Insolvenzmasse befriedigt und sind nicht auf die kollektive Haftungsverwirklichung im Verteilungsverfahren angewiesen (→ § 87 Rn. 1 ff.).

II. Sachlicher Anwendungsbereich

6 Abs. 1 ist auf die Abschlagsverteilung beschränkt (HK-InsO/Depré Rn. 1). Abs. 2 und Abs. 3 gelten für die Abschlagsverteilung und über § 197 Abs. 3 für die Schlussverteilung.

7 Die Einwendungen richten sich gegen das auf der Geschäftsstelle niedergelegte Verteilungsverzeichnis. Sie betreffen nur das Verteilungsverfahren, nicht die Frage, ob eine Forderung gegen den Schuldner besteht oder nicht besteht (so zu diesen materiell-rechtlichen Einwendungen K. Schmidt InsO/Jungmann Rn. 2; MüKoInsO/Kebekus/Schwarzer Rn. 8). Dies ist im Prüfungstermin (→ § 176 Rn. 1 ff.) und anschließend im Rahmen der Feststellungsklage zu klären (§§ 179 ff.) (vgl. BGH WM 1957, 1225).

8 Die Befugnis zur Erhebung von Einwendungen bezieht sich nur auf die Vollständigkeit und die inhaltliche Richtigkeit des Verteilungsverzeichnisses. Ausschlaggebend ist insoweit die Insolvenztabelle. Einwendungen können sich sowohl gegen die Nichtaufnahme als auch gegen die Aufnahme einer Forderung richten. Dabei kann sich aber eine Einwendung nur darauf beziehen, dass die Aufnahme einer Forderung unterblieb bzw. vorgenommen wurde, obwohl die formalen Voraussetzungen vorlagen bzw. nicht vorlagen. Wurde eine Forderung zur Tabelle festgestellt und dennoch nicht in das Verzeichnis aufgenommen, kann der Gläubiger gegen das Verzeichnis einen entsprechenden Einwand erheben, denn der Insolvenzverwalter muss alle festgestellten Forderungen in das Verteilungsverzeichnis aufnehmen (vgl. BGH ZIP 2009, 243 = ZVI 2009, 115 = NZI 2009, 167 ff.).

B. Form und Frist zur Erhebung von Einwendungen

9 Gegen das vor einer Abschlagsverteilung erstellte Verteilungsverzeichnis sind Einwendungen eines Insolvenzgläubigers bis zum Ablauf einer Woche nach dem Ende der in § 189 Abs. 1 vorgesehenen Ausschlussfrist bei dem Insolvenzgericht zu erheben (Abs. 1). Die Einwendungsfrist beträgt damit insgesamt drei Wochen und beginnt mit dem Ablauf des zweiten auf den Tag der Ausgabe des Veröffentlichungsblatts folgenden Tages, in dem der Insolvenzverwalter die Veröffentlichung nach § 188 vorgenommen hat (§ 194 Abs. 1). Damit bleibt im Falle eines nach § 193 geänderten Verzeichnisses den Gläubigern nur noch ein Zeitraum von vier Tagen, um Einwendungen gegen die Änderungen des Verzeichnisses zu erheben. Die Frist des Abs. 1 ist wie die Frist in § 189 Abs. 1 eine Ausschlussfrist (K. Schmidt InsO/Jungmann Rn. 3).

10 Gegen das Schlussverzeichnis können Einwendungen nur im Schlusstermin erhoben werden (§ 197 Abs. 1 S. 1 Nr. 2). Wird die Frist oder der Schlusstermin versäumt, ist auch bei schuldloser Säumnis keine Wiedereinsetzung in den vorherigen Stand möglich. Die Insolvenzgläubiger können sich hinreichend auf den Schlusstermin vorbereiten, denn der Schlusstermin muss öffentlich bekannt gemacht werden und zwischen dieser öffentlichen Bekanntmachung und dem Termin selbst soll eine Frist von mindestens einem Monat und höchstens zwei Monaten liegen, sodass die Vorbereitung von Einwendungen gegen das Schlussverzeichnis möglich ist.

11 Die Einwendungen sind schriftlich oder zu Protokoll der Geschäftsstelle des Insolvenzgerichts zu erheben (K. Schmidt InsO/Jungmann Rn. 5).

C. Entscheidung des Insolvenzgerichts

I. Zuständigkeit

12 Die Entscheidung über Einwendungen gegen das Verteilungsverzeichnis obliegt dem Insolvenzgericht; dort dem funktionell zuständigen Rechtspfleger.

II. Verfahren

13 Vor der Entscheidung sind der Insolvenzverwalter und der betroffene Gläubiger anzuhören (K. Schmidt InsO/Jungmann Rn. 6). Entscheidungserhebliche Tatsachen sind von Amts wegen zu ermitteln (→ § 5 Rn. 1).

14 Über Einwendungen, die im Schlusstermin gegen das Schlussverzeichnis erhoben werden, kann entweder unmittelbar im Termin oder danach im Beschlussweg entschieden werden. Weist das

1334 *Nicht*

Festsetzung des Bruchteils   § 195 InsO

Insolvenzgericht Einwendungen zurück, ist die Entscheidung dem betroffenen Gläubiger und dem Insolvenzverwalter zuzustellen (§ 194 Abs. 2 S. 1).

Mit einer den Einwendungen stattgebenden Entscheidung ist die Berichtigung des Verteilungs- 15 verzeichnisses anzuordnen. Diese Entscheidung ist dem Gläubiger und dem Insolvenzverwalter zuzustellen. Das berichtigte Verteilungsverzeichnis ist daneben zusammen mit dem Beschluss zur Einsicht niederzulegen.

III. Zurückweisung von Einwendungen

Wurde eine festgestellte Forderung in das Verzeichnis aufgenommen, kann ein anderer Insol- 16 venzgläubiger hiergegen nicht einwenden, dass die Forderung nicht besteht. Die Einwendung ist zurückzuweisen.

Ein absonderungsberechtigter Gläubiger, der nicht in das Verzeichnis aufgenommen wurde, 17 kann hiergegen Einwendungen mit der Begründung erheben, dass er den Nachweis seines Ausfalles rechtzeitig iSd § 190 geführt hat. Das Insolvenzgericht wird darauf achten, dass der Nachweis des Ausfalls oder des Verzichts zutreffend geführt worden ist. Durch die Erhebung von Einwendungen dürfen die Fristen der §§ 189, 190 nicht unterlaufen werden (BGH ZInsO 2009, 2243 ff.).

Wurde die Frist des § 190 versäumt, kann der Nachweis des Ausfalls nicht in der Frist des § 194 18 nachgeholt werden. Eine dahingehende Einwendung gegen das Verteilungsverzeichnis ist nicht begründet.

Besteht entgegen der Anmeldung des Gläubigers für diesen kein Absonderungsrecht, kann 19 der Gläubiger noch im Schlusstermin die Unrichtigkeit des Verzeichnisses geltend machen. Die Ausschlussfrist des § 190 ist hierfür nicht einschlägig (BGH ZInsO 2009, 2243).

D. Rechtsmittelfristen

Gegen eine zurückweisende Entscheidung steht dem Gläubiger die sofortige Beschwerde zu 20 (§ 197 Abs. 3, § 194 Abs. 2 Nr. 2). Die Beschwerdefrist beginnt mit der Zustellung bzw. mit der Verkündung der Entscheidung (§ 6 Abs. 2).

Gegen die stattgebende Entscheidung können der Insolvenzverwalter und die Insolvenzgläu- 21 biger die sofortige Beschwerde erheben (§ 194 Abs. 3 Nr. 2). Die Beschwerdefrist beginnt mit der Niederlegung der Entscheidung (§ 194 Abs. 3 Nr. 2).

§ 195 Festsetzung des Bruchteils

(1) ¹Für eine Abschlagsverteilung bestimmt der Gläubigerausschuß auf Vorschlag des Insolvenzverwalters den zu zahlenden Bruchteil. ²Ist kein Gläubigerausschuß bestellt, so bestimmt der Verwalter den Bruchteil.

(2) Der Verwalter hat den Bruchteil den berücksichtigten Gläubigern mitzuteilen.

Überblick

Im Hinblick auf die Durchführung einer Abschlagsverteilung legen Insolvenzverwalter (→ Rn. 2) und Gläubigerausschuss (→ Rn. 9) nach pflichtgemäßem Ermessen die Abschlagsquote (→ Rn. 5) fest. Hierbei sind die Erfordernisse des jeweiligen Verfahrens angemessen zu berücksichtigen, insbesondere der Umfang der vorab zu befriedigenden Masseverbindlichkeiten (→ § 206 Rn. 1).

A. Durchführung von Abschlagsverteilungen

I. Befugnisse des Insolvenzverwalters

Abschlagsverteilungen finden im Verfahren statt, sooft hinreichende Barmittel in der Insolvenz- 1 masse vorhanden sind (§ 187 Abs. 2 S. 1).

Der Insolvenzverwalter (und in der Eigenverwaltung der Schuldner) entscheidet nach pflichtge- 2 mäßem Ermessen, ob er eine Abschlagsverteilung durchführt und in welchem Umfang er hierbei vorhandene Barmittel an die Insolvenzgläubiger verteilt (MüKoInsO/Kebekus/Schwarzer § 187 Rn. 8; HK-InsO/Depré Rn. 1, 2). Hierbei berücksichtigt er insbesondere die laufenden Kosten des Verfahrens, die als Masseverbindlichkeiten ungeachtet der §§ 187 ff. zu korrigieren sind; ggf.

Nicht 1335

InsO § 195 Fünfter Teil. Befriedigung der Insolvenzgläubiger. Einstellung des Verfahrens

sind hierfür Rückstellungen zu bilden (MüKoInsO/Kebekus/Schwarzer § 187 Rn. 6; BGH NZI 2015, 128 ff. zu den Verfahrenskosten, die erst in der Wohlverhaltensperiode entstehen). Insolvenzverwalter und Gläubigerausschuss müssen entscheiden, ob die Verteilung zweckmäßig ist. Ist im Verfahren ein Gläubigerausschuss bestellt, ist vor der Verteilung dessen Zustimmung einzuholen (→ § 187 Rn. 3). Es ist Aufgabe des Gläubigerausschusses, den Bruchteil auf Vorschlag des Insolvenzverwalters zu bestimmen (Abs. 1 S. 1). Ist kein Gläubigerausschuss eingesetzt, bestimmt der Insolvenzverwalter den Bruchteil nach pflichtgemäßem Ermessen.

II. Verhältnis zum Insolvenzgericht

3 Das Insolvenzgericht kann den Insolvenzverwalter nach § 58 weder zur Vornahme einer Abschlagsverteilung anweisen noch Weisungen hinsichtlich der Art und Weise der Durchführung oder zum Umfang erteilen. Das Insolvenzgericht kann allenfalls im Rahmen der Aufsicht gem. § 58 eine Abschlagsverteilung anregen (MüKoInsO/Kebekus/Schwarzer Rn. 3). Auch der Schuldner und die Insolvenzgläubiger verfügen nicht über durchsetzbare Ansprüche gegen den Insolvenzverwalter auf Durchführung einer Verteilung.

4 Die Zustimmung des Insolvenzgerichts ist für die Abschlagsverteilung nicht erforderlich (anders bei der Schlussverteilung nach § 196).

B. Festlegung des Bruchteils

5 Die Festlegung des Bruchteils durch den Gläubigerausschuss erfolgt auf der Grundlage des niedergelegten Verteilungsverzeichnisses, jedoch nach Korrektur gem. § 193 und Umsetzung der berechtigten Einwendungen (§ 194). Es muss feststehen, in welchem Umfang die Verbindlichkeiten bei der Abschlagsverteilung zu berücksichtigen sind.

6 Hinsichtlich der für die Verteilung verfügbaren Barmittel (§ 187 Abs. 2 S. 1, § 188 S. 3) darf der Betrag nicht überschritten werden, der gem. § 188 S. 3 öffentlich bekannt gemacht worden ist (K. Schmidt InsO/Jungmann Rn. 1; HK-InsO/Depré Rn. 4).

7 Kommt es zwischen öffentlicher Bekanntmachung und Festlegung des Bruchteils zu einem erheblichen Massezufluss, darf dieser nicht mit verteilt werden. Sie werden im Rahmen einer späteren Verteilung ausgeschüttet (MüKoInsO/Kebekus/Schwarzer Rn. 5).

8 Gläubigerausschuss und Insolvenzverwalter sind nicht verpflichtet, den gem. § 188 S. 3 öffentlich bekannt gemachten Betrag auszuschütten (HK-InsO/Depré Rn. 1; MüKoInsO/Kebekus/Schwarzer Rn. 5). Es besteht kein Vertrauensschutz zugunsten der Insolvenzgläubiger hinsichtlich der zu erwartenden Abschlagsquote. Zwischen der öffentlichen Bekanntmachung und der Festsetzung des Bruchteils können weitere Masseverbindlichkeiten entstehen oder bereits erkennbar werden, die der Gläubigerausschuss bereits zu berücksichtigen hat. Darüber hinaus können Zweckmäßigkeitsgesichtspunkte dafürsprechen, Teile der Insolvenzquote zunächst nicht auszukehren. Verwalter und Gläubigerausschuss bewegen sich in einem Spannungsfeld zwischen kaufmännischer Vorsicht und den berechtigten Interessen der Insolvenzgläubiger an einer schnellen und möglichst weitreichenden Auszahlung der Insolvenzquote. Diese ist grundsätzlich erforderlich, um einer weiteren Entwertung der Insolvenzforderungen entgegenzuwirken (vgl. Art. 14 Abs. 1 GG; zum Nichtanlageschaden und Zinsverlust s. § 39 Abs. 1 Nr. 1).

C. Kompetenzen von Gläubigerausschuss und Verwalter

9 Die originäre gesetzliche Zuständigkeit für die Festsetzung der Abschlagsquote liegt beim Gläubigerausschuss (Abs. 1). Der Gläubigerausschuss entscheidet auf der Grundlage des Vorschlags und der Empfehlungen des Insolvenzverwalters. Zwar hat der Gläubigerausschuss gem. § 69 S. 2 den Gang der Geschäfte und den Geldverkehr des Verfahrens fortlaufend zu prüfen, jedoch wird er hinsichtlich der kaufmännischen Verfahrensabwicklung nicht den umfassenden Einblick in alle Rechts-, Geschäfts- und Vermögensverhältnisse des Verfahrens haben, den der Insolvenzverwalter hat und gem. §§ 60, 80, 148 ff. haben muss. Deshalb ist es zweckmäßig, wenn der Insolvenzverwalter die kalkulatorischen Grundlagen aufbereitet und dem Gläubigerausschuss zur Verfügung stellt, damit dieser eine sachgerechte Entscheidung im Verfahrens- und Gläubigerinteresse treffen kann.

10 Der Insolvenzverwalter ist für die Festsetzung der Abschlagsquote zuständig, wenn kein Gläubigerausschuss bestellt ist (Abs. 1 S. 2). Er handelt nach eigenem pflichtgemäßem Ermessen.

11 Der Insolvenzverwalter ist an die Festsetzung durch den Gläubigerausschuss nicht gebunden, wenn der Gläubigerausschuss ohne sachlichen Grund vom Vorschlag des Insolvenzverwalters abweicht und hierdurch zB die Bezahlung von Masseverbindlichkeiten etc. gefährdet (vgl. aber § 206) (HK-InsO/Depré Rn. 4). In diesem Fall wird der Insolvenzverwalter unter Angabe des

Sachgrundes nach pflichtgemäßem Ermessen die Durchführung der Auszahlung bewirken und hierbei sicherstellen, dass die vorgehenden Rechte angemessen berücksichtigt werden. Es ist ratsam, die Gründe für den tatsächlichen Umfang der Auszahlung schriftlich zur Akte niederzulegen.

Die Festsetzung des Bruchteils ist weder durch das Insolvenzgericht noch durch das Prozessgericht zu überprüfen (K. Schmidt InsO/Jungmann Rn. 3). Ein Rechtsmittel ist nicht gegeben. Verstößt die Festsetzung jedoch evident gegen den Insolvenzzweck, kommen Aufsichtsmaßnahmen in Betracht (HK-InsO/Depré Rn. 2). 12

D. Mitteilung des Bruchteils

Den Insolvenzgläubigern, die gem. §§ 189–191 im Rahmen der Verteilung berücksichtigt werden, ist die Abschlagsquote (Bruchteil) mitzuteilen. In Betracht kommen die mündliche oder schriftliche Mitteilung durch den Insolvenzverwalter oder die öffentliche Bekanntmachung (K. Schmidt InsO/Jungmann Rn. 4). 13

Änderungen der Festsetzung nach Mitteilung der Abschlagsquote sind aus wichtigem Grund zulässig, bedürfen jedoch einer erneuten Mitteilung (K. Schmidt InsO/Jungmann Rn. 5). Ergibt sich der Änderungsbedarf aufgrund von nachträglich bekannt gewordenen Masseverbindlichkeiten, ist § 206 Nr. 1 zu berücksichtigen. K. Schmidt InsO/Jungmann Rn. 5). 14

§ 196 Schlußverteilung

(1) Die Schlußverteilung erfolgt, sobald die Verwertung der Insolvenzmasse mit Ausnahme eines laufenden Einkommens beendet ist.
(2) Die Schlußverteilung darf nur mit Zustimmung des Insolvenzgerichts vorgenommen werden.

Überblick

Im Rahmen der Schlussverteilung vor der Aufhebung des Insolvenzverfahrens (→ Rn. 1) wird die liquidierte Insolvenzmasse (→ Rn. 3) an die Insolvenzgläubiger ausgezahlt. Der Umfang der Insolvenzquote wird hierdurch festgelegt. Anders als bei Abschlagsverteilungen hat das Insolvenzgericht das Verteilungsverzeichnis zu überprüfen (→ Rn. 10). Die Schlussverteilung erfolgt erst, wenn die Zustimmung des Insolvenzgerichts vorliegt. Die Schlussverteilung wird durch den Insolvenzverwalter vollzogen (→ Rn. 13).

A. Zeitpunkt der Schlussverteilung

Die Schlussverteilung des verteilungsfähigen Vermögens, die gem. Abs. 2 nur mit Zustimmung des Insolvenzgerichts vorgenommen werden kann, ist dann einzuleiten, wenn das Verfahren abschlussreif ist, dh die Verwertung der Masse abgeschlossen ist (Abs. 1). Es obliegt grundsätzlich dem Insolvenzverwalter, diese Voraussetzungen zu beurteilen und die Schlussverteilung einzuleiten. Die Schlussverteilung ist unabhängig davon vorzunehmen, ob das Insolvenzgericht bereits abschließend über die Vergütung des Insolvenzverwalters entschieden hat (BGH ZIP 2017, 1629 ff.). 1

Es besteht kein zivilrechtlich durchsetzbarer Rechtsanspruch des Schuldners gegen den Insolvenzverwalter auf Beendigung des Verfahrens und Durchführung eines Schlusstermins; der Schuldner kann lediglich gerichtliche Aufsichtsmaßnahmen nach den §§ 58, 59 anregen (AG Göttingen ZIP 2009, 1633 = ZVI 2009, 462). Das Gesetz enthält in Abs. 1 nur die Aussage, dass ein laufendes Einkommen des Schuldners die Beendigung des Verfahrens nicht hindert. 2

Im Rahmen der Schlussverteilung wird der noch vorhandene Betrag der Insolvenzmasse an die nach §§ 189–191 zu berücksichtigenden Insolvenzgläubiger ausgeschüttet. Hiermit wird das Verteilungsverfahren im Grundsatz beendet (vgl. K. Schmidt InsO/Jungmann Rn. 1; MüKoInsO/Kebekus/Schwarzer Rn. 1); Nachtragsverteilungen sind nach Maßgabe von §§ 203 ff. zulässig. 3

Die Schlussverteilung findet statt, wenn die gesamte Insolvenzmasse (§§ 35, 36) in Geld umgesetzt wurde (Abs. 1). Es kommt insoweit auf die Verwertung des letzten verwertbaren Massegegenstands an (K. Schmidt InsO/Jungmann Rn. 2). 4

Ein etwaiger Neuerwerb des Schuldners hindert die Schlussverteilung nicht, was sich insbesondere bei natürlichen Personen auswirkt, bei denen Aussicht auf Restschuldbefreiung besteht (s. 5

Nicht

InsO § 197 Fünfter Teil. Befriedigung der Insolvenzgläubiger. Einstellung des Verfahrens

zutr. BGH ZIP 2017, 1629 ff.). Denn anderenfalls könnte bei laufendem Einkommen das Verfahren nicht abgeschlossen werden (BGH ZIP 2017, 1629 ff.).

6 Umstritten ist, ob die Schlussverteilung statthaft ist, wenn noch Rechtsstreitigkeiten über einen Massegegenstand anhängig sind (sog. Aktivprozesse), der nicht vom Verwalter freigegeben werden soll (vgl. hierzu K. Schmidt InsO/Jungmann Rn. 6; MüKoInsO/Kebekus/Schwarzer Rn. 5; Keller InsR 264 Rn. 803). Dies hängt im Wesentlichen davon ab, ob hinsichtlich dieses Gegenstands eine Nachtragsverteilung gem. § 203 zulässig ist (HK-InsO/Depré Rn. 1).

B. Anwendbare Verfahrensvorschriften

7 Die Schlussverteilung richtet sich nach den §§ 187–194, soweit sich nicht diese ausdrücklich auf die Abschlagsverteilung beziehen (zB § 187 Abs. 2, § 190 Abs. 2, § 191 Abs. 1, §§ 192, 194 Abs. 1). Anwendbar sind deshalb die § 187 Abs. 1 und Abs. 3, §§ 188, 189, 190 Abs. 1 und Abs. 3, § 191 Abs. 2, §§ 193, 194 Abs. 2 und Abs. 3 (vgl. K. Schmidt InsO/Jungmann Rn. 4). Insbesondere legen die §§ 189–191 fest, nach welchen Gesichtspunkten die bestrittenen Forderungen, aufschiebend bedingte Forderungen und Absonderungsberechtigte im Rahmen der Schlussverteilung teilnehmen.

8 § 194 Abs. 2 und Abs. 3 sind hinsichtlich der Erhebung von Einwendungen gegen das Schlussverzeichnis gem. § 197 Abs. 3 analog anzuwenden. Zu beachten ist, dass Einwendungen gegen das Schlussverzeichnis nur im Schlusstermin erhoben werden können (§ 197 Abs. 1 S. 2 Nr. 2).

9 Der Gläubigerausschuss muss der Schlussverteilung zustimmen (§ 187 Abs. 3 S. 2).

C. Zustimmung des Insolvenzgerichts

10 Sinn und Zweck der Zustimmungspflicht ist die ordnungsgemäße Durchführung der Verfahrensaufsicht (→ § 58 Rn. 1). Das Insolvenzgericht muss prüfen, ob die Verwertung der Insolvenzmasse (mit Ausnahme des laufenden Einkommens) beendet ist. Soweit ein Gläubigerausschuss bestellt ist, muss das Insolvenzgericht prüfen, ob dessen Zustimmung vorliegt. Zudem ist § 66 Abs. 1 S. 1 zu beachten, wonach der Insolvenzverwalter gegenüber der Gläubigerversammlung Rechnung zu legen hat. Diese Schlussrechnung ist durch das Insolvenzgericht zu prüfen.

11 Die Entscheidung des Insolvenzgerichts über die Zustimmung erfolgt durch einen Beschluss. Der Rechtspfleger ist zuständig. Der Beschluss wird dem Insolvenzverwalter zugestellt. Fehlt dieser Beschluss, lässt dies den Rechtsgrund für die Verteilung nicht entfallen. Das Insolvenzgericht kann den Beschluss in Ausnahmefällen aufheben, wenn das gemeinsame Interesse der Insolvenzgläubiger (vgl. § 78) dies aufgrund besonderer Umstände gebietet (vgl. K. Schmidt InsO/Jungmann Rn. 9 mwN).

12 Soweit der Beschluss des Insolvenzgerichtes durch den Richter getroffen wurde, ist wegen § 6 Abs. 1 kein Rechtsmittel statthaft (HK-InsO/Depré Rn. 11). Hat der Rechtspfleger entschieden, ist die sofortige Erinnerung statthaft, über die der Richter zu entscheiden hat (§ 11 Abs. 2 S. 1, 3 RPflG) (HK-InsO/Depré Rn. 11).

D. Durchführung der Verteilung

13 Zuständig für die Verteilung ist der Insolvenzverwalter. Der Insolvenzverwalter führt die Schlussverteilung aber erst durch, wenn rechtskräftig über Einwendungen gegen das Schlussverzeichnis entschieden worden ist (§ 194 Abs. 2 und Abs. 3).

14 Hinsichtlich der Höhe der Insolvenzquote besteht, anders als bei Abschlagsverteilungen, kein pflichtgemäßes Ermessen des Verwalters. Er hat die vorhandenen liquiden Mittel gleichmäßig auf die zu berücksichtigenden Forderungen auszukehren.

15 Es handelt sich bei der Insolvenzquote um eine Holschuld des Gläubigers (krit. zu dieser Einordnung KG NZI 2015, 758 ff.). Eine Hinterlegung nach Maßgabe der §§ 293, 295, 372 S. 2 BGB ist grundsätzlich möglich. Es muss aber ein Hinterlegungsgrund schlüssig dargelegt werden können (KG NZI 2015, 758 ff.).

16 Die Insolvenzquote ist gleichmäßig auf Hauptforderungen, Zinsen und Kosten zu leisten, soweit diese im Rang des § 38 festgestellt sind (BGH NJW 1985, 3064).

§ 197 Schlußtermin

(1) ¹Bei der Zustimmung zur Schlußverteilung bestimmt das Insolvenzgericht den Termin für eine abschließende Gläubigerversammlung. ²Dieser Termin dient

Nicht

1. zur Erörterung der Schlußrechnung des Insolvenzverwalters,
2. zur Erhebung von Einwendungen gegen das Schlußverzeichnis und
3. zur Entscheidung der Gläubiger über die nicht verwertbaren Gegenstände der Insolvenzmasse.

(2) Zwischen der öffentlichen Bekanntmachung des Termins und dem Termin soll eine Frist von mindestens einem Monat und höchstens zwei Monaten liegen.

(3) Für die Entscheidung des Gerichts über Einwendungen eines Gläubigers gilt § 194 Abs. 2 und 3 entsprechend.

Überblick

Der Schlusstermin ist eine der Verfahrensaufhebung vorgehende Gläubigerversammlung (→ Rn. 1), in welcher der Schlussbericht und die Schlussrechnung des Insolvenzverwalters erörtert werden (→ § 66 Rn. 6). Zudem können Einwendungen gegen das abschließende Verteilungsverzeichnis (Schlussverzeichnis) nur im Schlusstermin erhoben werden (→ Rn. 11). Die Gläubigerversammlung beschließt über den Umgang mit nicht verwertbaren Gegenständen der Insolvenzmasse (→ Rn. 12). Nach Durchführung der Schlussverteilung hat das Insolvenzgericht die Aufhebung des Insolvenzverfahrens zu beschließen.

A. Allgemeines

Der Schlusstermin ist eine besondere Gläubigerversammlung (vgl. §§ 74 ff.). Diese wird vom Insolvenzgericht von Amts wegen festgesetzt (vgl. § 74 Abs. 1 S. 1) und nach den allgemeinen gesetzlichen Vorschriften vom Insolvenzgericht geleitet (→ § 76 Rn. 1). Zeit, Ort und Tagesordnung sind öffentlich bekanntzumachen (§ 74 Abs. 2 S. 1, § 9). Eine gesonderte Ladung der Gläubiger findet grundsätzlich nicht statt (MüKoInsO/Kebekus/Schwarzer Rn. 2). Sie kann in Ausnahmefällen aufgrund der herausgehobenen Bedeutung des Schlusstermins geboten sein (HK-InsO/Depré Rn. 17). 1

Der Schlusstermin findet statt, wenn die Insolvenzmasse vollständig verwertet ist und der Verwertungserlös im Rahmen der Schlussverteilung an die Insolvenzgläubiger ausgekehrt werden kann. Weitere laufende Massezuflüsse aus dem laufenden Einkommen des Schuldners stehen dem nicht entgegen (BGH NZI 2017, 822 ff.). Ein laufendes Einkommen des Schuldners hindert nicht die Aufhebung des Insolvenzverfahrens gem. § 200 Abs. 1 InsO (BGH NZI 2017, 822 ff.). 2

Die Ziele des Schlusstermins sind in Abs. 2 S. 1 aufgezählt. Der Termin dient der Erörterung der Schlussrechnung des Insolvenzverwalters (vgl. § 66 Abs. 1 S. 1), zur Erhebung von Einwendungen gegen das Schlussverzeichnis (vgl. § 194 Abs. 2 und Abs. 3) und zur Entscheidung der Gläubiger über nicht verwertbare Gegenstände der Insolvenzmasse (vgl. AG Duisburg NZI 2006, 112 ff.). Zudem kann über die Gewährung der Restschuldbefreiung entschieden werden, obgleich dies regelmäßig erst nach dem Schlusstermin erfolgen soll (HK-InsO/Depré Rn. 22 unter Verweis auf Uhlenbruck/Sternal § 290 Rn. 127). Der Schlusstermin kann mit einem Prüfungstermin verbunden werden (§ 177 Abs. 1), in dem nachträglich angemeldete Insolvenzforderungen noch geprüft werden können (BGH NZI 2007, 401). Jedoch können diese nachträglich angemeldeten und geprüften Insolvenzforderungen nicht in das Schlussverzeichnis aufgenommen werden und nehmen an der Schlussverteilung nicht teil (MüKoInsO/Kebekus/Schwarzer Rn. 4) (→ § 188 Rn. 17). Gleichwohl kann die Feststellung (§ 176) sinnvoll sein, weil gem. § 201 Abs. 2 mit dem Tabellenauszug nach Verfahrensaufhebung gegen den Schuldner vollstreckt werden kann. 3

B. Schlussverzeichnis und Schlussverteilung

Die Schlussverteilung (→ § 196 Rn. 1) findet auf der Grundlage des Schlussverzeichnisses statt. Dieses wird vom Insolvenzverwalter erstellt (vgl. § 188 S. 1). Einwendungen gegen das Schlussverzeichnis müssen, insoweit anders als bei der Abschlagsverteilung (vgl. § 194 Abs. 1), mündlich im Schlusstermin erhoben werden (HK-InsO/Depré Rn. 6). Die Einwendungen werden gegenüber dem Insolvenzgericht erhoben und vom Rechtspfleger protokolliert (HK-InsO/Depré Rn. 6). Es soll umgehend eine Klärung streitiger Umstände iSd §§ 189–191 erfolgen (MüKoInsO/Kebekus/Schwarzer Rn. 7). 4

Zur Erhebung von Einwendungen sind nur die Insolvenzgläubiger berechtigt, die an der Schlussverteilung teilnehmen können. Hierzu müssen ihre Forderungen zumindest angemeldet und geprüft worden sein (aA offenbar HK-InsO/Depré Rn. 6: ausreichend ist die Anmeldung. 5

Nicht

Die Einwendungsführer müssen durch die Inhalte des Schlussverzeichnisses betroffen sein, dh entweder zielt ihre Einwendung auf die Berücksichtigung der eigenen Rechtsposition im Verteilungsverzeichnis oder auf Nichtberücksichtigung eines anderen Gläubigers. Massegläubiger können keine Einwendungen erheben, da sie nicht auf der Grundlage des Verteilungsverzeichnisses befriedigt werden (→ § 53 Rn. 1 ff.; → § 54 Rn. 1 ff.; → § 55 Rn. 1 ff.). Der Schuldner selbst ist zur Erhebung von Einwendungen nicht berechtigt (HK-InsO/Depré Rn. 6); ihm steht gegen die Zurückweisung seiner nicht statthaften Einwendungen kein Rechtsmittel zu (HK-InsO/Depré Rn. 19).

6 Anzuwenden sind die §§ 189–191, nach denen zu beurteilen ist, ob das Schlussverzeichnis den zutreffenden Inhalt ausweist. Es kann dagegen nicht geltend gemacht werden, dass eine Forderung nach materiellem Recht nicht oder nicht wie in Tabelle und Verteilungsverzeichnis ausgewiesen besteht. Maßgebend ist die Insolvenztabelle als Grundlage des Verteilungsverzeichnisses. Materiellrechtliche Einwendungen gegen eine Forderung, die verfahrensrechtlich zutreffend in das Verteilungsverzeichnis (Schlussverzeichnis) aufgenommen wurde, obgleich die Forderung erloschen ist, müssen mit der Verteilungsabwehrklage geltend gemacht werden (BGH NZI 2012, 513 ff. = BGHZ 193, 44 ff.). Einwendungen können sich auch nicht auf die verteilungsfähige Insolvenzmasse beziehen (MüKoInsO/Kebekus/Schwarzer Rn. 7).

7 Werden zulässige Einwendungen gegen das Schlussverzeichnis nicht im Termin erhoben, sind diese präkludiert und können auch nicht nachgeholt werden (BGHZ 91, 198 ff.; K. Schmidt InsO/Jungmann Rn. 11; HK-InsO/Depré Rn. 9). Eine Wiedereinsetzung in den vorigen Stand kommt nicht in Betracht. Dies gilt auch im Hinblick auf Nachtragsverteilungen (→ § 203 Rn. 1). Denn diese erfolgen auf der Grundlage des Schlussverzeichnisses, ein gesondertes Verteilungsverzeichnis wird für Nachtragsverteilungen nicht erstellt.

8 Die Vorschriften in § 194 Abs. 2 und Abs. 3 gelten für die Entscheidung des Gerichts entsprechend. Das Insolvenzgericht entscheidet durch Beschluss. Dieser ist dem Gläubiger und dem Insolvenzverwalter zuzustellen, soweit die Einwendung zurückgewiesen wird. Dem Gläubiger steht nach § 194 Abs. 2 S. 2 die sofortige Beschwerde zu (AG Krefeld NZI 2001, 45). Die Beschwerde ist innerhalb der Frist von zwei Wochen einzulegen (§ 569 Abs. 1 S. 1 ZPO).

C. Erörterung der Schlussrechnung

9 Der Insolvenzverwalter muss „bei der Beendigung des Amtes der Gläubigerversammlung Rechnung legen" (§ 66 Abs. 1). Praktisch gehen die Erstellung und Vorlage der Schlussrechnung der Beendigung des Amts voraus, denn die Schlussrechnung muss durch das Insolvenzgericht (§ 66 Abs. 2 S. 1), den Gläubigerausschuss (vgl. § 66 Abs. 2 S. 2) und die Gläubigerversammlung (§ 66 Abs. 2 S. 1) geprüft und im Schlusstermin erörtert werden (vgl. K. Schmidt InsO/Rigol § 66 Rn. 5; Frege/Riedel, Schlussbericht und Schlussrechnung im Insolvenzverfahren, 2016, Rn. 15 ff.; Keller InsR 265 Rn. 806 ff.). Die Schlussrechnung dient gemeinsam mit dem Schlussbericht dazu, den Beteiligten des Verfahrens ein vollständiges und richtiges Bild der Geschäftsführung durch den Insolvenzverwalter zu vermitteln (K. Schmidt InsO/Rigol § 66 Rn. 7; Keller InsR 265 Rn. 806). Sie muss eine geordnete Zusammenstellung der Einnahmen und Ausgaben enthalten, deren Entstehen zu belegen und im Schlussbericht zu erläutern ist (Frege/Riedel, Schlussbericht und Schlussrechnung im Insolvenzverfahren, 2016, Rn. 17; Keller InsR 265 Rn. 806, 807). Das Schlussverzeichnis gilt als Bestandteil der Schlussrechnung (Frege/Riedel, Schlussbericht und Schlussrechnung im Insolvenzverfahren, 2016, Rn. 18).

10 Bevor die Gläubigerversammlung die Schlussrechnung erörtern und abnehmen kann, wird diese durch den Gläubigerausschuss und das Insolvenzgericht geprüft.

11 Die Schlussrechnung wird nach dem Wortlaut von Abs. 1 S. 2 Nr. 1 nur erörtert; der Schlusstermin dient nicht zur Erhebung von Einwendungen (so wie bei Abs. 1 S. 2 Nr. 2). Deshalb können Einwendungen gegen die Schlussrechnung und entsprechende Ansprüche gegenüber dem Insolvenzverwalter auch später noch geltend gemacht werden, solange sie nicht verjährt sind; diese werden nicht durch die Vorschrift präkludiert (MüKoInsO/Kebekus/Schwarzer Rn. 6; K. Schmidt InsO/Jungmann Rn. 2).

D. Entscheidung über nicht verwertbare Gegenstände

12 Im Schlusstermin sollen die Insolvenzgläubiger befinden, wie mit nicht verwertbaren Gegenständen der Insolvenzmasse (§§ 35, 36) umgegangen werden soll. Der Insolvenzverwalter soll entlastet werden. In Betracht kommt die Freigabe durch Erklärung des Insolvenzverwalters, die zur Aufhebung des Insolvenzbeschlags führt. Die unverwertbaren Gegenstände können auch einzelnen

Gläubigern zugeordnet werden, wenn der Rückfall an den Schuldner nicht zweckmäßig ist (MüKoInsO/Kebekus/Schwarzer Rn. 10; K. Schmidt InsO/Jungmann Rn. 4). Werden Gegenstände an Gläubiger übertragen, ist deren Wert auf den Quotenanspruch anzurechnen (MüKoInsO/Kebekus/Schwarzer Rn. 10).

Unzulässig ist die Übertragung von Gegenständen der Insolvenzmasse auf einen Treuhänder, 13
der diese im Gläubigerinteresse weiter verwaltet und verwertet, denn hiermit könnten wesentliche Verfahrensregeln (§ 80 Abs. 1, § 148 Abs. 1, §§ 159 ff., 58 f., 60) unterlaufen werden (MüKoInsO/Kebekus/Schwarzer Rn. 11; aM K. Schmidt InsO/Jungmann Rn. 5).

E. Terminfestlegung

Gemäß Abs. 2 soll zwischen öffentlicher Bekanntmachung und Schlusstermin eine Frist von 14
mindestens einem Monat und höchstens zwei Monaten liegen. Die Gläubiger sollen sich hinreichend vorbereiten können.

Die gesetzliche Frist ist nicht zwingend. Das Gericht kann hiervon abweichen, wenn sachliche 15
Gründe dies gebieten. Wichtig ist bei Verkürzungen, dass die Fristvorgaben der §§ 189 ff. eingehalten werden können (MüKoInsO/Kebekus/Schwarzer Rn. 3). Das bedeutet, dass im Terminszeitpunkt die Ausschlussfrist des § 189 Abs. 1 und die Einwendungsfrist gem. § 194 abgelaufen sein müssen (HK-InsO/Depré Rn. 16).

Die öffentliche Bekanntmachung erfolgt im Internet (abrufbar unter www.insolvenzbekannt- 16
machungen.de).

Hinsichtlich Vertagung und Verlegung gelten die allgemeinen Regelungen (§ 74). Eine Verta- 17
gung ist rechtlich zulässig. Die Fortsetzung ist nicht öffentlich bekanntzumachen (HK-InsO/Depré Rn. 17).

§ 198 Hinterlegung zurückbehaltener Beträge

Beträge, die bei der Schlußverteilung zurückzubehalten sind, hat der Insolvenzverwalter für Rechnung der Beteiligten bei einer geeigneten Stelle zu hinterlegen.

Überblick

Im Rahmen der Schlussverteilung soll die Quotenzahlung an alle Insolvenzgläubiger, die in das Schlussverzeichnis (→ § 188 Rn. 1, → § 196 Rn. 1) aufgenommen worden sind, bewirkt werden. Hierzu ist ggf. die Hinterlegung vorzunehmen (→ Rn. 4), wenn die Insolvenzquote an den Berechtigten nicht übermittelt werden kann (→ Rn. 7).

A. Allgemeines

Die Hinterlegung der Insolvenzquote kommt nach dem Wortlaut für die Beträge in Betracht, 1
die bei der Schlussverteilung zurückzubehalten waren. Die Hinterlegung dient damit der Entlastung des Insolvenzverwalters und der Sicherung der Insolvenzgläubiger, die nach den §§ 189, 190, 191 ein Recht auf Berücksichtigung bei der Schlussverteilung und auf Zurückbehaltung der Quote haben (vgl. K. Schmidt InsO/Jungmann Rn. 1; MüKoInsO/Kebekus/Schwarzer Rn. 1; zum Sicherungsbedürfnis bei Versorgungsansprüchen aus Altersversorgungszusage vgl. OLG Oldenburg ZIP 2018, 1311 ff. unter Verweis auf BGH NZI 2005, 384 und BGH NJW 1998, 312 (313)).

Mit der Hinterlegung der Barmittel nach § 198 wird der gegen den Schuldner gerichtete 2
Anspruch, der zur Tabelle angemeldet und ggf. bereits festgestellt wurde, noch nicht erfüllt (K. Schmidt InsO/Jungmann Rn. 1). Es erfolgt keine Hinterlegung unter Verzicht auf die Rücknahme, denn es steht im Zeitpunkt der Hinterlegung nicht abschließend fest, ob die hinterlegten Barmittel tatsächlich zur Erfüllung der Gläubigeransprüche einzusetzen sind oder zur Insolvenzmasse zurückfließen, weil die Voraussetzungen der §§ 189, 190, 191 nicht eintreten.

Nicht vom Wortlaut des § 198 erfasst, gleichwohl nach § 372 BGB zulässig, ist die Hinterlegung 3
von Insolvenzquoten, die durch die Gläubiger der teilnehmenden Forderungen trotz Auszahlungsanspruch nach §§ 187, 188 nicht abgeholt wurden (die Insolvenzquote ist eine Holschuld des Insolvenzgläubigers) oder die an diese Gläubiger nicht überwiesen werden konnten (gegen die Einordnung als Holschuld KG NZI 2015, 758 mAnm Predikant). Der Insolvenzverwalter wird auch solche Quotenzahlungen für Rechnung der Beteiligten bei einer geeigneten Hinterlegungsstelle hinterlegen, denn die Insolvenzmasse soll nach dem Schlusstermin ausgezahlt werden, damit

Nicht 1341

das Verfahren zeitnah beendet und aufgehoben werden kann (MüKoInsO/Kebekus/Schwarzer Rn. 5). Allerdings muss hier unter Verzicht auf die Rücknahme hinterlegt werden (§§ 376, 378 BGB), weil sonst keine Befreiungswirkung zugunsten der Insolvenzmasse eintreten kann (HK-InsO/Depré Rn. 3). Nach Ansicht des Kammergerichts ist es dem Insolvenzverwalter zuzumuten, vorab naheliegende Nachforschungen zu den Prätendenten anzustellen (KG NZI 2015, 758 mAnm Predikant).

B. Zurückbehaltungsfälle

4 Die Vorschrift bezieht sich auf die § 189 Abs. 2, § 190 Abs. 2 S. 2 und § 191 Abs. 1 S. 2, aus denen sich ergibt, welche Beträge bei der Schlussverteilung mangels Auszahlungsreife zurückbehalten werden müssen. Betroffen sind bestrittene Forderungen, deren Inhaber die Rechtsverfolgung gegenüber dem Bestreitenden fristgerecht dem Insolvenzverwalter nachgewiesen haben. Ferner für Absonderungspositionen und aufschiebend bedingte Forderungen (zumindest soweit der Bedingungseintritt noch möglich erscheint). Dies betrifft Versorgungsansprüche aus einer Altersversorgungszusage, bei der eine Auszahlung in Teilbeträgen stattfindet, sobald die Fälligkeitstermine der Einzelforderungen erreicht sind (vgl. OLG Oldenburg ZIP 2018, 1311 ff. unter Verweis auf BGH NZI 2005, 384 und BGH NJW 1998, 312 (313)).

5 Über die Hinterlegung entscheidet der Insolvenzverwalter nach Maßgabe der §§ 189, 190, 191.

6 Ist der betroffene Gläubiger der Rechtsansicht, dass anstelle der Hinterlegung bereits die tatsächliche Auszahlung in Betracht kommt, muss er dies mit der Leistungsklage gegenüber dem Insolvenzverwalter geltend machen. Die Rechtsmittel gem. §§ 194, 197 reichen insoweit nicht aus, denn die Art der Befriedigung (Auszahlung/Hinterlegung) wird im Verteilungsverzeichnis nicht vermerkt.

C. Hinterlegungsvoraussetzungen und Rechtswirkungen

7 Es muss sich um hinterlegungsfähige Beträge handeln, bei denen die Möglichkeit besteht, dass diese zu Gunsten der Insolvenzmasse wieder frei werden, weil zB die bestrittene Forderung endgültig als nicht existent aberkannt wird und folglich ein materielles Teilhaberecht des vermeintlichen Gläubigers nicht besteht. Deshalb kommt ein Rücknahmeverzicht des Insolvenzverwalters nicht in Betracht. Denn soweit die hinterlegten Barmittel zur Befriedigung des Gläubigers tatsächlich nicht gebraucht werden, sind diese wieder zur Masse zu ziehen und im Rahmen einer Nachtragsverteilung (→ § 203 Rn. 1) an die im Schlussverzeichnis ausgewiesenen Berechtigten zu verteilen. Würde der Insolvenzverwalter auf sein Rücknahmerecht verzichten, könnte dies zu Ersatzpflicht nach § 60 Abs. 1 führen (HK-InsO/Depré Rn. 1).

8 Die Hinterlegung beendet in den Fällen der §§ 189, 190, 191 nicht den Insolvenzbeschlag (BGH NJW 1973, 1198 ff.; BGHZ 83, 102 ff.); die hinterlegten Mittel bleiben Massebestandteile und sind ggf. zur Verteilung im Rahmen einer Nachtragsverteilung zu verwenden (HK-InsO/Depré Rn. 1).

D. Kosten der Hinterlegung

9 Die Hinterlegung erfolgt zwar im Namen des Schuldners, aber auf Kosten des potenziellen Berechtigten (K. Schmidt InsO/Jungmann Rn. 6).

§ 199 Überschuß bei der Schlußverteilung

¹Können bei der Schlußverteilung die Forderungen aller Insolvenzgläubiger in voller Höhe berichtigt werden, so hat der Insolvenzverwalter einen verbleibenden Überschuß dem Schuldner herauszugeben. ²Ist der Schuldner keine natürliche Person, so hat der Verwalter jeder am Schuldner beteiligten Person den Teil des Überschusses herauszugeben, der ihr bei einer Abwicklung außerhalb des Insolvenzverfahrens zustünde.

Überblick

Die Vorschrift ist im Zusammenhang mit den §§ 38, 39 (→ § 187 Rn. 14) zu lesen (→ Rn. 1). Sie enthält den Grundsatz, dass Auszahlungen aus dem Insolvenzverfahren an den Schuldner oder dessen Gesellschafter erst zulässig sind, wenn nach den Masseverbindlichkeiten die in der

Insolvenztabelle erfassten Insolvenzforderungen und alle nachrangigen Ansprüche in vollem Umfang berichtigt worden sind. Der Schuldner hat lediglich einen Anspruch auf den Verfahrensüberschuss (→ Rn. 5). Bei Personengesellschaften und juristischen Personen erfolgt die Verteilung des Übererlöses an die Gesellschafter nach Maßgabe ihrer Beteiligung (→ Rn. 6).

A. Allgemeines

Die Vorschrift ist Ausprägung der haftungsrechtlichen Zuordnung des schuldnerischen Vermögens an die Insolvenzgläubiger (→ § 38 Rn. 1), zu deren Befriedigung das Insolvenzverfahren in erster Linie dient (§ 1). Der Schuldner und dessen Gesellschafter dürfen erst und nur dann Leistungen aus der Insolvenzmasse erhalten, wenn alle Insolvenzgläubiger (einschließlich der nachrangigen Rechte) in vollem Umfang befriedigt worden sind. Dieser Grundsatz durchzieht die InsO, was sich auch an § 39 Abs. 1 Nr. 5, §§ 44a, 135 Abs. 1 und Abs. 2, § 245 Abs. 2 zeigt. 1

Unabhängig von der durch §§ 38, 39, 199 festgelegten Befriedigungsreihenfolge sind während des Verfahrens die Masseverbindlichkeiten gem. §§ 53–55 zu korrigieren. Diese Berichtigung erfolgt außerhalb des Verteilungsverfahrens, denn die Masseansprüche sind unmittelbar gegenüber dem Insolvenzverwalter geltend zu machen. 2

Unabhängig von der Regelung der Rangfolge der Vermögensverteilung wird an der Vorschrift die verfahrensrechtliche Frage festgemacht, ob der Insolvenzverwalter einer Personengesellschaft oder einer juristischen Person insolvenzrechtlich zur Vollabwicklung der Schuldnerin verpflichtet ist oder ob es mit der Auskehrung des Übererlöses hier sein Bewenden hat (HK-InsO/Depré Rn. 2). Hintergrund ist die Vorstellung, dass bei Schuldnern, die keine natürlichen Personen sind, eine gesellschaftsrechtliche Liquidation nach Abschluss des Insolvenzverfahrens aus Gründen der Zweckmäßigkeit nach Möglichkeit unterbleiben soll (vgl. BGH BeckRS 2020, 39108 Rn. 71 = NJW 2021, 928 = ZIP 2021, 255) und insoweit der Insolvenzverwalter die Überschussverteilung unter den Gesellschaftern vornimmt (S. 2). Hieraus ist nicht der Schluss zu ziehen, dass der Insolvenzverwalter zur Vollabwicklung der Gesellschaft insolvenzrechtlich verpflichtet ist (BGH BeckRS 2020, 39108 Rn. 75 = NJW 2021, 928 = ZIP 2021, 255). Er kann Restvermögen auch freigeben und auf eine Beendigung des Insolvenzverfahrens hinwirken. Dies wird insbesondere dann erwartet, wenn Massegegenstände unverwertbar sind und/oder diese hohe Kosten verursachen (vgl. MüKoInsO/Kebekus/Schwarzer Rn. 2, 3). Insbesondere wenn einer Vollabwicklung berechtigte Belange und Interessen der Insolvenzgläubiger entgegenstehen, zB durch eine nicht zu vermeidende Schmälerung der Insolvenzquote, ist die Vollabwicklung vom Insolvenzverwalter nicht zu verlangen. Der Insolvenzverwalter ist zudem weder befugt noch verpflichtet, einen Innenausgleich der Gesellschafter einer Personengesellschaft durchzuführen (BGH BeckRS 2020, 39108 Rn. 72, 74 = NJW 2021, 928 = ZIP 2021, 255). Seine gesetzlichen Befugnisse aus § 80 Abs. 1 umfassen nicht die Berechtigung, Ausgleichsbeträge der Gesellschafter der Insolvenzschuldnerin im Hinblick auf einen denkbaren Innenausgleich einzuziehen und unter den Gesellschaftern zu verteilen (BGH BeckRS 2020, 39108 Rn. 72, 74 = NJW 2021, 928 = ZIP 2021, 255). 3

B. Volle Befriedigung sämtlicher Insolvenzgläubiger

Die Gläubiger in den Rängen der §§ 38, 39 sind in voller Höhe berichtigt, wenn sie Zahlungen (oder Hinterlegungen nach Maßgabe des § 198) in Höhe der Beträge erhalten haben, die im bestandskräftigen Schlussverzeichnis für sie eingetragen und damit endgültig sind. Insoweit kommt es auf die Inhalte des Schlussverzeichnisses an, welches aus der Insolvenztabelle abgeleitet ist. Für § 199 ist wichtig, dass auch die nachrangigen Verbindlichkeiten zur Forderungsanmeldung aufgefordert worden sind und diese Anmeldungen geprüft und im Rahmen der Verteilung bedient worden sind (HK-InsO/Depré Rn. 1). 4

C. Pflichten des Insolvenzverwalters

Der Insolvenzverwalter ist insolvenzrechtlich verpflichtet, den Überschuss an den Schuldner herauszugeben. Die Verletzung dieser Pflicht kann die persönliche Haftung nach § 60 Abs. 1 nach sich ziehen (vgl. MüKoInsO/Kebekus/Schwarzer Rn. 4). 5

Soweit der Schuldner keine natürliche Person ist, dh Personengesellschaft oder juristische Person, muss der Insolvenzverwalter den Überschuss nach der Quote der Beteiligungsverhältnisse bzw. der gesellschaftsvertraglichen Regelungen an die Gesellschafter auskehren. Anzuwenden sind § 49 Abs. 1 S. 1 BGB, § 734 BGB, § 155 HGB, § 271 AktG, § 72 GmbHG und § 91 GenG (vgl. MüKoInsO/Kebekus/Schwarzer Rn. 2). Umgekehrt kann § 199 jedoch nicht dahingehend 6

Nicht

InsO § 200 Fünfter Teil. Befriedigung der Insolvenzgläubiger. Einstellung des Verfahrens

angewendet werden, dass Kommanditisten einer Publikums-KG (Fondsgesellschaft) Gewinne herausgeben müssen, die sie nach Ansicht des Insolvenzverwalters zu Unrecht erlangt haben (so LG Offenburg ZInsO 2018, 1055 ff.).

§ 200 Aufhebung des Insolvenzverfahrens

(1) Sobald die Schlußverteilung vollzogen ist, beschließt das Insolvenzgericht die Aufhebung des Insolvenzverfahrens.

(2) ¹Der Beschluß und der Grund der Aufhebung sind öffentlich bekanntzumachen. ²Die §§ 31 bis 33 gelten entsprechend.

Überblick

Im Anschluss an die Durchführung der Schlussverteilung (→ § 196 Rn. 1) soll das Insolvenzverfahren beendet und vom Insolvenzgericht aufgehoben werden (→ Rn. 1). Die Beschlagnahmewirkung endet (→ Rn. 3). Der Schuldner erlangt die ihm durch den Eröffnungsbeschluss entzogene Verwaltungs- und Verfügungsmacht über sein Vermögen (→ § 80 Rn. 6) zurück, soweit nicht vom Insolvenzgericht die Nachtragsverteilung (→ § 203 Rn. 20) angeordnet wurde.

A. Allgemeines

1   Soweit das Insolvenzverfahren nicht nach §§ 207, 211 ff. einzustellen ist, endet es nach Abs. 1 mit seiner förmlichen Aufhebung durch das Insolvenzgericht (vgl. zur Wirksamkeit des Aufhebungsbeschlusses BGHZ 186, 223 = ZIP 2010, 1610 = ZVI 2010, 425 ff.).

2   Voraussetzung ist die Verwertung der Insolvenzmasse und die Verteilung des daraus erzielten Erlöses im Rahmen von Abschlagsverteilungen und im Rahmen der Schlussverteilung. Der Vollzug der Schlussverteilung ist Voraussetzung für die Aufhebung des Insolvenzverfahrens. Erlangt der Schuldner auch nach dem Schlusstermin pfändbares Einkommen, steht dies der Verfahrensbeendigung nicht entgegen (BGH NZI 2017, 822 ff. = ZIP 2017, 1629 ff.). Vielmehr hat das Insolvenzgericht nach vollzogener Schlussverteilung die Aufhebung des Verfahrens zu beschließen, auch wenn nach der Erstellung des Schlussverzeichnisses oder nach der Schlussverteilung noch weitere Zuflüsse zur Insolvenzmasse aus dem laufenden Einkommen des Schuldners erfolgen oder eine Entscheidung über die Vergütung des Verwalters noch aussteht (BGH NZI 2017, 822 ff. = ZIP 2017, 1629 ff.).

3   Mit der Aufhebung nach Abs. 1 werden die Rechtswirkungen der Eröffnung im Hinblick auf den Schuldner selbst (vgl. §§ 80 ff.) und die Gläubiger (→ § 87 Rn. 1 ff.) für die Zukunft beseitigt (s. MüKoInsO/Hintzen Rn. 1). Dies betrifft insbesondere die dem Schuldner durch die Verfahrenseröffnung entzogene Verwaltungs- und Verfügungsbefugnis, welche er zurückerhält (vgl. § 80 Abs. 1; → § 148 Rn. 1 ff., → § 150 Rn. 1 ff.; s. BFH ZInsO 2012, 232 ff.; AG Saarbrücken ZMR 2010, 202 ff.) Die Aufhebung beseitigt die Rechtsdurchsetzungseinschränkungen der Insolvenzgläubiger (→ § 87 Rn. 1 ff.); sie haben ein freies Nachforderungsrecht. Die Wirkung der insolvenzrechtlichen Vollstreckungsverbote in §§ 89, 90, 110 Abs. 2, 123 Abs. 3 und 210 entfällt (MüKoInsO/Hintzen Rn. 1). Der Schuldner erhält die volle Verwaltungs- und Verfügungsbefugnis über sein Vermögen zurück (BFH NZI 2017, 218). Hierzu gehört auch die Prozessführungsbefugnis im Hinblick auf Steuerbescheide, die die Insolvenzmasse und die Zuordnung der Einkommenssteuern als Masseverbindlichkeiten betreffen (BFH NZI 2017, 218).

4   Die Rechtsfolgen ergeben sich nicht unmittelbar aus dem Wortlaut, können aber aus dem Sinn und Zweck und der Systematik hergeleitet werden (hinsichtlich der Beendigung der Ämter der Verfahrensorgane vgl. auch § 259 Abs. 1).

B. Aufhebungsvoraussetzungen

5   Für die Verfahrensaufhebung reicht es nicht, wenn der Schlusstermin durchgeführt wurde. Die Schlussverteilung muss vollzogen worden sein (MüKoInsO/Hintzen Rn. 2). Hintergrund ist das Überwachungs- und Aufsichtsbedürfnis des Insolvenzgerichts gem. § 58, insbesondere bei der Durchführung der Schlussverteilung. Die zutreffende Verteilung der in der Insolvenzmasse vorhandenen Barmittel durch den Insolvenzverwalter darf der gerichtlichen Aufsicht nicht entzogen werden (s. MüKoInsO/Hintzen Rn. 5). Der Insolvenzverwalter muss den Vollzug der Schlussverteilung gegenüber dem Gericht nachweisen.

Die Schlussverteilung erfolgt gem. § 196 erst nach Abschluss der Verwertung der Insolvenzmasse 6 (weiteres pfändbares Einkommen steht der Schlussverteilung und der Verfahrensaufhebung jedoch nicht entgegen; BGH ZIP 2017, 1629 ff.). Insofern liegen der Aufhebung des Verfahrens die vollständige Verwertung der Insolvenzmasse und die Auskehrung der verteilungsfähigen Masse zugrunde.

C. Beschluss des Insolvenzgerichts

Das Insolvenzverfahren wird durch einen Beschluss des Insolvenzgerichts, der nicht inhaltlich 7 begründet werden muss, aufgehoben. Im Beschluss ist anzugeben, welcher gesetzliche Aufhebungstatbestand die Rechtsgrundlage der Aufhebung bildet (vgl. auch §§ 209, 258).

Die Beschlussformel und der Aufhebungstatbestand werden vom Insolvenzgericht öffentlich 8 bekannt gemacht (Abs. 2 S. 1). Die Wirksamkeit des Beschlusses tritt bereits mit erfolgter Bekanntmachung nach Maßgabe des § 9 Abs. 1 S. 3 ein. Unbeachtlich ist es daher, ob die Erinnerung nach § 11 Abs. 2 S. 1 RPflG noch eingelegt wird. Nach der Rechtsprechung ist der maßgebende Zeitpunkt derjenige der Beschlussfassung (BGH NZI 2010, 741). Es wird jedoch empfohlen, im Aufhebungsbeschluss ausdrücklich anzuordnen, dass die Rechtswirkungen erst eintreten, wenn der Beschluss bestandskräftig, dh unanfechtbar, geworden ist, um eventuellen Rückabwicklungsschwierigkeiten vorzubeugen.

Der Aufhebungsbeschluss kann, soweit er vom Insolvenzrichter getroffen wurde, nicht mit 9 einem Rechtsmittel angegriffen werden, da die Insolvenzordnung dies nicht vorsieht (vgl. § 6 Abs. 1) (MüKoInsO/Hintzen Rn. 10; Keller InsR 269 Rn. 824). Wurde die Aufhebung des Insolvenzverfahrens abgelehnt, ist ebenfalls kein Rechtsmittel gegen die Nichtaufhebung statthaft (s. MüKoInsO/Hintzen Rn. 11).

Der Eintritt der Rechtskraft des Beschlusses richtet sich nach § 9 Abs. 1 S. 3: „sobald nach dem 10 Tag der Veröffentlichung zwei weitere Tage verstrichen sind".

Hat der Rechtspfleger (wie in der Praxis üblich) den Aufhebungsbeschluss getroffen, ist die 11 fristgebundene Erinnerung gem. § 11 Abs. 2 S. 1 RPflG statthaft (vgl. LG Mainz BeckRS 2015, 10141). Sie wird innerhalb von zwei Wochen erhoben (vgl. § 577 Abs. 2 ZPO). Maßgeblich für den Fristlauf ist § 9 Abs. 1 S. 3. Hilft der Rechtspfleger der Erinnerung nicht ab, legt er diese dem Insolvenzrichter zur Entscheidung vor.

D. Registereintragungen

Abs. 2 S. 2 verweist auf die §§ 31–33 und erklärt diese für entsprechend anwendbar. Die 12 Benachrichtigung der registerführenden Stellen ist zwingend, denn diese wurden auch über die Eröffnung des Verfahrens in Kenntnis gesetzt, müssen demzufolge auch die Aufhebung des Verfahrens beachten (Keller InsR 269 Rn. 825). Eine Ausnahme kommt in Betracht, wenn die Nachtragsverteilung bereits vor der Aufhebung des Insolvenzverfahrens vom Insolvenzgericht angeordnet wurde, da in diesem Fall die Verwaltungs- und Verfügungsbeschränkung gegenständlich begrenzt vorübergehend aufrechterhalten bleibt und insoweit eine Eintragung unzweckmäßig ist (vgl. MüKoInsO/Hintzen Rn. 28).

Eine Ausfertigung des Aufhebungsbeschlusses wird durch die Geschäftsstelle des Insolvenzge- 13 richts dem Handels-, Genossenschafts-, Partnerschafts- oder Vereinsregister übermittelt, soweit der Schuldner in dieses eingetragen ist.

Die Aufhebung des Verfahrens wird in das entsprechende Register eingetragen (§ 32 Abs. 1 14 S. 2 Nr. 4 HGB, § 75 Abs. 1 S. 2 Nr. 4 BGB, § 102 GenG).

Gemäß Abs. 2 S. 2 iVm § 32 ist das Grundbuchamt zu informieren, denn mit der Aufhebung 15 des Verfahrens fallen die Verfügungssperren weg, was für den Rechtsverkehr von Bedeutung ist.

§ 38 GBO ist im Fall des gerichtlichen Ersuchens anzuwenden, sodass Antrag und Bewilligung 16 (§§ 13, 19 GBO) nicht erforderlich sind (vgl. MüKoInsO/Hintzen Rn. 23). Gemäß § 32 Abs. 3 kann sowohl das Insolvenzgericht ersuchen als auch der Insolvenzverwalter einen Antrag auf Löschung des Insolvenzvermerks stellen. Der Insolvenzverwalter, dessen Amtsstellung infolge der Aufhebung bereits erloschen ist, muss jedoch einen Eintragungsantrag nach § 13 GBO stellen und die Unrichtigkeit des Grundbuchs nachweisen (§ 22 GBO) (vgl. MüKoInsO/Hintzen Rn. 25). Hierzu bedarf es der Vorlage einer Ausfertigung oder beglaubigten Abschrift des Aufhebungsbeschlusses. Das Gleiche gilt für den Schuldner nach Verfahrensaufhebung: er ist ebenfalls gem. § 13 GBO antragsberechtigt, muss aber eine Ausfertigung oder beglaubigte Abschrift des Aufhebungsbeschlusses vorlegen.

§ 201 Rechte der Insolvenzgläubiger nach Verfahrensaufhebung

(1) Die Insolvenzgläubiger können nach der Aufhebung des Insolvenzverfahrens ihre restlichen Forderungen gegen den Schuldner unbeschränkt geltend machen.

(2) ¹Die Insolvenzgläubiger, deren Forderungen festgestellt und nicht vom Schuldner im Prüfungstermin bestritten worden sind, können aus der Eintragung in die Tabelle wie aus einem vollstreckbaren Urteil die Zwangsvollstreckung gegen den Schuldner betreiben. ²Einer nicht bestrittenen Forderung steht eine Forderung gleich, bei der ein erhobener Widerspruch beseitigt ist. ³Der Antrag auf Erteilung einer vollstreckbaren Ausfertigung aus der Tabelle kann erst nach Aufhebung des Insolvenzverfahrens gestellt werden.

(3) Die Vorschriften über die Restschuldbefreiung bleiben unberührt.

Überblick

Die gegen den Schuldner bestehenden Ansprüche der Insolvenzgläubiger werden mit der Aufhebung des Insolvenzverfahrens nicht vernichtet (→ Rn. 1). Es tritt keine automatische Restschuldbefreiung ein. Die Forderungen der Insolvenzgläubiger behalten weiter ihre Durchsetzungsfähigkeit (→ Rn. 5). Soweit im Insolvenzverfahren die Feststellung erfolgt war und der Schuldner im Prüfungstermin nicht widersprochen hat, können diese titulierten Forderungen (§ 178 Abs. 3) gegen den Schuldner bis zur vollen Befriedigung durchgesetzt werden. Hierbei dient die vollstreckbare Ausfertigung des Auszugs aus der Insolvenztabelle als Vollstreckungstitel (→ Rn. 13). Die Haftung nach Verfahrensaufhebung scheidet aus, wenn die Restschuldbefreiung durch das Insolvenzgericht erteilt (→ § 300 Rn. 1) und nicht widerrufen (→ § 303 Rn. 1) wird.

A. Durchsetzungsbefugnisse der Gläubiger

I. Grundlagen

1   Soweit nicht dem Schuldner im Verfahren die Restschuldbefreiung gewährt wird (für natürliche Personen vgl. §§ 286 ff., 291, 300, 303; zur Restschuldbefreiung im Rahmen eines Insolvenzplanverfahrens vgl. §§ 224 ff.), bleiben die nicht mit einer Insolvenzquote bedienten Forderungen gegen den Schuldner auch nach der Beendigung des Verfahrens bestehen (Abs. 1 und Abs. 3). Sie werden durch die Aufhebung des Insolvenzverfahrens nicht berührt. Der Schuldner muss die Forderungen auch nach der Beendigung und Aufhebung des Verfahrens weiter bedienen (Uhlenbruck/Wegener Rn. 1; MüKoInsO/Hintzen Rn. 1).

2   Die Insolvenzgläubiger können die restlichen Forderungen (nach Anrechnung der im Verfahren geleisteten Insolvenzquote) unbeschränkt gegen den Schuldner geltend machen, denn die Einschränkungen gem. §§ 87 ff. entfallen mit der Aufhebung des Verfahrens. Das Vollstreckungsverbot gem. § 89 endet mit der Aufhebung des Insolvenzverfahrens (Uhlenbruck/Wegener Rn. 1; MüKoInsO/Hintzen Rn. 7). Auch das Aufrechnungsverbot des § 96 Abs. 1 Nr. 1 besteht nach Aufhebung des Verfahrens nicht mehr (BFHE 256, 388 ff. = ZIP 2017, 934 ff.).

3   Für Massegläubiger hat die Vorschrift insofern keine Bedeutung, als diese ihre Ansprüche auch während des laufenden Insolvenzverfahrens unmittelbar gegenüber dem Insolvenzverwalter geltend machen konnten und durch die §§ 87 ff. nicht blockiert waren. Die Rechtsfrage, in welchem Umfang die Massegläubiger ihre noch offenen Ansprüche nach Verfahrensaufhebung gegen den Schuldner geltend machen können, wird durch die Vorschrift nicht beantwortet (dazu sogleich → Rn. 9).

4   Soweit die Vollstreckung gegenüber dem Schuldner erforderlich ist, werden die Insolvenzgläubiger mit dem vollstreckbaren Tabellenauszug (Abs. 2 S. 1) gegen den Schuldner vorgehen (vgl. BGH NZI 2020, 736 = ZIP 2020, 1526). Ist der Schuldner eine Kommanditgesellschaft, wirkt Abs. 2 S. 1 auch gegenüber den Kommanditisten und nimmt diesen gem. §§ 129 Abs. 1, 161 Abs. 2 HGB die Einwendungen, welche die Schuldnergesellschaft selbst gegenüber den Insolvenzforderungen verloren hat (BGH ZIP 2018, 640 ff. = NZI 2018, 442 ff. = ZInsO 2018, 870 ff.; dazu Dahl/Engels NZI 2018, 442 ff.). Es erhalten somit sämtliche in der Insolvenztabelle erfassten Gläubiger einen Vollstreckungstitel, und zwar unabhängig davon, ob die zur Insolvenztabelle angemeldeten Forderungen bereits tituliert waren (vgl. § 179 Abs. 2). Für Massegläubiger gilt dies nicht, da deren Forderungen nicht in der Insolvenztabelle erfasst sind, sie mithin keinen vollstreckbaren Auszug aus der Insolvenztabelle als vollstreckungsfähigen Titel erlangen können. Sie müssen nach den allgemeinen Vorschriften gegen den Schuldner vorgehen (→ Rn. 9).

II. Rechtsdurchsetzung nach Verfahrensaufhebung

1. Umfang der durchsetzbaren Rechte

Die Insolvenzgläubiger können nach der Aufhebung des Verfahrens vorbehaltlich Abs. 3 (Restschuldbefreiung) ihre noch nicht bedienten Forderungen in vollem Umfang gegenüber dem Schuldner geltend machen (sog. unbeschränktes Nachforderungsrecht). Sie müssen sich lediglich die Insolvenzquote anrechnen lassen, die sie im Insolvenzverfahren erlangt haben. Der nicht durch Quotenzahlungen erfüllte Teil der Forderungen besteht weiterhin und der Schuldner haftet für ihn. Die Regelung in Abs. 1 betrifft dabei nur Insolvenzgläubiger, die ihre Ansprüche zur Insolvenztabelle angemeldet hatten. Insolvenzgläubiger, die entweder nicht an Insolvenzverfahren teilgenommen haben oder deren Forderungen nicht festgestellt wurden (vgl. §§ 178, 179) können gleichwohl ohne Beschränkung gegen den Schuldner vorgehen, jedoch ohne den Tabellenauszug zu verwenden; sie sind auf die bestehenden Titel zu verweisen bzw. angehalten, ihre Ansprüche gegen den Schuldner nach den allgemeinen Vorschriften titulieren zu lassen (Uhlenbruck/Wegener Rn. 15; HK-InsO/Depré Rn. 9).

2. Veränderung der Forderungen im Prüfungsverfahren

Soweit sich Forderungen während des Anmelde- und Prüfungsverfahrens infolge der §§ 41 ff. verändern und in angepasster Form festgestellt werden, bewirkt die Feststellung eine verfahrensrechtliche Umwandlung der Forderungen zum Zweck der Durchführung des Insolvenzverfahrens. Auch nach Verfahrensabschluss kann nicht mehr auf die Forderung in der ursprünglichen Gestalt abgestellt und diese durchgesetzt werden (BGHZ 108, 1237 ff.; BGH NJW 1992, 2091 ff.; AG Ahaus NZI 2021, 295; Uhlenbruck/Wegener Rn. 9; HK-InsO/Depré Rn. 4). Die Forderung erhält durch die Feststellung eine neue Gestalt, die für den Schuldner und für die Gläubiger endgültig bindend ist, dh die durch die §§ 41 ff. bewirkten Änderungen des Schuldverhältnisses wirken über die Beendigung des Insolvenzverfahrens hinaus. Dies selbst dann, wenn die Forderung vor der Eröffnung des Insolvenzverfahrens mit anderem Inhalt tituliert worden war (RGZ 112, 297; vgl. AG Nürnberg JurBüro 2016, 602; AG Ahaus NZI 2021, 295; LG Bielefeld FamRZ 2020, 1398). Die aus verfahrensrechtlichen Gründen gebotene Inhaltsänderung findet durch die rechtskräftige Feststellung zur Tabelle (vgl. § 178 Abs. 3) statt, erfasst mithin nicht die außenstehenden Forderungen, die sich am Insolvenzverfahren nicht beteiligt haben (HK-InsO/Depré Rn. 9).

3. Vollstreckungsgegenstand

Grundsätzlich steht den Insolvenzgläubigern das gesamte nach Aufhebung vorhandene Vermögen des Schuldners als Zugriffsobjekt zur Verfügung. Hierzu gehören ein eventueller Überschuss des Insolvenzverfahrens, die an den Schuldner freigegebenen Gegenstände und der Neuerwerb des Schuldners nach Aufhebung.

Zur Befriedigung der Insolvenzgläubiger nach Abs. 1 dient nicht das Vermögen, welches nach § 203 einer Nachtragsverteilung vorbehalten wurde, denn insoweit wurde der Insolvenzbeschlag noch nicht aufgehoben. Damit steht das der Nachtragsverteilung vorbehaltene Vermögen nicht zur Disposition des Schuldners, sondern unterliegt der andauernden Verwaltungs- und Verfügungsbefugnis des Insolvenzverwalters (§ 80 Abs. 1). Dieses Vermögen ist demnach nicht frei und kann nicht durch einzelne Insolvenzgläubiger zur Befriedigung nach Aufhebung des Verfahrens herangezogen werden. Es haftet der Gläubigergemeinschaft, indem der daraus erreichte Erlös nach Maßgabe des Schlussverzeichnisses (§§ 196, 197) an die teilhabeberechtigten Gläubiger verteilt wird. Materiell kann das von Bedeutung sein, wenn die Forderung eines Gläubigers erst anlässlich des Schlusstermins festgestellt und nicht mehr in das Schlussverzeichnis aufgenommen wird. Der Gläubiger einer solchen Forderung kann zwar nach Abs. 1 vorgehen, ist aber nicht berechtigt, an Nachtragsverteilungen teilzunehmen, weil diese auf dem Schlussverzeichnis beruhen.

B. Behandlung von Massegläubigern

Die Vorschrift enthält keine Regelungen für die Befriedigung der Massegläubiger. Denn die Massegläubiger waren während der Laufzeit des eröffneten Verfahrens an der Rechtsdurchsetzung grundsätzlich nicht gehindert (aber → § 90 Rn. 1 ff.). Sie konnten ihre Rechte ohne die Einschränkung durch §§ 87 ff. geltend machen, soweit nicht das Vollstreckungsverbot gem. § 90 Abs. 1 in den ersten sechs Monaten nach Eröffnung Sperrwirkung entfaltete. Insofern musste eine Einschränkung nicht wie bei Insolvenzgläubigern aufgehoben werden.

Nicht

10 Im Hinblick auf die Aufhebung des Insolvenzverfahrens stellt sich aber die Frage, ob auch die Massegläubiger ein freies Nachforderungsrecht gegenüber dem Schuldner haben. Insbesondere wird dies im Hinblick auf diejenigen Masseverbindlichkeiten relevant, auf deren Entstehung der Schuldner keinen Einfluss hatte oder gegen die er sogar widersprochen hat (vgl. § 55 Abs. 1 Nr. 1 und 2). Nach zutreffender herrschender Ansicht haftet der Schuldner nach Aufhebung des Insolvenzverfahrens für Masseverbindlichkeiten, die der Insolvenzverwalter nach Verfahrenseröffnung begründet hat und die während des Insolvenzverfahrens nicht bereinigt wurden, nicht unbegrenzt, sondern lediglich mit der noch vorhandenen restlichen Insolvenzmasse, die nach Vollbefriedigung der Insolvenzgläubiger an den Schuldner herausgegeben oder während des Insolvenzverfahrens freigegeben worden ist (zutr. BGH NZI 2009, 841 ff.; NdsFG ZInsO 2017, 1636 ff.; MüKoInsO/Hintzen Rn. 16; Uhlenbruck/Wegener Rn. 17; **aM** HmbKommInsR/Herchen Rn. 6). Im Übrigen kann der Schuldner durch die Handlungen des Insolvenzverwalters nicht verpflichtet werden. Das gilt jedoch nicht für Steuerverbindlichkeiten, die nach Beendigung und Aufhebung des Insolvenzverfahrens festgesetzt werden, obgleich sie während des laufenden Insolvenzverfahrens als Masseverbindlichkeiten hätten festgesetzt werden müssen, vgl. BFHE 264, 109 ff.: Festsetzung gegen den Schuldner und Bekanntgabe gegenüber dem Steuerpflichtigen und keine Nachhaftungsbeschränkung.

11 Der Insolvenzverwalter bleibt dagegen gem. § 61 gegenüber den Massegläubigern verantwortlich, deren Ansprüche durch ihn begründet wurden.

12 Etwas anderes gilt hinsichtlich der Masseverbindlichkeiten, deren Entstehung auf das Handeln des Schuldners vor der Eröffnung des Verfahrens zurückzuführen ist (vgl. Uhlenbruck/Wegener Rn. 18). Für diese Masseverbindlichkeiten ist eine Begrenzung auf die Restmasse grundsätzlich nicht geboten. Es besteht hier ein unbeschränktes Nachforderungsrecht der Massegläubiger (BGH NZI 2007, 771 ff.), zumindest hinsichtlich der Beträge, deren Entstehung allein durch den Schuldner zu verantworten sind (zB oktroyierte Masseverbindlichkeiten aufgrund von Dauerschuldverhältnissen, § 109 Abs. 1). Soweit der Insolvenzverwalter, zB durch Unterlassung der Kündigung von durch den Schuldner begründeten Mietverhältnissen, die die Entstehung weiterer Masseverbindlichkeiten verursacht, ist die Nachhaftung des Schuldners beschränkt (vgl. OLG Stuttgart NZI 2007, 527 ff.; NdsFG ZInsO 2017, 1636 ff.).

C. Zwangsvollstreckung gegen den Schuldner

13 Abs. 2 regelt die Zulässigkeit der Vollstreckung aus dem Tabelleneintrag gegen den Schuldner nach Aufhebung des Verfahrens (nicht erfasst sind Gesellschafter des Schuldners, denen gegenüber aus dem Tabellenauszug nicht vollstreckt werden kann). Voraussetzung ist die Feststellung der Forderung im Prüfungstermin (vgl. §§ 178, 179) bzw. die Beseitigung eines erhobenen Widerspruchs (vgl. § 178 Abs. 1 S. 1). Mit der Feststellung entsteht in Bezug auf Betrag und Rang die Wirkung eines rechtskräftigen Urteils gegenüber dem Insolvenzverwalter und gegenüber den anderen Insolvenzgläubigern (vgl. BGH NZI 2014, 568 ff.; 2013, 801 ff.). Ist der Schuldner eine Kommanditgesellschaft, wirkt Abs. 2 S. 1 nach Ansicht des 2. Zivilsenats des BGH auch gegenüber den Kommanditisten und nimmt diesen im Hinblick auf die persönliche Haftung die Einwendungen gegen die Gläubigerforderungen (BGH ZIP 2018, 640 ff. = NZI 2018, 442 ff. = ZInsO 2018, 870 ff.).

14 Gemäß Abs. 2 S. 1 findet die Zwangsvollstreckung gegen den Schuldner nur statt, wenn dieser nicht im Prüfungstermin der Forderung widersprochen hat (vgl. § 176 S. 2). Hat der Schuldner widersprochen, kann der Tabellenauszug ihm gegenüber nach Aufhebung des Verfahrens nicht die Rechtswirkung eines rechtskräftigen Vollstreckungstitels entfalten (BGH NZI 2014, 568 ff.). Der Widerspruch des Schuldners muss sich aber auf die Forderung insgesamt beziehen und darf nicht lediglich gegen die Einstufung der Forderung als eine solche aus einer vorsätzlichen unerlaubten Handlung gerichtet sein (BGH NZI 2014, 568 ff., BGH NZI 2020, 736 = ZIP 2020, 1526); hat der Schuldner den Widerspruch als sog. isolierten Widerspruch nur gegen den Rechtsgrund der vorsätzlich begangenen unerlaubten Rechtshandlung zulässigerweise erhoben und nicht gegen die Forderung insgesamt, ist dem Insolvenzgläubiger ein vollstreckbarer Tabellenauszug zu erteilen (BGH NZI 2020, 736 = ZIP 2020, 1526). Bei einem Widerspruch des Schuldners gegen die Forderung obliegt es dem Gläubiger, einen Widerspruch des Schuldners durch Feststellungsklage zu beseitigen (BGH NZI 2009, 189 ff.). Hierbei ist er nicht an die Einhaltung einer Klagefrist gebunden (BGH NZI 2009, 189 ff.).

15 War die im Insolvenzverfahren festgestellte Forderung bereits vor der Eröffnung tituliert worden, ersetzt der Tabellenauszug, in dem die Feststellung der Forderung vermerkt ist, den früheren Titel, soweit der gleiche Anspruch betroffen ist und der Schuldner nicht Widerspruch im Prüfungstermin

Zuständigkeit bei der Vollstreckung § 202 InsO

erhoben hat (§ 178 Abs. 1 und Abs. 2; BGH NJW 1998, 2364); der frühere Titel wird insoweit aufgezehrt (BGH NZI 2006, 536; AG Nürnberg JurBüro 2016, 602; LG Bielefeld FamRZ 2020, 1398; vgl. für bestandskräftige Abgabenbescheide OVG NRW BeckRS 2019, 32473), denn im Interesse der Beteiligten an der Herstellung eines rechtssicheren Zustands dürfen keine konkurrierenden Vollstreckungstitel in der Welt sein, die sich auf das gleiche Recht beziehen. Die Ersetzung ist insbesondere geboten, weil in den Fällen der §§ 41 ff. die ursprüngliche Forderung im Prüfungsverfahren verändert wird (vgl. auch Uhlenbruck/Wegener Rn. 22) und nach Aufhebung des Insolvenzverfahrens lediglich in der inhaltlich umgeformten Gestalt gegen den Schuldner verfolgt werden darf; damit korrespondiert die Maßgabe, auch nur den für vollstreckbar erklärten Tabellenauszug als Grundlage der Zwangsvollstreckung gegen den Schuldner nach Aufhebung des Verfahrens anzuerkennen (vgl. Uhlenbruck/Wegener Rn. 22; MüKoInsO/Hintzen Rn. 37). Der mit der Anmeldung der Forderung vorgelegte frühere Titel, der durch die Feststellung zur Tabelle aufgezehrt wird, darf zur Zwangsvollstreckung gegen den Schuldner nach Aufhebung des Verfahrens nicht mehr verwendet werden (Uhlenbruck/Wegener Rn. 22; MüKoInsO/Hintzen Rn. 37; LG Bielefeld FamRZ 2020, 1398), zumindest soweit er mit dem in der Insolvenztabelle registrierten Anspruch übereinstimmt. Gegen die Verwendung kann der Schuldner mit der Erinnerung gemäß § 766 ZPO gerichtlich vorgehen (s. LG Köln NZI 2012, 682 ff.). Soweit der Titelinhaber den Antrag auf Klauselerteilung gem. Abs. 2 S. 3 stellt, sollte das Insolvenzgericht die Klausel nur gegen Vorlage des aufgezehrten Titels erteilen. Wenn ausnahmsweise andere Rechte in dem früheren Titel mit tituliert worden waren, die in der Tabelle keine Entsprechung finden, darf auch nach Aufhebung des Insolvenzverfahrens die Zwangsvollstreckung stattfinden. Zu Klagen gegen die Vollstreckung vgl. § 202 Abs. 1.

Die Feststellung eines Rechts zur Insolvenztabelle wirkt gem. § 178 Abs. 3 dem Betrag und dem **16** Rang nach gegenüber dem Insolvenzverwalter und den Insolvenzgläubigern wie ein rechtskräftiges Urteil. Gegenüber dem Schuldner gilt das nur, wenn er im Prüfungstermin nicht widersprochen hat (vgl. § 178 Abs. 1 S. 2, Abs. 2 S. 2, § 201 Abs. 2 S. 1). Der Widerspruch ist nur beachtlich, wenn er sich gegen die Forderung als solche richtet (BGH NZI 2014, 507 ff.; BGH NZI 2014, 568 ff.). Die Vollstreckbarkeit muss durch Erteilung einer Vollstreckungsklausel gem. § 725 ZPO hergestellt werden (MüKoInsO/Hintzen Rn. 27). Erforderlich ist ein zulässiger Antrag des Insolvenzgläubigers, zu dessen Gunsten die Feststellung zur Tabelle erfolgt war. Der Antrag kann gem. Abs. 2 S. 3 erst nach der Aufhebung des Verfahrens gestellt werden. Vorherige Anträge sind unzulässig (Uhlenbruck/Wegener Rn. 29; MüKoInsO/Hintzen Rn. 26). Gegen die Nichterteilung der Klausel kann der betroffene Insolvenzgläubiger die Erinnerung gem. § 573 ZPO erheben (Uhlenbruck/Wegener Rn. 31; MüKoInsO/Hintzen Rn. 39). Zu Klagen auf Erteilung der Klausel s. § 202 Abs. 1.

D. Verhältnis zur Restschuldbefreiung

Gemäß Abs. 3 bleiben die Vorschriften über die Restschuldbefreiung unberührt, dh das Recht **17** der Insolvenzgläubiger zur Nachforderung nach Aufhebung besteht nur, wenn nicht die Erteilung der Restschuldbefreiung angekündigt und erteilt wurde. Die Erteilung der Restschuldbefreiung führt dazu, dass der Gläubiger die Forderung gegen den Schuldner nicht mehr durchsetzen kann.

§ 202 Zuständigkeit bei der Vollstreckung

(1) Im Falle des § 201 ist das Amtsgericht, bei dem das Insolvenzverfahren anhängig ist oder anhängig war, ausschließlich zuständig für Klagen:
1. auf Erteilung der Vollstreckungsklausel;
2. durch die nach der Erteilung der Vollstreckungsklausel bestritten wird, daß die Voraussetzungen für die Erteilung eingetreten waren;
3. durch die Einwendungen geltend gemacht werden, die den Anspruch selbst betreffen.

(2) Gehört der Streitgegenstand nicht zur Zuständigkeit der Amtsgerichte, so ist das Landgericht ausschließlich zuständig, zu dessen Bezirk das Insolvenzgericht gehört.

Überblick

Wird die vollstreckbare Ausfertigung auf Antrag des Gläubigers vom Insolvenzgericht nicht erteilt (→ Rn. 1), muss durch den Gläubiger gegen die Versagung der Rechtsweg beschritten werden (→ Rn. 4). Auch gegen die Erteilung der Klausel durch das Insolvenzgericht ist der

Rechtsweg zum Prozessgericht eröffnet. Der Schuldner kann der Vollstreckung aus dem Tabellenauszug mit der Vollstreckungsgegenklage beim Prozessgericht entgegentreten.

A. Allgemeines

1 Es ist Sache des Insolvenzgläubigers, außerhalb des Insolvenzverfahrens eine vollstreckbare Ausfertigung des Tabellenauszuges zu bewirken, mit dem er gem. § 201 Abs. 2 S. 1 nach Aufhebung des Insolvenzverfahrens in das Vermögen des Schuldners vollstrecken kann (BGH ZInsO 2011, 1032; 2011, 2278; NZI 2020, 736 = ZIP 2020, 1526). Notfalls ist Klauselerteilungsklage zu erheben (§ 731 ZPO). Die vollstreckbare Ausfertigung darf erst nach Aufhebung des Insolvenzverfahrens erteilt werden (BGH NZI 2020, 736 = ZIP 2020, 1526); wird der Antrag vor der Aufhebung gestellt, ist dieser bereits unzulässig (HK-InsO/Depré Rn. 1). Ein während der Wohlverhaltensperiode im Restschuldbefreiungsverfahren bestehendes Vollstreckungsverbot steht der Erteilung einer vollstreckbaren Ausfertigung jedoch nicht entgegen (BGH NZI 2020, 736 = ZIP 2020, 1526). Hat der Insolvenzgläubiger die Forderung als Deliktsforderung angemeldet und wurde diese Qualifikation der Forderung vom Schuldner (zulässigerweise) bestritten, darf gleichwohl die vollstreckbare Ausfertigung erteilt werden (BGH NJW-RR 2014, 1390 = NZI 2014, 507; NZI 2014, 568 = Rpfleger 2014, 538). Ob die als Deliktsforderung angemeldete Insolvenzforderung tatsächlich § 302 Nr. 1 unterfällt, ist im Rahmen einer Vollstreckungsabwehrklage des Schuldners, der sich auf die Restschuldbefreiung beruft, zu klären (BGH NJW-RR 2014, 1390 = NZI 2014, 507; NZI 2014, 568 = Rpfleger 2014, 538).
2 Der Schuldner kann sich gegen die Klauselerteilung (§ 768 ZPO) und die Durchführung der Zwangsvollstreckung (§ 767 ZPO) zur Wehr setzen.
3 Für diese Klagen ist nicht das Insolvenzgericht, sondern das Prozessgericht zuständig. Die ausschließliche örtliche Zuständigkeit ist am Sitz des Insolvenzgerichts gegeben (Uhlenbruck/Wegener Rn. 1; MüKoInsO/Hintzen Rn. 1). War eine Unterhaltsforderung bereits vor Insolvenzverfahrenseröffnung tituliert, ersetzt der Tabellenauszug, in dem die Feststellung der Forderung vermerkt ist, den früheren Titel, soweit der gleiche Anspruch betroffen ist; damit verliert die Forderung ihre familienrechtliche Eigenschaft und auch die Zuständigkeit des Familiengerichts geht unter (LG Bielefeld FamRZ 2020, 1398).

B. Klagearten

4 Der Vollstreckungsgläubiger erhebt Klage auf Erteilung der Klausel (§ 731 ZPO), wenn der nach § 726 Abs. 1 ZPO und §§ 727–729 ZPO erforderliche Nachweis nicht durch öffentliche (§ 415 ZPO) oder öffentlich beglaubigte (§ 129 BGB) Urkunden geführt werden kann.
5 Der Schuldner erhebt Klage gegen die Erteilung der Klausel (§ 768 ZPO), wenn er in den Fällen der §§ 726 Abs. 1 ZPO, 727–729, 738, 742, 744, 745 Abs. 2 ZPO und § 749 ZPO das Vorliegen der Klauselerteilungsvoraussetzungen bestreitet. Daneben kommt die (von Abs. 1 nicht erfasste) Erinnerung gem. § 732 ZPO in Betracht (BGH NJW-RR 2004, 1718), deren Verfahren sich mangels Regelung in Abs. 1 nach den allgemeinen Vorschriften der ZPO richtet (Uhlenbruck/Wegener Rn. 3).
6 Der Schuldner erhebt die Vollstreckungsgegenklage (§ 767 ZPO), wenn er materiell-rechtliche Einwendungen gegen den titulierten Anspruch geltend machen kann, die erst nach dem in § 767 Abs. 2 ZPO bezeichneten Zeitpunkt entstanden sind. Hinsichtlich der Einwendungen des Schuldners kommt es auf den Zeitpunkt der Feststellung an, mithin regelmäßig auf den Prüfungstermin, in dem der Schuldner hätte bestreiten können (§ 178 Abs. 1 S. 2, Abs. 2 S. 2). Hatten sowohl der Schuldner als auch der Insolvenzverwalter oder ein Insolvenzgläubiger Widerspruch erhoben und wurde dieser im Rahmen des Feststellungsverfahrens beseitigt (§ 179 Abs. 1, § 183 Abs. 1), kommt es auf den Schluss der mündlichen Verhandlung (§ 296a ZPO) an, weil noch weitere Verteidigungsmittel nicht vorgebracht werden konnten.

C. Zuständigkeit des Amtsgerichts

7 Das Amtsgericht als Prozessgericht ist zuständig, soweit der Streitwert von 5.000 EUR nicht überschritten wird (§ 23 Nr. 1 GVG). Maßgebend ist das wirtschaftliche Interesse des Insolvenzgläubigers, welches durch die nach Aufhebung des Verfahrens noch offene Forderung und die Vollstreckungsaussichten gekennzeichnet wird (vgl. BGH NZI 2009, 255 ff. = BeckRS 2009, 05520).

D. Zuständigkeit des Landgerichts

Das Landgericht am Sitz des Insolvenzgerichts ist ausschließlich örtlich zuständig, wenn der Streitwert 5.000 EUR übersteigt (§ 23 Nr. 1 GVG). 8

§ 203 Anordnung der Nachtragsverteilung

(1) Auf Antrag des Insolvenzverwalters oder eines Insolvenzgläubigers oder von Amts wegen ordnet das Insolvenzgericht eine Nachtragsverteilung an, wenn nach dem Schlußtermin
1. zurückbehaltene Beträge für die Verteilung frei werden,
2. Beträge, die aus der Insolvenzmasse gezahlt sind, zurückfließen oder
3. Gegenstände der Masse ermittelt werden.

(2) Die Aufhebung des Verfahrens steht der Anordnung einer Nachtragsverteilung nicht entgegen.

(3) ¹Das Gericht kann von der Anordnung absehen und den zur Verfügung stehenden Betrag oder den ermittelten Gegenstand dem Schuldner überlassen, wenn dies mit Rücksicht auf die Geringfügigkeit des Betrags oder den geringen Wert des Gegenstands und die Kosten einer Nachtragsverteilung angemessen erscheint. ²Es kann die Anordnung davon abhängig machen, daß ein Geldbetrag vorgeschossen wird, der die Kosten der Nachtragsverteilung deckt.

Überblick

Im Rahmen der Nachtragsverteilung werden Barmittel an die Insolvenzgläubiger verteilt, die aus zurückbehaltenen Beträgen, aus Rückflüssen in die Insolvenzmasse oder aus nachträglich ermittelten Gegenständen der Insolvenzmasse resultieren (→ Rn. 2). Die Anordnung der Nachtragsverteilung durch das Insolvenzgericht hat zur Folge, dass hinsichtlich der ihr unterliegenden Vermögensgegenstände der Vollstreckungsbeschlag aufrechterhalten bleibt (→ Rn. 20) und die Kompetenzen der Verfahrensorgane ungeachtet der sonstigen Aufhebung oder Einstellung des Insolvenzverfahrens aufrechterhalten bleiben. Die Nachtragsverteilung findet nicht hinsichtlich freigegebener Gegenstände statt.

Übersicht

	Rn.		Rn.
A. Voraussetzungen der Nachtragsverteilung	1	III. Nachtragsverteilung bei Insolvenzplanverfahren	9
I. Grundsatz	1	B. Anordnung der Nachtragsverteilung	10
II. Nachtragsverteilung bei Masseunzulänglichkeit und Massearmut	6	C. Vorbehalt der Nachtragsverteilung	16
		D. Durchführung der Nachtragsverteilung	20

A. Voraussetzungen der Nachtragsverteilung

I. Grundsatz

Voraussetzung für die Anordnung einer Nachtragsverteilung ist das Vorliegen eines Tatbestandes gem. Abs. 1. Danach kommt eine Nachtragsverteilung in Betracht, wenn nach dem Schlusstermin entweder zurückbehaltene Anteile frei werden (vgl. § 198), gezahlte Beträge zur Masse zurückfließen (vgl. auch BGH NZI 2012, 271 ff. zur Einziehung einer massezugehörigen Forderung durch den Schuldner) oder Massegegenstände nachträglich ermittelt werden (BGH ZIP 2017, 1169 ff. = ZfIR 2017, 467 ff.; BGH ZVI 2013, 388 ff. = ZInsO 2013, 1409 ff.; LG Stuttgart ZInsO 2020, 791 = ZVI 2020, 267 = Rpfleger 2020, 481; zum Pflichtteilsrecht, das erst während des Insolvenzverfahrens entstanden ist, vgl. BGH NJW 2011, 1448 ff.). 1

Gemäß Nr. 3 unterliegen ua solche Gegenstände der Nachtragsverteilung, die erst nachträglich, also nach der Schlussverteilung oder nach der Aufhebung des Insolvenzverfahrens (§ 203 Abs. 2), ermittelt worden sind (BGH NZI 2017, 608 ff. = ZIP 2017, 1169 ff. = ZfIR 2017, 467 ff.; LG Stuttgart ZInsO 2020, 791 = ZVI 2020, 267 = Rpfleger 2020, 481). Hierunter fallen Gegenstände, 2

InsO § 203 Fünfter Teil. Befriedigung der Insolvenzgläubiger. Einstellung des Verfahrens

die der Schuldner dem Insolvenzverwalter verheimlicht oder ins Ausland verbracht hatte und die dem Insolvenzverwalter unbekannt geblieben waren (Uhlenbruck/Wegener Rn. 11, 11a; LG Stuttgart ZInsO 2020, 791 = ZVI 2020, 267 = Rpfleger 2020, 481; vgl. zum späteren Auffinden eines im Verfahren nicht bekannten Vermögenswertes – Vorkaufsrecht an einem Grundstück – LG München NZI 2017, 969 ff.). Fällt dem Schuldner ein Betrag aus einer Erlöszuteilung aus einem Zwangsversteigerungsverfahren an, welches erst nach Aufhebung des Insolvenzverfahrens beendet wurde, kann die Nachtragsverteilung stattfinden (BGH NZI 2017, 608 ff. = ZIP 2017, 1169 ff. = ZfIR 2017, 467 ff.). Vergleichbar ist die Situation bei Ansprüchen aus Lebensversicherungen mit einem unwiderruflichen Bezugsrecht, denn diese fallen bereits vor Eintritt des Versicherungsfalles in die Insolvenzmasse und können im Rahmen einer Nachtragsverteilung einge- zogen und verteilt werden (BGH NJW 2019, 999 ff. = ZIP 2019, 229 ff. = NZI 2019, 419 ff. = ZInsO 2019, 381 ff.). Wird der Schuldner vor der Durchführung des Schlusstermins Erbe, ist die zufallende Erbschaft als Insolvenzmasse zu behandeln und unterliegt der Nachtragsverteilung (LG Stuttgart ZInsO 2020, 791 = ZVI 2020, 267 = Rpfleger 2020, 481). Auch hinsichtlich anfech- tungsrechtlicher Rückgewähransprüche, die sich aus einer nach Verfahrensaufhebung entdeckten Anfechtungsmöglichkeit ergeben, kann eine Nachtragsverteilung angeordnet werden (Uhlen- bruck/Wegener § 200 Rn. 11a, 14); dies ungeachtet der Tatsache, dass der Anfechtungsgegner seinen sich ergebenden Anspruch auf die Gegenleistung auch als Insolvenzforderung nicht mehr geltend machen kann, da zu diesem Zeitpunkt keine Anmeldemöglichkeit mehr besteht. Die zunächst aufgrund der Verfahrensaufhebung entfallene Möglichkeit der insolvenzrechtlichen Anfechtung lebt gleichsam mit der Anordnung der Nachtragsverteilung wieder auf. Der Anspruch auf Rückgewähr wird mit dem Zeitpunkt der Anordnung beschlagnahmt. Maßgebender Zeitpunkt für die nach §§ 129 ff. maßgebenden Fristen bleibt gleichwohl der ursprüngliche Antrag auf Eröff- nung des Insolvenzverfahrens.

3 Gegenstände, die zur Zeit ihrer Ermittlung bereits rechtswirksam aus dem Schuldnervermögen ausgeschieden waren, unterliegen nicht einer möglichen Nachtragsverteilung. Dies gilt zB für Gegenstände, die freigegeben worden sind und über die der Schuldner wirksam verfügt hat (vgl. BGH NZI 2014, 501 ff.; Keller, Insolvenzrecht, 2. Aufl. 2020, 270 Rn. 826). Stellt sich nachträg- lich heraus, dass ein für unverwertbar gehaltener und deshalb freigegebener Gegenstand doch verwertbar war, so kann dieser Gegenstand von dem Dritten, an den ihn der Schuldner veräußert hat, nicht etwa zum Zwecke einer Nachtragsverteilung herausverlangt werden. Ebenso kann der Verwertungserlös für den freigegebenen Gegenstand aus einer Veräußerung nach Aufhebung des Insolvenzverfahrens nicht als ein Gegenstand der Masse iSv § 203 Abs. 1 Nr. 3 angesehen werden. Da das Insolvenzverfahren aufgehoben ist, fällt Neuerwerb nicht mehr gem. § 35 Abs. 1 in die Masse (vgl. RGZ 25, 7, 9; RGZ 36, 20, 23; BGH ZIP 2008, 322 = ZVI 2008, 23 = ZfIR 2008, 266 (Ls.) = NZI 2008, 177 ff.; BGH ZIP 2014, 1183 = ZVI 2014, 183; Uhlenbruck/Wegener Rn. 11a; K. Schmidt InsO/Jungmann Rn. 8, 9). Dasselbe gilt zB für ein nicht verwertetes Grund- stück, das der Schuldner nach Verfahrensbeendigung an einen Dritten aufgelassen hat, wenn der Eintragungsantrag beim Grundbuchamt einging, bevor die Nachtragsverteilung angeordnet wurde, da im Hinblick auf § 91 Abs. 2 InsO, § 878 BGB der Eigentumserwerb des Dritten nicht mehr verhindert werden kann (BGH ZIP 2008, 322 = ZVI 2008, 23 = ZfIR 2008, 266 (Ls.) = ZVI 2008, 23). Die Freigabe eines Grundstücks durch den Insolvenzverwalter umfasst dagegen nicht die Freigabe möglicher Ansprüche auf Rückgewähr nicht valutierter Grundschulden (BGH NZI 2017, 608 ff. = ZIP 2017, 1169 ff. = ZfIR 2017, 467 ff.).

4 Ist die Freigabe eines Gegenstands durch Täuschung des Insolvenzverwalters oder aufgrund eines Irrtums veranlasst, so wird vorgeschlagen, diese als eine sog. unechte Freigabe zu behandeln (Uhlenbruck/Wegener Rn. 13; MüKoInsO/Hintzen Rn. 18). Zulässig ist dagegen die Anordnung einer Nachtragsverteilung auch dann, wenn sich erst nach der Schlussverteilung herausstellt, dass ein Gegenstand zur Masse gehört und alle Beteiligten irrtümlich davon ausgegangen waren, der Gegenstand gehöre nicht zur Insolvenzmasse. So kommen zB aufgrund einer Änderung der Recht- sprechung zum Kreditsicherungsrecht Gegenstände, die bislang als Sicherungsgut betrachtet wur- den, als freie Masse in Betracht (vgl. Neuhof NJW 1995, 937). Auch wenn der Insolvenzverwalter zunächst irrtümlich von der Wertlosigkeit einer Forderung ausging und diese ausbuchte, kann im Falle, dass sich später herausstellt, dass die Forderung doch werthaltig ist, diese einer Nachtragsver- teilung zugeführt werden (BGH ZIP 2006, 143 = ZVI 2006, 25 = ZVI 2006, 25; BGH ZInsO 2006, 1105). Tritt bei einem Schuldner nach Eröffnung des Insolvenzverfahrens ein Erbfall ein, der ihn zum Pflichtteilsberechtigten macht, so gehört dieser Pflichtteil zur Insolvenzmasse, auch wenn der Pflichtteilsanspruch erst nach Beendigung der Wohlverhaltensperiode rechtskräftig durchgesetzt wird. Es findet eine Nachtragsverteilung gem. § 203 Abs. 1 Nr. 3 statt (LG Münster NZI 2009, 657; vgl. auch BGH ZVI 2009, 170). Ein von dem Schuldner gegen dem Treuhänder

1352 *Nicht*

Anordnung der Nachtragsverteilung § 203 InsO

wegen der Ausschüttung unpfändbaren Vermögens erwirkter Schadensersatzanspruch fällt dagegen als Einzelschaden, der einen Ausgleich für diese, die Gläubiger rechtswidrig begünstigende, Maßnahme bildet, nicht in die Insolvenzmasse und unterliegt keiner Nachtragsverteilung (BGH NZI 2008, 560).

Liegen die genannten Voraussetzungen in einem Verbraucherinsolvenzverfahren vor, so ist eine Nachtragsverteilung jedenfalls dann anzuordnen, wenn ein Schlusstermin durchgeführt wurde (BGH ZIP 2006, 143 = ZVI 2006, 25; s. auch BGH ZIP 2011, 135; NZI 2015, 180 ff.; 2016, 365 ff.; BFH/NV 2012, 10). 5

II. Nachtragsverteilung bei Masseunzulänglichkeit und Massearmut

Wird das Verfahren nach den §§ 208 ff. wegen Masseunzulänglichkeit eingestellt, kann eine Nachtragsverteilung angeordnet werden (§ 211 Abs. 3) (vgl. BGH NZI 2013, 1019 ff.; K. Schmidt InsO/Jungmann Rn. 16; zur Aufstellung eines Verteilungsverzeichnisses bei masseunzulänglichen Verfahren vgl. Nerlich/Römermann/Westphal § 188 Rn. 3a). Das Gesetz verweist in § 211 Abs. 3 S. 1 darauf, dass die Nachtragsverteilung stattfindet, soweit nach der Einstellung des Verfahrens Gegenstände der Insolvenzmasse ermittelt werden (§ 203 Abs. 1 Nr. 3). In der Rechtsprechung wird dieser Wortlaut als zu eng empfunden. Der Verweis in § 211 Abs. 3 S. 1 beziehe sich auf alle drei Alternativen des § 203 Abs. 1, mithin werden sowohl nachträglich ermittelte Massegegenstände einbezogen (§ 203 Abs. 1 Nr. 3) als auch zunächst zurückbehaltene Beträge, die nachträglich frei werden (§ 203 Abs. 1 Nr. 1) und Rückflüsse aus Beträgen, die aus der Insolvenzmasse gezahlt worden waren (§ 203 Abs. 1 Nr. 2) (vgl. BAG ZIP 2014, 1498 = NZI 2014, 660 ff.; dazu EWiR 2014, 655 mAnm Zimmer). 6

Die Tatsache, dass eine Nachtragsverteilung bei einer Einstellung nach § 207 wegen Massearmut nach dem gesetzlichen Wortlaut nicht vorgesehen ist, stellt eine offensichtliche und planwidrige Regelungslücke dar, die mit einer analogen Anwendung des § 211 Abs. 3 S. 1 auszufüllen ist (vgl. BGH ZIP 2014, 437 ff. = ZInsO 2014, 340 ff.). Die Nachtragsverteilung ist auch im Anschluss an eine Einstellung des Insolvenzverfahrens mangels einer die Verfahrenskosten deckenden Insolvenzmasse zulässig. Dies gilt für alle drei Alternativen des § 203 Abs. 1, mithin werden sowohl nachträglich ermittelte Massegegenstände einbezogen (§ 203 Abs. 1 Nr. 3) als auch zunächst zurückbehaltene Beträge, die nachträglich frei werden (§ 203 Abs. 1 Nr. 1) und Rückflüsse aus Beträgen, die aus der Insolvenzmasse gezahlt worden waren (§ 203 Abs. 1 Nr. 2). 7

Die Löschung der Insolvenzschuldnerin im Handelsregister steht der Anordnung der Nachtragsverteilung nicht entgegen (BGH ZIP 2014, 437 ff. = ZInsO 2014, 340 ff.; BGH ZIP 2013, 2320 = ZVI 2014, 54 = WM 2013, 2180; dazu EWiR 2014, 19 mAnm Zimmer = NZI 2013, 1019 ff.; BGH ZIP 2014, 437 (Ls.) = WM 2014, 328 ff. = ZInsO 2014, 340 ff.; K. Schmidt InsO/Jungmann Rn. 16). 8

III. Nachtragsverteilung bei Insolvenzplanverfahren

Wird das Insolvenzverfahren im Rahmen eines Planverfahrens abgeschlossen (§§ 258, 259), war es nach den Vorschriften der InsO vor der sog. ESUG-Reform 2012 unzulässig, eine Nachtragsverteilung nach rechtskräftiger Bestätigung des Insolvenzplans und Aufhebung des Insolvenzverfahrens durchzuführen, denn die §§ 258, 259 enthielten keinen gesetzlichen Verweis auf § 203, sodass die Rückübertragung der Verwaltungs- und Verfügungsmacht an den Schuldner uneingeschränkt betrachtet werden musste. Diese gesetzliche Lage war jedoch mit Blick auf § 203 Abs. 1 unbefriedigend. Die ESUG-Reform hat mit der Neufassung der § 217 S. 1, § 258 Abs. 1 die Möglichkeit geschaffen, verfahrensleitende Insolvenzpläne vorzulegen. Nach § 217 S. 1 kann „die Verfahrensabwicklung" Gegenstand eines Insolvenzplans sein. Nach § 258 Abs. 1 beschließt das Insolvenzgericht nach der Planbestätigung die Aufhebung des Insolvenzverfahrens, wenn nicht der Insolvenzplan etwas anderes vorsieht. Aufgrund der Zusammenschau beider Vorschriften und deren Entstehungsgeschichte kann geschlossen werden, dass der Insolvenzplan die Nachtragsverteilung gem. § 203 vorsehen kann und dass das Insolvenzgericht im Rahmen der Aufhebungsentscheidung einen entsprechenden Beschluss treffen darf, wenn der Insolvenzplan dies vorsieht. 9

B. Anordnung der Nachtragsverteilung

Die Nachtragsverteilung ist in allen Fällen durch einen gerichtlichen Beschluss anzuordnen (Keller, Insolvenzrecht, 2. Aufl. 2020, 272 Rn. 828). Eine entsprechende Beschlussfassung der Gläubigerversammlung reicht nicht aus. In dem Anordnungsbeschluss ist der Vermögenswert genau zu bezeichnen, auf den sich die Nachtragsverteilung bezieht (BFH ZInsO 2017, 546; BGH 10

Nicht

NZG 2015, 962 = ZInsO 2015, 634; WM 2012, 355; FG Köln EFG 2017, 1829 ff.). Insbesondere bei Rechten, auf die sich die Nachtragsverteilung beziehen kann, ist auf eine möglichst konkrete Bezeichnung zu achten (vgl. zu Steuererstattungsansprüchen BFH ZInsO 2017, 546; FG Köln EFG 2017, 1829 ff.; FG Münster ZIP 2018, 845).

11 Die Nachtragsverteilung wird entweder von Amts wegen durchgeführt oder auf Antrag des Insolvenzverwalters oder eines Insolvenzgläubigers (Keller, Insolvenzrecht, 2. Aufl. 2020, 269 ff. Rn. 826 ff.). Hierbei ist zu beachten, dass der Insolvenzgläubiger die Nachtragsverteilung beantragen oder auch nur gegenüber dem Insolvenzgericht anregen kann. Nur bei einem echten Antrag muss das Insolvenzgericht einen Beschluss erlassen, nicht jedoch bei der Anregung (BGH NZI 2015, 180 ff. = ZIP 2015, 281 = ZVI 2015, 97). Gegen den Beschluss über die Ablehnung der Nachtragsverteilung steht dem Antragsteller die sofortige Beschwerde zu, nicht demjenigen, der lediglich angeregt hat, das Insolvenzgericht möge von Amts wegen die Nachtragsverteilung anordnen (BGH NZI 2015, 180 ff. = ZIP 2015, 281 = ZVI 2015, 97) (§ 204 Abs. 1). Insolvenzgläubiger sind nur beschwerdebefugt, wenn sie tatsächlich einen förmlichen Antrag gestellt haben (vgl. zum Antrag auch K. Schmidt InsO/Jungmann Rn. 10; vgl. ferner Fridgen WuB 2015, 236 ff.). Der anordnende Nachtragsverteilungsbeschluss ist dem Insolvenzverwalter, dem Schuldner und, wenn ein Gläubiger die Verteilung beantragt hatte, diesem Gläubiger zuzustellen. Gegen einen anordnenden Beschluss steht lediglich dem Schuldner die sofortige Beschwerde zu.

12 Außerdem ist der Insolvenzverwalter zu benennen, der mit der Nachtragsverteilung beauftragt wird und auf den damit die Verwaltungs- und Verfügungsbefugnis hinsichtlich des bezeichneten Vermögenswertes übergeht. Dies ist regelmäßig dieselbe Person, die bereits während des eröffneten Verfahrens als Insolvenzverwalter bestellt war. Hier ist die Nachtragverteilung abzugrenzen von der Übertragung einer kaum verwertbaren Restmasse auf einen Treuhänder, der diese nach Aufhebung des Insolvenzverfahrens verwerten und die daraus erreichten Erlöse an die Insolvenzgläubiger auskehren soll. Dies wird von Teilen des Schrifttums für zulässig gehalten (vgl. K. Schmidt InsO/Jungmann § 197 Rn. 5).

13 Die Auskunfts- und Mitwirkungspflichten des Schuldners gelten weiter fort (BGH ZIP 2016, 686).

14 Das Insolvenzgericht kann von der Anordnung der Nachtragsverteilung absehen, wenn der für die Verteilung zur Verfügung stehende Betrag oder der voraussichtliche Verwertungserlös in keinem Verhältnis steht zu den Kosten des Verfahrens (§ 203 Abs. 3 S. 1; zutr. LG München NZI 2017, 969 ff. Rn. 14 mAnm Schur EWiR 2018, 25 unter Bezugnahme auf BGH NZI 2008, 177 ff.; Keller, Insolvenzrecht, 2. Aufl. 2020, 272 Rn. 829). Der zu erwartende Ertrag der nachträglichen Verwertung ist den zu erwartenden Kosten der Verwertung einschließlich der Verwaltervergütung (vgl. § 6 Abs. 1 InsVV) und der Veröffentlichungs- und Zustellkosten des Gerichts gegenüberzustellen (BGH NZI 2008, 177 ff.). Der Betrag ist dann dem Schuldner auszubezahlen (§ 199) (LG München NZI 2017, 969 ff.; Keller, Insolvenzrecht, 2. Aufl. 2020, 272 Rn. 829). Dem Insolvenzverwalter kann der Betrag nicht überlassen werden. Denkbar ist allenfalls, den zur nachträglichen Verteilung zur Verfügung stehenden Betrag unter einem eingeschränkten Kreis von Gläubigern aufzuteilen. Dazu bedarf es aber einer entsprechenden Beschlussfassung der Gläubigerversammlung, der ggf. zum Gegenstand des Schlusstermins gemacht werden kann. Das Gericht kann anordnen, dass ein Geldbetrag vorzuschießen ist, mit dem die Kosten der Nachtragsverteilung gedeckt werden. Zu den Kosten der Nachtragsverteilung gehören die Auslagen für die Abwicklung der Auszahlung sowie die Vergütung des Insolvenzverwalters. Zur Vergütung des Treuhänders für seine Tätigkeit innerhalb der Nachtragsverteilung vgl. LG Offenburg NZI 2005, 172.

15 Die Nachtragsverteilung kommt erst nach Durchführung des Schlusstermins und ggf. der Schlussverteilung in Betracht. Die Regelungen der §§ 203 ff. sollen sicherstellen, dass das Insolvenzverfahren nicht verzögert wird. Die Schlussverteilung ist in jedem Fall durchzuführen. Lediglich die Insolvenzmasse, die bei der Schlussverteilung nicht berücksichtigt werden kann, ist im Wege des § 203 nachträglich zu verteilen. Die zeitliche Festlegung auf den Schlusstermin ist mit Rücksicht auf die später erfolgende Aufhebung des Insolvenzverfahrens nicht glücklich, da in nahezu jedem Insolvenzverfahren nach Abhaltung des Schlusstermins weitere Geldbeträge zur Masse fließen, und seien es nur die laufenden Zinsen der Kontoführung oder die auf Verwaltervergütung entfallende Umsatzsteuer.

C. Vorbehalt der Nachtragsverteilung

16 Der Vorbehalt der Nachtragsverteilung ist im Gesetz jedenfalls nicht explizit vorgesehen (zur Anerkennung in der Rechtsprechung vgl. BFH BStBl II 2012, 451 ff.). Er unterscheidet sich von

der gesetzlich normierten Nachtragsverteilung dadurch, dass der gegenständliche Vermögenswert nur deshalb noch nicht zur Masse gezogen werden konnte, weil seine Realisierung noch nicht abgeschlossen ist (vgl. BGH ZIP 1982, 467; LG Köln ZIP 1982, 337). Der Vorbehalt führt dazu, dass der Insolvenzbeschlag insoweit aufrechterhalten wird, obgleich ein konkreter Anordnungsbeschluss hinsichtlich der Nachtragsverteilung noch fehlt (vgl. BFH BStBl II 2012, 451 ff.; FG Köln BeckRS 2017, 126625).

Im weitesten Sinne sind solche Vermögenswerte als zurückbehaltene Beträge anzusehen, die nach § 203 Abs. 1 Nr. 1 einer Nachtragsverteilung zuzuführen sind (KPB/Holzer Rn. 9). Insbesondere können insolvenzrechtliche Anfechtungsansprüche einer Nachtragsverteilung vorbehalten und damit die Prozessführungsbefugnis des Insolvenzverwalters über die Verfahrensbeendigung hinaus aufrechterhalten werden. Um einen Anfechtungsanspruch einer Nachtragsverteilung vorbehalten zu können, ist es nicht erforderlich, dass das Klageverfahren bereits anhängig ist. 17

Der Insolvenzverwalter ist aufgrund der vorbehaltenen Nachtragsverteilung vielmehr berechtigt, neue Prozesse einzuleiten, mit denen die der Nachtragsverteilung vorbehaltenen Masseaktiva realisiert werden sollen. Daraus ist abzuleiten, dass in die Masse fallende Steuerrückerstattungsansprüche auch dann einer Nachtragsverteilung vorbehalten werden können, wenn noch keine Steuererklärung eingereicht wurde (vgl. BGH ZIP 1982, 467; BGH ZIP 2010, 102 = ZVI 2010, 269; Bork ZIP 2009, 2077; BFH ZIP 2012, 933). Mit dem Vorbehalt einer Nachtragsverteilung in Bezug auf einen Anfechtungsanspruch wird ein weiterreichendes Ergebnis erzielt, als dies für den Fall eines Planverfahrens mit § 259 Abs. 3 gesetzlich normiert ist, denn die Fortführung des Prozesses nach § 259 Abs. 3 setzt voraus, dass der Rechtsstreit im Zeitpunkt der Verfahrensaufhebung bereits anhängig ist. Hinsichtlich der Nachtragsverteilung besteht die Möglichkeit, ein Insolvenzverfahren auch abzuschließen, wenn ein Anfechtungsprozess anhängig ist oder anhängig gemacht werden soll. 18

Die Vermögenswerte, die einer Nachtragsverteilung vorbehalten werden sollen, müssen konkret bezeichnet werden (BGH ZInsO 2015, 634 ff. = NZG 2015, 962 = InsBüro 2015, 252 ff.). Ein pauschaler Vorbehalt ist nicht möglich. Eine Beschlussfassung der Gläubigerversammlung nach § 197 Abs. 1 Nr. 3 ist dagegen nicht erforderlich. Der Vorbehalt der Nachtragsverteilung ist im Aufhebungsbeschluss durch das Insolvenzgericht anzuordnen. Der Benennung eines Insolvenzverwalters bedarf es dabei nicht, da die Verwaltungs- und Verfügungsbefugnis des bisherigen Insolvenzverwalters hinsichtlich des betroffenen Vermögenswertes aufrechterhalten bleibt. 19

D. Durchführung der Nachtragsverteilung

Im Rahmen einer angeordneten Nachtragsverteilung erhält der Insolvenzverwalter die Verwaltungs- und Verfügungsbefugnis iSd § 80 Abs. 1 einschließlich der Prozesslegitimation (Uhlenbruck/Wegener Rn. 16; s. BGH ZIP 2006, 340; 2010, 102; NZI 2015, 807 ff.; BFH ZInsO 2017, 546; FG Münster ZIP 2018, 845). Diese Befugnis beschränkt sich jedoch auf die Vermögensgegenstände, bei denen der Insolvenzbeschlag aufgrund der Nachtragsverteilung begründet wurde (vgl. BFH ZInsO 2017, 546). Hierzu müssen die Gegenstände im Anordnungsbeschluss hinreichend genau bezeichnet werden (BFH ZInsO 2017, 546). Die Anordnung der Nachtragsverteilung entfaltet keine Rückwirkung (FG Köln EFG 2017, 1829 ff. unter Bezugnahme auf BFH/NV 2009, 6 = BeckRS 2008, 25014074). Einer Aufrechnung, die nach Verfahrensbeendigung gegen eine Forderung erklärt wird, hinsichtlich der später die Nachtragsverteilung angeordnet wird, stehen die Regelungen der §§ 94–96 demnach nicht entgegen (FG Köln EFG 2017, 1829 ff.). Dies gilt zB für die Aufrechnungserklärung des Finanzamts mit einer Insolvenzforderung gegen einen in die Insolvenzmasse fallenden Steuererstattungsanspruch (FG Köln EFG 2017, 1829 ff.). Nach Anordnung der Nachtragsverteilung sind dagegen die Vorschriften der §§ 94–96 für eine danach erklärte Aufrechnung wieder zu beachten (BFH KKZ 2009, 182 = BeckRS 2008, 25014074; ZIP 2006, 1593, FG Köln EFG 2017, 1829 Rn. 57 ff.). 20

Geldbeträge, die in die Insolvenzmasse zurückfließen, sind mit Aufhebung des Insolvenzverfahrens zunächst vom Insolvenzbeschlag frei. Zieht der bisherige Insolvenzschuldner solche Forderungen ein, wird der Dritte durch die Zahlung an den Schuldner von seiner Schuld frei. Mit Anordnung der Nachtragsverteilung erfolgt eine neue Beschlagnahme. Die Anordnung der Nachtragsverteilung führt nicht zur Wiederaufnahme des gesamten Insolvenzverfahrens, sondern erfasst lediglich das nachträglich der Insolvenzmasse zugeflossene Vermögen oder das später ermittelte Vermögen, welches ursprünglich zur Insolvenzmasse gehörte. Neuerwerb des Schuldners unterliegt nicht der Nachtragsverteilung, sondern gehört zur Insolvenzmasse (§ 35), soweit er während des Verfahrens erzielt wurde. 21

Nicht

22 Die Nachtragsverteilung wird vollzogen, indem der Insolvenzverwalter den zur Verfügung stehenden Geldbetrag oder den Erlös aus der Verwertung des ermittelten Insolvenzmassegegenstands auf der Grundlage des Schlussverzeichnisses verteilt. Noch nicht befriedigte Masseansprüche sind vorab zu berichtigen (§ 53); es findet aber keine Nachtragsverteilung wegen nicht erfüllter Masseverbindlichkeiten statt (BFH ZIP 2019, 1333 Rn. 19). Hierüber hat der Insolvenzverwalter dem Insolvenzgericht gesondert Rechnung zu legen, § 205 Abs. 2. Für seine Tätigkeit kann er gem. § 6 InsVV eine gesonderte Vergütung verlangen. Die Berechnungsgrundlage iSd § 1 InsVV bildet der Wert des nachträglich zu verteilenden Vermögens (BGH ZIP 2006, 2131 = ZVI 2006, 524).

§ 204 Rechtsmittel

(1) ¹Der Beschluß, durch den der Antrag auf Nachtragsverteilung abgelehnt wird, ist dem Antragsteller zuzustellen. ²Gegen den Beschluß steht dem Antragsteller die sofortige Beschwerde zu.

(2) ¹Der Beschluß, durch den eine Nachtragsverteilung angeordnet wird, ist dem Insolvenzverwalter, dem Schuldner und, wenn ein Gläubiger die Verteilung beantragt hatte, diesem Gläubiger zuzustellen. ²Gegen den Beschluß steht dem Schuldner die sofortige Beschwerde zu.

Überblick

Über die Anordnung der Nachtragsverteilung entscheidet das Insolvenzgericht durch einen anfechtbaren Beschluss (→ Rn. 7). Auch die Ablehnung eines Antrags auf Nachtragsverteilung erfolgt im Beschlusswege (→ Rn. 4). Die Rechtsmittelbefugnisse sind in § 204 gesetzlich abschließend festgelegt (→ Rn. 3).

A. Allgemeines

1 Die Vorschrift regelt abschließend, welche Personen befugt sind, gegen die gerichtliche Anordnung oder Nichtanordnung der Nachtragsverteilung ein Rechtsmittel einzulegen und wie insoweit die Zustellung des Beschlusses zu erfolgen hat (vgl. MüKoInsO/Hintzen Rn. 1; BGH NZI 2015, 180 ff.).

2 Die Zustellung erfolgt an die Antragsteller (ggf. durch Aufgabe zur Post), nicht jedoch an die übrigen Gläubiger. Eine öffentliche Bekanntmachung findet nicht statt (FK-InsO/Kießner Rn. 2; Uhlenbruck/Wegener Rn. 3).

3 Die Rechtsmittelbefugnisse sind auf die in Abs. 1 und Abs. 2 genannten Personen beschränkt, obgleich wirtschaftlich gesehen ein größerer Adressatenkreis durch den Beschluss des Insolvenzgerichts beschwert sein kann, insbesondere bei Ablehnung eines Gläubigerantrags auf Durchführung der Nachtragsverteilung.

B. Ablehnung der Nachtragsverteilung

4 Wird der Antrag des Insolvenzverwalters oder eines Gläubigers auf Durchführung der Nachtragsverteilung abgelehnt, können diese Antragsteller sofortige Beschwerde gegen den Beschluss erheben (Abs. 1 S. 2; BGH NZI 2015, 180 ff.). Hierzu ist ihnen der Beschluss durch das Insolvenzgericht zuzustellen. Dies gilt nicht, wenn die Nachtragsverteilung nur angeregt worden war (BGH NZI 2015, 180 ff.; vgl. auch Fridgen WuB 2015, 236 ff.).

5 Die Beschwerdebefugnis ist unabhängig davon gegeben, ob der Richter oder der Rechtspfleger den Beschluss erlassen hat, denn gem. § 11 Abs. 1 RPflG ist auch bei der Entscheidung des Rechtspflegers das nach den allgemeinen Vorschriften statthafte Rechtsmittel gegeben (vgl. MüKoInsO/Hintzen § 201 Rn. 3).

6 Die Beschwerdefrist beträgt zwei Wochen mit der Zustellung des Beschlusses (§ 6 Abs. 2 S. 1, § 4 iVm § 569 Abs. 1 S. 1 ZPO).

C. Anordnung der Nachtragsverteilung

7 Wird dem Antrag des Insolvenzverwalters oder eines Gläubigers auf Durchführung der Nachtragsverteilung stattgegeben, kann der Schuldner sofortige Beschwerde gegen den Beschluss erheben (Abs. 2 S. 2). Hierzu ist ihm der Beschluss durch das Insolvenzgericht zuzustellen. Die stattgebende Entscheidung wird auch dem Antragsteller zugestellt, der jedoch mangels Beschwer kein Beschwerderecht hat.

Die Beschwerdebefugnis ist unabhängig davon gegeben, ob der Richter oder der Rechtspfleger 8 den Beschluss erlassen hat, denn gem. § 11 Abs. 1 RPflG ist auch bei der Entscheidung des Rechtspflegers das nach den allgemeinen Vorschriften statthafte Rechtsmittel gegeben (vgl. MüKoInsO/Hintzen § 201 Rn. 6).

§ 205 Vollzug der Nachtragsverteilung

¹Nach der Anordnung der Nachtragsverteilung hat der Insolvenzverwalter den zur Verfügung stehenden Betrag oder den Erlös aus der Verwertung des ermittelten Gegenstands auf Grund des Schlußverzeichnisses zu verteilen. ²Er hat dem Insolvenzgericht Rechnung zu legen.

Überblick

Die Nachtragsverteilung wird auf der Grundlage des Schlussverzeichnisses (→ § 196 Rn. 7) nach den allgemeinen Grundsätzen durchgeführt (→ Rn. 7). Es wird kein gesondertes Verteilungsverzeichnis (→ § 188 Rn. 1) erstellt. Die Durchführung der Nachtragsverteilung ist dem Insolvenzgericht gegenüber nachzuweisen (→ Rn. 3).

A. Allgemeines

Die Anordnung der Nachtragsverteilung durch das Insolvenzgericht führt dazu, dass der Insol- 1 venzbeschlag aufrechterhalten wird. Damit ist grundsätzlich auch die Beibehaltung der Kompetenzen des Insolvenzverwalters (§ 80 Abs. 1) verbunden (→ § 203 Rn. 18). Er behält die Vermögenszuständigkeit im Hinblick auf die Massegegenstände, die der Nachtragsverteilung unterliegen. Im Verfahren der Eigenverwaltung ist § 283 Abs. 2 weiterhin zu beachten.

Es wird für die Nachtragsverteilung kein neues Verteilungsverzeichnis erstellt. Die Nachtrags- 2 verteilung erfolgt auf der Grundlage des Schlussverzeichnisses. Insolvenzforderungen, die im Schlusstermin noch geprüft, aber in das Schlussverzeichnis nicht aufgenommen wurden, nehmen an der Nachtragsverteilung nicht teil (→ § 188 Rn. 17). Es werden nur die Forderungen berücksichtigt, die im Schlussverzeichnis gezeigt sind.

B. Durchführung der Nachtragsverteilung

Hinsichtlich der Durchführung der Nachtragsverteilung gelten die in §§ 196, 198 gezeigten 3 Grundsätze.

Die Quotenzahlung ist Holschuld und wird durch den Insolvenzverwalter an die teilnehmenden 4 Gläubiger ausgekehrt (→ § 187 Rn. 16).

Eine öffentliche Bekanntmachung ist nicht erforderlich, da die teilnehmenden Gläubiger kein 5 neues Verteilungsverzeichnis prüfen müssen. Es bestehen auch die Rechtsmittel gegen das Verteilungsverzeichnis (§§ 194, 197 Abs. 3) nicht.

C. Kosten, Pflicht zur Rechnungslegung

Der Insolvenzverwalter hat gem. S. 2 gegenüber dem Insolvenzgericht Rechnung zu legen, 6 damit die Verwendung der nachträglich zugeflossenen Mittel ordnungsgemäß dokumentiert ist (Keller InsR 272 Rn. 831). Die Pflicht zur Rechnungslegung schließt an die generelle Rechnungslegungspflicht des Verwalters an (→ § 66 Rn. 9), die anlässlich des Schlusstermins besonders bedeutsam wird.

Der Insolvenzverwalter erhält für die Durchführung der Nachtragsverteilung eine gesonderte 7 Vergütung, soweit diese Aufgabe im Zeitpunkt der Bescheidung des Vergütungsantrags noch nicht erkennbar war und demzufolge unberücksichtigt geblieben ist (vgl. BGH NZI 2011, 906 = BeckRS 2011, 24662; HK-InsO/Depré Rn. 4; Keller InsR 272 Rn. 831). Gebühren und Auslagen werden dem Insolvenzverwalter ersetzt (HK-InsO/Depré Rn. 4).

Die Kosten der Durchführung der Nachtragsverteilung werden aus den nachträglich zugeflosse- 8 nen Mitteln bestritten, bevor diese an die Gläubiger verteilt werden.

§ 206 Ausschluß von Massegläubigern

Massegläubiger, deren Ansprüche dem Insolvenzverwalter
1. bei einer Abschlagsverteilung erst nach der Festsetzung des Bruchteils,
2. bei der Schlußverteilung erst nach der Beendigung des Schlußtermins oder
3. bei einer Nachtragsverteilung erst nach der öffentlichen Bekanntmachung

bekanntgeworden sind, können Befriedigung nur aus den Mitteln verlangen, die nach der Verteilung in der Insolvenzmasse verbleiben.

Überblick

Die Vorschrift schützt die Verfahrensbeteiligten im Rahmen von Verteilungen (→ § 187 Rn. 4) der Insolvenzmasse davor, dass durch nachträglich bekanntgewordene Masseverbindlichkeiten (→ § 53 Rn. 1) die Insolvenzquote nachträglich korrigiert werden muss.

A. Allgemeines

1   Die Vorschrift enthält eine verfahrensrechtliche Präklusionsregel (K. Schmidt InsO/Jungmann Rn. 1). Sie ermöglicht durch den Verweis auf die verbliebenen Mittel, dass verspätet bekannt gewordene Masseansprüche das Ergebnis vorangegangener Abschlags-, Schluss- oder Nachtragsverteilungen nicht mehr beeinflussen können. Insoweit liegt es im wohlverstandenen eigenen Interesse der Massegläubiger, ihre Ansprüche aus §§ 53–55 rechtzeitig gegenüber dem Insolvenzverwalter geltend zu machen.

2   Die maßgeblichen Zeitpunkte für die Präklusionswirkungen sind abschließend definiert. Im Hinblick auf Abschlagsverteilungen kommt es auf die Festsetzung des Bruchteils an, hinsichtlich der Schlussverteilung auf die Beendigung des Schlusstermins und hinsichtlich der Nachtragsverteilung auf deren öffentliche Bekanntmachung.

B. Ansprüche der Massegläubiger und Kenntnis

3   Die Vorschrift erfasst sämtliche Masseverbindlichkeiten nach Maßgabe der §§ 53–55. Diese werden ungeachtet des gesetzlichen Verteilungsverfahrens vorab aus der Insolvenzmasse befriedigt. Voraussetzung ist die Fälligkeit und Durchsetzbarkeit der Masseverbindlichkeiten nach allgemeinen Grundsätzen.

4   Soweit der Anspruch dem Grunde nach bekannt, aber noch nicht bezifferbar oder gegen den Insolvenzverwalter durchsetzbar ist, sind im Rahmen der Verteilungen Rückstellungen für die Masseschulden zu bilden. Dies dürfte insbesondere Verbindlichkeiten aus Steuerschuldverhältnissen betreffen, deren Entstehung absehbar ist, während der konkrete Umfang noch nicht feststeht.

C. Eingeschränktes Befriedigungsrecht

5   Die Massegläubiger, deren Ansprüche dem Insolvenzverwalter erst verspätet bekanntgegeben sind, können Befriedigung nur aus den Geldmitteln erlangen, die nach der jeweiligen Verteilung noch in der Insolvenzmasse verblieben sind. Die Präklusion schützt insoweit die Gläubiger, die nach Maßgabe der §§ 187–191 an der jeweiligen Verteilung durch Auszahlung oder Zurückbehaltung teilgenommen haben.

6   Die Präklusion schützt dagegen nicht die verspäteten Insolvenzgläubiger, die einen Gleichstellungsanspruch gem. § 192 halten. Sie schützt auch nicht den Schuldner, dessen Leistungspflicht aufgrund der Masseverbindlichkeit grundsätzlich bestehen bleibt (K. Schmidt InsO/Jungmann Rn. 4). Allerdings gelten im Hinblick auf die Haftung des Schuldners nach Aufhebung des Insolvenzverfahrens für Masseverbindlichkeiten aus der Zeit des Eröffnungsverfahrens und des eröffneten Verfahrens besondere Regelungen.

7   Auch wenn die Voraussetzungen der Nr. 1–3 nicht vorgelegen haben und die Massegläubiger zu Unrecht ausgeschlossen worden sind (weil die Kenntnis der Masseforderungen bereits vor dem jeweiligen Zeitpunkt gegeben war), können diese gegen die nach Nr. 1–3 befriedigten Insolvenzgläubiger keine Bereicherungsansprüche geltend machen, soweit sie mit ihren Ansprüchen ausfallen. In Betracht kommt allenfalls die persönliche Haftung des Insolvenzverwalters nach § 60 Abs. 1 aufgrund der Verletzung einer insolvenzspezifischen Pflicht gegenüber den Massegläubigern (K. Schmidt InsO/Jungmann Rn. 3; OLG München ZIP 1981, 887).

Dritter Abschnitt. Einstellung des Verfahrens

§ 207 Einstellung mangels Masse

(1) ¹Stellt sich nach der Eröffnung des Insolvenzverfahrens heraus, daß die Insolvenzmasse nicht ausreicht, um die Kosten des Verfahrens zu decken, so stellt das Insolvenzgericht das Verfahren ein. ²Die Einstellung unterbleibt, wenn ein ausreichender Geldbetrag vorgeschossen wird oder die Kosten nach § 4a gestundet werden; § 26 Abs. 3 gilt entsprechend.

(2) Vor der Einstellung sind die Gläubigerversammlung, der Insolvenzverwalter und die Massegläubiger zu hören.

(3) ¹Soweit Barmittel in der Masse vorhanden sind, hat der Verwalter vor der Einstellung die Kosten des Verfahrens, von diesen zuerst die Auslagen, nach dem Verhältnis ihrer Beträge zu berichtigen. ²Zur Verwertung von Massegegenständen ist er nicht mehr verpflichtet.

Übersicht

	Rn.		Rn.
A. Normzweck	1	C. Folgen der Einstellung	18
B. Ablauf des Verfahrens	2	I. Bekanntmachung und Rechtsmittel	18
I. Insolvenzverwalter	2	II. Verwaltungs- und Verfügungsbefugnis	20
II. Insolvenzgericht	3	III. Prozessführungsbefugnis und anhängige Prozesse	21
III. Anhörung	4		
IV. Berichtigung durch Barmittel und Nachtragsverteilung	7	IV. Eintragung in das Schuldnerverzeichnis	24
V. Kostenvorschuss	10	V. Vollstreckungsverbot	25
VI. Verfahrenskostenstundung	17	VI. Insolvenz einer Gesellschaft	26

A. Normzweck

§ 207 regelt das Verfahren bei festgestellter Massearmut (Masselosigkeit). Reicht die Insolvenzmasse zur Deckung der Kosten des Verfahrens nicht aus, so ist das zunächst eröffnete Insolvenzverfahren einzustellen. Die nachträgliche Einstellung ist gesetzlich vorgesehen, da es sinnlos wäre, die Verwertung der Masse weiter zu vollziehen, da diese nie zu einer Befriedigung der Gläubiger führt, wenn die Masse noch nicht einmal zur Deckung der Verfahrenskosten ausreicht. Der Gesetzgeber verfolgt mit § 207 das Ziel, das Verfahren bei Vorliegen der Massearmut möglichst schnell zur Einstellung zu bringen und damit eine weitere Schädigung der Beteiligten zu vermeiden (Uhlenbruck/Ries Rn. 2; KPB/Pape Rn. 8d). § 207 ist die Ergänzung zu § 26 für die Zeit nach Verfahrenseröffnung. War die Prognoseentscheidung über die Massesuffizienz bei Verfahrenseröffnung fehlerhaft bzw. stellt sich im Nachhinein heraus, dass die Bewertung des vorhandenen Vermögens unrealistisch war, hätte also der Antrag auf Insolvenzeröffnung gem. § 26 abgelehnt werden müssen, so ist das Verfahren nach § 207 einzustellen, wenn die Massearmut später festgestellt wird.   1

B. Ablauf des Verfahrens

I. Insolvenzverwalter

Die Prüfung der Kostendeckung der Verfahrenskosten durch die Masse ist eine Pflicht des Insolvenzverwalters. Er hat fortwährend zu kontrollieren, ob die Aktivmasse die Verfahrenskosten deckt. Zu diesem Zweck muss er den voraussichtlich zu realisierenden Liquidationswert der Masse bestimmen. Hierbei sind insbesondere Verwertungsrisiken, die bspw. aus streitigen Forderungen folgen können, zu berücksichtigen und ggf. Abschreibungen vorzunehmen. Anschließend müssen von dem festgestellten Liquidationswert die Verwertungskosten saldiert werden. Der Wert der Differenz darf die Verfahrenskosten gegenwärtig und auch künftig nicht decken. Falls der Wert die Kosten nicht deckt, zeigt der Verwalter dies dem Insolvenzgericht an (K. Schmidt InsO/Jungmann Rn. 7). Eine Pflicht zur Anzeige besteht für den Verwalter nicht, sie liegt jedoch in seinem Interesse, da er sonst ein Haftungsrisiko und einen möglichen Ausfall seines Vergütungsan-   2 spruchs auf sich nimmt (Nerlich/Römermann/Westphal Rn. 19; K. Schmidt InsO/Jungmann Rn. 8).

II. Insolvenzgericht

3   Das Gericht selbst ist nicht gehalten, die Kostendeckung stetig zu überprüfen. Erst durch die Anzeige ist es infolge des Amtsermittlungsgrundsatzes nach § 5 verpflichtet, zu klären, ob die Voraussetzungen des § 207 Abs. 1 S. 1 vorliegen (K. Schmidt InsO/Jungmann Rn. 9). Die Anzeige muss dem Gericht die mangelnde Deckung substantiiert und transparent darlegen (Braun Rn. 4; K. Schmidt InsO/Jungmann Rn. 7; HmbKommInsR/Weitzmann Rn. 29). Das Gericht kann für die Beurteilung des Vorliegens der Masseaarmut einen Sachverständigen hinzuziehen (K. Schmidt InsO/Jungmann Rn. 9; HmbKommInsR/Weitzmann Rn. 10). Dem Gericht steht bei der Bewertung kein Ermessensspielraum zu (K. Schmidt InsO/Jungmann Rn. 9).

III. Anhörung

4   Bevor das Gericht die Verfahrenseinstellung beschließt, muss es die Gläubigerversammlung, den Insolvenzverwalter und die Massegläubiger anhören, § 207 Abs. 2. Hierdurch soll abschließend geklärt werden, ob die Einstellungsvoraussetzungen vorliegen oder ob die Einstellung bspw. am Nachweis nicht berücksichtigter Vermögenswerte des Schuldners durch Gläubiger scheitert (MüKoInsO/Hefermehl Rn. 41).

5   Die Einberufung der Gläubigerversammlung sollte mit einem Hinweis auf die Möglichkeit des Kostenvorschusses zur Abwendung der Verfahrenseinstellung nach § 207 Abs. 1 S. 2 Hs. 1 Alt. 1 verbunden werden. Ob die Anhörung der Gläubiger in allen Fällen zwingend ist, oder ob auf sie vorsorglich in einer vorhergehenden Gläubigerversammlung wirksam verzichtet werden kann, ist umstritten (Zwang bejahend: K. Schmidt InsO/Jungmann Rn. 11; KPB/Pabe Rn. 21; MüKoInsO/Hefermehl Rn. 42; aA Braun/Kießner Rn. 14; Nerlich/Römermann/Westphal Rn. 32). Gegen eine Verzichtsmöglichkeit spricht jedenfalls der Wortlaut des § 207 Abs. 2, der die Anhörung der Gläubigerversammlung vor der Einstellung zwingend vorschreibt. Auch eine teleologische Auslegung der Norm spricht für den zwingenden Charakter der Anhörung. Schließlich kann ein Gläubiger bei einer späteren Gläubigerversammlung noch Tatsachen gegen eine Einstellung vorbringen, welche er bei der vorherigen Versammlung nicht vorgetragen hatte (so auch K. Schmidt InsO/Jungmann Rn. 11). Auf der anderen Seite erscheint es vor allem in umfangreichen Verfahren sachgerecht, wenn auf die kostenintensive Durchführung einer Gläubigerversammlung, an welcher die Gläubiger mangels etwaiger Quotenaussichten ohnehin kein Interesse haben, verzichtet werden könnte (MüKoInsO/Hefermehl Rn. 42). Die Pflicht des Verwalters nach § 66 Abs. 1 zur Legung der Rechnung vor der Gläubigerversammlung besteht auch bei der Verfahrenseinstellung nach § 207. Um Kosten einzusparen und das Verfahren möglichst schnell zu beenden, kann der Verwalter die Anhörung der Gläubigersammlung mit dem Termin der Rechnungslegung verbinden (BT-Drs. 12/2443, 218). Dann bedarf es keines gesonderten Termins zur Abnahme des Schlussberichts und der Schlussrechnung.

6   Das Gericht muss auch die Massegläubiger anhören und sie über dies informieren. Auch ihnen sollte ein Hinweis über die Möglichkeit der Abwendung der Verfahrenseinstellung nach § 207 Abs. 1 S. 2 Hs. 1 Alt. 1 erteilt werden.

IV. Berichtigung durch Barmittel und Nachtragsverteilung

7   Liegt Massearmut vor, hat der Verwalter gem. § 207 Abs. 3 S. 1 die vorhandenen Barmittel zur (teilweisen) Begleichung der Verfahrenskosten zu nutzen, wobei die Auslagen den Gerichtskosten und Vergütungen vorgehen.

8   Nach § 207 Abs. 3 S. 2 ist er zur weiteren Verwertung der Masse nicht verpflichtet, sodass die Verteilung grundsätzlich nur aus den zu dieser Zeit vorhandenen Barmitteln stattfindet. Hierdurch soll verhindert werden, dass der Insolvenzverwalter weiterhin seiner Tätigkeit nachkommen muss, obgleich sein Vergütungsanspruch nicht gedeckt ist (BT-Drs. 12/2443, 218; BGH NZI 2009, 602 (603)). Dem Verwalter steht es jedoch frei, weitere Massegegenstände zu verwerten, solange die Masse dadurch nicht mit zusätzlichen Kosten belastet und die Verfahrenseinstellung nicht verzögert wird (BGH NZI 2009, 602 (603)). Demgemäß darf der Insolvenzverwalter in der Regel keine Prozesse mehr führen, sobald Massekostenarmut eingetreten ist, da ein Rechtsstreit keine naheliegende und risikolose Verwertungsmaßnahme darstellt (BGH NZI 2009, 602 (603)). Aufgrund dessen kann dem Verwalter in solchen Fällen grundsätzlich auch keine Prozesskostenhilfe gewährt werden. Etwas anderes gilt aber dann, wenn die Massekostenarmut bei einem erfolgreichen Prozess

beseitigt werden würde, selbst wenn der Großteil des im Prozess geltend gemachten Betrages durch die Vergütungsansprüche des Insolvenzverwalters verbraucht werden würde (OLG Thüringen ZIP 2001, 579–580). Die Prozesskostenhilfe soll nämlich auch verhindern, dass jemand zu Lasten der Insolvenzmasse rechtswidrige Vorteile in der Erwartung sichern kann, dem Verwalter werde es nicht gelingen, die Mittel zur Wiederherstellung des rechtmäßigen Zustandes – auch als Ergebnis eines Rechtsstreites – aufzubringen (OLG Thüringen ZIP 2001, 579–580; vgl. auch BGH NZI 2013, 79 Rn. 10 unter Berufung auf die Ordnungsfunktion des Insolvenzverfahrens). Nach anderer Ansicht genügt die Erzielung eines nur geringen Überschusses nicht, um Mutwilligkeit iSd § 114 Abs. 1 S. 1 ZPO auszuschließen, welche der Gewährung von Prozesskostenhilfe entgegensteht (OLG Köln BeckRS 2018, 13373; ZIP 2014, 2311). Bei der Beurteilung, ob durch den beabsichtigten Prozess die Massekostenarmut beseitigt werden kann, ist neben den Erfolgsaussichten der Klage auch die wirtschaftliche Durchsetzbarkeit der titulierten Forderung zu berücksichtigen (BGH NZI 2013, 79 Rn. 13). Durch den Verweis des BGH auf die Parallelität von § 26 Abs. 1 S. 1 InsO und § 207 Abs. 1 S. 1 InsO (dazu auch → Rn. 1) stellt sich hier konsequenterweise zudem die Frage, ob sich der Anspruch innerhalb „angemessener Zeit" realisieren lässt (Anm. Contius/Froehner zu BGH NZI 2013, 79 (91)). Keine Prozesskostenhilfe erhält der Insolvenzverwalter gem. § 116 S. 1 Nr. 1 jedenfalls, wenn ein Prozesskostenzuschuss durch die Gläubiger zumutbar ist. Maßgeblich ist hier, ob die Gläubiger die erforderlichen Mittel unschwer aufbringen können und der zu erwartende Nutzen überwiegt (BGH BeckRS 2018, 15643).

Es war umstritten, ob eine Verwertung von Vermögenswerten auch dann noch zulässig sein 9 sollte, wenn das Verfahren bereits eingestellt wurde. Diese Nachtragsverteilung betrifft die in § 203 Abs. 1 Nr. 1 bis Nr. 3 (→ § 203 Rn. 1 ff.) genannten Fälle. Gegen die Zulassung einer Nachtragsverteilung spricht vor allem, dass § 211 Abs. 3 eine solche ausdrücklich regelt, während dies bei § 207 nicht der Fall ist. Die Rechtsprechung hat die Nachtragsverteilung nun dennoch auch iRd § 207 zugelassen (BGH NZI 2013, 1019 = BeckRS 2013, 19228). Die Nachtragsverteilung kann damit auch in den Fällen der Massearmut analog § 211 Abs. 3, § 203 Abs. 1 angeordnet werden (BGH NZI 2013, 1019 = BeckRS 2013, 19228; bestätigt durch BGH WM 2014, 328).

V. Kostenvorschuss

Die Einstellung des Verfahrens wegen Massearmut kann durch Leistung eines Kostenvorschusses 10 nach § 207 Abs. 1 S. 2 Hs. 1 Alt 1. verhindert werden. Das Verfahren, das aufgrund Massearmut hätte eingestellt werden müssen, läuft dann weiter. Sinnvoll ist das Leisten des Kostenvorschusses damit, wenn das Insolvenzverfahren „noch erfolgversprechend" ist. Das ist bspw. der Fall, wenn ein Unternehmen bei Weiterlaufen des Insolvenzverfahrens noch saniert werden kann, wenn weiteres Ausüben des Auskunfts- und Informationsrechts durch den Verwalter hinsichtlich eines Auffindens von Massewerten erfolgversprechend scheint oder wenn Aussonderungs- und Absonderungsrechte durch den Verwalter verwirklicht werden sollen. Der Vorschussleistende hat bei seiner Entscheidung zu berücksichtigen, dass er im Fall einer späteren Einstellung nach § 207 seinen Vorschuss grundsätzlich verliert. Falls das Weiterführen des Verfahrens keinen Vorteil verspricht, ist es damit sinnvoller, die Verfahrenseinstellung eintreten zu lassen und als Gläubiger ggf. anschließend im Wege der Einzelvollstreckung gegen den Schuldner vorzugehen, § 215 Abs. 2 S. 2 iVm § 201. Zwar besteht gem. § 207 Abs. 1 S. 2, Hs. 2 iVm § 26 Abs. 3 ein Schadensersatzanspruch des Vorschussleistenden gegen diejenigen, die ihre nach Gesellschafts- oder Insolvenzrecht bestehende Insolvenzantragspflicht verletzt haben. Allerdings ist mit einem Regressprozess für den Kläger ein nicht unerhebliches Kostenrisiko verbunden, auch wenn ihm die gesetzliche Beweiserleichterung nach § 26 Abs. 3 S. 2 zugute kommt (MüKoInsO/Hefermehl Rn. 31).

Der Vorschuss kann von den Beteiligten des Verfahrens mit Ausnahme des Insolvenzverwalters 11 und von jedem Dritten erbracht werden. Nach dem Wortlaut gibt es zwar keine Einschränkung dahingehend, dass der Verwalter selbst den Vorschuss nicht leisten darf. Allerdings ist die aus § 56 Abs. 1 folgende Pflicht des Verwalters zur Unabhängigkeit gegenüber den Gläubigern und dem Schuldner mit seiner Beteiligung mit eigenen Mitteln nicht zu vereinbaren (so auch MüKoInsO/ Hefermehl Rn. 33; aA: Braun/Kießner Rn. 16).

K. Schmidt InsO/Jungmann Rn. 28). Auch der Schuldner selbst kann den Vorschuss leisten. 12 Dies kann im Hinblick auf eine Restschuldbefreiung sinnvoll sein. Ein Anspruch auf Prozesskostenhilfe zur Leistung des Vorschusses besteht nicht (Nerlich/Römermann/Westphal Rn. 22).

Allerdings besteht keine Pflicht für einen der Beteiligten, einen Vorschuss zu leisten. § 207 13 Abs. 1 S. 2 Hs. 2 ordnet nur die entsprechende Geltung des § 26 Abs. 3 an, auf § 26 Abs. 4, der eine solche Vorschussleistungspflicht vorsieht, verweist § 207 hingegen nicht. Im Hinblick auf die offensichtlich vom Gesetzgeber nicht gewollte weitergehende Verweisung, kann § 26 bereits mangels planwidriger Regelungslücke nicht analog angewandt werden (aA HK-InsO/Hölzle Rn. 14 unter Verweis auf die in § 26 Abs. 4 zum Ausdruck kommende bewusste Entscheidung des Gesetzgebers, das die Insolvenz verschleppende Organe mit einer Kostentragungspflicht zu belasten; K. Schmidt InsO/Jungmann Rn. 29 f., der bei anfänglichen Prognosefehlern eine analoge Anwendung befürwortet; gegen eine analoge Anwendung: Uhlenbruck/Ries Rn. 21).

14 Die Höhe des Vorschusses richtet sich nach der Höhe der Verfahrenskosten und der Insolvenzmasse. Der Vorschuss soll nur die Differenz, die zwischen der voraussichtlichen Verteilungsmasse und den Verfahrenskosten besteht, ausgleichen (MüKoInsO/Hefermehl Rn. 34). Allein die Kostendeckung ist maßgeblich, sodass auch noch Zahlungen im Beschwerdeverfahren gegen die Verfahrenseinstellung zu berücksichtigen sind (LG Neuruppin NZI 2016, 367). Zu den Verfahrenskosten zählen nur die Verfahrenskosten iSd § 54 und keine sonstigen Masseverbindlichkeiten nach § 55. Entscheidend ist also, ob die Verteilungsmasse die Gerichtskosten, die Vergütungen und die Auslagen des vorläufigen Insolvenzverwalters, des Insolvenzverwalters sowie der Mitglieder des Gläubigerausschusses abdeckt (Uhlenbruck/Ries Rn. 5; KPB/Pape Rn. 9). Im Schrifttum wird teilweise vertreten, zudem die sog. „unausweichlichen Verwaltungskosten" unter die Verfahrenskosten in § 26 Abs. 1 S. 1, § 207 Abs. 1 S. 1 und § 209 Nr. 1 zu fassen. Damit wären diese bei der Bestimmung des Vorschusses zu berücksichtigen. Der BGH hat sich zu dieser Frage noch nicht abschließend geäußert (BGH BeckRS 2014, 08034 Rn.8). Unter unausweichlichen Verwaltungskosten werden Aufwendungen verstanden, die der Insolvenzverwalter in Erfüllung seiner Pflichten nicht vermeiden kann, weil sie aus tatsächlichen oder rechtlichen Gründen zwingend aufgebracht werden müssen (BGH WM 2010, 2233). Sie sollen unter die Verfahrenskosten fallen, um eine Pflichtenkollision des Verwalters zu verhindern (Braun Rn. 12). Zu Recht wird die Einordnung dieser Aufwendungen unter die Verfahrenskosten abgelehnt (Uhlenbruck/Ries Rn. 11; K. Schmidt InsO/Jungmann § 207 Rn. 23; MüKoInsO/Hefermehl Rn. 29). Es ist kein Hinweis ersichtlich, dass unter den Kosten des Verfahrens in § 207 etwas anderes zu verstehen sein sollte als in § 54, der die Kosten des Insolvenzverfahrens abschließend normiert. Es handelt sich auch nicht um Auslagen des Verwalters, da regelmäßig die Masse Vertragspartner wird. Zudem bezweckte der Gesetzgeber mit der Neufassung eine Beschränkung der Kosten, um mehr Verfahrenseröffnungen und weniger Verfahrenseinstellungen aufgrund Massearmut zu erreichen. Würden die unausweichlichen Verwaltungskosten ebenfalls unter die Kosten des Verfahrens nach § 207 fallen, würden die Fälle, in welchen Massearmut angenommen vorliegt, steigen.

15 Der Vorschuss kann durch eine Bankbürgschaft, Bankgarantie oder durch Zahlung eines Geldbetrags erbracht werden. Hat das Gericht die Vorschusskosten fälschlicherweise zu gering angesetzt, so ist der Vorschussleistende nicht zur Nachzahlung verpflichtet, kann sie aber freiwillig leisten. Das Gericht hat andernfalls das Verfahren nach § 207 einzustellen.

16 Der geleistete Verfahrenskostenvorschuss ist vom Verwalter als zweckbestimmte Sondermasse zu verwalten. Er unterfällt damit nicht der Insolvenzmasse. Sein Zweck besteht allein in der Deckung der Verfahrenskosten. Der Vorschuss ist damit (teilweise) zurückzuerstatten, soweit er betragsmäßig über den Verfahrenskosten liegt und sobald die Masse die Verfahrenskosten wieder abdeckt (OLG Frankfurt ZIP 1986, 931; KPB/Pape Rn. 17; Nerlich/Römermann/Westphal Rn. 24). Dem Vorschussleistenden steht dann ein Rückzahlungsanspruch gegen den Insolvenzverwalter zu. Genauso steht dem Vorleistenden ein Erstattungsanspruch nach Abschluss des Verfahrens, das aufgrund der Zahlung weitergeführt werden konnte, zu. Dabei ist umstritten, welchen Rang der Leistende dabei einnimmt. Zum einen wird ihm eine vorrangige Befriedigung zugebilligt, sodass sein Anspruch allen anderen Masseansprüchen vorgehe und praktisch neben die Aus- und Absonderungsansprüche trete (Uhlenbruck/Ries Rn. 20). Zum anderen wird vertreten, dass der Leistende nur im Rang des § 209 Abs. 1 Nr. 1 die Stellung des Massegläubigers einnehme, dessen Ansprüche durch die Fortführung des Verfahrens befriedigt werden konnten (MüKoInsO/Hefermehl Rn. 38; HK-InsO/Laroche § 26 Rn. 33). Wird das Verfahren schließlich doch eingestellt, weil die Verfahrenskosten trotz des Vorschusses nicht gedeckt sind, und leistet niemand der Berechtigten einen (weiteren) Vorschuss, ist der Vorschuss des Leistenden verloren (Verweis auf oben). Allerdings steht ihm ein Schadensersatzanspruch iHd Vorschusses gem. § 207 Abs. 1 S. 2 Hs. 2 iVm § 26 Abs. 3 gegen diejenigen zu, die ihre Insolvenzantragspflicht verletzt haben. Der Anspruch setzt neben der Insolvenzverschleppung voraus, dass der Kostenvorschuss gerade zu dem Zweck geleistet worden ist, das schon eröffnete Insolvenzverfahren trotz der Massearmut weiterzuführen. Es darf sich damit nicht um rechtlich anders zu qualifizierende Zahlungen wie allgemeine Massedarlehen oder Prozesskostenvorschüsse handeln (BGH BeckRS 2009, 05954). Er besteht auch, wenn der Vorschuss aufgrund einer Fehlprognose des Insolvenzgerichts fehlerhaft festgesetzt wurde (BGH BeckRS 2009, 05954; zu den genauen Voraussetzungen s. § 26).

VI. Verfahrenskostenstundung

Es besteht zudem die Möglichkeit, die Einstellung des Verfahrens nach § 207 Abs. 1 S. 2 Hs. 1 zu verhindern, indem die Kosten nach § 4a gestundet werden. Diese Möglichkeit besteht allein für natürliche Personen. Ihnen soll die Möglichkeit gegeben werden, ein Restschuldbefreiungsverfahren durchzuführen. Die Norm ergänzt wiederum die Regelung des § 26, die bereits die Eröffnungsablehnung mangels Masse bei Vorliegen eines Antrags nach § 4a und eines Restschuldbefreiungsantrags ausschließt. Wird in einem Erstverfahren die Verfahrenskostenstundung mangels Mitwirkung des Schuldners aufgehoben, ist § 4a Abs. 1 aus Harmonisierungsgründen und dem Telos der Stundungsvorschriften folgend dahingehend auszulegen, dass für das Zweitverfahren eine Sperrfrist greift (AG Aachen NZI 2017, 114). In prozessualer Hinsicht ist § 172 Abs. 1 ZPO entsprechend auf die Verfahrenskostenstundung anzuwenden, sodass Beschlüsse des Insolvenzgerichtes an den Verfahrensbevollmächtigten zuzustellen sind (LG Koblenz NZI 2019, 999 Rn. 5, 7). Aus Sicht des Insolvenzverwalters ist zu beachten, dass § 209 auch bei einer Stundung maßgeblich ist, sodass sein Vergütungsanspruch zu kürzen ist, wenn er unter Verletzung des gesetzlichen Vorrangs der Verfahrenskosten Umsatzsteuer an das Finanzamt abführt (BGH NZI 2011, 60 Rn. 7).

17

C. Folgen der Einstellung

I. Bekanntmachung und Rechtsmittel

Nach § 215 Abs. 1 ist der Einstellungsbeschluss öffentlich bekannt zu machen. Er darf erst dann erfolgen, sobald die vorhandenen Barmittel verteilt wurden (Uhlenbruck/Ries Rn. 44). Nach weiteren zwei Tagen gilt die Bekanntmachung als bewirkt, § 9 Abs. 1 S. 3. Als Rechtsmittel steht dem Schuldner und den Insolvenzgläubigern die sofortige Beschwerde nach § 216 Abs. 1 zur Verfügung. Der Insolvenzverwalter kann damit keine Beschwerde gegen den ablehnenden Beschluss des Gerichts einlegen. Dies auch, da die Ablehnung der Einstellung nicht in Form eines Beschlusses ergeht. Die Rechtsprechung verweist den Insolvenzverwalter insoweit auf eine Anzeige nach § 208 und die Möglichkeit, die Massearmut bei veränderter Sachlage erneut anzuzeigen (BGH NZI 2007, 406). Wird der Einstellungsbeschluss aufgehoben, so ist kein neuer Verwalter und kein neuer Gläubigerausschuss zu bestimmen, vielmehr treten die Verwaltungsorgane in ihre alten Ämter wieder ein (Uhlenbruck/Ries Rn. 45). Im Rahmen des Beschwerdeverfahrens geleistete Zahlung sind zu berücksichtigen. Ob die Voraussetzungen für die Einstellung des Verfahrens vorliegen, ist bezogen auf den Zeitpunkt der neu zu treffenden Entscheidung des Beschwerdegerichts zu prüfen (LG Neuruppin NZI 2016, 367).

18

Falls der Insolvenzverwalter fälschlicherweise eine Masseunzulänglichkeit nach § 208 anstelle einer Massearmut nach § 207 angezeigt hat, hat das Gericht das Verfahren nach § 207 einzustellen.

19

II. Verwaltungs- und Verfügungsbefugnis

Nach § 215 Abs. 2 S. 1 erhält der Schuldner mit der Verfahrenseinstellung die Befugnis zur Verfügung über sein Vermögen zurück. Die Verwaltungs- und Verfügungsbefugnis geht also wieder auf ihn über. Ihm ist sein unverwertetes Vermögen zurückzugeben. Die Insolvenzgläubiger können gem. § 215 Abs. 2 S. 2 iVm § 201 Abs. 1 wieder in das gesamte Vermögen des Schuldners vollstrecken. Der Schuldner haftet sowohl für bereits vor Verfahrenseröffnung begründete Verbindlichkeiten als auch für die durch den Insolvenzverwalter begründeten Masseverbindlichkeiten. Diese und die Verfahrenskosten sind ebenfalls von der Haftung des Schuldners erfasst, da dieser als Rechtsträger der Masse verpflichtet wurde (BGHZ 49, 11 (13); Uhlenbruck/Ries Rn. 49). Nach wohl überwiegender Ansicht ist allerdings die Haftung für Masseverbindlichkeiten auf die zurückempfangene Insolvenzmasse zu beschränken (MüKoInsO/Hefermehl Rn. 76; HmbKommInsR/Weitzmann Rn. 25; Nerlich/Römermann/Westphal Rn. 43; KPB/Pape Rn. 37 f.). Der BGH verwies in diesem Zusammenhang auf § 80 Abs. 1, wonach die Verwaltungs- und Verfügungsbefugnis des Insolvenzverwalters auf das zur Insolvenzmasse gehörende Vermögen beschränkt ist (NJW 2010, 69 Rn. 12). Den Streitstand zusammenfassend und zumindest Zweifel an einer derartigen Haftungsbeschränkung über den Abschluss des Insolvenzverfahrens hinaus äußernd befand der BFH, dass diese jedenfalls nicht für Steuerschulden gelten, welche kraft Gesetzes entstehen (NZI 2018, 461 Rn. 20 ff.).

20

III. Prozessführungsbefugnis und anhängige Prozesse

21   Der Schuldner erlangt die Prozessführungsbefugnis zurück. Die aufgrund des Insolvenzverfahrens nach § 240 ZPO unterbrochenen Prozesse, die vom Insolvenzverwalter nicht aufgenommen wurden, werden mit dem Schuldner als Partei fortgesetzt (BGH NZI 2015, 756 Rn. 5, 7).

22   Die vom Insolvenzverwalter geführten Prozesse, also sowohl die von diesem aufgenommenen als auch die erstmals erhobenen, werden, mit Ausnahme der Anfechtungsprozesse gem. §§ 129 ff., nach einem Parteiwechsel vom Schuldner übernommen. Die Prozesse werden analog §§ 239, 242 ZPO unterbrochen, um dem Schuldner eine Einarbeitungszeit zuzubilligen (BGH NJW 1982, 1765 (1766); MüKoInsO/Hefermehl Rn. 82; Braun/Kießner Rn. 36; Nerlich/Römermann/Westphal Rn. 44 und § 215 Rn. 14). Dies gilt allerdings nicht, wenn der Insolvenzverwalter anwaltlich vertreten war (BGH NZI 2015, 56 Rn. 8 mit Verweis auf § 246 Abs. 1 ZPO; aA: Uhlenbruck/Ries Rn. 51). Falls der Prozessgegner nach Übernahme des Rechtsstreits durch den Schuldner obsiegt, muss er seine Kosten gegen den Schuldner festsetzen lassen (OLG München NZI 2014, 610). Eine isolierte Kostenentscheidung zu Lasten oder auch zu Gunsten des ausgeschiedenen Insolvenzverwalters ist ausgeschlossen. Dieser repräsentiert nur das vor und nach dem Parteiwechsel identische Vermögen des Insolvenzschuldners, der die Prozessführung wieder selbst übernimmt. Da gegenüber dem Verwalter hinsichtlich des noch weitergeführten Rechtsstreits keine Entscheidung ergangen ist, kann ihm gegenüber auch keine Kostenentscheidung nach § 91 ZPO ergehen. Auch die außergerichtlichen Kosten des Insolvenzverwalters können nicht dem Kläger in entsprechender Anwendung des § 269 Abs. 3 S. 2, Abs. 4 S. 1 ZPO auferlegt werden, denn der Parteiwechsel war nicht vom Kläger veranlasst (OLG Naumburg NZI 2015, 576; OLG München NZI 2014, 610).

23   Im Fall eines anhängigen Anfechtungsprozesses nach §§ 129 ff. kann der Schuldner den Prozess aufgrund der Einstellung des Verfahrens nicht fortsetzen, sodass auch die Prozessführungsbefugnis nicht auf ihn übergeht. Der Insolvenzverwalter und der Anfechtungsgegner müssen den Rechtsstreit übereinstimmend gem. § 91a ZPO für erledigt erklären, um eine Verurteilung zur Kostentragungspflicht zu vermeiden (Uhlenbruck/Ries Rn. 51). Etwas anderes gilt nur dann, wenn eine Nachtragsverteilung analog § 211 Abs. 3 für den Anfechtungsanspruch vorbehalten wurde. Falls der Vorbehalt gerichtlich erklärt wird, bleibt der Insolvenzverwalter prozessführungsbefugt. Dies gilt nicht nur für Anfechtungsprozesse, sondern auch hinsichtlich der Prozesse, die Beträge nach §§ 203, 205 zum Gegenstand haben (Uhlenbruck/Ries Rn. 53).

IV. Eintragung in das Schuldnerverzeichnis

24   Eine Eintragung in das Schuldnerverzeichnis ist in § 207 im Gegensatz zu § 26 Abs. 2 nicht angeordnet. Eine analoge Anwendung scheidet aus, da der Gesetzgeber diese Eintragungspflicht nur in § 26 Abs. 2, der am 1.1.2013 in Kraft trat, vorsieht und diesen mit seiner Einführung nicht auf § 207 erstreckte.

V. Vollstreckungsverbot

25   Zudem wird § 210 analog auf den Fall der Massearmut angewandt (BGH NZI 2006, 697). Hierbei verhindert eine analoge Anwendung des § 210, dass Verfahrenskostengläubiger oder Neumassegläubiger nach Anzeige der Massearmut in die Masse vollstrecken und damit die von § 207 Abs. 3 vorgegebene Reihenfolge umgehen.

VI. Insolvenz einer Gesellschaft

26   Die Lehre vom sog. Doppeltatbestand verlangt sowohl Auflösung als auch Löschung der Gesellschaft im Handelsregister für deren Beendigung.

27   Dementsprechend ist bei der Insolvenz einer Gesellschaft zwischen der Auflösung und der Löschung der Gesellschaft zu unterscheiden. Die Auflösung der Gesellschaft (AG, GmbH, Genossenschaft, GmbH & Co. KG) tritt mit rechtskräftiger Eröffnung des Insolvenzverfahrens oder mit Abweisung des Antrags mangels Masse ein, vgl. § 262 Abs. 1 Nr. 4 AktG, § 60 Abs. 1 Nr. 5 GmbHG, § 81a Nr. 1 GenG, §§ 131 Abs. 2 Nr. 1, 161 Abs. 2 HGB. Gemäß § 11 Abs. 3 ist auch nach Auflösung die Eröffnung des Insolvenzverfahrens noch zulässig, solange die Verteilung des Vermögens nicht vollzogen ist. Solange die Gesellschaft also noch nicht vermögenslos ist, ist sie trotz Auflösung noch insolvenzfähig.

28   Erst mit Vorliegen ihrer Vermögenslosigkeit kann ihre Löschung erfolgen (§ 394 FamFG). Auch im Fall der Massearmut muss also überprüft werden, ob noch Vermögen in der Liquidationsgesell-

schaft vorhanden ist. Bei der Feststellung der Vermögenslosigkeit ist ein strenger Maßstab anzulegen und eine besonders sorgfältige Prüfung durch das Registergericht erforderlich (dazu mwN OLG Frankfurt a. M. NJW-RR 2015, 928 Rn. 7, 8).

§ 208 Anzeige der Masseunzulänglichkeit

(1) ¹Sind die Kosten des Insolvenzverfahrens gedeckt, reicht die Insolvenzmasse jedoch nicht aus, um die fälligen sonstigen Masseverbindlichkeiten zu erfüllen, so hat der Insolvenzverwalter dem Insolvenzgericht anzuzeigen, daß Masseunzulänglichkeit vorliegt. ²Gleiches gilt, wenn die Masse voraussichtlich nicht ausreichen wird, um die bestehenden sonstigen Masseverbindlichkeiten im Zeitpunkt der Fälligkeit zu erfüllen.

(2) ¹Das Gericht hat die Anzeige der Masseunzulänglichkeit öffentlich bekanntzumachen. ²Den Massegläubigern ist sie besonders zuzustellen.

(3) Die Pflicht des Verwalters zur Verwaltung und zur Verwertung der Masse besteht auch nach der Anzeige der Masseunzulänglichkeit fort.

A. Normzweck

Die Norm legt das Verfahren beim Vorliegen von Masseunzulänglichkeit fest. Im Zusammenwirken mit §§ 209, 210 wird die Abwicklung der Masse im Fall „der Insolvenz der Insolvenz" geregelt. Voraussetzung ist, dass die Masse zwar zur Deckung der Verfahrenskosten (und damit keine Massearmut nach § 207 vorliegt), jedoch nicht zur vollständigen Befriedigung der sonstigen Masseverbindlichkeiten iSd § 55 Abs. 1 Nr. 1 ausreicht. Folge ist, dass die Massegläubiger lediglich quotal und in einer vorgegebenen Rangfolge befriedigt werden, wohingegen die Ansprüche der Insolvenzgläubiger, deren Interesse das Verfahren bis zum Eintritt der Masseunzulänglichkeit diente, nicht mehr berücksichtigt werden. 1

B. Voraussetzungen

I. Masseunzulänglichkeit

§ 208 Abs. 1 unterscheidet zwischen der eingetretenen und der drohenden Masseunzulänglichkeit. Die eingetretene Masseunzulänglichkeit nach § 208 Abs. 1 S. 1 liegt vor, wenn die sonstigen Masseverbindlichkeiten bei ihrer Fälligkeit nicht durch die Masse gedeckt sind, ohne dass Massearmut nach § 207 vorliegt, also ohne, dass zusätzlich auch die Kosten des Verfahrens nicht gedeckt sind. Die drohende Masseunzulänglichkeit nach § 208 Abs. 1 S. 2 liegt vor, wenn die aktuelle oder zukünftige Masse die in Zukunft fällig werdenden, sonstigen Masseverbindlichkeiten nicht deckt. 2

Die Masseunzulänglichkeit wird allein durch den Insolvenzverwalter festgestellt. Diesem obliegt, wie iRd § 207 hinsichtlich der Deckung der Verfahrenskosten, die Pflicht zur Kontrolle der Deckung der sonstigen Masseverbindlichkeiten (dazu im Zusammenhang mit der Aufrechnung eines Massegläubigers OLG Brandenburg NJ 2021, 120 (121). Insoweit muss er die Insolvenzmasse den Kostenpositionen gegenüberstellen und im Hinblick auf zukünftige Einkünfte aus der Verwertung der Masse sowie auf noch zu erwartende Masseverbindlichkeiten eine Prognose der Liquidität der Masse vornehmen. Der dadurch erstellte Finanzplan lässt erkennen, ob eine Masseunzulänglichkeit bereits vorliegt (§ 208 Abs. 1 S. 1) oder aufgrund der Prognose feststellbar ist, dass eine solche in Zukunft konkret droht (§ 208 Abs. 1 S. 2). Zu berücksichtigen ist neben der Fälligkeit der Masseverbindlichkeiten auch, ob sie von einem Vollstreckungsverbot nach § 90 erfasst sind. Falls dies der Fall ist, dürfen sie erst nach Ablauf der Frist aus § 90 in der Prognose berücksichtigt werden (Braun/Ludwig Rn. 8). Masseverbindlichkeiten, die berücksichtigt werden müssen, sind die sonstigen Masseverbindlichkeiten nach § 55 und die Unterhaltsleistungen nach §§ 100, 101 (vgl. § 209 Abs. 1 Nr. 3). Nicht erfasst sind hingegen Ansprüche aus Sozialplänen, auch wenn § 123 Abs. 2 S. 1 diese als Masseverbindlichkeiten qualifiziert; § 123 Abs. 2 S. 2 und 3 schränkt diese Einordnung der Ansprüche nämlich hinsichtlich der Verteilung der Masse ein (MüKoInsO/Hefermehl Rn. 27). 3

II. Anzeige durch den Insolvenzverwalter

Falls der Verwalter das Vorliegen der Voraussetzungen der Masseunzulänglichkeit mit Hilfe des Liquiditätsplans feststellt, ist er zur Anzeige gegenüber dem Gericht verpflichtet, § 208 Abs. 1 S. 1. 4

Auch bei der Feststellung einer bloß vorübergehenden Unterdeckung besteht für den Verwalter die Anzeigepflicht gegenüber dem Gericht (Jaeger/Windel Rn. 22). Bei der Anzeige des Zeitpunkts der Masseunzulänglichkeit steht dem Insolvenzverwalter indes ein weiter Beurteilungsspielraum zu (BGH BeckRS 2017, 119623 Rn. 25). Ob er diesen richtig ausgeübt hat, kann allerdings im Haftungsprozess umfangreich überprüft werden (BGH BeckRS 2017, 119623 Rn. 26 f.). Die Anzeige der Masseunzulänglichkeit darf daher nicht leichtfertig erfolgen und muss ausreichend dokumentiert sein, um nachvollziehbar auch nach Jahren noch darlegen zu können, welche Gründe für den konkreten Zeitpunkt maßgeblich gewesen sind. Insoweit gibt die Entscheidung wertvolle Hinweise, wie Schadenersatzansprüche von Prozessgegnern, die mit ihren Kostenerstattungsansprüchen ausfallen, vermieden werden können. Die Anzeige der drohenden Zahlungsunfähigkeit hat zur Folge, dass eine später erfolgende Anzeige wegen einer eingetretenen tatsächlichen Masseunzulänglichkeit keine weiteren verfahrensrechtlichen Auswirkungen hat (OLG Frankfurt NZI 2005, 40 (41)). Die Anzeige richtet der Verwalter an das Insolvenzgericht, was formlos erfolgen kann. Eine Begründung ist nicht erforderlich, allerdings sind erläuternde Ausführungen im Hinblick auf den Grundsatz ordnungsgemäßen Verwalterhandelns üblich (K. Schmidt InsO/Jungmann Rn. 18). Hinsichtlich der Formulierung der Anzeige ist zu beachten, dass die Anzeige auch wirksam ist, wenn sie mit Zusätzen wie „prophylaktisch" oder „Anzeige temporärer Masseunzulänglichkeit" abgegeben wird (K. Schmidt InsO/Jungmann Rn. 21 ff.). Ersteres stellt allerdings einen Pflichtverstoß des Verwalters dar, sodass Altmassegläubiger einen Schadensersatzanspruch geltend machen können (MüKoInsO/Hefermehl Rn. 31; Uhlenbruck/Ries Rn. 21; K. Schmidt InsO/Jungmann Rn. 22).

III. Prüfungsmöglichkeiten des Insolvenzgerichts

5   Die Anzeige erfolgt aufgrund der alleinigen Feststellungen des Insolvenzverwalters. Eine vorherige Anhörung der Beteiligten findet nicht statt. Das Insolvenzgericht ist zudem an die Feststellung des Verwalters gebunden und entscheidet damit nicht über das Vorliegen der Masseunzulänglichkeit. Ihm steht insofern also keine eigene Prüfungsmöglichkeit zu (BGH NZI 2010, 188 (189); BAGE NZI 2005, 408). Nach der Rechtsprechung des BGH sind jedoch Ausnahmefälle denkbar, bei deren Vorliegen die Bindungswirkung der Gerichte möglicherweise nicht eingreift. Dies sei bspw. bei Fallgestaltungen naheliegend, in denen der Insolvenzverwalter unredliches Verhalten vorzuwerfen sei, er arglistig gehandelt habe oder ausreichender Massebestand gerichtskundig sei (BGH NZI 2006, 392 (395)). Aufgrund des Fehlens eines Prüfungsrechts der Gerichte, ist auch kein Rechtsbehelf gegen die Anzeige gegeben. Dies wird zwar vielfach kritisiert, allerdings gewährleistet die Haftung des Insolvenzverwalters nach § 60 bei verfrühten Masseunzulänglichkeitsanzeigen bzw. nach § 61 bei verspäteten Masseunzulänglichkeitsanzeigen einen Schutz hinsichtlich der Richtigkeit der Anzeigen.

IV. Öffentliche Bekanntmachung

6   Das Gericht hat gem. § 208 Abs. 2 S. 1 die Masseunzulänglichkeitsanzeige öffentlich bekannt zu machen, nach § 208 Abs. 2 S. 2 ist sie den Massegläubigern besonders zuzustellen. Die Rechtswirkungen der Anzeige treten jedoch bereits ein, sobald die Anzeige beim Insolvenzgericht eingegangen ist. Das Gericht hat den Zeitpunkt des Eingangs insoweit zu registrieren (Jaeger/Windel Rn. 38; K. Schmidt InsO/Jungmann Rn. 25). Die öffentliche Bekanntmachung und die Zustellung obliegen gem. § 208 Abs. 2 dem Insolvenzgericht, das allerdings nach § 8 Abs. 3 den Verwalter mit der Aufgabe betrauen kann.

C. Folgen

7   Als Folge des Eingangs der Anzeige bei Gericht tritt ein Vollstreckungsverbot für Altmassegläubiger nach § 210 und ein Aufrechnungsverbot analog §§ 94–96 hinsichtlich Altmasseverbindlichkeiten ein. (Neu-)Massegläubiger sind dagegen nicht von einem Aufrechnungsverbot betroffen, sofern die Aufrechnungslage zum Zeitpunkt der Unzulänglichkeitsanzeige bereits bestand. Dem steht auch nicht der Vorrang der Verwaltervergütung entgegen, denn die Befriedigungsreihenfolge des § 209 erlangt erst Bedeutung, sobald die Masseunzulänglichkeit angezeigt ist. Bei erfolgter Aufrechnung bestanden die Forderungen aber gem. § 389 BGB zu dieser Zeit nicht mehr (OLG Brandenburg NJ 2021, 120 (121)). Auch der Insolvenzverwalter behält seine Befugnisse. So ist die Anzeige der Masseunzulänglichkeit für die Insolvenzanfechtung grundsätzlich bedeutungslos (BGH NZI 2001, 585; LG Hamburg ZIP 2001, 711 (713); zum Aufrechnungsverbot bei nur teilweise anfechtbaren Vorsteuervergütungsansprüchen: FG Nürnberg NZI 2021, 85). Zudem

bleibt der Insolvenzverwalter generell gem. § 208 Abs. 3 verpflichtet, die Masse zu verwalten und zu verwerten. Denn die Anzeige der Masseunzulänglichkeit wirkt sich lediglich auf deren Verteilung aus, wobei der Vergütungsanspruch des Verwalters anders als bei der Massearmut gesichert ist, sodass ihm die Fortführung seiner Tätigkeit zuzumuten ist (MüKoInsO/Hefermehl Rn. 43; Uhlenbruck/Ries Rn. 35 f.). Dem Verwalter muss ggf. auch Prozesskostenhilfe gewährt werden, denn der Antrag eines Insolvenzverwalters auf Bewilligung von Prozesskostenhilfe ist nicht schon deshalb mutwillig, weil Masseunzulänglichkeit angezeigt worden ist (BGH NZI 2008, 431; vgl. auch BGH NZI 2017, 688 Rn. 4). Gegenüber den Prozessparteien macht sich der Insolvenzverwalter – bei Bestehen gewisser Erfolgsaussichten – nicht schadensersatzpflichtig, auch wenn er bei Unterliegen nicht die Prozesskosten als Masseverbindlichkeit erstatten kann (BGH NZI 2017, 753 Rn. 39 f.; Uhlenbruck/Ries Rn. 38). Auch der Gläubigerausschuss und die Gläubigerversammlung behalten ihre Befugnisse. Die Anzeige der Masseunzulänglichkeit durch den Insolvenzverwalter führt nicht dazu, dass die Verjährung von Altmasseverbindlichkeiten gehemmt wird (BGH NZI 2018, 154). Für einen Altmassegläubiger besteht mangels Vollstreckbarkeit kein Rechtsschutzinteresse, gegen den Insolvenzverwalter als Partei kraft Amtes einen Vollstreckungstitel in Form eines Kostenfestsetzungsbeschlusses zu erlangen, wenn der Insolvenzverwalter Masseunzulänglichkeit angezeigt hat (OLG Frankfurt a. M. BeckRS 2018, 35267 Rn. 14 f.). Ebenso ist ein noch nicht vollstreckter Kostenfestsetzungsbeschluss aufzuheben, wenn nach dessen Erlass die Masseunzulänglichkeit angezeigt wird; davon nicht betroffen sind lediglich bereits erwirkte Pfändungspfandrechte (BGH NZI 2019, 505 Rn. 12 f.). Die Pflicht zur Abgabe der Einkommensteuererklärung nach Anordnung der Insolvenz in Eigenverwaltung entfällt nicht durch die Anzeige der Masseunzulänglichkeit (FG Düsseldorf NZI 2020, 484; zu Umsatzsteuerrückständen FG Düsseldorf BeckRS 2020, 8854). Säumniszuschläge entstehen gem. § 240 Abs. 1 S. 1 AO auch nach Anzeige der Masseunzulänglichkeit kraft Gesetzes. Nach Rückkehr ins reguläre Insolvenzverfahren sind die während der Masseunzulänglichkeit geltenden Aufrechnungsverbote nicht mehr anzuwenden (BFH DStRE 2020, 303).

D. Eintritt von Massezulänglichkeit

Eine gesetzliche Regelung zur Möglichkeit der Rückkehr zum regulären Insolvenzverfahren nach der Anzeige der Masseunzulänglichkeit existiert nicht. Diese Möglichkeit ist jedoch, wenn auch mit unterschiedlichen Begründungen, von der hM anerkannt. Welche Voraussetzungen allerdings für eine solche Rückkehr ins Regelinsolvenzverfahren erfüllt werden müssen, ist umstritten. Es wird vertreten, dass die §§ 212–214 analog anzuwenden wären (K. Schmidt InsO/Jungmann Rn. 37 ff.). Die wohl überwiegende Meinung verlangt hingegen, dass, sobald die (drohende) Masseunzulänglichkeit nicht mehr vorliegt, der Insolvenzverwalter analog § 208 eine „Zulänglichkeitsanzeige" an das Gericht abgeben muss und dann entsprechend eine öffentliche Bekanntmachung einschließlich der Zustellung an die Massegläubiger zu erfolgen hat. Auch in diesem Verfahren steht dem Gericht keine Entscheidungskompetenz zu, dieses muss auch keinen Beschluss erlassen. Dies ist schlüssig, wenn spiegelbildlich dasselbe für die Rückkehr ins Regelinsolvenzverfahren gelten soll wie für das Verfahren bei Masseunzulänglichkeit (ArbG Kiel ZInsO 2002, 893–896; MüKoInsO/Hefermehl Rn. 55). Das Einlegen eines Rechtsbehelfs ist wiederum nicht möglich. Mit Eingang der Anzeige bei Gericht wird das Verfahren wieder als normales Insolvenzverfahren fortgeführt, sodass die Massegläubiger vollständig und nicht quotal nach der Reihenfolge des § 209 befriedigt werden und das Vollstreckungs- und Aufrechnungsverbot wegfällt. Der Wiedereintritt ins Regelverfahren wirkt also ex nunc. Auch nach einer Rückkehr in das normale Verfahren, kann der Insolvenzverwalter die Masseunzulänglichkeit erneut feststellen und diese dann wiederum dem Insolvenzgericht anzeigen. Wechsel zwischen dem Verfahren bei angezeigter Masseunzulänglichkeit und dem Regelverfahren nach wieder eingetretener Masseunzulänglichkeit sind also unbeschränkt möglich.

E. Erneute Anzeige der Masseunzulänglichkeit

Nach erfolgter Anzeige der Masseunzulänglichkeit nach § 208 muss die Masse nach der Rangfolge des § 209 verteilt werden. Die in § 209 Abs. 1 Nr. 2 genannten Masseverbindlichkeiten setzen voraus, dass ihr Rechtsgrund nach Anzeige der Masseunzulänglichkeit begründet wurde. Falls die Masse nach der Masseunzulänglichkeitsanzeige im weiteren Verlauf des Verfahrens aufgrund der Verschlechterung der Vermögenslage nicht ausreicht, um die in § 209 Abs. 1 Nr. 2 genannten Verbindlichkeiten vollständig zu erfüllen, wird vertreten, dass der Verwalter dem Gericht erneut die Masseunzulänglichkeit anzeigen kann, mit der Folge, dass die bisherigen Neumasseverbindlichkeiten iSd § 209 Abs. 1 Nr. 2 als Altmasseverbindlichkeiten einzustufen wären (ArbG Kiel ZInsO 2002, 893; Braun/Kießner Rn. 37; HK-InsO/Hölzle Rn. 43). Dies hätte, neben der Änderung der Rangordnung, ein Vollstreckungsverbot analog § 210 zur Folge, sodass eine Leistungsklage der Gläubiger der vormaligen Neumasseverbindlichkeiten ausgeschlossen wäre. Zudem wäre in der Rangordnung eine Unterscheidung zwischen den „neuen" Altmasseverbindlichkeiten und den ursprünglichen Altmasseverbindlichkeiten vorzunehmen.

10 Der Gesetzeswortlaut, der keinen Hinweis auf eine zahlenmäßige Begrenzung der Anzeigen des Verwalters enthält, lässt eine solche erneute Anzeige der Masseunzulänglichkeit grundsätzlich zu. Nach dem BGH ist nicht jeder erneuten Anzeige der Masseunzulänglichkeit die rechtsverbindliche Wirkung des § 208 beizumessen. Insbesondere wäre eine Abwicklung des Insolvenzmasse nach § 208 Abs. 3 gefährdet, wenn bei einem mit Verlusten arbeitenden Unternehmen jeden Monat die Masseunzulänglichkeitsanzeige erfolgen müsste und für Neumasseverbindlichkeiten jeweils abgesonderte Massebestandteile zu bilden wären (BGHZ 154, 358 (369 f.); 167, 178). Eine Veränderung der bisherigen Einordnung der Gläubiger in die Rangordnung durch eine erneute Anzeige ist damit vom BGH nicht vorgesehen (so auch Uhlenbruck/Ries Rn. 24). Grundsätzlich sollen damit keine Abwertung einer ursprünglichen Neumasseverbindlichkeit und ein verbesserter Rang für eine Neumasseverbindlichkeit, deren Rechtsgrund nach der erneuten Anzeige begründet wird, entstehen. Allerdings ist dem Verwalter nach der Rechtsprechung des BGH die Möglichkeit zuzugestehen, die erneute Masseunzulänglichkeit einzuwenden, wenn ein Neumassegläubiger seinen Anspruch durch eine uneingeschränkte Leistungsklage gerichtlich geltend macht; dieser ist auf die Erhebung einer Feststellungsklage zu verweisen (BGH NJW 2003, 2454 (2456)). Denn falls keine ausreichende Masse für alle Neumassegläubiger iSd § 209 Abs. 1 Nr. 2 vorhanden ist, sind die Neumassegläubiger nur noch quotal zu befriedigen. Der Verwalter ist hinsichtlich der Masseunzulänglichkeit darlegungs- und beweispflichtig. Falls das Gericht die Masseunzulänglichkeit feststellt, fehlt das Rechtsschutzbedürfnis für die uneingeschränkte Leistungsklage eines Neumassegläubigers, sodass die Klage unzulässig wird.

11 Gegen dieses Lösungsmodell der höchstrichterlichen Rechtsprechung wird eingewandt, damit würden etwa noch bestehende Chancen zu einer Masseoptimierung vertan und zudem würde der Insolvenzverwalter einem unangemessenen Haftungsrisiko ausgesetzt (HK-InsO/Hölzle Rn. 43) unter Verweis darauf, dass der Insolvenzverwalter andernfalls kaum in der Lage sei, das Unternehmen weiterzuführen).

12 Zu favorisieren sei deshalb ein Lösungsmodell, bei welchem die bisherigen Neumassegläubiger den neu geschaffenen Rang von Alt-Neumassegläubigern einnehmen und – wie bisher – gegenüber den Altmassegläubigern bevorzugt bedient werden (also nicht „zurückgestuft" werden), den nach dem Zeitpunkt der Anzeige neu hinzukommenden Neu-Neumassegläubigern aber den Vortritt lassen müssen. Diese Lösung rechtfertige sich aus einer analogen Anwendung der §§ 208, 209 InsO, sei somit rechtlich zulässig, benachteilige die Alt-Neumassegläubiger nicht mehr als notwendig, gewährleiste zuverlässig die Fortführung des Unternehmens nach Eintritt der Masseunzulänglichkeit und verwirkliche optimal die Transparenz des Verfahrens (Ganter NZI 2019, 7 (13)).

§ 209 Befriedigung der Massegläubiger

(1) Der Insolvenzverwalter hat die Masseverbindlichkeiten nach folgender Rangordnung zu berichtigen, bei gleichem Rang nach dem Verhältnis ihrer Beträge:
1. die Kosten des Insolvenzverfahrens;
2. die Masseverbindlichkeiten, die nach der Anzeige der Masseunzulänglichkeit begründet worden sind, ohne zu den Kosten des Verfahrens zu gehören;
3. die übrigen Masseverbindlichkeiten, unter diesen zuletzt der nach den §§ 100, 101 Abs. 1 Satz 3 bewilligte Unterhalt.

(2) Als Masseverbindlichkeiten im Sinne des Absatzes 1 Nr. 2 gelten auch die Verbindlichkeiten
1. aus einem gegenseitigen Vertrag, dessen Erfüllung der Verwalter gewählt hat, nachdem er die Masseunzulänglichkeit angezeigt hatte;
2. aus einem Dauerschuldverhältnis für die Zeit nach dem ersten Termin, zu dem der Verwalter nach der Anzeige der Masseunzulänglichkeit kündigen konnte;
3. aus einem Dauerschuldverhältnis, soweit der Verwalter nach der Anzeige der Masseunzulänglichkeit für die Insolvenzmasse die Gegenleistung in Anspruch genommen hat.

Befriedigung der Massegläubiger § 209 InsO

A. Normzweck

Die Norm regelt die Befriedigung der Massegläubiger in Verfahren, in welchen die Masseunzu- 1
länglichkeit nach § 208 angezeigt wurde. Die Reihenfolge, in welcher die Forderungen der Gläubiger zu befriedigen sind, wird durch § 209 vorgegeben. Absoluten Vorrang haben dabei gem. § 209 Abs. 1 Nr. 1 die Kosten des Insolvenzverfahrens. Im folgenden Rang sind nach § 209 Abs. 1 Nr. 2 die Neumasseverbindlichkeiten zu begleichen, zuletzt gem. § 209 Abs. 1 Nr. 3 die übrigen Masseverbindlichkeiten, also die Altmasseverbindlichkeiten. Die Forderungen des jeweiligen Rangs sind vollständig zu erfüllen, bevor die Forderungen eines nachfolgenden Rangs beglichen werden dürfen. Bei unzureichender Masse sind die Masseverbindlichkeiten eines Rangs anteilig im Verhältnis ihrer Beträge zu berichtigen. Nebenforderungen sind bei selbstständiger Geltendmachung selbst einem Rang zuzuordnen, bei Geltendmachung neben der Hauptforderung teilen sie deren Rang (Jaeger/Windel Rn. 11). Die Norm gilt auch für Masseforderungen, die nicht auf Zahlung eines Geldbetrags gerichtet sind. Diese müssen entsprechend § 45 umgerechnet werden (MüKoInsO/Hefermehl Rn. 14).

B. Kosten des Insolvenzverfahrens

Den ersten Rang nehmen die Verfahrenskosten ein. Diese fallen unabhängig von ihrem Entste- 2
hungszeitpunkt unter § 209 Abs. 1 Nr. 1. Insoweit unterscheiden sie sich von den anderen durch § 209 erfassten Masseverbindlichkeiten. § 209 Abs. 1 Nr. 2 und Nr. 3 differenzieren nämlich hinsichtlich des Entstehungszeitpunkts der Masseverbindlichkeiten. Die Kosten des Insolvenzverfahrens sind in § 54 definiert und umfassen damit die Gerichtskosten für das Insolvenzverfahren, die Vergütungen und die Auslagen des vorläufigen Insolvenzverwalters, des Insolvenzverwalters und der Mitglieder des Gläubigerausschusses. Auf die Gerichtskosten wie auf die festgesetzte Vergütung des Insolvenzverwalters ist dieselbe Quote zu zahlen (BGH NZI 2013, 350). Die sog. „unausweichlichen Verwaltungskosten", also die Auslagen, die die dem Verwalter aufgrund seiner Verwaltungs- und Verwertungstätigkeit notwendigerweise entstehen, sind nur in Ausnahmefällen umfasst (s. § 54 Nr. 2 sowie → § 207 Rn. 14). Denn der Verfahrenskostenbegriff ist aufgrund des gesetzgeberischen Willens, mehr Insolvenzverfahren durchzuführen, eng zu begrenzen (BGH NZI 2016, 968 Rn. 22). Auch für den Fall der Verfahrenskostenstundung nach § 4a gilt der absolute Vorrang der Verfahrenskosten (BGH NZI 2010, 188 (189); Uhlenbruck/Ries Rn. 2, 12; aA Kießner FS Braun 2007, 205 ff.). Beachtet der Insolvenzverwalter dies nicht, droht neben der persönlichen Haftung zudem eine Kürzung der festgesetzten Vergütung (MüKoInsO/Hefermehl Rn. 17). Ein Anspruch gegen die Staatskasse bei Stundung der Verfahrenskosten gem. § 63 Abs. 2 InsO steht dem Insolvenzverwalter nur zu, wenn die Insolvenzmasse für seine Vergütung nicht ausreicht; nicht aber, wenn er die Masse unter Verstoß gegen die gesetzliche Rangfolge des § 209 verbraucht (BGH NZI 2013, 351 Rn. 28).

C. Neumasseverbindlichkeiten

Auf dem 2. Rang sind die sog. Neumasseverbindlichkeiten durch den Insolvenzverwalter zu 3
befriedigen. Dabei handelt es sich um die Masseverbindlichkeiten nach § 55 (→ § 55 Rn. 1 ff.), mit der Einschränkung, dass die Verbindlichkeiten erst nach dem Eingang der Anzeige der Masseunzulänglichkeit bei Gericht gem. § 208 entstanden sind. Die Ansprüche müssen nach diesem Zeitpunkt begründet worden sein, dh ihr Rechtsgrund darf erst dann gelegt worden sein (BAG NZI 2019, 385 Rn. 14; BGHZ 154, 358 = NJW 2003, 2454; BGH ZInsO 2005, 1103; BAG ZIP 2006, 1510). Entsprechend sind Forderungen, die vor der Anzeige entstanden, aber zeitlich erst nach ihr fällig sind, Altmasseverbindlichkeiten nach § 209 Abs. 1 Nr. 3. Der Anspruch auf Erstattung der Prozesskosten stellt also nur dann eine Neumasseverbindlichkeit dar, wenn die Rechtshängigkeit nach Anzeige der Masseunzulänglichkeit eingetreten ist; denn der Erstattungsanspruch entsteht bereits mit Zustellung der Klage und ist lediglich aufschiebend bedingt (BGH NZI 2019, 5050 Rn. 9). Bereicherungsforderungen, welche als Masseforderungen unter § 55 Abs. 1 Nr. 3 fallen, sind dann Neumasseverbindlichkeiten, wenn die ungerechtfertigte Bereicherung der Masse nach der Anzeige der Masseunzulänglichkeit erfolgte. Alle arbeitsrechtlichen Sonderzahlungen, dh nicht nur solche mit reinem Entgeltcharakter, sondern auch solche zur reinen Belohnung von Betriebstreue oder mit „Mischcharakter", unterliegen nach angezeigter Masseunzulänglichkeit § 209. Nur der auf die Zeit der Arbeitsleistung nach Anzeige der Masseunzulänglichkeit entfallende anteilige Anspruch ist als Neumasseverbindlichkeit iSv § 209 Abs. 1 Nr. 2, Abs. 2 Nr. 3 zu berichtigen (BAG NZI 2017, 535). Von dieser Rechtsprechung möchte nun aber

Ruland 1369

der 6. Senat des BAG abweichen. Eine bloß zeitanteilige Einordnung von Sonderzahlungen als Neumasseverbindlichkeit widerspreche der Systematik der InsO und könne nur bei entsprechender vertraglicher, tarifvertraglicher oder gesetzlicher ratierlicher Ausgestaltung erfolgen. Der Urlaubsabgeltungsanspruch kann deshalb vollständig als Masseverbindlichkeit eingeordnet werden, da er keine Gegenleistung für eine bestimmte Arbeitsleistung sei und deshalb keinem bestimmten insolvenzrechtlichen Zeitraum zugeordnet werden könne. Allein der Stichtag der Beendigung des Arbeitsverhältnisses sei maßgebend (BAG BeckRS 2020, 34859 Rn. 55 ff.). Dem hat sich der 9. Senat nun angeschlossen (BAG ZIP 2021, 811). Durch Auflösungsurteil zuerkannte Ablösungen sind nur dann Neumasseverbindlichkeiten, wenn der Insolvenzverwalter das ihm durch § 9 Abs. 1 KSchG eingeräumte Gestaltungsrecht selbst ausübt, indem er erstmals den Auflösungsantrag stellt oder diesen erstmals wirksam in den Prozess einführt (BAG NZI 2019, 385 Rn. 15).

4   Der Insolvenzverwalter kann die Geltung der Rangordnung nicht dadurch umgehen, indem er die Anzeige nach Eintritt der Masseunzulänglichkeit hinauszögert oder nicht vornimmt. Der tatsächliche Eintritt der Masseunzulänglichkeit ist dann in materieller Hinsicht für die inter omnes geltende Befriedigungsreihenfolge entscheidend (BGH NZI 2010, 188 Rn. 14; MüKoInsO/Hefermehl Rn. 20). Zudem besteht für den Insolvenzverwalter das Haftungsrisiko aufgrund eines Verteilungsfehlers nach § 60, wenn er die Anzeige verspätet oder verfrüht abgibt.

D. § 209 Abs. 2 Nr. 1

5   § 209 Abs. 2 hat hinsichtlich der Masseverbindlichkeiten iSd § 209 Abs. 1 Nr. 2, die sich aus Vertragsverhältnissen ergeben, klarstellenden Charakter. § 209 Abs. 2 Nr. 1 betrifft den Fall, dass der Verwalter sein Wahlrecht gem. § 103 Abs. 1 nach der Anzeige der Masseunzulänglichkeit ausübt und Erfüllung des von beiden Seiten zur Zeit der Insolvenzeröffnung noch nicht erfüllten gegenseitigen Vertrags verlangt. Die Regelung des § 103 verfolgt in erster Linie den Zweck, dem Verwalter zu ermöglichen, den Vertrag zum Vorteil der Masse und damit im Interesse der Gläubigergesamtheit auszuführen (BGH WM 2019, 1174 Rn. 21).

6   Begehrt der Insolvenzverwalter folglich die Erfüllung gem. § 103 Abs. 1 vor der Anzeige der Masseunzulänglichkeit, ist § 209 Abs. 2 nicht einschlägig, die Masseforderung nach § 55 Abs. 1 Nr. 2 wird zu einer Altmasseverbindlichkeit nach § 209 Abs. 1 Nr. 3. Lehnt der Verwalter hingegen die Erfüllung vor der Anzeige ab, ist der entstehende Schadensersatzanspruch eine Insolvenzforderung gem. § 103 Abs. 2 S. 1, der auch nach der Anzeige eine solche bleibt.

7   Trifft der Verwalter die Erfüllungswahl gem. § 103 Abs. 1 nach der Anzeige der Masseunzulänglichkeit, so ist die Forderung eine Neumasseverbindlichkeit nach § 209 Abs. 1 Nr. 2 iVm § 209 Abs. 2 Nr. 1. Hierbei ist § 61 zu beachten, da es zu einer Haftung des Verwalters kommen kann, wenn dieser den veränderten Zweck des Verfahrens bei unzulänglicher Masse nicht beachtet, also die Verwertung des gesamten Schuldnervermögens zur Befriedigung aller Masseverbindlichkeiten nicht verfolgt. Lehnt der Verwalter die Erfüllung nach der Masseunzulänglichkeitsanzeige ab, so ist strittig, ob der daraus resultierende Schadensersatzanspruch lediglich eine Insolvenzforderung oder eine Altmasseverbindlichkeit ist (Insolvenzforderung: Braun/Ludwig Rn. 22; K. Schmidt InsO/Jungmann Rn. 16; Altmasseverbindlichkeit: Nerlich/Römermann/Westphal Rn. 7; Uhlenbruck/Ries Rn. 21 (nur sofern zunächst Erfüllung gewählt, dann aber nach Anzeige Ablehnung)). Bei Nichtausübung des Wahlrechts stellt der Schadensersatzanspruch des Vertragspartners eine Insolvenzforderung dar (Uhlenbruck/Ries Rn. 21).

8   Ein zum Teil angenommenes zusätzliches Wahlrecht nach § 103 betreffend vom Insolvenzverwalter geschlossener Verträge ist abzulehnen (so auch Uhlenbruck/Ries Rn. 21; Braun/Kießner Rn. 24; K. Schmidt InsO/Jungmann Rn. 18, 20). Nach dieser zum Teil in der Literatur vertretenen Auffassung erwächst dem Verwalter mit der Anzeige der Masseunzulänglichkeit entsprechend § 103 ein Wahlrecht hinsichtlich der Austauschverträge, die er nach der Eröffnung des Insolvenzverfahrens abgeschlossen hat und die noch beiderseits unerfüllt sind (HK-InsO/Hölzle Rn. 15; Kübler, Kölner Schrift zur Insolvenzordnung, 3. Aufl. 2009, 977 f. Rn. 37; MüKoInsO/Hefermehl Rn. 25, 29). Allerdings sieht das Gesetz keine derartigen Folgen für den Fall der Masseunzulänglichkeit vor, vielmehr regeln § 208 und § 209 die Rechtswirkungen der Anzeige. Auch das Argument, der Eintritt der Masseunzulänglichkeit habe für die Massegläubiger ähnliche Wirkungen, wie die Eröffnung des Insolvenzverfahrens für die Insolvenzgläubiger, führt zu keiner anderen Beurteilung. Eine entsprechende Regelung, die noch im Regierungsentwurf vorgesehen war, wurde nicht ins Gesetz übernommen (MüKoInsO/Hefermehl Rn. 25).

9   Auch ein erneutes Wahlrecht für den Fall, dass der Insolvenzverwalter dieses nach Eröffnung des Verfahrens zwar bereits nach § 103 ausgeübt hat, es aber nach Anzeige der Masseunzulänglichkeit erneut ausüben und damit seine vorhergehende Wahl korrigieren darf, ist nicht gegeben. Ein

Befriedigung der Massegläubiger　　　　　　　　　　　　§ 209 InsO

solches Recht ist in der Insolvenzordnung nicht vorgesehen (K. Schmidt InsO/Jungmann Rn. 19, 20). Das Wahlrecht nach § 103 besteht davon abgesehen nur so lange, wie auf beiden Seiten synallagmatische Pflichten noch nicht vollständig erfüllt sind (BGH WM 2019, 1174 Rn. 23).

E. Dauerschuldverhältnisse

10 § 209 Abs. 2 Nr. 2 und Nr. 3 regeln die Einordnung von Dauerschuldverhältnissen in Alt- und Neumasseverbindlichkeiten.

11 Bestimmte Dauerschuldverhältnisse unterliegen der Privilegierung des § 108 Abs. 1 und 2, sodass dem Verwalter hinsichtlich der Verträge kein Wahlrecht nach § 103 zusteht. Vielmehr bestehen die Verträge trotz der Insolvenzeröffnung zu Lasten der Masse fort. Die Ansprüche aus den Verträgen, die nach Insolvenzeröffnung entstehen, sind damit gem. § 55 Abs. 1 Nr. 2 Masseverbindlichkeiten. Diese oktroyierten Masseschulden sind bis zu ihrer Beendigung, bspw. aufgrund einer Kündigung aufgrund des Sonderkündigungsrechts aus § 109 oder § 113, aus der Masse zu befriedigen (Verweis auf § 55 Abs. 1 Nr. 2) (§ 55 Abs. 1 Nr. 2, → § 55 Rn. 1 ff.). Zeigt der Verwalter an, dass die Masse unzulänglich ist, so sind die Ansprüche der Massegläubiger Neumasseverbindlichkeiten, wenn die Voraussetzungen nach § 209 Abs. 2 Nr. 2 oder Nr. 3 vorliegen.

F. § 209 Abs. 2 Nr. 2

12 Nach § 209 Abs. 2 Nr. 2 gelten Verbindlichkeiten aus einem Dauerschuldverhältnis für die Zeit nach dem ersten möglichen Kündigungstermin nach der Anzeige der Masseunzulänglichkeit als Neumasseverbindlichkeiten; das gilt auch für Annahmeverzugsvergütungsansprüche, wenn sich die Kündigung des Insolvenzverwalters zum frühestmöglichen Zeitpunkt als unwirksam erweist (BAG NZI 2018, 450). Die Masseschulden sind hinsichtlich des Zeitraums vor der ersten Kündigungsmöglichkeit folglich Altmasseverbindlichkeiten, falls nicht § 209 Abs. 2 Nr. 3 eingreift. Entscheidend ist für die Abgrenzung zwischen Neu- und Altmasseverbindlichkeiten damit, wann der Verwalter zum ersten Mal kündigen konnte. Dem Insolvenzverwalter wird, um sich nicht schadensersatzpflichtig nach § 61 zu machen, daran gelegen sein, das Dauerschuldverhältnis, das er für die Abwicklung des masseunzulänglichen Verfahrens nicht mehr benötigt, unverzüglich zu kündigen. Falls er jedoch die Fortführung des Vertrags im Hinblick auf die Abwicklung des masseunzulänglichen Verfahrens wählt, weil er bspw. die Leistung eines Arbeitnehmers weiter in Anspruch nehmen will und er deshalb die Kündigung nicht ausspricht, so wird er behandelt, als hätte er eine neue Masseverbindlichkeit erst begründet (BAG NZA 2006, 162; NZI 2005, 408 Rn. 29). Sein Unterlassen der möglichen Kündigung ist nämlich der Begründung einer neuen Masseverbindlichkeit nach Anzeige der Masseunzulänglichkeit gleichzustellen. Nach dem Wortlaut des § 209 Abs. 2 Nr. 1 ist entscheidend, wann der Verwalter kündigen konnte. Für die allein entscheidende frühestmögliche Kündigungsmöglichkeit ist damit die objektive Lage entscheidend, also wann der Verwalter objektiv die rechtliche Möglichkeit zur wirksamen Kündigung hat. Maßgebend ist nicht das tatsächliche, sondern das rechtliche Können (BAG NZI 2018, 450 Rn. 19). Demnach müssen bspw. die Anhörung des Betriebsrats nach § 102 BetrVG oder die Einholung der Zustimmung des Integrationsamts zur Kündigung gem. § 85 SGB IX vom Verwalter unverzüglich veranlasst werden. Erst wenn diese Wirksamkeitsvoraussetzungen der Kündigung vorliegen, ist es dem Verwalter rechtlich möglich, wirksam zu kündigen. Da allein die objektive Lage entscheidend ist, ist der subjektive Kenntnisstand des Verwalters hinsichtlich der Kündigungsmöglichkeit unbeachtlich (K. Schmidt InsO/Jungmann Rn. 25). Es bedarf keiner weiteren Kündigungserklärung nach Anzeige der Masseunzulänglichkeit, wenn eine solche bereits zuvor ausgesprochen worden war (BAG NZI 2018, 450 Rn. 14).

G. § 209 Abs. 2 Nr. 3

13 Nach § 209 Abs. 2 Nr. 3 handelt es sich bei Verbindlichkeiten aus einem Dauerschuldverhältnis um Neumasseverbindlichkeiten, soweit der Verwalter nach der Anzeige der Masseunzulänglichkeit für die Insolvenzmasse die Gegenleistung in Anspruch genommen hat. Erforderlich für eine derartige Inanspruchnahme ist, dass der Verwalter die Gegenleistung nach Anzeige der Masseunzulänglichkeit nutzt, obwohl er dies pflichtgemäß hätte verhindern können (BGHZ 154, 358 = NZI 2003, 369; BGH NZI 2004, 209 (212)). Die Kündigung des Vertragsverhältnisses ist insoweit unerheblich.

14 Der Verwalter kann das Entstehen der Neumasseverbindlichkeiten nach § 209 Abs. 2 Nr. 3 verhindern, indem er bspw. Arbeitnehmer freistellt, den unmittelbaren bzw. bei bestehender

Ruland

Untervermieter den mittelbaren Besitz – inklusive Überlassung der Einziehung des Untermietzinses – an Mietsachen zurücküberträgt oder dies zumindest anbietet (BGHZ 154, 358 (366) = NZI 2003, 369 (371)). Die Lohn- und Gehaltsansprüche der freigestellten Arbeitnehmer sind damit, wenn der Verwalter ihnen gekündigt hat, bis zum Ablauf der Kündigungsfrist lediglich Altmasseverbindlichkeiten. Ebenfalls keine Neumasseverbindlichkeiten durch Inanspruchnahme der Gegenleistung entstehen, wenn der Verwalter die Arbeitnehmer während der Kündigungsfrist unter Anrechnung des offenen Urlaubs freistellt (BAG NZI 2019, 130 Rn. 27 f.). Hat der Verwalter keine Kündigung ausgesprochen, ist wiederum § 209 Abs. 2 Nr. 2 für die Zeit nach dem ersten möglichen Kündigungszeitpunkt zu beachten. Eine bloße Erklärung der Freigabe des Mietgegenstands reicht nicht aus, um eine Inanspruchnahme der Gegenleistung zu verneinen (OLG Rostock ZInsO 2007, 996). Ebenso wenig genügt die bloße Veranlassung einer Räumung (BGH BeckRS 2008, 14248). Strittig ist, ob in den Fällen Neumasseverbindlichkeiten entstehen, in denen der Gebrauch des Mietobjekts vom Verwalter ausdrücklich nicht gewollt, eine ordnungsgemäße Räumung jedoch nicht möglich ist, bspw. wegen der ordnungsgemäßen Abwicklung hinsichtlich der in dem Mietobjekt befindlichen Absonderungsgütern oder aufgrund mangelnder Masse. Da in einem solchen Fall, wenn auch gegen den Willen des Verwalters, eine tatsächliche Nutzung stattfindet, ist der Anspruch des Vermieters richtigerweise als Neumasseverbindlichkeiten einzuordnen (aA Braun/Ludwig Rn. 28). Ein voluntatives Element ist gerade nicht erforderlich (zum Streitstand: Uhlenbruck/Ries Rn. 25). Das OLG Zweibrücken entschied dagegen, dass kein pflichtwidriges Verhalten darin zu sehen sei und somit keine Neumasseverbindlichkeit begründet wird, wenn der Insolvenzverwalter die Wohnung nicht räumt, sondern die Gegenstände des Schuldners bis zu deren Versteigerung weiterhin dort lagert, da auch eine anderweitige Lagerung mit Kosten verbunden gewesen wäre (BeckRS 2019, 9244 Rn. 45–47). Zur Einordnung des Entschädigungsanspruchs gem. § 546a BGB wegen Vorenthaltung der Mietsache nach Ende der Mietzeit als Masseverbindlichkeit durch nur teilweise Räumung s. BGH NZI 2020, 995 Rn. 11, 25 ff.

H. § 209 Abs. 1 Nr. 3

15 Den letzten Rang nehmen nach § 209 Abs. 1 Nr. 3 die übrigen Masseverbindlichkeiten ein. Unter diese Auffangvorschrift fallen damit alle Masseforderungen, die nicht von § 209 Abs. 1 Nr. 1 oder Nr. 2 erfasst sind. Grundsätzlich sind diese gleichrangig und damit bei nicht für die vollständige Befriedigung aller Forderungen ausreichender Masse quotal zu befriedigen. § 209 Abs. 1 Nr. 3 Hs. 2 sieht jedoch eine Ausnahme von dem Gleichrangigkeitsgrundsatz vor, wonach unter den Altmasseverbindlichkeiten zuletzt der nach §§ 100, 101 Abs. 1 S. 3 bewilligte Unterhalt befriedigt werden soll. Die Unterhaltsansprüche sind damit stets Altmasseverbindlichkeiten und müssen stets als letztes erfüllt werden. Aufgrund dieser Regelung werden die Unterhaltsansprüche infolge der Masseunzulänglichkeit faktisch nicht befriedigt (zur Problematik verjährter Altmasseverbindlichkeiten im Rang des § 209 Abs. 1 Nr. 3 Hahn ZInsO 2016, 616 ff.; BGH NZI 2018, 154 mAnm Schädlich). Damit die gesetzlich vorgegebene Rangordnung nicht durch Aufrechnung unterlaufen wird, gelten die Aufrechnungsverbote gem. § 96 Abs. 1 Nr. 1–4 entsprechend für die Zeit ab Anzeige der Masseunzulänglichkeit (FG Nürnberg BeckRS 2020, 32947 Rn. 12). Die Frage, ob es sich bei den Sozialversicherungsbeiträgen um Altmasseverbindlichkeiten nach § 209 Abs. 1 Nr. 3 handelt und ein Vollstreckungsverbot gem. § 210 besteht, beantwortet das BSG nicht eindeutig, es geht von einem „möglicherweise bestehenden" Vollstreckungsverbot aus (BSG NZS 2017, 276).

I. Sozialplanforderungen

16 Die Verbindlichkeiten aus einem Sozialplan, der nach Insolvenzeröffnung aufgestellt wird, sind nach § 123 Abs. 2 S. 1 (→ § 123 Rn. 4) Masseverbindlichkeiten. Im Rahmen des § 209 sind sie keinem Rang zugeordnet, da diese Masseverbindlichkeiten nach § 123 Abs. 2 S. 2 nur befriedigt werden, wenn an die Insolvenzgläubiger (quotal) geleistet wird, was im Fall der Masseunzulänglichkeit jedoch gerade nicht der Fall ist.

§ 210 Vollstreckungsverbot

Sobald der Insolvenzverwalter die Masseunzulänglichkeit angezeigt hat, ist die Vollstreckung wegen einer Masseverbindlichkeit im Sinne des § 209 Abs. 1 Nr. 3 unzulässig.

Vollstreckungsverbot § 210 InsO

A. Normzweck

§ 210 schreibt ein Vollstreckungsverbot für Altmassegläubiger iSd § 209 Abs. 1 Nr. 3 als Folge 1
der Anzeige der eingetretenen oder drohenden Masseunzulänglichkeit vor. Von dem Verbot, das
von Amts wegen zu beachten ist, sind damit Masseverbindlichkeiten, die vor der Anzeige der
Masseunzulänglichkeit entstanden sind, sowie die bewilligten Unterhaltsleistungen nach §§ 100,
101 Abs. 1 S. 3 erfasst. Hierdurch soll sichergestellt werden, dass die in § 209 vorgeschriebene
Rangfolge der Befriedigung der Massegläubiger eingehalten wird.

Mit der Anzeige der Masseunzulänglichkeit ist die Masse zunächst entsprechend der Befriedi- 2
gungsrangfolge des § 209 zu verteilen, anschließend hat die Verfahrenseinstellung gem. § 211
Abs. 1 zu erfolgen. Durch das Verbot des § 210 wird die Einhaltung des vorgeschriebenen Verfahrens ermöglicht, da die zu verteilende Masse nicht durch die Vollstreckung der Altmassegläubiger
entgegen der vorgegebenen Befriedigungsreihenfolge geschmälert wird. Die Vollstreckungsmaßnahmen, die bereits zu einer Sicherung oder Befriedigung geführt haben, sind von dem Verbot
nicht erfasst. Neben dem Vollstreckungsverbot wird aus § 210 auch das Verbot der Leistung auf
eine Altmasseverbindlichkeit nach Anzeige der Masseunzulänglichkeit abgeleitet. Dementsprechend sind auch Leistungsklagen der Altmassegläubiger mangels Rechtsschutzbedürfnisses unzulässig (BGH NZI 2003, 369).

B. Vollstreckungsverbot

I. Titel und Bescheide

Das Verbot betrifft alle Vollstreckungstitel und Bescheide, die zu einer Vollstreckung in die 3
Masse führen können. Erfasst sind also nicht nur titulierte Geldforderungen, sondern auch titulierte
Ansprüche auf Vornahme einer vertretbaren Handlung, sofern sie als Altmasseschulden iSd § 209
Abs. 1 Nr. 3 zu qualifizieren sind (MüKoInsO/Hefermehl Rn. 8). Das Leistungsgebot iSv § 254
Abs. 1 S. 1 AO ist grundsätzlich ein Verwaltungsakt, der bereits zum Erhebungsverfahren gehört,
aber noch keine Maßnahme der Zwangsvollstreckung darstellt, sondern zeitlich zwischen der
Festsetzung der geschuldeten Leistung und der Vollstreckung liegt. Handelt es sich um eine Masseverbindlichkeit, so darf sie grundsätzlich mittels Leistungsgebotes festgesetzt werden. Der BFH hat
jedoch entschieden, dass dann, wenn der Insolvenzverwalter vor der Festsetzung der geschuldeten
Leistung Masseunzulänglichkeit angezeigt hat, etwas anderes gilt. Ein derartiges Leistungsgebot
steht seit der Anzeige der Masseunzulänglichkeit in Widerspruch zum Vollstreckungsverbot des
§ 210, weil es den Übergang zum Vollstreckungsverfahren einleitet (vgl. BFH-Beschl. BFH/NV
2016, 1068 = BeckRS 2016, 94780; schon die Zulässigkeit der Festsetzung anzweifelnd Uhlenbruck/Ries Rn. 4).

II. Altmasseverbindlichkeit

Aus diesen Titeln darf ab dem Zeitpunkt der Anzeige der Masseunzulänglichkeit nicht mehr 4
wegen Altmasseverbindlichkeiten vollstreckt werden. Betroffen sind auch Vollstreckungsmaßnahmen, die bereits begonnen haben, aber noch nicht abgeschlossen sind. Aussonderungs- und Absonderungsrechte können hingegen weiterhin durchgesetzt werden, da sie nicht unter das Vollstreckungsverbot fallen. Die Anzeige der Masseunzulänglichkeit nach § 208 Abs. 1 und das damit
einhergehende Vollstreckungsverbot für eine Altmasseverbindlichkeit nach § 210 ändern nichts an
der Fälligkeit der Altmasseverbindlichkeit (FG Sachsen NZI 2017, 366).

III. Vollstreckungsmaßnahmen

Die Vollstreckungsmaßnahmen, die bereits zu einer Sicherung oder Befriedigung geführt haben, 5
sind von dem Verbot nicht erfasst. Hat der Massegläubiger vor der Anzeige der Masseunzulänglichkeit ein Pfändungspfandrecht erlangt, so findet § 210 keine Anwendung (LG Berlin NZI 2008,
108 (109)). Bereits anhängige Vollstreckungsmaßnahmen, die jedoch noch nicht beendet sind,
werden hingegen von § 210 erfasst, sodass sie nicht fortgesetzt werden dürfen. Auch wenn die
Vollstreckungsmaßnahmen wegen Verstoßes gegen das Vollstreckungsverbot materiell-rechtlich
unwirksam sind, kommt es dennoch zur Verstrickung des Massegegenstands (Jaeger/Windel
Rn. 16; MüKoInsO/Hefermehl Rn. 14; Uhlenbruck/Ries Rn. 6). Hatte der zur Zahlung verurteilte Schuldner den geschuldeten Betrag zur Abwendung der Zwangsvollstreckung bereits hinterlegt, so steht § 210 mangels entsprechender Prüfungskompetenz der Hinterlegungsstelle der Auszahlung nicht entgegen (BGH NZI 2018, 353 (354)).

IV. Neumasseverbindlichkeit

6 § 210 sieht ausschließlich ein Vollstreckungsverbot für Altmassegläubiger vor. Neumassegläubiger sind nicht von der Regelung erfasst und können ihre Ansprüche damit sowohl durch eine Leistungsklage geltend machen als auch die Vollstreckung betreiben (BGHZ 167, 178 (182) = NZI 2006, 392; BAG NZI 2017, 535 Rn. 13; Uhlenbruck/Ries Rn. 9). Etwas anderes würde zu einer wesentlichen Erschwerung für den Verwalter im Hinblick auf den Abschluss von Neumasseverbindlichkeiten führen. Diese Problematik wollte der Gesetzgeber mit der Beschränkung auf Altmasseverbindlichkeiten vermeiden (Nerlich/Römermann/Westphal Rn. 8).

7 Die Frage einer analogen Anwendbarkeit des § 210 auf Neumasseverbindlichkeiten wird immer dann relevant, wenn die Masseunzulänglichkeit bereits angezeigt wurde und der Verwalter danach feststellt, dass die Masse nicht zur vollständigen Befriedigung der fälligen Masseforderungen der Neugläubiger gem. § 209 Abs. 1 Nr. 2 ausreicht (sog. erneute Masseunzulänglichkeit, nähere Erläuterungen, insbesondere zu den Auswirkungen der erneuten Masseunzulänglichkeit auf das Erkenntnisverfahren s. § 208). Es gilt dann einen Wettlauf der Neumassegläubiger zu vermeiden und dem Grundsatz der Gläubigergleichbehandlung entsprechend eine quotale Befriedigung durchzusetzen. Gegen die Anwendbarkeit des Vollstreckungsverbots spricht neben dem ausdrücklichen Wortlaut des § 210, der lediglich Altmasseverbindlichkeiten erfasst auch der Sinn und Zweck der Norm entgegen. § 210 soll die Befriedigung nach der Rangfolge des § 209 durchsetzen und damit eine Vollstreckung der Altmassegläubiger auf Kosten der vorrangigen Gläubiger nach § 209 Abs. 1 Nr. 1 und Nr. 2 verhindern. Dies ist bei der Vollstreckung gleichrangiger Neumassegläubiger nicht der Fall (MüKoInsO/Hefermehl Rn. 20). Die Rechtsprechung spricht sich deshalb grundsätzlich gegen eine verbindliche analoge Anwendung der §§ 207 ff. aus; nimmt aber gleichzeitig an, der Insolvenzverwalter könne Leistungsklagen des Neumassegläubigers dennoch abwehren, indem er diese unter Darlegung und Nachweis der erneuten Masseunzulänglichkeit auf die Erhebung einer Feststellungsklage verweist (BGH NJW 2003, 2454 (2456)). Diese Rechtsprechung weiterführend geht der BGH hingegen von einer analogen Anwendbarkeit des § 210 für den Fall aus, dass selbst die Verfahrenskosten nicht mehr gedeckt sind. In diesem Verhältnis sei die analoge Anwendung von § 210 geboten, um der absoluten Vorrangstellung der gesamten Verfahrenskosten Geltung zu verschaffen (dazu auch → Rn. 9; BGH NJW 2006, 2997 Rn. 18–21; SächsOVG NVwZ-RR 2013, 333 Rn. 8 f.).

8 Im Fall der erneuten Masseunzulänglichkeit kann der Insolvenzverwalter jedenfalls zur Verhinderung der Vollstreckung eines bereits ergangenen Titels eines Neumassegläubigers auf Kosten anderer Neumassegläubiger eine Vollstreckungsabwehrklage gem. § 767 ZPO erheben, ggf. verbunden mit einem Antrag auf einstweilige Einstellung der Zwangsvollstreckung nach § 769 ZPO (BGH NZI 2007, 721 Rn. 9; OLG Hamm ZIP 1993, 523; MüKoInsO/Hefermehl Rn. 21; Uhlenbruck/Ries Rn. 9).

V. Massearmut

9 Eine analoge Anwendung des § 210 ist also nach den obigen Ausführungen geboten, wenn der von § 209 vorgesehene absolute Vorrang der Verfahrenskosten infolge der Vollstreckung durch Neumassegläubiger nicht gewahrt werden würde. Der Sinn und Zweck des § 210 steht einer Analogie dann nicht entgegen, da auch hier der Zweck verfolgt wird, die Rangfolge des § 209 einzuhalten (BGH NJW 2006, 2997 Rn. 18–21; MüKoInsO/Hefermehl Rn. 26). Dementsprechend fehlt in den Fällen der Massearmut auch das Rechtsschutzbedürfnis für eine Leistungsklage des Neumassegläubigers, da er einen möglichen Titel nicht vollstrecken dürfte. Er kann lediglich eine Feststellungsklage hinsichtlich der Masseforderung geltend machen. Eine analoge Anwendung des § 210 ist auch dann geboten, wenn ein Verfahrenskostengläubiger nach Eintritt der Massearmut in die Insolvenzmasse vollstreckt (BGH NZI 2006, 697 Rn. 14; MüKoInsO/Hefermehl Rn. 27).

VI. Leistungsklage und Kostenfestsetzungsverfahren

10 Aus § 210 folgt nicht allein ein Vollstreckungsverbot, sondern auch ein Leistungsverbot. Danach ist die Leistung auf eine Masseforderung eines Altmassegläubigers nach Anzeige der Masseunzulänglichkeit nicht zulässig. Entsprechend ist die Leistungsklage eines Altmassegläubigers hinsichtlich seiner Masseforderung mangels Rechtsschutzbedürfnisses unzulässig, da ein etwaiger Titel nicht vollstreckt werden darf (BGH NZI 2003, 369). Seine Ansprüche kann er nach der Anzeige der Masseunzulänglichkeit nur mittels einer Feststellungsklage gerichtlich geltend machen und muss demententsprechend ggf. mittels Klageänderung seine Leistungsklage in eine Feststellungsklage umstellen (MüKoInsO/Hefermehl Rn. 18).

Auch erfasst von § 210 ist der Kostenfestsetzungsbeschluss. Dementsprechend darf gegen den Verwalter nach der Anzeige der Masseunzulänglichkeit kein Kostenfestsetzungsbeschluss zu Gunsten eines Altmassegläubigers oder, falls die Masse nur für eine quotale Befriedigung der Neumassegläubiger ausreicht, eines Neumassegläubigers ergehen (BGH NZI 2008, 735; BGH NZI 2005, 328 hinsichtlich der Neumassegläubiger; so auch Braun/Ludwig Rn. 10). Ist ein Kostenfestsetzungsbeschluss erwirkt worden und erfolgt danach die Anzeige der Masseunzulänglichkeit, ist jedenfalls ein Beschluss, auf dem im Wege der Zwangsvollstreckung noch kein Sicherungsrecht erwirkt wurde, auf eine sofortige Beschwerde aufzuheben (BGH NZI 2019, 505). 11

VII. Rechtsbehelf

Bei einem Verstoß gegen das Vollstreckungsverbot aus § 210 besteht die Möglichkeit, Erinnerung gem. § 766 einzulegen (BGH NZI 2006, 697 (698); OLG München ZIP 2004, 138 (139); Uhlenbruck/Ries Rn. 7). Zuständig ist, mangels einer ausdrücklichen Regelung, das Insolvenzgericht analog § 89 Abs. 3 (BGH NZI 2006, 697 (698); MüKoInsO/Hefermehl Rn. 15; Braun/Ludwig Rn. 6). Dieses wird bei Vorliegen der Voraussetzungen die Vollstreckung für unzulässig erklären und die Vollstreckungsmaßnahmen aufheben. 12

Bei Missachtung des Vollstreckungsverbots durch eine Steuer- oder Verwaltungsbehörde ist die Anfechtungsklage gem. § 256 AO, § 40 FGO bzw. § 42 VwGO statthaft (K. Schmidt InsO/Jungmann Rn. 24; Jaeger/Windel Rn. 14). 13

VIII. Rückforderungsansprüche

Eine bereits vor der Anzeige der Masseunzulänglichkeit erfolgte Zwangsvollstreckung wird von § 210 nicht erfasst. Allein nach der Anzeige stattfindende Vollstreckungen sowie zum Zeitpunkt der Anzeige anhängige Vollstreckungen sind aufgrund der Regelung des § 210 unzulässig. Wurde der Massegläubiger vor der Anzeige befriedigt oder hat er eine Sicherheit erhalten, so besteht kein Rückforderungsanspruch gegen ihn. Das Erlangte ist aber anzurechnen (Jaeger/Windel § 210 Rn. 24). Eines Antrags oder einer gerichtlichen Anordnung bedarf es nicht. Wurde der Altmassegläubiger nach der Anzeige der Masseunzulänglichkeit im Wege der Zwangsvollstreckung befriedigt oder erlangte er eine Sicherheit, die ihm nach der Rangfolge des § 209 nicht zustand, so besteht gegen ihn ein Bereicherungsanspruch der Masse gem. §§ 812 ff. (Uhlenbruck/Ries Rn. 8). 14

IX. Aufrechnungsverbot

Im Fall der Masseunzulänglichkeit sind zudem die Aufrechnungsregelungen der §§ 94–96 entsprechend anzuwenden (Braun/Ludwig Rn. 11; K. Schmidt InsO/Jungmann Rn. 29; Uhlenbruck/Ries Rn. 18; Uhlenbruck/Ries § 208 Rn. 44). Hat der Verwalter also die Masseunzulänglichkeit angezeigt, so kann der Massegläubiger mit seiner Forderung nicht mehr gegen die Masse aufrechnen, wenn die Aufrechnungslage erst nach der Anzeige entstanden ist, analog § 96 Abs. 1. Bestand die Aufrechnungslage hingegen bereits vor der Anzeige der Masseunzulänglichkeit, ist dem Massegläubiger die Aufrechnung analog § 94 möglich. Allerdings ist stets die Rangfolge des § 209 zu beachten (Braun/Ludwig Rn. 11; Nerlich/Römermann/Westphal Rn. 10). Anders sieht das das OLG Brandenburg unter Verweis auf die ex tunc-Erlöschenswirkung der Aufrechnung nach § 389 BGB, der Vorrang der Verwaltervergütung beziehe sich nur auf die verfügbare Masse bei Anzeige der Masseunzulänglichkeit (NJ 2021, 120 (121)). Wieder möglich ist eine Aufrechnung zudem nach Rückkehr in das reguläre Insolvenzverfahren. Hier kann insbesondere auch mit Säumniszuschlägen iSd § 240 Abs. 1 S. 1 AO aufgerechnet werden. Denn diese entstehen auch nach Anzeige der Masseunzulänglichkeit (BFH DStRE 2020, 303 Rn. 25–27, 43). 16

§ 210a Insolvenzplan bei Masseunzulänglichkeit

Bei Anzeige der Masseunzulänglichkeit gelten die Vorschriften über den Insolvenzplan mit der Maßgabe, dass
1. an die Stelle der nicht nachrangigen Insolvenzgläubiger die Massegläubiger mit dem Rang des § 209 Absatz 1 Nummer 3 treten und
2. an die Stelle der nachrangigen Insolvenzgläubiger die nicht nachrangigen Insolvenzgläubiger treten.

A. Normzweck

1 Die strittige Frage, ob nach Anzeige der Masseunzulänglichkeit ein Insolvenzplanverfahren durchgeführt werden darf, hat der Gesetzgeber mit der Einführung des § 210a iRd ESUG beantwortet und bejaht. Die Zulässigkeit des Verfahrens war bereits in § 323 RegEInsO vorgesehen gewesen, der jedoch auf Anregung des Rechtsausschusses gestrichen wurde, um die Entscheidungsfindung auf die Rechtsprechung zu übertragen (MüKoInsO/Madaus Rn. 2). Der Gesetzgeber hat sich im Rahmen der Gesetzesbegründung zu § 210a in seiner ursprünglichen Fassung auf die Begründung zum damaligen Regierungsentwurf gestützt, wonach der Wert des Unternehmens bei seinem Bestand auch im Fall der Masseunzulänglichkeit höher sein kann als sein Zerschlagungswert und ein Insolvenzplan damit für die Beteiligten zweckmäßiger sein kann.

B. Regelungsgehalt

2 Nach § 210a Nr. 1 gelten im Insolvenzplanverfahren nach Anzeige der Masseunzulänglichkeit die §§ 217 ff. mit der Maßgabe, dass an die Stelle der nicht nachrangigen Insolvenzgläubiger die Altmassegläubiger treten. Die Altmassegläubiger rücken also an die Stelle der Gläubiger nach § 38. Hierdurch können die Rechte der Altmassegläubiger durch Regelungen in einem Insolvenzplan beschränkt werden. Es werden im Hinblick auf die Massegläubiger also nur die Beteiligungsrechte der Altmassegläubiger eingeschränkt. Die Verfahrenskostengläubiger und die Neumassegläubiger sind von den Planregelungen hingegen nicht betroffen, sie sind vollständig zu befriedigen. Aufgrund ihrer fehlenden Betroffenheit sind sie nicht in Gruppen zu erfassen und sie stimmen auch nicht über den Insolvenzplan ab.

3 In seiner bisherigen Fassung galt gem. § 210a Nr. 2 im Fall des Insolvenzplanverfahrens nach der angezeigten Masseunzulänglichkeit für die nicht nachrangigen Insolvenzgläubiger § 246 Nr. 2 entsprechend. Diese Regelung wurde durch das SanInsFoG, welches zum 1.1.2021 in Kraft getreten ist, gestrichen. Stattdessen findet sich hier nun die Klarstellung, dass – der Rangfolge der verschiedenen Gläubigergruppen folgend – konsequenterweise auch die nicht nachrangigen Insolvenzgläubiger vollumfänglich an die Stelle der nachrangigen Gläubiger treten (Gesetzesentwurf zum SansInsFoG, BT-Drs. 619/20, 237).

I. Gruppenbildung

4 Für die Gläubiger nach § 209 Abs. 1 Nr. 3 ist die Bildung einer oder mehrerer Gruppen erforderlich, wenn der Insolvenzplan in ihre Rechte eingreift. So kann eine Gruppe aus den Gläubigern der Ansprüche, die bereits vor der Masseunzulänglichkeitsanzeige begründet waren, bestehen und eine andere Gruppe aus Gläubigern mit Unterhaltsansprüchen, die gem. §§ 100, 101 Abs. 1 S. 3 bewilligt wurden. Andere Gruppen können nach Maßgabe des § 222 gebildet werden.

II. Abstimmung über den Insolvenzplan

5 Das Recht zur Abstimmung über den Insolvenzplan ist von dem Recht zur Teilnahme an einer Gläubigerversammlung zu unterscheiden. In der Gläubigerversammlung wird nicht über die Forderungsrechte der Altmassegläubiger entschieden, sodass den Altmassegläubigern insoweit auch kein Beteiligungsrecht zusteht (MüKoInsO/Madaus Rn. 13; Uhlenbruck/Ries Rn. 12; aA K. Schmidt InsO/Jungmann Rn. 10, 13).

6 Zu den Erörterungs- und Abstimmungstermin sind gem. § 235 Abs. 1 S. 1 und die in § 235 Abs. 3 genannten Personen, sowie die Altmassegläubiger zu laden. Der Plan muss schließlich von allen Gruppen angenommen werden, § 243 Abs. 1. Da gem. § 210a die Vorschriften der §§ 217 ff. auch im Fall der angezeigten Masseunzulänglichkeit anwendbar sind, gilt auch das Obstruktionsverbot nach § 245 Abs. 1. Danach gilt die Zustimmung einer Abstimmungsgruppe als erteilt, auch wenn die erforderlichen Mehrheiten nicht erreicht wurden, wenn die in § 245 genannten Voraussetzungen vorliegen (→ § 245 Rn. 1 ff.). Über das Obstruktionsverbot kann eine fehlende Zustimmung infolge fehlender Mehrheit also überwunden werden. Durch das Änderungsgesetz gestrichen wurde die Regelung der §§ 210a Nr. 2, 246 Nr. 2, wonach die Zustimmung der Gruppe als erteilt gilt, wenn keiner der nicht nachrangigen Insolvenzgläubiger einer Gruppe seine Stimme abgegeben hat.

§ 211 Einstellung nach Anzeige der Masseunzulänglichkeit

(1) Sobald der Insolvenzverwalter die Insolvenzmasse nach Maßgabe des § 209 verteilt hat, stellt das Insolvenzgericht das Insolvenzverfahren ein.

(2) Der Verwalter hat für seine Tätigkeit nach der Anzeige der Masseunzulänglichkeit gesondert Rechnung zu legen.

(3) [1]Werden nach der Einstellung des Verfahrens Gegenstände der Insolvenzmasse ermittelt, so ordnet das Gericht auf Antrag des Verwalters oder eines Massegläubigers oder von Amts wegen eine Nachtragsverteilung an. [2]§ 203 Abs. 3 und die §§ 204 und 205 gelten entsprechend.

A. Normzweck

§ 211 regelt die Einstellung des Insolvenzverfahrens durch das Insolvenzgericht im Falle der Masseunzulänglichkeit. Die Norm ergänzt das System der §§ 208 ff., die das Verfahren im Fall der Unzulänglichkeit der Masse regeln. Die Einstellung erfolgt erst nachdem der Verwalter die Insolvenzmasse verwertet und nach Maßgabe des § 209 verteilt hat. § 211 Abs. 3 regelt die Nachtragsverteilung, falls nach der Einstellung des Verfahrens noch Massegegenstände ermittelt werden. Diese Regelungen entsprechen dem Grundsatz, im Insolvenzverfahren das gesamte Schuldnervermögen geordnet abzuwickeln. 1

B. Einstellung des Insolvenzverfahrens

Wie sich aus dem Wortlaut des § 211 Abs. 1 ergibt, muss der Verwalter zunächst die Insolvenzmasse nach Maßgabe des § 209 verteilt haben, bevor das Insolvenzgericht das Insolvenzverfahren einstellen darf. Dementsprechend muss der Verwalter zunächst die Massegegenstände feststellen, sie gem. § 208 Abs. 3 verwerten und anschließend den Erlös an die Massegläubiger entsprechend der Rangfolge des § 209 verteilen. Hierbei gilt der Grundsatz der vollständigen Verwertung des Schuldnervermögens. In Folge dessen müssen anhängige Prozesse, die die Masse betreffen, generell zu einem Abschluss gebracht werden, bevor die Einstellung des Insolvenzverfahrens erfolgen darf (K. Schmidt InsO/Jungmann Rn. 13). Dies ist im Hinblick auf die zeitliche Verzögerung der Einstellung des Insolvenzverfahrens, die Jahre betragen kann, nicht praxistauglich und läuft auch dem Grundsatz der zügigen Liquidation, der ab Anzeige der Masseunzulänglichkeit gilt (SächsLSG NZI 2019, 800 Rn. 29), zuwider. Deshalb gelten nach allgemeiner Ansicht Ausnahmen von dem Grundsatz der vollständigen Verwertung des Schuldnervermögens. 2

I. Anhängige Prozesse

Ob anhängige Aktivprozesse der Masse abzuschließen sind, bevor eine Einstellung nach § 211 Abs. 1 stattfinden kann, oder ob insoweit etwas anderes gilt, ist strittig. Zum Teil wird eine Beendigung der Prozesse verlangt, da die Möglichkeit einen etwaigen Erlös der Masse zuzuführen, nach der Verfahrenseinstellung über eine Nachtragsverteilung gem. § 211 Abs. 3 nicht mehr in Betracht komme. Die Nachtragsverteilung gem. § 211 Abs. 3 sei nur hinsichtlich solcher Massegegenstände zulässig, die dem Verwalter bis zur Einstellung unbekannt waren (Nerlich/Römermann/Westphal Rn. 4). Allerdings kann eine Nachtragsverteilung nach höchstrichterlicher Rechtsprechung auch für bekannte Gegenstände aus der Zeit vor der Verfahrenseinstellung wirksam angeordnet werden. Hiernach beschränkt § 211 Abs. 3 S. 1, ungeachtet seines Wortlauts, die Anordnung der Nachtragsverteilung nicht auf Gegenstände, die erst nach Einstellung des Verfahrens ermittelt werden, sondern bezieht sich auf sämtliche Fälle des § 203 Abs. 1. In allen in § 203 Abs. 1 aufgeführten Fällen bestehe nämlich dasselbe praktische Bedürfnis für die Zulassung einer Nachtragsverteilung. Die Anordnung der Nachtragsverteilung ermögliche es, die möglicherweise jahrelange Verzögerung der Verfahrenseinstellung aufgrund anhängiger Verfahren zu verhindern (BAG NZI 2014, 660; BGH NZI 2013, 1019 Rn. 8). Demgemäß darf die Nachtragsverteilung über den Wortlaut des § 211 Abs. 3 S. 1 hinaus ua auch in den Fällen angeordnet werden, in denen der Masse infolge eines gewonnenen Prozesses Beträge zufließen. Um Verzögerungen der Verfahrenseinstellung zu verhindern, ist damit davon auszugehen, dass jedenfalls in Fällen, in denen eine Unverhältnismäßigkeit zwischen der Verfahrensverzögerung und der Bedeutung des geführten Prozesses besteht, eine Beendigung anhängiger Prozesse nicht Voraussetzung für die Verfahrenseinstellung ist (K. Schmidt InsO/Jungmann Rn. 16, 19). 3

II. Sicherstellung strittiger Ansprüche

4 Zudem dürfen strittige Ansprüche sichergestellt werden. Besteht Streit über Masseforderungen, so muss sichergestellt werden, dass diese erfüllt werden können, und zwar ohne dass die Einstellung des Insolvenzverfahrens verzögert wird oder der Insolvenzverwalter einer Haftung nach § 60, 61 ausgesetzt ist. Im Hinblick hierauf muss die Sicherstellung möglich sein, auch wenn sie in § 211 im Gegensatz zu § 214 Abs. 3 nicht vorgesehen ist (MüKoInsO/Hefermehl Rn. 7; K. Schmidt InsO/Jungmann Rn. 14, 16; KPB/Pape Rn. 5; Uhlenbruck/Ries Rn. 5; Braun/Ludwig Rn. 14). Dementsprechend sind die Beträge zurückzubehalten. Bei einem Obsiegen der Masse, werden diese dann für eine Nachtragsverteilung nach § 203 Abs. 1 Nr. 1 frei (Uhlenbruck/Ries Rn. 5).

5 Zwar ist der Verwalter hinsichtlich der Verteilungsfolge durch § 209 gebunden, das Verfahren der Verteilung ist jedoch nicht gesetzlich festgelegt. Insoweit obliegt es dem Verwalter zu entscheiden, wie er seine Pflicht erfüllt.

III. Nach der Verteilung – Einstellungsbeschluss

6 Der Verwalter muss, nachdem er die Verteilung entsprechend des § 209 durchgeführt und beendet hat, dies dem Insolvenzgericht mitteilen. Das Insolvenzgericht hat daraufhin entsprechend dem Amtsermittlungsgrundsatz gem. § 5 Abs. 1 zu prüfen, ob die Voraussetzungen für eine Einstellung vorliegen, ob also die Masse vollständig verteilt wurde bzw. ob zulässiger Weise eine Ausnahme von dem Grundsatz der vollständigen Verwertung des Schuldnervermögens angenommen wurde. Hat der Insolvenzverwalter also Rückstellungen gebildet, so muss das Gericht entscheiden, ob dies ausnahmsweise zulässig ist. Im Übrigen steht dem Gericht kein Ermessen hinsichtlich der Einstellung des Insolvenzverfahrens zu, sodass der Einstellungsbeschluss bei Vorliegen der Voraussetzungen des § 211 ergehen muss (K. Schmidt InsO/Jungmann Rn. 6).

7 Eine Anhörung der Verfahrensbeteiligten oder die Einberufung einer Gläubigerversammlung vor dem Beschluss ist, mit Ausnahme im Restschuldbefreiungsverfahren gem. §§ 289, 290, gesetzlich nicht vorgeschrieben. Das Insolvenzgericht darf diese jedoch durchführen (K. Schmidt InsO/Jungmann Rn. 6).

8 Falls das Gericht das Vorliegen der Voraussetzungen des § 211 annimmt, beschließt es die Einstellung des Verfahrens und macht den Beschluss gem. § 215 Abs. 1 S. 1 öffentlich bekannt. Gegen diesen Beschluss besteht, wie aus § 216 folgt, der § 211 nicht nennt, keine Anfechtungsmöglichkeit (zur Kritik an der fehlenden Überprüfungsmöglichkeit: MüKoInsO/Hefermehl Rn. 12; Nerlich/Römermann/Westphal Rn. 9). Lediglich die Rechtspflegererinnerung gem. § 11 Abs. 2 RPflG ist, wenn die Entscheidung durch einen Rechtspfleger erfolgt, möglich (BGH NZI 2007, 243). Die auf die Rechtspflegererinnerung ergehende Entscheidung des Richters ist nicht anfechtbar. Gemäß § 215 Abs. 2 S. 1 erhält der Schuldner mit der Einstellung des Insolvenzverfahrens das Recht zurück, über die Insolvenzmasse frei zu verfügen.

9 Verneint das Gericht das Vorliegen der Voraussetzungen des § 211, so muss es dies dem Insolvenzverwalter mitteilen. Dieser, dem kein Rechtsmittel gegen die Entscheidung zusteht, muss daraufhin seine Aufgabe weiter ausführen und damit die Masse weiter verwerten und verteilen.

IV. Rechnungslegung

10 Gemäß § 66 Abs. 1 hat der Insolvenzverwalter bei der Beendigung seines Amtes Rechnung zu legen. Die Rechnungslegungspflicht im Fall der Masseunzulänglichkeit ist in § 211 Abs. 2 vorgeschrieben. Danach hat der Verwalter für seine Tätigkeit nach der Anzeige der Masseunzulänglichkeit gesondert Rechnung zu legen. Dies bedeutet, dass er bei der Schlussrechnung zwischen der Zeit vor und nach der Anzeige der Masseunzulänglichkeit unterscheiden muss. Hierdurch soll die Überprüfbarkeit der Verwaltertätigkeit für die Massegläubiger und das Gericht ermöglicht werden. Dies ist insbesondere im Hinblick auf etwaige Ansprüche der Massegläubiger infolge von Verteilungsfehlern relevant. Zwar gibt es keine weitere gesetzliche Vorgabe zur Ausgestaltung der Rechnungslegungspflicht, allerdings wird im Hinblick auf ihren Zweck eine Übersicht über die Tätigkeit des Verwalters verlangt. Diese muss die Angaben enthalten, die es den Massegläubigern ermöglicht, die Tätigkeit des Verwalters im Hinblick auf die Verteilung der Masse zu kontrollieren (MüKoInsO/Hefermehl Rn. 14). Gefordert wird, wenn dies auch nicht gesetzlich vorgeschrieben ist, die Erstellung eines Schlussverzeichnisses, bzw. die Erstellung überprüfbarer Verteilungslisten. Solche seien nicht nur im Hinblick auf die Kontrolle der Verteilung der Masse und etwaiger Haftungsansprüche sinnvoll, sondern auch im Hinblick auf eine mögliche Nachtragsverteilung nach § 211 Abs. 3 (MüKoInsO/Hefermehl Rn. 15; Uhlenbruck/Ries Rn. 2).

Einstellung wegen Wegfalls des Eröffnungsgrunds § 212 InsO

V. Prüfung der Schlussrechnung

In der Literatur umstritten ist, durch wen die Prüfung der Schlussrechnung erfolgt. Zum Teil 11
wird über eine analoge Anwendung des § 66 Abs. 2 von einer Prüfungspflicht des Insolvenzgerichts ausgegangen, teilweise hingegen von der Notwendigkeit der Einberufung einer Gläubigerversammlung und deren Zuständigkeit (Zuständigkeit Insolvenzgericht: Jaeger/Windel Rn. 14; KPB/Pape Rn. 14f.; Zuständigkeit Gläubigerversammlung: Braun/Ludwig Rn. 12; Zuständigkeit beider: Nerlich/Römermann/Westphal Rn. 14). Zudem wird auch eine primäre Zuständigkeit des Gläubigerausschusses angenommen und nur bei dessen Fehlen die Zuständigkeit des Insolvenzgerichts (K. Schmidt InsO/Jungmann § 212 Rn. 23; HmbKommInsR/Weitzmann Rn. 3). In der ersten Gläubigerversammlung darf jedenfalls beschlossen werden, dass die Überprüfung der Schlussrechnung im Falle der angezeigten Masseunzulänglichkeit auf das Insolvenzgericht übertragen wird (LG Göttingen ZIP 1997, 1039; Uhlenbruck/Ries Rn. 7; K. Schmidt InsO/Jungmann Rn. 23; Nerlich/Römermann/Westphal Rn. 14; vom Fall der Massearmut sprechend Braun/Ludwig Rn. 13).

VI. Nachtragsverteilung

Gemäß § 211 Abs. 3 S. 1 ordnet das Insolvenzgericht eine Nachtragsverteilung an, wenn nach 12
Verfahrenseinstellung Gegenstände der Insolvenzmasse ermittelt werden. Dies erfolgt auf Antrag des Verwalters, eines Massegläubigers oder von Amts wegen. Der Antrag eines Insolvenzgläubigers ist hingegen mangels Rechtsschutzbedürfnisses nicht ausreichend, selbst wenn die Masse durch die Nachtragsverteilung derart bereichert wird, dass die Masseunzulänglichkeit nicht mehr gegeben ist und es somit zu einer quotalen Befriedigung Insolvenzgläubiger kommt. Allerdings ist der Antrag eines Insolvenzgläubigers als Hinweis an das Gericht zu verstehen, die Nachtragsverteilung von Amts wegen anzuordnen (K. Schmidt InsO/Jungmann Rn. 17).

§ 211 Abs. 3 S. 1 erfasst jedoch über seinen Wortlaut hinaus noch weitere Konstellationen, in 13
denen die Nachtragsverteilung angeordnet werden kann. Er bezieht sich insgesamt auf § 203 Abs. 1 Nr. 1–3 (→ Rn. 3). § 203 Abs. 1 Nr. 3 erfasst, ungeachtet seines Wortlauts, auch Gegenstände, die der Insolvenzverwalter zwar kannte, jedoch zunächst für nicht verwertbar hielt. Dementsprechend ermöglicht § 211 Abs. 3 S. 1 ebenfalls die Nachtragsverteilung hinsichtlich zunächst nicht verwertbarer Massegegenstände (Braun/Ludwig Rn. 18, 19; K. Schmidt InsO/Jungmann Rn. 18). Die Anordnung der Nachtragsverteilung ist auch hinsichtlich der Beträge möglich, die infolge anhängiger Aktivprozesse der Masse zufließen (→ Rn. 3). Strittig ist, ob der Insolvenzverwalter im Falle eines anhängigen Anfechtungsprozesses nach Einstellung des Verfahrens noch prozessführungsbefugt ist, oder ob hierfür die Nachtragsverteilung vorbehalten sein muss (Uhlenbruck/Ries Rn. 16; aA KPB/Pape Rn. 7).

Nach höchstrichterlicher Rechtsprechung ist § 211 Abs. 3 S. 1 zudem auch im Fall der Massearmut nach § 207 entsprechend anwendbar (BGH NZI 2013, 1019 Rn. 9ff.). 14

§ 212 Einstellung wegen Wegfalls des Eröffnungsgrunds

¹Das Insolvenzverfahren ist auf Antrag des Schuldners einzustellen, wenn gewährleistet ist, daß nach der Einstellung beim Schuldner weder Zahlungsunfähigkeit noch drohende Zahlungsunfähigkeit noch, soweit die Überschuldung Grund für die Eröffnung des Insolvenzverfahrens ist, Überschuldung vorliegt. ²Der Antrag ist nur zulässig, wenn das Fehlen der Eröffnungsgründe glaubhaft gemacht wird.

A. Normzweck

Nach § 212 S. 1 ist das Insolvenzverfahren auf Antrag des Schuldners einzustellen, wenn weder 1
Zahlungsunfähigkeit noch drohende Zahlungsunfähigkeit noch Überschuldung vorliegt. Durch die Norm hat der Gesetzgeber die Gesetzeslücke, die noch zur Zeit der KO bestand, geschlossen. Nach § 202 KO war der Schuldner für eine Einstellung noch auf die Zustimmung aller Gläubiger angewiesen. Wenn der Eröffnungsgrund für das Insolvenzverfahren weggefallen ist und es auch keinen anderen Eröffnungsgrund gibt, ist es dem Schuldner nicht zumutbar, weiterhin Eingriffe in seine Rechte durch das Insolvenzverfahren hinzunehmen (Braun/Ludwig Rn. 1).

B. Voraussetzungen Einstellung

I. Antragsberechtigung

2   Wie aus dem Wortlaut des § 212 S. 1 folgt, ist allein der Schuldner antragsbefugt. Falls der Insolvenzschuldner eine juristische Person ist, ist es für die Antragstellung erforderlich, dass alle organschaftlichen Vertreter den Antrag gemeinsam stellen (AG Hamburg ZIP 2006, 1688 (1689); aA Jaeger/Windel Rn. 19). Ausreichend ist damit nicht, dass nur eine von mehreren nach Gesetz oder der Satzung vertretungsberechtigten Personen handelt (K. Schmidt InsO/Jungmann Rn. 7; aA Jaeger/Windel Rn. 19). Auch bei Personengesellschaften ist der Antrag von sämtlichen vertretungsberechtigten Personen erforderlich.

II. Form und Frist des Antrags

3   Der Antrag kann formlos bei Gericht oder in der Gläubigerversammlung gestellt werden, wobei er ausdrücklich gestellt werden muss. Eine Frist zur Stellung des Antrags besteht nicht, sodass ihn der Schuldner zu jedem Zeitpunkt des Verfahrens stellen kann (K. Schmidt InsO/Jungmann Rn. 8).

III. Rechtsschutzbedürfnis

4   Das Rechtsschutzbedürfnis entfällt, wenn die Stellung des Antrags durch den Schuldner rechtsmissbräuchlich ist. Dies ist insbesondere dann der Fall, wenn der Schuldner mit der, möglicherweise mehrmaligen, Antragstellung die Verzögerung des Insolvenzverfahrens bezweckt oder den Antrag nur dazu nutzt, vom Verwalter Auskünfte über die Höhe seiner Verbindlichkeiten zu erzwingen (MüKoInsO/Hefermehl Rn. 9; OLG Celle NZI 2001, 28 = BeckRS 9998, 32276).

IV. Glaubhaftmachung des Fehlens von Insolvenzgründen

5   Erforderlich für die Einstellung ist gem. § 212 S. 1 die Gewährleistung dafür, dass nach der Einstellung beim Schuldner weder Zahlungsunfähigkeit noch drohende Zahlungsunfähigkeit noch Überschuldung vorliegt. Nach § 212 S. 2 muss der Schuldner das Fehlen des Eröffnungsgrunds glaubhaft machen.

6   Notwendig für die Einstellung ist damit, dass der Schuldner glaubhaft macht, dass die Eröffnungsgründe nach §§ 17, 18 und 19 im Zeitpunkt der Einstellungsentscheidung nicht gegeben sind und in absehbarer Zeit nicht (wieder) vorliegen (BGH NZI 2011, 20 Rn. 4; BGH NZI 2009, 517; OLG Celle NZI 2001, 28 (29) = BeckRS 9998, 32276) (zu den Eröffnungsgründen s. §§ 17, 18, 19). Unerheblich ist dabei, ob zum Zeitpunkt der Eröffnung des Insolvenzverfahrens ein Insolvenzgrund tatsächlich bestand und dann wegfiel, oder ob er nie existierte und damit nur irrtümlicherweise angenommen wurde. Für die Einstellung ist allein die Überzeugung des Gerichts entscheidend, dass im Entscheidungszeitpunkt ein Eröffnungsgrund (infolge nachträglichen Wegfalls oder von Anfang an) fehlt und auch in naher Zukunft nicht vorliegt. Aus Sicht des Gerichts muss also neben dem Wegfall des Insolvenzgrundes sichergestellt sein, dass auf absehbare Zeit nach Einstellung des Verfahrens eine (drohende) Zahlungsunfähigkeit des Schuldners nicht eintreten kann (OLG Celle ZInsO 2000, 558 (559)). Der Schuldner muss hierfür substantiiert darlegen und gem. § 294 ZPO glaubhaftmachen, dass der Insolvenzgrund im Zeitpunkt der Antragstellung weggefallen ist bzw. fehlt und außerdem die Gefahr drohender Zahlungsunfähigkeit nicht vorliegt. Der Schuldner muss also konkret darlegen, dass er in der Lage ist, in Zukunft entstehende Forderungen bei Fälligkeit zu erfüllen. Überwiegend wird für die Darlegung und die Glaubhaftmachung im Hinblick auf eine positive wirtschaftliche Prognose die Vorlage eines Finanzplans verlangt (Uhlenbruck/Ries Rn. 9; MüKoInsO/Hefermehl Rn. 11; LG Nürnberg-Fürth BeckRS 2009, 19376).

V. Weiteres Verfahren

7   Falls dem Schuldner die Glaubhaftmachung nicht gelingt oder der Antrag aus anderen Gründen unzulässig ist, muss ihn das Gericht ohne öffentliche Bekanntmachung als unzulässig zurückweisen. Bei der Glaubhaftmachung handelt es sich nämlich um eine besondere Zulässigkeitsvoraussetzung (BGH NZI 2011, 20 Rn. 4).

8   Ist der Antrag hingegen zulässig, so richtet sich das weitere Verfahren nach §§ 214–216. Gemäß § 214 Abs. 1 S. 1, S. 2 ist der Antrag zunächst öffentlich bekannt zu machen und zur Einsichtnahme

der Beteiligten in der Geschäftsstelle niederzulegen. Es besteht nach § 214 Abs. 1 S. 3 eine Widerspruchsmöglichkeit für die Insolvenzgläubiger. Sobald das Insolvenzgericht die Anhörung nach § 214 Abs. 2 S. 1 durchgeführt und das Vorliegen der Voraussetzungen der Verfahrenseinstellung bejaht hat, erlässt es den Einstellungsbeschluss gem. §§ 212, 215. Gegen den Beschluss besteht das Rechtsmittel der sofortigen Beschwerde nach § 216. Die Voraussetzungen des § 212, einschließlich der Antragsberechtigung, müssen nicht bereits zum Zeitpunkt der Antragstellung vorliegen, sondern im Zeitpunkt des Abschlusses der Beschwerdeinstanz (BGH NZI 2016, 702 Rn. 37).

VI. Wirkung der Verfahrenseinstellung

Die Wirkungen der Verfahrenseinstellung sind in § 215 geregelt. Der Schuldner erhält die 9 Verwaltungs- und Verfügungsmacht über sein Vermögen mit der Verfahrenseinstellung zurück. Zugleich entfällt die Prozessführungsbefugnis des Insolvenzverwalters (BFH NZI 2020, 582 Rn. 19). Eine Nachtragsverteilung scheidet bei einer Einstellung nach § 212 aus, da das Bedürfnis nach insolvenzmäßiger Gläubigerbefriedigung entfallen ist. Dies gilt im Übrigen auch bei Aufhebung des Insolvenzverfahrens; hier kann der Schuldner einer beantragten oder angeordneten Nachtragsverteilung ebenso entgegentreten, indem er nachträglich glaubhaft macht, dass die Voraussetzungen des § 212 vorliegen (BGH NJW-RR 2010, 1494 Rn. 14). Genauso kommt ein Restschuldbefreiungsverfahren nicht in Betracht, da der Einstellungsbeschluss nach §§ 212, 215 nur ergeht, wenn die Forderungen gegen den Schuldner erfüllt werden können. Hat der Schuldner einen Antrag auf Erteilung der Restschuldbefreiung gestellt, so nimmt er diesen mit Stellung des Einstellungsantrags nach § 212 zurück. Gleiches gilt, wenn sich der Schuldner nach Verfahrensaufhebung auf eine mögliche Verfahrenseinstellung nach § 212 beruft (BGH NJW-RR 2010, 1494 Rn. 15; MüKoInsO/Hefermehl Rn. 14).

VII. Andere Rechtsschutzmöglichkeiten

Im Fall der irrigen Annahme des Insolvenzgrundes besteht zudem die Möglichkeit für den 10 Schuldner, Beschwerde gegen den Eröffnungsbeschluss nach § 34 Abs. 2 einzulegen und dadurch die Aufhebung des Beschlusses zu erwirken. Trotz dieser Rechtsschutzmöglichkeit hat § 212 dennoch auch bei irriger Annahme eines Eröffnungsgrundes eine eigene Berechtigung (so auch Nerlich/Römermann/Westphal Rn. 3).

§ 213 Einstellung mit Zustimmung der Gläubiger

(1) ¹Das Insolvenzverfahren ist auf Antrag des Schuldners einzustellen, wenn er nach Ablauf der Anmeldefrist die Zustimmung aller Insolvenzgläubiger beibringt, die Forderungen angemeldet haben. ²Bei Gläubigern, deren Forderungen vom Schuldner oder vom Insolvenzverwalter bestritten werden, und bei absonderungsberechtigten Gläubigern entscheidet das Insolvenzgericht nach freiem Ermessen, inwieweit es einer Zustimmung dieser Gläubiger oder einer Sicherheitsleistung gegenüber ihnen bedarf.

(2) Das Verfahren kann auf Antrag des Schuldners vor dem Ablauf der Anmeldefrist eingestellt werden, wenn außer den Gläubigern, deren Zustimmung der Schuldner beibringt, andere Gläubiger nicht bekannt sind.

A. Normzweck

Die Norm lässt auf Antrag des Schuldners die Verfahrenseinstellung zu, wenn sämtliche Gläubiger der Einstellung zugestimmt haben. Dies ist nachvollziehbar, denn das Insolvenzverfahren wird allein im Interesse der Gläubiger betrieben. Wenn diese einer Einstellung zustimmen, besteht kein Grund, das Verfahren weiterzuführen. Hierbei ist das Motiv für die Zustimmung eines Gläubigers unerheblich und durch das Gericht auch nicht überprüfbar. § 213 Abs. 1 S. 2 ermöglicht es dem Gericht zudem, die Einstellung des Insolvenzverfahrens auch unter Verzicht auf die Zustimmung der Insolvenzgläubiger und der absonderungsberechtigten Gläubiger vorzunehmen. Mit § 213 hat der Gesetzgeber die bereits in § 202 KO geregelte Möglichkeit der Verfahrenseinstellung infolge Gläubigerverzichts übernommen.

B. Einstellungsvoraussetzungen

I. Voraussetzungen für die Antragsberechtigung

2   Allein der Schuldner ist berechtigt, den Antrag auf Verfahrenseinstellung zu stellen. Falls es sich bei dem Schuldner um eine juristische Person handelt, müssen alle organschaftlichen Vertreter gemeinsam den Antrag stellen. Wie iRd § 212 reicht auch hier keine Antragsstellung durch eine der vertretungsberechtigten Personen. Auch wenn eine Personenmehrheit Insolvenzschuldner ist, ist die Stellung des Antrags durch sämtliche Personen erforderlich (MüKoInsO/Herfermehl Rn. 4; K. Schmidt InsO/Jungmann Rn. 5).

II. Form und Frist des Antrags

3   Für den Antrag gelten keine Formvorschriften, sodass er schriftlich, zu Protokoll der Geschäftsstelle beim Insolvenzgericht oder auch mündlich in der Gläubigerversammlung gestellt werden kann. Der Antrag kann jederzeit während des Verfahrens gestellt werden. Er kann damit auch schon vor Ablauf der Anmeldefrist gestellt werden. Für eine Einstellung nach § 213 Abs. 1 S. 1 muss diese allerdings bereits abgelaufen sein; davor ist § 213 Abs. 2 maßgeblich (→ Rn. 17 ff.).

III. Zustimmungserklärung der Gläubiger

1. Gläubiger

4   Gemäß § 213 Abs. 1 S. 1 bedarf es zur Einstellung des Verfahrens der Zustimmung aller Insolvenzgläubiger, die Forderungen angemeldet haben. Erfasst sind damit nur die Gläubiger, die ihre Forderungen zur Tabelle angemeldet haben. Die Zustimmung eines Gläubigers, der seine Forderung nicht angemeldet oder die Forderungsanmeldung wirksam zurückgenommen hat, ist damit nicht vom Schuldner einzuholen. Dies folgt bereits aus dem § 213 zugrundeliegenden Gedanken, nach welchem das Insolvenzverfahren im Interesse der Gläubiger durchgeführt wird. Wenn ein Gläubiger kein Interesse an der Teilnahme am Verfahren hat und dementsprechend seine Forderung nicht anmeldet bzw. die Anmeldung zurücknimmt, so kann die Einstellung bzw. Fortführung des Verfahrens nicht von dessen Zustimmung abhängen (MüKoInsO/Hefermehl Rn. 7). Genauso wenig darf der Verfahrensfortgang von dem Willen der Gläubiger abhängen, deren Forderungen erloschen sind. Auch sie haben kein schützenswertes Interesse, an der Entscheidung über die Einstellung durch ihre Zustimmung mitzuwirken. Hat der Schuldner also bspw. die Ansprüche des Gläubigers erfüllt, muss er für die Verfahrenseinstellung allein das Erlöschen der Ansprüche nachweisen (Uhlenbruck/Ries Rn. 5).

5   Umstritten ist, ob nachrangige Gläubiger, die ihre Forderungen nicht angemeldet haben, hierzu durch das Insolvenzgericht gem. § 174 Abs. 3 S.1 aufgefordert werden müssen (Jaeger/Windel Rn. 19; K. Schmidt InsO/Jungmann Rn. 9, 10; Nerlich/Römermann/Westphal Rn. 3). Gegen diese Pflicht spricht vor allem, dass es zu einer Verzögerung der Verfahrenseinstellung kommen würde, obwohl die nachrangigen Gläubiger an dem Insolvenzverfahren möglicherweise gar nicht zu beteiligen wären, da sie ihre Forderungen nicht zur Tabelle anmelden dürfen. Im Hinblick darauf wird vertreten, dass die Gläubiger nur in den Fällen, in denen sie bei Fortgang des Verfahrens wahrscheinlich zu beteiligen wären, durch das Gericht aufgefordert werden müssen (Uhlenbruck/Ries Rn. 5).

6   Die Zustimmung von Gläubigern, deren Forderungen betagt oder bedingt sind, ist für die Einstellung nach § 213 erforderlich (MüKoInsO/Hefermehl Rn. 7). Der Grund für die Zustimmung des Gläubigers ist unerheblich und nicht durch das Insolvenzgericht prüfbar. Zulässig ist auch der „Abkauf" der Gläubigerstimme (K. Schmidt InsO/Jungmann Rn. 2; MüKoInsO/Hefermehl Rn. 9).

2. Zustimmung

7   Die Zustimmung ist eine Prozesshandlung, sie bezieht sich ausschließlich auf das Insolvenzverfahren. Der materiell-rechtliche Anspruch des Gläubigers sowie dessen Geltendmachung werden durch den Verzicht nicht tangiert. Da es sich um eine Prozesshandlung handelt, kann der Gläubiger seine Zustimmung nicht gem. §§ 119 ff. BGB anfechten, sie nicht widerrufen und sie auch nicht unter eine Bedingung stellen. Eine Befristung ist hingegen möglich (Uhlenbruck/Ries Rn. 7; Nerlich/Römermann/Westphal Rn. 8). Zudem muss der Schuldner für die Abgabe prozessfähig sein bzw. wirksam vertreten werden.

3. Folge

Bei Vorliegen der Voraussetzungen hat das Insolvenzgericht gem. § 213 Abs. 1 S. 1 das Verfahren **8** einzustellen. Ihm steht insoweit kein Ermessen zu. Nach Einstellung des Verfahrens sind Forderungen wieder durchsetzbar, auch wenn sie nicht im Insolvenzverfahren angemeldet wurden (LSG NRW BeckRS 2019, 41794 Rn. 40). Aus § 213 Abs. 1 S. 1 ergibt sich nicht die Befugnis des Geschäftsführers einer insolventen GmbH, eine Anleihegläubigerversammlung einzuberufen (OLG Stuttgart BeckRS 2016, 111329 Rn. 65). Das mit der Festsetzung der Vergütung des Insolvenzverwalters befasste Gericht kann für die Bestimmung des Schätzwertes der Masse in entsprechender Anwendung des § 287 ZPO auf der Grundlage einer überwiegenden Wahrscheinlichkeit feststellen, ob ein Gegenstand bei Beendigung des Verfahrens Bestandteil der Masse war (BGH NZI 2017, 770 Rn. 16). Solange ein Antrag nach § 213 möglich oder noch offen ist, kann ein Auflösungsverlust des Gesellschafters wegen Insolvenz der GmbH nicht angenommen werden (BFH DStR 2020, 1247 Rn. 31).

4. Absehen von der Zustimmung

Gemäß § 213 Abs. 1 S. 2 ist das Gericht befugt, auf die Zustimmung der Gläubiger zu verzichten, **9** deren Forderungen durch den Verwalter oder den Schuldner bestritten werden, oder die absonderungsberechtigt sind. Insoweit muss das Gericht nach freiem Ermessen entscheiden, inwieweit es einer Zustimmung dieser Gläubiger oder einer Sicherheitsleistung ihnen gegenüber bedarf.

5. Bestrittene Forderung

Wie sich aus dem Wortlaut des § 213 Abs. 1 S. 2 ergibt, steht dem Insolvenzgericht allein dann **10** die Ermessensentscheidung zu, wenn die angemeldete Forderung durch den Schuldner oder den Insolvenzverwalter bestritten wird. Ein Ermessen im Fall des Bestreitens durch den Gläubiger ist hingegen nicht erfasst, sodass der Schuldner in diesem Fall nach allgemeiner Auffassung die Zustimmung erbringen muss (so auch: Uhlenbruck/Ries Rn. 10; K. Schmidt InsO/Jungmann Rn. 14; aA Nerlich/Römermann/Westphal Rn. 10).

Bei seiner Entscheidung muss sich das Gericht zunächst an den Erfolgsaussichten der bestritte- **11** nen Forderung orientieren.

Kommt das Gericht im Rahmen der summarischen Prüfung zu dem Ergebnis, dass die Forde- **12** rung nicht besteht bzw. gegenüber dem Schuldner nicht durchsetzbar ist, so beschließt es, dass es der Zustimmung des betreffenden Gläubigers nicht bedarf. Falls der Schuldner allerdings die Forderung in missbräuchlicher Weise bestreitet, muss das Gericht dies bei seiner Abwägung berücksichtigen. Zweifel gehen zulasten des Schuldners, sodass, falls dem Gericht im Rahmen der summarischen Prüfung Zweifel hinsichtlich der Begründetheit der Gläubigerforderung verbleiben, der Schuldner entweder die Zustimmung des Gläubigers oder eine Sicherheitsleistung beibringen muss (Uhlenbruck/Ries Rn. 11).

Geht das Gericht hingegen von der Begründetheit der Gläubigerforderung aus, so muss der **13** Schuldner die Zustimmung des fraglichen Gläubigers erbringen. Allerdings steht dem Gericht im Rahmen einer Ermessensentscheidung die Möglichkeit zu, anstelle der Zustimmung die Erbringung einer Sicherheitsleistung durch den Gläubiger zu beschließen. Welche Kriterien bei dieser Entscheidung zu berücksichtigen sind, ist umstritten. In der Rechtsprechung wurde es für entscheidend gehalten, ob der Gläubiger ein berechtigtes Interesse an der zumindest zeitweiligen Fortsetzung des Verfahrens hat. Hierzu soll ein Vergleich der wirtschaftlichen und rechtlichen Stellung des Gläubigers für den Fall der Einstellung einerseits und der Durchführung des Insolvenzverfahrens andererseits vorgenommen werden (LG Wuppertal BeckRS 2009, 19369; AG Wuppertal ZInsO 2009, 484–485). Diese Ansicht wird in der Literatur vielfach für zu weitgehend erachtet. Hier wird vor allem darauf abgestellt, ob der Gläubiger in missbräuchlicher Weise handelt, indem er die Zustimmung zu der Einstellung nicht erteilt (Uhlenbruck/Ries Rn. 12; K. Schmidt InsO/Jungmann Rn. 18). Nur dann dürfe der Schuldner ausnahmsweise eine Sicherheitsleistung anstelle der Vorlage der Zustimmung erbringen. Die Sicherheitsleistung wird in Art und Umfang durch das Gericht festgelegt (Nerlich/Römermann/Westphal Rn. 19), wobei sich deren Höhe an der (begründeten) Gläubigerforderung ausrichtet (K. Schmidt InsO/Jungmann Rn. 19).

6. Absonderungsberechtigte Gläubiger

§ 213 Abs. 1 S. 2 erfasst neben den Insolvenzgläubigern auch die absonderungsberechtigten **14** Gläubiger. Die Regelung ermöglicht dem Gericht, zu berücksichtigen, ob ein Absonderungsberechtigter vollständig durch die Erlöskehr befriedigt wird und dadurch möglicherweise kein berechtigtes Interesse an einem Verfahrensfortgang hat.

15 Richtigerweise ist hinsichtlich der Anwendbarkeit des § 213 Abs. 1 S. 2 nicht danach zu unterscheiden, ob der Schuldner gegenüber dem Gläubiger auch persönlich haftet (BT-Drs. 12/2443, 221; Uhlenbruck/Ries Rn. 13; K. Schmidt InsO/Jungmann Rn. 15; Braun/Ludwig Rn. 7). Erheblich ist, ob der Gläubiger ein berechtigtes Interesse an der Verfahrensfortsetzung hat. Ein solches kann sich auch daraus ergeben, dass der Schuldner ein Interesse daran hat, dass der Verwalter die Verwertung fortsetzt (Uhlenbruck/Ries Rn. 13; Braun/Ludwig Rn. 7). Dieses Interesse verlangt natürlich, dass der Verwalter den Gegenstand nicht freigibt, sondern tatsächlich die Verwertung betreibt (Uhlenbruck/Ries Rn. 14).

7. Beschluss

16 Der Beschluss, den das Gericht gem. § 213 Abs. 1 S. 2 trifft, ist nur bei Entscheidung durch den Rechtspfleger im Wege der Rechtspflegererinnerung gem. § 11 Abs. 2 RPflG anfechtbar (LG Wuppertal BeckRS 2011, 13270; K. Schmidt InsO/Jungmann Rn. 21).

IV. Abs. 2

17 Gemäß § 213 Abs. 2 kann auf Antrag des Schuldners das Verfahren vor Ablauf der Anmeldefrist eingestellt werden, wenn außer den Gläubigern, die ihre Zustimmung gegeben haben, keine weiteren Gläubiger bekannt sind. Damit werden alle Insolvenzgläubiger erfasst, unabhängig von einer Anmeldung ihrer Forderungen. Das Gericht muss entsprechend dem geltenden Amtsermittlungsgrundsatz gem. § 5 erforschen, ob noch andere, bisher unbekannte Gläubiger existieren. Hilfreich sind dabei das Gläubigerverzeichnis gem. § 152 und die Vermögensübersicht gem. § 153. Falls Gläubiger bekannt sind, die ihre Zustimmung noch nicht abgegeben haben, muss der Gläubiger diese noch beibringen. Falls das Gericht keine weiteren Gläubiger ausfindig machen kann, steht es im Ermessen des Gerichts, ob es die Einstellung beschließt oder ob es die Anmeldefrist der Insolvenzforderungen noch abwartet. Erst mit Ablauf der Anmeldefrist greift § 213 Abs. 1 S. 1, im Rahmen dessen das Gericht eine gebundene Entscheidung trifft. Der Regelung des § 213 Abs. 2 kommt in der Praxis geringe Bedeutung zu (K. Schmidt InsO/Jungmann Rn. 22; MüKoInsO/Hefermehl Rn. 13).

V. Genossenschaft und VVaG

18 Auch auf das Insolvenzverfahren einer Genossenschaft oder eines VVaG ist § 213 anwendbar. Die früheren Sonderregelungen nach § 116 GenG aF und § 52 Abs. 2 VAG aF gelten nicht mehr (MüKoInsO/Hefermehl Rn. 16).

VI. Rechtsmittel

19 Wird das Insolvenzverfahren nach § 213 eingestellt, so steht jedem Insolvenzgläubiger gem. § 216 Abs. 1 die sofortige Beschwerde zu. Nach § 216 Abs. 2 steht dem Schuldner die sofortige Beschwerde zu, wenn sein Antrag nach § 213 abgelehnt wurde (Näheres → § 216 Rn. 1).

§ 214 Verfahren bei der Einstellung

(1) ¹Der Antrag auf Einstellung des Insolvenzverfahrens nach § 212 oder § 213 ist öffentlich bekanntzumachen. ²Er ist in der Geschäftsstelle zur Einsicht der Beteiligten niederzulegen; im Falle des § 213 sind die zustimmenden Erklärungen der Gläubiger beizufügen. ³Die Insolvenzgläubiger können binnen einer Woche nach der öffentlichen Bekanntmachung schriftlich Widerspruch gegen den Antrag erheben.

(2) ¹Das Insolvenzgericht beschließt über die Einstellung nach Anhörung des Antragstellers, des Insolvenzverwalters und des Gläubigerausschusses, wenn ein solcher bestellt ist. ²Im Falle eines Widerspruchs ist auch der widersprechende Gläubiger zu hören.

(3) Vor der Einstellung hat der Verwalter die unstreitigen Masseansprüche zu berichtigen und für die streitigen Sicherheit zu leisten.

Verfahren bei der Einstellung § 214 InsO

A. Normzweck

§ 214 regelt das Verfahren nach Einstellung des Insolvenzverfahrens gem. § 212 oder § 213. Durch die vorgeschriebene Auslegung zur Einsichtnahme, die Widerspruchsmöglichkeit und die Anhörung sollen die Interessen verschiedener Beteiligter berücksichtigt werden, indem sie ihre Anliegen vor einer Einstellung vorbringen können (Braun/Ludwig Rn. 1). Mit der Norm wurden die Regelungen des § 203 KO mit wenigen Änderungen übernommen (MüKoInsO/Hefermehl Rn. 2). **1**

B. Verfahren

I. Zulässiger Antrag

Nach § 214 Abs. 1 S. 1 ist der Antrag auf Einstellung des Insolvenzverfahrens nach § 212 oder § 213 öffentlich bekannt zu machen. Diese Pflicht besteht jedoch nur bei einem zulässigen Antrag des Schuldners. Stellt das Insolvenzgericht, welches das Vorliegen der Voraussetzungen des § 212 oder § 213 von Amts wegen zu prüfen hat, das Fehlen dieser fest, so weist das Gericht den Antrag als unzulässig zurück, ohne ihn öffentlich bekanntzumachen. **2**

II. Öffentliche Bekanntmachung und Niederlegung

Erachtet das Gericht den Antrag hingegen als zulässig, so hat es diesen gem. § 214 Abs. 1 S. 1 öffentlich bekannt zu machen (MüKoInsO/Hefermehl Rn. 4; zu den Voraussetzungen der öffentlichen Bekanntmachung siehe § 9). Nach § 9 Abs. 1 S. 3 gilt die Bekanntgabe als bewirkt, sobald nach dem Veröffentlichungstag zwei weitere Tage verstrichen sind. **3**

Zudem ist der Antrag gem. § 214 Abs. 1 S. 2 in der Geschäftsstelle zur Einsicht der Beteiligten niederzulegen, wobei im Fall des § 213 die zustimmenden Erklärungen der Gläubiger beizufügen sind. Falls das Insolvenzgericht die Zustimmungen für nicht erforderlich gehalten hat oder entschieden hat, dass diese durch die Erbringung von Sicherheitsleistungen ersetzt werden können, so sind anstelle der Zustimmungen über den Wortlaut des § 214 Abs. 1 S. 2 Hs. 2 hinaus die entsprechenden Beschlüsse als Nachweise auszulegen (Nerlich/Römermann/Westphal Rn. 3). Auszulegen sind außerdem die Erfüllungsnachweise, wenn die Forderungen durch Leistung erloschen sind (MüKoInsO/Hefermehl Rn. 4). Die Auslegung dieser Nachweise ist erforderlich, um den Beteiligten die Umstände der Einstellung darzulegen und sie so in die Lage zu versetzen, ggf. zur Wahrung ihrer Rechte gegen die Einstellung vorgehen zu können (Braun/Ludwig Rn. 8; Nerlich/Römermann/Westphal Rn. 3). **4**

III. Widerspruch

Die Insolvenzgläubiger können gem. § 214 Abs. 1 S. 3 innerhalb einer Woche nach der öffentlichen Bekanntmachung schriftlich Widerspruch gegen den Antrag erheben. Hierdurch wird den Insolvenzgläubigern die Möglichkeit geboten, ihre rechtlichen oder tatsächlichen Bedenken gegen die Einstellung mitzuteilen. Das Insolvenzgericht ist aufgrund des Amtsermittlungsgrundsatzes gehalten, die Argumente des Insolvenzgläubigers zu prüfen. Wie aus dem Wortlaut der Norm folgt, sind allein die Insolvenzgläubiger zur Erhebung des Widerspruchs berechtigt. Hierbei wird nicht unterschieden, ob die Insolvenzgläubiger ihre Ansprüche angemeldet haben oder nicht und ob sie ihre Zustimmung zur Einstellung erteilt haben. Erfasst sind alle Insolvenzgläubiger (MüKoInsO/Hefermehl Rn. 5). Da es sich bei der Zustimmungserklärung um eine Prozesshandlung handelt, ist diese nicht widerrufbar, sodass die Zustimmung eines Insolvenzgläubigers mit seinem Widerspruch nicht (konkludent) widerrufen wird (MüKoInsO/Hefermehl Rn. 4). **5**

Der Widerspruch muss keine Angabe von Gründen enthalten. Allerdings folgt aus dem Zweck des Widerspruchs, nämlich dem Gericht die rechtlichen oder tatsächlichen Bedenken gegen die Einstellung des Verfahrens mitzuteilen, dass eine Begründung sinnvoll ist. Die zutreffenden Argumente des Widersprechenden muss das Gericht, da es die Voraussetzungen der Einstellung von Amts wegen prüft, auch nach einer Rücknahme des Widerspruchs beachten (Braun/Ludwig Rn. 12). **6**

Der Widerspruch muss innerhalb einer Woche nach der öffentlichen Bekanntgabe erhoben werden, § 214 Abs. 1 S. 3. Gemäß § 9 Abs. 1 S. 3 gilt die Bekanntgabe als bewirkt, sobald nach dem Veröffentlichungstag zwei weitere Tage verstrichen sind. Erst nach Ablauf dieser Frist darf das Insolvenzgericht die Einstellungsentscheidung treffen. Hat der Insolvenzgläubiger die Frist versäumt, so ist dies grundsätzlich unbeachtlich, denn das Gericht muss die Voraussetzungen der **7**

Einstellung von Amts wegen prüfen, sodass auch ein verfristetes Vorbringen zu beachten ist. Falls die Einstellung allerdings bereits gem. § 214 Abs. 2 beschlossen wurde, ist das Vorbringen nicht zu berücksichtigen (Nerlich/Römermann/Westphal Rn. 9; Braun/Ludwig Rn. 11).

IV. Anhörung

8   Der Antragsteller, der Insolvenzverwalter, falls dieser existiert, der Gläubigerausschuss und ggf. widersprechende Gläubiger müssen vor der Einstellungsentscheidung des Gerichts angehört werden, § 214 Abs. 2.

V. Masseansprüche

9   Gemäß § 214 Abs. 3 hat der Verwalter vor der Einstellung des Verfahrens die unstreitigen Masseansprüche zu berichtigen und für die streitigen Sicherheit zu leisten. Dies soll sicherstellen, dass die Massegläubiger sich nach der Einstellung nicht wegen ihrer Forderungen an Schuldner wenden müssen (Braun/Ludwig Rn. 3). Damit der Verwalter dieser Pflicht nachkommen kann, muss die Höhe der Ansprüche feststehen. Entsprechend muss das Insolvenzgericht die Verfahrenskosten nach § 54 festsetzen. Hierzu ist die Schlussrechnung nach § 66 durch den Insolvenzverwalter bei Gericht vorzulegen. Nach der Festsetzung sind die unstreitigen Masseforderungen einschließlich der Verfahrenskosten nach §§ 54, 55 durch den Verwalter zu begleichen. Falls die vorhandenen Barmittel hierfür nicht ausreichen, kann die Einstellung zunächst nicht erfolgen (für die Verfahrenskosten LG Freiburg BeckRS 2015, 08255). Der Verwalter muss dann weiter die Verwertung betreiben, um so ausreichende Mittel zur Erfüllung der Masseforderungen einschließlich der Verfahrenskosten zu beschaffen. Für den Schuldner besteht allerdings die Möglichkeit, eine Vorschussleistung zu erbringen, um die Einstellung ohne weitere Verwertungen des Verwalters und damit schneller und kostengünstiger zu ermöglichen (MüKoInsO/Hefermehl Rn. 12). Die Sicherstellung richtet sich üblicherweise nach §§ 232 ff. BGB (MüKoInsO/Hefermehl Rn. 13). Die Sicherstellung betrifft auch aufschiebend bedingte und betagte Masseverbindlichkeiten (MüKoInsO/Hefermehl Rn. 13; K. Schmidt InsO/Jungmann Rn. 12). Sobald der Verwalter die Masseansprüche berichtigt bzw. sichergestellt hat, teilt er dies dem Insolvenzgericht mit (Nerlich/Römermann/Westphal Rn. 14).

10   Sobald die Masseverbindlichkeiten einschließlich der Verfahrenskosten erfüllt bzw. sichergestellt sind, hat das Insolvenzgericht den Einstellungsbeschluss zu erlassen. Ihm steht insoweit kein Ermessen zu.

11   Gegen den Beschluss besteht die Möglichkeit der sofortigen Beschwerde, § 216.

§ 215 Bekanntmachung und Wirkungen der Einstellung

(1) ¹Der Beschluß, durch den das Insolvenzverfahren nach § 207, 211, 212 oder 213 eingestellt wird, und der Grund der Einstellung sind öffentlich bekanntzumachen. ²Der Schuldner, der Insolvenzverwalter und die Mitglieder des Gläubigerausschusses sind vorab über den Zeitpunkt des Wirksamwerdens der Einstellung (§ 9 Abs. 1 Satz 3) zu unterrichten. ³§ 200 Abs. 2 Satz 2 gilt entsprechend.

(2) ¹Mit der Einstellung des Insolvenzverfahrens erhält der Schuldner das Recht zurück, über die Insolvenzmasse frei zu verfügen. ²Die §§ 201, 202 gelten entsprechend.

A. Normzweck

1   Die durch § 215 Abs. 1 S. 1 vorgeschriebene Pflicht zur Veröffentlichung des Einstellungsbeschlusses und des Einstellungsgrunds dient vornehmlich der Information des Geschäftsverkehrs, ist bei Einstellungen nach § 212 oder § 213 aber auch für den Schuldner im Hinblick auf seine Kreditwürdigkeit bedeutsam. Gemäß § 215 Abs. 2 erlangt der Schuldner seine Verwaltungs- und Verfügungsbefugnis über die Insolvenzmasse zurück.

B. Öffentliche Bekanntmachung

2   Nach § 215 Abs. 1 S. 1 sind der Beschluss über die Einstellung nach §§ 207, 211, 212 oder 213 und der Grund der Einstellung öffentlich bekannt zu machen. Die öffentliche Bekanntmachung erfolgt durch Veröffentlichung im Internet, § 9 Abs. 1 S. 1. Gemäß § 9 Abs. 1 S. 2 ist dabei der Schuldner genau zu bezeichnen, insbesondere sind seine Anschrift und sein Geschäftszweig

C. Unterrichtung

Der Schuldner, der Insolvenzverwalter und die Mitglieder des Gläubigerausschusses sind vorab über den Zeitpunkt des Wirksamwerdens der Einstellung zu unterrichten, § 215 Abs. 1 S. 2. Hierfür muss das zuständige Insolvenzgericht die genannten Beteiligten über die geplante öffentliche Bekanntmachung und deren Wirksamwerden informieren (Uhlenbruck/Ries Rn. 3). Diese sollen darauf vorbereitet werden, dass der Schuldner gem. § 215 Abs. 2 S. 1 die Verwaltungs- und Verfügungsbefugnis zurückerlangt, sodass sie entsprechende Vorbereitungsmaßnahmen treffen können. „Vorab" ist mithin so auszulegen, dass die Beteiligten zwischen der Vorabinformation und dem Wirksamwerden noch genügend Zeit haben, um entsprechende Maßnahmen vornehmen können (Nerlich/Römermann/Westphal Rn. 7). 3

Auch die beteiligten öffentlichen Register nach §§ 31 und 33 sowie das Grundbuchamt gem. § 32 sind über die Verfahrenseinstellung zu informieren, § 215 Abs. 1 S. 3 iVm § 200 Abs. 2 S. 2 entsprechend. 4

D. Wirkungen der Verfahrenseinstellung

Die Wirkungen der Verfahrenseinstellung gleichen den Folgen bei Aufhebung des Insolvenzverfahrens nach § 200. Mit rechtskräftiger Verfahrenseinstellung erlangt der Schuldner nach § 215 Abs. 2 S. 1 das Recht wieder, über die Insolvenzmasse frei zu verfügen. Der Insolvenzverwalter und der Gläubigerausschuss verlieren ihre aus § 80 abgeleiteten Befugnisse hingegen wieder. In der Folge entfällt das vor der Verfahrenseinstellung bestehende Sachentscheidungshindernis der fehlenden Einspruchsbefugnis des Insolvenzschuldners gegen eine Steuerfestsetzung, wenn die Einstellung noch vor Ergehen der Einspruchsentscheidung ergeht. Die Einspruchsfrist wurde durch die genehmigungsfähige Verfahrenshandlung des Insolvenzschuldners gewahrt (BFH NZI 2020, 582 (584)). Insolvenzgläubiger dürfen ihre Ansprüche zudem wieder im Wege der Einzelzwangsvollstreckung geltend machen. Forderungen sind wieder durchsetzbar, auch wenn sie nicht im Insolvenzverfahren angemeldet wurden, sofern keine Restschuldbefreiung erteilt worden ist (LSG NRW BeckRS 2019, 41794 Rn. 40). Ebenso greift das Aufrechnungsverbot nach § 69 Abs. 1 Nr. 1 nach Einstellung des Verfahrens nicht mehr (BFH DStRE 2017, 762 Rn. 10). Aufgrund der ex nunc-Wirkung der Verfahrenseinstellung verlieren die Maßnahmen des Insolvenzverwalters grundsätzlich nicht ihre Wirksamkeit, sodass sie auch den Schuldner binden. Nur bei offensichtlicher Insolvenzzweckwidrigkeit sind die Handlungen unwirksam. Indes kann nicht ohne weiteres von der Vermögenslosigkeit der Gesellschaft ausgegangen werden, wenn das eröffnete Insolvenzverfahren mit Zustimmung der Gläubiger eingestellt worden ist; in diesem Falle ist zwecks Vermeidung eines wesentlichen Verfahrensfehlers die Beiziehung der Insolvenzakten geboten, um die näheren Hintergründe und die nunmehrige Vermögenssituation der Gesellschaft ermitteln zu können (OLG Düsseldorf NZG 2017, 1109). 5

E. Prozesse

Dementsprechend sind grundsätzlich auch die vom Verwalter geführten Prozesse vom Schuldner in ihrer jeweiligen Lage zu übernehmen. Etwas anderes gilt für Anfechtungsprozesse. Wird das Verfahren zu einem Zeitpunkt eingestellt, indem eine Anfechtungsklage rechtshängig ist, so ist diese Klage abzuweisen, da der Schuldner nicht in die Stellung des allein zur Anfechtung berechtigten Insolvenzverwalters eintritt (BGHZ 83, 102 (106)). Zur Kostenvermeidung ist ihm allerdings das Recht zuzugestehen, das Verfahren in der Hauptsache für erledigt zu erklären (Nerlich/Römermann/Westphal Rn. 13; Uhlenbruck/Ries Rn. 8). 6

Anhängige Prozesse, die keine Anfechtungsklagen zum Gegenstand haben, werden analog §§ 239, 242 ZPO unterbrochen. Für den Schuldner besteht die Möglichkeit der Wiederaufnahme und Fortführung dieser Prozesse im eigenen Namen gem. § 240 ZPO (Nerlich/Römermann/Westphal Rn. 14). 7

F. Restschuldbefreiung

Gemäß § 215 Abs. 2 S. 2 gelten die §§ 201, 202 entsprechend. Allerdings ist eine Restschuldbefreiung im Fall der Einstellung nach § 212 nicht möglich (zur Wirkung der Verfahrenseinstellung 8

→ § 212 Rn. 1). Eine Einstellung nach § 213 setzt voraus, dass alle Gläubiger der Einstellung des Verfahrens zugestimmt haben, sodass auch hier ein Restschuldbefreiungsverfahren ausscheidet. Ein solches scheidet genauso im Fall der Verfahrenseinstellung wegen Massearmut gem. § 207 wegen § 289 aus. Für den Fall der Kostenstundung nach § 4a gilt allerdings § 207 Abs. 1 S. 2 (Verweis auf diese Kommentierung). Eine Restschuldbefreiung ist im Fall der Verfahrenseinstellung nach § 211 möglich (Braun/Ludwig Rn. 10).

G. Verhältnis zwischen Verwalter und Schuldner

9   Zwischen dem Insolvenzverwalter und dem Schuldner entsteht mit der Einstellung ein Abwicklungsverhältnis, aufgrund dessen der Verwalter alle erforderlichen Maßnahmen erbringen muss, damit der Schuldner die Verfügungsgewalt über sein Vermögen wieder erhält. Hierzu hat er alle Vermögensgegenstände, über die der Schuldner rechtlich die Verfügungsbefugnis wiedererlangt hat und die der Verwalter in Besitz hat, an diesen herauszugeben. Hierzu zählen auch die Geschäftsbücher. Der Schuldner hat eine Rücknahmepflicht (MüKoInsO/Hefermehl Rn. 13; Uhlenbruck/Ries Rn. 6 verweist darauf, dass nur bei der AG und der KG aA die Rücknahme der Geschäftsunterlagen vom Registergericht nach §§ 407, 273 Abs. 2 AktG erzwungen werden kann, ansonsten bliebe nur die Mitteilung an das Finanzamt).

H. Rechtsmittel

10 Gegen den Einstellungsbeschluss besteht gem. § 216 die sofortige Beschwerde als Rechtsmittel.

§ 216 Rechtsmittel

(1) **Wird das Insolvenzverfahren nach § 207, 212 oder 213 eingestellt, so steht jedem Insolvenzgläubiger und, wenn die Einstellung nach § 207 erfolgt, dem Schuldner die sofortige Beschwerde zu.**

(2) **Wird ein Antrag nach § 212 oder § 213 abgelehnt, so steht dem Schuldner die sofortige Beschwerde zu.**

A. Normzweck

1   Die Norm bestimmt, in welchen Fällen die sofortige Beschwerde als Rechtsmittel gegen Einstellungsbeschlüsse bzw. die Ablehnungsentscheidung hinsichtlich eines Einstellungsantrags statthaft ist. Die Regelung ist im Zusammenhang mit § 6 zu sehen, der vorgibt, dass Entscheidungen des Insolvenzgerichts nur in den Fällen einem Rechtsmittel unterliegen, in denen die Insolvenzordnung die sofortige Beschwerde vorsieht. Ziel ist es, den zügigen Fortgang der Insolvenzverfahren zu fördern (K. Schmidt InsO/Stephan § 6 Rn. 1; Begr. RegE, BT-Drs. 12/2443, 110). § 216 sieht keine Möglichkeit der sofortigen Beschwerde hinsichtlich Einstellungsbeschlüssen wegen Masseunzulänglichkeit nach §§ 208, 211 vor (BGH NZI 2007, 243). Zugelassen ist die sofortige Beschwerde nach § 216 nur bei Einstellungen nach §§ 207, 212 oder 213.

B. Beschwerdeberechtigte

2   Nach § 216 Abs. 1 sind im Fall der Einstellung nach §§ 207, 212, 213 die Insolvenzgläubiger beschwerdeberechtigt. Massegläubiger sind, wie bereits aus dem Wortlaut folgt, nicht erfasst. Ihr Schutz folgt aus § 209, § 214 Abs. 3 und §§ 60, 61 (MüKoInsO/Hefermehl Rn. 6; K. Schmidt InsO/Jungmann Rn. 2). Ebenso steht dem Insolvenzverwalter kein Recht zur sofortigen Beschwerde nach § 216 zu (BGH NZI 2007, 406).

3   Nicht erfasst sind hiervon allerdings die nachrangigen Insolvenzgläubiger nach § 39. Diesen steht das Beschwerderecht nach § 216 nur zu, wenn das Insolvenzgericht sie nach § 174 Abs. 3 S. 1 zur Anmeldung ihrer Forderungen aufgefordert hat (MüKoInsO/Hefermehl Rn. 5; K. Schmidt InsO/Jungmann Rn. 2).

4   Haben die nach § 214 Abs. 1 S. 3 zum Widerspruch gegen den Einstellungsantrag befugten Insolvenzgläubiger diesen nicht erhoben, verlieren sie damit nicht ihr Beschwerderecht nach § 216 Abs. 1 (MüKoInsO/Hefermehl Rn. 5). Die Einlegung des Widerspruchs hat damit keine Auswirkungen auf das Recht zur sofortigen Beschwerde nach § 216 Abs. 1.

5   Absonderungsberechtigte Gläubiger sind nur beschwerdeberechtigt, wenn sie gleichzeitig Insolvenzgläubiger sind (Nerlich/Römermann/Westphal Rn. 4; K. Schmidt InsO/Jungmann Rn. 2).

Der Schuldner ist ausschließlich im Fall der Verfahrenseinstellung nach § 207 gem. § 216 Abs. 1 beschwerdeberechtigt (Nerlich/Römermann/Westphal Rn. 5).

Bei Ablehnung des Einstellungsantrags nach § 212 oder § 213 hat gem. § 216 Abs. 2 allein der Schuldner die Möglichkeit der sofortigen Beschwerde. Bei juristischen Personen muss entsprechend den Voraussetzungen für den Einstellungsantrag gem. § 212 auch die Beschwerde durch alle organschaftlichen Vertreter erfolgen (LG Bielefeld BeckRS 2016, 7272; → § 212 Rn. 2). Dem Insolvenzverwalter steht dieses Recht nicht zu. Genauso wenig steht es Gläubigern zu, da sie nicht beschwert sind (LG Göttingen NZI 1999, 370 (371)).

Sechster Teil. Insolvenzplan

Erster Abschnitt. Aufstellung des Plans

§ 217 Grundsatz

(1) ¹Die Befriedigung der absonderungsberechtigten Gläubiger und der Insolvenzgläubiger, die Verwertung der Insolvenzmasse und deren Verteilung an die Beteiligten sowie die Verfahrensabwicklung und die Haftung des Schuldners nach der Beendigung des Insolvenzverfahrens können in einem Insolvenzplan abweichend von den Vorschriften dieses Gesetzes geregelt werden. ²Ist der Schuldner keine natürliche Person, so können auch die Anteils- oder Mitgliedschaftsrechte der am Schuldner beteiligten Personen in den Plan einbezogen werden.

(2) Der Insolvenzplan kann ferner die Rechte der Inhaber von Insolvenzforderungen gestalten, die diesen aus einer von einem verbundenen Unternehmen im Sinne des § 15 des Aktiengesetzes als Bürge, Mitschuldner oder aufgrund einer anderweitig übernommenen Haftung oder an Gegenständen des Vermögens dieses Unternehmens (gruppeninterne Drittsicherheit) zustehen.

Überblick

Abweichend zu der Regelabwicklung können die Gläubiger die Beendigung des Insolvenzverfahrens durch Umsetzung eines Insolvenzplans gestalten. Das in diesem Zusammenhang im Fokus stehende Ziel ist eine bestmöglichste Befriedigung der Gläubiger (→ Rn. 1). Der Gesetzgeber hat in diesem Zusammenhang dem Planersteller einen weiten Spielraum hinsichtlich der Regelungsmöglichkeiten eröffnet. Neben der Befriedigung der Beteiligten (→ Rn. 7) stehen die Verwertung der Masse (→ Rn. 20), die Verteilung der Erlöse (→ Rn. 22), die Abwicklung des Verfahrens (→ Rn. 23) und die Haftung des Schuldners (→ Rn. 30) sowie die Umsetzung gesellschaftsrechtlicher Maßnahmen (→ Rn. 31) im Vordergrund der Regelungsmöglichkeiten.

Abs. 2 wurde im Zusammenhang mit dem SanInsFoG zum 1.1.2021 eingeführt.

Übersicht

	Rn.		Rn.
A. Normzweck	1	3. Insolvenzgläubiger (§ 38)	13
		4. Nachranggläubiger (§ 39)	15
I. Allgemeine Zielsetzung des Insolvenzplans	1	5. Massegläubiger/Neugläubiger	16
II. Insolvenzplan über das Vermögen einer natürlichen Person	2	II. Verwertung der Insolvenzmasse	20
		III. Verteilung der Verwertungserlöse an die Beteiligten	22
III. Insolvenzplan im Verfahren zur Vorbereitung der Sanierung (§ 270d)	3	IV. Verfahrensabwicklung	23
		1. Vergütung der Beteiligten	24
IV. Vorinsolvenzrechtliches Sanierungsverfahren	5	2. Rechnungslegung	25
		3. Nicht regelbare Verfahrensfragen	27
B. Regelungsinhalt	6	V. Haftung des Schuldners	30
I. Befriedigung der Beteiligten	7	VI. Gesellschaftsrechtliche Maßnahmen	31
1. Aussonderungsberechtigte	7	VII. Gruppeninterne Drittsicherheiten (Abs. 2)	32
2. Absonderungsberechtigte	10		

A. Normzweck

I. Allgemeine Zielsetzung des Insolvenzplans

1 Wie in § 1 aufgezeigt, ist die Zielsetzung der Insolvenzordnung die einheitliche Befriedigung der Gläubiger aus dem Vermögen des Schuldners. Die Versilberung der Vermögensmasse und anschließende Verteilung der bereinigten Erlöse ist in diesem Zusammenhang vom Gesetzgeber dem Insolvenzplanverfahren gleichgesetzt. Im Fokus steht dabei die bestmöglichste Befriedigung

der Gläubiger (BT-Drs. 12/2443, 195). Der Insolvenzplan ist somit vom BGH als die privatautonome, den gesetzlichen Vorschriften entsprechende Übereinkunft der mitspracheberichtigten Beteiligten über die Verwertung des haftenden Schuldnervermögens unter voller Garantie des Werts der Beteiligungsrechte (BeckRS 2017, 102696). Er kann in diesem Zusammenhang unterschiedliche Gestaltungsmöglichkeiten haben. Abhängig von den Interessen des Planverfassers bzw. den Gläubigern kann der Insolvenzplan auf der Sanierung und Erhalt des Rechtsträgers oder auf die Zerschlagung und dessen Liquidation (sog. Liquidationsplan – BT-Drs. 12/2443, 2) angelegt sein. Ebenso eignet sich das Insolvenzplanverfahren etwaige Mischformen umzusetzen wie zB der Verkauf, die Ausgliederung oder die Schließung einzelner Teilbereiche. Der Insolvenzplan – flankiert von dem (vorläufigen) Eigenverwaltungsverfahren nach §§ 270 ff. bzw. Schutzschirmverfahren nach § 270d – eröffnet dabei die Möglichkeit, die Sanierung und Restrukturierung durch die effektiven Werkzeuge der Insolvenzordnung zu nutzen. Neben der Bereinigung der Passivseite (zB Abbau von Pensionsverpflichtungen) können auch nachteilige Vorgänge im eingeschränkten Umfang rückgängig (→ § 129 Rn. 1 ff.) bzw. beendet (→ § 103 Rn. 1 ff.) werden und arbeitsrechtliche Maßnahmen liquiditätsschonender (§ 123) bzw. mit erweiterten Möglichkeiten (§§ 120 ff.) umgesetzt werden. Der BGH hat in seinem Beschluss v. 5.2.2009 hierzu festgestellt, dass gem. § 217 Gegenstand des Insolvenzplans die Befriedigung der absonderungsberechtigten Gläubiger und der Insolvenzgläubiger, die Verwertung der Insolvenzmasse und deren Verteilung an die Beteiligten sowie die Haftung des Schuldners nach Beendigung des Insolvenzverfahrens ist. Es ist aber zu beachten, dass die Regelungen nur plandispositive Gegenstände umfassen können (BeckRS 2009, 06330). Dagegen kann allein die Einreichung des Insolvenzplans die für eine staatliche Förderung notwendige wirtschaftliche Leistungsfähigkeit nicht wieder herstellen (→ Rn. 1.1).

So hat das OVG Münster im Hinblick auf eine beantragte Bewilligung von Sportfördermitteln für den Unterhalt von Sportanlagen entschieden, dass weder die Fortführung im Insolvenzverfahren noch der eingereichte Insolvenzplan die für die Förderung notwendige eigene wirtschaftliche Leistungsfähigkeit des Antragstellers begründet. Mit der Eröffnung des Insolvenzverfahrens stehe fest, dass der Antragsteller seine wirtschaftlichen Verpflichtungen als Sportverein nicht mehr erfüllen könne. Der eingereichte Insolvenzplan stelle dabei weder die zur Insolvenzeröffnung festgestellte Zahlungsunfähigkeit noch Überschuldung in Frage, sodass (zumindest bis zur rechtskräftigen Aufhebung des Insolvenzverfahrens) die Antragsvoraussetzungen nicht vorliegen (BeckRS 2018, 367). 1.1

Abs. 2 wurde im Zusammenhang mit der Umsetzung des StaRUG eingeführt, um einen Gleichklang zu dem dort geregelten Restrukturierungsplan zu erreichen. 1a

II. Insolvenzplan über das Vermögen einer natürlichen Person

Seit dem 1.7.2014 sind die Regelungen des Insolvenzplanverfahrens auch einem Verbraucherinsolvenzverfahren eröffnet. Die Regelung des § 312 Abs. 2 wurde aufgehoben (zur Übergangsregel beachte Art 103h S. 2 EGInsO; zu den Motiven BT-Drs. 467/12, 2, 17, 24 f.). Für Personen, die einen sog. Kammerberuf ausüben, kann bereits die Vorlage des Insolvenzplans zu einer Bereinigung der Vermögensverhältnisse im standesrechtlichen Sinne führen (BVerfG NJW 2005, 3057; ausf. Ehlers NJW 2008, 1480 ff.; Fölsing DStR 2009, 2368 ff.). Ist die Annahme des Plans durch die Gläubiger und die dadurch angestrebte Wiederherstellung geordneter Vermögensverhältnisse realistisch, kann dies auch ein wegen Vermögensverfall eingeleitetes berufsrechtliches Amtsenthebungsverfahren hemmen (zu den Einzelheiten Uhlenbruck/Lüer/Streit Rn. 2 mwN und BGH BeckRS 2016, 13120). Dabei ist zu beachten, dass erst wenn dem Rechtsanwalt entweder durch Beschluss des Insolvenzgerichts die Restschuldbefreiung angekündigt wurde oder ein vom Insolvenzgericht bestätigter Insolvenzplan oder angenommener Schuldenbereinigungsplan vorliegt, bei dessen Erfüllung der Schuldner von seinen übrigen Forderungen gegenüber den Gläubigern befreit wird, die gesetzliche Vermutung des Vermögensverfalls im Falle eines Insolvenzverfahrens widerlegt ist. Die gesetzliche Vermutung des Vermögensverfalls ist nicht bereits durch einen Beschluss nach § 287a Abs. 1 widerlegt. Eine Überprüfung, ob das Insolvenzgericht das Insolvenzverfahren zu Recht eröffnet hat, erfolgt im Rahmen der Prüfung des Vermögensverfalls iSv § 14 Abs. 2 Nr. 7 BRAO nicht (BeckRS 2016, 112795). 2

III. Insolvenzplan im Verfahren zur Vorbereitung der Sanierung (§ 270d)

Ist die Abwicklung des Insolvenzverfahrens im Wege eines Insolvenzplanverfahrens angestrebt, ist die Eröffnung des Insolvenzverfahrens zwingend notwendig. Dieser bisherige Grundsatz gilt auch für das im Jahr 2012 eingeführte Verfahren einer Vorbereitung zur Sanierung (Schutzschirm- 3 verfahren damals § 270b; seit dem 1.1.2021 § 270d). Nach dem Wortlaut des § 270d Abs. 1 S. 1 Hs. 2 bestimmt das Insolvenzgericht die Frist zur Vorlage eines Insolvenzplans. Daraus kann nicht der Rückschluss gezogen werden, dass mit Ablauf der Frist sofort die Planumsetzung erfolgen kann. Folge der Fristsetzung ist jedoch, dass vor Ablauf der Frist zumindest ohne Zustimmung der vorläufigen Eigenverwaltung die Eröffnung des Insolvenzverfahrens nicht erfolgen darf, sofern die Voraussetzungen des § 270d Abs. 4 S. 2 nicht vorliegen. Bei Stellung eines Antrags auf Vorbereitung der Sanierung (§ 270d) ist somit insbesondere der Insolvenzgeldzeitraum zu beachten, sodass der Fristablauf zur Vorlage des Plans mit dem Gericht entsprechend dieses Zeitraums abzustimmen ist. Andernfalls besteht die Gefahr, dass der Insolvenzgeldzeitraum ausläuft und die Frist zur Einreichung des Insolvenzplans noch nicht beendet ist, was insbesondere bei Anträgen zur Monatsmitte drohen kann (→ Rn. 3.1).

3.1 **Beispiel:** Der Antrag zur Vorbereitung der Sanierung nach § 270d wird am 16. eines Monats gestellt. Die Zahlung der bisher fälligen Löhne und Gehälter ist erfüllt. Der Insolvenzgeldzeitraum umfasst somit in der Regel den Monat der Antragstellung sowie die zwei darauf folgenden Monate. Wird die Dreimonatsfrist des § 270d voll ausgeschöpft, so wäre Fristablauf zur Planvorlage erneut ein 16. Der Insolvenzgeldzeitraum würde jedoch vorher enden.

4 In der Praxis kann dies dadurch gelöst werden, dass der Antrag nach § 270d zurückgenommen und ein Antrag nach § 270c gestellt wird bzw. in das vorläufige Insolvenzverfahren mit einem vorläufigen Insolvenzverwalter übergeleitet wird.

IV. Vorinsolvenzrechtliches Sanierungsverfahren

5 Am 22.11.2016 hat die Europäische Kommission ihren Richtlinienvorschlag COM(2016)723/30/EU für ein vorinsolvenzliches Sanierungsverfahren veröffentlicht. Der Entwurf sieht ua vor, dass auch außerhalb eines Insolvenzverfahrens ein Sanierungsplan (Art. 8–15 des Entwurfs) umgesetzt werden kann. In seiner Konzeption ähnelt der Sanierungsplan dem Insolvenzplan nach §§ 217 ff. (ausf. Klupsch/Schulz EuZW 2017, 85 ff.). Am 20.6.2019 wurde die Richtlinie durch das Europäische Parlament und des Rates verabschiedet (Richtlinie (EU) des Europäischen Parlaments und Rats vom 20.6.2019 über präventive Restrukturierungsrahmen, über Entschuldung und über Tätigkeitsverbote sowie über Maßnahmen zur Steigerung der Effizienz von Restrukturierungs-, Insolvenz- und Entschuldungsverfahren und zur Änderung der Richtlinie (EU) 2017/1132 (Richtlinie über Restrukturierung und Insolvenz).

5a Am 14.10.2020 hat das BMJV einen Referentenentwurf für ein Gesetz zur Fortentwicklung des Sanierungs- und Insolvenzrechts (SanInsFoG-RefE) vorgelegt. Zur Umsetzung der Richtlinie (EU) des Europäischen Parlaments und Rats vom 20.6.2019 wurde ua ein Gesetzesentwurf über den Stabilisierungs- und Restrukturierungsrahmen für Unternehmen (Unternehmensstabilisierungs- und -restrukturierungsgesetz – StaRUG) erarbeitet. Die Bundesregierung hat den Entwurf im Wesentlichen übernommen und am 14.10.2020 den SanInsFoG-RegE in das Gesetzgebungsverfahren eingebracht. War in 2019 der Fokus der Bundesregierung bei der Richtlinienumsetzung noch auf die Entschuldung natürlicher Personen gerichtet, änderte sich dies im Sommer 2020 durch die wirtschaftlichen Auswirkungen der COVID-19 Pandemie, sodass die nationale Umsetzung des präventiven Restrukturierungsrahmens beschleunigt wurde. Neben der Neueinführung des StaRUG sieht der Regierungsentwurf zum SanInsFoG auch die Änderung einzelner Regelungen im Insolvenzplanverfahren vor. So soll zukünftig ua die Einbindung von Gruppeninternen Drittsicherheiten und Verpflichtungen möglich sein und die Obstruktionsmöglichkeit nach § 245 bei Insolvenzplanverfahren von natürlichen Personen soll angepasst werden.

5b Der Regierungsentwurf des StarRUG selbst ähnelt in einigen Bereichen dem Insolvenzplan; erleichtert jedoch insbesondere die Obstruktionsmöglichkeit und sieht auch einen anderen Abstimmungsmodus vor.

5c Im Ausschuss für Recht und Verbraucherschutz wurde der Regierungsentwurf kontrovers diskutiert wurde. Die zum 1.1.2021 sodann in Kraft getretene Version des StaRUG hat bezüglich des Restrukturierungsplans die wesentlichen Kernpunkte aus dem Regierungsentwurf übernommen. Die im Regierungsentwurf vorgesehene gerichtliche Beendigungsmöglichkeit von Verträgen nach dem StaRUG wurde dabei ersatzlos gestrichen. Seit dem 1.1.2021 steht somit neben dem Insolvenzplan die Möglichkeit der Restrukturierung durch einen Restrukturierungsplan nach dem StaRUG als weiteres Sanierungsinstrument zur Verfügung. Diesbezüglich ist jedoch von besonderer Bedeutung, dass die Einleitung eines Verfahrens nach dem StaRUG die drohende Zahlungsunfähigkeit voraussetzt, welche durch das Gericht isoliert betrachtet und bewertet werden kann (AG Köln ZIP 2021, 806 ff. = BeckRS 2021, 5571).

B. Regelungsinhalt

Der Planersteller hat einen weitreichenden Gestaltungsspielraum bei der Erstellung des Insolvenzplans. Die Befriedigung und Erlösverteilung an Beteiligte kann dabei ebenso eine Planregelung unterworfen werden wie die Verfahrensabwicklung und die Haftung des Schuldners nach der Beendigung des Insolvenzverfahrens. Auch in die Rechte der Anteilsinhaber kann eingegriffen werden. Diejenigen Vorschriften, welche das Insolvenzplanverfahren selbst regeln, unterliegen nicht einer gestaltenden Regelung (BeckRS 2018, 9510).

I. Befriedigung der Beteiligten

1. Aussonderungsberechtigte

Aussonderungsgegenstände sind auch nach der InsO besonders geschützt. Während die ersten Entwürfe der InsO auch ein Verwertungsrecht des Insolvenzverwalters von Aussonderungsgegenständen vorsah, hat die Insolvenzordnung von 1999 hiervon Abstand genommen und lediglich die Verwertung von gewissen Absonderungsrechten geregelt (§§ 166 ff.).

Das Aussonderungsrecht ist dadurch gekennzeichnet, dass bei diesem nicht das Sicherungsinteresse im Forderungsgrund steht. Der zur Aussonderung berechtigte Gläubiger hat kein primäres Ziel, auf Geld gerichtete Forderungen abzusichern, sodass die Versilberung des Gegenstandes nicht angestrebt ist. Folglich kann durch den Insolvenzplan die Befriedigung von zur Aussonderung berechtigten Gläubigern nicht geregelt werden.

Davon losgelöst besteht aber die Möglichkeit, Aussonderungsrechte durch das Insolvenzplanverfahren neu zu regeln (→ § 254a Rn. 1 ff.), wobei dies aufgrund der verfassungsrechtlichen Eigentumsgarantie gegen den Willen des Aussonderungsberechtigten nicht erfolgen kann. Die Abgeltung des Rechts durch Zahlung eines Betrags außerhalb des § 107 Abs. 2 kann hier kein hinreichender Schutz der Interessen des Aussonderungsgläubigers sein, da das Aussonderungsrecht gerade kein reines Sicherungsrecht darstellt.

2. Absonderungsberechtigte

Mit Absonderungsrechten belastete Gegenstände haben in der InsO eine besondere Rolle. Die Einstufung der Absonderungsrechte erfolgt im Wesentlichen in §§ 49–51. In Einzelfällen auch außerhalb der InsO (beispielsweise § 110 VVG, § 76 AO). Die zur Absonderung berechtigten Gläubiger nehmen bei der Schlussverteilung nur in Höhe ihres Ausfalls teil, sofern der Schuldner auch persönlich haftet (→ § 52 Rn. 1). Vorrangig ist der Absonderungsgläubiger durch sein Sicherungsgut zu befriedigen. Diese Befriedigung erfolgt in der Regelabwicklung nach den Vorschriften der §§ 166 ff.

Im Insolvenzplanverfahren kann eine abweichende Regelung hiervon getroffen werden. Dies ist in der Regel dann für das Insolvenzverfahren sachdienlich, wenn gerade die Verwertungsberechtigung nicht nach §§ 166 ff. dem Insolvenzverwalter bzw. der Eigenverwaltung zusteht, sondern die Verwertung nur in Abstimmung mit dem Absonderungsgläubiger aufgrund einer Verwertungsabsprache bzw. im Wege des Zwangsvollstreckungsverfahrens erfolgen kann. Diese Möglichkeit der InsO bietet sich in der Praxis insbesondere dann an, wenn unbewegliche Sachen oder verpfändete Gegenstände zur Verwertung anstehen. Denn bei diesen Absonderungsrechten steht das Verwertungsrecht im Wege des freihändigen Verkaufs in der Regel nicht dem Insolvenzverwalter bzw. der Eigenverwaltung zu (→ § 166 Rn. 2). Diese können nur dann im Wege des freihändigen Verkaufs der Verwertung zugeführt werden, wenn mit dem Absonderungsgläubiger eine Verwertungsvereinbarung geschlossen wird.

§ 223 Abs. 2 eröffnet die Möglichkeit, durch einen Insolvenzplan in Absonderungsrechte einzugreifen. Vorgesehen sind neben der Kürzung oder Stundung auch sonstige Regelungen, sodass auch eine abweichende Regelung zu den in §§ 166 ff. getroffen werden kann. Der betroffene Absonderungsgläubiger ist dadurch geschützt, dass im Fall einer Schlechterstellung im Plan die Versagungsmöglichkeit (§ 251 Abs. 1 Nr. 2) bzw. ein Ausgleichsanspruch nach § 251 Abs. 3 zusteht.

3. Insolvenzgläubiger (§ 38)

In der Regelabwicklung erfolgt die Befriedigung der Insolvenzgläubiger (§ 38) nach Auskehrung der Verwertungserlöse der Absonderungsgegenstände, der Begleichung der Forderungen der Massegläubiger (§ 53) und Erfüllung möglicher Sozialplanansprüche (§ 123 Abs. 2) zum Abschluss des Insolvenzverfahrens (§ 196). Die Befriedigung der Insolvenzgläubiger erfolgt gleichmäßig. Eine Rangordnung, die die Konkursordnung noch vorsah, gibt es in der InsO nicht mehr.

14 Durch den Insolvenzplan können unterschiedlichen Gläubigergruppen verschiedene Quotenzahlungen zugesprochen werden. Sogar der vollständige Verzicht ist möglich. Ebenso kann der Zeitpunkt der Quotenauszahlung durch Stundung festgelegt werden, sodass auch nach Aufhebung des Verfahrens Ausschüttungszahlungen an die Gläubiger geregelt werden können. Eine solche Stundung bietet sich insbesondere dann an, wenn die Befriedigung der Gläubiger durch spätere Einnahmen aus dem Geschäftsbetrieb erfolgen soll, wie beispielsweise bei langfristigen Projektgeschäften dies der Fall sein kann. Zu beachten ist jedoch, dass dann ggf. die Zustimmungsfiktion (Obstruktionsverbot) aus § 245 nicht mehr möglich ist, da Insolvenzgläubiger unterschiedlich behandelt werden (Abs. 2 Nr. 3).

4. Nachranggläubiger (§ 39)

15 Neben der Befriedigung der Gläubiger im Rang des § 38 kann auch die der Nachranggläubiger (§ 39) im Insolvenzplanverfahren geregelt werden. Dabei ist zu berücksichtigen, dass ohne eine besondere Regelung im Plan diese als erlassen gelten (§ 225).

5. Massegläubiger/Neugläubiger

16 Masseverbindlichkeiten (§ 53) sind die Massekosten (§ 54), die sonstigen Masseverbindlichkeiten (§ 55) sowie die Zahlungen auf den Sozialplan (§ 123).

17 Bei den Massekosten (§ 54) kann die Vergütung des (vorläufigen) Gläubigerausschusses (§ 73) sowie des (vorläufigen) Insolvenzverwalters (§ 63) bzw. Sachwalters im Plan seit der BGH-Entscheidung v.16.2.2017 nicht mehr geregelt werden (→ Rn. 24).

18 Die Befriedigung der sonstigen Massegläubiger (§ 55) kann durch den Insolvenzplan nur in den Fällen der Masseunzulänglichkeit geregelt werden (§ 210a). Durch die Einführung des § 210a im ESUG wurde dem Umstand Rechnung getragen, dass auch im Fall eines §§ 208 ff. die Planregelungen eröffnet sein müssen.

19 Die als Masseverbindlichkeiten eingestuften Sozialplanansprüche (§ 123) unterliegen im Insolvenzplanverfahren nicht der Deckelung auf 1/3 der an die Insolvenzgläubiger zur Verteilung anstehenden Masse (§ 123 Abs. 2 S. 2). Die absolute Obergrenze (2,5 Monatsverdienste, § 123 Abs. 1) bleibt aber unangetastet (BT-Drs. 12/2443, 154). Etwaige abweichende Regelungen sind insolvenzzweckwidrig und führen zur Unwirksamkeit des Sozialplans. Enthält der Insolvenzplan eine entsprechende Regelung ist dieser nach § 231 zurückzuweisen bzw. die Versagung der Planbestätigung (§ 250) hat zu erfolgen.

II. Verwertung der Insolvenzmasse

20 Die InsO sieht in § 1 vor, dass die Befriedigung der Gläubiger durch die Verwertung der Insolvenzmasse zu erfolgen hat. In Anlehnung an die Konkursordnung geht man hier von der Versilberung der unter den Insolvenzbeschlag fallenden Vermögensgegenstände aus. Dies soll grundsätzlich unverzüglich nach dem Berichtstermin erfolgen (→ § 159 Rn. 1 ff.).

21 Im Insolvenzplanverfahren abweichende Regelungen der Verwertung können insbesondere dahingehend ausgestaltet werden, dass nur einzelne Gegenstände zu versilbern sind oder erst zu einem späteren Zeitpunkt. Auch kann von einer Versilberung in Gänze Abstand genommen werden, was beim Sanierungs- bzw. Restrukturierungsplan das primäre Ziel ist.

21a Macht der Insolvenzverwalter einen Anspruch gerichtlich geltend, ist zu beachten, dass mit Aufhebung des Insolvenzverfahrens das Amt des Insolvenzverwalters erlischt und die Verwaltungs- und Verfügungsbefugnis auf den Schuldner zurückgeht. Insoweit ist eine Planregelung unzulässig, die vorsieht, dass der Insolvenzverwalter nach Aufhebung des Insolvenzverfahrens die Forderung treuhänderisch gerichtlich weiterverfolgt (BeckRS 2018, 9510). Möglich ist es aber, die dem Rechtsstreit zugrunde liegende Forderung abzutreten.

21a.1 Hierzu der BGH: „Es ist alleine Sache des Schuldners, nach Verfahrensaufhebung ihm zustehende Forderungen durchzusetzen [...]. Mit der Verfahrensaufhebung entfällt neben der Verwaltungs- und Verfügungsbefugnis auch die Prozessführungsbefugnis des Insolvenzverwalters [...]. Eine entsprechende Befugnis kann der Insolvenzplan weder dem Insolvenzverwalter noch einem Dritten verleihen. Angesichts ihres Ausnahmecharakters kann die Vorschrift des § 259 Abs. 3 Satz 1 InsO auf andere als schwebende Insolvenzanfechtungsverfahren nicht analog angewendet werden [...].Vielmehr verbietet die Vorschrift nach Verfahrensende, zugunsten der Masse jegliche – gleich ob Insolvenzanfechtung oder sonstige Ansprüche betreffende - Rechtsstreitigkeiten einzuleiten [...]. Bei dieser Sachlage kann der vorliegende Insolvenzplan auch einen anwaltlichen Treuhänder nicht wirksam ermächtigen, nach Verfahrensaufhebung eine Forderung des Schuldners gegen die P AG Z. einzuklagen. Die Gläubigerautonomie findet ihre Grenze in den Regelungen des § 259 Abs. 1 Satz 2, Abs. 3 Satz 1 InsO. Im Falle einer gegenteiligen Beurteilung könnte durch den Insolvenzplan die Aufgabe der Durchsetzung von Forderungen des Schuldners auf beliebige dritte Treuhänder ausgelagert werden. Die Befugnisse des Insolvenzverwalters dürfen nicht auf einen außenstehenden, als Treuhänder bezeichneten Dritten übertragen werden [...]."

III. Verteilung der Verwertungserlöse an die Beteiligten

Erfolgt die Abwicklung eine Insolvenzverfahren ohne Insolvenzplan ist die Verteilung der Verwertungserlöse streng geregelt. Das Insolvenzplanverfahren kann hier weitestgehend freie Regelungen treffen. Einzelne Gläubigergruppen können auf ihre Forderungen verzichten bzw. mit einer geringen Quote berücksichtigt werden, wobei stets der Minderheitenschutz (§ 251) bzw. die Schlechterstellung einzelner Gläubiger (§ 226) zu beachten ist. **22**

IV. Verfahrensabwicklung

Die Durchführung des Insolvenzverfahrens erfolgt nach strengen verfahrensrechtlichen Normen. In Abweichung zu diesen kann im Insolvenzplanverfahren die Rechnungslegungspflicht (→ § 66 Rn. 3) geregelt werden, sofern die Rechtsmittelmöglichkeit der jeweiligen Beteiligten hierdurch nicht ausgeschlossen werden (vgl. zur Problematik BGH BeckRS 2016, 13378 Rn. 27). Keine Regelungsmöglichkeit eröffnet der Insolvenzplan jedoch bei der Vergütung des (vorläufigen) Gläubigerausschusses (→ § 73 Rn. 1 ff.) und der Vergütung des Insolvenzverwalters (→ § 63 Rn. 1 ff.) bzw. des Sachwalters (BGH BeckRS 2017, 10269). **23**

1. Vergütung der Beteiligten

Bis zur Entscheidung des BGH v. 16.2.2017 (BeckRS 2017, 10269) war anerkannt, dass im Insolvenzplan die Vergütung des (vorläufigen) Gläubigerausschusses und des Insolvenzverwalters/Sachwalters mit deren Zustimmung geregelt werden kann. (Rückschluss BGH NZI 2007, 341 Rn. 8; → Rn. 24.1). **24**

Rechtslage bis zum 16.2.2017: Die Vergütungsfestsetzung erfolgte im Wege des Beschlussverfahrens durch das Gericht. Das Gericht war bei der Höhe nach an die Entscheidung der stimmberechtigten Beteiligten entsprechend § 4 iVm § 278 Abs. 6 ZPO gebunden (LG München NZI 2013, 972; Hingerl ZIP 2015, 159 ff.). Die Wertung einer solchen Absprache als nichtige Vergütungsvereinbarung und somit nicht bindend für das Insolvenzgericht (Schöttler NZI 2014, 852 ff.) war aufgrund der notwendigen Rechtssicherheit und der Entscheidungsautonomie der Gläubiger nicht sachgerecht. Man ging davon aus, dass die Gläubigerautonomie im Insolvenzplan auch die Regelung der Vergütungsansprüche der Beteiligten umfasst. Ein Verstoß gegen den Amtsermittlungsgrundsatz (§ 5 Abs. 1) wurde abgelehnt. Eine entsprechende Planregelung griff nur in die Rechte der Gläubiger ein, da dadurch deren mögliche Befriedigungsquote beeinträchtigt wurde. Die Dispositionsbefugnis wurde somit bei den Gläubigern und ggf. beim Schuldner gesehen, nicht jedoch beim entsprechenden Gericht. **24.1**

Seit dem 16.2.2017 ist zumindest die Vergütungsregelung des Insolvenzverwalters (und wohl auch Sachwalters) nach hA (aA Hingerl ZInsO 2018, 776 ff., der davon ausgeht, dass durch die neue Regelung des § 217 die BGH-Entscheidung nicht zur Anwendung gelangt) nicht mehr zulässig. Es kann weder eine Vergütungsvereinbarung selbst im Plan getroffen werden noch kann die Planbestätigung von der Bedingung abhängig gemacht werden, dass das Insolvenzgericht die Vergütung des Insolvenzverwalters vor der Bestätigung festsetzt. Soweit die Durchführung des Insolvenzplans davon abhängt, dass die noch festzusetzende Vergütung des Insolvenzverwalters einen bestimmten Betrag nicht übersteigt, steht es ihm nach Ansicht des BGH frei, gegenüber allen am Insolvenzplan Beteiligten eine Erklärung iSd § 230 Abs. 3 abzugeben, wonach er sich verpflichtet, keine einen bestimmten Betrag übersteigende Vergütung zu beantragen. Eine solche Erklärung berührt nach Ansicht des BGH weder die Unabhängigkeit des Insolvenzverwalters noch die Festsetzungsbefugnis des Insolvenzgerichts. Sie bindet nur den Insolvenzverwalter, nicht jedoch das Insolvenzgericht (BeckRS 2017, 10269). **24a**

Die Vergütungsregelung der Planüberwachung kann im Insolvenzplan ebenfalls nicht geregelt werden (LG Hamburg NZI 2018, 261 ff.). **24b**

Sofern der Insolvenzplan eine Vergütungsregelung beinhaltet, hat das Insolvenzgericht den Plan bereits bei der Vorprüfung (§ 231) zurückzuweisen oder im späteren Verfahrensablauf die Planbestätigung (§ 250) zu versagen (BeckRS 2017, 10269). **24c**

24d Zuständig für die Vergütungsfestsetzung ist die Rechtspflegerin, sofern kein Richtervorbehalt nach § 18 Abs. 2 RPflG angeordnet war. Es handelt sich nicht um eine Entscheidung nach § 18 Abs. 1 Nr. 2 RPflG.

2. Rechnungslegung

25 Der Insolvenzverwalter hat bei der Beendigung seines Amtes der Gläubigerversammlung Rechnung zu legen (→ § 66 Rn. 9). Die Rechnungsprüfung erfolgt zunächst durch das Insolvenzgericht (→ § 66 Rn. 14). Zuständig ist grundsätzlich die Rechtspflegerin (§ 3 Nr. 2 lit. e RPlfG). Im Insolvenzplan kann seit Einführung des ESUG hiervon eine abweichende Regelung getroffen werden (→ § 66 Rn. 12). Der Gesetzgeber (BT-Drs. 17/5712, 27) erkennt an, dass die Schlussrechnungslegung und eine Schlussrechnungsprüfung die Aufhebung des Insolvenzplanverfahrens erheblich verzögern kann, obwohl materiell-rechtlich eine Beendigung des Insolvenzverfahrens bereits durch die Planbestätigung eingetreten ist. Im Einzelfall können dadurch die Sanierungschancen beeinträchtigt werden. Den Gläubigern soll Gelegenheit gegeben werden, im Insolvenzplan eine Regelung über die Notwendigkeit einer Schlussrechnung zu treffen und ggf. auf diese nach § 66 vollständig zu verzichten (AG Ludwigshafen NZI 2015, 469). Auch eine zeitliche Verschiebung dahingehend, dass diese erst nach Aufhebung erfolgen kann, sieht der Gesetzgeber vor (BT-Drs. 17/5712, 27).

26 Fehlt eine entsprechende Regelung bezüglich der Rechnungsprüfung im Plan, hat der Insolvenzverwalter (oder die Eigenverwaltung) zur Aufhebung des Verfahrens die Rechnung nach § 66 Abs. 1 S. 1 gegenüber dem Insolvenzgericht zu legen. Die Zuständigkeit der Rechnungsprüfung liegt bei der Rechtspflegerin (AG Ludwigshafen NZI 2015, 469). Das Gericht hat dann auch eine Gläubigerversammlung zur Prüfung der Schlussrechnung anzusetzen, sofern der Insolvenzplan keine abweichende Regelung hat.

3. Nicht regelbare Verfahrensfragen

27 Nicht geregelt werden kann durch das Insolvenzplanverfahren die Abwahl und Neubestellung des Insolvenzverwalters. Insoweit ist die Regelung des § 57 abschließend.

28 Ebenso können verfahrensrechtliche Fristen durch den Plan nicht verkürzt werden, wie bei beispielsweise die Verkürzung von Rechtsmittel- oder Beschwerdefristen. Dies ergibt sich aus dem verfassungsrechtlich verankerten Rechtsstaatsprinzip, nach dem jedem Betroffenen rechtliches Gehör in einer angemessenen Frist gewährt werden muss.

29 Was im Planverfahren ebenso nicht geregelt werden kann, sind abweichende Regelungen zu §§ 174 ff. Erfolgte somit die Feststellung einer Forderung zur Insolvenztabelle kann diese nicht im Planverfahren als bestritten (in LG Frankfurt a. M. NZI 2008, 110 thematisiert; durch Einführung des ESUG und Erweiterung des § 217 aber nach hM weiterhin nicht möglich vgl. MüKo-InsO/Eidenmüller Rn. 124) bzw. als Nachrangforderung umgewidmet werden. Verteilungsfragen sind hiervon nicht betroffen (BGH BeckRS 2010, 17861).

V. Haftung des Schuldners

30 Der Schuldner haftet nach der Insolvenzordnung gegenüber seinen Gläubigern mit seinem gesamten pfändbaren Vermögen (§§ 1, 35, 36). Wird der Insolvenzplan durch den Schuldner selbst eingereicht, ist sein Ziel insbesondere auf die Befreiung der Verbindlichkeiten gerichtet (§ 227). Wird der Insolvenzplan vom Insolvenzverwalter bzw. Sachwalter eingereicht, können andere Ziele im Fokus stehen. Den Gestaltungsmöglichkeiten des Planverfahrens sind die Grenzen nur dort zu sehen, wo die Haftung des Schuldners gegen seinen Willen erweitert werden soll (§ 247).

VI. Gesellschaftsrechtliche Maßnahmen

31 Ein wesentlicher Vorteil des Insolvenzplanverfahrens ist die Umsetzung gesellschaftsrechtlicher Maßnahmen (§§ 225, 228, 254a). Während dies außerhalb des Insolvenzplanverfahrens nur durch die Gesellschafter erfolgen kann, sind die Maßnahmen im Planverfahren in entsprechenden Grenzen durch die Gläubiger umsetzbar. Eine bei juristischen Personen stets zu findende Regelung ist der im Plan verankerte Fortsetzungsbeschluss (→ § 225a Rn. 16), soweit kein Liquidationsplan vorgelegt wird. Daneben können debt-to-equity-swap Maßnahmen, Satzungsänderungen wie zB die Änderung des Geschäftsjahrs sowie die Bestellung von Organen umgesetzt werden. Ob Maßnahmen nach dem Umwandlungsgesetz umgesetzt werden können, ist offen (→ § 225a Rn. 19).

VII. Gruppeninterne Drittsicherheiten (Abs. 2)

§ 217 Abs. 2 ist zum 1.1.2021 in Kraft getreten. Nach dem Willen des Gesetzgebers soll dadurch 32
die Regelungskompetenz von Insolvenzplänen erweitert werden. Es soll erstmals die Möglichkeit
eröffnet werden, in einem Insolvenzplan die Rechte von Inhabern von Insolvenzforderungen zu
gestalten, die diesen aus einer Drittsicherheit zustehen.

Die Regelung des Abs. 2 soll die Sanierung von Unternehmensgruppen erleichtern. Die Mög- 33
lichkeit der Einbeziehung von Rechten aus Drittsicherheiten ist daher auf Drittsicherheiten
beschränkt, die von unmittelbaren oder mittelbaren Tochterunternehmen des Schuldners gestellt
wurden.

Bis zur Einführung der Regelung konnten nicht die Rechte von Inhabern von Insolvenzforde- 34
rungen gestaltet werden, die diesen aus einer Drittsicherheit zustehen. § 254 Abs. 2 S. 1 aF hat
dies in Folge der Regelungen zur Konkursordnung und die Rechtsprechung des Reichsgerichts
ausgeschlossen. Begründet wurde dies dadurch, dass Drittsicherheiten kein Bestandteil der Insolvenzmasse sind. Der gesicherte Gläubiger konnte daher gem. § 254 Abs. 2 S. 1 aF den Drittsicherungsgeber unabhängig von einer Gestaltung der gesicherten Forderung im Insolvenzplan vollumfänglich aus der Drittsicherheit in Anspruch nehmen. Der Drittsicherungsgeber konnte seinerseits
aufgrund der in § 254 Abs. 2 S. 2 aF geregelten Regresssperre seine Regressforderung nur in der
Höhe durchsetzen, die dem Gläubiger nach dem bestätigten Insolvenzplan erhalten geblieben war
(BT-Drs. 19/24181, 194 f.).

Der Gesetzgeber nimmt von dem oben aufgezeigten Grundsatz nun Abstand. Begründet wird 35
dies dadurch, dass gerade bei der Sanierung von Unternehmensgruppen oftmals ein Bedürfnis
besteht, auch gruppenintern gestellte Sicherheiten in die Restrukturierung einzubeziehen, um
den Wert der Gruppe zu erhalten und Folgeinsolvenzen von Gruppengesellschaften zu verhindern
(BT-Drs. 19/24181, 195).

Um den Zweck der Bestellung von Drittsicherheiten, die Absicherung des Sicherungsnehmers 36
gerade für den Fall der Leistungsunfähigkeit des Schuldners, nicht zu unterlaufen, muss sichergestellt sein, dass der Sicherungsnehmer nicht gezwungen werden kann, auf den ihm zustehenden
Wert einer Drittsicherheit zu verzichten. Der neue § 223a regelt ausdrücklich, dass der Eingriff
in Rechte an gruppeninternen Drittsicherheiten angemessen zu entschädigen ist. Zudem gilt das
Schlechterstellungsverbot des § 245 Abs. 1 Nr. 1, § 251 Abs. 1 Nr. 2.

Um eine Drittsicherheit der Planregelung zu entwerfen, muss es sich bei dem Sicherungsgeber 37
um ein verbundenes Unternehmen iSv § 15 AktG handeln. Hierunter fallen rechtlich selbstständige Unternehmen, die im Verhältnis zueinander in Mehrheitsbesitz stehende Unternehmen und
mit Mehrheit beteiligte Unternehmen (§ 16 AktG), abhängige und herrschende Unternehmen
(§ 17 AktG), Konzernunternehmen (§ 18 AktG), wechselseitig beteiligte Unternehmen (§ 19
AktG) oder Vertragsteile eines Unternehmensvertrags (§§ 291, 292 AktG) sind. Auf die Kommentierung zu § 15 AktG wird insoweit verwiesen.

Die durch Abs. 2 einer Planregelung unterworfenen Rechte sind bewusst weit gefasst. Neben 38
Bürgschaften (Abs. 2 Alt. 2) und Mitverpflichtungen (Abs. 2 Alt. 2) kann auch eine Patronatserklärung eines verbundenen Unternehmens (Abs. 2 Alt. 3) der Planregelung unterworfen werden.
Ebenso sind Garantieversprechen oder ähnliches als „anderweitige übernommene Haftung"
(Abs. 2 Alt. 2) zu sehen.

Bei dem Eingriff in Rechte der Inhaber von Insolvenzforderungen an Gegenständen des Vermö- 39
gens des verbundenen Unternehmens (Abs. 2 Alt. 4) sind nach dem Wortlaut nicht nur Gegenstände, die in einem späteren Insolvenzverfahren der Absonderung unterliegen, einer Regelung
eröffnet, sondern auch Gegenstände, die zur späteren Aussonderung berechtigten. Ob dies vom
Willen des Gesetzgebers umfasst sein soll, ist fraglich. Allerdings werden die möglichen Fälle in der
Praxis auch nur wenig relevant sein. Umfasst sein werden daher überwiegend Grundpfandrechte,
Sicherungsübereignungen und Verpfändungen.

Erfolgt ein Eingriff in Drittsicherheiten, haben die betroffenen Gläubiger einen Ausgleichsan- 40
spruch nach § 223a. Im darstellenden Teil sind entsprechende Ausführungen gesondert vorzunehmen (§ 220 Abs. 3); für die betroffenen Gläubiger ist eine eigene Gruppe zu bilden (§ 222 Abs. 1
S. 2 Nr. 5). Die Stimmrechtsfestsetzung erfolgt nach § 238b. Die Sicherungsgeber habe ihre
Zustimmung bezüglich des Eingriffs in die von ihnen gestellten Sicherheit zu erteilen (§ 230 Abs. 4).

§ 218 Vorlage des Insolvenzplans

(1) ¹Zur Vorlage eines Insolvenzplans an das Insolvenzgericht sind der Insolvenzverwalter und der Schuldner berechtigt. ²Die Vorlage durch den Schuldner kann mit dem

Antrag auf Eröffnung des Insolvenzverfahrens verbunden werden. ³Ein Plan, der erst nach dem Schlußtermin beim Gericht eingeht, wird nicht berücksichtigt.

(2) Hat die Gläubigerversammlung den Verwalter beauftragt, einen Insolvenzplan auszuarbeiten, so hat der Verwalter den Plan binnen angemessener Frist dem Gericht vorzulegen.

(3) Bei der Aufstellung des Plans durch den Verwalter wirken der Gläubigerausschuß, wenn ein solcher bestellt ist, der Betriebsrat, der Sprecherausschuß der leitenden Angestellten und der Schuldner beratend mit.

Überblick

Die Möglichkeit der Einreichung eines Insolvenzplans (→ Rn. 1) und die Beteiligung der Betroffenen (→ Rn. 17) ist durch § 218 auf wenige Beteiligte begrenzt. Eine Pflicht zur Vorlage eines Insolvenzplans kann dem Verwalter durch die Gläubigerversammlung auferlegt werden (→ Rn. 13).

Übersicht

	Rn.		Rn.
A. Normzweck	1a	1. Gläubigerversammlung	13
B. Regelungsinhalt	1	2. Gläubigerausschuss	16
I. Berechtigung zur Planvorlage	1	IV. Mitwirkung und Beratung bei der Planerstellung (Abs. 3)	17
1. (Vorläufiger) Insolvenzverwalter	2		
2. (Vorläufiger) Sachwalter	3	V. Vorlage mehrerer Insolvenzpläne	21
3. Schuldner	4	VI. Wirkung der Planvorlage	22
4. Gläubiger, Gesellschafter und Anteilseigner	7	VII. Dispositionsrecht	23
II. Zeitpunkt der Planvorlage	9	VIII. Kosten der Planerstellung bzw. des Planverfahrens	24
III. Pflicht zur Planvorlage (Abs. 2)	13		

A. Normzweck

1a Vor der Einführung der InsO im Jahr 1999 konnte Zeit d KO und GesO im Wege des (Zwangs-)Vergleichs die Sanierung nach den Regelungen der VerglO erfolgen. Nach dieser vom 26.2.1935 stammenden Rechtsnorm wurde dem vertrauenswürdigen Schuldner die Möglichkeit eröffnet, die Abwendung des Konkurses über sein Vermögen herbeizuführen, um seine wirtschaftliche Existenz zu retten. Der Antrag konnte nur vom Schuldner gestellt werden (§ 2 Abs. 1 S. 2 VerglO). Seit der Einführung der Insolvenzordnung steht das Recht auch dem Insolvenzverwalter zu. Der Gesetzgeber geht davon aus, dass primär der Insolvenzverwalter im Auftrag der Gläubigerversammlung das Planverfahren einleitet.

B. Regelungsinhalt

I. Berechtigung zur Planvorlage

1 Die Berechtigung zur Vorlage des Insolvenzplans hat ausschließlich der Insolvenzverwalter und der Schuldner. Die Berechtigung des Schuldners einen Insolvenzplan vorzulegen eröffnet nach Ansicht des OLG Stuttgart (BeckRS 2016, 111325) nicht die Befugnis zur Einberufung einer Anleihegläubigerversammlung nach dem SchVG. Eine Annexkompetenz hierzu kann nach Ansicht des OLG Stuttgart nicht aus § 218 abgeleitet werden. Die Ausarbeitung eines Insolvenzplans und die Werbung für einen solchen Plan soll außerhalb einer förmlichen Anleihegläubigerversammlung erfolgen und nicht im insolvenzgerichtlichen Verfahren (hierzu auch Schütze/Barthel ZInsO 2017, 688 ff.; Dimassi EWiR 2017, 151).

1. (Vorläufiger) Insolvenzverwalter

2 Der vorläufige Insolvenzverwalter kann lediglich einen Insolvenzplan vorbereiten und diesen – sofern Personenidentität mit dem Insolvenzverwalter – dann ggf. mit Eröffnung des Insolvenzverfahrens einreichen (aA Nerlich/Römermann/Braun Rn. 30 f. der dem vorläufigen „starken" Insolvenzverwalter das Recht einräumt). Das Vorlagerecht des Insolvenzverwalters ist ein Initiativ-

recht, sodass eine Beauftragung durch die Gläubiger nicht notwendig ist (BT-Drs. 12/2443, 195 insoweit noch abweichend).

2. (Vorläufiger) Sachwalter

Ist im Fall der Eigenverwaltung ein Sachwalter bestellt, hat dieser kein eigenes Planvorlagerecht. Insoweit ist der Wortlaut des Abs. 2 abschließend. Er kann jedoch von der Gläubigerversammlung zur Ausarbeitung eines Insolvenzplans beauftragt werden (§ 284 Abs. 1 S. 1). Auch eine Übertragung des Planinitiativrechts durch den (vorläufigen) Gläubigerausschuss ist zulässig (BeckRS 2016, 17382). 3

3. Schuldner

Ist der Schuldner eine juristische Person steht das Vorlagerecht den zur Vertretung berechtigten Organen vor (bei der GmbH dem Geschäftsführer, bei der AG dem Vorstand etc). Ein Gesellschafterbeschluss bedarf es nach § 37 Abs. 1 GmbHG nur dann, wenn keine Eigenverwaltung angeordnet ist (§ 276a S. 1). Bei Personengesellschaften (GbR, OHG, GmbH & Co. OHG, KG, GmbH & Co. KG, Partnerschaft, stille Gesellschaft, Partnerreederei, EWIV) steht das Vorlagerecht den jeweiligen persönlich haftenden Gesellschaftern zu. 4

Ob jedes Organ allein berechtigt ist das Vorlagerecht auszuüben richtet sich nach den Regelungen der gesetzlichen bzw. die der gesellschaftsvertraglichen Vertretungsberechtigung (hL, MüKoInsO/Eidenmüller Rn. 75; Graf-Schlicker/Kebekus/Wehler Rn. 4.). Die Ansicht von Lüer/Streit, dass die Planvorlage sowohl durch die vertretungsberechtigten Gesellschafter als auch hilfsweise durch alle Gesellschafter gemeinschaftlich erfolgen soll – ohne die Kommanditisten – (Uhlenbruck/Lüer/Streit Rn. 10) ist zu weitreichend. Der Insolvenzplan nach der InsO sieht die Möglichkeit vor auf die Gesellschafterstellung unmittelbar einzuwirken, sodass die zur VerglO entwickelten Grundgedanken keine Anwendung finden sollten. Andernfalls würde man den Gesellschaftern ein Blockadepotential zugestehen (zB die Verwertungssperre nach § 233), welches die InsO gerade nicht vorsieht. 5

Das Initiativrecht des Schuldners kann bei der Abwicklung des Insolvenzverfahrens teilweise zu Irritationen führen. Insbesondere dann, wenn die Vorstellungen vom Verfahrensablauf des geschäftsführenden Gesellschafters von denen des Insolvenzverwalters abweichen. Denn der Schuldner kann mit Planeinreichung die Aussetzung der Verwertung beantragen (§ 233) und somit eingeleitete oder beabsichtigte Verwertungsmaßnahmen des Insolvenzverwalters iRd § 233 bzw. § 231 Abs. 2 oder § 30a ZVG zeitlich verzögern. Dies ist jedoch iRd § 233 bzw. § 231 Abs. 2 oder § 30a ZVG hinzunehmen (→ Rn. 6.1). 6

Eine Annexkompetenz zum Recht der Einberufung einer Anleihegläubigerversammlung nach dem SchVG soll sich nach Ansicht des OLG Stuttgart aus § 218 zugunsten des Geschäftsführers nicht herleiten lassen (OLG Stuttgart BeckRS 2016, 111325). Nach Ansicht des OLG erteilt § 218 Abs. 1 dem Schuldner keine zusätzlichen Befugnisse im Hinblick auf die Ausarbeitung eines Insolvenzplans. Die Ausarbeitung eines Insolvenzplans und die Werbung für einen solchen Plan soll nach Ansicht des OLG außerhalb einer förmlichen Anleihegläubigerversammlung erfolgen, zumal es nicht zu den Aufgaben einer Anleihegläubigerversammlung nach dem SchVG gehören soll, einen Insolvenzplan gem. § 218 aufzustellen oder daran mitzuwirken. 6.1

4. Gläubiger, Gesellschafter und Anteilseigner

Einzelne Gläubiger haben kein Vorlagerecht (BT-Drs. 12/2443, 50; BGH NZI 2005, 619). Lediglich die Gläubigerversammlung kann den Insolvenzverwalter bzw. im Fall der Eigenverwaltung den Schuldner oder Sachwalter mit einer Planerstellung beauftragen (Abs. 2). Der Gläubigerausschuss hat kein Recht zur Planvorlage. 7

Die Gesellschafter bzw. Anteilseigner haben kein eigenes Planvorlagerecht (aA Uhlenbruck/Lüer/Streit Rn. 10). Diese können nach der hier vertretenen Ansicht unter Beachtung des § 276a nur über gesellschaftsrechte Weisungsmöglichkeiten die organschaftlichen Vertreter mit der Planvorlage beauftragen. 8

II. Zeitpunkt der Planvorlage

Stellt der Schuldner einen Antrag auf Eröffnung eines Insolvenzverfahrens, kann dieser bereits bei Antragstellung einen Insolvenzplan einreichen (sog. pre-packaged-plan). Eine Einreichung 9 durch den Schuldner zwischen Insolvenzantragstellung und Eröffnung muss in diesem Zusammenhang aufgrund der teleologischen Reduktion des § 218 Abs. 1 S. 2 ebenfalls möglich sein.

10 Im vorbereitenden Sanierungsverfahren nach § 270d kann ein Insolvenzplan bis zur Beendigung des Verfahrens nach § 270d eingereicht werden. In der Praxis erfolgt entweder eine Planeinreichung mit Einleitung des Verfahrens nach § 270d bzw. innerhalb der gerichtlich gesetzten Frist. Nachdem die Umsetzung des Planverfahrens auch im Verfahren nach § 270d eine Eröffnung des Insolvenzverfahrens zwingend voraussetzt, kann die Einreichung auch nach Eröffnung des Insolvenzverfahrens erfolgen.

11 Darüber hinaus kann der Insolvenzplan nur nach Eröffnung des Insolvenzverfahrens eingereicht werden. Ein nach dem Schlusstermin (§ 197) eingereichter Insolvenzplan wird nicht mehr berücksichtigt. In der Insolvenz einer Genossenschaft kann vor Beendigung des Nachschussverfahrens (§§ 105–115d GenG) die Planeinreichung erfolgen (§ 116 Nr. 1 GenoG).

12 Maßgeblich für die fristgerechte Einreichung des Insolvenzplans ist der Zugang des Plans bei Gericht. Ob zur Fristwahrung die Übersendung per Mail oder Telefax genügt, ist offen. Die Regelungen der §§ 217 ff. (→ § 217 Rn. 1 ff.) sehen kein Schriftformerfordernis der Planunterlagen vor, wobei die wohl überwiegende hL von einem Schriftformerfordernis nach § 126 BGB ausgeht (Uhlenbruck/Lüer/Streit Rn. 30). Zur Vermeidung entsprechender Nachteile sollte der Schriftform beachtet werden, sodass nach § 4 iVm § 130 Nr. 6 ZPO die Übermittlung per Telefax zur Fristwahrung genügt. Die Übermittlung per Mail muss den Anforderungen nach § 130a ZPO genügen.

III. Pflicht zur Planvorlage (Abs. 2)

1. Gläubigerversammlung

13 Die Gläubigerversammlung (→ § 74 Rn. 1 ff., → § 79 Rn. 1 ff.) kann den Insolvenzverwalter, im Eigenverwaltungsverfahren den Schuldner oder Sachwalter (§ 284), beauftragen einen Insolvenzplan zu erarbeiten und einzureichen. Die Entscheidung erfolgt gem. § 157 S. 2 bereits im Berichtstermin (§ 29 Abs. 1 Nr. 1). Sie kann durch eine spätere Gläubigerversammlung geändert werden (→ § 157 Rn. 1 ff.).

14 Beauftragt die Gläubigerversammlung den Insolvenzverwalter einen Insolvenzplan zu erstellen, hat er den Plan binnen einer angemessenen Frist einzureichen. Die Gläubigerversammlung und das Gericht sollten in Abstimmung mit dem Planersteller die Frist in ihrer Entscheidung bestimmen, sodass im späteren Verlauf über den unbestimmten Rechtsbegriff der „angemessenen Frist" keine weiteren Erörterungen notwendig sind. Die Frist ist anhand der Größe des Verfahrens, der angestrebten Ziele des Insolvenzplanverfahrens und seinen Regelungsinhalten sowie anhand der bereits zeitlichen Befassung des Planerstellers mit dem Schuldner im Vorfeld zu bestimmen. Erfolgt die Fristsetzung nur durch das Gericht als verfahrensleitende Maßnahme, kann dies grundsätzlich auch verlängert werden (Uhlenbruck/Lüer/Streit Rn. 21), sofern entsprechende Gründe vorgetragen werden. Erachtet der Insolvenzverwalter den Beschluss der Gläubigerversammlung zur Erstellung und Einreichung eines Insolvenzplans als dem Verfahrensziel undienlich, kann der Insolvenzverwalter in der Gläubigerversammlung die Aufhebung des Beschlusses beantragen (→ § 78 Rn. 1 ff.). Andernfalls ist er an die Entscheidung gebunden und verpflichtet, diese im Interesse der Gläubigergemeinschaft umzusetzen. Setzt der Insolvenzverwalter die Aufgabe zur Planeinreichung nicht innerhalb der angemessenen Frist um, kann dies durch gerichtliche Zwangsmaßnahmen (Zwangsgeld, § 58 Abs. 2) oder Entlassung (§ 59) sanktioniert werden. Darüber hinaus kann den Insolvenzverwalter eine persönliche Haftung nach § 60 treffen, da es sich um eine insolvenzspezifische Pflicht handelt.

15 Die Gläubigerversammlung kann zulasten der Insolvenzmasse keinen Dritten mit der Erstellung eines Insolvenzplans beauftragen. Ein Weisungsrecht der Gläubigerversammlung Masseverbindlichkeiten zu begründen sieht die InsO nicht vor. Die Regelungen des § 218 bzw. § 284 sind insoweit abschließend. Die Gläubigerautonomie findet hier ihre Grenzen.

2. Gläubigerausschuss

16 Der Gläubigerausschuss hat kein eigenes Recht den Insolvenzverwalter bzw. den Schuldner oder Sachwalter zu beauftragen. Seine originären Aufgaben sind in § 69 geregelt. Aufgrund der Gläubigerautonomie muss es aber möglich sein, dass die Gläubigerversammlung die Entscheidungskompetenz nach (→ § 157 Rn. 1 ff.) auf den Gläubigerausschuss überträgt.

IV. Mitwirkung und Beratung bei der Planerstellung (Abs. 3)

Erfolgt die Erstellung des Insolvenzplans durch den Insolvenzverwalter wird dem Gläubigerausschuss, dem Betriebsrat, dem Sprecherausschuss der leitenden Angestellten und dem Schuldner selbst eine beratende Funktion zugeteilt. Zwar eröffnet die Regelung keine Einwendungsmöglichkeit der genannten Beteiligten gegen den Regelungsinhalt des Plans bereits bei der Planerstellung, sie haben aber entsprechende Informationsrechte (HmbKommInsR/Thies § 219 Rn. 14). Die Anmerkungen der beratenden Beteiligten sind vom Insolvenzverwalter nicht zwingend umzusetzen. Um die Planbestätigung im Abstimmungstermin zu erhalten, bietet es sich aber an, dass die Anmerkungen aufgenommen und ggf. im Wege des Konsens (hierzu Uhlenbruck/Lüer/Streit Rn. 37) berücksichtigt werden. 17

Eine Verpflichtung zur Beteiligung besteht nur insoweit, dass bei fehlender Beteiligung eine gerichtliche Zurückweisung nach § 231 Abs. 1 Nr. 1 möglich ist (MüKoInsO/Eidenmüller Rn. 6 ff.; aA HK-InsO/Flessner Rn. 14). Eine Versagung der Planbestätigung nach § 250 ist ausgeschlossen. Die fehlende Beteiligung wird durch den Erörterungstermin geheilt. Eine fehlende Beteiligung liegt aber nur dann vor, wenn der Planersteller die Beteiligten überhaupt nicht in die Planerstellung einbezogen hat. Es genügt daher, wenn er seinen Planentwurf diesen zur Kenntnis überlässt mit der Möglichkeit, etwaige Anmerkungen ihm in einer angemessenen Frist zukommen zu lassen. Lediglich der Insolvenzverwalter kann sich exkulpieren, wenn eine Planeinreichung aufgrund der fehlenden Beteiligung gar nicht oder nicht innerhalb der angemessenen Frist erfolgen kann. 18

Die Regelung des Abs. 3 soll auch dann gelten, wenn der Insolvenzverwalter ohne Auftrag der Gläubigerversammlung einen Plan erarbeitet (Uhlenbruck/Lüer/Streit Rn. 34 mwN). 19

Ist ein Gläubigerausschuss nicht bestellt, erstreckt sich die Beratungs- und Mitwirkungsfunktion nicht auf die Gläubigerversammlung. Ebenso wenig können Gewerkschaften auf Grundlage dieser Norm in die Planerstellung einbezogen werden bzw. entsprechendes Informationsrecht ableiten. Eine entsprechende Ausweitung ist vom Gesetzeswortlaut und Ziel der Regelung nicht umfasst. 20

V. Vorlage mehrerer Insolvenzpläne

Aufgrund des unterschiedlichen Einreichungs-, Vorlage- bzw. Initiativrechts besteht die Möglichkeit, dass mehrere Insolvenzpläne erarbeitet und eingereicht werden können. Es gilt in diesem Zusammenhang kein Prioritätsgrundsatz der Einreichung. Konkurrierende Planvorlagen sind möglich und waren vom Gesetzgeber auch als mögliches Verfahrenshindernis erkannt worden. Ist ein Insolvenzplan jedoch in Rechtskraft erstarkt (§ 254), kann nur dieser als bindend angesehen werden (ausf. zu diesem Thema Uhlenbruck/Lüer/Streit Rn. 16 ff. mwN). Ist bereits im Vorfeld absehbar, dass mehrere Insolvenzpläne eingereicht werden, wird das Gericht aufgrund der Verfahrensökonomie einen gemeinsamen Erörterungs- und Abstimmungstermin in der Erwartung ansetzen, dass die Gläubiger keine sich gegenseitig ausschließenden Insolvenzpläne bestätigen werden, sondern dass nur ein Plan angenommen wird. Sollte dies dennoch erfolgen, wird das Gericht wohl die Bestätigung von Amts wegen (§ 250) zumindest eines Plans beschließen. 21

VI. Wirkung der Planvorlage

Durch die Einreichung des Insolvenzplans kann nach § 233 die Verwertung ausgesetzt sein. Gleichzeitig werden die verfahrensrechtlichen Prozesse wie Vorprüfung des Plans von Amtswegen (§ 231), Einholung von Stellungnahmen (§ 232) und Abstimmung der Termine (§ 235) eingeleitet. 22

VII. Dispositionsrecht

Der eingereichte Plan kann bis zur rechtskräftigen Entscheidung zu jeder Zeit durch den Planeinreicher zurückgenommen werden. Die Beschränkung des Rücknahmerechts ist bis zum Abstimmungstermin (MüKoInsO/Eidenmüller Rn. 150 ff.) nicht notwendig. Einer Rücknahme gleichgesetzt wird die Änderung des Insolvenzplans (Uhlenbruck/Lüer/Streit Rn. 41). 23

VIII. Kosten der Planerstellung bzw. des Planverfahrens

Die Erstellung eines Insolvenzplans kann insbesondere bei Sanierungs- und Restrukturierungsmaßnahmen umfangreich und somit in der Regel auch kostenintensiv sein. Externe Kosten für die Erstellung des Insolvenzplans (zB Gutachter, Unternehmens- oder Rechtsberater) sind dann unzweifelhaft sonstige Masseverbindlichkeiten nach § 55, wenn die Planerstellung durch den Schuldner im Rahmen der Eigenverwaltung erfolgte oder der Insolvenzverwalter von der Gläubi- 24 gerversammlung beauftragt wurde, einen Insolvenzplan zu erstellen. Erfolgt die Planerstellung auf eigene Veranlassung des Insolvenzverwalters, hat er zu beachten, dass beauftragte Drittdienstleister nach § 4 Abs. 1 S. 2 InsVV ggf. nicht über die Masse abgerechnet werden können. In der Regel wird aber davon auszugehen sein, dass bei der Ausarbeitung von umfangreicheren Insolvenzplänen Drittdienstleister zulasten der Masse beauftragt werden dürfen und eine Anrechnung auf die Vergütung des Insolvenzverwalters nicht erfolgt.

25 Erstellt der Schuldner einen Insolvenzplan, hat er hierfür keinen Anspruch auf eine gesonderte Vergütung. Ebenso hat er keinen Anspruch auf Erstattung seiner Auslagen, wenn ein Insolvenzverwalter bestellt ist (als obiter dictum BeckRS 2008, 01033). Die Maßnahme stellt keine Verwaltungshandlung nach § 55 Abs. 1 Nr. 1 Alt. 2 dar. Beauftragt der Schuldner einen Rechtsanwalt, ist der nach RVG zu ermittelnde Gegenstandswert in der Regel die Differenz der begehrten und der im Insolvenzplan vorgesehenen Quote (vgl. BeckOK RVG/Sommerfeldt/Sommerfeldt RVG § 28 Rn. 11).

26 Erfolgt die Erstellung des Insolvenzplans durch den Verwalter, wird dies regelmäßig als erhöhender Zuschlagsfaktor auf seine Vergütung angesehen, sofern der Plan zur Annahme kommt bzw. die Verwaltung nach Abs. 2 mit der Planerstellung beauftragt wurde. Die Arbeiten am Plan müssen aber objektivierbar und durch das Gericht nachprüfbar sein (BeckRS 2015, 00939; BeckRS 2017, 122150). Macht der Insolvenzverwalter Zuschläge auf seine Vergütung bzw. einen Ersatzanspruch nach § 5 InsVV geltend, ist sicherzustellen, dass die Leistungen nicht nach § 4 InsVV an Dritte übergeben wurden. Erfolgte dies dennoch (zB die integrierte Planungsrechnung), so hat der Insolvenzverwalter in seinem Vergütungsantrag zu seinem Mehraufwand entsprechende Ausführungen vorzunehmen. Überwacht der Insolvenzverwalter nur die Insolvenzplanerstellung Dritter, eröffnet dies in der Regel keine Zuschlagsfaktor seine Vergütung (BeckRS 2017, 122150). Beim Sachwalter kann dies abweichend sein.

27 Ein zusätzlicher Gerichtsgebührentatbestand wird weder durch die Einreichung noch aufgrund der Durchführung des Insolvenzplanverfahrens ausgelöst. Diese sind mit den Gebühren des Insolvenzverfahrens (§ 23 GKG) abgegolten (Nicht/Schildt NZI 2013, 64 ff.; Begründung zur Art. 29 RegE EGInsO, 522). Die Deckelung der Gerichtskosten ist zu beachten.

§ 219 Gliederung des Plans

[1]Der Insolvenzplan besteht aus dem darstellenden Teil und dem gestaltenden Teil. [2]Ihm sind die in den §§ 229 und 230 genannten Anlagen beizufügen.

Überblick

Die in § 219 geregelte Planungliederung setzt eine zwingende Unterscheidung in den darstellenden (→ Rn. 3) und gestaltenden (→ Rn. 4) Teil voraus. Ein darüber hinaus vorgeschriebener Aufbau ist nicht gesetzlich verankert.

A. Normzweck

1 Durch die vom Gesetz geforderte Unterscheidung zwischen dem darstellenden und gestaltenden Teil soll sichergestellt werden, dass den Beteiligten zum einen die angestrebten Maßnahmen und Auswirkungen (darstellender Teil), zum anderen deren Umsetzung (gestaltender Teil) verdeutlicht wird. Von einer weiteren formellen Bindung hat der Gesetzgeber bewusst Abstand genommen, um jedem Einzelfall gerecht zu werden. Dessen ungeachtet hat sich der Standard der Wirtschaftsprüfer (IDW S 2) als Gliederungsvorschlag in der Praxis bewährt.

B. Regelungsinhalt

I. Formaler Aufbau

2 Ein Insolvenzplan besteht zwingend aus einem darstellenden und einem gestaltenden Teil. Diese sollten klar voneinander getrennt sein. Um den Beteiligten den benötigten wirtschaftlichen Freiraum zu gewähren, hat sich der Gesetzgeber in den §§ 217 ff. darauf beschränkt, nur die Rahmenbedingungen festzulegen.

II. Darstellender Teil – § 220

Der Aufbau des darstellenden Teils ist in § 220 normiert. Er muss alle Angaben zu den Grundlagen und den Auswirkungen des Plans enthalten, die für die Entscheidung der Gläubiger über die Zustimmung und gerichtliche Bestätigung erheblich sind. Der BGH geht davon aus, dass alle Angaben unerlässlich sind, die für eine sachgerechte Urteilsfindung der Beteiligten notwendig sind. Maßstab ist des Interesse des jeweils betroffenen (BeckRS 2015, 11262). Ein gewisser Grundbestand an Informationen muss im darstellenden Teil enthalten sein und kann nur im Ausnahmefall weggelassen werden (BeckRS 2008, 02561; BeckRS 2012, 02102).

III. Gestaltender Teil – § 221

Im gestaltenden Teil wird festgelegt wie die Rechtsstellung der Beteiligten durch den Insolvenzplan geändert werden sollen (§ 221 S. 1, → § 221 Rn. 1 ff.). Ferner kann im gestaltenden Teil eine Vollmacht zur Planumsetzung erteilt werden (§ 221 S. 2, → § 221 Rn. 5 ff.).

IV. Plananlagen

Zur Übersichtlichkeit des Plans hat der Gesetzgeber die Möglichkeit eröffnet, die Vermögensübersicht und den Ergebnis- und Finanzplan als Anlage anzufügen (→ § 229 Rn. 1 ff.). Soll das Unternehmen fortgeführt werden oder sollen Gesellschaftsrechte übertragen werden bzw. hat ein Dritte etwaige Zahlungspflichten übernommen, sind diese Erklärungen ebenfalls als Anlagen (→ § 230 Rn. 1 ff.) anzufügen. Weitere Anlagen können angefügt werden, sofern dadurch der Regelungsinhalt und die Zielsetzung des Insolvenzplans verdeutlicht wird. Zu beachten ist jedoch, dass keine personenbezogenen Daten ohne Einwilligung des Betroffenen verwendet werden. Denn auch in der Anlagenordnung sind die datenschutzrechtlichen Bestimmungen zu beachten. Es sollte somit davon Abstand genommen werden, einen nicht anonymisierten Sozialplan oder nicht anonymisierte Gläubigerliste als Anlage anzufügen, sofern es im Einzelfall nicht datenschutzrechtlich legitimiert ist.

V. Rechtsfolge bei Nichtbeachtung

Der Verstoß gegen § 219 führt zu einer Zurückweisung von Amts wegen (→ § 231 Rn. 1 ff.). Darüber hinaus ist der Beschwerdeweg eröffnet.

§ 220 Darstellender Teil

(1) Im darstellenden Teil des Insolvenzplans wird beschrieben, welche Maßnahmen nach der Eröffnung des Insolvenzverfahrens getroffen worden sind oder noch getroffen werden sollen, um die Grundlagen für die geplante Gestaltung der Rechte der Beteiligten zu schaffen.

(2) ¹Der darstellende Teil muss alle sonstigen Angaben zu den Grundlagen und den Auswirkungen des Plans enthalten, die für die Entscheidung der Beteiligten über die Zustimmung zum Plan und für dessen gerichtliche Bestätigung erheblich sind. ²Er enthält insbesondere eine Vergleichsrechnung, in der die Auswirkungen des Plans auf die voraussichtliche Befriedigung der Gläubiger dargestellt werden. ³Sieht der Plan eine Fortführung des Unternehmens vor, ist für die Ermittlung der voraussichtlichen Befriedigung ohne Plan in der Regel zu unterstellen, dass das Unternehmen fortgeführt wird. ⁴Dies gilt nicht, wenn ein Verkauf des Unternehmens oder eine anderweitige Fortführung aussichtslos ist.

(3) Sieht der Insolvenzplan Eingriffe in die Rechte von Insolvenzgläubigern aus gruppeninternen Drittsicherheiten (§ 217 Absatz 2) vor, sind in die Darstellung auch die Verhältnisse des die Sicherheit gewährenden verbundenen Unternehmens und die Auswirkungen des Plans auf dieses Unternehmen einzubeziehen.

Überblick

Der darstellende Teil des Insolvenzplans soll den Beteiligten eine Übersicht verschaffen, um auf dieser Grundlage eine sachgerechte Entscheidung treffen zu können (→ Rn. 5a). Ein Verstoß kann zur Zurückweisung, Versagung der Planbestätigung führen (→ Rn. 34). Die Anforderung in Abs. 2 S. 2, dass bei der Vergleichsrechnung auf Fortführungswerte abzustellen ist, wurde im Rahmen des SanInsFoG zum 1.1.2021 eingeführt. Ebenso die Eingriffsmöglichkeit in Drittsicherheiten von verbundenen Unternehmen.

Übersicht

	Rn.		Rn.
A. Normzweck	1	5. Wirtschaftliche Kennzahlen	14
I. Entstehungsgeschichte	1	6. Vermögenslage (§ 151)	15
II. Formaler Aufbau	2	7. Vermögensübersicht (§ 153)	18
		8. Gläubigerstruktur (§ 152)	19
B. Regelungsinhalt	5a	9. Bisher umgesetzte Maßnahmen	20
I. Im Einzelnen	6	10. Gruppenbildung	21
1. Art und Ziel des Insolvenzplans	6	11. Befriedigungsaussicht und Vergleichsrechnung	24
2. Unternehmensdaten	7	12. Kapitalmaßnahmen	27
3. Arbeitnehmerinformationen	9	13. Sanierungskonzept	28
4. Ausführungen zum Pensionssicherungsverein	13	14. Gruppeninterne Sicherheiten	33b
		II. Rechtsfolge bei Nichtbeachtung	34

A. Normzweck

I. Entstehungsgeschichte

1 Im Entwurf zur Insolvenzordnung (BT-Drs. 12/2443, 50 und 197) hatte der Gesetzgeber noch vorgesehen, dass auf den darstellenden Teil verzichtet werden kann, wenn die Vermögensverhältnisse des Schuldners überschaubar und die Zahl der Gläubiger oder die Höhe der Verbindlichkeiten gering ist. Die Vorschrift wurde nicht übernommen (BT-Drs. 12/7302, 182). Der darstellende Teil ist somit zwingende Voraussetzung für einen wirksamen Insolvenzplan. Der Wortlaut des § 220 Abs. 2 wurde durch Art. 1 Nr. 15 ESUG dahingehend geändert, dass nun nicht mehr ausschließlich „Gläubiger" Adressaten sind, sondern alle „Beteiligte". Diese Änderung war notwendig, da durch Einführung des ESUG auch in erheblichem Maße auf Anteils- und Mitgesellschaftsrechte Einfluss genommen werden kann und somit die entsprechenden Anteilseigner über den Plan ebenso zu informieren sind (BT-Drs. 17/5712).

1a Mit dem zum 1.1.2021 in Kraft getretenen SanInsFoG (BT-Drs. 762/20) wurde die Anforderung an die Vergleichsrechnung sowie die Möglichkeit der Einbeziehung von Drittsicherheiten von verbundenen Unternehmen aufgenommen.

II. Formaler Aufbau

2 Im darstellenden Teil soll das Gericht und die Beteiligten über das Ziel des Planverfahrens informiert werden. In Abweichung zu den Regelungen im gestaltenden Teil wird im darstellenden Teil das Konzept des Insolvenzplans dargelegt und im Einzelnen erläutert (BT-Drs. 12/2443, 197). Es sind die im gestaltenden Teil vorgesehenen Änderungen verständlich aufzuzeigen, die für die Entscheidungsfindung der einzelnen Beteiligten maßgeblich sind. Ebenso sind die noch zur Umsetzung erforderlichen Maßnahmen zu benennen. Der vollstreckbare Inhalt des Plans (§ 257) wird konkretisiert.

3 In Abweichung zu dem damaligen Gesetzesentwurf hat der Gesetzgeber davon Abstand genommen, eine weitere Gliederung des darstellenden Teils vorzunehmen. Ungeachtet dessen empfiehlt es sich, den Gliederungsvorschlag nach IDW S 2 zu verwenden. Diese Grundgliederung wird in der Praxis regelmäßig verwendet und eröffnet somit bei den insolvenzrechtsbewanderten Adressaten einen Wiedererkennungswert. Die Chance der Akzeptanz des Plans wird somit erhöht.

4 Es empfiehlt sich, im darstellenden Teil von juristischen und betriebswirtschaftlichen Fachbegriffen Abstand zu nehmen. Der Adressatenkreis des Plans ist das Insolvenzgericht, die Gläubiger, der Schuldner, die Gesellschafter, ein möglicherweise vorhandener Betriebsrat und Sprecherausschuss sowie amtliche Berufsvertreter. Ein verständlicher und auf die wesentlichen Informationen beschränkter darstellender Teil fördert die Bereitschaft, den Plan anzunehmen und umzusetzen.

5 Der Inhalt des darstellenden Teils richtet sich nach dem Ziel des Planverfahrens. Ist durch den Insolvenzplan die Sanierung des schuldnerischen Unternehmens angedacht, so ist das Kernstück im darstellenden Teil die Sanierungsfähigkeit (Pape/Uhlenbruck/Voigt/Salus Kap. 38 Rn. 15). Die für die Gläubiger im darstellenden Teil aufzuzeigenden notwendigen Informationen beziehen sich ua auch auf die einzelnen Gruppen und deren Zusammensetzung, ebenso etwaige Vergleiche und prognostizierte Planungen. Der Gesetzgeber geht davon aus, dass der Planersteller alle wesentlichen Informationen bereits von sich aus zur Verfügung stellen wird, da er die Zustimmung der Gläubiger vor Augen hat.

B. Regelungsinhalt

Entsprechend des Wortlauts des § 220 Abs. 2 soll der darstellende Teil alle sonstigen Angaben zu den Grundlagen und den Auswirkungen des Plans erhalten, die für die Entscheidung der Beteiligten über die Zustimmung zum Plan und für dessen gerichtliche Bestätigung erheblich sind. Es müssen alle Angaben enthalten sein, welche die Gläubiger für ein sachgerechtes Urteil über den Insolvenzplan, gemessen an ihren eigenen Interessen, benötigen (BeckRS 2012, 17122; BeckRS 2018, 9510). Hierzu zählen insbesondere die bisherige Planart und das Planziel, Unternehmensdaten, Abreitnehmerinformationen, Ausführungen zum Pensionssicherungsverein, die wirtschaftlichen Kennzahlen, die Vermögenslage (§ 151) sowie eine Vermögensübersicht (§ 153) und Gläubigerstruktur. Ebenso sind Ausführungen zu den bisher umgesetzten Maßnahmen, zur Gruppenbildung, zur Befriedungsaussicht und zu Kapitalmaßnahmen unerlässlich. Ist die Sanierung des Unternehmensträgers angestrebt und ist dies bis zur Erörterung- und Abstimmung noch nicht abgeschlossen, ist das Sanierungskonzept zu beschreiben. 5a

I. Im Einzelnen

1. Art und Ziel des Insolvenzplans

Nach dem Willen des Gesetzgebers steht die bestmögliche Befriedigung der Gläubiger im Vordergrund eines Insolvenzverfahrens. Dies kann durch einen Sanierungsplan, einen Verwertungs-/Liquidationsplan oder sonstiger Plangestaltung anstelle der Regelabwicklung erfolgen (BT-Drs. 12/2443, 195). Bereits zu Beginn des darstellenden Teils eines jeden Insolvenzplans sollte die Zielrichtung des Plans den Beteiligten dargelegt werden. Im Fall des Liquidationsplans sollten entsprechende Schließungs- und Verwertungsmaßnahmen Erläuterung finden. Ist der Insolvenzplan auf die Sanierung des Unternehmensträgers ausgerichtet, ist das zukünftige Unternehmenskonzept den Beteiligten in einem kurzen Abriss zu schildern. Sofern Mischformen (beispielsweise Teilstilllegung, Teilverkauf etc.) vorgesehen sind, ist eine Aufstellung der einzelnen Schritte kurz und verständlich vorzunehmen. 6

2. Unternehmensdaten

Es sind im darstellenden Teil alle wesentlichen Unternehmensdaten zu nennen. Es bietet sich hier an, sich auf die Ausführungen des Gutachters bzw. vorläufigen Insolvenzverwalters in seinem Sachverständigengutachten oder des Insolvenzverwalters in seinem Insolvenzverwalterbericht zu orientieren. Ziel der Darstellung der Unternehmensdaten ist es, dass auch der nicht tief in der Sache involvierte Beteiligte ein umfängliches Bild über das schuldnerische Unternehmen erhält und sich mit diesem vertraut machen kann. Infolgedessen sollten Ausführungen zu den wesentlichen Entwicklungsstufen der Schuldnerin seit ihrer Gründung gemacht werden. Aufbauend auf diesen sollte die Organisationsstruktur, wie beispielsweise verschiedene Unternehmensstandorte, Geschäftsaktivitäten und -beteiligungen dargestellt werden. Ebenso sollten gesellschaftliche Verpflichtungen wie Beherrschungs- und Ergebnisabführungsverträge, Cash-Pool-Verträge, Haftungsverhältnisse, durch die Insolvenz beendete steuerliche Organschaften oder anderweitige konzerninterner Vertragsverhältnisse dargelegt werden. Die Informationen der gesellschaftsrechtlichen Verhältnisse umfassen im Wesentlichen die Kapitalverhältnisse, Gesellschafterstruktur und Unternehmensführung. Entsprechende Daten können regelmäßig aus der Handelsregisterakte, den vorgelegten Jahresabschlüssen und in vielen Fällen aus den durch Sanierungsberater oder M & A-Gesellschaften erstellten „Factbooks" entnommen werden. 7

Sollte eine Konzernstruktur bestehen und sich weitere Konzerngesellschaften in einem Insolvenzverfahren befinden, ist dies darzustellen. Es ist dabei zu beachten, dass das deutsche Insolvenzrecht bisher kein Konzerninsolvenzrecht kennt, sodass die Insolvenz jeder einzelnen Gesellschaft isoliert zu betrachten ist. Im Insolvenzplan der betroffenen Schuldnerin sind somit entsprechende Auswirkungen bzw. einzelne Planabhängigkeiten (Bedingungen) zu schildern. 8

3. Arbeitnehmerinformationen

Neben den Anteilseignern sind die einzelnen Arbeitnehmer im Regelfall unmittelbar von einem entsprechenden Insolvenzplanverfahren betroffen. Parallel zu dem drohenden Verlust des 9

Arbeitsplatzes haben sie auch finanzielle Einschnitte hinzunehmen (beispielsweise Verzicht auf Gratifikation, Arbeitszeiterhöhung, Ausfall von nicht über das Insolvenzgeld gedeckten Forderungen). Es bietet sich somit an, im darstellenden Teil ein besonderes Augenmerk auf die Belange der Mitarbeiter zu legen.

10 Neben der Darstellung des IST-Zustands sind die angestrebten Personalanpassungsmaßnahmen aufzuführen. Es empfiehlt bei der Darstellung der Mitarbeiterstruktur nach Angestellten, Arbeitnehmern und Auszubildenden zu unterscheiden. Ebenso sollte eine Aufteilung nach den einzelnen Zweigniederlassungen, Betriebsstätten und Fertigungsbereichen erfolgen. Sollten Arbeitnehmervertretungen bestehen (beispielsweise Gesamtbetriebsrat, Konzernbetriebsrat, einfacher Betriebsrat), Tarifvertragsbindungen oder sonstige arbeitnehmerspezifische Sachverhalte bestehen, sind diese darzustellen. Für den Fall, dass betriebliche Altersversorgungen bestehen, sollte die Anzahl der betroffenen Mitarbeiter, der Umfang der finanziellen Verpflichtung, die Beitragspflicht und die Auswirkungen auf den Pensionssicherungsverein (PSVaG) benannt werden. Ebenso sollte eine Insolvenzgeldvorfinanzierung sowie mögliche Zahlen über die Beitragsbemessungsgrundlage aufgeführt werden, sofern diese nennenswert sind. Abgeschlossene Sozialpläne und Interessensausgleiche sind zu benennen. Deren wirtschaftliches Ergebnis und Auswirkung ist darzustellen. Die verwendeten Ausfallkriterien sind nicht zu benennen, da diese für die Entscheidung der Beteiligten über die Abstimmung des Insolvenzplanes nicht relevant sind. Sofern als Teilanlagen der Sozialplan und der Interessensausgleich angefügt werden, ist eine anonymisierte Form zu verwenden. Personenbezogene Daten dürfen nicht ohne die Zustimmung des Betroffenen nach außen gegeben werden.

11 Erfolgt der Personalabbau durch die Entscheidung von Beschäftigungs- und Qualifizierungsgesellschaften sind entsprechende Ausführungen hierzu zu machen. Insbesondere die erwarteten Kosten hieraus sind darzulegen.

12 Zur Wahrung der Transparenz ist aufzuzeigen, wer Gesellschafter der Beschäftigungs- und Qualifizierungsgesellschaft ist und welche Leistungen von der Bundesagentur für Arbeit übernommen werden.

4. Ausführungen zum Pensionssicherungsverein

13 Aufgrund der aus der Vergangenheit bestehenden Pensionszusagen haben einige Unternehmen eine erhebliche Belastung auf der Passivseite ihrer Bilanz. In Anbetracht des demokratischen Wandels und der Zinslage nutzen seit Einführung des ESUG einige Unternehmen das Insolvenzverfahren zur Sanierung um die Pensionsverpflichtungen. Durch das Insolvenzverfahren können entsprechende Verpflichtungen auf den Pensionssicherungsverein abgestreift werden. In diesem Fall kann gem. § 9 Abs. 4 S. 1 BetrAVG in einen Insolvenzplan, der die Fortführung des Unternehmens oder eines Betriebes vorsieht, für die Träger der Insolvenzsicherung eine besondere Gruppe gebildet werden. Ist im Insolvenzplanverfahren entsprechendes angestrebt, da beispielsweise der Pensionssicherungsverein eine Sonderzahlung erhalten soll, ist dies im darstellenden Teil ausführlich darzulegen und zu begründen. Nachdem regelmäßig vor Einreichung des Insolvenzplanes zwischen Planersteller und dem Pensionssicherungsverein umfangreiche Gespräche geführt und Absprachen getroffen werden, ist dieses zusammenfassende Ergebnis im Plan darzustellen.

5. Wirtschaftliche Kennzahlen

14 Im darstellenden Teil muss eine detaillierte Analyse aller Ertrags- und Aufwandspositionen der vergangenen Jahre notwendigerweise nicht dargelegt werden. Es genügt, dass die wesentlichen Ursachen für die Negativentwicklung des schuldnerischen Unternehmens zu beschreiben und festzustellen sind, inwieweit diese Ursachen aktuell noch bestehen und bereits beseitigt wurden.

6. Vermögenslage (§ 151)

15 Wie vom BGH gefordert, ist ein Vermögensverzeichnis und somit die entsprechende Vermögenslage darzustellen. Diese basiert auf einer aktuellen (Zwischen-)Bilanz bzw. eines aktuellen Monatsabschlusses des Unternehmens. Den Buchwerten der Vermögenspositionen sollten Fortführungs- und Zerschlagungswerte (sog. Zeitwerte) gegenübergestellt werden. Die einzelnen Zeitwerte werden entweder durch externe Sachverständigengutachten abgeleitet oder vom Planersteller in Zusammenarbeit mit der Geschäftsleitung bestmöglich geschätzt. Die Werte sind für die einzelnen Gläubigergruppen erheblich, da auf dieser Grundlage eine Bewertung erfolgt und eine finanzielle Abschätzung, ob eine Fortführung für die Beteiligten wirtschaftlich besser ist, als die Zerschlagung des Unternehmens.

Neben der Darstellung der Aktivvermögenswerte sind auch die Passivverpflichtungen darzulegen. Das vom BGH geforderte Gläubigerverzeichnis ist um die erwarteten Masseverbindlichkeiten (§ 53) zu ergänzen, sofern diese bis zur Planeinreichung noch nicht erfüllt wurden. Die Erläuterung der Verbindlichkeiten im Rang des § 38 sollte nach entsprechenden Gläubigergruppen erfolgen. Zwingend ist dies aber nicht. Sofern Verbindlichkeiten gegenüber Kreditinstituten offengelegt werden, kann beispielsweise eine Darstellung der bestehenden Kreditlinien und deren aktuelle Inanspruchnahme bei den jeweiligen Finanzinstituten zielführend sein. Im Fall einer Finanzierung durch ein Bankenkonsortium mit dem Sicherheitenpool ist dieses Konstrukt im Einzelfall kurz zu schildern. 16

Neben der Darstellung der reinen Passiv- und Aktivwerte sind noch entsprechende vorrangige wesentliche Absonderungsrechte offenzulegen und die Auswirkung auf den Plan zu schildern. 17

7. Vermögensübersicht (§ 153)

Die anzufügende Vermögensübersicht ist nach den Grundsätzen des § 153 (→ § 153 Rn. 1) zu erstellen. Es handelt sich um eine bilanzähnliche Übersicht und ist eine Zusammenfassung des Masse- (§ 151) und Gläubigerverzeichnisses (§ 152). Abzustellen ist auf den Zeitpunkt der Planeinreichung. Auf die Planerstellung kann abgestellt werden, wenn diese im engen zeitlichen Zusammenhang mit der Planeinreichung steht (→ Rn. 18.1). 18

In einem Verbraucherinsolvenzverfahren ist die Vermögensübersicht stets anzufügen; andernfalls liegt ein formaler Mangel vor (BeckRS 2017, 137217). 18.1

8. Gläubigerstruktur (§ 152)

Die Rechtsprechung fordert die Überlassung eines Gläubigerverzeichnisses gem. § 152 (BGH BeckRS 2012, 17122). Zu hohe Anforderungen sind an das Gläubigerverzeichnis und Darstellung der Gläubigerstruktur nicht zu stellen, da sich dies im Verfahrensverlauf noch erheblich ändern kann. 19

9. Bisher umgesetzte Maßnahmen

Im darstellenden Teil sollten die bisher umgesetzten Maßnahmen erläutert werden. Dies umfasst sowohl die Maßnahmen bis zur Eröffnung des Insolvenzverfahrens, als auch diejenigen die zwischen Eröffnung des Insolvenzverfahrens und Einreichung des Insolvenzplans eingeleitet oder bereits vollständig durchgesetzt wurden. Wird ein Insolvenzplan durch den Schuldner eingereicht hat er die Informationen vom Insolvenzverwalter einzuholen oder aus der Gerichtsakte zu entnehmen. 20

10. Gruppenbildung

Der Planverfasser kann die Gruppenbildung sein. Abweichend zur Gläubigerversammlung und den dort für eine Beschlussannahme notwendigen Summenmehrheiten (§ 76 Abs. 2) erfolgt bei Planabstimmung eine Gruppenabstimmung (§ 243). Gemäß § 222 sieht der Gesetzgeber nur die Gruppe der Insolvenzgläubiger (§ 38) zwingend für die Abstimmung über den Insolvenzplan vor. Für Arbeitnehmer und die absonderungsberechtigten Gläubiger solle eine Gruppe dann gebildet werden, wenn in deren Rechte eingegriffen wird (§ 222). Darüber hinaus können im Plan weitere Gruppen vorgegeben werden. Bei der Gruppenbildung ist stets zu beachten, dass Gläubiger mit unterschiedlichen Rechtsstellungen in verschiedene Gruppen einzuteilen sind. Gläubiger mit gleichen Rechten können in unterschiedliche Gruppen dann eingeteilt werden, wenn unterschiedliche wirtschaftliche Interessen vorliegen (Gogger, Insolvenzgläubiger-Handbuch, 3. Aufl. 2011, § 2 Rn. 494). Sieht der Insolvenzplan Entsprechendes vor, so sind im darstellenden Teil die Gründe für die Gruppenbildung bzw. Einteilung der einzelnen Gläubiger in die Gruppe darzulegen. Es ist zwingend anzugeben, nach welchen Vorschriften die Gruppen gebildet wurden. Sofern fakultative Gruppen gebildet werden ist zu erläutern, aufgrund welcher gleichartigen insolvenzbezogener wirtschaftlicher Interessen die Gruppe gebildet und inwiefern alle Beteiligten, deren wichtigste insolvenzbezogene wirtschaftliche Interessen übereinstimmen, derselben Gruppe zugeordnet wurden (BGH BeckRS 2015, 11262). Fehlen solcher Erläuterungen, ist der Plan zurückzuweisen (AG Köln BeckRS 2016, 08236). Wird im Insolvenzplan lediglich eine Gruppe gebildet, so ist dies ebenfalls zu erläutern. Auch sind Ausführungen dann vorzunehmen, wenn für Arbeitnehmer bzw. Absonderungsgläubiger keine eigene Gruppe gebildet wird. Dies kann jedoch bereits dadurch begründet werden, dass in deren Rechte nicht eingegriffen wird. 21

21a Hinsichtlich der aufgrund der COVID-19 Pandemie geleisteten Unterstützungszahlungen ist zu beachten, dass dies nicht für sich allein für die Abgrenzung der Gruppe nach § 222 als Kriterium herangezogen werden kann (§ 7 COVInsAG). Vom Schutz des § 7 COVInsAG sind alle Forderungen umfasst, die im Zusammenhang mit staatlichen Leistungen stehen bzw. im Rahmen von staatlichen Programmen zur Bewältigung der COVID-19-Pandemie gewährt wurden; so sind die Gewährung von Darlehen und die Übernahme einer Bürgschaft, einer Garantie oder eine sonstige Übernahme des Ausfallrisikos bezüglich von Forderungen Dritter umfasst, die durch öffentliche Anstalten, Körperschaften oder Rechtsträgern öffentlicher Sondervermögen sowie im Mehrheitsbesitz des Bundes, der Länder oder der Kommunen stehenden Rechtsträger (zB Landesbanken, Sparkassengewährt etc) gewährt wurden.

22 Sofern der Plan die Umsetzung von Kapitalmaßnahmen vorsieht, haben die Anteilseigner im Rahmen des Insolvenzverfahrens mitzuentscheiden. Sie sind als eigene Abstimmungsgruppe in das Verfahren einzubeziehen. Zur Vermeidung von Störerstrategien seitens der Anteilseigner gilt auch hier das Obstruktionsverbot. Der Minderheitenschutz ist zu beachten.

23 Für die einzelnen gebildeten Gruppen verwendeten Abgrenzungskriterien sind im Plan zu benennen, sodass jeder Beteiligte die Gruppenbildung nachvollziehen kann. Der Gestaltungsspielraum des Planerstellers ist dort begrenzt, wo offensichtlich manipulativ auf die Gruppenbildung Einfluss genommen wird, um Abstimmungsergebnisse zu steuern.

11. Befriedigungsaussicht und Vergleichsrechnung

24 Der Gesetzesentwurf zur Insolvenzordnung sah im darstellenden Teil explizit eine Vergleichsrechnung vor (BT-Drs. 12/2443, 197). In der endgültigen Fassung wurde die Regelung auf Empfehlung des Rechtsausschusses zunächst nicht übernommen. Der Gesetzgeber ging davon aus, dass entsprechende Ausführungen im darstellenden Teil selbstverständlich sind und somit aus Gründen der redaktionellen Straffung eine explizite Benennung nicht notwendig ist (BT-Drs. 12/7302, 182). Die Unterrichtung der Gläubiger, inwieweit der Plan ihre Befriedigungschance verbessert bzw. der Regelabwicklung nicht schlechter stellt, ist eine der wichtigsten Bestandteile im darstellenden Teil des Insolvenzplans. Es ist in diesem Zusammenhang anerkannt, dass dabei das Ergebnis der Verwertung der Insolvenzmasse ohne einen Insolvenzplan nur geschätzt werden kann. Wesentliche Grundlage der Schätzung ist das Verzeichnis der Massegegenstände, welche zu Beginn des Insolvenzverfahrens zu erstellen ist und die Liquidationswerte aufzeigt (BT-Drs. 12/2443, 197). Aus ihr muss erkennbar sein, inwieweit der Plan die Befriedigungsquote der Gläubiger verändert. Der Umfang der Masse ist dabei von wesentlicher Bedeutung, wobei der Detailierungsgrad der Darstellung von der Größe des Verfahrens und von der Bedeutung für die Meinungsbildung der Gläubiger und des Gerichts abhängt (BeckRS 2018, 9510).

25 Bis zur Einführung des Abs. 2 S. 2 ist man davon ausgegangen, dass die Vergleichsrechnung im Wesentlichen auf Gegenüberstellung der Liquidation zur Fortführung basiert. Seit dem 1.1.2021 hat nun im Fall der Fortführung des Unternehmens die Vergleichsrechnung unter Fortführungsgesichtspunkten zu erfolgen. Auf die Zerschlagung bzw. Liquidation ist nur dann abzustellen, wenn ein Verkauf des Unternehmens oder eine anderweitige Fortführung aussichtslos ist.

25a Bei der Vergleichsrechnung unter der Fortführungsvariante ohne Insolvenzplan ist zunächst auf die Fortführungswerte der einzelnen Vermögensgegenstände abzustellen. Diese werden regelmäßig durch Gutachter bereits im Zusammenhang mit der Erstellung des Sachverständigengutachtens zur Eröffnung des Insolvenzverfahrens ermittelt. Unter Abzug vorrangiger Sicherungsrechte ergibt sich eine rechnerische freie Masse. Von dieser sind die Masseverbindlichkeiten in Abzug zu bringen, um eine fiktive Verteilungsmasse zu ermitteln. Bei den Insolvenzforderungen sind Nichterfüllungsschäden und sonstige Verfrühungsschäden in der Regel nicht in Ansatz zu bringen.

25b Sofern eine Vergleichsrechnung anhand eines Liquidationsszenarios erfolgen soll, hat der Planersteller nachvollziehbar und hinreichend darzulegen, dass ein Verkauf des Unternehmens oder eine anderweitige Fortführung aussichtslos ist. Die Fortführung wird, wie von Skauradszun ausgeführt, dann aussichtslos sein, wenn kein alternatives Fortführungsszenario hinreichend wahrscheinlich ist (Skauradszun ZIP 2021, 1091 ff.). Hinsichtlich der Aussichtslosigkeit eines Verkaufs wird der Planersteller sich in der Regel auf eine Expertise eines Dritten stützen können. Dass ein „dual-track-Verfahren" durchzuführen ist, wird nicht zu erwarten sein. Denn dies wird in der Regel nicht zu einem belastbaren Ergebnis führen, wenn ein Insolvenzplan eingereicht werden soll. Sollte das Liquidationsszenario darauf gestützt werden, dass eine anderweitige Fortführung aussichtslos ist, hat der Planersteller hierzu entsprechende Ausführungen vorzunehmen. Auf erster Stufe werden hier Ausführungen zur Fortführungsfähigkeit vorzunehmen sein. Darauf basierend ist auf die Sanierungsfähigkeit einzugehen. Es empfiehlt sich, hier an den Grundsätzen des IDW-Standard

Darstellender Teil   § 220 InsO

S6 zu orientieren. Dass dies durch einen externen Dritten darzulegen ist, sieht der Gesetzgeber nicht vor. Wird der Insolvenzplan durch den Insolvenzverwalter vorgelegt, wird man in der Regel davon ausgehen, dass seine Ausführungen genügen. Im Fall der Vorlage des Plans durch den Schuldner kann das Gericht ggf. einen Sachverständigen beauftragen, der eine entsprechende Bewertung vornimmt (§ 5 Abs. 1).

Kann eine Vergleichsrechnung anhand des Liquidationsszenarios erfolgen, sind die in diesem Zusammenhang angesetzten Werte für die Massegegenstände im gerichtlichen Vorprüfungsverfahren in der Regel nicht zu beanstanden (BGH BeckRS 2015, 11262). Die Berechnung umfasste sowohl die Schließung und anschließende Zerschlagung des Unternehmens als auch die Verwertung einzelner größerer Betriebsteile. Maßgeblich für die Liquidation ist es, dass das Unternehmen seine bisherige „Identität" verliert (MüKoInsO/Eidenmüller Rn. 32). Den Liquidationswerten sind sodann etwaige Verwertungskosten gegenzurechnen. Die Pauschale gem. § 171 Abs. 2 kann in diesem Zusammenhang nur dann als Maßstab herangezogen werden, wenn nicht die tatsächlichen Verwertungskosten ermittelt werden können und höher sind. Dies kann insbesondere dann der Fall sein, wenn durch die Schließung Personalanpassungsmaßnahmen umzusetzen sind, da dann entsprechende Lohn- und Gehaltszahlungen bis Ende der Kündigungsfrist zu beachten sind. Gleiches gilt im Fall einer Außenproduktion. Auf eine Gesamtverwertung im Wege der übertragenen Sanierung kann als Alternativkonzept nur dann abgestellt werden, wenn ein konkretes Angebot vorliegt (so auch LG Stade BeckRS 2017, 152563).   25c

In der Praxis wird insbesondere in Eigenverwaltungsverfahren – oder wenn der Gesellschafter einen Insolvenzplan finanziert – die Durchführung eines Dual-Track-Verfahrens gefordert. Ziel des Dual-Track-Verfahrens ist es, im Wege eines strukturierten Vermarktungsprozesses den Wert des Unternehmens zu ermitteln, den ein Dritter bereit ist zu bezahlen; sei es im Wege einer übertragenen Sanierung (sog. Asset-Deal) oder eines Insolvenzplans. Die Befürworter eines solchen Verfahrens gehen davon aus, dass dadurch der Firmenwert ermittelt wird (so ua AG Cuxhaven BeckRS 2017, 127394; Nachinstanz allerdings LG Stade BeckRS 2017, 152563) ohne dass eine betriebswirtschaftliche Bewertung notwendig ist (so im Uhlenbruck/Lüer/Streit Rn. 15, 16, die noch ergänzend ausführen, dass im Einzelfall davon Abstand genommen werden kann).   25.1

Wird ein Dual-Track-Verfahren eingeleitet, ist zu beachten, dass dies in der Regel zu einem zurückhaltenden Verhalten potentieller Investoren führen wird. Diese sehen sich häufig nur als „Preistreiber" und scheuen das mit einem Due-Diligence-Prozess verbundene Kostenrisiko. Entscheidet sich ein potentieller Investor, dennoch den Due-Diligence-Prozess durchzuführen, werden diese zu minimieren des Kostenrisikos den Einsatz externe Berater vermeiden, was dazu führen wird, dass der indikative Kaufpreis in der Regel das wirtschaftliche Risiko widerspiegeln und somit geringer ausfallen wird. Alternativ werden sie eine Kostenerstattung von der Insolvenzmasse einfordern.   25.2

Ob ein Dual-Track-Verfahren vom Gesetzgeber erwartet wird, ist fraglich. Betrachtet man die Regelung in § 270d und dem Gedanken, dass bei Einleitung des Verfahrens nach § 270d eine „pre-packaged plan" vorliegen soll (so ua Exner/Lebmeier in Beck/Depré, Praxis der Insolvenz, 2017, Rn. 132) bzw. ein Insolvenzplan spätestens nach drei Monaten vorgelegt werden muss (§ 270d), kann davon ausgegangen werden, dass dies nicht im Wille des Gesetzgebers ist.   25.3

Im Insolvenzplanverfahren über das Vermögen eine natürlichen Person sind bei der Vergleichsrechnung bei der Ermittlung der für die Restlaufzeit des Verfahrens erwarteten pfändbaren Beträge auch angemessene Gehaltssteigerungen des Schuldners zu berücksichtigen. Andernfalls kann eine Zurückweisung nach § 231 Nr. 2 erfolgen (LG Hamburg NZI 2016, 34).   26

Die vom Planersteller vorgenommenen Berechnungen müssen nachvollziehbar sein. Es muss für die Gläubiger klar und transparent sein, dass der Insolvenzplan für die Gläubiger nicht schlechter ist als die Regelabwicklung. Erfüllt der Insolvenzplan dies nicht, kann dies zu einer Zurückweisung oder Versagung der Planbestätigung (§ 250 InsO) führen (AG Cuxhaven LSK 2017, 127394; BeckRS 2018, 9510).   26a

12. Kapitalmaßnahmen

Der gestaltende Teil des Insolvenzplans kann umfangreiche Kapitalmaßnahmen vorsehen. Die Maßnahmen können entweder unmittelbar auf das Grundkapital (Kapitalerhöhung, Kapitalherabsetzung) oder auf die Struktur des Grundkapitals Einfluss nehmen, ohne direkt auf dieses einzuwirken (zB Atkiensplit). Eine besondere Kapitalmaßnahme im Insolvenzplanverfahren ist die Fremd- in Eigenkapitalumwandlung (debt-to-equity-swap) gem. → § 225a Rn. 1.   27

13. Sanierungskonzept

28 Ist der Insolvenzplan auf der Sanierung des Unternehmens ausgelegt, ist das Sanierungskonzept im darstellenden Teil zu erläutern. Sofern der Plan primär auf leistungswirtschaftliche Sanierungsmaßnahmen ausgerichtet ist, sollte sich der Aufbau an den Anforderungen von Sanierungskonzepten (IDW S 6) orientieren. Bei reinen finanzwirtschaftlichen Zielen (Stundungsplan, Bereinigung der Passivseite), ist eine entsprechende Verlagerung auf diesen Schwerpunkt vorzunehmen.

29 Entsprechend des Sanierungskonzeptes außerhalb des Insolvenzplanverfahrens hat sich der Planersteller zunächst die Ausgangssituation vor Augen zu führen. Die Analyse der Krisenursache ist somit maßgeblich. Nachdem regelmäßig im Wege der Sanierung des Insolvenzplanverfahrens bereits eine vorherige – außerinsolvenzrechtliche – Sanierungs- und Restrukturierungsphase stattgefunden hat, bietet sich an, auf dem dort angestrebten Konzept aufzubauen und die dort ermittelten Krisenursachen auf ihre Schlüssigkeit hin zu prüfen.

30 Bei einem auf die Sanierung des Unternehmens ausgerichteten Insolvenzplan ist von besonderer Bedeutung, dass sowohl bei einem Gläubigerverzicht als auch bei Kapitalerhöhungsmaßnahmen steuerrechtliche Folgen ausgelöst werden.

31 Im Rahmen eines Insolvenzplans wird mit den Gläubigern oftmals ein (teilweiser) Forderungsverzicht als Sanierungsbeitrag vereinbart. Ein entsprechender Verzicht kann dabei endgültig oder mit einer Besserungsklausel versehen sein. Bei einem Forderungsverzicht müssen die Forderungen ertragswirksam aus der Bilanz ausgebucht werden. Dadurch entsteht ein sogenannter Sanierungsgewinn. Dieser kann zu einer Steuerbelastung des Unternehmens führen. Die Folge tritt regelmäßig dann ein, wenn das Unternehmen zwar ausreichende Verlustvorträge ausweisen kann, der Sanierungsgewinn jedoch 1 Mio. EUR übersteigt und somit die Regelung der Mindestbesteuerung nach § 10d Abs. 2 KStG zur Anwendung kommt, wonach 40% des 1 Mio. EUR übersteigenden Gewinns der Besteuerung unterliegen. Zur Vermeidung der ertragssteuerlichen Konsequenz von Forderungsverzichten in der Sanierungsphase hat die Finanzverwaltung den sogenannten Sanierungserlass herausgegeben (Sanierungserlass v. 27.3.2013, BStBl. 2007 I 240).

32 Dabei ist zu beachten, dass es bis August 2018 nach Ansicht des Großen Senats des BFH der Sanierungserlass des Bundesministeriums der Finanzen (BMF) gegen den Grundsatz der Gesetzmäßigkeit der Verwaltung verstößt. Finanzgerichtliche Klagen auf Gewährung einer Steuerbegünstigung nach dem Sanierungserlass haben keinen Erfolg. Unberührt bleiben individuelle Billigkeitsmaßnahmen, die auf besonderen, außerhalb des Sanierungserlasses liegenden Gründen des Einzelfalls wie etwa auf persönlichen Billigkeitsgründen beruhen (Großer Senat BFH FD-InsR 2017, 386778). Der in diesem Zusammenhang am 27.4.2017 durch den Bundestag zur Regelung des Sanierungserlasses verabschiedete Gesetzesentwurf sah vor, dass dieser erst dann in Kraft treten sollte, wenn die Europäische Kommission dies nicht als Beihilfe im unionsrechtlichen Sinne werte und ihre Zustimmung erteile (BT-Drs. 18/12128). Im August 2018 äußerte sich die EU-Kommission in einem sog. „Comfort Letter" gegenüber dem Bundesfinanzministerium dahingehend, dass die EU-Kommission davon ausgehe, dass die beabsichtigte Neufassung des Sanierungserlasses nicht gegen europäisches Beihilferecht verstößt. Die für das in Kraft treten des Gesetzes notwendige Zustimmung wurde jedoch nicht erteilt, sodass das Gesetz nicht in Kraft treten konnte. Die Politik hat darauf reagiert. Das Gesetz sollte sodann ohne entsprechende Zustimmung der Europäischen Kommission in Kraft treten. Die hierzu notwendige 1. Lesung hat am 27.9.2018 stattgefunden. Am 8.11.2018 hat der Bundestag das Gesetz verabschiedet. Am 23.11.2018 hat der Bundesrat dem „Gesetz zur Vermeidung von Umsatzsteuerausfällen beim Handel mit Waren im Internet und zur Änderung weiterer steuerlicher Vorschriften" zugestimmt. Am 11.12.2018 (BGBl. 2018 I 45, 2338 v. 14.12.2018) wurde das Gesetz verkündet und ist seit dem 15.12.2018 in Kraft. Durch das Gesetz haben sich die Steuerbefreiung für Sanierungserträge gem. § 3a EStG die antragsgebundene Möglichkeit zur rückwirkenden Anwendung der Steuerbefreiung, die rückwirkende Aufhebung des schädlichen Beteiligungserwerbs bis zu 50 % und die rückwirkende Wiederaktivierung der Sanierungsklausel gem. § 8c Abs. 1a KStG geändert (LSK 2019, 02800595).

33 Für sog. „Altfälle" war zunächst im BMF-Schreiben v. 27.4.2017 (BStBl. I 2017, 741 = DStR 2017, 986) vorgesehen, dass sog. Sanierungserlasse auf alle Fälle, in denen der Forderungsverzicht der an der Sanierung beteiligten Gläubiger bis zum 8.2.2017 endgültig vollzogen wurde, zulässig seien. Dieser Erlass wurde durch den BFH (NZI 2017, 936; 2017, 934) als rechtswidrig eingestuft, da er nicht mit dem Grundsatz der Gesetzmäßigkeit der Verwaltung vereinbar sei. Am 29.3.2018 wurde der Nichtanwendungserlass des BMF (Az. IV C 6-S 2140/13/10003) veröffentlicht, wonach die Grundsätze der BFH-Urteile v. 23.8.2017 nicht über die entschiedenen Einzelfälle hinaus anzuwenden sei (im Detail NZI 2018, 347).

Steuerlich ist beim Forderungsverzicht seit dem 15.12.2018 die Einkommensteuerfreiheit für **33a**
Sanierungserträge nach § 3a EStG und die Gewerbesteuerfreiheit nach § 7b GewStG sowie die
Regelungen des KStG zu beachten. Für den Fall, dass der Forderung, auf die ein Verzicht erklärt
wird, eine umsatzsteuerliche Leistung zugrunde liegt, hat außerhalb eines Insolvenzverfahren eine
Vorsteuerkorrektur (§ 17 UStG) zu erfolgen (hierzu Sonnleitner, Insolvenzsteuerrecht, 2017, Kap.
9 Rn. 58 ff.). Im Insolvenzverfahren ist dies abweichend zu bewerten, da bereits zur Eröffnung
des Insolvenzverfahrens eine entsprechende Korrektur erfolgt (ausf. Bunjes/Korn, UStG, 17. Aufl.
2018, UStG § 17 Rn. 68–75).

14. Gruppeninterne Sicherheiten

Bei Verfahren, die nach dem 1.1.2021 einen Antrag auf Eröffnung eines Insolvenzverfahrens **33b**
gestellt haben, können auch Drittsicherheiten von Unternehmen einbezogen werden, mit denen
die Schuldnerin verbunden ist. Sofern dies angedacht ist, sind im darstellenden Teil gesonderte
Erläuterungen vorzunehmen. Insbesondere auf die Werthaltigkeit der Sicherheit zur Ermittlung
der angemessenen Entschädigung iSv § 223a ist einzugehen.

II. Rechtsfolge bei Nichtbeachtung

Ist der darstellende Teil fehlerhaft, kann dies im ersten Schritt zu einer gerichtlichen Zurückwei- **34**
sung (§ 231) führen (vgl. AG Köln BeckRS 2016, 08236); im späteren Verfahren zu einer Versagung von Amts wegen (§ 250). Sofern keine Zurückweisung bzw. Versagung des Insolvenzplans aufgrund eines fehlerhaften darstellenden Teils erfolgt ist offen, welche Auswirkungen dies im
weiteren Verfahren hat. Zu einer Nichtigkeit des Insolvenzplans wird dies nicht führen. Nachdem
die hM (noch) von einer „Doppelnatur des Insolvenzplans" ausgeht, sehen vereinzelte Ansichten
das Risiko, dass gem. §§ 119 ff. BGB die Beteiligten entsprechend der Anfechtungsvoraussetzung
eines Prozessvergleichs gegen den Plan vorgehen können. Dabei ist aber zu beachten, dass Willensmängel bei der Stimmabgabe oder Willensmängel hinsichtlich der im Insolvenzplan abgegebenen
Willenserklärungen sowie Verfahrensmängel durch die Rechtskraft des Bestätigungsbeschlusses
geheilt sind (hM, Uhlenbruck/Lüer/Streit § 254 Rn. 9; Braun/Braun/Frank § 248 Rn. 4). Eine
Anfechtung nach §§ 119 ff. BGB werden somit in der Regel nicht möglich sein.

§ 221 Gestaltender Teil

¹Im gestaltenden Teil des Insolvenzplans wird festgelegt, wie die Rechtsstellung der
Beteiligten durch den Plan geändert werden soll. ²Der Insolvenzverwalter kann durch
den Plan bevollmächtigt werden, die zur Umsetzung notwendigen Maßnahmen zu
ergreifen und offensichtliche Fehler des Plans zu berichtigen.

Überblick

Der gestaltende Teil ist das Herzstück des Insolvenzplans. In ihm sind die Rechtsänderungen
enthalten, die durch den Plan verwirklicht werden sollen (→ Rn. 1). Betroffen können alle
materiell am Verfahren Beteiligten sein (→ Rn. 5), sofern die verfassungsrechtlichen Grenzen
eingehalten werden. Durch die Eröffnung eine Umsetzungs- und Korrekturbevollmächtigung
(→ Rn. 49) kann sichergestellt werden, dass der Plan seine Wirkung entsprechend dem Willen
der Beteiligten entfalten kann. § 248a ist zu beachten.

Übersicht

	Rn.		Rn.
A. Normzweck	1	5. Arbeitnehmer	13
		6. Ausschlussfristen	18
B. Regelungsinhalt	5	7. Aussonderungsberechtigte	22
I. Beteiligte	5	8. Behandlung von bestrittenen Forderungen	23
		9. Bürgen und Mitschuldner	26
II. Eingriffsmöglichkeiten	7	10. Deliktsgläubiger	27
1. Absonderungsgläubiger	9	11. Forderungsabrechnung	28
2. Anfechtungssachverhalte	10	12. GbR-Beteiligung des Schuldners (ARGE)	29
3. Anleihen nach dem SchVG, stille Beteiligungen und Genossenschaft	11	13. Insolvenzgläubiger	30
4. Anteilseigner	12	14. Neukredite	31

InsO § 221
Sechster Teil. Insolvenzplan

	Rn.		Rn.
15. Massekosten (Gerichtskosten, Vergütung des Gläubigerausschusses und Verwalter)	32	26. Steuerforderungen	43
		27. Tabellenführung	44
16. Masseverbindlichkeiten	33	28. Unterhaltsberechtigte	45
17. Nachbesserungsklausel	34	29. Wiederauflebung der Forderungen	46
18. Nachträgliche Forderungsanmeldung	35	30. Vertragsanpassungen	46a
19. Nachrangforderungen	36	31. Verfahrensaufhebung	47
20. Pensionssicherungsverein	37	32. Zustimmungsvorbehalt des Planüberwachers	48
21. Planüberwachung	38		
22. Quotenzahlung	39	III. Umsetzungs- und Korrekturbevollmächtigung	49
23. Sachenrechtliche Maßnahmen	40		
24. Salvatorische Klausel	41		
25. Schlussrechnungslegung	42	IV. Rechtsfolge bei Nichtbeachtung	52

A. Normzweck

1   In Abweichung zu dem darstellenden Teil, in dem alle für die Beteiligten wesentlichen Informationen zusammengestellt sind, werden im gestaltenden Teil die Rechtsänderungen umgesetzt, die durch den Plan verwirklicht werden sollen (BT-Drs. 12/2443, 199). Eine solche Änderung liegt stets dann vor, wenn vom materiellen Recht abgewichen wird (HmbKommInsR/Thies Rn. 7).

2   Der Insolvenzplan ist kein Vergleich iSd VerglO oder ein scheme of arrangement nach part 26 des Companies Act 2006 (CA 2006 – ausf. Lüke/Scherz ZIP 2012, 1101 ff.; Schulz ZIP 2015, 1912 ff.), sondern eine privatautonome Übereinkunft der Beteiligten nach den Regelungen der InsO über die Verwertung des haftenden Vermögens unter voller Garantie des Werts der Beteiligungsrechte (BT-Drs. 12/2443, 81).

3   Die Auslegung der Planregelungen erfolgt nach den allgemeinen Vorschriften der §§ 133, 157 BGB, wobei Art und Umfang der Auslegung sich nach dem Wesen des Insolvenzplans zu richten haben. Soweit nicht ein vollstreckbarer Teil betroffen ist, wird als Maßstab der Auslegung das individuelle Verständnis derjenigen herangezogen, die den Plan beschlossen haben. Eine Auslegung nach dem objektiven Erklärungsbefund wie beispielsweise bei Allgemeinen Geschäftsbedingungen, Emissionspaketen oder Satzungen von Körperschaften ist nicht zulässig (BGH BeckRS 2005, 14626).

4   Die im gestaltenden Teil festgelegten Regelungen entfalten ihre Wirkung mit Rechtskraft der Bestätigung des Insolvenzplans (§ 254). Dies ist nach Ablauf der 14-tägigen Rechtsmittelfrist des § 253 Abs. 1 ZPO, § 6 Abs. 2 ZPO iVm § 569 ZPO ab Verkündigung der Planbestätigung. Ein Widerruf der im Plan abgegeben Erklärungen – auch von Dritten – ist nicht mehr möglich. Der tatsächliche Vollzugsakt (Übergabe, Besitzverschaffung, Eintragung etc) wird dadurch jedoch nicht ersetzt.

B. Regelungsinhalt

I. Beteiligte

5   Entsprechend der Grundgedanken der Freiwilligen Gerichtsbarkeit und dem dortigen Begriffsverständnis des „materiellen Beteiligten" sind unter den Begriff der Beteiligten iSd § 221 all diejenigen zu fassen, die in ihrer Rechtsposition durch Planregelungen beeinträchtigt sind. Die Literatur nimmt eine Differenzierung zwischen den „zwangsweise" und „freiwillig" Beteiligten vor (ua Kübler HRI/Balthasar 535 f.) wobei diese Unterscheidung in der Praxis für den gestaltenden Teil nur dahingehend von Relevanz ist, dass die „freiwillig" Beteiligten dem Plan sozusagen beitreten muss, damit die Planregelungen für diese eine entsprechenden Wirkung entfaltet.

6   In die Rechte der Insolvenzgläubiger (§ 38), Absonderungs- (§§ 49 ff.) und Nachranggläubiger (§ 39) sowie in die Rechte der Anteilseigner kann auf der Grundlage der Regelungen der InsO im Wege des Planverfahrens eingegriffen werden (sog. zwangsweise Beteiligte). In die Rechte der Massegläubiger und Aussonderungsberechtigte sowie sonstiger Dritte kann nur eingegriffen werden, wenn diese dem Insolvenzplan beitreten und diese sich den Regularien der InsO unterwerfen. Dies betrifft auch die Vergütung des (vorläufigen) Gläubigerausschusses bzw. (vorläufigen) Insolvenzverwalters oder Sachwalters, auf deren Vergütung im Insolvenzplan Einfluss genommen werden soll. Ebenso kann in die Rechte der Arbeitnehmer nur eingeschränkt eingegriffen werden, sodass durch einen Insolvenzplan weder einzelvertragliche Regelungen angepasst noch tarifvertragliche Vereinbarung geschlossen werden können.

II. Eingriffsmöglichkeiten

Die durch ein Insolvenzplanverfahren eröffneten Eingriffsmöglichkeiten finden neben den verfassungsrechtlichen Grenzen ihre Einschränkung nur in der Fantasie des Planverfassers (Bork ZZP 1996, 473 ff.).

Dieser hat dabei das Gleichgewicht zwischen der durch den Plan angestrebten Maßnahme und dem Interesse des Betroffenen in Einklang zu bringen.

1. Absonderungsgläubiger

Erfolgt der Eingriff in die Rechte der Absonderungsgläubiger, hat der Plansteller zu berücksichtigen, dass mit Einführung der InsO durch die Konkursordnung das Konkurs- bzw. Insolvenzrecht ua in der Behandlung von Absonderungsrechten grundlegend reformiert wurde. Dem Insolvenzverwalter wurde nach §§ 166 ff. ein eingeschränktes Verwertungsrecht von Absonderungsrechten eingeräumt. Weicht der Insolvenzplan von der Regelungen der §§ 166 ff. ab, liegt ein Eingriff in die Rechte der Absonderungsgläubiger vor und die Vorschriften der § 222 Abs. 1 S. 1 Nr. 1 (Gruppenbildung) und § 223 sind zu beachten. Ein solcher Eingriff kann beispielsweise bereits dann vorliegen, wenn der Insolvenzplan in der verspäteten Verwertung des Sicherungsguts (§ 169) oder eine späteren Auszahlung der Verwertungserlöse bzw. Abgeltung der Absonderungsrechte (§ 170 Abs. 1 S. 2) vorsieht. Auch abweichende Kostenbeiträge können Auswirkung auf die Rechte der Absonderungsgläubiger haben. Gegebenenfalls biete sich auch an eine Regelung zu treffen, wonach Verwertungserlöse in Abweichung zur BGH-Rspr. (NJW-RR 2011, 688) direkt auf die Hauptforderung und nicht auf die Kosten und Zinsen zu verrechnen sind.

2. Anfechtungssachverhalte

Werden im Zusammenhang mit der Eröffnung insolvenzrechtliche Anfechtungssachverhalte nach §§ 129 ff. ermittelt und sind diese bis zur Planeinreichung noch nicht abgeschlossen, ist im gestaltenden Teil eine entsprechende Regelung bezüglich der möglichen Weiterführung und Weiterverfolgung nach Aufhebung des Insolvenzverfahrens zu treffen. Ausreichend ist in der Regel eine abstrakte Regelung (BGH NJW 2015, 2660 Rn. 34), wobei eine Konkretisierung im darstellenden Teil ratsam ist. Von besonderer Bedeutung ist in diesem Zusammenhang die Regelung des § 259 Abs. 3, wonach ein anhängiger Rechtsstreit über einen Anfechtungsprozess nach Aufhebung des Verfahrens dann fortgeführt werden kann, wenn im gestaltenden Teil eine entsprechende Regelung getroffen wurde. Der BGH geht in einer Entscheidung abweichend zum Wortlaut davon aus, dass die Anfechtungsklage vor Aufhebung beim Beklagten bereits zugestellt sein muss (BGH BeckRS 2013, 07776). Gleichzeitig schließt er im vorliegenden Sachverhalt die Anwendung des § 167 ZPO („Alsbald-Zustellung") aus (BGH NJW-RR 2013, 822 Rn. 13). Die Gründe für die Entscheidung des BGH sind aus der Praxis nicht nachvollziehbar und auch mit den Regelungen der ZPO sowie anderen Entscheidungen des BGH nicht in Einklang zu bringen. Das durch das ESUG eingeführte Schutzschirmverfahren nach § 270d (ehemals § 270b) zeigt auf, dass das Insolvenzplanverfahren als ein Eilverfahren angesehen wird. Zwischen Einleitung des Verfahrens und Aufhebung sollen nur wenige Monate vergehen. Zwar werden in der Praxis unmittelbar nach Eröffnung des Insolvenzverfahrens anfechtungsrechtlich relevante Sachverhalte aufgearbeitet und nach Eröffnung geltend gemacht. Die Durchsetzung der Ansprüche erfolgt jedoch meistens im Wege der einvernehmlichen Lösung, sodass eine sofortige gerichtliche Geltendmachung nach Eröffnung des Insolvenzverfahrens – und mit Blick auf die Zustimmung der Gläubiger im Planverfahren – nicht sachgerecht ist. Dass der BGH von seiner bisherigen Entscheidungspraxis zukünftig Abstand nehmen wird, ist zu erwarten. Tendenzen sind bereits in BGH NJW 2014, 1386 zu erkennen, da der BGH hier die Entscheidung der Vorinstanz des LG Marburg (27.10.2010 – 2 S O 91/10) am Rande bestätigt, welches von einer Wirkung des § 167 ZPO ausgegangen ist. Eine Regelung im Insolvenzplan, die den Insolvenzverwalter ermächtigt, auch nach Aufhebung des Insolvenzverfahrens noch Insolvenzanfechtungsansprüche anhängig zu machen, ist insoweit unzulässig (LG Hamburg 18.8.2017 – 326 T 10/07) und können zu einer Zurückweisung des Insolvenzplans führen.

3. Anleihen nach dem SchVG, stille Beteiligungen und Genossenschaft

Anleihegläubiger nach dem SchVG können ebenso einer Planregelung unterworfen werden wie (atypisch) stille Beteiligte oder Mitglieder einer Genossenschaft (vgl. ua LG Bonn EWiR

2015, 125; Thole ZIP 2014, 2365 ff.; „Prokon-Planbestätigung" des AG Itzehoe 3.7.2015 – 28 IE 1/14). Sie unterliegen entweder den Regelungen der Anteilseigner (§ 225a) oder denen der Insolvenzgläubiger (§ 224). Maßgeblich ist die Ausgestaltung ihrer Rechte im Vorfeld des Insolvenzverfahrens sowie die angestrebte Maßnahme im Insolvenzplan.

4. Anteilseigner

12   In die Rechte der Anteilseigner kann im Wege des Insolvenzplanverfahrens seit der Einführung des ESUG ebenfalls in den Schranken des § 225a eingegriffen werden. Die eingeführte Möglichkeit der Fremd- in Eigenkapitalumwandlung ist dabei ebenso von Bedeutung wie die weiteren Möglichkeiten, auf die Kapitalstruktur Einfluss zu nehmen bzw. juristische Personen umzuwandeln (Grundlagenentscheidung Suhrkamp Verlag BGH NZG 2014, 1309; NZG 2014, 1351; BVerfG NZG 2015, 98). Die Verschmelzung eines insolventen Rechtsträgers soll aber nicht in jedem Fall möglich sein (OLG Brandenburg NZG 2015, 884; Wachter NZG 2015, 858 ff.).

5. Arbeitnehmer

13   Forderungen der Arbeitnehmer aus dem Zeitraum vor Stellung bzw. Eröffnung des Insolvenzverfahren (beispielsweise (anteiliges) Weihnachts- und Urlaubsgeld, Boni und sonstige Sonderzahlungen) sind Insolvenzforderungen im Rang des § 38. Sie unterliegen den Planregelungen der Insolvenzgläubiger, ebenso die Ansprüche der Bundesagentur für Arbeit aus den Anspruchsübergängen der Insolvenzgeldzahlungen (§ 169 SGB III).

14   Tarifvertragliche Regelungen können im Insolvenzplan nicht getroffen werden. Ebenso kann der Insolvenzplan keinen Sozialplan oder Interessensausgleich beinhalten. Die in der Literatur vertretene Ansicht, dass dies auf „freiwilliger Basis" möglich sein muss (MüKoInsO/Eidenmüller Rn. 100 f.), wird hier nicht vertreten. Der Abschluss eine Sozialplans kann nur mit dem Betriebsrat getroffen werden (§ 112 Abs. 1 S. 2 BetrVG). Dass sich dieser freiwillig der Planregelung unterwirft, ist nicht vom Schutzgedanken des BetrVG gedeckt. Was den Regelungsinhalt des Planverfahrens ebenso nicht eröffnet ist, sind Abweichungen zu den Vorschriften über die Behandlung der Sozialplanansprüche (§ 123). Eine Begrenzung auf eine „fiktive" Verteilungsmasse ist nicht zulässig. § 123 Abs. 2 S. 2 ist insoweit bindend und kann nur im Sozialplan selbst abweichend geregelt werden.

15   Sofern mit einem Tarifvertrag bzw. Sozialplan/Interessensausgleich eine Verknüpfung bestehen soll, bietet es sich an, diese unter der Bedingung eines rechtskräftigen Insolvenzplans zu stellen. Alternativ kann der Insolvenzplan unter der Bedingung gestellt werden (§ 249), dass entsprechende Regelungen mit Arbeitnehmern nach Planannahme getroffen werden.

16   Sofern Arbeitnehmer auf tarifvertragliche Ansprüche im Wege des Insolvenzplanverfahrens verzichten sollen, ist § 4 Abs. 4 S. 2 TVG zu beachten. Danach ist ein Verzicht auf entstandene tarifliche Rechte nur in einem von den Tarifvertragsparteien gebilligten Vergleich zulässig. Hat der Arbeitnehmer beispielsweise seinen tarifvertraglichen Anspruch auf Weihnachtsgeld zur Insolvenztabelle angemeldet und sieht der Insolvenzplan einen Teilverzicht der Forderungen vor, haben die Tarifparteien dies zu billigen. Kommt ein Insolvenzplan dennoch zur Abstimmung und erfolgt die rechtskräftige Planbestätigung, hat dies keine Auswirkung auf die Regelungen im Insolvenzplan. Die InsO überlagert insoweit das TVG.

17   Änderungen der Arbeitsbedingungen wie beispielsweise Lohn- und Gehaltskürzung oder Änderung von Kündigungsfristen unterliegen auch dann keiner Regelungsmöglichkeit im gestaltenden Teil, wenn der betroffene Arbeitnehmer diesem Vorgehen zustimmt (aA MüKoInsO/Eidenmüller Rn. 99). Die für den Arbeitnehmer in diesem Zusammenhang entstehende Drucksituation rechtfertigt keine Eröffnung der Regelungsmöglichkeit im Insolvenzplanverfahren. Insoweit ist der Schuldner auf einzelvertragliche Verhandlungen bzw. Sanierungstarifvertragsverhandlungen beschränkt.

6. Ausschlussfristen

18   Im Insolvenzplan können auch für besondere Forderungen Ausschlussfristen geregelt werden. In Anbetracht der Regelung des § 259b wird dies jedoch wohl nur in Einzelfällen möglich sein. Als wirksam wurde eine Ausschlussfrist von einem Monat im Fall von Schadensersatzforderungen nach § 113 durch das LAG Düsseldorf angesehen (LAG Düsseldorf NZI 2014, 913 ff.; problematisch nun wegen BGH NJW 2015, 2660 Rn. 16). Die Frist darf aber erst mit Rechtskraft des Planbestätigungsbeschlusses zu laufen beginnen (NZI 2010, 734). Was jedoch möglich sein kann, ist die Aufnahme einer Ausschlussfrist für Verfahrensabläufe, wenn diese – wie zB bei § 189 Abs. 1

bzw. § 190 Abs. 1 – bereits in der InsO verankert sind. Sieht der Insolvenzplan eine Ausschlussfrist vor, ist zu beachten, dass hier nicht ein einseitiger Verzicht bezüglich der Geltendmachung abgegeben werden kann, wie man es bei Verjährungsfristen kennt. Der Insolvenzplan sollte daher entsprechende Regelungen vorsehen, wie die Ausschlussfrist bei Verhandlungen zB verlängert werden kann.

Gewillkürte Ausschlussfristen können im Insolvenzplan nicht geregelt werden. Insbesondere ist eine Regelung unzulässig, wonach Insolvenzgläubiger, die nicht innerhalb der Anmeldefrist ihre Forderung geltend gemacht haben, mit ihren Forderungen anteilig an der Quotenzahlung ausgeschlossen sind. Entsprechende Ausschlussfristen verstoßen nach Ansicht des BGH gegen den Grundsatz der Gleichbehandlung der Gruppenmitglieder. Die Rechtsstellung der nicht (rechtzeitig) anmeldenden Insolvenzgläubiger unterscheidet sich nicht von der, die im Insolvenzplan berücksichtigten werden. Ebenso wenig lassen sich unterschiedliche wirtschaftliche Interessen allein anhand des Kriteriums der (rechtzeitigen) Forderungsanmeldung rechtfertigen. Das Versäumen einer im Plan gesetzten Anmeldefrist ist zwar ein objektives, aber dennoch kein dem zugängliches Abgrenzungskriterium (BGH NJW 2015, 2660 Rn. 15). 19

Werden im Einzelfall Ausschlussfristen verwendet, bedarf es im Regelfall einer gesetzlichen Grundlage (zB § 189 Abs. 1 oder § 190 Abs. 1). Es liegt ein erheblicher Eingriff in die Eigentumsposition der Betroffenen vor (NZI 2013, 84; BGH BeckRS 2015, 11262). 20

Durch die Einführung der Sonderverjährungsfrist des § 259b hat sich die Problematik mit möglichen Ausschlussfristen entschärft. 21

7. Aussonderungsberechtigte

Eine Eingriffsmöglichkeit in die Rechtsposition der Aussonderungsgläubiger ist nach der InsO nur eingeschränkt möglich. Die InsO beschränkt sich auf die Regelungen der §§ 103 ff. und dort eröffneten Erfüllungswahlmöglichkeiten bzw. Einräumung von Sonderkündigungsrechten für die Insolvenzmasse. Unterwirft sich der Aussonderungsgläubiger freiwillig den Regelungen des Insolvenzplans, finden die entsprechenden Planregelungen auf ihn Anwendung. Beispielsweise kann ein persönlich haftender Gesellschafter zur Erfüllung seiner Verbindlichkeit (→ § 93 Rn. 1 ff.) der Schuldnerin im Wege des Insolvenzplanverfahrens ein Grundstück überlassen und im Insolvenzplan alle wesentlichen schuldrechtlichen und dinglichen Erklärungen abgeben, sodass die im Plan erklärten Willenserklärungen mit Rechtskraft der Planbestätigung in der notwendigen Form als abgegeben anzusehen sind (§§ 228, 254a). 22

8. Behandlung von bestrittenen Forderungen

Bestrittene Forderungen werden im gestaltenden Teil des Insolvenzplans regelmäßig auch einer Regelung unterworfen, insbesondere hinsichtlich der gerichtlichen Geltendmachung bzw. im Fall von Ausschüttungen an die Insolvenzgläubiger. 23

In der Regelabwicklung hat der betroffene Gläubiger innerhalb der 14-tägigen Ausschlussfrist des § 189 Abs. 1 die Möglichkeit, dem Insolvenzverwalter nachzuweisen, dass das gerichtliche Feststellungsverfahren eingeleitet wurde. Der Insolvenzverwalter hat sodann eine Rücklage zu bilden. Diese Regelung findet im Insolvenzplanverfahren keine Anwendung. Auch eine Analogie ist ausgeschlossen. Der Gesetzgeber hat in § 256 erkannte, dass sowohl bestrittene als auch Ausfallforderungen im Insolvenzplanverfahren eine besondere Regelung benötigen. Der Gesetzgeber hat den Regelungsbedarf dem Grunde nach erkannt. 24

Um für die Verfahrensabwicklung eine Rechtssicherheit zu erhalten, sollte der Insolvenzplan eine entsprechende Regelung des § 189 beinhalten. Als verfahrensleitende Maßnahme ist dies zulässig. Die in § 189 genannte Frist von 14 Tagen kann im Planverfahren zu kurz sein und zu einer unnötigen Klagewelle führen. Eine Frist von sechs Monaten ab Bestandskraft des Bestätigungsbeschlusses sollte ausreichend sein und die einzelnen Interessen hinreichend berücksichtigen. 25

9. Bürgen und Mitschuldner

Die Rechte von Bürgen bzw. Mitschuldnern sind durch ein Insolvenzplanverfahren dadurch betroffen, dass sie weiterhin gegenüber den Bürgschaftsgläubigern bzw. anderen Gläubigern des Schuldners in voller Höhe haften (→ § 254 Rn. 7), gleichzeitig jedoch keine Rückgriffsmöglichkeit auf den Schuldner haben (§ 254 Abs. 1 S. 2). Soll der Bürge bzw. Mitschuldner somit von den Regelungen des Insolvenzplans (beispielsweise eines Forderungsverzichts) mitumfasst sein, ist im Insolvenzplan eine gesonderte Regelung aufzunehmen. Diese bietet sich dann an, wenn vom 26

Gesellschafter oder ihm nahestehenden Personen Bürgschaften oder Garantien für Gesellschaftsverbindlichkeiten abgegeben oder Sicherheiten bestellt wurden.

10. Deliktsgläubiger

27   Forderungen von Deliktsgläubiger haben im Insolvenzverfahren einer natürlichen Person eine besondere Bedeutung. Sie sind von einer erteilten Restschuldbefreiung nicht umfasst (§ 302). Im Insolvenzplanverfahren ist der Gläubiger eine Deliktsforderung gleichzeitig Insolvenzgläubiger. Regelt der Insolvenzplan somit den Teilverzicht der Insolvenzgläubiger, ist hiervon grundsätzlich auch die Forderung des Deliktsgläubigers umfasst (BGH BeckRS 2010, 01432). Würde dem Schuldner die Restschuldbefreiung erteilt, könnte der Deliktsgläubiger weiter in das Vermögen des Schuldners vollstrecken, im Insolvenzplanverfahren jedoch nicht. Dieser Wertungswiderspruch führt dazu, dass der Deliktsgläubiger im Planverfahren ggf. schlechter gestellt wird, sofern auch die unter den Schutz des § 302 zu ziehende Forderung einem Forderungsverzicht unterliegt. Aufgrund der Schlechterstellung des Gläubigers kann dieser nach § 251 den Minderheitenschutz in Anspruch nehmen und gegen die Planbestätigung Rechtsmittel (§ 253) einlegen bzw. nach § 251 Abs. 3 aus den bereit gestellten Mitteln eine Ausgleichszahlung fordern.

11. Forderungsabrechnung

28   Ein Modus zur Forderungsberechnung bzw. -ermittlung kann im gestaltenden Teil des Insolvenzplans nicht geregelt werden (BGH BeckRS 2009, 06330). Die Gläubiger haben einen gesetzlichen Anspruch auf ein gerichtliches Feststellungsverfahren.

12. GbR-Beteiligung des Schuldners (ARGE)

29   Eine Regelung im Insolvenzplanverfahren bietet sich auch an, wenn der Schuldner an einer GbR beteiligt ist und im Fall der Sanierung im Wege des Insolvenzplanverfahrens der Schuldner wieder an der GbR beteiligt werden soll. Nach der hier vertretenen Ansicht scheidet ein Schuldner aus einer GbR spätestens mit Eröffnung des Insolvenzverfahrens aus der GbR aus. Unter Würdigung der bisherigen Rechtsprechung zur Teilrechtsfähigkeit der GbR (BGH NJW 2001, 1056) und ihrer Insolvenzfähigkeit (§ 11 Abs. 2 Nr. 1) führt die Eröffnung des Insolvenzverfahrens über das Vermögen eines Gesellschafters in der Regel zur Auflösung der Gesellschaft (§ 728 Abs. 2 BGB). Sofern im Gesellschaftsvertrag mit den übrigen Gesellschaftern eine Fortsetzung der Gesellschaft vereinbart wurde, führt dies lediglich zum Ausscheiden des insolventen Gesellschafters (§ 736 BGB). Das Gesetz ist insoweit bindend (Soergel/Hadding BGB § 728 Rn. 8; im Ergebnis auch MüKoBGB/Ulmer BGB § 728 Rn. 16), da andernfalls die Insolvenzmasse mit den Haftungsansprüchen aus der persönlichen Haftung belastet wäre. Um Bindungswirkung für die betroffene GbR zu erhalten, ist diese in den Insolvenzplan einzubeziehen, wobei eine Regelung gegen die übrigen Gesellschaftsgläubiger wohl nicht möglich sein wird.

13. Insolvenzgläubiger

30   Die Insolvenzgläubiger sind durch einen Insolvenzplan stets betroffen, sei es durch Zustimmung zur Stundung ihrer Forderung, sei es durch (Teil-)Verzicht oder Umwandlung ihrer Forderung in Eigenkapital (§ 224). Die steuerlichen Auswirkungen eines Sanierungsgewinns sind zu beachten.

14. Neukredite

31   Sofern das schuldnerische Unternehmen zukünftig etwaige Kredite benötigt, kann dies im gestaltenden Teil des Insolvenzplans gesondert geregelt werden (§§ 263 ff.). Insbesondere die Rangprivilegierung kann für den Kreditgeber von besonderem Interesse sein.

15. Massekosten (Gerichtskosten, Vergütung des Gläubigerausschusses und Verwalter)

32   Auf die Massekosten des Gerichts (§ 54 Nr. 1) kann der Insolvenzplan kein Einfluss nehmen. Die Gerichtskosten für das Insolvenzverfahren werden nach dem GKG erhoben. Maßgeblich ist der Wert der Insolvenzmasse zur Zeit der Beendigung des Verfahrens (§§ 23, 58 GKG). Zwar sieht das GKG idF v. 27.2.2014 (BGBl. I 154) keine Wertobergrenze vor, die Gerichtskosten stehen jedoch weder in der Dispositionshoheit des Gerichts noch in der der Gläubiger, sodass eine abweichende Regelung nicht möglich ist. Eine Vergütungsregelung hinsichtlich des Vergü-

tungsanspruchs des Insolvenzverwalters/Sachwalters ist seit der richtungsweisenden Entscheidung des BGH v. 16.2.2017 (BeckRS 2017, 102696) nicht mehr möglich (→ § 217 Rn. 24). Die Vergütung ist nach dem Schätzwert der Masse zur Zeit der Beendung des Verfahrens zu berechnen (BGH NZI 2011, 445).

16. Masseverbindlichkeiten

Sonstige Masseverbindlichkeiten können im Insolvenzplan ohne die Zustimmung des jeweiligen Massegläubigers keinen besonderen Regelungen unterworfen werden. In der Praxis bietet es sich an, dass mit einzelnen Massegläubigern die Zahlungsmodalitäten neu verhandelt werden bzw. zur Durchsetzung des Insolvenzplans neue Liquidität zur Verfügung gestellt wird. Diese Regelungen können zwar auch außerhalb des Insolvenzplans verhandelt und umgesetzt werden, der Gläubiger kommt dann aber nicht in den Schutz der §§ 264–266. Nach dieser Regelung können Massegläubiger im Fall einer Folgeinsolvenz privilegiert werden, sofern im gestaltenden Teil eine entsprechende Regelung getroffen wird (§§ 264–266). Darüber hinaus werden die Masseverbindlichkeiten im Insolvenzplanverfahren nur besonderen Regelungen unterworfen, wenn die Masseunzulänglichkeit nach § 208 Abs. 1 S. 1 angezeigt ist. Es findet dann eine gesetzlich normierte Rangänderung statt (§ 210a). An die Stelle der nicht nachrangigen Insolvenzgläubiger – somit an die Stelle der Insolvenzgläubiger im Rang des § 38 – treten die sog. Altmassegläubiger des § 209 Abs. 1 Nr. 3. 33

17. Nachbesserungsklausel

Während sog. salvatorische Klauseln im Insolvenzplan nicht zulässig sind (→ Rn. 41 f.), können Nachbesserungsregelungen im gestaltenden Teil geregelt werden. Um eine Schlechterstellung einzelner Beteiligter zu vermeiden, räumte bereits die InsO vor Einführung des ESUG eine solche Möglichkeit ein. Seit Einführung des ESUG ist dieser Grundgedanke in § 251 Abs. 3 verankert. Ist eine entsprechende Regelung im Insolvenzplan vorgesehen, können Ausgleichsleistungen an durch den Plan schlechter gestellte Beteiligte geleistet werden, sodass ein Versagungsgrund der Planbestätigung nicht mehr vorliegt (BT-Drs. 17/5712, 35). 34

18. Nachträgliche Forderungsanmeldung

Neben der Tabellenführung (→ Rn. 44) nach Aufhebung des Insolvenzverfahrens sollte der gestaltende Teil auch eine Regelung bezüglich nachträglich angemeldeter Forderungen haben. Dies ist insbesondere auch aufgrund der Vollstreckungsschutz (→ § 259a Rn. 1 ff. ff.) und der verkürzten Verjährungsfrist von einem Jahr (→ § 259b Rn. 1 ff. ff.) von erheblicher Bedeutung. Um unnötige Rechtsstreite zu vermeiden, um die Verjährung zu hemmen, bietet es sich auch hier an, eine Regelung dahingehend zu treffen, dass die Frist durch die Schuldnerin mit Zustimmung des Sachwalters verlängert werden kann bzw. dass Vergleiche geschlossen werden können. 35

19. Nachrangforderungen

Nachrangforderungen nach § 39 gelten im Insolvenzplan als erlassen, sofern keine anderweitige Regelung getroffen ist (§ 225). Hiervon ausgenommen sind stets Forderungen für Geldstrafen, Geldbußen, Ordnungsgelder und Zwangsgelder sowie solche Nebenforderungen einer Straftat oder Ordnungswidrigkeit, die zur Geldzahlung verpflichten (§ 39 Abs. 1 Nr. 3). Eine abweichende Regelung kann der Plan selbst dann nicht treffen, wenn eine eigene Gläubigergruppe hierfür gebildet wird und diese dem Vorgehen zustimmt. Den zuständigen Behörden fehlt die gesetzliche Ermächtigung für einen solchen Erlass. 36

20. Pensionssicherungsverein

Der Pensionssicherungsverein (PSVaG) kann im gestaltenden Teil des Insolvenzplans ebenfalls besonderen Regelungen unterworfen werden. Zum einen kann für ihn eine gesonderte Gruppe gebildet werden (§ 9 Abs. 4 BetrAVG), zum anderen soll eine Besserungsklausel im Insolvenzplan aufgenommen werden (§ 7 Abs. 4 BetrAVG). In der Praxis bietet es sich an, für den PSVaG eine gesonderte Gruppe zu bilden und ihm direkt eine Sonderzahlung zuzubilligen, die bereits bei Planeinreichung in der Höhe nach feststeht. Durch diesen „Abkauf" der Besserungsklausel des § 7 Abs. 4 BetrAVG besteht sowohl aufseiten des zu sanierenden Unternehmens als auch für den PSVaG eine hinreichende Planungssicherheit (zum PSVaG als Gruppe → § 222 Rn. 1 ff.). 37

21. Planüberwachung

38 Die Planüberwachung kann im gestaltenden Teil des Insolvenzplans ebenfalls geregelt werden (→ § 260 Rn. 1 ff. ff.). Dies sollte im Interesse der Gläubigergemeinschaft und aus Gründen der effektiven Planumsetzung dann erfolgen, wenn auch nach Aufhebung des Insolvenzverfahrens die Insolvenzgläubiger etwaige Quotenzahlungen erhalten soll.

22. Quotenzahlung

39 Auszahlungstermin für Quotenzahlungen können im Insolvenzplanverfahren ebenfalls geregelt werden. Im Fall der Regelabwicklung erfolgt dies nach Abschluss der Verwertung der Insolvenzmasse (§ 196) und somit zum Ende des Verfahrens nach erfolgtem Schlusstermin (§ 197).

23. Sachenrechtliche Maßnahmen

40 Ein nicht zu unterschätzender Vorteil des Insolvenzplanverfahrens ist der Umstand, dass im gestaltenden Teil sachenrechtliche Maßnahmen geregelt und mit Planbestätigung umgesetzt werden können (§§ 228, 254a). Sind nach dem entsprechenden sachenrechtlichen Vorschriften bestimmte Formerfordernisse einzuhalten, gelten die im Plan abgegebenen Willenserklärungen als in der vorgeschriebenen Form abgegeben (→ § 254a Rn. 3). Es bietet sich aus Kostengründen daher an, etwaige grundbuchrechtliche Vorgänge (Eintragung, Übertragung bzw. Löschung von grundbuchrechtlichen Rechte bzw. Verpfändung oder Abtretung von Gesellschaftsanteilen wie beispielsweise die Einbringung von Anteilen in eine Treuhandschaft) im Plan zu regeln, sodass entsprechende Notargebühren nicht mehr anfallen.

24. Salvatorische Klausel

41 Einige Planverfasser verwenden im gestaltenden Teil eine sog. salvatorische Klausel. Diese ist in der Regel dahingehend ausgestaltet, dass eine unwirksame Regelung im Plan die übrigen Regelungen nicht betreffen soll. Die unwirksame Bestimmung sei durch eine wirksame zu ersetzen, die inhaltlich dem Gewollten weitestgehend entspricht. Gleiches gelte für eine Lücke. Solche allgemein gefassten Klauseln haben einen nach §§ 231, 248, 254 unzulässigen Inhalt (BGH NJW 2015, 2660 Rn. 23). Begründet wird dies durch den BGH dadurch, dass solche Regelung § 139 BGB abbedungen werden soll, um dem Plananwender Auslegungsregelungen an die Hand zu geben. Für die Anwendung des § 139 BGB besteht aber kein Raum, da ausschließlich §§ 133, 157 BGB zur Anwendung gelangt. Davon nicht betroffen sind sog. Nachbesserungsklauseln, die seit Einführung des ESUG iRd § 251 Abs. 3 möglich sind (→ Rn. 34).

41a Beachtet man die Rechtsprechung des LG Düsseldorf v. 27.4.2017 (BeckRS 2017, 109313), bedarf es einer solchen Klausel nicht. Nach Rechtsprechung des LG sind etwaige unwirksame Regelungen in einem Insolvenzplan geheilt, wenn der den Insolvenzplan bestätigende Gerichtsbeschluss in Rechtskraft erwachsen ist.

25. Schlussrechnungslegung

42 In der Regelabwicklung hat der (vorläufige) Insolvenzverwalter bzw. der mit der Kassenführung ermächtigte Sachwalter zum Ende seiner jeweiligen Tätigkeit gegenüber der Gläubigerversammlung Schlussrechnung zu legen (→ § 66 Rn. 3). Im Insolvenzplan kann eine abweichende Regelung getroffen werden (→ § 66 Rn. 4). Auf eine vollständige Schlussrechnungslegung sollte im Planverfahren aus verfahrensökonomischen Gründen dann verzichtet werden, wenn ein (vorläufiger) Gläubigerausschuss eingesetzt wurde, dieser durch einen externen Dienstleister eine fachmännische Kassenprüfung hat vornehmen lassen und es sich um einen in der Branche bekannten Insolvenzverwalter bzw. Sachwalter handelt. Sollte ein (vorläufiger) Gläubigerausschuss nicht bestellt worden sein oder sollten andere Gründe im Einzelfall dafür sprechen, einen Schlussrechnungsprüfung nach § 66 durchzuführen, sollte im gestaltenden Teil des Insolvenzplans jedoch eine Regelung enthalten sein, dass die Schlussrechnungslegung auch nach Aufhebung des Insolvenzverfahrens noch gelegt werden kann. Andernfalls kann dies zu einer Verzögerung der Verfahrensaufhebung führen. Entscheiden sich die Planverfasser für eine Schlussrechnungslegung nach Aufhebung, ist zu beachten, dass das Insolvenzgericht zur Prüfung der Schlussrechnung einen Gutachter beauftragen kann. Die dadurch entstehenden Kosten sind wohl von der Schuldnerin zu tragen, wobei eine rechtliche Grundlage hierfür auf den ersten Blick nicht erkennbar ist. Ebenso haben die Planverfasser zu beachten, dass die gesetzliche Grundlage für etwaige Zwangsmaßnahmen fehlt, sofern eine Rechnungslegung nicht erfolgt. Die Sanktionsmöglichkeit des Gerichts nach § 58

Abs. 2 greift nur gegen einen noch im Amt befindlichen Insolvenzverwalter bzw. Sachwalter. Ist sein Amt beendet, kann nur noch ein Herausgabeanspruch von Unterlagen entsprechend durchgesetzt werden (§ 58 Abs. 3). Eine Schlussrechnungslegungspflicht oder Auskunftserteilung kann hiervon aber im Fall der Aufhebung im Wege des Insolvenzplanverfahrens nicht mehr umfasst sein (aA wohl HmbKommInsR/Frind § 58 Rn. 11, der bei einem abgewählten Verwalter (§ 57) eine solche Verpflichtung annimmt).

26. Steuerforderungen

Bei besonderen Regelungen hinsichtlich von festgesetzten Steuerforderungen ist zu beachten, dass das Finanzamt bei der Regelabwicklung nach Aufhebung des Verfahrens (§ 200) mit den zur Tabelle festgestellten Steuerforderungen gegen Steuererstattungsansprüche der Schuldnerin aufrechnen kann (BGH NZI 2007, 409). Ist die Sanierung eines Unternehmens im Wege des Insolvenzplanverfahrens angestrebt, ist dies von untergeordneter Bedeutung. Denn im Fall der Regelabwicklung wird der Rechtsträger nach Verfahrensaufhebung nicht mehr existent sein und Steuererstattungsansprüche vereinnahmen. Bei natürlichen Personen ist dies ggf. aufgrund von Lohnsteuererstattungsansprüchen etc anders zu bewerten (BGH NZI 2007, 409 zu § 251; Frind NZI 2007, 374 ff.). 43

27. Tabellenführung

Im Optimalfall ist bis zum Abstimmungstermin die Insolvenztabelle bereinigt, dh alle Forderungen sind abschließend geprüft, der Ausfall der Absonderungsgläubiger steht fest und die Gläubiger mit bestrittenen Forderungen haben erklärt, keinen Feststellungsprozess zu führen. Die Praxis zeigt, dass dies eher der Ausnahmefall sein wird. Im Regelfall sind bis zum Abstimmungstermin Forderungen vorläufig bestritten bzw. der endgültige Ausfall steht noch nicht fest. Um in der Abwicklung des weiteren Verfahrens für alle Beteiligten Rechtssicherheit zu bekommen, sollte der Gestaltenden teil eine Regelung enthalten, wie nach Aufhebung des Insolvenzverfahrens mit den zur Tabelle angemeldeten Forderungen umzugehen ist bzw. in wessen Verantwortungsbereich diese fällt. Es bietet sich an, die Tabellenführung nach Aufhebung des Insolvenzverfahrens der Schuldnerin mit Zustimmungsvorbehalt des Sachwalters/Planüberwacher einzuräumen. 44

28. Unterhaltsberechtigte

Ansprüche von Unterhaltsberechtigten können im Insolvenzverfahren über das Vermögen einer natürlichen Person nach Ansicht des OLG Düsseldorf im gestaltenden Teil geregelt werden. Es soll ua möglich sein, dass ein Verzicht von unterhaltsberechtigten Gläubiger auf laufende Unterhaltsansprüche ab Eröffnung des Insolvenzverfahrens für die Laufzeit des Insolvenzplans einer Planregelung unterworfen werden kann (OLG Düsseldorf NZI 2008, 689). Die Entscheidung ist kritisch zu bewerten. 45

29. Wiederauflebung der Forderungen

Die in § 255 geregelte Wiederauflebungsklausel soll die Interessen der Beteiligten schützen, die im Insolvenzplan auf ihre Forderung (teilweise) verzichten bzw. diese stunden. Die Regelung tritt auch dann ein, wenn im Insolvenzplan kein Bezug hierauf genommen wird. Somit ist im Fall der angestrebten Abweichung im Plan eine ausschließende oder einschränkende Regelung zu treffen (→ § 255 Rn. 1), sofern der Schuldner hiervon nicht benachteiligt wird (→ § 255 Rn. 10). Abweichende Änderungen bieten sich in der Definierung des unbestimmten Rechtsbegriffes „erheblicher Rückstand" an (beispielsweise Vermutungsfiktion bei Stellung eines erneuten Insolvenzantrags). Darüber hinaus biete es sich an die Rechte der Absonderungsgläubiger im Zweifel zu klären, da deren Schutz aus § 255 offen ist. 46

30. Vertragsanpassungen

Ein Eingriff in bereits vor Eröffnung des Insolvenzverfahrens bestehende schuldrechtliche Verträge ist durch den Insolvenzplan nur dann möglich, wenn der Vertragspartner dieser Vertragsänderung zustimmt. Gegen den Willen des Vertragspartners ist indes eine einseitige Vertragsanpassung ausgeschlossen. Der BGH hat in seinem Beschluss v. 5.2.2009 festgestellt, dass gem. § 217 InsO Gegenstand des Insolvenzplans die Befriedigung der absonderungsberechtigten Gläubiger und der Insolvenzgläubiger, die Verwertung der Insolvenzmasse und deren Verteilung an die Beteiligten 46a sowie die Haftung des Schuldners nach Beendigung des Insolvenzverfahrens ist. Der Insolvenzplan eröffnet den Beteiligten zwar die Möglichkeit, im Interesse der bestmöglichen Befriedigung der Gläubiger das Verfahren möglichst flexibel zu gestalten (vgl. BT-Dr 12/2443, 195). Voraussetzung für die Zulässigkeit des Planinhalts ist aber immer, dass nur plandispositive Gegenstände geregelt werden. Von planfesten Vorschriften, die auch dann zwingend zu beachten sind, wenn die Befriedigung der Insolvenzgläubiger über einen Insolvenzplan erfolgen soll, darf nicht abgewichen werden, es sei denn es bestehen Sondervorschriften, die eine Abweichung ausdrücklich zulassen (BeckRS 2009, 06330). Insoweit sind die Regelungen der §§ 103 ff. InsO abschließend.

31. Verfahrensaufhebung

47   Der Zeitpunkt der Verfahrensaufhebung spielt in einigen Verfahren eine wesentliche Rolle. Im gestaltenden Teil kann eine Regelung hierüber getroffen werden (→ § 258 Rn. 2). Für jedes am Markt tätige Unternehmen ist es von erheblicher wirtschaftlicher Bedeutung, wenn die erfolgreiche Sanierung durch ein Insolvenzplanverfahren abgeschlossen und das Insolvenzverfahren beendet ist. Die Aufhebung des Verfahrens sollte somit im Regelfall unmittelbar nach Aufhebung der Rechtsmittelfrist erfolgen. Zu beachten ist jedoch, dass in gewissen Fällen eine abweichende Regelung wirtschaftlich sinnvoll sein kann, beispielsweise wenn maßgebliche insolvenzrechtliche Anfechtungssachverhalte noch nicht rechtshängig gemacht wurden oder wenn ein Zwischenabschluss nach den Vorschriften des Steuerrechtes notwendig ist bzw. ein Jahresabschluss kurzfristig ansteht.

32. Zustimmungsvorbehalt des Planüberwacher

48   Sofern nach Aufhebung des Insolvenzverfahrens besondere Geschäfte vorgenommen werden sollen, kann im gestaltenden Teil ein Zustimmungsvorbehalt angeordnet werden (→ § 263 Rn. 1 ff. ff.). Der Gesetzgeber erkennt an, dass es auch nach Aufhebung des Insolvenzverfahrens im Interesse der Beteiligten ist, dass die Geschäftsleitung der Schuldnerin bzw. eines Nachfolgeunternehmens der Kontrolle bedarf. Im gestaltenden Teil des Insolvenzplans kann daher eine Regelung getroffen werden, dass bestimmte Rechtsgeschäfte der Zustimmung des ehemaligen Insolvenzverwalters bzw. Sachwalters bedarf. Der im Plan geregelte Zustimmungsvorbehalt ist als absolutes Verfügungsverbot anzusehen (gesetzlicher Verweis auf §§ 81 Abs. 1, 82).

III. Umsetzungs- und Korrekturbevollmächtigung

49   Die im gestaltenden Teil geregelten Maßnahmen bedürfen im Regelfall nach Planbestätigung noch eine praktische Umsetzung. Damit der Insolvenzplan nicht im Stadium der Erstellung bzw. Bestätigung verharrt, eröffnet der Gesetzgeber die Möglichkeit, den Insolvenzverwalter mit der Planumsetzung zu bevollmächtigen (§ 221 S. 2 Alt. 1). In der Planumsetzung zeigt es sich oft, dass die im gestaltenden Teil festgelegten Regeln tatsächlich durchführbar sind. Der Gesetzgeber hat diesen Wertungswiderspruch zwischen theoretischer Planerstellung und praktischer Planumsetzung erkannt und die Möglichkeit eingeräumt, den Insolvenzverwalter im gestaltenden Teil zu bevollmächtigen, offensichtliche Fehler des Plans zu berichtigen (§ 221 S. 2 Alt. 2). Die Regelung wurde durch das ESUG eingeführt und orientiert sich an der Durchführungs- und Vollzugsermächtigung der Notare (BT-Drs. 17/7511, 35).

50   Bei der Planumsetzung ist der Insolvenzverwalter in seiner Entscheidungskompetenz an den Inhalt des Insolvenzplans gerichtet. Ein Verstoß kann eine Haftung nach § 60 auslösen. Die gerichtliche Bestätigung nach § 248 einer Planberichtigung ist einzuholen.

51   Korrekturen können dann vorgenommen werden, wenn ein offensichtlicher Fehler vorliegt. Nach den Gesetzesmaterialien sollen dies offenkundig falsche Benennung von Personen oder ein nicht aufgenommener gesellschaftsrechtlicher Beschluss ein. Maßgeblich ist, dass es sich um eine Unrichtigkeit handelt, die der Planumsetzung entgegensteht und andernfalls von den Planerfassern und den planzustimmenden Beteiligten sonst im Plan umgesetzt worden wäre. Sofern der Insolvenzverwalter Korrekturen vornehmen will, bedarf dies nach § 248a Abs. 1 der Bestätigung durch das Insolvenzgerichts. Es soll dadurch sichergestellt werden, dass die Grenzen der Befugnis des Insolvenzverwalters eingehalten werden. Im Interesse einer effektiven Verfahrensabwicklung sind dabei neben dem Verwalter, dem vorläufigen Gläubigerausschuss und dem Schuldner nur diejenigen Gläubiger und Anteilsinhaber zu hören, die von der beabsichtigten Änderung betroffen sind (§ 248a Abs. 2). Eine umfassende Anhörung aller Gläubiger bzw. Anteilsinhaber, sofern deren Rechte in den Plan einbezogen wurden, ist nicht notwendig (BT-Drs. 17/7511, 36). Die Bestätigung oder Versagung der Korrektur erfolgt im Wege des Beschlussverfahrens. Die Zuständigkeit

liegt bei der Richterin. Die Entscheidung ergeht im Zusammenhang mit dem Insolvenzplanverfahren, das nach § 18 Abs. 1 Nr. 2 RPflG dem Richter vorbehalten ist. Gegen den Beschluss steht die sofortige Beschwerde zu (§ 248a Abs. 4), wobei diese jedoch der Regel des § 253 Abs. 4 unterliegt.

IV. Rechtsfolge bei Nichtbeachtung

Liegt ein Verstoß gegen die Regelungen des gestaltenden Teils vor, kann dies zu einer gerichtlichen Zurückweisung nach § 231 bzw. Versagung der Planbestätigung nach § 250 führen. Daneben kann der Rechtsmittelweg nach § 253 eröffnet sein. Mit rechtskräftiger Planbestätigung sind Inhaltsmängel grundsätzlich geheilt (ausführlich MüKoInsO/Eidenmüller InsO § 217 Rn. 198–201). 52

§ 222 Bildung von Gruppen

(1) ¹Bei der Festlegung der Rechte der Beteiligten im Insolvenzplan sind Gruppen zu bilden, soweit Beteiligte mit unterschiedlicher Rechtsstellung betroffen sind. ²Es ist zu unterscheiden zwischen
1. den absonderungsberechtigten Gläubigern, wenn durch den Plan in deren Rechte eingegriffen wird;
2. den nicht nachrangigen Insolvenzgläubigern;
3. den einzelnen Rangklassen der nachrangigen Insolvenzgläubiger, soweit deren Forderungen nicht nach § 225 als erlassen gelten sollen;
4. den am Schuldner beteiligten Personen, wenn deren Anteils- oder Mitgliedschaftsrechte in den Plan einbezogen werden;
5. den Inhabern von Rechten aus gruppeninternen Drittsicherheiten.

(2) ¹Aus den Beteiligten mit gleicher Rechtsstellung können Gruppen gebildet werden, in denen Beteiligte mit gleichartigen wirtschaftlichen Interessen zusammengefaßt werden. ²Die Gruppen müssen sachgerecht voneinander abgegrenzt werden. ³Die Kriterien für die Abgrenzung sind im Plan anzugeben.

(3) ¹Die Arbeitnehmer sollen eine besondere Gruppe bilden, wenn sie als Insolvenzgläubiger mit nicht unerheblichen Forderungen beteiligt sind. ²Für Kleingläubiger und geringfügig beteiligte Anteilsinhaber mit einer Beteiligung am Haftkapital von weniger als 1 Prozent oder weniger als 1 000 Euro können besondere Gruppen gebildet werden.

Überblick

Die Gruppenbildung im Insolvenzplan ist insbesondere dann notwendig, wenn in die Rechte unterschiedlicher Beteiligter unterschiedlich eingegriffen werden soll (→ Rn. 8). Der Gesetzgeber unterscheidet dabei zunächst in Pflichtgruppen (→ Rn. 11) und freiwillig zu bildende Gruppen (→ Rn. 16). Für die Arbeitnehmer (→ Rn. 30) sowie im Fall der Masseunzulänglichkeit (→ Rn. 37) sind gesonderte Gruppen in der Regel zu bilden. Die Einstufung der Beteiligten in die jeweilige Gruppe hat anhand nachvollziehbarer Kriterien zu erfolgen (→ Rn. 38), die durch das Gericht überprüft werden kann (→ Rn. 42). Abs. 1 S. 2 Nr. 5 wurde im Zusammenhang mit dem SanInsFoG eingeführt.

Übersicht

	Rn.		Rn.
A. Normzweck	1	2. Unterhaltsgläubiger	13
I. Bedeutung der Gruppenbildung	2	3. Nachranggläubiger	14
II. Strategische Gruppenbildung	5	4. Anteilseigner	15
III. Die Gruppen im darstellenden und gestaltenden Teil	6	5. Gruppeninterne Drittsicherheiten	15a
		III. Fakultativgruppen (freiwillige Gruppen)	16
		1. Anleihegläubiger	19
B. Regelungsinhalt	8	2. Anteilseigner	22
I. Festlegung der Beteiligtenrechte	8	3. Arbeitnehmer	23
II. Obligatorische Gruppenbildung (Pflichtgruppen)	11	4. Bundesagentur für Arbeit	24
		5. Deliktsgläubiger	26
		6. Finanzamt	27
1. Absonderungsgläubiger	12	7. Pensionssicherungsverein	28

	Rn.		Rn.
8. Poolbanken	29	V. Gruppenbildung bei Masseunzulänglichkeit (§ 210a)	37
9. Verlustausgleichsanspruch (§ 302 Abs. 3 S. 3 AktG)	29a	VI. Einstufung von Beteiligten mit gemeinsamer Rechtsausübung	38
IV. Gruppe der Arbeitnehmer (Abs. 3 S. 1)	30
1. Arbeitnehmer als Insolvenzgläubiger	31
2. Erhebliche Beteiligung der Arbeitnehmer	32	VII. Änderung der Gruppenbildung nach Planeinreichung	39
3. Untergruppe von Kleingläubigern und geringfügig Beteiligten (Abs. 3 S. 2)	34	VIII. Prüfungskompetenz der Gruppenbildung	42
4. Mischgruppen	36

A. Normzweck

1 Ein Plan muss von den Beteiligten legitimiert werden, deren Vermögensinteressen berührt werden. Der in der InsO bei der Gruppenbildung verankerte Grundgedanke folgt der Regelung des § 8 VerglO und erkennt an, dass Beteiligte mit unterschiedlichen Rechten dann nicht einer Abstimmungsgruppe zusammengefasst werden können, wenn diese in unterschiedlichen Rechtspositionen durch den Insolvenzplan beeinträchtigt werden (BT-Drs. 12/2443, 92). Auf die Gruppenbildung kann nach den Ausführungen des Rechtsausschusses in den Gesetzesmaterialien gänzlich dann verzichtet werden, wenn die Rechte der gesicherten Gläubiger unangetastet bleiben und die Nachrangforderungen nicht abweichend geregelt werden (BT-Drs.12/7302, 199).

I. Bedeutung der Gruppenbildung

2 Das Abstimmungsverfahren ist dadurch gekennzeichnet, dass jede einzelne Gruppe abstimmt (§ 243), entsprechende Mehrheiten der abstimmenden Beteiligten notwendig sind (§ 244) und dass einzelne Gruppen überstimmt werden können (sog. Obstruktionsverbot). Letztgenanntes geht jedoch nur dann, wenn die Mehrheit der abstimmenden Gruppen dem Plan zugestimmt haben (sog. Gruppenmehrheit aus § 245 Abs. 1 Nr. 3), die überstimmende Gruppe angehört und angemessen beteiligt wurde, die Summe der Ansprüche der zustimmenden Gläubiger mehr als die Hälfte der Summe der Ansprüche der abstimmenden Gläubiger beträgt (sog. Summenmehrheit nach § 244 Abs. 1 Nr. 2) und die Mehrheit der abstimmenden Gläubiger dem Plan zugestimmt hat (sog. Kopfmehrheit aus § 244 Abs. 1 Nr. 1).

3 Aufgrund dieser Regelungen wird deutlich, dass sowohl die Anzahl der gebildeten Gruppen als auch die Gruppenbildung selbst für die Planannahme besondere Bedeutung hat.

4 Bei der Anzahl der Gruppen sollte stets eine ungerade Anzahl genommen werden um Pattsituation zu vermeiden und die Möglichkeit des § 245 Abs. 1 Nr. 3 nicht verlustig zu werden. Kleine Abstimmungsgruppen und somit eine Vielanzahl an Gruppen hat zwar den Vorteil, dass Abstimmungsverhalten der jeweiligen Gruppe ggf. besser zu prognostizieren sein kann, es kann jedoch die Möglichkeit des § 245 Abs. 1 Nr. 3 erheblich eingeschränkt sein (vgl. ausf. Kaltmeyer ZInsO 1999, 255 ff.). Eine Vielzahl an Gruppen sollte daher vermieden werden, da dann die Gruppeneinteilung ggf. zu einem erhöhten Erörterungsbedarf führen kann. Die Bildung von nur einer Gruppe ist möglich, wenn die Beteiligten nicht in unterschiedlichen Rechtspositionen beeinträchtigt sind.

II. Strategische Gruppenbildung

5 Die im gesetzlichen Rahmen vorgenommene Gruppenbildung kann für die erfolgreiche Planannahme durch die Beteiligten von besonderem strategischen Interesse sein. Dies ist immer dann der Fall, wenn Beteiligte im Vorfeld ausgemacht werden können, deren Abstimmungsverhalten zur Annahme des Plans eher negativ ausfallen wird bzw. wenn diese ihr Abstimmungsverhalten von besonderen Sonderbehandlungen abhängig gemacht haben. Zeichnen sich im Vorfeld der Planvorlage ein entsprechendes Stimmungsbild ab, steht der Planersteller vor der Entscheidung, dem Verlangen nach einer Sonderstellung nachzukommen oder im Rahmen der gesetzlichen Möglichkeiten diesen entgegenzusteuern. In beiden Alternativen besteht das Risiko, dass die gerichtliche Bestätigung des Insolvenzplans versagt wird bzw. ein anderer Beteiligter im Rechtsmittelverfahren gegen den Insolvenzplan vorgeht. Selbst eine spätere Nichtigkeit des Insolvenzplans ist nicht ausgeschlossen.

III. Die Gruppen im darstellenden und gestaltenden Teil

6 Hinsichtlich des formellen Aufbaus des Insolvenzplans ist zu beachten, dass im darstellenden Teil alle wesentlichen Gründe für die vorgenommene Gruppenabteilung zu nennen sind. Im gestaltenden Teil erfolgt dann die entsprechende Umsetzung der Gruppenbildung. Zur Vorbereitung des Abstimmungstermins bietet es sich an, jeden Beteiligten bereits bei Ladung nach § 235 Abs. 3 darüber zu informieren, in welche Gruppe er nach Ansicht des Planverfassers eingestuft wird. Darüber hinaus sollte zur Vorbereitung des Termins eine enge Absprache mit dem Insolvenzgericht erfolgen, damit bei der Stimmrechtsfestsetzung (§§ 237 ff.) und der Gruppenabstimmung vorbereitende Maßnahmen eingeleitet werden können.

Die Regelung des § 226 sieht vor, dass innerhalb einer Gruppe die dortigen Beteiligten gleich 7 zu behandeln sind. Innerhalb einer Gruppe sind allen Beteiligten gleiche Rechte anzubieten. Dieser Grundsatz der Gleichbehandlung der Gruppenbildung ist von grundlegender Bedeutung und vom Planersteller zwingend zu berücksichtigen (vgl. § 226).

B. Regelungsinhalt

I. Festlegung der Beteiligtenrechte

Die Festlegung der Gruppenanzahl und die Gruppenbildung selbst erfolgt durch den Planverfas- 8 ser. Um die gesetzlichen Vorgaben hinsichtlich der Gruppenbildung einhalten zu können, hat der Planverfasser zunächst anhand des gestaltenden Teils zu bewerten, wie und in welcher Rechtsstellung die einzelnen Beteiligten von den Planregelungen betroffen sind. Seinen Annahmen kann er strategische Erwägungen zugrunde legen (HmbKommInsR/Thies Rn. 3). Die Grenzen sind abschließend in § 222 geregelt. Ein darüber hinausgehendes „allgemeines Missbrauchsverbot" besteht nicht (ausf. MüKoInsO/Eidenmüller Rn. 110 f.). Die Gründe für die Gruppenbildung sind im darstellenden Teil aufzuzeigen. Geht der Planverfasser davon aus, dass die Pflichtgruppen nicht zu bilden sind, hat er dies ausführlich und verständlich darzulegen.

Werden freiwillig unterschiedliche Gruppen gebildet, sind die Gründe anzugeben, auf denen 9 die Einteilung der Gläubiger in die unterschiedlichen Gruppen erfolgte. Unter Berücksichtigung des § 222 Abs. 2 S. 2 können nur sachgerechte Gründe für die unterschiedliche Gruppeneinteilung angeführt werden. Die darüber hinaus geforderte Voraussetzung der gleichartigen wirtschaftlichen Interessen (hierzu MüKoInsO/Eidenmüller Rn. 114.) ist nicht notwendig. Weder der Gesetzeswortlaut noch die Zielsetzung des Gesetzgebers lässt eine solche Erweiterung zu. Zwar hat der damalige Gesetzesentwurf der Bundesregierung dieses Tatbestandsmerkmal noch gefordert (BT-Drs. 12/2443, 51), im weiteren Gesetzgebungsverfahren wurde hierauf aufgrund der Praktikabilität aber verzichtet. Eine eigene Gruppe für diejenigen zu bilden, die voraussichtlich gegen den Insolvenzplan stimmen, wird wohl kein sachgerechter Grund sein. Zwar fordert der Gesetzgeber eine freie Gruppenbildung und lehnt ein allgemeines Missbrauchsverbot ab, in Anbetracht der weitreichenden Eingriffsmöglichkeiten in die verfassungsrechtlich garantierten Rechte der Beteiligten sollte dies jedoch nicht möglich sein.

Zu beachten ist auch, dass sich ein Gläubiger in mehreren Gruppen wiederfinden kann. Maß- 10 geblich ist allein der Grund seiner Forderung.

Unzulässig ist dagegen die Bildung einer eigenen Gruppe für Insolvenzgläubiger, die nicht 10a rechtzeitig ihre Forderung angemeldet haben und dadurch von einer Quotenverteilung ausgeschlossen sein sollen (LG Hamburg NZI 2018, 261 ff. unter Bezug auf BGH NZI 2015, 697 ff.).

II. Obligatorische Gruppenbildung (Pflichtgruppen)

Der Gesetzgeber fordert eine Gruppenbildung stets dann, wenn Beteiligte mit unterschiedlichen 11 Rechtsstellungen von den Regelungen im Insolvenzplan betroffen sind. Die in § 222 Abs. 1 normierten obligatorischen Gruppen sind abschließend, sofern keine Masseunzulänglichkeit angezeigt wurde. In diesem Fall treten die sog. Altmassegläubiger an die Stelle der Insolvenzgläubiger und die nicht Nachrangigen an die Stelle der Nachrangigen (§ 210a). Ebenso sind in einem Folgeinsolvenzverfahren mögliche andere Ranggruppen zu bilden (§ 266).

1. Absonderungsgläubiger

Für die Absonderungsgläubiger ist dann eine eigene Gruppe zu bilden, wenn in deren Rechte 12 durch den gestaltenden Teil nach den Maßgaben des § 223 eingegriffen wird (§ 222 Abs. 1 S. 2 Nr. 1). Dies kann beispielsweise dann der Fall sein, wenn bei beweglichen Absonderungsgegenständen bzw. besicherten Forderungen von den gesetzlich normierten Verwertungsarten (§§ 166 ff.) abgewichen werden soll bzw. wenn der Verwertungserlös in Abweichung zu § 169 erst zu einen späteren Zeitpunkt auszuzahlen ist bzw. wenn die Verwertung zu einem späteren Zeitpunkt erfolgen soll. Sofern der Insolvenzplan in die Rechte der dinglich besicherten Grundpfandgläubiger eingreift, ist für diese ebenfalls eine gesonderte Gruppe zu bilden. Wurde im Vorfeld des Insolvenzplanverfahrens mit den Absonderungsgläubiger eine Verwertungsvereinbarung (beispielsweise eine unechte Massekreditvereinbarung) geschlossen oder ist dies nach Planbestätigung angestrebt, ist eine Gruppenbildung für die Absonderungsgläubiger nicht notwendig. Die entsprechende Verwertungsvereinbarung wurde bereits im Vorfeld mit den Beteiligten verhandelt und wird nicht erst im Insolvenzplanverfahren geregelt. Entsprechendes gilt auch für Absprachen mit einem sich gebildeten Lieferantenpool. Regelmäßig liegt ein Eingriff in die Absonderungsrechte der Gläubiger auch dann vor, wenn deren Sicherheiten durch andere Sicherheiten ersetzt werden sollen. Dies kann beispielsweise dann sachdienlich sein, wenn Pfandrechte an Gesellschaftsanteilen neu geordnet werden sollen oder wenn zur Sicherheit abgetretene Forderungen durch nicht zedierte Forderungen (beispielsweise aufgrund § 91) neu bestellt werden sollen. Bei der Gruppeneinteilung der Absonderungsgläubiger ist zu beachten, dass der jeweilige Absonderungsgläubiger nur in Höhe seines Absonderungsrechts in die Gruppe einbezogen wird (NZI 2005, 619). Dies ist insbesondere für die Höhe das jeweilige Stimmrecht entscheidend. Dies wird nach dem Wert des Absonderungsgegenstands ermittelt. Sieht der Insolvenzplan die Fortführung vor, ist dieser Wert anzusetzen (NZI 2005, 619). Haftet dem Absonderungsgläubiger der Schuldner auch persönlich, ist zu beachten, dass der Absonderungsgläubiger auch in der Gruppe der Insolvenzgläubiger sich wiederzufinden hat. In der Literatur wird in diesem Zusammenhang stets die Frage aufgeworfen, mit welcher Forderungshöhe der Absonderungsgläubiger in der Gruppe der Insolvenzgläubiger zu berücksichtigen ist. Entweder mit der Höhe seines Ausfalls (NZI 2005, 619) oder in voller Höhe (so MüKo-InsO/Eidenmüller Rn. 57; offen BGH BeckRS 2005, 10212). Beide Ansichten sind nachvollziehbar, sie haben jedoch in der Praxis nur eine untergeordnete Bedeutung. Erhält der Absonderungsgläubiger über die Verwertung des Absonderungsguts seine vollständige Befriedigung, ist er nur in der Gruppe der Absonderungsberechtigten zu berücksichtigen (BGH 7.7.2005 – IX ZB 266/04 Rn. 14 = NZI 2005, 619). Für die Bestimmung des Stimmrechts hat § 237 Abs. 1 S. 2 eine Sonderregelung, sodass die Einstufung der Höhe keine Auswirkung haben wird. Erfolgt durch den Insolvenzplan ein Eingriff in die Rechte des Insolvenzgläubiger bzw. wird diesen eine Zahlung auf ihre Forderung zugesagt, so findet sich im gestaltenden Teil eine ergänzende Regelung, wie bzw. wann diese Zahlungen an die Ausfallgläubiger zu erfolgen haben. Der Insolvenzplan wird für die Ausfallgläubiger regelmäßig eine Rücklage bilden bzw. eine entsprechende Regelung nach § 190 beinhalten, sodass auch bei absonderungsberechtigten Lieferanten und Abwicklung dieser Absonderungsrechte durch einen Lieferantenpool Rechtssicherheit dahingehend besteht, dass diese nur in Höhe ihrer Ausfallforderung gem. §§ 52, 190 an einer Quotenzahlung partizipieren. Ein Verstoß gegen § 226 ist durch entsprechender Regelungen nicht gegeben, da von der gesetzlichen Regelabwicklung (§§ 51, 190) nicht abgewichen wird. Anderenfalls würde eine praktische Umsetzung kaum möglich sein.

2. Unterhaltsgläubiger

13   Für die nicht nachrangigen Insolvenzgläubiger ist dann eine Gruppe zu bilden (§ 222 Abs. 1 S. 2 Nr. 2), wenn in deren Rechte abweichend zu den gesetzlichen Regelungen des Insolvenzplanverfahrens eingegriffen wird. Von der Norm umfasst sind die Insolvenz- (§ 38) und Unterhaltsgläubiger (§ 40). Die Insolvenzgläubiger sind von der Regelungen des Insolvenzplans in den meisten Fällen betroffen, da im Insolvenzplanverfahren normalerweise ein zumindest teilweiser Forderungsverzicht vom Planersteller erwartet wird. Es ist zu beachten, dass in dieser Gruppe auch diejenigen Absonderungsgläubiger zu berücksichtigen sind, die neben ihrem Absonderungsrecht auch einen persönlichen Haftungsanspruch gegenüber dem Schuldner haben. In welcher Höhe diese zu berücksichtigen sind, dh in voller oder nur in der des Ausfalls (§ 52), ist dabei zu beachten. Unterhaltsberechtigte Beteiligte sind nur in einem Insolvenzplanverfahren über eine natürliche Person ggf. von Relevanz. Diese nehmen am Insolvenzverfahren grundsätzlich nicht teil, sodass im Regelfall bei einer Planbeteiligung diese in ihren Rechten stets beeinträchtigt sein werden.

3. Nachranggläubiger

14   Nachranggläubiger (§ 222 Abs. 1 S. 2 Nr. 2) sind in einer gesonderten Gruppe dann zu bündeln, wenn abweichend von § 225 diese Forderungen mit Aufhebung des Insolvenzverfahrens nicht als erlassen gelten sollen. Wird eine solche Gruppe gebildet, ist zu beachten, dass auch die Absonderungsgläubiger zu berücksichtigen sind, da der Verwertungserlös zunächst auf die Nachrangforderungen (Kosten und Zinsen seit Verfahrenseröffnung) angerechnet wird (BeckRS 2011, 05639).

4. Anteilseigner

Durch die Einführung des ESUG wird klargestellt, dass die Anteilseigner (§ 222 Abs. 1 S. 2 Nr. 4) dann eine eigene Gruppe (oder mehrere eigene Gruppen) bilden müssen, wenn sie durch den Insolvenzplan mit ihren Anteils- oder Mitgliedschaftsrechten einbezogen werden sollen (BT-Drs. 14/5172, 31). Anteilseigner sind die Gesellschafter einer GmbH bzw. einer sonst gleichgestellten Rechtsform (beispielsweise B.V. Ltd. etc), die Aktionäre eine AG bzw. S.E., Mitglieder eines Vereins, Gesellschafter eine GbR bzw. OHG und Mitglieder einer Genossenschaft. Auch Kommanditisten, Anleihegläubiger und stille Gesellschafter können hierunter zu ziehen sein. In Abweichung zu den vorangestellten Gruppen ist kein Eingriff in deren Rechtsposition notwendig, sondern es genügt bereits ein geringer Maßstab der Beeinträchtigung der Rechte. Die wohl bisher hL geht aufgrund des Wortlauts davon aus, dass die Voraussetzungen bereits dann vorliegen, „wenn die Anteils- und Mitgliedschaftsrechte Regelungen unterworfen werden, die von denjenigen der Regelinsolvenzverfahrens abweichen" (MüKoInsO/Eidenmüller Rn. 71; HmbKommInsR/Thies Rn. 13). Diese enge Orientierung am Wortlaut führt dazu, dass bei jedem Insolvenzplanverfahren, das auf den Erhalt des Rechtsträgers ausgerichtet ist, eine Gruppe für die Anteilseigner zu gründen ist. Mag dies bei Personengesellschaften und der Haftung der persönlich haftenden Gesellschafter noch nachvollziehbar sein, ist dies bei einer juristischen Person bedenklich. Die Anteilseigner werden nicht schlechter gestellt als zum Zeitpunkt der Einleitung des Insolvenzverfahrens bzw. im Vergleich zur Regelabwicklung. Sie erhalten vielmehr das zurück, was ihnen bereits als Gesellschafter gehört. Zwar enthält der gestaltende Teil einen Fortsetzungsbeschluss der Gesellschaft (§ 225a Abs. 3), sodass sogar ein Eingriff in die Gesellschafterrechte gegeben ist, allerdings ist dies durch § 225a Abs. 3 gesetzlich legitimiert und zwingende Voraussetzung für die Fortführung des Unternehmens nach Aufhebung des Verfahrens, da andernfalls die Löschung aus dem Handelsregister erfolgen würde.

5. Gruppeninterne Drittsicherheiten

Die eigene Gruppe ist dann notwendig, wenn in die Rechtsposition eingegriffen werden. Entsprechend der Ausführungen des Gesetzesentwurfs spiegelt die Zuordnung der Drittsicherheiten zu einer eigenen Plangruppe die unterschiedliche Wirkungsweise von Dritt- und Eigensicherheiten und die unterschiedliche wirtschaftliche Stellung der durch Dritt- und Eigensicherheiten begünstigten Gläubiger wider.

III. Fakultativgruppen (freiwillige Gruppen)

Nach § 222 Abs. 2 wird dem Plansteller die freiwillige Gruppenbildung ermöglicht. Der Gesetzgeber geht zwar davon aus, dass in einer Gruppe nur gleichrangige Beteiligte zusammengeführt werden können. Andernfalls können die im Insolvenzplan getroffenen Mehrheitsentscheidungen nicht legitimiert werden. Gleichzeitig erkennt er aber die Notwendigkeit an, in geeigneten Fällen Beteiligte ein- und derselben Rangklasse in unterschiedlichen Gruppen einzugliedern (BT-Drs. 12/2443, 92). In Abweichung zu der Vergleichsordnung erweitert die InsO die Möglichkeiten der Fakultativgruppen, um die vollständigen Gestaltungsmöglichkeiten des Insolvenzplanverfahrens dem Plansteller zu eröffnen. Die Anwendung der Norm bietet sich insbesondere dann an, wenn eine Planablehnung von einzelnen Beteiligten erwartet wird oder wenn gleichrangige Beteiligte unterschiedlichen Regelungen unterworfen werden sollen.

Entscheidet sich der Plansteller für freiwillige Gruppenbildung (fakultative bzw. Kann-Gruppe), hat er die Abgrenzung anhand von sachgerechten Erwägungen vorzunehmen, die im darstellenden Teil hinreichend offengelegt werden müssen (BGH BeckRS 2015, 11262; BGH NZI 2015, 697 ff.). Die Abgrenzung nach sachgerechten Erwägungen hat nach objektiv nachvollziehbaren Kriterien zu erfolgen und darf die Schwelle des Missbrauchs nicht überschreiten. Wann die Grenzen des Missbrauchs überschritten sind, bestimmt sich nach allgemeinen Grundsätzen unter Beachtung des Einzelfalls, wobei die Hürden von § 242 BGB und § 138 BGB nicht erreicht sein müssen. Die sachgerechte Abgrenzung der Gruppen erfordert die Darlegung, dass es für die Unterscheidung von zwei oder mehr gebildeten Gruppen einen sachlich gerechtfertigten Grund gibt, was einem Differenzierungsverbot gleichkommt (AG Köln NZI 2016, 537 ff.). Gläubiger mit im Wesentlichen gleichartigen wirtschaftlichen Interessen müssen demnach in einer Gruppe zusammengefasst werden. Eine darüber hinausgehende Gruppendifferenzierung ist nur dann gerechtfertigt, wenn den so separierten Gläubigern jeweils andere Rechte zugewiesen werden (HmbKommInsR/Thies Rn. 18; AG Köln NZI 2016, 537 ff.). Hiervon ausgenommen sind Kann-

Gruppen für Sozialversicherungsträger oder den Fiskus (BGH BeckRS 2015, 11262; BGH NZI 2015, 697 ff.).

18   Die hM fordert neben des Kriteriums des Sachgrunds noch eine Abgrenzung der gleichartigen wirtschaftlicher Interessen (BGH 7.7.2005 – IX ZB 266/04 Rn. 15 = NJW-RR 2005, 1638; BGH BeckRS 2015, 11262; HmbKommInsR/Thies Rn. 16 f.; MüKoInsO/Eidenmüller Rn. 81 f.). Das wirtschaftliche Interesse wird weit gefasst und kann zB auf Erhalt des Rechtsträgers, der Liefer- und Leistungsbeziehung bzw. des Arbeitsplatzes gerichtet sein (weitere Beispiele HmbKommInsR/Thies Rn. 17 f.). Nach der hier vertretenen Ansicht ist das Kriterium des wirtschaftlichen Interesses nicht notwendig. Der Gesetzgeber hat sich bewusst dafür entschieden, das im ersten Gesetzesentwurf noch verwendete Tatbestandsmerkmal der wirtschaftlichen Interessen nicht in die endgültige Fassung des § 222 Abs. 2 (BT-Drs. 12/7302) aufzunehmen, um die notwendigen Gestaltungsmöglichkeiten im Insolvenzplanverfahren nicht zu beschneiden. Er geht somit davon aus, dass allein eine sachgerechte Erwägung ausreichend ist, sofern kein Missbrauch vorliegt. Verdeutlicht wird dies auch dadurch, dass mit Einführung des ESUG die Möglichkeit des dept-to-equity-swap eingeführt wurde. Nimmt man das Kriterium der wirtschaftlichen Interessen als Grundlage zur Gruppenbildung heran, kann dies dazu führen, dass allen Gläubigern mit gleichen Rechten diese Möglichkeit eingeräumt werden muss. Ob dies dann mit den Interessen des Planfassers in Einklang gebracht werden kann, ist im Einzelfall fraglich (so auch HmbKommInsR/Thies Rn. 19).

1. Anleihegläubiger

19   Insolvenzverfahren mit Anleihegläubiger sind in der Verfahrensabwicklung von besonderer Art. Emotionale Aspekte der Anleihegläubiger spielen dann eine besondere Rolle, wenn die Anleihen nicht ausschließlich durch institutionelle, sondern durch private Gläubiger aufgrund eines großen Streubesitzes gehalten werden, wie beispielsweise die Insolvenzen der Windreich- und der Prokon Unternehmensgruppen in 2013 bzw. 2014. Daneben sind die Einflussmöglichkeiten der gemeinsamen Anleihevertreter (§ 19 Abs. 2 SchVG) zu beachten, denen bei der Verfahrensabwicklung eine besondere Bedeutung zugeteilt werden kann. Sofern Anleihegläubiger in einem Insolvenzplanverfahren eingebunden werden sollen, hat zunächst eine Einstufung des Rangs zu erfolgen (Insolvenzgläubiger oder Nachranggläubiger). Entsprechend der vorgenommenen Qualifizierung sind diese im Plan zu berücksichtigen. Die Regelungsmöglichkeiten der Rechte der Anleihegläubiger sind umfangreich. Es kann beispielsweise eine Umwandlung in Genossenschaftsteile erfolgen (Insolvenzverfahren Prokon Regenerative Energien GmbH – AG Itzehoe 28 UE 1/14) und die Rückzahlung, die Verzinsung sowie Zinszahlung kann neu geregelt werden.

20   Zu beachten ist, dass gem. § 19 Abs. 4 SchVG den Anleihegläubiger nur gleiche Rechte angeboten werden können (§ 222 Abs. 3 S. 1). Die Möglichkeit der Untergruppenbildung nach § 222 Abs. 3 S. 2 kann die Regelungen des § 19 Abs. 4 SchVG eingrenzen. Insoweit geht die Regelung der InsO vor.

21   Die Rechte der Anleihegläubiger können durch den gemeinsamen Vertreter ausgeübt werden. Dieser erhält nach § 7 SchVG eine gesonderte Vergütung. Nachdem offen ist, ob es sich hier um eine Masseverbindlichkeit nach § 55 oder Nachrangforderung nach § 39 Abs. 1 Nr. 2 handelt, sollte im Insolvenzplan aus Gründen der Rechtssicherheit eine Regelung zur Vergütung getroffen werden.

2. Anteilseigner

22   Anteilseigner sind nach § 222 Abs. 1 S. 2 Nr. 4 als Pflichtgruppe ggf. zu berücksichtigen. Darüber hinaus kann für geringfügig Beteiligte eine gesonderte Gruppe gebildet werden, sofern diese mit weniger als 1 % am Haftkapital oder mit weniger als 1.000,00 EUR beteiligt sind (§ 222 Abs. 3 S. 2).

3. Arbeitnehmer

23   Die Gruppenbildung der Arbeitnehmer ist in § 222 Abs. 3 S. 1 geregelt. Nach hM handelt es sich um eine Soll-Vorschrift mit bindender Wirkung (vgl. ua LG Mühlhausen NZI 2007, 724 f.; wohl auch HmbKommInsR/Thies Rn. 24 mwN). Die hier vertretene Ansicht sieht in der Regelung lediglich die Möglichkeit, von dem Grundsatz des § 222 Abs. 1 S. 1 abweichen zu können. Arbeitnehmer sind in der Regel wie die übrigen Insolvenzgläubiger hinsichtlich ihre angemeldeten Insolvenzforderungen betroffen. Sollen diese eine Planregelung unterworfen werden (beispielsweise Halteprämie, Forderungsverzicht etc), müssen sie in einer eigenen Gruppe untergebracht werden, was durch Abs. 3 eröffnet wird. Diese als Pflichtgruppe einzustufen, wenn diese erhebliche

beeinträchtigt sind, ist aufgrund des verwendeten unbestimmten Rechtsbegriffs nicht sachgerecht. Sofern Arbeitnehmer auf tarifvertragliche Ansprüche im Wege des Insolvenzplanverfahrens verzichten sollen, ist § 4 Abs. 4 S. 2 TVG zu beachten, wonach ein Arbeitnehmer auf durch Tarifvertrag eingeräumte Rechte nur mit Zustimmung der Tarifvertragsparteien verzichten kann.

4. Bundesagentur für Arbeit

Für die Bundesagentur für Arbeit kann eine gesonderte Gruppe gebildet werden. Sie kann aber auch hinsichtlich der nach § 169 S. 1 SGB III übergegangenen Ansprüche mit den Arbeitnehmern in einer Gruppe zusammengefasst (BGH BeckRS 2015, 11262 Rn. 20) oder in der Gruppe der Insolvenzgläubiger berücksichtigt werden. 24

Im Fall des Insolvenzplanverfahrens bei angezeigter Masseunzulänglichkeit (§ 210a) ist die Bundesagentur für Arbeit ggf. aufgrund der Ausgleichszahlungen bei Kündigung und Freistellung gesondert in einer Gruppe zu fassen. 25

5. Deliktsgläubiger

Gläubiger mit einer Forderung aus einer vorsätzlich begangenen unerlaubten Handlung (sog. Deliktsgläubiger) sind gruppebildungsfähig. Die Bevorzugung nach § 302 Nr. 1 ist zu beachten. 26

6. Finanzamt

Für das Finanzamt kann ebenfalls eine gesonderte Gruppe gebildet werden. Hier ist zu beachten, dass bei der Regelabwicklung das Finanzamt nach Aufhebung des Verfahrens (§ 200) mit den zur Tabelle festgestellten Steuerforderungen gegen Steuererstattungsansprüche der Schuldnerin aufrechnen kann (BGH BeckRS 2007, 07042). Der BGH hat eine solche Kann-Gruppe anerkannt, sodass eine ausführliche Begründung nicht notwendig ist (BGH BeckRS 2015, 11262; NZI 2015, 697 ff.). Verwaltungsrechtlich ist zu beachten, dass die Zustimmung der Finanzbehörde zum Insolvenzplan bzw. die Verweigerung keinen Verwaltungsakt darstellt. Es handelt sich um einfaches Verwaltungshandeln. Verfahrensrechtlich ist ablehnende Entscheidung unmittelbar die Leistungsklage (§ 40 Abs. 1 FGO) statthaft; ebenso der einstweiliger Rechtsschutz nach § 114 FGO (Einzelheiten BeckOK AO/Schütze AO § 251 Rn. 117–124). Im Insolvenzplanverfahren werden die Rechtswege nach der FGO jedoch keine Relevanz haben. 27

7. Pensionssicherungsverein

Die Bildung einer fakultativen Gruppe für den Pensionssicherungsverein (PSVaG) bietet sich stets dann an, wenn das Sanierungsverfahren über ein Insolvenzverfahren insbesondere dann eingeleitet wird, um die Bilanz bezüglich der Pensionsverpflichtungen zu bereinigen. Der PSVaG wurde im Jahr 1975 infolge des Rückgangs des Wirtschaftswunders und den vermehrt auftretenden Konkursverfahren gegründet (im Einzelnen Karch, PSVaG 40 Jahre Insolvenzsicherung der betrieblichen Altersversorge, 2014, 33). Seine gesetzliche Grundlage findet er in dem Gesetz zur Verbesserung der betrieblichen Altersversorgung (BetrAVG). Er ist der gesetzlich bestimmte Träger der Insolvenzsicherung der betrieblichen Altersversorgung. Der PSVaG (zur betrieblichen Altersversorge im Insolvenzverfahren und der Rolle des PSVaG vgl. ua Rieger NZI 2013, 671 ff.) ist in doppelter Hinsicht im Insolvenzverfahren bevorzugt. Zum einen steht ihm gegen die Eröffnung das Recht zur sofortigen Beschwerde zu (§ 9 Abs. 5 BetrAVG). Zum anderen kann er im Insolvenzplanverfahren dann privilegiert werden, wenn die Fortführung des Unternehmens oder eines Betriebs vorgesehen ist (§ 9 Abs. 4 BetrAVG). Die Einführung der Privilegierungsmöglichkeit im Insolvenzplanverfahren folgte im Zusammenhang mit der Einführung der InsO. Von einer Sonderregelung in der InsO wurde ebenso Abstand genommen, wie von einer Pflichtgruppenbildung für den PSVaG. Ungeachtet dessen sollte im Fall einer Sanierung im Wege des Insolvenzplanverfahrens dem PSVaG eine Zahlung außerhalb der Regelung als Insolvenzgläubiger zugebilligt werden (zu Kopfstimmenanzahl des PSVaG → § 237 Rn. 1 ff.). 28

8. Poolbanken

Für Poolbanken bietet sich eine Gruppe dann an, wenn der Insolvenzplan nicht ihre Sicherungsrechte beeinträchtigt, sondern wenn ihre schuldrechtlichen Forderungen eine Planregelung unterworfen werden soll. 29

9. Verlustausgleichsanspruch (§ 302 Abs. 3 S. 3 AktG)

29a Besteht ein Beherrschungs- oder ein Gewinnabführungsvertrag iSd § 302 AktG, kann die Gesellschaft auf den Anspruch auf Ausgleich grundsätzlich erst drei Jahre nach dem Tage, an dem die Eintragung der Beendigung des Vertrags in das Handelsregister bekannt gemacht worden ist, verzichten oder sich über ihn vergleichen. In einem Insolvenzplanverfahren findet die Regelung keine Anwendung (Steiger/Schulz NZI 2016, 335 ff.), sodass eine eigene Gruppe nur dann zu bilden ist, wenn der Verlustausgleichsanspruch gesondert geregelt werden soll. Dabei ist zu beachten, dass nach der hier vertretenen Ansicht § 93 gilt, sodass in der Doppelinsolvenz von Obergesellschaft und Tochtergesellschaft nicht jeder Gläubiger der Tochtergesellschaft den Anspruch isoliert bei der Obergesellschaft anmelden kann (so auch Bork ZIP 2012, 1001 ff.).

IV. Gruppe der Arbeitnehmer (Abs. 3 S. 1)

30 Wie bereits oben ausgeführt soll eine Gruppe der Arbeitnehmer dann gegründet werden, wenn diese als Insolvenzgläubiger nicht unerheblich am Verfahren beteiligt werden. Nach der hier vertretenen Ansicht handelt sich nicht um eine Muss-Vorschrift, sondern eröffnet dem Planverfasser weitere Möglichkeiten der Gruppenbildung. Der Gesetzgeber erkennt an, dass Arbeitnehmer im Insolvenzverfahren einer besonderen Situation unterliegen. Ihr Arbeitsverhältnis besteht über die Verfahrenseröffnung hinaus grundsätzlich fort und es werden Entscheidungen über den Erhalt ihrer Arbeitsplätze getroffen (BT-Drs. 12/2443, 200; BT-Drs. 12/2443, 200). Um diesem Umstand gerecht zu werden, ist eine gesonderte Gruppenbildung möglich und durch den Gesetzgeber gewünscht.

1. Arbeitnehmer als Insolvenzgläubiger

31 Ob die Arbeitnehmer einer Gruppenbildung nach Abs. 3 unterliegen, hat nach zwei Prüfungsschritten zu erfolgen. Zunächst muss der Arbeitnehmer als Insolvenzgläubiger betroffen sein. Die Insolvenz des Arbeitnehmers und des drohenden Arbeitsplatzverlusts genügt nicht. Ebenso genügt nicht die Beeinträchtigung durch einen Sozialplan, da es sich hier um Masseverbindlichkeiten handelt (§ 123 Abs. 2 S. 1).

2. Erhebliche Beteiligung der Arbeitnehmer

32 Im zweiten Schritt müssen sie nicht unerheblich beteiligt sein. Diese bemisst sich nach der hier vertretenen Ansicht im Verhältnis zu den sonstigen angemeldeten Insolvenzforderungen. Den Schwellwert der „Erheblichkeit" anhand von subjektiven Merkmalen zu ermitteln (so ua Braun/Frank Rn. 10 mwN) ist für die Planerstellung aufgrund des unterschiedlichen Empfindens mit besonderen Schwierigkeiten verbunden und nicht sachgerecht. Der Gesetzgeber hat keinen prozentualen Schwellwert für die Grenze der „Unerheblichkeit" nicht festgesetzt. Auch haben die Gerichte sich hierzu noch nicht eindeutig positioniert. In Anlehnung an die Rechtsprechung zur Ermittlung der Zahlungsunfähigkeit und der dort festgelegten wirtschaftlichen Grenzen (BGH BeckRS 2005, 08838) sowie in Anlehnung an § 17 Abs. 1 Nr. 2 KSchG ist ein Schwellwert von 10 % als Orientierungspunkt aber sachgerecht. Maßgeblich wird aber der entsprechende Einzelfall sein.

33 Die infolge der Insolvenzgeldzahlung an die Bundesagentur für Arbeit übergegangenen Ansprüche (§ 169 SGB III) sind nicht zu berücksichtigen.

3. Untergruppe von Kleingläubigern und geringfügig Beteiligten (Abs. 3 S. 2)

34 Gläubiger mit gleichen Rechten sind grundsätzlich in einer Gruppe zusammenzufassen. Durch Abs. 3 S. 2 wird von diesem Grundgedanken abgewichen und die Möglichkeit eröffnet, für Kleingläubiger eine eigene Gruppe zu bilden. Der Gesetzgeber erkennt an, dass Gläubiger mit einer geringen Forderung an dem wirtschaftlichen Ausgang des Insolvenzverfahrens ein anderes Interesse haben können. Eine feste Definition der Einstufung als Kleingläubiger nimmt die InsO nicht vor. Es ist auf den jeweiligen Einzelfall abzustellen, wobei die Forderung des jeweiligen Gläubigers maßgeblich ist und nicht die Gesamtsumme der betroffenen Kleingläubiger. Beispielsweise kann bei einem insolventen Versandhändler eine große Anzahl an Kundenforderungen bestehen, die auch in der Summe erheblich sind, jeder einzelne Gläubiger aber nur eine geringe Forderung hat (Anzahlung, Vorauskasse, Warenrücksendung etc). Bei dem Merkmal des Kleingläubigers ist davon auszugehen, dass nicht allein auf die Forderungshöhe abzustellen ist, sondern auch auf seine persönliche Beziehung zum Schuldner bzw. seiner Marktpräsens. Denn nicht jeder Gläubiger mit einer geringen Forderung gegen den Schuldner soll Kleingläubiger im Sinne der Regelung sein. Bei der Abgrenzung der Kleingläubiger ist neben der Forderungshöhe somit insbesondere auf den bestimmten Lebenssachverhalt abzustellen (zB Gutscheingläubiger, Stornierungskosten von Reisenden etc), der im darstellenden Teil zu benennen ist.

Ob die Kleingläubiger eine vollständige Befriedigung erlangen müssen (so ua AG Köln NZI 2016, 537 ff. mwN; aA AG Ludwigshafen NZI 2021, 329 f. mwN), um in einer eigenen Gruppe zusammengefasst werden können, ist strittig. **34a**

Bei den geringfügig beteiligten Anteilseignern werden vom Gesetzgeber mit Einführung des ESUG Abgrenzungsmerkmale vorgegeben (BT-Drs. 17/5712, 31). Für sie kann entweder dann eine eigene Gruppe gebildet werden, wenn sie mit weniger als 1 % am Haftkapital oder mit weniger als 1.000,00 EUR beteiligt sind. Die Regelung orientiert sich am Aktienrecht und soll insbesondere dem Umstand Rechnung tragen, dass der Minderheitsbeteiligte in der Regel keinen gesellschaftsrechtlichen Einfluss hat und somit sein wirtschaftliches Interesse am Erhalt des Rechtsträgers geringer sein kann. Auch hier ist nicht die Anzahl der Minderheitsbeteiligungen bzw. deren Gesamthöhe maßgeblich, sondern nur die Beteiligungsstellung der jeweils einzelnen. Dies kann bei einem Insolvenzplanverfahren einer Aktiengesellschaft beispielsweise dazu führen, dass bei Streubesitz mehrere Gruppen gebildet werden können (Großaktionär, Vorzugs- und Stammaktien etc). Die Vorschrift gilt nach dem Willen des Gesetzgebers nur für Anteils-, nicht aber für Mitgliedschaftsrechte (BT-Drs. 17/5712, 31). **35**

4. Mischgruppen

Nachdem die Gruppenbildung allein anhand der Rechte zu bestimmen ist, sind Mischgruppen von Rechten nicht zulässig (BGH BeckRS 2005, 10212 Rn. 14). Ob Ausnahmen zulässig sein können, wenn angenommen wird, dass durch die Bildung einer gemischten Gruppe keine Bevorzugung der ungesicherten Gläubiger gegenüber den anderen nicht nachrangigen Gläubigern entstehen, hat der BGH zwar offen gelassen, ist jedoch abzulehnen. Der Grundsatz des § 226 Abs. 1, dass innerhalb einer jeden Gruppe allen Beteiligten gleiche Rechte anzubieten ist, ist maßgeblich. Durch die Gruppenbildung können entsprechende Maßnahmen hinreichend berücksichtigt werden. **36**

V. Gruppenbildung bei Masseunzulänglichkeit (§ 210a)

Bis zur Umsetzung des ESUG war ein Insolvenzplanverfahren im Fall der Masseunzulänglichkeit unzulässig. Nach § 210a ist dies zwischenzeitlich gesetzlich normiert. Die Zulässigkeit eines Insolvenzplanverfahrens im Fall der Masseunzulänglichkeit führt zwangsläufig zu einer Notwendigkeit im Planverfahren, die Masseverbindlichkeiten zu regeln (BT-Drs. 17/5712, 29 f.; sowie BT-Drs. 12/2443, 60 und 220 f.). Die sonstigen Altmassegläubiger treten an die Stelle der nicht nachrangigen Gläubiger, diese an die Stelle der Nachranggläubiger. Neumassegläubiger sind vom Insolvenzplan nicht betroffen, ebenso nicht die Massekosten nach § 54. Im Fall der Massearmut nach § 207 scheidet ein Insolvenzplanverfahren aus. Der Wortlaut umfasst die Massearmut nicht (§ 210a). **37**

VI. Einstufung von Beteiligten mit gemeinsamer Rechtsausübung

Stehen einzelnen Gläubigern gewisse Rechte gemeinschaftlich zu, sind diese zwingend in einer Gruppe zu fassen (so auch MüKoInsO/Eidenmüller Rn. 30). Eine Einteilung in unterschiedliche Gruppen ist ausgeschlossen, da eine sachliche Rechtfertigung nicht zu erkennen ist. Dies umfasst im Wesentlichen Gesamtgläubiger nach § 428 BGB und Bruchteilsgemeinschaften nach §§ 741 ff. BGB. Letztgenanntes kann bei Eigentumsvorbehaltslieferanten aufgrund deren Verarbeitungsklauseln relevant sein (§ 947 BGB). Ist ein Sicherheitenpool im Vorfeld des Insolvenzverfahrens gebildet worden, ist auf die vertragliche Regelung der Poolvereinbarung abzustellen. Bei Teilgläubigerschaft nach § 420 BGB wird dies nicht als notwendig angesehen, wie dies meist bei Konsortialkrediten der Fall sein wird (MüKoInsO/Eidenmüller Rn. 30). **38**

VII. Änderung der Gruppenbildung nach Planeinreichung

Die Bildung der Gruppen wird durch den Plansteller vorgenommen und muss bei Einreichung des Insolvenzplans feststehen. Nach Einreichung des Plans können die Gruppen vor dem Erörterungs- bzw. Abstimmungstermin nicht mehr angepasst werden. Der Plansteller kann lediglich den eingereichten Plan zurücknehmen und einen neuen Plan mit angepassten Gruppen **39** einreichen. Der Plan ist dann erneut vom Insolvenzgericht zu prüfen, zur Einsicht auszulegen und zur Stellungnahme den gesetzlich genannten Beteiligten zu überlassen.

40 Im Erörterungstermin kann der Planverfasser die gebildeten Gruppen anpassen, ändern oder ergänzen. Eine Änderung bzw. Anpassung der Gruppen im Erörterungstermin wird im Einzelfall dann notwendig sein, wenn der Planverfasser einen Beteiligten in eine falsche Gruppe eingegliedert hat und dieser im Erörterungstermin hiergegen vorgeht. Darüber hinaus sollte davon Abstand genommen werden, im Erörterungstermin die Gruppenbildung anzupassen. Nach Abschluss der Erörterung ist eine Gruppenänderung nicht mehr möglich.

41 Das Recht zur Planänderung und somit zur Änderung der Gruppen steht nur demjenigen zu, der den Plan vorgelegt hat (§ 240). Weder das Gericht noch die weiteren Beteiligten haben die Möglichkeit, die Gruppenbildung anzupassen.

VIII. Prüfungskompetenz der Gruppenbildung

42 Der Planverfasser hat bei der Gruppenbildung weitreichende freie Gestaltungsmöglichkeiten.

43 Das Gericht hat im Rahmen der Vorprüfung gem. § 231 Abs. 1 Nr. 1, § 222 die Möglichkeit, bei Planeinreichung diesen zu prüfen und bei fehlerhafter Gruppenbildung diesen zurückzuweisen (§ 231). Daneben besteht die Möglichkeit der Versagung der Planbestätigung von Amts wegen (§ 250).

44 Die betroffenen Beteiligten können im Wege des Minderheitenschutzes nach § 251 bzw. im sofortigen Beschwerdeverfahren nach § 253 (BGH NZI 2005, 619) gegen die Planbestätigung bei fehlerhafter Gruppenbildung vorgehen, sofern diese materiell beschwert sind. Dies ist jedoch nur dann der Fall, wenn ihre wirtschaftliche Position bei einer gesetzlich konformen Gruppenbildung nicht bessergestellt wäre (Smid NZI 2005, 296 ff.; Heublein NZI 2005, 381). Geht der betroffene Gläubiger gegen eine mögliche fehlerhafte Gruppeneinordnung nicht mit den durch die InsO eröffneten Rechtsmittel vor, ist er in einem späteren Rechtsstreit präkludiert (OLG Schleswig BeckRS 2017, 111990; 6.4.2017 – 11 U 127/16 und 11 U 128/1).

§ 223 Rechte der Absonderungsberechtigten

(1) ¹Ist im Insolvenzplan nichts anderes bestimmt, so wird das Recht der absonderungsberechtigten Gläubiger zur Befriedigung aus den Gegenständen, an denen Absonderungsrechte bestehen, vom Plan nicht berührt. ²Eine abweichende Bestimmung ist hinsichtlich der Finanzsicherheiten im Sinne von § 1 Abs. 17 des Kreditwesengesetzes sowie der Sicherheiten ausgeschlossen, die
1. dem Betreiber oder dem Teilnehmer eines Systems nach § 1 Abs. 16 des Kreditwesengesetzes zur Sicherung seiner Ansprüche aus dem System oder
2. der Zentralbank eines Mitgliedstaats der Europäischen Union oder der Europäischen Zentralbank
gestellt wurden.

(2) Soweit im Plan eine abweichende Regelung getroffen wird, ist im gestaltenden Teil für die absonderungsberechtigten Gläubiger anzugeben, um welchen Bruchteil die Rechte gekürzt, für welchen Zeitraum sie gestundet oder welchen sonstigen Regelungen sie unterworfen werden sollen.

Überblick

Die Rechte der Absonderungsberechtigten können durch den Insolvenzplan nur eingeschränkt gesonderten Regelungen unterworfen werden. Dies umfasst insbesondere die Verwertung (→ Rn. 5), die Erlösauskehrung (→ Rn. 7) und ggf. die Neuordnung von Sicherungsrechten (→ Rn. 8).

A. Normzweck

1 Nach der damaligen VerglO, KO und GesO konnte in die Rechte der Absonderungsberechtigten nicht im Wege des Mehrheitsbeschlusses eingegriffen werden. Durch die Einführung der InsO wurde dies zum einen dahingehend geändert, dass die Verwertung von Absonderungsgegenständen in bestimmten Fällen dem Insolvenzverwalter eingeräumt wurde (§§ 166 ff.), zum anderen durch die Berücksichtigung im Insolvenzplanverfahren. Sollen die Absonderungsgegenstände selbst bzw.

die Rechte der Absonderungsgläubiger im gestaltenden Teil des Insolvenzverfahrens einer Regelung unterworfen werden, sind die Grenzen der Mehrheitsentscheidungsmöglichkeiten im Planverfahren zu beachten, sodass eine Schlechterstellung des Absonderungsgläubigers ohne seine Zustimmung die Grenzen der Einwirkungsmöglichkeiten aufzeigt (BT-Drs. 12/2443, 200).

B. Regelungsinhalt

Der Gesetzgeber geht davon aus, dass der Insolvenzplan nur in Ausnahmefällen die Rechte der Absonderungsgläubiger tangiert. Ist dies der Fall, ist eine gesonderte obligatorische Gruppe für die betroffenen Absonderungsberechtigten zu bilden (§ 222 Abs. 1 S. 2 Nr. 1). 2

I. Absonderungsgläubiger

Die Einstufung als Absonderungsgläubiger richtet sich nach §§ 49–51 bzw. nach anderen gesetzlichen Vorschriften (beispielsweise § 110 VVG, § 76 AO). Bei der Einwirkung des Insolvenzplans auf die Rechte der Absonderungsgläubiger ist zu beachten, dass diese sowohl in ihrem originären Absonderungsrecht, als Insolvenzgläubiger oder als Nachranggläubiger betroffen sein können. 3

II. Eingriff in das Absonderungsrecht

In ihrem Recht als Absonderungsgläubiger sind sie unmittelbar betroffen, wenn der Insolvenzplan abweichende Regelungen zu den §§ 49–51 bzw. §§ 165 ff. trifft, sei es durch abweichende Regelung der Verwertungsart, der Auszahlung der Verwertungserlöse bzw. Neuordnung der Sicherungsrechte. 4

III. Verwertungsart

Nach § 166 steht im Insolvenzverfahren das Verwertungsrecht an Absonderungsgegenständen dem Insolvenzverwalter, im Fall der Eigenverwaltung dem Schuldner zu. Pfandrechtsbelastete Gegenstände unterliegen dem Verwertungsrecht nach § 166 nicht. Es stellt sich die Frage, ob ein Insolvenzplan ua die Verwertung von verpfändeten Forderungen oder Gesellschaftsanteilen regeln kann. Gegen eine solche Möglichkeit spricht, dass der Gesetzgeber in §§ 166 ff. die Verwertungsberechtigung an besonderen gesetzlichen Voraussetzungen anknüpft. Bei besonderen Absonderungsrechten wie beispielsweise der Verpfändung von Gesellschaftsanteilen soll ein solches Verwertungsrecht nach § 166 der wohl hL ausgeschlossen sein. Diese Absonderungsrechte sind dem Handlungszugriff des Insolvenzverwalters bzw. der Eigenverwaltung entzogen und nur dem Pfandgläubiger steht das – teilweise verfahrensrechtliche besondere – Verwertungsrecht zu. 5

Für eine entsprechende Planregelung spricht jedoch, dass der Gesetzgeber sich bewusst für die Umsetzung von sachenrechtlichen Maßnahmen im Insolvenzplanverfahren entschieden hat (§§ 225, 254a). Infolgedessen muss es möglich sein, im Interesse der Gesamtgläubigerschaft die Absonderungsrechte der Verwertungsberechtigung des Insolvenzverwalters bzw. der Eigenverwaltung zu unterwerfen, wenn die Regelabwicklung ein solches nicht vorsieht. Dies kann beispielsweise dann sachdienlich sein, wenn ein Absonderungsgläubiger das Prinzip „loan to own" bei Antritt seines Engagement verfolgte und verpfändete werthaltige Projektgesellschaftsrechte günstig vereinnahmen möchte. 6

Die Ablösung des Absonderungsrechts durch die Schuldnerin bzw. die Insolvenzmasse zB in Höhe des ermittelten Zeitwerts selbst sieht die InsO nicht vor. Im Insolvenzplan kann eine solche Regelung möglich sein (MüKoInsO/Breuer Rn. 23). Es besteht jedoch dann das Risiko, dass der betroffene Gläubiger eine Schlechterstellung darlegen kann (§§ 251, 253). 6a

IV. Erlösauskehrung

In Bezug auf den Zeitpunkt der Erlösauskehr bzw. der Wertersatzpflicht sieht der Gesetzgeber in der Regelabwicklung vor, dass unverzüglich nach Verwertung der Erlös auszukehren ist (§ 170 Abs. 1 S. 2) und bis dahin ein Wertersatzanspruch des Absonderungsberechtigten besteht (§ 169). Für die Sanierung im Insolvenzplanverfahren kann es sachdienlich sein, dass die bestehenden Absonderungsrechte nach Aufhebung des Insolvenzverfahrens weiterhin bestehen bleiben und dem Sicherungsgläubiger ein Ausgleichsanspruch zugesprochen wird. Dadurch kann der Wertverlust (§ 169) und/oder die Rückführung der besicherten Forderung geregelt werden. Eine solche Vereinbarung hat für den Absonderungsberechtigten keine wirtschaftlichen Nachteile, wenn er am Ende der Maßnahme wirtschaftlich gleichgestellt ist wie im Fall der Regelabwicklung nach 7

§§ 166 ff. Sofern entsprechende Maßnahmen ohne die Zustimmung des Absonderungsgläubigers umgesetzt werden, sind im darstellenden Teil Vergleichsrechnungen vorzunehmen, um eine Schlechterstellung des betroffenen Gläubigers auszuschließen. Dabei ist als Alternativszenario auf die Liquidation abzustellen (so auch LG Stade BeckRS 2017, 152563).

V. Neuordnung der Sicherungsrechte

8 Eine Neuordnung der Sicherungsrechte im Wege des Insolvenzplanverfahrens hat der Gesetzgeber ausdrücklich befürwortet (zB Treuhandschaft und spätere Verwertung, BT-Drs. 12/2443, 200 oder Tausch von Sicherheiten).

VI. Eingriff in die Rechte als Insolvenzgläubiger

9 Als Insolvenzgläubiger sind Absonderungsberechtigte dann betroffen, wenn der Schuldner ihnen auch persönlich haftet (§ 52).

10 Greift der Insolvenzplan in die Rechte der Insolvenzgläubiger ein (Verzicht, Stundung etc), kann der Absonderungsberechtigte auch in seinem Recht als Insolvenzgläubiger betroffen sein, sofern der Schuldner ihm persönlich haftet. In diesem Fall ist er in beiden Gruppen zu berücksichtigen; in der Gruppe der Absonderungsgläubiger in Höhe seines Absonderungsrechts. Dies bemisst sich anhand des für den Absonderungsgegenstand festgesetzten Werts. Im Fall eines Sanierungsplans ist für das Absonderungsrecht der Fortführungswert in Ansatz zu bringen. Bei Grundpfandrechten ist der Sicherungswert nach einem Ertragswertverfahren zu ermitteln (BGH NZI 2005, 619). Dingliche Zinsen sind zu berücksichtigen. Der nach § 1192 Abs. 2 BGB ergebene Zinsanspruch ist dabei abstrakt zu bewerten (BeckRS 9998, 103587; BeckRS 9998, 14373). Zu beachten ist auch, dass die absonderungsberechtigten Gläubiger von der Fiktion des § 227 betroffen sein können (dazu → § 227 Rn. 3).

VII. Eingriff in die Rechte als Nachranginsolvenzgläubiger

11 Absonderungsgläubiger können aus dem Verwertungserlös ihre besicherte Forderung befriedigen. Es gilt folgende Tilgungsreihenfolge:
• Verwertungskosten,
• bis zur Verwertung angefallene Zinsen,
• Kosten zur Teilnahme an dem Insolvenzverfahren sowie
• die besicherte Hauptforderung anrechnen (BGH BeckRS 2011, 05639).
Absonderungsberechtigte werden gegenüber den Insolvenzgläubigern dahingehend bevorzugt, dass die als Nachrangforderungen eingestuften Zinsen ab Verfahrenseröffnung (§ 39 Abs. 1 Nr. 1) und der Verfahrensteilnahmekosten (§ 39 Abs. 1 Nr. 2) vorrangig aus dem Verwertungserlös befriedigt werden können. Diese Bevorzugung wird durch den Insolvenzplan beeinträchtigt. § 225 trifft die gesetzliche Vermutung, dass Nachrangforderungen mit Rechtskraft der Planbestätigung als erlassen gelten (§ 225 Abs. 1), sofern der Insolvenzplan keine abweichende Regelung trifft.

VIII. Nicht betroffenen Absonderungsgläubiger

12 Entsprechend § 21 Abs. 2 S. 2, §§ 96, 104a, 130 Abs. 2 S. 2 bzw. § 166 Abs. 3 sind Finanzsicherheiten iSv § 1 Abs. 17 KWG von einer Planregelung ausgeschlossen, wenn diese einer nach § 1 Abs. 16 KWG genannten Teilnehmer einer besonderen Zahlungsabwicklung (§ 24b KWG – ua erfolgt die Abwicklung von Börsengeschäften über entsprechende Clearing-Häuser etc; vgl. auch Holzer BRK 2011, 366 ff. bzw. → § 104 Rn. 1 ff.), der Zentralbank eines Mitgliedstaats der Europäischen Union oder der Europäischen Zentralbank gestellt wurden (§ 223 Abs. 1 S. 1). Somit sind Finanzsicherheiten in Form von Barguthaben und Geldbeträge, Wertpapiere, Geldmarktinstrumente sowie gewisse Kreditforderungen und Geldforderungen eines Versicherungsunternehmens inklusive der Nebenrechte der Planregelung nicht zugänglich.

§ 223a Gruppeninterne Drittsicherheiten

¹Ist im Insolvenzplan nichts anderes bestimmt, so wird das Recht eines Insolvenzgläubigers aus einer gruppeninternen Drittsicherheit (§ 217 Absatz 2) durch den Insolvenzplan nicht berührt. ²Wird eine Regelung getroffen, ist der Eingriff angemessen zu entschädigen. ³§ 223 Absatz 1 Satz 2 und Absatz 2 gilt entsprechend.

Überblick

Durch die Einführung des SanInsFoG können auch gruppeninterne Drittsicherheiten einer Insolvenzplanregelung unterworfen werden. Die Ermittlung der angemessenen Entschädigung ist dabei eine Kernfrage der Regelung.

A. Normzweck

Durch die Einbindung von gruppeninternen Drittsicherheiten soll auch im Insolvenzplanverfahren die Sanierung von Unternehmensgruppen erleichtert werden. In der Praxis kann dies insbesondere dann relevant sein, wenn Auslandsgesellschaften in den Unternehmensgruppen vorhanden sind und über das Vermögen dieser kein Insolvenzverfahren eingeleitet werden soll. Zu beachten ist, dass die InsO keinen Schutzmechanismus zugunsten des betroffenen Gruppenunternehmens vorsieht, dh der Gläubiger kann – zumindest bis rechtskräftiger Planbestätigung – gegen das Gruppenunternehmen vorgehen. Dies kann zu einer Insolvenzantragspflicht beim Gruppenunternehmen führen. 1

B. Regelungsinhalt

Sieht der Insolvenzplan einen Eingriff in gruppeninterne Drittsicherheiten vor, haben die betroffenen Gläubiger einen Anspruch auf eine angemessene Entschädigung. Dies ist dann der Fall, wenn die Entschädigung in ihrem Umfang der Höhe entspricht, in der der Anspruch des betroffenen Gläubigers gegen das Gruppenunternehmen werthaltig ist. Sofern ein Sicherungsrecht an einem Gegenstand betroffen ist (zB Grundstück), kann der Wert durch ein externes Wertgutachten untermauert werden. Bei Bürgschaften oder Mitverpflichtungen hat eine Bewertung anhand der wirtschaftlichen Leistungsfähigkeit des Gruppenunternehmens zu erfolgen. 2

Im gestaltenden Teil ist auszuführen, um welchen Bruchteil die Rechte gekürzt, für welchen Zeitraum sie gestundet oder welchen sonstigen Regelungen sie unterworfen werden sollen. 3

C. Regelungslücke und Analogie zu § 233 oder § 49 StaRUG?

Im Zusammenhang mit der Eingriffsmöglichkeit in gruppeninterne Drittsicherheiten stellt sich die Frage, ob der betroffene Gläubiger zumindest bis zur rechtskräftigen Planbestätigung weiter auf das Gruppenunternehmen zugreifen kann. In den Gesetzesmaterialen finden sich hierzu keine Ausführungen. Man könnte daher zumindest über eine analoge Anwendung von § 233 und einer Verwertungsaussetzung nachdenken. Ggf. könnte auch eine Analogie zu § 49 Abs. 3 StaRUG möglich sein. 4

§ 224 Rechte der Insolvenzgläubiger

Für die nicht nachrangigen Gläubiger ist im gestaltenden Teil des Insolvenzplans anzugeben, um welchen Bruchteil die Forderungen gekürzt, für welchen Zeitraum sie gestundet, wie sie gesichert oder welchen sonstigen Regelungen sie unterworfen werden sollen.

Überblick

Die in § 224 verankerte Regelung ist in der Regel Hauptgegenstand eines jeden Insolvenzplans. Es umfasst die Kürzung (→ Rn. 3), die Stundung (→ Rn. 7) und den Rangrücktritt (→ Rn. 8). Für nicht angemeldete Forderungen gilt darüber hinaus § 259b (→ Rn. 9).

A. Normzweck

Das Ziel eines jeden Insolvenzplans, der zumindest auf den Erhalt des Rechtsträgers ausgelegt ist, besteht darin, von den nicht nachrangigen Gläubigern Zugeständnisse durch Mehrheitsentscheidung einzufordern. Die Regelung der nicht nachrangigen Gläubiger ist regelmäßig Hauptgegenstand eines jeden Insolvenzplans (BT-Drs. 12/2443, 201). 1

B. Regelungsinhalt

2 Die auf die Rechtsstellung der nicht nachrangigen Gläubiger (§ 38 und → § 40 Rn. 1 ff.) im gestaltenden Teil geregelten Maßnahmen sind im darstellenden Teil aufzuführen und zu erläutern. Werden unterschiedliche Gruppen für Insolvenzgläubiger gebildet, beispielsweise da Kleingläubiger betroffen sind, sind für jede Gruppe die entsprechenden Abgrenzungsmerkmale zu benennen. Ebenso sind die entsprechenden Planregelungen transparent zu machen. Eine unterschiedliche Behandlung der Insolvenzgläubiger ist in der Regel nur zulässig, sofern unterschiedliche Rechte betroffen sind.

I. Forderungskürzung und (Teil-)Erlass

3 Der Gesetzgeber nennt die Forderungskürzung und Stundung als Regelbeispiel. Die Forderungskürzung bzw. der Teilerlass (§ 397 BGB) kann dadurch erfolgen, dass eine gewisse prozentuale Quote genannt wird (Braun/Frank Rn. 2 mwN). Im Regelfall wird dies dadurch umgesetzt, dass den Insolvenzgläubigern eine Quotenzahlung auf die festgestellte Forderung zugesagt wird und in Höhe des Restbetrags eine Erlassregelung aufgenommen wird. Dies kann auch dadurch erfolgen, dass den Insolvenzgläubigern ein Betrag zur gemeinschaftlichen Befriedigung zur Verfügung gestellt wird und diese auf die Gläubiger verteilt wird (sog. Gesamtabgeltungsklausel: MüKoInsO/Breuer Rn. 16).

4 Auch ein vollständiger Erlass ist möglich und in der Entscheidungshoheit der Beteiligten. Soweit die Forderungen als erlassen gelten, sind sie nicht erloschen, bestehen aber nur als natürliche, unvollkommene Verbindlichkeiten fort, deren Erfüllung möglich ist, aber nicht erzwungen werden kann (BGH BeckRS 2011, 15430; NZI 2013, 84). Neben dem endgültigen Erlass ist auch ein Forderungsverzicht mit Besserungsschein möglich. Regelt der Insolvenzplan einen (Teil-)Erlass, sind die steuerrechtlichen Auswirkungen aufgrund des Sanierungsgewinns zu beachten (§ 221).

1. (Teil-)Erlass von Arbeitnehmerforderungen

5 Sofern Arbeitnehmer auf tarifvertragliche Ansprüche im Wege des Insolvenzplanverfahrens verzichten sollen, ist § 4 Abs. 4 S. 2 TVG zu beachten, wonach ein Arbeitnehmer auf durch einen Tarifvertrag eingeräumte Rechte nur mit Zustimmung der Tarifvertragsparteien verzichten kann. Dies führt dazu, dass nach hL ein Insolvenzplan diese Ansprüche nicht regeln kann (MüKoInsO/Breuer Rn. 7). Ob die Regelung des TVG durch den Vorrang der InsO in diesem Fall begrenzt wird, ist höchstrichterlich noch nicht entschieden. Um eine entsprechende Rechtssicherheit zu erhalten, sollte jedoch eine Regelung zwischen den Tarifparteien getroffen werden (beispielsweise Verzichtserklärung, Haustarifvertrag oder Sanierungstarifvertrag).

2. (Teil-)Erlass von Steuerforderungen

6 Der Erlass von Steuerforderungen kann im gestaltenden Teil ebenfalls geregelt werden. Die Erlassregelung des § 227 AO ist im Insolvenzplanverfahren nicht beachtlich. Allerdings führt ein Erlass auch im Wege des Insolvenzplanverfahrens nicht zu einem Erlöschen der Steuerforderung iSd § 47 AO, sodass ein Zugriff auf andere Steuerschuldner auch dann zulässig ist, wenn das Finanzamt dem Insolvenzplan zugestimmt hat (BFH BeckRS 2013, 95854).

II. Stundung der Forderungen

7 Ist eine spätere Auszahlung vorgesehen, erfolgt eine Stundung. Dies kann sich beispielsweise dann anbieten, wenn durch eine Projektfertigstellung zu einem späteren Zeitpunkt höhere Verwertungserlöse erwartet werden. In diesem Fall sollte zur Klarstellung eine Regelung aufgenommen werden, dass die Forderungen bis dahin nicht zu verzinsen sind. Auch eine Kombination von Erlass und mehreren Quotenzahlungen ist möglich. Hat der Insolvenzplan eine Erlass- oder Stundungsregelung, ist die Wiederauflebungsklausel des § 255 zu beachten. Im Interesse des Schuldners kann hiervon abgewichen werden (§ 255 Abs. 3 S. 1). Bei einer Stundung und Auszahlung nach Aufhebung des Verfahrens ist dies in der integrierten Planungsrechnung zu berücksichtigen. Die Vermögensübersicht, der Ergebnis- und Finanzplan sind in diesem Fall dem Insolvenzplan anzufügen (§ 229). Sofern keine abweichende Regelung nach § 255 Abs. 3 S. 1 vorgenommen wird, ist nach der hier vertretenen Ansicht für den Teil der nicht vom Erlass betroffenen Forderung eine Rückstellung bis zur vollständigen Planerfüllung zu bilden. Der gestundete Forderungsbetrag ist als Verbindlichkeit entsprechend der Planregelung zu passivieren. Zur Überwachung der Stundung

und Auszahlung kann eine Planüberwachung im Insolvenzplan geregelt werden (§ 260). Diese bietet sich bei Stundungsplänen an, um eine höhere Akzeptanz der Gläubiger im Abstimmungstermin zu erreichen.
Bei Steuerforderungen findet § 222 AO keine Anwendung. 7a

III. Rangrücktritt

Auch ein Rangrücktritt der Forderung ist möglich, wobei dies in der Praxis keine besondere Bedeutung hat, da in der Bestandskraft des Plans die Forderungen dann als erlassen gelten (§ 225). 8

IV. Nicht angemeldete Forderungen – Sonderverjährung § 259b

Bis zur Einführung der § 259a und § 259b durch das ESUG wurde eine Regelung für die Insolvenzgläubiger im Insolvenzplan aufgenommen, die ihre Forderungen nicht zur Insolvenztabelle angemeldet hatten. Dies war in der hM (ua BGH BeckRS 2012, 14571; 2013, 73531) anerkannt und aus Gründen der Rechtssicherheit notwendig. Eine Regelung im Insolvenzplan, nach der Gläubiger, die ihre Forderung nicht im Verfahren angemeldet haben, in Höhe der vorgesehenen Befriedigungsquote ausgeschlossen sind, ist jedoch unzulässig (BGH NZI 2016, 170 ff.). Durch die Einführung des § 259a und § 259b ist die Aufnahme einer gesonderten Regelung nicht mehr zwingend notwendig. Der Gesetzgeber hat durch die Einführung eines Vollstreckungsschutzes (§ 259b) und einer Sonderverjährungsfrist (§ 259b) bis auf weiteres Rechtssicherheit für die Planersteller und für die Beteiligten geschaffen. 9

Es kann sich in besonderen Einzelfällen (zB bei ermittelten Kartellrechtsverstößen oder bekannten Produkthaftungsfällen) anbieten, für Gläubiger eine Gruppe zu bilden, die bis zum Abstimmungstermin ihre Forderung noch nicht angemeldet haben. Sieht der Insolvenzplan für diese Gläubiger Sonderregelungen vor, kann die Zustimmung der Gruppe nur nach § 245 Abs. 1 fingiert werden. Zur Vermeidung etwaiger rechtlicher Risiken im Nachgang sollte der Ansicht Madaus' gefolgt und eine gesonderte Gruppe mit entsprechenden Vertretern (Verfahrenspfleger, § 56 Abs. 1 ZPO, § 4 InsO, § 1913 S. 1 BGB) gebildet werden (MüKoInsO/Madaus § 254b Rn. 11). Im Einzelnen → § 227 Rn. 1 ff. 10

§ 225 Rechte der nachrangigen Insolvenzgläubiger

(1) Die Forderungen nachrangiger Insolvenzgläubiger gelten, wenn im Insolvenzplan nichts anderes bestimmt ist, als erlassen.

(2) Soweit im Plan eine abweichende Regelung getroffen wird, sind im gestaltenden Teil für jede Gruppe der nachrangigen Gläubiger die in § 224 vorgeschriebenen Angaben zu machen.

(3) Die Haftung des Schuldners nach der Beendigung des Insolvenzverfahrens für Geldstrafen und die diesen in § 39 Abs. 1 Nr. 3 gleichgestellten Verbindlichkeiten kann durch einen Plan weder ausgeschlossen noch eingeschränkt werden.

A. Normzweck

Bereits nach der VerglO haben die heute in § 39 normierten Nachranggläubiger nicht am Vergleichsverfahren teilgenommen. Diesem Gedanken folgt die InsO und legt fest, dass die Forderungen als erlassen gelten, sofern im Insolvenzplan nichts Abweichendes geregelt ist (BT-Drs. 2/2443, 201). Der Gesetzgeber unterscheidet die Nachrangforderungen in Forderungen, die zur Disposition der Gläubiger stehen und diejenigen, die einer Planregelung nicht unterworfen werden können (Geldstrafen etc iSv § 39 Abs. 1 Nr. 3). Sofern der Plan die Nachrangforderung einer abweichenden Regelung unterworfen werden soll, ist die im darstellenden Teil ausführlich darzulegen und zu begründen. 1

Die möglichen Steuerrechtlichen Auswirkungen aufgrund der Erlassfiktion sind zu beachten. 2

B. Regelungsinhalt

I. Erlassfiktion (Abs. 1)

Sofern im Insolvenzplan nicht abweichendes geregelt ist, gelten die Nachrangforderungen mit Rechtskraft des Insolvenzplans als erlassen. Die gesetzliche Fiktion ist abschließend. In Abweichung 3 zu der Regelung hinsichtlich der Insolvenzforderungen gelten die Forderungen als erloschen iSd § 397 Abs. 1 BGB (MüKoInsO/Breuer Rn. 13). Im Wesentlichen sind die Insolvenzgläubiger mit ihren Zinsansprüchen seit Eröffnung des Insolvenzverfahrens (§ 39 Abs. 1 Nr. 1) mit den Kosten, die im Zusammenhang mit Eröffnung des Verfahrens entstanden sind (§ 39 Abs. 1 Nr. 2) sowie diejenigen betroffen, die Forderungen aus einem Schenkungsvertrag (§ 39 Abs. 1 Nr. 4) bzw. den Nachrang erklärt haben (§ 39 Abs. 2) oder als Gesellschafter in ihrer Rechtsposition entsprechend zurücktreten müssen (§ 39 Abs. 1 Nr. 4) betroffen. Sofern die Nachrangforderungen durch einen Absonderungsgegenstand besichert sind kann ein späterer Verwertungserlös aus dem Absonderungsgut nicht auf den Teil der erlassenen Nachrangforderungen verrechnet werden. Die Rechtsprechung des BGH (BGH BeckRS 2008, 16167) findet insoweit keine Anwendung. Für besicherte Nachrangforderungen kann dies ebenfalls von besonderem Interesse sein. Ein außerhalb der Anfechtungsfrist des § 135 besichertes Darlehen wird als Nachrangforderung eingestuft. Die Sicherheit kann außerhalb des Verfahrens aber dennoch verwertet und der Erlös auf die Nachrangforderung bei der Regelabwicklung angerechnet werden. Im Insolvenzplanverfahren gilt die Forderung als erlassen, sodass kein Sicherungszweck mehr besteht. Ebenso hat dies Auswirkung für Drittschuldner (Bürgen, Mitschuldner etc), denn § 254 Abs. 1 findet nur zugunsten von Insolvenzgläubigern Anwendung (→ Rn. 3.1).

3.1 Im Insolvenzverfahren über das Vermögen einer Aktiengesellschaft sind nach Rechtsprechung des BGH die unselbstständigen Ansprüche von Vorzugsaktionären auf Nachzahlung nicht geleisteter Vorzugsdividenden wie Forderungen letztrangiger Insolvenzgläubiger zu behandeln. Diese Ansprüche gelten mit rechtskräftiger Planbestätigung des Insolvenzplans als erloschen, soweit im Plan nichts Abweichendes geregelt ist (BeckRS 2010, 12957).

4 Forderungen nach § 39 Abs. 1 Nr. 3 können keiner Planregelung unterworfen werden und fallen auch nicht unter der Erlasswirkung des Abs. 1. Die spezialgesetzlichen Regelungen (ua § 43 StGB, §§ 95 Abs. 2, 96 Abs. 2 OWiG, § 888 ZPO) sind abschließend (BT-Drs. 12/2443, 201).

II. Regelungsmöglichkeiten (Abs. 2)

5 Sofern in Abweichung zu Abs. 1 die Nachrangforderungen im Insolvenzplan einer anderen Regelung unterworfen werden sollen, stehen dem Planverfasser weitreichende Regelungsmöglichkeiten offen. In Betracht kommt dies insbesondere dann, wenn für besicherte Nachrangforderungen eine Regelung im Plan getroffen werden soll oder wenn eine Vollbefriedigung der Insolvenzgläubiger erwartet wird und somit auch bei der Regelabwicklung Zahlungen an diese zu leisten wären (MüKoInsO/Breuer Rn. 14). Ebenso kann eine Regelung dann notwendig sein, wenn Nachrangforderungen mit Sicherheiten des Schuldners unterlegt sind bzw. Dritte für die Nachrangforderung bürgen bzw. mithaften. In beiden Fällen hat der Nachranggläubiger ein berechtigtes Interesse, dass seine Forderung vom Erlass nicht betroffen ist.

6 Sofern Nachranggläubiger einer Planregelung unterworfen werden, ist zu beachten, dass dieser nur dann Forderungen zur Tabelle anmelden, wenn eine gesonderte Aufforderung des Gerichts getroffen wird (→ § 174 Rn. 31). Dies ist in der Regel nur dann der Fall, wenn eine Vollbefriedigung der Masse- und Insolvenzgläubiger erwartet wird. Sind dem Planverfasser etwaige rechtliche Fragestellungen hinsichtlich besicherte Nachrangforderungen bekannt, sollte er das Gericht hierüber informieren und die Anmeldung von Nachrangforderungen anregen. Ebenso ist zu beachten, dass dann die in § 245 verankerte Zustimmungsfiktion einer nicht zustimmenden Gruppe entfallen kann (→ § 245 Rn. 11).

III. Ausschluss des Regelungsraums (Abs. 3)

7 Geldstrafen und ihnen in § 39 Abs. 1 Nr. 3 gleichgestellte Verbindlichkeiten (Geldbußen, Ordnungs- und Zwangsgelder, für Nebenfolgen einer Straftat oder Ordnungswidrigkeiten, die zu einer Geldzahlung verpflichten) können durch den Insolvenzplan nicht geregelt werden. Dies umfasst sowohl den (Teil)Erlass, die Stundung oder sonstige Regelungen. Die Forderungen stehen nicht zur Verhandlung durch die Beteiligten zur Verfügung. Die spezialgesetzlichen Regelungen (ua § 43 StGB, §§ 95 Abs. 2, 96 Abs. 2 OWiG, § 888 ZPO) sind abschließend (BT-Drs. 12/2443, 201).

IV. Masseunzulänglichkeit (§ 210a)

8 Ist ein Insolvenzplan bei Masseunzulänglichkeit angedacht, findet § 225 auf die Insolvenzgläubiger Anwendung. Die Forderungen gelten somit als erlassen. In diesem Fall sind sie nicht nur in der Durchsetzung gehemmt, sondern erlöschen gem. § 397 Abs. 1 BGB. Die Forderungen der Absonderungsberechtigten sind hiervon ebenfalls betroffen, sofern der Schuldner auch persönlich haftet. Keine Auswirkung hat dies jedoch auf Forderungen gegenüber Bürgen oder Mitschuldnern. Die Regelung § 254 Abs. 2 S. 1 findet insoweit Anwendung. Die Insolvenzgläubiger werden nicht zu Nachranggläubigern iSd § 39 sondern sie werden lediglich diesen bei der Planregelung gleichgestellt. Es handelt sich insoweit um eine Rechtsfolgenverweisung.

§ 225a Rechte der Anteilsinhaber

(1) Die Anteils- oder Mitgliedschaftsrechte der am Schuldner beteiligten Personen bleiben vom Insolvenzplan unberührt, es sei denn, dass der Plan etwas anderes bestimmt.

(2) [1]Im gestaltenden Teil des Plans kann vorgesehen werden, dass Forderungen von Gläubigern in Anteils- oder Mitgliedschaftsrechte am Schuldner umgewandelt werden. [2]Eine Umwandlung gegen den Willen der betroffenen Gläubiger ist ausgeschlossen. [3]Insbesondere kann der Plan eine Kapitalherabsetzung oder -erhöhung, die Leistung von Sacheinlagen, den Ausschluss von Bezugsrechten oder die Zahlung von Abfindungen an ausscheidende Anteilsinhaber vorsehen.

(3) Im Plan kann jede Regelung getroffen werden, die gesellschaftsrechtlich zulässig ist, insbesondere die Fortsetzung einer aufgelösten Gesellschaft oder die Übertragung von Anteils- oder Mitgliedschaftsrechten.

(4) [1]Maßnahmen nach Absatz 2 oder 3 berechtigen nicht zum Rücktritt oder zur Kündigung von Verträgen, an denen der Schuldner beteiligt ist. [2]Sie führen auch nicht zu einer anderweitigen Beendigung der Verträge. [3]Entgegenstehende vertragliche Vereinbarungen sind unwirksam. [4]Von den Sätzen 1 und 2 bleiben Vereinbarungen unberührt, welche an eine Pflichtverletzung des Schuldners anknüpfen, sofern sich diese nicht darin erschöpft, dass eine Maßnahme nach Absatz 2 oder 3 in Aussicht genommen oder durchgeführt wird.

(5) [1]Stellt eine Maßnahme nach Absatz 2 oder 3 für eine am Schuldner beteiligte Person einen wichtigen Grund zum Austritt aus der juristischen Person oder Gesellschaft ohne Rechtspersönlichkeit dar und wird von diesem Austrittsrecht Gebrauch gemacht, so ist für die Bestimmung der Höhe eines etwaigen Abfindungsanspruches die Vermögenslage maßgeblich, die sich bei einer Abwicklung des Schuldners eingestellt hätte. [2]Die Auszahlung des Abfindungsanspruches kann zur Vermeidung einer unangemessenen Belastung der Finanzlage des Schuldners über einen Zeitraum von bis zu drei Jahren gestundet werden. [3]Nicht ausgezahlte Abfindungsguthaben sind zu verzinsen.

Überblick

Durch die Einführung des § 225a und der darin eröffneten Möglichkeit, gegen den Willen der Gesellschafter einen dept-to-equity-swap (→ Rn. 2) durchzusetzen, wurde den Beteiligten ein weiteres Sanierungsinstrument an die Hand gegeben, um mit Unterstützung des Insolvenzverfahrens das schuldnerische Unternehmen nachhaltig zu sanieren. Die Fremd- in Eigenkapitalumwandlung erfolgt nach einem besonderen Verfahrensablauf (→ Rn. 3), wobei bei einer AG (→ Rn. 8) oder bei Maßnahmen hinsichtlich ausgereichter Anleihen (→ Rn. 10) die jeweiligen Besonderheiten zu beachten sind. Sonstige gesellschaftsrechtliche Maßnahmen wie zB Satzungsänderungen (→ Rn. 14), der Ausschluss eines Gesellschafters (→ Rn. 17), die Übertragung von Anteilen (→ Rn. 18) oder Maßnahmen nach dem UmwG (→ Rn. 19) können ebenso im Insolvenzplan geregelt werden.

Übersicht

	Rn.		Rn.
A. Normzweck	1	1. Kapitalschnitt bei Kapitalgesellschaften	4
B. Regelungsinhalt	2	2. Wertermittlung der eingebrachten Forderung (Sacheinlage)	7
I. Grundsatz des Bestands der Anteilsrechte (Abs. 1)	2	3. Kapitalmaßnahmen bei der Aktiengesellschaft	8
II. Forderung ein Eigenkapitalumwandlung – sog. dept-to-equity-swap (Abs. 2)	3		

	Rn.		Rn.
4. Kapitalmaßnahmen nach dem SchVG	10	6. Maßnahmen nach dem UmwG	19
5. Steuerrechtliche Folgen der Kapital-		7. Einziehung von Aktien	22
maßnahmen	11	8. Einziehung von GmbH-Anteilen	22a
6. Gruppenbildung	12	9. Neue Gesellschaftsanteile bei Kapitaler-	
III. Sonstige gesellschaftsrechte Maß-		höhung der GmbH	22c
nahme (Abs. 3)	13	IV. Ausschluss von Kündigung- und	
1. Satzungsänderung	14	Rücktrittsrechten – change of control	
2. Änderungen des Gesellschaftsvertrags	15	(Abs. 4)	23
3. Fortsetzungsbeschluss	16	V. Austrittsmöglichkeit des Betroffenen	
4. Ausschluss von Gesellschaftern	17	und die Folge (Abs. 5)	25
5. Übertragung von Gesellschaftsanteilen	18		

A. Normzweck

1   Die Möglichkeit, nach § 225a auf die Rechte der Anteilseigner im Wege des Insolvenzplanverfahrens stärker Einfluss zu nehmen, wurde durch das Gesetz zur Erleichterung der Sanierung von Unternehmen (ESUG) neu in das Insolvenzplanverfahren eingeführt. Der Gesetzgeber geht davon aus, dass für die Sanierung eines Unternehmens im Wege des Insolvenzplanverfahren die Bereitstellung von neuem Eigenkapital einen entscheidenden Beitrag darstellen kann (BT-Drs. 12/5712, 31). Die geforderte Möglichkeit der Umwandlung von Forderungen in Eigenkapital (dept-to-equity-swap) ist zwar auch ohne ein Insolvenzverfahren möglich, jedoch mit erheblichen Risiken (beispielsweise Bewertungsfragen bei der Sacheinlage der Forderung) und gesellschaftsrechtlichen Hürden verbunden. Der im Insolvenzplanverfahren erleichterte dept-to-equity-swap wird als zentrales Mittel für ein „attraktives Sanierungsverfahren" eingestuft (BT-Drs. 12/5712, 31).

B. Regelungsinhalt

I. Grundsatz des Bestands der Anteilsrechte (Abs. 1)

2   In Abs. 1 stellt der Gesetzgeber klar, dass allein durch die Einleitung und Umsetzung eines Insolvenzplanverfahrens nicht in Anteils- und Mitgliedschaftsrechte der am Schuldner beteiligten Personen eingegriffen wird. Die Rechte bleiben im Grundsatz vom Insolvenzverfahren unberührt. Es besteht aber die rechtliche Möglichkeit, auf die Rechte der Anteils- und Mitgliedschaftsrechte durch den gestaltenden Teil eines Insolvenzplans einzuwirken (BT-Drs. 12/5712, 31).

II. Forderung ein Eigenkapitalumwandlung – sog. dept-to-equity-swap (Abs. 2)

3   Die durch das Gesetz zur Erleichterung der Sanierung von Unternehmen (ESUG) eingeführte Möglichkeit der Umwandlung von Forderungen in Eigenkapital dept-to-equity-swap wird als wesentliche Neuregelung des Insolvenzplanverfahrens und als wichtiges Sanierungsinstrument gesehen. Es kann zum einen nach Ansicht des Gesetzgebers die Überschuldung durch den Wegfall von Verbindlichkeiten herbeigeführt werden, zum anderen kann das Erlöschen von Zins- und Tilgungspflichten die Zahlungsfähigkeit des Unternehmens positiv beeinflussen. Für den einzelnen Gläubiger kann die Maßnahme interessant sein, da er als Anteilsinhaber an der zukünftigen Unternehmensausrichtung mitwirken kann sowie Erfolge partizipieren kann (BT-Drs. 12/5712, 18). Gegen den Willen des betroffenen Gläubigers kann die Maßnahme nicht umgesetzt werden, sodass die verfassungsrechtlich garantierten Rechte des jeweiligen Gläubigers auch nicht durch eine Mehrheitsentscheidung der Abstimmungsgruppe umgesetzt werden kann.

1. Kapitalschnitt bei Kapitalgesellschaften

4   Die Maßnahme kann nur bei Kapitalgesellschaften iSv §§ 264 ff. HGB zur Anwendung gelangen. In der Regel wird dies dadurch umgesetzt, dass ein Kapitalschnitt (ausf. Brünkmans ZIP 2014, 1857 ff.) vorgenommen wird, dh eine Kapitalherabsetzung mit anschließender Kapitalerhöhung (BT-Drs. 12/5712, 31). Durch die Kapitalherabsetzung wird zunächst eine bestehende Unterbilanz beseitigt. Diese Maßnahme war bereits unter der KO als Möglichkeit der Beseitigung der Unterbilanz anerkannt (BGH NJW 1998, 2054 – sog. „Sachsenmilch-Entscheidung") und ist eine zwingend notwendige Maßnahme zur Durchführung des dept-to-equity-swap. Sie trifft die bisherigen Anteilsinhaber. Infolge der Insolvenz sind die Anteile in der Regel wertlos (BT-Drs. 12/5712, 32). Um gegen die Kapitalaufbringungs- und Erhaltungsvorschriften nicht zu verstoßen,

erfolgt daran anschließend die Kapitalerhöhung nach den jeweiligen gesetzlichen Bestimmungen (vgl. §§ 55–58f GmbHG bzw. §§ 182–220 AktG).

Bei der Bareinlage wird vom Altgesellschafter entsprechend der Neugründung eine Geldeinlage in Höhe des gesetzlich vorgeschriebenen Mindestkapitals vorgenommen. Im Fall des dept-to-equity-swap erfolgt dies durch Sacheinlage der eingebrachten Forderung bzw. durch Bareinlage seitens des Gläubigers. 5

Ist im Insolvenzplan ein Kapitalschnitt angedacht, ist zu beachten, dass ggf. im Insolvenzplan eine Regelung bezüglich etwaiger Bezugsrechte aufzunehmen ist. Sofern den bisherigen Gesellschaftern keine Bezugsrechte zustehen sollen, ist dies im Plan zu regeln (Abs. 2 S. 3). 6

2. Wertermittlung der eingebrachten Forderung (Sacheinlage)

Beim dept-to-quity-swap erfolgt die Kapitalerhöhung durch Sacheinlage der Forderung des Gläubigers, dh Einbringung der Forderung und anschließender Konfusion bzw. Erlass. Wie bei der Sacheinlage außerhalb eines Insolvenzverfahrens (vgl. sog. Differenzhaftung nach § 9 Abs. 1 GmbHG sowie zur Aktiengesellschaft BGH NJW 1975, 974) stellt sich stets die Frage nach dem Wert der eingebrachten Sache. Im Fall des dept-to-equity-swap ist nach dem Willen des Gesetzgebers der Verkehrswert unter Orientierung an der Quotenerwartung entscheidend (BT-Drs. 12/5712, 32). Maßgeblich hierfür ist entweder die erwartete Quotenzahlung im Fall der Regelabwicklung oder die Quotenzahlung, die diejenigen Gläubiger erhalten, die in derselben Gruppe einzustufen sind wie der betroffene Gläubiger. In Abweichung zu der Sacheinlage außerhalb der InsO hat der Gläubiger den Vorteil, dass er nach § 254 Abs. 4 im Fall einer späteren anderen Bewertung der Werthaltigkeit wegen einer Überbewertung nicht in Anspruch genommen werden kann. Dessen ungeachtet empfiehlt auch der Gesetzgeber, zur Ermittlung des Verkehrswerts ein Gutachten einholen zu lassen (BT-Drs. 12/5712, 32). Auf den Nennwert der Forderung abzustellen (so HmbKommInsR/Thies Rn. 24) ist aus Sicht der Planersteller begrüßenswert, ob sich dies aber in der Praxis durchsetzt, ist offen. Die Kapitalerhöhung kann aber auch durch Bareinlage erfolgen. 7

3. Kapitalmaßnahmen bei der Aktiengesellschaft

Ist im Insolvenzplan ein Kapitalschnitt angedacht, ist zu beachten, dass ggf. im Insolvenzplan eine Regelung bezüglich etwaiger Bezugsrechte aufzunehmen ist. Bei der Aktiengesellschaft steht nach § 186 AktG jedem Aktionär ein Anspruch auf den Bezug neuer Aktien aus einer Kapitalerhöhung zu. Nach hM gilt dies auch für die GmbH (BGH NZG 2005, 551, der es offen lässt, ob sich der Anspruch aus einer entsprechenden Anwendung von § 186 AktG ergibt oder aus § 55 Abs. 2 GmbHG). Sollen die Altgesellschafter vom Bezug neuer Anteile ausgeschlossen werden, ist ein solcher Ausschluss im Insolvenzplan zu regeln (so geschehen im Insolvenzverfahren über das Vermögen der Pfleiderer AG, AG Düsseldorf 18.10.2012 – 501 IN 84/12; vgl. zB Pleister GWR 2013, 220 ff.). Ein solcher Ausschluss kann außerhalb eines Insolvenzverfahrens auf seine Rechtmäßigkeit im Wege der Anfechtungsklage (BGH NZG 2005, 551) gerichtlich geklärt werden. Im Insolvenzplanverfahren ist dies ausgeschlossen; insoweit sind die Regelungen der InsO abschließend. Die in § 186 Abs. 4 AktG geforderte Ankündigung der Maßnahme und Begründung sowie eines dem Gesellschafterinteresse dienenden Sachgrunds bedarf es nicht (MüKoInsO/Eidenmüller Rn. 50; HmbKommInsR/Thies Rn. 28; aA FK-InsO/Jaffé Rn. 13). 8

Werden Kapitalmaßnahmen bei einer Aktiengesellschaft durchgeführt, ist die Dreiwochenfrist des § 92 AktG nicht zu beachten. Die Maßnahme wird im Insolvenzplanverfahren nicht durch die Hauptversammlung beschlossen. Ebenso sind nach der hier vertretenen Ansicht die Formalien des § 186 AktG unbeachtlich (aA FK-InsO/Jaffé Rn. 13). Handelt es sich bei der insolventen Gesellschaft um eine börsennotierte Gesellschaft, ist nach §§ 29, 31, 35 WpÜG außerhalb der InsO den Kleinaktionären ein Übernahmeangebot zu machen, wenn ein Aktionär 30 % des Stimmrechts erlangt. Erlischt die Börsenzulassung nach dem WpHG oder wird die Zulassung nach dem BörsG widerrufen, findet die Regelung auch außerhalb der InsO keine Anwendung. Ob die Regelung im Insolvenzplanverfahren zu beachten ist, wird unterschiedlich bewertet. Nach der hier vertretenen Ansicht sind die Regelungen nach dem WpÜG im Insolvenzplanverfahren unbeachtlich. Der Schutzgedanke des WpÜG ist im Insolvenzplanverfahren nicht notwendig. Die Interessen der betroffenen Aktionäre sind der Mehrheitsentscheidung der Insolvenzplanbeteiligten zurückzustellen. Der wirtschaftliche Schutz erfolgt durch den Minderheitenschutz der InsO. Folgt man der Gegenansicht und bejaht eine Anwendung des WpÜG, ist von besonderer Bedeutung, die Höhe des Übernahmeangebots zu bestimmen. 9

4. Kapitalmaßnahmen nach dem SchVG

10 Bei Anleihen, die der Regelung des SchVG unterfallen, kann ein Mehrheitsbeschluss des Anleihegläubiger entsprechend § 5 Abs. 3 Nr. 5 SchVG im Abstimmungstermin gefasst werden (aA Horn BKR 2014, 449 (451), der eine Anwendung von § 5 Abs. 3 SchVG ausschließt). Darüber hinaus sind mögliche Handlungsalternativen der gemeinsamen Vertreter der Anleihegläubiger zu berücksichtigen, welchen ggf. in der Versammlung nach § 19 Abs. 3 SchVG eine entsprechende Vollmacht erteilt werden kann. Eine Einschränkung kann aber durch § 230 gegeben sein.

5. Steuerrechtliche Folgen der Kapitalmaßnahmen

11 Hinsichtlich der steuerrechtlichen Folgen ist zu beachten, dass auch beim debt-to-quity-swap ein Sanierungsgewinn (BFH 9.6.1997 – GrS – 1/94 sowie Ausführungen zu den steuerlichen Auswirkungen beim Forderungsverzicht der Insolvenzgläubiger und der Nachranggläubiger) bzw. eine Körperschafts- und/oder Gewerbesteuerzahllast entsteht, soweit der nicht werthaltige Forderungsteil betroffen ist. Der in 2018 in Kraft getretene § 3a Abs. 1 S. 1 EStG (Sanierungserträge) geht in seinem Wortlaut zwar nicht auf den debt-to-quity-swap ein. Der Wille des Gesetzgebers lässt es aber vermuten, dass auch dies unter § 3a Abs. 1 S. 1 EStG zu ziehen ist (BeckOK EStG/Bleschick EStG § 3a Rn. 202). Der durch eine Kapitalherabsetzung entstehende Buchgewinn unterliegt nach § 8 Abs. 1 KStG iVm § 4 Abs.1 EStG aber nicht der Körperschaftssteuer (Kübler HRI/Kahlert § 57 Rn. 192 mwN).

11a Darüber hinaus sind steuerrechtliche Auswirkungen des Altgesellschafters bezüglich der Halte- und Nachbesteuerungsfristen zu beachten (ua §§ 13a, 13b ErbstG, § 6 EStG). Die für den Anteilseigner dadurch entstehenden steuerrechtlichen Probleme sind ggf. über den Minderheitenschutz finanziell aufzufangen. Ebenso ist auf Gesellschafterebene § 8c KStG zu beachten. Steuerliche Verlustvorträge können bei Anteilserwerb ganz oder teilweise untergehen. Dies gilt auch für die Kapitalerhöhung, wenn diese zu einer Veränderung der Beteiligungsquote am Kapital führt. Sofern die Veränderung mehr als 25 % beträgt, gehen die Verlustvorträge quotal, bei mehr als 50 % vollständig unter (ausf. Kübler HRI/Kahlert § 57 Rn. 95 ff.; zur Anwendung der in § 8c Abs. 1a KStG geregelten Sanierungsklausel auch Blümich/Brandis, 144. EL Oktober 2018, KStG § 8c Rn. 70, 71).

6. Gruppenbildung

12 Wird im Insolvenzplanverfahren eine entsprechende Maßnahme umgesetzt, ist für die betroffenen Gläubiger eine eigene Gruppe zu bilden. Zur Durchführung der Kapitalherabsetzung ist ua anzugeben, welcher Anteil in welcher Höhe davon betroffen ist. Bei der Kapitalerhöhung sind der Erhöhungsbetrag und die Kapitalhöhe zu benennen. Ebenso der Name der wandelnden Rechtspersönlichkeit. Ferner bedarf es die Zustimmung des Gläubigers, dessen Forderung der Maßnahme unterfallen soll. Die Zustimmungserklärungen sind als Anlage dem Plan anzufügen (§ 230). Die Erklärung zu Protokoll ist wohl nur dann zulässig, wenn im Erörterungstermin eine Planänderung vorgenommen wird. Gegen den Willen eines Gläubigers kann die Fremd- in Eigenkapitalumwandlung nicht erfolgen.

III. Sonstige gesellschaftsrechte Maßnahme (Abs. 3)

13 Die Regelung in Abs. 3 eröffnet den Planverfassern die Möglichkeit, alle zulässigen gesellschaftsrechtlichen Maßnahmen im gestaltenden Teil des Insolvenzplans neben der Möglichkeit des debt-to-quity-swap (Abs. 2). Der Gesetzgeber geht davon aus, dass dadurch die gesellschaftsrechtliche Umstrukturierung im Insolvenzplan ermöglicht bzw. erleichtert wird (BT-Drs. 17/5712, 32).

1. Satzungsänderung

14 Allgemeine Änderungen der Satzung wie des Gesellschaftszwecks und Kapitalmaßnahmen sind durch § 225a möglich (Haas NZG 2015, 961 ff.). Ob auch auf die Anzahl der Organe (beispielsweise Anzahl des Vorstands bzw. Aufsichtsrats), die Vertretungsregelungen der Organe, die Vergütung des Aufsichtsrats und die übertragenen Rechte auf den Aufsichtsrat durch den Insolvenzplan einer Regelung unterworfen werden können, ist offen. Die Satzung wird bei der Gründung durch die Gründungsgesellschafter nach Maßgaben des § 23 AktG festgelegt (§ 28 AktG). Spätere Änderungen können nur von der Hauptversammlung (§§ 118 ff. AktG) vorgenommen werden. Es handelt sich somit um ein originäres Recht der Anteilsinhaber, die für die Gesellschaft geltenden Staturen im gesetzlichen Rahmen frei zu regeln und anzupassen. Durch die Einführung des § 225a ist ein umfassender Eingriff in die verfassungsrechtlich garantierten Eigentumsrechte des jeweiligen Anteilsinhabers gerechtfertigt und gesetzlich legitimiert. Entsprechend des Art. 14 Abs. 3 GG erhält der Anteilsinhaber bei einem wirtschaftlichen Eingriff auf seine Anteilsrechte einen finanziellen Ausgleich. Bei einem Eingriff in seine Gestaltungsfreiheit (Satzungsänderung) wird er nur mittelbar in sein verfassungsrechtliches Eigentumsrecht beeinträchtigt, sodass ein Eingriff in seine Satzungsautonomie als ein geringerer Eingriff ebenfalls zulässig ist. Dass dabei die Rechte der Hauptversammlung beschnitten werden, ist ebenfalls gerechtfertigt, nachdem im Insolvenzplanverfahren ein entsprechendes Mehrheitsprinzip verankert ist und mit Eröffnung des Insolvenzverfahrens die Rechte der Altgesellschafter hinter die Interessen der „Residualberechtigten" (zu dem Begriff im Zusammenhang mit der gesellschaftsrechtlichen Treuepflicht s. MüKoInsO/Eidenmüller Rn. 79) zurücktreten müssen. Die Bestellung eines neuen bzw. Abberufung eines Vorstands ist im Insolvenzplan ebenfalls möglich. Zwar ist nach § 84 AktG hierfür der Aufsichtsrat zuständig, als gesellschaftsrechtliche Maßnahme nach § 225a Abs. 3 zulässig. Nachdem zwischen Aufsichtsrat und Vorstand jedoch ein gewisses Vertrauensverhältnis bestehen sollte, wird eine solche Maßnahme nur dann im Insolvenzplan umgesetzt, wenn der Aufsichtsrat keinen mehrheitsfähigen Konsens findet. Gleichfalls muss die Abberufung (§ 103 AktG) eines Aufsichtsratsmitglieds und die Bestellung (§ 101 AktG) durch das Insolvenzplanverfahren möglich sein (MüKoInsO/Eidenmüller Rn. 81 mwN). Eine Einschränkung des Gesetzeswortlauts des § 225a Abs. 3 ist nicht gerechtfertigt.

2. Änderungen des Gesellschaftsvertrags

Änderungen des Gesellschaftsvertrags können entsprechend der Ausführungen zu Änderung der Satzung ebenfalls vorgenommen werden. Auch können Geschäftsführer abberufen oder neubestellt werden. Nach der hier vertretenen Ansicht können auch gesellschaftsrechtliche Stimmrechtsverteilungen bzw. Mehrheitsanforderungen oder Vetorechte im Insolvenzplan neu geordnet werden, sofern die gesetzlichen Vorgaben des GmbHG etc eingehalten werden. Es handelt sich auch hier um ein durch § 225a legitimierten Eingriff in die Gestaltungsfreiheit der Gesellschafter hinsichtlich der Ausgestaltung der Gesellschafterrechte im Gesellschaftsvertrag. 15

3. Fortsetzungsbeschluss

Der Insolvenzplan sieht regelmäßig einen Fortsetzungsbeschluss der durch die Verfahrenseröffnung kraft Gesetz aufgelösten Gesellschaft vor. Zwar kann dieser formal erst nach Aufhebung des Insolvenzverfahrens geschlossen werden, nach hL ist dieser – sofern er unbedingt gefasst wird – bis zur Aufhebung des Insolvenzverfahrens schwebend unwirksam (ua MüKoInsO/Eidenmüller Rn. 84). Der Beschluss benötigt nur dann die Zustimmung der Gesellschafter, wenn diese persönlich haften (§ 230 Abs. 1 S. 2). 16

4. Ausschluss von Gesellschaftern

Ein Gesellschafterausschluss kann im gestaltenden Teil des Insolvenzplans auch dann geregelt werden, wenn kein wichtiger Grund hierfür vorliegt (MüKoInsO/Eidenmüller Rn. 92 ff.). 17

5. Übertragung von Gesellschaftsanteilen

Eine Übertragung von Gesellschaftsanteilen kann im Insolvenzplan ebenfalls geregelt werden. Dies umfasst sowohl die durch die Insolvenzschuldnerin gehaltenen Gesellschaftsanteile (Tochtergesellschaften, Minderheitsbeteiligungen etc), als auch die Übertragung der Gesellschaftsanteile der an der Schuldnerin beteiligten Gesellschafter. Bei der Übertragung von durch die Schuldnerin selbst gehaltenen Gesellschaftsanteilen erfolgt dies nicht nach § 225a, sondern kann ohne besondere Grundlage im gestaltenden Teil geregelt werden. Sofern jedoch die Anteile des Gesellschafters selbst in den Plan einbezogen werden sollen, muss dies über die Anwendung des § 225a erfolgen. Eine Zustimmung des Anteilsinhabers ist dabei nicht notwendig, selbst wenn dieser einen Sanierungswillen und eine Sanierungsmöglichkeit hat (MüKoInsO/Eidenmüller Rn. 87; aA Simon/Merkelbach NZG 2012, 121 ff.). Die notwendigen Erklärungen des Altgesellschafters gelten als erteilt (§§ 254a, 254b – MüKoInsO/Eidenmüller Rn. 87 mwN). Sofern an den Anteilen des Altgesellschafters Sicherungsrechte bestehen (beispielsweise Verpfändung oder Rechte aus einer (doppelnützigen) Treuhand), können diese ebenfalls durch eine entsprechende Maßnahme im Insolvenzplan umgangen werden. Die Zustimmung der Sicherungsgläubiger gilt dann ebenfalls als fingiert gem. §§ 254a, 254b (so auch von Hoffmann/Wieneke ZIP 2013, 697 ff.). Andernfalls könnte der Wille des Gesetzgebers durch entsprechende Maßnahmen unterlaufen werden. Werden 18 entsprechende Maßnahmen umgesetzt, erhält der Altgesellschafter entsprechend der Regelung des § 225a Abs. 5 einen finanziellen Ausgleich.

6. Maßnahmen nach dem UmwG

19 Fraglich ist, ob § 225a auch Vorgänge nach dem Umwandlungsgesetz abdeckt (Verschmelzung, Spaltung und Formwechsel). Die Literatur vertritt hier unterschiedlichste Ansatzpunkte. Die bisherige hL (Henssler/Strohn/Heidinger, Gesellschaftsrecht, 2. Aufl. 2014, UmwG § 3 Rn. 19; Madaus ZIP 2012, 2133 ff.; MüKoInsO/Eidenmüller Rn. 97 ff.) sieht zu Recht keine Bedenken gegen eine entsprechende Anwendung im Insolvenzplanverfahren. Begründet wird dies im Wesentlichen dadurch, dass der Gesetzgeber durch § 225a Abs. 3 gerade die Fortsetzung eines insolventen Rechtsträgers anerkennt und somit die Voraussetzungen des § 3 Abs. 3 UmwG vorliegen. Die Sanierungsfusion, dh die Aufnahme eines solventen Rechtsträgers auf einen insolventen soll ebenso möglich sein wie die Abwicklungsfusion, dh die Verschmelzung eines insolventen auf einen solventen (Madaus ZIP 2012, 2133 ff.). Ebenso kann die Spaltung bzw. Ausgliederung von besonderer Relevanz sein, wenn beispielsweise unterschiedliche Betriebsteile beim Schuldner verbunden sind (zB stationärer Einzelhandel und Online-Versandhandel) und datenschutzrechtlich relevante Daten betroffen sind. Eine Ausgliederung des Unternehmens eines Einzelhandelskaufmanns ist nach § 152 UmwG zwar möglich, unterfällt aber nicht der unmittelbaren Regelung des § 225a, denn es sind keine Anteils- oder Mitgliedschaftsrechte des Einzelunternehmers betroffen. Erfolgt aber die Sanierung des Einzelunternehmers im Wege des Insolvenzplanverfahrens und übersteigen danach seine Verbindlichkeiten nicht mehr sein Vermögen (§ 152 UmwG), sind entsprechende Maßnahmen dem UmwG auch für ihn möglich. Dieser Auffassung folgt auch das AG Norderstedt in seiner Entscheidung v. 7.11.2016 (ZIP 2017, 586). Erfolgt die Umsetzung von Maßnahmen nach dem UmwG, ist zu beachten, dass die beteiligten Rechtsträger für die in § 133 UmwG genannten Verbindlichkeiten gesamtschuldnerisch haften. Der Insolvenzplan muss somit zwingend eine Regelung enthalten, dass die Insolvenzforderungen des Schuldners erlassen werden und dies auch im Fall der Ausgliederung des schuldnerischen Teils für alle beteiligten Rechtsträger gilt. Andernfalls könnte das Risiko bestehen, dass die nicht insolventen Rechtsträger auch für die Insolvenzforderungen in Anspruch genommen werden könnten.

20 Die Rechtsprechung zur Anwendbarkeit der Regelungen des UmwG im Insolvenzplanverfahren ist bisher noch überschaubar. Das OLG Brandenburg lehnt zumindest eine Verschmelzung auf einen insolventen Rechtsträger nach § 3 Abs. 3 UmwG ab (OLG Brandenburg NZG 2015, 884). Aufgelöste Rechtsträger können nach Ansicht des OLG nur als übertragende Rechtsträger beteiligt sein. Eine Verschmelzung auf einen aufgelösten Rechtsträger als übernehmender Rechtsträger ist im Umwandlungsrecht nicht vorgesehen. Der Wortlaut ist nach Ansicht des OLG mit der ausdrücklichen Spezifizierung für „übertragende Rechtsträger" eindeutig. Eine erweiternde Auslegung des § 3 Abs. 3 UmwG und die Einbeziehung auch übernehmender aufgelöster Rechtsträger sei ausgeschlossen.

21 Hinsichtlich der Möglichkeit der Umwandlung von Gesellschaften in eine andere Rechtsform sind die Entscheidungen des BVerfG (1. Kammer des Zweiten Senats NJW 2015, 465 Rn. 15) und des LG Berlin (LG Berlin NZI 2015, 66 ff.) im Insolvenzverfahren über das Vermögen des Suhrkamp-Verlagshauses (zum Verfahren ua Schäfer ZIP 2015, 1208 ff.) beachtlich. Nach Ansicht des BVerfG ist die im Insolvenzplan geregelte Umwandlung von einer KG in eine AG zulässig und nach §§ 198, 202 UmwG in das Handelsregister einzutragen; zumindest rechtfertigt es kein Eilverfahren nach § 32 Abs. 1 BVerfGG. Diese Ansicht wird auch vom LG Berlin entsprechend verfolgt. Der BGH hat sich in materieller Hinsicht bisher nicht geäußert. Die im Zusammenhang mit dem Insolvenzverfahren über das Vermögen des Suhrkamp-Verlagshauses ergangene Entscheidung (BGH NZG 2014, 1309) ging nicht auf die materielle Rechtslage ein.

7. Einziehung von Aktien

22 Die Einziehung von Aktien ist im Insolvenzplanverfahren fraglich. Enthält der Insolvenzplan eine Kapitalherabsetzung durch Einziehung von Aktien, die die Hauptversammlung mangels einer entsprechenden Satzungsermächtigung nicht wirksam beschließen konnte (§ 237 Abs. 1 S. 2 AktG), handelt es sich nach der Auffassung des Insolvenzgerichts des AG Charlottenburg (1.4.2014 – 36 p IN 5410/13) noch um eine insolvenzrechtlich zulässige Maßnahme, während das Registergericht des Amtsgerichts Charlottenburg (AG Charlottenburg NZI 2015, 415 ff. mAnm Ströhmann/Harder) dies als unzulässig einstufte und den bestätigten Insolvenzplan nicht umsetzte. Zunächst ist bereits fraglich, ob das Registergericht überhaupt eine eigene Prüfungskompetenz hat. Nach der vertretenen Ansicht ist eine solche eigene Prüfungskompetenz nicht sachdienlich

Rechte der Anteilsinhaber § 225a InsO

und nicht im Interesse des Gesetzgebers. In der InsO wurde bewusst die Möglichkeit eingeräumt, dass im Insolvenzplanverfahren unterschiedlichste Maßnahmen und Erklärungen in der gesetzlich vorgeschriebenen Form abgegeben werden können. Den Registergerichten wird nur eine eingeschränkte Prüfungskompetenz zugestanden, welche nicht das wirksame Zustandekommen des Plans umfasst. Dem Registergericht soll vor allem eine beurkundende Funktion zukommen (BT-Drs. 17/5712, 37). Eine weitere Kontrollinstanz wird dem Registergericht nicht zugeteilt. Neben der fraglichen Prüfungskompetenz des Registergerichts ist auch die Entscheidung hinsichtlich der rechtlichen Thematik nicht zu folgen. Zwar ist nach § 237 AktG eine Kapitalherabsetzung durch die Einziehung von Aktien nur zulässig, wenn sie in der ursprünglichen Satzung oder durch eine Satzungsänderung zu Übernahme oder Zeichnung ist oder von der Einziehung betroffenen Aktien angeordnet oder gestattet ist und ein Beschluss der Hauptversammlung ohne eine entsprechende Satzungsermächtigung gem. § 241 Nr. 3 AktG nichtig.

8. Einziehung von GmbH-Anteilen

Außerhalb eines Insolvenzverfahrens können Gesellschaftsanteile an einer GmbH eingezogen **22a** werden, sofern der Gesellschaftsvertrag eine entsprechende Regelung enthält (§ 34 Abs. 1 GmbHG) oder der betroffenen Gesellschafter diesem zustimmt (Schwab DStR 20212, 707 (711)) (→ Rn. 22a.1).

Im Gesellschaftsvertrag geregelte Einziehungsmöglichkeiten: Zwangsvollstreckungsmaßnahmen in den **22a.1** GmbH-Anteil, wenn diese nicht innerhalb einer bestimmten Zeit wieder aufgehoben werden
- Eröffnung eines Insolvenzverfahrens über das Vermögen eines Gesellschafters oder Ablehnung mangels Masse
- Abgabe einer Vermögensauskunft des Schuldners gem. § 802c ZPO;
- Ausschluss aus wichtigem Grund entsprechend § 140 HGB
- Verstoß gegen ein vertraglich vereinbartes Wettbewerbsverbot
- Verstoß gegen Mitveräußerungspflichten-/-rechte
- Ausscheiden aus Organ- oder Anstellungsverhältnissen
- Kündigung
- Erbfall
- fehlende Herausnahme des Geschäftsanteils aus dem Zugewinnausgleich
- sog. „Change of control"-Fälle
- Teilnahme an einer Sanierung (als gesellschaftsrechtliche Treuepflicht)
MHdB GesR III/D.Mayer/Weiler § 20 Rn. 88

Enthält der Gesellschaftsvertrag eine solches nicht oder erteilt der betroffenen Gesellschafter **22b** nicht die Zustimmung zur Einziehung, kann diese nicht durch einstimmigen Beschluss der Gesellschafter umgangen werden (MüKoGmbHG/Strohn GmbHG § 34 Rn. 13 mwN). In Insolvenzplanverfahren sind entsprechende Beschränkungen unbeachtlich, sofern dem betroffenen Gesellschafter eine Kompensation zugestanden wird. Insoweit führt der Gesetzgeber aus: „Werden Anteilsrechte in einen Insolvenzplan einbezogen, so muss im Falle ihrer Einziehung eine finanzielle Kompensation vorgesehen werden, sofern die Anteile noch werthaltig sind" (BT-Drs. 17/5712, 32). In Folge dessen wird eine entsprechende Regelung im Insolvenzplan als Zustimmung des betroffenen Gesellschafters zur Einziehung gewertet (zur Zustimmungsfiktion ohne Begründung Fischer NZI 2013, 823 (827)). Bei der Erstellung des Insolvenzplans ist zu beachten, dass die Maßnahme im darstellenden Teil erläutert und für die betroffene Gesellschafter eine eigene Gruppe gebildet wird (§ 222 Abs. 1 S. 2 Nr. 4). Ebenso ist zur Vermeidung eine Verfahrensverzögerung eine Rücklage entsprechend § 251 Abs. 3 zu bilden, sofern der Gesellschaftsanteil überhaupt noch einen nennenswerten Wert hat. Als Anlage sind die entsprechenden gesellschaftsrechtlichen Beschlüsse anzufügen (§ 254a).

9. Neue Gesellschaftsanteile bei Kapitalerhöhung der GmbH

Wird die Erhöhung des Stammkapitals beschlossen, können die neu ausgereichten Gesellschafts- **22c** anteile durch die bisherigen Gesellschafter oder andere Personen gezeichnet werden (§ 55 Abs. 2 GmbHG). Die Kapitalerhöhung kann durch Zuführung neuer Mittel (sog. effektive Kapitalerhöhung) oder durch eigene Gesellschaftsmittel (sog. nominelle Kapitalerhöhung, §§ 57c–57o GmbHG) erfolgen. Die bisherigen Gesellschafter haben eine gesetzliches Bezugsrecht (BGH NZG 2005, 551 (552); Baumbach/Hueck/Zöllner/Fastrich GmbHG § 55 Rn. 20). Sofern der Insolvenzplan vorsieht, dass die Altgesellschafter diese Möglichkeit nicht haben sollen, ist ein Bezugsrechtsausschluss im Insolvenzplan zu fassen. Die in § 53 GmbHG verankerte qualifizierte Mehrheit

Geiwitz/von Danckelmann

der Gesellschafter bei der Beschlussfassung über die Kapitalerhöhung ist im Insolvenzplanverfahren nicht anwendbar; eine entsprechende Anwendung des qualifizierten Mehrheitserfordernisses des § 53 GmbHG auf die abstimmenden Gläubiger oder Gruppen ist nicht möglich. Die Regelungen der InsO (§ 244) sind vorrangig und abschließend (→ Rn. 22c.1).

22c.1 Für eine Kapitalerhöhung notwendige Beschlüsse/Schritte:
- Kapitalerhöhungsbeschluss (außerhalb eines Insolvenzplanverfahrens qualifizierter Mehrheit der Gesellschafter, § 53 Abs. 1 und 2 GmbHG)
- Bezugsrechtsausschluss, sofern nicht alle Gesellschafter quotal zur Teilnahme an der Kapitalerhöhung zugelassen werden sollen (muss im Kapitalerhöhungsbeschluss geregelt werden)
- Zulassungsbeschluss, in dem festgelegt wird, wer Übernehmer sein darf (erforderlich, wenn Bezugsrechtsausschluss erfolgt ist und nicht schon in Verbindung mit ihm geregelt wurde, wer die auf den Erhöhungsbetrag entfallenden Gesellschaftsanteile übernehmen soll)
- Übernahme der neuen Gesellschaftsanteile durch Übernahmeerklärungen der Übernehmer und deren Annahme durch (neuen) Gesellschafter
- Leistung der Einlage (bei Barerhöhung Teilleistung möglich, § 56a GmbHG)
- Anmeldung zum Handelsregister (§ 57 GmbHG)
- Prüfung durch das Registergericht, §§ 57, 57a GmbHG)
- Eintragung der Kapitalerhöhung im Handelsregister
- Bekanntmachung der Eintragung(§ 57b GmbHG)
Baumbach/Hueck/Zöllner/Fastrich GmbHG § 55 Rn. 8

22d Bei der nominellen Kapitalerhöhung (Kapitalerhöhung durch Gesellschaftsmitteln) ist zu beachten, dass diese außerhalb eines Insolvenzverfahrens durch Umwandlung von Rücklagen erfolgt (§ 57c Abs. 1 GmbHG). Maßgeblich ist das Ergebnis aus dem Jahresabschluss für das letzte vor der Beschlussfassung über die Kapitalerhöhung abgelaufene Geschäftsjahr. Im Insolvenzverfahren bedeutet dies, dass das mit Eröffnung des Insolvenzverfahrens beendete (meist Rumpf-)Geschäftsjahr maßgeblich sein wird. Sollte dort eine entsprechende Rücklage vorhanden sein, muss ein Feststellungsbeschluss über den Jahresabschluss und ein Mittelverwendungsbeschluss vorliegen. Es wird daher nicht möglich sein, durch andere Eigenmittel der Gesellschaft eine Kapitalerhöhung durchzuführen, um eigene neue Gesellschaftsanteile zu erwerben.

22d.1 In der Praxis zeigt es sich, dass ein Verkauf im Wege der übertragenen Sanierung nicht immer die wirtschaftlich optimalste Lösung ist. Lizenzen, Verträge oder Genehmigungen können verloren gehen. Anfallende Grunderwerbsteuer kann die Liquidität erheblich beeinträchtigt. Auch kann der (vermeintliche) Makel der Insolvenz zu einem erheblichen Discount führen. Entsprechend einer Treuhandsanierung außerhalb eines Insolvenzverfahrens wird daher angestrebt, das schuldnerische Unternehmen unter Erhaltung des Rechtsträgers im Wege eines Insolvenzplanverfahrens zu sanieren. Nach Aufhebung des Insolvenzverfahrens sollen dann die Anteile der nicht mehr insolventen Insolvenzschuldnerin durch einen Treuhänder der verwerten im Wege eines Share-Deals zugeführt werden. Der dadurch generierte Erlös soll den Gläubigern der Insolvenzschuldnerin im Verkaufsfall zur Verfügung stehen.

22d.2 Ist ein solches Vorgehen angedacht, sollte zunächst mit dem Altgesellschafter eine Regelung dahingehend gefunden werden, dass dieser seine Anteile an den Treuhänder abtritt. Alternativ kann der Treuhänder im Fall der Kapitalerhöhung die neu ausgereichten Gesellschaftsanteile zeichnen. Im Fall der Veräußerung der Anteile durch den Treuhänder ist zu berücksichtigen, wie der Kaufpreis sich ermittelt und wie dann der erzielte Erlös den Gläubigern zur Verfügung gestellt werden kann. Es ist dabei unerlässlich, etwaige steuerliche Auswirkungen im Vorfeld zu bewerten und im M&A-Prozess eine Transaktionsstruktur vorzugeben, die – sofern möglich – bereits im darstellenden Teil des Insolvenzplans skizziert ist.

IV. Ausschluss von Kündigung- und Rücktrittsrechten – change of control (Abs. 4)

23 Viele Vertragspartner behalten sich für den Fall ein Sonderkündigungsrecht vor, dass bei ihrem Vertragspartner ein Kontrollwechsel beim Führungspersonal des Unternehmens erfolgt oder sich die Einflussmöglichkeiten der Anteilseigner ändern (ausf. Längsfeld NZI 2014, 734 ff.). Die Regelung des Abs. 4 stellt sicher, dass bei der Sanierung im Wege des Insolvenzplanverfahrens diese Sonderkündigungsrechte bzw. Rücktrittsmöglichkeiten ausgeschlossen sind. Der Gesetzgeber geht davon aus, dass entsprechende Vereinbarungen unwirksam sind (Abs. 4 S. 3), sofern nicht eine Pflichtverletzung des Schuldners vorliegt, die aber nicht in dem Verstoß gegen die change of control-Klausel zu sehen sein darf (Abs. 4 S. 4). Nach der hier vertretenen Ansicht ist Abs. 4 nicht nur auf Maßnahmen nach Abs. 2 S. 2 (dept-to-equity-swap) begrenzt, sondern auf alle Maßnahmen, die im Insolvenzplanverfahren umgesetzt werden.

Ob die Rechtsfolge des Abs. 4 darin zu sehen ist, dass entsprechende Vereinbarungen materiell 24
unwirksam sind und somit auch nach Beendigung des Insolvenzverfahrens nicht mehr bestehen,
ist offen (zum Stand Längsfeld NZI 2014, 734 (739) sowie zur Thematik vor Einführung des
ESUG Brain/Heinrich NZI 2011, 505 ff.). Würde man von keiner materiellen Unwirksamkeit
ausgehen, so könnte sich nach Abschluss des Insolvenzverfahrens der Vertragspartner erneut auf
das Sonderkündigungsrecht sowohl aufgrund der Maßnahmen im Insolvenzplanverfahren als auch
auf neue Kontrollwechsel, die zu einem späteren Zeitpunkt nach Abschluss des Insolvenzverfahrens
umgesetzt werden, berufen. Denn nach Abschluss des Insolvenzverfahrens findet § 225a keine
Anwendung. Es spricht somit dafür, dass der Gesetzgeber von einer materiellen Unwirksamkeit
entsprechender Klauseln ausgeht, sodass auch spätere Kontrollwechsel nicht zu einem Sonderkündigungsrecht führen, sofern dies nicht durch eine neue Vereinbarung nach Aufhebung des Insolvenzverfahrens erneut vereinbart wurde. Der Gesetzgeber geht bewusst nach dem Wortlaut von
einer Unwirksamkeit aus. Er hat es vermieden, entsprechende Sonderkündigungsrechte für die
im Plan umgesetzten Maßnahmen als nicht anwendbar zu erklären, sodass die Intention des
Gesetzgebers erkennbar ist (so auch ua HmbKommInsR/Thies Rn. 58 mit der Begründung auf
§§ 103 ff.).

V. Austrittsmöglichkeit des Betroffenen und die Folge (Abs. 5)

Durch die Regelung des Abs. 5 trägt der Gesetzgeber dem Umstand Rechnung, dass ein 25
bisheriger Anteilseigner aus der Gesellschaft ausscheiden kann, wenn durch das Insolvenzplanverfahren neue Gesellschafter hinzutreten bzw. wenn eine entsprechende auf die Gesellschaftsrechte
ausgerichtete Maßnahme den bisherigen Anteilseigner beeinträchtigt. Die Regelung führt nicht
zu einem Sonderkündigungsrecht des bisherigen Gesellschafters. Dies muss entweder durch den
bisherigen Gesellschaftervertrag, durch die Satzung oder durch das Gesetz bereits eröffnet sein.

Hat der Gesellschaftsvertrag bzw. die Satzung für diesen Fall des „Austritts aus wichtigem 26
Grund" keine oder eine von Abs. 5 abweichende Regelung getroffen, ist das Abfindungsguthaben
nach den Maßgaben des Abs. 5 S. 1 zu ermitteln. Die Ermittlung erfolgt ausweislich des Wortlauts
durch die Gegenüberstellung des Anteilswerts im Fall der Regelabwicklung. Es erfolgt somit keine
Ermittlung nach den Gedanken des § 251. Dem Abfindungsguthaben ist somit in der Praxis meist
kein eigener Wert beizumessen.

Sofern ein Abfindungsguthaben ermittelt wird, kann der Anspruch bis zu drei Jahren gestundet 27
werden, um eine unangemessene Belastung der Finanzlage des Unternehmens zu vermeiden
(Abs. 5 S. 2).

Für die Praxis ist zu beachten, dass der Austritt des Anteilseigners nicht zwangsläufig bereits 28
zum Abstimmungstermin feststeht. Der Anteilseigner wird in der Regel die Rechtskraft der Planbestätigung (§ 254) abwarten, bevor er aus der Gesellschaft ausscheidet. Erfolgt vor dem Austritt
die Aufhebung des Insolvenzverfahrens (§ 252 iVm § 9) ist davon auszugehen, dass die Wirkung
des § 225a Abs. 5 weiter zu beachten ist. Um etwaige Diskussionen zu vermeiden, sollte der
Planverfasser jedoch ggf. eine entsprechende Regelung im Insolvenzplan aufnehmen, die dem
Inhalt des § 225a entspricht. Alternativ oder in Ergänzung kann der Gesellschaftsvertrag bzw. die
Satzung entsprechend geändert werden.

§ 226 Gleichbehandlung der Beteiligten

(1) Innerhalb jeder Gruppe sind allen Beteiligten gleiche Rechte anzubieten.

(2) ¹Eine unterschiedliche Behandlung der Beteiligten einer Gruppe ist nur mit Zustimmung aller betroffenen Beteiligten zulässig. ²In diesem Fall ist dem Insolvenzplan die zustimmende Erklärung eines jeden betroffenen Beteiligten beizufügen.

(3) Jedes Abkommen des Insolvenzverwalters, des Schuldners oder anderer Personen mit einzelnen Beteiligten, durch das diesen für ihr Verhalten bei Abstimmungen oder sonst im Zusammenhang mit dem Insolvenzverfahren ein nicht im Plan vorgesehener Vorteil gewährt wird, ist nichtig.

A. Normzweck

Bereits die VerglO sah vor, dass Beteiligte in einer Gruppe gleich zu behandeln sind. Sie haben 1
die gleiche Rechtsstellung und gleichartiges Interesse. Diesem Grundsatz folgt die InsO (BT-Drs.
12/2443, 201 f.). Der in der InsO verfolgte verfassungsrechtlich verankerte Gleichbehandlungs-

grundsatz der par condicio creditorum soll erhalten bleiben und klargestellt werden. Nur in den in Abs. 2 genannten Ausnahmefällen kann von diesem Grundsatz abgewichen werden.

B. Regelungsinhalt

I. Gleichbehandlung der Gruppenmitgliedern

2   Wenn der Plan, in jeder Gruppe Beteiligte mit gleicher Rechtsstellung und gleichartigen Interessen zusammenfasst (§ 222 Abs. 1 S. 1), hat jeder Beteiligte einen Anspruch darauf, mit den übrigen Beteiligten seiner Gruppe gleichbehandelt zu werden (BT-Drs. 12/2443, 201). Den Betroffenen sind somit gem. Abs. 1 gleiche Rechte anzubieten. Aufgrund des durch den Gesetzgeber gewählten Wortlautes können nicht wirtschaftlich gleichwertige Alternativen angeboten werden (aA Braun/Frank Rn. 6).

II. Abweichung vom Grundsatz der Gleichbehandlung

3   Sofern der Insolvenzplan hiervon abweichen soll, kann entweder dies über eine Gruppenbildung im Rahmen der gesetzlichen Möglichkeiten nach § 222 erfolgen oder es kann die Zustimmung desjenigen eingeholt werden, der von der Ungleichbehandlung betroffen ist. Die entsprechende Zustimmung ist dem Insolvenzplan als Anlage anzufügen. Sich nur auf diejenigen zu begrenzen, die einer Schlechterstellung unterliegen (so Braun/Frank Rn. 7), ist nicht zu folgen. Denn eine Schlechter- bzw. Besserstellung kann auch von subjektiven Empfindungen des jeweils Betroffenen abhängig sein. Es genügt aber sich auf die Gruppenmitglieder zu begrenzen.
4   Sind Anleihegläubiger nach dem SchVG betroffen, stellt § 19 Abs. 4 SchVG klar, dass allen Anleihegläubigern gleiche Rechte anzubieten sind (§ 222).

III. Forderungskauf

5   Abs. 3 folgt dem Gedanken des § 8 VerglO (hierzu bereits RG 7.11.1891 – I 199/91; BGH 16.6.1952 – IV ZR 131/51) und sanktioniert jedes Abkommen zwischen den Beteiligten, das auf das Abstimmungsverhalten Einfluss hat oder einzelnen Beteiligten Vorteile im Zusammenhang mit dem Insolvenzplan zuspricht, die im Insolvenzplan nicht vorgesehen sind. Entsprechende Absprachen sind nichtig und können zur Versagung der Planbestätigung führen (§ 250 Nr. 2). Sind entsprechende Vorteile gewährt worden, steht ein Rückforderungsanspruch nach §§ 812 ff. BGB zu, wobei § 814 BGB zu beachten ist. Geht man davon aus, dass es sich darüber hinaus um ein Verbotsgesetz iSd § 134 BGB handelt (so HmbKommInsR/Thies Rn. 6), ist § 817 BGB zu beachten (zur Anwendung von § 817 BGB iRd § 134 BGB MüKoBGB/Armbrüster BGB § 134 Rn. 113 f.). Es ist unbeachtlich, ob die in Aussicht gestellten Vorteile aus dem Vermögen des Schuldners oder aus dem Vermögen von Dritten gewährt werden. Der Insolvenzplan muss nicht in Rechtskraft erstarken. Es genügt, wenn er im Abstimmungstermin durch die Beteiligten angenommen wird (BGH BeckRS 2005, 04273 = EWiR 2005, 547 mAnm Bähr/Landry).
6   Die Regelung des Abs. 3 hat besondere Auswirkung beim (versteckten) Forderungsaufkauf. Der BGH hat hierzu entschieden, dass der Aufkauf einzelner Insolvenzforderungen durch einen Beteiligten oder einen Dritten zu einem Preis, der die in einem vorgelegten Insolvenzplan vorgesehene Quote übersteigt, um mit der so erlangten Abstimmungsmehrheit die Annahme des Insolvenzplans zu bewirken, nichtig ist, falls der Insolvenzplan zustande kommt (BGH BeckRS 2005, 04273 = EWiR 2005, 547 mAnm Bähr/Landry).
7   Sind die Maßnahmen im Insolvenzplan offen gelegt, findet Abs. 3 keine Anwendung. Eine Offenlegung außerhalb des Insolvenzplans genügt nicht (BGH BeckRS 2005, 04273 = EWiR 2005, 547 mAnm Bähr/Landry). Der Hinweis im Erörterungstermin kann ggf. dann ausreichen, wenn erst nach Planeinreichung die entsprechenden Maßnahmen eingeleitet wurden, wobei hier in Anbetracht der §§ 232, 234 und 235 und der dort verankerten Informationsgedanken der Beteiligten im Vorfeld der Planerörterung bzw. -abstimmung von einer restriktiven Handhabe auszugehen ist.
8   Liegt ein Verstoß gegen Abs. 3 vor und erfolgt aufgrund einer rechtskräftigen Planbestätigung die Aufhebung des Insolvenzverfahrens, hat dies auf den Insolvenzplan selbst keine unmittelbare Auswirkung. Ob einzelnen Beteiligten die Möglichkeit nach §§ 119 ff. BGB bzw. § 313 BGB oder § 779 Abs. 1 BGB haben und somit die Planbestätigung rückgängig gemacht werden kann ist im Einzelfall zu prüfen.

§ 227 Haftung des Schuldners

(1) Ist im Insolvenzplan nichts anderes bestimmt, so wird der Schuldner mit der im gestaltenden Teil vorgesehenen Befriedigung der Insolvenzgläubiger von seinen restlichen Verbindlichkeiten gegenüber diesen Gläubigern befreit.

(2) Ist der Schuldner eine Gesellschaft ohne Rechtspersönlichkeit oder eine Kommanditgesellschaft auf Aktien, so gilt Absatz 1 entsprechend für die persönliche Haftung der Gesellschafter.

Überblick

Sofern der Insolvenzplan keine abweichende Regelung beinhaltet, wird der Schuldner selbst (→ Rn. 2) sowie die persönlich haftenden Gesellschafter (→ Rn. 9) entschuldet. Dies umfasst auch in der Regel Forderungen derjenigen Gläubiger, die nicht ihre Forderung zur Insolvenztabelle angemeldet haben (→ Rn. 5).

A. Normzweck

Mit Ausnahme der Regelungen der § 100 bzw. § 199 hat der Schuldner im Fall der Regelabwicklung keinen Anspruch auf einen wirtschaftlichen Vorteil aus der Insolvenzmasse. Auch im Insolvenzplanverfahren kann er nicht erwarten, wirtschaftliche Vorteile zugesprochen zu bekommen. Davon losgelöst erkennt aber der Gesetzgeber das Interesse des Schuldners, durch das Insolvenzplanverfahren von seinen bis zur Eröffnung entstandenen Insolvenzforderungen befreit zu werden (BT-Drs. 12/2443, 202). **1**

B. Regelungsinhalt

I. Fiktion der (Teil-)Befriedigung der Insolvenzforderungen (Abs. 1)

Enthält der Insolvenzplan keine abweichende Regelung, ist der Schuldner nach Abs. 1 von den nicht vom Insolvenzplan abgedeckten Verbindlichkeiten der Insolvenzgläubiger befreit. In Abweichung zu § 225 Abs. 1 bezüglich der Forderungen der Nachranggläubiger gelten die Forderungen nicht als erlassen iSv § 397 BGB, sondern sind lediglich in entsprechender Höhe nicht mehr durchsetzbar und somit unvollkommene, rechtlich nicht durchsetzbare Forderungen (der BGH spricht in seiner Entscheidung zwar vom „Erlass", stellt aber klar, dass die Forderungen nicht erloschen sind, sondern lediglich in ihrer Durchsetzbarkeit gehemmt, BGH BeckRS 2011, 15430; NZI 2011, 690). Eingeschränkt ist die Wirkung hinsichtlich der Aufrechnungsmöglichkeit. Ein bei Eröffnung bestehendes Aufrechnungsrecht bleibt auch dann erhalten, wenn die aufgerechnete Gegenforderung der Regelung des Abs. 1 unterfällt (BGH BeckRS 2011, 15430), sofern es sich nicht um Forderungen der öffentlich-rechtlichen Verwaltung handelt. Hier kann die Aufrechnungsmöglichkeit zumindest nach Ansicht des VG Stuttgart zur Gewerbesteuer (§ 226 Abs. 1 AO) ausgeschlossen sein (BeckRS 2017, 126262). **2**

Ebenso können absonderungsberechtigte Gläubiger von der Fiktion des § 227 betroffen sein. Das Absonderungsrecht erlaubt die Befriedigung aus dem Sicherungsgut in Höhe der besicherten Forderung. Wird die Forderung durch den Insolvenzplan und die Wirkung des Abs. 1 entsprechend reduziert, ist es fraglich, ob nach Eintritt der Wirkung der Regelungen im gestaltenden Teil (§ 254) der Verwertungserlös aus dem Sicherungsgut nur noch in der Höhe verwendet werden kann, wie sie im Insolvenzplan vorgesehen ist. Die überwiegende Literaturauffassung sieht einen solchen Eingriff nicht (ua Braun/Franke § 22 Rn. 5; ausführlich Brünkmans/Thole, Handbuch Insolvenzplan, 2. Aufl. 2020, § 10 Rn. 42 f.). Gerichtliche Entscheidungen liegen nur vereinzelt vor. Das OVG LSA vertritt dabei die Auffassung der überwiegenden Literaturansicht (BeckRS 2021, 6601). Um Diskussionen im Erörterungstermin jedoch zu vermeiden, sollte im Insolvenzplan somit eine Klarstellung beinhaltet sein. **3**

Ist der betroffene Insolvenzgläubiger im Insolvenzverfahren über das Vermögen einer natürlichen Person zugleich Deliktsgläubiger und somit hinsichtlich seiner Forderung nach § 302 privilegiert, ist auch diese Forderung von der Fiktion des Abs. 1 umfasst (Uhlenbruck/Lüer/Streit InsO § 227 Rn. 10, 11 mwN), wobei sein Minderheitsschutz weiter besteht. **4**

Nicht zur Insolvenztabelle angemeldete Insolvenzgläubiger sind von der Regelung des Abs. 1 nicht unmittelbar betroffen. Sie sind nicht präkludiert, müssen sich aber die Wirkung zurechnen lassen (§§ 254a, 254b). Darüber hinaus unterliegen diese seit Einführung des EUSG der Sonderver- **5** jährung des § 259b (BT-Drs. 17/5712, 37). Um diese Gläubiger ebenfalls der Wirkung des Abs. 1 zu unterwerfen, empfiehlt die hL darüber hinaus die Bildung einer gesonderten Gruppe (ua HmbKommInsR/Thies § 225a Rn. 4 mit Bezug auf OLG Celle NZI 2011, 690; MüKoInsO/ Madaus § 225a Rn. 5). Durch § 254a ist dies jedoch nicht mehr zwingend notwendig. Sofern nach Aufhebung des Insolvenzverfahrens „Nachzügler" in Erscheinung treten, sind diese in der Regel auf die Planquote begrenzt, die auf Forderungen ihrer Art im Insolvenzplan festgeschrieben sind. Die Durchsetzung kann nach Aufhebung des Insolvenzverfahrens im Wege der Leistungsklage erfolgen (BAG NZA 2016, 314 ff.; LAG Köln NZA-RR 2016, 543 ff.; BGH NJW-RR 2012, 1255 ff.). Fraglich ist jedoch, ob diese Begrenzung auf die Planquote auch dann gilt, wenn der betroffene Gläubiger keine Kenntnis von seiner Gläubigerstellung hatte (Massenschäden wie zB Kartellrechtsverstöße, Produkthaftungsfälle). In diesen Fällen kann eine Begrenzung auf die Planquote im Lichte des Art. 14 GG ausgeschlossen sein. Um die Bestandskraft des Insolvenzplans in solchen Fällen nicht zu gefährden und um ein potentielles Haftungsrisikos des Planerstellers, Sachwalters und Insolvenzgerichts zu minimieren, sollte der Ansicht Madaus' folgend eine gesonderte Gruppe mit entsprechenden Vertretern (Verfahrenspfleger, § 56 Abs. 1 ZPO, § 4 InsO, § 1913 S. 1 BGB) gebildet werden (MüKoInsO/Madaus § 254b Rn. 11). Hierfür spricht auch, dass der Gesetzgeber bei Einführung des § 259b dem Planersteller aufgegeben hat, alle ihm bekannten Forderungen zur berücksichtigen (BT-Drs. 17/5712, 32).

6   Die Wirkung des Abs. 1 tritt bereits mit Rechtskraft der gerichtlichen Planbestätigung ein (§ 245 Abs. 1 S. 1; BGH BeckRS 2011, 15430).

7   Abweichende Regelungen sind möglich, wobei der Schuldner nicht schlechter gestellt werden darf als im Fall der Regelabwicklung. Dies betrifft insbesondere natürliche Personen, die in den Genuss der Restschuldbefreiung kommen können (BT-Drs. 12/2443, 202).

8   Steuerrechtlich ist zu beachten, dass bei dem Schuldner ein Sanierungsgewinn entsteht. Nach §§ 3a, 52 Abs. 4a EStG, § 7b GewStG können anfallende Sanierungsgewinne (unter Anrechnung von Verlustvorträgen) steuerfrei sein, sofern eine Sanierungsbedürftigkeit und Sanierungsfähigkeit des Unternehmens gegeben sind und der Schuldnerlass für die Sanierung geeignet ist. Die Regelung ersetzt die unter der Schreiben des Bundesministeriums für Finanzen v. 27.3.2003 – BMF IV A 6-S 2140-8/03 geregelten Voraussetzungen des Sanierungserlasses. Um in einer späteren Betriebsprüfung den Sachverhalt nicht erneut bewerten zu müssen, ist es in der Praxis zu empfehlen, eine verbindliche Auskunft bei dem zuständigen Finanzamt einzuholen. Es empfiehlt sich, das zuständige Finanzamt zeitnah daher einzubeziehen und entsprechende Anträge (verbindliche Auskunft nach § 89 Abs. 2 AO oder verbindlichte Zusage nach §§ 204 ff. AO) frühzeitig zu stellen (vgl. dazu auch BeckOK EStG/Bleschick EStG § 3a Rn. 1 ff.). Die damit verbundenen Gebühren sind Masseverbindlichkeiten im Rang des § 55 InsO und fallen auch dann an, wenn der Insolvenzplan nicht zur Umsetzung gelangt. Sofern eine verbindliche Anfrage nicht gestellt wird, sollte der darstellende Teil des Insolvenzplans belastbare Ausführungen der unternehmensbezogenen Sanierung (§ 3a Abs. 2 EStG) beinhalten, dh für den Zeitpunkt des Schuldnerlass sind Ausführungen zur Sanierungsbedürftigkeit des Unternehmens, die Sanierungseignung des betrieblich begründeten Schuldenerlasses und die Sanierungsabsicht der Gläubiger vorzunehmen. Sofern die Voraussetzungen für einen unter § 3a EStG zu ziehenden Sanierungsgewinn nicht vorliegen (zB bei verfahrensbeendender Liquidationsplan), ist die Mindestbesteuerung von § 10a Abs. 2 EStG zu beachten.

8.1 Die in dem Schreiben des Bundesministeriums für Finanzen v. 27.3.2003 – BMF IV A 6-S 2140-8/ 03 geregelten Voraussetzungen für die Möglichkeit der Beantragung eines Sanierungserlasses war nach Ansicht des Großen Senats des BFH FD-InsR 2017, 386778 ein Verstoß gegen den Grundsatz der Gesetzmäßigkeit der Verwaltung. Finanzgerichtliche Klagen auf Gewährung einer Steuerbegünstigung nach dem Sanierungserlass waren daraufhin ohne Erfolg (Lenger NZI 2017, 290 ff.). Am 27.4.2017 hat der Bundestag in der 2. und 3. Lesung den Gesetzesentwurf zur Regelung des Sanierungserlasses verabschiedet (BT-Drs. 18/12128). Das Inkrafttreten des Gesetzes war unter der Bedingung, dass die Europäische Kommission das Notifizierungsverfahren durchführt. Die Europäische Kommission sah keine rechtliche Grundlage für ein entsprechendes Verfahren; erklärt jedoch, dass die Regelung mit dem europäischen Beihilferecht vereinbar ist. Ein förmlicher Beschluss – wie nach dem verabschiedenden Gesetz notwendig – erging nicht. Das Gesetz wurde daraufhin erneut im Bundestag und Bundesrat ohne eine entsprechende Bedingung verabschiedet.

II. Fiktion der (Teil-)Befriedigung der persönlich haftenden Gesellschafter (Abs. 2)

9   Durch Abs. 2 wird die Fiktion hinsichtlich der Befreiung von der Verbindlichkeiten gegenüber den Insolvenzgläubigern auch auf persönlich haftende Gesellschafter erweitert, sofern eine Gesell-

schaft ohne Rechtspersönlichkeit bzw. eine Kommanditgesellschaft auf Aktien beteiligt ist. Nach der Legaldefinition des § 11 Abs. 2 Nr. 1 handelt es sich bei den Gesellschaften ohne Rechtspersönlichkeit um die GbR, OHG, KG, Partnerschaftsgesellschaft, Partnerreederei und EWI.

Außerhalb eine Insolvenzplanverfahrens ist die Forderung nach § 93 durch den Insolvenzverwalter bzw. Sachwalter (§ 280) durchzusetzen. Sofern die Ansprüche wirtschaftlich durchsetzbar sind, ist eine Sondermasse zu bilden. 10

Im Insolvenzplanverfahren sind diese Ansprüche ohne eine entsprechende Regelung nach rechtskräftiger Planbestätigung nicht mehr durchsetzbar. Der Gesetzgeber weicht von der Regelung des § 254 Abs. 2 S. 1 ab, wonach die Planregelungen grundsätzlich nicht gegenüber Dritten (Bürgen, Mithaftenden etc) greifen. Die Regelung basiert auf § 109 Abs. 1 Nr. 3 VerglO und § 211 KO. Ob die Forderungen gegenüber den persönlich haftenden Gesellschaftern wiederaufleben, wenn die Wiederauflebungsklausel nach § 255 greift, ist aus dem Gesetz nicht eindeutig erkennbar. Um für alle Beteiligten Rechtssicherheit zu erhalten, sollte vor Einreichung des Insolvenzplans mit den persönlich haftenden Gesellschafter ein Vergleich geschlossen werden, der ein Wiederaufleben der Haftung für den Fall des § 255 vorsieht. Der Vergleich ist als Anlage dem Plan anzufügen. Sind die Forderungen der Gesellschaftsgläubiger durch Sicherheiten des persönlich haftenden Gesellschafters abgesichert (sog. Doppelbesicherung), kann die Sicherheit nur in entsprechender Höhe in Anspruch genommen werden. 11

Sofern der persönlich haftende Gesellschafter darüber hinaus einzelnen Insolvenzgläubigern der Gesellschaft haftet (beispielsweise Schuldbeitritt, Bürgschaft etc), sind diese von der persönlichen Haftung nicht umfasst. Entsprechendes gilt auch für steuerrechtliche Haftungsansprüche sowie andere Direktansprüche. Es gilt die entsprechende Abgrenzung in § 93. 12

Befindet sich der persönlich haftende Gesellschafter selbst in einem Insolvenzverfahren, ist zu beachten, dass der Insolvenzgrund wegfällt und somit die Einstellungsvoraussetzungen des Verfahrens nach § 212 vorliegen. Im Regelfall wird im Fall der Doppelinsolvenz auch dort ein Insolvenzplan eingereicht. 13

Ebenso hat der persönlich haftende Gesellschafter mögliche steuerrechtliche Auswirkungen zu beachten. Hiervon können ua Verlustvorträge betroffen sein. Ein Sanierungsgewinn wird beim persönlich haftenden Gesellschafter in der Regel nicht zu erwarten sein, da der Haftungsanspruch nicht eingebucht ist und somit bei Ausbuchen kein entsprechender Buchgewinn entstehen kann. 14

§ 228 Änderung sachenrechtlicher Verhältnisse

¹Sollen Rechte an Gegenständen begründet, geändert, übertragen oder aufgehoben werden, so können die erforderlichen Willenserklärungen der Beteiligten in den gestaltenden Teil des Insolvenzplans aufgenommen werden. ²Sind im Grundbuch eingetragene Rechte an einem Grundstück oder an eingetragenen Rechten betroffen, so sind diese Rechte unter Beachtung des § 28 der Grundbuchordnung genau zu bezeichnen. ³Für Rechte, die im Schiffsregister, im Schiffsbauregister oder im Register für Pfandrechte an Luftfahrzeugen eingetragen sind, gilt Satz 2 entsprechend.

A. Normzweck

Die Regelung spiegelt das im deutschen Zivilrecht verankerte Trennungs- und Abstraktionsprinzip zwischen dem schuldrechtlichen Verpflichtungs- und dem sachenrechtlichen Verfügungsgeschäft wider. Es eröffnet die Möglichkeit neben schuldrechtlichen (bspw. Stundung, Teilverzicht) auch dingliche Erklärungen abzugeben. Sachenrechtliche Maßnahmen können somit im Insolvenzplan ebenfalls einer Planregelung unterworfen werden (BT-Drs. 12/2443, 202). Ohne eine entsprechende Regelung hätte der Insolvenzplan nur eine schuldrechtliche Wirkung (BT-Drs. 17/5712, 56), sodass bspw. die Neuordnung von Absonderungsrechten und der Verzicht auf Pfandrechte nicht unmittelbar möglich wäre. Lediglich die schuldrechtlichen Erklärungen könnten angeben werden, die im Zweifel dann durchgesetzt werden müssten. 1

§ 228 ist im Kontext mit § 254 aF bzw. seit Einführung des ESUG mit § 254a Abs. 1 und der dort verankerten Formfiktion (insbesondere Fiktion der notariellen Beglaubigung § 128 BGB) zu sehen. Sofern für die endgültige Rechtsänderung weitere tatsächliche Voraussetzungen notwendig sind, können diese durch den Plan nicht umgangen werden. 2

B. Regelungsinhalt

I. Eingriff auf Rechte an Gegenständen (S. 1)

3 Der Gesetzgeber orientiert sich beim Wortlaut des S. 1 an der Eingriffsdefinition des Bereicherungsrecht (§ 812 BGB). Umfasst sind unterschiedlichste Regelungen bezüglich nach §§ 90 ff. BGB definierte Sachen sowie sonstige Rechte im materiellen Sinne. Es können bewegliche Sachen nach §§ 929 ff. BGB, Grundstücke nach §§ 873 ff. BGB und Gesellschaftsrechte einer Planregelung unmittelbar unterworfen werden. Insbesondere können Auflassungserklärungen im Plan abgegeben werden. Der Gesetzgeber hat in § 925 Abs. 1 S. 2 BGB entsprechendes verankert.

4 Aufgrund der Formfiktion des § 254a Abs. 1 kann bei Eingriffen in Gesellschafts- (vgl. § 15 GmbHG oder § 12 HGB) oder Grundstücksrechte (ua § 873 Abs. 2 BGB; § 29 GBO) in Anbetracht etwaiger sonst anfallender Beurkundungskosten eine Planregelung im wirtschaftlichen Interesse aller Beteiligten sein.

5 Die Gegenstände müssen nicht dem Schuldner zugeordnet bzw. vom Insolvenzbeschlag umfasst sein. Es können auch „massefremde" Gegenstände einer Planregelung unterworfen werden (HmbKommInsR/Thies Rn. 2). Die Willenserklärungen der Rechteinhaber sind aber auf jeden Fall dann notwendig, wenn er nicht als Beteiligter im Insolvenzplanverfahren bzw. wenn ein Aussonderungsgegenstand wie bspw. beim Vermieter oder beim Leasinggeber betroffen ist.

6 Ist der Betroffene am Insolvenzplan beteiligt, kann auch ohne seine Willenserklärung eine entsprechende Rechtsänderung herbeigeführt werden. Dies ist insbesondere beim Absonderungsgläubiger der Fall. Zwar geht der Wortlaut des § 228 von einer Aufnahme der Willenserklärung der Beteiligten im Insolvenzplan aus, der Wortlaut wird jedoch von der überwiegenden Ansicht ungenau bzw. missverständlich angesehen und durch die Fiktionswirkung des § 254 Abs. 1 überlagert (MüKoInsO/Breuer Rn. 6 mwN). Das Insolvenzplanverfahren ist dadurch gekennzeichnet, dass ein Eingriff in die Rechtsposition der Beteiligten durch Mehrheitsentscheidung möglich macht. Der Betroffene ist dadurch geschützt, dass er im Fall der wirtschaftlichen Schlechterstellung die Rechtsmittelmöglichkeit (§ 253) oder einen Ausgleichsanspruch eins wirtschaftlichen Nachteils hat. Er muss somit, wie auch die anderen Beteiligten, einen Einschnitt in seine dingliche Rechtsposition im Rahmen der gesetzlichen Regelungen hinnehmen. Es ist somit bspw. der Verkauf verpfändeter Anteile oder die Lastenfreistellung in Abt. III des Grundbuchs im Insolvenzplan bei sog. „Schornsteinhypotheken" möglich. Die entsprechenden Erklärungen (Bewilligung nach der GBO) werden im Insolvenzplan aufgenommen. Entscheidet sich der Planersteller für eine solches Vorgehen ist zu beachten, dass der Betroffenen vortragen wird, dass er einen höheren Wert selbst geboten hätte. Es kann somit die Gefahr bestehen, dass der betroffene Absonderungsgläubiger in Höhe seiner besicherten Forderung zu berücksichtigen ist.

II. Die Erklärungen

7 Sofern ein Eingriff nach § 228 vorgenommen werden soll, sind die entsprechenden Willenserklärungen der Beteiligten im gestaltenden Teil des Insolvenzplans aufzunehmen. Es empfiehlt sich darüber hinaus die entsprechenden Erklärungen als Anlage dem Plan anzufügen. Aufgrund des allgemein geltenden sachenrechtlichen Bestimmtheitsgrundsatzes sind die betroffenen Gegenstände genau zu benennen und zu individualisieren. Die Willenserklärungen müssen in dem Namen des verfügungsberechtigten Rechteinhabers abgegeben werden. Sind Gegenstände aus dem Vermögen des Schuldners betroffen, erfolgt die Erklärung im Namen des Insolvenzverwalters (→ § 80 Rn. 1 ff.) bzw. im Fall der Eigenverwaltung im Namen der Gesellschaft, vertreten durch die vertretungsberechtigten Organe. Sind massefremde Gegenstände betroffen, sind die Erklärungen im Namen des betroffenen Rechteinhabers abzugeben. Die Willenserklärungen werden durch den Planverfasser schriftlich (§ 126 BGB) abgegeben.

8 Neben etwaigen Erklärungen, die unmittelbar auf die Rechte einwirken, können auch entsprechende Anträge bereits im Plan gestellt werden, was bei grundbuchrechtlichen Maßnahmen regelmäßig notwendig sein wird (§ 13 GBO).

III. Wirkung bezüglich Registereintragungen

9 Sofern grundbuchrechtliche Maßnahmen umgesetzt werden sollen, sind nach S. 2 diese entsprechend § 28 GBO genau zu bezeichnen. Das betroffene Grundstück ist übereinstimmend mit dem Grundbuch oder durch Hinweis auf das Grundbuchblatt zu benennen. Einzutragende Geldbeträge sind in inländischer Währung anzugeben. Entsprechendes gilt für Eintragungen

ins Schiffsregister, des Schiffbauregisters bzw. Eintragungen im Register für Pfandrechte an Luftfahrzeugen. Es sind somit Registerblatt (Bezeichnung des Amtsgerichts bei dem das Schiffsregister geführt wird mit Blatt vgl. § 7 SchRegO bzw. entsprechendes für Luftfahrzeuge §§ 1, 2 LuftRegV) anzugeben.

Der rechtskräftig bestätigte Insolvenzplan ist von Amts wegen als beglaubigte Abschrift durch das Insolvenzgericht an die zuständigen Register zu übersenden, sofern im Plan nichts Abweichendes geregelt ist (MüKoInsO/Breuer Rn. 13). 10

§ 229 Vermögensübersicht. Ergebnis- und Finanzplan

¹Sollen die Gläubiger aus den Erträgen des vom Schuldner oder von einem Dritten fortgeführten Unternehmens befriedigt werden, so ist dem Insolvenzplan eine Vermögensübersicht beizufügen, in der die Vermögensgegenstände und die Verbindlichkeiten, die sich bei einem Wirksamwerden des Plans gegenüberstünden, mit ihren Werten aufgeführt werden. ²Ergänzend ist darzustellen, welche Aufwendungen und Erträge für den Zeitraum, während dessen die Gläubiger befriedigt werden sollen, zu erwarten sind und durch welche Abfolge von Einnahmen und Ausgaben die Zahlungsfähigkeit des Unternehmens während dieses Zeitraums gewährleistet werden soll. ³Dabei sind auch die Gläubiger zu berücksichtigen, die zwar ihre Forderungen nicht angemeldet haben, jedoch bei der Ausarbeitung des Plans bekannt sind.

A. Normzweck

Der Gesetzgeber erkennt an, dass der Schuldner in der Regel über keine freien Vermögensgegenstände verfügt, die im Insolvenzplanverfahren den Gläubigern zur Verfügung gestellt werden können. Es wird somit die Möglichkeit eröffnet, dass der Schuldner aus zukünftigen Einnahmen seine Gläubiger ganz oder teilweise befriedigt (BT-Drs. 12/2443, 203). Damit die Gläubiger sich über den wirtschaftlichen Erfolg dieses Vorhabens ein umfassendes Bild machen können, fordert der Gesetzgeber in § 229 bestimmte Unterlagen anzufügen, von denen der Plansteller nicht abweichen kann. 1

B. Regelungsinhalt

I. Befriedigung aus laufenden Erträgen

Ziel des § 229 ist es die Gläubiger nach Aufhebung des Insolvenzverfahrens aus den laufenden Einnahmen in voller bzw. in reduzierter Höhe zu befriedigen. Ist vom Planverfasser entsprechendes angedacht, ist eine abweichende Regelung zu § 227 Abs. 1 im gestaltenden Teil aufzunehmen. Die Regelung muss eine Stundungsabrede enthalten, andernfalls können einzelne Gläubiger in den Plan vollstrecken. Ebenso sollten die Auszahlungstermine an die betroffenen Beteiligten mit entsprechenden Sanktionen geregelt werden. 2

Bei den Erträgen ist auf die Reinvermögensmehrung nach den Grundgedanken des HGB abzustellen. Diese können entweder aus dem schuldnerischen Unternehmen selbst oder durch einen Dritten erwirtschaftet werden, der das schuldnerische Unternehmen fortführt. Letztgenannte Alternative wird wohl nur dann zur Anwendung gelangen, wenn der Insolvenzplan eine übertragende Sanierung in Gänze oder in Teilen vorsieht. Eine Liquiditätsübersicht in tabellarischer Form ist nicht zwingend notwendig (BeckRS 2009, 89262). 3

II. Notwendige Unterlagen

Sollen aus den laufenden Erträgen die Gläubiger nach Aufhebung des Verfahrens befriedigt werden, sind nach dem Wortlaut folgende Unterlagen anzufügen: 4
- Vermögensübersicht,
- Übersicht der Aufwendungen und Erträge bis zum Abschluss der Maßnahme,
- Einnahmen- und Ausgabenübersicht des maßgeblichen Zeitraums,
- Darstellung der Zahlungsfähigkeit.

Es ist somit eine integrierte Planungsrechnung, bestehend aus Bilanz-, Ertrags- und Liquiditätsplan, für den entsprechenden Zeitraum anzufügen. Um bei den Beteiligten eine entsprechende Akzeptanz zu erreichen, empfiehlt es sich auch die entsprechenden Planannahmen anzuführen.

Der IDW S 11 (Beurteilung der Insolvenzreife) sowie IDW S 6 (Erstellung des Sanierungsgutachtens) sollte als Grundlage herangezogen werden. Die entsprechenden Auszahlungen an die Gläubiger sind dabei zu berücksichtigen. Sieht der Insolvenzplan einen im ersten Schritt Teilverzicht der Gläubiger vor ist in der Planbilanz nur der entsprechende Restbetrag zu passivieren. Sofern der Insolvenzplan nach dem Vorbild des zivilrechtlich bekannten Monte-Carlo- oder Las-Vegas-Vergleich einen Teilverzicht vorsieht sobald ein entsprechendes Auszahlvolumen erreicht wird, empfiehlt es sich für den Teilverzichtsbetrag bereits zu Beginn nur eine Rückstellung zu bilden.

5   Für den Planersteller sind insbesondere insolvenzrechtliche Sonderereignisse zu beachten, wie bspw. der Vorsteuererstattungsanspruch aus der Vergütung des Insolvenzverwalters bzw. Sachwalters. Ebenso der Vorsteuererstattungsanspruch aus den nach Aufhebung des Verfahrens vorgenommenen Quotenzahlungen. Auch die IST-Versteuerung bezüglich der Vereinnahmten Altforderungen nach Verfahrenseröffnung und der Einstufung als Masseverbindlichkeit (BFH BeckRS 2009, 24003624 sowie BFH BeckRS 2011, 95026; BMF, Schreiben v. 20.5.2015 – IV A 3 – S 0550/10/10020-05; dazu Kahlert DStR 2015, 2004 ff.) bei den Liquiditätsabflüssen zu beachten.

III. Berücksichtigung von Eventualverbindlichkeiten

6   Durch das ESUG wurde S. 2 eingefügt. Der Gesetzgeber stellt damit klar, dass auch bekannte, aber nicht angemeldete Forderungen in den Planungsrechnungen zu berücksichtigen sind. Bereits aus den Regelungen des HGB (§§ 266 ff. HGB) ergibt sich eine entsprechende Pflicht zur Berücksichtigung. Die Forderungen sind weiterhin durchsetzbar und unterliegen lediglich der Sonderverjährung des § 259b. Sind die Gläubiger zur Anmeldung der Forderung aufgefordert worden und haben dennoch davon Abstand genommen, empfiehlt es sich diese zumindest als Rückstellung nach § 249 HGB zu passivieren.

7   Es ist hier auf die Kenntnis des Planerstellers abzustellen. Dieser hat sich im Rahmen des Zumutbaren bei den entsprechenden Personen zu informieren. Die Kenntnis einzelner Mitarbeiter des Schuldners, die sich nicht in leitender Position befinden bzw. nicht in der Finanzbuchhaltung des Schuldners tätig sind, ist unbeachtlich. Es gelten die für § 249 HGB entwickelten Grundsätze. Der Planersteller hat auch zu erwartende eventuelle Gewährleistungs- (zB im Anlagen- und Maschinenbau) oder mögliche Produkthaftungsfälle (zB Pharmaindustrie) zu beachten (sog. Eventualverbindlichkeiten). Bei zur erwartenden Gewährleistungsfällen kann der Planersteller sich auf die bisherigen Daten des Unternehmens stützen (dh bisherige Mängel-/Gewährleistungsquote). Bei Produkthaftungsfällen hat er ggf. ein Gutachten zur Ermittlung der potentiellen Regresshöhe in Auftrag zu geben. Gleiches gilt bei etwaigen Kartellrechtsverstößen. Hier ist insbesondere dann ein ökonomisches Gutachten zur Ermittlung der kartellbefangenen Leistungen sowie des entstandenen „Overcharges" zu erstellen, wenn ein Bußgeldbescheid der zuständigen Behörde vorliegt (§ 81 GWB). Aber auch bereits bei etwaigen anderen Anhaltspunkten (interne Protokolle, Pressemeldungen, eingeleitete Ermittlungsverfahren der Bußgeldbehörden) sind die notwendigen Maßnahmen einzuleiten.

8   Wird der Insolvenzplan vom Schuldner (bspw. Geschäftsführer auf Weisung der Gesellschafter) eingereicht besteht die Möglichkeit, dass er aufgrund unterschiedlicher Interessen keinen Zugriff auf die Buchhaltung und Planungen des Insolvenzverwalters hat. Der Insolvenzverwalter wird jedoch eine Verpflichtung haben, im Rahmen seiner Möglichkeiten den Planersteller mit den nötigen Informationen in angemessener Art und Weise auszustatten. Zwar hat der Insolvenzverwalter gegenüber dem Schuldner keine umfassende Auskunftspflicht (BGH BeckRS 2005, 07880) in Anbetracht der Wertungsgedanken des § 161 erkennt der Gesetzgeber aber ein gewisse Informationspflicht an.

IV. Haftungsrisiko des Planerstellers

9   Die Unterlagen nach § 229 sind durch den Planersteller zusammenzustellen. Wird vom Insolvenzverwalter ein entsprechender Plan vorgelegt kann bei fehlerhaften Planunterlagen die Haftung nach § 60 ausgelöst werden (so zumindest HmbKommInsR/Thies Rn. 9). Dem Insolvenzverwalter bzw. Sachwalter ist somit zu empfehlen, die Planungen durch die Finanzabteilung des Schuldners selbst bzw. durch externe Dritte erstellen zu lassen, sodass die Haftungsbeschränkung nach § 60 Abs. 2 zur Anwendung gelangt. Insbesondere bei der Ermittlung und Bewertung der bekannten aber nicht angemeldeten Forderungen können erhebliche Bewertungsfragen entstehen.

Wird der Insolvenzplan durch den Schuldner selbst eingereicht, ist eine Haftung nach § 60 ausgeschlossen. Dies gilt auch im Fall der Eigenverwaltung. Allerdings können ggf. etwaige Berater einem Haftungsrisiko ausgesetzt sein. 10

V. Erweiterte Anwendung des § 229

Nach dem Wortlaut des § 229 sind besondere Unterlagen dem Insolvenzplan nur dann anzufügen, wenn die Gläubiger aus den Erträgen des vom Schuldner oder von einem Dritten fortgeführten Unternehmens befriedigt werden. Ungeachtet des Wortlauts findet die Regelung auch dann Anwendung, wenn ein Dritter (zB Gesellschafter) dem Schuldner zur Durchführung eines Insolvenzplans einen Geldbetrag zur Verfügung stellt. Bereits § 220 fordert im darstellenden Teil eine Offenlegung aller für die Beteiligten für deren Entscheidungsfindung notwendiger Sachverhalte, sodass § 229 nur als Konkretisierung des in § 220 verankerten Grundsatzes zu sehen ist.

§ 230 Weitere Anlagen

(1) ¹Ist im Insolvenzplan vorgesehen, daß der Schuldner sein Unternehmen fortführt, und ist der Schuldner eine natürliche Person, so ist dem Plan die Erklärung des Schuldners beizufügen, daß er zur Fortführung des Unternehmens auf der Grundlage des Plans bereit ist. ²Ist der Schuldner eine Gesellschaft ohne Rechtspersönlichkeit oder eine Kommanditgesellschaft auf Aktien, so ist dem Plan eine entsprechende Erklärung der Personen beizufügen, die nach dem Plan persönlich haftende Gesellschafter des Unternehmens sein sollen. ³Die Erklärung des Schuldners nach Satz 1 ist nicht erforderlich, wenn dieser selbst den Plan vorlegt.

(2) Sollen Gläubiger Anteils- oder Mitgliedschaftsrechte oder Beteiligungen an einer juristischen Person, einem nicht rechtsfähigen Verein oder einer Gesellschaft ohne Rechtspersönlichkeit übernehmen, so ist dem Plan die zustimmende Erklärung eines jeden dieser Gläubiger beizufügen.

(3) Hat ein Dritter für den Fall der Bestätigung des Plans Verpflichtungen gegenüber den Gläubigern übernommen, so ist dem Plan die Erklärung des Dritten beizufügen.

(4) Sieht der Insolvenzplan Eingriffe in die Rechte von Gläubigern aus gruppeninternen Drittsicherheiten vor, so ist dem Plan die Zustimmung des verbundenen Unternehmens beizufügen, das die Sicherheit gestellt hat.

A. Normzweck

§ 219 regelt die Gliederung des Insolvenzplans und eröffnet die Möglichkeit, dem Insolvenzplan Anlagen zur Übersichtlichkeit anzufügen. In §§ 229 und 230 sind Anlagen in bestimmten Fällen zwingend vorzulegen, sofern der Insolvenzplan bestimmte Regelungen enthält, die für die erfolgreiche Durchsetzung notwendig sind. 1

B. Regelungsinhalt

I. Fortführungserklärung bei einer natürlichen Person (Abs. 1)

Sieht der Insolvenzplan die Fortführung des Geschäftsbetriebs über das Vermögen einer natürlichen Person vor, muss der betroffene Schuldner mitwirken und seine Zustimmung dem Insolvenzplan als Anlage anfügen. Dass die Gläubiger über eine Fortführung des Unternehmens einer natürlichen Person entscheiden, ist nur dann sinnvoll, wenn diese die Bereitschaft zur persönlichen Haftung für die Fortführung des Unternehmens wieder übernimmt (BT-Drs. 12/2443, 203). Die Regelung betrifft insbesondere Insolvenzplanverfahren über die Vermögen von Kaufleuten, Berater, Apotheker sowie Angehörige der freien Berufe wie bspw. Ärzte, Rechtsanwälte, Ingenieure oder Journalisten. 2

Die Erklärung des Schuldners zur Fortführung ist eine einstige empfangsbedürftige Willenserklärung. Sie ist grundsätzlich bedingungsfeindlich, wobei sie nach den Rechtsgedanken der Potestativbedingung unter der Voraussetzung erklärt werden kann, dass der Plan angenommen und bestätigt wird, wie er eingereicht wurde. Andernfalls können nach § 240 Änderungen vorgenommen werden, die gegen die Interessen des Schuldners sind. 3

4   Die Erklärung muss der Schriftform des § 126 BGB genügen. Sie ist entbehrlich, wenn der Schuldner selbst den Insolvenzplan einreicht oder wenn der Insolvenzplan nicht auf die Fortführung ausgelegt ist. Erstellt der Insolvenzverwalter auf Wunsch des Schuldners den Plan ist eine Erklärung dennoch anzufügen (Abs. 1 S. 2).

II. Fortführungserklärung bei einer Gesellschaft ohne Rechtspersönlichkeit (Abs. 1)

5   Ist das Insolvenzverfahren über das Vermögen einer Gesellschaft ohne Rechtspersönlichkeit oder eine KGaA eröffnet und zielt der Plan auf die Unternehmensfortführung ab, ist dem Plan als Anlage eine entsprechende Erklärung der Personen beizufügen, die nach dem Plan persönlich haftender Gesellschafter des Unternehmens sein soll. Die Regelung findet Anwendung bei einem Insolvenzverfahren über das Vermögen der GbR, OHG, KG, Partnerschaftsgesellschaft, Partnerreederei und EWI (§ 11 Abs. 2 Nr. 1).

6   Ist der persönlich haftende Gesellschafter eine juristische Person, sind die Erklärungen der entsprechenden vertretungsberechtigten Organe anzuführen.

7   Ist über das Vermögen des persönlich haftenden Gesellschafters selbst ein Insolvenzverfahren eröffnet, ist die Erklärung des bestellten Insolvenzverwalters notwendig. Die Erklärung der dort bestellten Geschäftsführer genügt nicht. Durch die Erklärungen werden die Ansprüche aus der Gesellschafterstellung Masseverbindlichkeiten in dem Insolvenzverfahren über das Vermögen des persönlich haftenden Gesellschafters. Um dies aufzufangen, wird in der Simultaninsolvenz in der Regel auch über das Vermögen des persönlich haftenden Gesellschafters ein Insolvenzplan eingereicht.

8   Es handelt sich um eine einseitig empfangsbedürftige Willenserklärung, die grundsätzlich im Rahmen der Potestativbedingung bedingungsfeindlich ist. Die Erklärung sollte der Schriftform nach § 126 BGB genügen. Dies wird von § 230 zwar nicht gefordert. In Anbetracht der Tragweite der Regelung ist dies jedoch geboten.

III. Erklärung bei Anteilsübernahme (Abs. 2)

9   Sollen Gläubiger Anteils- oder Mitgliedschaftsrechte oder Beteiligungen an einer juristischen Person, einem nicht rechtsfähigen Verein oder einer Gesellschaft ohne Rechtspersönlichkeit übernehmen, so ist dem Plan die zustimmende Erklärung eines jeden dieser Gläubiger beizufügen. Die Regelung findet entweder beim debt-to-equity-swap gem. § 225a Anwendung oder wenn ein Gläubiger die Anteile eines Altgesellschafters nach den Regelungen des Plans übernimmt. Die Regelung stellt klar, dass auch nach der InsO gegen den Willen des Gläubigers keine Beteiligung am schuldnerischen Unternehmen herbeigeführt werden kann.

10 Die Regelung findet nur Anwendung, wenn Gläubiger Anteile oder Beteiligungen am schuldnerischen Unternehmen übernehmen sollen. Sind sie bereits beteiligt und erfolgt lediglich ein Eingriff in die Beteiligungsrechte ist eine Zustimmung nicht notwendig. Ebenso sind andere Maßnahmen wie die Einräumung von Genussrechten, Optionsschuld-, Gewinn- oder Wandelschuldverschreibungen nicht zustimmungspflichtig (MüKoInsO/Eidenmüller Rn. 55 ff.). Der Wortlaut ist insoweit abschließend und entspricht dem Willen des Gesetzgebers.

11 Sind Anleihegläubiger betroffen, die der Regelung des deutschen SchVG unterliegen, kann der nach § 19 Abs. 4 SchVG gewählte gemeinsame Vertreter für alle betroffenen Anleihegläubiger die Erklärung abgeben. Nach § 19 Abs. 3 können die Anleihegläubiger durch Mehrheitsbeschluss zur Wahrnehmung ihrer Rechte im Insolvenzverfahren einen gemeinsamen Vertreter für alle Gläubiger bestellen. Die Vollmacht umfasst auch das Recht nach § 230 Abs. 2. Liegt bereits ein Mehrheitsbeschluss nach § 5 Abs. 3 Nr. 3 SchVG vor, nachdem die Schuldverschreibung in Anteile umgewandelt wird, kann dieser angefügt werden.

12 In Abweichung zu den Erklärungen nach Abs. 1 liegt hier die Zustimmung zu einem Rechtsgeschäft (Anteilsübernahme) vor. Die Erklärung kann somit nach § 158 Abs. 1 BGB mit weitreichenden Bedingungen abgegeben werden. Die Erklärung muss nicht der Form entsprechen, die die Anteilsübernahme (§ 15 GmbHG) fordert. Die Erklärung sollte aber der Schriftform nach § 126 BGB genügen. Dies wird von § 230 zwar nicht gefordert. In Anbetracht der Tragweite der Regelung ist dies jedoch geboten.

IV. Erklärung von Dritten bei Verpflichtungen im Plan

13 Hat ein Dritter für den Fall der Bestätigung des Plans Verpflichtungen gegenüber den Gläubigern übernommen, so ist dem Plan die Erklärung des Dritten beizufügen. Es soll nach dem primären Willen des Gesetzgebers zunächst nur Informationscharakter für die Beteiligten haben

(BT-Drs. 12/2443, 204). Sie ist nur dann notwendig, wenn der Dritte sich bei Planeinreichung bereits verpflichtet hat. Steht der Plan unter eine Bedingung nach § 249, dass Zahlungen durch einen Dritten geleistet werden, dies aber noch ungewiss ist, liegt keine Verpflichtung iSv Abs. 3 vor. Werden von dritter Seite Geldmittel zur Verfügung gestellt, obliegt das rechtliche Konstrukt der Verpflichtung (Vertrag zugunsten Dritter, Garantieerklärung, Darlehen- oder Einlageverpflichtung bzw. Schenkung) dem Planersteller und dem Dritten. Auch die Abgabe von Garantieerklärungen, Zusagen, Bürgschaften oder Schuldübernahmeerklärungen fallen unter Abs. 3.

Ob eine einseitig empfangsbedürftige Willenserklärung vorliegt oder eine zweiseitige richtet sich nach Art der Verpflichtung. Die Regelungen des allgemeinen Zivilrechts finden Anwendung. 14

V. Mängel/Irrtum/Widerruf

Sofern eine entsprechende Zustimmung als Anlage bei Planeinreichung fehlt, ist der Plan nach § 231 Abs. 1 S. 1 Nr. 1 durch das Gericht zurückzuweisen. Erfolg keine Zurückweisung ist die Planbestätigung zu versagen (§ 250 Nr. 1). Sofern eine Versagung nicht erfolgt, wird der Mangel durch Rechtskraft der Planbestätigung geheilt. Eine Mitverursachung des Betroffenen ist unbeachtlich (so aber MüKoInsO/Eidenmüller Rn. 66). Dem Betroffenen steht ein Amtshaftungsanspruch nach § 839 BGB iVm Art. 34 GG sowie bei Vorlage des Insolvenzplans durch den Insolvenzverwalter nach § 60 zu. Ein etwaiges Mitverschulden ist in diesen Verfahren entsprechend § 254 BGB zu werten. Sofern der Betroffene keinen wirtschaftlichen Schaden hat, ist die aus dem Plan erstarkende Rechtssicherheit vorrangig. 15

Unterliegt der erklärende einem Irrtum, kann er nach §§ 119 ff. BGB hiergegen vorgehen. Durch die Rechtskraft der Planbestätigung kann jedoch keine ex tunc-Wirkung eintreten. Die Rechtssicherheit ist auch hier vorrangig. 16

Ein Widerruf ist bis zur Planbestätigung möglich. Eine vorherige Bindungswirkung gem. § 145 BGB ist nur im Einzelfall sachgerecht. Der Gedanke nach § 152 BGB kann herangezogen werden. 17

VI. Zustimmungserklärung bei gruppeninternen Drittsicherheiten

Sieht der Insolvenzplan den Eingriff in gruppeninterne Drittsicherheiten vor, so hat das betroffene Unternehmen die Zustimmung zu erteilen. Die Einbeziehung einer gruppeninternen Drittsicherheit wird an die Zustimmung des Sicherungsgebers gebunden. Entscheidet er, den Gläubiger des Schuldners aufgrund der gestellten Drittsicherheit voll zu befriedigen, gibt es keinen Anlass, ihn daran zu hindern. Bei der Erteilung der Zustimmung ist ggf. zu beachten, dass der Sicherungsgeber notwendige gesellschaftsrechtliche Beschlüsse vorab einholt. 18

§ 231 Zurückweisung des Plans

(1) ¹Das Insolvenzgericht weist den Insolvenzplan von Amts wegen zurück,
1. wenn die Vorschriften über das Recht zur Vorlage und den Inhalt des Plans, insbesondere zur Bildung von Gruppen, nicht beachtet sind und der Vorlegende den Mangel nicht beheben kann oder innerhalb einer angemessenen, vom Gericht gesetzten Frist nicht behebt,
2. wenn ein vom Schuldner vorgelegter Plan offensichtlich keine Aussicht auf Annahme durch die Beteiligten oder auf Bestätigung durch das Gericht hat oder
3. wenn die Ansprüche, die den Beteiligten nach dem gestaltenden Teil eines vom Schuldner vorgelegten Plans zustehen, offensichtlich nicht erfüllt werden können.

²Die Entscheidung des Gerichts soll innerhalb von zwei Wochen nach Vorlage des Plans erfolgen.

(2) Hatte der Schuldner in dem Insolvenzverfahren bereits einen Plan vorgelegt, der von den Beteiligten abgelehnt, vom Gericht nicht bestätigt oder vom Schuldner nach der öffentlichen Bekanntmachung des Erörterungstermins zurückgezogen worden ist, so hat das Gericht einen neuen Plan des Schuldners zurückzuweisen, wenn der Insolvenzverwalter mit Zustimmung des Gläubigerausschusses, wenn ein solcher bestellt ist, die Zurückweisung beantragt.

(3) Gegen den Beschluß, durch den der Plan zurückgewiesen wird, steht dem Vorlegenden die sofortige Beschwerde zu.

InsO § 231

Sechster Teil. Insolvenzplan

Übersicht

	Rn.		Rn.
A. Normzweck	1	3. Behebbarer Mangel	8
B. Regelungsinhalt	2	4. Fehlende Erfolgsaussicht hinsichtlich der Annahme (Abs. 1 Nr. 2)	9
I. Zurückweisung wegen fehlender Vorlageberechtigung nach § 218 (Abs. 1 Nr. 1)	2	5. Fehlende Erfolgsaussicht hinsichtlich der Erfüllbarkeit (Nr. 3)	13
II. Zurückweisung wegen fehlerhaften Inhalts (Abs. 1 Nr. 1)	5	III. Zurückweisung bei bereits erfolglos vorgelegtem Schuldnerplan (Abs. 2)	14
1. Prüfung der Gruppenbildung	6	IV. Art der Entscheidung, Rechtsmittel, Entscheidungsfrist	18
2. Prüfung hinsichtlich der formalen Vorgaben materiellen Regelungen	7		

A. Normzweck

1 Wird ein Insolvenzplan eingeleitet, werden unterschiedliche Vorgänge ausgelöst. Zum einen werden Stellungnahmen eingeholt (§ 232), die Verwertung kann unterbrochen werden (§ 233, § 30d ZVG), der Erörterungs- und Abstimmungstermin ist festzulegen und die Beteiligten sind zumindest zum Erörterungstermin zu laden. Aufgrund von prozessökonomischen Erwägungen ist es daher zielführend, dass das Insolvenzgericht (§ 2) eine Vorprüfung vornimmt. Die Prüfung ist im Wesentlichen auf die Einhaltung der durch den Gesetzgeber geforderten formalen Voraussetzungen beschränkt. Darüber hinaus besteht eine besondere Prüfungskompetenz bei durch den Schuldner eingereichten Insolvenzplänen.

B. Regelungsinhalt

I. Zurückweisung wegen fehlender Vorlageberechtigung nach § 218 (Abs. 1 Nr. 1)

2 Nach § 218 sind nur der Schuldner und der Insolvenzverwalter vorlageberechtigt. Der Sachwalter im Eigenverwaltungsverfahren nach § 270 ist nur dann berechtigt, wenn er hierzu durch die Gläubigerversammlung beauftragt wurde (§ 284 Abs. 1 S. 1). Handelt es sich bei der Schuldnerin um eine juristische Person, sind die vertretungsberechtigten Organe vorlageberechtigt. Die Vertretungsberechtigungen sind in diesem Fall zu beachten. Liegt Alleinvertretungsberechtigung vor, kann jedes vertretungsberechtigte Organ den Insolvenzplan vorlegen. Der Nachweis der Vertretungsberechtigung hat durch einen aktuellen Registerauszug zu erfolgen.

3 Kein Vorlagerecht haben der vorläufige Insolvenzverwalter, einzelne Gläubiger und die Gesellschafter bzw. Anteilseigner.

4 Die Prüfung der Vorlageberechtigung erfolgt an Hand der überlassenen Unterlagen. Ungeachtet des in § 5 Abs. 1 verankerten Amtsermittlungsgrundsatzes hat das Insolvenzgericht hinsichtlich des § 231 keine Verpflichtung fehlende Unterlagen (bspw. Handelsregisterauszug) einzuholen. Dem Insolvenzgericht offensichtlich bekannte Umstände (bspw. Beauftragung des Sachwalters durch die Gläubigerversammlung) können durch das Insolvenzgericht herangezogen werden. Fehlt es an einer Vorlageberechtigung hat in der Regel eine sofortige Zurückweisung zu erfolgen. Die Behebung des Mangels ist nur dann möglich, wenn bspw. die Vertretungsberechtigung nicht nachgewiesen wurde. Weitere Voraussetzungen müssen nicht erfüllt sein. Der Gesetzeswortlaut ist insoweit missverständlich. Die aufgezählten Zurückweisungsgründe sind ungeachtet der Verwendung von „und" alternativ und nicht kumulativ zu sehen. Maßstab für die Prüfung ist die Rechtsprechung des BGH (AG Köln NZI 2016, 537 ff.). Das Prüfungsrecht bzw. der Prüfungsumfang ist nicht nur auf ein reine Evidenzkontrolle begrenzt (AG Köln NZI 2016, 537 ff.).

II. Zurückweisung wegen fehlerhaften Inhalts (Abs. 1 Nr. 1)

5 Das Insolvenzgericht hat den vorgelegten Insolvenzplan bei Planeinreichung hinsichtlich sämtlicher rechtlicher Gesichtspunkte zu prüfen. Der Prüfungsumfang umfasst auch nicht offensichtlich Rechtsfehler (BGH BeckRS 2015, 11262). Explizit wird vom Gesetzgeber die Prüfung der gebildeten Gruppen gefordert. Daneben sind jedoch auch die weiteren gesetzlich geforderten Voraussetzungen zu prüfen (ausf. AG Hamburg BeckRS 2016, 19415).

1. Prüfung der Gruppenbildung

Die Gruppenbildung ist ein wesentliches Element des Insolvenzplans. Hier sind die §§ 222– 226 zu beachten. Fehlt im darstellenden Teil eine Erläuterung hinsichtlich der Gruppenbildung, führt dies zur Zurückweisung. Bei der Bildung fakultativer Gruppen ist zu erläutern, aufgrund welcher gleichartigen insolvenzbezogenen wirtschaftlichen Interessen die Gruppe gebildet wurde und inwiefern alle Beteiligten, deren wichtigste insolvenzbezogene wirtschaftliche Interessen übereinstimmen, derselben Gruppe zugeordnet wurden (BGH BeckRS 2015, 11262; AG Köln NZI 2016, 537 ff.). Ein in der Praxis nicht unübliches Insolvenzplanmodell basiert auf einem Ein-Gruppen-Plan. Dieser ist zwar gesetzlich zulässig, zu beachten ist aber, dass alle Beteiligten in der Gruppe einheitlich zu behandeln sind. Sieht der Insolvenzplan daher nach Aufhebung bestimmte Quotenzahlungen vor, kann dies bei den Planregelungen gewisse Einschränkungen mit sich bringen. Ebenso wenn an Stelle der Anteilseigner der Fortsetzungsbeschluss getroffen werden soll. 6

2. Prüfung hinsichtlich der formalen Vorgaben materiellen Regelungen

Formal ist zu beachten, dass der Insolvenzplan nur dann vor Eröffnung des Insolvenzverfahrens bereits eingereicht werden kann, wenn der Schuldner einen Antrag stellt (§ 218 Abs. 1 S. 2, § 270d), dass der Plan nicht nach dem Schlusstermin eingereicht wird (§ 218 Abs. 1 S. 3), dass die Schriftformerfordernisse – insbesondere die eigenhändige Unterschrift (§ 126 BGB) – gewahrt ist, dass im darstellenden Teil die notwendigen Informationen enthalten sind, sodass sich alle Beteiligten ein umfassendes Bild des Insolvenzplans bilden können und die notwendigen Anlagen angeführt sind. Auch eine fehlende Beteiligung des Betriebsrats, des Sprecherausschusses der leitenden Angestellten und des Schuldners bei einem vom Insolvenzverwalter bzw. Sachwalter erarbeiteten Insolvenzplans kann zur Zurückweisung führen. Zwar eröffnet § 218 Abs. 3 keine Mitsprachemöglichkeit der dort genannten Beteiligten, zur Sicherstellung der Zielsetzung der Regelung (Informationserlangung) ist eine entsprechende Sanktion notwendig. Bei der Planvorlage durch den Schuldner selbst – auch im Fall der Eigenverwaltung (§§ 270 ff.) – gilt dies aber nicht. Eine Präklusionsregelungen nicht angemeldeter Forderungen ist ausgeschlossen (BGH BeckRS 2015, 11262; LG Hamburg NZI 2018, 261 ff.). 7

3. Behebbarer Mangel

Wird durch das Gericht ein behebbarer Fehler im Insolvenzplan erkannt, ist dem Planeinreicher eine angemessen Frist zur Behebung einzuräumen. Die Angemessenheit der Frist entscheidet sich nach den Umständen des Einzelfalls. Insbesondere zu erwartende Arbeitszeit und rechtliche Schwierigkeiten werden zu beachten sein. Entsprechend der zu § 571 ZPO entwickelten Grundsätze werden in der Regel zwei Wochen als vertretbar anzusehen sein. Kürzere Fristen können sachgerecht sein, da die Zurückweisung keine Präklusion für einen erneuten Antrag hat. Für die Fristen gelten über § 6 die §§ 221 ff. ZPO. 8

Das Insolvenzgericht kann einen Insolvenzplan gem. § 231 Abs. 1 Nr. 1 zurückweisen, wenn die Zahlungsfähigkeit eines Drittmittelgebers nicht hinreichend nachgewiesen wird. Dies ist der Fall, wenn nicht feststeht, ob der Drittmittelgeber allein verfügungsbefugt ist und der Geldbetrag überhaupt frei verfügbar ist (LG Düsseldorf Beschl. v. 16.4.2020 – 25 T 135/20). 8.1

4. Fehlende Erfolgsaussicht hinsichtlich der Annahme (Abs. 1 Nr. 2)

Ein vom Schuldner vorgelegter Plan, der offensichtlich keine Aussicht auf Annahme durch die Beteiligten oder auf Bestätigung durch das Insolvenzgericht hat, ist zurückzuweisen. Die Regelung soll dem Umstand gerecht werden, dass der Schuldner ggf. abweichende Vorstellungen von der Abwicklung des Insolvenzverfahrens hat, wie bspw. der Insolvenzverwalter bzw. die Gläubiger. In Anbetracht dessen hat das Insolvenzgericht eine ausgewogene Abwägung zwischen den Interessen des Schuldners und den sonstigen Beteiligten zu machen. 9

Es ist zulässig, bei der Frage, ob mit einer Annahme des Insolvenzplans durch die Gläubiger zu rechnen ist, auch auf bereits verfrüht abgegebene Erklärungen von Gläubigern abzustellen (AG Düsseldorf Beschl. v. 30.3.2020 – 513 IK 220/17). 9.1

Die Zurückweisungsmöglichkeit des Abs. 1 Nr. 2 durch das Insolvenzgericht ist restriktiv anzuwenden, denn den Gläubigern soll nicht die Möglichkeit genommen werden, durch Mehrheitsbeschluss über die zukünftige Verfahrensart zu entscheiden. 10

11 Ein Plan hat dann offensichtlich keine Aussicht auf Annahme, wenn bereits Gläubiger im Vorfeld angekündigt haben, gegen jeden Insolvenzplan des Schuldners zu stimmen und somit zu erwarten ist, dass keine entsprechenden Mehrheiten erzielt werden können. Ebenso, wenn der Schuldner die Fortführung in seinem Plan annimmt, die Gläubigerversammlung dies aber mit einer großen Mehrheit bereits abgelehnt hat (BT-Drs. 12/243, 203). Dagegen sind die vom Schuldner genommenen angesetzten Prämissen (bspw. Projekterlöse, Stundungsbereitschaften etc) nur dann für eine Zurückweisung heranzuziehen, wenn diese außerhalb jeder Lebenserfahrung sind. Die Prognose des Gerichts ist in erster Linie an Hand des Planinhaltes selbst zu erstellen. In die Beurteilung können bereits erfolgte Stellungnahmen auch von Gläubigern einbezogen werden, die nicht selbst ein Recht zur Stellungnahme haben, wobei dies mit Vorsicht zu bewerten ist, weil sich die Meinung bis zur Abstimmung über den Plan ändern kann (BGH BeckRS 2011, 01156).

12a Ein vom Insolvenzverwalter oder Sachwalter vorgelegter Insolvenzplan kann auch dann nicht zurückgewiesen werden, wenn er offensichtlich nicht angenommen wird bzw. eine Planbestätigung zu erwarten ist.

12b Im Insolvenzplanverfahren über das Vermögen einer natürlichen Person sind bei der Vergleichsrechnung und bei der Ermittlung der für die Restlaufzeit des Verfahrens erwarteten pfändbaren Beträge auch angemessene Gehaltssteigerungen des Schuldners zu berücksichtigen, sofern belastbare Anhaltspunkte hierfür vorliegen. Andernfalls kann eine Zurückweisung nach § 231 Nr. 2 erfolgen (LG Hamburg BeckRS 2015, 20377 = NZI 2016, 34). Ebenso sind mögliche Änderungen der Unterhaltsverpflichtungen (zB Volljährigkeit von unterhaltsberechtigten Kindern) im Prognosezeitraum zu beachten.

5. Fehlende Erfolgsaussicht hinsichtlich der Erfüllbarkeit (Nr. 3)

13 Eine gerichtliche Zurückweisung hat zu erfolgen, wenn die Ansprüche, die den Beteiligten nach dem gestaltenden Teil eines vom Schuldner vorgelegten Plans zustehen, offensichtlich nicht erfüllt werden können. Das Insolvenzgericht kann in diesem Zusammenhang eigene angemessene Prognosen vorzunehmen (BeckRS 2011, 04091; BeckRS 2015, 11262).

III. Zurückweisung bei bereits erfolglos vorgelegtem Schuldnerplan (Abs. 2)

14 Sofern der Schuldner in dem Insolvenzverfahren bereits einen Plan vorgelegt hat, der von den Beteiligten abgelehnt, vom Gericht nicht bestätigt oder vom Schuldner nach der öffentlichen Bekanntmachung des Erörterungstermins zurückgezogen worden ist, hat auf Antrag des Insolvenzverwalters bei Zustimmung eines bestellten Gläubigerausschusses eine Zurückweisung zu erfolgen.

15 Die Ablehnung der Beteiligten liegt dann vor, wenn die Annahme des Plans nach §§ 244–246a nicht erfolgte. Dies ist somit dann der Fall, wenn die entsprechenden Mehrheiten nicht vorliegen bzw. die notwendigen Zustimmungen als erteilt gelten. Die gerichtliche Planbestätigung nach § 250 kann nur in den dort genannten Fällen versagt werden. Die gerichtliche Entscheidung muss noch nicht rechtskräftig sein, die Bestandskraft genügt. Andernfalls könnte durch ein Rechtsmittelverfahren bzw. bis Ablauf der Fristen die Regelung des § 231 umgangen werden. Hat der Schuldner vor öffentlicher Bekanntmachung des eingereichten Insolvenzplans zurückgenommen, kann ebenfalls eine Zurückweisung des daran erneut eingereichten Plans auf Antrag erfolgen. Die Regelung hat Sanktionscharakter. Die öffentliche Bekanntmachung richtet sich nach § 9. Die Bekanntmachungsfiktion des → § 9 Rn. 8 ff. ist dabei zu beachten.

16 Die Zurückweisung erfolgt nur auf Antrag des Insolvenzverwalters. Ist ein Gläubigerausschuss bestellt, benötigt der Insolvenzverwalter die Zustimmung. Das Insolvenzgericht hat keine eigene Entscheidungskompetenz. Dem Antrag ist bei Vorlage der Voraussetzung zwingend stattzugeben. Im Eigenverwaltungsverfahren obliegt das Recht dem Sachwalter. Zwar fehlt eine ausdrückliche Verweisungsnorm, eine analoge Anwendung ist jedoch notwendig. Der Gesetzgeber hat bei der Einführung der Eigenverwaltung die Notwendigkeit offensichtlich nicht erkannt.

17 Erfolgt bisher nur eine Zurückweisung des Insolvenzgerichts nach § 231, unterliegt ein neuer Plan nicht der Zurückweisungsmöglichkeit des Abs. 2 (BGH BeckRS 2015, 11262).

IV. Art der Entscheidung, Rechtsmittel, Entscheidungsfrist

18 Zuständig für Maßnahmen nach § 231 ist der Richter (§ 18 RPflG). Die Einräumung der Behebung des Mangels erfolgt im Wege der prozessleitenden Verfügung. Ein Rechtsmittel ist nur nach § 23 EGGVG möglich. Die Zurückweisung erfolgt im Wege des Beschlussverfahrens. Gegen diesen ist nach Abs. 3 die sofortige Beschwerde (§ 6) statthaft. Wird der Insolvenzplan nicht nach § 231 zurückgewiesen, schließt diese Entscheidung die (erneute) Prüfung und Versagung von

Amts wegen nach § 250 Nr. 1 aus. Eine sog. „Doppelprüfung" ist zumindest aus verfahrensökonomischen Überlegungen dann nicht zulässig und erforderlich, wenn im Erörterungstermin keine Änderungen vorgenommen werden (Uhlenbruck/Lüer/Streit Rn. 8–11; aA BGH BeckRS 2017, 102696). Bei Planfehlern gem. § 231 Abs. 1 Nr. 2 und 3 muss der planeinreichende Schuldner nicht zwingend vor Zurückweisung einen gerichtlichen Hinweis erhalten (BeckRS 2016, 19415).

Die Entscheidung des Gerichts sollte innerhalb von zwei Wochen nach Planeinreichung durch das Gericht erfolgen. Es handelt sich hier um keine Ausschlussfrist. Sofern die Entscheidung nicht innerhalb von zwei Wochen erfolgt, kann ein Antrag nach §§ 23 Abs. 2, 24 EGGVG möglich sein. Die Zuständigkeit liegt beim hierfür vorgesehenen OLG Senat (§ 25 EGGVG). 19

§ 232 Stellungnahmen zum Plan

(1) Wird der Insolvenzplan nicht zurückgewiesen, so leitet das Insolvenzgericht ihn zur Stellungnahme, insbesondere zur Vergleichsrechnung, zu:
1. dem Gläubigerausschuß, wenn ein solcher bestellt ist, dem Betriebsrat und dem Sprecherausschuß der leitenden Angestellten;
2. dem Schuldner, wenn der Insolvenzverwalter den Plan vorgelegt hat;
3. dem Verwalter, wenn der Schuldner den Plan vorgelegt hat.

(2) Das Gericht kann auch der für den Schuldner zuständigen amtlichen Berufsvertretung der Industrie, des Handels, des Handwerks oder der Landwirtschaft oder anderen sachkundigen Stellen Gelegenheit zur Äußerung geben.

(3) ¹Das Gericht bestimmt eine Frist für die Abgabe der Stellungnahmen. ²Die Frist soll zwei Wochen nicht überschreiten.

(4) ¹Das Gericht kann den in den Absätzen 1 und 2 Genannten den Plan bereits vor der Entscheidung nach § 231 zur Stellungnahme zuleiten. ²Enthält eine daraufhin eingehende Stellungnahme neuen Tatsachenvortrag, auf den das Gericht eine Zurückweisungsentscheidung stützen will, hat das Gericht die Stellungnahme dem Planvorleger und den anderen nach Absatz 1 zur Stellungnahme Berechtigten zur Stellungnahme binnen einer Frist von höchstens einer Woche zuzuleiten.

Überblick

Die Stellungnahme dient der Vorbereitung der Entscheidungsfindung (→ Rn. 1). Besonderes Augenmerk ist auf die Stellungnahme des Verwalters zu legen (→ Rn. 5b).

A. Normzweck

Die Regelung orientiert sich an § 177 KO (Anhörung Gläubigerausschuss) und § 14 VerglO (Anhörung Berufsvertretungen). Durch die Niederlegung der Stellungnahmen auf der Geschäftsstelle (§ 234) soll den vom Plan betroffenen Beteiligten die Möglichkeit eingeräumt werden, ihre Entscheidung im Abstimmungstermin vorzubereiten (BT-Drs. 12/2443, 204). Zu beachten ist, dass auch außerhalb des Insolvenzverfahrens entsprechende Regelungen getroffen sein können. So ist bspw. im Insolvenzverfahren über das Vermögen einer Genossenschaft der Prüfungsverband einzubeziehen (§ 116 Nr. 4 GenG). Eine bindende Wirkung haben die Stellungnahmen nicht. Nachdem sich der Plan bis zur Abstimmung noch ändern kann und einzelne Planregelungen auch erst durch die Erörterung ggf. verständlich werden, sind diese mit Vorsicht zu bewerten, weil sich die Meinung der Beteiligten über den Plan noch ändern kann (vgl. BGH BeckRS 2011, 1156 Rn. 3 zur Berücksichtigung von Stellungnahmen von Gläubigern). Bereits aus diesem Grund scheidet eine inhaltliche Bindung des Gerichts an Stellungnahmen der Beteiligten aus. 1

B. Regelungsinhalt

I. Weiterleitung zur Stellungnahme nach Abs. 1 Nr. 1–3

Einem eingesetzten Gläubigerausschuss, einem gewählten Betriebsrat und Sprecherausschuss der leitenden Angestellten hat das Insolvenzgericht stets den Insolvenzplan in Kopie zur Stellungnahme zu überlassen. Ist ein Gesamt- bzw. Konzernbetriebsrat vorhanden, hat auch dieser die Möglichkeit zur Stellungnahme. Sind mehrere Betriebsstätten mit einzelnen Betriebsräten vorhan- 2

3	Wird der Insolvenzplan vom Insolvenzverwalter eingereicht ist dem Schuldner die Möglichkeit zur Stellungnahme eingeräumt. Die Regelung spiegelt den Gedanken des § 161 wieder, den Schuldner bei wesentlichen Entscheidungen einzubeziehen.
4	Erfolgt die Einreichung des Insolvenzplans durch den Schuldner ist dem Insolvenzverwalter bzw. dem Sachwalter die Möglichkeit zur Stellungnahme zu gewähren.
5	Der Planverfasser sollte durch das Gericht bereits im Vorfeld angehalten werden die notwendige Anzahl an Kopien zur Verfügung zu stellen.
5a	Besonderes Augenmerk ist zukünftig auf die Vergleichsrechnung zu legen. Die Stellungnahmen sollten auf diese eingehen. Durch die Bezugnahme auf die Vergleichsrechnung in Abs. 1 soll verdeutlicht werden, dass die Stellungnahmen sich zu diesem zentralen Planelement verhalten sollen.

den, ist auch diesen die Möglichkeit der Stellungnahme einzuräumen. Bei Genossenschaften ist § 116 Nr. 4 GenG zu beachten.

II. Stellungnahme des Verwalters

5b Zum Inhalt der Stellungnahme hat insbesondere der Insolvenzverwalter und der Sachwalter bei vom Schuldner vorgelegten Insolvenzplänen ein besonderes Augenmerk auf die Ausführungen im Insolvenzplan zu legen. Die Stellungnahme des Verwalters soll nach Ansicht des BGH den Beteiligten die Problematiken des Plans und seine Auswirkungen verdeutlichen. Die Stellungnahme des Insolvenzverwalters ist nach dem Gedanken der Rechtsprechung des BGH geeignet, das Verfahren und das Ergebnis der Abstimmung zu beeinflussen (BGH BeckRS 2007, 6022). Ungeachtet der besonderen Einstufung der Stellungnahme des Verwalters sind an diese nicht zu hohen Anforderungen zu stellen. Insbesondere kann bei fehlerhafter Stellungnahme keine Haftung nach § 60 InsO abgeleitet werden. Denn der Verwalter ist nicht haftender Berater der Beteiligten hinsichtlich eines vom Schuldner vorgelegten Insolvenzplans. Dies würde den insbesondere durch den Insolvenzplan verdeutlichenden Gedanken der Gläubigerautonomie untergraben.

5c Die Stellungnahme des Verwalters soll nach hier vertretener Ansicht im Wesentlichen die Vergleichsrechnung (→ Rn. 5a) sowie die Vollständig- und Richtigkeit hinsichtlich der vom Schuldner im darstellenden Teil vorgenommenen Ausführungen im Fokus haben. Sollen die Gläubiger aus den Erträgen befriedigt werden (§ 229), hat der Verwalter lediglich eine Plausibilitätskontrolle hinsichtlich Ergebnis- und Finanzplanung in seiner Stellungnahme vorzunehmen. Im Eigenverwaltungsverfahren kann der Verwalter unterstellen, dass die der Planung zugrunde gelegten Annahmen nachvollziehbar sind. Würde diesbezüglich ein Misstrauen bestehen, müsste die Eigenverwalter aufgehoben werden. Eine Kontrollpflicht, dass alle Voraussetzungen vorliegen, die nicht zu einer Zurückweisung nach § 231 bzw. Versagung nach § 250 führen, kann dem Verwalter nicht abverlangt werden. Das Zurückweisungsrecht und die Versagung nach § 250 stehen allein dem Insolvenzgericht zu, sodass die Prüfung der Voraussetzungen ausschließlich dort liegt.

5d Hinsichtlich der im Plan vorgenommenen Ausführungen oder Annahmen zu der Vergütung des Insolvenzverwalters bzw. Sachwalters hat der Verwalter auf einen realistischen Ansatz zu achten (BGH BeckRS 2007, 6022). Ein später beantragte wesentlich höhere Vergütung kann treuwidrig sein (K. Schmidt InsO/Spliedt Rn. 3).

III. Weiterleitung zur Stellungnahme weiterer Organisationen, Behörden nach Abs. 2

6 Sollte das Insolvenzgericht die Notwendigkeit sehen, weitere öffentliche Institutionen einzubeziehen, ist dies möglich. Es kann insbesondere der örtlich zuständigen IHK bzw. Handwerkskammer die Möglichkeit zur Stellungnahme eingeräumt werden. Auch Gewerkschaften können durch das Insolvenzgericht einbezogen werden. Die Entscheidung liegt im freien richterlichen Ermessen.

IV. Frist zur Stellungnahme

7 Durch das ESUG wurde die Frist von zwei Wochen zur Stellungnahme eingefügt. Sie dient zur Beschleunigung des Verfahrens. Der Gesetzgeber geht davon aus, dass längere Fristen grundsätzlich nicht gesetzt werden sollen (BT-Drs. 17/5712, 33). Das Insolvenzgericht kann entsprechend des besonderen Einzelfalls hiervon abweichen. Erfolgt innerhalb der Frist keine Stellungnahme, ist dies unbeachtlich.

V. Vorprüfungsverfahren

8 Durch den neuen Absatz 4 wird das Vorprüfungsverfahren dahingehend erweitert, dass das Gericht die Möglichkeit bekommt, Stellungnahmen bereits während des Vorprüfungsverfahrens anzufragen. Diese Änderung geht auf einen Vorschlag der ESUG-Evaluierung (Forschungsbericht, 194) zurück, der in modifizierter Weise umgesetzt wurde (BT-Drs. 19/24181).

Angesichts des Eilcharakters des Insolvenzverfahrens wurde ausweislich des Gesetzesentwurfs davon abgesehen, eine generelle Weiterleitungspflicht für eingegangene Stellungnahmen zu normieren. Das Gericht hat eingegangene Stellungnahmen den anderen zur Stellungnahme Berechtigten sowie dem Planvorleger zur weiteren Stellungnahme binnen einer Frist von höchstens einer Woche nur zuzuleiten, wenn diese neuen Vortrag enthalten, auf den das Gericht seine Entscheidung stützen will (BT-Drs. 19/24181). 9

§ 233 Aussetzung von Verwertung und Verteilung

¹Soweit die Durchführung eines vorgelegten Insolvenzplans durch die Fortsetzung der Verwertung und Verteilung der Insolvenzmasse gefährdet würde, ordnet das Insolvenzgericht auf Antrag des Schuldners oder des Insolvenzverwalters die Aussetzung der Verwertung und Verteilung an. ²Das Gericht sieht von der Aussetzung ab oder hebt sie auf, soweit mit ihr die Gefahr erheblicher Nachteile für die Masse verbunden ist oder soweit der Verwalter mit Zustimmung des Gläubigerausschusses oder der Gläubigerversammlung die Fortsetzung der Verwertung und Verteilung beantragt.

A. Normzweck

Der Gesetzgeber erkennt an, dass das Recht des Schuldners und anderer Beteiligter zur Vorlage eines Plans unterlaufen wird, wenn der Insolvenzverwalter die Verwertung und Verteilung der Insolvenzmasse stets ohne Rücksicht auf den vorgelegten Plan fortsetzen müsste (§ 159). Durch die Verwertungs- und Verteilungsmaßnahmen könnte für den Insolvenzplan die Grundlage entzogen werden, schon bevor die Gläubiger Gelegenheit hatten, über die Annahme des Plans zu entscheiden (BT-Drs. 12/2443, 204). Der Gesetzgeber erkennt somit an, dass die Verwertung und Verteilung unterbrochen werden muss, bis der Insolvenzplan zurückgewiesen (§ 231) oder durch die Beteiligten abgestimmt wurde. Zwar geht der Wortlaut auch davon aus, dass die Verteilung ausgesetzt werden kann, in der Praxis spielt dies aber nur eine untergeordnete Rolle. Die Verteilung erfolgt regelmäßig im Wege der Schlussverteilung (§ 196). Diese erfolgt nach dem Schlusstermin (§ 197). Ist der Schlusstermin erfolgt, ist ein danach eingereichter Insolvenzplan nicht zu berücksichtigen (§ 218 Abs. 1 S. 3). Die Regelung findet somit nur dann Anwendung, wenn Verwertungserlöse an Absonderungsgläubiger zu Auszahlung anstehen oder wenn eine Abschlagsverteilung nach § 187 Abs. 2 vorgesehen ist. 1

Eine Verwertungsaussetzung bei Grundstücken, bei denen die Vollstreckung nach dem ZVG eingeleitet wurde, kann durch das Insolvenzgericht nicht ausgesetzt werden. Der Gesetzgeber hat diese Kompetenz dem Vollstreckungsgericht übertragen (§ 30d Abs. 1 S. 1 Nr. 3 bzw. Abs. 2 ZVG). 2

B. Regelungsinhalt

I. Aussetzungsvoraussetzung der Verwertung und Verteilung

Soweit die Durchführung eines vorgelegten Insolvenzplans durch die Fortsetzung der Verwertung und Verteilung der Insolvenzmasse gefährdet würde und durch die Aussetzung nicht die Gefahr erheblicher Nachteile für die Masse zu erwarten ist, ordnet das Insolvenzgericht auf Antrag des Schuldners oder des Insolvenzverwalters die Aussetzung der Verwertung und Verteilung an. 3

Ein entsprechender Antrag auf Aussetzung der Verwertung und Verteilung kann durch den Schuldner oder den Insolvenzverwalter gestellt werden. Ist der Insolvenzverwalter gem. § 218 Abs. 2 von der Gläubigerversammlung beauftragt einen Insolvenzplan zu erarbeiten und vorzulegen ist davon auszugehen, dass ein gesonderter Antrag auf Aussetzung nicht zwingend zu stellen ist. Die Entscheidung der Gläubigerversammlung zeigt den Willen, die Verwertung und Verteilung nicht unmittelbar vorzunehmen (MüKoInsO/Breuer Rn. 8 mwN). 4

Der Antrag muss auf die Aussetzung der Verwertung und/oder der Verteilung gerichtet sein. Der Antrag kann auch auf einzelne Gegenstände beschränkt werden. 5

Ob eine Durchführung des vorgelegten Insolvenzplans gefährdet ist, hat das Insolvenzgericht nach den Umständen des Einzelfalls zu bewerten. Die zu erwartenden Nachteile sind zu beachten (S. 2). Der Antragsteller wird für die erwarteten Nachteile für die Plandurchführung entsprechen- 6 des darlegen müssen. Der Amtsermittlungsgrundsatz nach § 5 Abs. 1 ist insoweit eingeschränkt, da das Interesse der Aussetzung zunächst im Interesse des Planerstellers liegt. Nachdem der Gesetzgeber abweichend zu § 30d ZVG keine Glaubhaftmachung (§ 294 ZPO) hinsichtlich der Gefährdungsmöglichkeit einfordert, sind durch das Insolvenzgericht geringere Anforderungen an die Ermittlung der Gefährdung anzusetzen. Es genügt bereits, dass diese nicht ausgeschlossen ist.

7   Die durch die Aussetzungsanordnung zu erwartenden Nachteile für die Masse hat das Insolvenzgericht nach freiem Ermessen selbständig abzuwägen. Zwar sieht das Insolvenzrecht keine Anhörungspflicht einzelner Beteiligten vor, sofern der Insolvenzverwalter bzw. Sachwalter einen entsprechenden Antrag stellt, wird man analog § 161 den Schuldner anzuhören haben. Im Fall eines Schuldnerantrags wird das Insolvenzgericht den Insolvenzverwalter ebenfalls anhören, nachdem dieser die Verfahrensabwicklung durchführt.

II. Rechtliche Reichweite der Einstellungsentscheidung

8   Ist die Anordnung auf Aussetzung der Verwertung ergangen, dürfen keine Verwertungsmaßnahmen mehr eingeleitet werden. Sind Verwertungsmaßnahmen bereits im Gang und hat sich die Insolvenzmasse bereits vertraglich verpflichtet, ist zur Vermeidung eines weiteren Schadens die Verwertung nicht auszusetzen. Von der Verwertungshandlung ist die Verwaltungshandlung abzugrenzen. Während die Verwertung auf die endgültige Realisierung des in dem Gegenstand verkörperten Werts und des dauerhaften Ausscheidens des Gegenstands aus dem Insolvenzbeschlag abzielt, ist die Verwaltung auf den Erhalt bzw. auf die Nutzungsziehung zugunsten der Masse gerichtet.

9   Von der Anordnung sind auch etwaige Verwertungsmaßnahmen von Absonderungsgegenständen umfasst, sofern keine Grundstücke betroffen sind. Insoweit ist § 30d ZVG vorrangig. Der Gesetzgeber hat davon Abstand genommen, eine entsprechende Regelung in der Insolvenzordnung aufzunehmen und hat sich dafür entschieden dem Vollstreckungsgericht diese Entscheidungshoheit einzuräumen.

10 Unbeachtlich ist, ob die Verwertungsberechtigung nach §§ 166 ff. dem Insolvenzverwalter bzw. der Eigenverwaltung zusteht. Insoweit umfasst die Aussetzungsentscheidung hinsichtlich der Verwertung auch mit Pfandrechten belastete Gegenstände bzw. wenn sich diese im Besitz des Absonderungsgläubiger befinden (§ 173). Liegt das Verwertungsrecht beim Insolvenzverwalter bzw. der Eigenverwaltung hat der Absonderungsberechtigte grundsätzlich einen Ausgleichsanspruch nach § 169. Ist das Verwertungsrecht beim Schuldner (bspw. Pfandrecht oder kein Besitz der Masse) ist dem Absonderungsberechtigten entweder analog § 169 eine Ausgleichszahlung zuzubilligen oder es hat eine gerichtliche Auflage analog § 30e ZVG zu erfolgen.

11 Ist eine Entscheidung auf Aussetzung der Verwertung und Verteilung ergangen hat dies zunächst keine unmittelbare Auswirkung. Die Anordnung führt nicht zu einem absoluten Verfügungsverbot. Der Insolvenzverwalter macht sich ggf. nach § 60 jedoch gegenüber den Beteiligten schadensersatzpflichtig. Darüber hinaus ist davon auszugehen, dass der Insolvenzverwalter nach § 59 von seinem Amt entlassen werden kann. Die vorsätzliche Nichtbeachtung einer Entscheidung des Insolvenzgerichts ist als wichtiger Amtsenthebungsgrund iSd § 59 anzusehen. Eine Zwangsgeldandrohung nach § 58 Abs. 2 scheidet aus, da dadurch nur die Auskunfts- und Berichtspflicht nach § 58 Abs. 1 durchgesetzt werden kann.

12 Sofern die Eigenverwaltung angeordnet wurde und der Sachwalter nach § 280 von der Gläubigerversammlung beauftragt ist einen Insolvenzplan zu erarbeiten, stehen der Eigenverwaltung keine unmittelbaren Sanktionsmöglichkeiten bei Verwertungsmaßnahmen zu. Lediglich die Möglichkeiten nach § 272 zur Aufhebung der angeordneten Eigenverwaltung stehen als Sanktionsmöglichkeit zu.

13 Führt der absonderungsberechtigte Gläubiger die Verwertung fort (bspw. Versteigerung von verpfändeten Gesellschaftsanteilen) kann der Insolvenzverwalter diese Maßnahme nur im Wege des einstweiligen Verfügungsverfahrens (§§ 916 ff. ZPO) vorgehen. Das Haftungsrisiko nach § 945 ZPO wird dabei in der Regel gering sein, da eine Anordnung des Insolvenzgerichts vorliegt. Eine Zuständigkeit des Insolvenzgerichts für die einstweilige Verfügung wird wohl nicht gegeben sein. Diese wird sich nach § 919 ZPO bestimmen. Darüber hinaus kann sich der Sicherungsgläubiger schadensersatzpflichtig machen. Die bewusste Nichtbeachtung einer gerichtlichen Entscheidung kann zur einer sittenwidrigen Schädigung nach § 826 BGB führen, wobei hier eine Abwägung des Einzelfalls (bspw. hohe Lagerkosten, Verderblichkeit der Ware etc) zu erfolgen hat.

III. Anordnungsentscheidung des Gerichts

14 Die gerichtliche Anordnung zur Aussetzung der Verwertung und Verteilung erfolgt nur auf Antrag. Antragsberechtigt ist der Schuldner oder der Insolvenzverwalter. Dem Sachwalter steht

kein entsprechendes Recht zu, es sei denn er wurde durch die Gläubigerversammlung beauftragt, einen Insolvenzplan zu erarbeiten (§ 280 Abs. 1). In diesem Fall muss ihm ein entsprechendes Recht zustehen. Die Annahme, dass durch eine entsprechende Entscheidung der Gläubigerversammlung zwingend auch die Verwertung und Verteilung gehemmt ist, greift nicht. Der Sachwalter ist nicht verfügungsberechtigt bezüglich der Vermögensgegenstände der Insolvenzmasse. Funktionell zuständig für die Entscheidung ist die Richterin (§ 18 RPflG). Die Entscheidung ergeht im Wege des Beschlussverfahrens. Ein Rechtsmittel kann hiergegen nicht eingelegt werden. Nach § 6 Abs. 1 ist dies nicht vorgesehen. Eine analoge Anwendung von §§ 95 ff. ZVG im Zusammenhang mit § 30d ZVG ist nicht möglich. Der Gesetzgeber hat bewusst auf eine Rechtsmittelmöglichkeit im Interesse der Gläubigergemeinschaft verzichtet.

Sind auch Absonderungsgegenstände von der Aussetzungsanordnung umfasst, an denen kein Verwertungsrecht des Insolvenzverwalter nach §§ 166–172 besteht, ist die Entscheidung dem betroffenen Gläubiger zuzustellen und gem. § 9 öffentlich bekannt zu machen. 15

IV. Zeitliche Wirkung der Anordnungsentscheidung

In Abweichung zu § 30f ZVG kann das Insolvenzgericht auch ohne Antrag eines Beteiligten die Aussetzungsanordnung aufheben, wenn erhebliche Nachteile der Masse erwartet werden. Ausweislich des Gesetzeswortlauts ist somit nicht nur der mögliche Nachteil eines einzelnen Beteiligten ausschlaggebend, sondern nur ein Gesamtnachteil der Masse. Die Aufhebung ist im Wege des Beschlussverfahrens vorzunehmen. Ein Rechtsmittel ist nicht möglich. Die Aufhebung kann auch auf einzelne Vermögensgegenstände begrenzt werden. 16

Darüber hinaus hat der Insolvenzverwalter die Möglichkeit, die Aufhebung der Aussetzungsordnung zu beantragen, sofern die Zustimmung des Gläubigerausschusses oder der Gläubigerversammlung vorliegt. Der Antrag des Insolvenzverwalters setzt neben der Zustimmung der Gläubigerorgane keine weiteren Voraussetzungen voraus. Insbesondere müssen keine Nachteile der Masse dargelegt werden. Das Insolvenzgericht ist an den Antrag des Insolvenzverwalters gebunden. Eine Anhörung der Beteiligten erfolgt nicht. Die Beteiligten sind durch mögliche Ersatzansprüche nach § 60 hinreichend geschützt. 17

Ist der Insolvenzplan mit den erforderlichen Mehrheiten angenommen worden, endet die Anordnung mit formeller Planbestätigung, ohne dass es eine weitere gerichtliche Entscheidung bedarf. Das Ziel des Planeinreichers ist erreicht. Eine Aussetzung der Verwertung bedarf es nicht mehr. 18

Findet der Plan keine erforderlichen Mehrheiten im Abstimmungstermin bzw. erfolgt die Versagung von Amts wegen, nach § 250 ist die Anordnung gesondert aufzuheben. Andernfalls endet sie mit Ende der Rechtsmittelfrist des § 253 bzw. bei einer rechtskräftigen Entscheidung nach § 253 Abs. 4. 19

§ 234 Niederlegung des Plans
Der Insolvenzplan ist mit seinen Anlagen und den eingegangenen Stellungnahmen in der Geschäftsstelle zur Einsicht der Beteiligten niederzulegen.

A. Normzweck

Der Insolvenzplan greift in die Rechte aller Beteiligten ein. Durch die Niederlegung der notwendigen Unterlagen wird jedem Beteiligten die Möglichkeit eingeräumt, sich umfassend über den Insolvenzplan zu informieren und zu unterrichten (BT-Drs. 12/2442, 205). Sie soll auch denjenigen Beteiligten die Möglichkeit einräumen sich über den Planinhalt in notwendigen Maße ein Bild zu verschaffen, die nicht nach § 235 Abs. 3 besonders geladen werden und in diesem Zusammenhang eine Zusammenfassung bzw. Kopie des Insolvenzplans erhalten. 1

B. Regelungsinhalt

Der eingereichte Insolvenzplan ist mit den dazugehörigen Anlagen auf der Geschäftsstelle des zuständigen Insolvenzgerichts niederzulegen. Die Niederlegung ist vorzunehmen, wenn keine Zurückweisung erfolgt. Sie kann bereits dann veranlasst werden, wenn die Stellungnahmen nach → § 232 Rn. 1 ff. eingeholt werden. Die Stellungnahmen werden entsprechend niedergelegt. 2

Die Entscheidung über die Niederlegung selbst ist nicht öffentlich bekannt zu machen. Allerdings ist im Zusammenhang mit der öffentliche Bekanntmachung des Erörterungs- und Abstim- 3 mungstermins darauf hinzuweisen, dass der Insolvenzplan mit den dazugehörigen Anlagen und Stellungnahmen auf der Geschäftsstelle zur Einsicht ausliegt (§ 235 Abs. 2 S. 2).

4   Ein Einsichtsrecht ist jedem Beteiligten einzuräumen. Beteiligter ist jeder, der von der Planregelung unterworfen ist. Nachdem der Beteiligte ggf. keine Kenntnis hat, ob er mit seinen Rechten einer Planregelung unterfällt, wird das Einsichtsrecht großzügig auszulegen sein. Der Einsichtnehmende muss jedoch sein Einsichtsrecht darlegen und aufzeigen, aus welchem Grund er ggf. von der Planregelung betroffen sein könnte. Vertragsparteien des Schuldners, die nicht Gläubiger bzw. Marktbegleiter sind werden ein solches Einsichtsrecht in der Regel nicht haben. Das Einsichtsrecht ist von der Richterin zu prüfen (§ 18 RPflG). Wird das Einsichtsrecht versagt, ergeht eine prozessuale Verfügung. Das Einsichtsrecht umfasst nicht die Möglichkeit Kopien oder Abschriften vom Insolvenzplan zu fordern oder selbst zu erstellen.

5   Sofern die Niederlegung auf der Geschäftsstelle nicht erfolgt bzw. nicht nach § 235 Abs. 2 S. 2 darauf hingewiesen wurde, kann dies nicht zu einer Versagung der Planbestätigung nach § 250 führen. Ein Versäumnis des Gerichts kann nicht zulasten der Planersteller führen.

Zweiter Abschnitt. Annahme und Bestätigung des Plans

§ 235 Erörterungs- und Abstimmungstermin

(1) ¹Das Insolvenzgericht bestimmt einen Termin, in dem der Insolvenzplan und das Stimmrecht der Beteiligten erörtert werden und anschließend über den Plan abgestimmt wird (Erörterungs- und Abstimmungstermin). ²Der Termin soll nicht über einen Monat hinaus angesetzt werden. ³Er kann gleichzeitig mit der Einholung der Stellungnahmen nach § 232 anberaumt werden.

(2) ¹Der Erörterungs- und Abstimmungstermin ist öffentlich bekanntzumachen. ²Dabei ist darauf hinzuweisen, daß der Plan und die eingegangenen Stellungnahmen in der Geschäftsstelle eingesehen werden können. ³§ 74 Abs. 2 Satz 2 gilt entsprechend.

(3) ¹Die Insolvenzgläubiger, die Forderungen angemeldet haben, die absonderungsberechtigten Gläubiger, der Insolvenzverwalter, der Schuldner, der Betriebsrat und der Sprecherausschuß der leitenden Angestellten sind besonders zu laden. ²Mit der Ladung ist ein Abdruck des Plans oder eine Zusammenfassung seines wesentlichen Inhalts, die der Vorlegende auf Aufforderung einzureichen hat, zu übersenden. ³Sind die Anteils- oder Mitgliedschaftsrechte der am Schuldner beteiligten Personen in den Plan einbezogen, so sind auch diese Personen gemäß den Sätzen 1 und 2 zu laden; dies gilt nicht für Aktionäre oder Kommanditaktionäre. ⁴§ 8 Absatz 3 gilt entsprechend. ⁵Für börsennotierte Gesellschaften findet § 121 Absatz 4a des Aktiengesetzes entsprechende Anwendung; sie haben eine Zusammenfassung des wesentlichen Inhalts des Plans über ihre Internetseite zugänglich zu machen.

A. Normzweck

1   Entsprechend der Regelung des § 66 VerglO bzw. § 179 KO findet grundsätzlich sowohl die Erörterung und die Abstimmung in einem Termin statt. Das Gericht kann nach § 241 davon abweichen. Dem Vorschlag des Regierungsentwurfs, die Termine stets zu trennen um den Beteiligten die Möglichkeit der weiteren Überlegung sowie Beratung einzuräumen (BT-Drs. 12/2443, 206), wurde aufgrund einer Verfahrensbeschleunigung nicht gefolgt (BT-Drs. 12/4302, 183). Nach dem Willen des Gesetzgebers dient der Erörterungs- und Abstimmungstermin der Erläuterung des Insolvenzplans durch denjenigen, der den Plan eingereicht hat. Es können zwischen dem Planeinreicher und den Beteiligten Verhandlungen über den Planinhalt geführt werden. Den Beteiligten soll die Möglichkeit eingeräumt werden, Erläuterungen, Auskünfte und Informationen des Planvorlegenden zu erhalten (BeckRS 2013, 17141).

2   Die in Abs. 2 gesetzlich normierte öffentliche Bekanntmachung sowie gesonderte Ladung gewisser Beteiligten ist notwendig, denn der Insolvenzplan greift in die verfassungsrechtlich garantierten Rechte der Beteiligten abweichend von der gesetzlich vorgesehenen Regelabwicklung ab. Allen Beteiligten muss daher die Möglichkeit der Teilnahme ermöglicht werden (zu § 179 KO bereits Kuhn/Uhlenbruck, KO, 10. Aufl. 1986, KO § 179 Rn. 1). Wird ein Beteiligter nicht

geladen, kann dies zu einer gerichtlichen Planversagung nach § 251 bzw. zur Eröffnung des Rechtsmittels für den Betroffenen führen (BGH BeckRS 2011, 02331).

B. Regelungsinhalt

I. Terminierung des Erörterungs- und Abstimmungstermins

Erfolgt keine Zurückweisung des Insolvenzplans, hat das Insolvenzgericht den Erörterungs- und Abstimmungstermin festzulegen. Sie kann bereits im Zusammenhang mit der Einholung der Stellungnahme erfolgen. Die Terminierung erfolgt in der Regel in Abstimmung mit dem Planersteller und Insolvenzverwalter sowie Gläubigerausschuss. Die Termine können vor der ersten Gläubigerversammlung (§ 29 Abs. 1 Nr. 1) stattfinden. Es bietet sich aber an, die erste Gläubigerversammlung vorher abzuhalten, damit der ggf. eingesetzte Gläubigerausschuss bestätigt bzw. ein Gläubigerausschuss gewählt werden bzw. die Abwahl des Insolvenzverwalters erfolgen kann. 3

Erfolgt keine Zurückweisung des eingereichten Insolvenzplans, soll der Termin nach dem Willen des Gesetzgebers innerhalb von einem Monat angesetzt werden. Erfolgt die Einreichung bereits mit Stellung des Insolvenzantrags durch den Schuldner (§ 218 Abs. 1 S. 2) hat das Insolvenzgericht bereits die Möglichkeit der Zurückweisung nach § 231 zu prüfen, sodass die Monatsfrist wohl mit Eröffnung des Insolvenzverfahrens beginnt. Entsprechendes ist auch bei § 270d zu beachten. Die Frist ist für das Gericht nicht bindend. Je nach Einzelfall und Sachlage (bspw. Größe des Verfahrens, Urlaubszeit etc) kann von der Frist abgewichen werden. Zuständig für die Terminierung ist die Richterin (§ 18 RpflG). Die Entscheidung erfolgt im Wege des Beschlussverfahrens. Ein Rechtsmittel ist hiergegen nicht statthaft. 4

II. Öffentliche Bekanntmachung

Der Erörterungs- und Abstimmungstermin ist öffentlich bekannt zu machen. Es gilt § 9. Es ist darauf hinzuweisen, dass der Insolvenzplan nebst Anlagen sowie die Stellungnahme den Beteiligten zur Einsicht auf der Geschäftsstelle gem. § 232 ausliegt. 5

III. Besondere Ladung der Beteiligten

Neben der öffentlichen Bekanntmachung sind Insolvenzgläubiger die ihre Forderung angemeldet haben, die absonderungsberechtigten Gläubiger, der Insolvenzverwalter, der Schuldner, der Betriebsrat und der Sprecherausschuss der leitenden Angestellten besonders zu laden (Abs. 2). Sind im Insolvenzplan auch die Nachranggläubiger einer gesetzlich abweichenden Regelung unterworfen, sind auch diese zu laden; ebenso Anteilseigner, sofern in deren Rechte eingegriffen wird. Ausgenommen sind Aktionäre und Kommanditaktionäre 6

Angemeldete Insolvenzgläubiger sind all diejenigen, die innerhalb der Frist des § 28 ihre Forderung geltend gemacht haben. Unbeachtlich ist, ob diese eine Forderung tatsächlich haben und/oder ob die Voraussetzungen des § 174 eingehalten wurden. Werden Forderungen nach Ablauf der Frist und vor dem Erörterungs- und Abstimmungstermin weitere Forderungen angemeldet, besteht keine Pflicht, diese besonders zu laden auch wenn § 28 keine Ausschlussfrist darstellt. 7

Die Definition der Absonderungsgläubiger ergibt sich aus §§ 49 ff. sowie aus etwaigen Nebengesetzen (ua § 110 VVG). Hat sich bereits ein Lieferantenpool gebildet, ist im Zweifel auch dieser zu laden. 8

Der Insolvenzverwalter und der Schuldner sind auch dann zu laden, wenn diese den Plan eingereicht haben. 9

Sofern ein Konzern- bzw. Gesamtbetriebsrat besteht, ist auch dieser gesondert zu laden. Bestehen mehrere Betriebsräte an einzelnen Standorten bzw. Regionen sind diese ebenfalls zu laden. Entsprechendes gilt für den Fall, dass ein Sprecherausschuss der leitenden Angestellten besteht. 10

Nachranggläubiger sind dann gesondert zu laden, wenn der Insolvenzplan in deren Rechte eingreift. 11

Ebenso sind Anteilseigner gesondert zu laden, wenn in deren Rechte eingegriffen wird. Dies kann bereits dann sein, wenn im Insolvenzplan der Fortsetzungsbeschluss getroffen wird. Aktionäre und Kommanditaktionäre sind nicht gesondert zu laden. Sofern die Gesellschaft börsennotiert ist, genügt es, dass wenn die Ladung sowie eine Zusammenfassung der wesentlichen Inhalte des Insolvenzplans auf der Internetseite der Gesellschaft erfolgt (Abs. 3 S. 4 Abs. 3 S. 5). Insoweit ist § 121 Abs. 4 nicht anzuwenden. 12

Die besondere Ladung erfolgt im Wege der vereinfachten Zustellung durch Aufgabe per Post (MüKoInsO/Ganter/Lohmann § 8 Rn. 8). Die Zustellung kann nach gängiger Gerichtspraxis 13 gem. § 8 Abs. 3 auf den Insolvenzverwalter oder den Sachwalte übertragen werden. Die Ladung über die Geschäftsstelle nach § 4 iVm § 274 ZPO ist nicht zwingend.

14   Nachdem erst nach Ablauf der Frist des § 28 (zwei Wochen bis maximal drei Monate) feststeht, welche Insolvenzgläubiger zur Insolvenztabelle angemeldet haben, kann die Ladung erst nach der in § 28 gesetzten Frist erfolgen.

15   Ein Verstoß gegen die Pflicht zur gesonderten Ladung kann zur Versagung von Amtswegen nach § 250 bzw. Eröffnung des Rechtsmittels gegen die Planbestätigung führen (BeckRS 2011, 02331).

IV. Unterlagen der Besonderen Ladung

16   Der besonderen Ladung ist eine Kopie des Insolvenzplans nebst Anlagen bzw. eine Zusammenfassung der wesentlichen Punkte anzufügen. Ob die Überlassung des gesamten Plans oder eine wesentliche Zusammenfassung versendet wird, liegt grundsätzlich im freien Ermessen des Gerichts, da dieses die besondere Ladung zu veranlassen hat. Das Gericht kann die Entscheidung dem Planersteller einräumen. Entscheidet dieser sich für die Zusammenfassung, hat er diese vorzunehmen.

17   Der Vorteil der Überlassung einer Zusammenfassung besteht darin, dass diese in der Regel kostengünstiger sein wird. Darüber hinaus werden Planungsrechnungen, die als Anlagen angefügt werden, nicht einer breiten Öffentlichkeit (bspw. Marktbegleitern) überlassen. Es besteht aber das Risiko, dass einzelne Beteiligte eine andere Vorstellung hinsichtlich der Wesentlichkeit des Insolvenzplans haben und dies für ein späteres Rechtsmittelverfahren nutzen. Ein solches Rechtsmittelverfahren wird in der Regel keine Aussicht auf Erfolg haben, da dem Rechtsmittelführer nach § 232 die Möglichkeit eingeräumt wurde, den vollständigen Insolvenzplan bei Gericht einzusehen. Entscheidet man sich für die Überlassung einer Zusammenfassung der wesentlichen Punkte sollte man jedoch den Insolvenzplan mit den dazugehörigen Anlagen dennoch den Beteiligten neben der Möglichkeit des § 232 zur Einsicht bereitstellen. Es biete sich hier bspw. die Einräumung eines Zugriffs auf einer zugangsgeschützten Internetplattform (Datenraum etc) an.

18   Die Kopien des Insolvenzplans sind grundsätzlich vom Gericht zu erstellen. Wird der Insolvenzplan vom Schuldner erstellt, sind die Kosten aus der Insolvenzmasse zu tragen. Der Schuldner bzw. der Insolvenzverwalter kann insoweit sonstige Masseverbindlichkeiten nach § 55 Abs. 1 Nr. 1 begründen. Es sind keine Kosten die vom Insolvenzverwalter bzw. Sachwalter zu verauslagen und über die Auslagen zu erstatten sind. Dies gilt auch dann nicht, wenn nach § 8 Abs. 3 der Insolvenzverwalter mit der Zustellung beauftragt wird.

19   Auch bei umfangreichem Auslandsbezug genügt die Überlassung einer deutschen Fassung (§ 184 GVG).

V. Ladungsfrist

20   Eine besondere Ladungsfrist sieht der Gesetzgeber nicht vor. Aufgrund des verankerten Rechtsstaatsprinzips sollte jedoch jedem Beteiligten die Möglichkeit eingeräumt werden an dem Termin teilzunehmen. Eine Frist von 14 Tagen zwischen Zustellung und Erörterungs- und Abstimmungstermin sollte in der Regel genügen. Durch die Anordnung der entsprechenden Geltung des § 8 Abs. 3 wird klargestellt, dass das Insolvenzgericht den Insolvenzverwalter bzw. Sachwalter mit der Ladung zum Erörterungs- und Abstimmungstermin sowie der Übersendung des Insolvenzplans oder einer Zusammenfassung des Plans betrauen darf. Die Übertragung liegt im pflichtgemäßen Ermessen des Gerichts (BT-Drs. 19/24181, 201). Die durch das SanInsFoG eingeführte Änderung dient zur Entlastung der Gerichte und folgt dem bereits in der InsO verankerten Gedanken, dass die Zustellung von Unterlagen auf den Insolvenzverwalter bzw. Sachwalter übertragen werden kann.

§ 236 Verbindung mit dem Prüfungstermin

Der Erörterungs- und Abstimmungstermin darf nicht vor dem Prüfungstermin stattfinden. Beide Termine können jedoch verbunden werden.

A. Normzweck

1   Der Insolvenzplan kann keine Regelungen hinsichtlich der Prüfung und Feststellung treffen. Das Prüfungsergebnis bildet eine wesentliche Grundlage für die Ermittlung der Gesamtverbind-

lichkeiten. Daneben wir die Feststellung des Stimmrechts erleichtert. Aufgrund dessen muss die Prüfung der Forderungen vor dem Abstimmungs- und Erörterungstermin erfolgen. Zur verfahrensrechtlichen Vereinfachung und Beschleunigung des Verfahrens kann der Erörterungs- und Abstimmungstermin aber mit dem Prüfungstermin zusammengelegt werden (BT-Drs. 12/2443, 206).

B. Regelungsinhalt

Nach § 28 wird mit Eröffnung des Insolvenzverfahrens der Termin festgestellt, bis wann die Gläubiger ihre Forderungen nach § 174 zur Insolvenztabelle anzumelden haben. Dies soll frühestens zwei Wochen und spätestens drei Monaten nach Eröffnung erfolgen. Der Prüfungstermin soll nach § 29 frühestens zwei Wochen und spätestens zwei Monaten nach Ablauf der nach § 28 gesetzten Frist erfolgen. Darüber hinaus muss spätestens eine Woche vor dem Prüfungstermin das Gläubigerverzeichnis zur Einsicht der Beteiligten auf der Geschäftsstelle ausliegen (§ 154). In Anbetracht dieser Zeitvorgabe kann es sachdienlich sein, die Termine zu verbinden. Nachdem der Berichtstermin (§ 29 Abs. 1 Nr. 1) mit dem Prüfungstermin verbunden werden kann (§ 29 Abs. 2), kann im Erörterungs- und Abstimmungstermin stattfinden. 1a

Ist bereits vor Eröffnung des Insolvenzverfahrens ein wirksamer Insolvenzplan eingereicht (§ 218 Abs. 1 S. 2 oder § 270d), kann das Insolvenzgericht bereits mit dem Beschluss nach § 29 entsprechendes anordnen. Andernfalls kann auch eine spätere Verbindung erfolgen. 2

Erfolgt eine Verbindung der Termine hat zunächst die Prüfung der Forderungen zu erfolgen. Daran anschließend die Erörterung, gefolgt von der Abstimmung. 3

Für die Entscheidung der Verbindung der Termine ist die Richterin zuständig (§ 18 RPflG). Sie ergeht im Wege des Beschlussverfahrens. Ein Rechtsmittel ist nicht statthaft. 4

§ 237 Stimmrecht der Insolvenzgläubiger

(1) ¹Für das Stimmrecht der Insolvenzgläubiger bei der Abstimmung über den Insolvenzplan gilt § 77 Abs. 1 Satz 1, Abs. 2 und 3 Nr. 1 entsprechend. ²Absonderungsberechtigte Gläubiger sind nur insoweit zur Abstimmung als Insolvenzgläubiger berechtigt, als ihnen der Schuldner auch persönlich haftet und sie auf die abgesonderte Befriedigung verzichten oder bei ihr ausfallen; solange der Ausfall nicht feststeht, sind sie mit dem mutmaßlichen Ausfall zu berücksichtigen.

(2) Gläubiger, deren Forderungen durch den Plan nicht beeinträchtigt werden, haben kein Stimmrecht.

Überblick

Die Ermittlung des Stimmrechts erfolgt nach den in § 77 verankerten Grundsätzen (→ Rn. 3). Nachdem auch die Kopfstimme eine Relevanz hat, ist dies gesondert zu berücksichtigen (→ Rn. 9). Eine Stimmrechtsbindung auf vorherigen Gläubigerversammlungen besteht nicht. Ist ein Gläubiger jedoch nicht vom Ausgang des Insolvenzplans betroffen, steht ihm kein Stimmrecht zu (→ Rn. 12).

A. Normzweck

Die Zuordnung der Stimmrechte kann für den Ausgang des Insolvenzplanverfahrens genauso eine besondere Bedeutung haben, wie bei anderen Entscheidungen der Gläubigergemeinschaft. Der Gesetzgeber folgt in § 237 seinem in der InsO verankerten Grundsatz der Stimmfestlegung und bezieht die Grundsätze des § 77 auch bei der Planabstimmung hinsichtlich der Stimmfestlegung mit ein. Er erkennt die Sonderstellung der Absonderungsgläubiger an und korrigiert deren ansonsten stets bestehende mehrfache Stimmrechtsmöglichkeit. Ebenso erkennt der Gesetzgeber den Gedanken des § 72 VerglO an, dass ein nicht vom Insolvenzplan Betroffener kein Stimmrecht hat (BT-Drs. 12/2443, 206). 1

§ 237 regelt sowohl die summenmäßige Höhe des abstimmenden Insolvenzgläubigers als auch dessen Kopfanzahl. 2

B. Regelungsinhalt

I. Anwendung des § 77 Abs. 1 S. 1, Abs. 2 und 3 Nr. 1

3   Die Ermittlung der Stimmrechtshöhe des jeweiligen Insolvenzgläubiger erfolgt zunächst anhand der angemeldeten Insolvenzforderung. Umfasst ist sowohl die Haupt- als auch die Nebenforderung, sofern diese nicht als Nachrangforderung einzustufen ist. Wird die Forderung ganz oder teilweise bestritten, hat der Gläubiger ein entsprechend reduziertes Stimmrecht. Das Ergebnis des Prüfungstermins hat dabei keine Bindung für die Bestimmung des Stimmrechts im Abstimmungstermin.

4   Das Stimmrecht kann vom Insolvenzverwalter oder von einem anderen Stimmrechtsbeteiligten bestritten werden. Ausweislich des Wortlauts und der Verweisung auf § 77 hat der Schuldner keine Möglichkeit, dass Stimmrecht selbstständig zu bestreiten, sofern nicht die Eigenverwaltung nach § 270 angeordnet ist.

5   Bestehen unterschiedliche Auffassungen über die Höhe des Stimmrechts, kann eine Einigung hinsichtlich des Stimmrechts zwischen dem Betroffenen und den anwesenden Beteiligten sowie dem Insolvenzverwalter bzw. im Fall der Eigenverwaltung mit der Schuldnerin geschlossen werden. § 77 Abs. 2 findet insoweit Anwendung. Die Verständigung über das Stimmrecht erfolgt zwischen den betroffenen Stimmberechtigten und allen anderen stimmberechtigten Anwesenden sowie dem Insolvenzverwalter. Eine Begrenzung nur auf die Insolvenzgläubiger bzw. auf die Gruppenmitglieder ist aufgrund der Mehrheitsentscheidung im Insolvenzplanverfahren und des dort verankerten Obstruktionsverbots nicht sachgerecht. Die Verständigung hat aufseiten der sonstigen Anwesenden und stimmrechtsberechtigten Beteiligten im Wege der einfachen Summenmehrheit zu erfolgen. Ist das Stimmrecht weiterer Stimmberechtigter ebenfalls nach § 77 Abs. 2 zu bestimmen, sind diese nicht beachtlich. Wird die Einigung nicht erzielt, entscheidet das Gericht im Wege des Beschlussverfahrens. Zuständig ist die Richterin (§ 18 RPflG). Ein Rechtsmittel ist gegen die Entscheidung nicht statthaft. Auf Antrag des Insolvenzverwalters oder auf Antrag eines der anwesenden Planbeteiligten kann die Entscheidung jedoch geändert werden. Die Festsetzung der Stimmrechte hat vor Abstimmung über den Insolvenzplan zu erfolgen und muss vor Abstimmung abgeschlossen sein (BeckRS 2020, 38489).

6   Hat ein Insolvenzgläubiger eine aufschiebend bedingte Forderung, muss eine Verständigung entsprechend der obigen Ausführungen über das Stimmrecht erfolgen.

II. Stimmrecht von Absonderungsberechtigten als Insolvenzgläubiger

7   Haftet der Schuldner gegenüber dem absonderungsberechtigten Gläubiger auch persönlich, ist dieser auch als Insolvenzgläubiger an der Planabstimmung beteiligt. Soll daneben auch sein Absonderungsrecht einer Planregelung unterworfen werden, ist er daneben noch in dieser Abstimmungsgruppe zu berücksichtigen. Die Stimmrechtsfestsetzung in dieser Gruppe richtet sich dabei nach den Regelungen des § 238.

8   In der Gruppe der Insolvenzgläubiger wird das Stimmrecht des absonderungsberechtigten Gläubigers, dem der Schuldner auch persönlich haftet, nach den Regelungen des Abs. 1 festgestellt. Steht der Ausfall bereits fest, da das Sicherungsgut verwertet wurde oder keine Erlöse mehr zu erwarten sind, kann das Stimmrecht in entsprechender Höhe festgesetzt werden. Ist die Verwertung noch nicht erfolgt und hat der Absonderungsberechtigte nicht auf seine abgesonderte Befriedigung verzichtet, ist der zu erwartende Ausfall zu ermitteln (BT-Drs. 12/2443, 206). Dabei ist der zu erwartende Verwertungserlös maßgeblich, der sich aufgrund der erstellten Wertgutachten ergibt. Ob der Fortführungs- oder der Liquidationswert anzusetzen ist, richtet sich nach der Zielsetzung (dh Fortführung oder Zerschlagung) des Insolvenzplans (BT-Drs. 12/2443, 206). Dabei ist zu berücksichtigen, dass nach Entscheidung des BGH ein Verwertungserlös zunächst auf die Nachrangforderungen des Absonderungsberechtigten anzurechnen ist und erst dann eine Anrechnung auf die besicherte Hauptforderung erfolgt. Sofern der Ausfall nicht feststeht, haben sich die Beteiligten über das Stimmrecht des Absonderungsberechtigten in der Gruppe der Insolvenzgläubiger zu verständigen. Sofern eine Verständigung ausscheidet, erfolgt die Stimmrechtsfestsetzung durch das Insolvenzgericht. Die Entscheidung erfolgt durch die Richterin (§ 18 RPflG) im Wege des Beschlussverfahrens. Ein Rechtsmittel hiergegen ist nicht statthaft. Die Entscheidung kann auf Antrag des Insolvenzverwalters oder eines Gläubigers durch das Gericht geändert werden (§ 77 Abs. 2 S. 3).

III. Stimmrechtsfestsetzung Kopfanzahl

Hinsichtlich des Kopfstimmrechts des jeweiligen Gläubigers hat ggf. eine einvernehmliche 9
bzw. gerichtliche Stimmrechtsfestsetzung zu erfolgen. Dies betrifft in der Regel jedoch nur die
Bundesagentur für Arbeit aufgrund der übergegangenen Ansprüche aus der Insolvenzgeldvorfinanzierung sowie des Pensionssicherungsvereins (nach der VerglO wurde dem Pensionssicherungsverein in der Regel nur eine Kopfstimme zugesprochen, NJW-RR 1997, 1338; Kilger/K. Schmidt, Insolvenzgesetze KO/VerglO/GesO, 17. Aufl. 1997, § 181 Rn. 1). Bei der Bundesagentur für Arbeit ist jedoch zu beachten, dass diese hinsichtlich der durch die Insolvenzgeldzahlung übergegangenen Ansprüche in der Regel nun eine Kopfstimme erhält (so auch AG Köln NZI 2020, 517).

Der gemeinsame Vertreter der Anleihegläubiger (§ 19 Abs. 3 SchVG) ist Vertreter jedes Einzelnen. 10
Nachdem der gemeinsame Vertreter der Anleihegläubiger in der Regel nur die Gesamtforderung anmeldet, ohne die einzelnen Anleihegläubiger zu benennen, ist eine Auskunft der Clearstream Banking AG zur Ermittlung der Kopfstimme einzuholen.

Hat sich im Insolvenzverfahren ein Lieferantenpool gebildet oder werden durch einen Kreditversicherer Forderungen geltend gemacht, bestimmt sich die Kopfstimme nach der Anzahl der 11
vertretenden Lieferantenpoolmitglieder, denn der Poolführer wird in der Regel nur bevollmächtigt. Hat eine Gläubiger dagegen Forderungen durch Abtretung erworben, so soll dieser nach hA nur eine Kopfstimme zustehen (OLG Köln NZI 2001, 88 (90)); Uhlenbruck/Lüer/Streit Rn. 4). Für den Kreditversicherer bedeutet dies, dass er im Zweifel nur eine Kopfstimme hat, sofern er den Schaden des jeweiligen Lieferanten reguliert hat, da § 86 VVG in der Regel zur Anwendung gelangt.

IV. Ausschluss des Stimmrechts

Ist ein Insolvenzgläubiger keiner Planregelung unterworfen, steht ihm kein Stimmrecht zu. Die 12
Regelung folgt dem Gedanken des § 72 Abs. 1 VerglO. Er findet beispielsweise Anwendung, wenn der Insolvenzplan die volle Befriedigung der Kleingläubiger vorsieht (BT-Drs. 12/2443, 206).

§ 238 Stimmrecht der absonderungsberechtigten Gläubiger

(1) ¹Soweit im Insolvenzplan auch die Rechtsstellung absonderungsberechtigter Gläubiger geregelt wird, sind im Termin die Rechte dieser Gläubiger einzeln zu erörtern. ²Ein Stimmrecht gewähren die Absonderungsrechte, die weder vom Insolvenzverwalter noch von einem absonderungsberechtigten Gläubiger noch von einem Insolvenzgläubiger bestritten werden. ³Für das Stimmrecht bei streitigen, aufschiebend bedingten oder nicht fälligen Rechten gelten die §§ 41, 77 Abs. 2, 3 Nr. 1 entsprechend.

(2) § 237 Abs. 2 gilt entsprechend.

A. Normzweck

Unter Geltung der Konkurs- und VerglO war eine Verwertungsberechtigung des Konkursverwalters hinsichtlich der Absonderungsgegenstände nicht vorgesehen. Durch Einführung der Insolvenzordnung wurde unter bestimmten Voraussetzungen die Verwertungsberechtigung absonderungsbelasteten Gegenständen zugunsten der Gläubigergemeinschaft nach §§ 166 ff. besonderen Regelungen unterworfen. Sofern der Insolvenzplan die Rechte von absonderungsberechtigten Gläubigern abweichend der gesetzlichen Bestimmungen der Insolvenzordnung regeln soll, nehmen sie mit ihrem Absonderungsrecht an dem Abstimmungstermin teil. 1

B. Regelungsinhalt

In Abweichung zu der Stimmrechtsfestsetzung der Insolvenzgläubiger ist bei der Stimmrechtsfestsetzung der Absonderungsberechtigten jeder Vorgang einzeln zu erörtern. Die Erörterung 2
erfolgt im Termin. Es ist sowohl das Absonderungsrecht selbst als auch deren Wert anzusprechen. Hinsichtlich des Bestehens des Absonderungsrechts dem Grunde nach gelten die allgemeinen Regelungen des Sachenrechts unter Berücksichtigung der insolvenzrechtlichen Regelungen, sodass auch mögliche Anfechtungseinwände aus §§ 129 ff. zu beachten sind. Ist das Absonderungsrecht dem Grunde unstrittig ist die Stimmrechtshöhe zu ermitteln. Diese bemisst sich nach dem zu erwartenden Verwertungserlös. Gibt es sowohl einen Fortführungswert als auch einen Liquidati-

ons- bzw. Drittnutzungswert, ist das Planziel maßgeblich. Strebt der Insolvenzplan die Fortführung an, ist somit dieser Wert entscheidend (BT-Drs. 12/2443, 206). Die Wertermittlung erfolgt im Insolvenzverfahren regelmäßig durch gesonderte Sachverständigengutachten (§ 151 Abs. 2 S. 2).

3 Die Höhe des Stimmrechts wird in der Regel vom absonderungsberechtigten Gläubiger vorgeschlagen. Gegen den Vorschlag kann der Insolvenzverwalter, ein anderer Absonderungsberechtigter oder ein Insolvenzgläubiger widersprechen. Sofern ein Widerspruch im Termin erklärt wird, erfolgt die Stimmrechtsfestsetzung nach § 77 Abs. 2, 3 Nr. 1.

4 Es kann eine Einigung hinsichtlich des Stimmrechts zwischen dem Betroffenen und den anwesenden Beteiligten sowie dem Insolvenzverwalter bzw. im Fall der Eigenverwaltung mit der Schuldnerin geschlossen werden. Eine Begrenzung nur auf die Insolvenzgläubiger bzw. auf die Gruppenmitglieder ist aufgrund der Mehrheitsentscheidung im Insolvenzplanverfahren und des dort verankerten Obstruktionsverbotes nicht sachgerecht. Wird eine Einigung nicht erzielt, entscheidet das Gericht im Wege des Beschlussverfahrens. Zuständig ist die Richterin (§ 18 RPflG). Ein Rechtsmittel ist gegen die Entscheidung nicht statthaft. Sie kann nur im Rechtsmittelverfahren gegen den Planbestätigungs- bzw. Planabweisungsbeschluss überprüft werden. Die Festsetzung der Stimmrechte hat vor Abstimmung über den Insolvenzplan zu erfolgen und muss vor Abstimmung abgeschlossen sein (zur Stimmrechtsfestsetzung bei Insolvenzgläubigern BeckRS 2020, 38489).

5 Ist die besicherte Hauptforderung noch nicht fällig, gilt § 41. Ist die besicherte Hauptforderung aufschiebend bedingt, gilt § 77 Abs. 2.

§ 238a Stimmrecht der Anteilsinhaber

(1) ¹Das Stimmrecht der Anteilsinhaber des Schuldners bestimmt sich allein nach deren Beteiligung am gezeichneten Kapital oder Vermögen des Schuldners. ²Stimmrechtsbeschränkungen, Sonder- oder Mehrstimmrechte bleiben außer Betracht.

(2) § 237 Absatz 2 gilt entsprechend.

A. Normzweck

1 Bis zur Einführung des ESUG war die Festsetzung des Stimmrechts der Anteilseigner nicht gesetzlich geregelt. Durch die Einführung des ESUG wurde diese Lücke geschlossen. Der Gesetzgeber hat dabei erkannt, dass die Stimmrechte im Planverfahren nicht zwangsläufig den Stimmrechten, die den jeweiligen Anteilsinhabern nach Maßgabe des einschlägigen Gesellschaftsrechts zustehen, entsprechen müssen. Begründet wird dies ua dadurch, dass nur noch die Kapitalbeteiligung relevant sein kann (BT-Drs. 17/5712, 33; OLG Frankfurt a.M. BeckRS 2013, 17141). Die Bestimmung des Stimmrechts erfolgt bei Kapitalgesellschaften ausschließlich am gezeichneten Kapital, bei sonstigen Gesellschaften anhand des Anteils am Vermögen. Sind die Anteilsinhaber nicht von den Regelungen des Insolvenzplans in ihren Rechten betroffen, ist keine Zustimmung erforderlich.

B. Regelungsinhalt

I. Stimmrecht an Hand des gezeichneten Kapitals

2 Abs. 1 stellt klar, dass das Stimmrecht der Anteilsinhaber bei einer insolventen Kapitalgesellschaft (insbesondere GmbH, UG bzw. Ltd., AG bzw. SE, KGaA) ausschließlich nach der Höhe ihrer Beteiligung am gezeichneten Kapital bestimmt wird (BT-Drs. 17/5712, 33). Eine Ermittlung anhand der Beteiligung am schuldnerischen Vermögen ist ungeachtet des Wortlauts bei Kapitalgesellschaften nicht möglich. Der Wortlaut ist insoweit dahingehend zu verstehen, dass bei Kapitalgesellschaften keine Alternativermittlung möglich ist. Das eingetragene Haftkapital und der jeweilig zugeordnete Anteil ist für die Ermittlung des Stimmrechts ausschließlich zu berücksichtigen. Hinsichtlich der Abstimmung in der Gruppe ist dabei zu beachten, dass die Stelle der Summe der Ansprüche die Summe der Beteiligungen tritt (§ 244 Abs. 3). Die Ermittlung der Kopfstimme bedarf es nicht. Bei der GmbH bzw. UG ist § 14 GmbHG zu beachten. Bei der AG wird das Stimmrecht nach Aktienbeträgen, bei Stückaktien nach deren Zahl ausgeübt (§ 134 AktG). Auch stimmrechtslose Vorzugsaktien sind bei der Abstimmung über den Insolvenzplan zu beteiligen (BT-Drs. 17/5712, 33). Entsprechendes gilt für die KGaA.

II. Stimmrecht an Hand des Vermögens

Bei Personenhandelsgesellschaften (nach § 11 Abs. 2 Nr. 1 OHG, KG, PartG, GbR, Partnerreederei, EWI) wird das Stimmrecht des jeweiligen Anteilseigners allein an seinem Anteil am Vermögen der Gesellschaft ermittelt. Maßgeblich ist der zur Abstimmung geltende Gesellschaftervertrag. Andernfalls gelten die gesetzlichen Bestimmungen (bei der GbR §§ 709 Abs. 2, 722 Abs. 1 BGB; bei der OHG § 119 Abs. 2 HGB; bei der PartG § 6 Abs. 3 PartGG). Ist ein Gesellschafter am Vermögen nicht beteiligt (bspw. Komplementär-GmbH bei der GmbH & Co. KG), erhält er kein Stimmrecht. Der Wortlaut des § 238 ist insoweit abschließend. Sofern darauf abgestellt werden soll, dass diese Einschränkung nur gelten soll, wenn eine Personenidentität zwischen den stimmberechtigten Gesellschaftern und den nicht stimmberechtigten besteht (so ua MüKoInsO/Madaus Rn. 7), wird hier nicht gefolgt. 3

In der Insolvenz einer Genossenschaft bemisst sich das Stimmrecht des einzelnen Mitgliedes am Nennbetrag seines Genossenschaftsanteils. Dies ergibt sich aus der Satzung und Mitgliederliste (§§ 7, 30 GenG), § 43 Abs. 3 S. 1 GenG ist unbeachtlich (MüKoInsO/Hintzen § 240 Rn. 11). 4

In einem Insolvenzplanverfahren über das Vermögen eines Vereins ergibt sich das Stimmrecht nach § 32 Abs. 1 S. 3 BGB (Kopfstimme). Das Vereinsmitglied ist nicht am Vermögen beteiligt. Der Gesetzgeber hat diese Konstellation bisher nicht geregelt. Die hL geht aber von einer entsprechenden Kopfstimme aus (MüKoInsO/Hintzen § 240 Rn. 12). 5

III. Stimmrecht von (atypischen) stillen Gesellschaftern

Stille Gesellschafter (§§ 230 ff. HGB) haben kein Stimmrecht nach § 238a. Das Wesen der stillen Gesellschaft besteht darin, dass die Gesellschaft als reine Innengesellschaft agiert und der stille Gesellschafter eine Beteiligung am wirtschaftlichen Ergebnis des Handelsgewerbes hat (EBJS/Gehrlein HGB § 230 Rn. 4). Dies gilt auch dann, wenn aufgrund der vertraglichen Vereinbarung dem stillen Gesellschafter in der Gesellschafterversammlung gleichberechtigte Mitwirkungsbefugnisse (zur allgemeinen Zulässigkeit dieser Befugnisse ua BGH BeckRS 9998, 100448) eingeräumt werden. Der stille Gesellschafter ist nach § 236 HGB in der Regel nur als Insolvenzgläubiger zu berücksichtigen. Im Einzelfall kann eine Treuepflicht der Anteilsinhaber gegenüber dem stillen Gesellschafter bestehen, welches ein gewisses Abstimmungsverhalten der stimmberechtigten Anteilsinhaber vorgeben kann. 6

Der atypisch stille Gesellschafter ist ebenfalls nicht stimmberechtigt nach § 238a. Dieser kann zwar aufgrund der rechtlichen Ausgestaltung in die wirtschaftliche Rolle eines Gesellschafters hinsichtlich der Einstufung seiner Forderung als Nachrangforderung rücken (BeckRS 2012, 19437). Eine Stimmberechtigung nach § 238a kann dies aber nicht auslösen. Insoweit sind auch etwaige andere vertragliche Regelungen nach Abs. 1 S. 2 unbeachtlich. 7

IV. Stimmrechtsfestsetzung durch das Insolvenzgericht

Die Stimmrechtsfestsetzung erfolgt durch das Insolvenzgericht. § 77 Abs. 2. S. 2 findet insoweit Abwendung. Der Amtsermittlungsgrundsatz (§ 5 Abs. 1) ist dabei zu beachten. Die Festlegung erfolgt nach Erörterung im Erörterungs- und Abstimmungstermin (§ 235 Abs. 1 S. 1). Sie muss vor der Abstimmung abgeschlossen sein (zur Stimmrechtsfestsetzung bei Insolvenzgläubigern BeckRS 2020, 38489). Eine Verständigung über die Stimmrechtsfestsetzung entsprechend § 77 Abs. 2 S. 1 hat der Gesetzgeber nicht vorgesehen. Die Stimmrechtsfestsetzung kann im Wege des Rechtsmittelverfahrens bezüglich der Planbestätigung bzw. Abweisung überprüft werden. Maßgeblich ist der jeweilige Anteil zum Zeitpunkt der Abstimmung. Ist die Anteilsübertragung nach den gesetzlichen Bestimmungen noch nicht vollzogen, steht das Stimmrecht dem bisherigen Anteilsinhaber zu. Eine Eintragung in die Gesellschafterliste ist nicht notwendig. 8

V. Stimmrechtsbeschränkungen

Nach Abs. 1 S. 2 sind Stimmrechtsbeschränkungen, Sonder- oder Mehrstimmrechte nicht zu beachten. Bei der AG ist unbeachtlich, ob die Einlage noch nicht vollständig erbracht wurde. § 134 Abs. 2 S. 5 AktG findet keine Anwendung. Bestimmt der Gesellschaftsvertrag bzw. die Satzung abweichende Stimmrechtszuweisungen, sind diese bei der Stimmrechtsfestsetzung ebenso unbeachtlich. Somit sind auch etwaige satzungsgemäße Beschränkungen nach § 134 Abs. 1 AktG nicht zu berücksichtigen. 9

Hat ein Gesellschafter bereits seinen Gesellschaftsanteil gekündigt und sieht die Satzung in diesem Fall vor, dass das Stimmrecht ruhen muss (BGH BeckRS 9998, 101731), hat dies zunächst 10 keinen Einfluss auf die Ermittlung der Stimmrechte. Die Beschränkung ist unbeachtlich. Es kann aber im Ausnahmefall eine Treuepflicht des ausscheidenden Gesellschafters dahingehend bestehen, im Interesse der nicht ausscheidenden Altgesellschafter zu stimmen. Ist ein Anteilsinhaber durch Gerichtsbeschluss zum Ausscheiden aus der Gesellschaft verurteilt worden, ist sein Stimmrecht nach der Rechtsprechung außerhalb eines Insolvenzplanverfahrens gewissen Einschränkungen unterlegen (NJW 1953, 780). Für den Fall, dass ein Gesellschafter aufgrund der Satzung durch Gesellschafterbeschluss ausgeschlossen wird, verliert der betroffene Gesellschafter bereits mit dem rechtmäßigen Ausschließungsbeschluss seine Gesellschafterrechte (BGH 25.1.1960 – II ZR 22/59), sodass im Abstimmungstermin ein Stimmrecht ggf. nicht zu beachten ist.

11 Stimmrechtslose Vorzugsaktien sind bei der Abstimmung über den Insolvenzplan zu beteiligen (BT-Drs. 17/5712, 33). Stille bzw. atypisch stille Gesellschafter haben auch dann kein Stimmrecht in der Gruppe der Gesellschafter, wenn ihnen umfangreiche Kontrollrechte bzw. Mitwirkungsrechte in der Gesellschafterversammlung eingeräumt werden (→ Rn. 6 und Rn. 11.1).

11.1 Im Insolvenzverfahren über das Vermögen einer Aktiengesellschaft sind im Rahmen eines Insolvenzplanverfahrens die unselbstständigen Ansprüche von Vorzugsaktionären auf Nachzahlungen nicht geleisteter Vorzugsdividenden wie Forderungen letztrangiger Insolvenzgläubiger zu behandeln. Diese Ansprüche gelten mit rechtskräftiger Bestätigung des Insolvenzplans als erloschen, soweit im Plan nicht etwas anderes bestimmt ist (BeckRS 2010, 12957).

VI. Ausschluss der Teilnahme (Abs. 2)

12 Durch die Verweisung des Abs. 2 auf § 237 Abs. 2 wird klargestellt, dass die Anteilsinhaber an der Abstimmung nicht teilnehmen, wenn sie in ihren Rechten durch den Insolvenzplan nicht beeinträchtigt sind.

§ 238b Stimmrecht der Berechtigten aus gruppeninternen Drittsicherheiten

Sieht der Plan Eingriffe in Rechte aus gruppeninternen Drittsicherheiten vor, richtet sich das Stimmrecht nach dem Befriedigungsbeitrag, der aus der Geltendmachung der Rechte aus der Drittsicherheit mutmaßlich zu erwarten ist.

A. Normzweck

1 Durch die Einbindung von gruppeninternen Drittsicherheiten soll auch im Insolvenzplanverfahren (→ § 223a Rn. 1) die Sanierung von Unternehmensgruppen erleichtert werden. Die Vorschrift regelt die Festlegung des Stimmrechts für Gläubigerinnen, in deren Rechte aus gruppenintern gestellten Drittsicherheiten eingegriffen werden soll. Sie entspricht der Regelung des § 24 Abs. 1 Nr. 2 Alt. 1 StaRUG.

B. Regelungsinhalt

2 Die Ermittlung der Stimmrechtshöhe ergibt sich nach dem mutmaßlichen Erlös, der im Fall der Verwertung der Drittsicherheit erzielt werden kann. Es gelten dieselben Grundsätze wie bei der Stimmrechtsfestsetzung der absonderungsberechtigten Gläubiger (→ § 238 Rn. 1 ff.). Sofern keine Einigung erzielt werden kann, erfolgt die Stimmrechtsfestsetzung durch das Gericht. Die Entscheidung kann nur im Rechtsmittelverfahren gegen den Planbestätigungs- bzw. Planabweisungsbeschluss überprüft werden.

§ 239 Stimmliste

Der Urkundsbeamte der Geschäftsstelle hält in einem Verzeichnis fest, welche Stimmrechte den Beteiligten nach dem Ergebnis der Erörterung im Termin zustehen.

A. Normzweck

1 In der KO bzw. der VerglO war eine entsprechende gesetzliche Grundlage noch nicht verankert. Nachdem unter § 71 Abs. 1 VerglO es gängige Praxis war durch die Geschäftsstelle eine Stimmrechtsliste zu führen, hat der Gesetzgeber eine entsprechende Norm aufgenommen (BT-Drs. 12/2443, 207).

B. Regelungsinhalt

Die Stimmrechtsliste dient im Wesentlichen der Dokumentation der Stimmrechtsfestsetzung sowie des Abstimmungsergebnisses. Sie ist nach den einzelnen Gruppen gegliedert. Innerhalb der jeweiligen Gruppe sind die jeweiligen Gruppenmitglieder mit ihrem zugewiesenen Stimmrecht aufzuführen. Bei Absonderungsgläubigern sind darüber hinaus deren rechtliche Grundlagen für das Absonderungsrecht anzuführen. Es ist sowohl die Anzahl der Kopfstimmen als auch die Summenhöhe anzugeben. Wird das Stimmrecht durch das Gericht festgesetzt, sollte dies vermerkt sein. Darüber hinaus wird entsprechendes im Sitzungsprotokoll vermerkt. 2

Die Stimmliste wird im Termin durch den Urkundsbeamten der Geschäftsstelle des Insolvenzgerichts geführt. Zur Vorbereitung des Termins empfiehlt es sich, dass der Insolvenzverwalter bzw. der Sachwalter sich im Vorfeld mit dem Insolvenzgericht bezüglich der Stimmrechtsliste abstimmt. Insbesondere sollten mögliche Stimmrechtszuweisungen vorbesprochen werden. Die Festsetzung der Stimmrechte hat vor Abstimmung über den Insolvenzplan zu erfolgen und muss vor Abstimmung abgeschlossen sein (BeckRS 2020, 38489). 3

§ 240 Änderung des Plans

¹**Der Vorlegende ist berechtigt, einzelne Regelungen des Insolvenzplans auf Grund der Erörterung im Termin inhaltlich zu ändern.** ²**Über den geänderten Plan kann noch in demselben Termin abgestimmt werden.**

A. Normzweck

Im Erörterungstermin soll zum einen durch den Vorlegenden der Insolvenzplan und seine Auswirkungen auf die einzelnen Beteiligten vorgestellt werden. Zum anderen soll den weiteren Beteiligten die Möglichkeit eingeräumt werden, Rückfragen zu stellen bzw. eigene Anregungen anzubringen. Der Gesetzgeber eröffnet somit dem Vorlegenden, seinen Insolvenzplan zu ändern (BT-Drs. 12/2443, 207). 1

B. Regelungsinhalt

I. Änderungsberechtigung

Änderungen am Insolvenzplan kann nur derjenige vornehmen, der den Insolvenzplan vorgelegt hat und über welchen im Erörterungs- und Abstimmungstermin entschieden wird. Nimmt der Vorlegende Änderungen vor, kann ausschließlich über den geänderten Plan abgestimmt werden. Werden Änderungen des Insolvenzplans nicht zugelassen, bleibt der Insolvenzplan in seiner ursprünglichen Fassung Gegenstand des Erörterungs- und Abstimmungstermins (BeckRS 2019, 39725). 2

Bestimmt die Gläubigerversammlung den Insolvenzverwalter bzw. Sachwalter, einen Insolvenzplan auszuarbeiten und vorzulegen, ist dieser hinsichtlich des Planinhalts frei und nicht weisungsgebunden. Daher kann auch im Erörterungs- und Abstimmungstermin bei einem durch den Insolvenzverwalter bzw. Sachwalter vorgelegten Plan keine Planänderung durch Mehrheitsentscheidung der Anwesenden durchgesetzt werden. 3

Werden im Erörterungstermin Anregungen zur Planänderung durch einzelne Beteiligte vorgeschlagen, kann der Vorlegende diese in den Plan aufnehmen. Eine Verpflichtung besteht nicht. 4

II. Inhalt der Änderungen

Sofern der Vorlegende aufgrund des Erörterungstermins Änderungen am Plan vornehmen möchte, ist zu beachten, dass die eigentliche Grundlage für die Abstimmung der eingereichte, einzelnen zur Stellungnahme weitergeleitete (§ 232), bei der Geschäftsstelle zur Einsicht niedergelegte (§ 234) und den Beteiligten zugestellte (§ 235) Insolvenzplan ist. Diesem Umstand kommt der Gesetzgeber dadurch nach, dass er nach dem Wortlaut einzelne Änderungen zulässt, die aufgrund der Erörterungen im Termin zutage gekommen sind. Der „Kern" muss nach Willen des Gesetzgebers erhalten bleiben und darf durch die Änderungen nicht beeinträchtigt werden (BT-Drs. 12/7302, 183). 5

Nimmt der Vorlegende im Wege der Erörterung eine Planänderung vor, ist diese zu protokollieren. Die vorgenommene Änderung sollte durch das Gericht vorgelesen und daran anschließend 6

InsO § 241 Sechster Teil. Insolvenzplan

durch den Vorlegenden genehmigt werden (§ 4 iVm § 162 ZPO). Um den Beteiligten die Möglichkeit einzuräumen, die Auswirkung der Planänderung hinreichend abzuschätzen, kann es sachdienlich sein, einen gesonderten Abstimmungstermin nach § 241 zu bestimmen. Die Entscheidung hierüber obliegt dem Gericht. Je gravierender und umfangreicher die Planänderung, umso eher sollte ein gesonderter Abstimmungstermin bestimmt werden.

7 Sofern die Änderungen die Rechte von Beteiligten treffen, die bisher nicht einer Planregelung unterworfen sind, kann dies nicht nach § 240 vorgenommen werden. Die Erweiterung der Planregelung auf bisher nicht Beteiligte führt dazu, dass das gesamte Prozedere erneut durchgeführt werden muss. Ist der Plan ohne die Änderung nicht durchführbar, hat das Insolvenzgericht bei Annahme durch die Anwesenden nach § 250 die Planbestätigung zu versagen.

III. Prüfungsverfahren und Abstimmung über die Änderungen

8 Nimmt der Vorlegende ein Planänderung vor, hat die Richterin (§ 18 RPflG) über die Zulässigkeit der Planänderung entsprechend § 231 noch im Erörterungstermin zu entscheiden. Sofern die Änderung nach Ansicht des Insolvenzgerichts zulässig ist, wird die Änderung protokolliert. Die vorgenommene Änderung sollte durch das Gericht vorgelesen und daran anschließend durch den Vorlegenden genehmigt werden (§ 4 iVm § 162 ZPO). Ist die Änderung nicht zulässig, da sie nach § 231 zu einer Zurückweisung führt oder den Kern des Plans beeinträchtigt, wird die Änderung nicht zugelassen. Werden Änderungen des Insolvenzplans nicht zugelassen, bleibt der Insolvenzplan in seiner ursprünglichen Fassung Gegenstand des Erörterungs- und Abstimmungstermins (BeckRS 2019, 39725). Die Entscheidung über die Ablehnung der Änderungen ergeht im Wege des Beschlussverfahrens. Ein Rechtsmittel gegen die Entscheidung ist nicht statthaft.

9 Über den geänderten Insolvenzplan wird abgestimmt. Eine Abstimmung über den eingereichten Insolvenzplan ist nicht zulässig. Die Abstimmung kann entweder im angesetzten Erörterungs- und Abstimmungstermin erfolgen oder es kann durch das Gericht ein gesonderter Abstimmungstermin nach § 241 terminiert werden. Erfolgt die Neuterminierung, ist zu beachten, dass eine neue Ladung vorzunehmen und auf die Änderung hinzuweisen ist (§ 241 Abs. 2). Auch eine kurze Unterbrechung des Termins mit anschließender Fortsetzung am selben Tag ist möglich. Eine Vertagung des Termins nach § 4 iVm § 227 ZPO ist in der Regel nicht möglich. § 74 Abs. 2 S. 2 findet insoweit keine Anwendung. Die Bestimmung eines gesonderten Abstimmungstermins nach § 241 geht der Vertagung vor.

§ 241 Gesonderter Abstimmungstermin

(1) ¹Das Insolvenzgericht kann einen gesonderten Termin zur Abstimmung über den Insolvenzplan bestimmen. ²In diesem Fall soll der Zeitraum zwischen dem Erörterungstermin und dem Abstimmungstermin nicht mehr als einen Monat betragen.

(2) ¹Zum Abstimmungstermin sind die stimmberechtigten Beteiligten und der Schuldner zu laden. ²Dies gilt nicht für Aktionäre oder Kommanditaktionäre. ³Für diese reicht es aus, den Termin öffentlich bekannt zu machen. ⁴Für börsennotierte Gesellschaften findet § 121 Absatz 4a des Aktiengesetzes entsprechende Anwendung. ⁵Im Fall einer Änderung des Plans ist auf die Änderung besonders hinzuweisen.

A. Normzweck

1 Zunächst ging der Regierungsentwurf der InsO davon aus, dass sowohl für die Erörterung als auch für die Abstimmung ein gesonderter Termin zu bestimmen ist. Im Laufe des Gesetzgebungsverfahrens wurde hiervon Abstand genommen. Es soll nun grundsätzlich die Erörterung und die Abstimmung über den Insolvenzplan in einem Termin erfolgen. Sofern jedoch Planänderungen aufgrund der Erörterung anstehen, kann es im Einzelfall im Interesse der Beteiligten sein, von der Erörterung losgelöst einen gesonderten Abstimmungstermin anzuberaumen. Dem Gericht steht es aber auch frei, bereits zu Beginn des Verfahrens einen gesonderten Abstimmungstermin zu terminieren, sofern dies sachdienlich und eine Verzögerung des Verfahrens nicht zu erwarten ist. Eine Trennung zwischen Erörterung und Abstimmung soll aber nur in Ausnahmefällen erfolgen (BT-Drs. 12/7302, 183). Eine Vertagung (§ 74 Abs. 2) ist möglich (K. Schmidt InsO/Spliedt Rn. 2).

B. Regelungsinhalt

I. Terminierung eines gesonderten Abstimmungstermins

Das Gericht kann bereits zu Beginn des formellen Insolvenzplanverfahrens für die Erörterung 2
und die Abstimmung über den Insolvenzplan einen gesonderten Abstimmungstermin bestimmen.
Die Entscheidung steht im freien Ermessen des Gerichts. Zuständig ist die Richterin (§ 18 RPflG).
Die Festsetzung erfolgt im Wege des Beschlussverfahrens. Sie muss vor der Abstimmung abgeschlossen sein (BeckRS 2020, 38489). Ein Rechtsmittel ist nicht statthaft.

Bei der Entscheidung über eine Trennung der Termine ist zu beachten, dass der Gesetzgeber 3
bewusst die Erörterung und Abstimmung in einem Termin geregelt hat. Das Insolvenzplanverfahren soll ohne große Verzögerungen in einem beschleunigten Verfahren durchgeführt (BT-Drs. 12/7302, 183) werden. Neben der zügigen Verfahrensdurchführung sind auch die Kosten der Beteiligten zu berücksichtigen, die bei mehreren getrennten Terminen mit Mehrkosten belastet werden, wenn sie ihre gesetzlichen zugebilligten Rechte selbst wahrnehmen möchten.

Eine getrennte Terminierung von Beginn kann bspw. dann sachdienlich sein, wenn der Schuld- 4
ner selbst einen Plan vorgelegt hat und aufgrund der Verfahrenshistorie zu erwarten ist, dass ein erheblicher Diskussionsbedarf über den Insolvenzplan zu erwarten ist, sodass zu erwarten ist, dass die Erörterung und Abstimmung nicht an einem Tag effektiv und dem Rahmen angemessen durchgeführt werden kann. Hierbei ist aber zu beachten, dass neben der getrennten Terminierung wohl auch eine kurze Unterbrechung des Termins mit anschließender Fortsetzung am selben Tag möglich sein wird. Eine Vertagung des Termins nach § 4 iVm § 227 ZPO ist in der Regel ausgeschlossen. § 74 Abs. 2 S. 2 findet insoweit keine Anwendung. Die Bestimmung eines gesonderten Abstimmungstermins nach § 241 geht der Vertagung vor.

Der gesonderte Abstimmungstermin kann auch zu einem späteren Zeitpunkt durch das Insol- 5
venzgericht angeordnet werden. Diese Möglichkeit besteht sowohl nach der Terminierung des Erörterungs- und Abstimmungstermins, als auch nach der Erörterung des Insolvenzplans selbst. Die Terminierung des gesonderten Abstimmungstermins nach Erörterung des Insolvenzplans ist der vom Gesetzgeber vorgesehene Fall. Er nimmt dies ua dann an, wenn aufgrund der Diskussionen im Erörterungstermin eine Planänderung vorgenommen wird.

II. Frist zwischen Erörterung und Abstimmung

Erfolgt eine Trennung zwischen Erörterungs- und Abstimmungstermin soll zwischen den Ter- 6
minen die Frist von einem Monat nicht überschritten werden. Die Frist dient zur Orientierung des Gerichts und spiegelt den Gedanken der beschleunigten Verfahrensabwicklung wieder. Die Möglichkeit des schriftlichen Verfahrens für die Abstimmung nach § 5 Abs. 2, § 242 sollte aufgrund prozessökonomischer Überlegungen dem Vorzug gewährt werden, sofern die entsprechenden Voraussetzungen vorliegen. Sofern bereits von Beginn der Terminierung feststeht, dass die Erörterung und die Abstimmung in einem gesonderten Termin erfolgen sollen ist zu beachten, dass zum Abstimmungstermin die Stimmberechtigten gesondert zu laden sind. Wer zur Abstimmung berechtigt ist, ergibt sich erst nach der Stimmrechtsfestsetzung im Erörterungstermin. Maßgeblich hierfür ist die Stimmliste (§ 239). Es sollte somit berücksichtigt werden, dass erst nach dem Erörterungstermin eine Ladung nach § 241 Abs. 2 S. 2 erfolgen kann, da erst dann die Abstimmungsberechtigten feststehen. Nicht zur Abstimmung Berechtigte sind nicht gesondert zu laden. Der Wortlaut ist abschließend.

III. Ladung zu dem gesonderten Abstimmungstermin

Erfolgt eine terminliche Trennung zwischen Erörterung und Abstimmung, sind die stimmbe- 7
rechtigten Beteiligten und der Schuldner zum gesonderten Abstimmungstermin zu laden. Die zur Stimmabgabe Berechtigten ergeben sich aus der Stimmliste (§ 239). Ist bereits von Beginn die Erörterung und die Abstimmung in einem gesonderten Termin festgelegt worden, ist zu beachten, dass die Ladung nach § 241 Abs. 2 S. 1 erst nach dem Erörterungstermin erfolgen kann.

Der Insolvenzverwalter, der Betriebsrat und der Sprecherausschuss der leitenden Angestellten 8
sind nicht zu laden. Sie können aber im Abstimmungstermin anwesend sein. Im Abstimmungstermin wird der Insolvenzplan nicht nochmals erörtert (uA HK-InsO/Flessner § 242 Rn. 6; MüKo-InsO/Hintzen Rn. 14 mwN).

Sofern Änderungen im Insolvenzplan nach § 240 vorgenommen wurden, ist hierauf gesondert 9
zu verweisen. Die Bestimmungen über die Ladung zum Erörterungstermin nach § 235 Abs. 2 und Abs. 3 bleiben bestehen. Lediglich die Ladung zum Abstimmungstermin wird modifiziert.

Dies gilt sowohl bei der von Anfang an erfolgten terminlichen Trennung zwischen Erörterung und Abstimmung als auch bei einer Neuterminierung aufgrund der Erörterungen im zunächst nach § 235 Abs. 1 bestimmten Termin.

10 Für Aktionäre oder Kommanditaktionäre gilt dies seit Einführung des ESUG nicht. Es genügt, den Termin öffentlich bekannt zu machen. Für börsennotierte Gesellschaften findet § 121 Abs. 4a AktG entsprechende Anwendung

IV. Der gesonderte Abstimmungstermin

11 Der gesonderte Abstimmungstermin kann im schriftlichen Verfahren nach § 242 abgehalten werden, sofern die Voraussetzungen des § 5 Abs. 2 vorliegen. Im Regelfall wird jedoch ein Präsenstermin angesetzt, wobei die Möglichkeit der schriftlichen Stimmabgabe besteht.

12 Im Abstimmungstermin findet keine weitere Erörterung des Insolvenzplans statt. Auch können keine Änderungen nach § 240 vorgenommen werden (zum Meinungsstand ua MüKoInsO/Hintzen Rn. 14). Ebenso findet keine erneute Auseinandersetzung über das Stimmrecht statt. Die Stimmrechtsliste ist insoweit bindend.

V. Verfahrensmängel

14 Eine fehlerhafte Ladung führt dann nicht zu einem Verfahrensmangel iSv § 250 Nr. 1, wenn die Abstimmungsberechtigten bzw. Schuldner zum Termin erscheinen oder es keine Ergebnisauswirkung hat (K. Schmidt InsO/Spliedt Rn. 9 mwN).

15 Fehlt der Hinweis auf die Planänderungen, kann dies in der Regel nicht zu einer Versagung der Planbestätigung nach § 250 Nr. 1 führen (K. Schmidt InsO/Spliedt Rn. 9 mwN).

§ 242 Schriftliche Abstimmung

(1) Ist ein gesonderter Abstimmungstermin bestimmt, so kann das Stimmrecht schriftlich ausgeübt werden.

(2) ¹Das Insolvenzgericht übersendet den stimmberechtigten Beteiligten nach dem Erörterungstermin den Stimmzettel und teilt ihnen dabei ihr Stimmrecht mit. ²Die schriftliche Stimmabgabe wird nur berücksichtigt, wenn sie dem Gericht spätestens am Tag vor dem Abstimmungstermin zugegangen ist; darauf ist bei der Übersendung des Stimmzettels hinzuweisen.

A. Normzweck

1 In der KO war die schriftliche Stimmrechtsausübung nicht vorgesehen. Die VerglO eröffnete im eingeschränkten Maße die schriftliche Abstimmung (§ 73 VerglO). Auch bei der Abstimmung über den Insolvenzplan sieht er diese Möglichkeit vor, sofern im Vorfeld ein Erörterungstermin stattgefunden hat (BT-Drs. 12/2443, 208).

2 § 242 Abs. 1 eröffnet nicht bereits, den Abstimmungstermin im Wege des schriftlichen Verfahrens durchzuführen. Dies ist nur möglich, wenn die Voraussetzungen des § 5 Abs. 2 vorliegen. Der Gesetzgeber eröffnet aber jedem einzelnen Stimmberechtigten (entsprechend der Briefwahl nach § 36 BWG) die Möglichkeit der schriftlichen Stimmabgabe. Nimmt der Stimmberechtigte die Möglichkeit der schriftlichen Stimmabgabe in Anspruch, ist für ihn § 253 Abs. 2 Nr. 1 zu beachten.

B. Regelungsinhalt

I. Möglichkeit der schriftlichen Stimmrechtsabgabe

3 Die Möglichkeit der schriftlichen Stimmrechtsabgabe ist stets dann eingeräumt, wenn ein gesonderter Abstimmungstermin angesetzt ist. Es steht insoweit nicht im Ermessen des Gerichts, über die schriftliche Stimmrechtsabgabe zu entscheiden.

II. Formelle Voraussetzungen für das Insolvenzgericht

4 Für das Insolvenzgericht führt der gesonderte Abstimmungstermin in der Regel zu einem organisatorischen Verfahrensmehraufwand. Jedem Stimmberechtigten ist ein Stimmzettel zu über-

lassen. Auf diesem ist anhand der Stimmliste (§ 239) sein Stimmrecht mitzuteilen. Die Mitteilung umfasst sowohl seine Kopfstimme als auch Summenstimme. Es empfiehlt sich darüber hinaus, auf dem Stimmzettel zu vermerken, in welcher Abstimmungsgruppe der Stimmberechtigte eingeordnet ist. Auf dem Stimmrechtszettel ist hinzuweisen, dass die schriftliche Stimmabgabe nur berücksichtigt wird, wenn sie spätestens am Tag vor dem Abstimmungstermin bei Gericht zugeht. Eine Zustellung ist nicht erforderlich. Es genügt die einfache Übersendung. Eine Übertragung auf den Insolvenzverwalter nach § 8 Abs. 3 ist somit nicht zulässig.

III. Formelle Voraussetzungen für den Stimmberechtigten

Aufgrund des verwendeten Wortlauts ist davon auszugehen, dass die Stimmabgabe schriftlich iSv § 126 BGB zu erfolgen hat. Sie ist somit nur gültig, wenn ein Vertretungsberechtigter den Stimmrechtszettel im Original unterschrieben hat. **5**

Die Stimmabgabe wird nur berücksichtigt, wenn der überlassene Stimmzettel verwendet wird. Die Regelungen des BWG finden insoweit Anwendung (zu der Anwendung des Bundeswahlgesetzes AG Duisburg BeckRS 9998, 32473 mit der Einschränkung, dass das Abstimmungsgeheimnis nicht besteht). **6**

Der Stimmrechtszettel muss spätestens am Tag vor dem Abstimmungstermin beim zuständigen Gericht eingegangen sein, damit die schriftliche Stimmabgabe berücksichtigt wird. In Abweichung zu den Regelungen zu § 126 BGB (BeckRS 9998, 41065) reicht die Übermittlung per Telefax nach den zu § 130 Nr. 6 ZPO entwickelten Grundsätzen aus (RG 5 v. 29.4.1899 – V 354/98 zum Telegramm; zur aktuellen Lage ua Zöller/Greger ZPO § 130 Rn. 18a). Die Übermittlung per E-Mail genügt nur dann der Schriftform, wenn die Voraussetzungen des § 130a ZPO eingehalten wurden (Zöller/Greger ZPO § 130 Rn. 18d). **7**

§ 243 Abstimmung in Gruppen

Jede Gruppe der stimmberechtigten Beteiligten stimmt gesondert über den Insolvenzplan ab.

A. Normzweck

Nach § 244 bedarf der Insolvenzplan zur Annahme der Beteiligten einer mehrheitlichen Zustimmung der betroffenen Gläubiger. Dieser Grundgedanke war schon in der KO bzw. VerglO verankert. Eine Abstimmung in Gruppen war in der VerglO dann vorgesehen, wenn einzelne Gläubiger einer abweichenden Regelung unterzogen werden sollten. Die „zurückgesetzten" Gläubiger mussten gesondert über den Plan abstimmen (§ 8 Abs. 2 S. 1 VerglO). Die InsO weicht bereits im Grundsätzlichen von der VerglO und des Zwangsvergleichs nach der KO ab. Der Gesetzgeber sieht es nicht als sachgerecht, nur die „zurückgesetzten" Gläubiger gesondert abstimmen zu lassen, sondern fordert eine Abstimmung jeder einzelnen Gruppe wobei eine Gesamtabstimmung aller stimmberechtigten Gläubiger entfällt (BT-Drs. 12/2443, 208). **1**

B. Regelungsinhalt

Ist ein einheitlicher Erörterungs- und Abstimmungstermin (§ 235 Abs. 1) angesetzt, erfolgt nach dem Erörterungsteil und der Festlegung des Stimmrechts die Abstimmung über die Annahme des Insolvenzplans. Es handelt sich um keine geheime Wahl. Sie erfolgt durch Handzeichen oder mündliche Stimmabgabe. Die Stimmabgabe kann auch durch ein elektronisches Abstimmungssystem erfolgen, sofern eine Manipulation ausgeschlossen und das Abstimmungsergebnis nachvollziehbar ist. Enthaltungen werden nicht berücksichtigt (BT-Drs. 12/2443, 208). Es hat eine Abstimmung in jeder Gruppe zu erfolgen. **2**

Das Abstimmungsergebnis ist zu protokollieren. Es ist sowohl die Anzahl der abgegebenen Kopfstimmen als auch die Summenhöhe anzugeben. Erfolgt die Abstimmung in mehreren Gruppen, ist jedes Abstimmungsergebnis der jeweiligen Gruppe gesondert zu protokollieren, ebenso das Gesamtergebnis. Die Reihenfolge der Stimmabgabe bestimmt die Richterin nach freiem Ermessen. Die Stimmabgabe kann durch einen Vertreter erfolgen. Ob ein Stimmberechtigter wirksam vertreten ist, ergibt sich aus § 4 iVm § 79 ZPO. Danach kann nur eine Rechtsanwalt (§ 79 Abs. 1 ZPO), ein Beschäftigter des Stimmberechtigten bzw. eines verbundenen Unternehmens (§ 79 Abs. 2 Nr. 1 ZPO – sog. Konzernvertretung) oder ein volljähriger Familienangehöriger **3**

(§ 79 Abs. 2 Nr. 2 ZPO, § 15 AO, § 11 LPartG) zur Stimmabgabe bevollmächtigt werden, ebenso eine Person mit Befähigung zum Richteramt (§ 5 Abs. 1 DRiG), sofern sie keine gesonderte Vergütung erhält (§ 79 Abs. 2 Nr. 2 ZPO); Verbraucherzentralen oder Verbraucherverbände, nur wenn der Stimmberechtigte ein Verbraucher ist und seine Stimmberechtigung auf einer Forderung gegen den Schuldner aus einem Verbrauchergeschäft resultiert. Keine Vertretungsberechtigung hat der Betriebsrat oder die Gewerkschaften. § 11 Abs. 2 Nr. 3, 4 ArbGG findet in der InsO keine Anwendung. Die Prüfung der wirksamen Bevollmächtigung hat von Amts wegen zu erfolgen. Die Darlegung der wirksamen Bevollmächtigung obliegt dem (vermeintlich) Bevollmächtigten und steht unter dem Freibeweis (Zöller/Vollkommer ZPO § 80 Rn. 11). Der Amtsermittlungsgrundsatz (§ 5 Abs. 1) ist insoweit eingeschränkt. Die Vollmacht ist schriftlich, in der Gerichtssprache deutsch (§ 184 S. 1 GVG) oder in einer deutschen Übersetzung (§ 142 Abs. 2 ZPO) im Original oder in öffentlich beglaubigter Abschrift (BGH BeckRS 2006, 03240) spätestens im Abstimmungstermin zur Gerichtsakte zu geben (§ 4 iVm § 80 ZPO). Die Bezugnahme auf die zur Forderungsanmeldung überlassene Vollmacht genügt in der Regel nicht. Es handelt sich um eine andere Akte iSd § 80 ZPO (zur Bezugnahme im Zivilprozess BGH 27.8.1986 – IX ZR 485/85). Die Nachreichung der Vollmacht, wie es § 80 S. 2 ZPO bzw. § 89 ZPO vorsieht, ist in der Abstimmung nicht möglich. Die Abstimmung über den Insolvenzplan soll ohne zeitliche Verzögerung erfolgen, sodass eine Fristsetzung nicht sachgerecht ist. Wird die Vollmacht nach § 79 ZPO versagt, ergeht eine Entscheidung im Wege des Beschlussverfahrens (§ 79 Abs. 3 S. 1 ZPO). Die Entscheidung ist nicht unmittelbar rechtsmittelfähig.

4 Ist ein gesonderter Abstimmungstermin (§ 241) angesetzt, sind die Anwesenden darüber zu informieren, ob Stimmberechtigte von ihrem Recht auf die schriftliche Stimmabgabe Gebrauch gemacht haben. Diese sind sodann in der jeweiligen Gruppenabstimmung zu verlesen und zu berücksichtigen. Dem Gericht ist im Fall der schriftlichen Stimmabgabe zu empfehlen, vor Abschluss der Abstimmung auf der Post- und Geschäftsstelle in Erfahrung zu bringen, ob schriftliche Stimmzettel zugegangen sind. Darüber hinaus sollte nur ein vorläufiges Abstimmungsergebnis im Termin unter Vorbehalt noch fristgerechter schriftlicher Stimmabgaben festgestellt werden.

5 Nach der hier vertretenen Ansicht kann eine Stimmabgabe dann nicht mehr widerrufen werden, wenn die Stimmabgabe erfolgte, sei es per Handzeichen oder mündliche Stimmabgabe (vgl. auch MüKoInsO/Hintzen Rn. 6).

6 Ein bestimmtes Stimmverhalten kann durch Beteiligte nicht im Wege des einstweiligen Verfügungsverfahrens durchgesetzt werden (BeckRS 2014, 59543).

§ 244 Erforderliche Mehrheiten

(1) Zur Annahme des Insolvenzplans durch die Gläubiger ist erforderlich, daß in jeder Gruppe
1. die Mehrheit der abstimmenden Gläubiger dem Plan zustimmt und
2. die Summe der Ansprüche der zustimmenden Gläubiger mehr als die Hälfte der Summe der Ansprüche der abstimmenden Gläubiger beträgt.

(2) ¹Gläubiger, denen ein Recht gemeinschaftlich zusteht oder deren Rechte bis zum Eintritt des Eröffnungsgrunds ein einheitliches Recht gebildet haben, werden bei der Abstimmung als ein Gläubiger gerechnet. ²Entsprechendes gilt, wenn an einem Recht ein Pfandrecht oder ein Nießbrauch besteht.

(3) Für die am Schuldner beteiligten Personen gilt Absatz 1 Nummer 2 entsprechend mit der Maßgabe, dass an die Stelle der Summe der Ansprüche die Summe der Beteiligungen tritt.

Überblick

Für die Annahme des Plans sind gewisse Stimmverhältnisse relevant (→ Rn. 3). Die notwendige Kopfstimme unterliegt abweichend zu § 77 gesonderten Regelungen, insbesondere bei Gläubigergemeinschaften (→ Rn. 7) und Anteilsinhabern (→ Rn. 9).

A. Normzweck

1 Abs. 1 übernimmt inhaltlich die Regelungen des gerichtlichen Vergleichs nach § 74 Abs. 1 VerglO, des Zwangsvergleichs nach § 182 Abs. 1 KO sowie des Vergleichs im Gesamtvollstre-

ckungsverfahren nach § 16 Abs. 4 S. 3 GesO. Für die Zustimmung der Beteiligten zum Plan wird grundsätzlich die Zustimmung aller abstimmenden Gruppen (§ 245 Abs. 1 Nr. 3), in der jeweiligen Gruppe eine einfache Mehrheit nach der Zahl der Gläubiger (Kopfmehrheit nach Abs. 1 Nr. 1) und eine einfache Mehrheit nach der Höhe der Ansprüche (Summenmehrheit nach Abs. 1 Nr. 2) verlangt. Maßgeblich sind sowohl für die Kopf- als auch für die Summenmehrheit die Stimmen der anwesenden Stimmberechtigten (BT-Drs. 12/2443, 208). Eine qualifizierte Mehrheit ist nicht notwendig. Es genügt die einfache Mehrheit von 50 % + x %. Gemeinschaftliche Stimmrechte sind nach Abs. 2 als ein Stimmrecht zu werten. Entsprechendes gilt auch für das Pfandrecht oder den Nießbrauch. Sind die Anteilsinhaber von den Regelungen des Insolvenzplans betroffen, bestimmt sich ihre Summenmehrheit nach Abs. 3 (→ Rn. 1.1).

1.1 Zur Annahme des Insolvenzplans durch die Gläubiger ist nach § 244 Abs. 1 InsO erforderlich, dass in jeder Gruppe die Mehrheit der abstimmenden Gläubiger dem Plan zustimmt und die Summe der Ansprüche der zustimmenden Gläubiger mehr als die Hälfte der Summe der Ansprüche der abstimmenden Gläubiger beträgt. Für die Zustimmungsfiktion nach § 245 Abs. 1 InsO müssen die in § 245 Abs. 1 InsO genannten Voraussetzungen kumulativ vorliegen (AG Köln BeckRS 2017, 135340).

B. Regelungsinhalt

I. Kopfmehrheit nach Abs. 1 Nr. 1

2 Eine Gruppe stimmt dem Insolvenzplan zu, wenn die abstimmenden Gruppenmitglieder nach Köpfen mehrheitlich zustimmen. Die Ermittlung der Kopfanzahl erfolgt nach den Gedanken des § 57 S. 2. Maßgeblich sind nur die abstimmenden Gruppenmitglieder. Eine Abstimmung eines Gruppenmitglieds liegt nur dann vor, wenn er im Abstimmungstermin selbst an der Abstimmung teilnimmt oder nach den Maßgaben des § 79 ZPO wirksam vertreten ist. Enthält sich ein Gruppenmitglied, ist er weder bei der Ermittlung der gesamten Kopfsumme noch bei der Abstimmung selbst zu berücksichtigen (BT-Drs. 12/2443, 208).

3 Die Festlegung der Kopfstimme erfolgt bereits im Erörterungstermin (§ 235 Abs. 1 S. 1) nach Maßgabe des § 237 (Insolvenzgläubiger), § 238 (Absonderungsgläubigern) und § 238a (Anteilsinhaber). Es ist in der Stimmrechtsliste dokumentiert (§ 239). Der Pensionssicherungsverein erhält in der Regel nur eine Kopfstimme (zur VerglO LG Hannover NJW-RR 1997, 1338). Auch einem Gläubiger, der aufgrund mehrerer Lebenssachverhalte gegenüber dem Schuldner mehrere unterschiedliche Forderungen hat, wird nur eine Kopfstimme zugewiesen (MüKoInsO/Hintzen Rn. 10). Hat er durch Abtretung von einem anderen Gläubiger eine Forderung erhalten, erhält er für diese Forderung nur dann eine eigene Kopfstimme, wenn er die Forderung treuhänderisch hält (dies kann auch den Kreditversicherer treffen, sofern § 86 VVG zur Anwendung gelangt). Entsprechendes gilt auch für die Bundesagentur für Arbeit hinsichtlich der nach § 169 SGB III auf diese übergegangenen Ansprüche aufgrund der Insolvenzgeldzahlung (insoweit abweichend zur KO und VerglO vgl. Kilger/K. Schmidt, Insolvenzgesetze KO/VerglO/GesO, 17. Aufl. 1997, § 181 Rn. 1 ff.; aA Gerhardt ZIP 1988, 490 ff.). Somit wird die Bundesagentur für Arbeit in der Regel nun eine Kopfstimme haben (AG Köln NZI 2020, 517). Abs. 2 ist in diesem Zusammenhang aber ggf. hinsichtlich des Teils, der nicht über das Insolvenzgeld abgedeckt ist, zu beachten. Haben sich Lieferanten bzw. Banken bezüglich ihrer Rechte zu einem Pool zusammengeschlossen und die Rechte gemeinschaftlich geltend gemacht, sind sie in der Gruppe der Absonderungsgläubiger nur mit einer Kopfstimme zu berücksichtigen; in der Gruppe der Insolvenzgläubiger (§§ 38, 237) bzw. Nachranggläubiger (§ 39) jedoch jeweils mit einer Kopfstimme.

4 Wird in der Abstimmungsgruppe keine Kopfmehrheit erzielt, hat die Gruppe dem Insolvenzplan nicht zugestimmt. Dies gilt auch bei einer Pattsituation. Der Wortlaut des Abs. 1 Nr. 1 geht von einer „Mehrheit" aus, die bei einer Pattsituation nicht vorliegt.

II. Summenmehrheit nach Abs. 1 Nr. 2

5 Neben der Kopfmehrheit nach Abs. 1 Nr. 2 muss in der jeweiligen Abstimmungsgruppe auch die Summenmehrheit der abstimmenden stimmberechtigten Gruppenmitglieder vorliegen. Die Stimmrechtsfestsetzung erfolgt im Wege der Erörterung. Sie muss vor der Abstimmung abgeschlossen sein (BeckRS 2020, 38489). Hinsichtlich der Forderung der Insolvenzgläubiger und Absonderungsgläubiger kann eine Verständigung nach § 77 Abs. 1 S. 2, Abs. 2 und 3 Nr. 1 erfolgen. Die Stimmrechtsfestsetzung ist in der Stimmliste (§ 239) dokumentiert. Die Gesamtsumme ergibt sich durch Addition der zur Stimmberechtigung führenden Forderungen.

III. Zustimmung aller abstimmenden Gruppen

6   Sind in einem Insolvenzplan mehrere Gruppen gebildet worden, erfolgt in jeder Gruppe eine gesonderte Abstimmung (§ 243). In jeder Gruppe erfolgt die Abstimmung nach § 244. Die Gruppe hat dem Insolvenzplan zugestimmt, wenn die einfache Kopf- und Summenmehrheit vorliegt. Zur Annahme des Insolvenzplans muss jede abstimmende Gruppe dem Insolvenzplan zustimmen (Einstimmigkeit der Gruppen). Die Zustimmung einer Gruppe kann jedoch nach den Maßgaben des §§ 245, 246 und 246a ersetzt werden.

IV. Gemeinschaftliche Rechte nach Abs. 2

7   Gläubiger, denen ein Recht gemeinschaftlich zusteht oder deren Rechte bis zum Eintritt des Eröffnungsgrunds ein einheitliches Recht gebildet haben, werden bei der Abstimmung als ein Gläubiger gerechnet. Die Regelung basiert auf § 72 Abs. 2 S. 1 VerglO und findet nur auf die Kopfstimme Anwendung. Sie soll manipulatives Zusammenwirken einzelner Beteiligter auf die Kopfmehrheit unterbinden. Von der Regelung umfasst sind insbesondere Gesamtgläubiger (§ 428 BGG) und Gesamthandsgläubiger nach § 432 BGB wie beispielsweise Personengesellschaften, Erben-, Güter-, Miturheber und Bruchteilsgemeinschaft. Auch die zum Lieferantenpool zusammengeschlossenen Eigentumsvorbehaltsrechte sind hinsichtlich ihres gepoolten Absonderungsrechts der Regelung des Abs. 2 unterworfen. Erfolgt eine unterschiedliche Stimmabgabe der betroffenen Gläubiger, gilt die Stimme als nicht abgegeben, sofern jeder Gläubiger vertretungsberechtigt ist. Für den gemeinsamen Vertreter der Anleihegläubiger ist in der Gläubigerversammlung nach Ansicht des AG Düsseldorf aus 2020 in der Insolvenz der Emittentin lediglich eine Kopfstimme pro Anleihe zu berücksichtigen (BeckRS 2020, 6180; ausführlich auch Jungmann NZI 2020, 517 f.).

V. Stimmrecht der Pfandgläubiger und Nießbrauchberechtigten

8   Ist ein Recht mit einem Pfandrecht oder Nießbrauch belastet, stehen dem Gläubiger bzw. Rechtinhaber und dem Pfandgläubiger bzw. Nießbrauchberechtigten ebenfalls nur eine Kopfstimme zu (Abs. 2 S. 2). Ist also die Forderung eines Insolvenzgläubigers zugunsten eines Dritten verpfändet oder gepfändet worden, haben der Insolvenzgläubiger und der Pfandgläubiger nur eine Kopfstimme. Ist die Verpfändung nicht bekannt bzw. offen gelegt, wird in der Regel nur der Insolvenzgläubiger zum Abstimmungstermin geladen, sodass entsprechendes in der Praxis wenig Bedeutung hat (→ Rn. 8.1).

8.1   Die Stimmabgabe hat auch hier einheitlich zu erfolgen. Sofern sich der Insolvenzgläubiger und der Pfandgläubiger über die Stimmabgabe nicht verständigen können, gilt auch hier die Stimme als nicht abgegeben. Ob eine Zustimmungspflicht besteht, richtet sich nach der hier vertretenen Ansicht entsprechend den allgemeinen Regelungen zu § 709 BGB.

VI. Stimmrecht der Anteilsinhaber

9   Abs. 3 wurde durch das ESUG neu eingeführt. Die Regelung stellt klar, dass in der Abstimmungsgruppe der Anteilseigner Abs. 1 Nr. 1 keine Anwendung findet und somit die Kopfmehrheit nicht beachtlich ist. Lediglich der Anteil am Kapital oder Vermögen ist relevant. Das Stimmrecht der Anteilsinhaber bemisst sich nach den Regelungen des Kapitals (BT-Drs. 17/5712, 34). Bei einer juristischen Person ist somit der Anteil am gezeichneten Kapital entscheidend; bei einer GmbH somit nicht die einzelnen Gesellschaftsanteile nach § 14 GmbHG, sondern die Summe des von ihm gehaltenen Anteils am Haftkapital. Ein Gesellschafter mit einem Anteil von 20.000,00 EUR hat somit dieselbe Stimmrechtshöhe wie ein Gesellschafter mit vier Anteilen zu je 5.000,00 EUR. Bei Personengesellschaften ist der Anteil am Vermögen relevant.

§ 245 Obstruktionsverbot

(1) Auch wenn die erforderlichen Mehrheiten nicht erreicht worden sind, gilt die Zustimmung einer Abstimmungsgruppe als erteilt, wenn
1. die Angehörigen dieser Gruppe durch den Insolvenzplan voraussichtlich nicht schlechter gestellt werden, als sie ohne einen Plan stünden,
2. die Angehörigen dieser Gruppe angemessen an dem wirtschaftlichen Wert beteiligt werden, der auf der Grundlage des Plans den Beteiligten zufließen soll, und

3. die Mehrheit der abstimmenden Gruppen dem Plan mit den erforderlichen Mehrheiten zugestimmt hat.

(2) ¹Für eine Gruppe der Gläubiger liegt eine angemessene Beteiligung im Sinne des Absatzes 1 Nummer 2 vor, wenn nach dem Plan
1. kein anderer Gläubiger wirtschaftliche Werte erhält, die den vollen Betrag seines Anspruchs übersteigen,
2. weder ein Gläubiger, der ohne einen Plan mit Nachrang gegenüber den Gläubigern der Gruppe zu befriedigen wäre, noch der Schuldner oder eine an ihm beteiligte Person einen durch Leistung in das Vermögen des Schuldners nicht vollständig ausgeglichenen wirtschaftlichen Wert erhält und
3. kein Gläubiger, der ohne einen Plan gleichrangig mit den Gläubigern der Gruppe zu befriedigen wäre, bessergestellt wird als diese Gläubiger.
²Handelt es sich bei dem Schuldner um eine natürliche Person, deren Mitwirkung bei der Fortführung des Unternehmens infolge besonderer, in der Person des Schuldners liegender Umstände unerlässlich ist, um den Planmehrwert zu verwirklichen, und hat sich der Schuldner im Plan zur Fortführung des Unternehmens sowie dazu verpflichtet, die wirtschaftlichen Werte, die er erhält oder behält, zu übertragen, wenn seine Mitwirkung aus von ihm zu vertretenden Gründen vor Ablauf von fünf Jahren oder einer kürzeren, für den Planvollzug vorgesehenen Frist endet, kann eine angemessene Beteiligung der Gläubigergruppe auch dann vorliegen, wenn der Schuldner in Abweichung von Satz 1 Nummer 2 wirtschaftliche Werte erhält. ³Satz 2 gilt entsprechend für an der Geschäftsführung beteiligte Inhaber von Anteils- oder Mitgliedschaftsrechten.

(2a) Wird die erforderliche Mehrheit in der nach § 222 Absatz 1 Satz 2 Nummer 5 zu bildenden Gruppe nicht erreicht, gelten die Absätze 1 und 2 für diese Gruppe nur, wenn die für den Eingriff vorgesehene Entschädigung die Inhaber der Rechte aus der gruppeninternen Drittsicherheit für den zu erleidenden Rechtsverlust angemessen entschädigt.

(3) Für eine Gruppe der Anteilsinhaber liegt eine angemessene Beteiligung im Sinne des Absatzes 1 Nummer 2 vor, wenn nach dem Plan
1. kein Gläubiger wirtschaftliche Werte erhält, die den vollen Betrag seines Anspruchs übersteigen, und
2. kein Anteilsinhaber, der ohne einen Plan den Anteilsinhabern der Gruppe gleichgestellt wäre, bessergestellt wird als diese.

Übersicht

	Rn.		Rn.
A. Normzweck	1	1. Angemessene wirtschaftliche Beteiligung der Gläubiger	9
B. Regelungsinhalt	2	2. Gruppenmehrheit bei Eingriff in gruppeninterne Drittsicherheiten	14e
I. Voraussichtlich keine Schlechterstellung (Abs. 1 Nr. 1)	3	3. Angemessene wirtschaftliche Beteiligung der Anteilsinhaber	15
II. Angemessene wirtschaftliche Beteiligung (Abs. 1 Nr. 2)	8	III. Mehrheit der abstimmenden Gruppen liegt vor (Abs. 1 Nr.3)	19
		IV. Entscheidung des Gerichts	20

A. Normzweck

Der Gesetzgeber erkennt an, dass einer Beteiligtengruppe kein schrankenloses Vetorecht gegen einen für andere Gruppen vorteilhaften Plan zustehen kann. So wenig eine Minderheit innerhalb einer Abstimmungsgruppe eine bestimmte, für die anderen Beteiligten dieser Gruppe vorteilhafte Art der planmäßigen Masseverwertung verhindern können soll, so wenig verdienen einzelne Beteiligungsgruppen einen weitreichenden Minderheitenschutz. Andernfalls würde man die Möglichkeit eröffnen, ungerechtfertigte Sondervorteile für sich zu verhandeln, sodass das wirtschaftlich optimale Verfahrensziel gefährdet sein könnte (BT-Drs. 12/2443, 79). Wenn eine Abstimmungsgruppe die Zustimmung zum Plan verweigert, kann in dieser Verweigerung ein Missbrauch liegen. Es besteht kein vernünftiger Grund für eine Gruppe von Gläubigern, einem von anderen Gläubigern gewünschten Plan zu widersprechen, wenn die Gruppe durch den Plan wirtschaftlich nicht schlechter gestellt wird als sie ohne einen Plan stünde, und wenn zusätzlich gewährleistet ist, dass die Gruppe bei der Verteilung des durch den Plan realisierten Mehrwerts im Verhältnis zu anderen Gruppen nicht unbillig benachteiligt wird (BT-Drs. 12/2443, 208).

B. Regelungsinhalt

2 Gemäß § 245 kann die Zustimmung einer Gruppe fingiert werden, wenn eine Schlechterstellung im Vergleich zur Regelabwicklung und Besserstellung anderer gleichrangiger Gläubiger ausgeschlossen, eine angemessene wirtschaftliche Benachteiligung am Plan gewährleistet ist und die Mehrheit der abstimmenden Gruppen mit den erforderlichen Mehrheiten dem Plan zugestimmt haben. Dabei wird die wirtschaftliche angemessene Beteiligung der Gläubiger und der Anteilsinhaber gesondert bestimmt (→ Rn. 2.1).

2.1 Das Merkmal „gleichrangig" bezieht sich dabei auf die Beziehung der Rangfolge der §§ 38, 39 (vgl. ua AG Köln BeckRS 2017, 135340).

I. Voraussichtlich keine Schlechterstellung (Abs. 1 Nr. 1)

3 Die Angehörigen der ablehnenden Gruppe dürfen nicht schlechter gestellt werden als ohne den zur Abstimmung vorgelegten Plan. Der Grundgedanke ist bereits in § 79 Nr. 4 VerglO verankert gewesen, wonach der Vergleich nicht den „gemeinsamen Interessen der Vergleichsgläubiger" widersprechen durfte. In Abweichung zur VerglO muss durch den Plan jedoch keine Besserstellung gewährleistet werden. Es genügt, wenn nach Überzeugung des Gerichts der Plan die Beteiligten zumindest gleichstellt.

4 Entsprechend der Regelung des § 251 ist die Schlechterstellung ohne Plan im Wege einer Vergleichsrechnung zu ermitteln. Ob dabei auf ein Liquidationsszenario weiterhin abgestellt werden kann (LG Stade BeckRS 2017, 152563) oder aufgrund der Änderung des § 220 Abs. 2 durch das SanInsFoG auf ein Fortführungsszenario, ist fraglich. Der Gesetzgeber hat mit Einführung des SanInsFoG nur die Anforderung an die Vergleichsrechnung in § 220 Abs. 2 angepasst. Bei § 245 und § 251 erfolgte dies nicht. Es empfiehlt sich daher, das Alternativszenario heranzuziehen, das im darstellenden Teil des Insolvenzplans niedergelegt ist (→ Rn. 5). Sofern hiervon abgewichen werden soll, ist dies gesondert zu begründen und darzulegen.

4a Ein im Raum stehender weiterer Insolvenzplan ist für die Vergleichsrechnung nur dann zu berücksichtigen, wenn er bereits eingereicht und nicht zurückgewiesen wurde. Entscheidungsrelevant sind allein wirtschaftliche Gesichtspunkte, sodass meistens eine Prognose der im Fall der Regelabwicklung erwarteten Quotenzahlung erfolgen wird. Diese wird der Planquote gegenübergestellt. Eine mögliche Abzinsung aufgrund unterschiedlicher Auszahlungstermine ist dabei zu berücksichtigen.

5 Das Gericht wird in der Regel auf die Ausführungen im darstellenden Teil Bezug nehmen und dieser zur Entscheidungsgrundlage heranziehen (→ § 220 Rn. 23). Es besteht jedoch auch die Möglichkeit, aufgrund des in § 5 verankerten Amtsermittlungsgrundsatzes eigene Feststellungen zu treffen.

6 Bei der Vergleichsrechnung ist allein auf die Belange der Angehörigen der betroffenen Gruppe abzustellen. Einzelinteressen sind nicht zu beachten (HmbKommInsR/Thies Rn. 5).

7 Das Gericht legt die Erkenntnisse zugrunde, die zum Zeitpunkt der Entscheidung bekannt sind. Eine nachträgliche Erkenntnisgewinnung führt nicht zu einer Aufhebung der Zustimmungsfiktion. Ebenso ist ein Irrtum des Gerichts für § 245 unbeachtlich. Beides kann aber zu eine Versagung der Planbestätigung gem. § 248a Abs. 3 oder § 250 führen.

II. Angemessene wirtschaftliche Beteiligung (Abs. 1 Nr. 2)

8 Die Angehörigen der bei der Ermittlung der Zustimmungsfiktion betroffenen Gruppe sind angemessen an dem wirtschaftlichen Wert zu beteiligen, der auf der Grundlage des Plans den Beteiligten zufließen soll. Wann eine angemessene wirtschaftliche Beteiligung vorliegt, richtet sich bei Gläubigern ausschließlich nach Abs. 2, bei Anteilsinhabern ausschließlich nach Abs. 3. Andere Aspekte sind unbeachtlich.

1. Angemessene wirtschaftliche Beteiligung der Gläubiger

9 Nach der gesetzlichen Fiktion des § 245 Abs. 2 liegt eine angemessene Beteiligung der Gläubiger vor, wenn

• nach dem Plan kein anderer Gläubiger mehr als seinen gesetzlichen Anspruch erhält,

- kein Gläubiger, der ohne Plan im Nachrang zu den Gläubigern der betroffenen Gruppe steht, oder der Schuldner oder eine an ihm beteiligte Person einen wirtschaftlichen Wert erhält,
- kein Gläubiger, der ohne einen Plan gleichrangig mit den Gläubigern der betroffenen Gruppe steht, bessergestellt wird.

Die Fiktion des § 245 Abs. 2 findet bei allen Gläubigern im Insolvenzverfahren statt, unbeachtlich ob absonderungsberechtigt, Insolvenzgläubiger im Rang des § 38 oder Nachranggläubiger im Rang des § 39.

Gemäß **Abs. 2 Nr. 1** darf kein anderer Gläubiger einen wirtschaftlichen Wert erhalten, der **10** den vollen Betrag seines Anspruchs übersteigt. Keinem Gläubiger darf somit mehr als **eine Vollbefriedigung** seines Anspruchs durch den Plan zugeteilt werden. Nach Eröffnung angefallene Zinsen (§ 39 Abs. 1 Nr. 1) und Teilnahmekosten (§ 39 Abs. 1 Nr. 2) sind nach der hier vertretenen Ansicht bei der Ermittlung der 100%-Quote nicht zur berücksichtigen, denn diese sind der Wirkung des § 225 unterworfen (aA HmbKommInsR/Theis Rn. 10).

Nach **Abs. 2 Nr. 2 Alt. 1** darf im Plan keinem Gläubiger ein wirtschaftlicher Vorteil gewährt **11** werden, der ohne Plan im **Nachrang** zu den Gläubigern der betroffenen Gruppe steht. Umfasst sind Forderungen die dem Rang des § 39 entsprechen. Besteht die betroffene Gruppe aus Insolvenzgläubiger im Rang des § 38, darf der Plan in der Folge einem Nachranggläubiger keinen wirtschaftlichen Vorteil gewähren. Eine Abweichung von § 225 kann im Plan somit nur Erfolg haben, wenn die Zustimmung aller Gruppen erwartet wird. Keine Anwendung findet die Regelung bei der Bevorzugung von Absonderungsgläubiger. Bei diesen sind auch die Nachrangforderungen (Zinsen und Verfahrenskosten) über das Sicherungsgut abgesichert (BeckRS 2011, 05639).

Ebenso darf weder dem **Schuldner** (**Abs. 2 Nr. 2 Alt. 1**) noch einer an ihm **beteiligten** **12** **Person** durch den Plan (**Abs. 2 Nr. 2 Alt. 2**) ein wirtschaftlicher Vorteil zugesprochen werden. Die Regelung ist auf den ersten Blick widersprüchlich, denn das Planverfahren ist im Regelfall auf den Erhalt des Rechtsträgers und Bereinigung der Passivseite ausgelegt, sodass dadurch stets ein wirtschaftlicher Vorteil beim Schuldner und somit auch bei seinen Anteilseignern verbleibt. Der Gesetzgeber stellt aber klar, dass nicht allein durch die im Plan angestrebte Unternehmensfortführung zwangsläufig die Zuwendung eines wirtschaftlichen Werts an den Schuldner vorliegt (BT-Drs. 12/2443, 209). Die Praxis versucht dies dadurch zu lösen, dass eine eng gefasste (HmbKommInsR/Thies Rn. 13) einzelfallbezogene Beurteilung zu erfolgen hat (BT-Drs. 12/2443, 209). Es soll eine Substanzwertermittlung zum Zeitpunkt der Aufhebung des Insolvenzverfahrens erfolgen, dh die beim Schuldner verbleibenden Aktiva sollen den zu übernehmenden Passiva gegenüber gestellt werden. Drittzahlungen im Plan werden als Verbindlichkeiten berücksichtigt (HmbKommInsR/Thies Rn. 13). Wird der Geschäftsbetrieb fortgeführt ist der Mehrwert dadurch zu bestimmen, was ein Dritter für die Übernahme des Geschäftsbetriebs bereit ist zu zahlen (LG Mühlhausen 2007, 724 ff. (726)). Wenn kein Dritter bereit ist, anstelle des Schuldners das Unternehmen zu den im Plan vorgesehenen Bedingungen fortzuführen, kann im Zweifel nicht angenommen werden, dass der Schuldner durch den Plan „einen wirtschaftlichen Wert erhält" (BT-Drs. 12/2443, 209). Wird ein Wert für das Unternehmen ermittelt, müssen die Anteilseigner einen fiktiven Kaufpreis zahlen und diesen Betrag den Gläubigern zur Verfügung stellen. Andernfalls ist eine Zustimmungsfiktion ausgeschlossen (→ Rn. 12.1).

Thies (HmbKommInsR/Thies Rn. 13) vertritt die Ansicht, dass sowohl der Substanzwert als auch die **12.1** nach Aufhebung zu erwartenden Erträge zu addieren sind. Ergeben diesen einen negativen Wert, fehlt es an einem wirtschaftlichen Vorteil. Andernfalls ist der sich ergebende Betrag den Gläubigern zur Verfügung zu stellen, sofern die Zustimmungsfiktion des § 245 benötigt wird.

Die Regelung des **Abs. 2 Nr. 2 Alt. 2** kann auch dann zu beachten sein, wenn der Gesellschaf- **13** ter für einzelne Verbindlichkeiten des Schuldners gebürgt hat. Sieht der Plan vor, dass die durch Bürgschaft abgesicherten Gläubiger eine vollständige Befriedigung erhalten sollen, um den Bürgen zu schonen, kann eine Bevorteilung des bürgenden Gesellschafters vorliegen und die Zustimmungsfiktion des § 245 ins Leere gehen. Ist der Bürge jedoch selbst in einem Insolvenzverfahren und können die dortigen Gläubiger mit keiner nennenswerten Quote rechnen, ist dies zu berücksichtigen. Verzichten die durch Bürgschaft abgesicherten Gläubiger im Insolvenzplan in Abweichung zu § 254 Abs. 2 freiwillig auf die Inanspruchnahme des Bürgen, kann der Ausschluss der Zustimmungsfiktion nach Abs. 2 Nr. 2 Alt. 2 keine Anwendung finden. Denn hier entscheiden die durch eine Bürgschaft besicherten Gläubiger freiwillig auf die Geltendmachung von Rechten.

Gemäß **Abs. 2 Nr. 3** darf kein Gläubiger, der ohne einen Plan gleichrangig mit den Gläubigern **14** der betroffenen Gruppe steht, bessergestellt werden. Diese Regelung wird in der Literatur und Praxis zu Recht kritisiert (ua FK-InsO/Jaffé Rn. 27 ff.). Ein Plan kann durchaus vorsehen, einzelnen Insolvenzgläubigern unterschiedliche Rechte (insbesondere Quotenzahlungen) zuzusprechen.

So kann es im Interesse der Planumsetzung sinnvoll sein, Kleinstgläubigern eine höhere Quote zuzustehen, um Störerpotential zu minimieren. Dies wird durch die Regelung des Abs. 2 Nr. 3 zumindest dann ausgeschlossen, wenn die Zustimmungsfiktion des § 245 zur Planannahme benötigt wird. Ob der Gesetzgeber dies so beabsichtigt, ist fraglich, denn durch die Möglichkeit der Gruppenbildung und dem in der InsO verankerten Mehrheitsprinzip ist gerade die Möglichkeit eröffnet worden, im Plan umfangreiche Maßnahmen auch zulasten Einzelner umzusetzen. Die betroffene Gläubigergruppe wird gem. Abs. 1 Nr. 1 hinreichend geschützt. Dieser Schutz ist ausreichend und entspricht dem in § 251 verankerten Minderheitenschutz, der allein darauf abstellt, dass der Beteiligte nicht schlechter gestellt werden darf, als er ohne einen Plan stehen würde (§ 251 Abs. 1 Nr. 2).

14a Sofern Gläubigern einer vorsätzlichen unerlaubten Handlung eine höhere Befriedigung im Wege eines Sondervorteils gewährt werden soll, so kann die erforderliche Mehrheit nach Ansicht des AG Köln nicht über das Obstruktionsverbot nach § 245 fingiert werden (AG Köln NZI 2018, 108 ff.).

14a.1 Das AG Köln versagte die Bestätigung des Insolvenzplans, da in der Gruppe 3 die erforderlichen Mehrheiten nicht erreicht wurden und die Zustimmung dieser Gruppe auch nicht durch § 245 fingiert werde. Die Zustimmungsfiktion scheitere daran, dass die Gläubigerin der Gruppe 2 durch die im Insolvenzplan versprochenen Mittel mehr erhalte als die Gläubiger der Gruppe 3. Somit erhalte ein Gläubiger, der ohne Plan gleichrangig zu befriedigen wäre, mehr, als ein anderer (gleichrangiger) Gläubiger (vgl. § 245 Abs. 1 Nr. 2 iVm § 245 Abs. 2 Nr. 3). Die Tatsache, dass die Forderung der Gläubigerin der Gruppe 2 eine sog. unerlaubte Handlung sei, die dazu führe, dass die Forderung von der Restschuldbefreiung erfasst werde, führe nicht dazu, dass diese Gläubigerin mehr erhalten dürfe, um eine Zustimmungsfiktion nach § 245 zu ermöglichen. Die Formulierung „gleichrangig" in § 245 Abs. 2 Nr. 3 bezieht sich nach allgemeiner Meinung auf den Rang iSd §§ 38, 39. Die Frage der Restschuldbefreiung ist hierbei unbeachtlich.

14b Durch die Einführung des Abs. 2 S. 2 zum 1.1.2021 versucht der Gesetzgeber die oben unter → Rn. 12 aufgezeigte Problematik zu lösen. Die Lösung des Gesetzgebers ist leider nur auf Insolvenzverfahren von natürlichen Personen beschränkt bzw. auf an der Geschäftsführung beteiligte Inhaber von Anteils- oder Mitgliedschaftsrechten. Es wurde versäumt, die Regelung grundsätzlich auch auf Gesellschafterebene zu erweitern.

14c Nach dem Willen des Gesetzgebers soll durch die Einfügung klargestellt werden, dass eine Wertzuweisung, die wirtschaftlich voll ausgeglichen wird, eine Anwendung des Obstruktionsverbotes nicht sperrt. Durch den vollen wirtschaftlichen Wertausgleich ist sichergestellt, dass eine angemessene wirtschaftliche Beteiligung der (vorrangigen) Gläubiger durch die Wertzuweisung nicht tangiert wird. Wenn ein Plan nur mit dem persönlichen Einsatz des Schuldners umsetzbar ist und hierdurch letztlich auch erst der Planmehrwert verwirklicht werden kann, kann es im Einzelfall nach dem Wortlaut der Gesetzesmaterialien angemessen sein, dem Schuldner für diesen Einsatz zur Fortführung des Unternehmens einen Wert zu belassen oder zukommen zu lassen, der zum Zeitpunkt der Invollzugsetzung des Plans nicht oder nicht vollständig durch eine Leistung in das schuldnerische Vermögen ausgeglichen wird. In einer solchen Situation soll es im Interesse der Gläubigergesamtheit auch möglich sein, die fehlende Zustimmung obstruierender Gläubiger gerichtlich zu ersetzen. Durch die neue Regelung wird das absolute Prioritätsprinzip des § 245 Abs. 2 Nr. 2 für diese spezielle Konstellation durchbrochen. Erforderlich ist, dass nach den Umständen die Beiträge des Schuldners nicht substituierbar sind und dass die Mitwirkung des Schuldners daher unerlässlich erscheint. Die Situation, dass eine Unternehmensfortführung nur mit dem persönlichen Einsatz auf Schuldnerseite möglich ist, kann nicht nur bei natürlichen Personen als Schuldner auftreten. S. 3 erstreckt die neue Regelung daher auf die an der Geschäftsführung beteiligte Inhaber von Anteils- oder Mitgliedschaftsrechten.

14d Die Regelung entspricht dem Kern des § 28 Abs. 2 Nr. 1 StaRUG. Allerdings wird dort auch auf die am Schuldner beteiligten Personen abgestellt. In der InsO geht der Gesetzgeber zum Bedauern der Planersteller nicht so weit. Er eröffnet lediglich für die an der Geschäftsführung beteiligten Inhaber von Anteils- oder Mitgliedschaftsrechten die Anwendung von Abs. 2 S. 2.

14d.1 Bei der Planerstellung sollte man ggf. eine Verpflichtungserklärung entsprechend des § 28 Abs. 2 Nr. 1 StaRUG aufnehmen, sodass eine Brücke zu § 28 StaRUG gezogen werden kann.

2. Gruppenmehrheit bei Eingriff in gruppeninterne Drittsicherheiten

14e Die Einführung des Abs. 2a zum 1.1.2021 erfolgt aufgrund der Einbeziehung von gruppeninternen Drittsicherheiten in einen Insolvenzplan. Diese sollen nur insoweit trotz fehlender Mehrheiten in diese Gruppe eingebunden werden können, wenn sie für den ihnen zustehenden Wert der Sicherheit eine angemessene Entschädigung erhalten. Die Voraussetzung der Entschädigung ist dabei bereits in § 223a geregelt und bemisst sich nach den dortigen Maßstäben.

3. Angemessene wirtschaftliche Beteiligung der Anteilsinhaber

Bei der angemessenen wirtschaftlichen Beteiligung der Anteilsinhaber geht die Fiktion des Abs. 3 davon, dass
- kein Gläubiger mehr als eine Vollbefriedigung erhalten darf und
- kein Anteilsinhaber, der ohne einen Plan den Anteilsinhabern der Gruppe gleichgestellt wäre, bessergestellt wird als diese.

Die durch das ESUG eingeführte Regelung ist notwendig, um die Interessen der Anteilsinhaber im Zusammenhang mit dem debt-to-equity-swap zu schützen. Gleichzeitig soll eine missbräuchliche Zustimmungsverweigerung durch das Obstruktionsverbot aufgefangen werden. Auch hier ist, parallel zur Situation bei den Gläubigern, kein vernünftiger Grund für eine Gruppe von Anteilsinhabern erkennbar, einem von anderen Anteilsinhabern oder den Gläubigern gewünschten Plan zu widersprechen, wenn die Gruppe angemessen an dem wirtschaftlichen Wert beteiligt wird, der durch den Plan realisiert wird (BT-Drs. 17/5712, 34).

Entsprechend des in Abs. 2 Nr. 1 verankerten Grundsatzes ist von einer angemessenen Beteiligung der Anteilsinhaber auszugehen, wenn kein Gläubiger mehr als 100 % auf seine Forderung erhält (**Abs. 3 Nr. 1**). Das Vermögen des Schuldners dient nur dazu, die Verbindlichkeiten der Gläubiger zu decken. Ist eine Vollbefriedigung erreicht, stehen auch etwaige Übererlöse dem Schuldner und somit den Anteilsinhabern zu (§ 199).

Die Regelung des **Abs. 3 Nr. 2** stellt sicher, dass die Anteilsinhaber untereinander gleich zu behandeln sind und folgt dem im Gesellschaftsrecht verankerten **Gleichbehandlungsgebot**. Die Abgrenzung erfolgt nach einer rein wirtschaftlichen Betrachtungsweise, dh im Plan vorgesehene Stimmrechtsänderungen oder ein Wechsel der Gesellschaftsform (Kommanditgesellschaft in eine Aktiengesellschaft) führen nicht bereits zu einem Verlust der Zustimmungsfiktion des § 245. Nur wenn dies direkt Einfluss auf die Gewinnbezüge hat, kann eine Besserstellung eines Anteilsinhabers und somit unangemessene Benachteiligung im Einzelfall vorliegen. Dem Gesetzgeber ist in diesem Zusammenhang bewusst, dass die Angehörigen einer Gruppe der geringfügig beteiligten Anteilsinhaber iSv § 222 Abs. 3 S. 2 nach dem Plan somit nicht mehr bekommen können als die übrigen, rechtlich gleichstehenden Anteilsinhaber. Denn andernfalls kann die fehlende Zustimmung der Gruppe dieser übrigen Anteilsinhaber nicht durch das Obstruktionsverbot überwunden werden (BT-Drs. 17/5712, 34).

III. Mehrheit der abstimmenden Gruppen liegt vor (Abs. 1 Nr.3)

Die Zustimmungsfiktion aus § 245 kann daneben nur dann zur Anwendung gelangen, wenn die Mehrheit der abstimmenden Gruppen dem Plan mit den erforderlichen Mehrheiten zugestimmt hat. Das Obstruktionsverbot kann nach dem Willen des Gesetzgebers bereits dann eingreifen, wenn wenigstens eine andere Gruppe von Gläubigern dem Plan zugestimmt hat (BT-Drs. 12/2443, 209). Der Wortlaut ist insoweit nach der hier vertretenen Ansicht missverständlich. Gruppen, in denen keine Gläubiger abgestimmt haben oder deren Zustimmung nach § 245 selbst fingiert wird, bleiben ohne Berücksichtigung (BT-Drs. 12/2443, 209). Dies gilt auch dann, wenn die Gruppe der Anteilsinhaber nicht abstimmt und deren Zustimmung gem. § 246a als erteilt gilt.

IV. Entscheidung des Gerichts

Stellt das Gericht fest, dass die Zustimmung einer Gruppe fingiert werden kann, ist die Entscheidung im Abstimmungstermin zu protokollieren und bekanntzugeben. Das Gericht kann aufgrund des Amtsermittlungsgrundsatzes (§ 5) entsprechende Ermittlungen aufnehmen. Die Einholung eines Sachverständigengutachtens soll möglich sein (K. Schmidt InsO/Spliedt Rn. 37), wobei der Gutachtensauftrag eine Tatsachenermittlung umfassen darf. Ist dies notwendig und kann eine Entscheidung nicht im Abstimmungstermin erfolgen, ist ein gesonderter Verkündungstermin anzusetzen. Ein Rechtsmittel gegen die Zustimmungsfiktion selbst ist nicht zulässig (HmbKomm-InsR/Theis Rn. 22).

§ 245a Schlechterstellung bei natürlichen Personen

¹Ist der Schuldner eine natürliche Person, ist für die Prüfung einer voraussichtlichen Schlechterstellung nach § 245 Absatz 1 Nummer 1 im Zweifel davon auszugehen, dass die Einkommens-, Vermögens- und Familienverhältnisse des Schuldners zum Zeitpunkt der Abstimmung über den Insolvenzplan für die Verfahrensdauer und den Zeitraum, in dem die Insolvenzgläubiger ihre restlichen Forderungen gegen den Schuldner unbeschränkt geltend machen können, maßgeblich bleiben. ²Hat der Schuldner einen zulässigen Antrag auf Restschuldbefreiung gestellt, ist im Zweifel zudem anzunehmen, dass die Restschuldbefreiung zum Ablauf der Abtretungsfrist des § 287 Absatz 2 erteilt wird.

§ 246 Zustimmung nachrangiger Insolvenzgläubiger

Für die Annahme des Insolvenzplans durch die nachrangigen Insolvenzgläubiger gelten ergänzend folgende Bestimmungen:
1. Die Zustimmung der Gruppen mit einem Rang hinter § 39 Abs. 1 Nr. 3 gilt als erteilt, wenn kein Insolvenzgläubiger durch den Plan besser gestellt wird als die Gläubiger dieser Gruppen.
2. Beteiligt sich kein Gläubiger einer Gruppe an der Abstimmung, so gilt die Zustimmung der Gruppe als erteilt.

A. Normzweck

1 Nach der VerglO und der KO waren die nachrangigen Insolvenzgläubiger an der Teilnahme am Konkurs- und Vergleichsverfahren ausgeschlossen (BT-Drs. 12/2443, 209). Durch die Einführung der InsO wurde dies geändert. Es besteht nun auch die Möglichkeit, die Nachranggläubiger einer gesonderten Planregelung zu unterwerfen. Werden die Nachranggläubiger einer gesonderten Planregelung unterworfen, ist für diese eine gesonderte Gruppe zu bilden (§ 225 Abs. 2). In der Gruppe erfolgt die Abstimmung über die Planannahme. Wird in der Gruppe keine notwendige Mehrheit für die Planannahme erzielt, ist nach § 245 das Obstruktionsverbot zu prüfen. Für die Gruppe der Nachranggläubiger wird dies um die Regelungen des § 246 erweitert.

2 Nach der ursprünglichen Fassung war die Zustimmungsfiktion der Nr. 1 praktisch nicht anwendbar. Durch die Einführung des ESUG wurde der Gesetzeswortlaut in die heute gültige Fassung geändert. Die Streichung des § 246 Nr. 1 aF erfolgte zur Klarstellung (BT-Drs. 17/5712, 34).

B. Regelungsinhalt

I. Fiktion der Zustimmung bei keiner Besserstellung eines Insolvenzgläubigers

3 Liegt eine Mehrheitsentscheidung der gebildeten Gruppe der Nachranggläubiger zur Zustimmung des Insolvenzplans nicht vor, gilt die Zustimmung nach Nr. 1 dennoch als erteilt, wenn kein anderer Insolvenzgläubiger besser gestellt wird als ein Nachranggläubiger. Es hat eine Vergleichsbetrachtung zwischen den Insolvenzgläubigern und den Nachranggläubiger zu erfolgen, wobei die Nachranggläubiger nach § 39 Abs. 1 Nr. 3 nicht in die Bewertung einbezogen werden.

II. Keine Beteiligung an der Abstimmung

4 Die Zustimmung der gebildeten Gruppe der Nachranggläubiger liegt auch dann vor, wenn kein Nachranggläubiger an der Abstimmung teilnimmt. Eine Teilnahme an der Abstimmung stellt jedes aktive Verhalten im Abstimmungstermin dar. Die Enthaltung ist davon nicht umfasst (BT-Drs. 12/2443, 208). Ist ein Abstimmungsgläubiger zum Zeitpunkt der Gruppenabstimmung nicht im Gerichtssaal, liegt keine Teilnahme iSd Nr. 2 vor.

III. Entscheidung des Gerichts

5 Die Zustimmungsfiktion wird entsprechend des Obstruktionsverbots nach § 245 durch das Insolvenzgericht im Abstimmungstermin festgestellt. Zuständig ist die Richterin (§ 18 RPflG). Die Feststellung wird im Protokoll mit Begründung festgehalten. Ein Rechtsmittel gegen die Entscheidung ist nicht statthaft. Wird die Zustimmung festgesetzt, ist dies im späteren Rechtsmittelverfahren (§ 253) zu bewerten. Entsprechendes gilt auch, wenn das Insolvenzgericht die Zustimmung nicht feststellt und die Planbestätigung dadurch versagt wird.

§ 246a Zustimmung der Anteilsinhaber

Beteiligt sich keines der Mitglieder einer Gruppe der Anteilsinhaber an der Abstimmung, so gilt die Zustimmung der Gruppe als erteilt.

A. Normzweck

Die Regelung in § 246a wurde mit Einführung des ESUG aufgenommen. Sie dient der Vereinfachung des Abstimmungsverfahrens. Die Vorschrift regelt die Annahme des Insolvenzplans durch die Anteilsinhaber. Entsprechend der Regelung des § 246 Nr. 2 und Nr. 3 (Zustimmung der nachrangigen Insolvenzgläubiger) gilt auch bei der Gruppe der Anteilsinhaber die Zustimmung zum Plan als erteilt, wenn sich kein Mitglied der Gruppe an der Abstimmung beteiligt. In einem Fall, in dem offensichtlich ist, dass die Anteile durch die Insolvenz wertlos geworden sind und in dem auch der Plan keine Leistungen an die Anteilsinhaber vorsieht, wird deren Interesse an der Abstimmung gering sein (BT-Drs. 17/5712, 34). 1

B. Regelungsinhalt

Fehlt eine Beteiligung einer zur Stimmabgabe berechtigten Gruppe der Anteilsinhaber, wird die Zustimmung der betroffenen Gruppe fingiert. Stellt das Gericht fest, dass die Zustimmung einer Gruppe fingiert werden kann, ist die Entscheidung im Abstimmungstermin zu protokollieren und bekanntzugeben. Ein Rechtsmittel gegen die Zustimmungsfiktion selbst ist nicht zulässig. Bei der Zustimmungsfiktion in § 245 ist bei der Ermittlung der Gruppenmehrheit die fingierte Zustimmung der Anteilsinhabergruppe nicht zu berücksichtigen (MüKoInsO/Madaus Rn. 1). 2

§ 247 Zustimmung des Schuldners

(1) Die Zustimmung des Schuldners zum Plan gilt als erteilt, wenn der Schuldner dem Plan nicht spätestens im Abstimmungstermin schriftlich widerspricht.

(2) Ein Widerspruch ist im Rahmen des Absatzes 1 unbeachtlich, wenn
1. **der Schuldner durch den Plan voraussichtlich nicht schlechter gestellt wird, als er ohne einen Plan stünde, und**
2. **kein Gläubiger einen wirtschaftlichen Wert erhält, der den vollen Betrag seines Anspruchs übersteigt.**

A. Normzweck

Auch der Schuldner selbst hat das Recht, durch einen Plan nicht schlechter gestellt zu werden, als er ohne Plan stehen würde. Dieser Gedanke ist sowohl in § 227 (Haftung des Schuldners) als auch in § 247 verankert (BT-Drs. 12/2433, 202). Um dies sicherzustellen, hat der Schuldner seine Zustimmung zum Insolvenzplan vor rechtskräftiger Planbestätigung zu erteilen. Ihm muss die Möglichkeit eingeräumt werden, das Wirksamwerden des Insolvenzplans zu verhindern (BT-Drs. 12/2433, 210). Die Zustimmung gilt nach den Maßgaben des § 247 aber im Interesse der sonstigen Beteiligten als erteilt. Andernfalls führt der Widerspruch des Schuldners zur Versagung der Planbestätigung, sofern er nicht schlechter gestellt wird (Abs. 2 Nr. 1) und die Gläubiger nicht mehr als eine Vollbefriedigung erhalten. 1

B. Regelungsinhalt

I. Zustimmungsfiktion bei fehlendem Widerspruch

Hat der Schuldner kein Interesse an der Verfahrensbeendigung durch den vorgelegten und durch die Beteiligten mit den notwendigen Mehrheiten angenommenen Insolvenzplan, hat der Schuldner schriftlich zu widersprechen (Abs. 1). Der Widerspruch muss gegenüber dem Insolvenzgericht erklärt werden. Das Schriftformerfordernis nach § 126 BGB muss gewahrt sein. In Abwei- 2 chung zu den Regelungen zu § 126 BGB (BeckRS 9998, 41065) reicht die Übermittlung per Telefax nach den zu § 130 Nr. 6 ZPO entwickelten Grundsätzen aus. Dies ergibt sich aus der Verweisungsnorm des § 4. Die Übermittlung per E-Mail genügt nur dann der Schriftform, wenn die Voraussetzungen des § 130a ZPO eingehalten wurden. Die Abgabe der Erklärung zu Protokoll der Geschäftsstelle nach § 129a ZPO ist seit Einführung des ESUG nicht mehr zulässig. Die Streichung erfolgte aus prozessökonomischen Gründen (BT-Drs. 17/5712, 34 iVm 30). Ob der Schuldner die Erklärung zu Protokoll im Abstimmungstermin (§§ 160 ff. ZPO) abgeben kann, lässt der Gesetzgeber offen. Nach § 129a ZPO können formbedürftige Erklärungen zu Protokoll der Geschäftsstelle abgegeben werden, wenn dies das Gesetz vorsieht. Somit findet die Regelung im Fall des § 247 keine Anwendung. Dem Schuldner muss es aber möglich sein, den Widerspruch im Abstimmungstermin selbst zu Protokoll nach den Vorschriften des §§ 160 ff. ZPO erklären zu können (so auch MüKoInsO/Sinz Rn. 18 mwN). Der Gesetzgeber sieht vor, dass die Erörterung und Abstimmung im selben Termin erfolgt. Im Erörterungstermin kann der Planvorlegende noch Änderungen vornehmen, über die unmittelbar nach Beendigung der Erörterung abgestimmt werden kann. Zwar soll in diesem Fall grundsätzlich ein gesonderter Abstimmungstermin terminiert werden, allerdings steht dies im Ermessen des Gerichts. Durch die Möglichkeit der Planänderung muss daher dem Schuldner die Möglichkeit eingeräumt sein, auch den Widerspruch im Abstimmungstermin zu Protokoll zu erklären.

3   Der Widerspruch muss vor Ende des Abstimmungstermins beim Insolvenzgericht eingegangen sein. Es genügt bereits der Eingang beim zuständigen Gericht. Sofern der Eingang auf der Geschäftsstelle gefordert wird (so wohl MüKoInsO/Sinz Rn. 18), wird diese Auffassung hier nicht verfolgt. In Anlehnung an § 167 ZPO genügt für den Eingang bei Gericht bereits der Einwurf in den für die allgemeine Briefpost vorgesehenen Hausbriefkasten des Gerichts (BGH BeckRS 9998, 154319 zur Wahrung der Berufungsfrist) der Fristwahrung, sodass der Eingang auf der Geschäftsstelle zwar auch fristwahrend ist, nicht jedoch notwendig.

4   Der erklärte Widerspruch kann bis zur Entscheidung des Gerichts nach § 250 vom Schuldner zurückgenommen werden. Sind mehrere Personen alleinvertretungsberechtigt, kann jeder den Widerspruch erheben.

5   Ist der Schuldner keine natürliche Person, hat der Widerspruch durch die vertretungsberechtigten Organe zu erfolgen. Die Sondervorschriften (bspw. AktG, GmbHG, BGB) sind zu beachten. Die Vertretungsberechtigung muss dem Gericht nachgewiesen werden, sofern diese dem Gericht nicht bereits bekannt ist. Sind mehrere Handelnde alleinvertretungsberechtigt und werden unterschiedliche Erklärungen nach § 247 abgegeben, gilt entsprechend der Rechtsgedanken des § 125 HGB „das letzte Wort". Gehen die unterschiedlichen Erklärungen gleichzeitig zu, heben sich diese nach § 130 Abs. 1 S. 2 BGB auf.

II. Zustimmungsfiktion ungeachtet des Widerspruchs

6   Erklärt der Schuldner einen wirksamen Widerspruch nach Abs. 1, ist dieser unbeachtlich, wenn der Schuldner durch den Plan voraussichtlich nicht schlechter gestellt wird, als er ohne einen Plan stünde (Abs. 2 Nr. 1) und kein Gläubiger einen wirtschaftlichen Wert erhält, der den vollen Betrag seines Anspruchs übersteigt (Abs. 2 Nr. 2).

7   Das Insolvenzgericht hat von Amts wegen die Zustimmungsfiktion des Abs. 2 zu prüfen. Zur Ermittlung der Voraussetzungen hat es zunächst eine Prognose dahingehend zu treffen, wie der Schuldner im Fall der Regelabwicklung da stehen würde. Soll der Geschäftsbetrieb nach Aufhebung des Insolvenzverfahrens durch den Schuldner fortgeführt werden, ist grundsätzlich davon auszugehen, dass der Schuldner durch den Insolvenzplan belastet ist. Aufgrund dessen fordert der Gesetzgeber in diesem Fall eine gesonderte Erklärung zur Fortführungsbereitschaft, die nach § 230 Abs. 1 dem Insolvenzplan bereits zur Planeinreichung als Anlage eingefügt sein muss. Hat der Schuldner eine solche Erklärung nicht abgegeben, muss der Plan bereits nach § 231 zurückgewiesen werden. Spätestens die Planbestätigung nach § 250 ist aber zu versagen. Hat der Schuldner eine Fortführungserklärung nach § 230 Abs. 1 abgegeben, kann der Schuldner nur aus sachlichen Grund diese Erklärung zwischen Erörterung und Abstimmung widerrufen bzw. zurücknehmen. Sie ist insoweit bindend und als abschließende Zustimmung zu werten, die einen Widerspruch nach § 247 aus den Gedanken des rechtsmissbräuchlichen Verhaltens ausschließt. Dies gilt nur nicht dann, wenn aufgrund der Erörterung noch wesentliche Änderungen vorgenommen werden (§ 240). In diesem Fall muss eine Widerspruchsmöglichkeit nach Abs. 1 noch möglich sein.

8   Ist der Insolvenzplan auf die Zerschlagung bzw. übertragende Sanierung ausgelegt, ist in der Regel davon auszugehen, dass der Schuldner durch den Insolvenzplan nicht schlechter gestellt wird.

Sofern eine Schlechterstellung des Schuldners aufgrund der Prognoseentscheidung des Gerichts 9
ausgeschlossen werden kann, muss das Gericht ausschließen können, dass kein Gläubiger mehr
bekommt als ihm zusteht. Ein Gläubiger hat maximal Anspruch auf Vollbefriedigung seiner Hauptforderung sowie seiner Nebenforderung. Sind diese voll befriedigt, erhält der Schuldner im Fall
der Regelabwicklung einen Übererlös zurück (§ 199). Das Insolvenzverfahren dient der Befriedigung der Gläubiger im Wege der gemeinsamen, einheitlichen Befriedigung. Es dient nicht dazu,
darüber hinausgehendes Vermögen des Schuldners abzuschöpfen. Insoweit schränkt Abs. 2 Nr. 2
entsprechendes ein. Bei der Prognose ist zu beachten, dass bis zur Befriedigung der zur Insolvenztabelle angemeldeten Forderung auch die Zinsen zu berücksichtigen sind, die zur Insolvenzeröffnung
anfallen. Diese sind zwar nur als Nachrangforderung geltend zu machen (§ 39 Abs. 1 Nr. 1), sind
aber auch im Fall der Vollbefriedigung der Insolvenzgläubiger in Ansatz zu bringen.

Die Feststellung nach § 247 Abs. 2 hat das Insolvenzgericht zu treffen. Zuständig ist die Richte- 10
rin (§ 18 RPflG). Die Entscheidung kann zu Protokoll mit Angabe der Gründe ergehen. Sie kann
auch nach dem Erörterungs- und Abstimmungstermin und vor der Entscheidung nach § 248 bzw.
§ 250 im Weg des Beschlussverfahrens erlassen werden. Ein Rechtsmittel gegen die Entscheidung
ist nicht statthaft, kann aber im Rechtsmittelverfahren nach § 253 überprüft werden.

§ 248 Gerichtliche Bestätigung

(1) Nach der Annahme des Insolvenzplans durch die Beteiligten (§§ 244 bis 246a) und der Zustimmung des Schuldners bedarf der Plan der Bestätigung durch das Insolvenzgericht.

(2) Das Gericht soll vor der Entscheidung über die Bestätigung den Insolvenzverwalter, den Gläubigerausschuß, wenn ein solcher bestellt ist, und den Schuldner hören.

A. Normzweck

Das Erfordernis der gerichtlichen Bestätigung des Plans war bereits im gerichtlichen Vergleich 1
nach § 78 Abs. 1 VerglO, im Zwangsvergleich nach der § 184 Abs. 1 KO und des Vergleichs im
Gesamtvollstreckungsverfahren gem. § 16 Abs. 5 S. 1 GesO vorgesehen (BT-Drs. 12/2443, 210 f.).
Ebenso war die Anhörung der wesentlichen Beteiligten vorgesehen, um den rechtsstaatlichen
Grundsätze des rechtlichen Gehörs zu wahren (→ Rn. 1.1).

Ein vom Insolvenzgericht bestätigter Insolvenzplan (oder Schuldenbereinigungsplan gem. § 308) kann 1.1
dazu führen, dass die gesetzliche Vermutung des Vermögensverfalls gem. § 14 Abs. 2 Nr. 7 BRAO widerlegt
ist (BeckRS 2017, 134865).

B. Regelungsinhalt

I. Planbestätigung

Zunächst ist zwischen der mehrheitlichen Planannahme der Beteiligten und der Zustimmung 2
des Schuldners (§ 247) sowie der gerichtlichen Planbestätigung nach § 248 zu unterscheiden.

Die Annahme des Insolvenzplans durch die Beteiligten erfolgt im Erörterungs- und Abstim- 3
mungs- (§ 235) bzw. im gesonderten Abstimmungstermin (§ 241). Die Annahme durch die stimmberechtigen Beteiligten erfolgt, sofern die entsprechenden Mehrheiten dem Insolvenzplan zugestimmt haben (§ 244) bzw. wenn nicht erteilte Zustimmungen nach §§ 245, 246 und 246a ersetzt
werden können. Dies steht nach Beendigung der Abstimmung fest.

Hinsichtlich der Zustimmung des Schuldners ist § 247 maßgeblich. Diese gilt als erteilt, wenn 4
er keinen schriftlichen Widerspruch bis spätestens im Abstimmungstermin erklärt hat (§ 247
Abs. 2) bzw. sein zulässiger Widerspruch nach § 247 Abs. 2 nicht zu beachten ist.

Liegen die Voraussetzungen der mehrheitlichen Planannahme und der Zustimmungen vor, hat 5
das Gericht den Insolvenzplan zu bestätigen. Die Entscheidung erfolgt im Wege des Beschlussverfahrens. Zuständig ist die Richterin (§ 18 RPflG). Der Beschluss ist nach § 252 Abs. 1 noch im
Abstimmungstermin oder in einem späteren Termin zu verkünden. Erfolgt die Verkündung im
Abstimmungstermin, ist dies im Protokoll zu vermerken. Entsprechendes gilt wenn ein Verkündungstermin bestimmt. Ergeht die Entscheidung in einem gesonderten Termin ist eine erneute
Ladung zum Termin nicht notwendig (§ 4 iVm § 218 ZPO). Gegen den Bestätigungsbeschluss
ist die sofortige Beschwerde statthaft (§§ 6, 253) (→ Rn. 5.1).

5.1 Nach rechtskräftiger Planbestätigung kann eine nachinsolvenzliche Änderung einer vorinsolvenzlich erfolgten Körperschaftssteuerfestsetzung gem. § 164 Abs. 2 AO nach Ansicht des BFH dann nicht mehr erfolgen, wenn im Prüfungstermin der Forderungsanmeldung nicht widersprochen wurde (BeckRS 2015, 94001).

II. Entscheidung bei fehlender Gläubigerzustimmung

6 Liegt eine Mehrheit der abstimmungsberechtigten Beteiligten zur Planannahme nicht vor, wird die Planbestätigung versagt. Ungeachtet einer gesetzlichen Grundlage erfolgt dies auch im Wege des Beschlussverfahrens noch im Abstimmung- oder in einem späteren Verkündungstermin. Die funktionelle Zuständigkeit obliegt der Richterin (§ 18 RPflG). Gegen die Entscheidung ist die sofortige Beschwerde statthaft (§§ 6, 253).

III. Anhörung

7 Zur Wahrung des rechtlichen Gehörs soll vor der Entscheidung über die Bestätigung der Insolvenzverwalter, der Gläubigerausschuss, wenn ein solcher bestellt ist, und der Schuldner gehört werden (Abs. 2). Sind diese im Abstimmungstermin anwesend, kann das rechtliche Gehör im Termin gewährt werden. Dies ist zu protokollieren. Sofern keine Anwesenheit im Abstimmungstermin gegeben ist, sollte die Planbestätigung in einem gesonderten Verkündungstermin erfolgen, sodass der Grundsatz des rechtlichen Gehörs gewahrt werden kann. Ist die Eigenverwaltung nach § 270 angeordnet, ist der bestellte Sachwalter nicht anzuhören.

IV. Versagungsantrag (§ 251) – Minderheitenschutz

8 In Anbetracht des nach § 251 gewährten Minderheitsschutz kann ein Gläubiger oder, wenn der Schuldner keine natürliche Person ist, ein Anteilseigner einen Antrag auf Versagung der Planbestätigung stellen. Der Antrag ist nur zulässig, wenn der Antragsteller spätestens im Abstimmungstermin schriftlich oder zu Protokoll widersprochen hat (§ 251 Abs. 1 Nr. 1) und der Antragsteller durch den Plan voraussichtlich schlechter gestellt wird, als er ohne Plan stehen würde (§ 251 Abs. 1 Nr. 2). Die Schlechterstellung ist durch den Antragsteller bis spätestens zum Abstimmungstermin glaubhaft zu machen (§ 251 Abs. 2). Die Glaubhaftmachung kann gem. § 294 ZPO durch alle Beweismittel oder durch Versicherung an Eides statt erfolgen. Stützt sich der Antragsteller auf Beweismittel, müssen diese in der mündlichen Verhandlung und somit im Abstimmungstermin präsent sein. Bei der eidesstattlichen Versicherung müssen die Vorschriften der §§ 156, 161 StGB eingehalten werden. Sie kann schriftlich, per Telefax oder mündlich abgegeben werden (Zöller/Greger ZPO § 295 Rn. 4 mwN). Bei der mündlichen Abgabe ist dies zu protokollieren und durch Vorlesung zu genehmigen. Sie muss eine eigene Darstellung der Schlechterstellung enthalten. Sie darf sich nicht in einer Bezugnahme auf Angaben Dritter erschöpfen (BGH BeckRS 9998, 98701), auch darf sie sich nicht auf einen Vorgang erschöpfen, der sich der eigenen Wahrnehmung entzieht. Es genügt ein geringerer Grad der richterlichen Überzeugungsbildung; die Behauptung ist glaubhaft gemacht, sofern eine überwiegende Wahrscheinlichkeit dafür besteht, dass sie zutrifft (BeckRS 1976, 30396402). Das Gericht hat bei seiner Entscheidung dem im Insolvenzrecht verankerten Amtsermittlungsgrundsatz zu beachten, der durch die Glaubhaftmachung ausgelöst werden kann (zur Auslösung des Amtsermittlungsgrundsatzes bei Glaubhaftmachung eines Versagungsgrundes hinsichtlich der Restschuldbefreiung BGH BeckRS 2003, 08744).

§ 248a Gerichtliche Bestätigung einer Planberichtigung

(1) Eine Berichtigung des Insolvenzplans durch den Insolvenzverwalter nach § 221 Satz 2 bedarf der Bestätigung durch das Insolvenzgericht.

(2) Das Gericht soll vor der Entscheidung über die Bestätigung den Insolvenzverwalter, den Gläubigerausschuss, wenn ein solcher bestellt ist, die Gläubiger und die Anteilsinhaber, sofern ihre Rechte betroffen sind, sowie den Schuldner hören.

(3) Die Bestätigung ist auf Antrag zu versagen, wenn ein Beteiligter durch die mit der Berichtigung einhergehende Planänderung voraussichtlich schlechtergestellt wird, als er nach dem mit dem Plan beabsichtigten Wirkungen stünde.

(4) [1]Gegen den Beschluss, durch den die Berichtigung bestätigt oder versagt wird, steht den in Absatz 2 genannten Gläubigern und Anteilsinhabern sowie dem Verwalter die sofortige Beschwerde zu. [2]§ 253 Absatz 4 gilt entsprechend.

A. Normzweck

Die Regelung des § 248 wurde auf Empfehlung des Rechtsausschusses zum ESUG neu einge- 1
führt. Der Gesetzgeber sieht es als erforderlich, die Vorschriften über den Insolvenzplan um ein
Nachbesserungsrecht für den Insolvenzverwalter zu ergänzen. Dadurch soll die Möglichkeit eröffnet werden, in Abstimmung mit dem Gericht etwaige Unzulänglichkeiten im Plan korrigieren
zu können, ohne zuvor eine Gläubigerversammlung einberufen zu müssen. Ziel ist die Umsetzung
des von den Gläubigern beschlossenen Planinhalts zu ermöglichen, der unter Umständen Formfehler entgegenstehen, die eine Eintragung von im Plan vorgesehenen, eintragungspflichtigen
Umständen in das jeweilige Register verhindern. Der Gesetzgeber orientiert sich dabei an den
entsprechenden Durchführungs- und Vollzugsvollmachten der Notare (BT-Drs. 17/7511, 35).

B. Regelungsinhalt

I. Berichtung des bestätigen Insolvenzplans (§ 221 S. 2)

Im gestaltenden Teil kann nach § 221 S. 2 eine Regelung aufgenommen werden, dass der 2
Insolvenzverwalter bevollmächtigt wird, die zur Umsetzung der im Plan geregelten Maßnahmen
zu ergreifen und offensichtliche Fehler des Plans zu korrigieren. Bei der Planumsetzung ist der
Insolvenzverwalter in seiner Entscheidungskompetenz an den Inhalt des Insolvenzplans gerichtet.
Ein Verstoß kann eine Haftung nach § 60 auslösen. Ebenso kann der Sachwalter hierzu ermächtigt
werden.

Eine Korrektur kann dann vorgenommen werden, wenn ein offensichtlicher Fehler vorliegt 3
(bspw. offenkundig falsche Benennung von Personen oder ein nicht aufgenommener gesellschaftsrechtlicher Beschluss). Maßgeblich ist, dass es sich um eine Unrichtigkeit handelt, die der Planumsetzung entgegen steht und andernfalls von den Planerfassern und den planzustimmenden Beteiligten sonst im Plan umgesetzt worden wäre.

Stellte der Insolvenzverwalter einen entsprechenden offensichtlichen Fehler fest, der eine Plan- 4
änderung notwendig macht, hat der Insolvenzverwalter die Bestätigung des Insolvenzgerichts
einzuholen. Die Einholung der Bestätigung erfolgt im Wege der Antragstellung. Die genaue
Maßnahme ist zu benennen und zu begründen. Über die Bestätigung der geplanten Planänderung
hat das Gericht im Wege des Beschlussverfahrens zu entscheiden. Ergeht die Entscheidung nicht
in einem gesondert terminierten Verkündungstermin, hat eine Zustellung der Entscheidung an
alle Beteiligten zu erfolgen, damit die Beschwerdefrist ausgelöst wird (§ 6 Abs. 2). Die Zustellung
kann nach § 8 erfolgen. Im Fall der öffentlichen Bekanntmachung gilt die Fiktion des § 9 Abs. 3.
Zuständig für die Entscheidung ist die Richterin (§ 18 RPflG). Vor der Entscheidung ist rechtliches
Gehör zu gewähren (Abs. 2). Die Bestätigung ist nur auf Antrag eines Berechtigten zu versagen
(Abs. 3). Sowohl gegen die Bestätigung der Planänderung als auch gegen die Ablehnung ist das
Rechtsmittel der sofortigen Beschwerde (§ 6) statthaft. § 253 Abs. 4 gilt entsprechend (Abs. 4
S. 2).

Die Einholung der gerichtlichen Bestätigung ist auch dann erforderlich, wenn nach Aufhebung 5
des Insolvenzverfahrens ein offensichtlicher Fehler erkennbar wird. Der Schutzgedanke des § 248a
endet nicht mit Aufhebung des Insolvenzverfahrens.

II. Gewährung rechtlichen Gehörs

Vor eine Entscheidung nach Abs. 2 soll dem Insolvenzverwalter und einem bestellten Gläubiger- 6
ausschuss stets rechtliches Gehör gewährt werden, den vom Plan unterworfenen Gläubigern oder
Anteilsinhabern nur dann, wenn in ihre Rechte durch die Maßnahme eingegriffen werden soll.
Eine umfassende Anhörung aller Beteiligten wird aufgrund einer effektiven Verfahrensabwicklung
nicht benötigt (BT-Drs. 17/7511, 36).

III. Versagung der Berichtigung

Die Versagung der beantragten Planänderung setzt zunächst einen Antrag eines Beteiligten 7
voraus, der mit der Berichtigung der Planänderung voraussichtlich schlechter gestellt sein würde,
als er nach den mit dem Plan beabsichtigen Wirkung stünde. Der Antragsteller hat eine entsprechende Schlechterstellung zu begründen. An den Antrag ist das Gericht nicht gebunden. Es trifft
eine eigene Prognoseentscheidung nach pflichtgemäßem Ermessen.

8 Darüber hinaus hat das Gericht nach § 250 bei Verstößen gegen Verfahrensvorschriften die Bestätigung von Amts wegen zu versagen. Dies ergibt sich aus der Gesetzessystematik und der Einführung des § 248a nach der Planbestätigung des § 248.

IV. Rechtsmittelmöglichkeit

9 Gegen die Entscheidung des Gerichts nach § 248a ist die sofortige Beschwerde statthaft. Durch die Verweisung auf § 253 Abs. 4 kann auf Antrag des Insolvenzverwalters das Landgericht die Beschwerde unverzüglich zurückweisen, wenn das alsbaldige Wirksamwerden des Insolvenzplans vorrangig erscheint, weil die Nachteile einer Verzögerung des Planvollzugs nach freier Überzeugung des Gerichts die Nachteile für den Beschwerdeführer überwiegen. Durch die Verweisung soll die Beschleunigung der Planbestätigung und Umsetzung des Planinhalts erreicht werden. Das Rechtsschutzinteresse der Rechtsmittelführer kann somit hinter das Vollzugsinteresse der übrigen Beteiligten gestellt werden.

§ 249 Bedingter Plan

¹Ist im Insolvenzplan vorgesehen, daß vor der Bestätigung bestimmte Leistungen erbracht oder andere Maßnahmen verwirklicht werden sollen, so darf der Plan nur bestätigt werden, wenn diese Voraussetzungen erfüllt sind. ²Die Bestätigung ist von Amts wegen zu versagen, wenn die Voraussetzungen auch nach Ablauf einer angemessenen, vom Insolvenzgericht gesetzten Frist nicht erfüllt sind.

Überblick

Die Möglichkeit, die Planbestätigung von Bedingungen abhängig zu machen, ermöglicht den Beteiligten, den strategischen Nutzen des Insolvenzplans zu erweitern. Es können auch Handlungen Dritter (→ Rn. 3) umfasst werden.

A. Normzweck

1 Durch die Möglichkeit, die Planbestätigung von dem Eintritt einer Bedingung abhängig zu machen, soll die Umsetzung eines Plans sichergestellt werden. Im Interesse der Beteiligten muss die Möglichkeit eröffnet werden, dass das Wirksamwerden der im gestaltenden Teil getroffenen Regelungen davon abhängig gemacht werden kann, dass bestimmte Leistungen erbracht oder andere Maßnahmen verwirklicht werden (BT-Drs. 12/2443, 211). Hatte der Gesetzgeber bei Einführung der Regelung noch gesellschaftsrechtliche Beschlüsse im Fokus (BT-Drs. 12/2443, 203), ist dieser Umstand durch die weiteren Reformen der InsO in den Hintergrund getreten.

B. Regelungsinhalt

2 Gemäß § 249 S. 1 kann die gerichtliche Planbestätigung von einer (oder mehrere) Bedingung abhängig gemacht werden. Ob die Bedingung eingetreten ist, hat das Gericht zu prüfen und zu bewerten. Tritt die Bedingung innerhalb einer gerichtlich gesetzten angemessenen Frist nicht ein, hat das Gericht von Amtswegen die Planbestätigung zu versagen (§ 249 S. 2).

I. Bedingung gem. S. 1

3 Die Regelung des § 249 S. 1 ist nicht auf bestimmte Bedingungen beschränkt. So kann beispielsweise die Planbestätigung unter der Bedingung stehen, dass der Insolvenzverwalter noch einen Anfechtungsrechtsstreit rechtshängig macht. Auch Handlungen Dritter können als Planbedingung aufgenommen werden (BeckRS 2010, 12957). Um nur zu nennen sind beispielsweise die Planbestätigung von der Gläubigerzustimmung eines Plans in einem anderen Insolvenzverfahren (**Konzerninsolvenz**), der Bereitstellung von **Liquidität** durch Dritte (Kaufpreiszahlung, Kreditgewährung etc), Erteilung **behördlicher Genehmigungen,** Umsetzung von **Personalanpassungsmaßnahmen** oder Abschluss von **Tarifverträgen** abhängig gemacht werden. Ebenso ist es möglich, den Plan unter die Bedingung eines **steuerlichen Sanierungserlasses** (§ 227 AO) zu stellen (→ § 220 Rn. 1 ff.).

4 Für den Planersteller besteht die Möglichkeit, die im Plan verankerten Bedingungen strategisch zu nutzen. Insbesondere bei einem angestrebten Sanierungstarifvertrag ist das Druckpotenzial nicht zu unterschätzen. Der Plansteller hat aber zu beachten, dass das Verwenden einer Bedingung bereits bei Planeinreichung zu einer gerichtlichen Zurückweisung gem. § 231 Abs. 1 S. Nr. 2 oder Nr. 2 führen kann, denn das Gericht kann gewisse Rückschlüsse auf eine „offensichtliche Undurchführbarkeit" des Plans ggf. schließen.

Soll über das Vermögen einer **Genossenschaft** ein Planverfahren durchgeführt werden, ist **5** zu beachten, dass der Plan unter der Bedingung eines wirksamen Fortsetzungsbeschlusses der Generalversammlung nach §§ 117, 118 GenG gestellt wird, sofern nicht bereits ein entsprechender Beschluss im Vorfeld eingeholt wurde.

Ob der Plan eine Regelung enthalten kann, dass der Insolvenzverwalter ermächtigt wird, im **6** Fall des Bedingungsnichteintritts auf den **Eintritt zu verzichten,** ist fraglich. Zwar können solche Klauseln im normalen Rechtsgeschäft zwischen den Parteien vereinbart werden (MüKoBGB/ Westermann BGB § 158 Rn. 44). Im gerichtlichen Planverfahren wird dies wohl nicht möglich sein.

Der Plan kann unter **mehreren Bedingungen** geschlossen werden. Auch können mehrere **7** Bedingungen voneinander abhängig gemacht werden („wenn-dann-Verknüpfungen").

Steht der Plan unter einer Bedingung, sind im **darstellenden** Teil entsprechende Ausführungen **8** vorzunehmen. Im **gestaltenden** Teil des Plans ist die materielle Auswirkung der Bedingung zu regeln.

II. Gerichtliche Fristsetzung (S. 2)

Vor der Bestätigung des Plans hat das Gericht zu prüfen, ob der Bedingungseintritt erfüllt ist. **9** Das Gericht kann auf der Grundlage des in § 5 verankerten Amtsermittlungsgrundsatzes Ermittlungstätigkeiten aufnehmen. In der Praxis erfolgt jedoch durch den Insolvenzverwalter oder den Schuldner eine entsprechende Mitteilung ober den Bedingungseintritt, wobei entsprechende Nachweise vorzulegen sind, sodass sich das Gericht ein eigenes und vollständiges Bild über den Sachverhalt erstellen kann.

Kann das Gericht keinen Bedingungseintritt feststellen, hat es eine **angemessene Frist** zu **10** setzen, innerhalb welcher der Eintritt zu erfolgen hat. Sofern nicht bereits im Plan eine solche Frist genannt wird, soll das Gericht bereits im Abstimmungstermin die Frist verkünden (HmbKommInsR/Thies § 250 Rn. 6). Die Frist kann innerhalb der **Frist verlängert** werden, sofern es im Einzelfall sachgerecht und vertretbar ist. Nach Fristablauf hat das Gericht die Entscheidung über die Planbestätigung ohne weitere Verzögerungen zu treffen.

III. Entscheidung des Gerichts und Rechtsmittelfähigkeit

Steht der Plan gem. § 249 unter einer Bedingung, hat das Gericht bei Bedingungseintritt die **11 Planbestätigung** zu beschließen, sofern nicht andere Versagungsgründe vorliegen. Die Entscheidung erfolgt durch **Beschluss.** Gegen diesen Beschluss kann die sofortige Beschwerde (§ 253) erhoben werden.

Die Entscheidung über die **Fristsetzung** selbst oder über eine **Fristverlängerung** ist nicht **12** rechtsmittelfähig. Sie kann nur mittelbar im sofortigen Beschwerdeverfahren nach § 253 überprüft werden.

§ 250 Verstoß gegen Verfahrensvorschriften

Die Bestätigung ist von Amts wegen zu versagen,
1. **wenn die Vorschriften über den Inhalt und die verfahrensmäßige Behandlung des Insolvenzplans sowie über die Annahme durch die Beteiligten und die Zustimmung des Schuldners in einem wesentlichen Punkt nicht beachtet worden sind und der Mangel nicht behoben werden kann oder**
2. **wenn die Annahme des Plans unlauter, insbesondere durch Begünstigung eines Beteiligten, herbeigeführt worden ist.**

A. Normzweck

Bereits in § 79 Nr. 1 und 3 VerglO war eine entsprechende Versagungsnorm geregelt. Sie dient **1** dazu, die Interessen der Beteiligten zu schützen und die Einhaltung der gesetzlichen Vorgaben zu garantieren. Insbesondere der zu einer Verfälschung führende unentdeckte Stimmenkauf soll entsprechend § 186 Nr. 1, § 188 Abs. 1 Nr. 1 KO bzw. § 16 Abs. 5 S. 3 GesO weiterhin sanktio-

InsO § 250

niert werden (BT-Drs. 12/2443, 209). Durch das ESUG wurde der in der alten Fassung verwendete Begriff der „Gläubiger" durch das Wort „Beteiligte" ersetzt. Die Änderungen beruhen auf der möglichen Einbeziehung der am Schuldner beteiligten Personen in das Verfahren zur Abstimmung über den Insolvenzplan (BT-Drs. 17/5712, 34).

2 Während § 231 bereits bei Einreichung des Insolvenzplans dem Gericht die Möglichkeit der Planzurückweisung eröffnet wurde, findet § 250 erst dann Anwendung, wenn der Insolvenzplan von den zur Stimmabgabe Berechtigten angenommen wurde. Fehlt es an einer Annahme des Insolvenzplans aufgrund des Abstimmungs- und Erörterungstermins ist bereits die Planbestätigung aufgrund der Gläubigerentscheidung zurückzuweisen. Für den Fall, dass ein Verstoß nach § 250 vorliegt ist jedoch eine Planversagung nach § 250 ergänzend zu erlassen, um ggf. ein Rechtsmittelverfahren zu eröffnen. Durch § 231 wird die Entscheidung nach § 250 präkludiert, sodass das Gericht auch bei einem offensichtlichen Verfahrensverstoß zum Zeitpunkt der Planeinreichung an seine Entscheidung nach § 231 gebunden ist. Eine sog. „Doppelprüfung" ist aus verfahrensökonomischen Überlegungen nicht sachgerecht (Uhlenbruck/Lüer/Streit Rn. 8–11; aA LG Mainz BeckRS 2016, 02315 nrkr; vgl. BGH BeckRS 2017, 102696).

3 Die Regelung findet auch bei der Bestätigung einer Planänderung nach § 248a Anwendung.

B. Regelungsinhalt

I. Versagung der Planbestätigung bei Verstoß gegen §§ 217–243

4 Nach Nr. 1 ist die Planbestätigung von Amts wegen zu versagen, wenn die Vorschriften über den Inhalt und die verfahrensmäßige Behandlung des Insolvenzplans in einem wesentlichen Punkt nicht beachtet wurde und der Mangel nicht behoben werden kann. Die Prüfungskompetenz des Gerichts umfasst hinsichtlich des Planinhalts §§ 217, 219–230 sowie die Verfahrensvorschriften §§ 218, 231–243. Die Wirtschaftlichkeit oder Durchführbarkeit der Regelungen unterliegen nicht der Prüfungskompetenz des Insolvenzgerichts (BeckRS 2005, 10212).

4.1 Versagungsgründe nach BGH:
- Ein Insolvenzplan kann dem Insolvenzverwalter nicht die Befugnis verleihen, nach rechtskräftiger Bestätigung des Insolvenzplans und Verfahrensaufhebung eine Insolvenzanfechtungsklage zu erheben (BeckRS 2018, 9510).
- Ein Insolvenzplan kann nicht vorsehen, dass ein anwaltlicher Treuhänder nach Verfahrensaufhebung eine Masseforderung zum Zwecke einer Nachtragsverteilung zugunsten der Gläubigergesamtheit einzieht (BeckRS 2018, 9510).

4a Ein solcher Verstoß liegt auch dann vor, wenn es an der erforderlichen Klarheit und Widerspruchsfreiheit fehlt. Dies kann zB dann vorliegen, wenn zwar eine feste Insolvenzquote bestimmt wird, ihre Fälligkeit aber von aufschiebenden Bedingungen abhängt, die tatsächlich nicht eintreten können und die gebotene Vollstreckungsfähigkeit in Frage stellen (BeckRS 2018, 9510).

5 Stellt das Gericht einen Verstoß nach §§ 217–243 fest, muss dieser wesentlich sein und nicht behebbar. Was unter einem wesentlichen Punkt zu verstehen ist, hat das Gericht im Einzelfall zu bewerten. Der BGH sieht einen solchen wesentlichen Verstoß dann, wenn es sich um einen Mangel handelt, der Einfluss auf die Annahme des Insolvenzplans gehabt haben könnte (NZI 2010, 101; BeckRS 2008, 02561 iVm BeckRS 2012, 02102), sodass ein weiterer Spielraum für die Interpretation eröffnet ist. Behebbar ist der Mangel dann, wenn eine Wiederholung oder Nachbesserung ohne Wiederholung eines früheren Verfahrensabschnittes möglich ist (MüKoInsO/Sinz Rn. 39 mwN). Zur Behebung des Mangels ist ggf. eine angemessene Frist zu setzen. Erst nach erfolglosem Verstreichen dieser Frist kann eine Versagung nach § 250 Nr. 1 erfolgen.

6 Die Versagung erfolgt nur dann, wenn der Mangel nicht behoben werden kann.

II. Versagung der Planbestätigung bei fehlerhafter Abstimmung

7 Bei einer fehlerhaften Abstimmung ist die Planbestätigung von Amts wegen zu versagen (Nr. 2). Maßgeblich für die Prüfung der Rechtmäßigkeit der Abstimmung sind die §§ 244 bis 246a. Die Regelung ist im Zusammenhang mit der gerichtlichen Planbestätigung nach § 248 Abs. 1 zu sehen. Nachdem in diesem Zusammenhang bereits eine Prüfung der Rechtmäßigkeit der Abstimmung nach §§ 244–246a geprüft wird.

III. Versagung der Planbestätigung bei fehlerhafter Beteiligung des Schuldners

Ist der Schuldner nach den verfahrensrechtlichen Vorschriften in das Planverfahren nicht hinreichend eingebunden ist die Planbestätigung zu versagen. Dies umfasst im Wesentlichen die Zustimmung des Schuldners nach § 247. Wurde der Schuldner bei der Planausarbeitung entgegen der Regelung des § 218 Abs. 3 gar nicht oder nicht hinreichend einbezogen führt dies nicht zu einer Zurückweisung nach § 250. Durch § 218 Abs. 3 soll in Anlehnung zu § 161 dem Schuldner die Möglichkeit eröffnet werden, seine Erkenntnisse in den Plan einzubringen. Der Planersteller muss diese jedoch weder aufgreifen noch umsetzten, sodass eine Zurückweisung nach § 250 nicht sachgerecht ist. 8

IV. Versagung, wenn die Annahme des Plans unlauter ist

Ist die Annahme des Plans unlauter, insbesondere durch Begünstigung eines Beteiligten, herbeigeführt worden, hat das Gericht die Bestätigung von Amts wegen zu versagen. Ein unlauteres Verhalten liegt vor, wenn ein Verstoß gegen Treu und Glauben festgestellt wird (BeckRS 2000, 30118820). 9

Ein unlauteres Verhalten kann unter anderem beim Stimmenkauf vorliegen. Bereits die VerglO sah vor, dass eine Verfälschung einer Abstimmung durch einen zunächst unentdeckten Stimmenkauf zur Versagung des Vergleichs führte (BT-Drs. 12/2443, 211; BGH NJW 1952, 1009 ff.). Diese Auffassung wird auch unter der InsO durch den BGH weiterverfolgt. Kauft ein Insolvenzgläubiger oder ein Dritter einzelnen anderen Insolvenzgläubigern deren Forderungen zu einem Preis ab, der die in einem vorgelegten Insolvenzplan vorgesehene Quote übersteigt, um mit der so erlangten Abstimmungsmehrheit die Annahme des Insolvenzplans zu bewirken, ist der Forderungskauf nichtig, falls der Insolvenzplan zu Stande kommt. Das Insolvenzgericht darf den Plan nicht bestätigen, wenn dessen Annahme auf dem Forderungskauf beruhen kann. Die Herbeiführung der Annahme eines Insolvenzplans durch einen Forderungskauf, der einzelnen Gläubiger besondere Vorteile bietet, ist unlauter unabhängig davon, ob der Forderungskauf heimlich durchgeführt wird; etwas anderes kann nur gelten, wenn er offen in dem Insolvenzplan ausgewiesen wird (BeckRS 2018, 9510). 10

Ein Verstoß gegen Nr. 2 kann auch dann vorliegen, wenn einzelnen Beteiligten „Kick-Back-Zahlungen" zugesagt oder wenn strittige Forderungen anerkannt werden. 11

V. Heilung des Mangels

Liegt ein Versagungsgrund nach Nr. 1 vor kann der Mangel geheilt bzw. behoben werden, sofern dies verfahrensrechtlich noch möglich ist. Ein Verfahrensmangel ist behebbar, wenn eine Wiederholung des Vorgangs durch Nachbesserung oder Neuvornahme möglich ist, ohne dass ein früherer Verfahrensabschnitt wie der Abstimmungs- oder Erörterungstermin wiederholt werden müsste (BeckRS 2018, 9510). Wird ein wesentlicher Verstoß erst nach dem Erörterungs- und Abstimmungstermins festgestellt, liegt ein unbehebbarer Mangel stets vor (im Ergebnis auch BeckRS 2018, 9510). 12

VI. Wesentlicher Verstoß

Ein Verstoß nach Nr. 1 muss wesentlich sein. Ein wesentlicher Verfahrensverstoß liegt vor, wenn es sich um einen Mangel handelt, der Einfluss auf die Annahme des Insolvenzplans gehabt haben kann. Es muss nicht feststehen, sondern lediglich ernsthaft in Betracht kommen, dass der Mangel tatsächlich Einfluss auf die Annahme des Plans hatte (ua BeckRS 2018, 9510). 13

§ 251 Minderheitenschutz

(1) Auf Antrag eines Gläubigers oder, wenn der Schuldner keine natürliche Person ist, einer am Schuldner beteiligten Person ist die Bestätigung des Insolvenzplans zu versagen, wenn
1. der Antragsteller dem Plan spätestens im Abstimmungstermin schriftlich oder zu Protokoll widersprochen hat und
2. der Antragsteller durch den Plan voraussichtlich schlechtergestellt wird, als er ohne einen Plan stünde; ist der Schuldner eine natürliche Person, gilt § 245a entsprechend.

(2) Der Antrag ist nur zulässig, wenn der Antragsteller spätestens im Abstimmungstermin glaubhaft macht, dass er durch den Plan voraussichtlich schlechtergestellt wird.

(3) ¹Der Antrag ist abzuweisen, wenn im gestaltenden Teil des Plans Mittel für den Fall bereitgestellt werden, dass ein Beteiligter eine Schlechterstellung nachweist. ²Ob der Beteiligte einen Ausgleich aus diesen Mitteln erhält, ist außerhalb des Insolvenzverfahrens zu klären.

Überblick

Der in § 251 verankerte Minderheitschutz ist im Zusammenhang mit dem in § 245 geregelten Obstruktionsverbot zu sehen. Die Regelung dient somit dem Individualschutz innerhalb einer abstimmenden Gruppe.

Übersicht

	Rn.		Rn.
A. Normzweck	1	II. Verbot der Schlechterstellung (Abs. 1 Nr. 2)	9
B. Regelungsinhalt	6	III. Glaubhaftmachung der Schlechterstellung (Abs. 2)	11
I. Widerspruch im Abstimmungstermin (Abs. 1 Nr. 1)	6	IV. Vorsorgeregelung (Abs. 3)	16

A. Normzweck

1 Die Regelung soll gewährleisten, dass gegen den Willen eines Betroffenen grundsätzlich keine wirtschaftlich nachteilige Entscheidung nur auf der Grundlage einer Gläubigermehrheit getroffen werden kann. Stimmt die Mehrheit einer Gruppe zu, bedeutet dies nicht zwangsläufig, dass auch die Interessen aller Beteiligten berücksichtigt werden (BT-Drs. 12/2443, 211). Die soll jedem Betroffenen den Wert garantieren, den seine Rechtsposition im Insolvenzverfahren noch hat (BGH BeckRS 2012, 17122).

2 Durch das ESUG wurden Abs. 1 und Abs. 2 dahingehend erweitert, dass auch die Anteilseigner sich auf die Regelung beziehen können. Die Regelung ist aufgrund der Erweiterung der Eingriffsmöglichkeiten in die Rechte der Anteilseigner („debt-to-equity-swaps", § 225a) notwendig geworden. Es soll dadurch sichergestellt werden, dass die Anteilsinhaber ihre Liquidationswert gesichert haben (BT-Drs. 17/5712, 34).

3 Die in Abs. 3 eröffnete Möglichkeit wurde durch das ESUG neu eingeführt, sodass ein gegen die Planbestätigung eingelegtes Rechtsmittel nicht zwangsläufig die Verfahrensaufhebung hemmt. Eine Planbestätigung kann daher auch dann erfolgen, wenn ein möglicher Verstoß gegen den Minderheitenschutz gegeben ist.

4 Stellte das Gericht im Rahmen des in § 231 vorgesehenen Vorprüfungsverfahrens fest, dass ein Verstoß gegen § 251 vorliegt, kann der Insolvenzplan zurückgewiesen werden. Dabei ist es unbeachtlich, dass § 251 nur auf Antrag eines Betroffenen zur Anwendung gelangt (BGH BeckRS 2017, 119942).

5 Die Regelung findet auf alle Verfahren Anwendung, die ab dem 1.3.2012 beantragt wurden. Für Altverfahren gilt die bis dahin geltende Fassung (Art. 103g EGInsO).

B. Regelungsinhalt

I. Widerspruch im Abstimmungstermin (Abs. 1 Nr. 1)

6 Einen Antrag auf Versagung der Planbestätigung kann jeder Insolvenzgläubiger im Rang des § 38, jeder Nachranggläubiger im Rang des § 39 (so auch MüKoInsO/Sinz Rn. 6; aA Uhlenbruck/Streit/Lüer Rn. 10) oder Anteilseigner stellen. Auch nicht stimmberechtigte Gläubiger sind antragsberechtigt (BT-Drs. 12/2443, 212). Eine Teilnahme an der Abstimmung ist nicht Zulässigkeitsvoraussetzung. Hat der Antragsteller jedoch zunächst für den Plan gestimmt und stellt dennoch einen Antrag nach Abs. 1 Nr. 1, ist er nach der hier vertretenen Ansicht bezüglich eines Antragsrechts präkludiert.

7 Der Antrag auf Versagung ist nur dann zulässig, wenn der Antragsteller im Abstimmungstermin seinen Widerspruch zum Plan erklärt hat (ua Uhlenbruck/Lüer/Streit Rn. 1 ff.; aA K. Schmidt InsO/Spliedt Rn. 3–5 mit entsprechender Begründung). Der Widerspruch zum Plan muss im Abstimmungstermin schriftlich oder zu Protokoll, dh zum Terminprotokoll oder zu Protokoll der Geschäftsstelle (§ 4 iVm §§ 129a Abs. 1, 496 ZPO), erklärt werden. Schriftlich erfolgt der

Widerspruch in der Regel dann, wenn eine schriftliche Abstimmung (§ 242) im gesonderten Abstimmungstermin (§ 241) erfolgt. Der Antrag kann nach nL auch vorab dann gestellt werden, wenn der Antragsteller nicht im Abstimmungstermin teilnimmt (ua K. Schmidt InsO/Spliedt Rn. 3–5 mwN). Der Antrag muss aber spätestens bis zum Ende des Abstimmungstermins auch dem zuständigen Insolvenzrichter vorliegen (MüKoInsO/Sinz Rn. 12). Ein vor dem Erörterungstermin erklärter Widerspruch ist in der Regel unzulässig (vgl. auch MüKoInsO/Sinz Rn. 8). Eine von einem Teil der Literatur vertretene Auffassung, dass der Antrag spätestens bis zur Bestätigungsentscheidung zu stellen ist (ua K. Schmidt InsO/Spliedt Rn. 5), wird hier nicht gefolgt. Die durch Sinz vertretene Ansicht, dass andernfalls die spätestens im Termin glaubhaft zu machende Benachteiligung widersinnig wäre, wird befürwortet (MüKoInsO/Sinz Rn. 11).

Eine Wiedereinsetzung in den vorherigen Stand ist auch bei unverschuldeter Abwesenheit im 8 Abstimmungstermin nicht möglich. Eine Analogie von § 233 ZPO ist bei Säumnis vom materiellrechtlichen Fristen nicht anwendbar (K. Schmidt InsO/Spliedt Rn. 16). Liegt dagegen eine fehlerhafte Ladung zum Abstimmungstermin vor, kann die Frist nicht ausgelöst werden.

II. Verbot der Schlechterstellung (Abs. 1 Nr. 2)

Der Antragsteller darf durch den Insolvenzplan nicht schlechter gestellt werden. Bei der Bewertung der Schlechterstellung ist auf die Positionen des Antragstellers bei Abwicklung des Insolvenzverfahrens nach den Vorschriften der InsO und bei Ausführung des Insolvenzplans abzustellen. Bringt der Plan für den widersprechenden Gläubiger wirtschaftliche Nachteile, hat der Widerspruch Erfolg (BGH BeckRS 2012, 17122).

Maßgeblich ist die Regelabwicklung und nicht ein alternativer Insolvenzplan. Der Antragsteller 9a kann sich in diesem Zusammenhang auch auf die Ausführungen im darstellenden Teil des Insolvenzplans berufen. Sofern er hier abweichende Annahmen trifft, hat er diese entsprechend Abs. 2 glaubhaft zu machen.

Ob ein Gläubiger durch den Plan wirtschaftlich benachteiligt wird, ist ausschließlich auf der 10 Grundlage seines glaubhaft gemachten Vorbringens zu beurteilen (BGH NZI 2007, 409).

Die Verweisung auf § 245a wurde im Zusammenhang mit den Änderungen nach dem SanIns- 10a FoG aufgenommen. Durch die Anordnung der entsprechenden Geltung des § 245a InsO-E gelten die Vermutungsregeln zur Erleichterung der Prüfung einer voraussichtlichen Schlechterstellung bei Insolvenzplänen natürlicher Personen auch im Rahmen von Minderheitenschutzanträgen.

III. Glaubhaftmachung der Schlechterstellung (Abs. 2)

Der Antragsteller hat spätestens bis zum Ende des Abstimmungstermins die voraussichtliche 11 Schlechterstellung glaubhaft zu machen. Dieses Erfordernis soll das Insolvenzgericht davor bewahren, dass ein Antrag, der auf bloße Vermutungen gestützt wird, zu umfangreichen Ermittlungen führt (BT-Drs. 12/2443, 212; BGH BeckRS 2012, 17122).

Die Glaubhaftmachung kann entsprechend § 4 iVm § 294 ZPO durch Beweismittel 12 (→ Rn. 12.1) oder durch Versicherung an Eides statt erfolgen.

Beweismittel sind Augenschein (§§ 371 ff. ZPO), Zeuge (§§ 373 ff. ZPO), Sachverständiger (§§ 402 ff. 12.1 ZPO), Urkunde (§§ 415 ff. ZPO) und Parteivernehmung (§§ 445 ff. ZPO) sowie die amtliche Auskunft (§ 273 Abs. 2 Nr. 2 ZPO), wenn sie nicht nur informatorisch oder vorbereitend ist, sondern die Vernehmung des Bediensteten (als Zeugen oder Sachverständigen) ersetzt.

Erfolgt die Glaubhaftmachung durch Beweismittel, ist dies nur statthaft, wenn eine Beweisauf- 13 nahme sofort erfolgen kann (§ 294 Abs. 2 ZPO, → Rn. 13.1).

Umfasst sind präsente Beweismittel. Eine eidesstattliche Versicherung liegt nicht vor, wenn Bezugnahme 13.1 auf einen Schriftsatz erfolgt; sie muss eine selbstständige Sachdarstellung enthalten (BGH 13.1.1988 – Iva 13/87).

Entsprechend des Zwecks der in der ZPO verankerten Glaubhaftmachung muss die Glaubhaft- 14 machung nicht zur vollen Überzeugung des Gerichts führen. Es muss aber für das Gericht dazu geeignet sein, dass dies zur Überzeugung kommt, dass mit überwiegender Wahrscheinlichkeit (BGH NJW 2015, 3517) die Schlechterstellung zu erwarten ist.

Die Glaubhaftmachung muss bis zum Ende des Abstimmungstermins erfolgen (Abs. 3). Eine 15 Nachfrist kann nicht gesetzt werden (BGH BeckRS 2010, 00707).

IV. Vorsorgeregelung (Abs. 3)

16 Zur Vermeidung einer verzögerten Planbestätigung und Aufhebung des Insolvenzverfahrens aufgrund eingelegter Rechtsmittel eröffnet der Gesetzgeber die Möglichkeit, dass die Planerstellung eine Vorsorgeregelung für den Fall treffen kann, dass ein Gläubiger oder eine Minderheit von Gläubigern bzw. ein Anteilsinhaber oder eine Minderheit von Anteilsinhabern eine Schlechterstellung durch den Plan geltend macht (BT-Drs. 17/5712, 35). Sieht der Plan vor, dass ein Gläubiger oder Anteilsinhaber für eine nachgewiesene Schlechterstellung einen finanziellen Ausgleich erhält, liegt im Ergebnis keine Schlechterstellung mehr vor. Damit besteht auch kein Grund, die Bestätigung des Plans zu versagen. Beinhaltet der Insolvenzplan eine entsprechende Vorsorgeregelung, so muss die Finanzierung des Ausgleichs nach dem Willen des Gesetzgebers durch eine Rücklage, eine Bankbürgschaft oder in ähnlicher Weise gesichert sein (BT-Drs. 12/5712, 35). Eine reine Rückstellung oder sonstige Buchposition im Rahmen der integrierten Planungsrechnung genügt nicht.

17 Das Insolvenzgericht hat vor Bestätigung des Plans zu prüfen, ob die bereitgestellten Mittel für die Beteiligten ausreichend sind (BT-Drs. 12/5172; BGH BeckRS 2017, 119942). Das Insolvenzgericht hat dabei zu unterstellen, dass der Antragsteller in voller Höhe entsprechend seiner glaubhaft dargelegten Schlechterstellung obsiegt. Kosten des Antragstellers für die erfolgreiche Durchsetzung und Geltendmachung der Schlechterstellung vor dem ordentlichen Gericht sind nach der hier vertretenen Ansicht ebenfalls in Ansatz zu bringen und bei der Rücklage zu berücksichtigen. Der Antragsteller ist auf den ordentlichen Rechtsweg verwiesen (Abs. 3). Es kann daher nicht sachgerecht sein, dass der Antragsteller das Prozessrisiko hinsichtlich seiner eigenen Kosten zu tragen hat.

18 Die Kompensation muss werthaltig sein. Bürgschaften durch Dritte können allenfalls dann ein geeignetes Mittel darstellen, wenn gesichert ist, dass der Bürge im Fall der Inanspruchnahme auch leisten kann (BGH BeckRS 2017, 119942). Werden anderweitige Sicherheiten zur Verfügung gestellt, ist sicherzustellen, dass diese auch kurzfristig verwertet werden können. In der Praxis bietet sich an, dass die Kompensation durch Barmittel sichergestellt wird. Durch wen die bereitgestellten Mittel verwaltet werden, lässt der Gesetzgeber jedoch offen. Sofern mehrere Beteiligte einen Antrag gem. § 251 stellen, bietet es sich in der Praxis an, die bereitgestellte Liquidität durch einen Treuhänder im Wege doppelnütziger Treuhand zu verwalten. Ob im Fall der Planüberwachung dies durch den Planüberwacher erfolgen kann, sollte kritisch bewertet werden (zur doppelnützigen Treuhand im Allgemeinen ausf. Weitbrecht NZI 2017, 553 ff.).

19 Neben der vorgenannten Möglichkeit bietet es sich auch an, die Gelder auf ein Geldmarktkonto der Schuldnerin zu übertragen und dies sodann an den jeweiligen Antragsteller zu verpfänden. Eine reine „Separierung" ohne Bestellung einer Sicherheit wird im Fall der Folgeinsolvenz die Rechte des jeweiligen Antragstellers wohl nur ungenügend sichern. Die Hinterlegung bei der zuständigen Hinterlegungsstelle wird in aller Regel wohl nicht zulässig sein.

§ 252 Bekanntgabe der Entscheidung

(1) ¹Der Beschluß, durch den der Insolvenzplan bestätigt oder seine Bestätigung versagt wird, ist im Abstimmungstermin oder in einem alsbald zu bestimmenden besonderen Termin zu verkünden. ²§ 74 Abs. 2 Satz 2 gilt entsprechend.

(2) ¹Wird der Plan bestätigt, so ist den Insolvenzgläubigern, die Forderungen angemeldet haben, und den absonderungsberechtigten Gläubigern unter Hinweis auf die Bestätigung ein Abdruck des Plans oder eine Zusammenfassung seines wesentlichen Inhalts zu übersenden. ²Sind die Anteils- oder Mitgliedschaftsrechte der am Schuldner beteiligten Personen in den Plan einbezogen, so sind auch diesen die Unterlagen zu übersenden; dies gilt nicht für Aktionäre oder Kommanditaktionäre. ³Die Übersendung eines Abdrucks des Plans oder einer Zusammenfassung seines wesentlichen Inhalts nach den Sätzen 1 und 2 kann unterbleiben, wenn ein Abdruck des Plans mit der Ladung nach § 235 Absatz 2 Satz 2 übersendet und der Plan unverändert angenommen wurde. ⁴ § 8 Absatz 3 gilt entsprechend. ⁵Börsennotierte Gesellschaften haben eine Zusammenfassung des wesentlichen Inhalts des Plans über ihre Internetseite zugänglich zu machen.

A. Normzweck

Die gerichtliche Entscheidung über die Planbestätigung unterliegt dem Rechtsmittel der sofortigen Beschwerde (§§ 253, 6). Die Rechtsmittelfrist beginnt mit Verkündigung der Entscheidung. § 252 stellt sicher, dass durch die Regelung des Zeitpunktes und der Form der Bekanntgabe eine genaue Feststellung des Beginns der Rechtsmittelfrist möglich ist (MüKoInsO/Sinz § 1 Rn. 1 ff.). Die Entscheidung kann entweder im Abstimmungstermin oder in einem alsbald zu bestimmenden Termin erfolgen (Abs. 1). Im Fall der Planbestätigung sind die Beteiligten hierüber gesondert zu informieren (Abs. 2). S. 2–4 wurden durch das SanInsFoG zum 1.1.2021 neu eingeführt.

B. Regelungsgehalt

I. Verkündung (Abs. 1)

Die rechtliche Existenz eines Urteils erfolgt erst mit dessen Verlautbarung (BGHZ NJW 2012, 1591 ff.). Dies gilt grundsätzlich auch für Beschlüsse (§ 329 Abs. 1 S. 1 ZPO).

In der Regel soll die Verkündung über die Planbestätigung noch im Abstimmungstermin erfolgen (Abs. 1 Alt. 1). Ist dies nicht möglich, hat das Gericht einen gesonderten Verkündungstermin alsbald (Abs. 2 Alt. 2) zu bestimmen. Zwar hat der Gesetzgeber entgegen der Regelung des § 78 Abs. 3 VerglO keine Frist für die Verkündung bestimmt. In Anlehnung an das Bestätigungsverfahren nach der VerglO sollte die Entscheidung jedoch innerhalb einer Woche erfolgen, sofern der Plan keine Bedingung (§ 249) steht.

Wird der Verkündigungstermin noch im Abstimmungstermin bekannt gegeben, ist keine weitere öffentliche Bekanntmachung aufgrund der Verweisung auf § 74 Abs. 2 S. 1 notwendig. Andernfalls sind die stimmberechtigten Gläubiger und der Schuldner gesondert zu laden (BT-Drs. 12/2443, 242). Nach MüKoInsO/Sinz Rn. 12 soll auch die öffentliche Bekanntmachung genügen.

Der Beschluss über die Planbestätigung wird mündlich verkündet. Bei der Verkündung muss die Entscheidung schriftlich nicht abgefasst sein. §§ 310 Abs. 2, 311 Abs. 2, Abs. 3 ZPO finden bei Beschlüssen keine Anwendung (MüKoInsO/Sinz Rn. 7). Die Entscheidung ist gem. § 329 ZPO zu begründen und mit einer Rechtsmittelbelehrung zu versehen (§ 232 ZPO). Erfolgt die Verkündung im Abstimmungstermin, ist dies im Terminsprotokoll mit Entscheidungsgründen aufzunehmen (§ 160 ZPO). Eine Zustellung der Entscheidung ist nicht erforderlich.

II. Information der Beteiligten im Fall der Planbestätigung (Abs. 2)

Wird er Plan durch das Gericht bestätigt, ist den Tabellengläubigern und den Absonderungsberechtigten unter Hinweis auf die Bestätigung ein Abdruck des Plans oder eine Zusammenfassung seines wesentlichen Inhalts zu übersenden. Ob der vollständige Plan oder eine Zusammenfassung überlassen wird, steht im freien Ermessen des Gerichts. Wird der Plan überlassen, sind auch die Anlagen anzufügen. Wird eine Zusammenfassung überlassen entscheidet das Gericht über den wesentlichen Inhalt. In Abweichung zu § 235 Abs. 3 S. 2 sind die Anforderungen geringer (MüKoInsO/Sinz Rn. 25). Eine fehlerhafte oder unvollständige Zusammenfassung hat auf das weitere Verfahren keine Auswirkung. Die in Abs. 2 verankerte Regelung dient allein dem Zweck, den beteiligten Gläubigern Rechtssicherheit über die letzte Fassung des bestätigten Insolvenzplans zu verschaffen (MüKoInsO/Sinz Rn. 28). Eine erneute Übersendung einer Zusammenfassung des Insolvenzplans gem. Abs. 2 kann unterbleiben, wenn alle Gläubiger, die Forderungen angemeldet haben, diese bereits mit der Ladung zum Erörterungs- und Abstimmungstermin erhalten haben, und der Plan nicht mehr geändert worden ist (AG Ludwigshafen BeckRS 2016, 17054).

Werden Anteils- oder Mitgliedschaftsrechte der am Schuldner beteiligten Personen im Plan geregelt, sind auch diese zu informieren. Aktionäre und Kommanditaktionäre sind davon ausgeschlossen. Börsennotierte Gesellschaften haben eine Zusammenfassung des wesentlichen Inhalts des Plans über ihre Internetseite zugänglich zu machen.

Die Umsetzung der in Abs. 2 normierten Regelung erfolgt grundsätzlich durch das Gericht. Eine Übertragung auf den Verwalter kann durch die Verweisung auf § 8 Abs. 3 seit dem 1.1.2021 erfolgen. Durch die Anordnung der entsprechenden Geltung des § 8 Abs. 3 wird geregelt, dass das Insolvenzgericht den Insolvenzverwalter bzw. Sachwalter mit der Übersendung des Insolvenzplans oder einer Zusammenfassung des Plans betrauen darf. Die Regelung soll zu einer Entlastung der Gerichte beitragen. Ob und in welchem Umfang von der Möglichkeit der Übertragung

Gebrauch gemacht wird, liegt im pflichtgemäßen Ermessen des Gerichts. Zudem wird die Möglichkeit geschaffen, auf eine Übersendung eines Abdrucks des Plans oder einer Zusammenfassung seines wesentlichen Inhalts zu verzichten, wenn ein Abdruck des Plans mit der Ladung nach § 235 Abs. 2 S. 2 übersendet und der Plan unverändert angenommen wurde. In einer solchen Konstellation ist es grundsätzlich ausreichend, wenn über die Planbestätigung informiert wird. Ob von dieser Möglichkeit Gebrauch gemacht wird, liegt im Ermessen des Gerichts. Bei Nutzung dieser Möglichkeit kann das Gericht den Insolvenzverwalter bzw. Sachwalter mit der Information über die Planbestätigung betrauen.

9   Ob jede Änderung dazu führt, dass eine erneute Zustellung zu erfolgen hat, wird nach der hier vertretenen Ansicht in Frage gestellt. Insbesondere bei Großverfahren ist dies aus prozessökonomischen Gründen fraglich. Bei entsprechender öffentlicher Bekanntmachung der Voraussetzungen des § 253 Abs. 3 sind mögliche Beschwerdeführer in der Geltendmachung der Rechtsmittel nach dem Abstimmungstermin beschränkt, sodass die Zustellung eine Formsache ist, ohne erkennbaren verfahrensrechtlichen Mehrwert für die Beteiligten.

§ 253 Rechtsmittel

(1) Gegen den Beschluss, durch den der Insolvenzplan bestätigt oder durch den die Bestätigung versagt wird, steht den Gläubigern, dem Schuldner und, wenn dieser keine natürliche Person ist, den am Schuldner beteiligten Personen die sofortige Beschwerde zu.

(2) Die sofortige Beschwerde gegen die Bestätigung ist nur zulässig, wenn der Beschwerdeführer
1. dem Plan spätestens im Abstimmungstermin schriftlich oder zu Protokoll widersprochen hat,
2. gegen den Plan gestimmt hat und
3. glaubhaft macht, dass er durch den Plan wesentlich schlechtergestellt wird, als er ohne einen Plan stünde, und dass dieser Nachteil nicht durch eine Zahlung aus den in § 251 Absatz 3 genannten Mitteln ausgeglichen werden kann; ist der Schuldner eine natürliche Person, gilt § 245a entsprechend.

(3) Absatz 2 Nummer 1 und 2 gilt nur, wenn in der öffentlichen Bekanntmachung des Termins (§ 235 Absatz 2) und in den Ladungen zum Termin (§ 235 Absatz 3) auf die Notwendigkeit des Widerspruchs und der Ablehnung des Plans besonders hingewiesen wurde.

(4) ¹Auf Antrag des Insolvenzverwalters weist das Landgericht die Beschwerde unverzüglich zurück, wenn das alsbaldige Wirksamwerden des Insolvenzplans vorrangig erscheint, weil die Nachteile einer Verzögerung des Planvollzugs nach freier Überzeugung des Gerichts die Nachteile für den Beschwerdeführer überwiegen; ein Abhilfeverfahren nach § 572 Absatz 1 Satz 1 der Zivilprozessordnung findet nicht statt. ²Dies gilt nicht, wenn ein besonders schwerer Rechtsverstoß vorliegt. ³Weist das Gericht die Beschwerde nach Satz 1 zurück, ist dem Beschwerdeführer aus der Masse der Schaden zu ersetzen, der ihm durch den Planvollzug entsteht; die Rückgängigmachung der Wirkungen des Insolvenzplans kann nicht als Schadensersatz verlangt werden. ⁴Für Klagen, mit denen Schadensersatzansprüche nach Satz 3 geltend gemacht werden, ist das Landgericht ausschließlich zuständig, das die sofortige Beschwerde zurückgewiesen hat.

Überblick

Die Regelung ermöglicht es den jeweils Beschwerdeberechtigten im Wege der sofortigen Beschwerde gegen den Beschluss der Planbestätigung bzw. gegen den Beschluss der Planversagung vorzugehe. Neben den materiellen Voraussetzungen hat der Gesetzgeber mit Einführung des ESUG auch die Zulässigkeitsvoraussetzungen erhöht. Zur Vermeidung einer verzögerten Aufhebung des Insolvenzverfahrens eröffnet der Gesetzgeber die Möglichkeit, dass auf Antrag des Insolvenzverwalters das gegen die Planbestätigung eingelegte Rechtsmittel zu verwerfen ist. Die Verweisung auf § 245a wurde durch das SanInsFoG zum 1.1.2021 eingeführt.

Übersicht

	Rn.		Rn.
A. Normzweck	1	2. Materielle Beschwerdevoraussetzungen	9
B. Regelungsinhalt	2	3. Öffentliche Bekanntmachung (Abs. 3)	11
I. Beschwerdeberechtigter (Abs. 1)	3	4. Zurückweisung der Beschwerde auf Antrag des Insolvenzverwalters (Abs. 4)	12
II. Zulässigkeit der Beschwerde gegen die Planbestätigung (Abs. 2)	4	5. Verfahrensablauf	16
1. Formelle Beschwerdevoraussetzungen (Abs. 2 Nr. 1 und Nr. 2)	5	6. Einstweilige Verfügung nach § 32 Abs. 1 BVerfGG	17

A. Normzweck

Entscheidungen des Insolvenzgerichts unterliegen nur dann der Beschwerdemöglichkeit, wenn dies durch den Gesetzgeber eröffnet ist (§ 6). Eine solche Möglichkeit wird hinsichtlich der gerichtlichen Entscheidung über die Planbestätigung eröffnet. Ziel der durch das ESUG angepassten Regelung ist es zu vermeiden, dass das Wirksamwerden eines Insolvenzplans durch Rechtsmittel gegen die Bestätigung in unangemessener Weise verzögert wird (BT-Drs. 17/5712). Dies beabsichtigt der Gesetzgeber unter anderem, dass der Beschwerdeführer vor der Planbestätigung seine verfahrensmäßigen Möglichkeiten ausgeschöpft hat. Die daneben geforderte materielle Beschwer, eine wirtschaftliche Beeinträchtigung durch den Plan, ist vom Beschwerdeführer glaubhaft zu machen. Zudem werden nur wesentliche Schlechterstellungen berücksichtigt (BT-Drs. 17/5712). 1

Mit Beschluss vom 28.10.2020 (BeckRS 2020, 29962) hat das BVerfG entschieden, dass die Planbestätigung der rechtsprechenden Gewalt iSv Art. 92 GG zuzuordnen ist; in Folge dessen auch die Beschwerdeentscheidung. Sowohl die gerichtliche Planbestätigung als auch die Beschwerdeentscheidung unterliegen somit dem Spruchprivileg des § 839 Abs. 2 BGB. 1a

B. Regelungsinhalt

Die gegen die gerichtliche Entscheidung über die Planbestätigung mögliche sofortige Beschwerde muss zulässig und begründet sein. Gegen die Entscheidung im sofortigen Beschwerdeverfahren ist die Rechtsbeschwerde statthaft (§ 4 iVm § 574 Abs. 1 Nr. 2 ZPO; zur Ermittlung des Gegenstandswert im Rechtsbeschwerdeverfahren BGH BeckRS 2009, 27701). 2

I. Beschwerdeberechtigter (Abs. 1)

Die sofortige Beschwerde kann durch jeden Gläubiger, den Schuldner bzw. dessen gesetzlichen Vertreter sowie der Schuldner keine natürliche Person ist, die am Schuldner beteiligten Personen (Erweiterung durch ESUG, BT-Drs. 17/5712, 35). Nicht beschwerdeberechtigt ist der Insolvenzverwalter bzw. Sachwalter (BGH NZI 2009, 230). 3

II. Zulässigkeit der Beschwerde gegen die Planbestätigung (Abs. 2)

Entsprechend der allgemeinen Zulässigkeitsvoraussetzungen muss der Beschwerdeführer durch die gerichtliche Entscheidung beschwert sein. Das Beschwer muss sowohl formell (Abs. 2 Nr. 1 und Nr. 2) als auch materiell (Abs. 2 Nr. 3) vorliegen. 4

1. Formelle Beschwerdevoraussetzungen (Abs. 2 Nr. 1 und Nr. 2)

Wird die gerichtliche Planbestätigung durch die in § 253 eröffnete sofortige Beschwerde angegriffen, muss der Beschwerdeführer spätestens im Abstimmungstermin schriftlich oder zu Protokoll dem Insolvenzplan widersprochen haben (Abs. 2 Nr. 1). Erfolgt der Widerspruch zu Protokoll muss dies nach hL im Terminsprotokoll erfolgen, nicht zu Protokoll der Geschäftsstelle (Uhlenbruck/Streit/Lüer Rn. 5). Ein vorheriger Widerspruch ist dann keine Zulässigkeitsvoraussetzung, wenn ein Gesellschafter der Schuldnerin glaubhaft macht, durch den Insolvenzplan wesentlich schlechter gestellt zu werden als ohne ihn, ist seine sofortige Beschwerde zulässig, auch wenn er im Rahmen der Planbestätigung keinen Antrag auf Minderheitenschutz gestellt hat (BGH BeckRS 2014, 14950). Neben dem erfolgten rechtzeitigen formgerechten Widerspruch muss der Beschwerdeführer auch gegen den Plan gestimmt haben (Abs. 2 Nr. 2). Sofern dem Beschwerdeführer kein Stimmrecht durch das Gericht zugesprochen wurde oder 5 er als Nachranggläubiger nicht stimmberechtigt ist, führt dies nicht dazu, dass ihm keine Beschwerdemöglichkeit eröffnet ist (im Einzelnen ausführlich ua Uhlenbruck/Streit/Lüer Rn. 6 mwN).

6 Keine Zulässigkeitsvoraussetzung ist das Stellen eines Minderheitenschutzantrags gem. § 251 (BGH BeckRS 2014, 14950).

7 Wird ein vom Schuldner vorgelegter Plan durch das Gericht nicht bestätigt, so ist der Schuldner ohne weitere formelle Zulässigkeitsvoraussetzungen beschwert (Uhlenbruck/Streit/Lüer Rn. 7 mwN).

8 Die vorgenannten Zulässigkeitsvoraussetzungen nach Abs. 2 Nr. 1 und Nr. 2 sind gem. Abs. 3 nicht einzuhalten, wenn der öffentlichen Bekanntmachung des Termins (§ 235 Abs. 2) und in den Ladungen zum Termin (§ 235 Abs. 3) auf die Notwendigkeit des Widerspruchs und der Ablehnung des Plans nicht besonders hingewiesen wurde.

2. Materielle Beschwerdevoraussetzungen

9 Richtet sich die Beschwerde gegen einen Versagungsbeschluss liegt eine materielle Beschwer vor, wenn der Insolvenzplan dem Beschwerdeführer Rechte gewährt hatte, die ihm ohne den Plan nicht zustehen würden.

10 In einer gegen einen Bestätigungsbeschluss gerichteten Beschwerde muss der Beschwerdeführer für die Zulässigkeit der Beschwerde darüber hinaus glaubhaft machen, dass er durch den Insolvenzplan wesentlich schlechter gestellt wird als im Vergleich zur Regelabwicklung (Braun/Braun/Frank Rn. 6). Die Wesentlichkeit soll in Abweichung zu BGH BeckRS 2010, 17861 nach dem Willen des Gesetzgebers nur dann vorliegen, wenn die negative Abweichung von dem Wert, den der Beschwerdeführer voraussichtlich bei einer Verwertung ohne Plan erhalten hätte, mindestens 10 % beträgt (BT-Drs. 17/5712, 35).

10a Durch die Verweisung auf § 245a gelten die Vermutungsregeln zur Erleichterung der Prüfung einer voraussichtlichen Schlechterstellung bei Insolvenzplänen natürlicher Personen auch im Rahmen des Beschwerdeverfahrens gegen eine Planbestätigung. Dies hat zur Folge, dass bei der Bewertung der Schlechterstellung im Zweifel davon auszugehen ist, dass die Einkommens-, Vermögens- und Familienverhältnisse des Schuldners zum Zeitpunkt der Abstimmung über den Insolvenzplan für die Verfahrensdauer und den Zeitraum, in dem die Insolvenzgläubiger ihre restlichen Forderungen gegen den Schuldner unbeschränkt geltend machen können, maßgeblich bleiben. Hat der Schuldner einen zulässigen Antrag auf Restschuldbefreiung gestellt, ist im Zweifel zudem anzunehmen, dass die Restschuldbefreiung zum Ablauf der Abtretungsfrist des § 287 Abs. 2 erteilt wird. Die Regelung findet aufgrund des Art. 103m EGInsO nur auf Verfahren Anwendung, die zum 1.1.2021 beantragt worden sind.

3. Öffentliche Bekanntmachung (Abs. 3)

11 Die Zulässigkeitsvoraussetzungen des Abs. 2 Nr. 2 und Nr. 2 sind nur zu beachten, wenn in der öffentlichen Bekanntmachung des Termins (§ 235 Abs. 2) und in den Ladungen zum Termin (§ 235 Abs. 3) auf die Notwendigkeit des Widerspruchs und der Ablehnung des Plans besonders hingewiesen wurde. Der Planersteller wird daher in der Regel die gerichtliche Ladung entsprechend auswerten. Andernfalls kann jeder Gläubiger ins Rechtsmittelverfahren gehen; selbst dann, wenn er zunächst für den Plan gestimmt hat.

4. Zurückweisung der Beschwerde auf Antrag des Insolvenzverwalters (Abs. 4)

12 Im Fall der sofortigen Beschwerde gegen einen Planbestätigungsbeschluss kann das Landgericht die sofortige Beschwerde unverzüglich zurückweisen, wenn der Insolvenzverwalter diesen Antrag stellt und das alsbaldige Wirksamwerden des Insolvenzplans vorrangig erscheint, weil die Nachteile einer Verzögerung des Planvollzugs nach freier Überzeugung des Gerichts die Nachteile für den Beschwerdeführer überwiegen.

13 Die in Abs. 4 normierte Möglichkeit folgt dem aktienrechtlichen Freigabeverfahrens gem. § 246a AktG (BT-Drs. 17/7511, 36). Das Landgericht hat eine **Interessenabwägung** vorzunehmen. Abzuwägen sind das Aufschubinteresse des Beschwerdeführers gegen das Vollzugsinteresse der übrigen Beteiligten (BT-Drs. 17/7511, 36). Es ist auf die Nachteile abzustellen, die sich gerade aus einer Verzögerung der Umsetzung des Plans wegen der Dauer des Beschwerdeverfahrens ergeben können; nicht auf die Nachteile im Fall einer Nichtumsetzung des Insolvenzplans (BVerfG BeckRS 2020, 29962). Die Gefahr des Scheiterns der Sanierung ist nicht Voraussetzung der Zurückweisung; es genügen jegliche drohende Nachteile (Uhlenbruck/Lüer/Streit Rn. 13). Die

Nachteile einer möglichen Aufhebung des Insolvenzplans im Beschwerdeverfahren für die übrigen Planbetroffenen dürfen im Rahmen dieser Abwägung nach Ansicht des BVerfG nicht berücksichtigt werden (BeckRS 2020, 29962). Zu vergleichen ist die Lage bei einer sofortigen Bestätigung des Insolvenzplans ohne Sachprüfung der Beschwerde mit der Lage, die sich bei einer späteren Bestätigung des Insolvenzplans nach rechtskräftiger Sachprüfung der Beschwerde ergibt. Bis zur Änderung des § 220 Abs. 2 erfolgte in der Regel eine Gegenüberstellung von Planquote und einer Quote bei der klassischen Zerschlagung des Unternehmens bzw. der Abwicklung im Regelinsolvenzverfahren (BeckRS 2020, 29962). Nach Einführung des § 220 Abs. 2 S. 3 ist auf die dortige Vergleichsrechnung abgestellt. Ein Vergleich zwischen eventuell mehreren vorgelegten Plänen hat nicht zu erfolgen (LG Hamburg BeckRS 2015, 1490 mwN). Auch die Verringerung des Fortführungswerts für den Schuldner kann als potenzieller Nachteil berücksichtigt werden (LG München NZI 2019, 78 ff.).

Das BVerfG hat mit der Entscheidung vom 28.10.2020 (BeckRS 2020, 29962) zunächst klargestellt, dass sowohl die Bestätigung eines Insolvenzplans durch das Insolvenzgericht als auch die Beschwerdeentscheidung nach § 253 der rechtsprechenden Gewalt iSv Art. 92 GG und nicht der öffentlichen Gewalt iSv Art. 19 Abs. 4 GG zuzuordnen ist. **13a**

Erfolgt die antragsgemäße Zurückweisung steht dem Beschwerdeführer ein Schadensersatzanspruch zu, sofern ihm durch den Planvollzug ein Schaden entsteht. Der Anspruch setzt voraus, dass die Beschwerde im Zeitpunkt der Rechtsmitteleinlegung zulässig und begründet gewesen wäre, dh seine Beschwerde müsste Aussicht auf Erfolg gehabt hätten (BT-Drs. 17/75111, 36). Der Anspruch ist im Wege der zivilrechtlichen Klage gegen die Schuldnerin zu erheben. Das Landgericht, welches die Beschwerde zurückgewiesen hat, ist ausschließlich zuständig (Abs. 4 S. 4). Die Wiederherstellung des ursprünglichen Zustandes und somit insbesondere die Aufhebung des Insolvenzplans ist ausgeschlossen (Abs. 4 S. 3 Hs. 2). **14**

Im Fall des Eigenverwaltungsverfahrens wird das Recht dem Schuldner zustehen, eine Erweiterung der Antragsbefugnis auf den Sachwalter wird nicht sachgerecht sein. **15**

5. Verfahrensablauf

Über die sofortige Beschwerde entscheidet das Insolvenzgericht. Wird ein Antrag gem. Abs. 4 gestellt hat das zuständige Landgericht unverzüglich (dh ohne schuldhaftes Verhalten) zu entscheiden. Liegt eine sofortige Beschwerde gegen die Planbestätigung vor und hilft das Insolvenzgericht der Beschwerde nicht ab, hat das Insolvenzgericht die Beschwerde unverzüglich dem Beschwerdegericht vorzulegen (§ 4 iVm § 572 Abs. 1 ZPO). Sofern das Landgericht der Beschwerde stattgibt, kann eine eigene Sachentscheidung erfolgen oder dir Zurückweisung. **16**

6. Einstweilige Verfügung nach § 32 Abs. 1 BVerfGG

Erfolgt eine Zurückweisung im Freigabeverfahren nach § 253 Abs. 4 S. 1, besteht in einzelnen Fällen die Möglichkeit, dass durch Anrufung des BVerfG die Planaufhebung aufgrund einer einstweiligen Verfügung nach § 32 Abs. 1 BVerfGG untersagt werden kann (BeckRS 2020, 10597). Das BVerfG kann einen Zustand durch einstweilige Anordnung gem. § 32 Abs. 1 BVerfGG vorläufig regeln, wenn dies zur Abwehr schwerer Nachteile, zur Verhinderung drohender Gewalt oder aus einem anderen wichtigen Grund zum gemeinen Wohl dringend geboten ist. Um den Anwendungsbereich des § 32 Abs. 1 BVerfGG zu eröffnen, hat der Antragsteller zunächst eine Verfassungsbeschwerde einzulegen, die weder von vornherein unzulässig noch offensichtlich unbegründet ist. **17**

In dem einstweiligen Verfahren des BVerfG vom 15.5.2020 (BeckRS 2020, 10597; 2020, 10591) im Zusammenhang mit einem entsprechenden Freigabeverfahren wurde durch das BVerfG ein Verstoß nach Art. 19 Abs. 4 GG zumindest nicht als ausgeschlossen gesehen, sodass eine entsprechende Anordnung erlassen wurde. Die Entscheidung des BVerfG ist als Einzelfallentscheidung zu sehen. Der Insolvenzplan beinhaltete besondere Planregelungen, die in die Rechtsposition des Antragstellers in besonderer Art und Weise eingegriffen haben, sodass eine entsprechende Entscheidung sachgerecht war. **18**

Dritter Abschnitt. Wirkungen des bestätigten Plans. Überwachung der Planerfüllung

§ 254 Allgemeine Wirkungen des Plans

(1) Mit der Rechtskraft der Bestätigung des Insolvenzplans treten die im gestaltenden Teil festgelegten Wirkungen für und gegen alle Beteiligten ein.

(2) ¹Die Rechte der Insolvenzgläubiger gegen Mitschuldner und Bürgen des Schuldners sowie die Rechte dieser Gläubiger an Gegenständen, die nicht zur Insolvenzmasse gehören, oder aus einer Vormerkung, die sich auf solche Gegenstände bezieht, werden mit Ausnahme der nach § 223a gestalteten Rechte aus gruppeninternen Drittsicherheiten (§ 217 Satz 2) durch den Plan nicht berührt. ²Der Schuldner wird jedoch durch den Plan gegenüber dem Mitschuldner, dem Bürgen oder anderen Rückgriffsberechtigten in gleicher Weise befreit wie gegenüber dem Gläubiger.

(3) Ist ein Gläubiger weitergehend befriedigt worden, als er nach dem Plan zu beanspruchen hat, so begründet dies keine Pflicht zur Rückgewähr des Erlangten.

(4) Werden Forderungen von Gläubigern in Anteils- oder Mitgliedschaftsrechte am Schuldner umgewandelt, kann der Schuldner nach der gerichtlichen Bestätigung keine Ansprüche wegen einer Überbewertung der Forderungen im Plan gegen die bisherigen Gläubiger geltend machen.

Überblick

§ 254 setzt die Regelungen des gestaltenden Teils des Insolvenzplans (§ 221) um und legt gemeinsam mit den §§ 254a, 254b (welche durch das ESUG eingefügt worden sind) die mit der Rechtskraft eintretenden materiell-rechtlichen Wirkungen des Insolvenzplans fest. Regelungsgegenstand ist, wann und gegenüber wem die Wirkungen des Insolvenzplans eintreten (MüKoInsO/Huber Rn. 11).

Wesentliche Änderungen hat die Norm zuletzt durch das ESUG erfahren mit dem Ziel, die Planungssicherheit des Insolvenzplanverfahrens zu stärken. Insbesondere der Ausschluss der Differenzhaftung gem. § 254 Abs. 4 soll im Zusammenhang mit dem ebenfalls neu geschaffenen § 225a Debt-Equity-Swaps als Restrukturierungsinstrument etablieren.

A. Normzweck

1   Ziel der §§ 254–254b ist es, den gestaltenden Teil des Insolvenzplans zügig und **endgültig materiell-rechtlich** umzusetzen (Uhlenbruck/Lüer/Streit Rn. 2). Die Regelungen sind damit Ausdruck der gesetzgeberischen Intention, das Insolvenzplanverfahren zu stärken und Planungssicherheit zu schaffen. Demgemäß entfaltet der Insolvenzplan Wirkung für und gegen alle Beteiligten. Ergänzt werden diese Vorschriften hinsichtlich der verfahrensrechtlichen Wirkungen durch § 257 und §§ 258, 259, welche eine effektive Umsetzung des Plans gewährleisten sollen (Braun/Frank Rn. 1; MüKoInsO/Huber Rn. 1).

B. Wirkungen gegenüber den Beteiligten (Abs. 1)

I. Eintritt der Rechtswirkungen

2   Die Folgen des gestaltenden Teils des Insolvenzplans treten mit **Rechtskraft des Bestätigungsbeschlusses** ein. Vorbehaltlich der §§ 255, 256 sind die Wirkungen des Insolvenzplans endgültig. Die Rechtskraft der Bestätigung tritt wiederum nach Ablauf der zweiwöchigen Beschwerdefrist gem. § 569 Abs. 2 ZPO iVm §§ 253, 6, 4 oder nach unanfechtbarer Abweisung der sofortigen Beschwerde ein. Die Gestaltungswirkung des Insolvenzplans kann hingegen nicht durch Anordnung der sofortigen Wirksamkeit gem. § 6 Abs. 3 S. 2 vorzeitig erreicht werden (HmbKommInsR/Thies Rn. 2; MüKoInsO/Huber Rn. 16).

3   Sieht der rechtskräftig bestätigte Insolvenzplan den Erlass einer Forderung vor, bleibt dem Insolvenzgläubiger die **Aufrechnung** mit dieser Forderung gem. § 94 jedenfalls dann möglich, wenn die Aufrechnungslage bei Eröffnung des Insolvenzverfahrens kraft Gesetzes oder aufgrund

einer Vereinbarung bereits bestand. In der Zustimmung des aufrechnungsberechtigten Gläubigers zum Insolvenzplan ist kein Verzicht auf die Aufrechnung zu sehen (BGH NZI 2011, 538; MüKo-InsO/Huber Rn. 13; str., ausf. hierzu mwN K. Schmidt InsO/Spliedt Rn. 5, einschränkend in Bezug auf § 95 Abs. 1, VG Stuttgart NZI 2018, 30 (33 f.)). § 94 InsO ist insofern gegenüber § 254 vorrangig.

Fraglich ist das Verhältnis zur Restschuldbefreiung bei natürlichen Personen (§ 300 InsO); **3a** missverständlich insoweit AG Göttingen ZinsO 2021, 403, das meint, die Restschuldbefreiung könne nur das Insolvenzgericht verfolgen; richtigerweise kann eine Restschuldbefreiung auch im Plan erfolgen (§ 227 Abs. 1 InsO), es ist kein Grund ersichtlich, warum diese Vorschrift nicht auch für natürliche Personen gelten soll; insbesondere setzt sich die Restschuldbefreiung im Plan auch gegenüber gem. § 302 InsO privilegierten Forderungen durch (→ § 227 Rn. 4). Parallel dazu ist aber auch eine Restschuldbefreiung durch Beschluss gem. § 300 möglich.

II. Verfahrensbeteiligte

Die Wirkungen des Insolvenzplans erstrecken sich nach dem klaren Wortlaut der Norm für **4** und gegen **alle Beteiligten**. Beteiligte iSd § 254 Abs. 1 sind all diejenigen, deren Rechtsstellung durch den Insolvenzplan betroffen ist. Damit fallen neben dem Schuldner die Insolvenzgläubiger, die absonderungsberechtigten Gläubiger und die Anteilsinhaber unter den Begriff der Beteiligten. **Massegläubiger** und **Neugläubiger** unterliegen nicht den Gruppenregelungen des Insolvenzplans. Gegenüber dem **Insolvenzverwalter** entfaltet der Plan keine Wirkungen (MüKoInsO/Huber Rn. 14; HmbKommInsR/Thies Rn. 4; BGH ZInsO 2007, 437 f.; LG Berlin ZInsO 2012, 326). Im Interesse einer umfassenden und störungsfreien Restrukturierung erstreckt sich die Bindungswirkung gem. § 254b auch auf solche Gläubiger, die dem Plan widersprochen haben oder ihre Forderungen nicht angemeldet haben. Insolvenzgläubiger, die am Verfahren nicht beteiligt worden sind bzw. nichts von dem Verfahren gewusst haben, sind ebenfalls Beteiligte iSv § 254 und werden durch den Plan gebunden (Nerlich/Römermann/Braun Rn. 5; Uhlenbruck/Lüer/Streit Rn. 10; krit. MüKoInsO/Madaus § 254b Rn. 11). Voraussetzung hierfür ist jedoch, dass die entsprechenden Insolvenzgläubiger einer Gruppe des Insolvenzplans zugeordnet werden können.

C. Wirkungen gegenüber Dritten (Abs. 2)

§ 254 Abs. 2 S. 1 bestimmt, dass der Insolvenzplan keine Wirkung für Ansprüche und Rechte **5** gegenüber Dritten entfaltet. Dritte sind Mitschuldner und Bürgen des Schuldners, aber auch solche Dritte, welche den Insolvenzgläubiger dingliche Rechte an eigenen, nicht zur Insolvenzmasse gehörenden Gegenständen eingeräumt haben. Ferner schließt die Norm auch die Wirkung des Plans auf eine Vormerkung, die sich auf solche Gegenstände bezieht, explizit aus. Die Sicherungsrechte der Gläubiger bleiben folglich vom Schicksal der gesicherten Forderung im Insolvenzplanverfahren unberührt und können in voller Höhe der gesicherten Hauptforderung verwertet werden. Indem im Plan vorgesehene Forderungsverzichte bzw. -erlasse im Verhältnis zu Dritten unberücksichtigt bleiben, kommt es so zu einem **Durchbruch der Akzessorietät** (MüKoInsO/Huber Rn. 25). Dieser Regelung liegt das gesetzgeberische Verständnis zugrunde, dass die erlassene Forderung als Naturalobligation fortbesteht (BT-Drs. 12/2443, 213; BGH NZI 2011, 538 Rn. 8; K. Schmidt InsO/Spliedt Rn. 12). Mithin bleiben Drittsicherheiten wie Bürgschaften, Schuldbeitritte, Garantien und dingliche Sicherheiten Dritter zugunsten der Gläubiger in vollem Umfang bestehen. **Harte Patronatserklärungen** fallen nicht unter Abs. 2 S. 1, da sie nicht einen Anspruch auf Leistung an den Gläubiger, sondern an die Insolvenzmasse beinhalten (Nerlich/Römermann/Braun Rn. 7; MüKoInsO/Huber Rn. 28 mwN). **Gesellschafter einer Personengesellschaft,** die für eine Gesellschaftsschuld Sicherheiten bestellt haben, werden ebenfalls vom Konzept des § 254 Abs. 2 S. 1 unterworfen, sodass § 227 Abs. 2 keinen Vorrang genießt (BAG ZIP 2013, 2268 Rn. 28; BGHZ 151, 246 (250); MüKoInsO/Huber Rn. 26; Uhlenbruck/Lüer/Streit Rn. 13; aA ausf. hierzu Nerlich/Römermann/Braun Rn. 7 mwN; Braun/Frank Rn. 5). Die Regelungen des § 254 Abs. 2 S. 1 sind **dispositiv** und können mittels Individualabrede abbedungen werden. Ein Mehrheitsbeschluss im Planverfahren ist nicht ausreichend (Braun/Frank Rn. 5).

Die Neuregelung in S. 1 zu **gruppeninternen Drittsicherheiten** stellt klar, dass grundsätzlich **5a** auch solche Drittsicherheiten im Verhältnis zu Dritten unberührt bleiben, erlaubt allerdings, dass derartige Rechte nicht nur durch Individualvereinbarung, sondern auch durch Mehrheitsbeschluss im Planverfahren gestaltet werden können. Ist im Plan dazu nichts geregelt, verbleibt es bei der Regel, dass die Rechte aus den Drittsicherheiten unberührt bleiben.

§ 254 Abs. 2 S. 2 trifft eine Ausnahme zu dem vorgenannten Grundsatz des Abs. 2 S. 1 und **6** erstreckt die Wirkungen des Plans auf das Innenverhältnis zwischen Drittsicherungsgeber und

Schuldner. Der **Regressanspruch** des Drittsicherungsgebers, der ihm bei einer Inanspruchnahme der gewährten Sicherheit gegen den Schuldner aus zB § 426 Abs. 2 BGB, § 774 BGB entsteht, wird gem. Abs. 2 S. 2 in gleicher Höhe reduziert, wie die Ansprüche der Gläubiger im Insolvenzplan.

D. Rückgewähr der Erlangten (Abs. 3)

7 § 254 Abs. 3 regelt den Fall, dass ein Gläubiger eine höhere Befriedigung erhalten hat, als es ihm nach dem Plan zustünde (→ Rn. 9.1). Eine Rückgewähr des Erlangten schuldet der begünstigte Gläubiger nicht, sofern die Überzahlung nicht die Höhe der ursprünglichen, angemeldeten und unbestrittenen Forderung übersteigt. Denn die im Insolvenzplan nicht gedeckten Forderungen bestehen als erfüllbare, aber nicht erzwingbare Naturalobligation fort (Uhlenbruck/Lüer/Streit Rn. 16).

7.1 Ein typischer Anwendungsfall entsteht zB, wenn einzelne Gläubiger durch den Insolvenzverwalter im Rahmen eines Vergleichs eine Lästigkeitsabfindung erhalten haben (Nerlich/Römermann/Braun Rn. 8).

E. Ausschluss des Differenzhaftung (Abs. 4)

8 Eines der Hauptziele des ESUG ist es, Debt-Equity-Swaps als Restrukturierungsinstrument zu etablieren (BT-Drs. 17/5712, 31 f.). Die Umwandlung von Fremd- in Eigenkapital war zuvor mit dem Risiko einer Überbewertung der eingebrachten Forderungen belastet. Denn falls nach dem rechtskräftigen Abschluss des Planverfahrens eine Überbewertung der eingebrachten Forderungen festgestellt wurde, folgte für die vormaligen Gläubiger aufgrund der gesellschaftsrechtlichen Kapitalerhaltungsregeln eine spätere Nachschusspflicht in Form der **Differenzhaftung**. § 254 Abs. 4 beseitigt nun dieses Sanierungshindernis und schließt Ansprüche des Schuldners aus der Differenzhaftung aus. Wenngleich die Stärkung der Planungs- und Kalkulationssicherheit aus der Sanierungsperspektive wünschenswert ist, erfolgt dies auf Kosten der gesellschaftsrechtlichen Kapitalerhaltungsregeln. Die auf § 60 gestützte Möglichkeit der Haftung des Insolvenzverwalters im Fall einer Überbewertung der Forderungen schafft keinen adäquaten Ausgleich für die Differenzhaftung (dazu eing. K. Schmidt InsO/Spliedt Rn. 18; aA HmbKommInsR/Thies Rn. 15). Insofern ist die Aufweichung der gesellschaftsrechtlichen Kapitalerhaltungsregeln insbesondere mit Blick auf den Schutz von Neugläubigern kritisch zu bewerten (K. Schmidt InsO/Spliedt Rn. 18; HmbKommInsR/Thies Rn. 15; Brinkmann WM 2011, 97 (101); Hölzle NZI 2011, 124 (129); aA dazu eing. Uhlenbruck/Lüer/Streit Rn. 20).

§ 254a Rechte an Gegenständen. Sonstige Wirkungen des Plans

(1) Wenn Rechte an Gegenständen begründet, geändert, übertragen oder aufgehoben oder Geschäftsanteile an einer Gesellschaft mit beschränkter Haftung abgetreten werden sollen, gelten die in den Insolvenzplan aufgenommenen Willenserklärungen der Beteiligten als in der vorgeschriebenen Form abgegeben.

(2) ¹Wenn die Anteils- oder Mitgliedschaftsrechte der am Schuldner beteiligten Personen in den Plan einbezogen sind (§ 225a), gelten die in den Plan aufgenommenen Beschlüsse der Anteilsinhaber oder sonstigen Willenserklärungen der Beteiligten als in der vorgeschriebenen Form abgegeben. ²Gesellschaftsrechtlich erforderliche Ladungen, Bekanntmachungen und sonstige Maßnahmen zur Vorbereitung von Beschlüssen der Anteilsinhaber gelten als in der vorgeschriebenen Form bewirkt. ³Der Insolvenzverwalter ist berechtigt, die erforderlichen Anmeldungen beim jeweiligen Registergericht vorzunehmen.

(3) Entsprechendes gilt für die in den Plan aufgenommenen Verpflichtungserklärungen, die einer Maßnahme nach Absatz 1 oder 2 zugrunde liegen.

Überblick

§ 254a dient der effizienten Umsetzung des Insolvenzplans und ergänzt insofern die Regelungen des § 254. Kern der Norm ist die gesetzliche Fiktion der formwirksamen Abgabe von Willenserklärungen, die Teil des Insolvenzplans geworden sind (MüKoInsO/Madaus Rn. 4). § 254a wurde durch das ESUG neu eingeführt, wenngleich Abs. 1 und 3 im Wesentlichen den Regelungen des § 254 Abs. 1 aF entsprechen. Abs. 2 ist der Schaffung des § 225a geschuldet und erstreckt die gesetzgeberische Fiktion auf Gesellschafterbeschlüsse und Willenserklärungen im Zusammenhang mit der Übertragung der Anteils- und Mitgliedschaftsrechte.

A. Normzweck

Der gestaltende Teil des Insolvenzplans sieht klassischerweise finanzwirtschaftliche Maßnahmen 1 wie Forderungsverzichte, Stundungen oder nunmehr auch verstärkt Kapitalmaßnahmen vor. Ebenso kommen leistungswirtschaftliche Maßnahmen wie etwa die Veräußerungen von Geschäftsanteilen oder von wesentlichen Vermögenswerten in Betracht. Eine effektive Sanierung verlangt die zügige Umsetzung des Insolvenzplans. Diese soll insbesondere nicht von der Mitwirkung dissentierender Planbeteiligter abhängen.

Daher ordnet § 254a an, dass mit der Bestätigung des Insolvenzplans die in den Plan aufgenom- 2 menen Willenserklärungen der Beteiligten als in der vorgeschriebenen Form abgegeben gelten und damit alle erforderlichen Formvorschriften als gewahrt gelten. Die **Fiktion der Formwahrung** erstreckt sich auf dingliche Willenserklärungen (Abs. 1), Verpflichtungserklärungen (Abs. 3) und infolge des ESUGs auch auf gesellschaftsrechtliche Beschlüsse und Willenserklärungen (Abs. 2).

B. Rechtsänderungen (Abs. 1)

Gemäß § 254a Abs. 1 gelten alle im Plan abgegebenen dinglichen und die korrespondierenden 3 schuldrechtlichen Willenserklärungen der Planbeteiligten als formwirksam abgegeben. Umfasst sind sämtliche Verfügungsgeschäfte, da die Aufzählung in Abs. 1 lediglich exemplarischen Charakter hat (Uhlenbruck/Lüer/Streit Rn. 3). Voraussetzung für die Fiktion der Formwirksamkeit einer Willenserklärung ist, dass diese im gestaltenden Teil des Insolvenzplans aufgenommen wurde. Damit wird nicht die Abgabe einer Willenserklärung fingiert, sondern lediglich die Formwirksamkeit der entsprechenden Willenserklärung. **Konstitutive Vollzugs- oder Publizitätsakte** wie etwa die Besitzverschaffung gem. §§ 929 ff., 1205 Abs. 1 S. 1 BGB oder die Eintragung im Grundbuch gem. § 873 Abs. 1 BGB fallen ebenfalls nicht unter den Anwendungsbereich des Abs. 1. Sie sind weiterhin erforderlich und müssen im Rahmen der Planerfüllung und Überwachung vollzogen werden. Hinsichtlich des Eintragungsantrags gem. § 13 GBO sowie der Eintragungsbewilligung gem. § 19 GBO wird dem Formerfordernis des § 29 GBO durch die Vorlage des Bestätigungsbeschlusses nebst Rechtskraftzeugnisses Genüge getan (K. Schmidt InsO/Spliedt Rn. 1).

C. Gesellschaftsrechtliche Änderungen (Abs. 2)

Der neu eingeführte Abs. 2 erstreckt den Anwendungsbereich der Formfiktion auf gesellschafts- 4 rechtliche Maßnahmen, die im gestaltenden Teil des Insolvenzplans aufgenommen wurden. In den Plan aufgenommene **Gesellschafterbeschlüsse und sonstige Willenserklärungen** der Beteiligten gelten als formwirksam abgegeben und bekanntgemacht. Dies hat zur Folge, dass finanzwirtschaftliche Sanierungsmaßnahmen leichter umsetzbar sind. Beschlüsse über Kapitalerhöhungen (§§ 55 ff. GmbHG, §§ 182 ff. AktG), Kapitalherabsetzungen (§§ 58 ff. GmbHG, § 222 ff. AktG), über den Ausschluss des Bezugsrechts (§ 44 Abs. 2 GmbHG, § 186 Abs. 3 AktG) oder der zum Erhalt des Rechtsträgers zwingend notwendige Fortsetzungsbeschluss (§ 60 Abs. 1 Nr. 4 GmbHG, § 274 Abs. 1 und 2 Nr. 1 AktG) sind nicht mehr von der Mehrheitsentscheidung der Anteilsinhaber bzw. der Vertretungsorgane abhängig (HmbKommInsR/Thies Rn. 6), sondern können im gestaltenden Teil des Insolvenzplans vorgesehen werden. Das vor Einführung des ESUG bestehende Obstruktionspotential aufseiten der Anteilseigner wird somit beseitigt (HmbKommInsR/Thies Rn. 7).

Daneben gilt nicht nur der Beschluss selbst als formwirksam zustande gekommen, sondern die 5 Fiktion umfasst gem. Abs. 2 S. 2 auch die grundsätzlich erforderlichen **Bekanntmachungen, Ladungen** und **sonstigen vorbereitenden Maßnahmen**. Die insolvenzrechtlichen Verfahrensvorschriften verdrängen insofern die gesellschaftsrechtlichen und aktienrechtlichen Normen. Die Rechtsbehelfe der Anfechtungs- und Nichtigkeitsklage (§§ 246, 249 AktG) werden folglich durch § 254 Abs. 2 überlagert (MüKoInsO/Madaus Rn. 10).

D. Registeranmeldungen

Korrespondierend zu Abs. 1 sind auch nach Abs. 2 konstitutive Publizitätsakte von der Norm 6 nicht umfasst. Satzungsändernde Beschlüsse sind daher grundsätzlich von den Organen der Gesellschaft beim jeweiligen Handels-, Vereins-, Genossenschafts- oder Partnerschaftsregister anzumelden und einzutragen. Da dissentierenden Geschäftsführern und sonstigen Organen des Schuldners hierdurch eine Blockadeposition erwächst, die zu einer Verzögerung der Planumsetzung führen kann, ist der **Insolvenzverwalter** gem. Abs. 2 S. 3 ebenfalls zur Anmeldung beim jeweiligen Registergericht befugt. Gleichzeitig sieht der Gesetzgeber in dieser Berechtigung auch eine **Verpflichtung des Insolvenzverwalters,** die Anmeldung selbst zu veranlassen, wenn die Anmeldung durch die Organe nicht unverzüglich erfolgt. Den Sachwalter trifft diese Verpflichtung nicht (BT-Drs. 17/5712, 37).

7 Fragen der registerrechtlichen Eintragungsfähigkeit sind bereits durch das Insolvenzgericht zu prüfen. Denn der Bestätigungsbeschluss des Insolvenzgerichts soll nach gesetzgeberischer Intention auch das Registergericht binden, wobei allerdings eine dem § 246a Abs. 3 S. 5 AktG vergleichbare Regelung hinsichtlich der verbindlichen Kompetenzverlagerung fehlt (AG Charlottenburg NZI 2015, 415 (416); K. Schmidt InsO/Spliedt Rn. 7). Es soll verhindert werden, dass ein Registergericht den beschlossenen Regelungen des Plans die Wirksamkeit verweigert und ein formal abgeschlossenes Planverfahren nicht umgesetzt werden kann. Daher kommt dem **Registergericht** nur eine **eingeschränkte Prüfungskompetenz** zu (BT-Drs. 17/5712, 37). Die Prüfungskompetenz des Registergerichts ist damit nicht per se ausgeschlossen, sondern auf Fälle offensichtlicher Fehler des rechtskräftig bestätigten Insolvenzplans reduziert. Dies ist beispielsweise dann gegeben, wenn ein Insolvenzplan gesellschaftsrechtliche Maßnahmen vorsieht, die nichtig sind (AG Charlottenburg NZI 2015, 415 ff.).

7a Im Übrigen findet keine Prüfung der wirtschaftlichen Zweckmäßigkeit statt, weder durch das Insolvenzgericht noch das Registergericht, da hierdurch die Entscheidungskompetenz der Gläubigerversammlung beschnitten würde (BGH DStR 2020, 1265 Rn. 29); so ist nach der vorgenannten Entscheidung im Rahmen der Eintragung der Fortsetzung der Gesellschaft (§ 60 Abs. 1 Nr. 4 GmbHG) auch nicht die materielle Fortführungsfähigkeit zu prüfen, es genügt, dass der Insolvenzplan abstrakt die Möglichkeit der Fortführung vorsieht, ohne dass der Plan konkrete Ausführungen dazu enthalten muss, in welcher Weise die Fortsetzung der Gesellschaft erfolgen soll (BGH DStR 2020, 1265 Rn. 31; etwas anderes wird man freilich iRd § 229 InsO annehmen müssen). Auch eine Prüfung der angemessenen Kapitalausstattung hat nicht zu erfolgen, insbesondere ist bei einer Fortsetzung der Gesellschaft nach Aufhebung des Insolvenzverfahrens regelmäßig nicht von einer wirtschaftlichen Neugründung auszugehen, obwohl deren Grundsätze auch bei einer Fortsetzung der Gesellschaft nach Aufhebung des Insolvenzverfahrens anwendbar sind (BGH DStR 2018, 2586 Rn. 23 ff.; Brünkmans/Brünkmans NZI 2019, 431 (434), str.); in diesem Fall können die Gläubiger jedoch nicht mit einer Unversehrtheit des Stammkapitals oder des gesetzlichen Mindestkapitals rechnen (BGH DStR 2020, 1265 Rn. 40, 41); sofern noch ein aktives Unternehmen betrieben wird, kommt es auf die Finanzausstattung für die Abgrenzung von Sanierung und wirtschaftlicher Neugründung nicht an (BGH DStR 2020, 1265 Rn. 51). Allerdings darf die Fortsetzung nur erfolgen, wenn die Insolvenzreife beseitigt ist; insoweit obliegt dem Registergericht aber eine Prüfung allenfalls dann, wenn begründete Zweifel hinsichtlich der Beseitigung der Insolvenzreife bestehen (BGH DStR 2020, 1265 Rn. 42).

E. Verpflichtungserklärungen (Abs. 3)

8 Neben den dinglichen Erklärungen gelten nach Abs. 3 auch die **entsprechenden Verpflichtungserklärungen als formwirksam** abgegeben. Der Plan kann zB eine Verpflichtung des Schuldners zur Übertragung eines Grundstücks oder zur Übertragung von GmbH-Anteilen gem. § 15 Abs. 4 GmbHG vorsehen.

9 In subjektiver Hinsicht werden zunächst nur die Verpflichtungserklärungen der Beteiligten des Insolvenzplans von der Wirksamkeitsfiktion umfasst. Da jedoch Abs. 3 über den Wortlaut hinaus für alle Verpflichtungserklärungen gem. § 230 Abs. 3 gilt, werden auch die **schuldrechtlichen Erklärungen Dritter** von der Wirksamkeitsfiktion umfasst, sofern diese gem. § 230 Abs. 3 in den Plan eingebunden wurden (MüKoInsO/Madaus Rn. 4; Uhlenbruck/Lüer/Streit Rn. 17 mwN). Die dinglichen Willenserklärungen Dritter werden von § 254a nicht erfasst.

§ 254b Wirkung für alle Beteiligten

Die §§ 254 und 254a gelten auch für Insolvenzgläubiger, die ihre Forderungen nicht angemeldet haben, und für Beteiligte, die dem Insolvenzplan widersprochen haben.

Wirkung für alle Beteiligten § 254b InsO

Überblick

Gemäß § 254b treffen die Wirkungen des Plans auch diejenigen, die sich nicht aktiv am Verfahren beteiligt haben oder dem Plan gar widersprochen haben. Die Norm entspricht dem § 254 Abs. 1 S. 3 aF und wurde durch das ESUG in einer separaten Vorschrift neu verortet.

A. Normzweck

§ 254b präzisiert die Regelungen des § 254 Abs. 1 und stellt klar, dass auch solche Insolvenzgläu- 1
biger als Beteiligte gelten, die ihre Forderungen im Verfahren nicht angemeldet haben. Ebenso fallen auch dissentierende Insolvenzgläubiger unter die Bindungswirkungen des Plans. Hierdurch wird gewährleistet, dass einzelne Gläubiger durch Passivität oder Obstruktion im Planverfahren die Umsetzung des Insolvenzplans nicht gefährden können. § 254b dient einer endgültigen Schuldenregelung und schafft somit Planungssicherheit (HmbKommInsR/Thies Rn. 1; Uhlenbruck/Lüer/Streit Rn. 1 mwN).

B. Nachzügler

Als Folge des § 254b werden Insolvenzgläubiger umfassend einbezogen. Dies bedeutet, dass 2
nicht nur **passive Insolvenzgläubiger** den Planwirkungen unterworfen sind, sondern auch **unbekannte Insolvenzgläubiger** (sog. **Nachzügler**). Aus welchem Grund die Anmeldung der Forderungen unterblieben ist, ist dabei unerheblich (Braun/Frank Rn. 1; Uhlenbruck/Lüer/Streit Rn. 3; Andres/Leithaus/Andres Rn. 1; einschränkend MüKoInsO/Madaus Rn. 11). Die Einbeziehung gilt auch für öffentlich-rechtliche Gläubiger; sind deren Forderungen wirksam durch die Regelungen des Insolvenzplans ausgeschlossen, erlischt auch ihre Befugnis, öffentlich-rechtliche Forderungen durch Verwaltungsakt festzusetzen und geltend zu machen (FG Köln ZInsO 2020, 1258 (1260) für Lohnsteueraußenprüfung bezüglich Zeiträumen, die vor Insolvenzeröffnung liegen).

Die Wirkungserstreckung der Regelungen des Insolvenzplans auf Nachzügler hat zur Folge, 3
dass diese nicht nur den negativen Folgen des Plans unterliegen, sondern auch den positiven. Mithin können sie eine **Planquote beanspruchen,** welche für gleichartige Forderungen im Insolvenzplan festgelegt wurde (OLG Celle NZI 2011, 691; MüKoInsO/Madaus Rn. 5; K. Schmidt InsO/Spliedt Rn. 2; Uhlenbruck/Lüer/Streit Rn. 5). Die Höhe der Planquote für Nachzügler bemisst sich an dem Wert, den die Planberechnung bei rechtzeitiger Forderungsanmeldung ergeben hätte. Daher entfällt auf sie nur eine **geminderte Quote** (AG Leipzig NZI 2011, 327 (328 f.); K. Schmidt InsO/Spliedt Rn. 2; Uhlenbruck/Lüer/Streit Rn. 6).

Die nachträgliche Geltendmachung einer Planquote durch Nachzügler führt zu einem erhöhten 4
Liquiditätsbedarf beim Schuldner und gefährdet so die Umsetzbarkeit des Insolvenzplans. Um diesem Risiko zu begegnen, werden zum Teil **Präklusionsklauseln** im gestaltenden Teil des Insolvenzplans aufgenommen. Hiernach werden Gläubigerforderungen ausgeschlossen, wenn sie entweder wirksam bestritten sind (analog § 189) oder nicht spätestens bis zum Erörterungs- und Abstimmungstermin angemeldet werden (BAG NZI 2013, 1076; krit. MüKoInsO/Madaus Rn. 7 f.).

Erstgenannter Fall stößt auf keine Bedenken. Denn die Klausel, die **analog § 189 Abs. 3** 5
eine Ausschlussfrist zur Erhebung der Feststellungsklage vorsieht, damit die Forderungen bei der Verteilung berücksichtigt werden, führt nicht zu einem endgültigen Forderungsverlust (MüKoInsO/Madaus Rn. 10; K. Schmidt InsO/Spliedt § 259b Rn. 6; Uhlenbruck/Lüer/Streit Rn. 11; Stephan NZI 2014, 539 (541)).

Präklusionsklauseln, die hingegen mittels einer bestimmten Ausschlussfrist einen **Verzicht auf** 6
die Insolvenzforderung vorsehen und diese damit dauerhaft entwerten, sind im Hinblick auf den Eigentumseingriff gem. Art. 14 Abs. 1 GG **unwirksam** (BGH NJW-RR 2012, 1255; BAG ZInsO 2013, 2439 (2442); BGH ZInsO 2012, 1321 (1322); FG Köln ZInsO 2020, 1258 (1260); MüKoInsO/Madaus Rn. 6 ff.; K. Schmidt InsO/Spliedt § 259b Rn. 6; HmbKommInsR/Thies Rn. 6; aA LAG Düsseldorf ZIP 2011, 2487; Braun/Frank § 259b Rn. 14; eing. mwN Uhlenbruck/Lüer/Streit Rn. 12 ff.). Im Falle der rechtskräftigen Bestätigung des Insolvenzplans ist allerdings auch eine materiell unwirksame Präklusionsklausel als rechtswirksam anzusehen, da in diesem Fall der Beschluss des Insolvenzgerichts mangels „greifbarer Gesetzeswidrigkeit" nicht als nichtig anzusehen ist (s. FG Köln ZInsO 2020, 1258 (1260)).

Freund/Stadler 1509

§ 255 Wiederauflebensklausel

(1) ¹Sind auf Grund des gestaltenden Teils des Insolvenzplans Forderungen von Insolvenzgläubigern gestundet oder teilweise erlassen worden, so wird die Stundung oder der Erlass für den Gläubiger hinfällig, gegenüber dem der Schuldner mit der Erfüllung des Plans erheblich in Rückstand gerät. ²Ein erheblicher Rückstand ist erst anzunehmen, wenn der Schuldner eine fällige Verbindlichkeit nicht bezahlt hat, obwohl der Gläubiger ihn schriftlich gemahnt und ihm dabei eine mindestens zweiwöchige Nachfrist gesetzt hat.

(2) Wird vor vollständiger Erfüllung des Plans über das Vermögen des Schuldners ein neues Insolvenzverfahren eröffnet, so ist die Stundung oder der Erlass für alle Insolvenzgläubiger hinfällig.

(3) Im Plan kann etwas anderes vorgesehen werden. Jedoch kann von Absatz 1 nicht zum Nachteil des Schuldners abgewichen werden.

Überblick

Kommt der Schuldner mit der Erfüllung seiner Verpflichtungen aus dem Plan in Verzug, ordnet § 255 das Wiederaufleben gestundeter und teilweise erlassener Forderungen an.

A. Normzweck

1 Die Vorschrift hat ausschließlich **disziplinierenden Charakter** und soll den Schuldner zur pflichtgemäßen Erfüllung der Planverpflichtungen anhalten. Demgemäß leben gestundete oder teilweise erlassene Forderungen einzelner Insolvenzgläubiger kraft Gesetzes nach Abs. 1 wieder auf, wenn der Schuldner fällige Verbindlichkeiten im erheblichen Umfang nicht erfüllt hat. Abs. 2 trifft dieselbe Rechtsfolge zugunsten aller Insolvenzgläubiger, wenn vor vollständiger Planerfüllung das Insolvenzverfahren gegen den Schuldner erneut eröffnet wurde. Abs. 3 stellt letztlich klar, dass von den Regelungen im Insolvenzplan abgewichen werden kann, sofern die jeweiligen Vereinbarungen nicht zu Lasten des Schuldners gehen.

B. Wiederaufleben einzelner Forderungen (Abs. 1)

I. Anwendungsbereich

2 Nach Abs. 1 wird eine Stundung oder der Erlass einer Forderung hinfällig, wenn der Schuldner mit der Erfüllung des Plans erheblich in Rückstand gerät. Die Vorschrift betont dabei, dass diese Wirkung nur gegenüber dem **entsprechenden Gläubiger** eintritt und somit keine Gesamtwirkung für alle anderen Gläubiger entfaltet (MüKoInsO/Huber Rn. 3; K. Schmidt InsO/Spliedt Rn. 2; Braun/Frank Rn. 5). Entsprechend dem Wortlaut und der Systematik der Norm sind auch nur „teilweise" und **nicht vollständig erlassene Forderungen** von der Wirkung erfasst (MüKoInsO/Huber Rn. 13; HK-InsO/Haas Rn. 3; K. Schmidt InsO/Spliedt Rn. 6; Uhlenbruck/Lüer Rn. 4; Braun/Frank Rn. 5; aA Nerlich/Römermann/Braun Rn. 2).

3 Die Rechtsfolge des § 255 Abs. 1 tritt kraft Gesetzes ein und gilt grundsätzlich für alle Gläubigerforderungen. Der Begriff der „Forderungen" meint **schuldrechtliche Verpflichtungen.** Für dingliche Rechte entfaltet § 255 keine Wirkung, sodass die Rechte von absonderungsberechtigten Gläubigern nicht erfasst sind. Dies bedeutet insbesondere, dass die **Sicherungsrechte** der Insolvenzgläubiger nicht automatisch mit der Insolvenzforderung wieder aufleben (so die ganz hM MüKoInsO/Huber Rn. 15; K. Schmidt InsO/Spliedt Rn. 12; Andres/Leithaus/Andres Rn. 2; Braun/Frank Rn. 5; Uhlenbruck/Lüer/Streit Rn. 3; HK-InsO/Haas Rn. 4). Im gestaltenden Teil des Insolvenzplans kann jedoch der Forderungsverzicht unter der auflösenden Bedingung der Planerfüllung erklärt werden, sodass im Falle des Wiederauflebens der Forderung auch ein vollständiger Rückgriff auf die Sicherheiten wieder möglich ist (Braun/Frank Rn. 5; K. Schmidt InsO/ Spliedt Rn. 12; Uhlenbruck/Lüer Rn. 3).

4 Für den Anwendungsbereich des § 255 ist es unerheblich, ob die Forderung **angemeldet** worden war. In Bezug auf **bestrittene Forderungen** ist § 256 vorrangig.

5 Hat ein Insolvenzgläubiger **mehrere einzelne Forderungen** gestundet oder teilweise erlassen, reicht bereits die Säumnis des Schuldners hinsichtlich einer der Forderungen aus, um die Rechtsfolge des § 255 Abs. 1 für alle Forderungen des jeweiligen Insolvenzgläubigers auszulösen. Dies ist folgt bereits aus der sanktionierenden Ratio der Norm. Im Übrigen lässt der Wortlaut des

Abs. 1 keinen anderen Schluss zu, da die Rechtsfolge des Abs. 1 S. 1 nicht zwischen einzelnen Forderungen differenziert, wohl aber gem. Abs. 1 S. 2 den Forderungsrückstand hinsichtlich **einer Verbindlichkeit** verlangt (MüKoInsO/Huber Rn. 29; aA K. Schmidt InsO/Spliedt Rn. 8).

II. Erheblicher Rückstand

Ein Wiederaufleben der gestundeten oder teilweise erlassenen Forderungen setzt voraus, dass 6 der Schuldner **mit der Erfüllung des Plans erheblich in Rückstand** gerät. In Abgrenzung zu § 286 BGB sind die Voraussetzungen des § 255 Abs. 1 strenger, da die Norm verschuldensunabhängig ist. Das Gesetz spricht zudem eigens von „Rückstand", um den inhaltlichen Unterschied zum Verzug hervorzuheben (HK-InsO/Haas Rn. 5).

§ 255 Abs. 1 S. 2 definiert den Tatbestand des „erheblichen Rückstands". Hiernach ist erforder- 7 lich, dass der Schuldner eine fällige Verbindlichkeit nicht bezahlt hat, obwohl der Gläubiger den Schuldner mit einer Nachfrist von mindestens zwei Wochen schriftlich gemahnt hat. Erforderlich ist demnach gem. Abs. 1 S. 2 nicht der erhebliche Rückstand einer Forderungshöhe. Der Begriff der Erheblichkeit bezieht sich stattdessen allein auf den zeitlichen Aspekt der Zahlungssäumnis.

Die **Mahnung** muss **schriftlich** gem. § 126 BGB erfolgen. In weiterer Abweichung zu § 286 8 BGB kann die Mahnung auch nicht durch Mahnbescheid oder Klage ersetzt werden (MüKoInsO/ Huber Rn. 23). Wird eine kürzere als die vorgeschriebene **zweiwöchige Nachfrist** gesetzt, ist diese unwirksam. Sie wird nicht durch gesetzliche Frist ersetzt (hM, vgl. MüKoInsO/Huber Rn. 24 mwN).

C. Wiederaufleben aller Forderungen (Abs. 2)

Ist der Insolvenzplan noch nicht vollständig erfüllt, führt nach Abs. 2 die Neueröffnung eines 9 Insolvenzverfahrens über das Vermögen des Schuldners zum Wiederaufleben der Forderungen von **allen** Insolvenzgläubigern, die bisher keine Befriedigung erhalten haben. Die Gesamtwirkung des Abs. 2 ist daher an das kumulative Vorliegen der **ausstehenden Planerfüllung** sowie der **Eröffnung eines Folgeinsolvenzverfahrens** geknüpft. In welchem Umfang der Plan noch nicht erfüllt worden ist, ist unerheblich. Es reicht aus, wenn auch nur eine einzige Forderung eines Gläubigers nicht entsprechend des Plans erfüllt wurde (Uhlenbruck/Lüer/Streit Rn. 19). Weiterhin verlangt die Vorschrift ausdrücklich die **Eröffnung eines neuen Insolvenzverfahrens**. Die Antragstellung oder eine Abweisung mangels Masse gem. § 26 reichen zur Auslösung des Wiederauflebens der Gläubigerforderungen nicht aus (so aber HmbKommInsR/Thies Rn. 14). Denn § 255 Abs. 2 bezweckt den Schutz der Insolvenzgläubiger. Diese sollen infolge ihres Sanierungsbeitrags nicht schlechter gestellt werden als die Gläubiger eines Folgeinsolvenzverfahrens (MüKoInsO/Huber Rn. 31; Uhlenbruck/Lüer/Streit Rn. 20). Aus der Ratio der Norm folgt ferner, dass unter den Anwendungsbereich des § 255 Abs. 2 auch gestundete und teilweise erlassene Forderungen fallen. Das Gesetz spricht insofern missverständlich vom „Erlass" der Forderung, meint jedoch parallel zu Abs. 1 nur den **Teilerlass**. Denn im Falle eines vollständigen Forderungserlasses besteht keine Notwendigkeit, die frühere Quote der Insolvenzgläubiger im Folgeinsolvenzverfahren zu erhalten (so auch MüKoInsO/Huber Rn. 32; Braun/Frank Rn. 8; K. Schmidt InsO/Spliedt Rn. 14; aA HmbKommInsR/Thies Rn. 12).

D. Abweichende Regelungen (Abs. 3)

Nach Abs. 3 S. 1 können die Beteiligten im Insolvenzplan von Abs. 1 und Abs. 2 abweichende 10 Regelungen treffen. In Bezug auf Abs. 1 ordnet Abs. 3 S. 2 jedoch an, dass sich diese nicht zum Nachteil des Schuldners auswirken dürfen. Insbesondere ist eine Verschärfung der Tatbestandsvoraussetzungen gem. Abs. 1 wie zB eine Fristverkürzung oder ein Verzicht auf Schriftformerfordernis der Mahnung unwirksam (Überblick bei MüKoInsO/Huber Rn. 39). Sofern der Plan die Regelung des § 255 ohne weitere Differenzierung abbedingt, ist eine derartige Regelung dahingehend auszulegen, dass die Abbedingung keine Verschärfung zulasten des Schuldners enthält, sondern das Wiederaufleben der Forderung generell ausgeschlossen ist, was im Rahmen der Gläubigerautonomie zulässig sein sollte.

§ 256 Streitige Forderungen. Ausfallforderungen

(1) ¹Ist eine Forderung im Prüfungstermin bestritten worden oder steht die Höhe der Ausfallforderung eines absonderungsberechtigten Gläubigers noch nicht fest, so ist

ein Rückstand mit der Erfüllung des Insolvenzplans im Sinne des § 255 Abs. 1 nicht anzunehmen, wenn der Schuldner die Forderung bis zur endgültigen Feststellung ihrer Höhe in dem Ausmaß berücksichtigt, das der Entscheidung des Insolvenzgerichts über das Stimmrecht des Gläubigers bei der Abstimmung über den Plan entspricht. ²Ist keine Entscheidung über das Stimmrecht getroffen worden, so hat das Gericht auf Antrag des Schuldners oder des Gläubigers nachträglich festzustellen, in welchem Ausmaß der Schuldner vorläufig die Forderung zu berücksichtigen hat.

(2) ¹Ergibt die endgültige Feststellung, dass der Schuldner zuwenig gezahlt hat, so hat er das Fehlende nachzuzahlen. ²Ein erheblicher Rückstand mit der Erfüllung des Plans ist erst anzunehmen, wenn der Schuldner das Fehlende nicht nachzahlt, obwohl der Gläubiger ihn schriftlich gemahnt und ihm dabei eine mindestens zweiwöchige Nachfrist gesetzt hat.

(3) Ergibt die endgültige Feststellung, dass der Schuldner zuviel gezahlt hat, so kann er den Mehrbetrag nur insoweit zurückfordern, als dieser auch den nicht fälligen Teil der Forderung übersteigt, die dem Gläubiger nach dem Insolvenzplan zusteht.

Überblick

§ 256 regelt den Umgang mit Forderungen, die im Prüfungstermin bestritten wurden und solchen Forderungen, deren Höhe als Ausfallforderung noch ungeklärt ist. Zum Zwecke der Planungssicherheit sieht § 256 vor, dass vorläufige Forderungshöhen bestimmt werden, nach denen die Planerfüllung vorbehaltlich einer späteren Klärung zu erfolgen hat. Die Vorschrift ergänzt insofern die Wiederauflebensklausel des § 255.

A. Normzweck

1   Die Vorschrift ergänzt § 255 und soll die Situation klären, in der eine Forderung im Prüfungstermin bestritten worden ist oder deren Höhe als Ausfallforderung gem. § 52 noch nicht feststeht. In einem solchen Fall besteht für den Schuldner die Gefahr, dass er bei Nichtzahlung die im Plan festgestellten Teilerlasse oder Stundungen nach § 255 verliert, wenn später eine höhere Gläubigerforderung festgestellt wird. Hiervor soll § 256 den Schuldner **schützen** und einen gerechten Interessenausgleich zwischen Schuldner und den Insolvenzgläubigern schaffen (Uhlenbruck/Lüer/Streit Rn. 1). Um seinen Planerfüllungspflichten nachzukommen, hat der Schuldner die Forderungen nicht in nominaler Höhe zu erfüllen, sondern in der Höhe, welche bei Festsetzung des Stimmrechts nach § 237 zugrunde gelegt wurde. Stellt sich später die festgesetzte Forderungshöhe als zu niedrig oder zu hoch heraus, sieht § 256 einen Ausgleichmechanismus vor und verpflichtet den Schuldner zur **Nachzahlung** gem. Abs. 2 oder gewährt ihm einen **Rückzahlungsanspruch** gem. Abs. 3.

B. Festsetzung der Forderungshöhe (Abs. 1)

I. Anwendungsbereich

2   § 256 Abs. 1 S. 1 erfasst **streitige Gläubigerforderungen** (Alt. 1) und **Ausfallforderungen** von absonderungsberechtigten Gläubigern, deren Höhe noch nicht feststeht (Alt. 2). Die Alt. 1 betrifft somit Forderungen, die zwar im Prüfungstermin oder im schriftlichen Verfahren gem. §§ 174, 177 Abs. 1 angemeldet worden sind, aber nicht aufgrund eines **Widerspruchs durch den Insolvenzverwalter oder einen Insolvenzgläubiger** nach § 178 Abs. 1 festgestellt wurden.

3   Forderungen, die zwar bestritten sind, deren **Feststellung** der betreffende Insolvenzgläubiger **nicht betrieben** hat (§§ 179 ff.) **oder nicht nachgewiesen** hat (§ 189 Abs. 1, 3), können nicht gem. § 256 Abs. 1 anhand der Höhe der Stimmrechte festgesetzt werden (MüKoInsO/Huber Rn. 7; HmbKommInsR/Thies Rn. 3; Uhlenbruck/Lüer/Streit Rn. 2; aA Braun/Frank Rn. 3; K. Schmidt InsO/Spliedt Rn. 3). Würde § 256 als lex specialis gegenüber §§ 179, 189 gelten, wäre der Schuldner nach Verfahrensaufhebung zur Erhebung einer negativen Feststellungsklage gezwungen, um das Nichtbestehen der Forderung endgültig feststellen zu lassen. Für eine solche Umkehr der Prozessführungslast zulasten des Schuldners besteht kein sachliches Bedürfnis (ausf. hierzu HmbKommInsR/Thies Rn. 3 mwN).

4   Als Alt. 2 umfasst § 256 Abs. 1 S. 1 **Ausfallforderungen** von absonderungsberechtigten Gläubigern, deren Höhe noch nicht feststeht. Der endgültige Wert der Ausfallforderung kann erst

durch Verwertung des Absonderungsgegenstands oder durch gesonderte Feststellungsklage bestimmt werden. Voraussetzung zur Eröffnung des Anwendungsbereichs des § 256 Abs. 1 ist, dass der absonderungsberechtigte Gläubiger gem. § 190 Abs. 1 seinen Ausfall nachweist (MüKoInsO/ Huber Rn. 8).

II. Nicht angemeldete Forderungen

Forderungen, welche nicht angemeldet worden sind, werden gem. § 254b ebenso vom Insolvenzplan umfasst, sodass auch die Wiederauflebensklausel gem. § 255 Abs. 1 für nicht angemeldete Forderungen Anwendung findet. § 256 Abs. 1 gilt daher entsprechend für **nicht angemeldete Forderungen** (BGH NJW-RR 2012, 155 Rn. 14 ff.; K. Schmidt InsO/Spliedt Rn. 5; Uhlenbruck/Lüer/Streit Rn. 4; aA HmbKommInsR/Thies Rn. 4). Soweit eine nachträglich angemeldete Forderung **bestritten** ist und mangels Stimmrechtfestsetzung weder ihrem Grund noch ihrer Höhe nach feststeht, kann der Schuldner konsequenterweise nicht in Rückstand mit der Erfüllung des Plans geraten. Mithin verhält sich der Schuldner bei nicht angemeldeten Forderungen plangerecht und kommt nicht in Erfüllungsrückstand solange keine Entscheidung des Insolvenzgerichts über die vorläufige Berücksichtigung der Forderung ergangen ist (BGH NJW-RR 2012, 155). 5

Das plankonforme Verhalten des Schuldners wird auch nicht durch den Umstand beseitigt, dass § 256 Abs. 1 S. 2 dem Schuldner ein eigenes Antragsrecht zur vorläufigen Entscheidung des Insolvenzgerichts über die Berücksichtigung der Forderungen einräumt. Denn indem der Schuldner innerhalb der gesetzten Nachfrist eine Entscheidung des Insolvenzgerichts über die vorläufige Stimmrechtsfestsetzung der nicht angemeldeten Forderung beantragt, hat er es so selbst in der Hand, die Rechtsfolgen des § 255 Abs. 1 zu vermeiden. § 256 Abs. 1 S. 2 normiert keine Antragspflicht, sondern lediglich ein **Antragsrecht des Schuldners.** Aus dem Unterlassen der Antragsstellung ergeben sich somit keine Rechtsfolgen im Hinblick auf das Wiederaufleben nicht erfüllter Forderungen (in Abkehr von der bisherigen Rechtsprechung zur VerglO BGH NJW-RR 2012, 155 Rn. 18 ff.; K. Schmidt InsO/Spliedt Rn. 5). 6

III. Stimmrechtsfestsetzung

Die **Festsetzung des Stimmrechts** ist infolge des ESUG gem. § 18 Abs. 1 Nr. 2 RPflG vom Rechtspfleger auf den **Richter** übertragen worden. 7

Die Höhe der Gläubigerforderungen, die der Schuldner zur Planerfüllung vorläufig zu befriedigen hat, richtet sich nach der gerichtlichen Stimmrechtsfestsetzung. Diese erfolgt bei Gläubigern mit bestrittenen Forderungen gem. § 237 Abs. 1 S. 1 iVm § 77 Abs. 2 und bei absonderungsberechtigten Gläubigern gem. § 237 Abs. 1 S. 2 iVm § 77 Abs. 3 Nr. 2. 8

Einigen sich der Verwalter und die Gläubiger über das Stimmrecht gem. § 77 Abs. 2 S. 1 hat diese Einigung lediglich Auswirkung auf das Abstimmungsverfahren. Für die Frage, ob der Schuldner mit der Planerfüllung gem. §§ 255 Abs. 1, 256 in Rückstand gerät, hat eine solche **Einigung** keine Relevanz. Der Wortlaut des § 256 Abs. 1 S. 1 lässt kein anderes Verständnis zu (MüKoInsO/ Huber Rn. 11 mwN; aA Uhlenbruck/Lüer/Streit Rn. 7; HK-InsO/Haas Rn. 5). 9

C. Nachzahlung (Abs. 2)

Stellt das Urteil fest, dass die bestrittene Forderung oder der Ausfall höher ist als das, was bei der Stimmrechtsetzung zugrunde gelegt wurde, hat der Schuldner unverzüglich die Differenz nach Abs. 2 nachzuzahlen, sobald die Forderung fällig ist. Bezüglich des ausstehenden Betrags gerät der Schuldner im Hinblick auf die Wirkungen des § 255 Abs. 1 erst in **Rückstand,** wenn der Gläubiger ihn schriftlich gemahnt hat und ihm eine zweiwöchige Nachfrist gesetzt hat. 10

D. Rückzahlung (Abs. 3)

Umgekehrt kann der Schuldner die Differenz zurückverlangen, wenn sich nach Feststellung durch das Gericht herausstellt, dass die bezahlte Summe den Wert der im Insolvenzplan festgelegten Forderung übersteigt. § 256 Abs. 3 ist damit ein **Ausnahmetatbestand zu § 254 Abs. 3,** wonach die im Insolvenzplan nicht gedeckten Forderungen als erfüllbare, aber nicht erzwingbare Naturalobligation fortbestehen. Dies ist sachgerecht, da die Beteiligten so gestellt werden sollen, als wäre die Höhe der Forderungen von Beginn an festgestellt worden und lediglich auf eine vorläufige Quote leisten (Uhlenbruck/Lüer/Streit Rn. 13). Der Rückzahlungsanspruch des Schuldners folgt demnach aus § 256 Abs. 3 iVm § 812 Abs. 1 S. 1 BGB. Angesichts des Charakters der Vorläufigkeit der Erfüllungsquote findet zulasten des Gläubigers die verschärfte Haftung des § 820 BGB Anwen- 11 dung (so auch MüKoInsO/Huber Rn. 27; Uhlenbruck/Lüer/Streit Rn. 16). § 814 BGB wird von § 256 Abs. 3 verdrängt (MüKoInsO/Huber Rn. 27; Nerlich/Römermann/Braun Rn. 6).

§ 257 Vollstreckung aus dem Plan

(1) ¹Aus dem rechtskräftig bestätigten Insolvenzplan in Verbindung mit der Eintragung in die Tabelle können die Insolvenzgläubiger, deren Forderungen festgestellt und nicht vom Schuldner im Prüfungstermin bestritten worden sind, wie aus einem vollstreckbaren Urteil die Zwangsvollstreckung gegen den Schuldner betreiben. ²Einer nicht bestrittenen Forderung steht eine Forderung gleich, bei der ein erhobener Widerspruch beseitigt ist. ³§ 202 gilt entsprechend.

(2) Gleiches gilt für die Zwangsvollstreckung gegen einen Dritten, der durch eine dem Insolvenzgericht eingereichte schriftliche Erklärung für die Erfüllung des Plans neben dem Schuldner ohne Vorbehalt der Einrede der Vorausklage Verpflichtungen übernommen hat.

(3) Macht ein Gläubiger die Rechte geltend, die ihm im Falle eines erheblichen Rückstands des Schuldners mit der Erfüllung des Plans zustehen, so hat er zur Erteilung der Vollstreckungsklausel für diese Rechte und zur Durchführung der Vollstreckung die Mahnung und den Ablauf der Nachfrist glaubhaft zu machen, jedoch keinen weiteren Beweis für den Rückstand des Schuldners zu führen.

Überblick

§ 257 regelt die vollstreckungsrechtliche Durchsetzbarkeit der Gläubigerforderungen und eröffnet den Insolvenzgläubigern eine unmittelbare Zwangsvollstreckung aus dem rechtskräftig bestätigten Insolvenzplan. Die Vorschrift **vereinfacht** damit die **Vollstreckung** aus dem Plan, da die Insolvenzgläubiger im Fall der Nichterfüllung des Plans nicht den Klageweg beschreiten müssen, um einen Vollstreckungstitel zu erlangen. § 257 unterscheidet zwischen der Vollstreckung der festgestellten, unbestrittenen Gläubigerforderungen (Abs. 1, → Rn. 2 ff.), der Vollstreckungen gegen Plangaranten (Abs. 2, → Rn. 9) und der Vollstreckung der nach § 255 wieder aufgelebten Gläubigerforderungen (Abs. 3, → Rn. 10).

A. Normzweck

1   Werden die Zahlungsansprüche der Insolvenzgläubiger nach Aufhebung des Insolvenzverfahrens nicht entsprechend des rechtskräftig bestätigten Insolvenzplans erfüllt, verbleibt den Gläubigern die Zwangsvollstreckung ihrer Forderungen. § 257 Abs. 1 stellt klar, dass der rechtskräftig bestätigte Insolvenzplan zusammen der Eintragung in die Tabelle einem vollstreckbaren Urteil gleichsteht. Hierdurch wird der **Vollstreckungstitel** ersetzt, sodass Forderungen der Insolvenzgläubiger schnell vollstreckt werden können (MüKoInsO/Huber Rn. 2). Nicht durch die Tabelle titulierte Forderungen oder Teilbeträge von titulierten Forderungen fallen nicht unter § 257 (Uhlenbruck/Lüer/Streit Rn. 3).

B. Vollstreckung gegen den Schuldner (Abs. 1)

2   Die Zwangsvollstreckung gegen den Schuldner gem. § 257 unterliegt grundsätzlich den Anforderungen des Vollstreckungsverfahrens gem. §§ 704 ff. ZPO. Gleichwohl trifft der Gesetzgeber in § 257 Abs. 1 Sonderregelungen hinsichtlich des Vollstreckungstitels, des Umfangs der Forderungen, des Vollstreckungsschuldners und der gerichtlichen Zuständigkeit. Die Vollstreckung nach § 257 kann wegen des Vollstreckungsverbots des § 89 erst nach Aufhebung des Insolvenzverfahrens erfolgen.

I. Vollstreckbare Forderungen

3   Die Vollstreckungsmöglichkeit aus § 257 steht zunächst nur den **Insolvenzgläubigern** zu, deren Forderungen festgestellt worden sind bzw. vom Schuldner **im Prüfungstermin nicht bestritten** worden sind gem. § 178 Abs. 1. Im Fall einer durch den Insolvenzverwalter oder durch Gläubiger bestrittener Forderung muss gem. Abs. 1 S. 2 der **Widerspruch** durch Rücknahme oder ein rechtskräftiges Urteil gem. §§ 179 ff., 184 **beseitigt** worden sein. Anders als in § 178

Abs. 1 S. 2 darf für die Wirkungen des Abs. 1 auch **kein Widerspruch des Schuldners** vorliegen (K. Schmidt InsO/Spliedt Rn. 3).

Für **absonderungsberechtigte Gläubiger** kommt hinsichtlich ihres Absonderungsrechts grundsätzlich keine Titelwirkung nach § 257 in Betracht, da diese Rechte im Verfahren nicht förmlich geprüft werden und lediglich hinsichtlich ihrer Stimmrechte erörtert werden (BT-Drs. 12/2443, 214; MüKoInsO/Huber Rn. 15; Braun/Frank Rn. 8). Dies gilt jedoch dann nicht, sofern **Ausfallforderungen absonderungsberechtigter Gläubiger** betroffen sind. Haben sie gem. § 52 auf eine abgesonderte Befriedigung verzichtet oder sind bei ihr ausgefallen, steht ihnen ebenfalls die Vollstreckung über § 257 frei. 4

Aufgrund des Erfordernisses der Feststellung der Forderung in der Insolvenztabelle ist § 257 auf einen **Masseunzulänglichkeitsplan** gem. § 210a nicht anwendbar, selbst wenn in einem derartigen Plan vorgesehen ist, dass in Analogie zu § 188 vor der Verteilung an die Altmassegläubiger ein Verteilungsverzeichnis niederzulegen ist; denn ein derartiges Verteilungsverzeichnis ist nicht einer Feststellung in der Insolvenztabelle vergleichbar; dies sollte in einen Plan gem. § 210a ausdrücklich zB durch eine klarstellende Abbedingung des § 257 ausdrücklich aufgenommen werden. Im Übrigen ist § 257 InsO **zwingend**. 4a

II. Vollstreckungsschuldner

Gemäß § 257 Abs. 1 ist **Vollstreckungsschuldner** allein der Insolvenzschuldner, der mit dem gesamten Schuldnervermögen der Vollstreckung unterliegt. Eine Vollstreckung der Ansprüche aus dem Plan gegen persönlich haftende Gesellschafter des Schuldners kommt nur dann in Betracht, wenn sich dieser gem. § 257 Abs. 2 für die Planerfüllung verpflichtet hat. 5

III. Vollstreckungstitel

Der Vollstreckungstitel gem. § 257 Abs. 1 setzt sich aus dem **gestaltenden Teil des Insolvenzplans,** dem **Bestätigungsbeschluss** des Insolvenzgerichts nebst des Rechtskraftvermerks und dem **Tabellenauszug** zusammen (K. Schmidt InsO/Spliedt Rn. 3; Andres/Leithaus/Andres Rn. 4 mwN). Es bedarf daher einer Ausfertigung des Tabellenauszugs nebst beigefügtem Plan mit Rechtskraftvermerk (Braun/Frank Rn. 4). 6

Problematisch ist die Vollstreckung bei variablen Quoten, also wenn die prozentuale Befriedigung nicht mit fixen Quoten festgelegt ist, sondern die verteilungsfähigen Beträge für die Quotenberechnungen maßgeblich sind und der Plan, insbesondere in der Vergleichsrechnung, nur Schätzungen enthält. Um die Vollstreckbarkeit zu gewährleisten, bietet sich für diesen Fall an, ein Auskunftsrecht der Insolvenzgläubiger gegen den Insolvenzverwalter bzw. Sachwalter über die jeweilige zu verteilende Quote festzulegen; diese Auskunft in Verbindung mit dem Insolvenzplan kann dann betragsmäßig den zu vollstreckenden Betrag festlegen. 6a

IV. Vollstreckungsverfahren

Das Vollstreckungsverfahren richtet sich grundsätzlich nach den §§ 704 ff. ZPO. Dies ergibt sich aus dem Verweis in § 257 Abs. 1, wonach die Zwangsvollstreckung wie aus einem vollstreckbaren Urteil zu erfolgen hat. Eine Ausnahme hierzu bildet Abs. 1 S. 3, der die **Zuständigkeit** dem Amtsgericht zuweist, bei dem auch das Insolvenzverfahren anhängig war. § 202 ist somit lex specialis zu § 764 ZPO. Bei qualifizierten Vollstreckungsklauseln ist der Rechtspfleger gem. § 20 Nr. 12, 26 RPflG **funktional zuständig;** bei einfachen Vollstreckungsklauseln der Urkundsbeamte der Geschäftsstelle (§ 724 Abs. 2 ZPO). Aus dem allgemeinen Verweis auf die Anwendbarkeit der ZPO folgt weiterhin, dass den Beteiligten die regulären **Rechtsmittel** der ZPO zur Verfügung stehen. 7

Entsprechend der allgemeinen Zwangsvollstreckungsvoraussetzung ist die Erteilung einer **Vollstreckungsklausel** als Voraussetzung für die Zwangsvollstreckung erforderlich. Für die Erteilung der Vollstreckungsklausel gem. §§ 704, 724 ff. ZPO gilt ebenfalls die **Zuständigkeitsregelung des § 202.** Da die Eintragung in die Tabelle gem. § 178 Abs. 3 wie ein rechtskräftiges Urteil wirkt, ist die **Vollstreckungsklausel auf den Tabellenauszug** zu setzen (K. Schmidt InsO/Spliedt Rn. 7 mwN). Aus dem Tabellenauszug allein lässt sich jedoch noch nicht präzise der Umfang der zu vollstreckenden Forderung bestimmen. Dies ergibt sich allein aus dem Insolvenzplan. Nach Maßgabe des Grundsatzes der Bestimmtheit ist daher der entsprechende Auszug des **gestaltenden Teils des Insolvenzplans beizufügen.** Sieht der gestaltende Teil des Insolvenzplans qualifizierte Voraussetzungen vor, so ist der Nachweis der Erfüllung der entsprechenden Voraussetzungen zunächst zu prüfen. Erst bei Nachweis durch öffentliche oder öffentlich beglau- 8

C. Vollstreckung gegen Dritte (Abs. 2)

9   Nach § 257 Abs. 2 ist die Vollstreckung auch gegenüber Dritten (sog. **Plangaranten**) möglich, wenn eine schuldrechtliche **Verpflichtungserklärung** vorliegt (dem Plan beigefügt nach § 230 Abs. 3 oder selbstständig eingereicht) und sich die vollstreckbare Forderung aus dem rechtskräftig bestätigten Plan zusammen mit der Tabelle ergibt (MüKoInsO/Huber Rn. 44). Voraussetzung ist zudem, dass der Dritte auf die Einrede der Vorausklage verzichtet haben muss. Die Erklärung des Plangaranten muss **schriftlich** erfolgen. Diesem Erfordernis wird jedoch nicht Genüge getan, wenn die Verpflichtung im Erörterungstermin mündlich zu Protokoll erklärt wird. Die Warnfunktion des Schriftformerfordernisses lässt ein anderes Verständnis nicht zu. Zudem hat der Gesetzgeber bei § 257 Abs. 2 bewusst auf eine dem § 85 Abs. 2 VerglO entsprechende Regelung verzichtet (Nerlich/Römermann/Braun Rn. 8; Uhlenbruck/Lüer/Streit Rn. 23; aA MüKoInsO/Huber Rn. 47; K. Schmidt InsO/Spliedt Rn. 16; HK-InsO/Haas Rn. 8).

D. Wiederauflebende Forderung (Abs. 3)

10   § 257 Abs. 3 erklärt auch die nach § 255 wiederaufgelebten Forderungen für vollstreckbar. Die vollstreckbare Höhe der Forderung ergibt sich damit nicht aus dem gestaltenden Teil des Insolvenzplans, sondern aus der Tabelle. Demnach reicht es aus, dass der Gläubiger die **Mahnung** und die **Nachfrist glaubhaft** macht. Ferner ist dafür weder der Nachweis des Rückstands (Abs. 3 S. 2) noch der Nachweis durch eine öffentliche Urkunde (§ 726 Abs. 1) erforderlich.

§ 258 Aufhebung des Insolvenzverfahrens

(1) Sobald die Bestätigung des Insolvenzplans rechtskräftig ist und der Insolvenzplan nicht etwas anderes vorsieht, beschließt das Insolvenzgericht die Aufhebung des Insolvenzverfahrens.

(2) ¹Vor der Aufhebung hat der Verwalter die unstreitigen fälligen Masseansprüche zu berichtigen und für die streitigen oder nicht fälligen Sicherheit zu leisten. ²Für die nicht fälligen Masseansprüche kann auch ein Finanzplan vorgelegt werden, aus dem sich ergibt, dass ihre Erfüllung gewährleistet ist.

(3) ¹Der Beschluss enthält den Zeitpunkt der Aufhebung, der frühestens zwei Tage nach der Beschlussfassung liegen soll. ²Der Beschluss und der Grund der Aufhebung sind öffentlich bekanntzumachen. ³Der Schuldner, der Insolvenzverwalter und die Mitglieder des Gläubigerausschusses sind vorab über den Zeitpunkt der Aufhebung zu unterrichten. ⁴Die §§ 31 bis 33 gelten entsprechend. ⁵Ist der Zeitpunkt der Aufhebung nicht angegeben, wird die Aufhebung wirksam, sobald nach dem Tag der Veröffentlichung zwei weitere Tage verstrichen sind.

Überblick

§ 258 bestimmt, **wann und unter welchen Voraussetzungen** die Aufhebung des Insolvenzverfahrens zu beschließen ist. Nach rechtskräftiger Bestätigung des Insolvenzplans hat das Insolvenzgericht die Aufhebung zu beschließen, sofern der Insolvenzplan nichts anderes vorsieht. Der Vorbehalt der Regelungen des Insolvenzplans wurde durch das ESUG zur Klarstellung der verfahrensleitenden und verfahrensbegleitenden Funktion eines Insolvenzplans aufgenommen (Uhlenbruck/Lüer/Streit Rn. 1). Abs. 2 (→ Rn. 2 ff.) wurde durch das ESUG neu gefasst und ordnet an, dass vor Aufhebung des Verfahrens unstreitige Masseansprüche zu erfüllen sind und für streitige oder nicht fällige Masseansprüche Sicherheit zu leisten ist. In Abs. 3 (→ Rn. 8) der Vorschrift sind die Bekanntmachungs- und Informationspflichten geregelt.

A. Normzweck

Die Beendigung des Insolvenzverfahrens erfolgt mittels Aufhebungsbeschluss. Aus Gründen der Rechtssicherheit bedarf es eines förmlichen Beschlusses, da der Zeitpunkt der Überleitungsmaßnahmen wie etwa die Wiedererlangung der Verfügungsbefugnis durch den Schuldner gem. § 259 Abs. 1 S. 2 eindeutig bestimmt werden muss (MüKoInsO/Huber Rn. 1; K. Schmidt InsO/Spliedt Rn. 1). Während § 259 die Wirkungen des Aufhebungsbeschlusses regelt, legt der Gesetzgeber in § 258 die Voraussetzungen für den Aufhebungsbeschluss fest.

B. Aufhebung des Insolvenzverfahrens (Abs. 1, 2)

Gemäß § 258 Abs. 1 ist das Insolvenzverfahren mittels Beschluss aufzuheben, **sobald der Bestätigungsbeschluss rechtskräftig** ist, also die Rechtsmittelfrist für die sofortige Beschwerde gem. § 253 iVm § 577 Abs. 2 ZPO abgelaufen ist bzw. nachdem die Entscheidung über eingelegte Rechtsmittel rechtskräftig ist (Nerlich/Römermann/Braun Rn. 1). Eine vom Erfordernis des Vorliegens des Bestätigungsbeschlusses abweichende Regelung kann in Anlehnung an § 217 S. 1 (Möglichkeit einer verfahrensleitenden Funktion) im Plan getroffen werden. Hiernach muss das Insolvenzgericht die Planregelungen berücksichtigen und darf die Aufhebung nur dann beschließen, sofern der Plan **keine anderweitigen Regelungen** vorsieht. Dieser Vorbehalt wurde durch das ESUG in Abs. 1 ausdrücklich aufgenommen.

Beim Zeitpunkt der Aufhebung des Insolvenzverfahrens sind die **Restaufgaben** des Insolvenzverwalters zu berücksichtigen. Denn er hat nach Beendigung seines Amts beispielsweise eine **Rechnungslegung** gem. § 66 vorzunehmen, sofern auf diese nicht im Plan verzichtet wurde (was üblich ist). Ferner ist die **Vergütung** für den Insolvenzverwalter und den Gläubigerausschuss festzulegen (MüKoInsO/Huber Rn. 16; Andres/Leithaus/Andres Rn. 10; HK-InsO/Haas Rn. 3). Weiterhin muss der Insolvenzverwalter ggf. vor Aufhebung des Verfahrens noch Insolvenzanfechtungsansprüche anhängig (sprich rechtshängig, → § 259 Rn. 8) machen; daher bietet es sich an, die Aufhebung des Insolvenzverfahrens von der Zustimmung des Insolvenzverwalters (oder Sachwalters) abhängig zu machen, der seine Zustimmung dann zurückhalten kann, bis alle Anfechtungsansprüche anhängig gemacht worden sind.

Die **weiteren Voraussetzungen** der Aufhebung des Insolvenzverfahrens nennt der Gesetzgeber in Abs. 2 S. 1, wonach durch den Insolvenzverwalter **unstreitige, fällige Masseansprüche** (S. 1 Hs. 1) vollständig zu befriedigen sind oder falls noch **streitige oder nicht fällige Masseforderungen** bestehen, **Sicherheit** für diese Forderungen zu leisten ist (S. 1 Hs. 2).

Die Berichtigung unstreitiger fälliger Masseansprüche nach S. 1 Hs. 1 ist aus den liquiden Mitteln des Schuldners zu bestreiten. Stehen diese nicht zur Verfügung, sind die schuldnerischen Vermögenswerte zu verwerten. Eine Verwertung ist auch dann möglich, wenn weitere Verwertungsmaßnahmen nicht im Plan vorgesehen sind oder diese dem Plan widersprechen (Uhlenbruck/Lüer/Streit Rn. 6). In der Praxis sind damit in erster Linie **Bankkredite** betroffen, welche dem Insolvenzverwalter für das gesamte Verfahren zur Verfügung gestellt wurden (Uhlenbruck/Lüer/Streit Rn. 6).

Sind Masseansprüche streitig oder nicht fällig, so hat der Insolvenzverwalter vor Aufhebung des Verfahrens eine Sicherheit zu leisten (Abs. 2 S. 1 Hs. 2). Diese Sicherheit muss für jede Forderung **einzeln** gestellt werden, um eine **voneinander unabhängige Befriedigung** der einzelnen Massegläubiger zu gewährleisten (K. Schmidt InsO/Spliedt Rn. 10; HmbKommInsR/Thies Rn. 11). Der Rechtsstreit über die streitigen Masseschulden ist nach Verfahrensaufhebung mit dem Schuldner zu führen (K. Schmidt InsO/Spliedt Rn. 9; zum Streitstand Uhlenbruck/Lüer/Streit Rn. 9).

Abs. 2 S. 2 erlaubt für nicht fällige Masseansprüche anstelle der Besicherung auch die Vorlage eines **Finanzplans**, worin die Erfüllung der Masseansprüche nachgewiesen wird. Als Nachweis der Gewährleistung der Erfüllung genügt eine **belastbare Liquiditätsrechnung** (BT-Drs. 17/5712, 37; hierzu näher K. Schmidt InsO/Spliedt Rn. 13). Den Nachweis im Wege der Vorlage eines Finanzplans kann sowohl für streitige und unstreitige fällige Masseansprüche erbracht werden (K. Schmidt InsO/Spliedt Rn. 15; Uhlenbruck/Lüer/Streit Rn. 7).

C. Bekanntmachung (Abs. 3)

Nach Abs. 3 S. 2 erfolgt die Aufhebung durch **Beschluss,** welcher zusammen mit dem Grund für die Aufhebung **öffentlich bekanntzumachen** ist (§ 9 Abs. 1). Die Aufhebung wird am dritten Tag nach der Veröffentlichung wirksam (S. 5 und § 9 Abs. 1 S. 3), sofern nicht im Beschluss ein anderer Zeitpunkt festgelegt ist. Aufgrund der Konsequenzen aus § 259 sind nach S. 3 vorab der Schuldner, der Insolvenzverwalter und die Mitglieder des Gläubigerausschusses über den Zeitpunkt der Aufhebung zu unterrichten. Daraus ergibt sich, dass das Gericht den Zeitpunkt der Aufhebung im Beschluss grundsätzlich festlegen soll oder zumindest in der Vorabinformation exakt angeben soll; lediglich im Falle einer Unsicherheit des Datums des Wirksamwerdens des Beschlusses genügt die Widergabe der gesetzlichen Regelung des § 9 Abs. 1 S. 3 (s. Uhlenbruck/Lüer/Streit Rn. 15). Es gelten die §§ 31, 33 entsprechend, womit von Amts wegen ua dem Grundbuchamt und dem Handelsregister zwecks notwendiger Löschungen die Aufhebung mitzuteilen ist.

§ 259 Wirkungen der Aufhebung

(1) ¹Mit der Aufhebung des Insolvenzverfahrens erlöschen die Ämter des Insolvenzverwalters und der Mitglieder des Gläubigerausschusses. ²Der Schuldner erhält das Recht zurück, über die Insolvenzmasse frei zu verfügen.

(2) Die Vorschriften über die Überwachung der Planerfüllung bleiben unberührt.

(3) ¹Einen anhängigen Rechtsstreit, der die Insolvenzanfechtung zum Gegenstand hat, kann der Verwalter auch nach der Aufhebung des Verfahrens fortführen, wenn dies im gestaltenden Teil des Plans vorgesehen ist. ²In diesem Fall wird der Rechtsstreit für Rechnung des Schuldners geführt, wenn im Plan keine abweichende Regelung getroffen wird.

Überblick

§ 259 legt die **Wirkungen** fest, die mit der Aufhebung des Plans gem. § 258 eintreten. Diese betreffen die Ämter des Insolvenzverwalters und des Gläubigerausschusses sowie die Verfügungsbefugnis des Schuldners (Abs. 1, → Rn. 2 ff.). Abs. 2 (→ Rn. 6) normiert einen Vorbehalt hinsichtlich der Planüberwachung und Abs. 3 (→ Rn. 7 ff.) regelt den Umgang mit noch anhängigen Anfechtungsprozessen.

A. Normzweck

1   Welche Wirkungen der Aufhebungsbeschluss nach sich zieht, bestimmt § 259. Die Vorschrift ergänzt damit § 258. Sie sind darauf ausgerichtet, die ursprüngliche Rechtsträgerschaft wiederherzustellen, indem einerseits die Ämter des Insolvenzverwalters und des Gläubigerausschusses erlöschen und andererseits der Schuldner die Verfügungsberechtigung wieder zurückerlangt. Dies steht jedoch unter dem Vorbehalt der Planerfüllung gem. Abs. 2.

B. Allgemeine Wirkungen (Abs. 1)

2   Nach S. 1 erlöschen mit der Aufhebung des Insolvenzverfahrens ex nunc die Ämter des Insolvenzverwalters/Sachwalters und des Gläubigerausschusses, sofern der Plan keine Überwachung der Planerfüllung vorsieht (Abs. 2). Sämtliche **Verfügungs- und Verwaltungsrechte** des Insolvenzverwalters entfallen. Gleichzeitig werden sie **aufseiten des Schuldners gem. Abs. 1 S. 2 wiederhergestellt.** Die Rückerlangung ist nicht disponibel und kann somit auch nicht zulasten des Schuldners eingeschränkt werden oder auf einzelne Gegenstände beschränkt werden (BAG ZInsO 2013, 24 (39); BGH NZI 2008, 561 f.; OLG Celle ZInsO 2006, 2394; Andres/Leithaus/Andres Rn. 2; Braun/Frank Rn. 3; MüKoInsO/Huber Rn. 12; Uhlenbruck/Lüer/Streit Rn. 4; aA OLG Düsseldorf NZI 2006, 240). Ferner ist es mangels gesetzlicher Grundlage ausgeschlossen, dass der Insolvenzverwalter nach der Aufhebung noch eine **Nachtragsverteilung** iSv § 203 ff. vornimmt. Hiervon kann im Plan ebenfalls nicht abgewichen werden (hM, BGH NZI 2008, 561 Rn. 10; 2009, 340 Rn. 9; 2010, 99 Rn. 9; K. Schmidt InsO/Spliedt Rn. 7; HK-InsO/Haas Rn. 2; MüKoInsO/Huber Rn. 13; Uhlenbruck/Lüer/Streit Rn. 10).

3   Als Konsequenz steht dem Schuldner der **Besitz** an den Massegegenständen zu, womit er vom Insolvenzverwalter die **Herausgabe der Insolvenzmasse** verlangen kann. Der Herausgabeanspruch ist umfassend, sodass auch Nebenrechte wie etwa Auskunftsrechte, Einsichtsrechte oder Herausgabeansprüche in Bezug auf Unterlagen und Dokumente an den Schuldner übergehen (Uhlenbruck/Lüer/Streit Rn. 5).

4   Hat der Schuldner vor Aufhebung des Insolvenzverfahrens entgegen § 80 über Gegenstände aus der Insolvenzmasse verfügt, so werden diese Verfügungen mit Aufhebung des Verfahrens und

Wiedererlangung der Verfügungsbefugnis des Schuldners nach § 185 Abs. 2 BGB analog (ex nunc) wirksam, wenn keine Zwischenverfügung des Insolvenzverwalters vorliegt (hM Braun/Frank Rn. 4 mwN; eing. hierzu Uhlenbruck/Lüer/Streit Rn. 8). Verfügungen des Insolvenzverwalters behalten ihre Wirksamkeit. Dies gilt insbesondere auch dann, wenn sowohl der Insolvenzverwalter und gleichzeitig der Schuldner eine Verfügung über Gegenstände der Insolvenzmasse vor Aufhebung des Verfahrens getroffen haben. Hier wird die Unwirksamkeit der Verfügung des Schuldners gem. § 81 Abs. 1 nicht rückwirkend geheilt.

Der Schuldner erhält mit Aufhebung des Verfahrens auch seine **Prozessführungsbefugnis** 5 zurück, womit er unterbrochene Prozesse (§ 240), die nicht im Planverfahren vom Insolvenzverwalter aufgenommen worden, ohne eine gesonderte Aufnahme fortsetzen kann (MüKoInsO/Huber Rn. 15).

C. Planüberwachung (Abs. 2)

Abs. 2 trifft einen Vorbehalt zu Abs. 1 und ordnet an, dass die Vorschriften zur Planüberwachung 6 gem. §§ 260 ff. **unberührt bleiben**. Auch im Fall einer Planüberwachung erlangt der Schuldner die freie Verfügungsbefugnis und Prozessführungsbefugnis zurück (Nerlich/Römermann/Braun Rn. 6; Uhlenbruck/Lüer/Streit Rn. 14). Die §§ 260 ff. schränken die Verfügungsbefugnis des Schuldners jedoch ein. Von Bedeutung sind insbesondere § 261 sowie § 263. Hiernach bleiben die Ämter des Insolvenzverwalters und der Mitglieder des Gläubigerausschusses nebst ihrer jeweiligen Kompetenzen erhalten (§ 261 Abs. 1). Ferner sieht § 263 die Möglichkeit eines Zustimmungsvorbehalts des Insolvenzverwalters für bestimmte Rechtsgeschäfte des Schuldners vor.

D. Anfechtungsprozesse (Abs. 3)

Abs. 3 S. 1 eröffnet die Möglichkeit, dem Insolvenzverwalter im gestaltenden Teil des Insolvenz- 7 plans das Recht einzuräumen, anhängige Prozesse betreffend die Insolvenzanfechtung im Wege **gewillkürter Prozessstandschaft** fortzuführen (BGH NZI 2006, 100 (103); Andres/Leithaus/Andres Rn. 7; MüKoInsO/Huber Rn. 22; K. Schmidt InsO/Spliedt Rn. 11). Ausreichend ist dafür eine Planklausel, welche § 259 Abs. 3 für anwendbar erklärt (BGH ZInsO 2006, 38; 2008, 1017 (1019)).

Die Anfechtungsklage muss ferner rechtshängig sein. Soweit Abs. 3 einen „anhängigen Rechts- 8 streit" fordert, ist der Wortlaut der Norm missverständlich, da der Rechtsstreit erst ab Rechtshängigkeit der Klage anhängig ist (BGH NZI 2013, 489 Rn. 11; dazu HmbKommInsR/Thies Rn. 15). Ziel ist es, dem Anfechtungsgegner die **Prozessverschleppung** zu erschweren (BT-Drs. 12/2443, 214). Die Erhebung einer neuen Anfechtungsklage ist jedoch nicht möglich (BGH NZI 2013, 489; 2010, 99 ff.). In Abwesenheit einer entsprechenden Planregelung erfolgt die Prozessführung **auf Kosten des Schuldners** (S. 2). Spiegelbildlich steht dem Schuldner im Falle einer erfolgreichen Klage auch das Erlangte zu (HK-InsO/Haas Rn. 7; K. Schmidt InsO/Spliedt Rn. 11).

§ 259a Vollstreckungsschutz

(1) ¹Gefährden nach der Aufhebung des Verfahrens Zwangsvollstreckungen einzelner Insolvenzgläubiger, die ihre Forderungen bis zum Abstimmungstermin nicht angemeldet haben, die Durchführung des Insolvenzplans, kann das Insolvenzgericht auf Antrag des Schuldners eine Maßnahme der Zwangsvollstreckung ganz oder teilweise aufheben oder längstens für drei Jahre untersagen. ²Der Antrag ist nur zulässig, wenn der Schuldner die tatsächlichen Behauptungen, die die Gefährdung begründen, glaubhaft macht.

(2) Ist die Gefährdung glaubhaft gemacht, kann das Gericht die Zwangsvollstreckung auch einstweilen einstellen.

(3) Das Gericht hebt seinen Beschluss auf Antrag auf oder ändert ihn ab, wenn dies mit Rücksicht auf eine Änderung der Sachlage geboten ist.

Überblick

§ 259a ist durch das ESUG eingefügt worden und eröffnet die Möglichkeit, zum Zwecke einer erfolgreichen Sanierung auf Antrag (→ Rn. 6 ff.) des Schuldners Maßnahmen der Zwangsvollstre-

A. Normzweck

1 Mit der Einfügung des § 259a bringt der Gesetzgeber den Willen zum Ausdruck, Unternehmenssanierungen zu stärken und das Insolvenzplanverfahren als Restrukturierungsinstrument zu etablieren (vgl. Gesetzesbegr. BT-Drs. 17/5712, 37). Da die Vollstreckung von beträchtlichen Forderungen von Nachzüglern den Sanierungserfolg erheblich gefährden kann, bietet die Vorschrift nun **Schutz gegen nachträgliche Vollstreckungsmaßnahmen**. Damit wird Akkordstörern die Möglichkeit genommen, aus taktischen Gründen Forderungen nicht anzumelden und mittels nachträglicher Zwangsvollstreckung die Umsetzung des Plans zu gefährden (MüKoInsO/Madaus Rn. 1). Ergänzt wird die Vorschrift durch § 259b, der verkürzte Verjährungsfristen vorsieht. Mit der Einführung der Vorschriften durch das ESUG hat der Gesetzgeber die Vorschläge der Kommission für Insolvenzrecht aufgegriffen (BT-Drs. 17/5712, 37).

B. Aufhebung oder Untersagung der Zwangsvollstreckung (Abs. 1)

I. Erfasste Forderungen

2 Abs. 1 S. 1 eröffnet den Vollstreckungsschutz gegen Zwangsvollstreckungsmaßnahmen einzelner Insolvenzgläubiger, die ihre Forderung bis zum Abstimmungstermin nicht angemeldet haben. Der Vollstreckungsschutz richtet sich somit **gegen alle passiven Insolvenzgläubiger** (vgl. Gesetzbegr. BT-Drs. 17/5712, 37 „Gläubiger, die sich verschwiegen haben"). Dies bedeutet, dass selbst solche Insolvenzgläubiger, die ihre Forderung zwar nicht angemeldet haben, aber die dem Planersteller gleichwohl bekannt waren, vom Anwendungsbereich der Norm erfasst werden (K. Schmidt InsO/Spliedt Rn. 2; HmbKommInsR/Thies Rn. 2; aA MüKoInsO/Madaus Rn. 7). Sowohl der Wortlaut wie auch der auf die erfolgreiche Sanierung ausgerichtete Zweck der Norm sprechen für ein weites Verständnis der erfassten Forderungen.

3 In zeitlicher Hinsicht beschränkt Abs. 1 S. 1 den Anwendungsbereich des Vollstreckungsschutzes auf solche Forderungen, die **bis zum Abstimmungstermin** nicht angemeldet wurden. Gemeint ist damit der Zeitpunkt der letzten Änderungsmöglichkeit des Plans (dazu HmbKommInsR/Thies Rn. 3).

II. Gefährdung der Plandurchführung

4 Ein allgemeiner Vollstreckungsstopp war vom Gesetzgeber nicht gewollt, da er insbesondere bei geringeren Forderungen per se nicht gerechtfertigt schien (BT-Drs. 17/5712, 37). Daher verlangt Abs. 1 S. 1 als ausschlaggebendes Kriterium, dass die **Durchführung des Plans** durch die Zwangsvollstreckungsmaßnahmen **gefährdet** wird. Von einer Gefährdung soll nach der Gesetzesbegründung dann ausgegangen werden, wenn „beträchtliche Forderungen nach Abschluss des Verfahrens durchgesetzt werden sollen" (BT-Drs. 17/5712, 37). Der Verweis auf die Forderungshöhe ist allerdings nur exemplarisch zu verstehen, denn je nach Vermögenssituation eines schuldnerischen Unternehmens kann auch die Vollstreckung kleinerer Forderungen, die Vollstreckung in betriebsnotwendiges Vermögen oder die Sperrung von Konten die Unternehmensfortführung ernsthaft gefährden. Jedenfalls wird die Gefährdung der Plandurchführung stets am **Einzelfall** und anhand der konkreten Vermögenslage des Schuldners zu bewerten sein (K. Schmidt InsO/Spliedt Rn. 4; HmbKommInsR/Thies Rn. 5; Braun/Heinrich NZI 2011, 505 (512); differenzierend MüKoInsO/Madaus Rn. 10, der „kleinere Forderungen" ausnimmt).

5 Schutzrichtung der Norm ist die Durchführung des Insolvenzplans. Der Wortlaut des § 259a Abs. 1 S. 1 ist insofern nicht eindeutig. Denn erst aus der Gesetzesbegründung ergibt sich, dass mit der Durchführung des Plans nicht die Planerfüllung durch planmäßige Befriedigung der Insolvenzgläubiger gemeint ist, sondern nur die **Fortführung des Unternehmens** (BT-Drs. 17/5712, 37; HmbKommInsR/Thies Rn. 4; Uhlenbruck/Lüer/Streit Rn. 7; MüKoInsO/Madaus Rn. 9).

III. Verfahren

6 Ein Vollstreckungsstopp kraft Gesetzes war vom Gesetzgeber nicht gewollt, weshalb der Vollstreckungsschutz nur auf Antrag **gewährt** wird (BT-Drs. 17/5712, 37). Die Antragsbefugnis liegt allein beim **Schuldner,** da diesem nach Aufhebung des Insolvenzverfahrens die alleinige Verfügungsbefugnis über sein Vermögen zukommt.

Antragsgegner ist der jeweilige Insolvenzgläubiger. 7

Der Antrag ist beim Insolvenzgericht zu stellen, da dies über eine größere Sachnähe als das 8
Vollstreckungsgericht verfügt (BT-Drs. 17/5712, 37). Eine Antragsfrist ist nicht zu beachten. Der Antrag kann gestellt werden, wenn die Vollstreckung in das Schuldnervermögen droht (K. Schmidt InsO/Spliedt Rn. 5).

Ferner muss der Schuldner nach Abs. 1 S. 2 für die Zulässigkeit des Antrags die Tatsachen, 9
welche eine Gefährdung begründen, **glaubhaft machen** (§ 294 ZPO). Für die Begründetheit gilt nach Abs. 1 der Untersuchungsgrundsatz nach § 5 Abs. 1 (BT-Drs. 17/5712, 38; HmbKomm-InsR/Thies Rn. 10; K. Schmidt InsO/Spliedt Rn. 6).

IV. Gerichtliche Entscheidung

Das Gesetz räumt dem Insolvenzgericht **Ermessen** ein. Es kann je nach Gefährdung die 10
Vollstreckungsmaßnahme ganz oder teilweise aufheben oder die Zwangsvollstreckungsmaßnahme für bis zu drei Jahre untersagen. Liegen die Voraussetzungen des Abs. 2 vor, kann das Gericht die Vollstreckung auch im Wege des einstweiligen Rechtsschutzes einstellen. Bei seiner Entscheidung hat das Gericht die **Gläubigerinteressen** zu berücksichtigen. Diese würden dann überwiegen, wenn zu erwarten wäre, dass das sanierte Unternehmen die nachträglich geltend gemachten Forderungen nach Erfüllung des Insolvenzplans auch in Ratenzahlung aus den erwirtschafteten Erträgen nicht befriedigen könnte (BT-Drs. 17/5712, 38).

Das Gericht entscheidet durch **Beschluss,** gegen den gem. § 6 Abs. 1 kein Rechtsmittel besteht. 11

C. Einstweiliger Rechtsschutz (Abs. 2)

Nach Abs. 2 kann das Gericht nach erfolgter Glaubhaftmachung bis zur endgültigen Entschei- 12
dung die Zwangsvollstreckung bei **sofortigem Handlungsbedarf** auch **einstweilig einstellen.** Hierzu ist abweichend von Abs. 1 lediglich die Glaubhaftmachung der Gefährdung der Plandurchführung ausreichend. Eine Ermittlung von Amts wegen findet nicht statt (K. Schmidt InsO/Spliedt Rn. 9).

D. Änderung der Sachlage (Abs. 3)

Im Fall einer **veränderten Sachlage** können die **Beteiligten** nach Abs. 3 eine **nachträgliche** 13
Änderung oder Aufhebung des Beschlusses beantragen. Eine neue Sachlage ist insbesondere dann gegeben, wenn sich die Vermögenslage beim Schuldner (positiv oder negativ) verändert hat, sodass eine Vollstreckung wieder möglich ist oder aufgehoben werden muss.

§ 259b Besondere Verjährungsfrist

(1) Die Forderung eines Insolvenzgläubigers, die nicht bis zum Abstimmungstermin angemeldet worden ist, verjährt in einem Jahr.

(2) Die Verjährungsfrist beginnt, wenn die Forderung fällig und der Beschluss rechtskräftig ist, durch den der Insolvenzplan bestätigt wurde.

(3) Die Absätze 1 und 2 sind nur anzuwenden, wenn dadurch die Verjährung einer Forderung früher vollendet wird als bei Anwendung der ansonsten geltenden Verjährungsvorschriften.

(4) ¹Die Verjährung einer Forderung eines Insolvenzgläubigers ist gehemmt, solange wegen Vollstreckungsschutzes nach § 259a nicht vollstreckt werden darf. ²Die Hemmung endet drei Monate nach Beendigung des Vollstreckungsschutzes.

Überblick

Mit § 259b führt der Gesetzgeber eine besondere Verjährungsregel für Insolvenzforderungen ein (→ Rn. 1 ff.), die nicht bis zum Abstimmungstermin (→ Rn. 2) angemeldet worden sind. Hiernach verjähren Insolvenzforderungen maximal innerhalb eines Jahres. § 259b ist folglich **lex specialis** zu §§ 194 ff. BGB (→ Rn. 2).

A. Normzweck

1 Ebenso wie § 259a wird mit der gesonderten Verjährungsfrist für nachträglich geltend gemachte Forderungen der Zweck verfolgt, die Unternehmenssanierung zu gewährleisten. Hierdurch soll Planungssicherheit geschaffen, ob und welche weiteren Forderungen das schuldnerische Unternehmen noch zu befriedigen hat (BT-Drs. 17/5712, 38). Die Vorschrift ist durch das ESUG neu eingeführt worden und bringt die gesetzgeberische Intention zum Ausdruck, das Insolvenzplanverfahren als Restrukturierungsinstrument zu stärken.

B. Betroffene Forderungen (Abs. 1)

2 Für Gläubiger, die ihre Forderung nicht rechtzeitig bis zum Abstimmungstermin angemeldet haben, verjähren die Ansprüche nach Abs. 1 **maximal innerhalb eines Jahres**. Die Norm ist lex specialis zu den allgemeinen Verjährungsvorschriften (§§ 197, 199 Abs. 2 BGB) und gilt auch für öffentlich-rechtliche Forderungen (FG Köln ZInsO 2020, 1258 (1260) für Lohnsteuerforderungen bezüglich Zeiträumen vor Insolvenzeröffnung). Entsprechend der gesetzgeberischen Intention, abschließende Klarheit über den Umfang der Plananspüche zu schaffen, werden von der Verjährungsregelung sämtliche Insolvenzforderungen umfasst. Ob nach den allgemeinen Verjährungsvorschriften eine wesentlich längere Frist (zB § 197 BGB) Anwendung finden würde, die durch § 259b erheblich verkürzt wird, bleibt für den Anwendungsbereich der Norm außer Betracht (BT-Drs. 17/5712, 38).

3 Forderungen, die zwar nicht angemeldet wurden, jedoch dem Planersteller bekannt waren, fallen ebenfalls unter § 259b. Dies entspricht dem eindeutigen Wortlaut der Norm sowie dem verfolgten Schutzzweck (aA MüKoInsO/Madaus Rn. 5; zu dem Diskussionsstand bereits → § 259a Rn. 2).

C. Fristbeginn (Abs. 2)

4 Nach Abs. 2 soll die Frist erst beginnen, wenn die Forderung fällig (§ 271 BGB) und der Planbestätigungsbeschluss rechtskräftig ist. Beides muss kumulativ vorliegen (Uhlenbruck/Lüer/Streit Rn. 3). Es gilt nicht die Fälligkeitsfiktion des § 41 Abs. 1, da diese erst mit Feststellung zur Tabelle Wirkung entfaltet (HmbKommInsR/Thies Rn. 3; MüKoInsO/Madaus Rn. 8; K. Schmidt InsO/Spliedt Rn. 2).

D. Höchstfrist (Abs. 3)

5 Die besondere Verjährungsfrist ist eine **Höchstfrist** und hat keine fristverlängernde Wirkung zugunsten des Gläubigers (K. Schmidt InsO/Spliedt Rn. 3). Endet die Verjährungsfrist vor Ablauf eines Jahres, bleibt die kürzere Verjährungsfrist maßgeblich. § 259b findet somit nur Anwendung, wenn die Verjährung nach allgemeinen Vorschriften länger als ein Jahr ist.

E. Hemmung (Abs. 4)

6 Abs. 4 hemmt die Verjährung solcher Forderungen, deren Vollstreckung infolge des Vollstreckungsschutzes nach § 259a beschränkt wurde. Für die Dauer des Vollstreckungshindernisses nach § 259a ist die Verjährung gehemmt. Die Verjährungshemmung endet drei Monate nach Beendigung der Vollstreckungsschutzmaßnahme. Damit gewährt der Gesetzgeber den Insolvenzgläubigern in Anlehnung an § 204 Abs. 2 BGB eine zusätzliche Frist, damit diese nach Ende des Vollstreckungsschutzes ausreichend Zeit haben, ihren Anspruch durchzusetzen (BT-Drs. 17/5712, 38; krit. HmbKommInsR/Thies Rn. 4).

§ 260 Überwachung der Planerfüllung

(1) Im gestaltenden Teil des Insolvenzplans kann vorgesehen werden, daß die Erfüllung des Plans überwacht wird.

(2) Im Falle des Absatzes 1 wird nach der Aufhebung des Insolvenzverfahrens überwacht, ob die Ansprüche erfüllt werden, die den Gläubigern nach dem gestaltenden Teil gegen den Schuldner zustehen.

(3) Wenn dies im gestaltenden Teil vorgesehen ist, erstreckt sich die Überwachung auf die Erfüllung der Ansprüche, die den Gläubigern nach dem gestaltenden Teil gegen

eine juristische Person oder Gesellschaft ohne Rechtspersönlichkeit zustehen, die nach der Eröffnung des Insolvenzverfahrens gegründet worden ist, um das Unternehmen oder einen Betrieb des Schuldners zu übernehmen und weiterzuführen (Übernahmegesellschaft).

Überblick

§ 260 ermöglicht den Gläubigern im gestaltenden Teil des Insolvenzplans die **Überwachung des Schuldners oder der Übernahmegesellschaft** vorzusehen und hierdurch die Wirkungen der §§ 261–269 nutzbar zu machen. Die Planüberwachung ist **fakultativ** und soll primär den Gläubigern Schutz hinsichtlich der Umsetzung der Planerfüllung bieten (→ Rn. 1 ff.).

Die Planüberwachung ist als **eigenes Verfahren** nach der Aufhebung des Insolvenzverfahrens (Abs. 2) ausgestaltet und nicht Teil des Insolvenzverfahrens (näher dazu Uhlenbruck/Lüer/Streit Rn. 1), womit sie keinen Einfluss auf die Verfahrensaufhebung hat (→ Rn. 4 ff.). Durch die §§ 261 ff. werden die Grundsätze der Vorschrift konkretisiert. Praktische Relevanz hat die Planüberwachung insbesondere im Rahmen der Eigenverwaltung (Uhlenbruck/Lüer/Streit Rn. 1).

A. Normzweck

In Anlehnung an die §§ 90 ff. VerglO bezweckt die Vorschrift mit der Anordnung der Überwachung der Planerfüllung im gestaltenden Teil des Insolvenzplans den **Schutz der Insolvenzgläubiger.** Eine Überwachung verringert das Risiko, dass der Schuldner nach Aufhebung des Insolvenzverfahrens die wiedererlangte Verfügungsmacht zu eigenen Zwecken missbraucht und führt dazu, dass Zuwiderhandlungen frühzeitig aufgedeckt werden. Gleichzeitig dient die Planüberwachung auch den **Interessen des Schuldners,** indem gem. §§ 264–266 Anreize zur Gewährung von Sanierungskrediten geschaffen werden und generell die Akzeptanz der Gläubiger zu Sanierungsbeiträge erhöht wird (MüKoInsO/Stephan Rn. 2; K. Schmidt InsO/Spliedt Rn. 1; Uhlenbruck/Lüer/Streit Rn. 3).

1

B. Ausgestaltung der Planüberwachung (Abs. 1)

Nach Abs. 1 erfolgt nur dann eine Überwachung der Planerfüllung, wenn diese im gestaltenden Teil des Insolvenzplans vorgesehen ist. Mithin ist sie **fakultativ** und nicht obligatorisch. Die Planüberwachung beginnt mit der rechtskräftigen Aufhebung des Insolvenzverfahrens. Beschränkungen hinsichtlich der Art des Plans nennt § 260 für die Planerfüllung nicht, sodass die Planüberwachung sowohl für Sanierungspläne wie auch für Liquidationspläne vorgesehen werden kann (hM Braun/Frank Rn. 1 mwN; K. Schmidt InsO/Spliedt Rn. 2).

2

Aus der **Vertrags- und Gestaltungsfreiheit** der Beteiligten ergibt sich, dass im gestaltenden Teil des Insolvenzplans andere Formen der Überwachung geregelt werden können. **Schuldnerbegünstigende** Abweichungen vom Regelungsgehalt der §§ 261 ff. sind stets zulässig. So kann beispielsweise die Überwachung auf einzelne Ansprüche beschränkt werden (Nerlich/Römermann/Braun Rn. 3). Sieht der Plan hingegen eine **Verschärfung der Planüberwachung** zulasten des Schuldners vor, also insbesondere eine Erweiterung der Kontrollrechte gem. § 261, ist dies nur bei Zustimmung des Schuldners zulässig (Braun/Frank Rn. 1; HmbKommInsR/Thies Rn. 4; aA Uhlenbruck/Lüer/Streit Rn. 8). Für die Zustimmung ist § 247 maßgebend (so wohl auch Nerlich/Römermann/Braun Rn. 3; aA K. Schmidt InsO/Spliedt Rn. 3 der eine gesonderte Zustimmung fordert). Ein weiteres Widerspruchsrecht zugunsten des Schuldners, das zusätzlich zu § 247 greift, ist nicht erforderlich, da der Schuldner bereits im Abstimmungstermin widersprechen kann und die Planregelungen durch das Insolvenzgericht geprüft und bestätigt wurden (Nerlich/Römermann/Braun Rn. 3; aA MüKoInsO/Stephan Rn. 13). Nicht dispositiv ist jedoch der Umfang der zustimmungsbedürftigen Geschäfte gem. § 263, die Bekanntmachungspflicht gem. § 267 sowie die dreijährige Dauer der Überwachung gem. § 268. Möglich ist hingegen, die Planüberwachung einem Sachwalter zu übertragen.

3

C. Gegenstand und Durchführung der Planüberwachung (Abs. 2)

Gegenstand der Überwachung ist die **Erfüllung der Ansprüche,** die zugunsten der Gläubiger im gestaltenden Teil des Plans festgelegt wurden. Da es Ziel eines Insolvenzplans ist, sämtliche Verpflichtungen zu erfüllen, muss dies auch im Rahmen der Planüberwachung sichergestellt werden können. Insofern unterliegen nicht nur die Zahlungsansprüche der Insolvenzgläubiger der

4

Planüberwachung, sondern **alle sonstigen im Plan geregelten Ansprüche**. Dazu zählen auch die Ansprüche von absonderungsberechtigten Gläubigern (K. Schmidt InsO/Spliedt Rn. 6). Ansprüche gegen Dritte, wie etwa **Plangaranten,** unterliegen hingegen nicht der Überwachung (MüKoInsO/Stephan Rn. 15; Uhlenbruck/Lüer/Streit Rn. 7).

5   Für die Überwachung ist grundsätzlich der **Insolvenzverwalter** zuständig. Sein Amt besteht bis zur Aufhebung der Überwachung insoweit fort (§ 261 Abs. 1). Der Verwalter unterliegt weiterhin der Aufsicht durch das Insolvenzgericht und der Haftung nach § 60 (Nerlich/Römermann/Braun Rn. 3). Ebenso bleiben die Mitglieder des Gläubigerausschusses im Amt, falls ein solcher vorher bestanden hatte (§ 261 Abs. 1).

D. Übernahmegesellschaft (Abs. 3)

6   Abs. 3 erweitert die Überwachung der Erfüllung von Ansprüchen gegen **die Übernahmegesellschaft.** Damit bezieht Abs. 3 auch **Dritte** in die Planüberwachung ein und stellt eine Ausnahme von dem Grundsatz dar, wonach die Planüberwachung auf die Ansprüche der Gläubiger gegen den Schuldner begrenzt ist. Der Begriff der Übernahmegesellschaft ist in Abs. 3 legaldefiniert und betrifft den Fall, dass das schuldnerische Unternehmen im Wege einer **übertragenden Sanierung** durch eine neu gegründete Gesellschaft (in der Regel eine GmbH) fortgeführt wird. Die Neugründung muss dabei gem. Abs. 3 nach Verfahrenseröffnung erfolgen und allein dem Zweck der Übernahme und Fortführung des Schuldners dienen. Durch die Einbindung der Übernahmegesellschaft in die Planüberwachung soll verhindert werden, dass die Planüberwachung im Wege einer Unternehmensübertragung ausgehebelt wird (Braun/Frank Rn. 7; K. Schmidt InsO/Spliedt Rn. 7). Vor diesem Hintergrund ist ein weites Verständnis der Gesellschaften, die als Übernahmegesellschaft gelten, gerechtfertigt. Daher sind **Vorratsgesellschaften** als Übernahmegesellschaft anzusehen (K. Schmidt InsO/Spliedt Rn. 7; Uhlenbruck/Lüer/Streit Rn. 14; Braun/Frank Rn. 7; aA MüKoInsO/Stephan Rn. 18) wie auch ausländische Gesellschaftsformen (dazu eing. Uhlenbruck/Lüer/Streit Rn. 13).

§ 261 Aufgaben und Befugnisse des Insolvenzverwalters

(1) ¹Die Überwachung ist Aufgabe des Insolvenzverwalters. ²Die Ämter des Verwalters und der Mitglieder des Gläubigerausschusses und die Aufsicht des Insolvenzgerichts bestehen insoweit fort. ³§ 22 Abs. 3 gilt entsprechend.

(2) ¹Während der Zeit der Überwachung hat der Verwalter dem Gläubigerausschuß, wenn ein solcher bestellt ist, und dem Gericht jährlich über den jeweiligen Stand und die weiteren Aussichten der Erfüllung des Insolvenzplans zu berichten. ²Unberührt bleibt das Recht des Gläubigerausschusses und des Gerichts, jederzeit einzelne Auskünfte oder einen Zwischenbericht zu verlangen.

Überblick

Entsprechend der Überschrift der Norm regelt § 261, welche Aufgaben und Befugnisse dem Insolvenzverwalter im Rahmen der Planüberwachung zukommen. Sein Amt besteht zum Zwecke der Planüberwachung auch nach Aufhebung des Insolvenzverfahrens fort. Die Aufgabe des Insolvenzverwalters besteht gem. Abs. 2 in einer Auskunfts- und Berichtspflicht gegenüber dem Gläubigerausschuss und dem Insolvenzgericht (→ Rn. 2 ff.). Dementsprechend ordnet die Vorschrift auch die **Fortgeltung der Ämter** des Gläubigerausschusses an sowie die Aufsicht des Insolvenzgerichts (→ Rn. 7 ff.).

A. Normzweck

1   Indem der Gesetzgeber die Überwachung des Plans in die Hände des Insolvenzverwalters legt, soll eine möglichst effektive Planüberwachung gewährleistet werden. Der Insolvenzverwalter hat den Plan in der Regel selbst ausgearbeitet oder ist zumindest über dessen Inhalt konkret informiert. Damit ist er am ehesten geeignet, die Erfüllung des Plans in seinen Einzelheiten zu überwachen (BT-Drs. 12/2443, 215). Seine Aufgaben sind zunächst nur auf die Auskunfts- und Berichtspflichten beschränkt. Eingriffe in Maßnahmen der Geschäftsführung des Unternehmens kommen ihm nur noch iRd §§ 263, 264 zu. Durch die regelmäßigen Berichte des Verwalters soll den Gläubigern die Möglichkeit geschaffen werden, sich umfassend über die Lage des Unternehmens und den

Stand der Planerfüllung zu informieren. Gläubiger können so frühzeitig Maßnahmen ergreifen, um ihre Rechte zu wahren und insbesondere wiederauflebende Forderungen gem. §§ 255, 256 geltend machen oder die Zwangsvollstreckung gem. § 257 betreiben (Uhlenbruck/Lüer/Streit Rn. 2).

B. Planüberwachung durch den Insolvenzverwalter

§ 261 Abs. 1 weist die Planüberwachung grundsätzlich dem **Insolvenzverwalter** zu (ergänzend → Rn. 5.1). Seine Aufgaben sind klar in §§ 261 Abs. 2, 262 festgelegt und bestehen in **Berichtspflichten** hinsichtlich der Planerfüllung. Zum Schutz der Gläubiger hat der Verwalter Risiken und Probleme der Planerfüllung zu identifizieren und sowohl dem Gericht wie auch dem Gläubigerausschuss zu berichten. Der Insolvenzverwalter ist hierbei verpflichtet, sich selbst ein eigenes Bild von den **Aussichten der Planerfüllung** zu machen. Dies bedeutet, dass er sich nicht auf die vom Schuldner bereitgestellten Angaben und Informationen verlassen darf, sondern den Stand und die Aussichten der Planerfüllung selbst zu überprüfen hat. Der Insolvenzverwalter hat folglich die Vermögenslage, Finanzlage und Ertragslage des Schuldners bzw. der Übernahmegesellschaft **selbst zu kontrollieren und zu bewerten** (eing. hierzu Uhlenbruck/Lüer/Streit Rn. 7). Wie umfassend die Überprüfung konkret zu erfolgen hat, hängt dabei vom Einzelfall ab (K. Schmidt InsO/Spliedt Rn. 3; Uhlenbruck/Lüer/Streit Rn. 4).

Die aus der Planüberwachung gewonnenen Erkenntnisse hat der Insolvenzverwalter dem Insolvenzgericht und – sofern vorhanden – dem Gläubigerausschuss **unaufgefordert jährlich zu berichten** (Abs. 2 S. 1). Zusätzliche und weitergehende Auskünfte bzw. **unterjährige Berichte** können vom Gericht und dem Gläubigerausschuss gem. Abs. 2 S. 2 verlangt werden. Dem Insolvenzverwalter ist allerdings eine angemessene Frist zur Bereitstellung der Zwischenberichte und Beantwortung von Einzelfragen zu gewähren, da eine Planüberwachung vorbehaltlich der Anzeigepflicht gem. § 262 von ihm grundsätzlich nicht verlangt, ständig umfassend von der wirtschaftlichen Situation des Schuldners informiert zu sein (Uhlenbruck/Lüer/Streit Rn. 10).

Um sich die nötigen Informationen zu beschaffen, gibt der Gesetzgeber dem Insolvenzverwalter gem. Abs. 1 S. 3 iVm § 22 Abs. 3 die Instrumente der §§ 97 ff., 101 Abs. 1 S. 1, 2, Abs. 2 an die Hand. Zwangsmaßnahmen können nur vom Insolvenzgericht gem. § 98 angeordnet werden.

Kommt der Insolvenzverwalter seinen Auskunfts- und Prüfungspflichten nicht ordnungsgemäß nach, **haftet** er gem. § 60 (→ Rn. 5.1).

In der Praxis erscheint es ratsam, in den Plan konkrete Regelungen zum Prüfungsumfang des Insolvenzverwalters aufzunehmen. So wird oftmals für den Fall unterjähriger Auskunftsverlange eine Frist zur Abgabe des Berichts vorgesehen (Uhlenbruck/Lüer/Streit Rn. 10). Ebenso kann geregelt werden, welche betriebswirtschaftlichen Kontrollinstrumente in der Buchhaltung des Schuldners bereitgestellt werden müssen. Auch ist die Erteilung von Auskunftsvollmachten sinnvoll (HmbKommInsR/Thies Rn. 3).

C. Planüberwachung durch Dritte

Die Überwachung des Plans kann auch **anderen Personen** übertragen werden. In diesem Fall müssen die Rechte und Pflichten des Planüberwachers konkret im gestaltenden Teil des Plans niedergelegt werden. Die gesetzlichen Befugnisse der §§ 261 ff. gelten nur für den Insolvenzverwalter. Spiegelbildlich trifft den Dritten nicht die Haftung nach § 60, sondern er ist nach allgemeinen Regeln in Anspruch zu nehmen (MüKoInsO/Stephan Rn. 10 ff.; HmbKommInsR/Thies Rn. 5; Braun/Frank Rn. 1; aA K. Schmidt InsO/Spliedt Rn. 1). Wird hingegen der **Sachwalter** im Rahmen der Eigenverwaltung mit der Planüberwachung beauftragt, richtet sich dies nach § 284 Abs. 2, sodass die Regelungen der §§ 261 ff. auch für ihn gelten (MüKoInsO/Stephan Rn. 13).

D. Fortbestehen weiterer Ämter

§ 261 Abs. 1 S. 2 ordnet das Fortbestehen des **Gläubigerausschusses** an, sofern ein solcher zuvor bestellt worden ist. Seine Aufgaben richten sich nach § 269, wonach er den Insolvenzverwalter zu unterstützen und zu beraten hat. Im Übrigen hat der Gläubigerausschuss die Berichte und Informationen des Verwalters entgegenzunehmen (HmbKommInsR/Thies Rn. 6).

Das **Insolvenzgericht** übt weiterhin die Aufsicht über den Insolvenzverwalter und den Gläubigerausschuss aus (Abs. 2 S. 2). Wird ein Dritter als Planüberwacher bestellt, kommt dem Gericht keine Aufsichtsfunktion zu (Braun/Frank Rn. 4).

InsO § 262

§ 262 Anzeigepflicht des Insolvenzverwalters

¹Stellt der Insolvenzverwalter fest, dass Ansprüche, deren Erfüllung überwacht wird, nicht erfüllt werden oder nicht erfüllt werden können, so hat er dies unverzüglich dem Gläubigerausschuss und dem Insolvenzgericht anzuzeigen. ²Ist ein Gläubigerausschuss nicht bestellt, so hat der Verwalter an dessen Stelle alle Gläubiger zu unterrichten, denen nach dem gestaltenden Teil des Insolvenzplans Ansprüche gegen den Schuldner oder die Übernahmegesellschaft zustehen.

Überblick

Die Vorschrift ergänzt § 261 und stellt für den Insolvenzverwalter im Rahmen der Planüberwachung eine besondere Anzeigepflicht auf (→ Rn. 2). Hiernach muss der Verwalter neben den turnusmäßigen Berichten gem. § 261 dem Gericht und dem Gläubigerausschuss **jederzeit** berichten (→ Rn. 3 ff.), wenn die **Nichterfüllung oder die Nichterfüllbarkeit des Plans** festgestellt wird.

A. Normzweck

1 § 262 normiert eine zusätzliche Mitteilungspflicht des Verwalters und soll im Zusammenspiel mit § 261 den **Interessen der Gläubiger** an einer plangemäßen Erfüllung ihrer Ansprüche dienen. Durch die unmittelbare Anzeige einer eingetretenen oder absehbaren Nichterfüllung des Plans sollen die Gläubiger in die Lage versetzt werden, frühzeitig hierauf zu reagieren und ihre Rechte zu wahren.

B. Anzeigepflicht

2 § 262 S. 2 ordnet die Berichtspflicht für die bereits eingetretene sowie für die drohende Nichterfüllung des Plans an. Die Anzeigepflicht ist eng zu verstehen und umfasst jede Nichterfüllung der Gläubigeransprüche bei Fälligkeit. Umfang und Grund der Nichterfüllung sind dabei unbeachtlich. Somit entsteht für den Insolvenzverwalter bereits dann eine Anzeigepflicht, wenn nur **ein einziger fälliger Anspruch** nicht entsprechend des Plans erfüllt wird (MüKoInsO/Stephan Rn. 3; Uhlenbruck/Lüer/Streit Rn. 3).

3 Stellt der Insolvenzverwalter im Wege einer **Prognose** fest, dass einzelne oder mehrere Ansprüche in der Zukunft nicht erfüllt werden können, muss er dies ebenfalls berichten. Erlangt der Insolvenzverwalter davon Kenntnis, dass die zur Erfüllung des Plans benötigten Mittel mit hinreichender Wahrscheinlichkeit nicht vorhanden sind und auch nicht erwirtschaftet werden können, hat er das Gericht und den Gläubigerausschuss darüber zu unterrichten (MüKoInsO/Stephan Rn. 5; HmbKommInsR/Thies Rn. 3). Wenngleich die Anzeige gem. § 262 S. 1 **unverzüglich**, also ohne schuldhaftes Zögern ab positiver Kenntnis, zu erfolgen hat, wird man dem Insolvenzverwalter bei einer Prognoseentscheidung einen ausreichenden Prüfungszeitraum gewähren müssen. Denn eine fehlerhafte Prognose kann dazu führen, dass die Sanierung des Unternehmens vorschnell und unbegründet durch Verwertungsmaßnahmen der Gläubiger gefährdet wird (MüKoInsO/Stephan Rn. 5; Uhlenbruck/Lüer/Streit Rn. 3).

4 Die **Form** der Anzeige ist frei, sodass sie auch mündlich abgegeben werden kann (Braun/Frank Rn. 3).

5 **Adressaten** sind gem. § 262 S. 1 das **Insolvenzgericht** und der **Gläubigerausschuss**. Ist kein Gläubigerausschuss bestellt, sind gem. S. 2 **alle Gläubiger** zu informieren, denen nach dem Plan Ansprüche gegen den Schuldner oder der Übernahmegesellschaft zustehen. Dies umfasst auch solche Gläubiger, deren Ansprüche durch die Nichterfüllung nicht betroffen sind, da die Vorschrift das allgemeine Informationsinteresse der Gläubiger schützt (Braun/Frank Rn. 5).

6 Die Anzeige löst für die Gläubiger keine Rechtsfolgen aus, sondern hat rein **informativen Charakter** (MüKoInsO/Stephan Rn. 10). Für den Insolvenzverwalter ist die unterlassene oder fehlerhafte Anzeigepflicht mit erheblichen **Haftungsrisiken** gem. § 60 verbunden (→ Rn. 6.1).

6.1 Zur Vermeidung der Haftungsrisiken wird in der Praxis die Kontrolldichte sowie die Frist für Prognoseentscheidungen im gestaltenden Teil des Plans festgelegt (dazu FK-InsO/Jaffé Rn. 7 f.).

§ 263 Zustimmungsbedürftige Geschäfte

¹Im gestaltenden Teil des Insolvenzplans kann vorgesehen werden, daß bestimmte Rechtsgeschäfte des Schuldners oder der Übernahmegesellschaft während der Zeit der Überwachung nur wirksam sind, wenn der Insolvenzverwalter ihnen zustimmt. ²§ 81 Abs. 1 und § 82 gelten entsprechend.

Überblick

Nach § 263 besteht zugunsten der Gläubiger die Möglichkeit, mittels entsprechender Regelung im Plan bestimmte Rechtsgeschäfte des Schuldners oder der Übernahmegesellschaft einem **Zustimmungsvorbehalt** (→ Rn. 2 ff.) des Insolvenzverwalters zu unterstellen.

A. Normzweck

Durch die Möglichkeit eines Zustimmungsvorbehalts soll zugunsten der Gläubiger die Insolvenzmasse erhalten bleiben. Da der Schuldner infolge der Aufhebung des Insolvenzverfahrens gem. § 259 Abs. 1 S. 2 die uneingeschränkte Verfügungsmacht über seine Vermögensgegenstände wiedererlangt, soll durch § 263 dem **Risiko vorgebeugt** werden, dass der Schuldner oder die Übernahmegesellschaft durch risikoreiche oder wirtschaftlich bedeutsame Geschäfte die Haftungsmasse schmälert und hierdurch eine Planerfüllung gefährdet (BT-Drs. 12/2443, 216). Damit dient die Vorschrift ebenso wie die §§ 260–262 der Sicherung der Planerfüllung. 1

B. Zustimmungsvorbehalt

Nach § 263 kann die Wirksamkeit bestimmter Rechtsgeschäfte von der Zustimmung des Insolvenzverwalters abhängig gemacht werden. Einschränkungen hinsichtlich der Art der Rechtsgeschäfte trifft § 263 nicht, sodass grundsätzlich **jegliche Verpflichtungs- und Verfügungsgeschäfte** des Schuldners bzw. der Übernahmegesellschaft einem Zustimmungsvorbehalt unterstellt werden können. Faktisches Handeln des Schuldners kann nicht eingeschränkt werden. 2

Hinsichtlich des Umfangs des Zustimmungsvorbehalts trifft § 263 Einschränkungen und lässt diesen nur für „bestimmte" Rechtsgeschäfte zu. Daraus ergibt sich, dass ein genereller Zustimmungsvorbehalt für alle Rechtsgeschäfte nicht im Plan vorgesehen werden kann (dazu Uhlenbruck/Lüer/Streit Rn. 2 mwN). Vielmehr müssen die zustimmungsbedürftigen Rechtsgeschäfte im Plan **hinreichend konkretisiert** werden müssen (MüKoInsO/Stephan Rn. 5). Entsprechend der gesetzgeberischen Intention sollen nur Rechtsgeschäfte mit einer bedeutenden wirtschaftlichen Tragweite oder einem wesentlichen Risikopotential einem Zustimmungsvorbehalt unterstellt werden (MüKoInsO/Stephan Rn. 5). 3

Zum Schutze des Rechtsverkehrs sind alle Rechtsgeschäfte, welche von der Zustimmung des Insolvenzverwalters abhängig sind, nach § 267 Abs. 2 Nr. 2 **öffentlich bekannt zu machen**. 4

C. Zustimmung

Die Zustimmung des Insolvenzverwalters richtet sich nach den §§ 182 ff. BGB (vgl. MüKoInsO/Stephan Rn. 6; Uhlenbruck/Lüer/Streit Rn. 3). Infolgedessen kann der Insolvenzverwalter vorher einwilligen (§ 183 S. 1 BGB) oder das Rechtsgeschäft nachträglich genehmigen (§ 184 S. 1 BGB). Die Zustimmungserklärung bedarf **keiner Form** nach § 182 Abs. 2 BGB. Sie kann also jederzeit auch mündlich gegenüber dem Schuldner erklärt werden. 5

Als Teil seiner Überwachungspflicht hat der Insolvenzverwalter vor Erteilung der Zustimmung, die **Notwendigkeit und die Zweckmäßigkeit** eines Rechtsgeschäfts zu prüfen und diese zu verweigern, wenn sie die ordnungsgemäße Planumsetzung gefährden würde (MüKoInsO/Stephan Rn. 6). 6

D. Rechtsfolgen

Die Rechtsfolge bei fehlender Zustimmung des Verwalters richtet sich ebenso nach den Vorschriften der §§ 182 ff. BGB. Ein Rechtsgeschäft ohne Einwilligung ist demzufolge zunächst schwebend unwirksam und wird bei unterlassener Genehmigung absolut **unwirksam**. Dies ergibt sich auch aus der Verweisung auf §§ 81 Abs. 1, 82. Umgekehrt werden Verfügungs- und Verpflichtungsgeschäfte rückwirkend wirksam (§ 184 Abs. 1 BGB), wenn der Verwalter das Rechtsgeschäft nachträglich genehmigt (§ 185 Abs. 2 BGB). 7

Freund/Stadler

§ 264 Kreditrahmen

(1) ¹Im gestaltenden Teil des Insolvenzplans kann vorgesehen werden, daß die Insolvenzgläubiger nachrangig sind gegenüber Gläubigern mit Forderungen aus Darlehen und sonstigen Krediten, die der Schuldner oder die Übernahmegesellschaft während der Zeit der Überwachung aufnimmt oder die ein Massegläubiger in die Zeit der Überwachung hinein stehen lässt. ²In diesem Fall ist zugleich ein Gesamtbetrag für derartige Kredite festzulegen (Kreditrahmen). ³Dieser darf den Wert der Vermögensgegenstände nicht übersteigen, die in der Vermögensübersicht des Plans (§ 229 Satz 1) aufgeführt sind.

(2) Der Nachrang der Insolvenzgläubiger gemäß Absatz 1 besteht nur gegenüber Gläubigern, mit denen vereinbart wird, dass und in welcher Höhe der von ihnen gewährte Kredit nach Hauptforderung, Zinsen und Kosten innerhalb des Kreditrahmens liegt, und gegenüber denen der Insolvenzverwalter diese Vereinbarung schriftlich bestätigt.

(3) § 39 Abs. 1 Nr. 5 bleibt unberührt.

Überblick

§ 264 ordnet zusammen mit den §§ 265 und 266 die **Vorrangigkeit von Kreditforderungen** an, die während der Planüberwachung begründet werden. Dieses Privileg gilt allerdings nur innerhalb eines festzulegenden Rahmens und unter bestimmten Voraussetzungen (→ Rn. 2 ff.), die durch § 264 aufgestellt werden.

A. Normzweck

1 Der Gesetzgeber hat erkannt, dass der Erfolg einer Unternehmenssanierung insbesondere ab dem Zeitraum nach Verfahrensaufhebung von der Gewährung von Krediten abhängig ist. Um Liquiditätsengpässe in der „schwierigen Anlaufzeit" kurzfristig überbrücken zu können, bedarf es oftmals der Bereitstellung von Fremdkapital (BT-Drs. 12/2443, 216). Die §§ 264 ff. schaffen Anreize zur Finanzierung des Sanierungsplans, denn sie bestimmen die Vorrangigkeit von Krediten, die während der Planüberwachung gewährt oder prolongiert werden. Das Ausfallrisiko ist so infolge der **Privilegierung** für die Kreditgeber deutlich gemindert. Die Gewährung vorrangiger Befriedigung wird in dieser Situation auch die einzige Möglichkeit zur Gewinnung von Kreditgebern sein, wenn man berücksichtigt, dass es nach Aufhebung des Insolvenzverfahrens regelmäßig an frei verfügbaren und werthaltigen Vermögensgegenständen mangelt, die als Kreditsicherheit dienen könnten (HmbKommInsR/Thies Rn. 1).

B. Kreditrahmen (Abs. 1)

I. Planvoraussetzungen

2 Grundvoraussetzung ist zunächst, dass neben der Planüberwachung durch den Insolvenzverwalter eine weitere **Regelung im gestaltenden Teil des Plans** aufgenommen wurde, wonach der Vorrang von Kreditforderungen iSv § 264 vorgesehen wird.

3 § 264 Abs. 1 S. 2 verlangt ferner die Festlegung eines Kreditrahmens für Kredite, die rangprivilegiert werden sollen. Somit muss der **exakte Gesamtbetrag** solcher Kredite im Plan aufgenommen werden.

4 Die Höhe des Gesamtbetrags wird durch Abs. 1 S. 3 limitiert. Der **Höchstbetrag** ist danach auf den Wert der Vermögensgegenstände des Schuldners beschränkt. Dieser ergibt sich aus Vermögensübersicht des Plans gem. § 229 S. 1. Andere Maßstäbe zur Bezifferung des Höchstbetrags dürfen aufgrund des klaren Wortlauts der Norm nicht herangezogen werden (K. Schmidt InsO/Spliedt § 266 Rn. 3). Der maximale Kreditrahmen bestimmt sich daher allein anhand der **Summe der Aktiva** des Unternehmens (Uhlenbruck/Lüer/Streit Rn. 13). Durch die Limitierung der zu privilegierenden Forderungen sollen die nachrangigen Gläubiger vor einer Verwässerung ihrer Forderungen durch übermäßige Kreditaufnahme geschützt werden (K. Schmidt InsO/Spliedt § 266 Rn. 2). Die **Höhe des festgelegten Kreditrahmens ist strikt** zu verstehen. Der Betrag muss nicht nur die Vorrangkredite umfassen, sondern auch sämtliche Nebenforderungen (K. Schmidt InsO/Spliedt § 266 Rn. 4).

Es steht den Beteiligten allerdings frei, die **Vorrangigkeit restriktiver** zu regeln und auf 5
bestimmte Kreditgeber oder bestimmte Kreditarten zu beschränken (Uhlenbruck/Lüer/Streit
Rn. 12; K. Schmidt InsO/Spliedt § 266 Rn. 4).

II. Darlehen und sonstige Kredite

Vorrangregelungen können im Plan für **Darlehen und sonstige Kredite** getroffen werden, 6
die während der Planüberwachung dem Schuldner oder der Übernahmegesellschaft gewährt werden. Damit sind alle Finanzierungsformen zu verstehen, die rechtlich als **Fremdkapital** einzuordnen sind. Hierzu zählen alle Darlehensformen iSv § 607 BGB aber auch andere Kredite wie etwa Lieferantenkredite oder Kredite von Warenkreditversicherern (umfassend hierzu Uhlenbruck/Lüer/Streit Rn. 3 ff.; K. Schmidt InsO/Spliedt § 266 Rn. 5).

Eine Vorrangigkeit kann gem. § 264 Abs. 3 im Plan aber **nicht** für Kredite vorgesehen werden, 7
die unter den Anwendungsbereich von § 39 Abs. 1 Nr. 5 fallen. Damit sind Gesellschafterdarlehen stets nachrangig, sofern sie nicht unter § 39 Abs. 4, 5 fallen (K. Schmidt InsO/Spliedt § 266 Rn. 11).

III. Zeitpunkt der Kreditgewährung

In zeitlicher Hinsichtlich kann ein Rangvorrang zunächst nur solche Kredite im Plan vereinbart 8
werden, die **während der Planüberwachung** von den Kreditgebern gewährt wurden. Kredite, die nach Beendigung der Planüberwachung aufgenommen werden, sind nicht gem. § 264 Abs. 1 privilegierungsfähig. Abzustellen ist dabei nicht auf den Zeitpunkt der tatsächlichen Inanspruchnahme, sondern auf den Zeitpunkt, in dem der Schuldner oder die Übernahmegesellschaft den Kredit vorbehaltlos in Anspruch nehmen darf (Uhlenbruck/Lüer/Streit Rn. 10; Nerlich/Römermann/Braun Rn. 3). Die Wirkung der Rangprivilegierung dauert nur während des Zeitraums der Planüberwachung an, also gem. § 268 Abs. 1 Nr. 2 maximal drei Jahre.

Kredite von Massegläubigern, die **vor der Planüberwachung** gewährt wurden und von den 9
Gläubigern in die Überwachungszeit hinein stehen gelassen worden sind, sind Neukrediten iSv § 264 Abs. 1 gleichzustellen und ebenfalls kreditrahmenfähig.

C. Einbeziehung (Abs. 2)

Die Festlegung eines Kreditrahmens im gestaltenden Teil des Insolvenzplans bewirkt noch keine 10
Vorrangigkeit der konkreten Gläubigerforderung. Dazu bedarf es einer **separaten Einbeziehungsvereinbarung** zwischen dem Schuldner (bzw. der Übernahmegesellschaft) und dem Kreditgeber. Eine solche Vereinbarung kann infolge der Privatautonomie grundsätzlich **jederzeit** zwischen den Parteien getroffen werden (K. Schmidt InsO/Spliedt § 266 Rn. 9; HmbKommInsR/Thies Rn. 6; Nerlich/Römermann/Braun Rn. 7; aA Uhlenbruck/Lüer/Streit Rn. 18, der einen Vertragsschluss vor Kreditvertragsabschluss sowie nach Auszahlung der Darlehen ablehnt), sollte jedoch der Klarheit halber mit Abschluss des Darlehensvertrags getroffen werden.

Auch für **stehen gelassene Masseansprüche** ist eine Einbeziehungsvereinbarung erforderlich, 11
da diese nicht automatisch dem Privileg des § 264 Abs. 1 unterfallen sollen (Uhlenbruck/Lüer/Streit Rn. 18; aA K. Schmidt InsO/Spliedt § 266 Rn. 9).

§ 264 stellt keine Formerfordernisse hinsichtlich der Einbeziehungsvereinbarung auf. Gleich- 12
wohl sollte die Einbeziehungsvereinbarung zu Beweiszwecken **schriftlich** geschlossen werden (Uhlenbruck/Lüer/Streit Rn. 19). Zudem ist die Höhe der einbezogenen Forderungen konkret zu bezeichnen und der **Höchstbetrag** unter Berücksichtigung aller Haupt- und Nebenforderungen eindeutig zu beziffern (K. Schmidt InsO/Spliedt § 266 Rn. 9).

Die Einbeziehungsvereinbarung bedarf weiterhin der **schriftlichen Bestätigung des Insol-** 13
venzverwalters. Er hat dabei zu **überprüfen**, ob die formalen Anforderungen der Einbeziehung gem. § 264 Abs. 2 gewahrt sind und ob der Kreditrahmen zur Einbeziehung der konkreten Forderung ausreicht. Zur weitergehenden Prüfung ist der Insolvenzverwalter weder verpflichtet noch berechtigt (Braun/Frank Rn. 9 mwN). Bestätigt der Insolvenzverwalter die Einbeziehungsvereinbarung, obwohl der Höchstbetrag den Kreditrahmen verletzt, ist diese Bestätigung **unwirksam**. Die Bestätigung wird nicht auf den noch mit dem Kreditrahmen zu vereinbaren Teil der Kreditgeberforderung reduziert. Aufgrund fehlender Bestätigung sind die Kreditgeberforderungen nicht privilegiert (aA wohl MüKoInsO/Drukarczyk Rn. 8).

D. Rechtsfolgen

14 Die Rechtsfolgen einer Privilegierung von Kreditgläubigern in Plan wirken erst im Rahmen **eines neuen Insolvenzverfahrens** gegenüber den Insolvenzgläubigern aus dem ursprünglichen Insolvenzverfahrens. Ergänzt werden die Rechtsfolgen durch die §§ 265 und 266. Privilegierte Gläubiger stehen untereinander gleichrangig gegenüber (Uhlenbruck/Lüer/Streit Rn. 31).

15 Wird im Insolvenzplan der Kreditrahmen in **unzulässiger Höhe** festgelegt, ist der Plan iSv § 250 Nr. 1 inhaltlich fehlerhaft, sodass das Insolvenzgericht die Bestätigung zu versagen hat. Ergeht gleichwohl ein Bestätigungsbeschluss, heilt dieser den Mangel nicht, sodass kein wirksamer Kreditrahmen besteht (HmbKommInsR/Thies Rn. 10; Uhlenbruck/Lüer/Streit Rn. 15).

§ 265 Nachrang von Neugläubigern

¹Gegenüber den Gläubigern mit Forderungen aus Krediten, die nach Maßgabe des § 264 aufgenommen oder stehen gelassen werden, sind nachrangig auch die Gläubiger mit sonstigen vertraglichen Ansprüchen, die während der Zeit der Überwachung begründet werden. ²Als solche Ansprüche gelten auch die Ansprüche aus einem vor der Überwachung vertraglich begründeten Dauerschuldverhältnis für die Zeit nach dem ersten Termin, zu dem der Gläubiger nach Beginn der Überwachung kündigen konnte.

Überblick

Die Vorschrift erweitert die Rechtswirkungen des § 264 und erstreckt den Nachrang auf **vertragliche Gläubiger,** deren Ansprüche während der Überwachungsphase begründet wurden (→ Rn. 2 ff.).

A. Normzweck

1 § 265 flankiert das **Rangprivileg** der Gläubiger von Sanierungskrediten gem. § 264, indem der **Vorrang** ihrer Forderungen auch gegenüber **Neugläubigern aus vertraglichen Schuldverhältnissen** gilt. Das Kreditausfallrisiko der Kreditgeber soll nicht durch neu hinzutretende Gläubiger, deren Forderungen ggf. gleichrangig wären, erhöht werden. Die von § 264 geschaffenen Anreize zur Gewährung eines Sanierungskredits sollen durch § 265 gefestigt werden (HmbKommInsR/Thies Rn. 1; Uhlenbruck/Lüer/Streit Rn. 1).

B. Nachrang

2 § 265 ergänzt die Wirkungen des § 264 und ordnet nach S. 1 den Nachrang **vertraglicher Ansprüche** an, die während der Planüberwachungsphase begründet werden. Die Nachrangigkeit der Forderungen der Neugläubiger ist aus Sicht des Gesetzgebers hinnehmbar, da durch die Bekanntmachung der Planüberwachung gem. § 267 die Interessen der Neugläubiger ausreichend gewahrt werden. Sie können entweder von dem Rechtsgeschäft absehen oder mit dem Insolvenzverwalter eine Aufnahme ihrer Forderungen in den Kreditrahmen vereinbaren (BT-Drs 12/2443, 216 f.). Ferner wirkt auch § 266 zugunsten der Neugläubiger.

3 Nach S. 2 gilt der Nachrang auch für Ansprüche aus vor der Planüberwachung vertraglich begründeten **Dauerschuldverhältnissen** für die Zeit nach dem ersten Termin, zu dem der Gläubiger nach Beginn der Überwachung kündigen konnte. Dementsprechend sind die Forderungen aus Dauerschuldverhältnissen, die bis zum Termin der ersten Kündigungsmöglichkeit entstanden sind, nicht nachrangig (MüKoInsO/Tetzlaff/Kern Rn. 13). Zur Eröffnung des Anwendungsbereichs des § 265 müssen die **Voraussetzungen des § 264** vorliegen.

4 Für Forderungen aus **gesetzlichen Schuldverhältnissen** gilt die Zurücksetzung des Rangs gem. § 265 nicht. Da die betroffenen Gläubiger weder die Entscheidungsfreiheit zum Vertragsschluss hatten, noch sich durch die Informationen iSd § 267 schützen können, kann eine Rückstufung ihrer Ansprüche kraft Gesetzes nicht gerechtfertigt werden (BT-Drs. 12/2443, 217; Braun/Frank Rn. 3).

§ 266 Berücksichtigung des Nachrangs

(1) Der Nachrang der Insolvenzgläubiger und der in § 265 bezeichneten Gläubiger wird nur in einem Insolvenzverfahren berücksichtigt, das vor der Aufhebung der Überwachung eröffnet wird.

(2) In diesem neuen Insolvenzverfahren gehen diese Gläubiger den übrigen nachrangigen Gläubigern im Range vor.

Überblick

§ 266 Abs. 1 ergänzt die Regelungen des Kreditrahmens gem. §§ 264 f. dahingehend, dass die **Wirkungsdauer des Kreditrahmens zeitlich begrenzt** wird (→ Rn. 1 f.). In Abs. 2 regelt der Gesetzgeber das **Rangverhältnis der gem. §§ 264, 265 zurückgesetzten Gläubiger** gegenüber anderen nachrangigen Gläubigern in einem Folgeinsolvenzverfahren (→ Rn. 3).

A. Normzweck

Die Rangprivilegierung der Insolvenzgläubiger gem. §§ 264, 265 soll **kein Dauerzustand** 1 sein, sondern nur über die Anfangsschwierigkeiten einer Unternehmenssanierung hinweghelfen (BT-Drs. 12/2443, 217). Daher stellt Abs. 1 der Norm klar, dass die Besserstellung der jeweiligen Kreditgeber nur im Rahmen eines zweiten Insolvenzverfahrens, also einer **Folgeinsolvenz**, die noch während der Planüberwachung eröffnet wird, gilt. Gesetzgeberisches Motiv für die Privilegierung ist demnach, die entsprechenden Darlehensgeber nur dann besser zu stellen, wenn die Sanierung trotz ihrer Beiträge scheitert (Uhlenbruck/Lüer/Streit Rn. 1).

B. Begrenzung des Kreditrahmens

Gemäß § 266 Abs. 1 findet die in §§ 264, 265 normierte Rangfolge allein in einem Folgeinsol- 2 venzverfahren Berücksichtigung. Voraussetzung ist, dass das Folgeinsolvenzverfahren **noch vor Aufhebung der Planüberwachung eröffnet** wird. Außerhalb eines Folgeinsolvenzverfahrens wirkt sich die Rangprivilegierung somit nicht aus, sodass der Schuldner sämtliche Verbindlichkeiten gleichrangig bedienen muss (K. Schmidt InsO/Spliedt Rn. 17).

C. Rangverhältnis in der Folgeinsolvenz

In Ergänzung zu § 39 ordnet § 266 Abs. 2 das Rangverhältnis der Forderungen innerhalb eines 3 Folgeinsolvenzverfahrens an. Die gem. §§ 264, 265 **subordinierten Gläubiger** sind bei einer Folgeinsolvenz nachrangigen Gläubigern iSv § 39 **vorrangig**. Damit geht das Gesetz von einer dreistufigen Rangfolge der Forderungen in einem Folgeinsolvenzverfahren aus. Diese Dreiteilung vernachlässigt allerdings die Forderungen solcher Gläubiger, die weder gem. §§ 264 ff. ausdrücklich privilegiert noch subordiniert sind. Ungeklärt ist somit in § 266, welcher Rang Neugläubigern zukommt, deren Ansprüche aus gesetzlichen Schuldverhältnissen resultieren, sowie Gläubigern mit Forderungen aus vor der Überwachung begründeten Dauerschuldverhältnissen, die vor dem Zeitpunkt der ersten Kündigungsmöglichkeit entstanden sind. Der gesetzgeberische Wille, diese Forderungen nicht zu subordinieren (→ § 265 Rn. 4) verlangt, diesen Gedanken auch auf die Rangstellung einer Folgeinsolvenz zu übertragen. Folgerichtig ist von einer **vierstufigen Rangfolge** auszugehen. Im **ersten Rang** sind die nach §§ 264 ff. privilegierten Gläubiger einzustufen; im **zweiten Rang** die Neugläubiger mit Ansprüchen aus gesetzlichen Schuldverhältnissen und mit Forderungen aus vor der Überwachung begründeten Dauerschuldverhältnissen, die vor dem Zeitpunkt der ersten Kündigungsmöglichkeit entstanden sind; im **dritten Rang** folgen die nach §§ 264 ff. subordinierten Insolvenzgläubiger und **letztrangig** die nach § 39 nachrangigen Gläubiger (ausf. hierzu MüKoInsO/Tetzlaff/Kern Rn. 11 ff.; HmbKommInsR/Thies Rn. 3 ff.; K. Schmidt InsO/Spliedt Rn. 16; HK-InsO/Haas Rn. 3; aA für ein dreistufiges Rangverhältnis plädierend Uhlenbruck/Lüer/Streit Rn. 3; Andres/Leithaus/Andres Rn. 17).

§ 267 Bekanntmachung der Überwachung

(1) Wird die Erfüllung des Insolvenzplans überwacht, so ist dies zusammen mit dem Beschluss über die Aufhebung des Insolvenzverfahrens öffentlich bekanntzumachen.

InsO § 268

(2) Ebenso ist bekanntzumachen:
1. im Falle des § 260 Abs. 3 die Erstreckung der Überwachung auf die Übernahmegesellschaft;
2. im Falle des § 263, welche Rechtsgeschäfte an die Zustimmung des Insolvenzverwalters gebunden werden;
3. im Falle des § 264, in welcher Höhe ein Kreditrahmen vorgesehen ist.

(3) ¹§ 31 gilt entsprechend. ²Soweit im Falle des § 263 das Recht zur Verfügung über ein Grundstück, ein eingetragenes Schiff, Schiffsbauwerk oder Luftfahrzeug, ein Recht an einem solchen Gegenstand oder ein Recht an einem solchen Recht beschränkt wird, gelten die §§ 32 und 33 entsprechend.

Überblick

§ 267 ordnet die **öffentliche Bekanntmachung der Planüberwachung** und einzelner ihrer Regelungstatbestände an. Konkret bestehen gem. Absatz 1 die Publizitätspflichten (→ Rn. 2) für die Planüberwachung selbst sowie für die Erstreckung der Überwachung auf die Übernahmegesellschaft § 260 Abs. 3, die Vereinbarung eines Zustimmungsvorbehalts gem. § 263 und für die Höhe des Kreditrahmens gem. § 264 (→ Rn. 3).

A. Normzweck

1   Die öffentliche Bekanntmachung der Planüberwachung dient dem **Schutz des Rechtsverkehrs.** Im Hinblick auf die Rechtswirkungen der §§ 261 ff. sollen Dritte über die angeordnete Überwachung informiert werden und so in ihrer Entscheidungsfindung, Rechtsgeschäfte mit dem Schuldner oder der Übernahmegesellschaft einzugehen, geschützt werden. Dies gilt insbesondere hinsichtlich vorgesehener Zustimmungsvorbehalte und der Höhe des Kreditrahmens (BT-Drs. 12/2443, 217). Die Norm ist nicht disponibel, sodass im Plan keine abweichenden Vereinbarungen getroffen werden können.

B. Publizitätspflichten

2   Die Planüberwachung ist gem. Abs. 1 **zusammen mit dem Aufhebungsbeschluss** gem. § 258 Abs. 3 S. 1 öffentlich bekannt zu machen. Die Art und Weise der Bekanntmachung richtet sich nach § 9.

3   Abs. 2 sieht zusätzliche Veröffentlichungspflichten vor. Besteht eine **Übernahmegesellschaft**, ist die Erstreckung der Überwachung auf diese Gesellschaft ebenfalls öffentlich bekannt zu machen (Abs. 2 Nr. 1). Aufgrund der weitreichenden Folgen für den Rechtsverkehr verlangt der Gesetzgeber weiterhin, im Plan vorgesehene **Zustimmungsvorbehalte** gem. § 263 in die Bekanntmachung aufzunehmen. Dabei sind die Rechtsgeschäfte, die einem Zustimmungsvorbehalt unterliegen, konkret anzugeben (Abs. 2 Nr. 2). Dieses gilt auch für die **Höhe des Kreditrahmens,** der ebenfalls öffentlich bekannt zu machen ist (Abs. 2 Nr. 3).

C. Registereintragung

4   Ist der Schuldner oder die Übernahmegesellschaft im Handels-, Genossenschafts-, Partnerschafts- oder Vereinsregister eingetragen, hat die Geschäftsstelle des Insolvenzgerichts die entsprechenden **Register** über die **Planüberwachung zu informieren.** Dies folgt aus dem Verweis auf § 31 in § 267 Abs. 3 S. 1. Das jeweilige Registeramt trägt die Überwachung bzw. deren Aufhebung gem. § 75 BGB, § 32 Abs. 1 Nr. 5 HGB, § 102 GenG ein.

5   § 267 Abs. 3 S. 2 verweist auf die §§ 32, 33 und schließt einen **gutgläubigen Erwerb von Immobilien** und vergleichbaren Sachen aus (MüKoInsO/Stephan Rn. 13). Sieht die Planüberwachung einen Zustimmungsvorbehalt gem. § 263 in Bezug auf Immobilien, eingetragene Schiffe, Schiffsbauwerke oder Luftfahrzeuge des Schuldners oder der Übernahmegesellschaft vor, müssen die Verfügungsbeschränkungen im jeweiligen Register eingetragen werden.

§ 268 Aufhebung der Überwachung

(1) Das Insolvenzgericht beschließt die Aufhebung der Überwachung,
1. wenn die Ansprüche, deren Erfüllung überwacht wird, erfüllt sind oder die Erfüllung dieser Ansprüche gewährleistet ist oder

2. wenn seit der Aufhebung des Insolvenzverfahrens drei Jahre verstrichen sind und kein Antrag auf Eröffnung eines neuen Insolvenzverfahrens vorliegt.

(2) ¹Der Beschluss ist öffentlich bekanntzumachen. ²§ 267 Abs. 3 gilt entsprechend.

Überblick

In § 268 ordnet der Gesetzgeber an, unter welchen Voraussetzungen die Planüberwachung aufzuheben ist (→ Rn. 2 ff.) und normiert eine Publizitätspflicht spiegelbildlich zu § 267 (→ Rn. 4).

A. Normzweck

Die besonderen Rahmenbedingungen, die durch die Planüberwachung gem. §§ 260 ff. geschaffen werden, sollen **kein Dauerzustand** sein. Daher stellt die Norm die Voraussetzungen auf, wann die Planüberwachung aufzuheben ist. Aufgrund der weitreichenden Wirkungen, die mit der Planüberwachung für den Schuldner und die Insolvenzgläubiger verbunden sind, sieht der Gesetzgeber einen **förmlichen Aufhebungsbeschluss** sowie dessen **öffentliche Bekanntmachung** vor. Dies schafft Klarheit über die Beendigung der Überwachungsphase und dient der Sicherheit des Rechtsverkehrs. 1

B. Aufhebungsvoraussetzungen

Nach § 268 Abs. 1 Nr. 1 ist die Planüberwachung aufzuheben, wenn die **Ansprüche**, die der Planüberwachung unterliegen, **erfüllt** sind oder deren **Erfüllung gewährleistet** ist. Die eine Aufhebung begründenden Umstände hat der Planüberwacher dem Insolvenzgericht anzuzeigen (Braun/Frank Rn. 3). Als Nachweis für die Gewährleistung der Erfüllung ist erforderlich, dass die Erfüllung zweifellos feststeht. Eine hinreichende Wahrscheinlichkeit der Befriedigung der Gläubigeransprüche reicht nicht aus (K. Schmidt InsO/Spliedt Rn. 2; MüKoInsO/Stephan Rn. 6). Von einer Gewährleistung der Erfüllung ist dann auszugehen, wenn entsprechende Sicherheiten durch den Schuldner oder Dritte zugunsten der Gläubiger bestellt wurden oder die Gelder hinterlegt wurden (Braun/Frank Rn. 4). 2

Unabhängig vom Vorliegen der Voraussetzungen nach § 268 Abs. 1 Nr. 1 stellt der Gesetzgeber in § 268 Abs. 1 Nr. 2 eine **Höchstfrist von drei Jahren** auf. Ist kein neuer Eröffnungsantrag gem. § 13 gestellt worden, ist die Planüberwachung nach Ablauf von drei Jahren zwingend aufzuheben. Ob ein neuer Eröffnungsantrag gestellt wurde, ist vom Insolvenzgericht **von Amts wegen** zu prüfen (MüKoInsO/Stephan Rn. 8; Uhlenbruck/Lüer/Streit Rn. 4; aA Braun/Frank Rn. 5). 3

C. Aufhebungsbeschluss

Zwecks Sicherheit des Rechtsverkehrs bedarf die Aufhebung der Planüberwachung eines **Beschlusses** des Insolvenzgerichts. Hierzu ist kein Antrag des Schuldners oder des Planüberwachers notwendig, sondern das **Gericht entscheidet von Amts wegen**. Dies gilt auch für die Prüfung der Aufhebungsvoraussetzungen (K. Schmidt InsO/Spliedt Rn. 1). § 18 Abs. 1 S. 2 RPflG weist die Zuständigkeit dem Insolvenzrichter zu. Da § 6 Abs. 1 S. 1 kein Rechtsmittel zulässt, ist der Beschluss **unanfechtbar**. Spiegelbildlich zu § 267 Abs. 1 ist der Beschluss zu veröffentlichen und etwaigen Eintragungen nach § 267 Abs. 3 zu löschen. 4

D. Wirkungen

Die **Wirkungen der Planüberwachung entfallen** mit der Aufhebung der Überwachung **in Gänze**. Daraus folgt insbesondere, dass der Schuldner bzw. die Übernahmegesellschaft die uneingeschränkte Verfügungsbefugnis wiedererlangen, die Ämter aller Beteiligten enden und die Kreditgläubiger ihre Privilegierungen aus dem Kreditrahmen verlieren. 5

§ 269 Kosten der Überwachung

¹**Die Kosten der Überwachung trägt der Schuldner.** ²Im Falle des § 260 Abs. 3 trägt die Übernahmegesellschaft die durch ihre Überwachung entstehenden Kosten.

InsO § 269a Sechster Teil. Insolvenzplan

Überblick

Gemäß § 269 hat Schuldner bzw. die Übernahmegesellschaft die Kosten der Planüberwachung zu tragen (→ Rn. 2 ff.).

A. Normzweck

1 Mit Aufhebung des Insolvenzverfahrens steht die Insolvenzmasse nicht mehr zur Verfügung, sodass die Kosten der Planüberwachung nicht von dieser gedeckt werden können. Dies macht eine **gesonderte Kostenregelung** erforderlich. Die durch die Planüberwachung entstehenden Kosten werden dem Schuldner bzw. der Übernahmegesellschaft auferlegt, auch wenn die Überwachung vorrangig im Interesse der Insolvenzgläubiger erfolgt. Die Norm steht jedoch zur **Disposition der Beteiligten,** sodass im Plan abweichende Regelungen getroffen werden können (MüKoInsO/Stephan Rn. 10; FK-InsO/Jaffé Rn. 1).

B. Kostentragungspflicht

2 Kostentragungspflichtig ist der **Schuldner (S. 1) bzw. die Übernahmegesellschaft (S. 2).**

3 Die von § 269 erfassten Kosten setzen sich im Wesentlichen aus der **Vergütung des Insolvenzverwalters und des Gläubigerausschusses** für ihre Überwachungstätigkeit zusammen. Hinzu kommen weitere Kosten für **Eintragungskosten** im jeweiligen Register, **Kosten der öffentlichen Bekanntmachungen** sowie **sonstige Auslagen des Insolvenzverwalters** (näher zu den einzelnen Kosten MüKoInsO/Stephan Rn. 3 ff.). Mangels Gebührentatbestands fallen Gerichtskosten nicht an (K. Schmidt InsO/Spliedt Rn. 1).

4 Wird im Plan nicht dem Insolvenzverwalter, sondern einem **Sachwalter oder einem sonstigen Dritten** die Planüberwachung übertragen, kann dieser seinen Kostenerstattungsanspruch nicht auf § 269 stützen. Da in diesem Fall die Überwachung durch ein privatrechtliches Geschäftsbesorgungsverhältnis begründet wurde, richtet sich auch die Kostentragungspflicht nach allgemeinen Vorschriften (MüKoInsO/Stephan Rn. 4; Braun/Frank Rn. 1; Uhlenbruck/Lüer/Streit Rn. 2).

5 Die **Höhe der Vergütung** des Insolvenzverwalters und des Gläubigerausschusses wird durch das Insolvenzgericht nach billigem Ermessen durch Beschluss gem. § 6 Abs. 2 InsVV festgesetzt. Dabei ist der konkrete Umfang der Tätigkeit zu berücksichtigen. Die Höhe der Auslagen wird im Festsetzungsbeschluss gem. §§ 4, 5, 8 InsVV angesetzt.

6 Der Kostenfestsetzungsbeschluss ergeht erst **nach Aufhebung** der Planüberwachung. Angesichts der angespannten Vermögenssituation des Schuldners tragen der Insolvenzverwalter und die Mitglieder des Gläubigerausschusses ein erhöhtes **Ausfallrisiko** bei einer Folgeinsolvenz. Um dem vorzubeugen, können im Plan selbst entsprechende Regelungen getroffen werden oder die Forderungen in den Kreditrahmen aufgenommen werden. Es besteht zudem die Möglichkeit, Zwischenabrechnungen zu stellen oder die Forderungen zu besichern (dazu MüKoInsO/Stephan Rn. 11; FK-InsO/Jaffé Rn. 6 jeweils mwN).

7 Eine Vollstreckung aus dem Kostenfestsetzungsbeschluss selbst ist nicht möglich, da dieser keinen **Vollstreckungstitel** darstellt. Denn das Insolvenzgericht entscheidet nur über die Höhe der Kosten der Planüberwachung, bestimmt aber nicht den Kostenschuldner. Damit fehlt es formal an der Vollstreckungstauglichkeit des Beschlusses (ebenso MüKoInsO/Stephan Rn. 12; Uhlenbruck/Lüer/Streit Rn. 3; HmbKommInsR/Thies Rn. 3; aA Braun/Frank Rn. 3; K. Schmidt InsO/Spliedt Rn. 3; Nerlich/Römermann/Braun Rn. 1; FK-InsO/Jaffé Rn. 5; Andres/Leithaus/Andres Rn. 1).

§ 269a Zusammenarbeit der Insolvenzverwalter

¹**Die Insolvenzverwalter gruppenangehöriger Schuldner sind untereinander zur Unterrichtung und Zusammenarbeit verpflichtet, soweit hierdurch nicht die Interessen der Beteiligten des Verfahrens beeinträchtigt werden, für das sie bestellt sind.** ²**Insbesondere haben sie auf Anforderung unverzüglich alle Informationen mitzuteilen, die für das andere Verfahren von Bedeutung sein können.**

Überblick

§ 269a regelt die Zusammenarbeitspflicht (→ Rn. 12) zwischen den Insolvenzverwaltern einzelner konzernangehöriger Schuldner und formuliert in § 269a S. 2 insbesondere eine Pflicht zur

Bereitstellung von Informationen (→ Rn. 6). Die Pflicht findet ihre Grenze, wenn die Interessen der Verfahrensbeteiligten im eigenen Verfahren beeinträchtigt werden (→ Rn. 13). Eine ausdrückliche Regelung zur Durchsetzbarkeit der Pflichten fehlt (→ Rn. 20). Allerdings sind die Pflichten als echte Pflichten des Insolvenzverwalters formuliert, sodass die allgemeinen Vorschriften zur Durchsetzung von Insolvenzverwalterpflichten Anwendung finden können (→ Rn. 21 ff.).

Übersicht

	Rn.		Rn.
A. Allgemeines	1	III. Zusammenarbeit	15
B. Kooperation	6	IV. Grenzen durch die Interessen der Beteiligten des Verfahrens	16
I. Verpflichtete	6	V. Vorteile einer gemeinschaftlichen Verfahrensabwicklung	18
II. Unterrichtung	8		
1. Verpflichtung zur Weitergabe ohne Aufforderung	9	**C. Durchsetzbarkeit**	21
2. Umfang der Unterrichtungspflicht	10	I. Regelinsolvenzverfahren	21
3. Form der Informationsweitergabe	14	II. Eigenverwaltung	26

A. Allgemeines

§ 269a regelt den Fall, dass in verschiedenen gruppenangehörigen Insolvenzverfahren verschiedene Verwalter bestellt wurden. **1**

Grundsätzlich war dem Gesetzgeber daran gelegen, dass in einem Konzerninsolvenzverfahren ein einheitlicher Verwalter bestimmt wird (BT-Drs. 18/407, 1). Dies ergibt sich nicht zuletzt aus der Regelung in § 3d Abs. 3. Nach dieser Vorschrift hat das Gericht des Gruppengerichtsstands die Möglichkeit, zugunsten eines einheitlichen Insolvenzverwalters für sämtliche gruppenangehörige Verfahren eine bereits zum Insolvenzverwalter bestellte andere Person zu entlassen. Grundsätzlich hat die Bestellung eines Einheitsverwalters zahlreiche Vorteile. Genannt seien hier beispielhaft die wesentlich vereinfachte Koordination und Kommunikation sowie die Kostenersparnis durch die gemeinschaftliche Verwertung von Vermögen (vgl. hierzu ausf. → § 56b Rn. 7; Flöther KonzernInsR-HdB/Flöther § 4 Rn. 173 ff.). **2**

Aus unterschiedlichen Gründen kann es entgegen des gesetzgeberischen Ideals dazu kommen, dass für einzelne Verfahren dennoch andere Verwalter bestellt werden. Ursächlich hierfür kann ua sein, dass ein Gläubigerantrag an einem anderen Gericht als dem des Gruppengerichts und kein Verweisungsantrag gestellt oder dieser zu spät gestellt wurde. Zudem ist es denkbar, dass die Bestellung eines einheitlichen Verwalters bei bestimmten Konzernstrukturen ohnehin keinen Mehrwert erwarten lässt oder die Interessenkonflikte so erheblich sind, dass sie auch mit einem Sonderverwalter nicht gelöst werden können und aus diesen Gründen auf die Bestellung eines einheitlichen Verwalters verzichtet wird (vgl. hierzu auch Flöther KonzernInsR-HdB/Flöther § 4 Rn. 178). **3**

In diesen Fällen müssen die Verwalter gem. § 269a ihr Vorgehen im Restrukturierungsprozess gut abstimmen, um ein optimales Ergebnis für die Masse zu erzielen. Sie sollten sich dazu über die jeweiligen Verfahren unterrichten und zusammenarbeiten. Zwar ergibt sich der Grundsatz zur Zusammenarbeit mit dem Ziel der Massemehrung bereits aus § 1 S. 1. Der Gesetzgeber hat aber in § 269a bewusst klargestellt, dass diese Pflicht besteht und nur dann nicht wahrgenommen werden muss, wenn Interessen der jeweilig anderen Verfahrensbeteiligten beeinträchtigt werden (BT-Drs. 18/407, 21). **4**

Für eine reibungslose Verfahrensabwicklung sowie zur Gewährleistung einer guten Planbarkeit sollten die einzelnen Verwalter Informationen schon frühzeitig weitergeben, aber natürlich nur, sofern dadurch kein Schaden für die eigene Masse und deren Gläubiger zu befürchten ist. **5**

B. Kooperation

I. Verpflichtete

Die Vorschrift bestimmt zunächst eine Kooperationspflicht für die Insolvenzverwalter. Fraglich ist, ob es auch eine Kooperationspflicht für vorläufige Insolvenzverwalter gibt. Mit Blick darauf, dass im Insolvenzeröffnungsverfahren gerade bei Konzerninsolvenzen häufig erhebliche Weichenstellungen für das weitere Verfahren getroffen werden (zB Beginn M&A-Prozess, strategische **6**

Ausrichtungsentscheidungen bei Fortführung des Geschäftsbetriebes, Kommunikation mit Geschäftspartnern), erscheint es sinnvoll, auch für vorläufige Insolvenzverwalter eine Kooperationspflicht festzulegen (Fölsing ZInsO 2013, 413 (418); Uhlenbruck/Vallender Rn. 6).

7 Für den eigenverwaltenden Schuldner ergibt sich die Kooperationspflicht aus § 270g S. 1, sodass hier im Vergleich zum Insolvenzverwalter keine Besonderheiten bestehen. Ausweislich des Gesetzeswortlautes gilt die Kooperationspflicht für die Eigenverwaltung und die vorläufige Eigenverwaltung.

7a Für den Sachwalter gibt es keine ausdrückliche gesetzliche Regelung. Da es aber unerlässlich ist, dass sich die Sachwalter hinsichtlich der Geltendmachung von Anfechtungsrechten gegenüber Dritten sowie gegenüber anderen Gruppengesellschaften abstimmen, sollte eine Kooperationspflicht zwischen den Sachwaltern bejaht werden (MüKoInsO/Brünkmanns Rn. 18; → § 270g Rn. 9; Pleister/Sturm ZIP 2017, 2329 (2335); aA Braun/Specovius § 270d Rn. 10; Stahlschmidt/ Bartelheimer ZInsO 2017, 110 (115)). Zudem ergibt sich für die Sachwalter auch aus § 1 S. 1 eine Pflicht zur Zusammenarbeit, sofern es für die Massemehrung erforderlich ist.

II. Unterrichtung

8 Die Unterrichtung als Unterfall der Zusammenarbeit umfasst die Weitergabe von Informationen an in anderen Verfahren über das Vermögen gruppenangehöriger Gesellschaften bestellte Insolvenzverwalter. Es ist davon auszugehen, dass keine Pflicht zur Weitergabe völlig irrelevanter oder überflüssiger Informationen besteht. Vielmehr beschränkt sich die Pflicht auf die Weitergabe verfahrensrelevanter Informationen, die auch für das andere Insolvenzverfahren von Bedeutung sein können. Um spätere Streitigkeiten und Haftungsfälle zu vermeiden, sollte der Insolvenzverwalter in den Grenzen von § 269a S. 1 Hs. 2 den Begriff verfahrensrelevant großzügig auslegen und im Zweifel Informationen weiterleiten. Allerdings ist er nicht gehalten, ein übergeordnetes Konzerninteresse im Auge zu behalten.

1. Verpflichtung zur Weitergabe ohne Aufforderung

9 Die Verwalter sind auch ohne Aufforderung zur Weitergabe wesentlicher Informationen verpflichtet. Etwas anderes ergibt sich auch nicht aus dem Umkehrschluss von § 269a S. 2 (so aber Braun/Fendel Rn. 9). Vielmehr spricht die Formulierung „insbesondere" in S. 2 dafür, dass die Unterrichtung der übrigen Insolvenzverwalter lediglich ein Unterfall der Zusammenarbeit ist, für die eine Pflicht in S. 1 ausdrücklich geregelt ist. Wenn die Informationsweitergabe aber lediglich ein Sonderfall der Zusammenarbeitspflicht ist, muss die in S. 1 formulierte Pflicht auch für die Informationsweitergabe gelten. Dafür spricht auch, dass die anderen Insolvenzverwalter sonst Ausforschungen betreiben müssten, um überhaupt Anhaltspunkte für relevante Informationen zu bekommen. Dies wäre einer optimalen und zügigen Verfahrensabwicklung nicht zuträglich. Eine Ausnahme sollte für solche Informationen gelten, die nicht offensichtlich von wesentlicher Bedeutung für das andere Verfahren sind. Bei derartigen Informationen kann ein Nachfragen des interessierten Insolvenzverwalters durchaus erwartet werden.

2. Umfang der Unterrichtungspflicht

10 Der Umfang der Unterrichtungspflicht kann nicht pauschal bestimmt werden, sondern muss in jedem Konzerninsolvenzverfahren den individuellen Bedürfnissen angepasst werden.

11 Die **Informationsdichte** richtet sich dabei nach der bisherigen Verflechtung des Konzerns. Wird eine gemeinsame Infrastruktur weiter genutzt, wird man eine engere Abstimmung erwarten können und benötigen als in Fällen, in denen die Konzerngesellschaften praktisch losgelöst voneinander existieren, denn dann wird auch die Sanierung unabhängiger erfolgen können.

12 **Nicht ausreichend** wird die Information ausschließlich zu folgenden Fragen sein (so aber wohl Braun/Fendel Rn. 7, entspricht auch Mindestanforderungen nach DiskE v. 1.3.2013, 37):
• Ist eine Sanierung oder Liquidation in den jeweiligen Verfahren geplant?
• Wird die Geschäftstätigkeit der einzelnen Konzernunternehmen aufrechterhalten?
• Welche Art der Verwertung ist geplant?

13 Diese Fragen können lediglich einen Mindeststandard für Verfahren bilden, in denen eine relativ autarke Abwicklung der einzelnen Verfahren erfolgt. Für eine gemeinschaftliche Fortführung bzw. Abwicklung, die nach Wunsch des Gesetzgebers die bisherige enge vertragliche oder faktische Verflechtung der Gesellschaften widerspiegelt und der engen Beziehung zwischen den einzelnen Gesellschaften gerecht wird (BT-Drs. 18/407, 32), wird man eine wesentlich höhere Informationsdichte fordern müssen. Die oben genannten Fragen können nur als absolutes Informationsmini-

mum gewertet werden. Es wird darüber hinaus ein Austausch über Kontakte zu gemeinsamen Großkunden und wichtigen Lieferanten, zu Fragen des Umgangs mit den Endkunden sowie zur Außenkommunikation der Insolvenz stattfinden müssen. Insbesondere in Fällen der Betriebsfortführung handelt es sich hierbei um Fragen, deren gemeinschaftliche Abstimmung unerlässlich ist.

3. Form der Informationsweitergabe

Die Informationsweitergabe ist formlos möglich (FK-InsO/Wimmer Rn. 6). Praktisch lässt sich der gegenseitige Kommunikationsfluss durch regelmäßige Telefonkonferenzen und gemeinsame (protokollierte) Meetings der verschiedenen Insolvenzverwalter und ihrer Mitarbeiter regeln. Die Verwalter sollten für spätere Streitfälle eine Mitteilungsart wählen, die einen Nachweis zulässt. **14**

III. Zusammenarbeit

Die Zusammenarbeit erfasst darüber hinaus noch weitere Pflichten, die über die bloße Kommunikation hinausgehen (ausführliche Aufzählung bei Braun/Fendel Rn. 8). Wichtigste Pflicht dürfte die Übermittlung gemeinsam benötigter Dokumente, aber auch die Bereitstellung einer Lesefassung des eigenen Gutachtens, das Grundlage für die Verfahrenseröffnung war, sowie der in der Folge zu erstattenden Berichte gegenüber dem Insolvenzgericht, sein. Hierzu sollte ebenfalls die Kontaktvermittlung von Gläubiger gehören, die sich versehentlich an den „falschen" Insolvenzverwalter gewandt haben. Unter Zusammenarbeit dürfte im Rahmen der Betriebsfortführung auch verstanden werden, dass der Insolvenzverwalter die bisherigen vertraglichen Leistungen zwischen den Gesellschaften weiterhin erfüllt, sofern die Masse seines Insolvenzverfahrens hierdurch keinen Schaden erleidet. Hier müssten dann ggf. Intercompany-Verträge zu marktüblichen Bedingungen erneut abgeschlossen werden. **15**

IV. Grenzen durch die Interessen der Beteiligten des Verfahrens

Da sich der Gesetzgeber bewusst gegen eine Konsolidierungslösung entschieden hat (BT-Drs. 18/407, 2), bleibt es bei dem Grundsatz, dass jeder Insolvenzverwalter zunächst der Masse seines Insolvenzverfahrens verpflichtet ist. Dies findet in der Regelung des § 269a S. 1 Hs. 2 seinen Ausdruck. Danach ist die Informationsweitergabe nur verpflichtend, soweit hierdurch nicht die Interessen der Beteiligten des Verfahrens beeinträchtigt werden, für das der jeweilige Verwalter bestellt ist. So ist er bspw. nicht verpflichtet, Informationen herauszugeben, die später Grundlage eines Anfechtungsanspruchs gegen die Masse des von ihm verwalteten Insolvenzverfahrens sein könnten. Als Prüfformel lässt sich festhalten, dass eine abstrakte Gefährdungslage für die Interessen der Gläubiger nicht ausreicht. Vielmehr muss der Verwalter vor einer Mitwirkungsverweigerung darlegen können, dass die Mitwirkung zu einem konkreten Nachteil führen würde (MüKoInsO/Brünkmanns Rn. 34; Jaeger/Piekenbrock Rn. 22). Ergibt sich der Nachteil aus der Begründung von Kosten für die Masse, kann der Nachteil durch eine Erstattung der Kosten ausgeglichen werden, sodass im Falle eines Ausgleichs kein Verweigerungsrecht des Insolvenzverwalters besteht (ausführlich hierzu Jaeger/Piekenbrock Rn. 24). **16**

Damit wird klargestellt, dass nunmehr eine Pflicht zur Information und Mitwirkung besteht, solange für die Masse des eigenen Insolvenzverfahrens kein Nachteil zu erwarten ist. Dies zeigt wiederum, dass die Regelung des § 269a über jene des § 1 S. 1 hinausgeht. Bisher waren die Verwalter verpflichtet mitzuwirken, wenn dies einen Vorteil für die eigene Masse brachte. Nunmehr besteht auch bei für die eigene Masse neutralen Mitwirkungshandlungen eine Verpflichtung, sofern es für andere Verfahren gruppenangehöriger Schuldner einen Mehrwert bringt. **17**

V. Vorteile einer gemeinschaftlichen Verfahrensabwicklung

Eine gemeinschaftliche Abwicklung bringt häufig Kostenersparnisse mit sich. So kann zur Sicherung von Daten im Normalfall ein Unternehmen beauftragt werden, das nur einmal sämtliche Daten sichert und getrennt nach Verfahren an einem Ort speichert. Zudem können zahlreiche Informationen zentral durch Mitarbeiter der jeweiligen Schuldnerunternehmen aufbereitet und gesammelt werden. Insoweit ist es auch möglich, sich der (sofern noch bestehenden) Infrastruktur des schuldnerischen Unternehmens zu bedienen. **18**

Darüber hinaus nutzen Konzerne regelmäßig bereits vor der Insolvenz eine gemeinsame Infrastruktur (zB EDV-Systeme, Verwaltungsprogramme und -personal). Würde durch die Eröffnung des Insolvenzverfahrens eine getrennte Nutzung notwendig, wäre die kostenintensive Neuanschaf- **19** fung von Software, Servern, Personal bzw. externen Dienstleistern notwendig (vgl. hierzu auch FK-InsO/Wimmer Rn. 2).

20 Auch die Verwertung von Vermögen kann bei Beauftragung nur eines Dienstleisters wesentlich günstiger erfolgen, da dieser das Vermögen sämtlicher Gesellschaften auf einmal inventarisieren und gebündelt veräußern kann.

C. Durchsetzbarkeit

I. Regelinsolvenzverfahren

21 § 269a selbst enthält keine Regelung zur Durchsetzung der Norm.

22 Allerdings formuliert die Norm die Zusammenarbeit (hierzu im Einzelnen → Rn. 12) und die gegenseitige Unterrichtung (hierzu im Einzelnen → Rn. 6 ff.) als echte Pflichten des Insolvenzverwalters. Damit kann das Insolvenzgericht die Pflichten iRd § 58 durchsetzen. Insbesondere kann das Insolvenzgericht ein Zwangsgeld von bis zu 25.000 EUR iSd § 58 Abs. 2 festlegen (für die Androhung eines Zwangsgelds im Fall der fehlenden Bereitschaft zur Zusammenarbeit mit dem Sonderinsolvenzverwalter LG Göttingen NZI 2009, 61).

23 Darüber hinaus wird der einzelne Insolvenzverwalter bemüht sein, seine Pflichten einzuhalten, um eine Haftung gem. § 60 zu vermeiden. Im Falle der Verweigerung der Zusammenarbeit bzw. der notwendigen Unterrichtung würde der Insolvenzverwalter den Beteiligten seines Insolvenzverfahrens für den entgangenen Kooperationsgewinn haften. Häufig wird sich dieser Schaden schwer darlegen lassen. Zumindest im Fall mehrfach entstandener Kosten für Dienstleister dürfte die Darlegung aber möglich sein. Für die Geschädigten in anderen Insolvenzverfahren ist § 60 indes keine taugliche Anspruchsgrundlage (aA MüKoInsO/Brünkmanns Rn. 48), denn diese werden regelmäßig nicht am betreffenden Insolvenzverfahren beteiligt sein.

24 Zudem wäre eine klageweise Durchsetzung der Pflichten durch die übrigen Insolvenzverwalter denkbar (→ Rn. 24.1).

24.1 Mit Blick darauf, dass hierfür aber weitere Kosten in den entsprechenden Verfahren entstehen würden, müssten die betroffenen Verwalter vorab eine entsprechende Kosten-Nutzen-Abwägung durchführen. Ein solches Verfahren ist vor den ordentlichen Gerichten zu führen (KPB/Thole Rn. 57). Die Verfahrensdauer dürfte daher regelmäßig zu lang sein, um im dynamischen Restrukturierungsprozess noch rechtzeitig Ergebnisse zu erzielen. Damit bleibt für ein Vorgehen gegen den nicht mitarbeitenden Insolvenzverwalter grundsätzlich nur der einstweilige Rechtsschutz. In einem solchen Verfahren müssten die antragstellenden Insolvenzverwalter den geltend gemachten Anspruch auf Auskunft oder Zusammenarbeit und die Eilbedürftigkeit entsprechend glaubhaft machen (§§ 920, 935, 936 ZPO).

25 Zudem wäre es möglich, die Verbindlichkeit der in § 269a geregelten Pflichten zu steigern, indem die Pflichten und ihre Ausprägungen im einzelnen Verfahren durch Verträge zwischen den einzelnen Insolvenzverwaltern geregelt und genauer bestimmt werden (zu derartigen Verträgen im Rahmen eines Koordinationsplans → § 269h Rn. 11) (→ Rn. 24.1). Solche Kooperationsverträge sind in internationalen Konzerninsolvenzverfahren bereits üblich.

25.1 Allerdings ist der Abschluss derartiger Verträge immer freiwillig, da ein Zwang zum Abschluss solcher Verträge (so aber Eidenmüller ZHR 169 (2005), 528 (552)) mit der Unabhängigkeit des Verwalteramtes nicht vereinbar ist (so auch FK-InsO/Wimmer Rn. 17). Zudem sollen die Verwalter gerade nicht verpflichtet werden, ein übergeordnetes Konzerninteresse im Blick zu behalten. Sie sollen die Konzerninteressen nur dann im Auge behalten, wenn sich dies positiv oder nicht auf die Verwertung ihrer Masse auswirkt (DiskE v. 1.3.2013, 38). Mit einer Verpflichtung zur Teilnahme an Verwalterverträgen könnten die Verwalter eine entsprechende Abwägung gar nicht mehr treffen. Sie würden vielmehr gezwungen, die Mehrarbeit durch eine derartige Zusammenarbeit hinzunehmen, selbst wenn es für deren Masse Nachteile bringt. Für den Fall, dass die Masse aber durch den Nichtabschluss von Verwalterverträgen geschmälert würde, besteht zur Haftungsvermeidung für den Insolvenzverwalter faktisch eine Pflicht, solche Verträge abzuschließen. Bei Abschluss solcher Vereinbarungen sollte den Insolvenzverwaltern daher eine gewisse Freiheit gelassen werden, um auf die dynamischen Bewegungen im Restrukturierungsprozess zu reagieren und den Flexibilitätsverlust in Grenzen zu halten (Flöther KonzernInsR-HdB/Frege/Nicht § 4 Rn. 342). Die für eine erfolgreiche Restrukturierung zwingend erforderliche Flexibilität führt im Ergebnis aber wiederum dazu, dass in der Frage der Verbindlichkeit und hinsichtlich etwaiger Mechanismen zur Durchsetzbarkeit Abstriche gemacht werden müssen. Die Verträge dienen damit nicht der Durchsetzbarkeit der Pflichten zur Zusammenarbeit oder Unterrichtung als solcher, sondern vielmehr lediglich der genaueren Bestimmung der Pflichten und der Durchsetzbarkeit der vereinbarten Einzelheiten.

II. Eigenverwaltung

Im Rahmen der Eigenverwaltung ist der Schuldner entsprechend für die Erfüllung der Kooperationspflichten verantwortlich (hierzu → Rn. 18). Problematisch ist, dass es an einer entsprechenden Haftungsmasse fehlt (vgl. hierzu Kübler HRI/Flöther § 18 Rn. 3). § 58 findet gem. § 274 im Rahmen der Eigenverwaltung auf den Sachwalter Anwendung. Gegenüber dem Schuldner ist die Vorschrift nicht anzuwenden, da dieser unter der Aufsicht des Sachwalters steht (K. Schmidt InsO/Undritz § 270 Rn. 2; HK-InsO/Landfermann § 274 Rn. 6; aA AG Hamburg ZIP 2013, 1684 (1686)). Gegenüber dem eigenverwaltenden Schuldner als juristischer Person wäre zudem die Anordnung eines Ordnungsgelds regelmäßig nicht sinnvoll, da dies lediglich zu einer Masseschmälerung und damit zu einer weiteren Schädigung der Gläubiger führen würde, weil es an einer entsprechenden weiteren Haftungsmasse regelmäßig fehlt (vgl. hierzu Kübler HRI/Flöther § 18 Rn. 3). Wollte man dennoch eine Aufsicht des Insolvenzgerichts annehmen, wäre zur Lösung dieses Problems nur eine entsprechende Anwendung der Vorschrift auf die Geschäftsleitung juristischer Personen denkbar (vgl. hierzu BGH NZI 2018, 519).

26

§ 269b Zusammenarbeit der Gerichte

¹**Werden die Insolvenzverfahren über das Vermögen von gruppenangehörigen Schuldnern bei verschiedenen Insolvenzgerichten geführt, sind die Gerichte zur Zusammenarbeit und insbesondere zum Austausch der Informationen verpflichtet, die für das andere Verfahren von Bedeutung sein können.** ²**Dies gilt insbesondere für:**
1. **die Anordnung von Sicherungsmaßnahmen,**
2. **die Eröffnung des Verfahrens,**
3. **die Bestellung eines Insolvenzverwalters,**
4. **wesentliche verfahrensleitende Entscheidungen,**
5. **den Umfang der Insolvenzmasse und**
6. **die Vorlage von Insolvenzplänen sowie sonstige Maßnahmen zur Beendigung des Insolvenzverfahrens.**

Überblick

§ 269b statuiert neben der Zusammenarbeitspflicht der Verwalter eine entsprechende Pflicht für die Insolvenzgerichte. In S. 2 erfolgt eine Aufzählung, wann insbesondere von einer Verpflichtung zur Zusammenarbeit ausgegangen werden kann. Die Zusammenarbeitspflicht findet ihre Grenze, wenn durch die Zusammenarbeit eine Beeinträchtigung der Gläubigerinteressen zu erwarten ist (→ Rn. 11 ff.). Indes fehlt eine Regelung zur Durchsetzung der Pflichten (→ Rn. 13).

A. Allgemeines

Eine enge Zusammenarbeit der jeweils zuständigen Gerichte ist für ein Gelingen der Sanierung unerlässlich (Flöther KonzernInsR-HdB/Flöther § 1 Rn. 13). Schließlich haben die Entscheidungen der einzelnen Gerichte häufig eine über das einzelne Gruppenverfahren hinausgehende Tragweite. Für den Fall, dass kein einheitlicher Gruppengerichtsstand gebildet wurde, statuiert § 269b daher eine Verpflichtung zur Zusammenarbeit.

1

Bisher waren die Gerichte bei nationalen Verfahren nicht ausdrücklich zur Zusammenarbeit verpflichtet. Zum Teil wurde vertreten, dass eine Pflicht zur Zusammenarbeit aus den Zielbestimmungen des Insolvenzverfahrens abzuleiten sei (Eidenmüller ZHR 169 (2005), 528 (553); DiskE 3.1.2013, 22). Mit § 269b wird dies nun ausdrücklich klargestellt.

2

Im internationalen Recht ergab sich die Pflicht zur Zusammenarbeit bereits aus Art. 65 EGV. Für den Geltungsbereich der EuInsVO besteht eine Pflicht zur Zusammenarbeit erst seit Juni 2017 in Art. 57 EuInsVO. Zuvor gab es auch hier keine verbindliche und ausdrückliche Regelung.

3

Je nach Gericht und zuständigem Richter wurde aufgrund der unklaren Regelungen die Zusammenarbeit der Gerichte im Konzerninsolvenzverfahren mit unterschiedlicher Intensität, zuweilen gar nicht wahrgenommen.

4

Durch die Änderungen des Gesetzes zur Erleichterung der Bewältigung von Konzerninsolvenzen sind die Gerichte nun gehalten zusammenzuarbeiten und Informationen auszutauschen. Die Zusammenarbeits- und Informationspflichten sollen in besonderem Maß hinsichtlich der in S. 2 genannten Punkten gelten (BT-Drs. 18/407, 33). Trotz der Verpflichtung zur Zusammenarbeit

5

und gegenseitigen Information soll aber die Selbstständigkeit der einzelnen Verfahren erhalten bleiben (KPB/Thole Rn. 1).

B. Im Einzelnen

I. Anwendungsbereich

6 Die Regelung findet über ihren Wortlaut hinaus auch Anwendung, wenn am selben Insolvenzgericht verschiedene Abteilungen zuständig sind (DiskE v. 1.3.2013, 39). Bei Beachtung von § 3c Abs. 1 sollte dies aber ein Ausnahmefall bleiben. Der Begriff Gericht umfasst Richter sowie Rechtspfleger (Uhlenbruck/Vallender Rn. 4).

7 Die Norm ist auch und insbesondere im vorläufigen Insolvenzeröffnungsverfahren anzuwenden. Schließlich setzt die Abstimmung über einen einheitlichen Verwalter und die Anordnung von Sicherungsmaßnahmen regelmäßig schon eine Abstimmung im vorläufigen Insolvenzverfahren voraus (vgl. hierzu auch BT-Drs. 18/407, 33; KPB/Thole Rn. 6).

II. Zusammenarbeit und Informationspflicht

8 Die Vorschrift umfasst nicht nur die Zusammenarbeit im Sinne eines Informationsaustauschs, sondern vielmehr auch darüberhinausgehende Mitwirkungsverpflichtungen der Gerichte (wie bspw. die Herausgabe von Unterlagen; organisatorische Abstimmung von Terminen; so auch KPB/Thole Rn. 6).

9 Die Gerichte haben Informationen, die für andere Verfahren relevant sind, von sich aus herauszugeben (BT-Drs. 18/407, 33). Das heißt eine Pflicht zur Weitergabe von Informationen besteht nicht erst, wenn durch andere Gerichte nachgefragt wird. Dies gilt vor allem für die in § 269b S. 2 genannten Punkte. Bei diesen handelt es sich stets um für das andere Verfahren relevante Informationen (Braun/Fendel Rn. 4; KPB/Thole Rn. 19). Sind die Informationen für das andere Verfahren irrelevant, besteht keine Informationspflicht (MüKoInsO/Brünkmanns Rn. 21). Zur Vermeidung etwaiger Konflikte und Staatshaftungsansprüche, sollten die Insolvenzgerichte jede Information, die möglicherweise für ein anderes Verfahren relevant sein könnte, an die für andere Gruppenverfahren zuständigen Insolvenzrichter weitergeben.

10 Dabei sind die einzelnen Insolvenzrichter nicht verpflichtet, zwingend die Entscheidung des anderen Richters zu übernehmen. Vielmehr obliegt es ihnen, die entsprechenden Informationen wahrzunehmen und in ihre Abwägung einzubinden, um dann für das jeweilige Insolvenzverfahren die bestmögliche Lösung zu finden (KPB/Thole Rn. 16).

C. Form der Zusammenarbeit und Information

10a Eine bestimmte Form für die Zusammenarbeit ist nicht vorgesehen. Vielmehr obliegt es dem Gericht, die gewünschte Form auszuwählen. Im Normalfall wird sich die direkte Kontaktaufnahme zB mittels Telefon oder E-Mail anbieten. Auch Videokonferenzen und Telefonkonferenzen sind Kontaktmöglichkeiten. Die schriftliche Kontaktaufnahme bzw. die Übersendung von Beschlusskopien kann unter Umständen ebenfalls sinnvoll sein. Unter Umständen ist der Abschluss einer Vereinbarung zwischen den Gerichten über die Zusammenarbeit angezeigt und sinnvoll (Uhlenbruck/Vallender Rn. 23).

D. Grenzen der Zusammenarbeit

11 Das Gesetz sieht wörtlich keine Grenzen der Zusammenarbeit vor. Ausweislich der Gesetzesbegründung darf eine Weitergabe von Informationen und eine Zusammenarbeit jedoch nicht erfolgen, wenn dies den Zielen des bei dem betroffenen Gericht geführten Insolvenzverfahren zuwiderlaufen würde (BT-Drs. 18/407, 33). Dies dürfte zumindest immer dann der Fall sein, wenn sich tatsächlich negative Auswirkungen für das betroffene Verfahren erwarten lassen. Darüber hinaus wird dieses Kriterium aber auch erfüllt sein, wenn Aufwand (finanziell und zeitlich) und Nutzen nicht mehr in einem vernünftigen Verhältnis stehen (MüKoInsO/Brünkmanns Rn. 27).

12 In § 269b fehlt eine ausdrückliche Regelung zur Frage, ob die Gläubigerinteressen im betreffenden Verfahren eine Grenze der Kooperation darstellen, während § 269a S. 1 ausdrücklich vorsieht, dass eine Zusammenarbeit der Insolvenzverwalter nicht zu erfolgen hat, soweit hierdurch die Interessen der Beteiligten des Verfahrens beeinträchtigt werden, für das sie bestellt sind. Strittig ist aus diesem Grund, ob die fehlende ausdrückliche Regelung in § 269b im Vergleich zu § 269a

dazu führt, dass an eine Kooperationsverweigerung der Insolvenzverwalter geringere Anforderungen zu stellen sind als an solche der Insolvenzgerichte (Braun/Fendel Rn. 11; aA KPB/Thole Rn. 23). Da sich der Gesetzgeber aber grundlegend für die Trennung der Vermögensmassen entschieden hat und die Wahrung der Interessen der Gläubiger in den jeweiligen Einzelverfahren weiterhin Hauptaugenmerk des Insolvenzverfahrens bleiben soll, sollte das Insolvenzgericht die mögliche Interessenkollision gründlich prüfen und Beeinträchtigungen von Gläubigerinteressen zwingend vermeiden. Insbesondere dürfen durch die Weitergabe von Informationen keine offenkundigen Nachteile für die Gläubiger des betroffenen Insolvenzverfahrens entstehen (BT-Drs. 18/407, 33).

E. Durchsetzung

Die Durchsetzung der Pflicht gegen den Willen des Insolvenzgerichts ist im Gesetz nicht vorgesehen. Allerdings dürfte es sich um eine echte Amtspflicht handeln, sodass eine Verletzung zu einem Amtshaftungsanspruch nach § 839 BGB iVm Art. 34 GG führen könnte, was mittelbar eine Einhaltung bewirken dürfte.   13

§ 269c Zusammenarbeit der Gläubigerausschüsse

(1) ¹Auf Antrag eines Gläubigerausschusses, der in einem Verfahren über das Vermögen eines gruppenangehörigen Schuldners bestellt ist, kann das Gericht des Gruppen-Gerichtsstands nach Anhörung der anderen Gläubigerausschüsse einen Gruppengläubigerausschuss einsetzen. ²Jeder Gläubigerausschuss oder vorläufige Gläubigerausschuss eines gruppenangehörigen Schuldners, der nicht von offensichtlich untergeordneter Bedeutung für die gesamte Unternehmensgruppe ist, stellt ein Mitglied des Gruppengläubigerausschusses. ³Ein weiteres Mitglied dieses Ausschusses wird aus dem Kreis der Vertreter der Arbeitnehmer bestimmt.

(2) ¹Der Gruppengläubigerausschuss unterstützt die Insolvenzverwalter und die Gläubigerausschüsse in den einzelnen Verfahren, um eine abgestimmte Abwicklung dieser Verfahren zu erleichtern. ²Die §§ 70 bis 73 gelten entsprechend. ³Hinsichtlich der Vergütung gilt die Tätigkeit als Mitglied im Gruppengläubigerausschuss als Tätigkeit in dem Gläubigerausschuss, den das Mitglied im Gruppengläubigerausschuss vertritt.

(3) Dem Gläubigerausschuss steht in den Fällen der Absätze 1 und 2 ein vorläufiger Gläubigerausschuss gleich.

Überblick

§ 269c bietet in Konzerninsolvenzverfahren die Möglichkeit, einen sämtlichen (vorläufigen) Gläubigerausschüssen übergeordneten (vorläufigen) Gruppengläubigerausschuss zu bilden. Ein solcher wird auf Antrag eines Gläubigerausschusses im Einzelverfahren bestellt (→ Rn. 5 ff.). Aus jedem Gläubigerausschuss wird ein Mitglied des Gruppengläubigerausschusses bestimmt (→ Rn. 15 ff.). Darüber hinaus schreibt das Gericht vor, dass zwingend ein Arbeitnehmervertreter Mitglied des Gruppengläubigerausschusses sein muss (→ Rn. 20 ff.).

Der Gruppengläubigerausschuss ist grundsätzlich wie ein normaler Gläubigerausschuss organisiert. Er hat jedoch überwiegend Koordinationsaufgaben wahrzunehmen und eine abgestimmte Abwicklung der Verfahren zu unterstützen (zu den Aufgaben im Einzelnen → Rn. 24 ff.).

Die Vergütung der Mitglieder erfolgt über den Gläubigerausschuss, in dem sie bestellt sind. Beim Arbeitnehmervertreter ist fraglich, was gelten soll, wenn dieser nicht Mitglied eines Gläubigerausschusses ist (hierzu ausf. → Rn. 29).

Übersicht

	Rn.		Rn.
A. Allgemeines	1	IV. Rechtsmittel	14
B. Bestellung	5	C. Zusammensetzung	15
I. Antrag	5	I. Entsendung aus jedem Gläubigerausschuss	15
II. Anhörung der anderen (vorläufigen) Gläubigerausschüsse	10	II. Nicht von offensichtlich untergeordneter Bedeutung	19
III. Beschluss	12		

	Rn.		Rn.
III. Arbeitnehmervertreter	20	F. Nachträgliche Änderungen/Erneuter Antrag	31
D. Rechte, Pflichte und Organisation	24		
E. Vergütung	29	G. Haftung	35

A. Allgemeines

1 Jeder in einem konzernangehörigen Verfahren bestellte (vorläufige) Gläubigerausschuss entsendet jeweils einen Vertreter in die Gruppengläubigerausschüsse. Ausgenommen sind (vorläufige) Gläubigerausschüsse, die in Verfahren über das Vermögen eines Schuldners bestellt sind, der für die gesamte Unternehmensgruppe von untergeordneter Bedeutung ist (hierzu ausf. → § 3a Rn. 13 ff.).

2 Aufgabe des so bestellten (vorläufigen) Gruppengläubigerausschusses ist es, eine abgestimmte Abwicklung der einzelnen Verfahren zu erleichtern. Dies soll insbesondere durch Unterstützung der Insolvenzverwalter und der einzelnen Gläubigerausschüsse geschehen.

3 Ziel ist es auch mit Bezug auf die (vorläufigen) Gläubigerausschüsse, die Möglichkeit einer institutionalisierten Zusammenarbeit sicherzustellen (BT-Drs. 18/407, 34). Durch diese koordinierte Zusammenarbeit der (vorläufigen) Gläubigerausschüsse sollen die Insolvenzverwalter dazu angehalten werden, abgestimmte Restrukturierungsziele zu verfolgen und von unproduktiven Prozessen gegen Verwalter anderer gruppenangehöriger Schuldner abzusehen. Der Gruppengläubigerausschuss soll insoweit als Interessenvertretung sämtlicher Gläubiger dienen (BT-Drs. 18/407, 34).

4 Ein Gruppengläubigerausschuss kann auch im Rahmen eines Koordinationsverfahrens iSd §§ 269d ff. gebildet werden. In diesem Fall ist er gehalten, auch den Verfahrenskoordinator zu unterstützen (BT-Drs. 18/407, 34). Zudem muss er über den Koordinationsplan abstimmen (§ 269h Abs. 1 S. 2) und sich zur Person des Verfahrenskoordinators äußern sowie zu den an dessen Person zu stellenden Anforderungen (§ 269e Abs. 2).

B. Bestellung

I. Antrag

5 Die Bestellung erfolgt lediglich auf **Antrag eines (vorläufigen) Gläubigerausschusses** beim Gericht des Gruppengerichtsstands.

6 Eine Einsetzung von Amts wegen kommt nicht in Frage. Fehlt es an einem Antrag, kommt selbst bei Erreichen der Schwellenwerte von § 22a durch die Unternehmensgruppe oder einer Gesellschaft der Unternehmensgruppe keine Einsetzung eines Gruppengläubigerausschusses in Betracht (BT-Drs. 18/407, 34; Pleister ZIP 2013, 1013 (1016)).

7 Wurde **kein Gruppengerichtsstand iSd § 3a** gebildet, ist die Vorschrift nicht anwendbar (aA KPB/Thole Rn. 8). Schon der Wortlaut spricht in diesen Fällen gegen die Einsetzung eines Gruppengläubigerausschusses. Darüber hinaus dürfte bei fehlender Anordnung eines Gruppengerichtsstands eine Zusammenarbeit der Gläubigerausschüsse regelmäßig nicht sinnvoll sein (→ Rn. 7.1).

7.1 Dies ergibt sich bereits aus den möglichen Fallgestaltungen, in denen es denkbar ist, dass ein Gruppengerichtsstand nicht begründet wird. Dies ist zum einen der Fall, wenn die jeweiligen Schuldner keinen Antrag auf Begründung eines Gruppengerichtsstands gestellt haben. In diesem Fall haben die Schuldner bzw. die geschäftsführenden Organe der Schuldner kein Interesse an einer gemeinsamen Koordination der Verfahren. Eine Zusammenarbeit der Gläubiger wäre in diesen Fällen ebenfalls nicht zielführend. Durch den Gruppengläubigerausschuss würden aber weitere Kosten entstehen. Darüber hinaus kann die Begründung eines Gruppengerichtsstands abgelehnt werden, wenn Zweifel daran bestehen, dass eine Verfahrenskonzentration am angerufenen Gericht im gemeinsamen Interesse der Gläubiger liegt (§ 3a Abs. 2). Wenn dies aber der Fall ist, dann muss es so sein, dass durch die Konzentration und gemeinsame Abwicklung Mehrkosten und damit Nachteile für die Gläubiger entstehen. Es ist kaum vorstellbar, dass in derartigen Fällen die Bestellung eines mehrkostenverursachenden Gruppengläubigerausschusses förderlich ist. Vielmehr ist in solchen Fällen vom Fehlen des Koordinierungsbedarfs auszugehen, denn sonst wäre ja ein Gruppengerichtsstand begründet worden (aA KPB/Thole Rn. 8).

8 Der Antrag ist vom (vorläufigen) Gläubigerausschuss **als Gremium** zu stellen. Eine Antragstellung nur einzelner Mitglieder des Organs genügt nicht (Braun/Fendel Rn. 5; Flöther Konzern-

InsR-HdB/Hoffmann § 4 Rn. 80). Für die Antragstellung bedarf es eines ordnungsgemäß zustande gekommenen Beschlusses des (vorläufigen) Gläubigerausschusses (vgl. hierzu im Einzelnen Flöther KonzernInsR-HdB/Hoffmann § 4 Rn. 81; zur Beschlussfassung von Gläubigerausschüssen → § 72 Rn. 1 ff.). Die Beschlussfassung muss nicht einstimmig erfolgen, sondern es ist ein wirksamer Mehrheitsbeschluss iSv § 72 notwendig.

Besondere **Form- und Fristvorschriften** sind für die Antragstellung nicht einzuhalten (Flöther KonzernInsR-HdB/Hoffmann § 4 Rn. 82). 9

II. Anhörung der anderen (vorläufigen) Gläubigerausschüsse

Die übrigen (vorläufigen) Gläubigerausschüsse gruppenangehöriger Unternehmen sind zum Antrag zu hören. 10

Im Rahmen der Anhörung können die jeweiligen Gläubigerausschüsse Vorschläge zur Besetzung machen (BT-Drs. 18/407, 34). 11

III. Beschluss

Das Gericht des Gruppengerichtsstands entscheidet nach **pflichtgemäßem Ermessen**, ob die Bestellung eines Gruppengläubigerausschusses unter Berücksichtigung aller Umstände (insbesondere Aufwand und Nutzen) sinnvoll ist. Dabei sind auch die Stellungnahmen der übrigen (vorläufigen) Gläubigerausschüsse im Rahmen der Anhörung zu berücksichtigen (BT-Drs. 18/407, 34). Bei der Entscheidung ist auch der mit der Einsetzung verbundene Aufwand zu berücksichtigen (Bt-Drs. 18/407, 34) und in Verhältnis zum Nutzen zu setzen. 12

Neben der Entscheidung, ob überhaupt ein Gruppengläubigerausschuss einzusetzen ist, hat das Gericht in seinem Beschluss auch noch die Besetzung des Gläubigerausschusses bekanntzugeben, wobei das Gericht hinsichtlich der Besetzung an die Personenvorschläge der Gläubigerausschüsse gebunden sein dürfte, sofern die Vorschläge nicht offensichtlich gesetzeswidrig sind („jeder Gläubigerausschuss stellt ein Mitglied das Gruppengläubigerausschusses"). 13

Funktional zuständig für den Erlass des Beschlusses ist im Eröffnungsverfahren nach § 18 Abs. 1 Nr. 1 RPflG der Richter, im eröffneten Verfahren nach § 18 Abs. 1 Nr. 3 RPflG der Rechtspfleger. Da es sich um eine Ermessensentscheidung handelt, sollte sich der Richter die Entscheidung gem. § 18 Abs. 2 RPflG vorbehalten (s. auch Jaeger/Piekenbrock Rn. 18). 13a

IV. Rechtsmittel

Gegen die Entscheidung des Richters ist kein Rechtsmittel vorgesehen (§ 6). Entscheidet der Rechtspfleger, ist gegen die Entscheidung die Rechtspflegererinnerung nach § 11 Abs. 2 RPflG statthaft. 14

C. Zusammensetzung

I. Entsendung aus jedem Gläubigerausschuss

Ausweislich des Gesetzeswortlauts entsendet jeder (vorläufige) Gläubigerausschuss, der nicht von offensichtlich untergeordneter Bedeutung ist (hierzu im Einzelnen → § 3a Rn. 13 ff.), einen Vertreter in den Gruppengläubigerausschuss, auch wenn über die konkrete Besetzung des Gruppen-Gläubigerausschusses am Ende das Gericht entscheidet. 15

Bei großen Konzernen mit vielen gleichberechtigten Schwester- und Tochtergesellschaften kann dies zu einer unüberschaubaren Personenzahl führen. Aufgrund der dadurch entstehenden erheblichen Mehrkosten und der Frage, ob ein solch großes Gremium überhaupt die erforderlichen schnellen Entscheidungen treffen kann, dürften die Insolvenzgerichte zu große Gruppengläubigerausschüsse regelmäßig nach pflichtgemäßem Ermessen ablehnen (vgl. hierzu auch Braun/Fendel Rn. 8; Flöther KonzerninsolvenR-HdB § 4 Rn. 91; aA wohl MüKoInsO/Knof Rn. 37). 16

Praktisch ist es derzeit üblich, in Konzernen mit vielen Gesellschaften (sofern rechtlich möglich) in verschiedenen konzernangehörigen Gläubigerausschüssen die **gleichen Gläubigervertreter** einzusetzen (so auch MüKoInsO/Brünkmans KonzerninsolvenzR Rn. 87). Zum Teil werden sogar Nichtgläubiger zum Mitglied des Gläubigerausschusses bestellt. Damit wird der Arbeits- und Kostenaufwand in Konzerninsolvenzverfahren gering gehalten, da die bereits bestellten Mitglieder anderer gruppenangehöriger Insolvenzverfahren bereits in das Verfahren eingearbeitet sind und über weit mehr Kenntnisse auch hinsichtlich der insolvenzrechtlichen Fragen verfügen, als ein neu zu bestellender Gläubiger des betroffenen Unternehmens (vgl. hierzu auch Braun/Fendel 17

InsO § 269c   Sechster Teil. Insolvenzplan

Rn. 10). Es erscheint daher auch weiterhin sinnvoll, Gläubigerausschüsse mit möglichst vielen sich überschneidenden Personen zu bestellen und dies auch bei der Bestellung des Gruppengläubigerausschusses zu beachten (MüKoInsO/Brünkmans KonzerninsolvenzR Rn. 87). Damit würden nicht zuletzt die Abstimmung zwischen den Gläubigervertretern und die Terminabstimmung für Sitzungen des (vorläufigen) Gläubigerausschusses erleichtert.

18   Nicht sinnvoll ist es allerdings, Personen in den Gruppengläubigerausschuss zu bestellen, die **noch nicht bestelltes Mitglied eines gruppenangehörigen Gläubigerausschusses** sind. Schließlich würden durch deren Einarbeitungszeiten Mehrkosten entstehen, während bereits in einem Verfahren bestellte Gläubigervertreter umfassend eingearbeitet sind bzw. sich zumindest nur einmal auf Kosten der Masse einarbeiten müssen (Flöther KonzernInsR-HdB/Hoffmann § 4 Rn. 94). Zudem fehlt im Gesetz auch eine Verweisung auf § 67 Abs. 3, sodass davon auszugehen ist, dass eine Bestellung von Nichtgläubigern auch nicht gewünscht ist.

II. Nicht von offensichtlich untergeordneter Bedeutung

19   Der Schuldner darf zudem nicht offensichtlich von untergeordneter Bedeutung für die gesamte Unternehmensgruppe sein. Damit greift der Gesetzgeber die Voraussetzung aus § 3a auf, dessen Regelungen hier entsprechend anwendbar sind. Wann im Regelfall keine untergeordnete Rolle vorliegt, richtet sich gem. § 3a Abs. 1 S. 2 nach der Anzahl der Arbeitnehmer, der Bilanzsumme und den Umsatzerlösen (hierzu im Einzelnen → § 3a Rn. 20 ff.).

III. Arbeitnehmervertreter

20   Das Gericht hat neben den durch die Gläubigerausschüsse bestellten Mitgliedern des Gruppengläubigerausschusses einen Vertreter der Arbeitnehmer als weiteres Mitglied zu bestimmen.

21   Da wegen einer fehlenden Verweisung von § 67 Abs. 3 keine Nichtgläubiger bestellt werden können, wird die Besetzung mit einem fachkundigen Vertreter der Gewerkschaft regelmäßig ausscheiden (vgl. hierzu ausf. Mückl/Götte ZInsO 2017, 623 (627)).

22   Sinnvoll wird es regelmäßig sein, einen Vertreter aus einem Betriebsrat, Gesamtbetriebsrat oder Konzernbetriebsrat zu bestellen. Bei diesen Personen ist davon auszugehen, dass sie die Interessen sämtlicher Gläubiger sinnvoll vertreten (Mückl/Götte ZInsO 2017, 623 (627); Wernicke/Schneider BB 2018, 948 (952)). Zwingend ist es allerdings nicht, dass die zu bestellenden Personen Mitglieder des Betriebsrates oder des Gesamtbetriebsrates sind (Wroblewski ZInsO 2018, 2512 (2514)). Ob bei einem Vertreter des Sprecherausschusses tatsächlich davon auszugehen ist, dass er die Interessen sämtlicher Arbeitnehmer vertritt, erscheint zweifelhaft. Vielmehr handelt es sich beim Sprecherausschuss um ein Repräsentationsorgan eines kleinen Kreises von Arbeitnehmern (aA Mückl/Götte ZInsO 2017, 623 (627)). Denkbar ist es auch, die Bundesagentur für Arbeit als (zukünftige) Gläubigerin in den Gruppengläubigerausschuss zu bestellen. Freilich fehlt es hierfür an einer ausdrücklichen Regelung vergleichbar mit § 21 Abs. 2 Nr. 1a oder § 67 Abs. 3. Dennoch sollte die Möglichkeit bestehen, die Bundesagentur für Arbeit als Mitglied des Gruppengläubigerausschusses zu bestellen, da diese spätestens mit Verfahrenseröffnung Gläubiger wird. Eine gesetzliche Klarstellung wäre an dieser Stelle wünschenswert.

23   Damit auch die Interessen eines Großteils der Mitarbeiter vertreten werden und nicht nur einiger weniger, sollte die Regel, dass der Vertreter nicht aus einem Verfahren von untergeordneter Bedeutung stammt, auch für den Arbeitnehmervertreter gelten (KPB/Thole Rn. 13).

D. Rechte, Pflichte und Organisation

24   Der Gruppengläubigerausschuss **organisiert** sich ebenfalls wie ein „normaler" Gläubigerausschuss selbst (Flöther KonzernInsR-HdB/Hoffmann § 4 Rn. 117). Er leitet auch seine Geschäfte selbst. Allerdings wird es bei den Selbstverwaltungsaufgaben des Gruppengläubigerausschusses, wie bereits bei „normalen" Gläubigerausschüssen üblich, eine umfassende Unterstützung durch die Insolvenzverwalter geben (vgl. hierzu im Einzelnen Flöther KonzernInsR-HdB/Hoffmann § 4 Rn. 117 ff.). Beschlüsse fasst der Gruppengläubigerausschuss nach § 72 (§ 269c Abs. 2 S. 2) (→ Rn. 24.1). Das heißt, er entscheidet mit Kopfmehrheit (die Mehrheit der anwesenden Mitglieder).

24.1   Anders als beim einfachen Gläubigerausschuss (vgl. hierzu K. Schmidt InsO/Jungmann § 72 Rn. 1) dürften Gläubigervertreter, die personenidentisch für mehrere Gläubigerausschüsse bestellt wurden, entsprechend für jedes Verfahren, welches sie vertreten, eine Stimme haben (aA KPB/Thole Rn. 20). Im Übrigen hat jedes Mitglied aber nur eine Stimme unabhängig von der Bedeutung des jeweilig zu vertretenden

Schuldners für den Konzern (Flöther KonzernInsR-HdB/Hoffmann § 4 Rn. 125; KPB/Thole Rn. 20; krit. hierzu Andres/Möhlenkamp BB 2013, 579 (586)).

Rechte und Pflichten des Gruppengläubigerausschusses können sein: 25
- Abstimmung über den Koordinationsplan (§ 269h Abs. 1 S. 2)
- Äußerung zur Person des Verfahrenskoordinators sowie zu den an seine Person zu stellenden Anforderungen (§ 269e Abs. 2)
- Unterstützung der Insolvenzverwalter
- Unterstützung der einzelnen Gläubigerausschüsse.

Eine **Unterstützung des Verfahrenskoordinators** sieht das Gesetz für den Gruppengläubiger- 26
ausschuss nicht als Aufgabe vor. Der Ausschuss hat auch kein Recht zur Anregung eines Koordinationsverfahrens (hierzu → § 269d Rn. 7). Allerdings wird man davon ausgehen können, dass der Gruppengläubigerausschuss mittelbar über die einzelnen Gläubigerausschüsse Einfluss nehmen und auf eine Anregung zur Bestellung eines Gruppengläubigerausschusses indirekt hinwirken kann. Im Einzelnen strittig ist die Frage, ob die Äußerung zur Person des Verfahrenskoordinators sowie zu den an seine Person zu stellenden Anforderungen nach § 269e Abs. 2 für das Insolvenzgericht bindend sind (hierzu → § 269e Rn. 13).

Wie die Unterstützung der Insolvenzverwalter und der einzelnen Gläubigerausschüsse zu erfol- 27
gen hat, ist vom Einzelfall abhängig und muss nach den Bedürfnissen im jeweiligen Verfahren ausgestaltet werden. Die einzelnen Gläubigerausschüsse und Insolvenzverwalter bleiben weiterhin verpflichtet, vom Gruppengläubigerausschuss empfohlene Maßnahmen für ihr eigenes Verfahren auf Recht- und Zweckmäßigkeit zu prüfen (so auch KPB/Thole Rn. 15; krit. zur Frage, ob ein Gruppengläubigerausschuss überhaupt einen Mehrwert für das Verfahren hat, Harder/Lojowsky NZI 2013, 327 (331 aE)).

Eine **Verpflichtung zur Zusammenarbeit** normiert das Gesetz bewusst nicht (BT-Drs. 18/ 28
407, 35). Durch die Gläubigerautonomie wird eine solche grundsätzlich ausgeschlossen. Es sollte aber zumindest eine Möglichkeit bestehen, Gläubiger(-ausschüsse) zu überstimmen, die einen sinnvollen und massegenerierenden Sanierungsprozess ohne vernünftigen Grund blockieren (vgl. hierzu im Einzelnen Brünkmanns ZIP 2013, 193 (201)).

E. Vergütung

Hinsichtlich der Vergütung gilt die Tätigkeit als Mitglied im Gruppengläubigerausschuss als 29
Tätigkeit in dem Gläubigerausschuss, den das Mitglied im Gruppengläubigerausschuss vertritt. Das bedeutet, dass die Abrechnung jeweils über die Masse des Verfahrens erfolgt, welches der Entsandte vertritt. Es ist kein gesonderter Antrag nötig. Vielmehr gilt die Tätigkeit im Gruppengläubigerausschuss als Tätigkeit im „normalen" Gläubigerausschuss des Einzelverfahrens (Flöther KonzernInsR-HdB/Hoffmann § 4 Rn. 137). Der Vergütungsanspruch wird gem. § 269c Abs. 2 S. 2, §§ 73, 64 Abs. 1 vom Insolvenzgericht festgesetzt, das den Gläubigervertreter in den „normalen" Gläubigerausschuss bestellt hat. Für den Fall, dass der Arbeitnehmervertreter kein Mitglied eines „normalen" Gläubigerausschusses ist, fehlt es an einer gesetzlichen Regelung zur Frage der Vergütung. Da aber keine Nichtgläubiger zu Mitgliedern des Gruppengläubigerausschusses gewählt werden dürfen (hierzu → Rn. 10 und → Rn. 15), müsste der Arbeitnehmervertreter zumindest in einem Verfahren Gläubiger sein. In diesem Verfahren sollte er seine Tätigkeit im Gruppengläubigerausschuss auch abrechnen können. Ist er in verschiedenen Verfahren Gläubiger, sollte seine Vergütung gleichmäßig aufgeteilt werden.

Vertritt eine Person mehrere Gläubigerausschüsse, sollte zunächst geschaut werden, ob die 30
entstandenen Kosten einem Verfahren zuzurechnen sind. In der Regel wird eine solche Trennung aber nicht möglich sein. Dann sollte eine gleichmäßige Aufteilung auf die jeweiligen Verfahren erfolgen.

F. Nachträgliche Änderungen/Erneuter Antrag

Sollte ein Antrag auf Einsetzung eines Gruppengläubigerausschusses zunächst vom Gericht 31
abgelehnt worden sein, steht es den Gläubigerausschüssen der konzernverbundenen Unternehmen frei, jederzeit einen neuen Antrag zu stellen. Auch sonst ist es in jeder Lage des Verfahrens zulässig, einen derartigen Antrag zu stellen. Das Gesetz sieht hierzu keinerlei Begrenzungen vor.

Sollte später in weiteren Insolvenzverfahren über das Vermögen gruppenangehöriger Schuldner 32
ein Gläubigerausschuss bestellt werden, müssen die Mitglieder des betroffenen Gläubigerausschusses einen **Antrag auf Partizipation am Gruppengläubigerausschuss** stellen (→ Rn. 32.1).

32.1 Dies entspricht zwar nicht dem Wortlaut der Norm. Es ist allerdings zum Schutz der Gläubigerautonomie notwendig (Braun/Fendel Rn. 17; Flöther KonzernInsR-HdB/Hoffmann § 4 Rn. 102).

33 Eine **Entlassung von Mitgliedern** aus wichtigem Grund (zB im Fall eines schwerwiegenden Pflichtverstoßes oder einer Pflichtenkollision) muss über die Verweisung von § 269c Abs. 2 S. 2 auf § 70 wie bei einem „normalen" Gläubigerausschuss von Amts wegen, auf Antrag des betroffenen Mitglieds des Gruppengläubigerausschusses sowie auf Antrag der Gläubigerversammlung des Verfahrens, aus dem das Mitglied stammt, erfolgen. Ein Antragsrecht der Gläubigerversammlungen weiterer Verfahren besteht nicht, weil dies die Möglichkeit bieten würde, unliebsame Gläubigerinteressen anderer Verfahren zu torpedieren (ähnlich auch KPB/Thole Rn. 17) (→ Rn. 33.1). Die Entlassung erfolgt durch Beschluss des Gerichts. Gegen diesen ist die sofortige Beschwerde statthaftes Rechtsmittel (§ 70 S. 3).

33.1 Eines Antrags bedarf es ua nicht, wenn die Voraussetzungen für eine Mitgliedschaft im Gruppengläubigerausschuss später wegfallen, weil bspw. der Gläubigerausschuss im Einzelverfahren aufgelöst wird oder das Mitglied aus dem Gläubigerausschuss im Einzelverfahren entlassen wird. In diesen Fällen erlischt das Amt automatisch (Braun/Fendel Rn. 18; Flöther KonzernInsR-HdB/Hoffmann § 4 Rn. 101; aA MüKoInsO/Brünkmanns Rn. 22).

34 Die **Auflösung des gesamten Gläubigerausschusses** durch Beschluss des Gruppengerichts ist bisher gesetzlich nicht vorgesehen. Eine Analogie über § 70 Abs. 1 S. 1 erscheint sehr weitgehend, da die Vorschrift nur die Entlassung einzelner Mitglieder des Gläubigerausschusses vorsieht. Auch eine Entlassung sämtlicher Mitglieder nach § 70 Abs. 1 S. 1 erscheint fragwürdig. Sie würde zumindest einen starken Eingriff in den Grundsatz der Gläubigerautonomie darstellen (aA KPB/Thole Rn. 14).

G. Haftung

35 Bei Verletzung der Pflichten durch Mitglieder des Gruppen-Gläubigerausschusses (→ Rn. 25), haften diese über die Verweisung auf § 71. Die Haftung besteht gegenüber den Insolvenzgläubigern und absonderungsberechtigten Gläubigern sämtlicher betroffener Verfahren. Damit ergibt sich eine erhebliche Erweiterung der ersatzberechtigten Personen. Um diesem erweiterten Risiko gerecht zu werden, sollte eine gesonderte Haftpflichtversicherung für die Mitgliedschaft des Gruppen-Gläubigerausschusses abgeschlossen werden. Da sich der Gesetzgeber gegen die Konsolidierung der Haftungsmassen entschieden hat, kann ein Gesamtschaden iSv § 92 nur von den einzelnen Insolvenzverwaltern für die jeweilige Masse geltend gemacht werden (MüKoInsO/Knof Rn. 26).

§ 269d Koordinationsgericht

(1) Wird über die Vermögen von gruppenangehörigen Schuldnern die Eröffnung von Insolvenzverfahren beantragt oder wurden solche Verfahren eröffnet, kann das für die Eröffnung von Gruppen-Folgeverfahren zuständige Gericht (Koordinationsgericht) auf Antrag ein Koordinationsverfahren einleiten.

(2) [1]Antragsberechtigt ist jeder gruppenangehörige Schuldner. [2]§ 3a Absatz 3 findet entsprechende Anwendung. [3]Antragsberechtigt ist auch jeder Gläubigerausschuss oder vorläufige Gläubigerausschuss eines gruppenangehörigen Schuldners auf der Grundlage eines einstimmigen Beschlusses.

Überblick

§ 269d regelt, dass das Gruppengericht die Möglichkeit hat, ein Koordinationsverfahren iSv §§ 269d–i einzuleiten. Für diesen Fall trägt das Gericht den Namen Koordinationsgericht. § 269d Abs. 2 regelt darüber hinaus die Antragsberechtigung hinsichtlich eines Koordinationsverfahrens (im Einzelnen zur Antragsberechtigung → Rn. 4).

A. Allgemeines

1 Auf Antrag eines nach Abs. 2 Antragsberechtigten kann das nach § 3a für Gruppenfolgeverfahren zuständige Insolvenzgericht ein Koordinationsverfahren eröffnen (dann Koordinationsgericht). Im Einzelnen ist das Koordinationsverfahren in §§ 269d–269i geregelt. Das Koordinationsverfahren soll über die in §§ 269a–269c geregelten Vorschriften zur Kooperation hinaus die Abstimmung zwischen den Einzelverfahren mit verschiedenen Insolvenzverwaltern verbessern, ohne die Selbstständigkeit der Einzelverfahren in Frage zu stellen (BT-Drs. 18/407, 2). Es handelt sich mithin um eine Art „gerichtlich beaufsichtigte Mediation" (Madaus NZI 2018, 4 (5)). Ziel ist es, die verfahrensrechtlichen Voraussetzungen für eine engere Koordinierung der Einzelverfahren schaffen (BT-Drs. 18/407, 22).

Bisher existiert keine Regelung zur Aufhebung des Koordinationsverfahrens. Zumindest für 2 den Fall, dass lediglich ein Verfahren übrigbleibt oder lediglich eine Person als Insolvenzverwalter sämtlicher Konzernglieder verbleibt, sollte das zuständige Gericht einen Beschluss über die Aufhebung des Koordinationsverfahrens treffen, weil in diesen Fällen kein Koordinationsbedarf mehr besteht. Das Gericht sollte zuvor sämtliche Verfahrensbeteiligte anhören, um Konflikten vorzubeugen (vgl. hierzu auch Braun/Esser Rn. 23).

B. Zuständiges Gericht

Zuständig ist das nach § 3a zuständige Gericht des Gruppengerichtsstandes (BT-Drs. 18/407, 3 35; zum Gericht des Gruppengerichtsstands im Einzelnen → § 3a Rn. 1 ff.). Das Gericht muss sich vor der Entscheidung über die Eröffnung des Koordinationsverfahrens bereits als Gericht des Gruppengerichtstandes iSd § 3a für zuständig erklärt haben bzw. seine Zuständigkeit als Gericht des Gruppengerichtsstands sowie die Einleitung des Koordinationsverfahrens gleichzeitig beschließen (Blankenburg ZInsO 2018, 897 (905); KPB/Thole Rn. 9; aA Laroche ZInsO 2017, 2585 (2595)). Aufgrund des Wortlauts, nach dem das Koordinationsgericht das für die Eröffnung von Gruppen-Folgeverfahren zuständige Gericht ist, ergibt sich, dass zuvor die Begründung eines Gruppengerichtsstands beantragt worden sein und sich das Gericht für zuständig erklärt haben muss. Wurde noch kein Antrag auf Begründung eines Gruppen-Gerichtsstands nach § 3a gestellt, ist der Antrag auf Einleitung eines Koordinationsverfahrens dahingehend auszulegen, dass bei dem angerufenen Gericht auch der Gruppengerichtsstand begründet werden soll (vgl. hierzu auch Braun/Esser Rn. 12).

C. Antrag

Das Koordinationsverfahren kann nur auf Antrag und nicht von Amts wegen eröffnet werden 4 (MüKoInsO/Brünkmanns Rn. 8). Die **Antragsberechtigung** ergibt sich aus § 269d Abs. 2. Antragsberechtigt sind danach der Schuldner sowie jeder (vorläufige) Gläubigerausschuss eines gruppenangehörigen Schuldners, sofern dessen Mitglieder einen einstimmigen Beschluss getroffen haben, einen derartigen Antrag stellen zu wollen. Hinsichtlich des Beschlusses gelten die allgemeinen Vorschriften, die für ein ordnungsgemäßes Zustandekommen eines Beschlusses des Gläubigerausschusses im Einzelverfahren gelten (§ 72, hierzu auch → § 72 Rn. 1 ff.).

Gemäß § 269d Abs. 2 S. 2 iVm § 3a Abs. 3 geht die Antragsberechtigung des Schuldners mit 5 Verfahrenseröffnung auf den Insolvenzverwalter und mit Bestellung eines vorläufigen Insolvenzverwalters mit Verfügungsbefugnis („starker vorläufiger Verwalter") auf diesen über. Im Fall der Eigenverwaltung verbleibt das Antragsrecht beim Schuldner (§ 270d S. 2; im Einzelnen zur Antragsberechtigung hinsichtlich der Begründung eines Gruppengerichtsstands → § 3a Rn. 11).

Da zur Antragstellung lediglich der „Schuldner" oder ein Gläubigerausschuss berechtigt ist, 6 kann der Antrag nur von gruppenangehörigen Schuldnern gestellt werden, die zumindest bereits einen Antrag auf Eröffnung des Insolvenzverfahrens gestellt haben (aA KPB/Thole Rn. 14). Ein Antragsrecht für von der Insolvenz überhaupt nicht betroffene Gruppengesellschaften erscheint nicht zielführend. Schließlich würden diese auch nicht am Koordinationsverfahren beteiligt (KPB/Thole Rn. 14). Es ist daher nicht ersichtlich, warum sie unter Umständen sogar gegen den Willen der übrigen Gruppengesellschaften ein Koordinationsverfahren herbeiführen können sollten, von dem sie letztendlich noch nicht einmal direkt profitieren.

Der Gruppen-Gläubigerausschuss ist nicht antragsberechtigt. Die Einführung eines Antrags- 7 rechts wäre aber durchaus sinnvoll (Braun/Esser Rn. 15; MüKoInsO/Brünkmanns KozerninsolvenzR Rn. 84). Ein solches würde dem Gruppen-Gläubigerausschuss als Repräsentationsorgan sämtlicher Gläubiger des Konzerns ein weiteres Recht zur effektiven Durchsetzung der Gläubigerautonomie gewähren.

Ein **Zeitpunkt** für die Antragstellung ist nicht vorgesehen. Vielmehr ergibt sich aus der Verwei- 8 sung auf § 3a Abs. 3, dass der Antrag auch noch im laufenden Verfahren gestellt werden kann. Der Antrag ist wie der Eröffnungsantrag schriftlich zu stellen (MüKoInsO/Brünkmanns Rn. 10).

D. Entscheidung des Gerichts

9 Das Gericht trifft seine Entscheidung durch Beschluss. Funktional zuständig ist gem. § 18 Abs. 1 Nr. 3 RPflG der Richter. Ein Rechtsmittel gegen den Beschluss ist nicht vorgesehen (§ 6).

10 Das Gericht kann nach **Ermessen** über die Einleitung eines Koordinationsverfahrens entscheiden (KPB/Thole Rn. 20). Von einer Ermessensreduzierung auf Null ist auszugehen, wenn das Koordinationsverfahren für keinen der beteiligten Schuldner Nachteile und für mindestens einen beteiligten Schuldner einen Vorteil mit sich bringt, denn dann dürfte die Anordnung im Interesse der Gläubiger liegen (so auch Brünkmanns ZIP 2013, 193 (201); KPB/Thole Rn. 21; vgl. auch BT-Drs. 18/407, 35). Eine Anordnung hat zu unterbleiben, wenn das Verfahren keine Vorteile erwarten lässt, die in einem angemessenen Verhältnis zu den Mehrkosten stehen (BT-Drs. 18/407, 35). Da die Mehrkosten von der Masse des Antragstellers zu tragen sind (§ 23 Abs. 6 GKG), ist insbesondere darauf zu achten, dass dieser Masse ein Vorteil durch das Koordinationsverfahren zukommen muss, der über den zusätzlichen Kosten liegt oder diese zumindest aufwiegt. Für die Ausübung freien Ermessens bleibt daher wenig Raum.

11 Im Einzelnen wird das Gericht auch hier das gemeinsame Interesse der Gläubiger wie in § 3a Abs. 3 ermitteln müssen (hierzu im Einzelnen → § 3a Rn. 27 ff.).

E. Verhältnis zum Koordinationsverfahren der EuInsVO

12 Das deutsche Koordinationsverfahren ist vom **Gruppenkoordinationsverfahren der EuInsVO (Art. 61–77 EuInsVO)** abzugrenzen. Die Regelungen der EuInsVO gelten dabei lediglich für Unternehmensgruppen, in denen mindestens zwei gruppenangehörigen Schuldnern Insolvenzverfahren in verschiedenen EU-Mitgliedstaaten eröffnet wurden. §§ 269d ff. gelten wiederum lediglich in Verfahren von gruppenangehörigen Schuldnern, über deren Vermögen das Hauptinsolvenzverfahren in Deutschland eröffnet wurde. Damit finden bei rein innerdeutschen Verfahren lediglich die §§ 269d ff. Anwendung. Im Einzelnen umstritten ist, ob ein Koordinationsverfahren nach deutschem und europäischem Recht parallel nebeneinander abgewickelt werden kann (dafür Braun/Esser Rn. 8; dagegen KPB/Thole Rn. 6). Aufgrund der unterschiedlichen Regelungen und unter Umständen verwirrender Situationen aufgrund parallel bestehender Koordinationspläne erscheint dies aber nicht sinnvoll (Jaeger/Piekenbrock Rn. 3). Vielmehr ist von einem Anwendungsvorrang des europäischen Verfahrens auszugehen, sofern ein Gruppenkoordinationsverfahren eingeleitet wurde (MüKoInsO/Brünkmanns Rn. 5; Uhlenbruck/Mock Rn. 5). Ein zuvor eingeleitetes Koordinationsverfahren nach deutschem Recht ist einzustellen, wenn ein Koordinationsverfahren nach Art. 61 EuInsVO eröffnet wird (KPB/Thole Rn. 8).

§ 269e Verfahrenskoordinator

(1) ¹Das Koordinationsgericht bestellt eine von den gruppenangehörigen Schuldnern und deren Gläubigern unabhängige Person zum Verfahrenskoordinator. ²Die zu bestellende Person soll von den Insolvenzverwaltern und Sachwaltern der gruppenangehörigen Schuldner unabhängig sein. ³Die Bestellung eines gruppenangehörigen Schuldners ist ausgeschlossen.

(2) Vor der Bestellung des Verfahrenskoordinators gibt das Koordinationsgericht einem bestellten Gruppen-Gläubigerausschuss Gelegenheit, sich zu der Person des Verfahrenskoordinators und den an ihn zu stellenden Anforderungen zu äußern.

Überblick

Für den Fall, dass das Gruppengericht ein Koordinationsverfahren eröffnet (dann Koordinationsgericht gem. § 269 Abs. 1), ist von diesem Gericht ein Verfahrenskoordinator zu bestellen.

A. Allgemeines

1 Der Verfahrenskoordinator soll als Hauptfigur des Koordinationsverfahrens gleich einem Mediator zwischen den einzelnen Insolvenz-/Sachwaltern vermitteln (BT-Drs. 18/407, 23). Darüber hinaus sollte er einen Gesamtüberblick über sämtliche Verfahren haben und eigene, unabhängige Vorstellungen über das Interesse des gesamten Konzerns hinsichtlich der Sanierung und des gebotenen Vorgehens haben und entwickeln (KPB/Thole Rn. 1).

Der Verfahrenskoordinator muss vom Schuldner, den Gläubigern sowie von den bereits bestellten Insolvenzverwaltern bzw. Sachwaltern unabhängig sein. Mit der Bestellung eines neutralen Dritten soll sichergestellt werden, dass der Verfahrenskoordinator nicht mit Partikularinteressen eines einzelnen Verfahrens oder einer einzelnen Beteiligtengruppe belastet ist. Er soll die Koordinationsaufgaben dadurch unabhängig wahrnehmen und die Fähigkeit besitzen, zwischen den einzelnen Verwaltern als Mediator zu vermitteln (BT-Drs. 18/407, 23). 2

Ein Bedürfnis zur Bestellung eines Verfahrenskoordinators besteht nur, wenn mehrere personenverschiedene Insolvenzverwalter bestellt wurden, denn nur in diesen Fällen gibt es tatsächlich Koordinationsbedarf (KPB/Thole Rn. 1). 3

B. Bestellung eines Verfahrenskoordinators – Person des Verfahrenskoordinators

Bei der Auswahl der Person des Verfahrenskoordinators sollte insbesondere darauf geachtet werden, dass er eine Persönlichkeit hat, die dazu geeignet ist, die Vielzahl von Interessen in Einklang zu bringen, die bei einem Koordinationsverfahren aufeinandertreffen (BT-Drs. 18/407, 37). 4

Das Gesetz fordert darüber hinaus eine doppelte Unabhängigkeit des Verfahrenskoordinators. Zum einen ist die Unabhängigkeit vom Schuldner und den Gläubigern zu fordern. Zum anderen soll der Verfahrenskoordinator unabhängig von den bereits bestellten Insolvenz-/Sachwaltern sein. 5

I. Unabhängigkeit vom Schuldner und den Gläubigern

Bei der Unabhängigkeit vom Schuldner und Gläubigern gelten über § 269f Abs. 3 die Vorschrift § 56 sowie die hierzu entwickelten Grundsätze (BT-Drs. 18/407, 35). Es muss daher geprüft werden, dass zwischen dem potentiellen Verfahrenskoordinator und dem konkreten Schuldner oder einzelnen Gläubigern keine Beziehung besteht, die eine Interessenkollision bei der Wahrnehmung der Koordinationsaufgaben durch den Koordinationsverwalter befürchten lässt. Insbesondere darf der Verfahrenskoordinator nicht mit einem Schuldner oder Gläubiger personenidentisch oder eine diesen nahestehende Person sein (hierzu im Einzelnen mwN → § 56 Rn. 36). Dass kein gruppenangehöriger Schuldner zum Verfahrenskoordinator bestellt werden darf, wird durch § 269e Abs. 1 S. 3 nochmals klargestellt (→ Rn. 6.1). 6

Die Vorschrift hat insoweit rein deklaratorischen Charakter, da über die Verweisung von § 269f Abs. 3 gem. § 56 ohnehin lediglich natürliche Personen zum Verfahrenskoordinator bestellt werden dürfen (hierzu im Einzelnen → § 269f Rn. 22). 6.1

II. Unabhängigkeit von den bestellten Insolvenz-/und Sachwaltern

Darüber hinaus soll der Verfahrenskoordinator von den in den Einzelverfahren gruppenangehöriger Schuldner bestellten Insolvenz-/Sachwaltern unabhängig sein. Ziel ist es, dass die neutrale Vermittlerrolle des Verfahrenskoordinators gewahrt bleibt und von ihm getroffene Maßnahmen ausreichende Akzeptanz erhalten. Nach Ansicht des Gesetzgebers würden bei der Bestellung eines bereits bestellten Insolvenzverwalters zum Verfahrenskoordinator die Informationsrechte des § 269 Abs. 2 leerlaufen. Denn andere Verwalter könnten dann die aus § 269a resultierenden Grenzen der Kooperationspflicht entgegenhalten (BT-Drs. 18/407, 35). 7

Um diese Interessenkonflikte vollumfassend zu vermeiden, sollte auch keiner der Insolvenz-/Sachwalter eine dem zu bestellenden Verfahrenskoordinator nahestehende Person iSd § 138 sein. Insbesondere sollte der Verfahrenskoordinator nicht der gleichen Sozietät angehören wie die bestellten Insolvenz-/Sachwalter (§ 45 Abs. 3 BRAO). Im Übrigen gelten aber auch insoweit die zu § 56 entwickelten Grundsätze. Dies gilt insbesondere auch für eine vorhergehende Beratung des Schuldners, die nicht grundsätzlich schädlich ist (hierzu → § 56 Rn. 38). Schädlich dürfte aber eine umfassende vorinsolvenzliche Beratung einer der beteiligten Hauptgläubiger sein. 8

Eine Ausnahme hiervon soll ausweislich des Regierungsentwurfs gelten, wenn sichergestellt werden kann, dass die oben genannten Risiken nicht zu erwarten sind oder durch andere Vorteile, wie besondere Expertise oder Erfahrung des zu bestellenden Verfahrenskoordinators ausgeglichen werden können (BT-Drs. 18/407, 36). Auch in kleinen Verfahren soll ausnahmsweise ein bereits bestellter Verwalter als Verfahrenskoordinator bestellt werden können, wenn die Bestellung einer neutralen Person einen unverhältnismäßigen Aufwand und unverhältnismäßig hohe Kosten hervorrufen würde (BT-Drs. 18/407, 36). Derartige Ausnahmen sollten aber tatsächlich nur mit Augenmaß und äußerst restriktiv zugelassen werden. 9

10 Im Übrigen sind an die Person des Verfahrenskoordinators über die Verweisung in § 269f Abs. 3 iVm § 56 die gleichen Anforderungen zu stellen wie bei der Bestellung des Insolvenzverwalters. Es ist daher auch eine für den jeweiligen Einzelfall geeignete, insbesondere geschäftskundige natürliche Person zu bestellen (zu diesen Vorausetzungen im Einzelnen → § 56 Rn. 14 ff.).

11 Damit kann der Verfahrenskoordinator grundsätzlich auch nicht als Verwalter in einem Gruppenfolgeverfahren bestellt werden (zur vom Gesetzgeber vorgesehenen Ausnahme → Rn. 9).

C. Entscheidung des Gerichts

I. Äußerungsrecht des Gruppen-Gläubigerausschusses

12 Vor Einsetzung des Verfahrenskoordinators hat das Koordinationsgericht einem eventuell bestellten Gruppen-Gläubigerausschuss die Möglichkeit zu geben, sich zu der Person des Verfahrenskoordinators und den an seine Person zu stellenden Anforderungen zu äußern (§ 269e Abs. 2).

13 Über die Verweisung von § 269f Abs. 3 auf § 56a Abs. 2 ist der einstimmige Vorschlag einer Person des Verfahrenskoordinators für das Koordinationsgericht bindend (Flöther KonzernInsR-HdB/Hoffmann § 4 Rn. 111; Pleister/Sturm ZIP 2017, 2329 (2336); Pleister ZIP 2013, 1013 (1016); KPB/Thole § 269c Rn. 20; aA Harder/Lojowsky NZI 2013, 327 (330)). § 269e Abs. 2 soll insoweit nicht nur ein bloßes Recht zur Äußerung bieten (so aber Harder/Lojowsky NZI 2013, 327 (330)). Vielmehr ist in der Gesetzesbegründung die Vorstellung geäußert, dass die entsprechende Anhörung für das Gericht als Ausdruck der Gläubigerautonomie bindend sein soll (BT-Drs. 18/407, 36). Zudem ergibt sich aus der Verweisung in § 269f Abs. 3 auf § 27 Abs. 2 Nr. 4, wonach das Insolvenzgericht eine Abweichung von einem Vorschlag zu begründen hat, dass die Äußerungen des vorläufigen Gläubigerausschusses Verbindlichkeit haben. Eine Abweichung des Koordinationsgerichts ist gem. § 56a Abs. 2 S. 1 nur möglich, wenn die Person für die Übernahme des Amtes nicht geeignet ist.

14 Im Übrigen gelten für das Äußerungsrecht die zu § 56a entwickelten Grundsätze (hierzu im Einzelnen → § 56a Rn. 1 ff.).

II. Entscheidung

14a Die Entscheidung über die Bestellung des Verfahrenskoordinators ergeht durch Beschluss des Richters (§ 18 Abs. 1 Nr. 3 RPflG). Sie sollte Bestandteil des Beschlusses über die Einleitung des Koordinationsverfahrens sein. Zwingend ist dies aber nicht. Eine analoge Anwendung von § 27 (so MüKoInsO/Brünkmanns Rn. 6) erscheint aufgrund der fehlenden vergleichbaren Interessenlage fraglich. Wird ein Eröffnungsbeschluss ohne Nennung des Insolvenzverwalters getroffen, ist nicht klar, auf wen die Verwaltungs- und Verfügungsbefugnis übergeht. Bei einem Beschluss über die Einleitung des Koordinationsverfahrens sind derart weitreichende Folgen nicht zu erwarten. Es erscheint daher durchaus legitim, den Verfahrenskoordinator in einem separaten Beschluss zu bestimmen.

III. Rechtsmittel

15 Ein Rechtsmittel gegen die Entscheidung ist nicht vorgesehen (§ 6).

16 Über die Verweisung in § 269f Abs. 3 auf § 57 wäre aber eine Abwahl des Verfahrenskoordinators durch Beschlüsse sämtlicher Gläubigerversammlungen denkbar (so Braun/Esser Rn. 15). Dies dürfte jedoch praktisch nicht umsetzbar sein. Es ist daher davon auszugehen, dass die Verweisung ins Leere geht. Denkbar wäre allenfalls eine Entlassung nach § 59 und eine Neubestellung nach § 269e (KPB/Thole § 269f Rn. 20).

D. Besonderheiten in der Eigenverwaltung

17 Bei angeordneter Eigenverwaltung gelten keine Besonderheiten hinsichtlich der Bestellung des Verfahrenskoordinators. Im Eigenverwaltungsverfahren kann kein Schuldner zum Verfahrenskoordinator bestimmt werden (hierzu → Rn. 6 f.).

§ 269f Aufgaben und Rechtsstellung des Verfahrenskoordinators

(1) ¹Der Verfahrenskoordinator hat für eine abgestimmte Abwicklung der Verfahren über die gruppenangehörigen Schuldner zu sorgen, soweit dies im Interesse der Gläubi-

ger liegt. ²Zu diesem Zweck kann er insbesondere einen Koordinationsplan vorlegen. ³Er kann diesen in den jeweiligen Gläubigerversammlungen erläutern oder durch eine von ihm bevollmächtigte Person erläutern lassen.

(2) ¹Die Insolvenzverwalter und vorläufigen Insolvenzverwalter der gruppenangehörigen Schuldner sind zur Zusammenarbeit mit dem Verfahrenskoordinator verpflichtet. ²Sie haben ihm auf Aufforderung insbesondere die Informationen mitzuteilen, die er für eine zweckentsprechende Ausübung seiner Tätigkeit benötigt.

(3) Soweit in diesem Teil nichts anderes bestimmt ist, gelten für die Bestellung des Verfahrenskoordinators, für die Aufsicht durch das Insolvenzgericht sowie für die Haftung und Vergütung § 27 Absatz 2 Nummer 4 und die §§ 56 bis 60, 62 bis 65 entsprechend.

Überblick

§ 269f regelt die Aufgaben und Rechtstellung des Verfahrenskoordinators als bedeutendste Figur des Koordinationsverfahrens.

Der Verfahrenskoordinator soll insbesondere für die abgestimmte Abwicklung der Verfahren sorgen, soweit dadurch die Gläubigerinteressen nicht beeinträchtigt werden. Als Instrument wird ihm hierfür die Vorlage eines Koordinationsplans an die Hand gegeben.

Die Arbeit des Verfahrenskoordinators ist von den einzelnen (vorläufigen) Insolvenzverwaltern durch Zusammenarbeit und Informationsaustausch zu unterstützen. Dies gilt gleichermaßen für eröffnete und Insolvenzantragsverfahren (KPB/Thole Rn. 3).

Übersicht

	Rn.		Rn.
A. Aufgaben	1	**B. Zusammenarbeits- und Informationspflicht der (vorläufigen) Insolvenzverwalter**	11
I. Abgestimmte Abwicklung	1		
II. Vorlage eines Koordinationsplans	5	I. Im Einzelnen	11
III. Erläuterung des Koordinationsplans	6	II. Grenzen	16
IV. Interesse der Gläubiger	10	**C. Verweisungen**	20

A. Aufgaben

I. Abgestimmte Abwicklung

Zentrale Aufgabe des Verfahrenskoordinators ist es, gleich einem Mediator für eine abgestimmte Abwicklung der unterschiedlichen Verfahren zu sorgen (BT-Drs. 18/407, 23) und mit entsprechenden Maßnahmen Reibungsverluste zu verhindern (BT-Drs. 18/407, 35). 1

Die abgestimmte Abwicklung sollte der Verfahrenskoordinator auch schon vor Vorlage des Koordinationsplans fördern (BT-Drs. 18/407, 36). So ist es durchaus auch unabhängig vom Koordinationsplan möglich, eine gemeinsame Gesamtverwertungs- und Restrukturierungsstrategie zu entwickeln (vgl. hierzu auch KPB/Thole Rn. 4). Dabei kann es förderlich sein, darauf hinzuwirken, dass die Gutachten in den einzelnen Verfahren möglichst zeitgleich eingereicht und auch die betreffenden Gläubigerversammlungen zur Genehmigung grundlegender Fragen möglichst zeitgleich und schnell abgehalten werden. Zur Abstimmung organisatorischer Fragen sollte der Verfahrenskoordinator berechtigt sein, selbst Kontakt zum Insolvenzgericht aufzunehmen. 2

Im Sinne eines Sanierungskonzepts für den gesamten Konzern sollte der Verfahrenskoordinator bei der Erfüllung seiner Aufgaben auch Wechselwirkungen der Insolvenzverfahren mit den bisher nicht insolventen Konzernmitgliedern berücksichtigen. Eine Pflicht hierzu besteht allerdings nicht (KPB/Thole Rn. 3). 3

Zur praktischen Umsetzung bietet es sich an, zwischen den einzelnen Insolvenzverwaltern regelmäßige Meetings oder Telefonkonferenzen (Koordinierungstreffen) zu organisieren. Im Rahmen der abgestimmten Abwicklung obliegt dem Verfahrenskoordinator die Organisation derartiger Treffen sowie die Übernahme damit verbundener organisatorischer und leitender Aufgaben wie bspw. Protokollführung, Versendung der Einladungen etc (Braun/Esser Rn. 8). 4

InsO § 269f Sechster Teil. Insolvenzplan

II. Vorlage eines Koordinationsplans

5   Zur abgestimmten Abwicklung der einzelnen Insolvenzverfahren ist der Verfahrenskoordinator gem. § 269f Abs. 1 S. 2 gehalten, einen Koordinationsplan iSd § 269h vorzulegen (im Einzelnen zum Koordinationsplan → § 269h Rn. 1 ff.).

III. Erläuterung des Koordinationsplans

6   Die Erläuterung des Koordinationsplans hat der Verfahrenskoordinator in den Berichtsterminen bzw. einer gesonderten Gläubigerversammlung sämtlicher gruppenangehöriger Schuldner vorzunehmen (§ 269i Abs. 1 S. 1; zur Erläuterung im Einzelnen → § 269i Rn. 3 ff.).

7   Damit einher geht das Recht auf Zutritt zu sämtlichen Gläubigerversammlungen konzernangehöriger Unternehmen sowie die Verpflichtung der Gläubiger und Gerichte, ihm die Möglichkeit zu bieten, zum Insolvenzplan zu sprechen und ihm eine entsprechende Redezeit zu gewähren.

8   Zur Entlastung des Verfahrenskoordinators ist vorgesehen, dass er auch eine Person bevollmächtigen kann, die für ihn die Erläuterung stellvertretend vornimmt. Zu denken ist hier insbesondere an Personal aus der Kanzlei des Verfahrenskoordinators. Aber auch einzelne Insolvenzverwalter, Sachwalter, Gläubiger oder ein eigenverwaltender Schuldner können möglicherweise beauftragt werden (KPB/Thole Rn. 5).

9   Nimmt der Verfahrenskoordinator das Recht zur Erläuterung des Koordinationsplans nicht wahr, sind die einzelnen Insolvenzverwalter zur Erläuterung verpflichtet.

IV. Interesse der Gläubiger

10   Der Verfahrenskoordinator darf Koordinierungsaufgaben nur wahrnehmen, wenn dies im Interesse der Gläubiger ist. Das bedeutet nicht, dass sich für jeden einzelnen Gläubiger ein Vorteil ergeben muss. Vielmehr genügt es, wenn in einem Verfahren eine Erhöhung der Quote und in den übrigen Verfahren keine Verkürzung der Quote zu erwarten ist (BT-Drs. 18/407, 37; dies entspricht auch der Definition von Gläubigerinteressen in § 3a, hierzu → § 3a Rn. 27 ff.). Dabei kommt es lediglich auf die letztendlich zu erwartende Quote an. Damit ist es auch zulässig, dass bei einem Verfahren zwischendurch eine Verkürzung der Masse erfolgt, wenn am Ende sichergestellt ist, dass dieser Vermögenswert der Masse später wieder zufließt.

B. Zusammenarbeits- und Informationspflicht der (vorläufigen) Insolvenzverwalter

I. Im Einzelnen

11   § 269f Abs. 2 sieht für die (vorläufigen) Insolvenzverwalter in den Einzelverfahren eine **Verpflichtung** zur Zusammenarbeit vor. Es ist davon auszugehen, dass auch wenn dies im Gesetz nicht ausdrücklich genannt wird, im umgekehrten Verhältnis eine Verpflichtung zur Zusammenarbeit des Verfahrenskoordinators mit den Verwaltern in den Einzelverfahren besteht. Dies ergibt sich bereits aus der Natur seiner Aufgaben (KPB/Thole Rn. 9).

12   Die Zusammenarbeit wird regelmäßig in Form der **Bereitstellung von Informationen** für die Vorbereitung entsprechender Koordinationsmaßnahmen, insbesondere für die Erstellung eines Koordinationsplans, liegen (BT-Drs. 18/407, 37). Um dies zu verdeutlichen und diese entscheidende Verpflichtung zu betonen, stellt das Gesetz in § 269f Abs. 2 S. 2 klar, dass die Insolvenzverwalter auf Verlangen des Verfahrenskoordinators zwingend Informationen an den Verfahrenskoordinator herauszugeben haben, die er für eine zweckentsprechende Erfüllung seiner Verpflichtungen benötigt.

13   Dem jeweiligen Insolvenzverwalter sollte **ausreichend Zeit** zur Herausgabe von Informationen oder Unterlagen gegeben werden. Zum einen muss er die Möglichkeit erhalten zu prüfen, ob die Herausgabe zu Schäden in seinem Insolvenzverfahren führen kann (Braun/Esser Rn. 20). Zum anderen erfolgt die Anordnung eines Koordinationsverfahrens regelmäßig in einem frühen Verfahrensstadium, sodass dem Insolvenzverwalter genügend Zeit gegeben werden muss, sich auch ausreichend in den vom Verfahrenskoordinator nachgefragten Sachverhalt einzuarbeiten.

14   Über das reine Informationsrecht hinaus ist der Zugang des Verfahrenskoordinators zu den **Gläubigerversammlungen oder den Sitzungen der Gläubigerausschüsse** zu gewährleisten. Man wird es darüber hinaus auch zulassen müssen, dass er die einzelnen Unternehmen aufsucht, um sich ein eigenes Bild vor Ort zu machen. Eine darüber hinausgehende Verpflichtung, ihm im Unternehmen Einsicht in Geschäftsunterlagen zu gewähren, soll nicht bestehen. Vielmehr soll

diese Einsicht über die einzelnen Insolvenzverwalter gewährleistet werden, damit Mitarbeiter nicht zweifach mit der Ausfertigung und Bereitstellung entsprechender Unterlagen beschäftigt sind (BT-Drs. 18/407, 37). Zudem ist davon auszugehen, dass eine Verpflichtung der Insolvenzverwalter besteht, an entsprechenden Sitzungen sämtlicher Insolvenzverwalter zur Abstimmung der Koordinationsmaßnahmen teilzunehmen.

Über den Gesetzeswortlaut hinaus besteht bei besonders erheblichen Geschehnissen im Einzelverfahren eine **Informationspflicht ohne Nachfrage**. Dies ist insbesondere der Fall, wenn der einzelne Verwalter plant, umfangreiche Entlassungen durchzuführen oder Betriebsteile stillzulegen (KPB/Thole Rn. 11). 15

II. Grenzen

Eine Grenze der Informationspflicht ist für die Informationsherausgabe auf Nachfrage des Verfahrenskoordinators in § 269f Abs. 2 S. 2 geregelt. Danach sind die Informationen nur soweit herauszugeben, wie dies für eine **zweckentsprechende Ausübung der Tätigkeit** des Verfahrenskoordinators notwendig ist. Wann dies der Fall ist, wird im Einzelfall zu bestimmen sein. Insgesamt sollte dies aber großzügig ausgelegt werden, weil für eine gelungene Sanierung häufig auch Details entscheidend sind. 16

Eine weitere Grenze ergibt sich aus § 269f Abs. 1 S. 1, wonach Koordinationsmaßnahmen nur so weit gehen dürfen, wie sie im **Interesse der Gläubiger** liegen. Sollte ein Insolvenzverwalter befürchten, dass durch seine Mitarbeit oder Informationsherausgabe Nachteile für die Gläubiger seines Verfahrens entstehen, ist er insoweit nicht zur Zusammenarbeit verpflichtet. Da der Gesetzgeber davon ausgeht, dass eine Zusammenarbeit regelmäßig von Vorteil für die Einzelverfahren ist, muss der Verfahrenskoordinator nicht bei jeder Handlung angeben, dass diese im Interesse der Gläubiger erfolgt. Vielmehr muss der einzelne Verwalter, der die Zusammenarbeit verweigern möchte, darlegen, warum er dies tut und welcher Schaden für die Gläubiger seines Verfahrens konkret zu erwarten ist. 17

Eine weitere Grenze ist die **Durchsetzbarkeit** der vom Verfahrenskoordinator gewünschten Maßnahmen. Der Verfahrenskoordinator hat lediglich die Möglichkeit, entsprechende Maßnahmen sowie einen Koordinationsplan vorzuschlagen. Die Beteiligten in den Einzelverfahren sind nicht verpflichtet, die vorgeschlagenen Maßnahmen umzusetzen. Es bestehen für den Verfahrenskoordinator keinerlei Rechte zur Zwangsdurchsetzung seiner Vorschläge (KPB/Thole Rn. 4). 18

Lediglich für den Fall, dass ein Insolvenzverwalter durch die Verweigerung einer vorgeschlagenen Maßnahme auch eine Pflichtverletzung im eigenen Verfahren begeht, kann das zuständige Insolvenzgericht ein Zwangsgeld nach § 58 Abs. 2 androhen. Dies ist aber nur denkbar, wenn in diesem Verfahren nachweisbar ein wirtschaftlicher Mehrwert aufgrund der Koordinierung zu erwarten wäre. Darüber hinaus können lediglich die Gläubiger in einem Einzelverfahren durch Beschluss eine Bindungswirkung hinsichtlich der Regelungen des Koordinationsplanes herbeiführen (hierzu im Einzelnen → § 269i Rn. 10 ff.). 19

C. Verweisungen

§ 269f Abs. 3 verweist hinsichtlich der Aufsicht durch das Insolvenzgericht sowie im Hinblick auf die Haftung auf **§ 27 Abs. 2 Nr. 4**. Nach dieser Vorschrift muss im Eröffnungsbeschluss dargelegt werden, warum das Gericht von einem einstimmigen Vorschlag zur Person des Sachwalters abgewichen ist. Übertragen auf den Verfahrenskoordinator müssten danach die Gründe für das Abweichen vom Vorschlag zur Person des Verfahrenskoordinators (vgl. → § 269e Rn. 13) durch den Gruppengläubigerausschuss gem. § 269e Abs. 2 dargelegt werden. 20

Das Gesetz enthielt zunächst eine Verweisung auf § 27 Abs. 2 Nr. 5. Hierbei handelte es sich allerdings um ein Redaktionsversehen (so auch Blankenburg ZInsO 2018, 897 (908); KPB/Thole Rn. 19), welches durch das SanInsFoG (Sanierungs- und Insolvenzrechtsfortentwicklungsgesetz, BGBl. 2020, 3256) richtiggestellt wurde. 21

Die Verweisung auf **§ 56** führt dazu, dass hinsichtlich der an die Person des Verfahrenskoordinators zu stellenden Anforderungen die für den Insolvenzverwalter entwickelten Grundsätze gelten (hierzu ausf. → § 269e Rn. 4 ff.). Insbesondere dürfen aufgrund der Verweisung auf § 56 Abs. 1 S. 1 lediglich natürliche Personen zum Verfahrenskoordinator bestellt werden. Dies würde nur dann nicht gelten, wenn sich etwas anderes aus den Regelungen zum Koordinationsverfahren in den §§ 269d ff. ergeben würde. Zum Teil wird vertreten, dass sich eine andere Regelung aus § 269e ergibt, weil dieser lediglich die Bestellung einer unabhängigen Person verlangt, sodass die Bestellung juristischer Personen zulässig sei. Damit § 56 Abs. 1 S. 1 keine Anwendung findet und 22 auch eine juristische Person zum Verfahrenskoordinator bestellt werden kann, müsste aber nach § 269f Abs. 3 etwas anderes in §§ 269 ff. bestimmt sein. § 269e enthält jedoch gar keine Regelung zu dieser Frage, sodass auch keine gegenteilige Regelung hineingelesen werden kann. Auch die Gesetzgebungsmaterialien lassen einen derartigen Schluss nicht zu. So ist in den Gesetzgebungsmaterialen ua die Rede davon, dass die Person des Verfahrenskoordinators Akzeptanz finden müsse (BT-Drs. 18/407, 35). Dies spricht eher dafür, dass der Gesetzgeber von einer natürlichen Person ausgegangen ist und einen Gleichlauf mit § 56 angestrebt hat. Bei der Feststellung der Geeignetheit des Verfahrenskoordinators sollte insbesondere darauf geachtet werden, dass ihn seine Persönlichkeit in die Lage versetzt, die Vielzahl von unterschiedlichen Interessen zueinander in Ausgleich zu bringen (BT-Drs. 18/407, 37). Zudem hat der Verfahrenskoordinator eine Urkunde über seine Bestellung zu erhalten (§ 269f Abs. 3 iVm § 56 Abs. 2 S. 1).

23   Die Verweisung zu § 57 geht ins Leere. Die praktische Umsetzung der Verweisung ist kaum vorstellbar (hierzu ausf. → § 269e Rn. 16).

24   Die Verweisung auf § 58 hat zur Folge, dass das Koordinationsgericht die Aufsicht über den Verfahrenskoordinator hat. Bei erheblichen Pflichtverletzungen durch den Verfahrenskoordinator ist es sogar möglich, dass das Koordinationsgericht ein Zwangsgeld gegen ihn festsetzt (§ 269f Abs. 3 iVm § 58 Abs. 2). Im Einzelnen gelten auch hinsichtlich der Regelungen des § 58 die für diese Vorschrift entwickelten Grundsätze (hierzu → § 58 Rn. 1 ff.).

25   Über § 59 kann der Verfahrenskoordinator entlassen werden. Die Entlassung könnte von Amts wegen durch das Koordinationsgericht erfolgen (§ 59 Abs. 1 S. 2). Darüber hinaus ist die Beantragung durch den Verfahrenskoordinator möglich, da im Einzelverfahren gem. § 59 Abs. 1 S. 2 auch der Insolvenzverwalter selbst zur Beantragung berechtigt ist und § 269f Abs. 3 auf diese Vorschrift verweist. Zudem sollte das Antragsrecht auch jedem Gläubigerausschuss, jeder Gläubigerversammlung sowie jedem Insolvenzverwalter in den Einzelverfahren zustehen.

26   § 60 ist ebenfalls auf den Verfahrenskoordinator anwendbar, sodass er bei schuldhafter Pflichtverletzung haftet. Auch hier gelten die zu § 60 entwickelten Grundsätze (hierzu → § 60 Rn. 1 ff.). Die Haftung kann gegenüber jedem Verfahrensbeteiligten in den Einzelverfahren eintreten. Bei größeren Verfahren kann dies zu erheblichen Haftungssummen führen, sodass der Verfahrenskoordinator zwingend eine ausreichende Haftpflichtversicherung abschließen sollte. Die Kosten für diese Haftpflichtversicherung sind nach § 269g geltend zu machen (→ § 269g Rn. 2 f.). Für die Verjährung des Anspruchs aus § 60 gegenüber dem Verfahrenskoordinator gilt § 62 und damit die regelmäßige Verjährungsfrist.

27   Hinsichtlich der Vergütung sind die §§ 63–65 entsprechend anzuwenden. Darüber hinaus gilt für die Vergütung des Verfahrenskoordinators noch § 269g (ausf. zur Frage der Vergütung und zur Anwendbarkeit von §§ 63–65 → § 269g Rn. 1 ff.).

§ 269g Vergütung des Verfahrenskoordinators

(1) ¹Der Verfahrenskoordinator hat Anspruch auf Vergütung für seine Tätigkeit und auf Erstattung angemessener Auslagen. ²Der Regelsatz der Vergütung wird nach dem Wert der zusammengefassten Insolvenzmassen der in das Koordinationsverfahren einbezogenen Verfahren über gruppenangehörige Schuldner berechnet. ³Dem Umfang und der Schwierigkeit der Koordinationsaufgabe wird durch Abweichungen vom Regelsatz Rechnung getragen. ⁴Die §§ 64 und 65 gelten entsprechend.

(2) Die Vergütung des Verfahrenskoordinators ist anteilig aus den Insolvenzmassen der gruppenangehörigen Schuldner zu berichten, wobei im Zweifel das Verhältnis des Werts der einzelnen Massen zueinander maßgebend ist.

Überblick

Mit § 269g werden die Grundlagen für die Bestimmung und Festsetzung der Vergütung und Auslagen des Verfahrenskoordinators sowie die Grundlagen für die Verteilung dieser Kosten auf die einzelnen Massen geregelt.

Der Verfahrenskoordinator hat nach § 269g Abs. 1 S. 1 Anspruch auf die Vergütung seiner Tätigkeit und auf Erstattung angemessener Auslagen. Die Regelung hat deklaratorischen Charakter, weil dies ohnehin über die Verweisung von § 269f Abs. 3 auf § 63 gilt.

§ 269 Abs. 2 regelt, wie diese Kosten im Zweifelsfall auf die einzelnen Massen aufzuteilen sind (hierzu → Rn. 3 ff.).

A. Vergütungsanspruch

Bemessungsgrundlage für den Regelsatz des Vergütungsanspruchs sind die zusammengefassten 1
Massen der in das Koordinationsverfahren einbezogenen Verfahren (BT-Drs. 18/407, 38). Dabei sind alle Verfahren zu berücksichtigen, über deren Vermögen während des Koordinationsverfahrens ein Insolvenzverfahren anhängig ist und auf die sich die vom Verfahrenskoordinator vorgeschlagenen Koordinationsmaßnahmen beziehen. Die Massen der einbezogenen Unternehmen sind dabei zusammenzurechnen. Bei der Berechnung sollen nach Ansicht des Gesetzgebers Forderungen zwischen den gruppenangehörigen Unternehmen nicht mit eingerechnet werden. In der Gesetzesbegründung wird zwar davon ausgegangen, dass der Umgang mit Intragruppenforderungen zur Kernaufgabe des Verfahrenskoordinators gehört. Die Wahrnehmung dieser Aufgabe soll aber durch eine Berücksichtigung im Rahmen der Bemessung von Zu- und Abschlägen zum Regelsatz berücksichtigt werden (BT-Drs. 18/407, 38). Dies kann nicht überzeugen, da die Aufarbeitung von Intercompany-Forderungen im Vergleich zu Forderungen gegenüber „normalen" Gläubigern häufig einen sehr großen Arbeitsaufwand erfordert. Insbesondere in Fällen von „cash-pooling" und ähnlichen Verflechtungen ist eine Aufarbeitung äußerst kompliziert und umfangreich. Deshalb sollten diese Forderungen gerade bei der Berechnung der zusammengefassten Massen und der Einzelmassen mit einbezogen werden.

B. Angemessene Auslagen

Neben dem Vergütungsanspruch hat der Verfahrenskoordinator Anspruch auf Ersatz angemessener Auslagen. Hierzu dürfte ua der Ersatz von Kosten für eine Vermögensschadenshaftpflichtversicherung gehören (hierzu auch → § 269f Rn. 26) (→ Rn. 2.1). 2

Vergleichbar ist dies mit der Interessenlage beim Insolvenzverwalter. Zwar sind diese Ersatzansprüche bei Insolvenzverwaltern grundsätzlich mit der Vergütung abgegolten (§ 4 Abs. 3 InsVV). Aber auch beim Insolvenzverwalter gibt es einen Erstattungsanspruch, wenn die Verwaltung mit einem besonderen Haftungsrisiko verbunden ist. Da beim Verfahrenskoordinator aufgrund der Vielzahl von Beteiligten immer von einem besonderen Haftungsrisiko auszugehen ist und es in der Regel um Insolvenzmassen mit ganz erheblichem Umfang gehen dürfte, sollten ihm die Kosten der Haftpflicht stets ersetzt werden. 2.1

C. Anteilige Verteilung (Abs. 2)

Die Vergütung ist gem. Abs. 2 Hs. 2 im Zweifel **anteilig aus den entsprechenden Massen** 3
zu berichtigen. Hervorzuheben ist, dass die Anteile nicht unabhängig von der Größe des jeweiligen Verfahrens berechnet werden, sondern die Größe der Masse der Einzelverfahren berücksichtigt werden soll. Nur so kann verhindert werden, dass einzelne kleine Massen mit erheblichen Kosten belastet werden, die für eine große Masse der Einzelverfahren im Verhältnis nur gering wiegen, was für eine Restrukturierung kleinerer Gesellschaften äußerst hinderlich sein könnte. Probleme könnte es zudem bereiten, wenn einzelne Gruppenverfahren früher abgeschlossen werden können als andere und bei den übrigen weiterhin Koordinationsbedarf besteht. Dann kann die Vergütung des Verfahrenskoordinators zunächst nicht festgesetzt werden, was den frühzeitig abgeschlossenen Verfahren Probleme bei der Verteilung bereiten kann (Graeber NZI 2018, 385 (386)).

Die Zweifelsregelung, dass die Berechnung nach dem Verhältnis des Werts der einzelnen Massen 4
zueinander maßgebend ist, sollte nicht gelten, wenn ein **Verfahren offensichtlich nicht vom Koordinationsverfahren profitiert** hat oder wenn ein Verfahren oder einige wenige Verfahren allein vom Koordinationsverfahren profitiert haben (BT-Drs. 18/407, 37). Sollten die einzelnen Verfahren erheblich in unterschiedlichem Maße profitieren, empfiehlt sich, dass die Beteiligten eine andere Regelung treffen, in der sie dies angemessen berücksichtigen.

Es ist davon auszugehen, dass nicht nur die Vergütung des Verfahrenskoordinators, sondern 5
auch die dem Verfahrenskoordinator zu ersetzenden **Auslagen** anteilig auf die profitierenden Insolvenzverfahren zu verteilen sind (so auch KPB/Thole Rn. 10) (→ Rn. 5.1).

Zwar spricht § 269g Abs. 2 allein von Vergütung. Es ist aber nicht ersichtlich, warum die Festsetzung 5.1
von Auslagen anders zu handhaben sein soll als die Vergütung selbst. Schließlich profitieren die Insolvenzverfahren auch gleichmäßig von den Auslagen des Verfahrenskoordinators. Lediglich für den Fall, dass die Auslagen einem bestimmten Verfahren zuordenbar sind, sollte eine Ausnahme gelten.

Die Gerichtskosten werden gem. § 23 Abs. 5 GKG vom Antragsteller getragen. 6

D. Anwendung von § 63

7 Der Vergütungsanspruch des Verfahrenskoordinators sowie sein Anspruch auf Erstattung der Auslagen hätten sich bereits aus dem Verweis von § 269f Abs. 3 ergeben. § 269g stellt dies aber nochmal klar. Die Verweisung auf § 63 Abs. 2 dürfte ins Leere gehen, weil eine natürliche Person iSd § 4a gar nicht an einem Konzerninsolvenzverfahren teilnehmen kann und eine Verfahrenskostenstundung damit von vornherein nicht in Frage kommt. Auch § 63 Abs. 3 dürfte keine Anwendung finden, weil der Verfahrenskoordinator sofort endgültig eingesetzt wird, auch wenn sich die Einzelverfahren noch im vorläufigen Insolvenzverfahren befinden.

E. Entscheidung des Gerichts und Rechtsmittel

8 Das Koordinationsgericht (funktional zuständig ist gem. § 18 Abs. 1 Nr. 3 RPflG der Richter) hat die Vergütung und die zu erstattenden Auslagen des Verfahrenskoordinators durch Beschluss festzusetzen (§ 64 Abs. 1). Der Beschluss ist öffentlich bekannt zu machen (§ 64 Abs. 2 S. 1). Der Beschluss ist in entsprechender Anwendung von § 64 Abs. 2 S. 1 dem Gruppen-Gläubigerausschuss sowie den jeweiligen Schuldnern, Insolvenzverwaltern und Gläubigerausschüssen der Verfahren zuzustellen, in denen die Masse mit entsprechenden Kosten belastet wird. Das Recht zur Beschwerde gegen den Beschluss müsste in entsprechender Anwendung von § 64 Abs. 3 dem Verfahrenskoordinator, den jeweiligen Schuldnern sowie jedem, der Insolvenzgläubiger in einem von dem Beschluss betroffenen Verfahren ist (aA Braun/Esser Rn. 10; KPB/Thole Rn. 8), zustehen. Da durch die Festsetzung auch die Massen in den Einzelverfahren verkürzt werden, sollte auch jeder einzelne Insolvenzverwalter als Repräsentant der Masse zur Einlegung der sofortigen Beschwerde berechtigt sein. Aus demselben Grund sollten auch die Insolvenzgläubiger der Einzelverfahren beschwerdebefugt sein, weil deren Anspruch durch eine zu hohe Festsetzung mittelbar verkürzt wird (aA Braun/Esser Rn. 10; KPB/Thole Rn. 8).

9 Eine sofortige Beschwerde ist erst ab einem Beschwerdegegenstand von 200 EUR zulässig (§ 64 Abs. 3 S. 2 InsO iVm § 567 Abs. 2 ZPO). Der Wert bemisst sich nach dem Betrag, um den der Beschwerdeführer durch den angefochtenen Vergütungsfestsetzungsbeschluss in seinen Rechten verkürzt zu sein behauptet und in dessen Höhe er mit seinem Beschwerdeantrag die Abänderung der erstinstanzlichen Entscheidung begehrt (BGH NZI 2012, 619). Maßgeblich hierfür ist bei einer Beschwerde des Verfahrenskoordinators die Differenz zwischen dem festgesetzten Wert und dem festzusetzenden Wert (BGH NZI 2012, 619; K. Schmidt InsO/Vuia InsVV § 64 Rn. 22). Da die Verkürzung im eigenen Recht dargestellt werden muss (BGH NZI 2012, 619), ist davon auszugehen, dass die Insolvenzgläubiger darlegen müssen, dass sie mit einer eigenen Quotenverkürzung in Höhe von 200 EUR rechnen müssen. Da dies häufig nicht der Fall sein wird, werden Insolvenzgläubiger der Einzelverfahren nur selten zur Beschwerde berechtigt sein.

F. Verordnungsermächtigung

10 Das Bundesministerium der Justiz wird durch die Verweisung auf § 65 dazu ermächtigt, die Vergütung und die Erstattung der Auslagen des Verfahrenskoordinators durch Rechtsverordnung zu regeln. Bisher ist eine solche Regelung nicht erfolgt. Zur Schaffung von mehr Rechtssicherheit und Vermeidung von Umsetzungsschwierigkeiten wäre eine detaillierte Regelung weiterhin wünschenswert (Graeber NZI 2018, 385 (390)).

§ 269h Koordinationsplan

(1) ¹Zur abgestimmten Abwicklung der Insolvenzverfahren über das Vermögen von gruppenangehörigen Schuldnern können der Verfahrenskoordinator und, wenn ein solcher noch nicht bestellt ist, die Insolvenzverwalter der gruppenangehörigen Schuldner gemeinsam dem Koordinationsgericht einen Koordinationsplan zur Bestätigung vorlegen. ²Der Koordinationsplan bedarf der Zustimmung eines bestellten Gruppen-Gläubigerausschusses. ³Das Gericht weist den Plan von Amts wegen zurück, wenn die Vorschriften über das Recht zur Vorlage, den Inhalt des Plans oder über die verfahrensmäßige Behandlung nicht beachtet worden sind und die Vorlegenden den Mangel nicht beheben können oder innerhalb einer angemessenen vom Gericht gesetzten Frist nicht beheben.

(2) ¹In dem Koordinationsplan können alle Maßnahmen beschrieben werden, die für eine abgestimmte Abwicklung der Verfahren sachdienlich sind. ²Insbesondere kann der Plan Vorschläge enthalten:
1. zur Wiederherstellung der wirtschaftlichen Leistungsfähigkeit der einzelnen gruppenangehörigen Schuldner und der Unternehmensgruppe,
2. zur Beilegung gruppeninterner Streitigkeiten,
3. zu vertraglichen Vereinbarungen zwischen den Insolvenzverwaltern.

(3) ¹Gegen den Beschluss, durch den die Bestätigung des Koordinationsplans versagt wird, steht jedem Vorlegenden die sofortige Beschwerde zu. ²Die übrigen Vorlegenden sind in dem Verfahren zuzuziehen.

Überblick

§ 269h sieht die Möglichkeit vor, einen Koordinationsplan auszuarbeiten. Inhalt eines Koordinationsplans können sämtliche Maßnahmen sein, die für die abgestimmte Abwicklung der Einzelverfahren sachdienlich sind. Insbesondere in Sanierungsfällen soll durch den Koordinationsplan ein einheitliches Sanierungsziel bestimmt werden (BT-Drs. 18/407, 39). Im Fall der Liquidation ist es denkbar, dass gemeinsame Verwertungsstrategien dargelegt werden (BT-Drs. 18/407, 39).

Übersicht

	Rn.		Rn.
A. Allgemeines	1	II. Zustimmung des Gruppen-Gläubigerausschusses	15
B. Inhalt des Plans	5		
I. Allgemeines	5	D. Entscheidung des Gerichts	18
II. Beispiele gem. Abs. 2 S. 2	9	E. Wirkung des Plans	22
C. Zustandekommen eines Plans	13	F. Rechtsmittel	26
I. Vorlageberechtigung	13		

A. Allgemeines

Bereits vor der Einführung von § 269h wurde die Verwendung eines einheitlichen Insolvenzplans zur Konzernsanierung für rechtmäßig erachtet (Uhlenbruck NZI 1999, 41 (44)). Überwiegend wurde für Konzerne aber mit Blick auf § 11, in dem ein Konzerninsolvenzverfahren nicht vorgesehen ist, empfohlen, inhaltlich aufeinander abgestimmte Insolvenzpläne einzureichen, in deren darstellendem Teil Sanierungsoptionen für den Gesamtkonzern berücksichtigt wurden (Flöther KonzernInsR-HdB/Pleister § 5 Rn. 48 mwN). **1**

Nunmehr hat der Gesetzgeber mit der Bereitstellung des Koordinationsplans ein Restrukturierungsinstrument geschaffen, mit dem ein übergeordnetes Konzernsanierungsziel verfolgt werden kann (BT-Drs. 18/407, 38). **2**

Der Koordinationsplan bietet insgesamt lediglich die Möglichkeit, wie ein darstellender Teil (§ 220) eines klassischen Insolvenzplans entsprechende Maßnahmen zur gemeinsamen Abwicklung aufzuzeigen. Eine Rechtsänderung, wie sie in einem gestaltenden Teil (§ 221) des Insolvenzplans möglich ist, sieht das Gesetz für den Koordinationsplan nicht vor (für mehr Verbindlichkeit de lege ferenda Pleister/Sturm ZIP 2017, 2329 (2337)). Es handelt sich daher um eine Art „kupierten" Insolvenzplan (BT-Drs. 18/407, 39). **3**

Sofern kein Beschluss der Gläubigerversammlung nach § 269i Abs. 2 (zur Bindung durch Beschluss der Gläubigerversammlung → § 269i Rn. 10 ff.) vorliegt, sind die im Koordinationsplan getroffenen Regelungen für die Verfahrensbeteiligten in den Einzelverfahren nicht bindend (BT-Drs. 18/407, 39; berechtigt krit. hierzu MüKoInsO/Brünkmanns KonzerninsolvenzR Rn. 118 ff.). Eine mittelbare Bindungswirkung kann sich aus der Kooperationspflicht des Insolvenzverwalters ergeben (hierzu → Rn. 24 f.). **4**

B. Inhalt des Plans

I. Allgemeines

Im Koordinationsplan können alle Maßnahmen beschrieben werden, die für eine abgestimmte Abwicklung der Verfahren sachdienlich sind. Je nach Gestaltung des Konzerninsolvenzverfahrens **5** können dabei unterschiedliche Regelungen getroffen werden. Es handelt sich lediglich um eine Art darstellenden Teil eines Insolvenzplans entsprechend § 220. Eine Änderung der Rechtsstellung von Beteiligten ist nicht möglich („kupierter" Insolvenzplan; BT-Drs. 18/407, 39).

6 Im Fall einer Liquidation der gesamten Gruppe werden Regelungen zur gemeinsamen Vermögensverwertung sinnvoll sein. Für den Fall einer Sanierung oder übertragenden Sanierung sollten Regelungen zur gemeinsamen Aufrechterhaltung des Geschäftsbetriebs getroffen werden sowie Regelungen zur Verwertung von Vermögen, das man eventuell abstoßen möchte.

7 Bei einem Sanierungsplan sollte der Koordinationsplan zunächst darstellen, wie der Konzern in die Krise geraten ist. Dafür ist es notwendig, die genauen Ursachen der Liquiditätsengpässe zu beleuchten und eine Krisenanalyse sowie eine Analyse der Liquiditäts- und Ertragslage vorzunehmen (Flöther KonzernInsR-HdB/Madaus § 5 Rn. 72). Insbesondere sollte die Eigenkapitalsituation bzw. die Finanzierungsstruktur der einzelnen gruppenangehörigen Schuldner betrachtet werden. Darüber hinaus sollte auch geschaut werden, ob es Schwachstellen beim konzerninternen Liquiditätsausgleich („Cash-Pooling") gibt, die zur Krise beigetragen haben (BT-Drs. 18/407, 39). Im Regelfall wird der Verfahrenskoordinator hierzu auf die Ergebnisse in den einzelnen Insolvenzgutachten der Sachverständigen/vorläufigen Insolvenzverwalter zurückgreifen können und diese ggf. durch weitere Informationen der betriebswirtschaftlichen Berater bzw. Restrukturierungsexperten ergänzen können. Originäre Aufgabe des Verfahrenskoordinators wird es sein, im Koordinationsplan Lösungswege für diese Schwierigkeiten aufzuzeigen, die zukünftige Strukturierung des Konzerns darzulegen sowie Möglichkeiten zur Wiederherstellung der Wettbewerbsfähigkeit aufzuzeigen (BT-Drs. 18/407, 39). Wichtig wäre es in diesem Rahmen darzustellen, auf welchem Weg man sich von unrentablen Geschäftszweigen trennen kann. Insoweit ist es denkbar, dass auch Regelungen zur gemeinsamen Verwertung in einem Sanierungsplan getroffen werden. Darüber hinaus erscheint es notwendig, weitere unternehmerische „Umbaumaßnahmen" wie den Abbau von Arbeitsplätzen, die Schließung unwirtschaftlicher Standorte und Filialen, die Änderung des Finanzierungskonzepts sowie die Beendigung bzw. die Änderung bestimmter unwirtschaftlicher Verträge vorzusehen (so auch MüKoInsO/Brünkmanns KonzerninsolvenzR Rn. 110; KPB/Thole Rn. 13; vgl. zu Regelungsmöglichkeiten im Einzelnen Flöther KonzernInsR-HdB/Pleister § 4 Rn. 390 ff.). Großer Vorteil dieser Aufstellung ist, dass die Sanierung des Konzerns als solchem vollständig in einem Dokument verfasst wird (Flöther KonzernInsR-HdB/Pleister § 4 Rn. 393).

8 Regelungen zur Kostentragung dürften nicht Bestandteil des Koordinationsplans sein, da die Festlegung gem. § 269g dem Insolvenzgericht obliegt (aA KPB/Thole Rn. 21).

II. Beispiele gem. Abs. 2 S. 2

9 Abs. 2 S. 2 Nr. 1 erwähnt als möglichen Inhalt eines Koordinationsplans Vorschläge zur **Wiederherstellung der wirtschaftlichen Leistungsfähigkeit** der einzelnen gruppenangehörigen Schuldner. Dies umfasst insbesondere die Darstellung konkreter Maßnahmen zur Bekämpfung der Liquiditätsschwierigkeiten, vor allem Umstrukturierungsmaßnahmen und Maßnahmen zur Wiederherstellung der Wettbewerbsfähigkeit (hierzu → Rn. 5 ff.).

10 Gemäß Abs. 2 S. 2 Nr. 2 können als Maßnahme iSv Abs. 2 S. 1 insbesondere auch **Vorschläge zur Beilegung gruppeninterner Streitigkeiten** getroffen werden. Da aufgrund derartiger, häufig sehr kostenintensiver Streitigkeiten die Restrukturierung erheblich gestört werden kann, sollte deren Austragung nach Möglichkeit vermieden werden. Dazu können Streitigkeiten über Ansprüche aus vorherigen Leistungsbeziehungen zwischen den einzelnen Gruppengesellschaften aber auch über Anfechtungsansprüche zählen (KPB/Thole Rn. 16). Denkbar ist ausweislich des Regierungsentwurfs insbesondere ein Verzicht auf die Forderungen gegen eine gewisse Kompensationszahlung (BT-Drs. 18/407, 40; sehr ausf. zu etwaigen Anfechtungsansprüchen im Konzern Flöther KonzernInsR-HdB/Thole § 4 Rn. 402 ff.). Etwaige Ersparnisse, die aufgrund der gütlichen Einigung sicher nachweisbar sind, können bei Berechnung der Kompensationszahlung durchaus eingerechnet werden. Schwer prognostizierbare Sanierungsgewinne, die nicht mit einer gewissen Sicherheit auf die Einigung zwischen den Insolvenzverwaltern zurückgeführt werden können, sollten hingegen nicht berücksichtigt werden (aA wohl FK-InsO/Wimmer Rn. 61; Flöther KonzernInsR-HdB/Thole § 4 Rn. 460).

11 Abs. 2 S. 2 Nr. 3 sieht Vorschläge zu **vertraglichen Vereinbarungen zwischen den Insolvenzverwaltern** als möglichen Inhalt eines Koordinationsplans vor. Damit sind Verträge zwischen den Insolvenzverwaltern gemeint, in denen diese ihre Insolvenzverwaltungen mit vertraglichen Mitteln koordinieren sollen (sog. „protocols"; gegen eine synonyme Verwendbarkeit dieser Begriffe FK-InsO/Wimmer Rn. 64). Diese im internationalen Insolvenzrecht bereits häufig angewendeten Verträge können ua regeln, wie die Vorgaben des Koordinationsplans im Insolvenzplan der Einzelverfahren umgesetzt werden können. Außerdem ist es denkbar, eine gemeinsame Kreditaufnahme, die gemeinsame Ausübung von Wahlrechten nach § 103 (BT-Drs. 18/407, 40) oder aber auch das abgestimmte Vorgehen hinsichtlich der Insolvenzanfechtung gegenüber Dritten zu regeln. Derartige Protokolle bieten auch eine gute Möglichkeit, die Kooperationspflichten schriftlich zu regeln und feste Abläufe für bestimmte Abstimmungsverfahren hinsichtlich des weiteren Verfahrens zu regeln (vgl. hierzu auch KPB/Thole Rn. 20).

Eine Zustimmung der Gläubiger zu derartigen Verträgen wird man nicht immer einholen müssen (aA Eidenmüller ZZP 114 (2001), 3 (18)). Vielmehr sollte im Einzelfall abgewogen werden, ob der Vertrag besonders bedeutsame Rechtshandlungen zum Gegenstand hat, die eine Zustimmung des Gläubigerausschusses nach § 160 erfordern (FK-InsO/Wimmer Rn. 68; so wohl auch Paulus ZIP 1998, 977 (982 Fn. 38); für eine zwingende Zustimmung Eidenmüller ZZP 114 (2001), 3 (18)). Für den Fall, dass ein Insolvenzverwalter gegen eine derartige Vereinbarung verstößt und die eigene Masse daraus einen Schaden erleidet, gelten die allgemeinen Haftungsvorschriften, die im Fall einer Verletzung von Kooperationspflichten gelten, da es sich bei den Vereinbarungen regelmäßig nur um eine genauere Ausgestaltung der Kooperationspflichten handelt (zur Durchsetzbarkeit von Kooperationspflichten → § 269a Rn. 20 ff.). Entsteht durch den Vertragsbruch ein Schaden für die Masse eines anderen gruppenangehörigen Insolvenzverfahrens, kann der Insolvenzverwalter der betroffenen Masse den Schaden nach den Grundsätzen eines Vertrages mit Schutzwirkung zugunsten Dritter für seine Masse geltend machen (FK-InsO/Wimmer Rn. 78 f.). 12

C. Zustandekommen eines Plans

I. Vorlageberechtigung

Vorlageberechtigt ist lediglich der Verfahrenskoordinator. 13

Nur für den Fall, dass ein Verfahrenskoordinator nicht bestellt ist, können die Insolvenzverwalter der gruppenangehörigen Schuldner gemeinsam einen Koordinationsplan erarbeiten und vorlegen. Zwar ist davon auszugehen, dass nach der gesetzlichen Regelung nicht sämtliche Insolvenzverwalter die Vorlage gemeinsam vornehmen müssen, allerdings erscheint eine Vorlage gegen den Willen einzelner Verwalter im Normalfall nicht zielführend, da in diesem Fall davon ausgegangen werden kann, dass die nicht interessierten Verwalter auch kein Interesse an den im Koordinationsplan geregelten Maßnahmen haben (FK-InsO/Wimmer Rn. 15). Im Fall einer angeordneten Eigenverwaltung und des Fehlens eines Verfahrenskoordinators würde das gemeinsame Antragsrecht der Insolvenzverwalter auf den eigenverwaltenden Schuldner übergehen (Flöther KonzernInsR-HdB/Madaus § 5 Rn. 88; KPB/Thole Rn. 4; FK-InsO/Wimmer Rn. 16). 14

II. Zustimmung des Gruppen-Gläubigerausschusses

Ist im Koordinationsverfahren ein Gruppen-Gläubigerausschuss bestellt (zum Gruppen-Gläubigerausschuss im Einzelnen → § 269c Rn. 1 ff.), muss dieser dem Koordinationsplan gem. Abs. 1 S. 2 zustimmen. Ob eine Zustimmung erfolgt, entscheidet der Gruppen-Gläubigerausschuss durch Beschluss mit Kopfmehrheit (über die Verweisung von § 269c Abs. 2 S. 2 gilt § 72, hierzu → § 269c Rn. 24). Damit das Vorliegen der Zustimmung nachgewiesen werden kann, sollte der entsprechende Beschluss des Ausschusses bzw. das zugehörige Protokoll der Sitzung des Gruppen-Gläubigerausschusses zusammen mit dem Koordinationsplan beim Insolvenzgericht eingereicht werden (Flöther KonzernInsR-HdB/Madaus § 5 Rn. 89; FK-InsO/Wimmer Rn. 18). 15

Für den Fall, dass ein Gruppen-Gläubigerausschuss nicht bestellt ist, kann das Insolvenzgericht den Plan auch ohne Zustimmung des Gruppen-Gläubigerausschusses bestätigen. Eine Konstituierung eines Gruppen-Gläubigerausschusses ist in diesem Fall nicht notwendig (BT-Drs. 18/407, 39; KPB/Thole Rn. 6). Wegen der Dringlichkeit muss auch nicht zwingend auf die Bestellung eines Gruppen-Gläubigerausschusses gewartet werden, wenn dies bereits beantragt wurde (aA FK-InsO/Wimmer Rn. 17). Zwar ist in diesen Fällen eine zeitgleiche Bestellung möglich. Eine Verzögerung kann sich aber aus dem Zeitraum, der bis zur ersten konstituierenden Sitzung des Gruppen-Gläubigerausschusses vergeht, ergeben. Schließlich ist es durchaus realistisch, dass eine Terminfindung erst ein bis zwei Wochen nach Bestellung möglich ist. Insbesondere wenn absehbar ist, dass ein erstes Zusammenkommen der Mitglieder des Gruppen-Gläubigerausschusses zu weiteren zeitlichen Verzögerungen führen würde, sollte daher nicht abgewartet werden. Dies könnte zu Nachteilen im Verfahren führen. Schließlich ist die frühzeitige Abstimmung zwischen den Verwaltern gerade in Restrukturierungsverfahren von immenser Bedeutung für die Aufrechterhaltung 16 des Geschäftsbetriebs. Die zügige Befassung des Verfahrenskoordinators mit Restrukturierungsfragen und Fragen der konzerninternen Zusammenarbeit als unabhängige Person ist wünschens- und unterstützenswert (so auch Flöther KonzernInsR-HdB/Madaus § 5 Rn. 89; aA FK-InsO/Wimmer Rn. 17).

17 Die Zustimmung der Gläubigerausschüsse der Einzelverfahren ist gesetzlich nicht notwendig (KPB/Thole Rn. 6). Da sich die Insolvenzpläne in den Einzelverfahren am Koordinationsplan orientieren werden, ist eine frühzeitige Information und Abstimmung mit den Gläubigerausschüssen der Einzelverfahren dennoch sinnvoll, um späteres Konfliktpotential in den Einzelverfahren zu vermeiden.

D. Entscheidung des Gerichts

18 Im Vergleich zur **Prüfung** eines regulären Insolvenzplans nach §§ 231 und 250 prüft das Insolvenzgericht (hier der Insolvenzrichter, § 18 Abs. 1 Nr. 3 RPflG) wegen der geringeren Bindungswirkung des Koordinationsplans auch mit wesentlich **geringerem Umfang.** So prüft es, ob dem Planvorlegenden ein Initiativrecht zukommt, ob bei der Beteiligung des Gruppen-Gläubigerausschusses die entsprechenden verfahrensrechtlichen Vorgaben beachtet wurden (dies ergibt sich aus der ordnungsgemäßen verfahrensmäßigen Behandlung des Koordinationsplans) und ob sich die Bestimmungen im Plan lediglich auf im darstellenden Teil eines Insolvenzplans zulässige Maßnahmen (§ 220) beschränken. Für die Feststellung, ob der Insolvenzplan verfahrensmäßig ordnungsgemäß behandelt wurde, ist die Zustimmung des Gruppen-Gläubigerausschusses zum Koordinationsplan zu prüfen. Sie ist daher bei der Planvorlage entsprechend nachzuweisen. Bestenfalls erfolgt dies durch die Vorlage des Beschlusses oder eines entsprechenden Protokolls (hierzu → Rn. 15; so auch Flöther KonzernInsR-HdB/Madaus § 5 Rn. 89; FK-InsO/Wimmer Rn. 18). Die Anforderungen von § 220 können dabei nur eine gewisse Grundlage darstellen. Deren vollständige Einhaltung kann aber nicht zwingende Voraussetzung für jeden Koordinationsplan sein, weil diese anders als Insolvenzpläne keine verbindlichen Regelungen enthalten, sondern lediglich übergeordnet eine gewisse Einheitlichkeit der Abwicklung gewährleisten sollen (Pleister/Sturm ZIP 2017, 2329 (2337)).

19 Das Gericht muss aber weder die Sanierungschancen eines Plans noch die Frage prüfen, ob tatsächlich mit Vorteilen für die einzelnen Verfahren zu rechnen ist (BT-Drs. 18/407, 40). Eine **inhaltliche Überprüfung** der getroffenen Maßnahmen hat damit nicht zu erfolgen. Einzig inhaltlich zu prüfen ist, ob es sich um nach § 220 zulässige Regelungen handelt (hierzu → Rn. 18).

20 Bei Feststellung eines **behebbaren Mangels** hat das Insolvenzgericht dem Vorlegenden eine angemessene Frist zur Nachbesserung zu geben (BT-Drs. 18/407, 40). Je nach Mangel kann die Frist unterschiedlich ausfallen. Grundsätzlich sollte das Gericht bei Bemessung der Frist aber die Eilbedürftigkeit des Verfahrens beachten und diese nicht länger als zwei Wochen ausdehnen (so auch FK-InsO/Wimmer Rn. 26). In diesem Zeitraum dürfte sogar die Beteiligung eines Gruppen-Gläubigerausschusses wirksam nachgeholt werden können. Bei erneuter Vorlage und weiterem Vorliegen eines Mangels sollte unter Umständen eine weitere Frist zur Nachbesserung gegeben werden.

21 Liegt ein **unbehebbarer Mangel** vor oder wird der Mangel nicht innerhalb der gesetzten Frist beseitigt, hat das Insolvenzgericht den Koordinationsplan von Amts wegen zurückzuweisen (Abs. 1 S. 3). Für den Fall, dass kein Mangel vorliegt oder der Mangel innerhalb der gesetzten Frist beseitigt wurde, ist der Plan zu bestätigen. Für die Prüfung des Koordinationsplans und die Entscheidung über die Bestätigung bzw. Versagung des Koordinationsplans gilt analog § 231 Abs. 1 S. 2 eine Soll-Frist von zwei Wochen nach Vorlage des Plans (BT-Drs. 18/407, 40; zur Berechnung der Frist im Einzelnen → § 231 Rn. 19).

E. Wirkung des Plans

22 Die im Koordinationsplan getroffenen Maßnahmen entfalten grundsätzlich keine Bindungswirkung.

23 Denkbar ist aber, dass im Einzelverfahren eine Bindungswirkung über einen Beschluss der Gläubigerversammlung nach § 269i Abs. 2 hergestellt wird (hierzu im Einzelnen → § 269i Rn. 10 ff.).

24 Darüber hinaus werden die im Koordinationsplan genannten Maßnahmen regelmäßig besondere Ausprägungen der Kooperation zwischen den Verwaltern regeln. Damit werden die Maßnahmen aber häufig auch der Kooperationspflicht aus § 269a unterfallen. Für den Fall, dass die Nichtbeachtung der im Kooperationsplan genannten Maßnahmen eine Verletzung der Kooperati-

Abweichungen vom Koordinationsplan § 269i InsO

onspflichten aus § 269a darstellt, trifft die Insolvenzverwalter der Einzelverfahren die Haftung nach § 60, soweit die weiteren Tatbestandsvoraussetzungen der Norm erfüllt sind (hierzu im Einzelnen → § 269a Rn. 22). Eine mittelbare Bindungswirkung wird sich daher bereits aus diesem Haftungsrisiko ergeben.

Darüber hinaus kann das Insolvenzgericht die Befolgung der im Kooperationsplan dargestellten 25 Maßnahmen gem. § 58 zwangsweise durchsetzen, sofern sonst ein Verstoß gegen Kooperationspflichten vorliegt (hierzu im Einzelnen → § 269a Rn. 21).

F. Rechtsmittel

Gegen den Beschluss, durch den die Bestätigung des Plans versagt wird, steht den jeweiligen 26 Vorlegenden die sofortige Beschwerde gem. § 269h Abs. 3 S. 1, § 6 Abs. 1 iVm §§ 567 ff. ZPO zu. Sofern ein Verfahrenskoordinator bestellt ist, ist damit dieser als allein Vorlageberechtigter beschwerdebefugt.

Für den Fall, dass die Insolvenzverwalter der Einzelverfahren einen Insolvenzplan vorgelegt 27 haben, kann jeder Einzelne sofortige Beschwerde einlegen. Die übrigen Verwalter der Einzelverfahren sind gem. Abs. 3 S. 2 als notwendige Streitgenossen hinzuzuziehen (BT-Drs. 18/407, 41).

Gegen den Bestätigungsbeschluss ist kein Rechtsmittel vorgesehen (§ 6). 28

§ 269i Abweichungen vom Koordinationsplan

(1) ¹Der Insolvenzverwalter eines gruppenangehörigen Schuldners hat im Berichtstermin den Koordinationsplan zu erläutern, wenn dies nicht durch den Verfahrenskoordinator oder eine von diesem bevollmächtigte Person erfolgt. ²Der Insolvenzverwalter hat im Anschluss an die Erläuterung zu begründen, von welchen im Plan beschriebenen Maßnahmen er abweichen will. ³Liegt zum Zeitpunkt des Berichtstermins noch kein Koordinationsplan vor, so kommt der Insolvenzverwalter seinen Pflichten nach den Sätzen 1 und 2 in einer Gläubigerversammlung nach, für die das Insolvenzgericht alsbald einen Termin bestimmt.

(2) Auf Beschluss der Gläubigerversammlung ist der Koordinationsplan einem vom Insolvenzverwalter auszuarbeitenden Insolvenzplan zugrunde zu legen.

Überblick

Nachdem § 269h das Zustandekommen und den möglichen Inhalt eines Koordinationsplans im Koordinationsverfahren regelt, bestimmt § 269i, wie in den Einzelverfahren mit einem solchen Koordinationsplan zu verfahren ist.

A. Allgemeines

Die Vorschrift stellt sicher, dass in den einzelnen Berichtsterminen (im Einzelnen zum Berichts- 1 termin als erste Gläubigerversammlung → § 29 Rn. 2 ff.) bzw. in einer gesonderten Gläubigerversammlung sämtliche Gläubiger der Einzelinsolvenzverfahren über den Inhalt des Koordinationsplans informiert werden. Zudem muss der Insolvenzverwalter gegenüber den Gläubigern seines Insolvenzverfahrens eventuell beabsichtigte Abweichungen von den vorgeschlagenen Maßnahmen begründen.

Darüber hinaus bietet § 269i Abs. 2 der Gläubigerversammlung die Möglichkeit, eine Bin- 2 dungswirkung des Koordinationsplanes dahingehend zu erreichen, dass der Insolvenzverwalter den Koordinationsplan zur Grundlage eines auszuarbeitenden Insolvenzplans machen muss.

B. Zur Erläuterung berechtigte Person

Zur Erläuterung des Koordinationsplans ist **jeder einzelne Insolvenzverwalter** in seinem 3 Insolvenzverfahren verpflichtet. Im Fall der Eigenverwaltung obliegt diese Pflicht den Organen des eigenverwaltenden Schuldners. Dies wird zwar in § 270g nicht geregelt, ergibt sich aber aus dem allgemeinen Grundsatz gem. § 270 Abs. 1 S. 2, wonach der Schuldner an die Stelle des Insolvenzverwalters tritt.

Darüber hinaus ist es möglich, dass der **Verfahrenskoordinator oder eine von diesem** 4 **bevollmächtigte Person** die Erläuterung des Koordinationsplans vornimmt (§ 269f Abs. 1 S. 3).

Ein gemeinsames Auftreten von Verfahrenskoordinator und Insolvenzverwalter dürfte als vertrauensbildende Maßnahme und Zeichen guter Zusammenarbeit der Insolvenzverwalter mit dem Verfahrenskoordinator regelmäßig von Vorteil sein. Die Erläuterung durch den Verfahrenskoordinator bzw. dessen Personal wird daher der Regelfall sein, zumal der Verfahrenskoordinator wesentlich detailliertere Kenntnisse vom Inhalt des Insolvenzplans haben dürfte. Die Entscheidung darüber, ob die Erläuterung durch den Verfahrenskoordinator oder den Insolvenzverwalter erfolgt, obliegt nach dem Wortlaut von § 269f Abs. 1 S. 3 dem Verfahrenskoordinator. Er hat insoweit ein Rederecht, während den Insolvenzverwalter eine Pflicht zur Erläuterung trifft, soweit dies nicht durch den Verfahrenskoordinator erfolgt (so auch Braun/Esser Rn. 7).

C. Erläuterung

5 Die Erläuterung umfasst die **Mitteilungen über den Inhalt** des Koordinationsplans. Die erläuternde Person sollte zunächst mit den allgemeinen Darstellungen beginnen Ursachen der Krise, Sanierungsstrategien, Liquidationsstrategie) und dann die im Koordinationsplan genannten Maßnahmen im Einzelnen darstellen (Braun/Esser Rn. 8). Zudem sollten die Vor- und Nachteile der jeweiligen Maßnahmen erläutert werden.

6 Bei der Erläuterung des Koordinationsplans sollte beachtet werden, dass viele Gläubiger juristische Laien sind und ihnen eventuell genannte Maßnahmen unbekannt sind. Einzelne Maßnahmen, die ein gewisses Grundverständnis voraussetzen, sollten daher gründlich erläutert werden, um eine informierte Entscheidung über die Umsetzung der einzelnen Maßnahmen des Plans zu treffen (Braun/Esser Rn. 8).

7 Für den Fall, dass der Insolvenzverwalter von den im Koordinationsplan vorgeschlagenen Maßnahmen abweicht, hat er diese **Abweichungen** sowie die Gründe hierfür zu erläutern. Zwar spricht der Wortlaut nicht von einer Erläuterung der Gründe für die Abweichung von den Vorschlägen (so KPB/Thole Rn. 4). Die Vorschrift verlangt aber die Begründung der Abweichung von den Maßnahmen. Daraus ergibt sich bereits, dass eine Auseinandersetzung mit den Gründen zu erfolgen hat. Aufgrund seiner allgemeinen Massemehrungspflicht ist der Insolvenzverwalter zur gründlichen Prüfung der Frage angehalten, ob die im Rahmen des Koordinationsverfahrens vorgeschlagenen Maßnahmen die Gläubiger seines Verfahrens voraussichtlich besserstellen als alternative Verwertungsstrategien (ähnlich BT-Drs. 18/407, 22). Zu einer Begründung der Entscheidung über das Abweichen von bestimmten Maßnahmen gehört damit auch eine Darstellung dieser Prüfung und des gefundenen Ergebnisses (im Ergebnis auch KPB/Thole Rn. 4).

D. Anberaumung einer weiteren Gläubigerversammlung

8 Liegt ein Koordinationsplan im Zeitpunkt des Berichtstermins noch nicht vor, ist eine weitere Gläubigerversammlung für die Erläuterung des Koordinationsplans anzuberaumen.

9 Für den Fall, dass bereits ein Koordinationsplan vorliegt, gegen diesen aber die sofortige Beschwerde eingelegt wurde, ist die Anberaumung einer weiteren Gläubigerversammlung nicht notwendig. Aufgrund des fehlenden Suspensiveffekts der sofortigen Beschwerde (§ 4 InsO iVm § 570 Abs. 1 ZPO) kann in diesem Fall die Erläuterung ohne weiteres bereits im Berichtstermin erfolgen (KPB/Thole Rn. 3).

E. Bindungswirkung durch Beschluss der Gläubigerversammlung

10 Die Gläubigerversammlung entscheidet durch **Beschluss** mit der nach § 76 Abs. 2 erforderlichen Summenmehrheit (im Einzelnen zur Beschlussfassung durch die Gläubigerversammlung → § 76 Rn. 3). § 244, der für die Abstimmung über einen Insolvenzplan eine Kombination aus Kopf- und Summenmehrheit vorsieht, findet mangels Verweisung auf den Koordinationsplan keine Anwendung. Auch die Anwendung von § 245 scheidet mangels Verweisung und vergleichbarer Interessenlage aus (Braun/Esser Rn. 16).

11 Durch den Beschluss wird der Insolvenzverwalter verpflichtet, die entsprechenden Maßnahmen umzusetzen. Lediglich hinsichtlich des **„Wie" der Umsetzung** bleibt ihm eine gewisse Freiheit, soweit der Koordinationsplan keine festen Regelungen trifft. Es handelt sich insoweit um eine spezielle Ausprägung von § 157 S. 2. Nach dieser Vorschrift hat die Gläubigerversammlung die Möglichkeit, dem Insolvenzverwalter das Ziel des Insolvenzplans vorzugeben.

12 Nicht geregelt ist, ob der Gläubigerversammlung auch das Recht zusteht, die **Umsetzung einzelner Maßnahmen** verbindlich für den Insolvenzverwalter festzulegen und andere im Koordinationsplan vorgesehene Maßnahmen nicht zwingend umsetzen zu lassen. Aus Gründen der

Gläubigerautonomie und mit Blick darauf, dass die zwangsweise Durchsetzung einiger weniger Maßnahmen besser ist als der Verzicht auf die Umsetzung sämtlicher vorgeschlagenen Maßnahmen, erscheint dies durchaus überzeugend. Allerdings spricht schon der Wortlaut gegen eine derartige Regelung. Darüber hinaus spricht gegen das Herauspicken einzelner Maßnahmen auch, dass dem Koordinationsplan zumindest im Fall der Restrukturierung regelmäßig ein umfassendes Restrukturierungskonzept zugrunde gelegt wird, bei dem die einzelnen Maßnahmen genau aufeinander abgestimmt sind. Nutzt man nur einzelne Maßnahmen, kommt dieses System unter Umständen ins Wanken. Darüber hinaus würde somit mittelbar der Gläubigerversammlung die Möglichkeit gegeben, den Inhalt des Insolvenzplans festzulegen. § 157 S. 2 räumt dieser aber lediglich die Möglichkeit ein, die Zielrichtung des Insolvenzplans vorzugeben. Auch der Inhalt des Koordinationsplans soll nach dem Gesetz vom Verfahrenskoordinator bzw. von den Insolvenzverwaltern vorgegeben werden. Ein Planinitiativrecht mit entsprechenden Rechten ist für die Gläubiger gerade nicht vorgesehen (KPB/Thole Rn. 6). Vielen Gläubigern in der Gläubigerversammlung dürfte regelmäßig auch die insolvenzrechtliche Expertise fehlen, um die Folgen ihrer Wahl im Einzelnen zu überblicken, da es sich bei den überwiegenden Gläubigern nicht um sog. Profigläubiger handelt. Damit spricht einiges gegen das „cherry-picking" einzelner im Koordinationsplan geregelter Maßnahmen (so auch KPB/Thole Rn. 6; FK-InsO/Wimmer Rn. 12; aA ohne nähere Begründung Braun/Esser Rn. 15).

Siebter Teil. Eigenverwaltung

§ 270 Grundsatz

(1) ¹Der Schuldner ist berechtigt, unter der Aufsicht eines Sachwalters die Insolvenzmasse zu verwalten und über sie zu verfügen, wenn das Insolvenzgericht in dem Beschluss über die Eröffnung des Insolvenzverfahrens die Eigenverwaltung anordnet. ²Für das Verfahren gelten die allgemeinen Vorschriften, soweit in diesem Teil nichts anderes bestimmt ist.

(2) Die Vorschriften dieses Teils sind auf Verbraucherinsolvenzverfahren nach § 304 nicht anzuwenden.

Überblick

Zu der bis zum 31.12.2020 geltenden Rechtslage → InsO 2012 aF § 270 Rn. 1 ff.

Mit Eröffnung des Insolvenzverfahrens geht im Regelfall die Befugnis, das Vermögen des Schuldners zu verwalten und darüber zu verfügen, auf den Insolvenzverwalter über (§ 80 Abs. 1). Davon abweichend sieht die InsO mit der in den §§ 270 ff. geregelten **Eigenverwaltung** ein Verfahren vor, das es dem Schuldner gestattet, das Insolvenzverfahren unter Aufsicht eines **Sachwalters** (§§ 274 ff.) eigenverantwortlich zu betreiben. Die Eigenverwaltung ist in Anlehnung an das US-amerikanische **Chapter 11-Verfahren** als Sanierungsverfahren zur Bewältigung von Unternehmenskrisen mit den Mitteln der InsO konzipiert (→ Rn. 1 ff.). Dementsprechend sind Verbraucherinsolvenzen gem. § 270 Abs. 2 vom Anwendungsbereich ausgenommen. Die Eigenverwaltung wurde mit Inkrafttreten der InsO zum 1.1.1999 eingeführt, spielte jedoch zunächst in der Sanierungspraxis kaum eine Rolle (→ Rn. 6). Mit dem **ESUG** hat der Gesetzgeber die Regelungen der Eigenverwaltung generalüberholt und insbesondere die Hürden für den Eintritt in das Verfahren deutlich abgesenkt (→ Rn. 2). Zuletzt wurde die Eigenverwaltung durch das **SanInsFoG** umfassend reformiert (→ Rn. 3). Das Verfahren hat mit dem ESUG massiv an Bedeutung gewonnen und wird in der Praxis insbesondere bei der Sanierung größerer Unternehmen verbreitet eingesetzt (→ Rn. 6).

Voraussetzung der Eigenverwaltung sind ein entsprechender **Eigenverwaltungsantrag des Schuldners**, dem gem. § 270a Abs. 1 eine Eigenverwaltungsplanung und gem. § 270a Abs. 2 weitere Erklärungen beizufügen sind, sowie ein **Insolvenzantrag** (→ Rn. 11). Zudem müssen gem. § 270f Abs. 1 die in § 270b normierten Anforderungen erfüllt sein, und es dürfen keine Gründe für eine Aufhebung nach § 270e vorliegen. Gemäß § 270 Abs. 1 S. 1 verbleibt die Verwaltungs- und Verfügungsbefugnis beim Schuldner, wenn das Gericht im Beschluss über die Eröffnung des Insolvenzverfahrens die Eigenverwaltung anordnet. Die Stellung des Schuldners ähnelt auch im Übrigen der eines Insolvenzverwalters im Regelverfahren (→ Rn. 12 ff.). Insbesondere unterliegt der eigenverwaltende Schuldner den im Gläubigerinteresse bestehenden insolvenzrechtlichen Bindungen (→ Rn. 22). Im Übrigen gelten die **allgemeinen Vorschriften**, jedoch mit den aus den §§ 270 ff. folgenden **Modifikationen** (→ Rn. 32 ff.).

Übersicht

	Rn.
A. Allgemeines	1
I. Entstehungsgeschichte	1
II. Normzweck	4
III. Praktische Bedeutung	6
B. Anwendungsbereich	8
C. Voraussetzungen der Eigenverwaltung	10
D. Stellung des Schuldners in der Eigenverwaltung	12
I. Rechte und Pflichten des Schuldners in Abgrenzung zum Sachwalter	12
1. Gesetzliche Aufgaben und Pflichten des Schuldners	13
2. Gesetzliche Aufgaben des Sachwalters	17
3. Abgrenzung bei fehlender Zuständigkeitszuweisung	20
II. Durchführung der Eigenverwaltung	22
1. Bindung an den Verfahrenszweck	22
2. Einsatz von Beratern	23
3. Haftung des Schuldners	28
III. Eigenverwaltung bei juristischen Personen und Gesellschaften ohne Rechtspersönlichkeit	29
1. Stellung der Organe	30
2. Organhaftung	31
E. Geltung der allgemeinen Vorschriften	32

	Rn.		Rn.
I. Anwendung der Vorschriften der InsO in der Eigenverwaltung	33	6. Insolvenzplan (§§ 217–269)	41
1. Allgemeine Vorschriften (§§ 1–10)	35	7. Restschuldbefreiung (§§ 286–303)	42
2. Eröffnungsverfahren, erfasstes Vermögen und Verfahrensbeteiligte (§§ 11–79)	37	8. Verbraucherinsolvenzverfahren und sonstige Kleinverfahren (§§ 304–314)	43
3. Wirkung der Eröffnung des Insolvenzverfahrens (§§ 80–147)	38	9. Besondere Arten des Insolvenzverfahrens (§§ 315–334)	44
4. Verwaltung und Verwertung der Insolvenzmasse (§§ 148–173):	39	10. Internationales Insolvenzrecht (§§ 335–358)	45
5. Befriedigung der Insolvenzgläubiger, Einstellung des Verfahrens (§§ 174–216)	40	II. Anwendung der ZPO in der Eigenverwaltung	46

A. Allgemeines

I. Entstehungsgeschichte

Das Eigenverwaltungsverfahren wurde mit der InsO eingeführt, um dem Schuldner zu ermöglichen, seinen Betrieb mit Zustimmung der Gläubiger unter der Aufsicht eines Sachwalters fortzuführen, abzuwickeln oder zu sanieren (vgl. RegE zur InsO, BT-Drs. 12/2443, 100). Durch die Möglichkeit der Eigenverwaltung sollte ein Anreiz für den Schuldner geschaffen werden, rechtzeitig Insolvenzantrag zu stellen (RegE zur InsO, BT-Drs. 12/2443, 106). Als weiterer Vorzug wurde die Möglichkeit gesehen, durch Rückgriff auf die Kenntnisse und Erfahrungen der bisherigen Geschäftsleitung Zeit und Kosten zu sparen (RegE zur InsO, BT-Drs. 12/2443, 223). Zum Schutz der Gläubigerinteressen sollte die Anordnung der Eigenverwaltung nur dann zulässig sein, wenn keine Verzögerungen oder sonstige wirtschaftliche Nachteile gegenüber dem Regelinsolvenzverfahren zu erwarten waren (BT-Drs. 12/7302, 185). 1

Mit dem Gesetz zur weiteren Erleichterung der Sanierung von Unternehmen v. 7.12.2011 (ESUG) hat der Gesetzgeber ua die Regelungen der Eigenverwaltung umfassend reformiert, um Sanierungschancen zu verbessern (RegE zum ESUG, BT-Drs. 17/5712, 17). Ziel des Gesetzgebers war es, den Zugang zur Eigenverwaltung zu vereinfachen und insbesondere dem von den Gläubigern als vertrauenswürdig betrachteten Schuldner, der bei (nur) drohender Zahlungsunfähigkeit Insolvenzantrag stellt, einen rechtssicheren Zugang zur Eigenverwaltung zu ermöglichen (RegE zum ESUG, BT-Drs. 17/5712, 1 f.; BGH NZI 2020, 635 Rn. 18). Diesem Zweck dienen die mit dem ESUG eingeführten Regelungen zum eigenverwalteten Eröffnungsverfahren (§§ 270a ff. aF; → InsO 2012 aF § 270a Rn. 1) und eine maßvolle Lockerung der Voraussetzungen für die Anordnung der Eigenverwaltung (RegE zum ESUG, BT-Drs. 17/5712, 19). Weiterhin wurde mit dem vormaligen Abs. 3 die Gläubigerautonomie durch die Einbindung des vorläufigen Gläubigerausschusses gestärkt (RegE zum ESUG, BT-Drs. 17/5712, 39). 2

Das Eigenverwaltungsverfahren wurde mit Wirkung zum 1.1.2021 (vgl. Art. 25 Abs. 1 SanInsFoG; § 103m EGInsO) durch das Gesetz zur Fortentwicklung des Sanierungs- und Insolvenzrechtes (SanInsFoG) grundlegend reformiert. Dabei knüpft der Gesetzgeber an die Ergebnisse der ESUG-Evaluation (vgl. den Bericht von Jacoby, Madaus, Sack, Schmidt, Thole, Evaluierung, Gesetz zur weiteren Erleichterung der Sanierung von Unternehmen (ESUG) vom 7.12.2011) an und setzt diese weitgehend um (vgl. Frind ZIP 2021, 171 (173 f.); Thole NZI-Beil. 1/2021, 90 ff.). Mit der Neuregelung soll der Zugang zum Verfahren rechts- und planungssicherer gestaltet werden. Aus diesem Grund wurde das Vorliegen von Nachteilen für die Gläubiger als Grund für die Versagung der Eigenverwaltung gestrichen (BT-Drs. 19/24181, 202). Das Nachteilskriterium wurde durch konkrete Anordnungsvoraussetzungen ersetzt. Diese hat der Schuldner mit dem Eigenverwaltungsantrag dazulegen (vgl. § 270a). Ziel ist ein transparenter und rechtssicherer Zugang zum Verfahren. Nicht zu verkennen ist indes, dass der Zugang nicht nur in formaler, sondern auch in materieller Hinsicht erschwert wurde. Die neuen Zugangskriterien stellen vielfach höhere Anforderungen an den Schuldner als die alte Nachteilsprüfung (vgl. Bernsau/Weniger BB 2020, 2571 (2572)). 3

II. Normzweck

Zweck der Vorschriften über die Eigenverwaltung ist es, eine planungssichere Verfahrensoption zu schaffen (vgl. MüKoInsO/Kern Vor §§ 270–285 Rn. 20), die dem Schuldner die Verwaltungs- und Verfügungsbefugnis belässt, um daraus Vorteile für das Verfahren zu generieren. Der Aspekt der Planbarkeit war auch Leitgedanke der Neuregelung der Eigenverwaltung durch das SanInsFoG 4

(BT-Drs. 19/24181, 202 f.). Auch wenn der Gesetzgeber Vorteile des Verfahrens in erster Linie in Sanierungsfällen vermutet, ist die Eigenverwaltung nicht darauf beschränkt. Eigenverwaltung kann vielmehr auch angeordnet werden, wenn der Schuldner eine sanierende Übertragung oder die Liquidation des Geschäftsbetriebs anstrebt (vgl. Graf-Schlicker/Graf-Schlicker Rn. 17). Das entsprach schon bislang der ganz hM und wird durch den Gesetzgeber in der Gesetzesbegründung zum SanInsFoG bestätigt (BT-Drs. 19/24181, 204). Verfahrenszweck ist auch in der Eigenverwaltung die bestmögliche Befriedigung der Gläubigerinteressen (§ 1 S. 1; vgl. Uhlenbruck/Zipperer Rn. 2). Nach der Neukonzeption der Eigenverwaltung durch das SanInsFoG werden die Gläubigerinteressen insbesondere dadurch geschützt, dass die Eigenverwaltung nur bei Vorliegen der in § 270a genannten Positivkriterien angeordnet wird. Die in § 270a aufgeführten Anforderungen rechtfertigen aus Sicht des Gesetzgebers prima facie die Annahme, dass die beantragte Eigenverwaltung an den Interessen der Gläubigerschaft ausgerichtet werden wird (BT-Drs. 19/24181, 202). Bereits bei Stellung des Eigenverwaltungsantrags hat der Schuldner durch die Eigenverwaltungsplanung gem. § 270a und die ergänzenden Erklärungen (§ 270a Abs. 2) die Wahrung der Gläubigerinteressen in der Eigenverwaltung darzulegen. Dem Gläubigerschutz dienen zudem die Einbindung des (vorläufigen) Gläubigerausschusses in das Verfahren im Rahmen der Entscheidung über die Anordnung der vorläufigen Eigenverwaltung (§ 270b Abs. 3) sowie einer möglichen Beendigung der vorläufigen Eigenverwaltung (§ 270e Abs. 1 Nr. 4) und insbesondere die Überwachung der Eigenverwaltung durch den Sachwalter (Abs. 1 S. 1; vgl. Uhlenbruck/Zipperer Rn. 2).

5   Auch wenn die Eigenverwaltung unabhängig von der Person des Schuldners (Ausnahme: Verbraucherinsolvenz) und dem angestrebten Verfahrensziel angeordnet werden kann (vgl. HK-InsO/Brünkmans Vor §§ 270 ff. Rn. 14 f. sowie (BT-Drs. 19/24181, 204), eignet sich die Eigenverwaltung besonders für die Sanierung größerer Unternehmen, die bereits vorinsolvenzlich durch den Schuldner in Abstimmung mit den für das Gelingen der Sanierung wesentlichen Gläubigern professionell vorbereitet wurde; insbesondere in solchen Fällen hat sich die Eigenverwaltung auch in der Praxis bewährt (vgl. MüKoInsO/Kern Vor §§ 270–285 Rn. 18 und Rn. 34; Uhlenbruck/Zipperer Rn. 4 und 10). Daneben eignet sich die Eigenverwaltung auch bei Freiberuflerinsolvenzen, wo ggf. der Verlust der Zulassung vermieden werden kann (MüKoInsO/Kern Vor §§ 270–285 Rn. 32; Uhlenbruck/Zipperer Rn. 5 f.).

III. Praktische Bedeutung

6   Die praktische Bedeutung der Eigenverwaltung war zunächst gering. In der gerichtlichen Praxis wurden – nicht zuletzt aufgrund schlechter Erfahrungen mit unprofessionell vorbereiteten oder missbräuchlichen Eigenverwaltungsanträgen – strenge Anforderungen an die Anordnung der Eigenverwaltung gestellt (MüKoInsO/Kern Vor §§ 270–285 Rn. 16 f.). Das führte dazu, dass die Eigenverwaltung als Sanierungsoption nur sehr selten genutzt wurde. Seit der Reform der Eigenverwaltung durch das ESUG hat die Eigenverwaltung erheblich an Bedeutung gewonnen, insbesondere bei der Sanierung von größeren Unternehmen (vgl. HK-InsO/Brünkmans Vor §§ 270 ff. Rn. 23; Pape ZIP 2013, 2285 (2286); → Rn. 6.1).

6.1   Zwar werden nach Angaben des Statistischen Bundesamtes aus dem Jahr 2016 nur 1,5 % der Insolvenzverfahren als Eigenverwaltungsverfahren durchgeführt (Statistisches Bundesamt, Unternehmen und Arbeitsstätten, InsVerf, Ausgabe Dezember 2016, Tab. 5 und 19). Jedoch wurde bei den 50 nach Umsatz größten Unternehmensinsolvenzen im Jahr 2016 in 58 % der Fälle Eigenverwaltung beantragt (The Boston Consulting Group, Fünf Jahre ESUG, Moldenhauer/Wolf, März 2017 abrufbar unter http://media-publications.bcg.com/Focus-ESUG-Studie-16May17.pdf). Im Jahr 2012 lag der Anteil noch bei nur 44 %, 2015 gar nur bei 20 % (HK-InsO/Brünkmans Vor §§ 270 ff. Rn. 29). Blickt man auf die Größenklassen des § 267 HGB, ergibt sich folgendes Bild: Von den zwischen März 2012 und Januar 2018 beantragten Eigenverwaltungsverfahren betrafen 67 % kleine Unternehmen, 23 % mittlere Unternehmen und 10 % große Unternehmen (HK-InsO/Brünkmans Vor §§ 270 ff. Rn. 29).

6.2   In der Praxis wurden die Änderungen des ESUG positiv aufgenommen (Bericht der Bundesregierung über die Erfahrungen mit der Anwendung des Gesetzes zur weiteren Erleichterung der Sanierung von Unternehmen (ESUG) vom 7. Dezember 2011 (BGBl. I 2582), 3, abrufbar unter https://www.bmjv.de/SharedDocs/Artikel/DE/2018/101018_Bericht_ESUG.html). Das ESUG hat das deutsche Sanierungsrecht attraktiver gemacht. Insbesondere die Planbarkeit des Eigenverwaltungsverfahrens und die Mitwirkungsrechte des Gläubigerausschusses werden positiv aufgefasst. Allerdings gingen mit den Verbesserungen auch eine höhere Komplexität und ein erhöhter Beratungsaufwand einher (McKinsey&Company/Noerr, InsO-Studie, 2015). Der Kurzbericht der Evaluierung über die Erfahrungen mit der Anwendung des ESUG fasst die für die Eigenverwaltung relevanten Ergebnisse wie folgt zusammen: Zwar werde die Eigenverwaltung weder insgesamt zu häufig noch zu häufig bei dafür nicht geeigneten Schuldnern angeordnet. Zugleich werden jedoch mehrheitlich Forderungen nach klar definierten Ablehnungsgründen für die Eigenverwaltung und nach vereinfachten Möglichkeiten zu ihrer Aufhebung unterstützt (vgl. zur Bewertung der Vorschläge Buchalik ZInsO 2019, 465 ff.). Zudem werde geäußert, dass die Organe des eigenverwaltenden Schuldners in der Eigenverwaltung den Gläubigern unmittelbar haften sollten wie ein Insolvenzverwalter und dass Aufgabenbereich und Vergütung eines (vorläufigen) Sachwalters gesetzlich klarer umrissen werden sollten. Das Schutzschirmverfahren nach § 270b sei im Auswertungszeitraum insgesamt weniger häufig in Anspruch genommen worden als die vorläufige Eigenverwaltung nach § 270a; erhebliche Vorteile des Schutzschirmverfahrens gegenüber der vorläufigen Eigenverwaltung werden verneint (Evaluierung des Gesetzes zur weiteren Erleichterung der Sanierung von Unternehmen (ESUG) vom 7. Dezember 2011, abrufbar unter: https://www.bmjv.de/SharedDocs/Downloads/DE/News/Artikel/101018_Gesamtbericht_Evaluierung_ESUG.html).

Durch die Reform der Eigenverwaltung durch das SanInsFoG steht zu erwarten, dass Eigenverwaltungen künftig nur bei guter Vorbereitung und bei Vorliegen geeigneter Umstände angeordnet werden. Aus Sicht des Gläubigerschutzes ist dies zu begrüßen (vgl. Frind ZIP 2021, 171 (179)). Allerdings ist nicht zu verkennen, dass ungeachtet der positiven Erfahrungen mit dem ESUG Insolvenzverfahren nach wie vor (zu) spät eingeleitet werden. Dementsprechend steht zu befürchten, dass viele Unternehmen, die vor Inkrafttreten des SanInsFoG erfolgreich in Eigenverwaltung hätten saniert werden können, künftig nicht mehr auf dieses Instrument werden zugreifen können. Vorläufig wird sich dieser Effekt aufgrund des erleichterten Zugangs zur COVID-Eigenverwaltung (→ COVInsAG § 5 Rn. 1 ff.) nicht so stark zeigen. Wie gut die neue Eigenverwaltung funktioniert, auch im Zusammenspiel mit dem StaRUG, wird man wohl erst ab 2022 sehen. 7

B. Anwendungsbereich

Nach der gesetzlichen Regelung kann Eigenverwaltung außer in Verbraucherinsolvenzverfahren (vgl. Abs. 2) in sämtlichen Insolvenzverfahren angeordnet werden. In den Anwendungsbereich fallen Insolvenzen selbstständig tätiger natürlicher Personen (MüKoInsO/Kern Rn. 21; vgl. zB AnwGH NRW BeckRS 2011, 20268), Unternehmensinsolvenzen (KPB/Pape Rn. 68) sowie Insolvenzen von nicht-unternehmenstragenden juristischen Personen (MüKoInsO/Kern Rn. 22). Auch im Nachlassinsolvenzverfahren ist Eigenverwaltung möglich (zB MüKoInsO/Kern Vor §§ 270 ff. Rn. 43; einschränkend KPB/Pape Rn. 71), ebenso wie im Insolvenzverfahren über das Gesamtgut (Nerlich/Römermann/Riggert Rn. 14) und im Sekundärinsolvenzverfahren (AG Köln NZI 2004, 151; Uhlenbruck/Zipperer Rn. 11). Die §§ 270 ff. in der Fassung des SanInsFoG sind am 1.1.2021 in Kraft getreten (Art. 25 Abs. 1 SanInsFoG). Bis zum 31.12.2021 gelten jedoch nach Maßgabe der §§ 5 f. COVInsAG die §§ 270 ff. in der bis zum 31.12.2020 geltenden Fassung fort (→ COVInsAG § 5 Rn. 1). 8

Gemäß § 5 Abs. 1 COVInsAG gelten die §§ 270 ff. aF ipso iure, wenn die Zahlungsunfähigkeit oder Überschuldung auf die Covid-19-Pandemie zurückzuführen ist. Nach dem Wortlaut des § 5 COVInsAG ist die Anwendung des alten Rechts zwingend. Wenn der Schuldner jedoch die höheren Eingangshürden der §§ 270 ff. in der Fassung des SanInsFoG nimmt, sollte ihm insoweit ein Wahlrecht zuerkannt werden. Das erlaubt zugleich ggf. die Anwendung des neuen Rechts, wenn der Pandemiebezug zweifelhaft ist. Liegt bei Stellung des Eigenverwaltungsantrags allein drohende Zahlungsunfähigkeit vor, gelten die §§ 270 ff. in der Fassung des SanInsFoG. Sie gelten auch, wenn die Antragstellung bei eingetretener Überschuldung oder Zahlungsunfähigkeit erfolgt und kein Pandemiebezug vorliegt. 8.1

Ob der Anwendungsbereich darüber hinaus einzuschränken ist, war bislang umstritten. Diskutiert wurde insbesondere eine Einschränkung vor dem Hintergrund, dass die Eigenverwaltung als Sanierungsverfahren konzipiert ist (vgl. KPB/Pape Rn. 60 f.). Dementsprechend wurde mitunter die Anordnung der Eigenverwaltung auf „geeignete Ausnahmefälle" beschränkt (AG Hamburg NZI 2014, 269 mablAnm Hofmann; AG Hamburg NZI 2014, 312) bzw. für unzulässig gehalten, wenn das Insolvenzverfahren auf Liquidation des Schuldners gerichtet ist (zB AG Hamburg NZI 2014, 269). Die hM sprach sich schon bislang gegen derartige Einschränkungen des Anwendungsbereichs aus (AG Köln NZI 2004, 151; LG Cottbus ZIP 2001, 2188 mAnm Lüke; Braun/Riggert Rn. 5; Graf-Schlicker/Graf-Schlicker Rn. 17; MüKoInsO/Kern Rn. 101 f.). Der Gesetzgeber des SanInsFoG hat diese Sichtweise inzwischen bestätigt (vgl. BT-Drs. 19/24181, 204). Die Frage dürfte somit im Sinne der bisherigen hM geklärt sein. 9

C. Voraussetzungen der Eigenverwaltung

§ 270 Abs. 1 enthält Rechtsfolgenanordnungen für den Fall, dass das Insolvenzgericht im Eröffnungsbeschluss die Eigenverwaltung anordnet. Die Voraussetzungen, unter denen das Gericht zur 10

Anordnung der Eigenverwaltung verpflichtet ist, sind in § 270f Abs. 1 iVm § 270b und § 270e normiert.

11 Neben den in § 270f Abs. 1 bezeichneten Voraussetzungen setzt die Anordnung der Eigenverwaltung einen Eröffnungsantrag voraus. Das folgt ohne weiteres aus dem Charakter der Eigenverwaltung. Im Gesetzeswortlaut kommt dies darin zum Ausdruck, dass die Anordnung der Eigenverwaltung gem. Abs. 1 in dem Beschluss über die Eröffnung des Insolvenzverfahrens erfolgt. Ob der Eröffnungsantrag vom Schuldner gestellt sein muss (vgl. zB MüKoInsO/Kern Rn. 37), war nach der alten Rechtslage umstritten (dagegen zB Uhlenbruck/Zipperer Rn. 41 mwN). Auch nach der neuen Rechtslage enthalten die §§ 270 ff. keine ausdrückliche Regelung, wonach der Eröffnungsantrag vom Schuldner gestellt sein muss. Der Schuldner hat allerdings im Rahmen des Eigenverwaltungsantragsantrags ein Konzept für die Durchführung des Insolvenzverfahrens vorzulegen (vgl. § 270a Abs. 1 Nr. 2) und darzulegen, wie die Sicherstellung insolvenzrechtlicher Pflichten erfolgt (§ 270a Abs. 1 Nr. 4). Der ordnungsgemäß gestellte Eigenverwaltungsantrag indiziert somit den Willen des Schuldners, das Insolvenzverfahren sachgerecht zu betreiben. Damit ist ein Eigenantrag des Schuldners auch unter Gläubigerschutzgesichtspunkten nicht erforderlich. Allerdings wird es auch künftig in der Praxis so sein, dass der Schuldner den Eigenverwaltungsantrag zugleich mit dem Eröffnungsantrag stellt.

11.1 Bei Vorliegen eines Fremdantrags hat das Insolvenzgericht den Schuldner gem. § 14 Abs. 2 anzuhören und ihm in diesem Zusammenhang auch die Möglichkeit einzuräumen, einen Antrag auf Eigenverwaltung zu stellen (MüKoInsO/Kern Rn. 37; Nerlich/Römermann/Riggert Rn. 19). Der Schuldner kann, sofern die Anordnungsvoraussetzungen vorliegen, auch bei Verfahrenseinleitung durch Fremdantrag die Durchführung des Insolvenzverfahrens in Eigenverwaltung erreichen, indem er selbst Eigenverwaltungsantrag stellt.

D. Stellung des Schuldners in der Eigenverwaltung

I. Rechte und Pflichten des Schuldners in Abgrenzung zum Sachwalter

12 In der Eigenverwaltung sind **im Grundsatz** sämtliche Aufgaben, die im regulären Verfahren dem Insolvenzverwalter obliegen und die nicht nach den nicht abschließenden §§ 270 ff. auf den Sachwalter übertragen sind, dem **Schuldner** übertragen (MüKoInsO/Kern Rn. 147).

1. Gesetzliche Aufgaben und Pflichten des Schuldners

13 Kraft ausdrücklicher gesetzlicher Anordnung sind dem eigenverwaltenden Schuldner folgende Aufgaben und die damit einhergehenden Rechte und Pflichten zugewiesen:
- Berechtigung, die Insolvenzmasse zu verwalten und über sie zu verfügen (§ 270 Abs. 1 S. 1);
- Eingehung neuer Verbindlichkeiten, auch außerhalb des gewöhnlichen Geschäftsbetriebs (§ 275 Abs. 1; vgl. MüKoInsO/Kern Rn. 142);
- Ausübung der Rechte aus §§ 103 ff. (§ 279), insbesondere Entscheidung über die Fortsetzung beiderseits nicht erfüllter Vertragsverhältnisse nach Maßgabe des § 279 (→ § 279 Rn. 2) und über die Aufnahme von Prozessen (Uhlenbruck/Zipperer Rn. 12);
- Erstellung der in § 151 genannten Verzeichnisse (§ 281 Abs. 1);
- Berichterstattung im Berichtstermin (§ 281 Abs. 2);
- Rechnungslegung (§ 281 Abs. 3);
- Recht zur Verwertung von mit Absonderungsrechten belasteten Gegenständen nach Maßgabe des § 282 Abs. 1 (→ § 282 Rn. 5);
- Recht zum Bestreiten angemeldeter Forderungen (§ 283 Abs. 1 S. 1.);
- Verteilung der Insolvenzmasse an die Insolvenzgläubiger (§ 283 Abs. 2);
- Ausarbeitung eines Insolvenzplans mit Auftrag der Gläubigerversammlung (§ 284).

14 Da der Schuldner zur Verwaltung der Insolvenzmasse befugt ist, begründen seine Handlungen originäre Masseverbindlichkeiten gem. § 55 Abs. 1 Nr. 1 (Uhlenbruck/Zipperer Rn. 13). Er unterliegt dabei den Beschränkungen der §§ 275 ff., die dem Schuldner im Innenverhältnis (Aufsicht durch den Sachwalter) und ggf. im Außenverhältnis (vor allem bei Anordnung eines Zustimmungsvorbehalts gem. § 277) Grenzen auferlegen (vgl. Uhlenbruck/Zipperer Rn. 13).

15 Der Schuldner nimmt in der Eigenverwaltung weiterhin die Arbeitgeberfunktion wahr (Andres/Leithaus/Andres Rn. 12; MüKoInsO/Kern Rn. 164; Uhlenbruck/Zipperer Rn. 14). Die Rechte aus §§ 120, 122 und 126 kann der Schuldner allerdings kraft gesetzlich angeordneten Zustimmungsvorbehalts (§ 279 S. 3) nur mit vorheriger (Uhlenbruck/Zipperer Rn. 14) Zustimmung des Sachwalters wirksam ausüben (→ Rn. 38). Der Schuldner bleibt Adressat steuerlicher und sonsti-

Grundsatz **§ 270 InsO**

ger öffentlich-rechtlicher Pflichten, soweit sie die Insolvenzmasse betreffen (MüKoInsO/Kern Rn. 157 f.).

Der Schuldner hat die Insolvenzmasse im Interesse der Gesamtheit der Gläubiger zu verwalten **16** (→ Rn. 22). In diesem Rahmen ist er befugt, den schuldnerischen Geschäftsbetrieb zu veräußern, wobei er die Zustimmung des Sachwalters sowie des zuständigen Gläubigerorgans einzuholen hat. Veräußert der eigenverwaltende Schuldner den Geschäftsbetrieb, ist § 25 HGB ebenso unanwendbar wie im Regelverfahren (vgl. LAG Hamm NZI 2016, 854 (856) mAnm Juretzek; BGH BB 2020, 273 f.).

2. Gesetzliche Aufgaben des Sachwalters

Der Sachwalter hat gem. § 274 Abs. 2 S. 1 die wirtschaftliche Lage des Schuldners zu **prüfen** **17** und die Geschäftsführung sowie die Ausgaben für die Lebensführung zu **überwachen;** Ausdruck der Überwachungsfunktion sind insbesondere die Anzeigepflicht in § 274 Abs. 3 sowie die speziellen Regelungen zu Zustimmungsrechten in § 275 und § 277. Daneben bestehen **Prüfungs-** und **Mitwirkungspflichten** im Zusammenhang mit dem Berichtstermin (§ 281), der Verwertung von Sicherungsgut (§ 282 Abs. 2) und bei der Verteilung (§ 283). Gemäß § 275 Abs. 2 kann der Sachwalter die Kassenführung an sich ziehen (→ § 275 Rn. 15). Der Sachwalter ist zuständig für die Entgegennahme von Forderungsanmeldungen und hat die Insolvenztabelle zu führen (§ 270f Abs. 2 S. 2). Zudem sind ihm die Anfechtung sowie die Durchsetzung von Haftungsansprüchen, die zugunsten der Gläubigergesamtheit bestehen, zugewiesen (§ 280, → § 280 Rn. 2). Hierbei handelt es sich um besonders konfliktanfällige Ansprüche, die dementsprechend in den Verantwortungsbereich des Sachwalters fallen.

Mit dem SanInsFoG wurde zudem für das Gericht die Möglichkeit geschaffen, dem Sachwalter **18** zu gestatten, den Schuldner im Rahmen der Insolvenzgeldvorfinanzierung, der insolvenzrechtlichen Buchführung und der Verhandlungen mit Kunden und Lieferanten zu unterstützen (§ 274 Abs. 2 S. 2). Hierbei handelt es sich um Bereiche, in denen ein Rückgriff auf die Expertise und das in der Insolvenzverwaltung versierte Backoffice des Sachwalters für das Verfahren förderlich ist. Ein Kompetenzkonflikt zwischen Schuldner und Sachwalter soll nach der Begründung des Gesetzgebers nicht zu befürchten sein (BT-Drs. 19/24181, 208).

Ob neben der Aufsicht durch den Sachwalter auch eine unmittelbare Aufsicht durch das Insol- **19** venzgericht besteht, wird unterschiedlich beurteilt (dagegen zB Uhlenbruck/Zipperer Rn. 28; dafür zB Vallender DB 2015, 231 (233)).

3. Abgrenzung bei fehlender Zuständigkeitszuweisung

Die Regelungen der §§ 270 ff. sind nicht abschließend (MüKoInsO/Kern Rn. 147). Soweit **20** eine gesetzliche Kompetenzzuweisung fehlt, ist die Zuständigkeit nach allgemeinen Auslegungsgrundsätzen unter besonderer Berücksichtigung des Verfahrenszwecks zu bestimmen. In jedem Einzelfall ist festzustellen, ob es sich um eine Aufgabe des Schuldners oder des Sachwalters handelt (MüKoInsO/Kern Rn. 147). Die **Abgrenzung** der Zuständigkeiten folgt nach der gesetzlichen Konzeption dem Grundsatz, dass der Schuldner die Geschäfte führt, wohingegen der Sachwalter primär Kontrolle ausübt (Braun/Riggert Rn. 8), den Schuldner unterstützend und beratend begleitet, und Aufgaben wahrnimmt, die dem Insolvenzverwalter im Regelverfahren im Gläubigerinteresse übertragen sind (HK-InsO/Brünkmans Vor §§ 270 ff. Rn. 11). Dieser Grundsatz wird ausweislich der Gesetzesbegründung zum SanInsFoG durch den neu eingeführten § 274 Abs. 2 S. 2 nicht in Frage gestellt (BT-Drs. 19/24181, 208). Er ist somit weiterhin in den Fällen maßgeblich, in denen eine ausdrückliche gesetzliche Kompetenzzuweisung fehlt (BGH BeckRS 2017, 117356 Rn. 7) (→ Rn. 20.1).

Dementsprechend muss der Verzicht auf ein Absonderungsrecht dem Schuldner gegenüber erklärt **20.1** werden, wobei der Verzicht mit Annahme durch den Schuldner wirksam wird (vgl. BGH NZI 2017, 345 Rn. 11 ff.). Dem Sachwalter fehlt für die Entgegennahme der Verzichtserklärung sowie für die Annahme des Verzichts die erforderliche Verfügungsbefugnis; insoweit besteht auch keine Annexkompetenz des Sachwalters aus § 272f Abs. 2 S. 2 (BGH NZI 2017, 345 Rn. 17 zur Vorgängernorm des § 270c S. 2 aF; → § 270f Rn. 23). Für die Entbindung eines Berufsgeheimnisträgers von der Verschwiegenheitspflicht ist ebenfalls der Schuldner zuständig, nicht der Sachwalter (OLG Hamm BeckRS 2018, 5248 Rn. 22).

Ob und unter welchen Voraussetzungen eine Freigabe von Massegegenständen möglich ist, ist **21** ungeklärt (vgl. BGH BeckRS 2017, 104879 Rn. 9). Nach wohl überwiegender Meinung liegt die Befugnis zur **Freigabe** von Massegegenständen beim Schuldner (Uhlenbruck/Zipperer Rn. 16; aA HK-InsO/Brünkmans Vor §§ 270 ff. Rn. 12; offen gelassen in BGH BeckRS 2017, 104879

Rn. 9). Interessenkonflikte bei der Freigabeentscheidung können durch Einbeziehung des Sachwalters (§ 275; vgl. Uhlenbruck/Zipperer Rn. 16) und ggf. Nichtigkeit der Freigabeentscheidung wegen Insolvenzzweckwidrigkeit (MüKoInsO/Kern Rn. 149) bewältigt werden.

II. Durchführung der Eigenverwaltung

1. Bindung an den Verfahrenszweck

22   Dass dem Schuldner in der Eigenverwaltung die Befugnis zur Verwaltung seines Vermögens verbleibt, heißt nicht, dass der Schuldner frei in seinen Verwaltungsentscheidungen wäre. Vielmehr ist der Schuldner an die gesetzlichen Vorgaben der InsO und insbesondere an den Verfahrenszweck gebunden, und er hat seine Rechte im **Interesse der Gläubigergesamtheit** auszuüben (vgl. BGH NZI 2007, 188 Rn. 8; Uhlenbruck/Zipperer Rn. 12). Der Schuldner tritt in der Eigenverwaltung auch insofern an die Stelle des Insolvenzverwalters (vgl. Braun/Riggert Rn. 1). Er ist verpflichtet, Eigeninteressen gegenüber den Interessen der Gläubigergesamtheit zurückzustellen (BGH NZI 2007, 188 Rn. 9). Rechtshandlungen des Schuldners, die dem Grundsatz der Gläubigergleichbehandlung evident zuwiderlaufen, können wegen **Insolvenzzweckwidrigkeit** unwirksam sein (vgl. OLG Karlsruhe NZI 2016, 685 (686 f.) = BeckRS 2016, 12125 Rn. 17; MüKoInsO/Kern Rn. 150). Ob der Schuldner in der Eigenverwaltung seine Verwaltungs- und Verfügungsbefugnis in modifizierter Form behält (so zB AG Köln NZI 2004, 151 (154); tendenziell BGH NJW 2018, 2125 Rn. 17, 20) oder ob er sie durch die Anordnung der Eigenverwaltung originär erhält (zB MüKoInsO/Kern Rn. 141; Uhlenbruck/Zipperer Rn. 12 mwN; BFH NZI 2018, 988 (989 f.); BAG NZI 2018, 47 Rn. 11), ist streitig. Folgerungen für die Lösung konkreter Rechtsprobleme sollten aus diesem eher akademischen Streit nicht gezogen werden (die Frage offenlassend BGH BB 2020, 273 Rn. 19; anders BFH NZI 2018, 988 ff. zur Qualifikation von Umsatzsteuer als Masseverbindlichkeit in der (vorläufigen) Eigenverwaltung).

2. Einsatz von Beratern

23   Der Schuldner ist verpflichtet, die Eigenverwaltung selbst durchzuführen. Dazu muss der Schuldner über die erforderlichen Fähigkeiten und Kenntnisse verfügen (MüKoInsO/Kern Rn. 70). Soweit der Schuldner nicht selbst darüber verfügt, kann er ihre Sicherstellung durch Hinzuziehung von Beratern gewährleisten. Das entsprach der einhelligen Meinung zur alten Rechtslage (vgl. zB BGH NZI 2016, 796 Rn. 81; sowie HK-InsO/Brünkmans Vor §§ 270 ff. Rn. 14; Vallender DB 2015, 231 (232)) und wurde vom Gesetzgeber mit dem SanInsFoG bestätigt (BT-Drs. 19/24181, 205).

24   Bei der Inanspruchnahme von Beratung ist auch weiterhin klar zu definieren, ob die Beratung dem Schuldner selbst, der Geschäftsführung oder aber den Gesellschaftern zugutekommt; ob dann in jedem Fall auch die Vergütung von entsprechender Stelle erfolgen muss (so Kübler HRI/Bierbach § 11 Rn. 180 ff.; aA Specovius/Uffmann ZIP 2016, 295 (301 f.)), ist nicht klar.

25   Die Kosten für die Beratung waren bislang im Rahmen der gerichtlichen Nachteilsprognose nach § 270 Abs. 2 S. 2 aF zu berücksichtigen (HmbKommInsR/Fiebig Rn. 30). Zu hohe Beraterkosten konnten zur Ablehnung der Eigenverwaltung führen (vgl. AG Freiburg NZI 2015, 604 (605); AG Essen ZIP 2015, 841 = BeckRS 2015, 03320). Nach der neuen Rechtslage werden die Beraterkosten bei der als Bestandteil der Sanierungsplanung vorgeschriebenen Darstellung der Kosten (§ 270a Abs. 1 Nr. 5) berücksichtigt. Erhebliche Mehrkosten der Eigenverwaltung können auch nach dem neuen Recht gem. § 270b Abs. 2 zur Versagung der (vorläufigen) Eigenverwaltung führen (→ § 270b Rn. 18 ff.).

26   In der Praxis wird der eigenverwaltende Schuldner nicht selten durch den (vorläufigen) Sachwalter unterstützt (vgl. LG Dresden ZIP 2013, 2116 ff.). Dabei ist darauf zu achten, dass der (vorläufige) Sachwalter den Schuldner nur insoweit unterstützen darf, wie es ihm im Rahmen seiner Stellung gesetzlich obliegt oder erlaubt ist. Andernfalls riskiert er einen Verstoß gegen berufsrechtliche Bestimmungen (§ 45 Abs. 1 Nr. 1 BRAO, vgl. Vill ZInsO 2015, 2245 ff.). Vertragliche Vergütungsansprüche stehen ihm in diesem Fall, auch wegen Insolvenzzweckwidrigkeit der Beauftragung, nach der zutreffenden, zwischenzeitlich vom BGH (BeckRS 2016, 17382 Rn. 72) bestätigten, hM nicht zu (OLG Dresden ZIP 2015, 1937 ff.; Vill ZInsO 2015, 2245 ff.; aA noch die Vorinstanz LG Dresden ZIP 2013, 2116 ff.). Auch gesetzliche Vergütungsansprüche bestehen nicht, wenn der (vorläufige) Sachwalter außerhalb seines Aufgabenbereichs tätig wird (BGH NZI 2016, 796 Rn. 61); ob die Tätigkeit berufsrechtlich zu beanstanden ist, ist insoweit unerheblich. Neuerdings eröffnet § 274 Abs. 2 S. 2 die Möglichkeit, den Aufgabenbereich des Sachwalters zu erweitern.

Noch weitgehend ungeklärt ist, in welcher Weise die Beziehung des Schuldners zu Beratern, 27
auf deren Know-how in Sanierungsfragen oder im Insolvenzrecht er zur ordnungsgemäßen Durchführung der Eigenverwaltung angewiesen ist, auszugestalten ist. In der Praxis geläufig sind die Bestellung des Beraters zum Geschäftsführungsorgan des Schuldners, seine Ernennung zum Generalbevollmächtigten sowie ein Tätigwerden aufgrund eines Beratungsvertrags, wobei allerdings ungeklärt ist, ob alle genannten Alternativen als gleichwertig betrachtet werden können (in diesem Sinn Berner/Köster/Lambrecht NZI 2018, 425 (426); wohl auch Gehrlein ZInsO 2018, 2234 (2241); aA Hölzle ZIP 2018, 1669 (1674 f.): Organstellung zwingend erforderlich). Der Gesetzgeber des SanInsFoG scheint es für möglich und ausreichend zu halten, dass der Schuldner seine Pflichten durch Berufung eines Generalbevollmächtigten oder auf Grundlage eines Beratungsvertrags sicherstellt (BT-Drs. 19/24181, 205).

In der Praxis kommt es zudem vor, dass ein „Chief Restructuring Officer" oder „Vorstand Eigenverwaltung" nicht unmittelbar mit dem Schuldner einen Anstellungsvertrag schließt, sondern die Vertragsbeziehung über einen Intermediär läuft. In solchen Fällen „indirekten Interim Managements" (vgl. zu Einzelheiten Specovius/Uffmann ZIP 2016, 295 (301 f.)) geht der Berater vertragliche Beziehungen mit einem Dritten ein, von dem er auch für seine Tätigkeit vergütet wird. Dass dies zu Interessenkonflikten führen kann, liegt nahe und wird besonders plastisch, wenn es sich bei dem Dritten um einen Gesellschafter handelt. Für die Zulässigkeit einer Drittanstellung des Interim Managers mag sprechen, dass er trotz seiner Vertragsbeziehung mit dem Dritten grundsätzlich verpflichtet ist, im Interesse des Schuldners zu handeln, was in der Eigenverwaltung die Beachtung der gesetzlichen Vorgaben umfasst. Das gilt jedenfalls, sofern der Berater in Organfunktion tätig wird. Daneben kommt es in Betracht, den Vertrag mit dem Dritten als echten Vertrag zugunsten Dritter (nämlich des Schuldners) sowie als Vertrag mit Schutzwirkung zugunsten Dritter (der weiteren Verfahrensbeteiligten, insbesondere der Gläubiger) auszugestalten oder auch ohne besondere Ausgestaltung zu werten (Specovius/Uffmann ZIP 2016, 295 (301 ff.)). Insgesamt dürfte jedenfalls bei hinreichender, die Interessen des Schuldners und der Verfahrensbeteiligten wahrender Ausgestaltung die Drittanstellung ohne Vorliegen weiterer Anhaltspunkte nicht der Anordnung der Eigenverwaltung entgegenstehen (aA wohl Hammes NZI 2017, 233 (234 f.)). Die weitere Rechtsentwicklung bleibt abzuwarten. 27.1

3. Haftung des Schuldners

Für den Schuldner galten schon bislang die Haftungsregeln der §§ 60 f. entsprechend (so BGH 28
NJW 2018, 2125 Rn. 21; so schon zuvor MüKoInsO/Kern Rn. 167). Wie sich die Haftung des Schuldners im Einzelnen gestaltet, ist unklar. Insoweit ist beispielsweise problematisch, dass Haftungsansprüche – anders als solche gegen den Insolvenzverwalter im Regelverfahren – die Masse belasten (vgl. MüKoInsO/Kern Rn. 169; Uhlenbruck/Zipperer Rn. 18), was jedenfalls dann zulasten der Insolvenzquote gehen kann, wenn keine Regressmöglichkeiten (zB gegen Geschäftsleiter) bestehen.

III. Eigenverwaltung bei juristischen Personen und Gesellschaften ohne Rechtspersönlichkeit

In der Eigenverwaltung juristischer Personen und von Gesellschaften ohne Rechtspersönlichkeit 29
ergibt sich eine Reihe von Problemen. Gesetzlich besonders geregelt sind das Verhältnis der Geschäftsführung zu sonstigen Organen (§ 276a Abs. 1; vgl. dazu Literaturübersicht bei Uhlenbruck Rn. 30–32) sowie inzwischen die Haftung der Geschäftsleiter (§ 276a Abs. 2).

1. Stellung der Organe

Die Aufgaben des Schuldners werden in der Eigenverwaltung juristischer Personen und von 30
Gesellschaften ohne Rechtspersönlichkeit von den Geschäftsleitern (Geschäftsführer, Vorstand, geschäftsführender Gesellschafter) wahrgenommen. Die Geschäftsleiter agieren gem. § 276a Abs. 1 weisungsfrei (Uhlenbruck/Zipperer § 276a Rn. 7). Die §§ 56 f. finden keine Anwendung (Uhlenbruck/Zipperer Rn. 8), die Geschäftsleitung wird zu einem Amtswalter in eigenen Angelegenheiten (Uhlenbruck/Zipperer Rn. 12 mwN). Die ihr eingeräumten Befugnisse hat sie im Interesse der Gläubigergesamtheit auszuüben (HK-InsO/Brünkmans Rn. 15). Gesellschaftsrechtliche Bindungen des Geschäftsführungsorgans entfallen im Umfang der Eigenverwaltungsbindung des Schuldners (FK-InsO/Foltis Rn. 10). Auch Regelungen im Anstellungsvertrag sind unter Berücksichtigung des Verfahrenszwecks zu beachten. Insbesondere richtet sich der Vergütungsanspruch des Geschäftsleiters auch in der Eigenverwaltung nach dem Anstellungsvertrag (AG Duisburg

NZI 2006, 112 (113)). Für persönlich haftende Organmitglieder gilt jedoch § 278 (HK-InsO/ Brünkmans § 276a Rn. 20).

2. Organhaftung

31   Die wichtige Frage nach der Haftung der geschäftsführenden Organe in der Eigenverwaltung war infolge des Grundsatzurteils des BGH v. 26.4.2018 (BGH NJW 2018, 2125 ff.) für die Praxis in einem zentralen Punkt geklärt. Der Gesetzgeber hat sie inzwischen im Sinne der BGH-Rechtsprechung gesetzlich normiert (→ § 276a Rn. 38 ff.).

E. Geltung der allgemeinen Vorschriften

32   Gemäß Abs. 1 S. 2 gelten in der Eigenverwaltung die allgemeinen Vorschriften, soweit nicht die §§ 270–285 anderes bestimmen. Mit den allgemeinen Vorschriften sind die Vorschriften der InsO und der ZPO (über den Verweis in § 4, vgl. Uhlenbruck/Zipperer Rn. 37) gemeint.

I. Anwendung der Vorschriften der InsO in der Eigenverwaltung

33   Der Verweis auf die Vorschriften der InsO bereitet in der praktischen Anwendung Schwierigkeiten, die in den strukturellen Unterschieden zwischen regulärem Insolvenzverfahren mit Verwalter und Eigenverwaltung begründet sind. Insbesondere stellt sich oftmals, soweit eine ausdrückliche Regelung fehlt, die Frage, ob Normadressat der allgemeinen Regel der Schuldner oder der Sachwalter ist.

34   Der Anwendungsbereich der allgemeinen Vorschriften ist durch **Auslegung** zu ermitteln (Nerlich/Römermann/Riggert Rn. 3; Uhlenbruck/Zipperer Rn. 33). Dabei ist insbesondere der Struktur der Eigenverwaltung als verwalterloses Insolvenzverfahren unter der Aufsicht des Sachwalters Rechnung zu tragen (vgl. Uhlenbruck/Zipperer Rn. 33). Die Verweisung auf die allgemeinen Vorschriften bezieht sich „auf den Gang des Insolvenzverfahrens" (BGH NZI 2007, 240 Rn. 7). Damit sind nicht nur die verfahrensrechtlichen Vorschriften der InsO gemeint (so Siemon/Klein ZInsO 2012, 2009; Uhlenbruck/Zipperer Rn. 35), sondern auch materiell-rechtliche Regelungen.

1. Allgemeine Vorschriften (§§ 1–10)

35   Die allgemeinen Vorschriften über das Eröffnungsverfahren sind grundsätzlich anwendbar (Nerlich/Römermann/Riggert Rn. 3; Uhlenbruck/Zipperer Rn. 34).

36   Umstritten war bislang, ob und inwieweit der in § 5 Abs. 1 verankerte Amtsermittlungsgrundsatz auch bei der Vorbereitung der Entscheidung über die Anordnung der Eigenverwaltung gilt. Mit der Neukonzeption des Verfahrens durch das SanInsFoG geht jedenfalls eine Beschränkung des Amtsermittlungsgrundsatzes im Rahmen der Anordnung der vorläufigen Eigenverwaltung einher (→ § 270b Rn. 14).

2. Eröffnungsverfahren, erfasstes Vermögen und Verfahrensbeteiligte (§§ 11–79)

37   Der Verweis in § 270 Abs. 1 S. 2 auf die allgemeinen Vorschriften umfasst die Vorschriften über das Eröffnungsverfahren (Uhlenbruck/Zipperer Rn. 33). Daraus folgt, dass diese Vorschriften nur insoweit anzuwenden sind, als sich aus den §§ 270 ff. nichts anderes ergibt. Im Überblick:
- §§ 11, 12 und 14 sind anwendbar (Uhlenbruck/Zipperer Rn. 34);
- § 13 ist unter dem Gesichtspunkt anwendbar, dass der Schuldner bereits mit dem Eröffnungsantrag die Anordnung der Eigenverwaltung beantragen kann (Uhlenbruck/Zipperer Rn. 34);
- die Anwendung des § 15 auf den Eigenverwaltungsantrag des Schuldners ist umstritten (→ Rn. 10, → § 270a Rn. 4);
- §§ 16–19 sind anwendbar;
- § 20 Abs. 1 S. 1 ist anwendbar, wobei Auskunftsersuchen des Insolvenzgerichts nicht eine solche Intensität annehmen dürfen, dass sie faktisch zu einer Beaufsichtigung durch das Gericht führen (Uhlenbruck/Zipperer Rn. 34);
- § 20 Abs. 1 S. 2 ist bezogen auf den Eigenverwaltungsantrag unanwendbar. Verstöße des Schuldners können aber die Ablehnung/Aufhebung der Eigenverwaltung zur Folge haben (Uhlenbruck/Zipperer Rn. 34);
- § 21 ist grundsätzlich anwendbar, wird aber durch die § 270c Abs. 3 und § 270d Abs. 3 modifiziert;

Grundsatz § 270 InsO

- § 22 ist im Fall der Ablehnung der vorläufigen Eigenverwaltung (→ § 270b Rn. 53) sowie bei Aufhebung der vorläufigen Eigenverwaltung gem. § 270e Abs. 1 (→ § 270e Rn. 24) anwendbar; § 22 Abs. 1 S. 2 Nr. 2 ist nicht auf den eigenverwaltenden Schuldner selbst anzuwenden (vgl. BAG BeckRS 2020, 10022 Rn. 100). § 22 Abs. 3 gilt über § 274 Abs. 2 S. 3 entsprechend für den Sachwalter;
- § 22a ist anwendbar (vgl. Abs. 3);
- § 23 ist anwendbar, wenn das Insolvenzgericht nach § 270b Abs. 4 S. 1 oder § 270e Abs. 1 einen vorläufigen Insolvenzverwalter bestellt. Für die Bekanntmachung des Beschlusses auf Anordnung oder Aufhebung der Eigenverwaltung gilt § 273;
- § 24 ist ebenfalls nur anwendbar, soweit das Insolvenzgericht trotz Eigenverwaltungsantrag einen vorläufigen Insolvenzverwalter bestellt und die Verfügungsbefugnis des Schuldners beschränkt hat. Im Übrigen ist die Norm unanwendbar (Nerlich/Römermann/Riggert § 270a Rn. 16);
- § 25 Abs. 1 ist anwendbar (Uhlenbruck/Zipperer Rn. 34); § 25 Abs. 2 kommt in der Eigenverwaltung keine Bedeutung zu, da die Verwaltungsbefugnis regelmäßig beim Schuldner bleibt. Für den Fall, dass der vorläufige Sachwalter die Kassenführung gem. § 275 Abs. 2 an sich zieht, ist § 25 nicht anwendbar (Uhlenbruck/Zipperer Rn. 34);
- § 26 ist anwendbar, wobei das Gericht bei der Kostendeckungsprognose die Besonderheiten der Eigenverwaltung (deutlich geringere Kosten) berücksichtigen muss (Nerlich/Römermann/Riggert § 270a Rn. 16; Uhlenbruck/Zipperer Rn. 34);
- § 26a ist auch bei Bestellung eines vorläufigen Sachwalters anwendbar (vgl. MüKoInsO/Stephan InsVV § 12 Rn. 24 f.; Budnik NZI 2014, 247 (252);
- §§ 27, 28 sind anwendbar; das Gericht ordnet jedoch die Eigenverwaltung an und bestellt einen Sachwalter (§ 270f Abs. 2 S. 2); im Übrigen findet § 28 Abs. 3 keine Anwendung, da in der Eigenverwaltung (weiter) an den Schuldner geleistet werden soll (Nerlich/Römermann/Riggert § 270a Rn. 16);
- § 29 ist anwendbar; es ist aber darauf hinzuweisen, dass der Schuldner den Bericht erstattet und der Sachwalter dazu Stellung nimmt (vgl. § 281 Abs. 2; KPB/Pape Rn. 140);
- § 30 ist anwendbar (KPB/Pape Rn. 133);
- § 31 ist anwendbar (zB Nerlich/Römermann/Riggert § 270a Rn. 16);
- § 32 und 33 sind gem. § 270f Abs. 2 S. 3 unanwendbar (Nerlich/Römermann/Riggert § 270a Rn. 16);
- § 34 ist anwendbar; die Ablehnung der Eigenverwaltung kann insbesondere nicht mit der gegen den Eröffnungsbeschluss gerichteten sofortigen Beschwerde angegriffen werden (KPB/Pape Rn. 176; BGH NZI 2007, 240 Rn. 7 ff.);
- §§ 35–55 Abs. 2 sind anwendbar (Nerlich/Römermann/Riggert Rn. 5; Uhlenbruck/Zipperer Rn. 35). Bei § 54 Nr. 2 sind statt der Vergütung und Auslagen des (vorläufigen) Insolvenzverwalters die des (vorläufigen) Sachwalters als Kosten des Insolvenzverfahrens Masseverbindlichkeiten (Nerlich/Römermann/Riggert Rn. 5);
- § 55 Abs. 3 ist auf gem. § 270b aF (iVm §§ 5 f. COVInsAG) angeordnete Schutzschirmverfahren bei Anordnung einer Globalermächtigung gem. § 270b aF Abs. 3 analog anwendbar (BGH NZI 2016, 779; → InsO 2012 aF § 270b Rn. 73);
- § 55 Abs. 4 ist in der vorläufigen Eigenverwaltung infolge der Änderung der Vorschrift durch das SanInsFoG anwendbar (→ § 55 Rn. 74).
- §§ 56–59 sind entsprechend anzuwenden auf den Sachwalter und dessen Bestellung (Nerlich/Römermann/Riggert Rn. 5; KPB/Pape Rn. 155; aA zu § 58: K. Schmidt InsO/Undritz Rn. 2);
- § 60 ist auf den Sachwalter anzuwenden (Nerlich/Römermann/Riggert Rn. 5); für Verfahren nach §§ 270 ff. aF gilt die Vorschrift gilt auch für Mitglieder des Vertretungsorgans des Schuldners (BGH NJW 2018, 2125 Rn. 21; → InsO 2012 aF § 270 Rn. 71; in Neufällen gelten die Regelungen in § 276a Abs. 2 und 3);
- § 61 gilt ebenfalls in Altfällen für Mitglieder des Vertretungsorgans des Schuldners (BGH NJW 2018, 2125 Rn. 21; in Neufällen gilt § 276a Abs. 2 und 3) und ist gem. § 277 Abs. 1 S. 3 anwendbar, wenn der Sachwalter der Begründung einer Masseverbindlichkeit zustimmt (Nerlich/Römermann/Riggert Rn. 5; → Rn. 61);
- §§ 60–62 sind nach Maßgabe des § 276a Abs. 2 und 3 auf Mitglieder des Vertretungsorgans einer eigenverwalteten juristischen Person sowie auf zur Vertretung der Gesellschaft ermächtigte Gesellschafter und organschaftliche Vertreter solcher Gesellschafter anwendbar;
- §§ 62–65 gelten gem. § 274 Abs. 1 entsprechend für Sachwalter (Nerlich/Römermann/Riggert Rn. 5). Auf den Schuldner sind sie nicht anwendbar (Uhlenbruck/Zipperer Rn. 35);
- § 66 ist gem. § 281 Abs. 3 S. 1 anwendbar (→ § 281 Rn. 14);

Ellers 1573

- §§ 67–77 sind entsprechend anwendbar (Uhlenbruck/Zipperer Rn. 35; vgl. AG Köln NZI 2018, 210 ff.);
- § 78 ist anwendbar (Uhlenbruck/Zipperer Rn. 35), jedoch nicht auf den Beschluss zur nachträglichen Anordnung oder Aufhebung der Eigenverwaltung (→ § 271 Rn. 7 f.). Den Antrag nach § 78 Abs. 1 kann anstelle des in der Vorschrift genannten Insolvenzverwalters der Sachwalter stellen, nicht jedoch der Schuldner selbst (BGH BeckRS 2017, 117356);
- § 79 wird durch die Sonderregel des § 281 Abs. 2 modifiziert.

3. Wirkung der Eröffnung des Insolvenzverfahrens (§§ 80–147):

38 § 80 Abs. 1 ist gem. 270 Abs. 1 S. 1 unanwendbar. § 80 Abs. 2 ist hingegen auch in der Eigenverwaltung anwendbar (Nerlich/Römermann/Riggert Rn. 6; Uhlenbruck/Zipperer Rn. 35);
- § 81 Abs. 1 S. 2 und 3 und § 82 sind gem. § 277 Abs. 1 S. 2 anwendbar, soweit ein Zustimmungsvorbehalt angeordnet ist (→ Rn. 14; Nerlich/Römermann/Riggert Rn. 6; Uhlenbruck/Zipperer Rn. 35);
- Ob § 83 mangels Übergangs der Verwaltungs- und Verfügungsbefugnis anwendbar ist, ist streitig (für Anwendbarkeit Nerlich/Römermann/Riggert Rn. 6; dagegen zB Uhlenbruck/Zipperer Rn. 35);
- § 84 ist anwendbar (Uhlenbruck/Zipperer Rn. 35);
- §§ 85 und 86 sind anwendbar, wobei streitig ist, ob der Schuldner den Gegenstand eines Aktivprozesses gem. § 85 Abs. 2 freigeben kann (dagegen Nerlich/Römermann/Riggert Rn. 6; dafür Uhlenbruck/Zipperer Rn. 35);
- §§ 87–91 sind entsprechend anwendbar; bei § 90 ist statt auf den Insolvenzverwalter auf den Schuldner abzustellen (Uhlenbruck/Zipperer Rn. 35);
- §§ 92, 93 finden gem. § 280 entsprechende Anwendung (→ Rn. 17);
- §§ 94–96 finden Anwendung (Nerlich/Römermann/Riggert Rn. 6);
- § 97 ist neben §§ 275–277 (besondere Schuldnerpflichten) anwendbar (Nerlich/Römermann/ Riggert Rn. 6), wobei streitig ist, ob insoweit der Sachwalter und die Gläubigerversammlung bzw. der Gläubigerausschuss gem. § 274 Abs. 2 S. 3, § 276 alleinige Auskunftsberechtigte sind (so Uhlenbruck/Zipperer Rn. 35; ohne diese Einschränkung Nerlich/Römermann/ Riggert Rn. 6);
- §§ 98, 99 sind grundsätzlich anwendbar (Nerlich/Römermann/Riggert Rn. 6), wobei streitig ist, ob Sanktionen gem. § 274 Abs. 2 S. 3 nur gem. § 22 Abs. 3 S. 3 auf Initiative des Sachwalters zulässig sind (so Uhlenbruck/Zipperer Rn. 35; ohne diese Einschränkung Nerlich/Römermann/Riggert Rn. 6);
- § 100 ist nicht anwendbar, sondern wird durch § 278 ersetzt (Uhlenbruck/Zipperer Rn. 35);
- § 101 ist anwendbar, wobei ähnliche Modifikationen wie bei §§ 98, 99 vertreten werden (vgl. bei Uhlenbruck/Zipperer Rn. 35);
- §§ 103–128 sind anwendbar; für die Geltendmachung der Rechte aus den §§ 103–128 gilt § 279;
- §§ 129–147 sind anwendbar, wobei das Anfechtungsrecht gem. § 280 vom Sachwalter ausgeübt wird (→ § 280 Rn. 2).

4. Verwaltung und Verwertung der Insolvenzmasse (§§ 148–173):

39 §§ 148–155 sind mit der Maßgabe anzuwenden, dass an die Stelle des Insolvenzverwalters der Schuldner tritt (Nerlich/Römermann/Riggert Rn. 8; Uhlenbruck/Zipperer Rn. 35);
- §§ 156–164 sind mit der Maßgabe anzuwenden, dass an die Stelle des Insolvenzverwalters der Schuldner tritt (vgl. Nerlich/Römermann/Riggert Rn. 8; Uhlenbruck/Zipperer Rn. 35 sowie (zu § 157) BGH NZI 2020, 295 Rn. 12; BAG BeckRS 2020, 10022 Rn. 102); Handlungen nach §§ 160 f. sind darüber hinaus nur im Zusammenwirken mit dem Sachwalter möglich gem. § 275 Abs. 1 (Uhlenbruck/Zipperer Rn. 35);
- §§ 165–173 gelten (Uhlenbruck/Zipperer Rn. 35), wobei gem. § 282 dem Schuldner das Verwertungsrecht zusteht und nur die tatsächlichen Verwertungskosten geltend gemacht werden können (→ § 282 Rn. 10).

5. Befriedigung der Insolvenzgläubiger, Einstellung des Verfahrens (§§ 174–216)

40 §§ 174–186 sind mit der Maßgabe anwendbar, dass der Schuldner diese Aufgaben übernimmt; dem Sachwalter steht ein Recht zum Bestreiten gem. § 283 Abs. 1 S. 2 zu (Nerlich/Römermann/ Riggert Rn. 9, Uhlenbruck/Zipperer Rn. 35);

- §§ 187–206 sind mit der Maßgabe anwendbar, dass der Schuldner diese Aufgaben übernimmt (§ 283 Abs. 2 S. 1) und der Sachwalter die Verteilungsverzeichnisse prüft (§ 283 Abs. 2 S. 2) (Uhlenbruck/Zipperer Rn. 35);
- § 207 ist anwendbar (Uhlenbruck/Zipperer Rn. 35);
- §§ 208–216 sind mit der Maßgabe anwendbar, dass dem Sachwalter die Anzeige obliegt (Uhlenbruck/Zipperer Rn. 35).

6. Insolvenzplan (§§ 217–269)

§§ 217–269 sind anwendbar (Nerlich/Römermann/Riggert Rn. 10; OLG Dresden NZI 2014, 703 (704)). Zur Vorlage des Insolvenzplans ist der Schuldner originär (§ 218 Abs. 1 S. 1) berechtigt (vgl. Uhlenbruck/Zipperer Rn. 15). Der Schuldner oder der (vorläufige) Sachwalter kann aber auch von den Gläubigern mit der Ausarbeitung eines Insolvenzplans beauftragt werden (§ 284 Abs. 1 S. 1). Die Überwachung der Planerfüllung (§§ 260 ff.) ist gem. § 284 Abs. 2 Aufgabe des Sachwalters. Auch bei weiteren Vorschriften der §§ 254 ff. tritt an die Stelle des Insolvenzverwalters der Sachwalter (Nerlich/Römermann/Riggert Rn. 10; vgl. auch OLG Dresden NZI 2014, 703 (704)). **41**

7. Restschuldbefreiung (§§ 286–303)

§§ 286–303 sind anwendbar (Nerlich/Römermann/Riggert Rn. 12; Uhlenbruck/Zipperer Rn. 36). **42**

8. Verbraucherinsolvenzverfahren und sonstige Kleinverfahren (§§ 304–314)

Soweit ein Verbraucherinsolvenzverfahren oder ein sonstiges Kleinverfahren vorliegt, sind die Vorschriften über §§ 270–285 gem. § 270 Abs. 2 ausgeschlossen; die §§ 304 ff. sind somit in der Eigenverwaltung unanwendbar (Nerlich/Römermann/Riggert Rn. 11). **43**

9. Besondere Arten des Insolvenzverfahrens (§§ 315–334)

Die Vorschriften über die Eigenverwaltung sind entsprechend anwendbar (Nerlich/Römermann/Riggert Rn. 14). **44**

10. Internationales Insolvenzrecht (§§ 335–358)

Die Vorschriften zum internationalen Insolvenzrecht sind auch in der Eigenverwaltung anzuwenden. **45**

II. Anwendung der ZPO in der Eigenverwaltung

Die Vorschriften der ZPO sind gem. § 270 Abs. 1 S. 2 iVm § 4 grundsätzlich anwendbar, soweit die §§ 270 ff. und die übrigen Vorschriften der InsO keine vorrangigen Regelungen treffen (Nerlich/Römermann/Riggert Rn. 15). Das gilt zB für § 116 S. 1 Nr. 1 ZPO, der zu Gunsten des eigenverwalteten Insolvenzschuldners anzuwenden ist (vgl. BAG BeckRS 2017, 124478). Anwendbar ist bei Anordnung der Eigenverwaltung insbesondere **§ 240 ZPO** (vgl. zu Einzelheiten KPB/Pape Rn. 183 f.). Das anhängige Verfahren wird mit der Anordnung der Eigenverwaltung unterbrochen (BGH NZI 2007, 188; BFH BeckRS 2014, 94867 Rn. 14; OLG München BeckRS 2019, 3394 Rn. 7; Uhlenbruck/Zipperer Rn. 12 mwN), obwohl es zu keinem Wechsel in der Prozessführungsbefugnis kommt (BGH NZI 2007, 188 Rn. 8; BFH BeckRS 2014, 94867 Rn. 14; Andres/Leithaus/Andres Rn. 12; aA zB Uhlenbruck/Zipperer Rn. 12). Die Unterbrechung nach § 240 ZPO tritt mit Anordnung der Eigenverwaltung ein, nicht bereits im Eröffnungsverfahren (LG Freiburg ZIP 2014, 1351 f.; BAG BeckRS 2020, 10022 Rn. 53 ff.). Allerdings kann es zur Gewährleistung eines fairen Verfahrens geboten sein, auf Antrag des Schuldners Fristverlängerungen zu gewähren oder Termine zu verlegen, damit dieser seine Prozessführung auf die durch die Anordnung der vorläufigen Eigenverwaltung geänderten Umstände einrichten kann (vgl. BeckRS 2020, 10022 Rn. 56). **46**

§ 270a Antrag; Eigenverwaltungsplanung

(1) Der Schuldner fügt dem Antrag auf Anordnung der Eigenverwaltung eine Eigenverwaltungsplanung bei, welche umfasst:

1. einen Finanzplan, der den Zeitraum von sechs Monaten abdeckt und eine fundierte Darstellung der Finanzierungsquellen enthält, durch welche die Fortführung des gewöhnlichen Geschäftsbetriebes und die Deckung der Kosten des Verfahrens in diesem Zeitraum sichergestellt werden soll,
2. ein Konzept für die Durchführung des Insolvenzverfahrens, welches auf Grundlage einer Darstellung von Art, Ausmaß und Ursachen der Krise das Ziel der Eigenverwaltung und die Maßnahmen beschreibt, welche zur Erreichung des Ziels in Aussicht genommen werden,
3. eine Darstellung des Stands von Verhandlungen mit Gläubigern, den am Schuldner beteiligten Personen und Dritten zu den in Aussicht genommenen Maßnahmen,
4. eine Darstellung der Vorkehrungen, die der Schuldner getroffen hat, um seine Fähigkeit sicherzustellen, insolvenzrechtliche Pflichten zu erfüllen, und
5. eine begründete Darstellung etwaiger Mehr- oder Minderkosten, die im Rahmen der Eigenverwaltung im Vergleich zu einem Regelverfahren und im Verhältnis zur Insolvenzmasse voraussichtlich anfallen werden.

(2) Des Weiteren hat der Schuldner zu erklären,
1. ob, in welchem Umfang und gegenüber welchen Gläubigern er sich mit der Erfüllung von Verbindlichkeiten aus Arbeitsverhältnissen, Pensionszusagen oder dem Steuerschuldverhältnis, gegenüber Sozialversicherungsträgern oder Lieferanten in Verzug befindet,
2. ob und in welchen Verfahren zu seinen Gunsten innerhalb der letzten drei Jahre vor dem Antrag Vollstreckungs- oder Verwertungssperren nach diesem Gesetz oder nach dem Unternehmensstabilisierungs- und -restrukturierungsgesetz angeordnet wurden und
3. ob er für die letzten drei Geschäftsjahre seinen Offenlegungspflichten, insbesondere nach den §§ 325 bis 328 oder 339 des Handelsgesetzbuchs nachgekommen ist.

Überblick

Zu der bis zum 31.12.2020 geltenden Rechtslage → InsO 2012 aF § 270a Rn. 1 ff.
Voraussetzungen der vorläufigen Eigenverwaltung sind ein entsprechender Eigenverwaltungsantrag des Schuldners (→ Rn. 2) sowie ein Insolvenzantrag (→ Rn. 9). Die Neuregelung des § 270a verlangt zudem eine Eigenverwaltungsplanung. Sie umfasst einen Finanzplan, der einen Zeitraum von sechs Monaten abdeckt (→ Rn. 12), ein Durchführungskonzept, das ausgehend von einer Krisenanalyse das Ziel der Eigenverwaltung und die zur Zielerreichung vorgesehenen Maßnahmen beschreibt (→ Rn. 13), eine Darstellung des Verhandlungsstands mit Gläubigern, am Schuldner beteiligten Personen und Dritten (→ Rn. 14), eine Darstellung der insolvenzrechtlichen Kompetenz des Schuldners (→ Rn. 18) sowie einen Verfahrenskostenvergleich zwischen der Eigenverwaltung und der Regelinsolvenz (→ Rn. 19). Weiterhin hat der Schuldner Erklärungen zu bestimmten, für die Anordnung der vorläufigen Eigenverwaltung wesentlichen Sachverhalten abzugeben (→ Rn. 21).

Übersicht

	Rn.		Rn.
A. Normzweck	1	IV. Vorkehrungen der Erfüllung der insolvenzrechtlichen Pflichten (Abs. 1 Nr. 4)	18
B. Antrag auf Anordnung der Eigenverwaltung	2	V. Darstellung der Kosten (Abs. 1 Nr. 5)	19
I. Antragsrecht	3	D. Erklärungen des Schuldners (Abs. 2)	21
II. Form des Antrags	6		
III. Bedingungsfeindlichkeit des Antrags	7	I. Verzug der Erfüllung von Verbindlichkeiten	22
IV. Eröffnungsantrag des Schuldners	9	II. Vorherige Verfahren	23
C. Eigenverwaltungsplanung	10	III. Einhaltung der Offenlegungspflichten	24
I. Finanzplan (Abs. 1 Nr. 1)	12		
II. Konzept (Abs. 1 Nr. 2)	13	E. Verfahren nach der Antragstellung	25
III. Verhandlungen mit Beteiligten (Abs. 1 Nr. 3)	14		

A. Normzweck

Mit der Neuregelung des § 270a werden die Zugangsvoraussetzungen für das Eigenverwaltungsverfahren neu geregelt und konkretisiert. Das unterstreicht die Absicht des Gesetzgebers, dem Schuldner eine rechts- und planungssichere Option für den Zugang zum Verfahren zu geben (RegE SanInsFoG, BT-Drs. 19/24181, 202). Hierzu gehört auch die Möglichkeit eines Vorgesprächs des potentiellen Schuldners mit dem Gericht über die Eigenverwaltung und die Eigenverwaltungsplanung (→ § 10a Rn. 1). Die ESUG-Evaluation hat gezeigt, dass viele Schuldner ein Eigenverwaltungsverfahren unvorbereitet angestrebt haben. Das führte zur Anordnung der Eigenverwaltung auch in Fällen, die hierfür ungeeignet waren. Der Schuldner hat nunmehr gem. Abs. 1 eine Eigenverwaltungsplanung vorzulegen. Durch die Eigenverwaltungsplanung soll eine gründliche und gewissenhafte Vorbereitung gewährleistet werden (vgl. RegE SanInsFoG, BT-Drs. 19/24181, 202; Ballmann/Illbruck DB 2021, 1450 (1451)). Die sorgsame Vorbereitung der Eigenverwaltung soll verhindern, dass ein Eigenverwaltungsverfahren bei den Gläubigern zu Nachteilen führt. Ebenfalls dem Gläubigerschutz dienen die gem. Abs. 2 vom Schuldner verlangten Erklärungen. Die Eignung zur Eigenverwaltung wird im Rahmen der Anordnungsentscheidungen (§§ 270b, 270f) jeweils auf Grundlage der gem. § 270a zu machenden Angaben geprüft.

B. Antrag auf Anordnung der Eigenverwaltung

Der Zugang zum Eigenverwaltungsverfahren setzt weiterhin einen Antrag des Schuldners voraus. Die neuen Regelungen gelten grundsätzlich für alle Anträge, die ab dem 1.1.2021 gestellt wurden (Art. 103m EGInsO). Beruht die Zahlungsunfähigkeit oder Überschuldung des Schuldners jedoch auf der COVID-19-Pandemie, so sind auf Eigenverwaltungsverfahren, die zwischen dem 1.1.2021 und dem 31.12.2021 beantragt werden, die Vorschriften der §§ 270–285 InsO in der bis zum 31.12.2020 geltenden Fassung weiter anzuwenden (→ COVInsAG § 5 Rn. 1 ff.). Die formelle Antragstellung entspricht derjenigen zum bisherigen Recht. Rechtsprechung und Schrifttum zu § 270 aF kann für die Anwendung des neuen Rechts insoweit herangezogen werden.

I. Antragsrecht

Das Antragsrecht liegt gem. § 270a Abs. 1 ausschließlich beim Schuldner. Dem Schuldner kann weder durch einen Fremdantrag (Nerlich/Römermann/Riggert § 270 Rn. 17; MüKoInsO/Kern § 270 Rn. 23; Uhlenbruck/Zipperer § 270 Rn. 41), noch durch eine Entscheidung des Insolvenzgerichts von Amts wegen (MüKoInsO/Kern § 270 Rn. 23; Nerlich/Römermann/Riggert § 270 Rn. 17) eine Eigenverwaltung aufgezwungen werden.

Ist der Schuldner keine natürliche Person, stellt sich die Frage, welche Anforderungen an die ordnungsgemäße Vertretung des Schuldners bei der Antragstellung zu stellen sind. Die Frage ist umstritten. Wohl überwiegend wird vertreten, der Antrag müsse entsprechend der gesellschaftsrechtlichen Vertretungsregeln von den zuständigen Personen in vertretungsberechtigter Zahl gestellt werden (Graf-Schlicker/Graf-Schlicker § 270 Rn. 8; Gottwald/Haas InsR-HdB § 85 Rn. 20; MüKoInsO/Kern § 270 Rn. 31). Nach anderer Auffassung soll entsprechend § 15 Abs. 1 die Antragstellung durch jedes Mitglied des Vertretungsorgans bzw. durch jeden Gesellschafter allein möglich sein (Nerlich/Römermann/Riggert § 270 Rn. 19; Uhlenbruck/Zipperer § 270 Rn. 34), während nach einer dritten Auffassung alle vertretungsberechtigten Personen den Antrag gemeinsam stellen müssen (FK-InsO-InsO/Foltis § 270 Rn. 51; wohl auch KPB/Pape § 270 Rn. 84). Da § 15 auf den Eigenverwaltungsantrag nicht ohne weiteres passt (vor allem das in § 15 Abs. 2 vorgesehene Erfordernis der Glaubhaftmachung des Eröffnungsgrundes) und eine gesetzliche Grundlage für das Erfordernis der Antragstellung durch alle Organwalter fehlt (MüKoInsO/Kern § 270 Rn. 31), dürfte es im Ergebnis bei den gesellschaftsrechtlichen Vertretungsregeln bleiben. Dafür spricht auch die allgemeine Regel des § 51 Abs. 1 ZPO (anwendbar über § 270 Abs. 1 S. 2 iVm § 4, vgl. K. Schmidt InsO/Undritz § 270 Rn. 6), die eine gerichtliche Vertretung der juristischen Person durch Geschäftsleiter gemäß den Bestimmungen des Gesellschaftsvertrags erlaubt (vgl. zB MüKoAktG/Spindler AktG § 78 Rn. 14 für die Vertretung der AG durch Vorstand und Prokurist).

Die Stellung des Insolvenzantrags durch die Geschäftsleitung ohne bestehende Antragspflicht bedarf nach hM im Innenverhältnis grundsätzlich der Zustimmung des nach dem gesellschaftsrechtlichen Kompetenzgefüge zuständigen Verwaltungsorgans, wobei Einzelheiten streitig sind. Entsprechendes wird auch für die Stellung des Eigenverwaltungsantrags zu gelten haben (vgl. AG Mannheim NZI 2014, 412 (413); aA Gottwald/Haas InsR-HdB § 85 Rn. 21 f.). In welchem Umfang die Zustimmungspflicht besteht und ob sie zB vom Vorliegen einer Antragspflicht abhängt (zweifelhaft, da keine Pflicht zur Eigenverwaltung besteht, vgl. LG Frankfurt a. M. NZG 2013, 1315 Rn. 42) ist nicht geklärt (vgl. zB für die GmbH: Gottwald/Haas InsR-HdB § 85 Rn. 21 f.). Nach hM schlägt ein Verstoß gegen ein womöglich bestehendes gesellschaftsrechtliches Zustimmungserfordernis jedenfalls nicht unmittelbar auf den Eigenverwaltungsantrag durch, macht diesen also nicht unwirksam (vgl. HmbKommInsR/Fiebig § 270 Rn. 14; AG Mannheim NZI 2014, 412 (413)). Ein Dissens zwischen Geschäftsleitung und Gesellschaftern kann nunmehr nicht mehr wie nach altem Recht (vgl. AG Mannheim NZI 2014, 412 (413); LG Frankfurt NZG 2013, 1315 Rn. 74) im Rahmen der Nachteilsprüfung berücksichtigt werden. Ein Dissens zwischen Geschäftsleitung und Gesellschaftern ist aber bei der Darstellung des Verhandlungsstands (Abs. 1 Nr. 4) offenzulegen und vom Gericht im Rahmen der Schlüssigkeitsprüfung (§ 270b Abs. 1 Nr. 1) zu würdigen.

II. Form des Antrags

6 Dadurch, dass dem Antrag nunmehr eine Eigenverwaltungsplanung beizufügen ist, ist der Antrag wie beim Schutzschirmantrag (wegen der vorzulegenden Bescheinigung → § 270d Rn. 21) schriftlich zu stellen.

III. Bedingungsfeindlichkeit des Antrags

7 Der Eigenverwaltungsantrag ist als Prozesshandlung grundsätzlich bedingungsfeindlich (Uhlenbruck/Zipperer § 270 Rn. 42). Zulässig sind nur innerprozessuale Bedingungen (Uhlenbruck/Zipperer § 270 Rn. 42, → Rn. 7.1).

7.1 Dementsprechend unzulässig wäre eine Bedingung, wonach der Eigenverwaltungsantrag nur für den Fall gestellt sein soll, dass eine bestimmte Person zum vorläufigen Sachwalter bestellt wird (Uhlenbruck/Zipperer § 270 Rn. 42). Hingegen ist es zulässig und auch außerhalb des Schutzschirmverfahrens (§ 270d) nicht zu beanstanden, wenn der Schuldner im Eigenverwaltungsantrag die Bestellung einer bestimmten Person als vorläufigen Sachwalter anregt (vgl. etwa LG Cottbus ZIP 2001, 2188).

8 Umgekehrt kann die Anordnung der Eigenverwaltung nicht zur Bedingung für Verfahrenshandlungen gemacht werden, die ihrerseits bedingungsfeindlich sind. Das gilt etwa für die Zahlung eines Vorschusses zur Deckung der Verfahrenskosten (BGH NZI 2006, 34). Ebenso unzulässig ist es, den Eröffnungsantrag unter die Bedingung zu stellen, dass die Eigenverwaltung angeordnet wird (vgl. Andres/Leithaus/Andres § 270 Rn. 3; MüKoInsO/Kern § 270 Rn. 34; aA AG Mannheim NZI 2014, 412 (414)).

IV. Eröffnungsantrag des Schuldners

9 Dass die Anordnung der Eigenverwaltung neben dem Eigenverwaltungsantrag des Schuldners auch einen Eröffnungsantrag voraussetzt, folgt aus dem Charakter der Eigenverwaltung als Insolvenzverfahren und wird in § 270 Abs. 1 vorausgesetzt. Ob der Eröffnungsantrag vom Schuldner gestellt sein muss (vgl. zB MüKoInsO/Kern § 270 Rn. 37), war bislang umstritten (dagegen zB Uhlenbruck/Zipperer § 270 Rn. 41 mwN). Der Gesetzeswortlaut verlangte nur für das Schutzschirmverfahren gem. § 270b Abs. 1 S. 1 aF einen Eigenantrag des Schuldners (Uhlenbruck/Zipperer § 270 Rn. 41). Allerdings spricht es gegen die Anordnung der Eigenverwaltung, wenn der Schuldner die Durchführung eines Insolvenzverfahrens ablehnt (MüKoInsO/Kern § 270 Rn. 37) und damit Anlass zur Befürchtung gibt, er werde die Eigenverwaltung nicht im Einklang mit den Verfahrenszielen durchführen (→ Rn. 9.1). Die Frage spielte schon bislang in der Praxis keine Rolle. Nach der neuen Rechtslage stellt sie sich insoweit nicht mehr, als der Schuldner seinen Willen zur Durchführung eines Insolvenzverfahrens dokumentieren muss (Abs. 1 Nr. 2). Legt er seiner Darstellung unrichtige Tatsachen zugrunde, wird die (vorläufige) Eigenverwaltung nicht angeordnet bzw. aufgehoben (§ 270b Abs. 1 S. 1 Nr. 2, § 270e Abs. 1 Nr. 2).

9.1 Bei Vorliegen eines Fremdantrags hat das Insolvenzgericht den Schuldner gem. § 14 Abs. 2 anzuhören und ihm in diesem Zusammenhang auch die Möglichkeit einzuräumen, einen Antrag auf Eigenverwaltung zu stellen (MüKoInsO/Kern § 270 Rn. 37; Nerlich/Römermann/Riggert § 270 Rn. 19). Der Schuldner kann, sofern die Anordnungsvoraussetzungen vorliegen, auch bei Verfahrenseinleitung durch Fremdantrag die Durchführung des Insolvenzverfahrens in Eigenverwaltung erreichen, indem er selbst Insolvenzantrag und Eigenverwaltungsantrag stellt.

9.2 Der Antrag auf Anordnung der Eigenverwaltung wird in der Regel mit dem Antrag auf Eröffnung des Insolvenzverfahrens verbunden. Zugleich werden in der Regel weitere fakultative Anträge gestellt

(Sicherungsmaßnahmen, Einsetzung eines Gläubigerausschusses, Person des (vorläufigen) Sachwalters). Üblich und zweckmäßig sind zudem Angaben zu den rechtlichen und wirtschaftlichen Verhältnissen der Antragstellerin, welche sich zweckmäßigerweise an den von den Insolvenzgerichten bereitgestellten Fragebögen orientieren sollten. Die Gliederung eines solche Antrags könnte exemplarisch wie folgt aussehen:

A. Anträge
1. Eröffnung des Insolvenzverfahrens
2. Anordnung der Eigenverwaltung
3. Person des Sachwalters
4. Anordnung von Sicherungsmaßnahmen
5. Begründung von Masseverbindlichkeiten
6. Gläubigerausschuss
B. Begründung
1. Zum Insolvenzantrag
1.1 Gesellschaftsrechtliche Angaben zur Antragstellerin
1.2 Wirtschaftliche Lage der Antragstellerin
1.3 Insolvenzgrund
1.4 Zuständigkeit des Gerichts
1.5 Verzeichnisse und Angaben nach § 13 Abs. 1
1.6 Richtigkeits- und Vollständigkeitserklärung (§ 13 Abs. 1 S. 7)
2. Zum Eigenverwaltungsantrag
2.1 Eigenverwaltungsplanung (§ 270a Abs. 1)
a) Finanzplan
b) Eigenverwaltungskonzept
c) Stand von Verhandlungen mit Gläubigern, Gesellschaftern und Dritten
d) Vorkehrungen zur Erfüllung der insolvenzrechtlichen Pflichten
e) Kosten der Eigenverwaltung
2.2 Erklärungen des Schuldners (§ 270a Abs. 2)
a) Verzug mit der Erfüllung von Verbindlichkeiten
b) Anordnung von Vollstreckungs- oder Verwertungssperren in vorherigen Verfahren
c) Einhaltung der Offenlegungspflichten
3. Zu den weiteren Anträgen
3.1 Person des Sachwalters
3.2 Anordnung von Sicherungsmaßnahmen
3.3 Begründung von Masseverbindlichkeiten
3.4 Gläubigerausschuss
Anlagen

C. Eigenverwaltungsplanung

Mit der Verpflichtung zur Vorlage einer Eigenverwaltungsplanung strebt der Gesetzgeber dreierlei an (RegE SanInsFoG, BT-Drs. 19/24181, 203 f.): **10**
- Eine sorgfältige Vorbereitung der Eigenverwaltung durch den Schuldner, die vernünftig dokumentiert ist und den Schuldner betreffend Sinnhaftigkeit und Realisierbarkeit reflektieren lässt;
- Bereitstellung eines rechtssicheren Wegs in die Eigenverwaltung;
- Dokumentation der wesentlichen Parameter der angestrebten Eigenverwaltung, an denen sich der Schuldner im Verlauf des Verfahrens sodann messen lassen muss.

Neben der besseren Vorbereitung durch den Schuldner sollen die konkreten Anforderungen an die Eigenverwaltungsplanung auch zu einer Vereinheitlichung der Handhabung der Insolvenzgerichte führen. Ein Kritikpunkt der ESUG-Evaluation war ua, dass der bisherige Nachteilsbegriff nicht hinreichend rechtssicher war und ein Katalog von klar definierten Gründen zur Ablehnung bzw. zum Zugang wünschenswert sei (BT-Drs. 19/4880, 95 ff.). Die Anordnungsregelungen werden daher auch als deutliche Konkretisierung des bisherigen Nachteilsbegriffs des § 270 Abs. 2 Nr. 2 aF gewertet (Frind ZIP 2021, 171 (172); Thole NZI-Beil. 1/2021, 90 (92)). An die Eigenverwaltungsplanung wird auch das weitere Vorgehen im Rahmen der (vorläufigen) Eigenverwaltung geknüpft, insbesondere die Anordnung (§§ 270b, 270f) und die Aufhebung der (vorläufigen) Eigenverwaltung (§§ 270e, 272). **11**

I. Finanzplan (Abs. 1 Nr. 1)

Der Finanzplan muss aufzeigen, dass die Unternehmensfortführung für die nächsten sechs Monate sichergestellt ist. Er ist nach allgemeinen betriebswirtschaftlichen Grundsätzen auf Grund- **12** lage belastbarer Daten des Rechnungswesens zu erstellen (vgl. Ballmann/Illbruck DB 2021, 1450 (1451)). Das erfordert eine vollständige Erfassung der geplanten Mittelzuflüsse und -abflüsse im Planungszeitraum. Durch das Erfordernis einer „fundierten Darstellung" soll eine Plausibilisierung des Finanzplans ermöglicht und es sollen nicht nachhaltige Finanzierungen aufgedeckt werden. Dementsprechend sind restrukturierungsbedingte Unsicherheiten darzustellen. Geplante Maßnahmen zur Liquiditätsschöpfung dürfen in die Planung nur dann einfließen, wenn für ihre Realisierung eine überwiegende Wahrscheinlichkeit gegeben ist; für liquiditätsbelastende Umstände gilt ebenfalls der Maßstab der überwiegenden Wahrscheinlichkeit (vgl. Ballmann/Illbruck DB 2021, 1450 (1451)), wobei der Liquiditätsplan immer auch insgesamt stimmig sein muss (→ Rn. 12.1).

12.1 Beinhaltet der Finanzplan beispielsweise diverse Liquiditätszuflüsse aus Maßnahmen, deren Umsetzung für sich betrachtet jeweils überwiegend wahrscheinlich ist, dürfen die liquiditätswirksamen Effekte der Maßnahmen zu jeweils 100 % in die Planung einfließen, sofern ihre Umsetzung nahezu sicher erscheint. Ist die Umsetzung der Einzelmaßnahmen zwar überwiegend wahrscheinlich, jedoch mit Unsicherheiten behaftet, so muss der Liquiditätsplan dem angemessen Rechnung tragen, zB durch Planung ausreichender Arbeitsliquidität und Liquiditätsreserven.

12a Der Finanzplan muss zeigen, dass die Liquidität ausreicht, um die Kosten des gewöhnlichen Geschäftsbetriebs für die nächsten sechs Monate zu decken (Blankenburg ZInsO 2021, 753 (755)). Bedingt durch den Planungshorizont von sechs Monaten ist mindestens auf Monatsbasis, ggf. auch in kürzeren Zeitintervallen zu planen (vgl. IDW ES 9 nF (Stand 12.1.2021), Rn. 38). Eine Fortführung des Geschäftsbetriebs unter Insolvenzbedingungen muss aus den verfügbaren oder verfügbar zu machenden liquiden Mitteln sowie ggf. durch Kreditaufnahme möglich sein.

12b Berücksichtigt werden dürfen grundsätzlich die bei Antragstellung vorhandenen Liquidität sowie die geplanten Zuflüsse aus Umsatzgeschäften. Hinzu kommen Zuflüsse aus Finanzierungstätigkeit (zB echte und unechte Massekredite; vgl. Ballmann/Illbruck DB 2021, 1450 (1451)). Die Quellen der liquiden Mittel sowie der Finanzierung hat der Schuldner preiszugeben. Hierdurch sollen betriebswirtschaftlich nicht sinnvolle Maßnahmen ausgeschlossen werden (IDW ES 9 nF (Stand 12.1.2021), Rn. 39). Um ein Geheimhaltungsinteresse bezüglich der Sanierungsbeiträge zu wahren, wird vorgeschlagen, auf Anlagen zu verweisen, die vom Gericht in einen Sonderband aufgenommen werden können, welcher von der Akteneinsicht auszunehmen ist (Blankenburg ZInsO 2021, 753 (755); Frind ZIP 2021, 171 (175)).

12c Unter die Kosten des gewöhnlichen Geschäftsbetriebs fallen zumindest solche Ausgaben, die für die Aufrechterhaltung des Betriebs erforderlich sind (Arbeitsentgelte, Materialbeschaffung, Mieten und Leasingraten; Blankenburg ZInsO 2021, 753 (755)). Ob unregelmäßig auftretende Belastungen in den Finanzplan aufzunehmen sind, hängt davon ab, ob sie im Planungszeitraum voraussichtlich zu Zahlungsverpflichtungen führen (anders wohl Blankenburg ZInsO 2021, 753 (755)). Mit überwiegender Wahrscheinlichkeit zu erwartende Sondereffekte der Insolvenz sind zu berücksichtigen, soweit sie sich in der Liquiditätsplanung niederschlagen (zB Insolvenzgeld, Verbot der Begleichung (künftiger) Insolvenzforderungen, Umstellung der Lieferanten auf Vorkasse). Zudem muss die Tilgung der Kosten zur Krisenbewältigung (einschließlich Eigenverwaltungs- und Beraterkosten) planerisch berücksichtigt sein (RegE SanInsFoG, BT-Drs. 19/24181, 204).

12c.1 Die Formulierung zur Berücksichtigung der erwarteten Kosten in der Gesetzesbegründung deutet darauf hin, dass diese in vollem Umfang in den Finanzplan einzustellen sind. Das ist sicherlich richtig, soweit die Kosten innerhalb des Sechsmonatszeitraums liquiditätswirksam werden. Allerdings ist es möglich, dass Kosten erst nach Ablauf der sechs Monate fällig werden. Dazu kann es insbesondere dann kommen, wenn das Eigenverwaltungskonzept einen längeren Zeitraum für den Zeitraum bis zur Aufhebung des Insolvenzverfahrens vorsieht. Nach dem Gesetzeswortlaut sind Kosten, die erst nach Ablauf der sechs Monate planerisch fällig werden, nicht in den Plan aufzunehmen. Auch wenn die Eigenverwaltung bei deren Einleitung insgesamt durchfinanziert sein sollte und eine Erweiterung des Planungszeitraums ggf. sinnvoll erscheint (vgl. IDW ES 9 nF Rn. 35), geht es nicht an, den Planungszeitraum im Wege korrigierender Auslegung in Abhängigkeit von der Fälligkeit der Kosten oder vom verfolgten Eigenverwaltungskonzept zu verlängern (dafür aber Ballmann/Illbruck DB 2021, 1450 (1451 f.)).

II. Konzept (Abs. 1 Nr. 2)

13 Der Schuldner muss ein Konzept vorlegen, welches ausgehend vom Ziel der Eigenverwaltung die durchzuführenden Maßnahmen beschreibt und sich hierbei an der Art, dem Ausmaß und der Ursachen der Krise auszurichten hat. Dieses Konzept kann er – wie alle anderen Elemente der Eigenverwaltungsplanung – selbst erarbeiten (RegE SanInsFoG, BT-Drs. 19/24181, 204) oder durch einen externen Berater erarbeiten lassen (so auch Frind ZIP 2021, 171 (172)). Ziele der

Eigenverwaltung können nicht nur die Fortführung des Geschäfts sein, sondern auch eine übertragende Sanierung oder, in Ausnahmefällen, die Liquidation (RegE SanInsFoG, BT-Drs. 19/24181, 204; wenngleich das Sanierungsziel den Regelfall darstellt (§ 272 Abs. 1 Nr. 2): Thole NZI-Beil. 1/2021, 90 (92)). Das Konzept hat hierbei von den tatsächlichen Gegebenheiten auszugehen. Der Detaillierungsgrad sowie die Darstellungstiefe des Konzepts hängen maßgeblich von der Größe und den konkreten Verhältnissen des Schuldners ab. Eine Plausibilisierung des Ziels und der zielführenden Maßnahmen soll durch die Vorlage eines Konzepts gewährleistet werden. Das ist durchaus zu begrüßen. Es schafft Transparenz und unterbindet Prozesse mit Gefahr des Missbrauchs der Eigenverwaltung. Regelmäßig werden daher die wesentlichen Weichenstellungen der angestrebten Eigenverwaltung sowie ein grober Zeitplan darzustellen sein (vgl. Ballmann/Illbruck DB 2021, 1450 (1452)). Das Konzept sollte zudem Ausführungen dazu enthalten, warum die Eigenverwaltung angestrebt wird und welche Vorteile gegenüber dem Regelverfahren bestehen; verpflichtend sind solche Angaben jedoch nicht (aA Ballmann/Illbruck DB 2021, 1450 (1452)).

In der Praxis haben sich gewisse Standards zur Aufstellung eines Sanierungskonzepts etabliert, zB die Vorgaben des Instituts der Wirtschaftsprüfer („IDW S 6") sowie zudem die Vorgaben der höchstrichterlichen Rechtsprechung an ein rechtlich tragfähiges Sanierungskonzept (vgl. BGH NJW 1998, 1561; NZI 2016, 636). Inzwischen hat das Institut der Wirtschaftsprüfer den Entwurf eines Standards zu den Anforderungen an die Eigenverwaltungsplanung gem. § 270a InsO vorgelegt (IDW ES 9 nF (Stand 12.1.2021)). **13.1**

III. Verhandlungen mit Beteiligten (Abs. 1 Nr. 3)

Bevor der Schuldner mit der Vorbereitung einer Eigenverwaltung beginnt, hat er in der Regel bereits Verhandlungen mit Gläubigern, am Schuldner beteiligten Personen sowie mit Dritten im Hinblick auf die angestrebte Sanierung geführt. Diesen Stand soll der Schuldner mitteilen, wobei jedoch keine Einzelheiten mitgeteilt werden müssen (vgl. Ballmann/Illbruck DB 2021, 1450 (1452)). Insbesondere ist der Schuldner nicht verpflichtet, in Aussicht gestellte oder versprochene Sanierungsbeiträge mitzuteilen. Die Darstellung soll dem Gericht lediglich einen Überblick über den aktuellen Handlungsstand vermitteln (RegE SanInsFoG, BT-Drs. 19/24181, 204 f.). **14**

Der vom Gesetzgeber verfolgte Ansatz ist grundsätzlich zu begrüßen. Müsste der Schuldner Einzelheiten der Verhandlungen offenlegen, würde dies ggf. die Verhandlungen über die weitere Sanierung behindern. Welcher Grad an Detailgenauigkeit zu verlangen ist, wird sich in der praktischen Handhabung durch die Gerichte herausbilden. **15**

Bedenken gegen die Offenlegung bestehen insbesondere im Hinblick auf die Dokumentation des Standes der Verhandlungen in den Gerichtsakten, was aufgrund des Einsichtsrechts der Beteiligten und ggf. Dritter abschreckend wirken kann (Bernsau/Weniger BB 2020, 2571 (2572 f.); möglich wäre auch hier die Anlegung eines Sonderbands, sodass solche Unterlagen von einer Akteneinsicht ausgenommen würden → Rn. 12). Auch kann eine Mitteilung des Verhandlungsstands gegen Vertraulichkeitsvereinbarungen verstoßen. Hier stellt sich die Frage, ob der Schuldner im Hinblick auf solche Klauseln Angaben unterlassen kann (dafür Ballmann/Illbruck DB 2021, 1450 (1452)), auf eine Aufhebung der Vertraulichkeit hinwirken muss oder ob eventuelle Öffnungsklauseln auch für Angaben im Eigenverwaltungsverfahren gelten. **16**

Soweit noch keinerlei Verhandlungen stattgefunden haben, ist darauf ebenfalls hinzuweisen. **17**

IV. Vorkehrungen der Erfüllung der insolvenzrechtlichen Pflichten (Abs. 1 Nr. 4)

Die Erfüllung der insolvenzrechtlichen Pflichten im (vorläufigen) Eigenverwaltungsverfahren ist stets sicherzustellen. Daher hat der Schuldner bereits in der Eigenverwaltungsplanung aufzuzeigen, durch welche Vorkehrungen er diesen Pflichten nachkommen möchte (RegE SanInsFoG, BT-Drs. 19/24181, 205). Die Erfüllung der Pflichten kann durch den Schuldner selbst oder durch seine Organmitglieder (insbesondere durch einen neu in die Geschäftsführung aufgenommenen „CIO"; vgl. Ballmann/Illbruck DB 2021, 1450 (1452)) erfolgen. Sie kann aber auch durch Generalbevollmächtigte oder Berater mit entsprechender Expertise sichergestellt werden (BGH NZI 2016, 963 (967 f.); Ballmann/Illbruck DB 2021, 1450 (1452); aA Hölzle/Curtze ZIP 2021, 1293 (1296), → § 270 Rn. 23). **18**

V. Darstellung der Kosten (Abs. 1 Nr. 5)

Der Schuldner hat eine Aufstellung etwaiger Mehr- oder Minderkosten eines Eigenverwaltungsverfahrens im Vergleich zu einem Regelverfahren zu machen. In die Kosten der Eigenverwaltung sind nach der Gesetzesbegründung insbesondere sämtliche Beraterkosten miteinzubeziehen (RegE **19**

SanInsFoG, BT-Drs. 19/24181, 205). Für das Regelverfahren gilt dies ebenfalls, soweit in diesem ebenfalls Beraterkosten anfallen würden (zB für M&A-Beratung) und aus der Masse zu erstatten wären (Reus/Höfer/Harig NZI 2019, 57 (59); Blankenburg ZInsO 2021, 753 (758)). Werterhaltende Wirkungen der Eigenverwaltung sind gleichfalls zu berücksichtigen (zust. Ballmann/Illbruck DB 2021, 1450 (1452)).

20 Von Praktikerseite wurde bereits vor Verabschiedung des SanInsFoG darauf hingewiesen, dass eine konkrete Kostenschätzung bei Einleitung des Verfahrens noch nicht möglich ist (Bernsau/Weniger BB 2020, 2571 (2573); AG Hamburg ZRI 2020, 451 (453)). Der Gesetzgeber hat diese Kritik nicht aufgegriffen. Auch hier wird sich zeigen, welche Anforderungen die Gerichte stellen und ob ggf. abstrakt gehaltene Vergleichsrechnungen (Bernsau/Weniger BB 2020, 2571 (2573)) akzeptiert werden. Da es schwer vorhersehbar ist, wie teuer ein Regelverfahren tatsächlich ist (Thole NZI-Beil. 1/2021, 90 (92)), sollte bei der Anordnungsentscheidung über die vorläufige Eigenverwaltung kein allzu strenger Maßstab gelten (→ § 270b Rn. 22.1). Zudem wird ein gewisses Missbrauchspotential gesehen, wenn der Schuldner die Ansätze für das Regelverfahren bewusst hochrechnet (Blankenburg ZInsO 2021, 753 (757); AG Aachen ZInsO 2018, 272). Dies soll dadurch entzerrt werden, dass für gleiche Tätigkeiten die gleichen Zuschläge anfallen sollen (Blankenburg ZInsO 2021, 753 (757)).

20.1 Überstiegen die Kosten der Eigenverwaltung die eines Regelverfahrens, konnte dies nach der alten Rechtslage einen Nachteil iSd § 270 Abs. 2 Nr. 2 aF begründen. In der Praxis hat sich daher eine Begrenzung der Kosten der Eigenverwaltung auf die Kosten eines Regelverfahrens durch entsprechende Deckelung der für die Eigenverwaltung anfallenden Beratungskosten etabliert (vgl. Ballmann/Illbruck DB 2021, 1450 (1452)). Dieses Vorgehen trägt dem Interesse der Gläubiger Rechnung und bleibt nach der neuen Rechtslage möglich.

D. Erklärungen des Schuldners (Abs. 2)

21 Der Schuldner hat Erklärungen zu verschiedenen Sachverhalten abzugeben. Im Fall von Zahlungsrückständen, Verletzung von Offenlegungspflichten sowie der Inanspruchnahme sanierungsrechtlicher Verfahrenshilfen in der jüngeren Vergangenheit kann nach Einschätzung des Gesetzgebers nicht ohne weiteres davon ausgegangen werden, dass der Schuldner dazu bereit oder in der Lage ist, jeweils im besten Interesse der Gläubiger zu handeln (RegE SanInsFoG, BT-Drs. 19/24181, 204). Zudem sind die Angaben für die Anordnung der vorläufigen Eigenverwaltung relevant und können zu einer umfassenderen Prüfung der Zulassungsvoraussetzungen führen (→ § 270b Rn. 18). Die vom Schuldner im Rahmen seiner Erklärungspflicht offengelegten Tatsachen sind bei der Anordnungsentscheidung nach § 270b Abs. 2 zu berücksichtigen. Die Erklärungen nach § 270a Abs. 2 können ebenfalls Gegenstand einer Bescheinigung durch einen sachverständigen Dritten sein (IDW ES 9 nF (Stand 12.1.2021), Rn. 46).

I. Verzug der Erfüllung von Verbindlichkeiten

22 Der Schuldner hat zunächst darzulegen, ob, in welchem Umfang und gegenüber welchen Gläubigern er sich mit der Erfüllung von Verbindlichkeiten aus Arbeitsverhältnissen, Pensionszusagen oder dem Steuerschuldverhältnis, gegenüber Sozialversicherungsträgern oder Lieferanten in Verzug befindet. Liegt bereits eine vertiefte Insolvenz vor, so sind die Fortführungsaussichten des Unternehmens vermindert (RegE SanInsFoG, BT-Drs. 19/24181, 204).

22a Unklar ist, welche Gläubiger der Begriff „Lieferanten" erfassen soll. Bei einer eng am Wortlaut orientierten Auslegung mag an eine Beschränkung auf Warenlieferanten zu denken sein (Blankenburg ZInsO 2021, 753 (761)). In Hinblick auf die Funktion der Regelung erscheint aber eine wirtschaftlich wertende Betrachtung zweckmäßiger. Insoweit bietet sich der Rückgriff auf bilanzielle Kategorien an. Dementsprechend sollten alle Verbindlichkeiten erfasst werden, welche auf der Passivseite der Bilanz gem. § 266 Abs. 3 C. HGB als Verbindlichkeiten aus Lieferung und Leistung bilanziert werden, also auch solche gegenüber Dienstleistern und Vermietern (vgl. MüKoHGB/Reiner, 4. Aufl. 2020, HGB § 266 Rn. 113f.). Die Liste des Schuldners soll den Gläubiger, die Art der Forderung, die Höhe der Gesamtforderung sowie die Höhe des Verzugs aufführen (Blankenburg ZInsO 2021, 753 (758)). Abs. 2 Nr. 1 spricht von „Verzug", während in § 270b Abs. 2 Nr. 1 von „Zahlungsrückständen" die Rede ist. Thole weist zu Recht darauf hin, dass beide Begriffe nicht deckungsgleich sind. Mit der Zahlung ist der Schuldner bereits im Rückstand, wenn er bei Fälligkeit nicht zahlt, ohne dass zwingend Verzug eingetreten sein muss. Die Unstimmigkeit lässt sich stimmig durch eine korrigierende Auslegung des Abs. 2 Nr. 1 auflösen (vgl. Thole NZI-Beil. 1/2021, 90 (92)).

II. Vorherige Verfahren

Der Schuldner hat zudem zu erklären, ob und in welchen Verfahren innerhalb der letzten drei Jahre vor dem jetzigen Antrag zu seinen Gunsten eine Vollstreckungs- oder Verwertungssperre nach der InsO (§ 21 Abs. 2 Nr. 3 und 5, ggf. iVm § 270b Abs. 2 aF oder §§ 270c Abs. 3, 270d Abs. 3) oder dem StaRUG (§ 49 StaRUG) angeordnet wurde. Dem Gericht soll hier mitgeteilt werden, bei welchem Restrukturierungs- oder Insolvenzgericht ein Verfahren anhängig war sowie das dazugehörige Aktenzeichen (Blankenburg ZInsO 2021, 753 (757)). Die wiederholte Inanspruchnahme sanierungsrechtlicher Hilfen ist ein Indiz dafür, dass es dem Schuldner bislang nicht gelungen ist, sich nachhaltig zu sanieren (RegE SanInsFoG, BT-Drs. 19/24181, 204). 23

III. Einhaltung der Offenlegungspflichten

Ebenso ist eine Erklärung vorzulegen, ob der Schuldner für die letzten drei Geschäftsjahre seinen Offenlegungspflichten, insbesondere nach den §§ 325–328 HGB oder § 339 HGB nachgekommen ist. Hierbei genügt die Mitteilung, ob die Pflichten erfüllt wurden (Blankenburg ZInsO 2021, 753 (757)). Verstöße sollen ein unternehmerisches Verständnis zeigen, welches wenig auf Gläubigerinteressen Rücksicht nimmt (RegE SanInsFoG, BT-Drs. 19/24181, 204). In der Praxis ist es nicht unüblich, dass der letzte Jahresabschluss noch nicht veröffentlicht wurde, da man noch in Diskussionen mit den Abschlussprüfern ist. Insofern müsse vielmehr auf eine strafrechtlich relevante Handlung nach § 283b StGB abgestellt werden (Bernsau/Weniger BB 2020, 2571 (2573)). Der Gesetzgeber hat diese Problematik jedoch zumindest gesehen, sodass die fehlende Offenlegung eines Jahresabschlusses bei erfolgter Aufstellung nicht zwangsläufig zu der Annahme führt, die Interessen der Gläubiger würden nicht gewahrt (RegE SanInsFoG, BT-Drs. 19/24181, 205 f.). 24

E. Verfahren nach der Antragstellung

Ist die Eigenverwaltungsplanung vollständig und schlüssig und sind keine Umstände bekannt, aus denen sich ergibt, dass die Eigenverwaltung in wesentlichen Punkten auf unzutreffenden Tatsachen beruht, so ordnet das Gericht die vorläufige Eigenverwaltung an und bestellt einen vorläufigen Sachverwalter (vgl. → § 270b Rn. 5). 25

Wurde die vorläufige Eigenverwaltung angeordnet, so hebt das Insolvenzgericht die vorläufige Eigenverwaltung auf, wenn die Voraussetzungen des § 270e vorliegen (→ § 270e Rn. 2 ff.). 26

Wird die vorläufige Eigenverwaltung nicht aufgehoben und liegen die Anordnungsvoraussetzungen der vorläufigen Eigenverwaltung im Zeitpunkt der Eröffnungsentscheidung weiterhin vor, wird die Eigenverwaltung auf Antrag des Schuldners gem. § 270f angeordnet. 27

§ 270b Anordnung der vorläufigen Eigenverwaltung

(1) ¹Das Gericht bestellt einen vorläufigen Sachwalter, auf den die §§ 274 und 275 anzuwenden sind (vorläufige Eigenverwaltung), wenn
1. die Eigenverwaltungsplanung des Schuldners vollständig und schlüssig ist und
2. keine Umstände bekannt sind, aus denen sich ergibt, dass die Eigenverwaltungsplanung in wesentlichen Punkten auf unzutreffenden Tatsachen beruht.

²Weist die Eigenverwaltungsplanung behebbare Mängel auf, kann das Gericht die vorläufige Eigenverwaltung einstweilen anordnen; in diesem Fall setzt es dem Schuldner eine Frist zur Nachbesserung, die 20 Tage nicht übersteigt.

(2) Sind nach dem gemäß § 270a Absatz 1 Nummer 1 übermittelten Finanzplan die Kosten der Eigenverwaltung und der Fortführung des gewöhnlichen Geschäftsbetriebs nicht gedeckt, übersteigen die nach § 270a Absatz 1 Nummer 5 ausgewiesenen voraussichtlichen Kosten der Eigenverwaltung in wesentlicher Weise die voraussichtlichen Kosten des Regelverfahrens oder sind Umstände bekannt, aus denen sich ergibt, dass
1. Zahlungsrückstände gegenüber Arbeitnehmern oder erhebliche Zahlungsrückstände gegenüber den weiteren in § 270a Absatz 2 Nummer 1 genannten Gläubigern bestehen,
2. zugunsten des Schuldners in den letzten drei Jahren vor der Stellung des Antrags Vollstreckungs- oder Verwertungssperren nach diesem Gesetz oder nach dem Unternehmensstabilisierungs- und -restrukturierungsgesetz angeordnet worden sind oder

InsO § 270b Siebter Teil. Eigenverwaltung

3. der Schuldner in einem der letzten drei Jahre vor der Antragstellung gegen die Offenlegungsverpflichtungen, insbesondere nach den §§ 325 bis 328 oder 339 des Handelsgesetzbuchs verstoßen hat,

erfolgt die Bestellung des vorläufigen Sachwalters nur, wenn trotz dieser Umstände zu erwarten ist, dass der Schuldner bereit und in der Lage ist, seine Geschäftsführung an den Interessen der Gläubiger auszurichten.

(3) ¹Einem vorläufigen Gläubigerausschuss ist vor Erlass der Entscheidung nach Absatz 2 Gelegenheit zur Äußerung zu geben. ²Ohne Äußerung des Gläubigerausschusses darf eine Entscheidung nur ergehen, wenn seit der Antragstellung zwei Werktage vergangen sind oder wenn offensichtlich mit nachteiligen Veränderungen der Vermögenslage des Schuldners zu rechnen ist, die sich nicht anders als durch Bestellung eines vorläufigen Insolvenzverwalters abwenden lassen. ³An einen die vorläufige Eigenverwaltung unterstützenden einstimmigen Beschluss des vorläufigen Gläubigerausschusses ist das Gericht gebunden. ⁴Stimmt der vorläufige Gläubigerausschuss einstimmig gegen die vorläufige Eigenverwaltung, unterbleibt die Anordnung.

(4) ¹Bestellt das Gericht einen vorläufigen Insolvenzverwalter, sind die Gründe hierfür schriftlich darzulegen. ²§ 27 Absatz 2 Nummer 4 gilt entsprechend.

Überblick

Zu der bis zum 31.12.2020 geltenden Rechtslage → InsO 2012 aF § 270a Rn. 1 ff.

Die mit dem SanInsFoG eingeführte Vorschrift bestimmt den Prüfungsmaßstab und Einzelheiten der Anordnung der vorläufigen Eigenverwaltung (→ Rn. 1 ff.). Abs. 1 S. 1 enthält eine Legaldefinition der vorläufigen Eigenverwaltung (→ Rn. 3) und bestimmt, dass diese bei Vorliegen einer ordnungsgemäßen Eigenverwaltungsplanung anzuordnen ist, sofern sie nicht in wesentlichen Punkten auf unzutreffenden Tatsachen beruht (→ Rn. 5 ff.). Abs. 1 S. 2 regelt die Möglichkeit der einstweiligen Anordnung der vorläufigen Eigenverwaltung bei behebbaren Mängeln der Eigenverwaltungsplanung (→ Rn. 16). Weist die Eigenverwaltungsplanung Defizite auf oder bestehen an der Eignung des Verfahrens für die Anordnung der Eigenverwaltung aufgrund der vom Schuldner gem. § 270a Abs. 2 abgegebenen Erklärungen Zweifel (defizitäre Eigenverwaltung), kann das Gericht die vorläufige Eigenverwaltung gem. Abs. 2 nur anordnen, wenn es im Rahmen einer Gesamtabwägung zu der Einschätzung gelangt, dass der Schuldner seine Geschäftsführung an den Interessen der Gläubiger ausrichten wird (→ Rn. 18 ff.). Vor einer Entscheidung nach Abs. 2 hat das Gericht grundsätzlich den vorläufigen Gläubigerausschuss anzuhören (→ Rn. 32 ff.). An ein einstimmiges Unterstützen des vorläufigen Gläubigerausschusses ist das Gericht gebunden (→ Rn. 41 ff.). Stimmt der Gläubigerausschuss einstimmig gegen die Eigenverwaltung, unterbleibt die Anordnung der vorläufigen Eigenverwaltung auch bei Vorliegen der Anordnungsvoraussetzungen des Abs. 1 (→ Rn. 45). Die Anordnung der vorläufigen Eigenverwaltung durch Bestellung eines vorläufigen Sachwalters kann mit weiteren Anordnungen nach § 270c Abs. 3 verbunden werden (→ Rn. 47 ff.). Bei Ablehnung der vorläufigen Eigenverwaltung hat das Gericht einen vorläufigen Insolvenzverwalter zu bestellen und den Beschluss gem. Abs. 4 zu begründen (→ Rn. 50). Rechtsmittel bestehen weder bei Anordnung noch bei Ablehnung der vorläufigen Eigenverwaltung (→ Rn. 55).

Übersicht

	Rn.
A. Entstehungsgeschichte und Normzweck	1
B. Voraussetzungen der Anordnung der vorläufigen Eigenverwaltung	3
I. Anordnung bei ordnungsgemäßer Eigenverwaltungsplanung	5
1. Vollständigkeit und Schlüssigkeit der Eigenverwaltungsplanung	6
2. Prüfung der zugrunde gelegten Tatsachen	13
II. Vorläufige Anordnung bei behebbaren Mängeln der Eigenverwaltungsplanung	16
III. Anordnung bei defizitärer Eigenverwaltung	18

	Rn.
1. Unzureichende Finanzierung der Eigenverwaltung (Abs. 2 Alt. 1)	20
2. Überschießende Kosten der Eigenverwaltung (Abs. 2 Alt. 2)	22
3. Bestimmte Zahlungsrückstände (Abs. 2 Nr. 1)	23
4. Frühere Anordnung von Vollstreckungs- und Verwertungssperren (Abs. 2 Nr. 2)	24
5. Verstöße gegen Offenlegungsverpflichtungen	25
6. Prognoseentscheidung	26
C. Anordnungsentscheidung	31
I. Zuständigkeit und Verfahren	31

Anordnung der vorläufigen Eigenverwaltung § 270b InsO

	Rn.		Rn.
II. Beteiligung des vorläufigen Gläubigerausschusses	32	III. Anordnungsbeschluss	47
1. Anhörung des vorläufigen Gläubigerausschusses	32	IV. Ablehnungsbeschluss und Begründungspflichtzwang bei Ablehnung	53
2. Unterstützung und Ablehnung der vorläufigen Eigenverwaltung durch den vorläufigen Gläubigerausschuss	41	V. Rechtsmittel	58

A. Entstehungsgeschichte und Normzweck

Die Vorschrift bestimmt den Prüfungsmaßstab für die Entscheidung des Gerichts über die Anordnung der vorläufigen Eigenverwaltung und regelt Einzelheiten des Verfahrens. Die Gesetzesfassung entspricht inhaltlich der Fassung des RefE zum SanInsFoG. Im weiteren Gesetzgebungsverfahren wurde lediglich auf Anregung des Bundesrats (BR-Drs. 19/24903, 25 f.) und nachfolgender Empfehlung des Ausschusses für Recht und Verbraucherschutz der Wortlaut des Abs. 2 Nr. 3 klarstellend angepasst (vgl. Bericht des Ausschusses für Recht und Verbraucherschutz zu dem Gesetzesentwurf SanInsFoG 15, BT-Drs. 19/25353, 14). 1

Die materiellen Voraussetzungen für die Anordnung der vorläufigen Eigenverwaltung wurden durch das SanInsFoG vollständig neu gefasst. Die nach der alten Rechtslage auch iRd § 270a Abs. 1 aF vorzunehmende (überschlägige) Nachteilsprüfung ist entfallen. Eine Prognoseentscheidung des Gerichts ist nur noch in Fällen vorgesehen, in denen die geplante Eigenverwaltung Defizite aufweist (Abs. 2). Die Regelung zur Einbeziehung des vorläufigen Gläubigerausschusses hat ihre Wurzeln in § 270 Abs. 4 aF. Jedoch wurde das Verfahren in wesentlichen Punkten geändert. Insbesondere war eine Einbeziehung des vorläufigen Gläubigerausschusses vor der Anordnung der vorläufigen Eigenverwaltung bislang nicht vorgesehen. Abs. 4 entspricht dem vormaligen § 270 Abs. 2, wobei auch hier der Anwendungsbereich der Norm zeitlich vorverlegt wurde. 2

B. Voraussetzungen der Anordnung der vorläufigen Eigenverwaltung

In Abs. 1 wird der Begriff der **vorläufigen Eigenverwaltung** legal definiert als Bestellung eines vorläufigen Sachwalters, auf den die §§ 274 und 275 anzuwenden sind. Daran anschließend regelt Abs. 1 die Voraussetzungen für die Anordnung der vorläufigen Eigenverwaltung im Regelfall. Abs. 2 ermöglicht die Anordnung einer vorläufigen Eigenverwaltung in bestimmten Fällen, in denen die Regelanforderungen nicht erfüllt sind. 3

Grundvoraussetzung der Anordnung und in § 270b nicht eigens erwähnt ist ein wirksamer Eigenverwaltungsantrag. Zu den Voraussetzungen → § 270a Rn. 2 ff. 4

I. Anordnung bei ordnungsgemäßer Eigenverwaltungsplanung

Gemäß Abs. 1 S. 1 ist das Gericht verpflichtet, die vorläufige Eigenverwaltung anzuordnen, wenn die Voraussetzungen der Nr. 1 und Nr. 2 vorliegen. In diesem Fall hat der Schuldner also einen Anspruch auf die Anordnung der vorläufigen Eigenverwaltung (vgl. Thole NZI-Beil. 1/2021, 90 (93)). 5

1. Vollständigkeit und Schlüssigkeit der Eigenverwaltungsplanung

Grundvoraussetzung der Anordnung ist das Vorliegen einer vollständigen und schlüssigen Eigenverwaltungsplanung des Schuldners. 6

Vollständig ist die Eigenverwaltungsplanung, wenn alle in § 270a Abs. 1 Nr. 1–5 aufgezählten Teile der Eigenverwaltungsplanung vorhanden sind (Blankenburg ZInsO 2021, 753 (759)) und diese wiederum in formeller Hinsicht den in § 270a Abs. 1 normierten Mindestanforderungen entsprechen. Da die Verpflichtung zur Vorlage der Eigenverwaltungsplanung sicherstellen soll, dass die Eigenverwaltung gründlich und gewissenhaft vorbereitet wurde, sind grundsätzlich hohe Anforderungen an die Vollständigkeit der Eigenverwaltungsplanung zu stellen. 7

So ist die Eigenverwaltungsplanung zB unvollständig, wenn sie zwar einen Finanzplan umfasst, dieser jedoch nicht den in § 270a Abs. 1 Nr. 1 geforderten Zeitraum von sechs Monaten abdeckt. Auch wenn die Darstellung der Finanzierungsquellen fehlt, ist die Eigenverwaltungsplanung unvollständig. Das gilt aber auch dann, wenn die Finanzierungsquellen nur allgemein und formelhaft dargestellt werden. Denn dann fehlt es an der von § 270a Abs. 1 Nr. 1 verlangten „fundierten" Darstellung. 7.1

8 Weiterhin hat das Gericht die Eigenverwaltungsplanung auf ihre **Schlüssigkeit** zu prüfen. Das Gericht hat also zu prüfen, ob die vorgelegte Eigenverwaltungsplanung die Anordnung der vorläufigen Eigenverwaltung rechtfertigt. Dabei sind die der Eigenverwaltungsplanung zugrunde gelegten Tatsachen grundsätzlich als richtig zu unterstellen. Dies entspricht dem allgemeinen Verständnis der Schlüssigkeitsprüfung im Zivilprozess (vgl. § 331 Abs. 1 ZPO; zB MüKoZPO/Prütting ZPO § 331 Rn. 10). Beruht die Eigenverwaltungsplanung auf unzutreffenden Tatsachen, ist der Antrag somit nicht allein aus diesem Grund wegen Unschlüssigkeit zurückzuweisen. Unzutreffende Tatsachen sind vorrangig iRd Nr. 2 zu berücksichtigen, auch wenn sie für das Gericht offenkundig scheinen.

9 Den materiellen Prüfungsmaßstab bestimmt das Gesetz nicht. In der Literatur wird eine analoge Anwendung des § 52 Abs. 1 S. 2 StaRUG erwogen (Blankenburg ZInsO 2021, 753 (759)). Nach diesem Maßstab ist die Schlüssigkeit bereits gegeben, wenn die in Aussicht genommenen Maßnahmen **nicht offensichtlich** zur Erreichung des Verfahrensziels **ungeeignet** sind. Das Augenmerk der Schlüssigkeitsprüfung sollte darauf liegen, ob die Eigenverwaltungsplanung lege artis erstellt wurde und ob sie **in sich stimmig** ist. An der Schlüssigkeit fehlt es also beispielsweise, wenn der vorgelegte Finanzplan nicht im Einklang mit den einschlägigen betriebswirtschaftlichen Grundsätzen erstellt wurde, wenn bei der Darstellung der Krise ein unzutreffender Maßstab angesetzt wurde, oder wenn die prognostizierten Kosten der Eigen- und Fremdverwaltung offenbar fehlerhaft ermittelt wurden. Dabei hat das Gericht das vom Schuldner vorgelegte Konzept hinzunehmen und ist nicht befugt, seine eigenen Überlegungen zur Zweckmäßigkeit der angestrebten Sanierung an die des Schuldners zu setzen (vgl. Thole, NZI-Beilage 2021, 90 (93) „kein Besserwissen").

9.1 Mit welcher Prüfungstiefe und mit welchem Umfang die Schlüssigkeitsprüfung zu erfolgen hat, wird sich in der Praxis herauskristallisieren müssen. Der Rückgriff auf § 52 Abs. 1 S. 2 StaRUG bietet sich aufgrund der vergleichbaren Stoßrichtung der Stabilisierung und der Eigenverwaltung (Unterstützung bzw. Ermöglichung einer vom Schuldner geführten Restrukturierung) und des vergleichbaren Normumfeldes (vgl. auch die Aufhebungsvorschriften in § 59 StaRUG und § 270e). Jedenfalls wird man in Hinblick auf den Willen des Gesetzgebers, einen rechtssicheren Zugang zur Eigenverwaltung zu schaffen, keine überspannten Anforderungen stellen dürfen.

10 Auch wenn die Eigenverwaltungsplanung in sich logische Brüche aufweist, ist sie unschlüssig. Zu denken ist beispielsweise an Fälle, in denen die Darstellung der Finanzierungsquellen nicht in Einklang zu bringen ist mit den im Finanzplan zugrunde gelegten Einzahlungen. Auch wenn sich aus der Darstellung des Stands von Verhandlungen mit Gläubigern ergibt, dass die zur Erreichung des Eigenverwaltungsziels in Aussicht genommenen Maßnahmen nicht umsetzbar sein werden, fehlt es an der Schlüssigkeit.

11 Wenngleich dies im Gesetzeswortlaut nur mittelbar (Abs. 2) zum Ausdruck kommt, ist im Einklang mit dem Normzweck grundsätzlich verlangt, dass die Eigenverwaltungsplanung aufzeigt, dass die in § 270a Abs. 1 abgefragten Voraussetzungen auch tatsächlich vorliegen. So genügt etwa eine Darstellung der zur Sicherstellung der Fähigkeit des Schuldners zur Erfüllung seiner insolvenzrechtlichen Pflichten getroffenen Vorkehrungen nur dann den Anforderungen, wenn die beschriebenen Vorkehrungen erwarten lassen, dass der Schuldner seine Pflichten wird erfüllen können. Sind die beschriebenen Vorkehrungen ungeeignet, so ist die vorläufige Eigenverwaltung (natürlich) zu versagen. Eine amtswegige Prüfung, ob die in der Eigenverwaltung gemachten Angaben auch tatsächlich zutreffen, ist in Hinblick auf Abs. 1 Nr. 2 hingegen nicht statthaft (→ Rn. 14).

12 Nach Abs. 2 kann eine Ausnahme von dem vorstehenden beschriebenen Grundsatz für den Finanzplan (§ 270a Abs. 1 Nr. 1) und den vorzulegenden Kostenvergleich (§ 270a Abs. 1 Nr. 5) gemacht werden. Hinsichtlich des Kostenvergleichs lässt sich Abs. 2 zudem entnehmen, dass es der Anordnung der vorläufigen Eigenverwaltung nicht entgegensteht, wenn die prognostizierten Kosten des Eigenverwaltungsverfahrens nur unwesentlich höher liegen als die der Fremdverwaltung.

2. Prüfung der zugrunde gelegten Tatsachen

13 Ob die Voraussetzung der Nr. 2 vorliegen, beurteilt sich nach der Kenntnis des Gerichts im Zeitpunkt der Entscheidung. Dabei hat das Gericht die ihm bekannten Tatsachen zugrunde zu legen („keine Umstände bekannt sind") und darf die Entscheidung nicht durch sachverhaltsaufklärende Maßnahmen verzögern (ebenso Hölzle/Curtze ZIP 2021, 1293 (1298)).

14 Die damit verbundene Einschränkung des Amtsermittlungsgrundsatzes (§ 270 Abs. 1 S. 2 iVm § 5 Abs. 1) entspricht dem erklärten Willen des Gesetzgebers. Nach der Konzeption der §§ 270 ff. soll der Schuldner rechtssicheren und planbaren Zugang zur Eigenverwaltung erhalten (→ § 270a Rn. 10). Wenn er eine vollständige und in sich schlüssige Planung vorlegt, soll er daher mit der

Anordnung der Eigenverwaltung rechnen können, solange nicht offenkundig ist, dass die Planung in wesentlichen Punkten nicht von den tatsächlichen Gegebenheiten ausgeht oder ein Fall des Abs. 2 vorliegt (vgl. RegE zum SanInsFoG, BT-Drs. 19/24181, 205).

Die mit der beschränkten Prüfungskompetenz des Gerichts bei Anordnung der vorläufigen Eigenverwaltung potentiell einhergehenden Gefahren für die anderen Verfahrensbeteiligten werden durch den vorläufigen Sachwalter aufgefangen. Hat das Gericht im Hinblick auf die Eigenverwaltungsplanung oder die sonstigen Voraussetzungen der Eigenverwaltung Bedenken, kann es dem vorläufigen Sachwalter bei oder nach der Anordnung der vorläufigen Eigenverwaltung gem. § 270c Abs. 1 aufgeben, zu bestimmten Sachverhalten Bericht zu erstatten (vgl. RegE SanInsFoG, BT-Drs. 19/24181, 205). 15

II. Vorläufige Anordnung bei behebbaren Mängeln der Eigenverwaltungsplanung

Weist die Eigenverwaltungsplanung behebbare Mängel auf, kann das Gericht gem. Abs. 1 S. 2 die vorläufige Eigenverwaltung zunächst einstweilen anordnen. In diesem Fall hat es dem Schuldner eine Nachbesserungsfrist von längstens 20 Tagen zu setzen. 16

Sofern die umgehende Anordnung der vorläufigen Eigenverwaltung nicht aufgrund besonderer Umstände im Interesse der Gläubiger geboten ist, kann das Gericht dem Schuldner auch aufgeben, die Eigenverwaltungsplanung nachzubessern, ohne zuvor über die Anordnung der Eigenverwaltung zu entscheiden. Da die vorläufige Eigenverwaltung gem. § 270a Abs. 1 Nr. 1 InsO als Regelfall davon ausgeht, dass der Schuldner einen Finanzplan vorlegt, der die Durchfinanzierung der Eigenverwaltung für sechs Monate belegt, dürfte künftig bei Antragstellung oftmals „nur" drohende Zahlungsunfähigkeit gegeben sein. Dann liegt es nahe, von der einstweiligen Anordnung der vorläufigen Eigenverwaltung zunächst abzusehen (vgl. Frind NZI 2020, 856 (869)). 17

III. Anordnung bei defizitärer Eigenverwaltung

Abs. 2 regelt die Voraussetzungen, unter denen das Gericht die vorläufige Eigenverwaltung in bestimmten Fällen im Rahmen einer **Prognoseentscheidung** anordnen kann, obwohl Umstände vorliegen, die nahelegen, dass die Durchführung der Eigenverwaltung womöglich nicht im Interesse der Gläubiger liegt (vgl. RegE SanInsFoG, BT-Drs. 19/24181, 205). 18

Solche Defizite der beantragten Eigenverwaltung können sich aus der (unzureichenden) Finanzierung der Eigenverwaltung (Abs. 2 Alt. 1) oder hohen Kosten (Abs. 2 Alt. 2) ergeben. Erfasst sind aber auch Umstände, die bereits zeitlich vor der Antragstellung verwirklicht wurden, jedoch geeignet erscheinen, zum Nachteil der Gläubiger in der Eigenverwaltung nachzuwirken (Abs. 2 Nr. 1–3). 19

Mit Abs. 2 hat sich der Gesetzgeber entschieden, in bestimmten Fällen die Eigenverwaltung zuzulassen, obwohl Umstände vorliegen, welche Nachteile für die Gläubiger indizieren. Auch wenn keine Nachteilsprüfung wie nach § 270 Abs. 2 aF erfolgt, ist der Ansatz beider Regelungen, wonach die Zulassung der (vorläufige) Eigenverwaltung im Rahmen einer Prognoseentscheidung erfolgen kann, vergleichbar. 19.1

1. Unzureichende Finanzierung der Eigenverwaltung (Abs. 2 Alt. 1)

Gemäß § 270a Abs. 1 Nr. 1 muss der Schuldner einen Finanzplan vorlegen, aus sich ergibt, dass die (vorläufige) Eigenverwaltung für einen Zeitraum von sechs Monaten durchfinanziert ist (→ § 270a Rn. 12). Ergibt sich aus dem Finanzplan, dass die Kosten der Eigenverwaltung und der Fortführung des gewöhnlichen Geschäftsbetriebs nicht gedeckt sind, kann das Gericht die Eigenverwaltung im Rahmen seiner Prognoseentscheidung dennoch anordnen. 20

Die Regelung deckt Fälle ab, in denen sich Zweifel aus der Durchfinanzierung bereits unmittelbar aus dem Finanzplan ergeben, insbesondere, weil der Schuldner Zweifel an der Finanzierung in dem Finanzplan offenlegt. Außerdem sind Fälle angesprochen, in denen sich die Defizite der Finanzierung aus der vom Gericht vorzunehmenden Vollständigkeits- und Schlüssigkeitsprüfung ergeben. Wenn das Gericht etwa die vom Schuldner vorgelegte Darstellung der Finanzierungsquellen bzw. die Eignung der Finanzierungsquellen zur Finanzierung der Eigenverwaltung für nicht plausibel hält, kann es den Schuldner zur Nachbesserung des Finanzplans anhalten und – wenn der Schuldner die Zweifel trotz Nachbesserung nicht ausräumen kann – sodann nach Abs. 2 entscheiden. Darüber hinaus kommt die Anordnung der Eigenverwaltung in Betracht, wenn die Verfahrenskosten zwar nicht aus den im gem. § 270a Abs. 1 Nr. 1 zu betrachtenden Sechsmonatszeitraum verfügbaren Finanzmitteln gedeckt werden können, eine Kostendeckung aber danach eintritt (vgl. Blankenburg ZInsO 2021, 753 (760)), z. B. aufgrund einer geplanten Veräußerung von Unternehmensteilen im Rahmen des Sanierungskonzepts. 21

2. Überschießende Kosten der Eigenverwaltung (Abs. 2 Alt. 2)

22 Die Eigenverwaltungsplanung muss gem. § 270a Abs. 1 Nr. 5 eine Gegenüberstellung etwaiger Mehr- oder im Minderkosten eines Eigenverwaltungsverfahrens im Vergleich zu einem Regelverfahren enthalten. Übersteigen die voraussichtlichen Kosten der Eigenverwaltung die einer Fremdverwaltung in wesentlicher Weise, kann die (vorläufige) Eigenverwaltung gem. Abs. 2 nur bei positiver Prognoseentscheidung angeordnet werden. Übersteigen die Mehrkosten der Eigenverwaltung die des Regelverfahrens nur unwesentlich, steht dies der Anordnung der Eigenverwaltung nicht entgegen (Blankenburg, ZInsO 2021, 753 (760)). Allerdings lässt das Gesetz offen, wann eine nur unwesentliche Kostenüberschreitung in eine wesentliche Kostenüberschreitung umschlägt. Nahe liegt eine relative Betrachtung der Kosten, wobei als Richtgröße ein Schwellenwert von 10% als sinnvoll erscheint, der abhängig von der Höhe absoluten Höhe der Kosten ggf. angepasst werden kann (vgl. Blankenburg, ZInsO 2021, 753 (760)).

22.1 Wenn die voraussichtlichen Kosten der Eigenverwaltung die einer Fremdverwaltung übersteigen, indizierte dies bislang einen Nachteil iSd § 270 Abs. 2 Nr. 2 aF. Die Anordnung der (vorläufigen) Eigenverwaltung war dennoch nicht ausgeschlossen, sofern positive Effekte der Eigenverwaltung die höhere Kostenbelastung kompensierten (→ InsO 2012 aF § 270 Rn. 31 ff.). Dem entspricht Abs. 2 Alt. 2 seinem Grundgedanken nach. Die Anordnungsmöglichkeit trotz überschießender Kosten ist schon deshalb sinnvoll, weil die Kosten des Regelverfahrens im Vorhinein kaum belastbar prognostiziert werden können (vgl. Thole NZI-Beilage 2021, 90 (92); → § 270a Rn. 23).

3. Bestimmte Zahlungsrückstände (Abs. 2 Nr. 1)

23 Gemäß § 270a Abs. 2 Nr. 1 muss der Schuldner sich dazu erklären, ob und in welchem Umfang er sich mit Verpflichtungen gegenüber Arbeitnehmern, Pensionären, Lieferanten sowie mit Steuern und Sozialabgaben in Verzug befindet. Zahlungsrückstände schließen die Anordnung der Eigenverwaltung nicht per se aus. Jedoch erfolgt die Anordnung in den Fällen des Abs. 2 Nr. 1 nur bei positiver Prognose. Eine Prognoseentscheidung verlangt das Gesetz bei jeglichen Rückständen gegenüber Arbeitnehmern. In den anderen Fällen schaden dem Schuldner nur „erhebliche" Zahlungsrückstände. Kriterien zur Ermittlung der Erheblichkeit gibt das Gesetz nicht vor. Hier sollte eine wertende Betrachtung anhand der Unternehmensgröße und insbesondere des Umsatzes erfolgen, wobei Rückgriffe auf die Rechtsprechung zur Zahlungseinstellung (§ 17 Abs. 2) in Betracht kommen (vgl. Blankenburg ZInsO 2021, 753 (761)). Zur Auslegung des Begriffs „Lieferanten" vgl. → § 270a Rn. 26. Mit „Zahlungsrückstände" dürften jegliche Rückstände mit fälligen Zahlungsverpflichtungen gemeint sein, auch wenn (noch) kein Verzug vorliegt (→ § 270a Rn. 26).

4. Frühere Anordnung von Vollstreckungs- und Verwertungssperren (Abs. 2 Nr. 2)

24 Zu der Inanspruchnahme von Vollstreckungs- und Verwertungssperren in den letzten drei Jahren vor der Antragstellung hat sich der Schuldner gem. § 270a Abs. 2 Nr. 2 zu erklären. Wurde das Instrument innerhalb der drei Jahre vor Antragstellung vom Schuldner in Anspruch genommen, erfordert die (erneute) Anordnung der vorläufigen Eigenverwaltung eine positive Prognose. Zweck der Vorschrift ist es, der Gefahr wiederholter Eingriffe in Gläubigerrechte durch den Schuldner entgegenzuwirken, wenn es dem Schuldner in Wirklichkeit um die Verschleppung erforderlicher Sanierungsmaßnahmen geht (vgl. Hölzle/Curtze ZIP 2021, 1293 (1298)).

5. Verstöße gegen Offenlegungsverpflichtungen

25 Gemäß § 270a Abs. 2 Nr. 3 muss der Schuldner sich zur Einhaltung seiner Offenlegungspflichten äußern. Verstöße gegen die Offenlegungspflicht sind in der Praxis auch bei gesunden Unternehmen nicht selten und nicht notwendigerweise kritisch (vgl. Blankenburg ZInsO 2021, 753 (762): noch andauernde Jahresabschlussprüfung). Sie können aber Indiz einer verschleppten Krise sein. Abs. 2 Nr. 3 erlaubt daher die Anordnung der vorläufigen Eigenverwaltung nur, wenn die Prognoseentscheidung positiv ausfällt.

6. Prognoseentscheidung

26 Abs. 2 knüpft an Sachverhalte an, die prima facie den Schluss nahelegen, dass die Durchführung der Eigenverwaltung nicht im Gläubigerinteresse liegen würde. Abhängig von den konkreten Umständen im Einzelfall kann die Eigenverwaltung dennoch die geeignete Verfahrensart sein. In den genannten Fällen soll die vorläufige Eigenverwaltung daher trotz der vorliegenden Defizite angeordnet werden können, wenn eine Gesamtwürdigung des Sachverhalts ergibt, dass die Eigenverwaltung trotz des Vorliegens dieser Sachverhalte im Interesse der Gläubiger liegt.

Die iRd Abs. 1 geltenden Beschränkungen der Grundlagen der richterlichen Entscheidung auf bekannte Umstände gelten hier nicht. Das Gericht ist gehalten, sämtliche relevanten Umstände zu ermitteln und seiner Entscheidung zugrunde zu legen. Allerdings hat die Amtsermittlung dem Charakter des Eröffnungsverfahrens als Eilverfahren sowie dem Umstand Rechnung zu tragen, dass der Schuldner Umstände darzulegen hat, aus denen sich ableiten lässt, dass von ihm die Wahrung der Gläubigerinteressen erwartet werden kann (vgl. insbesondere § 270a Abs. 1 Nr. 2–4). Der Umfang der erforderlichen Amtsermittlung wird daher auf das für eine Prognoseentscheidung notwendige Maß beschränkt (vgl. Hölzle/Curtze ZIP 2021, 1293 (1298)). 27

Im Zuge der erforderlichen Gesamtwürdigung kann ein identifiziertes Defizit insbesondere dann an Gewicht verlieren, wenn Maßnahmen getroffen sind, welche das Defizit kompensieren (so auch Blankenburg ZInsO 2021, 753 (760)). Die Gesetzesbegründung (RegE SanInsFoG, BT-Drs. 19/24181, 205 f.) nennt die folgenden Beispiele. 28

Ist der Schuldner in einem der letzten drei Jahren seinen handelsrechtlichen Offenlegungspflichten nicht ordnungsgemäß nachgekommen, ist er aber zwischenzeitlich nicht nur seinen versäumten Pflichten nachgekommen, sondern hat durch personelle und organisatorische Maßnahmen sichergestellt, dass die Ursachen für die Pflichtverletzungen nachhaltig beseitigt sind, lässt allein der Umstand, dass die Pflichtverletzungen in der Vergangenheit erfolgt sind, nicht mehr den Schluss auf die mangelnde Fähigkeit oder den mangelnden Willen des Schuldners zu, die Interessen der Gläubiger zu wahren. 28.1

Wenn ein aufgestellter Jahresabschluss für das der Antragstellung vorangehende Jahr aufgestellt wurde, aber wegen einer noch nicht abgeschlossenen Prüfung nicht fristgerecht offengelegt wurde, führt auch dies nicht zwangsläufig zu dem Schluss einer mangelnden Fähigkeit oder den mangelnden Willen des Schuldners, die Interessen der Gläubiger zu wahren. 28.2

Auch relativieren sich erhebliche Zahlungsrückstände gegenüber den in § 270a Abs. 2 Nr. 1 genannten Gläubigern, wenn der Schuldner nachweist, dass aufgrund der geführten Verhandlungen mit diesen Gläubigern und mit Blick auf die zur Finanzierung des Geschäftsbetriebs ergriffenen Maßnahmen eine Fortführung des Unternehmens überwiegend wahrscheinlich ist. 28.3

Mehrkosten der Eigenverwaltung können durch erwartbare Vorteile einer die Kenntnisse und Erfahrungen der bisherigen Geschäftsführung zunutze machenden Eigenverwaltung kompensiert werden. 28.4

Die in Abs. 2 vorgesehen Prognoseentscheidung erinnert strukturell an die Nachteilsprüfung gem. § 270 Abs. 2 Nr. 2 aF (vgl. Hölzle/Curtze ZIP 2021, 1293 (1298)). Allerdings ist der Maßstab dem Wortlaut nach ein anderer. Es hindern nunmehr nicht mehr erwartbare Nachteile für die Gläubiger die Anordnung der vorläufigen Eigenverwaltung, sondern eine Anordnung kann gleichwohl erfolgen, wenn zu erwarten ist, dass der Schuldner seine Geschäftsführung an den Interessen der Gläubiger ausrichten wird. Der damit vorgegebene Maßstab der Prognose ist farblos (vgl. Thole NZI-Beilage 2021, 90 (92 f.) und bedarf der Konkretisierung durch die Rechtsprechung. Inwieweit damit tatsächlich ein inhaltlicher Unterschied zur Nachteilsprüfung verbunden ist, kann angesichts der in der Gesetzesbegründung aufgeführten Beispiele hinterfragt werden (kritisch auch Blankenburg, ZInsO 2021, 753 (760 f.). 29

Da einer der Hauptkritikpunkte an der Nachteilsprüfung die mangelnde Konturierung und Vorhersehbarkeit der Entscheidung waren, ist die Besorgnis, dass sich auch bei Abs. 2 Streitigkeiten häufen könnten (vgl. Frind NZI 2020, 865 (870)), nicht von der Hand zu weisen. Verbleiben Zweifel, gehen diese zulasten des Schuldners (Hölzle/Curtze ZIP 2021, 1293 (1298)). 30

C. Anordnungsentscheidung

I. Zuständigkeit und Verfahren

Für die internationale und örtliche Zuständigkeit des Insolvenzgerichts gelten die allgemeinen Vorschriften (Braun/Riggert § 270 Rn. 13). Funktionell zuständig ist gem. § 18 Abs. 1 Nr. 1 RPflG der Richter (vgl. zB Andres/Leithaus/Andres § 270 Rn. 10; MüKoInsO/Kern § 270 Rn. 110; Uhlenbruck/Zipperer § 270 Rn. 54). 31

II. Beteiligung des vorläufigen Gläubigerausschusses

1. Anhörung des vorläufigen Gläubigerausschusses

Sofern ein vorläufiger Gläubigerausschuss eingesetzt ist, ist diesem gem. § 270b Abs. 3 S. 1 vor der Anordnungsentscheidung nach Abs. 2 Gelegenheit zur Äußerung zu geben. Die Regelung 32 des Abs. 3 orientiert sich an § 270 Abs. 3 aF. Die zu dieser Vorschrift etablierten Grundsätze können auf Abs. 3 übertragen werden, soweit sich aus den Änderungen der Regelung oder aus der Neukonzeption der Eigenverwaltung nichts Abweichendes ergibt. Abs. 3 ist insgesamt einschlägig, wenn das Gericht eine Prognoseentscheidung nach Abs. 2 zu treffen hat. In den Fällen des Abs. 1 ergeht eine gebundene Entscheidung, die nach dem Gesetzeswortlaut keine vorherige Anhörung des vorläufigen Gläubigerausschusses verlangt.

33   Die Anhörung über die Anordnungsentscheidung kann mit der Anhörung zur Person des vorläufigen Verwalters oder vorläufigen Sachwalters gem. § 21 Abs. 2 S. 1 Nr. 1, § 56a Abs. 1 (iVm § 270b Abs. 1 S. 1, § 274 Abs. 1) verbunden werden (Uhlenbruck/Zipperer § 270 Rn. 57). Die Anhörung des vorläufigen Gläubigerausschusses zur Person des vorläufigen Sachwalters erfolgt in den Fällen des Abs. 1 gem. Abs. 1 S. 1 iVm § 274 Abs. 1, 56a.

33.1   Eine erweiternde Anwendung des Abs. 3 auf die Fälle des Abs. 1, wie sie in der Literatur erwogen wird (Blankenburg ZInsO 2021, 753 (758)), erscheint daher nicht zwingend. Die Anhörung des vorläufigen Gläubigerausschusses ist hinsichtlich der Person des vorläufigen Sachwalters wie nach der alten Rechtslage erforderlich. Eine Anhörung des vorläufigen Gläubigerausschusses in die Entscheidung über das „ob" der Anordnung ist hingegen nicht zwingend, weil Abs. 1 anders als § 270a aF insoweit eine gebundene Entscheidung vorsieht. Das Gericht ist aber nicht gehindert, den vorläufigen Gläubigerausschuss auch zu den Anordnungsvoraussetzungen anzuhören, wenn insoweit Anlass besteht.

34   Die gerichtliche Aufforderung zur Anhörung ist an alle Mitglieder des vorläufigen Gläubigerausschusses zu richten (vgl. zu § 270 Abs. 3 aF Uhlenbruck/Zipperer § 270 Rn. 57). Eine besondere Form der Anhörung ist wie bislang (vgl. zu § 270 Abs. 3 aF Madaus NZI 2015, 606) nicht gesetzlich vorgeschrieben. Möglich ist beispielsweise die persönliche, schriftliche oder mündliche Anhörung (vgl. zu § 270 Abs. 3 aF MüKoInsO/Kern § 270 Rn. 133; Uhlenbruck/Zipperer § 270 Rn. 57).

35   Das Gericht kann eine Frist zur Äußerung setzen (vgl. zu § 270 Abs. 3 aF MüKoInsO/Kern § 270 Rn. 133; Uhlenbruck/Zipperer § 270 Rn. 57). Die Anhörung ist möglichst so zu gestalten, dass der vorläufige Gläubigerausschuss von seinem Beteiligungsrecht in angemessener Form Gebrauch machen kann. Die mit Abs. 3 S. 2 neu eingeführte Zweitagefrist gebietet es, dem vorläufigen Gläubigerausschuss in der Regel umgehend Gelegenheit zur Äußerung zu geben. Das Gericht muss das Verfahren nach Möglichkeit so gestalten, dass die Äußerung des vorläufigen Gläubigerausschusses innerhalb der Frist vorliegt. Nach der Gesetzesbegründung kann die Anhörung nur unterbleiben, wenn die hierdurch bedingte Verzögerung offensichtlich innerhalb von zwei Werktagen zu einer nachteiligen Veränderung in der Vermögenslage des Schuldners führt, die sich nur durch Bestellung eines vorläufigen Insolvenzverwalters abwenden lässt (vgl. RegE SanInsFoG, BT-Drs. 19/24181, 206).

36   Gemäß Abs. 3 S. 2 darf das Gericht ohne Äußerung des vorläufigen Gläubigerausschusses nur entscheiden, wenn seit der Antragstellung zwei Werktage vergangen sind, oder wenn offensichtlich mit nachteiligen Veränderungen der Vermögenslage des Schuldners zu rechnen ist, die sich nicht anders als durch Bestellung eines vorläufigen Insolvenzverwalters abwenden lassen.

36.1   Dasselbe gilt gem. Abs. 1 iVm § 274 Abs. 1, 56a Abs. 1 auch für die Anhörung des vorläufigen Gläubigerausschusses zur Person des vorläufigen Sachwalters (vgl. Blankenburg, ZInsO 2021, 753 (758).

37   Für die Fristberechnung gelten die allgemeinen Regeln (§ 4 iVm § 222 ZPO und §§ 186 ff. BGB). Dementsprechend wird der Tag der Antragstellung nicht mitgerechnet (§ 187 Abs. 1 BGB). Die Frist endet sodann mit dem Ablauf des zweiten Werktags nach dem Tag der Antragstellung (§ 188 Abs. 1 BGB).

37.1   **Beispiel:** Wird der Eigenverwaltungsantrag am Donnerstag um 10:00 Uhr gestellt, so beginnt der Fristlauf am Freitag. Fristablauf ist am zweiten Werktag, also am Montag. Da Abs. 3 S. 2 die Frist in Werktagen bemisst, bedarf es keines Rückgriffs auf § 4 iVm § 222 Abs. 2 ZPO.

38   Die Möglichkeit, ohne Anhörung des vorläufigen Gläubigerausschusses einen vorläufigen Insolvenzverwalter zu bestellen, wenn eine Verzögerung offensichtlich zu einer nachteiligen Veränderung in der Vermögenslage des Schuldners führen würde (Abs. 3 S. 2 Hs. 2), entspricht der Vorgängerregelung in § 270 Abs. 3 S. 1 Hs 2 aF. Dazu kann es kommen, wenn die Gefährdungslage bereits bei Antragstellung offenkundig ist oder das Insolvenzgericht durch überraschende Umstände gezwungen wird, umgehend zu entscheiden, ohne dass Gelegenheit bestand, die Anhörung zuvor abzuschließen. Wird der Eigenverwaltungsantrag wie zumeist zeitgleich mit einem Eigenantrag des Schuldners gestellt, kommt ein Absehen von der Anhörung des vorläufigen Gläu-

bigerausschusses in den Fällen des Abs. 2 nur in Ausnahmefällen in Betracht (vgl. Blankenburg, ZInsO 2021, 753 (759)).

Unterlässt das Gericht die Anhörung des vorläufigen Gläubigerausschusses, ohne dass dies gem. **39** Abs. 3 S. 2 Hs. 2 gerechtfertigt wäre, dürfte ein trotzdem ergangener Beschluss über die Anordnung oder Versagung der Eigenverwaltung zwar rechtswidrig, aber dennoch wirksam sein (vgl. zu § 270 Abs. 3 S. 1 Hs. 2 aF Uhlenbruck/Zipperer § 270 Rn. 57). Damit die Regelung des Abs. 3 S. 2 nicht leer läuft, wird das Gericht im Regelfall verpflichtet sein, den vorläufigen Gläubigerausschuss unverzüglich nach Antragseingang zu bestellen, sofern die Voraussetzungen für die Einsetzung vorliegen. Dass eine entsprechende gesetzliche Anordnung fehlt, ist misslich (vgl. Blankenburg ZInsO 2021, 753 (758)).

Ob und wie die Äußerung des Gläubigerausschusses zu erfolgen hat, ist gesetzlich nicht vorgege- **40** ben. Der Gläubigerausschuss ist insoweit wie bislang (vgl. Uhlenbruck/Zipperer § 270 Rn. 57; aA MüKoInsO/Kern § 270 Rn. 136 – Äußerung in Beschlussform) frei.

2. Unterstützung und Ablehnung der vorläufigen Eigenverwaltung durch den vorläufigen Gläubigerausschuss

Gemäß Abs. 3 S. 3 ist das Gericht an einen die vorläufige Eigenverwaltung unterstützenden **41** einstimmigen Beschluss des vorläufigen Gläubigerausschusses gebunden. Bei einstimmig ablehnendem Beschluss darf das Gericht die Eigenverwaltung gem. S. 4 nicht anordnen.

Bei § 270 Abs. 3 aF lag ein einstimmiger Beschluss vor, wenn alle Mitglieder des vorläufigen **42** Gläubigerausschusses an der Abstimmung teilgenommen und den Beschluss gefasst haben (MüKoInsO/Kern § 270 Rn. 98). Nahmen nicht alle Gläubigerausschussmitglieder an der Abstimmung teil, so war streitig, ob ein von den teilnehmenden Mitgliedern gefasster Beschluss ausreicht (so Braun/Riggert § 270 Rn. 10; Uhlenbruck/Zipperer Rn. 58; aA MüKoInsO/Kern § 270 Rn. 98). Die Fassung der Abs. 3 S. 3 und 4 gibt auf die Streitfrage keine Antwort. Jedenfalls hindern Stimmenthaltungen wie bislang ein einstimmiges Votum iSd Abs. 3 S. 3. (vgl. zu § 270 Abs. 3 S. 2 aF MüKoInsO/Kern § 270 Rn. 98; aA Uhlenbruck/Zipperer § 270 Rn. 58). Zudem müssen die Anforderungen an einen wirksamen Beschluss erfüllt sein, insbesondere an die Beschlussfähigkeit des Gläubigerausschusses (vgl. Uhlenbruck/Zipperer § 270 Rn. 58).

Ob die Bindung an ein einstimmiges Votum des vorläufigen Gläubigerausschusses nur in den **43** Fällen des Abs. 2 besteht oder auch bei Abs. 1, ist im Gesetz nicht ausdrücklich geregelt. Die Gesetzesbegründung spricht die Frage nicht an. Die Gesetzessystematik spricht für eine Bindung nur in den Fällen des Abs. 2, also nach defizitärer Eigenverwaltung. Dies folgt insbesondere daraus, dass die Anhörungspflicht gem. Abs. 3 S. 1 auf die Fälle des Abs. 2 beschränkt ist. Auch der Verweis in der Gesetzesbegründung auf die Vorgängernorm des § 270 Abs. 3 spricht dafür, denn dort erfolgte die Stellungnahme des vorläufigen Gläubigerausschusses im Zusammenhang mit der Nachteilsprognose; deren Pendant ist nunmehr Abs. 2.

Der vorläufige Gläubigerausschuss kann somit die Anordnung der vorläufigen Eigenverwaltung **44** nicht erzwingen, wenn die Anordnungsvoraussetzung des Abs. 1 nicht vorliegen (aA Blankenburg ZInsO 2021, 753 (759)). Ohnehin wäre bei Nichtvorliegen der Anordnungsvoraussetzung die vorläufige Eigenverwaltung in aller Regel gem. § 270e Abs. 1 Nr. 1 von Amts wegen aufzuheben.

Hingegen kann der vorläufige Gläubigerausschuss mit einstimmigem Votum die Anordnung **45** der vorläufigen Eigenverwaltung nach Abs. 1 verhindern (vgl. Blankenburg ZInsO 2021, 753 (759)). Dies folgt aus der im Vergleich zu Abs. 3 S. 3 („… ist gebunden …") abweichenden Formulierung des Abs. 3 S. 4 („… unterbleibt die Anordnung") und folgt dem Grundsatz der Gläubigerautonomie. Würde man Abs. 3 S. 4 nur in den Fällen des Abs. 2 anwenden, wäre der vorläufige Gläubigerausschuss darauf verwiesen, unmittelbar nach Anordnung der vorläufigen Eigenverwaltung deren Aufhebung zu beantragen (§ 270e Abs. 1 Nr. 4 Alt. 2); an den Antrag wäre das Gericht gebunden (→ § 270e Rn. 26). Dass in den Fällen des Abs. 1 keine Anhörungspflicht besteht, steht dem nicht entgegen. Der vorläufige Gläubigerausschuss kann einen Ablehnungsbeschluss auch ohne vorherige Anfrage des Gerichts fassen und dem Gericht zur Kenntnis bringen. Darüber hinaus kann der Ausschuss durch Mehrheitsbeschluss oder einzelne Mitglieder Einwände gegen die Anordnung der vorläufigen Eigenverwaltung dem Gericht jederzeit zur Kenntnis bringen. Das Gericht wird dadurch in die Lage versetzt, Mängel des Eigenverwaltungsantrags bei der Anordnungsentscheidung zu berücksichtigen, auch wenn kein Fall des Abs. 3 S. 4 vorliegt.

Die Regelung des Abs. 2 schließt es überdies nicht aus, einzelne für das Verfahren wesentliche **46** Gläubiger zusätzlich zum Gläubigerausschuss anzuhören oder dem Gläubigerausschuss auch vor der Entscheidung nach Abs. 1 Gelegenheit zur Stellungnahme zu geben. Letzteres wird allerdings vor dem Hintergrund des Charakters des Insolvenzverfahrens als Eilverfahren und dem Gesetzeszweck (planbarer Zugang zur Eigenverwaltung) nur in Ausnahmefällen und unter Setzung einer kurzen Frist in Betracht kommen.

III. Anordnungsbeschluss

47 Gemäß Abs. 1 S. 1 ordnet das Gericht die vorläufige Eigenverwaltung durch Bestellung eines vorläufigen Sachwalters an, für den die §§ 274, 275 gelten. Die Anordnung der vorläufigen Eigenverwaltung ergeht in Beschlussform.

48 Wurde ein vorläufiger Gläubigerausschuss konstituiert, so ist diesem gem. § 270 Abs. 1 S. 2, § 274 Abs. 1 iVm § 56a Abs. 1 zur Person des vorläufigen Sachwalters regelmäßig Gelegenheit zur Äußerung zu geben.

48.1 Gemäß § 56a Abs. 1 darf das Gericht von der Anhörung des vorläufigen Gläubigerausschusses absehen, wenn die Verzögerung der Entscheidung durch die Anhörung offensichtlich innerhalb von zwei Werktagen zu einer nachteiligen Veränderung in der Vermögenslage des Schuldners führt. Um die Transparenz des Verfahrens zu steigern (vgl. RegE SanInsFoG, BT-Drs. 19/24181, 198), hat das Gericht seine Entscheidung, von der Anhörung des vorläufigen Gläubigerausschusses abzusehen, nunmehr schriftlich zu begründen (§ 56a Abs. 3 S. 1). Der Gesetzgeber geht dabei davon aus, dass ein Zuwarten von bis zu zwei Werktagen für die Konstituierung und Beschlussfassung des vorläufigen Gläubigerausschusses ausreicht und trotz der Eilbedürftigkeit der Entscheidung in der Regel möglich sein wird (vgl. RegE SanInsFoG, BT-Drs. 19/24181, 198; vgl. → § 56a Rn. 15).

48.2 Sieht das Gericht nach § 56a Abs. 1 von einer Anhörung des vorläufigen Gläubigerausschusses ab, kann dieser gem. § 56a Abs. 3 S. 2 in seiner ersten Sitzung dennoch einstimmig eine andere Person als die bestellte zum vorläufigen Sachwalter wählen (→ § 56a Rn. 28 ff.).

49 Bei einstimmigem Vorschlag des vorläufigen Gläubigerausschusses zur Person des vorläufigen Sachwalters oder zu dessen Anforderungsprofil ist das Gericht daran gebunden, es sei denn, der vorgeschlagene Kandidat ist iSd § 56 ungeeignet (§ 56a Abs. 2 S. 1). Im Übrigen gelten gem. § 56 dieselben Grundsätze wie für die Auswahl des (vorläufigen) Insolvenzverwalters (MüKoInsO/Kern § 270a Rn. 32; Nerlich/Römermann/Riggert § 270a Rn. 13). Da das Amt des vorläufigen Sachwalters hinter den Anforderungen eines vorläufigen Insolvenzverwalters zurückbleibt, können allerdings an die fachliche Geeignetheit niedrigere Anforderungen gestellt werden (vgl. Uhlenbruck/Zipperer § 270a Rn. 27).

49.1 Anders als im Schutzschirmverfahren (§ 270d Abs. 2) hatte der Schuldner bislang keine rechtsförmliche Möglichkeit, auf die Auswahl des vorläufigen Sachwalters unmittelbar Einfluss zu nehmen. Es entsprach aber verbreiteter Praxis, dass sich der Schuldner im Vorfeld mit seinen wesentlichen Gläubigern über die Eckpunkte einer Insolvenz in Eigenverwaltung abstimmt. Die Abstimmung umfasst in größeren Fällen regelmäßig einen Vorschlag für die Besetzung des vorläufigen Gläubigerausschusses und die Person des vorläufigen Sachwalters (vgl. Reus/Höfer/Harig NZI 2019, 57 (59)). Setzt das Gericht einen vorläufigen Gläubigerausschuss mit der vorgeschlagenen Besetzung ein, wird dieser für den vorläufigen Sachwalter votieren, woran das Insolvenzgericht in der Regel gebunden sein wird. Ein solches Vorgehen war bislang nicht zu beanstanden, wenn die vorgeschlagene Besetzung des vorläufigen Gläubigerausschusses rechtmäßig ist und die divergierenden Gläubigerinteressen ausgewogen abbildet. Mit Inkrafttreten des SanInsFoG hat der Schuldner nun gem. § 10a Abs. 1 in vielen Fällen die Möglichkeit, im Rahmen eines Vorgesprächs ua die Person des vorläufigen Sachwalters mit dem Richter vor Antragstellung zu besprechen (→ § 10a Rn. 1 ff.).

50 Bei Anordnung der vorläufigen Eigenverwaltung wird das Gericht im Regelfall weitere Maßnahmen nach Maßgabe von § 270c anordnen. Die Maßnahmen können mit der Anordnung der vorläufigen Eigenverwaltung in einem Beschluss zusammengefasst werden.

51 Eine Pflicht zur Begründung des Anordnungsbeschlusses sieht das Gesetz nicht vor. In den Fällen des Abs. 2 ist eine Begründung jedoch sinnvoll, sofern nicht der Beschluss ohne Sachprüfung aufgrund eines einstimmigen Beschlusses des vorläufigen Gläubigerausschusses (Abs. 3 S. 3) ergeht. Die Begründung gibt dem vorläufigen Gläubigerausschuss eine Grundlage für eine mögliche Entscheidung gem. § 270e Abs. 1 Nr. 4 Alt. 2 über einen Antrag auf nachträgliche Aufhebung der vorläufigen Eigenverwaltung (vgl. zur parallelen Fragestellung bei § 270 aF Graf-Schlicker/Graf-Schlicker § 270 Rn. 20; Uhlenbruck/Zipperer § 270 Rn. 54).

52 Die bisherige Streitfrage, ob eine öffentliche Bekanntmachung des Beschlusses zu erfolgen hat, wurde auch durch das SanInsFoG keiner Regelung zugeführt. Für die öffentliche Bekanntmachung spricht nach wie vor das berechtigte Interesse der beteiligten Verkehrskreise an einer Information über die Krise des Schuldners (vgl. Nerlich/Römermann/Riggert § 270a Rn. 16). Dagegen

könnte neben der fehlenden gesetzlichen Grundlage (K. Schmidt InsO/Undritz § 270a Rn. 5) sprechen, dass eine frühzeitige Information möglicherweise nachteilige Folgen für die laufenden Sanierungsbemühungen des Schuldners haben kann (MüKoInsO/Kern § 270a Rn. 34), insbesondere wenn das Geschäftsmodell des Schuldners nur eingeschränkt insolvenzfähig ist (vgl. AG Göttingen NZI 2012, 1008 (1009)). Die Interessenlage ist grundsätzlich dieselbe wie im Schutzschirmverfahren (aA MüKoInsO/Kern § 270a Rn. 34), sodass die Frage der Bekanntmachung in beiden Fällen einheitlich entschieden werden sollte. Im Ergebnis dürfte es richtig sein, dem Gericht ein Ermessen hinsichtlich der Bekanntmachung des Beschlusses zuzugestehen, da dies eine flexible Handhabung der Bekanntmachung nach den Erfordernissen des konkreten Falls ermöglicht.

IV. Ablehnungsbeschluss und Begründungspflichtzwang bei Ablehnung

Die Ablehnung der vorläufigen Eigenverwaltung erfolgt gem. Abs. 4 S. 1 durch Bestellung eines 53 vorläufigen Insolvenzverwalters.

Der Beschluss ist gem. Abs. 4 S. 2 schriftlich zu begründen. Der Begründungszwang verfolgt 54 nach der Gesetzesbegründung den Zweck, der Gläubigerversammlung eine informierte Entscheidung über die nachträgliche Anordnung der Eigenverwaltung gem. § 271 zu ermöglichen (vgl. Gesetzesbegründung). Wie bei § 270 aF wirkt der Zwang zur Begründung auf eine besonders sorgfältige Prüfung der Entscheidungen über die Ablehnung der vorläufigen Eigenverwaltung hin (vgl. zu § 270 aF Uhlenbruck/Zipperer § 270 Rn. 59).

Zu Inhalt und Umfang der Begründung kann auf die zu § 270 Abs. 4 aF etablierten Grundsätze 55 zurückgegriffen werden. Das Insolvenzgericht muss in seiner Begründung daher die Umstände darlegen, auf die es die Ablehnung stützt (Braun/Riggert § 270 Rn. 12). Dies darf nicht schematisch erfolgen (Graf-Schlicker/Graf-Schlicker § 270 Rn. 20), sondern die Begründung muss verständlich und nachvollziehbar unter konkreter Auseinandersetzung mit den maßgeblichen Umständen erfolgen. Wird die vorläufige Eigenverwaltung aufgrund eines einstimmigen Beschlusses des vorläufigen Gläubigerausschusses abgelehnt, genügt ein Verweis auf den das Gericht bindenden Beschluss (vgl. Blankenburg ZInsO 2021, 753 (762)).

Die Person des vorläufigen Sachwalters darf in der Begründung aus Gründen des Persönlich- 56 keitsschutzes gem. § 270 Hs. 2 iVm § 27 Abs. 2 Nr. 4 nicht genannt werden (vgl. zu § 270 Abs. 4 aF MüKoInsO/Kern § 270 Rn. 124; Nerlich/Römermann/Riggert § 270 Rn. 24).

Eine unterbliebene oder mangelhafte Begründung macht den Ablehnungsbeschluss wie bei 57 § 270 aF nicht nichtig (Uhlenbruck/Zipperer § 270 Rn. 61). Der Schuldner kann in diesem Fall aber Beschlussergänzung gem. § 4 iVm §§ 320 f. ZPO und ggf. Gehörsrüge gem. § 3 iVm § 321a ZPO erheben (Uhlenbruck/Zipperer § 270 Rn. 61 zu § 270 aF). Zudem können Amtshaftungsansprüche bestehen (vgl. Uhlenbruck/Zipperer § 270 Rn. 61 zu § 270 aF).

V. Rechtsmittel

Gegen die Anordnung der vorläufigen Eigenverwaltung steht kein Rechtsmittel zur Verfügung 58 (vgl. § 6 Abs. 1 S. 1). Eine Anfechtung der Bestellung des vorläufigen Sachwalters durch Mitbewerber dürfte wie bislang (vgl. OLG Düsseldorf BeckRS 2016, 16302 Rn. 15, obiter, zu § 270b, → § 270b Rn. 60) nicht statthaft sein.

Gegen die Bestellung eines vorläufigen Insolvenzverwalters steht dem Schuldner hingegen gem. 59 § 270 Abs. 1 S. 2 iVm § 21 Abs. 1 S. 2 die **sofortige Beschwerde** zu. Um zu vermeiden, dass Fakten geschaffen werden, durch welche die sofortige Beschwerde obsolet wird, sollte der Schuldner in diesen Fällen zudem die Aussetzung der sofortigen Vollziehung beantragen (§ 270 Abs. 1 S. 2, 4 iVm § 570 Abs. 2 und 3 ZPO; vgl. MüKoInsO/Kern Rn. 68).

§ 270c Vorläufiges Eigenverwaltungsverfahren

(1) Das Gericht kann den vorläufigen Sachwalter beauftragen, Bericht zu erstatten über
1. **die vom Schuldner vorgelegte Eigenverwaltungsplanung, insbesondere, ob diese von den erkannten und erkennbaren tatsächlichen Gegebenheiten ausgeht, schlüssig ist und durchführbar erscheint,**
2. **die Vollständigkeit und Geeignetheit der Rechnungslegung und Buchführung als Grundlage für die Eigenverwaltungsplanung, insbesondere für die Finanzplanung,**
3. **das Bestehen von Haftungsansprüchen des Schuldners gegen amtierende oder ehemalige Mitglieder der Organe.**

(2) Der Schuldner hat dem Gericht und dem vorläufigen Sachwalter unverzüglich wesentliche Änderungen mitzuteilen, welche die Eigenverwaltungsplanung betreffen.

(3) ¹Das Gericht kann vorläufige Maßnahmen nach § 21 Absatz 1 und 2 Satz 1 Nummer 1a, 3 bis 5 anordnen. ²Ordnet das Gericht die vorläufige Eigenverwaltung nach § 270b Absatz 1 Satz 2 an, kann es zudem anordnen, dass Verfügungen des Schuldners der Zustimmung durch den vorläufigen Sachwalter bedürfen.

(4) ¹Auf Antrag des Schuldners hat das Gericht anzuordnen, dass der Schuldner Masseverbindlichkeiten begründet. ²Soll sich die Ermächtigung auf Verbindlichkeiten erstrecken, die im Finanzplan nicht berücksichtigt sind, bedarf dies einer besonderen Begründung. ³§ 55 Absatz 2 gilt entsprechend.

(5) Hat der Schuldner den Eröffnungsantrag bei drohender Zahlungsunfähigkeit gestellt und die Eigenverwaltung beantragt, sieht das Gericht jedoch die Voraussetzungen der Eigenverwaltung als nicht gegeben an, so hat es seine Bedenken dem Schuldner mitzuteilen und diesem Gelegenheit zu geben, den Eröffnungsantrag vor der Entscheidung über die Eröffnung zurückzunehmen.

Überblick

Zu der bis zum 31.12.2020 geltenden Rechtslage → InsO 2012 aF § 270a Rn. 1 ff. und → InsO 2012 aF § 270b Rn. 1 ff.

Mit § 270c hat der Gesetzgeber eine dezidierte Regelung zum vorläufigen Eigenverwaltungsverfahren eingeführt (→ Rn. 4). Für Entscheidungen des Insolvenzgerichts in der vorläufigen Eigenverwaltung gelten vorrangig die Bestimmungen des § 270c und ergänzend die allgemeinen Regeln der §§ 21 ff. (→ Rn. 6). Das Gericht kann gem. Abs. 1 den vorläufigen Sachwalter beauftragen, zu bestimmten Fragen Bericht zu erstatten (→ Rn. 7 ff.). Ordnet das Gericht die vorläufige Eigenverwaltung bis zur Behebung von Mängeln der Eigenverwaltungsplanung gem. § 270b Abs. 1 S. 1 einstweilen an, kann es gem. § 270c Abs. 3 S. 2 einen Zustimmungsvorbehalt anordnen (→ Rn. 12 ff.). Gemäß Abs. 3 kann das Gericht nahezu sämtliche Maßnahmen treffen, die es sonst auch im Eröffnungsverfahren treffen könnte, mit Ausnahme der Bestellung eines vorläufigen Insolvenzverwalters und der Anordnung eines Verfügungsverbots (→ Rn. 14 ff.). Nach Abs. 4 S. 1 ermächtigt das Gericht den Schuldner auf dessen Antrag zur Begründung von Masseverbindlichkeiten hinsichtlich Verbindlichkeiten, die im Finanzplan berücksichtigt sind (→ Rn. 22 ff.). Auf Verbindlichkeiten, die im Finanzplan unberücksichtigt geblieben sind, kann das Gericht die Ermächtigung erstrecken, wenn besondere, vom Schuldner darzulegende Gründe dies rechtfertigen (→ Rn. 30 ff.). Der in der vorläufigen Eigenverwaltung weiterhin verwaltungs- und verfügungsbefugte Schuldner ist verpflichtet, die insolvenzspezifischen Pflichten einzuhalten (→ Rn. 36), und muss nach Abs. 2 wesentliche Änderungen, die die Eigenverwaltungsplanung betreffen, dem Gericht und dem vorläufigen Sachwalter unverzüglich mitteilen (→ Rn. 39). Während Handlungen des Schuldners ohne Anordnung der Begründung von Masseverbindlichkeiten unverändert der Anfechtung unterliegen (→ Rn. 40), hat sich die steuerliche Stellung des Schuldners in der vorläufigen Eigenverwaltung durch das SanInsFoG geändert (→ Rn. 43). Die Stellung und der Aufgabenkreis des vorläufigen Sachwalters haben sich durch das SanInsFoG nur in einem Teilbereich verändert (→ Rn. 50 ff.). Die Hinweispflicht des Insolvenzgerichts bei Antragstellung im Fall der drohenden Zahlungsunfähigkeit wurde von § 270a Abs. 2 aF in den neugefassten § 270c Abs. 5 verschoben (→ Rn. 67).

Übersicht

	Rn.		Rn.
A. Entstehungsgeschichte und Normzweck	1	II. Zustimmungsvorbehalt	12
		III. Weitere Sicherungsmaßnahmen im vorläufigen Eigenverwaltungsverfahren (Abs. 3 S. 1)	14
B. Vorläufiges Eigenverwaltungsverfahren	4	IV. Ermächtigung zur Begründung von Masseverbindlichkeiten	20
C. Entscheidungen des Insolvenzgerichts im vorläufigen Eigenverwaltungsverfahren	6	1. Ermächtigung bei im Finanzplan berücksichtigten Verbindlichkeiten	22
		2. Ermächtigung bei nicht im Finanzplan berücksichtigten Verbindlichkeiten	30
I. Beauftragung des vorläufigen Sachwalters	7	V. Rechtsmittel	34

	Rn.		Rn.
D. Die Stellung des Schuldners im vorläufigen Eigenverwaltungsverfahren	36	1. Überprüfung der wirtschaftlichen Lage und der Geschäftsführung (§ 274 Abs. 2)	52
I. Allgemeines	36	2. Anzeigepflicht (§ 274 Abs. 3)	56
II. Mitteilungspflicht des Schuldners	39	3. Mitwirkung im Eröffnungsverfahren	58
III. Anfechtbarkeit der Rechtshandlungen des Schuldners in der vorläufigen Eigenverwaltung	40	II. Gerichtliche Aufsicht und Haftung des vorläufigen Sachwalters	64
IV. Die Steuerpflicht des Schuldners im eigenverwalteten Eröffnungsverfahren	43	III. Vergütung des vorläufigen Sachwalters	66
E. Die Stellung des vorläufigen Sachwalters	50	**F. Hinweispflicht bei Antrag bei drohender Zahlungsunfähigkeit**	67
		I. Regelungszweck	68
I. Aufgaben und Pflichten des vorläufigen Sachwalters	52	II. Voraussetzungen der Hinweispflicht	72
		III. Rechtsfolge	78

A. Entstehungsgeschichte und Normzweck

§ 270c in der bis zum 31.12.2020 geltenden Fassung wurde durch Art. 1 Nr. 46 des Gesetzes **1** zur weiteren Erleichterung der Sanierung von Unternehmen v. 7.12.2011 („ESUG", BGBl. 2011 I 2582) in die InsO eingefügt und regelte im Rahmen der Eigenverwaltung die Bestellung eines Sachwalters statt eines Insolvenzverwalters. Die Regelung wurde durch das Gesetz zur Fortentwicklung des Sanierungs- und Insolvenzrechts v. 22.12.2020 (SanInsFoG) jedoch völlig neu gefasst. Die Bestellung eines (vorläufigen) Sachwalters ist nunmehr in § 270b und § 270f vorgesehen. In § 270c hat der Gesetzgeber die vorläufige Eigenverwaltung geregelt und dabei die Regelungen zu (vorläufigen) Maßnahmen des Gerichts in einer Norm gebündelt.

Die Regelungen sollen dem Schuldner weiterhin einen Anreiz bieten, möglichst frühzeitig **2** einen Antrag zu stellen. So steht dem Schuldner gem. Abs. 4 S. 1 stets ein Anspruch auf Anordnung der Begründung von Massenverbindlichkeiten zu, also auch wenn kein Schutzschirmverfahren nach § 270d angeordnet wird. Das ist eine wesentliche Neuerung des SanInsFoG und stärkt die reguläre Eigenverwaltung. Für Verbindlichkeiten, die nicht in dem Finanzplan aufgenommen sind, kann die Begründung von Masseverbindlichkeiten nur nach Einzelfallprüfung erfolgen (vgl. RegE SanInsFoG, BT-Drs. 19/24181, 206 f.). Wie bislang auch kann das Gericht weitere vorläufige Maßnahmen anordnen.

Um die Wahrung der Gläubigerinteressen zu gewährleisten, sieht die Norm zum einen die **3** Möglichkeit vor, dem vorläufigen Sachwalter eine Berichterstattung zu bestimmten Themen aufzuerlegen. Die Berichterstattung soll sich nach der Gesetzesbegründung gerade dann anbieten, wenn Zweifel bestehen, ob die vorläufige Eigenverwaltung nach § 270e Abs. 1 Nr. 1 aufzuheben ist (vgl. RegE SanInsFoG, BT-Drs. 19/24181, 206). Zum anderen ist der Schuldner selbst verpflichtet, das Gericht und den vorläufigen Sachwalter über wesentliche Änderungen, welche die Eigenverwaltungsplanung betreffen, unverzüglich zu unterrichten. Auch diese wesentlichen Änderungen können unter Umständen zur Aufhebung der vorläufigen Eigenverwaltung nach § 270e Abs. 1 führen, wenn der Schuldner die Gläubigerinteressen nicht zu wahren bereit oder in der Lage ist.

B. Vorläufiges Eigenverwaltungsverfahren

Mit § 270c führt der Gesetzgeber erstmals eine dezidierte Regelung für das vorläufige Eigenver- **4** waltungsverfahren ein. Bislang galten für die „reguläre" vorläufige Eigenverwaltung (§ 270a aF) und für das Schutzschirmverfahren (§ 270b aF) in wesentlichen Punkten unterschiedliche Regelungen. Mit § 270c wurden die beiden Varianten der vorläufigen Eigenverwaltung einander weitgehend angenähert. Das vorläufige Schutzschirmverfahren weist nur noch insoweit Besonderheiten auf, als das Gericht eine Frist zur Vorlage eines Insolvenzplans anordnet (§ 270d Abs. 1 S. 1) und der Schuldner einen Anspruch auf Anordnung von Maßnahmen gem. § 21 Abs. 2 S. 1 Nr. 3 hat.

Eine Verbesserung gegenüber dem alten Recht ist insbesondere die Vereinheitlichung der **5** Bestimmungen zur Begründung von Masseverbindlichkeiten durch den eigenverwaltenden Schuldner (Abs. 4).

C. Entscheidungen des Insolvenzgerichts im vorläufigen Eigenverwaltungsverfahren

6 Für die Entscheidungen des Insolvenzgerichts ab Anordnung der vorläufigen Eigenverwaltung gem. § 270b gelten vorrangig die Regelungen des § 270c. Ergänzend können gem. § 270 Abs. 1 S. 2 die allgemeinen Regeln der §§ 21 ff. herangezogen werden, soweit sich aus § 270c nichts anderes ergibt. Für das Schutzschirmverfahren sind zudem § 270d Abs. 1 und Abs. 3 zu beachten.

I. Beauftragung des vorläufigen Sachwalters

7 Die Bestellung des vorläufigen Sachwalters erfolgt nach § 270b Abs. 1 S. 1 iVm §§ 274, 275 (→ § 270b Rn. 47 ff.). Gemäß Abs. 1 kann das Gericht den vorläufigen Sachwalter beauftragen, Bericht zu erstatten über die folgenden Fragen:
- Vollständigkeit, Schlüssigkeit und Plausibilität der Eigenverwaltungsplanung, insbesondere, ob diese von den erkannten und erkennbaren tatsächlichen Gegebenheiten ausgeht und durchführbar erscheint (Nr. 1),
- Vollständigkeit und Geeignetheit der Rechnungslegung und Buchführung als Grundlage für die Eigenverwaltungsplanung, insbesondere für die Finanzplanung (Nr. 2), und
- das Bestehen von Haftungsansprüchen des Schuldners gegen amtierende oder ehemalige Mitglieder der Organe (Nr. 3).

8 Ob eine Berichterstattung beauftragt wird, liegt im Ermessen des Gerichts. Nach der Gesetzesbegründung soll sich eine Beauftragung insbesondere anbieten, wenn Zweifel bestehen, ob die vorläufige Eigenverwaltung nach § 270e Abs. 1 Nr. 1 aufzuheben ist (vgl. RegE SanInsFoG, BT-Drs. 19/24181, 206).

9 Das Gericht kann den vorläufigen Sachwalter entweder bereits bei dessen Bestellung (→ § 270b Rn. 47 f.) oder zu einem späteren Zeitpunkt während des vorläufigen Eigenverwaltungsverfahrens nach Abs. 1 beauftragen. Letzteres bietet sich an, wenn sich nachhaltige Zweifel an der Ordnungsmäßigkeit der vorläufigen Eigenverwaltung erst im Verfahren zeigen.

10 Der Umfang der Beauftragung liegt ebenfalls im Ermessen des Gerichts. Abhängig von den Umständen kann die Beauftragung alle Berichtsgegenstände umfassen oder auf einzelne der in den Abs. 1 Nr. 1–3 bezeichneten Fragestellungen beschränkt werden. Aus Gründen der Kostenersparnis sollte die Anordnung nur erfolgen, wenn hinsichtlich der normierten Fragestellungen Zweifel bestehen (Blankenburg ZInsO 2021, 753 (764)). Eine regelhafte Beauftragung des vorläufigen Sachwalters auch ohne besonderen Anlass allein aufgrund der im Rahmen der Anordnungsentscheidung beschränkten gerichtlichen Prüfungstiefe (in diese Richtung Ballmann/Illbruck DB 2021, 1450 (1454)) würde dem Charakter der Vorschrift als Ermessensnorm nicht gerecht.

11 Die sich aus § 270b Abs. 1 S. 1 iVm § 274 ergebende Verpflichtung des vorläufigen Sachwalters zur Beaufsichtigung des Schuldners wird durch die Möglichkeit der Beauftragung nach Abs. 1 nicht berührt.

II. Zustimmungsvorbehalt

12 Wenn die vorläufige Eigenverwaltung nach § 270b Abs. 1 S. 2 angeordnet wird, kann das Gericht gem. Abs. 3 S. 2 als vorläufige Sicherungsmaßnahme einen Zustimmungsvorbehalt anordnen. Die damit einhergehende Beschränkung der Verfügungsbefugnis des Schuldners ist ausweislich der Gesetzesbegründung (vgl. RegE SanInsFoG, BT-Drs. 19/24181, 206) gerechtfertigt, weil noch nicht feststeht, ob die Mängel der Eigenverwaltungsplanung innerhalb der gesetzten Frist behoben werden.

13 Die Anordnung des Zustimmungsvorbehalts steht im Ermessen des Gerichts. Sobald feststeht, dass die Mängel fristgerecht beseitigt wurden, ist eine nach Abs. 3 S. 2 ergangene Anordnung spätestens aufzuheben. Wird die vorläufige Eigenverwaltung gem. § 270e Abs. 1 Nr. 2 aufgehoben, bestellt das Gericht einen vorläufigen Insolvenzverwalter und entscheidet über die Anordnung von Verfügungsbeschränkungen nach den allgemeinen Vorschriften (→ § 270 Rn. 37).

III. Weitere Sicherungsmaßnahmen im vorläufigen Eigenverwaltungsverfahren (Abs. 3 S. 1)

14 Neben der Entscheidung über die Beauftragung des vorläufigen Sachwalters nach Abs. 1 kann das Insolvenzgericht aufgrund der Verweisung in Abs. 3 S. 1 auf § 21 Abs. 1 und Abs. 2 S. 1 Nr. 1a, 3–5 nahezu **sämtliche Maßnahmen** treffen, die auch sonst im Eröffnungsverfahren zulässig sind. Abs. 3 S. 1 entspricht § 270b Abs. 2 S. 3 Hs. 1 aF. Bei der vorläufigen Eigenverwaltung nach § 270a

aF waren die Anordnungen über die Verweisung auf die allgemeinen Vorschriften in § 270 Abs. 1 S. 2 aF möglich (→ InsO 2012 aF § 270a Rn. 33). Typische Anordnungen sind:
- Einsetzung eines vorläufigen Gläubigerausschusses (§ 21 Abs. 2 S. 1 Nr. 1a);
- Untersagung sowie einstweilige Einstellung der Zwangsvollstreckung in bewegliches Vermögen (§ 21 Abs. 2 S. 1 Nr. 3);
- Verwertungsstopp für Gegenstände, an denen nach Eröffnung Aus- oder Absonderungsrechte bestehen (§ 21 Abs. 2 S. 1 Nr. 5; vgl. AG Leipzig ZInsO 2017, 328 f.).

Auch die Anordnung einer **Postsperre** (§ 21 Abs. 2 S. 1 Nr. 4) ist weiterhin zulässig (vgl. Uhlenbruck/Zipperer § 270a Rn. 8 zu § 270a aF). Der Gesetzgeber hat sich für die Beibehaltung der Regel entschieden (vgl. RegE SanInsFoG, BT-Drs. 19/24181, 206), obwohl sie schon bislang als nicht zweckmäßig und mit Blick auf den Zweck der Eigenverwaltung fragwürdig (K. Schmidt InsO/Undritz § 270a Rn. 5) angesehen wurde. Die Kritik ist nach der neuen Rechtslage erst recht berechtigt, da die Eingangsvoraussetzungen der vorläufigen Eigenverwaltung angehoben wurden. Missbrauch kann zudem durch die erweiterten Aufhebungsmöglichkeiten (§ 270e) adressiert werden. 15

Auch **Zwangsmaßnahmen** gem. §§ 97, 98, 101 Abs. 1 S. 1, 2, Abs. 2 können gem. § 270b Abs. 1 S. 1 iVm § 274 Abs. 2 S. 3, § 22 Abs. 3 S. 3 angeordnet werden. Allerdings kommt dies nur **subsidiär** in Betracht, da bei einem kooperationsunwilligen Schuldner wie bislang vorrangig die Aufhebung der vorläufigen Eigenverwaltung in Betracht kommt (vgl. Uhlenbruck/Zipperer § 270a Rn. 14). 16

Solange die vorläufige Eigenverwaltung angeordnet ist, ist die Anordnung eines Verfügungsverbots und die Bestellung eines vorläufigen Insolvenzverwalters ausgeschlossen, da sie mit dem Erhalt der Verwaltungs- und Verfügungsbefugnis des Schuldners nicht vereinbar wäre (vgl. RegE SanInsFoG, BT-Drs. 19/24181, 206). Abs. 3 verweist bewusst nicht auf § 21 Abs. 2 S. 1 Nr. 1 und 2. Die Bestellung eines vorläufigen Insolvenzverwalters ist nach Anordnung der vorläufigen Eigenverwaltung nur möglich, wenn das Gericht die vorläufige Eigenverwaltung nach Maßgabe des § 270e aufhebt. 17

Auch im Zeitraum zwischen der Stellung des Eigenverwaltungsantrags und der Entscheidung über diesen Antrag kann das Gericht Maßnahmen nach Abs. 3 iVm den in Bezug genommenen Bestimmungen des § 21 anordnen. Dass ein Bedürfnis hierfür bestehen kann, liegt insbesondere in den Fällen des § 270b Abs. 2 in der Natur der Sache. Die Möglichkeit solcher Anordnungen wird zudem in § 276a Abs. 3 vorausgesetzt (→ § 276a Rn. 55). 18

Fraglich kann also nicht die Zulässigkeit der Anordnung der in Abs. 3 bezeichneten vorläufigen Maßnahmen sein, sondern allein die Frage, ob Abs. 3 nach Stellung eines Eigenverwaltungsantrags einen Rückgriff auf § 21 Abs. 2 Nr. 1 und 2 über die allgemeine Verweisnorm des § 270 Abs. 1 S. 2 sperrt. Die Frage ist zu bejahen (so auch Blankenburg ZInsO 2021, 753 (763)), da die Bestellung eines vorläufigen Insolvenzverwalters (§ 21 Abs. 2 S. 1 Nr. 1) sowie die Anordnung eines allgemeinen Verfügungsverbots oder eines Zustimmungsvorbehalts (§ 21 Abs. 2 S. 1 Nr. 2) die Entscheidung über die Anordnung der vorläufigen Eigenverwaltung präjudizieren würde. Zumindest würde eine nach Erlass solcher Anordnungen dennoch angeordnete vorläufige Eigenverwaltung erheblich belastet. Bei Gefahr in Verzug kann (und muss) das Gericht die vorläufige Eigenverwaltung ablehnen und einen vorläufigen Insolvenzverwalter gem. § 270b Abs. 4 bestellen. Erst mit der Ablehnung der vorläufigen Eigenverwaltung und der Bestellung eines vorläufigen Insolvenzverwalters nach § 270b Abs. 4 entfällt zugleich die Sperrwirkung des Abs. 3. 19

Die Bestellung eines vorläufigen Insolvenzverwalters war nach der alten Rechtslage bei Vorliegen der Voraussetzungen für die Anordnung der vorläufigen Eigenverwaltung nach § 270a nur in absoluten Ausnahmefällen denkbar. Auch die Bestellung eines vorläufigen Sachwalters auf Verdacht bis zur Klärung des Sachverhalts war unzulässig (→ InsO 2012 aF § 270a Rn. 29 ff.). Da der Gesetzgeber mit dem SanInsFoG erklärtermaßen das Ziel verfolgt, dem Schuldner einen rechtssicheren und planbaren Zugang zur Eigenverwaltung zu geben (→ § 270 Rn. 3), sehen die § 270b und § 270c die Bestellung eines vorläufigen Sachwalters als Regelfall vor. 19.1

IV. Ermächtigung zur Begründung von Masseverbindlichkeiten

Ausweislich von Abs. 4 S. 1 hat das Gericht auf Antrag des Schuldners anzuordnen, dass der Schuldner Masseverbindlichkeiten begründet. Die Ermächtigung zur Begründung von Masseverbindlichkeiten nach Abs. 4 S. 1 war bislang in § 270b Abs. 3 S. 1 aF (→ InsO 2012 aF § 270b Rn. 70) geregelt. Gemäß Abs. 4 S. 3 gilt § 55 Abs. 2 entsprechend. Insoweit entspricht die Vorschrift im Wortlaut der Regelung in § 270b aF (→ InsO 2012 aF § 270b Rn. 68 ff.). 20

20.1 Unklar ist die Bedeutung des Verweises auf § 55 Abs. 2 im Kontext des neuen Eigenverwaltungsrechts (vgl. dazu eingehend Klinck ZIP 2021, 1189 ff.). Da in der vorläufigen Eigenverwaltung eine Begründung von Masseverbindlichkeiten nur auf Antrag und grundsätzlich im Rahmen des Finanzplans erfolgen soll, kann der Verweis nicht im Sinne einer umfassenden Begründung von Masseverbindlichkeiten durch den Schuldner verstanden werden. Einiges spricht für ein Redaktionsversehen des Gesetzgebers (vgl. Blankenburg ZInsO 2021, 753 (764 f.)). Nach Sinn und Zweck kann § 55 Abs. 2 jedenfalls dann nicht zur Anwendung kommen, sich die Ermächtigung nicht auf sämtliche im Finanzplan berücksichtigte Verbindlichkeiten bezieht (vgl. Klinck ZIP 2021, 1189 (1193)).

21 Eine echte Neuerung ist die Regelung in Abs. 4 S. 2. Die Vorschrift nimmt Bezug auf den nunmehr zwingend mit Antragstellung vorzulegenden Finanzplan (§ 270a Abs. 1 Nr. 1, → § 270a Rn. 12). Sie stellt klar, dass sich die Ermächtigung auch auf Verbindlichkeiten erstrecken kann, die im Finanzplan nicht berücksichtigt sind. Hierfür muss der Schuldner laut der Gesetzesbegründung im Antrag gesondert begründen, warum die Anordnung auch Verbindlichkeiten erfassen soll, die nicht vom Finanzplan umfasst sind. Sodann steht die Anordnung der Ermächtigung im Ermessen des Gerichts (vgl. RegE SanInsFoG, BT-Drs. 19/24181, 206 f.).

1. Ermächtigung bei im Finanzplan berücksichtigten Verbindlichkeiten

22 Die Ermächtigung zur Begründung von Masseverbindlichkeiten wird gem. Abs. 4 S. 1 auf Antrag des Schuldners zwingend erteilt, soweit die Verbindlichkeiten im Finanzplan berücksichtigt sind. Das folgt der Systematik des neuen Rechts.

23 Da das Gericht vor Anordnung der Eigenverwaltung den Finanzplan als Teil der Eigenverwaltungsplanung auf Vollständigkeit und Schlüssigkeit prüft (§ 270b Abs. 1 S. 1 Nr. 1, → § 270b Rn. 6 ff.), wird das Risiko, dass Gläubiger infolge einer im Verfahren womöglich auftretenden Masseunzulänglichkeit Ausfälle erleiden (→ InsO 2012 aF § 270b Rn. 75), begrenzt.

23.1 Im Rahmen des § 270a aF konnten das Gericht auch bislang schon in der (regulären) vorläufigen Eigenverwaltung Einzelermächtigungen zur Begründung von Masseverbindlichkeiten erteilen. Über die Ermächtigung war in der Regel auf Grundlage einer Liquiditätsplanung des Schuldners zu entscheiden (→ InsO 2012 aF § 270a Rn. 43.3). Maßstab für die Entscheidung des Gerichts war dabei die Frage, ob die Ermächtigung erforderlich erschien, um nachteilige Veränderungen in der Vermögenslage des Schuldners zu verhindern (vgl. BGH NJW 2019, 224 Rn. 16 f.; → InsO 2012 aF § 270a Rn. 43). Der neue Abs. 4 S. 1 orientiert sich mit der Bezugnahme auf den Finanzplan an der bisherigen Handhabung bei § 270a aF, wobei die von § 270b Abs. 1 Nr. 1 verlangte Schlüssigkeitsprüfung den Gläubigern zusätzlichen Komfort bietet.

24 Angesichts der erhöhten Zugangsvoraussetzungen zur Eigenverwaltung erscheint es sachgerecht, die Entscheidung, ob Masseverbindlichkeiten begründet werden sollen, in den Fällen des Abs. 4 S. 1 dem Schuldner zu überlassen. Da die Regelung dem bisherigen § 270b Abs. 3 aF entspricht, dürften die zu dieser Vorschrift etablierten Grundsätze weiterhin gelten. Soweit es um die Reichweite und Wirkung der Ermächtigung geht, kann auch auf Rechtsprechung und Literatur zu § 270a aF zurückgegriffen werden.

25 Im Rahmen des Finanzplans können auf Antrag des Schuldners sowohl Einzel- als auch Gruppenermächtigungen erteilt werden (vgl. BGH NJW 2019, 224 Rn. 17 zu § 270b aF). Der Wortlaut des Abs. 4 lässt zwar auch eine Auslegung zu, nach der die Ermächtigung nach Abs. 4 S. 1 zwingend alle im Finanzplan berücksichtigten Forderungen umfasst (so Klinck ZIP 2021, 1189 (1191)). Jedoch liefe ein solches Verständnis auf eine fundamentale Änderung der Rechtslage für die reguläre Eigenverwaltung (§ 270a aF) hinaus. Mangels entsprechenden Äußerungen in den Gesetzesmaterialien ist davon auszugehen, dass dies beabsichtigt war (im Ergebnis ebenso Klinck ZIP 2021, 1189 (1192 f.), jedoch unter Rückgriff auf § 270 Abs. 1 S. 1, § 21 Abs. 1). Die Erteilung einer Globalermächtigung ist jedenfalls nicht möglich, da andernfalls die grundsätzliche Bindung an den Finanzplan unterlaufen würde (vgl. Vallender MDR 2021, 201 (208)).

25.1 Blankenburg (ZInsO 2021, 753 (764)) weist darauf hin, dass Gruppenermächtigungen für allgemeine Kategorien („Lieferanten") künftig unzulässig sein dürften. Das dürfte zutreffend sein, weil bei (zu) weiten Gruppenermächtigungen der Finanzplan zu unterlaufen werden droht. Soweit der Finanzplan jedoch zulässigerweise bestimmte Forderungen in Kategorien zusammenfasst (zB weil der Schuldner mehrere Lieferanten für Rohstoffe hat und im Voraus nicht feststeht, bei welchem er sich eindecken wird), sind auch künftig Gruppenermächtigungen in diesem eng verstandenen Sinn erlaubt (so auch Blankenburg ZInsO 2021, 753 (764)).

25.2 Ebenfalls zulässig ist eine pauschale Ermächtigung zur Begründung von Masseverbindlichkeiten in Bezug auf die im Finanzplan berücksichtigten Verbindlichkeiten (vgl. Klinck ZIP 2021, 1189 (1190), nach dessen Auffassung Abs. 3 S. 1 nur diesen Fall regelt). Eine solche Anordnung nähert sich zwar in ihrer Wirkung einer Globalermächtigung an, ist aber vom Gesetzeswortlaut gedeckt. Aus Gläubigersicht hat sie den Nachteil, dass sich nur durch Einsichtnahme in den Finanzplan zuverlässig feststellen lässt, ob die eigenen Forderungen zu Masseverbindlichkeiten aufgewertet werden. Dies spricht dafür, die betroffenen Verbindlichkeiten im Gerichtsbeschluss selbst klar zu bezeichnen (Klinck ZIP 2021, 1189 (1190)).

Bislang nicht geklärt war, ob die Ermächtigung auch rückwirkend erfolgen kann, um bestimmte Ansprüche gegen den Schuldner nachträglich zu Masseverbindlichkeiten „aufzuwerten". Für eine solche Möglichkeit kann ein praktisches Bedürfnis bestehen, zB wenn der Schuldner auf die Fortsetzung der Belieferung angewiesen ist, eine gerichtliche Ermächtigung jedoch nicht schnell genug eingeholt werden kann. Dogmatisch bestehen gegen eine Rückwirkung der Ermächtigung allerdings Bedenken (vgl. AG Köln ZIP 2018, 2234); das gilt auch für das neue Recht. 26

Umfang und Reichweite der Einzel- und Gruppenermächtigungen ergeben sich ggf. durch Auslegung des Beschlusses (eingehend dazu Klinck ZInsO 2014, 365 (367)) und können nicht in das schuldnerische Ermessen gestellt werden (→ InsO 2012 aF § 270b Rn. 72; vgl. auch BGH NJW 2019, 224 Rn. 17). 27

Für die Begründung von Masseverbindlichkeiten gilt im Innenverhältnis die Soll-Vorschrift nach § 270b Abs. 1 S. 1, § 275. Bei einem Verstoß setzt der vorläufige Sachwalter das Insolvenzgericht und den vorläufigen Gläubigerausschuss in Kenntnis. 28

Ob die Ermächtigung unter den Vorbehalt der Zustimmung des vorläufigen Sachwalters gestellt werden kann (dafür zB AG Köln ZIP 2018, 2234; AG München ZIP 2012, 1470 Rn. 9; HK-InsO/Brünkmans § 270a Rn. 33; KPB/Pape § 270a Rn. 19; Uhlenbruck/Zipperer § 270a Rn. 22), war bislang umstritten (offen gelassen in BGH NZI 2016, 796 Rn. 70). Dagegen sprach schon bislang die Konzeption der Eigenverwaltung, wonach dem vorläufigen Sachwalter lediglich eine (interne) Überwachungs- und Kontrollfunktion zukommt (vgl. K. Schmidt InsO/Undritz § 270a Rn. 6). Auch bislang war mindestens zweifelhaft, ob eine für die analoge Anwendung des § 277 erforderliche Lücke vorliegt (dagegen Graf-Schlicker/Graf-Schlicker § 270a Rn. 28). Mit dem SanInsFoG hat der Gesetzgeber im vorläufigen Eigenverwaltungsverfahren die Möglichkeit eines Zustimmungsvorbehalts nur in Fällen der einstweiligen Anordnung vorgesehen (Abs. 3 S. 2). Für eine analoge Anwendung des § 277 dürfte daher jedenfalls nach der neuen Rechtslage kein Raum mehr bestehen. 29

2. Ermächtigung bei nicht im Finanzplan berücksichtigten Verbindlichkeiten

Gemäß Abs. 4 S. 2 kann das Insolvenzgericht den Schuldner zur Begründung von Masseverbindlichkeiten auch dann ermächtigen, wenn diese nicht im Finanzplan berücksichtigt wurden. Der Schuldner muss insoweit in seinem Antrag (Abs. 4 S. 1) begründen, warum die Anordnung (auch) solche Verbindlichkeiten erfassen soll. 30

Der Gesetzesbegründung lässt sich nicht entnehmen, welche Anforderungen an die Begründung zu stellen sind. Berücksichtigt man, dass sich aus dem Finanzplan die Durchfinanzierung der Eigenverwaltung für die Dauer von sechs Monaten ergeben muss, kommt ein Antrag nach Abs. 4 S. 2 eigentlich nur in Fällen in Betracht, in denen der Finanzplan auf unrichtigen Tatsachen beruhte, ohne dass ein Fall des § 270e Abs. 1 Nr. 1 lit. a vorliegt, oder wenn sich die Verhältnisse nach Antragstellung ändern. In beiden Fällen wird man vom Schuldner in aller Regel die Vorlage einer aktualisierten Liquiditätsplanung zu verlangen haben (ähnlich Blankenburg ZInsO 2021, 753 (764)). 31

Die Anordnung steht sodann im Ermessen des Gerichts (vgl. RegE SanInsFoG, BT-Drs. 19/24181, 206 f.). Das Gericht wird sein Ermessen in Anlehnung an die für Ermächtigungen in Verfahren nach § 270a aF anerkannten Grundsätze auszurichten haben, primär also danach, ob ohne die Anordnung nachteilige Veränderungen in der Vermögenslage des Schuldners zu befürchten sind (BGH NJW 2019, 224 Rn. 17). 32

Erteilt das Gericht die vom Schuldner nach Abs. 4 S. 2 beantragte Ermächtigung, gelten im Übrigen dieselben Grundsätze wie für eine Ermächtigung nach Abs. 4 S. 1. 33

V. Rechtsmittel

Gegen die Entscheidung des Insolvenzgerichts über die Anordnung von Sicherungsmaßnahmen steht dem Schuldner gem. § 270 Abs. 1 S. 2 iVm § 21 Abs. 1 S. 2 die **sofortige Beschwerde** zu. Damit kann sich der Schuldner zB gegen eine gem. Abs. 3 iVm § 21 Abs. 2 S. 1 Nr. 4 angeordnete Postsperre wenden, aber auch gegen ein allgemeines Verfügungsverbot oder die Bestellung eines vorläufigen Insolvenzverwalters (→ § 270b Rn. 59), wenn das Gericht entsprechende Anordnun- 34 gen entgegen Abs. 3 erlässt, obwohl über die Anordnung der vorläufigen Eigenverwaltung noch nicht entschieden wurde (→ Rn. 19). Um zu vermeiden, dass Fakten geschaffen werden, durch welche die sofortige Beschwerde obsolet wird, sollte der Schuldner in diesen Fällen zudem die Aussetzung der sofortigen Vollziehung beantragen (§ 270 Abs. 1 S. 2, 4 iVm § 570 Abs. 2 und 3 ZPO; vgl. MüKoInsO/Kern Rn. 68).

35 Hingegen ist gegen das **Absehen von Sicherungsmaßnahmen** kein Rechtsmittel gegeben. Der Schuldner kann sich daher insbesondere nicht dagegen wehren, dass das Insolvenzgericht seinem Antrag auf Ermächtigung zur Begründung von Masseverbindlichkeiten nicht nachkommt.

D. Die Stellung des Schuldners im vorläufigen Eigenverwaltungsverfahren

I. Allgemeines

36 Der Schuldner ist in der vorläufigen Eigenverwaltung **verwaltungs- und verfügungsbefugt.** Ihm obliegt somit die Fortführung seiner Geschäfte in Eigenverantwortung, jedoch unter der Kontrolle des vorläufigen Sachwalters. Daneben ist der Schuldner verpflichtet, die **insolvenzspezifischen Pflichten** einzuhalten (vgl. zB BAG NZA 2020, 1091 Rn. 56). Das betrifft zuvorderst die Massesicherungspflicht und die Beachtung insolvenzrechtlicher Zahlungsverbote (HmbKommInsR/Fiebig § 270a Rn. 15). Dass der Schuldner im Eröffnungsverfahren an den **Insolvenzzweck** gebunden ist, ist im Grundsatz unstreitig. Wie weit die Zweckbindung reicht und wie sie zum Tragen kommt, wird jedoch unterschiedlich beurteilt.

37 Bislang war streitig, ob und inwieweit der Schuldner verpflichtet sein kann, alternative Sanierungskonzepte im Eröffnungsverfahren zu berücksichtigen oder sogar zu verfolgen (vgl. Buchalik ZInsO 2015, 484 ff.). Der BGH schien davon auszugehen, dass der eigenverwaltende Schuldner zur Prüfung verschiedener Szenarien einschließlich einer übertragenden Sanierung verpflichtet ist (BGH NZI 2016, 796 Rn. 71). Nach der Neukonzeption der Eigenverwaltung durch das SanInsFoG stellt sich die Frage insoweit unter anderen Vorzeichen, als der Schuldner gem. § 270a Abs. 1 Nr. 2 das Ziel der Eigenverwaltung vorgibt und sich daran auch messen lassen muss (§ 270e Abs. 1 Nr. 3). Andererseits ist der Schuldner verpflichtet, seine Geschäftsführung am Gläubigerinteresse auszurichten (§§ 270b Abs. 2, 270e Abs. 1 Nr. 1). Es liegt nahe, aus dieser Verhaltensregel zumindest eine Verpflichtung des Schuldners abzuleiten, sein Eigenverwaltungsziel ggf. an veränderte Umstände anzupassen, wenn das Gläubigerinteresse dies gebietet.

38 Bei juristischen Personen und Gesellschaften ist gem. § 276a Abs. 1 und 3 der Einfluss der Überwachungsorgane in der vorläufigen Eigenverwaltung ausgeschlossen (→ § 276a Rn. 56 ff.). Für die Erfüllung der insolvenzspezifischen Pflichten sind die Geschäftsleiter verantwortlich. Für Pflichtverletzungen haften sie den Gläubigern gem. § 276a Abs. 2 und 3 iVm §§ 60 ff. (→ § 276a Rn. 62 f.).

II. Mitteilungspflicht des Schuldners

39 Gemäß Abs. 2 ist der Schuldner verpflichtet, dem Gericht und dem vorläufigen Sachwalter wesentliche die Eigenverwaltungsplanung betreffende Änderungen mitzuteilen. Hierdurch sollen das Gericht und der vorläufige Sachwalter in die Lage versetzt werden, über eine Aufhebung der Eigenverwaltung bzw. ein Hinwirken auf eine Aufhebung zu entscheiden (vgl. RegE SanInsFoG, BT-Drs. 19/24181, 206).

III. Anfechtbarkeit der Rechtshandlungen des Schuldners in der vorläufigen Eigenverwaltung

40 Rechtshandlungen des Schuldners **unterliegen grundsätzlich der Insolvenzanfechtung** (OLG Dresden NZI 2014, 703 (704); LG Erfurt NZI 2016, 32; vgl. Uhlenbruck/Hirte/Ede § 129 Rn. 156). Die Bestellung eines vorläufigen Sachwalters anstelle eines vorläufigen Insolvenzverwalters ändert daran wie bisher im Ausgangspunkt nichts (→ Rn. 40.1).

40.1 Zu einer anderen Beurteilung könnte man gelangen, wenn man der Auffassung folgt, dass die Gläubigerinteressen durch die Anordnung der vorläufigen Eigenverwaltung durch das Gericht und die Bestellung eines vorläufigen Sachwalters ausreichend gewahrt sind (so FK-InsO/Foltis § 270a Rn. 11). Dem liegt der Gedanke zugrunde, der vorläufig eigenverwaltende Schuldner sei einem starken vorläufigen Insolvenzverwalter gleichzustellen (FK-InsO/Foltis § 270a Rn. 11); das erscheint mindestens gewagt.

41 Allerdings können Schuldnerhandlungen unter bestimmten Voraussetzungen **der Anfechtung entzogen** sein. Das gilt zunächst für die Begründung und Erfüllung von **Masseverbindlichkei-**

ten (vgl. Uhlenbruck/Hirte/Ede § 129 Rn. 157; LG Erfurt NZI 2016, 32 f.; dagegen Roth ZInsO 2017, 617 (620 ff.), unter Verweis auf die Rechtsprechung des BGH zur Anfechtung unechter Masseverbindlichkeiten zu Zeiten der KO).

Darüber hinaus sollten für die Anfechtung schuldnerischer Rechtshandlungen die Grundsätze, **42** die für die Anfechtung von Rechtshandlungen, die mit Zustimmung eines mitbestimmenden vorläufigen Insolvenzverwalters vorgenommen werden (vgl. LG Hagen NZI 2016, 138 mAnm Leithaus; Uhlenbruck/Hirte/Ede § 129 Rn. 158; Uhlenbruck/Zipperer § 270a Rn. 23), entsprechend gelten, dh die Anfechtung scheidet aus, wenn der Gläubiger auf die Rechtsbeständigkeit der Handlung vertraut hat und sein Vertrauen schutzwürdig ist. Das dürfte in der Regel der Fall sein, wenn der vorläufige Sachwalter der Schuldnerhandlung zugestimmt hat (vgl. LG Hagen NZI 2016, 138 (139) mAnm Leithaus; Uhlenbruck/Hirte/Ede § 129 Rn. 158; Bork ZIP 2018, 1613 (1618)), kommt aber darüber hinaus auch für sonstige Handlungen im Rahmen des gewöhnlichen Geschäftsbetriebs in Betracht (Uhlenbruck/Zipperer § 270a Rn. 23; aA Bork ZIP 2018, 1613 (1618)). Insoweit mag man argumentieren, dass der Vertrauenstatbestand zwar primär durch das Verhalten des eigenverwaltenden Schuldners geschaffen wird, wobei aber das Schweigen des vorläufigen Sachwalters im Verkehr vor dem Hintergrund der diesen treffenden Überwachungspflichten als Zustimmung gewertet wird (Zipperer ZIP 2019, 689 (692 ff.)). Nach anderer Ansicht kann aufgrund des beschränkten Aufgabenkreises des vorläufigen Sachwalters nur dessen aktives Handeln gegenüber dem Gläubiger vertrauensbegründend sein (Frind ZInsO 2019, 1292 (1297 ff.)).

IV. Die Steuerpflicht des Schuldners im eigenverwalteten Eröffnungsverfahren

Die Auswirkungen der vorläufigen Eigenverwaltung auf steuerliche Pflichten des Schuldners **43** waren vor Inkrafttreten des SanInsFoG im Einzelnen umstritten (vgl. Uhlenbruck/Zipperer § 270a Rn. 25 mwN; Sonnleitner/Winkelhog BB 2015, 88 (95 ff.)). Im Mittelpunkt stand dabei die Frage, ob sich die **steuerlichen Zahlungspflichten** des Schuldners gegen die insolvenzrechtliche Pflicht zur Massesicherung durchsetzen (vgl. dazu zB Sonnleitner/Winkelhog BB 2015, 88 (95 ff.); Uhlenbruck/Zipperer § 270a Rn. 25 mwN). Die Beantwortung dieser höchstrichterlich ungeklärten Frage (vgl. K. Schmidt InsO/Undritz § 270a Rn. 7) war für die vorläufige Eigenverwaltung zentral.

Bei Missachtung der steuerlichen Zahlungspflichten drohte dem Schuldner bzw. seinen Orga- **44** nen die **persönliche Haftung** (vgl. §§ 34, 69 AO; Sonnleitner/Winkelhog BB 2015, 88 (96); FG Münster NZI 2017, 492 Rn. 27 ff.; FG Münster NZI 2018, 762 ff.). Aus Sicht des Insolvenzrechts stellte sich die Frage, ob nicht die Zahlung der im Eröffnungsverfahren fällig werdenden Steuern dem **Insolvenzzweck** (Gläubigergleichbehandlung) widerspricht und einen Nachteil für die Gläubiger begründet, der wenigstens die Übertragung der Kassenführung auf den vorläufigen Sachwalter zur Folge haben muss (so AG Hamburg NZI 2015, 177 f.; entgegen der hM, vgl. zB Boie-Harder NZI 2015, 162 ff.; HmbKommInsR/Fiebig § 270a Rn. 18). War der Schuldner eine juristische Person, drohte zudem die persönliche Inanspruchnahme der Geschäftsleitung gem. § 64 S. 1 GmbHG aF bzw. § 92 AktG aF.

In der Praxis wurde dieser Zielkonflikt überwiegend dadurch gelöst, dass der eigenverwaltende **45** Schuldner seinen steuerlichen Verpflichtungen im Eröffnungsverfahren nachkam, aber zuvor den Insolvenzantrag gegenüber den Zahlungsempfängern offenlegte. Soweit es sich bei den sodann bezahlten Steuerverbindlichkeiten um Insolvenzforderungen handelte, wurde die Zahlung im eröffneten Verfahren durch den Sachwalter **angefochten** (vgl. LG Köln NZI 2014, 816 f.; OLG Köln ZIP 2014, 2523; LG Hamburg NZI 2015, 226 mAnm Hörmann/Yildiz (zu § 270b); vgl. K. Schmidt InsO/Undritz § 270a Rn. 7; Sonnleitner/Winkelhog BB 2015, 88 (96); → Rn. 45.1 f.).

Die Möglichkeit der Anfechtung durch den Sachwalter entlastet den Geschäftsleiter nicht von seiner **45.1** Haftung aus §§ 69, 34 AO. Führt der Geschäftsführer im Eröffnungsverfahren pflichtwidrig Steuern nicht ab, kann er sich nicht darauf berufen, dass es bei ordnungsgemäßer Abführung der Steuern wegen Anfechtung der Steuerzahlung durch den Sachwalter ebenfalls zum Steuerausfall gekommen wäre (vgl. BFH BB 2016, 1119; FG Münster NZI 2017, 492 Rn. 39).

Die mit der „Anfechtungslösung" verbundenen Risiken sind weniger offensichtlich. Allerdings ist es **45.2** so, dass Zahlung der Steuerverbindlichkeiten auf Kosten der dringend notwendigen Liquidität der Schuldnergesellschaft geht. So ist denkbar, dass infolge der Steuerzahlung im Eröffnungsverfahren in der Masse nicht genügend Mittel verbleiben, um nach der Insolvenzeröffnung einen Anfechtungsprozess zu führen, was die Handelnden einer Haftung gem. § 60 wegen Masseschädigung aussetzen könnte (vgl. Bernsau BB 2019, 2393 (2399 f.)). Praktisch erscheint dieses Risiko jedoch kaum relevant, da die Finanzämter regelmäßig auf offensichtlich begründete Anfechtungsansprüche zahlen, ohne dass eine gerichtliche Durchsetzung der Ansprüche erforderlich wäre (vgl. Uebele NZG 2018, 881 (886)).

46 Ein anderer Lösungsansatz bestand darin, einen Zustimmungsvorbehalt für die Zahlung von Steuerverbindlichkeiten anzuordnen (vgl. AG Düsseldorf ZInsO 2014, 289 (Ls.); AG Heilbronn NZI 2016, 582 mAnm Hörmann; AG Hamburg BeckRS 2017, 117818 betreffend Abführung von Arbeitnehmeranteilen zur Sozialversicherung), sog. „Zustimmungslösung". Ein Vorzug der Zustimmungslösung ist die Schonung der Liquidität im Eröffnungszeitraum; das konnte nach Ansicht des AG Hamburg die Anordnung eines Zustimmungsvorbehalts rechtfertigen, sofern ohne Zustimmungsvorbehalt die Liquidität des Schuldners erheblich belastet und dadurch die Betriebsfortführung gefährdet wäre (AG Hamburg BeckRS 2017, 117818 Rn. 27). Gegen die Zustimmungslösung sprachen bislang insbesondere ungeklärte Haftungsfragen (vgl. Uhlenbruck/Zipperer § 270a Rn. 25; Berner/Köster/Lambrecht NZI 2018, 425 (429)). Nach dem neuen Recht scheidet sie aus, weil Abs. 3 S. 2 die Anordnung eines Zustimmungsvorbehalts auf die Fälle der einstweiligen Anordnung der Eigenverwaltung gem. § 270b Abs. 2 S. 1 beschränkt (→ Rn. 12 f.).

47 Mit dem **SanInsFoG** wurde der Zielkonflikt zulasten des steuerrechtlichen Abführungsgebots und zugunsten des insolvenzrechtlichen Massesicherungsgebots entschieden (vgl. → § 15b Rn. 25). Gemäß § 15b Abs. 8 S. 1 liegt bei rechtzeitigem und ordnungsgemäßem Insolvenzantrag keine Verletzung steuerrechtlicher Zahlungspflichten vor, wenn zwischen dem Eintritt der Zahlungsunfähigkeit oder der Überschuldung und der Entscheidung über die Eröffnung des Insolvenzverfahrens Ansprüche aus dem Steuerschuldverhältnis nicht oder nicht rechtzeitig erfüllt werden. Gemäß § 15 Abs. 8 S. 2 gilt diese Privilegierung bei verspätetem Insolvenzantrag nur für nach Anordnung der vorläufigen Eigenverwaltung fällig werdende Ansprüche. Aufgrund der Neufassung des § 55 Abs. 4 durch das SanInsFoG qualifizieren allerdings die Umsatzsteuer und die weiteren in § 55 Abs. 4 S. 2 Nr. 1–4 bezeichneten Abgaben und Steuern nunmehr im Regelfall als Masseverbindlichkeiten (→ § 55 Rn. 74 f.). Im Anwendungsbereich des § 55 Abs. 4 steht die Steuer somit nur noch für die Dauer der vorläufigen Eigenverwaltung als Finanzierungsquelle zur Verfügung. Mit Eröffnung des Insolvenzverfahrens ist der Schuldner verpflichtet, die zuvor einbehaltenen Steuern, soweit sie gem. § 55 Abs. 4 als Masseverbindlichkeiten qualifizieren, an den Fiskus zu zahlen.

48 Zum Verhältnis der Massesicherungspflicht zur strafbewehrten Pflicht des Schuldners zur **Abführung des Arbeitnehmeranteils zur Sozialversicherung** (§ 266a StGB) trifft § 15b Abs. 8 keine Aussage. Auch wenn gute Gründe für eine analoge Anwendung des § 15b Abs. 8 sprechen (vgl. Bitter ZIP 2021, 321 (328)), wird bis zur höchstrichterlichen Klärung der Frage das Anfechtungsmodell (→ Rn. 45) seine Bedeutung behalten.

49 Zur Auswirkung der Anordnung der vorläufigen Eigenverwaltung auf Organschaften → § 276a Rn. 59 f.

E. Die Stellung des vorläufigen Sachwalters

50 Die Stellung des vorläufigen Sachwalters richtet sich gem. § 270b Abs. 1 S. 1 nach den §§ 274 und 275. Die Aufgaben und Befugnisse des vorläufigen Sachwalters sind mit denen des Sachwalters in weiten Teilen identisch und jedenfalls strukturell vergleichbar (vgl. BGH NZI 2016, 796 Rn. 38 ff.). Da sich die Aufgaben des Schuldners im Eröffnungsverfahren und im eröffneten Verfahren unterscheiden, sind die Pflichten des (vorläufigen) Sachwalters jedoch im jeweiligen Verfahrensabschnitt typischerweise unterschiedlich ausgeprägt (BGH NZI 2016, 796 Rn. 43). Die §§ 274 und 275 sind dementsprechend unter Berücksichtigung der besonderen Gegebenheiten im Eröffnungsverfahren (vgl. HmbKommInsR/Fiebig § 270a Rn. 8) anzuwenden.

51 Eine Anordnung gemäß dem durch das SanInsFoG neu eingeführten § 274 Abs. 2 S. 2 zur Unterstützung des Schuldners im Rahmen der Insolvenzgeldvorfinanzierung kommt ohnehin nur im vorläufigen Eigenverwaltungsverfahren in Betracht. Neu hinzugekommen ist auch die Möglichkeit des Insolvenzgerichts, besondere Berichtspflichten anzuordnen (→ Rn. 7). Im Übrigen gelten die zum alten Recht entwickelten Grundsätze weiter, soweit sich nicht aus der Neukonzeption der Eigenverwaltung durch das SanInsFoG im Einzelfall etwas anderes ergibt.

I. Aufgaben und Pflichten des vorläufigen Sachwalters

1. Überprüfung der wirtschaftlichen Lage und der Geschäftsführung (§ 274 Abs. 2)

52 Gemäß § 270b Abs. 1 S. 1 iVm § 274 Abs. 2 S. 1 hat der vorläufige Sachwalter zunächst die **wirtschaftliche Lage des Schuldners** zu prüfen. Das umfasst die Prüfung der **Insolvenzgründe** (KPB/Pape § 270a Rn. 28; aA Uhlenbruck/Zipperer § 270a Rn. 11), die **Fortführungskonzep-**

tion des Schuldners (vgl. MüKoInsO/Kern § 270a Rn. 37) sowie die Prüfung, ob eine die Kosten des Insolvenzverfahrens deckende Masse vorhanden ist (KPB/Pape § 270a Rn. 28; MüKoInsO/Kern § 270a Rn. 37; aA Nerlich/Römermann/Riggert § 270a Rn. 4: nur überwachende Funktion).

Da der vorläufige Sachwalter gegenüber dem Insolvenzgericht **berichtspflichtig** ist (§ 270b 53 Abs. 1 S. 1 iVm § 274 Abs. 1, § 58 Abs. 1 S. 2), kann sich das Insolvenzgericht auf diesem Weg über das Vorhandensein einer ausreichenden Masse informieren. Sofern man die Prüfung der Eröffnungsvoraussetzungen nicht zu den Aufgaben des vorläufigen Sachwalters zählt (Nerlich/Römermann/Riggert § 270a Rn. 4), wird das Insolvenzgericht ein **Gutachten** über das Vorliegen der Eröffnungsgründe sowie zur Frage der Verfahrenskostendeckung einholen und den vorläufigen Sachwalter mit der Gutachtenerstattung beauftragen (MüKoInsO/Kern § 270a Rn. 37; Nerlich/Römermann/Riggert § 270a Rn. 4). Sofern die Bestellung des Sachwalters nicht veröffentlicht wird, kommt eine Beauftragung als Sachverständiger in Betracht, um dem vorläufigen Sachwalter die Kontaktaufnahme mit Verfahrensbeteiligten zu ermöglichen, ohne auf die Erlaubnis des Schuldners angewiesen zu sein (vgl. HmbKommInsR/Fiebig § 270a Rn. 28). Für die **Überwachung der Geschäftsführung** des Schuldners gem. § 270b Abs. 1 S. 1, § 274 Abs. 2 S. 1 und ggf. der Ausgaben für die Lebensführung durch den vorläufigen Sachwalter gelten im Ausgangspunkt die gleichen Grundsätze wie nach Insolvenzeröffnung (→ § 274 Rn. 1 ff.).

Was Art, Umfang und Intensität der Prüfung und Überwachung angeht, ist zu berücksichtigen, 54 dass sich der vorläufige Sachwalter im Eröffnungsverfahren zunächst einarbeiten muss. Das hat zur Folge, dass der vorläufige Sachwalter zu Beginn eine intensivere Kontrolltätigkeit auszuüben hat (vgl. HmbKommInsR/Fiebig § 270a Rn. 11). Im Übrigen hängt die Kontrolltiefe und -dichte von Größe und Umfang des Geschäftsbetriebs (Uhlenbruck/Zipperer § 270a Rn. 29) sowie von der Kooperation des Schuldners und dem Zustand des schuldnerischen Controllings ab (vgl. HmbKommInsR/Fiebig § 270a Rn. 11). Jedenfalls hat die Überwachung der vorläufigen Eigenverwaltung zukunftsorientiert zu erfolgen; eine rein nachlaufende Überwachung wäre unzureichend (BGH NZI 2016, 796 Rn. 74). Im Schutzschirmverfahren besteht zudem mit Blick auf die Anzeigepflicht gem. § 270d Abs. 4 S. 1 die Pflicht, fortlaufend die Zahlungsfähigkeit des Schuldners zu überwachen (vgl. zur Vorgängernorm § 270b Abs. 4 S. 2 aF: BGH NZI 2016, 796 Rn. 44). Eine entsprechende Pflicht, möglicherweise mit geringerer Intensität, kommt wegen der in § 274 Abs. 3 normierten Anzeigepflicht auch darüber hinaus in Betracht. Jedenfalls hat der vorläufige Sachwalter bei laufendem Geschäftsbetrieb (Regelfall in der vorläufigen Eigenverwaltung) darauf zu achten, dass er dauerhaft und umfassend in die Betriebsfortführung eingebunden wird. In diesem Zusammenhang ist der vorläufige Sachwalter auch zur Kontrolle der laufenden Bestellungen verpflichtet (BGH NZI 2016, 796 Rn. 67). Zur Überwachung der Geschäftsführung gehört zudem die Prüfung und beratende Begleitung der vom Schuldner ausgearbeiteten Szenarien zur Fortführung des Geschäftsbetriebs auf Durchführbarkeit und mögliche Auswirkungen auf die Quotenerwartung der Gläubiger (BGH NZI 2016, 796 Rn. 72 f.; BeckRS 2016, 17382 Rn. 64).

Zur Wahrnehmung seiner Aufgaben nach § 274 Abs. 2 S. 1 stehen dem vorläufigen Sachwalter 55 gem. § 274 Abs. 2 S. 3 die in § 22 Abs. 3 genannten **Zutritts-, Einsichts- und Auskunftsrechte** zu (→ § 274 Rn. 1 ff.). Auch insoweit ergeben sich keine Besonderheiten. Darüber hinausgehende Befugnisse zur Massesicherung stehen dem vorläufigen Sachwalter nicht zu. Da die Massesicherung nicht in den Aufgabenbereich des vorläufigen Sachwalters fällt, hat dieser keine eigenen Sicherungs- und Eingriffsbefugnisse (BGH NZI 2016, 796 Rn. 43).

2. Anzeigepflicht (§ 274 Abs. 3)

Die in § 274 Abs. 3 geregelte Anzeigepflicht gilt auch für den vorläufigen Sachwalter. Dieser 56 hat dem Insolvenzgericht unverzüglich Mitteilung zu machen, sobald er Umstände feststellt, die erwarten lassen, dass die Anordnung der Eigenverwaltung zu Nachteilen für die Gläubiger führen wird (KPB/Pape § 270a Rn. 29; MüKoInsO/Kern § 270a Rn. 39). Erst recht hat der vorläufige Sachwalter Umstände anzuzeigen, welche die Anordnung weitergehender Sicherungsmaßnahmen bereits während des Eröffnungsverfahrens angezeigt erscheinen lassen (Uhlenbruck/Zipperer § 270a Rn. 29). Der vorläufige Sachwalter hat vor Erstattung der Anzeige nachteilsbegründende Umstände bei unsicherer Faktenlage zu verifizieren und in der Regel auch dem Schuldner Gelegenheit zur Stellungnahme zu geben (vgl. HmbKommInsR/Fiebig § 270a Rn. 24).

Die Anzeigepflicht besteht im eigenverwalteten Eröffnungsverfahren zudem entsprechend § 274 57 Abs. 3 S. 1 gegenüber dem vorläufigen Gläubigerausschuss. Ist kein vorläufiger Gläubigerausschuss bestellt, ist die Anzeige gegenüber den bekannten Insolvenz- und Absonderungsgläubigern zu erstatten (MüKoInsO/Kern § 270a Rn. 39).

3. Mitwirkung im Eröffnungsverfahren

58 Die in § 275 Abs. 1 geregelten Zustimmungs- und Widerspruchsrechte gelten auch für den vorläufigen Sachwalter (MüKoInsO/Kern § 270a Rn. 40).

59 Verstößt der Schuldner gegen § 275 Abs. 1, so muss der vorläufige Sachwalter prüfen, ob aufgrunddessen Nachteile für die Gläubiger zu befürchten sind. Ist dies – wie wohl im Regelfall – der Fall, so muss er dies gem. § 274 Abs. 3 anzeigen. Ein Verstoß des Schuldners gegen § 275 Abs. 1 wirkt auch im Eröffnungsverfahren nur im **Innenverhältnis** (MüKoInsO/Kern § 270a Rn. 40). In diesem Zusammenhang ist umstritten, ob bereits im Eröffnungsverfahren eine **Anordnung der Zustimmungsbedürftigkeit** bestimmter Rechtsgeschäfte entsprechend § 277 oder unter Rückgriff auf die allgemeine Vorschrift des § 21 Abs. 2 (Uhlenbruck/Zipperer § 270a Rn. 9; AG Heilbronn NZI 2016, 582 (583)) durch das Insolvenzgericht möglich ist. Die hM befürwortet diese Möglichkeit (zB HmbKommInsR/Fiebig § 270a Rn. 6; KPB/Pape Rn. 18; MüKoInsO/Kern § 270a Rn. 48), da die Anordnung eines Zustimmungsvorbehalts ein gegenüber der sonst erforderlichen Aufhebung der Eigenverwaltung (MüKoInsO/Kern § 270a Rn. 48) milderes Mittel sei. Die Gegenauffassung lehnt die Anwendung des § 277 unter Berufung auf die fehlende Verweisung ab (AG Hannover ZIP 2015, 1893; vgl. Braun/Riggert § 270a Rn. 3; K. Schmidt InsO/Undritz § 270a Rn. 4). Dass der Gesetzgeber im Zuge der Neukonzeption der Eigenverwaltung die Möglichkeit eines Zustimmungsvorbehalts nur in § 270c Abs. 3 S. 2 vorgesehen hat, stärkt die Gegenauffassung.

60 Weiterhin kann der vorläufige Sachwalter grundsätzlich gem. § 275 Abs. 2 bereits im Eröffnungsverfahren die **Kassenführung** an sich ziehen (AG Dresden ZInsO 2020, 1261; Braun/Riggert § 270a Rn. 4). Dabei handelt es sich um einen schwerwiegenden Eingriff in die Geschäftsführung des Schuldners, von dem der vorläufige Sachwalter mit Blick auf die Zielrichtung der Eigenverwaltung nur mit Augenmaß Gebrauch machen sollte (vgl. MüKoInsO/Kern § 270a Rn. 45). Erfolgt die Übernahme des Zahlungsverkehrs durch den vorläufigen Sachwalter zur Verhinderung konkret drohender Nachteile für die Gläubiger, kann dies zur Ablehnung der Eigenverwaltung führen (KPB/Pape § 270a Rn. 35 f.). Bislang nicht geklärt ist, ob der vorläufige Sachwalter bei Übernahme der Kassenführung als Verfügungsberechtigter iSd § 35 AO anzusehen und somit ggf. der Haftung aus § 69 AO ausgesetzt ist (so dagegen zB Sonnleitner/Winkelhog BB 2015, 88 (96); vgl. auch Uhlenbruck/Zipperer § 270a Rn. 31 zum Streitstand).

61 Im Übrigen ist die Mitwirkung des vorläufigen Sachwalters im Eröffnungsverfahren auf die gesetzlich geregelten Aufgaben und Maßnahmen beschränkt. Dazu zählen die in § 274 Abs. 2 S. 2 genannten Aufgaben (Unterstützung des Schuldners bei der Insolvenzgeldvorfinanzierung, der insolvenzrechtlichen Buchführung und der Verhandlungen mit Kunden und Lieferanten), wenn das Gericht dies anordnet.

62 Der vorläufige Sachwalter hat nicht die Aufgabe, aktiv bei der Führung der Eigenverwaltung mitzuwirken oder gar in Einzelbereichen ganz zu übernehmen. Die Durchführung der Eigenverwaltung ist allein Sache des Schuldners. Weitere, über die gesetzlichen Aufgaben hinausgehende Aufgaben kann der Insolvenzverwalter weder an sich ziehen, noch können sie ihm von anderen Verfahrensbeteiligten übertragen werden (BGH BeckRS 2016, 17382 Rn. 73). Allerdings ist die in § 284 Abs. 1 S. 1 vorgesehene Beauftragung des Insolvenzverwalters mit der Ausarbeitung eines Insolvenzplans in analoger Anwendung dieser Vorschrift auch im Eröffnungsverfahren möglich (BGH BeckRS 2016, 17382 Rn. 77) und nunmehr für den vorläufigen Gläubigerausschuss explizit in § 284 Abs. 1 S. 2 geregelt. Ob eine darüber hinausgehende Übertragung durch Anordnung des Insolvenzgerichts möglich ist, hat der BGH bislang offen gelassen (BGH BeckRS 2016, 17382 Rn. 74).

62.1 Insbesondere nicht zu den Aufgaben des vorläufigen Sachwalters, sondern zu denen des eigenverwaltenden Schuldners zählen:
- Information und Kommunikation mit Kunden und Lieferanten (BGH BeckRS 2016, 17382 Rn. 55), sofern nicht gem. § 274 Abs. 2 S. 2 angeordnet;
- Aktives Führen von Verhandlungen mit Gläubigern und Finanzierern. Gestattet (und ggf. geboten) ist aber selbstverständlich die Teilnahme an wichtigen Verhandlungen (BGH BeckRS 2016, 17382 Rn. 56);
- Erarbeitung von Maßnahmen und Strategien hinsichtlich Umsatzsteuer und Sozialversicherungsbeiträgen (BGH BeckRS 2016, 17382 Rn. 37);
- Entscheidungen über das Fortbestehen (ausländischer) Tochtergesellschaften (BGH BeckRS 2016, 17382 Rn. 60);
- Übernahme arbeitsrechtlicher Sonderaufgaben und Führung von Verhandlungen mit Gewerkschaften und dem Betriebsrat (BGH BeckRS 2016, 17382 Rn. 71); eine Ausnahme ist jetzt gem. § 274 Abs. 2 S. 2 möglich in Hinblick auf die Insolvenzgeldvorfinanzierung.

Handlungen des vorläufigen Sachwalters begründen ohne Weiteres keine Verbindlichkeiten 63
zulasten des Schuldners. Insbesondere findet § 55 Abs. 2 auf Handlungen des vorläufigen Sachwalters keine Anwendung (LG Dresden ZInsO 2019, 510; MüKoInsO/Kern § 270a Rn. 49). Ob das Insolvenzgericht den vorläufigen Sachwalter ermächtigen kann, Masseverbindlichkeiten zulasten des Schuldners zu begründen, ist umstritten. Die überwiegende Meinung in Rechtsprechung (vgl. LG Duisburg NZI 2013, 91; AG München ZIP 2012, 1470 = BeckRS 2012, 14972) und Literatur (vgl. KPB/Pape § 270a Rn. 19; MüKoInsO/Kern § 270a Rn. 50; Frind NZI 2014, 977 (979)) spricht sich gegen diese Möglichkeit aus. In der Tat widerspricht eine solche Anordnung der Konzeption der Eigenverwaltung, wonach die Verfügungsbefugnis beim Schuldner liegt und dem Sachwalter die Rolle eines Überwachungsorgans zukommt. Die Gegenansicht (zB AG Hamburg NZI 2012, 566) geht davon aus, das Insolvenzgericht könne den vorläufigen Sachwalter wie einen vorläufigen Insolvenzverwalter einzelfallbezogen mit Befugnissen ausstatten (AG Hamburg NZI 2012, 566). Zudem sprächen auch praktische Bedürfnisse für die Zulässigkeit einer entsprechenden Anordnung, da insbesondere Banken einen verlässlichen, für begründete Masseschulden ggf. persönlich haftbaren Ansprechpartner bevorzugten (AG Hamburg NZI 2012, 566). Der BGH hat die Möglichkeit der Ermächtigung des vorläufigen Sachwalters zur Begründung von Masseverbindlichkeiten zwar nicht ausdrücklich verneint, allerdings den Schuldner zum Adressaten einer solchen Ermächtigung erklärt (BGH NJW 2019, 224). Eine Ermächtigung des vorläufigen Sachwalters erscheint damit kaum vereinbar (vgl. MüKoInsO/Kern § 270a Rn. 50).

II. Gerichtliche Aufsicht und Haftung des vorläufigen Sachwalters

Der vorläufige Sachwalter steht unter der Aufsicht des Insolvenzgerichts gem. § 270b Abs. 1 64
S. 1 iVm § 274 Abs. 1, § 58. Unter den Voraussetzungen des § 59 kann das Insolvenzgericht den vorläufigen Sachwalter insbesondere bei gravierenden Pflichtverletzungen aus wichtigem Grund entlassen.

Darüber hinaus haftet der vorläufige Sachwalter gem. § 270b Abs. 1 S. 1 iVm § 274 Abs. 1, 65
§ 60 für Schäden, die aus seiner Verletzung insolvenzspezifischer Pflichten entstehen. Die Anwendung des § 60 hat dabei den gegenüber dem (vorläufigen) Insolvenzverwalter beschränkten Pflichtenkreis des vorläufigen Sachwalters zu berücksichtigen (vgl. HmbKommInsR/Fiebig § 270a Rn. 37 f.). Für die Erfüllung von Masseverbindlichkeiten besteht grundsätzlich **keine Haftung entsprechend § 61** (vgl. KPB/Pape § 270a Rn. 25; Uhlenbruck/Zipperer § 270a Rn. 17). Hält man jedoch die Anordnung eines Zustimmungsvorbehalts zur Begründung von Masseverbindlichkeiten durch den Schuldner entgegen der hier vertretenen Auffassung für zulässig (→ Rn. 29), wird man konsequenterweise auch § 61 (iVm § 277 Abs. 1 S. 3) entsprechend anwenden müssen (HmbKommInsR/Fiebig § 270a Rn. 37; HK-InsO/Brünkmans § 270a Rn. 33; Uhlenbruck/Zipperer § 270a Rn. 22).

III. Vergütung des vorläufigen Sachwalters

Für die Vergütung des vorläufigen Sachwalters gilt seit Inkrafttreten des SanInsFoG am 1.1.2021 66
die gesetzliche Regelung in § 12a InsVV (→ InsVV § 12a Rn. 1 ff.). Soweit gem. §§ 5, 6 COVInsAG für bis zum 31.12.2021 eingeleitete Verfahren die §§ 270 ff. aF Anwendung finden, gelten die bisherigen Grundsätze fort (→ InsO 2012 aF § 270a Rn. 67 ff.).

F. Hinweispflicht bei Antrag bei drohender Zahlungsunfähigkeit

Die Regelung des Abs. 5 entspricht der des § 270a Abs. 2 aF (vgl. RegE SanInsFoG, BT-Drs. 67
19/24181, 207).

I. Regelungszweck

Insolvenzanträge werden regelmäßig erst dann gestellt, wenn eine außergerichtliche Sanierung 68
gescheitert und der Schuldner überzeugt ist, dass keinerlei Aussicht mehr besteht, die Insolvenz zu vermeiden. Grund für die späte Antragstellung dürfte in den allermeisten Fällen die **Angst vor Kontrollverlust** sein, welcher mit der Bestellung eines Insolvenzverwalters einhergeht (vgl. RegE ESUG, BT-Drs. 17/5712, 39 f.). Ob die mit dem StaRUG eingeführten Sanierungsoptionen an diesem Befund etwas ändern werden, bleibt abzuwarten.

Aus Sicht des Insolvenzrechts als Sanierungsrecht hat ein später Antrag den Nachteil, dass die 69
Substanz des schuldnerischen Geschäftsbetriebs im Zeitpunkt der Antragstellung bereits sehr gelit-

ten hat, mit den entsprechenden nachteiligen Auswirkungen auf die Sanierungschancen (vgl. RegE ESUG, BT-Drs. 17/5712, 40).

70 Vor diesem Hintergrund ist die in Abs. 5 geregelte Hinweispflicht zu sehen: Der Gesetzgeber wollte dem sanierungswilligen Schuldner die Möglichkeit geben, seinen Insolvenzantrag zurückzunehmen, wenn das Gericht beabsichtigt, statt die vom Schuldner angestrebte Eigenverwaltung anzuordnen, einen Insolvenzverwalter zu bestellen. Der Schuldner hat dadurch die Möglichkeit, einen ungewollten Kontrollverlust zu vermeiden und die Sanierung seines Geschäftsbetriebs weiter außergerichtlich zu verfolgen. Die **Rückkehr zur außergerichtlichen Sanierung** ist dem Schuldner aber nur dann gestattet, wenn er den Insolvenzantrag bereits bei (nur) drohender Zahlungsunfähigkeit gestellt hat. Durch dieses Erfordernis wollte der Gesetzgeber der Stellung frühzeitiger Insolvenzanträge fördern.

71 Die Regelung zielt in erster Linie auf Insolvenzen natürlicher Personen (zB Freiberufler) und Personengesellschaften ohne voll haftende natürliche Person ab. Bei Kapitalgesellschaften trat die mit Abs. 5 verfolgte Anreizwirkung regelmäßig deshalb nicht ein, weil bei drohender Zahlungsunfähigkeit in der Regel eine Antragspflicht wegen Überschuldung bestand (vgl. RegE ESUG, BT-Drs. 17/5712, 40). Da durch die Änderungen in § 18 und § 19 die zeitliche Überschneidung der beiden Antragsgründe entzerrt wurde, könnte der neue Abs. 5 künftig an Bedeutung gewinnen.

II. Voraussetzungen der Hinweispflicht

72 Die Verpflichtung zur Hinweiserteilung besteht, wenn der Schuldner den Eröffnungsantrag bei drohender Zahlungsunfähigkeit gestellt und die Eigenverwaltung beantragt hat, das Gericht die Voraussetzung der Eigenverwaltung jedoch als nicht gegeben ansieht.

73 Der Eröffnungsantrag ist nur dann „bei" drohender Zahlungsunfähigkeit gestellt, wenn **im Zeitpunkt der Antragstellung** (Uhlenbruck/Zipperer § 270a Rn. 35; aA MüKoInsO/Kern § 270a Rn. 80) **objektiv** (nur) drohende Zahlungsunfähigkeit bestand und insbesondere noch keine Zahlungsunfähigkeit vorlag. Den Angaben des Schuldners in seinem Insolvenzantrag kommt nur indizielle Bedeutung zu (aA FK-InsO/Foltis § 270a Rn. 36). Sofern der Schuldner seinen Antrag auf drohende Zahlungsunfähigkeit stützt, muss das Gericht im Eröffnungsverfahren ermitteln, ob nicht in Wirklichkeit bereits Zahlungsunfähigkeit eingetreten ist (vgl. Uhlenbruck/Zipperer § 270a Rn. 35). Dazu kann es den Gutachterauftrag zur Ermittlung des Vorliegens der Eröffnungsvoraussetzungen entsprechend erweitern. Alternativ kann das Gericht den Hinweis auch vorsorglich erteilen (AGR/Ringstmeier § 270a Rn. 12), was in der Regel effizienter sein wird.

74 Sollte, wie oft, die zunächst nur drohende Zahlungsunfähigkeit nach Antragstellung in Zahlungsunfähigkeit umschlagen, lässt das die Hinweispflicht unberührt (vgl. Uhlenbruck/Zipperer § 270a Rn. 35; aA KPB/Pape § 270a Rn. 43; MüKoInsO/Kern § 270a Rn. 80). Das entspricht dem Gesetzeswortlaut und dem Normzweck. Da der nicht antragspflichtige Schuldner auch nach Eintritt der Zahlungsunfähigkeit die Möglichkeit haben soll, seinen Insolvenzantrag sanktionslos zurückzunehmen, ist es hinzunehmen, dass durch den Hinweis möglicherweise Nachteile für die Gläubiger entstehen.

74.1 Bei juristischen Personen und Gesellschaften ohne Rechtspersönlichkeit, die in den Anwendungsbereich des § 15a fallen, verfehlt der Hinweis bei zwischenzeitlich eingetretener Zahlungsunfähigkeit seinen Zweck, da diese Schuldner den Eröffnungsantrag aufgrund der dann eingetretenen Antragspflicht nicht zurücknehmen dürfen. Da der Gesetzgeber dies zwar gesehen, jedoch im Gesetzeswortlaut nicht berücksichtigt hat, bleibt es auch bei diesen Schuldnern bei der Hinweispflicht (Uhlenbruck/Zipperer § 270a Rn. 34; aA KPB/Pape § 270a Rn. 41). Das Gericht hat den Schuldner aber bei erkannter Antragspflicht auf die mögliche Strafbarkeit der Antragsrücknahme hinzuweisen (Uhlenbruck/Zipperer § 270a Rn. 34).

75 Wenn neben der drohenden Zahlungsunfähigkeit im Antragszeitpunkt der Eröffnungsgrund der Überschuldung eingetreten war, muss kein Hinweis gegeben werden (vgl. MüKoInsO/Kern § 270a Rn. 75 f.). Für die Beschränkung der Hinweispflicht auf Fälle, in denen bei Antragstellung nur der Eröffnungsgrund der drohenden Zahlungsunfähigkeit vorliegt (so MüKoInsO/Kern § 270a Rn. 77 f.), sprechen der Umstand, dass Abs. 5 anders als § 270d Abs. 1 S. 1 nicht die Überschuldung erwähnt (Braun/Riggert § 270a Rn. 7), sowie der Gläubigerschutzgedanke (vgl. MüKoInsO/Kern § 270a Rn. 77). Es wäre widersinnig, dem gem. § 15a antragspflichtigen Schuldner einen Hinweis auf die Möglichkeit der Antragsrücknahme zu geben. Dieses Verständnis widerspricht auch nicht dem Normzweck, denn nur bei juristischen Personen und Gesellschaften ohne Rechtspersönlichkeit ohne persönlich haftenden Gesellschafter ist die Überschuldung Antragsgrund (vgl. § 19 Abs. 1 und 3) und in Fällen dessen Vorliegens darf, wegen der Antragspflicht des § 15a, ein Insolvenzantrag ohnehin nicht mehr zurückgenommen werden (MüKoInsO/Kern § 270a Rn. 77).

Die Hinweispflicht setzt weiter voraus, dass der Schuldner auch die Eigenverwaltung beantragt 76
hat und das Gericht die Voraussetzungen der Eigenverwaltung als nicht gegeben ansieht. Letzteres
ist der Fall, wenn das Gericht die Voraussetzungen des § 270b Abs. 1 oder Abs. 2 als nicht bzw.
die des § 270f als gegeben ansieht und es deshalb beabsichtigt, die (vorläufige) Eigenverwaltung
abzulehnen.

Wird der Eigenverwaltungsantrag zurückgenommen, besteht keine Hinweispflicht (aA MüKo- 77
InsO/Kern § 270a Rn. 85). Der Hinweis wäre in diesem Fall sinnlos, da der Schuldner nach
Rücknahme seines Eigenverwaltungsvertrags zu erkennen gibt, dass er mit der Bestellung eines
Insolvenzverwalters einverstanden ist. Ändert sich das im Laufe des Eröffnungsverfahrens, kann
der Schuldner jederzeit erneut Eigenverwaltungsantrag stellen oder seinen Insolvenzantrag zurücknehmen.
Auf diese Möglichkeiten muss das Gericht aber nicht hinweisen.

III. Rechtsfolge

Das Gericht hat dem Schuldner seine Bedenken gegen die Eigenverwaltung mitzuteilen 78
und muss dem Schuldner Gelegenheit geben, den Eröffnungsantrag zurückzunehmen, bevor es
über die Eröffnung des Insolvenzverfahrens entscheidet.

In welcher **Form** dies zu geschehen hat, ist gesetzlich nicht geregelt (MüKoInsO/Kern § 270a 79
Rn. 94, 100). Dementsprechend steht es dem Insolvenzgericht frei, seine Bedenken in der ihm
geeignet erscheinenden Form mitzuteilen. Neben der schriftlichen Mitteilung durch Beschluss
oder Verfügung kommen in geeigneten Fällen die telefonische oder mündliche Mitteilung (Uhlenbruck/Zipperer
§ 270a Rn. 36) sowie die Mitteilung per E-Mail in Betracht. Eine mündliche
Mitteilung ist gem. § 4 iVm § 160 Abs. 2 ZPO aktenkundig zu machen (MüKoInsO/Kern § 270a
Rn. 94, 100).

Auch zum **Inhalt** des zu erteilenden Hinweises macht das Gesetz nur rudimentäre Vorgaben. 80
Mindestens muss das Gericht dem Schuldner seine Bedenken gegen die Anordnung der Eigenverwaltung
mitteilen. Die Formulierung geht über die bloße Mitteilung hinaus, dass das Gericht die
Ablehnung des Eigenverwaltungsantrags beabsichtigt. Dementsprechend muss das Gericht mitteilen,
welche konkreten Umstände der Anordnung der Eigenverwaltung entgegenstehen (MüKoInsO/Kern
§ 270a Rn. 90; Uhlenbruck/Zipperer § 270a Rn. 36). Der Schuldner erhält dadurch
die Möglichkeit, das Gericht durch weiteren Vortrag davon zu überzeugen, dass die Anordnungsvoraussetzungen
vorliegen (MüKoInsO/Kern § 270a Rn. 91). Sollte das Gericht seine Beurteilung
nach Erteilung des Hinweises ändern und beabsichtigt es, die Eigenverwaltung aus anderen als
den zuvor mitgeteilten Gründen abzulehnen, muss es einen weiteren Hinweis erteilen (MüKoInsO/Kern
§ 270a Rn. 93).

Zudem muss das Gericht dem Schuldner Gelegenheit geben, seinen Insolvenzantrag zurückzunehmen. 81
Dazu muss das Gericht den Schuldner auf die Möglichkeit der Antragsrücknahme hinweisen
(MüKoInsO/Kern § 270a Rn. 96) und diesen Hinweis so rechtzeitig erteilen, dass der
Schuldner eine Entscheidung über die Antragsrücknahme in angemessener Weise treffen kann
(ähnlich Uhlenbruck/Zipperer § 270a Rn. 36: „so früh als möglich"). Dazu sollte das Gericht
dem Schuldner mitteilen, wann es frühestens über die Eröffnung des Insolvenzverfahrens entscheiden
wird (MüKoInsO/Kern § 270a Rn. 98 f.).

Das weitere Verfahren hängt davon ab, wie der Schuldner auf den gerichtlichen Hinweis reagiert. Hält 81.1
der Schuldner seinen Eröffnungsantrag und seinen Eigenverwaltungsantrag aufrecht, kann ggf. ein weiterer
Hinweis gem. § 4 iVm § 139 ZPO geboten sein, wenn das Gericht trotz der vom Schuldner nachgeschobenen
Gründe die Eigenverwaltung abzulehnen beabsichtigt (vgl. MüKoInsO/Kern § 270a Rn. 102).

§ 270d Vorbereitung einer Sanierung; Schutzschirm

(1) ¹Hat der Schuldner mit dem Antrag eine mit Gründen versehene Bescheinigung
eines in Insolvenzsachen erfahrenen Steuerberaters, Wirtschaftsprüfers oder Rechtsanwalts
oder einer Person mit vergleichbarer Qualifikation vorgelegt, aus der sich ergibt,
dass drohende Zahlungsunfähigkeit oder Überschuldung, aber keine Zahlungsunfähigkeit
vorliegt und die angestrebte Sanierung nicht offensichtlich aussichtslos ist, so
bestimmt das Insolvenzgericht auf Antrag des Schuldners eine Frist zur Vorlage eines
Insolvenzplans. ²Die Frist darf höchstens drei Monate betragen.

(2) ¹Der Aussteller der Bescheinigung nach Absatz 1 darf nicht zum vorläufigen Sachwalter
bestellt werden. ²Der Schuldner kann dem Gericht Vorschläge für die Person
des vorläufigen Sachwalters unterbreiten. ³Das Gericht kann von einem Vorschlag des

InsO § 270d   Siebter Teil. Eigenverwaltung

Schuldners nur abweichen, wenn die vorgeschlagene Person offensichtlich für die Übernahme des Amtes nicht geeignet ist; dies ist vom Gericht schriftlich zu begründen.

(3) Das Gericht hat Maßnahmen nach § 21 Absatz 2 Satz 1 Nummer 3 anzuordnen, wenn der Schuldner dies beantragt.

(4) ¹Der Schuldner oder der vorläufige Sachwalter haben dem Gericht den Eintritt der Zahlungsunfähigkeit unverzüglich anzuzeigen. ²Nach Aufhebung der Anordnung nach Absatz 1 oder nach Ablauf der Frist entscheidet das Gericht über die Eröffnung des Insolvenzverfahrens.

Überblick

Zu der bis zum 31.12.2020 geltenden Rechtslage → InsO 2012 aF § 270b Rn. 1 ff.

Die mit dem Ziel der frühzeitigen Insolvenzantragstellung (→ Rn. 3 ff.) geschaffene und im Gesetzgebungsverfahren zum ESUG mehrfach geänderte (→ Rn. 8 ff.), zuletzt durch das SanInsFoG neu gefasste Vorschrift regelt die Voraussetzungen und Rechtsfolgen des Schutzschirms. Voraussetzung der Schutzschirmanordnung sind ein Insolvenzantrag (→ Rn. 13), ein Eigenverwaltungsantrag (→ Rn. 18) sowie die Vorlage einer Bescheinigung (→ Rn. 21). Aus dieser muss sich das Vorliegen der drohenden Zahlungsunfähigkeit oder Überschuldung bei noch nicht eingetretener Zahlungsunfähigkeit (→ Rn. 26) sowie die Sanierungsfähigkeit (→ Rn. 29) ergeben und sie muss durch eine geeignete Person ausgestellt sein (→ Rn. 35). Mit dem Antrag kann der Schuldner einen das Gericht bindenden Vorschlag zur Person des Sachwalters unterbreiten (→ Rn. 47) sowie einen ebenfalls bindenden Antrag auf Vollstreckungsschutz (→ Rn. 53) stellen. Ein Antrag auf Ermächtigung zur Begründung von Masseverbindlichkeiten ist nach der neuen Rechtslage im selben Umfang wie bei der vorläufigen Eigenverwaltung nach § 270b möglich (→ Rn. 55). Sofern die Anordnungsvoraussetzungen vorliegen, setzt das Gericht dem Schuldner auf Antrag eine Frist zur Vorlage eines Insolvenzplans (→ Rn. 57) und trifft unter Berücksichtigung des Vorschlags zur Person des Sachwalters und des ggf. beantragten Vollstreckungsschutzes weitere Anordnungen gem. § 270c Abs. 3 (→ Rn. 60). Nach Ablauf der Frist entscheidet das Gericht über die Eröffnung des Insolvenzverfahrens in Eigenverwaltung (→ Rn. 70), sofern das Verfahren nicht vorzeitig beendet wird.

Übersicht

	Rn.		Rn.
A. Normzweck	1	1. Antrag auf Sicherungsmaßnahmen	53
B. Entstehungsgeschichte	8	2. Antrag auf Begründung von Masseverbindlichkeiten	55
C. Beantragung des Schutzschirms	12	D. Anordnung des Schutzschirms und weitere Entscheidungen des Gerichts	57
I. Obligatorische Anträge des Schuldners	13	I. Anordnung des Schutzschirms	57
1. Eröffnungsantrag	13	II. Weitere Entscheidungen bei Anordnung und während des Schutzschirmverfahrens	60
2. Eigenverwaltungsantrag	18		
3. Antrag auf Fristbestimmung	20	E. Ablauf des Verfahrens	63
II. Vorlage einer Bescheinigung	21	F. Anzeige der Zahlungsunfähigkeit	65
1. Inhalt der Bescheinigung	22	G. Beendigung des Schutzschirmverfahrens	68
2. Person des Ausstellers	35		
III. Vorschlag zur Person des Sachwalters	47		
IV. Fakultative Anträge des Schuldners	53		

A. Normzweck

1   Mit §§ 270a und 270b aF stellte das Gesetz eine vorläufige Eigenverwaltung zur Verfügung, die aufgrund der Erfahrungen durch die Evaluation des ESUG mit Wirkung zum 1.1.2021 durch das Gesetz zur Fortentwicklung des Sanierungs- und Insolvenzrechts (SanInsFoG) umgestaltet wurde. Das zuvor in § 270b normierte Schutzschirmverfahren ist nunmehr mit einigen inhaltlichen Abweichungen in § 270d geregelt. Das Schutzschirmverfahren soll dem Schuldner die Vorbereitung einer Sanierung ermöglichen, indem er während des Eröffnungsverfahrens unter Aufsicht eines vorläufigen Sachwalters einen Insolvenzplan ausarbeiten kann (wobei dies nicht obligatorisch ist, → Rn. 59), ohne den Vollstreckungszugriff seiner Gläubiger befürchten zu müssen.

2   Das Schutzschirmverfahren war bereits bislang keine eigenständige Verfahrensvariante, sondern eine besondere Spielart der (vorläufigen) Eigenverwaltung. Hauptvorteil des Schutzschirmverfah-

Vorbereitung einer Sanierung; Schutzschirm　　　　　　　　　　　　**§ 270d InsO**

rens ist das Recht des Schuldners, einen vorläufigen Sachwalter vorzuschlagen. Dies erhöht die Planbarkeit des Verfahrens erheblich. Rechtstechnisch wird der Vorhersehbarkeit durch gebundene Entscheidungen Rechnung getragen.

Mit § 270d verfolgt der Gesetzgeber das Ziel, einen Anreiz zur frühzeitigen Antragstellung zu setzen (BT-Drs. 17/5712, 19 und 40). Dem Schuldner soll die Sorge genommen werden, mit dem Eröffnungsantrag die Kontrolle über das Unternehmen zu verlieren und bereits im Vorfeld vorbereitete oder begonnene Sanierungsschritte nicht mehr durchführen bzw. beenden zu können (BT-Drs. 17/5712, 40). Für einen Übergangszeitraum bis zum 31.12.2021 steht pandemiebetroffenen Schuldnern noch der Zugang zum Schutzschirmverfahren nach § 270b aF zur Verfügung, sofern im Einzelfall die Voraussetzungen der §§ 5 f. COVInsAG vorliegen. Welche Bedeutung der Schutzschirm darüber hinaus nach dem Inkrafttreten des SanInsFoG noch hat, bleibt abzuwarten. Durch die frühzeitige Einleitung eines Insolvenzverfahrens sollen jedenfalls Sanierungschancen gewahrt und der Forderungsausfall zulasten der Gläubiger möglichst geringgehalten werden. Daher steht auch das sog. Schutzschirmverfahren unter dem Vorzeichen der Gläubigerbefriedigung (§ 1). Ein eigenes Verfahrensziel stellt die Sanierung auch hier nicht dar (Brinkmann/Zipperer ZIP 2011, 1337 (1338); HK-InsO/Brünkmans § 270b Rn. 5; aA KPB/Pape § 270b Rn. 14 ff., 19). Näher → Rn. 3.1 f. 　**3**

Dies ergibt sich nach wie vor aus dem unveränderten § 1, wonach die Sanierung des Unternehmens ein **Mittel** der gemeinschaftlichen Gläubigerbefriedigung und keinen Verfahrenszweck darstellt.　**3.1**

Richtigerweise ist aber zu hinterfragen, ob es aktuellem Verständnis entspricht, eine zügige, möglichst hohe Quote als Ziel der gemeinschaftlichen Gläubigerbefriedigung zu postulieren oder ob Stakeholder häufig nicht viel eher ein Interesse am Unternehmenserhalt zwecks Fortsetzung der Geschäftsbeziehungen haben. Jedenfalls werden aber insbesondere im Falle des Insolvenzplans künftige Ertragschancen des seine Geschäftsbeziehung fortsetzenden Gläubigers zu berücksichtigen sein (zu dieser Zeitraumbetrachtung im Einzelnen Buchalik ZInsO 2015, 484).　**3.2**

Konzeptionell wird der Anreiz durch verschiedene Privilegien – insbesondere im Vergleich zur allgemeinen vorläufigen Eigenverwaltung nach § 270c – erreicht. Im Mittelpunkt steht die Fristbestimmung zur Vorlage eines Insolvenzplans (KPB/Pape § 270b Rn. 38), wenngleich diese nur auf Antrag geschieht und die Vorlage eines Insolvenzplans daher für das Schutzschirmverfahren nicht obligatorisch ist. Darüber hinaus kann der Schuldner die Person des vorläufigen Sachwalters vorschlagen, wobei das Gericht nur in Ausnahmefällen vom Vorschlag abweichen darf (§ 270d Abs. 2 S. 3). Der Schuldner hat ferner einen Anspruch darauf, dass das Gericht die Zwangsvollstreckung in das Mobiliarvermögen untersagt bzw. einstellt (§ 270d Abs. 3). Auf diesen Vollstreckungsschutz geht der Begriff des sog. Schutzschirmverfahrens zurück.　**4**

Das Gericht kann den Schuldner ermächtigen, Masseverbindlichkeiten zu begründen. Dies war schon nach der alten Rechtslage sowohl in der vorläufigen Eigenverwaltung nach § 270a aF als auch im Schutzschirmverfahren nach § 270b aF möglich. Allerdings hatte der Schuldner bislang nur im Schutzschirmverfahren einen Anspruch, zur Begründung von Masseverbindlichkeiten ermächtigt zu werden (§ 270b Abs. 3 aF). Dieser Unterschied zwischen § 270a aF und § 270b aF besteht nach Inkrafttreten des SanInsFoG nicht mehr, da nunmehr § 270c Abs. 4 S. 1 dem Schuldner allgemein in der vorläufigen Eigenverwaltung einen entsprechenden Anspruch gibt (→ § 270c Rn. 20 ff.). Die Regelung gilt auch für den Schutzschirm.　**4.1**

Diese Anreize dürfen nicht darüber hinwegtäuschen, dass der Schutzschirm nur unter engen Voraussetzungen gewährt wird. Der Antrag ist nur begründet, wenn der Schuldner noch nicht zahlungsunfähig ist, sich also frühzeitig um eine Sanierungsvorbereitung unter gerichtlicher Aufsicht bemüht. Die Anordnungsvoraussetzungen hat er zudem durch die Sanierungsbescheinigung (§ 270d Abs. 1 S. 1) einer insolvenzerfahrenen Person nachzuweisen, die die beabsichtigte Sanierung als nicht offensichtlich aussichtslos ausweist.　**5**

Die Regelungen zur Aufhebung des Schutzschirmverfahrens (§ 270b Abs. 4 aF) sind in § 270d nicht übernommen worden. Eine gesonderte Beendigungsmöglichkeit ist für das Schutzschirmverfahren somit nicht mehr vorgesehen. Nach der Neukonzeption ist es nur noch möglich, die vorläufige Eigenverwaltung insgesamt durch Bestellung eines vorläufigen Insolvenzverwalters zu beenden (§ 270e; vgl. auch Blankenburg ZInsO 2021, 753 (766)). Das ist angesichts der weitgehenden Annäherung von regulärer vorläufiger Eigenverwaltung und Schutzschirm durch das SanInsFoG (vgl. Morgen/Arends ZIP 2021, 447 (452)) konsequent. Eine gesonderte Beendigung des einmal eingeleiteten Schutzschirmverfahrens hätte allein den Effekt, die nach § 270d Abs. 1 gesetzte Frist aufzuheben. Hierzu bedarf es aber keiner Beendigungsmöglichkeit, da die Aufhebung der Frist aus Gläubigersicht keine Vorteile bringt. Dem Gläubigerinteresse wird am ehesten durch　**6**

Übergang in die reguläre vorläufige Insolvenzverwaltung Rechnung getragen, wie § 270e dies vorsieht.

7 Auch nach der Neukonzeption der Eigenverwaltung besteht der Hauptvorteil des Schutzschirmverfahrens darin, dass der Schuldner einen für das Gericht im Grundsatz verbindlichen Vorschlag der Person des Sachwalters unterbreiten kann. Das erhöht die Planbarkeit des Verfahrens für den Schuldner. Dieser Vorteil dürfte auch weiterhin in vielen Fällen ausschlaggebend für die Wahl des Schutzschirmverfahrens bleiben (aA Blankenburg ZInsO 2021, 753 (765 f.)). Da die Eingangsvoraussetzungen der regulären vorläufigen Eigenverwaltung erheblich angehoben wurden, erscheint es naheliegend, dass der Schutzschirm im Vergleich an Bedeutung gewinnen wird. Denn da ohnehin eine Eigenverwaltungsplanung erarbeitet werden muss, fällt der Zusatzaufwand der für den Schutzschirm erforderlichen Bescheinigung weniger ins Gewicht als nach der alten Rechtslage. Ob die zahlenmäßige Bedeutung des Schutzschirms nach dem Inkrafttreten der Regelungen des StaRUG am 1.1.2021 zunehmen wird, bleibt abzuwarten.

B. Entstehungsgeschichte

8 Öffentliche Aufmerksamkeit erreichte die mangelhafte Wettbewerbsfähigkeit des deutschen Insolvenzrechts durch die Abwanderung deutscher Traditionsunternehmen, um im Vereinigten Königreich ein Company Voluntary Arrangement (CVA) bzw. Scheme of Arrangement (SoA) zu durchlaufen. In Deutschland hatte die Wirtschaftskrise 2008 die Forderungen nach einem „vorinsolvenzlichen" bzw. „außergerichtlichen" Sanierungsverfahren aufleben lassen. Die Beteiligten versprachen sich hierdurch stille und kostengünstige Sanierungen ohne das vermeintliche Stigma der Insolvenz.

9 Andererseits ist jedoch zweifelhaft, ob Zwangseingriffe in Gläubiger- oder Gesellschafterrechte außerhalb eines Insolvenzverfahrens verfassungsrechtlich gerechtfertigt sind (KPB/Pape § 270b Rn. 4; Uhlenbruck/Zipperer § 270b Rn. 1; Pape ZInsO 2010, 1582 (1584)). Dies gilt insbesondere im Hinblick auf Kooperationspflichten zwischen den Gläubigern; für eine allseitige Bindungswirkung privater Sanierungsvereinbarungen bestand bis zum Inkrafttreten des StaRUG keine Grundlage (zu sog. Akkordstörern BGH NJW 1992, 967).

10 Mit dem ESUG entschied sich der Gesetzgeber dafür, mit dem Schutzschirmverfahren eine dezidierte Sanierungsoption innerhalb der InsO einzuführen. Gleichwohl wurde § 270b aF von vorinsolvenzlichen Verfahrensarten ausländischer Rechtsordnungen inspiriert und sollte in Wettbewerb mit ihnen treten. Hier ist etwa an die vorgenannten (→ Rn. 8) Verfahren des englischen Rechts oder die französische procédure de sauvegarde zu denken. Zur Entstehungsgeschichte → Rn. 10.1 ff.

10.1 Bereits der Diskussionsentwurf zum Gesetz zur weiteren Erleichterung der Sanierung von Unternehmen v. 1.9.2010 (NZI-Beil. 16/2010, 1) enthielt einen Vorschlag zur Etablierung eines Schutzschirmverfahrens. Die diskutierten Anordnungsvoraussetzungen entsprachen im Wesentlichen den letztlich Gesetz gewordenen. Allerdings war der Eröffnungsgrund auf die drohende Zahlungsunfähigkeit (§ 18) beschränkt, während nunmehr auch die Überschuldung (§ 19) einem Schutzschirmverfahren nicht entgegensteht. Der Kreis potentieller Bescheinigungsaussteller war auf Steuerberater, Wirtschaftsprüfer und Rechtsanwälte begrenzt, wobei nur von der letzten Berufsgruppe eine besondere Insolvenzerfahrung verlangt wurde. Eine Bestimmung zur Begründungsmöglichkeit von Masseverbindlichkeiten fehlte. Die Einsetzung eines vorläufigen Gläubigerausschusses, dessen Einführung der Entwurf jedoch vorschlug, enthielt § 270b Abs. 2 InsO-DiskE ebenfalls nicht. § 270b Abs. 3 InsO-DiskE sah ausschließlich amtswegige Aufhebungsgründe vor, wozu der Entwurf auch den nachträglichen Eintritt der Zahlungsunfähigkeit zählte.

10.2 Seit dem Referentenentwurf v. 25.1.2011 kann das Schutzschirmverfahren auch bei Überschuldung (§ 19) angeordnet werden. Weicht das Gericht vom Vorschlag des Schuldners zur Person des vorläufigen Sachwalters ab, so hat das Gericht dies nunmehr zu begründen. Der Entwurf weitete den Kreis möglicher Bescheinigungsaussteller auf „Person[en] mit vergleichbarer Qualifikation" aus und verlangte die notwendige Insolvenzerfahrung fortan unabhängig von der Berufsgruppe. Zudem muss die Bescheinigung seitdem „mit Gründen versehen" sein. § 270b Abs. 2 InsO-RefE sah nun auch die Einsetzung eines vorläufigen Gläubigerausschusses ausdrücklich vor. Ergänzend hierzu führte der Entwurf auch die Aufhebung auf Antrag eines Gläubigers und des vorläufigen Gläubigerausschusses ein, wie sie § 270b Abs. 4 S. 1 Nr. 2 und 3 aF vorsah.

10.3 An dem Referentenentwurf hielt der Regierungsentwurf v. 4.5.2011 (BT-Drs. 17/5712, 40 f.) entgegen den Anregungen des Bundesrats v. 5.4.2011 (BR-Drs. 127/1/11, 23 ff.) fest. Zuvor hatte der Bundesrat das Gesetzgebungsvorhaben im Wesentlichen begrüßt, aber auch um die genauere Bestimmung einzelner Formulierungen (ua „Bescheinigung", „in Insolvenzsachen erfahren", „Person mit vergleichbarer Qualifikation") gebeten. Der Rechtsausschuss hatte zudem angeregt, das weitreichende Vorschlagsrecht des

Schuldners zur Person des vorläufigen Sachwalters zu streichen. Der Vollstreckungsschutz sollte zudem nur grundsätzlich gewährt werden („soll ... anordnen"). Schließlich hatte der Bundesrat um eine Sanktion gebeten, wenn der Eintritt der Zahlungsunfähigkeit nicht angezeigt wird. Diesen Vorschlägen entsprach die Bundesregierung nicht (zur Gegenäußerung BT-Drs. 17/5712, 70 f.).

10.4 Weitreichende Änderungen brachte sodann allerdings die Beschlussempfehlung des Rechtsausschusses v. 26.10.2011 mit sich (Gegenüberstellung von Regierungsentwurf und den Empfehlungen des Rechtsausschusses in BT-Drs. 17/7511, 19 f.). So wurde die Regelung in § 270b Abs. 3 aF eingeführt, wonach das Gericht den Schuldner auf dessen Antrag hin zur Begründung von Masseverbindlichkeiten zu ermächtigen hat. Um das Blockadepotential einzelner Gläubiger zu reduzieren, wurde der zwingende Aufhebungsgrund des Eintritts der Zahlungsunfähigkeit nach Antragstellung gestrichen; es bleibt nun bei der entsprechenden Anzeigepflicht des Schuldners und des vorläufigen Sachwalters. Von bloß deklaratorischer Bedeutung ist der ebenfalls übernommene Vorschlag des Rechtsausschusses, dass Bescheinigungsaussteller und vorläufiger Sachwalter personenverschieden zu sein haben.

10.5 Nachdem die Änderungen übernommen worden waren, wurde das ESUG inkl. § 270b aF v. 7.12.2011 verabschiedet und verkündet (BGBl. 2011 I 2582 (2587 f.)).

11 Die EU-Kommission beriet seit jüngerer Zeit über einen „wirksamen Insolvenzrahmen in der EU" (dazu ZIP 2016, A 28), wodurch auch die Diskussion um vorinsolvenzliche Sanierungsverfahren wieder auflebte (vgl. dazu etwa die Stellungnahme des DAV, abgedr. in ZInsO 2016, 1197 sowie aus ministerialer Sicht ZIP-Beil. 22/2016, 21; Überblick bei Zipperer ZInsO 2016, 831). Nach dem Richtlinienentwurf der Europäischen Kommission v. 22.11.2016 (COMI (2016) 723 final) (dazu Thole ZIP 2017, 101; Jacobi ZInsO 2017, 1; kritisch insbesondere Frind NZI 2018, 431) stimmte das Europäische Parlament der Restrukturierungsrichtlinie am 27.3.2019 zu. Sie trat am 16.7.2019 in Kraft. Der deutsche Gesetzgeber hat sie inzwischen mit dem StaRUG (Art. 1 SanInsFoG) in nationales Recht umgesetzt. Wie sich die Neukonzeption der Eigenverwaltung durch das SanInsFoG sowie die durch das StaRUG nunmehr bereit gestellten Optionen zur Restrukturierung außerhalb eines Insolvenzverfahrens auf die Bedeutung des Schutzschirmverfahrens auswirken werden, bleibt abzuwarten.

C. Beantragung des Schutzschirms

12 Das Verfahren setzt drei zwingende schuldnerische Anträge voraus, den Eröffnungs- (→ Rn. 13) und Eigenverwaltungsantrag (→ Rn. 18) sowie den Antrag auf Bestimmung der Frist (→ Rn. 20). Ebenfalls zwingend und Voraussetzung des Antrags auf Fristbestimmung ist die Vorlage einer Bescheinigung (→ Rn. 21). Darüber hinaus wird der Schuldner einen Vorschlag zur Person des Sachwalters unterbreiten (→ Rn. 47) und Anträge auf Vollstreckungsschutz (→ Rn. 53) sowie auf Ermächtigung zur Begründung von Masseverbindlichkeiten (→ Rn. 55) stellen.

I. Obligatorische Anträge des Schuldners

1. Eröffnungsantrag

13 Der Schuldner musste nach § 270b aF zunächst einen Eröffnungsantrag stellen, dessen Zulässigkeit sich nach den allgemeinen Regeln (§§ 11 ff.) richtete. Da der Schuldner auch die Eigenverwaltung zu beantragen hatte, waren die Angaben zur Gläubiger- und Forderungsstruktur verpflichtend (§ 13 Abs. 1 S. 6 Nr. 1). § 270d verlangt seinem Wortlaut nach nicht mehr ausdrücklich einen Eröffnungsantrag des Schuldners. Allerdings wird der Schutzschirm in der Praxis stets mit dem Eröffnungsantrag verbunden. Dann gilt dasselbe wie bislang bei § 270b aF. Dass überhaupt ein Eröffnungsantrag vorliegen muss, folgt aus dem Charakter des Schutzschirmverfahrens als Variante der vorläufigen Eigenverwaltung.

14 Die erhöhten Anforderungen, die das ESUG an den Eigenantrag stellt (§ 13), sind keine Besonderheiten des Schutzschirmverfahrens. Allerdings können – wie bereits nach der alten Rechtslage (MüKoInsO/Kern § 270b Rn. 19) – Schwächen, die bereits im Rahmen des Eröffnungsantrags auftreten, die offensichtliche Aussichtslosigkeit der Sanierung nahelegen. Zudem können fehlerhafte Angaben im Eröffnungsantrag unter Umständen nahelegen, dass die Eigenverwaltungsplanung auf unzutreffenden Tatsachen beruht, was die Ablehnung der vorläufigen Eigenverwaltung zur Folge haben kann (§ 270b Abs. 1 S. 1 Nr. 2). Gleichwohl hat das Gericht nach § 4 iVm § 139 ZPO zunächst auf die Unzulässigkeit hinzuweisen.

15 Der Schuldner muss den Eröffnungsgrund zwar nicht glaubhaft machen (arg. e § 14), aber Tatsachen mitteilen, welche die wesentlichen Merkmale eines Eröffnungsgrunds erkennen lassen

(BGH NZI 2003, 147). Beim Schutzschirmverfahren ergibt sich der Eröffnungsgrund überdies aus der Bescheinigung (Abs. 1 S. 1).

16 Im Rahmen von § 270d genügt wie bei § 270b aF die Bezugnahme auf die Bescheinigung (Kübler HRI/Koch/Jung § 8 Rn. 32; FK-InsO/Foltis § 270b Rn. 12; Uhlenbruck/Zipperer § 270b Rn. 8; zurückhaltend Kolmann, Schutzschirmverfahren, 2014, Rn. 634).

17 Das Antragsrecht jedes organschaftlichen Vertreters bzw. persönlich haftenden Gesellschafters (§ 15) ist durch § 18 Abs. 3 eingeschränkt, wenn nicht zugleich auch Überschuldung vorliegt. Bei der Antragsberechtigung ist allein das Außenverhältnis maßgebend; die gesellschaftsinterne Berechtigung des Vertreters ist unerheblich (HmbKommInsR/Fiebig § 270b Rn. 3). Zum Wegfall der internen Bindung der Geschäftsleiter an die Zustimmung der Aufsichtsorgane gem. § 276a Abs. 3 vgl. → § 276a Rn. 56; die Bestimmung gilt uneingeschränkt auch im Schutzschirmverfahren.

2. Eigenverwaltungsantrag

18 Der Eigenverwaltungsantrag des Schuldners (§ 270a) wird in Abs. 1 S. 1 in Bezug genommen. Er muss den formellen Anforderungen des § 270a genügen. Erforderlich sind somit auch im Rahmen des Schutzschirms eine Eigenverwaltungsplanung (§ 270a Abs. 1, → § 270a Rn. 10 ff.) und die gem. § 270a Abs. 2 erforderlichen weiteren Erklärungen des Schuldners (→ § 270a Rn. 24).

19 Die Eigenverwaltungsplanung des Schuldners muss vollständig und schlüssig sein (§ 270b Abs. 1 S. Nr. 1). Zudem dürfen keine Umstände bekannt sein, aus denen sich ergibt, dass die Eigenverwaltungsplanung in wesentlichen Punkten auf unzutreffenden Tatsachen beruht (§ 270b Abs. 1 S. 1 Nr. 2). Eine Nachbesserung des Eigenverwaltungsantrags ist in den Fällen des § 270b Abs. 1 S. 2 auch im Rahmen des Schutzschirms möglich. Damit gehen die (materiellen) Anordnungsvoraussetzungen wie schon bei § 270b aF (Meyland, Sanierungsbescheinigung, 2018, 76 und 197 ff.) über den Bescheinigungsinhalt hinaus. In praxi wurde die Diskussion bislang dadurch entschärft, dass (offenkundig) gläubigerbenachteiligende Umstände in der Regel auch die Aussichtslosigkeit der Sanierung begründeten. Gleiches wird man regelmäßig bei grob fehlerhafter Eigenverwaltungsplanung annehmen können, zumal wenn sich diese als nicht nachbesserungsfähig erweist.

3. Antrag auf Fristbestimmung

20 Eine bestimmte Frist muss der Antrag nicht enthalten (K. Schmidt InsO/Undritz § 270b Rn. 2). Er muss weder zeitgleich mit dem Eröffnungs- noch dem Eigenverwaltungsantrag gestellt werden (zu nachfolgenden Schutzschirmanträgen FK-InsO/Foltis § 270b Rn. 16; vgl. auch MüKoInsO/Kern § 270b Rn. 25). In der Literatur finden sich Musteranträge (etwa bei Borchardt/Frind, Betriebsfortführung im Insolvenzverfahren, 3. Aufl. 2017, Anh. Rn. 3097; BeckPFormB/Sinz InsR III, F Nr. 2 und Buchalik ZInsO 2012, 349). Das Gesetz schreibt zwar keine Form vor, gleichwohl ist die Schriftform anzuraten.

II. Vorlage einer Bescheinigung

21 Die Anordnung des Schutzschirms setzt voraus, dass der Schuldner die Bescheinigung einer insolvenzerfahrenen Person vorlegt, aus der sich die Anordnungsvoraussetzungen ergeben. Die Anforderungen an den Inhalt der Bescheinigung sowie an die Person des Ausstellers wurden durch das SanInsFoG nicht geändert. Die zu § 270b aF etablierten Grundsätze kann weiterhin herangezogen werden (Blankenburg ZInsO 2021, 753 (765)).

1. Inhalt der Bescheinigung

22 Das Gesetz lässt die sachlichen Anforderungen an die Sanierungsbescheinigung im Wesentlichen offen. Jedenfalls muss sie „mit Gründen versehen" sein; eine ergebnisorientierte Mitteilung, genügt somit nicht. Gleiches gilt für (in der Praxis bisweilen anzutreffende und das „Insolvenzklima" mit dem Gericht nicht unbedingt verbessernde) Textbausteine ohne Bezug zum konkreten Sanierungsfall (Graf-Schlicker/Graf-Schlicker § 270b Rn. 23).

23 Der Gesetzgeber sah davon ab, ein „umfassendes Sanierungsgutachten entsprechend bestimmten formalisierten Standards" (etwa nach IDW S 6, zu Prüfungsstandards → Rn. 24.1 ff.) zu verlangen, weil kleineren und mittleren Unternehmen das Schutzschirmverfahren aus Kostengründen anderenfalls verwehrt bleiben könnte (BT-Drs. 17/5712, 40). Der Begriff der Bescheinigung wirft zwar Unklarheiten auf (krit. BR-Drs. 17/5712, 58), ist andererseits aber nicht gänzlich neu, wie

§ 305 Abs. 1 Nr. 1 zeigt (Meyland, Sanierungsbescheinigung, 2018, 90 ff.; Frind ZInsO 2018, 231 (236 ff.); Gutmann/Laubereau ZInsO 2012, 1861 (1868); Braun/Riggert § 270b Rn. 7). Der Begriff wurde bewusst gewählt, um die inhaltlichen Anforderungen nicht zu überspannen (vgl. die Gegenäußerung zum BR in BT-Drs. 17/7512, 70).

Die Praxis behilft sich an dieser Stelle mit Musterbescheinigungen. Näher → Rn. 24.1 ff. **24**

Ein prominentes Beispiel ist der vom Institut der Wirtschaftsprüfer e.V. (IDW) verabschiedete Standard: **24.1**
Bescheinigung nach § 270b aF (IDW S 9, abgedr. ua in ZInsO 2014, 2266). Während dessen Entwurf Gegenstand von Kritik (etwa Frind ZInsO 2012, 540; Kraus/Lenger/Radner ZInsO 2012, 587) war, wurde der endgültige Standard im Wesentlichen begrüßt (Frind ZInsO 2014, 2264; Leib/Rendels INDat-Report 2014, 52). Inzwischen liegt eine Neufassung des IDW S 9 als Entwurf vor (Entwurf einer Neufassung des IDW Standards: Bescheinigungen nach §§ 270d und 270a InsO (IDW ES 9 nF vom 12.1.2021)).

Hinsichtlich der Einzelheiten an den Eröffnungsgründen ist der Standard IDW S 11 einschlägig (abgedr. **24.2**
ua in ZInsO 2015, 1136). Die Änderungen durch das SanInsFoG sind in der inzwischen als Entwurf vorliegenden Neufassung dieses Standards adressiert (IDW ES 11 nF vom 8.1.2021).

Einen weiteren Leitfaden stellt der Bundesverband Deutscher Unternehmensberater e.V. (BDU) mit **24.3**
der Struktur eines Grobkonzepts im Rahmen der Bescheinigung nach § 270b aF vor (abgedr. in ZInsO 2013, 2095), der in der Literatur weitgehend auf Zustimmung stößt (Bremen NZI 2014, 137 (139); Kolmann, Schutzschirmverfahren, 2014, Rn. 524; Reinhardt/Lambrecht Stbg 2014, 71 (79); Siemon ZInsO 2014, 625 (530); krit. Hermanns ZInsO 2014, 922).

Mit § 270b aF hielt der ESUG-Gesetzgeber an der Konzeption von § 16 fest (krit. Hirte ZInsO **25**
2011, 401 (402)). Erstmals verknüpfte das Gesetz die (vorläufige) Eigenverwaltung mit besonderen Eröffnungsgründen. Dazu zählt bei § 270d – wie schon bei § 270b aF – neben dem Sanierungsgrund der drohenden Zahlungsunfähigkeit auch die Überschuldung. Nach der Rechtslage vor dem SanInsFoG war es erforderlich, den Schutzschirm auch bei eingetretener Überschuldung zuzulassen: Da die drohende Zahlungsunfähigkeit regelmäßig auch die Überschuldung begründete, wäre das Schutzschirmverfahren andernfalls leergelaufen. Da gem. § 18 bei der Prüfung der drohenden Zahlungsunfähigkeit nunmehr regelmäßig ein deutlich längerer Prognosezeitraum (in der Regel 24 Monate) als bei der Überschuldungsprüfung (zwölf Monate, § 19) zu betrachten ist, wird die drohende Zahlungsunfähigkeit künftig regelmäßig deutlich früher als die Überschuldung eintreten. Der Gesetzgeber hat jedoch davon abgesehen, Schuldnern nach Eintritt der Überschuldung den Zugang zum Schutzschirm zu verwehren.

Die Privilegien des Schutzschirmverfahrens sind allerdings nur gerechtfertigt, wenn sich der **26**
Schuldner um eine frühzeitige Antragsstellung bemüht hat. Aus diesem Grund darf zum Zeitpunkt der Fristbestimmung keine Zahlungsunfähigkeit (§ 17) eingetreten sein. Obschon die bloß drohende Zahlungsunfähigkeit (§ 18) begrifflich ausschließt, dass Zahlungsunfähigkeit bereits eingetreten ist (Uhlenbruck/Zipperer § 270b Rn. 22: stichtagsbezogene Exklusivität), ist das Negativattest zwingender Bestandteil der Bescheinigung. Ob in diesem Rahmen eine nur knappe Beurteilung der Zahlungsunfähigkeit erlaubt ist (vgl. HmbKommInsR/Fiebig § 270b Rn. 15), ist angesichts von Wortlaut (der anders als bei der Sanierungsaussicht gerade keine Einschränkung nach Offensichtlichkeit oÄ vorsieht) und Missbrauchsanfälligkeit zweifelhaft (Meyland, Sanierungsbescheinigung, 2018, 130 ff.). Aufgrund der durch das SanInsFoG verschärften Voraussetzungen für die Anordnung der vorläufigen Eigenverwaltung dürfte die Begutachtung der drohenden Zahlungsunfähigkeit künftig einen Schwerpunkt der Bescheinigung darstellen (nach Blankenburg ZInsO 2021, 753 (765) soll sich die Bedeutung der Bescheinigung hierauf beschränken).

Begriff und Ermittlung der Zahlungsunfähigkeit richten sich nach den allgemeinen Vorschriften **27**
(zum Folgenden BGH NJW 2005, 3062; NZI 2018, 204).

Nach Auffassung des AG Ludwigshafen darf die Zahlungsunfähigkeit zum Zeitpunkt der Fristbestim- **27.1**
mung nicht eingetreten sein (AG Ludwigshafen NZI 2014, 761; auch MüKoInsO/Kern § 270b Rn. 29 ff.; Kolmann, Schutzschirmverfahren, 2014, Rn. 538 aE; K. Schmidt InsO/Undritz § 270b Rn. 5; für die Maßgeblichkeit der Antragsstellung FAKomm InsR/Ringstmeier § 270b Rn. 7, 9; Uhlenbruck/Zipperer § 270b Rn. 12; KPB/Pape § 270b Rn. 30; Meyland, Sanierungsbescheinigung, 2018, 148 f.). Das ist zweifelhaft. Jedenfalls aber ist die mangelnde Liquidität, die voraussichtlich nicht den überschaubaren Zeitraum zwischen Antragstellung und Fristbestimmung zu überbrücken vermag, bei der Sanierungsaussicht zu würdigen (AG Ludwigshafen NZI 2014, 761).

Nach § 18 Abs. 2 droht der Schuldner zahlungsunfähig zu werden, wenn er voraussichtlich **28**
nicht in der Lage sein wird, die bestehenden Zahlungspflichten im Zeitpunkt der Fälligkeit zu erfüllen. Dabei ist gem. § 18 Abs. 2 S. 2 in der Fassung des SanInsFoG „in aller Regel" ein Prognosezeitraum von 24 Monaten zugrunde zu legen. Da § 270d Abs. 1 S. 1 den Begriff der

drohenden Zahlungsunfähigkeit ohne Einschränkungen verwendet (vgl. Ganter NZI 2012, 985 (986) zu § 270b aF), ist der Prognosezeitraum auch für die Beantragung des Schutzschirms maßgeblich. Die Prognose in der Bescheinigung umfasst auch solche Verbindlichkeiten, die erst im Prognosezeitraum entstehen werden (Meyland, Sanierungsbescheinigung, 2018, 151 ff. mwN). Nach Auffassung des AG Erfurt ist eine eingetretene, nicht bloß drohende Zahlungsunfähigkeit anzunehmen, wenn der Schuldner nach Ablauf der befristeten Stundung wieder zahlungsunfähig wird (AG Erfurt ZInsO 2012, 944; zust. Siemon ZInsO 2012, 1045; aA AG Ludwigshafen NZI 2014, 761; Ganter NZI 2012, 985; HmbKommInsR/Fiebig § 270b Rn. 5; Meyland, Sanierungsbescheinigung, 2018, 146 ff.). Das stößt auf Zweifel, mag die Stundung doch gerade das Vertrauen der Gläubiger in die künftige Liquidität des Schuldners belegen (AG Ludwigshafen NZI 2014, 761).

28.1 Von der Frage des anzusetzenden Prognosezeitraums zu unterscheiden ist die Frage, für welchen Zeitraum die drohende Zahlungsunfähigkeit im Rahmen der Bescheinigung mit einer Liquiditätsplanung zu unterlegen ist. Insoweit lag es nach der alten Rechtslage mit Blick auf den Zweck des Verfahrens und die in § 270b Abs. 1 S. 2 aF genannte Höchstfrist nahe, einen verkürzten Zeitraum von drei Monaten ausreichen zu lassen (vgl. Zipperer/Vallender NZI 2012, 729 (733); Uhlenbruck/Zipperer § 270b Rn. 24; Graf-Schlicker/Graf-Schlicker § 270b Rn. 24). Nach der neuen Rechtslage ist dem Eigenverwaltungsantrag zwingend ein Finanzplan beizufügen, der einen Zeitraum von sechs Monaten abdeckt (vgl. § 270a Abs. 1 Nr. 1). Dieser Zeitraum wird auch die Bescheinigung mindestens abzudecken haben.

29 Hinsichtlich des Begriffs der Sanierung bietet sich ein Rückgriff auf § 39 Abs. 4 S. 2 an, sodass die Sanierungsbemühungen des Schuldners auf die Überwindung von Eröffnungsgründen – auch der drohenden Zahlungsunfähigkeit – gerichtet sind (HambK-InsO/Lüdtke § 39 Rn. 54); allerdings wird die Sanierungsfähigkeit hier, anders als im Rahmen des Sanierungsprivilegs, ex ante bestimmt (Uhlenbruck/Zipperer § 270b Rn. 25).

30 Die Beteiligten können auch eine übertragende Sanierung anstreben. § 270d verlangt wie bereits die Vorgängerregelung (§ 270b aF) nicht zwingend den Erhalt des Rechtsträgers (HK-InsO/Brünkmans § 270b Rn. 17; Gottwald InsR-HdB/Haas § 88 Rn. 31; Uhlenbruck/Zipperer § 270b Rn. 13; Smid ZInsO 2016, 61 (64); BDU ZInsO 2013, 2095 (2098); Meyland, Sanierungsbescheinigung, 2018, 180; aA Nerlich/Römermann/Riggert § 270b Rn. 14 und FK-InsO/Foltis § 270b Rn. 46).

31 Die angestrebte Sanierung ist offensichtlich aussichtslos, wenn ihr Erfolg mit an Sicherheit grenzender Wahrscheinlichkeit nicht eintreten wird (MüKoInsO/Kern § 270b Rn. 40). Dies betrifft vornehmlich Fälle, in denen der Schuldner von völlig unrealistischen oder nicht denklogischen Prämissen ausgeht (MüKoInsO/Kern § 270b Rn. 40; Braun/Riggert § 270b Rn. 18; Brinkmann DB 2012, 1313 (1317)). In solchen Fällen wird es der gem. § 270a Abs. 1 vorzulegenden Eigenverwaltungsplanung zugleich an der von § 270b Abs. 1 S. 1 Nr. 1 geforderten Schlüssigkeit mangeln (zutreffend Blankenburg ZInsO 2021, 2021, 753 (765)).

32 Zu § 270b aF haben sich Fallgruppen herausgebildet, in denen die Aussichtslosigkeit der Sanierung regelmäßig naheliegt. Näher → Rn. 32.1 ff.

32.1 Die Sanierung kann aus rechtlichen Gründen aussichtslos sein, wenn dem Schuldner die Konzession (der Fluggesellschaft zB das AOC) entzogen oder das Gewerbe untersagt wurde (Gottwald InsR-HdB/Haas § 86 Rn. 32; Gutmann/Laubereau ZInsO 2012, 1861 (1870)).

32.2 Gleiches gilt, wenn bereits die Finanzierung des Schutzschirmverfahrens nicht plausibel dargelegt werden kann oder die Reaktion des Marktes die Fortführung unrealistisch erscheinen lässt (umfassende Übersicht bei Reinhardt/Lambrecht Stbg 2014, 71 (80); Kolmann, Schutzschirmverfahren, 2014, Rn. 255; speziell zur „Insolvenzfähigkeit" des Geschäftsmodells Siemon ZInsO 2014, 625).

32.3 Skepsis ist geboten, wenn mit dem Schutzschirmverfahren strategische Probleme überwunden werden sollen; solche Mängel lassen sich mithilfe eines Insolvenzplans nicht beseitigen (Gottwald InsR-HdB/Haas § 86 Rn. 33; Kolmann, Schutzschirmverfahren, 2014, Rn. 254; vgl. auch Uhlenbruck/Zipperer § 270b Rn. 11: nur bei finanzwirtschaftlich angeschlagenen Unternehmen sinnvoll).

32.4 Auch an die Sanierungsfähigkeit eines eingestelltem Geschäftsbetrieb sind hohe Anforderungen zu stellen (Kolmann, Schutzschirmverfahren, 2014, Rn. 559). § 270b Abs. 3 S. 1 Nr. 1 InsO-RegE, wonach der nachträgliche Eintritt der Zahlungsunfähigkeit stets zur Aufhebung der Fristbestimmung führt, wurde nicht Gesetz.

32.5 Somit begründet die erwartete Zahlungsunfähigkeit während des Schutzschirmverfahrens für sich genommen keine Aussichtslosigkeit (Ganter NZI 2012, 985 (986); KPB/Pape § 270b Rn. 30 f.; Rattunde in Borchardt/Frind, Betriebsfortführung im Insolvenzverfahren, 3. Aufl. 2017, Rn. 1695; aA AG Ludwigshafen NZI 2012, 761; FK-InsO/Foltis § 270b Rn. 19). Nach der Konzeption des § 270b aF nahm das Gericht den nachträglichen Eintritt der Zahlungsunfähigkeit allerdings zum Anlass, die Aufhebungsvoraus-

Vorbereitung einer Sanierung; Schutzschirm **§ 270d InsO**

setzung in § 270b Abs. 4 S. 1 Nr. 1 aF zu prüfen (arg. ex § 270b Abs. 4 S. 2 aF). Ausweislich des Wortlauts genügt ein Negativattest; einer (positiven) Bescheinigung bedarf es mithin ebenso wenig wie ein kostenträchtiges umfassendes Gutachten, wie es etwa der IDW S 6 vorsieht (BT-Drs. 17/5712, 40). Gleichwohl müssen unabhängig von der Unternehmensgröße die wesentlichen Eckpunkte des Sanierungskonzepts vorliegen, wobei allerdings die Prüfungsdichte dem Umfang des Unternehmens und der verfügbaren Zeit angepasst werden kann (im Rahmen der Vorsatzanfechtung BGH NJW 1998, 1561; jüngst auch OLG Köln ZInsO 2018, 792). Der Bescheiniger hat sich – vergleichbar § 156 Abs. 1 – ein Bild von der Geschäftstätigkeit des Schuldners, dem Stadium und den Ursachen der Krise zu machen.

Hierfür ist es hilfreich, neben der Vermögens-, Finanz- und Ertragslage der letzten zwei Jahre auch **32.6** bereits eingeleitete Sanierungsmaßnahmen darzustellen (Reinhardt/Lambrecht Stbg 2014, 71 (79)).

Inwieweit die Fallgruppen zu § 270b aF iRd § 270d weiterhin herangezogen werden, können, **33** wird sich zeigen. Zu bedenken ist, dass die Anordnungsvoraussetzungen für die reguläre vorläufige Eigenverwaltung durch § 270a substantiell angehoben wurden. Das mag dafür sprechen, bei § 270d ebenfalls einen strengeren Maßstab bei der Prüfung des Fehlens der Sanierungsvoraussetzungen anzulegen. Zwingend ist der Schluss indes nicht, zumal die Gesetzesbegründung keine Hinweise auf eine Verschärfung der Anforderungen enthält (BT-Drs. 19/24181, 205 f.).

Der Antrag sollte im Hinblick auf die Bescheinigung **zeitnah** erfolgen. Näher → Rn. 34.1 ff. **34**

Ihre erforderliche Aktualität richtet sich nach Art und Umfang des Unternehmens. **34.1**

Hohe Umsätze und kurze Fälligkeitsfristen erfordern eine höhere Aktualität als Unternehmen mit **34.2** geringen Umsätzen und längerfristigen Erlösen (Zipperer/Vallender NZI 2012, 729 (732); Kolmann, Schutzschirmverfahren, 2014, Rn. 564; ähnl. FAKomm InsR/Ringstmeier § 270b Rn. 14), wobei die in der Literatur diskutierten Zeiträume als Orientierung dienen (HmbKommInsR/Fiebig § 270b Rn. 14: Tag der Antragsstellung; A. Schmidt/Linker ZIP 2012, 963: drei Tage; IDW ES 9 Rn. 60 sowie Gutmann/Lauberau ZInsO 2012, 1861 (1870 f.): eine Woche; KPB/Pape § 270b Rn. 52 und Kolmann, Schutzschirmverfahren, 2014, Rn. 565: drei Wochen). Zur Aktualität der Bescheinigung aus anfechtungsrechtlicher Sicht jüngst OLG Köln ZInsO 2018, 792.

Entscheidend ist der Eingang bei Gericht. **34.3**

2. Person des Ausstellers

Während das Gesetz bei Steuerberatern, Wirtschaftsprüfern und Rechtsanwälten an normierte **35** und gesetzlich geschützte Berufe (§ 43 StBerG, §§ 1, 18 WPO, §§ 4, 12 Abs. 4 BRAO) anknüpft, bedient es sich im Übrigen unbestimmter Rechtsbegriffe (vgl. die Gegenäußerung der Bundesregierung zu den Vorschlägen des Bundesrats in BT-Drs. 17/5712, 70).

§ 270d Abs. 1 S. 1 setzt somit die unklaren Anforderungen fort, die die Judikatur an den Ersteller **36** eines Sanierungskonzepts etwa im Rahmen von Sanierungskrediten oder des Anfechtungsrechts stellt (etwa BGH NJW 1953, 1665: „branchenkundiger Wirtschaftsfachmann"; zum Einfluss dieser Rechtsprechung auf § 270b aF HmbKommInsR/Fiebig § 270b Rn. 18; Hirte ZInsO 2011, 401 (403)).

Zu den Personen mit vergleichbarer Qualifikation zählen ausweislich der Gesetzesbegründung **37** jedenfalls Steuerbevollmächtigte und (der 2005 im Beruf des Wirtschaftsprüfers aufgegangene) vereidigte Buchprüfer (BT-Drs. 17/5712, 40 (70)). Die Ausstellungsbefugnis von Unternehmensberatern ist umstritten (bejahend BDU ZInsO 2013, 2095; Schröder/Schulz ZIP 2017, 1096 (1101); HRI/Koch/Jung § 8 Rn. 43 ff.; Kolmann, Schutzschirmverfahren, 2014, Rn. 506; Jung/Haake KSI 2012, 164; abl. Steffan/Solmecke ZIP 2014, 2271 (2272); Buchalik ZInsO 2012, 349; eingehend Meyland, Sanierungsbescheinigung, 2018, 214 ff.).

Überwiegend wird zu Recht angenommen, dass für die Bestimmung einer Qualifikation weniger **38** die Berufsträgereigenschaft, sondern eine hinreichende Insolvenzerfahrung ausschlaggebend ist (Reinhardt/Lambrecht Stbg 2014, 71; Hölzle ZIP 2012, 158 (160); für Diplom-Juristen etwa Zipperer/Vallender NZI 2012, 729 (730); abweichend Meyland, Sanierungsbescheinigung, 2018, 227: Kumulation dieser Merkmale).

Die Auffangklausel trägt zudem der Europäischen Dienstleistungsrichtlinie (2006/123/EG) **39** Rechnung. Als Bescheiniger kommen daher auch Berufsangehörige eines anderen Mitgliedstaats der Europäischen Union oder eines EWR-Vertragsstaats ebenso in Betracht wie Personen, die in einem dieser Staaten ihre berufliche Niederlassung haben und über eine vergleichbare Qualifikation verfügen (BT- Drs. 17/5712, 40 (70)). Hierfür bieten §§ 206, 207 BRAO einen Anhaltspunkt (Uhlenbruck/Zipperer § 270b Rn. 17).

Unabhängig von der Berufszugehörigkeit muss der Bescheinigungsaussteller über eine hinrei- **40** chende Erfahrung in Insolvenzsachen verfügen. Dies erfordert eine (praktische) Tätigkeit in Unter-

InsO § 270d

nehmenssanierungen und Sanierungskonzepten (Schröder/Schulz ZIP 2017, 1096 (1101 f.); Meyland, Sanierungsbescheinigung, 2018, 206 f.); eine Befassung mit Verbraucherinsolvenzverfahren genügt demnach nicht. Als Insolvenzverwalter muss der Aussteller allerdings nicht zwingend tätig gewesen sein, da der Begriff der Insolvenzsachen über den der Insolvenzverwaltung hinausgeht (Uhlenbruck/Zipperer § 270b Rn. 19). Fachanwälte für Insolvenzrecht, DStV-Fachberater und Inhaber eines GSV-Gütesiegels erfüllen diese Anforderungen regelmäßig (MüKoInsO/Kern § 270b Rn. 49; Kerz DStR 2012, 204 (208); Reinhardt/Lambrecht Stbg 2014, 71; zu Grenzfällen Kraus/Lenger/Radner ZInsO 2012, 587 f., insbesondere Fn. 11).

41 Die Erfahrung setzt zudem eine mehrjährige Tätigkeit voraus (IDW ES 9 Rn. 9; Kolmann, Schutzschirmverfahren, 2014, Rn. 496). Als Richtwert werden vier Jahre vorgeschlagen (Zipperer/Vallender NZI 2012, 729 (730)). Hinsichtlich der Insolvenzerfahrung obliegt dem Schuldner die Darlegungslast (MüKoInsO/Kern § 270b Rn. 54), die Eignung ist daher durch entsprechende Nachweise zu belegen (Uhlenbruck/Zipperer § 270b Rn. 19; HRI/Koch/Jung § 8 Rn. 45).

42 Die namentliche Nennung betreuter Insolvenzfälle durch Steuerberater, beratende Rechtsanwälte usw ist berufsrechtlich problematisch und nur nach entsprechender Befreiung durch den Mandanten gegenüber dem Insolvenzgericht (FAKomm InsR/Ringstmeier § 270b Rn. 12; Frind ZInsO 2012, 1546 (1549)) möglich.

43 Ausweislich des § 270d Abs. 2 S. 1 muss der Bescheinigungsaussteller vom (vorläufigen) Sachwalter personenverschieden sein. Darüber hinaus dürfen diese Personen nicht derselben Sozietät angehören (vgl. auch § 45 Abs. 3 BRAO; Braun/Riggert § 270b Rn. 6; A. Schmidt/Linker ZIP 2012, 963 (964): jedenfalls bei Überschuldung).

44 Über die Unabhängigkeit im Übrigen herrscht Uneinigkeit. Näher → Rn. 44.1 ff.

44.1 Unklar ist insbesondere, ob der Aussteller beratend für den Schuldner tätig gewesen sein darf, was zum Teil verneint wird (ausf. Hölzle ZIP 2012, 158 (161 f.); KPB/Pape § 270b Rn. 42, 44; Meyland, Sanierungsbescheinigung, 2018, 239 ff.; im Einzelnen auch FK-InsO/Foltis § 270b Rn. 23. Anderer Ansicht mit ausführlicher Begründung MüKoInsO/Kern § 270b Rn. 55 ff.; Schröder/Schulz ZIP 2017, 1096 (1102); K. Schmidt InsO/Undritz § 270b Rn. 7, 10; Braun/Riggert § 270b Rn. 6; Buchalik/Kraus KSI 2012, 60 (61 f.); IDW ES 9 Rn. 12: aber § 43 WPO; jüngst auch Frind ZInsO 2018, 231 (237)).

44.2 Die Gerichte schließen sich dem überwiegend an (AG München NZI 2012, 566 sowie ZIP 2012, 1308, krit. HK-InsO/Brünkmanns § 270b Rn. 27).

45 Nach IDW ES 9 Rn. 10 kommen auch juristische Personen als Aussteller in Betracht, wenn nur solche natürlichen Personen verantwortlich mit der Tätigkeit betraut werden, die über die erforderliche Berufsqualifikation und Sachkunde verfügen (eingehend Schröder/Schulz ZIP 2017, 1096 (1097 ff.) und Meyland, Sanierungsbescheinigung, 2018, 244 ff.; zust. auch Gutmann/Laubereau ZInsO 2012, 1861 (1868 f.) und Nerlich/Römermann/Riggert § 270b Rn. 8). Nach aA sollen Gesellschaften als Bescheinigungsaussteller ausscheiden, da die Insolvenzerfahrung nur für einzelne natürliche Personen festgestellt werden könne (HK-InsO/Brünkmans § 270b Rn. 21; FK-InsO/Foltis § 270b Rn. 23; anders Schröder/Schulz ZIP 2017, 1096 (1100) und Meyland, Sanierungsbescheinigung, 2018, 255).

46 Fehlerhafte Bescheinigungen sind haftungsrechtlich relevant. Näher → Rn. 46.1 ff.

46.1 Gegenüber dem Schuldner kommen vertragliche Ansprüche nach §§ 631 ff. BGB in Betracht, dagegen scheidet eine Haftung entsprechend § 323 HGB aus (Reinhardt/Lambrecht Stbg 2014, 71 (82) und Meyland, Sanierungsbescheinigung, 2018, 273 f.; für die Haftung gegenüber Dritten auch Brinkmann DB 2012, 1313 (1314); de lege ferenda aber Brinkmann ua ZIP 2017, 2430 (2431): Verweis auf § 60 InsO und § 323 HGB).

46.2 Dabei wird die Wirksamkeit vertraglicher Haftungsbeschränkungen gegenüber dem Schuldner als Auftraggeber überwiegend bejaht (weitgehend Uhlenbruck/Zipperer § 270b Rn. 31; ähnlich Brinkmann DB 2012, 1313 (1318) und Reinhardt/Lambrecht Stbg 2014, 71 (83); MüKoInsO/Kern § 270b Rn. 68; anders KPB/Pape § 270b Rn. 56: keine Haftungserleichterung). In dieses Schuldverhältnis sind die Gläubiger einbezogen (durch eine culpa in contrahendo nach § 311 Abs. 3 BGB oder einen Vertrag mit Schutzwirkung zugunsten Dritter), daneben kommt als Anspruchsgrundlage im Ergebnis auch § 826 BGB in Betracht (umfassend Brinkmann DB 2012, 1313). Inwiefern der Bescheiniger eine mögliche Haftungsbeschränkung aus dem Vertrag des Schuldners nach § 334 BGB auch den Gläubigern entgegenhalten werden kann, ist fraglich (abl. Brinkmann DB 2012, 1313 (1318); HmbKommInsR/Scholz Anhang K zu § 35 Rn. 12; bejahend Uhlenbruck/Zipperer § 270b Rn. 38; Zipperer/Vallender NZI 2012, 729 (734)).

46.3 Der Nachweis eines kausalen Schadens durch den ausschließlich prozessführungsbefugten (§ 92) Sachwalter bzw. Insolvenzverwalter ist schwierig und wird – jenseits eines Verzögerungsschadens oder der Bescheinigungskosten als nutzlosen Aufwand – in der Regel zu verneinen sein (Reinhardt/Lambrecht Stbg

2014, 71 (82); Gutmann/Laubereau ZInsO 2012, 1861; ähnl. HRI/Koch/Jung § 8 Rn. 56; optimistischer hingegen Brinkmann DB 2012, 1313 (1317 f.)).

Zudem droht dem Aussteller die Anfechtung seines Honorars (zur Kenntnis des Ausstellers hinsichtlich des schuldnerischen Gläubigerbenachteiligungsvorsatzes OLG Köln ZInsO 2018, 792). **46.4**

III. Vorschlag zur Person des Sachwalters

Nach § 270b Abs. 2 S. 1 aF war das Gericht gehalten, im „Beschluss nach Absatz 1" einen vorläufigen Sachwalter zu bestellen. § 270d verwendet diese Formulierung nicht mehr, sondern belässt es bei der allgemeinen Regelung in § 270b Abs. 1. Da das Schutzschirmverfahren eine Variante der vorläufigen Eigenverwaltung ist, ist es konsequent, die Bestellung des vorläufigen Sachwalters in einer Norm zu konzentrieren. Bestellung, Rechtsstellung und Funktion richten sich somit grundsätzlich nach § 270b (→ § 270b Rn. 47), der auf § 274 und somit auch auf §§ 56–60, 62–65 verweist. Für die Person des (vorläufigen) Sachwalters gelten somit keine anderen persönlichen Anforderungen als für den Insolvenzverwalter (Rattunde/Stark, Der Sachwalter, 2015, Rn. 40 f.). Die Vergütung des vorläufigen Sachwalters ist nunmehr in § 12a InsVV geregelt (→ InsVV § 12a Rn. 1 ff.). Zur Stellung des vorläufigen Sachwalters in der vorläufigen Eigenverwaltung vgl. im Einzelnen → § 270c Rn. 51 ff. **47**

Eine zentrale Besonderheit des Schutzschirmverfahrens besteht bei der Auswahl des vorläufigen Sachwalters. Im Schutzschirmverfahren darf der Schuldner eine Person vorschlagen; hiervon kann das Gericht nach § 270d Abs. 2 S. 3 nur abweichen, wenn die Person offensichtlich für die Übernahme des Amts nicht geeignet ist. Anders als iRv § 56a genügt die einfache Ungeeignetheit nicht. Im non-liquet-Fall der Eignung ist die vorgeschlagene Person daher zu bestellen (Braun/Riggert § 270b Rn. 11; krit. Koch ZIP 2018, 109 (114 f.)). Will das Insolvenzgericht von dem Vorschlag des Schuldners abweichen, muss es dies gem. § 270d Abs. 2 S. 3 Hs. 2 schriftlich begründen. Eine besondere Sanktion für den Fall eines Verstoßes gegen die Begründungspflicht sieht das Gesetz nicht vor (vgl. Blankenburg ZInsO 2021, 753 (765)). Das Vorschlagsrecht verdrängt die subsidiäre Regelung in § 56a (Rattunde/Stark, Der Sachwalter, 2015, Rn. 96; K. Schmidt InsO/Undritz § 270b Rn. 10; Uhlenbruck/Zipperer § 270b Rn. 58); die Mitwirkungsrechte des vorläufigen Gläubigerausschusses leben mit endgültiger Ablehnung des Vorgeschlagenen oder nach vorzeitiger Aufhebung nach § 270b Abs. 4 allerdings wieder auf (so zu § 270b aF Rattunde/Stark, Der Sachwalter, 2015, Rn. 99). Auf diesem Wege erhält der Schuldner weitestgehend Gewissheit, die Plansanierung mit einer für ihn vertrauenswürdigen, aber unabhängigen Person vorbereiten zu können (BT-Drs. 17/5712, 40). **48**

Eine Einschränkung des Vorschlagsrechts ergibt sich aus § 270d Abs. 2 S. 1, wonach der Aussteller der Bescheinigung nicht zum vorläufigen Sachwalter bestellt werden darf. Die Regelung dient der Klarstellung (BT-Drs. 17/7511, 37, zur Vorgängervorschrift § 270b Abs. 2 S. 1 aF). Darüber hinaus dürfen die Personen auch nicht derselben Sozietät angehören (K. Schmidt InsO/Undritz § 270b Rn. 10: § 45 Abs. 3 BRAO; MüKoInsO/Kern § 270b Rn. 90 mwN). **49**

Angesichts des Zwecks des Vorschlagsrechts ist es kritisch zu sehen, den Vorgeschlagenen bereits wegen dessen „Delisting" nicht zu bestellen oder den Schuldner auf Vorschläge von Kandidaten der Vorauswahlliste zu verweisen (Pape ZInsO 2013, 2129 (2133) sowie FK-InsO/Foltis § 270b Rn. 34; Braun/Riggert § 270b Rn. 11; Rattunde in Borchardt/Frind, Betriebsfortführung im Insolvenzverfahren, 3. Aufl. 2017, Rn. 1758; Kolmann, Schutzschirmverfahren, 2014, Rn. 470; aA AG Hamburg NZI 2013, 903). **50**

Gleichwohl hat der Vorschlag einer gelisteten Person den Vorteil, dass ein weiterer „Vortrag" regelmäßig entbehrlich wird (Rattunde in Borchardt/Frind, Betriebsfortführung im Insolvenzverfahren, 3. Aufl. 2017, Rn. 1755; Rattunde/Stark, Der Sachwalter, 2015, Rn. 99). Die Praxis schlägt daher häufig gelistete Verwalter vor. **51**

Mit Eröffnung der Eigenverwaltung kann der Ausschuss von seinem Vorschlagsrecht nach §§ 274, 56a wieder umfänglich Gebrauch machen. Der Vorschlag kann sich auch auf einzelne Anforderungskriterien beschränken (Kolmann, Schutzschirmverfahren, 2014, Rn. 638). Das Gericht hat die Abweichung vom schuldnerischen Vorschlag zu begründen (§ 270d Abs. 2 S. 3). Die Begründung dient als Entscheidungsgrundlage für die Gläubiger; sie können nach Verfahrenseröffnung entscheiden (§§ 274, 57), ob die Neuwahl des vorgeschlagenen, aber nicht bestellten Sachwalters in Betracht kommt (BT-Drs. 17/5712, 40). Ob gegen die abweichende Bestellung ein Rechtsmittel statthaft ist, hängt wegen § 6 davon ab, ob § 21 Abs. 1 S. 2 Anwendung findet (bejahend mit umfassender Begründung Sämisch ZInsO 2014, 1312; Pape ZInsO 2013, 2129 (2133); FK-InsO/Foltis § 270b Rn. 34; aA AG Hamburg NZI 2013, 903; MüKoInsO/Kern § 270b Rn. 96 sowie K. Schmidt InsO/Undritz § 270b Rn. 10 f.). Die Anfechtung durch den **52** vorgeschlagenen, aber nicht bestellten Prätendenten ist jedenfalls ausgeschlossen (OLG Düsseldorf ZInsO 2016, 2255 = BeckRS 2016, 16302).

IV. Fakultative Anträge des Schuldners

1. Antrag auf Sicherungsmaßnahmen

53 Nach der Grundregel des § 270c Abs. 3 S. 1 kann das Gericht im vorläufigen Eigenverwaltungsverfahren vorläufige Maßnahmen nach § 21 Abs. 1 und 2 S. 1 Nr. 1a und Nr. 3–5 anordnen. Die Vorschrift gilt grundsätzlich auch im Schutzschirmverfahren. Ein Unterschied besteht nur insoweit, als das Gericht gem. § 270d Abs. 3 verpflichtet ist, Maßnahmen des Vollstreckungsschutzes nach § 21 Abs. 2 S. 1 Nr. 3 anzuordnen, wenn der Schuldner dies beantragt. Voraussetzung für den Vollstreckungsschutz ist ein (fakultativer) Antrag, an den das Gesetz keine besonderen Form- oder Fristerfordernisse stellt (MüKoInsO/Kern § 270b Rn. 105).

54 Durch diesen „Schutzschirm" wird die Mobiliarzwangsvollstreckung untersagt oder einstweilen eingestellt. Für Immobilien gelten hingegen die allgemeinen Vorschriften nach dem ZVG (vgl. zur Zwangsversteigerung § 30d Abs. 4 S. 2 ZVG und zur Zwangsverwaltung § 153b ZVG). Eine Einstellung der Zwangsverwaltung setzt eine Eröffnung voraus und kommt im Schutzschirmstadium daher nicht in Betracht (BT-Drs. 17/5712, 41; die Anwendbarkeit in sonstigen Eröffnungsverfahren ist streitig, dazu Böttcher/Keller ZVG § 153b Rn. 2).

2. Antrag auf Begründung von Masseverbindlichkeiten

55 Nach § 270b Abs. 3 aF hatte der eigenverwaltende Schuldner nur im Rahmen des Schutzschirmverfahrens einen Anspruch darauf, zur Begründung von Masseverbindlichkeiten ermächtigt zu werden. Dabei konnte er den Antrag auf eine umfassende Ermächtigung richten oder sich angesichts der Liquiditätsplanung auf einzelne Verbindlichkeiten beschränken (BT-Drs. 17/7511, 32), wobei der Verweis auf § 55 Abs. 2 zu berücksichtigen war.

56 Im Zuge der Neukonzeption der Eigenverwaltung durch das SanInsFoG wurde der vormalige § 270b Abs. 3 aF in die allgemeine Vorschrift über das vorläufige Eigenverwaltungsverfahren überführt. Ihm entspricht § 270c Abs. 3 S. 1 und S. 3. Für das Schutzschirmverfahren gelten somit im Verhältnis zur „einfachen" vorläufigen Eigenverwaltung keine Besonderheiten mehr (vgl. BT-Drs. 19/24181, 206 f.).

D. Anordnung des Schutzschirms und weitere Entscheidungen des Gerichts

I. Anordnung des Schutzschirms

57 Das Gericht ordnet das Schutzschirmverfahren gem. Abs. 1 S. 1 als gebundene Entscheidung an, der Schuldner hat also einen Rechtsanspruch auf die Fristbestimmung (Rattunde/Stark, Der Sachwalter, 2015, Rn. 35; HRI/Koch/Jung § 8 Rn. 105).

58 Die Dauer von drei Monaten ist gem. Abs. 1 S. 2 das gesetzliche Höchstmaß und orientiert sich am Insolvenzgeldzeitraum sowie an § 169. Eine kürzere Frist kann auf maximal drei Monate verlängert werden (FK-InsO/Foltis § 270b Rn. 25; K. Schmidt InsO/Undritz § 270b Rn. 9). Sinn und Zweck der Anordnung ist die Befugnis des Schuldners, Ressourcen auf die Ausarbeitung eines Insolvenzplans zu verwenden. Der vorläufige Sachwalter kann diese Aufwendungen mithin nicht verhindern (Rattunde in Borchardt/Frind, Betriebsfortführung, 3. Aufl. 2017, Rn. 1708).

59 Die Vorlage eines Insolvenzplans ist dabei eine bloße Obliegenheit des Schuldners, bei deren Verletzung allerdings die Einleitung eines Regelverfahrens drohen kann (MüKoInsO/Kern § 270b Rn. 78; Braun/Riggert § 270b Rn. 13; Nerlich/Römermann/Riggert § 270b Rn. 16).

II. Weitere Entscheidungen bei Anordnung und während des Schutzschirmverfahrens

60 Im Übrigen hat das Gericht die Entscheidungen zu treffen, die im vorläufigen Eigenverwaltungsverfahren gem. §§ 270b f. im Allgemeinen anfallen. Welche Entscheidungen im Einzelfall zu treffen sind, hängt von der Qualität der Eigenverwaltungsplanung ab (vgl. § 270b Abs. 1 S. 2, § 270c Abs. 3 S. 2) und davon, ob der Schuldner einen Antrag auf Begründung von Masseverbindlichkeiten stellt (§ 270c Abs. 4).

61 Für das Schutzschirmverfahren als besondere Spielart der vorläufigen Eigenverwaltung bestehen Besonderheiten bei der Entscheidung über die Bestellung des vorläufigen Sachwalters (Abs. 2, → Rn. 47 ff.) sowie hinsichtlich der Anordnung von Vollstreckungsschutz (Abs. 3, → Rn. 53 f.).

62 Ob das Gericht das Schutzschirmverfahren – genauer: die Bestellung eines vorläufigen Sachwalters – öffentlich bekanntmachen darf oder muss, wurde bei § 270b aF unterschiedlich beurteilt.

62.1 Das Meinungsspektrum reicht von der Unzulässigkeit (Horstkotte ZInsO 2012, 1161; Keller ZIP 2012, 1895; Hirte ZInsO 2011, 401 (404); Vallender GmbHR 2012, 451; Andres/Leithaus/Leithaus § 270b Rn. 14; HmbKommInsR/Schröder § 23 Rn. 4; K. Schmidt InsO/Hölzle § 23 Rn. 4) über das pflichtgemäße Ermessen (AG Göttingen BeckRS 2012, 24941 = ZInsO 2012, 2413; Graf-Schlicker/Graf-Schlicker § 270b Rn. 39; MüKoInsO/Kern § 270b Rn. 77; FK-InsO/Schmerbach § 23 Rn. 5) bis hin zur Pflicht einer solchen Bekanntmachung (Frind ZIP 2012, 1591; FK-InsO/Foltis § 270b Rn. 29). Das SanInsFoG hat an der unklaren Rechtslage nichts geändert (→ § 270b Rn. 52).

E. Ablauf des Verfahrens

63 Das Schutzschirmverfahren hat eine maximale Dauer von drei Monaten (Abs. 1 S. 2). Sonst entspricht sein Ablauf im Wesentlichen dem eines regulären vorläufigen Eigenverwaltungsverfahrens (→ § 270c Rn. 4 ff.). Abweichungen ergeben sich nur aus den Regelungen in Abs. 3 und Abs. 4.

64 Gemäß Abs. 3 kann der Schuldner einen für das Gericht verbindlichen Antrag auf Vollstreckungsschutz stellen (→ Rn. 53). Der Antrag wird in der Regel bei Einleitung des Verfahrens gestellt. Er kann aber auch im laufenden Schutzschirmverfahren nachgeschoben werden.

F. Anzeige der Zahlungsunfähigkeit

65 Abs. 4 S. 1 verpflichtet den Schuldner und den vorläufigen Sachwalter, dem Gericht den Eintritt der Zahlungsunfähigkeit unverzüglich (ohne schuldhaftes Zögern, § 121 Abs. 1 BGB) anzuzeigen. Hintergrund der Bestimmung ist der Umstand, dass der Schutzschirm nur beantragt bzw. angeordnet werden kann, wenn (noch) keine Zahlungsunfähigkeit vorliegt. Die Vorschrift stammt ursprünglich aus dem Regierungsentwurf zum ESUG (→ Rn. 10.4; Rattunde/Stark, Der Sachwalter, 2015, Rn. 228), der in diesem Fall die Aufhebung des Schutzschirms von Amts wegen vorsah.

66 Im Rahmen des § 270b aF nahm das Gericht den Eintritt der Zahlungsunfähigkeit zum Anlass, die Aufhebungsvoraussetzung in § 270b Abs. 4 S. 1 Nr. 1 aF zu prüfen. Ob der Eintritt der Zahlungsunfähigkeit eine entsprechende Prüfung der Aufhebungsvoraussetzung des § 270e Abs. 1 Nr. 3 rechtfertigt, erscheint zweifelhaft. § 270e Abs. 1 Nr. 3 gilt allgemein für die vorläufige Eigenverwaltung, die wiederum auch nach der neuen Rechtslage bei bereits eingetretener Zahlungsunfähigkeit angeordnet werden kann (vgl. §§ 270a Abs. 2 Nr. 1, 270b Abs. 2). Dann erscheint es aber nicht naheliegend, eine Gefahr für die angestrebte Sanierung bereits aus dem Eintritt der Zahlungsunfähigkeit abzuleiten, jedenfalls sofern nicht gleichzeitig eine (wesentliche) Abweichung von der Eigenverwaltungsplanung vorliegt.

67 Welche Rechtsfolgen die unterbliebene Anzeige zeitigt, bleibt dunkel (Brinkmann DB 2012, 1369 (1371)); die vom Bundesrat angeregte Strafbewehrung (BR-Drs. 127/11(Beschluss), 22 f.) fand jedenfalls keinen Eingang in das Gesetz, auch nicht durch das SanInsFoG. Strafbar ist nur gem. § 42 Abs. 3 StaRUG ein Verstoß gegen die ab Rechtshängigkeit einer Restrukturierungssache bestehende Anzeigepflicht gem. § 42 Abs. 1 S. 2 StaRUG.

G. Beendigung des Schutzschirmverfahrens

68 Nach § 270b Abs. 4 aF war das Gericht verpflichtet, bei Vorliegen der dort geregelten Voraussetzungen die Schutzschirmanordnung vorzeitig aufzuheben. Die Regelung wurde durch die allgemeine Aufhebungsvorschrift des § 270e ersetzt. Die vormals in § 270b Abs. 4 geregelten Aufhebungsgründe sind nunmehr mit einigen Modifikationen in § 270e Abs. 1 Nr. 3 und Nr. 4 und Abs. 2 aufgegangen.

69 Die Normierung der Aufhebungsgründe der vorläufigen Eigenverwaltung ohne Unterscheidung zwischen Schutzschirm und „einfacher" vorläufiger Eigenverwaltung stellt insofern eine inhaltliche Änderung dar, als bislang die isolierte Aufhebung der Schutzschirmanordnung und Fortführung des Verfahrens in Eigenverwaltung nach § 270a aF möglich war. Diese Option sieht das neukonzipierte Eigenverwaltungsverfahren nicht mehr vor. Dementsprechend unklar ist die Bedeutung des Abs. 4 S. 2 Alt. 1, wonach das Gericht nach Aufhebung der Anordnung nach Abs. 1 über die Eröffnung des Insolvenzverfahrens entscheidet.

69.1 Am ehesten wird man die Vorschrift so verstehen können, dass die Aufhebung der vorläufigen Eigenverwaltung zugleich die Aufhebung der Fristanordnung beinhaltet. Dann scheint zwar die Rechtsfolge des

Abs. 4 S. 2 (Entscheidung über die Eröffnung) nicht zu der des § 270e (Bestellung eines vorläufigen Insolvenzverwalters) zu passen. Allerdings wurde der Verweis auf die Entscheidung über die Eröffnung nicht in dem Sinn verstanden, dass das Gericht diese Entscheidung sofort zu treffen hätte (vgl. Uhlenbruck/Zipperer § 270b Rn. 79); insbesondere war die Bestellung eines vorläufigen Insolvenzverwalters im Fall der Aufhebung der Anordnung auch nach der alten Rechtslage möglich (vgl. zB HmbKommInsR/Fiebig § 270b Rn. 39; Uhlenbruck/Zipperer § 270b Rn. 79).

70 Nach Ablauf der Frist entscheidet das Gericht gem. § 270d Abs. 4 S. 2 Alt. 2 ebenfalls über die Eröffnung des Insolvenzverfahrens. Hier ergeht in der Regel unmittelbar der Eröffnungsbeschluss (vgl. Uhlenbruck/Zipperer § 270b Rn. 79) und bei Vorliegen der Voraussetzungen zugleich die Anordnung der Eigenverwaltung (§ 270f).

§ 270e Aufhebung der vorläufigen Eigenverwaltung

(1) Die vorläufige Eigenverwaltung wird durch Bestellung eines vorläufigen Insolvenzverwalters aufgehoben, wenn
1. der Schuldner in schwerwiegender Weise gegen insolvenzrechtliche Pflichten verstößt oder sich auf sonstige Weise zeigt, dass er nicht bereit oder in der Lage ist, seine Geschäftsführung am Interesse der Gläubiger auszurichten, insbesondere, wenn sich erweist, dass
   a) der Schuldner die Eigenverwaltungsplanung in wesentlichen Punkten auf unzutreffende Tatsachen gestützt hat oder seinen Pflichten nach § 270c Absatz 2 nicht nachkommt,
   b) die Rechnungslegung und Buchführung so unvollständig oder mangelhaft sind, dass sie keine Beurteilung der Eigenverwaltungsplanung, insbesondere des Finanzplans, ermöglichen,
   c) Haftungsansprüche des Schuldners gegen amtierende oder ehemalige Mitglieder seiner Organe bestehen, deren Durchsetzung in der Eigenverwaltung erschwert werden könnte.
2. Mängel der Eigenverwaltungsplanung nicht innerhalb der gemäß § 270b Absatz 1 Satz 2 gesetzten Frist behoben werden,
3. die Erreichung des Eigenverwaltungsziels, insbesondere eine angestrebte Sanierung sich als aussichtslos erweist,
4. der vorläufige Sachwalter dies mit Zustimmung des vorläufigen Gläubigerausschusses oder der vorläufige Gläubigerausschuss dies beantragt,
5. der Schuldner dies beantragt.

(2) ¹Die vorläufige Eigenverwaltung wird durch Bestellung eines vorläufigen Insolvenzverwalters zudem aufgehoben, wenn ein absonderungsberechtigter Gläubiger oder Insolvenzgläubiger die Aufhebung beantragt und glaubhaft macht, dass die Voraussetzungen für eine Anordnung der vorläufigen Eigenverwaltung nicht vorliegen und ihm durch die Eigenverwaltung erhebliche Nachteile drohen. ²Vor der Entscheidung über den Antrag ist der Schuldner zu hören. ³Gegen die Entscheidung steht dem Gläubiger und dem Schuldner die sofortige Beschwerde zu.

(3) Zum vorläufigen Insolvenzverwalter kann der bisherige vorläufige Sachwalter bestellt werden.

(4) ¹Dem vorläufigen Gläubigerausschuss ist vor Erlass der Entscheidung nach Absatz 1 Nummer 1 oder 3 Gelegenheit zur Äußerung zu geben. ²§ 270b Absatz 3 Satz 2 gilt entsprechend. ³Bestellt das Gericht einen vorläufigen Insolvenzverwalter, sind die Gründe hierfür schriftlich darzulegen. ⁴§ 27 Absatz 2 Nummer 4 gilt entsprechend.

Überblick

Zu der bis zum 31.12.2020 geltenden Rechtslage → InsO 2012 aF § 270a Rn. 1 ff.

Hat das Insolvenzgericht die vorläufige Eigenverwaltung angeordnet, wird das vorläufige Insolvenzverfahren bis zum Eröffnungsbeschluss in Eigenverwaltung geführt, sofern nicht das Insolvenzgericht die vorläufige Eigenverwaltung vorzeitig aufhebt. § 270e regelt nunmehr die Voraussetzungen, unter denen das Insolvenzgericht die Aufhebung der vorläufigen Eigenverwaltung beschließen kann. Die Aufhebung der vorläufigen Eigenverwaltung kann zum einen von Amts wegen vom Gericht anhand der im Gesetz festgelegten Gründe erfolgen (Abs. 1 Nr. 1–3, → Rn. 3). Die vorläufige Eigenverwaltung wird zum anderen aufgrund eines Antrags des Sachwalters oder des vorläufigen Gläubigerausschusses (Abs. 1 Nr. 4, → Rn. 10), des Schuldners (Abs. 1 Nr. 5, → Rn. 13) oder aus dem Gläubigerkreis (Abs. 2, → Rn. 16) aufgehoben.

Übersicht

	Rn.		Rn.
A. Normzweck	1	2. Antrag des Schuldners (Abs. 1 Nr. 5)	13
B. Aufhebung der vorläufigen Eigenverwaltung	2	3. Antrag der Gläubiger (Abs. 2)	16
I. Aufhebungsgründe	3	C. Entscheidung des Gerichts	24
1. Verstoß gegen insolvenzrechtliche Pflichten (Abs. 1 Nr. 1)	3	I. Aufhebungsbeschluss	25
2. Keine Mängelbehebung der Eigenverwaltungsplanung (Abs. 1 Nr. 2)	6	II. Rechtsmittel	29
3. Aussichtslosigkeit des Ziels der Eigenverwaltung (Abs. 1 Nr. 3)	7	III. Entscheidung über die Person des vorläufigen Insolvenzverwalters (Abs. 3)	30
II. Aufhebung aufgrund Antrags	9	IV. Anhörung des vorläufigen Gläubigerausschusses (Abs. 4)	31
1. Antrag des Sachwalters oder des vorläufigen Gläubigerausschusses (Abs. 1 Nr. 4)	10	D. Folgen der Aufhebung der vorläufigen Eigenverwaltung	33

A. Normzweck

§ 270e ermöglicht die Aufhebung der vorläufigen Eigenverwaltung. Durch die Neuregelung wird dies erstmals gesetzlich geregelt. Zudem wurde nunmehr auch ein konkreter Katalog von Beendigungsgründen eingeführt. Ein solcher wurde bereits im Rahmen der ESUG-Evaluierung gefordert (BT-Drs. 19/4880, 95). Wird das vorläufige Eigenverwaltungsverfahren aufgehoben, erfolgt eine Fortführung des Verfahrens im regulären vorläufigen Insolvenzverfahren. § 270e ist eine einheitliche Aufhebungsnorm, sie gilt sowohl für die Anordnung der Eigenverwaltung nach § 270b als auch für das Schutzschirmverfahren nach § 270d (→ § 270d Rn. 68). 1

B. Aufhebung der vorläufigen Eigenverwaltung

Die Aufhebung der vorläufigen Eigenverwaltung kann nunmehr durch das Gericht aufgrund katalogisierter Gründe erfolgen. Dazu gehören falsche Angaben bei der Eigenverwaltungsplanung, mangelhafte oder unvollständige Buchführung oder bestehende Haftungsansprüche gegen Organmitglieder. Ebenfalls zur Aufhebung der vorläufigen Eigenverwaltung führt der Umstand, dass das mit der Eigenverwaltung verfolgte Ziel, insbesondere eine angestrebte Sanierung, sich als aussichtslos erweist. Neben den katalogisierten Gründen kann nach wie vor auch eine Antragstellung der am Verfahren Beteiligten eine Aufhebung der vorläufigen Eigenverwaltung nach sich ziehen. 2

I. Aufhebungsgründe

1. Verstoß gegen insolvenzrechtliche Pflichten (Abs. 1 Nr. 1)

Das Gericht hebt die vorläufige Eigenverwaltung auf, wenn der Schuldner in schwerwiegender Weise gegen insolvenzrechtliche Pflichten verstößt oder sich auf sonstige Weise zeigt, dass der Schuldner nicht bereit oder in der Lage ist, seine Geschäftsführung am Interesse der Gläubiger auszurichten. Der Aufhebungstatbestand fungiert als Generalklausel und erlaubt dem Gericht eine umfassende Würdigung der im Verlauf der vorläufigen Eigenverwaltung gewonnenen Erkenntnisse. Die Generalklausel wird durch die in Nr. 1–3 normierten Regelbeispiele konturiert. Ein Aufhebungsgrund liegt demnach insbesondere vor, wenn 3

- der Schuldner die Eigenverwaltungsplanung (→ § 270a Rn. 10 ff.) in wesentlichen Punkten auf unzutreffende Tatsachen gestützt hat oder seinen Pflichten nach § 270c Abs. 2 (→ § 270c Rn. 40) nicht nachkommt.
Das Gericht muss davon überzeugt sein, dass unzutreffende Tatsachen vorliegen, Zweifel reichen nicht aus (Blankenburg ZInsO 2021, 753 (766)). Darüber hinaus müssen sie in wesentlichen Umständen unzutreffend sein. Tatsachen, die sich als falsch herausstellen, aber sich insgesamt auf die Erklärungen des Schuldners nicht ausgewirkt haben, können unberücksichtigt bleiben (Blankenburg ZInsO 2021, 753 (766)). Auch wenn der Wortlaut ein subjektives Element des Schuldners nicht fordert, soll eine fehlende Eignung des Schuldners nicht vorliegen, wenn er nicht schuldhaft gehandelt hat (Blankenburg ZInsO 2021, 753 (766)).

- Die Pflicht zur Anzeige von wesentlichen Änderungen von Umständen muss der Schuldner schuldhaft verletzt haben (Blankenburg ZInsO 2021, 753 (766)).
- die Rechnungslegung und Buchführung so unvollständig oder mangelhaft sind, dass sie keine Beurteilung der Eigenverwaltungsplanung, insbesondere des Finanzplans, ermöglichen.
Nicht jegliche Mängel sind ausreichend. Sie müssen so schwerwiegend sein, dass eine Beurteilung der Eigenverwaltung nicht mehr möglich ist (Blankenburg ZInsO 2021, 753 (766)). Ein schuldhaftes Handeln des Schuldners ist nicht erforderlich.
- Haftungsansprüche des Schuldners gegen amtierende oder ehemalige Mitglieder seiner Organe bestehen, deren Durchsetzung in der Eigenverwaltung erschwert werden könnte.
Da die Aufhebungsgründe nur beispielhaft aufgezählt werden ("insbesondere"), können hierunter auch Anfechtungsansprüche fallen (Thole NZI-Beil. 1/2021, 90 (93)). Die Durchsetzung solcher Ansprüche ist in der Eigenverwaltung insoweit generell gefährdet, als dass das Interesse zur Durchsetzung bei den Vertretern des Schuldners gering sein dürfte. Das mag anders sein, wenn die Geschäftsführung ausgewechselt wurde oder mit externen Dritten besetzt wurde (Blankenburg ZInsO 2021, 753 (767)).
Durch die Regelbeispiele wird der Anwendungsbereich der 1. Alternative (Verstoß gegen insolvenzrechtliche Pflichten) eher gering sein. Verstöße sind anzunehmen, wenn der Schuldner seiner Insolvenzantragspflicht nach § 15a nicht nachgekommen ist oder Auskunftsbegehren des Gerichts missachtet (Blankenburg ZInsO 2021, 753 (766)).

4 Die beispielhaft aufgezählten Aufhebungsgründe spiegeln die gem. § 270c Abs. 1 möglichen Berichterstattungen des vorläufigen Sachwalters (→ § 270c Rn. 7). Sie setzen dessen Ermittlungen und Berichtsergebnisse um (Frind ZIP 2021, 171 (178)).

5 Beabsichtigt das Gericht eine Aufhebung nach Abs. 1 Nr. 1, ist eine Anhörung des vorläufigen Gläubigerausschusses nach Abs. 4 S. 1 (→ Rn. 31) vorgesehen.

2. Keine Mängelbehebung der Eigenverwaltungsplanung (Abs. 1 Nr. 2)

6 Die vorläufige Eigenverwaltung wird auch dann aufgehoben, wenn der Schuldner Mängel der Eigenverwaltungsplanung nicht innerhalb der gem. § 270b Abs. 1 S. 2 gesetzten Frist (→ § 270b Rn. 16) behoben werden.

3. Aussichtslosigkeit des Ziels der Eigenverwaltung (Abs. 1 Nr. 3)

7 Eine Aufhebung erfolgt auch dann, wenn sich die Erreichung des Eigenverwaltungsziels, insbesondere eine angestrebte Sanierung, als aussichtslos erweist. Ein Anhaltspunkt hierfür kann sich aus der Mitteilung des Schuldners über wesentliche Änderungen, die die Eigenverwaltungsplanung betreffen, ergeben (→ § 270c Rn. 40). Der Aufhebungsgrund liegt zum einen vor, wenn bereits anfänglich keine Aussicht bestand, das Eigenverwaltungsziel zu erreichen, und sich dies erst nach Anordnung der vorläufigen Eigenverwaltung zeigt. Er liegt aber auch dann vor, wenn die Aussichtslosigkeit aufgrund neuer Entwicklungen nach Anordnung der vorläufigen Eigenverwaltung eintritt (RegE SanInsFoG, BT-Drs. 19/24181, 207). „Angestrebte Sanierung" umfasst auch die übertragende Sanierung.

8 Beabsichtigt das Gericht eine Aufhebung nach Abs. 1 Nr. 3, ist eine Anhörung des vorläufigen Gläubigerausschusses nach Abs. 4 S. 1 (→ Rn. 31) vorgesehen.

II. Aufhebung aufgrund Antrags

9 Die vorläufige Eigenverwaltung wird auch auf Antrag der am Verfahren Beteiligten aufgehoben.

1. Antrag des Sachwalters oder des vorläufigen Gläubigerausschusses (Abs. 1 Nr. 4)

10 Die vorläufige Eigenverwaltung wird beendet, wenn dies von dem vorläufigen Sachwalter mit Zustimmung des vorläufigen Gläubigerausschusses oder vom vorläufigen Gläubigerausschuss beantragt wird. Der vorläufige Sachwalter hat damit ein eigenes Initiativrecht für den Aufhebungsantrag, muss jedoch die Zustimmung des vorläufigen Gläubigerausschusses einholen. Das Zustimmungserfordernis soll der Gläubigerautonomie Rechnung tragen (RegE SanInsFoG, BT-Drs. 19/24181, 206).

11 Der vorläufige Gläubigerausschuss kann seinerseits auch ohne Abstimmung mit dem vorläufigen Sachwalter die Beendigung der vorläufigen Eigenverwaltung beantragen. Der Antrag bedarf keiner gesonderten Begründung.

In beiden Fällen ist die Kopfmehrheit im vorläufigen Gläubigerausschuss ausreichend und erforderlich (vgl. → § 72 Rn. 1 ff.). **12**

2. Antrag des Schuldners (Abs. 1 Nr. 5)

Der Antrag des Schuldners führt gleichfalls zur Aufhebung der Eigenverwaltung. Zeigt der **13** Schuldner keine Bereitschaft mehr, das vorläufige Insolvenzverfahren in Eigenverwaltung durchzuführen, ist eine zwangsweise Fortführung als vorläufiges Eigenverwaltungsverfahren nicht sinnvoll (RegE SanInsFoG, BT-Drs. 19/24181, 207).

Einem wirksamen Schuldnerantrag hat das Insolvenzgericht ohne weitere Voraussetzungen **14** stattzugeben (vgl. zu § 272 Abs. 1 Nr. 3 aF MüKoInsO/Kern § 272 Rn. 45). Materielle Anforderungen bestehen nicht.

Das Antragsrecht steht dem Schuldner zu. In der vorläufigen Eigenverwaltung einer juristischen **15** Person oder einer Gesellschaft ohne Rechtspersönlichkeit ist der Aufhebungsantrag – ebenso wie der Eigenverwaltungsantrag (→ § 270a Rn. 4) – durch Organmitglieder in vertretungsberechtigter Zahl zu stellen (vgl. zB HmbKommInsR/Fiebig § 272 Rn. 12; KPB/Pape § 272 Rn. 30 f.; so wohl auch MüKoInsO/Kern § 272 Rn. 46; Uhlenbruck/Zipperer § 272 Rn. 5). Die Gegenauffassung verlangt einen Antrag sämtlicher Mitglieder des Vertretungsorgans (zB FK-InsO/Foltis § 272 Rn. 31; → Rn. 15.1).

Bei Streitigkeiten zwischen vertretungsberechtigten Organmitgliedern kann dem Aufhebungsantrag ggf. **15.1** durch Abberufung des antragstellenden Organmitglieds mit Zustimmung des vorläufigen Sachwalters (§ 276a Abs. 1 S. 2, Abs. 3, → § 276a Rn. 54 ff.; MüKoInsO/Kern § 272 Rn. 46) verbunden mit der Rücknahme des Antrags durch verbleibende Organmitglieder begegnet werden. Das Gericht sollte daher in Fällen, in denen bei mehrköpfigem Vertretungsorgan der Antrag nicht von allen Mitgliedern gestellt wird, vor der Entscheidung die anderen Organmitglieder anhören.

3. Antrag der Gläubiger (Abs. 2)

Abs. 2 sieht die Beendigung der vorläufigen Eigenverwaltung zudem vor, wenn ein absonderungsberechtigter Gläubiger oder ein Insolvenzgläubiger die Aufhebung beantragt und glaubhaft **16** macht, dass die Voraussetzungen für eine Anordnung der vorläufigen Eigenverwaltung nicht vorliegen und ihm durch die Eigenverwaltung erhebliche Nachteile drohen. Der Antrag ist somit an strenge Voraussetzungen geknüpft. Die Regelung entspricht der in § 272. Auf die entsprechende Rechtsprechung und Literatur kann zurückgegriffen werden.

Das Antragsrecht steht formell jedem absonderungsberechtigten Gläubiger und jedem Insolvenzgläubiger zu (Uhlenbruck/Zipperer § 272 Rn. 4; MüKoInsO/Kern § 272 Rn. 26). Ob auch **17** nachrangigen Insolvenzgläubigern iSv § 39 Abs. 1 und 2 ein Antragsrecht zusteht, ist bei § 272 umstritten (→ § 272 Rn. 19); die Argumente greifen jedoch auch für die nunmehrige Regelung der Aufhebung der vorläufigen Eigenverwaltung. Dementsprechend sollte den nachrangigen Insolvenzgläubigern ein Antragsrecht zugebilligt werden.

Der Antrag ist schriftlich oder zu Protokoll der Geschäftsstelle zu stellen (Uhlenbruck/Zipperer **18** § 272 Rn. 2). Weitere formelle Anforderungen an den Antrag nach Abs. 1 Nr. 2 bestehen nicht (MüKoInsO/Kern § 272 Rn. 27).

In materieller Hinsicht muss der Einzelgläubiger einen Aufhebungsgrund glaubhaft machen. **19** Glaubhaft zu machen sind, dass die Voraussetzungen für die Anordnung der vorläufigen Eigenverwaltung (§ 270b) nicht vorliegen, sowie die dem antragstellenden Gläubiger durch die Fortführung der Eigenverwaltung drohenden erheblichen Nachteile.

Die Voraussetzungen der Anordnung der vorläufigen Eigenverwaltung liegen zum einen nicht **20** vor, wenn sie nachträglich entfallen sind. Hat sich die Tatsachengrundlage im Laufe des Verfahrens geändert, hat dies der Einzelgläubiger zur Begründung seines Antrags darzulegen (MüKoInsO/Kern § 272 Rn. 30). Das Antragsrecht besteht gleichfalls, wenn die Voraussetzungen für die Anordnung der vorläufigen Eigenverwaltung von vorherein nicht vorlagen (Braun/Riggert § 272 Rn. 3; MüKoInsO/Kern § 272 Rn. 31; Uhlenbruck/Zipperer § 272 Rn. 4). Der Gläubiger soll in diesem Fall jedoch den Antrag nicht auf Umstände stützen, die das Insolvenzgericht bereits berücksichtigt hat (vgl. zB KPB/Pape § 272 Rn. 23; Uhlenbruck/Zipperer § 272 Rn. 4).

Der Gläubiger hat zudem glaubhaft zu machen, dass ihm selbst durch die Eigenverwaltung **21** erhebliche Nachteile drohen. Die Geltendmachung von drohenden Nachteilen für andere Gläubiger ist nach dem Wortlaut des Abs. 2 wie bei § 272 Abs. 2 nicht möglich (MüKoInsO/Kern § 272 Rn. 28). Der Nachteil muss gerade auf der Eigenverwaltung beruhen (Braun/Riggert § 272 Rn. 2) und zudem erheblich sein (MüKoInsO/Kern § 272 Rn. 36; Uhlenbruck/Zipperer § 272 Rn. 4).

Hinsichtlich des Prüfungsmaßstabs kann auf die zum alten Recht etablierten Grundsätze zurückgegriffen werden (so auch Blankenburg ZInsO 2021, 753 (767)). Nicht ausreichend sind lediglich geringfügige wirtschaftliche Nachteile, etwa aufgrund einer geringfügigen Quotenverschlechterung oder Verfahrensverzögerung (Uhlenbruck/Zipperer § 272 Rn. 4; MüKoInsO/Kern § 272 Rn. 36: Bagatellfälle). Eine unzweckmäßige oder schleppende Durchführung der vorläufigen Eigenverwaltung durch den Schuldner wird daher regelmäßig keinen erheblichen Nachteil begründen können. Auch Verstöße des Schuldners gegen gesetzliche Vorgaben dürften nur dann geeignet sein, das Drohen erheblicher Nachteile zu begründen, wenn sie, zB nach Art oder Umfang, befürchten lassen, dass sie erhebliche Schäden zur Folge haben können (strenger Uhlenbruck/Zipperer § 272 Rn. 4). Verbleibende Zweifel gehen zulasten des Gläubigers (MüKoInsO/Kern § 272 Rn. 30).

22 Das Erfordernis der Glaubhaftmachung (§ 4 iVm § 294 ZPO) soll sicherstellen, dass einzelne Gläubiger eine Aufhebung der vorläufigen Eigenverwaltung nicht aus sachfremden Motiven erwirken können (RegE SanInsFoG, BT-Drs. 19/24181, 207). Ausreichend für eine Glaubhaftmachung ist es nicht, wenn der Antragssteller bloße Behauptungen aufstellt (LG Potsdam ZIP 2001, 1689 (1690); Uhlenbruck/Zipperer § 272 Rn. 4). Andererseits unterliegen dem Gericht offenkundige Tatsachen nicht der Glaubhaftmachung (AG Köln NZI 2015, 282 (283)).

23 Hinsichtlich des Verfahrens ist in jedem Fall gem. Abs. 2 S. 2 die Anhörung des Schuldners durchzuführen. Auch hier soll sichergestellt sein, dass die Aufhebung der vorläufigen Eigenverwaltung nicht aus sachfremden Motiven erwirkt wird (RegE SanInsFoG, BT-Drs. 19/24181, 207; für eine generelle Anhörung des Schuldners: Blankenburg ZInsO 2021, 753 (768)). Der Schuldner ist auch bei unzulässigem Antrag anzuhören (Uhlenbruck/Zipperer § 272 Rn. 4). § 10 findet Anwendung (Uhlenbruck/Zipperer § 272 Rn. 4; MüKoInsO/Kern § 272 Rn. 41). Der Schuldner hat die Möglichkeit, die vom Antragssteller geltend gemachten Aufhebungsgründe durch eine Gegenglaubhaftmachung zu entkräften (Uhlenbruck/Zipperer § 272 Rn. 4; MüKoInsO/Kern § 272 Rn. 42). Gelingt ihm dies nicht und der Antrag des Gläubigers ist zulässig, sind die Aufhebungsgründe überwiegend wahrscheinlich und der Antrag begründet. Besteht dagegen ein non liquet, geht dies zulasten des Antragstellers (Uhlenbruck/Zipperer § 272 Rn. 4). Das Gericht kann und sollte zur Sachverhaltsermittlung den Sachwalter anhören (Uhlenbruck/Zipperer § 272 Rn. 4). Der Beschluss ist vom Gericht zu begründen, da gegen ihn die sofortige Beschwerde statthaft ist (MüKoInsO/Kern § 272 Rn. 43).

C. Entscheidung des Gerichts

24 Eine Entscheidung des Insolvenzgerichts ergeht durch förmlichen Beschluss, wobei zwingend zugleich ein vorläufiger Insolvenzverwalter zu bestellen ist.

I. Aufhebungsbeschluss

25 Funktionell zuständig für den Aufhebungsbeschluss ist gem. § 18 RPflG der Richter.
26 Das Insolvenzgericht ist in seiner Entscheidung über die Aufhebung der Eigenverwaltung gebunden. Auf Antrag des Sachwalters mit Zustimmung des vorläufigen Gläubigerausschusses, des Gläubigerausschusses oder des Schuldners hebt das Insolvenzgericht die Eigenverwaltung ohne Sachprüfung auf (vgl. zu § 272 BGH NZI 2007, 240 Rn. 12). Im Fall des Abs. 1 Nr. 1–3 sowie des Abs. 2 muss das Gericht das Vorliegen der Voraussetzungen prüfen, hat aber darüber hinaus kein Entscheidungsermessen und muss wie bei § 272 (MüKoInsO/Kern § 272 Rn. 51) bei Vorliegen der Voraussetzungen die vorläufige Eigenverwaltung aufheben (Thole NZI-Beil. 1/2021, 90 (93); Frind ZIP 2021, 171 (178): begrenztes gerichtliches Ermessen).
27 Dem Schuldner sollte der Beschluss zur Aufhebung der vorläufigen Eigenverwaltung entsprechend § 30 Abs. 2 zugestellt werden (Uhlenbruck/Zipperer § 272 Rn. 6). Im Falle des Abs. 2 ist sowohl dem Gläubiger als auch dem Schuldner der Beschluss mit einer Begründung zuzustellen, damit die Beschwerdefrist zu laufen beginnt (MüKoInsO/Kern § 272 Rn. 63).
28 Eine öffentliche Bekanntmachung der Aufhebung der vorläufigen Eigenverwaltung ist wohl nicht erforderlich. § 273 ist von seinem Wortlaut her nicht anwendbar und wurde vom Gesetzgeber auch nicht auf die Aufhebung der vorläufigen Eigenverwaltung erweitert. Bekanntzumachen ist jedoch die Bestellung eines vorläufigen Insolvenzverwalters gem. § 23.

II. Rechtsmittel

29 Nach Abs. 2 S. 3 steht bei einem Gläubigerantrag dem antragstellenden Gläubiger sowie dem Schuldner gegen die Entscheidung des Gerichts die sofortige Beschwerde zu. Die Beschwerdebe-

fugnis setzt ein Rechtsschutzbedürfnis voraus, welches gläubigerseitig nur gegeben ist, wenn das Gericht die vorläufige Eigenverwaltung nicht beendet (RegE SanInsFoG, BT-Drs. 19/24181, 207). Ob die Entscheidung über die Aufhebung auch in den übrigen Fällen des Abs. 1 anfechtbar ist, ist nicht eindeutig. Zu denken ist an eine sofortige Beschwerde über § 270 Abs. 1 S. 2 iVm § 21 Abs. 1 S. 2. Allerdings erfolgt die Bestellung eines vorläufigen Insolvenzverwalters dem Wortlaut des Gesetzes nach direkt über Abs. 1, sodass § 21 Abs. 1 S. 2 in diesen Fällen nicht anwendbar wäre. Eine solche Auslegung führt zu dem Ergebnis, dass eine Beschwerde nicht möglich ist und entspricht im Ergebnis der Rechtslage zur Aufhebung der Eigenverwaltung gem. § 272 (→ § 272 Rn. 34). Zu den Rechtsmitteln iRd § 270b → § 270b Rn. 58 f.

III. Entscheidung über die Person des vorläufigen Insolvenzverwalters (Abs. 3)

30 Das Gericht ist weiter dazu verpflichtet, im Zeitpunkt des Beschlusses auch über die Einsetzung des vorläufigen Insolvenzverwalters zu entscheiden (Vallender MDR 2021, 201 (208); Blankenburg ZInsO 2021, 753 (768)). Zum vorläufigen Insolvenzverwalter kann gem. Abs. 3 der bisherige vorläufige Sachwalter bestellt werden. Hat der vorläufige Sachwalter seine Überwachungsaufgabe ordnungsgemäß wahrgenommen, ist es in der Regel effizient und zweckmäßig, ihn zum vorläufigen Insolvenzverwalter zu bestellen. Insoweit gilt dasselbe wie für die Aufhebung der Eigenverwaltung im eröffneten Verfahren (vgl. MüKoInsO/Kern § 272 Rn. 54).

IV. Anhörung des vorläufigen Gläubigerausschusses (Abs. 4)

31 Gemäß Abs. 4 S. 1 hat das Gericht vor einer Aufhebung der vorläufigen Eigenverwaltung nach Abs. 1 Nr. 1 oder 3 den vorläufigen Gläubigerausschuss anzuhören. Eine solche Anhörung kann nach S. 2 nur unterbleiben (entsprechend § 270b Abs. 3 S. 2, → § 270b Rn. 36), wenn die hierdurch bedingte Verzögerung offensichtlich innerhalb von zwei Werktagen zu einer nachteiligen Veränderung in der Vermögenslage des Schuldners führt, die sich nicht über eine Anordnung nach § 21 Abs. 1 und 2 S. 1 Nr. 3–5 abwenden lässt (RegE SanInsFoG, BT-Drs. 19/24181, 208). Für die weiteren Fälle des Abs. 1 sowie in den Fällen des Abs. 2 ist eine Konsultation des vorläufigen Gläubigerausschusses nicht erforderlich.

32 Die Begründungspflicht des Gerichts im Fall der Bestellung eines vorläufigen Insolvenzverwalters ermöglicht es der Gläubigerversammlung, auf Basis der Begründung zu entscheiden, ob eine nachträgliche Anordnung der Eigenverwaltung gem. § 271 beantragt werden soll (vgl. BT-Drs. 17/5712, 39). Zum anderen wird das Gericht angehalten, die Aufhebung sorgfältig und unter Berücksichtigung aller relevanten Umstände zu prüfen (Uhlenbruck/Zipperer § 270 Rn. 59). Letzteres dient der Umsetzung des bereits vom Gesetzgeber mit dem ESUG verfolgten Ziels, die Eigenverwaltung als Sanierungsinstrument zu stärken (vgl. Uhlenbruck/Zipperer § 272 Rn. 59). Das Insolvenzgericht muss in seiner Begründung die Umstände darlegen, auf die es die Aufhebung stützt (Braun/Riggert § 270 Rn. 12). Dies darf nicht schematisch erfolgen (Graf-Schlicker/Graf-Schlicker § 270 Rn. 20), sondern die Begründung muss verständlich und nachvollziehbar unter konkreter Auseinandersetzung mit den Umständen, auf die das Gericht die Aufhebungsgründe stützt, abgefasst werden (vgl. Uhlenbruck/Zipperer § 270 Rn. 60). Die Person des Sachwalters darf in der Begründung aus Gründen des Persönlichkeitsschutzes (vgl. MüKoInsO/Kern § 270 Rn. 124; Nerlich/Römermann/Riggert § 270 Rn. 24) gem. Abs. 4 S. 4 iVm § 27 Abs. 2 Nr. 4 nicht genannt werden.

D. Folgen der Aufhebung der vorläufigen Eigenverwaltung

33 Wurde die Aufhebung der Eigenverwaltung beschlossen und ist der Beschluss in Rechtskraft erwachsen, wird das Verfahren als reguläres vorläufiges Insolvenzverfahren fortgesetzt (vgl. MüKoInsO/Kern § 272 Rn. 68). Es gelten die allgemeinen Regeln des vorläufigen Insolvenzverfahrens.

§ 270f Anordnung der Eigenverwaltung

(1) Die Eigenverwaltung wird auf Antrag des Schuldners angeordnet, es sei denn, eine vorläufige Eigenverwaltung wäre nach § 270b nicht anzuordnen oder nach § 270e aufzuheben.

InsO § 270f

(2) ¹Anstelle eines Insolvenzverwalters wird ein Sachwalter bestellt. ²Die Forderungen der Insolvenzgläubiger sind beim Sachwalter anzumelden. ³Die §§ 32 und 33 sind nicht anzuwenden.

(3) § 270b Absatz 1 Satz 1, Absatz 2 und 3 ist entsprechend anzuwenden.

Überblick

Zu der bis zum 31.12.2020 geltenden Rechtslage → InsO 2012 aF § 270 Rn. 1 ff. und → § 270c Rn. 1 ff.

Abs. 1 regelt klarstellend, dass Voraussetzung der Anordnung der Eigenverwaltung ein entsprechender Antrag des Schuldners ist (→ Rn. 3). Die Anordnung erfolgt nach Abs. 1 nur, wenn die Anordnungsvoraussetzungen für die vorläufige Eigenverwaltung nach § 270b vorliegen (→ Rn. 4 ff.), ohne den Prüfungsmaßstab präzise zu bestimmen (→ Rn. 7 ff.), und zudem keine Aufhebungsgründe nach § 270e vorliegen (→ Rn. 12 f.). Die Zuständigkeit des Gerichts ergibt sich aus den allgemeinen Vorschriften (→ Rn. 14). Die Beteiligung eines vorläufigen Gläubigerausschusses erfolgt gem. Abs. 3 in entsprechender Anwendung des § 270b Abs. 1 S. 1, Abs. 2 und Abs. 3 (→ Rn. 15 ff.). Abs. 2 übernimmt die Regelung des ehemaligen § 270c aF und ordnet bei Anordnung der Eigenverwaltung die zwingende Bestellung eines Sachwalters anstelle des Insolvenzverwalters an (→ Rn. 18 ff.). Der Sachwalter ist gem. Abs. 2 S. 2 für die Forderungsanmeldung zuständig (→ Rn. 21 ff.). Abs. 2 S. 3 schließt für die Eigenverwaltung, im Gegensatz zum Regelinsolvenzverfahren, Eintragungen der Verfahrenseröffnung in das Grundbuch und das Register für Schiffe und Luftfahrzeuge aus (→ Rn. 25).

Übersicht

	Rn.		Rn.
A. Allgemeines	1	C. Anordnungsentscheidung	14
B. Voraussetzungen der Anordnung der Eigenverwaltung	3	I. Zuständigkeit	14
		II. Beteiligung des vorläufigen Gläubigerausschusses	15
I. Antrag des Schuldners	3		
II. Vorliegen der Anordnungsvoraussetzungen der vorläufigen Eigenverwaltung	4	D. Bestellung eines Sachwalters	18
		I. Bestellung eines Sachwalters	19
III. Kein Aufhebungsgrund in der vorläufigen Eigenverwaltung	12	II. Forderungsanmeldung beim Sachwalter	21
		III. Registereintragungen	25

A. Allgemeines

1 Die Vorschrift wurde durch Art. 5 Nr. 37 des Gesetzes zur Fortentwicklung des Sanierungs- und Insolvenzrechts (SanInsFoG, BGBl. 2020 I 3256) eingeführt und trat am 1.1.2021 in Kraft. Neu sind die Regelungen in Abs. 1 und Abs. 2. Abs. 1 ersetzt § 270 Abs. 2–4 aF und regelt die Voraussetzungen der Anordnung der Eigenverwaltung durch Verweis auf die neuen §§ 270b und § 270e. Abs. 3 betrifft die Beteiligung des vorläufigen Gläubigerausschusses.

2 Abs. 2 entspricht der Vorgängerregelung des § 270c aF, mit deren Wortlaut er überwiegend übereinstimmt (vgl. RegE SanInsFoG, BT-Drs. 19/24181, 208). Die Bestellung eines Sachwalters schafft den Ausgleich zwischen dem Verbleib der Verwaltungs- und Verfügungsbefugnis beim Schuldner im Fall der Eigenverwaltung und dem Bedürfnis nach Überwachung des Schuldners (MüKoInsO/Kern § 270c Rn. 1). In Ermangelung eines Insolvenzverwalters ist auch eine Regelung darüber erforderlich, bei wem Gläubiger ihre Forderungen anmelden können, aus der wiederum die Pflicht zur Tabellenführung folgt (K. Schmidt InsO/Undritz § 270c Rn. 2; KPB/Pape § 270c Rn. 7; MüKoInsO/Kern § 270c Rn. 6). Forderungsanmeldungen beim Schuldner oder beim Gericht wollte der Gesetzgeber vermeiden, um das Insolvenzgericht gegenüber dem vorherigen Rechtszustand zu entlasten und den Sachwalter verstärkt in das Verfahren einzubeziehen (BT-Drs. 12/7302, 185; Nerlich/Römermann/Riggert § 270c Rn. 3; HmbKommInsR/Fiebig § 270c Rn. 2). Da die Verfügungsbefugnis des Schuldners im Fall der Eigenverwaltung nicht beschränkt ist, sind Eintragungen der Verfahrenseröffnung in das Grundbuch und andere sachenrechtliche Register unnötig (MüKoInsO/Kern § 270c Rn. 3; Uhlenbruck-Zipperer § 270c Rn. 1). Abs. 2 S. 3 schließt sie daher für die Eigenverwaltung aus.

B. Voraussetzungen der Anordnung der Eigenverwaltung

I. Antrag des Schuldners

Durch die Regelung des Abs. 1 wird klargestellt, dass die Anordnung der Eigenverwaltung nur 3
bei einem entsprechenden Antrag des Schuldners in Betracht kommt (vgl. RegE SanInsFOG, BT-Drs. 19/24181, 208). Das entspricht der alten Rechtslage zu § 270 aF.

II. Vorliegen der Anordnungsvoraussetzungen der vorläufigen Eigenverwaltung

Die Anordnung der Eigenverwaltung setzt weiterhin voraus, dass die Voraussetzungen für die 4
Anordnung der vorläufigen Eigenverwaltung auch im Zeitpunkt der Anordnungsentscheidung
vorliegen.

Das Gericht hat somit vor Anordnung der Eigenverwaltung die Anordnungsvoraussetzungen 5
des § 270b erneut zu prüfen. Das ist in der Sache unproblematisch, wenn sich die vorläufige
Eigenverwaltung entsprechend der Eigenverwaltungsplanung des Schuldners entwickelt hat.

Allerdings ist die Eigenverwaltungsplanung im Zeitpunkt der Anordnungsentscheidung auch 6
bei planmäßigem Verlauf nicht mehr aktuell. Wenn die Entscheidung zwei bis drei Monate nach
der Anordnung der vorläufigen Eigenverwaltung ansteht, was wegen des Insolvenzgeldzeitraums
der Regelfall ist, ist der Finanzplan überholt und deckt nicht mehr die erforderlichen sechs Monate
ab. Auch werden die Verhandlungen mit den Stakeholdern fortgesetzt worden sein. Hinsichtlich
der Kosten der Eigenverwaltung werden ebenfalls neue Erkenntnisse vorliegen.

Das wirft die Frage auf, wie solche Entwicklungen der vorläufigen Eigenverwaltungen iRd 7
Abs. 1 zu berücksichtigen sind. Eine nochmalige vollständige Prüfung am Maßstab des § 270b im
Zeitpunkt der Eröffnungsentscheidung hätte den Vorzug bestmöglicher Sicherung der Gläubigerinteressen. Die Anordnung der Eigenverwaltung wäre dann nur möglich, wenn sich die vorläufige
Eigenverwaltung zumindest in etwa nach Plan entwickelt hätte und der Schuldner dies mit einer
aktualisierten Eigenverwaltungsplanung dokumentiert. In diese Richtung deutet die Gesetzesbegründung, nach der die Voraussetzungen des § 270b „weiterhin" vorliegen müssen (vgl. RegE
SanInsFOG, BT-Drs. 19/24181, 208). Auch der Wortlaut des Abs. 1 („wäre nicht anzuordnen")
scheint eine erneute Prüfung zum Zeitpunkt der Eröffnungsentscheidung nahe zu legen.

Letztlich überzeugt der Gedanke nicht. Gegen ihn spricht die Gesetzessystematik und auch 8
Sinn und Zweck der Eigenverwaltung. Systematisch ist zu beachten, dass das Gesetz dem Schuldner
eine Nachbesserung seiner Eigenverwaltungsplanung nur in den Fällen des § 270b Abs. 1 S. 2
abverlangt. Eine Pflicht zur Aktualisierung der Eigenverwaltungsplanung hätte ausdrücklich im
Gesetz vorgesehen werden müssen, wäre sie gewollt gewesen. Das Gesetz sieht aber lediglich eine
Pflicht zur Mitteilung wesentlicher, die Eigenverwaltungsplanung betreffender Änderungen vor
(§ 270c Abs. 2). In teleologischer Hinsicht ist das Anliegen des Gesetzgebers zu berücksichtigen,
für den Schuldner einen rechtssicheren Zugang zur Eigenverwaltung zu schaffen. Dieses Anliegen
würde konterkariert, würde man die Eingangsvoraussetzungen zur vorläufigen Eigenverwaltung
nach zwei bis drei Monaten erneut prüfen.

Der Verweis auf § 270b ist also im Sinne einer rückbezogenen Prüfung der Anordnungsvoraus- 9
setzung aus ex post-Sicht zu verstehen.

Der Schutz der Gläubigerinteressen wird durch den Verweis auf § 270e sichergestellt. Die 10
Vorschrift ordnet die Aufhebung der vorläufigen Eigenverwaltung insbesondere an, wenn der
Schuldner wesentliche Änderungen entgegen § 270c Abs. 2 nicht mitteilt. Erweist sich die Eigenverwaltung durch Entwicklungen während der vorläufigen Eigenverwaltung als gläubigerbenachteiligend, ist sie unter den Voraussetzungen des § 270e Abs. 1 Nr. 1, Nr. 3, Nr. 4 oder Abs. 2 S. 1
aufzuheben.

Wenig klar ist die Anordnung der entsprechenden Anwendung des § 270b Abs. 1 S. 1 in Abs. 3. 11
Geht man davon aus, dass der Schuldner keine aktualisierte Eigenverwaltungsplanung vorzulegen
hat, wird man ihn so zu verstehen haben, dass das Gericht die Eigenverwaltungsplanung unter
Berücksichtigung aller im Verlauf des vorläufigen Eigenverwaltungsverfahrens gewonnenen
Erkenntnisse (§ 270c Abs. 1 Nr. 1, Nr. 2 sowie Abs. 2) nochmals zu prüfen hat. Der Verweis hat
dann im Wesentlichen klarstellende Funktion.

III. Kein Aufhebungsgrund in der vorläufigen Eigenverwaltung

Weiterhin dürfen im Zeitpunkt der Entscheidung keine Gründe vorliegen, welche das Gericht 12
verpflichten würden, die vorläufige Eigenverwaltung nach § 270e aufzuheben. Da § 270e eine

InsO § 270f — Siebter Teil. Eigenverwaltung

gebundene Entscheidung anordnet, ist dies selbstverständlich. Liegen Aufhebungsgründe vor, hat das Gericht die vorläufige Eigenverwaltung nach § 270e aufzuheben.

13   Abs. 1 stellt klar, dass in diesem Fall selbstverständlich keine Eigenverwaltung angeordnet werden darf. Durch die ausdrückliche Erwähnung des § 270e wird dem Insolvenzgericht zudem die Pflicht auferlegt, die Aufhebungsgründe im Rahmen seiner Anordnungsentscheidung zeitnah zu prüfen.

C. Anordnungsentscheidung

I. Zuständigkeit

14   Für die internationale und örtliche Zuständigkeit des Insolvenzgerichts gelten die allgemeinen Vorschriften. Funktionell zuständig ist gem. § 18 Abs. 1 Nr. 1 RPflG der Richter.

II. Beteiligung des vorläufigen Gläubigerausschusses

15   Sofern ein vorläufiger Gläubigerausschuss eingesetzt ist, ist er gem. Abs. 3 iVm § 270b Abs. 3 zu beteiligen.

16   Es gelten grundsätzlich dieselben Anforderungen an die Anhörung wie bei § 270b Abs. 3 (→ § 270b Rn. 32 ff.). Besonderheiten des Verfahrensstadiums sind im Rahmen der nur entsprechenden Anwendung des § 270b Abs. 3 zu berücksichtigen.

17   Nicht klar geregelt ist, ob (auch) iRd § 270f die Bindung des Insolvenzgerichts an ein einstimmig unterstützendes oder ablehnendes Votum des vorläufigen Gläubigerausschusses nur in den Fällen des § 270b Abs. 2 eintritt (vgl. → § 270b Rn. 41 ff.). Die Gesetzesbegründung zu § 270f spricht die Frage nicht an (vgl. RegE SanInsFOG, BT-Drs. 19/24181, 208). Auch im Rahmen der Anordnungsentscheidung nach § 270f sprechen gute Gründe für die Beschränkung der Bindung auf die Fälle des § 270b Abs. 2.

D. Bestellung eines Sachwalters

18   § 270f Abs. 2 S. 1 ordnet die bei Anordnung der Eigenverwaltung zwingende Bestellung eines Sachwalters anstelle des Insolvenzverwalters an und regelt in Abs. 2 S. 2 dessen Zuständigkeit für die Forderungsanmeldung. Abs. 2 S. 3 schließt für die Eigenverwaltung im Gegensatz zum Regelinsolvenzverfahren Eintragungen der Verfahrenseröffnung in das Grundbuch und das Register für Schiffe und Luftfahrzeuge aus.

I. Bestellung eines Sachwalters

19   § 270f Abs. 2 S. 1 beschränkt sich darauf, in Abweichung von § 27 Abs. 1 S. 1 die Bestellung eines Sachwalters anstelle eines Insolvenzverwalters im Eröffnungsbeschluss anzuordnen.

19.1   Nach der alten Rechtslage war streitig, ob die Anordnung der Eigenverwaltung und die Sachwalterbestellung im Eröffnungsbeschluss erfolgen mussten (so Nerlich/Römermann/Riggert § 270c Rn. 2). Das AG Darmstadt (ZInsO 1999, 176 (177)) ließ auch zwei separate Beschlüsse zu. Bei § 270f Abs. 2 S. 1 sollte der bewährten Praxis folgend die Anordnung im Eröffnungsbeschluss erfolgen, auch wenn das Gesetz dies seinem Wortlaut nach nicht verlangt.

20   Weitergehende Regelungen zur Auswahl, Bestellung und Stellung des Sachwalters sowie zu seinen Aufgaben (mit Ausnahme der Zuständigkeit für Forderungsanmeldungen) und Befugnissen trifft § 270f Abs. 2 nicht; sie sind den §§ 274, 275, 280 (→ § 274 Rn. 1 ff., → § 275 Rn. 1 ff., → § 280 Rn. 1 ff.) vorbehalten.

II. Forderungsanmeldung beim Sachwalter

21   Der Regelungsgehalt des Abs. 2 S. 2 beschränkt sich wie der des § 270c S. 2 aF nicht in der Anordnung, dass Insolvenzgläubiger abweichend von § 174 Abs. 1 ihre Forderungen beim Sachwalter anmelden müssen. Vielmehr nimmt der Sachwalter im Forderungsfeststellungsverfahren im Fall der Eigenverwaltung insgesamt die Rolle des Insolvenzverwalters im Regelinsolvenzverfahren ein (FK-InsO/Foltis § 270c Rn. 34). Er ist daher auch in der Aufforderung an die Gläubiger zur Forderungsanmeldung gem. § 28 Abs. 1 zu nennen (Nerlich/Römermann/Riggert § 270c Rn. 3; MüKoInsO/Kern § 270c Rn. 6).

22   Der Sachwalter führt die Tabelle; ihm obliegt es, Forderungsanmeldungen ggf. zu beanstanden und zurückzuweisen und die Tabelle fristgerecht niederzulegen (§ 175 Abs. 1 S. 2, Uhlenbruck/

Zipperer § 270c Rn. 5; KPB/Pape § 270c Rn. 7). Bestreitet der Sachwalter eine Forderung, gilt sie wie beim Bestreiten des Insolvenzverwalters im Regelinsolvenzverfahren als nicht festgestellt (§ 283 Abs. 1 S. 2). Anders als im Regelinsolvenzverfahren kommt in der Eigenverwaltung dieselbe Wirkung auch dem Bestreiten des Schuldners zu (KPB/Pape § 270 Rn. 8).

Aus der Zuständigkeit des Sachwalters für das Forderungsfeststellungsverfahren folgt jedoch ebenso wenig seine Empfangs- und Annahmezuständigkeit für den Verzicht eines Gläubigers auf ein Absonderungsrecht wie seine Befugnis zur Freigabe von Gegenständen aus der Masse. Beides setzt die Verwaltungs- und Verfügungsbefugnis voraus und fällt daher in der Eigenverwaltung in die Zuständigkeit des Schuldners (BGH ZInsO 2017, 704 Rn. 8 mzustAnm Ganter NZI 2017, 347 und Bremen EWiR 2017, 307; → § 270 Rn. 12). Aus der Zuständigkeit des Sachwalters für das Führen der Tabelle folgt insofern auch keine Annexkompetenz (BGH ZInsO 2017, 704 Rn. 14, 17). Verzichtet ein Gläubiger gegenüber dem Schuldner auf seine Rechte aus einer Sicherungsübereignung, obliegt es dem Schuldner, den daraus folgenden Anspruch auf Rückübereignung durchzusetzen (BGH ZInsO 2017, 704 Rn. 13). 23

Auch das Verteilungsverfahren liegt in der Eigenverwaltung in der Zuständigkeit des Schuldners; der Sachwalter prüft nur die Verteilungsverzeichnisse (§ 283 Abs. 2). Nachweise gem. §§ 189, 190 sind daher gegenüber dem Schuldner zu erbringen (Uhlenbruck/Zipperer § 270c Rn. 5; → § 274 Rn. 27). 24

III. Registereintragungen

Gemäß Abs. 2 S. 3 unterbleiben im Fall der Eigenverwaltung Eintragungen der Verfahrenseröffnung in den in §§ 32, 33 genannten Registern (Grundbuch, Schiffsregister, Schiffsbauregister und Register für Pfandrechte an Luftfahrzeugen), also in Register, die mit negativer Publizität ausgestattet sind (§ 892 Abs. 1 S. 2 BGB, § 16 Abs. 1 S. 2 SchRG, § 16 Abs. 1 LuftFzgG; MüKoInsO/Kern § 270c Rn. 7). Eintragungen in diesen Registern sind entbehrlich, da der Schuldner in der Eigenverwaltung im Gegensatz zum Regelinsolvenzverfahren seine Verfügungsbefugnis nicht verliert (BT-Drs. 12/2443, 223; Uhlenbruck/Zipperer § 270c Rn. 6; Graf-Schlicker/Graf-Schlicker § 270c Rn. 4), sodass der öffentliche Glaube dieser Register auch nach Verfahrenseröffnung mit der wahren Rechtslage übereinstimmt (MüKoInsO/Kern § 270c Rn. 7; K. Schmidt InsO/Undritz § 270c Rn. 1). Eine Eintragung muss allerdings gem. § 277 Abs. 3 S. 3 erfolgen, wenn nach § 277 Abs. 1 S. 1 eine Verfügungsbeschränkung über einen Gegenstand angeordnet wird, der in einem der oben genannten Register eingetragen ist (→ § 277 Rn. 21). 25

Auch im Fall der Eigenverwaltung wird die Verfahrenseröffnung hingegen in die Register eingetragen, die in § 31 genannt sind und bei denen der Gutglaubensschutz keine Rolle spielt (Handels-, Genossenschafts-, Partnerschafts- und Vereinsregister (vgl. zB MüKoInsO/Kern § 270c Rn. 9; Andres/Leithaus/Leithaus § 270c Rn. 1). 26

§ 270g Eigenverwaltung bei gruppenangehörigen Schuldnern

¹Wird die Eigenverwaltung oder die vorläufige Eigenverwaltung bei einem gruppenangehörigen Schuldner angeordnet, unterliegt der Schuldner den Kooperationspflichten des § 269a. ²Dem eigenverwaltenden Schuldner stehen nach Verfahrenseröffnung die Antragsrechte nach § 3a Absatz 1, § 3d Absatz 2 und § 269d Absatz 2 Satz 2 zu.

Überblick

Die Vorschrift regelt die Anwendung bestimmter Vorschriften des Konzerninsolvenzrechts auf eigenverwaltende Schuldner, die Mitglied einer Unternehmensgruppe iSd § 3e sind (→ Rn. 2). Rechtsfolgen sind die Geltung von Kooperationspflichten im Rahmen der Eigenverwaltung (→ Rn. 3) und die Zuordnung der Antragsrechte nach § 3a Abs. 1, § 3d Abs. 2 und § 269d Abs. 2 S. 2 zum Schuldner (→ Rn. 4). Nur unvollständig bzw. gar nicht normiert sind die Stellung des eigenverwaltenden Schuldners im Koordinationsverfahren (→ Rn. 5 ff.) sowie die Stellung des Sachwalters in der Konzerninsolvenz (→ Rn. 8 ff.).

A. Allgemeines

Die mit der Einführung eines Konzerninsolvenzrechts (Gesetz zur Erleichterung der Bewältigung von Konzerninsolvenzen (EKIG) v. 13.4.2017 (BGBl. I 866)) angestrebte Vereinfachung der 1

Durchführung von Konzerninsolvenzen soll unabhängig davon greifen, ob die Insolvenz aller oder einzelner Konzerngesellschaften in Fremd- oder Eigenverwaltung abläuft (vgl. Uhlenbruck/Zipperer § 270d Rn. 4). Dass die in S. 1 genannte Kooperationspflicht (§ 269a) und die in S. 2 aufgeführten Antragsrechte den Schuldner treffen bzw. diesem zustehen, entspricht der allgemeinen Kompetenzverteilung in der Eigenverwaltung. Da sich diese Rechtsfolgen des § 270g bereits aus der Anwendung der allgemeinen Vorschriften (§ 270 Abs. 1 S. 2) herleiten ließen, kommt der Vorschrift insoweit klarstellender Charakter zu (vgl. BT-Drs. 18/407, 41 f.; HmbKommInsR/Fiebig § 270d Rn. 1; Uhlenbruck/Zipperer § 270d Rn. 1).

2   Der Anwendungsbereich des § 270g ist eröffnet, wenn der Schuldner Mitglied einer Unternehmensgruppe (§ 3e) ist und für ihn die Eigenverwaltung (§ 270f) oder vorläufige Eigenverwaltung (§ 270b) angeordnet wird.

B. Stellung des Schuldners

3   Den eigenverwaltenden, gruppenangehörigen Schuldner trifft zunächst die Pflicht zur Kooperation mit anderen gruppenangehörigen Schuldnern (S. 1 iVm § 269a). Die **Kooperationspflicht** greift bereits mit Anordnung der vorläufigen Eigenverwaltung. Sie besteht sowohl gegenüber weiteren gruppenangehörigen eigenverwalteten Schuldnern als auch gegenüber den für Konzerngesellschaften bestellten (vorläufigen) Insolvenzverwaltern (Uhlenbruck/Zipperer § 270d Rn. 4; HmbKommInsR/Fiebig § 270d Rn. 3).

4   Darüber hinaus hat der eigenverwaltende Schuldner gem. § 270g S. 2, § 3a Abs. 1 das Recht, „nach Verfahrenseröffnung" den Antrag auf **Begründung eines Gruppengerichtsstands** zu stellen. Die Regelung stellt klar, dass der Schuldner auch nach Verfahrenseröffnung zur Antragstellung berechtigt bleibt und das Antragsrecht nicht etwa (in entsprechender Anwendung des § 3a Abs. 3) auf den Sachwalter übergeht (Uhlenbruck/Zipperer § 270d Rn. 2). Gleichlaufende Regelungen sieht S. 2 für den Antrag auf **Verweisung an den Gruppengerichtsstand** (§ 3d Abs. 2) und den **Antrag auf Einleitung eines Koordinationsverfahrens** (§ 269d Abs. 2 S. 2) vor. Der Schuldner bedarf hierfür weder der Zustimmung des Sachwalters noch steht diesem ein Widerspruchsrecht gem. § 275 Abs. 1 S. 2 zu (HmbKommInsR/Fiebig § 270d Rn. 5). Ein Verweis auf den durch das SanInsFoG neu aufgenommenen § 3a Abs. 4 (dazu → § 3a Rn. 38) fehlt in § 270g.

5   Gemäß § 269e Abs. 1 S. 3 kann der eigenverwaltende Schuldner nicht zum **Koordinationsverwalter** bestellt werden. Im Übrigen ist die Rechtsstellung des eigenverwaltenden Schuldners im Koordinationsverfahren nicht normiert. Über die Anwendung der allgemeinen Vorschriften auf den eigenverwaltenden Schuldner (§ 270 Abs. 1 S. 2) ergibt sich jedoch Folgendes (vgl. KBP/Thole § 269f Rn. 16):

6   Der eigenverwaltende Schuldner ist verpflichtet, mit einem **Koordinationsverwalter** zu kooperieren. Die in § 269f Abs. 2 für den (vorläufigen) Insolvenzverwalter normierten Pflichten treffen auch den eigenverwaltenden Schuldner (HK-InsO/Specovius § 269f Rn. 5; FK-InsO/Wimmer-Amend § 270d Rn. 4, jeweils für eine Analogie zu § 270d aF). Es wäre sinnwidrig, den eigenverwaltenden Schuldner von Kooperationspflichten gegenüber dem Verfahrenskoordinator auszunehmen (vgl. Westphal NZI-Beil. 2018, 41 (44); HmbKommInsR/Fiebig § 270d Rn. 4), zumal wenn der eigenverwaltende Schuldner das Koordinationsverfahren selbst initiiert (vgl. FK-InsO/Wimmer-Amend § 270d Rn. 4).

7   Weiterhin ist der eigenverwaltende Schuldner gem. § 269h Abs. 1 S. 1 (iVm § 270 Abs. 1 S. 2) berechtigt, dem Insolvenzgericht gemeinsam mit den (Insolvenzverwaltern der anderen) gruppenangehörigen Schuldner(n) einen **Koordinationsplan** vorzulegen (→ § 269h Rn. 14; Braun/Specovius § 270d Rn. 10). Ein Planinitiativrecht des Sachwalters besteht dagegen nur bei entsprechendem Auftrag der Gläubigerversammlung iSd § 284 Abs. 1 (Andres/Leithaus/Leithaus § 270d Rn. 6 mwN). Ist ein Koordinationsplan vorgelegt worden, so treffen den eigenverwaltenden Schuldner die in § 269i Abs. 1 geregelten Pflichten (→ § 269i Rn. 3; Braun/Specovius § 270d Rn. 10; HmbKommInsR/Fiebig § 270d Rn. 6), dh er hat den Koordinationsplan ggf. zu **erläutern** und muss begründen, von welchen im Koordinationsplan beschriebenen Maßnahmen er abweichen will. § 269i Abs. 2 ist ebenfalls anwendbar (Westphal NZI-Beil. 2018, 41 (44); Andres/Leithaus/Leithaus § 270d Rn. 6).

C. Stellung des Sachwalters

8   Die Gerichte können bei Konzerninsolvenzen einen einheitlichen Sachwalter in allen oder mehreren Insolvenzverfahren bestellen, um die Sanierung des Konzerns möglichst reibungslos zu

gestalten (BT-Drs. 18/407, 42; HK-InsO/Brünkmans § 270d Rn. 5; Uhlenbruck/Zipperer § 270d Rn. 6; aA → § 56b Rn. 12). Ebenfalls möglich ist jedoch die Bestellung personenverschiedener Sachwalter in den unterschiedlichen Insolvenzverfahren mehrerer gruppenangehöriger Schuldner (vgl. HK-InsO/Brünkmans § 270d Rn. 5). Ob auch personenverschiedene Sachwalter den Kooperationspflichten des § 269a unterliegen, ist nicht gesetzlich geregelt und umstritten.

Die Gesetzesbegründung erwähnt eine Anwendbarkeit auf die Sachwalter untereinander nicht. **9** Deshalb wird teilweise vertreten, mangels ausdrücklicher Anordnung (weder in § 274 noch in § 270g) treffe den (bloß beaufsichtigenden) Sachwalter keine Kooperationspflicht (vgl. Braun/Fendel § 269a Rn. 14; HK-InsO/Brünkmans § 270d Rn. 5). Vorzugswürdig erscheint es aber, auch den Sachwalter als Adressaten der Kooperationspflicht anzusehen (→ § 269a Rn. 19; Westphal NZI-Beil. 2018, 41 (43); Andres/Leithaus/Leithaus § 270d Rn. 3). Rechtstechnisch lässt sich die Kooperationspflicht mit der Anwendung der allgemeinen Vorschriften über § 270 Abs. 1 S. 2 begründen (FK-InsO/Wimmer-Amend § 270d Rn. 3). § 270 Abs. 1 S. 2 trifft keine Aussage dazu, ob bestimmte Regelungen im Rahmen der Eigenverwaltung für den Schuldner oder den Sachwalter gelten (→ § 270 Rn. 33). Dementsprechend ist es grundsätzlich möglich, sowohl den Schuldner als auch den Sachwalter als Adressaten der „allgemeinen Vorschriften" anzusehen, soweit dies der Struktur des Eigenverwaltungsverfahrens entspricht. In der Sache ist die Anwendung der Kooperationspflichten des § 269a auf den (vorläufigen) Sachwalter zumindest insoweit geboten, wie der Sachwalter originär Pflichten wahrnimmt, die in der Regelinsolvenz vom Insolvenzverwalter zu erfüllen sind (zB Geltendmachung von Anfechtungs- und Haftungsansprüchen, KPB/Thole § 269a Rn. 16); deren effiziente Wahrnehmung erfordert eine Kooperation in der Gruppe (→ § 269a Rn. 19; HmbKommInsR/Fiebig § 270d Rn. 7). Ob eine darüber hinaus gehende Kooperationspflicht besteht (dafür → § 269a Rn. 19; FK-InsO/Wimmer-Amend § 270d Rn. 3), ist weniger klar. Dafür spricht immerhin, dass der Sachwalter auch für die effiziente Wahrnehmung seiner Überwachungsaufgabe auf Informationen angewiesen sein kann, die dem Sachwalter im Insolvenzverfahren eines anderen gruppenangehörigen Schuldners vorliegen (HK-InsO/Brünkmans § 270d Rn. 7).

Im Verhältnis zum Koordinationsverwalter ist auch der Sachwalter (gem. § 270 Abs. 1 S. 2, **10** § 269f Abs. 2) zur Kooperation verpflichtet. Die Anwendung auf den Sachwalter ist geboten, um eine möglichst effiziente Durchführung des Koordinationsverfahrens zu gewährleisten (vgl. Braun/Esser § 269f Rn. 15; HK-InsO/Specovius § 269f Rn. 5; Westphal NZI-Beil. 2018, 41 (44)). Der Umfang der Kooperationspflicht ist aber im Vergleich zu der des eigenverwaltenden Schuldners insoweit begrenzt, als der Sachwalter im Rahmen der Eigenverwaltung nur in einem eingeschränkten Pflichtenkreis tätig wird (vgl. Braun/Esser § 269f Rn. 15; weiter einschränkend KPB/Thole § 269 Rn. 17).

§ 271 Nachträgliche Anordnung

¹**Beantragt die Gläubigerversammlung mit der in § 76 Absatz 2 genannten Mehrheit und der Mehrheit der abstimmenden Gläubiger die Eigenverwaltung, so ordnet das Gericht diese an, sofern der Schuldner zustimmt.** ²**Zum Sachwalter kann der bisherige Insolvenzverwalter bestellt werden.**

Überblick

§ 271 gibt der Gläubigerversammlung die Möglichkeit, ein zunächst als Regelinsolvenzverfahren eröffnetes Insolvenzverfahren mit Zustimmung des Schuldners in ein Eigenverwaltungsverfahren zu überführen (→ Rn. 1). Die Gläubigerversammlung muss dazu mit Summen- und Kopfmehrheit der abstimmenden Gläubiger einen Antrag an das Insolvenzgericht beschließen (→ Rn. 5). Ob überstimmte Gläubiger den Mehrheitsbeschluss gem. § 78 zur gerichtlichen Nachprüfung stellen können, ist umstritten (→ Rn. 7 f.). Stimmt auch der Schuldner dem Übergang in die Eigenverwaltung zu (→ Rn. 9), hat das Gericht die Eigenverwaltung anzuordnen. Es handelt sich insoweit um eine grundsätzlich gebundene Entscheidung des Gerichts (→ Rn. 13). Anstelle des bisherigen Insolvenzverwalters hat das Insolvenzgericht einen Sachwalter zu bestellen (§ 270f Abs. 2 S. 1). Das Gericht kann den bisherigen Insolvenzverwalter oder eine andere Person zum Sachwalter bestellen (→ Rn. 15). Ob und inwieweit das Gericht einen Vorschlag der Gläubigerversammlung zur Person des Sachwalters berücksichtigen muss, ist streitig (→ Rn. 16).

InsO § 271

Übersicht

	Rn.		Rn.
A. Allgemeines	1	I. Verfahren	12
B. Voraussetzungen der nachträglichen Anordnung der Eigenverwaltung	3	II. Entscheidung des Gerichts über die Anordnung der Eigenverwaltung	13
I. Beschluss der Gläubigerversammlung	3	1. Prüfungsumfang	13
1. Verfahren und Mehrheitserfordernis	3	2. Entscheidung über die Person des Sachwalters	15
2. Minderheitenschutz (§ 78)	7	3. Begleitende Entscheidungen	17
II. Zustimmung des Schuldners	9	III. Rechtsmittel	19
C. Anordnung durch das Insolvenzgericht	12	D. Folgen des Übergangs von der Insolvenzverwaltung zur Eigenverwaltung	20

A. Allgemeines

1   Gegenstand des § 271 ist die nachträgliche Anordnung der Eigenverwaltung im eröffneten Insolvenzverfahren mit Zustimmung des Schuldners und auf Antrag der Gläubigerversammlung. Hierdurch sollen die Eigenverwaltung und die **Gläubigerautonomie** gestärkt werden. Möchte der Schuldner mit Zustimmung der qualifizierten Mehrheit der Gläubiger die Insolvenz in Eigenverwaltung durchführen, wird regelmäßig nichts dagegen sprechen (RegE ESUG, BT-Drs. 17/5712, 42). Die Gläubigerversammlung muss die Entscheidung mit **Kopf- und Summenmehrheit** fassen. Damit wird verhindert, dass wenige Großgläubiger, die über die Summenmehrheit in der Gläubigerversammlung verfügen, eine Eigenverwaltung zur Verfolgung von Sonderinteressen durchsetzen (vgl. RegE ESUG, BT-Drs. 17/5712, 41).

2   Die Norm wurde durch das ESUG in zwei Punkten geändert. Zum einen wurde klargestellt, dass die nachträgliche Anordnung der Eigenverwaltung auch dann möglich ist, wenn der Schuldner vor der Insolvenzeröffnung keinen Eigenverwaltungsantrag gestellt hat. Dies war nach alter Rechtslage streitig (vgl. MüKoInsO/Kern Rn. 8; RegE ESUG BT-Drs. 17/5712, 41). Zum anderen ist die nachträgliche Anordnung der Eigenverwaltung nicht mehr nur auf Antrag der ersten Gläubigerversammlung möglich (vgl. MüKoInsO/Kern Rn. 9; Uhlenbruck/Zipperer Rn. 1). Im Zuge der Neukonzeption der Eigenverwaltung durch das SanInsFoG wurde die Vorschrift nicht geändert.

B. Voraussetzungen der nachträglichen Anordnung der Eigenverwaltung

I. Beschluss der Gläubigerversammlung

1. Verfahren und Mehrheitserfordernis

3   Die Gläubigerversammlung kann nach Verfahrenseröffnung die Anordnung der Eigenverwaltung beantragen. Für die Antragsstellung und Beschlussfassung gelten gem. § 270 Abs. 1 S. 2 die §§ 74 ff. Die Erörterung und Beschlussfassung zur Anordnung der Eigenverwaltung muss vor der Abstimmung gem. § 74 Abs. 2 S. 1 ordnungsgemäß angekündigt und die Tagesordnung öffentlich bekannt gemacht werden (KPB/Pape Rn. 12). Für weitere Einzelheiten des Verfahrens s. die Kommentierung zu §§ 74 ff.

4   Der Antrag auf Eigenverwaltung erfolgt durch Beschluss der Gläubigerversammlung (Uhlenbruck/Zipperer Rn. 2). Ein separater Antrag an das Gericht ist nicht erforderlich, da der Beschluss der Gläubigerversammlung durch das Gericht protokolliert wird (Uhlenbruck/Zipperer Rn. 2).

5   Die nachträgliche Anordnung der Eigenverwaltung ist **jederzeit** im eröffneten Verfahren möglich (Uhlenbruck/Zipperer Rn. 2). Der Antrag auf Eigenverwaltung muss mit **qualifizierter Mehrheit** gefasst werden. Erforderlich ist die Kopf- und Summenmehrheit der abstimmenden Gläubiger (KPB/Pape Rn. 12). Die Kopfmehrheit bemisst sich nach der Anzahl der anwesenden stimmberechtigten Gläubiger (Uhlenbruck/Zipperer Rn. 2). Für die Feststellung der Summenmehrheit gilt § 76 Abs. 2 (zu Einzelheiten → § 76 Rn. 3).

6   Zusätzlich zum Antrag auf Anordnung der Eigenverwaltung kann die Gläubigerversammlung einen Beschluss zur Person des vom Gericht zu bestellenden Sachwalters (§ 270f Abs. 2 S. 1) fassen. Ob die Gläubigerversammlung einen entsprechenden Beschluss fasst, liegt in ihrem Ermessen. Der Antrag auf nachträgliche Anordnung der Eigenverwaltung ist auch ohne Beschlussfassung zur Person des Sachwalters zulässig und für das Gericht bindend (hM Braun/Riggert Rn. 6; Uhlen-

bruck/Zipperer Rn. 2, 7; aA FK-InsO/Foltis Rn. 6). Ein mit qualifizierter Mehrheit gefasster Beschluss der Gläubigerversammlung zur Person des Sachwalters bindet das Gericht (→ Rn. 16 f.).

2. Minderheitenschutz (§ 78)

Ob ein mit qualifizierter Mehrheit beschlossener Antrag auf Eigenverwaltung gem. § 78 durch einzelne Gläubiger zur Überprüfung durch das Gericht gestellt werden kann, ist umstritten. 7

In der Kommentarliteratur wird ein Gläubigerantrag gem. § 78 mitunter für statthaft gehalten, entweder unbeschränkt (zB HK-InsO/Brünkmans Rn. 7; FK-InsO/Foltis Rn. 5; K. Schmidt InsO/Undritz Rn. 3) oder beschränkt auf Missbrauchsfälle (so FK-InsO/Foltis Rn. 5). Diese Auffassung beruft sich darauf, dass die Anwendung des § 78 (iVm § 270 Abs. 1 S. 2) nicht ausdrücklich ausgeschlossen und zudem zur Verhinderung von Missbrauchsfällen geboten sei (FK-InsO/Foltis Rn. 5; KPB/Pape Rn. 19) Die Gegenansicht (zB Braun/Riggert Rn. 4; MüKoInsO/Kern Rn. 20 ff.; Uhlenbruck/Zipperer Rn. 2) lehnt die Anwendung des § 78 unter Berufung auf die Rechtsprechung des BGH zur Parallelfrage bei § 272 (BGH NZI 2011, 760) ab. Hiernach kann der Beschluss der Gläubigerversammlung, die Aufhebung der Eigenverwaltung zu beantragen, nicht im Verfahren nach § 78 Abs. 1 angefochten werden. Die vom Gericht angeführten Argumente seien auf § 271 zu übertragen (Uhlenbruck/Zipperer Rn. 2). Für diese Auffassung spricht insbesondere, dass eine gerichtliche Überprüfung der Entscheidung der Gläubigerversammlung nicht mit dem vom ESUG verfolgten Ziel der Stärkung der **Gläubigerautonomie** zu vereinbaren ist (Uhlenbruck/Zipperer Rn. 2). Da sich an der Rechtslage bei § 272 durch das SanInsFoG nichts geändert hat (vgl. → § 272 Rn. 3), ist an der Übertragung der für die Aufhebung der Eigenverwaltung geltenden Grundsätze auf § 271 festzuhalten. 8

II. Zustimmung des Schuldners

Weitere zwingende Voraussetzung für die nachträgliche Anordnung der Eigenverwaltung ist die Zustimmung des Schuldners zur Eigenverwaltung. Ohne die Bereitschaft des Schuldners, das Insolvenzverfahren in Eigenverwaltung durchführen zu wollen, ist ein Eigenverwaltungsverfahren nicht sinnvoll durchführbar (vgl. Nerlich/Römermann/Riggert Rn. 2). Die Bereitschaft kann dadurch zum Ausdruck kommen, dass der Schuldner an einem bereits vor Verfahrenseröffnung gestellten und durch das Insolvenzgericht abgelehnten Antrag auf Eigenverwaltung festhält (Nerlich/Römermann/Riggert Rn. 2). Der Schuldner kann aber auch erst nach Insolvenzeröffnung die Entscheidung treffen, das Verfahren in Eigenverwaltung führen zu wollen (MüKoInsO/Kern Rn. 10). Das Initiativrecht für die nachträgliche Anordnung liegt im eröffneten Verfahren jedenfalls bei der Gläubigerversammlung (MüKoInsO/Kern Rn. 11). 9

Die Zustimmung des Schuldners ist Anordnungsvoraussetzung (FK-InsO/Foltis Rn. 8) und muss im Zeitpunkt der Anordnungsentscheidung vorliegen (FK-InsO/Foltis Rn. 8; Uhlenbruck/Zipperer Rn. 3). Sofern der Schuldner vor Eröffnung des Insolvenzverfahrens einen Antrag auf Eigenverwaltung gestellt und dieser durch das Gericht abgelehnt wurde, reicht eine Erklärung über die Aufrechterhaltung des Antrags des Schuldners gegenüber dem Gericht aus. Die Zustimmung kann sowohl mündlich als auch schriftlich (K. Schmidt InsO/Undritz Rn. 4; Uhlenbruck/Zipperer Rn. 3), vor oder nach dem Beschluss der Gläubigerversammlung (FK-InsO/Foltis Rn. 8; aA KPB/Pape Rn. 11; Uhlenbruck/Zipperer Rn. 3: zeitgleich mit der Antragstellung) gegenüber dem Gericht erklärt werden. Erfolgt bei einer juristischen Person ein Austausch der Geschäftsleitung, kann die Erklärung auch von den neu bestellten Mitgliedern des Geschäftsführungsorgans abgegeben werden (vgl. Uhlenbruck/Zipperer Rn. 3). 10

Der Schuldner kann seine Zustimmung gegenüber dem Gericht **zurücknehmen** (Uhlenbruck/Zipperer Rn. 3). Die Rücknahme ist bis zur Anordnung der Eigenverwaltung möglich. Nach Anordnung der Eigenverwaltung kann der Schuldner eine Aufhebung nur durch erneuten Antrag gem. § 272 Abs. 1 Nr. 5 erreichen (FK-InsO/Foltis Rn. 8). 11

C. Anordnung durch das Insolvenzgericht

I. Verfahren

Die Anordnung der Eigenverwaltung durch das Gericht erfolgt gem. § 273 durch **Beschluss**. Die Entscheidung über die Anordnung der Eigenverwaltung trifft der Rechtspfleger (funktionelle Zuständigkeit), sofern der Insolvenzrichter sich die Entscheidung nicht gem. § 18 Abs. 2 RPflG vorbehält (MüKoInsO/Kern Rn. 24; Uhlenbruck/Zipperer Rn. 4) oder sie wieder an sich zieht 12

(§ 18 Abs. 2 S. 3 RPflG). Erfolgt die Antragstellung zugleich mit der Vorlage eines Insolvenzplans, soll gem. § 18 Abs. 1 Nr. 2 RPflG der Richter zuständig sein (Uhlenbruck/Zipperer Rn. 4).

II. Entscheidung des Gerichts über die Anordnung der Eigenverwaltung

1. Prüfungsumfang

13 Das Gericht hat das Vorliegen der Anordnungsvoraussetzungen zu prüfen (Uhlenbruck/Zipperer Rn. 5). Liegen die Anordnungsvoraussetzungen vor, ist das Gericht verpflichtet, die Eigenverwaltung anzuordnen. Es trifft insoweit eine **gebundene Entscheidung** (BGH NZI 2007, 240 Rn. 16; MüKoInsO/Kern Rn. 34; Uhlenbruck/Zipperer Rn. 5). Das Gericht konnte die Anordnung der Eigenverwaltung nach der alten Rechtslage nicht ablehnen, selbst wenn das Eigenverwaltungsverfahren nach Einschätzung des Gerichts nachteilig für die Gläubiger gem. § 270 Abs. 2 Nr. 2 aF war (vgl. KPB/Pape Rn. 13). Nach der neuen Rechtslage gilt dasselbe für die in § 270f Abs. 1 bezeichneten Anordnungsvoraussetzungen: Sie sind nicht zu prüfen.

14 Die Prüfung der Anordnungsvoraussetzungen umfasst die Prüfung, ob ein wirksamer und mit der erforderlichen Mehrheit gefasster Beschluss der Gläubigerversammlung und die erforderliche Zustimmung des Schuldners vorliegen (Uhlenbruck/Zipperer Rn. 5). Neben der Einhaltung der formellen Anforderungen an die Beschlussfassung (zB Einberufungsmängel) kann das Gericht auch prüfen, ob der Beschluss der Gläubigerversammlung aus materiellen Gründen nichtig ist (Uhlenbruck/Zipperer Rn. 5). Nichtige Beschlüsse bedürfen keiner besonderen Aufhebungsentscheidung (vgl. BGH NZI 2011, 713 Rn. 6) und bieten keine hinreichende Grundlage für die nachträgliche Anordnung der Eigenverwaltung. Ein Beschluss ist auch dann nichtig, wenn er gegen die guten Sitten verstößt (Uhlenbruck/Zipperer Rn. 5). Sittenwidrigkeit kann allerdings nur in **Ausnahmefällen** angenommen werden. Mit Blick auf die Grundentscheidung des Gesetzgebers, den Minderheitenschutz durch das Erfordernis einer qualifizierten Mehrheit zu sichern, genügt das Ausnutzen einer vorhandenen Mehrheit allein nicht, um Sittenwidrigkeit zu begründen (Uhlenbruck/Zipperer Rn. 5). Das gilt grundsätzlich auch dann, wenn die abstimmende Gläubigermehrheit unter Beachtung der gesetzlichen Vorgaben für sie vorteilhafte Regelungen zu Lasten der Gläubigergesamtheit erstrebt (MüKoInsO/Kern Rn. 35). Die Grenze zur Sittenwidrigkeit kann jedoch überschritten sein, wenn die abstimmende Gläubigermehrheit eigene ungesetzliche Sondervorteile anstrebt (Uhlenbruck/Zipperer Rn. 5).

2. Entscheidung über die Person des Sachwalters

15 Mit der Anordnung der Eigenverwaltung trifft das Gericht zugleich eine Entscheidung über die Person des Sachwalters (§ 270f Abs. 2 S. 1). Gemäß S. 2 kann der bisherige Insolvenzverwalter zum Sachwalter bestellt werden. Die Regelung stellt klar, dass die Tätigkeit als Insolvenzverwalter die spätere Tätigkeit als Sachwalter nicht per se ausschließt (vgl. Uhlenbruck/Zipperer Rn. 7; MüKoInsO/Kern Rn. 28).

16 Ob das Gericht an einen Beschluss oder Vorschlag der Gläubigerversammlung oder eines Gläubigerausschusses zur Person des Sachwalters grundsätzlich gebunden ist (so etwa FK-InsO/Foltis Rn. 15; MüKoInsO/Kern Rn. 29) oder ob das Gericht auch in diesen Fällen ein Bestellermessen hat (so zB K. Schmidt InsO/Undritz Rn. 6; Nerlich/Römermann/Riggert Rn. 6; Uhlenbruck/Zipperer Rn. 7), ist umstritten. Da § 271 zu der Frage keine Regelung trifft, gelten im Ausgangspunkt die allgemeinen Vorschriften über die Bestellung des Sachwalters (§ 270f Abs. 2 S. 1, § 274 Abs. 1). Diese sehen eine Bindung des Insolvenzgerichts an den Beschluss der Gläubigerversammlung nicht ausdrücklich vor (vgl. Uhlenbruck/Zipperer Rn. 7). Die Gläubigerversammlung kann aber einen vom Gericht bestellten Sachwalter gem. § 274 Abs. 1 iVm § 57 abwählen (FK-InsO/Foltis Rn. 17; Uhlenbruck/Zipperer Rn. 7). Es erscheint angezeigt, diese Vorschrift bereits bei der Bestellung des Sachwalters analog anzuwenden, sodass das Gericht den Beschluss über die Person des Sachwalters grundsätzlich zu beachten hat (MüKoInsO/Kern Rn. 29). Das Gericht kann dann nur davon absehen, die von den Gläubigern ausgewählte Person zu bestellen, wenn diese für die Übernahme des Amtes ungeeignet ist (vgl. § 270 Abs. iVm § 57 S. 3, § 274 iVm § 56 Abs. 1). Ob die Geeignetheit, insbesondere die Unabhängigkeit des Sachwalters, in diesen Fällen besonders streng zu prüfen ist (MüKoInsO/Kern Rn. 29), erscheint zweifelhaft, da der Beschluss der Gläubigerversammlung ohnehin einer qualifizierten Kopf- und Summenmehrheit bedarf (→ Rn. 16.1).

16.1 Die Regelungen zur Beteiligung eines vorläufigen Gläubigerausschusses bei der Bestellung des Sachwalters (§ 274 Abs. 1 iVm § 56a) sind auf Entscheidungen im Insolvenzeröffnungsverfahren ausgelegt und gelten auch ihrem Wortlaut nach nicht für den Gläubigerausschuss im bereits eröffneten Verfahren (FK-InsO/Foltis Rn. 7; Uhlenbruck/Zipperer Rn. 7).

3. Begleitende Entscheidungen

Neben der Anordnung der Eigenverwaltung und der Benennung eines Sachwalters hat das 17
Gericht sämtliche Verfügungen zu treffen, die mit der Anordnung der Eigenverwaltung gem.
§ 270f einhergehen (vgl. MüKoInsO/Kern Rn. 30 ff.; Uhlenbruck/Zipperer Rn. 6), insbesondere:
- Aufhebung des offenen Arrestes und Aufforderung an die Schuldner des Schuldners nicht mehr an den Insolvenzverwalter zu zahlen;
- Datierung des Beschlusses gem. § 27 analog nach Tag und Stunde;
- Löschung von Eintragungen im Grundbuch und in gleichgestellten Registern nach §§ 32, 33;
- Öffentliche Bekanntmachungen nach § 273.

Die Verfügungen sind mit dem Anordnungsbeschluss öffentlich bekannt zu machen (s. § 273; 18
MüKoInsO/Kern § 273 Rn. 6).

III. Rechtsmittel

Der Beschluss des Insolvenzgerichts über die nachträgliche Anordnung der Eigenverwaltung 19
kann nicht mit der sofortigen Beschwerde angegriffen werden (BGH NZI 2007, 240; Uhlenbruck/Zipperer Rn. 8). Möglich ist ein Antrag der Gläubigerversammlung auf Aufhebung der Eigenverwaltung (vgl. § 272 Abs. 1 Nr. 3) oder bei Vorliegen der Voraussetzungen des § 272 Abs. 1 Nr. 1 oder Nr. 2 die Aufhebung von Amts wegen. Hat der Rechtspfleger die Entscheidung über die Anordnung der Eigenverwaltung getroffen, ist nach wohl überwiegender Auffassung zudem die Erinnerung gem. § 11 Abs. 2 RPflG statthaft (vgl. HK-InsO/Brünkmans Rn. 5; Uhlenbruck/Zipperer Rn. 8; aA FK-InsO/Foltis Rn. 11; KPB/Pape Rn. 17).

D. Folgen des Übergangs von der Insolvenzverwaltung zur Eigenverwaltung

Die Verwaltungs- und Verfügungsbefugnis geht mit Anordnung der Eigenverwaltung auf den 20
Schuldner über (vgl. § 270). Die vom Insolvenzverwalter bis zur nachträglichen Anordnung vorgenommenen Rechtshandlungen bleiben auch nach Anordnung der Eigenverwaltung in vollem Umfang wirksam (MüKoInsO/Kern Rn. 41; Uhlenbruck/Zipperer Rn. 9). Dies gilt für die Ausübung des Wahlrechts nach § 103, eine ausgesprochene Kündigung nach § 113, eine bereits erfolgte Insolvenzanfechtung, ebenso wie für die Begründung von Masseverbindlichkeiten (Uhlenbruck/Zipperer Rn. 9). Damit hat der Schuldner das Verfahren so zu übernehmen, wie er es im Zeitpunkt der Anordnung der Eigenverwaltung vorfindet (Uhlenbruck/Zipperer Rn. 9).

Ist der frühere Insolvenzverwalter nun Sachwalter, kann er gem. § 275 die Kassenführung 21
übernehmen und so Einfluss auf die Zahlung von Verbindlichkeiten ausüben (MüKoInsO/Kern Rn. 41; Uhlenbruck/Zipperer Rn. 9). Zeigt der Sachwalter Masseunzulänglichkeit an, ist ein früherer Insolvenzverwalter möglichen Haftungsrisiken ausgesetzt, wobei für eine Haftung gem. § 61 die allgemeinen Grundsätze gelten (Uhlenbruck/Zipperer Rn. 9).

Zum Zwecke eines geordneten Übergangs werden laufende Gerichtsverfahren gem. § 240 ZPO 22
unterbrochen. Gleichwohl ist es nicht möglich, dass der Schuldner die Prozesse ohne Kostenlast einer Klagerücknahme oder eines Anerkenntnisses nach §§ 85, 86 beendet (MüKoInsO/Kern Rn. 42).

§ 272 Aufhebung der Anordnung

(1) Das Insolvenzgericht hebt die Anordnung der Eigenverwaltung auf, wenn
1. der Schuldner in schwerwiegender Weise gegen insolvenzrechtliche Pflichten verstößt oder sich auf sonstige Weise zeigt, dass er nicht bereit oder in der Lage ist, seine Geschäftsführung am Interesse der Gläubiger auszurichten; dies gilt auch dann, wenn sich erweist, dass
   a) der Schuldner die Eigenverwaltungsplanung in wesentlichen Punkten auf unzutreffende Tatsachen gestützt hat,
   b) die Rechnungslegung und Buchführung so unvollständig oder mangelhaft sind, dass sie keine Beurteilung der Eigenverwaltungsplanung, insbesondere des Finanzplans, ermöglichen,

c) Haftungsansprüche des Schuldners gegen amtierende oder ehemalige Mitglieder des vertretungsberechtigten Organs bestehen, deren Durchsetzung in der Eigenverwaltung erschwert werden könnte,
2. die Erreichung des Eigenverwaltungsziels, insbesondere eine angestrebte Sanierung sich als aussichtslos erweist,
3. dies von der Gläubigerversammlung mit der in § 76 Absatz 2 genannten Mehrheit und der Mehrheit der abstimmenden Gläubiger beantragt wird,
4. dies von einem absonderungsberechtigten Gläubiger oder von einem Insolvenzgläubiger beantragt wird, die Voraussetzungen der Anordnung der Eigenverwaltung des § 270f Absatz 1 in Verbindung mit § 270b Absatz 1 Satz 1 weggefallen sind und dem Antragsteller durch die Eigenverwaltung erhebliche Nachteile drohen,
5. dies vom Schuldner beantragt wird.

(2) ¹Der Antrag eines Gläubigers ist nur zulässig, wenn die in Absatz 1 Nummer 4 genannten Voraussetzungen glaubhaft gemacht werden. ²Vor der Entscheidung über den Antrag ist der Schuldner zu hören. ³Gegen die Entscheidung steht dem Gläubiger und dem Schuldner die sofortige Beschwerde zu.

(3) Zum Insolvenzverwalter kann der bisherige Sachwalter bestellt werden.

Überblick

Hat das Insolvenzgericht die Eigenverwaltung einmal angeordnet, so wird das Insolvenzverfahren bis zur Beendigung in Eigenverwaltung geführt, sofern nicht das Insolvenzgericht die Eigenverwaltung vorzeitig aufhebt. § 272 regelt die Voraussetzungen, unter denen das Insolvenzgericht die Aufhebung der Eigenverwaltung beschließen kann. Die Aufhebung der Eigenverwaltung erfolgt in den Fällen des Abs. 1 Nr. 1 (→ Rn. 8) und des Abs. 1 Nr. 2 (→ Rn. 12) **von Amts wegen**. Die Gründe entsprechen weitgehend denen, die eine Aufhebung der vorläufigen Eigenverwaltung gem. § 270e Abs. 1 Nr. 1 und Abs. 1 Nr. 3 rechtfertigen. In den übrigen Fällen ist ein **Antrag** vorausgesetzt, entweder des Schuldners (Abs. 1 Nr. 5) oder aus dem Gläubigerkreis (Abs. 1 Nr. 3 und 4). Auf Antrag des Schuldners hat das Insolvenzgericht die Eigenverwaltung ohne weiteres aufzuheben, da dem Schuldner keine Eigenverwaltung gegen seinen Willen aufgezwungen werden soll (→ Rn. 26). Ist der Schuldner eine juristische Person oder Gesellschaft ohne Rechtspersönlichkeit, so ist der Antrag von den organschaftlichen Vertretern in vertretungsberechtigter Zahl zu stellen. Ein Antrag aus dem Gläubigerkreis führt dann zur Aufhebung der Eigenverwaltung, wenn er von der Gläubigerversammlung mit qualifizierter Mehrheit nach Forderungsvolumen und Köpfen getragen wird (→ Rn. 27). Eine Überprüfung des Beschlusses in materieller Hinsicht findet nicht statt. Insbesondere ist § 78 unanwendbar (→ Rn. 14). Hingegen ist der Aufhebungsantrag eines Einzelgläubigers an hohe Hürden geknüpft. Der antragstellende Gläubiger muss darlegen und glaubhaft machen, dass die Voraussetzungen für die Anordnung der Eigenverwaltung entfallen sind und dass ihm durch die Eigenverwaltung erhebliche Nachteile drohen (→ Rn. 17). Hierzu ist der Schuldner vom Insolvenzgericht anzuhören (→ Rn. 25). Ein Rechtsmittel gegen die Aufhebungsentscheidung besteht nur bei Entscheidung durch den Rechtspfleger (Erinnerung) oder im Fall des Einzelgläubigerantrags (sofortige Beschwerde, Abs. 2 S. 3; → Rn. 34 ff.).

Übersicht

	Rn.		Rn.
A. Allgemeines	1	III. Aufhebung auf Schuldnerantrag (Abs. 1 Nr. 5)	26
B. Voraussetzungen der Aufhebung der Eigenverwaltung	6	C. Entscheidung des Gerichts	28
		I. Aufhebungsbeschluss	29
I. Aufhebung von Amts wegen	7	II. Rechtsmittel bei Entscheidung nach Einzelgläubigerantrag	33
1. Generalklausel (Abs. 1 Nr. 1)	8		
2. Aussichtslosigkeit der Eigenverwaltung (Abs. 1 Nr. 2)	11	III. Entscheidung über die Person des Insolvenzverwalters	35
II. Aufhebung auf Gläubigerantrag	13	IV. Begleitende Entscheidungen	36
1. Antrag der Gläubigerversammlung (Abs. 1 Nr. 3)	13	D. Folgen des Übergangs von der Eigenverwaltung zur Insolvenzverwaltung	37
2. Einzelgläubigerantrag (Abs. 1 Nr. 4)	17		

A. Allgemeines

Die Regelung ermöglicht die Aufhebung einer einmal angeordneten Eigenverwaltung. Dies 1
geschieht durch Aufhebung der Eigenverwaltungsanordnung und Fortführung des Verfahrens im herkömmlichen Insolvenzverfahren.

Mit dem SanInsFoG wurde erstmals die Möglichkeit der Aufhebung der Eigenverwaltung von 2
Amts wegen vorgesehen. Auch wenn sich erst nach Anordnung der Eigenverwaltung herausstellt, dass die Fortführung der Eigenverwaltung die Gläubigerinteressen schwerwiegend beeinträchtigen würde, kann das Insolvenzgericht nun gem. **Abs. 1 Nr. 1** einschreiten. Die Aufhebung wird ebenfalls von Amts wegen angeordnet, wenn das Eigenverwaltungsziel offenbar nicht (mehr) erreicht werden kann (**Abs. 1 Nr. 2**). Durch die Neuregelungen sind Überlegungen, dem Insolvenzgericht durch analoge Anwendung des § 59 S. 1 eine Aufhebung der Eigenverwaltung in Fällen erheblicher gläubigerschädigender Handlungen zu ermöglichen, obsolet (gegen die Möglichkeit nach der alten Rechtslage: Uhlenbruck/Zipperer Rn. 2; MüKoInsO/Kern Rn. 12). Bestehen Zweifel am Vorliegen der Voraussetzungen für eine amtswegige Aufhebung der Eigenverwaltung, dürfte das Insolvenzgericht wie bisher (vgl. AG Köln NZI 2018, 210 (211)) gem. § 74 Abs. 1 S. 1, § 270 Abs. 1 S. 2 eine Gläubigerversammlung zur Abstimmung über die Aufhebung der Eigenverwaltung anberaumen können.

Nach **Abs. 1 Nr. 3** kann – als Pendant zu § 271 – die **Gläubigerversammlung** die Aufhebung 3
ohne Begründung (Ausfluss der Gläubigerautonomie) beantragen, wodurch insbesondere ein Ausgleich für die ansonsten fehlende Beschwerdemöglichkeit der Gläubiger gegen die Eigenverwaltungsanordnung im Eröffnungsbeschluss durch das Insolvenzgericht nach § 270f geschaffen wird. Mit dem ESUG hat der Gesetzgeber – wie auch in § 271 – vorgesehen, dass die Gläubigerbeschluss mit Summen- und Kopfmehrheit gefasst werden muss. Dadurch soll das Institut der Eigenverwaltung gestärkt und die Planbarkeit des Verfahrens für den Schuldner erhöht werden (BT-Drs. 17/5712, 42). Das SanInsFoG hat daran nichts geändert. Durch die Anordnung des doppelten Mehrheitserfordernisses wird das Drohpotential der Gläubiger gegenüber dem eigenverwaltenden Schuldner erheblich gemindert (MüKoInsO/Kern Rn. 16 f.).

Gemäß Abs. 1 Nr. 4 kann auch ein einzelner Gläubiger die Aufhebung der Eigenverwaltung 4
beantragen. Die Regelung dient dem Minderheitenschutz; zur Abwehr schwerwiegender Nachteile sollen Gläubiger auch kurzfristig und unabhängig von der Willensbildung der Gläubigerversammlung agieren können (MüKoInsO/Kern Rn. 5; Uhlenbruck/Zipperer Rn. 1). Die Anforderungen an den Einzelgläubigerantrag wurden durch das ESUG jedoch erheblich verschärft, was der Verbesserung der Planbarkeit der Eigenverwaltung diente (BT-Drs. 17/5712, 42). Auch an dieser Bestimmung hat der Gesetzgeber mit dem SanInsFoG festgehalten. Angesichts der nun bestehenden Möglichkeit der amtswegigen Aufhebung der Eigenverwaltung dürfte der Aufhebungsgrund nur selten relevant werden.

Abs. 1 Nr. 5 erlaubt dem **Schuldner** die freie Entscheidung über die Eigenverwaltung. Sofern 5
er kein Interesse (mehr) an der Eigenverwaltung hat, darf er diese ohne Begründung beenden (Ausfluss der Schuldnerautonomie).

B. Voraussetzungen der Aufhebung der Eigenverwaltung

Die Eigenverwaltung kann nur vorzeitig beendet werden, wenn die Voraussetzungen für die 6
Aufhebung von Amts wegen vorliegen (Abs. 1 Nr. 1 oder 2) oder ein Antrag des gem. Abs. 1 Nr. 3–5 Berechtigten vorliegt und die sonstigen Voraussetzungen erfüllt sind.

I. Aufhebung von Amts wegen

Die Gründe, die zur Aufhebung der Eigenverwaltung von Amts wegen führen, entsprechen 7
im Wesentlichen denen für die Aufhebung der vorläufigen Eigenverwaltung gem. § 270e Abs. 1 Nr. 1 und 3. § 270e Abs. 1 Nr. 2 hat keine Entsprechung in § 272, weil es in den Fällen, in denen der Schuldner Mängel seiner Eigenverwaltungsplanung nicht innerhalb der gesetzten Frist hebt, nicht zur Anordnung der Eigenverwaltung kommt.

1. Generalklausel (Abs. 1 Nr. 1)

Das Gericht hebt die Eigenverwaltung auf, wenn der Schuldner in schwerwiegender Weise 8
gegen insolvenzrechtliche Pflichten verstößt oder sich auf sonstige Weise zeigt, dass der Schuldner nicht bereit oder in der Lage ist, seine Geschäftsführung am Interesse der Gläubiger auszurichten. Der Aufhebungstatbestand fungiert als Generalklausel und erlaubt dem Gericht eine umfassende

Würdigung der im Verlauf der vorläufigen Eigenverwaltung gewonnenen Erkenntnisse. Die Generalklausel wird durch die in Nr. 1–3 normierten Regelbeispiele konturiert. Diese entsprechen weitgehend denen des § 270e Abs. 1 Nr. 1 lit. a–c.

9   Bei Abs. 1 Nr. 1 lit. a wird anders als bei § 270e Abs. 1 Nr. 1 lit. a allerdings nicht der § 270c Abs. 2 in Bezug genommen, da die Vorschrift nach Anordnung der Eigenverwaltung nicht mehr anwendbar ist. Auch sonst dürften die Regelbeispiele im eröffneten Eigenverwaltungsverfahren nur eine geringere Rolle spielen, da die relevanten Sachverhalte bereits in der vorläufigen Eigenverwaltung der Überwachung durch den vorläufigen Sachwalter unterliegen. Bestehen gravierende Mängel der Rechnungslegung und Buchführung (Abs. 1 Nr. 1 lit. b) oder Haftungsansprüche gegen Organmitglieder (Abs. 1 Nr. 1 lit. c), wird dem regelmäßig schon im vorläufigen Eigenverwaltungsverfahren nachgegangen werden und zur Versagung bzw. Aufhebung der Eigenverwaltung führen (§ 270f Abs. 1 iVm § 270e; vgl. auch Blankenburg ZInsO 2021, 753 (769)). Im Gesetzestext kommt dies dadurch zum Ausdruck, dass die Regelbeispiele „auch" die Aufhebung der Anordnung begründen (§ 270e Abs. 1: „insbesondere").

10 Anders als in der vorläufigen Eigenverwaltung (→ § 270e Rn. 31) ist eine Anhörung des Gläubigerausschusses vor der Entscheidung des Insolvenzgerichts über die Aufhebung nach Abs. 1 Nr. 1 nicht vorgesehen. Sie sollte dennoch erfolgen, sofern nicht die Entscheidung des Gerichts keinen Aufschub duldet. Das wird indes nur in absoluten Ausnahmekonstellationen der Fall sein.

2. Aussichtslosigkeit der Eigenverwaltung (Abs. 1 Nr. 2)

11 Eine Aufhebung erfolgt auch dann, wenn sich die Erreichung des Eigenverwaltungsziels, insbesondere eine angestrebte Sanierung, als aussichtslos erweist. Die Regelung entspricht § 270e Abs. 1 Nr. 3 (→ § 270e Rn. 7).

12 Eine Anhörung des Gläubigerausschusses ist wie bei Abs. 1 Nr. 1 nicht gesetzlich verlangt, sollte aber stets erfolgen.

II. Aufhebung auf Gläubigerantrag

1. Antrag der Gläubigerversammlung (Abs. 1 Nr. 3)

13 Die Gläubigerversammlung kann zu jeder Zeit des Verfahrens die Aufhebung der Eigenverwaltungsanordnung beantragen. Es kommt nicht darauf an, ob die Eigenverwaltung gem. § 270f oder nachträglich gem. § 271 angeordnet wurde (MüKoInsO/Kern Rn. 13).

14 Die Antragsstellung erfolgt auf Beschluss der Gläubigerversammlung. Der Beschluss muss wirksam zustande gekommen sein, dh es sind die Anforderungen der §§ 71 ff. zu beachten (vgl. Uhlenbruck/Zipperer Rn. 3). Im Übrigen bedarf die Entscheidung der Gläubigerversammlung über die Aufhebung der Eigenverwaltung gem. Abs. 1 Nr. 1 iVm § 76 Abs. 2 der **qualifizierten Kopf- und Summenmehrheit** der abstimmenden Gläubiger (Uhlenbruck/Zipperer Rn. 3; MüKoInsO/Kern Rn. 16). Der Beschluss muss nicht begründet werden (Uhlenbruck/Zipperer Rn. 3; MüKoInsO/Kern Rn. 15) und unterliegt auch sonst keinerlei besonderen Voraussetzungen (MüKoInsO/Kern Rn. 14). Die Gläubigerversammlung kann daher zB bei Zweifeln an der Person des Schuldners die Eigenverwaltung beenden, ohne eine Verfehlung des Schuldners abwarten zu müssen (KPB/Pape Rn. 17 f.; MüKoInsO/Kern Rn. 15).

15 Wie bei § 271 (→ § 271 Rn. 7 f.) besteht für überstimmte Gläubiger nach hM **keine** Möglichkeit, einen Antrag auf **Minderheitsschutz** gem. § 78 zu stellen (MüKoInsO/Kern Rn. 18; Uhlenbruck/Zipperer Rn. 3; BGH NZI 2011, 760 f. (zu § 272 Abs. 1 Nr. 1 aF); aA zB FK-InsO/Foltis Rn. 11 ff.). Der Gesetzgeber hat durch das qualifizierte Mehrheitserfordernis einen gewissen Minderheitenschutz etabliert. Einen darüber hinausgehenden Minderheitsschutz sieht das Gesetz nur unter den Voraussetzungen des Abs. 1 Nr. 4 vor. Wenn sich die qualifizierte Gläubigermehrheit, ggf. unter Inkaufnahme von Kostennachteilen, für ein Regelverfahren entscheidet, ist dies nach der Konzeption des § 272 grundsätzlich zu akzeptieren (vgl. BGH NZI 2011, 760 Rn. 10; MüKoInsO/Kern Rn. 20). Drohen der überstimmten Minderheit erhebliche Nachteile, hilft nach der hier vertretenen Ansicht ein Antrag nach Abs. 1 Nr. 4 (→ Rn. 17 ff.).

16 **Weitere Formalia,** wie beispielsweise eine **Anhörung des Schuldners,** sind nicht vorgesehen. Ausweislich des Wortlautes des Abs. 2 S. 2 betrifft das Erfordernis einer Anhörung nur die Antragsstellung nach Abs. 1 Nr. 4. In den Fällen des Abs. 1 Nr. 3 wird dem Schuldner durch sein Anwesenheitsrecht gem. § 74 Abs. 1 S. 2 hinreichend Gelegenheit zur Stellungnahme eingeräumt (Uhlenbruck/Zipperer Rn. 3; MüKoInsO/Kern Rn. 21).

2. Einzelgläubigerantrag (Abs. 1 Nr. 4)

Einzelne Gläubiger können einen Antrag auf Aufhebung der Eigenverwaltung gem. Abs. 1 **17** Nr. 4 stellen, der aber an strenge Voraussetzungen geknüpft ist. Das Antragsrecht soll einzelnen Gläubigern die Aufhebung der Eigenverwaltung zur Abwehr schwerer Nachteile in Eilfällen ermöglichen (MüKoInsO/Kern Rn. 24). Der Antrag nach Abs. 1 Nr. 4 ist aber nach der bisherigen hM zu Abs. 1 Nr. 2 aF auch statthaft, wenn kein Eilfall vorliegt (MüKoInsO/Kern Rn. 25; Uhlenbruck/Zipperer Rn. 4), zB auch wenn die Gläubigerversammlung sich bereits mit der Aufhebung der Eigenverwaltung beschäftigt hat und der Gläubiger dort bereits mit seinem Vorbringen scheiterte (MüKoInsO/Kern Rn. 25; aA FK-InsO/Foltis Rn. 23: Abs. 1 Nr. 2 bei nachträglicher Anordnung der Eigenverwaltung gem. § 271 unanwendbar). Dass eine Entscheidung der Gläubigerversammlung bevorsteht, macht den Antrag nicht unzulässig (MüKoInsO/Kern Rn. 25; Uhlenbruck/Zipperer Rn. 4; aA KPB/Pape Rn. 23). Derartige Einschränkungen können dem Gesetz nicht entnommen werden (MüKoInsO/Kern Rn. 25) und würden auch dem Zweck der Vorschrift (Minderheitenschutz) nicht gerecht werden.

Das Antragsrecht steht formell jedem absonderungsberechtigten Gläubiger und jedem Insol- **18** venzgläubiger zu (Uhlenbruck/Zipperer Rn. 4, MüKoInsO/Kern Rn. 26). Ob auch **nachrangigen Insolvenzgläubigern** iSv § 39 Abs. 1 und 2 ein Antragsrecht zusteht, ist umstritten. Die wohl überwiegende Auffassung schließt nachrangige Insolvenzgläubiger von Abs. 1 Nr. 4 aus (zB MüKoInsO/Kern Rn. 26; FK-InsO/Foltis Rn. 18). Weder benenne die Vorschrift explizit nachrangige Gläubiger, noch seien nachrangige Gläubiger an der Gläubigerversammlung beteiligt. Zudem widerspreche es der zurückgesetzten Stellung der Nachranggläubiger, wenn diese sich gegen die Mehrheitsentscheidung der wirtschaftlich betroffenen Insolvenz- und Absonderungsgläubiger stellen könnten (MüKoInsO/Kern Rn. 26). Richtig erscheint die Gegenansicht, die ein Antragsrecht der Nachranggläubiger befürwortet (Nerlich/Römermann/Riggert Rn. 3; Uhlenbruck/Zipperer Rn. 4), denn eine einschränkende Auslegung ist dem Wortlaut nicht zu entnehmen. Auch entfällt der Status als Insolvenzgläubiger nicht durch die Nachrangigkeit. Zudem ist es zur Verwirklichung eines wirksamen Minderheitenschutzes geboten, Anträge durch Nachranggläubiger zuzulassen. Allerdings kann dem Antrag im Einzelfall das **Rechtsschutzbedürfnis** fehlen, wenn der Nachranggläubiger entgegen einer Aufforderung gem. § 174 Abs. 3 seine Forderung nicht anmeldet und dadurch zu erkennen gibt, an der Teilnahme an dem Verfahren kein schützenswertes Interesse zu haben (vgl. HK-InsO/Brünkmanns Rn. 6; Uhlenbruck/Zipperer Rn. 4; → Rn. 18.1).

In der Sanierungspraxis ist es nicht selten, dass ein erheblicher Teil der Verbindlichkeiten nachrangig **18.1** ist. Grund dafür kann eine umfangreiche Finanzierung des Geschäftsbetriebs durch die Gesellschafter oder durch mezzanine Finanzierungsformen sein. Oder bestimmte Gläubiger haben im Rahmen eines außergerichtlichen Sanierungsversuchs Rangrücktritte abgegeben (vgl. Uhlenbruck/Zipperer Rn. 4). In solchen Fällen kann es durchaus dazu kommen, dass die Insolvenzgläubiger im Rang des § 38 vollständig befriedigt werden können. Jedenfalls in einer solchen Situation müssen die Nachranggläubiger in der Lage sein, zur Abwehr erheblicher Nachteile einen Antrag auf Aufhebung der Eigenverwaltung zu stellen.

Der Antrag ist **schriftlich oder zu Protokoll** der Geschäftsstelle zu stellen (Uhlenbruck/ **19** Zipperer Rn. 2). Weitere formelle Anforderungen an den Antrag nach Abs. 1 Nr. 4 bestehen nicht (MüKoInsO/Kern Rn. 27).

In **materieller Hinsicht** muss der Einzelgläubiger einen **Aufhebungsgrund** glaubhaft **20** machen. Glaubhaft zu machen sind der Wegfall der Voraussetzungen für die Anordnung der Eigenverwaltung (§ 270f Abs. 1 iVm § 270b Abs. 1 S. 1) sowie die dem antragstellenden Gläubiger durch die Fortführung der Eigenverwaltung drohenden erheblichen Nachteile.

Mit dem Erfordernis des **Wegfalls** der Voraussetzungen für die Anordnung der Eigenverwaltung **21** erfasst die Regelung zum einen eine nachträgliche Änderung der Tatsachengrundlage, die dem Beschluss des Gerichts bei der Anordnung zugrunde lag (MüKoInsO/Kern Rn. 30). Das Antragsrecht kann aber auch bestehen, wenn die **Voraussetzungen** für die Anordnung der Eigenverwaltung **von vorherein nicht vorlagen** (Braun/Riggert Rn. 3; MüKoInsO/Kern Rn. 31; Uhlenbruck/Zipperer Rn. 4). Nach hM kann der Gläubiger in diesem Fall den Antrag aber nicht auf Umstände stützen, die das Insolvenzgericht bzw. die Gläubigerversammlung bereits berücksichtigt hat (vgl. zB KPB/Pape Rn. 23; Uhlenbruck/Zipperer Rn. 4; → Rn. 21.1).

In Fällen der nachträglichen Anordnung der Eigenverwaltung gem. § 271 findet keine Prüfung der **21.1** Anordnungsvoraussetzungen durch das Gericht statt. Um dem durch Abs. 1 Nr. 4 angestrebten Minderheitenschutz zu verwirklichen und um Missbrauch zu verhindern, sollte die Aufhebung der Eigenverwaltung in diesem Fall entgegen der hM (zB Uhlenbruck/Zipperer Rn. 4) auch dann möglich sein, wenn der

Gläubiger seinen Antrag auf Umstände stützt, die der Gläubigerversammlung bekannt waren (so auch K. Schmidt InsO/Undritz Rn. 5). Dem steht die durch das ESUG intendierte Stärkung der Gläubigerautonomie nicht entgegen (so aber KPB/Pape Rn. 22). Die Gläubigerautonomie rechtfertigt nämlich nicht die Durchführung der Eigenverwaltung auf Kosten einzelner Gläubiger, sofern diesen erhebliche Nachteile drohen. Die Frage hat durch das SanInsFoG an Relevanz verloren, da nunmehr eine Aufhebung der Eigenverwaltung von Amts wegen möglich ist.

22 Für die Nachteilsprüfung galt bislang der Maßstab des § 270 Abs. 2 Nr. 2 aF. Auf die zum alten Recht etablierten Grundsätze (→ InsO 2012 aF § 270 Rn. 20 ff.) kann zurückgegriffen werden, wobei Änderungen, die sich aus der Neukonzeption der Eigenverwaltung durch das SanInsFoG ergeben, zu berücksichtigen sind.

23 Der Gläubiger hat zudem glaubhaft zu machen, dass ihm selbst durch die Eigenverwaltung **erhebliche Nachteile** drohen. Die Geltendmachung von drohenden Nachteilen für andere Gläubiger ist nach dem Wortlaut des Abs. 1 Nr. 4 nicht möglich (MüKoInsO/Kern Rn. 28, 35). Der Nachteil muss gerade auf der Eigenverwaltung beruhen (Braun/Riggert Rn. 2) und zudem erheblich sein (MüKoInsO/Kern Rn. 36; Uhlenbruck/Zipperer Rn. 4). Nicht ausreichend sind lediglich geringfügige wirtschaftliche Nachteile, etwa aufgrund einer geringfügigen Quotenverschlechterung oder Verfahrensverzögerung (Uhlenbruck/Zipperer Rn. 4, MüKoInsO/Kern Rn. 36: Bagatellfälle). Eine unzweckmäßige oder schleppende Durchführung der Eigenverwaltung durch den Schuldner wird daher regelmäßig keinen erheblichen Nachteil begründen können. Auch Verstöße des Schuldners gegen gesetzliche Vorgaben dürften nur dann geeignet sein, das Drohen erheblicher Nachteil zu begründen, wenn sie, zB nach Art oder Umfang, befürchten lassen, dass sie erhebliche Schäden zur Folge haben können (strenger Uhlenbruck/Zipperer Rn. 4). Verbleibende Zweifel gehen zulasten des Gläubigers (MüKoInsO/Kern Rn. 30).

24 Gemäß Abs. 2 hat der Antragsteller die drohenden Nachteile in jedem Fall **glaubhaft** zu machen (§ 4 iVm § 294 ZPO). Hierfür genügt es nicht, wenn der Antragsteller bloße Behauptungen aufstellt (LG Potsdam ZIP 2001, 1689 (1690); Uhlenbruck/Zipperer Rn. 4). Andererseits unterliegen dem Gericht offenkundige Tatsachen auch bei § 272 nicht der Glaubhaftmachung (AG Köln NZI 2015, 282 (283)).

25 Hinsichtlich des Verfahrens ist in jedem Fall gem. Abs. 2 S. 2 die **Anhörung des Schuldners** durchzuführen. Der Schuldner ist auch bei unzulässigem Antrag anzuhören (Uhlenbruck/Zipperer Rn. 4). § 10 findet Anwendung (Uhlenbruck/Zipperer Rn. 4; MüKoInsO/Kern Rn. 41). Der Schuldner hat die Möglichkeit, die vom Antragsteller geltend gemachten Aufhebungsgründe durch eine **Gegenglaubhaftmachung** zu entkräften (Uhlenbruck/Zipperer Rn. 4; MüKoInsO/Kern Rn. 42). Gelingt ihm dies nicht und der Antrag des Gläubigers ist zulässig, sind die Aufhebungsgründe überwiegend wahrscheinlich und der Antrag begründet. Besteht dagegen ein **non liquet** geht dies zulasten des Antragstellers (Uhlenbruck/Zipperer Rn. 4). Das Gericht kann und sollte zur Sachverhaltsermittlung den Sachwalter anhören (Uhlenbruck/Zipperer Rn. 4). Der Beschluss ist vom Gericht zu begründen, da gegen ihn die sofortige Beschwerde statthaft ist (MüKoInsO/Kern Rn. 43).

III. Aufhebung auf Schuldnerantrag (Abs. 1 Nr. 5)

26 Abs. 1 Nr. 5 gestattet dem Schuldner in jeder Phase des Verfahrens einen Antrag auf Aufhebung der Eigenverwaltung. Einem wirksamen Schuldnerantrag hat das Insolvenzgericht ohne weitere Voraussetzungen stattzugeben (MüKoInsO/Kern Rn. 45). Materielle Anforderungen bestehen nicht.

27 Das Antragsrecht steht dem Schuldner zu. In der Eigenverwaltung einer juristischen Person oder einer Gesellschaft ohne Rechtspersönlichkeit, ist der Aufhebungsantrag – ebenso wie der Eigenverwaltungsantrag (→ § 270a Rn. 4) – durch Organmitglieder in vertretungsberechtigter Zahl zu stellen (vgl. zB HmbKommInsR/Fiebig Rn. 12; KPB/Pape Rn. 30 f.; so wohl auch MüKoInsO/Kern Rn. 46; Uhlenbruck/Zipperer Rn. 5). Die Gegenauffassung verlangt einen Antrag sämtlicher Mitglieder des Vertretungsorgans (zB FK-InsO/Foltis Rn. 31).

27.1 Bei Streitigkeiten zwischen vertretungsberechtigten Organmitgliedern, kann dem Aufhebungsantrag ggf. durch Abberufung des antragstellenden Organmitglieds mit Sachwalterzustimmung (§ 276a S. 2; MüKoInsO/Kern Rn. 46) verbunden mit der Rücknahme des Antrags durch verbleibende Organmitglieder begegnet werden. Das Gericht sollte daher in Fällen, in denen bei mehrköpfigem Vertretungsorgan der Antrag nicht von allen Mitgliedern gestellt wird, vor der Entscheidung die anderen Organmitglieder anhören.

C. Entscheidung des Gerichts

Eine Entscheidung des Insolvenzgerichts ergeht durch förmlichen Beschluss, wobei zwingend zugleich ein Insolvenzverwalter zu bestellen ist (MüKoInsO/Kern Rn. 52, 54). **28**

I. Aufhebungsbeschluss

Zuständig für den Aufhebungsbeschluss ist gem. § 18 RPflG der Rechtspfleger, sofern sich nicht der Richter die Verfahrensführung vorbehalten hat oder gleichzeitig eine Entscheidung im Insolvenzplanverfahren (§ 18 Abs. 1 Nr. 2 RPflG) zu treffen ist (str., mit Blick auf die Entscheidung über die Bestellung des Insolvenzverwalters; vgl. AG Hamburg ZIP 2018, 1896 f. mwN). **29**

Das Insolvenzgericht ist in seiner **Entscheidung** über die Aufhebung der Eigenverwaltung **gebunden** (MüKoInsO/Kern Rn. 51; Uhlenbruck/Zipperer Rn. 6). Auf Antrag der Gläubigerversammlung oder des Schuldners hebt das Insolvenzgericht die Eigenverwaltung ohne Sachprüfung auf (vgl. BGH NZI 2007, 240 Rn. 12). In den übrigen Fällen muss das Gericht das Vorliegen der Voraussetzungen prüfen, hat aber darüber hinaus kein Entscheidungsermessen und muss bei Vorliegen der Voraussetzungen die Eigenverwaltung aufheben (→ § 270e Rn. 1 ff.; vgl. MüKoInsO/Kern Rn. 51 zur Entscheidung bei Einzelgläubigerantrag). **30**

Soweit der Rechtspfleger zur Entscheidung berufen ist, soll er nach Auffassung von Blankenburg zur Vermeidung divergierender Entscheidungen auf die Prüfung von Umständen beschränkt sein, die nach der Anordnung der Eigenverwaltung bekannt werden (Blankenburg ZInsO 2021, 753 (769)). Das erscheint bedenkenswert, weil eine Aufhebungsentscheidung durch den Rechtspfleger (oder den Richter) ohne Hinzutreten weiterer Umstände problematisch ist. Dem Problem lässt sich auch durch Zulassung der Rechtspflegererinnerung begegnen (vgl. → Rn. 33). **30.1**

Dem Schuldner ist der Beschluss zur Aufhebung der Eigenverwaltung entsprechend § 30 Abs. 2 **zuzustellen** (Uhlenbruck/Zipperer Rn. 6). Dies ist schon deshalb geboten, weil der Schuldner im Zeitpunkt der Aufhebung seine Verfügungsbefugnis verliert (MüKoInsO/Kern Rn. 62). Im Falle des Abs. 2 Nr. 2 ist dem Gläubiger der Beschluss mit Begründung zuzustellen, damit die Beschwerdefrist gem. Abs. 2 S. 3 zu laufen beginnt (MüKoInsO/Kern Rn. 63). Eine vorherige **Anhörung** des Schuldners ist nur in den Fällen des Abs. 1 Nr. 4 gesetzlich zwingend vorgesehen (aA Blankenburg ZInsO 2021, 753 (769)). Allerdings trifft das Gericht in den Fällen des Abs. 1 Nr. 1 und 2 die Verpflichtung zur Amtsermittlung der maßgeblichen Umstände. Daraus sowie aus dem Anspruch des Schuldners auf rechtliches Gehör (vgl. zur Geltung im Insolvenzverfahren Uhlenbruck/Pape, 15. Aufl. 2019, § 4 Rn. 41) dürfte regelmäßig eine Verpflichtung des Gerichts zur Anhörung des Schuldners vor Erlass der Entscheidung folgen. In den Fällen des Abs. 1 Nr. 3 ist eine gesonderte Anhörung wegen des Rechts des Schuldners zur Teilnahme an der Gläubigerversammlung (→ Rn. 16) sowie der Bindung des Gerichts an den Beschluss der Gläubigerversammlung entbehrlich. **31**

Die Aufhebung der Eigenverwaltung ist gem. § 273 **öffentlich bekannt** zu machen. Das gilt auch, wenn die Aufhebung aufgrund eines Gläubigerantrags nach Abs. 1 Nr. 4 erfolgt ist (MüKoInsO/Kern Rn. 61). Die durch die Veröffentlichung ggf. eintretenden Unannehmlichkeiten hat der Schuldner angesichts der eindeutigen Gesetzeslage hinzunehmen (KPB/Pape Rn. 28; aA Uhlenbruck/Zipperer Rn. 6: Gericht hat Veröffentlichungsermessen). **32**

II. Rechtsmittel bei Entscheidung nach Einzelgläubigerantrag

Sofern die Entscheidung des Insolvenzgerichts auf Antrag eines Einzelgläubigers gem. **Abs. 1 Nr. 4** ergeht, kann er bzw. der Schuldner eine den Antrag abweisende bzw. stattgebende Entscheidung des Insolvenzgerichts gem. Abs. 2 S. 3 mittels **sofortiger Beschwerde** angreifen. In den **übrigen Fällen der Aufhebung auf Antrag** (Abs. 1 Nr. 3 und Nr. 5) ist die Entscheidung über die Aufhebung wie bisher nicht mit der Beschwerde anfechtbar (BGH NZI 2007, 240 Rn. 15). Bei Entscheidung des Rechtspflegers ist die Erinnerung gem. § 11 Abs. 2 RPflG statthaft (str, zB Uhlenbruck/Zipperer Rn. 7; aA KPB/Pape Rn. 34; → § 271 Rn. 19). Die Rechtsmittelfrist beginnt mit der Zustellung des Beschlusses. Auch für die Aufhebung von Amts wegen gem. Abs. 1 Nr. 1 und Nr. 2 sieht das Gesetz die Beschwerde nicht vor. **33**

Ist während des Rechtsmittelverfahrens die Vollziehung eines dem Antrag stattgebenden Beschlusses ausgesetzt (§ 4 iVm § 570 Abs. 2 ZPO; vgl. Uhlenbruck/Zipperer Rn. 7) bzw. verbleibt dem Schuldner nach Abweisung des Antrags zunächst die Verwaltungs- und Verfügungsbefugnis (MüKoInsO/Kern Rn. 67; KPB/Pape Rn. 35), besteht die Gefahr, dass der Schuldner in dieser Zeit (weitere) die Gläubiger schädigende Handlungen vornimmt. Ob das Gericht deshalb **34** vorläufigen Maßnahmen analog §§ 21, 22 anordnen kann, ist streitig (dafür zB FK-InsO/Foltis Rn. 34; Uhlenbruck/Zipperer Rn. 7; dagegen zB MüKoInsO/Kern Rn. 69).

III. Entscheidung über die Person des Insolvenzverwalters

35   Das Gericht ist weiter dazu verpflichtet, im Zeitpunkt des Beschlusses auch über die Einsetzung des (neuen) Insolvenzverwalters zu entscheiden (Uhlenbruck/Zipperer Rn. 8). Zum Insolvenzverwalter kann gem. Abs. 3 der bisherige Sachwalter bestellt werden. Hat der Sachwalter seine Überwachungsaufgabe ordnungsgemäß wahrgenommen, ist es in der Regel effizient und zweckmäßig, ihn zum Insolvenzverwalter zu bestellen (vgl. MüKoInsO/Kern Rn. 54). An einen Beschluss der Gläubigerversammlung zur Person des (neuen) Insolvenzverwalters ist das Insolvenzgericht nach hM nicht gebunden (MüKoInsO/Kern Rn. 56; Uhlenbruck/Zipperer Rn. 8; aA Kübler HRI/Flöther § 17 Rn. 25). Die Gläubigerversammlung kann aber den vom Gericht bestellten Insolvenzverwalter auf der ersten Gläubigerversammlung nach seiner Bestellung gem. § 270 Abs. 1 S. 2 iVm § 57 austauschen (MüKoInsO/Kern Rn. 56; Uhlenbruck/Zipperer Rn. 8). Geht man davon aus, dass das Insolvenzgericht in seiner Bestellentscheidung nicht durch einen Gläubigerbeschluss gebunden ist, so ist es dennoch sinnvoll, wenn das Gericht sich nicht gegen den Beschluss stellt, sofern der vorgeschlagene Verwalter nicht ungeeignet ist (MüKoInsO/Kern Rn. 56; Uhlenbruck/Zipperer Rn. 8).

IV. Begleitende Entscheidungen

36   Neben dem Beschluss über die Aufhebung der Eigenverwaltung und die Bestellung des Insolvenzverwalters hat das Gericht sämtliche begleitende Entscheidungen zu treffen, die mit der Aufhebung einhergehen, insbesondere (MüKoInsO/Kern Rn. 58 ff.):
- Datierung, insbesondere Datum und Stunde des Erlasses des entsprechenden Beschlusses (wegen dessen verfügungsbeschränkender Wirkung) entsprechend § 27 Abs. 2 Nr. 3;
- Anordnung des offenen Arrests und die Aufforderung an die Schuldner des Schuldners nicht mehr an diesen, sondern an den eingesetzten Insolvenzverwalter zu leisten;
- Begründung des Beschlusses über den Antrag des (Einzel-)Gläubigers nach Abs. 1 Nr. 4.

D. Folgen des Übergangs von der Eigenverwaltung zur Insolvenzverwaltung

37   Wurde die Aufhebung der Eigenverwaltung beschlossen und ist der Beschluss in Rechtskraft erwachsen, wird das Verfahren als reguläres Insolvenzverfahren fortgesetzt (MüKoInsO/Kern Rn. 68). Es gelten die allgemeinen Regeln des Insolvenzverfahrens.

38   Existierende Masseverbindlichkeiten, die vom Schuldner begründet wurden, werden vom Insolvenzverwalter reguliert. Für im Zeitpunkt der Bestellung bestehende Masseverbindlichkeiten haftet der Insolvenzverwalter nicht gem. §§ 60, 61 (Uhlenbruck/Zipperer Rn. 9; MüKoInsO/Kern Rn. 72). Der Schuldner hat über seine Geschäftsführung Rechnung zu legen (MüKoInsO/Kern Rn. 71).

39   Der Insolvenzverwalter tritt als Rechtsnachfolger gem. § 239 ZPO in etwaig bestehende, vom eigenverwaltenden Schuldner geführte, Prozesse ein (MüKoInsO/Kern Rn. 74). Ob anhängige Prozesse gem. § 240 ZPO unterbrochen werden, ist umstritten (dafür Uhlenbruck/Zipperer Rn. 9; dagegen zB MüKoInsO/Kern Rn. 74).

§ 273 Öffentliche Bekanntmachung

Der Beschluß des Insolvenzgerichts, durch den nach der Eröffnung des Insolvenzverfahrens die Eigenverwaltung angeordnet oder die Anordnung aufgehoben wird, ist öffentlich bekanntzumachen.

Überblick

Die Vorschrift regelt, dass ein Beschluss über die nachträgliche Anordnung der Eigenverwaltung sowie ein Beschluss über die Aufhebung der Eigenverwaltung öffentlich bekanntzumachen ist. Die Bekanntmachung erfolgt nach § 9. Eine gesonderte Zustellung des Beschlusses ist gesetzlich nicht vorgesehen, kann aber im Interesse des Rechtsverkehrs erfolgen (→ Rn. 5).

A. Allgemeines

Die Regelung dient dem Schutz des Rechtsverkehrs. Die vom Insolvenzverfahren betroffenen Verkehrskreise sollen insbesondere Klarheit über die Verwaltungs- und Verfügungsbefugnisse des Schuldners erlangen (MüKoInsO/Kern Rn. 1). § 273 regelt nur die Veröffentlichungspflicht bei nachträglicher Anordnung der Eigenverwaltung und bei Aufhebung der Eigenverwaltung. Erfolgt die Anordnung der Eigenverwaltung im Eröffnungsbeschluss, so ist sie zusammen mit dem Eröffnungsbeschluss gem. § 30 öffentlich bekannt zu machen (vgl. zB Uhlenbruck/Zipperer Rn. 1). 1

B. Öffentliche Bekanntmachung

Die Bekanntmachung hat im Interesse des Rechtsverkehrs **unverzüglich** nach Wirksamwerden des Beschlusses (→ Rn. 8) zu erfolgen (MüKoInsO/Kern Rn. 5; Uhlenbruck/Zipperer Rn. 2). Das Insolvenzgericht darf mit der Veröffentlichung nicht warten, bis der Beschluss rechtskräftig ist (MüKoInsO/Kern Rn. 5; Uhlenbruck/Zipperer Rn. 2; aA aber Uhlenbruck/Zipperer § 272 Rn. 6: Veröffentlichungsermessen). 2

Anlässlich der Entscheidung über die Anordnung bzw. Aufhebung der Eigenverwaltung selbst sind auch **Nebenentscheidungen und verbundene Anordnungen** (MüKoInsO/Kern Rn. 8; Uhlenbruck/Zipperer Rn. 2) bekannt zu machen, wie etwa: 3
- Anordnungen über die Verwaltungs- und Verfügungsbefugnis;
- Anordnungen zum Verbot von Leistungen an den Schuldner;
- Bestellung eines Insolvenz- bzw. Sachwalters mit Kontaktinformationen.

Im Übrigen gilt für die öffentliche Bekanntmachung § 9 (Uhlenbruck/Zipperer Rn. 2). Registereintragungen sind bei nachträglicher Überleitung in die Fremdverwaltung gem. §§ 32 f. vorzunehmen; bei nachträglicher Anordnung der Eigenverwaltung sind ggf. vorhandene Eintragungen zu korrigieren (vgl. Uhlenbruck/Zipperer Rn. 5). 4

C. Zustellung des Beschlusses

Eine besondere Zustellung des Beschlusses ist anders als für den Eröffnungsbeschluss (§ 30 Abs. 2) zwar nicht gesetzlich vorgesehen (Nerlich/Römermann/Riggert Rn. 1). Die hM gestattet aber in entsprechender Anwendung des § 30 Abs. 2 die Zustellung des Beschlusses an die Gläubiger und Schuldner des Schuldners, sowie an den Schuldner selbst (vgl. zB K. Schmidt InsO/Undritz Rn. 4; MüKoInsO/Kern Rn. 10 f.; Uhlenbruck/Zipperer Rn. 4; dagegen Nerlich/Römermann/Riggert Rn. 1). 5

Der hM ist im Ergebnis zu folgen. Zwar passt die Analogie zu § 30 Abs. 2 nicht, da diese Vorschrift keine fakultative Zustellung vorsieht und ein Zustellungszwang auch nicht mit den sonst geltenden Grundsätzen vereinbar wäre (vgl. MüKoInsO/Ganter/Bruns § 8 Rn. 9). § 8 schließt es jedoch nicht aus, Beschlüsse in geeigneten Fällen besonders zuzustellen (vgl. KPB/Pape Rn. 3). Ob im Einzelfall eine besondere Zustellung erfolgt, sollte das Gericht unter Abwägung der Interessen des Rechtsverkehrs gegen die entstehenden Zustellkosten (vgl. zu den Kosten zB BGH NZI 2012, 247 ff.) entscheiden. 6

Mit der Zustellung kann das Gericht den Insolvenzverwalter beauftragen (vgl. zB MüKoInsO/Kern Rn. 11; Uhlenbruck/Zipperer Rn. 4). Ob auch der Sachwalter beauftragt werden kann, ist streitig (dagegen die wohl hM, zB MüKoInsO/Kern Rn. 11; Uhlenbruck/Zipperer Rn. 4; aA zB MüKoInsO/Ganter/Bruns § 8 Rn. 35). Zu weiteren Einzelheiten der Zustellung → § 8 Rn. 1 ff.. 7

D. Wirkungen der Bekanntmachung

Der Beschluss über die nachträgliche Anordnung oder Aufhebung der Eigenverwaltung wird bereits mit seinem Erlass wirksam, nicht erst mit der Bekanntmachung (vgl. im Einzelnen Uhlenbruck/Zipperer Rn. 3). Die Bekanntmachung ist aber relevant für den Lauf der Rechtsmittelfrist und bei § 82. Mit Ablauf des zweiten Tages nach dem Tag der öffentlichen Bekanntmachung gilt die Bekanntmachung als bewirkt (§ 9 Abs. 1 S. 3). Soweit gegen die gerichtliche Entscheidung ein Rechtsmittel gegeben ist, beginnt die Rechtsmittelfrist spätestens ab diesem Zeitpunkt (→ § 271 Rn. 19). Wurde die Entscheidung zuvor zugestellt, beginnt die Rechtsmittelfrist mit der Zustellung (vgl. MüKoInsO/Kern Rn. 16). Bei der Aufhebung der Eigenverwaltung gilt für Leistungen an den Schuldner § 82. 8

§ 274 Rechtsstellung des Sachwalters

(1) Für die Bestellung des Sachwalters, für die Aufsicht des Insolvenzgerichts sowie für die Haftung und die Vergütung des Sachwalters gelten § 27 Absatz 2 Nummer 4, § 54 Nummer 2 und die §§ 56 bis 60, 62 bis 65 entsprechend.

(2) ¹Der Sachwalter hat die wirtschaftliche Lage des Schuldners zu prüfen und die Geschäftsführung sowie die Ausgaben für die Lebensführung zu überwachen. ²Das Gericht kann anordnen, dass der Sachwalter den Schuldner im Rahmen der Insolvenzgeldvorfinanzierung, der insolvenzrechtlichen Buchführung und der Verhandlungen mit Kunden und Lieferanten unterstützen kann. ³§ 22 Abs. 3 gilt entsprechend.

(3) ¹Stellt der Sachwalter Umstände fest, die erwarten lassen, daß die Fortsetzung der Eigenverwaltung zu Nachteilen für die Gläubiger führen wird, so hat er dies unverzüglich dem Gläubigerausschuß und dem Insolvenzgericht anzuzeigen. ²Ist ein Gläubigerausschuß nicht bestellt, so hat der Sachwalter an dessen Stelle die Insolvenzgläubiger, die Forderungen angemeldet haben, und die absonderungsberechtigten Gläubiger zu unterrichten.

Überblick

§ 274 enthält die grundlegenden Regelungen der Rechtsstellung des Sachwalters (MüKoInsO/Kern Rn. 2) in Abgrenzung zu den Zuständigkeiten des Schuldners im Eigenverwaltungsverfahren einerseits und zur Stellung des Insolvenzverwalters im Regelinsolvenzverfahren andererseits. Beide Abgrenzungen sind nötig, weil die Verwaltungs- und Verfügungsbefugnis in der Eigenverwaltung beim Schuldner bleibt, sodass eine pauschale Verweisung auf die Rechtsstellung des Insolvenzverwalters nicht in Betracht kommt. Nach Abs. 1 sind die für den Insolvenzverwalter geltenden Normen über die Bestellung, die Aufsicht durch das Insolvenzgericht, die Haftung und die Vergütung auf den Sachwalter anwendbar. Die Abs. 2 und 3 definieren grundlegende Pflichten des Sachwalters. Besondere Rechte und Pflichten und weitere flankierende Regelungen sind in den §§ 275, 277, 279 und 280–285 normiert.

Übersicht

	Rn.		Rn.
A. Entstehungsgeschichte und Normzweck	1	III. Haftung	8
B. Rechtsstellung und Pflichten des Sachwalters im Einzelnen	4	IV. Vergütung	14
I. Bestellung	4	V. Prüfung der wirtschaftlichen Lage und Überwachung des Schuldners	21
II. Aufsicht	7	1. Prüfungspflichten	21
		2. Unterrichtungspflicht	29

A. Entstehungsgeschichte und Normzweck

1 Die Regelung überträgt die früheren Vorschriften zur Rechtsstellung des Vergleichsverwalters (§§ 38 ff. VerglO) in die InsO (MüKoInsO/Kern Rn. 5). Sie geht ursprünglich auf § 335 des Regierungsentwurfs v. 15.4.1992 (BT-Drs. 12/72443, 62) zurück. In ihrer heutigen Fassung wurde sie durch das Gesetz zur weiteren Erleichterung der Sanierung von Unternehmen v. 7.12.2011 („ESUG", BGBl. 2011 I 2582) eingeführt und ist am 1.3.2012 in Kraft getreten. Abs. 1 wurde (redaktionell) mWz 1.7.2014 geändert durch Gesetz v. 15.7.2013 (BGBl. I 2379). Durch das Gesetz zur Fortentwicklung des Sanierungs- und Insolvenzrechts v. 22.12.2020 („SanInsFoG", BGBl. 2020 I 3256) wurde Abs. 2 mWz 1.1.2021 um seinen jetzigen S. 2 ergänzt.

2 Die Rechtsstellung des Sachwalters ist der des Insolvenzverwalters zwar ähnlich, weist aber auch deutliche Unterschiede zu ihr auf (Uhlenbruck/Zipperer Rn. 3). § 274 beschränkt den Sachwalter grundsätzlich auf die Kontrolle des Schuldners (MüKoInsO/Kern Rn. 3; Nerlich/Römermann/Riggert Rn. 1), bei dem die eigentliche Insolvenzabwicklung liegt. Allerdings räumen §§ 275, 277 und 280 dem Sachwalter auch Mitwirkungsrechte ein, die Ausprägungen der Verwaltungs- und Verfügungsbefugnis sind und den Sachwalter zum „Gläubigergemeinschaftsorgan" (FK-InsO/Foltis Rn. 1) machen.

3 § 274 gilt für den endgültig eingesetzten Sachwalter, ist aber entsprechend auch auf den gem. § 270b Abs. 1 zu bestellenden vorläufigen Sachwalter anzuwenden (§ 270b Abs. 1 S. 1).

B. Rechtsstellung und Pflichten des Sachwalters im Einzelnen

I. Bestellung

Aus der Verweisung auf § 56 folgt, dass auch als Sachwalter eine für den Einzelfall geeignete (→ § 56 Rn. 16 ff.), insbesondere geschäftskundige (→ § 56 Rn. 17) und von den Gläubigern und dem Schuldner unabhängige (→ § 56 Rn. 20) natürliche Person (→ § 56 Rn. 15) zu bestellen ist, die das Amt des Sachwalters höchstpersönlich auszuüben hat (→ § 56 Rn. 18). Die Bestellung mehrerer Sachwalter ist unzulässig, die Bestellung von Sondersachwaltern hingegen nicht (MüKoInsO/Kern Rn. 25; KPB/Pape Rn. 29). Sie kommt zB zur Geltendmachung von Ansprüchen der Masse gegen die Geschäftsführer des Schuldners, gegen den vormaligen vorläufigen Sachwalter und gegen eine beteiligte Bank in Betracht (AG Stendal ZIP 2012, 2171; FK-InsO/Foltis Rn. 18), zur Kassenführung nach Entzug der Kassenführungsbefugnis des ursprünglich alleinigen Sachwalters (BGH ZInsO 2010, 187) oder bei erwarteten Insichgeschäften (AG Duisburg BeckRS 9998, 32405 = NZI 2002, 556 (Babcock Borsig)). Trotz der gegenüber dem Insolvenzverwalter geringeren Aufgaben und Befugnisse des Sachwalters dürfen bei der Auswahl des Sachwalters grundsätzlich keine geringeren Anforderungen gestellt werden als im Regelinsolvenzverfahren (MüKoInsO/Kern Rn. 16; KPB/Pape Rn. 25; Nerlich/Römermann/Riggert Rn. 13). Das gilt schon vor dem Hintergrund, dass im Fall der Aufhebung der Eigenverwaltung der Sachwalter regelmäßig, wenn auch nicht zwingend, zum Insolvenzverwalter bestellt wird, um personelle Kontinuität zu gewährleisten. Der Sachwalter muss also in der Lage sein, das Verfahren in jeder Lage als Insolvenzverwalter zu „übernehmen" (AGR/Ringstmeier Rn. 4). Mit Blick auf den Umfang und die Komplexität des Einzelfalls kann insofern aber auch eine differenziertere Betrachtung angezeigt sein (vgl. für den vorläufigen Sachwalter Uhlenbruck/Zipperer § 270a aF Rn. 27).

Die Verweisung in Abs. 1 erfasst auch den durch das ESUG neu eingefügten und durch das SanInsFoG geänderten § 56a. Das Gericht muss also im Eröffnungsverfahren vor der Bestellung des Sachwalters einem vorläufigen Gläubigerausschuss grundsätzlich Gelegenheit geben, sich zu den an den Sachwalter zu stellenden Anforderungen und zur Person des Sachwalters zu äußern. Es darf von einem einstimmigen Vorschlag des vorläufigen Gläubigerausschusses nur abweichen, wenn die vorgeschlagene Person für die Übernahme des Amts nicht geeignet ist, und hat bei der Auswahl des Sachwalters die vom vorläufigen Gläubigerausschuss beschlossenen Anforderungen zugrunde zu legen. Aus der Verweisung auf § 27 Abs. 2 Nr. 4 folgt, dass das Gericht eine Abweichung von einem einstimmigen Vorschlag des vorläufigen Gläubigerausschusses im Eröffnungsbeschluss begründen muss. Sieht das Gericht wegen der offensichtlichen Gefahr einer nachteiligen Veränderung im Vermögen des Schuldners von einer vorherigen Anhörung des vorläufigen Gläubigerausschusses ab, was es nach der Neufassung des § 56a Abs. 3 schriftlich begründen muss, so kann dieser in seiner ersten Sitzung einstimmig einen anderen Sachwalter wählen. Das Gericht kann die Bestellung des gewählten Sachwalters allerdings wiederum ablehnen, wenn er den allgemeinen Anforderungen nicht entspricht (MüKoInsO/Kern Rn. 30 f.).

Aus der Verweisung auf § 57 folgt, dass auch die Gläubigerversammlung in ihrer ersten auf die Bestellung des Sachwalters folgenden Sitzung anstelle des bestellten einen anderen Sachwalter wählen kann. Umstritten ist, ob das Gericht im Fall der **nachträglichen** Anordnung der Eigenverwaltung (§ 271) an eine solche Wahl der Gläubigerversammlung grundsätzlich – vorbehaltlich der Ungeeignetheit des Gewählten – gebunden ist (so FK-InsO/Foltis § 271 Rn. 15; MüKoInsO/Kern § 271 Rn. 29) oder ob das Gericht insofern ein Bestellermessen hat (so zB K. Schmidt InsO/Undritz § 271 Rn. 6; Nerlich/Römermann/Riggert § 271 Rn. 6), weil § 271 S. 2 lediglich davon spricht, dass der bisherige Insolvenzverwalter zum Sachwalter bestellt werden „kann". § 271 S. 2 stellt aber nur klar, dass die Tätigkeit als Insolvenzverwalter die spätere Bestellung zum Sachwalter nicht per se ausschließt (→ § 271 Rn. 15; Uhlenbruck/Zipperer § 271 Rn. 7; MüKoInsO/Kern § 271 Rn. 28). Zur Frage der Bindung des Gerichts trifft § 271 keine Regelung, sodass auf die allgemeinen Vorschriften über die Bestellung des Sachwalters zurückgegriffen werden muss, die eine Bindung des Insolvenzgerichts an den Beschluss der Gläubigerversammlung nicht ausdrücklich vorsehen (Uhlenbruck/Zipperer § 271 Rn. 7). Da die Gläubigerversammlung einen vom Gericht bestellten Sachwalter gem. § 274 Abs. 1, § 57 abwählen kann, erscheint es jedoch auch im Fall der nachträglichen Anordnung der Eigenverwaltung angezeigt, die Vorschrift bereits bei der Bestellung des Sachwalters (analog) anzuwenden, sodass das Gericht an einen Beschluss der Gläubigerversammlung über die Person des Sachwalters grundsätzlich gebunden ist und von ihrer Bestellung nur absehen kann, wenn sie für die Übernahme des Amtes ungeeignet ist (MüKoInsO/Kern § 271 Rn. 29). Zweifelhaft ist auch, ob die Gläubigerversammlung den nachträglichen Antrag auf Anordnung der Eigenverwaltung mit der Wahl des Sachwalters verbinden kann, weil

§ 57 ihr nur das Recht einräumt, in der ersten Gläubigerversammlung, die auf die Bestellung des Insolvenzverwalters folgt, einen anderen Insolvenzverwalter zu wählen. Im Interesse an einer zügigen Verfahrensabwicklung sollte die Gläubigerversammlung jedoch nicht auf einen weiteren Termin verwiesen werden (MüKoInsO/Kern § 271 Rn. 29; KPB/Pape § 271 Rn. 22 ff.).

II. Aufsicht

7   Ebenso wie der Insolvenzverwalter im Regelinsolvenzverfahren unterliegt der Sachwalter der Aufsicht und erforderlichenfalls den Zwangsmaßnahmen des Insolvenzgerichts nach den §§ 58, 59. Das Insolvenzgericht kann im Umfang der dem Sachwalter tatsächlich übertragenen Aufgaben (AGR/Ringstmeier Rn. 7) einzelne Auskünfte oder Berichte anfordern, um zu überwachen, ob er seinen Pflichten zur Prüfung der wirtschaftlichen Lage und Geschäftsführung sowie der Ausgaben für die Lebensführung des Schuldners im erforderlichen Maß nachkommt. Stellt das Insolvenzgericht schuldhafte Pflichtverletzungen des Sachwalters fest, so kann es nach vorheriger Androhung gem. § 274 Abs. 1, § 58 Abs. 2 ein Zwangsgeld gegen ihn festsetzen, um eine pflichtgerechte Aufgabenerfüllung zu erzwingen (→ § 58 Rn. 18 ff. zur Aufsicht über den Insolvenzverwalter und zum Verfahren iE). Als **ultima ratio** (AGR/Ringstmeier Rn. 8) kommt die Entlassung des Sachwalters aus wichtigem Grund gem. § 274 Abs. 1, § 59 Abs. 1 in Betracht.

III. Haftung

8   Für die Haftung des Sachwalters gilt kraft Verweisung auf § 60 grundsätzlich dasselbe wie für diejenige des Insolvenzverwalters im Regelinsolvenzverfahren, jedoch mit der Maßgabe, dass der Sachwalter für die schuldhafte Verletzung seiner spezifischen Pflichten in der Eigenverwaltung haftet. Hierzu gehören die Pflichten zur Prüfung der wirtschaftlichen Lage des Schuldners und zur Überwachung der Geschäftsführung und der Ausgaben für die Lebensführung (Abs. 2), die Unterrichtungspflicht (Abs. 3), die Geltendmachung der Haftung nach §§ 92, 93 und die Anfechtung von Rechtshandlungen gem. §§ 129–147 (→ § 280). Des weiteren können Fehler bei folgenden Handlungen eine Haftung des Sachwalters begründen: Mitwirkung bei der Begründung von Verbindlichkeiten durch den Schuldner (§ 275 Abs. 1), Kassenführung (§ 275 Abs. 2), Zustimmung zur Abberufung oder Neubestellung von Mitgliedern der Geschäftsleitung (§ 276a S. 2), Zustimmung zu bestimmten Rechtsgeschäften, wenn von der Gläubigerversammlung oder einzelnen Gläubigern beantragt (§ 277 Abs. 1, 2), Erklärung des Einvernehmens mit der Erfüllung von Rechtsgeschäften (§ 279 S. 2, 3), Führung der Verzeichnisse iSd §§ 151–163, Prüfung von Schlussrechnung und Verteilungsverzeichnissen (§ 281 Abs. 1 S. 2, Abs. 3 S. 2, § 283 Abs. 3 S. 2), Stellungnahme zum Bericht des Schuldners im ersten Termin (§ 281 Abs. 2), Erklärung des Einvernehmens mit der Verwertung von Sicherungsgut (§ 282 Abs. 2), Ausarbeitung eines Insolvenzplans, sofern damit beauftragt (§ 284 Abs. 1 S. 1), oder Beratung dabei (§ 284 Abs. 1 S. 2), Überwachung der Planerfüllung (§ 284 Abs. 2) sowie Anzeige der Masseunzulänglichkeit (§ 285) (vgl. Uhlenbruck/Zipperer Rn. 9; FK-InsO/Foltis Rn. 16).

9   Mangels einer entsprechenden Verweisung haftet der Sachwalter nicht gem. § 61 für die Nichterfüllung von Masseverbindlichkeiten (MüKoInsO/Kern Rn. 76; FK-InsO/Foltis Rn. 26; Schulte-Kaubrügger ZIP 2019, 345 (350)); eine Ausnahme bildet nur der Fall der Zustimmung zur Begründung einer Masseverbindlichkeit bei angeordneter Zustimmungsbedürftigkeit, für den die Haftung entsprechend § 61 in § 277 Abs. 1 S. 3 ausdrücklich angeordnet ist. Eine Haftung aus § 61 analog kommt jedoch in Betracht, soweit dem Sachwalter nicht nur Prüfungs- und Überwachungsaufgaben (Abs. 2) zugewiesen sind, sondern er selbst die Verwaltungs- und Verfügungsbefugnis hat, so wenn er im Rahmen seiner Aufgaben Masseschulden begründen kann, etwa bei der Durchführung von Anfechtungsprozessen (MüKoInsO/Kern Rn. 77; Nerlich/Römermann/Riggert Rn. 18; K. Schmidt InsO/Undritz Rn. 6; Schulte-Kaubrügger ZIP 2019, 345 (350), → § 280 Rn. 11 f.). Nach anderer Ansicht (Uhlenbruck/Zipperer Rn. 9; im Ergebnis ebenso Andres/Leithaus/Andres Rn. 8) hat das Gesetz bewusst Haftungslücken zurückgelassen, sodass nicht von einer Regelungslücke gesprochen werden kann.

10   Für das Verschulden des Sachwalters gilt § 60 iVm § 276 BGB, wobei der Fahrlässigkeitsmaßstab die Aufgabenerfüllung eines ordentlichen und gewissenhaften Sachwalters ist (§ 60 Abs. 1 S. 2). Aufgrund seiner gegenüber dem Insolvenzverwalter deutlich eingeschränkten Befugnisse, insbesondere wegen der grundsätzlich fehlenden Verwaltungs- und Verfügungsbefugnis, wird eine Haftung des Sachwalters seltener in Betracht kommen als eine Haftung des Insolvenzverwalters (MüKoInsO/Kern Rn. 74). Andererseits kann ein Fehlverhalten des Schuldners mittelbar den Vorwurf unzureichender Überwachung gegen den Sachwalter begründen (FK-InsO/Foltis Rn. 22; Braun/Riggert Rn. 5).

Bedient sich der Sachwalter zur Erfüllung seiner Aufgaben der Angestellten des Schuldners, so 11
haftet er für diese nicht nach § 278 BGB, sondern gem. § 60 Abs. 2 nur für deren Auswahl,
Überwachung und bei Entscheidungen von besonderer Bedeutung. Für andere Erfüllungsgehilfen
haftet der Sachwalter gem. § 278 BGB wie für eigenes Verschulden (Braun/Riggert Rn. 6; FK-
InsO/Foltis Rn. 27; MüKoInsO/Kern Rn. 74).

Aktivlegitimiert für die Geltendmachung von Schadensersatzansprüchen gegen den Sachwalter 12
soll gem. §§ 280, 92 S. 2 nur ein neu bestellter Sachwalter sein (MüKoInsO/Kern Rn. 75). Hat
das Gericht von einer Entlassung des Sachwalters abgesehen, kommt aber auch eine Anspruchsverfolgung
durch einen Sondersachwalter in Betracht.

Schadensersatzansprüche gegen den Sachwalter verjähren gem. § 62 innerhalb von drei Jahren 13
ab dem Zeitpunkt, zu dem der Verletzte von dem Schaden und den anspruchsbegründenden
Umständen Kenntnis erlangt hat, spätestens jedoch in drei Jahren ab der Aufhebung oder der
Rechtskraft der Einstellung des Insolvenzverfahrens.

IV. Vergütung

Die Vergütung des Sachwalters und die Erstattung seiner Auslagen sind durch die Verweisung 14
in Abs. 1 auf die §§ 54 Nr. 2, 63–65 angesprochen, wobei sich die Verweisung grundsätzlich auf
die Regelungen bezieht, die für die Vergütung des Insolvenzverwalters im eröffneten Verfahren
gelten. Vergütung und Auslagen des Sachwalters sind, ebenso wie die des vorläufigen Insolvenzverwalters,
des Insolvenzverwalters und der Mitglieder des Gläubigerausschusses, Kosten des Insolvenzverfahrens
(§ 54 Nr. 2) und in einem masseunzulänglichen Verfahren vorrangig vor den
anderen Masseverbindlichkeiten zu berichtigen (§ 209 Abs. 1 Nr. 1). Grundlage des Zahlungsanspruchs
des Sachwalters ist § 63 Abs. 1. Im Fall der Stundung der Verfahrenskosten (§ 4a) im
Insolvenzverfahren über das Vermögen einer natürlichen Person gewährt § 63 Abs. 2 dem Sachwalter
einen Anspruch auf Zahlung gegen die Staatskasse, soweit die Masse dafür nicht ausreicht. § 64
behandelt das Festsetzungs- und Rechtsmittelverfahren. Aus der InsO selbst lässt sich aber keine
weitere große Erkenntnis gewinnen (→ § 63 Rn. 3). Zu den Detailregelungen gelangt man erst
über die Weiterverweisung auf die durch das SanInsFoG ebenfalls teilweise geänderte Insolvenzrechtliche
Vergütungsverordnung (InsVV) in § 65 (→ § 65 Rn. 1). Dort finden sich die Vorschriften
zur Bestimmung der Bemessungsgrundlage (§ 1 InsVV), der Regelprozentsätze (§ 2 InsVV),
der Zu- und Abschläge (§ 3 InsVV) sowie der Auslagen- (§ 8 InsVV) und der Umsatzsteuererstattung
(§ 7 InsVV).

Grundlage der Berechnung der Vergütung des Sachwalters ist der Wert der Masse zur Zeit der 15
Beendigung des Insolvenzverfahrens nach der Schlussrechnung des Schuldners oder nach einem
Schätzwert im Fall der vorzeitigen Verfahrensaufhebung oder -beendigung (§§ 10, 1 Abs. 1 InsVV),
wobei mit Absonderungsrechten belastete Massegegenstände (§ 1 Abs. 2 Nr. 1 InsVV) außer
Betracht bleiben, deren Verwertung in der Eigenverwaltung ausschließlich dem Schuldner übertragen
ist (§ 282) (LG Dessau-Roßlau NZI 2015, 570 (572) mzustAnm Budnik NZI 2015, 573;
MüKoInsO/Kern Rn. 78; Uhlenbruck/Zipperer Rn. 10; KPB/Pape Rn. 62; HmbKommInsR/
Büttner InsVV § 12 Rn. 6; aA AG Münster BeckRS 2016, 02610 mzustAnm Keller NZI 2016,
211 (212); AG Dortmund BeckRS 2016, 109909). Mit ihrem voraussichtlichen Realisierungswert
zu berücksichtigen sind jedoch Ansprüche aus § 64 GmbHG (BGH NZI 2011, 73) sowie gem.
§ 282 Abs. 1 S. 3 die Verwertungskosten und die Umsatzsteuerbeträge (K. Schmidt InsO/Undritz
Rn. 7; Uhlenbruck/Zipperer Rn. 10).

Dem im Vergleich zum Insolvenzverwalter reduzierten Aufgabenkreis und Haftungsrisiko des 16
Sachwalters trägt § 12 Abs. 1 InsVV durch eine Reduzierung seiner Regelvergütung auf 60 %
der für den Insolvenzverwalter bestimmten Vergütung Rechnung. War der Sachwalter zuvor schon
im Eröffnungsverfahren als vorläufiger Sachwalter tätig, so erhält er nach dem neuen § 12a InsVV
für diese Tätigkeit einen Zuschlag von 25 % auf seine Vergütung, bezogen auf das Vermögen, auf
das sich das Eröffnungsverfahren erstreckt, insgesamt also eine Regelvergütung von 85 % der
Vergütung nach § 2 Abs. 1 InsVV, die einheitlich festgesetzt wird (BGH NZI 2016, 796 Rn. 28;
BGH BeckRS 2016, 17382 Rn. 32; abl. HmbKommInsR/Büttner InsVV § 12 Rn. 5;
HmbKommInsR/Fiebig Rn. 25).

Abweichungen von der Regelvergütung sind nach oben wie nach unten möglich. In zwei 17
grundlegenden Beschlüssen aus dem Juli bzw. September 2016 (BGH NZI 2016, 796 = BeckRS
2016, 14382 und BGH BeckRS 2016, 17382 = ZInsO 2016, 2077) hat der BGH sich dazu
geäußert, unter welchen Umständen das Insolvenzgericht dem Sachwalter Zuschläge auf seine
Vergütung gewähren oder Abschläge vornehmen kann. Beide Beschlüsse betreffen zwar die Vergütung
des vorläufigen Sachwalters, sind aber auch auf den endgültigen Sachwalter anzuwenden, da

ihre „Aufgaben und Befugnisse ... übereinstimmen" oder „jedenfalls strukturell ohne Weiteres vergleichbar" sind (BGH NZI 2016, 796 Rn. 38 f., 42). Die Berechnungsgrundlage für die Vergütung beider ist daher dieselbe (§§ 10, 1 Abs. 1 InsVV, BGH NZI 2016, 796 Rn. 50). In Bezug auf Zu- oder Abschläge, für die gem. § 10 InsVV die Regelungen in § 3 InsVV entsprechend anwendbar sind (BGH NZI 2016, 796 Rn. 66), hat der Tatrichter eine Gesamtwürdigung aller Umstände vorzunehmen; das Insolvenzgericht ist dabei nicht an Faustregeltabellen gebunden, kann Entscheidungen anderer Gerichte in vergleichbaren Fällen aber als Orientierungshilfe heranziehen (BGH NZI 2016, 796 Rn. 57, 59; BGH BeckRS 2016, 17382 Rn. 43, 45; jeweils mwN zur stRspr des BGH). **Zuschläge** in Form einer prozentualen Erhöhung des Regelsatzes (BGH NZI 2016, 796 Rn. 58) können durch folgende Umstände gerechtfertigt sein:

- Überwachung der Unternehmensfortführung, wenn sie in überdurchschnittlichem Umfang Arbeitskraft in Anspruch genommen hat und die Masse nicht entsprechend größer geworden ist (§ 3 Abs. 1 Buchst. b InsVV, BGH NZI 2016, 796 Rn. 66–69; BeckRS 2016, 17382 Rn. 52–55, 58; AG Dortmund BeckRS 2016, 109909);
- mit der Anordnung eines Zustimmungsvorbehalts (§ 277), verbundenem Arbeitsmehraufwand (§ 12 Abs. 2 InsVV, BGH NZI 2016, 796 Rn. 70; BeckRS 2016, 17382 Rn. 61) oder anderen Umständen, die die Aufgaben des Sachwalters denjenigen des Insolvenzverwalters annähern (Braun/Riggert Rn. 11);
- Bemühungen um eine übertragende Sanierung im Wege der Plausibilisierung und Abwägung entsprechender Planungen der Eigenverwaltung (BGH NZI 2016, 796 Rn. 71–73; BeckRS 2016, 17382 Rn. 63–65);
- zusätzlicher Arbeitsaufwand für Kommunikation und Abstimmung mit dem Gläubigerausschuss; ein möglicher Zuschlag soll hier aber geringer ausfallen, weil der Gläubigerausschuss den Sachwalter auch entlasten kann (BGH NZI 2016, 796 Rn. 76; BeckRS 2016, 17382 Rn. 69);
- ungewöhnlicher Arbeitsaufwand bei der Überwachung einer hohen Zahl von Mitarbeitern, der aber schon beim Zuschlag für die Überwachung der Unternehmensfortführung berücksichtigt sein kann (BGH NZI 2016, 796 Rn. 77; BeckRS 2016, 17382 Rn. 66);
- Übernahme der Kassenführung (§ 275 Abs. 2), die allerdings ebenfalls mit dem Zuschlag für die Überwachung der Unternehmensfortführung abgegolten sein kann (BGH NZI 2016, 796 Rn. 79; BeckRS 2016, 17382 Rn. 68);
- Unterstützung und Überwachung bei der Vorfinanzierung des Insolvenzgelds, die „erheblich über das übliche Maß" hinausgeht und nicht von einem Zuschlag für die Überwachung der Unternehmensfortführung erfasst ist (BGH NZI 2016, 796 Rn. 80; BeckRS 2016, 17382 Rn. 70) sowie
- „über regelhafte Verfahren hinausgehender" Aufwand bei der Überwachung der Entscheidung über das Fortbestehen ausländischer Tochtergesellschaften (BGH BeckRS 2016, 17382 Rn. 60).

18 In der Literatur waren schon vor den grundlegenden Beschlüssen des BGH die Mitwirkung an einem Insolvenzplan oder dessen Überwachung sowie überdurchschnittliche Schwierigkeiten bei den gesetzlich geregelten Fällen der Mitwirkung und Zustimmung des Sachwalters (§§ 275 Abs. 1, 276, 279, 281, 282 Abs. 2, 283 Abs. 2, 284) als Gründe für einen Zuschlag erwogen worden (FK-InsO/Lorenz InsVV § 12 Rn. 10; KPB/Pape Rn. 63; MüKoInsO/Kern Rn. 79 ff.; Uhlenbruck/Zipperer Rn. 10). Die Vergütung kann bis zur Höhe des einfachen Regelsatzes steigen (MüKoInsO/Kern Rn. 80; FK-InsO/Foltis Rn. 39).

19 **Keinen Zuschlag** rechtfertigen
- die Größe des schuldnerischen Unternehmens als solche (BGH BeckRS 2016, 17382 Rn. 51);
- die Einsetzung eines Kanzleikollegen zur Wahrnehmung der Aufgaben als Sachwalter (BGH NZI 2016, 796 Rn. 63; BeckRS 2016, 17382 Rn. 50) oder
- Tätigkeiten, die nicht zu den Aufgaben des Sachwalters gehören, wie die Abhaltung von Mitarbeiterversammlungen oder das Entwerfen und Versenden von Informationsschreiben an Mitarbeiter (BGH NZI 2016, 796 Rn. 78; BeckRS 2016, 17382 Rn. 67), das Führen von Verhandlungen mit Kreditgebern (BGH BeckRS 2016, 17382 Rn. 56), die Entwicklung von Strategien hinsichtlich Umsatzsteuer und Sozialversicherungsbeiträgen (BGH BeckRS 2016, 17382 Rn. 57) oder die Übernahme arbeitsrechtlicher Sonderaufgaben (Verhandlungen mit Gewerkschaften und Betriebsrat und Überarbeitung und Anpassung des Sanierungskonzepts der Schuldnerin unter arbeitsrechtlichen Gesichtspunkten (BGH BeckRS 2016, 17382 Rn. 71).

20 **Abschläge** gegenüber der Regelvergütung kommen in Betracht, wenn der Umfang der Tätigkeit des Sachwalters oder sein Haftungsrisiko wesentlich geringer sind als im Normalfall, seine Tätigkeit vorzeitig endet (Uhlenbruck/Zipperer Rn. 10; MüKoInsO/Kern Rn. 82; AG Dortmund BeckRS 2016, 109909) oder er – mit Zustimmung des Schuldners und des Insolvenzgerichts – Teile seiner Überwachungsaufgaben auf Dritte delegiert (Haarmeyer/Mock ZInsO 2016, 1 (13)). Kein Grund

für einen Abschlag soll gegeben sein, wenn der Schuldner einen Generalbevollmächtigten mit insolvenzrechtlicher Expertise angestellt hat, der die Arbeit des Sachwalters erleichtert (BGH NZI 2016, 796 Rn. 81; anders noch in der Vorinstanz LG Ravensburg BeckRS 2016, 14482; BGH BeckRS 2016, 17382 Rn. 81), da die Eigenverwaltung insolvenzrechtliche Expertise des Schuldners selbstverständlich voraussetzt.

V. Prüfung der wirtschaftlichen Lage und Überwachung des Schuldners

1. Prüfungspflichten

Abs. 2 entsprach in seiner ursprünglichen Fassung fast wörtlich der Regelung im ehemaligen § 39 VglO (Braun/Riggert Rn. 12; FK-InsO/Foltis Rn. 53). Der Sachwalter führt das schuldnerische Unternehmen nicht selbst fort, sondern hat nur dessen Fortführung durch den Schuldner zu überwachen (BGH NZI 2016, 796 Rn. 66; BeckRS 2016, 17382 Rn. 54). Um diese Pflicht erfüllen zu können, ist eine „dauerhafte und umfassende Einbindung in den Prozess der Betriebsfortführung" erforderlich, zu der auch die Kontrolle laufender Bestellungen gehört (BGH NZI 2016, 796 Rn. 67; BeckRS 2016, 17382 Rn. 55). Die Ergänzung des Abs. 2 um seinen neuen S. 2 durch das SanInsFoG sollte die grundsätzliche Aufgabenteilung nicht ändern, dem Schuldner aber die Möglichkeit eröffnen, sich in Bereichen, „in denen eine Unterstützung durch den Sachwalter ... für das Verfahren gewinnbringend sein kann und bei denen keine Beeinträchtigung der Unabhängigkeit und der Überwachung droht", der insolvenzrechtlichen Expertise des Sachwalters zu bedienen (Gesetzentwurf der Bundesregierung, BT-Drs. 19/24181, 208). Die Neufassung gibt daher dem Insolvenzgericht die Möglichkeit anzuordnen, dass der Sachwalter den Schuldner bei der Insolvenzgeldvorfinanzierung, der insolvenzrechtlichen Buchführung und bei Verhandlungen mit Kunden und Lieferanten unterstützen kann. Dasselbe gilt über § 270b Abs. 1 für den vorläufigen Sachwalter (BT-Drs. 19/24181, 209). Zu Recht kritisiert Frind (ZIP 2021, 171 (177)) die Neuregelung des Abs. 2 S. 2 als Durchbrechung des nunmehr in § 270a Abs. 1 Nr. 4 geregelten Grundsatzes, dass der eigenverwaltende Schuldner „eigenverwaltungsfähig" sein muss, und als „Fremdkörper", der systematisch in § 270c gehört hätte. Die in Abs. 2 S. 2 angesprochenen Themen – insbesondere die Insolvenzgeldvorfinanzierung – stellen sich üblicherweise im Eröffnungsverfahren. Auch die Verweisung auf § 22 Abs. 3, der die Rechtsstellung des vorläufigen Insolvenzverwalters betrifft, in Abs. 2 S. 3 deutet darauf hin, dass es sich eher um eine im Zusammenhang mit der vorläufigen Eigenverwaltung zu regelnde Materie handelt.

Mit der Pflicht des Sachwalters zur Prüfung der wirtschaftlichen Lage und Geschäftsführung sowie der Ausgaben für die Lebensführung des Schuldners korrespondiert notwendigerweise seiner Unterrichtungspflicht aus Abs. 3 (BGH NZI 2016, 796 Rn. 43; FK-InsO/Foltis Rn. 54, 58; K. Schmidt InsO/Undritz Rn. 9; Braun/Riggert Rn. 12): Der Sachwalter muss ständig (Uhlenbruck/Zipperer Rn. 12; MüKoInsO/Kern Rn. 53) prüfen, ob Anhaltspunkte für gläubigerbenachteiligende Handlungen des Schuldners in der Verfügung und Verwaltung seines beschlagnahmten Vermögens (FK-InsO/Foltis Rn. 54) oder sonstige Umstände gegeben sind, über die er gem. Abs. 3 die Gläubiger und das Insolvenzgericht unterrichten müsste. Daneben muss der Sachwalter in der Lage sein, die vom Schuldner aufzustellenden Verzeichnisse (§ 281 Abs. 1 S. 2) und die Rechnungslegung des Schuldners (§ 281 Abs. 3 S. 2) zu prüfen und sich dazu zu erklären, zum Bericht des Schuldners in der ersten Gläubigerversammlung Stellung zu nehmen (§ 281 Abs. 2 S. 2), Gesamtschäden für die Masse geltend zu machen (§§ 280, 92, 93), Rechtshandlungen anzufechten (§§ 280, 129–147) und dem Insolvenzgericht eine etwaige Masseunzulänglichkeit anzuzeigen (§ 285) (K. Schmidt InsO/Undritz Rn. 9).

Vom Schuldner erarbeitete Konzepte zur Sanierung und Fortführung des Geschäftsbetriebs hat der Sachwalter „auf ihre Durchführbarkeit und die Auswirkungen auf die Quotenerwartung der Gläubiger zu überprüfen", sie also „zu plausibilisieren und abzuwägen" (BGH NZI 2016, 796 Rn. 72; BeckRS 2016, 17382 Rn. 63). Er muss sich in die Erarbeitung dieser Konzepte rechtzeitig einbinden lassen und sie „beratend begleiten" (BGH NZI 2016, 796 Rn. 73; BeckRS 2016, 17382 Rn. 64, Ls. 3). All diesen Aufgaben wird er ohne eine permanent begleitende (nicht: rückwirkende, BGH NZI 2016, 796 Rn. 74; KPB/Pape Rn. 71; Uhlenbruck/Zipperer Rn. 12) Prüfung der gegenwärtigen und vergangenen Verhältnisse sowie der sachlichen und personellen Möglichkeiten des Schuldners, die Eigenverwaltung im Sinne der Gläubiger zu führen (FK-InsO/Foltis Rn. 52; Uhlenbruck/Zipperer Rn. 12), nicht nachkommen können.

Der Sachwalter muss während des gesamten Verfahrens (FK-InsO/Foltis Rn. 56) einen vollständigen Überblick über die Vermögenslage des Schuldners haben, um die Auswirkung jeder einzelnen Rechtshandlung beurteilen zu können (MüKoInsO/Kern Rn. 57). Das beginnt bei den

InsO § 274 Siebter Teil. Eigenverwaltung

„Ursachen des Zusammenbruchs" (FK-InsO/Foltis Rn. 58) und möglichen Verstrickungen des Schuldners, um anfechtbare Rechtshandlungen beurteilen zu können (Uhlenbruck/Zipperer Rn. 12), die ihrerseits ein Indiz für einen Anlass zur Beendigung der Eigenverwaltung sein können (FK-InsO/Foltis Rn. 58).

25   Erforderlich ist weiter eine Kontrolle der Bücher und Konten des Schuldners (KPB/Pape Rn. 71; Uhlenbruck/Zipperer Rn. 12) und die Prüfung von Plan- und Liquiditätsrechnungen (KPB/Pape Rn. 71; MüKoInsO/Kern Rn. 53), um eine Fortführungsbeurteilung abgeben und Aussagen über eine Umstrukturierung oder die Möglichkeit einer (übertragenden) Sanierung des Schuldnerunternehmens treffen zu können (Uhlenbruck/Zipperer Rn. 12; FK-InsO/Foltis Rn. 60).

26   Der Sachwalter ist im Vergleich zum Insolvenzverwalter nur von der Verantwortung für die Erstellung der Pläne, Rechnungen und Verzeichnisse entlastet, muss ihre Prüfung aber grundsätzlich genauso sorgfältig vornehmen wie ein Insolvenzverwalter (K. Schmidt InsO/Undritz Rn. 9; MüKoInsO/Kern Rn. 54). Abs. 2 S. 2 stellt dem Sachwalter für die Erfüllung seiner Prüfungsaufgaben dieselben Rechte zur Verfügung wie dem vorläufigen Insolvenzverwalter. Er darf also die Geschäftsräume des Schuldners betreten und dort Nachforschungen anstellen; der Schuldner hat ihm Einsicht in seine Bücher und Geschäftspapiere zu gewähren, ihm alle erforderlichen Auskünfte zu erteilen und ihn bei der Erfüllung seiner Aufgaben zu unterstützen (§ 22 Abs. 3, Uhlenbruck/Zipperer Rn. 12; K. Schmidt InsO/Undritz Rn. 11). Ein Weisungsrecht steht dem Sachwalter gegenüber dem Schuldner nicht zu (KPB/Pape Rn. 71; Uhlenbruck/Zipperer Rn. 12). Das Insolvenzgericht kann aber die Abgabe einer eidesstattlichen Versicherung des Schuldners anordnen (§ 98 Abs. 1) und ihn zwangsweise vorführen lassen (§ 98 Abs. 2, Braun/Riggert Rn. 12). Nicht anwendbar sind die Vorschriften über die Postsperre (§§ 99, 192), da der Schuldner in der Eigenverwaltung sinnvollerweise nicht vom Postverkehr ausgeschlossen werden kann (FK-InsO/Foltis Rn. 62; Uhlenbruck/Zipperer Rn. 15). Ist der Schuldner keine natürliche Person, so treffen die Mitwirkungspflichten die Mitglieder des Vertretungs- oder Aufsichtsorgans und die vertretungsberechtigten persönlich haftenden Gesellschafter, auch wenn sie innerhalb von zwei Jahre vor dem Antrag auf Eröffnung des Insolvenzverfahrens ausgeschieden sind (§ 101 Abs. 1 S. 1, 2, MüKoInsO/Kern Rn. 59).

27   Eine „besondere Prüfungspflicht" (Uhlenbruck/Zipperer Rn. 13) hat der Sachwalter in Bezug auf die zur Tabelle angemeldeten Forderungen, die er gem. § 283 Abs. 1 S. 1 bestreiten kann. Im Hinblick auf die Forderungsanmeldungen und die Führung der Tabelle tritt der Sachwalter an die Stelle des Insolvenzverwalters (§ 270f Abs. 2 S. 2, BGH NZI 2016, 796 Rn. 44). Er ist daher auch mit allen Befugnissen und Pflichten der §§ 174–186 ausgestattet und muss erforderlichenfalls einen Feststellungsrechtsstreit führen (Uhlenbruck/Zipperer Rn. 13). Die nach §§ 189, 190 erforderlichen Nachweise der Klageerhebung, des Verzichts auf abgesonderte Befriedigung oder des Ausfalls haben die Gläubiger allerdings im Eigenverwaltungsverfahren gegenüber dem Schuldner zu führen, in dessen Zuständigkeit das Verteilungsverfahren liegt (Uhlenbruck/Zipperer § 283 Rn. 5).

28   Die gesetzliche Regelung der Pflichten des Sachwalters ist nicht abschließend. Gläubigerversammlung oder Gericht können einem Sachwalter sonstige Aufgaben übertragen, sofern sie damit nicht in die gesetzlich vorgesehene Aufgabenverteilung eingreifen (Uhlenbruck/Zipperer Rn. 18). Zur Erweiterung der Aufgaben des vorläufigen Sachwalters hat sich der BGH allerdings (BGH BeckRS 2016, 17382 Rn. 73) restriktiv geäußert; ob sie beim endgültigen Sachwalter möglich ist, ist bisher nicht entschieden.

2. Unterrichtungspflicht

29   Die Pflicht des Sachwalters aus Abs. 3, den Gläubigerausschuss – ersatzweise die einzelnen Insolvenzgläubiger sowie die absonderungsberechtigten Gläubiger – und das Insolvenzgericht umgehend zu unterrichten, wenn sich Anhaltspunkte dafür ergeben, dass die Fortführung der Eigenverwaltung zu Nachteilen für die Gläubiger führen wird, hatte ihren Vorläufer in einer korrespondierenden Pflicht des Vergleichsverwalters (§ 40 Abs. 2 VglO). Sie soll die Gläubiger (als Gläubigerversammlung oder einzeln) in die Lage versetzen, über einen Antrag auf Aufhebung der Eigenverwaltung (§ 272) oder auf Anordnung der Zustimmungsbedürftigkeit von Rechtsgeschäften des Schuldners (§ 277) zu befinden (FK-InsO/Foltis Rn. 67). Im Eröffnungsverfahren verpflichtet § 270d Abs. 4 in der Fassung des SanInsFoG zudem den vorläufigen Sachwalter, dem Insolvenzgericht den Eintritt der Zahlungsunfähigkeit anzuzeigen, der zur Aufhebung eines „Schutzschirmverfahrens" führt. Im selben Verfahrensstadium kann die Unterrichtung der Gläubi-

ger durch den vorläufigen Sachwalter einen Antrag auf Aufhebung der vorläufigen Eigenverwaltung gem. § 270e Abs. 2 vorbereiten.

Gegenstand der Unterrichtungspflicht sind dementsprechend alle Tatsachen, die auf die Beibehaltung des Verwaltungs- und Verfügungsrechts des Schuldners Einfluss haben bzw. zu seiner Einschränkung gem. § 277 führen können (Braun/Riggert Rn. 13). Die Unterrichtungspflichten des Sachwalters korrespondieren mit seinen Prüfungspflichten nach Abs. 2 S. 1 (FK-InsO/Foltis Rn. 69). Jeder Umstand, der Nachteile der Gläubiger auch nur indiziert (Uhlenbruck/Zipperer Rn. 16), löst die Unterrichtungspflicht aus (MüKoInsO/Kern Rn. 63). Dazu zählen finanzielle Unregelmäßigkeiten, zB eine unsachgerechte Buchführung oder Entnahmen für die Lebensführung des Schuldners und seiner Familienangehörigen über das Maß des § 278 hinaus (MüKoInsO/Kern Rn. 63) oder die Erschwerung der Erfüllung der Aufsichts- und Überwachungspflichten des Sachwalters (AG Köln NZI 2018, 210) ebenso wie eine Weigerung des Schuldners, seine Mitwirkungsobliegenheiten (zB aus § 275 Abs. 1) zu erfüllen. Sie ist stets ein Anlass, bei Fortsetzung der Eigenverwaltung Nachteile für die Gläubiger zu erwarten, weil der Schuldner nicht mehr im Gläubigerinteresse handeln will (KPB/Pape Rn. 75; MüKoInsO/Kern Rn. 60; K. Schmidt InsO/Undritz Rn. 11). Auch die Bevorzugung einzelner Gläubiger durch den Schuldner oder eine nachteilige Veränderung der wirtschaftlichen Rahmenbedingungen zählen zu den Umständen, über die der Sachwalter zu unterrichten hat (Uhlenbruck/Zipperer Rn. 16). Eine Unterrichtung ist auch erforderlich, wenn die tatsächlichen Kosten der Eigenverwaltung die vor Verfahrenseröffnung prognostizierten Kosten des Regelinsolvenzverfahrens in erheblichem Maße überschreiten (AG Köln NZI 2018, 210: Überschreitung um 123 %).

Die Unterrichtung muss „unverzüglich" erfolgen, nach der Legaldefinition in § 121 BGB also ohne schuldhaftes Zögern. Ob man hierbei ohne weiteres die zu § 121 BGB entwickelte Formel anwenden kann, dass von einem schuldhaften Zögern nur auszugehen ist, wenn das Zuwarten nicht durch die Umstände des Falls geboten ist (RGZ 124, 115 (118); BGH NJW 2012, 3305 Rn. 20), jedenfalls aber bei einem Zuwarten von zwei Wochen nicht mehr von einem unverzüglichen Handeln auszugehen ist, wenn keine besonderen Umstände vorliegen (MüKoBGB/Armbrüster BGB § 121 Rn. 7), erscheint angesichts des Zwecks der Unterrichtung fraglich. Es liegt an den Gläubigern zu entscheiden, ob trotz der bekanntgewordenen Umstände die Eigenverwaltung fortgesetzt und ggf. ein Zustimmungsvorbehalt angeordnet werden soll (MüKoInsO/Kern Rn. 64 f.; BT-Drs. 12/2443, 224). Daher ist es dem Sachwalter verwehrt, zunächst ohne Unterrichtung der Gläubiger und des Insolvenzgerichts zu versuchen, die den Gläubigern drohenden Nachteile abzuwenden und zB mit dem Schuldner intern Maßnahmen zur Abhilfe zu vereinbaren (MüKoInsO/Kern Rn. 64; FK-InsO/Foltis Rn. 70; KPB/Pape Rn. 82). Zipperer zweifelt zwar, „ob das jede Möglichkeit ausschließt, dem Schuldner Gelegenheit einzuräumen, sein Verhalten zu ändern" (Uhlenbruck/Zipperer Rn. 16), gesteht aber zu, dass der Wortlaut („hat") für eine Pflicht zur sofortigen Unterrichtung spricht und der Sachwalter ansonsten das Risiko der Haftung gem. § 60 eingeht. Trotz der Pflicht zur sofortigen Unterrichtung der Gläubiger und des Insolvenzgerichts bleibt es, worauf /Kern (MüKoInsO/Kern Rn. 64) zu Recht hinweisen, dem Sachwalter unbenommen, dem Insolvenzgericht und den Gläubigern zugleich auch ein Vorgehen vorzuschlagen, das die Eigenverwaltung weniger stark beeinträchtigt als eine Anordnung der Zustimmungsbedürftigkeit oder gar eine Aufhebung der Eigenverwaltung.

Ist kein Gläubigerausschuss bestellt, hat der Sachwalter „an dessen Stelle" die Insolvenzgläubiger, die Forderungen angemeldet haben, und die absonderungsberechtigten Gläubiger zu unterrichten (Abs. 3 S. 2). Da die einzelnen Gläubiger anstelle des Gläubigerausschusses zu informieren sind, erfordert Abs. 3 S. 2 daneben auch eine Unterrichtung des Insolvenzgerichts (MüKoInsO/Kern Rn. 69; FK-InsO/Foltis Rn. 71; K. Schmidt InsO/Undritz Rn. 11). Praktische Schwierigkeiten für den Fall, dass der Kreis der Insolvenzgläubiger und der absonderungsberechtigten Gläubiger noch nicht abschließend feststeht, können mit einer öffentlichen Bekanntmachung durch das Insolvenzgericht (§ 277 Abs. 3 analog) gelöst werden (MüKoInsO/Kern Rn. 67; FK-InsO/Foltis Rn. 72; KPB/Pape Rn. 81; Uhlenbruck/Zipperer Rn. 17; K. Schmidt InsO/Undritz Rn. 12).

§ 275 Mitwirkung des Sachwalters

(1) ¹Verbindlichkeiten, die nicht zum gewöhnlichen Geschäftsbetrieb gehören, soll der Schuldner nur mit Zustimmung des Sachwalters eingehen. ²Auch Verbindlichkeiten, die zum gewöhnlichen Geschäftsbetrieb gehören, soll er nicht eingehen, wenn der Sachwalter widerspricht.

(2) Der Sachwalter kann vom Schuldner verlangen, daß alle eingehenden Gelder nur vom Sachwalter entgegengenommen und Zahlungen nur vom Sachwalter geleistet werden.

Überblick

Die Norm stellt – als Sollvorschrift – die Begründung von Verbindlichkeiten durch den Schuldner, die nicht zum normalen Geschäftsbetrieb gehören, unter den Vorbehalt der Zustimmung des Sachwalters. Der Begründung anderer Verbindlichkeiten kann der Sachwalter nur widersprechen. Sowohl die Verweigerung der Zustimmung als auch der Widerspruch wirken jedoch nur im Innenverhältnis; gegenüber Dritten bleibt das Handeln des verwaltungs- und verfügungsbefugten Schuldners grundsätzlich wirksam. Zum Schutz der Insolvenzmasse und zur Sicherung der gleichmäßigen Befriedigung von Verbindlichkeiten kann der Sachwalter auch die Kassenführung übernehmen.

A. Normzweck und Entstehungsgeschichte

1 § 275 ist als einleitende Norm der Regelungen in den §§ 275–277 über die „gemeinsame Unternehmensleitung im laufenden Geschäftsbetrieb" (FK-InsO/Foltis Rn. 4) eine weitere Ausprägung des Grundsatzes, dass dem Schuldner in der Eigenverwaltung die Verwaltungs- und Verfügungsbefugnis über Gegenstände der Masse zusteht. Die Vorschrift ergänzt die Prüfungs- und Überwachungspflichten des Sachwalters aus § 274 (HmbKommInsR/Fiebig Rn. 1; Undritz/Schur ZIP 2016, 549 f.). Abs. 1 regelt das Zusammenwirken von Schuldner und Sachwalter bei der Begründung von Verbindlichkeiten. Die Regelung greift ein, soweit nicht das Insolvenzgericht die Zustimmungsbedürftigkeit bestimmter Rechtsgeschäfte gem. § 277 Abs. 1 S. 1 angeordnet hat. Sie begründet nicht die Fähigkeit des Schuldners, Masseverbindlichkeiten zu begründen, sondern setzt sie voraus und unterwirft sie in unterschiedlichem Maß der Kontrolle durch den Sachwalter, um den gewöhnlichen Geschäftsbetrieb nicht durch enge Zustimmungserfordernisse übermäßig zu belasten (Braun/Riggert Rn. 1), gleichzeitig aber auch Gefahren für die Masse zu vermeiden. Der Sachwalter ist wiederum nur mit der „Geschäftsaufsicht" (FK-InsO/Foltis Rn. 2) betraut, nicht mit der Geschäftsführung. Er soll vor der Begründung nicht zum gewöhnlichen Geschäftsgang gehörender Verbindlichkeiten einbezogen werden; vor der Begründung anderer Verbindlichkeiten hat er jedenfalls das Recht, zu widersprechen. Zudem kann der Sachwalter die Kassenführung an sich ziehen. Die Rechtsfolgen der Vereitelung der Mitwirkungsrechte des Sachwalters durch den Schuldner regelt Abs. 1 nicht; Abs. 2 begründet aber eine „mittelbare Sanktion" (FK-InsO/Foltis Rn. 6).

2 Die Norm hat ihren Vorläufer wiederum in der VerglO, nämlich im nach dem Wortlaut beinahe identischen § 57 (BT-Drs. 12/2443, 224). Die Regime der VerglO und der Eigenverwaltung nach der InsO weisen jedoch einen grundlegenden strukturellen Unterschied auf (dazu umfassend FK-InsO/Foltis Rn. 3): Der nach gescheitertem Vergleichsverfahren eingesetzte Konkursverwalter hatte in Bezug auf während des Vergleichsverfahrens begründete Verbindlichkeiten das volle insolvenzrechtliche Instrumentarium zur Verfügung. Er konnte also Rechtshandlungen des Schuldners während des Vergleichsverfahrens anfechten oder über die weitere Erfüllung teilerfüllter Verträge entscheiden. Diese Möglichkeiten hat der nach Aufhebung der Eigenverwaltung bestellte Insolvenzverwalter nicht (BT-Drs. 12/2443, 224; FK-InsO/Foltis Rn. 3; KPB/Pape Rn. 2), was bei der Anwendung von § 275, etwa bei der Abgrenzung zwischen zum gewöhnlichen Geschäftsbetrieb gehörenden und nicht dazu gehörenden Verbindlichkeiten, zu berücksichtigen ist. Das Gesetz zur Fortentwicklung des Sanierungs- und Insolvenzrechts v. 22.12.2020 („SanInsFoG", BGBl. 2020 I 3256) hat zu keiner Änderung der Vorschrift geführt.

B. Mitwirkung des Sachwalters bei der Begründung von Verbindlichkeiten (Abs. 1)

3 Abs. 1 bestimmt, dass der Schuldner vor der Begründung von Verbindlichkeiten **außerhalb** des gewöhnlichen Geschäftsbetriebs die Zustimmung des Sachwalters einholen **soll**. Soweit sich die beabsichtigten Verbindlichkeiten **im Rahmen des gewöhnlichen Geschäftsbetriebs** halten, kann der Schuldner grundsätzlich allein über ihre Eingehung entscheiden. Der Sachwalter kann jedoch widersprechen.

4 Diese Regelung wird flankiert durch die Bestimmungen in §§ 276 f.: Rechtshandlungen mit besonderer Bedeutung für das Insolvenzverfahren bedürfen der Zustimmung des Gläubigeraus-

schusses (§ 276). Diese Rechtshandlungen gehen regelmäßig über den gewöhnlichen Geschäftsbetrieb hinaus (MüKoInsO/Kern Rn. 1), sodass der Schuldner auch die Zustimmung des Sachwalters einholen soll (MüKoInsO/Kern Rn. 1). Die Zustimmungserfordernisse aus §§ 275 und 276 stehen unabhängig nebeneinander: Die Zustimmung des Sachwalters ersetzt nicht diejenige des Gläubigerausschusses oder umgekehrt, und keines der beiden Organe ist durch die Zustimmung des jeweils anderen gebunden (MüKoInsO/Kern § 276 Rn. 9; HmbKommInsR/Fiebig Rn. 9; aA Graf-Schlicker/Graf-Schlicker § 276 Rn. 6, die die Zustimmung des Sachwalters neben der des Gläubigerausschusses für entbehrlich hält; ebenso im Ergebnis Uhlenbruck-Zipperer § 276 Rn. 3). Das Zustimmungserfordernis des Abs. 1 S. 1 ist auf das **Innenverhältnis** beschränkt. Nur wenn das Insolvenzgericht auf Antrag der Gläubigerversammlung (in Eilfällen auch auf Antrag einzelner Gläubiger) die Zustimmungsbedürftigkeit bestimmter Rechtsgeschäfte angeordnet hat (§ 277), hängt die Wirksamkeit dieser Rechtsgeschäfte auch im **Außenverhältnis** von der Zustimmung des Sachwalters ab.

I. Eingehen von Verbindlichkeiten durch den Schuldner

§ 275 erfasst nur Verbindlichkeiten, die im Rahmen des **Geschäftsbetriebs** begründet werden. 5
Der Gegensatz dazu sind Verbindlichkeiten, die die **private Lebensführung** betreffen; sie fallen unter §§ 274 Abs. 2, 278 (Uhlenbruck/Zipperer Rn. 2; KPB/Pape Rn. 6; Nerlich/Römermann/Riggert Rn. 2). Die Abgrenzung kann nach der Definition des „Handelsgeschäfts" in § 343 HGB erfolgen: Danach umfasst der „Geschäftsbetrieb" alle dem Interesse des Handelsgewerbes, der Erhaltung seiner Substanz und der Erzielung von Gewinn dienenden Haupt-, Hilfs- und Nebengeschäfte (Baumbach/Hopt/Hopt HGB § 343 Rn. 3; Braun/Riggert Rn. 3), und zwar unabhängig davon, ob es sich um gewöhnliche oder ungewöhnliche Geschäfte handelt (FK-InsO/Foltis Rn. 9).

„**Verbindlichkeiten**" iSd Abs. 1 kann der Schuldner durch den Abschluss zweiseitiger Verträge 6
oder im Wege eines einseitigen Verpflichtungsgeschäfts begründen. Erfasst werden nicht nur Geldzahlungsverpflichtungen des Schuldners, sondern **sämtliche Leistungsverpflichtungen,** also auch Liefer- und Herstellungsverpflichtungen aus Handelsgeschäften mit Dritten (MüKoInsO/Kern Rn. 7; Uhlenbruck/Zipperer Rn. 2; KPB/Pape Rn. 7). Streitig ist, ob § 275 Abs. 1 auch sog. **Hand- und Bargeschäfte** umfasst, bei denen ein unmittelbarer Austausch gleichwertiger Leistungen (HmbKommInsR/Fiebig Rn. 3) stattfindet. Einerseits wird das bejaht, sofern mit ihnen wenigstens für eine logische Sekunde Verpflichtungen des Schuldners begründet werden (MüKoInsO/Kern Rn. 7; Nerlich/Römermann/Riggert Rn. 2; K. Schmidt InsO/Undritz Rn. 3; HmbKommInsR/Fiebig Rn. 3). Der Schutzzweck des § 275 sei einschlägig, denn es gehe darum, Gefahren für die Masse zu vermeiden, etwa in Gestalt eines unwirtschaftlichen Mittelabflusses; sie bestehen bei Bar- und Kreditgeschäften gleichermaßen (MüKoInsO/Kern Rn. 7). Nach anderer Ansicht (KPB/Pape Rn. 7; FK-InsO/Foltis Rn. 9; Uhlenbruck/Zipperer Rn. 2) begründen solche Geschäfte keine Verpflichtung des Gebers, sodass sie nicht unter § 275 fallen, wohl aber von § 276 erfasst werden können. Die Anwendbarkeit von § 275 sei zu verneinen, weil sich die Befugnisse des Sachwalters praktisch nicht umsetzen lassen und die Eigenverwaltung nicht mehr praktikabel sei, wenn auch bei Hand- und Bargeschäfte die Zustimmung des Sachwalters eingeholt oder geklärt werden müsse, ob er widerspricht. Dieser Ansicht ist im Ergebnis zuzustimmen: Zwar erscheint eine eventuell mangelnde Praktikabilität nicht als dogmatisch überzeugende Begründung dafür, Hand- und Bargeschäfte vom Anwendungsbereich auszunehmen. Andererseits wird die Masse aber auch nicht beeinträchtigt, wenn tatsächlich ein Austausch gleichwertiger Leistungen stattfindet. Auch werden Hand- und Bargeschäfte üblicherweise eher im gewöhnlichen Geschäftsbetrieb stattfinden. Die praktische Bedeutung des Streits dürfte überdies gering sein, da § 275 Abs. 1 unstreitig jedenfalls dann eingreifen soll, wenn der Schuldner sein Versprechen, zB zur Darlehenshingabe, noch zu erfüllen hat (Uhlenbruck/Zipperer Rn. 2; KPB/Pape Rn. 8). Stellt der Sachwalter fest, dass der Schuldner ihm Hand- oder Bargeschäfte verheimlicht hat, so soll das die Unterrichtungspflicht gem. § 274 Abs. 3 unabhängig davon auslösen, ob § 275 Abs. 1 auf das betreffende Geschäft Anwendung findet (Uhlenbruck/Zipperer Rn. 2). Zudem können unwirtschaftliche Bargeschäfte des Schuldners den Sachwalter zur Übernahme der Kassenführung nach Abs. 2 veranlassen (Uhlenbruck/Zipperer Rn. 7).

II. Abgrenzung von zum gewöhnlichen Geschäftsbetrieb gehörenden und nicht dazu gehörenden Verbindlichkeiten

Für die Abgrenzung zwischen Verbindlichkeiten, die zum gewöhnlichen Geschäftsbetrieb gehö- 7
ren und solchen, die nicht dazu gehören, werden verschiedene Ansätze vertreten, die aber kaum zu unterschiedlichen Ergebnissen führen dürften: Überwiegend (KPB/Pape Rn. 10 f.; MüKoInso/

Kern Rn. 10) wird § 116 HGB herangezogen, die Abgrenzung also **nach dem Unternehmensgegenstand** vorgenommen. Danach sind (bei der OHG) zum gewöhnlichen Geschäftsbetrieb gehörenden Geschäfte solche, die der gewöhnliche Betrieb des Handelsgewerbes der konkreten Gesellschaft mit sich bringt, also alle Geschäfte in dem Handelszweig, der den Gegenstand des Unternehmens bildet (Baumbach/Hopt/Roth HGB § 116 Rn. 1). Im Gegensatz dazu gehören **Geschäfte mit Ausnahmecharakter** nach Art und Inhalt, Zweck oder Umfang und Risiko nicht zum gewöhnlichen Geschäftsbetrieb (Baumbach/Hopt/Roth HGB § 116 Rn. 2). Nach diesem Maßstab wären „ungewöhnlich" die Veräußerung oder Belastung von Grundstücken, die Aufnahme von Darlehen, der Verzicht auf Forderungen oder die Einstellung einer großen Zahl weiterer Arbeitskräfte (MüKoInso/Kern Rn. 10). Auch der Neuabschluss oder die Fortführung von Beraterverträgen durch den eigenverwaltenden Schuldner nach Insolvenzeröffnung sollen nicht zum gewöhnlichen Geschäftsbetrieb gehörende Verbindlichkeiten begründen (AG Köln NZI 2018, 210). In eine ähnliche Richtung gehen die Beschränkung des gewöhnlichen Geschäftsbetriebs auf das **Tagesgeschäft** (HmbKommInsR/Fiebig Rn. 4) oder die Abgrenzung nach Art und Umfang des **bisherigen Geschäftsbetriebs** (FK-InsO/Foltis Rn. 11; Nerlich/Römermann/Riggert Rn. 3), die etwa die Erweiterung des Unternehmens ebenso aus dem Kreis der „gewöhnlichen" Geschäfte ausschließen wie Geschäfte, die auf seine Umgestaltung gerichtet sind. Im Ergebnis sollte sich die Abgrenzung an Sinn und Zweck der Vorschrift orientieren und im Interesse des Gläubigerschutzes die Mitwirkungsbefugnisse des Sachwalters stärken (Uhlenbruck/Zipperer Rn. 3; KPB/Pape Rn. 2; HmbKommInsR/Fiebig Rn. 4), was zu einer engeren Auslegung des „gewöhnlichen Geschäftsbetriebs" führt (AGR/Ringstmeier Rn. 3). Zum „gewöhnlichen Geschäftsbetrieb" gehören dann nur noch Verbindlichkeiten, deren Begründung in der Regel keine Nachteile für die Gläubiger befürchten lassen, was etwa die Aufnahme von Krediten oder die Veräußerung oder Belastung von Immobilien ausschließt (Uhlenbruck/Zipperer Rn. 3; KPB/Pape Rn. 11).

III. Zustimmung des Sachwalters (Abs. 1 S. 1)

8   Die Zustimmung des Sachwalters ist als Einwilligung iSd § 183 BGB zu verstehen, also als **vorherige Zustimmung,** nicht als Genehmigung (§ 184 BGB), die erst nachträglich erteilt wird. Nur so kann der Gesetzeszweck erreicht werden, bei außergewöhnlichen Geschäften eine – wegen des Charakters des § 275 als Sollbestimmung begrenzte – Kontrolle durch den Sachwalter zu ermöglichen (MüKoInsO/Kern Rn. 15; Uhlenbruck/Zipperer Rn. 4; Nerlich/Römermann/Riggert Rn. 3). Aus der Ausgestaltung der Norm als Sollvorschrift soll weiter folgen, dass der Schuldner in Ausnahmefällen, etwa bei einem eilbedürftigen Rechtsgeschäft, zu dem er die Zustimmung des Sachwalters nicht rechtzeitig einholen kann, ohne vorherige Zustimmung handeln kann (Nerlich/Römermann/Riggert Rn. 3; Uebele NZG 2018, 881 (885); ebenso noch MüKoInsO/Tetzlaff/Kern, 3. Aufl. 2013, Rn. 14; anders nunmehr MüKoInsO/Kern, 4. Aufl. 2019, Rn. 14, der den Grund für die Ausgestaltung als Sollvorschrift nur in der fehlenden Außenwirkung eines Verstoßes des Schuldners gegen § 275 Abs. 1 sieht). Dass es für derartige Ausnahmen ein praktisches Bedürfnis gibt, muss bezweifelt werden. Außerhalb des gewöhnlichen Geschäftsbetriebs liegende Geschäfte werden üblicherweise nicht besonders eilbedürftig sein. Jedenfalls ist eine restriktive Auslegung angezeigt, um eine Aushöhlung der Kontrollrechte des Sachwalters zu vermeiden.

9   Über die Erteilung oder Verweigerung der Zustimmung entscheidet der Sachwalter nach **pflichtgemäßem Ermessen,** orientiert am Interesse der bestmöglichen Gläubigerbefriedigung (Uhlenbruck/Zipperer Rn. 5; KPB/Pape Rn. 12). Eine Abstimmung mit dem Insolvenzgericht oder dem Gläubigerausschuss ist nicht erforderlich, kann bei Geschäften größeren Umfangs aber zweckmäßig sein (MüKoInsO/Kern Rn. 16; FK-InsO/Foltis Rn. 12; Uhlenbruck/Zipperer Rn. 5). Die Entscheidung über die Zustimmung ist eine **Einzelfallentscheidung;** sie kann aber auch eine Gruppe von Geschäften umfassen. Eine „Carte Blanche" des Sachwalters in Form einer generellen Zustimmung zur Begründung von außerhalb des gewöhnlichen Geschäftsbetriebs des Schuldners liegenden Verbindlichkeiten ist allerdings unzulässig (MüKoInsO/Kern Rn. 16; FK-InsO/Foltis Rn. 14). Dasselbe gilt für eine generelle Verweigerung der Zustimmung, die dem Schuldner einen Teil der Verwaltungs- und Verfügungsbefugnis entziehen würde.

10 Vor der Begründung einer außerhalb des gewöhnlichen Geschäftsbetriebs liegenden Verbindlichkeit muss der Schuldner aktiv werden, den Sachwalter vollständig und wahrheitsgemäß **informieren** (FK-InsO/Foltis Rn. 15) und seine Zustimmung einholen (Uhlenbruck/Zipperer Rn. 4; Nerlich/Römermann/Riggert Rn. 3). Die Zustimmung ist **nicht formbedürftig;** sie kann auch konkludent erteilt (KPB/Pape Rn. 16; FK-InsO/Foltis Rn. 13) und bis zur Begründung der

Verbindlichkeit frei widerrufen werden (FK-InsO/Foltis Rn. 13; Uhlenbruck/Zipperer Rn. 5). Ein Schweigen des Sachwalters gilt jedoch auch hier nicht als Zustimmung (HmbKommInsR/Fiebig Rn. 6).

IV. Widerspruch des Sachwalters (Abs. 1 S. 2)

Bewegt sich der Schuldner innerhalb des gewöhnlichen Geschäftsbetriebs, ist seine Rechtshandlung ohne Zustimmung des Sachwalters für und gegen die Masse wirksam. Der Sachwalter kann jedoch widersprechen, wobei umstritten ist, ob sich der Sachwalter die nötigen Informationen über die beabsichtigte Begründung einer Verbindlichkeit selbst beschaffen muss oder ob der Schuldner verpflichtet ist, den Sachwalter von sich aus im Voraus zu informieren. Nach einer Ansicht (zB MüKoInsO/Kern Rn. 11; Braun/Riggert Rn. 8; Andres/Leithaus/Andres Rn. 4) muss bei einem Handeln des Schuldners innerhalb des gewöhnlichen Geschäftsbetriebs der Sachwalter der „aktive Teil der gemeinsamen Unternehmensführung" sein. Ihm obliege es, sich im Rahmen seiner Pflicht zur Überwachung der Geschäftsführung gem. § 274 Abs. 2 (→ § 274 Rn. 21 ff.) laufend über beabsichtigte Geschäftsabschlüsse zu informieren. Dem Schuldner obliege auf Verlangen des Sachwalters die Erteilung von Auskünften (MüKoInsO/Kern Rn. 13), er sei aber nicht verpflichtet, den Sachwalter von sich aus zu informieren. Dem halten KPB/Pape (Rn. 17) und Uhlenbruck/Zipperer (Rn. 4) entgegen, der Sachwalter könne ohne eine Informationspflicht des Schuldners von seinem Widerspruchsrecht nicht sachgerecht Gebrauch machen; trotz seiner Überwachungspflicht aus § 274 Abs. 2 sei er auf mitwirkende Information des Schuldners angewiesen. Maßgeblich sei letztlich, dass der Schuldner nicht gewiss sein kann, wie der Sachwalter die konkrete Verbindlichkeit einordnet. Unabhängig von dem ihrer theoretischen Streit bietet es sich für die Praxis an, dass sich Schuldner und Sachwalter zu Beginn des Verfahrens darüber verständigen, bei welcher Art von Geschäften und/oder ab welcher Wertgrenze der Schuldner den Sachwalter informieren muss (KPB/Pape Rn. 19 f.; MüKoInsO/Kern Rn. 13). 11

Der Sachwalter kann – wiederum nach pflichtgemäßem Ermessen (Uhlenbruck/Zipperer Rn. 5) – einem Einzelgeschäft oder einer Gruppe von Geschäften widersprechen, wenn er im Fall der Erfüllung von einer drohenden Gläubigerschädigung ausgeht. Das kommt in Betracht, wenn bei dem beabsichtigten Geschäft Leistung und Gegenleistung nicht im angemessenen Verhältnis stehen, wenn die Gläubiger insgesamt benachteiligt oder einzelne Gläubiger unberechtigt bevorzugt würden oder wenn die vorhandene Insolvenzmasse zur Erfüllung der Verbindlichkeiten nicht ausreicht (KPB/Pape Rn. 12; FK-InsO/Foltis Rn. 16; MüKoInsO/Kern Rn. 12). Wie die Zustimmung kann auch der Widerspruch widerrufen werden (Uhlenbruck/Zipperer Rn. 5). 12

V. Konsequenzen eigenmächtigen Schuldnerhandelns

Fehlt die Zustimmung des Sachwalters zur Begründung einer nicht zum gewöhnlichen Geschäftsbetrieb gehörenden Verbindlichkeit, so ist das Rechtsgeschäft des Schuldners im **Außenverhältnis** gleichwohl **wirksam** (OLG Karlsruhe BeckRS 2016, 12125 Rn. 15). Dasselbe gilt für die Begründung einer Verbindlichkeit im gewöhnlichen Geschäftsbetrieb gegen den Widerspruch des Sachwalters (AGR/Ringstmeier Rn. 5). Das folgt schon aus der Ausgestaltung von Abs. 1 als Sollvorschrift (Braun/Riggert Rn. 6) sowie im Umkehrschluss aus § 277 Abs. 1 S. 1. Der Geschäftsverkehr soll sich auf die uneingeschränkte Handlungsfähigkeit des verwaltungs- und verfügungsbefugten Schuldners verlassen dürfen (Uhlenbruck/Zipperer Rn. 6; KPB/Pape Rn. 22; MüKoInsO/Kern Rn. 18), und zwar auch dann, wenn dem anderen Teil das Fehlen der Zustimmung oder das Vorliegen eines Widerspruchs bekannt war (FK-InsO/Foltis Rn. 18; Braun/Riggert Rn. 6). Umgekehrt kann sich auch ein Dritter grundsätzlich nicht auf das Fehlen der – nur intern wirkenden – Zustimmung oder die Existenz eines Widerspruchs des Sachwalters berufen (Uhlenbruck/Zipperer Rn. 6). Ausnahmen von der grundsätzlichen Wirksamkeit des Schuldnerhandelns im Außenverhältnis kommen in Betracht bei **kollusivem Zusammenwirken** zwischen Schuldner und Vertragspartner, das zur Nichtigkeit nach § 138 BGB oder wegen Insolvenzzweckwidrigkeit führen kann (zB KPB/Pape Rn. 23; MüKoInsO/Kern Rn. 18; Uhlenbruck/Zipperer Rn. 6; Undritz/Schur ZIP 2016, 549 (550)). Wer sich auf die ausnahmsweise Unwirksamkeit des Schuldnerhandelns berufen will, hat allerdings hohe Hürden zu überwinden: So ist die Insolvenzzweckwidrigkeit in Anlehnung an die Regeln über den Missbrauch der Vertretungsmacht zu beurteilen (BGH NZI 2002, 375; Spickhoff KTS 2000, 15). Sie erfordert „außer einer Evidenz der Insolvenzzweckwidrigkeit, dass sich dem Geschäftspartner aufgrund der Umstände des Einzelfalls ohne weiteres begründete Zweifel an der Vereinbarkeit der Handlung mit dem Zweck des Insolvenzverfahrens aufdrängen mussten" (BGH NZI 2002, 375; Uhlenbruck/Zipperer § 164 Rn. 3). 13

14 Im **Innenverhältnis** stellt die Begründung von Verbindlichkeiten durch den Schuldner außerhalb des gewöhnlichen Geschäftsbetriebs ohne Zustimmung des Sachwalters ebenso wie ein entsprechendes Handeln innerhalb des gewöhnlichen Geschäftsbetriebs gegen dessen Widerspruch eine **Obliegenheitsverletzung** dar, die erwarten lässt, dass die Fortsetzung der Eigenverwaltung zu Nachteilen für die Gläubiger führen wird (AGR/Ringstmeier Rn. 6). Sie löst die Pflicht des Sachwalters zur **Unterrichtung** des Gläubigerausschusses oder einzelner Insolvenzgläubiger und des Insolvenzgerichts gem. § 274 Abs. 3 (→ § 274 Rn. 29 ff.) aus, die die Gläubiger in die Lage versetzt, über einen Antrag auf Aufhebung der Eigenverwaltung (§ 272), oder auf Anordnung der Zustimmungsbedürftigkeit von Rechtsgeschäften des Schuldners (§ 277) zu befinden (MüKoInsO/Kern Rn. 20; K. Schmidt InsO/Undritz Rn. 6). Die daneben begründete Haftung des Schuldners wegen Verletzung seiner Obliegenheit nach § 270 Abs. 1 S. 2, § 60 ist von eher akademischem Interesse (MüKoInsO/Kern Rn. 20).

VI. Kassenführung durch den Sachwalter

15 Abs. 2 ermächtigt den Sachwalter zu verlangen, dass alle eingehenden Gelder nur von ihm entgegengenommen und Zahlungen nur noch an ihn geleistet werden. Auch diese Übernahme der **Kassenführung,** die sich auf den gesamten Geldverkehr bezieht (K. Schmidt InsO/Undritz Rn. 7), betrifft nur Geschäfte im Rahmen des Geschäftsbetriebs, nicht die private Lebensführung (Uhlenbruck/Zipperer Rn. 2; KPB/Pape Rn. 6; FK-InsO/Foltis Rn. 25). Sie kann aber auch angezeigt sein, wenn der Schuldner über das Maß des § 278 hinaus der Masse Mittel für seine Lebensführung entnimmt (K. Schmidt InsO/Undritz Rn. 7). Ob, in welchem Umfang und zu welchem Zeitpunkt (FK-InsO/Foltis Rn. 20) er die Kassenführung übernehmen will, entscheidet der Sachwalter wiederum nach **pflichtgemäßem Ermessen** (AG Hannover ZIP 2015, 1893 (1894); Undritz/Schur ZIP 2016, 549 (551)). Die Ermessensausübung muss sich daran orientieren, eine Gefährdung der Gläubigerinteressen durch unwirtschaftliche Bargeschäfte des Schuldners auszuschließen, rechtswidrigen oder übermäßigen Geldabfluss zu verhindern und die Aufnahme kurzfristiger Kredite ohne Zustimmung des Sachwalters zu unterbinden; daneben kommt die Übernahme der Kassenführung bei drohender Zahlungsunfähigkeit oder Masseunzulänglichkeit in Betracht (Uhlenbruck/Zipperer Rn. 7; KPB/Pape Rn. 25; FK-InsO/Foltis Rn. 19). Das Ermessen kann auf Null reduziert sein mit der Folge, dass der Sachwalter zur Übernahme der Kassenführung **verpflichtet** ist, so bei leichtfertigem Ausgabeverhalten des Schuldners, der Gefahr ungleichmäßiger Befriedigung von Verbindlichkeiten (FK-InsO/Foltis Rn. 21; K. Schmidt InsO/Undritz Rn. 7) oder einer sonstigen „Verdichtung von Anhaltspunkten gläubigerschädigenden Verhaltens" (Uhlenbruck/Zipperer Rn. 7). Der Sachwalter muss seine Entscheidung zur Übernahme der Kassenführung nicht begründen (KPB/Pape Rn. 25; AGR/Ringstmeier Rn. 7).

16 Laut AG Hamburg (ZIP 2014, 2101) kann auch das Insolvenzgericht die Kassenführung auf den Sachwalter übertragen. Ob dies als gerichtliche Maßnahme nach Anordnung der Eigenverwaltung zulässig ist, erscheint insbesondere mit Blick auf das dem Sachwalter zustehende Ermessen zweifelhaft (abl. daher Undritz/Schur ZIP 2016, 549 (551)). Jedenfalls kommt der vom AG Hamburg herangezogene § 270a Abs. 2 auf keinen Fall als Ermächtigungsgrundlage dafür in Frage, sondern allenfalls § 270a Abs. 1, den das AG Hamburg möglicherweise auch meint, wenn es von der Übertragung der Kassenführung als „mildestem Mittel" zur Verhinderung insolvenzzweckwidriger Zahlungen spricht.

17 Auch bei Übernahme der Kassenführung durch den Sachwalter bleibt der Schuldner verwaltungs- und verfügungsbefugt. Er ist zwar verpflichtet, keine Gelder mehr in Empfang zu nehmen und keine Zahlungen mehr zu veranlassen (K. Schmidt InsO/Undritz Rn. 8), seine Rechtsmacht dazu bleibt im **Außenverhältnis** aber unberührt, dh von ihm vorgenommene Überweisungen sind wirksam und Zahlungen an ihn bleiben schuldbefreiend (FK-InsO/Foltis Rn. 22; Uhlenbruck/Zipperer Rn. 8; Nerlich/Römermann/Riggert Rn. 7). Der Sachwalter muss – ausreichende Mittel vorausgesetzt – vom Schuldner eigenmächtig begründete Masseverbindlichkeiten erfüllen (Uhlenbruck/Zipperer Rn. 8; HmbKommInsR/Fiebig Rn. 16; Undritz/Schur ZIP 2016, 549 (556)). Missachtet der Schuldner die Übernahme der Kassenführung, so kann aber auch das im Innenverhältnis ein Umstand sein, der den Sachwalter zu einer Unterrichtung des Gläubigerausschusses oder einzelner Insolvenzgläubiger und des Insolvenzgerichts gem. § 274 Abs. 3 veranlasst.

18 Eine weitere Folge des Verbleibs der Verwaltungs- und Verfügungsbefugnis beim Schuldner ist es, dass der die Kassenführung übernehmende Sachwalter in Bezug hierauf zum gesetzlichen Vertreter des Schuldners wird (hM, vgl. BGH NJW-RR 1988, 1259 (1260) zum vorläufigen Vergleichsverwalter; Uhlenbruck/Zipperer Rn. 8; HmbKommInsR/Fiebig Rn. 13; anders wohl nur Undritz/Schur ZIP 2016, 549 (551), die aus dem Gesetzeswortlaut („kann vom Schuldner

verlangen") schließen, dass dem Sachwalter nur ein „schuldrechtsähnlicher Anspruch" gegen den Schuldner auf Übernahme der Kassenführung zusteht, den der Schuldner aber erfüllen muss). Er ist berechtigt, über die Konten des Schuldners zu verfügen, Hilfsgeschäfte wie Zahlungsaufforderungen und Mahnungen vorzunehmen und Verbindlichkeiten zulasten der Masse einzugehen, soweit dies im Rahmen der Kassenführung erforderlich ist (FK-InsO/Foltis Rn. 31 f.; Uhlenbruck/Zipperer Rn. 8). Nicht befugt ist er zum Forderungserlass, zur Aufrechnung oder zur gerichtlichen Geltendmachung von Forderungen; er ist nicht Partei kraft Amtes und daher nicht aktiv- oder passivlegitimiert (zB K. Schmidt InsO/Undritz Rn. 9; KPB/Pape Rn. 26 f.; MüKo-InsO/Kern Rn. 25).

§ 276 Mitwirkung des Gläubigerausschusses

¹Der Schuldner hat die Zustimmung des Gläubigerausschusses einzuholen, wenn er Rechtshandlungen vornehmen will, die für das Insolvenzverfahren von besonderer Bedeutung sind. ²§ 160 Abs. 1 Satz 2, Abs. 2, § 161 Satz 2 und § 164 gelten entsprechend.

Überblick

§ 276 stellt den Gleichlauf der Mitwirkungsrechte des Gläubigerausschusses – oder in Ermangelung eines solchen der Gläubigerversammlung – in der Eigenverwaltung mit dem Regelinsolvenzverfahren her, indem er besonders bedeutende Rechtshandlungen unter Zustimmungsvorbehalt stellt und auf die wesentlichen Verfahrensgrundsätze verweist, die in der Regelinsolvenz dafür gelten. Im Wege der Verweisung auf § 161 S. 2 ermöglicht § 276 zudem den Minderheitenschutz: Hat der Gläubigerausschuss die Zustimmung zu einer besonders bedeutenden Rechtshandlung des Schuldners erteilt, kann auf Antrag das Insolvenzgericht die beabsichtigte Rechtshandlung vorläufig untersagen und eine Gläubigerversammlung einberufen, die über die Vornahme beschließt. Besonders bedeutende Rechtshandlungen, die der Schuldner ohne Einholung der Zustimmung oder entgegen einer vorläufigen gerichtlichen Untersagung vornimmt, sind im Außenverhältnis grundsätzlich wirksam. Sie können aber einen Antrag auf Aufhebung der Eigenverwaltung (§ 272) oder auf Anordnung der Zustimmungsbedürftigkeit von Rechtsgeschäften des Schuldners (§ 277) zur Folge haben.

A. Normzweck und Entstehungsgeschichte

Der Zweck der Bestimmung liegt darin, die Beteiligung der Gläubiger an den wesentlichen Entscheidungsprozessen in der Insolvenzabwicklung sicherzustellen (FK-InsO/Foltis Rn. 1). Die einzige Abweichung zum Regelinsolvenzverfahren besteht darin, dass gem. § 276 der eigenverwaltende Schuldner die Zustimmung einzuholen hat, während dies in der Regelinsolvenz die Befugnis und Verpflichtung des Insolvenzverwalters ist. Einen direkten Vorläufer hat die aus § 337 des Regierungsentwurfs v. 15.4.1992 (BT-Drs. 12/2443) hervorgegangene und seit dem 1.1.2000 in unveränderter Form geltende Regelung weder im früheren Konkurs- noch im Vergleichsrecht. Das Gesetz zur Fortentwicklung des Sanierungs- und Insolvenzrechts v. 22.12.2020 („SanInsFoG", BGBl. 2020 I 3256) hat zu keiner Änderung der Vorschrift geführt. 1

B. Regelungen im Einzelnen

I. Abgrenzung zu § 275

Die Norm kann neben den Mitwirkungsrechten des Sachwalters aus § 275 und § 277 Anwendung finden, wobei allerdings die Kompetenzabgrenzung zwischen Gläubigerausschuss und Sachwalter in Bezug auf die Begründung von Verbindlichkeiten, die nicht zum gewöhnlichen Geschäftsbetrieb gehören (§ 275 Abs. 1 S. 1), zweifelhaft ist (dazu ausf. FK-InsO/Foltis Rn. 2–7): Klar ist, dass die in § 160 Abs. 2 ausdrücklich genannten Rechtshandlungen (Veräußerung des schuldnerischen Unternehmens, eines Betriebs oder des Warenlagers im Ganzen, Veräußerung eines unbeweglicher Gegenstands aus freier Hand, Veräußerung einer Beteiligung an bestimmten anderen Unternehmen oder des Rechts auf den Bezug wiederkehrender Einkünfte, Aufnahme eines die Insolvenzmasse erheblich belastenden Darlehens, Einleitung oder Aufnahme eines Rechtsstreit mit erheblichem Streitwert, Ablehnung der Aufnahme oder Beilegung eines solchen Rechtsstreits im Vergleichsweg) kraft der Verweisung in § 276 S. 2 dem Gläubigerausschuss zur Zustimmung zugewiesen sind, obwohl sie in aller 2

Plaßmeier/Ellers 1657

InsO § 276

Regel auch von § 275 Abs. 1 S. 1 erfasst werden und damit ebenfalls der Zustimmung des Sachwalters bedürfen. Außerhalb der Regelbeispiele herrscht jedoch Rechtsunsicherheit darüber, welche Rechtshandlungen im Einzelnen von § 160 erfasst werden und daher auch in der Eigenverwaltung der Zustimmung des Gläubigerausschusses bedürfen. Dass sie „nur" über den gewöhnlichen Geschäftsbetrieb hinausgehen, kann nicht ausreichen, weil dem Sachwalter dann kein nur ihm iRd § 275 Abs. 1 S. 1 zur Zustimmung zugewiesener Bereich verbliebe. Um die Zuständigkeit des Gläubigerausschusses zu begründen, muss die Rechtshandlung zusätzlich wertungsmäßig den in § 160 Abs. 2 genannten Regelbeispielen vergleichbar sein (MüKoInsO/Kern Rn. 6; FK-InsO/Foltis Rn. 6). Es muss sich also um die Eingehung von Verpflichtungen zu ungewöhnlich hohen Investitionen, ungewöhnlich langfristig bindende Verträge oder Verträge mit ungewöhnlich hohem Verpflichtungsvolumen handeln, wobei im Zweifel nicht vom Vorliegen einer besonders bedeutenden Rechtshandlung auszugehen ist (FK-InsO/Foltis Rn. 6 f.; Braun/Riggert Rn. 3).

3 Ist § 275 neben § 276 anwendbar, so müssen Gläubigerausschuss und Sachwalter einer Rechtshandlung des Schuldners zustimmen (KPB/Pape Rn. 10; MüKoInso/Kern Rn. 9; Andres/Leithaus/Andres Rn. 4). Die gegenteilige Ansicht (Graf-Schlicker/Graf-Schlicker Rn. 6), wonach die Zustimmung des Gläubigerausschusses als „übergeordnetes Entscheidungsgremium" die Mitwirkung des Sachwalters entbehrlich machen soll, findet im Gesetz keine Unterstützung.

II. Zustimmung des Gläubigerausschusses

4 Gegenstand der Zustimmung sind **Rechtshandlungen** des Schuldners. Der Begriff umfasst jede Willensbetätigung des Schuldners mit rechtlichem Erfolg (Braun/Riggert Rn. 2; Andres/Leithaus/Andres Rn. 2), ist also im selben weiten Sinn zu verstehen wie in § 129, sodass auf die dortige Kommentierung verwiesen werden kann (→ § 129 Rn. 19 ff.).

5 Wie die Zustimmung des Sachwalters gem. § 275 ist auch die Zustimmung des Gläubigerausschusses als **Einwilligung** iSd § 183 BGB zu verstehen, also als vorherige Zustimmung, nicht als nachträgliche Genehmigung (§ 184 BGB) (MüKoInso/Kern Rn. 8 Nerlich/Römermann/Riggert Rn. 4; AGR/Ringstmeier Rn. 6). Umstritten ist, ob auch eine nachträgliche Zustimmung möglich ist. Für eine solche Möglichkeit wird angeführt, dass sie im Konkursrecht gegeben war und der Gesetzesbegründung nicht zu entnehmen sei, dass hiervon Abstand genommen werden sollte (FK-InsO/Foltis Rn. 8). Dagegen spricht allerdings der Wortlaut von S. 1, wonach der Schuldner die Zustimmung einzuholen hat, wenn er eine Rechtshandlung „vornehmen will" (MüKoInso/Kern Rn. 8), sowie der Zweck des Zustimmungsvorbehalts (Gläubigerschutz; → § 279 Rn. 1). Die Bedeutung des Streits beschränkt sich auf das **Innenverhältnis:** Aufgrund der Verweisung auf § 164 in S. 2 ist die Rechtshandlung des Schuldners unabhängig davon nach außen wirksam, ob die Zustimmung vorher, nachher oder gar nicht erteilt wurde (Undritz/Schur ZIP 2016, 549 (550)). Eine nachträgliche Zustimmung beseitigt nur im Verhältnis zum Gläubigerausschuss die Eigenmächtigkeit des Schuldners und bewirkt dessen „Entlastung" (Uhlenbruck/Zipperer Rn. 3; KPB/Pape Rn. 9; FK-InsO/Foltis Rn. 8). Der Schuldner muss dann in der Regel Anträge der Gläubigerversammlung auf Anordnung von Verfügungsbeschränkungen (§ 277) oder auf Aufhebung der Eigenverwaltung (§ 272 Abs. 1 Nr. 1) wegen der betreffenden Rechtshandlung nicht mehr befürchten (HK-InsO/Brünkmans Rn. 3).

6 Einzuholen hat die Zustimmung der Schuldner, nicht der Sachwalter. Der Gläubigerausschuss entscheidet mit der Mehrheit der angegebenen Stimmen durch Beschluss (§ 72).

III. Ersatzweise Zustimmung der Gläubigerversammlung (§ 160 Abs. 1 S. 2)

7 Aus der Verweisung auf § 160 Abs. 1 S. 2 in S. 2 folgt, dass ersatzweise die Zustimmung der Gläubigerversammlung einzuholen ist, wenn kein Gläubigerausschuss bestellt ist. Den Antrag auf Zustimmung sollen in diesem Fall in entsprechender Anwendung von § 75 Abs. 1 Nr. 1 der Schuldner oder der Sachwalter stellen können (KPB/Pape Rn. 14; MüKoInso/Kern Rn. 11; Uhlenbruck/Zipperer Rn. 4). Trotz des Fehlens einer Verweisung auf § 160 Abs. 1 S. 3 wird auch angenommen, dass die Zustimmungsfiktion im Fall fehlender Beschlussfähigkeit der Gläubigerversammlung eintreten soll, wenn die Einladung zur Gläubigerversammlung einen entsprechenden Hinweis enthält (FK-InsO/Foltis Rn. 10; KPB/Pape Rn. 6; HK-InsO/Brünkmans Rn. 4: Redaktionsversehen).

IV. Vorläufige Untersagung der Rechtshandlung (§ 161 S. 2)

8 Die Verweisung auf § 161 S. 2 in S. 2 dient dem **Minderheitenschutz** und der Stärkung der Rechte der Gläubigerversammlung (zu letzterem BT-Drs. 12/2443, 174): Hat der Gläubigerausschuss die Zustimmung zu einer besonders bedeutenden Rechtshandlung des Schuldners erteilt, kann auf

Antrag das Insolvenzgericht die beabsichtigte Rechtshandlung vorläufig untersagen und eine Gläubigerversammlung einberufen, die über die Vornahme beschließt. Dasselbe gilt für den Fall, dass der Schuldner beabsichtigt, eine solche Rechtshandlung ohne Einholung der Zustimmung des Gläubigerausschusses vorzunehmen (Nerlich/Römermann/Riggert Rn. 5). Antragsberechtigt sind der Sachwalter oder qualifizierte Minderheiten der Gläubiger, die „ebenso definiert" werden sollten „wie in der Vorschrift über das Recht, die Einberufung einer Gläubigerversammlung zu erzwingen" (BT-Drs. 12/2443, 174), also mindestens fünf absonderungsberechtigte Gläubiger oder nicht nachrangige Insolvenzgläubiger, deren Absonderungsrechte und Forderungen zusammen ein Fünftel der Summe erreichen, die sich aus dem Wert aller Absonderungsrechte und den Forderungsbeträgen aller nicht nachrangigen Insolvenzgläubiger ergibt (§ 75 Abs. 1 Nr. 3). Anstelle des in § 161 S. 2 genannten Insolvenzverwalters hat das Gericht vor seiner Entscheidung den Sachwalter anzuhören (BT-Drs. 12/2443, 224). Eine Anhörung des Schuldners ist nicht vorgeschrieben (anders wohl FK-InsO/Foltis Rn. 11; Nerlich/Römermann/Riggert Rn. 5), aber jedenfalls sinnvoll (MüKoInsO/Kern Rn. 16), da die vorläufige Untersagung einer Rechtshandlung einen erheblichen Eingriff in die Verfügungsbefugnis des Schuldners darstellt (KPB/Pape Rn. 16) und er am besten in der Lage ist, über die Hintergründe des fraglichen Geschäfts Auskünfte zu erteilen (MüKoInsO/Kern Rn. 16). Zudem kann die Anhörung des Schuldners als Gebot rechtlichen Gehörs gesehen werden (so Uhlenbruck/Zipperer Rn. 5; Graf-Schlicker/Graf-Schlicker Rn. 8).

Das Insolvenzgericht entscheidet über die vorläufige Untersagung nach pflichtgemäßem Ermessen, 9
das sich am gemeinsamen Interesse aller Insolvenzgläubiger orientieren muss (→ § 161 Rn. 5; Uhlenbruck/Zipperer Rn. 5; MüKoInsO/Kern Rn. 15). Gegen die vorläufige Untersagung durch den Rechtspfleger ist die befristete Rechtspflegererinnerung (§ 11 Abs. 2 S. 1 RPflG) gegeben; gegen die Richterentscheidung findet kein Rechtsbehelf mehr statt (KPB/Pape Rn. 18; FK-InsO/Foltis Rn. 11). Eine vorläufige Untersagung ist nicht mehr möglich, soweit der Schuldner die Rechtshandlung bereits vollzogen, dh alle zu ihrer Wirksamkeit erforderlichen Handlungen vorgenommen hat (KPB/Pape Rn. 18; Uhlenbruck/Zipperer § 161 Rn. 6). Das folgt schon aus §§ 276 S. 2, 164.

V. Konsequenzen eigenmächtigen Schuldnerhandelns (§ 164)

Wie die Begründung einer nicht zum gewöhnlichen Geschäftsbetrieb gehörenden Verbindlich- 10
keit ohne Zustimmung des Sachwalters (§ 275 Abs. 1 S. 1) oder einer Verbindlichkeit im gewöhnlichen Geschäftsbetrieb gegen seinen Widerspruch (§ 275 Abs. 1 S. 2) ist auch eine besonders bedeutende Rechtshandlung, die der Schuldner ohne Einholung der Zustimmung des Gläubigerausschusses vornimmt, im **Außenverhältnis wirksam.** Dasselbe gilt, wenn der Schuldner eine vorläufige gerichtliche Untersagung oder einen Beschluss der Gläubigerversammlung missachtet (Nerlich/Römermann/Riggert Rn. 5; Graf-Schlicker/Graf-Schlicker Rn. 7, 9). Die Wirksamkeit der Rechtshandlung im Außenverhältnis folgt aus der Verweisung auf § 164 in S. 2. Ausnahmen kommen wiederum nur im Fall der Insolvenzzweckwidrigkeit der Rechtshandlung in Betracht, etwa bei kollusivem Zusammenwirken zwischen Schuldner und Vertragspartner zum Nachteil der Gläubiger (§ 275; MüKoInso/Kern Rn. 13; KPB/Pape Rn. 21; Uhlenbruck/Zipperer Rn. 6).

Auch im **Innenverhältnis** gilt dasselbe wie im Fall des eigenmächtigen Handelns des Schuldners 11
iRd § 275, nur in noch verstärkter Form: Lässt schon ein Handeln ohne Zustimmung des Sachwalters oder gegen dessen Widerspruch erwarten, dass die Fortsetzung der Eigenverwaltung zu Nachteilen für die Gläubiger führen wird, sodass der Sachwalter zur Unterrichtung des Gläubigerausschusses oder einzelner Insolvenzgläubiger und des Insolvenzgerichts gem. § 274 Abs. 3 verpflichtet ist (§§ 274, 275), so muss dies erst recht gelten, wenn der Schuldner eigenmächtig eine besonders bedeutende Rechtshandlung vornimmt. Die Gläubiger werden in einem solchen Fall eine hinreichende Veranlassung haben, einen Antrag auf Aufhebung der Eigenverwaltung (§ 272) oder auf Anordnung der Zustimmungsbedürftigkeit von Rechtsgeschäften des Schuldners (§ 277) zu stellen (MüKoInsO/Kern Rn. 14; KPB/Pape Rn. 19 f.). Daneben ist auch hier die Haftung des Schuldners wegen Verletzung seiner Obliegenheit nach § 270 Abs. 1 S. 2, § 60 begründet, wenn auch wirtschaftlich wertlos (MüKoInsO/Kern Rn. 14; KPB/Pape Rn. 20).

§ 276a Mitwirkung der Überwachungsorgane

(1) ¹Ist der Schuldner eine juristische Person oder eine Gesellschaft ohne Rechtspersönlichkeit, so haben der Aufsichtsrat, die Gesellschafterversammlung oder entsprechende Organe keinen Einfluss auf die Geschäftsführung des Schuldners. ²Die Abberufung und Neubestellung von Mitgliedern der Geschäftsleitung ist nur wirksam, wenn

der Sachwalter zustimmt. ³Die Zustimmung ist zu erteilen, wenn die Maßnahme nicht zu Nachteilen für die Gläubiger führt.

(2) ¹Ist der Schuldner als juristische Person verfasst, so haften auch die Mitglieder des Vertretungsorgans nach Maßgabe der §§ 60 bis 62. ²Bei einer Gesellschaft ohne Rechtspersönlichkeit gilt dies für die zur Vertretung der Gesellschaft ermächtigten Gesellschafter. ³Ist kein zur Vertretung der Gesellschaft ermächtigter Gesellschafter eine natürliche Person, gilt dies für die organschaftlichen Vertreter der zur Vertretung ermächtigten Gesellschafter. ⁴Satz 3 gilt sinngemäß, wenn es sich bei den organschaftlichen Vertretern um Gesellschaften ohne Rechtspersönlichkeit handelt, bei denen keine natürliche Person zur organschaftlichen Vertretung ermächtigt ist, oder wenn sich die Verbindung von Gesellschaften in dieser Art fortsetzt.

(3) Die Absätze 1 und 2 finden im Zeitraum zwischen der Anordnung der vorläufigen Eigenverwaltung oder der Anordnung vorläufiger Maßnahmen nach § 270c Absatz 3 und der Verfahrenseröffnung entsprechende Anwendung.

Überblick

Die Vorschrift wurde durch das ESUG in die InsO eingeführt (→ Rn. 2) und durch das SanInsFoG um die Abs. 2 und 3 ergänzt (→ Rn. 5). Sie dient dem Schutz der Eigenverwaltung vor verfahrenszweckwidrigen Einflüssen (→ Rn. 2 ff.). Zu diesem Zweck ordnet Abs. 1 S. 1 an, dass bei juristischen Personen und Gesellschaften ohne Rechtspersönlichkeit der Einfluss des Aufsichtsrats, der Gesellschafterversammlung sowie entsprechender Gesellschaftsorgane (→ Rn. 9 ff.) auf die Geschäftsführung (→ Rn. 10) ausgeschlossen ist (→ Rn. 15 ff.). Dies flankierend ist gem. Abs. 1 S. 2 sowohl für die Abberufung als auch für die Neubestellung von Mitgliedern der Geschäftsleitung die Zustimmung des Sachwalters erforderlich (→ Rn. 28 ff.). Die Zustimmungserteilung hängt davon ab, ob die Änderung in der Geschäftsleitung Nachteile für die Gläubiger befürchten lässt (→ Rn. 30 ff.). Abs. 2 S. 1 erstreckt bei juristischen Personen die Anwendung der Haftungsvorschriften der §§ 60–62 auf die Mitglieder des Vertretungsorgans (→ Rn. 39 ff.). Abs. 2 S. 2–4 regelt analog die Haftung bei Gesellschaften ohne Rechtspersönlichkeit (→ Rn. 51 ff.). Der Ausschluss des Einflusses der Gesellschaftsorgane auf die Geschäftsleitung sowie das Haftungsregime gilt gem. Abs. 3 ab Anordnung der vorläufigen Eigenverwaltung oder von Maßnahmen nach § 270c Abs. 3 (→ Rn. 54 ff.).

Übersicht

	Rn.		Rn.
A. Entstehungsgeschichte und Normzweck	1	IV. Anstellung neuer Geschäftsleiter	35
B. Anwendungsbereich der Norm	6	V. Anwendung der Regelung in Abs. 1 S. 2 und 3 bei Personengesellschaften	36
C. Ausschluss des Einflusses der Gesellschaftsorgane (Abs. 1 S. 1)	8	E. Haftung der Geschäftsleiter (Abs. 2)	38
I. Geschäftsführung und Aufsichtsorgane des Schuldners als Normadressaten	9	I. Haftung der Mitglieder des Vertretungsorgans (Abs. 2 S. 1)	39
II. Ausschluss des Einflusses	14	1. Anwendung der §§ 60 ff. auf Sanierungsberater?	42
1. Reichweite des Ausschlusses des Einflusses	15	2. Haftungsbeschränkung durch Ressortaufteilung?	45
2. Ausschluss unmittelbarer Einflussnahme	17		
3. Ausschluss mittelbarer Einflussnahme	19	3. Beschränkte Haftung für Verschulden Angestellter	47
4. Sonstige Maßnahmen	20		
5. Trotz Abs. 1 S. 1 erlaubte Einflussnahme	22	4. Geltung der allgemeinen Haftungsnormen	48
6. Ausschluss des Einflusses bei Personengesellschaften	25	II. Haftung der zur Vertretung ermächtigten Gesellschafter (Abs. 2 S. 2–4)	51
D. Wirksamkeit der Abberufung und Neubestellung der Geschäftsleitung nur mit Zustimmung des Sachwalters (Abs. 1 S. 2 und S. 3)	28	F. Geltung in der vorläufigen Eigenverwaltung und bei Anordnung von Sicherungsmaßnahmen (Abs. 3)	54
		I. Zeitlicher Anwendungsbereich	55
I. Zustimmung des Sachwalters als Wirksamkeitsvoraussetzung	29	II. Verbot der Einflussnahme im vorläufigen Eröffnungsverfahren	56
II. Entscheidungskriterien	30		
III. Verfahrensfragen und Rechtsschutz	33	III. Geltung der §§ 60–62 im vorläufigen Eigenverwaltungsverfahren	62

A. Entstehungsgeschichte und Normzweck

Im Regelverfahren liegt die Befugnis zur Verwaltung der Insolvenzmasse allein beim Insolvenzverwalter, der dem Verfahrenszweck sowie den Beschlüssen der Gläubigerorgane verpflichtet ist. In der **Gesellschaftsinsolvenz** finden die Kompetenzen der Gesellschaftsorgane durch die umfassende Befugnis des Insolvenzverwalters zur Verwaltung der Insolvenzmasse ihre Grenzen. Sowohl die Geschäftsleitungsorgane als auch die Gesellschafterversammlung und Aufsichtsorgane können nur noch im sog. insolvenzfreien Bereich (vgl. MüKoInsO/Vuia § 80 Rn. 112) sowie mit Einschränkungen im sog. Überschneidungsbereich (vgl. MüKoInsO/Vuia § 80 Rn. 112) wirksam handeln.

Vor Einführung des § 276a war umstritten, welche Folgen die Anordnung der Eigenverwaltung für die Stellung der Gesellschaftsorgane und insbesondere für Einwirkungsmöglichkeiten der Überwachungsorgane auf die Geschäftsleitung hat (vgl. Überblick zur Diskussion bei Uhlenbruck/Zipperer Rn. 1). Durch das ESUG wurde die Frage in der Weise entschieden, dass aufgrund der Regelung in S. 1 die Überwachungsorgane im Wesentlichen **keine weitergehenden Einflussmöglichkeiten auf die Geschäftsführung** haben als im Regelverfahren bei Bestellung eines Insolvenzverwalters (vgl. BT-Drs. 17/5712, 42). Dies ist der **Grundgedanke** des § 276a Abs. 1. Es soll dadurch verhindert werden, dass Einwirkungen der Überwachungsorgane auf die Geschäftsführung hemmend und blockierend wirken (vgl. BT-Drs. 17/5712, 42).

Die **Kompetenz zur Abberufung und Neubestellung** von Mitgliedern der Geschäftsleitung bleibt gem. Abs. 1 S. 2 auch in der Eigenverwaltung bei dem zuständigen Gesellschaftsorgan. Auch nach Anordnung der Eigenverwaltung kann eine Veränderung in der Zusammensetzung der Geschäftsleitung sinnvoll oder erforderlich sein. Dann ist es nach Einschätzung des Gesetzgebers sachgerecht, dass die entsprechende Personalentscheidung durch die kompetenten Gesellschaftsorgane getroffen wird, statt etwa durch den Sachwalter oder das Gericht (vgl. BT-Drs. 17/5712, 42). Um Missbrauch, etwa durch Einsetzung eines gesellschafterfreundlichen Geschäftsführers zwecks Verfolgung von Sonderinteressen, zu verhindern, ist aber die Zustimmung des Sachwalters erforderlich; das Zustimmungserfordernis soll zugleich der Stärkung der Unabhängigkeit der Geschäftsleitung von anderen Gesellschaftsorganen dienen (BT-Drs. 17/5712, 42). Gemäß Abs. 1 S. 3 muss der Sachwalter seine Zustimmung erteilen, sofern dies nicht zu Nachteilen für die Gläubiger führt.

Der tiefere Sinn der Regelung des § 276a Abs. 1 liegt darin, Fehlsteuerungen zu Lasten der Gläubiger entgegenzuwirken. Solche Fehlsteuerungen können dadurch entstehen, dass sich aus Sicht der Gesellschafter andere Geschäftsführungsmaßnahmen und Verwertungshandlungen als sinnvoll darstellen können als aus Sicht der Gläubiger (vgl. das Beispiel bei MüKoInsO/Klöhn Rn. 9). Würde man den Gesellschaftern auch nach Anordnung der Eigenverwaltung unbeschränkt gestatten, ihre Rechte im Eigeninteresse auszuüben, stünde dies oftmals im Widerspruch zum Grundsatz der bestmöglichen Gläubigerbefriedigung, der jedoch auch im Rahmen der Eigenverwaltung gilt (vgl. dazu MüKoInsO/Klöhn Rn. 12).

Durch das SanInsFoG wurde die Norm um die Abs. 2 und 3 erweitert. Abs. 2 regelt die Haftung der gesetzlichen Vertreter des Schuldners entsprechend der Rechtsprechung des BGH zur vorherigen Rechtslage (vgl. RegE SanInsFoG, BT-Drs. 19/24181, 209). Abs. 3 ordnet die Geltung der Abs. 1 und 2 im vorläufigen Eigenverwaltungsverfahren sowie bei Anordnung anderer Sicherungsmaßnahmen an.

B. Anwendungsbereich der Norm

In **persönlicher Hinsicht** betreffen die Regelungen in § 276a Eigenverwaltungsverfahren von juristischen Personen (vgl. die Auflistung bei MüKoInsO/Klöhn Rn. 16) und Gesellschaften ohne Rechtspersönlichkeit (§ 11 Abs. 2 Nr. 1). Darunter fallen **auch ausländische juristische Personen** (MüKoInsO/Klöhn Rn. 17; Uhlenbruck/Zipperer Rn. 6). In Insolvenzverfahren über das Vermögen natürlicher Personen ist die Vorschrift unanwendbar.

In **zeitlicher Hinsicht** gelten sowohl das Einflussnahmeverbot des Abs. 1 S. 1 als auch die Haftungsvorschriften der §§ 60–62 iVm Abs. 2 gem. Abs. 3 bereits ab Anordnung der vorläufigen Eigenverwaltung oder der Anordnung vorläufiger Maßnahmen nach § 270c Abs. 3.

Die hM zur alten Rechtlage sprach sich für die Anwendung des Einflussnahmeverbots erst ab Eröffnung aus. Hierfür sprachen der Wortlaut (Nennung des „Sachwalters" in § 276a S. 2 aF) sowie die Gesetzessystematik. Auch verfassungsrechtliche Bedenken wurden geltend gemacht (vgl. MüKoInsO/Klöhn Rn. 18; Uhlenbruck/Zipperer Rn. 4; aA zB Hammes NZI 2017, 233 (238)).

InsO § 276a   Siebter Teil. Eigenverwaltung

C. Ausschluss des Einflusses der Gesellschaftsorgane (Abs. 1 S. 1)

8   Die Anordnung der Eigenverwaltung ändert nichts am Bestand der Organe einer juristischen Person oder Gesellschaft (K. Schmidt InsO/Undritz Rn. 2). Auch die personelle Zusammensetzung ändert sich nicht. Jedoch werden die aus Satzung und Gesellschaftsrecht folgenden Kompetenzen der Gesellschaftsorgane durch den **Insolvenzzweck** und den in Abs. 1 S. 1 angeordneten Ausschluss des Einflusses überlagert (→ Rn. 6 f.).

I. Geschäftsführung und Aufsichtsorgane des Schuldners als Normadressaten

9   Von Abs. 1 S. 1 betroffen sind „**der Aufsichtsrat, die Gesellschafterversammlung und entsprechende Organe**" der Gesellschaft. Deren Einfluss auf die „**Geschäftsführung**" wird ausgeschlossen.

10   Mit **Geschäftsführung** ist das nach gesellschaftsrechtlichen Regeln zur Geschäftsführung und Vertretung berechtigte Gesellschaftsorgan gemeint, also beispielsweise der Vorstand der AG oder die Geschäftsführer der GmbH (Uhlenbruck/Zipperer Rn. 6; → Rn. 10.1). Bei Personengesellschaften liegt die Geschäftsführung und Vertretungsbefugnis nach der gesetzlichen Regelung bei den persönlich haftenden Gesellschaftern (vgl. §§ 709 Abs. 1, 714 BGB (zur GbR); §§ 114 Abs. 1, 125 Abs. 1 HGB (zur oHG) und § 161 Abs. 2 HGB iVm §§ 114 Abs. 1, 125 Abs. 1, 164, 170 HGB (zur KG)). Bei Gesellschaften ausländischer Rechtsform richtet sich die Bestimmung des Geschäftsführungsorgans nach dem Gesellschaftsstatut (MüKoInsO/Klöhn Rn. 24).

10.1   In der GmbH ist es zulässig, Geschäftsführungsaufgaben auf einen Beirat zu übertragen (vgl. zB Altmeppen, GmbHG, 10. Aufl. 2021, GmbHG § 52 Rn. 86 ff.). Ob ein solcher geschäftsführender Beirat unter den Begriff der „Geschäftsführung" fällt (befürwortend Specovius/Ullmann ZIP 2016, 295 (303)), ist zweifelhaft. Da der geschäftsführende Beirat entweder mit der Geschäftsführung der Gesellschafterversammlung konkurriert oder diese verdrängt (vgl. Altmeppen, GmbHG, 10. Aufl. 2021, GmbHG § 52 Rn. 87 ff.) liegt es strukturell nahe, ihn als „entsprechendes Organ" iSd § 276a Abs. 1 S. 1 zu betrachten und nicht der Geschäftsführung zuzuordnen; dies deshalb, weil er eine Kompetenz von der Gesellschafterversammlung ableitet und auf derselben Ebene steht. Allerdings können die Gesellschafter zumindest bis zum Antrag auf Eigenverwaltung die Zusammensetzung der Geschäftsführung frei bestimmen. Das spricht dafür, einen geschäftsführenden Beirat, als Geschäftsführungsorgan zu behandeln (vgl. Specovius/Ullmann ZIP 2016, 295 (303)), welches gem. Abs. 1 S. 1 vor Einflussnahme durch die Gesellschafterversammlung geschützt wäre.

11   **Gesellschafterversammlung** ist das nach Gesellschaftsrecht für die jeweilige Rechtsform vorgesehene Willensbildungsorgan der Gesellschafter, also insbesondere die Gesellschafterversammlung (für die GmbH, § 46 GmbHG), die Hauptversammlung (für die Aktiengesellschaft, § 118 AktG) und die Mitgliederversammlung (für den Verein, § 32 BGB) sowie die Generalversammlung (für die eG, § 43 GenG). Im Recht der Personengesellschaften ist die Gesellschafterversammlung als Willensbildungsorgan der Gesellschafter nicht gesetzlich geregelt. Maßgeblich ist der Gesellschaftsvertrag, der regelmäßig - aber nicht zwingend - Bestimmungen zur Gesellschafterversammlung enthält (vgl. zB BeckHdB PersGes/Müller § 4 Rn. 103 f.).

12   Mit **Aufsichtsrat** ist sowohl ein nach gesellschaftsrechtlichen oder sonstigen Vorschriften (zB Mitbestimmungsrecht, InvestG; vgl. zB die Übersicht bei Baumbach/Hueck, GmbHG, 22. Aufl. 2019, GmbHG § 52 Rn. 6 ff.) zwingender Aufsichtsrat gemeint als auch ein fakultativer Aufsichtsrat, der nach Maßgabe der Satzung (vgl. Baumbach/Hueck, GmbHG, 22. Aufl. 2019, GmbHG § 52 Rn. 20 ff.) oder des Gesellschaftsvertrags (vgl. zB Baumbach/Hopt/Roth HGB § 114 Rn. 27 für die oHG und § 163 Rn. 12 ff. für die KG) eingerichtet wurde.

13   Als **entsprechende Organe** sind Normadressaten des Abs. 1 S. 1 solche Gesellschaftsorgane, die vergleichbar mit einem Aufsichtsrat oder der Gesellschafterversammlung Einfluss auf die Geschäftsleitung des Schuldners nehmen können. Darunter fallen zB (nicht geschäftsführende) Beiräte, Gesellschafterausschüsse, Verwaltungsräte (vgl. zB Baumbach/Hopt/Roth HGB § 114 Rn. 27 für die oHG und § 163 Rn. 12 ff. für die KG) und ähnliche Organe. Entscheidend ist nicht die Bezeichnung des Organs, sondern ob es durch Gesetz oder Gesellschaftsvertrag mit Kompetenzen in Bezug auf die Geschäftsführung ausgestattet ist. Nach diesem Grundsatz sind auch Organe von Gesellschaften ausländischen Rechts erfasst (vgl. Klöhn NZG 2013, 81 (82); Uhlenbruck/Zipperer Rn. 6). Darüber hinaus können auch einzelne Gesellschafter Normadressaten sein, sofern sie nach gesellschaftsrechtlichen Regeln Einfluss auf die Geschäftsführung haben (zB Alleingesellschafter der GmbH; vgl. MüKoInsO/Klöhn Rn. 30).

II. Ausschluss des Einflusses

Der Begriff des Einflusses bzw. der Einflussnahme ist gesetzlich nicht definiert. Überwiegend werden darunter alle Maßnahmen gefasst, die auf die Herbeiführung einer bestimmten Entscheidung oder eines Verhaltens der Geschäftsleitung gerichtet oder geeignet sind, diese zu bewirken. Das umfasst neben unmittelbaren Einwirkungen auf die Geschäftsleitung (zB Weisungen) auch mittelbare Einwirkungen und Vorbereitungshandlungen (wie Informationsverlangen), jedenfalls sofern sich die Einflussnahme auf die Verwaltung der Insolvenzmasse bezieht. 14

1. Reichweite des Ausschlusses des Einflusses

Reichweite und Wirkungsweise des Abs. 1 S. 1 sind umstritten. Nach der bisherigen hM wird der Einfluss der Überwachungsorgane auf die Geschäftsführung durch Abs. 1 S. 1 ab Insolvenzeröffnung in demselben Umfang beschränkt, wie dies bei **Bestellung eines Insolvenzverwalters** der Fall wäre (MüKoInsO/Klöhn Rn. 22 f.; OLG Düsseldorf NZI 2013, 504 (505); OLG München BeckRS 2018, 20130 Rn. 5). Demnach bliebe die Einflussnahme im insolvenzfreien Schuldnerbereich möglich (vgl. Graf-Schlicker/Graf-Schlicker Rn. 2; MüKoInsO/Klöhn Rn. 23; OLG München BeckRS 2018, 20130 Rn. 5), was im Einklang mit dem in der Gesetzesbegründung formulierten Zweck der Vorschrift steht (→ Rn. 2 ff.). Nach anderer Auffassung soll die Vorschrift Einflussnahme durch die Überwachungsorgane – entsprechend der Regelung des Abs. 1 S. 3 – (nur) insoweit verbieten, als diese (voraussichtlich) **nachteilig** für die Gläubiger iSd § 270 Abs. 2 Nr. 2 aF wäre (so Ströhmann/Längsfeld NZI 2013, 271 (275); Vallender NZI 2020, 761 (764); Uhlenbruck/Zipperer Rn. 3, 5). Schließlich wird unter Berufung auf den Wortlaut der Vorschrift vertreten, Abs. 1 S. 1 schließe **jegliche Einflussnahme** auf die Geschäftsführung aus (KPB/Pape Rn. 24). 15

Die hM ist vorzugswürdig, da sie im Einklang mit dem Normzweck und Willen des Gesetzgebers steht. Zwar scheint der Wortlaut des Abs. 1 S. 1 tatsächlich jede Einflussnahme auszuschließen. Jedoch erscheint es nicht stimmig, dass die Gesellschafterrechte in der Eigenverwaltung stärker beschnitten werden sollten als in der Fremdverwaltung. Dies widerspräche auch dem mit dem ESUG verbundenen Anliegen des Gesetzgebers, eine frühzeitige Antragstellung zu fördern (→ § 270c Rn. 2). Die Meinung, wonach nur eine (voraussichtlich) nachteilige Einflussnahme durch Abs. 1 S. 1 ausgeschlossen sei, überzeugte schon bislang nicht, weil sie wegen des ihr innewohnenden Prognoseelements zu in der Praxis kaum zu handhabenden Abgrenzungsschwierigkeiten führen würde. Bei der Abberufung und Neubestellung von Organmitgliedern ist eine Nachteilsprüfung sehr viel eher umsetzbar als im laufenden Tagesgeschäft. Mit der Abschaffung der Nachteilsprüfung im Rahmen der Anordnung der Eigenverwaltung durch das SanInsFoG verliert die Meinung weiter an Überzeugungskraft. 16

2. Ausschluss unmittelbarer Einflussnahme

Abs. 1 S. 1 bewirkt zunächst den **Ausschluss der Überwachungsorgane von der Geschäftsführung.** Die Überwachungsorgane können selbst keine Geschäftsführungsaufgaben wahrnehmen. Direkte Einflussnahmen auf die Geschäftsleitung, insbesondere durch Weisungen an die Geschäftsführung oder durch die Ausübung von Mitentscheidungs-, Widerspruchs-, Veto- oder vergleichbaren Rechten, sind somit unbeachtlich (vgl. zB MüKoInsO/Klöhn Rn. 37; Uhlenbruck/Zipperer Rn. 7). 17

Möglich bleibt eine direkte Einflussnahme im insolvenzfreien Bereich (Uhlenbruck/Zipperer Rn. 7), etwa zur Vornahme von Anmeldungen zum Handelsregister, sofern der Eintragungsgegenstand in den insolvenzfreien Bereich fällt (vgl. zB MüKoInsO/Klöhn Rn. 23), wie etwa die Eintragung einer Kapitalerhöhung (vgl. zB MüKoInsO/Vuia § 80 Rn. 112b) (→ Rn. 18.1). 18

Dementsprechend kann mit Einberufungsverlangen gem. § 122 Abs. 1 S. 1 AktG eine Beschlussfassung der Hauptversammlung über eine Kapitalerhöhung herbeigeführt werden. Mit der Beschlussfassung über eine Kapitalerhöhung ist kein nach § 276a unzulässiger Einfluss auf die Geschäftsleitung verbunden; es bleibt somit bei der Zuständigkeit der Hauptversammlung (OLG München NZI 2018, 538 Rn. 34). Der Verwaltung der Insolvenzmasse unterliegt zwar der Anspruch auf Einzahlung der Einlagen auf das erhöhte Kapital; die vorgelagerte Beschlussfassung und ihre Umsetzung im Handelsregister bleibt jedoch Sache der Anteilseigner (vgl. MüKoInsO/Vuia § 80 Rn. 112b). Dieser Grundsatz dürfte auch nach Einleitung eines Insolvenzplanverfahrens fortgelten (so OLG München NZI 2018, 538 Rn. 25). Zwar mögen praktische Gründe für eine Sperrwirkung des Insolvenzplanverfahrens sprechen, sofern ein Insolvenzplan vorgelegt wird bzw. vom Gericht zugelassen wird, der einen Debt-to-Equity Swap vorsieht (vgl. Anm. Sax zu OLG München NZI 2018, 538 (543 f.); Thole ZIP 2018, 1565 (1566 f.)). Andererseits fehlt eine gesetzliche 18.1

Regelung, die der (grundsätzlich auch nach Verfahrenseröffnung möglichen, § 212), Beseitigung des Insolvenzgrundes durch die Altgesellschafter in zeitlicher Hinsicht Grenzen setzt (so OLG München NZI 2018, 538 Rn. 25).

3. Ausschluss mittelbarer Einflussnahme

19 Nach überwiegender Auffassung ausgeschlossen sind auch Maßnahmen der mittelbaren Einflussnahme, zB aufgrund von Einberufungs-, Auskunfts-, Einsichts-, Informations- und vergleichbaren Rechten, soweit nicht der insolvenzfreie Bereich betroffen ist (K. Schmidt InsO/Undritz Rn. 2; MüKoInsO/Klöhn Rn. 38; Uhlenbruck/Zipperer Rn. 8; aA zB Ströhmann/Längsfeld NZI 2013, 271 (277)). Wenn etwa die Einberufung einer Gesellschafterversammlung nur Beschlussgegenstände betrifft, die zum insolvenzfreien Bereich rechnen, bleibt diese zulässig (vgl. MüKoInsO/Klöhn Rn. 38; Uhlenbruck/Zipperer Rn. 8). Gleiches gilt für Vorschlags- und Informationsrechte des Aufsichtsrats nach § 124 Abs. 3 S. 1 AktG sowie § 90 Abs. 3 AktG, soweit der insolvenzfreie Bereich betroffen ist (OLG München BeckRS 2018, 20130 Rn. 6). Einsichts- und Informationsrechte können trotz Abs. 1 S. 1 ausgeübt werden, soweit es um Informationen und Unterlagen aus der Zeit vor der Insolvenzeröffnung geht oder der insolvenzfreie Bereich betroffen ist (vgl. Uhlenbruck/Zipperer Rn. 8; → Rn. 19.1).

19.1 Laut einem Beschluss des OLG München erstreckt sich das Informationsrecht des Aufsichtsrats grundsätzlich auch auf Geschäftsführungsmaßnahmen, sofern die verlangten Informationen gleichzeitig in einem nachvollziehbaren Zusammenhang zu einer Maßnahme stehen, die dem insolvenzfreien Bereich zuzuordnen ist (OLG München BeckRS 2018, 20130 Rn. 11). Das erscheint richtig, sofern nicht konkret zu befürchten ist, dass durch die Ausübung des Informationsrechts Gläubigerbelange gefährdet werden (OLG München BeckRS 2018, 20130 Rn. 12 f.). Ordnet man das Planinitiativrecht des Schuldners aus § 218 S. 1 dem insolvenzfreien Bereich zu (→ Rn. 24), läge es ausgehend von den Prämissen der hM nahe, dass die Gesellschafter ihre gesellschaftsrechtlichen Informationsrechte jedenfalls soweit ausüben können, wie dies zur Vorlage eines Insolvenzplans erforderlich ist. Jedoch geht die hM davon aus, dass § 276a die Einflussnahme auf die Vorlage des Insolvenzplans sperrt.

4. Sonstige Maßnahmen

20 § 276a erfasst auch sonstige Maßnahmen, die zumindest mittelbar dazu geeignet sind, auf die Geschäftsführung Einfluss zu nehmen. Dazu zählt zB das Verlangen eines Aktionärs auf Ermächtigung zur Einberufung einer Hauptversammlung gem. § 122 Abs. 1 AktG, jedoch nur soweit die Tagesordnung Gegenstände umfasst, die dem Einflussnahmeverbot zuwiderlaufen (OLG München NZI 2018, 538 Rn. 21; weitergehend AG Montabaur BeckRS 2012, 14971) (→ Rn. 20.1).

20.1 Zulässig bleibt auch nach Anordnung der Eigenverwaltung das Verlangen zur Einberufung einer Hauptversammlung zur Beschlussfassung über die Besetzung des Aufsichtsrats (vgl. Klöhn NZG 2013, 81 (84); OLG München NZI 2018, 538 Rn. 29; aA AG Montabaur BeckRS 2012, 14971). Gleiches gilt in der Regel für ein Einberufungsverlangen zur Beschlussfassung über einen Vertrauensentzug gegenüber dem Vorstand sowie über Satzungsänderungen (OLG München NZI 2018, 538 Rn. 30 und Rn. 33) einschließlich Kapitalerhöhungen (→ Rn. 18.1). Ob die Hauptversammlung im Insolvenzverfahren die Beschlusskompetenz für die Bestellung eines Sonderprüfers anordnen kann, ist im Schrifttum umstritten (dafür Gottwald/Haas InsO-Hdb/Mock § 91 Rn. 136; Spindler/Stilz/Mock, 4. Aufl. 2019, AktG § 142 Rn. 78; Uhlenbruck/Hirte § 11 Rn. 189; dagegen MüKoAktG/Arnold AktG § 142 Rn. 36 f.; Schmidt/Lutter/Spindler, AktG, 3. Aufl. 2015, AktG § 142 Rn. 23). In der Rechtsprechung hat zuletzt das OLG München die Beschlussfassung zur Bestellung eines Sonderprüfers grundsätzlich für zulässig gehalten, sofern nicht Umstände des Einzelfalls entgegenstehen (mögliche Insolvenzzweckgefährdung infolge der Sonderprüfung; OLG München NZI 2018, 538 Rn. 36; aA noch AG München BeckRS 2018, 3975 Rn. 30 ff.). Etwa dadurch entstehende Kosten stünden der Ermächtigung nicht entgegen, da diese die Masse nur treffen, wenn der Sachwalter ihrer Begründung zustimmt (vgl. OLG München NZI 2018, 538 Rn. 37, auch zur möglichen Kostenübernahme durch Gesellschafter). Die Auffassung des OLG München lässt sich mit Blick darauf anzweifeln, dass die Zuständigkeit für die Geltendmachung von Haftungsansprüchen gem. § 280 grundsätzlich beim Sachwalter liegt, jedenfalls soweit es um aktuelle Geschäftsleiter geht. Das allein spricht jedoch nicht für Unzulässigkeit der Beschlussfassung über die Durchführung einer Sonderprüfung (aA Anm. Sax zu OLG München NZI 2018, 538 (542 f.)), insbesondere da die Durchführung der Sonderprüfung durchaus neue Umstände zutage bringen kann, auf deren Grundlage der Sachwalter sodann Ansprüche verfolgen kann und ggf. muss.

21 Soweit Gesellschaftervereinbarungen Maßnahmen zur Einflussnahme auf die Geschäftsführung regeln, wird deren Wirkung durch § 276a Abs. 1 suspendiert (Uhlenbruck/Zipperer Rn. 6). Gleiches gilt für sonstige gesellschaftsrechtliche Regelungen, durch welche Geschäftsführungsbefugnisse anderen Organen zugewiesen werden (MüKoInsO/Klöhn Rn. 26); daher kann insbesondere in der GmbH die Gesellschafterversammlung nach Anordnung der Eigenverwaltung trotz der ihr nach Gesellschaftsrecht zukommenden „Allzuständigkeit" (vgl. Baumbach/Hueck/Zöllner, GmbHG, 22. Aufl. 2019, GmbHG § 46 Rn. 89 ff.) keine Geschäftsführungsbefugnisse mehr ausüben, selbst wenn sie diese zuvor an sich gezogen hatte (MüKoInsO/Klöhn Rn. 26).

5. Trotz Abs. 1 S. 1 erlaubte Einflussnahme

Abs. 1 S. 1 beschränkt die Einflussnahme lediglich auf Geschäftsführungsorgane. Eine Einflussnahme auf sonstige Gesellschaftsorgane wird durch Abs. 1 S. 1 nicht beschränkt (MüKoInsO/Klöhn Rn. 25; OLG Düsseldorf NZI 2013, 504 (505); aA AG Montabaur ZIP 2012, 1307 = BeckRS 2012, 14971). Auch Maßnahmen zur Einflussnahme innerhalb des Geschäftsführungsorgans werden durch Abs. 1 S. 1 nicht ausgeschlossen (MüKoInsO/Klöhn Rn. 31; → Rn. 22.1). 22

Konfliktpotentiale zwischen den Mitgliedern der Geschäftsleitung sind bereits bei der Prüfung der Anordnungsvoraussetzungen zu bewerten und können die Versagung der Eigenverwaltung zur Folge haben, wenn diese zur Beeinträchtigung der Gläubigerbelange führt (§ 270f iVm § 270e Abs. 1 Nr. 1, → § 270 Rn. 33). Kommt es erst nach Anordnung der Eigenverwaltung zum Bruch zwischen Mitgliedern der Geschäftsführung, kann dem ggf. durch eine Änderung der Zusammensetzung des Geschäftsleitungsorgans (gem. Abs. 1 S. 2 und S. 3) begegnet werden. Lässt sich der Konflikt nicht lösen, bleibt als ultima ratio zur Abwendung von Nachteilen die Aufhebung der Eigenverwaltung gem. § 272 Abs. 1 Nr. 1. 22.1

Maßnahmen, welche dem insolvenzfreien Bereich zuzuordnen bzw. solche, die auch bei Bestellung eines Insolvenzverwalters erlaubt wären, werden durch Abs. 1 S. 1 nicht ausgeschlossen (→ Rn. 15 f.). Darunter fallen Maßnahmen betreffend die Gesellschaftsverfassung, wie zB die Einberufung einer Hauptversammlung zur Wahl von Aufsichtsratsmitgliedern (Uhlenbruck/Zipperer Rn. 6). Des Weiteren bleiben Grundlagenentscheidungen, die bereits begrifflich nicht zu den Geschäftsführungsmaßnahmen rechnen (MüKoInsO/Klöhn Rn. 27; Uhlenbruck/Zipperer Rn. 6), grundsätzlich den zuständigen Gesellschaftsorganen vorbehalten. Anderes gilt aber dann, wenn Grundlagengeschäfte Bezug zur Insolvenzmasse aufweisen und sich nachteilig auf die Verwertungschancen der Gläubiger auswirken können. Das betrifft insbesondere Entscheidungen über Vermögensveräußerungen; selbst wenn diese die Schwelle des § 179a AktG überschreiten, steht das Kontrollrecht allein den nach Insolvenzrecht zuständigen Organen (Gläubigerausschuss bzw. -versammlung, Sachwalter) zu (MüKoInsO/Klöhn Rn. 28; Uhlenbruck/Zipperer Rn. 6). Einer Entscheidung der Gesellschafterversammlung (vgl. Baumbach/Hueck/Beurskens GmbHG § 37 Rn. 46; BGH NZG 2019, 505 ff.) bzw. der Hauptversammlung bedarf es nicht (MüKoInsO/ Klöhn Rn. 28); sie wäre gem. Abs. 1 S. 1 auch rechtlich wirkungslos. Auch soweit Abs. 1 S. 1 den Einfluss auf Grundlagengeschäfte nicht ausschließt, bleiben die Gesellschafter insoweit aufgrund der Überlagerung des Verbandszwecks durch den Insolvenzzweck zur Rücksichtnahme auf die Gläubigerinteressen verpflichtet (MüKoInsO/Klöhn Rn. 27). 23

Dem insolvenzfreien Schuldnerbereich wird auch das Recht des Schuldners zur Vorlage eines Insolvenzplans gem. § 218 Abs. 1 S. 1 zugeordnet (vgl. MüKoInsO/Vuia § 80 Rn. 112a). Das Planinitiativrecht des Schuldners besteht auch in der Eigenverwaltung (neben § 284, → § 284 Rn. 9). Es erlaubt dem Schuldner, einen nach eigenen Vorstellungen ausgestalteten Planvorschlag zu machen, um so das Insolvenzverfahren als **strategische Option** zu nutzen (vgl. MüKoInsO/ Eidenmüller § 218 Rn. 66 ff.). Von diesem Ausgangspunkt erscheint es entgegen der hM (zB MüKoInsO/Eidenmüller § 218 Rn. 81) konsequent, das originäre Planinitiativrecht des Schuldners nach Anordnung der Eigenverwaltung denselben gesellschaftsrechtlichen Bindungen zu unterwerfen wie in der Fremdverwaltung (s. dazu MüKoInsO/Eidenmüller § 218 Rn. 66 ff.; → Rn. 24.1). 24

Die Gesellschafter einer GmbH in Fremdverwaltung können die Geschäftsführung zur Vorlage eines den Vorstellungen der Gesellschafter entsprechenden Insolvenzplans anweisen. Es erscheint widersprüchlich, den Einfluss der Gesellschafter ausgerechnet in diesem zentralen Punkt zu unterbinden, zumal die Einleitung eines Insolvenzverfahrens in der Praxis ohnehin auf Initiative der Gesellschafter erfolgt, die damit selbstverständlich die Vorstellung verbinden, den Gläubigern einen Sanierungsvorschlag machen zu dürfen. Da es in aller Regel keinen einzig „richtigen" Plan gibt, kann ein solcher „Gesellschafterplan" durchaus einen angemessenen Sanierungsvorschlag auch unter Berücksichtigung der Gläubigerbelange vorsehen. Dem Schutz der Gläubiger wird zudem durch verfahrensrechtliche Schutzmechanismen, insbesondere die gerichtliche Vorprüfung des vorgelegten Insolvenzplans (§ 231) und die einschlägigen Mehrheitserfordernisse (§§ 244 ff.) Rechnung getragen. Selbstverständlich ist es denkbar, dass die Gesellschafter 24.1

das Planinitiativrecht dazu missbrauchen, eine im Sinne der Gläubiger sinnvolle Sanierung zu blockieren. Ist solches zu befürchten, sollte jedoch von vornherein von der Anordnung der (vorläufigen) Eigenverwaltung abgesehen werden (→ § 270b Rn. 10); § 270f Abs. 1 iVm § 270e Abs. 1 Nr. 1 oder Nr. 3).

6. Ausschluss des Einflusses bei Personengesellschaften

25 Bei Personengesellschaften bereitet die Anwendung des Abs. 1 S. 1 Schwierigkeiten, da keine strikte Trennung zwischen Geschäftsführung und Gesellschafterversammlung besteht.

26 Soweit nach Gesellschaftsrecht alle Gesellschafter zur Geschäftsführung berufen sind (gesetzlicher Regelfall für die GbR, §§ 709 Abs. 1, 714 BGB und oHG, § 114 HGB), hat Abs. 1 S. 1 im Ergebnis kaum Bedeutung. Das gilt zunächst für die auf die Geschäftsführung bezogenen Rechte der einzelnen persönlich haftenden Gesellschafter (vgl. MüKoInsO/Klöhn Rn. 35), die von der Geschäftsführung durch dieselben Gesellschafter nicht sinnvoll getrennt werden können. Darüber hinaus sind die geschäftsführenden Gesellschafter aufgrund der Anordnung der Eigenverwaltung ohnehin verpflichtet, den Insolvenzzweck zu beachten (→ § 270 Rn. 22), was die Verfolgung von Eigeninteressen zu Lasten einzelner Gläubiger verbietet. Liegt bei der Kommanditgesellschaft die Geschäftsführungsbefugnis bei allen Komplementären (gesetzlicher Regelfall, § 161 Abs. 2 HGB iVm §§ 114 Abs. 1, 164, 170 HGB), ist der Anwendungsbereich des Abs. 1 S. 1 für Einflussnahmen durch die Gesellschafter(-versammlung) ebenfalls schmal, da die Kommanditisten von der Geschäftsführung ausgeschlossen sind (§ 164 S. 1 HGB). Ausgeschlossen ist das Widerspruchsrecht des § 164 S. 1 Hs. 2 HGB bei außergewöhnlichen Geschäften. Ebenso ausgeschlossen wird ein ggf. durch Gesellschaftsvertrag eingeräumter weitergehender Einfluss von Kommanditisten auf Geschäftsführungsmaßnahmen (→ Rn. 21).

27 Kommt es bei einer Personengesellschaft & Co. (zB Limited & Co. KG) ausnahmsweise zur Insolvenz nur der Personengesellschaft, nicht jedoch der Komplementärin, stellt sich die Frage, ob § 276a auf die Komplementärin in der Weise ausstrahlt, dass Einflussnahmen der Gesellschafter der Komplementärin auf deren Geschäftsführer ausgeschlossen werden (vgl. MüKoInsO/Klöhn Rn. 41 ff.). Vorzugswürdig dürfte es sein, § 276a Abs. 1 in dieser Konstellation nicht auf die Komplementärin anzuwenden, zumal der Ausschluss einer Einflussnahme der Gesellschafter außerhalb eines Insolvenzverfahrens auch praktisch kaum zu kontrollieren wäre (vgl. MüKoInsO/Klöhn Rn. 44).

D. Wirksamkeit der Abberufung und Neubestellung der Geschäftsleitung nur mit Zustimmung des Sachwalters (Abs. 1 S. 2 und S. 3)

28 Die Kompetenz zur Abberufung und Neubestellung von Mitgliedern der Geschäftsleitung (Geschäftsführer, Vorstand) liegt auch in der Eigenverwaltung bei dem nach gesellschaftsrechtlichen Regelungen und Satzungsbestimmungen zuständigen Organ (→ Rn. 3). Das entspricht der Rechtslage bei Bestellung eines Insolvenzverwalters (MüKoInsO/Vuia § 80 Rn. 112a). Abweichend vom Regelverfahren knüpft jedoch Abs. 1 S. 2 die Wirksamkeit der Entscheidung an die Zustimmung des Sachwalters. Grund dafür ist der Umstand, dass die personelle Zusammensetzung der Geschäftsführung – anders als bei Bestellung eines Insolvenzverwalters – maßgeblichen Einfluss auf die Durchführung der Eigenverwaltung im Einklang mit dem Verfahrenszweck haben kann. Die Regelungen in Abs. 1 S. 2 und 3 gilt nicht für die Abberufung und Bestellung von Aufsichtsratsmitgliedern und Mitgliedern sonstiger Aufsichtsorgane (MüKoInsO/Klöhn Rn. 47).

I. Zustimmung des Sachwalters als Wirksamkeitsvoraussetzung

29 Die Zustimmung gem. Abs. 1 S. 2 ist Wirksamkeitsvoraussetzung, dh bis zur Zustimmung durch den Sachwalter ist eine Maßnahme der Bestellung oder Abberufung eines Mitglieds der Geschäftsführung unwirksam (MüKoInsO/Klöhn Rn. 54). Während der Schwebephase kann die Maßnahme jederzeit zurückgenommen werden, sofern dies nach gesellschaftsrechtlichen Vorschriften möglich ist. Aus § 276a Abs. 1 folgt insoweit keine Sperrwirkung; erst wenn ein Geschäftsführer wirksam (dh nach Insolvenzeröffnung mit der erforderlichen Sachwalterzustimmung) bestellt wurde, kann seine Abberufung nicht mehr ohne Zustimmung des Sachwalters wirksam werden.

II. Entscheidungskriterien

30 Der Sachwalter hat seine Zustimmung zu erteilen, wenn die Maßnahme nicht zu Nachteilen für die Gläubiger führt. Damit der Sachwalter das Vorliegen dieser Voraussetzung prüfen kann,

müssen ihm alle für seine Entscheidung erheblichen Informationen vorliegen. Daraus folgt die Obliegenheit des die Maßnahme treffenden Gesellschaftsorgans zur Offenlegung der Beweggründe für die Maßnahme (KPB/Pape Rn. 31). Im Fall der Neubestellung sind jedenfalls fachliche und persönliche Eignung des neuen Mitglieds der Geschäftsleitung darzustellen und erforderlichenfalls zu belegen, ggf. auch durch persönliche Vorstellung (vgl. Uhlenbruck/Zipperer Rn. 10). Die Nachteilsprüfung durch den Sachwalter ist eine Prognoseentscheidung (MüKoInsO/Klöhn Rn. 56). Auf die zu § 270 Abs. 2 Nr. 2 aF etablierten Kriterien (vgl. KPB/Pape Rn. 33 ff.) kann unter Berücksichtigung der vom Gesetzgeber mit dem SanInsFoG getroffenen Wertungsentscheidungen weiterhin zurückgegriffen werden.

Gelangt der Sachwalter zu der Einschätzung, dass die Maßnahme nicht zu Nachteilen für die 31 Gläubiger führt, ist er verpflichtet, ihr zuzustimmen. Insoweit trifft der Sachwalter eine gebundene Entscheidung. Die Gegenauffassung sieht in der Regelung des Abs. 1 S. 2 und 3 eine Ermessensnorm, sodass der Sachwalter eine Abwägung im Einzelfall zu treffen habe (so Uhlenbruck/Zipperer Rn. 11). Zu sachlichen Unterschieden führt diese Auffassung insbesondere bei der Frage, ob den von der Versagung der Zustimmung betroffenen Gesellschaftsorganen der Rechtsweg offensteht (dafür MüKoInsO/Klöhn Rn. 57 ff.; dagegen Uhlenbruck/Zipperer Rn. 11).

Verbleiben Zweifel, ist fraglich, ob der Sachwalter seine Zustimmung verweigern darf oder im 32 Gegenteil zur Zustimmungserteilung verpflichtet ist. Der von § 272 Abs. 2 Nr. 2 und § 274 Abs. 3 S. 1 abweichende Wortlaut des Abs. 1 S. 3 legt insoweit eine Zustimmungspflicht nahe (in diesem Sinn zB Nerlich/Römermann/Riggert Rn. 5; aA zB K. Schmidt InsO/Undritz Rn. 6); jedenfalls dann, wenn vernünftigerweise keine Nachteile für die Gläubiger zu erwarten sind, muss der Sachwalter zustimmen (MüKoInsO/Klöhn Rn. 55 f.).

III. Verfahrensfragen und Rechtsschutz

Die Erteilung der Zustimmung durch den Sachwalter ist vom Handelsregister anlässlich der 33 Eintragung zu prüfen. Die Zustimmung muss dementsprechend in der für den Nachweis nach registerrechtlichen Vorschriften erforderlichen Form vorliegen (vgl. KPB/Pape Rn. 30).

Ob das Bestellorgan oder seine Mitglieder gegen die Versagung der Sachwalterzustimmung 34 Rechtsschutz in Anspruch nehmen können, ist gesetzlich nicht geregelt. Die Formulierung in Abs. 1 S. 3 spricht jedenfalls dafür, dass eine gerichtliche Überprüfung möglich sein muss (MüKoInsO/Klöhn Rn. 57). Folgt man dem, stellt sich die Frage, in welcher Weise Rechtsschutz gewährt wird. In Betracht gezogen wird die Durchsetzung mittels Leistungsklage vor den Zivilgerichten (K. Schmidt InsO/Undritz Rn. 6; Nerlich/Römermann/Riggert Rn. 5). Schon aus Zeitgründen sachgerechter erscheint jedoch eine Durchsetzung unter Einschaltung des Insolvenzgerichts, das die Zustimmung im Rahmen seiner Aufsicht über den Sachwalter durchsetzen kann (vgl. MüKoInsO/Klöhn Rn. 59; Uhlenbruck/Zipperer Rn. 11; aA K. Schmidt InsO/Undritz Rn. 6).

IV. Anstellung neuer Geschäftsleiter

Die Zuständigkeit für die Begründung des Anstellungsverhältnisses mit einem neuen Geschäfts- 35 leiter und für dessen Vergütung ist gesetzlich nicht besonders geregelt. Dementsprechend bleibt es bei der Zuständigkeit des nach gesellschaftsrechtlichen Regelungen kompetenten Gesellschaftsorgans (vgl. AG Duisburg NZI 2006, 112; MüKoInsO/Kern § 274 Rn. 91). Schutz vor überhöhter Vergütung bieten die mögliche Aufhebung der Eigenverwaltung (§ 272 Abs. 1 Nr. 1) und die Grundsätze über die Unwirksamkeit insolvenzzweckwidriger Handlungen (MüKoInsO/Kern § 274 Rn. 91). Darüber hinaus gehört die Frage der für den neuen Geschäftsleiter vorgesehenen Vergütung zu den Punkten, die der Sachwalter im Rahmen der von ihm vorzunehmenden Nachteilsprognose in Betracht zu ziehen hat (vgl. Uhlenbruck/Zipperer Rn. 12). Bei Personengesellschaften gilt für die Vergütung (neuer) persönlich haftender Gesellschafter die Regelung in § 278 Abs. 2 (vgl. FK-InsO/Foltis Rn. 9).

V. Anwendung der Regelung in Abs. 1 S. 2 und 3 bei Personengesellschaften

Die Regelung in Abs. 1 S. 2 und 3 ist auf juristische Personen zugeschnitten und passt für 36 Personengesellschaften jedenfalls nicht ohne weiteres (vgl. MüKoInsO/Klöhn Rn. 49). Ob und inwieweit die Vorschriften dennoch zur Anwendung kommen, hängt von den Umständen des Einzelfalls ab.

Sofern die Geschäftsführung entsprechend den gesetzlichen Bestimmungen bei (sämtlichen) 37 persönlich haftenden Gesellschaftern liegt, dürfte Abs. 1 S. 2 unanwendbar sein, sofern Änderungen in der Geschäftsleitung durch den Aus- oder Eintritt von Gesellschaftern erfolgen. Der Wechsel in der Geschäftsleitung erfolgt hier aufgrund der gesetzlichen Bestimmungen als Reflex des Gesellschafterwechsels. Es ginge zu weit, wollte man eine Veränderung im Gesellschafterbestand von der Zustimmung des Sachwalters abhängig machen (im Ergebnis ebenso MüKoInsO/Klöhn Rn. 50). Ein Anwendungsbereich besteht aber, sofern es um Maßnahmen geht, durch die ohne Veränderungen im Gesellschafterbestand die Geschäftsführungsbefugnisse geändert werden (vgl. MüKoInsO/Klöhn Rn. 51 f.).

E. Haftung der Geschäftsleiter (Abs. 2)

38   Die wichtige Frage nach der Haftung der geschäftsführenden Organe in der Eigenverwaltung war infolge des Grundsatzurteils des BGH v. 26.4.2018 (BGH NJW 2018, 2125 ff.) für die Praxis in einem wesentlichen Punkt geklärt. Der BGH ging bei Verletzung insolvenzspezifischer Pflichten schon bislang davon aus, dass die Geschäftsleiter analog §§ 60 ff. wie ein Insolvenzverwalter hafteten (BGH NJW 2018, 2125 Rn. 47 ff.). Der BGH begründete dies mit dem Fehlen einer ausdrücklichen Regelung für die Haftung der Geschäftsführungsorgane bei der Eigenverwaltung einer Gesellschaft („unbeabsichtigte Regelungslücke", vgl. BGH NJW 2018, 2125 Rn. 16 ff.; krit. dazu Bachmann/Becker NJW 2018, 2235 f.; Schwartz NZG 2018, 1013 (1015 f.)), welche durch Rückgriff auf die allgemeinen Haftungstatbestände nicht angemessen ausgefüllt werden könne (BGH NJW 2018, 2125 Rn. 26 ff.). Die analoge Anwendung der §§ 60 ff. sei erforderlich, um die gebotene haftungsrechtliche Gleichstellung einer eigenverwalteten Gesellschaft mit einer Gesellschaft im Regelinsolvenzverfahren herzustellen (BGH NJW 2018, 2125 Rn. 47 ff.). Der Gesetzgeber hat sich mit Einführung des Abs. 2 dieser Sichtweise angeschlossen.

I. Haftung der Mitglieder des Vertretungsorgans (Abs. 2 S. 1)

39   Abs. 2 S. 1 bestimmt die Anwendung der §§ 60–62 auf die Mitglieder der Vertretungsorgane **juristischer Personen**. Die Mitglieder der Vertretungsorgane haften somit im Grundsatz gleich.

40   Die Anwendung der §§ 60–62 hat insbesondere zur Folge, dass die betroffenen Verfahrensbeteiligten bei Verletzung insolvenzspezifischer Pflichten durch die Mitglieder der Vertretungsorgane einen Direktanspruch auf Ersatz des ihnen entstandenen Schadens erwerben. Dieser Anspruch hängt nicht davon ab, ob der eigenverwalteten Schuldnerin selbst ein Schaden entstanden ist und besteht insbesondere auch bei Masseunzulänglichkeit. Das bedeutet eine Verbesserung insbesondere für geschädigte Absonderungs- und Massegläubiger, deren Ansprüche sonst nur erschwert oder (bei Masseunzulänglichkeit) womöglich gar nicht durchsetzbar wären (vgl. BGH NJW 2018, 2125 Rn. 32 ff.; Bachmann/Becker NJW 2018, 2235 (2236)).

41   Einzelheiten der analogen Anwendung der §§ 60 ff., zB die Anwendung auf Generalbevollmächtigte, die Möglichkeit der Haftungskonzentration durch Ressortaufteilung und die Anwendung des § 60 Abs. 2, waren im Rahmen der analogen Anwendung der Haftungsnormen umstritten. Das SanInsFoG hat insoweit nicht für Klärung gesorgt. Es bleibt abzuwarten, wie die Rechtsprechung die Haftung im Einzelnen ausgestalten wird.

1. Anwendung der §§ 60 ff. auf Sanierungsberater?

42   Ob die Anwendung der §§ 60 ff. auf Organe des Schuldners beschränkt ist, oder ob darüber hinaus eine Anwendung auf Sanierungsberater in Betracht kommt, sofern diese für die Sicherstellung der insolvenzrechtlichen Anforderungen der Eigenverwaltung einstehen, war bislang umstritten. In der Praxis nehmen Sanierungsberater oft (nur) eine Rolle als Handlungs- bzw. Generalbevollmächtigte ein, ohne in die Organstellung berufen zu werden.

43   Gegen die analoge Anwendung der §§ 60 ff. in diesen Fällen lässt sich anführen, dass nach der gesetzlichen Konzeption die Verantwortung (und damit auch die Verantwortlichkeit) für die Erfüllung der insolvenzrechtlichen Pflichten beim Organ liegt und von diesem nicht haftungsbefreiend delegiert werden kann (vgl. Hölzle ZIP 2018, 1669 (1670 f.); Gehrlein ZInsO 2018, 2234 (2240); gegen die analoge Anwendung auch Bachmann/Becker NJW 2018, 2235 (2237)). Dass sich der Gesetzgeber inzwischen mit der Frage der Organhaftung beschäftigt und mit Abs. 2 eine dezidierte Haftung (nur) der Organe eingeführt hat, spricht ebenfalls gegen eine Analogie. Auch wenn die Gesetzesbegründung zu Abs. 2 nicht auf Fragen der Beraterhaftung eingeht, dürfte es an einer relevanten Lücke fehlen.

44   Eine Haftung analog §§ 60 ff. kommt aber in Betracht, wenn der Sanierungsberater als faktischer Geschäftsführer auftritt, was nur unter engen Voraussetzungen in Betracht kommt (vgl. Gehrlein ZInsO 2018, 2234 (2240)). In der Literatur wird darüber hinaus vertreten, dass eine persönliche Haftung auch dann in Betracht kommen soll, wenn der Sanierungsberater nach außen erkennbar

höchstpersönliche insolvenzrechtliche Pflichten der eigenverwaltenden Organe übernimmt (vgl. Schulte-Kaubrügger ZIP 2019, 345 (349)).

2. Haftungsbeschränkung durch Ressortaufteilung?

Die Höchstpersönlichkeit der insolvenzrechtlichen Pflichten in ihrem Kernbereich bedeutet im Ausgangspunkt, dass jedes Mitglied des Geschäftsleitungsorgans des eigenverwaltenden Schuldners für die Wahrnehmung der Pflichten höchstpersönlich zu sorgen hat, wobei er sich entsprechend qualifizierter Berater bedienen darf (→ § 270 Rn. 23). Ob eine Enthaftung durch Ressortaufteilung dergestalt möglich ist, dass die Verantwortung für die Erfüllung der insolvenzrechtlichen Pflichten einem zB als Chief Insolvency Officer bezeichneten Organmitglied schriftlich (zB durch Geschäftsordnung) zur alleinverantwortlichen Wahrnehmung übertragen werden (dafür Hölzle ZIP 2018, 1669 (1673); Ballmann/Illbruck DB 2021, 1450 (1455 f.)), erscheint dogmatisch und auch unter Anreizgesichtspunkten zweifelhaft (vgl. Gehrlein ZInsO 2018, 2234 (2240 f.)). 45

Durchaus nahe liegt, die übrigen Organmitglieder wie auch sonst bei zulässiger Ressortaufteilung (vgl. zB Baumbach/Hueck/Zöllner/Noack GmbHG § 43 Rn. 58) jedenfalls bei einer Verletzung von Überwachungs- und Organisationspflichten haften zu lassen (weitergehend Gehrlein ZInsO 2018, 2234 (2241): Gesamtverantwortung jedenfalls im eröffneten Verfahren), wobei aufgrund der Insolvenz die Anforderungen an die Überwachungsaufgabe erhöht sind (Gehrlein ZInsO 2018, 2234 (2241)). 46

3. Beschränkte Haftung für Verschulden Angestellter

Gemäß § 60 Abs. 2 muss sich der Insolvenzverwalter das Verschulden von Angestellten des Schuldners iRd § 278 BGB nur eingeschränkt zurechnen lassen. Bislang wurde gegen die analoge Anwendung dieser Privilegierung auf die Organhaftung angeführt, dass dem eigenverwaltenden Geschäftsleiter – anders als einem Insolvenzverwalter – die Angestellten des Schuldners nicht „aufgedrängt" werden (vgl. Hofmann ZIP 2018, 1429 (1431)). Da Abs. 2 S. 1 ohne Einschränkung auf § 60 verweist, ließe sich dieser Gedanke nunmehr allenfalls im Wege einer teleologischen Reduktion fruchtbar machen. Dagegen spricht aber, dass die Angestellten des Schuldners in aller Regel über keine insolvenzrechtliche Expertise verfügen. Das rechtfertigt, die Geschäftsleiter nur in dem in § 60 Abs. 2 vorgesehenen eingeschränkten Umfang für Fehler der Angestellten des Schuldners haften zu lassen. 47

4. Geltung der allgemeinen Haftungsnormen

Der BGH hat in seinem Grundsatzurteil keine Aussage dazu getroffen, ob neben der Haftung analog §§ 60 ff. eine persönliche Haftung des Geschäftsleiters nach allgemeinen Grundsätzen in Betracht kommt und wie sich diese bejahendenfalls zur insolvenzrechtlichen Haftung verhält. Für die Fortgeltung der allgemeinen Regeln spricht aus Gläubigersicht, dass diese in Teilen strenger ist als die nach §§ 60 ff. (vgl. Bachmann/Becker NJW 2018, 2235 (2237): Verjährung, Beweislast, Gesamtschuld) und dass bei Eigenschäden der Schuldnerin eine Verfolgung durch den Sachwalter gem. bzw. analog § 280 in der Regel zweckmäßig sein dürfte. 48

Sofern man davon ausgeht, dass die allgemeinen Grundsätze fortgelten, kommt eine Haftung des Geschäftsführers (bzw. vergleichbarer Leitungsorgane) gegenüber der Gesellschaft (**Innenhaftung**) insbesondere gem. § 43 Abs. 2 GmbHG (bzw. entsprechenden Vorschriften) in Betracht (Bachmann ZIP 2015, 101 (106)). 49

Eine **Außenhaftung** kann den Geschäftsleiter bei Inanspruchnahme besonderen persönlichen Vertrauens treffen (§§ 280, 241 Abs. 2, 311 Abs. 2, Abs. 3 BGB; vgl. Uhlenbruck/Zipperer § 270 Rn. 20 und 25 zu Einzelheiten). Ein Auftreten als „Sanierungsgeschäftsführer" allein reicht dafür aber nicht aus (BGH NJW 2018, 2125 Rn. 37 f.). Eine Außenhaftung kann sich zudem aus Deliktsrecht ergeben (Bachmann ZIP 2015, 101 (106); Schmidt/Poertzgen NZI 2013, 369 (376); vgl. Uhlenbruck/Zipperer § 270 Rn. 20 sowie Gehrlein ZInsO 2017, 849 (854 f.) zu Einzelheiten). 50

II. Haftung der zur Vertretung ermächtigten Gesellschafter (Abs. 2 S. 2–4)

Abs. 2 S. 2 ordnet die Geltung der Haftungsvorschriften auf die zur Vertretung ermächtigten Gesellschafter einer Gesellschaft ohne Rechtspersönlichkeit an. 51

Nach Abs. 2 S. 3 gilt die Haftung entsprechend, wenn kein zur Vertretung ermächtigter Gesellschafter eine natürliche Person ist. In diesem Fall trifft die Haftung (analog zur Antragspflicht; 52

vgl. § 15a Abs. 1 S. 2) die organschaftlichen Vertreter der zur Vertretung ermächtigten Gesellschafter. Die Vorschrift zielt in erster Linie auf die GmbH & Co. KG und vergleichbare Rechtsformen ab.

53   Schließlich greift das Haftungsregime der §§ 60–62 gem. § 276a Abs. 2 S. 4 auch dann, wenn die organschaftlichen Vertreter selbst wiederum Gesellschaften ohne Rechtspersönlichkeit sind, bei denen keine natürliche Person zur organschaftlichen Vertretung ermächtigt ist. Die Vorschrift entspricht in ihrer Struktur der Regelung in § 15a Abs. 2.

F. Geltung in der vorläufigen Eigenverwaltung und bei Anordnung von Sicherungsmaßnahmen (Abs. 3)

54   Gemäß Abs. 3 gelten die Regelungen in Abs. 1 und 2 bereits ab Anordnung der vorläufigen Eigenverwaltung oder von Maßnahmen nach § 270c Abs. 3. Die Vorschrift ist eine wesentliche Neuerung des SanInsFoG mit erheblichen Auswirkungen auf die Eigenverwaltung.

I. Zeitlicher Anwendungsbereich

55   Die Regelugen in Abs. 1 und Abs. 2 gelten gem. Abs. 3 für ab dem 1.1.2021 nach den neuen Regelungen eingeleitete Insolvenzverfahren (→ § 270a Rn. 2) bereits ab der Anordnung der vorläufigen Eigenverwaltung. Das Gesetz nimmt zum einen Bezug auf die Bestellung eines vorläufigen Sachwalters gem. § 270b Abs. 1. Nicht klar ist der Verweis auf § 270c Abs. 3. Da § 270c die Durchführung des vorläufigen Eigenverwaltungsverfahrens regelt, erfolgt eine Anordnung nach § 270c Abs. 3 regelmäßig bei oder nach Bestellung eines vorläufigen Sachwalters.

55.1 Einen eigenständigen Anwendungsbereich erhält die Verweisung wohl nur, wenn man sie so versteht, dass das Insolvenzgericht Maßnahmen nach § 270c Abs. 3 im Zeitraum nach Eingang des Eigenverwaltungsantrags und vor der Bestellung des vorläufigen Sachwalters anordnen kann (→ § 270c Rn. 18).

II. Verbot der Einflussnahme im vorläufigen Eröffnungsverfahren

56   Gemäß Abs. 3 iVm Abs. 1 haben Aufsichtsrat, Gesellschafterversammlung sowie entsprechende Organe bereits in der vorläufigen Eigenverwaltung keinen Einfluss mehr auf die Geschäftsführung. In Konzernsachverhalten entfällt die Leitungsmacht des herrschenden Unternehmens mit Anordnung der vorläufigen Eigenverwaltung beim abhängigen Unternehmen (Hoegen/Kranz NZI 2021, 105 (106)).

57   Für Umfang und Reichweite des Ausschlusses der Einflussnahme dürfte im Wesentlichen dasselbe gelten wie für das eröffnete Verfahren. Insofern kann auf die Ausführungen zu Abs. 1 verwiesen werden (→ Rn. 8 ff.).

57.1 Die Anordnung der Anwendung des § 276a Abs. 1 im Eröffnungsverfahren war nicht zwingend erforderlich. Verfahrensschädliche Einwirkungen der Gesellschaftsorgane waren bereits nach allgemeinen Regeln (zB §§ 283 ff. StGB) Grenzen gesetzt. Ob die Geschäftsleitung gläubigerschädlichen Weisungen der Gesellschafter im Eröffnungsverfahren folgen muss, war zumindest fraglich, da bereits im Eröffnungsverfahren und jedenfalls mit Insolvenzeröffnung (MüKoInsO/Klöhn Rn. 14) der Verbandszweck durch den Insolvenzzweck überlagert wird. Zudem kann gläubigerschädigendes Verhalten der Gesellschaftsorgane im Eröffnungsverfahren durch die Anordnung von Sicherungsmaßnahmen und die Aufhebung der vorläufigen Eigenverwaltung sanktioniert werden. Die Entscheidung des Gesetzgebers ist jedoch konsequent und sorgt für klare Verhältnisse, indem der Vorrang der Gläubiger- vor den Gesellschafterinteressen für den Zeitraum der vorläufigen Eigenverwaltung kodifiziert wird („shift of duties", vgl. Bitter ZIP 2021, 321 (335)).

58   Welche Folgewirkungen die Anordnung der Geltung des Abs. 1 ab Anordnung der vorläufigen Eigenverwaltung hat, ist noch nicht ganz abzusehen. Auswirkungen sind insbesondere im Steuerrecht nahliegend.

59   Bislang entfiel mit Insolvenzeröffnung unter Anordnung der Eigenverwaltung bei einer Organgesellschaft deren finanzielle Eingliederung in den Organträger. Daher endete eine umsatzsteuerliche Organschaft jedenfalls mit Eröffnung des Insolvenzverfahrens über das Vermögen der Organgesellschaft (BFH DStR 2017, 599 Rn. 28 ff.; 2020, 494 Rn, 41, 63 ff.).

60   Hingegen führte die Anordnung der vorläufigen Eigenverwaltung und Bestellung eines vorläufigen Sachwalters nach einem neueren Urteil des BFH vom 27.11.2019 (NZI 2020, 378) jedenfalls bei Personenidentität in der Geschäftsleitung von Organträger und Organgesellschaft nicht zum Wegfall der umsatzsteuerlichen Organschaft. In dem vom BFH entschiedenen Fall stand die für die umsatzsteuerliche Organschaft erforderliche wirtschaftliche Eingliederung nicht im Streit. Die

organisatorische Eingliederung war aufgrund bestehender Personenidentität in den Leitungsorganen von Organträger und Organgesellschaft gegeben. Aufgrund dieser konnte die Organgesellschaft ihren Willen bei der Organträgerin in vollem Umfang durchsetzen. Die Anordnung eines Vollstreckungsverbots sowie die Bestellung des vorläufigen Sachwalters sah der BFH insoweit als unschädlich an, da die Organträgerin dessen ungeachtet in der Lage blieb, ihren Willen bei der Organgesellschaft durchzusetzen (BFH NZI 2020, 378 Rn. 55). Auch die finanzielle Eingliederung bestand nach Ansicht des BFH fort, da die Organträgerin weiterhin ihren Willen durch die Fassung von Mehrheitsbeschlüssen in der Gesellschafterversammlung der Organgesellschaft durchsetzen konnte. Letzteres begründet der BFH maßgeblich damit, dass § 276a erst ab Insolvenzeröffnung gelte, nicht jedoch bereits in der vorläufigen Eigenverwaltung (BFH NZI 2020, 378 Rn. 65; vgl. dazu → § 276a Rn. 6). Das letztgenannte Argument trägt für nach dem neuen Recht angeordnete vorläufige Eigenverwaltungsverfahren wegen Abs. 3 nicht mehr.

In Konzernsachverhalten bewirkte § 276a bislang, dass auch bei Anordnung der Eigenverwaltung spätestens mit Insolvenzeröffnung die einheitliche Leitung endet. Dementsprechend lag nahe, dass auch die Zuständigkeit eines Konzernbetriebsrats (spätestens) mit Insolvenzeröffnung endete (LAG BW BeckRS 2015, 73214; offen gelassen in BAG NZA 2017, 1618 Rn. 36). Folgte man dieser Auffassung (mit beachtlichen Gründen dagegen Wernicke/Schneider BB 2018, 948 (951 ff.)), waren Interessenausgleichsverhandlungen ab Insolvenzeröffnung allenfalls mit dem lokalen Betriebsrat zu führen (LAG BW BeckRS 2015, 73214). Nach dem neuen Recht stellt sich wegen Abs. 3 die Frage, ob die Zuständigkeit eines Konzernbetriebsrats bereits mit Anordnung der vorläufigen Eigenverwaltung endet. 61

III. Geltung der §§ 60–62 im vorläufigen Eigenverwaltungsverfahren

Soweit Abs. 3 die Geltung des Abs. 2 anordnet, gilt das zu Abs. 2 Gesagte (→ Rn. 38 ff.). 62

Für den Zeitraum der vorläufigen Eigenverwaltung war bislang streitig, ob und inwieweit die Geschäftsführer weiterhin der Massesicherungspflicht gem. § 64 S. 1 GmbHG aF (nun: § 15b) unterlagen. Nach wohl hM endete sie erst mit Eröffnung des Insolvenzverfahrens (vgl. Baumbach/Hueck/Haas GmbHG § 64 Rn. 87; Schmidt/Poertzgen NZI 2013, 369 (376)). Vertreten wurde auch, dass sie bereits mit Anordnung der vorläufigen Eigenverwaltung endete (vgl. FK-InsO/Foltis § 270a Rn. 11) oder eine Anwendung nur unter Berücksichtigung der Besonderheiten der (vorläufigen) Eigenverwaltung erfolgen sollte (K. Schmidt InsO/Undritz § 270 Rn. 21). Ausweislich der Gesetzesbegründung zum SanInsFoG handelt es sich bei den Regelungen in Abs. 3 und Abs. 2 insoweit um leges speciales, welche die allgemeine Massesicherungspflicht verdrängen (vgl. RegE SanInsFoG, BT-Drs. 19/24181, 195). § 15b ist somit nach Anordnung der vorläufigen Eigenverwaltung oder von Sicherungsmaßnahmen nach § 270c Abs. 3 nicht anzuwenden (Ballmann/Illbruck DB 2021, 1450 (1455); aA Bitter ZIP 2021, 321 (325 f.)). 63

§ 277 Anordnung der Zustimmungsbedürftigkeit

(1) ¹**Auf Antrag der Gläubigerversammlung ordnet das Insolvenzgericht an, daß bestimmte Rechtsgeschäfte des Schuldners nur wirksam sind, wenn der Sachwalter ihnen zustimmt.** ²**§ 81 Abs. 1 Satz 2 und 3 und § 82 gelten entsprechend.** ³**Stimmt der Sachwalter der Begründung einer Masseverbindlichkeit zu, so gilt § 61 entsprechend.**

(2) ¹**Die Anordnung kann auch auf den Antrag eines absonderungsberechtigten Gläubigers oder eines Insolvenzgläubigers ergehen, wenn sie unaufschiebbar erforderlich ist, um Nachteile für die Gläubiger zu vermeiden.** ²**Der Antrag ist nur zulässig, wenn diese Voraussetzung der Anordnung glaubhaft gemacht wird.**

(3) ¹**Die Anordnung ist öffentlich bekanntzumachen.** ²**§ 31 gilt entsprechend.** ³**Soweit das Recht zur Verfügung über ein Grundstück, ein eingetragenes Schiff, Schiffsbauwerk oder Luftfahrzeug, ein Recht an einem solchen Gegenstand oder ein Recht an einem solchen Recht beschränkt wird, gelten die §§ 32 und 33 entsprechend.**

Überblick

Nach § 277 kann das Insolvenzgericht einzelne Rechtsgeschäfte oder konkrete Gruppen von Rechtsgeschäften des Schuldners unter den Vorbehalt der Zustimmung des Sachwalters stellen. Antragsberechtigt sind die Gläubigerversammlung und in Eilfällen auch einzelne Gläubiger. Im Gegensatz zu den Beschränkungen aus §§ 275, 276 wirkt die Anordnung der Zustimmungsbedürftigkeit auch im Außenverhältnis. Dadurch wurden Regelungen über ihre öffentliche Bekanntmachung und zum Gutglaubensschutz erforderlich.

Übersicht

	Rn.		Rn.
A. Normzweck und Entstehungsgeschichte	1	IV. Entscheidung des Gerichts	12
		V. Rechtsfolgen der Anordnung	17
B. Regelungen im Einzelnen	3	1. Rechtsgeschäfte ohne Zustimmung	17
I. Antrag der Gläubigerversammlung (Abs. 1 S. 1)	3	2. Rechtsgeschäfte mit Zustimmung	20
		VI. Öffentliche Bekanntmachung der Anordnung und Eintragung in Registern (Abs. 3)	21
II. Antrag einzelner Gläubiger (Abs. 2)	6		
III. Anordnung von Amts wegen?	10	VII. Aufhebung der Anordnung	23

A. Normzweck und Entstehungsgeschichte

1 § 277 dient dem Schutz der Gläubiger vor für die Masse nachteiligen Rechtsgeschäften des eigenverwaltenden Schuldners und bildet das letzte Korrektiv der §§ 275–277 zur verbleibenden Verwaltungs- und Verfügungsbefugnis des Schuldners. Das Insolvenzgericht kann auf Antrag der Gläubigerversammlung, in Eilfällen auch auf Antrag eines einzelnen Gläubigers, den Sachwalter in Bezug auf bestimmte Rechtsgeschäfte des Schuldners mit Befugnissen ausstatten, die denen des „schwachen" vorläufigen Insolvenzverwalters (§ 21 Abs. 2 Nr. 2) im Regelinsolvenzverfahren ähnlich sind (MüKoInsO/Kern Rn. 1; KPB/Pape Rn. 1). Anders als die Beschränkungen der §§ 275, 276 wirkt die Anordnung der Zustimmungsbedürftigkeit auch gegenüber Dritten (BT-Drs. 12/2443, 225), wodurch die Regelungen über die Bekanntmachung in Abs. 3 und die Verweisung auf die Vorschriften zum (beschränkten) Gutglaubensschutz (§§ 81 f.) erforderlich wurden (Undritz/Schur ZIP 2016, 549 (550)). Stimmt der Sachwalter der Begründung einer Masseverbindlichkeit zu, so haftet er für deren vollständige oder teilweise Nichterfüllung entsprechend § 61.

2 Wie zahlreiche Bestimmungen über die Eigenverwaltung hat auch § 277 seine Vorläufer in der Vergleichsordnung: Nach §§ 58–65 VerglO konnte das Gericht von Amts wegen oder auf Antrag des Vergleichsverwalters, eines Mitglieds des Gläubigerbeirats oder eines Vergleichsgläubigers dem Schuldner ein allgemeines oder ein auf einzelne Vermögensgegenstände bezogenes Verfügungsverbot auferlegen. Geregelt waren auch die Bekanntmachung dieser Anordnung, ihre Folgen für die Verfügungsmacht des Schuldners und den Gutglaubensschutz sowie die Möglichkeit der Zustimmung des Vergleichsverwalters zu einzelnen Verfügungen. Der seit dem 1.1.2000 geltende § 277 weicht davon insofern ab, als das Gericht heute die Zustimmungsbedürftigkeit nur noch in Bezug auf bestimmte Rechtsgeschäfte anordnen kann und dazu nach der Konzeption der Norm stets ein Gläubigerantrag erforderlich ist. Das Gesetz zur Fortentwicklung des Sanierungs- und Insolvenzrechts v. 22.12.2020 („SanInsFoG", BGBl. 2020 I 3256) hat zu keiner Änderung der Vorschrift geführt.

B. Regelungen im Einzelnen

I. Antrag der Gläubigerversammlung (Abs. 1 S. 1)

3 Der **Hauptanwendungsfall** (Braun/Riggert Rn. 2, 8; K. Schmidt InsO/Undritz Rn. 2) der Norm ist eine Anordnung der Zustimmungsbedürftigkeit auf Antrag der Gläubigerversammlung, dem regelmäßig eine Unterrichtung durch den Sachwalter gem. § 274 Abs. 3 vorausgehen wird. Der Antrag bedarf keiner Begründung (Uhlenbruck/Zipperer Rn. 2; MüKoInsO/Kern Rn. 10); er erfordert einen mit einfacher Mehrheit (§§ 76 Abs. 2, 77, Uhlenbruck/Zipperer Rn. 2; MüKoInsO/Kern Rn. 11) gefassten Beschluss der Gläubigerversammlung. Inhaltlich ist der Antrag darauf gerichtet, bestimmte Verwaltungshandlungen und Verfügungen des Schuldners unter Zustimmungsvorbehalt zu stellen. Streitig ist, welcher Grad der **Konkretisierung** der betroffenen Rechtsgeschäfte (§§ 104 ff. BGB) für den Antrag erforderlich ist: Einerseits (FK-InsO/Foltis Rn. 4; ähnl. streng Nerlich/Römermann/Riggert Rn. 2) wird Bestimmtheit iSd § 930 BGB gefordert. Andere (MüKoInsO/Kern Rn. 18; Uhlenbruck/Zipperer Rn. 2; K. Schmidt InsO/Undritz Rn. 2) lassen eine abstrakt-generelle Beschreibung genügen, die dann im Einzelfall für jedes konkrete Rechtsgeschäft bestimmbar macht, ob es unter den Zustimmungsvorbehalt fällt, wenn nur die Bestimmbarkeit am Rechtsgeschäft selbst und nicht lediglich an außerhalb des Geschäfts liegenden Umständen

festgemacht ist. Auf diese Formel können sich im Ergebnis fast alle (auch FK-InsO/Foltis Rn. 4; anders wohl nur noch Nerlich/Römermann/Riggert Rn. 2) verständigen, sodass die praktischen Konsequenzen der verbliebenen Meinungsverschiedenheit gering sein dürften.

Unter Zustimmungsvorbehalt können zB alle **von § 160 erfassten Rechtsgeschäfte** gestellt werden (Uhlenbruck/Zipperer Rn. 2); dass sie daneben gem. § 276 der Zustimmung des Gläubigerausschusses bedürfen, steht dem nicht entgegen, weil § 276 wegen der Verweisung in seinem S. 2 auf § 164 die Wirksamkeit eigenmächtigen Schuldnerhandelns im Außenverhältnis nicht verhindern kann (MüKoInso/Kern Rn. 18). Zulässig sind auch Anordnungen des Inhalts, dass der **Forderungseinzug** oder die **Belastung von Vermögensgegenständen** durch den Schuldner der Zustimmung des Sachwalters bedarf (MüKoInsO/Kern Rn. 18; KPB/Pape Rn. 7), dass andere Gruppen von Rechtsgeschäften nur im Zusammenwirken mit dem Sachwalter wirksam sein sollen, die nach ihren **Gegenständen** oder nach ihrem **Volumen** bestimmt werden können (zB „Verfügungen des Schuldners, die über den gewöhnlichen Geschäftsbetrieb hinausgehen, dass heißt, die im Einzelfall einen Betrag von 2 Mio. Euro übersteigen", AG München BeckRS 2009, 22675 – KirchMedia GmbH & Co. KGaA; Uhlenbruck/Zipperer Rn. 2; HmbKommInsR/Fiebig Rn. 5). 4

Unzulässig ist ein Antrag, **alle** Rechtsgeschäfte des Schuldners unter Zustimmungsvorbehalt zu stellen. Dies wäre nicht mit der Beschränkung der Zustimmungsbedürftigkeit auf „bestimmte" Rechtsgeschäfte zu vereinbaren und käme der Aufhebung der Eigenverwaltung gleich (MüKoInsO/Kern Rn. 19; Uhlenbruck/Zipperer Rn. 2; HK-InsO/Brünkmans Rn. 1), weil dem Schuldner zumindest Teilbereiche der Verwaltungs- und Verfügungsbefugnis verbleiben müssen (KPB/Pape Rn. 9; aA AG Hamburg in einer unveröffentlichten Entscheidung v. 5.8.2003 (67c IN 42/03), zit. nach HmbKommInsR/Fiebig Rn. 6). 5

II. Antrag einzelner Gläubiger (Abs. 2)

Wenn es **unaufschiebbar erforderlich** ist, um Nachteile für die Gläubiger zu vermeiden, kann das Gericht die Zustimmungsbedürftigkeit auch auf Antrag nur eines absonderungsberechtigten Gläubigers oder eines Insolvenzgläubigers anordnen (Abs. 2 S. 1). Der Antrag ist allerdings nur zulässig, wenn es dem Antragsteller gelingt, die Voraussetzung der Anordnung glaubhaft zu machen (Abs. 2 S. 2). Das Erfordernis der Glaubhaftmachung als Zulässigkeitsvoraussetzung schafft eine **hohe Hürde** für den Antrag eines einzelnen Gläubigers (MüKoInsO/Kern Rn. 12), der das Gericht mit präsenten Beweismitteln (§ 4 iVm § 294 ZPO) davon überzeugen muss, dass 6

- ein masseverkürzendes Rechtsgeschäft des Schuldners unmittelbar bevorsteht, also insbesondere eine vorherige Einberufung der Gläubigerversammlung nicht mehr möglich ist (Uhlenbruck/ Zipperer Rn. 8; KPB/Pape Rn. 30; MüKoInsO/Kern Rn. 15; HK-InsO/Brünkmans Rn. 6) und
- die Gefahr nicht anders als durch die Anordnung der Zustimmungsbedürftigkeit abgewendet werden kann, also insbesondere die Ausübung der Befugnisse des Sachwalters aus § 275 nicht mehr als milderes Mittel in Betracht kommt (MüKoInsO/Kern Rn. 15).

Diese erhebliche Einschränkung des Antragsrechts dient dazu, seinen Missbrauch durch einen nicht bestimmten Kreis von Antragstellern zu verhindern (MüKoInsO/Kern Rn. 12; Nerlich/ Römermann/Riggert Rn. 7; KPB/Pape Rn. 34). 7

Hat es der Antragsteller geschafft, die Zulässigkeitsvoraussetzung darzulegen, ist es am Schuldner, diese Darlegungen im Wege der Gegenglaubhaftmachung (KPB/Pape Rn. 33; Uhlenbruck/Zipperer Rn. 8) im Rahmen seiner Anhörung zu entkräften. Von dieser Anhörung sollte nur abgesehen werden, wenn der Schuldner sie nutzen könnte, um das masseschädigende Geschäft abzuschließen oder zu vollziehen (Uhlenbruck/Zipperer Rn. 8; MüKoInsO/Kern Rn. 23; HK-InsO/ Brünkmans Rn. 6). Angesichts des Erfordernisses der Unaufschiebbarkeit wird es allerdings regelmäßig nicht zu einer Anhörung des Schuldners kommen (MüKoInsO/Kern Rn. 23; Nerlich/ Römermann/Riggert Rn. 6). 8

Steht die Zulässigkeit des Antrags fest, muss das Gericht von Amts wegen feststellen, ob der Antrag begründet ist, die Voraussetzung des Abs. 2 also zur Überzeugung des Gerichts vorliegt, und hierzu die nötigen Ermittlungen anstellen (MüKoInsO/Kern Rn. 13); dabei werden sich Zulässigkeit und Begründetheit oft nicht voneinander abgrenzen lassen (Uhlenbruck/Zipperer Rn. 9). 9

III. Anordnung von Amts wegen?

Umstritten ist, ob § 277 entgegen seinem klaren Wortlaut, der sowohl in Abs. 1 als auch in Abs. 2 die Anordnung der Zustimmungsbedürftigkeit nur **auf Antrag** der Gläubigerversammlung oder einzelner Gläubiger vorsieht, auch ein Tätigwerden des Insolvenzgerichts **von Amts wegen** 10

InsO § 277 Siebter Teil. Eigenverwaltung

zulässt. Die hM (zB Nerlich/Römermann/Riggert Rn. 4; KPB/Pape Rn. 12 ff.; MüKoInsO/ Kern Rn. 8; HK-InsO/Brünkmans Rn. 4) lehnt ein solches Initiativrecht ab. Nach anderer Ansicht, insbesondere in der Rechtsprechung (AG Duisburg ZIP 2002, 1636 – Babcock Borsig AG; AG München BeckRS 2009, 22675 – KirchMedia GmbH & Co. KGaA); AG Düsseldorf BeckRS 2014, 22230; AG Heilbronn NZI 2016, 582; FK-InsO/Foltis Rn. 2; HmbKommInsR/ Fiebig Rn. 2), kann ein Tätigwerden des Gerichts sowohl im Eröffnungs- als auch im eröffneten Verfahren in Analogie zu § 21 Abs. 2 Nr. 2 zu begründen sein; jedenfalls soll die amtswegige Anordnung des Zustimmungsvorbehalts in der Eröffnungsentscheidung befristet bis zur Gläubigerversammlung zulässig sein (Uhlenbruck/Zipperer Rn. 3).

11   Der hM ist jedenfalls für das eröffnete Verfahren zu folgen. Entgegen Foltis (FK-InsO Rn. 2), der meint, bei der Umsetzung des Sinns und Zwecks der Eigenverwaltung in die Rollenverteilung zwischen Gläubiger und Gericht habe der Gesetzgeber „handwerkliche Fehler gemacht und Regelungslücken produziert", die im Wege der Analogie geschlossen werden müssen, um den Gläubigerschutz effektiv durchzusetzen, liegt schon keine planwidrige Regelungslücke vor, die eine Analogie rechtfertigen könnte (K. Schmidt InsO/Undritz Rn. 4; HK-InsO/Brünkmans Rn. 4; Graf-Schlicker/Graf-Schlicker Rn. 3; AGR/Ringstmeier Rn. 2). Das zeigt sich deutlich anhand der Tatsache, dass der Gesetzgeber mit der Einführung des ESUG Gelegenheit gehabt hätte, eine als planwidrig angesehene Regelungslücke zu schließen, diese Gelegenheit aber nicht genutzt hat (MüKoInsO/Kern Rn. 8; Graf-Schlicker/Graf-Schlicker Rn. 3). Es spricht somit alles dafür, dass der Gesetzgeber die bestehenden Möglichkeiten zur Überwachung des Schuldners in der Eigenverwaltung als ausreichend ansieht und ein Initiativrecht des Insolvenzgerichts nicht für erforderlich hält, sodass eine „Korrektur" der Aufgabenverteilung zwischen Gläubiger und Gericht unzulässig ist (KPB/Pape Rn. 13; Graf-Schlicker/Graf-Schlicker Rn. 3). Tatsächlich sollte ein Eigenverwaltungsverfahren, in dem es dem Gericht schon vor einem entsprechenden Antrag der Gläubigerversammlung erforderlich erscheint, Rechtsgeschäfte des Schuldners unter Zustimmungsvorbehalt zu stellen, gar nicht erst eröffnet werden (KPB/Pape Rn. 13).

IV. Entscheidung des Gerichts

12   Das Insolvenzgericht entscheidet über einen Antrag der Gläubigerversammlung oder einzelner Gläubiger auf Anordnung der Zustimmungsbedürftigkeit durch Beschluss. Gegen die Entscheidung des Richters ist eine sofortige Beschwerde in der InsO nicht vorgesehen und damit kein Rechtsmittel gegeben (§ 6). Hat sich der Richter nicht gem. § 18 Abs. 2 RPflG die Entscheidung vorbehalten, ist gegen die Entscheidung des Rechtspflegers die Rechtspflegererinnerung (§ 11 Abs. 2 S. 1 RPflG) gegeben (KPB/Pape Rn. 35; MüKoInsO/Kern Rn. 30).

13   Die Entscheidung über einen Antrag gem. Abs. 1 ist eine **gebundene:** Hat die Gläubigerversammlung die Anordnung der Zustimmungsbedürftigkeit in zulässiger Weise (insbesondere unter Beschränkung auf „bestimmte Rechtsgeschäfte") beantragt, so muss das Insolvenzgericht sie aussprechen, auch wenn es der Ansicht sein sollte, die beantragte Begrenzung der Verwaltungs- und Verfügungsmacht des Schuldners sei nicht angezeigt; dem Insolvenzgericht steht insofern **kein Entscheidungsermessen** zu (MüKoInsO/Kern Rn. 24; Nerlich/Römermann/Riggert Rn. 4). Ist der Antrag zu unbestimmt gefasst, muss das Insolvenzgericht die Anordnung so abwandeln, dass sein Beschluss dem Bestimmtheitsgebot entspricht (Uhlenbruck/Zipperer Rn. 5; KPB/Pape Rn. 11; BGH NZI 2002, 543 (546)). Dabei kann es nur hinter dem Umfang des Antrags zurückbleiben; ne ultra petita (§ 4 iVm § 308 Abs. 1 S. 1 ZPO) gilt auch hier (MüKoInsO/Kern Rn. 27).

14   Trotz des scheinbar entgegenstehenden Wortlauts des Abs. 2, nach dem das Gericht auf einen Antrag eines einzelnen Gläubigers die Zustimmungsbedürftigkeit nur anordnen kann, steht dem Gericht auch in diesem Fall **kein Entscheidungsermessen** zu (Uhlenbruck/Zipperer Rn. 9; HK-InsO/Brünkmans Rn. 6): Hält das Gericht den Antrag für zulässig und ist er nach seiner Überzeugung auch begründet (wobei die Zulässigkeit außer im Fall einer überzeugenden Gegenglaubhaftmachung des Schuldners die Begründetheit indizieren dürfte), muss es ihm entsprechen. Mit Blick auf das Bestimmtheitsgebot sind auch hier zu unbestimmt gefasste Anträge im Umfang zu reduzieren.

15   Ein Beschluss, der einem Antrag nach Abs. 1 in vollem Umfang folgt, bedarf keiner Begründung (MüKoInsO/Kern Rn. 28). Bleibt der Beschluss aus Bestimmtheitsgründen hinter dem Antrag zurück, wird das Gericht diese Abweichung aber wohl zu begründen haben. Entspricht der Beschluss einem Antrag nach Abs. 2, wird er hingegen stets zu begründen sein, damit die Beteiligten nachvollziehen können, warum das Gericht vom Vorliegen der Voraussetzungen für die Zulässigkeit und Begründetheit des Antrags überzeugt war (MüKoInsO/Kern Rn. 28).

Da § 277 nicht auf § 81 Abs. 3 verweist, ist es zweckmäßig, den Beschluss über die Anordnung 16
der Zustimmungsbedürftigkeit nach Tag und Stunde zu datieren, um später die Wirksamkeit
einer Verfügung des Schuldners bestimmen zu können (Uhlenbruck/Zipperer Rn. 5; KPB/Pape
Rn. 18; MüKoInso/Kern Rn. 29).

V. Rechtsfolgen der Anordnung

1. Rechtsgeschäfte ohne Zustimmung

Ab der Anordnung ist der Schuldner im Innenverhältnis verpflichtet, vor der Vornahme der 17
Rechtsgeschäfte, für die die Zustimmungsbedürftigkeit besteht, die Zustimmung des Sachwalters
einzuholen; sie ist wie in §§ 275 und 276 als **Einwilligung** iSd § 183 BGB zu verstehen (MüKo-
InsO/Kern Rn. 39; Uhlenbruck/Zipperer Rn. 7). Der Sachwalter entscheidet nach pflichtgemä-
ßem Ermessen, ohne dabei Weisungen des Insolvenzgerichts, des Gläubigerausschusses oder der
Gläubigerversammlung unterworfen zu sein (MüKoInso/Kern Rn. 38; Uhlenbruck/Zipperer
Rn. 7). Von der Anordnung erfasste Rechtsgeschäfte, die der Schuldner ohne Zustimmung des
Sachwalters vornimmt, sind gem. Abs. 1 S. 1 zunächst schwebend und nach Verweigerung der
Zustimmung absolut unwirksam (MüKoInso/Kern Rn. 43 f.; KPB/Pape Rn. 27; K. Schmidt
InsO/Undritz Rn. 6). Tritt absolute Unwirksamkeit ein, ist dem anderen Teil des Rechtsgeschäfts
eine schon erbrachte Gegenleistung gem. § 277 Abs. 1 S. 2, § 81 Abs. 1 S. 3 aus der Masse
zurückzugewähren, soweit die Masse durch sie noch bereichert ist. Eine nachträgliche Genehmi-
gung zunächst schwebend unwirksamer Rechtsgeschäfte durch den Sachwalter ist möglich (KPB/
Pape Rn. 27; MüKoInso/Kern Rn. 44; K. Schmidt InsO/Undritz Rn. 6).

Aus S. 2 iVm § 81 Abs. 1 S. 1 folgt, dass die aus der Anordnung folgende Unwirksamkeit 18
des Schuldnerhandelns ohne Zustimmung des Sachwalters (im Gegensatz zu § 275 Abs. 1) auch
gegenüber Dritten wirkt (FK-InsO/Foltis Rn. 8). Gutglaubensschutz findet nur in Ausnahmefällen
statt, nämlich kraft der Verweisung auf § 81 Abs. 1 S. 2 im Rahmen der Bestimmungen der §§ 892,
893 BGB, §§ 16, 17 SchRG und §§ 16, 17 LuftFzgG. Damit ist bei fehlender Zustimmung des
Sachwalters ein gutgläubiger Erwerb von Grundstücksrechten möglich, solange die Verfügungsbeschränkung nicht im Grundbuch eingetragen ist, ebenso wie der gutgläubige Erwerb des Eigentums an einem Schiff, einer Schiffshypothek oder eines Rechts an einer solchen oder eines Nießbrauchs an einem Schiff bei fehlender Eintragung im Schiffsregister und der gutgläubige Erwerb
eines Registerpfandrechts oder eines Rechts an einem solchen bei fehlender Eintragung im Register für Pfandrechte an Luftfahrzeugen.

Für Leistungen an den Schuldner folgt der Gutglaubensschutz aus der entsprechenden Anwen- 19
dung des § 82: Ein Dritter wird von seiner Leistungspflicht befreit, wenn er im Zeitpunkt der
Leistung von der Anordnung der Zustimmungsbedürftigkeit keine positive Kenntnis hatte; fahrlässige Unkenntnis schadet dem Leistenden nicht (MüKoInso/Kern Rn. 46). Gemäß § 82 S. 2 wird
die Unkenntnis des Leistenden von der Zustimmungsbedürftigkeit vermutet, wenn er vor
Bekanntmachung der Anordnung (HmbKommInsR/Fiebig Rn. 10; Uhlenbruck/Zipperer Rn. 6)
geleistet hat. Bei einer Leistung nach der Bekanntmachung trägt der Leistende die Beweislast für
seine Unkenntnis (MüKoInso/Kern Rn. 46; K. Schmidt InsO/Undritz Rn. 7).

2. Rechtsgeschäfte mit Zustimmung

Stimmt er einem vom Schuldner beabsichtigten Rechtsgeschäft zu, **haftet** der Sachwalter kraft 20
der Verweisung in Abs. 2 S. 3 persönlich für die Nichterfüllung der daraus resultierenden Masseverbindlichkeiten (§ 55 Abs. 1 Nr. 1) in entsprechender Anwendung von § 61, also grundsätzlich im
selben Umfang und unter denselben Voraussetzungen wie ein Insolvenzverwalter (→ § 61
Rn. 2 ff.). Durch die Anordnung gem. § 277 rückt der Sachwalter – anders als im Fall des § 275 –
in die Rolle eines Geschäftsherrn, der über die Begründung einer Masseverbindlichkeit entscheidet, sodass seine Haftung entsprechend § 61 grundsätzlich gerechtfertigt erscheint (Uhlenbruck/
Zipperer Rn. 7; MüKoInso/Kern Rn. 41; KPB/Pape Rn. 21). Er kann sich nur exkulpieren,
wenn er beweisen kann, dass er bei der Begründung der Verbindlichkeit nicht erkennen konnte,
dass die Masse voraussichtlich zur Erfüllung nicht ausreichen würde (HK-InsO/Brünkmans
Rn. 10; FK-InsO/Foltis Rn. 13). Bei der entsprechenden Anwendung des § 61 werden aber zu
Recht die Besonderheiten der Eigenverwaltung insofern berücksichtigt, als für die Erkennbarkeit
der Masseunzulänglichkeit nicht auf den Zeitpunkt der Vornahme des Rechtsgeschäfts abgestellt
wird, sondern auf den Zeitpunkt der Erteilung der Zustimmung des Sachwalters (KPB/Pape
Rn. 23; MüKoInsO/Kern Rn. 41; AGR/Ringstmeier Rn. 19). Das ist gerechtfertigt, da – anders

als beim Insolvenzverwalter, der Masseverbindlichkeiten durch seine eigenen Handlungen begründet – im Fall der Eigenverwaltung die Zustimmung und die Begründung einer Masseverbindlichkeit zeitlich auseinanderfallen können. Zu einer Prüfung der voraussichtlichen Liquidität kann der Sachwalter nur im Zeitpunkt seiner eigenen Handlung verpflichtet sein (KPB/Pape Rn. 23; Uhlenbruck/Zipperer Rn. 7).

VI. Öffentliche Bekanntmachung der Anordnung und Eintragung in Registern (Abs. 3)

21 Aufgrund der Drittwirkung der Anordnung der Zustimmungsbedürftigkeit ist die in Abs. 3 S. 1 angeordnete öffentliche Bekanntmachung des Beschlusses erforderlich (BT-Drs. 12/2443, 225), die nach § 9 erfolgen kann (→ § 9 Rn. 1 ff.; Uhlenbruck/Zipperer Rn. 10; FK-InsO/Foltis Rn. 7; KPB/Pape Rn. 37; K. Schmidt InsO/Undritz Rn. 8). Betrifft die Anordnung Verfügungen über Rechte an Vermögensgegenständen, die im Grundbuch, im Schiffsregister oder im Register für Pfandrechte an Luftfahrzeugen eingetragen sind, ist die Anordnung entsprechend §§ 32, 33 auch in diesen Registern einzutragen (Abs. 3 S. 3), um eine Schmälerung der Masse durch gutgläubigen Erwerb zu erschweren (Nerlich/Römermann/Riggert Rn. 10). Ist der Schuldner im Handels-, Genossenschafts- oder Vereinsregister eingetragen, so hat das Insolvenzgericht dem Registergericht eine Ausfertigung des Beschlusses zu übermitteln (Abs. 3 S. 2 iVm § 31; Nerlich/Römermann/Riggert Rn. 10; FK-InsO/Foltis Rn. 7).

22 Nicht gesetzlich vorgeschrieben, aber empfehlenswert ist des Weiteren eine Übersendung des Beschlusses an den Sachwalter (K. Schmidt InsO/Undritz Rn. 8) sowie (wegen der Anwendbarkeit von § 82) eine Zustellung an den Schuldner und an dessen Schuldner, um wegen § 82 S. 2 deren schuldbefreiende Leistungen über den Anordnungszeitpunkt hinaus zu verhindern (KPB/Pape Rn. 37; Uhlenbruck/Zipperer Rn. 10; Graf-Schlicker/Graf-Schlicker Rn. 15).

VII. Aufhebung der Anordnung

23 Obwohl im Gesetz nicht ausdrücklich erwähnt, ist eine Aufhebung der Anordnung der Zustimmungsbedürftigkeit als actus contrarius auf Antrag der Gläubigerversammlung zulässig (HK-InsO/Brünkmans Rn. 11; KPB/Pape Rn. 39 ff.; Uhlenbruck/Zipperer Rn. 4). Das Insolvenzgericht ist an den Antrag gebunden und hat die Aufhebung ebenso wie die Anordnung öffentlich bekannt zu machen (KPB/Pape Rn. 42). Auf Antrag eines einzelnen Gläubigers kann die Anordnung nur aufgehoben werden, wenn sie derselbe Gläubiger zuvor beantragt hatte (HmbKommInsR/Fiebig Rn. 14).

§ 278 Mittel zur Lebensführung des Schuldners

(1) Der Schuldner ist berechtigt, für sich und die in § 100 Abs. 2 Satz 2 genannten Familienangehörigen aus der Insolvenzmasse die Mittel zu entnehmen, die unter Berücksichtigung der bisherigen Lebensverhältnisse des Schuldners eine bescheidene Lebensführung gestatten.

(2) Ist der Schuldner keine natürliche Person, so gilt Absatz 1 entsprechend für die vertretungsberechtigten persönlich haftenden Gesellschafter des Schuldners.

Überblick

In der Eigenverwaltung sind die Gläubiger darauf angewiesen, dass der Schuldner seine Kenntnisse und Fähigkeiten zur optimalen Führung des Verfahrens und zur Vermehrung der Insolvenzmasse einsetzt. Um ihm dafür einen Anreiz zu geben (MüKoInsO/Kern Rn. 7 ff.), berechtigt Abs. 1 den Schuldner, über den notwendigen Unterhalt hinaus Mittel aus der Insolvenzmasse zu entnehmen, die ihm und seiner Familie eine bescheidene Lebensführung erlauben. Diese Berechtigung räumt Abs. 2 für den Fall, dass der Schuldner eine Personengesellschaft ist, den persönlich haftenden Gesellschaftern ein.

A. Normzweck und Entstehungsgeschichte

1 Die Regelung gewährt einer natürlichen Person als Schuldner und den vertretungsberechtigten persönlich haftenden Gesellschaftern einer schuldnerischen Personengesellschaft sowie ihnen nahestehenden Personen über den notwendigen Unterhalt hinaus ein Recht zur Entnahme von Mitteln

aus der Masse, die eine bescheidene Lebensführung gestatten. Diese „Erfolgsprämie" (MüKoInsO/ Kern Rn. 7 ff.) ist als Belohnung und finanzieller Anreiz für die Weiterarbeit des Schuldners gedacht, ohne die die Eigenverwaltung wenig erfolgversprechend wäre (MüKoInsO/Kern Rn. 1, 11; Morgen/Baumgarten ZVI 2018, 267 (268)). Sie liegt letztlich auch im Interesse der Gläubiger, die die Eigenverwaltung gewählt haben, um die Kenntnisse und Fähigkeiten des Schuldners für die Insolvenzmasse zu nutzen (HK-InsO/Brünkmans Rn. 2; MüKoInsO/Kern Rn. 1; Wipperfürth ZInsO 2015, 1127 (1130)). Die Norm ist außerdem eine weitere Konsequenz des Verbleibs der Verwaltungs- und Verfügungsbefugnis beim Schuldner: Da er Zugriff auf die Masse hat, ist eine Beschränkung des Eigenverbrauchs erforderlich (Nerlich/Römermann/Riggert Rn. 1; Andres/ Leithaus/Andres Rn. 1). Schließlich trägt sie der Tatsache Rechnung, dass der Neuerwerb des Schuldners nach § 35 im Gegensatz zur früheren Rechtslage (§§ 129 Abs. 1, 132 Abs. KO) in seinem pfändbaren Umfang (§ 36 Abs. 1) in die Insolvenzmasse fällt, sodass der Schuldner häufiger auf Unterhalt aus der Masse angewiesen ist (KPB/Pape Rn. 3; Uhlenbruck/Zipperer Rn. 2).

Auch § 278 hat seinen Vorläufer in der Vergleichsordnung, die eine entsprechende Regelung 2 in § 56 vorsah, allerdings ihrem Wortlaut nach nur auf natürliche Personen als Schuldner Anwendung fand, weshalb ihre Anwendbarkeit auf Vergleichsverfahren über ein Gesellschaftsvermögen streitig war (MüKoInsO/Kern Rn. 5 mwN). Unter Berücksichtigung dieser Abweichung können die zu § 56 VerglO entwickelten Grundsätze bei der Auslegung von § 278 herangezogen werden (MüKoInsO/Kern Rn. 5).

Im Gesetzgebungsverfahren zur InsO war ursprünglich eine Erstreckung des Anwendungsbe- 3 reichs des heutigen § 278 auf „organschaftliche Vertreter des Schuldners" (Diskussionsentwurf, Gesetz zur Reform des Insolvenzrechts, 1988), also auf Geschäftsführer einer GmbH oder Vorstandsmitglieder einer AG, vorgesehen. Sie wurde jedoch mit dem Referentenentwurf von 1989 gestrichen, da die wirtschaftliche Lage organschaftlicher Vertreter einer Kapitalgesellschaft regelmäßig nicht mit der eines insolventen Einzelkaufmanns vergleichbar sei. Die Fassung des Referentenentwurfs wurde dann wörtlich in § 339 des Regierungsentwurfs (BT-Drs. 12/2443) übernommen (ausführlicher BT-Drs. 12/2443, 144; MüKoInsO/Kern Rn. 6). Das Gesetz zur Fortentwicklung des Sanierungs- und Insolvenzrechts v. 22.12.2020 („SanInsFoG", BGBl. 2020 I 3256) hat zu keiner Änderung der Vorschrift geführt.

B. Regelungen im Einzelnen

I. Berechtigte

Zur Entnahme von Mitteln aus der Masse sind der Schuldner (Abs. 1) und die vertretungsbe- 4 rechtigten persönlich haftenden Gesellschafter des Schuldners (Abs. 2) jeweils für sich berechtigt sowie entsprechend der Verweisung auf § 100 Abs. 2 S. 2 für ihre minderjährigen unverheirateten Kinder, Ehegatten, früheren Ehegatten, Lebenspartner, früheren Lebenspartner und den anderen Elternteil eines Kindes (für dessen Anspruch aus §§ 1615l, 1615n BGB). Die Erstreckung des Entnahmerechts auf Gesellschafter von Personengesellschaften rechtfertigt der Gesetzgeber (BT-Drs. 12/2443, 144) damit, dass „die wirtschaftliche Lage des Komplementärs einer insolventen Gesellschaft ... regelmäßig der eines insolventen Einzelkaufmanns" gleicht. Mit der Verfahrenseröffnung „verliert er die Möglichkeit, seinen Lebensunterhalt aus den Mitteln des Unternehmens zu bestreiten, und auch sein privates Vermögen ist dem Zugriff der Gläubiger ausgesetzt".

Im Gegensatz zu den vertretungsberechtigten persönlich haftenden Gesellschaftern einer schuld- 5 nerischen Personengesellschaft gehören die Organe juristischer Personen nicht zum Kreis der Berechtigten. Das folgt aus der abschließenden und nicht analogiefähigen Regelung des § 101 Abs. 1 S. 3 (Uhlenbruck/Zipperer Rn. 1; → § 101 Rn. 18). Für die Organe von Kapitalgesellschaften bestehen die Anstellungsverträge fort (Graf-Schlicker/Graf-Schlicker Rn. 5; MüKoInsO/Kern Rn. 23); die daraus resultierenden Vergütungsansprüche, die ggf. gem. oder analog § 87 Abs. 2 AktG bzw. aufgrund der aus dem organschaftlichen Verhältnis folgenden Treuepflicht herabgesetzt werden können (vgl. Dauner-Lieb in Henssler/Strohn, Gesellschaftsrecht, 5. Aufl. 2021, AktG § 87 Rn. 36 ff.; Oetker in Henssler/Strohn, Gesellschaftsrecht, 5. Aufl. 2021, GmbHG § 35 Rn. 141 f.; OLG Stuttgart NZG 2015, 194), sind Masseschulden iSd § 55 Abs. 1 Nr. 1 (Uhlenbruck/Zipperer Rn. 1; Wipperfürth ZInsO 2015, 1127 (1131); AG Duisburg NZI 2006, 112 (113)).

II. Verhältnis zu anderen Vorschriften

Während die Gewährung von Unterhalt im Regelinsolvenzverfahren gem. § 100 im **Ermessen** 6 der Gläubigerversammlung steht, die ihm dabei über den Rahmen des § 100 hinaus auch Unterhalt für eine angemessene Lebensführung zugestehen kann (MüKoInsO/Kern Rn. 20), hat der Schuldner nach § 278 einen im Regelinsolvenzverfahren nicht vorgesehenen (Morgen/Baumgarten ZVI 2018, 267; LG Hamburg NZI 2000, 185) Unterhalt**anspruch** („ist berechtigt", HK-InsO/Brünkmans Rn. 1; Uhlenbruck/Zipperer Rn. 1; Wipperfürth ZInsO 2015, 1127 (1129)), der nicht von einem Beschluss der Gläubigerversammlung abhängig ist (KPB/Pape Rn. 5). Der Schuldner ist selbst verwaltungs- und verfügungsbefugt und kann diesen Anspruch daher durch Entnahmen aus der Insolvenzmasse realisieren. § 100 bleibt aber neben § 278 anwendbar, dh die Entnahme des Schuldners aus der Insolvenzmasse schließt die Gewährung zusätzlichen Unterhalts durch die Gläubigerversammlung nicht aus (MüKoInsO/Kern Rn. 20; Uhlenbruck/Zipperer Rn. 2; Graf-Schlicker/Graf-Schlicker Rn. 8).

7   Der Neuerwerb des Schuldners im laufenden Verfahren fällt gem. § 35 in die Masse. Insolvenzfrei bleiben nur die pfändungsfreien Beträge (§ 36). Decken sie bereits die Kosten einer bescheidenen Lebensführung, entfällt das Entnahmerecht aus § 278 (BT-Drs. 12/2443, 225; Uhlenbruck/Zipperer Rn. 2; KPB/Pape Rn. 5; FK-InsO/Foltis Rn. 5; Morgen/Baumgarten ZVI 2018, 267 (268), „Subsidiarität des Entnahmerechts").

8   Bei nachträglicher Anordnung der Eigenverwaltung gem. § 271 tritt § 278 an die Stelle des § 100 (FK-InsO/Foltis Rn. 12; Uhlenbruck/Zipperer Rn. 9).

III. Anspruchshöhe

9   Der Höhe nach begrenzt § 278 das Entnahmerecht auf die Mittel, die unter Berücksichtigung der bisherigen Lebensverhältnisse des Schuldners eine bescheidene Lebensführung gestatten. Die unbestimmten Rechtsbegriffe „bisherige Lebensverhältnisse" und „bescheidene Lebensführung" werden teilweise als in sich widersprüchlich angesehen (KPB/Pape Rn. 7; MüKoInsO/Kern Rn. 18; anders Uhlenbruck/Zipperer Rn. 5) und bedürfen der Konkretisierung im Einzelfall (Uhlenbruck/Zipperer Rn. 5; FK-InsO/Foltis Rn. 5). Zur Auslegung des aus § 1361 Abs. 1 BGB stammenden Begriffs der „bisherigen Lebensverhältnisse" kann auf die unterhaltsrechtliche Rechtsprechung zurückgegriffen werden (Uhlenbruck/Zipperer Rn. 5; Morgen/Baumgarten ZVI 2018, 267 (268): „für die allgemeine Lebensführung verfügbare Mittel des Schuldners"). Was zu einer „bescheidenen Lebensführung" gehört, orientiert sich heute wohl nicht mehr an den Pfändungsfreigrenzen und den Sätzen des Bundessozialhilfegesetzes (FK-InsO/Foltis Rn. 5; KPB/Pape Rn. 6; Andres/Leithaus/Andres Rn. 3; Morgen/Baumgarten ZVI 2018, 267 (268)), auch wenn teilweise noch vertreten wird, dass die entnommenen Mittel diese zusammen mit sonstigem insolvenzfreien Einkommen nicht wesentlich überschreiten dürfen (MüKoInsO/Kern Rn. 17). Die für eine „bescheidene Lebensführung" erforderlichen Mittel werden zwischen dem „notwendigen" und dem „angemessenen" Unterhalt angesetzt (MüKoInsO/Kern Rn. 17; Uhlenbruck/Zipperer Rn. 5).

10 Angesichts seiner Unbestimmtheit ist es nicht verwunderlich, dass die Auslegung des Begriffs der „bisherigen Lebensverhältnisse" umstritten ist: Einerseits soll sich der Aufwand des Schuldners allein an der Insolvenzsituation orientieren, und die Berücksichtigung der bisherigen Lebensverhältnisse dürfe nicht dazu führen, dass den Gläubigern über Gebühr Mittel entzogen werden; eine besonders üppige Lebensführung dürfe nicht fortgesetzt werden (KPB/Pape Rn. 7; AGR/Ringstmeier Rn. 5; im Ergebnis ebenso MüKoInsO/Kern Rn. 19). Andererseits soll aus der Berücksichtigung der bisherigen Lebensverhältnisse folgen, dass ein Schuldner mit vor dem Insolvenzantrag großzügigem Lebensstil zu größeren Entnahmen berechtigt sein soll als ein zuvor bescheidener Schuldner (Nerlich/Römermann/Riggert Rn. 3). Da die Gläubiger in der Eigenverwaltung nicht schlechter gestellt sein dürften als in der Regelinsolvenz und der Sachwalter 60 % der Vergütung des Insolvenzverwalters erhält (§ 12 Abs. 1 InsVV, → § 274 Rn. 16), wird teilweise eine höhenmäßige Beschränkung der Entnahme auf 40 % der Insolvenzverwaltervergütung befürwortet (Uhlenbruck/Zipperer Rn. 5; Morgen/Baumgarten ZVI 2018, 267 (269)). Dann müssten sich jedoch auch die Abweichungen von der Regelvergütung nach der neueren BGH-Rechtsprechung (→ § 274 Rn. 17) auf die Höhe der Entnahme auswirken.

11 Im Ergebnis dürfte der Befund zutreffend sein, dass § 278 praktisch kaum handhabbar ist (FK-InsO/Foltis Rn. 6). In der Praxis kann die Rechtsunsicherheit am besten durch eine vertragliche Entnahmeregelung auf der Grundlage eines Beschlusses der Gläubigerversammlung (§ 100 Abs. 1 iVm § 270 Abs. 1 S. 2) aufgelöst werden (FK-InsO/Foltis Rn. 8; Uhlenbruck/Zipperer Rn. 5), wobei es im Ergebnis nicht darauf ankommt, ob eine solche Vereinbarung die Anwendbarkeit des § 278 ausschließt (so FK-InsO/Foltis Rn. 8) oder nur das praktisches Bedürfnis für ein Entnahmerecht entfallen lässt (so Uhlenbruck/Zipperer Rn. 2).

Gegenseitige Verträge § 279 InsO

IV. Überwachung des Schuldners und Rechtsfolgen übermäßiger Entnahme

Kommt es nicht zu einer vertraglichen Regelung, so hat der Schuldner bei der Bestimmung 12 der Höhe der Entnahme einen Ausgleich zwischen den eigenen Interessen und den Interessen der Gläubiger herzustellen (Uhlenbruck/Zipperer Rn. 5). Die Überwachung dieses Interessenausgleichs gehört zu den Aufgaben des Sachwalters aus § 274 Abs. 2 S. 1 (KPB/Pape Rn. 11; „Ausgaben für die Lebensführung"). Überschreitet die Entnahme das Maß des § 278, hat der Sachwalter Gläubigerausschuss und Insolvenzgericht hierüber gem. § 274 Abs. 3 zu unterrichten (→ § 274 Rn. 30; MüKoInsO/Kern § 274 Rn. 59); die Gläubigerversammlung kann dies dann zum Anlass nehmen, die Aufhebung der Eigenverwaltung zu beantragen (§ 272 Abs. 1 Nr. 1). Auch in Bezug auf die Entnahmen der in Abs. 2 genannten Gesellschafter trifft den Sachwalter eine Unterrichtungsbefugnis und eine entsprechende Verpflichtung. Obwohl ihm eigentlich nur die Überwachung des eigenverwaltenden Schuldners obliegt, folgt das aus seiner Pflicht aus § 274 Abs. 3 S. 1, Gläubigerausschuss und Insolvenzgericht zu unterrichten, wenn er Umstände feststellt, „die erwarten lassen, dass die Fortsetzung der Eigenverwaltung zu Nachteilen für die Gläubiger führen wird".

Daneben kommt bei übermäßigen Entnahmen die Übernahme der Kassenführung gem. § 275 13 Abs. 2 in Betracht (→ § 275 Rn. 15 ff.; KPB/Pape Rn. 11; K. Schmidt InsO/Undritz § 275 Rn. 7). Streitig ist, ob auch die Anordnung der Zustimmungsbedürftigkeit gem. § 277 in Frage kommt. Dafür sind KPB/Pape Rn. 16; Graf-Schlicker/Graf-Schlicker Rn. 9 und Wipperfürth ZInsO 2015, 1127 (1131); dagegen mit beachtlichen Gründen FK-InsO/Foltis Rn. 7, der darauf hinweist, dass § 277 nur auf Rechtsgeschäfte des Schuldners mit einem Dritten anwendbar ist, nicht auf tatsächliche Handlungen des Schuldners „mit sich selbst" (ebenso im Ergebnis wohl HmbKommInsR/Fiebig Rn. 11). Praktisch besteht neben § 275 Abs. 2 wohl kein Bedürfnis für die Anordnung der Zustimmungsbedürftigkeit gem. § 277 (ebenso Morgen/Baumgarten ZVI 2018, 267 (270)). Im Übrigen sieht § 278 für übermäßige Entnahmen keine Sanktionen vor. Innerhalb der Grenzen der Insolvenzzweckwidrigkeit sind sie deshalb wirksam, weil der Schuldner verwaltungs- und verfügungsbefugt ist (Uhlenbruck/Zipperer Rn. 10; KPB/Pape Rn. 17; Graf-Schlicker/Graf-Schlicker Rn. 10).

V. Zeitliche Beschränkungen des Entnahmerechts

Das Entnahmerecht des Schuldners ist an den Bestand der Eigenverwaltung gekoppelt. Es 14 beginnt mit der Eröffnung der Eigenverwaltung gem. § 270 Abs. 1 S. 1 oder § 271 S. 1 und endet mit ihrer Aufhebung gem. § 272 (FK-InsO/Foltis Rn. 12; Uhlenbruck/Zipperer Rn. 9; Graf-Schlicker/Graf-Schlicker Rn. 2).

§ 279 Gegenseitige Verträge

¹Die Vorschriften über die Erfüllung der Rechtsgeschäfte und die Mitwirkung des Betriebsrats (§§ 103 bis 128) gelten mit der Maßgabe, daß an die Stelle des Insolvenzverwalters der Schuldner tritt. ²Der Schuldner soll seine Rechte nach diesen Vorschriften im Einvernehmen mit dem Sachwalter ausüben. ³Die Rechte nach den §§ 120, 122 und 126 kann er wirksam nur mit Zustimmung des Sachwalters ausüben.

Überblick

Da der Schuldner im Rahmen der Eigenverwaltung die Verwaltungs- und Verfügungsbefugnis hat, stehen dem Schuldner auch die Rechte aus den §§ 103–128 zu (→ Rn. 2 f.). Zum Schutz der Gläubiger hat der Schuldner im Einvernehmen mit dem Sachwalter zu handeln (→ Rn. 4 ff.). Für die Ausübung bestimmter arbeitsrechtlicher Befugnisse bedarf er der Zustimmung des Sachwalters (→ Rn. 7).

A. Normzweck

§ 279 S. 1 regelt für das Verfahren in Eigenverwaltung, dass anstelle des Insolvenzverwalters 1 der Schuldner die Rechte aus den §§ 103–128 ausübt. Das entspricht dem Grundgedanken der Eigenverwaltung, wonach die Verwaltungs- und Verfügungsbefugnis beim Schuldner liegt. Insbesondere sind das Wahlrecht des § 103 und die besonderen Kündigungsmöglichkeiten der §§ 109 ff. Ausdruck der Verwaltungsbefugnis des Schuldners (BT-Drs. 12/2443, 225; Uhlenbruck/Zipperer

Rn. 1; MüKoInsO/Kern Rn. 1; BGH NZI 2018, 519 (521); BAG NZI 2019, 818 (819); 2017, 577 (578)). S. 2 bestimmt, dass der Schuldner im Einvernehmen mit dem Sachwalter handeln soll, und S. 3, dass die dort genannten arbeitsrechtlichen Befugnisse nur mit Zustimmung des Sachwalters ausgeübt werden können. Das abgestufte Zustimmungs- und Mitwirkungserfordernis des Sachwalters dient dem Gläubigerschutz (Uhlenbruck/Zipperer Rn. 1; FK-InsO/Foltis Rn. 1).

B. Befugnisse des Schuldners iRd §§ 103–128

I. Ausübung der Rechte durch den Schuldner

2   Gemäß § 270 Abs. 1 S. 2 gelten auch in der Eigenverwaltung die Regelungen der §§ 103–119 zur Wirkung der Insolvenz auf Rechtsgeschäfte des Schuldners sowie die arbeitsrechtlichen Vorschriften der §§ 120–128 (→ § 270 Rn. 38; Graf-Schlicker/Graf-Schlicker Rn. 2, 5). § 279 S. 1 bestimmt, dass anstelle des Insolvenzverwalters der Schuldner die Rechte aus den §§ 103–128 ausübt. Der Schuldner entscheidet ua über die Erfüllung gegenseitiger Verträge; er entscheidet über die Kündigung von Miet- und Pacht- sowie Dienstverhältnissen (FK-InsO/Foltis Rn. 6 f.; KPB/Pape Rn. 5; MüKoInsO/Kern Rn. 5 ff.). Er nimmt insoweit die Position des Insolvenzverwalters im Regelverfahren ein und wird für die Masse tätig.

3   Der Schuldner hat die Ausübung der Rechte aus den §§ 103–128 am Verfahrenszweck auszurichten. Das bedeutet insbesondere, dass der Schuldner das Interesse der Gläubiger an einer möglichst optimalen Befriedigung zu berücksichtigen und persönliche Interessen zurückzustellen hat (AG Köln NZI 2015, 282; → § 270 Rn. 4). Die Erfüllung gegenseitiger Verträge darf der Schuldner in der Regel nur dann wählen, wenn die Erfüllungswahl unmittelbar oder zumindest mittelbar für die Masse vorteilhaft ist, etwa weil die Verträge für die Geschäftsfortführung notwendig sind (MüKoInsO/Kern Rn. 7; Uhlenbruck/Zipperer Rn. 2; KPB/Pape Rn. 6; s. zu taktischen Überlegungen Uebele NZG 2018, 881 (889)). Gleiches gilt für die Ausübung der Kündigungsrechte aus § 109 und § 113, sodass hier das Unterlassen einer Kündigung nur bei einer vorteilhaften Auswirkung auf die Masse gerechtfertigt ist.

II. Einvernehmen mit dem Sachwalter

4   Gemäß § 279 S. 2 soll der Schuldner seine Rechte im Einvernehmen mit dem Sachwalter ausüben. Ein Verstoß des Schuldners gegen diese Vorgabe hat grundsätzlich keine Außenwirkung (BT-Drs. 12/2443, 225). Die Ausübung der Rechte durch den Schuldner ist daher regelmäßig auch dann wirksam, wenn nicht im Einvernehmen mit dem Sachwalter gehandelt wurde (BT-Drs. 12/2443, 225; MüKoInsO/Kern Rn. 8; FK-InsO/Foltis Rn. 9; Graf-Schlicker/Graf-Schlicker Rn. 4; HK-InsO/Brünkmans Rn. 3; K. Schmidt InsO/Undritz Rn. 2; KPB/Pape Rn. 7; BGH BeckRS 2021, 16094 Rn. 56 f.; BAG NZI 2015, 1041 (1046); 2017, 577 (578)).

5   Etwas anderes gilt zunächst, wenn gem. § 277 ein Zustimmungsvorbehalt angeordnet wurde (FK-InsO/Foltis Rn. 9; Uhlenbruck/Zipperer Rn. 3). Der Gläubigerversammlung steht es frei, den Kreis der zustimmungsbedürftigen Handlungen über die in § 279 S. 3 genannten hinaus zu erweitern (BT-Drs. 12/2443, 225). Weitere Grenzen der Wirksamkeit des Handelns des Schuldners ergeben sich unter dem Aspekt der Sittenwidrigkeit bei kollusivem Zusammenwirken sowie bei offensichtlicher Insolvenzzweckwidrigkeit (MüKoInsO/Kern Rn. 8; FK-InsO/Foltis Rn. 10; zur Insolvenzzweckwidrigkeit siehe AG Köln NZI 2015, 282: denkbar Übertragung der Grundsätze auf Eigenverwaltung; sowie BGH NZI 2002, 375; BGH NZI 2008, 365; aA bezüglich Insolvenzzweckwidrigkeit Nerlich/Römermann/Riggert Rn. 3: hinzukommen muss zumindest eine grobe Fahrlässigkeit des Dritten).

6   In welcher Form das Einvernehmen des Sachwalters vorliegen muss, ist nicht geregelt. Es kann also schriftlich, mündlich oder in anderer Form vorliegen (FK-InsO/Foltis Rn. 12). Das Einvernehmen muss der Schuldner vor der Ausübung des jeweiligen Rechts und nach vorheriger Information des Sachwalters herstellen (Uhlenbruck/Zipperer Rn. 3; HK-InsO/Brünkmans Rn. 3; aA FK-InsO/Foltis Rn. 12: auch nachträgliche Genehmigung möglich, → Rn. 6.1). Ließe man ein nachträgliches Einvernehmen genügen, würde das Widerspruchsrecht des Sachwalters gem. § 275 Abs. 1 ausgehebelt. Auch eine ggf. erforderliche Zustimmung des Gläubigerausschusses muss im Voraus eingeholt werden. Eine andere Sichtweise widerspräche dem Zweck der Sicherung der Gläubigerinteressen. Eine nachträgliche Genehmigung durch den Sachwalter könnte jedoch die Vereinbarkeit des eigenmächtigen Schuldnerhandelns mit den Zwecken des Insolvenzverfahrens nachträglich bestätigen und somit mögliche Sanktionen gegen den Schuldner (→ Rn. 10) abwenden. Verweigert der Sachwalter sein Einvernehmen ohne hinreichenden Grund, droht ihm eine Haftung nach den allgemeinen Vorschriften.

In der Praxis ist es empfehlenswert, das Einvernehmen schriftlich in den Insolvenzunterlagen zu doku- 6.1
mentieren.

III. Besonderheiten im Arbeitsrecht

Im Rahmen der Eigenverwaltung behält der Schuldner seine Rechte als Arbeitgeber (MüKo- 7
InsO/Kern Rn. 11 f.; BAG NZI 2017, 577 (578)). § 279 S. 3 regelt aber, dass bestimmte, besonders
bedeutsame Rechte, nämlich die Kündigung von Betriebsvereinbarungen gem. § 120, die Durch-
führung einer beabsichtigten Betriebsänderung nach § 122 Abs. 1 S. 1 sowie die Einleitung eines
Beschlussverfahrens zum Kündigungsschutz nach § 126, zwingend der Zustimmung des Sachwal-
ters bedürfen. Die Zustimmung des Sachwalters ist in diesen Fällen deshalb zwingend, weil der
Schuldner in die Rechte der Arbeitnehmer ohne Mitwirkung des Betriebsrates eingreifen kann
(BT-Drs. 12/2443, 225). Die Zustimmung des Sachwalters für die Ausübung der Rechte ist daher
Wirksamkeitsvoraussetzung mit Außenwirkung (Uhlenbruck/Zipperer Rn. 4; K. Schmidt InsO/
Undritz Rn. 3; BAG NZI 2015, 1041 (1046); 2017, 577 (578)). Im Rahmen der Kündigung
gem. § 120 ist eine vorherige Zustimmung des Sachwalters notwendig. Eine fehlende Einwilligung
führt zur absoluten, nicht durch nachträgliche Zustimmung zu beseitigenden, Unwirksamkeit
(FK-InsO/Foltis Rn. 15; HK-InsO/Brünkmans Rn. 4; MüKoInsO/Kern Rn. 13). Im Gegensatz
dazu handelt es sich bei den Anträgen, die der Schuldner gem. § 122 bzw. § 126 beim Arbeitsgericht stellen kann um Prozesshandlungen, deren Wirksamkeit das Arbeitsgericht erst zum Zeitpunkt des Schlusses der mündlichen Verhandlung festzustellen hat. Dementsprechend kann der
Sachwalter das Schuldnerhandeln noch nachträglich gem. § 184 Abs. 1 BGB genehmigen (KPB/
Pape Rn. 13, 14; Uhlenbruck/Zipperer Rn. 4; MüKoInsO/Kern Rn. 15, 17). Liegt die Genehmigung des Sachwalters im Schluss der letzten mündlichen Verhandlung vor, ist der Antrag des
Schuldners als wirksam zu behandeln.

IV. Sanktionen für Pflichtverletzungen des Schuldners

1. Auswirkungen auf die Eigenverwaltung

Ist zu besorgen, dass der Schuldner seine ihm zugewiesenen Rechte nicht im Interesse der 8
Gläubiger oder ohne Einvernehmen mit dem Sachwalter ausübt, kann ein Antrag auf Aufhebung
der Anordnung der Eigenverwaltung durch die Gläubigerversammlung gem. § 272 Abs. 1 Nr. 1
sowie durch einen Insolvenzgläubiger nach § 272 Abs. 1 Nr. 2, Abs. 2 gestellt werden (Uhlen-
bruck/Zipperer Rn. 3; MüKoInsO/Kern Rn. 9; KPB/Pape Rn. 6).

Ein Verstoß gegen das Gebot im Einvernehmen mit dem Sachwalter zu handeln, kann darüber 9
hinaus die Gläubigerversammlung zum Anlass nehmen, gem. § 277 die Zustimmungsbedürftigkeit
anordnen zu lassen (MüKoInsO/Kern Rn. 9).

2. Haftungsfolgen

Wegen der Verletzung einer insolvenzspezifischen Pflicht droht dem Schuldner eine Haftung 10
aus § 270 Abs. 1 S. 2, § 60 (MüKoInsO/Kern Rn. 1, 5 f.). Wegen der Einzelheiten ob und unter
welchen Voraussetzungen eine solche in Betracht kommt, wird auf die Kommentierung von § 270
verwiesen (→ § 270 Rn. 28).

Der Sachwalter muss zudem bei einem Verstoß des Schuldners gegen S. 2 überlegen, ob er 11
eine Anzeige gem. § 274 Abs. 3 macht, da ein Verstoß erwarten lassen kann, dass die Fortsetzung
der Eigenverwaltung zu Nachteilen für die Gläubiger führen wird (MüKoInsO/Kern Rn. 9; FK-
InsO/Foltis Rn. 11; KPB/Pape Rn. 7). Im Zweifel ist dem Sachwalter die Anzeige zu empfehlen,
um einer eigenen Haftung gegenüber den Gläubigern zu entgehen. Verletzt dieser seine insolvenzspezifische Pflicht aus § 274 Abs. 2 zur Überwachung der Geschäftsführung kommt eine Inanspruchnahme des Sachwalters in Betracht (MüKoInsO/Kern Rn. 9; KPB/Pape Rn. 8).

§ 280 Haftung. Insolvenzanfechtung

**Nur der Sachwalter kann die Haftung nach den §§ 92 und 93 für die Insolvenzmasse
geltend machen und Rechtshandlungen nach den §§ 129 bis 147 anfechten.**

InsO § 280   Siebter Teil. Eigenverwaltung

Überblick

§ 280 ist eine Ausnahme zu dem Grundsatz in der Eigenverwaltung, dass die Verwaltungs- und Verfügungsbefugnis beim Schuldner liegt. Die Geltendmachung der in der Vorschrift genannten Ansprüche und Rechte ist dem Schuldner entzogen, um Interessenkonflikte zu vermeiden. Gemäß § 280 ist der Sachwalter für die Geltendmachung der Ansprüche auf Ersatz des Gesamtschadens und aus persönlicher Haftung des Gesellschafters sowie für die Ausübung der Anfechtungsrechte zuständig (→ Rn. 2 ff.). Der Sachwalter ist für die Geltendmachung ausschließlich zuständig. Im Rahmen der Ausübung der Rechte tritt der Sachwalter wie ein Insolvenzverwalter auf (→ Rn. 4) und unterliegt auch den entsprechenden Haftungsregelungen (→ Rn. 11 f.).

A. Normzweck

1   § 280 durchbricht den Grundsatz, dass bei der Eigenverwaltung die Verwaltungs- und Verfügungsbefugnis trotz Eröffnung des Insolvenzverfahrens gem. § 270 Abs. 1 S. 1 beim Schuldner liegt. Der Gesetzgeber ging davon aus, dass der Sachwalter zur Geltendmachung der Ansprüche auf Ersatz eines Gesamtschadens und der persönlichen Haftung von Gesellschaftern sowie zur Ausübung des Anfechtungsrechts besser geeignet ist als der Schuldner, und hat dementsprechend diesem die alleinige Befugnis zur Geltendmachung genannter Rechte übertragen (BT-Drs. 12/1443, 225). Der Schuldner steht dadurch nicht im Interessenkonflikt, Ansprüche gegen sich selbst oder seine organschaftlichen Vertreter sowie nahestehende Personen verfolgen zu müssen (MüKo-InsO/Kirchhof/Kern Rn. 1; HmbKommInsR/Fiebig Rn. 2; Uhlenbruck/Zipperer Rn. 1; Graf-Schlicker/Graf-Schlicker Rn. 1; FK-InsO/Foltis Rn. 2 f.; AG Bremen ZInsO 2018, 193 (194)). Der Sachwalter tritt im Umfang des § 280 an die Stelle des Schuldners und übt entgegen seiner regelmäßigen Überwachungsrolle insoweit Befugnisse eines Insolvenzverwalters aus (AG Köln NZI 2015, 282; Uhlenbruck/Zipperer Rn. 1; FK-InsO/Foltis Rn. 1). Zudem wird klargestellt, dass die Insolvenzanfechtung auch im Rahmen der Eigenverwaltung uneingeschränkt stattfindet (BT-Drs. 12/1443, 225; OLG Karlsruhe BeckRS 2016, 12125; LG Köln NZI 2014, 816; MüKo-InsO/Kirchhof/Kern Rn. 1; Uhlenbruck/Zipperer Rn. 1). Ob in der Praxis eine Eigenverwaltung geeignet ist, wenn eine Vielzahl von Haftungsansprüchen nach §§ 92, 93 bestehen oder Handlungen des Schuldners anzufechten sind, wurde unter der bis zum 31.12.2020 geltenden Fassung unterschiedlich beurteilt (ungeeignet HK-InsO/Brünkmans Rn. 2; differenziert Uhlenbruck/Zipperer Rn. 1). Dass bestehende Haftungsansprüche in der Eigenverwaltungsplanung nach § 270a aufzuführen sind, lässt sich dem Gesetz nicht explizit entnehmen. Gleichwohl ist es denkbar, dass dies ein Umstand ist, der im Rahmen der Eigenverwaltungsplanung zu erwähnen ist und bei der Schlüssigkeitsprüfung des Gerichts eine Rolle spielen. Gleichfalls könnte das Gericht diesen Umstand im Rahmen seiner Gesamtabwägung nach § 270b Abs. 2, ob die Eigenverwaltung an den Interessen der Gläubiger ausgerichtet wird, berücksichtigen. Hierbei kann nach wie vor der Aspekt eine Rolle spielen, ob eine Auswechslung der bisherigen Geschäftsleitung stattgefunden hat. Wird die Durchsetzung von Haftungsansprüchen durch die Eigenverwaltung erschwert, ist die (vorläufige) Eigenverwaltung aufzuheben (§ 270e Abs. 1 Nr. 1 lit. c; § 272 Abs. 1 Nr. 1 lit. c).

B. Anwendungsbereich

2   Gemäß § 280 ist nur der Sachwalter zur Geltendmachung des Gesamtschadens nach § 92 und der persönlichen Haftung der Gesellschafter nach § 93 berechtigt sowie zur Ausübung des Anfechtungsrechts (Uhlenbruck/Zipperer Rn. 2 f.; zur Anwendbarkeit des Anfechtungsrechts in der vorläufigen Eigenverwaltung → § 270c Rn. 40). Hierdurch wird verhindert, dass der Schuldner mit anspruchsverpflichteten Dritten gläubigerschädliche Abreden trifft. Zudem wird die Rückgängigmachung von interessenwidrigen Vermögensverschiebungen sichergestellt (Uhlenbruck/Zipperer Rn. 2; FK-InsO/Foltis Rn. 2 f.). Bereits in der vorläufigen Eigenverwaltung soll der vorläufige Sachwalter im Rahmen seiner Aufgaben nach § 270a Abs. 1 S. 2, § 274 Abs. 2 S. 1 derartige Ansprüche prüfen und die Durchsetzung durch geeignete Maßnahmen zumindest vorbereiten oder absichern (AG Bremen ZInsO 2018, 193 (194)). Aufgrund gleicher Interessenlage wird eine entsprechende Anwendung des § 280 bei Ansprüchen gegen Mitglieder des Schuldnerorgans wegen pflichtwidriger Schädigung der Insolvenzmasse erwogen (MüKoInsO/Kirchhof/Kern Rn. 5, der § 280 grundsätzlich für analog anwendbar hält und aus § 280 keinen Umkehrschluss herleitet, dass alle anderen Aufgaben stets dem Schuldner zugewiesen sind; FK-InsO/Foltis Rn. 3; Gottwald/Haas InsR-HdB § 88 Rn. 119; Gottwald/Haas InsR-HdB § 90 Rn. 219; Hofmann ZIP 2007, 260 (262)). Bei der Beurteilung einer „gleichen Interessenlage" ist jedoch zu berücksichtigen, ob eine Auswechslung der Geschäftsführung bereits stattgefunden hat.

Haftung. Insolvenzanfechtung § 280 InsO

Bestehen gegen den Sachwalter selbst Ansprüche, ist dieser von der Geltendmachung ausgeschlossen, und es ist ein neuer Sachwalter oder Sondersachwalter entsprechend §§ 274, 56 zu bestellen (Uhlenbruck/Zipperer Rn. 2; MüKoInsO/Kirchhof/Kern Rn. 6; HmbKommInsR/Fiebig Rn. 5; LG Stendal BeckRS 2013, 12233). 3

C. Ausübung der Rechte durch den Sachwalter

I. Stellung des Sachwalters

Innerhalb der nach § 280 dem Sachwalter übertragenen Befugnisse hat er die Stellung eines Insolvenzverwalters (AG Köln NZI 2015, 282; Uhlenbruck/Zipperer Rn. 1; Graf-Schlicker/Graf-Schlicker Rn. 2; FK-InsO/Foltis Rn. 1, 5). Der Schuldner wird durch die rechtsgeschäftlichen Erklärungen des Sachwalters insoweit unmittelbar berechtigt und verpflichtet (FK-InsO/Foltis Rn. 6). In einem Prozess handelt der Sachwalter für die Insolvenzmasse als Partei kraft Amtes und führt den Prozess im eigenen Namen, wobei die Rechtswirkungen die Insolvenzmasse treffen (MüKoInsO/Kirchhof/Kern Rn. 8; Uhlenbruck/Zipperer Rn. 4; HmbKommInsR/Fiebig Rn. 4; Graf-Schlicker/Graf-Schlicker Rn. 2). Die Insolvenzmasse ist Vollstreckungsschuldnerin, soweit der Sachwalter unterliegt (MüKoInsO/Kirchhof/Kern Rn. 8; Graf-Schlicker/Graf-Schlicker Rn. 2; FK-InsO/Foltis Rn. 12). Spiegelbildlich fällt der Erlös eines Rechtsstreits in das vom Schuldner selbst verwaltete Vermögen (MüKoInsO/Kirchhof/Kern Rn. 9; Uhlenbruck/Zipperer Rn. 4; HmbKommInsR/Fiebig Rn. 4). Eine Umschreibung des Titels auf den Schuldner ist nicht notwendig (Uhlenbruck/Zipperer Rn. 4; FK-InsO/Foltis Rn. 12). 4

Da der Sachwalter durch eine Prozessführung Masseverbindlichkeiten begründet, soll er, um sicherzustellen, dass von ihm begründete Masseverbindlichkeiten auch tatsächlich erfüllt werden können, einen Anspruch auf Bildung einer Sondermasse auf einem hierfür eingerichteten Konto haben, welche durch gerichtlichen Beschluss gebildet werden soll (HmbKommInsR/Fiebig Rn. 4). Eine gesetzliche Grundlage hierfür gibt es jedoch nicht (Buchalik/Hiebert ZInsO 2015, 1953 (1954)). Der Sachwalter kann unter den Voraussetzungen des § 116 Abs. 1 Nr. 1 ZPO auch Prozesskostenhilfe beantragen, wenn die Insolvenzmasse nicht ausreicht, um die Prozesskosten zu bestreiten (BGH NJW 1991, 40; KG NJW 1990, 459; Uhlenbruck/Zipperer Rn. 4; HmbKommInsR/Fiebig Rn. 4; FK-InsO/Foltis Rn. 9). 5

Eine Widerklage des Prozessgegners wegen Ansprüchen gegen die Insolvenzmasse ist zulässig, wenn der Sachwalter und der Schuldner einwilligen oder Sachdienlichkeit iSd § 263 ZPO besteht (MüKoInsO/Kirchhof, 3. Aufl. 2014, Rn. 6; Uhlenbruck/Zipperer Rn. 4; FK-InsO/Foltis Rn. 10). Bei der Annahme von Sachdienlichkeit ist jedoch Zurückhaltung geboten, da dem Sachwalter der Schuldner als Beweismittel verloren geht, sobald dieser in die Parteistellung einrückt (Uhlenbruck/Zipperer Rn. 4; FK-InsO/Foltis Rn. 10). 6

Befindet sich der Schuldner in einem Passivprozess und soll die Klage im Wege der Anfechtungseinrede (§ 146 Abs. 2) oder Anfechtungswiderklage abgewehrt werden, so ist ungeklärt, ob der Sachwalter ihm den Anfechtungsanspruch abtreten kann (bejahend Uhlenbruck/Zipperer Rn. 4; abl. FK-InsO/Foltis Rn. 11) (→ Rn. 7.1). 7

Der Wortlaut spricht lediglich von der „Geltendmachung" der Ansprüche, sodass nicht zwingend auch von einer Verwaltungs- und Verfügungsbefugnis des Sachwalters auszugehen ist. Einer solchen bedarf es auch nicht, um die Ansprüche nach § 280 geltend zu machen, da der Rechtsstreit zwar als Partei kraft Amtes im eigenen Namen, aber mit Wirkung für fremdes Vermögen geführt wird und die Erlöse auch der Masse zukommen (Buchalik/Hiebert ZInsO 2015, 1953 (1954)). Insofern soll der Schuldner trotz der Vorschrift des § 280 die dort in Bezug genommenen Ansprüche grundsätzlich wirksam an den Sachwalter abtreten können, da der Wortlaut des § 280 sich auf die Geltendmachung der Ansprüche beschränkt, was eine Übertragung der Verwaltungs- und Verfügungsbefugnis hinsichtlich dieser Haftungsansprüche auf den Sachwalter nicht einschließe (AG Köln NZI 2015, 282; aA: FK-InsO/Foltis Rn. 13). 7.1

Der Sachwalter kann die Gegenrechte des Schuldners jedoch jedenfalls als streitgenössischer Nebenintervenient gem. § 69 ZPO geltend machen, soweit es um die Erhebung der Anfechtungseinrede geht (Uhlenbruck/Zipperer Rn. 4; MüKoInsO/Kirchhof, 3 Aufl. 2014, Rn. 6; FK-InsO/Foltis Rn. 11). Eine selbständige Widerklage kann der Sachwalter nur auf der Grundlage des § 64 ZPO als Hauptintervenient erheben (MüKoInsO/Kirchhof, 3 Aufl. 2014, Rn. 6; FK-InsO/Foltis Rn. 11). 8

Kreutz/Ellers

II. Verhältnis Schuldner – Sachwalter

9 Der Schuldner ist in dem Umfang, in dem § 280 dem Sachwalter Befugnisse zuweist, von der Ausübung der betroffenen Rechte ausgeschlossen. Da die Vorschrift zivilrechtliche Ansprüche des Schuldners unberührt lässt, ist er weiterhin für die Geltendmachung zivilrechtlicher Einwendungen zuständig (Nerlich/Römermann/Riggert Rn. 2). Der Schuldner kann daher insbesondere die Nichtigkeit von Verträgen aufgrund des § 138 BGB oder der §§ 119 ff. BGB geltend machen.

10 Zur Durchsetzung seiner Rechte muss der Sachwalter einen möglichst vollständigen Überblick über die Vermögenslage des Schuldners haben, wozu er insbesondere das Nachforschungs- und Auskunftsrecht nach § 274 Abs. 2 S. 2 iVm § 22 Abs. 3 hat (MüKoInsO/Kirchhof/Kern Rn. 7; Uhlenbruck/Zipperer Rn. 4). Insoweit ist der Schuldner zur Mitwirkung verpflichtet. Verstößt der Schuldner gegen seine Mitwirkungspflicht hat der Sachwalter die Zuwiderhandlung des Schuldners jedenfalls gem. § 274 Abs. 3 dem Gläubigerausschuss und dem Insolvenzgericht anzuzeigen. Das Insolvenzgericht kann auf entsprechenden Antrag einen Zustimmungsvorbehalt anordnen (Graf-Schlicker/Graf-Schlicker Rn. 5) oder die Eigenverwaltung gem. § 272 aufheben (Uhlenbruck/Zipperer Rn. 4; FK-InsO/Foltis Rn. 14). Zur Vermehrung der Masse liegt es auch vielfach im Interesse des Schuldners, den Sachwalter über mögliche Anfechtungssachverhalte aufzuklären (Uebele NZG 2018, 881 (890)).

D. Haftung des Sachwalters

11 Der Sachwalter unterliegt iRd § 280 der Insolvenzverwalterhaftung nach den §§ 60 ff. Anwendbar ist auch § 61, obwohl § 274 Abs. 1 auf diese Vorschrift nicht verweist (Uhlenbruck/Zipperer Rn. 5; MüKoInsO/Kirchhof/Kern Rn. 7; Graf-Schlicker/Graf-Schlicker Rn. 6; FK-InsO/Foltis Rn. 15).

12 Die Anwendbarkeit ergibt sich schon aus der Stellung des Sachwalters als „Quasi-Insolvenzverwalter" (FK-InsO/Foltis Rn. 15). Begründet er Masseverbindlichkeiten (etwa Gerichts- und Anwaltskosten), muss deren Nichterfüllung den Haftungsgrundsätzen des § 61 unterliegen. Die Haftungsverweisung des § 274 Abs. 1 InsO passt hier nicht, da sie auf die Stellung des Sachwalters als Aufsichts- und Mitwirkungsorgan zugeschnitten ist, während der Sachwalter iRd § 280 selbst handelt (FK-InsO/Foltis Rn. 15). Ferner ist die Haftung nach § 61 gem. § 277 Abs. 1 S. 3 schon bei der Zustimmung zur Masseschuldbegründung angezeigt, sodass sie erst recht greifen muss, wenn der Sachwalter selbst Masseverbindlichkeiten begründet (Uhlenbruck/Zipperer Rn. 5; HmbKommInsR/Fiebig Rn. 4). Für die Prozesskosten des Gegners haftet der Sachwalter – wie der Insolvenzverwalter – grundsätzlich nicht (BGH NZI 2005, 155; Uhlenbruck/Zipperer Rn. 5). Gleichwohl bleibt die allgemeine Haftung des § 60 bestehen (Uhlenbruck/Zipperer Rn. 5) bei offensichtlich aussichtslosen Prozessen).

E. Aufhebung des Insolvenzverfahrens

13 Mit der Aufhebung des Insolvenzverfahrens erlischt gem. § 259 Abs. 1 das Amt des Insolvenzverwalters. Für den Sachwalter fehlt eine entsprechende Regelung ebenso wie eine ausdrückliche Verweisung auf § 259 Abs. 1. Da er aber gem. § 270c anstelle des Insolvenzverwalters bestellt wird und gem. § 274 auch andere Vorschriften für den Insolvenzverwalter auf den Sachwalter entsprechend anwendbar sind, muss im Falle der Aufhebung des Verfahrens auch § 259 Abs. 1 entsprechend gelten (BGH NZI 2016, 779). Aus denselben Gründen ist auch § 259 Abs. 3 auf den Sachwalter entsprechend anwendbar (BGH NZI 2016, 779; Ganter NZI 2017, 177 (194 f.)).

§ 281 Unterrichtung der Gläubiger

(1) ¹Das Verzeichnis der Massegegenstände, das Gläubigerverzeichnis und die Vermögensübersicht (§§ 151 bis 153) hat der Schuldner zu erstellen. ²Der Sachwalter hat die Verzeichnisse und die Vermögensübersicht zu prüfen und jeweils schriftlich zu erklären, ob nach dem Ergebnis seiner Prüfung Einwendungen zu erheben sind.

(2) ¹Im Berichtstermin hat der Schuldner den Bericht zu erstatten. ²Der Sachwalter hat zu dem Bericht Stellung zu nehmen.

(3) ¹Zur Rechnungslegung (§§ 66, 155) ist der Schuldner verpflichtet. ²Für die Schlußrechnung des Schuldners gilt Absatz 1 Satz 2 entsprechend.

Unterrichtung der Gläubiger § 281 InsO

Überblick

§ 281 regelt für bestimmte Bereiche die Zuständigkeiten des Schuldners und des Sachwalters im Einklang mit dem allgemeinen Grundsatz des § 270 Abs. 1 S. 1. Der Schuldner hat das Verzeichnis der Massegegenstände, das Gläubigerverzeichnis sowie die Vermögensübersicht zu erstellen (→ Rn. 3 ff.), er hat im Berichtstermin den Bericht zu erstatten (→ Rn. 12 f.) und er ist zur Rechnungslegung verpflichtet (→ Rn. 14 f.). Dem Sachwalter kommt die Funktion eines Aufsichtsorgans zu. Er hat das vom Schuldner aufgestellte Verzeichnis der Massegegenstände, das Gläubigerverzeichnis sowie die Vermögensübersicht zu prüfen (→ Rn. 9 f.) sowie sich im Berichtstermin zu äußern (→ Rn. 13) und die Schlussrechnung des Schuldners zu prüfen (→ Rn. 15).

A. Normzweck

Die vollständige und korrekte Unterrichtung aller Gläubiger dient insbesondere Informationszwecken und ermöglicht eine sachgerechte Kontrolle und Richtigkeitsgewähr der Insolvenzmasse. In der Eigenverwaltung soll die Unterrichtung der Gläubiger trotz der grundsätzlichen Zuweisung der Verwaltungs- und Verfügungsbefugnis auf den Schuldner gewährleistet bleiben (BT-Drs. 12/2443, 225; FK-InsO/Foltis Rn. 1). Die Vorschrift weist die genannten Aufgaben dem Schuldner zu, dem der Sachwalter als Überwachungs- und Beratungsorgan zur Seite steht (MüKoInsO/Kern Rn. 1; Uhlenbruck/Zipperer Rn. 1). § 281 konkretisiert damit die in § 274 Abs. 2 allgemein geregelten Aufgaben und Befugnisse des Sachwalters (MüKoInsO/Kern Rn. 1; Uhlenbruck/Zipperer Rn. 1). 1

B. Anwendungsbereich

§ 281 Abs. 1 und 2 erfasst den Fall der Anordnung der Eigenverwaltung mit der Eröffnung des Insolvenzverfahrens (§ 270 Abs. 1 S. 1), gilt also nicht für den Fall der nachträglichen Anordnung (§ 271) (FK-InsO/Foltis Rn. 4 ff.; MüKoInsO/Kern Rn. 7; Uhlenbruck/Zipperer Rn. 1). Der eingeschränkte Anwendungsbereich ergibt sich aus der Gesetzessystematik. Da die Unterrichtungspflichten lediglich den Berichtstermin vorbereiten sollen, die Eigenverwaltung jedoch zu diesem Zeitpunkt dann noch gar nicht besteht, gibt es auch noch keine Normadressaten (FK-InsO/Foltis Rn. 5). Auch die Berichtspflicht setzt die Eigenschaft als Schuldner in der Eigenverwaltung voraus (FK-InsO/Foltis Rn. 6). Insoweit muss bei nachträglicher Anordnung der Eigenverwaltung der vom Insolvenzgericht mit dem Eröffnungsbeschluss (vorläufig) bestimmte Insolvenzverwalter die Verzeichnisse erstellen und den Bericht erstatten (FK-InsO/Foltis Rn. 7; Uhlenbruck/Zipperer Rn. 1). Eine nachträgliche Anordnung ist gem. § 271 S. 1 frühestens in der ersten Gläubigerversammlung, dem Berichtstermin, möglich. Unberührt davon verbleiben die Pflichten aus § 281 Abs. 3, da sie nicht die Eigenverwaltungsanordnung im Eröffnungsbeschluss voraussetzen (FK-InsO/Foltis Rn. 8). 2

C. Verzeichnisse der §§ 151–153

I. Aufstellung der Verzeichnisse durch den Schuldner

§ 281 Abs. 1 S. 1 regelt, dass der Schuldner das Verzeichnis der Massegegenstände (§ 151), das Gläubigerverzeichnis (§ 152) und die Vermögensübersicht (§ 153) zu erstellen hat. Die Erstellung dieser Unterlagen dient der Information der Verfahrensbeteiligten in Vorbereitung des zu erfolgenden Berichtstermins. Für die Erstellung der Verzeichnisse gelten für den Schuldner in der Eigenverwaltung im Grundsatz die gleichen Anforderungen wie sie für den Insolvenzverwalter im Regelinsolvenzverfahren gelten (MüKoInsO/Kern Rn. 12, 14; Uhlenbruck/Zipperer Rn. 2). 3

1. Verzeichnis der Massegegenstände

Der Schuldner muss ein Verzeichnis der Massegegenstände gemäß § 151 erstellen. Dieses Verzeichnis soll auch in der Eigenverwaltung für jeden erfassten Gegenstand den Fortführungs- und Liquidationswert gem. § 151 Abs. 2 S. 2 (→ § 151 Rn. 14) angeben (Uhlenbruck/Zipperer Rn. 2; MüKoInsO/Kern Rn. 8). Die Gläubiger sind umfassend zu informieren, um eine Entscheidung über Fortführung oder Liquidation (§ 157) treffen zu können (MüKoInsO/Kern Rn. 8). Auch im Rahmen der Eigenverwaltung kann der Schuldner bei schwierigen Bewertungen einen Sachverständigen hinzuziehen (§ 151 Abs. 2 S. 3). Auch wenn der Schuldner seinen eigenen Betrieb 4 besser kennt als ein fremder Insolvenzverwalter, sind keine allzu hohen Anforderungen an die Übertragung auf einen Sachverständigen zu stellen, da dem Schuldner vielfach die Erfahrung bei der Bewertung fehlt (MüKoInsO/Kern Rn. 9).

5   Auf Antrag kann der Schuldner von seiner Pflicht zur Aufstellung des Verzeichnisses durch das Insolvenzgericht gem. § 151 Abs. 3 S. 1 befreit werden. Bei einem bestellten Gläubigerausschuss muss dieser gem. § 151 Abs. 3 S. 2 zustimmen. Soweit kein Gläubigerausschuss bestellt ist, ist streitig, ob auch der Sachwalter der Befreiung von der Aufstellung des Verzeichnisses zustimmen muss (dafür FK-InsO/Foltis Rn. 12; Kübler HRI/Bierbach § 11 Rn. 97; dagegen Uhlenbruck/ Zipperer Rn. 2; Graf-Schlicker/Graf-Schlicker Rn. 4). Da in der Eigenverwaltung der Sachwalter an die Stelle des Insolvenzverwalters tritt, ist auch bei der Verweisung auf § 151 lediglich der Insolvenzverwalter zu substituieren und nicht zusätzlich zur Zustimmung des Gläubigerausschusses die des Sachwalters erforderlich (Uhlenbruck/Zipperer Rn. 2). Grundsätzlich ist im Rahmen der Eigenverwaltung abzuwägen, ob bei einem Fehlen eines Verzeichnisses Vermögensgegenstände beiseite geschafft werden können oder ob durch die Veröffentlichung der Gegenstände ein Wettbewerbsnachteil einträte (MüKoInsO/Kern Rn. 10; zu den allgemeinen Gründen → § 151 Rn. 24).

2. Gläubigerverzeichnis

6   Für die Aufstellung des Gläubigerverzeichnisses gem. § 152 gelten keine Besonderheiten. Das Verzeichnis soll einen Überblick über sämtliche Belastungen und Verbindlichkeiten des Schuldners geben (BT-Drs. 12/2443, 171). Im Verzeichnis sind auch die absonderungsberechtigten Gläubiger und nachrangige Insolvenzgläubiger anzugeben. Die voraussichtlich entstehenden Masseverbindlichkeiten werden geschätzt (Graf-Schlicker/Graf-Schlicker Rn. 5; MüKoInsO/Kern Rn. 12). Wegen der Einzelheiten → § 152 Rn. 1 ff.

3. Vermögensübersicht

7   Die durch den Schuldner anzufertigende Übersicht hat den gleichen Anforderungen zu entsprechen wie die des Insolvenzverwalters. Zur Vermögensübersicht gem. § 153 sind insbesondere die bilanzrechtlichen Grundsätze der Richtigkeit, Vollständigkeit, neutralen Wertermittlung, Wesentlichkeit, Klarheit und das Stichtagsprinzip einzuhalten (Uhlenbruck/Zipperer Rn. 2; Kübler HRI/ Bierbach § 11 Rn. 101; BT-Drs. 12/2443, 172). Neben den Gläubigern kann in der Eigenverwaltung auch der Sachwalter entsprechend § 153 Abs. 2 S. 1 beantragen, dass das Insolvenzgericht dem Schuldner aufgibt, die Vollständigkeit der Vermögensübersicht eidesstattlich zu versichern (FK-InsO/Foltis Rn. 15; Uhlenbruck/Zipperer Rn. 2; MüKoInsO/Kern Rn. 15). Wegen der Einzelheiten → § 153 Rn. 1 ff.

4. Niederlegung

8   Gemäß § 154 sind das Verzeichnis der Massegegenstände, das Gläubigerverzeichnis, und die Vermögensübersicht spätestens eine Woche vor dem Berichtstermin in der Geschäftsstelle beim Insolvenzgericht zur Einsicht der Beteiligten niederzulegen (→ § 154 Rn. 1 ff.). Die Vorschrift gilt gem. § 270 Abs. 1 S. 2 entsprechend (MüKoInso/Kern Rn. 20; → § 270 Rn. 85).

II. Pflichten des Sachwalters

1. Überprüfung durch den Sachwalter

9   Der Sachwalter hat die durch den Schuldner aufgestellten Verzeichnisse und Übersichten gem. § 281 Abs. 2 S. 1 zu prüfen und schriftlich zu erklären, ob nach dem Ergebnis seiner Prüfung Einwendungen zu erheben sind. Der Sachwalter hat insbesondere zu überprüfen, ob die vom Schuldner gemachten Angaben den tatsächlichen, rechtlichen und wirtschaftlichen Verhältnissen und den gesetzlichen Vorschriften entsprechen (FK-InsO/Foltis Rn. 17; MüKoInsO/Kern Rn. 16). Eventuelle Einwendungen muss der Sachwalter in einer schriftlichen Erklärung substantiiert darlegen, um den Gläubigern eine umfassende Beurteilungsgrundlage zu ermöglichen (FK-InsO/Foltis Rn. 17; Uhlenbruck/Zipperer Rn. 3; Graf-Schlicker/Graf-Schlicker Rn. 11). Soweit Zweifel an der Richtigkeit der Angaben des Schuldners bestehen, hat der Sachwalter gem. § 274 Abs. 2 Nachforschungen anzustellen (FK-InsO/Foltis Rn. 17; Uhlenbruck/Zipperer Rn. 3). Bei schwierigen Bewertungsfragen kann der Sachwalter auch einen Sachverständigen hinzuziehen (MüKoInsO/Kern Rn. 16, 31; aA Uhlenbruck/Zipperer Rn. 3: Hinzuziehung obliegt dem

Schuldner). Die Überprüfung der Verzeichnisse ist eine insolvenzspezifische Pflicht und eine Verletzung kann eine Haftung nach §§ 274, 60 nach sich ziehen.

Der erforderliche Prüfungsumfang wird unterschiedlich beurteilt. Nach einer Ansicht ist im 10 Sinne eines umfassenden Gläubigerschutzes eine ausführliche Prüfung geboten (KPB/Pape Rn. 1; FK-InsO/Foltis Rn. 17; MüKoInsO/Kern Rn. 31). Richtigerweise wird man jedoch davon ausgehen müssen, dass der Sachwalter lediglich eine stichprobenartige Prüfung der Verzeichnisse und des Rechnungswesens schuldet (Uhlenbruck/Zipperer Rn. 3; K. Schmidt InsO/Undritz Rn. 2). Eine Verdopplung der Aufgaben bei Sachwalter und Schuldner wäre nicht effizient.

2. Ergänzungspflicht

Soweit dem Sachwalter eigenständig Aufgaben zugewiesen sind, muss er dem Schuldner alle 11 erforderlichen Auskünfte erteilen, die dieser für die Erstellung der Verzeichnisse benötigt, und muss dafür sorgen, dass die Verzeichnisse um seine Angaben ergänzt werden (FK-InsO/Foltis Rn. 20). Das betrifft insbesondere die in § 280 genannten Ansprüche (→ Rn. 11.1).

Grundsätzlich ist davon auszugehen, dass der Sachwalter zu keinerlei Mitwirkung oder Hilfeleistung 11.1 verpflichtet ist, um die Aufstellung der Verzeichnisse und Vermögensübersicht zu gewährleisten (MüKo-InsO/Kern Rn. 16). Gleichwohl bedingt § 281 ein Zusammenwirken zwischen Sachwalter und Schuldner (MüKo/InsO/Kern Rn. 4). Der Sachwalter unterstützt zum einen mit seinem Sachverstand den Schuldner bei der Erfüllung seiner Pflichten. Zum anderen wird der Sachwalter seiner Prüfungspflicht nur dann gerecht, wenn der Schuldner ihn mit dem Inhalt seiner Verzeichnisse vertraut macht.

D. Berichtspflicht und Pflicht zur Stellungnahme

Anders als im Regelinsolvenzverfahren ist der Schuldner gem. § 281 Abs. 2 S. 1 zur Berichter- 12 stattung im Berichtstermin verpflichtet. Den Umfang der Berichterstattung regelt § 156, es gibt in der Eigenverwaltung insoweit keine Besonderheiten (MüKoInsO/Kern Rn. 21; Uhlenbruck/Zipperer Rn. 4). Gleichwohl hat der Schuldner hierdurch eine große Chance, auf das Verfahren Einfluss zu nehmen.

Der Sachwalter ist zur Stellungnahme und damit auch zur Teilnahme am Berichtstermin ver- 13 pflichtet. Seine Stellungnahme sichert die umfassende Unterrichtung der Gläubiger, damit diese in der Gläubigerversammlung fundierte Entscheidungen treffen können (MüKoInsO/Kern Rn. 23; FK-InsO/Foltis Rn. 24). Da dem Sachwalter erhöhtes Vertrauen im Hinblick auf die Aufsicht des Schuldners entgegengebracht wird, wird dem Sachwalter bisweilen eine garantenähnliche Stellung zugewiesen (FK-InsO/Foltis Rn. 24). Soweit dem Sachwalter Aufgaben ausschließlich zugewiesen wurden (→ § 280 Rn. 2), ist er originär zur Berichterstattung verpflichtet (MüKoInsO/Kern Rn. 25; Uhlenbruck/Zipperer Rn. 4; Langner/Bausch ZInsO 2018, 1138; Hillebrand ZInsO 2018, 1650 (1651)). Dem Insolvenzgericht bleibt es unbenommen, von dem Sachwalter Auskünfte über den Sachstand oder die Geschäftsführung zu verlangen, § 274 Abs. 1, § 58 Abs. 1 S. 2 (Uhlenbruck/Zipperer Rn. 4).

E. Rechnungslegung

§ 281 Abs. 3 konkretisiert die Rechnungslegungspflichten des Schuldners. Der Schuldner ist 14 zu einer insolvenzrechtlichen Rechnungslegung gegenüber den Gläubigern gem. § 66 (→ § 66 Rn. 1 ff.) sowie einer handels- und steuerrechtlichen Rechnungslegung gem. § 155 (→ § 155 Rn. 1 ff.) verpflichtet. § 155 gilt insoweit entsprechend (OLG Karlsruhe NZI 2017, 729 f. sowie nachinstanzlich BGH NZI 2018, 647 bezüglich der Bestellung des Abschlussprüfers). Daraus folgt auch in der Eigenverwaltung die Pflicht zur dualen, internen und externen Rechnungslegung (KPB/Pape Rn. 12; MüKoInsO/Kern Rn. 30). Eine externe Rechnungslegungspflicht tritt jedoch nur ein, wenn sie bereits vor Verfahrenseröffnung bestand (K. Schmidt InsO/Schmittmann § 155 Rn. 4; Uhlenbruck/Zipperer Rn. 5; MüKoInsO/Kern Rn. 30). Bei Kapitalgesellschaften können sich aus §§ 270 Abs. 1 AktG, 71 Abs. 3 GmbHG Besonderheiten ergeben (BT-Drs. 12/2443, 172; FK-InsO/Foltis Rn. 26).

Die Prüfungspflicht des Sachwalters beschränkt sich nach § 281 Abs. 3 S. 2 auf die insolvenz- 15 rechtliche Schlussrechnung und er hat auch hier Einwendungen im Rahmen einer Stellungnahme zu erklären (KPB/Pape Rn. 13; Uhlenbruck/Zipperer Rn. 5; MüKoInsO/Kern Rn. 31; AG Ludwigshafen NZI 2015, 469). Eine Prüfungspflicht des Sachwalters auch für Zwischenrechnungen des Schuldners gem. § 66 Abs. 3, sieht § 281 Abs. 3 S. 2 nicht vor (KPB/Pape Rn. 13; MüKoInsO/

Kern Rn. 33; Graf-Schlicker/Graf-Schlicker Rn. 14; aA FK-InsO/Foltis Rn. 31; HK-InsO/ Brünkmans Rn. 6).

§ 282 Verwertung von Sicherungsgut

(1) ¹Das Recht des Insolvenzverwalters zur Verwertung von Gegenständen, an denen Absonderungsrechte bestehen, steht dem Schuldner zu. ²Kosten der Feststellung der Gegenstände und der Rechte an diesen werden jedoch nicht erhoben. ³Als Kosten der Verwertung können nur die tatsächlich entstandenen, für die Verwertung erforderlichen Kosten und der Umsatzsteuerbetrag angesetzt werden.

(2) Der Schuldner soll sein Verwertungsrecht im Einvernehmen mit dem Sachwalter ausüben.

Überblick

In der Eigenverwaltung kommt dem Schuldner das Recht der Verwertung an den Gegenständen zu, die der Absonderung unterliegen und zu deren Verwertung im Regelinsolvenzverfahren der Insolvenzverwalter berechtigt ist (→ Rn. 2 ff.). Das Verwertungsrecht steht dem Schuldner nur im Einvernehmen mit dem Sachwalter zu (→ Rn. 6). Kosten der Verwertung können nicht pauschal erhoben werden, sondern nur in Höhe der tatsächlich entstandenen, erforderlichen Kosten (→ Rn. 8 ff.).

A. Normzweck

1   Die Eigenverwaltung wird meistens angestrebt, wenn die Aussicht darauf besteht, das Unternehmen weiter zu betreiben und auf Grundlage eines Insolvenzplans zu sanieren (BT-Drs. 12/2443, 226). Daher sollen die absonderungsberechtigten Gläubiger auch in der Eigenverwaltung keinen ungehinderten Zugriff auf ihre Sicherheiten nehmen können. Der eigenverwaltende Schuldner hat daher das Verwertungsrecht im selben Umfang wie der Insolvenzverwalter in der Regelinsolvenz (BT-Drs. 12/2443, 226). Allerdings wird die Kostenbeteiligung des absonderungsberechtigten Gläubigers gegenüber dem Regelinsolvenzverfahren (§ 171) gem. § 282 Abs. 1 S. 2 und 3 begrenzt (MüKoInsO/Kern Rn. 3). Feststellungskosten können gar nicht angesetzt werden, Verwertungskosten nur in tatsächlicher Höhe und soweit sie erforderlich sind. Diese Besserstellung der absonderungsberechtigten Gläubiger gegenüber der Regelinsolvenz, hat vielfach Kritik erfahren (→ Rn. 13 ff.).

B. Verwertung durch den Schuldner

2   Der Schuldner tritt in die Stellung des Insolvenzverwalters ein, wobei seine Sanierungschancen dadurch erhalten bleiben sollen, dass dem Schuldner das Verwertungsrecht gem. §§ 165 ff. zusteht. Das Verwertungsrecht umfasst auch die Nutzung des Sicherungsguts.

I. Anwendungsbereich

3   § 282 regelt nicht selbständig für die Eigenverwaltung, welche Rechtsstellung dem jeweiligen Gläubiger ein Absonderungsrecht gewährt (MüKoInsO/Kern Rn. 9). Insoweit gelten gem. § 270 Abs. 1 S. 2 die die allgemeinen Vorschriften der §§ 38 f. und §§ 47 ff. (→ § 270 Rn. 37).

4   Hinsichtlich aussonderungsberechtigter Gläubiger trifft die Vorschrift keine Regelung, sodass der Schuldner nach den allgemeinen Regelungen der §§ 47 f. zur Herausgabe der auszusondernden Gegenstände an den Berechtigten verpflichtet ist (MüKoInsO/Kern Rn. 10).

II. Verwertungsrecht des Schuldners

5   Im Hinblick auf die mit Absonderungsrechten belasteten Gegenstände hat der Schuldner die Rechtsstellung des Insolvenzverwalters und damit die Befugnisse zur Verwertung gem. §§ 165 ff. (BGH NZI 2018, 519 (525); NJW-RR 2017, 553 (554); FK-InsO/Foltis Rn. 14; Graf-Schlicker/ Graf-Schlicker Rn. 3 f.; MüKoInsO/Kern Rn. 14). Bewegliche Sachen, die der Schuldner im Besitz hat, sowie zur Sicherheit abgetretene Forderungen kann der Schuldner freihändig verwerten (MüKoInsO/Kern Rn. 15 f.; Uhlenbruck/Zipperer Rn. 3). Neben dem Verwertungsrecht stehen

dem Schuldner auch die anderen Rechte der §§ 166–173 zu, insbesondere das Recht zur Nutzung und Verarbeitung von Sicherungsgut (HK-InsO/Brünkmans Rn. 3). Der Schuldner hat die gläubigerschützenden Vorschriften (§§ 167 ff.) zu beachten (MüKoInsO/Kern Rn. 17; Uhlenbruck/Zipperer Rn. 3). Bei der Verwertung unbeweglicher Gegenstände ist die Betreibung der Zwangsversteigerung oder Zwangsverwaltung (§ 165) und Geltendmachung der Rechte gem. §§ 30d, 153b ZVG möglich (MüKoInsO/Kern Rn. 18; Uhlenbruck/Zipperer Rn. 3). Bei Vereitelung des Absonderungsrechts besteht auch hier ein Anspruch auf Ersatzabsonderung (MüKoInsO/Kern Rn. 13).

III. Einvernehmen mit dem Sachwalter

Der Schuldner hat gem. § 282 Abs. 2 die Pflicht, die Verwertung im Einvernehmen mit dem **6** Sachwalter vorzunehmen. Da es sich lediglich um eine interne Pflicht handelt, haben Verstöße des Schuldners keine Außenwirkung (BGH BeckRS 2021, 16094 Rn. 56 ff.; K. Schmidt InsO/Undritz Rn. 4; Graf-Schlicker/Graf-Schlicker Rn. 8; KPB/Pape Rn. 1; MüKoInsO/Kern Rn. 19). Verwertungshandlungen sind bis zur Grenze der evidenten Insolvenzzweckwidrigkeit wirksam (K. Schmidt InsO/Undritz Rn. 4; Uhlenbruck/Zipperer Rn. 6; generell zur Insolvenzzweckwidrigkeit Hölken DZWIR 2019, 52 (58 ff.)). Gleichwohl wird ein Verstoß oftmals ein nachteiliger Umstand iSd § 274 Abs. 3 sein, der den Sachwalter dazu verpflichtet, nach S. 1 den Gläubigerausschuss und das Insolvenzgericht zu informieren bzw. nach S. 2 die Insolvenzgläubiger und absonderungsberechtigten Gläubiger (MüKoInsO/Kern Rn. 19; Uhlenbruck/Zipperer Rn. 6). Die Gläubigerversammlung oder ein Gläubiger, im Rahmen der Verwertung insbesondere ein absonderungsberechtigter Gläubiger, können dann einen Antrag auf Anordnung der Zustimmungsbedürftigkeit nach § 277 Abs. 1 und Abs. 2 oder ein Antrag auf Anordnung auf Aufhebung der Eigenverwaltung nach § 272 Abs. 1 stellen (MüKoInsO/Kern Rn. 19; Uhlenbruck/Zipperer Rn. 6). Das Einvernehmen zwischen Sachwalter und Schuldner geht jedoch nicht so weit, dass dem Sachwalter generell das Feststellungs- und Verwertungsrecht aufgrund seiner größeren Sachkompetenz zu überlassen ist (so aber FK-InsO/Foltis Rn. 18; HK-InsO/Brünkmans Rn. 7). Ob der Schuldner im Rahmen der Eigenverwaltung zu einer Verwertung von Sicherungsgut geeignet ist, muss vielmehr bereits im Rahmen der Anordnung der Eigenverwaltung nach § 270 Abs. 2 Nr. 2 festgestellt werden (so zu Recht Uhlenbruck/Zipperer Rn. 6).

Es wird vertreten, dass § 282 dispositiv sei und die Gläubigerversammlung das Recht habe, das **7** Verwertungsrecht gänzlich oder teilweise auf den Sachwalter zu übertragen (FK-InsO/Foltis Rn. 19; Braun/Riggert Rn. 7). Mangels gesetzlicher Grundlage und gegenteiliger Regelung in § 277 Abs. 1 ist dies jedoch abzulehnen (Uhlenbruck/Zipperer Rn. 6; HK-InsO/Brünkmans Rn. 7; Graf-Schlicker/Graf-Schlicker Rn. 8) (→ Rn. 7.1).

Erlöse aus der Verwertung sollten grundsätzlich von den sonstigen Vermögenswerten des Schuldners **7.1** getrennt werden, da ansonsten im Falle des Scheiterns der Eigenverwaltung das Risiko besteht, dass die Erlöse bei der Betriebsfortführung untergehen (MüKoInsO/Kern Rn. 21). Es besteht hierbei die Pflicht des Sachwalters, den Schuldner darauf hinzuweisen (MüKoInsO/Kern Rn. 21).

C. Kosten der Verwertung

Im Rahmen der Eigenverwaltung werden die absonderungsberechtigten Gläubiger mit geringe- **8** ren Kosten im Vergleich zum Regelinsolvenzverfahren belastet.

I. Feststellungs- und Verwertungskosten

Feststellungskosten gem. § 171 Abs. 1 werden nach § 282 Abs. 1 S. 2 nicht erhoben. Der **9** Gesetzgeber hat diese Entscheidung damit begründet, dass der Schuldner in der Eigenverwaltung über die Rechte der Gläubiger an den Gegenständen Bescheid weiß, sodass Kosten der Feststellung typischerweise nicht anfallen (BT-Drs. 12/2443, 226). Dies gilt auch für die Feststellung von Grundstückszubehör nach § 10 Abs. 1 Nr. 1a ZVG, da die Erhebung der Pauschale nur dann Anwendung findet, wenn ein Insolvenzverwalter bestellt ist (Uhlenbruck/Zipperer Rn. 4; MüKo-InsO/Kern Rn. 24; Vallender WM 1998, 2129 (2137)).

Die Kostenerstattungsansprüche für eine Verwertung von Sicherungsgut sind gem. § 282 Abs. 1 **10** S. 3 auf tatsächlich entstandene und erforderliche Kosten beschränkt. Der Gesetzgeber ist der Ansicht, dass die Verwertung bei der Eigenverwaltung einen geringeren Aufwand als bei dem fremdverwalteten Verfahren zur Folge hat (BT-Drs. 12/2443, 226). In Bezug auf den Fall der in der Eigenverwaltung intendierten Unternehmensfortführung mag dieser Gedanke stimmen

(MüKoInsO/Kern Rn. 25; Uhlenbruck/Zipperer Rn. 5). Soweit jedoch erhöhte Kosten entstehen, sind diese – soweit erforderlich – der Insolvenzmasse zu entnehmen.

11 Die Kostenerstattung bei der Verwertung ist auf entstandene und erforderliche Kosten begrenzt (zu Beweisproblemen Hammes NZI 2017, 233 (237)). Kosten, die bei sachgerechter Verwertung nicht entstanden wären, fallen demnach nicht darunter (MüKoInsO/Kern Rn. 26). Für welche Aufwendungen im Rahmen der Verwertung eine Kostenerstattung stattfindet, wird auf die Kommentierung zu § 171 verwiesen (→ § 171 Rn. 6 ff.). Welche Kosten für die Aufwendungen „erforderlich" im Rahmen der Verwertung sind, wird unterschiedlich streng beurteilt. Nach einer engen Auffassung müssen die Gläubiger die Kosten nur insoweit tragen, als sie zur Erzielung des Verwertungserlöses unvermeidbar gewesen sind (MüKoInsO/Kern Rn. 26; Andres/Leithaus Rn. 5; Nerlich/Römermann/Riggert Rn. 5). Nach einer weiteren Auffassung sind solche Kosten erforderlich, die bei einer marktüblichen Verwertung anfallen (Uhlenbruck/Zipperer Rn. 5). Bedenkt man, dass sich ein höherer Verwertungsaufwand oftmals in einem höheren Erlös niederschlagen wird, sollte man keinen zu strengen Maßstab anlegen.

II. Umsatzsteuer

12 Die bei einer Verwertung abzuführende Umsatzsteuer aus dem Verwertungserlös kann nach § 282 Abs. 1 S. 3 als Teil der Verwertungskosten angesetzt werden (MüKoInsO/Kern Rn. 27; § 171 Rn. 18). Es gelten dieselben Grundsätze wie im Regelinsolvenzverfahren. Der Umsatzsteuerbetrag ist dem Verwertungserlös zu entnehmen und an das Finanzamt zu entrichten (Uhlenbruck/Zipperer Rn. 5).

D. Kritik

13 Die grundsätzliche Bevorteilung von absonderungsberechtigten Gläubigern bei der Eigenverwaltung hat vielfältige Kritik erfahren. Das Absehen von einer Kostenerstattung für die Feststellung einer Forderung wird insoweit kritisch gesehen, als tatsächlich doch Kosten entstehen können, die dann nicht von den absonderungsberechtigten Gläubigern, sondern aus der Masse finanziert werden müssen. Dies könne ua durch eine Erhöhung des Vergütungszuschlags für den Sachwalter gem. § 3 Abs. 1 lit. a InsVV geschehen (FK-InsO/Foltis Rn. 6, 7). Die Nichtanwendbarkeit des § 10 Abs. 1 Nr. 1a ZVG und damit auch des § 174a ZVG, würde dem Schuldner darüber hinaus ein Druckmittel zur freihändigen Verwertung gegenüber einer Versteigerungsunfähigkeit herbeiführen (FK-InsO/Foltis Rn. 13; HK-InsO/Brünkmans Rn. 5). Insoweit wird auch vertreten, dass der wirtschaftliche Vorteil der absonderungsberechtigten Gläubiger dazu führen könnte, dass diese ihr Stimmrecht gem. § 76 Abs. 2 bei der nachträglichen Anordnung der Eigenverwaltung nach § 271 zum Nachteil der übrigen Gläubiger ausnutzen könnten (BK-InsR/Spliedt/Fridgen Rn. 7). Schließlich wird auch die geringe Kontrollmöglichkeit des Sachwalters bemängelt, dadurch dass das Erfordernis des Einvernehmens keine Außenwirkung hat (KPB/Pape Rn. 1).

14 In der Praxis zeigt sich daher, dass gerade Banken als typische Absonderungsgläubiger die vermutet bessere Kontrolle bei der Verwertung durch den Insolvenzverwalter bevorzugen. Auch im Übrigen ist man der Auffassung, dass sich die Befürchtung, die absonderungsberechtigten Gläubiger wollten die Eigenverwaltung zulasten der übrigen Gläubiger durchsetzen, nicht bewahrheitet hat (MüKoInsO/Kern Rn. 7).

15 Trotz der teilweise berechtigten Kritik, können jedoch alle, ggf. nachteiligen Aspekte für die Insolvenzgläubiger, bereits bei der Anordnung der Eigenverwaltung berücksichtigt werden (Uhlenbruck/Zipperer Rn. 1).

§ 283 Befriedigung der Insolvenzgläubiger

(1) ¹Bei der Prüfung der Forderungen können außer den Insolvenzgläubigern der Schuldner und der Sachwalter angemeldete Forderungen bestreiten. ²Eine Forderung, die ein Insolvenzgläubiger, der Schuldner oder der Sachwalter bestritten hat, gilt nicht als festgestellt.

(2) ¹Die Verteilungen werden vom Schuldner vorgenommen. ²Der Sachwalter hat die Verteilungsverzeichnisse zu prüfen und jeweils schriftlich zu erklären, ob nach dem Ergebnis seiner Prüfung Einwendungen zu erheben sind.

Überblick

§ 283 trifft Regelungen zur Behandlung von Insolvenzforderungen und zur Vornahme von Verteilungen in der Eigenverwaltung. Zuständig für die Entgegennahme von Forderungsanmeldungen und die Tabellenprüfung ist gem. § 270c S. 2 der Sachwalter. § 283 Abs. 1 gibt neben den Insolvenzgläubigern dem Sachwalter und dem Schuldner die Möglichkeit, angemeldete Forderungen zu bestreiten, mit der Wirkung, dass diese als nicht festgestellt gelten (→ Rn. 3 ff.). Der Schuldner nimmt insoweit eine doppelte Stellung als Eigenverwalter und Forderungsschuldner ein (→ Rn. 4 ff.). Gegen den vom Sachwalter oder Schuldner erhobenen Widerspruch kann jeder anmeldende Gläubiger Feststellungsklage gegen den jeweils Bestreitenden gem. § 179 Abs. 1 erheben (→ Rn. 9 ff.). Im Verteilungsverfahren nimmt der Schuldner die Stellung des Insolvenzverwalters ein (→ Rn. 13 ff.). Dem Sachwalter obliegt dabei die insolvenzspezifische Pflicht zur Überprüfung von Verteilungsverzeichnissen (→ Rn. 17 ff.).

A. Normzweck

Der Sachwalter, der Schuldner und jeder Insolvenzgläubiger haben gem. § 283 Abs. 1 S. 1 das **1** Recht zum Bestreiten angemeldeter Insolvenzforderung. Bestreitet der Schuldner die Forderung in seiner Eigenschaft als Eigenverwalter, gilt sie als nicht festgestellt (BGH NZI 2018, 519 (521, 525); BGH NJW-RR 2011, 51 Rn. 10; Uhlenbruck/Zipperer Rn. 1). Die Rechte des eigenverwaltenden Schuldners in der Eigenverwaltung im Hinblick auf die Prüfung und Feststellung von Insolvenzforderungen sind damit im Vergleich zum Regelinsolvenzverfahren, wo ein Widerspruch des Schuldners die Forderungsfeststellung nicht hindert (§ 178 Abs. 1 S. 2), erheblich erweitert (MüKoInsO/Kern Rn. 8). Im Rahmen des Verteilungsverfahrens gem. § 283 Abs. 2 hat der Schuldner die Pflicht zur Aufstellung der Verteilungsverzeichnisse, welche der Sachwalter zu überprüfen hat (MüKoInsO/Kern Rn. 2). Dadurch soll ein unredliches Verhalten des Schuldners zulasten der Gläubiger verhindert werden (Nerlich/Römermann/Riggert Rn. 2; MüKoInsO/Kern Rn. 2). Die Verteilung wird durch den Schuldner vorgenommen.

B. Feststellungsverfahren

Für das Feststellungsverfahren in der Eigenverwaltung, insbesondere im Hinblick auf die Füh- **2** rung der Insolvenztabelle, sind die allgemeinen Vorschriften der §§ 174–186 entsprechend anzuwenden (→ § 270 Rn. 40). Die Tabellenführung liegt gem. § 270c S. 2 beim Sachwalter (Uhlenbruck/Zipperer Rn. 2; KPBPape Rn. 15; MüKoInsO/Kern Rn. 5, 6). Wie im Regelinsolvenzverfahren gilt eine Forderung dann als festgestellt, wenn ihr nicht widersprochen wurde oder ein erhobener Widerspruch beseitigt wurde (MüKoInsO/Kern Rn. 7).

I. Widerspruch gegen die Feststellung zur Insolvenztabelle

1. Bestreiten durch den Schuldner

Bestreitet der Schuldner angemeldete Forderungen, so führt dies gem. § 283 Abs. 1 S. 2 dazu, **3** dass die bestrittene Forderung als nicht festgestellt gilt (BGH NJW-RR 2011, 51 Rn. 10; LG Düsseldorf BeckRS 2017, 109313 Rn. 41). Damit wird die Stellung des Schuldners im Vergleich zum Regelverfahren gestärkt. Denn im regulären Insolvenzverfahren führt das Bestreiten des Schuldners nach § 201 Abs. 2 nur dazu, dass dem Insolvenzgläubiger nach Aufhebung des Insolvenzverfahrens kein vollstreckbarer Tabellenauszug erteilt werden kann (MüKoInsO/Kern Rn. 9).

Die Regelung in Abs. 1 bezieht sich auf ein Bestreiten durch den Schuldner in seiner Eigenschaft **4** als Eigenverwalter. Umstritten ist, ob der Schuldner als Schuldner der Forderung ein eigenes Widerspruchsrecht hat, das er ggf. abweichend ausüben kann (offen gelassen LG Düsseldorf BeckRS 2017, 109313 Rn. 41). Das Nebeneinander der Regelungen aus §§ 283 Abs. 1, 178 ff. und § 201 könnte also zu einem gespaltenen Widerspruchsrecht führen. Folge wäre, dass jeweils zu prüfen wäre, in welcher Eigenschaft das Bestreiten durch den Schuldner erfolgt ist und ob die Rechtsfolgen des § 283 Abs. 1 S. 2, § 178 Abs. 1 S. 1 oder lediglich des § 201 eintreten.

Teilweise wird eine solche Spaltung des Widerspruchsrechts mit dem Argument verneint, dass **5** zum einen das Gesetz keine Anhaltspunkte für eine derartige Differenzierung biete und zum anderen der Schuldner bei unterschiedlicher Ausübung des Widerspruchsrechts seine prozessualen Wahrheitspflichten verletzen könnte (MüKoInsO/Kern Rn. 11; KPB/Pape Rn. 19; FK-InsO/Foltis Rn. 3; HK-InsO/Brünkmans Rn. 5). Für ein gespaltenes Widerspruchsrecht sprechen jedoch die unterschiedlichen Rechtswirkungen, die ein Widerspruch des eigenverwaltenden

Schuldners haben kann (BGH NZI 2013, 1025 (1027) Rn. 13). Damit muss es ihm letztlich aber auch möglich sein, entsprechend seiner Rolle das für ihn Günstige zu behaupten, was gerade keinen Verstoß nach § 138 ZPO darstellt (Uhlenbruck/Zipperer Rn. 2; MüKoZPO/Fritsche § 138 Rn. 2 f.). Zudem ist eine getrennte Betrachtung notwendig, damit dem Schuldner die Möglichkeit verbleibt, einer Nachhaftung gem. § 201 Abs. 2 S. 1 zu entgehen (Häsemeyer Rn. 8.16; Uhlenbruck/Zipperer Rn. 2; MüKoInsO/Schumacher § 178 Rn. 29; Kuna ZInsO 2013, 2253 (2255)). Soweit ein Übergang ins fremdverwaltende Verfahren stattfindet, tritt an die Stelle des eigenverwaltenden Schuldners der Insolvenzverwalter, der den Widerspruch zurücknehmen kann. Die Rechtsfolge des § 201 Abs. 2 S. 1 würde jedoch weiterhin bestehen. Der BGH erkennt ein gespaltenes Widerspruchsrecht jedenfalls insoweit an, als der Schuldner in seiner Eigenschaft als Forderungsschuldner den Widerspruch auf die Frage des Rechtsgrundes beschränkt (BGH NZI 2013, 1025 (1027)).

5.1 Der Schuldner sollte klarstellen, ob er eine Forderung als Amtswalter oder Forderungsschuldner bestreiten will. Erklärt der Schuldner sich nicht oder bleibt unklar, in welcher Eigenschaft das Bestreiten erfolgt, wird der Schuldner hinsichtlich des Bestreitens der Forderungen als Eigenverwalter behandelt (Uhlenbruck/Zipperer Rn. 2).

6 Ein Bestreiten durch den Schuldner als Eigenverwalter führt vorbehaltlich abweichender Vereinbarung oder Entscheidung des Gerichts zu einem Stimmrechtsausschluss; es gilt § 77 (MüKoInsO/Kern Rn. 12; HK-InsO/Brünkmans Rn. 6).

2. Bestreiten durch Sachwalter und Insolvenzgläubiger

7 Für das Bestreiten durch den Sachwalter gelten die allgemeinen Regeln. Im Rahmen der Tabellenführung hat der Sachwalter bei der Forderungsprüfung pflichtgemäßes Ermessen unter Berücksichtigung aller Bedenken gegen eine angemeldete Forderung auszuüben (MüKoInsO/Kern Rn. 13). Soweit Bedenken gegen eine Forderung bestehen, die auch der Schuldner nicht ausräumen kann, hat der Sachwalter die Forderung zu bestreiten (Gottwald/Haas InsR-HdB § 88 Rn. 107).

8 Die Insolvenzgläubiger können, wie § 283 Abs. 1 klarstellt, wie im regulären Verfahren Forderungen gem. §§ 178 Abs. 1, 179 Abs. 1 bestreiten. Es ergeben sich insoweit keine Abweichungen zum Regelverfahren.

II. Feststellungsklage

1. Feststellungsklage gegen den Schuldner als Eigenverwalter und Sachwalter

9 Bestreitet der Schuldner eine Forderung in seiner Funktion als Eigenverwalter oder der Sachwalter, steht es jedem Gläubiger frei, Feststellungsklage gegen den jeweils Bestreitenden gem. §§ 179 Abs. 1, 180 Abs. 1 zu erheben (LG Düsseldorf BeckRS 2017, 109313 Rn. 41; BGH BeckRS 2021, 16094). Der jeweils Bestreitende ist passiv legitimiert (MüKoInsO/Kern Rn. 16; FK-InsO/Foltis Rn. 4).

10 Soweit bereits für eine Forderung ein vollstreckbarer Schuldtitel oder ein Endurteil vorliegt, muss der Bestreitende seinen Widerspruch nach § 179 Abs. 2 verfolgen. Soweit bereits ein Rechtsstreit anhängig war, ist dieser gem. § 180 Abs. 2 wieder aufzunehmen (MüKoInsO/Kern Rn. 17; Uhlenbruck/Zipperer Rn. 3).

11 Liegt eine rechtskräftige Entscheidung vor, so erstreckt sich die Rechtskraftwirkung gem. § 183 Abs. 1 neben den Insolvenzgläubigern auch auf den Schuldner und den Sachwalter (KPB/Pape Rn. 23; MüKoInsO/Kern Rn. 18; Uhlenbruck/Zipperer Rn. 3; aA FK-InsO/Foltis Rn. 4: Streitgenossen nach § 59 ZPO). Dadurch dass ein Widerspruch einer der Parteien feststellungshindernde Wirkung hat, müssen diese auch in gleicher Weise an ein ergehendes Urteil gebunden werden.

2. Klage gegen den Schuldner als Forderungsschuldner

12 Bejaht man ein doppeltes Widerspruchsrecht des Schuldners (→ Rn. 4 ff.), so muss auch § 184 Anwendung finden, wenn der Schuldner in seiner Eigenschaft als Forderungsschuldner der Feststellung einer Forderung widerspricht (Uhlenbruck/Zipperer Rn. 3). Hat der Schuldner doppelt widersprochen, so ist die Feststellungsklage gegen ihn persönlich und als Partei kraft Amtes gemeinsam zu führen bzw. aufzunehmen (BGH NZI 2013, 396 (397) Rn. 9; Uhlenbruck/Zipperer Rn. 3).

C. Verteilungsverfahren

Im Verteilungsverfahren nimmt der Schuldner die Position des Insolvenzverwalters ein. Der Sachwalter ist darauf beschränkt, die Verteilungsverzeichnisse zu prüfen und ggf. Einwendungen zu erheben.

I. Aufgaben des Schuldners

Nach § 283 Abs. 2 S. 1 hat der Schuldner die Verteilungen vorzunehmen. Die §§ 187–199 gelten entsprechend (→ § 270 Rn. 40). Der Schuldner tritt insoweit in die Stellung des Insolvenzverwalters und hat die Verteilungen nach § 187 Abs. 3 S. 1 vorzunehmen.

Dazu gehört die Verpflichtung des Schuldners, das Verteilungsverzeichnis aufzustellen und auf der Geschäftsstelle niederzulegen, § 188 S. 1 und 2 (MüKoInsO/Kern Rn. 19). Das Gericht hat dann die Summe der Forderungen und Verteilung öffentlich bekannt zu machen, § 188 S. 3 (Uhlenbruck/Zipperer Rn. 5). Die Berücksichtigungen bestrittener Forderungen, absonderungsberechtigter Gläubiger, aufschiebend bedingter Forderungen sowie auch nachträgliche Berücksichtigungen und Änderungen des Verteilungsverzeichnisses sind durch den Schuldner entsprechend den §§ 189 ff. vorzunehmen (MüKoInsO/Kern Rn. 20; Uhlenbruck/Zipperer Rn. 5). Nach diesen Maßgaben hat der Schuldner die Abschlags- sowie Schlussverteilungen einschließlich der Nachtragsverteilungen vorzunehmen. Unter anderem folgende Modifikationen ergeben sich (MüKoInsO/Kern Rn. 20):
- Zustellung von Entscheidungen des Insolvenzgerichts iRv § 194 Abs. 2 und 3 an den Schuldner;
- Recht des Schuldners zur sofortigen Beschwerde nach § 194 Abs. 3 S. 2 gegen eine Berichtigung des Verzeichnisses durch das Insolvenzgericht;
- Verpflichtung des Schuldners den zu zahlenden Bruchteil dem Gläubigerausschuss gem. § 195 Abs. 1 vorzuschlagen oder im Falle eines fehlenden Gläubigerausschusses selbst zu bestimmen und die Höhe des Bruchteils den Gläubigern gem. § 195 Abs. 2 mitzuteilen;
- Zustimmungserfordernis durch das Insolvenzgericht gem. § 196 Abs. 2 zur Schlussverteilung durch den Schuldner;
- Hinterlegungspflicht des Schuldners gem. § 198 hinsichtlich zurückbehaltener Beträge bei der Schlussverteilung.

Der Schuldner behält das Beschwerderecht gegen die Anordnung einer Nachtragsverteilung nach § 204 Abs. 2 S. 2, auch wenn ein solches im Regelinsolvenzverfahren nicht dem Insolvenzverwalter zusteht (MüKoInsO/Kern Rn. 20).

II. Aufgaben des Sachwalters

Den Sachwalter treffen im Rahmen des Verteilungsverfahrens insbesondere eine Prüfungs- und Stellungnahmepflicht. Der Sachwalter hat nach § 283 Abs. 2 S. 2 die Verteilungsverzeichnisse zu prüfen und schriftlich zu klären, ob nach dem Ergebnis der Prüfung Einwendungen zu erheben sind. Die Ergebnisse der Prüfung sowie das Verzeichnis sind nach § 188 S. 2 auf der Geschäftsstelle zur Einsicht der Beteiligten niederzulegen (MüKoInsO/Kern Rn. 22). Für die Erfüllung dieser insolvenzspezifischen Pflicht haftet der Sachwalter iRd § 60 (MüKoInsO/Kern Rn. 22).

Die Wirkung der Einwendungen des Sachwalters im Fall eines Streits mit dem Schuldner ist jedoch beschränkt. Die Einwendungen des Sachwalters sind keine, die in analoger Anwendung des § 194 zu einer Entscheidung des Gerichts führen können (MüKoInsO/Kern Rn. 23; Uhlenbruck/Zipperer Rn. 6; aA FK-InsO/Foltis Rn. 8). Zum einen haben die im Prüfvermerk aufgeführten Einwendungen nicht die Wirkung des § 194 (Andres/Leithaus § 194 Rn. 4). Zum anderen sieht das System der Informations- und Stellungnahmepflichten in den §§ 274 Abs. 3, 281 kein gerichtliches Eingreifen vor und überlässt die Initiative den Gläubigern (Uhlenbruck/Zipperer Rn. 6). Sie haben die Aufgabe, gegen das Verteilungsverzeichnis vorzugehen und Einwendungen des Sachwalters aufzugreifen (HmbKommInsR/Fiebig Rn. 4; HK-InsO/Brünkmans Rn. 7; KPB/Pape Rn. 27; MüKoInsO/Kern Rn. 23; Uhlenbruck/Zipperer Rn. 6). Soweit diese das Insolvenzgericht anrufen, hat es gem. §§ 194, 197 Abs. 3 zu entscheiden (HK-InsO/Brünkmans Rn. 7).

Dem Sachwalter verbleiben gem. § 277 nur dann weitere Handlungsoptionen, wenn das Insolvenzgericht auf Antrag der Gläubigerversammlung die Wirksamkeit bestimmter Rechtsgeschäfte von der Zustimmung des Sachwalters abhängig macht – so bspw. die Aufstellung des Verteilungsverzeichnisses oder die Verteilung und ggf. Nachverteilung (Graf-Schlicker/Graf-Schlicker Rn. 12; Kübler HRI/Minuth § 12 Rn. 110; KPB/Pape Rn. 28; MüKoInsO/Kern Rn. 24).

§ 284 Insolvenzplan

(1) ¹Ein Auftrag der Gläubigerversammlung zur Ausarbeitung eines Insolvenzplans ist an den Sachwalter oder an den Schuldner zu richten. ²Der vorläufige Gläubigerausschuss kann einen Auftrag zur Ausarbeitung eines Insolvenzplans an den vorläufigen Sachwalter oder den Schuldner richten. ³Wird der Auftrag an den Schuldner gerichtet, so wirkt der vorläufige Sachwalter oder der Sachwalter beratend mit.
(2) Eine Überwachung der Planerfüllung ist Aufgabe des Sachwalters.

Überblick

Über § 284 kann nach Anordnung der Eigenverwaltung entweder der Sachwalter oder der Schuldner beauftragt werden, einen Insolvenzplan auszuarbeiten. Der Wahl des Sachwalters oder des Schuldners geht stets ein Auftrag der Gläubigerversammlung voraus, wobei eine Beauftragung beider zugleich nicht möglich ist (→ Rn. 7 f.). Im Eröffnungsverfahren tritt an die Stelle der Gläubigerversammlung der vorläufige Gläubigerausschuss (→ Rn. 8, → Rn. 10). Sofern der Sachwalter durch die Gläubigerversammlung beauftragt wurde, steht dieser dem Insolvenzverwalter gleich (→ Rn. 15 ff.). Beauftragt die Gläubigerversammlung hingegen den Schuldner mit der Ausarbeitung eines Insolvenzplanes, so kann diese auch das Ziel des Plans vorgeben. Der Schuldner kann aber einen eigenen, mit dem aufgrund des Gläubigerauftrags konkurrierenden Plan erstellen und zur Abstimmung stellen (→ Rn. 11). Im Übrigen nimmt der Schuldner, der mit der Ausarbeitung des Plans beauftragt ist, ebenfalls die Rolle des Insolvenzverwalters ein und hat nach § 270 Abs. 1 S. 2 die gleichen Rechte und Pflichten wie ein Insolvenzverwalter (→ Rn. 12). Abs. 2 ordnet an, dass die Überwachung der Planerfüllung (§§ 260 ff.) durch den Sachwalter erfolgt (→ Rn. 23 ff.).

Übersicht

	Rn.		Rn.
A. Normzweck	1	III. Ausarbeitung durch den Sachwalter	15
B. Ausarbeitung	7	C. Besonderheiten in der Eigenverwaltung	19
I. Auftrag der Gläubigerversammlung/des vorläufigen Gläubigerausschusses	9		
II. Ausarbeitung durch den Schuldner	11	D. Planüberwachung	23

A. Normzweck

1   Der Insolvenzplan gibt den Beteiligten die Möglichkeit, die Rechtsstellung des Schuldners und der Gläubiger durch einen Plan in Privatautonomie zu gestalten (BT-Drs. 12/2443, 195; FK-InsO/Foltis Rn. 1). Es besteht ein enger Zusammenhang zwischen dem Insolvenzplanverfahren mit dem Ziel, das schuldnerische Unternehmen zu erhalten und der Abwicklung des Insolvenzverfahrens in Eigenverwaltung (MüKoInsO/Kern Rn. 1). § 284 stellt klar, dass es ein Insolvenzplanverfahren in Eigenverwaltung gibt, und regelt, welche Besonderheiten in einem solchen Fall gelten (MüKoInsO/Kern Rn. 2; Nerlich/Römermann/Riggert Rn. 1; Friedhoff ZIP 2002, 497 ff.).

2   Gemäß § 218 Abs. 1 S. 1 ist der Schuldner berechtigt, den Insolvenzplan vorzulegen. Das Planinitiativrecht gilt auch in der Eigenverwaltung (FK-InsO/Foltis Rn. 6; Uhlenbruck/Zipperer Rn. 2; Nerlich/Römermann/Riggert Rn. 4; MüKoInsO/Kern Rn. 13 f.). Im Schutzschirmverfahren hat der Schuldner die Obliegenheit, einen Insolvenzplan gem. § 270b Abs. 1 S. 1 vorzulegen, ansonsten droht die Einleitung des Regelverfahrens (→ § 270b Rn. 55).

3   Gemäß § 284 Abs. 1 kann zudem der Schuldner oder der Sachwalter mit der Ausarbeitung eines Insolvenzplans durch die Gläubigerversammlung beauftragt werden. Die Beauftragung auch des Sachwalters ist erst durch Empfehlung des Rechtsausschusses in den Gesetzestext gelangt. Durch die Möglichkeit auch der Beauftragung des Sachwalters als eine vom Schuldner unabhängige Person sollte die Gläubigerautonomie gestärkt, eine größere Flexibilität der Eigenverwaltung eingeführt und eine größere Akzeptanz herbeigeführt werden (Beschlussempfehlung und Bericht des Rechtsausschusses, BT-Drs. 12/7302, 186). Gleichwohl hat diese Einfügung auch zu Kritik als „systemwidrig" geführt, da eine Eigenverwaltung nur Sinn mache, wenn auch der Schuldner geeignet und gewillt sei, einen Insolvenzplan vorzulegen (KPB/Pape Rn. 7).

4   Wird der Auftrag dem Schuldner erteilt, so kommt dem Sachwalter gem. § 284 Abs. 1 S. 2 eine beratende Aufgabe zu.

Insolvenzplan § 284 InsO

Nach § 284 Abs. 2 hat der Sachwalter ferner die Aufgabe der Überwachung der Planerfüllung. 5
Die Regelung entspricht der allgemeinen Aufgabenverteilung zwischen Schuldner und Sachwalter
im Rahmen der Eigenverwaltung (MüKoInsO/Kern Rn. 4).
Im Übrigen gelten über § 270 Abs. 1 S. 2 für das Insolvenzplanverfahren in Eigenverwaltung 6
die allgemeinen Vorschriften der §§ 217 ff. (MüKoInsO/Kern Rn. 4).

B. Ausarbeitung

Nach § 284 Abs. 1 kann nach Anordnung der Eigenverwaltung die Gläubigerversammlung 7
wählen, ob sie den Sachwalter oder den Schuldner mit der Planausarbeitung beauftragt. Eine
Beauftragung beider zugleich ist nach dem klaren Wortlaut der Vorschrift dagegen nicht möglich
(FK-InsO/Foltis Rn. 8; MüKoInsO/Kern Rn. 20). Der Beschluss der Gläubigerversammlung
über die Beauftragung ist unanfechtbar (§§ 6 Abs. 1, 76) (FK-InsO/Foltis Rn. 9).
Aufgrund der Gesetzesänderung des SanInsFoG kann nunmehr auch der vorläufige Gläubiger- 8
ausschuss im Eröffnungsverfahren einen Auftrag zur Ausarbeitung eines Insolvenzplans an den
vorläufigen Sachwalter oder den Schuldner richten.

I. Auftrag der Gläubigerversammlung/des vorläufigen Gläubigerausschusses

In der Regel erfolgt die Beauftragung in der ersten Gläubigerversammlung, dem Berichtstermin 9
nach § 156. Diese beschließt darüber, ob das Insolvenzverfahren auf der Grundlage der gesetzlichen
Vorschriften über die Verwertung des Schuldnervermögens oder anhand eines Insolvenzplans
abgewickelt werden soll (FK-InsO/Foltis Rn. 7; vgl. auch BT-Drs. 12/2443, 197). Dies schließt
eine spätere Beauftragung allerdings nicht aus, da die Gläubigerversammlung ihre Entscheidung
gem. § 270 Abs. 1 S. 2, § 157 S. 3 jederzeit ändern kann (Uhlenbruck/Zipperer Rn. 2; FK-InsO/
Foltis Rn. 7). Auch ein Widerruf der Auftragserteilung ist möglich (MüKoInsO/Kern Rn. 18).
In der vorläufigen Eigenverwaltung tritt an die Stelle der noch nicht vorhandenen Gläubiger- 10
sammlung der vorläufige Gläubigerausschuss. Er kann seine Beauftragung ebenfalls an den Schuldner oder den Sachwalter richten. Mit der neuen Regelung sollen Sanierungen beschleunigt werden, insbesondere dadurch, dass der vorläufige Sachwalter als neutrale Vertrauensperson mit der
Erstellung des Insolvenzplans betraut oder in dessen Erstellung eingebunden ist (BT-Drs. 19/
24181, 210).

II. Ausarbeitung durch den Schuldner

Gemäß § 284 Abs. 1 S. 1 kann die Gläubigerversammlung den Schuldner mit der Ausarbeitung 11
eines Insolvenzplans beauftragen und dabei wie in § 157 S. 2 auch das Ziel des Plans vorgeben
(Uhlenbruck/Zipperer Rn. 2; FK-InsO/Foltis Rn. 6). Gemäß § 284 Abs. 1 S. 2 kann in der vorläufigen Eigenverwaltung der vorläufige Gläubigerausschuss den Schuldner mit der Ausarbeitung
eines Insolvenzplans beauftragen. Der Schuldner kann einen Plan aber auch ohne Auftrag erstellen,
da sein originäres Planinitiativrecht nach §§ 218 Abs. 1, 270 Abs. 1 S. 2 von der Vorschrift des
§ 284 nicht berührt wird (FK-InsO/Foltis Rn. 6; Uhlenbruck/Zipperer Rn. 2; Nerlich/Römer-
mann/Riggert Rn. 4; MüKoInsO/Kern Rn. 13 f.; zu den gesellschaftsrechtlichen Bindungen →
§ 276a Rn. 24). § 284 Abs. 1 verdrängt als Sonderregelung des § 218 Abs. 2, und gibt der Gläubigerversammlung das Initiativrecht anstelle des Insolvenzverwalters sowohl den Sachwalter als auch
den Schuldner mit der Planerstellung zu beauftragen (MüKoInsO/Kern Rn. 13). Beauftragt die
Gläubigerversammlung den Schuldner, so hat dieser aber auch nach der Beauftragung noch das
Recht, zusätzlich einen eigenen Insolvenzplan zu erstellen, und kann seinen eigenen Plan als
konkurrierenden Insolvenzplan zu dem im Auftrag der Gläubigerversammlung eventuell nach
konkreten Weisungen erstellten Insolvenzplan vorlegen (MüKoInsO/Kern Rn. 15).
Ist der Schuldner mit der Ausarbeitung des Plans beauftragt, nimmt er die Rolle des Insolvenz- 12
verwalters ein und hat nach § 270 Abs. 1 S. 2 die gleichen Rechte und Pflichten wie ein Insolvenzverwalter im Insolvenzplanverfahren (MüKoInsO/Kern Rn. 19; FK-InsO/Foltis Rn. 13). Zum
einen muss der Insolvenzplan gem. § 218 Abs. 2 binnen angemessener Frist vorgelegt werden (→
§ 218 Rn. 13 ff.). Gemäß § 218 Abs. 3 hat der Schuldner zum anderen auch den Gläubigerausschuss, den Betriebsrat und den Sprecherausschuss der leitenden Angestellten beratend einzubeziehen (Uhlenbruck/Zipperer Rn. 4; FK-InsO/Foltis Rn. 13; MüKoInsO/Kern Rn. 19; → § 218
Rn. 17 ff.; aA MüKoInsO/Eidenmüller § 218 Rn. 108).
Daneben ist der (vorläufige) Sachwalter gem. § 284 Abs. 1 S. 3 verpflichtet, an der Ausarbeitung 13
beratend mitzuwirken, und er ist als Überwachungsorgan tätig (MüKoInsO/Kern Rn. 19).

14   Kommt der Schuldner dem ihm erteilten Planauftrag nicht im erforderlichen Umfang nach, so hat der Sachwalter dies dem Insolvenzgericht und den Gläubigern nach § 274 Abs. 2, 3 anzuzeigen (MüKoInsO/Kern Rn. 20). Arbeitet der Schuldner den Insolvenzplan entgegen des Auftrags der Gläubigerversammlung nicht aus, so kann die Gläubigerversammlung ihre Entscheidung ändern und den Auftrag an den Sachwalter richten gem. § 157 S. 3, § 284 Abs. 1 (MüKoInsO/Kern Rn. 21) oder die Aufhebung der Eigenverwaltung gem. § 272 Abs. 1 Nr. 1 beschließen (MüKo-InsO/Kern Rn. 21; KPB/Pape Rn. 14).

III. Ausarbeitung durch den Sachwalter

15   Beauftragt die Gläubigerversammlung den Sachwalter mit der Ausarbeitung des Plans gilt das gleiche wie bei der Beauftragung eines Insolvenzverwalters. Die Gläubigerversammlung kann ihm gem. § 157 S. 2 insbesondere das Planziel vorgeben (Uhlenbruck/Zipperer Rn. 3). § 284 Abs. 1 knüpft an § 218 Abs. 2 an, der die Beauftragung des Verwalters mit der Planerstellung regelt (FK-InsO/Foltis Rn. 6; Uhlenbruck/Zipperer Rn. 3).

16   Ohne einen Auftrag der Gläubigerversammlung ist der Sachwalter, anders als der Schuldner, nicht berechtigt, einen Plan vorzulegen (BT-Drs. 12/2443, 196; FK-InsO/Foltis Rn. 6; Andres/Leithaus Rn. 3; Braun/Riggert Rn. 2; Uhlenbruck/Zipperer Rn. 1; Graf-Schlicker/Graf-Schlicker Rn. 6; Kübler HRI/Rendels § 24 Rn. 7). Eine analoge Anwendung des § 218 Abs. 1 S. 1 kommt nicht in Betracht, da der Sachwalter in der Eigenverwaltung nur eine Aufsichtsfunktion hat, während der Schuldner die gestaltenden Aufgaben übernimmt und die Verwaltungs- und Verfügungsbefugnis innehat (MüKoInsO/Kern Rn. 16).

17   Das Recht der Beauftragung steht nach § 284 S. 2 auch dem vorläufigen Gläubigerausschuss zu. Einer analogen Anwendung bedarf es daher nicht mehr (so zum Recht vor SanInsFoG BGH NZI 2016, 963 Rn. 77; zust. Kampshoff/Schäfer NZI 2016, 941 (942); so auch Hölzle ZIP 2012, 855 (859); MüKoInsO/Kern Rn. 3; aA Uhlenbruck/Zipperer Rn. 3).

18   Da der Sachwalter im Rahmen der Ausarbeitung des Plans einem Insolvenzverwalter gleichsteht, sind die §§ 217 ff. und insbesondere § 218 anzuwenden (FK-InsO/Foltis Rn. 11; MüKoInsO/Kern Rn. 24). Nach § 218 Abs. 1 S. 1 ist der Sachwalter folglich zur Vorlage berechtigt, muss den Insolvenzplan nach § 218 Abs. 2 binnen angemessener Frist vorlegen (→ § 218 Rn. 13 ff.) und hat den Gläubigerausschuss, den Schuldner und ggf. den Betriebsrat und den Sprecherausschuss der leitenden Angestellten nach § 218 Abs. 3 beratend einzubeziehen (→ § 218 Rn. 17 ff.) (FK-InsO/Foltis Rn. 11; Uhlenbruck/Zipperer Rn. 3; MüKoInsO/Kern Rn. 24–25; → Rn. 18.1).

18.1   Die Ausarbeitung des Insolvenzplans durch den Sachwalter ist nur dann erfolgversprechend, wenn zwischen dem Schuldner und dem Sachwalter Einvernehmen über die Ziele des Insolvenzplanverfahrens besteht; anderenfalls besteht die Gefahr, dass der Schuldner den Insolvenzplan torpediert (MüKoInsO/Kern Rn. 23). Dann wäre es sinnvoller, die Eigenverwaltung aufzuheben und nach § 218 Abs. 2 den Insolvenzverwalter mit der Ausarbeitung des Insolvenzplans zu beauftragen (MüKoInsO/Kern Rn. 23; Uhlenbruck/Zipperer Rn. 3).

C. Besonderheiten in der Eigenverwaltung

19   Grundsätzlich gelten für die Durchführung des Insolvenzplanverfahrens nach § 270 Abs. 1 S. 2 die allgemeinen Vorschriften der §§ 217 ff. Die Anordnung der Eigenverwaltung führt jedoch zu einigen Besonderheiten, je nachdem ob der Schuldner oder Sachwalter dafür zuständig ist.

20   Eine Besonderheit ist die wechselseitige Informations-, Vorlage- und Mitwirkungspflicht zwischen Schuldner und Sachwalter nach § 232. Ist der Schuldner mit der Erstellung des Insolvenzplans beauftragt worden, so sollte trotz Mitwirkung des Sachwalters an der Erstellung des Plans dieser nach § 232 Abs. 1 Nr. 3 an den Sachwalter zugeleitet werden, da nicht ohne Weiteres davon ausgegangen werden kann, dass der Insolvenzplan im Einzelnen zwischen Schuldner und Sachwalter abgestimmt worden ist (Nerlich/Römermann/Riggert Rn. 5; MüKoInsO/Kern Rn. 20, 27). Umgekehrt ist der durch einen Sachwalter erstellte Plan dem Schuldner nach § 233 Abs. 1 Nr. 2 durch das Insolvenzgericht zur Stellungnahme zuzuleiten (Nerlich/Römermann/Riggert Rn. 5; MüKoInsO/Kern Rn. 27).

21   Ferner steht die Antragsbefugnis nach § 233 S. 1 auf Aussetzung der Verwertung und Verteilung ausschließlich dem Schuldner zu, da im Eigenverwaltungsverfahren die Verwertung und Verteilung (§§ 282, 283) dem Schuldner zugewiesen sind. Gleiches gilt für die Antragsbefugnis auf Fortsetzung der zunächst ausgesetzten Verwertung und Verteilung gem. § 233 S. 2 (MüKoInsO/Kern Rn. 28–29).

Im Falle der Aufhebung des Insolvenzplanverfahrens in Eigenverwaltung ist anstelle des Insolvenzverwalters nach § 258 Abs. 3 der Sachwalter vorab über den Zeitpunkt des Wirksamwerdens der Aufhebung zu unterrichten (MüKoInsO/Kern Rn. 30; Nerlich/Römermann/Riggert Rn. 5). Das Amt des Sachwalters erlischt mit der Aufhebung nach § 259 Abs. 1 (MüKoInsO/Kern Rn. 30; Nerlich/Römermann/Riggert Rn. 5). Trotzdem ist er gem. § 259 Abs. 3 ermächtigt, die bei Verfahrensende laufenden Anfechtungsprozesse zu Ende zu führen (MüKoInsO/Kern Rn. 30; Uhlenbruck/Zipperer Rn. 5; KPB/Pape Rn. 20; aA Nerlich/Römermann/Riggert Rn. 5 (Schuldner zuständig)). Andernfalls würden die von ihm nach § 280 geführten, noch nicht beendeten Anfechtungsrechtsstreite ohne die daraus mögliche Massemehrung enden (MüKoInsO/Kern Rn. 30).

D. Planüberwachung

§ 284 Abs. 2 weist die Aufgabe der Überwachung der Planerfüllung nach Durchführung des Insolvenzverfahrens bei Anordnung der Eigenverwaltung dem Sachwalter zu und knüpft damit an § 261 Abs. 1 S. 1 an. In der Eigenverwaltung erfolgt die Überwachung durch den Sachwalter unabhängig davon, ob der Plan vom Schuldner oder Sachwalter ausgearbeitet wurde (FK-InsO/Foltis Rn. 14; Uhlenbruck/Zipperer Rn. 5).

Die Überwachung iSd § 284 Abs. 2 ist eine Überwachung, wie sie die §§ 260 ff. für das Regelinsolvenzverfahren vorsehen (hierzu Schmidt/Ellers, Sanierungsrecht, 2. Aufl. 2019, §§ 260–269). Den Sachwalter trifft die Überwachungspflicht daher nur, wenn eine Überwachung im gestaltenden Teil des Insolvenzplans vorgesehen ist (§ 260 Abs. 1). Eine generelle Pflicht zur Überwachung besteht nicht (FK-InsO/Foltis Rn. 15; MüKoInsO/Kern Rn. 31; Nerlich/Römermann/Riggert Rn. 6; Uhlenbruck/Zipperer Rn. 5). Im Übrigen nimmt der Sachwalter die Rechte des Insolvenzverwalters aus §§ 261–263 wahr (Uhlenbruck/Zipperer Rn. 5; FK-InsO/Foltis Rn. 15; MüKoInsO/Kern Rn. 32; → § 261 Rn. 1 ff.; → § 262 Rn. 1 ff.; → § 263 Rn. 1 ff.).

Ist die Überwachung angeordnet, bleiben der Sachwalter und die Mitglieder des Gläubigerausschusses im Amt und die Aufsicht des Insolvenzgerichts bleibt bestehen gem. § 270 Abs. 1 S. 2, § 261 Abs. 1 S. 2 (FK-InsO/Foltis Rn. 15; MüKoInsO/Kern Rn. 32). Der Schuldner bleibt nicht im Amt; er erhält das Recht zurück, frei über die Insolvenzmasse zu verfügen (FK-InsO/Foltis Rn. 15; MüKoInsO/Kern Rn. 32; Uhlenbruck/Zipperer Rn. 5).

§ 285 Masseunzulänglichkeit

Masseunzulänglichkeit ist vom Sachwalter dem Insolvenzgericht anzuzeigen.

Überblick

§ 285 bestimmt, dass nach Anordnung der Eigenverwaltung den Sachwalter die Pflicht zur Anzeige der Masseunzulänglichkeit (§ 208) trifft (→ Rn. 2). Für die Abwicklung des Insolvenzverfahrens ist auch nach Anzeige der Masseunzulänglichkeit der Schuldner zuständig (→ Rn. 5).

A. Normzweck und Systematik

Während im Regelinsolvenzverfahren gem. § 208 Abs. 1 S. 1 der Insolvenzverwalter zur Anzeige der Masseunzulänglichkeit verpflichtet ist, trifft die Anzeigepflicht in der Eigenverwaltung den Sachwalter (Uhlenbruck/Zipperer Rn. 1; BAG NZI 2005, 408). Auch die drohende Masseunzulänglichkeit (§ 208 Abs. 1 S. 2) hat der Sachwalter anzuzeigen (Uhlenbruck/Zipperer Rn. 2; K. Schmidt InsO/Undritz Rn. 2; MüKoInsO/Kern Rn. 7). Nicht von der Anzeigepflicht des Sachwalters nach § 285 erfasst ist die Masselosigkeit (vgl. zB Uhlenbruck/Zipperer Rn. 3; K. Schmidt InsO/Undritz Rn. 2; aA zB MüKoInsO/Kern Rn. 23). Der Wortlaut ist insofern eindeutig, wobei jedoch eine Anzeigepflicht nach § 274 Abs. 3 in Betracht kommt (Graf-Schlicker/Graf-Schlicker Rn. 6). Im Fall der Masselosigkeit ist daher gem. der Regelung des § 207 der Schuldner verpflichtet, die sofortige Verfahrenseinstellung voranzutreiben (MüKoInsO/Kern Rn. 22; Uhlenbruck/Zipperer Rn. 3). Das Gericht hat hierbei die Voraussetzungen des § 207 Abs. 1 S. 1 von Amts wegen zu prüfen und zu entscheiden (Uhlenbruck-Zipperer Rn. 3; MüKoInsO/Kern Rn. 22). Der Sachwalter ist im Rahmen dieser Prüfung zu hören (Uhlenbruck/Zipperer Rn. 3).

B. Anzeigepflicht

2   Die Anzeigepflicht trifft allein den Sachwalter. Die laufende Prüfungspflicht des Sachwalters im Hinblick auf die Masseunzulänglichkeit gehört zu den insolvenzspezifischen Pflichten des Sachwalters, für die er iRv § 60 persönlich einzustehen hat (K. Schmidt InsO/Undritz Rn. 2; MüKoInsO/Kern Rn. 8; Schulte-Kaubrügger ZIP 2019, 345 (351)). Der Sachwalter hat bei der Überwachung der Geschäftsführung daher die Erfüllbarkeit neu eingegangener Verbindlichkeiten für die Masse besonders genau zu prüfen und ggf. Informationen beim Schuldner einzuholen (MüKoInsO/Kern Rn. 8). Begründet der Schuldner Masseverbindlichkeiten, die zu einer Masseunzulänglichkeit führen könnten, hat der Sachwalter dies gem. § 274 Abs. 3 anzuzeigen (MüKoInsO/Kern Rn. 8).

3   Der Schuldner hat kein eigenes Anzeigerecht (K. Schmidt InsO/Undritz Rn. 1). Damit soll vermieden werden, dass der Schuldner durch eine sachlich nicht gerechtfertigte Masseunzulänglichkeitsanzeige in die Rechte der (Alt-)Massegläubiger eingreift (Uhlenbruck/Zipperer Rn. 2). Er hat jedoch die Pflicht zur eigenständigen Kontrolle über die (Un-)Zulänglichkeit der Masse und den Sachwalter über eine mögliche Masseunzulänglichkeit zu unterrichten, die dieser dann zu prüfen und ggf. anzuzeigen hat (K. Schmidt InsO/Undritz Rn. 1; KPB/Pape Rn. 12; HmbKommInsR/Fiebig Rn. 2). Zeigt der Schuldner dem Gericht gleichwohl die Masseunzulänglichkeit an, so löst diese Anzeige nicht die Rechtsfolgen der §§ 208 ff. aus. Das Gericht kann aber nach §§ 274 Abs. 1, 58 Abs. 1 den Sachwalter zu einer Stellungnahme auffordern (MüKoInsO/Kern Rn. 11; Uhlenbruck/Zipperer Rn. 2).

4   Die Gläubiger haben gleichfalls kein Anzeigerecht (KPB/Pape Rn. 13). Jedoch kann die Masseunzulänglichkeit im Rahmen eines Antrags auf Aufhebung der Anordnung der Eigenverwaltung nach § 272 Abs. 1 Nr. 2 geltend gemacht werden (MüKoInsO/Kern Rn. 12; Uhlenbruck/Zipperer Rn. 2).

C. Folgen der Anzeige

5   Die Wirkungen der Anzeige der Masseunzulänglichkeit entsprechen denen im Regelinsolvenzverfahren nach §§ 208–211 (MüKoInsO/Kern Rn. 13, 17). Die Aufgaben des Sachwalters sind auf die Anzeigepflicht beschränkt. Für die weitere Abwicklung des Insolvenzverfahrens ist der Schuldner gem. § 270 Abs. 1 S. 1 im Rahmen seiner generellen Verwaltungs- und Verfügungsbefugnis zuständig (MüKoInsO/Kern Rn. 13). Der Schuldner hat gem. § 208 Abs. 3 weiterhin die Insolvenzmasse zu verwalten und verwerten, die Massegläubiger unter Einhaltung der Rangordnung des § 209 zu befriedigen, und er hat gem. § 211 Abs. 2 gesondert Rechnung zu legen (Uhlenbruck/Zipperer Rn. 3; K. Schmidt InsO/Undritz Rn. 2). Ob die Nachhaftung des Schuldners auf die Insolvenzmasse beschränkt ist (Uhlenbruck/Zipperer Rn. 3; FK-InsO/Foltis Rn. 3) oder ob der Schuldner darüber hinaus haftet (zB MüKoInsO/Kern Rn. 20; KPB/Pape Rn. 30), ist umstritten.

6   Die Verfügungsbefugnis des Schuldners bleibt bei der Einstellung des masseunzulänglichen Verfahrens bestehen, er erhält sie daher nach § 215 Abs. 2 S. 1 nicht zurück. Das Gericht hebt jedoch nach § 277 erteilte Verfügungsbeschränkungen wieder auf (Uhlenbruck/Zipperer Rn. 4; MüKoInsO/Kern Rn. 25). Gläubiger können nach § 215 Abs. 2 S. 1, §§ 201, 202 in die Insolvenzmasse vollstrecken (Uhlenbruck/Zipperer Rn. 4).

Achter Teil. Restschuldbefreiung

§ 286 Grundsatz

Ist der Schuldner eine natürliche Person, so wird er nach Maßgabe der §§ 287 bis 303a von den im Insolvenzverfahren nicht erfüllten Verbindlichkeiten gegenüber den Insolvenzgläubigern befreit.

Überblick

In einer Art Präambel eröffnet § 286 den Teil „Restschuldbefreiung". Unter Hinweis auf die nachfolgenden Vorschriften wird das zu beachtende Verfahren thematisiert. Eingebettet in das Insolvenzverfahren wird deutlich, dass die Restschuldbefreiung die Zahlungsunfähigkeit des Schuldners voraussetzt und erst erteilt werden kann, wenn sein gesamtes pfändbares Vermögen zur Befriedigung der bestehenden Verbindlichkeiten versilbert wurde. Dem redlichen Schuldner wird Gelegenheit gegeben, sich von seinen restlichen Verbindlichkeiten zu befreien (§ 1 S. 2). Damit wird die Möglichkeit eines wirtschaftlichen Neuanfangs geschaffen. Sein Vorbild findet die Restschuldbefreiung insbesondere im angelsächsischen Rechtskreis. Dort gehört der „fresh start" zur Lebensphilosophie eines aufgeklärten Gemeinwesens. Allerdings ist der Umfang der nicht von einer Restschuldbefreiung erfassten Forderung oftmals weiter gezogen als nach den bundesdeutschen Regelungen. Mit dem Gesetz zur Verkürzung der Restschuldbefreiung und zur Stärkung der Gläubigerrechte v. 15.7.2013 (BGBl. I 2379 – Reformgesetz 2013) wurden die Vorschriften zur Restschuldbefreiung mit Wirkung ab 1.7.2014 in vielen Bereichen geändert. Die bisherigen Regelungen gelten jedoch für diejenigen Insolvenz- und Restschuldbefreiungsverfahren fort, deren Eröffnung bis zum 30.6.2014 beantragt wurde (Art. 103h EGInsO). Damit sind die mittlerweile aufgehobenen Bestimmungen noch geraume Zeit von Bedeutung. § 286 hat durch das Gesetz v. 15.7.2013 keine Veränderung erfahren. Auf Verfahren, deren Eröffnung nach dem 30.9.2020 beantragt wurde, gelten die mit Gesetz vom 22.12.2020 (BGBl. I 3328) geänderten bzw. eingefügten Vorschiften (Art. 103k EGInsO).

A. Natürliche Person

Restschuldbefreiung kann nur eine natürliche Person erlangen, wobei nicht zwischen Selbstständigen und Verbrauchern differenziert wird (Uhlenbruck/Sternal Rn. 1). Unterschiedlich ausgestaltet ist insoweit jedoch das der Restschuldbefreiung vorgeschaltete Insolvenzverfahren. Bei Verbrauchern und Personen, die vormals eine selbstständige wirtschaftliche Tätigkeit ausgeübt haben, setzt die Erteilung der Restschuldbefreiung ein abgeschlossenes Verbraucherinsolvenzverfahren iSd §§ 304 ff. voraus (→ § 304 Rn. 1). Selbstständig wirtschaftlich tätige Schuldner können Restschuldbefreiung dagegen nach einem abgeschlossenen Regelinsolvenzverfahren erlangen, wofür zB kein Schuldenbereinigungsverfahren → § 305 Rn. 12 zu durchlaufen ist. 1

Für juristische Personen, Personengesellschaften oder Vermögensmassen kommt eine Restschuldbefreiung nicht in Betracht. Mit Eröffnung des Insolvenzverfahrens über das Vermögen einer juristischen Person, wie etwa der GmbH, gilt diese als aufgelöst (§ 60 Abs. 1 Nr. 4 GmbHG) und wird nach Abschluss des Insolvenzverfahrens von Amts wegen gelöscht (§ 394 FamFG). Nach Beendigung des Insolvenzverfahrens existieret kein Rechtssubjekt, gegen das offene Forderungen geltend gemacht und dem Restschuldbefreiung erteilt werden könnte. Der Gesellschafter einer OHG etwa kann Restschuldbefreiung hinsichtlich der ihn treffenden Verbindlichkeiten nur im Rahmen eines Insolvenzverfahrens erlangen, das über sein Vermögen eröffnet wird. 2

Eheleuten kann Restschuldbefreiung nur im Anschluss an ein über das Vermögen des einzelnen Ehegatten eröffneten Insolvenzverfahrens erteilt werden (MüKoInsO/Stephan Rn. 10). Dies gilt unabhängig von dem Güterstand, in dem die Eheleute leben und ebenso unabhängig davon, dass die Eheleute etwa für die bestehenden Verbindlichkeiten gesamtschuldnerisch haften (→ Rn. 3.1). 3

Einem **Nachlass** kann eine Restschuldbefreiung schon deshalb nicht angedeihen, weil der verfolgte Zweck, nämlich der wirtschaftliche Neuanfang offensichtlich ausgeschlossen ist. Hat allerdings der Erblasser im Zeitpunkt seines Todes bereits alle Voraussetzungen für die Erteilung der Restschuldbefreiung erfüllt, so wird die Vererblichkeit des Anspruchs auf Erteilung der Restschuldbefreiung in Judikatur und Literatur teilweise bejaht (AG Duisburg NZI 2009, 659; AG Leipzig NZI 2014, 316; Ahrens NZI 2014, 318; aA Büttner ZInsO 2013, 588). Allerdings kann sich die Restschuldbefreiung in diesem Fall nur auf Erblasserver- 3.1

bindlichkeiten beziehen, die zum Zeitpunkt der Eröffnung des Insolvenzverfahrens gegen den späteren Erblasser begründet waren. Nicht umfasst sind Erbfall- und Erbenverbindlichkeiten.

4   Für einen unter **Betreuung** stehenden Schuldner kann der bestellte Betreuer ein Verbraucherinsolvenzverfahren samt Restschuldbefreiung beantragen, wenn die Vermögensverwaltung mit zu den auf den Betreuer übertragenen Aufgaben gehört. Die Anordnung eines Einwilligungsvorbehalts nach § 1903 BGB ist hierfür nicht erforderlich (§ 4 iVm § 53 ZPO). Sinn macht eine Restschuldbefreiung für einen Betreuten jedoch nur dann, wenn ein wirtschaftlicher Neuanfang angestrebt wird und auch möglich erscheint. Letztlich ist auf den erklärten Willen des Betreuten abzustellen, denn ohne seinen Entschluss, künftig auf geordnete Vermögensverhältnisse bedacht zu sein, ist eine Restschuldbefreiung wenig hilfreich.

5   Auch der in **Strafhaft** einsitzende Schuldner kann grundsätzlich Restschuldbefreiung erlangen (BGH NZI 2010, 911). Eine Versagung der Restschuldbefreiung kommt wie bei sonstigen Schuldnern in Anwendung der §§ 290, 295 in Betracht. Der in Strafhaft einsitzende Schuldner muss seine Erwerbspflicht innerhalb der Haftanstalt erfüllen und jede zumutbare Tätigkeit zur Erlangung von Eigengeld, welches nach Maßgabe des StVollzG pfändbar ist, nutzen (AG Hamburg NZI 2015, 948). Die einem Strafgefangenen evtl. abzusprechende Redlichkeit stellt keine Voraussetzung für die Erteilung der Restschuldbefreiung dar. Auch wenn § 1 S. 2 von der Möglichkeit des redlichen Schuldners spricht, sich von seinen restlichen Verbindlichkeiten zu befreien.

B. Eröffnetes Insolvenzverfahren

6   Die Erteilung einer Restschuldbefreiung setzt voraus, dass über das Vermögen der natürlichen Person ein Insolvenzverfahren eröffnet wurde (Uhlenbruck/Sternal Rn. 9; MüKoInsO/Stephan Rn. 13). Damit wird gewährleistet, dass der Schuldner seine (pfändbaren) Vermögenswerte zur Befriedigung der Gläubigerforderungen einsetzt. Der Schuldner soll nicht von Verbindlichkeiten befreit werden, die er mit seinem vorhandenen Vermögen begleichen könnte. Befreit wird der Schuldner denn auch von den im (konkreten) Insolvenzverfahren nicht erfüllten Verbindlichkeiten, also von den offenen Insolvenzforderungen (FK-InsO/Ahrens Rn. 117; MüKoInsO/Stephan Rn. 17).

7   Dass das eröffnete Insolvenzverfahren abgeschlossen wurde, ist nicht Voraussetzung für die Erteilung einer Restschuldbefreiung. Die Restschuldbefreiung kann vielmehr bereits vor Beendigung des Insolvenzverfahrens erteilt werden (vgl. § 300a). Wird das Insolvenzverfahren allerdings eingestellt, kommt eine Restschuldbefreiung nur in Betracht, wenn die Einstellung nach Anzeige der Masseunzulänglichkeit nach § 211 erfolgt (→ § 289 Rn. 1; BGH ZVI 2009, 346). Mithin scheidet die Erteilung der Restschuldbefreiung aus, wenn das Insolvenzverfahren mangels einer die Verfahrenskosten deckenden Masse nach § 207, wegen Wegfalls des Eröffnungsgrundes nach § 212 oder mit Zustimmung der Insolvenzgläubiger nach § 213 eingestellt wurde. Eine Einstellung nach § 207 wird mit der Kostenstundung gem. § 4a verhindert. Im Falle einer Einstellung nach § 212 oder § 213 erübrigt sich eine Restschuldbefreiung mangels gegen den Schuldner gerichteter Verbindlichkeiten.

8   Die Erteilung der Restschuldbefreiung hat keinen Einfluss auf die Beendigung des eröffneten Insolvenzverfahrens. Hat der Schuldner die für ihn maßgebende Zeitspanne absolviert, ohne dass eine Versagung der Restschuldbefreiung angeordnet wurde, ist die Restschuldbefreiung zu erteilen (sog. asymmetrisches Verfahren). Das Insolvenzverfahren ist dessen ungeachtet fortzusetzen bis die vorhandenen Vermögenswerte versilbert werden konnten. Allerdings gehört der **Neuerwerb,** den der Schuldner nach Erteilung der Restschuldbefreiung erlangt, nicht mehr zur Insolvenzmasse (→ § 300a Rn. 1).

9   Nicht geregelt ist der theoretisch denkbare Fall, dass dem Schuldner Restschuldbefreiung erteilt und anschließend die gewährte Kostenstundung mit der Folge aufgehoben wird, dass das Insolvenzverfahren mangels die Kosten deckende Masse gem. § 207 eingestellt werden muss (vgl. BGH NZI 2010, 111). Im Ergebnis kann die erteilte Restschuldbefreiung nicht rückgängig gemacht werden. Die Gründe für einen Widerruf der Restschuldbefreiung sind in § 303 (→ § 303 Rn. 2) abschließend aufgezählt.

C. Nicht erfüllte Verbindlichkeiten

10 Eine Restschuldbefreiung erstreckt sich – vorbehaltlich der Regelung des § 302– auf die im Insolvenzverfahren nicht erfüllten Verbindlichkeiten gegenüber den **Insolvenzgläubigern** (→ § 301 Rn. 1). Als Insolvenzgläubiger gelten nach § 38 die Gläubiger persönlicher Forderungen, die zum Zeitpunkt der Insolvenzeröffnung begründet waren. Davon abzugrenzen sind Masseve-

bindlichkeiten iSd §§ 53 ff., für die der Schuldner nach Beendigung des Insolvenzverfahrens nur soweit haftet, als ihm zur Insolvenzmasse gehörende Vermögenswerte überlassen wurden. Von einer Restschuldbefreiung nicht umfasst sind die in → § 302 Rn. 1 aufgelisteten Verbindlichkeiten (→ Rn. 10.1).

Auf einen vor Insolvenzverfahrenseröffnung durch Klageerhebung entstandenen prozessualen Kostenerstattungsanspruch erstreckt sich die Restschuldbefreiung auch dann, wenn die Kostengrundentscheidung erst nach Erteilung der Restschuldbefreiung ergangen ist (vgl. OLG Nürnberg NJW-RR 2012, 1259; OLG Köln NZI 2012, 681). **10.1**

Allein die Begrifflichkeit „Restschuldbefreiung" könnte darauf schließen lassen, dass der Schuldner seine Verbindlichkeiten zumindest teilweise begleichen muss, um von den restlichen Verbindlichkeiten befreit zu werden. Allerdings hat der Gesetzgeber keine Mindestquote festgelegt, wie dies etwa in Österreich der Fall ist. Eine Schuldbefreiung kommt demnach auch dann in Betracht, wenn der Schuldner keine Zahlungen leistet. Damit wird der Schuldner nicht nur von seinen „restlichen" Verbindlichkeiten, sondern von seinen Verbindlichkeiten insgesamt befreit. **11**

D. Restschuldbefreiung aus Gläubigersicht

Für den Gläubiger stellt die Restschuldbefreiung eine Enteignung dar, für die er weder eine Entschädigung beanspruchen, noch sich dagegen wirksam absichern kann. Für eine Forderungsausfallversicherung sind je nach Branche und angestrebter Versicherungsleistung hohe Beiträge zu entrichten. Eine Sicherung der offenen Forderung mittels Bürgschaft, Grundschuld oder Abtretung ist meist nur im Einzelfall möglich. Das Institut der Restschuldbefreiung führt in der Praxis denn auch oftmals zu der grotesken Situation, in der der Schuldner seinem Gläubiger mit einem Eigenantrag auf Eröffnung des Insolvenzverfahrens droht. **12**

E. Restschuldbefreiung innerhalb der europäischen Union

Die Möglichkeit, sich von Verbindlichkeiten zu befreien, besteht in vielen Staaten der Europäischen Union. Teilweise sind die Fristen, innerhalb derer die Restschuldbefreiung erlangt werden kann, deutlich kürzer als dies nach der InsO der Fall ist. Mit der nunmehr geltenden Frist von drei Jahren entspricht die InsO den Vorgaben der RL (EU) 2019/1023 vom 20.6.2019 (ABl. L 172/18, 18). Davon abweichend enthalten die Rechtsordnungen anderer EU-Staaten Möglichkeiten, innerhalb kürzerer Fristen zu einer Restschuldbefreiung zu gelangen. So kann etwa in Frankreich die Restschuldbefreiung schon nach einem Jahr erteilt werden. **13**

Um einem forum shopping vorzubeugen, gilt nach Art. 3 Abs. 1 VO (EU) 2015/848 (EuInsVO 2015) die Vermutung, dass der aktuelle Aufenthaltsort einer natürlichen Person auch deren Lebensmittelpunkt darstellt, nur dann, wenn der gewöhnliche Aufenthalt nicht in einem Zeitraum von sechs Monaten vor dem Antrag auf Eröffnung des Insolvenzverfahrens in einen anderen Mitgliedstaat verlegt wurde. **14**

Umstritten ist, ob der in einem Mitgliedstaat der EU erteilten Restschuldbefreiung in einem anderen Mitgliedstaat die Versagung wegen eines Verstoßes gegen den **ordre public** gem. Art. 26 EuInsVO 2000/Art. 33 EuInsVO 2015 zu versagen ist, wenn der Schuldner seinen gewöhnlichen Aufenthalt nur deshalb in einen anderen Mitgliedstaat verlegt hat, um von der dortigen Restschuldbefreiungsmöglichkeit zu profitieren. So kann nach Ansicht des BFH (NZI 2016, 939) eine rechtsmissbräuchliche Verlegung des Wohnsitzes ins Ausland nur zum Schein einen Verstoß gegen den ordre public darstellen und eine Anerkennung des ausländischen Insolvenzverfahrens entgegenstehen. Dagegen liegt nach Ansicht des BGH (NZI 2016, 93) ein Verstoß gegen die inländische öffentliche Ordnung nicht schon dann vor, wenn das mitgliedstaatliche Gericht einen in seinem Zuständigkeitsbereich allein zur Erlangung der Restschuldbefreiung begründeten Mittelpunkt der hauptsächlichen Interessen des Schuldners anerkennt. **15**

§ 287 Antrag des Schuldners

(1) ¹Die Restschuldbefreiung setzt einen Antrag des Schuldners voraus, der mit seinem Antrag auf Eröffnung des Insolvenzverfahrens verbunden werden soll. ²Wird er nicht mit diesem verbunden, so ist er innerhalb von zwei Wochen nach dem Hinweis gemäß § 20 Abs. 2 zu stellen. ³Der Schuldner hat dem Antrag eine Erklärung beizufügen,

ob ein Fall des § 287a Absatz 2 Satz 1 Nummer 1 oder 2 vorliegt. ⁴Die Richtigkeit und Vollständigkeit der Erklärung nach Satz 3 hat der Schuldner zu versichern.

(2) ¹Dem Antrag ist die Erklärung des Schuldners beizufügen, dass dieser seine pfändbaren Forderungen auf Bezüge aus einem Dienstverhältnis oder auf an deren Stelle tretende laufende Bezüge für den Zeitraum von drei Jahren nach der Eröffnung des Insolvenzverfahrens (Abtretungsfrist) an einen vom Gericht zu bestimmenden Treuhänder abtritt. ²Ist dem Schuldner auf Grundlage eines nach dem 30. September 2020 gestellten Antrags bereits einmal Restschuldbefreiung erteilt worden, so beträgt die Abtretungsfrist in einem erneuten Verfahren fünf Jahre; der Schuldner hat dem Antrag eine entsprechende Abtretungserklärung beizufügen.

(3) Vereinbarungen des Schuldners sind insoweit unwirksam, als sie die Abtretungserklärung nach Absatz 2 vereiteln oder beeinträchtigen würden.

(4) Die Insolvenzgläubiger, die Forderungen angemeldet haben, sind bis zum Schlusstermin zu dem Antrag des Schuldners zu hören.

Überblick

Die Erteilung der Restschuldbefreiung setzt einen darauf gerichteten Schuldnerantrag voraus. Mit dem Gesetz v. 15.7.2013 (Reformgesetz 2013) wurde die Vorschrift ua um den Abs. 4 ergänzt. Danach kann – in Übereinstimmung mit § 290 Abs. 2 – die Versagung der Restschuldbefreiung bis zum Schlusstermin von einem Insolvenzgläubiger beantragt werden (→ Rn. 43). Dies in Abweichung von den Vorschriften, die in Verfahren gelten, die vor dem 1.7.2014 beantragt wurden (Art. 103h S. 1 EGInsO). Dort kann der Versagungsantrag nur im Schlusstermin gestellt werden (§ 289 Abs. 1 S. 1 aF). Die sich aus Abs. 2 ergebende Abtretungsfrist beträgt für Verfahren, deren Eröffnung nach dem 30.9.2020 beantragt wurde, drei Jahre. In Verfahren, die vor dem 1.10.2020 beantragt wurden, gelten die Übergangsregelungen des Art. 103k EGInsO (→ Rn. 21a). Danach verkürzt sich in Verfahren, deren Eröffnung im Zeitraum vom 17.12.2019 bis einschließlich 30.9.2020 beantragt wurde, die Frist von max. sechs Jahren um die Anzahl der Monate, die seit dem 16.7.2019 bis zu Stellung des Eröffnungsantrags vergangen sind. Ein zB am 30.9.2020 gestellter Eröffnungsantrag führt mithin zu einer Abtretungsfrist von vier Jahren und zehn Monaten.

Übersicht

	Rn.		Rn.
A. Antragserfordernis	1	1. Zeitlicher Umfang der Abtretung (Abtretungsfrist)	21
I. Verbindung von Eigenantrag und Antrag auf Restschuldbefreiung	1	2. Sachlicher Umfang der Abtretung	24
II. Sonderregelung im Verbraucherinsolvenzverfahren	5	3. Individualisierbarkeit der abzutretenden Ansprüche	31
III. Fremdantrag auf Verfahrenseröffnung	7	**D. Vorausverfügungen über das Arbeitseinkommen**	33
B. Antragsmodalitäten	11	I. Abtretung und Verpfändung	33
I. Form	11	II. Pfändungsmaßnahmen	36
II. Inhalt	13	III. Aufrechnungserklärung	39
III. Rücknahme	16a	IV. Lohnabtretung und Lohnpfändung in Altverfahren	40
C. Abtretungserklärung	17	**E. Anhörung der Insolvenzgläubiger**	43
I. Notwendiger Antragsinhalt	17	I. Zeitpunkt der Anhörung	43
II. Umfang der Abtretung	21	II. Anzuhörender Personenkreis	47

A. Antragserfordernis

I. Verbindung von Eigenantrag und Antrag auf Restschuldbefreiung

Dem Schuldner wird die Restschuldbefreiung nicht aufgedrängt. Sie wird ihm vielmehr nur auf eigenen Antrag hin erteilt. Neben dem auf die Erteilung der Restschuldbefreiung gerichteten Antrag, erfordert die Restschuldbefreiung auch einen eigenen Antrag des Schuldners auf Eröffnung des Insolvenzverfahrens (BGH NZI 2004, 511). Dies gilt im Verbraucher- ebenso wie im Regelinsolvenzverfahren (BGH NZI 2004, 593; 2015, 79).

Antrag des Schuldners   § 287 InsO

In einem Insolvenzverfahren kann der Antrag auf Restschuldbefreiung nur einmalig gestellt   1a
werden. Dies gilt auch dann, wenn ein gestellter Antrag zu Unrecht als unzulässig zurückgewiesen
wurde. Der Schuldner ist in diesem Fall auf die Einlegung eines Rechtsmittels verwiesen (BGH
BeckRS 2020, 26491).

Nach dem Wortlaut des Abs. 1 S. 1 soll der Antrag auf Erteilung der Restschuldbefreiung   2
zusammen mit dem Antrag des Schuldners auf Eröffnung des Insolvenzverfahrens gestellt werden.
Ansonsten ist der Antrag auf Restschuldbefreiung innerhalb von **zwei Wochen** nach dem Hinweis
des Gerichts gem. § 20 Abs. 2 nachzureichen (Abs. 1 S. 2). Die Frist kann im Gegensatz zu
der richterlichen Frist, innerhalb der sich der Schuldner dem Eröffnungsantrag eines Gläubigers
anschließen kann (→ Rn. 7), durch das Insolvenzgericht nicht verlängert werden. Mangels
Einstufung als Notfrist scheidet auch eine Wiedereinsetzung in den vorigen Stand aus (BGH NZI
2009, 120; Uhlenbruck/Sternal Rn. 27).

Die Frist beginnt mit dem Zugang der gerichtlichen Belehrung nach § 20 Abs. 2 über die   3
Notwendigkeit der Antragstellung. Aus Beweisgründen sollte die Belehrung dem Schuldner förmlich zugestellt werden (Uhlenbruck/Sternal Rn. 21). Abs. 1 setzt voraus, dass ein Eigeninsolvenzantrag des Schuldners vorliegt (BGH NZI 2004, 511). Die Frist des Abs. 1 S. 2 beginnt deshalb
auch nach einem Hinweis gem. § 20 Abs. 2 nicht zu laufen, solange ein Eigeninsolvenzantrag
nicht gestellt ist (BGH NZI 2004, 593). Ebenso kann die Frist dann nicht zu laufen beginnen,
wenn die Belehrung unrichtig ist (MüKoInsO/Stephan Rn. 16) (→ Rn. 3.1).

Von der Regelung des Abs. 1 S. 2 ist die Fallgestaltung abzugrenzen, in der der Eröffnungsantrag von 3.1
einem Gläubiger gestellt wird. Eine Restschuldbefreiung kann der Schuldner dabei nur erlangen, wenn er
sich mit einem Eigenantrag dem Antrag des Gläubigers anschließt und zusätzlich den Antrag auf Erteilung
der Restschuldbefreiung stellt (→ Rn. 8).

Die Frist des Abs. 1 S. 2 und die damit verbundene Belehrungspflicht des Insolvenzgerichts findet keine 3.2
Anwendung auf den Antrag des Schuldners auf Stundung der Verfahrenskosten nach § 4a. Der Schuldner,
der fristgerecht einen Antrag auf Restschuldbefreiung stellt, kann den Antrag auf Kostenstundung auch
nach Ablauf der Frist stellen (BGH BeckRS 2014, 16023).

Wird der Antrag auf Erteilung der Restschuldbefreiung verspätet gestellt, ist er als unzulässig   4
zurückzuweisen. Der Eröffnungsantrag ist von dieser Zurückweisung nicht betroffen. Über den
Antrag auf Verfahrenseröffnung hat das Insolvenzgericht demnach unabhängig davon zu entscheiden, dass der Antrag auf Erteilung der Restschuldbefreiung zurückzuweisen ist (→ Rn. 4.1).

In Verfahren, deren Eröffnung nach dem 30.6.2014 beantragt wurde, ist an eine analoge Anwendung   4.1
von § 287a Abs. 2 S. 2 zu denken. Danach ist dem Schuldner Gelegenheit zu geben, seinen Eröffnungsantrag
zurückzunehmen, falls sich der Antrag auf Restschuldbefreiung nach § 287a Abs. 2 S. 1 als unzulässig
erweist. Wenn der Schuldner jedoch auf die gerichtliche Aufforderung, einen Restschuldbefreiungsantrag
zu stellen, nicht reagiert, ist wohl nicht davon auszugehen, dass er auf die weitere Aufforderung, seinen
Eröffnungsantrag zurückzunehmen, tätig wird. Außerdem würde damit die Entscheidung über die Verfahrenseröffnung weiter verzögert, was mit der kurzen Frist des Abs. 1 S. 2 gerade verhindert werden soll. Einen
neuerlichen Antrag auf Restschuldbefreiung kann der Schuldner in einem weiteren Insolvenzverfahren erst
stellen, wenn das vorausgehende Insolvenzverfahren beendet ist.

II. Sonderregelung im Verbraucherinsolvenzverfahren

Auch im Verbraucherinsolvenzverfahren hat der Schuldner den Antrag auf Erteilung der Rest-   5
schuldbefreiung oder die Erklärung, dass Restschuldbefreiung nicht beantragt werden soll, zusammen mit seinem Eröffnungsantrag einzureichen (§ 305 Abs. 1 Nr. 2). Andernfalls fordert das Insolvenzgericht den Schuldner auf, den Antrag bzw. die Erklärung binnen Monatsfrist nachzureichen.

Kommt der Schuldner dieser Aufforderung nicht nach, gilt nicht nur der Antrag auf Restschuld-   6
befreiung, sondern sein Eröffnungsantrag insgesamt als zurückgenommen (§ 305 Abs. 3 InsO).
Damit enthält die Vorschrift des § 305 Abs. 1 für das Verbraucherinsolvenzverfahren eine spezielle
Regelung, die der entsprechenden Anwendung des Abs. 1 S. 2 vorgeht (BGH NZI 2009, 120;
MüKoInsO/Stephan Rn. 19). Die Rücknahmefiktion hindert den Schuldner nicht daran, ohne
Einhaltung einer Sperrfrist einen neuerlichen Eröffnungsantrag und einen Antrag auf Restschuld-
befreiung zu stellen (BGH NZI 2004, 40; LG Frankenthal BeckRS 2013, 00068).

III. Fremdantrag auf Verfahrenseröffnung

Hat ein Gläubiger die Eröffnung des Insolvenzverfahrens beantragt, muss sich der Schuldner   7
mit einem Eigenantrag anschließen, um die Restschuldbefreiung beantragen zu können. Liegt ein

Gläubigerantrag auf Insolvenzeröffnung vor, ist der Schuldner deshalb nach § 20 Abs. 2 darauf hinzuweisen, dass er zur Erlangung der Restschuldbefreiung neben einem hierauf gerichteten Antrag auch einen eigenen Antrag auf Insolvenzverfahrenseröffnung stellen muss. Hierfür ist ihm eine angemessene richterliche Frist zu setzen, die in der Regel nicht mehr als vier Wochen ab Zustellung der Verfügung betragen sollte (BGH NZI 2005, 271). Diese Frist ist keine Ausschlussfrist; vielmehr kann der Eigenantrag auf Insolvenzverfahrenseröffnung auch nach Ablauf dieser Frist bis zur Eröffnung des Insolvenzverfahrens wirksam gestellt werden (BGH BeckRS 2009, 13338; 2008, 21915) (→ Rn. 7.1).

7.1 Der Hinweis auf die Möglichkeit der Erlangung einer Restschuldbefreiung nach einem Gläubigerantrag ist entbehrlich, wenn der Schuldner bereits anlässlich eines noch anhängigen Insolvenzeröffnungsantrages eines anderen Gläubigers ordnungsgemäß belehrt worden ist, sofern dem Schuldner im weiteren Antragsverfahren eine ausreichende Frist verbleibt, die zur Erreichung der Restschuldbefreiung erforderlichen Anträge zu stellen (BGH BeckRS 2016, 17498).

8 Innerhalb der gesetzten Frist muss sich der Schuldner entscheiden, ob er Einwendungen gegen den Gläubigerantrag erheben oder selbst einen Eigenantrag stellen will, mit dem er den vom Gläubiger vorgetragenen Eröffnungsgrund faktisch einräumt und sich bereit erklärt, sein verbleibendes Vermögen den Gläubigern zur gemeinschaftlichen Befriedigung ihrer Forderungen zur Verfügung zu stellen. Deswegen ist es einem Schuldner verwehrt, sich gegen den Antrag eines Gläubigers auf Eröffnung des Insolvenzverfahrens zu verteidigen und nur hilfsweise für den Fall, dass das Insolvenzgericht den Antrag des Gläubigers für zulässig und begründet hält, einen eigenen Insolvenzantrag verbunden mit einem Antrag auf Restschuldbefreiung zu stellen (BGH NZI 2010, 441). Ebenso wenig darf ein Schuldner die Eröffnung des Insolvenzverfahrens über sein Vermögen auf Gläubigerantrag hin abwarten, um dann im Beschwerdeverfahren erstmals den Eigenantrag verbunden mit dem Antrag auf Restschuldbefreiung zu stellen (BGH NZI 2015, 79) (→ Rn. 8.1).

8.1 Ein fehlerhafter, unvollständiger oder verspäteter Hinweis des Insolvenzgerichts, durch den regelmäßig das Recht des Schuldners auf das rechtliche Gehör verletzt wird, darf jenem nicht zum Nachteil gereichen. Hat es das Insolvenzgericht demnach versäumt, dem Schuldner für die Nachholung des Insolvenzantrags eine Frist zu setzen oder ist dem Schuldner die Fristsetzung nicht bekannt gemacht worden, läuft die Frist nicht (BGH NZI 2005, 271).

8.2 Schließt sich der Schuldner dem Fremdantrag mit einem eigenen Eröffnungsantrag an, ohne gleichzeitig einen Antrag auf Erteilung der Restschuldbefreiung zu stellen, gilt für die Möglichkeit, diesen nachzuholen, die Vorschrift des Abs. 1 S. 2. Der Antrag auf Erteilung der Restschuldbefreiung muss innerhalb der Zwei-Wochen-Frist gestellt werden. Um den Lauf der Frist auszulösen, bedarf es in diesem Fall keiner weiteren Belehrung des Schuldners, da diese bereits in der gerichtlichen Information darüber enthalten ist, dass sich der Schuldner dem Gläubigerantrag anschließen muss, um eine Restschuldbefreiung erlangen zu können. Die Frist beginnt vielmehr mit dem Eingang des Eigenantrags bei dem Insolvenzgericht (MüKoInsO/Stephan Rn. 18a).

9 Hat das Insolvenzgericht die erforderlichen Hinweise zur Erlangung der Restschuldbefreiung fehlerhaft, unvollständig oder verspätet erteilt und ist das Insolvenzverfahren auf den Gläubigerantrag hin eröffnet worden, bevor der Schuldner den Eigenantrag stellt, genügt ein Antrag auf Restschuldbefreiung, um dem Schuldner die dahingehende Aussicht zu erhalten (BGH NZI 2005, 271; 2015, 79). Ein Eigenantrag auf Eröffnung des Insolvenzverfahrens erübrigt sich. Der Antrag auf Erteilung der Restschuldbefreiung kann in diesem Fall bis zur Aufhebung oder Einstellung des eröffneten Insolvenzverfahrens gestellt werden (Uhlenbruck/Sternal Rn. 25; LG Düsseldorf BeckRS 2015, 04892). Wird das Insolvenzverfahren auf einen Gläubigerantrag eröffnet, kann ein während des laufenden Insolvenzverfahrens gestellter Antrag des Schuldners auf Restschuldbefreiung nicht wegen verspäteter Antragstellung als unzulässig verworfen werden, wenn das Insolvenzgericht den Schuldner nicht rechtzeitig über die Notwendigkeit eines Eigenantrags verbunden mit einem Antrag auf Restschuldbefreiung belehrt und ihm hierfür eine bestimmte richterliche Frist gesetzt hat (BGH NZI 2016, 38).

10 Der zuvor mangels Masse abgewiesene Eröffnungsantrag eines Gläubigers steht der Zulässigkeit eines mit einem Antrag auf Restschuldbefreiung verbundenen Antrags des Schuldners auf Eröffnung des Insolvenzverfahrens nicht entgegen (BGH BeckRS 2014, 16023). Hat dagegen ein Gläubigerantrag zur Eröffnung des Insolvenzverfahrens geführt, kann der Schuldner auch dann keinen Eigenantrag verbunden mit dem Antrag auf Restschuldbefreiung mehr stellen, wenn der Eröffnungsbeschluss noch nicht rechtskräftig ist (BGH NZI 2015, 79).

B. Antragsmodalitäten

I. Form

Der Antrag auf Restschuldbefreiung ist schriftlich beim Insolvenzgericht einzureichen oder zu **11** Protokoll der Geschäftsstelle zu erklären. Auch eine Antragstellung per **Telefax** ist anzuerkennen. Stellvertretung ist unter den Voraussetzungen der §§ 80 ff. ZPO zulässig.

Ein **Vordruckzwang** ist für den Antrag auf Restschuldbefreiung und die beizufügende Abtre- **12** tungserklärung nur im Verbraucherinsolvenzverfahren gegeben (§ 305 Abs. 5 iVm § 1 VbrInsVV, → § 305 Rn. 11). Der Schuldner in der Regelinsolvenz kann für seinen Restschuldbefreiungsantrag die für das Verbraucherinsolvenzverfahren eingeführten Vordrucke verwenden, ist hierzu aber nicht verpflichtet.

Der Schuldner kann sich bei der Antragstellung nach den Grundsätzen vertreten lassen, die für **12a** die Vertretung bei Abgabe von Prozesserklärungen gelten. Das gilt auch für die Abtretungserklärung nach Abs. 2 (BGH NZI 2006, 599); zur Notwendigkeit einer betreuungsgerichtlichen Genehmigung → Rn. 17.1. Dagegen soll es sich bei der Erklärung der Richtigkeit und Vollständigkeit des Gläubiger- und Forderungsverzeichnis nach § 305 Abs. 1 Nr. 3 um eine Erklärung von **höchstpersönlicher Natur** handeln, die nicht der Stellvertretung zugänglich ist. Ein Betreuer könne deshalb diese Erklärung nur dann für den Betreuten abgeben, wenn ein Einwilligungsvorbehalt angeordnet ist oder der Betreute aufgrund bestehender körperlicher Beeinträchtigung die Erklärung nicht selbst abgeben kann (AG Hannover BeckRS 2018, 38978).

II. Inhalt

Der Antrag auf Erteilung der Restschuldbefreiung muss zumindest erkennen lassen, dass der **13** Schuldner dieses Ziel verfolgt. Einen bestimmten Inhalt sieht das Gesetz im Übrigen nicht vor.

Nach Abs. 1 S. 3 hat der Schuldner dem Antrag eine Erklärung beizufügen, ob ein Fall des **14** § 287a Abs. 2 S. 1 Nr. 1 oder 2 vorliegt (vgl. § 4a Abs. 1 S. 3) (→ Rn. 14.1).

Anzugeben hat der Schuldner demnach, ob er in den letzten elf Jahren vor dem aktuellen Eröffnungsan- **14.1** trag oder nach diesem Antrag Restschuldbefreiung erteilt bekam oder ihm in den letzten fünf Jahren vor dem aktuellen Eröffnungsantrag oder nach diesem Antrag die Restschuldbefreiung nach § 297 versagt worden ist. Weiterhin hat sich der Schuldner zu der Frage zu erklären, ob ihm in den letzten drei Jahren vor dem aktuellen Eröffnungsantrag oder nach diesem Antrag Restschuldbefreiung nach § 290 Abs. 1 Nr. 5 (Verletzung von Auskunfts- und Mitwirkungspflichten), § 290 Abs. 1 Nr. 6 (unzutreffende Angaben im Antragsformblatt), § 290 Abs. 1 Nr. 7 (Verletzung der Erwerbsobliegenheit), § 296 (Verletzung der Obliegenheiten des § 295 InsO) versagt wurde oder nach § 297a deshalb nachträglich versagt worden ist, weil sich ein Verstoß gegen § 290 Abs. 1 Nr. 5, 6 oder 7 ergab.

Die Richtigkeit und Vollständigkeit der Erklärung hat der Schuldner zu versichern. Die Verlet- **15** zung der Erklärungspflicht führt zu einem Versagungsgrund nach § 290 Abs. 1 Nr. 6 (→ § 290 Rn. 53).

Zur Möglichkeit, mit dem Eröffnungsantrag einen **Treuhänder** vorzuschlagen, → § 288 Rn. 1. **16**

III. Rücknahme

Auf die Rücknahme des Antrags auf Restschuldbefreiung finden über die Verweisung des § 4 **16a** die Vorschriften über die **Rücknahme der Klage** in § 269 ZPO entsprechende Anwendung (BGH NZI 2010, 780). Der Schuldner kann seinen Antrag auf Erteilung der Restschuldbefreiung grundsätzlich zurücknehmen, solange über den Antrag noch nicht entschieden wurde (vgl. BGH NZI 2011, 544). Hat der Versagungsantrag eines Gläubigers dagegen bereits zur Versagung der Restschuldbefreiung durch das Insolvenzgericht geführt, kann der Schuldner über seinen Antrag auf Restschuldbefreiung nicht mehr wirksam disponieren. Er kann seinen Antrag nur noch mit Zustimmung des/der Versagungsantragssteller/s zurücknehmen. Der Schuldner erhielte sonst die Möglichkeit, einer sachlich berechtigten Versagung der Restschuldbefreiung nachträglich den Boden zu entziehen. Steht die Wirksamkeit der Rücknahme im Streit, kann hierüber durch Beschluss entschieden werden (BGH BeckRS 2016, 19923).

Hat ein Gläubiger in dem zur Anhörung anberaumten Termin oder innerhalb der stattdessen **16b** gesetzten Erklärungsfrist einen zulässigen Versagungsantrag gestellt, kann der Schuldner seinen Antrag auf Restschuldbefreiung auch dann nur noch mit Zustimmung dieses Gläubigers zurücknehmen, wenn die Sache entscheidungsreif ist, keine weiteren Erklärungen der Beteiligten ausstehen und lediglich noch eine Entscheidung des Insolvenzgerichts zu treffen ist (vgl. BGH BeckRS 2018, 13753).

C. Abtretungserklärung

I. Notwendiger Antragsinhalt

17 Der Antrag auf Restschuldbefreiung muss zwingend die Erklärung des Schuldners enthalten, mit der er für die Dauer von **drei Jahren** nach Eröffnung des Insolvenzverfahrens den pfändbaren Teil seines künftigen Arbeitseinkommens oder an dessen Stelle tretende laufende Bezüge, wie zB Sozialleistungen, an einen vom Gericht zu bestimmenden Treuhänder abtritt (Abs. 2) (→ Rn. 17.1).

17.1 Die Abtretungserklärung ist nach Ansicht des BGH vorrangig als prozessuale Erklärung zu verstehen. Damit ist es dem Schuldner zB verwehrt, seine Abtretungserklärung unter Berufung auf Willensmängel anzufechten (BGH NZI 2006, 599; MüKoInsO/Stephan Rn. 34). Nach aA handelt es sich bei der Abtretungserklärung um einen materiell-rechtlichen Vertrag (Uhlenbruck/Sternal Rn. 50 mwN). In beiden Fällen benötigt ein **Betreuer,** der für den Betreuten eine Abtretungserklärung abgibt, eine Genehmigung des Betreuungsgerichts nach §§ 1908i, 1812 BGB (LG Hamburg BeckRS 2019, 3808; aA AG Hannover ZVI 2020, 185).

17a Die Formulierung „Arbeitseinkommen oder an dessen Stelle tretende laufende Bezüge" ist als nicht-ausschließende Disjunktion zu verstehen. Bezieht der Schuldner sowohl Arbeitseinkünfte als auch Sozialleistungen, umfasst die Abtretung demnach beide Einkunftsarten (BayVGH BeckRS 2019, 25250). Handelt es sich bei der Sozialleistung um eine Altersrente, ist ggf. zu berücksichtigen, dass die daneben erzielten Arbeitseinkünfte als **Mehrarbeit** iSd § 850a Nr. 1 ZPO nur zur Hälfte pfändbar und damit auch nur in diesem Umfang abtretbar sind (vgl. BGH NZI 2014, 773).

18 Wird die Abtretungserklärung nicht zusammen mit dem Antrag auf Restschuldbefreiung vorgelegt, so ist diese **innerhalb von zwei Wochen** nach einem entsprechenden Hinweis des Gerichts nachzureichen (analog § 287 Abs. 1 S. 2; OLG Köln NJW 2001, 1507; Uhlenbruck/Sternal Rn. 45; aA: es ist eine richterliche Frist zu setzen, LG Dresden BeckRS 2013, 03135; Gottwald InsR-HdB/Ahrens § 77 Rn. 34).

19 Im **Verbraucherinsolvenzverfahren** gilt wiederum die Regelung des § 305 Abs. 3, wonach der Schuldner innerhalb eines Monats, bzw. dreier Monate im Fall eines Gläubigerantrags, fehlende Unterlagen nachzureichen hat (→ § 305 Rn. 26). Stellt sich im eröffneten Verbraucherinsolvenzverfahren heraus, dass die dem Antrag auf Restschuldbefreiung beizufügende Abtretungserklärung nicht vorliegt, so darf das Insolvenzgericht dem Schuldner für die Nachreichung der Abtretungserklärung keine Frist setzen, die kürzer ist als ein Monat (BGH NZI 2009, 120).

20 Wird die Abtretungserklärung nicht fristgerecht nachgereicht, gilt der Eröffnungsantrag des Schuldners und damit auch sein Antrag auf Restschuldbefreiung im Verbraucherinsolvenzverfahren als **zurückgenommen** (§ 305 Abs. 3). Im Regelinsolvenzverfahren ist der Antrag auf Restschuldbefreiung nach ungenutztem Fristablauf zurückzuweisen. Dasselbe gilt dann, wenn der Schuldner seine Abtretungserklärung widerruft, was allerdings nur möglich ist, wenn die Abtretungsklärung nicht als prozessuale Erklärung zu behandeln ist.

II. Umfang der Abtretung

1. Zeitlicher Umfang der Abtretung (Abtretungsfrist)

21 Die Abtretung bezieht sich auf die pfändbaren Einkommensteile für die Zeit von **drei** Jahren nach der Eröffnung des Insolvenzverfahrens (Abs. 2; **Abtretungsfrist**). Gleichwohl stehen dem Treuhänder die Bezüge aber erst mit Beginn der Wohlverhaltensphase, also mit dem Zeitpunkt zur Verfügung, zu dem das Insolvenzverfahren durch Aufhebung gem. § 200 oder Einstellung nach § 211 beendet ist. Pfändbare Einkommensteile, die vor diesem Zeitpunkt anfallen, gehören zur Insolvenzmasse (§ 35), über die der Schuldner nicht verfügen kann. Damit kann die Regelung des Abs. 2 S. 1 nur so verstanden werden, dass die Abtretungserklärung erst dann greift, wenn das Insolvenzverfahren beendet ist, davon unabhängig die Abtretungsfrist aber schon mit der Verfahrenseröffnung beginnt (hM).

21a Die dreijährige Abtretungsfrist gilt in Verfahren, deren Eröffnung nach dem 30.9.2020 beantragt wurde. Für Verfahren, deren Eröffnung nach dem 30.11.2001 und vor dem 17.12.2019 beantragt wurde, gilt die **Sechsjahresfrist** des Abs. 2 aF (Art. 103a EGInsO). Zu Verfahren, deren Eröffnung

Antrag des Schuldners § 287 InsO

vor dem 1.12.2001 beantragt wurde, vgl. → Rn. 21a.1. Aus Art. 103k Abs. 2 EGInsO ergibt sich für Verfahren, deren Eröffnung im Zeitraum vom 17.12.2019 bis einschließlich 30.9.2020 beantragt wurde, eine abgestufte Abtretungsfrist von fünf Jahren und sieben Monaten bis zu vier Jahren und zehn Monaten.

Für diejenigen Schuldner, über deren Vermögen das Insolvenzverfahren vor dem 1.12.2001 eröffnet **21a.1** wurde, gilt die ursprüngliche Fassung des Abs. 2, wonach der Abtretungszeitraum und damit die Wohlverhaltensperiode **sieben Jahre** umfasst und erst mit der Aufhebung des Verfahrens beginnt (Art 103a EGInsO). Für den Schuldner ist es demnach nicht absehbar, in welcher Zeit er eine Restschuldbefreiung erlangen kann. Je nach der Dauer des eröffneten Verfahrens beginnt die Wohlverhaltensphase womöglich erst viele Jahre nach Eröffnung des Verfahrens. Der BGH hielt es deshalb fast zwölf Jahre nach Einführung des Insolvenzrechtsänderungsgesetzes 2001 für geboten, die Schuldner, über deren Vermögen vor dem 1.12.2001 das Insolvenzverfahren eröffnet worden ist, unabhängig vom Verfahrensstand vorzeitig in den Genuss der Restschuldbefreiung kommen zu lassen. Art. 103a EGInsO sei im Hinblick auf Art. 3 Abs. 1 GG verfassungskonform dahin auszulegen, dass in diesen Verfahren zwölf Jahre nach Eröffnung des Insolvenzverfahrens gem. § 300 über die Restschuldbefreiung zu entscheiden ist, unabhängig davon, ob das vor dem 1.12.2001 eröffnete Insolvenzverfahren noch läuft oder der Schuldner sich zwischenzeitlich in der Wohlverhaltensperiode befindet (BGH NZI 2013, 849; 2017, 721). Eine Verkürzung der Wohlverhaltensphase von sieben auf sechs Jahre ist nicht möglich (BGH BeckRS 2008, 02110). Mittlerweile dürften solche Altverfahren aber nur sehr selten sein.

Mit der Regelung des **Abs. 2 S. 2** soll nach der Intension des Gesetzentwurfs verhindert werden, dass **21a.2** die Verkürzung der regulären Restschuldbefreiungsverfahrens auf drei Jahre Fehlanreize für eine leichtfertige Verschuldung setzt (BT-Drs. 19/21981, 19). Die normierte **fünfjährige Verjährungsfrist** gilt für jedes weitere Restschuldbefreiungsverfahren, das sich an eine erteilte Restschuldbefreiung anschließt, wenn diese auf einem nach dem 30.9.2020 gestellten Antrag basiert. Nach dem Wortlaut der Norm käme es mithin nicht auf den Zeitpunkt des Eröffnungsantrags an. Nachdem aber die Regelung nur für Verfahren gilt, deren Eröffnung nach dem 30.9.2020 beantragt wurde, ist der Zeitpunkt des Eröffnungsantrags insoweit durchaus von Bedeutung. Unter Berücksichtigung der Sperrfrist des § 287a Abs. 2 Nr. 2 kann eine Restschuldbefreiung ein weiteres Mal demnach erst nach sechzehn Jahren erlangt werden.

Der Zeitraum des Eröffnungsverfahrens, also die Zeit zwischen Eingang des Eröffnungsantrags **22** und Beschlussfassung über die Verfahrenseröffnung ist bei der Berechnung der Abtretungsfrist nicht zu berücksichtigen. Ob den Schuldner an der Verzögerung ein Verschulden trifft, ist unerheblich (BGH NZI 2015, 328).

Die Abtretungserklärung bezieht sich demnach auf die pfändbaren Teile desjenigen Einkommens, **23** das der Schuldner nach Aufhebung des Insolvenzverfahrens erzielt. Das kann auch der Regelung des § 292 Abs. 1 S. 4 aF entnommen werden, wonach die Jahresfristen, nach deren Ablauf dem Schuldner Beträge von seinem Einkommen zurückzugewähren sind, erst mit Aufhebung des Insolvenzverfahrens zu laufen beginnen. In Verfahren, deren Eröffnung nach dem 30.6.2014 beantragt wurde, ist eine Rückerstattung von abgetretenen Beträgen nicht mehr vorgesehen.

2. Sachlicher Umfang der Abtretung

Vorbehaltlich der Unpfändbarkeit und dem damit verbundenen Abtretungsausschluss des § 400 **24** BGB erstreckt sich die Abtretung des Arbeitseinkommens auf alle wiederkehrend oder einmalig zu leistenden Vergütungen, die der Schuldner während der Abtretungsfrist etwa aufgrund von **Arbeits- oder Dienstleistungen** von Drittschuldner beanspruchen kann und die der Lebensführung des Schuldners dienen (§ 850 Abs. 4 ZPO). Es muss sich nicht um ein auf Dauer angelegtes Arbeitsverhältnis handeln, sodass zB auch der Vergütungsanspruch des Gelegenheitsarbeiters als Lohnforderung anzusehen ist, die aufgrund der Erklärung nach Abs. 2 als abgetreten gilt. Die Abtretungserklärung bezieht sich dagegen regelmäßig nicht auf Einkünfte aus **selbstständiger Tätigkeit** (BGH NZI 2010, 72; vgl. § 295a) (→ Rn. 24.1 ff.).

Vereinbaren die Arbeitsvertragsparteien, dass der Arbeitgeber für den Arbeitnehmer eine **Direktversi- 24.1 cherung** abschließt und ein Teil der künftigen Entgeltansprüche des Arbeitnehmers durch Entgeltumwandlung für seine betriebliche Altersversorgung verwendet wird, liegt insoweit kein pfändbares Arbeitseinkommen mehr vor (vgl. BAG NZA 1998, 707). Nach Abtretung des pfändbaren Teils des Arbeitseinkommens an einen Treuhänder im Rahmen eines Verbraucherinsolvenzverfahrens kann der Arbeitnehmer nicht mehr zum Nachteil seiner Gläubiger über den abgetretenen Teil seines Arbeitseinkommens verfügen. Der in einer vereinbarten **Entgeltumwandlung** enthaltenen Verfügung des Arbeitnehmers steht Abs. 2 S. 1 iVm § 398 S. 2 BGB entgegen (BAG NJW 2009, 167).

24.2 Auf die Benennung der Vergütungsansprüche (Honorar, Gage, Provision, Gehalt, Lohn, Gratifikation, Tantiemen usw.) kommt es nicht an. Auch spielt es keine Rolle, ob die Vergütung der Lohnsteuer unterliegt. Bezüge, die anstelle des Arbeitslohns im Krankheitsfall aufgrund des Lohnfortzahlungsgesetzes gezahlt werden, sind von der Lohnpfändung und damit von der Abtretung des Arbeitseinkommens ebenfalls umfasst. Auch Sonderzuwendungen wie **Urlaubs- oder Weihnachtsgeld** werden im Umfang des § 850a ZPO von der Lohnpfändung und mithin von der Abtretung des Arbeitseinkommens erfasst (vgl. BAG NJW 2009, 167).

24.3 Ohne Bedeutung ist, ob die Einkünfte aufgrund eines Arbeits-, Angestellten-, Berufsausbildungs-, Beamten-, Volontär- oder ähnlichen Verhältnisses erzielt werden. Auch aus einmaligen Dienstleistungen sich ergebende Vergütungsansprüche sind von der Lohnpfändung iSd §§ 850 ff. ZPO und damit von der Abtretung des Arbeitseinkommens umfasst. Sachbezüge oder sonstige Leistungen, die der Schuldner als Entgelt für seine Arbeits- oder Dienstleistung erhält, sind ebenfalls als Arbeitseinkommen zu werten (vgl. § 850e Nr. 3 ZPO); sie sind demnach von der Abtretung umfasst (BGH BeckRS 2012, 23435 = ZInsO 2012, 2342). Als Arbeitseinkommen gelten ua auch die Ansprüche der Handelsvertreter auf Fixum und Provision sowie die Bezüge des Geschäftsführers einer GmbH. Auch die Vergütungsansprüche eines Heimarbeiters oder die Übergangsgelder bzw. die (Sozialplan-)Abfindung eines Angestellten beim Ausscheiden aus dem Arbeitsverhältnis (BAG NJW 1992, 1646; vgl. BGH BeckRS 2010, 13380 = NZI 2010, 564) unterliegen der Lohnpfändung und sind demzufolge abtretbar; ebenso die sogenannte Karenzentschädigung, die einem Arbeitnehmer zum Ausgleich von Wettbewerbsbeschränkungen für die Zeit nach Beendigung des Arbeitsverhältnisses bezahlt wird.

24.4 Verzichtet der Arbeitnehmer auf die Einbringung seines Urlaubs und erhält er hierfür ein zusätzliches Entgelt (**Urlaubsabgeltung**), so fällt diese Vergütung nicht unter die Regelung des § 850a Nr. 2 ZPO und ist deshalb wie Arbeitseinkommen pfändbar und damit abtretbar. Dies gilt insbesondere auch für den Fall, dass der Urlaubsanspruch aufgrund der Beendigung des Arbeitsverhältnisses nicht mehr erfüllt werden kann (BAG MDR 2002, 280).

24.5 Die Abtretung umfasst auch die als Arbeitsentgelt gewährte unentgeltliche Nutzung eines Dienstwagens. Der Wert dieser Leistung ist gem. § 850e Nr. 3 ZPO mit dem in Geld zahlbaren Einkommen zusammenzurechnen. Das sich daraus ergebende unpfändbare Einkommen ist primär der **Naturalleistung** zu entnehmen (BGH BeckRS 2012, 23435 = ZInsO 2012, 2342).

24.6 Letztlich erstreckt sich die Abtretung auch auf wiederkehrende Bezüge, die einem Arbeitnehmer vom bisherigen Arbeitgeber nach seinem Ausscheiden aus dem Arbeits- oder Dienstverhältnis in der Form von Ruhe-, Vorruhestandsgeld oder **Betriebsrenten** bezahlt werden. Mangels laufenden Bezugs zählt der Witwenrentenabfindungsanspruch, der eine Einmalzahlung darstellt (vgl. § 107 Abs. 1 S. 1 SGB VI), nach Ansicht des LG Lübeck (BeckRS 2013, 12481) nicht zu den von der Abtretung umfassten Ansprüchen des Schuldners.

24.7 **Erschwerniszulagen** iSd § 850a Nr. 3 ZPO sind unpfändbar und damit nicht von der Abtretung des Arbeitseinkommens umfasst. Als unpfändbare Zulage gelten nach Ansicht des BGH insbesondere solche Leistungen, die die mit der erbrachten Arbeit verbundenen Gesundheitsrisiken abgelten sollen. Konkret werden zB **Nachtarbeitszuschläge** als unpfändbar angesehen, soweit sie den Rahmen des Üblichen nicht übersteigen (BGH NZI 2016, 843). Als Anhaltspunkt für den üblichen Rahmen könne § 3b EStG herangezogen werden, wonach Zuschläge, die für tatsächlich geleistete Nachtarbeit neben dem Grundlohn gezahlt werden, in bestimmtem Umfang **steuerfrei** seien (BGH NZI 2018, 986). Auch Zulagen für Sonntags-, Feiertags- und Nachtarbeit sind Erschwerniszulagen iSv § 850a Nr. 3 ZPO und damit im Rahmen des Üblichen unpfändbar. Zulagen für **Schicht-, Samstags- oder sog. Vorfestarbeit** sind dagegen der Pfändung nicht entzogen (BAG NJW 2017, 3675). Ob der sog. **Corona-Bonus** (auch Corona-Prämie) pfändbar ist und damit von der Abtretung umfasst wird, ist vor dem nachfolgend genannten Hintergrund nicht zweifelsfrei. Einerseits genießt der Corona-Bonus bis zu einer Höhe von 1.500 EUR Einkommensteuerfreiheit (§ 3 Ziff. 11a EStG). Zum anderen wird der Corona-Bonus aber auch an Arbeitnehmer bezahlt, deren Gesundheit durch die Corona-Pandemie nicht weitergehend gefährdet wird als bei jeder anderen Person. Demnach ist anhand des Berufsbilds im Einzelfall zu unterscheiden. An medizinisches Personal oder an Mitarbeiter in Pflegeeinrichtungen geleistete Sonderzahlungen etwa sind als pfandfrei anzusehen (vgl. § 150a Abs. 8 S. 4 SGB XI; LG Dresden NZI 2021, 547). Dagegen genießen Leistungen, die zB Erschwernisse im Zusammenhang mit „Home-Office" ausgleichen sollen, keine Pfandfreiheit.

25 Nach § 54 SGB I finden die Vorschriften über die Pfändung des Arbeitseinkommens auch auf Lohnersatzleistungen Anwendung. Von der Abtretung des Arbeitseinkommens sind somit auch **wiederkehrende Sozialleistungen** wie etwa das Arbeitslosengeld umfasst, ohne dass dies ausdrücklich in der Abtretungserklärung enthalten sein müsste. Sozialhilfeansprüche sind dagegen unpfändbar und können demnach auch nicht abgetreten werden (§ 17 Abs. 1 SGB XII).

25.1 Soweit **Altersrenten** nicht als Sozialleistungen iSd § 54 SGB I anzusehen sind, sondern aufgrund privatrechtlichen Versicherungsverträgen beansprucht werden können, stehen sie unter dem Pfändungsschutz des § 851c Abs. 1 ZPO. Sie können, soweit sie aus Verträgen gewährt werden, die den Vorgaben des § 851c Abs. 1 ZPO entsprechen, in der Auszahlungsphase nur wie Arbeitseinkommen gepfändet werden und unterliegen demnach auch nur in diesem Umfang der Abtretung.

Die Abtretung des Arbeitseinkommens erstreckt sich nicht auf den Anspruch des Schuldners 26
auf Rückerstattung zu viel bezahlter **Lohn- oder Einkommensteuer,** da dieser Anspruch nicht auf Arbeitsentgelt iSd § 850 ZPO gerichtet ist (BGH NJW 2005, 2988). Ebenso erstreckt sich die Abtretung der Arbeitseinkünfte nicht auf die Ansprüche des Schuldners auf Zahlung von **Kindergeld.** Dabei kommt es nicht darauf an, ob das Kindergeld von dem Arbeitgeber oder von der Kindergeldkasse ausbezahlt wird (§ 76 EStG bzw. § 54 Abs. 5 SGB I).

Der pfändbare und damit abtretbare Teil des Arbeitseinkommens ergibt sich unter Berücksichti- 27
gung der Unterhaltsverpflichtungen des Schuldners aus den Vorschriften der §§ 850a ff. ZPO. Zur Anwendung kommt dabei insbesondere auch die Tabelle zu § 850c ZPO, aus der sich der pfändbare Teil des Arbeitseinkommens ablesen lässt. Schon nach § 400 BGB kann nur dieser Teil des Arbeitseinkommens überhaupt abgetreten werden, soweit nicht das Insolvenzgericht eine anderweitige Anordnung trifft (→ Rn. 27.1).

Nicht abtretbar und deshalb dem Schuldner zu belassen sind ua die in § 850a ZPO genannten Beträge. **27.1**
Der danach zB unpfändbare Betrag des Weihnachtsgeldes von bis zu 500 EUR gem. § 850a Nr. 4 ZPO, der dem Schuldner in der Wohlverhaltensperiode zu belassen ist, ist ein Bruttobetrag, in dem die darauf entfallenden **Steuern und Sozialabgaben** enthalten sind. Dem Schuldner muss der unpfändbare Betrag in voller Höhe verbleiben. Jedoch sind die auf die unpfändbaren Einkommensteile entfallenden Steuern und Abgaben nicht dem übrigen Einkommen zu entnehmen („Nettomethode", BAG BeckRS 2013, 70164). Auch diejenigen Einkommensteile, die dazu verwandt werden, eine Alterssicherung iSd § 851c Abs. 1 ZPO aufzubauen, sind im Umfang der in § 851c Abs. 2 ZPO genannten Beträge unpfändbar und demnach nicht von der Abtretung betroffen. Einkünfte iSd § 850b ZPO, wie etwa eine Witwenrente aus einem Lebensversicherungsvertrag, sind dagegen von der Abtretung wohl umfasst (vgl. BGH NJW-RR 2010, 474).

Die zu erklärende Abtretung beschränkt sich auch dann auf die gem. § 850c ZPO pfändbaren 28
Beträge, wenn zu den Insolvenzgläubigern Unterhaltsberechtigte gehören, zu deren Gunsten das Arbeitseinkommen gem. § 850d ZPO in erweitertem Umfang pfändbar ist (→ Rn. 28.1).

Das Insolvenzgericht kann während der Wohlverhaltensphase auf Antrag Anordnungen zum Umfang **28.1**
der abgetretenen Bezüge treffen (§ 292 Abs. 1 S. 3 iVm § 36 Abs. 1 S. 2, Abs. 4). Auf Antrag des Treuhänders kann das Insolvenzgericht zB bestimmen, dass Unterhaltsberechtigte des Schuldners bei der Berechnung des pfändbaren Einkommens außer Betracht bleiben, wenn diese über eigenes Einkommen verfügen (§ 850c Abs. 4 ZPO). In Anwendung des § 850i ZPO kann dem Schuldner von den einmaligen Einkünften der Betrag belassen werden, der dem nach § 850c ZPO unpfändbaren Einkommen für die Zeit bis zum nächsten Zahlungseingang entspricht. Umgekehrt kann der Schuldner Anträge nach § 850f Abs. 1 ZPO an das Insolvenzgericht stellen. Eine Anhebung des pfändungsfreien Betrags gem. § 850f Abs. 1 ZPO kommt im Insolvenzverfahren auch in Betracht, wenn der Schuldner sein Einkommen an einen Gläubiger abgetreten hat. Über einen solchen Antrag entscheidet ebenfalls das Insolvenzgericht (AG Göttingen ZVI 2003, 365).

Auch in Insolvenzverfahren, die vor dem 1.12.2001 eröffnet worden sind, ist der Umfang des 29
Insolvenzbeschlags nach Maßgabe der §§ 850, 850a, 850e, 850f Abs. 1, §§ 850g–850i ZPO zu bestimmen (BGH NZI 2003, 389).

Auch der **selbstständig tätige Schuldner** muss eine Abtretungserklärung hinsichtlich seiner 30
künftigen Arbeitseinkünfte abgeben. Dass diese unter Umständen dann ins Leere geht, wenn der Schuldner zum Zeitpunkt der Verfahrensaufhebung weiterhin selbstständig arbeitet, spielt keine Rolle. Im Übrigen gilt für den selbstständig tätigen Schuldner die Regelung des § 295a (so auch BGH NZI 2010, 72; → § 295a Rn. 1). Danach ist der Schuldner verpflichtet, an den Treuhänder zumindest jährlich einen Betrag zu leisten, der dem pfändbaren Teil derjenigen fiktiven Einkünfte entspricht, die der Schuldner hätte, wäre er ein angemessenes Dienstverhältnis eingegangen (vgl. BGH NZI 2012, 718).

3. Individualisierbarkeit der abzutretenden Ansprüche

Soweit Abs. 2 fordert, dass der Schuldner seine pfändbaren Bezüge aus einem Dienstverhältnis 31
oder an deren Stelle tretende laufende Bezüge an einen vom Gericht zu bestimmenden Treuhänder abtritt, ist damit die **Vorausabtretung** zukünftiger Forderungen angesprochen. Eine solche ist nach BGH (BGHZ 7, 365) bereits dann wirksam, wenn diese Forderungen genügend individuali-

sierbar sind. Für eine derartige Individualisierung reicht es aus, dass sich die Abtretung auf alle zukünftig der Pfändung unterworfenen Einkommensteile bezieht (BGH WM 1976, 151). Es ist mithin nicht erforderlich, dass der Schuldner in seiner Abtretungserklärung bereits den Drittschuldner bezeichnet. Nach allgemeiner Auffassung können auch künftige Lohnforderungen gegen den jeweiligen Arbeitgeber abgetreten werden (BAG MDR 1980, 522).

32 Demzufolge ist für einen Antrag auf Restschuldbefreiung auch nicht Voraussetzung, dass der Schuldner im Zeitpunkt der Antragstellung über laufende Einkünfte verfügt. Ebenso dürfte die Tatsache, dass ein Schuldner während der gesamten Wohlverhaltensperiode keine Einkünfte erzielt, die einen pfändbaren Betrag ergeben, nicht zur Versagung der Restschuldbefreiung während oder nach Ablauf der Wohlverhaltensphase führen. Jedenfalls enthält das Gesetz keine Regelung, nach der eine Versagung der Restschuldbefreiung für diesen Fall in Betracht kommt. Liegen die Einkünfte des Schuldners allerdings deshalb unter den Pfändungsfreigrenzen, weil er sich nicht ausreichend um eine Tätigkeit bemüht hat, die ihm ein höheres Einkommen erbracht hätte, so liegt ggf. ein Versagungsgrund nach § 295 S. 1 Nr. 1 vor.

D. Vorausverfügungen über das Arbeitseinkommen

I. Abtretung und Verpfändung

33 Hat der Schuldner sein (künftiges) Arbeitseinkommen bereits vor Eröffnung des Insolvenzverfahrens an einen Dritten abgetreten oder verpfändet, so ist darin eine Vereinbarung zu sehen, die insoweit unwirksam ist, als sie die Abtretungserklärung vereiteln oder beeinträchtigen würde. Diese Unwirksamkeit gilt für die Dauer der Wohlverhaltensphase (BT-Drs. 17/13535, 27), sodass eine vorgenommene Abtretung oder Verpfändung, soweit sie eine Insolvenzforderung sichert, wieder auflebt, wenn dem Schuldner keine Restschuldbefreiung erteilt wird. Als Vereinbarung iSd Abs. 3 gelten daneben Bestimmungen, die den Ausschluss der Abtretbarkeit zum Gegenstand haben. Der Abtretung entgegenstehende Vereinbarungen des Schuldners mit seinem Arbeitgeber sind insoweit unwirksam als sie die Abtretung nach Abs. 2 vereiteln oder beeinträchtigen würden. Ein an sich dinglich wirkendes Abtretungsverbot nach § 400 BGB hat daher keine Wirkung.

34 Um die erfolgte Abtretung an den Treuhänder nicht zu beeinträchtigen, enthält die InsO mehrere Regelungen, die eine weitere Verfügung über das abzutretende Einkommen verhindern.

35 So sind dem Schuldner neuerliche Abtretungen verwehrt. Dies ergibt sich für die Zeit des laufenden Verfahrens aus § 81 Abs. 2, wonach eine Verfügung über künftige Forderungen auf Bezüge aus einem Dienstverhältnis des Schuldners oder an deren Stelle tretende laufende Bezüge auch insoweit unwirksam ist, als die Bezüge für die Zeit nach der Beendigung des Insolvenzverfahrens betroffen sind. Für die Zeit der Wohlverhaltensperiode ergibt sich die Unwirksamkeit einer neuerlichen Lohnabtretung aus der Tatsache, dass bereits abgetretene Ansprüche mangels Berechtigung nicht nochmals abgetreten werden können (BGH NZI 2012, 883). Die Abtretung von Einkommensteilen, die nicht der Pfändung gem. § 850c ZPO unterworfen sind, ist nach § 400 BGB ausgeschlossen.

35a Eine vor Eröffnung des Insolvenzverfahrens vorgenommene Abtretung des Arbeitseinkommens entfaltet während des eröffneten Verfahrens keine Wirkung. Dies resultiert aus § 91 und der Tatsache, dass die Abtretung künftiger Forderungen erst mit der Entstehung der Forderung wirksam wird (BGHZ 88, 205 (206); 167, 363). Der Anspruch auf Vergütung für geleistete Dienste entsteht erst mit der Erbringung der Dienstleistung. Der Vertragsschluss als solcher reicht nicht aus, weil der Vertrag durch Kündigung beendet werden oder der Arbeitnehmer die ihm obliegende Leistung ohne Gründe, die einen Anspruch auf Lohnfortzahlung begründen, verweigern kann. In beiden Fällen hat er gem. §§ 320, 614 BGB keinen Vergütungsanspruch (BGH NZI 2008, 563). Nur wenn der Zessionar bereits vor der Eröffnung des Insolvenzverfahrens eine gesicherte Rechtsposition hinsichtlich der abgetretenen Forderung erlangt hat, ist die Abtretung **insolvenzfest** (BGH ZIP 2012, 2358). Insoweit besteht damit ein Gleichlauf zwischen der Wohlverhaltensphase und dem eröffneten Insolvenzverfahren.

35b Dagegen besteht bei der **Abtretung von Sozialleistung** kein solcher Gleichlauf. Hat der spätere Insolvenzschuldner etwa vor Eröffnung des Insolvenzverfahrens seine Ansprüche auf die **gesetzliche Altersrente** abgetreten, so ist diese Abtretung insolvenzfest und nicht von § 91 betroffen. Bei der Altersrente handelt es sich – jedenfalls nach Eintritt des Rentenalters – nicht um eine künftige, sondern um eine Forderung, die dadurch „bedingt" ist, dass der Berechtigte den jeweiligen Zeitraum erlebt (BGH NZI 2009, 574; LG Hannover ZInsO 2019, 1850). Im Ergebnis kann der Zessionar einer Altersrente deren pfändbare Teile während des eröffneten Verfahrens einfordern, während der Wohlverhaltensphase stehen sie dagegen dem Treuhänder zu.

II. Pfändungsmaßnahmen

Wurden die (künftigen) Ansprüche des Schuldners auf sein Arbeitseinkommen vor Eröffnung des Insolvenzverfahrens wirksam gepfändet und dem Gläubiger nach § 835 ZPO überwiesen, so ist fraglich, ob diese Pfändung der Abtretung des Arbeitseinkommens an den Treuhänder in der Wohlverhaltensphase entgegensteht. **36**

Nach dem ersatzlosen Wegfall des § 114 durch das Gesetz vom 15.7.2013 (BGBl. I 2379) ergibt sich aus keiner Norm der InsO explizit die Unwirksamkeit einer solchen Pfändung für die Dauer der Wohlverhaltensperiode. Die Regelung des § 91, wonach an den während des eröffneten Verfahrens entstehenden und der Insolvenzmasse zugehörigen Ansprüchen auf Arbeitsentgelt keine Rechte wirksam erworben werden können, gilt nicht für die sich an die Beendigung des Insolvenzverfahrens anschließende Wohlverhaltensperiode. Auch kann eine Pfändung wohl kaum als Vereinbarung iSd Abs. 3 gesehen werden. Die Pfändung der Einkommensansprüche würde damit der Abtretung dieser Ansprüche entgegenstehen. **37**

Allerdings ergibt sich aus § 294 die **Unzulässigkeit der Zwangsvollstreckung** für Insolvenzgläubiger während der Wohlverhaltensperiode. Aus einer vor Eröffnung des Insolvenzverfahrens wirksam ausgebrachten Pfändung ist es den Insolvenzgläubigern damit verwehrt, während der Wohlverhaltensperiode die pfändbaren Lohnanteile einzufordern (→ § 294 Rn. 1). Ein insolvenzfestes Absonderungsrecht wird durch die Pfändung der künftigen Lohnansprüche nicht erlangt. In der Folge gebühren die während der Wohlverhaltensperiode entstehenden pfändbaren Lohnanteile dem Insolvenzschuldner. Die in Form der Abtretung nach Abs. 2 seitens des Schuldners über diese Lohnanteile vorgenommene Verfügung wird gem. § 185 Abs. 2 S. 1 Fall 2 BGB wirksam. **37a**

Mit der Pfändung des Anspruchs auf künftige Lohnzahlungen ist dessen **öffentlich-rechtliche Verstrickung** verbunden (BGH NZI 2017, 892). Wie zu § 89 führt auch die sich aus § 294 ergebende Unzulässigkeit der Zwangsvollstreckung nicht zu einem Ruhen oder gar zu einer Unwirksamkeit der Verstrickung. Vielmehr ist eine förmliche Beseitigung der Verstrickung erforderlich. Hierzu kann das Vollstreckungsorgan die Vollstreckungsmaßnahme von Amts wegen oder auf Antrag eines Beteiligten uneingeschränkt aufheben und damit die Verstrickung beseitigen. Die Verstrickung wird auch beseitigt, sofern das Vollstreckungsorgan die Vollziehung des Pfändungs- und Überweisungsbeschlusses bis zur Aufhebung des Insolvenzverfahrens aussetzt, ohne die Pfändung insgesamt aufzuheben (vgl. BGH NZI 2017, 892). **37b**

Im Ergebnis steht eine vor Eröffnung des Insolvenzverfahrens wirksam ausgebrachte Pfändung der Ansprüche auf künftige Lohnzahlungen deren Abtretung nach Abs. 2 nicht entgegen. Allerdings ist der Arbeitgeber als Drittschuldner erst dann zur Auskehr an den Treuhänder in der Wohlverhaltensphase verpflichtet, wenn die durch die Pfändung eingetretene Verstrickung beseitigt ist. **37c**

Zwar gilt das Pfändungsverbot des § 294 auch für die Pfändung der Ansprüche auf die gesetzliche **Altersrente.** Die Pfändung diese Ansprüche vor Eröffnung des Insolvenzverfahrens führt jedoch zu einem **insolvenzfesten Absonderungsrecht** (LG Hannover ZInsO 2019, 1850). Damit stehen die während der Wohlverhaltensphase dem Pfändungsschuldner im eröffneten Verfahren wie auch während der Wohlverhaltensphase dem Pfändungsschuldner und nicht dem Treuhänder zu. Ob dieses Ergebnis vom Gesetzgeber tatsächlich gewollt ist, kann bezweifelt werden. Insbesondere sind für die Ungleichbehandlung von Arbeitseinkünften und Rentenansprüchen keine sachlichen Gründe zu erkennen. **38**

III. Aufrechnungserklärung

Während des eröffneten Verfahrens ist die Aufrechnung mit einer Insolvenzforderung gegen eine nach Verfahrenseröffnung begründeten Verbindlichkeit gem. § 96 Abs. 1 Nr. 1 ausgeschlossen. Der Arbeitgeber als Drittschuldner kann demnach nicht mit seinen Forderungen gegen die Lohnforderungen des Schuldners aufrechnen, die nach der Verfahrenseröffnung fällig werden. Während der Wohlverhaltensphase verbietet § 294 Abs. 3 die Aufrechnung (LG Saarbrücken BeckRS 2012, 02833). **39**

IV. Lohnabtretung und Lohnpfändung in Altverfahren

In Verfahren, deren Eröffnung vor dem 1.7.2014 beantragt wurde, ist der Schuldner verpflichtet, in seiner Abtretungserklärung darauf hinzuweisen, dass er seine Entgeltansprüche bereits an einen Dritten abgetreten oder verpfändet hat (Abs. 2 S. 2). Die Abtretung oder Verpfändung des Arbeitseinkommens hat in Durchbrechung des § 91 nach § 114 Abs. 1 noch Gültigkeit, soweit sie sich **40** auf die Bezüge für die Zeit vor Ablauf von zwei Jahren nach dem Ende des zur Zeit der Eröffnung des Verfahrens laufenden Kalendermonats bezieht.

41   Drei Jahre umfasst der Gültigkeitszeitraum einer Abtretung oder Verpfändung in den Fällen, in denen das Insolvenzverfahren vor dem 1.12.2001 eröffnet wurde (Art. 103a EGInsO).

42   Eine Pfändung des Arbeitseinkommens verliert mit Ablauf des bei Insolvenzeröffnung laufenden Kalendermonats ihre Wirksamkeit. Wurde das Insolvenzverfahren nach dem 15. eines Monats eröffnet, erstreckt sich die Pfändung noch auf die im Folgemonat fällig werdenden Entgeltansprüche (§ 114 Abs. 3).

E. Anhörung der Insolvenzgläubiger

I. Zeitpunkt der Anhörung

43   Etwas unsystematisch enthält Abs. 4 die Verpflichtung des Insolvenzgerichts zur Anhörung der Insolvenzgläubiger zum Antrag des Insolvenzschuldners auf Erteilung der Restschuldbefreiung. Es entsteht der unzutreffende Eindruck, dass die Anhörung bereits im Vorfeld der gerichtlichen Entscheidung über die Zulässigkeit des Antrags auf Erteilung der Restschuldbefreiung erfolgen müsste. Eindeutige Zielrichtung der Anhörung ist jedoch die Stellung eines Antrags auf Versagung der beantragten Restschuldbefreiung, gestützt auf die sich aus § 290 ergebenden Versagungsgründe.

44   Die Anhörung muss spätestens im Schlusstermin erfolgen und in dessen Vorfeld als Tagesordnungspunkt bekannt gemacht werden. Nach dem Wortlaut der Vorschrift könnte die Anhörung auch schon während des laufenden Insolvenzverfahrens erfolgen. Gleichwohl wird die Anhörung regelmäßig im Schlusstermin oder in einem diesen ersetzenden schriftlichen Verfahren erfolgen (Ahrens, Das neue Privatinsolvenzrecht, 2. Aufl. 2015, Rn. 589) (→ Rn. 44.1).

44.1 Auch wenn das der Schlusstermin nach § 5 Abs. 2 im schriftlichen Verfahren durchgeführt wird, genügt die öffentliche Bekanntmachung derjenigen Punkte, zu dem die Insolvenzgläubiger Stellung nehmen können.

45   Selbst dann, wenn das Insolvenzgericht eine Anhörung vor dem Schlusstermin initiiert, sollte die zu veröffentlichende **Tagesordnung** des Schlusstermins die Anhörung der Insolvenzgläubiger zum Restschuldbefreiungsantrag des Schuldners umfassen. Dies vor dem Hintergrund, dass auch noch im Schlusstermin eine Forderung angemeldet werden kann und dessen Berechtigter dann zum Antrag des Schuldners zu hören ist.

46   In Verfahren, deren Eröffnung vor dem 1.7.2014 beantragt wurde, kann der Versagungsantrag nur im Schlusstermin oder einem diesen ersetzenden schriftlichen Verfahren gestellt werden (§ 290 Abs. 1 aF; BGH NZI 2006, 481). Demzufolge sind die Insolvenzgläubiger nach § 289 Abs. 1 S. 1 aF im Schlusstermin oder in einem diesen ersetzenden schriftlichen Verfahren anzuhören.

II. Anzuhörender Personenkreis

47   Anzuhören sind diejenigen Insolvenzgläubiger, die ihre Forderung angemeldet haben und damit berechtigt sind, eine Versagung der Restschuldbefreiung zu beantragen. Dass die angemeldete Forderung ggf. im Prüfungstermin oder im schriftlichen Prüfungsverfahren bestritten wurde, ist ohne Bedeutung. Anzuhören sind nachrangige Gläubiger iSd § 39, auch wenn sie ihre Forderung angemeldet haben, ohne dass das Insolvenzgericht zur Anmeldung gem. § 174 Abs. 3 aufgefordert hat.

48   Unabhängig von der gerichtlichen Anhörung der Insolvenzgläubiger können Anträge auf Versagung der Restschuldbefreiung nach § 290 Abs. 1 während des gesamten eröffneten Verfahrens gestellt werden.

49   Anzuhören ist nach § 289 Abs. 1 S. 1 aF auch der Insolvenzverwalter. Abs. 4 trifft diese Aussage nicht. Gleichwohl steht es dem Gericht frei, auch den Insolvenzverwalter anzuhören, was durchaus ratsam ist (Frege/Keller/Riedel InsR Rn. 2136a). Einen Antrag auf Versagung der Restschuldbefreiung kann der Insolvenzverwalter nicht stellen.

§ 287a Entscheidung des Insolvenzgerichts

(1) ¹Ist der Antrag auf Restschuldbefreiung zulässig, so stellt das Insolvenzgericht durch Beschluss fest, dass der Schuldner Restschuldbefreiung erlangt, wenn er den Obliegenheiten nach den §§ 295 und 295a nachkommt und die Voraussetzungen für eine

Versagung nach den §§ 290, 297 bis 298 nicht vorliegen. ²Der Beschluss ist öffentlich bekannt zu machen. ³Gegen den Beschluss steht dem Schuldner die sofortige Beschwerde zu.

(2) ¹Der Antrag auf Restschuldbefreiung ist unzulässig, wenn
1. dem Schuldner in den letzten elf Jahren vor dem Antrag auf Eröffnung des Insolvenzverfahrens oder nach diesem Antrag Restschuldbefreiung erteilt oder wenn ihm die Restschuldbefreiung in den letzten fünf Jahren vor dem Antrag auf Eröffnung des Insolvenzverfahrens oder nach diesem Antrag nach § 297 versagt worden ist oder
2. dem Schuldner in den letzten drei Jahren vor dem Antrag auf Eröffnung des Insolvenzverfahrens oder nach diesem Antrag Restschuldbefreiung nach § 290 Absatz 1 Nummer 5, 6 oder 7 oder nach § 296 versagt worden ist; dies gilt auch im Falle des § 297a, wenn die nachträgliche Versagung auf Gründe nach § 290 Absatz 1 Nummer 5, 6 oder 7 gestützt worden ist.

²In diesen Fällen hat das Gericht dem Schuldner Gelegenheit zu geben, den Eröffnungsantrag vor der Entscheidung über die Eröffnung zurückzunehmen.

Überblick

Die Vorschrift wurde mit dem Gesetz zur Verkürzung des Restschuldbefreiungsverfahrens und zur Stärkung der Gläubigerrechte v. 15.7.2013 (BGBl. I 2379) eingefügt.

Übersicht

	Rn.		Rn.
A. Prüfung der Zulässigkeitsvoraussetzungen		B. Sperrfristen nach Abs. 2	13
	1	I. Besondere Zulässigkeitsvoraussetzungen	13
I. Zeitpunkt	1	II. Elfjährige Sperrfrist	15
II. Umfang	4	III. Fünfjährige Sperrfrist	16
III. Anhörung des Schuldners	7	IV. Dreijährige Sperrfrist	17
IV. Entscheidungsmodalitäten	8	C. Sperrfrist nach Widerruf der Restschuldbefreiung	18
V. Folgen einer Zurückweisung	11		

A. Prüfung der Zulässigkeitsvoraussetzungen

I. Zeitpunkt

Nach der bis zum InsO-Reformgesetz 2013 geltenden Regelung des § 289 war über den Antrag des Schuldners auf Erteilung der Restschuldbefreiung am Ende des eröffneten Insolvenzverfahrens im Rahmen des Schlusstermins oder eines diesen ersetzenden schriftlichen Verfahrens zu entscheiden. Gegenstand der gerichtlichen Entscheidung war neben einem evtl. gestellten Versagungsantrag auch die Frage der Zulässigkeit des Schuldnerantrags. 1

Dass bereits im Eröffnungsbeschluss über die Zulässigkeit des Antrags auf Erteilung der Restschuldbefreiung entschieden werden musste, war nur in den Fällen erforderlich, in denen die beantragte **Kostenstundung** mangels Zulässigkeit des Restschuldbefreiungsantrags versagt werden musste und damit die Abweisung des Eröffnungsantrags mangels Masse verbunden war. Die Zulässigkeit des Restschuldbefreiungsantrags ist Voraussetzung für die Gewährung einer Kostenstundung (AG Göttingen ZInsO 2016, 1074). Dies bedeutet umgekehrt indes nicht, dass die Gewährung einer Kostenstundung immer zwingende Folge der Zulässigkeit eines Restschuldbefreiungsantrags ist. Vielmehr kann die Kostenstundung etwa dann versagt werden, wenn sich deren Inanspruchnahme als rechtsmissbräuchlich erweist (vgl. Laroche NZI 2014, 576). 2

Mit § 287a soll der Schuldner frühzeitig Klarheit über die **Erfolgsaussichten** seines Antrags auf Erteilung der Restschuldbefreiung erhalten (BT-Drs. 17/11268, 24). Deshalb hat das Insolvenzgericht bereits mit seiner Entscheidung über den Antrag auf Eröffnung des Insolvenzverfahrens über die Zulässigkeit des Antrags auf Erteilung der Restschuldbefreiung zu befinden (MüKoInsO/Stephan Rn. 1). Funktionell zuständig ist der Richter (§ 18 Abs. 1 Nr. 4 RPflG; MüKoInsO/Stephan Rn. 9). Dies auch dann, wenn sich die Unzulässigkeit erst nach Verfahrenseröffnung ergibt, weil sich etwa nachträglich die Prozessunfähigkeit des Schuldners herausstellt (§ 18 Abs. 1 Nr. 4 RPflG). 3

3a Die Vorschrift gilt für Verfahren, deren Eröffnung nach dem 30.6.2014 beantragt wurde (Art. 103h EGInsO; BGH NZI 2013, 846; 2014, 416). Mit der Regelung des § 287a wird der bisherige Versagungsgrund aus § 290 Abs. 1 Nr. 3 in eine Zulässigkeitsvoraussetzung umgeformt (BT-Drs. 17/11268, 24). Abzustellen zur Berechnung der Frist ist auf den Eingang des ersten zulässigen Eröffnungsantrags (AG Norderstedt BeckRS 2019, 21390).

3b Die Anhebung der Sperrfrist in Abs. 1 S. 1 Nr. 1 Alt. 1 von zehn auf **elf Jahre** gilt für Verfahren, deren Eröffnung nach dem 30.9.2020 beantragt wurde (Art. 103k Abs. 1 EGInsO). Art. 103 Abs. 3 EGInsO enthält hierzu folgende Überleitungsvorschrift: „Wurde dem Schuldner letztmalig nach den bis einschließlich 30. September 2020 geltenden Vorschriften eine Restschuldbefreiung erteilt, so ist § 287a Absatz 2 Satz 1 Nummer 1 der Insolvenzordnung in der bis einschließlich 30. September 2020 geltenden Fassung weiter anzuwenden." In diesen Fällen verbleibt es demnach auch in Verfahren, deren Eröffnung nach dem 30.9.2020 beantragt wurde, bei der zehnjährigen Sperrfrist.

II. Umfang

4 Die gerichtliche Prüfung der Zulässigkeit des Antrags auf Erteilung der Restschuldbefreiung umfasst nicht nur die in Abs. 2 S. 1 genannten Tatbestände, die zu einer Unzulässigkeit des Antrags führen (besondere Zulässigkeitsvoraussetzungen). Um der gesetzgeberischen Zielsetzung, dem Schuldner frühzeitig Klarheit zu verschaffen, ist der Antrag auch daraufhin zu überprüfen, ob die sonstigen Zulässigkeitsvoraussetzungen vorliegen.

5 Zu diesen **Allgemeinen Zulässigkeitsvoraussetzungen** gehören neben einem vollständigen und fristgerecht gestellten Antrag zB auch die Prozessfähigkeit sowie die ordnungsgemäße Vertretung des Antragstellers (Uhlenbruck/Sternal Rn. 8; → Rn. 5.1 f.).

5.1 Das **Rechtsschutzbedürfnis** für einen Antrag auf Erteilung der Restschuldbefreiung und damit dessen Zulässigkeit ist dem Schuldner zu versagen, wenn die gegen ihn bestehenden Forderungen weitaus überwiegend von einer Restschuldbefreiung gem. § 302 nicht umfasst sind (vgl. BGH NZI 2005, 232 zur Versagung der Kostenstundung in diesen Fällen).

5.2 Unzulässig ist auch der Antrag auf Restschuldbefreiung in einem (**Zweit-**)**Verfahren** über die in einem Erstverfahren freigegebene selbstständige Tätigkeit des Schuldners; jedenfalls solange, als über seinen im Ausgangsverfahren gestellten Restschuldbefreiungsantrag nicht entschieden ist (vgl. BGH NZI 2015, 289). Dies gilt auch für Verfahren, deren Eröffnung nach dem 01.07.2014 beantragt wurde (AG Göttingen NZI 2016, 849).

5.3 Die Bestätigung eines **Insolvenzplans,** mittels dessen der Schuldner von seinen Verbindlichkeiten (teilweise) befreit wird, steht dem Antrag auf Erteilung der Restschuldbefreiung nicht entgegen (AG Göttingen BeckRS 2020, 40639; vgl. auch § 245a S. 2). Mit einem Insolvenzplan können die Insolvenzgläubiger, die sich am Insolvenzverfahren nicht beteiligt haben, mit ihren Forderungen nicht ausgeschlossen werden (vgl. BGH NZI 2016, 170). Dies kann nur über eine Restschuldbefreiung erreicht werden.

5a Stellt das Insolvenzgericht die Zulässigkeit des Antrags eines Schuldners dadurch fest, dass es ihm die Restschuldbefreiung iSd Abs. 1 in Aussicht stellt, wird die Zulässigkeit des Antrags insgesamt bestätigt. Jedenfalls in dem Umfang, wie er sich zum Zeitpunkt der Entscheidung beurteilen lässt.

6 Nach dem Wortlaut der Vorschrift stehen eventuelle Versagungsgründe iSd § 290 der Ankündigung der Restschuldbefreiung auch dann nicht entgegen, wenn sie offensichtlich vorliegen. Das Insolvenzgericht kann demnach den Antrag auf Erteilung der Restschuldbefreiung nicht mit der Begründung zurückweisen, es liege ein Versagungsgrund vor. Nach Ansicht des Amtsgerichts Hamburg hat das Insolvenzgericht dagegen bei der gerichtlichen Feststellung in der Eingangsentscheidung nach Abs. 1 bereits ersichtliche, zweifelsfrei vorliegende Restschuldbefreiungsversagungsgründe – nach vorheriger Anhörung des Schuldners – zu berücksichtigen. Liegen solche bereits zweifelsfrei vor, sei eine Feststellung der Erlangbarkeit der Restschuldbefreiung durch Beschluss abzulehnen (AG Hamburg NZI 2015, 422; ebenso AG Fürth ZInsO 2016, 766, aufgehoben durch LG Nürnberg/Fürth ZInsO 2017, 666). Solange die Versagung der Restschuldbefreiung nach dem Willen des Gesetzgebers einen hierauf gerichteten Antrag eines Gläubigers voraussetzt, dürfte die dargestellte Erweiterung des gerichtlichen Prüfungsumfangs nicht angezeigt sein (Jaeger/Preuß Rn. 41).

III. Anhörung des Schuldners

7 Vor einer Zurückweisung des Antrags ist dem Schuldner rechtliches Gehör zu gewähren (Art. 103 GG; MüKoInsO/Stephan Rn. 11). Zugleich ist dem Schuldner Gelegenheit zu geben, seinen Antrag auf Eröffnung des Insolvenzverfahrens **zurückzunehmen** (Abs. 2 S. 2). Ein entsprechender Hinweis sollte nicht nur dann ergehen, wenn einer der Tatbestände des Abs. 2 S. 1 vorliegt. Vielmehr ist dem Schuldner auch dann Gelegenheit zur Rücknahme oder zur Nachbesserung seines Antrags zu geben, wenn es an Allgemeinen Zulässigkeitsvoraussetzungen mangelt (Uhlenbruck/Sternal Rn. 16).

IV. Entscheidungsmodalitäten

Ist der Antrag auf Erteilung der Restschuldbefreiung zulässig, so stellt das Insolvenzgericht durch Beschluss fest, dass der Schuldner Restschuldbefreiung erlangt, wenn er den Obliegenheiten nach § 295 und § 295a nachkommt und die Voraussetzungen für eine Versagung nach den §§ 290, 297–298 nicht vorliegen (Abs. 1 S. 1). Regelmäßig wird dieser Beschluss zusammen mit der Beschlussfassung über die Eröffnung des Insolvenzverfahrens ergehen. Eine ausdrückliche Aussage zur Zulässigkeit des Restschuldbefreiungsantrags ist nicht erforderlich (Frege/Keller/Riedel, Insolvenzrecht, 8. Aufl. 2015, Rn. 2131c). 8

Einen unzulässigen Antrag auf Erteilung der Restschuldbefreiung hat das Gericht förmlich **zurückzuweisen**. Davon unabhängig ist über die Eröffnung des Insolvenzverfahrens zu entscheiden, was sich dann erledigt, wenn der Schuldner seinen Eigenantrag zurückgenommen hat und kein Fremdantrag eines Gläubigers vorliegt. 9

Der Beschluss, mittels dessen der Antrag auf Restschuldbefreiung mangels Zulässigkeit zurückgewiesen wird, ist dem Schuldner förmlich zuzustellen. Mit der Zustellung wird die Frist zur Einlegung der **sofortigen Beschwerde** ausgelöst (Abs. 1 S. 3). Darüber hinaus ist der Beschluss öffentlich bekannt zu machen (Uhlenbruck/Sternal Rn. 18). Eine öffentliche Bekanntmachung hat auch hinsichtlich des dem Antrag des Schuldners stattgebenden Beschlusses zu erfolgen (Abs. 1 S. 2; → Rn. 10.1). 10

Der Beschluss, mittels dessen die Zulässigkeit des Antrags auf Restschuldbefreiung bejaht wird, kann innerhalb der Beschwerdefrist von Amts wegen aufgehoben werden, wenn er fehlerhaft erlassen wurde (AG Köln BeckRS 2016, 09542). 10.1

V. Folgen einer Zurückweisung

Die Abweisung des unzulässigen Antrags hat für den Schuldner zur Folge, dass eine Restschuldbefreiung nur im Rahmen eines neuen Insolvenzverfahrens möglich ist, das er aber erst nach Abschluss des laufenden Verfahrens beantragen kann; falls ein solches eröffnet wird (→ Rn. 11.1). 11

Ein weiteres Insolvenzverfahren kann nicht eröffnet werden, solange ein bereits eröffnetes Verfahren nicht beendet ist (vgl. BGH NZI 2008, 609). Eine Ausnahme dazu ist nur dann anerkannt, wenn davon Verbindlichkeiten betroffen sind, die der Schuldner im Rahmen einer vom Insolvenzverwalter nach § 35 Abs. 2 **freigegebenen selbständigen Tätigkeit** begründet hat (BGH NZI 2011, 633). In einem solchen Verfahren kann aber jedenfalls solange keine Restschuldbefreiung erlangt werden, als über einen im Ausgangsverfahren gestellten Restschuldbefreiungsantrag nicht entschieden ist (vgl. BGH NZI 2015, 289). Aber auch dann, wenn im Erstverfahren keine Restschuldbefreiung beantragt oder eine beantragte Restschuldbefreiung verweigert wird, kann in einem zweiten parallellaufenden Insolvenzverfahren keine Restschuldbefreiung beantragt werden. Sinn und Zweck der Restschuldbefreiung, dem Schuldner einen wirtschaftlichen Neuanfang zu ermöglichen, sind nicht zu erreichen, wenn er nur von den Verbindlichkeiten befreit wird, die im Zweitverfahren berücksichtigt werden. 11.1

Dass ein vorausgegangener Antrag auf Restschuldbefreiung zurückgenommen wurde, um etwa einer Entscheidung des Insolvenzgerichts zuvorzukommen, stellt nach Abs. 2 keinen Tatbestand dar, der zur Unzulässigkeit des neuerlichen Schuldnerantrags führt (aA AG Fürth LSK 2016, 041209; AG Dortmund LSK 2016, 10568). Dies entgegen der sog. **Sperrfristrechtsprechung** des BGH, der unter Berufung auf § 290 Abs. 1 Nr. 3 aF für den Fall einer Antragsrücknahme einen neuerlichen Antrag auf Restschuldbefreiung erst nach Ablauf von drei Jahren für zulässig erachtet hat (BGH NZI 2011, 544; 2011, 948; 2014, 416). Die Rücknahme des Antrags auf Restschuldbefreiung durch den Schuldner ist aber jedenfalls dann unzulässig, wenn sie erklärt wird, nachdem ein Insolvenzgläubiger im Schlusstermin oder in einem an dessen Stelle tretenden schriftlichen Verfahren einen Antrag auf Versagung gestellt und das Insolvenzgericht dem Schuldner hierauf die Restschuldbefreiung versagt hat (BGH NZI 2017, 75). Ein 12

InsO § 287a

neuerlich gestellter Antrag auf Restschuldbefreiung erweist sich in der Folge gem. Abs. 2 S. 1 Nr. 1 als unzulässig.

B. Sperrfristen nach Abs. 2

I. Besondere Zulässigkeitsvoraussetzungen

13   Nach Abs. 2 S. 1 ist der Antrag auf Restschuldbefreiung unzulässig, wenn
- Nr. 1 Alt. 1: dem Schuldner in den letzten **elf Jahren** vor dem Antrag auf Eröffnung des Insolvenzverfahrens oder nach diesem Antrag Restschuldbefreiung erteilt oder
- Nr. 1 Alt. 2: dem Schuldner die Restschuldbefreiung in den letzten **fünf Jahren** vor dem Antrag auf Eröffnung des Insolvenzverfahrens oder nach diesem Antrag nach § 297 versagt worden ist oder
- Nr. 2: dem Schuldner in den letzten **drei Jahren** vor dem Antrag auf Eröffnung des Insolvenzverfahrens oder nach diesem Antrag Restschuldbefreiung nach § 290 Abs. 1 Nr. 5, 6 oder 7 oder nach § 296 versagt worden ist; dies gilt auch im Fall des § 297a, wenn die nachträgliche Versagung auf Gründe nach § 290 Abs. 1 Nr. 5, 6 oder 7 gestützt worden ist (→ Rn. 13.1).

13.1   Zur Frage, ob der Schuldner die fünfjährige Sperrfrist, die durch eine Versagung der Restschuldbefreiung eintritt, durch die Rücknahme seines Antrags auf Erteilung der Restschuldbefreiung verhindern kann, vgl. → § 287 Rn. 16a.

14   Ob die getroffene Auflistung abschließend ist oder um weitere Tatbestände ergänzt werden muss, hat der BGH offengelassen (BGH NZI 2014, 416). Zu denken wäre dabei zB an den Fall, in dem der Schuldner auf den ihm in Anschluss an den Antrag eines Gläubigers erteilten gerichtlichen Hinweis, er könne einen eigenen Antrag auf Eröffnung des Insolvenzverfahrens verbunden mit einem Antrag auf Restschuldbefreiung stellen, bis zur Entscheidung über den Eröffnungsantrag des Gläubigers nicht mit eigenen Anträgen reagiert hat (vgl. BGH NZI 2010, 195). Ebenso dann, wenn dem Schuldner die Restschuldbefreiung in einem vorausgegangenen Verfahren mangels gedeckter Vergütung des Treuhänders nach § 298 versagt wurde (vgl. BGH NZI 2013, 846; Uhlenbruck/Sternal Rn. 37; AG Ludwigshafen ZInsO 2016, 1335).

14a   Allerdings enthält der entsprechende Gesetzentwurf der Bundesregierung die ausdrückliche Aussage, dass Sperrfristen für sonstiges vorausgegangenes Fehlverhalten des Schuldners nicht vorgesehen sind (BT-Drs. 17/11268, 25; vgl. LG Baden-Baden NZI 2016, 91; AG Göttingen NZI 2016, 847). Dies muss nicht zwingend dem mutmaßlichen Willen des Gesetzgebers entsprechen. Eine anderweitige Auslegung der Vorschrift ist deshalb nicht per se ausgeschlossen (vgl. AG Dortmund NZI 2016, 745 für den Fall eines Antrags auf Restschuldbefreiung in unmittelbaren zeitlichen Zusammenhang mit einer Rücknahme eines vorausgegangenen Antrags).

14b   Mittlerweile scheint es der BGH jedoch aufgegeben zu haben, sich gegen den bekundeten Willen des Gesetzgebers zu stemmen. In einer fast schon als fatalistisch zu bezeichnenden Weise hat der BGH selbst einem Schuldner, dem in einem vorausgegangenen Insolvenzverfahren die Kostenstundung wegen Verletzung von Mitwirkungspflichten aufgehoben und das Insolvenzverfahren sodann mangels Masse eingestellt worden ist, zugestanden, ohne Einhaltung einer Sperrfrist einen neuerlichen Restschuldbefreiungsantrag zu stellen. Der Schuldner handle nicht rechtsmissbräuchlich, wenn er nach Aufhebung der Kostenstundung und Einstellung des Insolvenzverfahrens mangels Masse ohne Einhaltung einer Sperrfrist erneut einen Antrag auf Kostenstundung für ein neues Insolvenzverfahren stellt, auch wenn die Aufhebung der Kostenstundung darauf beruht, dass er seine Mitwirkungspflichten verletzt hat (BGH WM 2017, 1218).

II. Elfjährige Sperrfrist

15   Die Sperrfrist des Abs. 2 Nr. 1 Alt. 1 entspricht dem vormals als § 290 Abs. 1 Nr. 3 normierten Versagungsgrund. Eine neuerliche Restschuldbefreiung ist erst nach Ablauf von **elf Jahren** nach einer vorausgegangenen Restschuldbefreiung möglich. Außerdem erhöht sich die Abtretungsfrist auf fünf Jahre (§ 287 Abs. 2 S. 2). Die Vorschrift ist auch dann einschlägig, wenn die Restschuldbefreiung in einem früheren Verfahren nach Befriedigung aller Insolvenzgläubiger, die ihre Forderungen angemeldet hatten und deren Forderungen festgestellt worden waren, vorzeitig erteilt worden war (BGH NZI 2010, 655). Ebenso muss die Regelung dann zur Anwendung kommen, wenn dem Schuldner innerhalb der Sperrfrist im Ausland eine Restschuldbefreiung erteilt wurde, die in Deutschland anzuerkennen ist (Uhlenbruck/Sternal Rn. 23). Ob in dem früheren Verfahren Forderungen möglicherweise zu Unrecht als Ansprüche aus einer vorsätzlich begangenen uner-

III. Fünfjährige Sperrfrist

Die Unzulässigkeit eines Antrags auf Erteilung der Restschuldbefreiung nach Abs. 2 S. 1 zweite Alternative kommt nur zum Tragen, wenn dem Schuldner die Restschuldbefreiung in einem früheren Verfahren deshalb versagt wurde, weil er wegen einer **Insolvenzstraftat** zu einer Geldstrafe von mehr als 90 Tagessätzen oder zu einer Freiheitsstrafe von mehr als drei Monaten verurteilt wurde (→ § 297 Rn. 1). Nach § 290 Abs. 1 Nr. 3 aF hatte die vorausgegangene Versagung einer Restschuldbefreiung nach § 297 eine Sperrfrist von 10 Jahren zur Folge, die wie alle Versagungsgründe des § 290 Abs. 1 aber nur auf Antrag eines Insolvenzgläubigers zu beachten war. 16

IV. Dreijährige Sperrfrist

Ein neuerlicher Restschuldbefreiungsantrag ist unzulässig, wenn dem Schuldner in den letzten **drei Jahren** vor dem aktuellen Antrag oder nach diesem Antrag die Restschuldbefreiung nach § 290 Abs. 1 Nr. 5 (Verletzung von Auskunfts- und Mitwirkungspflichten → § 290 Rn. 48), Nr. 6 (falsche Angaben des Verbraucherschuldners → § 290 Rn. 53) oder Nr. 7 (Verletzung von Erwerbsobliegenheiten → § 290 Rn. 67) oder nach § 296 (Verletzung von Obliegenheiten während der Wohlverhaltensphase → § 296 Rn. 1) versagt worden ist (→ Rn. 17.1). 17

Die Pflichtverletzungen nach § 290 Abs. 1 Nr. 5 und 6 sind bislang mit keiner Sperrfrist versehen. Insoweit greift der Gesetzgeber die Entscheidungen des BGH auf, die noch für Verfahren gelten, deren Eröffnung vor dem 1.7.2014 beantragt wurde (BGH NZI 2009, 691; 2010, 263). Eine Übersicht zur Sperrfristrechtsprechung des BGH ist in Frege/Keller/Riedel, Insolvenzrecht, 8. Aufl. 2015, unter Rn. 2133b enthalten. 17.1

C. Sperrfrist nach Widerruf der Restschuldbefreiung

Dass der Antrag auf Erteilung der Restschuldbefreiung unzulässig ist, wenn eine zuvor erteilte Restschuldbefreiung nach § 303 widerrufen wurde, ist dem Gesetz jedenfalls nicht ausdrücklich zu entnehmen. Letztlich entspricht der Widerruf einer Restschuldbefreiung aus einem der in § 303 Abs. 1 genannten Gründe jedoch einer (nachträglichen) Versagung der Restschuldbefreiung. Je nachdem aus welchen Gründen eine erteilte Restschuldbefreiung widerrufen wird, ist damit die sich aus § 287a ergebende Sperrfrist für eine neuerliche Antragstellung verbunden. Jede anderweitige Auslegung der Vorschrift wäre mit einem nicht nachvollziehbaren Wertungswiderspruch verbunden (Uhlenbruck/Sternal Rn. 39). 18

§ 287b Erwerbsobliegenheit des Schuldners

Ab Beginn der Abtretungsfrist bis zur Beendigung des Insolvenzverfahrens obliegt es dem Schuldner, eine angemessene Erwerbstätigkeit auszuüben und, wenn er ohne Beschäftigung ist, sich um eine solche zu bemühen und keine zumutbare Tätigkeit abzulehnen.

Überblick

Die Vorschrift gilt für Verfahren, deren Eröffnung nach dem 30.6.2014 beantragt wurde. In Verfahren, deren Eröffnung vor dem 1.7.2014 beantragt wurde, findet sich eine entsprechende Regelung in § 295 Nr. 1, die eine Erwerbsobliegenheit nur für die Wohlverhaltensphase normierte. Aufgrund § 287b iVm § 290 Abs. 1 Nr. 7 kann dem Schuldner nunmehr die Restschuldbefreiung auch versagt werden, wenn er innerhalb des eröffneten Verfahrens seine Erwerbsobliegenheit verletzt. Unverändert bleibt der Versagungsgrund des § 295 Nr. 1 auch für Verfahren, deren Eröffnung nach dem 30.6.2014 beantragt wurde.

Übersicht

	Rn.		Rn.
A. Erwerbsobliegenheit im eröffneten Verfahren	1	3. Wahl der Lohnsteuerklasse	10
		4. Verzicht auf Bewerbungsbemühungen	12
B. Einzelne Pflichten des Schuldners	4	5. Aufnahme eines Studiums	15
I. Zumutbare Tätigkeit	4	6. Verschuldete Kündigung	16
1. Aktive Mitwirkung	4	7. Nicht auskömmliche selbständige Tätigkeit	18
2. Eingeschränkte Arbeitsfähigkeit	7	II. Widerlegung durch den Schuldner	21

A. Erwerbsobliegenheit im eröffneten Verfahren

1   Bereits ab Eröffnung des Verfahrens wird der Schuldner verpflichtet, eine angemessene Erwerbstätigkeit auszuüben und, wenn er ohne Beschäftigung ist, sich um eine solche zu bemühen und keine zumutbare Tätigkeit abzulehnen. Eine Verletzung dieser Obliegenheit kann zu einer Versagung der Restschuldbefreiung führen, wenn die Obliegenheitsverletzung die Befriedigung der Insolvenzforderungen beeinträchtigt und sich der Schuldner nicht exkulpieren kann (§ 290 Abs. 1 Nr. 7).

2   Dies entspricht der Möglichkeit einer Versagung der Restschuldbefreiung gem. § 295 S. 1 Nr. 1, § 296 für den Fall, dass der Schuldner seine Erwerbsobliegenheit während der Wohlverhaltensphase verletzt (→ § 295 Rn. 5).

3   Ist dem Schuldner die Restschuldbefreiung zu erteilen, bevor das Insolvenzverfahren beendet werden kann, so endet die Erwerbsobliegenheit gleichwohl mit der Erteilung der Restschuldbefreiung (→ § 300a Rn. 1 ff.; Uhlenbruck/Sternal § 287b Rn. 5).

B. Einzelne Pflichten des Schuldners

I. Zumutbare Tätigkeit

1. Aktive Mitwirkung

4   Mit der Erwerbsobliegenheit ist die Verpflichtung des Schuldners verbunden, unter Berücksichtigung familiärer Verpflichtungen, sich selbst aktiv um einen Arbeitsplatz zu bemühen. Der Schuldner darf auch berufsfremde oder auswärtige Arbeiten nicht ablehnen (BT-Drs 12/2443, 192).

5   Die unbestimmten Rechtsbegriffe der „angemessenen Erwerbstätigkeit" und der „zumutbaren Tätigkeit" sind nach Ansicht des BGH nicht in Anlehnung an das Unterhaltsrecht und das Sozialrecht auszulegen (vgl. § 140 SGB III). Vielmehr sind hier deutlich strengere Maßstäbe anzulegen. Genügt etwa für die Gewährung von Sozialleistungen, dass der Schuldner vier Bewerbungsbemühungen je Monat nachweisen kann, erfüllt der Schuldner seine Erwerbsobliegenheit nach den Vorgaben der InsO regelmäßig nur dann, wenn er zwei bis drei Bewerbungsbemühungen pro Woche unternimmt (BGH NZI 2012, 852).

6   Denkbar ist insoweit auch, dass ein Gläubiger selbst dem Schuldner eine Tätigkeit anbietet. Lehnt dieser sie ab, dürfte ein Antrag auf Versagung der Restschuldbefreiung meist erfolgreich sein.

2. Eingeschränkte Arbeitsfähigkeit

7   Ist der Schuldner aus gesundheitlichen Gründen nicht in der Lage, eine Erwerbstätigkeit auszuüben, kann ihm das ebenso wenig zum Nachteil gereichen wie eine familiäre Situation, die ihm die Aufnahme einer Erwerbstätigkeit unmöglich macht.

8   Auch einem Inhaftierten kann unter Hinweis auf die Tatsache, dass er keine Erwerbstätigkeit ausüben kann, die Restschuldbefreiung nicht versagt werden.

9   Ob und in welchem Umfang ein Schuldner neben einer von ihm übernommenen Kinderbetreuung erwerbstätig sein muss, ist anhand der zu § 1570 BGB entwickelten Maßstäbe zu bestimmen (BGH NZI 2010, 114; LG Hamburg BeckRS 2018, 12071).

3. Wahl der Lohnsteuerklasse

10   Der Umstand, dass der verheiratete Schuldner für seinen Lohnsteuerabzug während des Verfahrens zur Restschuldbefreiung nicht die zu einem höheren Nettoeinkommen führende Steuerklasse

III gewählt hat, rechtfertigt nach Ansicht des AG Duisburg (NZI 2002, 328) keine Versagung der Restschuldbefreiung wegen Verletzung der Erwerbsobliegenheit, wenngleich ein solches Verhalten durchaus Zweifel an dem Willen des Schuldners aufkommen lässt, seine Verbindlichkeiten zumindest teilweise zu tilgen.

Wählt umgekehrt aber der Schuldner ohne einen sachlichen Grund die Steuerklasse V, kann dies einen Verstoß gegen die Erwerbsobliegenheit darstellen (BGH NZI 2009, 326). 11

4. Verzicht auf Bewerbungsbemühungen

Verzichtet der Schuldner auf die Suche nach Arbeitsstellen bzw. auf Bewerbungen, weil er seine Erwerbsaussichten als gering einschätzt oder davon ausgeht, dass er jedenfalls kein pfändungsfreies Einkommen erzielen werde, ist ihm wegen Verletzung der Erwerbsobliegenheit die Restschuldbefreiung zu versagen, weil er durch den Verzicht auf eine Bewerbungstätigkeit die Verbesserung der Chancen für eine Gläubigerbefriedigung unmöglich gemacht hat (LG Kiel ZVI 2002, 474; aA wohl BGH NZI 2009, 899). 12

Ist der Schuldner aufgrund seiner Ausbildung, seiner Fähigkeiten, einer früheren Erwerbstätigkeit, seines Lebensalters oder seines Gesundheitszustandes nicht in der Lage, eine Tätigkeit zu finden, mit der er einen Verdienst erzielt, der zu pfändbaren Einkünften führt, so kann dies nicht dazu führen, dass ihm die Restschuldbefreiung versagt wird. Auf bloß theoretische, tatsächlich aber unrealistische Möglichkeiten, einen angemessenen Arbeitsplatz zu erlangen, darf ein Schuldner nicht verwiesen werden (BGH BeckRS 2010, 13974). 13

Zu der Obliegenheit des Schuldners, sich um eine angemessene Beschäftigung zu bemühen, gehört es, sich im Regelfall bei der Bundesagentur für Arbeit arbeitssuchend zu melden und laufend Kontakt zu den dort für ihn zuständigen Mitarbeitern zu halten. Weiter muss er sich selbst aktiv und ernsthaft um eine Arbeitsstelle bemühen, etwa durch stetige Lektüre einschlägiger Stellenanzeigen und durch entsprechende Bewerbungen. Als ungefähre Richtgröße können zwei bis drei Bewerbungen in der Woche gelten, sofern entsprechende Stellen angeboten werden. Der Schuldner wird dem Bemühen um eine Arbeitsstelle nicht gerecht, wenn er durchschnittlich alle drei Monate eine Bewerbung abgibt, sonst aber keine Aktivitäten entfaltet (BGH NZI 2011, 596). 14

5. Aufnahme eines Studiums

Nimmt eine Schuldnerin nach Erlangung der allgemeinen Hochschulreife ein Studium auf, scheidet ein Verstoß gegen die Erwerbsobliegenheit jedenfalls solange aus, wie das Studium im zeitlich üblichen Rahmen durchgeführt wird (AG Göttingen ZVI 2002, 81). 15

6. Verschuldete Kündigung

Dem Schuldner ist die Restschuldbefreiung wegen der Verletzung der Erwerbsobliegenheit zu versagen, wenn er den Verlust seiner Arbeitsstelle im Wege der fristlosen Kündigung wegen mehrfacher Unterschlagungen selbst zu vertreten hat (vgl. AG Holzminden ZVI 2006, 260). 16

Ein Schuldner verletzt seine Erwerbsobliegenheiten auch, wenn er ohne nachvollziehbar rechtfertigende Gründe zu einem schlechter bezahlten Arbeitsplatz wechselt (LG Hamburg BeckRS 2015, 08879). 17

7. Nicht auskömmliche selbständige Tätigkeit

Auch der Schuldner, der eine nicht auskömmliche selbständige Tätigkeit ausübt, ist gehalten, sich nachweisbar um eine angemessene Erwerbstätigkeit zu bemühen, um den Verschuldensvorwurf zu entkräften (BGH NZI 2009, 482). 18

Nichts anderes gilt für den Schuldner, der anstelle einer angemessenen Vollzeittätigkeit lediglich eine Teilzeitbeschäftigung ausübt (BGH NZI 2010, 228). 19

Die Vermutung, dass die im Insolvenzverfahren ausgeübte Tätigkeit angemessen ist, wenn diese der zuvor ausgeübten Tätigkeit entspricht, bezieht sich nicht auf den Fall, dass der Schuldner bereits während des Laufs des Insolvenzverfahrens ein gegenüber der früheren Tätigkeit schlechter bezahltes Arbeitsverhältnis fortführt, das er jedoch nicht unmittelbar vor Antragstellung aufgenommen hatte (hier: Tätigkeit in der Firma der Ehefrau, LG Freiburg ZVI 2013, 202). 20

II. Widerlegung durch den Schuldner

Einem zulässigen Gläubigerantrag auf Versagung der Restschuldbefreiung, gestützt darauf, dass der Schuldner seiner Verpflichtung, sich um einen entsprechenden Arbeitsplatz zu bemühen, 21 nicht nachkam, kann der Schuldner dadurch begegnen, dass er die von ihm geltend gemachten Maßnahmen zur Erlangung einer angemessenen Erwerbsmöglichkeit gegenüber dem Insolvenzgericht nachvollziehbar darlegt und mit geeigneten Beweismitteln, wozu insbesondere schriftliche Bewerbungsgesuche und die hierauf bezogenen Antwortschreiben der angegangenen Arbeitgeber gehören können, nachweist (BGH NZI 2010, 693).

§ 288 Bestimmung des Treuhänders

¹Der Schuldner und die Gläubiger können dem Insolvenzgericht als Treuhänder eine für den jeweiligen Einzelfall geeignete natürliche Person vorschlagen. ²Wenn noch keine Entscheidung über die Restschuldbefreiung ergangen ist, bestimmt das Gericht zusammen mit der Entscheidung, mit der es die Aufhebung oder die Einstellung des Insolvenzverfahrens wegen Masseunzulänglichkeit beschließt, den Treuhänder, auf den die pfändbaren Bezüge des Schuldners nach Maßgabe der Abtretungserklärung (§ 287 Absatz 2) übergehen.

Überblick

Die Vorschrift gilt nur in Verfahren, deren Eröffnung nach dem 30.6.2014 beantragt wurde. Innerhalb der zuvor beantragten Verfahren ist die Vorschrift des § 288 aF zwar weitgehend wortgleich mit § 288 S. 1 formuliert. Jedoch gilt dazu, dass die Bestellung des Treuhänders mit dem Eröffnungsbeschluss im vereinfachten Verfahren wegen § 313 Abs. 1 für die Wohlverhaltensphase fortwirkt.

A. Bestellung des Treuhänders

I. Zeitpunkt der Bestellung

1 Das Insolvenzgericht bestellt den Treuhänder für die Wohlverhaltensphase zusammen mit der Entscheidung, mit der es die Aufhebung oder die Einstellung des Insolvenzverfahrens wegen Masseunzulänglichkeit beschließt (S. 2). Die Bestellung erübrigt sich, wenn dem Schuldner die Restschuldbefreiung nach § 290 versagt wird sowie in den Fällen, in denen dem Schuldner noch während des eröffneten Verfahrens die Restschuldbefreiung erteilt wird (vgl. § 300a) (→ Rn. 1.1).

1.1 In Verbraucherinsolvenzverfahren, deren Eröffnung vor dem 1.7.2014 beantragt wurde, wird ein Treuhänder im Eröffnungsbeschluss bestellt (§ 313 Abs. 1). Seine Bestellung ist – soweit sich aus dem Beschluss nichts Gegenteiliges ergibt – mit der Maßgabe verbunden, dass er auch als Treuhänder in der Wohlverhaltensphase agieren soll (BGH NZI 2012, 516). Die gesonderte Bestellung eines Treuhänders für die Wohlverhaltensphase entspricht deshalb der **Entlassung des Treuhänders,** der im Eröffnungsbeschluss auch für die Wohlverhaltensphase bestellt wurde. Dies kann nach § 59 nur geschehen, wenn dafür wichtige, die Entlassung rechtfertigenden Gründe vorliegen (BGH NZI 2012, 515). In Regelinsolvenzverfahren ist dagegen für die Wohlverhaltensphase der Treuhänder durch das Insolvenzgericht im Rahmen der Ankündigung der Restschuldbefreiung gem. § 289 aF zu bestellen.

II. Auswahl des Treuhänders

2 Die Person des Treuhänders ist durch den funktionell zuständigen Rechtspfleger auszuwählen und zu bestellen.

3 Der Schuldner wie auch die Gläubiger können nach S. 1 eine für den Einzelfall geeignete natürliche Person vorschlagen. Der Schuldner kann den Vorschlag bereits in seinem Eröffnungsantrag unterbreiten. Gebunden ist das Insolvenzgericht an einen solchen Vorschlag jedoch nicht (MüKoInsO/Ehricke Rn. 26). Bestellt das Insolvenzgericht eine von dem Vorschlag eines Berechtigten abweichende Person zum Treuhänder, sollte die Ablehnung des Vorgeschlagenen begründet werden.

3.1 Auch wenn in S. 1 die „Gläubiger" angesprochen werden, ist doch davon auszugehen, dass ein Vorschlagsrecht grundsätzlich nur den „Insolvenzgläubigern" zusteht. Weiter einzuschränken ist der Kreis der Vorschlagsberechtigten auf diejenigen Insolvenzgläubiger, deren Forderung im Schlussverzeichnis genannt ist. Nur diese Gläubiger werden bei der Verteilung in der Wohlverhaltensphase berücksichtigt. Im Falle einer Einstellung wegen Masseunzulänglichkeit ist jedoch auch den Massegläubigern, deren Forderungen

Bestimmung des Treuhänders **§ 288 InsO**

im eröffneten Verfahren nicht befriedigt wurden, ein Vorschlagsrecht zuzusprechen; dies vor dem Hintergrund, dass im Falle einer Einstellung nach § 211 in der Wohlverhaltensphase zunächst die offenen Masseverbindlichkeiten zu tilgen sind.

Aus dem Vorschlagsrecht ist kein Anspruch auf eine Anhörung im Vorfeld der Bestellung 4
abzuleiten. Liegt bis zur Beendigung des Insolvenzverfahrens kein Vorschlag vor, ist das Insolvenzgericht nicht gehalten, einen solchen Vorschlag einzufordern.

Regelmäßig wird es sich anbieten, den für das eröffnete Insolvenzverfahren bestellten Insolvenz- 5
verwalter zum Treuhänder für die Wohlverhaltensphase zu bestimmen. Er ist mit dem jeweiligen Sachverhalt bestens vertraut und weiß um die Besonderheiten des Einzelfalles. Anderseits ist § 56 für den Treuhänder in der Wohlverhaltensphase nicht einschlägig. Wie sich aus § 292 Abs. 3 S. 2, § 59 ergibt, soll der Treuhänder jedoch von der Person des Schuldners **unabhängig** sein (vgl. Art. 26 Abs. 1 lit. d RL (EU) 2017/1132 L 172/18). Die Bestellung eines Angehörigen des Schuldners scheidet mithin aus.

Das Insolvenzgericht sollte sich davon überzeugen, dass die ausgewählte Person auch bereit ist, 6
das Amt zu übernehmen; es besteht keine Pflicht zur Annahme. Ist dem Treuhänder nach dem Willen der Gläubigerversammlung die Überwachung des Schuldners gem. § 292 Abs. 2 übertragen, so mag dies ein Grund sein, die Amtsannahme abzulehnen.

III. Verfahrensmodalitäten

Die Bestellung des Treuhänders kann in den Aufhebungs- bzw. Einstellungsbeschluss aufgenom- 7
men werden. Der Treuhänder kann aber auch in einem separaten Beschluss bestimmt werden; der Wortlaut des S. 2 steht dem ebenso wie Sinn und Zweck der Vorschrift nicht entgegen. Wirksam wird die Bestellung ebenso wie die Aufhebung oder Einstellung des Verfahrens im Zweifel mit der Beschlussfassung des Insolvenzgerichts; auf eine öffentliche Bekanntmachung der Entscheidung es dabei nicht an. Ist in dem Beschluss die Stunde der Aufhebung nicht angegeben, so gilt als Zeitpunkt der Aufhebung die Mittagsstunde des Tages, an dem der Beschluss erlassen worden ist (BGH NZI 2010, 741) (→ Rn. 7.1).

Die Überwachung des Schuldners nach § 292 Abs. 2 kann als Hinweis auf eine Erweiterung der Treu- 7.1
handaufgaben in den Beschluss aufgenommen werden, mit dem der Treuhänder bestimmt wird.

Die Bestellung des Treuhänders ist auch wenn sie zusammen mit dem Aufhebungs- oder 8
Einstellungsbeschluss erfolgt, nicht öffentlich bekannt zu machen (aA Uhlenbruck/Sternal § 288 Rn. 28). Mit der Bestellung des Treuhänders ist keine materiell-rechtliche Wirkung verbunden, deren Eintritt einem unbestimmten Kreis von Beteiligten mitgeteilt werden müsste. Anders als etwa die Neubestellung eines Insolvenzverwalters nach § 57 erfordert die Bestellung des Treuhänders demnach keine Veröffentlichung (→ Rn. 8.1).

In Verfahren, deren Eröffnung vor dem 1.7.2014 beantragt wurde, ist die Ankündigung der Restschuld- 8.1
befreiung zusammen mit dem Beschluss über die Aufhebung des Verfahrens öffentlich bekannt zu machen (§ 289 Abs. 2 S. 3 aF). Nach dem Reformgesetz 2013 wird die Ankündigung der Restschuldbefreiung bereits mit dem Eröffnungsbeschluss ausgesprochen und veröffentlicht. Mit der Bestimmung des Treuhänders wird nur die Person individualisiert, auf die die pfändbaren Einkommensteile nach Maßgabe der Abtretungserklärung übergehen. Damit wird keine materiell-rechtliche Wirkung ausgelöst, von der Kenntnis zu haben, bei einem Beteiligten aufgrund der öffentlichen Bekanntmachung vermutet wird. Selbst für den Drittschuldner gelten allein die Vorschriften der §§ 398 ff. BGB, ohne dass die InsO eine spezielle Regelung enthält. Dagegen ist es sinnvoll, in den Aufhebungs- oder Einstellungsbeschluss einen deklaratorischen Hinweis dahingehend aufzunehmen, dass mit der Verfahrensbeendigung der Beginn der Wohlverhaltensphase verbunden ist.

Die Beschlussfassung über die Bestellung des Treuhänders ist ebenso wie der Aufhebungs- oder 9
Einstellungsbeschluss nur dann anfechtbar, wenn der Rechtspfleger entschieden hat. Statthafter Rechtsbehelf ist die **sofortige Rechtspflegererinnerung** nach § 11 Abs. 2 RPflG (Uhlenbruck/Sternal Rn. 30). Erinnerungsbefugt ist derjenige, der eine Person als Treuhänder vorgeschlagen hat, die vom Insolvenzgericht übergangen wurde. Der bestellte Treuhänder oder der Insolvenzverwalter, der nicht zum Treuhänder bestellt wurde, ist mangels Beschwer nicht erinnerungsbefugt.

Der Treuhänder erhält keine Bestallungsurkunde nach § 56 Abs. 2. Er kann sich mit einer 10
beglaubigten Abschrift seines Bestellungsbeschlusses legitimieren (Frege/Keller/Riedel InsR Rn. 2162).

Riedel

B. Übergang der abgetretenen Lohnansprüche

11 Mit der wirksamen Bestellung des Treuhänders geht der Lohnanspruch oder der Anspruch auf Lohnersatzleistungen im Umfang der vom Schuldner nach § 287 Abs. 2 S. 1 erklärten Abtretung auf den Treuhänder über; vorausgesetzt, dass das eröffnete Insolvenzverfahren beendet ist (vgl. § 292). Solange dies nicht der Fall ist, gehört das pfändbare Einkommen zur Insolvenzmasse nach § 36 Abs. 1. Solange der Treuhänder dem Drittschuldner die Abtretung der Bezüge nicht gem. § 292 Abs. 1 S. 1 offenlegt, ist dessen Leistung an den Schuldner schuldbefreiend. Der Treuhänder verliert die aus der Abtretung resultierende Befugnis sobald dem Schuldner die Restschuldbefreiung erteilt oder versagt wird.

§ 289 Einstellung des Insolvenzverfahrens

Im Fall der Einstellung des Insolvenzverfahrens kann Restschuldbefreiung nur erteilt werden, wenn nach Anzeige der Masseunzulänglichkeit die Insolvenzmasse nach § 209 verteilt worden ist und die Einstellung nach § 211 erfolgt.

Überblick

Für Verfahren, deren Eröffnung vor dem 1.7.2014 beantragt wurde, ergibt sich die in der aktuellen Fassung der Vorschrift enthaltene Aussage aus § 289 Abs. 3 S. 1 in der bis einschließlich 18.3.2013 geltenden Fassung.

A. Normaussage

1 Die Möglichkeit einer Restschuldbefreiung besteht für den Schuldner im Falle einer Verfahrenseinstellung nur dann, wenn die Einstellung wegen **Masseunzulänglichkeit** nach §§ 208 ff. erfolgt (vgl. BGH BeckRS 2009, 09804).

2 Im Anschluss an eine Einstellung wegen **Massearmut** nach § 207 kann demnach keine Restschuldbefreiung erteilt werden (→ § 207 Rn. 17). Eine solche Einstellung kommt jedoch nur dann in Betracht, wenn die Voraussetzungen für eine Verfahrenskostenstundung nach § 4a nicht gegeben sind, was insbesondere dann der Fall ist, wenn keine Restschuldbefreiung erlangt werden kann.

3 Bei einer Einstellung nach § 212 oder § 213 erübrigt sich ein Restschuldbefreiungsverfahren, weil regelmäßig keine Restschulden bestehen (→ § 215 Rn. 8). Gleichwohl sind Fallgestaltungen denkbar, in denen Gläubiger in Vergessenheit gerieten. Es mag demnach durchaus ein berechtigtes Interesse des Schuldners daran bestehen, auch die Forderung solcher Gläubiger künftig nicht mehr begleichen zu müssen.

B. Verfahrensablauf

4 Im Gegensatz zu einem Verfahren, das wegen Massearmut einzustellen und in dem der Verwalter nicht verpflichtet ist, weitere Verwertungsmaßnahmen zu treffen (§ 207 Abs. 3 S. 2), ist das eröffnete Verfahren im Falle der Masseunzulänglichkeit geordnet abzuwickeln. Dazu gehört auch die Abhaltung eines (schriftlichen) Prüfungstermins samt Erstellung einer Insolvenztabelle sowie eines Schlussverzeichnisses (→ § 211 Rn. 10). Erst wenn diese Arbeiten erledigt sind, stellt das Insolvenzgericht das Verfahren nach § 211 ein und bestimmt gleichzeitig gem. § 288 (→ § 288 Rn. 1) den Treuhänder für die Wohlverhaltensphase.

5 Anhand des erstellten **Schlussverzeichnisses** ist der Treuhänder in der Lage, die nach § 292 Abs. 1 (→ § 292 Rn. 8) normierte Ausschüttung der erlangten Beträge sachgerecht vorzunehmen. Daneben dient das zu erstellende Schlussverzeichnis einer evtl. anzuordnenden Nachtragsverteilung (→ § 205 Rn. 2).

C. Massegläubiger in der Wohlverhaltensphase

6 Nach § 292 Abs. 1 S. 2 hat der Treuhänder die durch die Abtretung erlangten Beträge an die Insolvenzgläubiger anhand des Schlussverzeichnisses auszukehren, sofern die nach § 4a gestundeten Verfahrenskosten abzüglich der Kosten für die Beiordnung eines Rechtsanwalts berichtigt sind. Die sonstigen Masseverbindlichkeiten nach § 55 werden nicht genannt. Auch die Regelung des

§ 53, wonach Masseverbindlichkeiten stets vorab aus der Insolvenzmasse zu befriedigen sind, ist nicht einschlägig, da in der Wohlverhaltensphase keine Insolvenzmasse mehr besteht.

Nach alledem gingen die Massegläubiger leer aus, obgleich die Insolvenzgläubiger Zahlungen 7 erhalten. Dies widerspricht den Grundgedanken eines Insolvenzverfahrens. Die hM geht denn auch davon aus, dass entgegen des Wortlauts des § 292 Abs. 1 S. 2 offene Masseverbindlichkeiten aus den Einnahmen in der Wohlverhaltensphase abzudecken sind und die Insolvenzgläubiger erst anschließend Zahlungen erhalten können (BGH NZI 2005, 399 allerdings nur in einem obiter dictum, bestätigt in BGH NZI 2015, 128; Uhlenbruck/Sternal § 289 Rn. 10).

§ 290 Versagung der Restschuldbefreiung

(1) Die Restschuldbefreiung ist durch Beschluss zu versagen, wenn dies von einem Insolvenzgläubiger, der seine Forderung angemeldet hat, beantragt worden ist und wenn
1. der Schuldner in den letzten fünf Jahren vor dem Antrag auf Eröffnung des Insolvenzverfahrens oder nach diesem Antrag wegen einer Straftat nach den §§ 283 bis 283c des Strafgesetzbuchs rechtskräftig zu einer Geldstrafe von mehr als 90 Tagessätzen oder einer Freiheitsstrafe von mehr als drei Monaten verurteilt worden ist,
2. der Schuldner in den letzten drei Jahren vor dem Antrag auf Eröffnung des Insolvenzverfahrens oder nach diesem Antrag vorsätzlich oder grob fahrlässig schriftlich unrichtige oder unvollständige Angaben über seine wirtschaftlichen Verhältnisse gemacht hat, um einen Kredit zu erhalten, Leistungen aus öffentlichen Mitteln zu beziehen oder Leistungen an öffentliche Kassen zu vermeiden,
3. [aufgehoben]
4. der Schuldner in den letzten drei Jahren vor dem Antrag auf Eröffnung des Insolvenzverfahrens oder nach diesem Antrag vorsätzlich oder grob fahrlässig die Befriedigung der Insolvenzgläubiger dadurch beeinträchtigt hat, daß er unangemessene Verbindlichkeiten begründet oder Vermögen verschwendet oder ohne Aussicht auf eine Besserung seiner wirtschaftlichen Lage die Eröffnung des Insolvenzverfahrens verzögert hat,
5. der Schuldner Auskunfts- oder Mitwirkungspflichten nach diesem Gesetz vorsätzlich oder grob fahrlässig verletzt hat,
6. der Schuldner in der nach § 287 Absatz 1 Satz 3 vorzulegenden Erklärung und in den nach § 305 Absatz 1 Nummer 3 vorzulegenden Verzeichnissen seines Vermögens und seines Einkommens, seiner Gläubiger und der gegen ihn gerichteten Forderungen vorsätzlich oder grob fahrlässig unrichtige oder unvollständige Angaben gemacht hat,
7. der Schuldner seine Erwerbsobliegenheit nach § 287b verletzt und dadurch die Befriedigung der Insolvenzgläubiger beeinträchtigt; dies gilt nicht, wenn den Schuldner kein Verschulden trifft; § 296 Absatz 2 Satz 2 und 3 gilt entsprechend.

(2) ¹Der Antrag des Gläubigers kann bis zum Schlusstermin oder bis zur Entscheidung nach § 211 Absatz 1 schriftlich gestellt werden; er ist nur zulässig, wenn ein Versagungsgrund glaubhaft gemacht wird. ²Die Entscheidung über den Versagungsantrag erfolgt nach dem gemäß Satz 1 maßgeblichen Zeitpunkt.

(3) ¹Gegen den Beschluss steht dem Schuldner und jedem Insolvenzgläubiger, der die Versagung der Restschuldbefreiung beantragt hat, die sofortige Beschwerde zu. ²Der Beschluss ist öffentlich bekannt zu machen.

Überblick

Die Vorschrift hat mit dem Gesetz zur Verkürzung des Restschuldbefreiungsverfahrens und zur Stärkung der Gläubigerrechte v. 15.7.2013 (Reformgesetz 2013) einige Änderungen erfahren. Die Grundstruktur blieb jedoch erhalten. Auch in Verfahren, deren Eröffnung nach dem 30.6.2014 beantragt wurde, werden die in Abs. 1 aufgelisteten Versagungsgründe nicht von Amts wegen, sondern nur auf Antrag eines Insolvenzgläubigers berücksichtigt. Auch verbleibt es bei der abschließenden Auflistung der Versagungsgründe. Unverändert verbleibt es auch dabei, dass der Insolvenzverwalter nicht berechtigt ist, die Versagung der Restschuldbefreiung zu beantragen. Neu ist ua, dass die Versagungsgründe des Abs. 1 sowohl vor als auch noch nach dem Schlusstermin geltend gemacht werden können (→ § 297a Rn. 1). In Verfahren, deren Eröffnung vor dem 1.7.2014 beantragt wurde, kann ein Versagungsantrag auf die Versagungsgründe des § 290 Abs. 1 aF dagegen ausschließlich im Schlusstermin gestützt werden. Darüber hinaus wurden einige Versagungsgründe modifiziert bzw. der höchstrichterlichen Rechtsprechung angepasst.

Die Regelung des § 290 soll Gewähr dafür bieten, dass nur der „redliche" Schuldner Restschuldbefreiung erlangen kann. Findet sich aber kein Gläubiger, der einen Versagungsantrag stellt, tritt das Gerechtigkeitsempfinden hinter das Ziel zurück, die Gerichte nicht weiter zu belasten.

Ist der Schuldner eine natürliche Person, so ist Abs. 1 Nr. 4 mit der Maßgabe anzuwenden, dass auf die Verzögerung der Eröffnung des Insolvenzverfahrens im Zeitraum zwischen dem 1.3.2020 und dem 30.9.2020 keine Versagung der Restschuldbefreiung gestützt werden kann (§ 1 S. 4 COVID-19-Insolvenzaussetzungsgesetz – COVInsAG – v. 27.3.2020 – BGBl. I 569).

Übersicht

	Rn.		Rn.
A. Antragsberechtigung	1	2. Reformgesetz 2013	46
B. Antragsmodalitäten	9	V. Verletzung von Auskunfts- und Mitwirkungspflichten (Abs. 1 Nr. 5)	48
I. Form und Frist	9		
II. Antragsinhalt	12	VI. Unvollständige oder unrichtige Angaben gegenüber dem Insolvenzgericht	
1. Sachvortrag	12	(Abs. 1 Nr. 6)	53
2. Glaubhaftmachung	14	1. Erklärung nach § 287 Abs. 1 S. 3	53
III. Antragsrücknahme	18a	2. Angaben des Verbraucherschuldners	55
C. Versagungsgründe	19	VII. Verletzung der Erwerbsobliegenheit (Abs. 1 Nr. 7)	64
I. Insolvenzstraftat (Abs. 1 Nr. 1)	19	1. Verletzung der Erwerbspflicht	64
1. Einschlägige Verurteilungen	19	2. Missachtung der Auskunftspflicht	67
II. Kredit-, Leistungserschleichung und -vermeidung (Abs. 1 Nr. 2)	25	D. Entscheidung des Gerichts	70
1. Tatbestandliche Handlungen	25	I. Grundsätze der Entscheidungsfindung	70
2. Subjektive Voraussetzungen	34	II. Entscheidungsmodalitäten	73
3. Glaubhaftmachung	35	1. Zeitpunkt	73
III. Frühere Versagung der Restschuldbefreiung (Abs. 1 Nr. 3 aF)	36	2. Zuständigkeit	75
		3. Rechtsmittel	76
IV. Unangemessener Lebensstil (Abs. 1 Nr. 4)	38	4. Bekanntmachung	77
		5. Kosten	78
1. Tatbestandsmäßige Handlungen	38	III. Folgen der Entscheidung	79

A. Antragsberechtigung

1 Die Restschuldbefreiung ist durch Beschluss zu versagen, wenn dies von einem **Insolvenzgläubiger,** der seine Forderung angemeldet hat, beantragt wird (Abs. 1). Dass die Forderung nicht festgestellt ist, weil sie entweder gem. § 178 bestritten oder noch nicht geprüft wurde, ist unerheblich (BGH NZI 2015, 516). Antragsberechtigt sind **nachrangige** Insolvenzgläubiger iSd § 39 dann, wenn sie ihre Forderung angemeldet haben, auch wenn hierzu seitens des Insolvenzgerichts keine Aufforderung nach § 174 Abs. 3 erging.

2 In Verfahren, deren Eröffnung vor dem 1.7.2014 beantragt wurde, ergibt sich die Begrenzung des Antragsrechts auf die Insolvenzgläubiger, die ihre Forderung angemeldet haben, nicht aus der einschlägigen Regelung des § 290 Abs. 1 aF. Jedoch hat der BGH entsprechende Feststellungen bereits mehrfach getroffen (BGH NZI 2009, 856; 2007, 357).

3 Ob auch Gläubiger von Forderungen, die nach § 302 von einer Restschuldbefreiung nicht betroffen werden, berechtigt sind, die Versagung der Restschuldbefreiung zu beantragen, hat der BGH bisher nicht explizit entschieden. Jedenfalls dann, wenn der Schuldner dem angemeldeten Attribut der vorsätzlich begangenen unerlaubten Handlung widersprochen hat und über den Widerspruch noch nicht entschieden ist, gilt der Gläubiger dieser Forderung als antragsberechtigt (BGH NZI 2013, 940; → Rn. 3.1).

3.1 Auch wenn der BGH bisher keine eindeutige Feststellung zum Antragsrecht eines von der Restschuldbefreiung nicht betroffenen Gläubigers getroffen hat, ist von einem solchen auszugehen. Das Insolvenzgericht ist darauf angewiesen, dass ein Gläubiger den Versagungsantrag stellt, um einem unredlichen Schuldner nicht unverdientermaßen die Restschuldbefreiung erteilen zu müssen. Eine Versagung von Amts wegen ist vom Gesetzgeber nicht vorgesehen. Wenn ein Gläubiger, sei er auch selbst von einer Restschuldbefreiung nicht betroffen, einen begründeten Versagungsantrag stellt, gebietet es das wohlverstandene Interesse der

Solidargemeinschaft, den Schuldner nicht allein aufgrund formeller Feinheiten vor einer Versagung der Restschuldbefreiung zu schützen (für ein uneingeschränktes Antragsrecht auch MüKoInsO/Stephan § 290 (neu) Rn. 15).

Ein Insolvenzgläubiger, dessen Forderung zur Tabelle festgestellt wurde, verliert sein Antragsrecht nicht dadurch, dass ihm die Forderung mittlerweile nicht mehr zusteht (BGH NZI 2010, 865). **4**

Antragsberechtigt ist grundsätzlich auch ein **absonderungsberechtigter** Gläubiger, der seine persönliche Forderung zumindest für den Ausfall angemeldet hat. Ob der absonderungsberechtigte Gläubiger zusätzlich den Ausfall nachzuweisen hat, wird im Schrifttum unterschiedlich beurteilt (Uhlenbruck/Sternal Rn. 7). Der BGH hat es jedenfalls für den Fall, dass über die Versagung der Restschuldbefreiung im Hinblick auf das Ende der Laufzeit der Abtretungserklärung bereits zu entscheiden ist, obwohl das Insolvenzverfahren noch nicht abschlussreif ist, genügen lassen, dass der Gläubiger seinen Ausfall glaubhaft macht (BGH NZI 2012, 892; → Rn. 5.1). **5**

Wird die Nachtragsverteilung vorbehalten, ist der bisherige Insolvenzverwalter insoweit auch nach Aufhebung des Verfahrens befugt, für den Schuldner als Gläubiger in einem Restschuldbefreiungsverfahren einen Versagungsantrag zu stellen (BGH BeckRS 2015, 11264 = NZI 2015, 807 mAnm Meller-Hannich). **5.1**

Massegläubiger sowie **aussonderungsberechtigte** Gläubiger und Neugläubiger haben nach dem Wortlaut der Vorschrift kein Antragsrecht. Steht allerdings nicht fest, dass es sich um eine der genannten Forderungen handelt, ist dem anmeldenden Gläubiger wohl ein Antragsrecht zuzusprechen. **6**

Um den Antragsberechtigten Gelegenheit zu geben, von ihrem Antragsrecht Gebrauch zu machen, sind diese spätestens im Schlusstermin oder in einem diesen ersetzenden schriftlichen Verfahren zu dem Antrag des Schuldners auf Erteilung der Restschuldbefreiung **anzuhören** (§ 287 Abs. 4). **7**

Gläubiger, die ihre Forderung nicht zum Verfahren angemeldet haben, sind nicht antragsberechtigt (BGH BeckRS 2020, 2027 = NZI 2020, 369). Dies gilt unabhängig davon, ob den einzelnen Gläubiger an der versäumten Antragstellung ein Verschulden trifft oder ob sie dadurch verursacht wurde, dass der Schuldner es unterlassen hat, den Gläubiger in das von ihm vorzulegende Gläubigerverzeichnis aufzunehmen (BGH NZI 2015, 132). **8**

B. Antragsmodalitäten

I. Form und Frist

Der Antrag des Gläubigers kann bis zum Schlusstermin oder bis zur Entscheidung nach § 211 Abs. 1 schriftlich gestellt werden (Abs. 2 S. 1). Abweichend von § 290 Abs. 1 aF ist eine Antragstellung während des gesamten eröffneten Verfahrens möglich. Eine Antragstellung zu Protokoll im Rahmen eines gerichtlichen Termins, wie insbesondere dem Schlusstermin, ist daneben wohl auch zulässig (Ahrens, Das neue Privatinsolvenzrecht, Rn. 879). Ist über die Restschuldbefreiung vor Beendigung des eröffneten Insolvenzverfahrens zu entscheiden, so muss der Versagungsantrag innerhalb des zeitlichen Rahmens der nach § 300 Abs. 1 S. 1 dem Insolvenzgericht obliegenden Anhörung der Gläubiger gestellt werden. Eine Antragstellung bis zum Schlusstermin oder bis zur Einstellungsentscheidung scheidet in diesen Fällen naturgemäß aus (→ Rn. 9.1 ff.). **9**

Der Gesetzentwurf der Bundesregierung enthält zur Neufassung des § 287 Abs. 4 die Aussage, dass die Anhörung der Gläubiger zum Antrag des Schuldners auf Restschuldbefreiung spätestens im Schlusstermin erfolgen muss (BT-Drs. 17/11268, 24). Damit wird deutlich, dass ein Antrag auf Versagung der Restschuldbefreiung eben auch noch im Schlusstermin und dort üblicherweise auch zu Protokoll gestellt werden kann. Die veröffentlichte Tagesordnung sollte einen entsprechenden Hinweis enthalten. Zwingend erforderlich ist einer solcher Hinweis nicht, da keine Beschlussfassung der Gläubiger zu dieser Thematik ansteht. Wird der Schlusstermin oder die Anhörung nach § 300 Abs. 1 schriftlich abgehalten (§ 5 Abs. 2), muss der Versagungsantrag spätestens mit Ablauf der gesetzten Frist beim Insolvenzgericht eingehen (BGH NZI 2009, 64; BeckRS 2011, 14192). Hierauf muss in der Veröffentlichung des schriftlichen Verfahrens hingewiesen werden (vgl. LG Göttingen NZI 2014, 867). **9.1**

Ist die Durchführung des Schlusstermins im schriftlichen Verfahren angeordnet und geht der Versagungsantrag nach Ablauf der den Insolvenzgläubigern vom Gericht gesetzten Frist ein, so ist der Versagungsantrag unzulässig, weil verspätet (AG Mönchengladbach ZInsO 2001, 631). Vorausgesetzt, die Veröffentlichung des schriftlichen Schlusstermins enthielt einen Hinweis darauf, dass der Versagungsantrag spätestens zu dem bestimmten Termin bei dem Insolvenzgericht eingegangen sein muss. Allerdings **9.2** muss auch die interne Postlaufzeit des Gerichts berücksichtigt werden, sodass nicht bereits einen Werktag nach Ablauf der Frist die Entscheidung über den Schuldnerantrag getroffen werden kann (AG Göttingen ZInsO 2009, 201).

9.3   Im Falle der Einstellung nach § 211 Abs. 1 ist die Abhaltung eines Schlusstermins – meist in Schriftform – nicht ausgeschlossen und in der Praxis durchaus üblich. Er dient ua der Möglichkeit, seitens der Insolvenzgläubiger Einwendungen gegen das Schlussverzeichnis zu erheben oder die Schlussrechnung des Insolvenzverwalters zu erörtern (vgl. § 197). Regelmäßig ergeht der Einstellungsbeschluss gem. § 211 Abs. 1 nach dem Schlusstermin, wenn der Verwalter seine Vergütung der Masse entnommen hat, den Resterlös nach § 209 verteilt und dies im Rahmen der fortgesetzten Schlussrechnung dem Insolvenzgericht belegt hat. Vor diesem Hintergrund ist die geltende Fassung des § 290 Abs. 2 S. 1 dahingehend anzulegen, dass auch im Falle der Einstellung nach § 211 Abs. 1 der Schlusstermin, wenn er denn abgehalten wird, die zeitlich letzte Möglichkeit für einen Antrag auf Versagung der Restschuldbefreiung bietet. Entsprechende Hinweise sollte das Insolvenzgericht in die zu veröffentlichende Tagesordnung für den Schlusstermin aufnehmen. Nur wenn der Einstellungsbeschluss ohne vorherigen Schlusstermin erlassen wird, ist der Zeitpunkt der Beschlussfassung nach § 211 Abs. 1 maßgebend.

9a   Ordnet das Insolvenzgericht eine **Nachtragsverteilung** an und verletzt der Schuldner hierzu seine Mitwirkungs- und Auskunftspflichten, so kann ein hierauf gestützter Versagungsantrag unabhängig von Abs. 2 auch nach dem Schlusstermin gestellt werden (vgl. AG Köln NZI 2017, 860).

10   In Verfahren, deren Eröffnung vor dem 1.7.2014 beantragt wurde, kann der Antrag auf Versagung der Restschuldbefreiung nur im **Schlusstermin** oder innerhalb des diesen ersetzenden schriftlichen Verfahrens gestellt werden (BGH NZI 2003, 389; OLG Celle NZI 2002, 323). Eine besondere Regelung für den Fall der Einstellung des Verfahrens nach § 211 Abs. 1 ist in § 290 Abs. 1 aF nicht enthalten (→ Rn. 10.1). Der Beschluss zur Anordnung des schriftlichen Verfahrens nach § 5 Abs. 2 S. 1 aF ist öffentlich bekannt zu machen (§ 5 Abs. 2 S. 3, § 9 InsO aF; BGH BeckRS 2018, 3927 = NZI 2018, 362).

10.1   Auch in Verfahren, deren Eröffnung vor dem 1.7.2014 beantragt wurde, kommt eine Entscheidung über die Erteilung der Restschuldbefreiung vor der Beendigung des Insolvenzverfahrens in Betracht („asymmetrische Verfahren"). Ein Versagungsantrag kann in diesen Fällen abweichend vom Wortlaut des § 289 Abs. 1 aF nur innerhalb der vom Insolvenzgericht einzuberufenden Gläubigerversammlung oder – im schriftlichen Verfahren – innerhalb der vom Insolvenzgericht zu bestimmenden Anhörungsfrist gestellt werden (BGH BeckRS 2018, 3927 = NZI 2018, 362).

11   Mit der Änderung des Abs. 2 wollte der Gesetzgeber die Möglichkeit, einen Antrag auf Versagung der Restschuldbefreiung zu stellen, ersichtlich großzügiger gestalten und nicht verkomplizieren. Gleichzeitig ist aber kein Grund ersichtlich, der es im Falle einer Einstellung nach § 211 rechtfertigt, den Gläubigern eine längere Frist einzuräumen als in einem Verfahren, das nach § 200 aufgehoben wird. Einheitlich gilt deshalb auch in Verfahren, deren Eröffnung nach dem 30.6.2014 beantragt wird, dass der Schlusstermin – ob als Präsenzveranstaltung oder im schriftlichen Verfahren durchgeführt – den letzten Zeitpunkt markiert, zu dem ein Versagungsantrag gestellt werden kann.

11a   **Inkassounternehmen** sind nicht zur Vertretung eines Antragstellers im Restschuldbefreiungsverfahren befugt. Die § 174 Abs. 1 S. 3 und § 305 Abs. 4 S. 2 lassen die Vertretung durch Inkassounternehmen speziell für die Forderungsanmeldung und das gerichtlichen Schuldenbereinigungsverfahren, aber eben nicht für den Gläubigerantrag auf Versagung der Restschuldbefreiung zu (AG Göttingen BeckRS 2016, 13183; LG Frankenthal BeckRS 2017, 102996).

II. Antragsinhalt

1. Sachvortrag

12   Seinen Versagungsantrag muss der Gläubiger an einem konkreten Lebenssachverhalt festund diesen glaubhaft machen. Das Gericht darf die Versagung nicht von Amts wegen auf andere Gründe stützen als die vom Antragsteller geltend gemachten (BGH BeckRS 2006, 05445). Der Antrag auf Versagung der Restschuldbefreiung kann auch nicht auf von anderen Versagungsantragstellern vorgebrachte Gründe gestützt werden, die sich der Beschwerdeführer spätestens im Schlusstermin nicht wenigstens hilfsweise zu eigen gemacht hatte (BGH BeckRS 2009, 07869).

13   Der Sachvortrag ist auch mittels einer konkreten Bezugnahme auf andere Schriftstücke möglich. Ein Versagungsantrag kann sich demzufolge auf in Bezug genommene Schriftstücke, wie etwa den Bericht des Insolvenzverwalters stützen (BGH NZI 2003, 662). Der Antragsteller kann sich auf einen Verwalterbericht beziehen, aus dem sich konkrete Hinweise auf einen Versagungsgrund ergeben (BGH NZI 2009, 253).

2. Glaubhaftmachung

Stellt der Gläubiger den Antrag, dem Schuldner die Restschuldbefreiung zu versagen, so hat er den Versagungsgrund nach den für den Zivilprozess geltenden Regeln und Maßstäben glaubhaft zu machen (BGH NZI 2003, 662). Gelingt ihm dies nicht, ist der Versagungsantrag zurückzuweisen. An die erforderliche Glaubhaftmachung sind allerdings keine übertriebenen Anforderungen zu stellen. Von dem Schuldner zugestandene oder zwischen dem antragstellenden Gläubiger und dem Schuldner unstreitige Sachverhalte bedürfen nicht der Glaubhaftmachung (BGH BeckRS 2005, 12185 = ZVI 2005, 614). 14

Ist dem Versagungsantragsteller die Glaubhaftmachung des Versagungsgrundes gelungen, so gilt für das weitere Verfahren die **Amtsermittlungspflicht** des Insolvenzgerichts. Danach ist das Insolvenzgericht verpflichtet, das Vorliegen des Versagungsgrundes von Amts wegen zu ermitteln. Art und Umfang der Ermittlungen richten sich grundsätzlich nach seinem pflichtgemäßen Ermessen und nach den jeweiligen Behauptungen und Beweisanregungen der Verfahrensbeteiligten, also des Versagungsantragsteller und des Schuldners (vgl. BGH NJW-RR 2013, 1062; → Rn. 15.1). 15

Die Glaubhaftmachung der Versagungsgründe soll dem Insolvenzgericht ausreichend Anhaltspunkte für eine amtswegige Ermittlung bieten. Es soll verhindert werden, dass ein Gläubiger mit aus der Luft gegriffenen Behauptungen das gerichtliche Verfahren anstoßen kann. Gleichwohl ist der Gläubiger aber eben nicht beweispflichtig. Es gelten ähnliche Grundsätze wie für die notwendige Glaubhaftmachung des Eröffnungsgrundes und der Gläubigerforderung bei Stellung eines Fremdantrags auf Eröffnung des Insolvenzverfahrens (vgl. BGH NZI 2003, 147). Spricht bei umfassender Würdigung aller Umstände des Einzelfalls mehr für die Erfüllung eines Versagungstatbestands als dagegen, ist dem Gläubiger die Glaubhaftmachung gelungen. Eventuelle Unklarheiten hat das Insolvenzgericht durch Fragen und Hinweise (§ 4, § 139 ZPO) möglichst zu beseitigen. 15.1

Zur Frage, ob das Insolvenzgericht für seine amtswegigen Ermittlungen auch allgemein zugängliche Quellen, wie etwa das Internet, nutzen kann, s. AG Köln NZI 2021, 285 mAnm Pape. 15.2

Zur Glaubhaftmachung kann sich der Gläubiger aller Beweismittel und auch der eidesstattlichen Versicherung bedienen (§ 294 ZPO). Möglich ist insbesondere die Bezugnahme auf den Bericht des Insolvenzverwalters, den dieser zu den Akten des Insolvenzgerichts eingereicht hat (BGH NZI 2009, 253). Dabei genügt es jedoch nicht, pauschal auf den Verwalterbericht zu verweisen. Vielmehr sollten die Sachverhalte, die in dem Bericht geschildert werden, vom Gläubiger konkret angesprochen werden. Zur Glaubhaftmachung einer Leistungsvermeidung durch unvollständige oder unzutreffende Angaben gegenüber der Finanzbehörde kann die Vorlage einer zur Hauptverhandlung zugelassenen Anklageschrift in einem gegen den Schuldner geführten Steuerstrafverfahren ausreichen (BGH NZI 2010, 576). 16

Daneben sind Urkunden, Zeugenaussagen und auch Sachverständigengutachten geeignete Mittel der Glaubhaftmachung. Urkunden müssen nicht zwingend im Original vorgelegt werden. Je nach Gestaltung des Einzelfalles genügt eine Ablichtung. Oftmals wird der Gläubiger keine Möglichkeit haben, zu Originalbelegen, wie etwa Kontoauszügen, zu gelangen. 17

Im Übrigen kann sich die Glaubhaftmachung auf eine **schlüssige Darstellung** des Sachverhalts beschränken, sofern der Schuldner diesen nicht bestreitet (BGH NZI 2003, 662; BeckRS 2011, 18257 = ZInsO 2011, 1412). Allerdings ist es für den Gläubiger wohl selten vorhersehbar, ob der Schuldner einen vorgetragenen Sachverhalt bestreiten wird. Und selbst dann, wenn der Schuldner einen Sachverhalt ausdrücklich zugestanden hat, ist damit nicht sichergestellt, dass er den Vortrag nicht nachträglich bestreitet, wenn es um die Versagung der Restschuldbefreiung geht. Dem Gläubiger ist die Glaubhaftmachung seines Ansinnens demnach stets anzuraten. 18

III. Antragsrücknahme

Der Versagungsantrag kann bis zur Rechtskraft der Entscheidung über die beantragte Versagung der Restschuldbefreiung zurückgenommen werden (BGH NJW-RR 2010, 1496). Die rechtskräftige Entscheidung über einen Versagungsantrag bleibt von einer nachfolgenden Antragsrücknahme unberührt (BGH BeckRS 2016, 11158). 18a

Riedel

InsO § 290

C. Versagungsgründe

I. Insolvenzstraftat (Abs. 1 Nr. 1)

1. Einschlägige Verurteilungen

19 Die Vorschrift setzt nicht voraus, dass die abgeurteilte Tat mit dem aktuellen Insolvenzverfahren in einem konkreten Zusammenhang steht (BGH NJW 2003, 974; BayObLG MDR 2002, 173; OLG Celle NZI 2001, 314).

20 Eine rechtskräftige Verurteilung ist dann nicht mehr von Bedeutung, wenn sie zum Zeitpunkt des Eröffnungsantrags im **Bundeszentralregister** bereits getilgt oder zu diesem Zeitpunkt ihre Tilgungsreife eingetreten war (BGH NZI 2012, 278). Die Restschuldbefreiung ist demnach auch dann zu versagen, wenn der Schuldner wegen einer Insolvenzstraftat verurteilt worden ist, die Tilgungsreife der Verurteilung aber erst nach dem Eröffnungsantrag eintrat. Die Versagung der Restschuldbefreiung setzt voraus, dass die Verurteilung vor der Entscheidung über die Restschuldbefreiung Rechtskraft erlangt hat. Der Schuldner ist auch dann wegen einer Insolvenzstraftat rechtskräftig verurteilt worden, wenn neben dem Schuldspruch eine Strafe bestimmt und die Verurteilung zu dieser Strafe vorbehalten worden ist (BGH NZI 2012, 278).

21 Maßgebend ist nur eine Verurteilung wegen der in §§ 283–283c StGB genannten Straftaten; **anderweitige Verurteilungen** können auch nicht mit dem Hinweis auf die fehlende Redlichkeit des Schuldners als Versagungsgrund herangezogen werden. Liegt eine Verurteilung zu einer Gesamtstrafe vor, kommt es bezüglich der Anwendung der Tilgungsvorschriften nur auf die Einzelstrafe an, die aufgrund der Insolvenzstraftat verhängt worden ist (BGH NZI 2011, 424; 2010, 349). Wegen einer Insolvenzstraftat, für die – isoliert betrachtet – die Löschungsvoraussetzungen vorliegen, kann die Restschuldbefreiung nicht versagt werden; die Verlängerung der Löschungsfrist durch das Hinzutreten anderer Verurteilungen, die keine Insolvenzstraftaten betreffen, ist insolvenzrechtlich unbeachtlich (BGH NZI 2010, 349).

22 In Verfahren, deren Eröffnung nach dem 30.6.2014 beantragt wird, gilt eine Erheblichkeitsschwelle, die die Versagung der Restschuldbefreiung nur dann rechtfertigt, wenn der Schuldner wegen einer Insolvenzstraftat rechtskräftig zu einer Geldstrafe von mehr als 90 Tagessätzen oder einer Freiheitsstrafe von mehr als drei Monaten verurteilt worden ist. Dies entspricht den Verurteilungen, die zur Eintragung in das Bundeszentralregister gelangen, aber nicht in das Führungszeugnis aufgenommen werden (§ 32 BZRG). Zeitlich begrenzt wird die Berücksichtigung auf Verurteilungen in den letzten fünf Jahren vor dem Antrag auf Eröffnung des Insolvenzverfahrens.

23 Tritt die Rechtskraft der strafrechtlichen Verurteilung erst nach dem Schlusstermin, aber vor Aufhebung des Insolvenzverfahrens oder noch später während der Wohlverhaltensperiode bis zum Ende der Laufzeit der Abtretungserklärung ein, kommt § 297 zur Anwendung. Verurteilungen, die am Ende der Wohlverhaltensperiode bereits verkündet, aber noch nicht rechtskräftig sind, unterfallen demgegenüber dem Versagungstatbestand des § 297 nicht und führen nicht zu einer Versagung der Restschuldbefreiung. Noch weniger können Strafurteile, die nach Ende der Laufzeit der Abtretungserklärung ergangen sind, einen Versagungsgrund nach § 297 begründen (BGH NZI 2013, 601).

24 Allerdings ist in diesem Fall die Möglichkeit des Widerrufs der erteilten Restschuldbefreiung eröffnet (§ 303 Abs. 1 Nr. 2).

II. Kredit-, Leistungserschleichung und -vermeidung (Abs. 1 Nr. 2)

1. Tatbestandliche Handlungen

25 Eine Bestätigung in einem Kreditvertrag, die vereinbarten Raten zu zahlen, ist einer Erklärung iSd Abs. 1 Nr. 2 nicht gleichzustellen, wenn nicht sonstige unzutreffende schriftliche Angaben zu den wirtschaftlichen Verhältnissen des Schuldners gemacht worden sind (LG Göttingen NZI 2001, 327). Unrichtige Angaben zu den **persönlichen Verhältnissen** des Schuldners können einen Versagungsantrag nur dann begründen, wenn diese auch unmittelbare Auswirkungen auf die wirtschaftlichen Verhältnisse entfalten, was etwa für den Familienstand des Schuldners nicht der Fall ist (vgl. AG Ludwigshafen ZInsO 2021, 1090).

26 Die (unrichtige) Erklärung muss vom Schuldner **eigenhändig unterschrieben** worden sein (LG Göttingen NZI 2002, 326).

27 Unrichtige schriftliche Angaben des Schuldners liegen jedoch auch dann vor, wenn ein **Dritter** die schriftliche Erklärung über die wirtschaftlichen Verhältnisse mit Wissen und Billigung des

Schuldners abgegeben hat und diese Erklärung mit Wissen und Billigung des Schuldners an den Empfänger weitergeleitet worden sind (BGH NZI 2005, 687; 2003, 662).

Eine unterlassene **Steuererklärung** erfüllt noch nicht den Tatbestand der Regelung (OLG Köln NZI 2001, 205). Hat der Schuldner jedoch in den letzten drei Jahren vor Eröffnung des Insolvenzverfahrens keine Steuererklärung abgegeben, ist ihm die Restschuldbefreiung zu versagen (LG Traunstein ZVI 2002, 473; aA LG Koblenz ZVI 2013, 247). Ebenso ist dem Schuldner die Restschuldbefreiung zu versagen, wenn er bewusst wahrheitswidrig erklärt hat, die angeforderte Steuererklärung gefertigt zu haben und diese kurzfristig zuzusenden, und damit den Treuhänder davon abgehalten hat, Maßnahmen zu ergreifen, um eventuelle Steuererstattungsansprüche zu realisieren (LG Mönchengladbach NZI 2005, 173). 28

Verpflichtet sich der Schuldner in einem **gerichtlichen Vergleich,** die Forderung in Raten zu zahlen, handelt es sich dabei nicht um schriftliche Angaben iSd Abs. 1 Nr. 2. Kann der Schuldner die Raten zu den angegebenen Terminen nicht zahlen, führt das nicht zur Versagung der Restschuldbefreiung (LG Göttingen NZI 2010, 351). 29

Unvollständige Angaben über seine wirtschaftlichen Verhältnisse macht der Schuldner auch dann, wenn die in einer den Anschein der Vollständigkeit erweckenden Erklärung enthaltenen Angaben als solche richtig sind, durch **Weglassen wesentlicher Tatsachen** aber ein falsches Gesamtbild vermittelt wird (LG Potsdam BeckRS 2011, 12628). 30

Unterlässt es ein Schuldner, der früher als drei Jahre vor der Insolvenzeröffnung vorsätzlich oder grob fahrlässig schriftlich unrichtige oder unvollständige Angaben über seine wirtschaftlichen Verhältnisse gemacht hat, um Leistungen aus öffentlichen Mitteln zu beziehen, diese Angaben innerhalb der Dreijahresfrist zu berichtigen oder zu ergänzen, rechtfertigt dies allein die Versagung der Restschuldbefreiung auch dann nicht, wenn er zur **Richtigstellung** gesetzlich verpflichtet war (BGH NZI 2003, 449). 31

Der Tatbestand erfasst auch falsche **Angaben des Arbeitgebers** über die in seinem Betrieb geleisteten Lohnzahlungen; denn der Arbeitgeber hat die Lohnsteuer vom Arbeitslohn einzubehalten (§ 38 Abs. 3 S. 1 EStG), die Lohnsteuer gegenüber dem Finanzamt anzumelden und sie dorthin abzuführen (§ 41a Abs. 1 S. 1 EStG). Zwar ist der Arbeitnehmer Steuerschuldner (§ 38 Abs. 2 S. 1 EStG); der Arbeitgeber hat jedoch selbst die Zahlleistung aus dem Lohn zu erbringen und dem Fiskus für die Erfüllung dieser Pflicht einzustehen (BGH NZI 2003, 662). 32

Maßgebender Endzeitpunkt für das Vorliegen des Versagungsgrunds ist der Schlusstermin oder eine im schriftlichen Verfahren an dessen Stelle tretende Frist, innerhalb derer Versagungsanträge nach § 290 zu stellen sind. Ein Verhalten, das der Schuldner danach entfaltet, kann nicht mehr zur Versagung der Restschuldbefreiung führen (BGH NZI 2012, 145; → Rn. 33.1). 33

Dies gilt auch in Verfahren, deren Eröffnung nach dem 30.6.2014 beantragt wird und für die die Regelung des § 297a zur Geltung kommt. Danach kann zwar der Versagungsantrag auch nach dem Schlusstermin oder des Erlasses des Einstellungsbeschlusses gestellt werden. Auf die Gründe des § 290 kann er aber dennoch nur dann gestützt werden, wenn die tatbestandsmäßige Handlung des Schuldners einen Antrag nach § 290 rechtfertigt, dieses dem Gläubiger nur im Nachhinein bekannt wird. 33.1

2. Subjektive Voraussetzungen

Die subjektiven Voraussetzungen des Abs. 1 Nr. 2 sind gegeben, wenn dem Schuldner vorsätzliches oder grob fahrlässiges Verhalten vorzuwerfen ist. Für die Beurteilung ist auf die persönlichen Verhältnisse des Schuldners, seine (bisherige) berufliche Tätigkeit, seine Geschäftserfahrung, aber auch auf seine bisherigen schriftlichen Erklärungen im Insolvenzverfahren abzustellen (LG Stuttgart JurBüro 2001, 441). 34

3. Glaubhaftmachung

Zur Glaubhaftmachung einer Leistungsvermeidung durch unvollständige oder unzutreffende Angaben gegenüber der Finanzbehörde kann die Vorlage einer zur Hauptverhandlung zugelassenen **Anklageschrift** in einem gegen den Schuldner geführten Steuerstrafverfahren ausreichen (BGH NZI 2010, 576). Durch die Vorlage eines etwa 100-seitigen Strafurteils, aus dem sich an einer von dem Antragsteller nicht in Bezug genommenen Stelle der Versagungsgrund des Abs. 1 Nr. 2 ergibt, ist dieser nicht glaubhaft gemacht. Der Gläubiger hätte den Sachverhalt, aus dem sich der Versagungsgrund ergibt, in das Verfahren einführen müssen, ggf. auch unter ergänzender Bezugnahme auf das Strafurteil (BGH NZI 2012, 330). 35

III. Frühere Versagung der Restschuldbefreiung (Abs. 1 Nr. 3 aF)

36 In Verfahren, deren Eröffnung vor dem 1.7.2014 beantragt wurde, ist dem Schuldner die Restschuldbefreiung zu versagen, wenn in den **letzten zehn Jahren** vor dem Antrag auf Eröffnung des Insolvenzverfahrens oder nach diesem Antrag dem Schuldner Restschuldbefreiung erteilt oder nach § 296 oder § 297 versagt wurde. Die Vorschrift ist auch dann einschlägig, wenn die Restschuldbefreiung in einem früheren Verfahren nach Befriedigung aller Insolvenzgläubiger, die ihre Forderungen angemeldet hatten und deren Forderungen festgestellt worden waren, vorzeitig erteilt worden war (BGH NZI 2010, 655).

37 In der ab 1.7.2014 geltenden Fassung des § 290 ist die Nr. 3 aufgehoben. Die Einhaltung der Sperrfrist ist als Zulässigkeitsvoraussetzung in § 287a (→ § 287a Rn. 4) enthalten und bei der Entscheidung über die Ankündigung der Restschuldbefreiung vom Insolvenzgericht zu prüfen.

IV. Unangemessener Lebensstil (Abs. 1 Nr. 4)

1. Tatbestandsmäßige Handlungen

38 Die Regelung beinhaltet drei alternative Handlungen des Schuldners im Vorfeld der Verfahrenseröffnung, die zu einer Versagung der Restschuldbefreiung führen können. Dies setzt bei allen drei Aktivitäten voraus, dass dadurch der Schuldner vorsätzlich oder grob fahrlässig die Befriedigung der (künftigen) Insolvenzgläubiger beeinträchtigt hat. Es muss dem Schuldner demnach zum Zeitpunkt der Handlung unschwer erkennbar gewesen sein, dass er damit die Aussichten seiner Gläubiger auf Befriedigung ihrer Forderungen einschränkt, wenn nicht gar vereitelt.

38a In Verfahren, deren Eröffnung nach dem 30.9.2020 beantragt wurde, wird die Begründung unangemessener Verbindlichkeiten auch innerhalb der Wohlverhaltensphase als Versagungsgrund normiert (§ 295 S. 1 Nr. 5, → § 295 Rn. 26).

39 **Unangemessene Verbindlichkeiten** iSd Vorschrift begründet der Schuldner dann, wenn er innerhalb von drei Jahren vor dem Eröffnungsantrag oder danach eine Verpflichtung eingeht, die mit seiner jeweils aktuellen finanziellen Situation wirtschaftlich nicht im Einklang steht. Abzustellen ist demnach auf die Situation im Einzelfall aus der subjektiven Sicht des Schuldners (AG Ludwigshafen ZInsO 2021, 1090; → Rn. 39.1).

39.1 Kauft der Schuldner ein neues Auto, das seiner aktuellen Einkommens- und Vermögenssituation entspricht, so begründet er damit keine unangemessene Verbindlichkeit. Ist für den Schuldner jedoch bereits absehbar, dass aufgrund der finanziellen Schieflage seines Arbeitgebers mit einem massiven Abbau der Belegschaft zu rechnen ist und davon auch er betroffen sein wird, so kann der Autokauf durchaus als unangemessene Verbindlichkeit gewertet werden. Wenn der Schuldner, der eine Managementschule aufbaut, nach Stellung des Insolvenzantrags noch eine Arbeitnehmerin als Ausbilderin einstellt, begründet er damit keine unangemessene Verbindlichkeit und deshalb auch keinen Versagungsgrund gem. § 290 Abs. 1 Nr. 4, weil er mit der Einstellung die Voraussetzungen für den Aufbau der Schule zu schaffen versucht (LG Berlin ZVI 2002, 288).

39a Ob die eingegangene Verbindlichkeit noch offensteht und damit bei Eröffnung des Insolvenzverfahrens als Insolvenzforderung gilt oder ob die eingegangene Verbindlichkeit aus dem Vermögen des Schuldners vor Eröffnung des Insolvenzverfahrens befriedigt wurde, spielt keine Rolle. Angesprochen sind aber auch Verbindlichkeiten, die während des eröffneten Verfahrens begründet werden und die als Neuforderungen innerhalb der Wohlverhaltensphase mit den Ansprüchen der Insolvenzgläubiger konkurrieren (→ § 295 Rn. 14g).

39b Eine „**Verschwendung**" iSd Vorschrift ist unter objektivierten Gesichtspunkten zu prüfen. Die Entwurfsbegründung (BT-Drs. 12/2443, 190) spricht in diesem Zusammenhang von „Luxusaufwendungen". Eine solche ist weniger anhand der konkreten Lebenssituation des Schuldners, als mehr an der durchschnittlichen Einkommens- und Vermögenssituation festzumachen.

39c Versagungsgrund des Abs. 1 Nr. 4 setzt keine „Verschwendungsabsicht" oder eine auf das Tatbestandsmerkmal der Verschwendung bezogene besondere Fahrlässigkeit voraus. Zu prüfen ist, ob der Schuldner infolge der Verschwendung vorsätzlich oder grob fahrlässig die Befriedigung der Gläubigerforderungen beeinträchtigt hat (BGH NZI 2011, 641).

40 Eine Verschwendung liegt vor, wenn der Schuldner einen unangemessen luxuriösen Lebensstil führt (BGH NZI 2005, 233; BT-Drs. 12/2443, 190). Ebenso verhält es sich, wenn Werte außerhalb einer sinnvollen und nachvollziehbaren Verhaltensweise verbraucht werden oder Ausgaben im Verhältnis zum Gesamtvermögen und dem Einkommen des Schuldners als grob unangemessen und wirtschaftlich nicht nachvollziehbar erscheinen (BGH NZI 2006, 712; → Rn. 40.1).

Die Entfernung und Vernichtung einer zur Masse gehörenden Einbauküche aus der vom Schuldner **40.1** bis zur Übergabe an den Käufer genutzten Wohnung, die der Insolvenzverwalter für einen Mehrpreis von 1.500 EUR mit der Eigentumswohnung des Schuldners verkauft hatte, stellt demnach eine entsprechende Vermögensverschwendung dar (BGH BeckRS 2009, 21142).

Als Verschwendung können ferner Ausgaben von Summen im Rahmen von Glücksspiel (vgl. **41** LG Hagen ZInsO 2007, 387), Wetten oder Differenzgeschäften anzusehen sein (Nerlich/Römermann/Römermann Rn. 74). Auch die schenkweise Hergabe von Vermögensgegenständen ohne nachvollziehbaren Anlass kommt als Verschwendung in Betracht (Uhlenbruck/Sternal Rn. 72), wenngleich eine nach § 134 anfechtbare Schenkung für sich genommen nicht ohne weiteres den Versagungsgrund erfüllt (FK-InsO/Ahrens Rn. 36). Der Tatbestand des Abs. 1 Nr. 4 kann schließlich gegeben sein, wenn der Schuldner ohne zwingenden wirtschaftlichen Grund Waren erheblich unter dem Einkaufs-, Gestehungs- oder Marktpreis veräußert oder Leistungen weit **unter Wert** erbringt (MüKoInsO/Stephan Rn. 60).

Dagegen genügt es nicht, dass der Schuldner aus seinem unpfändbaren Einkommen eine Flug- **42** reise bestreitet oder eine große Wohnung anmietet, die den vormaligen Familienverhältnissen entsprach (AG Bonn ZInsO 2001, 1070). Verwendet dagegen der Schuldner einen Teil des Entgelts aus der Veräußerung seines Geschäftsbetriebs statt zur Schuldentilgung zur Finanzierung einer **Urlaubsreise,** ist ihm die Erteilung der Restschuldbefreiung nach Abs. 1 Nr. 4 zu versagen (LG Düsseldorf NZI 2004, 390).

Der die Restschuldbefreiung ausschließende Versagungsgrund der Verschwendung liegt ohne **43** Hinzutreten besonderer Unwertmerkmale nicht vor, wenn der Schuldner nach Eintritt der Zahlungsunfähigkeit **einzelne Gläubigeransprüche** befriedigt (BGH NZI 2009, 325).

Dagegen stellt die **Bestellung einer Grundschuld,** die nicht der Sicherung eines Darlehens **44** dient, eine Vermögensverschwendung iSd Abs. 1 Nr. 4 dar. Dass eine solche Bestellung ggf. der Anfechtung unterliegt, ist ohne weitere Bedeutung (BGH NZI 2011, 641).

Ein Schuldner verschwendet kein Vermögen, wenn er das Mobiliar einer gepachteten Gaststätte **45** unentgeltlich auf einen Erwerber in der Erwartung überträgt, dass der Verpächter diesem die Gaststätte neu verpachten wird, wenn er die in Höhe des Verkehrswerts des Mobiliars offenstehenden Ansprüche auf Zahlung der Pacht begleicht (BGH BeckRS 2009, 21142).

Mit der **dritten Alternative** der Norm ist dem Schuldner die Restschuldbefreiung zu versagen, **45a** wenn er die Befriedigung der Insolvenzgläubiger dadurch beeinträchtigt, dass er ohne Aussicht auf eine Besserung seiner wirtschaftlichen Lage die Eröffnung des Insolvenzverfahrens **verzögert.** Durch diesen Versagungsgrund wollte der Gesetzgeber keine Pflicht des Schuldners begründen, einen Insolvenzantrag zu stellen. Er wollte diesen nur davon abhalten, durch eine Täuschung der Gläubiger über seine Vermögensverhältnisse oder in ähnlicher Weise zu verhindern, dass ein unvermeidliches Insolvenzverfahren rechtzeitig beantragt und eröffnet werde (RegE-InsO, BT-Drs. 12/2443, 190). Es stellt demnach keinen Versagungsgrund dar, wenn der Schuldner in Kenntnis seiner Zahlungsunfähigkeit nicht bereits drei Jahre vor der Stellung des Eröffnungsantrags einen Insolvenzantrag gestellt hat (vgl. BGH NZI 2012, 330). Das **bloße Unterlassen** eines Eröffnungsantrags wird dem Schuldner nicht vorgeworfen. Vielmehr muss der Schuldner durch aktives Tun seine Gläubiger davon abhalten, die Eröffnung des Insolvenzverfahrens zu beantragen (FK-InsO/Ahrens Rn. 108; HambKomm/Streck Rn. 28; HK-InsO/Waltenberger Rn. 26; Uhlenbruck/Sternal Rn. 76; AG Göttingen NZI 2015, 40; aA, es reicht aus, dass der Schuldner die Einleitung des Insolvenzverfahrens bewusst solange hinausschiebt, bis nahezu alle verwertbaren Mittel und Vermögensstücke verbraucht oder übertragen sind: MüKoInsO/Stephan Rn. 63; KPB/Wenzel Rn. 60). Stets wird zu prüfen sein, ob dem Schuldner ein vorsätzliches Handeln vorgeworfen werden kann (vgl. AG Hildesheim ZInsO 2014, 1403).

Nach § 1 S. 4 COVInsAG ist Abs. 1 Nr. 4 mit der Maßgabe anzuwenden, dass auf die Verzöge- **45b** rung der Eröffnung des Insolvenzverfahrens im Zeitraum zwischen dem 1.3.2020 und dem 30.9.2020 keine Versagung der Restschuldbefreiung gestützt werden kann. Aus den gleichen Gründen, die eine **Aussetzung der Insolvenzantragspflicht** nach § 15a und § 42 Abs. 2 BGB rechtfertigen, ist auch eine Aussetzung der nachteiligen Rechtsfolgen einer Verzögerung der Eröffnung des Insolvenzverfahrens nach Abs. 1 Nr. 4 geboten (BT-Drs. 19/18110, 22). Der maßgebende Zeitraum kann mittels Rechtsverordnung seitens des BMJV über den 30.9.2020 hinaus bis höchstens zum 31.3.2021 verlängert werden (§ 4 COVInsAG).

2. Reformgesetz 2013

In Verfahren, deren Eröffnung vor dem 1.7.2014 beantragt wurde, fällt die Versagung der **46** Restschuldbefreiung unter die sogenannte **Sperrfristrechtsprechung** des BGH. Erst nach Ablauf einer Sperrfrist von drei Jahren kann der Schuldner einen erneuten Insolvenz-, Stundungs- und Restschuldbefreiungsantrag dann stellen, wenn ihm in einem früheren Verfahren die Restschuldbefreiung wegen Vermögensverschwendung im Schlusstermin versagt worden ist; die Rechtskraft der Versagungsentscheidung steht dem Rechtsschutzinteresse an der Durchführung eines erneuten Verfahrens nicht entgegen (BGH NZI 2010, 407).

47 In Verfahren, die nach dem 30.6.2014 beantragt werden, gilt statt der einjährigen Frist ein drei Jahre umfassender Zeitraum, innerhalb dessen ein entsprechendes Fehlverhalten des Schuldners zu einer Versagung der Restschuldbefreiung führen kann.

V. Verletzung von Auskunfts- und Mitwirkungspflichten (Abs. 1 Nr. 5)

48 Nach Abs. 1 Nr. 5 ist die Restschuldbefreiung zu versagen, wenn der Schuldner seine Auskunfts- und Mitwirkungspflichten, die ihm nach der InsO obliegen, vorsätzlich oder grob fahrlässig verletzt. Angesprochen ist mit Abs. 1 Nr. 5 die in § 97 normierte Pflicht des Schuldners zur Auskunft und Mitwirkung, die über die Regelung des § 20 auch im Eröffnungsverfahren gegeben ist (BGH NZI 2005, 232; BeckRS 2008, 00804). Überdies treffen den Schuldner Auskunfts- und Mitwirkungspflichten auch im **Nachtragsverteilungsverfahren** (BGH BeckRS 2016, 05146).

48.1 Die Verletzung einer zwischen Insolvenzverwalter und Schuldner **vertraglich vereinbarten,** über das Gesetz hinausgehenden Pflicht führt grundsätzlich nicht zur Versagung der Restschuldbefreiung nach Abs. 1 Nr. 5 (BGH NZI 2003, 389). Vergleichbar dem Fall eines Verstoßes gegen eine gerichtliche Anordnung, der nur dann als Verletzung einer gesetzlichen Auskunfts- oder Mitwirkungspflicht iSv Abs. 1 Nr. 5 gilt, wenn die Anordnung selbst den Vorschriften der InsO entspricht, kann die Verletzung einer vertraglichen Pflicht nur dann der Verletzung einer gesetzlichen Pflicht gleichgestellt werden, wenn die vertragliche Vereinbarung lediglich die nach dem Gesetz bestehende Rechtslage umsetzt (BGH BeckRS 2018, 11726).

49 Dabei kann die Restschuldbefreiung wegen der Verletzung von Auskunfts- und Mitwirkungspflichten des Schuldners nur versagt werden, wenn die Pflichtverletzung ihrer Art nach geeignet ist, die Befriedigung der Gläubiger zu gefährden, während es nicht darauf ankommt, ob die Befriedigungsaussichten tatsächlich geschmälert worden sind (BGH NZI 2009, 253; 2011, 114; 2020, 837).

50 Ganz geringfügige Pflichtverletzungen führen nach dem Grundsatz der Verhältnismäßigkeit nicht zur Versagung der Restschuldbefreiung. Die Versagung der Restschuldbefreiung ist regelmäßig auch dann unverhältnismäßig, wenn der Schuldner die unterlassene Auskunft von sich aus nachholt, bevor sein Fehlverhalten aufgedeckt und ein Versagungsantrag gestellt worden ist (BGH NZI 2003, 389; BeckRS 2008, 17096; NZI 2009, 777; 2011, 114). Das **Verschweigen eines Bankguthabens** ist der Art nach geeignet, die Befriedigung der Gläubiger zu beeinträchtigen (BGH BeckRS 2011, 15428 = ZInsO 2011, 1223).

51 Die Verletzung der Mitwirkungs- oder Auskunftspflicht muss zumindest in **grob fahrlässiger** Art und Weise geschehen sein. Dabei ist zu beachten, dass dem juristisch nicht vorgebildeten Schuldner entsprechende Fragen so konkret gestellt werden müssen, dass damit eine bestimmte Auskunft verbunden werden kann (vgl. BGH NZI 2009, 395). Andererseits bedarf es keiner konkreten Fragestellung, wenn für den Schuldner die Massezugehörigkeit eines Vermögenswertes klar erkennbar ist (vgl. BGH NZI 2020, 837).

52 Die Verpflichtung des Schuldners, im Insolvenzverfahren über alle das Verfahren betreffenden Verhältnisse Auskunft zu geben, ist jedoch nicht grundsätzlich davon abhängig, dass an den Schuldner entsprechende Fragen gerichtet werden. Der Schuldner muss vielmehr die betroffenen Umstände von sich aus **ohne besondere Nachfrage** offenlegen, soweit sie offensichtlich für das Insolvenzverfahren von Bedeutung sein können und nicht klar zu Tage liegen (BGH NZI 2011, 66; 2010, 264; 2020, 837). Dies schließt es nicht aus, Vorsatz und grobe Fahrlässigkeit des Schuldners zu verneinen, wenn dieser irrtümlich angenommen hat, eine Forderung habe rechtlich oder wirtschaftlich überhaupt nicht zu seinem Vermögen gehört (BGH NZI 2010, 911; → Rn. 52.1 ff.).

52.1 Betreibt der Schuldner etwa weiterhin sein Ladengeschäft, obwohl der Treuhänder ihm die Fortführung der Geschäftstätigkeit verboten hat, ist dies eine direkte und vorsätzliche Zuwiderhandlung gegen eine zentrale Verfahrensentscheidung des Treuhänders. Dies stellt eine Verletzung der Mitwirkungspflicht dar (BGH BeckRS 2009, 28928). Die Versagung der Restschuldbefreiung gem. § 290 Abs. 1 Nr. 5 verstößt daher nicht gegen den Verfassungsgrundsatz der Verhältnismäßigkeit (LG Cottbus ZVI 2002, 218).

52.2 Der Insolvenzverwalter kann dem Schuldner nicht auferlegen, eine **Steuererklärung** bei den Finanzbehörden einzureichen. Kommt der Schuldner einer gleichwohl erteilten Auflage nicht nach, stellt dies keinen Grund für eine Versagung der Restschuldbefreiung iSd § 290 Abs. 1 Nr. 5 dar (BGH NZI 2009, 327).

Dem Schuldner ist die Gewährung von Restschuldbefreiung zu versagen, wenn er gegen die Auskunfts- **52.3**
verpflichtungen nach § 290 Abs. 1 Nr. 5 dadurch verstößt, dass er keinerlei Angaben über die Anmeldung und die Eintragung eines **Gebrauchsmusters** macht (AG Leipzig ZVI 2002, 427), ebenso wenn der Insolvenzschuldner es versäumt, den Anfall einer Erbschaft vor Beginn der Wohlverhaltensperiode anzuzeigen und der Erbschaft 8.000 EUR entnimmt und für eigene Zwecke verbraucht (LG Göttingen NZI 2004, 678). Gibt der Schuldner eine im Zeitraum zwischen der Stellung eines ersten Insolvenzantrags und der Stellung eines weiteren, mit einem Restschuldbefreiungsgesuch verbundenen Insolvenzantrags vorgenommene **Grundstücksschenkung** auf Frage nicht an, liegt darin ein zumindest grob fahrlässiger Verstoß gegen seine Auskunfts- und Mitwirkungspflichten (BGH NZI 2011, 330).

Führt der Schuldner den an ihn ausgekehrten **pfändbaren Betrag seines Arbeitseinkommens** wäh- **52.4**
rend des Insolvenzverfahrens nicht an den Insolvenzverwalter ab, kann der Versagungsgrund der Verletzung von Auskunfts- und Mitwirkungspflichten vorliegen (BGH NZI 2013, 904). Ebenso verletzt der Schuldner seine Mitwirkungspflichten, wenn er nach **Freigabe seiner selbstständigen Tätigkeit** an den Insolvenzverwalter nicht die entsprechend § 295 Abs. 2 (jetzt § 295a) zu bestimmenden Zahlungen leistet (BGH NZI 2013, 797; 2016, 89; BGH WM 2018, 1224).

Der Schuldner verletzt bereits seine Auskunfts- und Mitwirkungspflicht, wenn er in den vorbereitenden **52.5**
Gesprächen zur Erstellung des Sachverständigengutachtens ein **Treuhandkonto** verschweigt (BGH BeckRS 2005, 09751).

Der Schuldner ist im Insolvenzverfahren verpflichtet, dem Insolvenzverwalter die für die Durchsetzung **52.6**
des Insolvenzbeschlags erforderlichen Daten über die Person des Drittschuldners und die Forderungshöhe mitzuteilen. Deshalb kann einem Arzt die Restschuldbefreiung versagt werden, wenn er dem Insolvenzverwalter nicht die zur Einforderung von Arzthonoraren notwendigen **Patientendaten** offenlegt (BGH NZI 2005, 263). Das Bedürfnis nach Offenlegung der Patientendaten gegenüber dem Insolvenzverwalter hat Vorrang vor dem Anspruch des Patienten auf Schutz seiner Daten (BGH NZI 2009, 396).

Die Restschuldbefreiung kann auch dann versagt werden, wenn der Schuldner in seinem **Eröffnungs-** **52.7**
antrag entgegen § 20 einzelne seiner Gläubiger nicht benennt. Eine Verletzung der Auskunftspflicht ist dabei auch anzunehmen, wenn der Schuldner im Rahmen der Antragstellung gemachte unrichtige oder unvollständige Angaben nachträglich nicht korrigiert oder ergänzt. Dazu ist der Schuldner, dem nach Einreichung des Verzeichnisses weitere Gläubiger erkennbar werden, ohne gerichtliche Aufforderung verpflichtet (BGH NZI 2009, 65).

Der Schuldner hat den **Erwerb von Geschäftsanteilen** an einer GmbH und die Übernahme des **52.8**
Geschäftsführeramts unverzüglich anzuzeigen. Für die Annahme eines Verstoßes gegen seine Auskunftspflicht ist es ohne Bedeutung, wenn der Schuldner aus seiner Tätigkeit im Ergebnis keinen wirtschaftlichen Erfolg erzielt hat (BGH NZI 2010, 530).

Der Schuldner ist verpflichtet, solche Umstände anzugeben, die eine **Anfechtungsmöglichkeit** eröff- **52.9**
nen. Die Pflicht zur Auskunft setzt in einem solchen Fall nicht voraus, dass die Voraussetzungen einer Insolvenzanfechtung tatsächlich vorliegen. Bereits konkrete Anhaltspunkte, die eine Anfechtbarkeit möglich erscheinen lassen, begründen die Pflicht des Schuldners, den Sachverhalt zu offenbaren (BGH NZI 2010, 999). Die Nichtangabe eines verschenkten Vermögenswerts – etwa eines Gesellschaftsanteils – kann einen Versagungsgrund iSv § 290 Abs. 1 Nr. 5 darstellen. Die Verpflichtung zur Auskunft ist dabei nicht davon abhängig, dass an den Schuldner entsprechende Fragen gerichtet werden. Der Schuldner muss vielmehr die betroffenen Umstände von sich aus, ohne besondere Nachfrage, offenlegen, soweit sie offensichtlich für das Insolvenzverfahren von Bedeutung sein können und nicht klar zu Tage liegen (BGH BeckRS 2012, 07047).

Die Pflicht des Schuldners, im Insolvenzverfahren für die **Nutzung seiner Eigentumswohnung** **52.10**
eine Entschädigung an die Masse zu zahlen, ist keine Mitwirkungspflicht nach der Insolvenzordnung, bei deren Verletzung die Restschuldbefreiung zu versagen wäre, da sich eine Pflicht zur Leistung einer Nutzungsentschädigung nicht aus der InsO ergibt. Bewohnt der Insolvenzschuldner die Wohnung, ist er gem. § 812 BGB verpflichtet, an die Masse eine Nutzungsentschädigung zu bezahlen. Verweigert der Schuldner eine solche Zahlung, hat ihn der Insolvenzverwalter zur Räumung der Wohnung aufzufordern, um diese anschließend an Dritte vermieten und so den Nutzungswert der Wohnung zur Masse ziehen zu können. Kommt der Schuldner einem solchen berechtigten Verlangen nicht nach, verletzt er die sich aus der Insolvenzordnung ergebende Pflicht, sein zur Masse gehörendes Vermögen dem Verwalter zur Verfügung zu stellen, und verwirklicht dadurch den Versagungsgrund nach § 290 Abs. 1 Nr. 5 (BGH NZI 2016, 89).

Der Schuldner ist verpflichtet, Versicherungsverträge unabhängig davon anzugeben, dass diese zur **52.11**
Absicherung der Kinder und/oder der Ehefrau des Schuldners dienen (BGH NZI 2020, 837).

VI. Unvollständige oder unrichtige Angaben gegenüber dem Insolvenzgericht (Abs. 1 Nr. 6)

1. Erklärung nach § 287 Abs. 1 S. 3

53 Die Vorschrift des Abs. 1 Nr. 6 wurde mit dem Reformgesetz 2013 um die Aussage erweitert, dass auch unrichtige oder unvollständige Erklärungen des Schuldners nach § 287 Abs. 1 S. 3 zu einer Versagung der Restschuldbefreiung führen können. Macht der Schuldner vorsätzlich oder grobfahrlässig unrichtige oder unvollständige Angaben zur Frage, ob einer der in § 278a Abs. 2 S. 1 genannten Gründe vorliegt, die zu einer Unzulässigkeit des Restschuldbefreiungsantrags führen, so stellt dies einen Grund für die Versagung der Restschuldbefreiung dar (→ Rn. 53.1).

53.1 Dass die kumulative Verbindung der Erklärung nach § 287 Abs. 1 S. 3 und der nach § 305 vorzulegenden Verzeichnisse seitens des Gesetzgebers mit der Intention formuliert wurde, dass tatsächlich beide Voraussetzungen vorliegen müssen, um eine Versagungsgrund zu begründen, ist zwar reichlich abwegig. Der sich bei unbefangenem Lesen aufdrängende Eindruck hätte jedoch mit der Verwendung des Wortes „oder" problemlos verhindert werden können.

54 Mit der Regelung soll der Schuldner angehalten werden, genaue Angaben zum Vorliegen von Gründen zu machen, die die Zulässigkeit seines Antrags auf Erteilung der Restschuldbefreiung beeinträchtigen könnten. Damit ist auch eine Erleichterung der Aufgaben des Gerichts verbunden.

2. Angaben des Verbrauchschuldners

55 Die zweite Fallgestaltung des Abs. 1 Nr. 6 ist nur für den Schuldner im Verbraucherinsolvenzverfahren von Bedeutung, da nur für diesen die Regelung des § 305 einschlägig ist. Im Übrigen ergibt sich aber auch aus Abs. 1 Nr. 5 die Pflicht des Schuldners, seine Gläubiger zu benennen (BGH NZI 2009, 65; → Rn. 55.1).

55.1 Der Schuldner muss grob fahrlässig oder vorsätzlich in den vorzulegenden Verzeichnissen unrichtige oder unvollständige Angaben gemacht haben. Solche Angaben können sich auf die anzugebenden Vermögenswerte oder auf die zu benennenden Gläubiger beziehen. Wenn der Schuldner den Gläubiger einer Forderung nicht benennt, die nur einen verschwindend geringen Bruchteil der gegen ihn gerichteten Gesamtforderungen ausmacht und von deren Gläubiger er seit Jahren keinerlei Aktivität erfahren hat, dürfte ihm weder Vorsatz noch grobe Fahrlässigkeit vorzuwerfen sein (vgl. LG Berlin VuR 2005, 108).

56 Der Versagungsgrund iSd Abs. 1 Nr. 6 setzt nicht voraus, dass durch die Unvollständigkeit der vom Schuldner vorgelegten Verzeichnisse eine Benachteiligung der Gläubiger eintritt. Es genügt, dass die falschen oder unvollständigen Angaben ihrer Art nach geeignet sind, die Befriedigung der Insolvenzgläubiger zu gefährden (BGH NZI 2004, 633; 2007, 357; LG Frankfurt a. M. NJW-RR 2003, 118). Dies ist immer dann der Fall, wenn der Gläubiger einer Insolvenzforderung nicht im Verzeichnis aufgeführt ist, weil dadurch seine Teilnahme am Verfahren in Frage gestellt wird (BGH BeckRS 2015, 11264). Der Versagungsgrund ist unabhängig davon gegeben, dass der vom Schuldner nicht genannte Gläubiger von dem Verfahren noch anderweitig erfahren und deshalb seine Forderung rechtzeitig angemeldet hat (BGH BeckRS 2011, 07602).

57 Unrichtige oder unvollständige Angaben in Bezug auf die vorhandenen Vermögenswerte begründen grundsätzlich eine Versagung der Restschuldbefreiung. Gleichwohl ist aber der **Grundsatz der Verhältnismäßigkeit** zu wahren. Mit der vorzuwerfenden tatbestandsmäßigen Handlung muss der Gläubiger eine gewisse Wesentlichkeitsschwelle überschritten haben, um der mit der Versagung der Restschuldbefreiung verbundenen Sanktion ausgesetzt zu sein (Uhlenbruck/Strenal Rn. 110; aA LG Heilbronn InVo 2002, 417).

58 Für die Versagung der Restschuldbefreiung nach Abs. 1 Nr. 6 kommt es allein darauf an, ob der Schuldner in dem von ihm vorzulegenden Vermögensverzeichnis nach § 305 Abs. 1 Nr. 3 falsche Angaben gemacht hat. Spätere zutreffende Angaben des Schuldners etwa im Rahmen seiner Stellungnahme zum Versagungsantrag eines Gläubigers sind für den Versagungsgrund unerheblich (BGH NZI 2005, 404).

59 Maßgebender Zeitpunkt für die Frage, ob der Schuldner vorsätzlich oder grob fahrlässig unzutreffende oder unvollständige Angaben gemacht hat, ist grundsätzlich die Vorlage der Verzeichnisse nach § 305 Abs. 1 Nr. 3. Nachträglich erworbene Erkenntnisse können demnach einen Versagungsgrund ebenso wenig herbeiführen wie eine **nachträgliche Korrektur** den Versagungsgrund beseitigen kann. Soweit der Schuldner jedoch unzutreffende Angaben nicht vorsätzlich gemacht hat und diese noch im Eröffnungsverfahren berichtigt, kann die Restschuldbefreiung nicht versagt werden (BGH NZI 2005, 461); ebenso dann, wenn die Berichtigung noch erfolgt, bevor ein

Gläubiger hierauf gestützt einen Versagungsantrag stellt oder eine vom Schuldner nicht angegebene Forderung zur Tabelle angemeldet wird (vgl. BGH NZI 2009, 777).

Werden die einzureichenden Unterlagen **von einem Dritten** ausgefüllt und nur vom Schuldner unterschrieben, so übernimmt der Schuldner mit dieser Unterschrift grundsätzlich die Verantwortung dafür, dass die enthaltenen Angaben richtig und vollständig sind. Er kann sich gegenüber einem später gestellten Antrag auf Versagung der Restschuldbefreiung nicht darauf berufen, dass die unrichtigen oder unvollständigen Angaben nicht von ihm gemacht wurden (BGH NZI 2010, 655; LG Hamburg BeckRS 2017, 123177). Etwas anderes gilt dann, wenn ein Bevollmächtigter des Schuldners das ausgefüllte und unterzeichnete Vermögensverzeichnis eigenmächtig abändert (BGH NZI 2011, 254). 60

Die Beurteilung, ob eine Forderung gerichtlich durchsetzbar oder im Allgemeinen einbringlich ist, obliegt nicht dem Schuldner. Es ist nicht seine Sache, seine Aktiva zu bewerten und vermeintlich „für die Gläubiger uninteressante" Positionen zu verschweigen (BGH NZI 2011, 66; 2009, 562). 61

Ein Versagungsgrund iSd Abs. 1 Nr. 6 liegt zB auch dann vor, wenn der Schuldner die durch eine Sicherungsübereignung abgesicherte Bank nicht in das Gläubigerverzeichnis aufnimmt (OLG Celle Rpfleger 2002, 168). Ebenso ist ein Versagungsgrund nach Abs. 1 Nr. 6 dann gegeben, wenn der Schuldner es unterlassen hat, eine streitige Forderung in sein Vermögensverzeichnis aufzunehmen (BGH NZI 2009, 562; LG Krefeld ZVI 2002, 132), oder Einkünfte nicht angibt, die unterhalb der Pfändungsfreigrenzen liegen (OLG Celle NZI 2002, 323). 62

Auf die unterlassene Benennung eines Gläubigers kann jeder Gläubiger einen Antrag auf Versagung der Restschuldbefreiung stützen, also nicht nur der übergangene Gläubiger (BGH NZI 2007, 357; BeckRS 2010, 05787; → Rn. 63.1 f.). 63

Das Insolvenzgericht kann eine Versagung der Restschuldbefreiung darauf stützen, dass der Schuldner seine Einkommensverhältnisse verschleiert, wenn er eine pfändungsfreie Tätigkeit im Rahmen eines Anstellungsvertrags für eine namensähnliche Limited am Sitz der bisher von ihm betriebenen Einzelfirma behauptet (BGH BeckRS 2005, 03946). Das Verschweigen einer vereinnahmten Mietkaution kann ebenfalls zur Versagung der Restschuldbefreiung des insolventen Vermieters führen (BGH BeckRS 2007, 12158). 63.1

Gibt der Schuldner nicht an, dass er über ein geleastes Kraftfahrzeug verfügt und damit Einnahmen erzielt, ist vom Vorliegen des Versagungstatbestands auszugehen. Beruft sich der Schuldner darauf, dass er die Einnahmeansprüche an einen Dritten abgetreten habe und von diesem nur die Unkosten für das Fahrzeug erstattet bekomme, so ist es Aufgabe des Schuldners, dies dem Insolvenzgericht im Einzelnen zu erläutern und nachzuweisen. Verbleibende Zweifel gehen zulasten des Schuldners (AG Göttingen Rpfleger 2003, 40). 63.2

VII. Verletzung der Erwerbsobliegenheit (Abs. 1 Nr. 7)

1. Verletzung der Erwerbspflicht

Die Vorschrift wurde mit dem Reformgesetz 2013 eingefügt. Die Verletzung der den Schuldner gem. § 287b (→ § 287b Rn. 2) während des eröffneten Verfahrens treffenden Erwerbsobliegenheit begründet eine Versagung der Restschuldbefreiung. 64

Davon abzugrenzen ist die Vorschriften des Abs. 1 Nr. 1, die dem Schuldner für die Zeit der Wohlverhaltensphase eine Erwerbsobliegenheit auferlegt. In beiden Fällen setzt die Anwendung der jeweiligen Norm voraus, dass die Verletzung der Erwerbsobliegenheit die Befriedigung der Gläubigerforderungen beeinträchtigt. Dies ist regelmäßig etwa dann nicht der Fall, wenn der Schuldner nach seinen persönlichen Verhältnissen nicht in der Lage ist, eine Beschäftigung auszuüben, die eine über die Pfändungsfreigrenzen hinausgehende Entlohnung erwarten lassen. 65

Der Schuldner kann eine Versagung der Restschuldbefreiung abwenden, wenn er Beweis dafür bieten kann, dass ihn an der Verletzung der Erwerbsobliegenheit kein Verschulden trifft. Es gelten hierzu dieselben Grundsätze wie sie auch bei der Auslegung des § 296 Abs. 1 S. 1 Hs. 2 anzuwenden sind. Das Verschulden des Schuldners hat der Gläubiger nicht glaubhaft zu machen, es wird vielmehr vermutet; die Vermutung kann vom Schuldner widerlegt werden (vgl. BGH BeckRS 2010, 02490). 66

2. Missachtung der Auskunftspflicht

Aus der Verweisung in Abs. 1 Nr. 7 letzter Hs. auf die Regelung des § 296 Abs. 2 S. 2 und 3 ergibt sich, dass dem Schuldner die Restschuldbefreiung von Amts wegen zu versagen ist, wenn er die von ihm nach § 296 Abs. 2 S. 2 verlangte Auskunft nicht abgibt oder eine eingeforderte 67 eidesstattliche Versicherung grundlos verweigert oder einen vom Gericht bestimmten Termin unentschuldigt nicht wahrnimmt (Uhlenbruck/Sternal Rn. 125).

68 Die Auskunftspflicht beschränkt sich dabei aber auf Fragen zur Erwerbsobliegenheit. Anzugeben und zu belegen hat der Schuldner demnach zB die Anzahl und die Intensität seiner Bemühungen um einen Arbeitsplatz.

69 Dem Schuldner kann unter den Voraussetzungen des § 296 Abs. 2 Restschuldbefreiung nur versagt werden, wenn diesem Verfahren ein statthafter Versagungsantrag nach Abs. 1 Nr. 7 letzter Hs. zugrunde liegt. Eine Einleitung des Versagungsverfahrens nach § 296 Abs. 2 von Amts wegen sieht die InsO nicht vor (vgl. BGH NZI 2011, 640; BeckRS 2012, 16677; → Rn. 69.1).

69.1 Für die Versagung der Restschuldbefreiung nach § 296 Abs. 2 S. 3 kommt es indes nicht darauf, ob der Versagungsantrag nach Auffassung des Beschwerdegerichts zum Zeitpunkt der Versagungsentscheidung zulässig war. Es widerspräche Sinn und Zweck der Anhörung nach § 296 Abs. 2 S. 1, wenn in diesem Termin über die Zulässigkeit des Versagungsverfahrens gestritten werden könnte. Anderenfalls wäre dem Schuldner die Möglichkeit eröffnet, sich unter Hinweis auf eine nach seiner Ansicht nicht ausreichende Glaubhaftmachung des Gläubigerantrags den Anordnungen des Insolvenzgerichts – ggf. auch das Verschulden ausschließend – zu widersetzen und das Verfahren zu verzögern. Dem Schuldner, der die Rechtswohltat der Restschuldbefreiung erstrebt, ist es zuzumuten, über die Erfüllung seiner Obliegenheiten Auskunft zu erteilen, selbst wenn der Versagungsantrag des Gläubigers unzureichend ist (BGH NZI 2011, 640).

D. Entscheidung des Gerichts

I. Grundsätze der Entscheidungsfindung

70 Hat ein Insolvenzgläubiger das Vorliegen eines Versagungsgrundes hinreichend glaubhaft gemacht und ist der Antrag damit zulässig, so ist der Schuldner hierzu vom Insolvenzgericht anzuhören, auch wenn die Vorschrift dies im Gegensatz zu § 296 Abs. 2 S. 1 nicht ausdrücklich vorsieht (vgl. § 14 Abs. 2 bzw. Art. 103 GG). Ist den Ansprüchen des Gerichts an eine Glaubhaftmachung nicht ausreichend entsprochen, ist dem Gläubiger Gelegenheit zu geben, seine Darstellungen zu ergänzen (MüKoInsO/Stephan § 290 (neu) Rn. 77). Dies erfordert der Grundsatz eines fairen Verfahrens (→ Rn. 70.1).

70.1 Um seitens des Schuldners die Zurückweisung eines Versagungsantrags zu erreichen, genügt es nicht, dass der Schuldner das Nichtvorliegen eines Versagungsgrundes etwa durch eidesstattliche Versicherung glaubhaft macht und damit zwischen Glaubhaftmachung und Gegenglaubhaftmachung eine Pattsituation schafft (aA Uhlenbruck/Sternal Rn. 24). Vielmehr stellt die Anhörung des Schuldners nur eine von mehreren Möglichkeiten dar, derer sich das Gericht zur Entscheidungsfindung bedienen kann und letztlich auch muss, um sich Klarheit über den zu entscheidenden Sachverhalt zu verschaffen.

70a Liegt ein Versagungsgrund unstreitig vor, so kommt eine Versagung der Restschuldbefreiung gleichwohl nur dann in Betracht, wenn der verfassungsrechtlich gebotene Verhältnismäßigkeitsgrundsatz gewahrt ist. Bei ganz unwesentlichen Verstößen darf die Restschuldbefreiung nicht versagt werden (BGH NZI 2005, 233; 2009, 562). Wo die Wesentlichkeitsgrenze verläuft, ist keine Frage von rechtsgrundsätzlicher Bedeutung, sondern vom jeweiligen Einzelfall abhängig (BGH NZI 2005, 233; ZVI 2011, 105). Es kann nur anhand des Gesamtbilds, das sich aus dem Verhalten des jeweiligen Schuldners ergibt, beurteilt werden, ob er trotz Vorliegens eines der von Abs. 1 erfassten Verstöße noch als redlich angesehen werden kann (BGH ZVI 2011, 105; NZI 2013, 904). Dabei ist insbesondere auf den Umfang der den Gläubigern entgangenen Leistungen sowie auf den Grad des Verschuldens, das den Schuldner trifft, abzustellen (LG Chemnitz BeckRS 2016, 117409).

71 Mit seiner Entscheidung versagt das Insolvenzgericht dem Schuldner die Restschuldbefreiung oder es weist den Antrag des Gläubigers zurück. Eine Zurückweisung des Antrags ist dann angezeigt, wenn der Antrag entweder unzulässig oder ein Versagungsgrund nicht zweifelsfrei gegeben ist; der Antrag des Gläubigers sich mithin als unbegründet erweist.

72 Liegt der vom Gläubiger dargestellte Versagungsgrund dagegen zur Überzeugung des Gerichts vor, so ist der Antrag auf Erteilung der Restschuldbefreiung zurückzuweisen (BGH NZI 2005, 687; → Rn. 72.1).

72.1 Der die Restschuldbefreiung versagende Beschluss hat im Rubrum nicht nur die Schuldnerbezeichnung zu enthalten, sondern auch den Gläubiger zu beschreiben, der den Versagungsantrag gestellt hat, womit der kontradiktorische Charakter des Verfahrens zur Versagung der Restschuldbefreiung zum Ausdruck kommt.

II. Entscheidungsmodalitäten

1. Zeitpunkt

Über einen Versagungsantrag ist nach Abs. 2 S. 2 nach dem Schlusstermin oder nach dem Beschluss über die Einstellung des Verfahrens gem. § 211 zu entscheiden. Dies gilt auch für einen Antrag, der weit vor diesem Zeitpunkt gestellt wurde (vgl. BT-Drs. 17/11268, 27). Der eindeutige Wortlaut der Regelung spricht gegen die Möglichkeit, die Restschuldbefreiung frühzeitig zu versagen, auch wenn ein gestellter Versagungsantrag zweifelsfrei begründet ist (LG Göttingen NZI 2017, 975; aA AG Göttingen NZI 2014, 1054). Unabhängig von einer vorzeitigen Versagung der Restschuldbefreiung ist eine gewährte Kostenstundung nach § 4c aufzuheben, wenn dem Gericht etwa Anhaltspunkte dafür bekannt werden, dass der Schuldner seiner Erwerbsobliegenheit nicht nachkommt. Es macht keinen Sinn, ein Verfahren auf Kosten des Steuerzahlers fortzuführen, an dessen Ende das die Kostenstundung rechtfertigende Ziel definitiv nicht erreicht werden kann. 73

Über einen Versagungsantrag kann auch noch nach Aufhebung des Insolvenzverfahrens entschieden werden. Die entgegenstehende Regelung des § 289 Abs. 2 S. 2 aF wurde für Verfahren, deren Eröffnung nach dem 30.6.2014 beantragt wird, aufgehoben (AG Köln NZI 2021, 285 mzustAnm Pape). Unabhängig von einem gestellten Versagungsantrag ist die Aufhebung oder Einstellung des Verfahrens zu beschließen und in diesem Zusammenhang der Treuhänder gem. § 288 zu bestellen (→ Rn. 74.1). 74

In Verfahren, deren Eröffnung vor dem 1.7.2014 beantragt wurde, ist die Entscheidung über einen im Schlusstermin gestellten Versagungsantrag im Anschluss daran zu treffen (§ 289 Abs. 1 aF). Wird der Versagungsantrag zurückgewiesen, so ist dem Schuldner gleichzeitig die Restschuldbefreiung anzukündigen. 74.1

2. Zuständigkeit

Die funktionelle Zuständigkeit für die Entscheidung über einen gestellten Versagungsantrag liegt beim Richter (§ 18 Abs. 1 Nr. 4 RPflG). Die Aufhebung oder Einstellung des eröffneten Verfahrens sowie die Bestellung des Treuhänders nach § 288 obliegt hingegen dem Rechtspfleger (Frege/Keller/Riedel, Insolvenzrecht, 8. Aufl. 2015, Rn. 2143b). 75

3. Rechtsmittel

Gegen den Beschluss steht dem Schuldner und jedem Insolvenzgläubiger, der die Versagung der Restschuldbefreiung beantragt hat, die **sofortige Beschwerde** zu (Abs. 3 S. 1). Die Statthaftigkeit der Rechtsbeschwerde ist von deren Zulassung durch das Beschwerdegericht abhängig (§ 4 InsO iVm § 574 Abs. 1 S. 1 Nr. 2 ZPO; vgl. BGH NZI 2014, 402). 76

4. Bekanntmachung

Dem Schuldner sowie demjenigen Gläubiger, der einen Versagungsantrag gestellt hat, ist der Beschluss zuzustellen. Eine öffentliche Bekanntmachung des Beschlusses nach Abs. 3 S. 2 erfolgt nach dessen Rechtskraft und unabhängig von der Veröffentlichung des Aufhebungs- oder Einstellungsbeschlusses. 77

5. Kosten

Der Beschluss, mittels dessen die Restschuldbefreiung erstmals angekündigt bzw. versagt wird, ist gerichtskostenfrei. Dies gilt für die Entscheidung über den Antrag des Schuldners auf Restschuldbefreiung auch dann, wenn ein Gläubiger gem. § 290 die Versagung der Restschuldbefreiung beantragt hat, da die entsprechende Nr. 2350 KV GKG auf § 290 nicht Bezug nimmt. 78

III. Folgen der Entscheidung

Mit der Zurückweisung des Antrags hat sich ua die bereits erfolgte Bestellung des Treuhänders (vgl. § 288) erledigt. Auch die Vorschriften, die ansonsten innerhalb der Wohlverhaltensphase zu beachten sind, kommen nicht zum Tragen. So besteht zB für den Schuldner keine Erwerbsobliegenheit; umgekehrt sind die Gläubiger nicht durch das Vollstreckungsverbot des § 294 in der Geltendmachung ihrer restlichen Forderungen eingeschränkt. Einen neuen Antrag auf Restschuldbefreiung kann der Schuldner nur unter Beachtung der Zulässigkeitsvoraussetzungen des § 287a stellen. 79

§ 291 [aufgehoben]

Überblick

In Verfahren, deren Eröffnung nach dem 30.6.2014 beantragt wird, ist dem Schuldner bereits im Eröffnungsbeschluss die Restschuldbefreiung anzukündigen (§ 287a Abs. 1). Eine Ankündigung der Restschuldbefreiung im Rahmen der Aufhebung oder der Einstellung des Verfahrens nach § 211, wie sie für die vor dem 1.7.2014 beantragten Verfahren der bisherigen Vorschrift des § 291 zu entnehmen ist, wird damit überflüssig. Eine Bestimmung der Person des Treuhänders, wie sie nunmehr in § 288 normiert ist, findet in Verfahren, die vor dem 1.7.2014 beantragt wurden, nur in Regelinsolvenzverfahren statt. In Verbraucherinsolvenzverfahren, in denen anstelle eines Insolvenzverwalters bereits im Eröffnungsbeschluss der Treuhänder bestellt wird, erübrigt sich die weitere Bestellung eines Treuhänders für die Wohlverhaltensphase. Wird doch ein weiterer Treuhänder bestellt, ist darin die konkludente Entlassung des im Eröffnungsbeschluss bestimmten Treuhänders zu sehen. Diese ist gem. § 59 nur gerechtfertigt, wenn ein schwerwiegender Grund für die Entlassung vorliegt (BGH NZI 2012, 515).

§ 292 Rechtsstellung des Treuhänders

(1) ¹Der Treuhänder hat den zur Zahlung der Bezüge Verpflichteten über die Abtretung zu unterrichten. ²Er hat die Beträge, die er durch die Abtretung erlangt, und sonstige Leistungen des Schuldners oder Dritter von seinem Vermögen getrennt zu halten und einmal jährlich auf Grund des Schlußverzeichnisses an die Insolvenzgläubiger zu verteilen, sofern die nach § 4a gestundeten Verfahrenskosten abzüglich der Kosten für die Beiordnung eines Rechtsanwalts berichtigt sind. ³§ 36 Abs. 1 Satz 2, Abs. 4 gilt entsprechend. ⁴Der Treuhänder kann die Verteilung längstens bis zum Ende der Abtretungsfrist aussetzen, wenn dies angesichts der Geringfügigkeit der zu verteilenden Beträge angemessen erscheint; er hat dies dem Gericht einmal jährlich unter Angabe der Höhe der erlangten Beträge mitzuteilen.

(2) ¹Die Gläubigerversammlung kann dem Treuhänder zusätzlich die Aufgabe übertragen, die Erfüllung der Obliegenheiten des Schuldners zu überwachen. ²In diesem Fall hat der Treuhänder die Gläubiger unverzüglich zu benachrichtigen, wenn er einen Verstoß gegen diese Obliegenheiten feststellt. ³Der Treuhänder ist nur zur Überwachung verpflichtet, soweit die ihm dafür zustehende zusätzliche Vergütung gedeckt ist oder vorgeschossen wird.

(3) ¹Der Treuhänder hat bei der Beendigung seines Amtes dem Insolvenzgericht Rechnung zu legen. ²Die §§ 58 und 59 gelten entsprechend, § 59 jedoch mit der Maßgabe, daß die Entlassung auch wegen anderer Entlassungsgründe als der fehlenden Unabhängigkeit von jedem Insolvenzgläubiger beantragt werden kann und daß die sofortige Beschwerde jedem Insolvenzgläubiger zusteht.

Überblick

Der Treuhänder für die Wohlverhaltensphase wird durch das Insolvenzgericht im Rahmen des Aufhebungs- bzw. Einstellungsbeschlusses bestellt (→ § 288 Rn. 1 ff.). Seine Aufgaben werden mit der Vorschrift des § 292 mehr oder weniger grob umschrieben. Mit Abs. 3 der Vorschrift werden einige Regelungen, die primär für den Insolvenzverwalter Bedeutung haben, auf die Person des Treuhänders reflektiert.

Übersicht

	Rn.		Rn.
A. Rechtsstellung des Treuhänders	1	IV. Pflicht zur Rechnungslegung	7
I. Übergang der abgetretenen Einkommensteile	1	**B. Aufgaben des Treuhänders**	9
		I. Forderungseinzug	9
II. Aufsicht des Insolvenzgerichts	5	II. Ausschüttung der erlangten Beträge	11
III. Haftung des Treuhänders	6	III. Rückzahlung in Altverfahren	17

	Rn.		Rn.
C. Änderung der abgetretenen Beträge	18	II. Anordnungen des Insolvenzgerichts	23
I. Bestimmung der abgetretenen Einkommensteile	18	D. Überwachung des Schuldners	29

A. Rechtsstellung des Treuhänders

I. Übergang der abgetretenen Einkommensteile

Die Rechtsstellung des Treuhänders ist mit der des Insolvenzverwalters nur eingeschränkt vergleichbar. Insbesondere ist der Treuhänder nicht Inhaber der Verfügungsbefugnis hinsichtlich der Vermögenswerte des Schuldners; er ist auch nicht zur Verwertung von Vermögenswerten befugt. Nach Aufhebung des Insolvenzverfahrens gilt der Entzug der Verfügungsbefugnis nach §§ 80 ff. nicht mehr. **1**

An den Treuhänder geht lediglich der **pfändbare Teil des Arbeitseinkommens** des Schuldners, den dieser nach § 287 Abs. 2 abgetreten hat (→ § 287 Rn. 17). Diesen hat der Treuhänder einzuziehen und dabei ggf. auch gegen den Arbeitgeber des Schuldners oder gegen den Sozialleistungsträger im eigenen Namen Klage auf Auskehr der pfändbaren Bezüge zu erheben (FK-InsO/Grote Rn. 7; OLG Düsseldorf NZI 2012, 516; Uhlenbruck/Sternal Rn. 30). Dem Treuhänder obliegt es, die vom Drittschuldner vorgenommene Berechnung der von der Abtretung umfassten Einkommensteile zu überprüfen (→ Rn. 2.1). **2**

Mit der eingeschränkten Verfügungsbefugnis des Treuhänders unvereinbar ist ein Verzicht des Treuhänders auf an ihn abgetretene Einkommensteile etwa im Rahmen einer Entgeltumwandlung (offen gelassen von BAG NJW 2009, 167). **2.1**

Die Wirkungen der Abtretungserklärung setzen erst mit der Aufhebung oder Einstellung des Insolvenzverfahrens ein. Erst ab diesem Zeitpunkt ist der Treuhänder in der Wohlverhaltensphase berechtigt, die pfändbaren Einkommensteile beim Drittschuldner einzuziehen. Während des eröffneten Verfahrens fallen die pfändbaren Einkommensteile in die Insolvenzmasse und sind damit der Verfügungsmacht des Schuldners und damit auch dem Treuhänder entzogen. Dass das Insolvenzgericht den Treuhänder für die Wohlverhaltensphase bereits bestimmt hat, ohne aber die Aufhebung des Verfahrens zu beschließen, ändert daran nichts (BGH NZI 2010, 997) (→ Rn. 3.1 f.). **3**

Die Verfügungsbefugnis des Insolvenzverwalters über die zur Insolvenzmasse gehörenden Einkommensteile endet auch dann erst mit der Aufhebung oder Einstellung des Verfahrens, wenn zuvor die Abtretungsfrist des § 287 Abs. 2 abgelaufen ist. Gleichwohl darf die Frist des § 287 Abs. 2 nicht unbeachtet bleiben. Denn nach Ablauf der Frist steht der pfändbare Teil seines Arbeitseinkommens wieder dann dem Schuldner zu, wenn ihm die Restschuldbefreiung erteilt wird. Solange nicht rechtskräftig über die Restschuldbefreiung entschieden ist, bleibt allerdings offen, ob der betroffene Neuerwerb in die Masse fällt. Der Insolvenzverwalter hat insoweit die Aufgabe, die mögliche Masse zu sichern und zu erhalten, damit sie ggf. für die Zwecke des Insolvenzverfahrens verwendet werden kann. Nur auf diese Weise kann für die Masse und damit auch für die Gläubiger der Neuerwerb für den Fall der Versagung der Restschuldbefreiung gesichert werden. Steht nach rechtskräftiger Erteilung der Restschuldbefreiung fest, dass der Neuerwerb nicht in die Masse gefallen ist, ist er an den Schuldner auszukehren (BGH NZI 2010, 111). **3.1**

Den dargestellten Feststellungen des BGH entspricht die ab 1.7.2014 geltende Regelung des § 300a (→ § 300a Rn. 3), die auf Verfahren Anwendung findet, deren Eröffnung nach dem 30.6.2014 beantragt wird. **3.2**

Wird dem Schuldner die Restschuldbefreiung versagt, verliert der Treuhänder das Recht, an ihn abgetretene Einkommensteile geltend zu machen (LG Nürnberg-Fürth BeckRS 2013, 23050). Auch gehört der Neuerwerb in diesem Fall abweichend von § 300a bis zur endgültigen Verfahrensbeendigung zur Insolvenzmasse. **4**

II. Aufsicht des Insolvenzgerichts

Für den Treuhänder gelten die Vorschriften, die die Rechtsstellung des Insolvenzverwalters hinsichtlich Aufsicht und Entlassungsrecht des Gerichts zum Inhalt haben, entsprechend (§§ 58, 59). Mithin kann das Gericht zB den Treuhänder aus wichtigem Grund aus dem Amt **entlassen**. Eine solche Entlassung kann von Amts wegen, auf Antrag des Schuldners oder auf Antrag eines **5**

Insolvenzgläubigers erfolgen. Der Treuhänder kann seine Entlassung selbst beantragen, wenn hierfür wichtige Gründe iSd § 59 Abs. 1 S. 1 und S. 2 vorliegen (vgl. BGH BeckRS 2004, 06410 = ZVI 2004, 544). Auf Antrag eines Insolvenzgläubigers kann die Entlassung abweichend von § 59 Abs. 1 S. 3 auch auf andere Gründe als die fehlende Unabhängigkeit des Treuhänders von der Person des Schuldners gestützt werden (Abs. 3 S. 2). Ein wichtiger Grund in diesem Sinne dürfte ua sicherlich dann gegeben sein, wenn der Treuhänder seine Treuhandpflichten schuldhaft verletzt. Besonders hervorgehoben wird mit Abs. 3 S. 2 die notwendige Vermeidung von Interessenkonflikten (vgl. Art. 26 Abs. 1 lit. d RL (EU) 2017/1132 L 172/18).

III. Haftung des Treuhänders

6   Im Gegensatz zu § 60, der die Haftung des Insolvenzverwalters regelt, enthält das Gesetz keine Bestimmungen zur Haftung des Treuhänders im Restschuldbefreiungsverfahren. Mithin richtet sich dessen Haftung nach der Regelung des BGB zum Institut der Geschäftsführung gem. §§ 675, 662 ff. (vgl. OLG Celle NZI 2008, 52, wonach sich die Haftung des Treuhänders nach § 280 BGB bestimmt). Dies gilt ebenso hinsichtlich der Haftung des Treuhänders gegenüber dem Schuldner (AG Köln BeckRS 2013, 05877 = ZInsO 2013, 1275).

IV. Pflicht zur Rechnungslegung

7   Der Treuhänder ist dem Insolvenzgericht gegenüber bei Beendigung seines Amts zur Rechnungslegung verpflichtet (Abs. 3 S. 1). Die Rechnungslegung umfasst eine geordnete, nachvollziehbare Aufstellung sämtlicher Einnahmen und Ausgaben nach Betrag und Grund sowie deren belegtechnischen Nachweis (vgl. § 66). Daneben obliegt es dem Insolvenzgericht, im Rahmen seiner **Aufsichtspflicht** nach § 58 vom Treuhänder während der Wohlverhaltensperiode turnusmäßige Berichte zu verlangen.

8   Die Vorschrift des § 155 ist auf den Treuhänder nicht anwendbar. Demnach obliegt es ihm nicht, die steuer- und handelsrechtlichen Verpflichtungen anstelle des Schuldners zu erfüllen (MüKoInsO/Stephan Rn. 49, 77, 78).

B. Aufgaben des Treuhänders

I. Forderungseinzug

9   Der Treuhänder hat den Zahlungspflichtigen von der Abtretung zu unterrichten (Abs. 1 S. 1). Gegenüber öffentlichen Kassen ist die Abtretung in der Form des § 411 BGB zu belegen. Unabhängig davon ist die Abtretung jedoch wirksam. In der Praxis sieht der Treuhänder oftmals von der Benachrichtigung des Arbeitgebers ab, um das bestehende Arbeitsverhältnis des Schuldners nicht zu gefährden. Ein solches Vorgehen ist bedenklich. Jedenfalls verpflichtet es den Treuhänder, die pfändbaren Einkommensteile ständig zu überprüfen und vom Schuldner einzufordern (BGH NZI 2011, 451).

10 Die eingezogenen Beträge des Arbeitseinkommens oder der Lohnersatzleistungen hat der Treuhänder von seinem Vermögen getrennt zu halten und (soweit möglich) zinsbringend anzulegen. Sie bilden Treuhandvermögen, auf das nicht zugegriffen werden darf. Insbesondere dürfen Gläubiger des Treuhänders auf diese Beträge nicht Zugriff nehmen, hiergegen soll jedem Insolvenzgläubiger das Recht zur Drittwiderspruchsklage nach § 771 ZPO zustehen (BT-Drs. 12/2443, 191) (→ Rn. 10.1 f.).

10.1 Der Treuhänder ist berechtigt und nach wohl hM auch verpflichtet, die an ihn abgetretenen Einkommensteile gegen den Drittschuldner in Prozessstandschaft geltend zu machen (→ Rn. 2). Um dieser Verpflichtung zu entsprechen, ist der Treuhänder gehalten, die vom Drittschuldner als pfänd- und damit abtretbar eingeordneten Beträge zu überprüfen; dies auch dann, wenn der Treuhänder nicht nach Abs. 2 S. 1 mit der Überwachung der Pflichterfüllung des Schuldners betraut wurde (OLG Düsseldorf NZI 2011, 770; LG Hannover NZI 2011, 942; MüKoInsO/Stefan Rn. 39; KPB/Wenzel, 87. EL 3.2021, Rn. 11; Andres/Leithaus/Andres Rn. 3; Uhlenbruck/Sternal Rn. 30; aA OLG Celle NZI 2008, 52).

10.2 Diese den Treuhänder treffende Verpflichtung erfordert die Bestellung von Personen zu Treuhändern, die Gewähr dafür bieten, ihren gesetzlichen Obliegenheiten auch entsprechen zu können. Das Insolvenzgericht hat dem bei der Auswahl der Person Rechnung zu tragen.

II. Ausschüttung der erlangten Beträge

Der Treuhänder hat die Beträge, die er durch die Abtretung erlangt, und sonstige Leistungen **11** des Schuldners oder Dritter mindestens einmal jährlich auf der Grundlage des Schlussverzeichnisses (§ 188) an die Insolvenzgläubiger verhältnismäßig zu verteilen. Dies gilt auch dann, wenn die Wohlverhaltensphase durch den Tod des Insolvenzschuldners vorzeitig endet (AG Mannheim NZI 2021, 291). Soweit es im Einzelfall angezeigt ist, hat der Treuhänder auch eine vorzeitige Ausschüttung vorzunehmen. Hierzu kann das Gericht den Treuhänder auffordern.

In Verfahren, deren Eröffnung nach dem 30.6.2014 beantragt wird, genügt die einmalige Aus- **12** schüttung am Ende der Abtretungsfrist, wenn dies angesichts der Geringfügigkeit der zu verteilenden Beträge angemessen erscheint. Den Treuhänder trifft dabei die Verpflichtung, dem Insolvenzgericht einmal jährlich unter Angabe der Höhe der erlangten Beträge zu berichten (Abs. 1 S. 4) (→ Rn. 12.1 f.).

Nach dem Wortlaut des § 292 Abs. 1 S. 2 bleiben **offene Masseverbindlichkeiten** iSd § 55 unberück- **12.1** sichtigt. Demnach erfolgen Ausschüttungen an die Insolvenzgläubiger ungeachtet noch offener Masseverbindlichkeiten. § 53 steht dieser Annahme nicht entgegen, da diese Regelung die Vorwegbefriedigung der Masseverbindlichkeiten aus der Masse bestimmt, in der Wohlverhaltensphase aber eine Masse in diesem Sinne nicht mehr besteht (vgl. BGH NZI 2005, 399). Gleichwohl erscheint es systemwidrig, wenn Insolvenzgläubiger Zahlungen erhalten, obgleich noch offene Masseverbindlichkeiten bestehen, zumal der Schuldner grundsätzlich weder nach Verfahrensaufhebung noch nach Beendigung der Wohlverhaltensphase für offene Masseverbindlichkeiten in Anspruch genommen werden kann. Allenfalls für sogenannte oktroyierte Masseverbindlichkeiten besteht die Haftung des Schuldners über die Verfahrensbeendigung hinaus fort (vgl. BGH NZI 2007, 670). Es ist deshalb davon auszugehen, dass entgegen Abs. 1 S. 2 aus den Einnahmen in der Wohlverhaltensperiode zunächst die offenen Masseverbindlichkeiten zu berichtigen sind und erst im Anschluss daran Auszahlungen an die Insolvenzgläubiger erfolgen können (so auch BGH NZI 2015, 128).

Dies gilt jedoch nach dem eindeutigen Wortlaut des Abs. 1 S. 2 nicht für die Vergütungen und Auslagen- **12.2** erstattungen, die an einen dem Schuldner gem. § 4a Abs. 2 beigeordneten Anwalt aus der Staatskasse geleistet wurden (Uhlenbruck/Sternal Rn. 45). Diese sind als Kosten des Verfahrens iSd § 54 zwar aus der Masse abzudecken; aus den in der Wohlverhaltensphase erwirtschafteten Geldern können sie jedoch nicht befriedigt werden und gehen damit nicht zu Lasten der Gläubiger. Vielmehr haftet hierfür allein der Schuldner, der nach Erteilung der Restschuldbefreiung zur Zahlung heranzuziehen ist, soweit nicht eine Verlängerung der Stundung gem. § 4b anzuordnen ist.

Berücksichtigt werden bei der Ausschüttung innerhalb der Wohlverhaltensphase nur solche **13** Insolvenzgläubiger, deren Forderungen im Schluss- bzw. Verteilungsverzeichnis enthalten sind. Notwendig dafür ist eine rechtzeitige Anmeldung (→ § 174 Rn. 1 ff.) sowie die Feststellung der Forderung im Prüfungstermin oder einem diesen ersetzenden schriftlichen Verfahren (→ § 178 Rn. 1 ff.). Forderungen, für die bereits ein Vollstreckungstitel vorliegt, sind auch dann in das Verteilungsverzeichnis aufzunehmen, wenn sie nicht festgestellt wurden (§§ 189 Abs. 1, 179 Abs. 2). Ein Widerspruch des Schuldners gegen eine angemeldete Insolvenzforderung hindert deren Feststellung und damit deren Aufnahme in das Verteilungsverzeichnis nicht (§ 178 Abs. 1 S. 2).

Die zu **berücksichtigenden Gläubiger** erhalten eine der Höhe ihrer jeweiligen Forderung **14** entsprechende Quote, die durch den Treuhänder zu errechnen ist.

Gläubiger, denen ein **Absonderungsrecht** zusteht, werden in das Schlussverzeichnis nur mit **15** dem Betrag aufgenommen, mit dem sie bei der Realisierung ihres Absonderungsrechts ausgefallen sind oder hierauf gegenüber dem Verwalter verzichtet haben (§ 190; BGH NZI 2009, 565).

Der Treuhänder ist während der Laufzeit der Abtretungserklärung des Schuldners (Abtretungs- **16** frist) kraft Amtes befugt, das nachträgliche Erlöschen von Forderungen, die in das Schlussverzeichnis des Insolvenzverfahrens aufgenommen worden sind, gegen den jeweiligen Insolvenzgläubiger im Klagewege geltend zu machen (**Verteilungsabwehrklage**). Führt etwa die Aufrechnung eines Insolvenzgläubigers gegen Forderungen des Schuldners, die von seiner Abtretungserklärung nicht erfasst sind, während ihrer Laufzeit zu einer teilweisen Befriedigung, so darf der Insolvenzgläubiger an den weiteren Verteilungen nur nach dem Berücksichtigungswert seiner Restforderung teilnehmen (BGH NZI 2012, 513).

III. Rückzahlung in Altverfahren

In Verfahren, deren Eröffnung vor dem 1.7.2014 beantragt wurde, erhält der Schuldner als **17** Anreiz für eine weitere Arbeitstätigkeit nach vier Jahren stufenweise einen Teil der Beträge wieder zurück, die zunächst an den Treuhänder abgeführt werden (Abs. 1 S. 3 aF). Nach vier Jahren sind ihm 10 % der abgetretenen Beträge und nach fünf Jahren 15 % zurückzuerstatten. Die Jahresfristen beginnen jeweils mit der Aufhebung des Insolvenzverfahrens, was wiederum Indiz dafür ist, dass ungeachtet des in § 287 Abs. 2 normierten Beginns des Abtretungszeitraums die Wohlverhaltensphase faktisch erst mit Aufhebung oder Einstellung des Insolvenzverfahrens beginnt. In Verfahren, deren Eröffnung nach dem 30.6.2014 beantragt wird, ist eine Rückerstattung von eingezogenen Einkommensteilen nicht mehr vorgesehen (→ Rn. 17.1).

17.1 Eine Rückzahlung von eingenommenen Beträgen unterbleibt, soweit die dem Schuldner gestundeten Kosten noch nicht berichtigt sind und das Einkommen des Schuldners den sich nach § 115 Abs. 1 ZPO zu errechnenden Betrag übersteigt. Dabei sind im Gegensatz zu der Bestimmung des § 292 Abs. 1 S. 2 aF auch die an einen dem Schuldner beigeordneten Anwalt aus der Staatskasse gezahlten Vergütungen und Auslagen zu berücksichtigen. Die in Bezug genommene Regelung des § 115 Abs. 1 ZPO, die ansonsten für die Bewilligung von Prozesskostenhilfe zu beachten ist, dürfte nicht allzu häufig Anwendung finden, da sich bei einem Einkommen, das die in § 115 Abs. 1 ZPO genannten Beträge nicht übersteigt, regelmäßig kein pfändbarer Betrag ergibt und schon deshalb eine Rückzahlung an den Schuldner nicht in Betracht kommt.

C. Änderung der abgetretenen Beträge

I. Bestimmung der abgetretenen Einkommensteile

18 An den Treuhänder abtretbar sind nach § 400 BGB nur die Einkommensteile, die der **allgemeinen Pfändbarkeit** unterliegen (BGH BeckRS 2013, 01867 = ZInsO 2013, 1274). Die Höhe der abgetretenen und an die Insolvenzgläubiger abzuführenden Beträge lässt sich demnach für die Dauer der Abtretungsfrist nicht fest vorherbestimmen. Zum einen können sich die Einkommensverhältnisse des Schuldners ändern, zum anderen können sich Veränderungen hinsichtlich seiner Unterhaltsverpflichtungen ergeben, die wiederum zu einer Änderung der pfändbaren Einkommensteile führen.

19 Ferner können im Arbeitseinkommen einmalige Beträge enthalten sein, die nach § 850a ZPO nur zu einem bestimmten Teil pfändbar sind, wie zB das Weihnachtsgeld nach § 850a Nr. 4 ZPO. Die Berechnung der abzuführenden Beträge wird indes für den Drittschuldner, also den Arbeitgeber des Schuldners, keine Schwierigkeiten bereiten, seine Rechtsstellung ist keine andere als im Fall gewöhnlicher Pfändung des Arbeitseinkommens (vgl. §§ 850c, 850e ZPO).

20 Bestehen Unstimmigkeiten zwischen den Beteiligten hinsichtlich des Umfangs der pfändbaren und damit abtretbaren Einkommensteile, so ist das Insolvenzgericht berufen, auf Antrag des Schuldners, des Drittschuldners oder des Treuhänders einen sogenannten **klarstellenden Beschluss** zu erlassen (vgl. LG Offenbach NZI 2000, 277). Dies allerdings nur in einem engen Rahmen, der dadurch bestimmt wird, dass sich eine entsprechende Entscheidungskompetenz aus dem Gesetz ergibt, was zB nicht der Fall ist für die Bestimmung des Wertes von Naturalleistungen, die der Schuldner als weiteres Arbeitsentgelt von seinem Arbeitgeber erhält (vgl. BGH NZI 2013, 98).

21 Ebenfalls dem Insolvenzgericht obliegt es, Teile des Arbeitseinkommens etwa als Aufwandsentschädigung und damit als unpfändbar nach § 850a Nr. 3 ZPO einzustufen (vgl. VG Ansbach BeckRS 2006, 22360 = RPfleger 2006, 419).

22 Dagegen ist es zulässig, dass das Insolvenzgericht die Nichtberücksichtigung einer Unterhaltspflicht bei der Bestimmung des pfändbaren und damit abtretbaren Einkommens feststellt, wenn der Schuldner nach eigenem Bekunden tatsächlich keinen Unterhalt leistet (BGH NJW 2017, 3591, → Rn. 22.1).

22.1 Im Übrigen ist der Streit über den Umfang der abgetretenen Einkommensteile vor dem Prozessgericht auszutragen (vgl. BGH NZI 2012, 672). Allein die Begrifflichkeit „klarstellende Beschlussfassung" gebietet es, davon nur sehr zurückhaltend Gebrauch zu machen. Sobald mit einem solchen Beschluss eine Entscheidung verbunden ist und nicht nur die Feststellung oder Wiedergabe einer Tatsache, darf dieser nur ergehen, wenn dafür eine gesetzliche Kompetenzzuweisung vorliegt. Eine solche Kompetenzzuweisung enthält zB die Vorschrift des § 850e Nr. 2 ZPO hinsichtlich der Anordnung der Zusammenrechnung mehrerer Einkünfte des Schuldners. Dagegen enthält § 850e Nr. 3 ZPO zwar die Aussage, dass Naturleistungen und Geldleistungen zusammenzurechnen sind; die Wertbestimmung hinsichtlich der Naturleistung ist aber nicht dem Vollstreckungsgericht/Insolvenzgericht übertragen.

II. Anordnungen des Insolvenzgerichts

Neben Veränderungen der Einkommens- und Familienverhältnisse können sich Änderungen der pfändbaren Einkommensteile auch durch Anordnungen des Insolvenzgerichts ergeben. Nach Abs. 1 S. 3 ist die Regelung des § 36 Abs. 1 S. 2 auf die an den Treuhänder abzuführenden Beträge entsprechend anwendbar. 23

Damit kann das Insolvenzgericht zB auf **Antrag des Treuhänders** anordnen, dass ein Unterhaltsberechtigter bei der Berechnung des pfändbaren Einkommens außer Betracht zu bleiben hat (vgl. § 850c Abs. 4 ZPO; vgl. BGH NJW 2012, 393) oder dass mehrere Einkünfte und/oder Sozialleistungen des Schuldners zur Bestimmung des pfändbaren und damit abtretbaren Einkommens zusammengerechnet werden (§ 850e Nr. 2 und Nr. 2a; BGH BeckRS 2013, 01867 = ZInsO 2013, 1274) (→ Rn. 24.1). 24

Die Insolvenzgläubiger sind nicht berechtigt, durch einen entsprechenden Antrag an das Insolvenzgericht die an den Treuhänder abzuführenden Einkommensteile und damit ihre Befriedigungsaussichten zu erhöhen. Es muss deshalb der Treuhänder als verpflichtet angesehen werden, Anträge hinsichtlich der Bestimmung der abgetretenen Einkommensteile zu Lasten des Schuldners zu stellen; dies zumindest dann, wenn ein Gläubiger dem Treuhänder die notwendigen Informationen zukommen lässt (LG Dortmund BeckRS 2019, 41749; aA AG Köln BeckRS 2013, 05877). Zwar hat der Treuhänder auch die Belange des Schuldners zu wahren; eine absolute **Neutralität** wird von ihm jedoch nicht gefordert (vgl. BGH NZI 2010, 781). Insbesondere muss sich der Treuhänder selbst davor schützen können, mit Schadensersatzansprüchen der Gläubiger konfrontiert zu werden. 24.1

Auf Antrag des Schuldners kann das Insolvenzgericht bestimmen, dass dem Schuldner von seinem Einkommen mehr zu belassen ist, als nach den Regeln des § 850c ZPO unpfändbar wäre. Begründet ist ein solcher Antrag etwa dann, wenn der Schuldner aus gesundheitlichen oder beruflichen Gründen besonders hohe Aufwendungen hat (vgl. § 850f Abs. 1 ZPO; AG Braunschweig BeckRS 2008, 04976). 25

Funktionell zuständig für die Entscheidung des Insolvenzgerichts ist der Rechtspfleger (§ 3 Nr. 2e RPflG). 26

Die Entscheidung des Insolvenzgerichts ist mit der sofortigen Beschwerde gem. § 793 ZPO anfechtbar (BGH NZI 2004, 278). Das Insolvenzgericht entscheidet bei der Prüfung der Abs. 1 S. 3, § 36 Abs. 1 S. 2 als besonderes Vollstreckungsgericht nach § 36 Abs. 4 S. 1 InsO, sodass sich der Rechtsmittelzug nach den **vollstreckungsrechtlichen Vorschriften** bestimmt (vgl. BGH NZI 2012, 672). 27

Wurde bereits im eröffneten Verfahren eine Anordnung nach § 36 Abs. 1 durch das gem. § 36 Abs. 4 S. 1 zuständige Insolvenzgericht getroffen, verliert diese mit der Beendigung des Insolvenzverfahrens durch dessen Aufhebung oder Einstellung ihre Wirksamkeit. Es bedarf grundsätzlich einer neuerlichen gerichtlichen Bestimmung, um die entsprechenden Rechtsfolgen auch in der Wohlverhaltensphase auszulösen. Vertretbar und sinnvoll erscheint es, dass das Insolvenzgericht eine Anordnung nach § 36 Abs. 1 mit dem ausdrücklichen Zusatz erlässt, dass diese auch in einem evtl. sich anschließenden Restschuldbefreiungsverfahren Gültigkeit hat (→ Rn. 28.1). 28

Wurde etwa auf Antrag des Insolvenzverwalters im eröffneten Verfahren angeordnet, dass die Ehefrau des Schuldners bei der Berechnung des pfändbaren Einkommens nicht zu berücksichtigen ist, dann ist diese Anordnung über die Beendigung des Insolvenzverfahrens hinaus in der Wohlverhaltensphase nur zu berücksichtigen, wenn sie entweder (auf Antrag des Treuhänders) neuerlich getroffen wird oder von Beginn an mit einem entsprechenden Zusatz versehen war. Einen solchen Zusatz wird das Insolvenzgericht regelmäßig nicht ohne den entsprechenden Antrag des Insolvenzverwalters formulieren. 28.1

D. Überwachung des Schuldners

Die Gläubigerversammlung (§ 76) kann den Treuhänder zusätzlich mit der Aufgabe betrauen, die Erfüllung der Obliegenheiten des Schuldners zu überwachen (Abs. 2 S. 1). Der Treuhänder hat in diesem Fall die Gläubiger unverzüglich zu benachrichtigen, wenn er einen Verstoß gegen diese Obliegenheit feststellt. Die Gläubiger werden damit in die Lage versetzt, einen Antrag auf Versagung der Restschuldbefreiung nach §§ 296, 297 zu stellen (→ Rn. 29.1 f.). 29

Die Beschlussfassung der Gläubiger ist spätestens im Schlusstermin zu treffen. Voraussetzung dafür ist, dass die veröffentlichte Tagesordnung diese Beschlussfassung als Gegenstand der Gläubigerversammlung benennt. 29.1

Wie die normierte Benachrichtigung der Gläubiger auszusehen hat, ist nicht geregelt. Nachdem das Insolvenzverfahren beendet ist, kommt die Einberufung einer Gläubigerversammlung nach § 74 nicht in Betracht. 29.2

Die Übermittlung der Erkenntnisse an jeden einzelnen Gläubiger per Post oder anderen Kommunikationsmitteln wird meist nicht möglich sein. In der Literatur wird vorgeschlagen, eine allgemeine Information über das Vorliegen entsprechender Erkenntnisse mit dem Hinweis öffentlich bekannt zu machen, dass Details auf der Geschäftsstelle des Insolvenzgerichts durch die beteiligten Gläubiger eingesehen werden können (MüKoInsO/ Stephan Rn. 93). Der Treuhänder wird durch eine solche Beschlussfassung nicht dazu ermächtigt, selbst einen Antrag auf Versagung der Restschuldbefreiung zu stellen. Möglich erscheint es jedoch, dass einzelne Gläubiger den Treuhänder bevollmächtigen, in ihrem Namen einen Versagungsantrag zu stellen.

30 Der Treuhänder kann die übertragene Aufgabe nur ablehnen, wenn die ihm hierfür zustehende Vergütung nicht gedeckt ist und auch nicht vorgeschossen wird (Abs. 2 S. 3). Will er die zusätzliche Tätigkeit nicht übernehmen, kann er freilich das Amt des Treuhänders insgesamt ablehnen. Nach § 15 Abs. 1 InsVV beträgt die zusätzliche Vergütung regelmäßig 35 EUR je Stunde (→ § 293 Rn. 8). In Verfahren, deren Eröffnung nach dem 31.12.2020 beantragt wurde, beträgt die Vergütung 50 EUR je Stunde (§ 19 Abs. 5 InsVV).

31 Die Art und Weise sowie der Umfang der Überwachungstätigkeit werden durch das Gesetz nicht geregelt. Klare Zielsetzung der Überwachung stellt die Aufdeckung von Obliegenheitsverletzungen dar, die zu einer Versagung der Restschuldbefreiung führen können. Im Focus steht damit die Verletzung der sich aus § 295 ergebenden Obliegenheiten. Aber auch wenn dem Treuhänder die Verletzung von Obliegenheiten nachträglich bekannt wird, die nach § 290 zu einer Versagung der Restschuldbefreiung führen können, hat er die Gläubiger darüber zu informieren (vgl. § 297a).

32 Der Treuhänder ist zwar nicht als verpflichtet anzusehen, dem Schuldner in detektivischer Weise nachzuspionieren, eine regelmäßige Kontaktaufnahme ist jedoch einzufordern (Uhlenbruck/Sternal Rn. 61). Insbesondere bei einem arbeitslosen Schuldner hat sich der Treuhänder durch regelmäßige Nachfragen nach der Intensität der Bewerbungsbemühungen des Schuldners zu erkundigen.

33 Der Treuhänder in der Wohlverhaltensphase darf die Insolvenzgläubiger von Umständen unterrichten, welche die Versagung der Restschuldbefreiung begründen können, auch wenn ihm diese Aufgabe nicht eigens übertragen worden ist (BGH NZI 2010, 781). Damit wird deutlich, dass der Treuhänder nicht primär die Interessen des Schuldners schützt, sondern durchaus auch die berechtigen Anliegen der Gläubiger respektiert.

§ 293 Vergütung des Treuhänders

(1) ¹Der Treuhänder hat Anspruch auf Vergütung für seine Tätigkeit und auf Erstattung angemessener Auslagen. ²Dabei ist dem Zeitaufwand des Treuhänders und dem Umfang seiner Tätigkeit Rechnung zu tragen.

(2) § 63 Abs. 2 sowie die §§ 64 und 65 gelten entsprechend.

Überblick

Über die Verweisung in Abs. 2 der Vorschrift auf § 65 findet auch für den Anspruch des Treuhänders auf Vergütung und auf Erstattung der angemessenen Auslagen die InsVV Anwendung.

Übersicht

	Rn.		Rn.
A. Anwendung der InsVV	1	C. Festsetzung durch das Insolvenzgericht	10
I. Einmalige Vergütung	1		
II. Mindestvergütung	3		
III. Zu- und Abschläge	7	D. Gestundete Kosten	13
B. Überwachung der Obliegenheiten des Schuldners	8	E. Nicht gedeckte Mindestvergütung	17

A. Anwendung der InsVV

I. Einmalige Vergütung

1 Es handelt sich um eine einmalige Vergütung, die dem Treuhänder zum Ende seiner Tätigkeit auf Antrag durch das Insolvenzgericht festzusetzen ist. So ist denn auch die Regel- und die Mindestvergütung für die Gesamtdauer des Verfahrens zu vergleichen (BGH NZI 2011, 147).

Die Höhe der Vergütung berechnet sich nach der Summe der Beträge, die aufgrund der **2** Abtretungserklärung des Schuldners oder auf andere Weise zur Befriedigung der Gläubiger des Schuldners beim Treuhänder eingehen; sie beträgt nach **§ 14 Abs. 2 InsVV** (Stand: 1.1.2021).
  von den ersten
35.000 EUR (bisher: 25.000 EUR) 5 %,
  von dem Mehrbetrag bis 70.000 EUR (bisher: 50.000 EUR) 3 %,
  von dem darüber hinausgehenden Betrag 1 %.

Unklar ist, welcher Zeitpunkt für die Anwendung der mit dem SanInsFoG vom 22.12.2020 (BGBl. I **2.1** 3256) geänderten Vergütungssätze maßgebend ist. § 19 InsVV enthält zwei Abs. 5. Nach dem ersten § 19 Abs. 5 InsVV finden die neuen Vergütungssätze auf Verfahren Anwendung, deren Eröffnung nach dem 30.9.2020 beantragt wurde. Der zweite § 19 Abs. 5 InsVV stellt auf Eröffnungsanträge nach dem 31.12.2020 ab.

Bei der Bemessung der Treuhändervergütung sind zugeflossene Beträge nur insoweit zu berück- **2a** sichtigen, als sie letztlich auch zur Befriedigung der Gläubiger erforderlich waren; **überschießende Beträge** finden keine Berücksichtigung. Dies ergibt sich nach Meinung des LG Ingolstadt bereits aus dem Wortlaut des § 14 Abs. 1 InsVV. Der Zusatz im Verordnungstext „... zur Befriedigung der Gläubiger des Schuldners..." spreche eindeutig dafür, dass eingehende Beträge nur insoweit Berücksichtigung bei der Bemessung der Treuhändervergütung finden können, soweit sie tatsächlich zur Befriedigung der Gläubiger erforderlich waren. Der entsprechende Zusatz im Verordnungstext wäre ansonsten völlig überflüssig (LG Ingolstadt BeckRS 2017, 142770).

II. Mindestvergütung

Der Mindestbetrag der Vergütung beträgt 140 EUR (Stand: 1.1.2021; bisher: 100 EUR) für **3** jedes Jahr der Tätigkeit des Treuhänders. In Verfahren, die nach dem 31.12.2003 eröffnet wurden, erhöht sich diese Mindestvergütung je fünf Gläubiger um 70 EUR (Stand: 1.1.2021; bisher: 50 EUR; § 14 Abs. 3 S. 2 InsVV). Der Zuschlag gilt auch für die ersten fünf Gläubiger, wenn insgesamt an mehr als fünf Gläubiger verteilt wurde (BGH NZI 2011, 147). Wird also etwa an sechs Gläubiger ausgeschüttet, so erhält der Treuhänder 210 EUR Mindestvergütung. Bei einer Ausschüttung an elf bis 14 Gläubiger beträgt die Mindestvergütung 280 EUR.

In Verfahren, die vor dem 1.1.2004 eröffnet wurden, beträgt die Mindestvergütung des Treu- **4** händers 100 EUR. Eine Erhöhung war nicht vorgesehen.

Die Neuregelung der Mindestvergütung des Treuhänders in der Wohlverhaltensperiode durch **5** die Erste Änderungsverordnung zur Insolvenzrechtlichen Vergütungsverordnung findet für die Tätigkeit des Treuhänders ab 7.10.2004 Anwendung; für seine Tätigkeit davor gilt die frühere Fassung (BGH NZI 2011, 147).

Die Erhöhung kann nur verlangt werden für die Jahre, in denen tatsächlich Ausschüttungen **6** vorgenommen wurden. Setzt der Treuhänder die Verteilung der eingehenden Beträge bis zum Ende der Abtretungsfrist gemäß § 292 Abs. 1 S. 4 aus, so kann eine Erhöhung der Mindestvergütung allenfalls für das Jahr verlangt werden, in dem tatsächlich Beträge an mehr als fünf Gläubiger zu verteilen sind (→ Rn. 6.1).

Gläubigerzahl	Mindestvergütung	Gläubigerzahl	Mindestvergütung
bis 5	100 EUR	16–20	250 EUR
6–10	150 EUR	21–25	300 EUR
11–15	200 EUR	26–30	350 EUR

Beispiel: Die Wohlverhaltensperiode dauerte vom 14.1.2017–5.8.2021. In den Jahren 2020 und 2021 **6.1** wurden insgesamt 17.489,38 EUR an 103 Gläubiger ausgeschüttet.
  Regelvergütung: 874,47 EUR zzgl. 74,20 EUR Auslagen und 19 % Umsatzsteuer festgesetzt, zusammen 1.128,92 EUR.
  Mindestvergütung gem. § 14 Abs. 3 InsVV:
  – Vergütung nach § 14 Abs. 3 Satz 1 InsVV:
  – Verfahrensdauer vom 14.1.2017–5.8.2021;
    das sind fünf (angefangene) Jahre = 500,00 EUR
  – Erhöhung nach § 14 Abs. 3 Satz 2 InsVV:
    zwei Jahre mit Verteilungen an jeweils 103 Gläubiger;
    Erhöhung um zweimal 1.000 EUR = <u>2.000,00 EUR</u>

Nachgewiesene Auslagen (§ 16 Abs. 1 Satz 3 InsVV) = 74,20 EUR
Gesamtsumme 2.574,20 EUR
19 % Umsatzsteuer 489,10 EUR
Mindestvergütung insgesamt 3.063,30 EUR

III. Zu- und Abschläge

7   In entsprechender Anwendung des § 3 Abs. 1 InsVV kann dem Treuhänder bei besonderer Arbeitsbelastung ein Zuschlag auf die Regelvergütung gewährt werden; dies zB dann, wenn er abgetretene Beträge gegen den Drittschuldner geltend macht. Umgekehrt kommt ein Abschlag von der Regelvergütung in entsprechender Anwendung des § 3 Abs. 2 InsVV in Betracht, wenn ein Treuhänder im Einzelfall im Vergleich zu einem „Normalverfahren" deutlich geringer beansprucht wird (Haarmayer/Mock InsVV § 14 Rn. 17 ff.). Ein Abschlag von der Mindestvergütung scheidet bereits begrifflich aus.

B. Überwachung der Obliegenheiten des Schuldners

8   Eine zusätzliche Vergütung des Treuhänders ist in § 15 InsVV normiert, nämlich für die Überwachung der Obliegenheiten des Schuldners nach § 292 Abs. 2. Hierfür erhält er eine Vergütung von 50 EUR pro Stunde (§ 15 Abs. 1 S. 2 InsVV; Stand: 1.1.2021; bisher 35 EUR).
9   Nach § 15 Abs. 2 InsVV darf der Gesamtbetrag der zusätzlichen Vergütung den Gesamtbetrag der Vergütung des Treuhänders nach § 14 InsVV nicht überschreiten. Jedoch kann die Gläubigerversammlung eine davon abweichende Regelung treffen.

C. Festsetzung durch das Insolvenzgericht

10   Die Vergütung des Treuhänders und die zu erstattenden Auslagen werden auf dessen Antrag bei der Beendigung seines Amts vom Insolvenzgericht durch Beschluss festgesetzt (Abs. 2, § 64 Abs. 1; § 16 Abs. 1 InsVV) (→ Rn. 10.1).

10.1   Auslagen, deren Erstattung der Treuhänder verlangt, sind einzeln zu belegen (§ 16 Abs. 1 S. 3 InsVV). Hinsichtlich der Umsatzsteuererstattung wird auf § 7 InsVV verwiesen (§ 16 Abs. 1 S. 4 InsVV). Weitere Verweisungen, etwa auf §§ 4, 8 InsVV, sind nicht normiert. Gleichwohl ist davon auszugehen, dass die dort genannten Grundsätze zu den Modalitäten eines Festsetzungsantrags entsprechend gelten.

11   Der Beschluss ist öffentlich bekanntzumachen und dem Treuhänder sowie dem Schuldner besonders zuzustellen, wobei der festgesetzte Betrag nicht veröffentlicht wird (Abs. 2, § 64 Abs. 2). Gegen den Beschluss steht dem Treuhänder, dem Schuldner und jedem Insolvenzgläubiger die sofortige Beschwerde zu (Abs. 2, § 64 Abs. 3).

12   Der Treuhänder ist befugt, aus den eingehenden Beträgen **Vorschüsse** auf seine Vergütung zu entnehmen, ohne dass das Insolvenzgericht hierzu seine Zustimmung erteilen muss (§ 16 Abs. 1 S. 1 InsVV). Ein solcher Vorschuss darf jedoch den vom Treuhänder bereits verdienten Teil der Vergütung und die Mindestvergütung seiner (gesamten) Tätigkeit nicht überschreiten (§ 16 Abs. 2 S. 2 InsVV). Sind die Kosten des Verfahrens nach § 4a gestundet, so kann das Gericht Vorschüsse bewilligen, die aus der Staatskasse zu entrichten sind (§ 16 Abs. 2 S. 3 InsVV; LG Köln NZI 2004, 597; → Rn. 12.1).

12.1   Beansprucht der Treuhänder zu Beginn der Wohlverhaltensphase aus der Staatskasse einen Vorschuss in Höhe der Mindestvergütung, so kann er während der laufenden Wohlverhaltensphase auch dann keine weiteren Vorschüsse verlangen oder aus den Einnahmen entnehmen, wenn sich anschließend pfändbare Bezüge ergeben, die eine Vergütung deutlich über der Mindestvergütung ergeben.

D. Gestundete Kosten

13   Die in der Wohlverhaltensphase anfallenden Kosten sollen nach § 292 Abs. 1 S. 2 aus den Einnahmen aufgrund der Abtretung der Dienstbezüge und aus sonstigen Leistungen des Schuldners oder Dritter beglichen werden. Sind dem Schuldner die Kosten des Verfahrens gem. § 4a gestundet, sind die Vergütung und die Auslagen des Treuhänders aus der Staatskasse zu decken, soweit die eingenommenen Beträge dafür nicht ausreichen (Abs. 2, § 63 Abs. 2). Der sekundäre Vergütungsanspruch des Treuhänders gegen die Staatskasse setzt voraus, dass die Verfahrenskostenstundung für den jeweiligen Verfahrensabschnitt tatsächlich gewährt worden ist (BGH NZI 2013, 305; NJW-RR 2004, 982).

14   Ausschüttungen an die Gläubiger in diesem Verfahrensabschnitt erfolgen in den Verfahren, in denen dem Schuldner die Verfahrenskosten nach §§ 4a ff. gestundet worden sind, erst dann, wenn

die gesamten gestundeten Verfahrenskosten (abzüglich der Kosten für die Beiordnung eines Rechtsanwalts) berichtigt sind, also neben der in diesem Verfahrensabschnitt anfallenden Verfahrenskosten auch die, die im Insolvenzverfahren nicht aus der Masse zurückgeführt werden konnten (BGH NZI 2005, 399; 2010, 188). Darüber hinaus hat der Treuhänder auch die sonstigen noch **offenen Masseverbindlichkeiten** zu befriedigen, bevor er Ausschüttungen an die Insolvenzgläubiger anhand des Schlussverzeichnisses vornimmt (BGH NZI 2015, 128).

Wird die bewilligte Verfahrenskostenstundung während des Verfahrensabschnitts aufgehoben, besteht die Subsidiärhaftung der Staatskasse nur so lange fort, bis der Insolvenzverwalter oder Treuhänder von der Aufhebung Kenntnis erlangt (BGH NZI 2014, 707). 15

Der Insolvenzverwalter hat nach Ansicht des BGH eine **Rückstellung** für nach Aufhebung des Insolvenzverfahrens in der Wohlverhaltensperiode entstehende Verfahrenskosten zu bilden, wenn nach den persönlichen und wirtschaftlichen Verhältnissen des Schuldners die in diesem Verfahrensabschnitt voraussichtlich entstehenden Verfahrenskosten durch die in diesem Verfahrensabschnitt mutmaßlich zu erwartenden Einkünfte nicht gedeckt sind (BGH NZI 2015, 128). 16

E. Nicht gedeckte Mindestvergütung

Die Restschuldbefreiung kann nach § 298 Abs. 1 (→ § 298 Rn. 1) versagt werden, wenn die Mindestvergütung des Treuhänders während der Wohlverhaltensperiode nicht gedeckt ist. Die Versagung unterbleibt gem. § 298 Abs. 2, wenn der Schuldner binnen zwei Wochen nach Aufforderung durch das Gericht den fehlenden Betrag einzahlt oder ihm dieser entsprechend § 4a gestundet wird. Die Kostenstundung erfolgt auf Antrag des Schuldners, der die in § 4a Abs. 1 genannten Angaben enthalten muss. 17

§ 294 Gleichbehandlung der Gläubiger

(1) Zwangsvollstreckungen für einzelne Insolvenzgläubiger in das Vermögen des Schuldners sind in dem Zeitraum zwischen Beendigung des Insolvenzverfahrens und dem Ende der Abtretungsfrist nicht zulässig.

(2) Jedes Abkommen des Schuldners oder anderer Personen mit einzelnen Insolvenzgläubigern, durch das diesen ein Sondervorteil verschafft wird, ist nichtig.

(3) Eine Aufrechnung gegen die Forderung auf die Bezüge, die von der Abtretungserklärung erfasst werden, ist nicht zulässig.

Überblick

Mit Abs. 1 wird das Vollstreckungsverbot des § 89 gleichsam auf die Wohlverhaltensphase erstreckt (→ Rn. 1). Die Regelung des Abs. 2 bezieht sich insbesondere auf Abkommen, mit denen die Wirkungen der Restschuldbefreiung umgangen werden sollen (→ Rn. 8). Das Aufrechnungsverbot des Abs. 3 soll Gewähr dafür bieten, dass die abgetretenen Einkommensteile auch tatsächlich zur Befriedigung der Forderungen der Gläubiger zur Verfügung stehen.

Übersicht

	Rn.		Rn.
A. Vollstreckungsverbot (Abs. 1)	1	I. Aufrechnung gegen Arbeitsentgeltansprüche	10
I. Betroffene Gläubiger	1		
II. Weitere Wirkungen	7a	II. Aufrechnung gegen Ansprüche, die kein Arbeitsentgelt darstellen	14
III. Rechtsbehelfe	7b		
B. Verbot von Sonderabkommen (Abs. 2)	8	1. Kein allgemeines Aufrechnungsverbot	14
		2. Aufrechnung nach § 52 SGB I	15
C. Aufrechnungsverbot (Abs. 3)	10	3. Folgen einer wirksamen Aufrechnung	17

A. Vollstreckungsverbot (Abs. 1)

I. Betroffene Gläubiger

Die **Insolvenzgläubiger** unterliegen für die Dauer der Abtretungserklärung einem Vollstreckungsverbot gegen den Schuldner (Abs. 1, → Rn. 1.1). Sie dürfen weder in dessen Arbeitsein- 1

InsO § 294 Achter Teil. Restschuldbefreiung

kommen noch in sonstiges Vermögen des Schuldners die Zwangsvollstreckung betreiben. Insoweit ist das Nachforderungsrecht der Insolvenzgläubiger aus § 201 eingeschränkt. Die Regelung des Abs. 1 erstreckt das nach § 89 für das eröffnete Verfahren geltende Vollstreckungsverbot auf den Zeitraum der Wohlverhaltensphase. Damit ist es den Insolvenzgläubigern auch in der Zeit zwischen Beendigung des Insolvenzverfahrens und Ablauf der Abtretungsfrist untersagt, die Zwangsvollstreckung zu betreiben. Ausgenommen sind auch hier diejenigen Gläubiger, denen ein **Absonderungsrecht** etwa in Form eines Grundpfandrechts (§ 49) oder eines Pfändungspfandrechts (§ 50 Abs. 1) zusteht. Gläubigern, die während des eröffneten Insolvenzverfahrens vollstrecken dürfen, ist dies auch in der Wohlverhaltensphase erlaubt.

1.1 Die Frage, ob das Vollstreckungsverbot entgegen des Wortlauts des Abs. 1 erst mit der rechtskräftigen Entscheidung über die Restschuldbefreiung endet, hat der BGH bisher offengelassen (BGH BeckRS 2020, 14349).

1a Wurde die Pfändung einer **künftigen Forderung** im Vorfeld der Insolvenzeröffnung wirksam, so ist zu beachten, dass dabei das Pfändungspfandrecht von der Entstehung der Forderung abhängig ist (BGHZ 30, 238; BGH NZI 2004, 206; 2017, 715; WM 2016, 135). An Ansprüchen auf Arbeitseinkünfte oder Kontoguthaben, die erst in der Wohlverhaltensphase entstehen, kann somit kein Pfändungspfandrecht erworben werden, demgegenüber das Vollstreckungsverbot des Abs. 1 keine Anwendung finden würde; die Wirkungen der Vollstreckung unterfallen dem Abs. 1. Davon unabhängig besteht die mit der Pfändung ausgelöste **Verstrickung des Anspruchs** auf Zahlung des Arbeitsentgelts fort. Erst nach Beseitigung der Verstrickung ist der Arbeitgeber als Drittschuldner verpflichtet, in Beachtung der nach § 287 Abs. 2 erfolgten Abtretung an den Treuhänder zu leisten. Dazu ist ein Pfändungs- und Überweisungsbeschluss, der im Vorfeld der Insolvenzeröffnung hinsichtlich künftiger Forderungen erlangt wurde, auf Antrag des Schuldners oder des Treuhänders aufzuheben bzw. für die Dauer der Wohlverhaltensphase außer Kraft zu setzen (entsprechend BGH NZI 2017, 892 zur vergleichbaren Situation im eröffneten Verfahren; vgl. AG Zeitz BeckRS 2018, 30399). Vorzugswürdig ist dabei diejenige Vorgehensweise, mit der die Wirkung der Pfändung für die Zeit der Wohlverhaltensphase außer Kraft gesetzt wird. Wird dem Schuldner nämlich die Restschuldbefreiung versagt, ist die Pfändung wieder zu berücksichtigen (→ § 301 Rn. 8b). Diese Wirkung entfällt, wenn die Pfändung aufgehoben wurde. Ein Wiederaufleben der Pfändung ist dann nicht mehr möglich, was eine nicht gerechtfertigte Beeinträchtigung der Gläubigerrechte bedeutet.

2 Vom Vollstreckungsverbot sind auch **Unterhalts- oder Deliktsgläubiger** betroffen, soweit diese Insolvenzgläubiger sind, ihre Ansprüche also zum Zeitpunkt der Eröffnung des Insolvenzverfahrens bereits bestanden bzw. begründet waren; dies gilt auch hinsichtlich der sogenannten Vorrechtsbereichs der §§ 850d, 850f Abs. 2 ZPO (MüKoInsO/Stephan InsO § 294 Rn. 11). Die Tatsache, dass eine Forderung gemäß § 302 von einer Restschuldbefreiung nicht betroffen ist, lässt das Vollstreckungsverbot ebenfalls nicht entfallen (BGH NZI 2012, 811) (→ Rn. 2.1).

2.1 Der Anordnung von **Erzwingungshaft** nach § 96 OWiG zur Beitreibung einer vor Eröffnung des Insolvenzverfahrens festgesetzten Geldbuße steht Abs. 1 ebenfalls entgegen, weil diese Maßnahme als eine solche der Zwangsvollstreckung iSd Vorschriften der InsO anzusehen ist (LG Potsdam BeckRS 2021, 3435; LG Duisburg BeckRS 2017, 117546 mAnm Sandherr NZV 2017, 588; LG Bochum BeckRS 2013, 17768; LG Dresden 4.10.2012 – 5 Qs 135/12; AG Dortmund BeckRS 2017, 124984 mablAnm Büttner; aA LG Deggendorf Rpfleger 2012, 581). Gründet sich die Geldbuße auf einen nach Verfahrenseröffnung zu verortenden Sachverhalt, wird die Anordnung der Erzwingungshaft durch Abs. 1 nicht gehindert. Allerdings kann eine Erzwingungshaft dann nicht angeordnet werden, wenn es dem Schuldner schlichtweg unmöglich ist, die Geldbuße mit seinem freien Vermögen bzw. Einkommen zu begleichen; sie kommt mithin nur bei relativ geringen Beträgen in Betracht. Der Anordnung bzw. dem Vollzug einer **Ersatzfreiheitsstrafe** steht Abs. 1 nicht entgegen (BVerfG NJW 2006, 3626; LG Berlin NJW 2007, 1541).

3 Das Vollstreckungsverbot während der Laufzeit der Abtretungserklärung betrifft auch Insolvenzgläubiger, die am Insolvenzverfahren nicht teilgenommen haben und die der Schuldner nicht in das Vermögensverzeichnis aufgenommen hat (BGH NZI 2006, 602).

4 Gläubiger, die ihre Forderungen gegen den Schuldner nach Verfahrenseröffnung erworben haben, also sog. **Neugläubiger**, sind von dem Vollstreckungsverbot dagegen nicht betroffen (AG Dortmund BeckRS 2016, 114757). Sie können uneingeschränkt vollstrecken. Allerdings dürfte in diesem Verfahrensstadium kein pfändbares Vermögen mehr vorhanden sein, da dieses innerhalb des Insolvenzverfahrens durch den Verwalter verwertet werden musste. Hinsichtlich des Arbeitseinkommens oder zu beanspruchender Lohnersatzleistungen steht einer Vollstreckung die Tatsache jedoch entgegen, dass der pfändbare Einkommensteil an den Treuhänder abgetreten und mithin

Gleichbehandlung der Gläubiger § 294 InsO

einem Zugriff der Gläubiger entzogen ist. Zur Verfügung steht der sonstige **Neuerwerb**, soweit er der Pfändung unterliegt. Dass der Schuldner nach § 295 Nr. 2 während der Wohlverhaltensphase neu erworbenes Vermögen ganz oder anteilig an den Treuhänder herauszugeben hat, hindert die Vollstreckung in diese Vermögenswerte jedenfalls bis zur tatsächlich erfolgten Herausgabe nicht.

Das Vollstreckungsgericht, dem der Antrag eines Neugläubigers auf Erlass eines Pfändungs- und Überweisungsbeschlusses hinsichtlich des Lohnanspruchs des Schuldners vorliegt, hat nicht zu prüfen, ob der Beschluss ggf. ins Leere geht, weil die pfändbaren Lohnanteile abgetreten sind. **4a**

In Betracht kommen kann die Pfändung des Arbeitseinkommens seitens eines Unterhaltsgläubigers wegen **Unterhaltsansprüchen,** die nach Eröffnung des Insolvenzverfahrens angefallen und für welche das Arbeitseinkommen in erweitertem Umfang nach § 850d ZPO der Pfändung unterliegt, sowie für Deliktsgläubiger, denen gem. § 850f Abs. 2 ZPO ein erweiterter Zugriffsbereich (sog. Vorrechtsbereich) offensteht (→ Rn. 5.1 f.). **5**

Die Rechtslage ist in diesem Fall dieselbe wie sie sich bei einem Zusammentreffen von gewöhnlichen und bevorrechtigter Pfändung des Arbeitseinkommens innerhalb der Einzelzwangsvollstreckung aus § 850e Nr. 4 ZPO ergibt (umfassend Stöber, Forderungspfändung, 16. Aufl. 2013, Rn. 1269 ff.; Dörndorfer, Lohnpfändung, 1997, Rn. 203 ff.). Der pfändende Unterhalts- oder Deliktsgläubiger kann ohne Beeinträchtigung des abgetretenen Betrags den Teil des Arbeitseinkommens erhalten, der in erweitertem Umfang der Pfändung unterliegt. **5.1**

Beispiel: Das Einkommen des Schuldners beträgt monatlich 1.800 EUR netto. Er ist seiner geschiedenen Frau gegenüber unterhaltspflichtig. Nach § 850c ZPO pfändbar und damit an den Treuhänder abzuführen sind 88,92 EUR (Stand: 1.7.2019). Bei Pfändung durch die Ehefrau wegen des Unterhalts setzt das Gericht nach § 850d ZPO einen unpfändbaren Selbstbehalt von 850 EUR fest. Die Ehefrau kann danach, ohne die Abtretung zu beeinträchtigen, 861,08 EUR erhalten (1.800 EUR − 850 EUR − 88,92 EUR). **5.2**

Die an den Treuhänder nach § 287 Abs. 2 zu erklärende Abtretung umfasst die pfändbaren Teile des Arbeitseinkommens bzw. der Lohnersatzleistung. Die Pfändbarkeit bestimmt sich dabei nach §§ 850 ff. ZPO bzw. § 54 SGB I. Pfändbar in diesem Sinne sind auch solche Lohnanteile, die erst aufgrund einer gerichtlichen Entscheidung pfändbar werden. Damit ist einem Neugläubiger der Zugriff auch auf solche Lohnanteile verwehrt, die erst durch eine gerichtliche Entscheidung pfändbar und damit abtretbar werden. Dies unabhängig davon, ob der Treuhänder von der mit § 292 Abs. 1 S. 3 iVm § 36 eröffneten Möglichkeit Gebrauch macht, entsprechende Anträge zum Umfang der Pfändbarkeit an das Insolvenzgericht zu richten. **5a**

Der Erteilung einer **vollstreckbaren Ausfertigung** steht es nicht entgegen, dass sich der Schuldner in der Wohlverhaltensperiode befindet. Dies gilt nicht nur für Forderungen, die gem. § 302 ggf. nicht von einer Restschuldbefreiung betroffen sind (BGH BeckRS 2020, 14349; → § 302 Rn. 15). Die Unzulässigkeit der Zwangsvollstreckung während der Wohlverhaltensperiode gem. Abs. 1 bedeutet nicht, dass der Gläubiger gehindert ist, vorbereitende Maßnahmen einzuleiten, um die Zwangsvollstreckung durchzuführen, wenn dem Schuldner etwa die Restschuldbefreiung nach den §§ 296–298 versagt bzw. gem. § 303 widerrufen wird (LG Göttingen NZI 2005, 689; → Rn. 6.1). **6**

Damit wird durch das Restschuldbefreiungsverfahren und die Wohlverhaltensperiode nicht verhindert, dass der Schuldner in eine neue Situation der Überschuldung und Zahlungsunfähigkeit gerät (eingehend Döbereiner, Die Restschuldbefreiung nach der Insolvenzordnung, 1997, 23 ff.). Das kann letztlich auch nicht verhindert werden. Allerdings kann wegen § 287a Abs. 2 S. 1 Nr. 1 (→ § 287a Rn. 15) nicht im Anschluss ein weiteres Verbraucherinsolvenz- und Restschuldbefreiungsverfahren durchgeführt werden. Der Schuldner muss **elf Jahre** warten. Er erhält damit realistisch nur zwei- bis dreimal die Chance zur Restschuldbefreiung. **6.1**

Hat es der Gläubiger versäumt, seine Forderung zur Insolvenztabelle anzumelden und sich auf diese Weise einen Vollstreckungstitel zu verschaffen, so kann der Gläubiger nach Beendigung des Insolvenzverfahrens auch während der laufenden Wohlverhaltensphase eine Leistungsklage gegen den Schuldner erheben, um etwa einer **drohenden Verjährung** seines Anspruchs zuvorzukommen. Die Regelung steht dem nicht entgegen. Ansonsten müssten diese Gläubiger sehenden Auges ihre Forderungen verjähren lassen, obwohl noch nicht endgültig darüber entschieden ist, ob die Restschuldbefreiung erteilt wird (OLG Brandenburg BeckRS 2012, 15698). **6.2**

Eine Zwangsvollstreckung durch **Massegläubiger** ist zwar grundsätzlich zulässig, kann jedoch nur in die Vermögenswerte betrieben werden, die ursprünglich zur Masse gehörten und nach Beendigung des Verfahrens dem Schuldner überlassen wurden. Dies ergibt sich aus der Tatsache, dass der Verwalter nur die Masse und nicht den Schuldner verpflichten kann (BGH NJW 1955, 339 für den Fall der Haftung nach Einstellung des Konkursverfahrens mangels Masse; abweichend: **7**

BFH → Rn. 7.1). Abweichend hiervon können die Gläubiger sogenannter oktroyierter Masseverbindlichkeiten (§ 55 Abs. 1 Nr. 2) auch in den Neuerwerb des Schuldners die Zwangsvollstreckung betreiben. Um den hierzu notwendigen Vollstreckungstitel zu erlangen, sind diese Gläubiger berechtigt, auch während der Wohlverhaltensphase eine Zahlungsklage gegen den Schuldner zu erheben (BGH NZI 2007, 670).

7.1 Nach Ansicht des BFH haftet der Schuldner nach Beendigung des Insolvenzverfahrens für **Masseverbindlichkeiten**, die während des Insolvenzverfahrens in Form von Steuerforderungen entstanden sind, auch mit seinem sonstigen Vermögen. Der BFH stellt dabei entscheidend darauf ab, dass die Einkommensteuerschuld des Steuerpflichtigen kraft Gesetzes durch Verwirklichung des maßgeblichen Tatbestands entsteht (§ 38 AO), nicht dadurch, dass der Insolvenzverwalter den insolventen Steuerpflichtigen aufgrund seiner Verwaltungs- und Verfügungsbefugnis nach § 80 Abs. 1 InsO zur Zahlung der Steuer verpflichtet (BFH NZI 2018, 461).

II. Weitere Wirkungen

7a Das Vollstreckungsverbot des Abs. 1 steht der **Zulässigkeit einer Klage** zur Titulierung einer Insolvenzforderung zumindest dann nicht entgegen, wenn es sich um eine nachrangige Forderung handelt, die mangels Aufforderung des Insolvenzgerichts nicht zur Insolvenztabelle angemeldet werden konnte (BGH WM 2011, 131). Der Geltendmachung einer Nachforderung von Gesamtsozialversicherungsbeiträgen für die Zeit vor der Eröffnung des Insolvenzverfahrens durch Leistungs- bzw. Zahlungsbescheid während des Restschuldbefreiungsverfahrens steht das insolvenzrechtliche Verbot der Einzelzwangsvollstreckung nach Abs. 1 ebenfalls nicht entgegen (LSG BW BeckRS 2016, 68651).

III. Rechtsbehelfe

7b Gegen Vollstreckungsmaßnahmen, die unter Verstoß gegen das Vollstreckungsverbot ausgebracht werden, kann sich der Schuldner mit der **Vollstreckungserinnerung** zur Wehr setzen. Über die Erinnerung entscheidet das Vollstreckungsgericht. Eine Sonderzuständigkeit des Insolvenzgerichts, wie sie in § 89 Abs. 3 normiert ist, kommt nicht zum Tragen.

B. Verbot von Sonderabkommen (Abs. 2)

8 Nichtig iSd § 138 BGB ist nach Abs. 2 jedes Abkommen des Schuldners oder anderer Personen mit einzelnen Insolvenzgläubigern, durch das diesen ein Sondervorteil verschafft wird. Der Gesetzentwurf zur InsO (BT-Drs. 12/2443, 191) stellt hierzu fest: „Auch die Regelung in Abs. 2 beruht auf dem Gedanken, dass die gleichmäßige Befriedigung der Insolvenzgläubiger auch während der Dauer der „Wohlverhaltensperiode" ein wesentlicher Grundsatz der Regeln über die Restschuldbefreiung ist. Die Vorschrift erklärt deshalb sog. Sonderabkommen, durch die dieser Grundsatz durchbrochen würde, für nichtig (vgl. auch § 244 Abs. 1 Nr. 3 des Entwurfs, § 181 Satz 3 KO und § 8 Abs. 3 VerglO)." Nach dieser Erläuterung ist der Anwendungsbereich der Norm auf den **Zeitraum der Wohlverhaltensphase** beschränkt. Damit steht die Vorschrift im Kontext mit Abs. 1 und 3, deren Regelungsbereich sich ebenfalls auf die Dauer der Wohlverhaltensphase bezieht. Ein Abkommen, das nach Beendigung dieser Phase zum Tragen kommt, ist demnach nicht betroffen. Ebenso findet Abs. 2 keine Anwendung, wenn in einem sog. asymmetrischen Verfahren keine Wohlverhaltensphase einzuhalten ist.

8a Die Regelung ist weitgehend unreflektiert dem § 181 KO entnommen worden, der zum Zwangsvergleich galt. Dort hieß es: „Der Vergleich muss allen nicht bevorrechtigten Konkursgläubigern gleiche Rechte gewähren. Eine ungleiche Bestimmung der Rechte ist nur mit ausdrücklicher Einwilligung der zurückgesetzten Gläubiger zulässig. Jedes andere Abkommen des Gemeinschuldners oder anderer Personen mit einzelnen Gläubigern, durch welches diese bevorzugt werden sollen, ist nichtig."

8b Vor diesem Hintergrund ist festzuhalten, dass sich Abs. 2 nur auf solche Abkommen bezieht, die eine **Benachteiligung** der übrigen Insolvenzgläubiger zur Folge haben (so auch LG Berlin NJW 2007, 1541; LG Deggendorf NStZ-RR 2013, 24; vgl. auch OLG Düsseldorf WM 1989, 1071 zu § 181 KO; aA LG Hechingen NZI 2009, 187). Somit sind zB Zahlungen, die der Schuldner aus Einkünften leistet, die mangels Pfändbarkeit nicht an den Treuhänder abgetreten sind, von Abs. 2 nicht betroffen. Dasselbe gilt etwa für solche Zahlungen, die der Schuldner aus dem ihm nach § 295 S. 1 Nr. 2 zu belassenden erbrten Vermögen leistet. Diese Sichtweise entspricht auch der Regelung der §§ 295 S. 1 Nr. 4, 296 Abs. 1 S. 1, wonach die Verschaffung

Gleichbehandlung der Gläubiger § 294 InsO

eines Sondervorteils nur dann einen Obliegenheitsverstoß darstellt, der zur Versagung der Restschuldbefreiung führen kann, wenn dadurch die Befriedigung der Insolvenzgläubiger beeinträchtigt wird.

Des Weiteren ist festzustellen, dass Abs. 2 keine Anwendung auf Abkommen findet, die seitens **8c** des späteren Schuldners oder von dritter Seite **vor Eröffnung des Insolvenzverfahrens** eingegangen wurden und die geeignet sind, die Insolvenzgläubiger zu benachteiligen. Dieser Zeitraum wird zum einen durch die detaillierten Regelungen der §§ 129 ff. zur Insolvenzanfechtung abgedeckt, die insoweit die spezielleren Vorschriften darstellen. Zum anderen ergibt sich aus § 287 Abs. 3 die relative Unwirksamkeit von Vereinbarungen des Schuldners, soweit sie die Abtretungserklärung an den Treuhänder vereiteln oder beeinträchtigen würden (aA FK/Ahrens § 287 Rn. 273; Ahrens, Aktuelles Privatinsolvenzrecht, 2014, Rn. 585). Davon sind zB auch Vorausabtretungen von Lohn und Lohnersatzleistungen unabhängig davon betroffen, ob die Abtretung insolvenzfest ist.

In Anlehnung an den im Gesetzentwurf in Bezug genommenen § 181 KO und dessen Rege- **8d** lungsbereich ist die Bedeutung des Abs. 2 letztlich auf Fälle zu **reduzieren,** in denen der Schuldner und/oder Dritte einem Insolvenzgläubiger einen Vorteil dafür in Aussicht stellen und/oder gewähren, dass dieser das Restschuldbefreiungsverfahren zugunsten des Schuldners beeinflusst. Dies kann zB darin bestehen, dass kein Versagungsantrag gestellt wird, oder dass Forderungen nicht als solche aus vorsätzlich begangener unerlaubter Handlung angemeldet werden. Diese Sichtweise korrespondiert mit der Regelung des § 226 Abs. 3, die die Nichtigkeit jedes Abkommens des Insolvenzverwalters, des Schuldners oder anderer Personen mit einzelnen Beteiligten vorsieht, durch das diesen für ihr Verhalten bei Abstimmungen oder sonst im Zusammenhang mit dem Insolvenzverfahren ein nicht im Insolvenzplan vorgesehener Vorteil gewährt wird. Letztlich ist demnach die Frage zu klären, wäre dem Schuldner die Restschuldbefreiung auch dann erteilt worden, wenn das im Focus stehende Abkommen nicht getroffen worden wäre (vgl. BGH NZI 2005, 325 zu § 226).

Abs. 2 stellt mithin keine Auffangvorschrift dar, die gegen jegliches unlauteres Verhalten vor, **9** während und nach dem Insolvenzverfahren zur Anwendung kommt. Auch kann es nicht Aufgabe der Vorschrift sein, den Schuldner vor sich selbst zu schützen. Dass Abs. 2 gleichsam ein Gebot an den Schuldner richtet, alles zu unterlassen, was eine **Aufrechnungslage** zur Folge hat – etwa auch die Erbringung einer entgeltlichen Leistung an einen Altgläubiger ohne Vorkasse –, ist nach Ansicht des BFH (NZI 2011, 35) der Vorschrift schwerlich zu entnehmen.

C. Aufrechnungsverbot (Abs. 3)

I. Aufrechnung gegen Arbeitsentgeltansprüche

In Verfahren, deren Eröffnung nach dem 30.6.2014 beantragt wird, ist eine Aufrechnung seitens **10** des Drittschuldners während der Wohlverhaltensphase gegen die von der Abtretungserklärung erfassten Forderungen auf Bezüge nicht zulässig (Abs. 3). Damit wird das im eröffneten Verfahren geltende Aufrechnungsverbot des § 96 Abs. 1 Nr. 1 in die Wohlverhaltensphase übergeleitet.

Die Regelung enthält keine Einschränkung hinsichtlich solcher Ansprüche des Arbeitgebers, **11** die erst nach Verfahrenseröffnung begründet wurden, also **Neuforderungen** darstellen. Demnach kann der Arbeitgeber auch nicht mit solchen Ansprüchen gegen die Arbeitsentgeltansprüche des Schuldners aufrechnen, die erst nach Eröffnung des Insolvenzverfahrens entstanden sind (aA Uhlenbruck/Sternal Rn. 35 uH auf § 406 BGB). Dies entspricht der im eröffneten Verfahren geltenden Vorschrift des § 96 Abs. 1 Nr. 4.

Ebenfalls nicht ausgenommen von dem Aufrechnungsverbot des Abs. 3 sind die **Sozialleis-** **12** **tungsträger.** Ihre ansonsten gem. § 52 SGB I eröffneten Aufrechnungsbefugnisse werden zugunsten der Insolvenzgläubiger beschränkt.

Nicht eingeschränkt ist mit Abs. 3 die Aufrechnung gegen **unpfändbare Einkommensan-** **13** **sprüche.** Allerdings verbietet sich die Aufrechnung gegen unpfändbare Ansprüche regelmäßig aufgrund § 394 S. 1 BGB. Das Aufrechnungsverbot des § 394 BGB tritt jedoch zurück, soweit Treu und Glauben dies erfordern. So ist zB eine Aufrechnung mit Ansprüchen aus einer vorsätzlich begangenen unerlaubten Handlung in den unpfändbaren Teil der Bezüge zulässig (BGH NJW 1993, 2105). Dabei kommt es nicht darauf an, ob diese Ansprüche vor oder nach Verfahrenseröffnung entstanden sind.

II. Aufrechnung gegen Ansprüche, die kein Arbeitsentgelt darstellen

1. Kein allgemeines Aufrechnungsverbot

14 Das in Abs. 1 normierte Vollstreckungsverbot stellt kein allgemeines Aufrechnungsverbot iSd § 394 S. 1 BGB dar (BGH NZI 2005, 565). Auch das Aufrechnungsverbot der §§ 95, 96 steht insoweit nicht entgegen, da diese Regelungen nach Aufhebung des Insolvenzverfahrens keine weitere Wirkung entfalten. Nicht ausgeschlossen ist demnach etwa die Aufrechnung gegen Ansprüche des Schuldners, die wie etwa der **Steuererstattungsanspruch** kein Arbeitseinkommen oder diesem gleichgestellte Bezüge darstellen und damit nicht von der Abtretung des Arbeitseinkommens umfasst sind (vgl. BFH BFH/NV 2007, 1066; FG Hamburg EFG 2007, 86).

2. Aufrechnung nach § 52 SGB I

15 Soweit nach § 52 SGB I eine Aufrechnungsmöglichkeit der verschiedenen **Sozialleistungsträger** besteht, kann von dieser auch in der Wohlverhaltensphase Gebrauch gemacht werden (vgl. BGH NZI 2008, 479), soweit damit nicht gegen die von der Abtretung betroffenen Ansprüche des Schuldners auf Lohnersatzleistungen aufgerechnet wird.

16 Hat die Sozialversicherung nach § 52 Abs. 1 SGB I eine insolvenzrechtlich unzulässige Verrechnung vorgenommen, die sich auf das massefreie Vermögen des Schuldners bezieht, ist der Insolvenzverwalter oder der Treuhänder im Restschuldbefreiungsverfahren nicht verpflichtet, hiergegen vorzugehen (BGH NZI 2008, 607).

3. Folgen einer wirksamen Aufrechnung

17 Soweit ein Insolvenzgläubiger mittels Aufrechnung ganz oder teilweise befriedigt wird, ist er bei den Ausschüttungen während der Wohlverhaltensphase nicht mehr zu berücksichtigen. Führt die Aufrechnung eines Insolvenzgläubigers gegen Forderungen des Schuldners, die von seiner Abtretungserklärung nicht erfasst sind, während ihrer Laufzeit zu einer teilweisen Befriedigung, so darf der Insolvenzgläubiger an den weiteren Verteilungen nur nach dem Berücksichtigungswert seiner Restforderung teilnehmen.

18 Der Treuhänder ist während der Laufzeit der Abtretungserklärung des Schuldners kraft Amtes befugt, das nachträgliche Erlöschen von Forderungen, die in das Schlussverzeichnis des Insolvenzverfahrens aufgenommen worden sind, gegen den jeweiligen Insolvenzgläubiger im Klagewege geltend zu machen („**Verteilungsabwehrklage**"; BGH NZI 2012, 513).

§ 295 Obliegenheiten des Schuldners

¹Dem Schuldner obliegt es, in dem Zeitraum zwischen Beendigung des Insolvenzverfahrens und dem Ende der Abtretungsfrist
1. eine angemessene Erwerbstätigkeit auszuüben und, wenn er ohne Beschäftigung ist, sich um eine solche zu bemühen und keine zumutbare Tätigkeit abzulehnen;
2. Vermögen, das er von Todes wegen oder mit Rücksicht auf ein künftiges Erbrecht oder durch Schenkung erwirbt, zur Hälfte des Wertes sowie Vermögen, das er als Gewinn in einer Lotterie, Ausspielung oder in einem anderen Spiel mit Gewinnmöglichkeit erwirbt, zum vollen Wert an den Treuhänder herauszugeben; von der Herausgabepflicht sind gebräuchliche Gelegenheitsgeschenke und Gewinne von geringem Wert ausgenommen;
3. jeden Wechsel des Wohnsitzes oder der Beschäftigungsstelle unverzüglich dem Insolvenzgericht und dem Treuhänder anzuzeigen, keine von der Abtretungserklärung erfaßten Bezüge und kein von Nummer 2 erfaßtes Vermögen zu verheimlichen und dem Gericht und dem Treuhänder auf Verlangen Auskunft über seine Erwerbstätigkeit oder seine Bemühungen um eine solche sowie über seine Bezüge und sein Vermögen zu erteilen;
4. Zahlungen zur Befriedigung der Insolvenzgläubiger nur an den Treuhänder zu leisten und keinem Insolvenzgläubiger einen Sondervorteil zu verschaffen;
5. keine unangemessenen Verbindlichkeiten im Sinne des § 290 Absatz 1 Nummer 4 zu begründen.

²Auf Antrag des Schuldners stellt das Insolvenzgericht fest, ob ein Vermögenserwerb nach Satz 1 Nummer 2 von der Herausgabeobliegenheit ausgenommen ist.

Überblick

Die Regelung zählt die Obliegenheiten abschließend auf, die der Schuldner während der Wohlverhaltensphase erfüllen muss, um letztlich die Restschuldbefreiung zu erlangen. Mit dem Reformgesetz 2013 hat die Vorschrift keine inhaltliche Änderung erfahren. Es wurde nur der maßgebende Zeitraum etwas konkreter bestimmt. Obliegenheitsverletzungen führen nur dann zur Versagung der Restschuldbefreiung, wenn ein Insolvenzgläubiger die Versagung beim Insolvenzgericht beantragt. Die bisher in § 295 Abs. 2 geregelte Verpflichtung des selbständig tätigen Schuldners zur Abführung fiktiver Bezüge ist für Verfahren, deren Eröffnung nach dem 30.9.2020 beantragt wurde, in § 295a normiert.

Übersicht

	Rn.		Rn.
A. Wohlverhaltensphase	1	4. Wertbestimmung durch das Insolvenzgericht	14e
B. Versagungsgründe	5	5. Vollstreckungszugriff durch Neugläubiger	14g
I. Erwerbsobliegenheit (S. 1 Nr. 1)	5	III. Anzeige-, Auskunfts- und Mitteilungspflichten (S. 1 Nr. 3)	15
II. Herausgabe von erworbenem Vermögen (S. 1 Nr. 2)	12	IV. Pflicht zur Gleichbehandlung der Insolvenzgläubiger (S. 1 Nr. 4)	22
1. Erbrechtlicher Vermögenserwerb	12	V. Unangemessene Verbindlichkeiten (S. 1 Nr. 5)	26
2. Schenkungsweise Zuwendungen	14a		
3. Spielgewinne	14c		

A. Wohlverhaltensphase

Die in den §§ 295, 295a abschließend aufgelisteten Obliegenheiten hat der Schuldner während **1** des Zeitraums zwischen der Beendigung des Insolvenzverfahrens und dem Ende der Abtretungsfrist zu erfüllen (vgl. BGH BeckRS 2010, 02490 = ZInsO 2010, 345). Dieser Zeitraum wird allgemein als Wohlverhaltens- oder Treuhandphase bezeichnet. Er ist nicht identisch mit der in § 287 Abs. 2 legal definierten Abtretungsfrist. Diese beginnt bereits mit Eröffnung des Verfahrens und endet in Verfahren, deren Eröffnung nach dem 30.9.2020 beantragt wurde, spätestens nach Ablauf von drei Jahren, unabhängig davon, ob das Insolvenzverfahren bis zu diesem Zeitpunkt beendet wurde und die Wohlverhaltensphase begonnen hat.

Ist dem Schuldner nach § 300 die Restschuldbefreiung zu erteilen, bevor das Insolvenzverfahren **2** beendet werden kann, so hat dies zur Folge, dass der Schuldner die Restschuldbefreiung erteilt bekommen kann, ohne dass er den in §§ 295, 295a normierten Obliegenheiten entsprechen muss.

Ein Verstoß gegen die sich aus §§ 295, 295a ergebenden Verpflichtungen kann auf Antrag eines **3** Gläubigers schon vorzeitig, dh vor Ablauf der Abtretungsfrist in der Wohlverhaltensphase, zu einer Versagung der Restschuldbefreiung führen, soweit die Befriedigung der Insolvenzforderungen dadurch beeinträchtigt wird (§ 296 Abs. 1). Eine Beeinträchtigung der Gläubigerbefriedigung liegt in diesem Sinne auch vor, wenn durch die Pflichtverletzung nur Massegläubiger benachteiligt werden oder gar nur die (teilweise) Deckung der Kosten gefährdet ist (BGH NZI 2011, 639).

Die Bestimmung des § 295 enthält zusammen mit § 295a eine abschließende Aufzählung der **4** dem Schuldner obliegenden Verpflichtungen. Eine analoge Anwendung der Regelung auf vergleichbare oder dem Sinn und Zweck entsprechende Sachverhalte scheidet demnach aus (vgl. BT-Drs. 12/7302, 190).

B. Versagungsgründe

I. Erwerbsobliegenheit (S. 1 Nr. 1)

Die mit Reformgesetz 2013 gem. § 287b (→ § 287b Rn. 3) dem Schuldner für den Zeitraum **5** des eröffneten Verfahrens auferlegte Erwerbsobliegenheit ist auch während der Wohlverhaltensphase vom Schuldner zu erfüllen. Hier wie dort kann eine Verletzung der Erwerbspflicht zur Versagung der Restschuldbefreiung führen, wenn durch die Verletzung die Befriedigung der Gläubigerforderungen beeinträchtigt wird (§ 290 Abs. 1 Nr. 7, § 296 Abs. 1 S. 1).

Die bestehende Erwerbsobliegenheit führt nicht zur Pflicht der zuständigen Verwaltungsbehörde dem **5.1** Schuldner eine Erlaubnis zum Betrieb einer Gaststätte zu erteilen. Vielmehr ist die Erlaubnis zwingend zu versagen, wenn dafür Gründe nach § 4 GastG vorliegen (VG Würzburg BeckRS 2019, 1969).

InsO § 295   Achter Teil. Restschuldbefreiung

6   Die Gesetzesbegründung legt dem Schuldner unter Berücksichtigung familiärer Verpflichtungen zB die Pflicht auf, sich selbst aktiv um einen Arbeitsplatz zu bemühen, der Schuldner dürfe auch berufsfremde oder auswärtige Arbeiten nicht ablehnen (BT-Drs. 12/2443, 192).

7   Ist der Schuldner aus **gesundheitlichen Gründen** jedoch nicht in der Lage, eine Erwerbstätigkeit auszuüben, kann ihm das ebenso wenig zum Nachteil gereichen wie eine familiäre Situation, die ihm die Aufnahme einer Erwerbstätigkeit unmöglich macht. Der Schuldner, der bereits das Rentenalter erreicht hat, ist grundsätzlich nicht verpflichtet, sich um eine Erwerbstätigkeit zu bemühen (vgl. BGH WM 2018, 1224).

8   Auch einem **Inhaftierten** kann unter Hinweis auf die Tatsache, dass er keine Erwerbstätigkeit ausüben kann, die Restschuldbefreiung nicht versagt werden. Begeht der Schuldner nach Eintritt in die Wohlverhaltensphase eine Straftat und wird er deswegen zu einer Freiheitsstrafe verurteilt, schließt dies nicht von vornherein die Erteilung der Restschuldbefreiung aus. Befindet sich der Schuldner während der Wohlverhaltensphase für längere Zeit in Haft, entbindet dies einen die Versagung der Restschuldbefreiung beantragenden Insolvenzgläubiger nicht von der Verpflichtung, den Verstoß des Schuldners gegen die Erwerbsobliegenheit und die daraus folgende konkrete Beeinträchtigung der Befriedigungsaussichten der Gläubiger glaubhaft zu machen (BGH NZI 2010, 911).

9   Ob und in welchem Umfang ein Schuldner neben einer von ihm übernommenen **Kinderbetreuung** erwerbstätig sein muss, ist anhand der zu § 1570 BGB entwickelten Maßstäbe zu bestimmen (BGH NZI 2010, 114).

10   Der Umstand, dass der verheiratete Schuldner für seinen Lohnsteuerabzug während des Verfahrens zur Restschuldbefreiung nicht die zu einem höheren Nettoeinkommen führende Steuerklasse III gewählt hat, rechtfertigt nach Ansicht des AG Duisburg (NZI 2002, 328) keine Versagung der Restschuldbefreiung wegen Verletzung der Erwerbsobliegenheit, wenngleich ein solches Verhalten durchaus Zweifel an dem Willen des Schuldners aufkommen lässt, seine Verbindlichkeiten zumindest teilweise zu tilgen. Wählt umgekehrt aber der Schuldner ohne einen sachlichen Grund die Steuerklasse V, kann dies einen Verstoß gegen die Erwerbsobliegenheit darstellen (BGH NZI 2009, 326) (→ Rn. 10.1 ff.).

10.1   Verzichtet der Schuldner auf die Suche nach Arbeitsstellen bzw. auf Bewerbungen, weil er seine Erwerbsaussichten als gering einschätzt bzw. davon ausgeht, dass er jedenfalls kein pfändungsfreies Einkommen erzielen werde, ist ihm wegen Verletzung der Erwerbsobliegenheit nach S. 1 Nr. 1 die Restschuldbefreiung zu versagen, weil er durch den Verzicht auf eine Bewerbungstätigkeit die Verbesserung der Chancen für eine Gläubigerbefriedigung unmöglich gemacht hat (LG Kiel ZVI 2002, 474; aA wohl BGH NZI 2009, 899). Zu der Obliegenheit des Schuldners, sich um eine angemessene Beschäftigung zu bemühen, gehört es, sich im Regelfall bei der Bundesagentur für Arbeit arbeitsuchend zu melden und laufend Kontakt zu den dort für ihn zuständigen Mitarbeitern zu halten. Weiter muss er sich selbst aktiv und ernsthaft um eine Arbeitsstelle bemühen, etwa durch stetige Lektüre einschlägiger Stellenanzeigen und durch entsprechende Bewerbungen. Als ungefähre Richtgröße können zwei bis drei Bewerbungen in der Woche gelten, sofern entsprechende Stellen angeboten werden. Der Schuldner wird dem Bemühen um eine Arbeitsstelle nicht gerecht, wenn er durchschnittlich alle drei Monate eine Bewerbung abgibt, sonst aber keine Aktivitäten entfaltet (BGH NZI 2011, 596).

10.2   Nimmt eine Schuldnerin nach Erlangung der allgemeinen Hochschulreife ein **Studium** auf, scheidet ein Verstoß gegen die Erwerbsobliegenheit des S. 1 Nr. 1 jedenfalls solange aus, wie das Studium im zeitlich üblichen Rahmen durchgeführt wird (AG Göttingen ZVI 2002, 81).

10.3   Dem Schuldner kann die Restschuldbefreiung wegen der Verletzung der Erwerbsobliegenheit versagt werden, wenn er den Verlust seiner Arbeitsstelle im Wege der **fristlosen Kündigung** wegen mehrfacher Unterschlagungen selbst zu vertreten hat (AG Holzminden BeckRS 2006, 05908). Ebenso verletzt ein Schuldner seine Erwerbsobliegenheiten, wenn er ohne nachvollziehbar rechtfertigende Gründe zu einem schlechter bezahlten Arbeitsplatz wechselt (LG Hamburg BeckRS 2015, 08879).

10.4   Auch der Schuldner, der eine nicht auskömmliche **selbständige Tätigkeit** ausübt, ist gehalten, sich nachweisbar um eine angemessene Erwerbstätigkeit zu bemühen, um den Verschuldensvorwurf zu entkräften (BGH NZI 2009, 482). Nichts anderes gilt für den Schuldner, der anstelle einer angemessenen Vollzeittätigkeit lediglich eine Teilzeitbeschäftigung ausübt (BGH NZI 2010, 228). Der teilzeitbeschäftigte Schuldner muss sich grundsätzlich in gleicher Weise wie der erfolglos selbstständig tätige und der erwerbslose Schuldner um eine angemessene Vollzeitbeschäftigung bemühen (BeckRS 2018, 3220). Die Vermutung, dass die in der Wohlverhaltensphase ausgeübte Tätigkeit angemessen ist, wenn diese der zuvor ausgeübten Tätigkeit entspricht, bezieht sich nicht auf den Fall, dass der Schuldner bereits während des Laufs des Insolvenzverfahrens ein gegenüber der früheren Tätigkeit schlechter bezahltes Arbeitsverhältnis fortführt, das er jedoch erst unmittelbar vor Antragstellung aufgenommen hatte (hier: Tätigkeit in der Unternehmung der Ehefrau, LG Freiburg BeckRS 2013, 06839).

Einem zulässigen Gläubigerantrag auf Versagung der Restschuldbefreiung, gestützt darauf, dass 11
der Schuldner seiner Verpflichtung, sich um einen entsprechenden Arbeitsplatz zu bemühen,
nicht nachkam, kann der Schuldner dadurch begegnen, dass er die von ihm geltend gemachten
Maßnahmen zur Erlangung einer angemessenen Erwerbsmöglichkeit gegenüber dem Insolvenzgericht nachvollziehbar darlegt und mit geeigneten Beweismitteln, wozu insbesondere schriftliche
Bewerbungsgesuche und die hierauf bezogenen Antwortschreiben der Arbeitgeber gehören können, nachweist (BGH NZI 2010, 693).

II. Herausgabe von erworbenem Vermögen (S. 1 Nr. 2)

1. Erbrechtlicher Vermögenserwerb

Während der Wohlverhaltensphase anfallende Erbschaften, Pflichtteile oder Vermächtnisse sowie 12
Zuwendungen mit Rücksicht auf ein künftiges Erbrecht gebühren dem Schuldner **zur Hälfte**
pfandfrei. Die andere Hälfte muss der Schuldner an den Treuhänder herausgeben. Eine Erbschaft,
die dem Schuldner zwar nach Ankündigung der Restschuldbefreiung, also innerhalb der Wohlverhaltensphase, aber vor Aufhebung des Insolvenzverfahren anfällt, ist insgesamt zur Insolvenzmasse
zu ziehen (BGH NZI 2010, 741) (→ Rn. 12.1).

Die Ausdehnung der Obliegenheit des S. 1 Nr. 2 auf eine Erbschaft, die vor der Eröffnung des Verfahrens 12.1
angefallen ist, ist unzulässig. Hat der Schuldner vor dem Insolvenzantrag ererbtes Vermögen nicht in seinem
Vermögensverzeichnis aufgeführt, liegt ein Versagungsgrund iSv § 290 Abs. 1 Nr. 6 vor.

Die Obliegenheit des S. 1 Nr. 2 kann dann nicht durch Übertragung eines Anteils am Nachlass 13
erfüllt werden, wenn der Schuldner **Mitglied einer Erbengemeinschaft** geworden ist. Vielmehr
ist der Ausgleich in Geld geschuldet. Setzt die Erfüllung der Verpflichtung die Versilberung des
Nachlasses voraus, ist dem Schuldner vor der Entscheidung über den Antrag auf Restschuldbefreiung Gelegenheit zu geben, diese zu betreiben. Über den Antrag auf Restschuldbefreiung sowie
über etwaige Versagungsanträge kann so lange nicht entschieden werden, wie der Schuldner
ausreichende Bemühungen um die Verwertung des Nachlasses nachvollziehbar darlegt und ggf.
beweist (BGH NZI 2013, 191) (→ Rn. 13.1).

Soweit der Schuldner nur **Vorerbe** ist, kann er nur das Vermögen herausgeben, über das er nach § 2113 13.1
BGB verfügen kann oder das nach § 2115 BGB dem Zugriff der Gläubiger im Insolvenzverfahren unterliegt
(zu dieser Problematik Döbereiner, Die Restschuldbefreiung nach der Insolvenzordnung, 1997, 158 ff.).
Vermögenswerte im Erbe, die einer Verfügungsbeschränkung unterliegen, sodass bei Verstoß dagegen
Ersatzansprüche eines Nacherbens entstehen würden, sind von der Ermittlung der Pflicht zur Herausgabe
an den Treuhänder ausgenommen (LG Oldenburg ZVI 2021, 218). Hat der Erblasser **Testamentsvollstreckung** angeordnet, ist dem Erben die Verfügungsbefugnis über den Nachlass insgesamt entzogen (§ 2211
Abs. 1 BGB).

Die Verpflichtung zur hälftigen Herausgabe betrifft nur Vermögenswerte, die dem Schuldner 14
auch tatsächlich zugeflossen sind. Schlägt der Schuldner demnach eine Erbschaft aus oder macht
er einen Pflichtteils- oder Vermächtnisanspruch nicht geltend, so besteht keine Verpflichtung zur
Herausgabe (BGH NZI 2011, 329). Das Recht zur Annahme oder Ausschlagung einer Erbschaft
oder eines Vermächtnisses wird als **höchstpersönliches Recht** nicht berührt, vgl. auch § 83. Die
Ausschlagung einer Erbschaft oder die Nichtgeltendmachung eines Pflichtteilsanspruchs stellen
keine Obliegenheitsverletzung dar (BGH NZI 2009, 563; BGH NZI 2009, 191).

2. Schenkungsweise Zuwendungen

Ebenfalls **zur Hälfte** an den Treuhänder herauszugeben hat der Schuldner Vermögenswerte, 14a
die ihm durch Schenkungen zufließen; ausgenommen sind gebräuchliche Gelegenheitsgeschenke.
Es obliegt dem Insolvenzgericht, auf Antrag des Schuldners festzustellen, ob es sich um ein solches
Gelegenheitsgeschenk handelt (S. 2). Hierzu kann auf die zu § 134 Abs. 2 entwickelten Grundsätze
abgestellt werden (→ § 134 Rn. 15); „Gebräuchliche Gelegenheitsgeschenke an eine Person sind
im Sinne des § 134 Abs. 2 von geringem Wert, wenn sie zu der einzelnen Gelegenheit den Wert
von 200 € und im Kalenderjahr den Wert von 500 € nicht übersteigen" (BGH NZI 2016, 359).
Die Regelung gilt für Verfahren, deren Eröffnung nach dem 30.9.2020 beantragt wurde 14b
(Art. 103k Abs. 1 EGInsO). Für zuvor beantragte Verfahren ist eine solche Herausgabepflicht nicht
normiert (zweifelnd: BFH ZInsO 2016, 1025).

3. Spielgewinne

14c In **vollem Umfang** an den Treuhänder herauszugeben hat der Schuldner in Verfahren, deren Eröffnung nach dem 30.9.2020 beantragt wurde, **Spielgewinne**. Der Gesetzentwurf der Bundesregierung enthält dazu folgende Erläuterung (BT-Drs. 19/21981, 20): „Darüber hinaus sollen nunmehr auch Gewinne aus Ausspielungen, Lotterien, Wetten und allen sonstigen Spielen mit Gewinnmöglichkeit an den Treuhänder abzuführen sein. Dabei soll die Herausgabeobliegenheit für den Bereich der Ausspielungen, Lotterien, Wetten und allen sonstigen Spiele mit Gewinnmöglichkeit naturgemäß nicht für Gewinne aus verbotenen Glücksspielen gelten. Erfasst sind damit insbesondere Gewinne in staatlich genehmigten Lotterien und in staatlich genehmigten Spielbanken. In jedem Fall sind aber auch solche Spiele und Wetten im Sinne des § 762 BGB erfasst, die nur unvollkommene Verbindlichkeiten begründen, wenn und soweit die Schuldnerin oder der Schuldner aus diesen etwas erlangt hat, was sie oder er behalten darf. Der Begriff des „anderen Spiels mit Gewinnmöglichkeit" ist § 33d der Gewerbeordnung entlehnt und soll als Auffangtatbestand dienen."

14d Ausgenommen von der Abgabepflicht sind wiederum Gewinne von geringem Wert (S. 1 Nr. 2 letzter Hs). Auf Antrag des Schuldners hat das Insolvenzgericht festzustellen, ob diese Ausnahme im Einzelfall gegeben ist (S. 2).

4. Wertbestimmung durch das Insolvenzgericht

14e Das Insolvenzgericht ist aufgerufen, auf **Antrag des Schuldners** zu bestimmen, ob ein Geschenk oder ein Gewinn der Herausgabepflicht unterliegt, ob es sich mithin um ein Gelegenheitsgeschenk bzw. um einen Gewinn von geringem Wert handelt. Problematisch könnte dies insbesondere bei **Sachgeschenken bzw. -gewinnen** sein. Die Begründung des Rechtsausschusses (BT-Drs. 19/25322, 16) enthält hierzu folgende Aussage: „Als Wert ist der vom Schuldner realisierbare Wert zugrunde zu legen. Handelt es sich um eine Sachzuwendung oder einen Sachgewinn, ist deshalb zu berücksichtigen, dass bei Verkäufen durch Privatpersonen in aller Regel nicht ideale Marktwerte wie z. B. Listenpreise realisierbar sind. Veräußert der Schuldner den Gegenstand, um seiner Obliegenheit zur Herausgabe des Werts nachkommen zu können, ist der Herausgabeobliegenheit deshalb nur dann nicht der tatsächlich erzielte Erlös zugrunde zu legen, wenn der Schuldner die Gelegenheit zu einer Veräußerung zu einem höheren Preis nicht wahrgenommen hat, obgleich sie sich ihm geboten hat und zumutbar war."

14f Die Regelung weist Ähnlichkeiten mit der zum 1.7.2014 aufgehobenen Vorschrift des § 314 Abs. 1 („vereinfachte Verteilung") auf. Die Aufhebung dieser Vorschrift wurde ua damit begründet, dass der Aufwand, einen entsprechenden Antrag zu stellen, die Gläubiger zu hören und eine Entscheidung des Gerichts abzuwarten, nicht dem Regelungszweck entspreche. Viel einfacher sei es, eine Vereinbarung mit dem Schuldner zu treffen, dass der Gegenstand gegen Zahlung des Restwertes überlassen wird (BR-Drs. 467/12, 54). Zu dieser Erkenntnis sollte der Gesetzgeber wünschenswerterweise auch hinsichtlich der nunmehr normierten Regelung kommen. Zumal das Insolvenzgericht wohl in entsprechenden Fällen ein kostenintensives Gutachten in Auftrag geben und zumindest den Insolvenzverwalter anhören wird. **Anfechtbar** ist die Feststellung nur, wenn sie vom Rechtspfleger getroffen wird (§ 11 Abs. 2 RPflG).

5. Vollstreckungszugriff durch Neugläubiger

14g Die Herausgabe erworbener Vermögenswerte an den Treuhänder ist dem Schuldner dann unmöglich, wenn ein Neugläubiger darauf im Wege der Zwangsvollstreckung Zugriff nimmt und damit der Herausgabe zuvorkommt. Die Regelung des § 294 steht dem nicht entgegen, da diese nur gegenüber den Insolvenzgläubigern zum Tragen kommt. Dies ließe sich letztlich nur durch eine entsprechende gesetzliche Regelung vermeiden. Mit § 290 Abs. 1 Nr. 4 und S. 1 Nr. 5 wird der Begründung von Neuverbindlichkeiten zumindest ansatzweise mit der drohenden Versagung der Restschuldbefreiung begegnet. Gänzlich ausgeschlossen ist damit die Problemstellung freilich nicht.

III. Anzeige-, Auskunfts- und Mitteilungspflichten (S. 1 Nr. 3)

15 In der Wohlverhaltensperiode ist der Schuldner verpflichtet, jeden Wechsel der Anschrift, unter der er persönlich und per Post zu erreichen ist, dem Insolvenzgericht und dem Treuhänder unverzüglich mitzuteilen, auch wenn die Wohnsitzgemeinde dieselbe bleibt. Auf den Wohnsitzbegriff des § 7 BGB kommt es nicht an (BGH NZI 2010, 654). Nach Ansicht des LG Mainz genügt es, wenn der wohnsitzlose Schuldner einen Zustellungsbevollmächtigten benennt, über den er stets postalisch erreichbar ist (LG Mainz BeckRS 2017, 123343 = NZI 2017, 900). Nach der Intention des Gesetzgebers dient die Benennung der aktuellen Anschrift dem Insolvenzgericht und dem Treuhänder jedoch auch dazu, das Verhalten des Schuldners zu überwachen und erforderlichenfalls zu überprüfen (BT-Drs. 12/2443, 192). Es kann letztlich vom Schuldner erwartet werden, dass er seinen aktuellen Aufenthaltsort bekanntgibt, auch wenn dieser eine Obdachlosenunterkunft darstellt. Diesen Aspekt lässt die genannte Entscheidung unbeachtet.

Der Aufenthalt des Schuldners, der entgegen seiner Auskunftsobliegenheit einen Wohnsitzwechsel nicht mitteilt, ist unbekannt; das Insolvenzgericht kann in diesem Fall Beschlüsse ohne weitere Ermittlungen öffentlich bekannt machen (BGH NZI 2013, 703). 16

Unverzüglich anzuzeigen ist die Aufnahme eines Beschäftigungsverhältnisses sowie jeder Wechsel des Arbeitgebers (BGH BeckRS 2009, 19287 = WuM 2009, 534). Selbst dann, wenn der Schuldner durch die Aufnahme einer Beschäftigung nur unpfändbares Einkommen erzielen sollte, ist ihm wegen Nichtanzeige der Beschäftigungsaufnahme die Restschuldbefreiung zu versagen (AG Kempten/Allgäu ZVI 2006, 220). 17

„Verheimlichen" iSd S. 1 Nr. 3 kann der Schuldner nur Daten und Fakten, zu deren Bekanntgabe er verpflichtet ist. Ein schlichtes Unterlassen stellt ein „Verheimlichen" dar, wenn eine Rechtspflicht zum Handeln - zur Offenbarung des Vermögensgegenstandes also - besteht. Eine Pflicht, den Treuhänder unaufgefordert über einen höheren ausgezahlten Lohn oder über die Einkünfte eines Unterhaltsberechtigten zu unterrichten, enthält die Vorschrift jedoch gerade nicht (BGH BeckRS 2018, 19232 = VuR 2019, 35 mAnm Grote). Ohne Aufforderung ist der Schuldner nur verpflichtet, einen Wechsel des Wohnsitzes oder des Arbeitsplatzes anzuzeigen. Eine Erhöhung des Einkommens oder eine Änderung der Lohnsteuerklasse ist dagegen nur auf entsprechende Aufforderung anzugeben (vgl. BGH NZI 2010, 26). 18

Die Restschuldbefreiung kann nicht versagt werden, wenn der Schuldner die Aufnahme einer Tätigkeit nachträglich mitteilt und den dem Treuhänder vorenthaltenen Betrag bezahlt, bevor sein Verhalten aufgedeckt und ein Versagungsantrag gestellt worden ist (BGH NZI 2010, 350; BGH BeckRS 2011, 03769 = ZInsO 2011, 447). 19

In der Wohlverhaltensphase hat der **selbstständig tätige Schuldner** auf Verlangen dem Treuhänder oder dem Gericht Auskünfte zu erteilen, aus denen die ihm mögliche abhängige Tätigkeit bestimmt und das anzunehmende fiktive Nettoeinkommen ermittelt werden kann. Dazu gehören Angaben zu seiner Ausbildung, seinem beruflichen Werdegang und zu seiner aktuellen Tätigkeit (Branche, Größe seines Unternehmens, Zahl der Angestellten, Umsatz). Dabei müssen seine Auskünfte so konkret sein, dass ein Gläubiger die dem Schuldner mögliche abhängige Tätigkeit bestimmen und das anzunehmende fiktive Nettoeinkommen ermitteln kann. Über seinen aus der selbstständigen Tätigkeit erzielten Gewinn braucht der Schuldner dagegen grundsätzlich keine Auskunft zu erteilen, weil dieser für die Feststellung des fiktiven Nettoeinkommens unerheblich ist (BVerfG NZI 2017, 111). Verlangt ein Gericht eine solche - nicht durch S. 1 Nr. 3 gedeckte - Auskunft, begründen die Nichterteilung der Auskunft, eine unvollständige oder verspätete Auskunft grundsätzlich keine Obliegenheitsverletzung nach S. 1 Nr. 3 oder nach § 296 Abs. 2 S. 3 Fall 1 (BGH NZI 2013, 404). 20

Vereinbart ein abhängig beschäftigter Schuldner mit dem Treuhänder, den Arbeitgeber des Schuldners entgegen gesetzlicher Vorschrift nicht über die Abtretung des pfändbaren Teils seiner Bezüge an den Treuhänder zu unterrichten, hat er den Treuhänder jeweils zeitnah, zutreffend und vollständig über die Höhe seiner Bezüge ins Bild zu setzen. Unterlässt er dies, kann ihm wegen Verheimlichens von der Abtretung erfasster Bezüge die Restschuldbefreiung versagt werden. 21

IV. Pflicht zur Gleichbehandlung der Insolvenzgläubiger (S. 1 Nr. 4)

Führt ein Schuldner Zahlungen nicht an den Treuhänder ab und befriedigt die Forderungen einzelner Insolvenzgläubiger im vollen Umfang, Forderungen anderer Insolvenzgläubiger jedoch nur teilweise, liegt darin ein **Verstoß** gegen die Obliegenheit des S. 1 Nr. 4, der eine Versagung gem. § 296 Abs. 1 begründet (AG Göttingen NZI 2003, 217). 22

Die Restschuldbefreiung ist wegen Gewährung von **Sondervorteilen** nach S. 1 Nr. 4 auch dann zu versagen, wenn der Schuldner ohne Wissen des Treuhänders pfändbares Einkommen an die Staatsanwaltschaft zur Abwendung der Vollstreckung einer Ersatzfreiheitsstrafe gezahlt hat (AG Mannheim ZVI 2005, 383). 23

Neben der objektiven Obliegenheitsverletzung setzt die Versagung der Restschuldbefreiung kumulativ voraus, dass damit die Befriedigung der Insolvenzgläubiger **gefährdet** wird (§ 296 24

Abs. 1 S. 1). Demzufolge ist die Restschuldbefreiung dann nicht zu versagen, wenn die Zahlungen aus dem Teil der Einkünfte erbracht werden, die nicht an den Treuhänder abgetreten sind, also aus dem unpfändbaren Einkommensteil oder aus sonstigem Vermögen, wie etwa dem Teil einer Erbschaft, die nicht an den Treuhänder abzugeben ist.

25 Dagegen hindert die Vorschrift den Schuldner nicht daran, während des eröffneten Verfahrens einzelne Insolvenzgläubiger aus seinem **massefreien Einkommen** zu befriedigen. Auch die §§ 87, 89 stehen dem nicht entgegen (BGH NZI 2010, 223).

V. Unangemessene Verbindlichkeiten (S. 1 Nr. 5)

26 In Verfahren, deren Eröffnung nach dem 30.9.2020 beantragt wurde, ist dem Schuldner die Restschuldbefreiung auf Antrag eines Gläubigers auch dann zu versagen, wenn der Schuldner während der Wohlverhaltensphase **unangemessene Verbindlichkeiten** iSd § 290 Abs. 1 Nr. 4 begründet (S. 1 Nr. 5).

27 Damit entspricht der Gesetzgeber einer vielfach geäußerten Forderung, wonach es nur schwer verständlich sei, wenn einem Schuldner auf Kosten seiner Gläubiger Restschuldbefreiung erteilt wird, der Schuldner aber gleichzeitig nicht bereit ist, seinen Lebensstil einzuschränken.

28 Für die Frage, ob eine unangemessene Verbindlichkeit begründet worden ist, gelten dieselben Maßstäbe wie bei § 290 Abs. 1 Nr. 4 (→ § 290 Rn. 39). Der Schuldner muss demnach infolge der unangemessenen Verbindlichkeit vorsätzlich oder grob fahrlässig die Befriedigung der Forderungen der Insolvenzgläubiger beeinträchtigt haben. Dazu verweist die Gesetzesbegründung der Bundesregierung (BT-Drs. 19/21981, 20) auf eine Aussage in FK-InsO/Ahrens § 294 Rn. 28: „Eine Beeinträchtigung der Befriedigungsaussichten der Insolvenzgläubiger wird dabei insbesondere dann in Betracht kommen, wenn der Schuldnerin oder der Schuldner neues Vermögen erlangt, um das dann die Insolvenzgläubiger mit den durch die Begründung von unangemessenen Verbindlichkeiten vorhandenen Neugläubigern konkurrieren müssen." Damit sind die Fälle angesprochen, in denen es dem Schuldner während der Wohlverhaltensphase nicht möglich ist, ererbtes oder sonstiges neu erworbenes Vermögen an den Treuhänder herauszugeben, weil Neugläubiger mit Maßnahmen der Zwangsvollstreckung der Herausgabe zuvorkamen. Um eine messbare Beeinträchtigung der Befriedigungsaussichten der Insolvenzgläubiger bei derartigen Fallgestaltungen feststellen zu können, müsste der Schuldner die unangemessenen Verbindlichkeiten eingehen, nachdem er neues Vermögen erworben hat. Dann lässt sich im Übrigen auch erst eine Aussage zu der Frage treffen, ob die eingegangene Verbindlichkeit als unangemessen zu beurteilen ist. Allerdings stellt die Tatsache, dass die in Abs. 1 Nr. 2 genannten Vermögenswerte nicht herausgegeben werden (können), bereits einen Grund für die Versagung der Restschuldbefreiung dar. Der weitere Versagungsgrund des Abs. 1 Nr. 5 erweist sich vor diesem Hintergrund als weitgehend überflüssig.

§ 295a Obliegenheiten des Schuldners bei selbständiger Tätigkeit

(1) ¹**Soweit der Schuldner eine selbständige Tätigkeit ausübt, obliegt es ihm, die Insolvenzgläubiger durch Zahlungen an den Treuhänder so zu stellen, als wenn er ein angemessenes Dienstverhältnis eingegangen wäre.** ²**Die Zahlungen sind kalenderjährlich bis zum 31. Januar des Folgejahres zu leisten.**

(2) ¹**Auf Antrag des Schuldners stellt das Gericht den Betrag fest, der den Bezügen aus dem nach Absatz 1 zugrunde zu legenden Dienstverhältnis entspricht.** ²**Der Schuldner hat die Höhe der Bezüge, die er aus einem angemessenen Dienstverhältnis erzielen könnte, glaubhaft zu machen.** ³**Der Treuhänder und die Insolvenzgläubiger sind vor der Entscheidung anzuhören.** ⁴**Gegen die Entscheidung steht dem Schuldner und jedem Insolvenzgläubiger die sofortige Beschwerde zu.**

Überblick

In Verfahren, deren Eröffnung nach dem 30.12.2020 beantragt wurde, wird die bisher in § 295 Abs. 2 geregelte Pflicht des selbständig tätigen Schuldners zur Abführung von Beträgen, die sich als pfändbar ergeben würden, würde der Schuldner einer abhängigen Beschäftigung nachgehen, mit der eigenständigen Norm des § 295a geregelt. Abweichend von § 295 Abs. 2 aF enthält § 295a zum einen im Abs. 1 ein konkretes Fälligkeitsdatum für die Zahlung (→ Rn. 18). Zum weiteren wird mit Abs. 2 dem Gericht die Aufgabe übertragen, auf Antrag des Schuldners den abzuführenden Betrag festzulegen. Die Vorschrift findet entsprechende Anwendung bei Freigabe einer selbstständigen Tätigkeit (→ Rn. 6).

Übersicht

	Rn.		Rn.
A. Zahlungspflicht (Abs. 1)	1	C. Versagungsantrag	15
B. Bestimmung durch das Insolvenzgericht (Abs. 2)	8	D. Entscheidungskriterien	20

A. Zahlungspflicht (Abs. 1)

Der selbstständig tätige ist wie der abhängig beschäftigte Schuldner verpflichtet, seinem Antrag **1** auf Erteilung der Restschuldbefreiung eine **Abtretungserklärung** nach Maßgabe des § 287 Abs. 2 beizufügen. Jedoch erstreckt sich die Abtretungserklärung in der Regel nicht auf Forderungen des Schuldners aus selbstständiger Tätigkeit (BGH NZI 2010, 72). Vor diesem Hintergrund hat der selbstständig tätige Schuldner an den Treuhänder den Betrag abzuführen, der dem abtretbaren Teil seiner Einkünfte entspräche, wenn er ein angemessenes Dienstverhältnis eingegangen wäre.

Die Zahlungen sind im **Kalenderjahresturnus** bis zum 31. Januar des Folgejahres an den **2** Treuhänder zu leisten. Dies entspricht weitgehend den Grundsätzen, die der BGH zu der Regelung des § 295 Abs. 2 entwickelt hat (BGH NZI 2012, 718).

Im Übrigen treffen den selbstständig tätigen Schuldner während der Wohlverhaltensphase **die- 3 selben Obliegenheiten,** die auch für den abhängig beschäftigten Schuldner gelten (vgl. § 295). Ererbtes Vermögen etwa muss der Selbstständige ebenso zur Hälfte an den Treuhänder herausgeben wie der in einem abhängigen Arbeitsverhältnis stehende Schuldner (→ § 295 Rn. 12).

Auch wenn ein Schuldner nicht verpflichtet ist, etwa nach Erreichen des Rentenalters eine **4** Erwerbstätigkeit aufzunehmen, so unterliegt das Einkommen eines selbstständig tätigen Schuldners im **Rentenalter** insoweit der Abführungspflicht, als es dem pfändbaren Einkommensteil einer vergleichbaren abhängigen Beschäftigung entspricht (vgl. BGH WM 2018, 1224). Wie die über den pfändbaren Betrag hinausgehende gesetzliche Altersrente an den Treuhänder abzuführen ist, so gilt dies im Anwendungsbereich des § 295a gleichermaßen für Einkünfte aus selbstständiger Tätigkeit.

Eine durch den Schuldner vor Beendigung des Insolvenzverfahrens auf künftige Obliegenheiten **5** der Wohlverhaltensphase geleistete Einmalzahlung geht in die Berechnungsgrundlage für die **Vergütung des Insolvenzverwalters** ein (BGH BeckRS 2020, 34815).

Über § 35 Abs. 2 findet die Vorschrift bereits im **eröffneten Verfahren** entsprechende Anwen- **6** dung für den Fall, dass die selbstständige Tätigkeit des Schuldners seitens des Insolvenzverwalters **freigegeben** wird. Eine Verletzung der Zahlungspflicht führt in diesem Verfahrensstadium zu einem Versagungsgrund nach § 290 Abs. 1 Nr. 5 (BGH NZI 2013, 797; 2016, 89; WM 2018, 1224). Der Schuldner ist dabei verpflichtet, aus einem tatsächlich erwirtschafteten Gewinn dem Insolvenzverwalter den pfändbaren Betrag nach dem fiktiven Maßstab der Vorschrift abzuführen (→ § 35 Rn. 73; vgl. BGH NZI 2014, 461).

Im Gegensatz zu § 35 Abs. 2 stellt die Regelung des § 295a jedoch **keine Anspruchsgrund- 7 lage** dar. Der Treuhänder ist – anders als der Insolvenzverwalter (vgl. BGH NZI 2014, 461) – demnach weder berechtigt noch verpflichtet, die abzuführenden Beträge gegen den Schuldner geltend zu machen. Die unterlassene Abführung hat einen Versagungsgrund zur Folge, die Zahlung ist aber nicht erzwingbar.

B. Bestimmung durch das Insolvenzgericht (Abs. 2)

In Verfahren, deren Eröffnung nach dem 30.12.2020 (→ Rn. 8.1) beantragt wurde, hat das **8** Insolvenzgericht auf **Antrag des Schuldners** den Betrag zu bestimmen, der den Bezügen aus dem nach Abs. 1 zugrunde zu legenden Dienstverhältnis entspricht (Abs. 2). Auch wenn die Vorschrift das „Gericht" benennt, ist damit wohl das Insolvenzgericht angesprochen, wobei gleichwohl die Frage offen bleibt, warum der Gesetzgeber davon absah, das Insolvenzgericht explizit zu benennen. Funktionell zuständig ist jedenfalls der Rechtspfleger (§ 18 RPflG).

Aus der Überleitungsvorschrift des Art. 103l EGInsO ergibt sich, dass ua § 295a für Verfahren gilt, **8.1** deren Eröffnung nach dem 30.12.2020 beantragt wurde. Für vor dem 31.12.2020 beantragte Verfahren gilt das bisherige Recht. Es dürfte sich um ein – zugegebenermaßen unbedeutendes – Versehen handeln.

Gemeint war wohl „vor dem 01.01.2020" beantragte Verfahren sollen sich nach dem bisherigen Recht richten.

9 Das Gericht hat den monatlichen Betrag zu bestimmen, den der Schuldner erzielen könnte, würde er anstelle der selbstständigen Tätigkeit ein angemessenes Dienstverhältnis eingehen. Zu berücksichtigen sind dabei die subjektiven Möglichkeiten des Schuldners, eine abhängige Tätigkeit auszuüben (vgl. BGH NZI 2006, 413; 2011, 596 mAnm Ahrens). Der Schuldner muss in seinem Antrag die Bezüge konkret benennen und glaubhaft machen, die er im Rahmen eines abhängigen Dienstverhältnisses (fiktiv) erzielen könnte. Zur **Glaubhaftmachung** könnte zB eine entsprechende Darstellung der Arbeitsagentur dienen. Auch an eine Bestätigung der IHK oder der Handwerkskammer ist dabei zu denken.

10 Neben der Vorbildung ist auch der Gesundheitszustand des Schuldners zu berücksichtigen. Der zu bestimmende Betrag hat sich grundsätzlich an einer **Vollzeitbeschäftigung** zu orientieren. Ist der Schuldner aus persönlichen Gründen nicht in der Lage, eine Vollzeitbeschäftigung auszuüben, so hat er diese Gründe glaubhaft zu machen (vgl. BGH NZI 2018, 359).

11 Dem Schuldner soll Gewissheit hinsichtlich der zu erfüllenden Pflichten verschafft werden. Er soll nicht darauf verwiesen sein, erst im Rahmen einer Entscheidung über den von einem Insolvenzgläubiger gestellten Versagungsantrag, also im Nachhinein, den konkreten Betrag genannt zu bekommen, den er hätte an den Treuhänder abführen müssen (vgl. BGH NZI 2013, 189). Allerdings dürfte der Schuldner nicht daran gehindert sein, sich gegen einen Versagungsantrag mit Argumenten zur Wehr zu setzen, die er bereits bei der Bestimmung des abzuführenden Betrags hätte einwenden können (→ Rn. 11.1).

11.1 So sinnvoll die Regelung aus der Sicht des Schuldners sein mag, so schwerfällig wird sie sich voraussichtlich in der Praxis erweisen. Letztlich wird es auf eine Absprache hinausgehen, die der Schuldner mit dem Treuhänder bzw. im eröffneten Verfahren mit dem Insolvenzverwalter (§ 35 Abs. 2) trifft und die das Insolvenzgericht absegnet, nachdem es die Gläubiger angehört hat.

12 Umgekehrt kann dem Schuldner die Restschuldbefreiung nicht versagt werden, wenn er sich an die vom Insolvenzgericht bestimmten Beträge gehalten hat, es sei denn, dass diese Beträge auf unrichtigen Angaben des Schuldners beruhen. Ändern sich die persönlichen Verhältnisse des Schuldners, obliegt es ihm, eine **Neubestimmung** der abzuführenden Beträge zu beantragen. Verpflichtet ist er hierzu jedoch nicht. Allerdings kann sich der Schuldner in diesem Fall gegen den Versagungsantrag nicht mit dem Hinweis zur Wehr setzen, er habe den vom Gericht bestimmten Betrag an den Treuhänder abgeführt.

13 Offen lässt die Regelung, ob das Gericht das fiktive Einkommen mit dem Netto- oder dem Bruttobetrag zu bestimmen hat. Der Bericht des Rechtsausschusses enthält dazu die Aussage: „Auf Grundlage dieser Feststellung kann der Schuldner den pfändbaren Anteil am Nettoeinkommen und damit die Höhe der ihn treffenden Abführungsobliegenheit errechnen (vgl. BT-Drucks. 19/25322 S. 18)." Demnach ist der notwendigen Angabe des **Nettobetrags** der Vorzug zu geben. Allerdings obliegt es damit dem Insolvenzgericht, die steuer- und sozialversicherungsrechtlichen Abzüge anhand der vom Schuldner anzugebenden und glaubhaft zu machenden persönlichen Verhältnisse fiktiv zu bestimmen.

14 Um dem Gericht die Entscheidung zu ermöglichen, obliegt es dem Schuldner, die Höhe der aus dem fiktiven Dienstverhältnis erzielbaren Bezüge glaubhaft zu machen. Der Treuhänder und die Insolvenzgläubiger sind vor der Entscheidung anzuhören. Dem Schuldner und den Gläubigern steht die **sofortige Beschwerde** gegen die Entscheidung zu.

C. Versagungsantrag

15 Kommt der Schuldner seiner Abführungspflicht nicht oder nicht umfänglich nach, ist ihm auf Antrag eines Insolvenzgläubigers die Restschuldbefreiung zu versagen (§ 296).

16 Der Versagungsantrag muss den **konkreten Betrag** benennen, den der Schuldner nach Meinung des antragstellenden Gläubigers an den Treuhänder hätte abführen müssen. Dazu kann der Gläubiger auf die Bestimmungen verweisen, die das Insolvenzgericht auf Antrag des Schuldners getroffen hat. Liegt eine solche Bestimmung nicht vor, kann sich der Gläubiger auf die Angaben des Schuldners stützen (BGH NZI 2013, 189). Auch die Vorlage von im Internet recherchierten Verdienstmöglichkeiten ist denkbar (vgl. AG Göttingen NZI 2018, 75).

17 Der Gläubiger genügt seiner Pflicht zur Glaubhaftmachung der **Beeinträchtigung der Befriedigung** der Insolvenzgläubiger iSd § 296 Abs. 1 S. 1 bereits dann, wenn er darlegt, dass der Schuldner an den Treuhänder nicht den Betrag abgeführt hat, den er bei Ausübung einer vergleichbaren abhängigen Tätigkeit hätte abführen müssen (vgl. BGH BeckRS 2016, 04102 mAnm Pehl FD-InsR 2016, 376815).

Nachdem die bisherige Regelung des § 295 Abs. 2 keine Aussage zu dem Zeitpunkt enthielt, **18** zu dem der Schuldner die Zahlung an den Treuhänder zu leisten hat, ging der BGH davon aus, dass der Antrag auf Versagung der Restschuldbefreiung gestützt auf die Verletzung der Obliegenheit erst am **Ende der Wohlverhaltensphase** im Rahmen der Schlussanhörung nach § 300 Abs. 2 gestellt werden kann; dies unabhängig davon, ob der Gläubiger schon zuvor von der Pflichtverletzung des Schuldners Kenntnis erlangte. Die Jahresfrist nach § 296 Abs. 1 S. 2 beginne mit dem Ende der Wohlverhaltensphase (vgl. BGH NZI 2014, 32). Angesichts der nunmehr jeweils zum 31. Januar des Folgejahres bestehenden Abführungspflicht ist davon auszugehen, dass die unterlassene Abführung zum 31. Januar des Folgejahres das maßgebende Ereignis iSd § 296 Abs. 1 S. 2 darstellt und damit ein Gläubiger den Versagungsantrag innerhalb Jahresfrist stellen muss, seit er von der unterbliebenen Zahlung Kenntnis erlangte.

In der Wohlverhaltensphase hat der selbständig tätige Schuldner gem. § 296 Abs. 2 S. 2 auf **19** Verlangen **Auskünfte** zu erteilen, aus denen die ihm mögliche abhängige Tätigkeit bestimmt und das anzunehmende fiktive Nettoeinkommen ermittelt werden kann, nicht jedoch Auskünfte über etwaige Gewinne aus seiner selbstständigen wirtschaftlichen Tätigkeit (BVerfG BeckRS 2016, 110071). Der selbständig tätige Schuldner hat deswegen nach § 295 S. 1 Nr. 3 dem Treuhänder oder dem Gericht auf Verlangen Mitteilung zu machen, ob er einer selbstständigen Tätigkeit nachgeht, wie seine Ausbildung und sein beruflicher Werdegang aussieht und welche Tätigkeit (Branche, Größe seines Unternehmens, Zahl der Angestellten, Umsatz) er ausübt, wobei seine Auskünfte so konkret sein müssen, dass ein Gläubiger danach die dem Schuldner mögliche abhängige Tätigkeit bestimmen und das anzunehmende fiktive Nettoeinkommen ermitteln kann (BGH NZI 2013, 404) (→ Rn. 19.1).

Die Abführungsobliegenheit ist der Höhe nach auf den pfändbaren Betrag beschränkt, den der Insol- **19.1** venzschuldner bei unselbstständiger Tätigkeit erzielen würde. Unerheblich ist, ob der Schuldner als selbstständig Tätiger einen Gewinn erzielt hat. Denn § 295 Abs. 2 (jetzt § 295a) löst die zu berücksichtigenden Erträge vom tatsächlichen wirtschaftlichen Erfolg der selbstständigen Tätigkeit des Schuldners (BGH NZI 2013, 404; BVerfG BeckRS 2016, 110071).

D. Entscheidungskriterien

Ein zulässiger Versagungsantrag führt unter den Voraussetzungen des § 296 Abs. 1 S. 1 zur **20** Versagung der Restschuldbefreiung.

Bleibt der Ertrag der selbstständigen Tätigkeit des Schuldners hinter demjenigen zurück, was **21** dem Treuhänder bei einer angemessenen abhängigen Beschäftigung aus der Abtretungserklärung zufließen würde, so muss sich der Schuldner um ein **Anstellungsverhältnis** bemühen (BGH NZI 2009, 482; 2010, 228; 2011, 596).

Der Schuldner, der sich trotz mangelnden Erfolgs seiner selbstständigen Tätigkeit nicht bemüht **22** hat, eine nach seiner Qualifikation und den Verhältnissen des Arbeitsmarkts mögliche Beschäftigung zu erlangen, kann sich nicht darauf berufen, aufgrund fehlender Einnahmen hätten ihm keine Zahlungen an den Treuhänder oblegen (BGH NZI 2013, 797).

Vermag der Schuldner hingegen – etwa aufgrund seines Alters oder seines gesundheitlichen **23** Zustands – nicht, durch ein abhängiges Beschäftigungsverhältnis pfändbare Bezüge zu erwirtschaften, so obliegen ihm jedenfalls dann keine Zahlungen an den Treuhänder, wenn die ausgeübte selbstständige Beschäftigung ebenfalls keine solchen Erträge hervorbringt (BGH NZI 2006, 413; 2011, 596).

Geht der selbstständig tätige Schuldner zusätzlich einer abhängigen Beschäftigung nach, muss **24** er die dem Treuhänder aufgrund der Abtretung zufließenden Einkünfte um den Betrag aufstocken, der den Gläubigern zugeflossen wäre, wenn er anstelle der selbstständigen Tätigkeit auch insoweit abhängig beschäftigt gewesen wäre (BGH NZI 2006, 413).

§ 296 Verstoß gegen Obliegenheiten

(1) ¹Das Insolvenzgericht versagt die Restschuldbefreiung auf Antrag eines Insolvenzgläubigers, wenn der Schuldner in dem Zeitraum zwischen Beendigung des Insolvenzverfahrens und dem Ende der Abtretungsfrist eine seiner Obliegenheiten verletzt und dadurch die Befriedigung der Insolvenzgläubiger beeinträchtigt; dies gilt nicht, wenn den Schuldner kein Verschulden trifft; im Fall des § 295 Satz 1 Nummer 5 bleibt einfache

Fahrlässigkeit außer Betracht. ²Der Antrag kann nur binnen eines Jahres nach dem Zeitpunkt gestellt werden, in dem die Obliegenheitsverletzung dem Gläubiger bekanntgeworden ist. ³Er ist nur zulässig, wenn die Voraussetzungen der Sätze 1 und 2 glaubhaft gemacht werden.

(2) ¹Vor der Entscheidung über den Antrag sind der Treuhänder, der Schuldner und die Insolvenzgläubiger zu hören. ²Der Schuldner hat über die Erfüllung seiner Obliegenheiten Auskunft zu erteilen und, wenn es der Gläubiger beantragt, die Richtigkeit dieser Auskunft an Eides Statt zu versichern. ³Gibt er die Auskunft oder die eidesstattliche Versicherung ohne hinreichende Entschuldigung nicht innerhalb der ihm gesetzten Frist ab oder erscheint er trotz ordnungsgemäßer Ladung ohne hinreichende Entschuldigung nicht zu einem Termin, den das Gericht für die Erteilung der Auskunft oder die eidesstattliche Versicherung anberaumt hat, so ist die Restschuldbefreiung zu versagen.

(3) ¹Gegen die Entscheidung steht dem Antragsteller und dem Schuldner die sofortige Beschwerde zu. ²Die Versagung der Restschuldbefreiung ist öffentlich bekanntzumachen.

Überblick

Die Vorschrift regelt die Voraussetzungen und das Procedere für eine Versagung der Restschuldbefreiung, gestützt auf eine Verletzung derjenigen Obliegenheiten, die der Schuldner während der Wohlverhaltensphase zu erfüllen hat.

Übersicht

	Rn.		Rn.
A. Voraussetzungen	1	B. Verfahren zur Entscheidungsfindung	13
I. Antragserfordernis	1	C. Entscheidung über den Versagungsantrag	21
II. Antragsberechtigung	2	I. Ermittlung von Amts wegen	21
III. Antragsfrist	5	II. Gläubigerbenachteiligung	25
IV. Glaubhaftmachung der Obliegenheitsverletzung	7	III. Beschlussfassung	27
V. Glaubhaftmachung der Gläubigerbeeinträchtigung	10	IV. Rechtsmittel	28
		V. Kosten	29

A. Voraussetzungen

I. Antragserfordernis

1   Dem Schuldner ist die Restschuldbefreiung zu versagen, wenn er in dem Zeitraum zwischen Beendigung des Insolvenzverfahrens und dem Ende der Abtretungsfrist, also während der **Wohlverhaltensphase,** eine ihm nach den §§ 295 und 295a obliegende Verpflichtung verletzt, damit die Befriedigung der Insolvenzforderungen beeinträchtigt wird, und ein Insolvenzgläubiger die Versagung der Restschuldbefreiung beantragt (Abs. 1). Eine Versagung der Restschuldbefreiung von Amts wegen kommt auch bei einer rechtskräftigen Verurteilung iSd § 297 nicht in Betracht (→ Rn. 1.1).

1.1   Eine Obliegenheitsverletzung iSd § 290 Abs. 1 Nr. 5 und Nr. 7, die erst nach der Beendigung des Insolvenzverfahrens bekannt wird, kann in Anwendung des § 297a zu einer Versagung der Restschuldbefreiung führen.

II. Antragsberechtigung

2   Antragsberechtigt sind diejenigen Insolvenzgläubiger, die ihre Forderung angemeldet haben. Im Gegensatz zu einem Antrag nach § 290 Abs. 1 setzt die Antragsberechtigung nach Abs. 1 S. 1 neben der Forderungsanmeldung wohl auch die Aufnahme der Forderung in das Schlussverzeichnis voraus (vgl. BGH NZI 2009, 856; Uhlenbruck/Sternal Rn. 6). Zwar sind von der Restschuldbefreiung auch solche Insolvenzgläubiger betroffen, die mangels Anmeldung oder Feststellung ihrer Forderungen nicht in das Schlussverzeichnis aufgenommen wurden. Da diese Gläubiger aber keinen Anspruch auf Erlösauszahlungen haben, kann die Befriedigung dieser Gläubigeransprüche

durch das Verhalten des Schuldners nicht beeinträchtigt werden (LG Frankfurt/M. ZVI 2003, 426; AG Hamburg ZVI 2004, 260; AG Bremen ZVI 2003, 609; AG Kiel ZInsO 2003, 1053) (→ Rn. 2.1).

Die Antragsberechtigung hängt jedoch nicht davon ab, dass der Antragsteller selbst mit seiner Forderung von der Beeinträchtigung betroffen ist. 2.1

Der Gläubiger einer nach § 302 Nr. 1 **privilegierten Forderung** hat jedenfalls dann ein rechtlich geschütztes Interesse daran, einen Antrag auf Versagung der Restschuldbefreiung zu stellen, wenn der Schuldner dem angemeldeten Grund der Forderung als solcher aus einer vorsätzlich begangenen unerlaubten Handlung widersprochen hat und der Widerspruch nicht beseitigt worden ist (BGH NZI 2013, 940). 3

Der **Treuhänder** ist nicht antragsberechtigt. Er darf die Insolvenzgläubiger jedoch von Umständen unterrichten, welche die Versagung der Restschuldbefreiung begründen können, auch wenn ihm diese Aufgabe nicht eigens übertragen worden ist (BGH NZI 2010, 781). 4

III. Antragsfrist

Der Antrag kann nur **binnen eines Jahres** nach dem Zeitpunkt gestellt werden, in dem die Obliegenheitsverletzung dem Gläubiger bekanntgeworden ist (Abs. 1 S. 2). Dass dem Gläubiger die Obliegenheitsverletzung nicht bereits früher bekannt wurde, muss glaubhaft gemacht werden (Abs. 1 S. 3). Dies wird zB mit einer eidesstattlichen Versicherung nach § 294 ZPO zu bewerkstelligen sein (vgl. LG Hamburg ZVI 2015, 187). Ansonsten dürfte es schwierig sein, eine Nichtkenntnis glaubhaft zu machen. Notwendig ist positive Kenntnis des Gläubigers von der Obliegenheitsverletzung; ein Kennenmüssen genügt nicht (Uhlenbruck/Sternal Rn. 12). 5

Wird der Versagungsantrag auf eine Verletzung des § 295 Abs. 2 aF (jetzt § 295a) gestützt, beginnt die Frist grundsätzlich erst mit **Abschluss der Treuhandperiode** zu laufen. Die Gläubiger sind gleichmäßig berechtigt, den Versagungsantrag unabhängig von einer vorherigen Kenntnis von der Nichtabführung einzelner Beträge erst am Ende der Treuhandphase zu stellen (BGH NZI 2014, 32). Ob aus § 295a eine anderweitige Folge abzuleiten ist, erscheint fraglich. In der genannten Entscheidung hat der BGH seine Ansicht damit begründet, dass oft erst am Ende der Wohlverhaltensperiode sicher festgestellt werden kann, ob ein Obliegenheitsverstoß vorliegt. Dies unabhängig davon, dass der BGH zwischenzeitlich entschieden hat, dass der selbstständig tätige Schuldner die Zahlung nicht erst am Ende der Wohlverhaltensphase zu leisten hat, sondern vielmehr verpflichtet ist, in regelmäßigen Abständen, zumindest jährlich, Zahlungen an den Treuhänder zu erbringen (BGH ZInsO 2012, 1488). Nach § 295a Abs. 1 S. 2 hat der Schuldner bis zum 31.1. des Folgejahres die jährliche Rate an den Treuhänder zu zahlen. Hat das Gericht zusätzlich gem. § 295a Abs. 2 auf Antrag des Schuldners den zu zahlenden Betrag festgesetzt, dann beginnt nach hier vertretener Ansicht mit der Rechtskraft dieser Festsetzung und der Kenntnis des Gläubigers hiervon die Jahresfrist zu laufen, innerhalb der der Antrag auf Versagung der Restschuldbefreiung gestellt werden muss. 6

IV. Glaubhaftmachung der Obliegenheitsverletzung

Der Gläubiger muss die Obliegenheitsverletzung, die dadurch entstandene Gläubigerbenachteiligung sowie die Einhaltung der Antragsfrist **glaubhaft** machen (§ 296 Abs. 1 S. 3); gelingt dies nicht, ist der Antrag unzulässig (BGH BeckRS 2010, 16730 = ZInsO 2010, 1456). Nur mit einem zulässigen Antrag können die amtswegigen Ermittlungen des Insolvenzgerichts zur Begründetheit des Versagungsantrags ausgelöst werden. 7

Eine **Verletzung der Erwerbsobliegenheit** nach § 295 S. 1 Nr. 1 ist schlüssig dargelegt, wenn nachvollziehbar vorgetragen ist, dass die tatsächlich ausgeübte berufliche Tätigkeit des Schuldners nach Art, Ausmaß oder Entlohnung nicht angemessen (iSd § 1574 Abs. 2 BGB) ist und der Schuldner angesichts der Lage auf dem regionalen Arbeitsmarkt mit vertretbaren Bemühungen eine nennenswert besser bezahlte, angemessene und dauerhafte Arbeitsstelle hätte finden können. Der abstrakte Hinweis auf Tarifverträge, die eine günstigere Entlohnung vorsehen, reicht nicht aus (AG Duisburg NZI 2004, 516). 8

Dagegen muss der Gläubiger nicht darstellen, dass den Schuldner hinsichtlich der Verletzung seiner Obliegenheiten ein Verschulden trifft. Entsprechend der Verpflichtung des Schuldners, sich nach Abs. 1 S. 1 von einem vermuteten Verschulden zu entlasten, hat der Schuldner den Entlastungsbeweis ungeachtet einer vorhergehenden Glaubhaftmachung des Gläubigers zu führen (BGH BeckRS 2009, 27669). Zur Glaubhaftmachung kann zB eine **Anhörung des Treuhänders** 9 dienen. Denkbar ist auch eine Auskunft der Arbeitsagentur, nach der der Schuldner eine ihm angebotene Arbeitsstelle nicht angenommen hat. Letztlich besteht auch die Möglichkeit einer eidesstattlichen Versicherung nach § 294 ZPO.

V. Glaubhaftmachung der Gläubigerbeeinträchtigung

10 Die Glaubhaftmachung der mit der Obliegenheitsverletzung verbundenen Benachteiligung der Befriedigungsaussichten der Insolvenzgläubiger ist nicht mit pauschalen Vermutungen zu erfüllen (LG Hamburg ZVI 2004, 259). Eine Gläubigerbeeinträchtigung in diesem Sinne liegt vor, wenn bei wirtschaftlicher Betrachtung eine konkret **messbare Schlechterstellung** der Gläubiger wahrscheinlich ist (BGH NZI 2006, 413; BGH NZI 2007, 297; BGH BeckRS 2010, 16730 = ZInsO 2010, 1456; BGH NZI 2018, 359). Dazu muss im Rahmen einer Vergleichsrechnung die Vermögensdifferenz zwischen der Tilgung der Verbindlichkeiten mit und ohne Obliegenheitsverletzung ermittelt werden. Nach Abzug aller vorrangig zu befriedigenden Verbindlichkeiten muss eine pfändbare Summe verbleiben und dieser an die Insolvenzgläubiger zu verteilende Betrag durch die Obliegenheitsverletzung verkürzt worden sein (BGH NZI 2018, 359; VuR 2011, 352; BeckRS 2010, 16730).

11 Eine fehlende Glaubhaftmachung der Gläubigerbeeinträchtigung kann innerhalb der Jahresfrist des Abs. 1 S. 2 nachgeholt werden.

12 Eine Beeinträchtigung der Gläubigerbefriedigung liegt auch dann vor, wenn die vom Schuldner nicht abgeführten Beträge lediglich zur (teilweisen) Deckung der **Verfahrenskosten** ausreichen (BGH NZI 2011, 639).

12a Im Fall des § 295a (**selbstständig tätiger Schuldner**) genügt der Gläubiger seiner Pflicht zur Glaubhaftmachung einer Obliegenheitsverletzung und der Beeinträchtigung der Befriedigung der Insolvenzgläubiger bereits dann, wenn er darlegt, dass der Schuldner an den Treuhänder nicht den Betrag abgeführt hat, den er bei Ausübung einer vergleichbaren abhängigen Tätigkeit hätte abführen müssen (BGH NZI 2009, 482; BGH NZI 2011, 596; BGH NZI 2014, 32; BGH BeckRS 2016, 04102 = NZI 2016, 269 mAnm Pehl FD-InsR 2016, 376815). Sofern der Gläubiger glaubhaft macht, dass der Schuldner statt einer selbständigen Tätigkeit ein angemessenes Dienstverhältnis hätte eingehen können und er im Rahmen des angemessenen Dienstverhältnisses ein Einkommen erzielt hätte, aus dem unter Berücksichtigung etwaiger Unterhaltspflichten ein nach den Bestimmungen des § 850c ZPO pfändbarer Betrag verblieben wäre, der höher ist als die tatsächlich vom Schuldner aufgrund seiner selbständigen Tätigkeit an den Treuhänder geleisteten Zahlungen, ist damit regelmäßig zugleich glaubhaft gemacht, dass die Verletzung der Obliegenheit aus § 295a die Befriedigung der Insolvenzgläubiger beeinträchtigt. Leistet der selbständig tätige Schuldner während der Wohlverhaltensperiode überhaupt keine Zahlungen an den Treuhänder, ist eine Beeinträchtigung der Befriedigungsmöglichkeiten der Gläubiger jedenfalls schon dann glaubhaft, wenn sich bei Einkünften aus einem angemessenen Dienstverhältnis ein pfändbarer Betrag ergeben hätte (BGH BeckRS 2016, 04102 = NZI 2016, 269).

B. Verfahren zur Entscheidungsfindung

13 Nach Abs. 2 S. 1 sind der Treuhänder, der Schuldner und die Insolvenzgläubiger vor der Entscheidung über den Versagungsantrag zu hören. Voraussetzung dafür ist, dass der Versagungsantrag statthaft ist, also insbesondere von einem dazu berechtigten Insolvenzgläubiger gestellt wurde. Die Zulässigkeit des Versagungsantrags wird nicht gefordert (BGH NZI 2011, 640).

14 Die Anhörung wird regelmäßig im **schriftlichen Verfahren** erfolgen. Die Insolvenzgläubiger können durch öffentliche Bekanntmachung zur Stellungnahme aufgefordert werden. Die Anhörung des Treuhänders wird meist als Ergänzung seiner Berichterstattung zu sehen sein.

15 Die Anhörung des Schuldners erfolgt unter Fristsetzung und unter Hinweis darauf, dass die Restschuldbefreiung versagt wird, wenn er seiner Auskunftspflicht nicht nachkommt. Um seine Auskunftspflicht zu erfüllen, muss der Schuldner die vom Gericht konkret gestellten Fragen detailliert beantworten. Angeforderte Unterlagen sind im notwendigen Umfang vorzulegen (LG Dessau-Roßlau BeckRS 2014, 05278 = ZInsO 2014, 1722). Kommt der Schuldner dieser Pflicht nicht ausreichend nach, ist ihm die Restschuldbefreiung auch dann zu versagen, wenn der Gläubigerantrag keine hinreichende Glaubhaftmachung des Versagungsgrundes oder der Gläubigerbenachteiligung beinhaltet (BGH NZI 2011, 640). Dass ein bestimmter Versagungsgrund aus dem Katalog des § 295 vorliegt, ist ebenfalls nicht erforderlich. Die **Verletzung der Auskunftspflicht** stellt für sich einen Versagungsgrund dar (Abs. 2 S. 3 Fall 1) (→ Rn. 15.1).

Verstoß gegen Obliegenheiten § 296 InsO

Nach Abs. 2 S. 2 Fall 1 hat der Schuldner lediglich über die Erfüllung seiner Obliegenheiten Auskunft 15.1
zu erteilen, nur darüber darf er durch das Gericht (im Rahmen des Versagungsantrags) befragt werden
(BGH NZI 2013, 404). Deswegen darf das Gericht – wie bei § 295 S. 1 Nr. 3 – den selbständig tätigen
Schuldner bspw. nach den Umständen befragen, aus denen sich die ihm mögliche abhängige Tätigkeit und
das anzunehmende fiktive Nettoeinkommen ableiten lassen (vgl. BGH NZI 2009, 481), nicht aber über
seine Gewinne aus der selbständigen Tätigkeit. Gehen die Fragen des Gerichts über den sich aus §§ 295,
296 Abs. 2 ergebenden Rahmen hinaus, stellt die Nichtbeantwortung der Fragen keine Verletzung der
Verfahrensobliegenheiten dar (BVerfG NZI 2017, 111).

Ist der **Aufenthalt des Schuldners** unbekannt, kann von seiner Anhörung gem. § 10 abgese- 16
hen werden (AG Hamburg NZI 2010, 446). In diesem Fall hat der Schuldner seine Auskunftspflicht iSd Abs. 2 bereits dadurch verletzt, dass er seinen aktuellen Aufenthaltsort verheimlicht.

Auf Antrag des Gläubigers hat der Schuldner seine Angaben **an Eides statt** zu versichern 17
(Abs. 2 S. 2 Fall 2). Hierzu bestimmt das Insolvenzgericht einen Termin, zu dem der Schuldner
geladen wird. Der Umfang der Angaben, deren Richtigkeit und Vollständigkeit an Eides statt zu
versichern sind, orientiert sich an den Fragen, deren Beantwortung vom Schuldner verlangt werden. Dem Schuldner müssen konkrete Fragen gestellt werden. Es genügt nicht, dem Schuldner
den Antrag des Gläubigers zur Stellungnahme vorzulegen.

Gibt der Schuldner die eidesstattliche Versicherung ohne hinreichende Entschuldigung nicht 18
ab oder erscheint er trotz ordnungsgemäßer Ladung nicht zu dem vom Gericht bestimmten
Termin, führt dies ebenfalls zu einer Versagung der Restschuldbefreiung (Abs. 2 S. 3 Fall 2). Auch
insoweit wird kein zulässiger Versagungsantrag eines Insolvenzgläubigers vorausgesetzt. Allein die
verweigerte Versicherung an Eides statt begründet die Versagung der Restschuldbefreiung.

Eine Versagung der Restschuldbefreiung aufgrund der Tatsache, dass der Schuldner die verlangte 18a
Versicherung an Eides statt nicht abgibt, setzt jedoch voraus, dass das Gericht zuvor vom Schuldner
eine Auskunft über die Erfüllung seiner Obliegenheiten gem. Abs. 2 S. 2 verlangt und den Schuldner aufgefordert hat, die Richtigkeit bestimmter Auskünfte an Eides statt zu versichern. Die
Verpflichtung zur Abgabe einer eidesstattlichen Versicherung bezieht sich auf die vom Schuldner
nach Abs. 2 S. 2 über die Erfüllung seiner Obliegenheiten zu erteilende Auskunft. Erforderlich
ist, dass ein gerichtliches **Auskunftsverlangen** vorausgegangen ist. Hiervon zu unterscheiden ist
die Anhörung des Schuldners nach Abs. 2 S. 1. Diese dient dazu, dem Schuldner rechtliches Gehör
zu gewähren. Solange das Gericht den Schuldner weder dazu aufgefordert hat, eine Auskunft über
die Erfüllung seiner Obliegenheiten zu erteilen, noch von ihm verlangt hat, die Richtigkeit einer
bestimmten, vom Schuldner erteilten Auskunft an Eides statt zu versichern, kommt eine Versagung
der Restschuldbefreiung von Amts wegen nach Abs. 2 S. 3 nicht in Betracht (BGH BeckRS 2016,
04102 = NZI 2016, 269).

Die Versagung der Restschuldbefreiung erfolgt innerhalb des Abs. 2 von Amts wegen; ein 19
weiterer Antrag des Gläubigers ist nicht erforderlich (BGH NZI 2011, 640). Ebenso ist keine
Gläubigerbenachteiligung notwendig (BGH NZI 2009, 481).

Da die Entscheidung über den Versagungsantrag des Gläubigers nach § 18 Abs. 1 Nr. 4 RPflG 20
dem Richter übertragen ist, ist dieser auch für die Anhörung des Schuldners funktionell zuständig,
da diese seiner Entscheidungsfindung dient. Letztlich ist der Richter mithin wohl auch für die
Abnahme der eidesstattlichen Versicherung zuständig. Die funktionelle Zuständigkeit des Richters
gilt darüber hinaus auch für eine Entscheidung über die Versagung der Restschuldbefreiung auf
der Grundlage des Abs. 2 S. 3. Dies vor dem Hintergrund, dass die Aufforderung an den Schuldner,
sich zur Erfüllung seiner Obliegenheiten zu erklären, einen hierauf gerichteten **Gläubigerantrag**
voraussetzt (BGH NZI 2011, 640). Zwar ist dem Schuldner bei Verletzung der Auskunftspflicht
die Restschuldbefreiung ohne einen weiteren Gläubigerantrag zu versagen, iSd § 18 Abs. 1 Nr. 4
RPflG handelt es sich aber letztlich um ein von einem Gläubiger ausgehendes Versagungsverfahren
(LG Freiburg BeckRS 2011, 01443).

C. Entscheidung über den Versagungsantrag

I. Ermittlung von Amts wegen

Stellt ein Insolvenzgläubiger einen zulässigen Antrag auf Versagung der Restschuldbefreiung, 21
indem er einen Verstoß des Schuldners gegen eine der in §§ 295 und 295a aufgezählten Obliegenheiten glaubhaft macht, so hat das Insolvenzgericht nach Maßgabe des § 5 von Amts wegen zu
ermitteln, ob der Versagungsantrag begründet ist. Dazu ist festzustellen, ob tatsächlich gegen die
vom Gläubiger dargestellte Obliegenheit verstoßen und damit die Befriedigung der Insolvenzgläubiger beeinträchtigt wurde. Außerdem ist zu klären, ob den Schuldner ein **Verschulden** trifft,

Riedel

was grundsätzlich zu vermuten ist (BGH BeckRS 2009, 27669 = ZInsO 2009, 2069). Der Schuldner trägt die Beweislast dafür, dass er weder vorsätzlich noch fahrlässig gehandelt hat („dies gilt nicht"). Nur im Falle des § 295 S. 1 Nr. 5 hat das Insolvenzgericht von Amts festzustellen, ob nur leichte Fahrlässigkeit vorliegt und deshalb die Obliegenheitsverletzung eine Versagung der Restschuldbefreiung nicht rechtfertigt: „...bleibt außer Betracht" (Abs. 1 S. 1 Hs. 2).

22 Neben der Anhörung der Beteiligten iSd Abs. 2 kann das Insolvenzgericht zur Entscheidungsfindung zB Auskünfte des Job-Centers erholen oder Einsicht in Nachlassakten nehmen.

23 Das Insolvenzgericht darf seine Entscheidung über die Versagung der Restschuldbefreiung nicht von Amts wegen auf andere als die vom Antragsteller geltend gemachten Versagungsgründe stützen. Mit seinem Antrag bestimmt der Gläubiger zugleich den Verfahrensgegenstand (BGH NZI 2011, 640).

24 Über einen **unzulässigen Versagungsantrag** nach § 296 kann ohne Anhörung des Schuldners, des Treuhänders oder der Insolvenzgläubiger entschieden werden (AG Duisburg NZI 2002, 328). Jedoch gebietet es Art. 103 GG, dem Gläubiger Gelegenheit zu geben, seinen unzulässigen Antrag nachzubessern, soweit dies nicht etwa wegen der versäumten Frist ausgeschlossen ist.

II. Gläubigerbenachteiligung

25 Die Beeinträchtigung der Befriedigungsaussichten der Insolvenzgläubiger muss im ursächlichen Zusammenhang mit dem Obliegenheitsverstoß stehen. Dagegen ist ein Verschulden des Schuldners insoweit nicht erforderlich. Versagung der Restschuldbefreiung kommt trotz schuldhaftem Obliegenheitsverstoß dann nicht in Betracht, wenn sich hieraus keine messbare Beeinträchtigung der Gläubigerbefriedigung anhand einer Vergleichsrechnung ergibt (BGH NZI 2018, 359; Abs. 1 S. 1).

26 Zu den insoweit zu berücksichtigenden Gläubigern gehören auch die **Massegläubiger.** Eine Beeinträchtigung der Gläubigerbefriedigung liegt demnach auch dann vor, wenn die vom Schuldner nicht abgeführten Beträge lediglich zur (teilweisen) Deckung der Verfahrenskosten ausreichen (BGH NZI 2011, 639). Zu den Kosten des Verfahrens zählt auch die Insolvenzverwaltervergütung (→ Rn. 26.1).

26.1 Eine lediglich abstrakte Gefährdung der Gläubigerposition reicht nicht aus (BGH NZI 2018, 359; AG Regensburg ZVI 2004, 499). Bei einem Schuldner, der wichtige Obliegenheiten nicht ernst nimmt, ist jedoch in aller Regel anzunehmen, dass seine Bemühungen während der Wohlverhaltensphase nicht auf optimale Gläubigerbefriedigung gerichtet sind. Damit wesentliche in den §§ 295, 295a normierte Obliegenheiten nicht leerlaufen, reicht in diesem Fall ein erheblicher, die Beeinträchtigung der Gläubigerinteressen indizierender Verstoß aus, um die Versagung der Restschuldbefreiung zu rechtfertigen (AG München ZVI 2003, 366).

III. Beschlussfassung

27 Der Beschluss, mittels dessen dem Schuldner die Restschuldbefreiung versagt wird, ist dem Schuldner samt Rechtsmittelbelehrung zuzustellen. Der (rechtskräftige) Beschluss ist zu veröffentlichen (Abs. 3 S. 2). Wird der Versagungsantrag zurückgewiesen, ist der Beschluss samt Rechtsmittelbelehrung dem antragstellenden Gläubiger zuzustellen. Eine Veröffentlichung des Beschlusses ist nicht vorgesehen. Funktionell zuständig für die Versagung der Restschuldbefreiung ist nach § 18 Abs. 1 Nr. 4 RPflG der Richter (HK-InsO/Wartenberger Rn. 16).

IV. Rechtsmittel

28 Der Beschluss über die vorzeitige Versagung der Restschuldbefreiung ist mit **sofortiger Beschwerde** anfechtbar (Abs. 3, § 6).

V. Kosten

29 Die Entscheidung über den Antrag auf Versagung der Restschuldbefreiung löst eine Gerichtsgebühr von 39 EUR aus (Nr. 2350 KV GKG; Stand: 1.1.2021).

30 Der Rechtsanwalt, der in einem Verfahren tätig wird, das aufgrund eines Antrags auf vorzeitige Versagung der Restschuldbefreiung erforderlich wird, erhält hierfür eine Verfahrensgebühr iHv 0,5 (Nr. 3321 VV RVG). Dabei ist das Verfahren über mehrere gleichzeitig anhängige Anträge eine Angelegenheit. Die Gebühr entsteht auch gesondert, wenn der Antrag bereits vor Aufhebung des Insolvenzverfahrens gestellt wird (Abs. 1 und 2 der Anm. zu Nr. 3321 VV RVG). In Bezug auf den Rechtsanwalt, der einen Gläubiger vertritt, stellt die Höhe der Forderung, von dessen

Haftung der Schuldner durch die Restschuldbefreiung befreit werden würde, den **Streitwert** dar. Als Streitwert für den Rechtsanwalt, der den Schuldner vertritt, ist in hypothetischer Weise von dem Betrag auszugehen, mit dem der Schuldner die gegen ihn gerichteten Forderungen begleichen könnte (MüKoInsO/Stephan Rn. 43–48).

§ 297 Insolvenzstraftaten

(1) Das Insolvenzgericht versagt die Restschuldbefreiung auf Antrag eines Insolvenzgläubigers, wenn der Schuldner in dem Zeitraum zwischen Schlusstermin und Aufhebung des Insolvenzverfahrens oder in dem Zeitraum zwischen Beendigung des Insolvenzverfahrens und dem Ende der Abtretungsfrist wegen einer Straftat nach den §§ 283 bis 283c des Strafgesetzbuchs rechtskräftig zu einer Geldstrafe von mehr als 90 Tagessätzen oder einer Freiheitsstrafe von mehr als drei Monaten verurteilt wird.

(2) § 296 Absatz 1 Satz 2 und 3, Absatz 3 gilt entsprechend.

Überblick

Eine Verurteilung wegen einer Insolvenzstraftat ist nicht nur dann ein Grund für die Versagung der Restschuldbefreiung, wenn sie vor Eröffnung oder während des Insolvenzverfahrens erfolgt (§ 290 Abs. 1 Nr. 1). Vielmehr stellt auch eine nach dem Schlusstermin bis zum Ende der Abtretungsfrist ergangene Verurteilung einen Versagungsgrund dar. Nach § 303 Abs. 1 Nr. 2 kommt ggf. der Widerruf einer Restschuldbefreiung in Betracht, wenn sich die die Verurteilung erst nachträglich herausstellt. Die Vorschrift wurde im Rahmen des Reformgesetzes 2013 sprachlich präzisiert und dem Wortlaut des § 290 Abs. 1 Nr. 1 angepasst. Strukturelle Änderungen haben sich nicht ergeben.

A. Voraussetzungen

I. Normaussage

Dem Schuldner ist die Restschuldbefreiung zu versagen, wenn er in dem Zeitraum zwischen Schlusstermin und Aufhebung des Insolvenzverfahrens oder in dem Zeitraum zwischen Beendigung des Insolvenzverfahrens und dem Ende der Abtretungsfrist (Wohlverhaltensphase) wegen einer Straftat nach §§ 283–283c StGB rechtskräftig verurteilt wird und ein Insolvenzgläubiger die Versagung der Restschuldbefreiung beantragt (Abs. 1). **1**

Dem Schuldner kann die Restschuldbefreiung in der Wohlverhaltensperiode nur dann versagt werden, wenn seine Verurteilung wegen einer Insolvenzstraftat spätestens zum Ende der Laufzeit der Abtretungserklärung in Rechtskraft erwachsen ist (BGH NZI 2013, 601) (→ Rn. 2.1). **2**

In Verfahren, deren Eröffnung nach dem 30.6.2014 beantragt wurde, kann eine erteilte Restschuldbefreiung widerrufen werden, wenn der Schuldner nach Erteilung der Restschuldbefreiung wegen einer bis zum Ende der Abtretungsfrist begangenen Straftat nach Maßgabe des Abs. 1 verurteilt wird (§ 303 Abs. 1 Nr. 2). **2.1**

Die Aufzählung der angeführten Versagungstatbestände ist abschließend. Die Vorschrift kann nicht auf andere Straftatbestände ausgedehnt werden (BGH NZI 2014, 817). **3**

Eine Gläubigerbenachteiligung ist nach dem Wortlaut der Vorschrift nicht Voraussetzung für eine Versagung der Restschuldbefreiung. **4**

II. Antragsberechtigung

Die Berechtigung, einen Antrag auf Versagung der Restschuldbefreiung auf der Grundlage der Vorschrift zu stellen, beurteilt sich nach denselben Kriterien, die auch für die Antragsbefugnis innerhalb des § 296 gelten. Mithin ist also nicht nur die Anmeldung der Insolvenzforderung, sondern auch deren Aufnahme in das Schlussverzeichnis Voraussetzung für das Antragsrecht (Uhlenbruck/Sternal Rn. 11). **5**

Gläubiger, die nicht an dem Insolvenzverfahren teilnehmen, sind nicht berechtigt, in der Wohlverhaltensphase Versagungsanträge nach §§ 296, 297 zu stellen (BGH BeckRS 2008, 22930). **6**

III. Antragsfrist

7 Abs. 2 verweist auf § 296 Abs. 1 S. 2. Der Antrag auf Versagung der Restschuldbefreiung nach Abs. 1 kann demnach nur binnen Jahresfrist zulässigerweise gestellt werden. Spätestens ist der Antrag im Rahmen der Anhörung der Beteiligten nach § 300 Abs. 1 S. 2 zu stellen (vgl. BGH WM 2012, 2250).

IV. Glaubhaftmachung

8 Mit der Verweisung auf § 296 Abs. 1 S. 3 wird der Gläubiger verpflichtet, seine Angaben glaubhaft zu machen. Davon umfasst ist die Tatsache, dass der Gläubiger nicht bereits vor Jahresfrist von der Verurteilung des Schuldners Kenntnis erlangte.

9 Die rechtskräftige Verurteilung des Schuldners wegen einer Insolvenzstraftat iSd Norm ist vom Gläubiger nicht weitergehend glaubhaft zu machen; es genügt die Angabe des Gerichts und des Aktenzeichens.

B. Entscheidung

10 Die Entscheidung ergeht nach **Anhörung** der Beteiligten, auch wenn über eine **vorzeitige Versagung** der Restschuldbefreiung zu entscheiden ist. Abs. 3 verweist zwar gerade nicht auf § 296 Abs. 2 S. 1, es wäre aber nicht nachvollziehbar, wenn eine Anhörung nur dann vorzunehmen ist, wenn die Versagung gestützt auf § 297 nach Ablauf der Abtretungsfrist zu entscheiden ist, wofür § 300 Abs. 1 S. 2 die Anhörung vorsieht.

11 Im Übrigen verweist Abs. 2 auf § 296 Abs. 3. Gegen die Entscheidung des Gerichts ist demnach die **sofortige Beschwerde** statthaft. Die (rechtskräftige) Versagung der Restschuldbefreiung ist öffentlich bekannt zu machen.

§ 297a Nachträglich bekannt gewordene Versagungsgründe

(1) ¹Das Insolvenzgericht versagt die Restschuldbefreiung auf Antrag eines Insolvenzgläubigers, wenn sich nach dem Schlusstermin oder im Falle des § 211 nach der Einstellung herausstellt, dass ein Versagungsgrund nach § 290 Absatz 1 vorgelegen hat. ²Der Antrag kann nur binnen sechs Monaten nach dem Zeitpunkt gestellt werden, zu dem der Versagungsgrund dem Gläubiger bekannt geworden ist. ³Er ist nur zulässig, wenn glaubhaft gemacht wird, dass die Voraussetzungen der Sätze 1 und 2 vorliegen und dass der Gläubiger bis zu dem gemäß Satz 1 maßgeblichen Zeitpunkt keine Kenntnis von ihnen hatte.

(2) § 296 Absatz 3 gilt entsprechend.

Überblick

Die Vorschrift ermöglicht eine Versagung der Restschuldbefreiung für den Fall, dass sich nach dem Schlusstermin oder nach der Einstellung des Verfahrens herausstellt, dass ein Versagungsgrund nach § 290 Abs. 1 vorgelegen hat. Die Vorschrift gilt in Verfahren, deren Eröffnung nach dem 30.6.2014 beantragt wird.

A. Voraussetzungen

1 Die Regelung kommt nur zur Anwendung, wenn das Insolvenzverfahren beendet und in die Wohlverhaltensphase übergeleitet wurde. Es darf mithin noch keine Entscheidung über die Restschuldbefreiung ergangen sein. Ansonsten kommt bei Erteilung der Restschuldbefreiung deren Widerruf nach § 303 in Betracht. Um die Versagung der Restschuldbefreiung nach der Vorschrift beantragen zu können, muss der Gläubiger nach dem Schlusstermin oder nach der Einstellung des Verfahrens Kenntnis davon erlangen, dass ein Versagungsgrund iSd § 290 Abs. 1 vorlag (→ Rn. 1.1 f.).

1.1 Soweit es sich um eine Obliegenheitsverletzung iSd § 290 Abs. 1 Nr. 5 oder Nr. 7 handelt, kann diese auch erst nach dem Schlusstermin bis zur Aufhebung des Verfahrens begangen worden sein. Mit dem Reformgesetz 2013 sind eine Verletzung der Erwerbsobliegenheit und ein Verstoß gegen die Pflicht des Schuldners zur Auskunft und Mitwirkung nahtlos von der Eröffnung des Verfahrens bis zum Ende der

Wohlverhaltensphase oder bis zur Erteilung der Restschuldbefreiung mit der Möglichkeit der Insolvenzgläubiger verbunden, die Versagung der Restschuldbefreiung oder deren Widerruf zu beantragen.

Verweigert der Schuldner während der Wohlverhaltensphase die Übergabe von Unterlagen, die der Insolvenzverwalter benötigt, um eine Steuererklärung abzugeben, so ist ein Versagungsantrag begründet, wenn die Steuerrückerstattungsansprüche einer Nachtragsverteilung vorbehalten wurden (vgl. AG Köln ZInsO 2017, 2134). 1.2

Antragsberechtigt sind wie im Falle des § 290 die Insolvenzgläubiger, die ihre Forderung zum Verfahren angemeldet haben. Abweichend von § 296 ist die Aufnahme der Forderung in das Schlussverzeichnis nicht Voraussetzung für das Antragsrecht (BGH NZI 2020, 369). 2

Der Antrag kann nur **binnen sechs Monaten** seit dem Zeitpunkt gestellt werden, zu dem der Versagungsgrund dem Gläubiger bekannt wurde (Abs. 1 S. 2). Die Frist beginnt mit der Kenntnis des Gläubigers von demjenigen Versagungsgrund, auf den er seinen Antrag stützt. Es können demnach unterschiedliche Zeitpunkte vorliegen, zu dem der Gläubiger von dem jeweiligen Versagungsgrund Kenntnis erlangte. Spätestens ist der Antrag im Rahmen der Anhörung der Beteiligten nach § 300 Abs. 1 S. 2 zu stellen (vgl. BGH WM 2012, 2250). Anschließend kommt ein Widerruf der Restschuldbefreiung nach § 303 in Betracht. 3

Voraussetzung für die Zulässigkeit des Versagungsantrags ist die **Glaubhaftmachung** der Tatsache, dass zum maßgebenden Zeitpunkt ein Versagungsgrund iSd § 290 Abs. 1 vorlag. Weiterhin glaubhaft machen muss der Antragsteller den Zeitpunkt seiner Kenntnisnahme und dass er bis zum Schlusstermin oder bis zur Einstellung des Verfahrens den Versagungsgrund nicht kannte. Die getroffene Wortwahl lässt darauf schließen, dass von einer Kenntnis des Gläubigers auszugehen ist. Wie der Gläubiger das Gegenteil glaubhaft machen will, bleibt dessen Phantasie überlassen. 4

B. Entscheidung

Das Insolvenzgericht entscheidet im Beschlussverfahren durch den funktionell zuständigen Richter. Die Beteiligten sind stets anzuhören, auch wenn dies im Gegensatz zu § 296 Abs. 2 S. 1 und zu § 298 nicht ausdrücklich geregelt ist und § 300 Abs. 1 S. 2 bzw. § 300 Abs. 2 S. 2 nicht für den Antrag eines Gläubigers auf vorzeitige Versagung der Restschuldbefreiung gilt. 5

In entsprechender Anwendung des § 296 Abs. 3 ist die Versagung der Restschuldbefreiung öffentlich bekanntzumachen. Gegen die Entscheidung des Gerichts findet die **sofortige Beschwerde** statt. 6

§ 298 Deckung der Mindestvergütung des Treuhänders

(1) ¹Das Insolvenzgericht versagt die Restschuldbefreiung auf Antrag des Treuhänders, wenn die an diesen abgeführten Beträge für das vorangegangene Jahr seiner Tätigkeit die Mindestvergütung nicht decken und der Schuldner den fehlenden Betrag nicht einzahlt, obwohl ihn der Treuhänder schriftlich zur Zahlung binnen einer Frist von mindestens zwei Wochen aufgefordert und ihn dabei auf die Möglichkeit der Versagung der Restschuldbefreiung hingewiesen hat. ²Dies gilt nicht, wenn die Kosten des Insolvenzverfahrens nach § 4a gestundet wurden.

(2) ¹Vor der Entscheidung ist der Schuldner zu hören. ²Die Versagung unterbleibt, wenn der Schuldner binnen zwei Wochen nach Aufforderung durch das Gericht den fehlenden Betrag einzahlt oder ihm dieser entsprechend § 4a gestundet wird.

(3) § 296 Abs. 3 gilt entsprechend.

Überblick

Der Vorschrift kommt insbesondere dann Bedeutung zu, wenn die dem Schuldner bewilligte Kostenstundung nach § 4c aufgehoben wird und die Mindestvergütung des Treuhänders im Umfang des § 14 Abs. 3 InsVV (→ § 293 Rn. 3) aus den Einnahmen während der Wohlverhaltensphase nicht gedeckt werden kann.

A. Voraussetzungen

I. Antrag des Treuhänders

1   Die Versagung der Restschuldbefreiung auf Antrag des Treuhänders gem. Abs. 1 S. 1 setzt voraus, dass die vom Schuldner abgeführten Beträge für das vorangegangene Jahr der Tätigkeit des Treuhänders dessen Mindestvergütung nicht decken und der Schuldner den fehlenden Betrag nicht einzahlt, obwohl ihn der Treuhänder schriftlich zur Zahlung binnen einer Frist von mindestens zwei Wochen aufgefordert und ihn dabei auf die Möglichkeit der Versagung der Restschuldbefreiung hingewiesen hat (→ Rn. 1.1).

1.1   Einen Antrag nach der Vorschrift kann nur der Treuhänder selbst stellen; eine Delegation auf Mitarbeiter, etwa angestellte Rechtsanwälte, ist nicht statthaft. Ausreichend ist, dass der Antrag an das Insolvenzgericht die Unterschrift des Treuhänders trägt, auch wenn der Schriftsatz ansonsten intern von Mitarbeitern vorbereitet worden ist (LG Lübeck NZI 2010, 408).

2   Es soll sichergestellt werden, dass die Mindestvergütung → § 293 Rn. 3 auf jeden Fall erbracht wird. Daher hat der Treuhänder den Schuldner schriftlich zur Zahlung aufzufordern und auf die Möglichkeit der Versagung der Restschuldbefreiung hinzuweisen. Der Schuldner soll den Betrag der Mindestvergütung nötigenfalls aus seinem unpfändbaren Vermögen begleichen oder von Dritten zahlen lassen (BT-Drs. 12/2443, 193). Nicht verwehrt ist es dem Treuhänder, auf seine Vergütung zu verzichten, er wird dann eben keinen Antrag auf Versagung der Restschuldbefreiung stellen.

II. Ausschluss der Versagung

3   Eine Versagung der Restschuldbefreiung aus den Gründen der Norm kommt dann nicht in Betracht, wenn dem Schuldner die Verfahrenskosten, zu denen auch die Ansprüche des Treuhänders auf Vergütung und Ersatz seiner Auslagen gehören, nach § 4a gestundet werden (Abs. 1 S. 2). Der insoweit notwendige **Antrag des Schuldners** kann auch innerhalb der Wohlverhaltensperiode gestellt werden (LG Koblenz VuR 2014, 270). Darauf sollte der Schuldner durch den Treuhänder hingewiesen werden (Uhlenbruck/Sternal Rn. 9).

4   Nach Ansicht des BGH ist der Verwalter verpflichtet, im eröffneten Verfahren **Rückstellungen** aus der generierten Insolvenzmasse für die in der Wohlverhaltensphase entstehenden Kosten zu bilden (BGH NZI 2015, 128). Danach kommt eine Versagung der Restschuldbefreiung wegen einer nicht gedeckten Treuhändervergütung dann nicht in Betracht, wenn im eröffneten Verfahren ausreichende Mittel erwirtschaftet werden konnten. Versäumt es der Insolvenzverwalter, entsprechende Beträge zurückzuhalten, darf sich das nicht zum Nachteil des Schuldners auswirken.

5   Wegen Nichtzahlung der Mindestvergütung des Treuhänders kann die Restschuldbefreiung dem Schuldner auch dann nicht versagt werden, wenn der Treuhänder in seiner Zahlungsaufforderung auf die Möglichkeit der Versagung der Restschuldbefreiung nicht hingewiesen hat (BGH NZI 2010, 28).

6   Allerdings setzt ein Antrag auf Versagung der Restschuldbefreiung wegen fehlender Deckung der Mindestvergütung des Treuhänders in der Wohlverhaltensphase nicht voraus, dass der Treuhänder die Antragsvoraussetzungen glaubhaft macht und den Nachweis des Zugangs seines Aufforderungsschreibens führt. Der Treuhänder muss deshalb nur dann den Zugang seines Aufforderungsschreibens beweisen, wenn dieser vom Schuldner in Frage gestellt wird (BGH NZI 2010, 265).

B. Verfahren

7   Vor der Entscheidung ist der Schuldner zu hören, er kann auch jetzt den Betrag der Mindestvergütung noch zahlen, um die Versagung der Restschuldbefreiung zu verhindern, und hat dazu zwei Wochen Zeit (Abs. 2).

8   Die Versagung der Restschuldbefreiung ist mit **sofortiger Beschwerde** anfechtbar (§§ 298 Abs. 3, 296 Abs. 3). Die Entscheidung wird funktionell durch den Rechtspfleger erlassen; der Richtervorbehalt des § 18 Abs. 1 Nr. 4 RPflG besteht für den Fall des § 298 nicht.

§ 299 Vorzeitige Beendigung

Wird die Restschuldbefreiung nach den §§ 296, 297, 297a oder 298 versagt, so enden die Abtretungsfrist, das Amt des Treuhänders und die Beschränkung der Rechte der Gläubiger mit der Rechtskraft der Entscheidung.

Entscheidung über die Restschuldbefreiung § 300 InsO

Überblick

Die Vorschrift regelt die Folgen einer Versagung der Restschuldbefreiung während der Wohlverhaltensphase. Nicht genannt sind die Wirkungen, die eine Versagung der Restschuldbefreiung hinsichtlich der Möglichkeit entfaltet, einen neuerlichen Antrag auf Erteilung der Restschuldbefreiung zu stellen (→ § 287a Rn. 1).

A. Versagungstatbestände

Die Regelung stellt auf die Versagungstatbestände ab, die während der Wohlverhaltensphase 1 zum Tragen kommen können. Die Vorschrift ist entsprechend anzuwenden, wenn der Schuldner seinen Restschuldbefreiungsantrag zurücknimmt, der Antrag für erledigt erklärt wird oder das Verfahren durch den Tod des Schuldners sein Ende findet, bevor die Voraussetzungen für die Erteilung der Restschuldbefreiung vorliegen (BGH NZI 2005, 399; BGH NZI 2015, 328).

B. Einzelne Wirkungen der vorzeitigen Versagung

I. Ende der Abtretung

Mit der vorzeitigen Versagung der Restschuldbefreiung endet die Abtretungsfrist. Der Schuld- 2 ner wird ab Rechtskraft der Versagungsentscheidung mit ex-nunc-Wirkung wieder Inhaber der abgetretenen Bezügeforderung und kann grundsätzlich frei über diese verfügen (LG Nürnberg-Fürth BeckRS 2013, 23050). In diese Ansprüche können sowohl die Insolvenzgläubiger als auch die Neugläubiger die **Zwangsvollstreckung** betreiben (§ 201).

Einer solchen Pfändung geht jedoch eine Pfändung oder Abtretung vor, die bereits vor Eröff- 3 nung des Insolvenzverfahrens wirksam ausgebracht wurde und nicht nach § 88 mit der Eröffnung des Verfahrens unwirksam und in der Folge aufgehoben wurde (→ § 88 Rn. 9). Eine vor der Eröffnung des Insolvenzverfahrens ausgebrachte Lohnpfändung sowie eine Abtretung der Gehaltsansprüche **lebt wieder auf,** soweit die gesicherten Ansprüche während des eröffneten Insolvenzverfahrens nicht befriedigt wurden (vgl. BGH NZI 2011, 365; WM 2020, 2428). Abtretungen und Pfändung der Gehaltsansprüche sind nur so weit und so lange unwirksam, als die Zwecke des Insolvenzverfahrens und der möglichen Restschuldbefreiung dies rechtfertigen.

II. Beendigung des Treuhänderamtes

Wird die Restschuldbefreiung vorzeitig versagt, endet auch das Amt des Treuhänders. Seine 4 sich aus § 292 ergebenden Pflichten entfallen. Er hat jedoch nach § 292 Abs. 3 gegenüber dem Insolvenzgericht Rechnung zu legen. Dabei hat er eine Einnahmen-/Ausgabenrechnung zu erstellen und die maßgebenden Belege beizufügen. Der Treuhänder ist als berechtigt und auch verpflichtet anzusehen, noch nicht abgeschlossene Vorgänge abzuschließen. Von einer fortdauernden Aktivlegitimation für einen begonnenen Drittschuldnerprozess ist jedoch nicht auszugehen.

III. Wegfall der Beschränkung von Gläubigerrechten

Die Insolvenzgläubiger können nach einer vorzeitigen Versagung der Restschuldbefreiung 5 wegen ihrer bis dato nicht befriedigten Ansprüche in alle Vermögenswerte des Schuldners vollstrecken. § 294 steht nicht mehr entgegen. Die Neugläubiger werden an einer Vollstreckung in die Gehaltsansprüche nicht mehr durch deren Abtretung gehindert.

§ 300 Entscheidung über die Restschuldbefreiung

(1) ¹Das Insolvenzgericht entscheidet nach dem regulären Ablauf der Abtretungsfrist über die Erteilung der Restschuldbefreiung. ²Der Beschluss ergeht nach Anhörung der Insolvenzgläubiger, des Insolvenzverwalters oder Treuhänders und des Schuldners. ³Eine nach Satz 1 erteilte Restschuldbefreiung gilt als mit Ablauf der Abtretungsfrist erteilt.

(2) ¹Wurden im Insolvenzverfahren keine Forderungen angemeldet oder sind die Insolvenzforderungen befriedigt worden und hat der Schuldner die Kosten des Verfahrens und die sonstigen Masseverbindlichkeiten berichtigt, so entscheidet das Gericht auf Antrag des Schuldners schon vor Ablauf der Abtretungsfrist über die Erteilung der Restschuldbefreiung. ²Absatz 1 Satz 2 gilt entsprechend. ³Das Vorliegen der Vorausset-

zungen nach Satz 1 ist vom Schuldner glaubhaft zu machen. ⁴Wird die Restschuldbefreiung nach Satz 1 erteilt, so gelten die §§ 299 und 300a entsprechend.

(3) Das Insolvenzgericht versagt die Restschuldbefreiung auf Antrag eines Insolvenzgläubigers, wenn die Voraussetzungen des § 290 Absatz 1, des § 296 Absatz 1 oder Absatz 2 Satz 3, des § 297 oder des § 297a vorliegen, oder auf Antrag des Treuhänders, wenn die Voraussetzungen des § 298 vorliegen

(4) ¹Der Beschluss ist öffentlich bekannt zu machen. ²Gegen den Beschluss steht dem Schuldner und jedem Insolvenzgläubiger, der bei der Anhörung nach Absatz 1 oder Absatz 2 die Versagung der Restschuldbefreiung beantragt oder der das Nichtvorliegen der Voraussetzungen einer vorzeitigen Restschuldbefreiung nach Absatz 2 geltend gemacht hat, die sofortige Beschwerde zu.

Überblick

Die Vorschrift regelt die Modalitäten der Entscheidung über die Erteilung der Restschuldbefreiung nach oder vor Ablauf der Abtretungsfrist in Verfahren, deren Eröffnung nach dem 30.9.2020 beantragt wurde. Für die davor beantragten Verfahren gilt § 300 in der Fassung des Reformgesetzes 2013 (→ Rn. 31). In Verfahren, die vor dem 1.12.2001 eröffnet wurden, ist spätestens zwölf Jahre nach Insolvenzverfahrenseröffnung über die Restschuldbefreiung zu entscheiden.

Übersicht

	Rn.		Rn.
A. Entscheidungsmodalitäten	1	3. Anhörung der Beteiligten	19
I. Entscheidungszeitpunkt	1	4. Entscheidung	23
1. Reguläres Verfahren (Abs. 1)	1	B. Fortführung des Verfahrens	29
2. Keine Gläubigerbeteiligung (Abs. 2 S. 1 Alt. 1)	2	C. Verfahren, deren Eröffnung vor dem 1.10.2020 beantragt wurde	31
3. Befriedigung der Insolvenzforderungen (Abs. 2 S. 1 Alt. 2)	10	I. Abweichungen zur aktuellen Rechtslage	31
II. Verfahren	16	II. Ablauf einer dreijährigen Frist (Abs. 1 S. 2 Nr. 2 aF)	32
1. Entscheidung von Amts wegen	16		
2. Antrag des Schuldners	17	III. Ablauf einer fünfjährigen Frist	49

A. Entscheidungsmodalitäten

I. Entscheidungszeitpunkt

1. Reguläres Verfahren (Abs. 1)

1   Soweit kein Fall des Abs. 2 vorliegt, die Restschuldbefreiung nicht vorzeitig nach § 299 versagt wird oder der Schuldner seinen Antrag auf Erteilung der Restschuldbefreiung nicht zurücknimmt, entscheidet das Insolvenzgericht nach Ablauf der **dreijährigen Abtretungsfrist** über die Erteilung der Restschuldbefreiung. Dies unabhängig davon, ob das Insolvenzverfahren noch läuft oder bereits beendet ist. Dass sich der Schuldner bereits in der Wohlverhaltensphase befindet, ist demnach nicht Voraussetzung für die Anwendung der Vorschrift.

2. Keine Gläubigerbeteiligung (Abs. 2 S. 1 Alt. 1)

2   Hat kein Insolvenzgläubiger eine Forderung angemeldet, so ist auf **Antrag des Schuldners** über die Erteilung der Restschuldbefreiung unabhängig von einem Fristablauf zu entscheiden (Abs. 2 S. 1 Alt. 1). Die Kosten des Verfahrens sowie die sonstigen Masseverbindlichkeiten müssen berichtigt sein, um vorzeitig die Restschuldbefreiung erteilen zu können.

3   Für Verfahren, deren Eröffnung vor dem 1.7.2014 beantragt wurde, ist dies der Entscheidung des BGH (NZI 2005, 399 mAnm Ahrens) zu entnehmen. In Verfahren, deren Eröffnung nach dem 30.6.2014 beantragt wird, ergibt sich diese Möglichkeit aus § 300 Abs. 1 S. 2 Nr. 1 in der Fassung des Reformgesetzes 2013 (= aF).

4   Maßgebender Zeitpunkt für die Beantwortung der Frage, ob kein Gläubiger Forderungen angemeldet hat, ist der **Ablauf der Anmeldefrist** des § 28 Abs. 1 (MüKoInsO/Stephan Rn. 32; Uhlenbruck/Sternal Rn. 11). Nach aA hat das Insolvenzgericht einen Schlusstermin oder eine

Schlussanhörung zu bestimmen, innerhalb der die Möglichkeit besteht, eine Forderungsanmeldung nachzuholen (Ahrens, Das neue Privatinsolvenzrecht, 2. Aufl. 2015, Rn. 1015; HK-InsO/Waltenberger Rn. 11: Schlusstermin). Warum ein Gläubiger innerhalb eines solchen Termins eher geneigt sein soll, eine Forderung anzumelden, von deren Anmeldung er bisher absah, erschließt sich indes nicht. Es ist nicht Aufgabe des Insolvenzgerichts, dem Schuldner die Erlangung der Restschuldbefreiung möglichst schwierig auszugestalten. Wenn die Gläubiger keine realistische Möglichkeit sehen, ihre Forderungen zumindest teilweise zu verwirklichen, erübrigt sich jedes weitere staatliche Handeln.

Bei Forderungen, die vom Schuldner oder vom Insolvenzverwalter **bestritten** werden, sowie 5 bei absonderungsberechtigten Gläubigern sollte entsprechend § 213 Abs. 1 das Insolvenzgericht nach freiem Ermessen entscheiden, ob die Anmeldung einer solchen Forderung zu berücksichtigen ist.

Ebenfalls dem Ermessen des Insolvenzgerichts zu unterstellen ist die Entscheidung darüber, ob 6 die **nachrangigen Gläubiger** nach § 174 Abs. 3 zur Anmeldung ihrer Forderungen aufgefordert werden sollen. Zwingend notwendig ist dies nicht, da regelmäßig nicht damit zu rechnen ist, dass nachrangige Gläubiger, die von einer Restschuldbefreiung betroffen werden, Forderungen zu einem Verfahren anmelden, an dem sich nicht nachrangige Gläubiger nicht beteiligen wollen, weil sie keine Aussicht auf eine Befriedigung ihrer Forderungen sehen. Die Anmeldung einer nachrangigen Forderung hindert indes die vorzeitige Entscheidung über die Erteilung der Restschuldbefreiung wohl auch dann, wenn das Insolvenzgericht nicht gem. § 174 Abs. 3 zur Anmeldung aufgefordert hat. Der Wortlaut der Vorschrift enthält keine Aussage, die dieser Annahme widersprechen würde.

Die Begleichung der Verfahrenskosten und der sonstigen Masseverbindlichkeiten ist nicht nur 7 bei Abs. 2 S. 1 Alt. 2 Voraussetzung für eine vorzeitige Erteilung der Restschuldbefreiung. Vielmehr muss auch für eine vorzeitige Erteilung der Restschuldbefreiung nach Abs. 2 S. 1 Alt. 1 diese Voraussetzung erfüllt sein. Zwar ist der Wortlaut der Vorschrift insoweit nicht mehr so eindeutig als in der vorausgegangenen Fassung der Regelung, nach der Begründung der Bundesregierung zur Änderung der Vorschrift sollte mit der nunmehrigen Darstellungsform aber **keine Abweichung** von der bisherigen Rechtslage einhergehen (BT-Drs. 19/21981, 21).

Die **Verfahrenskosten** sowie die sonstigen Masseverbindlichkeiten, die berichtigt sein müssen, 8 sind auf den Zeitpunkt der Entscheidung durch das Insolvenzgericht zu bestimmen. Es kommt nicht darauf an, welche Verfahrenskosten bis zum Abschluss des Insolvenzverfahrens voraussichtlich anfallen werden (BGH NZI 2019, 934). Dem Schuldner ist Gelegenheit zu geben, die erforderlichen Beträge beim Insolvenzgericht, Insolvenzverwalter bzw. Treuhänder nachzufragen und durch entsprechende Schreiben glaubhaft zu machen (vgl. BGH NZI 2019, 934).

Wurde keine Insolvenzforderung angemeldet, so ist durchaus daran zu denken, die „Berichti- 9 gung der Kosten" auch dann als gegeben anzusehen, wenn diese nach § 4a **gestundet** wurden (vgl. AG Göttingen NZI 2016, 141). Ein kostenaufwendiges Verfahren nur deshalb fortzuführen, um die dadurch verursachten Kosten decken zu können, macht keinen Sinn. Sind die betroffenen Gläubiger an der weiteren Verfolgung ihrer Ansprüche nicht interessiert, besteht kein Anlass für den Einsatz von Steuergeldern (aA BGH WM 2016, 2270; dazu Ahrens NJW 2017, 21). Entsprechendes kann auch für ein Verfahren gelten, in dem eine Forderung zwar angemeldet, diese jedoch durch den Insolvenzverwalter bestritten und auch nach entsprechender Belehrung nach § 179 Abs. 2 die Feststellungsklage durch den Gläubiger nicht erhoben wurde (AG Aurich BeckRS 2015, 20606 = ZInsO 2016, 124).

3. Befriedigung der Insolvenzforderungen (Abs. 2 S. 1 Alt. 2)

Nach Abs. 2 S. 1 Alt. 2 ist über die Restschuldbefreiung unabhängig vom Ablauf der Abtre- 10 tungsfrist zu entscheiden, wenn alle **Insolvenzforderungen befriedigt** sind und der Schuldner die Kosten des Verfahrens sowie die sonstigen Masseverbindlichkeiten berichtigt hat.

Angesichts der auf drei Jahre verkürzten Abtretungsfrist dürfte das Interesse des Schuldners an 11 einer Begleichung sämtlicher Insolvenzforderungen gegen Null tendieren. Selbst wenn entsprechende Geldmittel beschafft werden könnten, wird es meist günstiger sein, den Insolvenzgläubigern einen Plan bzw. in der Wohlverhaltensphase einen Vergleich vorzuschlagen (vgl. BGH NZI 2019, 934). Auch an eine Verfahrenseinstellung nach § 213 ist zu denken. Damit erledigt sich eine Restschuldbefreiung, die ansonsten dazu führen würde, dass eine erneute Restschuldbefreiung erst nach Ablauf von 16 Jahren wieder möglich ist. Allenfalls dann, wenn der Schuldner neben den angemeldeten Forderungen weitere Gläubiger befürchtet, ist eine Restschuldbefreiung vorzugswürdig.

12 Zur Klärung der Frage, welche Insolvenzforderungen befriedigt sein müssen, kann wohl auf § 300 Abs. 1 S. 4 und 5 in der Fassung des Reformgesetzes 2013 Bezug genommen werden (→ Rn. 35; vgl. Ahrens, Das neue Privatinsolvenzrecht, 2. Aufl. 2015, Rn. 1020). Zu berücksichtigen sind demnach alle Gläubiger, deren angemeldete Forderung sich aus dem **Schlussverzeichnis** ergibt. Fehlt ein Schlussverzeichnis, so wird eine Forderung berücksichtigt, die nach § 178 Abs. 1 als festgestellt gilt oder deren Gläubiger entsprechend § 189 Abs. 1 Feststellungsklage erhoben oder das Verfahren in dem früher anhängigen Rechtsstreit aufgenommen hat (vgl. BGH NZI 2019, 934). Die Erteilung einer Restschuldbefreiung auf der Grundlage des Abs. 2 S. 1 Alt. 2 kommt mithin frühestens nach Ablauf der Anmeldefrist in Betracht.

13 Solange über die erhobene Klage oder den aufgenommenen Rechtsstreit nicht zugunsten des Gläubigers entschieden ist, kann dem Schuldner die Restschuldbefreiung dann erteilt werden, wenn er für die streitigen Beträge vergleichbar mit § 214 Abs. 3 **Sicherheit** leistet. Dasselbe gilt für eine bereits titulierte Forderung, gegen die der Bestreitende gem. § 179 Abs. 2 Feststellungsklage erhoben hat bis zur Entscheidung über die Klage.

14 Als befriedigt gilt eine Forderung iSd Alt. 2 auch dann, wenn der Schuldner zwar nur eine **Teilleistung** erbringt, der Gläubiger den Restbetrag dem Schuldner aber vergleichsweise erlässt und die Forderung damit letztlich erloschen ist. Der vorzeitigen Restschuldbefreiung steht dabei nicht entgegen, dass die Schuldnerin einen Gläubigertausch vorgenommen und die Teilbefriedigung ihrer alten Gläubiger durch eine Kreditaufnahme bei einem Neugläubiger finanziert hat (vgl. BGH NZI 2011, 947).

15 Befindet sich das Verfahren bereits in der Wohlverhaltensphase, sind Zahlungen an die Insolvenzgläubiger nur vom Treuhänder und nur auf der Grundlage des Schlussverzeichnisses zu leisten (§ 292 Abs. 1, → § 292 Rn. 11). Dem Schuldner verbietet § 295 S. 1 Nr. 4 unter Androhung der Versagung der Restschuldbefreiung jegliche Zahlung an die Insolvenzgläubiger. Fließen dem Treuhänder während der Wohlverhaltensphase Geldmittel in einem Umfang zu, der die Befriedigung aller im Schlussverzeichnis genannten Gläubiger ermöglicht, so kann dem Schuldner vorzeitig die Restschuldbefreiung erteilt werden, nachdem der Treuhänder die Befriedigung aller Gläubiger dem Insolvenzgericht belegt hat. Das Verfahren ist anschließend aufzuheben.

II. Verfahren

1. Entscheidung von Amts wegen

16 Über die Erteilung der Restschuldbefreiung ist nach Ablauf der Abtretungsfrist von Amts wegen zu entscheiden (Abs. 1). Dies unabhängig davon, ob zu diesem Zeitpunkt das Insolvenzverfahrens bereits beendet ist.

2. Antrag des Schuldners

17 Die **vorzeitige Entscheidung** über die Restschuldbefreiung nach Abs. 2 setzt einen hierauf gerichteten Antrag des Schuldners voraus. Darin muss der Schuldner die Voraussetzungen für eine vorzeitige Entscheidung über die Restschuldbefreiung glaubhaft machen (Abs. 2 S. 3). Zur Glaubhaftmachung genügt regelmäßig die **Bezugnahme auf die Gerichtsakten.** Weder Insolvenzverwalter noch Insolvenzgericht sind verpflichtet, den Schuldner ungefragt auf die Möglichkeit, vorzeitig Restschuldbefreiung zu erlangen, hinzuweisen und ihm zu eröffnen, er könne diese erreichen, wenn er bis zu dem maßgeblichen Datum einen bestimmten Geldbetrag an die Masse abführe. Sie müssen ihm auch nicht ungefragt laufend Auskunft über den Stand der Masse, der sonstigen Masseverbindlichkeiten, der zu berücksichtigenden Insolvenzforderungen und die Höhe der Verfahrenskosten geben (BGH NZI 2019, 934).

18 Stellt der Insolvenzverwalter oder der Treuhänder in der Wohlverhaltensphase jedoch fest, dass alle Insolvenzforderungen mit den vorhandenen Mitteln beglichen werden können, ist ein entsprechender **Hinweis** an den Schuldner zu erteilen.

3. Anhörung der Beteiligten

19 Das Insolvenzgericht entscheidet über die Erteilung der Restschuldbefreiung nach Anhörung der Insolvenzgläubiger, des Insolvenzverwalters oder Treuhänders und des Schuldners durch Beschluss über die Erteilung der Restschuldbefreiung (Abs. 1 S. 2 bzw. Abs. 2 S. 2). Die Anhörung der Insolvenzgläubiger erfolgt durch öffentliche Bekanntmachung der anstehenden Entscheidung. Ein Schlusstermin als Präsenztermin wird wohl die Ausnahme darstellen und kommt allenfalls dann in Betracht, wenn die Entscheidung über die Erteilung der Restschuldbefreiung während des eröffneten Verfahrens, also in einem sog. asymmetrischen Verfahren zu treffen ist. Im **schriftlichen Verfahren** hat das Insolvenzgericht ein Datum zu bestimmen und zu veröffentlichen, bis zu dem abschließend die Möglichkeit besteht, einen Versagungsantrag zu stellen. Nicht ausreichend ist eine Aussage, die die Möglichkeit einer Stellungnahme binnen einer bestimmten Frist beinhaltet. Soweit es sich nicht um ein Verfahren handelt, das gem. § 5 Abs. 2 S. 1 insgesamt schriftlich durchgeführt wird, bedarf es zusätzlich der Anordnung der partiellen Schriftlichkeit im Beschlussweg (vgl. BGH NZI 2018, 362).

Ergibt sich aus der Anhörung des Insolvenzgläubigers oder des Treuhänders in der Wohlverhaltensphase, dass noch nicht ausreichend Geldmittel für eine vorzeitige Erteilung der Restschuldbefreiung vorhanden sind, ist dem Schuldner eine **Nachschussmöglichkeit** zu eröffnen. 20

Im Rahmen ihrer Anhörung können die Insolvenzgläubiger die **Versagung der Restschuldbefreiung** beantragen. Je nach aktuellem Verfahrensstand ergeben sich die Gründe, auf die ein Versagungsantrag gestützt werden kann, aus § 290 oder §§ 295, 295a, 297 und 297a. Gläubiger, die innerhalb ihrer Anhörung keinen Antrag auf Versagung der Restschuldbefreiung gestellt haben, sind nach Fristablauf mit ihren Anträgen auf Restschuldbefreiung präkludiert (BGH WM 2012, 2250). 21

Der Schuldner muss einem gestellten Versagungsantrag im Rahmen seiner gerichtlichen Anhörung entgegentreten. Ansonsten gelten die in einem Versagungsantrag dargestellten Gründe als zugestanden. Gewährt das Insolvenzgericht dem Schuldner eine über den Schlusstermin oder über die Anhörungsfrist hinausgehende Möglichkeit zur Stellungnahme, müssen entsprechende Einwendungen berücksichtigt werden (vgl. BGH NZI 2017, 674). 22

4. Entscheidung

Die Entscheidung über die Erteilung der Restschuldbefreiung ergeht durch Beschluss. Eine nach Abs. 1 erteilte Restschuldbefreiung gilt als mit **Ablauf der Abtretungsfrist** erteilt (Abs. 1 S. 3), auch wenn die Entscheidung erst später rechtskräftig wird. Nach Ablauf der Abtretungsfrist beim Treuhänder eingehende Zahlungen sind dem Schuldner auszukehren. 23

Eine Entscheidung über die Erteilung der Restschuldbefreiung nach Abs. 2 S. 1 Alt. 2 kommt frühestens nach Abhaltung des allgemeinen Prüfungstermins (§ 176) in Betracht. Erst dann kann eine Forderung etwa iSd § 300 Abs. 1 S. 5 in der Fassung des Reformgesetzes 2013 als festgestellt gelten. 24

Für die Entscheidung über die Erteilung der (vorzeitigen) Restschuldbefreiung ist der **Rechtspfleger** funktionell zuständig (§ 3 Nr. 2 lit. e RPflG). Liegt ein Antrag auf Versagung der Restschuldbefreiung vor, ist die Entscheidung dagegen grundsätzlich dem **Richter** vorbehalten. Wird der Versagungsantrag auf die nicht gedeckte Mindestvergütung des Treuhänders (§ 298) gestützt, obliegt die Entscheidung wiederum dem Rechtspfleger (§ 18 Abs. 1 Nr. 4 RPflG). 25

Gegen den Beschluss steht dem Schuldner und jedem Insolvenzgläubiger, der bei der Anhörung die Versagung der Restschuldbefreiung beantragt oder das Nichtvorliegen der Voraussetzungen einer vorzeitigen Restschuldbefreiung nach Abs. 2 Satz 1 geltend gemacht hat, die **sofortige Beschwerde** zu (Abs. 4 Satz 2). Entscheidet der Rechtspfleger über den auf § 298 gestützten Versagungsantrag, kann der Schuldner bzw. der Treuhänder hiergegen ebenfalls die sofortige Beschwerde erheben (§§ 298 Abs. 3, 296 Abs. 3). 26

Die Entscheidung ist öffentlich bekannt zu machen (Abs. 4 S. 1). Dies geschieht über die Internet-Plattform „www.insolvenzbekanntmachungen.de". Nach Ablauf von vierzehn Tagen nach ihrer Einstellung darf die Eintragung nur eingesehen werden, wenn neben dem Namen des Schuldners auch das zuständige Insolvenzgericht angegeben werden kann (§ 2 Abs. 1 Nr. 3 InsBekV). Spätestens sechs Monate nach Rechtskraft der Entscheidung ist die Eintragung zu löschen (§ 3 InsBekV). 27

Ab diesem Zeitpunkt darf die Entscheidung in privatrechtlichen Verzeichnissen – wie etwa **Kreditauskunfteien** – nur auftauchen, wenn dies mit der DS-GVO vereinbar ist. In Betracht kommt dabei die Regelung des Art. 6 Abs. 1 lit. f DS-GVO. Danach ist eine Verarbeitung von Daten rechtmäßig, wenn sie zur Wahrung der berechtigten Interessen des Verantwortlichen oder eines Dritten erforderlich ist, sofern nicht die Interessen oder Grundrechte und Grundfreiheiten der betroffenen Person, die den Schutz personenbezogener Daten erfordern, überwiegen (vgl. LG Frankfurt a. M. NZI 2019, 342 mAnm Heyer). Zur Eintragung einer Versagung der Restschuldbefreiung in das Schuldnerverzeichnis → § 303a Rn. 2. 28

B. Fortführung des Verfahrens

29 Wird die Restschuldbefreiung innerhalb des noch nicht beendeten Verfahrens erteilt, ist dieses unabhängig von der Restschuldbefreiung fortzusetzen, bis alle Vermögenswerte bis auf das laufende Einkommen des Schuldners verwertet sind.

30 Basiert die Erteilung der Restschuldbefreiung während des eröffneten Verfahrens auf Abs. 2, so ist das Verfahren nach § 212 einzustellen. Aus der Befriedigung aller Insolvenzgläubiger ergibt sich der Wegfall des Eröffnungsgrundes. Die Begleichung der Verfahrenskosten sowie der sonstigen Masseverbindlichkeit ist durch den Insolvenzverwalter zu belegen (§ 214 Abs. 3). Im Rahmen der Verfahrenseinstellung ist über die vorzeitige Erteilung der Restschuldbefreiung zu entscheiden.

C. Verfahren, deren Eröffnung vor dem 1.10.2020 beantragt wurde

I. Abweichungen zur aktuellen Rechtslage

31 In Verfahren, deren Eröffnung vor dem 1.10.2020 beantragt wurde, gilt die Regelung des § 300 Abs. 1 in der Fassung des Reformgesetzes 2013 fort (§ 103k Abs. 1 EGInsO). Diese lautete:
¹Das Insolvenzgericht entscheidet nach Anhörung der Insolvenzgläubiger, des Insolvenzverwalters oder Treuhänders und des Schuldners durch Beschluss über die Erteilung der Restschuldbefreiung, wenn die Abtretungsfrist ohne vorzeitige Beendigung verstrichen ist. ²Hat der Schuldner die Kosten des Verfahrens berichtigt, entscheidet das Gericht auf seinen Antrag, wenn
  1. im Verfahren kein Insolvenzgläubiger eine Forderung angemeldet hat oder wenn die Forderungen der Insolvenzgläubiger befriedigt sind und der Schuldner die sonstigen Masseverbindlichkeiten berichtigt hat,
  2. drei Jahre der Abtretungsfrist verstrichen sind und dem Insolvenzverwalter oder Treuhänder innerhalb dieses Zeitraums ein Betrag zugeflossen ist, der eine Befriedigung der Forderungen der Insolvenzgläubiger in Höhe von mindestens 35 Prozent ermöglicht, oder
  3. fünf Jahre der Abtretungsfrist verstrichen sind.
³Satz 1 gilt entsprechend. ⁴Eine Forderung wird bei der Ermittlung des Prozentsatzes nach Satz 2 Nummer 2 berücksichtigt, wenn sie in das Schlussverzeichnis aufgenommen wurde. ⁵Fehlt ein Schlussverzeichnis, so wird eine Forderung berücksichtigt, die als festgestellt gilt oder deren Gläubiger entsprechend § 189 Absatz 1 Feststellungsklage erhoben oder das Verfahren in dem früher anhängigen Rechtsstreit aufgenommen hat.

31a Weggefallen sind somit die Vorschriften zur drei- bzw. fünfjährigen Abtretungsfrist.

II. Ablauf einer dreijährigen Frist (Abs. 1 S. 2 Nr. 2 aF)

32 Bereits nach Ablauf einer dreijährigen Abtretungsfrist ist auf Antrag des Schuldners über die Restschuldbefreiung zu entscheiden, wenn dem Insolvenzverwalter oder Treuhänder innerhalb dieses Zeitraums ein Betrag zugeflossen ist, der eine Befriedigung der Forderungen der Insolvenzgläubiger in Höhe von **mindestens 35 %** ermöglicht. Neben einer Erbschaft, die dem Schuldner zufällt, oder einer Zuwendung von dritter Seite, kann auch ein entsprechend hohes Einkommen des Schuldners zu einer solchen Situation führen.

33 Nach wohl überwiegender Ansicht muss der notwendige Betrag innerhalb der dreijährigen Frist, also spätestens an deren **letztem Tag** der Insolvenzmasse oder dem Treuhänder in der Wohlverhaltensphase zur Verfügung stehen (BGH NZI 2019, 934; Uhlenbruck/Sternal Rn. 14; aA FK-InsO/Ahrens Rn. 15). Auch die Gesetzesbegründung der Bundesregierung ist in dieser Weise zu verstehen (BT-Drs. 17/11268, 30). Werden die 35 % auch nur einen Tag verspätet erzielt, kommt eine frühzeitige Entscheidung über die Restschuldbefreiung erst wieder nach fünf Jahren in Betracht. Dagegen ist es unschädlich, wenn der Antrag des Schuldners außerhalb der Dreijahresfrist eingeht (BGH NZI 2019, 934).

34 Den Interessen von Gläubiger und Schuldner mag indes eher gedient sein, wenn auch zwischen dem dritten und dem fünften Jahr der Abtretungsfrist die Möglichkeit einer vorzeitigen Erteilung der Restschuldbefreiung bestünde. Kann der Schuldner etwa erst im vierten Jahr des Laufs der Abtretungsfrist den Betrag aufbringen, der für die notwendige Quotenzahlung erforderlich ist, so spricht allenfalls der Gesetzestext gegen eine vorzeitige Erteilung der Restschuldbefreiung. Letztlich dürfte die aufgekommene Diskussion aber nur von theoretischer Bedeutung sein. Im beiderseitigen Einvernehmen können die Gläubiger zusammen mit dem Schuldner auch nach Ablauf der dreijährigen Frist innerhalb der Wohlverhaltensphase einen Vergleich schließen, der auf der Basis des § 300 Abs. 1 S. 2 Nr. 1 Alt. 2 aF zu einer vorzeitigen Erteilung der Restschuldbefreiung

führt. Innerhalb des laufenden Insolvenzverfahrens besteht die Möglichkeit, einen entsprechenden Insolvenzplan gem. §§ 217 ff. InsO zu erstellen (BGH NZI 2019, 934).

Bei der Berechnung der Quote werden die Forderungen berücksichtigt, die im **Schlussverzeichnis** genannt sind. Ein Schlussverzeichnis liegt jedoch erst dann vor, wenn sich das Verfahren bereits in der Wohlverhaltensphase befindet. Im noch laufenden Insolvenzverfahren legt der Insolvenzverwalter das Schlussverzeichnis erst zum Verfahrensende dem Insolvenzgericht vor. Fehlt demnach ein Schlussverzeichnis, so wird nach § 300 Abs. 1 S. 5 aF eine Forderung berücksichtigt, die als festgestellt gilt (vgl. § 178 Abs. 1) oder deren Gläubiger entsprechend § 189 Abs. 1 Feststellungsklage erhoben oder das Verfahren in dem früher anhängigen Rechtsstreit aufgenommen hat (vgl. § 180 Abs. 2). Auch eine im Prüfungstermin nicht festgestellte, weil bestrittene Forderung ist zu berücksichtigen, wenn sie tituliert ist und der Bestreitende entgegen § 179 Abs. 2 seinen Widerspruch nicht weiterverfolgt.

Um die notwendige Befriedigungsquote von 35 % in einem noch nicht abgeschlossenen Insolvenzverfahren zu ermitteln, ist den zu berücksichtigenden Insolvenzforderungen die zu deren Befriedigung zur Verfügung stehende freie Insolvenzmasse gegenüberzustellen. Als freie Insolvenzmasse gelten dabei die Aktiva, die nach Abzug der Verfahrenskosten und der sonstigen Masseverbindlichkeiten sowie unter Berücksichtigung von Aus- und Absonderungsrechten verbleiben.

Nach § 300 Abs. 1 S. 2 Nr. 2 aF ist auf den bisherigen Geldzufluss abzustellen, der eine Befriedigung der Forderungen der Insolvenzgläubiger „ermöglicht", also gleichsam erwarten lässt. Demnach genügt es, wenn im Zeitpunkt der Entscheidung über den Antrag des Schuldners ein „fiktives" Vermögen in der notwendigen Größenordnung vorhanden ist. Unberücksichtigt bleiben im noch nicht abgeschlossenen Verfahren sowohl künftig zu erwartende Zuflüsse wie auch künftige Abgänge. In einer Art Momentaufnahme ist die aktuelle Vermögenssituation festzustellen.

Wurde die Restschuldbefreiung auf der Grundlage des § 300 Abs. 1 S. 2 Nr. 2 aF innerhalb des noch nicht beendeten Verfahrens erteilt, hat der Insolvenzverwalter den Erlösbetrag, der 35 % der berücksichtigten Insolvenzforderungen entspricht, zunächst auf diese Forderungen auszukehren. Die restlichen Erlöse gehen quotal an alle Insolvenzgläubiger, zu denen ggf. auch die Gläubiger gehören, die ihre Forderung erst nach der Erteilung der Restschuldbefreiung angemeldet haben. Die Auskehr des Erlöses erfolgt einheitlich am Ende des Verfahrens auf der Grundlage eines Schlussverzeichnisses.

Die Erteilung der Restschuldbefreiung hindert einen Insolvenzgläubiger nicht daran, seine Forderung in dem noch nicht beendeten Verfahren zur Insolvenztabelle anzumelden. Mit einer solchen **Nachmeldung** kann jedoch nur erreicht werden, dass die Forderung an der Ausschüttung des Verwertungserlöses teilnehmen kann. Dagegen kann eine deliktische Forderung nicht mit dem Ziel einer Privilegierung gem. § 302 Nr. 1 nachgemeldet werden. Ausgeschlossen ist nach Erteilung der Restschuldbefreiung auch die Nachmeldung des Attributs der vorsätzlich begangenen unerlaubten Handlung (vgl. BGH BeckRS 2013, 12812 = NJW 2013, 3300).

Befindet sich das Verfahren bereits in der Wohlverhaltensphase, bereitet die Feststellung der zur Verfügung stehenden Mittel keine Probleme. Nach § 292 Abs. 1 sind von den Beträgen, die dem Treuhänder zufließen, vorab die gestundeten Kosten sowie die noch offenen sonstigen Masseverbindlichkeiten in Abzug zu bringen.

Zwar obliegt es nach § 300 Abs. 2 S. 3 aF dem Schuldner, die Voraussetzungen des § 300 Abs. 1 S. 2 Nr. 2 aF glaubhaft zu machen. Der Schuldner muss demnach sowohl den Umfang der zu berücksichtigenden Insolvenzforderungen als auch die zu deren Befriedigung zur Verfügung stehende freie Insolvenzmasse belastbar darstellen. Eine Auflistung der zu berücksichtigenden Forderungen, die im noch laufenden Insolvenzverfahren der Erstellung eines Verteilungsverzeichnisses nach § 188 entspricht, ist aber ohne die Mitwirkung des Insolvenzverwalters schlichtweg nicht vorstellbar. So wird es dem Schuldner zB kaum möglich sein, sich Informationen über eine Klageerhebung iSd § 189 Abs. 1 zu verschaffen. Ebenso ist es dem Schuldner wohl kaum möglich, in einem noch nicht abgeschlossenen Verfahren den für die Befriedigung der Insolvenzgläubiger zur Verfügung stehenden Betrag auch nur ansatzweise zutreffend darzustellen. Allerdings kann die Glaubhaftmachung wohl auch mit der bloßen **Bezugnahme auf die Gerichtsakten** erfolgen (so auch BGH BeckRS 2019, 25516 = NZI 2019, 934 mAnm Schädlich). Das Gericht ist anschließend berufen, die Begründetheit des Antrags zu prüfen. Soweit sich die hierzu erforderlichen Daten nicht aus den Akten ergeben, wird der Insolvenzverwalter zur Auskunftserteilung aufzufordern sein.

Strebt der Schuldner eine vorzeitige Restschuldbefreiung iSd § 300 Abs. 1 S. 2 Nr. 2 aF nach drei Jahren an und befindet sich das Verfahren bereits in der Wohlverhaltensphase, hat der Schuldner auch Angaben zu machen über die **Herkunft der Mittel,** die an den Treuhänder geflossen sind und die über die Beträge hinausgehen, die von der Abtretungserklärung erfasst sind (HK-InsO/

Wartenberger Rn. 23). Kein Herkunftsnachweis ist erforderlich, wenn die dreijährige Frist innerhalb des eröffneten Verfahrens abläuft, die notwendigen Mittel bereits im eröffneten Verfahren vorhanden sind und dem Zugriff des Insolvenzverwalters unterliegen.

43 Befindet sich das Verfahren bereits in der **Wohlverhaltensphase**, sind die bei der Erlösverteilung zu berücksichtigenden Insolvenzgläubiger dem Schlussverzeichnis zu entnehmen. Darauf kann der Schuldner zum Zwecke der Glaubhaftmachung verweisen.

44 Der Antrag des Schuldners auf vorzeitige Entscheidung über Restschuldbefreiung nach § 300 Abs. 1 S. 2 Nr. 2 aF ist dann zulässig, wenn darin unter Bezugnahme auf die sich aus den Gerichtsakten ergebenden Daten die These aufgestellt wird, dass die bisher dem Insolvenzverwalter oder dem Treuhänder zugeflossenen Beträge eine Befriedigung der Insolvenzforderungen in Höhe von mindestens 35 % ermöglichen.

45 Voraussetzung für die vorzeitige Entscheidung über die Restschuldbefreiung ist, dass der Schuldner die **Kosten des Verfahrens** „berichtigt" (§ 300 Abs. 1 S. 2 aF). Neben den Gebühren und Auslagen des Gerichts gehören zu den Verfahrenskosten insbesondere die Vergütung und die Auslagen des Insolvenzverwalters. Die Berichtigung der Verfahrenskosten und der sonstigen Masseverbindlichkeiten ist im eröffneten Verfahren jedoch nicht Sache des Schuldners, sondern des Insolvenzverwalters, der dazu ggf. von dritter Seite zugewandte Mittel verwendet (vgl. BT-Drs. 17/11268, 30). Innerhalb der Wohlverhaltensphase, also nach Abschluss des Verfahrens, sind die gestundeten und ggf. noch nicht berichtigten Verfahrenskosten ebenso wie noch offene sonstige Masseverbindlichkeiten vom Treuhänder aus den Mitteln vorweg zu begleichen, die ihm aus den abgetretenen Einkünften des Schuldners zufließen oder vom Schuldner oder von Dritten geleistet werden (§ 292 Abs. 1).

46 Die Vorschrift kann demnach nur so verstanden werden, dass der dem Insolvenzverwalter oder dem Treuhänder innerhalb der Dreijahresfrist zugeflossene Betrag ausreichen muss, um auch die Verfahrenskosten abzudecken. Die Berechnung der Kosten erfolgt durch das Insolvenzgericht im Rahmen der Begründetheitsprüfung des Schuldnerantrags. Ist das Verfahren noch nicht beendet, so sind diejenigen Kosten zugrunde zu legen, die voraussichtlich **für das gesamte Verfahren** entstehen. Nur diejenigen Kosten zu berücksichtigen, die fiktiv bis zum Zeitpunkt der Entscheidung über den Schuldnerantrag anfallen, macht wenig Sinn (so aber BGH NZI 2019, 934). Auf Insolvenzforderungen dürfen erst dann Zahlungen erfolgen, wenn die Kosten des Verfahrens insgesamt beglichen sind.

47 Für einen Schuldner, der sich die für eine vorzeitige Erteilung der Restschuldbefreiung erforderlichen Mittel von dritter Seite beschaffen möchte, stellt die Höhe der zu deckenden Kosten ein unkalkulierbares Risiko dar. Leistungen, die ein Dritter an den Insolvenzverwalter oder den Treuhänder leistet, können nicht zurückgefordert werden, wenn sich herausstellt, dass sie nicht reichen, um neben der 35 %-Quote auch die Verfahrenskosten und die sonstigen Masseverbindlichkeiten zu begleichen. Der BGH (BeckRS 2011, 07712 = ZInsO 2011, 777) hat zu einem Schuldnerantrag auf Verfahrenseinstellung nach § 213 die Feststellung getroffen, dass dem Schuldner die Möglichkeit eröffnet werden muss, die Höhe der Verfahrenskosten zu ermitteln. Dazu kann das Insolvenzgericht den Insolvenzverwalter auffordern, eine Berechnung seiner (voraussichtlichen) Vergütung vorzulegen (vgl. LG Stuttgart BeckRS 2013, 00403).

48 Hat es der Schuldner versäumt, rechtzeitig vor Ablauf der Dreijahresfrist dem Treuhänder in der Wohlverhaltensphase den notwendigen Betrag zur Verfügung zu stellen, so kann eine analoge Anwendung der Vorschrift zur Wiedereinsetzung in den vorherigen Stand in Betracht kommen (offengelassen BGH BeckRS 2020, 15555 = NZI 2020, 798). Eine Wiedereinsetzung in die Frist des § 300 Abs. 1 S. 2 Nr. 2 setzte nach Ansicht des BGH jedenfalls ein unverschuldetes Fristversäumnis voraus (§ 233 S. 1 ZPO). Die § 234 ZPO zu entnehmende Antragsfrist müsste gewahrt sein und innerhalb dieser Frist der zur Erreichung der Mindestbefriedigungsquote erforderliche Betrag nachgeschossen werden (vgl. § 236 Abs. 2 S. 2 Hs. 1 ZPO; BGH BeckRS 2020, 15555 = NZI 2020, 798).

III. Ablauf einer fünfjährigen Frist

49 In Verfahren, deren Eröffnung nach dem 30.6.2014 und vor dem 1.10.2020 beantragt wurde, ist nach Ablauf von fünf Jahren über die Restschuldbefreiung auf Antrag des Schuldners zu entscheiden, wenn dieser die Kosten des Verfahrens berichtigt hat. Zu den Kosten des Verfahrens gehören die in § 54 genannten Gebühren und Auslagen des Gerichts sowie die Vergütungs- und Auslagenerstattungsansprüche des (vorläufigen) Insolvenzverwalters und der Mitglieder des Gläubigerausschusses. Nicht dazu gehört die Vergütung des Treuhänders in der Wohlverhaltensphase, die auch nicht nach § 4a gestundet werden kann.

Im Gegensatz zur dreijährigen Frist des Abs. 1 S. 2 Nr. 2 aF, wo der Zufluss vor Ablauf der Frist erfolgen muss, ist nach Ablauf der Fünf-Jahres-Frist über die Restschuldbefreiung zu entscheiden, wenn die Verfahrenskosten berichtigt sind. Die Berichtigung kann demnach auch nach Ablauf der Frist vorgenommen werden. **49a**

Die Berichtigung der Verfahrenskosten kann durch eine Einmalzahlung etwa dann erfolgen, wenn dem Schuldner von dritter Seite entsprechende Mittel zur Verfügung gestellt werden (BT-Drs. 17/11268, 31). Denkbar ist aber auch, dass durch den periodischen Zufluss von pfändbaren Einkommensteilen zur Insolvenzmasse die notwendigen Mittel zur Verfügung stehen. **50**

Um dem Schuldner Klarheit über die Höhe der Verfahrenskosten in einem noch nicht abgeschlossenen Insolvenzverfahren zu verschaffen, ist wiederum das Insolvenzgericht aufgerufen, die voraussichtlichen Kosten des Verfahrens zu ermitteln. Sind diese Kosten durch die generierte Insolvenzmasse gedeckt, kann dem Schuldner die Restschuldbefreiung erteilt werden. Ein sich anschließend ergebender höherer Kostenanfall berührt die erteilte Restschuldbefreiung nicht. **51**

§ 300a Neuerwerb im laufenden Insolvenzverfahren

(1) ¹Wird dem Schuldner Restschuldbefreiung erteilt, gehört das Vermögen, das der Schuldner nach Ende der Abtretungsfrist oder nach Eintritt der Voraussetzungen des § 300 Absatz 2 Satz 1 erwirbt, nicht mehr zur Insolvenzmasse. ²Satz 1 gilt nicht für Vermögensbestandteile, die auf Grund einer Anfechtung des Insolvenzverwalters zur Insolvenzmasse zurückgewährt werden oder die auf Grund eines vom Insolvenzverwalter geführten Rechtsstreits oder auf Grund Verwertungshandlungen des Insolvenzverwalters zur Insolvenzmasse gehören.

(2) ¹Bis zur rechtskräftigen Erteilung der Restschuldbefreiung hat der Verwalter den Neuerwerb, der dem Schuldner zusteht, treuhänderisch zu vereinnahmen und zu verwalten. ²Nach rechtskräftiger Erteilung der Restschuldbefreiung findet die Vorschrift des § 89 keine Anwendung. ³Der Insolvenzverwalter hat bei Rechtskraft der Erteilung der Restschuldbefreiung dem Schuldner den Neuerwerb herauszugeben und über die Verwaltung des Neuerwerbs Rechnung zu legen.

(3) ¹Der Insolvenzverwalter hat für seine Tätigkeit nach Absatz 2, sofern Restschuldbefreiung rechtskräftig erteilt wird, gegenüber dem Schuldner Anspruch auf Vergütung und auf Erstattung angemessener Auslagen. ²§ 293 gilt entsprechend.

Überblick

Die Vorschrift gilt nur für Verfahren, deren Eröffnung nach dem 30.6.2014 beantragt wird. Für davor beantragte Verfahren hat der BGH jedoch eine im Ergebnis identische Handhabung verlangt (BGH NZI 2010, 111; 2010, 577; 2014, 312).

A. Anwendungsbereich

Die Vorschrift setzt zunächst voraus, dass dem Schuldner die Restschuldbefreiung erteilt wird. Dabei kommt es nicht darauf an, dass der Beschluss, der die Restschuldbefreiung enthält, vor oder nach Beendigung des Insolvenzverfahrens erlassen oder rechtskräftig wird. Ausschlaggebend für die Anwendung der Regelung ist vielmehr, dass die Abtretungsfrist des § 287a Abs. 2 abläuft oder die Voraussetzungen für eine vorzeitige Erteilung der Restschuldbefreiung nach § 300 Abs. 1 S. 2 eintreten, bevor das Insolvenzverfahren durch Aufhebung oder Einstellung beendet wird. Es ist insoweit von einem **asymmetrischen Verfahren** die Rede (Ahrens, Das neue Privatinsolvenzrecht, 2015 Rn. 1098). **1**

B. Beschlagnahmefreier Neuerwerb

I. Umfang

Nach Abs. 1 S. 1 zählen alle Vermögenswerte, die der Schuldner nach dem Ende der Abtretungsfrist oder nach dem Zeitpunkt erwirbt, zu dem die Voraussetzungen für eine vorzeitige Erteilung der Restschuldbefreiung vorliegen, nicht mehr zur Insolvenzmasse. Der Zeitpunkt der rechtskräftigen Erteilung der Restschuldbefreiung spielt insoweit keine Rolle (vgl. § 300 Abs. 1 **2**

S. 2; AG Bochum BeckRS 2020, 32264 = NZI 2021, 89). Damit wird die Regelung des § 35 Abs. 1 begrenzt. Freigestellt werden nicht nur die abgetretenen Arbeitsentgelte oder Lohnersatzleistungen, sondern sämtliche Vermögenswerte, die innerhalb des maßgebenden Zeitraums erworben werden (vgl. BGH NZI 2014, 312) (→ Rn. 2.1).

2.1 Ob mit dem Begriff „Erwerb" die Situation beschrieben wird, in der Vermögenswerte tatsächlich dem Schuldner zufließen, also etwa Überweisungen dem Konto gutgeschrieben werden oder ob auf die Begründung eines Anspruchs abzustellen ist, kann dem Wortlaut der Vorschrift nicht entnommen werden. Wird etwa eine Steuerrückerstattung für einen zurückliegenden, in das eröffnete Insolvenzverfahren fallenden Veranlagungszeitraum nach dem Ende der Abtretungsfrist ausbezahlt, so ist die Zahlung wohl der Masse zuzurechnen, da der Anspruch auf Steuerrückerstattung bereits mit Ablauf des Verlangungszeitraums „erworben" wird, also dem Grund nach bereits vor dem Ende der Abtretungsfrist angelegt ist (vgl. BGH NZI 2014, 312). Für die Frage, ob der Anspruch auf Abfindungszahlung nach Aufhebung eines Arbeitsverhältnisses zur Insolvenzmasse gehört, wird auf den Abschluss des Aufhebungsvertrages abzustellen sein; nicht auf die von den Arbeitsvertragsparteien vereinbarte Fälligkeit der Vorschrift oder gar auf den tatsächlichen Zufluss eines entsprechenden Geldbetrags (vgl. LG Nürnberg-Fürth ZVI 2013, 275). Leistungen, die dem Schuldner aufgrund eines zu seinen Gunsten bereits vor Eröffnung des Insolvenzverfahrens eingetragenen Nießbrauchs nach Erteilung der Restschuldbefreiung zufließen, gelten nicht als Neuerwerb iSd Vorschrift (vgl. AG Norderstedt ZInsO 2017, 2189).

2a Der Zeitpunkt, zu dem in Anwendung des Abs. 1 S. 1 die Voraussetzungen für eine vorzeitige Erteilung der Restschuldbefreiung vorliegen, wird danach zu bestimmen sein, wann die letzte Voraussetzung gegeben war (MüKoInsO/Stephan Rn. 4). Regelmäßig wird dies der Eingang des Antrags des Schuldners auf vorzeitige Erteilung der Restschuldbefreiung sein (Ahrens, Das neue Privatinsolvenzrecht, 2015, Rn. 1107).

2b Die drei- bzw. sechsjährige Abtretungsfrist bereitet insoweit keine Probleme (§ 300 Abs. 1 S. 1). Deutlich schwieriger ist hingegen der Zeitpunkt festzumachen, zu dem die Voraussetzungen des § 300 Abs. 1 S. 2 als eingetreten anzusehen sind (vgl. → § 300 Rn. 1 ff..).

II. Ausnahmen

3 Ausgenommen vom Anwendungsbereich der Norm und weiterhin massezugehörig sind diejenigen Vermögenswerte, die aufgrund einer Anfechtung des Insolvenzverwalters zur Insolvenzmasse zurückgewährt werden oder die aufgrund eines vom Insolvenzverwalter geführten Rechtsstreits oder aufgrund von Verwertungshandlungen des Insolvenzverwalters zur Insolvenzmasse gehören (Abs. 1 S. 2).

4 Der Wortlaut der Vorschrift lässt vielfältige Interpretationen zu. So bleibt etwa zu klären, wie intensiv die Verwertungshandlungen betrieben werden müssen, um einen Vermögenswert als zur Insolvenzmasse gehörend anzusehen. Auch ist der Vorschrift nicht eindeutig zu entnehmen, ob die Anfechtung noch erklärt oder der Rechtsstreit noch geführt werden kann, wenn die Abtretungsfrist bereits abgelaufen ist.

III. Vorübergehende Verwaltung

5 Bis zur rechtskräftigen Erteilung der Restschuldbefreiung hat der Verwalter den Neuerwerb, der dem Schuldner zusteht, treuhänderisch zu vereinnahmen und zu verwalten (Abs. 2 S. 1). Auf diese Weise wird für die Masse und damit auch für die Gläubiger der Neuerwerb für den Fall der Versagung der Restschuldbefreiung gesichert. Angesprochen ist damit der Zeitraum zwischen Ablauf der Abtretungsfrist oder Eintritt der Voraussetzungen für eine vorzeitige Erteilung der Restschuldbefreiung und der rechtskräftigen Erteilung der Restschuldbefreiung. Für diesen Zeitraum wird kraft Gesetzes ein Treuhandverhältnis zwischen Insolvenzverwalter und Schuldner begründet.

6 Mit rechtskräftiger Erteilung der Restschuldbefreiung kann der Schuldner Herausgabe des Treugutes und Rechnungslegung über die Verwaltung des Neuerwerbs verlangen (Abs. 2 S. 3; vgl. BGH NZI 2010, 111). Wird die Restschuldbefreiung dagegen rechtskräftig versagt, endet das Treuhandverhältnis mit der Maßgabe, dass der verwaltete Neuerwerb zur Insolvenzmasse gezogen wird und der Befriedigung der Gläubigeransprüche dient (→ Rn. 6.1).

6.1 Im Hinblick auf einen möglichen Widerruf der Restschuldbefreiung nach § 303 wäre es wohl sinnvoll, die treuhänderische Verwaltung des Neuerwerbs durch den Insolvenzverwalter auf die Frist des § 303 Abs. 2 S. 1 zu erstrecken. Allerdings beginnt die dort genannte Sechs-Monats-Frist erst mit rechtskräftiger

Beendigung des Insolvenzverfahrens. Deren Ablauf kann zum Zeitpunkt der Erteilung der Restschuldbefreiung innerhalb des eröffneten Verfahrens nicht vorhergesagt werden.

C. Wegfall des Vollstreckungsverbots

Nach rechtskräftiger Erteilung der Restschuldbefreiung findet die Vorschrift des § 89 keine Anwendung mehr (Abs. 2 S. 2). In den massefreien Neuerwerb kann demnach die Zwangsvollstreckung betrieben werden. Bedeutung hat die Regelung vor allem für die sogenannten Neugläubiger, also diejenigen Gläubiger, deren Ansprüche gegen den Schuldner nach Eröffnung des Insolvenzverfahrens begründet wurden (HK-InsO/Wartenberger Rn. 7). 7

Dagegen können Insolvenzgläubiger von der Regelung schon deshalb wenig Gebrauch machen, weil sie nicht im Besitz eines Vollstreckungstitels sind. Eine vollstreckbare Ausfertigung aus der Insolvenztabelle kann nach § 201 Abs. 2 erst nach Beendigung des Insolvenzverfahrens beantragt werden (→ § 201 Rn. 13). Ein vor Eröffnung des Insolvenzverfahrens evtl. vorhandener Vollstreckungstitel wird mit der Feststellung zur Insolvenztabelle „aufgezehrt" (→ § 178 Rn. 23). Einen Vollstreckungstitel außerhalb des Insolvenzverfahrens gegen Schuldner kann der Insolvenzgläubiger auch für eine von der Restschuldbefreiung nicht umfasste Forderung solang nicht erlangen, als ihm nicht bekannt, in welcher Höhe seine Forderung im Insolvenzverfahren befriedigt wird. Dies steht erst nach Beendigung des Insolvenzverfahrens fest. 8

D. Vergütungsanspruch

Der Insolvenzverwalter hat gegen den Schuldner nach Maßgabe des § 293 einen Anspruch auf Vergütung und auf Ersatz angemessener Auslagen (Abs. 3). Der Anspruch stellt keine Masseverbindlichkeit dar und wird auch bei Kostenstundung nicht aus der Staatskasse befriedigt. Vielmehr richtet sich der Vergütungsanspruch unmittelbar gegen den Schuldner. Die Vergütung ist nach § 293 Abs. 2 mit §§ 63, 64 durch das Insolvenzgericht festzusetzen. 9

Nach dem Gesetzesentwurf soll die Regelung des § 14 Abs. 3 InsVV keine Anwendung finden, der Insolvenzverwalter also keinen Anspruch auf die Mindestvergütung haben (BT-Drs. 17/11268, 32). Der Wortlaut der Vorschrift enthält dazu keinen Anhaltspunkt. Angemessen seien 5 % der eingenommenen Bezüge zzgl. Umsatzsteuer (Frege/Keller/Riedel InsR Rn. 2193). 10

E. Forderungsanmeldung nach Erteilung der Restschuldbefreiung

In dem nach Erteilung der Restschuldbefreiung fortgeführten Insolvenzverfahren können die Insolvenzgläubiger, die es bisher versäumten, ihre Forderung anzumelden, dies bis zur Niederlegung des Schlussverzeichnisses nachholen. Ziel der Anmeldung kann allerdings nur die Teilhabe an der Verteilung des Verwertungserlöses sein. Ausgeschlossen ist die Nachmeldung einer deliktischen Forderung, soweit damit eine Privilegierung nach § 302 Nr. 1 verfolgt wird. Ebenso ausgeschlossen ist eine Nachmeldung des Rechtsgrunds der vorsätzlich begangenen unerlaubten Handlung zu einer bereits ohne dieses Attribut angemeldeten Forderung (vgl. BGH BeckRS 2013, 12812 = NZI 2013, 906). 11

§ 301 Wirkung der Restschuldbefreiung

(1) ¹Wird die Restschuldbefreiung erteilt, so wirkt sie gegen alle Insolvenzgläubiger. ²Dies gilt auch für Gläubiger, die ihre Forderungen nicht angemeldet haben.

(2) ¹Die Rechte der Insolvenzgläubiger gegen Mitschuldner und Bürgen des Schuldners sowie die Rechte dieser Gläubiger aus einer zu ihrer Sicherung eingetragenen Vormerkung oder aus einem Recht, das im Insolvenzverfahren zur abgesonderten Befriedigung berechtigt, werden durch die Restschuldbefreiung nicht berührt. ²Der Schuldner wird jedoch gegenüber dem Mitschuldner, dem Bürgen oder anderen Rückgriffsberechtigten in gleicher Weise befreit wie gegenüber den Insolvenzgläubigern.

(3) Wird ein Gläubiger befriedigt, obwohl er auf Grund der Restschuldbefreiung keine Befriedigung zu beanspruchen hat, so begründet dies keine Pflicht zur Rückgewähr des Erlangten.

(4) ¹Ein allein aufgrund der Insolvenz des Schuldners erlassenes Verbot, eine gewerbliche, geschäftliche, handwerkliche oder freiberufliche Tätigkeit aufzunehmen oder auszuüben, tritt mit Rechtskraft der Erteilung der Restschuldbefreiung außer Kraft. ²Satz 1

InsO § 301

gilt nicht für die Versagung und die Aufhebung einer Zulassung zu einer erlaubnispflichtigen Tätigkeit.

Überblick

Die Regelung normiert die Wirkungen einer erteilten Restschuldbefreiung, soweit es sich nicht um Forderungen handelt, die nach § 302 von der Restschuldbefreiung ausgenommen sind. Durch das InsO-Reformgesetz 2013 hat die Vorschrift keine Änderung erfahren. Allerdings haben sich durch den Wegfall des § 114 zum 1.7.2014 mit Gesetz v. 15.7.2013 (BGBl. I 2379) zu Abs. 2 einige Problemstellungen hinsichtlich der Fortwirkung von Lohnabtretungen und -pfändungen ergeben (→ Rn. 8.1). Abs. 4 wurde mit Gesetz vom 22.12.2020 angefügt (→ Rn. 4b).

Übersicht

	Rn.		Rn.
A. Wirkung der Restschuldbefreiung	1	**B. Fortwirkung von Sicherungsrechten**	5
I. Betroffene Gläubiger	1		
II. Verzicht des Schuldners	3	**C. Verfahrensrechte**	9
III. Wirkungen im Berufsrecht	4a	**D. Steuerfragen**	10

A. Wirkung der Restschuldbefreiung

I. Betroffene Gläubiger

1 Die Restschuldbefreiung wirkt gegen alle **Insolvenzgläubiger** iSd § 38 und § 39, auch wenn sie ihre Forderungen im Insolvenzverfahren verspätet oder nicht angemeldet haben oder nicht anmelden konnten (Abs. 1, → Rn. 1.1). Mit Erteilung der Restschuldbefreiung wird der Schuldner demnach von allen gegen ihn gerichteten persönlichen Vermögensansprüchen befreit, die vor Eröffnung des Insolvenzverfahrens begründet wurden (K. Schmidt InsO/Henning Rn. 2). Dass eine Forderung zum Zeitpunkt der Verfahrenseröffnung noch nicht fällig ist, lässt ihre Einstufung als Insolvenzforderung unberührt (§ 41). Die Restschuldbefreiung umfasst mithin auch gestundete Gerichtskosten, sodass die Staatskasse nach Eröffnung des Insolvenzverfahrens angefallene Gerichtskosten und verauslagte Rechtsanwaltsgebühren nicht mehr durch die Anordnung einer Ratenzahlung geltend machen kann (OLG Frankfurt a. M. NZI 2019, 219). Gebühren, die erst nach Eröffnung des Insolvenzverfahrens begründet werden, stellen dagegen Neuverbindlichkeiten dar. Von solchen Neuverbindlichkeiten wird der Schuldner nicht befreit (MüKoInsO/Stephan Rn. 12; → Rn. 1.1).

1.1 **Zinsen** auf Insolvenzforderungen, die nach Verfahrenseröffnung anfallen, stellen nach § 39 Abs. 1 Nr. 1 nachrangige Forderungen dar. Dagegen stellen Zinsen, die nach Beendigung des Insolvenzverfahrens, etwa in der Wohlverhaltensphase auflaufen, nach Ansicht des OLG Köln (NZI 2012, 681) **Neuforderungen** dar, die jedoch in analoger Anwendung des § 39 Abs. 1 Nr. 1 als nachrangige Insolvenzforderungen zu gelten haben und demnach von einer Restschuldbefreiung umfasst werden.

1a Auch von **Masseverbindlichkeiten** wird der Schuldner nicht befreit, sodass seine unbeschränkte Haftung für sog. oktroyierte Masseverbindlichkeiten über die Erteilung einer Restschuldbefreiung hinaus fortdauert (offen gelassen BGH NZI 2007, 670; vgl. auch BGH NJW 2021, 938). Nach Ansicht des BFH kann das Finanzamt ungeachtet einer Restschuldbefreiung gegen einen Steuerrückerstattungsanspruch des früheren Insolvenzschuldners mit einer vom Insolvenzverwalter begründeten Masseverbindlichkeit aufrechnen (BFH NZI 2018, 461 mAnm Lenger). Auf diese Entscheidung gestützt, kommt das FG Düsseldorf zu dem Schluss, dass nach Beendigung des Insolvenzverfahrens Steuerschulden, die als Masseverbindlichkeiten entstanden sind, gegen den ehemaligen Insolvenzschuldner vollstreckt werden können, ohne dass eine dem Insolvenzverfahren immanente sog. Haftungsbeschränkung bzw. eine Einrede der beschränkten Haftung des Insolvenzschuldners entgegenstünde (FG Düsseldorf BeckRS 2020, 8854 = ZInsO 2020, 1498).

2 Die Forderungen der Gläubiger werden zu unvollkommenen Verbindlichkeiten (BT-Drs. 12/2443, 194). Der Schuldner kann die Forderungen weiterhin erfüllen, der jeweilige Gläubiger kann sie aber nicht mehr einfordern und insbesondere auch nicht mehr erzwingen. Gegen eine gleichwohl ausgebrachte Zwangsvollstreckungsmaßnahme steht dem Schuldner die **Vollstreckungsge-**

genklage nach § 767 ZPO zu (BGH NZI 2008, 737). Bereits mit Beendigung des Insolvenzverfahrens und ggf. vor Ablauf der Wohlverhaltensphase kann jedoch dem Insolvenzgläubiger auf dessen Antrag ein vollstreckbarer Tabellenauszug gem. § 201 erteilt werden, soweit der Schuldner nicht gegen die angemeldete Forderung Widerspruch erhoben hat. Dem steht weder die künftige Wirkung der Restschuldbefreiung noch das Vollstreckungsverbot des § 294 entgegen (LG Göttingen NZI 2005, 689).

Nach rechtskräftiger Erteilung der Restschuldbefreiung darf dem Gläubiger dagegen keine **2a** **vollstreckbare Ausfertigung aus der Insolvenztabelle** mehr erteilt werden (vgl. § 201 Abs. 2, → § 201 Rn. 14; aA MüKoInsO/Stephan Rn. 22), es sei denn der Gläubiger berühmt sich einer Forderung, die, weil etwa aus einer vorsätzlich begangenen unerlaubten Handlung stammend, nicht von der Restschuldbefreiung umfasst ist. Der erhobene Widerspruch muss sich aus dem vollstreckbar ausgefertigten Tabellenblatt ergeben (BGH NZI 2014, 568 mAnm Henning). Hat es allerdings der Gläubiger versäumt, die Forderung mit diesem **privilegierenden Rechtsgrund** zur Tabelle anzumelden, kann er nach rechtskräftiger Erteilung der Restschuldbefreiung keinen vollstreckbaren Tabellenauszug verlangen (BGH NZI 2014, 507 mAnm Henning). Wurde dagegen die Forderung entsprechend § 174 Abs. 2 angemeldet, ist dem Gläubiger auch dann eine vollstreckbare Ausfertigung aus der Insolvenztabelle zu erteilen, wenn der Schuldner nur dem privilegierenden Rechtsgrund widersprochen hat (BGH NZI 2014, 568 mAnm Henning; BGH NZI 2020, 736). Der BGH begründet dies damit, dass allein der Widerspruch des Schuldners nicht dazu führt, dass der als deliktische Forderung angemeldete Anspruch seine Privilegierung verliert. Vielmehr habe der Widerspruch nur zur Folge, dass der deliktische Rechtsgrund nicht als festgestellt gilt. Nicht so recht im Einklang steht diese Sichtweise mit der Aussage des § 201 Abs. 2. Danach genügt der Widerspruch des Schuldners gegen eine angemeldete Forderung, um die Erteilung einer vollstreckbaren Ausfertigung aus der Insolvenztabelle zu verhindern und es verbleibt dem Gläubiger, den Widerspruch des Schuldners mittels einer entsprechenden Feststellungsklage zu beseitigen.

Mit einer von der Restschuldbefreiung betroffenen Insolvenzforderung kann jedenfalls nicht **2b** gegen eine Forderung des Schuldners (Hauptforderung) **aufgerechnet** werden, die erst nach Eröffnung des Verfahrens entstanden ist, da die Forderung, mit der aufgerechnet wird (Gegenforderung), vollwirksam und fällig sein muss. Dies ist infolge der Restschuldbefreiung nicht mehr der Fall (OLG München BeckRS 2017, 133754 = ZInsO 2018, 131; aA OLG Oldenburg ZEV 2014, 359). Die rechtskräftig erteilte Restschuldbefreiung stellt eine Einrede iSd § 390 BGB dar. Bestand die Aufrechnungslage allerdings bereits vor Eröffnung des Insolvenzverfahrens, so bleibt die Aufrechnungsmöglichkeit über die Erteilung der Restschuldbefreiung hinaus erhalten (§ 94; vgl. BGH NZI 2011, 538 zur Aufrechnung mit einer Gegenforderung, die nach einem rechtskräftig bestätigten Insolvenzplan als erlassen gilt). Mit Forderungen, die erst nach Verfahrenseröffnung begründet wurden (Neuforderungen), ist eine Aufrechnung gegenüber den Ansprüchen des Schuldners ebenfalls möglich. Diese Forderungen werden von einer Restschuldbefreiung nicht betroffen. Ebenso kann mit Insolvenzforderungen aufgerechnet werden, die gem. § 302 nicht von einer Restschuldbefreiung betroffen sind. Zur (zulässigen) Verrechnung von Beitragsforderungen mit dem unpfändbaren Teil der Altersrente des Insolvenzschuldners vgl. BayLSG BeckRS 2018, 8169 = NZI 2018, 495.

Nach erteilter Restschuldbefreiung stellt die Vorenthaltung der **Kraftfahrzeugzulassung** bis **2c** zur vorherigen Begleichung rückständiger Gebühren aus Zulassungsvorgängen und die dadurch herbeigeführte Gebührenzahlung einen Verstoß gegen die sich aus der Norm ergebenden Wirkungen der Restschuldbefreiung dar mit der Folge, dass ein rechtlicher Grund für das Behaltendürfen der Leistung nicht gegeben ist. Abs. 3 steht der Rückforderung nicht entgegen, wenn der auf die Zulassung des Kraftfahrzeugs angewiesene Antragsteller unter dem Druck der Verweigerung der begehrten Zulassung seine Rechte aus der Restschuldbefreiung preisgibt und Zahlung leistet (OVG Saarlouis BeckRS 2016, 51976 = ZInsO 2016, 2039).

Eine dem Schuldner erteilte Restschuldbefreiung steht der **Gläubigeranfechtung** jedenfalls **2d** dann nicht entgegen, wenn der Gläubiger die Anfechtungsklage bereits vor Eröffnung des Insolvenzverfahrens erhoben hat und die Anfechtung Rechtshandlungen betrifft, die vor der Eröffnung des Insolvenzverfahrens vorgenommen worden sind. Soweit nach § 12 AnfG sich der Anfechtungsgegner wegen einer Erstattung einer Gegenleistung oder eines infolge der Anfechtung wiederauflebenden Anspruchs an den Schuldner halten kann, wird damit – jedenfalls wenn es sich um Rechtshandlungen handelt, die vorgenommen worden sind, bevor das Insolvenzverfahren eröffnet worden ist – die Wirkung der Restschuldbefreiung nicht umgangen. Denn auch solche Ansprüche des Anfechtungsgegners werden von der Restschuldbefreiung erfasst (Abs. 1). Es handelt sich um Insolvenzforderungen, die der Anfechtungsgegner – ggf. als bedingte Forderung – hätte anmelden können (§§ 38, 41). Im Übrigen gilt Abs. 2 S. 2 entsprechend (BGH NZI 2016, 131 entgegen OLG Köln BeckRS 2015, 19718). **Ergänzend** stellt der BGH fest, dass eine dem Schuldner erteilte Restschuldbefreiung der Gläubigeranfechtung auch dann nicht entgegensteht, wenn der Gläubiger die Anfechtungsklage, die Rechtshandlungen vor der Eröffnung des Insolvenzverfahrens betrifft, erst nach der Aufhebung des Insolvenzverfahrens erhebt (BGH NZI 2018, 488 entgegen OLG Düsseldorf BeckRS 2017, 117279 = ZIP 2017, 1867).

II. Verzicht des Schuldners

3 Auf die Wirkungen der Restschuldbefreiung kann der Schuldner gegenüber einem Gläubiger weder vor noch während des Insolvenzverfahrens oder der Wohlverhaltensphase verzichten (MüKoInsO/Stephan Rn. 23; → Rn. 3.1). Eine solche Vereinbarung während der Wohlverhaltensphase zugunsten eines einzelnen Gläubigers ist schon nach § 294 Abs. 2 unzulässig, weil danach Sonderabkommen zugunsten einzelner Gläubiger nichtig sind (BGH BeckRS 2015, 13845 = NZI 2015, 858 mAnm Stephan).

3.1 Etwas anderes soll für die von der Restschuldbefreiung erfassten, unbefriedigt gebliebenen Verbindlichkeiten gelten, die nach der Erteilung der Restschuldbefreiung grundsätzlich durch Vereinbarungen neu sollen begründet werden können. Durch ein **abstraktes Schuldanerkenntnis** oder durch ein Schuldversprechen iSd §§ 780, 781 BGB soll die Forderung wieder einklagbar gemacht werden können. Allerdings wird darauf verwiesen, dass dann, wenn das selbständige Schuldanerkenntnis ohne Gegenleistung erklärt werde, es schenkweise gegeben werde und deswegen gem. § 518 Abs. 1 S. 2 BGB der notariellen Beurkundung bedürfe (MüKoInsO/Stephan Rn. 23).

4 Der vollständige oder teilweise Verzicht auf die Wirkungen der Restschuldbefreiung in Allgemeinen Geschäftsbedingungen ist unwirksam (BGH BeckRS 2015, 13845 = NZI 2015, 858 mAnm Stephan).

III. Wirkungen im Berufsrecht

4a Soweit Bundes- oder Landesgesetze die Eröffnung des Insolvenzverfahrens über das Vermögen einer natürlichen Person als Grund für eine Versagung der Ausübung einer bestimmten beruflichen Tätigkeit vorsehen, kann dem die Erteilung der Restschuldbefreiung entgegengehalten werden. Vorausgesetzt die erteilte Restschuldbefreiung hat die Konsolidierung der finanziellen Situation zur Folge (vgl. BGH ZInsO 2019, 719 zu § 14 BRAO). Die Ankündigung der Restschuldbefreiung nach § 287a genügt dazu nicht (FG Hamburg BeckRS 2020, 3101 = NZI 2020, 523 zu § 46 StBerG). Im Gegensatz zu § 291 aF prüft das Insolvenzgericht nach der aktuellen Gesetzeslage nicht, ob der Erteilung der Restschuldbefreiung Versagungsgründe entgegenstehen (→ § 287a Rn. 6). Die Eröffnung des Insolvenzverfahrens begründet per se Zweifel an der Integrität des Schuldners. Berufsgruppen, von deren Vertretern ein unparteiisches und objektives Handeln erwartet wird, sehen sich einer staatlichen Überprüfung ihrer finanziellen Situation ausgesetzt.

4b Die Regelung des Abs. 4 wurde mit Gesetz vom 22.12.2020 angefügt. Die Gesetzesbegründung der Bundesregierung (BT-Drs. 19/21981, 21) enthält dazu die folgenden Ausführungen (→ Rn. 4b.1).

4b.1 „Der angefügte Absatz 4 dient der Umsetzung von Artikel 22 der Richtlinie. Er ordnet als weitere Folge der rechtskräftigen Erteilung der Restschuldbefreiung an, dass allein aufgrund der Insolvenz erlassene Tätigkeitsverbote ihre Wirkung verlieren (Satz 1). Bei erlaubnis- oder zulassungspflichtigen Tätigkeiten bleibt allerdings die im Erlaubnis- und Zulassungsvorbehalt angelegte Erforderlichkeit der Einholung einer Erlaubnis oder Zulassung unberührt (Satz 2). Als Verbot werden von Satz 1 alle Verfügungen erfasst, mit denen der Schuldnerin oder dem Schuldner die Aufnahme oder Fortführung von unternehmerischen Tätigkeiten untersagt wird. Paradigmatisches Beispiel ist die Verfügung zur Untersagung der Ausübung erlaubnisfreier Gewerbe (§ 35 Absatz 1 GewO). Erfasst wird damit in erster Linie Untersagungs- oder Verbotsverfügungen in erlaubnis- und zulassungsfreien Tätigkeitsbereichen. Gedanklich miterfasst, durch Satz 2 jedoch einem besonderen Regime unterstellt, sind (gesetzliche) Tätigkeitsverbote, die sich in den unter Erlaubnisvorbehalt stehenden Betätigungsfeldern infolge einer Versagung, eines Widerrufs oder einer Rücknahme der erforderlichen Erlaubnis ergeben. In enger Anlehnung an den Wortlaut des Artikels 22 Absatz 1 der Richtlinie knüpft die Vorschrift an Tätigkeitsverbote an, die „allein aufgrund der Insolvenz" erlassen werden. Da sich unmittelbare Anknüpfungen an die Insolvenz in den einschlägigen gewerbe-, berufs- und aufsichtsrechtlichen Tatbeständen nicht finden, erstreckt sich der Anwendungsbereich der Vorschrift auf alle Verbote, die sich mittelbar auf die Insolvenz stützen. So kann die Insolvenz oder die Eröffnung eines Insolvenzverfahrens ein Gesichtspunkt sein, der auf Tatbestände wie einen Vermögensverfall oder ungeordnete Vermögensverhältnisse schließen lässt, die ihrerseits ein Tätigkeitsverbot tragen können. Zuweilen knüpft sich an die Eröffnung des Insolvenzverfahrens auch die Vermutung des Vorliegens eines entsprechenden Tatbestands (z. B. § 7 Nummer 9 und § 14 Absatz 2 Nummer 7 der Bundesrechtsanwaltsordnung, § 14 Nummer 9 und § 21 Absatz 2 Nummer 8 der Patentanwaltsordnung, § 12 Absatz 2 Satz 1 des Rechtsdienstleistungsgesetzes, § 34b Absatz 4 Nummer 2, § 34c Absatz 2 Nummer 2, § 34i Absatz 2 Nummer 2 und § 34f Absatz 2 Nummer 2 GewO). Im allgemeinen Gewerberecht bleibt der Anwendungsbereich der Vorschrift überschaubar. So kann die Untersagung eines Gewerbes sowie die Rücknahme und der Widerruf der Zulassung zu einem Gewerbe im laufenden Insolvenzverfahren grundsätzlich nicht auf die Insolvenz des Schuldners oder des Schuldners gestützt werden (§ 12 Satz 1 GewO); bei der Freigabe der Tätigkeit nach § 35 Absatz 2 InsO kann dies zwar anders liegen (§ 12 Satz 2 GewO), doch ist das Verbot dann auf weitere Tatsachen zu stützen, die neben die Insolvenz treten müssen, sodass das Verbot nicht mehr allein aufgrund der Insolvenz ergeht und damit vom Anwendungsbereich des Satzes 1 nicht erfasst wird. Stützt sich ein Verbot nicht allein auf die Insolvenz, sondern zusätzlich auf weitere Umstände, bewirkt Satz 1 allein, dass das Verbot sich mit dem Eintritt der Rechtskraft der Restschuldbefreiung nicht mehr auf die Insolvenz stützen lässt. Ob es fortwirkt, hängt deshalb davon ab, ob es von den übrigen Gründen auch dann getragen wird, wenn die infolge der Erteilung der Restschuldbefreiung bewältigte Insolvenz hinweggedacht wird. Das ist mit den Vorgaben der Richtlinie vereinbar, welche Tätigkeitsverbote, die nicht allein auf der Insolvenz beruhen, unberührt lässt (Artikel 23 Absatz 6 der Richtlinie). Rechtsfolge des Satzes 1 ist das an die Rechtskraft der Erteilung der Restschuldbefreiung geknüpfte Außerkrafttreten des Tätigkeitsverbots. Die Schuldnerin oder der Schuldner kann die fragliche Tätigkeit damit (wieder) aufnehmen, ohne dass er hierfür auf eine Aufhebung der Untersagungsverfügung oder eine Gestattung der Tätigkeit angewiesen wäre. Gegenüber Vorschriften wie § 35 Absatz 6 GewO, die dem vom Tätigkeitsverbot Betroffenen abverlangen, den Wegfall des das Tätigkeitsverbot tragenden Grundes gegenüber der zuständigen Behörde geltend zu machen und die Gestattung der Tätigkeit zu beantragen, wirkt Satz 1 als eine vorrangig anzuwendende Spezialvorschrift. Die von ihr verdrängten allgemeinen Vorschriften kommen nur insoweit zur Anwendung, wie die Verbotsverfügung auch auf andere Gründe gestützt war, die für sich genommen die Verbotsverfügung auch nach dem Wegfall der Insolvenz noch tragen. Satz 1 gilt nicht für Verbote der Ausübung von erlaubnis- oder zulassungspflichtigen Tätigkeiten, die bei Rücknahme, Widerruf oder Versagung der Erlaubnis infolge des Erlaubnis- oder Zulassungsvorbehalts zum Tragen kommen. Nach Satz 2 bleibt hier die im Erlaubnis- oder Zulassungsvorbehalt angelegte Notwendigkeit der Einholung einer erneuten Erlaubnis oder Zulassung bestehen. Der Begriff der „Zulassung" im Gesetzeswortlaut soll dabei jede für die Ausübung einer erlaubnis- oder zulassungspflichtigen Tätigkeit erforderliche Erlaubnis, Zulassung, Genehmigung, Konzession, Bewilligung, Bestellung, Lizenz oder ähnlich umfassen (vgl. auch § 15 GewO). Das ist mit den Vorgaben der Richtlinie vereinbar. Zwar sieht Artikel 22 Absatz 2 der Richtlinie vor, dass das Tätigkeitsverbot ohne Weiteres außer Kraft tritt und dass es hierfür insbesondere keines schuldnerischen Antrags und erst recht keiner separaten Entscheidung der zuständigen Behörden bedarf. Allerdings stellt Erwägungsgrund 83 Satz 1 der Richtlinie klar, dass Mitgliedstaaten nicht gehindert sind, bei erlaubnis- oder zulassungsgebundenen Tätigkeiten separate Erlaubniserteilungs- oder Zulassungsverfahren vorzusehen. Im Rahmen eines solchen Erlaubniserteilungs- oder Zulassungsverfahrens wird man dem Sinn und Zweck des Artikels 22 der Richtlinie entsprechend anzunehmen haben, dass dieses nicht allein mit Verweis auf die durch die Erteilung der Restschuldbefreiung ja auch bewältigte Insolvenz verweigert werden darf. Aus Erwägungsgrund 83 Satz 2 der Richtlinie ergibt sich aber auch, dass die durch die Erteilung der Restschuldbefreiung bewältigte Insolvenz der Schuldnerin oder des Schuldners im Rahmen des Zulassungs- oder Erlaubniserteilungsverfahrens jedenfalls insoweit Berücksichtigung finden kann, wie ihr im Lichte der Wertungen und Regelungen des einschlägigen Berufs- oder Aufsichtsrechts Bedeutung für die Frage zukommt, ob die Erlaubnis oder Zulassung erteilt werden kann. Wie auch im Rahmen von Satz 1 darf jedenfalls auf Umstände und Verhaltensweisen der Schuldnerin oder des Schuldners abgestellt werden, auf die sich unabhängig vom Vorliegen einer Insolvenz die Untersagung der Tätigkeit (hier: im Wege der Versagung der Erlaubnis oder Zulassung) stützen lässt."

B. Fortwirkung von Sicherungsrechten

Absonderungs- und sonstige Sicherungsrechte der Gläubiger wie auch die Schuld eines Bürgen bleiben von einer erteilten Restschuldbefreiung unberührt (Abs. 2). Der Gläubiger kann auf diese Rechte ungehindert Zugriff nehmen. Der Schuldner wird durch die Restschuldbefreiung aber gegenüber dem Bürgen oder einem anderen Rückgriffsberechtigten befreit (Abs. 2 S. 2). Der Bürge kann damit seinen Anspruch nach § 774 Abs. 1 S. 1 BGB nicht mehr geltend machen.

Die Rechtsfolge des Abs. 2 entspricht der Regelung im Insolvenzplanverfahren nach § 254 Abs. 2.

Die Rechte der Insolvenzgläubiger aus einem Recht, das im eröffneten Insolvenzverfahren zur abgesonderten Befriedigung berechtigt, werden unabhängig davon, dass die gesicherte Forderung nicht mehr durchsetzbar ist, durch die Restschuldbefreiung nicht berührt (Abs. 2 S. 1). Umgekehrt können aus Sicherungen, die wie etwa die Pfändung künftiger Arbeitseinkünfte, während des eröffneten Verfahrens kein Absonderungsrecht gewähren, auch nach Erteilung der Restschuldbefreiung keine Rechte abgeleitet werden (vgl. → Rn. 8a). So kann etwa ein Gläubiger auf das mit einer **Grundschuld** zu seinen Gunsten belastete Grundstück des Insolvenzschuldners sowohl während des eröffneten Insolvenzverfahrens (§ 49) als auch nach Erteilung der Restschuldbefreiung im Wege der Zwangsversteigerung oder Zwangsverwaltung Zugriff nehmen. Dass der gesicherte Darlehensanspruch der Restschuldbefreiung unterliegt, spielt mithin keine Rolle. Dasselbe gilt für eine **Zwangssicherungshypothek** unabhängig davon, dass der Schuldner von der zugrundeliegenden Forderung befreit wurde (BGH BeckRS 2020, 36576 = NZI 2021, 184 mAnm Kobeleva; OLG Koblenz BeckRS 2019, 35076 = MDR 2020, 631). Der Schuldner ist als Eigentümer des belasteten Grundstücks daran gehindert, die entfallene Durchsetzbarkeit der gesicherten Forderung gegen den Duldungsanspruch des Gläubigers nach § 1147 BGB einzuwenden. Auch eine Zwangssicherungshypothek, die zunächst der **Rückschlagsperre** des § 88 unterfällt, während des eröffneten Verfahrens aber nicht gelöscht wurde, lebt nach Beendigung des Verfahrens oder mit Freigabe des belasteten Grundstücks ex nunc wieder auf (vgl. BGHZ 166, 74; → § 88 Rn. 17) und kann unabhängig von einer erteilten Restschuldbefreiung geltend gemacht werden.

8 Ebenso wird die wirksam und insolvenzfest vorgenommene **Sicherungsübereignung** eines beweglichen Gegenstands oder die Sicherungsabtretung einer bestehenden Forderung, etwa aus einem Lebensversicherungsvertrag, nicht dadurch obsolet, dass der Schuldner von der gesicherten Forderung befreit wird. Der gesicherte Gläubiger kann davon ausgehen, dass ihm die gestellte Sicherheit ungeachtet einer erteilten Restschuldbefreiung erhalten bleibt. Dies dient letztlich der **Kreditfähigkeit** des Schuldners.

8a In Verfahren, die nach dem 30.6.2014 beantragt werden, ist mangels einer dem § 114 Abs. 1 entsprechenden Regelung allein auf die unveränderte Vorschrift des Abs. 2 S. 1 abzustellen. Nachdem etwa eine **Lohnabtretung** im eröffneten Verfahren hinsichtlich der in dieser Zeit fällig werdenden Ansprüche nach § 91 nicht zur abgesonderten Befriedigung berechtigt (BGH NZI 2013, 641; → Rn. 8a.1), bleibt die Lohnabtretung auch nach Erteilung der Restschuldbefreiung unbeachtlich. Unabhängig von einer erteilten Restschuldbefreiung bleiben nur solche Sicherungsrechte bestehen, die „im Insolvenzverfahren zur abgesonderten Befriedigung berechtigten". Dazu gehört zB ein Grundpfandrecht (§ 49) aber eben nicht eine Lohnabtretung, da sie nach Wegfall des § 114 Abs. 1 der Regelung des § 91 unterfällt und damit während des eröffneten Insolvenzverfahrens keine Rechte begründen kann. Die Abtretung künftiger Lohnansprüche stellt kein insolvenzfestes Absonderungsrecht dar (BGH NZI 2008, 563). Insolvenzfest ist ein durch Abtretung einer **künftigen Forderung** erlangtes Absonderungsrecht nur dann, wenn die Rechtsposition des Gläubigers ohne seine Zustimmung nicht mehr zerstört werden kann (BGH NZI 2016, 794; 2012, 319). Dies ist zB bei einer Abtretung von Ansprüchen aus der gesetzlichen **Altersrente** der Fall, wenn 60 Beitragsmonate vorliegen und damit eine unverfallbare Rentenanwartschaft entstanden ist (vgl. BGH NZI 2009, 574; LG Hannover ZIP 2019, 1776). Dagegen ist die Abtretung der **Pensionsansprüche** eines Beamten nicht insolvenzfest, da seitens eines Abtretungsempfängers nicht darauf vertraut werden kann, dass der Beamtenstatus des Zedenten bis zu dessen Lebensende erhalten bleibt.

8a.1 Die **Lohnabtretung** stellt auch nach der Reform der Verbraucherinsolvenz kein Abkommen dar, das nach § 294 Abs. 2 nichtig ist (→ § 294 Rn. 8). Zum einen hat die Vorschrift im Rahmen der Reform keinerlei Änderung erfahren. Zum anderen wird dem Abtretungsempfänger mit der Lohnabtretung kein Sondervorteil verschafft, da die Abtretung bereits nach § 287 Abs. 3 unwirksam ist. Letztlich hätte die Anwendung des § 294 Abs. 2 zur Folge, dass die Lohnabtretung auch im Fall einer Versagung der Restschuldbefreiung nichtig ist, was sicher nicht im Sinne des Gesetzgebers ist (Riedel ZVI 2015, 91).

8b Ein vor Eröffnung des Insolvenzverfahrens an einer Forderung oder einem sonstigen Recht begründetes **Pfändungspfandrecht** stellt ein insolvenzfestes Sicherungsrecht im Sinne der Vorschrift dar. Unabhängig davon, dass die titulierte Forderung der Restschuldbefreiung unterliegt, kann der Pfändungsgläubiger das Sicherungsrecht auch nach Erteilung der Restschuldbefreiung geltend machen, soweit die titulierte Forderung noch fortbesteht. Wenn der Pfandrechtsgläubiger schon vor der Eröffnung des Insolvenzverfahrens eine gesicherte Rechtsposition hinsichtlich der gepfändeten Forderung erlangt hat, ist die Pfändung insolvenzfest (BGH NZI 2015, 178 mwN).

8c Wie die Zwangssicherungshypothek lebt auch ein zunächst von der **Rückschlagsperre** des § 88 betroffenes **Pfändungspfandrecht** wieder auf, wenn die gepfändete Forderung vom Insolvenzverwalter freigegeben oder das Insolvenzverfahren beendet wird, ohne dass die Pfändung aufgehoben wurde. Eine nochmalige Zustellung des Pfändungsbeschlusses an den Drittschuldner ist nicht notwendig. Eine Abtretung der gepfändeten Forderung vor Insolvenzeröffnung aber nach Wirksamkeit der Pfändung ist dem Pfändungsgläubiger nach § 829 Abs. 1 S. 2 ZPO gegenüber unwirksam (BGH BeckRS 2020, 34815 = NZI 2021, 125 = WuB 2021, 140 mAnm Pape).

Nicht insolvenzfest ist dagegen das an einem künftigen **Lohnanspruch** oder einem künftigen **8d** Lohnersatzanspruch des Schuldners im Vorfeld der Insolvenzeröffnung begründete Pfändungspfandrecht. Das Pfändungspfandrecht entsteht an einem künftigen Lohnanspruch abweichend von § 832 ZPO insolvenzrechtlich erst immer mit der Fälligkeit des jeweiligen Anspruchs (BGH NZI 2011, 365; BGHZ 167, 363). Mangels einer der Vorschrift des § 114 Abs. 3 vergleichbaren Regelung hat eine **Lohnpfändung** in einem nach dem 30.6.2014 beantragten Insolvenzverfahren gem. § 91 kein Recht auf abgesonderte Befriedigung an den nach Verfahrenseröffnung fällig werdenden Lohnansprüchen zur Folge (→ § 91 Rn. 15). Die Pfändung von Einkommensansprüchen begründet ebenso wie deren Sicherungszession kein insolvenzfestes Absonderungsrecht und zwar unabhängig davon, ob das Pfändungspfandrecht der **Rückschlagsperre** unterliegt. Entsprechend wird eine Lohnpfändung auch nach Erteilung der Restschuldbefreiung nicht durch Abs. 2 geschützt; der Schuldner kann vom Pfändungsgläubiger verlangen, dass dieser gegenüber dem Vollstreckungsgericht die Aufhebung des Pfändungsbeschlusses beantragt, womit insbesondere auch die **Verstrickung** der gepfändeten Forderung entfällt (→ § 287 Rn. 37b). Wird dem Schuldner hingegen die Restschuldbefreiung versagt oder nimmt der Schuldner seinen Antrag auf Erteilung der Restschuldbefreiung zurück, lebt die Pfändung in dem Umfang wieder auf, in dem der titulierte Gläubigeranspruch im Insolvenzverfahren oder während der Wohlverhaltensphase nicht befriedigt wurde.

C. Verfahrensrechte

Die im Anschluss eines Verbraucherinsolvenzverfahrens dem Schuldner erteilte Restschuldbe- **9** freiung schließt ein rechtliches Interesse von Gläubigern an der **Einsicht in die Verfahrensakten** nicht aus, auch wenn deren Forderungen möglicherweise von der Restschuldbefreiung erfasst sein könnten und die Forderungen von ihnen im Insolvenzverfahren selbst nicht angemeldet worden sind (KG MDR 2016, 673).

D. Steuerfragen

Durch die Restschuldbefreiung entsteht dem Grunde nach ein **steuerbarer Gewinn.** Die **10** Erteilung der Restschuldbefreiung wirkt faktisch ähnlich wie ein Forderungsverzicht der Gläubiger und führt bei einem Schuldner, der vor der Eröffnung des Insolvenzverfahrens einen Geschäftsbetrieb geführt hat, hinsichtlich der zum Betrieb gehörenden Verbindlichkeiten zu einer Betriebsvermögensmehrung, die grundsätzlich einen außerordentlichen Ertrag darstellt (FG Münster ZInsO 2016, 2354).

Ein Buchgewinn, der aufgrund der Erteilung einer Restschuldbefreiung entsteht, ist grundsätz- **11** lich im Jahr der Rechtskraft des gerichtlichen Beschlusses zu erfassen. Wurde der Betrieb vor Eröffnung des Insolvenzverfahrens aufgegeben, liegt allerdings ein in das Jahr der Aufstellung der Aufgabebilanz zurückwirkendes Ereignis iSd **§ 175 Abs. 1 S. 1 Nr. 2 AO** vor (BFH NZI 2017, 583 mAnm Schmittmann). Damit fällt unter Umständen ein ausgenutzter Verlustvortrag nachträglich weg. Die daraus resultierende Steuerforderung stellt dann eine Insolvenzforderung dar, wenn die Betriebsaufgabe in den Zeitraum vor Eröffnung des Insolvenzverfahrens fällt, soweit nicht § 55 Abs. 4 InsO eine Masseverbindlichkeit entstehen lässt. Nachdem eine Restschuldbefreiung regelmäßig erst nach Abschluss des Insolvenzverfahrens erteilt wird, kann die Finanzbehörde den entstandenen Anspruch meist nicht mehr verfolgen. Eine Ausnahme besteht im Rahmen eines asymmetrischen Verfahrens.

Das BMF-Schreiben v. 27.3.2003 – IV A 6-S 2140-8/03 (BStBl 2003 I 240; ergänzt durch das **12** BMF-Schreiben v. 22.12.2009 – IV C 6-S 2140/07/10001-01, BStBl 2010 I 18; sog. Sanierungserlass) sah den Erlass der auf einen Sanierungsgewinn entfallenden Steuer vor. Der große Senat des BHF hat mit Beschl. v. 28.11.2016 (NZI 2017, 163) festgestellt, dass das genannte BMF-Schreiben gegen den Grundsatz der Gesetzmäßigkeit der Verwaltung verstößt. Als zulässig wird hingegen ein Steuererlass aus Billigkeitsgründen im Einzelfall angesehen.

Mit Gesetz v. 27.6.2017 (BGBl. I 2074) hat der Gesetzgeber reagiert und mit § 3a EStG die **13** Steuerfreiheit von **Sanierungsgewinnen** normiert. Grundsätzlich sind danach unternehmensbezogene Sanierungen begünstigt, die darauf gerichtet sind, ein Unternehmen oder einen Unternehmensträger vor dem finanziellen Zusammenbruch zu bewahren und wieder ertragsfähig zu machen. Voraussetzung für die Annahme eines begünstigten Sanierungsertrags ist der Nachweis der Sanierungsbedürftigkeit und der Sanierungsfähigkeit des Unternehmens, der Sanierungseignung des betrieblich begründeten Schuldenerlasses und der Sanierungsabsicht der Gläubiger im Zeitpunkt des Schuldenerlasses durch den Steuerpflichtigen (§ 3a Abs. 2 EStG). Etwaige Verlustvorträge werden mit den Sanierungsgewinnen verrechnet (§ 3a Abs. 3 EStG).

14   Ergänzend enthält § 3a Abs. 5 EStG die Aussage, dass auch Erträge aus einer nach den §§ 286 ff. InsO erteilten Restschuldbefreiung, einem Schuldenerlass aufgrund eines außergerichtlichen Schuldenbereinigungsplans zur Vermeidung eines Verbraucherinsolvenzverfahrens nach den §§ 304 ff. InsO oder aufgrund eines Schuldenbereinigungsplans, dem in einem Verbraucherinsolvenzverfahren zugestimmt wurde oder wenn diese Zustimmung durch das Gericht ersetzt wurde, ebenfalls steuerfrei sind, soweit es sich um Betriebsvermögensmehrungen oder Betriebseinnahmen handelt, auch wenn die Voraussetzungen einer unternehmensbezogenen Sanierung iSd § 3a Abs. 2 EStG nicht vorliegen.

15   Die Regelungen des § 3a EStG sind gem. § 52 Abs. 4a EStG auf alle Fälle anzuwenden, in denen die Schulden ganz oder teilweise nach dem 8.2.2017 (Tag der Veröffentlichung des Beschlusses des Großen Senats des BFH (GrS 1/15) erlassen wurden. Für Steuerfälle, in denen der Schuldenerlass bis zum 8.2.2017 ausgesprochen wurde oder in denen bis zum Stichtag eine verbindliche Auskunft erteilt wurde, ist nach dem BMF-Schreiben v. 27.4.2017 (IV C 6 – S 2140/13/10003) der Sanierungserlass aus Vertrauensschutzgründen weiterhin anwendbar. In Fällen mit nicht aufgehobener oder widerrufener verbindlicher Auskunft und Schulderlass nach dem 8.2.2017 kann der Steuerpflichtige wählen, ob er die Steuerbefreiung nach § 3a EStG oder die Vertrauensschutzregelung in Anspruch nehmen will (BT-Drs. 18/12128, 33).

16   Die einschlägigen Vorschriften treten allerdings erst an dem Tag in Kraft, an dem die Europäische Kommission durch Beschluss feststellt, dass die Regelungen entweder keine staatlichen Beihilfen iSd Art. 107 Abs. 1 des Vertrags über die Arbeitsweise der Europäischen Union oder mit dem Binnenmarkt vereinbare Beihilfen darstellen. Der Tag des Beschlusses der Europäischen Kommission sowie der Tag des Inkrafttretens werden vom Bundesministerium der Finanzen gesondert im Bundesgesetzblatt bekanntgemacht (Art. 6 Abs. 2 des Gesetzes v. 27.6.2017 – BGBl. I 2074).

17   Zwischenzeitlich können die Finanzbehörden Steuern auf der Grundlage des § 227 AO aus Billigkeitsgründen erlassen.

§ 302 Ausgenommene Forderungen

Von der Erteilung der Restschuldbefreiung werden nicht berührt:
1. **Verbindlichkeiten des Schuldners aus einer vorsätzlich begangenen unerlaubten Handlung, aus rückständigem gesetzlichen Unterhalt, den der Schuldner vorsätzlich pflichtwidrig nicht gewährt hat, oder aus einem Steuerschuldverhältnis, sofern der Schuldner im Zusammenhang damit wegen einer Steuerstraftat nach den §§ 370, 373 oder § 374 der Abgabenordnung rechtskräftig verurteilt worden ist; der Gläubiger hat die entsprechende Forderung unter Angabe dieses Rechtsgrundes nach § 174 Absatz 2 anzumelden;**
2. **Geldstrafen und die diesen in § 39 Abs. 1 Nr. 3 gleichgestellten Verbindlichkeiten des Schuldners;**
3. **Verbindlichkeiten aus zinslosen Darlehen, die dem Schuldner zur Begleichung der Kosten des Insolvenzverfahrens gewährt wurden.**

Überblick

Die Vorschrift enthält eine abschließende Aufzählung derjenigen Ansprüche, die in Ausnahme von § 301 von einer erteilten Restschuldbefreiung nicht umfasst werden. Diese Forderungen können, soweit sie im Insolvenzverfahren oder während der Wohlverhaltensphase nicht befriedigt wurden, auch nach Erteilung der Restschuldbefreiung gegen den Schuldner weiterverfolgt werden. Die ggf. streitige Frage, ob eine Forderung von der erteilten Restschuldbefreiung ausgenommen ist, entscheidet das Prozessgericht innerhalb einer Feststellungsklage, die sowohl vom Gläubiger wie auch vom Schuldner erhoben werden kann (→ Rn. 14). Ansonsten hat das Prozessgericht über diese Frage zu entscheiden, wenn der Schuldner gegen die vom Gläubiger betriebene Zwangsvollstreckung die Vollstreckungsabwehrklage nach § 767 ZPO mit dem Hinweis auf eine Restschuldbefreiung erhebt. Mit dem Reformgesetz 2013 wurde die Nr. 1 der Norm um die

Aussagen zu Unterhaltsansprüchen und Ansprüchen des Steuerfiskus ergänzt. Ansonsten blieb die Regelung unverändert.

Übersicht

	Rn.		Rn.
A. Verbindlichkeiten aus Verletzungshandlungen	1	I. Unterhaltsansprüche	19
I. Privilegierte Ansprüche	1	II. Steueransprüche	20
II. Voraussetzungen der Privilegierung	8	III. Geldstrafen und ähnliche Ansprüche	22
B. Weitere nicht von der Restschuldbefreiung umfasste Ansprüche	19	IV. Darlehen zur Kostendeckung	23
		V. Neuforderungen	24

A. Verbindlichkeiten aus Verletzungshandlungen

I. Privilegierte Ansprüche

Von einer Restschuldbefreiung nicht umfasst sind Verbindlichkeiten des Schuldners aus vorsätzlich begangenen unerlaubten Handlungen. **1**

Regelmäßig wird es sich um Ansprüche handeln, die ihre Grundlage in § 823 Abs. 2 BGB **2** haben und auf Ersatz des erlittenen Schadens oder auf Schmerzensgeld gerichtet sind. Als aus der insolvenzrechtlichen Perspektive wichtige Schutzgesetze iSd § 823 Abs. 2 BGB sind ua zu nennen:
- §§ 263, 264, 264a StGB (Betrug),
- § 266a StGB (Vorenthalten von Sozialversicherungsbeiträgen; vgl. OLG Celle ZInsO 2003, 280),
- § 15a (Verstoß gegen die Pflicht zur rechtzeitigen Anmeldung eines Insolvenzverfahrens).

In Bezug auf die vorsätzliche **Begehungsweise** genügt es nicht, dass sich der Vorsatz des Schuldners auf die Verletzung des Schutzgesetzes bezieht, vielmehr muss auch die Schädigung des Gläubigers von diesem Vorsatz umfasst sein. So sind die Schadensersatzverbindlichkeiten desjenigen, der vorsätzlich im Straßenverkehr ein Fahrzeug geführt hat, obwohl er infolge des Genusses alkoholischer Getränke nicht in der Lage war, das Fahrzeug sicher zu führen, und dadurch fahrlässig Leib oder Leben eines anderen Menschen gefährdet hat, von der Restschuldbefreiung nicht ausgenommen (BGH NZI 2007, 532). **3**

Der Schuldner kann den Schuldgrund einer vorsätzlich begangenen unerlaubten Handlung in **4** **Allgemeinen Geschäftsbedingungen** nicht wirksam anerkennen (BGH BeckRS 2015, 13845 = NZI 2015, 858 mAnm Stephan). Wirksam ist die Anerkennung des Rechtsgrundes der vorsätzlich begangenen unerlaubten Handlung dagegen in einem gerichtlichen Vergleich (BGH NZI 2009, 612). Dasselbe gilt für die entsprechende Erklärung in einem außergerichtlichen Vergleich (OLG Düsseldorf BeckRS 2013, 11655 = ZInsO 2013, 1488). Dem Schuldner muss bewusst sein, welche Wirkungen er mit einer Anerkennung des Rechtsgrundes auslöst. Grundsätzlich zu unterscheiden ist dabei danach, ob mit der Anerkennung des Rechtsgrundes nur eine Beweiserleichterung geschaffen wird oder ob damit einer objektiv nicht privilegierten Verbindlichkeit der Status einer von der Restschuldbefreiung nicht umfassten Forderung verschafft wird. Letzteres ist zumindest während der Wohlverhaltensphase nach § 294 Abs. 2 (→ § 294 Rn. 8) nichtig, da damit dem Gläubiger ein **Sondervorteil** verschafft wird.

Privilegiert sind nicht nur die Hauptforderung, sondern auch die **Zinsen** für die Zeit ab **5** Verfahrenseröffnung, ungeachtet der Tatsache, dass diese Zinsen als nachrangige Forderung mangels gerichtlicher Aufforderung nach § 174 Abs. 3 nicht angemeldet werden konnten (BGH BeckRS 2010, 31038 = ZInsO 2011, 102).

Nicht ausgenommen von der Restschuldbefreiung ist hingegen der Anspruch des Staates auf **6** Erstattung der **Kosten eines Strafverfahrens** (BGH NZI 2011, 64). Auch der Anspruch des Geschädigten einer vorsätzlich begangenen unerlaubten Handlung, welcher im Strafverfahren gegen den Schädiger als Nebenkläger aufgetreten ist, auf Erstattung der Kosten der Nebenklage ist nicht privilegiert (BGH NZI 2011, 738).

Hat sich der Schuldner wegen Vorenthaltens von Arbeitnehmerbeiträgen zur Sozialversicherung **7** nach § 266a StGB strafbar gemacht, gehören **Säumniszuschläge** nach § 24 Abs. 1 SGB IV nicht zu den von einer Restschuldbefreiung ausgenommenen Verbindlichkeiten aus einer vorsätzlich begangenen unerlaubten Handlung (BGH BeckRS 2012, 06804 = WM 2012, 660).

II. Voraussetzungen der Privilegierung

8 Von einer Restschuldbefreiung werden nur die deliktischen Ansprüche ausgenommen, die der Gläubiger unter Beachtung des § 174 Abs. 2 zur Insolvenztabelle angemeldet hat (BGH NZI 2020, 229; OLG Hamm NZI 2015, 714). Der Gläubiger muss demnach bei der **Anmeldung** der Forderung diejenigen Tatsachen angegeben haben, aus denen sich seiner Meinung nach der Anspruch aus einer vorsätzlich begangenen unerlaubten Handlung ergibt. Der Rechtsgrund der vorsätzlich begangenen unerlaubten Handlung ist wirksam angemeldet, wenn der geltend gemachte Anspruch in tatsächlicher Hinsicht zweifelsfrei bestimmt ist und der Schuldner erkennen kann, welches Verhalten der Gläubiger ihm vorwirft (→ § 174 Rn. 30). Eines Vortrags, der sämtliche objektive und subjektive Tatbestandsmerkmale der behaupteten unerlaubten Handlung ausfüllt, bedarf es nicht (BGH NZI 2014, 127). Diesem Erfordernis wird auch durch die Vorlage eines Urteils entsprochen, aus dem sich unzweifelhaft eine Schadensersatzpflicht wegen einer vorsätzlich begangenen Tat ergibt (OLG München BeckRS 2015, 18558 = VIA 2016, 4 mkritAnm Schmerbach). Es kann sich dabei auch um ein Strafurteil handeln, auch wenn damit der Anspruch auf Schadensersatz nicht tituliert wird. Versäumt der Gläubiger diese modifizierte Anmeldung, wird sein Anspruch von einer Restschuldbefreiung auch dann betroffen, wenn tatsächlich ein Anspruch aus einer vorsätzlich begangenen unerlaubten Handlung vorliegt. Der Tatsachenvortrag kann so lange nachgeholt werden, solange auch die Forderung selbst zur Tabelle angemeldet werden kann (BGH BeckRS 2011, 01769 = LMK 2011, 314816 mAnm Ahrens; NZI 2013, 906); grundsätzlich also **bis zum Schlusstermin,** es sei denn, die Restschuldbefreiung wird bereits vorher erteilt. Dies gilt auch für den Fall, dass der Schlusstermin im schriftlichen Verfahren durchgeführt wird (BGH BeckRS 2019, 35397 = NZI 2020, 229).

8.1 Die Anmeldung einer Forderung als Anspruch aus einer vorsätzlich begangenen unerlaubten Handlung ist dann ausgeschlossen, wenn der Schuldner keinen Antrag auf Erteilung der Restschuldbefreiung gestellt hat. Die Aussicht darauf, auf diese Weise einen Titel zu erlangen, der die Möglichkeit einer privilegierten Pfändung nach § 850f Abs. 2 ZPO eröffnet, ist nicht geeignet, ein Rechtsschutzbedürfnis für eine Anmeldung zu begründen (AG Düsseldorf ZInsO 2018, 618; aA BGH → Rn. 18).

9 Wurde die deliktische Forderung ordnungsgemäß angemeldet, jedoch aufgrund eines **Verfahrensfehlers** nicht als solche in die Insolvenztabelle aufgenommen und zur Prüfung gestellt, ist die Forderung dennoch von einer Restschuldbefreiung nicht betroffen (BGH NZI 2008, 250; 2017, 213; 2020, 229). Wurde der Schuldner in der Folge nicht iSd § 175 Abs. 2 informiert, kommt eine **Wiedereinsetzung** in den vorigen Stand entsprechend § 186 Abs. 1 in Betracht (→ § 175 Rn. 21). Demnach ist das Insolvenzgericht durchaus als verpflichtet anzusehen, die eingegangenen Forderungsanmeldungen unabhängig von einer Vorprüfung seitens des Insolvenzverwalters daraufhin durchzusehen, ob eine Forderung als Anspruch aus einer vorsätzlich begangenen unerlaubten Handlung angemeldet wurde.

10 Eine rechtsfortbildende Analogie aufgrund des der Regelung des § 208 BGB zugrundeliegenden Rechtsgedankens dahingehend, dass bei vorsätzlicher Verletzung der **sexuellen Selbstbestimmung** die Restschuldbefreiung auch dann nicht greift, wenn die Schadensersatzforderung nicht zur Insolvenztabelle angemeldet wird, kommt nach Ansicht des BGH nicht in Betracht (BGH BeckRS 2016, 11842 = NZI 2016, 893).

11 In der genannten Entscheidung hat der BGH abschließend darauf hingewiesen, dass Opfer sexueller Gewalt, die ihre ursprüngliche Forderung mangels Anmeldung zur Insolvenztabelle infolge einer Restschuldbefreiung nicht mehr durchsetzen können, nicht völlig schutzlos gestellt sind. Hat nämlich der Schuldner einen Anspruch bewusst zwecks Erreichung der Restschuldbefreiung verschwiegen, kann eine unerlaubte Handlung iSd § 826 BGB vorliegen, die eine eigenständige neue Schadensersatzforderung des Gläubigers begründet (vgl. BGH NZI 2015, 132).

12 Wird die in dieser Form angemeldete Forderung zur Insolvenztabelle festgestellt, kann sich der Schuldner dann nicht mehr auf die Befreiung von dieser Forderung berufen, wenn er es versäumt hat, die Forderung im Prüfungstermin zu bestreiten, obwohl er durch das Insolvenzgericht entsprechend § 175 Abs. 2 belehrt wurde. In der Folge kann sich der Gläubiger eine **vollstreckbare Ausfertigung** des Tabellenblattes erteilen lassen (§ 201 Abs. 2). Widerspricht der Schuldner dagegen der angemeldeten Forderung, kann dem Gläubiger kein vollstreckbarer Tabellenauszug erteilt werden. Richtet sich der Widerspruch des Schuldners jedoch nicht gegen die Forderung als solche, sondern allein gegen den **Rechtsgrund** der unerlaubten Handlung, ist dem Insolvenzverwalter gem. § 201 Abs. 2 S. 1 eine vollstreckbare Ausfertigung aus der Insolvenztabelle zu erteilen (BGH NZI 2014, 568; BeckRS 2020, 14349 = NZI 2020, 736; → Rn. 15).

Will der Gläubiger nach Aufhebung des Insolvenzverfahrens die privilegierte, aber vom Schuld- 13
ner bestrittene Forderung weiter gegen den Schuldner geltend machen, so muss er sich einen
entsprechenden **Vollstreckungstitel** verschaffen. Wendet sich der Schuldner dabei gegen die
Forderung mit der Begründung, sie sei von der Restschuldbefreiung betroffen, obliegt es dem
Prozessgericht, den Rechtsgrund der Forderung zu klären, wobei den Gläubiger die Beweislast
trifft. Alternativ kann der Gläubiger auch schon vor Abschluss des Insolvenzverfahrens die Feststellungsklage nach § 184 Abs. 1 gegen den Schuldner mit dem Ziel erheben, die Privilegierung der
Forderung feststellen zu lassen (BGH NZI 2007, 416). Die Klage ist nicht an die Einhaltung einer
Frist gebunden; § 189 findet keine Anwendung (BGH NZI 2009, 189). Auch **verjährt** der
Anspruch des Gläubigers auf Feststellung des Rechtsgrunds einer vollstreckbaren Forderung als
solcher aus einer vorsätzlich begangenen unerlaubten Handlung nicht nach den Vorschriften,
welche für die Verjährung des Leistungsanspruchs gelten (BGH NZI 2011, 111). Jedoch haben
etwa der gesetzliche Unterhaltsanspruch und der deliktische Anspruch aus einer Verletzung der
Unterhaltspflicht zwei unterschiedliche Streitgegenstände. Liegt demnach ein Vollstreckungstitel
vor, der die Unterhaltsforderung, aber nicht den Rechtsgrund der unerlaubten Handlung ausweist,
so unterliegt die Forderung als solche zwar der 30-jährigen Verjährungsfrist. Die Verjährung der
deliktischen Anspruchsgrundlage ist aber davon unabhängig zu bestimmen. Ergibt sich dabei, dass
der deliktische Anspruch bereits verjährt ist, so erweist sich die Feststellungsklage als unbegründet
(BGH BeckRS 2016, 07172 = NZI 2016, 401).

Sachlich zuständig für die Feststellungsklage ist das **Zivilgericht** und zwar auch dann, wenn 14
es sich um eine Forderung handelt, die im öffentlichen Recht ihre Grundlage hat (BSG NZI
2014, 872). Für das Feststellungsbegehren, dass ein zur Insolvenztabelle festgestellter Anspruch auf
(Kindes-)Unterhalt entgegen dem vom Schuldner erhobenen Widerspruch iSv § 174 Abs. 2 auch
auf unerlaubter Handlung beruht („Attributsklage"), ist als Unterhaltssache gem. § 231 Abs. 1
Nr. 1 FamFG das Familiengericht zuständig (OLG Celle LSK 2013, 090749; OLG Rostock
BeckRS 2016, 05838 = ZInsO 2016, 857). Der Gläubiger eines Anspruchs auf rückständigen
gesetzlichen Unterhalt, den der Schuldner vorsätzlich pflichtwidrig nicht gewährt hat, muss im
Feststellungsrechtsstreit beweisen, dass in bestimmten Zeiträumen eine gesetzliche Unterhaltspflicht bestand und sich der Schuldner dieser Unterhaltspflicht entzog. Pflichtwidrig handelt der
Unterhaltsschuldner dann, wenn er zur Leistung des Unterhalts in der Lage gewesen wäre. Die
Leistungsfähigkeit ist demnach ebenfalls vom Gläubiger zu beweisen. Allerdings besteht eine
sekundäre Darlegungslast des Schuldners hinsichtlich seiner Leistungsfähigkeit, wenn bereits ein
Titel aufgrund eines streitigen Urteils vorliegt, der den Schuldner für die maßgebenden Zeiträume
zu Unterhalt verurteilt. Schließlich ist der Gläubiger für den bedingten Vorsatz des Schuldners
beweispflichtig (vgl. BGH BeckRS 2016, 06770 = NZI 2016, 406).

Widerspricht der Schuldner nur dem Attribut „vorsätzlich begangene unerlaubte Handlung" 15
und ist die Forderung im Übrigen festgestellt, so ist dem Gläubiger auf Antrag nach § 201 Abs. 2
eine **vollstreckbare Ausfertigung** aus der Insolvenztabelle zu erteilen (BGH NZI 2014, 568;
BGH NZI 2014, 507; → § 201 Rn. 14; BGH BeckRS 2020, 14349 = NZI 2020, 736). Das
Insolvenzgericht hat darauf zu achten, dass sich der erhobene Widerspruch aus dem vollstreckbar
auszufertigenden Tabellenblatt ergibt. Für eine Erteilung des vollstreckbaren Tabellenauszugs fehlt
es hingegen am Rechtsschutzbedürfnis des Gläubigers, wenn die Forderung nicht unter Beachtung
des § 174 Abs. 2 angemeldet und dem Schuldner bereits Restschuldbefreiung erteilt wurde (BGH
NZI 2014, 568).

Auch der Schuldner kann seinen Widerspruch gegen den angemeldeten, nicht titulierten 16
Rechtsgrund der vorsätzlich begangenen unerlaubten Handlung bereits vor Aufhebung des Insolvenzverfahrens mit der negativen Feststellungsklage gegen den Gläubiger weiter verfolgen (BGH
NZI 2013, 1025).

War die angemeldete Forderung bereits **tituliert**, so kann ihr der Schuldner zwar gleichwohl 17
widersprechen, jedoch gilt sein Widerspruch als nicht erhoben, wenn er seinen Widerspruch nicht
binnen Monatsfrist durch Erhebung einer Feststellungsklage verfolgt (§ 184 Abs. 2, → § 184
Rn. 7). Nach fruchtlosem Ablauf der Frist kann dem Gläubiger ein vollstreckbarer Tabellenauszug
erteilt werden. Einer Zwangsvollstreckung aus diesem Tabellenauszug kann der Schuldner nicht
mit der Begründung beggnen, die Forderung könne aufgrund der erteilten Restschuldbefreiung
nicht mehr geltend gemacht werden. Die Fiktion des § 184 Abs. 2 kann jedoch nur dann eintreten,
wenn es sich bei dem im Vorfeld des Insolvenzverfahrens erworbenen Titel um ein Urteil handelt,
in dem der Rechtsgrund der vorsätzlich begangenen unerlaubten Handlung explizit festgestellt
wird (→ Rn. 17.1). Ist dies nicht der Fall oder liegt nur ein Vollstreckungsbescheid vor, so muss
der Gläubiger den vom Schuldner erhobenen Widerspruch durch Erhebung einer entsprechenden
Feststellungsklage (§ 184 Abs. 1) beseitigen, um einen vollstreckbaren Tabellenauszug erhalten zu

können. Als ausreichend wurde hingegen angesehen, wenn sich der Rechtsgrund der vorsätzlich begangenen unerlaubten Handlung aus einem **gerichtlichen Vergleich** (BGH NZI 2009, 612) oder einer notariellen Urkunde ergibt (vgl. OLG Brandenburg NZI 2008, 319 zum Anerkenntnisurteil). Es muss jedoch gewährleistet sein, dass der Schuldner die Bedeutung einer solchen Titulierung erkennen konnte. Es gelten dieselben Grundsätze, die für eine privilegierte Pfändung des Arbeitseinkommens nach § 850f Abs. 2 ZPO entwickelt wurden (vgl. BGH NJW 2005, 1663) (→ Rn. 17.1).

17.1 Mit der unanfechtbaren Verurteilung des Geschäftsführers einer GmbH zum Schadensersatz für nicht abgeführte Arbeitnehmeranteile von Sozialversicherungsbeiträgen steht gegenüber der Klägerin noch nicht rechtskräftig fest, dass der zuerkannte Anspruch auf einer vorsätzlich begangenen unerlaubten Handlung beruht und deshalb von einer etwaigen Restschuldbefreiung des Beklagten nicht ergriffen wird (BGH NZI 2010, 69).

18 Durch die Vorlage eines vollstreckbaren Auszugs aus der Insolvenztabelle kann nach Ansicht des BGH der Gläubiger den Nachweis einer Forderung aus vorsätzlich begangener unerlaubter Handlung für das **Vollstreckungsprivileg des § 850f Abs. 2 ZPO** führen, wenn sich daraus ergibt, dass eine solche Forderung zur Tabelle festgestellt und vom Schuldner nicht bestritten worden ist (BGH BeckRS 2019, 22913 = NZI 2019, 897 mAnm Knauth); bestätigt: BGH BeckRS 2020, 5128 = NZI 2020, 438). Dass der Schuldner auf diese Folge eines unterlassenen Widerspruchs nicht durch das Insolvenzgericht hingewiesen wird, sei unbeachtlich. Maßgeblich sei allein, dass der Schuldner die Möglichkeit hatte, sich gegen die Anmeldung zur Wehr zu setzen. Vor diesem Hintergrund kann eine Forderung mit ihrem deliktischen Anspruchsgrund auch dann angemeldet und zur Prüfung gestellt werden, wenn der Schuldner eine Restschuldbefreiung nicht beantragt (vgl. BGH NZI 2020, 895). Überzeugen kann diese Argumentation im Hinblick auf die Entscheidung des BGH zur Frage des entsprechenden Nachweises mittels eines Vollstreckungsbescheids indes nicht. Offen bleibt auch, wie mit der Problematik umzugehen ist, wenn der Schuldner keinen Antrag auf Restschuldbefreiung gestellt hat und damit das Insolvenzgericht keine Veranlassung hat, den Schuldner über die sich aus § 302 ergebenden Folgen einer solchen Anmeldung hinzuweisen.

18a Weitgehend ungeklärt ist die Frage, ob eine zunächst privilegierte Forderung ihre Privilegierung dadurch verliert, dass sie nicht mehr gegen den bisherigen Schuldner, sondern gegen dessen Rechtsnachfolger geltend gemacht wird. Ist der Insolvenzschuldner etwa Erbe desjenigen Schuldners, gegen den sich die Forderung aus einer vorsätzlich begangenen unerlaubten Handlung richtete, so ist fraglich, ob der Insolvenzschuldner von dieser Verbindlichkeit durch die ihm erteilte Restschuldbefreiung befreit wird. Zur Klärung dieser Frage ist letztlich auf die divergierende Interessenlage der Beteiligten unter Billigkeitsgesichtspunkten abzustellen. Der Erbe kann sich durch die Ausschlagung einer Erbschaft von einer Haftungsübernahme freistellen. Es wäre unbillig, könnte der Erbe die Erbschaft annehmen, ohne die gegen den Erblasser gerichteten Forderungen in privilegierter Weise übernehmen zu müssen.

B. Weitere nicht von der Restschuldbefreiung umfasste Ansprüche

I. Unterhaltsansprüche

19 Verbindlichkeiten des Schuldners aus rückständigem gesetzlichen Unterhalt, den der Schuldner vorsätzlich pflichtwidrig nicht gewährt hat, gelten in Verfahren, deren Eröffnung nach dem 30.6.2014 beantragt wird, als privilegiert; sie werden von einer Restschuldbefreiung nicht betroffen (Nr. 1). Voraussetzung für die Anmeldung der Forderung unter Beachtung des § 174 Abs. 2, also unter Angabe der nach Einschätzung des Gläubigers vorsätzlich pflichtwidrigen Unterlassung der Unterhaltsleistung (→ Rn. 19.1).

19.1 In Verfahren, deren Eröffnung vor dem 1.7.2014 beantragt wurde, werden rückständige Unterhaltsansprüche oftmals als Forderungen aus vorsätzlich begangener unerlaubter Handlung geltend gemacht. Als Schutzgesetz iSd § 823 Abs. 2 BGB wird auf § 170 StGB verwiesen (vgl. OLG Hamm BeckRS 2014, 08986 = ZInsO 2014, 1337). Nach der nunmehr geltenden Regelung der Nr. 1 ist im Gegensatz zu § 170 StGB nicht erforderlich, dass der Lebensbedarf des Unterhaltsberechtigten aufgrund der unterlassenen Unterhaltsleistung gefährdet ist oder ohne die Hilfe anderer gefährdet wäre.

II. Steueransprüche

Mit dem Reformgesetz 2013 wurden Verbindlichkeiten des Schuldners aus einem Steuerschuldverhältnis als privilegierte Forderungen des Fiskus eingestuft, sofern der Schuldner im Zusammenhang damit wegen einer Steuerstraftat nach den §§ 370, 373 oder § 374 AO rechtskräftig verurteilt wurde. Die rechtskräftige strafrechtliche Verurteilung muss bis zur Entscheidung über die Restschuldbefreiung vorliegen und nicht schon beim Schlusstermin. In welchem Umfang eine Verbindlichkeit gem. Nr. 1 Alt. 3 von der Erteilung der Restschuldbefreiung ausgenommen ist, richtet sich danach, inwieweit sich die zur Tabelle angemeldete Steuerforderung und die in der strafgerichtlichen Verurteilung gem. § 267 StPO niederzulegende Berechnung der Steuerverkürzung decken. Nach der AO geschuldete Zinsen unterfallen demnach der Ausnahme nach Nr. 1 Alt. 3 nur, wenn sie Gegenstand der strafrechtlichen Verurteilung sind (OLG Hamm BeckRS 2018, 36319 = NZI 2019, 337; aA BFH DStRE 2018, 1455). Voraussetzung für die Privilegierung ist wiederum, dass die Forderung unter Beachtung des § 174 Abs. 2 zur Insolvenztabelle angemeldet wurde (→ § 174 Rn. 40). Mit der Privilegierung der Hauptforderung werden auch Verzögerungsgelder, Säumniszuschläge, Zwangsgelder und Zinsen nach § 235 AO von einer erteilten Restschuldbefreiung ausgenommen (BFH DStRE 2018, 1455; BGH BeckRS 2020, 30698 = NZI 2021, 36 mAnm Pape; anders zur Rechtslage vor dem Reformgesetz 2013: BFH DStRE 2012, 966). Widerspricht der Schuldner der Privilegierung der angemeldeten Steuerforderung, kann die Finanzbehörde den Widerspruch unter Hinweis auf die rechtskräftige Verurteilung durch Feststellungsbescheid nach § 251 Abs. 3 AO beseitigen (Nr. 15.2 AEAO) (→ Rn. 20.1).

Das FA darf nach Ansicht des BFH durch Verwaltungsakt gem. § 251 Abs. 3 AO feststellen, dass ein Steuerpflichtiger im Zusammenhang mit Verbindlichkeiten aus einem Steuerschuldverhältnis wegen einer Steuerstraftat rechtskräftig verurteilt worden ist (BFH DStRE 2018, 1455; aA OLG Hamm BeckRS 2018, 36319).

Eine Verurteilung wegen einer Steuerstraftat ist auch dann zu berücksichtigen, wenn die entsprechende Eintragung im **Bundeszentralregister** bereits getilgt ist. Dies vor dem Hintergrund, dass die Regelung nur auf die Qualität des Anspruchs abstellt, damit aber keine Sanktionierung des Schuldners erreicht werden soll (BGH BeckRS 2020, 30698 = NZI 2021, 36 mAnm Pape). Auch findet sich im Gesetz kein Hinweis auf eine vom Gesetzgeber gewollte Bagatellgrenze, wie sie etwa in § 290 Abs. 1 Nr. 1 enthalten ist (BFH DStRE 2018, 1455).

III. Geldstrafen und ähnliche Ansprüche

Geldstrafen, Ordnungsgelder und Geldbußen, die nach § 39 Abs. 1 Nr. 3 nachrangige Verbindlichkeiten darstellen (→ § 39 Rn. 27), sind von einer erteilten Restschuldbefreiung ausgenommen. Hier steht der persönliche Charakter der Forderung als Sanktion begangenen Unrechts im Vordergrund, sie soll nicht durch Restschuldbefreiung zur Naturalobligation werden, sondern in jedem Fall vom Schuldner zu erfüllen sein. Nach dem OWiG zu vollstreckende Geldbußen können während des eröffneten Insolvenzverfahrens sowie während der Wohlverhaltensphase nicht mit Erzwingungshaft gem. § 96 OWiG verfolgt werden. Für sie gilt der in § 87 normierte Grundsatz, dass **Insolvenzgläubiger** ihre Ansprüche nur nach den Vorschriften der InsO verfolgen können und damit § 89 bzw. § 294 der Anordnung von Erzwingungshaft entgegensteht (vgl. LG Potsdam BeckRS 2021, 3435 = NZI 2021, 402; LG Stuttgart NZI 2020, 857; LG Duisburg InsbürO 2017, 429; aA LG Berlin NJW 2007, 1541). Wegen Geldbußen, die **nach Verfahrenseröffnung** begründet werden, gilt das Vollstreckungsverbot nicht. Der Schuldner muss die Verpflichtungen ggf. aus seinem insolvenzfreien bzw. nicht abgetretenen Vermögen bzw. seinen ihm zur Verfügung stehenden Einkünften erfüllen.

IV. Darlehen zur Kostendeckung

Verbindlichkeiten aus zinslosen Darlehen, die dem Schuldner zur Begleichung der Kosten des Insolvenzverfahrens gewährt wurden, sind ebenfalls von den Wirkungen der Restschuldbefreiung ausgenommen. Solche Darlehen, die von Verwandten des Schuldners oder von karitativen Einrichtungen mitunter gewährt werden, sollen trotz erteilter Restschuldbefreiung durch den Schuldner getilgt werden. Angesichts der Möglichkeit der Kostenstundung dürfte die Gewährung eines Darlehens zur Bestreitung der Verfahrenskosten jedoch kaum von praktischer Relevanz sein.

V. Neuforderungen

24 Weiterhin bleiben auch diejenigen Ansprüche von einer Restschuldbefreiung unberührt, die nach Eröffnung des Insolvenzverfahrens entstanden sind, da es sich nicht um Insolvenzforderungen handelt. Solche sogenannten Neuforderungen muss der Schuldner ohne Einschränkung erfüllen. Eine Restschuldbefreiung gegenüber diesen Verbindlichkeiten kommt erst nach Ablauf von elf Jahren innerhalb eines neuen Insolvenzverfahrens wieder in Betracht. Die neuerliche Begründung von Verbindlichkeiten während der Wohlverhaltensperiode stellt unter Umständen eine Obliegenheitsverletzung iSd § 295 S. 1 Nr. 5 dar (→ Rn. 24.1).

24.1 Nach erteilter Restschuldbefreiung können Zinsen aus einer Forderung, die zur Insolvenztabelle mit dem Schuldgrund „aus vorsätzlich begangener unerlaubter Handlung" festgestellt wurde, nach Aufhebung des Insolvenzverfahrens aus dem ursprünglichen Titel vollstreckt werden (LG Heilbronn BeckRS 2017, 136631).

§ 303 Widerruf der Restschuldbefreiung

(1) Auf Antrag eines Insolvenzgläubigers widerruft das Insolvenzgericht die Erteilung der Restschuldbefreiung, wenn
1. sich nachträglich herausstellt, dass der Schuldner eine seiner Obliegenheiten vorsätzlich verletzt und dadurch die Befriedigung der Insolvenzgläubiger erheblich beeinträchtigt hat,
2. sich nachträglich herausstellt, dass der Schuldner während der Abtretungsfrist nach Maßgabe von § 297 Absatz 1 verurteilt worden ist, oder wenn der Schuldner erst nach Erteilung der Restschuldbefreiung wegen einer bis zum Ende der Abtretungsfrist begangenen Straftat nach Maßgabe von § 297 Absatz 1 verurteilt wird oder
3. der Schuldner nach Erteilung der Restschuldbefreiung Auskunfts- oder Mitwirkungspflichten vorsätzlich oder grob fahrlässig verletzt hat, die ihm nach diesem Gesetz während des Insolvenzverfahrens oblagen.

(2) ¹Der Antrag des Gläubigers ist nur zulässig, wenn er innerhalb eines Jahres nach der Rechtskraft der Entscheidung über die Restschuldbefreiung gestellt wird; ein Widerruf nach Absatz 1 Nummer 3 kann bis zu sechs Monate nach rechtskräftiger Aufhebung des Insolvenzverfahrens beantragt werden. ²Der Gläubiger hat die Voraussetzungen des Widerrufsgrundes glaubhaft zu machen. ³In den Fällen des Absatzes 1 Nummer 1 hat der Gläubiger zudem glaubhaft zu machen, dass er bis zur Rechtskraft der Entscheidung keine Kenntnis vom Widerrufsgrund hatte.

(3) ¹Vor der Entscheidung sind der Schuldner und in den Fällen des Absatzes 1 Nummer 1 und 3 auch der Treuhänder oder Insolvenzverwalter zu hören. ²Gegen die Entscheidung steht dem Antragsteller und dem Schuldner die sofortige Beschwerde zu. ³Die Entscheidung, durch welche die Restschuldbefreiung widerrufen wird, ist öffentlich bekanntzumachen.

Überblick

Bereits aus Gründen der Rechtssicherheit kann eine erteilte Restschuldbefreiung nur in Ausnahmefällen widerrufen werden. Mit dem Reformgesetz 2013 ist die Regelung allerdings um zwei Tatbestände (Abs. 1 Nr. 2 und Nr. 3) erweitert worden. Es entsteht damit der Eindruck, dem Gesetzgeber wäre an einer verstärkten Anwendung der Widerrufsmöglichkeiten gelegen.

A. Widerrufstatbestände

I. Obliegenheitsverletzung (Abs. 1 Nr. 1)

1. Kreis der betroffenen Pflichten

1 Die erteilte Restschuldbefreiung kann auf Antrag eines Insolvenzgläubigers widerrufen werden, wenn sich nachträglich herausstellt, dass der Schuldner durch vorsätzliche Verletzung seiner Obliegenheiten die Befriedigung der Insolvenzforderungen erheblich beeinträchtigt hat (Abs. 1 Nr. 1).

Widerruf der Restschuldbefreiung **§ 303 InsO**

Grundsätzlich kann der Widerruf einer erteilten Restschuldbefreiung nur auf eine Verletzung **2** der dem Schuldner nach §§ 295, 295a während der Wohlverhaltensphase obliegenden Verpflichtungen gestützt werden. In Fällen, in denen die Restschuldbefreiung vor Beendigung des Insolvenzverfahrens erteilt wird und deshalb die Regelungen der §§ 295, 295a keine Anwendung finden, kann ein Widerruf der Restschuldbefreiung nicht mit einer Verletzung der Versagungsgründe des § 290 begründet werden (BGH NZI 2016, 922). Zu denken ist allenfalls an einen Widerruf der Restschuldbefreiung wegen einer Verletzung der dem Schuldner nach § 287b obliegenden **Erwerbsobliegenheit**. Wie die in Abs. 1 Nr. 3 genannte Auskunfts- und Mitwirkungspflicht trifft die Erwerbsobliegenheit den Schuldner auch während des eröffneten Verfahrens.

2. Nachträgliche Erkenntnis

Der Widerruf einer erteilten Restschuldbefreiung setzt voraus, dass sich die Obliegenheitsverletzung nachträglich, dh nach Rechtskraft des die Restschuldbefreiung aussprechenden Beschlusses herausstellt (Uhlenbruck/Sternal Rn. 8). Bis zu diesem Zeitpunkt kann ein Antrag nach § 296 gestellt werden. **3**

Maßgeblich ist wie im Fall des § 296 Abs. 1 S. 2 die **individuelle Kenntniserlangung** des antragstellenden Gläubigers (MüKoInsO/Stephan Rn. 17). Selbst wenn etwa der Treuhänder in seinem Bericht zum Abschluss der Wohlverhaltensphase darauf hingewiesen hat, dass der Schuldner seiner Erwerbsobliegenheit nicht entsprochen hat, kann der Gläubiger, der den Bericht erst später zur Kenntnis nimmt, einen Antrag auf Widerruf der erteilten Restschuldbefreiung stellen. Eine zeitliche Begrenzung ergibt sich nur aus Abs. 2 S. 1 (→ Rn. 4.1). **4**

Dieses Ergebnis mag auf Unverständnis stoßen. Führt es doch zu einer Situation, die den Grundsätzen eines fairen Verfahrens widerspricht. Es sollte einem Gläubiger abverlangt werden können, für ihn auf einfachem Wege zugängliche Informationsquellen zeitnah zu nutzen. Wirklich angebracht erscheint die Regelung etwa in Fällen, in denen der Schuldner eine während der Wohlverhaltensphase angefallene Erbschaft verschweigt und dies erst nach Erteilung der Restschuldbefreiung allgemein bekannt wird. **4.1**

3. Vorsätzliche Verletzungshandlung

Ein Widerruf der Restschuldbefreiung kommt im Gegensatz zu §§ 295, 295a, 296, die eine vorzeitige Versagung der Restschuldbefreiung für den Fall vorsehen, dass der Schuldner seine Obliegenheiten schuldhaft, dh auch fahrlässig, verletzt hat, nur dann in Betracht, wenn der Schuldner die ihm obliegenden Pflichten vorsätzlich verletzt hat und darüber hinaus hierdurch die Befriedigung der Insolvenzgläubiger erheblich beeinträchtigt wurde (→ Rn. 5.1). **5**

Um eine erhebliche Beeinträchtigung als kausale Folge der Pflichtverletzung zu manifestieren, muss der nicht zur Verfügung stehende Vermögenswert einen bedeutsamen Teil der abzudeckenden Verbindlichkeiten darstellen (LG Münster BeckRS 2014, 17535). **5.1**

II. Verurteilung wegen einer Insolvenzstraftat (Abs. 1 Nr. 2)

In Verfahren, deren Eröffnung nach dem 30.6.2014 beantragt wird, kann ein Antrag auf Widerruf der erteilten Restschuldbefreiung auch darauf gestützt werden, dass sich nachträglich herausstellt, dass der Schuldner nach Maßgabe von § 297 Abs. 1 verurteilt wurde, oder dass der Schuldner nach Erteilung der Restschuldbefreiung wegen einer bis zum Ende der Abtretungsfrist begangenen Straftat nach Maßgabe von § 297 Abs. 1 verurteilt wird (Abs. 1 Nr. 2). **6**

Maßgeblich abzustellen ist wiederum auf den Zeitpunkt der Rechtskraft des Beschlusses, mittels dem dem Schuldner die Restschuldbefreiung erteilt wird. **7**

III. Verletzung von Auskunfts- und Mitwirkungspflichten (Abs. 1 Nr. 3)

Ein Antrag auf Widerruf der Restschuldbefreiung kann letztlich auch darauf gestützt werden, dass der Schuldner nach Erteilung der Restschuldbefreiung vorsätzlich oder grob fahrlässig Auskunfts- oder Mitwirkungsrechte verletzt hat, die ihm nach der InsO während des Insolvenzverfahrens obliegen (Abs. 1 Nr. 3). Die entsprechenden Auskunfts- und Mitwirkungspflichten ergeben sich aus § 97 (vgl. § 290 Abs. 1 Nr. 5). **8**

Relevant kann die Regelung nur in Verfahren werden, in denen die Restschuldbefreiung vor Beendigung des Verfahrens erteilt wird. Dabei muss sich die Pflichtverletzung auf solche Vermögenswerte beziehen, die ungeachtet der erteilten Restschuldbefreiung noch vom Insolvenzbeschlag umfasst sind. Ein vom Schuldner erzielter Neuerwerb gehört gem. § 300a InsO nicht **9** dazu. Dagegen bezieht sich die Mitwirkungspflicht auch auf solche Vermögenswerte, die einer **Nachtragsverteilung** unterzogen werden (vgl. BGH BeckRS 2016, 05146).

9a In Verfahren, die **vor dem 1.7.2014** beantragt wurden, kann die Vorschrift nicht angewandt werden. Jedoch sieht der BGH in der analogen Anwendung des § 303 Abs. 1 aF die Möglichkeit eines Widerrufs der erteilten Restschuldbefreiung, wenn der Schuldner, dem die Restschuldbefreiung erteilt wird, bevor das Insolvenzverfahren aufgehoben ist, die ihn auch nach Erteilung der Restschuldbefreiung treffenden Auskunfts- und Mitwirkungspflichten vorsätzlich oder grob fahrlässig verletzt. Der entsprechende Gläubigerantrag ist bis zur Beendigung des Insolvenzverfahrens zu stellen (BGH BeckRS 2016, 17571 = NZI 2016, 922).

B. Verfahren

I. Antragsberechtigung

10 Der Widerruf einer erteilten Restschuldbefreiung setzt den entsprechenden Antrag eines Insolvenzgläubigers voraus. Antragsberechtigung sind – wie im Falle des § 296 – nur die im Schlussverzeichnis aufgeführten Gläubiger.

II. Antragsfrist

11 Der Antrag ist nur innerhalb eines Jahres nach Rechtskraft des Beschlusses über die Restschuldbefreiung zulässig (Abs. 2 S. 1). Ein Widerruf nach Abs. 1 Nr. 3 (Verletzung von Auskunfts- und Mitwirkungspflicht) kann bis zu sechs Monaten nach rechtskräftiger Aufhebung (besser wohl Beendigung) des Insolvenzverfahrens beantragt werden.

III. Glaubhaftmachung

12 Der Gläubiger hat die Voraussetzungen des Widerrufsgrundes glaubhaft zu machen (Abs. 2 S. 2). In den Fällen des Abs. 1 Nr. 1 umfasst die erforderliche Glaubhaftmachung auch den Vorsatz des Schuldners zur Obliegenheitsverletzung, die daraus resultierende erhebliche Gläubigerbenachteiligung sowie die Tatsache, dass der Gläubiger erst nach der Rechtskraft des Beschlusses über die Restschuldbefreiung von der Obliegenheitsverletzung Kenntnis erlangte (Abs. 2 S. 3).

IV. Entscheidung

13 Das Gericht hat den Schuldner und in den Fällen des Abs. 1 Nr. 1 und Nr. 3 auch den Treuhänder oder den Insolvenzverwalter zu hören (Abs. 3 S. 1). Der Beschluss ist mit **sofortiger Beschwerde** anfechtbar, es entscheidet der Richter (§ 18 Abs. 1 Nr. 4 RPflG). Die Entscheidung, mittels der die Restschuldbefreiung widerrufen wird, ist öffentlich bekanntzumachen (Abs. 3 S. 3).

V. Wirkungen des Widerrufs

14 Der Widerruf der Restschuldbefreiung lässt alle mit ihrer Erteilung eingetretenen Rechtsfolgen rückwirkend entfallen. Die Insolvenzgläubiger und nicht nur derjenige, der den Widerruf beantragt hat, können ihre Forderung wieder ohne die sich aus § 301 ergebende Einschränkung geltend machen.

VI. Kosten

15 Für die Entscheidung über den Antrag des Gläubigers auf Widerruf der Restschuldbefreiung entsteht eine Gerichtsgebühr iHv 39 EUR (Nr. 2350 KV GKG; Stand: 1.1.2021). Über die Kostentragungspflicht ist gem. §§ 91 ff. ZPO zu entscheiden.

16 Der Rechtsanwalt, der im Rahmen eines Verfahrens zum Widerruf der Restschuldbefreiung tätig wird, erhält hierfür eine Verfahrensgebühr iHv 0,5 (Nr. 3321 VV RVG). Dabei ist das Verfahren über mehrere gleichzeitig anhängige Anträge eine Angelegenheit. Die Gebühr entsteht auch gesondert, wenn der Antrag bereits vor Aufhebung des Insolvenzverfahrens gestellt wird (Abs. 1 und 2 der Anmerkung zu Nr. 3321 VV RVG).

§ 303a Eintragung in das Schuldnerverzeichnis

¹Das Insolvenzgericht ordnet die Eintragung in das Schuldnerverzeichnis nach § 882b der Zivilprozessordnung an. ²Eingetragen werden Schuldner,

1. denen die Restschuldbefreiung nach den §§ 290, 296, 297 oder 297a oder auf Antrag eines Insolvenzgläubigers nach § 300 Absatz 3 versagt worden ist,
2. deren Restschuldbefreiung widerrufen worden ist.

³Es übermittelt die Anordnung unverzüglich elektronisch dem zentralen Vollstreckungsgericht nach § 882h Absatz 1 der Zivilprozessordnung. ⁴§ 882c Absatz 2 und 3 der Zivilprozessordnung gilt entsprechend.

Überblick

Die Vorschrift gilt für Verfahren, deren Eröffnung nach dem 30.6.2014 beantragt wird. In Verfahren, die vor dem 1.7.2014 beantragt wurden, erfolgt eine Eintragung in das Schuldnerverzeichnis nur bei einer Abweisung des Eröffnungsantrags mangels Masse (§ 26).

A. Eintragungstatbestände

In das zentrale Schuldnerverzeichnis, das in jedem Bundesland geführt wird, ist die Tatsache einzutragen, dass dem Schuldner die Restschuldbefreiung aus den Gründen der §§ 290, 296, 297 oder 297a oder auf Antrag eines Insolvenzgläubigers nach § 300 Abs. 3 versagt oder gem. § 303 widerrufen wurde. Nicht eingetragen wird eine Versagung der Restschuldbefreiung nach § 298 (nicht gedeckte Mindestvergütung des Treuhänders). 1

B. Verfahren

I. Einzutragende Daten

Die Eintragung in das Schuldnerverzeichnis erfolgt aufgrund einer Anordnung des Insolvenzgerichts, die elektronisch an das zentrale Vollstreckungsgericht zu übermitteln ist. Im Schuldnerverzeichnis sind nach § 882b ZPO angegeben: 2
- Name, Vorname und Geburtsname des Schuldners sowie die Firma und deren Nummer des Registerblatts im Handelsregister,
- Geburtsdatum und Geburtsort des Schuldners,
- Wohnsitze des Schuldners oder Sitz des Schuldners, einschließlich abweichender Personendaten.
- Aktenzeichen und Gericht des Insolvenzverfahrens,
- das Datum der Eintragungsanordnung sowie der zur Eintragung führende Grund und das Datum der Entscheidung des Insolvenzgerichts.

II. Einsichtsrecht

Die Einsicht in das Schuldnerverzeichnis ist jedem gem. § 882f ZPO gestattet, der darlegt, Angaben nach § 882b ZPO zu benötigen: 3
- für Zwecke der Zwangsvollstreckung;
- um gesetzliche Pflichten zur Prüfung der wirtschaftlichen Zuverlässigkeit zu erfüllen;
- um Voraussetzungen für die Gewährung von öffentlichen Leistungen zu prüfen;
- um wirtschaftliche Nachteile abzuwenden, die daraus entstehen können, dass Schuldner ihren Zahlungsverpflichtungen nicht nachkommen;
- für Zwecke der Strafverfolgung;
- zur Auskunft über ihn selbst betreffende Eintragungen (Selbstauskunft).

Benötigt werden die Angaben iSd Vorschrift, wenn sie der Erreichung des Zwecks dienen; sie müssen nicht das einzige oder letzte Mittel zur Erreichung des Zwecks darstellen. Nicht verlangt wird der Nachweis oder die Glaubhaftmachung des Informationsbedarfs, sondern lediglich dessen Darlegung. Da gem. § 882h Abs. 1 S. 2 ZPO der Inhalt des Schuldnerverzeichnisses in einem elektronischen Informations- und Kommunikationssystem veröffentlicht wird, sind die verschiedenen Einsichtszwecke durch vorgegebene elektronische Textfelder oder Schlüsselzahlen dem Nutzer zur Auswahl zu stellen. Vor jedem Abruf hat dieser durch Auswahl eines Textfelds oder einer Schlüsselzahl das Vorliegen eines bestimmten Einsichtszwecks der Datenverarbeitungsanlage anzuzeigen (→ Rn. 4.1 f.). 4

Eine Entscheidung über die Gewährung der Einsicht im Einzelfall findet insoweit nicht statt. Die in § 882h Abs. 3 S. 2 Nr. 4 ZPO vorgegebene Registrierung der Nutzer und Protokollierung jedes Abrufvorgangs ermöglicht jedoch die Prüfung der Rechtmäßigkeit einzelner Abrufe im Nachhinein. Der Abrufende 4.1

muss sich zu diesem Zweck registrieren lassen. Nur registrierte Nutzer sind zur Einsicht berechtigt. Die Registrierung kann zB über die Kreditkarte des Abrufenden erfolgen (vgl. § 7 SchuFV).

4.2 Für eine Auskunft aus dem Schuldnerverzeichnis fällt keine Gebühr an. Der Rechtsanwalt kann ebenfalls keine Gebühr verlangen (AG Wuppertal BeckRS 2011, 03304).

5 Eine Eintragung im Schuldnerverzeichnis wird nach Ablauf von drei Jahren seit dem Tag der Eintragungsanordnung von dem zentralen Vollstreckungsgericht von Amts wegen **gelöscht** (§ 4 SchuFV). Eine vorzeitige Löschung kommt auch dann nicht in Betracht, wenn die entsprechende Zustimmung desjenigen Gläubigers vorgelegt wird, der die Eröffnung des Insolvenzverfahrens beantragt hat.

III. Datenspeicherung durch Auskunfteien

6 Die Datenspeicherung über die Restschuldbefreiung durch eine **Auskunftei** ist nach § 29 Abs. 1 Nr. 2 BDSG aF (vgl. Art. 6 Abs. 1 lit. f DS-GVO) zulässig. Dies gilt insbesondere auch für die Erteilung der Restschuldbefreiung, die nach der Vorschrift nicht in das Schuldnerverzeichnis eingetragen wird. Die Information über die Restschuldbefreiung über **drei Jahre** zu speichern, ist nicht unverhältnismäßig und erfüllt in dieser Zeit weiterhin eine zulässige Warnfunktion. Dies gilt insbesondere deshalb, da hiermit nur eine grundsätzliche Entscheidung getroffen ist, die im Einzelfall überprüft werden muss. Denn Gründe, die sich aus der besonderen Situation einer betroffenen Person ergeben, können von dieser nach Art. 21 Abs. 1 DS-GVO jederzeit im Wege eines Widerspruchs geltend gemacht werden. Die Notwendigkeit der Verarbeitung ist aus denselben Gründen auch nicht nach Art. 17 Abs. 1 lit. a DS-GVO entfallen (LG Frankfurt a. M. NZI 2019, 342 mAnm Heyer; vgl. auch OLG Frankfurt a. M. NZI 2016, 188; OLG Karlsruhe NZI 2016, 375; LG Kiel BeckRS 2021, 17325).

Neunter Teil. Verbraucherinsolvenzverfahren

§ 304 Grundsatz

(1) ¹Ist der Schuldner eine natürliche Person, die keine selbständige wirtschaftliche Tätigkeit ausübt oder ausgeübt hat, so gelten für das Verfahren die allgemeinen Vorschriften, soweit in diesem Teil nichts anderes bestimmt ist. ²Hat der Schuldner eine selbständige wirtschaftliche Tätigkeit ausgeübt, so findet Satz 1 Anwendung, wenn seine Vermögensverhältnisse überschaubar sind und gegen ihn keine Forderungen aus Arbeitsverhältnissen bestehen.

(2) Überschaubar sind die Vermögensverhältnisse im Sinne von Absatz 1 Satz 2 nur, wenn der Schuldner zu dem Zeitpunkt, zu dem der Antrag auf Eröffnung des Insolvenzverfahrens gestellt wird, weniger als 20 Gläubiger hat.

Überblick

§ 304 schränkt die Anwendbarkeit der Ausnahmevorschriften des Verbraucherinsolvenzverfahrens auf einen bestimmten Personenkreis ein und schließt Selbstständige und ehemalige Unternehmer mit nicht überschaubaren Vermögensverhältnissen aus (→ Rn. 1 ff.), da für diese nur die grundsätzlichen Vorschriften des Regelinsolvenzverfahrens gelten.

Übersicht

	Rn.		Rn.
A. Anwendbarkeit der Sondervorschriften nur auf Verbraucher	1	3. Aufgegebene Selbstständigkeit und überschaubare, verbrauchertypische Vermögensverhältnisse	12
I. Ausschluss Selbstständiger	1	4. Keine Forderung gegen den Schuldner als (ehemaliger) Arbeitgeber	17
II. Begrenzung auf natürliche (lebende) Personen	4	B. Antragstellung und Beurteilung der Verfahrensart	19
III. Keine Ausübung einer selbstständigen wirtschaftlichen Tätigkeit	6	I. Eigenantrag (§ 305)	21
1. Definition des Verbrauchers und Abgrenzung zur selbstständigen wirtschaftlichen Tätigkeit	6	II. Fremdantrag durch einen Gläubiger (§ 14 Abs. 1)	28
2. Besondere Stellung in einem Unternehmen	9	C. Übersicht zum Ablauf eines Verbraucherinsolvenzverfahrens	29

A. Anwendbarkeit der Sondervorschriften nur auf Verbraucher

I. Ausschluss Selbstständiger

Das Verbraucherinsolvenzverfahren ist die **Ausnahme vom Regelinsolvenzverfahren** (BGH BeckRS 2013, 08614; 2008, 23668; 2003, 07211), wenngleich es die überwiegende Zahl der Antragsteller betrifft. Es ist nur dann zulässig, wenn der Schuldner eine **natürliche Person** und im Zeitpunkt der Antragstellung **nicht (mehr) selbstständig** unternehmerisch tätig ist. Schuldner, die nie eine selbstständige Tätigkeit ausgeübt haben, fallen ausschließlich unter die Regelungen des Verbraucherinsolvenzverfahrens (BGH BeckRS 2002, 30293476), grundsätzlich unabhängig vom Umfang der Verbindlichkeiten oder der Anzahl der Gläubiger (Uhlenbruck/Sternal Rn. 5). Der Begriff des Verbrauchers nach § 13 BGB ist nicht deckungsgleich mit dem Verbraucherbegriff iSd Neunten Teils der InsO (Nerlich/Römermann/Römermann Rn. 5, 6).

Übt der Schuldner bei Antragstellung noch aktiv eine selbstständige wirtschaftliche Tätigkeit aus (→ Rn. 7), ist nur das Regelinsolvenzverfahren möglich (BGH BeckRS 2002, 30293476; 2003, 07211). War er vor Antragstellung unternehmerisch tätig, aber gelten seine Vermögensverhältnisse noch als überschaubar (→ Rn. 14), fällt der Schuldner (wieder) in den Bereich des Verbraucherinsolvenzverfahrens (Abs. 1 S. 2, Abs. 2), wenn keine Forderung aus einem früheren Arbeitsverhältnis gegen ihn besteht (Abs. 1 S. 2; → Rn. 17 ff.). **Im Zweifel** ist das **Regelinsolvenzverfahren anzuwenden** (BGH BeckRS 2009, 08182). Der Schuldner hat keine Wahlmöglichkeit (→ Rn. 21).

Savini

3   Für die Verfahrensart ist in jedem Fall **unerheblich,** ob der Schuldner vermögend ist (KPB/Wenzel Rn. 3), er unter Vormundschaft oder Betreuung steht, ausländischer Staatsbürger mit Lebensmittelpunkt im Bundesgebiet ist (Uhlenbruck/Sternal Rn. 6), oder er aufgrund behördlicher Anordnung verwahrt ist und deswegen seine Selbstständigkeit ruht (→ Rn. 13). Ein Insolvenzverfahren ist auch bei nur einem Gläubiger zulässig (Uhlenbruck/Sternal Rn. 30 mwN).

II. Begrenzung auf natürliche (lebende) Personen

4   Die Vorschriften des Verbraucherinsolvenzverfahrens finden nur Anwendung auf **natürliche Personen** (Abs. 1 S. 1). Alle Formen juristischer Personen sowie Gesellschaften ohne Rechtspersönlichkeit, auch BGB-Gesellschaften (Uhlenbruck/Sternal Rn. 6; HK-InsO/Waltenberger Rn. 4; HmbKommInsR/Ritter Rn. 3 mwN; aA MüKoInsO/Vuia Rn. 77: nicht generell) und neue Rechtsformen nach dem geänderten Personengesellschaftsrecht, sind vom Verbraucherinsolvenzverfahren ausgeschlossen und dem Regelinsolvenzverfahren unterliegend.

5   Bei **Tod des Schuldners** nach Antragstellung ist das Insolvenzverfahren als Nachlassinsolvenzverfahren (§§ 315 ff.) fortzuführen, auch wenn die Voraussetzungen des Verbraucherinsolvenzverfahrens vorgelegen haben oder es als solches bereits eröffnet ist (BGH BeckRS 2008, 06236).

III. Keine Ausübung einer selbstständigen wirtschaftlichen Tätigkeit

1. Definition des Verbrauchers und Abgrenzung zur selbstständigen wirtschaftlichen Tätigkeit

6   Reiner Verbraucher iSd Vorschrift ist eine natürliche Person, die im Zeitpunkt der Antragstellung **nicht selbstständig wirtschaftlich tätig** (Abs. 1 S. 1), sondern abhängig (zB als Arbeitnehmer, Beamter, aber auch Auszubildender oÄ) oder arbeitnehmerähnlich beschäftigt (zB als freier Mitarbeiter) oder nicht erwerbsmäßig tätig ist (zB Rentner, Pensionär, Versorgungsempfänger, Hausfrau, -mann, Student; ohne Erwerbszweck freischaffender Künstler; s. Uhlenbruck/Sternal Rn. 12; aA MüKoInsO/Vuia Rn. 64). Auf die Definition in § 13 BGB kann hierbei nur bedingt zurückgegriffen werden (Nerlich/Römermann/Römermann Rn. 5, 6).

7   Übt der Schuldner als **Hauptbeschäftigung** unabhängig von ihrem Umfang (BGH BeckRS 2002, 30293476) eine Tätigkeit in eigenem Namen, in eigener Verantwortung, frei von Weisungen Dritter, für eigene Rechnung und auf eigenes Risiko aus, gilt er als selbstständig wirtschaftlich tätig (BGH BeckRS 2005, 12483). Die Definition der Selbstständigkeit ist vergleichbar mit der **Kaufmannseigenschaft** oder der gewerblichen bzw. freiberuflichen Tätigkeit (MüKoInsO/Vuia Rn. 63–65; vgl. Graf-Schlicker/Sabel Rn. 8; s. auch OLG Köln BeckRS 2000, 30130814), die mit einem planmäßigen Auftreten am Markt einhergeht (Uhlenbruck/Sternal Rn. 18). Sog. Internet-Powerseller fallen unter das Regelinsolvenzverfahren (vgl. LG Mainz BeckRS 2006, 01520) ebenso wie ein Strohmann eines tatsächlich Gewerbetreibenden, da er nach außen den Rechtsschein einer (eigenen) selbstständigen Tätigkeit erweckt (MüKoInsO/Vuia Rn. 63; Graf-Schlicker/Sabel Rn. 8). Die **aktive Selbstständigkeit** im Zeitpunkt der Antragstellung begründet stets das **Regelinsolvenzverfahren** (BGH BeckRS 2002, 30293476).

8   Ist der Schuldner hauptberuflich in einem **abhängigen Beschäftigungsverhältnis** angestellt und übt er die **selbstständige Tätigkeit nebenberuflich** aus, kann er weiterhin unter die Regelungen des Verbraucherinsolvenzverfahrens fallen, wenn die nebenberufliche Tätigkeit nur gelegentlich ist, sich noch nicht organisatorisch verfestigt hat und keinen nennenswerten Umfang zum Hauptberuf darstellt (BGH BeckRS 2011, 10055). Richtwert ist hierbei die Bagatellgrenze des § 3 Nr. 26 EStG von derzeit 2.400 EUR jährlich (MüKoInsO/Vuia Rn. 65; Uhlenbruck/Sternal Rn. 13).

2. Besondere Stellung in einem Unternehmen

9   Geschäftsführer und (Minderheits-)Gesellschafter einer Kapitalgesellschaft ohne unmittelbare wirtschaftliche Beteiligung üben als solche keine selbstständige wirtschaftliche Tätigkeit aus und unterfallen damit grundsätzlich dem Verbraucherinsolvenzverfahren. Ist **Gesellschafter einer Kapitalgesellschaft** jedoch eine natürliche Person, die wirtschaftlich betrachtet angesichts ihrer unmittelbaren Beteiligung an Erfolg und Misserfolg der Kapitalgesellschaft, wie bei einer Tätigkeit im eigenen Namen, betroffen ist, ist für sie aufgrund ihrer **unternehmerischen Position** das Regelinsolvenzverfahren anzuwenden (BGH BeckRS 2005, 12483; MüKoInsO/Vuia Rn. 66; Uhlenbruck/Sternal Rn. 16). Dies gilt insbesondere für Mehrheitsgesellschafter einer Kapitalgesellschaft (BGH BeckRS 2009, 08182; Uhlenbruck/Sternal Rn. 17), aber auch für Gesellschafter

Grundsatz § 304 InsO

mit einer Beteiligung von mindestens 50% (LG Hamburg BeckRS 2013, 02918; HmbKommInsR/ Ritter Rn. 5b), sowie geschäftsführende Alleingesellschafter einer GmbH (BGH BeckRS 2005, 12483) und geschäftsführende Mehrheitsgesellschafter einer GmbH, auch wenn diese Komplementärin einer GmbH & Co. KG und der Schuldner nicht an der KG beteiligt ist (BGH BeckRS 2009, 08182).

Hingegen genügt eine **lediglich herausgehobene Position** eines Schuldners, zB als Geschäfts- 10 führer einer GmbH ohne Beteiligung (Graf-Schlicker/Sabel Rn. 11), als Vorstandsmitglied einer Aktiengesellschaft, Kommanditist oder Gesellschafter mit geringfügiger Beteiligung oder als stiller Gesellschafter (MüKoInsO/Vuia § Rn. 66) **nicht,** um den Schuldner vom Verbraucherinsolvenzverfahren auszuschließen, wenn die übrigen Voraussetzungen hierfür vorliegen (s. auch Henkel ZVI 2013, 329; Uhlenbruck/Sternal Rn. 12). Abzustellen ist auf die enge Verbindung von Gesellschafterhaftung und Gesellschaftsinsolvenz (BGH BeckRS 2005, 12483), wobei für die Verfahrensart der natürlichen Person die Insolvenz über das Vermögen der Gesellschaft nicht gegeben, beantragt oder eröffnet sein muss.

Persönlich haftende Gesellschafter einer OHG oder KG unterliegen daher stets dem Regel- 11 insolvenzverfahren (vgl. BGH GmbHR 1990, 72; BeckRS 2005, 12483). Entsprechendes gilt für **Mitgesellschafter einer GbR** (LG Göttingen BeckRS 2011, 10679; HmbKommInsR/Ritter Rn. 5b mwN; aA MüKoInsO/Vuia Rn. 68).

3. Aufgegebene Selbstständigkeit und überschaubare, verbrauchertypische Vermögensverhältnisse

Ist der Schuldner **im Zeitpunkt der Antragstellung** nicht mehr selbstständig tätig, da er 12 seine **Unternehmungen als Kaufmann vollständig und endgültig eingestellt** hat, unterliegt er dem Verbraucherinsolvenzverfahren nur, wenn seine Vermögensverhältnisse überschaubar sind (Abs. 2, → Rn. 14) **und** keine Forderung aus früheren Arbeitsverhältnissen gegen ihn besteht (Abs. 1 S. 2, → Rn. 17). Maßgeblicher Zeitpunkt der Beurteilung ist der Eingang des Insolvenzeröffnungsantrags beim Insolvenzgericht, nicht der Zeitpunkt der Entscheidung über die Eröffnung (BGH BeckRS 2002, 30293476; MüKoInsO/Vuia Rn. 73; → Rn. 19).

Die Selbstständigkeit muss im Zeitpunkt der Antragstellung **gänzlich beendet** sein (vgl. BGH 13 BeckRS 2002, 30293476, → Rn. 19). **Ruht** die Unternehmung nur oder befindet sie sich noch in Abwicklung, Sanierung oder Reorganisation, ist für den Schuldner das Regelinsolvenzverfahren einschlägig (OLG Celle BeckRS 2000, 16611; Uhlenbruck/Sternal Rn. 28; KPB/Wenzel Rn. 15).

Die **Überschaubarkeit der Vermögensverhältnisse** kann nur angenommen werden, wenn 14 der Schuldner im Zeitpunkt der Antragstellung **maximal 19 Gläubiger** hat (Abs. 2). Der Schuldner ist deshalb ua zur Nachprüfbarkeit der anzuwendenden Verfahrensart zur Abgabe eines Gläubigerverzeichnisses verpflichtet (§ 305 Abs. 1 Nr. 3). Die Annahme der Überschaubarkeit der Vermögensverhältnisse aufgrund der (formalen, → § 309 Rn. 6) Gläubigerzahl (Abs. 2) gilt **unabhängig von Anzahl und Höhe der Forderungen** (BGH BeckRS 2005, 12483; MüKoInsO/Vuia Rn. 71 mwN). Erweist sich jedoch die **Verschuldensstruktur als verbraucheruntypisch,** da Umfang, Struktur und Gesamterscheinungsbild eher der eines Regelinsolvenzverfahrens entsprechen (BGH BeckRS 2003, 07211; 2008, 23668), oder, da die Vermögensverhältnisse aus sonstigen Gründen nicht überschaubar sind (BGH BeckRS 2009, 08182; MüKoInsO/Vuia Rn. 71), ist trotz einer Gläubigeranzahl von weniger als 20 das Regelinsolvenzverfahren anzuwenden. Bei Zweifeln an der Überschaubarkeit und Verbrauchereigenschaft ist das Regelinsolvenzverfahren gegeben (BGH BeckRS 2009, 08182).

Ergeben sich während des Schuldenbereinigungsverfahrens **nachträglich weitere Gläubiger,** 15 und wird folglich der Grenzwert von 19 überschritten, ist nach Anhörung des Schuldners das Eröffnungsverfahren im Regelinsolvenzverfahren fortzusetzen (→ Rn. 24). Das mutwillige Herbeiführen einer unzutreffenden Verfahrensart kann eine Versagung iSd § 290 Abs. 1 Nr. 5 oder 6 begründen (Pape ZVI 2002, 225).

Sind mindestens 20 verschiedene Gläubiger vorhanden, wird die **Unüberschaubarkeit** der 16 Vermögensverhältnisse **unwiderlegbar vermutet** und die Vorschriften des Verbraucherinsolvenzverfahrens sind nicht anwendbar (ua MüKoInsO/Vuia Rn. 71 mwN). Dabei ist unbeachtlich, ob die Forderungen aus der Selbstständigkeit resultieren (Graf-Schlicker/Sabel Rn. 15) und wann der Schuldner seine Selbstständigkeit aufgegeben hat.

4. Keine Forderung gegen den Schuldner als (ehemaliger) Arbeitgeber

17 Der Schuldner ist auch dann vom Verbraucherinsolvenzverfahren ausgeschlossen, wenn – unabhängig von der Anzahl der Gläubiger – gegen ihn eine **Forderung aufgrund** eines früheren oder noch bestehenden **Arbeitsverhältnisses** existiert (Abs. 1 S. 2). Hierunter fallen alle unmittelbaren **Lohn- und Gehaltsansprüche** ehemaliger Beschäftigter gegen den Schuldner. Auch alle **mittelbaren Ansprüche**, die aus einem ehemaligen Rechtsverhältnis gegen den Schuldner als Arbeitgeber resultieren, sind von der Vorschrift umfasst, insbesondere offene Lohnsteuer und Sozialversicherungsbeiträge (BGH BeckRS 2005, 12483), Kranken-, Pflege,- Renten-, Arbeitslosen- und gesetzliche Unfallversicherungsbeiträge für Arbeitnehmer (Graf-Schlicker/Sabel Rn. 21), zudem Berufsgenossenschaftsbeiträge für die Beschäftigten, nicht jedoch die des ehemals selbstständigen Schuldners (MüKoInsO/Vuia Rn. 72). Der Begriff der Forderung aus einem Arbeitsverhältnis ist **weit auszulegen** und ausdrücklich nicht nur auf die Forderungen des Arbeitnehmers selbst beschränkt (BGH BeckRS 2011, 03973; 2005, 12483; KPB/Wenzel Rn. 16).

18 Ist eine Arbeitsentgeltforderung aufgrund beantragten Insolvenzgelds auf die Bundesagentur für Arbeit übergegangen (§ 169 S. 1 SGB III), besteht sie dennoch aus dem ehemaligen Arbeitsverhältnis iSd Abs. 1 S. 2 (BGH BeckRS 2011, 03973).

B. Antragstellung und Beurteilung der Verfahrensart

19 Maßgeblicher Zeitpunkt zur Beurteilung, ob die Voraussetzungen des Verbraucherinsolvenzverfahrens vorliegen, und die richtige Verfahrensart bei der Antragstellung gewählt wurde, ist der **Eingang des Insolvenzeröffnungsantrags** beim Insolvenzgericht, nicht der Entscheidungszeitpunkt (BGH BeckRS 2002, 30293476; MüKoInsO/Vuia Rn. 73; Uhlenbruck/Sternal Rn. 24 mwN).

20 Dem Insolvenzrichter (§ 18 Abs. 1 Nr. 1 RPflG) obliegt bis zur abschließenden Entscheidung über den Insolvenzantrag die Prüfung der Zulässigkeit und Richtigkeit der beantragten und **Ermittlung der zutreffenden Verfahrensart** (BGH BeckRS 2008, 23668; AG Leipzig BeckRS 2011, 25946). Gegebenenfalls erholt das Gericht zum Antrag Ergänzungen oder eine erläuternde Begründung (BGH BeckRS 2004, 04980), nötigenfalls ein Gutachten (§ 5 Abs. 1). Eine **nachträgliche Umwandlung** der Verfahrensart nach (rechtskräftiger) Insolvenzverfahrenseröffnung ist nicht möglich (BGH BeckRS 2008, 06236, → Rn. 27; zur Überleitung bei Tod des Schuldners in ein Nachlassinsolvenzverfahren → Rn. 5).

I. Eigenantrag (§ 305)

21 Der Schuldner hat keine Möglichkeit eine Verfahrensart zu wählen (Uhlenbruck/Sternal Rn. 33; Graf-Schlicker/Sabel Rn. 3). Er **muss** – auch um Kosten, Zeit und Aufwand zu vermeiden – **selbst feststellen,** welcher Verfahrensart er unterliegt. Die angestrebte Verfahrensart ist deutlich zu machen und der Antrag entsprechend und ggf. mit den vorgesehenen Formularen und Nachweisen (→ § 305 Rn. 11) zu stellen. Das Insolvenzgericht ist an die Wahl der Verfahrensart im **Schuldnerantrag gebunden** (§ 4 InsO iVm § 308 ZPO) und kann den Antrag nicht ohne weiteres in die richtige Art umdeuten oder überleiten, da § 17a GVG ausgeschlossen ist (BGH BeckRS 2013, 08614; 2008, 23668; AG Leipzig BeckRS 2011, 25946; differenziert HmbKommInsR/Ritter Rn. 10a).

22 Bestehen **Zweifel an der Zulässigkeit** der beantragten Verfahrensart, ist der Schuldner verpflichtet (§ 20), auf Aufforderung des Gerichts mitzuteilen, ob er eine selbstständige wirtschaftliche Tätigkeit ausübt, wie viel Gläubiger er hat und ob gegen ihn eine Forderung aus Arbeitsverhältnissen besteht (Uhlenbruck/Sternal Rn. 38). Zunächst ist das Verfahren bei Gericht als Regelinsolvenz zu erfassen (IN), da das Verbraucherinsolvenzverfahren die Ausnahme darstellt (LG Hamburg BeckRS 2013, 02918; → Rn. 1). Es ist dann von Amts wegen die richtige Verfahrensart zu ermitteln (§ 5 Abs. 1).

23 Erweist sich der formlos gestellte Antrag auf Eröffnung des **Regelinsolvenzverfahrens als unzutreffend,** da der Schuldner als Verbraucher iSd § 304 gilt, wird das Gericht den Schuldner in der Praxis Frist zur **Rücknahme** und Stellung eines neuen Antrags mit den notwendigen Anlagen (§ 305 Abs. 1 Nr. 1–4, insbesondere des Nachweises des Scheiterns der außergerichtlichen Schuldenbereinigung, → § 305 Rn. 15) unter Einhaltung des Formulargebots (§ 305 Abs. 5, → § 305 Rn. 11) geben, wenn die in § 305 Abs. 3 S. 2 vorgesehene Monatsfrist zur Ergänzung nicht eingehalten werden kann (Graf-Schlicker/Sabel Rn. 5).

24 Falls der Schuldner unter das Regelinsolvenzverfahren fällt, er aber einen (umfangreichen) Antrag auf Verbraucherinsolvenzverfahren gestellt hat, hat ihn das Gericht hierauf hinzuweisen und sein **ausdrückliches Einverständnis mit der Fortsetzung als Regelinsolvenzverfahren** zu erholen (Graf-Schlicker/Sabel Rn. 4). Ein Umdeuten des Antrags ohne Anhörung und die Eröffnung als Regelinsolvenzverfahren ohne oder mit nur stillschweigendem Einverständnis, ist nicht zulässig (→ Rn. 21; Graf-Schlicker/Sabel Rn. 14, 4; aA HmbKommInsR/Ritter Rn. 10a) und mit sofortiger Beschwerde anfechtbar (BGH BeckRS 2013, 08614).

Wandelt der Schuldner trotz gerichtlichen Hinweises (§ 4 iVm § 139 ZPO) seinen Antrag nicht in einen statthaften um, bzw. erklärt er kein ausdrückliches Einverständnis zur Umstellung in das Regelinsolvenzverfahren, ist der Antrag als **unzulässig abzuweisen** (BGH BeckRS 2008, 23668). Gegen die Abweisung steht dem Antragsteller die sofortige Beschwerde gem. § 34 Abs. 1 zu (BGH BeckRS 2013, 08614; 2003, 07211; OLG Celle BeckRS 2000, 16611; OLG Schleswig BeckRS 2000, 30093622; OLG Naumburg LSK 2001, 010120). 25

Entspricht die Verfahrensart im Eröffnungsbeschluss der vom Schuldner beantragten, ist insoweit der Schuldner nicht beschwert (BGH BeckRS 2008, 23668). 26

Mit Rechtskraft der Eröffnung tritt **Bindung** an die Verfahrensart ein, auch wenn sie sich nachträglich als falsch herausstellt (MüKoInsO/Vuia Rn. 85). 27

II. Fremdantrag durch einen Gläubiger (§ 14 Abs. 1)

Einem Gläubiger wird es mangels Kenntnis der weiteren Verbindlichkeiten des Schuldners kaum möglich sein, im Insolvenzantrag die richtige Verfahrensart zu bestimmen. Da für einen Gläubigerantrag kein Formularzwang und keine vorlaufenden Schritte der Einigung einzuhalten sind (→ § 305 Rn. 5), ist die Wahl der Verfahrensart durch den Gläubiger unerheblich und er ist auch nicht dazu verpflichtet, diese zu ermitteln (KPB/Pape § 13 Rn. 12a). Die **Verfahrensart bestimmt das Insolvenzgericht** (→ Rn. 21), ohne dass ein entsprechender Hinweis an den antragstellenden Gläubiger ergehen muss (vgl. Graf-Schlicker/Sabel Rn. 7; ein entsprechender Hinweis ist aber bindend, LG Hamburg BeckRS 2016, 07390). Demgemäß steht dem Gläubiger kein Beschwerderecht zu, wenn trotz seines Antrags auf Eröffnung des Regelinsolvenzverfahrens das Gericht ein Verbraucherinsolvenzverfahren eröffnet (BGH BeckRS 2013, 08614). Zum weiteren Vorgehen bei einem Antrags eines Gläubigers auf Eröffnung eines Verbraucherinsolvenzverfahrens s. § 306 Abs. 3 (→ § 306 Rn. 15 ff.) (→ Rn. 28.1). 28

§ 111i Abs. 2 S. 1 StPO ermächtigt bzw. verpflichtet die Staatsanwaltschaft (funktionell den Rechtspfleger, § 31 Abs. 1 Nr. 3 RPflG) bzw. die Vollstreckungsbehörde (§ 451 StPO, § 31 Abs. 2 S. 1, Abs. 5 RPflG) unter den dort genannten Voraussetzungen einen Insolvenzantrag über das Vermögen eines durch eine rechtswidrige Tat Bereicherten (§ 73 Abs. 1 iVm § 73c StGB) zu stellen. Dies kann in sog. Mangelfällen sowohl im vorbereitenden Strafverfahren (§ 111i Abs. 2 StPO) als auch nach Rechtskraft (§ 459h Abs. 2 S. 2 StPO) einer strafrechtlichen Verurteilung zu einer Einziehung des Wertes von Tatertägen (§ 73c StGB) erfolgen. Die Antragstellung der Staatsanwaltschaft erfolgt im vorbereitenden Strafverfahrensabschnitt aus eigenem Recht als Gläubigerin des durch den Vermögensarrest gesicherten staatlichen Wertersatzeinziehungsanspruchs (BT-Drs. 18/9525, 86; Meyer-Goßner/Schmitt/Köhler, StPO, 63. Aufl. 2020, StPO § 111i Rn. 10; ausführlich Savini, Handbuch zur Vermögensabschöpfung nach altem und neuem Recht, 6. Aufl. 2021, Kap. IV.5.; Bittmann/Köhler/Seeger/Tschakert, Handbuch zur strafrechtlichen Vermögensabschöpfung, 2020, Rn. 864 ff.). Nach Rechtskraft der Einziehungsanordnung stellt den Antrag die Vollstreckungsbehörde (§ 451 StPO bzw. § 82 JGG). 28.1

C. Übersicht zum Ablauf eines Verbraucherinsolvenzverfahrens

Der Schuldner ist zunächst selbst verantwortlich, die auf ihn zutreffende Verfahrensart zu ermitteln (→ Rn. 21). Nur im Falle der Regelinsolvenz ist ein Insolvenzantrag ohne Nachweise über vorangegangene Vergleichsverhandlungen mit den Gläubigern zulässig. Damit der Schuldner des Verbraucherinsolvenzverfahrens die von ihm angestrebte Restschuldbefreiung erlangen kann, muss er zunächst eine **außergerichtliche Einigung** mit allen Gläubigern versuchen (§ 305 Abs. 1 Nr. 1). Gelingt diese Einigung, ist die Notwendigkeit eines Insolvenzverfahrens nicht mehr gegeben (→ § 306 Rn. 20). Das Scheitern hingegen hat sich der Schuldner als Voraussetzung des Antrags für das Verbraucherinsolvenzverfahren bescheinigen zu lassen (§ 305 Abs. 1 Nr. 1). Erkennt das Insolvenzgericht Möglichkeiten mittels eines gerichtlichen Schuldenbereinigungsplans eine Einigung mit den Gläubigern herbeizuführen, sieht es zunächst von der Eröffnung des Insolvenzverfahrens ab und versucht dieses **gerichtliche Vergleichsverfahren** (§§ 305–310). Scheitert auch dieser Versuch, eröffnet das Insolvenzgericht bei Vorliegen eines Insolvenzgrundes (§§ 17, 18) und bei – notfalls durch Stundung (§ 4a) – gesicherter Kostendeckung das Insolvenzverfahren (§ 27). 29

30 Mit **Eröffnung** beginnt das **Insolvenzverfahren,** in dem der bestellte Insolvenzverwalter ua versucht, das gesamte massezugehörige Vermögen des Schuldners (§§ 35, 36) zu verwerten (§§ 148, 165 ff.) und die Masse ua durch Anfechtungen (§§ 129 ff.) zu mehren, sowie durch Aus- und Absonderungen (§§ 47 ff.) zu bereinigen. Seit der Reform des Verbraucherinsolvenzverfahrens zum 1.7.2013 gibt es mit Ausnahme der Erweiterung der Rückschlagsperre nach § 88 Abs. 2 keine Sonderregelungen zur Abwicklung des Verbraucherinsolvenzverfahrens mehr.

31 Das Verbraucherinsolvenzverfahren endet mit dessen **Aufhebung** (§ 200) **oder Einstellung** (§§ 207, 211 ff.) oder mittels eines Insolvenzplans (§§ 217 ff.). Der Zeitpunkt der Beendigung hängt von individuellen Faktoren in der Verfahrensabwicklung ab.

32 Hat der Schuldner mit der Insolvenzverfahrenseröffnung die **Restschuldbefreiung** beantragt (§§ 286 ff., § 305 Abs. 1 Nr. 2), und ist ihm deren Erlangung nach wie vor möglich, schließt sich dem Verbraucher- als auch dem Regelinsolvenzverfahren unmittelbar die sog. **Wohlverhaltensphase** an. In diesem abschließenden Abschnitt hat der Schuldner weitere Pflichten (§§ 295 ff.) zu erfüllen, welche grundsätzlich die Gläubiger zu überwachen haben (§§ 292 Abs. 2, 296). Ein Treuhänder verwaltet und verteilt die in dieser Phase erzielten Einnahmen (§ 292 Abs. 1 InsO).

33 Das **Ende der Wohlverhaltensphase** ist grundsätzlich mit Ablauf der Abtretung der Schuldnerbezüge an den Treuhänder erreicht (§§ 287 Abs. 2, 300 Abs. 1 S. 1), unabhängig davon, wann das Insolvenzverfahren beendet wurde. Eine vorzeitige Beendigung kann ua nach § 300 Abs. 2 S. 1 eintreten. Nach Ablauf der Abtretungsfrist erhalten Gläubiger die Möglichkeit die Pflichterfüllungen des Schuldners zu prüfen und ggf. befristet Anträge auf **Versagung der Restschuldbefreiung** wegen Pflichtverstößen zu stellen (§§ 296 ff.).

34 Erst nach Ablauf einer Anhörungsfrist entscheidet das Insolvenzgericht über den Antrag auf Erteilung der Restschuldbefreiung (§ 300). Die Restschuldbefreiung, die binnen einer Jahresfrist **widerrufen** werden kann (§ 303), bewirkt, dass Insolvenzgläubiger ihre nicht getilgten Forderungen nicht mehr zwangsweise beitreiben können (§§ 301, 302).

§ 305 Eröffnungsantrag des Schuldners

(1) Mit dem schriftlich einzureichenden Antrag auf Eröffnung des Insolvenzverfahrens oder unverzüglich nach diesem Antrag hat der Schuldner vorzulegen:
1. eine Bescheinigung, die von einer geeigneten Person oder Stelle auf der Grundlage persönlicher Beratung und eingehender Prüfung der Einkommens- und Vermögensverhältnisse des Schuldners ausgestellt ist und aus der sich ergibt, dass eine außergerichtliche Einigung mit den Gläubigern über die Schuldenbereinigung auf der Grundlage eines Plans innerhalb der letzten sechs Monate vor dem Eröffnungsantrag erfolglos versucht worden ist; der Plan ist beizufügen und die wesentlichen Gründe für sein Scheitern sind darzulegen; die Länder können bestimmen, welche Personen oder Stellen als geeignet anzusehen sind;
2. den Antrag auf Erteilung von Restschuldbefreiung (§ 287) oder die Erklärung, daß Restschuldbefreiung nicht beantragt werden soll;
3. ein Verzeichnis des vorhandenen Vermögens und des Einkommens (Vermögensverzeichnis), eine Zusammenfassung des wesentlichen Inhalts dieses Verzeichnisses (Vermögensübersicht), ein Verzeichnis der Gläubiger und ein Verzeichnis der gegen ihn gerichteten Forderungen; den Verzeichnissen und der Vermögensübersicht ist die Erklärung beizufügen, dass die enthaltenen Angaben richtig und vollständig sind;
4. einen Schuldenbereinigungsplan; dieser kann alle Regelungen enthalten, die unter Berücksichtigung der Gläubigerinteressen sowie der Vermögens-, Einkommens- und Familienverhältnisse des Schuldners geeignet sind, zu einer angemessenen Schuldenbereinigung zu führen; in den Plan ist aufzunehmen, ob und inwieweit Bürgschaften, Pfandrechte und andere Sicherheiten der Gläubiger vom Plan berührt werden sollen.

(2) ¹In dem Verzeichnis der Forderungen nach Absatz 1 Nr. 3 kann auch auf beigefügte Forderungsaufstellungen der Gläubiger Bezug genommen werden. ²Auf Aufforderung des Schuldners sind die Gläubiger verpflichtet, auf ihre Kosten dem Schuldner zur Vorbereitung des Forderungsverzeichnisses eine schriftliche Aufstellung ihrer gegen diesen gerichteten Forderungen zu erteilen; insbesondere haben sie ihm die Höhe ihrer Forderungen und deren Aufgliederung in Hauptforderung, Zinsen und Kosten anzugeben. ³Die Aufforderung des Schuldners muss einen Hinweis auf einen bereits bei Gericht eingereichten oder in naher Zukunft beabsichtigten Antrag auf Eröffnung eines Insolvenzverfahrens enthalten.

Eröffnungsantrag des Schuldners § 305 InsO

(3) ¹Hat der Schuldner die amtlichen Formulare nach Absatz 5 nicht vollständig ausgefüllt abgegeben, fordert ihn das Insolvenzgericht auf, das Fehlende unverzüglich zu ergänzen. ²Kommt der Schuldner dieser Aufforderung nicht binnen eines Monats nach, so gilt sein Antrag auf Eröffnung des Insolvenzverfahrens als zurückgenommen. ³Im Falle des § 306 Abs. 3 Satz 3 beträgt die Frist drei Monate.

(4) ¹Der Schuldner kann sich vor dem Insolvenzgericht von einer geeigneten Person oder einem Angehörigen einer als geeignet anerkannten Stelle im Sinne des Absatzes 1 Nr. 1 vertreten lassen. ²Für die Vertretung des Gläubigers gilt § 174 Abs. 1 Satz 3 entsprechend.

(5) ¹Das Bundesministerium der Justiz wird ermächtigt, durch Rechtsverordnung mit Zustimmung des Bundesrates zur Vereinfachung des Verbraucherinsolvenzverfahrens für die Beteiligten Formulare für die nach Absatz 1 Nummer 1 bis 3 vorzulegenden Bescheinigungen, Anträge und Verzeichnisse einzuführen. ²Soweit nach Satz 1 Formulare eingeführt sind, muss sich der Schuldner ihrer bedienen. ³Für Verfahren bei Gerichten, die die Verfahren maschinell bearbeiten, und für Verfahren bei Gerichten, die die Verfahren nicht maschinell bearbeiten, können unterschiedliche Formulare eingeführt werden.

Überblick

Die Vorschrift gibt die formellen und inhaltlichen Voraussetzungen eines Antrags auf Eröffnung eines Verbraucherinsolvenzverfahrens vor, ua die Bescheinigung eines außergerichtlichen Schuldenbereinigungsversuchs. Die Einhaltung der Anforderungen an den Antrag durch den Schuldner und die Bearbeitung der massenhaften Anträge durch das Gericht soll durch die weitgehenden, bundesweit einheitlichen Formulare erleichtert werden.

Übersicht

	Rn.		Rn.
A. Schuldnerantrag und Formularzwang	1	I. Antrag auf Erteilung Restschuldbefreiung	25
I. Antrag auf Eröffnung eines Verbraucherinsolvenzverfahrens	1	II. Abtretungserklärung (§ 287 Abs. 2)	28
II. Vertretung des Schuldners (Abs. 4 S. 1)	7	III. Vorzulegende Verzeichnisse (Abs. 1 Nr. 3)	30
III. Formularzwang	11	1. Vermögensübersicht (Anl. 4 des amtlichen Formblattsatzes)	30
B. Bescheinigung über das Scheitern des außergerichtlichen Schuldenbereinigungsversuchs (Abs. 1 Nr. 1)	15	2. Vermögensverzeichnis (Anlage 5 des amtlichen Formblattsatzes)	33
I. Bescheinigung nach amtlichem Vordruck	15	3. Gläubiger- und Forderungsverzeichnis (Anlage 6 des amtlichen Formblattsatzes)	38
II. Zur Ausstellung geeignete Personen (Abs. 1 Nr. 1 Hs. 1)	18	D. Schuldenbereinigungsplan (Abs. 1 Nr. 4)	46
III. Gegenstand der Bescheinigung	21	I. Allgemeiner Teil des Schuldenbereinigungsplans (Anlage 7)	46
IV. Beifügung des Plans und Darlegung der Gründe des Scheiterns (Abs. 1 Nr. 1 Hs. 2)	24	II. Besonderer Teil des Schuldenbereinigungsplans	50
		E. Unvollständige Formulare (Abs. 3)	53
C. Weitere Anlagen zum Antrag des Schuldners (Abs. 1 Nr. 2–4)	25	I. Aufforderung zur Ergänzung	53
		II. Weiterer Gang des Verfahrens	56

A. Schuldnerantrag und Formularzwang

I. Antrag auf Eröffnung eines Verbraucherinsolvenzverfahrens

Der Antrag des Schuldners ist **schriftlich** beim Insolvenzgericht einzureichen (Abs. 1 S. 1). **1** Eine Aufnahme zu Protokoll der Geschäftsstelle ist ebenso wenig möglich, wie derzeit eine elektronische (maschinelle) Antragstellung oder Bearbeitung (Abs. 5 S. 3). Für den schriftlichen Insolvenzantrag selbst besteht **kein Formularzwang,** allerdings ist dieser im Hauptblatt der amtlichen Vordrucke bereits vorgesehen (→ Rn. 14). Amtliche Formblätter sind jedoch zur Vorlage der Anlagen und Erklärungen nach Abs. 1 Nr. 1–4 zu verwenden (Abs. 5 S. 2, → Rn. 11).

Savini 1805

InsO § 305

2 An den Insolvenzantrag im Verbraucherinsolvenzverfahren gelten die **allgemeinen Anforderungen nach §§ 13, 14**. Auch in einem Verbraucherinsolvenzverfahren hat das Insolvenzgericht den gestellten Insolvenzantrag auf seine Zulässigkeit hin zu prüfen (→ § 304 Rn. 20) und – falls erforderlich – auf eine Ergänzung der unvollständigen Angaben hinzuwirken (BGH BeckRS 2004, 04980). Der Schuldner hat keine Wahlmöglichkeit zwischen Regel- und Verbraucherinsolvenzverfahren (→ § 304 Rn. 21 ff.). Im Antrag ist der Wohnsitz anzugeben, da daraus gem. § 3 InsO, § 13 ZPO die Zuständigkeit des Insolvenzgerichts folgt (Nerlich/Römermann/Römermann Rn. 6).

3 Eine **Antragspflicht** für einen Verbraucher besteht nicht. Allerdings trifft den Schuldner eine Obliegenheit zur Einleitung eines Verbraucherinsolvenzverfahrens, wenn dieses Verfahren zulässig und geeignet ist, den laufenden Unterhalt seiner minderjährigen Kinder dadurch sicherzustellen, dass ihm Vorrang vor sonstigen Verbindlichkeiten eingeräumt wird (BGH BeckRS 2005, 03068). Bei Trennungsunterhalt trifft den Unterhaltsschuldner diese Obliegenheit zur Einleitung des Verbraucherinsolvenzverfahrens nicht (BGH BeckRS 2008, 01455).

4 Eine **Glaubhaftmachung** der (drohenden) Zahlungsunfähigkeit (§§ 17, 18) ist **nicht erforderlich**. Es genügt deren Behauptung und Mitteilung von Tatsachen (vgl. BeckRS 2003, 01295; Uhlenbruck/Sternal Rn. 36). Das Insolvenzgericht hat die Begründetheit des Insolvenzantrags von Amts wegen zu prüfen (§ 5 Abs. 1 S. 1), allerdings erst, wenn das Verfahren über den Eröffnungsantrag nicht mehr ruht (→ § 311 Rn. 4).

5 Für einen Antrag auf Eröffnung des Regelinsolvenzverfahrens ist § 305 nicht anwendbar. Zur Anwendbarkeit des Verbraucherinsolvenzverfahrens siehe Ausführungen zu § 304. Auch für einen Gläubigerantrag findet § 305 keine Anwendung (→ § 304 Rn. 28), nur für den Schuldner, der hierauf einen eigenen Antrag stellt (§ 306 Abs. 3 S. 3, → § 306 Rn. 16 ff.)

6 Der Schuldner kann einen eigenen Antrag bis zur Insolvenzverfahrenseröffnung oder Abweisung mangels Masse **zurücknehmen** (§ 13 Abs. 2). Nach Eröffnung des Insolvenzverfahren ist weder eine Rücknahme noch eine Anfechtung des Antrags möglich (Uhlenbruck/Sternal Rn. 39).

II. Vertretung des Schuldners (Abs. 4 S. 1)

7 Für die Antragstellung ist eine anwaltliche oder anderweitige **Vertretung grundsätzlich nicht erforderlich**. Auch bei Sprachproblemen muss eine Beiordnung für die Insolvenzantragstellung im Wege der Stundung nicht erfolgen (BVerfG BeckRS 2003, 30311907). Für die Vorbereitung des Insolvenzantrags und die Schaffung der Voraussetzungen, insbesondere die mitunter komplizierte, facetten- und folgenreiche außergerichtliche Schuldenbereinigung, bieten grundsätzlich **staatliche oder karitative Einrichtungen** (zB Schuldnerberatungsstellen) **Hilfe**. Nur wenn keine derartige Hilfsmöglichkeit in angemessener Zeit zur Verfügung steht (binnen sechs Monaten; vgl. Lissner ZInsO 2012, 104), kann ausnahmsweise für die Vorbereitung des Antrags Hilfe iSd Beratungshilfegesetzes gewährt werden (BVerfG BeckRS 2003, 30311907).

8 Der Schuldner kann sich im Insolvenzantrags- und im gerichtlichen Schuldenbereinigungsplanverfahren von einem Rechtsanwalt oder einer in § 79 Abs. 2 S. 2 ZPO genannten Person, aber auch von einer geeigneten, anerkannten Stelle oder Person iSd Abs. 1 Nr. 1 (→ Rn. 18) **vertreten lassen** (Abs. 4 S. 1). Andere Bevollmächtigte sind durch unanfechtbaren Beschluss gemäß § 4 iVm § 79 Abs. 3 ZPO zurückzuweisen. Eine **Vollmachtsvorlage** ist grundsätzlich erforderlich (MüKoInsO/Vuia Rn. 103), im Zweifel auch bei einer Vertretung durch einen Rechtsanwalt, zB zur Abklärung, ob der Antrag von ihm nur als Bote übermittelt wurde (vgl. MüKoInsO/Vuia Rn. 105). Seit der Neufassung des Abs. 4 S. 1 gilt die Vertretung des Schuldners vor dem Insolvenzgericht – bei entsprechender Bevollmächtigung – auch **für die Zeit nach Insolvenzverfahrenseröffnung** fort (vgl. BT-Drs. 17/11268, 34 Ziff. c; MüKoInsO/Vuia Rn. 104), und zwar für alle, auch vor dem 1.7.2014 beantragten Insolvenzverfahren (Graf-Schlicker/Sabel Rn. 8) (→ Rn. 8.1).

8.1 Ohne entsprechende Bevollmächtigung endet in Verfahren, die vor dem 1.7.2014 beantragt wurden, die Vertretung mit Abschluss des gerichtlichen Schuldenbereinigungsplanverfahrens (BGH BeckRS 2004, 04979).

9 Der Schuldner ist für die **Richtigkeit und Vollständigkeit** der Angaben im Insolvenzantrag und in den Anlagen selbst **verantwortlich,** was er an mehreren Stellen der amtlichen Vordrucke mit seiner eigenen Unterschrift bestätigen und hinsichtlich der Angaben zu Abs. 1 Nr. 3 sogar versichern muss. Dies gilt auch, wenn ein Bevollmächtigter den Antrag und Anlagen ausgefüllt oder vorgefertigt hat (BGH BeckRS 2010, 13676; vgl. auch BGH BeckRS 2011, 04818).

Eröffnungsantrag des Schuldners § 305 InsO

Für eine nachgewiesene Vertretung eines Gläubigers durch ein Inkassounternehmen im gerichtlichen Schuldenbereinigungsplanverfahren gilt gem. Abs. 4 S. 2 auch § 174 Abs. 1 S. 3 entsprechend. 10

III. Formularzwang

Gemäß Abs. 5 S. 2 ist ein Schuldner **verpflichtet, Formulare** für die nach Abs. 1 Nr. 1–3 vorzulegenden Anträge, Bescheinigungen und Verzeichnisse **zu verwenden,** soweit diese vom Bundesministerium der Justiz mittels Rechtsverordnung eingeführt wurden. Dies ist mit Erlass des VerbrInsVV bereits zur vorgehenden Fassung des § 305 Abs. 5 geschehen. Die letzte Änderung der Rechtsverordnung (BGBl. 2014 I Nr. 27) ist seit 30.6.2014 in Kraft, und es gilt nunmehr die Verbraucherinsolvenzformularverordnung (VbrInsFV). Weitergehende Anforderungen als die Vorlage der amtlichen Formulare darf das Insolvenzgericht nicht stellen (BT-Drs. 17/011268, 34; Uhlenbruck/Sternal Rn. 87). 11

Die **Vorlage eines Schuldenbereinigungsplans** (Abs. 1 Nr. 4) mit einem amtlichen Formblatt ist trotz des Wortlauts des Abs. 5 S. 2 verpflichtend (Graf-Schlicker/Sabel Rn. 5). Die unterbliebene Nennung ist ein offensichtliches **Redaktionsversehen** des Gesetzgebers, da im Gesetzesentwurf und im Formblattsatz eine verbindliche Verwendung der Anlage 7 (Allgemeiner Teil des Schuldenbereinigungsplans) und der Anlage 7 B (Besonderer Teil des Schuldenbereinigungsplans – Ergänzende Regelungen zu Sicherheiten) vorgesehen war (HmbKommInsR/Ritter Rn. 32; zweifelnd MüKoInsO/Vuia Rn. 50). Aufgrund der für den besonderen Teil des Schuldenbereinigungsplans geltenden Vertragsfreiheit sind die Anlagen 7 A und 7 C, wie die VbrInsFV auch ausweist, nicht verbindlich zu benutzen (→ Rn. 50; Graf-Schlicker/Sabel Rn. 5; aA Uhlenbruck/Sternal Rn. 142). 12

Die Formulare, die dem Schuldner eine Hilfestellung und dem Gericht eine Erleichterung aufgrund der Strukturierung und Vereinheitlichung der Antragstellung bieten sollen, sind **im Internet abrufbar** (www.bmjv.de; www.justiz.de). Vordrucke mit ausführlichen Ausfüllhinweisen sind auch bei den Insolvenzgerichten oder bei Schuldnerberatungsstellen erhältlich. 13

Für den Insolvenzantrag selbst besteht noch kein Formularzwang, ist im Hauptblatt der amtlichen Vordrucke aber vorgesehen. Ein schriftlicher Antrag, der ohne die erforderlichen Formblätter eingereicht wurde, darf nicht zurückgewiesen werden (vgl. BGH BeckRS 2003, 01295; Graf-Schlicker/Sabel Rn. 4; aA Uhlenbruck/Sternal Rn. 142; HmbKommInsR/Ritter Rn. 10), sondern die amtlichen Formulare sind nach Abs. 3 S. 1 nachzufordern (→ Rn. 54). Entsprechendes gilt, falls unzutreffenderweise ein Antrag auf Eröffnung des Regelinsolvenzverfahrens eingereicht wurde (→ § 304 Rn. 23). 14

B. Bescheinigung über das Scheitern des außergerichtlichen Schuldenbereinigungsversuchs (Abs. 1 Nr. 1)

I. Bescheinigung nach amtlichem Vordruck

Als Anlage 2 des amtlichen Formulars ist eine Bescheinigung vorgesehen, die das Scheitern einer außergerichtlichen Schuldenbereinigung bestätigt. Diese Bescheinigung ist dem Insolvenzgericht **verpflichtend zum Insolvenzantrag in jedem Fall vorzulegen** (MüKoInsO/Vuia Rn. 34; Uhlenbruck/Sternal Rn. 42; aA HmbKommInsR/Ritter Rn. 16). Gelang die außergerichtliche Einigung mit den Gläubigern, ist die Notwendigkeit eines Verbraucherinsolvenzverfahrens nicht mehr gegeben (→ § 306 Rn. 20). 15

Das Erstellen der Bescheinigung setzt voraus, dass der Schuldner **von dem Aussteller persönlich beraten** und seine **Einkommens- und Vermögensverhältnisse** eingehend geprüft wurden (Abs. 1 Nr. 1 Hs. 1; Uhlenbruck/Sternal Rn. 43, 72 f.; statt vieler AG Göttingen BeckRS 2017, 100547). Dies soll verhindern, dass dem Schuldner „Gefälligkeitsbescheinigungen" erteilt werden (BT-Drs. 12/7302, 190). Ist die persönliche Beratung nicht von dem ausstellenden Rechtsanwalt, sondern von seinem Mitarbeiter vorgenommen worden, genügt die Bescheinigung nicht den Anforderungen des Abs. 1 Nr. 1 (LG Köln BeckRS 2016, 02200; LG Aachen BeckRS 2016, 117111). § 305 macht **keine näheren Vorgaben zum konkreten Inhalt, Tiefe und Dauer der Beratung, zum Einsatz von Kommunikationstechniken und zur Prüfungstiefe der Verhältnisse.** Weder sind eine nachhaltige Schuldnerberatung im Wortsinn, eine praktische Hilfe zur Haushaltsführung oder eine „Schulung zum Umgang mit Geld" vorgegeben (gefordert von LG Oldenburg BeckRS 2020, 41578), noch ein aktives Mitwirken des Ausstellers bei einem außergerichtlichen Einigungsversuch mit den Gläubigern (OLG Schleswig BeckRS 9998, 18254; 16

Savini

MüKoInsO/Vuia Rn. 42; Graf-Schlicker/Sabel Rn. 19; HmbKommInsR/Ritter Rn. 15 mwN). Vermehrt wird jedoch vorausgesetzt, dass eine **mündliche Beratung „von Angesicht zu Angesicht"** über das Verfahren, seine Risiken, Chancen und Handlungsalternativen durch den Bescheinigenden persönlich erfolgt ist. Sämtliche zur Analyse der Finanzsituation des Schuldners relevanten Unterlagen müssen vorgelegen haben (LG Düsseldorf LSK 2016, 103949; LG Bonn BeckRS 2016, 19691). Regelmäßig wird die **körperliche Anwesenheit des Schuldners beim Beratungsgespräch** für erforderlich gehalten, damit Schuldner und Berater unmittelbar wechselseitig kommunizieren können (LG Oldenburg BeckRS 2020, 41578; LG Düsseldorf BeckRS 2017, 104737; LG Münster BeckRS 2016, 17704; LG Köln BeckRS 2016, 02200; LG Düsseldorf BeckRS 2015, 15640; LSK 2016, 103949; AG Kaiserslautern BeckRS 2016, 02549; Schmerbach NZI 2015, 886; 2016, 172 (173)). Eine fernmündliche Beratung mittels **Skype** kann in einfach gelagerten Fällen aber genügen (LG Göttingen BeckRS 2017, 116585; LG Münster BeckRS 2016, 17704; LG Düsseldorf BeckRS 2016, 17056). Eine allein telefonische Beratung entspricht den Anforderungen des § 305 hingegen nicht (LG Oldenburg BeckRS 2020, 41578; LG Düsseldorf ZVI 2015, 335; Frind ZInsO 2016, 307 (311); MüKoInsO/Vuia Rn. 42 mwN; aA LG Landshut LSK 2016, 109283; LG Potsdam BeckRS 2015, 14447), schon gar nicht während einer Autofahrt mit einem der deutschen Sprache kaum mächtigen Schuldner (LG Düsseldorf BeckRS 2017, 104737). Bei großer räumlicher Entfernung zwischen Schuldnerwohnsitz und Kanzleisitz des Beraters ist zu vermuten, dass eine persönliche Beratung nicht erfolgt ist, was durch den Bescheinigenden zu widerlegen ist (AG Göttingen BeckRS 2017, 100547; 2016, 21159). Dem Gericht ist zwar eigentlich die **inhaltliche Prüfung der Bescheinigung verwehrt** (LG Landshut BeckRS 2016, 55808; LG Münster BeckRS 2016, 17704; Zipperer ZVI 2015, 363; Uhlenbruck/Sternal Rn. 123 f.; → Rn. 53). Die Prüfung beschränkt sich auf die Vollständigkeit (Zipperer ZVI 2015, 363 (366)) und formale Richtigkeit (OLG Schleswig BeckRS 9998, 18254), da der Gesetzgeber von der Privatautonomie von Schuldnern und Gläubigern ausgegangen ist (BGH BeckRS 2013, 19169 (7); Nerlich/Römermann/Römermann Rn. 30; aA MüKoInsO/Vuia Rn. 98 mwN). Etwas anderes gilt jedoch, wenn sich der Verdacht aufdrängt, die gesetzlich vorausgesetzte persönliche Beratung und eingehende Prüfung der Einkommens- und Vermögensverhältnisse sei nicht oder nicht durch die bescheinigende Person selbst erfolgt (LG Landshut BeckRS 2016, 55808; AG Oldenburg BeckRS 2017, 116987). Dann kommt die Zurückweisung des Antrags aus Gründen der Unzulässigkeit in Betracht (MüKoInsO/Vuia Rn. 98). Das Insolvenzgericht darf die Bescheinigung auch bei offensichtlichen Verfahrensfehlern, zB das verzeichnete Datum des Scheiterns, prüfen und entsprechend rügen (LG Hamburg BeckRS 2017, 100477).

17 Durch die Bescheinigung soll die „**Gerichtsfestigkeit**" der eingereichten Unterlagen sichergestellt werden (BT-Drs. 17/11268, 34; HmbKommInsR/Ritter Rn. 15a; Zipperer ZVI 2015, 363 (365)). Die **Ernsthaftigkeit** (→ Rn. 21) einer **außergerichtlichen Bemühung um Schuldenbereinigung** mittels eines Plans kann nur bescheinigt werden, wenn der Aussteller, der hierbei nicht persönlich mitgewirkt hat, den Bemühungsversuch des Schuldners eingehend iSd Abs. 1 Nr. 1 geprüft hat (AG Hamburg BeckRS 2016, 09399; MüKoInsO/Vuia Rn. 42). Eine nachträgliche und isolierte Beratung zur außergerichtlichen Schuldenbereinigung, nachdem diese bereits durchgeführt wurde, ist zweckwidrig (AG Fürth LSK 2016, 109284). Der Umfang der Tätigkeit des Ausstellers hängt von der Bevollmächtigung durch den Schuldner ab. Ein **Mitwirken des Ausstellers** ist auf Anlage 2 Feld 17 auszuweisen (→ Rn. 17.1).

17.1 Hat eine geeignete Person oder Stelle die Unterlagen erstellt und nicht der Schuldner selbstständig ausgefüllt, kann eine Reduzierung der Mindestregelvergütung des Insolvenzverwalters auf 800,00 EUR nach § 13 InsVV in Betracht kommen (hierzu LG Stuttgart BeckRS 2015, 20996).

II. Zur Ausstellung geeignete Personen (Abs. 1 Nr. 1 Hs. 1)

18 Nach Abs. 2 kann die Bescheinigung wirksam nur von einer geeigneten Person oder Stelle erteilt werden, die in der Vorschrift aber nicht näher konkretisiert werden. Grundsätzlich sind alle **zur Rechtsberatung zugelassenen Personen** (zB Rechtsanwalt, Notar, aber auch Steuerberater) sowie kommunale **Schuldnerberatungsstellen,** Sozialämter, Gütestellen uä geeignet iSd Vorschrift, wenn sie über entsprechend qualifiziertes Personal verfügen (Hergenröder ZVI 2011, 41 ff.; MüKoInsO/Vuia Rn. 35; Uhlenbruck/Sternal Rn. 68).

18.1 Gerichtsvollzieher obliegen keine Vermittlungsaufgaben und fallen daher nicht in den umfassten Personenkreis (MüKoInsO/Vuia Rn. 36 mwN; aA HmbKommInsR/Ritter Rn. 14).

19 Aufgrund der Ermächtigung nach Abs. 1 Nr. 1 Hs. 3 haben alle Bundesländer Ausführungsgesetze erlassen, nach denen Personen und Stellen anerkannt werden können, diese Bescheinigungen

Eröffnungsantrag des Schuldners § 305 InsO

auszustellen (zB Schuldnerberatungsstellen von Wohlfahrtseinrichtungen, Verbraucherzentralen, Rentenberater). Wurde eine **Person** oder Stelle aufgrund einer Länderregelung **anerkannt, ist das Insolvenzgericht daran gebunden** und nicht mehr befugt, die Geeignetheit der Stelle und hieraus folgend die Bescheinigung nicht zu akzeptieren (MüKoInsO/Vuia Rn. 40). Bei Zweifeln an der Geeignetheit einer anerkannten Stelle bleibt nur ein Herantreten an die zuständige Landesbehörde (MüKoInsO/Vuia Rn. 40 mwN).

Nicht anerkannte Stellen und nicht zur Rechtsberatung zugelassene Personen verstoßen ggf. 20 bei einer entsprechenden Bescheinigungstätigkeit gegen das Rechtsdienstleistungsgesetz.

III. Gegenstand der Bescheinigung

Zu bescheinigen ist, dass eine außergerichtliche Einigung mit den Gläubigern auf der Grundlage 21 eines **schriftlich ausgearbeiteten Schuldenbereinigungsplans** innerhalb der letzten sechs Monate vor dem Insolvenzantrag gescheitert ist (Abs. 1 Nr. 1 Hs. 1; vgl. Uhlenbruck/Sternal Rn. 13). Der Plan ist beizufügen (§ 305 Abs. 1 Nr. 1; → Rn. 24). Aus dem Einigungsversuch muss ein **ernsthaftes Bemühen** zu erkennen sein (BayObLG BeckRS 1999, 30068300; BayObLG BeckRS 1999, 30075315; AG Hamburg LSK 2016, 170800; MüKoInsO/Vuia Rn. 34; Uhlenbruck/Sternal Rn. 74). Grundlage hat ein schriftlicher Plan zu sein, der eine Gesamtlösung für alle Gläubiger beinhaltet (Graf-Schlicker/Sabel Rn. 22). Der Versuch muss auch mit **allen Gläubigern** unternommen, der Plan also allen Gläubigern unterbreitet worden sein (MüKoInsO/Vuia Rn. 43; Uhlenbruck/Sternal Rn. 22; aA Graf-Schlicker/Sabel Rn. 22; HmbKommInsR/Ritter Rn. 16).

Seit der letzten Ablehnung bzw. Zustimmung eines Gläubigers dürfen bis zum Eingang des 22 Insolvenzantrags beim zuständigen Gericht (vgl. Uhlenbruck/Sternal Rn. 76) **nicht mehr als sechs Monate** verstrichen sein (Abs. 1 Nr. 1 Hs. 1; MüKoInsO/Vuia § 305 Rn. 43; Graf-Schlicker/Sabel Rn. 22; aA keine Ablehnung/Zustimmung darf älter als sechs Monate sein: Uhlenbruck/Sternal Rn. 75 mwN; HmbKommInsR/Ritter Rn. 18 mwN; aA Ausstellung der Bescheinigung ist fristbestimmend FK-InsO/Grote Rn. 13). Andernfalls ist eine neue Bescheinigung vom Schuldner nachzufordern (Abs. 3 S. 1, → Rn. 54). Daher ist in Anlage 2 Feld 16 das Datum des endgültigen Scheiterns anzugeben.

Einen **Sonderfall** des Scheiterns regelt **§ 305a**, bei Ergreifen einer Zwangsvollstreckungsmaß- 23 nahme nach Aufnahme der außergerichtlichen Schuldenbereinigung (→ § 305a Rn. 1), der in Anlage 2 A Feld 18 besonders anzugeben ist.

IV. Beifügung des Plans und Darlegung der Gründe des Scheiterns (Abs. 1 Nr. 1 Hs. 2)

Der Bescheinigung ist der Plan, der den Gläubiger zur außergerichtlichen Schuldenregulierung 24 unterbreitet wurde, beizufügen (Abs. 1 Nr. 1 Hs. 2; s. Anlage 2 Feld 16). Dem Insolvenzgericht ist zwar eine **inhaltliche Prüfung des Plans verwehrt** (→ Rn. 53), anhand des Inhalts und unter Würdigung der vorgetragenen Gründe des Scheiterns (Anlage 2 A Feld 18), kann das Gericht jedoch abschätzen, ob ein gerichtlicher Schuldenbereinigungsversuch überhaupt unternommen werden soll (→ § 306 Rn. 6). Daher sind auf Anlage 2 A Feld 19 des Weiteren die Änderungen hinsichtlich des gerichtlichen Plans zum außergerichtlichen Vorschlag auszuweisen.

C. Weitere Anlagen zum Antrag des Schuldners (Abs. 1 Nr. 2–4)

I. Antrag auf Erteilung Restschuldbefreiung

Auf Seite 1 des Hauptblattes des amtlichen Formulars (Feld 4) hat der Schuldner gem. Abs. 1 25 Nr. 2 zu erklären, ob er die **Erteilung der Restschuldbefreiung** (§ 287) beantragt oder nicht. Der **Verzicht** auf die Erteilung ist **unwiderruflich** und kann im gleichen Verfahren nicht mehr nachgeholt werden (Uhlenbruck/Sternal Rn. 82; aA MüKoInsO/Vuia Rn. 45). Der Antrag auf Restschuldbefreiung kann hingegen zurückgenommen werden (vgl. BGH BeckRS 2011, 14365; Uhlenbruck/Sternal Rn. 81; aA HmbKommInsR/Ritter Rn. 20).

Ist der Antrag zur Restschuldbefreiung bzw. der Verzicht hierauf nicht zusammen mit dem 26 Insolvenzantrag abgegeben worden, oder ist dies nicht eindeutig, fordert das Insolvenzgericht den Schuldner auf, die Erklärung binnen der Frist eines Monats **nachzuholen** (Abs. 3 S. 1, → Rn. 55). Die verkürzte Frist nach § 287 Abs. 1 S. 2 tritt hinter die lex specialis des Abs. 3 S. 2 zurück (OLG Köln BeckRS 2000, 30130678). Der Schuldner ist gleichzeitig darauf hinzuweisen, dass er Restschuldbefreiung nur nach Maßgabe der §§ 286–303a erhalten kann (§ 20 Abs. 3; BGH BeckRS 2008, 26279).

27 Wird die Erteilung der Restschuldbefreiung beantragt, ist **zwingend die Erklärung nach § 287 Abs. 1 S. 3** (Hauptblatt Nummer II.2. Feld 4) und die **Abtretungserklärung** nach § 287 Abs. 2 in Form der Anlage 3 des amtlichen Vordrucksatzes mit abzugeben (→ Rn. 28) (→ Rn. 27.1).

27.1 Anlage 3 A des amtlichen Formulars ist gegenstandslos und seit Verordnung zur Änderung der Verbraucherinsolvenzvordruckverordnung v. 23.6.2014 aufgehoben.

II. Abtretungserklärung (§ 287 Abs. 2)

28 Die Abtretungserklärung nach § 287 Abs. 2 ist zusammen mit dem Antrag auf Restschuldbefreiung in Form der Anlage 3 der amtlichen Antragsformulare beim Insolvenzgericht abzugeben. Sie muss vom Schuldner **persönlich unterzeichnet** sein. Die Unterschrift des Insolvenz- oder Restschuldbefreiungsantrags deckt die Abtretungserklärung nicht mit ab. In der Erklärung sollte auf vorgehende Abtretungen oder Verpfändungen hingewiesen werden, die dann in Ergänzungsblatt 5 H des Formularsatzes näher aufzuführen sind (→ Rn. 52; MüKoInsO/Vuia Rn. 44).

29 Zur Nachreichung einer fehlenden oder formungültigen Abtretungserklärung ist dem Schuldner eine Frist von einem Monat zu setzen (Abs. 3 S. 2) und auf die Folgen der Fristversäumung hinzuweisen (BGH BeckRS 2008, 26279). Die Frist nach § 287 Abs. 1 S. 2 gilt in diesem Fall nicht (Uhlenbruck/Sternal Rn. 85; Graf-Schlicker/Sabel Rn. 27).

III. Vorzulegende Verzeichnisse (Abs. 1 Nr. 3)

1. Vermögensübersicht (Anl. 4 des amtlichen Formblattsatzes)

30 In der Vermögensübersicht soll den Gläubigern und dem Insolvenzgericht ein grober **Überblick** über das vorhandene Vermögen und das Einkommen gegeben werden. Der geschätzte Gesamtwert der verschiedenen Vermögensgruppen und Sicherungsrechte Dritter sind vorab anzuführen. Eine ausführliche Auflistung mit konkreteren Einzelwertangaben ist dann im Vermögensverzeichnis (Anlage 5) und in den Ergänzungsblättern 5 A bis 5 K vorzunehmen. In der Vermögensübersicht sind die **Wertangaben nicht verbindlich** und dem Schuldner können bei leicht fahrlässiger Fehleinschätzung keine Nachteile erwachsen (BGH BeckRS 2008, 11164; Graf-Schlicker/Sabel Rn. 29). Eine grob fahrlässige oder gar vorsätzliche Falschangabe kann jedoch zur Versagung der Restschuldbefreiung führen (§ 290 Abs. 1 Nr. 6).

31 Aus den Informationen der Anlage 4 soll das Insolvenzgericht schnell erste Erkenntnisse über das **Vorliegen eines Insolvenzgrundes** und die Gläubiger grobe **Einschätzungen für eine Schuldenbereinigung** ziehen können (BGH BeckRS 2005, 04217; BayObLG NZI 2002, 392). Im Falle des § 307 Abs. 1 S. 1 wird den Gläubigern nur die Vermögensübersicht, nicht das Vermögensverzeichnis zugestellt (→ § 307 Rn. 1).

32 Die Vermögensübersicht und die Versicherung der Richtigkeit und Vollständigkeit der gemachten Angaben (Abs. 1 Nr. 3) sind **persönlich zu unterzeichnen,** da sie nicht von der Unterschrift auf dem Insolvenz- oder Restschuldbefreiungsantrag abgedeckt sind.

2. Vermögensverzeichnis (Anlage 5 des amtlichen Formblattsatzes)

33 In Anlage 5 zum Eröffnungsantrag sind zur **Konkretisierung der Angaben** in der Vermögensübersicht zunächst die einzelnen beigefügten Ergänzungsblätter, Angaben enthalten, zu kennzeichnen. Soweit keine Ergänzungsblätter ausgefüllt oder beigefügt sind, ist mit neuer Unterschrift zu versichern, dass darin keine schuldnerischen Vermögenswerte enthalten sind (Abs. 1 Nr. 3). Die Angaben in Vermögensübersicht und im Vermögensverzeichnis müssen übereinstimmen.

34 Vorsätzliche **Falschangaben** oder Verschweigen von Vermögenswerten ist unter Umständen strafbar und kann des Weiteren zur Versagung der Restschuldbefreiung nach § 290 Abs. 1 Nr. 6 oder aufgrund Verletzung der Mitwirkungspflichten nach § 290 Abs. 1 Nr. 5 führen (LG Würzburg BeckRS 2015, 08014).

35 Die Angaben sind weitergehend als in der Vermögensauskunft nach § 802c ZPO (aA MüKoInsO/Vuia Rn. 47), da der Schuldner ua auch vermeintlich **unpfändbare** und für ihn **wertlose oder unwichtige Vermögensgegenstände,** unpfändbare (OLG Celle LSK 2002, 240316) oder nur bedingt pfändbare, auch künftige Einkünfte, sowie unentgeltliche und entgeltliche **Veräußerungen** an nahestehende Personen (Ergänzungsblatt 5 K) **angeben muss.** Die Einschätzung, ob ein Vermögenswert pfändbar und verwertbar, also damit später evtl. in die Insolvenzmasse (§§ 35 Abs. 1, 36 Abs. 1–3) fällt, obliegt nicht dem Schuldner, sondern dem Insolvenzverwalter (BGH

Eröffnungsantrag des Schuldners §305 InsO

BeckRS 2004, 07892; 2008, 13006). Der Schuldner ist daher gut beraten, lieber zu viel als zu wenig anzugeben. Lediglich einfache Hausratsgegenstände (§ 811 Abs. 1 Nr. 1 ZPO) können unaufgelistet bleiben. Unterhaltungselektronik, Computer, elektronische Küchengeräte oder Haushaltshilfen, die im Zweifel einer bescheidenen Lebensführung nicht mehr entsprechen, sind aber anzugeben.

Falls der in den Formblättern vorgesehene Platz nicht ausreicht, sind die Rückseiten oder zusätzlich abzugebende Ergänzungsblätter der Formblattreihe zu verwenden. 36

Eine **Ergänzung** der Angaben ist nur vor Erstellung eines Gutachtens durch einen gerichtlich bestellten Sachverständigen oder vor Insolvenzverfahrenseröffnung folgenlos möglich (BGH BeckRS 2005, 04217). **Änderungen** der Vermögensverhältnisse hat der Schuldner unverzüglich, dh binnen zwei Wochen, anzuzeigen (Uhlenbruck/Sternal Rn. 88). 37

3. Gläubiger- und Forderungsverzeichnis (Anlage 6 des amtlichen Formblattsatzes)

Jede einzelne gegen den Schuldner gerichtete Forderung und jeder begründete Anspruch (vgl. BGH BeckRS 2005, 05085), auch aus strafbarem Verhalten des Schuldners (LG Lübeck mAnm Heicke NZI 2015, 861 (863)), ist in Anlage 6 **aufzulisten** und nach Hauptforderung, Zinsen und Kosten aufzuteilen. Weiter ist im Formblatt der Forderungsgrund anzugeben und eine evtl. Titulierung zu kennzeichnen. Der Schuldner ist zur **vollständigen und richtigen Darlegung** der Gläubiger und deren Forderungen verpflichtet (vgl. BGH BeckRS 2009, 05599; MüKo-InsO/Vuia Rn. 48). Mehrere Hauptforderungen eines Gläubigers sind getrennt aufzuführen und der Gläubiger ggf. mehrfach anzugeben (s. Hinweisblatt zu Anlage 6, Feld 25). 38

Auf Aufforderung des Schuldners ist ein **Gläubiger verpflichtet, kostenfrei** (→ Rn. 39.1) eine **schriftliche Aufstellung der aktuellen Forderungen,** gegliedert in Hauptsache, Zinsen und Kosten, zur Vorbereitung des Forderungsverzeichnisses zu erteilen (Abs. 2 S. 2). Hierbei hat der Schuldner auf den anstehenden oder bereits anhängigen Insolvenzantrag hinzuweisen (Abs. 2 S. 3). Kommt der Gläubiger dem nicht nach, ist die Forderung (→ Rn. 40) trotzdem aufzunehmen, und zwar nach dem zuletzt bekannten Forderungsstand unter Hinweis auf die unterbliebene Mitwirkung des Gläubigers (Graf-Schlicker/Sabel Rn. 36; HmbKommInsR/Ritter Rn. 27; aA MüKoInsO/Vuia Rn. 53: keine Aufnahme der Forderung). Auf eine Forderungsaufstellung des Gläubigers kann im Forderungsverzeichnis Bezug genommen werden (Abs. 2 S. 1). Eine Ergänzung des Forderungsverzeichnisses durch den Gläubiger kann nach § 308 Abs. 3 S. 2 später noch erfolgen (→ § 308 Rn. 10). 39

Dem Gläubiger steht keinerlei Kosten- oder Auslagenerstattungsanspruch für die Ermittlung der aktuellen Forderung und die Erteilung der schriftlichen Forderungsaufstellung zu (Abs. 2 S. 2; Uhlenbruck/Sternal Rn. 98; HmbKommInsR/Ritter Rn. 27; aA KPB/Wenzel Rn. 38, für den Fall, dass ein gerichtlicher Schuldenbereinigungsplan zustande kommt). Kopien der anspruchsbegründenden Unterlagen und von Vollstreckungsurkunden können über §§ 810, 811 BGB verlangt werden (FK-InsO/Grote Rn. 46). 39.1

Kennt der Schuldner die exakte Forderungshöhe nicht, ist eine **symbolische Angabe,** zB mit „0 EUR" oder „1 EUR", ausreichend (vgl. BGH BeckRS 2008, 14006; Graf-Schlicker/Sabel Rn. 33). Er hat dann – ggf. auf Nachfrage – darzulegen, dass ihm trotz gebührender Anstrengungen nähere Angaben nicht möglich sind (AG Hannover BeckRS 2016, 02548). 40

Erachtet der Schuldner eine **Forderung,** die gegen ihn geltend gemacht wird, als **unbegründet** oder bereits erloschen, hat er diese in Anlage 6 trotzdem anzugeben, und zwar in der vom Gläubiger geforderten Höhe (BGH BeckRS 2009, 20300; MüKoInsO/Vuia Rn. 48 mwN; Graf-Schlicker/Sabel Rn. 34; aA Uhlenbruck/Sternal Rn. 94: nur soweit der Schuldner sie als berechtigt ansieht, ansonsten mit „0"; HK-InsO/Waltenberger Rn. 39). Gerichtlich geltend gemachte Ansprüche in anhängigen Klagen sind in entsprechender Höhe aufzunehmen (BGH BeckRS 2010, 26099). Der Schuldner kann seine **Gründe der Nichtanerkennung** im Forderungsverzeichnis anführen. Im Schuldenbereinigungsplan hingegen muss der Schuldner nur die Höhe einer Forderung angeben, die er für richtig hält (MüKoInsO/Vuia Rn. 48, 60; Graf-Schlicker/Sabel Rn. 34; → Rn. 49). 41

Bei **Zahlungserleichterungen,** Stundung oder Gründen der **Nichtfälligkeit** sowie bei noch nicht fälligem Unterhalt sind die Ansprüche in voller Höhe im Forderungsverzeichnis aufzunehmen, unter Angabe der voraussichtlichen Fälligkeit (vgl. BGH BeckRS 2005, 05085; LG Memmingen BeckRS 2013, 05638; HmbKommInsR/Ritter Rn. 24). Darunter fallen auch Ansprüche der Verfahrensbevollmächtigten auf vereinbarte Vorschüsse und das Honorar (BGH BeckRS 2005, 05014). 42

InsO § 305

43 In Anlage 6 werden die Gläubiger nur mit dem Namen bzw. einer Kurzbezeichnung angegeben. Die exakte Gläubigerbezeichnung mit zustellfähiger Anschrift erfolgt in Anlage 7 (→ Rn. 47).

44 Gläubiger, die im Forderungsverzeichnis **nicht gelistet** (also nicht einbezogen) sind, können beim gerichtlichen Schuldenbereinigungsplanverfahren nicht berücksichtigt werden und behalten bei einem Zustandekommen des Plans ihre vollen Ansprüche (§ 308 Abs. 3 S. 1).

45 Die Angaben müssen vom Schuldner erneut persönlich unterzeichnet und nach Abs. 1 Nr. 3 deren Richtigkeit und Vollständigkeit auf S. 2 der Anlage 6 **versichert werden**. Die zweite Seite mit der Versicherung ist deshalb auch mit abzugeben, wenn dort keine Forderungen mehr aufgeführt sind. Unrichtige oder unvollständige Angaben sowie die Aufnahme einer Scheinforderung können zur Versagung der Restschuldbefreiung führen (→ Rn. 34). Nachträgliche Ergänzungen sind möglich (→ Rn. 37).

D. Schuldenbereinigungsplan (Abs. 1 Nr. 4)

I. Allgemeiner Teil des Schuldenbereinigungsplans (Anlage 7)

46 Dem Insolvenzantrag ist ein **Schuldenbereinigungsplan für das gerichtliche Verfahren** beizufügen (Abs. 1 Nr. 4). Nur die **Anlagen 7 und 7 B** des amtlichen Formblattsatzes sind eigentlich **verpflichtend** zu verwenden (→ Rn. 12, → Rn. 54). Eine Abweichung vom gescheiterten, außergerichtlichen Schuldenbereinigungsplan ist möglich und in aller Regel auch sinnvoll, wenn die Zustimmung der Gläubigermehrheiten (→ § 309 Rn. 11) erreicht werden soll. Wesentliche Neuerungen sollten deutlich gemacht werden (Graf-Schlicker/Sabel Rn. 25). Reicht der Schuldner den Plan unverändert ein, hat er dies anzugeben (Uhlenbruck/Sternal Rn. 103).

47 Im Vordruck Anlage 7 „Allgemeiner Teil" sind in Feld 69 **sämtliche Gläubiger,** die auch bereits im Gläubiger- und Forderungsverzeichnis aufgeführt wurden, zur Individualisierung nunmehr mit **vollständigem Namen, exakter Firmenbezeichnung,** bei juristischen Personen und Personengesellschaften auch deren gesetzlicher Vertreter, sowie evtl. Verfahrensbevollmächtigte, je mit **zustellfähiger Anschrift** anzugeben. Postfachanschriften sind wegen des Zustellerfordernisses nach § 307 nicht ausreichend (→ § 307 Rn. 10). Hat ein formal gleicher Gläubiger (→ § 309 Rn. 6) mehrere (Haupt-)Forderungen, ist er im Plan nur einmal anzugeben und seine Forderungen sind zu summieren (im Gegensatz zum Gläubigerverzeichnis → Rn. 38).

48 Für die **Vollständigkeit** und Richtigkeit der Gläubigerdaten ist der **Schuldner verantwortlich** (→ § 307 Rn. 10). Sie sind zum einen für die Zustellungen nach § 307 notwendig und stellen zum anderen das Rubrum eines angenommenen Schuldenbereinigungsplans dar (§ 308 Abs. 1 S. 2, → § 308 Rn. 13).

49 Im Schuldenbereinigungsplan muss der Schuldner (im Gegensatz zum Forderungsverzeichnis → Rn. 41) nur die **Höhe einer Forderung** angeben, die er für richtig hält (MüKoInsO/Vuia Rn. 48; Uhlenbruck/Sternal Rn. 94). Dem Gläubiger bleibt ggf. die Ergänzungsmöglichkeit nach § 308 Abs. 3 S. 2 Hs. 1, um ein Erlöschen seiner übrigen Forderung zu vermeiden (§ 308 Abs. 3 S. 2 Hs. 2, → § 308 Rn. 10). Der Prozentanteil der aufgenommenen Forderungen eines Gläubigers an der Gesamtverschuldung ist auszuweisen.

II. Besonderer Teil des Schuldenbereinigungsplans

50 Im besonderen Teil des Schuldenbereinigungsplans sehen die beiden Vordrucke (Anlagen 7 A) Muster für Einmalzahlungen bzw. feste Raten und für flexible Raten vor. Die Anlagen 7 B und 7 C dienen Ergänzungen und Erläuterungen. Der Schuldner ist in der **Ausgestaltung** des besonderen Teils des Schuldenbereinigungsplans **völlig frei** (BGH BeckRS 2013, 19169; OLG Celle LSK 2001, 240154; OLG Köln BeckRS 2001, 30160835) und nicht an die Vordrucke 7 A und 7 C gebunden (→ Rn. 12). Er kann ebenso **unterschiedliche Regelungen** für einzelne Gläubiger vorschlagen (→ § 309 Rn. 24 ff.), als auch einen **Nullplan** – zur besseren Akzeptanz ggf. mit flexibler Ausgestaltung und **Anpassungsklauseln** (→ § 309 Rn. 37) – vorlegen (BGH BeckRS 2013, 19169; → § 309 Rn. 30). Ob der zwar an sich zulässige Schuldenbereinigungsplan allerdings die zur Annahme erforderlichen Mehrheiten und ggf. notwendigen Zustimmungsersetzungen erhält, ist abhängig vom Angebot des Schuldners (zum Wesen des Schuldenbereinigungsplans → § 308 Rn. 9).

51 Das Insolvenzgericht prüft iRd § 305 nur die **Vollständigkeit der eingereichten Unterlagen,** aber nicht den materiellen Inhalt des schriftlich gefassten Schuldenbereinigungsplans und dessen Angemessenheit iSd Abs. 1 Nr. 4 Hs. 2 (BGH BeckRS 2013, 19169; BayObLG BeckRS 1999, 30075315; OLG Celle LSK 2001, 240154; OLG Köln BeckRS 2001, 30160835; Uhlenbruck/

Sternal Rn. 107, 123 mwN). Nur anlässlich der Prognoseentscheidung für ein Ruhen nach § 306 (→ § 306 Rn. 6) wertet der Insolvenzrichter den Planinhalt hinsichtlich der möglichen Akzeptanz der Gläubiger (→ § 306 Rn. 1 ff.).

Vom Schuldner ist **verpflichtend anzugeben,** ob und inwieweit **Sicherheiten,** Pfandrechte 52 und Bürgschaften der Gläubiger vorhanden sind und vom Plan berührt werden sollen (Abs. 1 Nr. 4 Hs. 3). Die **Auswirkungen** auf jegliches akzessorische und nicht akzessorische, persönliche und dingliche Sicherungsrecht sind in Formblatt 7 B **explizit zu beschreiben** (→ Rn. 12). Es ist auch anzugeben, wenn keinerlei Berührung geplant ist (vgl. auch HmbKommInsO/Ritter Rn. 26). Ist das **Erlöschen einer Sicherheit** im Plan vorgesehen, verliert der Gläubiger im Falle des Zustandekommens die Sicherheit (abweichend von § 301; MüKoInsO/Vuia Rn. 63; Uhlenbruck/Sternal § 308 Rn. 19, 37), worauf ausdrücklich hinzuweisen ist (BT-Drs. 12/7302, 191; → § 308 Rn. 15). Über das Schicksal einer Sicherheit muss im Falle einer Planannahme **absolute Klarheit** bestehen.

E. Unvollständige Formulare (Abs. 3)

I. Aufforderung zur Ergänzung

Sind die verpflichtend zu verwendenden amtlichen Formulare **nicht vollständig ausgefüllt,** 53 hat der Schuldner nach Aufforderung durch das Insolvenzgericht Ergänzungen vorzunehmen (Abs. 3 S. 1). Das Gericht hat grundsätzlich nur die Vollständigkeit der Unterlagen, nicht den materiellen Inhalt der Anlagen, der Bescheinigung (→ Rn. 16) und des Schuldenbereinigungsplans (→ Rn. 51) zu kontrollieren (zur Richtigkeit des „Scheiternsdatums" LG Hamburg BeckRS 2017, 100477). Genau zu prüfen ist allerdings die **Vollständigkeit der Gläubigeranschriften.** Lücken und Unklarheiten sind ggf. zu beanstanden (BGH BeckRS 2004, 04980). Auch fehlende Angaben zum **Schicksal von Sicherheiten** sind nachzufordern (→ Rn. 52; Uhlenbruck/Sternal Rn. 118).

Hat der Schuldner ein verpflichtend zu verwendendes **Formular überhaupt nicht ausgefüllt** 54 oder eingereicht, übersendet ihm das Gericht das entsprechende Formblatt zusammen mit der Aufforderung zur Ergänzung (zur Frist und Zustellungsform → Rn. 55). Fehlen einzelne Angaben oder erscheinen sie widersprüchlich, gibt der Insolvenzrichter dem Schuldner das Originalformblatt zur Mängelbehebung zurück. Hierbei ist **konkret auf den Mangel bzw. Widerspruch hinzuweisen** und die betroffenen Felder oder Angaben können markiert werden. Ob der gesamte Antrag zurückgesandt wird, und ob Kopien bei der Insolvenzakte belassen werden, liegt im Ermessen des Richters. Die ergänzten Formblätter sind vom Schuldner **erneut zu unterzeichnen** und ggf. die Richtigkeit der Angaben **erneut zu versichern** (Abs. 1 Nr. 3 Hs. 2; LG Hamburg BeckRS 2016, 11492). Aufgrund eines redaktionellen Versehens des Gesetzgebers infolge der beabsichtigten Abschaffung und resultierten Überarbeitung des § 305 durch das Gesetz zur Verkürzung des Restschuldbefreiungsverfahrens und zur Stärkung der Gläubigerrechte (→ Rn. 12) ist die Vorlage eines gerichtlichen Schuldenbereinigungsplans erforderlich, (vgl. Graf-Schlicker/Sabel Rn. 5, 44).

Die **Aufforderung zur Ergänzung** der Unterlagen ist dem Schuldner **förmlich zuzustellen,** 55 um die Monatsfrist nach Abs. 3 S. 2 errechnen zu können (BayObLG BeckRS 2001, 30202580). Hierin ist der Schuldner auf die **Rücknahmefiktion** (Abs. 3 S. 2) bei nicht fristgerechter Abgabe hinzuweisen. Die **gesetzliche Frist** von einem Monat ist **nicht verlängerbar** und auch nicht kürzer zu setzen, wenn dem Schuldner die Ergänzung tatsächlich „unverzüglich" möglich wäre (Uhlenbruck/Sternal Rn. 131 f.). Sie gilt auch zur Beibringung der Abtretungserklärung (→ Rn. 26). Praktisch wird das Gericht den Schuldner aber zur Rücknahme des Antrags und Stellung eines neuen auffordern (→ § 304 Rn. 23). Nur im Falle eines Gläubigerantrags (§ 306 Abs. 3 S. 3) beträgt die gesetzliche Frist drei Monate, damit der Schuldner vor oder zu seinem Eigenantrag einen außergerichtlichen Schuldenbereinigungsversuch unternehmen kann.

II. Weiterer Gang des Verfahrens

Ergänzt der Schuldner nur teilweise, und sind die beanstandeten Formblätter trotz Aufforderung 56 **noch immer nicht vollständig** ausgefüllt bzw. die Richtigkeit erneut versichert, kann zur erneuten Nachbesserung zurückgesandt werden. Es verbleibt aber bei der in der ersten Aufforderung gesetzten Monatsfrist, und es wird keine neue Frist eingeräumt.

Kommt der Schuldner der Aufforderung nicht fristgerecht nach, gilt sein **Insolvenzantrag als** 57 **zurückgenommen** (Abs. 3 S. 2; LG Hamburg BeckRS 2016, 11492). Die **gesetzliche Rück-**

nahmefiktion ist unumstößlich und muss nicht durch Beschluss festgestellt werden. Es reicht hierfür eine formlose Mitteilung an den Schuldner.

58 Die Ergänzungsaufforderung und die Rücknahmefiktion sind **nicht rechtsmittelfähig** oder anfechtbar (BGH BeckRS 2011, 04092; 2009, 86139; 2004, 04980; 2005, 05014; LG Hamburg BeckRS 2017, 100477; BayObLG BeckRS 2001, 30202580), selbst dann nicht, wenn das Gericht den Schuldner zur Ergänzung von Unterlagen auffordert, wozu er tatsächlich aber gar nicht in der Lage ist (Uhlenbruck/Sternal Rn. 144, 147; aA BayObLG BeckRS 1999, 30085182; offengelassen in BGH BeckRS 2003, 09489; vgl. auch VerfGH BW BeckRS 2017, 104005). Es verbleibt dem Schuldner aber die Möglichkeit, einen **neuen Insolvenzantrag** zu stellen, da die Rücknahmefiktion **keine Sperrfrist** nach sich zieht (Uhlenbruck/Sternal Rn. 134 mwN; MüKoInsO/Vuia Rn. 94 ff.).

59 Im Falle der fristgerechten vollständigen Ergänzung wird entsprechend § 306 weiter verfahren.

60 Auch der zunächst **unvollständige Antragseingang** und der Antrag ohne amtliches Formblatt löst im Falle einer Insolvenzverfahrenseröffnung die **Fristen der Rückschlagsperre** (§ 88 Abs. 2) und für die Insolvenzanfechtung (§§ 129 ff.) aus (BGH BeckRS 2011, 18530).

§ 305a Scheitern der außergerichtlichen Schuldenbereinigung

Der Versuch, eine außergerichtliche Einigung mit den Gläubigern über die Schuldenbereinigung herbeizuführen, gilt als gescheitert, wenn ein Gläubiger die Zwangsvollstreckung betreibt, nachdem die Verhandlungen über die außergerichtliche Schuldenbereinigung aufgenommen wurden.

Überblick

Die Vorschrift schafft die Voraussetzung für die Zulässigkeit eines Antrags auf ein Verbraucherinsolvenzverfahren (§ 305 Nr. 1) und soll Gläubiger von Einzelzwangsvollstreckungsmaßnahmen abhalten, die infolge der Insolvenzantragstellung eingestellt oder unwirksam werden können.

A. Absicherung des außergerichtlichen Einigungsversuchs

1 Das **Scheitern** des außergerichtlichen Einigungsversuchs iSd § 305 Abs. 1 Nr. 1 wird kraft Gesetzes **fingiert,** wenn einer in die Verhandlung einbezogenen Gläubiger (→ Rn. 2) die Zwangsvollstreckung in Schuldnervermögen betreibt (→ Rn. 3). Der Schuldner wird folglich sofort berechtigt, einen Antrag auf Durchführung eines Verbraucherinsolvenzverfahrens zu stellen (→ Rn. 5). Nach Antragstellung ist dann eine Einstellung begonnener und Untersagung neuer Zwangsvollstreckungsmaßnahmen nach § 21 Abs. 2 S. 1 Nr. 3 iVm § 306 Abs. 2 S. 1 möglich. Der rückwirkende Fristlauf für die Unwirksamkeit der Maßnahme beginnt infolge der Regelung zur Rückschlagsperre (§ 88 Abs. 2 nF; § 88 iVm § 312 Abs. 1 S. 3 aF). Damit soll die Einigungsbereitschaft der Gläubiger gesteigert und gleichzeitig verhindert werden, dass weitere kostenintensive und letztendlich aufgrund der Rückschlagsperre erfolglose Einzelzwangsvollstreckungsmaßnahmen betrieben werden. § 305a soll den außergerichtlichen **Schuldenbereinigungsversuch schützen** und dessen Zustandekommen fördern, nicht verhindern (vgl. Graf-Schlicker/Sabel Rn. 1, 7).

B. Voraussetzungen der Fiktion

2 Der außergerichtliche Schuldenbereinigungsplan muss dem vollstreckenden Gläubiger unterbreitet, dh vom Schuldner übersandt und für den Gläubiger die Möglichkeit geschaffen worden sein, sich **Kenntnis vom konkreten Planinhalt zu verschaffen,** damit Verhandlungen hierüber überhaupt als aufgenommen angesehen werden können (vgl. BT-Drs. 14/5680, 31; MüKoInsO/Vuia Rn. 5). Eine förmliche Planzustellung ist nicht notwendig (Uhlenbruck/Sternal Rn. 10), ebenso wenig die Führung konkreter Verhandlungen oder Beratungen mit dem Vollstreckungsgläubiger (HmbKommInsR/Ritter Rn. 2; KPB/Wenzel Rn. 7; aA HK-InsO/Waltenberger Rn. 3). Ein zufälliges Bekanntwerden des Versuchs, die bloße Ankündigung eines Bereinigungsversuchs oder die Aufforderung an den Gläubiger zur Übersendung der Forderungsaufstellung genügen nicht (Graf-Schlicker/Sabel Rn. 4).

3 Nach dem Bekanntwerden muss der in den außergerichtlichen Einigungsversuch einbezogene Gläubiger trotzdem einen **neuen Zwangsvollstreckungsversuch unternommen** haben. Eine

Maßnahme, die vor Übermittlung des Bereinigungsplans ausgebracht wurde, führt nicht zum Scheitern (MüKoInsO/Vuia Rn. 5). Die Zwangsvollstreckungsmaßnahme muss durch eine in das Schuldnervermögen gerichtete Vollstreckungshandlung eines Vollstreckungsorgans begonnen worden sein (Uhlenbruck/Sternal Rn. 4). Sie muss auch fortbestehen und nicht unverzüglich wieder zurückgenommen worden sein (zB aufgrund Überzeugung durch den Schuldner; vgl. Graf-Schlicker/Sabel Rn. 7). Die Vorbereitung oder Ankündigung einer Zwangsmaßnahme oder die Titulierung allein genügen nicht (vgl. BGH BeckRS 2009, 21406; MüKoInsO/Vuia Rn. 7; Uhlenbruck/Sternal Rn. 4; Graf-Schlicker/Sabel InsO Rn. 6; aA KPB/Wenzel Rn. 6; Nerlich/Römermann/Römermann Rn. 10).

Ein **Fremdantrag** auf Insolvenzverfahrenseröffnung durch einen einbezogenen Gläubiger nach 4 Unterbereitung des Einigungsversuchs löst zwar nicht die Fiktion des § 305a aus (MüKoInsO/Vuia Rn. 6; KPB/Wenzel Rn. 6), ist aber als endgültige Ablehnung einer außergerichtlichen Einigung zu werten (Uhlenbruck/Sternal Rn. 7; HmbKommInsR/Ritter Rn. 3). Ein vorher gestellter Insolvenzantrag eines Gläubigers entbindet den Schuldner nicht, vor einem eigenen Antrag auf Eröffnung eines Verbraucherinsolvenzverfahrens, den außergerichtlichen Schuldenbereinigungsversuch vorzunehmen (§ 306 Abs. 3 S. 3).

C. Folge der Fiktion

Der Schuldner wird folglich **sofort berechtigt,** einen Antrag auf Durchführung eines Verbrau- 5 cherinsolvenzverfahrens zu stellen. Eine Pflicht zur unverzüglichen Stellung des Insolvenzantrags besteht grundsätzlich nicht, vielmehr kann der Schuldner weiterhin über eine außergerichtliche Schuldnereinigung verhandeln (Uhlenbruck/Sternal Rn. 12; HmbKommInsR/Ritter Rn. 5). Scheitern auch erneute Einigungsversuche, kann der Schuldner anschließend einen Insolvenzantrag stellen, wobei er die Sechsmonatsfrist (§ 305 Abs. 1 Nr. 1) zu beachten hat. Maßgeblicher Fristbeginn ist dann der Zeitpunkt der letzten Ablehnung oder Zustimmung eines Gläubigers auf ein Angebot des Schuldners (→ § 305 Rn. 22), nicht der Zeitpunkt der Fiktion nach § 305a (Uhlenbruck/Sternal Rn. 15).

§ 306 Ruhen des Verfahrens

(1) [1]Das Verfahren über den Antrag auf Eröffnung des Insolvenzverfahrens ruht bis zur Entscheidung über den Schuldenbereinigungsplan. [2]Dieser Zeitraum soll drei Monate nicht überschreiten. [3]Das Gericht ordnet nach Anhörung des Schuldners die Fortsetzung des Verfahrens über den Eröffnungsantrag an, wenn nach seiner freien Überzeugung der Schuldenbereinigungsplan voraussichtlich nicht angenommen wird.

(2) [1]Absatz 1 steht der Anordnung von Sicherungsmaßnahmen nicht entgegen. [2]Ruht das Verfahren, so hat der Schuldner in der für die Zustellung erforderlichen Zahl Abschriften des Schuldenbereinigungsplans und der Vermögensübersicht innerhalb von zwei Wochen nach Aufforderung durch das Gericht nachzureichen. [3]§ 305 Abs. 3 Satz 2 gilt entsprechend.

(3) [1]Beantragt ein Gläubiger die Eröffnung des Verfahrens, so hat das Insolvenzgericht vor der Entscheidung über die Eröffnung dem Schuldner Gelegenheit zu geben, ebenfalls einen Antrag zu stellen. [2]Stellt der Schuldner einen Antrag, so gilt Absatz 1 auch für den Antrag des Gläubigers. [3]In diesem Fall hat der Schuldner zunächst eine außergerichtliche Einigung nach § 305 Abs. 1 Nr. 1 zu versuchen.

Überblick

Mit der Vorschrift wird klargestellt, dass auch ein zulässiger und begründeter Insolvenzantrag nicht zwangsläufig zur unmittelbaren Insolvenzeröffnung führt. Bei einem Verbraucher ruht das Insolvenzeröffnungsverfahren bis über den gerichtlichen Schuldenbereinigungsplan abschließende entschieden ist (→ Rn. 1 ff.). Abs. 3 gewährt bei einem Gläubigerantrag dem Schuldner die Gelegenheit, einen Antrag auf Restschuldbefreiung zu stellen, der jedoch nur mit einem eigenen Insolvenzantrag verbunden werden kann (→ Rn. 15 ff.).

Übersicht

	Rn.		Rn.
A. Ruhen des Insolvenzeröffnungsverfahrens	1	III. Erfolgsaussichten des Schuldenbereinigungsplans und Einreichung von Planabschriften (Abs. 2 S. 2)	10
I. Auswirkung des Ruhens kraft Gesetzes	1	IV. Rücknahmefiktion (Abs. 2 S. 3)	14
II. Dauer des Ruhens (Abs. 1 S. 2)	4	C. Vorgehen bei einem Gläubigerantrag (Abs. 3)	15
III. Möglichkeit der Sicherungsmaßnahmen (Abs. 2 S. 1)	5	I. Zulässigkeit des Gläubigerantrags	15
B. Entscheidung über die Durchführung des gerichtlichen Schuldenbereinigungsplans	6	II. Möglichkeiten des Schuldners und Fristen für Eigenanträge	16
I. Verfahrensweise und Prüfungskriterien	6	III. Fortgang des Verfahrens nach Schuldneranhörung	20
II. Aussichtslosigkeit des gerichtlichen Schuldenbereinigungsplanverfahrens (Abs. 1 S. 3)	9		

A. Ruhen des Insolvenzeröffnungsverfahrens

I. Auswirkung des Ruhens kraft Gesetzes

1   Das gerichtliche Schuldenbereinigungsplanverfahren ist ein **parallel** zum Insolvenzeröffnungsverfahren vorgesehene **Vergleichsverfahren.** Die Entscheidung über die Begründetheit des Insolvenzantrags wird zurückgestellt, bis über den gerichtlichen Schuldenbereinigungsplan entschieden ist. Auch auf den Eigenantrag des Schuldners folgende Gläubigeranträge ruhen (§ 306 Abs. 3 S. 2).

2   Ein **Ruhen kraft Gesetzes** wird aber nur durch einen **zulässigen** (→ § 304 Rn. 20) **und vollständigen Insolvenzantrag** des Schuldners mit allen Anlagen (§ 305 Abs. 1 Nr. 1 bis 4; → § 305 Rn. 53) ausgelöst, was das Insolvenzgericht von Amts wegen vorab zu prüfen hat (BGH BeckRS 2004, 04980). Die Vervollständigung des Antrags kann nachgefordert (Uhlenbruck/Sternal Rn. 10) oder ein unzulässiger Antrag entsprechend zurückgewiesen werden, womit das Planverfahren hinfällig wird (Graf-Schlicker/Sabel Rn. 4). Ob ein Insolvenzgrund gegeben ist, darf in diesem Zeitpunkt noch nicht, sondern erst nach Beendigung des Schuldenbereinigungsplanverfahrens und dem damit endenden Ruhen des Eröffnungsverfahrens, geprüft werden (MüKoInsO/Vuia Rn. 9; Uhlenbruck/Sternal Rn. 15). Ist der Insolvenzantrag jedoch **offensichtlich unbegründet,** fehlt bereits das Rechtschutzinteresse am gerichtlichen Schuldenbereinigungsplanverfahren und ist auch dieses abzulehnen (vgl. MüKoInsO/Vuia Rn. 9). Eine Ablehnung mit der Begründung, der Schuldner könne im Falle des Scheiterns ohnehin keine Restschuldbefreiung erlangen, ist nicht möglich (LG Gera BeckRS 2017, 149617).

3   Wird der Insolvenzantrag **zurückgenommen** (§ 13 Abs. 2) oder gilt er als zurückgenommen (§ 305 Abs. 3 S. 2; → § 305 Rn. 57, → Rn. 14), ist das Planverfahren und Ruhen beendet.

II. Dauer des Ruhens (Abs. 1 S. 2)

4   Praktisch **keine Bedeutung** hat die **Soll-Vorschrift** Abs. 1 S. 2, nach der der Ruhenszeitraum von drei Monaten nicht zu überschreiten sei. Insbesondere, wenn ein aufwändiges Planverfahren mit Zustimmungsersetzungen (§ 309) durchgeführt wird, kann die Frist in der Praxis nicht eingehalten werden, was jedoch ohne Auswirkungen ist (MüKoInsO/Vuia Rn. 10; Graf-Schlicker/Sabel Rn. 6).

III. Möglichkeit der Sicherungsmaßnahmen (Abs. 2 S. 1)

5   Trotz des Ruhens des Insolvenzeröffnungsverfahrens infolge eines zulässigen Antrags, hat das Gericht alle **erforderlichen Sicherungsmaßnahmen** (§ 21) anzuordnen und ggf. zu erweitern oder abzuändern (Abs. 2 S. 1). Insbesondere die Untersagung oder Einstellung von Zwangsvollstreckungsmaßnahmen gegen den Schuldner (§ 21 Abs. 2 S. 1 Nr. 3) können erforderlich sein (MüKoInsO/Vuia Rn. 17). Sicherungsmaßnahmen dürfen allerdings nur ergriffen werden, um gemäß dem Wortlaut des § 21 Abs. 1 S. 1 für Gläubiger nachteiligen Vermögensveränderungen vorzubeugen (MüKoInsO/Vuia Rn. 16), jedoch nicht, um die Erfüllbarkeit des Schuldenbereinigungsplans und den Einigungserfolg zu sichern (so aber Graf-Schlicker/Sabel Rn. 8). Nur ausnahmsweise ist

die Einsetzung eines **vorläufigen Insolvenzverwalters** im beantragten Verbraucherinsolvenzverfahren denkbar (Uhlenbruck/Sternal Rn. 33).

B. Entscheidung über die Durchführung des gerichtlichen Schuldenbereinigungsplans

I. Verfahrensweise und Prüfungskriterien

Der Insolvenzrichter trifft eine **Prognoseentscheidung**, ob das Scheitern des gerichtlichen 6 Schuldenbereinigungsplanverfahrens wahrscheinlicher ist als dessen Erfolg (MüKoInsO/Vuia Rn. 12; Fuchs ZInsO 2002, 298 (320)), und entscheidet entsprechend nach freiem Ermessen über dessen Durchführung. Nur vor einer ablehnenden Entscheidung hört das Gericht den Schuldner an (Abs. 1 S. 3; vgl. HmbKommInsR/Ritter Rn. 6), damit er entscheidungserhebliche Informationen aus dem vorangegangenen außergerichtlichen Einigungsversuch einbringen kann (vgl. BT-Drs. 14/5680, 31). Der Schuldner kann im Insolvenzantrag erklären, auf diese Anhörung zu verzichten.

Der **Erfolg** des gerichtlichen Schuldenbereinigungsplans ist, wie die Praxis zeigt, die **Aus-** 7 **nahme**. Der vom Schuldner vorzulegende Plan muss **konkrete Anhaltspunkte** bieten (→ § 309 Rn. 5), dass tatsächlich eine Kopf- und Summenmehrheit der **Gläubiger dem Plan zustimmen** und ggf. fehlende Zustimmungen der Minderheit zwangsweise ersetzt werden können (→ § 309 Rn. 43). Hierbei hat der Schuldner nachvollziehbar darzulegen, weshalb der vorangegangene außergerichtliche Einigungsversuch gescheitert ist (Anlage 2 A des amtlichen Formulars), und weshalb diese Gründe im gerichtlichen Planverfahren – objektiv betrachtet – nicht (mehr) gegeben seien (vgl. Uhlenbruck/Sternal Rn. 19). In Betracht kommen hierbei lediglich deutliche Inhaltsverbesserungen, zB durch eine Einmalzahlung oder zusätzliche Leistungen, die den Gläubigern nunmehr den Anreiz bieten, das Schuldenbereinigungsplanverfahren dem Insolvenzverfahren vorzuziehen.

Insbesondere bei einem vorgelegtem **Nullplan**, in der Praxis auch bei „flexiblen" Nullplänen 8 mit Anpassungsklauseln (→ § 309 Rn. 37), erscheint die Aussicht auf Zustimmung der Mehrheit der Gläubiger **unwahrscheinlich**. Haben die Mehrheitsgläubiger bereits im außergerichtlichen Einigungsversuch eindeutig und unmissverständlich den ihnen unterbreiteten Vorschlag abgelehnt, und weicht dieser nicht wesentlich vom neuen vorgelegten Schuldenbereinigungsplan ab, ist von Erfolglosigkeit des Plans auszugehen (Uhlenbruck/Sternal Rn. 19; HmbKommInsR/Ritter Rn. 7). Entsprechendes gilt, wenn der Schuldner erklärte, **keinen Antrag auf Zustimmungsersetzung** (§ 309 Abs. 1 S. 1) zu stellen und auch ein diesbezüglicher Gläubigerantrag unwahrscheinlich ist (MüKoInsO/Vuia Rn. 12; Graf-Schlicker/Sabel Rn. 15; → § 309 Rn. 1).

II. Aussichtslosigkeit des gerichtlichen Schuldenbereinigungsplanverfahrens (Abs. 1 S. 3)

Ist das Gericht überzeugt, dass für einen gerichtlichen Schuldenbereinigungsplan **keine** 9 **Erfolgsaussichten** bestehen, hört es den Schuldner hierzu an (Abs. 1 S. 3), soweit er nicht darauf verzichtet hat (→ Rn. 6). Entsprechendes gilt, wenn der Schuldner mit dem Antrag keinen gerichtlichen Schuldenbereinigungsplan vorgelegt hat (→ § 305 Rn. 54). Nach Ablauf der **Anhörungsfrist** ordnet der Richter (§ 18 Abs. 1 Nr. 1 RPflG) die Fortsetzung des Verfahrens über den Eröffnungsantrag in einem separaten Beschluss oder, wenn die Voraussetzungen für die Insolvenzeröffnung vorliegen, zusammen mit dem Eröffnungsbeschluss an (Abs. 1 S. 3). Die **Fortsetzungsentscheidung** ist nicht zu begründen und wegen § 6 Abs. 1 **nicht anfechtbar** (BGH BeckRS 2008, 06878).

III. Erfolgsaussichten des Schuldenbereinigungsplans und Einreichung von Planabschriften (Abs. 2 S. 2)

Bestehen **ausnahmsweise Erfolgsaussichten** für die Annahme des Plans, sei es auch durch 10 Zustimmungsersetzungen (§ 309), fordert das Gericht den Schuldner ohne weitere Anhörung oder Beschlussfassung auf, die für die Zustellung an alle Gläubiger erforderlichen **Abschriften des Schuldenbereinigungsplans** und Unterlagen zur Vermögensübersicht (→ § 307 Rn. 1) innerhalb von **zwei Wochen nach Zugang** der Aufforderung einzureichen (Abs. 2 Satz 2). Die **Frist** ist **nicht abänderbar** (§ 4 iVm § 224 ZPO). Sie beginnt mit Bewirkung der Zustellung der Aufforderung an den Schuldner entweder durch förmliche Zustellung (§ 4 iVm §§ 166 ff. ZPO) oder 3 Tage nach Aufgabe zur Post (§ 8 Abs. 1 S. 2, 3).

11 Der Schuldner ist in dem Aufforderungsschreiben auf die **Folgen des Fristversäumnisses** hinzuweisen (Uhlenbruck/Sternal Rn. 55), nämlich die Fiktion der **Insolvenzantragsrücknahme** (§ 305 Abs. 3 S. 2; → Rn. 14).

12 Zwar wird mit Abs. 2 Satz 2 der Kopieraufwand und die Kosten hierfür dem Schuldner auferlegt, aufgrund der mit der Beglaubigung einhergehenden Verpflichtung des Urkundsbeamten der Geschäftsstelle, die Vollständigkeit der Kopien zu prüfen, wird das **Gericht weitaus mehr beals entlastet** (vgl. Uhlenbruck/Sternal Rn. 52).

13 Nur mit Vorliegen der vollständigen Abschriften kann das Verfahren zur gerichtlichen Schuldenbereinigung nach § 307 fortgesetzt werden (→ Rn. 14).

IV. Rücknahmefiktion (Abs. 2 S. 3)

14 Gehen die geforderten Abschriften nicht oder **nicht vollständig innerhalb der gesetzlichen Zweiwochenfrist** bei dem Insolvenzgericht ein, gilt der Insolvenzeröffnungsantrag des Schuldners als zurückgenommen (Abs. 2 S. 3 iVm § 305 Abs. 3 S. 2). Die **Rücknahmefiktion** tritt **kraft Gesetzes** ein und bedarf keines förmlichen Gerichtsbeschlusses, gegen den ein Rechtsmittel ohnehin nicht zulässig wäre (LG Düsseldorf NZI 2003, 505; MüKoInsO/Vuia Rn. 19). Die Wirkung der Antragsrücknahme kann dem Schuldner formlos mitgeteilt werden.

C. Vorgehen bei einem Gläubigerantrag (Abs. 3)

I. Zulässigkeit des Gläubigerantrags

15 Die allgemeinen Zulässigkeitsvoraussetzungen für einen Insolvenzeröffnungsantrag eines Gläubigers bestimmt grundsätzlich § 14. Da der Gläubiger selten die richtige Verfahrensart bestimmen kann (→ § 304 Rn. 21 ff.), wird das Insolvenzgericht das Verfahren **zunächst als Regelinsolvenz** behandeln (vgl. BGH BeckRS 2009, 08182), wenn nicht ausdrücklich ein Verbraucherinsolvenzverfahren beantragt ist (HmbKommInsR/Ritter Rn. 12). Ob der Schuldner als Verbraucher iSd § 304 gilt (→ § 304 Rn. 6 ff.), hat das Gericht dann von Amts wegen zu ermitteln (§ 5 Abs. 1, → § 304 Rn. 22). Anwendung findet Abs. 3 nur bei Gläubigeranträgen hinsichtlich Vermögen von Verbrauchern (Graf-Schlicker/Sabel Rn. 23).

II. Möglichkeiten des Schuldners und Fristen für Eigenanträge

16 Ist der Gläubigerantrag zulässig, muss in jedem Fall dem **Schuldner** ermöglicht werden, einen **eigenen Insolvenzantrag** zu stellen. Das Gericht übermittelt dem Schuldner den Gläubigerantrag mit der **Gelegenheit, in angemessener Frist** (in der Regel nicht mehr als vier Wochen ab Zugang der richterlichen Verfügung; BGH BeckRS 2005, 03054) hierzu Stellung zu nehmen, selbst einen **Eröffnungsantrag** einzureichen (Abs. 3 Satz 1) und diesen mit einem Antrag auf **Restschuldbefreiung** und ggf. Stundung zu verbinden (vgl. BGH BeckRS 2004, 07439; 2005, 03054). Ist nicht offensichtlich ausgeschlossen, dass für den Schuldner das Verbraucherinsolvenzverfahren zutrifft, sollte ihm das amtliche Antragsformular (s. § 305 Abs. 5) mit dem Hinweis nach § 20 Abs. 2 und einem Hinweis auf die Rechtsfolgen des Unterbleibens eines vollständigen Eigenantrags und der Notwendigkeit des Nachweises des Scheiterns der außergerichtlichen Einigung (→ Rn. 18 f.) zugestellt werden (Graf-Schlicker/Sabel Rn. 24).

17 Die **Frist zur Eigenantragstellung** ist gesetzlich nicht normiert und ausnahmsweise verlängerbar (§ 4 iVm § 224 Abs. 2 ZPO). Wurde das Insolvenzverfahren jedoch nach Fristablauf auf den Gläubigerantrag hin bereits eröffnet, ist ein Eröffnungs- und Restschuldbefreiungsantrag des Schuldners nicht mehr möglich (BGH BeckRS 2008, 17098; 2008, 21915; vgl. auch BGH BeckRS 2015, 08996). War die gerichtliche Belehrung oder Fristsetzung hierzu fehlerhaft, ist ausnahmsweise ein „isolierter" Restschuldbefreiungsantrag zulässig (BGH BeckRS 2005, 03054; MüKoInsO/Vuia Rn. 22).

18 Ist der nachträgliche **Antrag des Schuldners** auf Eröffnung des Verbraucherinsolvenzverfahrens **unvollständig**, erhält er Gelegenheit, seinen Antrag binnen eines Monats zu ergänzen (§ 305 Abs. 3 S. 1, 2; → § 305 Rn. 26). Das Verfahren über den Eröffnungsantrag ruht solange (Abs. 1 S. 1). Die Frist des § 287 Abs. 1 S. 2 gilt auch bei einem vergessenen Antrag auf Restschuldbefreiung nicht (MüKoInsO/Vuia § 305 Rn. 20; aA Graf-Schlicker/Sabel Rn. 26, jedoch widersprüchlich zu § 305 Rn. 15). Ohne Eigenantrag ist eine Restschuldbefreiung nicht möglich (§ 287 Abs. 1 S. 1; BGH BeckRS 2015, 08996).

19 Den für Verbraucher notwendigen **außergerichtlichen Einigungsversuch** (§ 306 Abs. 3 S. 3 iVm § 305 Abs. 1 Nr. 1) hat der Schuldner notfalls nachträglich zu seinem Eigenantrag **binnen**

3 Monaten zu unternehmen und die Bescheinigung über dessen Scheitern, sowie alle in § 305 Abs. 1 genannten Unterlagen, vorzulegen (§ 305 Abs. 3 S. 3; MüKoInsO/Vuia Rn. 22; Uhlenbruck/Sternal Rn. 73). Die Entscheidung über die Eröffnungsanträge des Gläubigers und des Schuldners ruht solange (§ 306 Abs. 3 S. 2 iVm Abs. 1 S. 1). Eine Verlängerung der gesetzlichen Frist zur Vorlage des Ergebnisses des Einigungsversuches ist nicht möglich (§ 305 Abs. 3 S. 3). Einem Verbraucher bleibt es auch bei einem auf einen vorangegangenen Gläubigerantrag gestellten Eigenantrag nicht erspart, die außergerichtliche und gerichtliche Einigung zu versuchen, wenn er die Restschuldbefreiung erlangen will (vgl. Uhlenbruck/Sternal Rn. 64). Ein Eigenantrag ohne fristgerecht erbrachten Nachweis des Scheiterns der außergerichtlichen Einigung ist unzulässig und gilt als zurückgenommen (§ 305 Abs. 3 S. 2), womit eine Restschuldbefreiung nicht möglich ist (→ Rn. 18). Erst wenn insbesondere aufgrund des Gläubigerantrags eine Einigung in einem gerichtlichen Schuldenbereinigungsplan aussichtslos erscheint, kann das Gericht die Fortsetzung des Eröffnungsverfahrens anordnen (Abs. 1 S. 3, → Rn. 9) und über die Begründetheit der Insolvenzeröffnungsanträge entscheiden.

III. Fortgang des Verfahrens nach Schuldneranhörung

Ist die **außergerichtliche Einigung erfolgreich,** sind die anhängigen Schuldner- und Gläubigeranträge auf Eröffnung des Insolvenzverfahrens erledigt. Kommt ein gerichtlicher Schuldenbereinigungsplan zustande, gelten die Eröffnungsanträge als zurückgenommen (§ 308 Abs. 2). 20

Nimmt der antragstellende Gläubiger seinen **Fremdantrag zurück,** erklärt er ihn für erledigt oder wird er mangels Masse abgewiesen (§ 26 Abs. 1 S. 1), sind die dem Schuldner nach § 306 Abs. 3 gesetzten Fristen gegenstandslos. Dem Schuldner bleibt es unbenommen, jederzeit einen eigenen Insolvenzantrag zu stellen (BGH BeckRS 2006, 00631). 21

Verzichtet der Schuldner ausdrücklich auf Stellung eines eigenen Antrags oder stellt er binnen der richterlichen Frist (→ Rn. 17) keinen Antrag auf Insolvenzverfahrenseröffnung, wird das Eröffnungsverfahren ohne Schuldenbereinigungsverfahren fortgesetzt (→ Rn. 9) und über den Gläubigerantrag entschieden. Der Schuldner kann dann in diesem Verfahren mangels Eigenantrags keine Restschuldbefreiung erlangen (§ 287 Abs. 1 S. 1; BGH BeckRS 2015, 08996). Ihm ist, solange das Insolvenzverfahren aufgrund des Gläubigerantrags nicht abgeschlossen ist, auch ein neuer Antrag auf Restschuldbefreiung nicht möglich (BGH BeckRS 2006, 08994). 22

Sind sowohl die Anträge des Gläubigers und des Schuldners zulässig, verbindet das Gericht die beiden Verfahren unter **Führung des Eigenantrags** und entscheidet im Antragsverfahren des Schuldners (Graf-Schlicker/Sabel Rn. 33; → Rn. 23.1). 23

Wenn das Insolvenzverfahren in diesem Fall eröffnet wird, geschieht dies folglich auf Antrag des Schuldners, womit ua die verlängerte Rückschlagsperre nach § 88 Abs. 2 gilt. 23.1

§ 307 Zustellung an die Gläubiger

(1) ¹Das Insolvenzgericht stellt den vom Schuldner genannten Gläubigern den Schuldenbereinigungsplan sowie die Vermögensübersicht zu und fordert die Gläubiger zugleich auf, binnen einer Notfrist von einem Monat zu den in § 305 Abs. 1 Nr. 3 genannten Verzeichnissen und zu dem Schuldenbereinigungsplan Stellung zu nehmen; die Gläubiger sind darauf hinzuweisen, dass die Verzeichnisse beim Insolvenzgericht zur Einsicht niedergelegt sind. ²Zugleich ist jedem Gläubiger mit ausdrücklichem Hinweis auf die Rechtsfolgen des § 308 Abs. 3 Satz 2 Gelegenheit zu geben, binnen der Frist nach Satz 1 die Angaben über seine Forderungen in dem beim Insolvenzgericht zur Einsicht niedergelegten Forderungsverzeichnis zu überprüfen und erforderlichenfalls zu ergänzen. ³Auf die Zustellung nach Satz 1 ist § 8 Abs. 1 Satz 2, 3, Abs. 2 und 3 nicht anzuwenden.

(2) ¹Geht binnen der Frist nach Absatz 1 Satz 1 bei Gericht die Stellungnahme eines Gläubigers nicht ein, so gilt dies als Einverständnis mit dem Schuldenbereinigungsplan. ²Darauf ist in der Aufforderung hinzuweisen.

(3) ¹Nach Ablauf der Frist nach Absatz 1 Satz 1 ist dem Schuldner Gelegenheit zu geben, den Schuldenbereinigungsplan binnen einer vom Gericht zu bestimmenden Frist zu ändern oder zu ergänzen, wenn dies auf Grund der Stellungnahme eines Gläubigers erforderlich oder zur Förderung einer einverständlichen Schuldenbereinigung sinnvoll erscheint. ²Die Änderungen oder Ergänzungen sind den Gläubigern zuzustellen, soweit dies erforderlich ist. ³Absatz 1 Satz 1, 3 und Absatz 2 gelten entsprechend.

Überblick

§ 307 stellt die Kernvorschrift des gerichtlichen Schuldenbereinigungsplanverfahrens dar. Damit möglichst zeitnah Klarheit besteht, ob eine einvernehmliche Schuldenbereinigung aussichtsreich ist oder ob die Eröffnung eines Insolvenzverfahrens geprüft werden muss, setzt die Vorschrift den Gläubigern eine Monatsfrist zur Äußerung. Verstreicht die Frist ungenutzt, tritt eine unwiderlegbare Zustimmungsfiktion zum Schuldenbereinigungsplan ein.

Übersicht

	Rn.		Rn.
A. Zustellung des Schuldenbereinigungsplans und der Vermögensübersicht	1	5. Unmöglichkeit der Zustellung	16
		6. Keine Zustellungserleichterungen	17
I. Gegenstand und Zeitpunkt der Zustellung	1	III. Monatsfrist zur Stellungnahme	19
1. Beglaubigte Abschriften des Schuldenbereinigungsplans und der Vermögensübersicht	1	B. Reaktion der Gläubiger	20
		I. Wirkung des Schweigens und Zustimmung des Gläubigers	20
2. Hinweise und Aufforderungen an die Gläubiger	4	II. Formunwirksamer oder verspäteter Widerspruch	22
3. Zeitpunkt der Vornahme der Zustellungen	9	III. Form- und fristgerechte Stellungnahme und Widerspruch	24
II. Form der Zustellung	12	C. Änderung des Schuldenbereinigungsplans	27
1. Zustellungsadressat	12	I. Erforderliche und sinnvolle Änderungen	27
2. Zustellung an Gläubiger, Vertreter oder Verfahrensbevollmächtigte	13	II. Weiteres gerichtliches Verfahren zur Planänderung	30
3. Zustellungen an Behörden oder Inkassounternehmen	14	III. Vorgehen nach Änderung des Schuldenbereinigungsplans	33
4. Auslandszustellung	15		

A. Zustellung des Schuldenbereinigungsplans und der Vermögensübersicht

I. Gegenstand und Zeitpunkt der Zustellung

1. Beglaubigte Abschriften des Schuldenbereinigungsplans und der Vermögensübersicht

1   **Zuzustellen** hat das Gericht **von Amts wegen** (Abs. 1 S. 3 iVm § 8 Abs. 1 S. 1) an jeden im Gläubigerverzeichnis genannten Gläubiger (→ Rn. 12) je eine **beglaubigte Abschrift** des gerichtlichen Schuldenbereinigungsplans und der Vermögensübersicht (Abs. 1 S. 1 Hs. 1), nicht jedoch das vollständige Vermögensverzeichnis oder sonstige Anlagen zum Antrag des Schuldners.

2   Die vom Schuldner **eingereichten Abschriften** (→ § 306 Rn. 10; → § 306 Rn. 13) hat das Insolvenzgericht mit der in der Akte befindlichen Urschrift des Schuldenbereinigungsplans zu **vergleichen** und deren Übereinstimmung, soweit noch nicht von einem Rechtsanwalt vorgenommen, zu **beglaubigen** (§ 169 Abs. 2 S. 1 ZPO). Sind die eingereichten Kopien vom Schuldner unterzeichnet oder zum Original verändert, können diese mangels Übereinstimmung nicht beglaubigt und auch nicht für die Zustellung verwendet werden (KPB/Wenzel Rn. 5; Graf-Schlicker/Sabel Rn. 3). Der Schuldner hat verwendbare Abschriften binnen der ursprünglich zur Einreichung gesetzten Zweiwochenfrist (§ 306 Abs. 2 S. 2) nachzureichen. Die Zustellung unbeglaubigter Kopien ist ebenso wenig ausreichend (MüKoInsO/Vuia Rn. 7; Uhlenbruck/Sternal Rn. 5), wie die Zustellung unvollständig eingereichter Unterlagen iSd § 305 Abs. 1 Nr. 1–4 (OLG Frankfurt a. M. BeckRS 2000, 30125021; MüKoInsO/Vuia Rn. 6).

3   Die Originale des Schuldenbereinigungsplans und der Vermögensübersicht bleiben bei den Insolvenzakten des Gerichts. Alle nicht von Amts wegen zuzustellenden Schriftstücke können durch die Gläubiger beim Insolvenzgericht **eingesehen werden** (Abs. 1 S. 1 Hs. 2).

2. Hinweise und Aufforderungen an die Gläubiger

4   Zusammen mit dem Schuldenbereinigungsplan und der Vermögensübersicht (→ Rn. 1) hat das Gericht **ausdrückliche Aufforderungen und Hinweise** an die Gläubiger **zuzustellen.** Zunächst sind die Gläubiger aufzufordern, **binnen Monatsfrist** (→ Rn. 19) sowohl zu den übersandten als auch zu den nicht mitzugestellten, sondern beim Insolvenzgericht niedergelegten sonstigen Unterlagen und Verzeichnissen, **Stellung zu nehmen** (Abs. 1 S. 1). Hierbei werden die Gläubiger darauf **hingewiesen,** dass die Anlagen zum Insolvenzantrag und zur Vermögensübersicht, sowie sämtliche eingereichten Verzeichnisse, insbesondere das Forderungsverzeichnis (§ 305 Abs. 1 Nr. 3 Hs. 1), beim Insolvenzgericht **zur Einsicht niedergelegt sind** (Abs. 1 S. 1 Hs. 2).

Der Empfänger ist des Weiteren aufzufordern, die vom Schuldner gemachten **Angaben,** insbesondere über seine Verbindlichkeiten im (nur) niedergelegten Verzeichnis, zu **überprüfen** und ggf. zu ergänzen (Abs. 1 S. 2). Die Prüfung ist wegen der Folge des Erlöschens nicht aufgeführter Forderungen (§ 308 Abs. 3 S. 2 Hs. 2) sorgfältig vorzunehmen. 5

Mit den Aufforderungen ist der **Hinweis** zu verbinden, dass eine nicht fristgerechte Abgabe einer Stellungnahme sowohl **als Einverständnis** mit dem vorliegenden Schuldenbereinigungsplan als auch mit den darin **gemachten Angaben gilt** (Abs. 2 S. 1, 2). Auch über die **Folgen bei Untätigkeit ist zu belehren** (Abs. 2 S. 2, Abs. 1 S. 2). Zum einen gilt das Schweigen (→ Rn. 20) als unwiderlegbares Einverständnis mit dem Schuldenbereinigungsplan (Abs. 2 S. 1). Zum anderen erlöschen die im Forderungsverzeichnis nicht enthaltenen und nicht fristgerechten Forderungsergänzungen bei Annahme des Schuldenbereinigungsplans nach § 308 Abs. 3 S. 2 Hs. 2 (→ § 308 Rn. 10). **Unterlässt** das Insolvenzgericht **die Zustellung dieses Hinweises oder Belehrung,** greift die entsprechende Einverständnisfiktion des Abs. 2 nicht (Uhlenbruck/Sternal Rn. 37; Graf-Schlicker/Sabel Rn. 7) bzw. erlöschen die Forderungen nach § 308 Abs. 3 S. 2 nicht (HmbKomm-InsR/Ritter Rn. 5; aA Uhlenbruck/Sternal Rn. 36). 6

Wurde an einen Gläubiger eine Forderung **abgetreten,** ohne dies dem Schuldner mitzuteilen, hat der Gläubiger eine Zustellung an den Zedenten und die Folgen des Fristversäumnisses entsprechend § 407 BGB gegen sich gelten zu lassen (AG Köln BeckRS 2012, 08153). 7

Die Wirkungen des Abs. 2 treten kraft Gesetzes ein und sind **nicht beschwerdefähig** (MüKo-InsO/Vuia Rn. 12). 8

3. Zeitpunkt der Vornahme der Zustellungen

Die Zustellungen sind **unverzüglich** nach Eingang und Prüfung der Abschriften (§ 306 Abs. 2 S. 2) grundsätzlich **gleichzeitig** zu bewirken. 9

Fehlen Zustellanschriften ist nach § 305 Abs. 3 zu verfahren (→ § 305 Rn. 53). Postfachanschriften sind für die Zustellung nicht ausreichend (Uhlenbruck/Sternal § 305 Rn. 105). Sind einzelne Gläubiger postalisch nicht mehr zu erreichen, fordert das Insolvenzgericht den Schuldner zunächst auf, binnen einer angemessenen Frist die neuen **Anschriften beizubringen.** Gelingt ihm das trotz glaubhaft gemachter eingehender Bemühungen nicht, ist eine Zustellung an den unerreichten Gläubiger durch **öffentliche Bekanntmachung** nach § 4 InsO iVm § 185 Nr. 1 ZPO durchzuführen (Uhlenbruck/Sternal Rn. 24 mwN; HmbKommInsR/Ritter Rn. 4). Eine öffentliche Bekanntmachung durch Veröffentlichung im Internet nach § 9 entspricht nicht der Zustellung nach § 185 ZPO (MüKoInsO/Vuia Rn. 7; Uhlenbruck/Sternal Rn. 25). Das Gericht ermittelt die fehlenden Anschriften weder von Amts wegen, da § 5 Abs. 1 im Schuldenbereinigungsplanverfahren noch keine Anwendung findet, noch auf Antrag. Bemüht sich der Schuldner nicht erkennbar um die neuen Anschriften der Gläubiger, ist der Insolvenzantrag als unzulässig zurückzuweisen, da der Schuldner der Pflicht zur Vorlage eines richtigen und vollständigen Gläubigerverzeichnisses nach § 305 Abs. 1 Nr. 3 nicht nachkommt (vgl. Uhlenbruck/Sternal Rn. 23; aA Graf-Schlicker/Sabel Rn. 5). 10

Ist der Sitz eines **Gläubigers im Ausland** und wird eine aufwändige Auslandszustellung erforderlich, kann das Insolvenzgericht aus Kostengründen und zur Zeitersparnis zunächst Reaktionen der problemlos erreichbaren Gläubiger abwarten, und eine Zustellung ins Ausland erst vornehmen, wenn sich eine mehrheitliche Annahme des Plans abzeichnet (vgl. Graf-Schlicker/Sabel Rn. 5). 11

II. Form der Zustellung

1. Zustellungsadressat

Nur die vom Schuldner **im Gläubigerverzeichnis** bzw. Anlage 7 des Formblattsatzes **genannten Gläubiger** erhalten vom Insolvenzgericht eine beglaubigte Abschrift des Schuldenbereinigungsplans und der Vermögensübersicht per Zustellung weitergeleitet. Weder steht dem Gericht ein Auswahlermessen zu (vgl. MüKoInsO/Vuia Rn. 7a), noch ermittelt es weitere Gläubiger und deren Anschriften (→ Rn. 10). 12

2. Zustellung an Gläubiger, Vertreter oder Verfahrensbevollmächtigte

13 Grundsätzlich ist **an die Gläubiger persönlich** an die im Gläubigerverzeichnis angegebene Anschrift **zuzustellen**. Auch wenn Abs. 1 S. 3 die Vorschrift des § 8 Abs. 2 S. 2 für nicht anwendbar erklärt, muss nach den allgemeinen Regeln in § 4 InsO iVm den §§ 171 ff. ZPO die Zustellung an einen zur Entgegennahme von Zustellungen berechtigten Vertreter zulässig sein, da das Gesetz keine Höchstpersönlichkeit des Empfangs bei der Zustellung verlangt (Nerlich/Römermann/ Römermann § 307 Rn. 3). Allerdings rechtfertigt nur die Angabe eines Gläubigervertreters in dem vom Schuldner erstellten Gläubigerverzeichnis ohne Bescheinigung (Vollmacht) in den miteingereichten Unterlagen keine gerichtliche Zustellung an den benannten Vertreter. Die Vertretung des Gläubigers muss vielmehr nachgewiesen sein (Uhlenbruck/Sternal Rn. 12; aA Graf-Schlicker/Sabel Rn. 4). Wird im weiteren Schuldenbereinigungsplanverfahren eine **Vertretung des Gläubigers** angezeigt, muss im Gegensatz zum Vertreter ein Rechtsanwalt keine schriftliche Vollmacht vorlegen (§ 4 InsO iVm §§ 80, 88 Abs. 2 ZPO). Die Zustellung erfolgt dann nur noch an den Vertreter (vgl. § 4 InsO iVm § 172 Abs. 1 S. 1 ZPO; Uhlenbruck/Sternal Rn. 13 mwN), und zwar gegen Empfangsbekenntnis an den verfahrensbevollmächtigten Rechtsanwalt (§ 174 Abs. 1 ZPO); an andere Vertreter durch Zustellurkunde (→ Rn. 18, → Rn. 13.1).

13.1 Ist Gläubigerin eine im Handelsregister gelöschte GmbH, ist der Schuldner verpflichtet, beim Registergericht einen Antrag auf Bestellung eines Nachtragsliquidators mit zustellfähiger Anschrift zu stellen (OLG Frankfurt a. M. BeckRS 2000, 30125021; Uhlenbruck/Sternal Rn. 18; aA Graf-Schlicker/Sabel Rn. 6).

3. Zustellungen an Behörden oder Inkassounternehmen

14 An **Behörden** wird gegen Empfangsbekenntnis nach § 174 Abs. 1 ZPO zugestellt. An **Inkassounternehmen** kann eine Zustellung im Schuldenbereinigungsplanverfahren erfolgen, wenn es im Gläubigerverzeichnis aufgeführt und die Vertretung des Gläubigers nachgewiesen ist (§ 305 Abs. 4 S. 2 iVm § 174 Abs. 1 S. 3 InsO; OLG Köln BeckRS 2000, 30147308 ist teilweise überholt). An Inkassounternehmen hat eine förmliche Zustellung mittels Zustellungsurkunde (§ 176 ZPO) zu erfolgen.

4. Auslandszustellung

15 An Gläubiger mit Sitz im Ausland ist die Zustellung nach §§ 183, 184 ZPO und – soweit möglich – durch Einschreiben mit Rückschein durchzuführen. Bei aufwändiger durchzuführenden Auslandszustellungen kann zunächst abgewartet werden (→ Rn. 11).

5. Unmöglichkeit der Zustellung

16 Ist eine Zustellung an einen Gläubiger nicht möglich, kann dies im Ausnahmefall durch **öffentliche Bekanntmachung** nach § 4 InsO iVm § 185 Nr. 1 ZPO erfolgen (→ Rn. 10).

6. Keine Zustellungserleichterungen

17 Die **Zustellungen** erfolgen von Amts wegen (Abs. 1 S. 3 iVm § 8 Abs. 1 S. 1) **durch das Insolvenzgericht**. Weder kann ein (vorläufiger) Insolvenzverwalter mit der Zustellung beauftragt werden, da § 8 Abs. 3 über Abs. 1 S. 3 ausgeschlossen ist, noch kann die Zustellung durch eine öffentliche Bekanntmachung nach § 9 ersetzt werden (→ Rn. 10). Auch eine Zustellung durch Aufgabe zur Post ist wegen Abs. 1 S. 3 nicht möglich (MüKoInsO/Vuia Rn. 7).

18 Vorzuziehen ist die **Zustellung durch Zustellungsurkunde** (§ 176 ZPO), da diese gegenüber einem Einschreiben mit Rückschein (§ 175 ZPO) zum einen erhöhte Beweiskraft, zum anderen geringere Risiken wie Annahmeverweigerung oder Manipulation (s. MüKoZPO/Häublein ZPO § 175 Rn. 6) birgt. Die folgenreiche Fristauslösung der Zustimmungsfiktion (→ Rn. 20) rechtfertigt den erhöhten Arbeits- und Kostenaufwand des Gerichts (MüKoInsO/Vuia Rn. 7). Die Anwendung des § 173 ZPO (Aushändigung an Amtsstelle) scheidet praktisch aus. Zustellungsmängel können durch die tatsächliche Bewirkung der Zustellung geheilt werden (§ 189 ZPO).

III. Monatsfrist zur Stellungnahme

19 Die **nicht verlängerbare Notfrist** von einem Monat (Abs. 1 S. 1 Hs. 1) zur Stellungnahme und Ergänzung des Forderungsverzeichnisses beginnt für jeden Gläubiger mit Bewirken der Zustellung der Aufforderungen mit den Hinweisen auf die Folgen eines ungenutzten Verstreichens

(→ Rn. 6). Eine Wiedereinsetzung in den vorigen Stand bei schuldlosem Fristversäumnis gem. § 322 ZPO ist möglich (vgl. BGH BeckRS 2013, 22776; Uhlenbruck/Sternal Rn. 32).

B. Reaktion der Gläubiger

I. Wirkung des Schweigens und Zustimmung des Gläubigers

Das **Schweigen** eines Gläubigers **gilt als Einverständnis** mit dem Schuldenbereinigungsplan (Abs. 2 S. 1). Die **unwiderlegbare Fiktion** tritt jedoch nur ein, wenn dem Gläubiger eine entsprechende Belehrung (→ Rn. 6) über die Folgen einer unterlassenen Stellungnahme mit der Aufforderung hierzu wirksam zugestellt wurde (Abs. 2 S. 2; LG Berlin ZVI 2002, 13; Graf-Schlicker/Sabel Rn. 7; Uhlenbruck/Sternal Rn. 37, 60; aA Nerlich/Römermann/Römermann Rn. 13). Eine ausdrückliche Zustimmung des Gläubigers kann auch nach Ablauf der Monatsfrist erfolgen (BGH BeckRS 2006, 01927).   20

Ist nicht auslegbar, dass die Äußerung des Gläubigers oder seines Vertreters eine bedingungslose Zustimmung darstellen soll, kann das Gericht ihn zur Klarstellung auffordern (BGH BeckRS 2006, 01927). Eine Erklärung, dass dem Plan nur unter der Voraussetzung zugestimmt werde, dass auch alle anderen Gläubiger zustimmen, stellt eine **aufschiebende Bedingung** dar, die bei Zustimmung aller anderen Gläubiger eintritt, und womit folglich der Schuldenbereinigungsplan angenommen wird (Uhlenbruck/Sternal Rn. 38). Die Zustimmung ist als Prozesserklärung **unanfechtbar und unwiderruflich**.   21

II. Formunwirksamer oder verspäteter Widerspruch

Die Einwendungen sind schriftlich, eigenhändig oder von einem Bevollmächtigten unterzeichnet gegenüber dem Insolvenzgericht zu erheben (vgl. HmbKommInsR/Ritter Rn. 6). Eine nur telefonisch oder per E-Mail übermittelte Stellungnahme ist unwirksam und gilt als nicht abgegeben. Eine auf dem Schriftsatz fehlende Unterschrift stellt einen **Formmangel** dar, auf den das Insolvenzgericht hinzuweisen hat, und der nur wirksam geheilt werden kann, wenn die Unterzeichnung binnen der Monatsfrist nachgeholt wird (Uhlenbruck/Sternal Rn. 40). Eine fehlende Vollmacht kann nachgereicht werden (§ 80 S. 2 ZPO, § 88 Abs. 2 ZPO; → Rn. 22.1).   22

Auch ein Inkassounternehmen kann bei wirksamen Nachweis der Bevollmächtigung eine Stellungnahme für den Gläubiger abgeben (vgl. § 305 Abs. 4 S. 2; Uhlenbruck/Sternal Rn. 44–46).   22.1

Ein Widerspruch muss beim Insolvenzgericht **binnen der Monatsfrist** nach Zustellung des Schuldenbereinigungsplans an den betroffenen Gläubiger **eingegangen** sein. Den Empfangszeitpunkt weist der gerichtliche Eingangsstempel aus (§ 418 Abs. 2 ZPO). Ein nach Ablauf der Monatsfrist eingehender Widerspruch ist unbeachtlich und gilt als Schweigen (vgl. BGH BeckRS 2006, 01927).   23

III. Form- und fristgerechte Stellungnahme und Widerspruch

Geht zwar binnen der Monatsfrist eine formgerechte (schriftliche und unterzeichnete) Stellungnahme eines Gläubigers ein, ist darin aber eine ausdrückliche **Zustimmung nicht zu erkennen** oder eine endgültige Entscheidung vorbehalten, ist diese als Widerspruch zu werten. Eine nachträgliche, außerhalb der Notfrist liegende Klarstellung des rechtzeitigen Widerspruchs ist ebenso möglich (OLG Köln BeckRS 2000, 30147308), wie die nachträgliche Zustimmung (BGH BeckRS 2006, 01927). Eine Zustimmung unter Bedingung der Abänderung oder Ergänzung des Schuldenbereinigungsplans stellt einen Widerspruch dar (§ 150 Abs. 2 BGB analog; Uhlenbruck/Sternal Rn. 55, 56; HmbKommInsR/Ritter Rn. 7).   24

Auch ein fristgerechter **Widerspruch eines nicht im Gläubigerverzeichnis** enthaltenen Gläubigers gegen den Schuldenbereinigungsplan ist zu berücksichtigen. Nimmt der Schuldner den Gläubiger nicht nachträglich auf, gelten für diesen Gläubiger die Wirkungen nach § 308 Abs. 1 nicht (§ 308 Abs. 3 S. 1). Ändert der Schuldner das Gläubigerverzeichnis und den Plan, ist der Gläubiger künftig zu berücksichtigen (→ Rn. 33). Nach Ablauf der Monatsfrist ist ein nicht berücksichtigter Gläubiger mangels Wirkungen des § 308 Abs. 1 nicht beschwert.   25

Die **Begründung** eines Widerspruchs ist nicht notwendig (OLG Celle LSK 2001, 050070; MüKoInsO/Vuia Rn. 10 mwN; → § 311 Rn. 2), liefert dem Insolvenzgericht und dem Schuldner jedoch Anhaltspunkte für eine mögliche Planänderung.   26

C. Änderung des Schuldenbereinigungsplans

I. Erforderliche und sinnvolle Änderungen

27 **Zwingend erforderlich** iSd Abs. 3 S. 1 Alt. 1 ist die Aufforderung zur Änderung des Plans und der Verzeichnisse, wenn ein Gläubiger eine gänzliche oder teilweise **Nichtberücksichtigung (einer) seiner Forderung** rügt (OLG Celle LSK 2001, 050070; MüKoInsO/Vuia Rn. 14 mwN).

28 Ergeben die Widersprüche der Gläubiger, dass bei Änderungen und Ergänzungen entsprechend der Stellungnahmen (ausnahmsweise) eine **konkrete Aussicht auf ein Zustandekommen** des Plans besteht, ist dem Schuldner hierzu Gelegenheit zu geben (Abs. 3 S. 1; BGH BeckRS 2006, 01927). Dies gilt auch, wenn zunächst der Schuldenbereinigungsplan in der vorliegenden Form keine Ersetzung der Zustimmung (§ 309) wegen fehlender Kopf- und Summenmehrheit ermöglicht.

29 Ob es aufgrund anderer Ergänzungs- oder **Änderungsbegehren tatsächlich sinnvoll** ist (Abs. 3 S. 1 Alt. 2), dem Schuldner eine Gelegenheit zur Änderung einzuräumen, oder ob das Verfahren hierdurch nur unnötig verzögert wird, muss das Insolvenzgericht nach pflichtgemäßen Ermessen entsprechend § 306 Abs. 1 S. 2 (→ § 306 Rn. 6) abwägen (BGH BeckRS 2006, 01927; Uhlenbruck/Sternal Rn. 67; HmbKommInsR/Ritter Rn. 12).

II. Weiteres gerichtliches Verfahren zur Planänderung

30 Das Insolvenzgericht **muss bzw. kann** (→ Rn. 27) dem Schuldner die **Stellungnahmen zuleiten** und kann ihm konkrete Hinweise zur Änderung des Plans und gezielt auf Ergänzungsvorschläge der Gläubiger geben (Graf-Schlicker/Sabel Rn. 15). Eine gerichtliche Vermittlungspflicht besteht nicht (MüKoInsO/Vuia Rn. 16). Im Ausnahmefall kann ein mündlicher Verhandlungstermin durchgeführt werden (Uhlenbruck/Sternal Rn. 76).

31 Das Gericht räumt dem Schuldner zur **Vorlage eines geänderten Plans** eine angemessene Frist ein, die unabhängig von der Notfrist nach Abs. 1 S. 1 ist (Graf-Schlicker/Sabel Rn. 17; HmbKommInsR/Ritter Rn. 13; aA Uhlenbruck/Sternal Rn. 72). Hierbei ist der Schuldner erneut aufzufordern, die zur erneuten Zustellung an die Gläubiger erforderliche Anzahl von Kopien des geänderten Schuldenbereinigungsplans zu übersenden. Die Rücknahmefiktion des § 305 Abs. 3 S. 2 greift nunmehr allerdings nicht mehr (Graf-Schlicker/Sabel Rn. 19).

32 Eine Änderungspflicht besteht für den Schuldner nicht. **Unterbleibt eine Planneufassung**, ist das Verfahren durch Beschluss wieder aufzunehmen und fortzusetzen (§ 311 analog). Die Zustimmungsfiktion nach Abs. 2 gilt nicht für das Schweigen des Schuldners (MüKoInsO/Vuia Rn. 14).

III. Vorgehen nach Änderung des Schuldenbereinigungsplans

33 Ändert der Schuldner den Plan teilweise oder aber auch hinsichtlich aller widersprochenen Punkte, ist eine **erneute förmliche Zustellung** (der beglaubigten Abschriften → Rn. 2) an die Gläubiger erforderlich (Uhlenbruck/Sternal Rn. 77; MüKoInsO/Vuia Rn. 15; aA Graf-Schlicker/Sabel Rn. 18). Eine lediglich formlose Übersendung an einzelne Gläubiger ist nach Abs. 3 S. 2 ausnahmsweise nur möglich, wenn die Zustimmung zum Plan von bestimmten Ergänzungen abhängig gemacht und dies als Widerspruch des Gläubigers gewertet wurde (→ Rn. 21), die aber nunmehr vollumfänglich umgesetzt sind (Uhlenbruck/Sternal Rn. 79; HmbKommInsR/Ritter Rn. 14). Mit den neuen Schuldenbereinigungsplan sind auch die **Hinweise** nach Abs. 1 S. 1, 3, Abs. 2 S. 2 (→ Rn. 6) **erneut zuzustellen** (Abs. 3 S. 3) und mit der Aufforderung zur Stellungnahme zum geänderten Plan binnen der erneuten Notfrist von einem Monat zu verbinden (→ Rn. 4).

34 Abhängig von den erneuten Stellungnahmen der Gläubiger kann das Insolvenzgericht ein erneutes Planänderungsprocedere durchführen. Ein Anspruch des Schuldners auf eine weitere Änderung oder Vermittlung besteht nicht. **Wiederholte Planänderungsversuche** sind jedoch weder ausgeschlossen noch auf bestimmte Ausnahmefälle beschränkt (Uhlenbruck/Sternal Rn. 71; einschränkend HmbKommInsR/Ritter Rn. 15). In Wiederholungsfällen ist jedoch die Frage, ob eine Änderung noch sinnvoll iSd Abs. 3 S. 1 ist, durch das Insolvenzgericht immer kritischer abzuwägen.

§ 308 Annahme des Schuldenbereinigungsplans

(1) ¹Hat kein Gläubiger Einwendungen gegen den Schuldenbereinigungsplan erhoben oder wird die Zustimmung nach § 309 ersetzt, so gilt der Schuldenbereinigungsplan als angenommen; das Insolvenzgericht stellt dies durch Beschluss fest. ²Der Schuldenbereinigungsplan hat die Wirkung eines Vergleichs im Sinne des § 794 Abs. 1 Nr. 1 der Zivilprozeßordnung. ³Den Gläubigern und dem Schuldner ist eine Ausfertigung des Schuldenbereinigungsplans und des Beschlusses nach Satz 1 zuzustellen.

(2) Die Anträge auf Eröffnung des Insolvenzverfahrens und auf Erteilung von Restschuldbefreiung gelten als zurückgenommen.

(3) ¹Soweit Forderungen in dem Verzeichnis des Schuldners nicht enthalten sind und auch nicht nachträglich bei dem Zustandekommen des Schuldenbereinigungsplans berücksichtigt worden sind, können die Gläubiger von dem Schuldner Erfüllung verlangen. ²Dies gilt nicht, soweit ein Gläubiger die Angaben über seine Forderung in dem beim Insolvenzgericht zur Einsicht niedergelegten Forderungsverzeichnis nicht innerhalb der gesetzten Frist ergänzt hat, obwohl ihm der Schuldenbereinigungsplan übersandt wurde und die Forderung vor dem Ablauf der Frist entstanden war; insoweit erlischt die Forderung.

Überblick

Die Norm behandelt den förmlichen Verfahrensabschluss bei einem erfolgreichen Schuldenbereinigungsplanverfahren und dessen Auswirkungen auf Gläubiger und den Schuldner.

Übersicht

	Rn.		Rn.
A. Feststellung der Annahme des Schuldenbereinigungsplans (Abs. 1 S. 1)		II. Auswirkungen auf Sicherheiten	15
I. Voraussetzungsprüfung	1	III. Von der Schuldenbereinigung ausgenommene Forderungen	17
II. Der Feststellungsbeschluss	4	C. Entfallen der Wirkungen und Wiederaufleben ursprünglicher Forderungen	20
III. Beendigung des Insolvenzverfahrens (Abs. 2)	8	I. Nichterfüllung der Pflichten aus dem Plan	20
B. Wesen und Wirkungen des zustande gekommenen Schuldenbereinigungsplans (Abs. 1 S. 2)	9	II. Änderung der persönlichen und wirtschaftlichen Verhältnisse des Schuldners	21
I. Der Schuldenbereinigungsplan als Prozessvergleich	9		

A. Feststellung der Annahme des Schuldenbereinigungsplans (Abs. 1 S. 1)

I. Voraussetzungsprüfung

Der Schuldenbereinigungsplan gilt als zustande gekommen, wenn **keine Einwendung** von einem der darin aufgeführten Gläubiger **(mehr) im Raume steht** (BayObLG BeckRS 2000, 30148833). Entweder wurde keine Einwendung erhoben (Abs. 1 S. 1 Hs. 1) und der Schuldenbereinigungsplan damit stillschweigend angenommen, oder ein fristgerecht erhobener Widerspruch wurde wieder zurückgenommen oder durch eine Zustimmung rechtskräftig nach § 309 ersetzt. Für die Annahme des Schuldenbereinigungsplans gilt das **Einstimmigkeitsprinzip** (Uhlenbruck/Sternal Rn. 4). 1

Das Insolvenzgericht hat jede binnen der Anhörungsfrist (→ § 307 Rn. 4) **eingegangene Stellungnahme** dahingehend zu kontrollieren, ob diese eine Zustimmung oder eine Einwendung darstellen soll. Im Zweifelsfall hat das Gericht nachzufragen und auf eine Klärung hinzuwirken (BGH BeckRS 2006, 01927). Nur wenn eine Antwort eines Gläubigers vorbehaltlos als Zustimmung gewertet werden kann, kann die Feststellung nach Abs. 1 S. 1 ergehen (→ Rn. 4). Andernfalls ist zu prüfen, ob Einwendungen einzelner Gläubiger unter den Voraussetzungen des § 309 ersetzt werden können, um das Zustandekommen des Schuldenbereinigungsplans zu erreichen (Abs. 1 S. 1). Soweit eine Einwendung eines Gläubigers **nicht ersetzt werden** kann, gilt der Schuldenbereinigungsversuch als gescheitert und das Verfahren über den Insolvenzeröffnungsantrag ist wieder aufzunehmen (§ 311). 2

InsO § 308

3 Bei den Gläubigern, von denen **keine Antwort** vorliegt, ist die Wirksamkeit der Zustellung des Schuldenbereinigungsplans mit den erforderlichen Belehrungen und Hinweisen (→ § 307 Rn. 6) besonders sorgfältig nachzuprüfen und ggf. zu wiederholen (Graf-Schlicker/Sabel Rn. 3), da das Schweigen als Zustimmung gilt (§ 307 Abs. 2 S. 1).

II. Der Feststellungsbeschluss

4 Liegen keine Einwendungen (mehr) vor oder wurde die Zustimmung gem. § 309 rechtskräftig ersetzt, stellt das Gericht gemäß dem Wortlaut des Abs. 1 S. 1 Hs. 2 zunächst **dies und weiter die daraus resultierende Annahme** des Schuldenbereinigungsplans **mittels Beschluss** fest. Wurden Zustimmungen ersetzt, ist zunächst die Rechtskraft der Ersetzungsentscheidung abzuwarten (BayObLG BeckRS 2000, 30148833). Der Beschluss nach Abs. 1 S. 1 wird andernfalls wieder gegenstandslos, wenn eine Zustimmungsersetzung im Beschwerdeverfahren aufgehoben wird (BayObLG BeckRS 2000, 30148833; AG Hamburg LSK 2000, 400162).

5 Eine **Änderungsmöglichkeit** oder **inhaltliche Prüfung** des zustande gekommenen Plans ist dem Insolvenzgericht **verwehrt** (OLG Köln BeckRS 1999, 30079937).

6 Obwohl der Feststellungsbeschluss nach Abs. 1 S. 1 lediglich **deklaratorisch** ist (allgM, MüKo-InsO/Vuia Rn. 7) und gegen ihn kein Rechtsmittel gegeben ist (BayObLG BeckRS 2000, 30148833), ist er zusammen mit einer Ausfertigung des Schuldenbereinigungsplans an alle betroffenen Gläubiger **zuzustellen** (Abs. 1 S. 3). Für die Zustellung gilt § 8 uneingeschränkt (Uhlenbruck/Sternal Rn. 29). Die übersandten Ausfertigungen des Schuldenbereinigungsplans und des Feststellungsbeschlusses bilden gemeinsam den Vollstreckungstitel für den Gläubiger (BGH BeckRS 2008, 07182; BT-Drs. 12/7302, 192; → Rn. 13).

7 Einem Gläubiger bleiben **mangels Rechtsmittelfähigkeit** der Entscheidung nur die Möglichkeiten einer Gegenvorstellung (vgl. MüKoInsO/Vuia Rn. 8 mwN) oder einer **Anfechtung der nichtgewollten Zustimmung** oder seines Schweigens (Uhlenbruck/Sternal Rn. 5 mwN) wegen arglistiger Täuschung oder Drohung gem. §§ 119, 123 BGB (vgl. BT-Drs. 12/7302, 192). Über die Wirksamkeit der Anfechtung der Zustimmung wäre dann in Fortsetzung des Schuldenbereinigungsplanverfahrens von dem Insolvenzgericht nochmals zu entscheiden (Uhlenbruck/Sternal Rn. 6).

III. Beendigung des Insolvenzverfahrens (Abs. 2)

8 Der Feststellungsbeschluss nach Abs. 1 S. 1 bildet den **formalen Abschluss** des Insolvenzverfahrens, da damit alle Anträge auf Eröffnung des Verfahrens und auf Erteilung der Restschuldbefreiung als zurückgenommen gelten (Abs. 2). Gegebenenfalls ergriffene Sicherungsmaßnahmen sind gem. § 25 im gleichen Beschluss aufzuheben (Graf-Schlicker/Sabel Rn. 6). Klarstellend ist des Weiteren die mit der Verfahrensbeendigung verbundene **Aufhebung der Kostenstundung** (§ 4a Abs. 3 S. 3) aufzunehmen (→ Rn. 8.1).

8.1 Eine unmittelbare oder analoge Anwendung des § 4b ist nach nunmehr hM angezeigt (Uhlenbruck/Sternal Rn. 32; MüKoInsO/Ganter/Lohmann § 4b Rn. 3 jeweils unter Aufgabe der Ansicht in den Vorauflagen; HmbKommInsR/Nies § 4b Rn. 6; aA Graf-Schlicker/Sabel Rn. 7).

B. Wesen und Wirkungen des zustande gekommenen Schuldenbereinigungsplans (Abs. 1 S. 2)

I. Der Schuldenbereinigungsplan als Prozessvergleich

9 Der gerichtliche Schuldenbereinigungsplan stellt einen **Prozessvergleich** iSd § 794 Abs. 1 Nr. 1 ZPO zwischen dem Schuldner und den im Plan aufgeführten Gläubigern dar (Abs. 1 S. 2; BGH BeckRS 2011, 21378). Er ist keine Entscheidung iSd § 775 Nr. 1 ZPO (BGH BeckRS 2011, 21378). Die Wirksamkeit des Schuldenbereinigungsplans bestimmt sich ausschließlich nach den Vorschriften des BGB (MüKoInsO/Vuia Rn. 7; Uhlenbruck/Sternal Rn. 4, 28).

10 **Forderungen** der in das Planverfahren **einbezogenen Gläubiger** (→ Rn. 17) bestehen nur entsprechend des **Inhalts und nach Maßgabe des Schuldenbereinigungsplans** fort. **Im Übrigen erlöschen die Forderungen** der einbezogenen Gläubiger (Abs. 3 S. 2 Hs. 2; vgl. MüKoInsO/Vuia Rn. 10), sofern die Planerfüllung nicht scheitert (→ Rn. 20). Das betrifft auch titulierte oder gesicherte Forderungen (Marotzke ZZP 1996, 440) und nichtaufgeführte **Teilforderungen** (AG Köln LSK 2000, 050310; Uhlenbruck/Sternal Rn. 40; MüKoInsO/Vuia Rn. 14;

HmbKommInsR/Streck/Ritter Rn. 10; aA Graf-Schlicker/Sabel Rn. 10; HK-InsO/Waltenberger Rn. 14; KPB/Wenzel Rn. 9).

Eine **Aufrechnung** eines einbezogenen Gläubigers gegen künftige Forderungen des Schuldners ist nur zulässig, soweit dies ausdrücklich im Plan vereinbart wurde (Graf-Schlicker/Sabel Rn. 9; → § 309 Rn. 37). 11

Forderungen anderer, **nicht einbezogener Gläubiger** bleiben vom Schuldenbereinigungsplan **unberührt** (Abs. 3, → Rn. 17). Auch werden deren vorher ergangene Titel aufgrund der Annahme des Schuldenbereinigungsplans weder per se beschränkt, modifiziert oder aufgehoben, wenn im Plan nichts konkret hierzu vereinbart wurde (BGH BeckRS 2011, 21378; → Rn. 20). 12

Der Schuldenbereinigungsplan und der Feststellungsbeschluss gemeinsam in vollstreckbarer Ausfertigung bilden den **Vollstreckungstitel** für den Gläubiger (BGH BeckRS 2008, 07182; BT-Drs. 12/7302, 192). Nur soweit der Plan einen **vollstreckungsfähigen Inhalt** ausweist, können hieraus Zwangsvollstreckungsmaßnahmen ergriffen werden (§ 795 ZPO). Gleichzeitig kann der Schuldner einem Gläubiger nur entgegenhalten, was im Schuldenbereinigungsplan vereinbart bzw. ausdrücklich ausgeschlossen wurde (→ § 309 Rn. 37). Gegebenenfalls hat der Schuldner Vollstreckungsgegenklage nach § 767 ZPO zu erheben, über die das Prozessgericht zu entscheiden hat (BGH BeckRS 2011, 21378; Uhlenbruck/Sternal Rn. 17; MüKoInsO/Vuia Rn. 10). Besteht grundsätzlich **Uneinigkeit über die Wirksamkeit des Vergleichs oder des Inhalts**, ist dies ebenfalls nicht vom Insolvenzgericht in Fortsetzung des (beendeten) Schuldenbereinigungsplanverfahrens (so aber Uhlenbruck/Sternal Rn. 28; HmbKommInsR/Ritter Rn. 5; Graf-Schlicker/Sabel Rn. 5), sondern im Prozessweg zB in Form einer Leistungs- oder Feststellungsklage zu klären, da dem Insolvenzgericht von Anfang an eine inhaltliche Prüfung des Plans und der enthaltenen Forderungen verwehrt sind (→ Rn. 5; → Rn. 13.1; vgl. auch BGH BeckRS 2011, 21378; MüKoInsO/Vuia Rn. 8; KPB/Wenzel Rn. 6b → § 305 Rn. 51). 13

Die Klärung der Wirksamkeit des Schuldenbereinigungsplans an sich oder einzelner Inhalte hieraus ist nicht zu verwechseln mit der Anfechtung einer Zustimmung zum Schuldenbereinigungsplan und damit der Prüfung, ob die Voraussetzungen der Annahme überhaupt vorliegen. Für letzteres ist das Insolvenzgericht zuständig (→ Rn. 2; s. auch Uhlenbruck/Sternal Rn. 6). 13.1

Das Insolvenzgericht bleibt aber weiter für **Entscheidungen nach § 36 Abs. 4 S. 1 und 3** zuständig (BGH BeckRS 2008, 07182), soweit aus dem Schuldenbereinigungsplan vollstreckt wird. 14

II. Auswirkungen auf Sicherheiten

Der Schuldner muss im Schuldenbereinigungsplan Angaben zu den persönlichen und dinglichen Sicherheiten, Bürgschaften und Pfandrechten und deren Berührung durch den Planinhalt machen (§ 305 Abs. 1 Nr. 4; → § 305 Rn. 52). Eine **Vereinbarung im Plan** (→ § 309 Rn. 37) geht den Bestimmungen des materiellen Rechts zu den Sicherheiten und der Akzessorietät vor (MüKoInsO/Vuia Rn. 12). Soweit ein Erlöschen der gesicherten Forderungen vorgesehen ist, geht damit die Sicherheit des betroffenen Gläubigers verloren (Uhlenbruck/Sternal Rn. 19, 37; Graf-Schlicker/Sabel § 305 Rn. 38). 15

Die Vereinbarungen im Schuldenbereinigungsplan gelten – soweit nicht ausdrücklich etwas anderes vereinbart wurde – auch für alle **Gesamtschuldner** (§§ 421–427 BGB), wenn sie im Innenverhältnis zum vollen Ausgleich verpflichtet sind (Uhlenbruck/Sternal Rn. 23). 16

III. Von der Schuldenbereinigung ausgenommene Forderungen

Soweit Gläubiger mit ihren Forderungen in das Schuldenbereinigungsplanverfahren überhaupt **nicht einbezogen** waren, sind sie von den Wirkungen des Plans nicht betroffen (Abs. 3). Sie können ihre Forderungen weiterhin **uneingeschränkt geltend machen** und Erfüllung verlangen (Abs. 3 S. 1). Ein Gläubiger gilt im Verfahren einbezogen und den Wirkungen des Plans unterworfen, soweit sein Anspruch im Forderungsverzeichnis enthalten war, er nachträglich berücksichtigt wurde (Abs. 3 S. 1) oder er weitere ihm zustehende, aber im Verzeichnis nicht enthaltene Forderungen, nicht nachträglich ergänzen hat lassen (Abs. 3 S. 2 Hs. 1). Für eine Beteiligung muss dem Gläubiger der Planentwurf mit den entsprechenden Hinweisen nach § 307 Abs. 1 S. 2 allerdings auch tatsächlich zugestellt worden sein (→ § 307 Rn. 6). Bei einer anderweitigen oder nur zufälligen Kenntniserlangung bleiben die Forderungen des Gläubigers ausgenommen (BT-Drs. 12/7302, 192; KPB/Wenzel Rn. 7). 17

Von den Beschränkungen des Schuldenbereinigungsplans und vom Erlöschen nach Abs. 3 S. 2 Hs. 2 sind ferner **Geldstrafen** oder ähnliche Sanktionen (zB Einziehung von Wertersatz §§ 73a, 18

73c, 74c StGB, Verfall von Wertersatz gem. §§ 73a, 73d Abs. 2 StGB aF, Geldbußen, Bewährungsauflagen) **nicht betroffen,** da die Vollstreckungsbehörde hierfür weder dem Plan zustimmen, noch deren verweigerte Zustimmung diesbezüglich ersetzt werden darf (→ § 309 Rn. 39).

19 Ausgenommen vom Schuldenbereinigungsplan sind außerdem **(Neu-)Forderungen,** die nach Ablauf der Monatsfrist des § 307 Abs. 1 S. 1 (→ § 307 Rn. 19) begründet wurden.

C. Entfallen der Wirkungen und Wiederaufleben ursprünglicher Forderungen

I. Nichterfüllung der Pflichten aus dem Plan

20 Hält der Schuldner seine Verpflichtungen aus dem Schuldenbereinigungsplan nicht ein, kann der Gläubiger den gesamten, ihm nach dem Plan noch zustehenden Forderungsbetrag fällig stellen und vollstrecken. Die Planerfüllung hat der Gläubiger selbst zu überwachen. Eine **schuldhafte Nichterfüllung** durch den Schuldner führt sogar zum **Wiederaufleben der gesamten ursprünglichen Forderung,** unabhängig davon, ob der Plan eine Bestimmung über das Wiederaufleben enthält (→ § 309 Rn. 37; Graf-Schlicker/Sabel Rn. 15 mwN; KPB/Wenzel Rn. 5a, 6b; aA Uhlenbruck/Sternal Rn. 27). Dem Gläubiger steht bei Pflichtverletzungen des Schuldners dann ein Rücktrittsrecht gem. § 323 BGB zu, und er kann aufgrund seines ursprünglichen Titels vollstrecken (LG Hamburg Beschl. v. 24.5.2019 – 330 T 56/18, LSK 2019, 15726). Mit dem Schuldenbereinigungsplan wurden vorher ergangene Vollstreckungstitel weder beschränkt noch aufgehoben (BGH BeckRS 2011, 21378). Gegen die Vollstreckung kann der Schuldner sich im Streitfall mit einer Klage nach § 767 ZPO vor dem Prozessgericht zur Wehr setzen (Uhlenbruck/Sternal Rn. 17; KPB/Wenzel Rn. 6a).

II. Änderung der persönlichen und wirtschaftlichen Verhältnisse des Schuldners

21 Ob eine wesentliche Änderung der persönlichen und wirtschaftlichen Verhältnisse des Schuldners eine Anpassung des Schuldenbereinigungsplan ermöglicht, ist bislang höchstrichterlich nicht entschieden (ausdrücklich offengelassen: BGH BeckRS 2008, 07182). In der Literatur wird eine Abänderung mittels Klage nach § 323 Abs. 1, 4 ZPO (Uhlenbruck/Sternal Rn. 26; KPB/Wenzel Rn. 6b) oder eine Anpassung aufgrund Wegfalls der Geschäftsgrundlage (§ 313 BGB) zum Teil befürwortet (FK-InsO/Kohte/Busch Rn. 23; aA Uhlenbruck/Sternal Rn. 26). Beidem ist nicht zu folgen. Wenn nicht aufgrund konkreter Hinweise auf eine Verbesserung der wirtschaftlichen Verhältnisse eine **entsprechende Anpassungsklausel** (→ § 309 Rn. 37) in den Schuldenbereinigungsplan eingearbeitet wurde, kann **keine nachträgliche Anpassung** mehr erfolgen (OLG Karlsruhe BeckRS 2001, 30188883; MüKoInsO/Vuia Rn. 10 mwN; HmbKommInsR/Ritter Rn. 5).

§ 309 Ersetzung der Zustimmung

(1) ¹Hat dem Schuldenbereinigungsplan mehr als die Hälfte der benannten Gläubiger zugestimmt und beträgt die Summe der Ansprüche der zustimmenden Gläubiger mehr als die Hälfte der Summe der Ansprüche der benannten Gläubiger, so ersetzt das Insolvenzgericht auf Antrag eines Gläubigers oder des Schuldners die Einwendungen eines Gläubigers gegen den Schuldenbereinigungsplan durch eine Zustimmung. ²Dies gilt nicht, wenn
1. der Gläubiger, der Einwendungen erhoben hat, im Verhältnis zu den übrigen Gläubigern nicht angemessen beteiligt wird oder
2. dieser Gläubiger durch den Schuldenbereinigungsplan voraussichtlich wirtschaftlich schlechter gestellt wird, als er bei Durchführung des Verfahrens über die Anträge auf Eröffnung des Insolvenzverfahrens und Erteilung von Restschuldbefreiung stünde; hierbei ist im Zweifel zugrunde zu legen, daß die Einkommens-, Vermögens- und Familienverhältnisse des Schuldners zum Zeitpunkt des Antrags nach Satz 1 während der gesamten Dauer des Verfahrens maßgeblich bleiben.

(2) ¹Vor der Entscheidung ist der Gläubiger zu hören. ²Die Gründe, die gemäß Absatz 1 Satz 2 einer Ersetzung seiner Einwendungen durch eine Zustimmung entgegenstehen, hat er glaubhaft zu machen. ³Gegen den Beschluß steht dem Antragsteller und dem Gläubiger, dessen Zustimmung ersetzt wird, die sofortige Beschwerde zu. ⁴§ 4a Abs. 2 gilt entsprechend.

(3) Macht ein Gläubiger Tatsachen glaubhaft, aus denen sich ernsthafte Zweifel ergeben, ob eine vom Schuldner angegebene Forderung besteht oder sich auf einen höheren oder niedrigeren Betrag richtet als angegeben, und hängt vom Ausgang des Streits ab, ob der Gläubiger im Verhältnis zu den übrigen Gläubigern angemessen beteiligt wird (Absatz 1 Satz 2 Nr. 1), so kann die Zustimmung dieses Gläubigers nicht ersetzt werden.

Überblick

§ 309 regelt die Voraussetzungen und die Hindernisse für die Ersetzung von Einwendungen einzelner Gläubiger durch Zustimmung gegen den mehrheitlich gewünschten Schuldenbereinigungsplan. Die Regelung soll einerseits verhindern, dass durch ein Blockieren des Plans einzelne Gläubiger Sondervorteile erlangen, andererseits widersprechende Gläubiger durch eine Zustimmungsersetzung unangemessene Nachteile haben.

Übersicht

	Rn.		Rn.
A. Voraussetzungsprüfung	1	2. Mittelbare Benachteiligung (Abs. 1 S. 2 Nr. 1 iVm Abs. 3)	27
I. Antrag auf Ersetzung der Zustimmung	1	III. Schlechterstellung gegenüber einem Insolvenzverfahren (Abs. 1 S. 2 Nr. 2)	29
II. Vorliegen einer doppelten Mehrheit	5	1. Durchführung einer Vergleichsberechnung	29
1. Kopfmehrheit	5	2. Parameter einer Vergleichsberechnung	31
2. Summenmehrheit	11	3. Besondere Regelungen und Klauseln im Schuldenbereinigungsplan	37
3. Mehrheit der widersprechenden Gläubiger oder Pattsituation	16	IV. Besondere, der Ersetzung entgegenstehende Gründe	38
B. Anhörung der widersprechenden Gläubiger vor Ersetzungsentscheidung (Abs. 2)	17	V. Glaubhaftmachung der Ersetzungshindernisse (Abs. 2 S. 2)	40
C. Der Ersetzung entgegenstehende Hindernisse	21	D. Entscheidung des Insolvenzgerichts und Rechtsmittel	43
I. Rüge der Mehrheitsverhältnisse (Abs. 1 S. 1)	21	I. Die Entscheidung über den Ersetzungsantrag	43
II. Unangemessene Beteiligung im Verhältnis zu anderen Gläubigern (Abs. 1 S. 2 Nr. 1, Abs. 3)	24	II. Rechtsmittel (Abs. 2 S. 3)	45
1. Unmittelbare Benachteiligung (Abs. 1 S. 2 Nr. 1)	25	III. Beiordnung eines Rechtsanwalts (Abs. 2 S. 4)	46

A. Voraussetzungsprüfung

I. Antrag auf Ersetzung der Zustimmung

Eine Ersetzung kommt nur bei Vorliegen eines ausdrücklichen Widerspruchs mindestens eines **1** Gläubigers gegen Plan in Betracht. Die **Ersetzung einer Einwendung** eines Gläubigers gegen den Schuldenbereinigungsplan durch Zustimmung erfolgt **nur auf Antrag**. Hat der Schuldner diesen Antrag nicht bereits vorsorglich zusammen mit Vorlage des Plans gestellt, ist ihm hierzu nochmals Gelegenheit zu geben. Die vorsorgliche Antragstellung empfiehlt sich, um das Verfahren zu beschleunigen (Uhlenbruck/Sternal Rn. 19; aA HK-InsO/Waltenberger Rn. 11). Zur Nachreichung des Antrags ist keine gesetzliche Frist bestimmt. Die Einräumung von 2 Wochen erscheint angemessen (vgl. auch Graf-Schlicker/Sabel Rn. 10; → Rn. 1.1).

Wurde keine richterliche Frist für die nachträgliche Antragstellung zur Zustimmungsersetzung **1.1** bestimmt, sondern das Verbraucherinsolvenzverfahren eröffnet, kann eine Rückkehr in das Schuldenbereinigungsplanverfahren nur zusammen mit der Anfechtung des Eröffnungsbeschlusses erreicht werden (LG Göttingen BeckRS 2009, 08443). Eine Aufhebung des Insolvenzverfahrenseröffnungsbeschlusses von Amts wegen ist nicht möglich (§ 34 Abs. 2). Eine Rückkehr in das Schuldenbereinigungsverfahren ist im Übrigen nur möglich, wenn alle Einwendungsgläubiger zustimmen (AG Hamburg LSK 2000, 400169).

Auch ein **Gläubiger,** der dem Schuldenbereinigungsplan nicht bereits widersprochen hat, **kann 1a einen Antrag nach Abs. 1 S. 1 stellen.** Den Gläubigern jedoch nachträglich die Gelegenheit hierzu zu eröffnen, wenn schon der Schuldner keinen Antrag gestellt hat, erscheint wenig zielführend. Scheitert das Zustandekommen des Schuldenbereinigungsplans bereits am Antrag des

Savini

Schuldners, darf die Einhaltung des Plans und die hieraus entstehende Pflichterfüllung durch den Schuldner bezweifelt werden.

2   Wird trotz des gerichtlichen Hinweises **kein Antrag** nach Abs. 1 S. 1 gestellt, ist das Verfahren über den Insolvenzeröffnungsantrag wieder aufzunehmen (§ 311).

3   Auch ohne vorsorglich gestellten Antrag des Schuldners ist das Insolvenzgericht gehalten, zu **prüfen,** ob die grundsätzlich notwendigen **Gläubiger- und Summenmehrheiten** (Doppelmehrheit → Rn. 5) voraussichtlich vorliegen. Sind diese erkennbar nicht gegeben, erübrigt sich, den Schuldner (Gläubiger) auf den fehlenden Antrag hinzuweisen.

4   Liegt zwar ein Antrag auf Zustimmungsersetzung vor, sind aber die übrigen Voraussetzungen nicht gegeben, ist der **Antrag nach Abs. 1 S. 1 gegenstandslos** und muss nicht förmlich zurückgenommen werden.

II. Vorliegen einer doppelten Mehrheit

1. Kopfmehrheit

5   Ein Zustimmungsersetzungsverfahren kommt nur in Betracht, wenn sowohl **mehr als die Hälfte der Gläubiger (Kopfmehrheit)** dem Schuldenbereinigungsplan zugestimmt bzw. hierzu geschwiegen haben (§ 307 Abs. 2, → § 307 Rn. 20) und die Summe der Ansprüche der zustimmenden Gläubiger mehr als die Hälfte der Gesamtsumme (Summenmehrheit, → Rn. 11) der im Plan angegebenen Forderungen beträgt (doppelte Mehrheit, Abs. 1 S. 1). Dementsprechend kann bei einer Patt-Situation keine Zustimmungsersetzung erfolgen (Nerlich/Römermann/Römermann Rn. 10). Zum Widerspruch einer angeblich fingierten Gläubigerstellung → Rn. 25.

6   Zur Feststellung der Kopfmehrheit ist alleine die **formale Gläubigerstellung** maßgeblich. Ein Gläubiger mit mehreren Forderungen, unabhängig von deren Höhe, gilt als nur eine Person und hat nur eine Stimme (OLG Köln BeckRS 2000, 30147308). Dies gilt auch, wenn der Schuldner bei mehreren Filialen eines Kreditinstituts verschiedene Verbindlichkeiten hat (Späth ZInsO 2000, 483 (485); Uhlenbruck/Sternal Rn. 8). Auch mehrere Finanzämter der gleichen Gebietskörperschaft mit verschiedenen Steuerforderungen stellen formal nur einen Gläubiger dar (vgl. BGH BeckRS 2011, 16288 zu § 2 Abs. 2 InsVV; Graf-Schlicker/Sabel Rn. 11; aA Uhlenbruck/Sternal Rn. 8: mehrere Finanzämter sind im Gegensatz zu privatautonom entscheidenden Kreditinstituten verpflichtet, ausschließlich nach sachlichen Kriterien zu entscheiden und daher nicht als ein Gläubiger zu behandeln). Gesamtgläubiger oder Mitgläubiger gelten als eine Person. Gläubiger ausschließlich nachrangiger Forderungen bleiben grundsätzlich unberücksichtigt (→ Rn. 12).

7   Ein **Vertreter mehrerer Gläubiger** oder ein bevollmächtigter Inkassounternehmer hat hingegen so viele Stimmen, wie er Gläubiger vertritt (OLG Köln BeckRS 2000, 30147308). Er kann entsprechend seiner Bevollmächtigungen sogar unterschiedlich abstimmen (Uhlenbruck/Sternal Rn. 8).

8   Wurden von einem Inhaber mehrerer Ansprüche **unterschiedliche Stellungnahmen** zum Schuldenbereinigungsplan abgegeben, ist dies als Widerspruch insgesamt zu werten (Schäferhoff ZInsO 2001, 687 (688); Uhlenbruck/Sternal Rn. 7; Graf-Schlicker/Sabel Rn. 5; aA MüKoInsO/Vuia Rn. 8).

9   Gläubiger, die auf ihre **Ansprüche insgesamt verzichtet** haben, sind bei Ermittlung der Kopfmehrheit nicht zu berücksichtigen (OLG Karlsruhe BeckRS 2000, 30101831; OLG Köln BeckRS 2000, 30147308). Hat ein Gläubiger jedoch lediglich auf die Teilnahme am Schuldenbereinigungsplanverfahren verzichtet, ist hierin eine Zustimmung zum Schuldenbereinigungsplan zu sehen (OLG Köln BeckRS 2000, 30147308; Uhlenbruck/Sternal Rn. 14; KPB/Wenzel Rn. 1).

10 Ersetzt der Schuldner einen Schuldenbereinigungsplan durch einen **neuen Plan,** so sind benannte Gläubiger iSd Abs. 1 S. 1 nurmehr die im neuen Schuldenbereinigungsplan aufgeführten Gläubiger (BayObLG BeckRS 2001, 30197523).

2. Summenmehrheit

11 Neben der Kopfmehrheit muss für ein Zustimmungsersetzungsverfahren des Weiteren eine **Mehrheit der im Plan angegebenen Forderungssummen** vorliegen (Abs. 1 S. 1; BGH BeckRS 2004, 11385). Maßgeblich sind grundsätzlich die **Forderungshöhen zum Zeitpunkt des Insolvenzeröffnungsantrags,** die der Schuldner im Plan angegeben hat (BGH BeckRS 2004, 11385; MüKoInsO/Vuia Rn. 9 mwN). **Bezweifelt ein Gläubiger** die Höhe einzelner Forderungen und nimmt der Schuldner keine Änderung des Plans vor, ist dies nur im Falle eines (Fast-)Nullplans bereits bei der Bestimmung der Summenmehrheit zu berücksichtigen, da dann

ein Schutz vor Zustimmungsersetzung wegen unangemessener Beteiligung (Abs. 1 S. 2 Nr. 1) nicht anderweitig gewährleistet ist (BGH BeckRS 2004, 11385; → Rn. 22). Die Behauptung des widersprechenden Gläubigers, seine Forderung sei höher als im Plan angegeben, darf noch nicht bei der Ermittlung der Mehrheitsverhältnisse berücksichtigt werden, wenn sie für die angemessene Beteiligung des widersprechenden Gläubigers im Verhältnis zu den übrigen Gläubigern irrelevant ist und der Gläubiger durch die niedrigere Angabe seiner Forderung voraussichtlich wirtschaftlich nicht schlechter gestellt wird, als er bei Durchführung des Verbraucherinsolvenzverfahrens und Erteilung der Restschuldbefreiung an den Schuldner stünde (BGH BeckRS 2008, 04204).

Nachrangige Forderungen iSd § 39 bleiben bei der Mehrheitsbestimmung (bis auf einen Erinnerungswert) außer Betracht, solange nicht glaubhaft gemacht ist, dass die gewöhnlichen Insolvenzgläubiger voll befriedigt werden (BGH BeckRS 2008, 04204). 12

Wurde auf eine **Forderung verzichtet,** bleibt sie ebenfalls unberücksichtigt (OLG Karlsruhe BeckRS 2000, 30101831; OLG Köln BeckRS 2000, 30147308; MüKoInsO/Vuia Rn. 8; Uhlenbruck/Sternal Rn. 12 mwN). 13

Ein **absonderungsberechtigter Gläubiger,** dessen im Plan angegebenes Sicherungsrecht als berechtigt anerkannt und in seiner Durchsetzung nicht angetastet wird, hat ein Stimmrecht in der Höhe seines voraussichtlichen Forderungsausfalls (BGH BeckRS 2008, 04204). Wird der Wert des Absonderungsrechts bezweifelt, hat der Sicherungsgläubiger den voraussichtlichen Ausfall (entsprechend Abs. 3) ggf. mittels eines Sachverständigengutachtens glaubhaft zu machen (BGH BeckRS 2008, 04204; Graf-Schlicker/Sabel Rn. 8). 14

Ein Mehrheitsquorum bedeutet nicht, dass das Insolvenzgericht die Einwendungen der übrigen Gläubiger ersetzen muss. Deren Interessen sind unter Abwägung der Abs. 1 S. 2 Nr. 1 und 2 zu berücksichtigen und entsprechend zu schützen. 15

3. Mehrheit der widersprechenden Gläubiger oder Pattsituation

Widerspricht die Hälfte der Gläubiger oder mehr dem vorliegenden Schuldenbereinigungsplan, wird das **Verfahren über den Insolvenzeröffnungsantrag** grundsätzlich **fortgesetzt** (§ 311). Dies gilt auch bei nur einer fehlenden Zustimmung, wenn lediglich ein oder zwei Gläubiger im Verzeichnis zum Schuldenbereinigungsplan genannt sind (Uhlenbruck/Sternal Rn. 29). Nur im Ausnahmefall ist dem Schuldner aufgrund der eingehenden Stellungnahmen vorher Gelegenheit zur Änderung des Plans zu geben (§ 307 Abs. 3 S. 1, → § 307 Rn. 1 ff.). Ohne eine eingeräumte Änderungsmöglichkeit darf eine spätere Zustimmungsersetzung nicht mit der unterlassenen Ergänzung des Plans begründet werden (OLG Celle LSK 2001, 050070). 16

B. Anhörung der widersprechenden Gläubiger vor Ersetzungsentscheidung (Abs. 2)

Hat mehr als die Hälfte der Gläubiger sowohl in Kopf- und Summenmehrheit als Reaktion auf den (zuletzt) zugestellten (§ 307 Abs. 1 S. 1, Abs. 3 S. 2; → § 307 Rn. 33) Schuldenbereinigungsplan ausdrücklich zugestimmt oder geschwiegen (§ 307 Abs. 2 S. 1, § 308 Abs. 1 S. 1) und liegt ein Ersetzungsantrag hinsichtlich der Einwendungen vor (Abs. 1 S. 1; → Rn. 1), sind **alle widersprechenden Gläubiger** vor einer Ersetzungsentscheidung **zu hören** (Abs. 2). Die Anhörung erfolgt nur im schriftlichen Verfahren (MüKoInsO/Vuia Rn. 26). Gleichzeitig ist den widersprechenden Gläubigern Gelegenheit zu geben, selbst die Mehrheitsverhältnisse nach Abs. 1 S. 1 zu prüfen und Gründe, die einer Ersetzung entgegenstehen, glaubhaft zu machen (Abs. 2 S. 2). Hierzu sind ihnen **Kopien der als Einwendungen** gewerteten Stellungnahmen formlos zu übersenden. Es empfiehlt sich, auch das vorläufige Auswertungsergebnis des Gerichts mitzuteilen. Eine Zusammenfassung der Kopf- und Summenmehrheiten in einem (vorläufigen) Beschluss bedeutet nicht endgültig, dass der Schuldenbereinigungsplan die erforderlichen Mehrheiten erreicht hat (BGH BeckRS 2008, 04204, → Rn. 21). Eine Einbindung der Gläubiger, die ausdrücklich zugestimmt, geschwiegen oder auf alle Forderungen verzichtet (→ Rn. 13) haben, ist nicht notwendig und erscheint wenig sinnvoll (aA Graf-Schlicker/Sabel Rn. 11). 17

Ist **zweifelhaft,** ob eine Stellungnahme als Zustimmung oder Widerspruch zu werten ist, und ist dies mehrheitserheblich, muss **vor der Anhörung eine Klärung** erfolgen. Ist diese nicht mehrheitsentscheidend, kann die Klärung mit der Anhörung nach Abs. 2 versucht werden. 18

Als **Frist** für eine erneute Stellungnahme der Gläubiger erscheinen zunächst vier Wochen angemessen (vgl. Graf-Schlicker/Sabel Rn. 11); sie kann verlängert werden. 19

Ein Gläubiger kann eine zunächst als Einwendung abgegebene oder gewertete Stellungnahme nachträglich **in eine Zustimmung ändern** (BGH BeckRS 2006, 01927; → § 307 Rn. 24), umgekehrt ist dies nicht mehr möglich (→ § 307 Rn. 23). 20

Savini

C. Der Ersetzung entgegenstehende Hindernisse

I. Rüge der Mehrheitsverhältnisse (Abs. 1 S. 1)

21 Die vorläufige Feststellung der Mehrheiten in einem Beschluss ist keine endgültige Entscheidung, die angefochten werden muss oder in Rechtskraft erwachsen kann (BGH BeckRS 2008, 04204). Wertet ein Gläubiger die Mehrheitsverhältnisse anders als das Gericht, kann eine **Nachprüfung des Ergebnisses** unter Darlegung der Berechnung des Gläubigers angeregt werden. Vorgebracht werden könnte insbesondere, dass das Gericht sich bei der Bestimmung einer Mehrheit verrechnet (Graf-Schlicker/Sabel Rn. 13) oder bei der Kopfmehrheit mehrere, formal getrennt zu betrachtende Gläubiger nur als einen Gläubiger berücksichtigt hat, oder umgekehrt. Die Rüge der Mehrheitsverhältnisse muss nicht glaubhaft gemacht werden, da Abs. 2 S. 2 sich nur auf Abs. 1 S. 2 bezieht (vgl. MüKoInsO/Vuia Rn. 28).

22 **Bestreitet** ein Gläubiger die Angaben des Schuldners zur **Höhe einer eigenen oder anderen Forderung,** kann dies nur unter zwei Voraussetzungen im Zusammenhang mit den Mehrheitsverhältnissen nach Abs. 1 S. 1 (und nicht nach Abs. 1 S. 2 iVm Abs. 3) erfolgen: Die Behauptung des geänderten Betrags muss Auswirkungen auf eine der Mehrheiten haben und der widersprechende Gläubiger fällt nicht bereits unter den ausdrücklich normierten Schutz vor Zustimmungsersetzung nach Abs. 3 (→ Rn. 27). Ist der Gläubiger wegen unangemessener Beteiligung über Abs. 3 geschützt, braucht die Forderungshöhe nicht bei der Bestimmung der Mehrheitsverhältnisse geklärt werden. Das Bestreiten einer Forderung ist bereits bei der Bestimmung von Mehrheitsverhältnissen praktisch nur dann zu berücksichtigen, wenn ein **(Fast-)Nullplan** vorliegt (vgl. MüKoInsO/Vuia Rn. 9; → Rn. 28) oder die bestrittene Forderung aus einem anderen Grund **irrelevant für die Beteiligung** des widersprechenden Gläubigers am Schuldenbereinigungsplan ist. Ein derartiger anderer Grund kann beispielsweise vorliegen, wenn die bezweifelten Ansprüche nachrangig iSd § 39 (→ Rn. 12) oder mit Sicherheiten voll abgesichert sind, sodass auch keine Schlechterstellung als in einem Verbraucherinsolvenzverfahren mit evtl. Forderungsbefriedigung auch im Restschuldbefreiungsverfahren (Abs. 1 S. 2 Nr. 2) gegeben ist. Wirkt sich die Gläubigerstellung und Forderungshöhe auf die Beteiligung aus und kann dies glaubhaft gemacht werden, liegt ein Hindernis nach Abs. 1 S. 2 Nr. 1 iVm Abs. 3 (→ Rn. 27) bzw. Abs. 2 S. 2 Nr. 2 vor (→ Rn. 35) und ist nicht im Rahmen der Mehrheitsverhältnisse einzuwenden (BGH BeckRS 2004, 11385; aA AG Ludwigshafen BeckRS 2016, 06717). In den Konstellationen, in denen Abs. 1 S. 2 jedoch keinen Schutz gewährt, kann einer fingierten Forderung (Graf-Schlicker/Sabel Rn. 15) oder einer anderen erheblichen Falschangabe nur im Zusammenhang der Rüge der Mehrheitsverhältnisse begegnet werden (BGH BeckRS 2004, 11385; Uhlenbruck/Sternal Rn. 15). Zur Notwendigkeit der Glaubhaftmachung bei der Mehrheitsrüge → Rn. 41.

23 Kann nicht geklärt werden, ob und in welcher Höhe die vom Schuldner angegebene Forderung und damit die Mehrheitsverhältnisse zugunsten des Schuldenbereinigungsplans tatsächlich bestehen, kann die Zustimmung des betroffenen Gläubigers nicht ersetzt werden. Das **Insolvenzgericht hat nicht zu klären,** in welcher **Höhe die bestrittene Forderung** anzuerkennen ist (OLG Köln BeckRS 2000, 30147308; LG Berlin ZInsO 2004, 214; HmbKommInsR/Ritter Rn. 29). Dies ist einem Zivilprozessverfahren vorbehalten (MüKoInsO/Vuia Rn. 32; Uhlenbruck/Sternal Rn. 79).

II. Unangemessene Beteiligung im Verhältnis zu anderen Gläubigern (Abs. 1 S. 2 Nr. 1, Abs. 3)

24 Die Einwendung der nicht angemessenen Benachteiligung kann nur **im Verhältnis zu den** im (zuletzt vorgelegten) Plan **benannten Gläubigern** (Beteiligten) erhoben werden (BayObLG BeckRS 2001, 30197523). Grundsätzlich sind alle Gläubiger gleich zu behandeln, wenn auch nicht mathematisch exakt (OLG Köln BeckRS 2001, 30201893; OLG Celle LSK 2001, 050070; HmbKommInsR/Ritter Rn. 19). Abweichungen vom Gleichranggrundsatz sind bei entsprechender Rechtfertigung des Grundes und der Höhe zulässig (Uhlenbruck/Sternal Rn. 31). Die Unangemessenheit kann entweder unmittelbar aus einer Regelung im Schuldenbereinigungsplan oder mittelbar aus einer mangelhaften Berücksichtigung der Forderung des einwendenden Gläubigers resultieren.

1. Unmittelbare Benachteiligung (Abs. 1 S. 2 Nr. 1)

25 Wird ein Gläubiger durch eine Regelung im Plan oder einen bestimmten Planinhalt **willkürlich schlechter gestellt** als andere, darf die Zustimmung des widersprechenden Gläubigers nicht

ersetzt werden. Zwar muss nicht jeder Gläubiger vollkommen gleich behandelt werden, allerdings muss eine **Differenzierung gerechtfertigt** sein (MüKoInsO/Vuia Rn. 13 mwN; Uhlenbruck/Sternal Rn. 31). Ungleiche Quoten oder Teilzahlungen sind ebenso zulässig, wie ungleiche Einmalzahlungen (MüKoInsO/Vuia Rn. 13).

Unterschiedliche Leistungen können, um einen Einwand nach Abs. 1 S. 2 Nr. 2 zu vermeiden, gerechtfertigt und sogar notwendig sein, zB bei Delikts- oder Steuerforderungen, die von der Restschuldbefreiung nach § 302 ausgenommen wären (→ Rn. 38 f.). Sollen **Gläubiger gesicherter Forderungen** die gleichen Leistungen erhalten, wie Gläubiger ohne Sicherungsmittel, kann darin wiederum eine Ungleichbehandlung zu sehen sein (vgl. Graf-Schlicker/Sabel Rn. 19). Zur Vermeidung der Schlechterstellung im Vergleich zum Insolvenzverfahren (Nr. 2) sind Sicherungsgläubiger entweder entsprechend ihres Ausfallbetrags oder mit geeigneten Klauseln in der Regel gesondert zu behandeln. Die Bevorzugung von **Kleingläubigern** (so aber Graf-Schlicker/Sabel Rn. 21) ist ebenso wenig gerechtfertigt, wie die Privilegierung von Gläubigerforderungen nach sozialen Kriterien (MüKoInsO/Vuia Rn. 14) oder deren Titulierung (KPB/Wenzel Rn. 3a). Vermieden werden muss eine willkürliche Besserstellung zB von Gläubigern, die dem Schuldner nahestehen. Zur Notwendigkeit der Glaubhaftmachung → Rn. 41. 26

2. Mittelbare Benachteiligung (Abs. 1 S. 2 Nr. 1 iVm Abs. 3)

Eine mittelbare Benachteiligung kann dadurch vorliegen, dass eine **Forderung** eines widersprechenden Gläubigers **niedriger als ihm zustehend** oder eine Forderung eines anderen Gläubigers **fingiert** oder **höher als gegeben** im Schuldenbereinigungsplan berücksichtigt wurde, und folglich auf den Widerspruchsführer eine **niedrigere Quote** entfallen würde (Abs. 1 S. 2 Nr. 2 iVm Abs. 3). Dies stellt einen besonderen Fall der unangemessenen Beteiligung dar, da dann aus der Verteilmasse an einen Gläubiger verteilt würde, dessen Forderung nicht berechtigt ist (vgl. AG Bremen NZI 2011, 950; AG Ludwigshafen BeckRS 2016, 06717) und gilt nicht für Teilforderungen (AG Köln LSK 2000, 050310). Eine Zustimmungsersetzung kann dann nicht erfolgen (BGH BeckRS 2004, 07893). Zur Notwendigkeit der Glaubhaftmachung → Rn. 41. 27

Bei einem **Nullplan,** in denen (grundsätzlich) gar keine Quote vorgesehen ist, kann hieraus keine ungerechte Beteiligung eingewandt werden (BGH BeckRS 2008, 04204). Entsprechendes gilt, wenn sich der Streit nur sehr geringfügig auf eine Zuteilung auswirkt (MüKoInsO/Vuia Rn. 32). Eine Rüge kann sich dann nur auf evtl. falsche Mehrheitsverhältnisse stützen (→ Rn. 22). 28

III. Schlechterstellung gegenüber einem Insolvenzverfahren (Abs. 1 S. 2 Nr. 2)

1. Durchführung einer Vergleichsberechnung

Kann ein Gläubiger glaubhaft darlegen, dass er durch eine Quote im Verbraucherinsolvenzverfahren mit anschließender Wohlverhaltensphase letztendlich wirtschaftlich besser gestellt wäre, als mit den aus dem Schuldenbereinigungsplan zugesagten Leistungen, darf die Zustimmung nicht ersetzt werden (Abs. 1 S. 2 Nr. 2). Hierzu hat der Gläubiger eine **nachvollziehbare Prognose** aufzustellen, was er voraussichtlich bei der Durchführung des Insolvenzverfahrens erhalten würde. Diese ist vom Gericht **mit den im Plan vorgesehenen Leistungen zu vergleichen,** wobei alle Faktoren einzubeziehen sind (BayObLG BeckRS 2001, 30197523; OLG Frankfurt a. M. LSK 2000, 440172). Der Gläubiger hat auch zu berücksichtigen, dass er insbesondere bei vereinbarten Einmalzahlungen die Leistungen aus dem Plan zeitnah und unmittelbar erhalten kann, während in einem Insolvenzverfahren Ausschüttungen in der Regel nur zum Ende des Verfahrens (§ 196 Abs. 1) und zum Ende der Laufzeit der Abtretungserklärung (§ 292 Abs. 1 S. 4) erfolgen. 29

Sogar die Vorlage eines sog. **Nullplans,** in dem keine Leistungen für die Gläubiger vorgesehen sind, ist zulässig (BGH BeckRS 2013, 19169). Hierbei ist umstritten, ob die Zustimmungsersetzung von der Aufnahme bestimmter Anpassungsklauseln abhängig gemacht wird (hierzu → Rn. 37). 30

2. Parameter einer Vergleichsberechnung

Der Gläubiger hat grundsätzlich von einem **vollständigen und fristgerechten Einhalten** der Verpflichtungen aus dem Schuldenbereinigungsplan durch den Schuldner auszugehen (Graf-Schlicker/Sabel Rn. 27; MüKoInsO/Vuia Rn. 17). Zu den Folgen der Nichterfüllung der Pflichten → § 308 Rn. 20. 31

Bei der Prognose der Quote im Insolvenzverfahren sind die gleichen und im Zweifel **gleichbleibenden** (Abs. 1 S. 2 Nr. 2 Hs. 2) **Einkommens-, Vermögens- und Familienverhältnisse** 32 zugrunde zu legen, wie im Zeitpunkt des Ersetzungsantrags (Wortlaut; aA: Entscheidungszeitpunkt: LG Heilbronn NZI 2001, 434; Uhlenbruck/Sternal Rn. 61). Zu möglichen Anpassungsklauseln → Rn. 37. Ein **Abweichen** vom derzeitigen status quo kann nur angenommen werden, wenn glaubhaft vorgetragen oder unstreitig ist, dass ausschlaggebende Veränderungen der bestehenden Verhältnisse konkret absehbar sind (BGH BeckRS 2013, 19169; OLG Karlsruhe BeckRS 2001, 30188883; OLG Frankfurt a. M. LSK 2000, 440172; Uhlenbruck/Sternal Rn. 60). Diese können zB sein: absehbarer Wegfall eines Unterhaltsberechtigten des Schuldners, Mehrverdienst aufgrund sicherer Beförderung, Erhöhung der Dienst- oder Lebensaltersstufe oder Festanstellung, Ruhestand des Schuldners, aber auch Auswirkungen der Erwerbspflicht nach § 287b und § 295 Abs. 1 Nr. 1 (vgl. hierzu aber OLG Köln BeckRS 2001, 30160835).

33   Von diesen wirtschaftlichen und familiären Verhältnissen ausgehend hat der Gläubiger die **voraussichtliche Insolvenzmasse** (§§ 35, 36), also das pfändbare Vermögen, das der Schuldner im Zeitpunkt einer Insolvenzverfahrenseröffnung habe und während des eröffneten Insolvenzverfahrens und der Laufzeit der Abtretungserklärung (§ 287 Abs. 2) erwerben werde, zu ermitteln. In die Berechnung einzubeziehen sind auch mögliche Anreicherungen der Masse aufgrund der Auswirkungen der Rückschlagsperre (§ 88 Abs. 2) oder Anfechtungen (§§ 129 ff.), sowie Kosten- und Feststellungspauschalen (§§ 170 Abs. 2, 171).

34   Um die voraussichtlich auf die Gläubigerforderungen **verteilbare Masse** zu beziffern, müssen im nächsten Schritt die möglichen Verfahrenskosten (§ 54; Gebühren des Insolvenzverfahrens, Auslagen, Insolvenzverwalter- und Treuhändervergütung) in Abzug gebracht werden; soweit überhaupt prognostizierbar auch mögliche Masseverbindlichkeiten (§§ 53, 55).

35   Ausgehend von den **berücksichtigten Forderungen** zur Bestimmung der Summenmehrheit (→ Rn. 11) ist dann die **erwartete Quote**, die im Verbraucherinsolvenzverfahren auf die Gläubiger entfallen würde, zu errechnen. Es bietet sich an, dass der Gläubiger auf die bereits vorgenommene Wertung der Forderungen zur Summenmehrheit zurückgreift, auch wenn noch nicht feststehen kann, ob alle Forderungen tatsächlich angemeldet und vom Insolvenzverwalter (teilweise) festgestellt oder bestritten werden.

36   Ist der so nachvollziehbar und glaubhaft ermittelte Betrag aus der **prognostizierten Quote besser,** darf eine Zustimmungsersetzung nicht ergehen (Abs. 1 S. 2 Nr. 2). Geringfügige mathematische Differenzen sind zu tolerieren (OLG Celle LSK 2001, 050070; Graf-Schlicker/Sabel Rn. 23, 32; → Rn. 36.1).

36.1   Nach dem Wortlaut des Abs. 1 S. 2 Nr. 2 darf eine Zustimmungsersetzung nicht ergehen, wenn der Gläubiger durch den Schuldenbereinigungsplan „schlechter" gestellt ist als bei Durchführung eines Insolvenzverfahrens. Ist die Prognose der Quote also mindestens gleich, kann grundsätzlich ersetzt werden.

3. Besondere Regelungen und Klauseln im Schuldenbereinigungsplan

37   Um einer eventuellen **Schlechterstellung** eines Gläubigers durch den Schuldenbereinigungsplan **vorzubeugen,** können besondere Klauseln in den Plan eingearbeitet werden. Derartige Klauseln sind auch bei Nullplänen **keine Voraussetzung für die Zulässigkeit** des Plans oder für eine Zustimmungsersetzung (BGH BeckRS 2013, 19169; MüKoInsO/Vuia Rn. 18, 23 mwN). Insbesondere bei Nullplänen haben sich folgende Klauseln durchgesetzt:
- **Anpassungsklausel:** Ein Schuldenbereinigungsplan muss grundsätzlich keine Anpassungsklausel für den Fall **veränderter wirtschaftlicher Verhältnisse** des Schuldners enthalten (OLG Frankfurt a. M. LSK 2000, 440172). Eine Zustimmungsersetzung kann auch bei Nullplänen erfolgen, wenn eine solche Regelung fehlt (BGH BeckRS 2013, 19169; Uhlenbruck/Sternal Rn. 67; 75; Graf-Schlicker/Sabel Rn. 26; aA MüKoInsO/Vuia Rn. 23). Eine entsprechende Anpassungsregel ist aber aufzunehmen, wenn ein Gläubiger anstehende Änderungen der wirtschaftlichen Verhältnisse des Schuldners glaubhaft macht (BGH BeckRS 2013, 19169). Eine Ersetzung kommt dann bei der Vorlage eines (Fast-)Nullplans ohne diese Regelung trotz absehbarer Änderungen nicht in Betracht (OLG Frankfurt a. M. LSK 2000, 440172). Ohne entsprechende Klausel ist eine nachträgliche Planänderung wegen Veränderungen der Verhältnisse des Schuldners nicht möglich (→ § 308 Rn. 21).
- **Erbschaftsklausel:** Eine Nichtaufnahme der Klausel kann nur dann zur Versagung der Zustimmungsersetzung führen, wenn glaubhaft dargelegt wurde, dass es während der Laufzeit des Verfahrens tatsächlich zu einem Erbfall kommen wird (OLG Karlsruhe BeckRS 2001 30188883).
- **Besondere Regelungen hinsichtlich Sicherheiten:** Enthält der Schuldenbereinigungsplan keine Berücksichtigung insolvenzfest erlangter Sicherheiten an Schuldnervermögen, zB aus Pfandrechten oder Abtretungen, kann hierin eine Schlechterstellung des Gläubigers liegen, wenn die Sicherheiten greifen würden (vgl. auch BGH BeckRS 2009, 87668; → § 308 Rn. 15).

- **Aufrechnungsvorbehalt:** Eine Schlechterstellung des Gläubigers ist anzunehmen, wenn der Plan keinen Aufrechnungsvorbehalt enthält, aber glaubhaft dargelegt wurde, dass der Schuldner in einem Verbraucherinsolvenzverfahren bis zur Restschuldbefreiung aufrechenbare Ansprüche erlangen würde (BGH BeckRS 2013, 19169; LG Münster BeckRS 2013, 19529). Dies gilt insbesondere für **Steuererstattungsansprüche,** gegen die das Finanzamt in einer Wohlverhaltensphase unbeschadet von § 294 aufrechnen könnte (vgl. BGH BeckRS 2007, 07042), aufgrund des Schuldenbereinigungsplans jedoch nicht (MüKoInsO/Vuia Rn. 19 aE; HmbKommInsR/Ritter Rn. 21; Uhlenbruck/Sternal Rn. 57).
- **Verfalls- bzw. Wiederauflebensklausel:** Das Fehlen einer Klausel, dass für den Fall der Nichteinhaltung der Verpflichtungen durch den Schuldner, die ursprünglichen Forderungen wieder aufleben und durchsetzbar werden, ist keine Schlechterstellung und führt nicht zur Versagung der Zustimmungsersetzung, da für die Gläubiger **auch ohne explizite Regelung eine Rücktrittsmöglichkeit** besteht (→ § 308 Rn. 20; LG Hamburg LSK 2019, 15726; LG Hannover BeckRS 9998, 32526; MüKoInsO/Vuia Rn. 18; Graf-Schlicker/Sabel Rn. 27, § 308 Rn. 15; HK-InsO/Waltenberger Rn. 16; aA LG Memmingen LSK 2000, 220140; LG Köln LSK 2003, 410457; Uhlenbruck/Sternal Rn. 62; HmbKommInsR/Ritter Rn. 19).
- **Teilerlass:** Sieht der Plan einen **Teilerlass** für die Einhaltung der Verpflichtungen vor, kann darin eine Schlechterstellung des Gläubigers liegen (Uhlenbruck/Sternal Rn. 63).

IV. Besondere, der Ersetzung entgegenstehende Gründe

38 Ein Nachteil aus dem Schuldenbereinigungsplan kann sich für den Gläubiger auch dadurch ergeben, dass seine **Forderung** ganz oder teilweise nach einem Verbraucherinsolvenzverfahren **von einer Restschuldbefreiung ausgenommen** und weiterhin durchsetzbar bliebe, im Plan aber nicht erhalten wird. Entweder kann der Gläubiger darlegen, dass seine Forderung aufgrund ihrer Privilegierung nicht der Restschuldbefreiung unterliegt (§ 302; vgl. BGH BeckRS 2010, 14818). Oder er kann glaubhaft machen, dass der Schuldner in einem Insolvenzverfahren überhaupt **keine Restschuldbefreiung erlangen** könne, da ein Antrag auf Restschuldbefreiung unzulässig wäre (§ 287a Abs. 2) oder bereits Versagungsgründe (§§ 290, 295, 300 Abs. 3) bekannt sind (OLG Celle LSK 2001, 050070; HmbKommInsR/Ritter Rn. 18). Die Glaubhaftmachung der Qualifizierung der Forderung und des Vorliegens der Versagungsgründe ist ausreichend (OLG Köln ZInsO 2001, 809; LG Göttingen ZInsO 2001, 380; HmbKommInsR/Ritter Rn. 23; Uhlenbruck/Sternal Rn. 54, 70 ff.). In diesen Fällen kann eine Zustimmungsersetzung nur erfolgen, wenn im Schuldenbereinigungsplan Zahlungen vorgesehen sind, die dem gesamten bis zum Eintritt der Vollstreckungsverjährung für den Gläubiger erzielbaren Erlös aus Zwangsvollstreckungsmaßnahmen entsprechen (BGH BeckRS 2010, 14818). Das Insolvenzgericht hat hierbei einen weiten Ermessensspielraum (Graf-Schlicker/Sabel Rn. 31)

39 Die verweigerte Zustimmung einer (Straf-)Vollstreckungsbehörde (zB Staatsanwaltschaft, § 451 StPO) hinsichtlich einer im Plan aufgeführten **Geldstrafe oder ähnlichen Sanktion** (zB Geldbuße, Verfall oder Einziehung von Wertersatz, Bewährungsauflage, Auflage nach JGG) kann **nicht ersetzt** werden, da ein (Teil-)Erlass einer strafrechtlichen Sanktion im zivilrechtlichen Vergleichswege nicht möglich ist (vgl. MüKoInsO/Vuia Rn. 20). Auch darf die Vollstreckungsbehörde einem Schuldenbereinigungsplan ohne vollständige Begleichung der Strafe bzw. Sanktion gar nicht zustimmen (Uhlenbruck/Sternal Rn. 56). Eine derartige Sanktion unterliegt nicht der Restschuldbefreiung (§ 302 Nr. 2) und bei Nichteinbringlichkeit einer Geldstrafe ist die Vollstreckung der Ersatzfreiheitsstrafe auch während eines Insolvenzverfahrens zulässig (BVerfG BeckRS 2006, 25544). Ein Erlass einer derartigen Sanktion ist nur nach den strafrechtlichen Regelungen oder im Gnadenwege möglich. Im strafprozessualen Entschädigungsverfahren nach §§ 459h ff. StPO ist die gerichtliche Nichtvollstreckungsanordnung (§ 459g Abs. 4, 5 StPO) hinsichtlich einer **Einziehungsanordnung** (§§ 73 ff. StGB) möglich, womit der Einziehungsbetrag zwar nicht erlischt, jedoch bis zu einer gegenteiligen Anordnung unbeitreibbar ist und damit gar nicht in den Bereinigungsplan aufgenommen werden dürfte. Die **Kosten eines Strafverfahrens** sind vom Schuldenbereinigungsplan als auch vom Insolvenzverfahren grundsätzlich erfasst (→ Rn. 39.1 f.).

39.1 Die Kostenforderung in einem Strafverfahren ist begründet und zu berücksichtigen, sobald der gerichtliche Kostenausspruch erfolgt ist und bis zur Rechtskraft der Entscheidung über die Kostentragung aufschiebend bedingt (OLG Celle BeckRS 2020, 2196; KG BeckRS 2015, 11308). Nach anderen Meinungen ist darauf abzustellen, wann die „gerichtliche Untersuchung" begonnen hat (MüKoInsO/Ehricke § 38 Rn. 108 unter Aufgabe der früheren Meinung; ähnlich: Löwe/Rosenberg StPO § 464 Rn. 2; Jaeger/Henckel § 38 Rn. 156), da sie nach dem Veranlasserprinzip auferlegt werden (Uhlenbruck/Sinz § 38 Rn. 54). Beiden anderen Meinungen kann nicht gefolgt werden. Würde auf die „gerichtliche Untersuchung" abgestellt, würden kostenverursachende polizeiliche bzw. staatsanwaltschaftliche Untersuchungshandlungen, die vor einer Insolvenzverfahrenseröffnung und einer hierauf folgenden strafgerichtlichen Anhängigkeit stattgefunden haben, als Neuforderungen gelten, während sie bei einer strafgerichtlichen Anhängigkeit vor Insolvenzverfahrenseröffnung als Insolvenzforderungen gelten, obwohl sie noch gar keinem Schuldner mit einem Kostenausspruch auferlegt wurden. Gegen das Veranlasserprinzip und für ein Abstellen auf den Zeitpunkt der Kostentragungsentscheidung spricht auch, dass nur nach der strafgerichtlichen Kostenentscheidung ein Vermögensarrest für Strafe und Kosten (§ 111e Abs. 2 StPO; dinglicher Arrest nach § 111d Abs. 1 S. 2 StPO aF) erlassen und vollstreckt werden könnte.

39.2 Der prozessuale Kostenerstattungsanspruch in einem Arbeitsgerichtsverfahren ist dann eine Insolvenzforderung iSd § 38, wenn der Prozess vor Eröffnung des Insolvenzverfahrens begonnen hat (LAG Köln BeckRS 2015, 72905).

V. Glaubhaftmachung der Ersetzungshindernisse (Abs. 2 S. 2)

40 Der Gläubiger hat zunächst **schlüssig zu erläutern,** worin seine Benachteiligung liegt, die einer Zustimmungsersetzung entgegensteht (BGH BeckRS 2010, 25608). Die Gründe können häufig nur auf die vom Schuldner eingereichten und an den Gläubiger weitergereichten **Unterlagen gestützt** werden, sodass ihm eine Vergleichsberechnung (→ Rn. 29) aber grundsätzlich möglich ist (BGH BeckRS 2010, 25608). Andere der Zustimmungsersetzung entgegenstehenden Gründe können, soweit es sich um kein Kreditinstitut o.ä. handelt, kaum konkret vortragen werden (BayObLG BeckRS 2001, 30197523; OLG Celle LSK 2001, 050070; OLG Köln BeckRS 2001, 30160835). Die Anforderungen an die Darlegungslast sollen daher nicht überspannt werden (MüKoInsO/Vuia Rn. 27). Das Insolvenzgericht kann aber nicht von sich aus Ersetzungshindernisse ermitteln, da § 5 Abs. 1 S. 1 noch nicht gilt (OLG Köln BeckRS 2001, 30160835; Uhlenbruck/Sternal Rn. 89).

41 Ist die Schlechterstellung des Gläubigers aus den eingereichten Unterlagen offensichtlich oder widerspricht der Schuldner der Darstellung nicht, bedarf es keiner weiteren Glaubhaftmachung. Andernfalls trifft den vortragenden Gläubiger die **Pflicht zur Glaubhaftmachung** seiner Behauptungen nach Abs. 2 S. 2 iVm § 4 InsO, § 294 ZPO (BGH BeckRS 2010, 25608). Bei der gerichtlichen Würdigung der Darstellung muss das Gericht jedoch die Schwierigkeiten des Gläubigers zur hinreichenden Darstellung berücksichtigen (BGH BeckRS 2006, 05743). **Pauschale Behauptungen,** der Schuldner verfüge über weiteres, nicht angegebenes Vermögen, ist ebenso wenig ausreichend (BGH BeckRS 2010, 25608), wie die abstrakte Benennung von Straftatbeständen, deren Begehung der widersprechende Gläubiger dem Schuldner vorwirft (OLG Celle LSK 2001, 300147; OLG Zweibrücken BeckRS 2001, 30201966). Auch allein der Umstand, dass eine Forderung der Lebensgefährtin im Plan berücksichtigt ist, rechtfertigt noch keine Zweifel am tatsächlichen Bestand der Forderung (LG Memmingen BeckRS 9998, 32147). Es müssen weitere hinreichende Verdachtsmomente hinzukommen (LG Berlin ZInsO 2004, 214). Für Geltend- und Glaubhaftmachung gilt die Notfrist des § 307 Abs. 1 nicht (OLG Celle LSK 2001, 050070; Uhlenbruck/Sternal Rn. 89). Bei Rüge der Mehrheitsverhältnisse (→ Rn. 21) bedarf es nach dem Wortlaut des Abs. 2 S. 2 keiner Glaubhaftmachung.

42 Das Insolvenzgericht hat **selbstständig** (ohne Einschaltung eines Sachverständigen) **einzuschätzen,** ob die vorgetragenen Hindernisse und auch die behauptete wirtschaftliche Entwicklung des Schuldners glaubhaft sind (Uhlenbruck/Sternal Rn. 47). Verbleibende **Zweifel** gehen zulasten des Gläubigers (HK-InsO/Waltenberger Rn. 23). Einer **Beweisaufnahme** durch das Insolvenzgericht bedarf es nach dem Wortlaut der Vorschrift, entgegen der Gesetzesbegründung (BT-Drs. 12/3702, 192), nicht, und wird von der Literatur weitgehend verneint (MüKoInsO/Vuia Rn. 28 mwN; Nerlich/Römermann/Römermann Rn. 32; FK-InsO/Grote/Lackmann Rn. 52; wohl auch Uhlenbruck/Sternal Rn. 93; aA Graf-Schlicker/Sabel Rn. 39). Soweit der Bestand einer Forderung bestritten wird, ist eine Beweiserhebung nicht möglich (allgM, insoweit auch Graf-Schlicker/Sabel Rn. 37).

D. Entscheidung des Insolvenzgerichts und Rechtsmittel

I. Die Entscheidung über den Ersetzungsantrag

43 Einer förmlichen Zurückweisung der Einwendung eines Gläubigers bedarf es nicht. Der Insolvenzrichter (§ 18 Abs. 1 Nr. 1 RPflG) **ersetzt entweder die Zustimmung** (Abs. 1 S. 1) oder **weist den Antrag** des Schuldners auf Ersetzung **zurück** (Abs. 2 S. 3, Abs. 3). Wenn keine Ersetzung erfolgt, gilt der Schuldenbereinigungsversuch als gescheitert und das Verfahren über den

Insolvenzantrag ist wieder aufzunehmen (§ 311). Die Begründetheit des Insolvenzeröffnungsantrags wird bei dieser Entscheidung nicht geprüft, sondern ggf. erst nach Wiederaufnahme des Verfahrens gem. § 311 (Uhlenbruck/Sternal Rn. 68; HmbKommInsR/Ritter Rn. 27 mwN; aA MüKoInsO/Vuia Rn. 29 mwN; KPB/Wenzel Rn. 6; auch → § 306 Rn. 2; → § 311 Rn. 4).

Der Ersetzungsbeschluss ist verfahrensorientiert **zu begründen** und mit einer **Rechtsmittelbelehrung** zu versehen (§ 4 InsO iVm § 232 ZPO). Erweist sich bereits die Einwendung eines Gläubigers als begründet, muss über weitere Widersprüche anderer Gläubiger nicht weiter entschieden werden (Graf-Schlicker/Sabel Rn. 40). Es sind jeweils nur diejenigen Einwendungen zu berücksichtigen, die der betroffene Gläubiger selbst geltend macht (OLG Köln BeckRS 2001, 30160835; Graf-Schlicker/Sabel Rn. 25). Einer **Kostenentscheidung** bedarf es nicht, da eine Kostenerstattung nach § 310 nicht möglich ist (HmbKommInsR/Ritter Rn. 27a). Der Beschluss ist nach § 8 zuzustellen. Nach Rechtskraft des Ersetzungsbeschlusses ergeht die Entscheidung nach § 307 Abs. 1 S. 1 (→ § 308 Rn. 4). 44

II. Rechtsmittel (Abs. 2 S. 3)

Gegen die Ersetzungsentscheidung ist die **sofortige Beschwerde** statthaft, die bei Versagung vom Schuldner, bei antragsgemäßer Ersetzung vom jeweils betroffenen Gläubiger, erhoben werden kann. Ein Gläubiger, der keine fristgerechte Einwendung erhoben hat, ist nicht beschwerdeberechtigt (BGH BeckRS 2006, 01927). Lehnt das Gericht die Durchführung des gerichtlichen Schuldenbereinigungsverfahrens trotz Hinweises im Abhilfeverfahren auf die vorliegenden Voraussetzungen des § 309 ab, ist dagegen ausnahmsweise eine außerordentliche Beschwerde zulässig (LG Bonn BeckRS 2016, 14862). 45

III. Beiordnung eines Rechtsanwalts (Abs. 2 S. 4)

Die Beiordnung eines Rechtsanwalts für den Schuldner als auch für einen Gläubiger ist bei einer schwierigen Sach- und Rechtslage möglich, nicht erst im Beschwerdeverfahren (Graf-Schlicker/Sabel Rn. 42; Uhlenbruck/Sternal Rn. 94; aA KPB/Wenzel Rn. 11; HK-InsO/Waltenberger Rn. 25 bezugnehmend auf BT-Drs. 14/5680, 32). 46

§ 310 Kosten

Die Gläubiger haben gegen den Schuldner keinen Anspruch auf Erstattung der Kosten, die ihnen im Zusammenhang mit dem Schuldenbereinigungsplan entstehen.

Überblick

Sämtliche den Gläubigern im Zusammenhang mit dem Schuldenbereinigungsplan entstehenden Kosten sind nicht erstattungsfähig.

A. Erstattungsausschluss

Die weit auszulegende Vorschrift **verhindert,** dass Gläubiger die ihnen im Zusammenhang mit dem Schuldenbereinigungsplan bei der Wahrnehmung ihrer Rechte entstehenden Kosten, insbesondere Rechtsanwalts- und Inkassokosten, als Verzugsschaden **geltend machen** können. Umfasst sind sowohl die Kosten, die vor Stellung des Antrags auf Eröffnung des Insolvenzverfahrens im Zusammenhang mit dem außergerichtlichen Einigungsversuch entstanden sind (Uhlenbruck/Sternal Rn. 3; aA KPB/Wenzel Rn. 1), als auch die aufgrund des **außergerichtlichen und gerichtlichen Schuldenbereinigungsplans** angefallenen Kosten und Aufwendungsersatzansprüche, sowie Kosten im Zustimmungsersetzungsverfahren gem. § 309 und in einem anschließenden Beschwerdeverfahren (LG Karlsruhe LSK 2004, 230245; FK-InsO/Kohte/Busch Rn. 2; MüKoInsO/Vuia Rn. 4; aA Graf-Schlicker/Sabel Rn. 3) (→ Rn. 1.1). 1

Durch den Ausschluss der Geltendmachung soll gewährleistet sein, dass die Mittel des Schuldners für den Schuldenbereinigungsplan zur Verfügung stehen und nicht durch (weitere) außergerichtliche, in ihrer Angemessenheit und Höhe oftmals umstrittenen, Anspruchsverfolgungskosten der Gläubiger aufgezehrt werden. Des Weiteren soll eine aktive Mitwirkung der Gläubiger am außergerichtlichen Einigungsversuch erreicht werden (vgl. MüKoInsO/Vuia Rn. 1 mwN). 1.1

B. Unabdingbarkeit

2 Die Vorschrift ist **unabdingbar**. Abweichende vertragliche Vereinbarungen zwischen Gläubiger und Schuldner, die eine entsprechende Auferlegung auch gesetzlicher Kosten, zB aus Verzug nach §§ 280, 286 BGB oder anderer Schadensersatzansprüche (vgl. LG Karlsruhe LSK 2004, 230245; Braun/Buck Rn. 2) vorsehen, sind gem. § 134 BGB unwirksam (Uhlenbruck/Sternal Rn. 4; KPB/Wenzel Rn. 2).

§ 311 Aufnahme des Verfahrens über den Eröffnungsantrag

Werden Einwendungen gegen den Schuldenbereinigungsplan erhoben, die nicht gemäß § 309 durch gerichtliche Zustimmung ersetzt werden, so wird das Verfahren über den Eröffnungsantrag von Amts wegen wieder aufgenommen.

Überblick

Normzweck ist die Beschleunigung der Überleitung in das Insolvenzverfahren für (nur) den Fall, dass ein gerichtlicher Schuldenbereinigungsplan an Einwendungen eines beteiligten Gläubigers scheitert, womit das Ruhen des Verfahrens nach § 306 Abs. 1 S. 1 endet.

A. Eingeschränkte Anwendbarkeit

1 Grundsätzliche Voraussetzung des § 311 ist zunächst ein vorliegender **Insolvenzeröffnungsantrag des Schuldners.** Fehlt dieser, wurde er nach § 13 Abs. 2 zurückgenommen oder gilt er als zurückgenommen (§ 305 Abs. 3), kommt das Verfahren gar nicht erst zum Ruhen (§ 306 Abs. 3 S. 2). Die Vorschrift findet nur für den (in der Praxis selteneren) Fall Anwendung, dass ein gerichtliches **Schuldenbereinigungsverfahren durchgeführt** wird, der zunächst aussichtsreiche Plan (vgl. § 306 Abs. 1 S. 3) aber an Einwendungen beteiligter Gläubiger scheitert (vgl. Graf-Schlicker/Kexel Rn. 1; HmbKommInsR/Ritter Rn. 3). Solange nicht abschließend über einen Schuldenbereinigungsplan entschieden wurde, ruht das Insolvenzeröffnungsverfahren kraft Gesetzes (§ 306 Abs. 1 S. 1).

B. Einwendungen gegen den Schuldenbereinigungsplan

2 Die **Einwendungen** der Gläubiger gegen den Schuldenbereinigungsplan sind schriftlich, eigenhändig oder von einem Bevollmächtigten unterzeichnet (→ § 307 Rn. 22) gegenüber dem Insolvenzgericht binnen einer Frist von einem Monat ab Zustellung des Schuldenbereinigungsplans an den Gläubiger (§ 307 Abs. 1 S. 1) zu erheben (→ § 307 Rn. 19). Werden die Einwendungen nicht zurückgenommen oder sind sie nicht gem. § 309 ersetzbar, ist das Schuldenbereinigungsplanverfahren zunächst beendet und das Verfahren über den Eröffnungsantrag von Amts wegen wieder aufzunehmen (→ Rn. 3).

C. Folgen bestehender Einwendungen

3 Die Wiederaufnahme des Verfahrens über den Insolvenzeröffnungsantrag durch den Insolvenzrichter hat **von Amts wegen**, ohne weiteren Antrag des Schuldners (§ 4 InsO iVm §§ 250, 251 ZPO) zu erfolgen. Dem Gericht steht **kein Ermessen** zu. Das kraft Gesetzes (§ 306 Abs. 1 S. 1) eingetretene Ruhen des Verfahrens endet. Ein förmlicher Beschluss zur Aufnahme ist nicht erforderlich, eine entsprechende Verfügung ausreichend Uhlenbruck/Sternal Rn. 4; aA FK-InsO/Kohte/Busch Rn. 1; Graf-Schlicker/Kexel Rn. 3). Eine **Rückkehr in das Schuldenbereinigungsverfahren** ist möglich (Uhlenbruck/Sternal Rn. 5).

4 Das Insolvenzgericht hat nun über den Insolvenzantrag zu befinden und erst jetzt von Amts wegen (§ 5 Abs. 1 S. 1) zu ermitteln, ob ein Insolvenzgrund (§§ 17, 18), sowie die weiteren Voraussetzungen der Insolvenzeröffnung vorliegen. Weiter hat der Richter zu prüfen, ob vorläufige Sicherungsmaßnahmen notwendig sind (§§ 21, 306 Abs. 2).

§§ 312–314 [aufgehoben]

§ 312 [aufgehoben]

(1) ¹Öffentliche Bekanntmachungen erfolgen auszugsweise; § 9 Abs. 2 ist nicht anzuwenden. ²Bei der Eröffnung des Insolvenzverfahrens wird abweichend von § 29 nur der Prüfungstermin bestimmt. ³Wird das Verfahren auf Antrag des Schuldners eröffnet, so beträgt die in § 88 genannte Frist drei Monate.
(2) Die Vorschriften über den Insolvenzplan (§§ 217 bis 269) und über die Eigenverwaltung (§§ 270 bis 285) sind nicht anzuwenden.

Überblick

Die Vorschrift wurde durch das Gesetz zur Verkürzung des Restschuldbefreiungsverfahrens und zur Stärkung der Gläubigerrechte v. 15.7.2013 aufgehoben. Sie ist aber für alle vor dem 1.7.2014 beantragten Verfahren weiterhin gültig (Art. 103h S. 1 EGInsO).

Die Regelung diente der vereinfachten und kostengünstigen Abwicklung von Kleinverfahren und der Entlastung der Insolvenzgerichte.

A. Allgemeine Verfahrensvereinfachungen

I. Entlastung der Insolvenzgerichte bei der Abwicklung der Verbraucherinsolvenzverfahren

Zur Vereinfachung der Verfahrensführung und zur Entlastung der Insolvenzgerichte ist ein **Berichtstermin** (§ 29 Abs. 1 Nr. 1) **nicht zu bestimmen** (Abs. 1 S. 2). In Verbraucher- und Kleininsolvenzverfahren gibt es kein schuldnerisches Unternehmen, über dessen Schicksal in einem Berichtstermin befunden werden kann (§§ 156, 157), und es besteht grundsätzlich kein Bedürfnis, über den Verfahrensfortgang iSd § 29 Abs. 1 Nr. 1 zu beschließen. Es wird nur der Prüfungstermin festgelegt (§ 29 Abs. 1 Nr. 2), der regelmäßig im schriftlichen Verfahren (§ 5 Abs. 2) stattfindet (→ Rn. 3). Ein schriftlicher Bericht des Treuhänders über die Vermögensverhältnisse des Schuldners wird in der Regel zusammen mit den Verzeichnissen nach §§ 151–153 vorgelegt. 1

Trotz der Entbehrlichkeit des Berichtstermins können später, falls nötig, **weitere Gläubigerversammlungen** beantragt (vgl. §§ 74, 75, 313 Abs. 2 S. 4; → § 313 Rn. 11 f.) oder nachträgliche Prüfungstermine erforderlich werden. Auch die Bestimmung eines Schlusstermins bleibt unentbehrlich. 2

II. Grundsatz der schriftlichen Verfahrensdurchführung

Bereits die Fassung der Norm mit Gültigkeit bis 1.7.2007 sah in Abs. 2 die Möglichkeit der Durchführung des ganzen Verfahrens oder einzelner Teile im **schriftlichen Wege** vor. Der Abs. wurde in § 312 gestrichen und in § 5 Abs. 2 S. 1, 2 aF für alle Insolvenzverfahren übernommen (mWv 1.7.2007 durch InsVereinfG v. 13.4.2007, BGBl. I 509). Die erneute Neufassung des § 5 Abs. 2 zum 1.7.2014 sieht sogar grundsätzlich die Durchführung im schriftlichen Verfahren vor („wird" statt „kann"). Zu Voraussetzungen und Vorgehen → § 5 Rn. 20 (vgl. auch MüKoInsO/Vuia Rn. 5 ff.). 3

III. Reduzierte öffentliche Bekanntmachungen (Abs. 1 S. 1)

Die vorgesehene Verfahrenserleichterung für Verbraucherinsolvenzverfahren in Abs. 1 S. 1 aufgrund reduzierter, nur **auszugsweiser öffentlicher Bekanntmachungen,** kommt keine praktische Bedeutung zu, da § 9 allgemein Veröffentlichungen im Internet für alle Verfahren – auch auszugsweise – vorschreibt. 4

B. Verlängerte Rückschlagsperre (Abs. 1 S. 3)

Die Frist der **Rückschlagsperre,** aufgrund der Gläubigersicherungen und Pfändungspfandrechte nachträglich unwirksam werden (§ 88), ist im Verbraucherinsolvenzverfahren auf drei 5

Monate vor Antrag des Schuldners auf Verfahrenseröffnung **verlängert** (Abs. 1 S. 3). Die Ausweitung soll verhindern, dass der außergerichtliche Einigungsversuch (s. § 305) durch Zwangsvollstreckungsmaßnahmen einzelner Gläubiger (→ § 305a Rn. 3) gestört wird (BGH BeckRS 2011, 18530). Die Rückschlagsperre bewirkt die Unwirksamkeit der noch zum Zeitpunkt der Insolvenzeröffnung bestehenden Sicherung, nicht jedoch einer seither erfolgten Befriedigung des Vollstreckungsgläubigers aufgrund der Maßnahme (→ § 88 Rn. 11). Die Frist wird auch durch einen zunächst unzulässigen Eröffnungsantrag des Schuldners ausgelöst, wenn dieser letztendlich zur Eröffnung führte (BGH BeckRS 2011, 18530; MüKoInsO/Vuia Rn. 3).

6   Die Verlängerung wurde für Verfahren, die ab dem 1.7.2014 beantragt wurden (Art. 103h S. 1 EGInsO), in § 88 Abs. 2 nF übernommen (→ Rn. 10).

C. Ausschluss besonderer Verfahrensarten (Abs. 2)

I. Insolvenzplan

7   **Keine Anwendung** finden (für vor dem 1.7.2014 beantragte Verbraucherinsolvenzverfahren, → Rn. 10) nach Abs. 2 die Vorschriften über den **Insolvenzplan** (§§ 217–269). In Verbraucherinsolvenzverfahren besteht die Möglichkeit der Einigung des Schuldners mit den Gläubigern im vorbereitenden Schuldenbereinigungsplanverfahren.

8   Aufgrund der Aufhebung des § 312 ist ein Insolvenzplan für alle Verfahren, die ab dem 1.7.2014 beantragt werden (Art. 103h S. 1 EGInsO), nun möglich (→ Rn. 9).

II. Eigenverwaltung

9   Eine **Eigenverwaltung** (§§ 270–285) ist in Verbraucherinsolvenzverfahren **nicht möglich** (Abs. 2). Auch nach Aufhebung der Vorschrift durch das Gesetz zur Verkürzung des Restschuldbefreiungsverfahrens und zur Stärkung der Gläubigerrechte v. 15.7.2013 ist eine Eigenverwaltung in Verbraucherinsolvenzverfahren ausgeschlossen (§ 270 Abs. 1 S. 3 nF).

D. Aufhebung der Vorschrift für ab 1.7.2014 beantragte Verfahren

10   Mit Gesetz zur Verkürzung des Restschuldbefreiungsverfahrens und zur Stärkung der Gläubigerrechte v. 15.7.2013 (BGBl. I 2379) wurde § 312 aufgehoben. Die Vorschrift gilt aber für alle Verfahren, die vor dem 1.7.2014 beantragt wurden, fort (Art. 103h EGInsO). In die Neufassungen der § 29 Abs. 2 S. 2 nF, § 88 Abs. 2 nF, § 270 Abs. 1 S. 3 nF wurden die bisherigen Regelungen teilweise übernommen.

§ 313 [aufgehoben]

(1) ¹Die Aufgaben des Insolvenzverwalters werden von dem Treuhänder (§ 292) wahrgenommen. ²Dieser wird abweichend von § 291 Abs. 2 bereits bei der Eröffnung des Insolvenzverfahrens bestimmt. ³Die §§ 56 bis 66 gelten entsprechend.

(2) ¹Zur Anfechtung von Rechtshandlungen nach den §§ 129 bis 147 ist nicht der Treuhänder, sondern jeder Insolvenzgläubiger berechtigt. ²Aus dem Erlangten sind dem Gläubiger die ihm entstandenen Kosten vorweg zu erstatten. ³Die Gläubigerversammlung kann den Treuhänder oder einen Gläubiger mit der Anfechtung beauftragen. ⁴Hat die Gläubigerversammlung einen Gläubiger mit der Anfechtung beauftragt, so sind diesem die entstandenen Kosten, soweit sie nicht aus dem Erlangten gedeckt werden können, aus der Insolvenzmasse zu erstatten.

(3) ¹Der Treuhänder ist nicht zur Verwertung von Gegenständen berechtigt, an denen Pfandrechte oder andere Absonderungsrechte bestehen. ²Das Verwertungsrecht steht dem Gläubiger zu. ³§ 173 Abs. 2 gilt entsprechend.

Überblick

Die Vorschrift wurde durch das Gesetz zur Verkürzung des Restschuldbefreiungsverfahrens und zur Stärkung der Gläubigerrechte v. 15.7.2013 aufgehoben (→ Rn. 17). Sie ist aber für alle vor dem 1.7.2014 beantragten Verfahren weiterhin gültig (Art. 103h S. 1 EGInsO). Die Bestellung eines Treuhänders – anstelle eines Insolvenzverwalters – mit beschränkten Aufgaben und Befugnissen hatte die Verfahrensvereinfachung und Kostenreduzierung zum Ziel.

aufgehoben § 313 InsO

A. Auswahl, Bestellung und Vergütung des Treuhänders

Bei der Auswahl des Treuhänders hat das Gericht die in § 56 bestimmten **Anforderungen**, 1 insbesondere deren **Geeignetheit und Geschäftskundigkeit** (Abs. 1 S. 3), sowie die **Unabhängigkeit** der Person zu beachten (→ § 56 Rn. 35).

Der Treuhänder wird im Verbraucherinsolvenzverfahren grundsätzlich bereits mit Insolvenz- 2 eröffnung für die Verfahrensabschnitte vereinfachtes Insolvenzverfahren und Restschuldbefreiungsverfahren bestellt (Abs. 1 S. 2). Ergibt sich aus dem **Eröffnungsbeschluss** keine ausdrückliche Einschränkung (s. BGH BeckRS 2003, 06828; 2004, 06410; 2007, 19965), übernimmt der Treuhänder mit Insolvenzeröffnung auch die Aufgaben des Insolvenzverwalters (Abs. 1 S. 1), allerdings mit reduzierten Befugnissen nach Abs. 2, 3 (→ Rn. 7). Die **Beibehaltung des Treuhänders** für das gesamte Verfahren ist zwar grundsätzlich vorgesehen (Abs. 1 S. 1; dazu BT-Drs. 12/7302, 193; BGH BeckRS 2003, 06828; Uhlenbruck/Vallender Rn. 7a), aber **nicht zwingend** (vgl. MüKoInsO/Vuia Rn. 4). Zum einen sieht § 288 aF ein Vorschlagsrecht des Schuldners und der Gläubiger (zB eines geeigneteren oder kostengünstigeren Treuhänders) vor, zum anderen kann aus wichtigem Grund (§ 59 Abs. 1) eine andere Person zum Treuhänder im Restschuldbefreiungsverfahren bestellt werden (Abs. 1 S. 3). Wurde der Treuhänder im Eröffnungsbeschluss des Richters (§ 18 Abs. 1 Nr. 1 RPflG) uneingeschränkt eingesetzt, stellt die Änderung der Person eine Entlassung dar, die zu begründen ist (→ § 59 Rn. 43). Zuständig für Entlassung und Neubestellung ist nach Insolvenzeröffnung der Rechtspfleger (hM; MüKoInsO/Graeber § 59 Rn. 40; Uhlenbruck/Uhlenbruck § 59 Rn. 22; → § 59 Rn. 18). Des Weiteren haben auch die Gläubiger die Möglichkeit der Wahl eines anderen Treuhänders in der ersten Gläubigerversammlung (§ 57 iVm § 312 Abs. 1 S. 3), was angesichts der regelmäßig im schriftlichen Verfahren stattfindenden Termine (→ § 312 Rn. 3) kaum praktische Bedeutung hat.

Der Treuhänder beginnt sein Amt mit ausdrücklicher oder stillschweigender **Übernahme**. 3 Entsprechend § 56 Abs. 2 iVm § 313 Abs. 1 S. 3 wird eine **Bestallungsurkunde** erteilt. Die Einsetzung eines vorläufigen Treuhänders ist denkbar (§ 306 Abs. 2 S. 1, § 21 Abs. 2 Nr. 1), aber praktisch irrelevant.

Der Treuhänder ist nicht Vertreter des Schuldners, sondern **Partei kraft Amtes** (hM der 4 Amtstheorie, vgl. BGH ZIP 1987, 650; ZIP 1993, 208). Er hat grundsätzlich die Aufgaben des Insolvenzverwalters (Abs. 1 S. 1), mit den Einschränkungen nach Abs. 2 und Abs. 3 (→ Rn. 7 ff.). Zu den **Regelaufgaben** (s. BGH BeckRS 2003, 08483; Uhlenbruck/Vallender Rn. 16 ff.) gehören neben der Übernahme (§ 148) und Verwertung (§ 159) der Insolvenzmasse, der Rechnungslegung (§ 66), Fertigung der Verzeichnisse (§§ 151 ff.), Erfassung und Prüfung der Forderungsanmeldungen (§§ 174 ff.) auch sämtliche masserelevanten steuerrechtlichen Erklärungspflichten (BGH BeckRS 2007, 10250; 2009, 04725; Uhlenbruck/Vallender Rn. 48, 49).

Die **Haftung** des Treuhänders (§§ 60–62) entspricht der des Insolvenzverwalters (Abs. 1 S. 3). 5

Gemäß §§ 63–65 hat der Treuhänder Anspruch auf angemessene **Vergütung** (§ 13 InsVV aF) 6 und Auslagenerstattung (§§ 8, 10 InsVV). Zur Erhöhung der Vergütung wegen Anfechtung → Rn. 13.

B. Reduzierter Aufgabenkreis des Treuhänders

Mit der Eröffnung als Verbraucherinsolvenzverfahren wird klargestellt, dass der bestellte Treu- 7 händer in seinen **Befugnissen nach Abs. 2 und 3 beschränkt** ist, und den Gläubigern die dort genannten besonderen Rechte zustehen (BGH BeckRS 2008, 06236).

I. Anfechtung von Rechtshandlungen (Abs. 2)

Die Berechtigung der **Insolvenzanfechtung** (§§ 129–147) steht grundsätzlich nur jedem ein- 8 zelnen Insolvenzgläubiger, nicht dem Treuhänder zu (Abs. 2 S. 1). Das Anfechtungsrecht ist Teil der Insolvenzmasse. Anfechtungsgrund und -gegner richten sich nach den allgemeinen Vorschriften der Insolvenzanfechtung (s. §§ 130 ff.).

1. Anfechtung durch einen Insolvenzgläubiger

Im Verbraucherinsolvenzverfahren kann **jeder Insolvenzgläubiger** von sich aus allein, mit 9 anderen oder sämtlichen Gläubigern gemeinsam oder in deren Vertretung für die Masse nachteilige Rechtshandlungen anfechten, Anfechtungsansprüche als gesetzlicher **Prozessstandschafter** gerichtlich geltend machen oder weiterverfolgen (MüKoInsO/Vuia Rn. 10). Eine vergleichsweise oder sonstige Beilegung eines Anfechtungsprozesses ist jedoch nicht ohne Zustimmung des Treu-

Savini 1841

händers möglich (MüKoInsO/Vuia Rn. 12). Die erfolgreiche Anfechtung gewährt dem anfechtenden Gläubiger **keine Einzelbefriedigung,** denn das hieraus Erlangte ist zur Insolvenzmasse zu gewähren (MüKoInsO/Vuia Rn. 12; Uhlenbruck/Vallender Rn. 75). Eine Klage des Gläubigers ist auf Rückgewähr zur Masse zu richten (Uhlenbruck/Vallender Rn. 80) und eine bereits anhängige Klage (nach Beendigung der Unterbrechung wegen § 240 ZPO) entsprechend umzustellen (BGH BeckRS 2010, 01372). Das Prozessrisiko trägt der (nicht von der Gläubigerversammlung beauftragte, → Rn. 11) Anfechtungsgläubiger, und ein klageabweisendes Urteil wirkt nicht zulasten anderer Gläubiger (KPB/Wenzel Rn. 2). Im obsiegenden Fall hat der Gläubiger zunächst im Wege der gerichtlichen Kostenfestsetzung seinen Erstattungsanspruch gegenüber dem Anfechtungsgegner geltend zu machen (Uhlenbruck/Vallender Rn. 82). Ist ihm die Beitreibung auf diesem Weg nicht möglich, kann der Gläubiger die Kosten der Anfechtung aus dem Erlangten verlangen (Abs. 2 S. 2), soweit dies ausreicht.

2. Anfechtung durch einen Insolvenzgläubiger im Auftrag der Gläubigerversammlung

10 Hat die Gläubigerversammlung einen **Gläubiger** mit der Anfechtung **beauftragt** (Abs. 2 S. 3), tritt der Gläubiger als Prozessstandschafter auf (→ Rn. 9) und hat das Erlangte an die Masse abzuführen. Der Vorteil für den Gläubiger besteht allerdings darin, dass er seine Kosten für den Anfechtungsprozess aus der Masse erhält, soweit das Erlangte nicht ausreicht (Abs. 2 S. 4) oder seine Anfechtungsklage erfolglos war (MüKoInsO/Vuia Rn. 13). Praktisch wird ein Gläubiger eine Anfechtung nur mit vorheriger Beauftragung durch die Gläubigerversammlung vornehmen.

3. Beauftragung des Treuhänders durch die Gläubigerversammlung

11 In der Praxis wird der **Treuhänder durch die Gläubigerversammlung** mit der Anfechtung beauftragt (Abs. 1 S. 3 Alt. 1), da er die verfahrensbezogene Sachkunde und in der Regel entsprechende Erfahrung hat und sich selten ein Gläubiger für die Anfechtung bereit erklärt. Weil eine Beauftragung außerhalb der Gläubigerversammlung nicht möglich ist (BGH BeckRS 2007, 13659; vgl. auch OLG Rostock BeckRS 2006, 04089), wird der Treuhänder regelmäßig die Abhaltung einer Gläubigerversammlung hierzu anregen und sich dann auch um das Erscheinen mindestens eines Gläubigers bemühen. Der Rechtspfleger beruft dann die Versammlung unter zumindest schlagwortartiger Bezeichnung der Tagesordnungspunkte in der öffentlichen Bekanntmachung ein (BGH BeckRS 2008, 07476; → § 74 Rn. 13).

12 Nur eine beschlussfähige Gläubigerversammlung kann dem Treuhänder einen entsprechenden Auftrag erteilen (BGH BeckRS 2007, 13659; Fuchs ZInsO 2002, 358). Erscheint kein Gläubiger, ergeht kein Auftrag. Die Fiktion der Zustimmungserteilung nach § 160 Abs. 1 S. 3 gilt nicht für diese Beauftragung (vgl. Uhlenbruck/Vallender Rn. 69; aA HmbKommInsR/Ritter Rn. 7). Das Insolvenzgericht selbst kann keinen Anfechtungsauftrag erteilen (MüKoInsO/Vuia Rn. 10; Uhlenbruck/Vallender Rn. 69).

13 Der beauftragte Treuhänder führt den Prozess als Partei kraft Amtes in gesetzlicher Prozessstandschaft (Uhlenbruck/Vallender Rn. 86). Ein als Rechtsanwalt zugelassener Treuhänder kann eine **Vergütung** der Anfechtungstätigkeit grundsätzlich nach RVG gegenüber der Masse abrechnen (§ 5 InsVV). Eine Erhöhung der Regelvergütung des Treuhänders (→ Rn. 6) aufgrund des Anfechtungsmehraufwands kommt nur bei nicht adäquater Erhöhung der Vergütung nach § 13 InsVV infolge der Massemehrung in Betracht (vgl. BGH BeckRS 2010, 29491).

II. Beschränktes Verwertungsrecht (Abs. 3)

14 Die grundsätzliche Verwertungspflicht des Treuhänders (§§ 159 Abs. 1, 304 Abs. 1 S. 1, § 313 Abs. 1 S. 1) wird hinsichtlich sämtlicher beweglicher und unbeweglicher Vermögenswerte eingeschränkt, die mit **Pfand- oder Absonderungsrechten** belastet sind (Abs. 3 S. 1). Das Verwertungsrecht der Massegegenstände steht zunächst dem jeweiligen absonderungsberechtigten Pfandgläubiger zu (Abs. 3 S. 2). Die allgemeinen Vorschriften der Verwertung nach §§ 165–169, 170, 171 gelten im Verbraucherinsolvenzverfahren nicht (MüKoInsO/Vuia Rn. 17).

15 Dem Treuhänder ist zwar die Möglichkeit der zwangsweisen Verwertung belasteter Gegenstände entzogen, mit § 313 Abs. 3 wird jedoch **nicht die Verfügungsbefugnis** des Treuhänders (§§ 80 Abs. 1, 304 Abs. 1 S. 1) beschränkt (MüKoInsO/Vuia Rn. 16). Eine **freihändige Veräußerung** beweglicher Pfandgegenstände ist dem Treuhänder – insbesondere mit Zustimmung der Pfandgläubiger – durchaus möglich (MüKoInsO/Vuia Rn. 17). Eine **belastete Immobilie** kann der Treuhänder auch ohne Zustimmung der Grundpfandgläubiger rechtsgeschäftlich (ohne ein

aufgehoben § 314 InsO

Zwangsversteigerungsverfahren) verwerten (OLG Hamm BeckRS 2011, 26621; ausf. MüKoInsO/ Vuia Rn. 18; HK-InsO/Landfermann Rn. 19, 21; Alff Rpfleger 2000, 37 (38); Hergenröder ZVI 2005, 521 (535); aA HmbKommInsR/Ritter Rn. 8, nur mit Zustimmung der Grundpfandgläubiger; krit. Uhlenbruck/Vallender Rn. 106a).

Stimmen die Pfandgläubiger einer Verwertung durch den Treuhänder nicht zu und nehmen **16** aber selbst auch keine Verwertung der belasteten beweglichen Sache oder Forderung vor, kann das Insolvenzgericht dem Gläubiger auf Antrag des Treuhänders eine **Frist zur Verwertung** setzen (§ 173 Abs. 2 S. 1 iVm § 313 Abs. 3 S. 3). Nach fruchtlosem Ablauf der Frist ist nurmehr der Treuhänder zur Verwertung berechtigt (§ 173 Abs. 2 S. 2 iVm § 313 Abs. 3 S. 3). § 173 Abs. 1 sieht keine Veräußerung massezugehöriger Immobilien, die mit einem Grundpfandrecht belastet sind, vor. Diese Einschränkung findet sich in § 313 Abs. 3 – der nur auf § 173 Abs. 2 verweist – nicht wieder, weshalb eine entsprechende Fristsetzung auch für **Grundpfandgläubiger** der Immobilien und eine anschließende Verwertung durch den Treuhänder – ohne deren Zustimmung – freihändig (→ Rn. 15) oder nach § 172 ZVG erfolgen kann (vgl. BT-Drs. 14/5680, 33 zu Nr. 29 aE; MüKoInsO/Vuia Rn. 17 aE, 18; HK-InsO/Landfermann Rn. 20; krit. hinsichtlich Immobilien wegen einer doppelt analogen Anwendung des § 173 Uhlenbruck/Vallender Rn. 111).

C. Aufhebung der Vorschrift für ab 1.7.2014 beantragte Verfahren

Mit Gesetz zur Verkürzung des Restschuldbefreiungsverfahrens und zur Stärkung der Gläubi- **17** gerrechte v. 15.7.2013 (BGBl. I 2379) wurde die einschränkende Vorschrift des § 313 ersatzlos gestrichen. Sie gilt aber für alle Verfahren, die vor dem 1.7.2014 beantragt wurden, fort (Art. 103h EGInsO).

§ 314 [aufgehoben]

(1) ¹Auf Antrag des Treuhänders ordnet das Insolvenzgericht an, dass von einer Verwertung der Insolvenzmasse ganz oder teilweise abgesehen wird. ²In diesem Fall hat es dem Schuldner zusätzlich aufzugeben, binnen einer vom Gericht festgesetzten Frist an den Treuhänder einen Betrag zu zahlen, der dem Wert der Masse entspricht, die an die Insolvenzgläubiger zu verteilen wäre. ³Von der Anordnung soll abgesehen werden, wenn die Verwertung der Insolvenzmasse insbesondere im Interesse der Gläubiger geboten erscheint.
(2) Vor der Entscheidung sind die Insolvenzgläubiger zu hören.
(3) ¹Die Entscheidung über einen Antrag des Schuldners auf Erteilung von Restschuldbefreiung (§§ 289 bis 291) ist erst nach Ablauf der nach Absatz 1 Satz 2 festgesetzten Frist zu treffen. ²Das Gericht versagt die Restschuldbefreiung auf Antrag eines Insolvenzgläubigers, wenn der nach Absatz 1 Satz 2 zu zahlende Betrag auch nach Ablauf einer weiteren Frist von zwei Wochen, die das Gericht unter Hinweis auf die Möglichkeit der Versagung der Restschuldbefreiung gesetzt hat, nicht gezahlt ist. ³Vor der Entscheidung ist der Schuldner zu hören.

Überblick

Die Vorschrift wurde durch das Gesetz zur Verkürzung des Restschuldbefreiungsverfahrens und zur Stärkung der Gläubigerrechte v. 15.7.2013 aufgehoben (→ Rn. 19). Sie ist aber für alle vor dem 1.7.2014 beantragten Verfahren weiterhin gültig (Art. 103h S. 1 EGInsO).

§ 314 bezweckte eine vereinfachte Verfahrensabwicklung unter entsprechender Aufwands- und Kostenreduzierung und schuf eine Möglichkeit für den Schuldner, einzelne oder alle Gegenstände der Insolvenzmasse auszulösen.

A. Voraussetzungen der vereinfachten Verwertung der Insolvenzmasse (Abs. 1)

I. Antrag des Treuhänders

Das Verfahren zur vereinfachten Verwertung der Insolvenzmasse setzt einen regelmäßig **schrift-** **1** **lichen und begründeten Antrag** des Treuhänders voraus (Abs. 1 S. 1). Ein theoretisch denkbarer mündlicher Antrag des Treuhänders lässt unter Umständen die ausreichende Konkretisierung des nicht zu verwertenden Massegegenstandes (→ Rn. 2) und den entsprechenden aufzubringenden

Gegenwert (→ Rn. 6) vermissen. Eine Aufnahme des Verfahrens durch das Insolvenzgericht von Amts wegen oder auf Antrag des Schuldners (→ Rn. 3) oder eines Dritten ist nicht vorgesehen.

2   Der Treuhänder hat regelmäßig dann ein **Interesse** am Verwertungsverzicht, wenn er seiner Pflicht zur bestmöglichen und kostengünstigen Verwertung der Insolvenzmasse (§ 159) ggf. schneller dadurch nachkommen kann, indem zeitnah (→ Rn. 13) ein Betrag zur Masse erstattet wird, der mindestens dem voraussichtlichen Verwertungserlös des Vermögenswertes entspricht. Dadurch können nicht nur **Verwertungskosten erspart,** sondern auch die **Verfahrensabwicklung beschleunigt** und der Verfahrensaufwand **erheblich reduziert** werden, insbesondere in Verfahren mit **geringer verwertungsfähiger Masse** (vgl. BT-Drs. 12/7302, 194; MüKoInsO/Ott/Vuia Rn. 1). Hierin kann auch das Interesse der Gläubiger liegen (Abs. 1 S. 3). Teilweise bietet § 314 für den Treuhänder die einzige Möglichkeit einen Vermögenswert überhaupt kostendeckend zu verwerten, zB Anteile an einer ideellen Bruchteilsgemeinschaft. Die vereinfachte Verwertung dient aber nicht dazu, die Pflicht des Treuhänders zur Verwertung der Masse auf den Schuldner zu verlagern und diesen mit dem Verwertungsrisiko zu belasten (KPB/Wenzel Rn. 3).

3   Dem Schuldner, der Gläubigerversammlung, einzelnen Gläubigern oder Dritten (zB Miteigentümern eines Massegegenstands) steht kein Antragsrecht zu. Allerdings kann beim Treuhänder ein Vorgehen nach § 314 angeregt werden. Der Treuhänder hat der **Anregung** pflichtgemäß nachzugehen (→ Rn. 4). Der Schuldner wird insbesondere dann ein eigenes **Interesse an der Auslöse** einzelner Massegegenstände haben, wenn er emotional an dem Gegenstand „hängt" (vgl. HmbKommInsR/Ritter Rn. 2) oder der zu erwartende Versteigerungserlös nicht den ideellen Wertvorstellungen des Schuldners entspricht. Den Wunsch, das (gewohnte) Vermögen des Schuldners als Ganzes zu behalten, kann auch einen Dritten, zB Partner oder Verwandten, zur Anregung der Auslöse bewegen.

4   Der Treuhänder hat einem angemessenen Angebot des Schuldners **pflichtgemäß nachzugehen,** insbesondere, wenn der Schuldner für jeden auszulösenden Massegegenstand einen konkreten, wertgemäßen Betrag bietet und schlüssig darlegen kann, zur Zahlung innerhalb einer angemessenen Frist (hierzu → Rn. 13) in der Lage zu sein (Uhlenbruck/Vallender Rn. 6). Der Treuhänder sollte weiter abstimmen, ob der angebotene Betrag vom Schuldner (→ Rn. 7) oder Dritten auch tatsächlich fristgemäß erbracht werden kann. Andernfalls droht neben der Verfahrensverzögerung dem Schuldner die Versagung der Restschuldbefreiung (Abs. 3) (→ Rn. 17).

II. Nicht betroffene Massegegenstände

5   Ein vereinfachtes Verwertungsverfahren ist **ausgeschlossen** bei Vermögenswerten, die nicht in die Insolvenzmasse (§§ 35, 36) fallen, vom Treuhänder bereits freigegeben wurden oder zu deren Verwertung der Treuhänder nicht berechtigt ist, zB aufgrund eines belastenden Absonderungsrechts (§ 313 Abs. 3 S. 1, → § 313 Rn. 14). **Absonderungsberechtigte Gläubiger** können hingegen selbst dem Schuldner den ihrem Verwertungsrecht unterliegenden Gegenstand gegen Zahlung des Wertes überlassen. Diese Zahlung fließt allerdings nicht in die Masse, sondern dem gesicherten Gläubiger zu (Huntemann/Graf Brockdorff Kap. 17 Rn. 137). Die Vorschriften §§ 170, 171 gelten nicht (→ § 313 Rn. 14).

III. Ausgleichsbetrag

6   Für jeden nicht zu verwertenden Massegegenstand ist ein **konkret zu beziffernder Ausgleichsbetrag** zu bestimmen (vgl. Nerlich/Römermann/Römermann Rn. 8; Vallender NZI 1999, 385 (388)). Soll von der Verwertung der gesamten Masse abgesehen werden, ist entsprechend eine nachvollziehbare Summe festzusetzen. Der Ausgleichsbetrag hat dem Wert zu entsprechen, der an die Gläubiger zu verteilen wäre (Abs. 1 S. 2), also dem möglichen **Versteigerungswert der Sache abzüglich der ersparten Verwertungskosten.** Der für die Masse zu zahlende Betrag ist im gerichtlichen Beschluss („zusätzlich") festzusetzen (→ Rn. 12).

IV. Leistungsfähigkeit des Schuldners

7   Vor einer Absehensanordnung nach Abs. 1 S. 3 (→ Rn. 12) ist durch das Gericht (Rechtspfleger, § 3 Nr. 2e RPflG) zu prüfen, ob der Schuldner überhaupt in der Lage ist, den Ausgleichsbetrag (→ Rn. 6) aus seinem **pfändungsfreiem Vermögen** ggf. in Raten oder durch **Zuwendungen Dritter** aufzubringen (vgl. BT-Drs. 12/7302, 194). Die Leistungsfähigkeit ist nach dem gesetzgeberischen Willen **Voraussetzung** einer Anordnung. Dies ist bei der Anordnung und Fristsetzung zu berücksichtigen, andernfalls ist der Antrag des Treuhänders abzuweisen (→ Rn. 10).

B. Verfahren (Abs. 1, 2)

I. Anhörung

Der Schuldner sollte zum Antrag des Treuhänders gehört werden, auch wenn dem eine Anregung des Schuldners vorausging. Der schriftliche Antrag des Treuhänders wird in der Regel in Kopie an den Schuldner weitergleitet, mit der Möglichkeit sich kurzfristig zu äußern und **nachvollziehbar darzulegen,** ob und wie der Ausgleichsbetrag (→ Rn. 6) binnen der regelmäßig vom Treuhänder vorgeschlagenen Frist erbracht werden kann (→ Rn. 7). Gleichzeitig ist auf die drohende Versagung der Restschuldbefreiung (Abs. 3) hinzuweisen (→ Rn. 17). 8

Nach Abs. 2 sind die **Insolvenzgläubiger anzuhören.** Die Anhörung kann in einer hierzu einberufenen Gläubigerversammlung (wenn der TOP zumindest schlagwortartig bekannt gemacht wurde, BGH BeckRS 2008, 07476; 2011, 20718; → § 74 Rn. 13) oder regelmäßig im schriftlichen Verfahren (§ 5 Abs. 2 bzw. § 312 Abs. 2 S. 2 aF) durch Versendung einer Kopie des Treuhänderantrags mit Fristsetzung zur Möglichkeit der Äußerung erfolgen. Dient der zu erstattende Ausgleichsbetrag lediglich zur Tilgung der Verfahrenskosten und bleibt weiter nichts zur Verteilung, berührt die Anordnung demnach die Interessen der Insolvenzgläubiger nicht, kann auf deren Anhörung **verzichtet** werden (vgl. HmbKommInsR/Ritter Rn. 3 aE). 9

II. Entscheidung des Insolvenzgerichts

1. Zurückweisung des Antrags

Dem Antrag des Treuhänders kann das Insolvenzgericht **nicht Folge leisten,** wenn offensichtlich ist oder der Schuldner sich entsprechend äußert, dass der Ausgleichsbetrag **nicht fristgemäß erbracht** werden kann. Konnte der Schuldner nicht nachvollziehbar darlegen, fristgemäß leistungsfähig zu sein, wird das Gericht dem Antrag ebenfalls nicht entsprechen. Regelmäßig wird der Antrag auch zurückzuweisen sein, wenn der geforderte Betrag nur durch Verwertung der abzulösenden Sache erzielt wird (KPB/Wenzel Rn. 3; Vallender NZI 1999, 385 (387)). Sprechen die Gläubigerinteressen überwiegend für eine (zeitnahe oder bessere) Verwertung durch den Treuhänder, soll das Gericht von einer Anordnung nach Abs. 1 absehen (S. 3). 10

Die im Ermessen des Insolvenzgerichts stehende Zurückweisung ergeht – sofern der Treuhänder trotz gerichtlichen Hinweises seinen Antrag nicht vorher zurücknimmt – durch zu begründenden **Beschluss.** Eine Entscheidung des Rechtspflegers ist mit Erinnerung (§ 11 Abs. 2 RPflG) anfechtbar und mit einer entsprechenden Rechtsmittelbelehrung zu versehen (§ 4 InsO iVm § 232 ZPO). Eine Richterentscheidung (infolge eines Vorbehalts nach § 18 Abs. 2 RPflG) ist unanfechtbar (§ 6). 11

2. Anordnung des Verwertungsverzichts

In einer Anordnung des Verwertungsverzichts sind, wenn nur einzelne **Massegegenstände** betroffen sind, diese genau zu **bezeichnen** (Nerlich/Römermann/Römermann Rn. 7). Es ist der dem Wert der Masse bzw. der einzelnen Gegenstände entsprechende **Betrag zu beziffern,** sowie die **Zahlungsfrist** (→ Rn. 13) festzusetzen. Außerdem kann die Anordnung weitere Zahlungsmodalitäten – insbesondere bei Ratenzahlungen –, das Empfangskonto des Treuhänders und erneut der Hinweis auf die drohende Versagung der Restschuldbefreiung bei Nichtleistung (→ Rn. 17) beinhalten. 12

Die vom Gericht **festzusetzende Frist** (Abs. 1 S. 2) wird regelmäßig kürzer als die erwartete Dauer einer Verwertung durch den Treuhänder sein und ist unter Berücksichtigung der Leistungsfähigkeit des Schuldners (→ Rn. 7) und der Gläubigerinteressen (Abs. 1 S. 3) zu bemessen. 13

Die Ermessensentscheidung des Insolvenzgerichts ergeht durch zu begründenden **Beschluss.** Rechtsmittel → Rn. 11. 14

3. Abänderung der Entscheidung

Kann der Schuldner unverschuldet die Zahlungszusagen nicht einhalten oder erweist sich die Anordnung als unzweckmäßig, kann das Gericht von Amts wegen die **Entscheidung aufheben oder abändern,** zB die Zahlungsfrist verlängern (§ 4 InsO iVm § 224 ZPO), um ggf. eine unbillige Versagung der Restschuldbefreiung (Abs. 3 S. 2) zu vermeiden (MüKoInsO/Ott/Vuia Rn. 8). Nach Aufhebung der Entscheidung hat der Treuhänder die **Verwertung fortzusetzen** (HK-InsO/Landfermann Rn. 8). 15

C. Umsetzung der Anordnung

16 Der Treuhänder hat die fristgerechte Zahlung des Ausgleichsbetrages zu **überwachen**. Erst nach Eingang der jeweiligen Zahlung gibt der Treuhänder den ausgelösten Gegenstand aus dem **Insolvenzbeschlag frei** (Vallender NZI 1999, 385 (388)), womit dieser insolvenzfreier Vermögenswert wird, aber auch Neugläubigern für Zwangsvollstreckungsmaßnahmen wieder zur Verfügung steht.

D. Versagung der Restschuldbefreiung (Abs. 3)

I. Voraussetzungen der Versagungsentscheidung

17 Leistet der Schuldner die **Zahlung eines Ausgleichsbetrags nicht fristgerecht**, bleibt dies ohne entsprechenden **Antrag eines Insolvenzgläubigers** sanktionslos. Eine Versagung von Amts wegen kommt nicht in Betracht (Uhlenbruck/Vallender Rn. 33 mwN), allerdings eine Aufhebung der Anordnungsentscheidung (→ Rn. 15). Beantragt ein Insolvenzgläubiger die Versagung der Restschuldbefreiung wegen Nichtleistung, hat das Insolvenzgericht dem Schuldner eine **Nachfrist** von zwei Wochen zu setzen, verbunden mit dem **Hinweis auf die Versagung** nach fruchtlosem Ablauf (Abs. 3 S. 2). Die Nachfristsetzung ist dem Schuldner zuzustellen und kann nicht verlängert werden (Uhlenbruck/Vallender Rn. 33). Bei erneutem Fristablauf ohne Zahlung ist der Schuldner nochmals zu dem **Antrag zu hören** (Abs. 3 S. 3). Die **Versagung** der Restschuldbefreiung erfolgt dann, ohne dass es auf Vorsatz oder grobe Fahrlässigkeit des Schuldners ankommt (MüKoInsO/Ott/Vuia Rn. 9 mwN; aA Uhlenbruck/Vallender Rn. 34).

II. Entscheidung über den Versagungsantrag

18 Eine **Entscheidung** über die Ankündigung (ohne Versagungsantrag) oder die Versagung der Restschuldbefreiung (§§ 289–291) darf erst nach Ablauf der vom Gericht gesetzten Zahlungsfrist (Abs. 3 S. 1) bzw. Nachfrist (Abs. 3 S. 2) mit Anhörung (Abs. 3 S- 3) und nach dem Schlusstermin erfolgen (Uhlenbruck/Vallender Rn. 32). Die **Zuständig**keit für die Entscheidung – auch über den Versagungsantrag – ist der **Rechtspfleger**, da die Regelung in § 18 Abs. 1 RPflG aF abschließend ist (vgl. auch Uhlenbruck/Vallender Rn. 33; HK-InsO/Landfermann Rn. 8; HmbKommInsR/Ritter Rn. 6; aA (Richterzuständigkeit) MüKoInsO/Ott/Vuia Rn. 9 mwN; KPB/Wenzel § 286 Rn. 99). Gegen die Entscheidung ist die **sofortige Beschwerde** statthaft (§§ 6, 289 Abs. 2 S. 1 aF iVm § 11 Abs. 1 RPflG).

E. Aufhebung der Vorschrift für ab 1.7.2014 beantragte Verfahren

19 Mit Gesetz zur Verkürzung des Restschuldbefreiungsverfahrens und zur Stärkung der Gläubigerrechte v. 15.7.2013 (BGBl. I 2379) wurde § 314 aufgehoben, da sie sich als ineffizient erwiesen hat (vgl. Begr. im RefE v. 18.1.2012, 62 und RegE v. 18.7.2012, 68). Die Vorschrift gilt aber für alle Verfahren, die vor dem 1.7.2014 beantragt wurden, fort (Art. 103h EGInsO).

Zehnter Teil. Besondere Arten des Insolvenzverfahrens

Erster Abschnitt. Nachlaßinsolvenzverfahren

§ 315 Örtliche Zuständigkeit

¹Für das Insolvenzverfahren über einen Nachlass ist ausschließlich das Insolvenzgericht örtlich zuständig, in dessen Bezirk der Erblasser zur Zeit seines Todes seinen allgemeinen Gerichtsstand hatte. ²Lag der Mittelpunkt einer selbständigen wirtschaftlichen Tätigkeit des Erblassers an einem anderen Ort, so ist ausschließlich das Insolvenzgericht zuständig, in dessen Bezirk dieser Ort liegt.

Überblick

§ 315 enthält Bestimmungen zur Zuständigkeit für die Durchführung von Nachlassinsolvenzverfahren in Ergänzung von § 3. An dieser Stelle bietet sich auch ein Überblick über die Grundsätze des Nachlassinsolvenzverfahrens an (→ Rn. 9).

Übersicht

	Rn.		Rn.
A. Allgemeines	1	1. Grundsatz	24
B. Zuständigkeit	2	2. Nachlasspfleger, Nachlassverwalter und Testamentsvollstrecker	27
I. Örtliche Zuständigkeit	2	3. Schuldnerwechsel	30
II. Internationale Zuständigkeit	5	4. Tod des Schuldners	31
III. Sachliche Zuständigkeit	8	IV. Besonderheiten bei Aktiva und Passiva	36
C. Überblick über das Nachlassinsolvenzverfahren	9	1. Aktiva	37
I. Einführung und Wegweiser	9	2. Passiva	46
II. System der Haftungsbeschränkung	13	V. Einzelunternehmen und Personengesellschaft	50
1. Haftung für Nachlassverbindlichkeiten	13	1. Einzelunternehmen	50
2. Haftungsbeschränkung durch Vermögensseparierung	14	2. Personengesellschaft	52
3. Erbenhaftung nach Vermögensseparierung	18	VI. Analoge Anwendung bei KG	55
III. Schuldner	24	VII. Insolvenzplan und Eigenverwaltung	59
		VIII. Erbeninsolvenz	62
		IX. Sonstiges	63

A. Allgemeines

Nach § 11 Abs. 2 Nr. 2 kann über einen Nachlass ein Insolvenzverfahren nach den §§ 315–331 durchgeführt werden. Die Regelung des § 315 S. 1 wurde **aus § 214 KO übernommen** und um S. 2 ergänzt. Sie enthält Bestimmungen zur Gerichtszuständigkeit für Nachlassinsolvenzverfahren in Ergänzung zu § 3 (→ Rn. 2). Ein **Überblick** zum Nachlassinsolvenzverfahren findet sich nachfolgend unter → Rn. 9. **1**

B. Zuständigkeit

I. Örtliche Zuständigkeit

§ 315 bestimmt eine **ausschließliche Zuständigkeit** für Insolvenzverfahren über einen Nachlass. Grundsätzlich ist das Gericht zuständig, in dessen Bezirk der Erblasser zur Zeit seines Todes den allgemeinen Gerichtsstand gem. §§ 12 ff. ZPO hatte. Dies ist in der Regel der **letzte Wohnsitz**, wobei ein ausländischer Wohnsitz vorgehen kann (BGH ZEV 2010, 528; AG Niebüll BeckRS 2015, 15214). Entscheidend sind daher die Verhältnisse des Erblassers, nicht des Erben (so auch AG Köln NZI 2011, 159). Unerheblich sind die Nationalität des Erblassers und der Ort seines Versterbens. **2**

3   War der Erblasser aber **selbstständig** tätig und lag der **Mittelpunkt seiner selbstständigen wirtschaftlichen Tätigkeit** an einem anderen Ort, so bestimmt dieser Ort vorrangig das zuständige Insolvenzgericht. Dies ist tatsächlich der Ort, wo Selbstständige ihre wirtschaftlichen Interessen verwalten, zu dem sie die engsten Beziehungen unterhalten, wo der Schwerpunkt des Vermögens belegen und der für Dritte am besten erkennbar ist (AG Köln NZI 2011, 159). Das Insolvenzverfahren über den Nachlass eines Einzelkaufmanns ist daher am Sitz des Unternehmens durchzuführen (RegE, BT-Drs. 12/2443, 229). Dies gilt auch, solange der Erblasser im Rahmen der Abwicklung seines Unternehmens noch selbstständig wirtschaftlich tätig war (MüKoInsO/Siegmann/Scheuing Rn. 3), also bis zur Vollabwicklung. Ob der Geschäftsbetrieb im Todeszeitpunkt bereits eingestellt war oder nicht, spielt ebenso wenig eine Rolle (K. Schmidt InsO/K. Schmidt Rn. 2) wie die Frage, ob es nur eine geringfügige selbstständige Tätigkeit war (MüKoInsO/Siegmann/Scheuing Rn. 2).

4   Die Zuständigkeiten für das Nachlassinsolvenzverfahren gem. § 315 und für **Nachlasssachen** gem. § 343 FamFG (zB das Aufgebotsverfahren), können daher auseinander fallen (RegE, BT-Drs. 12/2443, 229).

II. Internationale Zuständigkeit

5   Für Nachlassinsolvenzen mit internationalem Bezug sind die **§§ 335 ff.** anzuwenden. Für die Zuständigkeit gilt demnach § 3 analog. Sofern danach die Zuständigkeit für die Eröffnung eines Hauptinsolvenzverfahrens fehlt, kann unter den Voraussetzungen des § 354 ein Partikularverfahren oder – wenn das ausländische Insolvenzverfahren eröffnet ist – ein Sekundärinsolvenzverfahren nach § 356 über das inländische Vermögen des Nachlasses zulässig sein. Stellen Nachlassgläubiger jedoch Antrag auf Eröffnung eines Partikular-Nachlassinsolvenzverfahrens, haben sie die Antragsfrist des § 319 zu beachten (AG Niebüll BeckRS 2015, 15214).

6   Im Geltungsbereich der **EuInsVO** (VO (EU) 2015/848 des europäischen Parlaments und des Rates; bis zum 25.6.2017: VO (EG) Nr. 1346/2000 des Rates v. 29.5.2000 über Insolvenzverfahren), die nach Art. 1 EuInsVO auch für das Nachlassinsolvenzverfahren anwendbar ist, muss außerdem vorrangig Art. 3 EuInsVO beachtet werden (AG Köln NZI 2011, 159; offen gelassen in BGH ZEV 2010, 528). Der Geltungsbereich umfasst die Mitgliedstaaten der Europäischen Union mit Ausnahme Dänemarks. Danach sind die hauptsächlichen Interessen des Schuldners (**COMI**) für die internationale Zuständigkeit entscheidend (weiterführend → EuInsVO 2017 Art. 3 Rn. 3). Für die Feststellung des COMI enthalten Art. 3 Abs. 1 UAbs. 3 und 4 EuInsVO in der ab dem 26.6.2017 geltenden Fassung ausdrückliche Regelungen. Für die bis zum 25.6.2017 geltende Fassung wurde entschieden, dass der COMI von Selbstständigen an dem Ort liegt, an dem sie ihre wirtschaftlichen Interessen verwalten, zu dem sie die engsten Beziehungen unterhalten, wo der Schwerpunkt des Vermögens belegen und der für Dritte am besten erkennbar ist (AG Köln NZI 2011, 159). Regelmäßig ist der COMI des Erblassers auch „COMI des Schuldners". Nur wenn ausnahmsweise besonders schutzbedürftige und schutzwürdige Neugläubiger existieren, ist der COMI im Einzelfall zu ermitteln (Strauß, Der notleidende Nachlass bei Auslandsberührung, 2015, 160).

7   Am 17.8.2015 trat die **EuErbVO** (VO (EU) Nr. 650/2012, ABl. L 201, 107, EU-ErbVO) in Kraft. Sie legt in ihrem Geltungsbereich fest, welches **materielle Erbrecht** (hierzu ein hilfreicher Überblick unter www.successions-europe.eu) auf einen internationalen Erbfall anzuwenden ist. Nach Art. 21 EuErbVO unterliegt die gesamte Rechtsnachfolge von Todes wegen dem Recht des Staates, in dem der Erblasser im Zeitpunkt seines Todes seinen gewöhnlichen Aufenthalt hatte. In Grenzfällen, in denen der Ort des gewöhnlichen Aufenthalts im Todeszeitpunkt mit dem Ort der hauptsächlichen Interessen (COMI) differiert, fallen – sofern nicht ein abweichendes Erbrecht gewählt wurde – das materielle Erbrecht und die internationale Zuständigkeit für die Eröffnung des Nachlassinsolvenzverfahrens auseinander. Solche Konstellationen dürften in einer nicht unerheblichen Anzahl bei denjenigen Personen vorliegen, die ihren Lebensabend im Ausland verbringen und ihr Vermögen sowie ihre Verbindlichkeiten in ihrem Herkunftsland belassen. Die internationale Zuständigkeit für die Nachlassinsolvenz wird durch die EuInsVO bestimmt, sofern deren Anwendungsbereich eröffnet ist (Riedemann/Schmidt ZVI 2015, 447). Von der Frage, ob ausländisches Erbstatut zur Anwendung kommt, ist die Zuständigkeit der deutschen Gerichte nicht abhängig. Insbesondere kann ein inländisches Nachlassinsolvenzverfahren bei Vorliegen der Zuständigkeitsvoraussetzungen auch unter Anwendung ausländischen Erbstatuts dann zur Anwendung kommen, wenn die ausländische Rechtsordnung ein dem Nachlassinsolvenzverfahren vergleichbares Verfahren nicht kennt (vgl. weiter HK-InsO/Marotzke Rn. 10).

III. Sachliche Zuständigkeit

Die sachliche Zuständigkeit richtet sich nach § 2. 8

C. Überblick über das Nachlassinsolvenzverfahren

I. Einführung und Wegweiser

Über einen Nachlass kann gem. § 11 Abs. 2 Nr. 2 ein Insolvenzverfahren durchgeführt werden. 9
Die §§ 315 ff. bestimmen die Abweichungen des Nachlassinsolvenzverfahrens vom Regelinsolvenzverfahren. Die **allgemeinen Vorschriften behalten Geltung**, soweit in diesem Abschnitt nichts Abweichendes geregelt ist.

Das Nachlassinsolvenzverfahren dient wie jedes Insolvenzverfahren gem. § 1 der gleichmäßigen 10
Gläubigerbefriedigung. Es erfüllt jedoch auch den weiteren Zweck der **Haftungsbeschränkung für den Erben bezüglich Nachlassverbindlichkeiten** (vgl. dazu §§ 1975 ff. BGB und → Rn. 13 ff.) zu ermöglichen. Darüber hinaus bewirkt das Nachlassinsolvenzverfahren den **Schutz der Nachlassgläubiger** vor einem Zugriff der Privatgläubiger des Erben, weil im Nachlassinsolvenzverfahren nach § 325 nur Nachlassverbindlichkeiten geltend gemacht werden dürfen (dazu → Rn. 47). Das Nachlassinsolvenzverfahren ist ein **Sonderinsolvenzverfahren über einen abgegrenzten Teil des Erbenvermögens**. Zuständig ist nach § 315 das Insolvenzgericht, nicht ein Nachlassgericht.

Eröffnungsgründe für ein Nachlassinsolvenzverfahren sind nach § 320 Zahlungsunfähigkeit, 11
Überschuldung und unter Umständen drohende Zahlungsunfähigkeit. Antragsberechtigt sind gem. § 317 Erben und Nachlassgläubiger, wobei (nur) Nachlassgläubiger die **Antragsfrist** des § 319 beachten müssen. Eine **Pflicht zur Stellung des Insolvenzantrages** kann sich aus § 1980 BGB ergeben (dazu → § 317 Rn. 26). Die Eröffnung des Insolvenzverfahrens wird gem. § 316 nicht dadurch ausgeschlossen, dass der Erbe die Erbschaft noch nicht angenommen hat, dass er für die Nachlassverbindlichkeiten unbeschränkt haftet (dazu → Rn. 20) oder dadurch, dass eine Teilung des Nachlasses bereits erfolgt ist.

Zur Anreicherung der Insolvenzmasse (zum **Umfang der Insolvenzmasse** → Rn. 36) besteht 12
im Nachlassinsolvenzverfahren neben den **Anfechtungsvorschriften** der §§ 129 ff. noch die Anfechtungsmöglichkeit gem. § 322. Außerdem ist ein aus Zwangsvollstreckungshandlungen nach dem Erbfall erlangtes Absonderungsrecht gem. § 321 eingeschränkt. Im Nachlassinsolvenzverfahren können nach § 325 nur **Nachlassverbindlichkeiten** geltend gemacht werden, nicht jedoch die bloßen Eigenverbindlichkeiten des Erben. Zu den in §§ 54, 55 genannten Masseverbindlichkeiten kommen aber im Nachlassinsolvenzverfahren noch die in § 325 genannten **Masseverbindlichkeiten** hinzu. Neben den nachrangigen Verbindlichkeiten des § 39 werden außerdem weitere Verbindlichkeiten in § 327 als nachrangig qualifiziert.

II. System der Haftungsbeschränkung

1. Haftung für Nachlassverbindlichkeiten

Ausgehend vom Grundsatz der Universalsukzession gem. § 1922 BGB trifft den Erben nach 13
§ 1967 BGB die **Haftung für alle Verbindlichkeiten des Erblassers** und für die sonstigen Nachlassverbindlichkeiten (→ § 325 Rn. 4). Wenn der Erbe die Erbschaft ausschlägt, gilt der Anfall der Erbschaft gem. § 1953 BGB jedoch als nicht erfolgt und die Erbenhaftung tritt nicht ein. Die Ausschlagung kann aber nach § 1943 BGB nicht mehr erfolgen, wenn die Erbschaft angenommen wurde oder wenn die Ausschlagungsfrist gem. § 1944 BGB abgelaufen ist. Wird der Erbe zur Zahlung einer Nachlassverbindlichkeit verurteilt, kann nach § 780 ZPO im Urteil die Beschränkung der Haftung auf den Nachlass vorbehalten werden.

2. Haftungsbeschränkung durch Vermögensseparierung

Zur Befriedigung der Nachlassverbindlichkeiten ist der Erbe zunächst ohne Rücksicht darauf 14
verpflichtet, ob das ererbte Vermögen, das wie die Nachlassverbindlichkeiten im Wege der Universalsukzession auf ihn übergegangen ist, dafür ausreicht oder ob dort gerade flüssige Mittel vorhanden sind. § 1975 BGB bestimmt daher, dass die Haftung des Erben auf den Nachlass beschränkt ist, wenn **Nachlassverwaltung** angeordnet (§ 1981 BGB) oder ein **Nachlassinsolvenzverfahren** eröffnet ist. Auch im Hinblick auf die Erbschaftsteuer kann der Erbe seine Haftung auf den Nachlass beschränken (BFH NZI 2016, 411) (→ Rn. 14.1).

14.1 **Eröffnungsgründe** sind die Überschuldung oder die Zahlungsunfähigkeit des Nachlasses. Beantragt der Erbe, der Nachlassverwalter oder ein anderer Nachlasspfleger oder ein Testamentsvollstrecker die Eröffnung des Verfahrens, so ist auch die drohende Zahlungsunfähigkeit Eröffnungsgrund (→ § 320 Rn. 1).

15 Sowohl bei der Nachlassverwaltung (§ 1984 BGB) als auch im Nachlassinsolvenzverfahren (§ 80) verliert der Erbe die **Verwaltungs- und Verfügungsbefugnis** über den Nachlass. Stattdessen hat der Nachlassverwalter (§ 1985 BGB) bzw. der Insolvenzverwalter (§ 56) den Nachlass zu verwalten und die Gläubiger zu befriedigen. Nachlassverwaltung und Nachlassinsolvenzverfahren bilden daher auch unter Geltung der Insolvenzordnung die Wege, um das ererbte Vermögen vom eigenen Vermögen sachlich abzusondern (RegE, BT-Drs. 12/2443, 229; Prinzip der Vermögenstrennung, separatio bonorum) (→ Rn. 15.1). Mit Eröffnung des Insolvenzverfahrens ist nach § 80 alleine der Nachlassinsolvenzverwalter befugt, über die Insolvenzmasse zu verfügen. Mit dem Übergang der Verfügungsbefugnis geht auch der Übergang der Prozessführungsbefugnis einher.

15.1 Häufig ist zu beobachten, dass Erben bei Erkennbarkeit der Überschuldung eines Nachlasses zur Vermeidung der Haftung die Erbschaft ausschlagen. Das verschiebt das Problem auf den Fiskus, der nach § 1936 BGB erbt, wenn kein Verwandter, Ehegatte oder Lebenspartner als Erbe vorhanden ist. Der Fiskus kann die Erbschaft gem. § 1942 Abs. 2 BGB nicht ausschlagen.

15.2 Die Verwaltungs- und Verfügungsbefugnis bezüglich Rechten von Gesellschaften bürgerlichen Rechts geht ebenfalls auf den Insolvenzverwalter über (für den Fall der Nachlassinsolvenz: BGH NZI 2017, 993).

15a Im Rechtsverkehr weist auch der Nachlassinsolvenzverwalter seine Verfügungsbefugnis durch Vorlage der Bestallungsurkunde nach, die er gem. § 56 erhält. Der Nachlassinsolvenzverwalter ist außerdem Nachlassverwalter iSd Art. 63 EuErbVO, sodass ihm (und auch einem sog. starken vorläufigen Nachlassinsolvenzverwalter) auf Antrag ein **europäisches Nachlasszeugnis** zu erteilen ist (OLG Frankfurt NZI 2021, 558).

16 Die Möglichkeit dieser Haftungsbegrenzung entfällt aber gegenüber allen Nachlassgläubigern nach §§ 1994, 2005, 2013 BGB bei Erstellung eines unrichtigen **Inventars** oder bei verzögernder oder verspäteter Inventarerstellung. Darüber hinaus kann eine **unbeschränkbare Erbenhaftung** gegenüber einzelnen Gläubigern eintreten: § 2006 Abs. 3 S. 1 BGB (keine eidesstattliche Versicherung bezüglich der Nachlassgegenstände), § 780 ZPO (keine Erwirkung des Beschränkungsvorbehalts im Urteil) und Verzicht des Erben auf die Haftungsbeschränkung, arg. § 2012 Abs. 1 S. 3, auch §§ 27, 139 HGB.

17 Ist der Nachlass zahlungsunfähig oder überschuldet und hat der Erbe Kenntnis davon, so hat er nach § 1980 BGB unverzüglich die Eröffnung des Nachlassinsolvenzverfahrens zu beantragen. Die gleiche **Insolvenzantragspflicht** trifft den Erben aber auch dann, wenn er fahrlässig keine Kenntnis vom Insolvenzgrund hat. Fahrlässig ist nach § 1980 Abs. 2 BGB insbesondere, wenn der Erbe das Aufgebot der Nachlassgläubiger nach §§ 1970 ff. BGB nicht beantragt, obwohl er Grund hat, das Vorhandensein unbekannter Nachlassverbindlichkeiten anzunehmen. Neben dem Erben ist auch der Nachlassverwalter und ggf. ein Testamentsvollstrecker zur Stellung eines Insolvenzantrags verpflichtet. Ein Verstoß gegen die Antragspflicht ist nicht strafbewehrt, kann aber Haftungsfolgen nach sich ziehen (→ § 317 Rn. 26) (→ Rn. 17.1).

17.1 Bei der Prüfung der Zahlungsunfähigkeit oder Überschuldung iRd § 1980 BGB bleiben die Verbindlichkeiten aus Vermächtnissen und Auflagen nach § 1980 Abs. 1 S. 3 BGB außer Betracht. Beruht die Überschuldung des Nachlasses auf Vermächtnissen und Auflagen, so ist nach § 1992 BGB der Erbe berechtigt, die Berichtigung dieser Verbindlichkeiten nach den Vorschriften der §§ 1990, 1991 zu bewirken. Nach § 1991 Abs. 4 BGB hat der Erbe Verbindlichkeiten aus Vermächtnissen und Auflagen so zu berichtigen, wie sie im Falle des Insolvenzverfahrens zur Berichtigung kommen würden (→ § 327 Rn. 11).

3. Erbenhaftung nach Vermögensseparierung

18 Ist das **Nachlassinsolvenzverfahren** durch Verteilung der Masse (§ 200) oder durch einen Insolvenzplan (§ 258) **beendet**, so findet nach § 1989 BGB auf die Haftung des Erben die Vorschrift des § 1973 entsprechende Anwendung (sog. Erschöpfungseinrede) und der Erbe hat einen Überschuss lediglich nach den Vorschriften über die ungerechtfertigte Bereicherung herauszugeben. Wird dagegen der Eröffnungsbeschluss aufgehoben oder das **Insolvenzverfahren eingestellt**, gilt § 1989 BGB dagegen nicht (BeckOK BGB/Lohmann BGB § 1989 Rn. 2) und dem Erben steht weder die Erschöpfungseinrede des § 1973 BGB noch die Haftungsbeschränkung des § 1975 BGB zu. War das Nachlassinsolvenzverfahren vor der Teilung eröffnet worden und wird es durch Verteilung der Insolvenzmasse oder durch einen Insolvenzplan beendigt, haften mehrere Erben nicht mehr gem. § 2059 BGB als Gesamtschuldner, sondern lediglich gem. § 2060 Nr. 3 BGB als **Teilschuldner**.

Örtliche Zuständigkeit   § 315 InsO

Ist die Anordnung der Nachlassverwaltung oder die Eröffnung des Nachlassinsolvenzverfahrens 19
mangels einer den Kosten entsprechenden Masse nicht tunlich oder wird aus diesem Grunde
die Nachlassverwaltung aufgehoben oder das Insolvenzverfahren eingestellt, so kann der Erbe die
Befriedigung eines Nachlassgläubigers gem. § 1990 BGB insoweit verweigern, als der Nachlass
nicht ausreicht (sog. Dürftigkeitseinrede). Der Erbe ist in diesem Falle verpflichtet, den Nachlass
zum Zwecke der Befriedigung des Gläubigers im Wege der Zwangsvollstreckung **herauszugeben.**
Alleine die Inventarerrichtung nach §§ 1993 ff. BGB ist zur Haftungsbeschränkung aber nicht
ausreichend (LG Fulda BeckRS 2007, 06564).

Der Erbe haftet unbeschränkt mit den Folgen des § 2013 BGB gegenüber allen Nachlassgläubi- 20
gern, wenn er die **vom Gericht gesetzte Inventarfrist** verstreichen lässt (§ 1994 BGB), wenn
er absichtlich eine **erhebliche Unvollständigkeit** der im Inventar enthaltenen Angabe der Nachlassgegenstände herbeiführt oder in der Absicht, die Nachlassgläubiger zu benachteiligen, die
Aufnahme einer nicht bestehenden Nachlassverbindlichkeit bewirkt (§ 2005 Abs. 1 S. 1 BGB)
oder wenn er bei der amtlichen Aufnahme des Inventars gem. § 2003 BGB die Erteilung der
Auskunft verweigert oder absichtlich in erheblichem Maße verzögert (§ 2005 Abs. 1 S. 2 BGB).
Darüber hinaus haftet der Erbe einem Gläubiger unbeschränkt, dem er gem. § 2006 BGB die
eidesstattliche Versicherung verweigert, dass er nach bestem Wissen die Nachlassgegenstände so
vollständig angegeben habe, als er dazu imstande sei. Diese unbeschränkte Haftung kann der
Erbe auch durch die Eröffnung eines Nachlassinsolvenzverfahrens nicht mehr beseitigen. Die
Forderungen aus unbeschränkbarer Erbenhaftung sind von den Nachlassgläubigern selbst,
nicht aber vom Nachlassinsolvenzverwalter geltend zu machen (MüKoInsO/Siegmann/Scheuing
§ 325 Rn. 12). Gleichwohl hindert nach § 316 die unbeschränkte Erbenhaftung nicht die Durchführung eines Nachlassinsolvenzverfahrens.

Aus dem Titel, den ein Gläubiger durch **Tabelleneintrag** im Nachlassinsolvenzverfahren gem. 21
§ 201 erlangt, kann er nach Aufhebung des Insolvenzverfahrens gegen den Erben als Schuldner
vollstrecken, wenn dieser (oder noch der Erblasser, sofern das Insolvenzverfahren erst nachträglich
zu einem Nachlassinsolvenzverfahren geworden ist) im Prüfungstermin der Forderung nicht widersprochen hat (Uhlenbruck/Lüer/Weidmüller Rn. 12). Der Widerspruch eines Miterben hindert
die Vollstreckung nicht (K. Schmidt InsO/K. Schmidt Vor § 315 Rn. 9). Der Erbe kann, um sich
auf die Haftungsbeschränkung zu berufen, gem. §§ 784, 785, 767 ZPO Vollstreckungsabwehrklage
erheben. Der Gläubiger hat dann die unbeschränkte Erbenhaftung darzulegen und zu beweisen
(Musielak/Lackmann ZPO § 784 Rn. 3).

Wird das Nachlassinsolvenzverfahren eröffnet, so gelten gem. § 1976 BGB die infolge des 22
Erbfalls durch **Vereinigung von Recht und Verbindlichkeit** oder von Recht und Belastung
erloschenen Rechtsverhältnisse als nicht erloschen.

Hat ein Nachlassgläubiger vor der Eröffnung des Nachlassinsolvenzverfahrens seine Forderung 23
gegen eine nicht zum Nachlass gehörende Forderung des Erben ohne dessen Zustimmung **aufgerechnet**, so ist gem. § 1977 BGB nach der Eröffnung des Nachlassinsolvenzverfahrens die Aufrechnung als nicht erfolgt anzusehen. Das Gleiche gilt, wenn ein Gläubiger, der nicht Nachlassgläubiger
ist, die ihm gegen den Erben zustehende Forderung gegen eine zum Nachlass gehörende Forderung aufgerechnet hat.

III. Schuldner

1. Grundsatz

Schuldner im Nachlassinsolvenzverfahren ist die Person, die nach den zivilrechtlichen Vorschrif- 24
ten **Träger des Nachlasses** ist (Uhlenbruck/Lüer/Weidmüller § 315 Rn. 11 mwN). Dies ist der
Erbe (BGH NJW 1969, 1349; 2005, 108 (109); 2014, 391). Seine Rechtsstellung ist aber nur
betroffen, soweit sie Bezug zum Nachlass hat, seine sonstigen Rechtsverhältnisse sind nicht betroffen. Gleichwohl wird das Nachlassinsolvenzverfahren nicht unter dem Namen des Erben, sondern
unter dem Namen des Erblassers geführt und veröffentlicht.

Bei einer **Mehrheit von Erben** ist nach der überwiegenden, aber nicht vollständig unbestritte- 25
nen Meinung nicht die Erbengemeinschaft Schuldner im Insolvenzverfahren (K. Schmidt InsO/
K. Schmidt Vor § 315 Rn. 9 mwN), denn die Erbengemeinschaft ist als solche keine Außengesellschaft und damit nicht rechtsfähig (AG Duisburg NZI 2004, 97; BeckOK BGB/Lohmann BGB
§ 2032 Rn. 5). Mangels einer rechtsfähigen Einheit sind die einzelnen Miterben in der Schuldner-
position. Jeder einzelne Erbe kann daher grundsätzlich die Schuldnerrechte im Verfahren geltend
machen (BGH NJW 2014, 391). Als Schuldner müssen alle Miterben angehört werden (K.

Fridgen   1851

Schmidt InsO/K. Schmidt Vor § 315 Rn. 17). Jeden einzelnen Erben treffen auch die Pflichten, die dem Schuldner im Verfahren zukommen.

26 Auf den Schuldner bezogene Vorschriften betreffen vor dem Erbfall den Erblasser und danach den Erben (K. Schmidt InsO/K. Schmidt Vor § 315 Rn. 8). Bezüglich der Anfechtung beziehen sich die Vorschriften aber auch auf den vorläufigen Erben (BGH NJW 1969, 1349) oder auf für die Erben handelnde Personen (Nachlassverwalter, Nachlasspfleger, Testamentsvollstrecker).

2. Nachlasspfleger, Nachlassverwalter und Testamentsvollstrecker

27 Die Nachlassverwaltung ist nach § 1985 BGB auf die Verwaltung des Nachlasses und die Befriedigung der Nachlassgläubiger gerichtet. Ist **Nachlassverwaltung** angeordnet, bleibt der Erbe Schuldner und zur Mitwirkung gem. §§ 97 f. verpflichtet. Da aber die Verwaltungs- und Verfügungsbefugnis für den Nachlass gem. § 1984 BGB auf den Nachlassverwalter übergeht, hat dieser bis zur Eröffnung des Insolvenzverfahrens die Rechte und Pflichten des Schuldners wahrzunehmen. Das Amt des Nachlassverwalters endet nach § 1988 BGB mit Eröffnung des Nachlassinsolvenzverfahrens. Der Nachlassverwalter ist gleichwohl zur Einlegung der Beschwerde gegen den Eröffnungsbeschluss befugt (aA MüKoInsO/Siegmann/Scheuing § 317 Rn. 13), denn die Berechtigung der Verfahrenseröffnung, mit der die Beendigung seines Amtes einhergeht, ist gerade der Gegenstand des Beschwerdeverfahrens.

28 Die Bestellung eines **Nachlasspflegers** nach § 1960 BGB dient der Sicherung des Nachlasses, die vom Nachlassgericht bei Bedarf angeordnet wird. Der Nachlasspfleger ist gesetzlicher Vertreter des Erben (BGH NJW 1985, 2596; NJW 1983, 226) und seine Befugnis verdrängt nicht die Handlungsmöglichkeiten des Erben (BeckOK BGB/Siegmann/Höger BGB § 1960 Rn. 10). Dem Nachlasspfleger kommen die Rechte und Pflichten des möglicherweise unbekannten Erben zu, der aber gleichwohl Schuldner des Insolvenzverfahrens ist. Sind die Erben bekannt, stehen aber auch ihnen die Rechte und Pflichten des Schuldners zu. Die Nachlasspflegschaft endet nicht automatisch mit Eröffnung des Insolvenzverfahrens.

29 Der nach dem Willen des Erblassers bestellte **Testamentsvollstrecker** hat gem. § 2203 BGB die letztwilligen Verfügungen des Erblassers zur Ausführung zu bringen und er ist befugt, über die Gegenstände des Nachlasses zu verfügen, § 2205 BGB, wobei dieses Recht gem. § 2208 BGB beschränkt sein kann. Soweit die Verfügungsbefugnis des Testamentsvollstreckers reicht, ist der Erbe gem. § 2211 BGB von der Verfügungsbefugnis ausgeschlossen. Auf das Rechtsverhältnis zwischen dem Erben und dem Testamentsvollstrecker finden nach § 2218 BGB die Vorschriften über den Auftrag Anwendung. Der Erbe bleibt daher Schuldner im Insolvenzverfahren (BGH NJW 2006, 2698) und der Testamentsvollstrecker ist befugt und verpflichtet, dessen Rechte und Pflichten im Rahmen seines Aufgabenbereiches im Insolvenzverfahren wahrzunehmen.

3. Schuldnerwechsel

30 Ein Schuldnerwechsel tritt bei der **Nacherbfolge** (§ 329) und beim **Erbschaftsverkauf** (§ 330) ein. Taucht ein nach § 2 VerschG **für tot Erklärter** wieder auf, über dessen Nachlass das Insolvenzverfahren eröffnet wurde, ist er dieser Schuldner.

4. Tod des Schuldners

31 Verstirbt der Schuldner **während des eröffneten Insolvenzverfahrens** wird dieses als Nachlassinsolvenzverfahren fortgesetzt (BGH NJW-RR 2008, 873; NJW 2004, 1444). Die Zuständigkeit wird nicht noch einmal geprüft (K. Schmidt InsO/K. Schmidt Rn. 4) und das Verfahren wird nicht nach § 239 ZPO unterbrochen. Handelte es sich um ein **Verbraucherinsolvenzverfahren**, erhält das Verfahren statt des IK- ein IN-Aktenzeichen und ab dem Todeszeitpunkt gelten die Regeln des Nachlassinsolvenzverfahrens (BGH NJW-RR 2008, 873; NZI 2014, 119). Schuldner ist ab diesem Zeitpunkt der Erbe. Soweit es zur Wahrnehmung der Rechte des Schuldners erforderlich ist, bestellt das Nachlassgericht einen Nachlasspfleger, § 1960 BGB. Der Verwalter bleibt im Amt, er erhält die **Regelvergütung** für das Nachlassinsolvenzverfahren aber nur, wenn er auch förmlich als Nachlassinsolvenzverwalter bestellt wurde, anderenfalls einen Zuschlag (BGH NJW-RR 2008, 873). Bei nicht ausreichendem Nachlass soll dem Insolvenzverwalter gegen die Staatskasse der Vergütungsanspruch aber nur in dem Umfang zustehen, für den die Kostenstundung bestand (AG Norderstedt BeckRS 2021, 14270), nicht aber für eine sich aus der Verfahrensüberleitung ergebende erhöhte Mindestvergütung. Das ist aber abzulehnen, weil dies mit der Rechtsprechung des BGH kollidiert, wonach jemanden zur Übernahme des Amtes zu verpflichten, ohne ihm einen gesicherten und werthaltigen Vergütungsanspruch zu gewähren, aus verfassungsrechtlichen

Örtliche Zuständigkeit § 315 InsO

Gründen nicht möglich ist (BGH BeckRS 2008, 1143). Dem Verwalter sollte die festgesetzte Vergütung aus der Staatskasse gewährt werden.

Verstirbt der Schuldner während des eröffneten Verfahrens oder **nach Aufhebung des Insolvenzverfahrens**, während der Abtretungsfrist des § 287 Abs. 2, endet die **Wohlverhaltensperiode** vorzeitig entsprechend § 299 mit dem Tod des Schuldners (BGH NZI 2005, 399), ohne dass es einer weiteren Entscheidung durch das Gericht bedarf. Unschädlich ist aber, das Restschuldbefreiungsverfahren durch Beschluss für erledigt zu erklären oder festzustellen, dass das Restschuldbefreiungsverfahren aufgrund des Todes des Schuldners beendet oder gegenstandslos ist (AG Norderstedt BeckRS 2021, 14270; zusätzlich für die Möglichkeit der Abweisung: K. Schmidt InsO/K. Schmidt Vor § 315 Rn. 26; Verfahrenseinstellung analog § 299 InsO ohne Erteilung der Restschuldbefreiung: AG Dresden ZInsO 2020, 1558). Mit dem Tod des Erblassers entfällt die Möglichkeit, dem redlichen Schuldner einen wirtschaftlichen Neustart zu ermöglichen (RegE, BT-Drs. 12/2443, 3). Da insoweit die Grundlage für die Restschuldbefreiung entfallen ist, kann diese nicht mehr ausgesprochen werden (AG Mannheim NZI 2021, 291; aA Roth NZI 2021, 421). Da die Restschuldbefreiung noch nicht erteilt ist und auch an anderen Ursachen als dem Tod des Schuldners scheitern könnte, erfolgt durch die Nichterteilung der Restschuldbefreiung kein Eingriff in eine nach Art. 14 GG geschützte Rechtsposition der Erben, wenn alle Nachlassgläubiger auch auf das bis zum Erbfall insolvenzfreie Vermögen Zugriff erhalten. Das Verfahren der Restschuldbefreiung dient auch nicht dem Schutz der Neugläubiger des Schuldners, sondern dem Schuldner selbst, sodass die Schlechterstellung der Neugläubiger im Fall der vorzeitigen Beendigung des Restschuldbefreiungsverfahrens in Kauf zu nehmen ist. Endet die Wohlverhaltensphase durch Tod des Schuldners, so ist das auf dem Treuhandkonto befindliche Guthaben an die Insolvenzgläubiger auszuzahlen und fällt nicht in ein über das Erbe eröffnetes Nachlassinsolvenzverfahren (AG Mannheim NZI 2021, 291 mAnm Cymutta VIA 2021, 23). Der Erbe hat – als ob kein Insolvenzverfahren vorausgegangen wäre – für die Beschränkung seiner Haftung nach §§ 1975 ff. BGB vorzugehen und ggf. ein (weiteres) Insolvenzverfahren über das bislang insolvenzfreie Vermögen zu beantragen. Er muss im Übrigen damit rechnen, dass die im übergeleiteten Insolvenzverfahren nicht vollständig befriedigten Gläubiger nachfolgend auch auf das bislang insolvenzfreie Vermögen zugreifen können, sodass sich insbesondere hieraus eine Überschuldung des Nachlasses ergeben kann.

Unabhängig davon, ob der Schuldner während des eröffneten Insolvenzverfahrens (BGH NJW 2014, 389) oder während der darauf folgenden Abtretungsfrist verstirbt, sind Neuverbindlichkeiten des Schuldners Nachlassverbindlichkeiten, für die der Erbe nach § 1967 BGB haftet.

Der Tod des Schuldners **nach Ablauf der Abtretungsfrist** begründet kein Verfahrenshindernis für die noch nicht beschlossene Erteilung der Restschuldbefreiung (AG Duisburg NZI 2009, 659).

Verstirbt der Schuldner **nach Eingang des Insolvenzantrags**, bleibt dieser Antrag maßgeblich für die Entscheidung über die Eröffnung des Insolvenzverfahrens (BGH NJW 2004, 1444; NJW-RR 2008, 873), das dann automatisch ein Nachlassinsolvenzverfahren ist. Ein Antrag auf Erteilung der Restschuldbefreiung wird gegenstandslos (MüKoInsO/Siegmann/Scheuing Vor § 315 Rn. 6). Wird das Verfahren gleichwohl als Regelverfahren eröffnet, empfiehlt sich die Korrektur des Eröffnungsbeschlusses (MüKoInsO/Siegmann/Scheuing Vor § 315 Rn. 4).

Verstirbt der Schuldner während des gläubigerseitig beantragten Insolvenzeröffnungsverfahrens, muss (LG Hamburg NZI 2016, 743 mablAnm Fridgen) der antragstellende Gläubiger einen Antrag auf Umstellung in das Nachlassinsolvenzeröffnungsverfahren stellen und zu dessen Zulässigkeit die Zahlungsunfähigkeit des Nachlasses, sowie die Qualifizierung der Antragsforderung als Nachlassforderung glaubhaft machen und die zustellfähigen Adressen der Erben benennen. Die Auffassung des LG Hamburg überspannt aber die Anforderungen, weil sich durch den Tod des Schuldners nicht die Haftungsmasse ändert, sondern nur deren Bezeichnung. Sollte der Erbe unbekannt sein, hat das Nachlassgericht allerdings gem. § 1960 BGB für die Sicherung des Nachlasses zu sorgen und bei Vorliegen eines entsprechenden Bedürfnisses auf Antrag des Berechtigten einen Nachlasspfleger gem. § 1961 BGB zu bestellen, damit der Erbe am Verfahren ordnungsgemäß beteiligt werden kann.

IV. Besonderheiten bei Aktiva und Passiva

Die Insolvenzmasse im Nachlassinsolvenzverfahren bestimmt sich grundsätzlich nach §§ 35 f., die Berücksichtigung von Verbindlichkeiten nach §§ 38 ff. Auf die dortigen Ausführungen wird daher verwiesen. **Besonderheiten** bei den Aktiva des Verfahrens bestehen nach §§ 321, 322, 328. Für die Verbindlichkeiten enthalten §§ 323–327 Sonderregeln.

1. Aktiva

37 Der **Nachlass ist Gegenstand der Insolvenzverwaltung** (Schmidt-Kessel WM 2003, 2086; zum Umfang der Insolvenzmasse weiterführend Roth ZInsO 2010, 118 und Kaltwasser, Der überschuldete Nachlass, 2015), für dessen Verwaltung der Erbe nach §§ 1978 ff. BGB verantwortlich ist. Im Nachlass sind erlangte **Surrogate und Hinzuerwerb** eingeschlossen; sie sind vom Erben nach § 1978 Abs. 1 S. 1 BGB, § 667 BGB **heraus zu geben,** sofern dieser nicht unbeschränkt haftet, § 2013 Abs. 1 BGB. Eine dingliche Surrogation unter Anwendung von § 2041 BGB erfolgt nach hM nicht (offen gelassen in BGH NJW-RR 1989, 1226).

38 Zur Insolvenzmasse, deren Umfang nach dem **Zeitpunkt der Verfahrenseröffnung** und nicht des Erbfalls maßgeblich ist (KPB/Holzer Rn. 11), gehören neben den sich aus §§ 35, 36 ergebenden Bestandteilen vor allem die **Ansprüche gegen den Erben** gem. § 1978 ff. BGB (ein Beispielsfall zur Schadensberechnung ist geschildert bei → § 326 Rn. 17) und **Anfechtungsansprüche** gem. § 322. Allerdings bezwecken einzelne Vorschriften (§§ 321, 322) die **Herstellung der wirtschaftlichen Situation,** wie sie im Zeitpunkt des Erbfalles bestand. Häufig ist die Versicherungsleistung aus einer Lebensversicherung Bestandteil des Nachlasses (dazu Elfring ZEV 2004, 305 und Müller-Feldhammer NZI 2001, 343) (→ Rn. 38.1 ff.).

38.1 Dem Erben steht gegen den Fiskus als Erbschaftsbesitzer neben dem Anspruch auf Herausgabe des Nachlasses ein **Zinsanspruch** gem. §§ 2018, 2021, 812 Abs. 1, 818 BGB auch dann zu, wenn der Fiskus zunächst gem. § 1936 BGB als gesetzlicher Erbe berufen war (BGH NJW 2016, 156). Auch der Nachlassinsolvenzverwalter kann diesen Anspruch gegen den Fiskus geltend machen.

38.2 Zur Insolvenzmasse in einem Nachlassinsolvenzverfahren gehört auch der **Ersatzanspruch des Erben gegen den Nachlasspfleger** wegen fehlerhafter Verwaltung des Nachlasses im Zeitraum vor dem Insolvenzverfahren - weder die Überschuldung des Nachlasses noch die Möglichkeit des Erben seine Haftung auf den Nachlass zu beschränken haben darauf Einfluss (Kaltwasser, Der überschuldete Nachlass, 2015, 147, entgegen der vorherrschenden Auffassung). Damit können alle Schmälerungen des Nachlassbestands, die der Nachlasspfleger zumindest fahrlässig verursacht hat, in einem Insolvenzverfahren über diesen Ersatzanspruch gegen den Nachlasspfleger kompensiert werden.

38.3 Dient ein Insolvenzverfahren über einen Nachlass sowohl der Befriedigung von Verbindlichkeiten des vormals als Unternehmer zum Vorsteuerabzug berechtigten Erblassers wie auch der Befriedigung von dessen Privatverbindlichkeiten, ist der Gesamtrechtsnachfolger aus den Leistungen des Insolvenzverwalters grundsätzlich im Verhältnis der unternehmerischen zu den privaten Verbindlichkeiten, die im Nachlassinsolvenzverfahren jeweils als Insolvenzforderungen geltend gemacht werden, zum anteiligen Vorsteuerabzug berechtigt (BFH NZI 2016, 370). Auch ein **Vorsteuererstattungsanspruch** kann daher zur Insolvenzmasse gehören.

39 Hinzuweisen ist auch auf § 115 UrhG, wonach in **Urheberrechte** nach dem Tod – anders als zu Lebzeiten des Urhebers – ohne Einwilligung des Urhebers vollstreckt werden kann. Sie sind daher ebenfalls Bestandteil der Insolvenzmasse. Die Übertragung der Rechte durch den Insolvenzverwalter bedarf aber der Zustimmung gem. § 34 UrhG (→ Rn. 39.1 ff.).

39.1 **Lebensversicherungen,** bei denen der Erblasser Versicherungsnehmer war, fallen grundsätzlich in den Nachlass (MüKoInsO/Siegmann/Scheuing Anhang zu § 315 Rn. 35).

39.2 Hat der Erblasser einem Dritten ein **Bezugsrecht** (§ 159 VVG) eingeräumt, ist nach der Art des Bezugsrechts zu unterscheiden: Bei einem unwiderruflichen Bezugsrecht ist die Versicherung nicht Bestandteil der Insolvenzmasse. Der Rechtserwerb vollzieht sich außerhalb des Nachlasses, da der Begünstigte bereits bei Einräumung des Bezugsrechts das Recht auf die Versicherungsleistung erwirbt (BGH NJW 2003, 2679). Ein unwiderrufliches Bezugsrecht aus einer Risikolebensversicherung stellt eine anfechtungsrechtlich gesicherte Rechtsposition dar, wenn die Bezugsberechtigung selbst nicht mehr angefochten werden kann (BGH NZI 2016, 35). War dem Begünstigten dagegen ein widerrufliches Bezugsrecht eingeräumt, stand ihm zunächst keine insolvenzfeste Position zu („rechtliches Nullum", BGH NZI 2010, 646) und auch die Erben können das Bezugsrecht noch widerrufen, es sei denn es wurde dem Bezugsberechtigten gegenüber in der Zwischenzeit bindend. Erlangt der Bezugsberechtigte aber aus einem zuletzt widerruflichen Bezugsrecht die Versicherungssumme, besteht in Abhängigkeit vom Deckungsverhältnis gegen ihn ggf. ein der Anfechtungsanspruch auf Auszahlung der vom Versicherer geleisteten Versicherungssumme. Die Anfechtbarkeit der Bezugsrechtseinräumung ist unabhängig davon gegeben, ob es sich um eine Kapital- oder um eine Risikolebensversicherung gehandelt hat (BGH NZI 2016, 690).

39.3 Bei Erteilung einer widerruflichen Bezugsberechtigung an einen Dritten gilt die anfechtbare Rechtshandlung erst dann als vorgenommen, wenn der Versicherungsfall eingetreten ist (BGH NJW 2004, 214). Bei Umwandlung eines widerruflichen in ein unwiderrufliches Bezugsrecht ist die Einräumung des unwiderruflichen Bezugsrechts als solche anfechtbar (RGZ 153, 220). Anfechtbar sind jedenfalls die in der

Örtliche Zuständigkeit   § 315 InsO

Vierjahresfrist geleisteten Versicherungsprämien gem. § 134, sofern nicht ausnahmsweise im Deckungsverhältnis ein besonderer Rechtsgrund vorliegt. Wurde mit der Zahlung lediglich die Aufrechterhaltung der Versicherung erkauft, ist möglicherweise nur die auf der in der Vierjahresfrist erfolgten Prämienzahlung beruhende erhöhte Versicherungsleistung herauszugeben (OLG Frankfurt a.M. BeckRS 2011, 06927). Der Versicherer hat aufgrund der Verwaltungs- und Verfügungsbefugnis des Insolvenzverwalters diesem Auskunft zu erteilen (OLG Saarbrücken NJW-RR 2010, 1333).

Wenn dem Anfechtungsgegner Umstände bekannt sind, die mit auffallender Deutlichkeit für eine **39.4** Gläubigerbenachteiligung sprechen und deren Kenntnis auch einem Empfänger mit durchschnittlichem Erkenntnisvermögen ohne gründliche Überlegung die Annahme nahelegt, dass die Befriedigung der Gläubiger infolge der Freigiebigkeit verkürzt wird (BGH NZI 2016, 690), kann er sich auf Entreicherung gem. § 143 Abs. 2 S. 2 nicht mehr berufen.

Zu beachten ist dabei, dass dem Erben wegen der Aufwendungen, die ihm nach §§ 1978, 1979 **40** BGB zu ersetzen sind, zwar nach § 323 (→ § 323 Rn. 2) kein **Zurückbehaltungsrecht**, unter Umständen aber das Recht zur **Aufrechnung** zusteht.

Unternehmen des Erblassers, die der Erbe weiterführt, sind als Sachgesamtheit massezugehö- **41** rig (MüKoBGB/Küpper BGB § 1978 Rn. 7). Da für die Bestimmung des Umfangs der Insolvenzmasse der Zeitpunkt der Verfahrenseröffnung ausschlaggebend ist (→ Rn. 37), gehören auch die aus dem vererbten Unternehmen des Erblassers nach dem Erbfall erzielten Erträge zur Insolvenzmasse. Anderes kann nur gelten, wenn es bei einem Unternehmen maßgeblich auf die persönliche Leistung des Erben ankommt und er eine eigene, nicht mehr dem Nachlass zuzurechnende Unternehmertätigkeit aufnimmt (K. Schmidt InsO/K. Schmidt Vor § 315 Rn. 15; einschr. auch KPB/Holzer Rn. 12). Mit dem Handelsgeschäft wird auch die Firma Bestandteil der Insolvenzmasse und kann zusammen mit dem Erwerbsgeschäft auch ohne Einwilligung des Namensträgers veräußert werden (KPB/Holzer Rn. 13).

Der Insolvenzverwalter hat bei Eröffnung des Insolvenzverfahrens die Insolvenzmasse nach **42** § 148 in Besitz zunehmen (→ Rn. 42.1).

Gliedern lassen sich die **nachlassspezifischen Aktiva** wie folgt: **42.1**
1. Sachen, Rechte und Sachgesamtheiten des Erblassers, soweit noch nicht über diese verfügt wurde (zB Immobilien, Nachlasskonten, Versicherungsprämien, Einzelunternehmen, Geschäftsanteile).
2. Herausgabeansprüche und Zinsen gegen den Erben gem. § 1978 Abs. 1 S. 1 BGB, §§ 667, 668 BGB (Nachlassbesorgung) einschließlich Zuflüsse aus Nutzung des Nachlasses und Surrogate.
3. Herausgabeansprüche und Zinsen gegen den vorläufigen Erben nach § 1978 Abs. 1 S. 2 BGB, §§ 667, 668 BGB (Nachlassbesorgung).
4. Schadensersatzansprüche gegen den Erben gem. §§ 1978, 280 BGB (Pflichtverletzung bei Nachlassbesorgung).
5. Ansprüche gegen Nachlassverwalter gem. §§ 1985, 1978 Abs. 2 BGB.
6. Schadensersatzansprüche gegen Erben, Nachlassverwalter und Testamentsvollstrecker gem. § 1980 Abs. 1 S. 2 BGB (Insolvenzverschleppung) und Ansprüche des Erben gegen Nachlasspfleger (näher dazu Kaltwasser, Der überschuldete Nachlass, 2015, oder Schulz, Handbuch Nachlasspflegschaft, 2. Aufl. 2017) gem. §§ 1960 Abs. 2, 1915 Abs. 1, 1833 Abs. 1 BGB.
7. Insolvenzanfechtungsansprüche gem. § 322.

Nicht zur Insolvenzmasse gehören **unvererbliche** Rechte und die nach § 36 **unpfändbaren** **43** Vermögensteile, wobei mit dem Tod des Erblassers der Pfändungsschutz regelmäßig entfällt. Die überwiegende Auffassung, bei der Ermittlung relativ unpfändbarer Gegenstände (§ 811 Nr. 1–7, 10 ZPO) komme es auf die Person des Erben an, da dieser der Schuldner sei (zB Uhlenbruck/Lüer/Weidmüller Rn. 7), ist weitgehend, aber zutreffend. Zwar hat der Erbe als Schuldner sein soziokulturelles Existenzminimum aus seinem Privatvermögen zu decken und mit der Unpfändbarkeit geht sein ererbtes Recht den Ansprüchen der Nachlassgläubiger vor. Bei den genannten Vorschriften war der Erbe aber bereits zu Lebzeiten des Erblassers in den Schutzbereich einbezogen, sodass sich der Pfändungsschutz auch nach dem Erbfall nicht erweitert, sondern lediglich fortsetzt. Nicht zu den unpfändbaren Gegenständen gehört im Nachlassinsolvenzverfahren die **Kleinlebensversicherung** gem. § 850b Abs. 1 Nr. 4 ZPO, denn sie dient zur Deckung der Beerdigungskosten (HmbKommInsR/Lüdtke § 35 Rn. 210). Da diese als Masseverbindlichkeit gem. § 324 zu begleichen sind, wäre der Erbe, dem diese Versicherungssumme verbleibt, auf Kosten der Insolvenzgläubiger ungerechtfertigt bereichert.

Das sonstige Vermögen des Erben gehört nicht zur Insolvenzmasse. Es stellt sich aber die **44** **Frage, ob** der **Insolvenzverwalter** im Nachlassinsolvenzverfahren in analoger Anwendung von § 93 die **unbeschränkte Erbenhaftung realisieren** und beim Erben für alle Nachlassverbindlichkeiten einschließlich der Kosten des Nachlassinsolvenzverfahrens regressieren soll. Die

Gläubiger könnten dann ihre Ansprüche gegen den Erben nicht selbst verfolgen, weil § 93 insoweit eine Ausschlusswirkung zukommt. Nach Auffassung des OLG Schleswig BeckRS 2011, 12273 soll dies nicht möglich sein (ebenso HmbKommInsR/Böhm Rn. 6). Anderer Ansicht ist Sämisch ZInsO 2014, 25, nach dessen Auffassung im Falle der Nachlassinsolvenz das Prioritätsprinzip im Hinblick auf die Inanspruchnahme des Erben zu Gunsten der Gläubigergleichbehandlung zurück treten solle. Zutreffend an dieser Auffassung ist, dass ein Gläubigerwettlauf gegen den Erben unterbliebe. Zwingend ist diese Argumentation jedoch nicht. Nach der praktischen Lebenserfahrung unterscheiden sich die gesetzlich geregelten Fälle des § 93 von der Nachlassinsolvenz mit unbeschränkt haftendem Erben dadurch, dass Nachlassinsolvenzen die Insolvenz des Erben nicht in einer derartigen Regelmäßigkeit nach sich ziehen wie Insolvenzen von Personengesellschaften die Insolvenz des persönlich haftenden Gesellschafters. Der Insolvenzverwalter hat die Ansprüche daher nicht entsprechend § 93 durchzusetzen (HmbKommInsR/Böhm § 316 Rn. 3).

45 Bei der Verteilung von Masse ist die Beschränkung des § 328 zu beachten, wonach Mittel bestimmter Herkunft nicht zur Befriedigung bestimmter Ansprüche verwendet werden dürfen.

2. Passiva

46 Für die im Nachlassinsolvenzverfahren zu berücksichtigenden Verbindlichkeiten existieren neben den §§ 38 ff. **umfangreiche Sondervorschriften.** Nach § 324 (→ § 324 Rn. 3) sind bestimmte Verbindlichkeiten Masseverbindlichkeiten, weil diese in typischer Weise im Rahmen einer Erbschaftsverwaltung anfallen (zB Beerdigungskosten) oder weil diese dem Nachlass zugutekommen (zB Kosten der Nachlassverwaltung) (→ Rn. 46.1).

46.1 Masseverbindlichkeiten nach § 324 sind:
1. die Aufwendungen, die dem Erben nach den §§ 1978, 1979 BGB aus dem Nachlass zu ersetzen sind;
2. die Kosten der Beerdigung des Erblassers;
3. die im Falle der Todeserklärung des Erblassers dem Nachlass zur Last fallenden Kosten des Verfahrens;
4. die Kosten der Eröffnung einer Verfügung des Erblassers von Todes wegen, der gerichtlichen Sicherung des Nachlasses, einer Nachlasspflegschaft, des Aufgebots der Nachlassgläubiger und der Inventarerrichtung;
5. die Verbindlichkeiten aus den von einem Nachlasspfleger oder einem Testamentsvollstrecker vorgenommenen Rechtsgeschäften;
6. die Verbindlichkeiten, die für den Erben gegenüber einem Nachlasspfleger, einem Testamentsvollstrecker oder einem Erben, der die Erbschaft ausgeschlagen hat, aus der Geschäftsführung dieser Personen entstanden sind, soweit die Nachlassgläubiger verpflichtet wären, wenn die bezeichneten Personen die Geschäfte für sie zu besorgen gehabt hätten.

46a Nach Überleitung eines Insolvenzverfahrens in ein Nachlassinsolvenzverfahren sind nach dem Tod des Schuldners entstandene Verbindlichkeiten keine Insolvenzforderungen und können diese Eigenschaft durch den Todesfall im bisherigen Insolvenzverfahren auch nicht erhalten (BGH NZI 2014, 119). Dies gilt auch für Verbindlichkeiten, die nach Eröffnung des übergeleiteten Insolvenzverfahrens entstanden sind. Diese können ohne Beachtung der Durchsetzungssperre gem. § 87 unmittelbar gegen den Erben geltend gemacht werden (BGH NZI 2014, 119; → Rn. 13 ff.).

47 Andererseits wird durch § 325 (→ § 325 Rn. 4) klargestellt, dass **nur Nachlassverbindlichkeiten** (§ 1967 BGB) am Nachlassinsolvenzverfahren teilnehmen, nicht aber bloße Eigenverbindlichkeiten des Erben.

48 In welchem Umfang der Erbe seine ihm gegen den Erblasser zustehenden Ansprüche geltend machen kann, regelt § 326 (→ § 326 Rn. 1), wobei § 1976 BGB für durch Vereinigung erloschene Rechtsverhältnisse zu berücksichtigen ist. Der Erbe ist als mit seinen ihm gegen den Erblasser zustehenden Ansprüchen kein nachrangiger Insolvenzgläubiger.

49 Bestimmte Verbindlichkeiten werden nach § 327 (→ § 327 Rn. 2) als **nachrangig** eingeordnet, wobei innerhalb dieser Verbindlichkeiten noch einmal eine Rangfolge einzuhalten ist. Es handelt sich um **Pflichtteilsansprüche** (§ 2303 BGB), **Vermächtnisse** (§ 1939 BGB), **Auflagen** (§ 1940 BGB) und um Ansprüche, die im Wege des Aufgebotsverfahrens (§ 1970 BGB) ausgeschlossen sind oder diesen gleichstehen (§ 1974 BGB). Forderungen nachrangiger Gläubiger sind nur anzumelden, wenn das Insolvenzgericht nach § 174 Abs. 3 gesondert dazu auffordert.

Örtliche Zuständigkeit § 315 InsO

V. Einzelunternehmen und Personengesellschaft

1. Einzelunternehmen

Ist ein Einzelunternehmen Bestandteil des Nachlasses, bezieht sich die Beschränkung der Erben- 50
haftung nach §§ 1975 ff. BGB nicht auf die **persönliche Eigenhaftung des Erben** gem. § 27
HGB, wenn der Erbe das Unternehmen weiter geführt hat (K. Schmidt InsO/K. Schmidt Vor
§ 315 Rn. 28). Ihm steht aber möglicherweise wegen der insoweit eingegangenen Verbindlichkeiten ein Ersatz- bzw. Freistellungsanspruch nach § 1978 Abs. 1 S. 1 BGB, §§ 667, 257 BGB gegen
die Insolvenzmasse als Masseverbindlichkeit (§ 324 Abs. 1 Nr. 1) zu.

Der Insolvenzverwalter benötigt zur Veräußerung des Einzelunternehmens nicht die Zustim- 51
mung des Erben, auch wenn es sich um eine freiberufliche Praxis handelt (MüKoInsO/Siegmann/
Scheuing Anhang zu § 315 Rn. 28), oder wenn er das Unternehmen zusammen mit der Firma
veräußern möchte (MüKoInsO/Siegmann/Scheuing Anhang zu § 315 Rn. 15).

2. Personengesellschaft

Ist der Erblasser Gesellschafter einer **Personenhandelsgesellschaft,** führt dessen Tod mangels 52
abweichender Vereinbarungen im Gesellschaftsvertrag zum **Ausscheiden** des Erblassers aus der
Gesellschaft (§ 131 Abs. 3 Nr. 1 HGB für die oHG und iVm § 161 Abs. 2 HGB für die KG) und
nicht zu deren Auflösung. Der Geschäftsanteil des Erblassers wächst den anderen Gesellschaftern
zu und der **Abfindungsanspruch** fällt in die Insolvenzmasse (§ 105 HGB, § 738 BGB, § 161
Abs. 2 HGB). Scheidet der Erbe aufgrund abweichender **Vereinbarungen im Gesellschaftsvertrag** nicht aus, kann er entweder gem. § 139 HGB seinen Verbleib in der Gesellschaft von der
Einräumung einer Kommanditistenstellung abhängig machen und damit seine Haftung ex tunc
beschränken. Ansonsten trifft ihn die Eigenhaftung nach §§ 128, 130 HGB. Es handelt sich dabei
um Verbindlichkeiten des Nachlasses und (bis zur Verfügungsbeschränkung durch ein Nachlassinsolvenzverfahren, BGH NJW 1961, 1304) um eigene Verbindlichkeiten des Erben (sog. Nachlasserbenschulden), für die der Erbe seine Haftung nicht gem. §§ 1975 ff. BGB beschränken kann.
Die Eröffnung des Nachlassinsolvenzverfahrens über den Nachlass des verstorbenen Gesellschafters
führt entgegen der Entscheidung BGH NJW 1984, 2104, die noch zur alten Fassung des § 131
HGB ergangen war (und entgegen MüKoBGB/Schäfer BGB § 728 Rn. 35 mwN), entsprechend
§ 131 Abs. 3 Nr. 2 HGB zum Ausscheiden der Erben aus der Gesellschaft (ausführlich
MüKoHGB/K. Schmidt HGB § 131 Rn. 73).

Eine **BGB-Gesellschaft** wird durch den Tod eines Gesellschafters nach § 727 BGB oder durch 53
die Eröffnung eines Insolvenzverfahrens über seinen Nachlass (entgegen BGH NJW 1984, 2104
und MüKoBGB/Schäfer BGB § 728 Rn. 35 mwN; vgl. ausf. MüKoHGB/K. Schmidt HGB
§ 131 Rn. 73) gem. § 728 BGB **aufgelöst**. Die Auseinandersetzung erfolgt dann nach § 84
außerhalb des Insolvenzverfahrens. Beide Auflösungsgründe sind jedoch insoweit dispositiv als statt
der Auflösung der Gesellschaft das Ausscheiden der betroffenen Person vereinbart werden kann.
§ 736 Abs. 2 BGB erklärt dann die für Personenhandelsgesellschaften geltenden Regelungen über
die Begrenzung der Nachhaftung für sinngemäß anwendbar (weiterführend BeckOK BGB/
Schöne BGB § 736 Rn. 11 ff.).

Lässt der Gesellschaftsvertrag die Nachfolge in den Anteil eines Gesellschafters nur für einen 54
von mehreren Miterben zu (**qualifizierte Nachfolgeklausel**), so erwirbt dieser den Anteil beim
Tode des Gesellschafters, wenn die erbrechtlichen Voraussetzungen gegeben sind, unmittelbar im
Ganzen. Gleichwohl haften alle Erben für die Rückzahlung von Entnahmen an den verstorbenen
Gesellschafter (BGH NJW 1977, 1339). Der im Wege der Erbfolge auf einen Gesellschafter-Erben
übergegangene Gesellschaftsanteil (BGH NJW 1986, 2431) bzw. Auseinandersetzungsanspruch
fällt in die Masse des Nachlassinsolvenzverfahrens.

VI. Analoge Anwendung bei KG

Bei **Ausscheiden des einzigen Kommanditisten aus einer GmbH & Co. KG** und Gesamt- 55
rechtsnachfolge der einzigen Komplementärin ist ein Sonderinsolvenzverfahren analog §§ 315 ff.
InsO statthaft. Rechtsträger der Vermögensmasse der erloschenen KG ist die Komplementärin
(AG Hamburg ZIP 2006, 390).

Gleiches gilt im umgekehrten Fall des **Ausscheidens des einzigen Komplementärs aus** 56
einer Kommanditgesellschaft. Dann ist ein Insolvenzverfahren über das Vermögen des Kommanditisten statthaft, das auf das im Wege der Gesamtrechtsnachfolge übergegangene Vermögen

der KG beschränkt ist (LG Essen NZI 2019, 349 mit weiterführender Anm. Fridgen; OLG Hamm NZI 2007, 584; LG Dresden ZIP 2005, 955).

57   In all diesen Fällen bezieht sich das Insolvenzverfahren auf das Vermögen der insolventen Kommanditgesellschaft, das sich im Vermögen des letzten verbleibenden Gesellschafters befindet. Wegen der mit dem Nachlassinsolvenzverfahren vergleichbaren Situation, in der ein Nachlass vom Privatvermögen des Erben abgesondert werden muss, ist zum Zwecke der Absonderung des Gesellschaftsvermögens vom sonstigen Vermögen des Komplementärs die Durchführung eines Insolvenzverfahrens über dieses Sondervermögen entsprechend § 315 zulässig. Verfahrensschuldner ist jeweils der verbliebene Gesellschafter. Er haftet im Ausgangspunkt lediglich mit dem ihm zugefallenen Vermögen (BGH NZI 2005, 287).

58   Allgemein lässt sich mit der hM formulieren, dass die Möglichkeit zur Haftungsbeschränkung gem. § 1975 BGB, §§ 315 ff. analog anwendbar ist auf die **Haftungsbeschränkung eines Rechtsnachfolgers, dem durch Gesamtrechtsnachfolge außerhalb des Umwandlungsgesetzes ein Gesellschaftsvermögen mit allen Aktiva und Passiva zufällt.** Zweck der Analogie ist die für die beschränkte Haftung des Gesamtrechtsnachfolgers erforderliche Vermögenstrennung (K. Schmidt InsO/K. Schmidt Vor § 315 Rn. 31).

VII. Insolvenzplan und Eigenverwaltung

59   Im Nachlassinsolvenzverfahren sind die Regeln über den Insolvenzplan und über die Eigenverwaltung **ohne weiteres anwendbar.** Bei mehreren Miterben haben alle Miterben mitzuwirken (§ 2040 BGB).

60   Ist das Nachlassinsolvenzverfahren durch einen Insolvenzplan beendet, bestimmt sich die Haftung des Erben nach § 1989 BGB. Den Gläubigern stehen weiterhin die Rechte aus dem Insolvenzplan zu.

61   Insbesondere dann, wenn im Nachlass ein Einzelunternehmen befindlich ist, kann der **Erbe als Schuldner die Eigenverwaltung** durchführen. Die Anordnung der Eigenverwaltung nach § 270 Abs. 1 Nr. 4 setzt voraus, dass der Schuldner seine insolvenzrechtlichen Pflichten gegenüber den Gläubigern einhält, sodass sich die Eigenverwaltung bei vorliegender Inventaruntreue verbietet und bei Ansprüchen gegen den Erben aus §§ 1978 ff. BGB jedenfalls Vorsicht geboten ist. Stirbt der Schuldner, über dessen Vermögen das Insolvenzverfahren eröffnet ist und ist Eigenverwaltung angeordnet, rückt nach allgemeiner Auffassung der Erbe nicht in die Position des Eigenverwalters ein, sondern es ist ein Insolvenzverwalter zu bestellen und der Erbe kann erneut die Anordnung der Eigenverwaltung beantragen.

VIII. Erbeninsolvenz

62   Für die gleichzeitige Insolvenz des Nachlasses und des Erben gilt § 331 (→ § 331 Rn. 2; vgl. auch Vallender NZI 2005, 318). Ansonsten umfasst im Insolvenzverfahren über das Vermögen des Erben die Insolvenzmasse auch den Nachlass.

IX. Sonstiges

63   Zur **Zwangsvollstreckung in das Vermögen des Erben** wegen Nachlassverbindlichkeiten vgl. §§ 778 ff. ZPO.
64   Zur **Prozess- bzw. Insolvenzkostenhilfe** für den Insolvenzantrag → § 317 Rn. 36.
65   Das **Aufgebotsverfahren** gem. § 1970 BGB, §§ 433, 454 ff. FamFG zur Feststellung sämtlicher Nachlassverbindlichkeiten wird nach § 457 FamFG durch die Eröffnung des Insolvenzverfahrens beendet.
66   **Aktiv- und Passivprozesse**, die sich auf die Insolvenzmasse beziehen, werden bei Eröffnung des Nachlassinsolvenzverfahrens oder bei Anordnung eines vorläufigen Insolvenzverfahrens mit allgemeinem Verfügungsverbot gem. § 240 ZPO unterbrochen und sind ggf. gem. §§ 85, 86, 87, 180 wieder aufzunehmen.

§ 316 Zulässigkeit der Eröffnung

(1) **Die Eröffnung des Insolvenzverfahrens wird nicht dadurch ausgeschlossen, dass der Erbe die Erbschaft noch nicht angenommen hat oder dass er für die Nachlassverbindlichkeiten unbeschränkt haftet.**

Zulässigkeit der Eröffnung § 316 InsO

(2) Sind mehrere Erben vorhanden, so ist die Eröffnung des Verfahrens auch nach der Teilung des Nachlasses zulässig.
(3) Über einen Erbteil findet ein Insolvenzverfahren nicht statt.

Überblick

Die Vorschrift stellt klar, dass auch bei fehlender Annahme oder bei bereits erfolgter Teilung des Nachlasses ein Nachlassinsolvenzverfahren eröffnet werden kann.

A. Allgemeines

Abs. 1 und 2 wurden aus § 216 KO und Abs. 3 wurde aus § 235 KO unverändert übernommen. 1
Nach § 113 VglO war anders als nach der KO bei unbeschränkter Erbenhaftung oder Nachlassteilung kein Nachlassinsolvenzverfahren möglich. Da das einheitliche Nachlassinsolvenzverfahren aber nicht mehr auf die Erhaltung des Nachlasses als wirtschaftliche Einheit abzielt, passen die Einschränkungen des VglO für die InsO nicht (RegE BT-Drs. 12/2443, 230).

Auch für einen insolventen Nachlass kann ein **Insolvenzplanverfahren** durchgeführt werden 2
(Uhlenbruck/Lüer/Weidmüller Rn. 2).

B. Allgemeine Zulässigkeitsvoraussetzungen

Bei Vorliegen der allgemeinen Zulässigkeitsvoraussetzungen hindern die **fehlende Erbschafts-** 3
annahme, die **unbeschränkte Erbenhaftung** und die **Teilung des Nachlasses** die Eröffnung des Nachlassinsolvenzverfahrens nicht. Insolvenzverfahren über einzelne Bestandteile des Nachlasses (zB einzelkaufmännisch betriebenes Unternehmen) finden nicht statt. Denkbar ist aber ein separates (zweites) Insolvenzverfahren über einen noch zu Lebzeiten des Erblassers aus dessen Insolvenzmasse freigegebenen Geschäftsbetrieb oder (ein drittes Insolvenzverfahren) wegen Nachlassverbindlichkeiten, die während eines in ein Nachlassinsolvenzverfahren übergeleiteten Insolvenzverfahrens von jemand anderem als dem dortigen Insolvenzverwalter begründet wurden.

Zulässigkeitsvoraussetzungen für das Nachlassinsolvenzverfahren sind insbesondere das Vor- 4
liegen eines Erbfalles, die Zuständigkeit des Gerichts (§ 315), die Antragsberechtigung (§§ 317, 318) sowie Form und Inhalt des Antrages (§§ 11 ff.).

Eine Mehrzahl von Gläubigern ist nicht Voraussetzung für die Eröffnung des Insolvenzverfahrens 5
(BGH BeckRS 2010, 16353).

Eine **zeitliche Begrenzung** für die Eröffnung des Nachlassinsolvenzverfahrens gibt es nicht. 6
Nur die Nachlassgläubiger haben für ihren Antrag die **Frist des § 319** zu beachten. Taucht ein nach § 2 VerschG für tot Erklärter nach Verfahrenseröffnung auf, ist dieser an die Rechtskraft des Eröffnungsbeschlusses gebunden (teilweise auch Uhlenbruck/Lüer/Weidmüller Rn. 10), wenn er bei Bekanntgabe des Eröffnungsbeschlusses ordnungsgemäß vertreten war, etwa durch einen Nachlasspfleger (§ 1960 BGB). Das gilt auch wenn das Nachlassinsolvenzverfahren wegen Überschuldung eröffnet wurde (§ 320) und eine Eröffnung wegen Überschuldung bei einer natürlichen Person nicht zulässig gewesen wäre (§§ 17 ff.). Er ist dann Schuldner des Verfahrens.

C. Fehlende Erbschaftsannahme

Dass die Erbschaft noch nicht angenommen wurde, hindert nicht die Eröffnung des Insolvenz- 7
verfahrens. Dies ist der Fall, solange die **Ausschlagungsfrist** nach § 1944 BGB noch läuft, wenn nicht eine zumindest **konkludente** Annahme der Erbschaft erfolgt ist. Antragsberechtigt – aber nicht verpflichtet – nach § 317 ist bereits der vorläufige Erbe. Stellt er den Insolvenzantrag, liegt darin nicht notwendig die Annahme der Erbschaft (Uhlenbruck/Lüer/Weidmüller Rn. 3). Schlägt er nachfolgend aus oder ficht er die Annahme wirksam an, wird jedoch sein Insolvenzantrag unzulässig.

Aus der Regelung des Abs. 1 wird deutlich, dass das Nachlassinsolvenzverfahren nicht nur 8
dem Interesse des Erben auf Begrenzung seiner Haftung, sondern auch den **Interessen der Nachlassgläubiger** dient.

Um die Beteiligung des Erben am Insolvenzverfahren sicher zu stellen, hat das Nachlassgericht 9
ggf. gem. § 1960 BGB einen **Nachlasspfleger** zu bestellen, sofern nicht ein Testamentsvollstrecker die Rechte des Erben wahren kann.

Fridgen

D. Unbeschränkte Erbenhaftung

10 Die Beschränkung der Haftung des Erben mit seinem vollständigen Vermögen erfolgt gem. §§ 1975 ff. BGB und §§ 1990 ff. BGB.

11 Die Möglichkeit dieser **Haftungsbegrenzung entfällt** aber gegenüber allen Nachlassgläubigern nach §§ 1994, 2005, 2013 BGB bei Erstellung eines unrichtigen Inventars oder bei verzögernder oder verspäteter Inventarerstellung. Darüber hinaus kann eine unbeschränkbare Erbenhaftung gegenüber einzelnen Gläubigern eintreten: § 2006 Abs. 3 S. 1 BGB (keine eidesstattliche Versicherung bezüglich der Nachlassgegenstände), § 780 ZPO (keine Erwirkung des Beschränkungsvorbehalts im Urteil) und Verzicht des Erben auf die Haftungsbeschränkung, arg. § 2012 Abs. 1 S. 3 BGB, auch §§ 27, 139 HGB.

12 Unabhängig davon, ob eine unbeschränkte Erbenhaftung besteht, bleibt nach Abs. 1 die Eröffnung des Insolvenzverfahrens über den Nachlass zulässig. Die Gläubiger sollen unter allen Umständen abgesonderte Befriedigung aus dem Nachlass erhalten (Hahn/Mugdan Bd. 7, 251).

13 Die Nachlassgläubiger können bei unbegrenzter Haftung des Erben auf dessen Vermögen trotz Eröffnung des Nachlassinsolvenzverfahrens zugreifen (§ 2013 BGB). § 89 findet keine Anwendung (Uhlenbruck/Lüer/Weidmüller Rn. 4). Ein Einzugsvorbehalt zugunsten des Nachlassverwalters nach § 93 besteht nicht (→ § 315 Rn. 44). Soweit der Erbe Nachlassverbindlichkeiten, für die er unbeschränkt haftet, befriedigt, ist für die Geltendmachung dieser Forderungen durch den Erben im Insolvenzverfahren aber § 326 zu beachten. Ist der Erbe selbst insolvent, ist § 331 zu berücksichtigen.

E. Mehrheit von Erben

14 Bei einer Mehrheit von Erben sind nach § 2046 BGB **vor der Auseinandersetzung** zuerst die Nachlassverbindlichkeiten zu berichten. **Nach der Teilung** des Nachlasses ist gem. § 1962 BGB die Anordnung der Nachlassverwaltung nicht mehr zulässig, sodass eine Haftungsbeschränkung nur noch durch Beantragung eines Nachlassinsolvenzverfahrens (§ 2060 Nr. 3 BGB) oder durch Erhebung der Dürftigkeitseinrede gem. § 1990 BGB herbeigeführt werden kann.

15 Um auch nach der Teilung einen insolventen Nachlass abwickeln zu können, bleibt im Interesse der Nachlassgläubiger nach Abs. 2 die Eröffnung eines **Nachlassinsolvenzverfahrens möglich.** Auch dann soll der Nachlass noch als einheitliche Masse behandelt werden (Hahn/Mugdan Bd. 7, 251). Dies gilt unabhängig davon, ob die Nachlassteilung bereits vollständig oder nur teilweise vollzogen ist. Der Eröffnungsgrund muss dann bezogen auf den gesamten Nachlass festgestellt werden (FK-InsO/Schallenberg/Rafiqpoor Rn. 12). In einem solchen Fall haben die Miterben den Nachlass an den Nachlassinsolvenzverwalter herauszugeben (K. Schmidt InsO/K. Schmidt Rn. 6) und alle Erben sind dem Insolvenzverwalter gem. §§ 97 f. zur Auskunftserteilung auch über die nach der Teilung erfolgten Sachverhalte verpflichtet. Mit der Möglichkeit, das Insolvenzverfahren auch nach erfolgter Auseinandersetzung eröffnen zu können, wird ausgeschlossen, dass eine schnelle Teilung des Nachlasses zum Nachteil der Gläubiger vorgenommen wird (BGH NJW 2014, 391 (393)). Zum Nachlass gehören insoweit auch Ansprüche gegen die Erben gem. § 1978 BGB und Surrogate nach § 285 BGB (HmbKommInsR/Böhm Rn. 4).

16 **Gegenstand des Insolvenzverfahrens** ist gem. § 11 Abs. 2 Nr. 2 der Nachlass, nicht aber die Miterbengemeinschaft, weil diese auf Auseinandersetzung gerichtet ist (BGH NJW 2002, 3389; HmbKommInsR/Böhm Rn. 6 f.). Führt die Erbengemeinschaft aber als solche die Geschäfte des Nachlasses fort und wird sie damit zur Außengesellschaft mit eigener Rechtsfähigkeit (BGH NJW 2002, 1207), kann über deren Vermögen ein Insolvenzverfahren gem. § 11 Abs. 2 Nr. 1 eröffnet werden.

F. Erbteil

17 Auch wenn die Einzelvollstreckung in einen Erbteil nach § 859 Abs. 2 ZPO zulässig ist, findet ein **Nachlassinsolvenzverfahren nach Abs. 3 über einen Erbteil nicht** statt.

18 Ein Nachlassinsolvenzverfahren wird daher nur über den gesamten Nachlass durchgeführt. Damit wird konsequent weitergeführt, dass Miterben für die Nachlassverbindlichkeiten gem. § 2058 BGB als Gesamtschuldner haften.

19 Der Erbteil fällt in das Vermögen des Erben, dessen Haftung sich nach § 2060 Nr. 3 BGB richtet. Sein Wert kann gem. § 84 realisiert werden (MüKoInsO/Siegmann/Scheuing Rn. 5). Ist der Erbe selbst insolvent, ist aber § 331 zu berücksichtigen.

§ 317 Antragsberechtigte

(1) Zum Antrag auf Eröffnung des Insolvenzverfahrens über einen Nachlass ist jeder Erbe, der Nachlassverwalter sowie ein anderer Nachlasspfleger, ein Testamentsvollstrecker, dem die Verwaltung des Nachlasses zusteht, und jeder Nachlassgläubiger berechtigt.

(2) ¹Wird der Antrag nicht von allen Erben gestellt, so ist er zulässig, wenn der Eröffnungsgrund glaubhaft gemacht wird. ²Das Insolvenzgericht hat die übrigen Erben zu hören.

(3) Steht die Verwaltung des Nachlasses einem Testamentsvollstrecker zu, so ist, wenn der Erbe die Eröffnung beantragt, der Testamentsvollstrecker, wenn der Testamentsvollstrecker den Antrag stellt, der Erbe zu hören.

Überblick

Die Vorschrift regelt die Antragsberechtigung und bestimmt für das Eröffnungsverfahren Abweichungen von den Verfahrensregeln, die für das allgemeine Insolvenzverfahren gelten.

Übersicht

	Rn.		Rn.
A. Allgemeines	1	II. Nachlasspfleger, -verwalter, Testamentsvollstrecker	17
B. Antragsberechtigte	3	III. Nachlassgläubiger	22
I. Erben	4	C. Antragspflicht	26
1. Alleinerben	4	D. Rechtsmittel	34
2. Miterben	14	E. Kosten und Prozesskostenhilfe	36

A. Allgemeines

§ 317 zieht den Kreis der Antragberechtigten weit und übernimmt die Regelung des § 217 KO vollständig (→ Rn. 1.1). **1**

Nicht übernommen wurde dagegen die Einschränkung des § 219 KO, wonach im Aufgebotsverfahren ausgeschlossene Nachlassgläubiger, Vermächtnisnehmer und Auflagenberechtigte den Antrag auf Eröffnung des Nachlasskonkurses nur dann stellen durften, wenn bereits über das Vermögen des Erben das Konkursverfahren eröffnet war. Da nämlich der Erbe die Befriedigung eines im Aufgebotsverfahren ausgeschlossenen Nachlassgläubigers nach § 1973 BGB insoweit verweigern kann, als der Nachlass durch die Befriedigung der nicht ausgeschlossenen Gläubiger erschöpft wird, und den Überschuss zum Zwecke der Befriedigung des Gläubigers im Wege der Zwangsvollstreckung nach den Vorschriften über die Herausgabe einer ungerechtfertigten Bereicherung herauszugeben hat, wurde den ausgeschlossenen Gläubigern kein Antragsrecht zugebilligt. Gleiches galt für Vermächtnisse und Auflagen, weil der Erbe insoweit die Befriedigung gem. § 1992 BGB herbeiführen muss (Hahn/Mugdan Bd. 7, 252). Da das Nachlassinsolvenzverfahren nach der InsO – anders als nach der KO – auch wegen der Insolvenzgründe Zahlungsunfähigkeit und drohende Zahlungsunfähigkeit eröffnet werden kann, ist diesen Gläubigern das **Rechtsschutzbedürfnis** für ein Nachlassinsolvenzverfahren aber nicht mehr grundsätzlich abzusprechen, sondern auf Grundlage von § 14 **im Einzelfall** zu prüfen (RegE BT-Drs. 12/2443, 230). **1.1**

§ 318 (→ § 318 Rn. 2) ergänzt § 317 und regelt das Antragsrecht, wenn der Nachlass zum Gesamtgut einer **Gütergemeinschaft** gehört. Eine **Antragspflicht** ergibt sich nicht aus § 317, sondern nur aus § 1980 BGB (→ Rn. 26). Die Antragsberechtigung ist vom Insolvenzgericht **von Amts wegen** zu prüfen. **2**

B. Antragsberechtigte

Die Antragsberechtigungen des § 317 stehen nebeneinander. So kann zB ein Erbe gleichzeitig Nachlassgläubiger sein, sodass er nach Wegfall von einer der beiden Antragsberechtigungen noch aufgrund der weiteren Berechtigung den Insolvenzantrag stellen kann, sofern die jeweiligen Voraussetzungen vorliegen. **3**

Fridgen

I. Erben

1. Alleinerben

4 Antragsberechtigt ist nach Abs. 1 **jeder tatsächliche Erbe**. Unerheblich ist, ob der Erbe die Erbenhaftung noch beschränken kann (§§ 1975 ff. BGB). An eine **Frist** sind die Erben zur Stellung des Insolvenzantrages im Gegensatz zum Gläubiger (§ 319) nicht gebunden. Der Insolvenzantrag des Erben muss den Anforderungen des § 13 genügen. Auch wenn die Erbenstellung des Antragstellers nicht bestritten wird, hat er diese **glaubhaft** zu machen (MüKoInsO/Siegmann/Scheuing Rn. 2).

5 Der Erbe ist bereits **vor Annahme der Erbschaft** Erbe, da diese mit dem Erbfall anfällt (§§ 1922, 1942 BGB), sog. vorläufiger Erbe. Die Annahme der Erbschaft ist also keine Voraussetzung für das Antragsrecht des Erben. Allerdings ist es nicht Aufgabe des Insolvenzgerichts, die Erbenstellung des Antragstellers zu klären, sodass dieser seine Position als Erbe zweifelsfrei nachzuweisen hat. Dies geschieht – wo möglich – durch Vorlage eines Erbscheins oder eines Europäischen Nachlasszeugnisses, ansonsten durch Beibringung anderer geeigneter Dokumente oder Beweismittel. Die Vorlage eines Testaments alleine soll zum Nachweis der Erbenstellung nicht ausreichen (LG Köln NZI 2003, 501).

6 Mit der **Ausschlagung** verliert der Erbe gem. § 1953 BGB rückwirkend seine Erbenstellung, sodass ein eventuell gestellter Antrag unzulässig wird (OLG Koblenz BeckRS 1989, 30840710), wenn nicht aus einem anderen Grund ein Antragsrecht besteht. Gleiches gilt bei wirksamer **Anfechtung** der Annahme durch den Erben. Als Erbe ist allerdings nicht antragsberechtigt, wer die Versäumung der Ausschlagungsfrist angefochten hat, auch wenn die Wirksamkeit der Anfechtung noch nicht feststeht (BGH NZI 2011, 653).

7 Der **Vorerbe** ist bis zum Eintritt des Nacherbfalls (§§ 2106, 2139 BGB) antragsberechtigt, ab diesem Zeitpunkt der Nacherbe (Vallender/Fuchs/Rey NZI 1999, 355; FK-InsO/Schallenberg/Rafiqpoor Rn. 9).

8 Nach § 1966 BGB kann der **Fiskus** als gesetzlicher Erben erst ein Recht geltend machen, nachdem von dem Nachlassgericht festgestellt worden ist, dass ein anderer Erbe nicht vorhanden ist. Ein entsprechender Beschluss des Nachlassgerichts ist zur Glaubhaftmachung der Erbenstellung des Fiskus ausreichend.

9 Der **Pflichtteilsberechtigte** als solcher ist kein Erbe, § 2303 BGB, sondern Nachlassgläubiger. Nicht antragsberechtigt ist auch der Schlusserbe bei einem **Berliner Testament** vor dem Tod des Längerlebenden (FK-InsO/Schallenberg/Rafiqpoor Rn. 4).

10 Ist das **Insolvenzverfahren über das Vermögen des Erben** eröffnet, geht die Antragsberechtigung für den Nachlass auf dessen Insolvenzverwalter über (BGH NJW 2006, 2698), sofern nicht Eigenverwaltung angeordnet ist. Die Antragsberechtigung des Erben ist dann mangels verbleibender Verfügungsbefugnis ausgeschlossen (aA Gelbke, Die Pflichten des Insolvenzverwalters bei einer im eröffneten Insolvenzverfahren anfallenden und angenommenen Erbschaft, 2015, 71).

10a Wurde ein Insolvenzverfahren in ein **Nachlassinsolvenzverfahren** übergeleitet (→ § 315 Rn. 31), ist der Erbe und nicht der Insolvenzverwalter zur Stellung des Insolvenzantrags über das nach §§ 35, 36 insolvenzfreie Vermögen berechtigt (OLG München NZI 2014, 527 für den Antrag auf Nachlassverwaltung und im Einzelnen auch BGH NZI 2014, 119), weil dieses nicht der Verwaltungs- und Verfügungsbefugnis gem. § 80 unterliegt.

11 Für den **Erbschaftskauf** gilt § 330, sodass der Käufer an die Stelle des Erben tritt. Die Antragsberechtigung des Erben entfällt insoweit. Wer aber geltend macht, den Nachlass durch Erbschaftskauf oder ein ähnliches Rechtsgeschäft von dem Erben erworben zu haben, ist nur dann berechtigt, die Eröffnung des Insolvenzverfahrens über den Nachlass zu beantragen, wenn das Rechtsgeschäft mit dem Erben wirksam ist, wenn also insbesondere die Form des § 2371 BGB gewahrt ist (OLG Köln ZEV 2000, 240).

11a Auch der **Erbeserbe** ist – wie der Erbe – antragsberechtigt (LG Stuttgart ZZP Bd. 71, 281; OLG Jena NJW-RR 2009, 304 bezüglich eines Antrags auf Anordnung der Nachlassverwaltung; KPB/Holzer Rn. 6; aA AG Dresden ZEV 2011, 548 mablAnm Küpper), denn er rückt in die Rechtsposition des Erben ein (MüKoBGB/Küpper BGB § 1967 Rn. 2).

12 Bestehen **Zweifel an der Erbenstellung,** ist diese im Erbscheinsverfahren (§ 2353 BGB) zu klären und ggf. vom Erbprätendenten beim Nachlassgericht auf die Anordnung einer Nachlasspflegschaft (§ 1960 BGB) hinzuwirken.

13 Rechtskräftig gewordene Eröffnungsbeschlüsse, die unter Verstoß gegen die Vorschriften des § 317 zustande gekommen sind, sind nicht nichtig, sondern binden mit ihrer Rechtskraft alle Beteiligten.

Antragsberechtigte § 317 InsO

Für die Erben ist der Insolvenzverwalter eines ausländischen Hauptinsolvenzverfahrens zur 13a
Beantragung eines **Sekundärinsolvenzverfahrens** gem. § 356 bzw. Art. 37 Abs. 1 lit. a EuInsVO
(bis 25.6.2017: Art. 29 lit. a EuInsVO) berechtigt, nicht aber zur Beantragung eines **Partikularinsolvenzverfahrens** gem. § 354 bzw. Art. 3 Abs. 2, 4 EuInsVO.

2. Miterben

Wird der Insolvenzantrag nicht von allen Erben gestellt, ist nach Abs. 2 darüber hinaus der 14
Eröffnungsgrund (§ 320) glaubhaft zu machen. Wenn der Eröffnungsgrund aus einer einzigen –
bestrittenen – Forderung abgeleitet werden soll, muss diese für das Eröffnungsverfahren außerdem
voll bewiesen werden (BGB NJW 2006, 174).

Unerheblich ist, ob die Erben den Antrag gemeinschaftlich stellen oder ob sie die Verfahrenser- 15
öffnung nacheinander oder jeder für sich und unkoordiniert sowie wegen verschiedener Eröffnungsgründe beantragen. Die Glaubhaftmachung erfolgt gem. § 4 iVm § 294 ZPO (weiterführend
Vallender/Fuchs/Rey NZI 1999, 355). Erfolgt die Glaubhaftmachung nicht, ist der Antrag unzulässig.

Außerdem hat das Insolvenzgericht die **übrigen Erben zu hören,** falls der Antrag nicht von 16
allen Erben gestellt wird. Eine besondere Form oder Frist gibt § 317 für diese Anhörung jedoch
nicht vor. Die Anhörung kann aber nach § 10 Abs. 1 unterbleiben, wenn sich der Schuldner im
Ausland aufhält und die Anhörung das Verfahren übermäßig verzögern würde oder wenn der
Aufenthalt des Schuldners unbekannt ist. In diesem Fall soll aber ein Vertreter oder Angehöriger
des Schuldners gehört werden.

II. Nachlasspfleger, -verwalter, Testamentsvollstrecker

Antragsberechtigt sind nach Abs. 1 außerdem der Nachlassverwalter, ein anderer Nachlasspfleger 17
und auch ein Testamentsvollstrecker, dem die Verwaltung des Nachlasses zusteht.

Nachlassverwaltung ist die gem. § 1975 BGB zum Zwecke der Befriedigung der Nachlass- 18
gläubiger angeordnete Nachlasspflegschaft. Die **Nachlasspflegschaft** kann aber auch zur bloßen
Sicherung des Nachlasses gem. § 1960 BGB angeordnet werden. Der Nachlasspfleger handelt als
Vertreter des noch unbekannten Erben (BGH NJW 1985, 2596; MüKoBGB/Leipold BGB § 1960
Rn. 42). Die Vertretungsmacht des Nachlasspflegers verdrängt die Handlungsfähigkeit des Erben
aber nicht (MüKoBGB/Leipold BGB § 1960 Rn. 43), sodass die Antragsberechtigung des Erben
durch die Anordnung der Nachlasspflegschaft nicht beseitigt wird. Mehrere Nachlasspfleger müssen
nach §§ 1915, 1797 BGB gemeinschaftlich handeln.

Ist ein Testamentsvollstrecker bestellt, gilt Abs. 3. Dass dem **verwaltenden Testamentsvoll-** 19
strecker ein Antragsrecht eingeräumt wird, entspricht der Stellung, welche er aufgrund §§ 2204 ff.
BGB einnimmt (Hahn/Mugdan Bd. 7, 251). Für das Antragsrecht erforderlich, aber auch ausreichend, ist daher, dass dem Testamentsvollstrecker die Verwaltung des gesamten Nachlasses oder
zumindest die Befriedigung aller Nachlassverbindlichkeiten übertragen wurde. Dies geschieht,
soweit der Erblasser nichts Abweichendes anordnet, als Regelfall gem. §§ 2205, 2203 BGB. Zur
Antragstellung ist daher insbesondere nicht nur der nach § 2209 BGB mit der bloßen Verwaltung
beauftragte Testamentsvollstrecker (sog. **Dauervollstreckung**) berechtigt (aA KPB/Holzer
Rn. 11). Steht die Verwaltung des Nachlasses einem Testamentsvollstrecker zu, so ist nach Abs. 3,
wenn der Erbe die Eröffnung beantragt, der Testamentsvollstrecker, wenn der Testamentsvollstrecker den Antrag stellt, der Erbe zu hören. Mehrere Testamentsvollstrecker müssen gem. § 2224
BGB gemeinschaftlich handeln. Bei pflichtwidriger Unterlassung der Antragstellung kann der
Testamentsvollstrecker dem Erben gem. § 2219 BGB haften (KPB/Holzer Rn. 12). Obwohl die
Verfügungsbefugnis des Testamentsvollstreckers den Erben von der Verfügung gem. § 2211 BGB
ausschließt, kann der Erbe bei Anordnung der Testamentsvollstreckung das ihm zukommende
Antragsrecht ausüben, wie sich aus der Anordnung der Anhörung des Testamentsvollstreckers
ergibt.

Der Insolvenzantrag der genannten Personen, die insoweit den Aufgabenbereich des Erben 20
wahrnehmen, muss den Anforderungen des § 13 genügen. Die Glaubhaftmachung des Eröffnungsgrundes – wie Sie gemäß Abs. 2 beim Vorhandensein mehrerer Erben erforderlich sein kann – ist
nicht erforderlich. Ein Insolvenzantrag des Nachlasspflegers ist zulässig, wenn er eine **Überschuldung des Nachlasses in substantiierter, nachvollziehbarer Form** darlegt (BGH BeckRS
2007, 13222).

Der **Rechtspfleger des Nachlassgerichts** ist nicht zur Beantragung des Nachlassinsolvenzver- 21
fahrens berechtigt (BGH BeckRS 2009, 09333). Das Nachlassinsolvenzverfahren wird auch nicht
von Amts wegen eröffnet (MüKoInsO/Siegmann/Scheuing Rn. 1).

III. Nachlassgläubiger

22 Alle **Nachlassgläubiger gem. § 1967 BGB** (→ § 325 Rn. 4) sind zur Stellung eines Antrages auf Eröffnung des Nachlassinsolvenzverfahrens berechtigt. Die Nachlassverbindlichkeit muss dabei nicht auf Zahlung gerichtet sein. **Nachlassgläubiger müssen für ihren Antrag die Frist des § 319 beachten.**

23 Der **Pflichtteilsberechtigte** ist als solcher nicht als Erbe, sondern gem. § 1967 Abs. 2 BGB Nachlassgläubiger und als solcher antragsberechtigt. Nicht antragsberechtigt sind Gläubiger, denen einzelne Erben nach § 2046 Abs. 2 BGB haften, da es sich insoweit nicht um eine Forderung gegen den Nachlass, sondern nur gegen den einzelnen Erben handelt (MüKoInsO/Siegmann/ Scheuing Rn. 5).

24 Der Insolvenzantrag des Nachlassgläubigers muss den Anforderungen des § 14 genügen. Eine Aussicht auf Befriedigung muss der Gläubiger aber nicht vorweisen (BGH NZI 2011, 58), sodass auch Pflichtteilsberechtigte und Vermächtnisnehmer trotz ihres **Nachrangs** ohne weiteres antragsberechtigt sind.

25 Zum Antrag ist der Erbe bzw. der bestellte Nachlasspfleger zu hören (HmbKommInsR/Böhm Rn. 5).

25a Nachlassgläubiger sind darüber hinaus zur Beantragung eines **Sekundärinsolvenzverfahrens** gem. § 356 bzw. Art. 37 Abs. 1 lit. a EuInsVO (bis 25.6.2017: Art. 29 lit. a EuInsVO) berechtigt, ebenso zur Beantragung eines **Partikularinsolvenzverfahrens** gem. § 354 bzw. Art. 3 Abs. 2, 4 EuInsVO.

C. Antragspflicht

26 Mit der Möglichkeit zur Beschränkung der Haftung auf den Nachlass gem. § 1975 BGB korrespondiert die **Pflicht des Erben gegenüber den Nachlassgläubigern** zur Stellung eines Antrages auf Eröffnung des Insolvenzverfahrens nach § 1980 Abs. 1 S. 1 BGB (BeckOK BGB/Lohmann BGB § 1980 Rn. 1 ff.) im Fall der Zahlungsunfähigkeit (→ § 17 Rn. 3) oder Überschuldung (§ 19). § 15a regelt die Insolvenzantragspflicht für das Nachlassinsolvenzverfahren nicht. Bei der Bemessung der Zulänglichkeit des Nachlasses bleiben aber die Verbindlichkeiten aus Vermächtnissen und Auflagen gem. § 1980 Abs. 1 S. 3 BGB außer Betracht. Dann kann der Erbe nach § 1992 BGB vorgehen. Droht die Zahlungsunfähigkeit lediglich (→ § 18 Rn. 8), besteht keine Antragspflicht.

27 Die Antragspflicht nach § 1980 BGB trifft den oder die Erben, seinen gesetzlichen Vertreter und ggf. seinen Insolvenzverwalter, sofern nicht Eigenverwaltung angeordnet ist (K. Schmidt InsO/K. Schmidt § 320 Rn. 10; aA HK-InsO/Marotzke Anh. § 317 Rn. 47), **sobald** der Erbschaft (BGH NJW 2005, 756) angenommen oder die Ausschlagungsfrist verstrichen ist. Gemäß § 1985 Abs. 2 BGB ist auch der **Nachlassverwalter** zur Antragstellung verpflichtet.

28 Der **Nachlasspfleger** darf gem. § 317, muss aber nicht die Eröffnung des Nachlassinsolvenzverfahrens zu Gunsten der Nachlassgläubiger beantragen (BGH NJW 2005, 756), denn seine Aufgabe ist lediglich die Sicherung des Nachlasses, nicht aber die Befriedigung der Nachlassgläubiger. Er hat das Antragsrecht ausschließlich im Interesse des Erben zur Sicherung und Erhaltung des Nachlasses, nicht aber auch im Interesse der Nachlassgläubiger wahrzunehmen (BGH NJW 2005, 756). Dem (werdenden) Erben gegenüber kann der Nachlasspfleger allerdings zur Stellung des Insolvenzantrages verpflichtet sein (Kaltwasser, Der überschuldete Nachlass 2015, 238).

29 Nach überwiegender Meinung ist ein **Verwaltungstestamentsvollstrecker**, der gem. § 317 für einen Insolvenzantrag antragsberechtigt ist, nicht zur Stellung eines Insolvenzantrages gem. § 1980 BGB verpflichtet (MüKoInsO/Siegmann/Scheuing Rn. 7). Diese Auffassung ist aber abzulehnen, soweit der Testamentsvollstrecker, wie es der Regelfall ist, nach §§ 2204 Abs. 1, 2046 BGB für die Befriedigung der Nachlassverbindlichkeiten zuständig ist (ähnlich K. Schmidt InsO/ K. Schmidt § 320 Rn. 10). Insoweit hat er den gleichen Aufgabenkreis wie der Nachlassverwalter, sodass ihn auch die gleiche Pflicht zur Antragstellung trifft.

30 Der **Erbe** bleibt allerdings auch dann antragspflichtig, wenn ein Nachlasspfleger oder ein Testamentsvollstrecker vorhanden ist (BGH NJW 2005, 756; MüKoBGB/Küpper BGB § 1980 Rn. 12; teilweise abw. Marotzke ZInsO 2011, 2105). Eine Verspätung bei der Antragstellung durch den Nachlasspfleger (BGH NJW 2005, 756) oder den Testamentsvollstrecker (RGZ 159, 337) wird dem Erben aber nicht zugerechnet.

31 Keine Antragspflicht besteht bei **Dürftigkeit** des Nachlasses iSd § 1990 BGB (keine Kostendeckung für Nachlassverwaltung oder Nachlassinsolvenzverfahren), weswegen der Erbe in einem solchen Fall gem. § 1991 BGB auch nicht nach § 1980 BGB haftet (K. Schmidt InsO/K. Schmidt § 320 Rn. 10).

Der **Verstoß gegen die Antragspflicht** ist nicht strafbewehrt und führt nicht zum Verlust 32
der Haftungsbeschränkungsmöglichkeit für den Erben gem. § 1975 BGB (Uhlenbruck/Lüer/
Weidmüller Rn. 3), begründet aber unter Umständen Schadensersatzansprüche nach § 1980 Abs. 1
S. 2 BGB. Die Pflicht zur unverzüglichen Stellung des Insolvenzantrages **beginnt mit Kenntnis**
der Zahlungsunfähigkeit oder Überschuldung des Nachlasses. Nach § 1980 Abs. 2 BGB beginnt
diese Frist aber auch, wenn Zahlungsunfähigkeit oder Überschuldung **fahrlässig unbekannt**
bleiben. Als fahrlässig gilt insbesondere, wenn der Erbe das Aufgebot der Nachlassgläubiger nicht
beantragt (§ 1970 BGB, § 454 FamFG), obwohl er Grund hat, das Vorhandensein unbekannter
Nachlassverbindlichkeiten anzunehmen und obwohl die Kosten des Aufgebotsverfahrens dem
Bestand des Nachlasses gegenüber nicht unverhältnismäßig groß sind. Bei Verstoß gegen die
Antragspflicht ist der Verschleppungsschaden zu ersetzen, der für Altgläubiger in der Quotenminderung und für Neugläubiger zusätzlich bis zur Höhe des negativen Interesses besteht (K. Schmidt
InsO/K. Schmidt § 320 Rn. 18). Bei Eröffnung des Insolvenzverfahrens wird der Quotenschaden
entsprechend § 92 durch den Insolvenzverwalter geltend gemacht (MüKoBGB/Küpper BGB
§ 1980 Rn. 11, entgegen BGH NJW 1998, 2667; zum Schadensumfang vgl. OLG Köln NZI
2012, 1030), auch soweit Gläubigern wesensgleiche Ansprüche nach §§ 823 Abs. 2 iVm 1980
Abs. 1 S. 2 BGB zustehen (K. Schmidt InsO/K. Schmidt § 320 Rn. 18).

Eine Pflicht zur Leistung eines **Kostenvorschusses gem. § 26 Abs. 4** folgt aus einem Verstoß 33
gegen § 1980 BGB nicht. Die Vorschusspflicht besteht nur bei einer gesellschafts- oder insolvenzrechtlichen Antragsverpflichtung und nicht bei einer erbrechtlichen. § 26 Abs. 4 zielt nach der
Gesetzesbegründung ausschließlich auf Gesellschaften (RegE ESUG BR-Drs. 127/11, 34).

D. Rechtsmittel

Rechtsmittel gegen die Ablehnung der Eröffnung oder gegen die Eröffnung sind gem. §§ 6, 34
34 gegeben. Die Beschwerdebefugnis steht daher in jedem Fall dem Schuldner zu, dem Miterben
also auch dann, wenn er selbst keinen Antrag gestellt hatte (MüKoInsO/Siegmann/Scheuing
Rn. 13).

Nachlasspfleger und Nachlassverwalter sind an Stelle des Erben beschwerdebefugt. Das gilt 35
auch, wenn das Amt des Nachlassverwalters im Zeitpunkt Eröffnung des Insolvenzverfahrens endet
(aA MüKoInsO/Siegmann/Scheuing Rn. 13), denn die Frage der Verfahrenseröffnung bildet
gerade den Gegenstand des Beschwerdeverfahrens.

E. Kosten und Prozesskostenhilfe

Eine **Verfahrenskostenstundung** gem. § 4a ist für das Nachlassinsolvenzverfahren nicht mög- 36
lich (K. Schmidt InsO/K. Schmidt Rn. 13, LG Coburg NZI 2016, 1001), weil eine Restschuldbefreiung nicht mehr erfolgt.

Dem antragstellenden Schuldner ist grundsätzlich **keine Prozesskostenhilfe** nach § 4 iVm 37
§§ 114 ff. ZPO zu gewähren (LG Berlin BeckRS 2004, 17807, LG Neuruppin BeckRS 2004,
30984784, LG Coburg NZI 2016, 1001), weil der Erbe auch ohne Nachlassinsolvenzverfahren
die Dürftigkeitseinrede nach § 1990 BGB erheben kann. Anderes gilt allenfalls dann, wenn ein
besonderes Interesse an der Eröffnung des Insolvenzverfahrens besteht, etwa weil aufgrund einer
komplizierten Rechtslage die Situation bezüglich der Dürftigkeitseinrede für den Erben nicht
ohne weiteres überschaubar ist (LG Göttingen ZInsO 2000, 619, LG Fulda BeckRS 2007, 06564).
Jedenfalls ist Prozesskostenhilfe für die Abschnitte Eröffnungsverfahren und eröffnetes Verfahren
getrennt zu entscheiden (AG Göttingen NZI 2017, 575 mAnm Fridgen). Stellt der Erbe den
Insolvenzantrag und scheitert die Verfahrenseröffnung an einer die Kosten des Verfahrens deckenden Insolvenzmasse, ist der Erbe Kostenschuldner und nicht der Nachlass. Der Erbe kann seine
Haftung dabei nicht auf den Nachlass beschränken (AG Hannover BeckRS 2020, 25925).

Die Gewährung von **Prozesskostenhilfe für einen Gläubiger** zum Zwecke der Insolvenzan- 38
tragstellung ist grundsätzlich möglich, § 4 iVm §§ 114 ff. ZPO. Das setzt aber voraus, dass eine
wirtschaftlich denkende vermögende Partei vernünftigerweise einen Rechtsanwalt beauftragen
würde (BGH NJW 2004, 3260).

§ 318 Antragsrecht beim Gesamtgut

(1) ¹Gehört der Nachlass zum Gesamtgut einer Gütergemeinschaft, so kann sowohl
der Ehegatte, der Erbe ist, als auch der Ehegatte, der nicht Erbe ist, aber das Gesamtgut

allein oder mit seinem Ehegatten gemeinschaftlich verwaltet, die Eröffnung des Insolvenzverfahrens über den Nachlass beantragen. ²Die Zustimmung des anderen Ehegatten ist nicht erforderlich. ³Die Ehegatten behalten das Antragsrecht, wenn die Gütergemeinschaft endet.

(2) ¹Wird der Antrag nicht von beiden Ehegatten gestellt, so ist er zulässig, wenn der Eröffnungsgrund glaubhaft gemacht wird. ²Das Insolvenzgericht hat den anderen Ehegatten zu hören.

(3) Die Absätze 1 und 2 gelten für Lebenspartner entsprechend.

Überblick

Die Vorschrift ergänzt den Kreis der Antragsberechtigten gem. § 317 für den Fall, dass ein Nachlassinsolvenzverfahren über einen zu einem Gesamtgut gehörenden Nachlass eröffnet werden soll.

A. Allgemeines

1   Die Vorschrift wurde aus § 218 KO inhaltlich unverändert übernommen und im Jahr 2004 auf Lebenspartner für entsprechend anwendbar erklärt.

2   Sie betrifft den Fall, dass ein **Insolvenzverfahren über einen zu einem Gesamtgut gehörenden Nachlass** eröffnet werden soll, nicht dagegen die Eröffnung eines Insolvenzverfahrens über das Vermögen eines **Gesamtgutes** gem. §§ 332 ff. (K. Schmidt InsO/K. Schmidt Rn. 2).

3   Die Vorschrift bezweckt, dem Ehegatten des Erben die Eröffnung eines Nachlassinsolvenzverfahrens zu ermöglichen, um die ihn gem. § 1459 BGB für die Nachlassverbindlichkeiten des in das Gesamtgut fallenden Nachlasses treffende **gesamtschuldnerische Haftung** nach §§ 1967, 1975 BGB **begrenzen** zu können.

B. Voraussetzung

4   § 318 schafft ein **Antragsrecht für den Ehegatten** und gem. Abs. 3 für den Lebenspartner des Erben, wenn diese Gütergemeinschaft vereinbart haben.

5   Der **Nachlass,** über den ein Insolvenzverfahren eröffnet werden soll, muss zum **Gesamtgut einer Gütergemeinschaft** (§ 1416 Abs. 1 S. 2 BGB) gehören. Dies ist nach § 1418 BGB immer dann der Fall, wenn weder der Erblasser eine abweichende Bestimmung getroffen noch die Ehegatten einen entsprechenden Ehevertrag geschlossen haben (→ Rn. 5.1 f.).

5.1   Ist der Nachlass Vorbehaltsgut gem. § 1418 BGB, gewährt § 318 dem Ehegatten kein Antragsrecht, denn die Nachlassverbindlichkeiten belasten dann weder das Gesamtgut (§ 1462 BGB) noch das weitere Vermögen des Ehegatten (§ 1459 Abs. 2 BGB etc).

5.2   Wurde der Nachlass zunächst Teil des Gesamtguts und erst durch Ehevertrag gem. § 1418 Abs. 1 Nr. 1 BGB zum Vorbehaltsgut, steht dem Ehegatten kein Antragsrecht für eine Nachlassinsolvenzverfahren mehr zu (MüKoInsO/Siegmann/Scheuing Rn. 2), obwohl die gesamtschuldnerische Haftung durch den Abschluss des Ehevertrages nicht entfällt. Der Ehegatte verliert vielmehr aufgrund eines privatautonomen Aktes das Antragsrecht durch Abschluss des gem. § 1410 BGB notariell zu beurkundenden Vertrages und ist insoweit nicht schutzwürdig.

6   Weitere Voraussetzung für das Antragsrecht gem. § 318 ist, dass der **Ehegatte des Erben selbst nicht Erbe** ist (dann steht ihm das Antragsrecht jedoch gem. § 317 zu), **aber das Gesamtgut nach § 1421 BGB alleine oder mit dem Erben zusammen verwaltet.** Ist der Ehegatte von der Verwaltung des Gesamtguts gem. § 1421 BGB ausgeschlossen, kann er trotz der ihn treffenden gesamtschuldnerischen Haftung die Begrenzung der Haftung des Erben auf den Nachlass gem. § 1975 BGB nicht herbeiführen. Er haftet nach § 1437 BGB aber auch nicht persönlich, sondern nur mit seinem Anteil am Gesamtgut.

C. Rechtsfolge

7   Sind die Voraussetzungen gegeben, steht dem Ehegatten des Erben ein Antragsrecht für die Eröffnung des Insolvenzverfahrens über den in das Gesamtgut fallenden Nachlass zu. Dem Erben selbst steht das Antragsrecht bereits gem. § 317 zu und es wird durch § 318 nicht eingeschränkt.

8   Das Antragsrecht nach § 318 besteht bei Zahlungsunfähigkeit und bei Überschuldung, nicht jedoch bei drohender Zahlungsunfähigkeit (Graf-Schlicker/Busch Rn. 2). Denn § 320 ermöglicht

bei drohender Zahlungsunfähigkeit die Eröffnung des Insolvenzverfahrens nur dann, wenn bestimmte Personen den Insolvenzantrag stellen. Bei diesen ist der Ehegatte des Erben aber nicht genannt. Die Regelung, nach der dem Ehegatten im Vergleich zum Erben nur ein eingeschränktes Antragsrecht zusteht, erscheint aber fragwürdig, weil das Interesse des Erben und des Ehegatten gleich läuft, nämlich in Richtung Haftungsbegrenzung gem. § 1975 BGB. Der Ehegatte des Erben scheint jedoch übersehen worden zu sein, als bei Einführung der InsO auch die Zahlungsunfähigkeit und die drohende Zahlungsunfähigkeit als Eröffnungsgrund für ein Nachlassinsolvenzverfahren anerkannt wurden (RegE BT-Drs. 12/2443, 230). Insoweit kommt eine analoge Anwendung des § 320 S. 2 für den Antrag des Ehegatten in Betracht.

Der Erbe muss dem Insolvenzantrag des Ehegatten zwar gem. Abs. 1 S. 2 nicht zustimmen, **9** aber wenn der Antrag nicht von beiden Ehegatten gestellt wird, muss der Eröffnungsgrund (→ § 320 Rn. 1) gem. § 294 ZPO glaubhaft gemacht werden (→ § 15 Rn. 10). Darüber hinaus muss das Gericht demjenigen Ehegatten, der den Antrag nicht gestellt hat, gem. Abs. 2 S. 2 rechtliches Gehör gewähren (§ 10).

Wird das Insolvenzverfahren über den Nachlass eröffnet, ist die Haftung des Erben gem. **10** §§ 1975 ff. BGB auf den Nachlass beschränkt. Dadurch tritt auch die Beschränkung der gesamtschuldnerischen Haftung des Ehegatten gem. § 1459 BGB ein.

D. Sonstiges

Das **Antragsrecht entfällt** nach Abs. 1 S. 3 **nicht** durch Beendigung der Gütergemeinschaft. **11** Dies ist sachlich dadurch begründet, dass die gesamtschuldnerische Haftung des § 1459 BGB für die Nachlassverbindlichkeiten nicht endet, wenn die Gütergemeinschaft beendet wird. Der Nachlass muss aber vor Beendigung der Gütergemeinschaft angefallen sein, weil Gesamtgut nur wird, was während der Gütergemeinschaft erworben wird, § 1416 Abs. 1 S. 2 BGB.

§ 319 Antragsfrist

Der Antrag eines Nachlassgläubigers auf Eröffnung des Insolvenzverfahrens ist unzulässig, wenn seit der Annahme der Erbschaft zwei Jahre verstrichen sind.

Überblick

Zum Schutze der Erben ordnet § 319 an, dass die Beantragung des Nachlassinsolvenzverfahrens nur innerhalb von zwei Jahren nach Annahme der Erbschaft erfolgen kann.

A. Allgemeines

Die aus § 220 KO übernommene Vorschrift dient dem gleichen Zweck wie § 1981 Abs. 2 S. 2 **1** BGB, wonach auch ein Antrag auf Anordnung der Nachlassverwaltung durch einen Nachlassgläubiger nicht mehr gestellt werden, wenn seit der Annahme der Erbschaft zwei Jahre verstrichen sind (Hahn/Mugdan Bd. 7, 253).

Nachlassgläubiger können die Separierung von Nachlass und Eigenvermögen des Erben **nicht** **2** **unbefristet** durchsetzen (K. Schmidt InsO/K. Schmidt Rn. 1 mwN). Die Frist des § 319 dient der Rechtsklarheit und schützt den Erben und dessen Eigengläubiger (FK-InsO/Schallenberg/Rafiqpoor Rn. 1), weil die Trennung von Nachlass und Eigenvermögen des Erben mit fortschreitender Zeitdauer immer schwieriger wird (Begr. RegE BT-Drs. 12/2443, 230).

B. Norminhalt

I. Voraussetzung

Die Vorschrift betrifft nur Insolvenzanträge von Nachlassgläubigern, wenn seit Annahme der **3** Erbschaft bereits zwei Jahre vergangen sind. Im Einzelnen:

1. Nachlassgläubiger

§ 319 befristet nur Anträge von Nachlassgläubigern, also solchen Personen, die ihr Antragsrecht **4** alleine auf die Inhaberschaft einer nicht befriedigten Nachlassverbindlichkeit (→ § 325 Rn. 7) stützen. Das Antragsrecht von **Erben** und entsprechenden Verwaltern des Nachlasses (Nachlasspfleger und -verwalter sowie Testamentsvollstrecker) sind davon ebenso wenig betroffen wie deren **Pflicht** zur Stellung des Insolvenzantrages gem. § 1980 BGB.

5 Hat der Erbe die Erbschaft verkauft, kann er nicht mehr als Erbe den Insolvenzantrag stellen (§ 330 Abs. 1). Wegen einer Nachlassverbindlichkeit ist der Erbschaftsverkäufer aber als Nachlassgläubiger zur Stellung des Insolvenzantrages mit der Einschränkung des § 319 berechtigt (§ 330 Abs. 2 S. 1).

2. Fristablauf

6 Unzulässig ist der Insolvenzantrag des Nachlassgläubigers, wenn seit der Annahme der Erbschaft zwei Jahre verstrichen sind. Es handelt sich um eine Ausschlussfrist (FK-InsO/Schallenberg/Rafiqpoor Rn. 2).

7 Die Frist **beginnt** mit der Annahme der Erbschaft (dazu BeckOK BGB/Siegmann/Höger BGB § 1943 Rn. 1) und dem Ablauf der Ausschlagungsfrist (§§ 1943, 1944 BGB) sowie der wirksamen Anfechtung einer Ausschlagung gem. § 1957 BGB (Uhlenbruck/Lüer/Weidmüller Rn. 3). Bei Erbenmehrheit beginnt die Frist, wenn die Voraussetzungen bei sämtlichen Erben vorliegen (Braun/Bauch Rn. 2). Für die Berechnung der Frist gelten gem. § 4, § 222 Abs. 1 ZPO die §§ 187 ff. BGB.

8 Bei Eintritt der **Nacherbfolge** (§ 2100 BGB) kann dem Nachlassgläubiger ein Interesse an der Durchführung eines Nachlassinsolvenzverfahrens entstehen, weil der Vorerbe dann nur noch eingeschränkt für Nachlassverbindlichkeiten haftet (§§ 2139, 2145 BGB). Die Annahme der Erbschaft durch den Nacherben (§§ 2142, 1946 BGB) setzt daher die Frist des § 319 erneut in Gang (allgM). Die Frist beginnt aber auch bei Annahme vor dem Nacherbfall (dazu MüKoBGB/Lieder BGB § 2142 Rn. 6) erst mit diesem zu laufen, weil der Nachlassgläubiger erst ab diesem Zeitpunkt seine geänderte Interessenlage beurteilen kann.

9 Die Frist des § 319 wird durch eine angeordnete **Testamentsvollstreckung** bis zu deren Beendigung wegen des eindeutigen Wortlauts des § 319 nicht gehemmt, auch wenn dessen ratio legis insoweit nicht zutrifft (MüKoInsO/Siegmann/Scheuing Rn. 4; K. Schmidt InsO/K. Schmidt Rn. 1; aA HK-InsO/Marotzke § 320 Rn. 4, Graf-Schlicker/Busch § 320 Rn. 3; Uhlenbruck/Lüer/Weidmüller Rn. 3).

II. Rechtsfolge

10 Der verfristete Insolvenzantrag des Nachlassgläubigers ist als unzulässig zurückzuweisen. Der Gläubiger kann die Eröffnung des Insolvenzverfahrens dann nicht mehr erzwingen.

11 § 319 beschränkt aber nicht die Möglichkeit des Erben, seine Haftung gem. § 1975 BGB durch Eröffnung des Nachlassinsolvenzverfahrens zu beschränken, weil die Frist des § 319 für ihn nicht zutrifft.

12 Die **Feststellungslast** für das Vorliegen des Fristablaufes trifft den Antragsgegner. Die Zulässigkeitsvoraussetzung ist von Amts wegen zu ermitteln. Das Gericht kommt seiner Nachforschungspflicht nach, indem es dem Erben rechtliches Gehör gewährt (§ 14 Abs. 2). Erlangt das Gericht keine Kenntnis davon, dass die Annahme (§ 1944 BGB) mehr als zwei Jahre vor der Antragstellung erfolgte, darf es insoweit von der Zulässigkeit des Gläubigerantrages ausgehen. Ein im Übrigen unzulässiger Antrag, der vor Ablauf der Frist gestellt wird, wahrt zumindest dann die Frist des § 319, wenn er dem Erben zum Zwecke des rechtlichen Gehörs bekannt gegeben wird und wenn er nach Fristablauf zulässig wird.

13 Bleibt die Unzulässigkeit des Insolvenzantrages unerkannt und wird daraufhin das Insolvenzverfahren eröffnet, kann der Erbe als Schuldner gem. § 34 Abs. 2 sofortige Beschwerde gegen den Beschluss einlegen. Wird der Eröffnungsbeschluss gleichwohl nicht aufgehoben oder wird überhaupt kein Rechtsmittel eingelegt, bindet seine Rechtskraft trotz der Mängel des Insolvenzantrages alle Beteiligten und die Wirkungen der Verfahrenseröffnung werden unanfechtbar.

14 Nicht ausgeschlossen ist durch § 319 die Geltendmachung von Nachlassverbindlichkeiten in einem Nachlassinsolvenzverfahren nach Ablauf der Frist (K. Schmidt InsO/K. Schmidt Rn. 1).

C. Internationales Recht

15 Problematisch ist die Feststellung des Fristbeginns, wenn das Erbrecht eines **ausländischen Staates** Anwendung findet, falls der Schuldner dort seinen letzten gewöhnlichen Aufenthalt hatte (VO (EU) Nr. 650/2012, ABl. L 201, 107, EuErbVO). Das europäische Insolvenzrecht und das entsprechende Erbrecht sind insoweit nicht aufeinander abgestimmt (→ Rn. 15.1 f.).

Erwägungsgrund 23 der EuErbVO lautet insoweit: „In Anbetracht der zunehmenden Mobilität der Bürger sollte die Verordnung zur Gewährleistung einer ordnungsgemäßen Rechtspflege in der Union und einer wirklichen Verbindung zwischen dem Nachlass und dem Mitgliedstaat, in dem die Erbsache abgewickelt wird, als allgemeinen Anknüpfungspunkt zum Zwecke der Bestimmung der Zuständigkeit und des anzuwendenden Rechts den gewöhnlichen Aufenthalt des Erblassers im Zeitpunkt des Todes vorsehen. Bei der Bestimmung des gewöhnlichen Aufenthalts sollte die mit der Erbsache befasste Behörde eine Gesamtbeurteilung der Lebensumstände des Erblassers in den Jahren vor seinem Tod und im Zeitpunkt seines Todes vornehmen und dabei alle relevanten Tatsachen berücksichtigen, insbesondere die Dauer und die Regelmäßigkeit des Aufenthalts des Erblassers in dem betreffenden Staat sowie die damit zusammenhängenden Umstände und Gründe. Der so bestimmte gewöhnliche Aufenthalt sollte unter Berücksichtigung der spezifischen Ziele dieser Verordnung eine besonders enge und feste Bindung zu dem betreffenden Staat erkennen lassen." 15.1

Demgegenüber stellt Art. 3 EuInsVO auf den Mittelpunkt der hauptsächlichen Interessen ab und diese können vom letzten gewöhnlichen Aufenthalt abweichen. Folge davon ist, dass zwar das Erbrecht des Landes des letzten gewöhnlichen Aufenthalts anzuwenden ist, das Insolvenzverfahren aber in dem davon abweichenden Land, in dem die hauptsächlichen Interessen liegen, eröffnet und abgewickelt wird. 15.2

Aber auch der ausländische Erbe wird gem. § 319 geschützt, wenn ein Partikularinsolvenzverfahren nach § 354 bzw. nach Art. 3 EuInsVO vom Nachlassgläubiger beantragt wird (AG Niebüll BeckRS 2015, 15214). 16

Zur Beantragung eines **Sekundärinsolvenzverfahrens** nach § 356 bzw. Art. 37 Abs. 1 lit. a EuInsVO (bis 25.6.2017: Art. 29 lit. a EuInsVO) ist der Insolvenzverwalter des ausländischen Hauptinsolvenzverfahrens berechtigt. Dieser muss sich als Verwalter des schuldnerischen Vermögens nicht der Frist des § 319 unterwerfen. Anderes gilt jedoch für Gläubiger: Für diese gilt die Frist des § 319 auch dann, wenn im Ausland bereits innerhalb von zwei Jahren nach Annahme der Erbschaft ein Hauptinsolvenzverfahren eröffnet oder beantragt wurde. Art. 37 Abs. 1 lit. b EuInsVO (bis 25.6.2017: Art. 29 lit. b EuInsVO) bestimmt die Antragsbefugnis für alle anderen Personen als den Hauptinsolvenzverwalter nach der Rechtsordnung des Staates, in dem das Sekundärinsolvenzverfahren eröffnet wird, sodass ein Abweichen von der Grundregel des § 319, wonach Gläubiger ihre Rechte fristgemäß wahren müssen, nicht gerechtfertigt erscheint (aA HK-InsO/Marotzke Rn. 2). 17

§ 320 Eröffnungsgründe

¹**Gründe für die Eröffnung des Insolvenzverfahrens über einen Nachlass sind die Zahlungsunfähigkeit und die Überschuldung.** ²**Beantragt der Erbe, der Nachlassverwalter oder ein anderer Nachlasspfleger oder ein Testamentsvollstrecker die Eröffnung des Verfahrens, so ist auch die drohende Zahlungsunfähigkeit Eröffnungsgrund.**

Überblick

Die Regelung beschreibt, aus welchen Gründen ein Nachlassinsolvenzverfahren eröffnet werden kann und gestaltet dies in Abhängigkeit von der Person des Antragstellers unterschiedlich aus.

Übersicht

	Rn.		Rn.
A. Allgemeines	1	I. Aktiva	20
B. Zahlungsunfähigkeit	6	II. Passiva	23
C. Drohende Zahlungsunfähigkeit	16	III. Fortführungsprognose	26
D. Überschuldung	19	IV. Sonstiges	30

A. Allgemeines

Anders als noch in der KO ist nicht nur die Überschuldung, sondern auch die Zahlungsunfähigkeit und – wenn „von der Erbenseite" Antrag gestellt wird – sogar die drohende Zahlungsunfähigkeit ein Grund dafür, das Insolvenzverfahren über einen Nachlass zu eröffnen. Es genügt, wenn nur einer der erforderlichen **Insolvenzgründe** vorliegt (→ Rn. 1.1 ff.). 1

InsO § 320 Zehnter Teil. Besondere Arten des Insolvenzverfahrens

1.1 In der Regierungsbegründung zur InsO (RegE BT-Drs. 12/2443, 230 f.) hatte sich die Überzeugung durchgesetzt, dass ein Nachlass keine statische, abgeschlossene Vermögensmasse sei, sondern durch Kursgewinne bzw. -verluste und durch wirtschaftliche Tätigkeit zu- oder abnehmen könne, insbesondere, wenn zum Nachlass ein Unternehmen gehört. Die Schwierigkeit, die Überschuldung eines Nachlasses festzustellen, führte nach der Gesetzesbegründung in der Vergangenheit dazu, dass sich einige Gläubiger noch im Eröffnungsverfahren durch Zwangsvollstreckung befriedigten. Um diesen Vermögensabfluss zu verhindern, sollte die Möglichkeit geschaffen werden, aufgrund der erheblich schneller festzustellenden Zahlungsunfähigkeit das Insolvenzverfahren ebenso schneller zu eröffnen.

1.2 Dieser Schutz der zukünftigen Insolvenzmasse könnte freilich auch durch im Einzelfall anzuordnende Sicherungsmaßnahmen gem. § 21 erreicht werden. Zuzugeben ist aber der Gesetzesbegründung, dass die Angleichung der Eröffnungsgründe für das Regel- und für das Nachlassinsolvenzverfahren praktische Schwierigkeiten beseitigt, bspw. beim Übergang von einem Regel- in ein Nachlassinsolvenzverfahren.

1.3 Die Verfasser der KO waren noch davon ausgegangen, dass die Zahlungsunfähigkeit keinen Grund für die Eröffnung des Insolvenzverfahrens über einen Nachlass darstelle, weil bei dessen Suffizienz den Gläubigern ein rechtliches Interesse an dessen Durchführung fehle (Hahn/Mugdan Bd. 4, 399).

1.4 Die Vergütung des „isolierten" Sachverständigen, der vor Verfahrenseröffnung mit einem Gutachten das Vorliegen eines Insolvenzgrundes feststellt, betrug gem. § 9 Abs. 1 JVEG aF 115 EUR/Stunde jedenfalls auch bei eingestelltem Geschäftsbetrieb im Nachlassinsolvenzverfahren (AG Göttingen BeckRS 2016, 21157). Mit der zum 1.1.2021 geschaffenen Neuregelung richtet sich die Vergütung des Gutachters nunmehr nach § 9 Abs. 4 JVEG.

2 Zur unverzüglichen **Stellung des Insolvenzantrags** ist der Erbe gem. § 1980 BGB **verpflichtet**, wenn er von der Zahlungsunfähigkeit oder der Überschuldung des Nachlasses Kenntnis erlangt (→ § 317 Rn. 26). Die gleiche Pflicht trifft den Nachlassverwalter, Nachlasspfleger oder Testamentsvollstrecker und unter Umständen auch den Insolvenzverwalter über das Vermögen des Erben. **Berechtigt** zur Stellung des Insolvenzantrages sind diese Personen sowie alle Nachlassgläubiger gem. § 317. Für letztere gilt aber die Antragsfrist von zwei Jahren nach Annahme der Erbschaft gem. § 319.

3 Den **Gegenstand des Nachlassinsolvenzverfahrens** bildet der Nachlass iSd § 1922 BGB als Haftungsmasse (→ § 315 Rn. 37 ff.). In diesem Sinne nennt die Gesetzesbegründung den Nachlass auch als Schuldner des Insolvenzverfahrens (RegE BT-Drs. 12/2443, 230 f. und zur KO schon Hahn/Mugdan Bd. 4, 399: „Erblasser als Gemeinschuldner"). Das widerspricht nicht der zutreffenden Auffassung, dass **in verfahrensrechtlicher Hinsicht der Erbe der Schuldner** im Nachlassinsolvenzverfahren ist (→ § 315 Rn. 24). Der Erbe hat dem Gericht als Schuldner nach § 97 die erforderlichen Auskünfte zu erteilen (LG Stuttgart BeckRS 2011, 18905).

4 Maßgeblich für die Feststellung des Eröffnungsgrundes ist der **Zeitpunkt** der gerichtlichen Entscheidung über die Eröffnung (FK-InsO/Schallenberg/Rafiqpoor Rn. 15). Der Eröffnungsgrund muss dann objektiv vorliegen.

5 Die Verfahrenseröffnung durch das Insolvenzgericht erfolgt nur, wenn ein Insolvenzgrund gegeben ist. **Ohne** Vorliegen eines **Insolvenzgrundes** kann kein Insolvenzverfahren eröffnet werden. Die Eröffnung eines Nachlassinsolvenzverfahrens **von Amts wegen** ist nicht möglich.

5a War es für das Hauptinsolvenzverfahren erforderlich, dass der Schuldner insolvent ist, so wird nach § 356 bzw. Art. 34 S. 2 EuInsVO (bis 25.6.2017 Art. 27 S. 1 EuInsVO) die Insolvenz des Schuldners in dem Mitgliedstaat, in dem ein Sekundärinsolvenzverfahren eröffnet werden kann, nicht erneut geprüft.

B. Zahlungsunfähigkeit

6 Der Schuldner ist nach § 17 Abs. 2 S. 1 zahlungsunfähig, wenn er nicht in der Lage ist, die fälligen Zahlungspflichten zu erfüllen. Auf ein Verschuldensmoment kommt es insoweit nicht an. Grundsätzlich ist der allgemeine Begriff der Zahlungsunfähigkeit auch im Nachlassinsolvenzverfahren anzuwenden (K. Schmidt InsO/K. Schmidt Rn. 5).

7 Die Rechtsprechung hat die **Voraussetzungen der Zahlungsunfähigkeit** konkretisiert (BGH NZI 2005, 547). Eine bloße Zahlungsstockung ist danach anzunehmen, wenn der Zeitraum nicht überschritten wird, den eine kreditwürdige Person benötigt, um sich die benötigten Mittel zu leihen. Dafür erscheinen drei Wochen erforderlich, aber auch ausreichend. Liegt nur eine Zahlungsstockung vor, ist Zahlungsunfähigkeit nicht gegeben. Beträgt eine innerhalb von drei Wochen nicht zu beseitigende Liquiditätslücke des Schuldners weniger als 10 % seiner fälligen Gesamtverbindlichkeiten, ist regelmäßig von Zahlungsfähigkeit auszugehen, es sei denn, es ist bereits absehbar, dass die Lücke demnächst mehr als 10 % erreichen wird. Beträgt die Liquiditätslücke des Schuldners 10 % oder mehr, ist regelmäßig von Zahlungsunfähigkeit auszugehen, sofern nicht ausnahmsweise

Eröffnungsgründe § 320 InsO

mit an Sicherheit grenzender Wahrscheinlichkeit zu erwarten ist, dass die Liquiditätslücke demnächst vollständig oder fast vollständig beseitigt werden wird und den Gläubigern ein Zuwarten nach den besonderen Umständen des Einzelfalls zuzumuten ist. Diese Konkretisierung gilt ohne Einschränkung auch im Nachlassinsolvenzverfahren. Die Zahlungsunfähigkeit ist daher stichtagsbezogen zu ermitteln.

Bezüglich der vorhandenen Zahlungsmittel ist auf die im Nachlass vorhandenen (RegE BT-Drs. 12/2443, 231) und im Dreiwochenzeitraum beim Nachlass eingehenden flüssigen Mittel (BGH NZI 2005, 547 für das Regelinsolvenzverfahren) abzustellen. 8

Bei den **Verbindlichkeiten** sind nur die am Stichtag fälligen Verbindlichkeiten, nicht die als Passiva II bezeichneten und im Dreiwochenzeitraum fällig werdenden zusätzlichen Nachlassverbindlichkeiten (§ 1967 BGB) zu berücksichtigen, sog. Bugwelleneffekt (näher dazu Uhlenbruck/Mock § 17 Rn. 84), auch wenn sie im eröffneten Insolvenzverfahren Masseverbindlichkeiten sind. Pflichtteilsansprüche sind dann nicht zu beachten, wenn die Leistung nach § 2331a BGB verweigert werden kann (HmbKommInsR/Böhm Rn. 2). **Vermächtnisse und Auflagen** bleiben nur bei der für die Insolvenzantragspflicht anzustellende Betrachtung der Zulänglichkeit des Nachlasses nach § 1980 Abs. 1 S. 3 BGB außer Betracht, für die Feststellung des Eröffnungsgrundes sind sie aber zu berücksichtigen (so auch HK-InsO/Marotzke Anh. § 317 Rn. 9). 9

Der Erbe kann die Zahlungsunfähigkeit beseitigen, indem er dem Nachlass einen Kredit beschafft (im Einzelnen auch MüKoInsO/Siegmann/Scheuing Rn. 2) oder ihm selbst flüssige Mittel zuführt. Im Übrigen bleiben die Vermögensverhältnisse des Erben für die Feststellung der Zahlungsunfähigkeit außer Betracht (RegE BT-Drs. 12/2443, 231). 10

Praktisch problematisch ist die Feststellung der Zahlungsunfähigkeit im engen zeitlichen Zusammenhang mit dem Eintritt des Erbfalls, da es dann häufig zu Zahlungsunterbrechungen kommt, etwa weil der Erbe noch nicht bekannt ist, weil dieser in Ermangelung eines Erbscheins nicht über die flüssigen Mittel des Nachlasses verfügen darf, weil keine postmortale Vollmacht vorliegt, weil der Erbe ein Aufgebotsverfahren zur Feststellung der Nachlassgläubiger durchführt oder weil er die Dreimonatseinrede des § 2014 BGB, § 782 ZPO, die sich aber auf seine persönliche Haftung bezieht, erhebt. 11

Nach der Definition des § 17 Abs. 2 S. 1 ist der Schuldner zahlungsunfähig, wenn er objektiv nicht in der Lage ist, die fälligen Zahlungspflichten zu erfüllen. Auf ein **Verschulden** des Erben kommt es dabei **nicht** an und nach § 316 Abs. 1 wird die Eröffnung des Insolvenzverfahrens nicht dadurch ausgeschlossen, dass der Erbe die Erbschaft noch nicht angenommen hat. Aus welchem Grund der Erbe daher die Verbindlichkeiten innerhalb der von der Rechtsprechung postulierten drei Wochen nicht bezahlen kann, ist daher unerheblich. 12

Auf dem Mangel an Geldmitteln oder auf dem „dauernden Unvermögen des Schuldners", seine Verbindlichkeiten zu begleichen (MüKoInsO/Siegmann/Scheuing Rn. 2) muss die Nichtzahlung nicht beruhen. Die gegenteilige Auffassung fußt noch auf der überkommenen Rechtsprechung (BGH NJW 1995, 2103) zu den Voraussetzungen der Zahlungsunfähigkeit und ist nicht mehr zutreffend. Dass bei Zahlungsunfähigkeit das Insolvenzverfahren zu eröffnen ist, dient dem Gläubigerschutz (Uhlenbruck/Mock § 17 Rn. 2). Aus welchem Grund der Schuldner nicht bezahlen kann (weil zB noch kein Erbschein erteilt ist oder die Verbindlichkeiten im Hinblick auch § 1979 BGB noch geklärt werden müssen) ist aus Sicht des Gläubigers unerheblich. Das wird besonders deutlich, wenn im Nachlass ein Unternehmen befindlich ist, dessen Verbindlichkeiten mangels postmortaler Vollmacht nicht befriedigt werden können. Unerheblich ist auch, ob die durch das Fehlen eines Verfügungsbefugten verursachte Zahlungsunfähigkeit durch die Anordnung einer Nachlassverwaltung beseitigt werden könnte. 13

Nicht jede Zahlungsunterbrechung nach Eintritt des Erbfalles ist aber eine **Zahlungseinstellung**. Eine solche liegt nach § 17 Abs. 2 S. 2 vor, wenn für die beteiligten Verkehrskreise sichtbar wird, dass der Schuldner nicht in der Lage ist, seine fälligen, eingeforderten Zahlungsverpflichtungen im Wesentlichen zu erfüllen (BGH NJW 2002, 512). Dass nach dem Eintritt des Erbfalles Zahlungsstockungen eintreten, ist der Normalfall und deutet zunächst nicht auf die Zahlungsunfähigkeit hin. Auch hat der Eintritt des Erbfalles auf die Fälligkeit der Nachlassverbindlichkeiten keinen Einfluss, obwohl § 2014 BGB und § 782 ZPO dem Erben die **Dreimonatsrede** geben, denn diese bezieht sich nur auf die Haftung des Erben. Gegenüber dem Nachlass besteht weiterhin Fälligkeit, sodass ggf. auch Verzugszinsen aus diesem zu zahlen sind. Allerdings lässt eine über den Dreimonatszeitraum des § 2014 BGB oder die Inventarerstellung hinaus gehende Nichtzahlung der Nachlassverbindlichkeiten nur dann nicht auf eine Zahlungseinstellung schließen, wenn der Erbe das Aufgebotsverfahren zur Feststellung aller Nachlassverbindlichkeiten betreibt (§ 1970 BGB, § 454 FamFG), denn wenn der Erbe Kenntnis über den Nachlass hat oder haben muss und 14

Fridgen 1871

gleichwohl Verbindlichkeiten nicht befriedigt, besteht kein Grund mehr, ihn abweichend von § 17 Abs. 2 zu behandeln.

15   Auf die Kommentierung zu § 17 (→ § 17 Rn. 3) wird ergänzend verwiesen.

C. Drohende Zahlungsunfähigkeit

16   Nach S. 2 ist auch die drohende Zahlungsunfähigkeit Eröffnungsgrund, wenn der Erbe, der Nachlassverwalter (§ 1984 BGB) oder ein anderer Nachlasspfleger (§ 1960 BGB) oder ein Testamentsvollstrecker (§ 2197 BGB) die Eröffnung des Verfahrens beantragt. Auch einer von mehreren Miterben kann alleine die Eröffnung wegen drohender Zahlungsunfähigkeit beantragen (MüKo-InsO/Siegmann/Scheuing § 317 Rn. 3), er muss aber dann den Eröffnungsgrund gem. § 317 Abs. 2 glaubhaft machen (→ § 317 Rn. 14). Der Insolvenzantrag eines Gläubigers wegen drohender Zahlungsunfähigkeit ist unzulässig.

17   Nach § 18 Abs. 2 droht der Schuldner zahlungsunfähig zu werden, wenn er voraussichtlich nicht in der Lage sein wird, die bestehenden Zahlungspflichten im Zeitpunkt der Fälligkeit zu erfüllen. In aller Regel ist dabei ein Prognosezeitraum von 24 Monaten zugrunde zu legen. Der **allgemeine Begriff der drohenden Zahlungsunfähigkeit** ist auch im Nachlassinsolvenzverfahren anzuwenden, wobei nicht auf den Schuldner, sondern auf den Nachlass abzustellen ist. Auf die Kommentierung zu § 18 (→ § 18 Rn. 8) wird daher verwiesen. Bei den Verbindlichkeiten sind sämtliche Nachlassverbindlichkeiten (§ 1967 BGB) zu berücksichtigen, auch wenn sie im eröffneten Insolvenzverfahren Masseverbindlichkeiten sind. Pflichtteilsansprüche sind dann nicht zu beachten, wenn die Leistung nach § 2331a BGB verweigert werden kann (HmbKommInsR/Böhm Rn. 2). Vermächtnisse und Auflagen bleiben nur bei der für die Insolvenzantragspflicht anzustellende Betrachtung der Zulänglichkeit des Nachlasses nach § 1980 Abs. 1 S. 3 BGB außer Betracht, für die Feststellung des Eröffnungsgrundes sind sie aber zu berücksichtigen.

18   Im Gegensatz zu den Insolvenzgründen Zahlungsunfähigkeit und Überschuldung verpflichtet § 1980 den Erben und ihm gleichgestellte Personen nicht, bei bloß drohender Zahlungsunfähigkeit einen Antrag auf Eröffnung des Insolvenzverfahrens zu stellen.

D. Überschuldung

19   Die Gesetzesverfasser gingen davon aus, dass die **Überschuldungsdefinition des § 19** auch iRd § 320 maßgeblich sei (K. Schmidt InsO/K. Schmidt Rn. 4 mit Verweis auf RegE BT-Drs. 12/2443, 230 f.). Der allgemeine Begriff der Überschuldung ist auch im Nachlassinsolvenzverfahren anzuwenden. Auf die Kommentierung zu § 19 wird daher verwiesen. Allerdings ist zu beachten, dass die Überschuldung nach § 19 sonst nur bei juristischen Personen ein Eröffnungsgrund ist, nicht aber bei natürlichen Personen. Insoweit sind ggf. notwendige Anpassungen zu bedenken.

I. Aktiva

20   Für die Überschuldungsprüfung zählt der **gesamte Nachlass** im Zeitpunkt der Eröffnungsentscheidung zu den Aktiva, also alle Nachlassgegenstände und Surrogate, dinglichen Rechte, Urheberrechte (§ 28 UrhG) und sonstiges geistiges Eigentum sowie alle **Ansprüche des Nachlasses**. Zu diesen Ansprüchen gehören auch alle Forderungen gegen den Erben, die durch Konfusion erloschen waren (§§ 1922, 1976 BGB) und die Ansprüche aus § 1978 BGB, weil deren Entstehung nicht von der Eröffnung des Insolvenzverfahrens abhängt (aA HmbKommInsR/Böhm Rn. 4), denn sie stehen nach § 1978 Abs. 2 BGB ausdrücklich dem Nachlass zu. Nach (unter Verstoß gegen § 2046 BGB) erfolgter Teilung des Nachlasses gehören also auch Rückgabeansprüche gegen die Erben zum Nachlass.

21   **Nicht** zu den Aktiva gehören Ansprüche aus **§ 1980 BGB,** weil diese den Gläubigern zustehen und nicht in den Nachlass fallen (obgleich sie vom Insolvenzverwalter geltend gemacht werden können, vgl. MüKoBGB/Küpper BGB § 1980 Rn. 11) und ebenso wenig **Anfechtungsansprüche,** weil diese außerhalb des Insolvenzverfahrens nicht liquide sind und weil wegen § 144 Abs. 1 durch die Geltendmachung von Anfechtungen in der Regel die Überschuldung nicht beseitigt werden kann. Selbst wenn der Erbe unbeschränkt haftet, ist dessen **Eigenvermögen** nicht bei den Aktiva zu berücksichtigen (so aber Roth ZInsO 2009, 2265), weil es sich beim Nachlass und beim Eigenvermögen des Erben, das bei Eröffnung des Insolvenzverfahrens auch nicht vom Insolvenzbeschlag erfasst wäre (§§ 11 Abs. 2, 35, 80), um zwei getrennte Vermögensmassen handelt. Darüber hinaus legt § 316 Abs. 1 fest, dass das Nachlassinsolvenzverfahren auch dann eröffnet werden kann, wenn der Erbe unbeschränkt haftet.

Für die Bewertung der Aktiva kann auf die allgemeinen Vorschriften des § 19 verwiesen werden. 22

II. Passiva

Zu den für die Überschuldungsprüfung zu berücksichtigenden **Passiva** gehören sämtliche 23
Nachlassverbindlichkeiten (§ 1967 BGB), auch wenn es im eröffneten Insolvenzverfahren Masseforderungen gem. § 324 sein werden, sowie insbesondere die dem Erben gegen den Nachlass zustehenden Ansprüche (MüKoInsO/Siegmann/Scheuing Rn. 4), unabhängig davon, ob sie durch Konfusion erloschenen (§§ 1922, 1976 BGB) sind. Auch die **nachrangigen Verbindlichkeiten** sind zu berücksichtigen (Uhlenbruck/Mock § 19 Rn. 157), sofern nicht ein Verzicht für den Insolvenzfall erklärt wurde. Also gehören auch Pflichtteilsansprüche, Vermächtnisse und Auflagen zu den Passiva. Vermächtnisse und Auflagen bleiben nur bei der für die Insolvenzantragspflicht anzustellenden Betrachtung der Zulänglichkeit des Nachlasses nach § 1980 Abs. 1 S. 3 BGB außer Betracht, nicht aber für die Frage, ob ein Eröffnungsgrund vorliegt.

Der Wertansatz erfolgt nach den allgemeinen Vorschriften §§ 41, 42, 45, 46 und obwohl sie 24
nicht genannt sind, sind auch aufschiebend bedingte Forderungen bei den Passiva zu berücksichtigen (MüKoInsO/Siegmann/Scheuing Rn. 4). Die Einschränkungen des § 2313 BGB gelten nicht bei der Feststellung der Überschuldung (aA Uhlenbruck/Lüer Rn. 3), sondern nur bei der Feststellung des Wertes des Pflichtteils, was aus der Verortung der Norm bei den Vorschriften über das Pflichtteilsrecht folgt.

Nicht bei den Passiva zu berücksichtigen sind die Kosten des Insolvenzverfahrens, wohl aber 25
Kosten einer vorläufigen Insolvenzverwaltung, soweit sie vom Nachlass zu tragen sind (AG Göttingen ZInsO 2002, 944).

III. Fortführungsprognose

Der **Überschuldungsbegriff** des § 19 kann aber nicht uneingeschränkt auf das Nachlassinsol- 26
venzverfahren übertragen werden und **muss angepasst werden** (K. Schmidt InsO/K. Schmidt § 320 Rn. 4 mwN), um dem Umstand gerecht zu werden, dass die Überschuldung sonst nur bei juristischen Personen ein Eröffnungsgrund ist. Überschuldung liegt nach § 19 Abs. 2 vor, wenn das Vermögen des Schuldners die bestehenden Verbindlichkeiten nicht mehr deckt, es sei denn, die Fortführung des Unternehmens ist nach den Umständen überwiegend wahrscheinlich. Nach K. Schmidt (K. Schmidt InsO/K. Schmidt Rn. 4) bleibe es im Nachlassinsolvenzverfahren bei der rein bilanziellen Methode des § 19 Abs. 2 aF, wonach Überschuldung schon dann vorliege, wenn das Vermögen des Nachlasses seine Verbindlichkeiten nicht decke. Lediglich bei der Bewertung der Nachlassgegenstände sei die Frage der Unternehmensfortführung zu berücksichtigen. Diese Ansicht ist aber anzulehnen, weil sich für eine derartige Auslegung keine Stütze im Gesetz findet. Auch die Gesetzesverfasser gingen nämlich davon aus, dass die Überschuldungsdefinition des § 19 maßgeblich sei (K. Schmidt InsO/K. Schmidt Rn. 4 mit Verweis auf RegE BT-Drs. 12/2443, 230 f.). Es ist aber nicht ersichtlich, dass der Gesetzgeber bei Änderung des Überschuldungsbegriffes in § 19 im Jahr 2008 die Änderung nur für das Regelinsolvenzverfahren vornehmen wollte und eine Geltung der Änderung auch für das Nachlassinsolvenzverfahren ausgeschlossen sein sollte. Das gilt umso mehr, als gerade mit der Einführung der InsO verstärkt berücksichtigt werden sollte, dass die Voraussetzungen für die Eröffnung des Nachlassinsolvenzverfahrens insgesamt auch dann geeignet sein sollen, wenn sich Unternehmen im Nachlass befinden (RegE BT-Drs. 12/2443, 230 f.) und die Änderung des Überschuldungsbegriffes im Jahr 2008 gerade die insolvenzrechtliche Bewertung von Unternehmen betraf.

Darüber hinaus ist auch deswegen K. Schmidts Auslegung contra legem nicht erforderlich, 27
weil schon eine **modifizierte Lesart der Fortführungsprognose** zu sachgerechten Ergebnissen führt.

Die positive Fortführungsprognose ist bei überwiegender Wahrscheinlichkeit, dass das **Unter-** 28
nehmen mittelfristig zahlungsfähig bleibt, gegeben. Die positive Fortbestehensprognose kann nur dann abgegeben werden, wenn nachvollziehbar und belastbar ein schlüssiges und umsetzbares Unternehmenskonzept vorliegt. (Nerlich/Römermann/Mönning § 19 Rn. 45). Mit der Neufassung des § 19 Abs. 2 S. 1 zum 1.1.2021 erstreckt sich der Prognosezeitraum dabei auf den Zeitraum der nächsten 12 Monate. Bis dahin wurde von einem Prognosezeitraum von mindestens 12 und höchstens 24 Monaten (Uhlenbruck/Mock § 19 Rn. 218 mwN), üblicherweise das laufende und das folgende Geschäftsjahr ausgegangen.

Im **Nachlassinsolvenzverfahren** bedeutet das, dass wegen positiver Fortführungsprognose 29
eine Überschuldung dann nicht vorliegt, wenn das Vermögen des Nachlasses dessen Verbindlichkeiten zwar im Betrachtungszeitpunkt nicht deckt, aber mit überwiegender Wahrscheinlichkeit

eine Zahlungsunfähigkeit im Prognosezeitraum nicht eintritt (so im Einzelnen auch HK-InsO/ Marotzke Rn. 3) und nach vollständiger Abwicklung des Nachlasses nicht nur Unternehmensgläubiger, sondern alle Nachlassgläubiger vollständig befriedigt werden. Letztere Einschränkung rechtfertigt sich dadurch, dass der Nachlass seinem Wesen nach auf Liquidation gerichtet ist. Die Fortführungswahrscheinlichkeit ist daher nicht mehr gegeben, wenn ein Unternehmen im Nachlass ist und im Prognosezeitraum mit überwiegender Wahrscheinlichkeit Zahlungsunfähigkeit eintreten wird. Zum alten Recht → Rn. 29.1.

29.1 Unter dem bis zum 31.12.2020 geltenden Überschuldungsbegriff ließ sich noch vereinfachend sagen, dass de lege lata bei bilanzieller Überschuldung keine Überschuldung iSd § 19 vorliegt, wenn mit überwiegender Wahrscheinlichkeit eine Zahlungsunfähigkeit im **bis zur vollständigen Abwicklung des Nachlasses ausgedehnten Prognosezeitraum** nicht eintritt. Dies schloss nämlich notwendig mit ein, dass sämtliche Gläubiger einschließlich nachrangiger Gläubiger vollständig und rechtzeitig befriedigt werden. Mit der exakten Definition des Prognosezeitraumes von 12 Monaten in § 19 Abs. 2 S. 1 kann diese Argumentation aber nicht aufrechterhalten werden.

IV. Sonstiges

30 Der Insolvenzantrag eines nachrangigen Gläubigers ist auch dann zulässig, wenn dieser im eröffneten Verfahren keine Befriedigung erwarten kann (BGH NZI 2011, 58).
31 Zur Prüfung des Eröffnungsgrundes beim Sekundärinsolvenzverfahren → Rn. 5a.

§ 321 Zwangsvollstreckung nach Erbfall

Maßnahmen der Zwangsvollstreckung in den Nachlass, die nach dem Eintritt des Erbfalls erfolgt sind, gewähren kein Recht zur abgesonderten Befriedigung.

Überblick

Zwangsvollstreckungsmaßnahmen nach dem Erbfall können zur Schmälerung der Insolvenzmasse im Nachlassinsolvenzverfahren führen, indem Gläubiger im eröffneten Nachlassinsolvenzverfahren ihr Recht auf abgesonderte Befriedigung gem. §§ 49 ff. an der erlangten Sicherheit geltend machen. Um dies zu verhindern, ordnet § 321 an, dass aus Maßnahmen der Zwangsvollstreckung (→ Rn. 4) in den Nachlass (→ Rn. 7) nach Eintritt des Erbfalls (→ Rn. 9) kein Recht auf abgesonderte Befriedigung (→ Rn. 11) geltend gemacht werden kann.

Übersicht

	Rn.		Rn.
A. Normzweck und Systemzusammenhang	1	II. Gesetzliches Ziel nicht verwirklicht	15
B. Tatbestand	4	D. Erstattungsansprüche nach Befriedigung	17
I. Maßnahmen der Zwangsvollstreckung	4	I. Befriedigung von Nachlassverbindlichkeiten	18
II. In den Nachlass	7	II. Befriedigung von Eigenschulden des Erben	19
III. Nach Eintritt des Erbfalls	9		
C. Rechtsfolge	11	E. Zwangsvollstreckung gegen den Erben	22
I. Verwertungsrecht und Erlösverbleib	11		

A. Normzweck und Systemzusammenhang

1 Die Vorschrift basiert auf § 221 KO und dient wie § 322 dazu, die im Zeitpunkt des Erbfalles bestehende Rechtslage wiederherzustellen (Begr. RegE, BT-Drs. 12/2443, 231). Hierdurch wird einerseits der Grundsatz verwirklicht, dass das Privatvermögen des Erben und der Nachlass **zwei getrennte Vermögen** sind (vgl. insbesondere § 1977 Abs. 2 BGB), sodass Privatgläubiger des Erben, die durch Zwangsvollstreckung auf den Nachlass zugegriffen haben, im Insolvenzverfahren über den Nachlass keine abgesonderte Befriedigung an Gegenständen des Nachlasses verlangen können. Andererseits bewirkt die § 321 aber auch, dass Nachlassgläubiger, die erst nach dem

Erbfall eine Sicherung durch Zwangsvollstreckung erhalten haben, auf die Insolvenzquote verwiesen werden.

§ 321 **ergänzt** § 89 (wie hier: Uhlenbruck/Lüer/Weidmüller Rn. 1; aA K. Schmidt InsO/K. Schmidt Rn. 2: nachlassinsolvenzspezifische Umsetzung des Konzepts der Rückschlagsperre gem. § 88; OLG Düsseldorf NZI 2004, 94). § 89 erklärt wie seine Vorgängernorm § 14 KO Zwangsvollstreckungsmaßnahmen einzelner Insolvenzgläubiger in die Insolvenzmasse oder in sonstiges Schuldnervermögen nach Verfahrenseröffnung für unzulässig. § 321 erweitert diesen Schutz der zukünftigen Insolvenzmasse auf den Zeitraum zwischen dem Erbfall und der Verfahrenseröffnung. Der erst mit Einführung der InsO geschaffene § 88 übernimmt dagegen das Konzept der Rückschlagsperre aus §§ 28, 87, 104 VglO und lässt durch Zwangsvollstreckung in der kritischen Zeit vor dem Eröffnungsantrag erlangte Sicherungen unwirksam werden. Wie § 88 (vgl. K. Schmidt InsO/Keller § 88 Rn. 4) wirkt § 321 jedoch anfechtungsähnlich, indem im Zeitpunkt unwiderleglich vermuteter Zahlungsunfähigkeit des Schuldners (hier: Erbfall) sachlich ungerechtfertigte Rechtshandlungen angegriffen werden. 2

§§ 88, 89 und 321 verdrängen sich nicht gegenseitig (Uhlenbruck/Lüer/Weidmüller Rn. 1). Führte die Zwangsvollstreckungsmaßnahme bereits zur Befriedigung, tritt die Rechtsfolge des § 321 nicht ein. 3

B. Tatbestand

I. Maßnahmen der Zwangsvollstreckung

Unwirksam werden lediglich Sicherungen, die im Wege der Zwangsvollstreckung erlangt wurden. **Rechtsgeschäftliche** oder gesetzliche Pfandrechte bleiben wirksam und berechtigen zur abgesonderten Befriedigung (MüKoInsO/Siegmann/Scheuing Rn. 3). Wer im Titel als Vollstreckungsschuldner ausgewiesen ist (Erblasser oder Erbe) ist unerheblich. Erfasst sind sämtliche Maßnahmen zur Durchsetzung von Vollstreckungstiteln durch Vollstreckungsorgane sowie die Fiktion einer Willenserklärung nach § 894 ZPO (K. Schmidt InsO/K. Schmidt Rn. 5). 4

Auch die Fälle der Zwangsvollstreckung aus einem Arrest oder mittels einstweiliger Verfügung sind von § 321 erfasst (Begr. RegE BT-Drs. 12/2443, 231; vgl. auch LG Stuttgart ZEV 2002, 370). 5

Bei der Eintragung einer **Bauhandwerkersicherungshypothek** nach § 648 BGB handelt es sich um ein rechtsgeschäftliches (Grund-)Pfandrecht, auf das der Werkunternehmer einen selbstständigen Anspruch hat. Durch dessen Eintragung im Wege der Zwangsvollstreckung tritt nicht Sicherung, sondern Erfüllung dieses rechtsgeschäftlich vereinbarten Anspruches ein. Gleichwohl ist seine Eintragung unter Inanspruchnahme des § 894 ZPO eine Maßnahme der Zwangsvollstreckung (K. Schmidt InsO/K. Schmidt Rn. 5), die § 321 unterfällt, weil sie auf die Gewährung eines Absonderungsrechtes zielt (aA wohl MüKoInsO/Ganter § 50 Rn. 106). Jedenfalls verliert eine Vormerkung zur Sicherung des Anspruchs auf Einräumung einer Bauhandwerkersicherungshypothek, die in Vollziehung einer einstweiligen Verfügung eingetragen wurde, nach Eröffnung des Insolvenzverfahrens ihre Wirksamkeit (BGH NZI 1999, 407; NJW 2000, 2427). 6

II. In den Nachlass

Das durch Zwangsvollstreckung erlangte Sicherungsrecht muss sich **zu Lasten der Masse** auswirken. Anderenfalls tritt keine Unwirksamkeit ein. Dass dies zB auch dann gelten soll, wenn ein Grundstück bereits vorrangig überbelastet ist (RGZ 157, 295), trifft aber nicht zu, weil auch eine bloße Buchposition des Gläubigers die Insolvenzmasse belastet. 7

Der Nachlass ist auch dann belastet, wenn die zwangsweise Eintragung einer Auflassungsvormerkung zwar nicht zur abgesonderten Befriedigung nach §§ 49 ff. führt, sondern dazu, dass der Gläubiger gem. § 106 die **Auflassung** auch vom Insolvenzverwalter verlangen kann. Auch dieser Fall ist von § 321 erfasst (LG Stuttgart ZEV 2002, 370 mAnm Siegmann) und der Gläubiger kann sein Sicherungsrecht nicht durchsetzen. 8

III. Nach Eintritt des Erbfalls

Die Unwirksamkeit der Pfändungsmaßnahme tritt nur ein, wenn sie nach dem Erbfall erfolgt ist. Sicherungen oder Befriedigungen (KPB/Holzer Rn. 6), die zur Zeit des Erbfalls bereits vollständig wirksam waren, bleiben wirksam. Bei **mehraktigen** oder mehrgliedrigen Vollstreckungshandlungen ist auf den letzten Akt abzustellen, der für die Entstehung des Sicherungsrechtes erforderlich ist. Eine Vorpfändung nach § 845 ZPO führt daher noch nicht zu einem insolvenzfesten Siche- 9 rungsrecht, wenn der Pfändungsbeschluss erst nach dem Erbfall zugestellt wird (Uhlenbruck/Lüer/Weidmüller Rn. 4 mit Verweis auf RG JW 1907, 207). Eine Zwangshypothek entsteht erst mit ihrer Eintragung im Grundbuch (§ 867 Abs. 1 S. 2 ZPO).

10 Eine Sicherung kann gleichzeitig nach § 88 und nach § 321 unwirksam sein, wenn sie der Insolvenzgläubiger im Monat vor Stellung des Eröffnungsantrages und gleichzeitig nach dem Erbfall erlangt hat. Zwangsvollstreckungen nach Eröffnung des Insolvenzverfahrens sind nach § 89 zu beurteilen.

C. Rechtsfolge

I. Verwertungsrecht und Erlösverbleib

11 Der Gläubiger hat nach Eröffnung des Insolvenzverfahrens kein Recht zur abgesonderten Befriedigung gem. § 49 ff. an dem Gegenstand. Die durch Zwangsvollstreckung erlangte Sicherung ist gegenüber jedermann (absolut) unwirksam (BGH NJW 2006, 1286; NZI 2011, 600; zu §§ 88, 89) und der Insolvenzverwalter kann den Gegenstand verwerten (RGZ 157, 297). Der **Erlös verbleibt** bei der Insolvenzmasse. Der Gläubiger kann seine Forderung lediglich zur Insolvenztabelle anmelden.

12 Versucht der Gläubiger im Insolvenzverfahren aus dem Sicherungsrecht vorzugehen, steht dem Insolvenzverwalter die **Vollstreckungserinnerung** gem. § 766 ZPO zu (hM; für § 89 vgl. BGH NZI 2004, 447 und für § 88 OLG Köln NZI 2002, 554). Zwar fehlt in § 321 eine Zuständigkeitsregelung für die Entscheidung über die Erinnerung, wie sie in § 89 Abs. 3 vorhanden ist. Die Vergleichbarkeit des Sachverhalts spricht aber für eine entsprechende Anwendung des § 89 Abs. 3, sodass das **Insolvenzgericht** entscheidet. Funktionell zuständig ist der Richter nach § 20 Nr. 17 RPflG (BGH NZI 2004, 278). Gegen die Entscheidung ist ggf. die sofortige Beschwerde nach § 793 ZPO einzulegen (BGH NZI 2004, 278).

13 Bei einer **Zwangshypothek** kann der Insolvenzverwalter Löschung verlangen oder nach § 22 GBO das Grundbuch wegen Unrichtigkeit berichtigen lassen. Für den Nachweis der Unwirksamkeit nach § 88 reicht aus, wenn zwischen Eintragung der Zwangssicherungshypothek und Eröffnung des Insolvenzverfahrens weniger als ein Monat liegt, weil dann das Vorliegen der Voraussetzungen offenkundig ist. Gleiches gilt für § 321, wenn dem Grundbuchamt die Sterbeurkunde vorgelegt wird. Allerdings ist bei längerem Zeitabstand zwischen Zwangsvollstreckung und Verfahrenseröffnung eine Bescheinigung des Insolvenzgerichts über den Zeitpunkt des Eröffnungsantrages kein dem § 29 GBO genügender Unrichtigkeitsnachweis (BGH NJW 2012, 3574). Dieser kann aber dem Grundbuchamt durch Beziehung der Insolvenzakte nachgewiesen werden.

14 Verwertet der Insolvenzverwalter den Gegenstand nicht, an dem der Gläubiger durch Zwangsvollstreckung ein Sicherungsrecht erlangt hat, kann der Gläubiger wieder selbst die Verwertung betreiben, sobald das Insolvenzverfahren aufgehoben oder der Gegenstand freigegeben wurde. Insoweit ist die Unwirksamkeit der Sicherung eine **schwebende** (BGH NZI 2011, 600; aA: relative Unwirksamkeit HmbKommInsR/Böhm Rn. 4 mit Verweis auf LG Stuttgart ZEV 2002, 370).

II. Gesetzliches Ziel nicht verwirklicht

15 Das vom Gesetzgeber mit § 321 verfolgte Ziel, nämlich die Rechtslage im Zeitpunkt des Erbfalles wiederherzustellen (Begr. RegE, BT-Drs. 12/2443, 231), wird mit der Vorschrift nur **unzureichend** umgesetzt. Besser würde dieses Ziel verwirklicht werden, wenn nicht nur infolge Zwangsvollstreckung nach dem Erbfall erlangte Sicherung für unwirksam erklärt, sondern auch bereits erlangte Befriedigung vom Empfänger heraus verlangt werden könnte (→ Rn. 15.1).

15.1 Eine solche Regelung wäre wünschenswert und erscheint de lege ferenda geradezu geboten, weil auch die Empfänger von zB Vermächtnissen ohne weiteres zur Rückgabe gem. § 322 verpflichtet sind. Gesichtspunkte des Vertrauensschutzes können über eine angepasste Rechtsfolge (zB wie § 143 Abs. 2) berücksichtigt werden. Ob der vollstreckende Insolvenzgläubiger Befriedigung erlangt, die er behalten darf, oder ob er lediglich eine Sicherung erhält, die ihm gem. § 321 kein Absonderungsrecht gewährt, hängt letztlich von Zufällen ab (zB Schnelligkeit der Vollstreckungsorgane oder von Drittschuldnern, Langwierigkeit der Immobiliarvollstreckung usw). Soweit die Vorschrift also aus nach dem Erbfall durch Zwangsvollstreckung erlangte Sicherheiten kein Absonderungsrecht gewährt und gleichzeitig dem Empfänger eine Befriedigung belässt, die er aus einem nach dem Erbfall erlangten Sicherungsrechtes erhalten hat, fehlt es ihr am Gerechtigkeitsgehalt. Wenn der Empfänger schon aus dem Sicherungsrecht kein Absonderungsrecht geltend machen darf, muss er nach hier vertretener Auffassung erst recht die erlangte Befriedigung herausgeben (aA die hM, MüKoInsO/Siegmann/Scheuing Rn. 5; HmbKommInsR/Böhm Rn. 2; K. Schmidt InsO/K. Schmidt § 321 Rn. 9 mwN).

Die Lösungsversuche, erlangte Befriedigung über Insolvenzanfechtungsansprüche nach 16 §§ 129 ff. unter dem Gesichtspunkt der inkongruenten Deckung zur Insolvenzmasse zurück zu holen (vgl. zB K. Schmidt InsO/K. Schmidt Rn. 9 mwN), sind unbefriedigend, weil Sicherung oder Befriedigung im Wege der Zwangsvollstreckung in der Regel **kein Schuldnerhandeln** mit sich bringt, sodass die Anfechtung nach §§ 132 und 133 ausscheidet (→ Rn. 16.1).

Außerdem werden typischerweise Anträge auf Eröffnung von Nachlassinsolvenzverfahren erst nach 16.1 mehrmonatiger Verzögerung gestellt, sodass eine Anfechtung von Vollstreckungshandlungen nach § 131 ebenfalls häufig nicht mehr möglich ist (vgl. zB LG Köln BeckRS 2010, 17400). Die Möglichkeit, den Antragspflichtigen wegen verzögerter Insolvenzantragstellung nach § 826 BGB verantwortlich zu machen (BGH NJW 2005, 1121) ist wegen der strengen Anspruchsvoraussetzungen kaum zu verwirklichen und richtet sich auch nicht gegen den Leistungsempfänger. Die Auslegung des § 321 durch die hM lässt auch unberücksichtigt, dass unter Geltung der Vorgängervorschrift § 221 KO das Anfechtungsrecht anders ausgestaltet war als heute. Es bestand im Gesetzgebungsverfahren zur KO Einigkeit, dass auch die vom Gläubiger im Wege der Zwangsvollstreckung vorgenommenen Handlungen unter § 30 Nr. 2 KO fielen (BGH NJW 1997, 3445), sodass diese, sofern sie nach der Zahlungseinstellung erfolgten, angefochten werden konnten. Die sich heute aus § 131 InsO ergebende Frist von drei Monaten vor Stellung des Insolvenzantrages war unter dem alten Recht nicht vorhanden. Durch die enge Auslegung des § 321 ist mit Einführung der InsO daher eine nicht beabsichtigte Einschränkung des Masseschutzes entstanden.

D. Erstattungsansprüche nach Befriedigung

Nach hier vertretener Auffassung (→ Rn. 15.1) muss der Gläubiger auch eine Befriedigung 17 herausgeben, die er aus einer nach dem Erbfall vorgenommenen Maßnahme der Zwangsvollstreckung erlangten Sicherheit gewonnen hat. Nach der hM ist stattdessen folgendermaßen zu differenzieren:

I. Befriedigung von Nachlassverbindlichkeiten

Erlangt der Gläubiger durch die nach dem Erbfall vorgenommene Zwangsvollstreckung bereits 18 die Befriedigung für Nachlassverbindlichkeiten, hat diese nach der hM bei ihm zu verbleiben (vgl. zB HmbKommInsR/Böhm Rn. 2) und es besteht **gegen den Empfänger kein Anspruch** nach § 812 BGB (Uhlenbruck/Lüer/Weidmüller Rn. 2).

II. Befriedigung von Eigenschulden des Erben

Anders verhält es sich aber, wenn der Empfänger ein Privatgläubiger des Erben war, der im 19 Wege der Zwangsvollstreckung erst Sicherheit am Nachlass und hieraus Befriedigung erhalten hat. Da das Privatvermögen des Erben und der Nachlass nach dem Gedanken des § 1977 Abs. 2 BGB als zwei getrennte Vermögen zu betrachten sind (Uhlenbruck/Lüer/Weidmüller Rn. 2), hat er letztlich eine Leistung nicht aus dem Vermögen des Erben erlangt, sondern aus dem Nachlass. In Betracht kommt daher ein Anspruch gegen den Erben und gegen den Empfänger aus ungerechtfertigter Bereicherung (aA KPB/Holzer Rn. 9), wobei der Anspruchsgegner in der Kommentarliteratur umstritten ist.

Aus dem Gedanken der Vermögenstrennung kommt auch ein **Anspruch gegen den Empfän-** 20 **ger** aus § 134 in Betracht, falls der Anspruch gegen den Erben bei angenommenen Nichtvorhandensein des Nachlasses wertlos war.

Darüber hinaus kommt ein **Anspruch gegen den Erben** auf Schadensersatz in Betracht, wenn 21 dieser pflichtwidrig entgegen § 1978 BGB im Rahmen der Zwangsvollstreckung dem Gläubiger nicht die Einrede des § 783 ZPO entgegengehalten und die Haftung der Nachlassgegenstände beschränkt hat.

E. Zwangsvollstreckung gegen den Erben

Aus dem Titel, den ein Gläubiger durch Tabelleneintrag im Nachlassinsolvenzverfahren gem. 22 § 201 erlangt, kann er **nach Aufhebung des Insolvenzverfahrens** gegen den Erben als Schuldner vollstrecken, wenn dieser (oder noch der Erblasser) im Prüfungstermin der Forderung nicht widersprochen hat (Uhlenbruck/Lüer/Weidmüller § 315 Rn. 12). Der Widerspruch eines Miterben hindert die Vollstreckung nicht (K. Schmidt InsO/K. Schmidt Vor § 315 Rn. 9). Der Erbe kann, um sich auf die Haftungsbeschränkung zu berufen, gem. §§ 784, 785, 767 ZPO Vollstreckungsabwehrklage erheben. Der Gläubiger hat dann die unbeschränkte Erbenhaftung darzulegen und zu beweisen (Musielak/Lackmann ZPO § 784 Rn. 3).

§ 322 Anfechtbare Rechtshandlungen des Erben

Hat der Erbe vor der Eröffnung des Insolvenzverfahrens aus dem Nachlass Pflichtteilsansprüche, Vermächtnisse oder Auflagen erfüllt, so ist diese Rechtshandlung in gleicher Weise anfechtbar wie eine unentgeltliche Leistung des Erben.

Überblick

Nach Eröffnung des Insolvenzverfahrens über einen Nachlass gewährt § 322 dem Nachlassinsolvenzverwalter einen Anspruch auf Rückgewähr (→ Rn. 17), soweit ein Erbe Pflichtteilsansprüche, Vermächtnisse oder Auflagen erfüllt hat (→ Rn. 9) und dadurch die Gläubiger benachteiligt (→ Rn. 13) sind. Die subjektive Sicht der Beteiligten (→ Rn. 15) ist nicht relevant.

Übersicht

	Rn.		Rn.
A. Allgemeines	1	II. Gläubigerbenachteiligung	13
		III. Subjektive Voraussetzungen	15
B. Norminhalt	7	IV. Rechtsfolgenverweisung	16
I. Rechtshandlung	9	V. Rechtsfolge	17

A. Allgemeines

1 § 322 übernimmt die Rechtslage der Vorgängernorm § 222 KO, wobei eine Anpassung an die Terminologie der allgemeinen Insolvenzanfechtung nach §§ 129 ff. erfolgte.

2 Die Vorschrift dient dazu, für „Zwecke des Nachlassinsolvenzverfahrens soweit wie möglich die **Rechtslage wiederherzustellen,** die zur Zeit des Erbfalls bestand (Begr. RegE, BT-Drs. 12/2443, 231). Gemeint ist damit, dass der Nachlass so gestellt werden soll, als ob die anfechtbare Rechtshandlung unterblieben wäre. Für die Auslegung der Vorschrift ist dieser Zweck maßgeblich.

3 Die **allgemeinen Anfechtungsvorschriften** in §§ 129 ff. (→ § 129 Rn. 1) behalten im Nachlassinsolvenzverfahren ihre Geltung. Anfechtbare Rechtshandlungen des Erblassers verlieren durch den Erbfall nicht etwa die Anfechtbarkeit. Rechtshandlungen von Erben oder von für den Nachlass handelnden **Vermögensverwaltern** (Testamentsvollstrecker, Nachlasspfleger, Nachlassverwalter, vgl. dazu MüKoInsO/Kayser/Freudenberg § 129 Rn. 42) sind unter den Voraussetzungen der §§ 129 ff. anfechtbar (→ Rn. 3.1).

3.1 Beispiel: Hat der Schuldner für eine von ihm abgeschlossene Lebensversicherung einem Dritten ein widerrufliches Bezugsrecht eingeräumt, richtet sich nach Eintritt des Versicherungsfalls ein gem. § 134 bestehender Anfechtungsanspruch gegen den Dritten auf Auszahlung der vom Versicherer geleisteten Versicherungssumme, nicht auf Rückgewähr der vom Schuldner geleisteten Prämien; bei Erteilung einer widerruflichen Bezugsberechtigung an einen Dritten gilt die anfechtbare Rechtshandlung erst dann als vorgenommen, wenn der Versicherungsfall eingetreten ist (BGH NJW 2004, 2014; ausf. zum Thema Lebensversicherung: MüKoInsO/Siegmann/Scheuing § 315 Anh. Rn. 35 und Müller-Feldhammer NZI 2001, 343).

4 § 322 **erweitert die allgemeinen Anfechtungsmöglichkeiten** der §§ 129 ff. für den Fall, dass bestimmte Forderungen befriedigt werden. Er bezweckt die Wiederherstellung der in § 327 niedergelegten Rangfolge, wonach im Nachlassinsolvenzverfahren Verbindlichkeiten gegenüber Pflichtteilsberechtigten und Verbindlichkeiten aus den vom Erblasser angeordneten Vermächtnissen und Auflagen erst im Rang nach den in § 39 bezeichneten (ohnehin bereits nachrangigen) Verbindlichkeiten erfüllt werden. Die in § 322 genannten Verbindlichkeiten gehen daher auch den im § 39 Abs. 1 Nr. 4 genannten Forderungen auf eine unentgeltliche Leistung des Erblassers im Rang nach. Diese Rangfolge gilt unter den Voraussetzungen des § 1991 Abs. 4 BGB auch außerhalb des Nachlassinsolvenzverfahrens.

Die Anfechtung gem. § 322 ist kein Gestaltungsrecht; die Geltendmachung der Anfechtbarkeit 5 durch den Nachlassinsolvenzverwalter gewährt ihm vielmehr regelmäßig einen **schuldrechtlichen Anspruch** auf Rückgewähr zur Insolvenzmasse (Begr. RegE, BT-Drs. 12/2443, 157).

Außerhalb des Insolvenzverfahrens kann ein Nachlassgläubiger, der im Insolvenzverfahren dem 6 Gläubiger eines Pflichtteilsanspruchs (oder eines Vermächtnisses oder einer Auflage) im Rang vorgehen oder gleichstehen würde, die durch den Erben aus dem Nachlass auf derartige Ansprüche erbrachte Leistungen gem. § 5 AnfG anfechten. Ist diese Anfechtung bereits anhängig, kann der Prozess bei Eröffnung des Insolvenzverfahrens vom Nachlassinsolvenzverwalter gem. § 17 AnfG aufgenommen werden.

B. Norminhalt

Anfechtbar ist die Erfüllung von **Pflichtteilsansprüchen, Vermächtnissen oder Auflagen** 7 durch den Erben aus dem Nachlass.

Obwohl nach Begr. RegE BT-Drs. 12/2443, 231 der Zweck der Vorschrift darin besteht, die 8 Wirkungen der Eröffnung des Nachlassinsolvenzverfahrens so weit wie möglich auf den Zeitpunkt des Erbfalls zurück zu beziehen, belässt es § 322 dabei, die Anfechtungsmöglichkeiten des Insolvenzverwalters um bestimmte Tatbestände zu erweitern. Die Regelung ist insoweit **inkonsequent**, weil sie trotzdem für die Anknüpfung der Anfechtungsfristen auch für die §§ 129 ff. auf den Eröffnungsantrag und nicht auf den Zeitpunkt des Erbfalls abstellt. Um den genannten Gesetzeszweck zu erreichen, sollten die §§ 129 ff. bei einer Anfechtung im Nachlassinsolvenzverfahren im Wege der teleologischen Auslegung so verstanden werden, dass die Anfechtungsfristen nicht an den Eröffnungsantrag, sondern an den Erbfall anknüpfen. Das ist insbesondere deswegen angezeigt, weil bis zur Beantragung des Nachlassinsolvenzverfahrens erfahrungsgemäß durch Erbenermittlung und Erbschaftsausschlagung viel Zeit vergeht, wodurch für länger zurückliegende Anfechtungstatbestände die Anfechtungsfristen längst abgelaufen sind, ohne dass den Anfechtungsgegnern ein entsprechendes Schutzbedürfnis zukommt. Für Ansprüche des Erblassers enthält § 211 BGB dagegen eine Vorschrift zum Schutz des Nachlasses vor der Verjährung von zum Nachlass gehörenden Ansprüchen.

I. Rechtshandlung

Anfechtbare Rechtshandlung ist die Erfüllung bestimmter, von § 327 **nach-nachrangig** einge- 9 ordneter Forderungen. Hierbei muss es sich um Pflichtteilsansprüche (§ 2303 BGB), Vermächtnisse (§ 1932 BGB „Voraus", § 1969 BGB „Dreißigster" sowie §§ 2147, 2174 BGB) oder Auflagen (§ 2192 BGB) handeln. Pflichtteilsergänzungsansprüche, die zu Lasten des Nachlasses erfüllt wurden (§ 2325 BGB), fallen ebenfalls unter § 322 (aA HmbKommInsR/Böhm Rn. 2), da § 322 die Rangfolge des § 327 wiederherstellen soll und dieser nicht zwischen Pflichtteilsansprüchen und Pflichtteilsergänzungsansprüchen unterscheidet. Sofern Pflichtteilsergänzungsansprüche durch den Beschenkten befriedigt wurden (§ 2329 BGB) und sich der Beschenkte gegen die Schenkungsanfechtung nach § 134 auf Entreicherung berufen kann, kommt eine Anfechtung gegen den Pflichtteilsergänzungsberechtigten nach § 322 in Betracht.

Vorausempfänge des Erblassers an seinen Ehegatten, die gem. § 1380 BGB auf den Aus- 10 gleichsanspruch angerechnet werden, sind nicht gem. § 322 anfechtbar (Uhlenbruck/Lüer/Weidmüller Rn. 1). Der besondere Schutzzweck des § 322 – Herstellung der Rechtslage bei Erbfall – erfordert die Anfechtbarkeit nicht, denn die Leistung war bereits vor dem Erbfall erbracht. In Betracht kommt hier aber eine Anfechtung nach § 134 wegen unentgeltlicher Leistung.

Der Gesetzeswortlaut erfordert die Erfüllung **durch den „Erben"**. Er dürfte jedoch zu eng 11 gefasst sein. Anerkannt ist nämlich, dass das Handeln von Personen, die fremdes Vermögen verwalten, dem Vermögensträger zugerechnet wird (→ Rn. 3). Dies gilt auch für § 322. Die Anfechtung der Ansprüche durch Testamentsvollstrecker, Nachlasspfleger oder Nachlassverwalter ist daher ebenso anfechtbar wie eine vom Erben vorgenommene Rechtshandlung (MüKoInsO/Siegmann/Scheuing Rn. 3). Dem Erben wird ein Handeln seines gesetzlichen oder eines rechtsgeschäftlichen Vertreters zugerechnet.

Die **Art der Erfüllung** ist für die Anfechtbarkeit unerheblich. Auch Erfüllung durch Aufrech- 12 nung (§ 387 BGB), Hinterlegung (§ 372 BGB) oder Leistung an Erfüllungs statt (§ 364 BGB) ist anfechtbar. Gleiches gilt für eine Erfüllung, die der Anfechtungsgegner im Wege der Zwangsvollstreckung erhält, denn § 322 sanktioniert nicht Verhaltensunrecht des Erben, sondern stellt die Befriedigungsreihenfolge des § 327 auf den Zeitpunkt des Erbfalles wieder her. Aus diesem Grund ist erst recht auch die bloße Einräumung von Sicherheiten für die Erfüllung von Pflichtteilansprüchen, Vermächtnissen und Auflagen anfechtbar (allgM). Soweit die Sicherheit jedoch bereits vor dem Erbfall eingeräumt wurde, scheidet eine Anfechtung nach § 322 aus.

II. Gläubigerbenachteiligung

13   Nach dem Wortlaut erfolgt die Anfechtung nur, wenn eine Forderung „aus dem Nachlass" erfüllt wurde. Gleichwohl nimmt die allgM (vgl. K. Schmidt InsO/K. Schmidt Rn. 4; MüKoInsO/Siegmann/Scheuing Rn. 3 mwN) auch dann einen Anfechtungsanspruch an, wenn der Erbe die Forderung mit eigenen Mitteln erfüllt, sofern er damit einen **Aufwendungsersatzanspruch** gegen den Nachlass gem. §§ 1979, 1978 Abs. 3 BGB erwirbt, den er ggf. als Masseverbindlichkeit gem. § 324 Abs. 1 Nr. 1 geltend machen kann. Die allgM ist auch zutreffend, denn der Zweck des § 322 gebietet es, den Zustand wiederherzustellen, der ohne die anfechtbare Rechtshandlung bestünde. Ob die Forderung aus dem Nachlass oder aus fremden Mitteln mit vorrangiger Regressmöglichkeit gegen den Nachlass erfüllt wird, ist für Insolvenzgläubiger wirtschaftlich betrachtet aber unerheblich, sodass die Frage nach der Anfechtbarkeit an diesem Kriterium nicht entschieden werden kann. Der Einschränkung, dass eine Forderung „aus dem Nachlass" erfüllt worden sein muss, kommt vielmehr keine eigenständige Bedeutung zu. Ausschlaggebend ist stattdessen, dass die angefochtene Rechtshandlung zur Gläubigerbenachteiligung geführt haben muss, wie es nach § 129 Voraussetzung eines jeden Anfechtungsanspruches ist (→ Rn. 13.1 ff.).

13.1   Ausreichend ist aber, wie das Beispiel mit dem Regressanspruch zeigt, dass eine mittelbare Gläubigerbenachteiligung vorliegt. Eine durch die anfechtbare Rechtshandlung eintretende unmittelbare Gläubigerbenachteiligung ist für die Anfechtung gem. § 322 nicht erforderlich.

13.2   Erforderlich ist allerdings, dass Gläubiger, die zumindest im Rang des § 327 rangieren, benachteiligt sind. Gläubiger, die erst im Rang nach den in § 327 Genannten zu befriedigen sind, werden von der gem. § 322 erfolgenden Anfechtung nicht geschützt.

13.3   Eine Gläubigerbenachteiligung liegt dann nicht vor, wenn der Erbe einen Pflichtteilsanspruch, ein Vermächtnis oder eine Auflage mit eigenen Mitteln erfüllt und sein Aufwendungsersatzanspruch gem. § 1978 III BGB lediglich im Rang des Leistungsempfängers (dh § 327) im Nachlassinsolvenzverfahren geltend gemacht werden kann.

13.4   Eine Gläubigerbenachteiligung liegt auch dann nicht vor, wenn der unbeschränkt haftende Erbe die Forderung mit eigenen Mitteln erfüllt, weil die Gläubiger mangels Regressmöglichkeit nicht benachteiligt werden.

13.5   Gegen Erben findet die Anfechtung in einem anderen Insolvenzverfahren nicht statt, wegen solcher Rechte, die mit dem Tod des ursprünglichen Anfechtungsschuldners vollständig erloschen sind (Wohnungsrecht, BGH NJW 1996, 3006).

14   Nach allgM (vgl. zB K. Schmidt InsO/K. Schmidt Rn. 4; MüKoInsO/Siegmann/Scheuing Rn. 3; HmbKommInsR/Böhm Rn. 2; Uhlenbruck/Lüer/Weidmüller Rn. 4; BK-InsR/Goetsch Rn. 4; FK-InsO/Schallenberg/Rafiqpoor Rn. 4; Nerlich/Römermann/Riering Rn. 5) setzt der Anfechtungsanspruch außerdem voraus, dass wegen der anfechtbaren Rechtshandlung **kein Ersatzanspruch gegen den Erben** besteht oder dass dieser zB wegen Zahlungsunfähigkeit des Erben nicht durchgesetzt werden kann. Eine Gläubigerbenachteiligung liege dann nicht vor. Ein solcher Anspruch gegen den Erben beruht regelmäßig auf §§ 1978 Abs. 1, 677, 280 Abs. 1 BGB, wenn nämlich der Erbe in zumindest schuldhafter Unkenntnis von der Unzulänglichkeit des Nachlasses entgegen § 1979 BGB zu Lasten des Nachlasses in § 322 genannte Forderungen befriedigt hat. Der Erbe muss dann den entstandenen Schaden ersetzen. Diese Auffassung beleuchtet aber das Verhältnis zwischen dem Erben und dem Leistungsempfänger nicht ausreichend und **verlagert zu Unrecht die primäre Ausgleichspflicht auf den Erben**.

14.1   Die allgM führt dazu, dass der Anfechtungsgegner, der eigentlich nur Gläubiger einer nach-nachrangigen Forderung gem. § 327 ist, die erhaltene Leistung behalten darf und der aus dem Nachlass leistende Erbe aus seinen eigenen Mitteln den der Insolvenzmasse entstandenen Schaden ersetzen muss. Das widerspricht aber dem Zweck des § 322, der nur darauf abzielt die Rechtslage im Zeitpunkt des Erbfalles wiederherzustellen (Begr. RegE, BT-Drs. 12/2443, 231). Eine Vermögensverschiebung vom Erben auf den nach § 327 nach-nachrangigen Pflichtteilsberechtigten sieht die Anfechtungsvorschrift des § 322 aber nicht vor. Darüber hinaus bedarf der Anfechtungsgegner auch deswegen nicht eines derart starken Schutzes, weil dieser über §§ 322, 134, 143 Abs. 2 ohnehin nur herausgeben muss, worum er noch bereichert ist. Richtig ist daher, dass entgegen der allgM der Anfechtungsanspruch gem. § 322 auf Herausgabe der Bereicherung unabhängig davon geltend gemacht werden kann, ob gegen den Erben wegen der anfechtbaren Rechtshandlung ein Ersatzanspruch besteht. Der Insolvenzverwalter kann den Ersatzanspruch gegen den Erben dagegen nur in Höhe des beim Anfechtungsgegner infolge Bereicherungs- oder Bonitätswegfalls

§ 323 InsO

nicht mehr erlangbaren Betrages geltend machen oder entsprechend § 255 BGB vollen Ersatz des anfechtbar Weggegebenen Zug um Zug gegen Abtretung des Anfechtungsanspruches verlangen. Dieses Lösungskonzept entspricht der Lastenverteilung, wie sie für das Verhältnis der Schadensersatzhaftung eines **GmbH-Geschäftsführers** zur Insolvenzanfechtung allgemein akzeptiert ist (Anrechnung von erzielten Anfechtungserlösen, vgl. → § 15b Rn. 31).

III. Subjektive Voraussetzungen

Die Anfechtbarkeit nach § 322 ist nicht von subjektiven Voraussetzungen abhängig, insbesondere ist nicht erforderlich, dass der Anfechtungsgegner Kenntnis davon hat, dass die Ansprüche, für die er Erfüllung erhält, gem. § 327 nach-nachrangig sind. Die **objektive Sach- und Rechtslage ist entscheidend.** Das Vertrauen des Anfechtungsgegners darauf, die Leistung behalten zu dürfen, ist über die Rechtsfolge geschützt (→ Rn. 16 f.). 15

IV. Rechtsfolgenverweisung

Die Anfechtung der Erfüllungshandlung erfolgt in gleicher Weise wie die Anfechtung einer unentgeltlichen Leistung des Erben, nämlich wie in § 134 vorgesehen (→ Rn. 16.1 f.). 16

Deswegen gilt nach hM auch die in § 134 Abs. 1 vorgesehene zeitliche Schranke, wonach die Rechtshandlung dann nicht anfechtbar ist, wenn sie früher als vier Jahre vor dem Antrag auf Eröffnung des Insolvenzverfahrens vorgenommen worden ist. Zwingend ist diese Ansicht aber nicht, denn § 322 kann auch als bloße Rechtsfolgenverweisung zu § 143 Abs. 2 aufgefasst werden. Der Normzweck gebietet die Wiederherstellung der wirtschaftlichen Lage zur Zeit des Erbfalles (→ Rn. 2) und der Anfechtungsgegner ist durch die Möglichkeit geschützt, die Entreicherungseinrede zu erheben. 16.1

Außerdem entfällt die Anfechtbarkeit nach § 134 Abs. 2, wenn sich die Leistung auf ein gebräuchliches Gelegenheitsgeschenk geringen Werts beschränkt. Die Aspekte der „Gebräuchlichkeit" und des „Gelegenheits"-geschenks (→ § 134 Rn. 15) lassen sich auf die Pflichtteilsansprüche, Vermächtnisse und Auflagen nur eingeschränkt übertragen. Von der Anfechtbarkeit ausgenommen können lediglich Gegenstände mit emotionaler oder religiöser Bedeutung (Schmuck, Grabpflege etc) sein oder solche Leistungen, die einer sittlichen oder Anstandspflicht entsprechen, deren Wert noch dazu gering sein muss. Sobald der Wert mehr als einen Netto-Monatslohn oder 10 % der Insolvenzmasse ausmacht, ist er nicht mehr gering (MüKoInsO/Kayser/Freudenberg § 134 Rn. 48). Eine erhebliche Einschränkung der Anfechtungsvorschrift liegt darin nicht. 16.2

V. Rechtsfolge

Die Rechtsfolge der Anfechtbarkeit nach § 322 ergibt sich über § 134 aus § 143 Abs. 2. Der Anfechtungsgegner hat das Erlangte nur zurück zu gewähren, **soweit er bereichert ist.** Sobald er aber weiß oder den Umständen nach wissen muss, dass die unentgeltliche Leistung die Gläubiger benachteiligt, kann er sich nicht mehr darauf berufen (BGH NZI 2016, 690). Er haftet dann nach § 143 Abs. 1 nach den allgemeinen Vorschriften wie ein bösgläubiger Bereicherungsschuldner und muss ab diesem Zeitpunkt – im Rahmen der allgemeinen Anfechtungsvorschriften – die zurück zu gewährende Leistung insbesondere auch verzinsen (BGH NZI 2007, 230). 17

Der Umfang des Rückgewähranspruchs wird nicht durch § 328 Abs. 1 begrenzt, denn dieser betrifft nur vom Erblasser oder ihm gegenüber vorgenommene anfechtbare Rechtshandlungen (→ § 328 Rn. 2), wohingegen § 322 nur nach dem Erbfall vorgenommene Rechtshandlungen betrifft. 18

Soweit der Anfechtungsgegner das Erlangte zurückgewährt, lebt seine Forderung gem. § 144 Abs. 1 wieder auf und er kann sie – allerdings nur im Rang des § 327 – als **Insolvenzforderung** geltend machen. Die Anfechtung kann unter den Voraussetzungen des § 145 auch gegen den Rechtsnachfolger des Anfechtungsgegners geltend gemacht werden. Die Verjährung des Anfechtungsanspruches richtet sich nach § 146. 19

§ 323 Aufwendungen des Erben

Dem Erben steht wegen der Aufwendungen, die ihm nach den §§ 1978, 1979 des Bürgerlichen Gesetzbuchs aus dem Nachlass zu ersetzen sind, ein Zurückbehaltungsrecht nicht zu.

Fridgen

Überblick

Die Vorschrift schließt ein Zurückbehaltungsrecht (→ Rn. 4) des Erben, dem gegen die Nachlassinsolvenzmasse Masseforderungen gem. §§ 1978, 1979 BGB (→ Rn. 2) zustehen, aus, um eine zügige Abwicklung des Insolvenzverfahrens zu gewährleisten. Die Aufrechnung (→ Rn. 9) durch den Erben wird jedoch nicht ebenso ausgeschlossen.

A. Normzweck

1 Nach §§ 1978, 1979 BGB können dem Erben nach Eröffnung des Nachlassinsolvenzverfahrens Forderungen **wegen der Verwaltung des Nachlasses** zustehen, die **Masseverbindlichkeit** gem. § 324 Abs. 1 Nr. 1 sind. Dies könnte dazu führen, dass die Insolvenzmasse einen Kredit zur Bezahlung der gegenüber dem Erben bestehenden Masseverbindlichkeit aufnehmen muss, um die vom Erben an den Insolvenzverwalter gem. § 148 herauszugebenden Sachen für die Insolvenzmasse in Besitz nehmen zu können und gleichermaßen kann durch das Bestehen des Zurückbehaltungsrechts die Verwertung der Insolvenzmasse erschwert werden. Dies soll durch die Vorschrift verhindert werden. Gleichzeitig wird das Zurückbehaltungsrecht – anders als bei § 51 Nr. 2 – nicht als zur Sicherung des Erben erforderlich angesehen, weil dieser ohnehin Massegläubiger ist (vgl. zum Normzweck insgesamt Hahn/Mugdan Bd. 7, 253).

B. Aufwendungen nach §§ 1978, 1979 BGB

2 Nach §§ 1978, 1979 BGB kann der Erbe den Ersatz von Aufwendungen aus dem Nachlass verlangen. Ein **Aufwendungsersatzanspruch entsteht** gem. § 1978 Abs. 3 BGB vor Annahme der Erbschaft nach den Vorschriften der Geschäftsführung ohne Auftrag und nach Annahme der Erbschaft nach Auftragsrecht (MüKoBGB/Küpper BGB § 1978 Rn. 13). Der Erbe muss daher für den Zeitraum bis zur Annahme der Erbschaft das Vorliegen der Voraussetzungen des § 683 BGB (Übernahme der Geschäftsführung muss dem Interesse und dem wirklichen oder dem mutmaßlichen Willen des Geschäftsherrn entsprechen) und nach diesem Zeitpunkt die Voraussetzungen des § 670 BGB (zum Zwecke der Ausführung des Auftrags gemachte Aufwendungen muss der Erbe den Umständen nach für erforderlich halten dürfen) nachweisen (weitere Ausführungen zu Voraussetzung und Inhalt des Anspruches → § 324 Rn. 8).

3 Nach § 324 Abs. 1 Nr. 1 ist der Aufwendungsersatzanspruch des Erben eine Masseverbindlichkeit, die vor Verteilung der Quote an die Insolvenzgläubiger in voller Höhe zu befriedigen ist. Für den Fall, dass die Insolvenzmasse nicht einmal zur Befriedigung aller Masseverbindlichkeiten (§§ 53, 324) ausreicht, ordnet § 324 Abs. 2 die Ansprüche des Erben jedoch lediglich in den Rang des § 209 Abs. 1 Nr. 3 ein. Vor Befriedigung der Ansprüche des Erben gem. §§ 1978, 1979 BGB sind daher die Verfahrenskosten und die Neumasseverbindlichkeiten (§ 209 Abs. 1 Nr. 2) zu bedienen.

C. Kein Zurückbehaltungsrecht

4 § 323 setzt die **Existenz eines Zurückbehaltungsrechts** voraus und verweigert dem Erben die Berufung auf dieses Recht. Die Gesetzesbegründung (Hahn/Mugdan Bd. 7, 253) geht davon aus, dass dem Erben wegen des Aufwendungsersatzanspruches gem. §§ 1978, 1979 BGB ein solches Zurückbehaltungsrecht gem. § 273 BGB zusteht.

I. Regelungsbedarf

5 Dies trifft aber nicht zu und bereits kurz nach ihrer Schaffung wurde die Vorschrift als überflüssig bezeichnet (Jaeger KO § 223 Anm. 2). Dem ist zuzustimmen, weil die Voraussetzung des § 273 BGB für die Entstehung des Zurückbehaltungsrechts nicht erfüllt ist. Nach § 273 BGB wäre erforderlich, dass Leistungsverpflichtung und fällige Forderung des Erben **aus demselben rechtlichen Verhältnis** stammen. Der Ersatzanspruch des Erben (fällige Forderung) resultiert jedoch auf dem von ihm für den Nachlass getätigten Aufwand, während seine Herausgabeverpflichtung gegenüber dem Insolvenzverwalter (Leistungsverpflichtung) darauf beruht, dass der Insolvenzverwalter gem. § 148 (→ § 148 Rn. 1 ff.) die Insolvenzmasse nach Verfahrenseröffnung in Besitz zu nehmen hat. Die für die Anwendung des § 273 BGB erforderliche Konnexität ist daher nicht gegeben, wenn der Insolvenzverwalter kraft seines Amtes die Masse in Besitz nehmen möchte (→ Rn. 5.1).

Ein Zurückbehaltungsrecht kann dem Erben zwar im Hinblick auf einen Gegenstand der Nachlassinsolvenzmasse zB aus einer noch mit dem Erblasser getroffenen Vereinbarung zustehen oder aus einem Werkunternehmerpfandrecht. Diesen Fall regelt § 323, der das Zurückbehaltungsrecht nur wegen der Forderungen aus §§ 1978, 1979 BGB ausschließt, aber nicht. 5.1

Das durch § 323 ausgeschlossene Zurückbehaltungsrecht ist daher bereits ohne die Vorschrift nicht existent. Der Regelung des § 323 bedürfte es nicht. 6

II. Folge der Regelung

Da der Erbe das nach Meinung des Gesetzgebers aus § 273 BGB folgende Zurückbehaltungsrecht wegen der aus §§ 1978, 1979 BGB resultierenden Ansprüche nicht ausüben darf, muss er den gesamten Nachlass an den Nachlassinsolvenzverwalter **aushändigen** und die sich im Übrigen aus dem Auftragsrecht ergebenden Ansprüche (zB **Auskunftserteilung**) erfüllen. Dass der Erbe einen Zahlungsanspruch gegen die Insolvenzmasse hat, kann er hiergegen nicht einwenden. 7

§ 323 kann deshalb dazu führen, dass der Erbe den Nachlass an den Insolvenzverwalter herausgibt und anschließend wegen Unzulänglichkeit der Insolvenzmasse nicht befriedigt wird. Eine Ausnahme für die Fälle der **Masseunzulänglichkeit** sieht die Vorschrift nämlich nicht vor. Die Vorstellung des Gesetzgebers, wonach der Erbe wegen seiner Position als Massegläubiger des Zurückbehaltungsrechts nicht bedarf, ist damit nicht in Übereinstimmung zu bringen. Im Falle der Masseunzulänglichkeit bedürfte der Erbe gerade des Zurückbehaltungsrechts um, abgesichert zu sein. Auf diese Sicherheit hat der Gesetzgeber jedoch verzichtet. Durch diesen Verzicht setzt der Gesetzgeber den Aufwendungsersatzanspruch des Erben aus §§ 1978, 1979 BGB wertungsmäßig hinter die Kosten des Insolvenzverfahrens gem. § 54. Im Fall der Masseunzulänglichkeit scheint daher eine teleologische Reduktion des § 323 angezeigt (HK-InsO/Marotzke Rn. 2). 8

D. Aufrechnung

I. Allgemeine Meinung

Nach der hM **schließt § 323 die Aufrechnung** durch den Erben mit seiner Ersatz(Gegen)forderung aus § 1978 BGB gegen die Herausgabe(Haupt)forderung des Insolvenzverwalters **nicht aus** (vgl. nur MüKoInsO/Siegmann/Scheuing Rn. 3 mwN). 9

Hinzuweisen ist insoweit aber darauf, dass schon die Entstehung des Anspruchs des Erben gem. §§ 1978, 1979 BGB an verhältnismäßig strenge Voraussetzungen geknüpft ist (näher → § 324 Rn. 8). Die Darlegungs- und Beweislast für die Entstehung der Forderung trifft im Prozess den Erben. 10

II. Kritik

Gleichwohl hat die hM durch Nöll in ZInsO 2010, 1866 Kritik erfahren, wonach die Möglichkeit der **Aufrechnung eingeschränkt** sein soll (→ Rn. 11.1 ff.). 11

Der Aufrechnungsausschluss ergebe sich einerseits aus einer analogen Anwendung § 323. Diese wird letztlich damit begründet, dass ein Erbe, der die Herausgabe eines Gegenstandes nach § 323 nicht verweigern dürfte, nach Verwertung desselben gegen die Wertersatzforderung des Insolvenzverwalters aber mit einem etwaigen Anspruch aus §§ 1978, 1979 BGB aufrechnen dürfe. Die Privilegierung des Wertersatzschuldners verstoße aber gegen Art. 3 GG. Dieses Argument greift aber nicht, denn der vom Gesetzgeber mit § 323 verfolgte Zweck liegt lediglich in der schnellen Abwicklung des Verfahrens unter Beibehaltung der Sicherung der Forderung des Erben als Masseforderung. Zur Erreichung dieses Zweckes ist aber das Aufrechnungsverbot nicht erforderlich. Vielmehr liefert die Gesetzesbegründung zwar eine Rechtfertigung für die Diskriminierung des Herausgabeschuldners, aber nicht für eine gleichartige Diskriminierung des Wertersatzschuldners. 11.1

Nöll postuliert darüber hinaus ein Aufrechnungsverbot nach Anzeige der Masseunzulänglichkeit, das aus § 394 BGB iVm § 210 folge. Durch die Unpfändbarkeit der Forderung gegen die Insolvenzmasse ergebe sich ein Aufrechnungsverbot für den Massegläubiger. Allerdings enthält die InsO mit den §§ 94–96 eine abschließende Regelung für Aufrechnungssachverhalte, die nicht über eine entsprechende Anwendung des § 394 BGB erweitert werden kann (BGH NZI 2004, 580). Auch diese Argumentation Nölls rechtfertigt daher kein Aufrechnungsverbot des Erben. 11.2

Erst recht kann § 394 BGB in Verbindung mit dem Vollstreckungsverbot des § 90 InsO nicht zu einem Aufrechnungsverbot für die ersten sechs Monate des Insolvenzverfahrens führen, weil § 90 ohnehin schon kein Aufrechnungsverbot bewirkt (MüKoInsO/Breuer/Flöther § 90 Rn. 21). 11.3

12 Obwohl die Kritik, dass der Wertersatzschuldner ohne Rechtfertigung bessergestellt ist als der Herausgabeschuldner, zutrifft, besteht kein grundsätzliches Aufrechnungsverbot des Erben mit seinen Ansprüchen aus §§ 1978, 1979 BGB.

13 Das AG Ottweiler hat entschieden (ZInsO 2000, 520), dass ein Nachlassverwalter infolge analoger Anwendung des § 323 gegen den Anspruch des Insolvenzverwalters auf Auszahlung des Nachlasses nicht mit seinem Vergütungsanspruch aufrechnen darf. Das Gericht verkannte dabei nicht nur die Wertungen, die zur Diskriminierung des Herausgabe-, nicht aber des Zahlungsanspruches führen (→ Rn. 11.1). Vielmehr wandte das Gericht die den Erben einschränkende Vorschrift, die nach ihrem Wortlaut nur für Ansprüche aus §§ 1978, 1979 BGB gilt (Masseverbindlichkeiten gem. § 324 Abs. 1 Nr. 1), ohne weitere Begründung auch auf Masseverbindlichkeiten gem. § 324 Abs. 1 Nr. 4 (Kosten der Nachlassverwaltung) an. Der Entscheidung ist in der Begründung nicht zu folgen (so auch Nöll ZInsO 2010, 580).

III. Sonstiges

14 Der in der Literatur (FK-InsO/Schallenberg/Rafiqpoor Rn. 2) vertretenen Auffassung, wonach sich die Aufrechnung nur nach §§ 94 ff. richtet, kann nicht gefolgt werden. Diese Vorschriften regeln nach ihrem Wortlaut ausschließlich die Aufrechnung durch Insolvenzgläubiger. Um solche handelt es sich bei den Erben mit ihren Ansprüchen aus §§ 1978, 1979 BGB aber gerade nicht. Sie sind gem. § 324 Abs. 1 Nr. 1 Massegläubiger und können als solche grundsätzlich uneingeschränkt aufrechnen. Lediglich im Fall der Masseunzulänglichkeit finden die §§ 94 ff. entsprechende Anwendung (MüKoInsO/Lohmann/Reichelt § 94 Rn. 13).

15 Der **Insolvenzverwalter** kann im Übrigen jederzeit die Aufrechnung erklären. Die Einschränkungen der Aufrechenbarkeit im Mehrpersonenverhältnis finden sowohl bei der Aufrechnung durch den Erben als auch bei der Aufrechnung durch den Insolvenzverwalter Anwendung.

16 Die Entstehung oder gar gezielte **Herbeiführung der Aufrechnungslage** kann gem. § 96 Abs. 1 Nr. 3 anfechtbar sein. Für die Anfechtung kommt es gem. § 133 auf den Gläubigerbenachteiligungsvorsatz des Erben oder der Testamentsvollstrecker, Nachlasspfleger oder Nachlassverwalter an. Eine trotz anfechtbar entstandener Aufrechnungslage gleichwohl erklärte Aufrechnung wäre dann unzulässig. Insbesondere also der Verkauf von Nachlassgegenständen zu dem Zweck, die Wertersatzforderung des Insolvenzverwalters durch Aufrechnung mit Ansprüchen gem. §§ 1978, 1979 BGB abzuwehren, ist daher regelmäßig anfechtbar. Die Unzulässigkeit der Aufrechnung § 96 Abs. 1 Nr. 3 kann vom Insolvenzverwalter allerdings nicht mehr durchgesetzt werden, wenn er die Frist des § 146 Abs. 1 zur gerichtlichen Geltendmachung versäumt hat und sich der Anfechtungsgegner hierauf beruft (BGH NZI 2007, 582). Sofern die Kosten des Insolvenzverfahrens jedenfalls mit dem Erlös aus der Anfechtung gedeckt sind, ist der Insolvenzverwalter auch zur Führung des Anfechtungsprozesses befugt (BGH NZI 2009, 602).

§ 324 Masseverbindlichkeiten

(1) Masseverbindlichkeiten sind außer den in den §§ 54, 55 bezeichneten Verbindlichkeiten:
1. die Aufwendungen, die dem Erben nach den §§ 1978, 1979 des Bürgerlichen Gesetzbuchs aus dem Nachlass zu ersetzen sind;
2. die Kosten der Beerdigung des Erblassers;
3. die im Falle der Todeserklärung des Erblassers dem Nachlass zur Last fallenden Kosten des Verfahrens;
4. die Kosten der Eröffnung einer Verfügung des Erblassers von Todes wegen, der gerichtlichen Sicherung des Nachlasses, einer Nachlasspflegschaft, des Aufgebots der Nachlassgläubiger und der Inventarerrichtung;
5. die Verbindlichkeiten aus den von einem Nachlasspfleger oder einem Testamentsvollstrecker vorgenommenen Rechtsgeschäften;
6. die Verbindlichkeiten, die für den Erben gegenüber einem Nachlasspfleger, einem Testamentsvollstrecker oder einem Erben, der die Erbschaft ausgeschlagen hat, aus der Geschäftsführung dieser Personen entstanden sind, soweit die Nachlassgläubiger verpflichtet wären, wenn die bezeichneten Personen die Geschäfte für sie zu besorgen gehabt hätten.

(2) Im Falle der Masseunzulänglichkeit haben die in Absatz 1 bezeichneten Verbindlichkeiten den Rang des § 209 Abs. 1 Nr. 3.

§ 324 InsO

Überblick

§ 324 erweitert im Fall der Nachlassinsolvenz den Kreis der Masseverbindlichkeiten weit über die §§ 54, 55 hinaus. Dies erfolgt aus Billigkeitsgründen oder um eine ungerechtfertigte Bereicherung der Insolvenzmasse zu verhindern. Reicht die Insolvenzmasse nicht zur Begleichung aller Masseverbindlichkeiten aus, sind die durch § 324 zu Masseverbindlichkeiten erhobenen Forderungen zusammen mit den letztrangigen Masseverbindlichkeiten gem. § 209 Abs. 1 Nr. 3 zu berichtigen.

Übersicht

	Rn.		Rn.
A. Allgemeines	1	III. Kosten der Todeserklärung	20
B. Masseverbindlichkeiten	3	IV. Kosten der Nachlassabwicklung	21
I. Aufwendungsersatz des Erben nach §§ 1978, 1979 BGB	6	V. Verbindlichkeiten aus Rechtsgeschäften	24
1. Normzweck	6	VI. Verbindlichkeiten des Erben aus Nachlassverwaltung	28
2. Anspruchsvoraussetzung	8		
3. Aufwendungen	11	VII. Sonstige Masseverbindlichkeiten	34
4. Anspruchsausschluss	14	C. Masseunzulänglichkeit und Masselosigkeit	35
II. Kosten der Beerdigung	15		

A. Allgemeines

Mit § 324 wurde die **Qualifikation** bestimmter Ansprüche als Masseverbindlichkeiten aus der Vorgängernorm § 224 KO unverändert übernommen und die **Rangfolge** unter den Masseverbindlichkeiten in Abs. 2 angepasst. 1

Die Wirkungen der Eröffnung des Nachlassinsolvenzverfahrens sollen so weit wie möglich auf den Zeitpunkt des Erbfalls zurückbezogen werden (Begr. RegE, BT-Drs. 12/2443, 231) Der pflichtgemäß handelnde Erbe wird auf diese Weise vor der Gefahr geschützt, einen Verlust zu erleiden. 2

B. Masseverbindlichkeiten

Masseverbindlichkeiten aus den nachfolgenden Aspekten entstehen regelmäßig durch Handlungen vor Eröffnung des Insolvenzverfahrens. Sie können – soweit es dem Normzweck wie etwa bei den Beerdigungskosten entspricht – aber **auch erst nach Verfahrenseröffnung** begründet werden. 3

Die Massegläubiger müssen ihre Forderung nicht zur Insolvenztabelle anmelden, sondern sie schlicht **gegenüber dem Insolvenzverwalter geltend machen.** Sie kann ohne weiteres eingeklagt bzw. durch Aufnahme eines Prozesses gem. § 86 Abs. 1 Nr. 3 weiterverfolgt werden, unterliegt aber der sechsmonatigen Vollstreckungssperre gem. § 90 Abs. 1. Werden die Masseverbindlichkeiten dem Insolvenzverwalter erst nachträglich bekannt, gehen die Massegläubiger gem. § 206 eventuell leer aus. 4

Aufrechnungsverbote (→ § 323 Rn. 9 und → Rn. 34) können sich insbesondere bei Anfechtung und Masseunzulänglichkeit ergeben. 5

I. Aufwendungsersatz des Erben nach §§ 1978, 1979 BGB

1. Normzweck

Mit der Regelung in Abs. 1 Nr. 1 soll eine rechtsgrundlose Bereicherung der Insolvenzmasse auf Kosten der Erben verhindert werden (vgl. Hahn/Mugdan Bd. 7, 254). 6

Voraussetzung für das Bestehen einer Masseverbindlichkeit nach Abs. 1 Nr. 1 ist stets, dass der **Erbe noch nicht unbeschränkt** haftet (zB wegen Nichtvorlage des Inventars gem. § 1994 BGB oder gem. § 2005 BGB), weil nach § 2013 Abs. 1 BGB die §§ 1978, 1979 BGB keine Anwendung finden, wenn der Erbe für Nachlassverbindlichkeiten unbeschränkt haftet. 7

2. Anspruchsvoraussetzung

Masseverbindlichkeiten aus Abs. 1 Nr. 1 können sich für Erben einschließlich Vorerben, Nacherben, Miterben und vorläufiger Erben ergeben. Nach §§ 1978, 1979 BGB kann der Erbe den 8

Ersatz von Aufwendungen aus dem Nachlass verlangen. Ein Aufwendungsersatzanspruch entsteht gem. § 1978 Abs. 3 BGB vor Annahme der Erbschaft nach den Vorschriften der Geschäftsführung ohne Auftrag und nach Annahme der Erbschaft **nach Auftragsrecht** (MüKoBGB/Küpper BGB § 1978 Rn. 13). Insoweit können Aufwendung auch dann ersatzfähig sein, wenn sie nicht einer sinnvollen, dh ordnungsgemäßen Nachlassverwaltung entsprechen (aA KPB/Holzer Rn. 4).

9   Verlangt der Erbe Aufwendungsersatz, muss er daher für den **Zeitraum bis zur Annahme der Erbschaft** das Vorliegen der Voraussetzungen des § 683 BGB (Übernahme der Geschäftsführung muss dem Interesse und dem wirklichen oder dem mutmaßlichen Willen des Geschäftsherrn entsprechen) nachweisen. Entsprach die Geschäftsführung nicht dem Interesse der Nachlassgläubiger, steht dem Erben nur ein Bereicherungsanspruch gem. § 684 BGB als Insolvenzforderung zu.

10 Für die Zeit **nach Annahme der Erbschaft** kann der Erbe Aufwendungsersatz gem. § 670 BGB verlangen, wenn er die zum Zwecke der Ausführung des Auftrags gemachten Aufwendungen den Umständen nach für erforderlich halten durfte. Welche Aufwendungen der Erbe für erforderlich halten darf, ist in § 1979 BGB konkretisiert. Danach müssen die Nachlassgläubiger die Berichtigung einer Nachlassverbindlichkeit durch den Erben nur dann als für Rechnung des Nachlasses erfolgt gelten lassen, wenn der Erbe den Umständen nach annehmen durfte, dass der Nachlass zur Berichtigung aller Nachlassverbindlichkeiten ausreiche. Der Erbe hat insoweit zu prüfen, ob der Nachlass zur Befriedigung aller Nachlassverbindlichkeiten ausreicht (MüKoBGB/Küpper BGB § 1978 Rn. 3). Hat der Erbe von der Zahlungsunfähigkeit oder der Überschuldung des Nachlasses Kenntnis erlangt, so hat er nach § 1980 Abs. 1 S. 1 BGB unverzüglich die Eröffnung des Nachlassinsolvenzverfahrens zu beantragen. Aufwendungen, die nicht zu einem zumindest gleichwertigen Ausgleich in den Nachlass führen oder wenigstens Schaden von diesem abwenden, darf der Erbe ab dem Eintritt der Insolvenzreife nicht mehr für erforderlich halten.

3. Aufwendungen

11 Voraussetzung eines Ersatzanspruches ist, dass der Erbe eine Zahlung aus dem **Eigenvermögen** vorgenommen hat (insbesondere, wenn die in Nr. 2–6 genannten Verbindlichkeiten beglichen wurden) oder wenigstens eine Eigenverbindlichkeit eingegangen ist, für die er im Außenverhältnis persönlich haftet. Im zweiten Fall steht dem Erben ein Anspruch gegen die Insolvenzmasse in Form der Freistellung gem. §§ 670, 257 BGB zu (MüKoInsO/Siegmann/Scheuing Rn. 3).

12 Hat der Erbe lediglich **aus dem Nachlass** geleistet oder diesen verpflichtet, ist ihm kein Aufwand entstanden, dessen Ersatz er verlangen könnte. Es stellt sich dann lediglich die Frage nach der Haftung des Erben gem. § 1978 Abs. 1 BGB im Hinblick auf die Ordnungsgemäßheit der Verringerung des Nachlasses.

13 Für den **eigenen Arbeitsaufwand des Erben** kann dieser gem. § 662 BGB grundsätzlich keine Vergütung verlangen (BGH NJW 1993, 1851). Anderes soll in entsprechender Anwendung von § 1835 Abs. 3 BGB gelten, wenn der Erbe berufsmäßig der Verwaltung von Nachlässen nachgeht oder von Gegenständen nachgeht, die im konkreten Fall Bestandteil des Nachlasses sind. Diese Analogie ist jedoch zumindest insoweit abzulehnen als dem Erben hieraus ein Masseanspruch erwachsen soll, weil sich mit der Tätigkeit lediglich ein privates Aufwandsrisiko verwirklicht hat.

4. Anspruchsausschluss

14 Gemäß § 1978 Abs. 3 BGB ist ein Ersatzanspruch nach § 685 BGB ausgeschlossen, wenn der Erbe nicht die Absicht hatte, aus dem Nachlass Ersatz zu verlangen (so auch MüKoBGB/Küpper BGB § 1978 Rn. 13, 104; aA Staudinger/Marotzke BGB § 1978 Rn. 26).

II. Kosten der Beerdigung

15 Masseverbindlichkeiten sind nach Abs. 1 Nr. 2 die Kosten der Beerdigung des Erblassers. Unerheblich ist dabei, ob die Beerdigung vor oder nach Eröffnung des Insolvenzverfahrens stattfindet. Die Regelung ist durch das **öffentliche Interesse** geboten und entspricht der Volksanschauung (Hahn/Mugdan Bd. 7, 254). Aus diesem Grund sind Beerdigungskosten (obwohl nach dem Tod des Schuldners entstehende Verbindlichkeiten grundsätzlich nicht zulasten der Insolvenzgläubiger gehen, BGH NZI 2014, 119) auch im übergeleiteten Nachlassinsolvenzverfahren (→ § 315 Rn. 31) oder im Nachlassinsolvenzverfahren über ursprünglich insolvenzfreies Vermögen ggf. gesamtschuldnerisch zu befriedigende Masseverbindlichkeiten.

16 Der Umfang der Masseverbindlichkeit erfasst den gesamten vom Erben gem. § 1968 BGB zu tragenden Aufwand. Dieser umfasst die eigentliche **Beerdigung, den Transport zum Bestat-**

tungsort, **Blumenschmuck, Anzeigen, kirchliche und weltliche Trauerfeier, Leichenschmaus und die Errichtung eines Grabdenkmals,** soweit dies zu einer angemessenen und würdigen Ausgestaltung des Begräbnisses erforderlich ist (BGH NJW 1960, 910). Nicht umfasst sind die Kosten für die zukünftige Grabpflege (MüKoInsO/Siegmann/Scheuing Rn. 4). Die Insolvenzmasse hat dabei alle angemessenen Kosten zu übernehmen, wobei für die Frage der Angemessenheit die Lebensstellung des Erblassers, nicht die des Erben ausschlaggebend ist (BGH NJW 1973, 2103; MüKoBGB/Küpper BGB § 1968 Rn. 4). Auch die Leistungsfähigkeit des Nachlasses und der Erben kann in Betracht kommen (BGH NJW 1960, 910). Zu beachten ist, dass über Art und Ort der Bestattung nicht die Erben als solche, sondern die nächsten Angehörigen als Totenfürsorgeberechtigten entscheiden.

Erhält der die Beerdigungskosten Tragende **Sterbegeld** und hat er dieses nicht an die Insolvenzmasse herauszugeben, ist dies auf seine Masseforderung anzurechnen (entgegen OLG Oldenburg MDR 1990, 1015). Denn beim Sterbegeld handelt es sich um eine für den spezifischen Aufwand erbrachte Geldleistung. Dies ist unabhängig davon, ob es sich um beamtenrechtliches Sterbegeld, eine private Versicherung für Erbfallkosten etc handelt. Müsste sich der Belastete das Sterbegeld nicht anrechnen lassen, wäre er – ohne dass es dem Gesetzeszweck entspricht – bereichert. 17

Gläubiger der Masseverbindlichkeit sind zunächst die **Leistungserbringer.** Soweit der Erbe, ein Angehöriger oder Dritte den Leistungserbringer bereits befriedigt haben, steht ihnen ein Ersatzanspruch gegen die Insolvenzmasse im Rang der Masseforderung zu (FK-InsO/Schallenberg/Rafiqpoor Rn. 2; einschränkend MüKoInsO/Siegmann/Scheuing Rn. 6; aA LG Frankfurt a. M. NZI 2021, 152), da die Insolvenzmasse bei einem nicht auszugleichenden Wegfall der Masseverbindlichkeit ungerechtfertigt bereichert wäre (§ 55 Abs. 1 Nr. 3). 18

Gemessen am Gesetzeszweck, könnte zwar auch der gegenüber dem Leistungserbringer unbeschränkt für Nachlassverbindlichkeiten (hier: Erbfallschulden) haftende Erbe die Erstattung der von ihm verauslagten Beerdigungskosten verlangen, denn es entspreche der Volksanschauung, dass aus dem noch vorhandenen Nachlass die Beerdigungskosten getragen werden (→ Rn. 15). Allerdings spricht schon der weitere Gesetzeszweck, nämlich das öffentliche Interesse, nicht für eine solche Erstattung an den Erben. Das öffentliche Interesse ist nach erfolgter Beerdigung und Kostentragung durch den Erben nämlich nicht mehr tangiert. Darüber hinaus ist zu berücksichtigen, dass die an den unbeschränkt haftenden Erben erstattete Summe nicht mehr zur Befriedigung der Insolvenzgläubiger zur Verfügung steht. Diese müssten sich stattdessen wegen des aus der Insolvenzmasse zu erlangenden Betrages direkt an den unbeschränkt haftenden Erben wenden. Diese Vorgehensweise widerspricht jedoch den Grundzielen des § 1, nämlich der bestmöglichen Gläubigerbefriedigung. Einen **Erstattungsanspruch des unbeschränkt haftenden Erben** bezüglich der Beerdigungskosten gibt es daher nicht, § 326 Abs. 2. 19

III. Kosten der Todeserklärung

Die Kosten der Todeserklärung einschließlich der notwendigen außergerichtlichen Kosten des Antragstellers werden gem. § 34 VerschG dem Nachlass auferlegt. Auch sie sind Masseverbindlichkeit gem. Abs. 1 Nr. 3. Zu den Kosten zählen Gebühren und Auslagen. Die Vorschrift ist eine **Billigkeitsregelung** (Hahn/Mugdan Bd. 7, 254). 20

IV. Kosten der Nachlassabwicklung

Bestimmte Kosten sollen nach Abs. 1 Nr. 4 als Masseverbindlichkeit behandelt werden, weil die Verwaltung des Nachlasses, aus dem diese Kosten erwachsen, letztlich den Nachlassgläubigern zugute kommt. (Hahn/Mugdan Bd. 7, 254). Gläubiger der Masseforderung ist der Leistungserbringer oder derjenige, der die Kosten verauslagt hat. 21

Masseverbindlichkeiten sind die Kosten der **Eröffnung** einer Verfügung des Erblassers von Todes wegen (§ 348 FamFG), der gerichtlichen Sicherung des Nachlasses (§ 1960 BGB), einer **Nachlasspflegschaft** (§§ 1960 ff. BGB) einschließlich Nachlassverwaltung (§ 1981 BGB), des Aufgebots der Nachlassgläubiger (§ 1970 BGB, § 454 FamFG) und der Inventarerrichtung (§§ 1993 ff. BGB). Der BGH hat aber klargestellt, dass Ansprüche eines Kanzleiabwicklers auf Vergütung seiner Tätigkeit keine Masseverbindlichkeiten darstellen (BGH NJW 2020, 1303) und dadurch die Rechtsprechung des OLG Schleswig (NZI 2014, 712) korrigiert, wonach die Staatskasse ggf. gem. § 1836e BGB bei der Insolvenzmasse nach § 324 Abs. 1 Nr. 4 regressieren kann, soweit sie den Leistungserbringer bereits vergütet hat. Jedenfalls sind die Kosten nur in dem Umfang erstattungsfähig, soweit die ordnungsgemäße Verwaltung des Nachlasses deren Begründung erforderte (RGZ 60, 30). 22

23   Für den Fall des **unbeschränkt haftenden Erben** → Rn. 19.

V. Verbindlichkeiten aus Rechtsgeschäften

24   Verbindlichkeiten aus Rechtsgeschäften der **Nachlasspfleger** (auch: Nachlassverwalter) und Testamentsvollstrecker sind Masseforderungen gem. Abs. 1 Nr. 5, wenn die ordnungsgemäße Verwaltung des Nachlasses sie erforderte (RGZ 60, 30). Die Insolvenzmasse wäre nämlich rechtsgrundlos auf Kosten Dritter bereichert, wenn diese ihre Forderungen nur als Insolvenzforderung geltend machen dürften (Hahn/Mugdan Bd. 7, 254). Sinn und Zweck der Regelung ist also, die in der Insolvenzmasse noch vorhandene Bereicherung abzuschöpfen. Ein darüber hinaus gehender Schutz der entsprechenden Gläubiger ist mit dem Zweck der Vorschrift nicht vereinbar. Geboten ist daher eine **restriktive Auslegung** der Vorschrift, die lediglich zur Abschöpfung noch vorhandener Bereicherung führen darf. Darüber hinaus gehende Ansprüche des Gläubigers müssen auch von ihm als Insolvenzforderung geltend gemacht werden. Sein Schutzbedürfnis geht nicht über das einer allgemein am Geschäftsverkehr teilnehmenden Person hinaus. Noch nicht diskutiert wurde bisher, soweit ersichtlich, dass die Vorschrift das Wahlrecht des Insolvenzverwalters gem. § 103 erheblich beeinträchtigen kann. Verwaltungshandlungen des Erben selbst fallen jedenfalls nicht unter Nr. 5 (AGR/Ringstmeier Rn. 7).

25   Zuzustimmen ist der Rechtsprechung BGH NJW 1985, 2596, wonach Rechtsgeschäfte iSd Nr. 5 nicht nur vertragliche Vereinbarungen sind, sondern auch **einseitige** Rechtsgeschäfte und solche, die ausschließlich in der Erfüllung einer Verbindlichkeit bestehen. Auch ein **Bereicherungsanspruch** aus einem Rechtsgeschäft des Nachlasspflegers kann daher Masseverbindlichkeit sein (BGH NJW 1985, 2596). Gleiches trifft für die Wechselverpflichtung zu, die eine der genannten Personen für eine Nachlassverbindlichkeit eingegangen ist (RGZ 60, 30) oder für **Steuerverbindlichkeiten**, die sich aus Rechtsgeschäften der genannten Personen ergeben (Uhlenbruck/Lüer/Weidmüller Rn. 6). Stets ist die Masseforderung nach hier vertretener Auffassung aber auch auf die noch in der Insolvenzmasse vorhandene Bereicherung begrenzt.

26   Zu weit geht nach der hier vertretenen Auffassung indes die Meinung, dass **Prozesskosten**, die ein Verwalter über Rechtsgeschäfte des Erblassers führt, den in Abs. 1 Nr. 5 erwähnten Verbindlichkeiten gleichgesetzt werden (so OLG Stuttgart RPfleger 1990, 312; OLG Düsseldorf RPfleger 1985, 40), soweit es sich nicht um rechtsgeschäftlich veranlasste Prozesse handelt.

27   Verbindlichkeiten aus Rechtsgeschäften des Erblassers, des Erben oder von trans- oder postmortal Bevollmächtigten fallen nicht unter diese Vorschrift (MüKoInsO/Siegmann/Scheuing Rn. 11) (→ Rn. 27.1).

27.1   Abs. 1 Nr. 5 ist insgesamt systemfremd, weil auch im Regelinsolvenzverfahren ein Bereicherungsausgleich als Masseverbindlichkeit nur dann stattfindet, wenn die Bereicherung nach Eröffnung des Insolvenzverfahrens eingetreten ist. Eine Rechtfertigung des Abs. 1 Nr. 5 kann auch nicht mit dem Argument erfolgen, dass die Rechtslage zum Zeitpunkt des Erbfalles soweit wie möglich wiederhergestellt werden soll. Erstens liegt dieser Ansatz den Vorschriften über die Nachlassinsolvenz nur punktuell, nicht aber generell zu Grunde. Die anfechtbaren Zeiträume bspw. werden eben nicht vom Zeitpunkt des Erbfalles an berechnet, was insbesondere für § 134 wünschenswert wäre. Und zweitens müssten für die Wiederherstellung der Rechtslage zum Zeitpunkt des Erbfalles die Rechtsgeschäfte der Nachlasspfleger und Testamentsvollstrecker dann eher rückabgewickelt und nicht – wie von Abs. 1 Nr. 5 vorgesehen – zwangserfüllt werden.

VI. Verbindlichkeiten des Erben aus Nachlassverwaltung

28   Masseverbindlichkeiten nach Abs. 1 Nr. 6 sind außerdem die Verbindlichkeiten, die für den Erben gegenüber einem Nachlasspfleger, einem Testamentsvollstrecker oder einem Erben, der die Erbschaft ausgeschlagen hat, aus der Geschäftsführung dieser Personen entstanden sind. Dies gilt aber nur, soweit die Nachlassgläubiger verpflichtet wären, wenn die bezeichneten Personen die Geschäfte für sie zu besorgen gehabt hätten. Auch diese Vorschrift bezweckt, eine rechtsgrundlose Bereicherung der Insolvenzmasse auf Kosten der genannten Personen zu verhindern (Hahn/Mugdan Bd. 7, 254).

29   Eine restriktive Auslegung der Vorschrift ist daher geboten. Gleichwohl ist anzuerkennen, dass Geschäftsführung im **Vertrauen auf die Erfüllung von Vergütungsansprüchen** erfolgt. Zwar sind diese bereits vor Eröffnung des Insolvenzverfahrens entstanden und wären daher einfache Insolvenzforderungen gem. § 38. Deren Erhebung in den Rang von Masseforderungen ist gleichwohl angemessen, weil anderenfalls damit gerechnet werden muss, dass sich niemand zur Übernahme der entsprechenden Geschäftsführung mehr bereitfindet.

Die **Kosten des Testamentsvollstreckers** gem. § 2221 BGB sind ebenso wie die Kosten für 30
die Nachlasspflegschaft Nachlassverbindlichkeiten nach § 1967 BGB, sodass der Erbe dafür haftet.
Dem ausschlagenden Erben steht vor ein Aufwendungsersatzanspruch nach §§ 1978 Abs. 3, 683
BGB zu. Diese Forderungen erklärt Abs. 1 Nr. 6 zu Masseverbindlichkeiten. Vergütung und Aufwandsersatz von Nachlasspfleger bzw. Nachlassverwalter sind allerdings bereits gem. Abs. 1 Nr. 4
Masseverbindlichkeit.

Als Masseverbindlichkeit können die Forderungen aber nur geltend gemacht werden, soweit 31
die Nachlassgläubiger verpflichtet wären, wenn die bezeichneten Personen die Geschäfte für sie
zu besorgen gehabt hätten. Für Nachlasspfleger und Testamentsvollstrecker ist damit der **Maßstab
des § 670 BGB** gemeint, für den vorläufigen Erben der **Maßstab des § 683 BGB**. Für den
Testamentsvollstrecker bedeutet dies, dass seine Vergütung lediglich insoweit Masseverbindlichkeit
wird, als sie angemessen ist. Eine vom Erblasser festgelegte höhere Vergütung wird bezüglich des
überschießenden Teils als Vermächtnis iSd § 327 Abs. 1 Nr. 2 eingeordnet (allgM).

Für den Fall des unbeschränkt haftenden Erben → Rn. 19. 32

Eine analoge Anwendung der Vorschrift kommt für den **Abwickler einer Bank** in Betracht, 33
der von der BaFin bestellt wurde, wenn nachfolgend über deren Vermögen ein Insolvenzverfahren
eröffnet wird (LG Berlin Urt. v. 9.4.2010 – 8 O 735/09). Dem gegenüber hat der BGH klargestellt,
dass die Kosten eines **Kanzleiabwicklers** außerhalb eines Nachlassinsolvenzverfahrens keine Massekosten analog § 324 InsO sind (BGH NZI 2020, 470).

VII. Sonstige Masseverbindlichkeiten

Auch im Nachlassinsolvenzverfahren können Masseverbindlichkeiten aus den §§ 54, 55, 100, 34
101, 123, 163 Abs. 2, 169, 172 Abs. 1 und 183 Abs. 3 bestehen.

Eine nach der Insolvenzeröffnung entstehende **Steuerschuld für Einkünfte**, die während der 34a
Nachlassinsolvenzverwaltung aufgrund der Anlage von Mitteln des Nachlasses erzielt werden, ist
eine Masseverbindlichkeit iSd § 55 Abs. 1 Nr. 1 iVm § 324. Sie ist mittels Veranlagung des Erben
zu ermitteln (BFH BeckRS 2015, 95931; weiterführend Kahlert DStR 2016, 1325).

C. Masseunzulänglichkeit und Masselosigkeit

Nach Abs. 2 haben im Fall der Masseunzulänglichkeit (§ 208) die Masseverbindlichkeiten des 35
§ 324 den **Rang des § 209 Abs. 1 Nr. 3,** werden also noch vor Unterhaltsansprüchen gem. § 100
bedient.

Für **Aufrechnungslagen** gelten im Fall der Masseunzulänglichkeit die §§ 94–96 entsprechend, 36
sodass die Aufrechnung nur gegenüber Neumasseforderungen ausgeschlossen ist (vgl. MüKoInsO/
Siegmann/Scheuing Rn. 14 und zur Aufrechnung → § 323 Rn. 9).

Bei **Masselosigkeit** (§ 207) scheidet eine Zahlung auf die Masseverbindlichkeiten ohnehin aus. 37

§ 325 Nachlassverbindlichkeiten

Im Insolvenzverfahren über einen Nachlass können nur die Nachlassverbindlichkeiten
geltend gemacht werden.

Überblick

Die Vorschrift regelt, welche Forderungen im Nachlassinsolvenzverfahren geltend gemacht
werden können. Sie trifft keine Aussage dazu, ob die Forderungen als Masse- oder Insolvenzforderung (§ 324 bzw. § 38) oder als nachrangige Verbindlichkeit (§§ 39, 327) behandelt werden.

Übersicht

	Rn.		Rn.
A. Allgemeines	1	1. Erbfallschulden	16
B. Nachlassverbindlichkeiten	4	2. Insbesondere: Nachlassverwaltung	19
I. Erblasserschulden	7	III. Nachlasserbenschulden	21
II. Erbfallschulden	15	IV. Haftung des Erben	24

A. Allgemeines

1 Die Vorgängernorm § 226 Abs. 1 KO bestimmte, dass im Verfahren „jede Nachlassverbindlichkeit" geltend gemacht werden kann, während nach neuer Formulierung „nur die Nachlassverbindlichkeiten" im Insolvenzverfahren zu berücksichtigen sind. Der Schwerpunkt der alten Fassung lag daher in der Klarstellung, dass auch Pflichtteilsansprüche, Vermächtnisse, Auflagen und Verbindlichkeiten aus einer Freigiebigkeit des Erblassers unter Lebenden geltend gemacht werden konnten, wobei gerade die genannten Verbindlichkeiten in § 226 Abs. 2 KO in den Nachrang verwiesen wurden. An dieser Regelung wurde sachlich mit Einführung der Insolvenzordnung nichts geändert. Mit der neuen Formulierung ist aber klargestellt, dass **Eigenverbindlichkeiten** des Erben nicht am Nachlassinsolvenzverfahren teilnehmen, soweit sie nicht auch Nachlassverbindlichkeiten sind (Begr. RegE, BT-Drs. 12/2443, 232).

2 In dem Fall, dass nicht der Nachlass, sondern der **Erbe insolvent** ist, nehmen am Insolvenzverfahren über sein Vermögen die Nachlassverbindlichkeiten ebenfalls teil, es sei denn, die Erbenhaftung für Nachlassverbindlichkeiten wurde auf den vorhandenen Nachlass begrenzt.

3 Treffen die **Insolvenz des Nachlasses und des Erben** zusammen, können gem. § 331 die Nachlassgläubiger – die nicht auf den Nachlass begrenzte Haftung des Erben vorausgesetzt – ihre Nachlassforderungen im Insolvenzverfahren über das Vermögen des Erben ebenfalls verfolgen. Dort können sie jedoch nur ihren Ausfall geltend machen, den sie im Nachlassinsolvenzverfahren erlitten haben.

B. Nachlassverbindlichkeiten

4 Nach § 325 können im Nachlassinsolvenzverfahren nur die Nachlassverbindlichkeiten geltend gemacht werden. Nach **§ 1967 Abs. 2 BGB** sind dies außer den vom Erblasser herrührenden Schulden die den Erben als solchen treffenden Verbindlichkeiten, insbesondere die Verbindlichkeiten aus Pflichtteilsrechten, Vermächtnissen und Auflagen. Hat der Erbe eine Nachlassverbindlichkeit erfüllt, so tritt er gem. § 326 Abs. 2, soweit nicht die Erfüllung nach § 1979 BGB als für Rechnung des Nachlasses erfolgt gilt, an die Stelle des Gläubigers, es sei denn, dass er für die Nachlassverbindlichkeiten unbeschränkt haftet.

5 § 325 ist so zu verstehen, dass sein **Regelungsbereich** nur die nach § 174 zur Insolvenztabelle anzumeldenden Forderungen einschränkt. Obwohl **Aussonderungsrechte** und **Ansprüche auf abgesonderte Befriedigung** nicht zu den Nachlassverbindlichkeiten zählen, können diese ungeachtet des § 325 gegen den Insolvenzverwalter durchgesetzt werden. Gleiches gilt für bestimmte Masseverbindlichkeiten (→ Rn. 19), die ebenfalls Nachlassverbindlichkeiten sind.

6 War bereits vor dem Erbfall ein Insolvenzverfahren eröffnet und wird es nach dem Erbfall in ein Nachlassinsolvenzverfahren übergeleitet, richtet sich der Anspruch von **Neugläubigern** des Insolvenzverfahrens auf Ausgleich einer Nachlassverbindlichkeit gegen den Erben (BGH NJW 2014, 389). Die Geltendmachung im Nachlassinsolvenzverfahren ist nicht möglich, denn die dortige Insolvenzmasse ist den bereits bei Verfahrenseröffnung vorhandenen Gläubigern zugewiesen (aA HK-InsO/Marotzke Rn. 2). Der Erbe ist durch die gesetzlichen Möglichkeiten der Haftungsbegrenzung geschützt und kann ggf. ein weiteres Insolvenzverfahren beantragen.

I. Erblasserschulden

7 Zu den Nachlassverbindlichkeiten gehören alle vom Erblasser herrührenden Schulden, die sog. Erblasserschulden. Dies können vertragliche oder gesetzliche Verbindlichkeiten sein (Kuleisa ZVI 2013, 173). **Alle vermögensrechtlichen Verbindlichkeiten** des Erblassers sind grundsätzlich gem. § 1922 BGB vererbbar und berechtigen zur Teilnahme am Nachlassinsolvenzverfahren (MüKoInsO/Siegmann/Scheuing Rn. 3).

8 **Nachlassverbindlichkeiten sind auch** Ansprüche aus unerlaubter Handlung, auch wenn der Schaden erst nach dem Erbfall eintritt (BGH NJW 1987, 1013), Rückforderungsansprüche aus § 528 BGB bei Verarmung des Schenkers (BGH NJW 1991, 2558), die auf den Erben übergegangene Haftung des Erblassers für zukünftige Inanspruchnahmen (BGH WM 1976, 808), die Verpflichtung zur Abgabe einer Willenserklärung oder zur Auskunftserteilung (RG HRR 22 Nr. 569) und die Kosten einer für den Erblasser angeordneten Betreuung (LG Koblenz FamRZ 1997, 968).

9 Eine Verbindlichkeit ist, wenn das Gesetz nichts anderes vorsieht, nur dann unvererblich, wenn sie nach der Natur der geschuldeten Leistung ausschließlich vom Erblasser persönlich und von dessen Erben überhaupt nicht erfüllt werden könnte (BGH NJW 1988, 2729). **Unvererbliche** Ansprüche können im Nachlassinsolvenzverfahren nicht geltend gemacht werden.

Vererblich sind die Ansprüche aus §§ 1615, 1360a, 1615a BGB, § 5 LPartG (rückständiger **10** Unterhalt), § 1615l BGB (Unterhaltsanspruch der Mutter des nichtehelichen Kindes aus Anlass der Geburt) und § 1371 BGB (Zugewinnausgleich des überlebenden Ehegatten) (→ Rn. 10.1).

Unterhaltsansprüche aus § 1586b BGB (Unterhalt des geschiedenen Ehegatten) bzw. § 16 LPartG gehen **10.1** auf den Erben über. Sie werden zwar gem. § 1586b Abs. 1 S. 3 BGB auf die Höhe des Pflichtteils begrenzt, nicht jedoch in den Nachrang des Pflichtteils gem. § 327 verwiesen (MüKoInsO/Siegmann/Scheuing Rn. 3 mwN), denn das Gesetz ordnet nur eine Begrenzung der Höhe nach an. Sie sind gem. §§ 174, 41, 46 zur Insolvenztabelle anzumelden.

Unvererblich sind die Verpflichtungen aus einem schenkweise gegebenen Rentenversprechen **11** (§ 520 BGB), Dienstleistungspflichten (§ 613 S. 1 BGB) und die gesetzlichen Unterhaltspflichten gegenüber Verwandten und Familie, die im Zeitpunkt des Erbfalles noch nicht fällig sind (§§ 1615 Abs. 1, 1360a Abs. 3 BGB, § 5 LPartG).

Der schuldrechtliche Anspruch auf Versorgungsausgleich erlischt nach § 31 Abs. 3 S. 1 Vers- **12** AusglG mit dem Tod eines Ehegatten und ist daher unvererblich. Die Herbeiführung einer öffentlich-rechtliche Entscheidung kann jedoch gem. § 1587 BGB, § 31 VersAusglG gegen den Erben als Prozessstandschafter durchgesetzt werden (OLG Brandenburg NJW-RR 2002, 217).

Unterhaltsansprüche für die Zeit nach Eröffnung des Insolvenzverfahrens können nach § 40 **13** nur geltend gemacht werden, soweit der Schuldner als Erbe des Verpflichteten haftet.

Gemäß § 459c Abs. 3 StPO darf eine **Geldstrafe** und gem. § 101 OWiG darf eine **Geldbuße** **14** gegen den Nachlass eines Verurteilten nicht geltend gemacht werden.

II. Erbfallschulden

Zu den Nachlassverbindlichkeiten gehören außerdem die den Erben als solchen treffenden und **15** auf dem Erbfall beruhenden Schulden einschließlich Erbverwaltungskosten, sog. Erbfallschulden.

1. Erbfallschulden

Erbfallschulden sind insbesondere die Verbindlichkeiten aus Pflichtteilsrechten, Vermächt- **16** nissen und Auflagen gem. § 327, die Masseverbindlichkeiten gem. § 324 Abs. 1 Nr. 2, das Vorausvermächtnis nach § 2150 BGB, der gesetzliche Voraus des Ehegatten nach § 1932 BGB, der Ausbildungsanspruch der Stiefabkömmlinge nach § 1371 Abs. 4 BGB und die Unterhaltspflicht nach § 1963 BGB.

Durch höchstrichterliche Entscheidung (BFH NZI 2016, 411 mAnm Fridgen; aA noch die **17** Vorinstanz FG Münster DStRE 2016, 230; aber auch Janzen ZEV 2018, 74) ist geklärt, dass es sich bei der **Erbschaftsteuer** grundsätzlich um eine Nachlassverbindlichkeit handelt, die im Nachlassinsolvenzverfahren zur Insolvenztabelle anzumelden ist (Graf-Schlicker/Busch Rn. 2). Erbschaftsteuer kann bei insolventem Nachlass bspw. entstanden sein, weil der Nachlass erst nach dem Erbfall einen Wertverlust erlitten hat (→ Rn. 17.1 ff.).

Bis zur Auseinandersetzung des Nachlasses gem. § 2042 BGB haftet der Nachlass gem. § 20 Abs. 3 **17.1** ErbStG für die Erbschaftsteuer, sodass diese ggf. quotal zu bedienen ist. Das bedeutet aber nicht, dass die Erbschaftsteuer nach Auseinandersetzung die Qualität der Nachlassverbindlichkeit verliert. Die Erbschaftsteuer ist – wie alle anderen Insolvenzforderungen – zur Insolvenztabelle anzumelden und bei Bestreiten gem. § 251 Abs. 3 AO durch Bescheid festzustellen. Der Erbe kann daher wie bei den anderen Nachlassverbindlichkeiten seine Haftung auch im Hinblick auf die Erbschaftsteuer auf den Nachlass beschränken (BFH NZI 2016, 411 mAnm Fridgen). Die **Erbschaftsteuer auf Erwerbe des Insolvenzschuldners** nach Insolvenzeröffnung ist dagegen Masseverbindlichkeit iSd § 55 Abs. 1 Nr. 1 Hs. 2 und als solche gegen den Insolvenzverwalter festzusetzen (BFH NZI 2017, 769).

Da der Nachlassinsolvenzverwalter kein Vermögensverwalter iSd § 34 AO ist (Roth ZVI 2014, 45 zur **17.2** Einkommensteuererklärungspflicht), obliegt ihm nicht die Abgabe der **Erbschaftsteuererklärung**. Auch aus § 31 Abs. 5 ErbStG ergibt sich keine Pflicht zur Abgabe der Erbschaftsteuererklärung: Der Nachlassinsolvenzverwalter ist nicht Nachlassverwalter (aA Meincke/Hannes/Holtz, ErbStG, 17. Aufl. 2018, ErbStG § 31 Rn. 14), da Nachlassverwaltung in § 1975 BGB als Nachlasspflegschaft zum Zwecke der Befriedigung der Nachlassgläubiger definiert ist.

Stirbt ein Schuldner während des eröffneten Insolvenzverfahrens und wird dieses als Nachlassinsolvenz- **17.3** verfahren fortgeführt, ist allerdings § 33 Abs. 1 ErbStG zu beachten und der Nachlassinsolvenzverwalter hat das von ihm verwaltete **Vermögen zumindest dann dem Finanzamt mitzuteilen**, wenn der Insolvenzverwalter als Rechtsanwalt ein Treuhandkonto für das Vermögen des Schuldners führt (Troll/Gebel/Jülicher/Troll, Erbschaftsteuer- und Schenkungssteuergesetz, 60. EL 2020, ErbStG § 33 Rn. 4).

18   Ob Einkommensteuer aus der **Bewirtschaftung des Nachlasses** nur eine Eigenverbindlichkeit des Erben, eine Erbfallschuld, eine Nachlasserbenschuld oder eine Masseverbindlichkeit ist, ist im Einzelnen umstritten (BFH DStR 1991, 1313; NJW 1993, 350; BeckRS 1998 23000558, BeckRS 2016, 94365). Sicher ist jedoch, dass nach dem Tode des Erblassers allein der Erbe den Tatbestand der Einkünfteerzielung verwirklicht (BFH BeckRS 1998 23000558) und dass der Nachlass selbst kein Einkommensteuersubjekt ist (BFH DStR 1991, 1313; weiterführend Kahlert DStR 2016, 1325).

2. Insbesondere: Nachlassverwaltung

19   Zu den Erbfallschulden gehören außerdem die sog. Nachlasskosten und **Nachlassverwaltungsschulden.** Hierzu gehören die Masseverbindlichkeiten des § 324 Abs. 1 Nr. 3–6 und die Kosten des privaten Gläubigeraufgebots eines Miterben nach § 2061 Abs. 2 S. 3 BGB (MüKoInsO/Siegmann/Scheuing Rn. 5) sowie die Kosten für die Feststellung des Fiskus als Erben (KPB/Holzer Rn. 6).

20   Verbindlichkeiten aus der Verwaltung des Nachlasses durch Erben, Nachlasspfleger, und Testamentsvollstrecker einschließlich Vergütung und Aufwendungsersatz sind ebenfalls Nachlassverbindlichkeiten und ggf. sogar als Masseverbindlichkeiten gem. § 324 zu begleichen. Zu beachten ist dabei, dass die Fremdverwalter keine Nachlassverbindlichkeiten begründen, wenn sie ihre Vertretungsbefugnis überschreiten und Dritte dies erkennen konnten (BGH NJW 1968, 353; NJW-RR 1989, 642).

III. Nachlasserbenschulden

21   Nachlassverbindlichkeiten können aber auch nach dem Erbfall begründet sein und sowohl den Erben (bzw. vorläufigen Erben oder Scheinerben) als auch den Nachlass treffen, sog. Nachlasserbenschulden. Im Bereich der **Abgrenzung zwischen Nachlasserbenschulden und bloßen Eigenschulden** des Erben erschöpft sich auch der Sinn des § 325. Bloße Eigenverbindlichkeiten nehmen nämlich nicht am Nachlassinsolvenzverfahren teil. Sind sowohl der Nachlass als auch der Erbe verpflichtet, kann der Gläubiger seine Haftung gegen beide gem. § 43 geltend machen (BT-Drs. 12/2443, 232), bis er vollständig befriedigt ist. Ob zwischen dem Nachlass und dem Erben ein Innenausgleich stattfinden kann, ist eine Frage des Einzelfalls.

22   Für die Abgrenzung gilt grundsätzlich, dass nach § 1978 BGB zwischen dem Erben und dem Nachlass eine auftragsrechtliche Beziehung besteht. Der Nachlass haftet für vom Erben veranlasste Verbindlichkeiten daher grundsätzlich wie ein Auftraggeber. Für rechtsgeschäftliche Verbindlichkeiten bedeutet dies, dass der Nachlass gegenüber Dritten nur gem. § 164 BGB (**Offenkundigkeit**) verpflichtet wird (vgl. auch BGH NJW 1978, 1385). Es ist weder Voraussetzung noch reicht es für die Verpflichtung des Nachlasses gegenüber Dritten aus, dass das rechtsgeschäftliche Handeln des Erben einer ordnungsgemäßen Verwaltung des Nachlasses entspricht.

23   Geht der Erbe in Fortführung eines im Nachlass befindlichen Unternehmens Verbindlichkeiten ein, kann er die Haftung rechtsgeschäftlich (ausdrücklich oder stillschweigend) auf den Nachlass begrenzen (RGZ 146, 343). Tut er das nicht, handelt es sich auch um Eigenschulden des Erben (BGH WPM 1968, 798; NJW 1978, 1387). In beiden Fällen handelt es sich jedoch um Nachlassverbindlichkeiten, die am Nachlassinsolvenzverfahren teilnehmen. Gegenüber den Dritten haben die Verbindlichkeiten die Qualität einer Insolvenzforderung, gegenüber dem Erben handelt es sich um Masseverbindlichkeiten gem. § 324 Abs. 1 Nr. 1, wenn das konkrete Geschäft einer ordnungsgemäßen Verwaltung entsprach.

IV. Haftung des Erben

24   Handelt es sich um Nachlasserbenschulden oder um Eigenschulden des Erben, steht den Gläubigern ohne Einschränkung durch das Nachlassinsolvenzverfahren der **Zugriff auf das Vermögen des Erben** zu (FK-InsO/Schallenberg/Rafiqpoor Rn. 10; MüKoInsO/Siegmann/Scheuing Rn. 8; HmbKommInsR/Böhm Rn. 6). Eine Begrenzung der Erbenhaftung auf den Nachlass ist insoweit nicht möglich. Der Gläubiger kann bei Nachlasserbenschulden gem. § 43 gegen den Erben und gegen den Nachlass vorgehen.

25   **Haftet der Erbe** dagegen für Nachlassverbindlichkeiten gem. § 1975 BGB nur auf den Nachlass **beschränkt,** können Gläubiger weder den Erben selbst verklagen (§ 87, § 1975 BGB) noch aus einem bereits vorhandenen Titel gegen ihn vollstrecken (§ 89, § 1975 BGB). Begonnenen Vollstreckungen kann gem. §§ 785, 767 ZPO begegnet werden.

Ansprüche des Erben   § 326 InsO

Sofern der **Erbe unbeschränkt** haftet, können die Insolvenzgläubiger nach § 2013 BGB auf 26
das Eigenvermögen des Erben zugreifen. Der Insolvenzverwalter hat diese Ansprüche nicht entsprechend § 93 durchzusetzen (→ § 315 Rn. 44).

§ 326 Ansprüche des Erben

(1) Der Erbe kann die ihm gegen den Erblasser zustehenden Ansprüche geltend machen.

(2) Hat der Erbe eine Nachlassverbindlichkeit erfüllt, so tritt er, soweit nicht die Erfüllung nach § 1979 des Bürgerlichen Gesetzbuchs als für Rechnung des Nachlasses erfolgt gilt, an die Stelle des Gläubigers, es sei denn, dass er für die Nachlassverbindlichkeiten unbeschränkt haftet.

(3) Haftet der Erbe einem einzelnen Gläubiger gegenüber unbeschränkt, so kann er dessen Forderung für den Fall geltend machen, dass der Gläubiger sie nicht geltend macht.

Überblick

Die Vorschrift bildet den Ausgangspunkt zur Beantwortung der Frage, ob der Erbe Ansprüche im Nachlassinsolvenzverfahren geltend machen darf. Ob es sich dann um Aussonderungsrechte, Masseverbindlichkeiten (§ 324 Abs. 1 Nr. 1), Insolvenzforderungen gem. § 38 (evtl. verbunden mit einem Absonderungsrecht) oder um nachrangige Forderungen (§§ 39, 327) handelt, ergibt sich aus den jeweiligen Vorschriften. § 326 regelt nicht, ob Ansprüche gegen den Erben geltend gemacht werden können.

Übersicht

	Rn.		Rn.
A. Allgemeines	1	II. Voraussetzung: Nichtvorliegen des § 1979 BGB	8
B. Ansprüche gegen den Erblasser	3	III. Mittelaufwendung	10
		1. Erfüllung aus Eigenmitteln des Erben	13
C. Erfüllung von Nachlassverbindlichkeiten	5	2. Erfüllung aus Mitteln des Nachlasses	15
		D. Bedingtes Recht bei unbeschränkter Haftung gegenüber einzelnem Gläubiger	18
I. Voraussetzung: keine unbeschränkte Haftung	7		

A. Allgemeines

Der **Erbe ist Schuldner** des Nachlassinsolvenzverfahrens (→ § 315 Rn. 24). Gleichwohl kann 1
er als Träger seines eigenen Vermögens Ansprüche im Insolvenzverfahren über sein Sondervermögen „Nachlass" geltend machen. Der Erbe soll in seiner Gläubigerstellung gegenüber dem Erblasser durch den Erbfall nicht benachteiligt und schlechter stehen als die sonstigen Nachlassgläubiger (BGH NJW 1967, 2399). Für die Verjährung von Ansprüchen kann Ablaufhemmung gem. § 211 BGB eintreten.

Nach dem Willen des Gesetzgebers soll die fast unverändert übernommene Vorgängervorschrift 2
§ 225 KO inhaltlich unverändert weiter gelten (BT-Drs. 12/2443, 232).

B. Ansprüche gegen den Erblasser

§ 326 knüpft zunächst an § 1976 BGB an. Danach gelten bei Eröffnung des Nachlassinsolvenz- 3
verfahrens die infolge des Erbfalls durch Vereinigung von Recht und Verbindlichkeit oder von Recht und Belastung erloschenen Rechtsverhältnisse als nicht erloschen. Die durch den Erbfall eingetretene **Konfusion** (§ 1922 BGB) wird also mit Eröffnung des Nachlassinsolvenzverfahrens ex tunc wieder **aufgehoben** (BGH NJW 1967, 2399). Die Forderungen des Erben gegen den Erblasser leben mit allen Nebenrechten (§ 401 BGB; vgl. auch BGH NJW 1981, 447; NJW 2000, 1033) wieder auf. Ansprüche, die dem Erben gegen den Erblasser zustanden, zB aus Darlehen oder aus unerlaubter Handlung, kann der Erbe im Insolvenzverfahren wie jeder andere Gläubiger geltend machen. Für seine Berechtigung kommt es nicht darauf an, ob der Erbe beschränkt oder

unbeschränkt (vgl. § 2013 BGB) haftet (Hahn/Mugdan Bd. 7, 254), denn die Anwendung des § 1976 BGB wird in § 2013 BGB für den Fall der unbegrenzten Erbenhaftung gerade nicht ausgeschlossen. Für den Fall der **unbeschränkten Haftung** des Erben führt dies zwar zu der unsinnigen Situation, dass die Gläubiger durch die Quotenzahlung an den Erben, der ihnen allen in voller Höhe haftet, benachteiligt werden. Allerdings muss berücksichtigt werden, dass die Durchsetzung der unbeschränkten Erbenhaftung gerade nicht Aufgabe des Insolvenzverwalters ist (MüKoBGB/Küpper BGB § 2013 Rn. 2), sodass auch nicht recht ersichtlich ist, wieso der Erbe mit seiner Forderung nicht am Insolvenzverfahren teilnehmen soll. Darüber hinaus bietet diese Situation dem flinken Gläubiger die Möglichkeit, nach der Titulierung seines Anspruches gegen den Erben die Quotenforderung zu pfänden.

4   Der **Rang der Forderung** bemisst sich nach den allgemeinen Vorschriften, sodass der Erbe in der Regel Insolvenzgläubiger nach § 38 sein wird. Er kann aber auch Massegläubiger gem. §§ 103 ff. oder nachrangiger Gläubiger nach §§ 39, 327 sein. Aussonderungsrechte können dem Erben im Nachlassinsolvenzverfahren ebenfalls zustehen (Uhlenbruck/Lüer/Weidmüller Rn. 2). Waren der Erbe und der Erblasser in einer Gesellschaft oder Gemeinschaft verbunden und ist der Erbe durch den Erbfall Alleineigentümer des Gesellschaftsvermögens geworden, findet im Nachlassinsolvenzverfahren die Auseinandersetzung gem. § 84 statt (MüKoInsO/Siegmann/Scheuing Rn. 3).

C. Erfüllung von Nachlassverbindlichkeiten

5   Hat der Erbe eine Nachlassverbindlichkeit erfüllt, so tritt er unter Umständen **an die Stelle des Gläubigers.** Er kann dann selbst die befriedigte Forderung des Gläubigers im Insolvenzverfahren geltend machen, und zwar in der gleichen Weise wie der befriedigte Gläubiger, also als Masse-, Insolvenz- oder als nachrangiger Gläubiger (→ Rn. 5.1).

5.1   Weil mit der Befriedigung des Gläubigers dessen Forderung erlischt und erst mit der späteren Eröffnung des Insolvenzverfahrens bekannt wird, dass der Erbe die befriedigte Forderung geltend machen kann, erscheint die Behauptung, es handele sich um einen gesetzlichen Forderungsübergang (Uhlenbruck/Lüer/Weidmüller Rn. 3; FK-InsO/Schallenberg/Rafiqpoor Rn. 4), eher zweifelhaft. Zumindest müsste die Forderung für deren Übergang zunächst wieder aufleben, vergleichbar mit dem Vorgang in § 144.

6   Das Gesetz ordnet an, dass der Erbe an die Stelle des Gläubigers tritt, sodass er wie der Erbe jedenfalls auch alle **Nebenrechte** (akzessorische und nicht akzessorische Sicherungsrechte) geltend machen kann und sich alle **Einwendungen** entgegenhalten lassen muss (RGZ 55, 157). Zeiten zwischen der Befriedigung des Gläubigers und der Eröffnung des Insolvenzverfahrens werden bei der Berechnung der Verjährung nicht berücksichtigt, §§ 206, 209 BGB. Darüber hinaus kann eine Ablaufhemmung nach § 211 BGB eintreten.

I. Voraussetzung: keine unbeschränkte Haftung

7   Erste Voraussetzung dafür, dass der Erbe die Forderung des befriedigten Gläubigers geltend machen kann ist, dass der Erbe nicht unbeschränkt haftet. Dies kann nach §§ 2005, 2013 BGB bei Erstellung eines unrichtigen Inventars der Fall sein (näher → § 315 Rn. 20).

II. Voraussetzung: Nichtvorliegen des § 1979 BGB

8   Zweite Voraussetzung für das Einrücken des Erben in die Position des Gläubigers ist, dass nicht die Befriedigung des Gläubigers als für Rechnung des Nachlasses gem. § 1979 BGB vorgenommen gilt. Gilt die Befriedigung des Gläubigers nämlich als für Rechnung des Nachlasses vorgenommen, steht dem Erben ein **Aufwendungsersatzanspruch** gem. § 1978 Abs. 3 BGB zu, der gem. § 324 Abs. 1 Nr. 1 als Masseverbindlichkeit zu befriedigen ist (sofern er die Leistung an den Gläubiger aus Eigenmitteln vorgenommen hat) oder er kann den Nachlass einfach in dem durch die Gläubigerbefriedigung geminderten Umfang an den Nachlassinsolvenzverwalter heraus geben (wenn er Mittel des Nachlasses verwendet hat). Wenn die Befriedigung des Gläubigers aber nicht für Rechnung des Nachlasses vorgenommen gilt, weil die Voraussetzungen des § 1979 BGB nicht vorlagen, bedarf er dieses Schutzes nicht. Der Erbe muss insoweit selbst prüfen, ob der Nachlass zur Befriedigung der Gläubiger ausreicht (BGH NJW 1980, 140). Jedoch darf der Erbe zur Vermeidung einer unbilligen Bereicherung der übrigen Gläubiger auf dessen Kosten dann wenigstens in die Stellung des befriedigten Gläubigers einrücken.

9   Nach § 1979 BGB gilt die Nachlassverbindlichkeit als für Rechnung des Nachlasses als erfolgt, wenn der Erbe den Umständen nach annehmen durfte, dass der Nachlass zur Berichtigung aller

Nachlassverbindlichkeiten ausreiche. Die Beweislast für das Vorliegen der Voraussetzungen des § 1979 BGB liegt nach dem Gesetzeswortlaut des § 326 bei demjenigen, der das Einrücken des Erben in die Rechtsposition des Gläubigers bestreitet. Liegen die Voraussetzungen des § 1979 BGB vor, gibt es kein Bedürfnis dafür, dass der Erbe in die Rechtsstellung des Gläubigers einrückt.

III. Mittelaufwendung

§ 326 Abs. 2 setzt voraus, dass der Erbe Nachlassverbindlichkeiten **befriedigt** hat. Diese Befrie- 10
digung kann durch Bewirkung der Leistung gem. § 362 BGB oder durch ein Erfüllungssurrogat (Aufrechnung, Hinterlegung, Leistung an Erfüllungs Statt) erbracht werden (FAKomm InsR Rn. 3).

Auch bezüglich der Herkunft der zur Leistung **aufgewandten Mittel** kann unterschieden 11
werden. Aus der Sicht vor Eröffnung des Insolvenzverfahrens muss der Erbe in jedem Fall aus seinem Vermögen geleistet haben, wobei seine bloße Inanspruchnahme oder auch Verurteilung zur Leistung nicht ausreicht. Aus der Sicht nach Eröffnung des Insolvenzverfahrens ist jedoch § 1976 BGB zu berücksichtigen, wonach die infolge des Erbfalls durch Vereinigung von Recht und Verbindlichkeit oder von Recht und Belastung erloschenen Rechtsverhältnisse als nicht erloschen gelten. Bezüglich der rückwirkend fingierten Auflösung der Vermögensvereinigung durch Eröffnung des Insolvenzverfahrens nach § 1976 BGB wird in der Kommentarliteratur im Allgemeinen davon gesprochen, dass die Befriedigung des Gläubigers „aus dem Nachlass" (typischer Weise von dem Konto des Erblassers) oder „aus dem **Eigenvermögen**" des Erben (typischerweise vom Konto des Erben) geleistet wurde. Zu dem Streit, ob § 326 Abs. 2 auch dann anzuwenden ist, wenn der Erbe eine Forderung mit Mitteln des Nachlasses befriedigt hat, → Rn. 15.

Hat ein Nachlassgläubiger vor der Anordnung der Nachlassverwaltung oder vor der Eröffnung 12
des Nachlassinsolvenzverfahrens seine Forderung gegen eine nicht zum Nachlass gehörende Forderung des Erben ohne dessen Zustimmung aufgerechnet, so ist nach der Anordnung der Nachlassverwaltung oder der Eröffnung des Nachlassinsolvenzverfahrens die **Aufrechnung** nach § 1977 Abs. 1 BGB als nicht erfolgt anzusehen. Das Gleiche gilt nach § 1977 Abs. 2 BGB, wenn ein Gläubiger, der nicht Nachlassgläubiger ist, die ihm gegen den Erben zustehende Forderung gegen eine zum Nachlass gehörende Forderung aufgerechnet hat. Gilt die Aufrechnung als nicht erfolgt, kann der Erbe nicht gem. § 326 Abs. 2 Rechte geltend machen (Uhlenbruck/Lüer/Weidmüller Rn. 4), vielmehr muss der Gläubiger seine Rechte selbst verfolgen.

1. Erfüllung aus Eigenmitteln des Erben

Unstreitig ist, dass der Erbe in die Stellung des befriedigten Gläubigers einrückt, soweit er 13
die Nachlassverbindlichkeit aus Eigenmitteln befriedigt hat. Letztlich handelt es sich um eine **Billigkeitsvorschrift**. Sind die Voraussetzungen des § 1979 gegeben, erhält er seinen Aufwand als Masseforderung nach § 324 Abs. 1 Nr. 1 erstattet. Wenn die Voraussetzungen des § 1979 BGB nicht erfüllt sind, scheint es zwar nicht gerechtfertigt, den Erben in den Genuss einer vorrangig zu bedienenden Masseforderung nach § 324 Abs. 1 Nr. 1 kommen zu lassen. Andererseits wären aber die anderen Insolvenzgläubiger um die auf die befriedigte Forderung entfallende Quote (oder auch das Absonderungsrecht) auf Kosten des Erben bereichert, wenn man dem Erben nicht wenigstens die Quote (und ggf. das Absonderungsrecht) auf die befriedigte Forderung zuerkennen würde (→ Rn. 13.1).

Vor diesem Hintergrund ist es nicht gerechtfertigt, dem Erben, der einen Gläubiger mit einem gerin- 13.1
geren Betrag abgefunden hat, die Forderung des befriedigten Gläubigers in Höhe des vollen Nennbetrages zur Insolvenztabelle zuzugestehen (aA Uhlenbruck/Lüer/Weidmüller Rn. 3; MüKoInsO/Siegmann/Scheuing Rn. 6; Staudinger/Marotzke BGB § 1979 Rn. 11), denn der Gläubiger war bereit, auf einen gewissen Betrag zu verzichten und nur in diese Rechtsposition rückt der Erbe ein. Es würde dem Sinn des § 1979 BGB widersprechen, den Erben, der in Kenntnis oder fahrlässiger Unkenntnis der Nachlassinsuffizienz Gläubiger befriedigt, gegenüber den Insolvenzgläubigern zu bevorzugen (aA FK-InsO/Schallenberg/Rafiqpoor Rn. 7).

Ein **Wahlrecht des Erben**, bei Vorliegen der Voraussetzungen des § 1979 BGB wahlweise 14
über § 324 Abs. 1 Nr. 1 oder über § 326 Abs. 2 vorzugehen, gibt es angesichts des eindeutigen Wortlautes des § 326 Abs. 2 nicht (aA HK-InsO/Marotzke Rn. 3).

2. Erfüllung aus Mitteln des Nachlasses

Soweit der Erbe zur Befriedigung der Nachlassverbindlichkeit Mittel des Nachlasses verwendet 15
hat (zB Kontoguthaben des **Erblasserkontos**), soll nach einer in der Kommentarliteratur zum

BGB verbreiteten Meinung (Palandt/Weidlich BGB § 1979 Rn. 3; Staudinger/Marotzke BGB § 1979 Rn. 16) § 326 Abs. 2 grundsätzlich nicht anwendbar sein und der Erbe demnach nicht in die Position des befriedigten Gläubigers einrücken. Diese Ansicht beruft sich auf die Entscheidung des OLG Düsseldorf (ZEV 2000, 236) und auf den Sinn und Zweck der Vorschrift (Staudinger/Marotzke BGB § 1979 Rn. 16). Etwas anderes soll allerdings schon dann gelten, wenn der Erbe dem Nachlass den zur Berichtigung der Gläubigerforderung entnommenen Betrag erstattet hat (Staudinger/Marotzke BGB § 1979 Rn. 16 mwN). Die in der Kommentarliteratur zur InsO verbreiteten Ansicht (Uhlenbruck/Lüer/Weidmüller Rn. 4) ist anderer Meinung und bezeichnet die gegenteilige Auffassung als zu pauschal (K. Schmidt InsO/K. Schmidt Rn. 3).

16   Beide Auffassungen sind nicht vollständig zutreffend. Nach § 326 Abs. 2 BGB soll eine **Bereicherung der verbliebenen Gläubiger** auf Kosten des Erben vermieden werden. Das gebietet, dem Erben die Geltendmachung der Gläubigerforderung in dem Fall zu gestatten, in dem er den Gläubiger so befriedigt hat, dass die Befriedigung zu Lasten seines Eigenvermögens erfolgte. Dies kann zutreffen, wenn er von Vornherein Eigenmittel zur Befriedigung des Gläubigers verwendet hat oder wenn er dem Nachlass zur Befriedigung des Gläubigers entnommene Mittel erstattet hat, gleich ob dies freiwillig geschah oder zB nach einer Inanspruchnahme durch den Insolvenzverwalter gem. §§ 1978 Abs. 3, 280 BGB. Nichts anderes ergibt sich aus der Gesetzgebungshistorie (Hahn/Mugdan Bd. 7, 254), dem Wortlaut und dem Sinn und Zweck der Vorschrift. Bis zur Erstattung der entnommenen Nachlassmittel steht dem Erben die Gläubigerforderung nur unter der Bedingung zu, dass er dem Nachlass den entnommenen Betrag erstattet. Die vom Erben im Insolvenzverfahren geltend gemachte Gläubigerforderung ist insoweit nach § 191 (bzw. als bedingte Masseverbindlichkeit) zu behandeln und nimmt an der Befriedigung der Masseverbindlichkeiten bzw. an der Schlussverteilung nur in der Höhe teil, in der eine Erstattung an die Insolvenzmasse bis zu diesem Zeitpunkt durch den Erben erfolgt ist.

17   Die **Inanspruchnahme des Erben** bei pflichtwidriger Verwendung von Nachlassmitteln gem. §§ 1978 Abs. 3, 280 BGB ist bei Nichtvorliegen der Rechtfertigungsvoraussetzungen des § 1979 BGB auf den Betrag beschränkt, der den übrigen Nachlassgläubigern durch die unberechtigte Vorabbefriedigung des einen Gläubigers entgeht (OLG Düsseldorf ZEV 2000, 236). Falsch ist es aber, den **Erstattungsbetrag** deswegen so zu berechnen, dass der Erbe nur den Betrag in die Insolvenzmasse bezahlen muss, der im Falle der pflichtgemäßen Nichtbefriedigung des einen Gläubigers den gleich- oder besserrangigen Gläubigern nach Abzug der Verfahrenskosten tatsächlich ausgezahlt werden würde (so aber OLG Düsseldorf ZEV 2000, 236 mzustAnm Küpper ZEV 2000, 238). Denn von diesem vom Erben zu erstattenden Betrag werden noch die Verfahrenskosten abgezogen, sodass nach dieser Meinung die Nachlassgläubiger insoweit keinen vollständigen Ausgleich für die pflichtwidrige Handlung des Erben erhalten (→ Rn. 17.1 ff.).

17.1   Die **Entscheidung des OLG Düsseldorf** stellt drauf ab, dass es die wirtschaftliche Existenz des Erben gefährden könnte, wenn er erst den gesamten dem Nachlass entnommenen Betrag an die Insolvenzmasse erstatten und anschließend auf die Auskehrung der Insolvenzquote warten muss. Außerdem meint das OLG Düsseldorf, die Erstattung des vollen Betrages wäre nicht tunlich, weil dem Insolvenzverwalter dann ein Vergütungsanspruch (gem. InsVV) zustünde, der nach dem vollen Erstattungsbetrag bemessen wird („durch nichts gerechtfertigte Verteuerung des Konkursverfahrens").

17.2   Das OLG Düsseldorf **verkennt** dabei den in § 1979 BGB angelegten **Sorgfaltsmaßstab**, denn der Erbe soll danach nur die Gläubiger befriedigen, wenn er sich die Überzeugung über die Zulänglichkeit des Nachlasses gebildet hat. Anderenfalls handelt er eben pflichtwidrig und muss für den Schaden einstehen. Die Folgen seines pflichtwidrigen Handelns dürfen aber nicht den Gläubiger treffen, zu dessen Gunsten die Verhaltenspflicht in § 1979 BGB statuiert ist und deren Ansprüche der Insolvenzverwalter gem. § 92 verfolgt.

17.3   Die Auffassung des OLG Düsseldorf führt dazu, dass der **Prozess gegen den Erben unnötig aufgebläht** wird, weil der Insolvenzverwalter während des laufenden Prozesses zur Schadensberechnung ständig den Ausgang des Insolvenzverfahrens vorhersagen muss. Es wird dabei vielmehr auch in Kauf genommen, dass die Schadensberechnung am Ende gar nicht exakt aufgeht, weil der Insolvenzverwalter während des laufenden Insolvenzverfahrens nicht in der Lage ist, die auszuschüttende Quote exakt zu berechnen, sodass er sich – schon wegen der nur schätzbaren Verwaltervergütung – nur mit einer Annäherung begnügen muss, was sich übrigens auch zu Lasten des ersatzverpflichteten Erben auswirken kann (das konzediert die im Übrigen zustimmende Anmerkung Küpper ZEV 2000, 238). Die Argumentation übersieht außerdem, dass auch der **Gläubiger ruiniert** werden könnte, während er solange auf Geld warten muss, bis der Insolvenzverwalter „zuverlässig den Ausgang des Insolvenzverfahrens beurteilen" kann und erst dann mit der Geltendmachung des Schadens beginnen sollte, was das OLG insoweit vorschlägt.

17.4   **Richtig ist stattdessen** die Vorgehensweise, wie sie in § 15b für den Fall der Geschäftsführerhaftung und in § 144 für den Fall der Insolvenzanfechtung kodifiziert ist. Hiernach hat der in Anspruch Genommene den vollen Betrag an die Insolvenzmasse zu zahlen und er darf nachfolgend die dem Zahlungsanspruch zu Grunde liegende Insolvenzforderung (anfechtbar erfüllte Forderung oder pflichtwidrig befriedigte Forderung) zur Insolvenztabelle anmelden (vgl. BGH NZI 2006, 63 zur Vorgängervorschrift § 64 GmbHG). Dabei ist insbesondere das Argument des OLG Düsseldorf nicht entscheidend, dass den Erben vom Geschäftsführer unterscheide, dass sich letzterer freiwillig in die – auch hinsichtlich der Beweislast nachteiligen – Position begeben habe und dass deswegen der Erbe mehr Schutz verdiene. Denn beim Anfechtungsanspruch ist pflichtwidriges Handeln des Anfechtungsgegners keine Haftungsvoraussetzung und sogar dieser pflichtgemäß handelnden Person wird zugemutet, dass sie ihre Gegenansprüche dem Anfechtungsanspruch nicht in einer Art Saldierung entgegenhalten kann, sondern voll vorleisten und anschließend zur Insolvenztabelle anmelden darf. Die Rechtsprechung des OLG Düsseldorf fügt sich daher nicht in das Haftungssystem im Insolvenzverfahren ein und entlastet den Erben unbillig, weil er pflichtwidrig über den Nachlass verfügt hat und den entnommenen Betrag gleichwohl nicht vollständig ersetzen muss.

17.5 Ein sachfremdes und gegen das Willkürverbot des Art. 3 GG verstoßendes Argument ist es schließlich, einen Schadensersatzanspruch zu verneinen, weil dadurch das Insolvenzverfahren verteuert würde, bei dem sich gem. § 1 InsVV die Verwaltervergütung nach der Höhe der verwalteten Masse richtet. Das OLG Düsseldorf geht schlicht in der falschen Reihenfolge vor. Richtig wäre zunächst zu fragen, was Bestandteil der Insolvenzmasse ist, und anschließend daraus die Vergütung zu berechnen. Unzulässig ist dagegen die Vorgehensweise des OLG Düsseldorf, zunächst nach den zulässigen Verfahrenskosten zu fragen und daraus die für richtige gehaltene Insolvenzmasse zu bestimmen.

D. Bedingtes Recht bei unbeschränkter Haftung gegenüber einzelnem Gläubiger

18 Haftet der Erbe einem einzelnen Gläubiger gegenüber unbeschränkt, so kann er dessen Forderung nach Abs. 3 nur für den Fall geltend machen, dass der Gläubiger sie nicht geltend macht. Die Vorschrift betrifft nur die **Sonderfälle,** in denen der Erbe nicht allen, sondern nur einzelnen Gläubigern unbeschränkt haftet: § 2006 Abs. 3 S. 1 BGB (keine eidesstattliche Versicherung bezüglich der Nachlassgegenstände), § 780 ZPO (keine Erwirkung des Beschränkungsvorbehalts im Urteil) sowie beim Verzicht des Erben auf die Haftungsbeschränkung, arg. § 2012 Abs. 1 S. 3 BGB, auch §§ 27, 139 HGB (MüKoBGB/Küpper BGB § 2013 Rn. 1).

19 Um eine unbillige Bereicherung der übrigen Gläubiger auf Kosten des Erben zu vermeiden, darf der Erbe die Forderung desjenigen Gläubigers, dem er unbeschränkt haftet und der seine Forderung im Insolvenzverfahren nicht geltend macht, selbst verfolgen. Der Erbe darf die Forderung anmelden und sie kann als bedingte Forderung festgestellt werden. **Bedingung** ist die Nichtgeltendmachung durch den Gläubiger. Bei der Verteilung der Insolvenzmasse wird die Forderung nur berücksichtigt, wenn der Gläubiger die Forderung nicht geltend gemacht hat, § 191 (K. Schmidt InsO/K. Schmidt Rn. 6).

§ 327 Nachrangige Verbindlichkeiten

(1) Im Rang nach den in § 39 bezeichneten Verbindlichkeiten und in folgender Rangfolge, bei gleichem Rang nach dem Verhältnis ihrer Beträge, werden erfüllt:
1. die Verbindlichkeiten gegenüber Pflichtteilsberechtigten;
2. die Verbindlichkeiten aus den vom Erblasser angeordneten Vermächtnissen und Auflagen.

(2) ¹Ein Vermächtnis, durch welches das Recht des bedachten auf den Pflichtteil nach § 2307 des Bürgerlichen Gesetzbuchs ausgeschlossen wird, steht, soweit es den Pflichtteil nicht übersteigt, im Rang den Pflichtteilsrechten gleich. ²Hat der Erblasser durch Verfügung von Todes wegen angeordnet, dass ein Vermächtnis oder eine Auflage vor einem anderen Vermächtnis oder einer anderen Auflage erfüllt werden soll, so hat das Vermächtnis oder die Auflage den Vorrang.

(3) ¹Eine Verbindlichkeit, deren Gläubiger im Wege des Aufgebotsverfahrens ausgeschlossen ist oder nach § 1974 des Bürgerlichen Gesetzbuchs einem ausgeschlossenen Gläubiger gleichsteht, wird erst nach den in § 39 bezeichneten Verbindlichkeiten und, soweit sie zu den in Absatz 1 bezeichneten Verbindlichkeiten gehört, erst nach den Verbindlichkeiten erfüllt, mit denen sie ohne die Beschränkung gleichen Rang hätte. ²Im übrigen wird durch die Beschränkungen an der Rangordnung nichts geändert.

Überblick

Zusätzlich zu der Einordnung von bestimmten Verbindlichkeiten als Masseverbindlichkeiten (§§ 54, 55), Insolvenzforderungen (§ 38) und nachrangigen Insolvenzforderungen (§ 39) ordnet § 327 im Nachlassinsolvenzverfahren den besonderen Nachrang von im Aufgebotsverfahren ausgeschlossenen Verbindlichkeiten sowie von Pflichtteilsverbindlichkeiten, Vermächtnissen und Auflagen an. Darüber hinaus bestimmt die Vorschrift auch den Rang dieser Verbindlichkeiten untereinander. Sofern bei der Schlussverteilung ein Überschuss verbleibt, wird dieser gem. § 199 an den Schuldner, also den Erben, herausgegeben.

Übersicht

	Rn.		Rn.
A. Allgemeines	1	1. Pflichtteil	9
		2. Pflichtteilsvermächtnis	11
B. Die Rangfolge	3	3. Vermächtnisse und Auflagen	12
I. Insolvenzforderungen und nachrangige		III. Ausgeschlossene Verbindlichkeiten	15
Insolvenzforderungen	3	IV. Aufrechnung	19
II. Pflichtteil, Vermächtnis und Auflage	9	V. Verfahrensfragen	24

A. Allgemeines

1 Die Vorschrift entspricht fast vollständig der Vorgängernorm § 226 Abs. 2, 3 und 4 KO. Redaktionell erfolgte allerdings die Vereinfachung, dass die nachrangigen Verbindlichkeiten des § 39 in Bezug genommen werden und in der Vorschrift selbst nicht mehr genannt sind. Abs. 1 Nr. 3, wonach auch Verbindlichkeiten gegenüber erbersatzberechtigten nichtehelichen Kindern gem. § 1934a BGB aF nachrangig waren, wurde mit Gesetz v. 16.12.1997 (BGBl. I 2968) aufgehoben.

2 Nach dem **Normzweck** des Abs. 1 müssen vor den Verbindlichkeiten aus Vermächtnissen, Auflagen und Pflichtteilsansprüchen unter allen Umständen erst die vom Erblasser selbst herrührenden Schulden berichtigt werden (Hahn/Mugdan Bd. 7, 255). Dies erklärt, dass die Erblasserschulden nach Abs. 3 noch vor Pflichtteilsansprüchen befriedigt werden, selbst wenn sie in einem Aufgebotsverfahren ausgeschlossen wurden.

B. Die Rangfolge

I. Insolvenzforderungen und nachrangige Insolvenzforderungen

3 Im Insolvenzverfahren sind aus der vorhandenen Masse zunächst die **Masseverbindlichkeiten** aus §§ 54, 55 zu befriedigen. Im nächsten Schritt erfolgt die **quotale Befriedigung der Insolvenzgläubiger** gem. §§ 38, 187, womit es nach der Lebenserfahrung in der überwiegenden Anzahl der Insolvenzverfahren sein Bewenden hat. Sofern die Insolvenzgläubiger in voller Höhe befriedigt sind und noch verteilbare Masse verbleibt, werden nach der ausdrücklichen Bezugnahme in Abs. 1 die in § 39 genannten **nachrangigen Verbindlichkeiten** berichtigt (→ Rn. 3.1).

3.1 Die Befriedigung der in § 39 genannten Verbindlichkeiten erfolgt in folgender **Rangfolge,** bei gleichem Rang nach dem Verhältnis ihrer Beträge:
1. die seit der Eröffnung des Insolvenzverfahrens laufenden Zinsen und Säumniszuschläge auf Forderungen der Insolvenzgläubiger;
2. die Kosten, die den einzelnen Insolvenzgläubigern durch ihre Teilnahme am Verfahren erwachsen;
3. Geldstrafen, Geldbußen, Ordnungsgelder und Zwangsgelder sowie solche Nebenfolgen einer Straftat oder Ordnungswidrigkeit, die zu einer Geldzahlung verpflichten (Geldstrafen und Geldbußen sind in der Regel im Nachlassinsolvenzverfahren nicht durchsetzbar, § 459c StPO und § 101 OWiG. MüKoInsO/ Siegmann/Scheuing Rn. 3 weist ausführlich darauf hin, dass diese Forderungen in der Regel höchstpersönlichen Charakter haben und deswegen nicht am Nachlassinsolvenzverfahren teilnehmen);
4. Forderungen auf eine unentgeltliche Leistung des Schuldners;
5. nach Maßgabe des § 39 Abs. 4 und 5 Forderungen auf Rückgewähr eines Gesellschafterdarlehens oder Forderungen aus Rechtshandlungen, die einem solchen Darlehen wirtschaftlich entsprechen.

Forderungen, für die zwischen Gläubiger und Schuldner der Nachrang im Insolvenzverfahren vereinbart worden ist, werden im Zweifel nach den Forderungen gem. Ziff. 1–5 berichtigt.
Forderungen gem. Nr. 5 sind im Nachlassinsolvenzverfahren nicht denkbar, weil sie das Bestehen einer Gesellschaft voraussetzen (MüKoInsO/Siegmann/Scheuing Rn. 1).

Erst wenn alle vorgenannten Verbindlichkeiten in voller Höhe befriedigt sind, werden die 4
Nachlassverbindlichkeiten des § 327 Abs. 1 erfüllt. Es handelt sich bei diesen um die sog. **minderberechtigten Verbindlichkeiten**, die einen abgegrenzten Teil der nachrangigen Verbindlichkeiten darstellen. Deren Erfüllung geschieht in folgender Rangfolge, bei gleichem Rang nach dem Verhältnis ihrer Beträge:
1. die Verbindlichkeiten gegenüber Pflichtteilsberechtigten;
2. die Verbindlichkeiten aus den vom Erblasser angeordneten Vermächtnissen und Auflagen

Können **gleichrangige Forderungen** nicht vollständig befriedigt werden, sind sie **quotal** zu 5
erfüllen. Hat der Erblasser allerdings durch Verfügung von Todes wegen angeordnet, dass ein Vermächtnis oder eine Auflage vor einem anderen Vermächtnis oder einer anderen Auflage erfüllt werden soll, so hat das Vermächtnis oder die Auflage gem. Abs. 2 S. 2 den Vorrang.

Nach § 327 Abs. 2 steht aber ein Vermächtnis, durch welches das Recht des Bedachten auf 6
den Pflichtteil nach § 2307 des Bürgerlichen Gesetzbuchs ausgeschlossen wird, soweit es den Pflichtteil nicht übersteigt, im Rang den Pflichtteilsrechten gleich.

Wenn auch nach Befriedigung der minderberechtigten Verbindlichkeiten noch ein Überschuss 7
verbleibt, wird dieser gem. § 199 an den Schuldner, also **den Erben,** herausgegeben.

Zins und Kostenforderungen nachrangiger Insolvenzgläubiger haben den gleichen Rang wie 8
die entsprechenden Hauptforderungen (§ 39 Abs. 3; RegE, BT-Drs. 12/2443, 234). Auch die Zinsen und Kosten für die minderberechtigten Forderungen können daher im gleichen Rang wie die Forderungen selbst zur Tabelle festgestellt werden.

II. Pflichtteil, Vermächtnis und Auflage

1. Pflichtteil

Die Verbindlichkeiten gegenüber **Pflichtteilsberechtigten** sind im Rang nach allen anderen 9
Verbindlichkeiten einzuordnen, also auch nach Verbindlichkeiten aus Darlehen mit vertraglichem Nachrang gem. § 39 Abs. 2; die Gläubiger solcher Verbindlichkeiten sollen insoweit nicht besser stehen als der Erbe selbst (RegE, BT-Drs. 12/2443, 234). Zu beachten ist außerdem bereits § 2318 BGB, wonach der Erbe die Vermächtnisse und Auflagen zum Zwecke der Deckung des Pflichtteils zu kürzen berechtigt ist (Hahn/Mugdan Bd. 7, 255).

Pflichtteilsansprüche ergeben sich aus §§ 2303 ff. BGB, wenn Abkömmlinge des Erblas- 10
sers, dessen Eltern oder dessen Ehegatte durch Verfügung von Todes wegen von der Erbfolge ausgeschlossen werden. Pflichtteilsansprüche können sich nur ergeben, wenn im Zeitpunkt des Erbfalls die Nachlassaktiva die Nachlasspassiva übersteigen, wobei der Wert des Nachlasses gem. § 2311 BGB zu berechnen ist. Wertbestimmungen des Erblassers sind insoweit nicht maßgeblich (§ 2311 Abs. 2 S. 2 BGB).

2. Pflichtteilsvermächtnis

Das Pflichtteilsvermächtnis nach **§ 2307 BGB** ist bis zur Höhe des Pflichtteils diesem gem. 11
§ 327 Abs. 2 S. 1 gleichgestellt und nimmt damit den gleichen Rang wie der Pflichtteilsanspruch ein. Es soll verhindert werden, dass der Vermächtnisnehmer zur Ausschlagung des Vermächtnisses gezwungen ist, wenn er den Rang des Pflichtteilsberechtigten genießen will. Der den Pflichtteil übersteigende Anspruch aus dem Vermächtnis ist jedoch gem. Abs. 1 Nr. 2 zu behandeln.

3. Vermächtnisse und Auflagen

Zu den als nach-nachrangig zu behandelnden Vermächtnissen zählen neben § 2147 BGB auch 12
die Ansprüche aus § 1932 BGB („**Voraus**") und aus § 1969 BGB („**Dreißigster**"), (Hahn/Mugdan Bd. 7, 256). Vermächtnisse rangieren an letzter Stelle, damit durch letztwillige Verfügungen nicht Pflichtteilsrechte beeinträchtigt werden (vgl. BGH NJW 1985, 2828; Graf-Schlicker/Busch Rn. 3). Nicht von § 327 erfasst ist ein Untervermächtnis oder ein Nachvermächtnis, weil es sich dabei schon nicht um Nachlassverbindlichkeiten handelt, die nach § 325 am Insolvenzverfahren teilnehmen.

Auflagen sind vom Vollziehungsberechtigten geltend zu machen (BGH NJW 1993, 2168; 13
HmbKommInsR/Böhm Rn. 4), da der Begünstigte nach §§ 1940, 2192 BGB hierauf gerade keinen Anspruch hat.

Der Erblasser kann aber durch Verfügung von Todes wegen verbindlich anordnen, dass gem. 14
§ 327 Abs. 2 S. 2 ein Vermächtnis oder eine Auflage vor einem anderen Vermächtnis oder einer anderen Auflage erfüllt werden soll und damit die **Befriedigungsreihenfolge** beeinflussen.

III. Ausgeschlossene Verbindlichkeiten

15 Nach § 327 Abs. 3 wird eine Verbindlichkeit, deren Gläubiger im Wege des **Aufgebotsverfahrens** (§ 1970 BGB, §§ 433 ff., 454 ff. FamFG) ausgeschlossen ist oder nach § 1974 BGB einem ausgeschlossenen Gläubiger gleichsteht (weil er die Forderung später als **fünf Jahre nach dem Erbfall** geltend macht), erst nach den in § 39 bezeichneten Verbindlichkeiten, aber vor den Verbindlichkeiten aus Pflichtteilsrechten, Vermächtnissen und Auflagen erfüllt. In einem solchen Aufgebotsverfahren ausgeschlossene Gläubiger verlieren ihren Anspruch nicht, sondern der Anspruch wird durch nicht erfolgte Anmeldung einredebehaftet (KBP/Holzer Rn. 9).

16 Nach § 327 Abs. 3 S. 2 wird im Übrigen durch die Beschränkungen des Abs. 3 S. 1 an der Rangordnung nichts geändert. Die ausgeschlossenen Verbindlichkeiten haben daher untereinander **nicht zwingend den gleichen Rang,** sondern sie behalten untereinander den Rang, der ihnen vorher zukam (MüKoInsO/Siegmann/Scheuing Rn. 4). Eine ausgeschlossene Masseverbindlichkeit gem. § 324 Abs. 1 Nr. 5 wäre zB nach einer nicht ausgeschlossenen nachrangigen Verbindlichkeit gem. § 39, aber vor einer ausgeschlossenen Insolvenzforderung gem. § 38 vollständig zu befriedigen.

17 Soweit die ausgeschlossene Verbindlichkeit zu den Pflichtteilsrechten, Vermächtnissen und Auflagen gehört, wird die Verbindlichkeit erst nach den Verbindlichkeiten erfüllt, mit denen sie ohne die Beschränkung gleichen Rang hätte.

18 Die Regelung ergibt sich ohne weiteres aus § 1973 Abs. 1 und § 1974 Abs. 2 BGB. Sonstige Änderungen der Rangordnung werden durch die Beschränkung des Gläubigerrechts nicht herbeigeführt; die ausgeschlossenen und die ihnen gleichstehenden Gläubiger behalten daher im Verhältnis zueinander den Rang, der ihnen nach § 327 zukommt (Hahn/Mugdan Bd. 7, 256).

IV. Aufrechnung

19 Grundsätzlich können die Gläubiger der in § 327 genannten Forderungen gem. §§ 387 ff. BGB, § 94 ff. aufrechnen (allgM), soweit die Aufrechnung nicht aus allgemeinen Gründen ausgeschlossen ist.

20 Ausgeschlossen ist die Aufrechnung dagegen nach § 390 BGB, sofern der Gegenforderung (also der Forderung des Aufrechnenden) eine dauernde oder aufschiebende materielle Einrede (also auch ein Zurückbehaltungsrecht) entgegensteht (MüKoBGB/Schlüter BGB § 390 Rn. 1).

21 Da Gläubiger der in § 327 genannten Forderungen wegen einer Einstellung des Insolvenzverfahrens mangels Masse erst nach der Einstellung gem. § 390 BGB nicht mehr aufrechnen dürfen (weil dann die Dürftigkeitseinrede der §§ 1990, 1991 Abs. 4, 1992 BGB entgegensteht), besteht die Einrede während des eröffneten Insolvenzverfahrens nicht, sodass die Aufrechnung aus Sicht des § 1990 BGB zulässig bleibt.

22 Ist ein Nachlassgläubiger im **Aufgebotsverfahren ausgeschlossen** worden oder hat er eine gleichstehende Forderung, steht seiner Befriedigung die Einrede der §§ 1973, 1974 BGB entgegen. Im Insolvenzverfahren konkretisiert § 327 die Rangstelle des Gläubigers, der im Aufgebotsverfahren nachlässig war und nicht für die Wahrung seiner Rechte gesorgt hat, als nach den Forderungen des § 39 folgend. Gleichwohl lässt sich eine Aufrechnungsbefugnis des ausgeschlossenen Gläubigers nicht einmal für die Fälle verneinen, in denen die **Aufrechnung** zu Lasten vorrangiger Gläubiger geht. Vielmehr ist die Wertung des § 94 zu beachten, sodass die Aufrechnung grundsätzlich zulässig bleibt und der Gläubiger im Vertrauen auf die Aufrechnungsmöglichkeit seine Rechte im Aufgebotsverfahren auch nicht besonders wahrnehmen muss (wie hier MüKoBGB/Schlüter BGB § 390 Rn. 2; aA HmbKommInsR/Böhm Rn. 7; teilweise aA MüKoInsO/Siegmann/Scheuing Rn. 2).

23 Die Einrede der **Verjährung** schließt die Aufrechnung gem. § 215 BGB dann nicht aus, wenn der Anspruch in dem Zeitpunkt noch nicht verjährt war, in dem erstmals aufgerechnet oder die Leistung verweigert werden konnte.

V. Verfahrensfragen

24 Die in § 327 genannten Forderungen sind gem. § 174 Abs. 3 erst dann beim Insolvenzverwalter anzumelden, wenn das Insolvenzgericht zur Anmeldung nachrangiger Forderungen **aufgefordert** hat. Ggf. sind die Ansprüche, soweit sie nicht auf Geld gerichtet sind, gem. § 45 umzurechnen. Bei der Anmeldung solcher Forderungen ist nach § 174 Abs. 3 S. 2 auf den Nachrang hinzuweisen und die dem Gläubiger zustehende Rangstelle zu bezeichnen. Ohne diese Aufforderung sind diese Forderungen vom Insolvenzverwalter dem Rang nach zu bestreiten, sofern sie als Forderung gem. § 38 angemeldet werden bzw. schon nicht in die Tabelle aufzunehmen, wenn sie als nachrangige

Forderungen angemeldet werden. Bei der Prüfung der Forderungen wird die Minderberechtigung festgestellt und in der Tabelle vermerkt. Bei Streit ist ein Feststellungsprozess gem. § 179 zu führen (Uhlenbruck/Lüer/Weidmüller Rn. 2).

Wie die in § 39 genannten Forderungen sollen die Forderungen des § 327 gem. § 187 Abs. 2 S. 2 bei **Abschlagsverteilungen** nicht berücksichtigt werden. In der Gläubigerversammlung gewähren die in § 327 genannten Forderungen nach § 77 kein **Stimmrecht,** bei der Abstimmung über einen Insolvenzplan ist der durch das ESUG geänderte § 246 zu beachten. Im Insolvenzplan gelten die nachrangigen Forderungen, wenn nichts anderes bestimmt ist, gem. § 225 als erlassen. 25

Im **Prüfungstermin** steht den nachrangigen Gläubigern aber ein Widerspruchsrecht gem. § 176 gegen die Forderungen anderer Gläubiger zu. Dieses Widerspruchsrecht besteht unabhängig davon, ob die nachrangigen Gläubiger nach § 174 Abs. 3 zur Anmeldung ihrer Forderungen aufgefordert wurden (OLG München BeckRS 2010, 18611). Da nämlich ein Bestreiten in einem weiteren Prüfungstermin, in dem die nachrangigen Forderungen nach Aufforderung gem. § 174 Abs. 3 geprüft werden, nicht mehr möglich ist, muss ein Bestreiten der vorrangigen Forderungen zur Wahrung der Rechte der nachrangigen Gläubiger bereits im ersten Prüfungstermin gestattet sein (Uhlenbruck/Sinz § 176 Rn. 26). Auch am Bestreiten relativ nachrangiger Forderungen kann ein Interesse bestehen, zB im Hinblick auf die Abstimmung in Insolvenzplanverfahren. 26

§ 328 Zurückgewährte Gegenstände

(1) Was infolge der Anfechtung einer vom Erblasser oder ihm gegenüber vorgenommenen Rechtshandlung zur Insolvenzmasse zurückgewährt wird, darf nicht zur Erfüllung der in § 327 Abs. 1 bezeichneten Verbindlichkeiten verwendet werden.

(2) Was der Erbe auf Grund der §§ 1978 bis 1980 des Bürgerlichen Gesetzbuchs zur Masse zu ersetzen hat, kann von den Gläubigern, die im Wege des Aufgebotsverfahrens ausgeschlossen sind oder nach § 1974 des Bürgerlichen Gesetzbuchs einem ausgeschlossenen Gläubiger gleichstehen, nur insoweit beansprucht werden, als der Erbe auch nach den Vorschriften über die Herausgabe einer ungerechtfertigten Bereicherung ersatzpflichtig wäre.

Überblick

§ 328 Abs. 1 begrenzt den Schutz der Pflichtteils- und Auflagenberechtigten sowie der Vermächtnisnehmer in Bezug auf anfechtbare Rechtshandlungen des Erblassers. § 328 Abs. 2 übernimmt die aus § 1973 Abs. 2 BGB folgende Haftungserleichterung des Erben gegenüber ausgeschlossenen Gläubigern in das Nachlassinsolvenzverfahren.

A. Allgemeines

Die Vorgängervorschrift § 228 KO wurde ohne inhaltliche Änderung in die InsO übernommen. 1

B. Regelungsgehalt

I. Nach Anfechtung Zurückgegebenes (Abs. 1)

1. Voraussetzung und Rechtsfolge

Voraussetzung für die Anwendung von § 328 Abs. 1 ist, dass **Mittel aus der Anfechtung einer Rechtshandlung** des Erblassers oder einer ihm gegenüber vorgenommenen Rechtshandlung in die Insolvenzmasse gelangen. Diese Mittel dürfen – als Rechtsfolge von § 328 Abs. 1 – nicht zur Begleichung der in § 327 Abs. 1 Nr. 1 und 2 genannten Forderungen eingesetzt werden. Nicht ausgeschlossen von der Befriedigung aus Anfechtungsmitteln sind Forderungen aus § 39, auf die in § 327 Abs. 1 ebenfalls Bezug genommen wird (MüKoInsO/Siegmann/Scheuing Rn. 1). Eingeschränkt ist daher die Mittelverwendung aus der Anfechtung gem. §§ 130–137. Es kommt nicht darauf an, ob für die Anfechtung eine Rechtshandlung des Schuldners selbst erforderlich ist (zB bei § 133 Abs. 1) oder nicht (zB § 131). Die Vorschrift betrifft nur Insolvenzmasse, die auf Ansprüchen aus Insolvenzanfechtung beruht, nicht aber solche aus einer Anfechtung gem. § 119 BGB (Uhlenbruck/Lüer/Weidmüller Rn. 2). 2

3 Die Vorschrift berücksichtigt, dass Pflichtteilsberechtigte und Gläubiger aus Vermächtnissen und Auflagen nicht Gläubiger des Erblasser sind (und dies nie waren), sondern Gläubiger des Erben. Die **Anfechtung soll jedoch nur dem Schutz derjenigen Gläubiger dienen, die bereits Gläubiger des Erblassers waren** (Hahn/Mugdan Bd. 7, 256). Aus diesem Grund dürfen die aus der Anfechtung von Rechtshandlungen mit Bezug zum Erblasser gewonnenen Mittel auch nur zur Befriedigung von Gläubigern verwendet werden, die dem Schutzzweck der Insolvenzanfechtung unterfallen. Anders ausgedrückt unterfallen dem Verteilungsverbot nur diejenigen Mittel, die aus der Anfechtung von bis zum Erbfall vorgenommenen Rechtshandlungen stammen. Zur uneingeschränkten Verteilung stehen dagegen alle Mittel zur Verfügung, die aus nach dem Erbfall vorgenommenen und angefochtenen Rechtshandlungen stammen, also auch die aus § 322 (→ Rn. 3.1).

3.1 Im Rahmen der Geltendmachung von Anfechtungsansprüchen muss folglich darauf geachtet werden, auf welche Vorschriften der Anspruch gestützt wird. Dann ist der Betrag ggf. auch an die Gläubiger gem. § 327 Abs. 1 auszuschütten.

4 Der **Anwendungsbereich** des § 328 Abs. 1 ist sehr klein. Dass auf eine Forderung gem. § 327 Abs. 1 Nr. 1 oder 2 Mittel aus Anfechtung verteilt werden, tritt nämlich schon immer dann nicht ein, wenn anfechtbar Weggegebenes in die Insolvenzmasse zurückgegeben wurde und der Gläubiger seine dadurch wieder aufgelebte Forderung nach § 144 zur Insolvenztabelle angemeldet hat, solange nur die Forderung des Anfechtungsgegners nicht gleichrangig mit den Ansprüchen des § 327 Abs. 1 ist. Wenn allerdings durch die Rückgabe des anfechtbar Weggegebenen keine Forderung wieder auflebt, oder wenn der Anfechtungsgegner seine Forderung nicht zur Insolvenztabelle anmeldet, kann § 328 Abs. 1 Bedeutung erlangen (→ Rn. 4.1).

4.1 Rechenbeispiel: Eine Insolvenzmasse besteht zu 30 aus Insolvenzanfechtungsrückflüssen iSd § 328 Abs. 1 und zu 120 aus sonstigen Mitteln, insgesamt also 150. Nach Abzug der Massekosten von 50 stehen 100 zur Verteilung an. Von den Verbindlichkeiten von 120 entfallen 40 auf Gläubiger gem. § 327 Abs. 1 Nr. 1 und 2. Zunächst werden die Gläubiger im Rang vor § 327 Abs. 1 Nr. 1 und 2 in Höhe von 80 befriedigt. Bekommen die Anfechtungsgegner ihre 30 schon vollständig gem. § 144 im Rang des § 38 zurück, werden die restlichen 20 an die Gläubiger gem. § 327 Abs. 1 Nr. 1 und 2 verteilt. Ist dies nicht der Fall, erhalten die Anfechtungsgegner – ggf. anteilig – das infolge Anfechtung an die Masse Geleistete gem. § 328 iVm § 812 Abs. 1 S. 2 BGB zurück.

2. Reichweite

5 Wenn im Rahmen der Masseverteilung vor Befriedigung der Gläubiger gem. § 327 Abs. 1 in der Masse noch ein Rest vorhanden ist, muss der Anfechtungsgegner diesen zurückbekommen (MüKoInsO/Siegmann/Scheuing Rn. 3; Uhlenbruck/Lüer/Weidmüller Rn. 2; HmbKomm-InsR/Böhm Rn. 2). Diese Erstattungspflicht umfasst aber nur den Betrag, der tatsächlich an den Gläubiger gem. § 327 Abs. 1 auszuschütten wäre, dh nach Abzug der Kosten für das Insolvenzverfahren (→ Rn. 5.1).

5.1 Dies trifft auch für Massereste aus Schenkungsanfechtung zu, weil § 328 keine Umverteilung vom Beschenkten zum Pflichtteilsberechtigten bewirken kann. Der Pflichtteilsberechtigte mag weiterhin den Pflichtteilsergänzungsanspruch gem. § 2329 BGB direkt gegen den Beschenkten geltend machen, sofern es sich bei der anzufechtenden Rechtshandlung um eine Schenkung gehandelt haben sollte.

6 Der Meinung, bei Mitteln aus Anfechtung gem. § 133 müsse der Rest **dem Erben verbleiben** (Graf-Schlicker/Busch Rn. 2; MüKoInsO/Siegmann/Scheuing Rn. 3), kann nicht gefolgt werden. Auch in einem solchen Fall ist dem Anfechtungsgegner der Rest zurückzugeben. Die Anfechtungsvorschriften dienen dem Gläubigerschutz und zu diesem Personenkreis zählt der Erbe nicht. Letztlich muss respektiert werden, dass – auch wegen vorsätzlicher Gläubigerbenachteiligung – anfechtbare Rechtshandlungen nicht verboten sind. Der Vertrauensschutz, den der Anfechtungsgegner genießt, wird daher nur durchbrochen, soweit es die Interessen der Gläubiger erfordern. Die Anfechtung im Insolvenzverfahren darf aber nicht dazu führen, dass der Erbe zu Lasten des Anfechtungsgegners bereichert wird.

3. Verfahren

7 Da Zahlungsunfähigkeit oder Überschuldung Voraussetzung für die Eröffnung des Nachlassinsolvenzverfahrens sind, spricht eine Vermutung dafür, dass die Insolvenzmasse zur Befriedigung aller Insolvenzgläubiger ausreicht (MüKoInsO/Kayser/Freudenberg § 129 Rn. 107). Den Anfechtungsgegner trifft daher die Darlegungs- und Beweislast, dass die vorhandene Insolvenzmasse zur vollen Begleichung aller Verbindlichkeiten ausreicht, die vor den zurückzugewährenden Mitteln eine Zahlung erhielten (BGH NJW 1994, 2893; aM MüKoInsO/Siegmann/Scheuing Rn. 2; FK-InsO/Schallenberg/Rafiqpoor Rn. 4). Soweit drohende Zahlungsunfähigkeit zur Eröffnung des Nachlassinsolvenzverfahrens führte, gilt gleiches (MüKoInsO/Kayser/Freudenberg § 129 Rn. 107; aM HK-InsO/Kreft § 129 Rn. 64 aE; Uhlenbruck/Hirte § 129 Rn. 131). Macht der Anfechtungsgegner bereits im Prozess geltend, dass die infolge Anfechtung zurückzugewährenden Beträge nicht eingefordert werden dürfen, weil sie am Ende auf die Gläubiger aus § 327 Abs. 1 Nr. 1 und 2 verteilt würden, ist vor der Begrenzung der Leistungspflicht des Anfechtungsgegners noch zu berücksichtigen, dass vor der Verteilung der Masse auf die Gläubiger auch noch die Kosten des Insolvenzverfahrens gem. § 54 beglichen werden müssen.

II. Vom Erben Ersetztes (Abs. 2)

Was der Erbe aufgrund der §§ 1978–1980 BGB zur Masse zu ersetzen hat, kann nach Abs. 2 von den Gläubigern, die im Wege des Aufgebotsverfahrens ausgeschlossen sind oder nach § 1974 BGB einem ausgeschlossenen Gläubiger gleichstehen, nur insoweit beansprucht werden, als der Erbe auch nach den Vorschriften über die Herausgabe einer ungerechtfertigten Bereicherung ersatzpflichtig wäre. 7a

1. Normzweck

Zweck des § 328 Abs. 2 ist, die **Haftung des Erben** aus § 1973 Abs. 2 BGB **gegenüber ausgeschlossenen Gläubigern,** die sich nach den Vorschriften über die ungerechtfertigte Bereicherung richtet, nicht durch die Eröffnung des Nachlassinsolvenzverfahrens zu erweitern (Hahn/Mugdan Bd. 7, 256). Die Beschränkung des § 328 Abs. 2 findet daher schon dann keine Anwendung, wenn der Erbe unbeschränkbar nach § 2013 BGB haftet (Uhlenbruck/Lüer/Weidmüller Rn. 4; KPB/Holzer Rn. 3). 8

2. Anwendungsbereich und Rechtsfolge

Der Anwendungsbereich des § 328 Abs. 2 ist eröffnet, wenn ein Erbe vom Insolvenzverwalter auf eine Ersatzleistung nach §§ 1978–1980 BGB in Anspruch genommen wird. Das kommt in Betracht, wenn der Erbe den Nachlass fehlerhaft verwaltet (§§ 1978, 1979 BGB) oder den Insolvenzantrag zu spät gestellt (§ 1980 BGB) nach §§ 1978–1980 BGB. Die Darlegungs- und Beweislast für das Vorliegen der Anspruchsvoraussetzungen trägt der Gläubiger. 9

Wirkung erzeugt § 328 Abs. 2 außerdem nur, wenn Forderungen von Nachlassgläubigern nach § 1973 BGB im Aufgebotsverfahren ausgeschlossen wurden oder solchen Forderungen gem. § 1974 BGB gleichstehen, weil sie dem Erben erst mehr als fünf Jahre nach dem Erbfall mitgeteilt wurde. Derartige Forderungen sind gem. § 327 Abs. 3 bereits hinter den Rang des § 39 zurückgesetzt, sofern ihnen nicht sogar nur der Rang nach § 327 Abs. 1 zukommt. Nach § 328 Abs. 2 können die Gläubiger solcher Forderungen außerdem Leistung nur insoweit beanspruchen, als der Erbe nach § 812 BGB zur Herausgabe verpflichtet wäre. 10

Verbleibt nach der Verteilung der Insolvenzmasse im Rang der Gläubiger gem. § 327 Abs. 3 (lediglich in Höhe der Bereicherung gem. § 328 Abs. 2) noch ein Masserest, ist dieser nach allgemeiner Meinung an die nachrangigeren Gläubiger gem. § 327 Abs. 1 zu verteilen (Uhlenbruck/Lüer/Weidmüller Rn. 4; MüKoInsO/Siegmann/Scheuing Rn. 4). Das ist grundsätzlich zutreffend, denn eine Haftungsverschärfung, deren Vermeidung das Gesetz bezweckt, tritt beim Erben dadurch nicht ein. 11

3. Reichweite und Verfahren

Problematisch am Wortlaut des Gesetzes ist aber, dass er mit dem Gesetzeszweck nicht in Einklang steht: Während nach dem Gesetzeswortlaut die Forderung des Gläubigers auf die Höhe der Bereicherung begrenzt ist, soll nach dem Gesetzeszweck die Haftung des Erben auf diese Höhe begrenzt sein. Beide Parameter stimmen aber nicht miteinander überein, denn die von der Höhe der verwalteten Insolvenzmasse abhängigen Verfahrenskosten mindern den Betrag, den der Insolvenzverwalter vom Erben verlangt, auf dem Weg zum Gläubiger auf jeden Fall. Da sich das Gesetz dem Wortlaut nach dafür entschieden hat, den **Vorteil des Gläubigers auf die vorhandene Bereicherung des Erben zu beschränken** und nicht die Haftung des Erben, hat der Insolvenzverwalter die gesamte Forderung gegen den Erben einzuziehen und nach Befriedigung 12 der Gläubiger gem. § 327 Abs. 3 die nachrangigen Gläubiger zu bedienen. Danach noch in der Insolvenzmasse verbleibende Beträge sind an den Erben zurückzugeben.

13   Ein Leistungsverweigerungsrecht steht dem Erben im Hinblick auf eine eingetretene Entreicherung gegen den Insolvenzverwalter daher nicht zu (aM MüKoInsO/Siegmann/Schueing Rn. 4; teilweise auch K. Schmidt InsO/K. Schmidt Rn. 7). Zwar trifft den Erben im Verhältnis zum ausgeschlossenen Gläubiger grundsätzlich keine Nachlassverwaltungspflicht (BeckOK BGB/Lohmann BGB § 1973 Rn. 1). Ein Leistungsverweigerungsrecht würde den Anspruch des ausgeschlossenen Gläubigers jedoch hinter den Wortlaut des § 328 Abs. 2 zurückdrängen.

14   Macht der Anfechtungsgegner bereits im Prozess geltend, dass die zurückzugewährenden Beträge nicht eingefordert werden dürfen, weil sie am Ende auf die Gläubiger aus § 327 Abs. 2 verteilt würden, ist bei der Berechnung des zu zahlenden Betrages jedenfalls hinzuzuaddieren, dass vor der Verteilung der Masse an die Gläubiger auch noch die Kosten des Insolvenzverfahrens gem. § 54 beglichen werden müssen.

§ 329 Nacherbfolge

Die §§ 323, 324 Abs. 1 Nr. 1 und § 326 Abs. 2, 3 gelten für den Vorerben auch nach dem Eintritt der Nacherbfolge.

Überblick

Obwohl der Vorerbe bei Eintritt des Nacherbfalles aufhört, Erbe zu sein, bleiben seine Rechte und Pflichten in Bezug auf das Nachlassinsolvenzverfahren erhalten.

A. Allgemeines

1   Die Vorschrift des § 329 wurde unverändert von § 231 KO übernommen. Tritt der Nacherbfall ein, geht die Erbschaft so auf den Nacherben über, wie sie sich im Augenblick des Nacherbfalles befindet (BeckOK BGB/Litzenburger BGB § 2139 Rn. 2). Der Vorerbe ist ab diesem Zeitpunkt nach § 2139 BGB nicht mehr Erbe. Bis zum Eintritt des Nacherbfalles hat der Vorerbe aber die gleiche Stellung wie der Vollerbe (Gottwald/Haas InsR-HdB/Döbereiner § 116 Rn. 1). Der Erblasser ist völlig frei darin, den Zeitpunkt für den Eintritt des Nacherbfalles zu bestimmen (BGH NJW 1955, 100).

2   § 329 ist eine lediglich **klarstellende Vorschrift**, die der Ausräumung von Zweifeln dient (Hahn/Mugdan Bd. 7, 257). Die entsprechende Anwendung anderer Vorschriften aus der InsO ist daher durch § 329 nicht ausgeschlossen. Dies gilt zB für die Anfechtung von vom Vorerben vorgenommenen Rechtshandlungen gem. § 322 oder für die Auskunftpflicht des Vorerben nach Eintritt des Nacherbfalles gem. § 97.

B. Regelungsgehalt

3   Nach § 329 kann der Vorerbe weiterhin wegen aus dem Nachlass gem. §§ 1978, 1979 BGB zu ersetzender Aufwendungen ein Zurückbehaltungsrecht nicht geltend machen (§ 323). Sein Ersatzanspruch wird weiterhin als Masseforderung behandelt (§ 324 Abs. 1 Nr. 1). Der Vorerbe kann außerdem die in § 326 Abs. 2 und 3 genannten Forderungen im Nachlassinsolvenzverfahren weiterverfolgen (Hahn/Mugdan Bd. 7, 257), also insbesondere, wenn er Nachlassverbindlichkeiten befriedigt hat.

4   Forderungen des Vorerben gegen den Erblasser darf der Vorerbe nach Eintritt des Nacherbfalls auch ohne die Vorschrift des § 329 gegen den Nachlass geltend machen. Die durch den Vorerbfall nach § 1922 BGB eingetretene Konfusion ist mit Eintritt des Nacherbfalles wieder aufgehoben (Hahn/Mugdan Bd. 7, 257).

5   Die unbeschränkte Haftung des Vorerben bleibt gem. § 2145 BGB auch im Nacherbfall bestehen, ohne dass der Vorerbe sie noch beschränken kann (hM, vgl. BeckOK BGB/Litzenburger BGB § 2145 Rn. 3).

C. Zeitpunkt

6   Grundsätzlich ist für § 329 unerheblich, ob der Nacherbfall vor oder nach Eröffnung des Nachlassinsolvenzverfahrens eintritt.

Bei **Eintritt des Nacherbfalls nach Eröffnung** des Nachlassinsolvenzverfahrens tritt der 7
Nacherbe mit **dinglicher Wirkung** (§ 1922 BGB) an die Stelle des Vorerben als **Verfahrensschuldner**. Dies gilt jedenfalls, sofern der Nacherbe die Erbschaft nicht ausschlägt. Schlägt er aus und hat der Erblasser keine abweichende Bestimmung getroffen, wird der Vorerbe zum Vollerben (BeckOK BGB/Litzenburger BGB § 2142 Rn. 3 f.). Der Nacherbe hat den Verfahrensstand grundsätzlich so hinzunehmen, wie er ihn vorfindet. Allerdings ist zu beachten, dass der Nacherbe gem. § 2100 BGB Rechtsnachfolger des Erben und nicht des Vorerben ist. Aus diesem Grund ordnet § 326 ZPO für bestimmte Fälle an, dass ein gegenüber dem Vorerben ergangenes Urteil auch den Nacherben bindet. Da eine Bindungswirkung für Urteile, die den Vorerben zur Zahlung einer Verbindlichkeit verpflichten, nicht angeordnet ist, tritt sie also gegen den Nacherben nicht ein. Vor diesem Hintergrund tritt ebenso die Wirkung des § 178 Abs. 3, wonach die Feststellung einer Forderung gegenüber dem Schuldner wie ein rechtskräftiges Urteil wirkt, gegenüber dem Nacherben selbst dann nicht ein, wenn der Vorerbe der Tabellenforderung im Prüfungstermin nicht widersprochen hat (allgM) oder wenn gegen ihn ein Urteil gem. § 184 Abs. 1 ergangen ist. In einem solchen Fall kann nicht gem. § 201 Abs. 2 gegen den Nacherben vollstreckt werden (KPB/Holzer Rn. 2).

Bei **Eintritt des Nacherbfalls vor Eröffnung** des Nachlassinsolvenzverfahrens wird von der 8
Verfahrenseröffnung an nur der Nacherbe Verfahrensschuldner. Dann gehören zur Insolvenzmasse auch die Ansprüche gegen den Vorerben gem. § 2144 Abs. 1 BGB und die Surrogate gem. § 2111 BGB. Anfechtbare Rechtshandlungen des Erben iSd §§ 129 ff., 322 können dann auch solche des Vorerben sein (K. Schmidt InsO/K. Schmidt Rn. 4).

Tritt **nach Stellung des Insolvenzantrags** durch den Vorerben und vor Verfahrenseröffnung 9
der Nacherbfall ein, kann das Insolvenzverfahren auch ohne (weiteren) Antrag des Nacherben eröffnet werden. Da nämlich das vom Schuldner beantragte Insolvenzeröffnungsverfahren aufgrund seines Eilcharakters durch seinen Tod nicht gem. § 239 ZPO unterbrochen wird (BGH NZI 2008, 382), wird das durch den Vorerben beantragte Verfahren nicht gem. dem auf § 239 ZPO verweisenden § 242 ZPO durch Eintritt des Nacherbfalles unterbrochen. Dem Nacherben ist jedoch **rechtliches Gehör** zu gewähren.

§ 83 Abs. 2 beschränkt den Nachlassinsolvenzverwalter nicht in der Verfügungsbefugnis über 10
Massegegenstände, denn dieser gilt nur, wenn eine Vorerbschaft zum Vermögen des Schuldners gehört (Gottwald/Haas InsR-HdB/Döbereiner § 116 Rn. 1).

§ 330 Erbschaftskauf

(1) Hat der Erbe die Erbschaft verkauft, so tritt für das Insolvenzverfahren der Käufer an seine Stelle.

(2) ¹Der Erbe ist wegen einer Nachlassverbindlichkeit, die im Verhältnis zwischen ihm und dem Käufer diesem zur Last fällt, wie ein Nachlassgläubiger zum Antrag auf Eröffnung des Verfahrens berechtigt. ²Das gleiche Recht steht ihm auch wegen einer anderen Nachlassverbindlichkeit zu, es sei denn, dass er unbeschränkt haftet oder dass eine Nachlassverwaltung angeordnet ist. ³Die §§ 323, 324 Abs. 1 Nr. 1 und § 326 gelten für den Erben auch nach dem Verkauf der Erbschaft.

(3) Die Absätze 1 und 2 gelten entsprechend für den Fall, dass jemand eine durch Vertrag erworbene Erbschaft verkauft oder sich in sonstiger Weise zur Veräußerung einer ihm angefallenen oder anderweitig von ihm erworbenen Erbschaft verpflichtet hat.

Überblick

Die Vorschrift knüpft an die Regelungen der §§ 2371 ff. BGB über den Erbschaftskauf an und bestimmt deren Auswirkungen für den Fall der Nachlassinsolvenz. Der Käufer tritt nach dem Erbschaftskauf für das Insolvenzverfahren an die Stelle des Erben.

Übersicht

	Rn.		Rn.
A. Allgemeines	1	II. Insolvenzantragsrecht des Erben	16
B. Rechtsfolgen für den Käufer	7	1. Dem Käufer zur Last fallende Verbindlichkeiten	18
C. Rechtsfolgen für den Erben	10	2. Dem Käufer nicht zur Last fallende Verbindlichkeiten	21
I. Haftung	10	3. Sonstige Verbindlichkeiten	22
II. Weiter geltende Vorschriften	12	III. Einrücken des Käufers in Erbenposition	23
III. Frist	14	IV. Verbleibende Pflichten des Verkäufers	24
D. Verfahren	15	E. Entsprechende Anwendung	26
I. Prozesse	15		

A. Allgemeines

1   Die Vorschrift wurde bei Einführung der Insolvenzordnung unverändert aus §§ 232, 233 KO übernommen.

2   § 330 ist im Fall des **Erbschaftskaufs gem. §§ 2371 ff. BGB** anwendbar, nicht dagegen beim Verkauf einzelner Nachlassgegenstände oder beim Verkauf der gesamten Nachlassinsolvenzmasse (BGH NJW 1965, 862; FK-InsO/Schallenberg/Rafiqpoor Rn. 1) (→ Rn. 2,1).

2.1   In den Anwendungsbereich des § 330 fallen auch der Kauf des **Bruchteils** einer Alleinerbschaft, der Kauf eines **Miterbenanteils** oder des Bruchteils eines Miterbenanteils sowie der Kauf einer **Vorerbschaft** und der Anwartschaft des Nacherben (MüKoInsO/Siegmann/Scheuing Rn. 2). Kein Fall des § 330 ist die Übertragung von Erbteilen durch Miterben auf einen Miterben im Wege der Auseinandersetzung (MüKoInsO/Siegmann/Scheuing Rn. 6), weil der Auseinandersetzungsvertrag unter Miterben kein Erbschaftskauf ist (MüKoBGB/Musielak BGB § 2385 Rn. 3), auch nicht das Ausscheiden eines Miterben aus der Erbengemeinschaft gegen Abfindung (sog. Abschichtung; BGH NJW 1998, 1557).

3   Anknüpfungspunkt für die Rechtsfolge des § 330 ist der **Abschluss** des gem. § 2371 BGB notariell zu beurkundenden Kaufvertrages; ob dieser dinglich vollzogen wurde, ist unerheblich.

4   Der Erbe, der die Erbschaft verkauft, bleibt Erbe (Hahn/Mugdan Bd. 7, 258) und der Käufer wird durch den Verkauf nicht zum Erben. Abs. 1 beeinträchtigt die Nachlassgläubiger nach Meinung des Gesetzgebers in keiner Weise, die Vorschriften des § 320 dienen vielmehr dazu, die **Interessen des Erben** zu wahren (Hahn/Mugdan Bd. 7, 258).

5   Der Verkauf der Erbschaft führt zu einer partiellen Gesamtrechtsnachfolge. Gegenstand des Nachlassinsolvenzverfahrens ist daher der Nachlass, nicht der vom Käufer dafür bezahlte Preis (Uhlenbruck/Lüer/Weidmüller Rn. 2). Die **Insolvenzmasse** besteht aus den Gegenständen des Nachlasses, den Ersatzansprüchen gegen den Erben und den Käufer wegen fehlerhafter Verwaltung des Nachlasses (§§ 1978, 1979 BGB) und aus den Ansprüchen wegen anfechtbarer Rechtshandlungen des Erblassers, des Erben oder des Käufers. Die Zugehörigkeit zur Insolvenzmasse besteht unabhängig davon, ob sich die Gegenstände des Nachlasses Besitz oder Eigentum (noch) des Verkäufers oder (schon) des Käufers befinden. Wenn sich die Haftung des Käufers auf die Erbschaft beschränkt, so gelten nach § 2383 Abs. 1 S. 3 BGB außerdem seine Ansprüche aus dem Kauf gegen den Erben als zur Erbschaft und damit zur Insolvenzmasse gehörend.

6   Die Rechtsfolge des § 330 tritt unabhängig davon ein, ob der Verkauf der Erbschaft vor oder nach Eröffnung des Insolvenzverfahrens erfolgt.

B. Rechtsfolgen für den Käufer

7   **Verfahrensmäßig** tritt der Käufer im Zeitpunkt des Kaufes für das Insolvenzverfahren an die Stelle des Erben (→ Rn. 12). Fand der Erbschaftskauf vor Eröffnung des Insolvenzverfahrens statt, ist der Käufer nach § 317 zur Stellung des Insolvenzantrages berechtigt und im Rahmen des § 1980 BGB verpflichtet. Das Nachlassinsolvenzverfahren wird unmittelbar mit dem Käufer als Schuldner eröffnet. Beim Erbschaftsverkauf nach Verfahrenseröffnung wechselt der Schuldner des Insolvenzverfahrens mit Abschluss des Kaufvertrages.

8   **Materiell-rechtlich** haftet der Käufer den Nachlassgläubigern nach dem Erbschaftskauf gem. § 2382 BGB in gleicher Weise wie der Erbe (Hahn/Mugdan Bd. 7, 258). Der **Haftungsumfang** richtet sich nach § 2383 BGB: Der Käufer haftet den Nachlassgläubigern unbeschränkt, soweit der Verkäufer zur Zeit des Verkaufs unbeschränkt haftet.

Nach § 2377 BGB haftet der Käufer außerdem dem Erben gegenüber für Verbindlichkeiten, 9
die infolge des Erbfalls durch Vereinigung von Recht und Verbindlichkeit zunächst erloschen
waren und die nach dem Erbschaftskauf als nicht mehr erloschen gelten.

C. Rechtsfolgen für den Erben

I. Haftung

Der Erbe haftet nach dem Erbschaftsverkauf für **Nachlassverbindlichkeiten** weiterhin, aller- 10
dings als Gesamtschuldner neben dem Käufer (allgM, BeckOK BGB/Litzenburger BGB, § 2382
Rn. 1).

Zusätzlich haftet der Erbe nach dem Erbschaftskauf auch für **Pflichtverletzungen des Käufers** 11
gem. §§ 1978 Abs. 1, 280 BGB, denn gegenüber den Nachlassgläubigern ist der Erbe nicht berechtigt, sich durch Verkauf der Erbschaft seiner Verwaltungsverpflichtung zu entziehen.

II. Weiter geltende Vorschriften

Nach Abs. 2 S. 3 gelten die §§ 323, 324 Abs. 1 Nr. 1 und § 326 für den Erben auch nach dem 12
Verkauf der Erbschaft weiter.

Nach § 323 steht dem Erben wegen der **Aufwendungen**, die ihm nach den §§ 1978, 1979 13
BGB aus dem Nachlass zu ersetzen sind, ein Zurückbehaltungsrecht nicht zu (→ § 323 Rn. 4).
Nach § 324 Abs. 1 Nr. 1 kann der Erbe die Aufwendungen, die ihm nach den §§ 1978, 1979
BGB aus dem Nachlass zu ersetzen sind, als Masseverbindlichkeit geltend machen (→ § 324
Rn. 8). Gemäß § 326 kann der Erblasser die ihm gegen den Erben zustehenden Ansprüche (als
Insolvenzforderung) geltend machen, auch wenn diese durch Vereinigung von Recht und Verbindlichkeit zunächst als erloschen galten, § 2377 BGB. Gleichermaßen kann der Erbe nach § 326
Abs. 2 unter Umständen Erstattung für von ihm befriedigte Nachlassverbindlichkeiten geltend
machen (→ § 326 Rn. 8).

III. Frist

Als Nachlassgläubiger muss der Erbschaftsverkäufer bei der Stellung eines Insolvenzantrages die 14
Frist des § 319 beachten.

D. Verfahren

I. Prozesse

Prozesse, die die Insolvenzmasse betreffen (Aktivprozesse und Passivprozesse gem. § 86), werden 15
gem. **§ 240 ZPO** unterbrochen, unabhängig davon, ob der Erbe oder der Käufer Prozesspartei
ist (Uhlenbruck/Lüer/Weidmüller Rn. 4; HmbKommInsR/Böhm Rn. 5; aA KPB/Holzer Rn. 5:
nur Prozesse gegen den Käufer). Prozesse, die gegen den Erben oder gegen den Käufer wegen
Insolvenzforderungen geführt werden, werden durch die Eröffnung des Nachlassinsolvenzverfahrens weder gem. § 240 ZPO unterbrochen noch hindern §§ 87, 174 Abs. 1 S. 1 deren Weiterführung, denn die Haftung des Erben für die Nachlassverbindlichkeit kann unabhängig davon bestehen, ob die Nachlassverbindlichkeit selbst zur Insolvenztabelle festzustellen ist.

II. Insolvenzantragsrecht des Erben

Der Erbe verliert mit dem Verkauf seine Berechtigung, als Schuldner gem. § 317 einen Insol- 16
venzantrag zu stellen (FK-InsO/Schallenberg/Rafiqpoor Rn. 7) (→ Rn. 16.1).

Ebenso entfällt die Pflicht des Erben gem. § 1980 BGB, Insolvenzantrag zu stellen. Ob der Erbschaftsver- 16.1
kauf einer ordnungsgemäßen Verwaltung des Nachlasses gem. § 1978 BGB entspricht, ist damit aber nicht
entschieden.

Abs. 2 gewährt dem Erben aber ein **eingeschränktes Antragsrecht.** Da dem Erben nach dem 17
Verkauf die Antragsberechtigung wie einem Insolvenzgläubiger zusteht, hat er nach § 317 Abs. 2
S. 1 den Eröffnungsgrund glaubhaft zu machen. Nach § 319 ist der Antrag auf Eröffnung des
Nachlassinsolvenzverfahrens außerdem unzulässig, wenn seit der Annahme der Erbschaft zwei
Jahre verstrichen sind.

1. Dem Käufer zur Last fallende Verbindlichkeiten

18 Der Erbe bleibt nach Abs. 2 S. 1 für Nachlassverbindlichkeiten, die im Verhältnis zwischen ihm und dem Käufer diesem zur Last fallen, **wie ein Nachlassgläubiger** zur Stellung eines Insolvenzantrages berechtigt. Dem Käufer fallen nach §§ 2376, 2378 BGB alle Nachlassverbindlichkeiten mit Ausnahme von Vermächtnissen, Auflagen und Pflichtteilen zur Last (→ Rn. 18.1).

18.1 Darüber hinaus fallen dem Käufer Vermächtnisse, Auflagen und Pflichtteile dann zur Last, wenn der Verkäufer nicht gem. §§ 2376 Abs. 1, 442 BGB für deren Nichtvorhandensein Gewähr leisten muss (MüKoInsO/Siegmann/Scheuing Rn. 6).

19 Für diese Verbindlichkeiten kommt dem Erben gegenüber dem Käufer die Rolle eines Nachlassgläubigers zu. Die Vorschriften sind insoweit aber dispositiv (MüKoBGB/Musielak § 2378 Rn. 2) und der Käufer kann im Innenverhältnis auch weitere Verbindlichkeiten übernehmen, sodass insoweit ggf. die vertraglichen Vereinbarungen des Erbschaftskaufs im Insolvenzantrag darzulegen sind. Im Ergebnis soll der Erbe zur Stellung des Insolvenzantrages berechtigt sein, wenn er vom Käufer die Erfüllung einer Nachlassverbindlichkeit verlangen kann (Uhlenbruck/Lüer/Weidmüller Rn. 1).

20 Die Antragsberechtigung des Erben besteht ohne Rücksicht darauf, ob der Erbe beschränkt oder unbeschränkt haftet (Hahn/Mugdan Bd. 7, 258).

2. Dem Käufer nicht zur Last fallende Verbindlichkeiten

21 Aber auch für die Verbindlichkeiten, die im Verhältnis zwischen dem Erben und dem Käufer dem Ersteren zur Last fallen (**Vermächtnisse, Auflagen und Pflichtteile**) soll dem Erben die Möglichkeit der Haftungsbeschränkung durch Stellung eines Insolvenzantrages nach Abs. 2 S. 2 erhalten bleiben. Kein Raum ist nach Abs. 2 S. 2 aber für das Antragsrecht, wenn der Erbe den Gläubigern unbeschränkt haftet oder wenn eine Nachlassverwaltung angeordnet ist, weil sich im letzteren Fall nach § 1975 BGB die Haftung des Erben ohnehin auf den Nachlass beschränkt (Hahn/Mugdan Bd. 7, 258).

3. Sonstige Verbindlichkeiten

22 Selbstverständlich ist der Erbe aber auch wegen Forderungen gem. §§ 330 Abs. 2 S. 3, 324 Abs. 1 Nr. 1 oder § 326 zur Stellung eines Insolvenzantrages berechtigt.

III. Einrücken des Käufers in Erbenposition

23 Der **Käufer** rückt mit Abschluss des Kaufvertrages im Hinblick auf das Nachlassinsolvenzverfahren in die Position des Erben ein, ohne Erbe zu werden. Er hat alle **Rechte und Pflichten des Schuldners,** insbesondere daher Auskunft zu erteilen (§§ 20, 97), die Vollständigkeit der Vermögensübersicht an Eides statt zu versichern (§ 153 Abs. 2) oder den Widerspruch im Prüfungstermin (§ 178) zu erklären.

IV. Verbleibende Pflichten des Verkäufers

24 Nach Abs. 1 tritt der Käufer nach dem Verkauf für das Insolvenzverfahren an die Stelle des Erben, sodass jedenfalls den Käufer alle Rechte und Pflichten als Schuldner treffen.

25 Bei **missbräuchlicher Rechtsgestaltung** (der Erbe entzieht sich durch Verkauf als Person dem Insolvenzverfahren), kommt die entsprechende Anwendung von Vorschriften in Betracht, die für ähnliche Fälle geschaffen sind. Kann der Käufer mangels Kenntnis bestimmte Auskünfte nicht geben, kommt etwa die analoge Anwendung von § 101 Abs. 2 in Betracht, dh die Auskunftspflicht des Erben bliebe auch dann bestehen, wenn der Verkauf der Erbschaft in den zwei Jahren vor Stellung des Insolvenzantrages erfolgte. Vor Schaffung des § 101 Abs. 2 bei Einführung der InsO wurde in ähnlicher Weise die analoge Anwendung von § 97 (damals: § 100 KO) für ausgeschiedene GmbH-Geschäftsführer erörtert (Kuhn/Uhlenbruck, 11. Aufl. 1994, KO § 100 Rn. 3a). Jedenfalls liegt insoweit eine Regelungslücke vor, da der Gesetzgeber übersehen hat, dass auch bezüglich des Erbschaftskaufes ein gewisses Missbrauchspotenzial vorliegt.

E. Entsprechende Anwendung

26 Nach § 2385 Abs. 1 BGB finden die Vorschriften über den Erbschaftskauf entsprechende Anwendung auf den Kauf einer von dem Verkäufer durch Vertrag erworbenen Erbschaft sowie auf andere Verträge, die auf die Veräußerung einer beim Veräußerer angefallenen oder anderweit von ihm erworbenen Erbschaft gerichtet sind.

Hierunter fallen zB **Tausch, Schenkung oder Rückübertragung** einer Erbschaft, wobei 27 dann auch die Form des § 2371 BGB zu wahren ist und auch eine Schenkung nicht durch Erfüllung geheilt wird (OLG Köln ZEV 2000, 240). Gemäß § 2385 Abs. 2 BGB haftet allerdings der Schenker nicht für die Freiheit der Erbschaft von Vermächtnissen oder Auflagen gem. § 2376 BGB, es sei denn, der Schenker handelte arglistig.

§ 331 Gleichzeitige Insolvenz des Erben

(1) Im Insolvenzverfahren über das Vermögen des Erben gelten, wenn auch über den Nachlass das Insolvenzverfahren eröffnet oder wenn eine Nachlassverwaltung angeordnet ist, die §§ 52, 190, 192, 198, 237 Abs. 1 Satz 2 entsprechend für Nachlassgläubiger, denen gegenüber der Erbe unbeschränkt haftet.

(2) Gleiches gilt, wenn ein Ehegatte der Erbe ist und der Nachlass zum Gesamtgut gehört, das vom anderen Ehegatten allein verwaltet wird, auch im Insolvenzverfahren über das Vermögen des anderen Ehegatten und, wenn das Gesamtgut von den Ehegatten gemeinschaftlich verwaltet wird, auch im Insolvenzverfahren über das Gesamtgut und im Insolvenzverfahren über das sonstige Vermögen des Ehegatten, der nicht Erbe ist.

Überblick

Die Vorschrift regelt das Verhältnis der Haftung verschiedener Haftungsmassen, wenn im Fall einer Nachlassinsolvenz oder bei angeordneter Nachlassverwaltung auch der haftende Erbe insolvent ist oder wenn der Erbe in Gütergemeinschaft lebt.

Übersicht

	Rn.		Rn.
A. Allgemeines	1	II. Rechtsfolgen	10
B. Insolvenz des Erben (Abs. 1)	7		
I. Voraussetzungen	8	C. Gesamtgut (Abs. 2)	15

A. Allgemeines

Bei Einführung der InsO wurde der Gesetzestext der Vorgängernorm § 234 KO nahezu unver- 1 ändert übernommen. Der Verweis zur Bestimmung des Stimmrechts auf die Vorgängervorschrift des § 77 wurde durch einen Verweis auf § 237 Abs. 1 S. 2 ersetzt.

Wenn **neben dem Nachlassinsolvenzverfahren** – vorher oder nachher – das **Insolvenzver-** 2 **fahren über das Vermögen des Erben** eröffnet wird, können die Nachlassgläubiger, denen der Erbe unbeschränkt haftet, ihre Forderungen sowohl im Nachlassinsolvenzverfahren als auch im Insolvenzverfahren über das Vermögen des Erben geltend machen. Die Gläubiger des Erben sind jedoch von der Teilnahme am Nachlassinsolvenzverfahren ausgeschlossen. Gleiches gilt, wenn das Insolvenzverfahren über das Vermögen des Erben mit einer Nachlassverwaltung zusammentreffen, da auch die letztere die Ausscheidung des Nachlasses zum Zweck der Befriedigung der Nachlassgläubiger unter Ausschluss der Gläubiger des Erben mit sich bringt (§§ 1984 ff. BGB). Das Verhältnis der Nachlassgläubiger zu den anderen Gläubigern des (trotz Eröffnung des Insolvenzverfahrens weiter haftenden) Erben ist dann ähnlich wie das Verhältnis der absonderungsberechtigten Gläubiger zu den sonstigen Gläubigern eines Schuldners (Hahn/Mugdan Bd. 7, 258).

Mit § 331 werden die **Nachlassgläubiger den Absonderungsberechtigten** gleichgesetzt, 3 indem sie am Insolvenzverfahren über das Vermögen des Erben nur noch in der Höhe eine Forderung zur Insolvenztabelle festgestellt bekommen, in der sie auf abgesonderte Befriedigung verzichtet haben oder bei der abgesonderten Befriedigung ausgefallen sind (→ Rn. 3.1 f.).

Der Gläubiger muss nur auf die Befriedigung im Nachlassinsolvenzverfahren verzichten, nicht auf die 3.1 Forderung als solche, weil dann auch die Forderung gegen den Erben nicht mehr geltend gemacht werden könnte (Braun/Bauch Rn. 2).

3.2 Obwohl es sich um die Insolvenz zweier getrennter Vermögensmassen handelt, erfolgt keine gesamtschuldnerische Haftung gem. § 43, sondern § 331 ordnet eine gestufte Haftung an (Uhlenbruck/Lüer/Weidmüller Rn. 5).

4 Voraussetzung für die Teilnahme eines Nachlassgläubigers (→ § 325 Rn. 4) am Insolvenzverfahren über das Vermögen des Erben ist daher auch, dass der Erbe dem betroffenen Gläubiger unbeschränkt haftet (§ 2013 BGB; → § 315 Rn. 13). Ohne unbeschränkte Erbenhaftung kann sich der Erbe im Nachlassinsolvenzverfahren oder bei Nachlassverwaltung gem. § 1975 BGB auf die Haftungsbeschränkung des Erben berufen. Die Nachlassverbindlichkeit nimmt dann nicht am Insolvenzverfahren über das Vermögen des Erben teil.

5 Die Vorschrift regelt das Verhältnis der Haftung verschiedener Haftungsmassen, wenn im Fall einer Nachlassinsolvenz (Nachlass als Haftungsmasse) auch der haftende Erbe insolvent ist (Eigenvermögen des Erben als Haftungsmasse) oder wenn der Erbe in Gütergemeinschaft lebt, sog. **Doppelinsolvenz.** Keine Regelung enthält § 331 dagegen für den Fall, dass der Nachlass bereits im Vermögen des Erben aufgegangen ist und die Insolvenz des Erben gegeben ist, sog. **Gesamtinsolvenz.** In einem solchen Fall kann gleichwohl bei Vorliegen der Voraussetzungen ein Nachlassinsolvenzverfahren eröffnet werden. Die Gegenstände des Nachlasses sind dann ggf. gem. § 47 aus dem Insolvenzverfahren über das Vermögen des Erben auszusondern; der Insolvenzverwalter über das Vermögen des Erben verliert mit Eröffnung des Nachlassinsolvenzverfahrens die Verfügungsbefugnis über die Nachlassgegenstände gem. §§ 81, 82. Jedenfalls bei angeordneter Testamentsvollstreckung ist der Nachlass bis zur Aussonderung eine Sondermasse (BGH NJW 2006, 2698), die der Befriedigung der Nachlassgläubiger dient. Fällt dem Schuldner erst im eröffneten Eigeninsolvenzverfahren eine Erbschaft an, die er annimmt (§ 83 Abs. 1), fallen zwar die Aktiva des Nachlasses in die Insolvenzmasse des Eigeninsolvenzverfahrens (MüKoInsO/Siegmann/Scheuing Rn. 8). Die Passiva sind demgegenüber Neuverbindlichkeiten und nehmen am Eigeninsolvenzverfahren des Erben (einschließlich Restschuldbefreiung) nicht Teil (MüKoInsO/Siegmann/Scheuing Rn. 8). Es handelt sich dabei auch nicht um Masseverbindlichkeiten gem. § 55, weil sie nicht auf einer Verwaltungshandlung des Insolvenzverwalters über das Vermögen des Erben beruhen. Mit Durchführung der Nachlassverwaltung oder des Nachlassinsolvenzverfahrens kann eine ordnungsgemäße Trennung der Vermögensmassen und Befriedigung der Gläubiger erfolgen.

6 Keine Regelung trifft § 331 für das **Verhältnis des Nachlassinsolvenzverfahrens zum Insolvenzverfahren über das Vermögen des Erben.** Der Erbeninsolvenzverwalter kann ggf. Ansprüche gem. § 324 als Masseforderungen geltend machen oder sonstige Nachlassverbindlichkeiten zur Insolvenztabelle anmelden. Umgekehrt kann der Nachlassinsolvenzverwalter Forderungen aus fehlerhafter Verwaltung des Nachlasses (§ 1978 BGB) im Insolvenzverfahren über das Vermögen des Erben geltend machen (HmbKommInsR/Böhm Rn. 4) oder Aussonderungsrechte geltend machen.

B. Insolvenz des Erben (Abs. 1)

7 Wird neben dem Nachlassinsolvenzverfahren (oder danach) ein Insolvenzverfahren über das Vermögen des unbeschränkt haftenden (→ § 315 Rn. 13) Erben durchgeführt, könnte der Nachlassgläubiger ohne § 331 Abs. 1 seine gesamte gegen den Nachlass bestehende Forderung als Insolvenzforderung (§§ 38, 43) geltend machen. Der Nachlassgläubiger erhielte dann die Quote auf seine gesamte Forderung, obwohl ihm noch der Nachlass selbst als Haftungssubstrat zur Verfügung steht. Die **Bevorzugung gegenüber den Eigengläubigern** des Erben wird dadurch beseitigt, dass der Nachlassgläubiger seine Forderung nur insoweit geltend machen kann, als er auf Befriedigung aus dem Nachlass verzichtet hat oder bei der Befriedigung aus dem Nachlass ausgefallen ist.

I. Voraussetzungen

8 Voraussetzung der haftungsbegrenzenden Wirkung des § 331 ist, dass der Nachlassgläubiger eine Forderung gegen den unbeschränkt haftenden Erben (→ § 315 Rn. 13) in dessen Insolvenzverfahren geltend macht.

9 Außerdem muss ein Insolvenzverfahren über den Nachlass eröffnet oder Nachlassverwaltung angeordnet sein. Wenn neben dem Erbeninsolvenzverfahren Testamentsvollstreckung angeordnet ist, gilt § 331 Abs. 1 analog (BGH NJW 2006, 2698; K. Schmidt InsO/K. Schmidt Rn. 2; aA Graf-Schlicker/Busch Rn. 1).

II. Rechtsfolgen

Sind die Voraussetzungen gegeben, kann der Gläubiger seine Forderung im Erbeninsolvenzverfahren so geltend machen, als ob ihm ein **Absonderungsrecht** bezüglich seiner Forderung **am Nachlass** zustünde. Technisch wird diese Rechtsfolge durch den Verweis auf die §§ 52, 190, 192, 198, 237 Abs. 1 S. 2 herbeigeführt. Nach § 52 sind Absonderungsberechtigte zur anteilsmäßigen Befriedigung aus der Insolvenzmasse nur berechtigt, soweit sie auf eine abgesonderte Befriedigung verzichten oder bei ihr ausgefallen sind. Sie müssen daher zuerst auf das Absonderungsrecht zugreifen und es ist nicht zulässig, zuerst für die gesamte Forderung aus dem Insolvenzverfahren Befriedigung zu erhalten, um nach Abschluss des Insolvenzverfahrens noch auf den Gegenstand zuzugreifen, an dem das Absonderungsrecht besteht. 10

Durch den Verweis auf die §§ 190, 192 und 198 wird sichergestellt, dass der Nachlassgläubiger im Erbeninsolvenzverfahren Ausschüttungen nur (jedoch im Umfang der übrigen Insolvenzgläubiger) erhält, wenn er nachweist, dass er auf die Befriedigung aus dem Nachlass verzichtet hat oder dabei ausgefallen ist (Hahn/Mugdan Bd. 7, 258) (→ Rn. 11.1 f.). 11

Problematisch ist dies insbesondere, wenn das Erbeninsolvenzverfahren vor dem Nachlassinsolvenzverfahren abgeschlossen wird, denn der Nachweis des Ausfalls im Erbeninsolvenzverfahren setzt die Verwertung des Gegenstandes voraus, in concreto also die Ausschüttung der Quote aus dem Nachlassinsolvenzverfahren (Uhlenbruck/Wegener § 190 Rn. 17). Eine Ersetzung des Ausfalles durch den Beweis dessen Verkehrswertes ist nicht zulässig (Uhlenbruck/Wegener § 190 Rn. 17), weswegen es nicht ausreichend ist, die im Nachlassinsolvenzverfahren zu erwartende Insolvenzdividende zu schätzen und im Übrigen den Ausfall zu behaupten. Der Gläubiger muss sich vielmehr entscheiden, entweder vollständig auf die Teilnahme am Nachlassinsolvenzverfahren zu verzichten, um in der Erbeninsolvenz die Quote für seine vollständige Forderung zu erhalten, oder in der Erbeninsolvenz keine Quote zu erhalten, weil er weder Ausfall noch Verzicht nachweisen kann. Nachteilig ist es für den Gläubiger jedenfalls, wenn er iHd selbst geschätzten vermutlichen Ausfalls auf die Befriedigung aus dem Nachlass verzichtet, um zumindest in dieser Höhe an der Verteilung in der Erbeninsolvenz teilzunehmen (so aber Nerlich/Römermann/Westphal § 190 Rn. 46 mwN). Dann nämlich erhält der Gläubiger seine Quote in der Erbeninsolvenz nur, soweit sein Verzicht reicht, und die Befriedigung aus dem Nachlass kann der Gläubiger nicht geltend machen, soweit er darauf verzichtet hat. Besser könnte es sein, insgesamt auf die Befriedigung aus dem Nachlass zu verzichten, um iHd vollen Forderung in der Erbeninsolvenz die Quote zu erhalten. Letztlich muss sich der Gläubiger rechtzeitig Kenntnis verschaffen, in welchem Insolvenzverfahren er die bessere Befriedigung erhält. Ggf. ist dabei der Aspekt der Restschuldbefreiung mit einzubeziehen (MüKoInsO/Siegmann/Scheuing Rn. 3). 11.1

Wird das Nachlassinsolvenzverfahren aber vor dem Erbeninsolvenzverfahren beendet, steht dem Erben die Erschöpfungseinrede nicht zu, §§ 1989, 1973 BGB, wenn er unbeschränkt haftet. 11.2

Mit dem Verweis nach § 237 Abs. 1 S. 2 wird dem Gläubiger im Erbeninsolvenzverfahren bei der Abstimmung in der Gläubigerversammlung das **Stimmrecht** im Umfang des Verzichts oder Ausfalls im Nachlassinsolvenzverfahren gewährt; solange der Ausfall nicht feststeht, sind die Forderungen mit dem mutmaßlichen Ausfall zu berücksichtigen. Obwohl § 331 mit dem Verweis auf § 237 direkt in das Insolvenzplanverfahren verweist, gilt die Stimmrechtsregelung nicht nur im Insolvenzplanverfahren, sondern in jeder Gläubigerversammlung (RegE BT-Drs. 12/2443, 232). § 77 Abs. 3 Nr. 2 zur Bestimmung des Stimmrechts ist insoweit nicht anzuwenden. 12

Sofern das Nachlassinsolvenzverfahren erst nach dem Insolvenzverfahren über das Vermögen des Erben eröffnet wird, mag es dazu gekommen sein, dass die Forderung des Nachlassgläubigers in voller Höhe zur Insolvenztabelle im Erbeninsolvenzverfahren festgestellt wurde, ohne dass die übliche Ergänzung „nur für den Ausfall" aufgenommen wurde. Eine Berichtigung der Insolvenztabelle dahingehend, dass die Forderung gegen den Erben „nur für den Ausfall" festgestellt wurde, ist dann aber nicht erforderlich, weil die Eintragung der Beschränkung der Feststellung in der Insolvenztabelle überflüssig (aber unschädlich) ist (BGH NJW 2006, 2698). Die Einschränkung des § 331 gilt gleichwohl auch in diesem Fall. 13

Ausnahmsweise ist der Nachlassgläubiger nicht auf die Geltendmachung seiner Forderung in der Erbeninsolvenz mit der Einschränkung des § 331 verwiesen, wenn der Erbe dem Nachlassgläubiger nicht aus der Erbenstellung (§ 1967 BGB), sondern aus einem anderen Grund persönlich haftet (HmbKommInsR/Böhm Rn. 4; teilweise aA Uhlenbruck/Lüer/Weidmüller Rn. 5). Das kommt bei Nachlasserbenschulden (→ § 325 Rn. 21) ebenso in Betracht, wie wenn der Erbe eine Bürgschaft oder einen Schuldbeitritt für eine Nachlassverbindlichkeit erklärt hat oder wenn er aus einem Gesellschafterverhältnis bezüglich einer im Nachlass befindlichen Gesellschaft persönlich haftet. Derartige Forderungen können in beiden Insolvenzverfahren in voller Höhe geltend gemacht werden. 14

C. Gesamtgut (Abs. 2)

15 Die Rechtsfolgen des § 331 Abs. 1 finden entsprechende Anwendung in drei in Abs. 2 näher beschriebenen Fällen. Die entsprechende Anwendung dient ebenfalls der Haftungsbegrenzung zu Gunsten der Nicht-Nachlassgläubiger.

16 Allgemeine Voraussetzung für die entsprechende Geltung der Rechtsfolgen des Abs. 1 ist, dass ein Ehegatte (oder Partner einer Lebenspartnerschaft, § 7 LPartG) Erbe ist und der Nachlass zum Gesamtgut (§ 1416 BGB) gehört. Abs. 2 setzt daher die Vereinbarung einer Gütergemeinschaft voraus (→ Rn. 16.1).

16.1 Gehört der Nachlass zum Sondergut (§ 1417 BGB) oder zum Vorbehaltsgut (§ 1418 BGB) des Erben, ist § 331 Abs. 2 nicht einschlägig, sondern ggf. Abs. 1.

17 Weitere Voraussetzung ist die unbeschränkte Erbenhaftung (→ § 315 Rn. 13).

18 Der erste in Abs. 2 geregelte Fall ist gegeben, wenn das Gesamtgut nicht vom Erben, sondern vom anderen Ehegatten allein verwaltet wird, was güterrechtlich als Abweichung vom gesetzlichen Regelfall der Vereinbarung bedarf, § 1421 BGB. Der alleine verwaltende Ehegatte haftet dann gem. § 1437 Abs. 2 BGB für die Verbindlichkeiten des anderen Ehegatten, die Gesamtgutsverbindlichkeiten sind, auch persönlich als Gesamtschuldner. Die Rechtsfolgen des Abs. 2 gelten dann auch im Insolvenzverfahren über das Vermögen des anderen Ehegatten. In diesem ist das Gesamtgut nach § 37 Abs. 1 Bestandteil der Insolvenzmasse (zu den Besonderheiten: Thiele/Salmen ZInsO 2014, 2259). Dem Nachlassgläubiger steht durch die Anwendung des § 331 daher lediglich eine Ausfallforderung im Insolvenzverfahren über das Vermögen des anderen Ehegatten zu.

19 Der zweite in Abs. 2 geregelte Fall liegt vor, wenn dem gesetzlichen Regelfall (§ 1421 BGB) entsprechend das Gesamtgut von den Ehegatten gemeinschaftlich verwaltet wird. Dann haftet das Gesamtgut auch für die Nachlassverbindlichkeiten (§§ 1459, 1461 BGB). Im Insolvenzverfahren über das Gesamtgut (§ 333) gelten die Rechtsfolgen des Abs. 1 jedoch entsprechend und dem Nachlassgläubiger steht durch die Anwendung des § 331 lediglich eine Ausfallforderung zu.

20 Der dritte in Abs. 2 geregelte Fall ist im Insolvenzverfahren über das sonstige Vermögen des anderen Ehegatten gegeben, also dann, wenn das Gesamtgut nach § 37 Abs. 2 nicht zur Insolvenzmasse gehört. Der andere Ehegatte haftet für die Nachlassverbindlichkeiten gem. § 1437 BGB als Gesamtschuldner. Aber auch dann sollen sich die Nachlassgläubiger primär an den Nachlass halten und ihnen steht im Übrigen durch die entsprechende Anwendung des Abs.1 nur eine Ausfallforderung zu.

Zweiter Abschnitt. Insolvenzverfahren über das Gesamtgut einer fortgesetzten Gütergemeinschaft

§ 332 Verweisung auf das Nachlassinsolvenzverfahren

(1) Im Falle der fortgesetzten Gütergemeinschaft gelten die §§ 315 bis 331 entsprechend für das Insolvenzverfahren über das Gesamtgut.

(2) Insolvenzgläubiger sind nur die Gläubiger, deren Forderungen schon zur Zeit des Eintritts der fortgesetzten Gütergemeinschaft als Gesamtgutsverbindlichkeiten bestanden.

(3) ¹Die anteilsberechtigten Abkömmlinge sind nicht berechtigt, die Eröffnung des Verfahrens zu beantragen. ²Sie sind jedoch vom Insolvenzgericht zu einem Eröffnungsantrag zu hören.

Überblick

Wird die Gütergemeinschaft nach dem Tod eines Ehegatten zwischen dessen Abkömmlingen und dem anderen Ehegatten fortgesetzt, ordnet § 332 die für das Nachlassinsolvenzverfahren geltenden Vorschriften an, wenn das Insolvenzverfahren über das Gesamtgut eröffnet wird.

Verweisung auf das Nachlassinsolvenzverfahren § 332 InsO

Übersicht

	Rn.		Rn.
A. Allgemeines	1	II. Folgen	12
B. Fortgesetzte Gütergemeinschaft	8		
I. Verfahrensvoraussetzungen	8	C. Insolvenzgläubiger (Abs. 2)	16

A. Allgemeines

Die Vorschrift wurde nahezu unverändert von § 36 KO übernommen. Die Einschränkung des § 236 S. 3 KO, nach der **persönliche Gläubiger des überlebenden Erben** von der Antragstellung ausgeschlossen waren, wurde nicht übernommen. 1

Ehegatten können nach § 1483 BGB **durch Ehevertrag vereinbaren,** dass die Gütergemeinschaft (§§ 1415 ff. BGB) nach dem Tod eines Ehegatten zwischen dem überlebenden Ehegatten und den gemeinschaftlichen Abkömmlingen fortgesetzt wird. 2

Der Anteil des verstorbenen Ehegatten am Gesamtgut gehört gem. § 1483 Abs. 1 S. 2 BGB dann aber nicht zu einem insolvenzfähigen Nachlass, sodass das Gesamtgut als Insolvenzmasse für ein Nachlassinsolvenzverfahren nicht zur Verfügung steht. Der überlebende Ehegatte haftet aber – im Gegensatz zu den anteilsberechtigten Abkömmlingen – nach § 1489 BGB für die Gesamtgutsverbindlichkeiten (§ 1488 BGB) der fortgesetzten Gütergemeinschaft persönlich. Dies gilt unabhängig davon, ob der überlebende Ehegatte vor Eintritt der fortgesetzten Gütergemeinschaft überhaupt das Vermögen verwaltet hat. Die Möglichkeit der Durchführung eines Insolvenzverfahrens über das Gesamtgut einer fortgesetzten Gütergemeinschaft nach § 11 Abs. 2 Nr. 2 dient aus Sicht des **überlebenden Ehegatten** daher der **Beschränkung seiner persönlichen Haftung** (Vermögensseparierung), soweit ihn die Haftung nur in Folge des Eintritts der fortgesetzten Gütergemeinschaft trifft und nicht schon aus anderen Gründen (vgl. § 1459 Abs. 2 BGB). 3

Aus der Notwendigkeit der Vermögensseparierung erklärt sich auch das Erfordernis einer ausdrücklichen Regelung für die fortgesetzte Gütergemeinschaft (dazu sehr ausf. FK-InsO/Schallenberg/Rafiqpoor Rn. 7). Obwohl der überlebende Ehegatte das Gesamtgut nach § 1487 Abs. 1 BGB alleine verwaltet, kann die Vorschrift des **§ 37 (alleine verwaltetes Gesamtgut)** keine Anwendung finden, weil jenes Insolvenzverfahren auch das restliche Vermögen des verwaltenden Ehegatten mit einbeziehen würde. Ein Insolvenzverfahren nach § 333 kann dagegen nicht durchgeführt werden, weil dessen Voraussetzungen **(gemeinschaftliche Verwaltung eines Gesamtguts)** nicht gegeben sind. 4

Aus Sicht der Insolvenzgläubiger (→ Rn. 16) besteht außerdem ein Interesse an einer zeitigen Eröffnung des Insolvenzverfahrens, ehe der Stand des Gesamtgutes keinerlei Befriedigungsmöglichkeit mehr bietet (Hahn/Mugdan VII 260). 5

Wird über den Nachlass des verstorbenen Ehegatten ein **Nachlassinsolvenzverfahren** eröffnet, ist zwar am Gesamtgut nicht Bestandteil des Insolvenzverfahrens, weil dieser nicht zum Nachlass gehört (§ 1483 Abs. 1 S. 3 BGB). Das Insolvenzverfahren wird dann lediglich über das Sonder- und über das Vorbehaltsgut durchgeführt. Wird dagegen ein **Insolvenzverfahren über das Vermögen des überlebenden Ehegatten** eröffnet, fällt das Gesamtgut gem. § 37 Abs. 3 in die Insolvenzmasse (→ Rn. 6.1 f.). 6

Der Insolvenzverwalter über das Vermögen des überlebenden Ehegatten ist befugt, für diesen die Eröffnung des Insolvenzverfahrens über das Gesamtgut der fortgesetzten Gütergemeinschaft zu beantragen. Das Gesamtgut scheidet bei Verfahrenseröffnung aus der Insolvenzmasse aus und bildet eine eigene Insolvenzmasse und es ist § 331 anzuwenden. 6.1

Wird das Insolvenzverfahren über das Gesamtgut der fortgesetzten Gütergemeinschaft bereits vor dem Insolvenzverfahren über das Vermögen des überlebenden Ehegatten eröffnet, wird das Gesamtgut zu keiner Zeit Insolvenzmasse im letztgenannten Verfahren (FK-InsO/Schallenberg/Rafiqpoor Rn. 56). 6.2

Insolvenzverfahren über das Vermögen der **anteilsberechtigten Abkömmlinge** berühren das Gesamtgut nicht (§ 37 Abs. 3). 7

B. Fortgesetzte Gütergemeinschaft

I. Verfahrensvoraussetzungen

Für die Durchführung des Insolvenzverfahrens verweist § 332 auf die §§ 315 ff., sodass die dortigen Verfahrensvoraussetzungen und dadurch mittelbar die **allgemeinen Vorschriften** gelten. 8

9 Erforderlich ist zunächst das Vorliegen einer fortgesetzten Gütergemeinschaft. Neben der **vertraglichen Vereinbarung gem.** § **1483 BGB,** wonach die Gütergemeinschaft fortgesetzt werden soll, setzt die Durchführung des Insolvenzverfahrens nach § 332 daher außerdem voraus, dass der überlebende Ehegatte die Fortsetzung der Gütergemeinschaft **nicht** gem. § 1489 Abs. 2 BGB **fristgemäß abgelehnt** hat oder dass diese nicht aus anderen Gründen nicht entstanden ist (vgl. dazu übersichtlich BeckOK BGB/Siede/Spernath BGB § 1483 Rn. 7–8, zB wenn keine Abkömmlinge existieren) und dass die **Auseinandersetzung** noch nicht erfolgt ist (entgegen der allgM mit zutreffenden Argumenten MüKoInsO/Siegmann/Scheuing § 332 Rn. 2). Zur **Glaubhaftmachung** der Existenz der fortgesetzten Gütergemeinschaft kann ein entsprechendes Zeugnis des Nachlassgerichts vorgelegt werden (§ 1507 BGB) (→ Rn. 9.1).

9.1 Sofern die Ablehnungsfrist noch nicht abgelaufen ist, soll eine Aussetzung des Verfahrens erfolgen können (FK-InsO/Schallenberg/Rafiqpoor Rn. 53).

9.2 Wenn keine fortgesetzte Gütergemeinschaft entsteht, fällt der Anteil des Erblassers an der Gütergemeinschaft gem. § 1482 BGB in den Nachlass, über den ggf. ein Nachlassinsolvenzverfahren eröffnet werden kann.

10 **Antragsberechtigt** sind der überlebende **Ehegatte** sowie alle **Insolvenzgläubiger** (→ Rn. 16) sowie die in § 317 genannten Verwaltungspersonen. Nicht in die InsO übernommen wurde die Regelung des § 236 S. 3 KO, wonach den **Gläubiger,** denen der überlebende Ehegatte bereits zur Zeit des Eintritts der fortgesetzten Gütergemeinschaft persönlich haftete, das Antragsrecht versagt wurde. Auch sie sind im Rahmen des allgemeinen Rechtsschutzinteresses (§ 14) antragsberechtigt (RegE, BT-Drs. 12/2443, 233). Nicht zur Stellung des Insolvenzantrages berechtigt sind die **anteilsberechtigten Abkömmlinge** des Erblassers gem. Abs. 3 als solche, weil diese nach § 1489 Abs. 3 BGB nicht durch den Eintritt der fortgesetzten Gütergemeinschaft haften. Sie haben daher kein rechtlich schützenswertes Interesse an der Durchführung des Insolvenzverfahrens. Allerdings sind sie zur Wahrung ihrer Rechte vom Insolvenzgericht zum Eröffnungsantrag zu hören. Eine **Verpflichtung** zur Stellung des Insolvenzantrages besteht gem. § 1489 Abs. 2 iVm §§ 1980, 1985 BGB für den überlebenden Ehegatten und den Gesamtgutsverwalter.

11 **Eröffnungsgründe** sind die Überschuldung (Verweis in Abs. 1 auf § 320, aA KPB/Holzer Rn. 8) und die Zahlungsunfähigkeit des Gesamtguts sowie, wenn der überlebende Ehegatte oder ein Gesamtgutsverwalter die Eröffnung beantragt, auch die drohende Zahlungsunfähigkeit (→ § 320 Rn. 1). Der Insolvenzgrund muss im Zeitpunkt der Verfahrenseröffnung, nicht aber schon bei Eintritt der fortgesetzten Gütergemeinschaft vorliegen (RegE, BT-Drs. 12/2443, 233).

II. Folgen

12 **Schuldner** im Sinne der Verfahrensvorschriften ist lediglich der überlebende Ehegatte (Uhlenbruck/Lüer/Weidmüller Rn. 4). Den anteilsberechtigten Abkömmlingen als solchen kommt nicht nur kein Antragsrecht zu, sondern sie können in der konsequenten Weiterführung dieses Gedankens auch keine sonstigen Rechte als Schuldner im Verfahren geltend machen.

13 **Insolvenzmasse** ist das Gesamtgut, wie dem **Bestand,** den es zur Zeit des Eintritts der fortgesetzten Gütergemeinschaft hatte (§ 1489 Abs. 2; FK-InsO/Schallenberg/Rafiqpoor Rn. 39 mwN). Außerdem fallen Ansprüche wegen **anfechtbarer Rechtshandlungen** in die Insolvenzmasse. Zur Insolvenzmasse gehören aber auch Ansprüche gegen den überlebenden Ehegatten aus **pflichtwidriger Verwaltung** (vgl. § 1489 Abs. 2 und → § 315 Rn. 37). Ob **Vermögenserwerb** nach Eintritt der fortgesetzten Gütergemeinschaft und vor Eröffnung des Insolvenzverfahrens zur Insolvenzmasse gehört, ist teilweise streitig. Soweit Surrogate gem. § 1473 BGB oder Hinzuerwerb nach § 1485 BGB betroffen sind, fallen diese in die Insolvenzmasse. Anderer Neuerwerb fällt entgegen einer verbreiteten Meinung ebenfalls in die Insolvenzmasse (dagegen zB MüKoInsO/Siegmann/Scheuing Rn. 5; FK-InsO/Schallenberg/Rafiqpoor Rn. 40; Uhlenbruck/Lüer/Weidmüller Rn. 5; dafür K. Schmidt InsO/K. Schmidt Rn. 6; → Rn. 13.1).

13.1 Der Verweis in § 1489 Abs. 2 BGB, wonach das Gesamtgut nach dem Bestand, den es zur Zeit des Eintritts der fortgesetzten Gütergemeinschaft hat, an die Stelle des Nachlasses tritt, spricht nicht dagegen. Die Vorschrift bezweckt gerade den Schutz der Gesamtgutsgläubiger vor nachteiligen Veränderungen des Gesamtguts, sodass nicht ersichtlich ist, wieso sich positive Veränderungen nicht zu deren Gunsten auswirken sollen. Die Gläubiger, die wegen Absatz 2 nicht am Insolvenzverfahren teilnehmen, weil sie erst nach Eintritt der fortgesetzten Gütergemeinschaft eine Gesamtgutsverbindlichkeit begründet haben, sind insoweit ebenfalls nicht schutzbedürftig, weil ihnen der überlebende Ehegatte persönlich haftet.

14 Soweit die **persönliche Haftung den überlebenden Ehegatten** nur infolge des Eintritts der fortgesetzten Gütergemeinschaft trifft, finden nach § 1489 Abs. 2 BGB die §§ 1975 ff. BGB entsprechende Anwendung; an die Stelle des Nachlasses tritt dabei das Gesamtgut in dem Bestand, den es zur Zeit des Eintritts der fortgesetzten Gütergemeinschaft hat. Ihn trifft daher auch die Haftung für fehlerhafte Geschäftsführung und verspätete Insolvenzantragstellung gem. §§ 1978 ff. BGB.

Soweit der **überlebende Ehegatte** auch persönlich für Verbindlichkeiten haftet, deren Erfüllung aus dem Gesamtgut verlangt werden kann, ist der Insolvenzverwalter nicht zur **Einziehung** dieser Forderungen befugt. Die Verweisung in das Recht des Nachlassinsolvenzverfahrens bewirkt, dass die Forderung gegen den mithaftenden Ehegatten vom Gläubiger selbst durchgesetzt werden muss. § 334 Abs. 1, der für die Durchsetzung der Haftung gegen die Ehegatten im Insolvenzverfahren über ein gemeinschaftlich verwaltetes Gesamtgut (entsprechend § 93) dem Insolvenzverwalter überträgt, ist nicht analog anzuwenden (→ § 315 Rn. 44). Denn auch der Anspruch gegen den unbeschränkt haftenden Erben wird nicht vom Insolvenzverwalter, sondern von den Erben selbst durchgesetzt (→ § 315 Rn. 20; MüKoInsO/Siegmann/Scheuing Rn. 5). 15

C. Insolvenzgläubiger (Abs. 2)

Insolvenzgläubiger sind gem. Abs. 2 nur die Gläubiger, deren Forderung schon **zur Zeit des** 16 **Eintritts der fortgesetzten Gütergemeinschaft als Gesamtgutsverbindlichkeit** bestand (§ 1437 BGB). Nicht zu den Insolvenzgläubigern gehören in zeitlicher Hinsicht in Abweichung von § 327 daher Pflichtteilsberechtigte und Gläubiger von Auflagen oder Vermächtnissen, weil diese erst mit dem Erbfall entstehen.

Was der **überlebende Ehegatte** zu dem Gesamtgut schuldet oder aus dem Gesamtgut zu 17 fordern hat, ist nach § 1487 Abs. 2 BGB erst nach der Beendigung der fortgesetzten Gütergemeinschaft zu leisten. Unabhängig von der Frage, ob die fortgesetzte Gütergemeinschaft durch Eröffnung des Insolvenzverfahrens beendet wird, kann der überlebende Ehegatte die Forderung aber wegen § 41 im Insolvenzverfahren geltend machen. Forderungen gem. § 326 kann er ebenfalls anmelden.

Die Vorschrift diente in ihrer ursprünglichen Fassung dazu, den Zugriff von Gläubigern des 18 überlebenden Ehegatten auf das Gesamtgut zu verhindern (Hahn/Mugdan VII 260). Es handelt sich daher um eine Einschränkung des § 325, wonach im Nachlassinsolvenzverfahren nur Nachlassverbindlichkeiten geltend gemacht werden dürfen.

Forderungen nach § 324 sind als **Masseverbindlichkeit** damit aber wegen der Verweisung des 19 Abs. 1 nicht ausgeschlossen, auch wenn sie erst nach Verfahrenseröffnung entstanden sind.

Dritter Abschnitt. Insolvenzverfahren über das gemeinschaftlich verwaltete Gesamtgut einer Gütergemeinschaft

§ 333 Antragsrecht. Eröffnungsgründe

(1) Zum Antrag auf Eröffnung des Insolvenzverfahrens über das Gesamtgut einer Gütergemeinschaft, das von den Ehegatten gemeinschaftlich verwaltet wird, ist jeder Gläubiger berechtigt, der die Erfüllung einer Verbindlichkeit aus dem Gesamtgut verlangen kann.

(2) ¹Antragsberechtigt ist auch jeder Ehegatte. ²Wird der Antrag nicht von beiden Ehegatten gestellt, so ist er zulässig, wenn die Zahlungsunfähigkeit des Gesamtguts glaubhaft gemacht wird; das Insolvenzgericht hat den anderen Ehegatten zu hören. ³Wird der Antrag von beiden Ehegatten gestellt, so ist auch die drohende Zahlungsunfähigkeit Eröffnungsgrund.

Überblick

Die Vorschrift dient zusammen mit § 334 der näheren Ausgestaltung des bereits nach § 11 Abs. 2 Nr. 2 zulässigen Sonderinsolvenzverfahrens über das Gesamtgut einer Gütergemeinschaft und regelt das Antragsrecht und die Eröffnungsgründe.

Übersicht

	Rn.		Rn.
A. Allgemeines	1	III. Insolvenzmasse	13
		IV. Schuldner	19
B. Sonderinsolvenzverfahren über das Gesamtgut	2	V. Gläubiger	21
		VI. Anfechtung	23
I. Voraussetzungen	2	VII. Insolvenzplan	24
1. Gemeinschaftlich verwaltetes Gesamtgut	3	C. Rechtsfolge für die Gütergemeinschaft	25
2. Eröffnungsgrund	5		
3. Antragsberechtigung	7		
II. Abgrenzung zu § 37	11	D. Beendete Gütergemeinschaft	27

A. Allgemeines

1 Bereits die KO kannte in den im Jahr **1957 geschaffenen** §§ 236a–236c die Möglichkeit eines selbstständigen Konkurses über das gemeinschaftliche Gesamtgut. Der Regierungsentwurf für die InsO (BT-Drs. 12/2443) regelte die Materie dann an den relevanten Stellen (§§ 19, 22 Abs. 3, 105 Abs. 2, 270 Abs. 3 RegE InsO). Mit der Empfehlung des Rechtsausschusses (BT-Drs. 12/7302) fand wieder eine Zusammenfassung der Vorschriften in den §§ 378a und 378b statt, deren Wortlaut mit der aktuellen Regelung übereinstimmt.

B. Sonderinsolvenzverfahren über das Gesamtgut

I. Voraussetzungen

2 Nach § 11 Abs. 2 Nr. 2 ist die Eröffnung eines Insolvenzverfahrens über das **Gesamtgut einer Gütergemeinschaft, das von den Ehegatten gemeinschaftlich verwaltet wird,** zulässig. Daran knüpfen §§ 333 und 334 an, ohne dies gesondert zu erwähnen. Für das Verfahren gelten die allgemeinen Vorschriften, sofern nicht §§ 333 f. Abweichungen vorsehen. Auch die Durchführung des Insolvenzverfahrens als Eigenverwaltungsverfahren gem. §§ 270 ff. ist möglich, wie sich aus der Erwähnung des Sachwalters in § 334 Abs. 1 ergibt.

1. Gemeinschaftlich verwaltetes Gesamtgut

3 Da die gesetzliche Form des ehelichen Güterstands die Zugewinngemeinschaft (§§ 1363 ff. BGB) ist, kann die Gütergemeinschaft ausschließlich durch den (formbedürftigen, § 1410 BGB) Abschluss eines **Ehevertrags** (§ 1415 BGB) begründet werden. Die Gütergemeinschaft kann nach § 7 LPartG auch für **Lebenspartner** vereinbart werden. Auch wenn §§ 333 f. nicht ausdrücklich darauf verweisen (Uhlenbruck/Lüer/Weidmüller Rn. 1), sind diese dann anwendbar.

4 Nach § 1421 BGB sollen die Ehegatten im Ehevertrag, durch den sie die Gütergemeinschaft vereinbaren, bestimmen, ob das Gesamtgut von dem Mann oder von der Frau oder von ihnen gemeinschaftlich verwaltet wird. Enthält der **Ehevertrag keine Bestimmung** darüber, so verwalten die Ehegatten das Gesamtgut gemeinschaftlich.

2. Eröffnungsgrund

5 Eröffnungsgrund ist die **Zahlungsunfähigkeit** (→ § 17 Rn. 3) des Gesamtguts. Abzustellen ist dabei in Übereinstimmung mit dem Wortlaut und mit der hM auf das Gesamtgut und nicht auf die Zahlungsfähigkeit der Ehegatten. Anders formulierte noch § 236a KO, der auf die Zahlungsunfähigkeit der beiden Ehegatten abstellte. Dass die Gesamtgutsverbindlichkeiten aus dem Vermögen eines Ehegatten bezahlt werden können, hindert die Eröffnung des Insolvenzverfahrens über das Gesamtgut nicht (MüKoInsO/Schumann Rn. 15), obwohl die Ehegatten nach § 1459 BGB für die Gesamtgutsverbindlichkeiten haften. Soweit die Feststellung der **Zahlungseinstellung** (→ § 17 Rn. 30) eine Rolle spielt, ist darauf abzustellen, dass für Außenstehende erkennbar sein muss, dass gerade die Gesamtgutsverbindlichkeiten nicht mehr bedient werden. Haben beide Ehegatten die Zahlungen eingestellt, ist dieses Kriterium jedenfalls erfüllt.

6 Wird der Antrag von beiden Ehegatten gestellt, ist nach Abs. 2 S. 3 auch die **drohende Zahlungsunfähigkeit** (→ § 18 Rn. 8) Eröffnungsgrund.

Überschuldung (§ 19) des Gesamtguts ist dagegen kein Eröffnungsgrund (allgM), weil das **6a** Gesamtgut keine juristische Person ist und eine besondere Regelung wie in § 320 (→ § 321 Rn. 1), wonach für eine Nachlassinsolvenzverfahren auch die Überschuldung ein Eröffnungsgrund ist, nicht existiert.

3. Antragsberechtigung

Jeder **Gläubiger,** der die Erfüllung einer Verbindlichkeit **aus dem Gesamtgut** verlangen **7** kann, ist antragsberechtigt (Abs. 1). Das sind die Gläubiger des Mannes und die Gläubiger der Frau nach § 1459 BGB, soweit sich aus den §§ 1460–1462 BGB nichts anderes ergibt (Gesamtgutsverbindlichkeiten). Gläubiger, denen ein Ehegatte nur mit dem **Vorbehalts- oder Sondergut** haftet, sind nicht antragsberechtigt (K. Schmidt InsO/K. Schmidt Rn. 3; → Rn. 7.1 ff.).

Das Gesamtgut haftet nach § 1460 BGB für eine Verbindlichkeit aus einem **Rechtsgeschäft,** das ein **7.1** Ehegatte während der Gütergemeinschaft vornimmt, nur dann, wenn der andere Ehegatte dem Rechtsgeschäft zustimmt oder wenn das Rechtsgeschäft ohne seine Zustimmung für das Gesamtgut wirksam ist (§§ 1454–1456 BGB). Wichtigster Fall für die zuletzt genannte Ausnahme von der eingeschränkten Gesamtguthaftung dürfte der Fall sein, in dem der Ehegatte in das Betreiben eines **selbstständigen Erwerbsgeschäfts** durch den anderen Ehegatten eingewilligt hat.

Wenn ein Ehegatte eine **Erbschaft** oder ein **Vermächtnis** während der Gütergemeinschaft als Vorbe- **7.2** haltsgut oder als Sondergut erwirbt, haftet das Gesamtgut nach § 1461 BGB nicht.

Nach § 1462 haftet das Gesamtgut nicht für eine Verbindlichkeit eines Ehegatten, die während der **7.3** Gütergemeinschaft infolge eines zum **Vorbehaltsgut** oder zum **Sondergut** gehörenden Rechts oder des Besitzes einer dazu gehörenden Sache entsteht, es sei denn dass das Recht oder die Sache zu einem Erwerbsgeschäft gehört, das ein Ehegatte mit Einwilligung des anderen Ehegatten selbständig betreibt, oder wenn die Verbindlichkeit zu den Lasten des Sonderguts gehört, die aus den Einkünften beglichen zu werden pflegen.

Da nach § 1459 BGB **Gesamtgutsverbindlichkeiten die Regel** sind, hat das Gegenteil zu beweisen, **7.4** wer sich darauf beruft.

Nach Abs. 2 S. 1 sind beide Ehegatten antragsberechtigt. Um ein höchstpersönliches Recht **8** handelt es sich dabei nicht, sodass auch ein **Betreuer** mit entsprechendem Aufgabenkreis den Antrag stellen kann. Sofern über das Vermögen eines Ehegatten das Insolvenzverfahren eröffnet ist, bleibt er selbst antragsberechtigt, da die Verfügungsbefugnis für das Gesamtgut nicht gem. § 80 auf seinen **Insolvenzverwalter** übergeht.

Der Antrag muss die **allgemeinen Zulässigkeitserfordernisse** erfüllen (§§ 2, 3, 11 ff.) erfül- **9** len. Legt der Gläubiger zur Glaubhaftmachung seiner Forderung einen Titel vor, müssen darin nach § 740 ZPO beide Ehegatten zur Leistung verurteilt sein. Betreibt ein Ehegatte ein selbstständiges Erwerbsgeschäft, darf der Gläubiger nach § 741 ZPO aber bereits aus einem nur auf den das Geschäft Betreibenden lautenden Titel in das gemeinschaftlich verwaltete Gesamtgut vollstrecken, es sei denn, dass zur Zeit des Eintritts der Rechtshängigkeit der Einspruch des anderen Ehegatten gegen den Betrieb des Erwerbsgeschäfts oder der Widerruf seiner Einwilligung zu dem Betrieb im Güterrechtsregister eingetragen war. Daher genügt in diesem Fall auch zur Stellung des Insolvenzantrags über das gemeinschaftlich verwaltete Gesamtgut die Vorlage eines entsprechenden Titels.

Stellt nur einer der beiden Ehegatten den Antrag, ist dieser nach Abs. 2 S. 2 nur zulässig, wenn **10** die Zahlungsunfähigkeit des Gesamtguts **glaubhaft** iSd § 294 ZPO gemacht wird. Der andere Ehegatte ist dann vom Insolvenzgericht zu dem Antrag gem. § 10 zu hören (vgl. insoweit → § 15 Rn. 10).

II. Abgrenzung zu § 37

Zu unterscheiden ist die Eröffnung des Sonderinsolvenzverfahrens über das gemeinschaftlich **11** verwaltete Gesamtgut nach § 333 von dem Fall des alleine von einem Ehegatten verwalteten Gesamtguts nach § 37. Danach ist das alleine von einem Ehegatten verwaltete Gesamtgut im Insolvenzverfahren über dessen Vermögen Bestandteil von dessen Insolvenzmasse, während das Gesamtgut durch ein Insolvenzverfahren über das Vermögen des anderen Ehegatten nicht berührt wird.

Problematisch für den Gläubiger ist aber, wenn er bei gemeinschaftlich verwaltetem Gesamtgut **12** die Zwangsvollstreckung aus einem selbstständigen Erwerbsgeschäft des einen Ehegatten in das Gesamtgut betreibt und dabei einen nur gegen diesen Ehegatten ergangenen Titel verwendet, was nach § 741 ZPO ausreicht. Beantragt der Gläubiger nachfolgend die Eröffnung des Insolvenzverfahrens über das Vermögen des das Erwerbsgeschäft betreibenden Ehegatten, fällt in diesem Insolvenzverfahren das Gesamtgut nicht in die Insolvenzmasse. Wenn der Gläubiger keine Kenntnis vom Güterstand hat, etwa weil dieser nicht nach § 1412 BGB nicht im Güterrechtsregister eingetragen ist, kann es ihm passieren, dass der von ihm erhoffte Gegenstand (Gesamtgut) nicht in der Insolvenzmasse fällt.

III. Insolvenzmasse

13 Gegenstand des Insolvenzverfahrens ist nur das **Gesamtgut** iSd § 1416 BGB, das den Ehegatten in Gesamthandsgemeinschaft zusteht (§ 1419 BGB). Sonder- und Vorbehaltsgut, also das Eigenvermögen der Ehegatten, fallen nicht in die Insolvenzmasse und sind ggf. auszusondern.

14 Nach § 35 zählt zur Insolvenzmasse das bei Eröffnung des Insolvenzverfahrens vorhandene Vermögen sowie der **Neuerwerb** des Gesamtguts während des laufenden Insolvenzverfahrens. Da vom Gesamtgut nach § 1417 BGB das Sondergut ausgeschlossen ist und Sondergut nur diejenigen Gegenstände sind, die nicht übertragen werden können, fallen die **Einkommensanteile** beider Ehegatten, soweit sie pfändbar sind, in das Gesamtgut und – da auch Neuerwerb insolvenzbefangen ist – auch in die Insolvenzmasse. Die Ehegatten können dem nun durch Änderung des Güterstands begegnen, weil die Ehegatten ab Beendigung des Güterstandes kein Gesamtgut mehr erwerben. Güterrechtsverträge, durch die Ehegatten den Güterstand der allgemeinen Gütergemeinschaft aufheben und Gütertrennung vereinbaren, können von künftigen Gläubigern auch nicht mit der Schenkungsanfechtung angefochten werden (BGH NJW 1972, 48). Neben einer vertraglichen Änderung des Güterstands kommt auch eine Aufhebungsklage gem. § 1469 in Betracht (MüKo-InsO/Schumann Rn. 5).

15 Nicht zur Insolvenzmasse gehört der Anspruch der Gläubiger wegen der **gesamtschuldnerischen Mithaftung der Ehegatten** nach § 1459 BGB. Dieser ist aber nach § 334 Abs. 1 durch den Insolvenzverwalter geltend zu machen.

16 Über einen **im Gesamtgut befindlichen Nachlass** kann ein gesondertes Nachlassinsolvenzverfahren eröffnet werden (HmbKommInsR/Böhm Rn. 6).

17 Bei gemeinsam verwaltetem Gesamtgut berührt nach § 37 Abs. 2 das Insolvenzverfahren über das Vermögen eines Ehegatten das Gesamtgut nicht.

18 Reicht die Insolvenzmasse zur Deckung der **Verfahrenskosten** nicht aus, ist eine Stundung der Kosten nach § 4a nicht möglich.

IV. Schuldner

19 Das Gesamtgut als solches besitzt keine eigene Rechtspersönlichkeit und kann daher nicht selbst Schuldner des Insolvenzverfahrens sein (Uhlenbruck/Lüer/Weidmüller Rn. 4).

20 Schuldner des Insolvenzverfahrens sind daher die **Vermögensträger des Gesamtguts,** also die beiden Ehegatten. Soweit die Verfahrenshandlungen bezwecken, die Rechte der Beteiligten zu wahren, können sie diese Rechte jeweils mit Wirkung für sich selbst vornehmen und Mitteilungen sind deswegen stets an beide Ehegatten vorzunehmen. Die Auskunfts- und Mitwirkungspflichten (§§ 20 ff., 97 ff.) treffen sie je einzeln.

V. Gläubiger

21 Insolvenzgläubiger sind alle, die bei Eröffnung des Insolvenzverfahrens einen begründeten Vermögensanspruch iSd § 38 gegen das Gesamtgut haben (→ Rn. 7). Nur diesen steht die Verwertung des Gesamtguts zu (HmbKommInsR/Böhm Rn. 1). **Eigengläubiger** eines Ehegatten nach §§ 1460 ff. BGB können ihre Forderung nicht geltend machen.

22 Auch der **Ehegatte** kann Gläubiger des Gesamtguts sein.

VI. Anfechtung

23 Für die Frage, ob der Schuldner mit Gläubigerbenachteiligungsvorsatz gehandelt hat, genügt der Vorsatz bei dem handelnden Ehegatten (so auch Uhlenbruck/Lüer/Weidmüller Rn. 7). Der Anfechtungsgegner ist schon dann eine nahestehende Person iSd § 138, wenn das Näheverhältnis zu einem der beiden Ehegatten erfüllt ist.

VII. Insolvenzplan

24 Für den Insolvenzplan gilt die Sonderregelung des § 334 Abs. 2 (→ § 334 Rn. 12).

C. Rechtsfolge für die Gütergemeinschaft

Durch Eröffnung des Insolvenzverfahrens über das Gesamtgut ändert sich der **Güterstand** der Eheleute nicht und die Gütergemeinschaft wird nicht beendet oder auseinandergesetzt (§§ 1471 ff. BGB). Nach Aufhebung des Insolvenzverfahrens besteht die Gütergemeinschaft weiter. Aus der Insolvenztabelle kann gem. § 178 Abs. 3 iVm § 740 Abs. 2 ZPO in das nicht in vom Insolvenzverfahren erfasste (später erworbene) Gesamtgut vollstreckt werden. 25

Während des Insolvenzverfahrens erworbenes Vermögen des Gesamtguts (§ 1416 BGB) fällt in die Insolvenzmasse. 26

D. Beendete Gütergemeinschaft

Das bloße **Getrenntleben** hindert nach dem Wortlaut des § 333 die Durchführung eines Sonderinsolvenzverfahrens über das Gesamtgut nicht. 27

Das in der **Auseinandersetzung** befindliche Gesamtgut einer beendeten Gütergemeinschaft kann Gegenstand eines Sonderinsolvenzverfahrens nach § 333 sein (überzeugend MüKoInsO/Schumann Rn. 21 und FK-InsO/Schallenberg/Rafiqpoor Rn. 31; grundsätzlich auch Holzer NZI 2016, 713 mit Vorschlägen für eine Neuregelung und für die Einbeziehung von Neuerwerb in die Insolvenzmasse). Es wird nach § 1472 BGB von der Beendigung des Güterstandes bis zum Abschluss der Auseinandersetzung gemeinschaftlich verwaltet. Die im Rahmen der Verwaltung des Gesamtguts nach Beendigung der Gütergemeinschaft neu eingegangen Verbindlichkeiten werden keine Gesamtgutsverbindlichkeiten und sind von dem sie begründenden Ehegatten allein oder im Fall der Zustimmung oder Mitwirkung des anderen Teils von beiden anteilig zu tragen (OLG München FamRZ 1996, 170). 28

Die **Beendigung** des Güterstands **nach Beantragung** des Insolvenzverfahrens beeinflusst dessen Durchführung nicht. Eine Ausnahme gilt allenfalls, wenn das Gesamtgut noch vor Verfahrenseröffnung vollständig auseinandergesetzt ist. 29

Für die **fortgesetzte Gütergemeinschaft in der Liquidationsphase** gilt die Sondervorschrift des § 332 (aA MüKoInsO/Schumann Rn. 22). Insbesondere die Massegläubiger gem. § 324 bedürfen des Schutzes des Nachlassinsolvenzverfahrens. 30

§ 334 Persönliche Haftung der Ehegatten

(1) Die persönliche Haftung der Ehegatten für die Verbindlichkeiten, deren Erfüllung aus dem Gesamtgut verlangt werden kann, kann während der Dauer des Insolvenzverfahrens nur vom Insolvenzverwalter oder vom Sachwalter geltend gemacht werden.

(2) Im Falle eines Insolvenzplans gilt für die persönliche Haftung der Ehegatten § 227 Abs. 1 entsprechend.

Überblick

Die Vorschrift dient zusammen mit § 333 der näheren Ausgestaltung des bereits nach § 11 Abs. 2 Nr. 2 zulässigen Sonderinsolvenzverfahrens über das Gesamtgut einer Gütergemeinschaft und regelt die persönliche Haftung der Ehegatten.

A. Allgemeines

Bereits die KO kannte in den im Jahr **1957 geschaffenen** §§ 236a–236c die Möglichkeit eines selbständigen Konkurses über das gemeinschaftliche Gesamtgut. Der Regierungsentwurf für die InsO (BT-Drs. 12/2443) regelte die Materie dann an den relevanten Stellen (§§ 19, 22 Abs. 3, 105 Abs. 2, 270 Abs. 3 RegE InsO). Mit der Empfehlung des Rechtsausschusses (BT-Drs. 12/7302) fand wieder eine Zusammenfassung der Vorschriften in den §§ 378a und 378b statt, deren Wortlaut mit der aktuellen Regelung übereinstimmt. 1

Wesentlicher Unterschied zwischen neuen und dem alten Recht ist, dass nach § 236c KO Gläubiger bei gleichzeitiger Durchführung des Sonderinsolvenzverfahrens über das Gesamtgut und über das sonstige Vermögen eines Ehegatten Befriedigung aus dem sonstigen Vermögen nur in Höhe ihres Ausfalls beanspruchen konnten. Heute ist dagegen die Geltendmachung der persönlichen Haftung des Ehegatten gem. § 334 dem Insolvenzverwalter des Gesamtguts zugewie- 2 sen. Eine Änderung im Ergebnis soll damit aber nicht verbunden sein (für § 93: Uhlenbruck/ Hirte § 93 Rn. 23), es bleibt vielmehr beim Ausfallprinzip.

3   Die Vorschrift ist **§ 93 nachgebildet** (→ § 93 Rn. 1 ff.).

B. Haftung der Ehegatten

4   Die Vorschrift setzt voraus, dass eine **Gesamtgutsverbindlichkeit** besteht, für die ein Ehegatte haftet, und dass ein Sonderinsolvenzverfahren über das Vermögen eines gemeinschaftlich verwalteten Gesamtguts eröffnet ist. Die Haftung setzt eine gemeinschaftliche Begründung der Verbindlichkeit voraus (§ 1450 Abs. 1 BGB) oder die Möglichkeit eines Ehegatten, für das Gesamtgut zu handeln (vgl. insoweit BeckOK BGB/Siede/Spernath BGB § 1450 Rn. 6).

5   Für Gesamtgutsverbindlichkeiten haften beide Ehegatten nach **§ 1459 BGB,** soweit sich nicht aus den §§ 1460–1462 BGB etwas anderes ergibt, auch mit seinem Sonder- bzw. Vorbehaltsgut, das vom Insolvenzverfahren über das Gesamtgut im Übrigen nicht betroffen ist.

6   Ist eine Verbindlichkeit nur in der Person eines Ehegatten entstanden, aber im Rahmen seiner Befugnis, für das Gesamtgut zu handeln, so haften das eigene Sondervermögen des Ehegatten, außerdem nach §§ 1459 Abs. 1, 1460 BGB das Gesamtgut und für diese Gesamtgutsschuld wieder beide Ehegatten persönlich (§ 1459 Abs. 2 BGB).

I. Ohne Insolvenzplan

7   Die Vorschrift dient wie § 93 der **Haftungskonzentration.** Da die Ehegatten regelmäßig für die Verbindlichkeiten des Gesamtguts nach § 1459 Abs. 2 BGB haften, wird ein Wettlauf der einzelnen Gläubiger auf die persönlich mit dem Vorbehalts- bzw. Sondergut haftenden Ehegatten vermieden (BR-Drs. 1/92, 140; BT-Drs. 12/2443, 140). Am Ende wird freilich häufig auch ein Insolvenzverfahren über das Vermögen des Ehegatten stehen.

8   Soweit Ehegatten für Gesamtgutsverbindlichkeiten haften, darf diese Haftung nur durch den Insolvenzverwalter (oder in der Eigenverwaltung: Sachwalter) durchgesetzt werden (**Sperrfunktion**). Dieser hat, ohne dass ein Forderungsübergang stattfindet, die Haftung durchzusetzen (**Ermächtigungsfunktion**).

9   Die Zuweisung der Geltendmachung an den Insolvenzverwalter bedeutet, dass er die Forderung außergerichtlich und gerichtlich einfordern und dabei Zahlung an sich als Insolvenzverwalter verlangen darf. Mit den eingezogenen Beträgen hat der Insolvenzverwalter **ggf. eine Sondermasse** zu bilden, aus der – ggf. neben den Verfahrenskosten – nur diejenigen Gläubiger zu befriedigen sind, denen der in Anspruch genommene Ehegatte auch mit seinem Sonder- und Vorbehaltsgut haftete.

10 **Rechtsstreite** über Haftungsansprüche, die Abs. 1 unterfallen, werden bei Eröffnung des Insolvenzverfahrens unterbrochen. Der Insolvenzverwalter kann diese durch Erklärung der Aufnahme weiterführen.

11 Aufgrund ihrer Stellung im Gesetzeszusammenhang gilt die Vorschrift nur für die Haftung des Ehegatten beim gemeinschaftlich verwalteten Gesamtgut (FK-InsO/Schallenberg/Rafiqpoor Rn. 2). Für den Fall des § 37 (von einem Ehegatten alleine verwaltetes Gesamtgut) besteht keine entsprechende Vorschrift für die Haftung des nicht verwaltenden Ehegatten. Sie ist auch nicht erforderlich, weil selbst ein Wettlauf der Gläubiger auf den nicht verwaltenden Ehegatten nicht befürchten lässt, dass ein Insolvenzverfahren über das Vermögen des verwaltenden Ehegatten mangels Masse nicht eröffnet werden kann.

II. Mit Insolvenzplan

12 Abs. 2 ordnet an, dass im Fall eines Insolvenzplans für die persönliche Haftung der Ehegatten § 227 Abs. 1 entsprechend gilt. Es handelt sich dabei um eine zu § 227 Abs. 2 vergleichbare Vorschrift.

13 Sie bewirkt, dass die **Ehegatten** – bei Fehlen eine abweichenden Regelung (BR-Drs. 1/92, 202; BT-Drs. 12/2443, 202) – bezüglich ihrer persönlichen Haftung von der Verbindlichkeit **befreit** werden, wenn die Gläubiger die im gestaltenden Teil des Insolvenzplans im Verfahren über das Gesamtgut vorgesehene Befriedigung erhalten haben.

14 Bis zur Bestätigung des Insolvenzplans bleibt es aber bei der Geltung von Abs. 1.

Elfter Teil. Internationales Insolvenzrecht

Erster Abschnitt. Allgemeine Vorschriften

§ 335 Grundsatz

Das Insolvenzverfahren und seine Wirkungen unterliegen, soweit nichts anderes bestimmt ist, dem Recht des Staats, in dem das Verfahren eröffnet worden ist.

Überblick

Die Grundnorm des autonomen deutschen internationalen Insolvenzrechts (→ Rn. 1) regelt in ihrem Anwendungsbereich (→ Rn. 6 ff.) die Anwendbarkeit der lex fori concursus (→ Rn. 26 ff.).

Übersicht

	Rn.		Rn.
A. Überblick	1	II. Eröffnung eines Insolvenzverfahrens	15
		III. Internationale Zuständigkeit	22
B. Anwendungsbereich	6	C. Anwendbarkeit der lex fori concursus	26
I. Unanwendbarkeit der EuInsVO	6		

A. Überblick

§ 335 bildet neben der Anerkennungsregel in → § 343 Rn. 1 ff. die Grundnorm des autonomen deutschen internationalen Insolvenzrechts und ist Ausdruck des Universalitätsprinzips (vgl. Cranshaw DZWIR 2018, 1 (7)). **1**

Nach dieser Regelanknüpfung gilt grundsätzlich das Recht des Staats, in dem das Insolvenzverfahren eröffnet wurde (sog. lex fori concursus); vornehmlich aus Vertrauensschutzgründen ergeben sich Abweichungen aus §§ 336–358. **2**

Die Vorschrift entspricht Art. 7 EuInsVO (= Art. 4 EuInsVO aF), die hierzu ergangene Rechtsprechung kann als Interpretationshilfe verwandt werden (BGH NZI 2017, 816; Uhlenbruck/Lüer/Knof, 15. Aufl. 2019, Rn. 1). **3**

Als allseitige Kollisionsnorm regelt sie nicht nur die Anwendbarkeit deutschen Sachrechts im Ausland, sondern ordnet für den Fall der Verfahrenseröffnung im Ausland auch die Anerkennung des ausländischen Rechts an (FK-InsO/Schallenberg/Rafiqpoor Vor §§ 335 ff. Rn. 1; Andres/Leithaus/Dahl Rn. 1; K. Schmidt InsO/Undritz Rn. 1; Liersch NZI 2003, 302 (304)). **4**

Die Regelanknüpfung umfasst dabei sowohl die verfahrens- als auch materiell-rechtlichen Vorschriften (BT-Drs. 15/16, 18). **5**

B. Anwendungsbereich

I. Unanwendbarkeit der EuInsVO

Wegen des Anwendungsvorrangs der EuInsVO geht Art. 7 EuInsVO (= Art. 7 EuInsVO aF) den Regelungen in §§ 335 ff. vor (BGH NJW 2011, 1818). Im Wesentlichen orientieren sich diese Regelungen jedoch an denen der EuInsVO, sodass Unterschiede in der Regel nur en détail bestehen (Gegenüberstellung unter Berücksichtigung des Brexit bei Korch ZInsO 2016, 1884). **6**

Der deutsche Gesetzgeber hielt die Schaffung eines teilweise abweichenden autonomen deutschen Insolvenzrechts gleichwohl für notwendig, weil er das besondere Vertrauen innerhalb eines rechtlich und kulturell eng verflochtenen Wirtschaftsraums (vgl. auch Erwägungsgrund 22 bzw. 65 nF) nicht sämtlichen Drittstaaten entgegenbringen will; in einigen Bereichen sind §§ 335 ff. daher bewusst weniger kooperationsfreundlich ausgestaltet als die EuInsVO (BT-Drs. 15/16, 1 f. und 13 f.; KPB/Paulus Vor §§ 335–358 Rn. 13; krit. K. Schmidt InsO/Undritz Vor §§ 335 ff. Rn. 4 und 11). **7**

8   Das autonome deutsche Insolvenzrecht ist demnach anwendbar, soweit der Anwendungsbereich der EuInsVO nicht eröffnet ist (BK-InsR/Pannen Vor §§ 335 ff. Rn. 7; KPB/Paulus Vor §§ 335–358 Rn. 14: ergänzende Anwendung des autonomen Rechts; zurückhaltend Cranshaw DZWIR 2018, 1 (11)). Dabei ist der persönliche Anwendungsbereich der EuInsVO nicht eröffnet, wenn das Insolvenzverfahren über das Vermögen eines in Art. 1 Abs. 2 EuInsVO genannten Finanzdienstleisters eröffnet wurde. In diesem Fall ist bei der Auslegung zu berücksichtigen, dass die einschlägigen umgesetzten Richtlinien mit der EuInsVO identische Regelungen enthalten (FAKomm InsR/Gruber/Wehner Rn. 13).

9   §§ 335 ff. sind darüber hinaus anwendbar, wenn das fragliche Verfahren in sachlicher Hinsicht kein „Insolvenzverfahren" iSv Art. 1 Abs. 1, 2 lit. b EuInsVO aF iVm Anh. A darstellt (zB BAG NZI 2013, 758).

10 Schließlich ist das autonome internationale Insolvenzrecht anwendbar, wenn der räumliche Anwendungsbereich der EuInsVO nicht eröffnet ist, da der COMI des Schuldners außerhalb der EU (bzw. in Dänemark) liegt (Erwägungsgrund 14 bzw. 25 nF).

11 §§ 335 ff. gelangen insbesondere bei der Zuständigkeit inländischer Gerichte für Partikularinsolvenzverfahren (→ § 354 Rn. 1 ff.) zur Anwendung, wenn der COMI („center of main interests", vgl. Art. 3 EuInsVO) in einem Drittstaat liegt und dort ein Hauptinsolvenzverfahren eröffnet wurde (FAKomm InsR/Gruber/Wehner Rn. 15; Graf-Schlicker/Bornemann/Sabel/Schlegel Vor §§ 335–358 Rn. 8 f.).

12 Darüber hinaus wird angeführt, das autonome deutsche internationale Insolvenzrecht finde Anwendung, wenn das Insolvenzverfahren in einem Mitgliedstaat ausschließlich Bezüge zu Drittstaaten aufweist.

13 Ob die EuInsVO einen solchen „qualifizierten Binnenmarktbezug" erfordert, war und ist umstritten. In der „Schmid"-Entscheidung hat der EuGH (EuGH NJW 2014, 610) jedenfalls für Anfechtungsklagen entschieden, dass es eines solchen besonderen Auslandsbezugs nicht bedürfe. Der BGH hat diese Frage wiederholt offengelassen (BGH NJW-RR 2020, 373 Rn. 15).

14 Inwiefern das autonome internationale Recht der Mitgliedstaaten – und somit nicht die EuInsVO – außerhalb der Anfechtung Anwendung findet, wird je nach Artikel unterschiedlich beantwortet (K. Schmidt InsO/Brinkmann Rn. 3; Brinkmann LMK 2014, 356291; HmbKommInsR/Undritz EuInsVO Art. 1 Rn. 7). Dabei soll etwa die Konkurrenznorm in Art. 7 EuInsVO (= Art. 4 EuInsVO aF) einen solchen Auslandsbezug voraussetzen (HmbKommInsR/Undritz EuInsVO Art. 1 Rn. 7).

II. Eröffnung eines Insolvenzverfahrens

15 „Insolvenzverfahren" iSv § 335 sind solche Verfahren, die im Wesentlichen denselben Zielen dienen wie ein deutsches Insolvenzverfahren, wobei die Anhänge A und B – bzw. in der Fassung lediglich Anhang A – zur EuInsVO herangezogen werden können (BT-Drs. 15/16, 18 und 21; für eine abschließende Aufzählung der Anhänge auch für §§ 335 ff. Cranshaw DZWIR 2018, 1 (5)). Zur Frage der analogen Anwendung auf vertrauliche Restrukturierungsverfahren nach StaRUG: Skaudadszun NZI 2021, 568 (571 ff.)).

16 Bezugspunkt der Qualifikation ist somit die Frage, ob das ausländische Verfahren zumindest auch der gemeinschaftlichen Gläubigerbefriedigung (§ 1) dient (Andres/Leithaus/Dahl Rn. 3).

17 In jüngerer Zeit wird allerdings verstärkt auf die Funktionsähnlichkeit des Verfahrens abgestellt (in Abweichung zur Vorauflage KPB/Paulus § 343 Rn. 4; MüKoInsO/Reinhart Vor §§ 335 ff. Rn. 99 f. sowie K. Schmidt InsO/Brinkmann Rn. 5: Regelung der Vermögensinsuffizienz).

18 Ob dies auf ein ausländisches Verfahren zutrifft, ist im Wege einer Qualifikation zu ermitteln (Andres/Leithaus/Dahl Rn. 3; zum Begriff der Qualifikation KPB/Paulus Vor §§ 335 ff. Rn. 3 sowie MüKoInsO/Reinhart Vor §§ 335 ff. Rn. 100).

19 Als Insolvenzverfahren hat der BGH das chapter-11-Verfahren trotz der unterschiedlichen Eröffnungsvoraussetzungen und Rechtsstellung des Schuldners qualifiziert (BGH NZI 2009, 859 sowie BAG NJW 2016, 345 in Anschluss an BAG NZI 2008, 122, das jedoch einen Verstoß gegen den **ordre-public-**Vorbehalt annahm).

19a Dagegen soll ein englisches **scheme of arrangement** nicht den Anforderungen nach § 335 genügen (BGH NZI 2012, 425). Dessen Anerkennung richtet sich vielmehr nach der Brüssel-Ia-Verordnung (VO (EU) Nr. 1215/2012 v. 20.12.2012, ABl. EG L 351, 1), die die bis 2015 geltende EuGVVO ablöste.

20 Auch die Neufassung der EuInsVO umfasst das scheme of arrangement nicht (Parzinger NZI 2016, 63 (65)), sodass sich die Anerkennung auch künftig iRv §§ 335 ff. nach internationalem Prozessrecht richten wird (dazu auch Cranshaw DZWIR 2018, 1 (5)).

Grundsatz § 335 InsO

Von § 335 umfasst sind neben Haupt- auch Sekundär- und Partikularinsolvenzverfahren 21 (Braun/Tashiro Rn. 6; zur Anerkennung eines ausländischen Sekundärinsolvenzverfahrens am Beispiel der Schweiz Reichelt ZIP 2017, 2389).

III. Internationale Zuständigkeit

§ 335 regelt die internationale Zuständigkeit nicht; sie ergibt sich vielmehr aus der entsprechen- 22 den Anwendung von § 3 (MüKoBGB/Kindler Vor §§ 335 ff. Rn. 9: Uhlenbruck/Lüer/Knof Rn. 5 f. und K. Schmidt InsO/Brinkmann Vor §§ 335 ff. Rn. 13: Doppelfunktionalität von § 3). Somit sind inländische Gerichte international zuständig, wenn der Schuldner den Mittelpunkt seiner selbstständigen wirtschaftlichen Tätigkeit in Deutschland hat (Uhlenbruck/Lüer Rn. 4).

Subsidiär ist auf dessen allgemeinen Gerichtsstand abzustellen, der sich nach den allgemeinen 23 Vorschriften bestimmt (→ § 4 Rn. 1 ff. und §§ 13 ff. ZPO).

Bei mehreren Zuständigkeiten schließt die Antragstellung in einem Staat die konkurrierenden 24 Zuständigkeiten aus (Prioritätsprinzip aus § 3 Abs. 2).

Zur Zuständigkeit inländischer Gerichte für ein Partikularinsolvenzverfahren → § 354 Rn. 1 ff. 25

C. Anwendbarkeit der lex fori concursus

§ 335 ordnet an, dass das Insolvenzverfahren und seine Wirkungen grundsätzlich dem Recht 26 des Eröffnungsstaats unterliegen; ein in Deutschland eröffnetes Insolvenzverfahren richtet sich somit grundsätzlich nach der InsO.

Die Regelanknüpfung umfasst dabei die verfahrens- und materiell-rechtlichen Vorschriften 27 (HmbKommInsR/Undritz Rn. 1; BK-InsR/Pannen Rn. 5).

Dieser weite Geltungsbereich besteht unabhängig von seiner Beachtung im Ausland; mögliche 28 Missachtungen werden durch das Insolvenzstatut geregelt (in Deutschland etwa § 342; Uhlenbruck/Lüer Rn. 11; KPB/Paulus Rn. 27; Andres/Leithaus/Dahl Rn. 16 und 19).

Anders als Art. 7 EuInsVO (= Art. 4 EuInsVO aF) enthält § 335 zwar keine Auflistung typischer 29 Regelungsgegenstände der lex fori concursus, allerdings kann der Katalog in Art. 7 Abs. 2 EuInsVO als Auslegungshilfe herangezogen werden (zu Art. 4 Abs. 2 EuInsVO aF BT-Drs. 15/ 16, 18; Andres/Leithaus/Dahl Rn. 2). So entscheidet das Recht des Eröffnungsstaats etwa über Fragen der Massezugehörigkeit (Art. 7 Abs. 2 S. 2 lit. b EuInsVO bzw. Art. 4 Abs. 2 S. 2 lit. b EuInsVO aF). Entsprechendes gilt für § 335 InsO. Damit richten sich Umfang und Grenzen der Insolvenzmasse in einem deutschen Verfahren nach §§ 35, 36 InsO (BGH NZI 2015, 816 zur Pfändbarkeit einer ausländischen Rente; zur Übertragung auf die EuInsVO Eichel NZI 2017, 790).

Die Einordnung einer Regelung als insolvenzrechtlich („das Insolvenzrecht und seine Wirkun- 30 gen") kann – wie auch unter der EuInsVO (vgl. zur jüngsten Qualifikation von § 64 GmbHG EuGH NZI 2016, 48 sowie NZI 2015, 88) – zwar problematisch sein.

Soweit allerdings die Abgrenzung zwischen Insolvenz- und Gesellschaftsstatut betroffen ist, 31 zeichnet sich die Qualifikation als lex fori concursus iRv §§ 335 ff. als weniger folgenreich aus. Denn während EU-ausländische Gesellschaften mit Sitzverlegung das Recht ihres Gründungsstaats importieren („Gründungstheorie"), ist auf Gesellschaften aus Drittstaaten grundsätzlich das Gesellschaftsrecht am Sitz dieser Gesellschaften maßgeblich (BGH NJW 2009, 289; K. Schmidt InsO/ Brinkmann Rn. 13).

Diese sog. Sitztheorie führt dazu, dass die Qualifikation unerheblich ist, da sich Insolvenz- und 32 Gesellschaftsstatut nach demselben Recht richten (K. Schmidt InsO/Brinkmann Rn. 13).

Für die Qualifikation ist entscheidend, ob die Norm insolvenzspezifisch ist und zumindest auch 33 der gemeinschaftlichen Gläubigerbefriedigung dient oder auch außerhalb der (formellen oder materiellen) Insolvenz Geltung beansprucht.

Dabei kommt dem Regelungsort einer Norm indizielle Bedeutung zu. So wollte der Gesetzge- 35 ber des MoMiG mit der Insolvenzantragspflicht, indem er sie statt in gesellschaftsrechtlichen Einzelgesetzen nunmehr rechtsformneutral in § 15a (→ § 15a Rn. 1 ff.) regelte, insbesondere auch ausländische Gesellschaften erfassen (BT-Drs. 16/6140, 55). Neben der InsO und InsVV stellen etwa § 30d ZVG und § 153b ZVG insolvenzrechtliche Regelungen dar (Liersch NZI 2003, 302 (304); Braun/Tashiro Rn. 10). Die lex fori concursus ist allerdings nur maßgeblich, „soweit nichts anderes bestimmt ist". Ausnahmen ergeben sich vornehmlich aus Gründen des Verkehrsschutzes nach folgenden Kollisions- und Sachnormen (→ §§ 336, 337, 338, 339, 340, 349, 351 Abs. 2; MüKoBGB/Kindler Rn. 9; Braun/Tashiro Rn. 2; ausf. MüKoInsO/Reinhart Rn. 12 ff.). Zudem schränkt die Zulassung von Partikular- und Sekundärinsolvenzverfahren (→ § 354 Rn. 1 ff.) das

Universalitätsprinzip des deutschen internationalen Insolvenzrechts ein (HmbKommInsR/Undritz Rn. 2; Braun/Tashiro Vor §§ 335–358 Rn. 6; ausf. KPB/Paulus Vor §§ 335–358 Rn. 16).

§ 336 Vertrag über einen unbeweglichen Gegenstand

¹Die Wirkungen des Insolvenzverfahrens auf einen Vertrag, der ein dingliches Recht an einem unbeweglichen Gegenstand oder ein Recht zur Nutzung eines unbeweglichen Gegenstandes betrifft, unterliegen dem Recht des Staats, in dem der Gegenstand belegen ist. ²Bei einem im Schiffsregister, Schiffsbauregister oder Register für Pfandrechte an Luftfahrzeugen eingetragenen Gegenstand ist das Recht des Staats maßgebend, unter dessen Aufsicht das Register geführt wird.

Überblick

Als Ausnahme zum allgemeinen Insolvenzstatut in → § 335 Rn. 1 ff. verweist die allgemeine Kollisionsnorm nach § 336 für einen Vertrag über einen unbeweglichen Gegenstand auf das Recht des Belegenheitsorts (lex rei sitae) bzw. des Registersitzes (lex libri siti).

Hierbei handelt es sich um eine Gesamtverweisung, sodass auch auf das Kollisionsrecht des Belegenheitsstaats verwiesen wird (MüKoInsO/Reinhart Rn. 14; Uhlenbruck/Lüer/Knof Rn. 1). Der Gesetzgeber verspricht sich von dieser Sonderregelung vornehmlich den Schutz von Mietern und Pächtern; ihnen sollen die Auswirkungen und Besonderheiten eines ausländischen Insolvenzverfahrens erspart bleiben (BT-Drs. 15/16, 19).

Da der Anwendungsbereich der Norm allerdings über Wohnraumverhältnisse hinausgeht, generell unbewegliche Gegenstände und damit auch Schiffe und Luftfahrzeuge umfasst und im Übrigen unberücksichtigt lässt, dass das ausländische Insolvenzrecht mieterfreundlicher ausgestaltet sein kann, ist die Umsetzung der Norm wenig plausibel (FK-InsO/Wenner/Schuster Rn. 8; K. Schmidt InsO/Brinkmann Rn. 2; Liersch NZI 2003, 302 (304)).

A. Anwendungsbereich und Abgrenzung zur EuInsVO

1   Im Anwendungsbereich der EuInsVO ist § 336 einschlägig, wenn sich die unbewegliche Sache in einem Drittstaat befindet bzw. wenn die Sache zwar in einem Mitgliedstaat belegen ist, das Insolvenzverfahren jedoch nicht in einem Mitgliedstaat eröffnet worden ist (Uhlenbruck/Lüer/Streit Rn. 4).

2   Im Gegensatz zu Art. 11 EuInsVO (= Art. 8 EuInsVO aF) beschränkt sich § 336 nicht auf Verträge zum Erwerb oder zur Nutzung eines unbeweglichen Gegenstands.

B. Regelungsinhalt

I. Grundgedanke

3   Verträge über unbewegliche Gegenstände bzw. registerlich verzeichnete Gegenstände (vulgo Schiffe und Luftfahrzeuge) sind in besonderer Weise mit der Rechtsordnung des Belegenheits- bzw. Registerorts verbunden (Uhlenbruck/Lüer/Knof Rn. 2). Dieses Vertrauen des Vertragspartners schützt § 336 im Rahmen einer historisch bedingten (Hanisch ZIP 1992, 1125 (1129)) Sonderanknüpfung.

4   Dieser Bezug ist insolvenzfest (BT-Drs. 15/16, 18; Liersch NZI 2003, 302 (304)). Die Wirkungen des Insolvenzverfahrens richten sich daher allein nach dem Belegenheits- oder Registerort; auf den Ort der Eröffnung des Insolvenzverfahrens kommt es dagegen nicht an.

II. Unbeweglicher Gegenstand und dingliches Recht (S. 1)

5   Ob es sich um einen unbeweglichen Gegenstand handelt, richtet sich nach dem Recht des Belegenheitsorts, in Deutschland also nach der Legaldefinition in → § 49 Rn. 1 ff. (BT-Drs. 15/16, 18; Uhlenbruck/Lüer/Knof Rn. 7).

6   Gleiches gilt für die Frage, ob es sich um ein dingliches Recht „an" diesem Gegenstand handelt (Uhlenbruck/Lüer/Knof Rn. 8).

7   Der Begriff des Vertrags über die Nutzung eines unbeweglichen Gegenstands ist weit zu verstehen, sodass er neben schuldrechtlichen (wie Miete, Leasing, Pacht) auch dingliche (wie die Belas-

tung durch einen Nießbrauch oder eine Grunddienstbarkeit) Nutzungsmöglichkeiten umfasst (MüKoInsO/Reinhart Rn. 10 ff.; Uhlenbruck/Lüer/Knof Rn. 9; K. Schmidt InsO/Brinkmann Rn. 9 f.; gegen den Einbezug dinglicher Rechte KPB/Paulus Rn. 5; FK-InsO/Wenner/Schuster Rn. 7). Gleichwohl richtet sich die Anfechtung von Rechtshandlungen, die sich auf Grundstücksverträge beziehen, nicht nach § 336; hier bleibt es vielmehr bei der Regelanknüpfung aus §§ 335 und 339 (BGH BeckRS 2018, 15308).

Auf eine Gewerblichkeit kommt es ebenso wenig an wie auf die konkrete Nutzungsart. Der Anwendungsbereich von § 336 S. 1 geht somit über den bezweckten Mieterschutz hinaus. Die erforderliche Wirksamkeit des Vertrags richtet sich nach IPR, also etwa Art. 43 EGBGB (Uhlenbruck/Lüer Rn. 10; FK-InsO/Wenner/Schuster Rn. 6). 8

III. Schiffe und Luftfahrzeuge (S. 2)

Für registrierte Schiffe und Luftfahrzeuge ist das Recht am Registerort (lex libri siti) maßgeblich (Uhlenbruck/Lüer/Knof Rn. 14; speziell zu insolventen Luftverkehrsgesellschaften Recker NZI 2017, 428 (431)). Denn es liegt in der Natur der Sache, dass diese Transportmittel häufig ihren Standort ändern. Wäre auch für sie das Recht des Belegenheitsorts maßgeblich, unterlägen sie einem laufenden Statutenwechsel (MüKoBGB/Kindler Rn. 7). Daher knüpft das Gesetz an eine registerliche Eintragung an. 9

Der Registerbegriff ist weit auszulegen. Es ist nicht entscheidend, dass das Register staatlich geführt wird; entscheidend ist die staatliche Kontrolle über die Registerführung (Andres/Leithaus/Dahl Rn. 11; Uhlenbruck/Lüer/Knof Rn. 14: funktionale Betrachtung). 10

C. Rechtsfolge

Die Auswirkungen der Insolvenzeröffnung auf Bestand, Erfüllung und Abwicklung des Vertrags richten sich ausschließlich nach dem Belegenheits- bzw. Registerort. Somit unterliegt beispielsweise ein Grundstückskaufvertrag selbst dann §§ 103 ff., wenn er – etwa wegen einer Rechtswahl – ansonsten nach einem anderen Sachrecht zu behandeln wäre (MüKoBGB/Kindler Rn. 8; Braun/Tashiro Rn. 3 und 17). 11

Da § 336 zwingendes Recht darstellt, ist eine Rechtswahl unbeachtlich, wenn hiervon die Wirkungen des Insolvenzverfahrens betroffen wären (Uhlenbruck/Lüer/Knof Rn. 11; vgl. zu grenzüberschreitenden Aktienoptionen nach § 340 auch BGH NZI 2016, 627). Die Vorschrift in § 349 (→ § 349 Rn. 1) über den gutgläubigen Erwerb bleibt unberührt (Uhlenbruck/Lüer/Knof Rn. 12). 12

§ 337 Arbeitsverhältnis

Die Wirkungen des Insolvenzverfahrens auf ein Arbeitsverhältnis unterliegen dem Recht, das nach der Verordnung (EG) Nr. 593/2008 des Europäischen Parlaments und des Rates vom 17. Juni 2008 über das auf vertragliche Schuldverhältnisse anzuwendende Recht (Rom I) (ABl. L 177 vom 4.7.2008, S. 6) für das Arbeitsverhältnis maßgebend ist.

Überblick

Die Vorschrift enthält eine Verweisung auf das anwendbare Arbeitsstatut nach deutschem IPR und bezweckt die Gleichläufigkeit zwischen dem anwendbaren Arbeitsrecht und dem anwendbaren Insolvenzrecht. Dieser Gleichlauf ist sinnvoll, weil das Arbeits- und Insolvenzrecht in den §§ 113 ff. aufeinander abgestimmt ist und dadurch Wertungswidersprüche vermieden werden. Für den Arbeitnehmer ergibt sich daraus die Verlässlichkeit, auch in der Insolvenz keiner anderen Rechtsordnung zu unterstehen, als dies außerhalb der Insolvenz der Fall war.

A. Anwendungsbereich

§ 337 ist anwendbar bei **inländischen Insolvenzverfahren,** wenn der gewöhnliche Arbeitsort nicht in einem der Mitgliedstaaten der EuInsVO liegt. 1

Soweit der gewöhnliche Arbeitsort des Arbeitsverhältnisses in einem Mitgliedstaat liegt, ist jedoch Art. 10 EuInsVO vorrangig anzuwenden. Beide Vorschriften sind weitgehend deckungsgleich, sodass die Abgrenzung zu Art. 10 EuInsVO praktisch keine Rolle spielt. 2

InsO § 338

3 Bei **ausländischen Insolvenzverfahren** findet § 337 für inländische Arbeitsverhältnisse nur dann Anwendung, wenn das ausländische Insolvenzverfahren in einem sog. Drittstaat (also außerhalb des räumlichen Anwendungsbereichs der EuInsVO) durchgeführt wird, oder aber in einem Mitgliedstaat der EuInsVO, der Schuldner jedoch vom Anwendungsbereich gem. Art. 1 Abs. 2 EuInsVO ausgeschlossen ist.

4 § 337 findet nur Anwendung auf „**Arbeitsverhältnisse**" und gilt sowohl für die Insolvenz des Arbeitgebers, aber auch für die Insolvenz des Arbeitnehmers. Der Hauptanwendungsfall bleibt die Insolvenz des Arbeitgebers. Insbesondere hier sind Regelungen erforderlich, inwiefern die Insolvenz des Arbeitgebers auf das Arbeitsverhältnis mit dem Arbeitnehmer einwirkt. Solche Regeln kennt die deutsche InsO in § 113 sowie §§ 120–128. Bei der Frage, wie die **Insolvenzforderungen des Arbeitnehmers** zu behandeln sind, bleibt es bei der lex fori concursus.

5 Der Begriff des Arbeitsverhältnisses ist dabei auf Grundlage des europäischen Gemeinschaftsrechts auszulegen und umfasst neben dem **Arbeitsvertrag** auch **faktische Arbeitsverhältnisse** und **nichtige, aber in Vollzug gesetzte Arbeitsverträge**.

6 Der Wortlaut der Vorschrift ist jedoch missglückt. So ist es unklar, ob nur die **individualrechtlichen**, oder auch die **kollektivrechtlichen Fragen** des Arbeitsverhältnisses, also auch die betriebsverfassungsrechtlichen und tarifrechtlichen Fragen von der Verweisungsnorm erfasst sind. Der überwiegende Teil der Literatur vertritt die Auffassung, § 337 erfasse auch die kollektiv-arbeitsrechtlichen Fragen (Nachweise bei MüKoInsO/Reinhart Rn. 10), da ansonsten das Ziel eines Gleichlaufs zwischen anwendbarem Arbeitsrecht und anwendbarem Insolvenzrecht nicht erreicht werden könne (→ Rn. 6.1).

6.1 Reinhart weist in diesem Zusammenhang zu Recht darauf hin, dass es besser gewesen wäre, wenn die Kollisionsnorm nicht nur auf die **Kollisionsnorm des Individualarbeitsrechts,** sondern auch auf die jeweils anwendbaren **Kollisionsnormen des kollektiven Arbeitsrechts** verweisen würde. Er leitet deshalb aus § 337 den Grundsatz ab, dass für arbeitsrechtliche Fragen grundsätzlich die außerhalb der Insolvenz geltenden Kollisionsnormen für das Individualarbeitsrecht und das Kollektivarbeitsrecht anzuwenden sind.

7 § 337 erfasst nicht die **sozialversicherungsrechtlichen Ansprüche** der Arbeitnehmer, die sich im Rahmen der Insolvenz des Arbeitgebers stellen. Hierzu gehört etwa die Frage, ob dem Arbeitnehmer ein Anspruch auf **Insolvenzgeld** (SGB III) zusteht oder ob die **betriebliche Altersversorgung** durch Ansprüche gegen den Sicherungsträger (BetrAVG) abgesichert ist. Denn hierbei handelt es sich nicht um Wirkungen des Insolvenzverfahrens „auf ein Arbeitsverhältnis", sondern um Ansprüche gegen Dritte (→ Rn. 7.1 f.).

7.1 Auch die **Insolvenzgeldvorfinanzierung** wird regelmäßig nur für die deutschen Arbeitnehmer umsetzbar sein, der Insolvenzverwalter muss sich also bei Arbeitnehmern in ausländischen Niederlassungen immer mit dem lokalen Arbeits- und Sozialversicherungsrecht befassen.

7.2 Unter Umständen mag es sinnvoll erscheinen, über die ausländische Niederlassung ein **Sekundärverfahren** zu beantragen, um den Arbeitnehmern dort den Zugang zur jeweiligen sozialen Absicherung zu erleichtern.

B. Rechtsfolgen

8 Die in § 337 enthaltene Sonderanknüpfung ist als Verweis auf Art. 8 Rom I-VO zu verstehen, dh die Rechtswirkungen bestimmen sich nach dem Recht des Arbeitsstatuts. Das ist das von den Parteien gewählte Recht, bei fehlender Rechtswahl das Recht des Arbeitsortes.

§ 338 Aufrechnung

Das Recht eines Insolvenzgläubigers zur Aufrechnung wird von der Eröffnung des Insolvenzverfahrens nicht berührt, wenn er nach dem für die Forderung des Schuldners maßgebenden Recht zur Zeit der Eröffnung des Insolvenzverfahrens zur Aufrechnung berechtigt ist.

Überblick

§ 338 erhält die Aufrechnungsmöglichkeit des Gläubigers aus Vertrauensschutzgesichtspunkten (→ Rn. 1 ff.) im Wege einer allseitigen Kollisionsnorm (→ Rn. 6 f.). Ist die Aufrechenbarkeit wegen der Regelanknüpfung an die lex fori concursus insolvenzrechtlich eingeschränkt (→ Rn. 10 ff.), ist der Gläubiger aber nach der lex causae aufrechnungsbefugt (→ Rn. 13 ff.) und zwar im Zeitpunkt der Verfahrenseröffnung (→ Rn. 14 ff.), so bleibt ihm die Aufrechnungsmöglichkeit erhalten (→ Rn. 17 f.).

A. Norminhalt

Die Kollisionsnorm des § 338 erweitert die Aufrechnungsmöglichkeit des Gläubigers: Eine 1 Aufrechnung ist nicht nur nach allgemeinem Insolvenzstatut (→ § 335 Rn. 1 ff.) zulässig, sondern auch wenn sie nach der lex causae – also dem für die Forderung maßgeblichen Recht – zulässig ist.

Unzulässig ist die Aufrechnung nur, wenn sie sowohl nach dem Insolvenzstatut als auch nach 2 dem Statut der schuldnerischen Passivforderung unstatthaft ist. Im Zweifel ist somit auf das aufrechnungsfreundlichere Statut abzustellen (K. Schmidt InsO/Brinkmann Rn. 1; KPB/Paulus Rn. 7; LSZ InsO/Smid Rn. 4: Meistbegünstigung). Das eröffnet freilich ein Missbrauchspotential (krit. daher Wenner ZIP 2017, 1137 (1139) iRv Art. 9 EuInsVO).

In Abweichung zur früheren Rechtsprechung des BGH, wonach sich die Aufrechnungsbefugnis 3 allein nach dem Insolvenzstatut richtete (BGH NJW 1985, 2897), erhält § 338 dem Gläubiger eine Aufrechnungsmöglichkeit, auf die er ggf. auch im Hinblick auf eine Insolvenz vertraute.

Die Gesetzesbegründung macht zutreffend auf die Aufrechnung als absonderungsähnliche 4 Befriedigung aufmerksam (BT-Drs. 15/16, 18). Auch die EuInsVO betont mit der inhaltsgleichen Regelung in Art. 9 Abs. 1 EuInsVO (= Art. 6 EuInsVO aF) das besondere Vertrauen des Gläubigers in die Aufrechnungsbefugnis (Erwägungsgrund 26: „Garantiefunktion"; in der neuen Fassung Erwägungsgrund 70).

Damit setzt § 338 auch die Richtlinien über die Sanierung und Liquidation von Kreditinstituten 5 (Art. 23 RL 2001/24/EG v. 4.4.2001, ABl. EG L 125, 15) bzw. Versicherungsunternehmen (inzwischen geregelt in Solvabilität II: Art. 288 RL 2009/138/EG v. 25.11.2009, ABl. EG L 335, 1) überschießend um.

B. Anwendungsbereich

§ 338 ist eine allseitige Kollisionsnorm, sie gilt für in- und ausländische Insolvenzverfahren 6 (BGH ZInsO 2018, 1622 und MüKoInsO/Reinhart Rn. 3; vgl. aber KPB/Paulus Rn. 2 sowie Braun/Tashiro Rn. 1: Sachregelung), soweit nicht die inhaltsgleiche Regelung in Art. 9 Abs. 1 EuInsVO (= Art. 6 EuInsVO aF sowie Erwägungsgrund 70 ebenda) anwendbar ist.

Dies ist vornehmlich dann der Fall, wenn die schuldnerische Passiv- bzw. Hauptforderung nicht 7 dem Recht eines Mitgliedstaats unterliegt oder bereits der sachliche Anwendungsbereich nach Art. 1 Abs. 2 EuInsVO nicht eröffnet ist (Uhlenbruck/Lüer Rn. 4).

C. Regelungsinhalt

§ 338 erweitert die Aufrechnungsmöglichkeit des Gläubigers mit einer Insolvenzforderung. 8 Diese hat entweder bei Verfahrenseröffnung bestanden (→ § 38 Rn. 1 ff.) oder erreicht diese Qualität durch gesetzliche Normierung (zB § 103 Abs. 2 S. 1).

Auf die Aufrechnung gegen Forderungen aus Rechtsgeschäften mit dem Insolvenzverwalter ist 9 die Vorschrift ebenso wenig anwendbar wie die Aufrechnung gegen nach Verfahrenseröffnung entstandene Forderungen; die Aufrechnung richtet sich dann nach der lex fori (K. Schmidt InsO/ Brinkmann Rn. 4).

D. Tatbestandsvoraussetzungen

I. Einschränkung der Aufrechenbarkeit nach der lex fori concursus

§ 338 ist nur anwendbar, wenn die Verfahrenseröffnung die Aufrechenbarkeit wegen der Regel- 10 anknüpfung an die lex fori concursus in § 335 einschränkt (BGH ZInsO 2018, 1622). Nur dann ist Raum für die Anwendung von § 338. Ist die Aufrechnung schon nach § 335 weder unzulässig noch beschränkt, ist § 338 nicht anwendbar. Nicht nur die Voraussetzungen der Aufrechnung, sondern auch die Anfechtbarkeit einer Aufrechnungslage richtet sich nach der lex fori concursus (und damit nicht nach §§ 338 oder 339) (BGH ZInsO 2018, 1622).

§ 338 hilft nur über insolvenzrechtliche, nicht aber über zivilrechtliche Einschränkungen der 11 Aufrechenbarkeit hinweg (BGH ZInsO 2018, 1622). Denn die Vorschrift soll nur Einschränkun-

InsO § 339   Elfter Teil. Internationales Insolvenzrecht

gen vermeiden, die sich aus dem Insolvenzrecht des Verfahrensstaats ergeben (in Deutschland vgl. §§ 94 ff.), nicht aber materiell-rechtliche Beschränkungen (etwa aus §§ 392 ff. BGB).

12   Fehlt es daher bereits an der Aufrechenbarkeit nach dem anwendbaren materiellen Recht, ist für § 338 kein Raum.

II. Aufrechnung nach dem Forderungsstatut der Passivforderung

13   Weitere Tatbestandsvoraussetzung von § 338 ist, dass der Gläubiger nach der lex causae der schuldnerischen (Passiv- bzw. Haupt-)Forderung aufrechnungsberechtigt ist (BGH ZInsO 2018, 1622 und MüKoBGB/Kindler Rn. 3).

III. Zeitpunkt der Verfahrenseröffnung

14   Weiterhin muss der Gläubiger zur Zeit der Verfahrenseröffnung zur Aufrechnung berechtigt sein. Nicht selten sind die Forderungen im Zeitpunkt der Verfahrenseröffnung nicht gleichartig oder sie werden erst im Verlaufe des weiteren Verfahrens fällig (etwa wegen § 41).

15   Nach überwiegender Meinung darf zum Zeitpunkt der Eröffnung allenfalls die Aufrechnungserklärung fehlen (KPB/Paulus Rn. 3; MüKoBGB/Kindler Rn. 4; Andres/Leithaus/Dahl Rn. 5), während es nach der Gegenauffassung genügt, dass bei Verfahrenseröffnung gegenseitige Forderungen vorliegen und es bis zur Vollendung der Aufrechnungslage – mit Ausnahme der Aufrechnungserklärung – keiner weiteren Handlungen oder Erklärungen der Parteien mehr bedarf (so MüKoInsO/Reinhart Rn. 10; Uhlenbruck/Lüer Rn. 11).

16   Für die erste Auffassung spricht nicht nur der Wortlaut der Vorschrift („zur Zeit der Eröffnung"). Entscheidend ist vielmehr, dass der Gläubiger nur schutzwürdig ist, wenn seine Aufrechnungsmöglichkeit bereits im Zeitpunkt der Verfahrenseröffnung bestand (K. Schmidt InsO/Brinkmann Rn. 4; Braun/Tashiro Rn. 7; anders Uhlenbruck/Lüer Rn. 11). Nur im Hinblick auf den Vertrauensschutz erweitert die Vorschrift die Aufrechnungsmöglichkeit, sie normiert kein hiervon losgelöstes Günstigkeitsprinzip (anders aber Uhlenbruck/Lüer Rn. 11).

E. Rechtsfolge

17   Wäre die Aufrechnung nach → § 335 Rn. 1 ff. unzulässig, aber nach dem gem. § 338 anwendbaren Insolvenzrecht des Vertragsstatuts zulässig, so berührt die Eröffnung des Insolvenzverfahrens die Aufrechnungsmöglichkeit des Gläubigers nicht.

§ 339 Insolvenzanfechtung

> Eine Rechtshandlung kann angefochten werden, wenn die Voraussetzungen der Insolvenzanfechtung nach dem Recht des Staats der Verfahrenseröffnung erfüllt sind, es sei denn, der Anfechtungsgegner weist nach, dass für die Rechtshandlung das Recht eines anderen Staats maßgebend und die Rechtshandlung nach diesem Recht in keiner Weise angreifbar ist.

Überblick

Die eine Kumulationslösung enthaltende Kollisionsnorm (→ Rn. 1) des § 339 normiert außerhalb des Anwendungsbereichs der EuInsVO (→ Rn. 9 ff.) die Grenze der Anfechtbarkeit (→ Rn. 11 ff.) dahingehend, dass diese entfällt, wenn die Vermögensverschiebung nach der lex causae endgültig wirksam ist (→ Rn. 18 ff.).

Übersicht

	Rn.		Rn.
A. Norminhalt	1	D. Rechtsfolge	18
B. Anwendungsbereich	9		
C. Tatbestandsvoraussetzungen	11	E. Zuständigkeitsfragen	27

A. Norminhalt

Als Kollisionsnorm normiert § 339 in Anlehnung an Art. 16 EuInsVO (= Art. 13 EuInsVO aF) das anwendbare Recht für die Insolvenzanfechtung (ausdrücklich BT-Drs. 15/16, 19; BGH NJW-RR 2020, 373). 1

Die Anfechtbarkeit einer Rechtshandlung bestimmt sich zunächst gem. → § 335 Rn. 1 ff. nach dem Recht des Verfahrensstaats. 2

Wäre danach eine Rechtshandlung anfechtbar, schließt § 339 eine Anfechtungsmöglichkeit dennoch aus, sofern sie nach der lex causae nicht gegeben wäre. 3

Diese Einrede ist Sinn und Zweck von § 339. 4

Bliebe es auch im Hinblick auf Anfechtungssachverhalte bei § 335 (→ § 335 Rn. 1 ff.), würde so zwar die Gläubigergleichbehandlung gestärkt; andererseits wäre ohne eine entsprechende Sonderanknüpfung kaum vorhersehbar, ob und nach welchem Recht die fragliche Rechtshandlung anfechtbar ist (vgl. BT-Drs. 15/16, 19). 5

Zur Stärkung der Rechtssicherheit kommt eine Anfechtung daher nur in Betracht, wenn die gläubigerschädigende Handlung sowohl nach dem Insolvenzstatut als auch nach der abweichenden lex causae anfechtbar ist. 6

Es liegt auf der Hand, dass diese Kumulationslösung **missbrauchsanfällig** ist und dem entsprechend beratenen Anfechtungsgegner nahelegt, durch **forum shopping** eine möglichst anfechtungsschwache lex causae zur Anwendung zu bringen (Andres/Leithaus/Dahl Rn. 1; Uhlenbruck/Lüer Rn. 2; krit. iRv Art. 16 EuInsVO daher auch Wenner ZIP 2017, 1137 (1139) iRv Art. 9). 7

Unter Umständen kann allerdings auch die Rechtswahl ihrerseits anfechtbar sein (→ Rn. 26), was die genannte Manipulationsanfälligkeit von § 339 InsO mindern dürfte. Ergänzend gilt auch hier die Grenze rechtsmissbräuchlichen Verhaltens (EUGH NZI 2017, 633; Uhlenbruck/Lüer/Knof Rn. 2 am Ende). 8

B. Anwendungsbereich

§ 339 betrifft sowohl in- als auch ausländische (Haupt-)Insolvenzverfahren. Die Norm kommt nicht zur Anwendung, soweit Art. 16 EuInsVO (= Art. 13 EuInsVO aF) einschlägig ist. Indem der EuGH in der sog. Schmid-Entscheidung (EuGH NZI 2014, 139) darauf erkannt hat, dass auch Anfechtungsklagen gegen in Drittstaaten ansässige Anfechtungsgegner unter die EuInsVO fallen, wurde die Bedeutung von § 339 geschmälert (zum Anwendungsstreit bei reinem Drittstaatenbezug auch BGH NJW-RR 2020, 373; zur Bedeutung von § 339 nach dem sog. Brexit Korch ZInsO 2016, 1884 (1886)). § 339 kommt allerdings dann zur Anwendung, wenn das Verfahren zwar in einem Mitgliedstaat eröffnet wurde, die lex causae jedoch dem Recht eines Drittstaats unterliegt (K. Schmidt InsO/Brinkmann Rn. 3). 9

Gleiches gilt, wenn der Schuldner nicht dem sachlichen Anwendungsbereich der EuInsVO unterfällt (vgl. Art. 1 Abs. 2 EuInsVO). 10

C. Tatbestandsvoraussetzungen

§ 339 setzt zunächst voraus, dass nach dem Insolvenzstatut, auf das § 339 Hs. 1 verweist, „die Voraussetzungen der Insolvenzanfechtung ... erfüllt sind". 11

Ob eine Rechtshandlung anfechtbar ist, richtet sich nach der lex fori concursus (FK-InsO/Wenner/Schuster Rn. 7; KPB/Paulus Rn. 3). § 339 weicht insoweit nicht von der Grundnorm in → § 335 Rn. 1 ff. ab. 12

Der Begriff der Insolvenzanfechtung versteht sich funktional. Er umfasst daher sämtliche Ansprüche und Rechtsbehelfe, kraft derer der Insolvenzverwalter, Sachwalter oder eigenverwaltende Schuldner gläubigerbenachteiligende Rechtshandlungen vor Eröffnung des Insolvenzverfahrens rückgängig machen oder kompensieren kann (MüKoInsO/Reinhart Rn. 5; K. Schmidt InsO/Brinkmann Rn. 5). Vor diesem Hintergrund erfasst § 339 auch die Rückschlagsperre in → § 88 Rn. 1 ff. und vergleichbare ausländische Regelungen (Uhlenbruck/Lüer/Knof Rn. 9; Braun/Tashiro Rn. 8; FAKomm InsR/Gruber/Wehner Rn. 3; aA FK-InsO/Wenner/Schuster Rn. 12; MüKoInsO/Reinhart Rn. 5). Das Anfechtungsstatut aus § 339 – und nicht etwa das Recht des Belegenheitsortes aus § 336 – gilt auch für Rechtshandlungen, die sich auf Grundstücksverträge beziehen (BGH BeckRS 2018, 15308). 13

Nur wenn die lex fori concursus die Anfechtbarkeit der fraglichen Rechtshandlung vorsieht und insoweit von der lex causae abweicht, ist die Ausnahmeregelung in § 339 Hs. 2 („es sei denn") und somit die Angreifbarkeit der Rechtshandlung nach einer abweichenden Rechtsordnung relevant. 14

15   Ob das Recht eines anderen Staats einschlägig ist, bestimmt sich nach allgemeinem IPR (MüKoBGB/Kindler Rn. 4; Braun/Tashiro Rn. 12).

16   Die Unangreifbarkeit der Rechtshandlung ist weit auszulegen und geht über die Anfechtbarkeit im engeren Sinne hinaus („in keiner Weise angreifbar"). Die Einrede nach § 339 Hs. 2 ist somit auch dann ausgeschlossen, wenn die Rechtshandlungen wegen allgemeiner Unwirksamkeitsgründe wie Sittenwidrigkeit unwirksam sind (KPB/Paulus Rn. 7; Braun/Tashiro Rn. 14; für die EuInsVO auch EuGH NZI 2015, 954).

17   Zu berücksichtigen sind auch die Verjährungs-, Anfechtungs- und Ausschlussfristen der lex causae (zu Art. 13 EuInsVO EuGH NZI 2015, 478). Da sich der nationale Gesetzgeber bewusst an Art. 13 EuInsVO aF (= Art. 16 EuInsVO) orientierte (BT-Drs. 15/16, 19), ist diese Rechtsprechung auch iRv § 339 zu berücksichtigen.

D. Rechtsfolge

18   Die Rechtsfolge ist die Anfechtbarkeit der Rechtshandlung.

19   Dies gilt jedoch dann nicht, wenn nach der lex causae der Vertrag endgültig wirksam wäre. Abzustellen ist dabei auf das schuldrechtliche Verpflichtungsgeschäft (Uhlenbruck/Lüer/Knof Rn. 12; MüKoInsO/Reinhart Rn. 9, aA KPB/Paulus Rn. 6: Verfügungsgeschäft).

20   Die fehlende Angreifbarkeit nach der lex causae ist vom Anspruchsgegner einredeweise geltend zu machen (K. Schmidt InsO/Brinkmann Rn. 4; MüKoInsO/Reinhart Rn. 14; Andres/Leithaus/Dahl Rn. 10).

21   Von Amts wegen wird das Gegenrecht nicht berücksichtigt.

22   Der Anfechtungsgegner muss darlegen und im Streitfalle beweisen, dass eine andere Rechtsordnung einschlägig („das Recht eines anderen Staats maßgebend") ist und die fragliche Rechtshandlung nach dieser lex causae insolvenzfest ist (Andres/Leithaus/Dahl Rn. 11; Uhlenbruck/Lüer/Knof Rn. 17; K. Schmidt InsO/Brinkmann Rn. 4; KPB/Paulus Rn. 8; Praxishinweise bei Braun/Tashiro Rn. 30 f.).

23   § 339 Hs. 2 bürdet damit dem Anfechtungsgegner – weiter als § 293 ZPO – die Darlegungs- und Beweislast auf (Uhlenbruck/Lüer/Knof Rn. 17; MüKoInsO/Reinhart Rn. 16; iRv Art. 13 EuInsVO aF auch EuGH NZI 2015, 954 mAnm Swierczok NZI 2015, 957).

24   Dies gestaltet sich insoweit schwierig, da der Anfechtungsgegner einen weitreichenden Negativbeweis erbringen muss, sodass im Anfechtungsprozess eine Abstufung der Darlegungs- und Beweislast erwogen wird (MüKoInsO/Reinhart Rn. 15; iRv Art. 13 EuInsVO aF auch Swierczok NZI 2015, 957 (958); krit. Uhlenbruck/Lüer/Knof Rn. 18: Anforderungen sollten nicht weiter erleichtert werden). Ist die ausländische Rechtslage ungeklärt, wirkt dies zulasten des Anfechtungsgegners (BGH NZI 2020, 383).

25   Da die Ausnahmeregelung in § 339 Hs. 2 gerade dem Schutz des Anfechtungsgegners dient, der auf die Insolvenzfestigkeit nach der lex causae vertraut hat, kann ihm auch zugemutet werden, das ausländische Recht darzulegen, aus dem sich die Wirksamkeit der gläubigerschädigenden Handlung ergibt (iRd EuInsVO MüKoInsO/Reinhart EuInsVO Art. 13 Rn. 15).

26   Wurde die anfechtungsschwächere lex causae durch eine Rechtswahl begründet (dazu EuGH NZI 2017, 633), kann diese Rechtswahl ihrerseits anfechtbar sein. Die Anfechtbarkeit richtet sich dabei nach der Rechtsordnung, die ohne die Rechtswahl anwendbar wäre (FK-InsO/Wenner/Schuster Rn. 9; vgl. auch MüKoInsO/Reinhart Rn. 10; Uhlenbruck/Lüer/Knof Rn. 16).

E. Zuständigkeitsfragen

27   Nach dem Urteil des EuGH in Sachen „Seagon ./. Deko Marty" (EuGH NJW 2009, 2189) sind Insolvenzanfechtungsklagen Annexverfahren, für die nach Art. 3 EuInsVO die Gerichte des Eröffnungsstaats zuständig sind. Seit dem 26.6.2017 ergibt sich dies auch ausdrücklich aus Art. 6 Abs. 1 EuInsVO.

28   Da dem deutschen Recht und somit § 339 eine Zuständigkeitskonzentration am Ort des Insolvenzverfahrens („vis attractiva concursus") fremd ist, ist die Maßgeblichkeit dieser Rechtsprechung für § 339 unklar (Andres/Leithaus/Dahl Rn. 12 mwN).

29   Außerhalb dieser Rechtsprechung bestimmt sich die internationale Zuständigkeit nach §§ 12 ff. ZPO, da die örtliche Zuständigkeit die internationale indiziert (Grundsatz der Doppelfunktionalität; HmbKommInsR/Undritz Rn. 1). Da sich der Gesetzgeber ausdrücklich an Art. 13 EuInsVO aF bzw. Art. 16 EuInsVO orientierte, sind die Grundsätze aus EuGH NJW 2009, 2189 auch iRv § 339 zu berücksichtigen (MüKoBGB/Kindler Rn. 8; MüKoInsO/Reinhart Rn. 17; aA K. Schmidt InsO/Brinkmann Rn. 6). Somit sind auch iRv § 339 die Gerichte des Eröffnungsstaats für Anfechtungsklagen zuständig.

§ 340 Organisierte Märkte. Pensionsgeschäfte

(1) Die Wirkungen des Insolvenzverfahrens auf die Rechte und Pflichten der Teilnehmer an einem organisierten Markt nach § 2 Absatz 11 des Wertpapierhandelsgesetzes unterliegen dem Recht des Staats, das für diesen Markt gilt.

(2) Die Wirkungen des Insolvenzverfahrens auf Pensionsgeschäfte im Sinne des § 340b des Handelsgesetzbuchs sowie auf Schuldumwandlungsverträge und Aufrechnungsvereinbarungen unterliegen dem Recht des Staats, das für diese Verträge maßgebend ist.

(3) Für die Teilnehmer an einem System im Sinne von § 1 Abs. 16 des Kreditwesengesetzes gilt Absatz 1 entsprechend.

Überblick

§ 340 bezweckt den Verkehrsschutz (→ Rn. 1) durch die Abweichung von der lex fori concursus bei bestimmten Finanzgeschäften: Abs. 1 bezieht sich auf Teilnehmer am organisierten Markt iSd § 2 Abs. 11 WpHG (→ Rn. 4f.), Abs. 2 ua auf Pensionsgeschäfte (→ Rn. 7ff.) und Abs. 3 auf Systeme nach § 1 Abs. 16 KWG (→ Rn. 12ff.).

A. Norminhalt

Als Sonderanknüpfung weicht § 340 aus Gründen des Verkehrsschutzes von der lex fori concursus ab, soweit bestimmte Finanzgeschäfte betroffen sind (BT-Drs. 15/16, 19). 1

Die Norm dient zugleich der Umsetzung folgender Richtlinien: 2
- RL 98/26/EG v. 11.6.1998 (sog. FinalitätsRL, ABl. EG L 166, 45),
- RL 2001/17/EG v. 20.4.2001 zur Sanierung und Liquidation von Versicherungen, welche zwischenzeitlich durch Solvency II (RL 2009/138/EG; ABl. EG L 335, 1) abgelöst wurde, sowie
- RL 2001/24/EG v. 5.5.2001 zur Sanierung und Liquidation von Kreditinstituten (ABl. EG L 125, 15).

B. Anwendungsbereich und Regelungsinhalt

Die EuInsVO enthält eine vergleichbare Regelung in Art. 12 EuInsVO (= Art. 9 EuInsVO 3 aF). Da § 340 insbesondere in der Insolvenz von Kreditinstituten und Versicherungen einschlägig ist, solche Insolvenzverfahren jedoch nicht vom Anwendungsbereich der EuInsVO umfasst sind (Art. 1 Abs. 2 EuInsVO), ist § 340 von besonderer, Art. 12 EuInsVO dagegen von untergeordneter Bedeutung.

I. Absatz 1

Eine § 340 Abs. 1 entsprechende Regelung enthalten Art. 289 RL 2009/138/EG sowie Art. 27 4 RL 2001/24/EG, die von einem „geregelten Markt" sprechen. Für den Begriff des „organisierten Marktes" verweist § 340 Abs. 1 auf die Definition in § 2 Abs. 11 WpHG, die 2007 erweitert wurde (BGBl. I 1330) und seit dem 3.1.2018 in § 2 Abs. 11 WpHG zu finden ist (BGBl. 2017 I 1693).

Organisierter Markt ist demnach im Wesentlichen ein in einem EU-Mitglied- oder EWR- 5 Vertragsstaat betriebenes und staatlich geregeltes multilaterales System, das die Interessen verschiedener Personen am Handel dort zugelassener Finanzinstrumenten zusammenbringt. Somit sind ua der regulierte Markt (§§ 32ff. BörsG; bis 2007: amtlicher und geregelter Markt) und die Terminbörse European Exchange (Eurex) von § 340 Abs. 1 erfasst, mangels öffentlich-rechtlicher Organisation hingegen nicht der Freiverkehr nach § 48 BörsG (FK-InsO/Wenner/Schuster Rn. 4; Uhlenbruck/Lüer/Knof Rn. 7; Andres/Leithaus/Dahl Rn. 3).

Entscheidend ist, dass der Markt zum Zeitpunkt bereits besteht (KPB/Paulus Rn. 4). Als 6 Rechtsfolge verweist § 340 auf die lex causae, also auf das Recht, das auf die genannten Märkte anwendbar ist.

II. Absatz 2

§ 340 Abs. 2 enthält eine Sonderanknüpfung für Pensionsgeschäfte, Schuldumwandlungsver- 7 träge und Aufrechnungsvereinbarungen. Denn auch die Abwicklung dieser Geschäfte würde empfindlich gestört, wenn ein Insolvenzstatut anwendbar wäre, das erheblich vom im Übrigen anwendbaren Recht abweicht (BT-Drs. 15/16, 19 f.). Die Abweichung kann sich auch aus einer zulässigen Rechtswahl ergeben (BGH NZI 2016, 627).

8   Für den Begriff des Pensionsgeschäfts verweist § 340 Abs. 2 auf die Definition in § 340b HGB. Somit werden Verträge erfasst, durch die ein Kreditinstitut oder der Kunde eines Kreditinstituts (Pensionsgeber) ihm gehörende Vermögensgegenstände einem anderen Kreditinstitut oder einem seiner Kunden (Pensionsnehmer) gegen Zahlung eines Betrags überträgt und in denen gleichzeitig vereinbart wird, dass die Vermögensgegenstände später gegen Entrichtung des empfangenen oder eines im Voraus vereinbarten anderen Betrags an den Pensionsgeber zurückübertragen werden müssen oder können. Es handelt sich hierbei um Vollrechtsübertragungen typischerweise von Wertpapieren mit gleichzeitiger Rückkaufvereinbarung (vgl. BT-Drs. 15/16, 19 sowie Baumbach/Hopt/Merkt HGB § 340b Rn. 1). Ob der Pensionsnehmer zur Rückübertragung nur berechtigt (unechtes Pensionsgeschäft, § 340b Abs. 3 HGB) oder auch verpflichtet ist (echtes Pensionsgeschäft, § 340b Abs. 2 HGB), ist für die Sonderanknüpfung in § 340 Abs. 2 unerheblich.

9   Unter Schuldumwandlungen versteht § 340 Abs. 2 Novationsverträge. Ihre praktische Bedeutung ist gering (MüKoInsO/Jahn/Fried Rn. 5). Mit „Aufrechnungsvereinbarungen" meint § 340 Abs. 2 nicht zwingend eine vertragliche oder einseitige Aufrechnung iSv §§ 387 ff. BGB, sondern sog. Netting-Vereinbarungen, insbesondere Glattstellungsabreden bzw. Close-out-Netting (KPB/Paulus Rn. 9; K. Schmidt InsO/Brinkmann Rn. 4; MüKoBGB/Kindler Rn. 7). Solche Netting-Vereinbarungen enthält etwa der Deutsche Rahmenvertrag für Finanztermingeschäfte des Bundesverbands deutscher Banken (dazu BGH NZI 2016, 627).

10 Die Erscheinungsformen solcher Vereinbarungen sind vielfältig; ihnen ist gemein, dass mehrere Zahlungsströme oder Zahlungsansprüche auf einen Saldobetrag zurückgeführt werden, wodurch der Liquiditätsbedarf ebenso wie die Kosten für Transaktionen oder Fehlbuchungen verringert werden sollen (BT-Drs. 15/16, 20; dazu auch MüKoBGB/Kindler Rn. 7). In der Literatur wird erwogen, diesen weiten Begriff teleologisch auf finanzmarktspezifische Verrechnungen zu reduzieren (K. Schmidt InsO/Brinkmann Rn. 4). Hinsichtlich einer Aufrechnung (§ 387 BGB), die Teil einer Netting-Vereinbarung sein kann, bleibt § 338 (→ § 338 Rn. 1 ff.) als lex specialis zu berücksichtigen (Andres/Leithaus/Dahl Rn. 7; Braun/Tashiro Rn. 4).

11 Die Rechtsfolge von § 340 Abs. 2 verdrängt die lex fori concursus nach → § 335 Rn. 1 ff.; stattdessen ist die lex causae nach allgemeinem IPR anwendbar (MüKoBGB/Kindler Rn. 8). Unterwerfen die Parteien den Rahmenvertrag einer bestimmten Rechtsordnung, gilt diese Rechtswahl auch hinsichtlich der Wirkungen des Insolvenzverfahrens auf die Netting-Vereinbarungen (BGH NZI 2016, 627). Wird deutsches Recht gewählt, müssen diese Abrechnungsregelungen zwar mit § 104 vereinbar sein (arg. ex § 119, BGH NZI 2016, 627); seit Ende Dezember 2016 erlaubt § 104 Abs. 4 jedoch die Vereinbarung abweichender Bestimmungen (dazu Piekenbrock BB 2016, 1795).

III. Absatz 3

12 § 340 Abs. 3 enthält für die Teilnehmer eines Systems iSv § 1 Abs. 16 KWG eine Sonderanknüpfung.

13 Die Rechte und Pflichten dieser Teilnehmer unterliegen dem Recht, das für dieses System gilt. Der Begriff des Systems richtet sich nach § 1 Abs. 16 KWG, der seinerseits auf Art. 2 lit. a RL 98/26/EG verweist.

14 Mit der Sonderanknüpfung in § 340 Abs. 3 soll die durch § 96 Abs. 2 gewährleistete Insolvenzfestigkeit von Verrechnungen in solchen Systemen auch in grenzüberschreitenden Verfahren sichergestellt werden (Braun/Tashiro Rn. 5; Andres/Leithaus/Dahl Rn. 10). In diesem Zusammenhang weist die Gesetzesbegründung auch auf die IPR-Regelung in § 17a DepotG hin (BT-Drs. 15/16, 20). Aus dem Regelungszweck von § 340 Abs. 3 ergibt sich, dass das System zum Zeitpunkt der Eröffnung bereits bestehen muss, was nach Art. 2 lit. a RL 98/26/EG zu beurteilen ist (KPB/Paulus Rn. 14).

§ 341 Ausübung von Gläubigerrechten

(1) Jeder Gläubiger kann seine Forderungen im Hauptinsolvenzverfahren und in jedem Sekundärinsolvenzverfahren anmelden.

(2) ¹Der Insolvenzverwalter ist berechtigt, eine in dem Verfahren, für das er bestellt ist, angemeldete Forderung in einem anderen Insolvenzverfahren über das Vermögen

des Schuldners anzumelden. ²Das Recht des Gläubigers, die Anmeldung abzulehnen oder zurückzunehmen, bleibt unberührt.

(3) Der Verwalter gilt als bevollmächtigt, das Stimmrecht aus einer Forderung, die in dem Verfahren, für das er bestellt ist, angemeldet worden ist, in einem anderen Insolvenzverfahren über das Vermögen des Schuldners auszuüben, sofern der Gläubiger keine anderweitige Bestimmung trifft.

Überblick

Die praktisch bedeutsame Vorschrift (zB unlängst Niki Luftfahrt GesmbH) behandelt die Zulässigkeit von Mehrfachanmeldungen und deren Behandlung in dem Fall, dass Insolvenzverfahren in mehreren Staaten eröffnet worden sind. Nach Abs. 1 hat der Gläubiger eines inländischen Verfahrens auch dann das Recht, seine Forderung im inländischen anzumelden, wenn er sie im ausländischen Verfahren bereits angemeldet hat (→ Rn. 2 ff.). Abs. 2 räumt dem Verwalter das Recht ein, die im inländischen Verfahren angemeldete Forderung auch im ausländischen Verfahren anzumelden (→ Rn. 5 ff.). Als flankierende Regelung vermutet Abs. 3 die Befugnis des Verwalters zur Ausübung von Gläubigerrechten, die aus der Forderung resultieren (→ Rn. 10 ff.).

A. Anwendungsbereich

§ 341 ist eine an sich auf inländische Insolvenzverfahren beschränkte Sachnorm (K. Schmidt **1** InsO/Brinkmann Rn. 2; MüKoInsO/Reinhart Rn. 2, 7; FAKomm InsR/Gruber/Wehner Rn. 2; vgl. aber Uhlenbruck/Lüer/Knof Rn. 2; aA Andres/Leithaus/Dahl Rn. 1 f.: auch ausländische Verfahren); dagegen richtet sich die Anmeldung in einem Drittstaat nach dem dortigen Insolvenzstatut. Vorrangig ist Art. 45 EuInsVO (= Art. 32 EuInsVO aF) zu beachten. Da diese Norm jedoch nicht die Bevollmächtigung des Verwalters vermutet (§ 341 Abs. 3), findet § 341 Abs. 3 auch gegenüber Mitgliedstaaten Anwendung (MMS/Mankowsi EuInsVO Art. 45 Rn. 61; Uhlenbruck/Lüer EuInsVO Art. 32 Rn. 3).

B. Regelungsinhalt

I. Recht der Mehrfachanmeldung (Abs. 1)

Abs. 1 stellt das Verfahrensrecht des Gläubigers fest, seine Forderung in jedem Verfahren anzu- **2** melden (deklaratorische Bestimmung, Braun/Tashiro Rn. 2). Die Verfahrensart ist unerheblich. Die Mehrfachanmeldung dient in der Regel der Verbesserung der Befriedigungschancen des Gläubigers.

Aus dem Anmelderecht folgt zugleich das Recht zur Teilnahme an der Quotenverteilung in **3** allen Verfahren, in denen angemeldet wurde. Die Anrechnung der erlangten Quoten erfolgt durch § 342 (→ § 342 Rn. 1 ff.). Vor der Mehrfachanmeldung wird der Gläubiger also prüfen, welche Kosten durch die Mehrfachanmeldung entstehen und in welcher Höhe eine Anrechnung erfolgt.

Die verfahrensrechtlichen Anforderungen der Anmeldung richten sich nach dem Insolvenzstatut **4** des Staats, in dem die Forderung angemeldet wird (MüKoBGB/Kindler Rn. 4; Uhlenbruck/Lüer Rn. 5).

II. Anmeldebefugnis des Insolvenzverwalters (Abs. 2)

Abs. 2 S. 1 versetzt den inländischen Verwalter in die Lage, eine in „seinem" Verfahren angemel- **5** dete Forderung auch im ausländischen Verfahren anzumelden, sofern das dortige Insolvenzrecht eine Abs. 1 entsprechende Regelung kennt. Zur Haftungsvermeidung wird der Verwalter eine Forderung nur dann anmelden, wenn er unter Berücksichtigung der dadurch entstehenden Kosten mit einer Verbesserung der Befriedigungsaussichten rechnen darf (K. Schmidt InsO/Brinkmann Rn. 5; s. hierzu auch Uhlenbruck/Lüer/Knof Rn. 15).

Verzichtet er auf die Anmeldung, muss er zur Vermeidung des (aus seiner Sicht ohnehin nur **6** formalen) Rechteverlusts den betroffenen Gläubiger darüber so rechtzeitig informieren, dass dieser noch die Möglichkeit hat, die Anmeldung selbst vorzunehmen (KPB/Paulus Rn. 10; Uhlenbruck/Lüer/Knof Rn. 15 am Ende).

Die Kosten einer Sammelanmeldung tragen die jeweiligen Gläubiger, nicht die Masse **7** (MüKoBGB/Kindler Rn. 6; Braun/Tashiro Rn. 5; aA FK-InsO/Wenner/Schuster Rn. 7; MüKoInsO/Reinhart Rn. 13), da der Insolvenzverwalter die Forderungen letztlich als Vertreter der

Martini

Gläubiger und nicht in seiner Eigenschaft als Amtswalter anmeldet, wie nicht zuletzt Abs. 2 S. 2 verdeutlicht.

8   Da die Dispositionsbefugnis über die Forderung bei ihrem Inhaber verbleibt (BT-Drs. 15/16, 20), bleibt von der Anmeldungsbefugnis des Verwalters das Recht des Gläubigers nach Abs. 2 S. 2 unberührt, die Anmeldung abzulehnen oder zurückzunehmen.

9   Hinsichtlich des anwendbaren Rechts ist zu unterscheiden: Während sich die Ablehnung der Anmeldung nach dem Recht des Staats richtet, in dem die Forderung erstmalig angemeldet wurde, ist auf die Rücknahme das Recht des Staats anzuwenden, in dem die Anmeldung zurückgenommen werden soll (KPB/Paulus Rn. 13 f.; Andres/Leithaus/Dahl Rn. 9 f.).

III. Vermutung der Bevollmächtigung des Verwalters (Abs. 3)

10 Abs. 3 flankiert die Regelung nach Abs. 2 in Form einer widerleglichen Vermutung (K. Schmidt InsO/Brinkmann Rn. 7; HmbKommInsR/Undritz Rn. 2; aA Braun/Tashiro Rn. 10, MüKoBGB/Kindler Rn. 8 und (einschränkend) Uhlenbruck/Lüer/Knof Rn. 22: Fiktion). Da Art. 45 EuInsVO eine entsprechende Regelung nicht enthält, findet Abs. 3 auch im Verhältnis zu Mitgliedstaaten Anwendung (Uhlenbruck/Lüer EuInsVO Art. 32 Rn. 3; MMS/Mankowsi EuInsVO Art. 45 Rn. 61; Praxishinweise bei Braun/Delzant EuInsVO Art. 45 Rn. 21 f.).

11 Soweit der betroffene Gläubiger dem nicht widerspricht, kann der inländische Verwalter im ausländischen Verfahren hinsichtlich der bei ihm angemeldeten Forderungen die hieraus resultierenden Stimmrechte wahrnehmen.

12 In diesem Fall vertritt er den betroffenen Gläubiger (K. Schmidt InsO/Brinkmann Rn. 7).

13 Der Gläubiger kann dieser Vertretung allgemein widersprechen oder dem vertretenden Verwalter Weisungen erteilen, wie er das Stimmrecht auszuüben hat (BT-Drs. 15/16, 21).

C. Konkurrenzen

14 Der in ihrem Anwendungsbereich § 341 verdrängende – nicht deckungsgleiche (vgl. § 341 Abs. 3) – Art. 45 EuInsVO (= Art. 32 EuInsVO aF – VO (EU) 2015/848 v. 20.5.2015, ABl. EG L 141, 19) sieht in Abs. 1 vor, dass ein Gläubiger seine Forderung im Hauptinsolvenzverfahren und in jedem Sekundärverfahren anmelden kann. Die Verfahrensart ist gleichgültig, es muss sich jedoch jeweils um Verfahren in Mitgliedstaaten handeln. Die Vorschrift enthält keine Beschränkung auf Gläubiger mit ihrem gewöhnlichen Aufenthalt, Wohnsitz oder Sitz in einem EuInsVO-Staat.

15 Daher wird teilweise vertreten, dass sich Gläubiger aus Drittstaaten auf das Recht aus Art. 45 Abs. 1 EuInsVO berufen können (MMS/Mankowski EuInsVO Art. 45 Rn. 3; MüKoInsO/Reinhart EuInsVO Art. 32 Rn. 9; K. Schmidt InsO/Brinkmann EuInsVO Art. 32 Rn. 4).

16 Demgegenüber geht die überwiegende Meinung davon aus, dass wegen Art. 53 EuInsVO (bzw. Art. 39 EuInsVO aF) nur Gläubigern aus Mitgliedstaaten das Recht aus Art. 45 Abs. 1 EuInsVO zusteht (Nerlich/Römermann/Commandeur EuInsVO Art. 32 Rn. 2; KPB/Kemper EuInsVO Art. 32 Rn. 2).

17 Mit der erstgenannten Ansicht beschränkt sich der Anwendungsbereich von § 341 dann im Wesentlichen auf inländische Partikularverfahren mit einem in einem Drittstaat eröffneten Verfahren sowie die in Art. 1 Abs. 2 EuInsVO genannten Unternehmensformen.

§ 342 Herausgabepflicht. Anrechnung

(1) ¹**Erlangt ein Insolvenzgläubiger durch Zwangsvollstreckung, durch eine Leistung des Schuldners oder in sonstiger Weise etwas auf Kosten der Insolvenzmasse aus dem Vermögen, das nicht im Staat der Verfahrenseröffnung belegen ist, so hat er das Erlangte dem Insolvenzverwalter herauszugeben.** ²**Die Vorschriften über die Rechtsfolgen einer ungerechtfertigten Bereicherung gelten entsprechend.**

(2) ¹**Der Insolvenzgläubiger darf behalten, was er in einem Insolvenzverfahren erlangt hat, das in einem anderen Staat eröffnet worden ist.** ²**Er wird jedoch bei den Verteilungen erst berücksichtigt, wenn die übrigen Gläubiger mit ihm gleichgestellt sind.**

(3) **Der Insolvenzgläubiger hat auf Verlangen des Insolvenzverwalters Auskunft über das Erlangte zu geben.**

Überblick

Die Vorschrift normiert vor dem Hintergrund des Universalitätsprinzips (→ Rn. 1 ff.) in Abs. 1 eine Herausgabeverpflichtung desjenigen Gläubigers, der einen Sondervorteil am ausländischen Vermögen des Schuldners erhalten hat (→ Rn. 5 ff.), während Abs. 2 normiert, dass in einem ausländischen Insolvenzverfahren Erlangtes auf die inländische Quote anzurechnen ist (→ Rn. 9 ff.). Abs. 3 schließlich normiert eine Auskunftspflicht des Gläubigers (→ Rn. 13 ff.).

A. Norminhalt

Das Insolvenzverfahren erfasst das gesamte Vermögen des Schuldners ungeachtet seiner Belegenheit im In- oder Ausland. Die Sachnorm des § 342 ist Ausdruck dieses **Universalitätsprinzips** und dient der Gläubigergleichbehandlung. 1

Zu diesem Zweck begründet § 342 Abs. 1 einen Herausgabeanspruch gegen den Gläubiger, der etwas aus ausländischem Vermögen erlangt hat. Sofern es sich bei dem erlangten Etwas um die Quote aus einem parallelen ausländischen Verfahren handelt, ist sie dem Gläubiger anzurechnen (§ 342 Abs. 2). Mit Ausnahme des Auskunftsanspruchs in § 342 Abs. 3 entspricht die Regelung jener in Art. 23 EuInsVO (= Art. 20 EuInsVO aF). 2

Besondere Bedeutung erlangt § 342, wenn die Wirkungen inländischer Verfahren im Ausland nicht anerkannt werden (unter Hinweis auf die Anerkennungspraxis Dänemarks und Norwegens KPB/Paulus § 335 Rn. 27). 3

§ 342 Abs. 1 ist auf (in- und ausländische) Hauptinsolvenzverfahren beschränkt, während § 342 Abs. 2 und 3 auch Partikularverfahren erfasst (KPB/Paulus Rn. 2). 4

B. Herausgabepflicht des Gläubigers nach Abs. 1

Im in- oder ausländischen Hauptinsolvenzverfahren begründet § 342 Abs. 1 S. 1 einen materiell-rechtlichen Herausgabeanspruch des Insolvenzverwalters gegen den Gläubiger, der einen Sondervorteil aus dem ausländischen Vermögen erlangt hat (so schon BGH NJW 1983, 2147). 5

Ob aus der Regelung darüber hinaus auch ein Unterlassungsanspruch erwächst, ist umstritten (bejahend K. Schmidt InsO/Brinkmann Rn. 11; abl. MüKoInsO/Reinhart Rn. 17). 6

Da es sich um eine Sachnorm handelt, richten sich die Tatbestandsvoraussetzungen („erlangen", „Zwangsvollstreckung", …) nach deutschem Recht (Braun/Tashiro Rn. 4). Deutlich wird dies insbesondere bei der Bereicherung „auf Kosten der Insolvenzmasse": In diesen Zuweisungsgehalt der Masse greifen grundsätzlich Befriedigungen oder Sicherheiten ein, die sich der Gläubiger nach Verfahrenseröffnung verschafft hat; wegen → § 88 Rn. 1 werden allerdings auch Vollstreckungsmaßnahmen im letzten Monat vor dem Eröffnungsantrag von § 342 Abs. 1 erfasst (K. Schmidt InsO/Brinkmann Rn. 5; MüKoInsO/Reinhart Rn. 14; Anfechtungsrecht hingegen HK-InsO/Stephan Rn. 8; Uhlenbruck/Lüer Rn. 8). 7

Dagegen ist ein dinglich gesicherter Gläubiger nicht auf Kosten der Masse bereichert, wenn er – wie im Regelfall – auch im ausländischen Verfahren bevorzugt zu befriedigen wäre. Den Erlös aus verwerteten Sicherheiten im Ausland darf er daher regelmäßig behalten (BT-Drs. 15/16, 21), wobei ein Überschuss an die Masse ausgekehrt wird (zu den Kostenbeiträgen nach §§ 170, 171: K. Schmidt InsO/Brinkmann Rn. 8). Der Insolvenzverwalter kann den Herausgabeanspruch entsprechend § 19a ZPO am Sitz des Insolvenzgerichts durchsetzen (MüKoInsO/Reinhart Rn. 25). 8

§ 342 Abs. 1 S. 2 verweist auf die Rechtsfolgen des Bereicherungsrechts (§§ 812 ff. BGB) und somit auf den Entreicherungseinwand nach § 818 Abs. 3 BGB. Auf diese Weise sollen Gläubiger geschützt werden, die in Unkenntnis der ausländischen Verfahrenseröffnung Befriedigung erlangten (BT-Drs. 15/16, 21). Ihre Gutgläubigkeit kann durch eine öffentliche Bekanntmachung im Ausland zerstört werden (Andres/Leithaus/Dahl Rn. 8; Braun/Tashiro Rn. 9). 9

C. Anrechnungsregel nach Abs. 2

Es bleibt dem Gläubiger unbenommen, seine Forderung in mehreren parallelen Verfahren anzumelden (§ 341 Abs. 1). § 342 Abs. 2 regelt das Verhältnis der Quoten aus diesen Verfahren. 9a

Unerheblich ist, ob es sich um ein Haupt- oder Partikularverfahren handelt. 10

Was der Gläubiger aus einem ausländischen Insolvenzverfahren erlangt hat, muss er nicht nach § 342 Abs. 1 herausgeben; vielmehr darf er die Quote nach § 342 Abs. 2 S. 1 behalten, da der Gläubiger lediglich von seinem verfahrensmäßigen Recht Gebrauch gemacht hat (BT-Drs. 15/ 11

16, 21), wie auch § 341 Abs. 1 klarstellt. Dem Gläubiger verbleibt somit der Betrag, um den die ausländische Quote die inländische übersteigt (Andres/Leithaus/Dahl Rn. 11).

12   Nach § 342 Abs. 2 S. 2 ist ihm die anteilige Befriedigung aus dem ausländischen Verfahren jedoch bei der Quotenbildung anzurechnen. Er nimmt an der inländischen Ausschüttung daher nur teil, soweit diese Quote seinen Anteil aus dem ausländischen Verfahren übersteigt. Diese sog. **konsolidierte Quotenberücksichtigung** (mit Beispiel Braun/Tashiro Rn. 15 f.) ist somit die Konsequenz des Rechts zur Mehrfachanmeldung nach § 341 Abs. 1.

D. Auskunftsanspruch des Insolvenzverwalters nach Abs. 3

13   Die Ermittlung des Herausgabeanspruchs nach § 341 Abs. 1 bzw. die Quotenanrechnung nach § 341 Abs. 2 S. 2 gelingt dem Insolvenzverwalter nur, wenn er Kenntnis über die anderweitige Befriedigung des Gläubigers hat. Daher verleiht § 341 Abs. 3 dem Insolvenzverwalter (im Falle von § 341 Abs. 2: auch eines Territorialverfahrens) einen eigenständigen Auskunftsanspruch gegen den Gläubiger (KPB/Paulus Rn. 19).

14   Der Anspruch tritt neben das Auskunftsrecht nach → § 357 Rn. 1 ff. (Braun/Tashiro Rn. 21; K. Schmidt InsO/Brinkmann Rn. 15) und ist **nicht subsidiär** zu anderen Informationsmöglichkeiten wie etwa den schuldnerischen Auskunftspflichten (MüKoInsO/Reinhart Rn. 23; Uhlenbruck/Lüer/Knof Rn. 19).

15   § 342 Abs. 3 ist auch im Anwendungsbereich der EuInsVO einschlägig, da Art. 23 EuInsVO (= Art. 20 EuInsVO aF) keine entsprechende Regelung enthält (Braun/Tashiro Rn. 23; FAKomm InsR/Gruber/Wehner Rn. 8; FAKomm InsR/Flöther/Wehner EuInsVO Art. 20 aF Rn. 10; diff. MüKoInsO/Thole EuInsVO Art. 32 Rn. 20 und K. Schmidt InsO/Brinkmann EuInsVO Art. 20 Rn. 12 f.).

16   Der Insolvenzverwalter kann den Auskunftsanspruch entsprechend § 19a ZPO am Sitz des Insolvenzgerichts (MüKoInsO/Reinhart Rn. 25; MüKoBGB/Kindler Rn. 6) sowie im Rahmen des einstweiligen Rechtsschutzes (FAKomm InsR/Gruber/Wehner Rn. 7; FK-InsO/Wenner/Schuster Rn. 11) durchsetzen.

Zweiter Abschnitt. Ausländisches Insolvenzverfahren

§ 343 Anerkennung

(1) ¹**Die Eröffnung eines ausländischen Insolvenzverfahrens wird anerkannt.** ²**Dies gilt nicht,**
1. **wenn die Gerichte des Staats der Verfahrenseröffnung nach deutschem Recht nicht zuständig sind;**
2. **soweit die Anerkennung zu einem Ergebnis führt, das mit wesentlichen Grundsätzen des deutschen Rechts offensichtlich unvereinbar ist, insbesondere soweit sie mit den Grundrechten unvereinbar ist.**

(2) **Absatz 1 gilt entsprechend für Sicherungsmaßnahmen, die nach dem Antrag auf Eröffnung des Insolvenzverfahrens getroffen werden, sowie für Entscheidungen, die zur Durchführung oder Beendigung des anerkannten Insolvenzverfahrens ergangen sind.**

Überblick

§ 343 hält den Grundsatz (→ Rn. 2) fest, dass die Eröffnung eines ausländischen Insolvenzverfahrens im Inland automatisch im Sinn einer Wirkungserstreckung (→ Rn. 15) anerkannt wird. Ausnahmsweise ist die Anerkennung hingegen zu versagen, wenn bei spiegelbildlicher Betrachtung die Gerichte des Staates der Verfahrensentscheidung bei hypothetischer Anwendung der deutschen Zuständigkeitsvorschriften nicht zuständig sind (→ Rn. 10 f.) oder die Anerkennung zu einem Verstoß gegen den deutschen ordre public führen würde (→ Rn. 11 ff.). Abs. 2 erweitert die Anerkennung auf Sicherungsmaßnahmen, die nach Antragstellung, aber vor Verfahrenseröffnung im Ausland erlassen werden, sowie auf Durchführungs- und Beendigungsentscheidungen (→ Rn. 18 ff.). Für Annexentscheidungen gilt hingegen ein anderes Anerkennungsregime (→ Rn. 19).

Übersicht

	Rn.		Rn.
A. Normzweck	1	1. Internationale Unzuständigkeit der Gerichte des Staates der Verfahrenseröffnung aus Sicht des deutschen Rechts (Abs. 1 S. 2 Nr. 1)	10
B. Anwendungsbereich und Systematik	2		
C. Anerkennung ausländischer Eröffnungsentscheidungen (Abs. 1)	4	2. Unvereinbarkeit mit dem ordre public (Abs. 1 S. 2 Nr. 2)	11
I. Anerkennungsvoraussetzungen	4	III. Anerkennungsfolgen	15
1. Ausländisches Insolvenzverfahren	6		
2. Wirksamkeit des Eröffnungsbeschlusses	8	D. Anerkennung sonstiger Entscheidungen (Abs. 2)	18
II. Anerkennungshindernisse	9		

A. Normzweck

§ 343 ist neben § 335 die zentrale Norm des deutschen internationalen Insolvenzrechts. Als **Sachnorm** ordnet die Vorschrift die **automatische Anerkennung** eines ausländischen Insolvenzeröffnungsbeschlusses und sonstiger Entscheidungen an und verhilft damit dem **Universalitätsprinzip** zur Geltung. Soweit das ausländische Verfahren – wie im Regelfall – das gesamte Vermögen des Schuldners unabhängig von seiner Belegenheit erfasst und die anzuerkennende Entscheidung damit jenseits der eigenen Grenzen Geltung beansprucht, werden ihre Wirkungen auch auf das Inland erstreckt, ohne dass es eines weiteren inländischen Verfahrens zur Anerkennung (Exequatur) bedürfte (MüKoInsO/Thole Rn. 1; Braun/Ehret Rn. 6; HK-InsO/Swierczok Rn. 1; KPB/Paulus Rn. 2). 1

B. Anwendungsbereich und Systematik

Der Struktur der Norm lässt sich zunächst ein **klares Regel-Ausnahme-Verhältnis** entnehmen: Die Anerkennung bildet den Regelfall und nur in den explizit geregelten Ausnahmefällen kann die Anerkennung versagt werden. Aus systematischer Sicht ist ferner zwischen den in Abs. 1 und 2 geregelten **Eröffnungsentscheidungen und sonstigen Nebenentscheidungen** einerseits und andererseits den **eigenständigen Annexverfahren**, die lediglich im Zusammenhang mit dem Insolvenzverfahren stehen, zu unterscheiden. Für erstere gilt der Anerkennungsgrundsatz des § 343. Für die sonstigen Annexverfahren, auch wenn sie insolvenztypisch sein mögen, gilt dieser Grundsatz nicht. Diese sind ggf. über § 328 ZPO bzw. §§ 107, 108 FamFG anzuerkennen (näher dazu → Rn. 19). 2

Der Anwendungsbereich des § 343 ist von demjenigen der **EuInsVO** abzugrenzen. Die Abgrenzung erfolgt nach dem **Ort des eröffneten Insolvenzverfahrens**. Die EuInsVO geht für alle Verfahren, die in einem Mitgliedstaat eröffnet wurden, vor, unabhängig vom Personalstatut des Insolvenzschuldners (MüKoInsO/Thole Rn. 8; Ehret/Braun Rn. 18; dazu auch KPB/Kemper EuInsVO Art. 16 Rn. 1; Liersch NZI 2003, 302 (303)). Daher kann auch für Unternehmen, die nach dem Recht eines Drittstaats gegründet wurden, die EuInsVO zur Anwendung kommen, wenn das Insolvenzverfahren in einem Mitgliedstaat eröffnet wurde. Wegen des Grundsatzes des gegenseitigen Vertrauens in die Justizsystem der Mitgliedstaaten kommt es – im Unterschied zu § 343 Abs. 1 S. 2 Nr. 1 – im Rahmen der Anerkennung nach Art. 19 EuInsVO (bzw. Art. 16 EuInsVO aF) nicht zu einer Nachprüfung der internationalen Zuständigkeit des Gerichts des Eröffnungsstaats. § 343 gelangt zur Anwendung, wenn der Anwendungsbereich der EuInsVO nicht eröffnet ist. Das ist der Fall, wenn das Insolvenzverfahren in einem Drittstaat eröffnet wurde oder die EuInsVO nach Art. 1 Abs. 2 EuInsVO in persönlicher Hinsicht nicht auf den Insolvenzschuldner anzuwenden ist. 3

C. Anerkennung ausländischer Eröffnungsentscheidungen (Abs. 1)

I. Anerkennungsvoraussetzungen

Gegenstand der Anerkennung nach Abs. 1 sind **nur formelle Insolvenzeröffnungsentscheidungen** (BGH NJW 1997, 524); sonstige insolvenzverfahrensrechtliche Entscheidungen sind ggf. nach Abs. 2 anzuerkennen. Der Gesetzeswortlaut ist nicht auf Hauptverfahren beschränkt, sodass 4 grundsätzlich auch eine Anerkennung von Partikularverfahren auf dieser Grundlage möglich ist (K. Schmidt InsO/Brinkmann Rn. 4; MüKoBGB/Kindler Rn. 16).

5 Fraglich ist, inwieweit für Zwecke der Anerkennung eine Vorverlagerung auf eine Maßnahme, die vor dem Eröffnungsbeschluss ergeht, möglich ist: Die bloße Antragstellung im Ausland ist jedenfalls kein zulässiger Anerkennungsgegenstand und steht daher auch einer Verfahrenseröffnung im Inland nicht entgegen (ebenso K. Schmidt InsO/Brinkmann Rn. 8; aA KPB/Paulus Rn. 8; Reinhart NZI 2009, 73 (74 f.)). Der EuGH hat aber bestimmte Beschlüsse über Sicherungsmaßnahmen, die vor Erlass des formellen Eröffnungsbeschlusses ergangen sind (wie die Einsetzung eines vorläufigen Verwalters in Verbindung mit einem Vermögensbeschlag), für Zwecke der Anerkennung nach Art. 19 EuInsVO (bzw. Art. 16 EuInsVO aF) ebenfalls als Insolvenzeröffnungsentscheidungen qualifiziert (EuGH NZI 2006, 360 – Eurofood). Diese gemeinschaftsrechtliche Rechtsprechung ist indes nicht in das autonome Recht übertragbar (ebenso K. Schmidt InsO/Brinkmann Rn. 9; HK-InsO/Swierczok Rn. 5). Denn während es im Anwendungsbereich der EuInsVO leicht zu einem Wettlauf um die Zuständigkeit für die Eröffnung des Hauptverfahrens kommen kann, weil die Annahme der Zuständigkeit in einem Mitgliedstaat von den Gerichten der anderen Mitgliedstaaten ohne Nachprüfung zu akzeptieren ist, besteht im autonomen Recht kein vergleichbares Bedürfnis nach einer möglichst frühzeitigen Fixierung der internationalen Zuständigkeit, da hier wegen Abs. 1 S. 2 Nr. 1 auf der Anerkennungsebene eine Zuständigkeitsprüfung aus der Sicht des inländischen Rechts stattfindet (näher dazu → Rn. 10).

1. Ausländisches Insolvenzverfahren

6 § 343 enthält keine definitorischen Vorgaben, die das anzuerkennende Insolvenzverfahren erfüllen muss. Es daher im Wege der **Qualifikation** zu bestimmen, ob das ausländische Verfahren einem deutschen Insolvenzverfahren **funktionell vergleichbar** ist (BGH NZI 2009, 859 (860); MüKoInsO/Thole Rn. 13; Uhlenbruck/Lüer Rn. 3; KPB/Paulus Rn. 4; Koch FS Jayme, 2004, 437 (441). Eine völlige Deckungsgleichheit mit dem deutschen Modell und seinen Zielsetzungen würde indes die Anforderungen überspannen (vgl. auch MüKoBGB/Kindler Rn. 6; KPB/Paulus Rn. 4). Der Gesetzgeber gibt selbst den Maßstab vor, indem er verlangt, solche Verfahren zu erfassen, die „im etwa die gleiche wie die Verfahren der Insolvenzordnung verfolgen" (Begr. RegE, BT-Drs. 15/16, 21). Nach der Gesetzesbegründung können auch die in der EuInsVO im Anhang aufgeführten Verfahren eine Orientierungshilfe bieten (Begr. RegE, BT-Drs. 15/16, 21). Angesichts der Aufgabe, einen Drittstaatenfall einzuordnen, sollte ein schematischer Abgleich mit den Verfahren der Mitgliedstaaten nicht überbewertet werden; es besteht angesichts der Orientierung an den klaren Parametern des deutschen Modells auch kein praktisches Bedürfnis nach weiterer Konkretisierung.

7 Letztlich kommt es auf eine **Vergleichbarkeit in den wesentlichen Grundzügen** an. Dies sind die folgenden (s. auch MüKoInsO/Thole Rn. 14; HK-InsO/Swierczok Rn. 7; Braun/Ehret Rn. 3; Paulus IPrax 1999, 148 (150)): (1) Das ausländische Verfahren sollte einen **Eröffnungsgrund** voraussetzen, der an eine Insolvenz bzw. Vermögensinsuffizienz des Schuldners anknüpft, die dazu führt, dass er nicht mehr alle seine Gläubiger gleichermaßen befriedigen kann. Eine förmliche Feststellung des Eröffnungsgrundes ist indes nicht erforderlich (BHG NZI 2009, 859 (861)). (2) Es sollte ein **staatliches Verfahren** und kein privatrechtlich organisiertes sein. (3) Schließlich sollte es sich um ein **Kollektivverfahren unter Einbeziehung der Gläubigerschaft** handeln, dessen Zweck auf die Befriedigung der Gläubiger ausgerichtet ist (OLG München ZInsO 2011, 866 (868)). Die Einschaltung eines Gerichts im engeren Sinne ist nicht erforderlich; mit Gericht iSd Abs. 1 S. 2 Nr. 1 ist jede Stelle gemeint, die befugt ist, ein Insolvenzverfahren zu eröffnen oder im Verfahrensablauf Entscheidungen zu treffen (Begr. RegE, BT-Drs. 15/16, 21; HK-InsO/Swierczok Rn. 7; KPB/Paulus Rn. 10) (→ Rn. 7.1 ff.).

7.1 Die Rechtsprechung hat bisher für folgende Verfahren die Vergleichbarkeit angenommen: Für den norwegischen Zwangsvergleich (BGH NJW 1997, 524 (525)), für das dänische Insolvenzverfahren (OLG Frankfurt a. M. NJOZ 2005, 2532 (2533)), das schweizerische Konkursverfahren mit restschuldbefreiender Wirkung (BGHZ 122, 373 (375); Paulus ZEuP 1994, 301) sowie das schweizerische Nachlassverfahren der Art. 293 ff. SchKG (BGH ZIP 2012, 1527 (1530)), das brasilianische Sanierungsverfahren (LAG Hessen ZInsO 2012, 1333) und das US-amerikanische Reorganisationsverfahren nach Chapter 11 Bankruptcy Code (BC) (BGH NZI 2009, 859 – Schnellverschlusskappe; BAG ZIP 2007, 2047 (2048); näher dazu Brinkmann IPrax 2011, 143 (145); Gebler/Stracke NZI 2010, 15; Paulus ZZP 123 (2010), 243).

7.2 Insbesondere für das **Chapter 11-Verfahren** ist eine funktionelle Vergleichbarkeit bezweifelt worden, weil das Verfahren keiner formellen Anordnungsentscheidung bedürfe, dem Schuldner meist Verfügungs- und Verwaltungsbefugnisse verblieben, keine zwingenden Insolvenzgründe vorliegen müssten und das

Verfahrensziel Reorganisation statt Gläubigerbefriedigung durch Verwertung der Insolvenzmasse sei. Diesen Einwänden ist der BGH in seiner Schnellverschlusskappe-Entscheidung (NZI 2009, 859) entgegengetreten und hat dabei wichtige Erkenntnisse für die funktionelle Qualifikation von ausländischen Insolvenzverfahren festgehalten. Zurecht weist der BGH darauf hin, dass neben den in der Insolvenzordnung geregelten klassischen Verfahren auf Befriedigung der Gläubiger durch Verwertung der Insolvenzmasse und Verteilung des Erlöses auch der Insolvenzplan existiere, der ähnlich wie das Chapter 11-Verfahren auf den Erhalt des Unternehmens und eine damit verbundene Sanierung ausgerichtet sei. Das Ziel der Reorganisation ist dem deutschen Insolvenzrecht nicht fremd (s. § 1). Zudem diene auch das Chapter 11-Verfahren der gemeinschaftlichen Befriedigung der Gläubiger. Dem Argument, es bedürfe keiner formellen Anordnungsentscheidung hält der BGH entgegen, dass die Eröffnung zwar durch bloße Antragsstellung möglich, jedoch das weitere Verfahren gerichtlich ausgestaltet und begleitet sei. Außerdem erfolge eine gerichtliche Bestätigung des Reorganisationsplans. Zudem sei es unschädlich, dass der Schuldner zur Verfügung über und Verwaltung der Insolvenzmasse befugt bleibe, da dies auch im nationalen Recht nicht ausnahmslos vorgesehen.

Ein englisches **Scheme of Arrangement** ist hingegen kein Insolvenzverfahren iSd § 343 (BGH NJW 2012, 2113 (2114 f.); Paulus ZIP 2011, 1077 (1080); OLG Celle ZIP 2009, 1968 (1970); LG Potsdam BeckRS 2011, 15245; aA LG Rottweil ZIP 2010, 1964), weil das Verfahren nicht zwingend im Sinne eines Gesamtverfahrens alle Gläubiger einbezieht, sondern – wie im Regelfall – auf eine Einigung mit bestimmten Gläubigerklassen beschränkt sein kann (ebenso Petrovic ZInsO 2010, 265 (267); Mankowski WM 2011, 1201 (1202); Carli/Weissinger DB 2014, 1474 (1479); Laier GWR 2011, 252). Dass das Scheme keinen Insolvenztatbestand zur Verfahrenseinleitung voraussetzt, würde allerdings, wie die Schnellverschlusskappe-Entscheidung zeigt (→ Rn. 6.2) für sich genommen nicht genügen, um eine Qualifikation als Insolvenzverfahren auszuschließen (ebenso Sax/Swierczok ZIP 2017, 601 (603)). **7.3**

Die Einordnung des im Juni 2020 neu eingeführten englischen **Restrukturierungsplanverfahrens** (sog. **Part 26A-Verfahren**), das im Anschluss an das Scheme of Arrangement in Teil 26A des englischen Companies Act 2006 geregelt ist, ist derzeit noch offen (dagegen Herding/Kranz ZRI 2021, 123 (128); offen gelassen Sax/Berkner/Saed NZI 2021, 517 (519 ff.)). Während die ersten englischen Entscheidungen zum Part 26A-Verfahren eine gewisse Zurückhaltung bei der Qualifikation als Insolvenzverfahren erkennen ließen (Re Pizza Express Financing 2 plc [2020] EWHC 2873 (Ch), 29; Re Deep Ocean 1 UK Ltd [2020] EWHC 3549 (Ch), 36 ff.), wurde im Fall Gategroup das Verfahren vom englischen High Court jüngst als konkursähnlich iSd Art. 1 IIb des Übereinkommens über die gerichtliche Zuständigkeit und die Vollstreckung gerichtlicher Entscheidungen in Zivil- und Handelssachen (Lugano-Übereinkommen) angesehen (Re Gategroup Guarantee Ltd [2021] EWHC 304 (Ch)). Der Fall ist aber insofern besonders, als erst die Qualifikation als Insolvenzverfahren überhaupt den Zugang zu den englischen Gerichten eröffnete. Zunächst maß das Gericht zu Recht dem Umstand, dass der Gesetzgeber nicht die Aufnahme in Anhang A der EuInsVO verfolgte, keine Bedeutung bei, weil die Aufnahme aufgrund der vergleichsweise langen Verfahrensdauer nicht mehr rechtzeitig vor Ablauf der Übergangsvorschriften infolge des Brexit hätte erfolgen können. Die formale Ansiedlung im Gesellschaftsrecht hat ebenfalls keinen Einfluss auf die Qualifikation. Materiell betrachtet, sah das Gericht jedoch die Eigenschaften eines Insolvenzverfahrens als erfüllt an: das Verfahren bezwecke die Vermeidung einer Insolvenz, diene der Aufteilung des Schuldnervermögens, sei der Gleichbehandlung der Gläubiger verpflichtet und stehe unter gerichtlicher Kontrolle (vgl. auch Art. 1 Abs. 1, 2 EuInsVO). Es sei zudem dem ebenfalls 2020 eingeführten niederländischen Restrukturierungsplanverfahren sehr ähnlich, das in seiner öffentlichen Verfahrensvariante in den Anhang A zur EuInsVO aufgenommen werden solle. Aus deutscher Sicht kommt dieser Entscheidung indes nur Indizwirkung zu. Ein deutsches Gericht muss, wie ausgeführt (→ Rn. 6 f.), auf der Grundlage einer funktionalen Betrachtung eine eigenständige Qualifikationsentscheidung treffen. Dabei ist einerseits die Argumentation des englischen Gerichts zu würdigen. Andererseits darf nicht verkannt werden, dass es sich wie beim Scheme of Arrangement (→ Rn. 7.3) um kein Gesamtvollstreckungsverfahren iSv § 1 InsO handelt, das auf die bestmögliche Befriedigung der Gläubiger ausgerichtet ist. Es kann sich gerade auch nur auf einzelne Gläubigergruppen beziehen (sec. 901 A III Companies Act 2016) und wird, wie die ersten Praxisfälle zeigen, auch so angewandt. Die besseren Gründe sprechen daher für eine Übertragung der Argumentation zum Scheme of Arrangement und gegen eine Qualifikation als Insolvenzverfahren. **7.4**

2. Wirksamkeit des Eröffnungsbeschlusses

Der Eröffnungsbeschluss muss im Eröffnungsstaat wirksam sein. Der Eintritt der formellen Rechtskraft ist nicht erforderlich (BGHZ 95, 256 (270); MüKoInsO/Thole Rn. 20; HK-InsO/Swierczok Rn. 5). Mängel und Fehler im Verfahren oder die Anfechtbarkeit der Entscheidung stehen der grundsätzlichen Anerkennungseignung nicht entgegen, solange die Entscheidung dadurch nach Maßgabe des anwendbaren ausländischen Rechtes unwirksam wird (BGHZ 95, 256 (271)). Unter Umständen ist der Entscheidung aber aufgrund eines Verstoßes gegen den **ordre** **8**

public die Anerkennung im Inland zu versagen. Einer öffentlichen Bekanntmachung der Entscheidung im Herkunftsstaat bedarf es für Zwecke der Anerkennungsfähigkeit nur, wenn diese selbst eine Wirksamkeitsvoraussetzung für die anzuerkennende Entscheidung ist (MüKoInsO/Thole Rn. 22).

II. Anerkennungshindernisse

9 Die InsO benennt in Abs. 1 zwei Tatbestände, die die Anerkennung des ausländischen Eröffnungsbeschlusses verhindern. Dies ist zum einen dann der Fall, wenn gem. Abs. 1 Nr. 1 das Gericht des Staats der Verfahrenseröffnung nach deutschem Recht nicht zuständig wäre und zum anderen wenn die Anerkennung zu einem Ergebnis führen würde, das mit wesentlichen Grundsätzen des deutschen Rechts offensichtlich unvereinbar ist (Abs. 1 Nr. 2). Die Aufzählung der Anerkennungshindernisse ist **abschließend**. Insbesondere findet **keine inhaltliche Überprüfung** der ausländischen Entscheidung **auf ihre Recht- und Gesetzmäßigkeit nach dem Recht des Eröffnungsstaates** statt (Verbot der révision au fond) (MüKoInsO/Thole Rn. 25).

1. Internationale Unzuständigkeit der Gerichte des Staates der Verfahrenseröffnung aus Sicht des deutschen Rechts (Abs. 1 S. 2 Nr. 1)

10 Eine Anerkennung erfolgt gem. Abs. 1 S. 2 Nr. 1 nicht, wenn das Gericht des Staats der Verfahrenseröffnung aus Sicht des deutschen Rechts international nicht zuständig zu. Damit soll eine Anerkennung verhindert werden, wenn das ausländische Gericht einen exorbitanten Gerichtsstand in Anspruch nimmt (MüKoBGB/Kindler Rn. 13). Die internationale Zuständigkeit kann daher auch nicht durch rügeloses Einlassen oder Parteivereinbarung begründet werden (BK-InsR/Pannen Rn. 15). Daher ist wie bei § 328 Abs. 1 Nr. ZPO, § 109 Abs. 1 Nr. FamFG in einer **hypothetischen Prüfung** der Frage nachzugehen, ob die ausländischen Gerichte auch bei unterstellter Anwendung der deutschen Zuständigkeitsvorschriften für die Eröffnung des Insolvenzverfahrens zuständig wären (**Spiegelbildprinzip**) (BGHZ 120, 334 (337) mAnm Schlechtriem EWiR 1993, 195; MüKoBGB/Kindler Rn. 13; Leipold FS Baumgärtel, 1990, 291 (292); Leipold FS Henckel, 1995, 533 (537)). Eine Anerkennung ist nur möglich, wenn das Gericht des Eröffnungsstats unter diesem Gesichtspunkt tatsächlich zuständig ist. Da bei Drittstaaten der das Anerkennungsregime der EuInsVO prägende Grundsatz gegenseitigen Vertrauens in die Justizsysteme nicht angebracht ist, genügt es – anders als bei Art. 19 EuInsVO (bzw. Art. 16 EuInsVO aF) – nicht, wenn sich das ausländische Gericht nur für zuständig gehalten hat oder wenn es seine internationale Zuständigkeit nach den anwendbaren Normen des ausländischen Verfahrensrechts richtig oder überhaupt geprüft hat (MüKoBGB/Kindler Rn. 13; MüKoInsO/Thole Rn. 27). Das deutsche Insolvenzgericht hat diesen Punkt **von Amts wegen** zu prüfen und die Anerkennung ggf. zu versagen, wenn das Gericht des Eröffnungsstaates nach Maßgabe der deutschen Zuständigkeitsvorschriften nicht zuständig wäre; ihm steht bei der Entscheidung – anders als der Gesetzeswortlaut andeutet – kein Ermessen zu (MüKoInsO/Thole Rn. 26). **Maßgeblicher Zeitpunkt** für die Prüfung ist der Eingang des Eröffnungsantrags (OLG Hamm NZI 2000, 220 (221); OLG Frankfurt a. M. ZIP 2002, 1956 (1957); MüKoInsO/Thole Rn. 30; MüKoBGB/Kindler Rn. 15; → Rn. 10.1 f.).

10.1 Soweit ein ausländisches **Hauptverfahren** Gegenstand der Anerkennung ist, erfolgt die Prüfung analog § 3. Die Vorschrift normiert in ihrem direkten Anwendungsbereich nur die örtliche Zuständigkeit, sie wird jedoch doppelfunktional auch für die Bestimmung der internationalen Zuständigkeit herangezogen (→ § 3 Rn. 31). Innerhalb des § 3 richtet sich die Zuständigkeit vorrangig nach dem Mittelpunkt der selbständigen wirtschaftlichen Tätigkeit des Schuldners nach § 3 Abs. 1 S. 2; auf den von § 3 Abs. 1 S. 1 in Bezug genommenen allgemeinen Gerichtsstand ist nur hilfsweise zurückzugreifen (→ § 3 Rn. 1; näher zum Ganzen: MüKoInsO/Thole Rn. 27, 30 ff.). Bestehen auf dieser Grundlage mehrere Zuständigkeiten und sind mehrere Verfahren im Ausland eröffnet worden, ist die Prioritätsregel des § 3 Abs. 2 analog heranzuziehen (MüKoBGB/Kindler Rn. 15; K. Schmidt InsO/Brinkmann Rn. 12; KPB/Paulus Rn. 14).

10.2 Für die Anerkennung von ausländischen **Partikularverfahren** gilt Folgendes: § 354 ermöglicht die Durchführung eines inländischen Partikularverfahrens, wenn der Schuldner über eine Niederlassung im Inland verfügt oder sonstiges Vermögen des Schuldners im Inland belegen ist. Bei Anwendung der deutschen Zuständigkeitsvorschriften im Rahmen der hypothetischen Prüfung der internationalen Zuständigkeit kann folglich ein ausländisches Partikularverfahren anerkannt werden, wenn der Schuldner über eine Niederlassung oder sonstiges Vermögens im ausländischen Verfahrensstaat verfügt (Andres/Leithaus/Dahl Rn. 2; MüKoInsO/Thole Rn. 40).

Anerkennung § 343 InsO

2. Unvereinbarkeit mit dem ordre public (Abs. 1 S. 2 Nr. 2)

Der ordre public-Vorbehalt bietet ein Einzelfallkorrektiv mit dem Ziel, den inländischen Wertvorstellungen im Einzelfall zum Durchbruch zu helfen und bestimmten ausländischen Entscheidungen die Anerkennung zu versagen, die Grundsätzen des inländischen Rechts eklatant zuwiderlaufen (Uhlenbruck/Lüer Rn. 12; BK-InsR/Pannen Rn. 20). Die Anwendung dieses Vorbehalts ist für besondere Ausnahmefälle vorbehalten und gleichsam als **ultima ratio** (MüKoInsO/Thole Rn. 45; FK-InsO/Wenner/Schuster Rn. 21) zu verstehen. Eine „schlichte" Verletzung von Grundrechten genügt noch nicht, vielmehr muss ein untragbarer Widerspruch zu den Grundgedanken des deutschen Rechts und den ihm zugrundeliegenden Gerechtigkeitsgedanken bestehen (BGHZ 50, 370 (375); 138, 331 (334 f.); KPB/Paulus Rn. 16). 11

Bei der Anwendung des Vorbehalts ist zwischen dem kollisionsrechtlichen, dem **verfahrens-** **rechtlichen** und dem **materiell-rechtlichen ordre public-Vorbehalt** zu trennen; nur die beiden letzteren Ausprägungen sind Gegenstand von Abs. 1 S. 2 Nr. 2. Die Prüfung erfolgt daher auf zwei Ebenen: Zunächst ist für Zwecke der Anerkennung zu prüfen, ob die Anerkennung des ausländischen Eröffnungsbeschlusses gegen wesentliche Grundsätze des deutschen Rechts verstößt. Davon zu unterscheiden ist die Frage, ob das inländische Gericht aufgrund einer Kollisionsnorm eine ausländische Sachnorm anzuwenden hat und deren Anwendung ihrerseits zu einem Ergebnis führen würde, das mit wesentlichen Grundzügen des deutschen Rechts unvereinbar ist (**kollisionsrechtlicher ordre public-Vorbehalt**). Letzteres bemisst sich nach Art. 6 EGBGB, der neben § 343 Abs. 1 S. 2 Nr. 2 weiterhin anzuwenden ist (MüKoInsO/Thole Rn. 50; K. Schmidt InsO/ Brinkmann Rn. 14). 12

a) Verfahrensrechtlicher ordre public-Vorbehalt. In verfahrensrechtlicher Hinsicht kann ein Anerkennungshindernis vorliegen, wenn das ausländische Verfahren von wesentlichen Grundprinzipien des deutschen Rechts abweicht, es also zB an einem geordneten, rechtsstaatlichen Verfahren mangelte (BGHZ 48, 327 (331 f.)), es zu einer willkürlichen Schlechterstellung einzelner Gläubiger kam (FK-InsO/Wenner/Schuster Rn. 24; MüKoInsO/Thole Rn. 53 ff. mit weiteren Beispielen) oder gegen den Grundsatz des rechtlichen Gehörs (Art. 103 GG, Art. 6, 25 EMRK) oder den Justizgewährleistungsanspruch verstoßen wurde (MüKoBGB/Kindler Rn. 20; in Bezug auf die EuInsVO Paulus ZIP 2003, 1725 (1728 f.); Herchen ZIP 2005, 1401 (1404)). Wie bereits oben im Rahmen der Qualifikation als „Insolvenzverfahren" kann es dabei nicht von Bedeutung sein, dass ein ausländisches Verfahren im Vergleich mit einem deutschen Insolvenzverfahren nicht denselben Abläufen und Beteiligungsformen folgt oder Mitwirkungsrechte unterschiedlich ausgestaltet sind. Ebensowenig kommt es darauf an, dass die Entscheidung auf dem Verfahrensmangel beruht (MüKoInsO/Thole Rn. 53). 13

b) Materiell-rechtlicher ordre public-Vorbehalt. Ein Verstoß gegen Vorschriften des materiellen Rechts kann ebenfalls einen Verstoß gegen den ordre public bedeuten. Freilich gilt dies nicht für die Zuständigkeitsvorschriften, auf deren Grundlage das ausländische Gericht seine Zuständigkeit angenommen hat, weil dies zu einer unzulässigen révision au fond (→ Rn. 9) führen würde. Abs. 1 S. 2 Nr. 1 ist insoweit vorrangig (MüKoInsO/Thole Rn. 60) (→ Rn. 14.1). 14

Sieht das anzuerkennende ausländische Verfahren beispielsweise die Möglichkeit vor, dass kraft Mehrheitsentscheidung in die Rechte von Gläubigern etwa in Form einer Forderungskürzung eingegriffen werden kann, wie dies in unterschiedlichen Ausprägungen beim einem Chapter 11-Verfahren (→ Rn. 7.2), einem Scheme of Arrangement (→ Rn. 7.3) oder einem Part 26A-Verfahren (→ Rn. 7.4) der Fall sein kann, stellt dies noch ein ordre public Verstoß dar (so aber Bormann NZI 2011, 892 (897)). Vielmehr handelt es sich bei solchen Eingriffen kraft Mehrheitsentscheidung innerhalb einer Gläubigergruppe oder gruppenübergreifend (sog. cross-class cram-down) aus deutscher Sicht um eine zulässige Inhalts- und Schrankenbestimmung des Eigentumsrechts (Art. 14 GG). Dies belegen nicht zuletzt die vom deutschen Gesetzgeber selbst geschaffenen Eingriffe kraft Mehrheitsentscheidung im Insolvenzplan (§§ 244 f. InsO) oder bereits vor Eintritt der materiellen Insolvenz im Restrukturierungsplan (§ 26 StaRUG). 14.1

III. Anerkennungsfolgen

Folge der Anerkennung ist eine **automatische Wirkungserstreckung**, ohne dass es eines weiteren formellen Anerkennungsaktes bedarf. Dem anzuerkennende Beschluss kommt dann im Inland die gleiche Wirkung zu wie im Staat der Verfahrenseröffnung (Begr RegE, BT-Drs. 15/ 16, 21; 12/2443, 241; BGHZ 134, 79 (87); MüKoBGB/Kindler Rn. 34; HK-InsO/Swierczok Rn. 13; Braun/Ehret Rn. 6; Reinhart ZIP 1997, 1735 (1737); Liersch NZI 2003, 302 (306)). Die hM versteht die Anerkennung im verfahrensrechtlichen Sinne (KPB/Paulus Rn. 6; MüKoInsO/Thole Rn. 10). So hat der Anerkennungsgegenstand auch im Inland unmittelbar prozessuale 15

Wirkung (zB hinsichtlich der Rechtskraft, Gestaltungswirkung oder Vollstreckbarkeit; MüKo-InsO/Thole Rn. 10, 67; vgl. auch zur EuInsVO Brinkmann IPrax 2007, 235 (236)). Der Automatismus darf jedoch nicht in dem Sinn missverstanden werden, dass die Rechtsfrage, ob eine ausländische Entscheidung anerkennungsfähig ist, nicht zum Gegenstand einer gerichtlichen Entscheidung im Inland gemacht werden kann. Die Anerkennungsfähigkeit im Inland kann etwa als Vorfrage relevant werden und inzident in Leistungsklagen oder im Rahmen einer Klage auf Feststellung der Anerkennungsfähigkeit zu prüfen sein (BK-InsR/Pannen Rn. 7).

16 Anerkennung des ausländischen Eröffnungsbeschlusses im Inland bedeutet allerdings nicht, dass auch im weiteren Verfahrensfortgang stets das inländische Recht anzuwenden wäre. Vielmehr kann im Einzelfall nach Maßgabe der **inländischen Kollisionsnormen** eine erneute Anknüpfung vorzunehmen sein (MüKoInsO/Thole Rn. 6).

17 Der Gesetzeswortlaut in Abs. 1 S. 2 Nr. 2 („soweit") legt nahe, dass **auch eine teilweise Anerkennung möglich** ist. Dies ist jedoch nur dann denkbar, wenn und soweit der Eröffnungsbeschluss teilbar ist und in seinem abgetrennten Teil noch selbstständig Sinn ergibt (MüKoInsO/Thole Rn. 71 mit dem Beispiel eines Beschlusses, der sowohl die Feststellung der Eröffnung eines Insolvenzverfahrens und – davon abtrennbar – die Anordnung von Zwangsmaßnahmen enthält; FK-InsO/Wenner/Schuster Rn. 32).

D. Anerkennung sonstiger Entscheidungen (Abs. 2)

18 Abs. 2 erweitert den Anwendungsbereich von Abs. 1. **Systematisch** ist zu in mehrfacher Hinsicht unterscheiden: Erfasst sind zunächst **Sicherungsmaßnahmen,** die nach dem Antrag auf Eröffnung des Insolvenzverfahrens aber noch **vor der Eröffnung** erlassen werden. § 344 kommt hingegen zur Anwendung, wenn nicht im Ausland erlassene Maßnahmen anerkannt werden sollen, sondern das inländische Insolvenzgericht eigene Sicherungsmaßnahmen nach § 21 im Hinblick auf ein anerkennungsfähiges (→ § 344 Rn. 11 f.) Hauptverfahren erlässt (→ § 344 Rn. 4 f.). Abs. 2 gilt gleichermaßen für **Durchführungs- und Beendigungsentscheidungen.**

19 Aus dem Anwendungsbereich des Abs. 2 fallen demgegenüber die eigenständigen **Annexentscheidungen,** die insolvenzrechtlich geprägt sind und mit dem Insolvenzverfahren in einem mehr oder weniger engen Zusammenhang stehen, aber sich gerade nicht auf die Eröffnung, Durchführung, Beendigung oder die Anordnung von Sicherungsmaßnahmen beziehen (Andres/Leithaus/Dahl Rn. 26; Haubold IPrax 2002, 156 (162)). Mangels einer kollisionsrechtlichen Regelung im autonomen Recht sind diese Entscheidungen allenfalls nach § 328 ZPO anzuerkennen (K. Schmidt InsO/Brinkmann Rn. 17). Es ist daher gem. § 328 Abs. 1 Nr. 1 ZPO in spiegelbildlicher Anwendung der §§ 13 ff. ZPO zu prüfen, ob das ausländische Gericht zur Entscheidung zuständig war. Zudem ist nach § 328 Abs. 1 Nr. 2 ZPO Voraussetzung für die Anerkennung, dass die Klage rechtzeitig und ordnungsgemäß zugestellt wurde, und gem. § 328 Abs. 1 Nr. 5 ZPO, dass die Gegenseitigkeit der Anerkennung verbürgt ist. Zu beachten ist jedoch, dass die ausländischen Annexentscheidungen erst dann anerkennungsfähig sind, wenn die ausländische Insolvenzeröffnung selbst anerkennungsfähig ist (FK-InsO/Wenner/Schuster Rn. 41; → Rn. 19.1).

19.1 **Beispiele** für Annexentscheidungen: Entscheidungen in Insolvenzanfechtungsprozessen, Verfahren über Haftungsansprüche gegen den Insolvenzverwalter oder Feststellungstreitigkeiten betreffend die Zugehörigkeit von Gegenständen zur Insolvenzmasse (KPB/Paulus Rn. 26; FK-InsO/Wenner/Schuster Rn. 41; Haubold IPrax 2002, 156 (162)).

20 **Sicherungsmaßnahmen** sind solche Maßnahmen, die auf die Absicherung der Abwicklung und Verteilung der Insolvenzmasse im Interesse einer gleichmäßigen Befriedigung aller Gläubiger ausgerichtet sind (Braun/Liersch Rn. 14 ff.). **Durchführungsentscheidungen** sind solche, die das Verfahren vorantreiben oder gestalten (MüKoInsO/Thole Rn. 77; Uhlenbruck/Lüer Rn. 16). **Beendigungsentscheidungen** liegen vor, wenn die Entscheidung einen Verfahrensabschnitt oder das gesamte Verfahren abschließt. Sie bilden gleichsam das Gegenstück zum Eröffnungsbeschluss (MüKoInsO/Thole Rn. 77; Uhlenbruck/Lüer Rn. 16). Die anzuerkennenden Maßnahmen müssen dem deutschen Recht nicht bekannt sein (HK-InsO/Swierczok Rn. 15). Auch iRd Abs. 2 ist schon wegen des Regelungszusammenhangs mit Abs. 1 eine **funktionale Qualifikation** vorzunehmen (BK-InsR/Pannen Rn. 27; KPB/Paulus Rn. 23). Die Maßnahmen sind also dann anzuerkennen, wenn sie im Wesentlichen die gleichen funktionalen Wirkungen und Ziele haben (→ Rn. 20.1).

Beispiele: Bestellung eines Verwalters wie auch dessen Abberufung und die Ausgestaltung seiner Kompetenzen; verfahrensleitende Anordnungen wie das Setzten von Ausschluss- und Anmeldefristen oder Zwangsmaßnahmen gegen den Schuldner; Bestätigung eines Insolvenzplans oder Zwangsvergleichs oder der gerichtliche Ausspruch der Restschuldbefreiung (MüKoInsO/Thole Rn. 80 ff.; Reinhart ZIP 1997, 1734 (1737); Vallender ZInsO 2009, 616 (617 f.)). 20.1

§ 344 Sicherungsmaßnahmen

(1) Wurde im Ausland vor Eröffnung eines Hauptinsolvenzverfahrens ein vorläufiger Verwalter bestellt, so kann auf seinen Antrag das zuständige Insolvenzgericht die Maßnahmen nach § 21 anordnen, die zur Sicherung des von einem inländischen Sekundärinsolvenzverfahren erfassten Vermögens erforderlich erscheinen.

(2) Gegen den Beschluss steht auch dem vorläufigen Verwalter die sofortige Beschwerde zu.

Überblick

Die Vorschrift eröffnet in ihrem Abs. 1 dem ausländischen vorläufigen Insolvenzverwalter eine weitere Option zur Sicherung der Insolvenzmasse im Inland (→ Rn. 1 f.). Wenn vor Eröffnung des ausländischen Hauptinsolvenzverfahrens (→ Rn. 6, → Rn. 11 f.) ein vorläufiger Verwalter (→ Rn. 9 ff.) bestellt wurde, kann er beim zuständigen (→ Rn. 10) inländischen Insolvenzgericht die Anordnung derjenigen Sicherungsmaßnahmen nach § 21 (→ Rn. 15 ff.) beantragen, die zur Sicherung des von einem inländischen Sekundärinsolvenzverfahren erfassten Vermögens (→ Rn. 13 f.) erforderlich erscheinen. Abs. 2 verleiht dem vorläufigen Verwalter die Beschwerdebefugnis sowohl gegen die Anordnung als auch gegen die Ablehnung derartiger Sicherungsmaßnahmen (→ Rn. 17).

Übersicht

	Rn.		Rn.
A. Normzweck	1	2. Vor Eröffnung eines anerkennungsfähigen Hauptinsolvenzverfahrens	11
B. Anwendungsbereich und Systematik	4	3. Zur Sicherung des von einem inländischen Sekundärinsolvenzverfahren erfassten Vermögen	13
C. Anordnung von Sicherungsmaßnahmen nach inländischem Recht (Absatz 1)	8	II. Rechtsfolgen	15
I. Voraussetzungen	8	1. Anordnung von erforderlichen Maßnahmen nach § 21	15
1. Antrag, zuständiges Gericht und Antragsberechtigung	8	2. Aufhebung von Maßnahmen	16
		D. Rechtsmittel (Absatz 2)	17

A. Normzweck

Sicherungsmaßnahmen dienen im Grundsatz, wie sich aus der Sicht des nationalen Rechts aus § 21 Abs. 1 ergibt, dazu, die Masse zu erhalten. Zu diesem Zweck stehen dem anordnenden Gericht nach deutschem Recht im Wesentlichen die Maßnahmen nach § 21 Abs. 2 zur Verfügung. Die Regelung des § 344 **erweitert die Sicherungsmöglichkeiten** des vorläufigen Insolvenzverwalters: Er ist nicht allein auf die grundsätzliche Anerkennung von ausländischen Sicherungsmaßnahmen im Inland nach § 343 Abs. 2 verwiesen, sondern kann auch unmittelbar bei dem zuständigen (deutschen) Insolvenzgericht Sicherungsmaßnahmen nach § 21 beantragen, obschon in Deutschland (noch) kein Antrag auf Eröffnung eines Sekundärinsolvenzverfahrens gestellt wurde (FK-InsO/Wimmer/Schuster Rn. 1; BK-InsR/Pannen Rn. 3). § 344 dient damit dem **Schutz der künftigen Insolvenzmasse des ausländischen Hauptinsolvenzverfahrens** (Begr. RegE, BT-Drs. 15/16, 21). Gleichzeitig bezweckt sie, worauf Gesetzestext hindeutet, wenn er auf die Sicherung des von einem inländischen Sekundärinsolvenzverfahren erfassten Vermögens abhebt, auch den **Schutz der Masse des Sekundärinsolvenzverfahrens** (MüKoInsO/Thole Rn. 1; MüKoBGB/Kindler Rn. 2). 1

Die über § 344 eröffnete zweite Handlungsoption kann sich in der Praxis als hilfreich erweisen. Im Einzelfall sind Sicherungsmaßnahmen über die Anordnung des inländischen Gerichts 2 schneller und einfacher zu erlangen. Der andere Weg über § 343 Abs. 2 erfordert, wie § 353 Abs. 2 zeigt, ein Vollstreckungsurteil im Exequaturverfahren (→ § 353 Rn. 12) und ist daher mühsamer. Zudem kann es sein, dass das inländische Recht **weitergehende Sicherungsmöglichkeiten** zur Verfügung stellt als das Recht des Eröffnungsstaats (Begr. RegE, BT-Drs. 15/16, 21 f.; HK-InsO/Swierczok Rn. 1; Andres/Leithaus/Dahl Rn. 1; KPB/Paulus Rn. 1; BK-InsR/Pannen Rn. 5, 6; Liersch NZI 2003, 302 (306)). Die Vorschrift schafft zugleich einen Ausgleich dafür, dass der ausländische vorläufige (anders als der endgültige) Verwalter wegen § 356 Abs. 2 selbst nicht die Eröffnung eines Sekundärinsolvenzverfahrens beantragen (→ § 356 Rn. 17) und er aus diesem Grund nur mittels § 344 bereits im Stadium des Vorverfahrens Sicherungsmaßnahmen von einem deutschen Gericht erwirken kann (MüKoBGB/Kindler Rn. 2; BK-InsR/Pannen Rn. 4; FK-InsO/Wenner/Schuster Rn. 1; HK-InsO/Stephan Rn. 2).

3 Die Gesetzesbegründung schreibt der Vorschrift noch einen weiteren Zweck zu: Demnach soll sie im Anwendungsbereich der EuInsVO (→ Rn. 7) das international zuständige Insolvenzgericht für Sicherungsmaßnahmen nach Art. 38 EuInsVO (bzw. Art. 52 EuInsVO nF) festlegen (Begr. RegE, BT-Drs. 15/16, 22). Demnach wäre der Antrag auf Anordnung der Sicherungsmaßnahme nicht im Staat des Hauptinsolvenzverfahrens, sondern eben im Inland, also in dem Staat des angestrebten Sekundärinsolvenzverfahrens, zu stellen. Dieser Ausweitung des Regelungsgehalts ist indes nicht zu folgen (wie hier K. Schmidt InsO/Brinkmann Rn. 2; MüKoInsO/Thole Rn. 3; aA BK-InsR/Pannen Rn. 9 f.). Aus der Norm lässt sich **keine Aussage zur internationalen Zuständigkeit** ableiten; diese ergibt sich vielmehr verordnungsintern aus der analogen Anwendung von Art. 3 Abs. 2 EuInsVO (MüKoBGB/Kindler Rn. 4; MüKoInsO/Thole Rn. 3).

B. Anwendungsbereich und Systematik

4 § 343 ist eine **Sachnorm,** die dem zuständigen Insolvenzgericht die Befugnis zum Erlass von Sicherungsmaßnahmen nach § 21 verleiht (Uhlenbruck/Lüer Rn. 1; KPB/Paulus Rn. 1; anders wohl HK-InsO/Stephan Rn. 4; krit. MüKoInsO/Thole Rn. 4). Die Einordnung der Vorschrift in die Gesetzessystematik erfordert eine Abgrenzung in dreifacher Weise: Zunächst ist der Anwendungsbereich von dem des § 343 Abs. 2 zu unterscheiden. Dann ist die zeitliche Begrenzung der Anwendbarkeit der Vorschrift in den Blick zu nehmen. Schließlich ist in räumlich-gegenständlicher Hinsicht der Anwendungsbereich wie bei allen Vorschriften des autonomen Rechts von den Regeln, die die EuInsVO bereitstellt, abzugrenzen.

5 Sowohl § 343 Abs. 2 als auch § 344 beschäftigen sich mit vorläufigen Sicherungsmaßnahmen im Insolvenzverfahren. Während § 343 Abs. 2 die Anerkennungswirkungen auch auf Sicherungsmaßnahmen erstreckt, die vom **ausländischen** Insolvenzgericht des Hauptinsolvenzverfahrens nach dem anwendbaren ausländischen Insolvenzrecht angeordnet wurden, erfasst die letztgenannte Vorschrift Sicherungsmaßnahmen des zuständigen **inländischen** Insolvenzgerichts nach inländischem Recht (§ 21). Die Anwendbarkeit der beiden Normen hängt folglich von der Frage ab, wer die Sicherungsmaßnahme angeordnet hat.

6 **In zeitlicher Hinsicht** lassen sich mit Blick auf dem Wortlaut des § 344 zwei Markierungen abstecken (vgl. auch K. Schmidt InsO/Brinkmann Rn. 4): Zum einen muss im Ausland **vor Eröffnung des Hauptinsolvenzverfahrens** bereits ein vorläufiger Verwalter bestellt, dh bereits ein Eröffnungsverfahren bzw. vergleichbares Vorverfahren eingeleitet worden sein. Zum anderen muss die inländische Sicherungsmaßnahme die Sicherung des von einem inländischen Sekundärinsolvenzverfahren potentiell erfassten Vermögens bezwecken. Mit anderen Worten: Wird später im Ausland ein Hauptinsolvenzverfahren eröffnet, kann der ausländische Insolvenzverwalter nach § 356 Abs. 2 einen Antrag auf Eröffnung eines inländischen Sekundärinsolvenzverfahrens stellen, in dem dann wiederum Maßnahmen zur Massesicherung nach § 21 getroffen werden können (→ Rn. 2). Es besteht somit kein Bedürfnis mehr für eine Anordnung von vorläufigen Sicherungsmaßnahmen nach § 344. Das Bedürfnis entfällt ebenfalls, wenn auf Antrag eines Gläubigers hin ein Sekundärinsolvenzverfahren im Inland eröffnet wird (Braun/Ehret Rn. 10; Andres/Leithaus/Dahl Rn. 3). Der Antrag des Gläubigers als solcher ist aber unschädlich und sperrt nicht den Weg über § 344 in diesem Verfahrensstadium (auch → Rn. 13).

7 § 344 wird nach den allgemeinen Regeln von der EuInsVO verdrängt, soweit deren Anwendungsbereich eröffnet ist.

C. Anordnung von Sicherungsmaßnahmen nach inländischem Recht (Absatz 1)

I. Voraussetzungen

1. Antrag, zuständiges Gericht und Antragsberechtigung

Die Anordnung von Sicherungsmaßnahmen setzt einen **Antrag** voraus. Sie erfolgt mithin nicht von Amts wegen, auch dann nicht, wenn das ausländische Insolvenzgericht mit dem inländischen im Sinn einer Zusammenarbeit der Insolvenzgerichte in Kontakt tritt (Braun/Ehret Rn. 4). Der Antrag erfordert als Prozesshandlung das Vorliegen der üblichen Prozesshandlungsvoraussetzungen. **8**

Antragsbefugt ist der vorläufige Insolvenzverwalter des ausländischen Hauptinsolvenzverfahrens. Ein Gläubiger hat hingegen nur die Möglichkeit, im Inland die Eröffnung eines Partikularverfahrens nach § 354 Abs. 1 zu beantragen und auf diese Weise masseschmälernden Vermögensverfügungen entgegenzuwirken (Braun/Ehret Rn. 5) (→ Rn. 9.1 f.). **9**

Der **Begriff des vorläufigen Insolvenzverwalters** bedarf einer funktionalen Qualifikation (MüKoInsO/Thole Rn. 7). Bei der Einordnung ist ein großzügiger Maßstab anzulegen (Andres/Leithaus/Dahl Rn. 4; Braun/Ehret Rn. 2). Es genügt, dass der betreffende Funktionsträger nach dem Eingang des Insolvenzantrags und vor Eröffnung des Insolvenzverfahrens mit Aufgaben betraut ist, wie sie für einen zur Sicherung des schuldnerischen Vermögens eingesetzten Verwalter typisch sind (MüKoInsO/Thole Rn. 7). Nicht von Bedeutung ist, ob der Staat der Verfahrenseröffnung das Institut des vorläufigen Verwalters kennt (aA HK-InsO/Stephan Rn. 9) oder unter diesem Namen führt oder die Ausgestaltung der Befugnisse denjenigen des deutschen Rechts entspricht. Die Subsumtion hat aus dem Blickwinkel des deutschen Rechts zu erfolgen, da es um die Frage der Antragsbefugnis vor dem inländischen Insolvenzgericht geht (MüKoInsO/Thole Rn. 7; aA MüKoBGB/Kindler Rn. 6, HK-InsO/Stephan Rn. 9). Nach dem ausländischen Insolvenzrecht ist nur zu bestimmen, ob der vorläufige Insolvenzverwalter wirksam bestellt wurde und welche Befugnisse ihm zukommen (KPB/Paulus Rn. 5; Uhlenbruck/Lüer Rn. 6). Der Nachweis der Bestellung ist entsprechend § 347 zu führen (→ § 347 Rn. 2; ebenso KPB/Paulus Rn. 5; Uhlenbruck/Lüer Rn. 4; BK-InsR/Pannen Rn. 15). **9.1**

Zudem muss die **Bestellung** des (ausländischen) vorläufigen Insolvenzverwalters **anerkannt** werden können, damit der Antrag zulässig ist. Denn wenn schon die Bestellung des Insolvenzverwalters keiner Anerkennung im Inland zugänglich ist, fehlt die Grundlage für den Erlass der Sicherungsmaßnahme. Die Prüfung erfolgt anhand von § 343 Abs. 2, da die Bestellung eines vorläufigen Verwalters eine Sicherungsmaßnahme darstellt. Es kommt folglich darauf an, ob die Entscheidung zur Eröffnung des späteren Hauptinsolvenzverfahrens im Inland nach § 343 Abs. 1 anerkennungsfähig wäre (MüKoInsO/Thole Rn. 8). Nicht zu prüfen ist hingegen, ob dem vorläufigen Verwalter nach dem ausländischen Recht des Staats der Verfahrenseröffnung auch die Befugnis zukommt, einen Antrag auf Anordnung einer inländischen Sicherungsmaßnahme zu stellen (wie hier MüKoInsO/Thole Rn. 8; aA MüKoInsO/Reinhart, 2. Aufl., Rn. 8: zumindest Evidenzprüfung von Kompetenzüberschreitungen). § 344 soll gerade die Handlungsoptionen zugunsten des ausländischen vorläufigen Verwalters erweitern (→ Rn. 1 f.), sodass es auf eventuelle Beschränkungen des ausländischen Rechts nicht ankommt. **9.2**

Der Antrag ist bei dem gem. **§ 348** örtlich und sachlich **zuständigen Insolvenzgericht** zu stellen (zur internationalen Zuständigkeit → Rn. 3). Es kommt somit primär darauf an, in welchem Gerichtsbezirk der Insolvenzschuldner eine Niederlassung unterhält, und nur hilfsweise, wenn eine Niederlassung im Inland fehlt, auf die Belegenheit von Vermögensgegenständen des Schuldners. In funktionaler Hinsicht ist für die Entscheidung über den Antrag gem. § 18 Abs. 1 Nr. 3 RpflG der Richter zuständig. **10**

2. Vor Eröffnung eines anerkennungsfähigen Hauptinsolvenzverfahrens

Die Zeitspanne für die Beantragung von Sicherungsmaßnahmen ist auf die Zeit **vor Eröffnung eines Hauptinsolvenzverfahrens** begrenzt. Denn mit der Eröffnung des (ausländischen) Hauptinsolvenzverfahrens erstarkt die Position des vorläufigen zum endgültigen Insolvenzverwalter mit der Folge, dass er dann auch die damit verbundenen Rechte wahrnehmen, etwa einen Antrag auf Eröffnung eines Sekundärinsolvenzverfahrens im Inland nach § 356 Abs. 2 stellen kann. Ferner kann das Sicherungsbedürfnis durch eine ausländische Sicherungsmaßnahme befriedigt werden, die nach Verfahrenseröffnung über § 343 Abs. 2 anzuerkennen ist (→ Rn. 6). **11**

Gleichwohl ist aus systematischen Gründen zu verlangen, dass das ausländische **Hauptinsolvenzverfahren** im Zeitpunkt der Stellung des Antrags auf Anordnung der inländischen Sicherungsmaßnahme nach § 343 **anerkennungsfähig wäre**, wenn es zu einem späteren Zeitpunkt eröffnet würde (ebenso MüKoInsO/Thole Rn. 11; wohl auch KPB/Paulus Rn. 4; MüKoBGB/ **12**

Kindler Rn. 6). Der Wortlaut stellt zwar keine dahingehende Anforderung, aber es wäre nicht angebracht, dem ausländischen Verwalter im Inland Sicherungsmöglichkeiten zu eröffnen, wenn das spätere Hauptinsolvenzverfahren nicht anerkannt werden und dementsprechend auch keine Wirkungen im Inland entfalten könnte. Insoweit deckt sich die Prüfung mit der Feststellung der Antragsbefugnis. Auch hierfür hat das inländische Insolvenzgericht zu prüfen, ob die Bestellung des antragstellenden ausländischen vorläufigen Insolvenzverwalters (und damit letztlich die Eröffnung des Hauptinsolvenzverfahrens selbst) anerkennungsfähig ist (→ Rn. 9.2).

3. Zur Sicherung des von einem inländischen Sekundärinsolvenzverfahren erfassten Vermögen

13   Die Norm verlangt, dass die Maßnahme zur Sicherung des von einem inländischen Sekundärinsolvenzverfahren erfassten Vermögens angeordnet wird. Das bedeutet zum einen nicht, dass das Sekundärinsolvenzverfahren bereits eröffnet sein muss; ab diesem Zeitpunkt wäre die Norm gar nicht mehr anwendbar (→ Rn. 6). Zum anderen folgt aus dem vorbeugenden Schutz, den die Norm bezweckt (→ Rn. 1), dass noch nicht einmal ein Antrag auf Eröffnung eines Sekundärinsolvenzverfahrens vorausgesetzt wird mit der Folge, dass eine Sicherungsmaßnahme auf der Grundlage von § 344 angeordnet werden kann, ohne dass es zwingend zu einer Eröffnung eines inländischen Sekundärinsolvenzverfahrens kommen muss (krit. daher MüKoInsO/Thole Rn. 4).

14   Es ist jedoch inzident zu prüfen, ob die **Eröffnung des Sekundärinsolvenzverfahrens** aus Schutzzweckgesichtspunkten **zumindest generell zulässig** ist (Begr. RegE, BT-Drs. 15/16, 22; MüKoInsO/Thole Rn. 12; BK-InsR/Pannen Rn. 19). Die Antwort auf diese Frage liefert § 354 Abs. 1, dh der Insolvenzschuldner muss eine Niederlassung oder jedenfalls sonstiges Vermögen im Inland haben (Braun/Ehret Rn. 8; von Bismarck/Schümann-Kleber NZI 2005, 147 (151). Andernfalls dürfte in der Praxis auch kein Interesse bestehen, einen Schutz über die Anordnung von Sicherungsmaßnahmen nach § 344 zu erlangen. Zu weitgehend wäre es allerdings, eine vollumfängliche Prüfung der Voraussetzungen für die Eröffnung eines Sekundärinsolvenzverfahrens nach den inländischen Regeln zu verlangen (Braun/Ehret Rn. 9; MüKoInsO/Thole Rn. 12; → Rn. 14.1).

14.1   Dies erhellt, wenn man die besonderen Zulassungsvoraussetzungen des § 354 Abs. 2 in den Blick nimmt. Ob im Einzelfall ein besonderes Interesse an der Verfahrensdurchführung besteht, hängt von der Person und den individuellen Verhältnissen der jeweiligen Gläubiger ab und kann vor Stellung eines entsprechenden Gläubigerantrags auf Verfahrenseröffnung schlechterdings nicht antizipiert werden (aA HK-InsO/Stephan Rn. 13). Es ist noch nicht einmal zu verlangen, dass ein solches Interesse nicht von vornherein ausscheidet, da auch bei diesem herabgesetzten Maßstab eine hypothetische Prüfung anzustellen wäre (Braun/Ehret Rn. 9; aA MüKoBGB/Kindler Rn. 11). Ein Sicherungsbedürfnis kann zudem auch schon vor einer gläubigerseitigen Antragstellung bestehen.

II. Rechtsfolgen

1. Anordnung von erforderlichen Maßnahmen nach § 21

15   Liegen die Tatbestandsvoraussetzungen vor, kann das inländische Insolvenzgericht Maßnahmen nach § 21 anordnen. Das Gericht ist jedoch nicht an den Antrag gebunden. Es kann über den Antrag hinausgehen oder hinter ihm zurückbleiben; § 308 ZPO gilt gerade nicht (MüKoInsO/Thole Rn. 14). Das Gericht ergreift vielmehr **nach freiem Ermessen** die erforderlichen Maßnahmen (K. Schmidt InsO/Brinkmann Rn. 7; Andres/Leithaus/Dahl Rn. 8; KPB/Paulus Rn. 8). Ihm kommt sowohl ein Auswahl- als auch ein Entschließungsermessen, also die Entscheidung, ob und welche Maßnahmen erlassen werden, zu (MüKoBGB/Kindler Rn. 9; HK-InsO/Stephan Rn. 12). Die Prüfung, welche Maßnahmen im Einzelfall erforderlich sind, erfolgt von Amts wegen. Es stehen jedenfalls **sämtliche in § 21 Abs. 2 vorgesehenen Sicherungsmaßnahmen** zur Verfügung (→ Rn. 15.1 ff.).

15.1   Welche Maßnahmen erforderlich sind, ist eine Frage des Einzelfalls. Die Auferlegung eines Verfügungsverbots gem. § 21 Abs. 2 Nr. 2 und die Untersagung von Maßnahmen der Zwangsvollstreckung gem. § 21 Abs. 2 Nr. 3 liegen praktisch nahe. Grundsätzlich hängt die Auswahl von der Art der betroffenen Vermögensgegenstände ab, also beispielsweise davon, ob lediglich bewegliches Vermögen im Inland vorhanden ist oder ob auch eine Zweigniederlassung im Inland betrieben wird. In ersterem Fall würde zB das Auferlegen einer Postsperre nach § 21 Abs. 2 Nr. 4 wenig Sinn ergeben, im letztgenannten Fall kann sie durchaus sinnvoll sein (Bsp. nach Andres/Leithaus/Dahl Rn. 8).

Fraglich ist, ob auch ein **vorläufiger inländischer Verwalter nach § 21 Abs. 2 Nr. 1** eingesetzt **15.2**
werden kann, obgleich kein Eröffnungsverfahren vorgesehen ist (dafür Braun/Ehret Rn. 15; Andres/Leithaus/Dahl Rn. 8; Liersch NZI 2003, 302 (306)). Dem Wortlaut ist jedenfalls keine dahingehende Einschränkung zu entnehmen; letztlich muss auch insoweit der gesetzlich vorgegebene Maßstab gelten, ob die Maßnahme im Einzelfall erforderlich ist oder nicht. Denkbar ist es auch, den ausländischen Verwalter zum vorläufigen Verwalter im Inland zu bestellen, vorausgesetzt freilich, dass er über die nach § 56 für die inländische Bestellung erforderliche Geschäftskunde verfügt (Braun/Ehret Rn. 16; Andres/Leithaus/Dahl Rn. 8; KPB/Paulus Rn. 8). Ebenfalls nicht von vornherein ausgeschlossen, wenn auch voraussichtlich nicht praktisch relevant, ist die Einsetzung eines vorläufigen Gläubigerausschusses nach § 21 Abs. 2 Nr. 1a. Eine obligatorische Einsetzung eines solchen Ausschusses nach § 22a scheidet iRd § 344 indes aus (MüKoInsO/Thole Rn. 15).

Da die jeweiligen Maßnahmen nach dem Regime der InsO angeordnet werden, richtet sich das weitere **15.3**
Verfahren ebenfalls nach den Regelungen des nationalen Insolvenzverfahrensrechts (KPB/Paulus Rn. 9). Eine Verfügungsbeschränkung ist demnach gem. § 23 Abs. 1 öffentlich bekannt zu machen und im Grundbuch bzw. in vergleichbaren Registern gem. § 23 Abs. 3, §§ 32, 33 einzutragen.

2. Aufhebung von Maßnahmen

Ob, wann und unter welchen Voraussetzungen eine angeordnete Sicherungsmaßnahme wieder **16**
aufzuheben ist, ist in § 344 **nicht geregelt**. Ein Bedarf nach einer Aufhebung stellt sich jedenfalls bei zeitlich unbefristeten Maßnahmen (→ Rn. 16.1 f.).

Nach einer Ansicht treten die Sicherungsmaßnahmen mit Eröffnung des Hauptinsolvenzverfahrens **16.1**
automatisch außer Kraft; das Insolvenzgericht habe aber aus Gründen der Rechtssicherheit von Amts wegen deklaratorisch die Aufhebung zu verfügen (MüKoInsO/Reinhart, 2. Aufl., Rn. 17). Dafür spricht, dass auch sonst für Maßnahmen nach § 21 angenommen wird, dass sie automatisch mit Verfahrenseröffnung ihre Wirkung verlieren (MüKoInsO/Haarmeyer § 21 Rn. 30).

Vorzugswürdig ist demgegenüber die Gegenauffassung (MüKoInsO/Thole Rn. 18; HK-InsO/Stephan **16.2**
Rn. 19), nach der der im später eröffneten Hauptinsolvenzverfahren eingesetzte Verwalter die **Aufhebung von Fall zu Fall beantragen** kann, wenn er dies für geboten hält, und das Insolvenzgericht an diesen Antrag **gebunden** ist, weil dem Verwalter insoweit die Einschätzungsprärogative gebührt. Nur dieses Verständnis wird dem Schutzzweck des § 344 (→ Rn. 1) gerecht, weil Schutzlücken aufzureißen drohten, wenn die Wirkung der Sicherungsmaßnahme ohne Zutun entfiele und im Hauptinsolvenzverfahren noch keine ersetzende Maßnahme angeordnet wurde. Anfalls wäre der ausländische Verwalter möglicherweise gezwungen, einen Antrag auf Eröffnung eines Sekundärinsolvenzverfahrens nach § 356 Abs. 2 mit allen damit verbundenen Nachteilen für die einheitliche Verwertung der Insolvenzmasse zu stellen, nur um eine Fortgeltung des im Vorverfahren erreichten Schutzniveaus zu erwirken. Erlässt das Insolvenzgericht im Staat der Eröffnung des Hauptinsolvenzverfahrens indes seinerseits Sicherungsmaßnahmen, die nach § 343 Abs. 2 anzuerkennen sind und ebenfalls das im Inland belegene Vermögen erfassen, besteht insoweit ein Vorrang und hat das inländische Gericht die von ihm nach § 344 angeordneten Sicherungsmaßnahmen wieder aufzuheben (so auch MüKoInsO/Thole Rn. 18).

D. Rechtsmittel (Absatz 2)

Die Vorschrift verleiht dem vorläufigen ausländischen Verwalter das Recht zur sofortigen **17**
Beschwerde und geht damit in zweifacher Weise über § 21 Abs. 1 S. 2 hinaus, der nur dem Schuldner das Beschwerderecht und nur im Fall der Anordnung von Sicherungsmaßnahmen zuspricht. Hingegen kann der ausländische Verwalter Rechtsmittel sowohl gegen die Anordnung als auch gegen die Ablehnung einer beantragten Sicherungsmaßnahme einlegen (KPB/Paulus Rn. 10). Bei einer Ablehnung ist der Verwalter regelmäßig beschwert, bei einer Anordnung dann, wenn diese hinter seinem Antrag zurückbleibt (→ Rn. 15). Der Gesetzeswortlaut („auch") ist allerdings ungenau, da er sich nur auf die Erweiterung des Beschwerderechts in persönlicher Hinsicht bezieht und nicht auch zum Ausdruck bringt, dass die Vorschrift ebenfalls eine Erweiterung in sachlicher Hinsicht bietet, indem sie anders als § 21 Abs. 1 S. 2 eine Beschwerde gegen die Ablehnung einer Sicherungsmaßnahme zulässt.

§ 345 Öffentliche Bekanntmachung

(1) ¹Sind die Voraussetzungen für die Anerkennung der Verfahrenseröffnung gegeben, so hat das Insolvenzgericht auf Antrag des ausländischen Insolvenzverwalters den

InsO § 345 Elfter Teil. Internationales Insolvenzrecht

wesentlichen Inhalt der Entscheidung über die Verfahrenseröffnung und der Entscheidung über die Bestellung des Insolvenzverwalters im Inland bekannt zu machen. ²§ 9 Abs. 1 und 2 und § 30 Abs. 1 gelten entsprechend. ³Ist die Eröffnung des Insolvenzverfahrens bekannt gemacht worden, so ist die Beendigung in gleicher Weise bekannt zu machen.

(2) ¹Hat der Schuldner im Inland eine Niederlassung, so erfolgt die öffentliche Bekanntmachung von Amts wegen. ²Der Insolvenzverwalter oder ein ständiger Vertreter nach § 13e Abs. 2 Satz 5 Nr. 3 des Handelsgesetzbuchs unterrichtet das nach § 348 Abs. 1 zuständige Insolvenzgericht.

(3) ¹Der Antrag ist nur zulässig, wenn glaubhaft gemacht wird, dass die tatsächlichen Voraussetzungen für die Anerkennung der Verfahrenseröffnung vorliegen. ²Dem Verwalter ist eine Ausfertigung des Beschlusses, durch den die Bekanntmachung angeordnet wird, zu erteilen. ³Gegen die Entscheidung des Insolvenzgerichts, mit der die öffentliche Bekanntmachung abgelehnt wird, steht dem ausländischen Verwalter die sofortige Beschwerde zu.

Überblick

Die Vorschrift regelt die inländische Bekanntmachung eines im Ausland eröffneten und im Inland anzuerkennenden (→ Rn. 6) Insolvenzverfahrens sowie der Entscheidung über die Bestellung des Insolvenzverwalters (→ Rn. 10 ff.). Entsprechendes gilt für die Bekanntmachung der Verfahrensbeendigung (→ Rn. 12) sowie von ausländischen Sicherungsmaßnahmen (→ Rn. 13 f.). Die tatsächlichen Voraussetzungen für die Anerkennung der Verfahrenseröffnung müssen gem. Abs. 3 S. 1 glaubhaft gemacht werden (→ Rn. 6 f.). Während nach Abs. 1 die öffentliche Bekanntmachung den Antrag des ausländischen Insolvenzverwalters (→ Rn. 8 f.) voraussetzt, erfolgt nach Abs. 2 bei Vorhandensein einer inländischen Niederlassung die Bekanntmachung von Amts wegen (→ Rn. 14 f.). Gegen die Entscheidung steht dem Insolvenzverwalter gem. Abs. 3 S. 3 (→ Rn. 19) und ggf. auch dem Insolvenzschuldner (→ Rn. 20) das Recht zur sofortigen Beschwerde zu.

Übersicht

	Rn.		Rn.
A. Normzweck und Anwendungsbereich	1	1. Inhalt sowie Art und Weise der Bekanntmachung	10
B. Öffentliche Bekanntmachung auf Antrag des Verwalters (Absatz 1)	6	2. Bekanntmachung der Verfahrensbeendigung (Absatz 1 S. 3)	12
I. Anerkennungsfähigkeit der ausländischen Verfahrenseröffnung (Absatz 1 S. 1, Absatz 3 S. 1)	6	3. Bekanntmachung von Sicherungsmaßnahmen	13
		C. Öffentliche Bekanntmachung von Amts wegen (Absatz 2)	14
II. Antrag des Verwalters	8	D. Zuständigkeit	17
		E. Kosten	18
III. Bekanntmachung durch das Insolvenzgericht	10	F. Rechtsmittel (Abs. 3 S. 3)	19

A. Normzweck und Anwendungsbereich

1 § 345 ist eine **Sachnorm** (MüKoInsO/Thole Rn. 1; KPB/Paulus Rn. 3), die unmittelbar die Bekanntmachung eines im Ausland eröffneten Insolvenzverfahrens bzw. der Verwalterbestellung im Inland regelt. Die öffentliche Bekanntmachung **schützt** zunächst **die Insolvenzmasse** (MüKoInsO/Thole Rn. 1; Andres/Leithaus/Dahl Rn. 1; KPB/Paulus Rn. 2; BK-InsR/Pannen Rn. 2), indem sie einerseits die Möglichkeit eines gutgläubigen Erwerbs von Massegegenständen vom Schuldner ausschließt und andererseits eine schuldbefreiende Leistung an den Schuldner verhindert (§ 350 S. 2; → § 350 Rn. 14 ff.). Darüber hinaus dient die Norm der **Sicherheit des Geschäftsverkehrs,** da der durch das ausländische Verfahren bewirkte und wegen des universalen Geltungsanspruchs auch im Inland beachtliche Wechsel der Verfügungs- und Empfangszuständigkeit bekannt wird (MüKoBGB/Kindler Rn. 4; K. Schmidt InsO/Brinkmann Rn. 1; MüKoInsO/ Thole Rn. 1; anders MüKoInsO/Reinhart, 2. Aufl., Rn. 1).

2 Die Bekanntmachung hat **keine Auswirkung auf die Anerkennung** des ausländischen Insolvenzverfahrens (BK-InsR/Pannen Rn. 2; KPB/Paulus, Rn. 2; Andres/Leithaus/Dahl Rn. 1). Die

Öffentliche Bekanntmachung §345 InsO

Anerkennung ist allein eine materielle Rechtsfrage, die nach § 343 zu beurteilen ist. Unterbleibt die Bekanntmachung, kann das ausländische Insolvenzverfahren gleichwohl im Inland anerkannt werden, und – umgekehrt – folgt aus einer erfolgten Bekanntmachung nicht die Anerkennung der Eröffnung des ausländischen Insolvenzverfahrens. Vielmehr kann auch nach öffentlicher Bekanntmachung die Anerkennungsfähigkeit Gegenstand eines Rechtsstreits im Inland sein.

Nach dem insoweit nicht differenzierenden Wortlaut gelangt die Vorschrift **auch bei Partiku-** 3 **lar- oder Sekundärinsolvenzverfahren** zur Anwendung (MüKoInsO/Thole Rn. 4; KPB/Paulus Rn. 3; HK-InsO/Swierczok Rn. 1). Bei Partikularverfahren wird wegen der territorialen Begrenztheit des Verfahrens eine öffentliche Bekanntmachung im Inland jedenfalls in den Fallkonstellationen des Abs. 1 meist nicht geboten sein (Andres/Leithaus/Dahl Rn. 8; MüKoInsO/Thole Rn. 4). Anders mag es in Fällen verhalten, die nach Abs. 2 zu behandeln sind, weil hier der Schuldner immerhin über eine inländische Niederlassung verfügt.

In zeitlicher Hinsicht wird teilweise argumentiert, dass eine Bekanntmachung nach § 345 4 ausscheide, wenn bereits die Eröffnung eines Sekundärinsolvenzverfahrens im Inland beantragt oder ein solches eröffnet worden sei. Als Begründung wird angeführt, dass die Sicherungsmaßnahmen des Sekundärinsolvenzverfahrens vorrangig seien (MüKoInsO/Reinhart, 2. Aufl., Rn. 7, 15) und eine Bekanntmachung des ausländischen Hauptinsolvenzverfahrens sogar irreführend sein könnte (K. Schmidt InsO/Brinkmann Rn. 6). Diese Ansicht überzeugt jedoch nicht. Denn weder bei Antrag auf Durchführung noch bei bereits eröffnetem Sekundärinsolvenzverfahren entfällt das Interesse des Rechtsverkehrs an einer Bekanntmachung iSv § 345. Aus der Perspektive des Hauptinsolvenzverfahrens besteht weiterhin das Bedürfnis, die Insolvenzmasse zu schützen, zumal der Antrag auch unzulässig oder unbegründet sein kann. Zudem kann trotz paralleler Durchführung eines Sekundärinsolvenzverfahrens ein Informationsinteresse der inländischen Gläubiger bestehen, wenn sie ihre Forderungen im Hauptinsolvenzverfahren durchsetzen wollen (zutr. MüKoInsO/Thole Rn. 7).

Aufgrund des **vorrangigen Gemeinschaftsrechts** erfasst § 345 nur Fälle von Insolvenzverfah- 5 ren in Drittstaaten bzw. solche Fälle, die vom Anwendungsbereich der EuInsVO ausgenommen sind. Im Anwendungsbereich der EuInsVO gilt Art. 21 EuInsVO (bzw. Art. 28 EuInsVO nF).

B. Öffentliche Bekanntmachung auf Antrag des Verwalters (Absatz 1)

I. Anerkennungsfähigkeit der ausländischen Verfahrenseröffnung (Absatz 1 S. 1, Absatz 3 S. 1)

Die öffentliche Bekanntmachung setzt nach Abs. 1 S. 1 die Anerkennungsfähigkeit der Eröff- 6 nung des ausländischen Insolvenzverfahrens voraus. Dies bestimmt sich nach § 343 und wird von Amts wegen geprüft (MüKoBGB/Kindler Rn. 5; MüKoInsO/Thole Rn. 6; BK-InsR/Pannen Rn. 11). Die tatsächlichen Voraussetzungen für die Anerkennung der Verfahrenseröffnung hat der Antragsteller nach Abs. 3 S. 1 **glaubhaft** iSv § 294 ZPO (iVm § 4) zu machen, dh die Anerkennungsfähigkeit muss überwiegend wahrscheinlich sein (BeckOK ZPO/Bacher ZPO § 294 Rn. 3; BGH NJW-RR 2011, 136). Hierfür sind solche Tatsachen vorzutragen, die eine Qualifikation des Verfahrens als Insolvenzverfahren erlauben.

Als Rechtsfolge, wenn der Antragsteller die erforderlichen Tatsachen nicht glaubhaft macht, 7 ordnet das Gesetz die Unzulässigkeit des Antrags an. Vorzugswürdig ist es stattdessen, zu differenzieren: Gelingt die Glaubhaftmachung nicht, ist der Antrag unbegründet; wird die Glaubhaftmachung erst gar nicht versucht, ist der Antrag bereits unzulässig (MüKoInsO/Thole Rn. 5; anders die hM: KPB/Paulus Rn. 8; HK-InsO/Swierczok Rn. 3; MüKoInsO/Reinhart, 2. Aufl., Rn. 6)).

II. Antrag des Verwalters

Wenn keine Niederlassung des Insolvenzschuldners im Inland besteht (s. Abs. 2), ist ein **Antrag** 8 auf öffentliche Bekanntmachung erforderlich. Es steht dem ausländischen Insolvenzverwalter **grundsätzlich frei,** ob er die öffentliche Bekanntmachung beantragt oder nicht (Andres/Leithaus/Dahl Rn. 4; Braun/Ehret Rn. 3; HK-InsO/Swierczok Rn. 15). Er wird sich dabei insbesondere von wirtschaftlichen Gesichtspunkten leiten lassen, da bei einer öffentlichen Bekanntmachung Kosten anfallen, die aus der zur Verfügung stehenden Insolvenzmasse zu begleichen sind (→ Rn. 18) und gegen den Nutzen, der aus der lokalen Bekanntmachung gezogen werden kann, abzuwägen sind (Uhlenbruck/Lüer Rn. 4; MüKoBGB/Kindler Rn. 6; KPB/Paulus Rn. 5). Ein Blick auf Abs. 2 verdeutlicht, dass ein Antrag vor allem bei einem signifikanteren Inlandsbezug sinnvoll ist, also vor allem dann, wenn im Inland viele Gläubiger ansässig sind und/oder bedeutendes inländisches Vermögen vorhanden ist (MüKoInsO/Thole Rn. 5; Andres/Leithaus/Dahl Rn. 4; MüKoBGB/Kindler Rn. 6; KPB/Paulus Rn. 5). Unterlässt der Verwalter die Antragstellung, kann sich aus dem anwendbaren Recht des ausländischen Verfahrensstaats unter Umständen eine Haftung ergeben (MüKoInsO/Thole Rn. 5).

9   Antragsteller kann nicht nur der endgültige Insolvenzverwalter sein, sondern **auch ein vorläufiger Verwalter oder der eigenverwaltende Insolvenzschuldner** (MüKoInsO/Thole Rn. 5). Denn in diesen Fällen besteht dasselbe Schutzbedürfnis, dessen Verwirklichung die Vorschrift zum Ziel hat (→ Rn. 1). Das Gesetz differenziert auch an anderer Stelle nicht sauber zwischen dem endgültigen Verwalter und dem vorläufigen Verwalter, wie etwa § 347 Abs. 2 zeigt, der zwar vom Insolvenzverwalter spricht, aber auf § 344 auf eine Norm verweist, die sich an den vorläufigen Verwalter richtet (→ § 347 Rn. 2).

III. Bekanntmachung durch das Insolvenzgericht

1. Inhalt sowie Art und Weise der Bekanntmachung

10   Ist der Antrag zulässig und begründet, hat das Insolvenzgericht die Eröffnung des Verfahrens bekannt zu machen. Ein **Ermessensspielraum besteht** dabei **nicht** (MüKoInsO/Thole Rn. 9). Dem Wortlaut nach erstreckt sich die Bekanntmachung auf den **wesentlichen Inhalt** der Entscheidung über die Verfahrenseröffnung bzw. Bestellung des Insolvenzverwalters. Was wesentlicher Inhalt ist, stellt das Insolvenzgericht fest (KPB/Kübler Rn. 6; → Rn. 10.1).

10.1   In Anlehnung an §§ 27, 28 sollte die Bekanntmachung konkrete Angaben über den Namen des Schuldners, den Zeitpunkt der Eröffnung und Aufforderungen an Gläubiger mit Fristangaben und die Benennung des eröffnenden Gerichts enthalten (Anders/Leithaus/Dahl Rn. 9; KPB/Paulus Rn. 6; MüKoInsO/Thole Rn. 9). Zum wesentlichen Inhalt gehört auch der Hinweis, ob es sich bei dem ausländischen Verfahren um ein Haupt- oder Partikularverfahren handelt (HK-InsO/Swierczok Rn. 11; KPB/Paulus Rn. 6). Darüber hinaus ist die Bestellung des Insolvenzverwalters bekannt zu geben (Abs. 1 S. 1 aE). Wenn diese bereits im Eröffnungsbeschluss enthalten ist, stellt sie einen wesentlichen Inhalt der Entscheidung dar. Aber auch, wenn der Verwalter gesondert bestellt worden ist, ist dieser Akt bekannt zu geben (Uhlenbruck/Lüer Rn. 5; KPB/Paulus Rn. 6). Zu Sicherungsmaßnahmen → Rn. 13.

11   Die Anordnung der Bekanntmachung ergeht durch **Beschluss;** dem Insolvenzverwalter ist gem. **Abs. 3 S. 2** eine Ausfertigung zu erteilen, damit dieser seine Befugnisse im Inland einfacher wahrnehmen kann (Begr. RegE, BT-Drs. 12/2443, 241 zu § 385 Abs. 2 S. 2 RegE; MüKoBGB/Kindler Rn. 11; HK-InsO/Swierczok Rn. 11). Im Übrigen verweist **Abs. 1 S. 2** auf § 9 Abs. 1 S. 2 und § 30 Abs. 1, dh die Veröffentlichung der Bekanntmachung erfolgt über das Internet (www.insolvenzbekanntmachungen.de) und im Bundesanzeiger.

2. Bekanntmachung der Verfahrensbeendigung (Absatz 1 S. 3)

12   Ist die Eröffnung öffentlich bekannt gemacht worden, so ist nach Abs. 1 S. 3 auch die Beendigung des ausländischen Verfahrens öffentlich bekannt zu machen. Neben der endgültigen Beendigung gehört hierzu auch eine Aufhebung, Außerkraftsetzung, Einstellung oder Unterbrechung auf bestimmte oder unbestimmte Zeit (MüKoInsO/Thole Rn. 12). Erlangt das Insolvenzgericht hiervon positive Kenntnis, erfolgt die Bekanntmachung der Beendigung von Amts wegen (KPB/Paulus Rn. 12). Eine Nachforschungspflicht trifft das Gericht jedoch nicht (Andres/Leithaus/Dahl Rn. 10; KPB/Paulus Rn. 12; BK-InsR/Pannen Rn. 20). Vielmehr ergibt sich aus § 347 Abs. 2 eine Pflicht für den ausländischen Insolvenzverwalter, das Insolvenzgericht von der Beendigung zu unterrichten, → § 347 Rn. 14.1.

3. Bekanntmachung von Sicherungsmaßnahmen

13   Die Vorschrift trifft keine Regelung zur Bekanntmachung von Sicherungsmaßnahmen, die gem. § 343 Abs. 2 anerkennungsfähig sind. Insoweit ist § 345 **analog anzuwenden,** weil eine planwidrige Regelungslücke besteht (Uhlenbruck/Lüer Rn. 6; Andres/Leithaus/Dahl Rn. 7; BK-InsR/Pannen Rn. 5; Braun/Ehret Rn. 6; HK-InsO/Swierczok Rn. 14; → Rn. 13.1).

13.1   Eine Mindermeinung lehnt eine analoge Anwendung mit dem Argument ab, die Kostenlast für die Masse durch eine Bekanntmachung rechtfertige nur die Veröffentlichung von wesentlichen Entscheidungen und § 345 lasse den Willen des Gesetzgebers erkennen, dass erst die Eröffnungsentscheidung eine solch wesentliche Entscheidung darstelle (MüKoBGB/Kindler Rn. 13). Diese Ansicht verkennt jedoch, dass die

Kostenfrage nur die Entscheidung des ausländischen Verwalters beeinflusst, ob er einen Antrag stellt, aber nicht herangezogen werden kann, um eine Bekanntmachungsmöglichkeit nach inländischem Recht gänzlich zu verbauen (MüKoInsO/Thole Rn. 11). Darüber hinaus sprechen systematische Gründe gegen diese Sichtweise. Die Sicherungsmaßnahmen bezwecken den Schutz der künftigen Insolvenzmasse, um eine gleichmäßige Gläubigerbefriedigung sicherzustellen. Insofern unterscheidet sich das Interesse an der Bekanntmachung von Maßnahmen nach § 343 Abs. 2 nicht von Sicherungsmaßnahmen, die vom inländischen Insolvenzgericht gem. § 344 Abs. 1 angeordnet werden (BK-InsR/Pannen Rn. 5; KPB/Paulus Rn. 10; Andres/Leithaus/Dahl Rn. 7; Uhlenbruck/Lüer Rn. 6). Letztere sind, wie der Verweis in § 344 Abs. 1 auf § 21 zeigt, unstreitig nach § 23 bekannt zu machen (→ § 344 Rn. 15.3). Richtigerweise kommt es dann auch nicht darauf an, ob im Inland Vermögensgegenstände belegen sind (so aber KPB/Paulus Rn. 10). Denn wie die Frage der Kosten ist auch dies ein Aspekt, der allein einen Einfluss auf die Entscheidung des ausländischen Verwalters über die Antragstellung hat (MüKoInsO/Thole Rn. 11).

C. Öffentliche Bekanntmachung von Amts wegen (Absatz 2)

Der Tatbestand des Abs. 2 knüpft an das Bestehen einer Niederlassung des Schuldners im Inland an. In diesem Fall ist eine öffentliche Bekanntmachung verpflichtend und erfolgt **von Amts wegen.** Dem Insolvenzverwalter kommt kein Antragsrecht zu (KPB/Paulus Rn. 16). Hintergrund der Regelung ist die Vermutung, dass bei Bestehen einer Niederlassung nennenswerte geschäftliche Kontakte mit Inlandsbezug vorhanden sind und deshalb die Unterrichtung des inländischen Rechtsverkehrs im Regelfall angezeigt ist (Begr. RegE, BT-Drs. 15/16, 22; MüKoBGB/Kindler Rn. 15). **14**

Der **Begriff der Niederlassung** entspricht dem des § 354. Darunter ist jeder Tätigkeitsort zu verstehen, an dem der Schuldner einer wirtschaftlichen Aktivität von nicht vorübergehender Art nachgeht und die den Einsatz von Personal und Vermögenswerten voraussetzt. Die Niederlassung muss **zum Zeitpunkt der Entscheidung über die Bekanntmachung** nach § 345 bestehen, da das Gericht andernfalls nicht zumutbare Ermittlungen und Prüfungen anstellen müsste (MüKoInsO/Thole Rn. 16). Mit Blick auf den Gesetzeszweck, die inländischen Gläubiger zu schützen, kann es nicht darauf ankommen, ob die Niederlassung zum Zeitpunkt der Eröffnung des ausländischen Verfahrens bereits bestanden hat (so aber Andres/Leithaus/Dahl Rn. 11; KPB/Paulus Rn. 15). **15**

Das Insolvenzgericht trifft **keine weitere Nachforschungspflicht,** ob irgendwo ein Insolvenzverfahren über das Vermögen eines Schuldners mit inländischer Niederlassung eröffnet wurde (MüKoInsO/Thole Rn. 18; Uhlenbruck/Lüer Rn. 9; KPB/Paulus Rn. 16). Die Bekanntmachung wird aufgrund der **Unterrichtung durch den Verwalter oder ständigen Vertreter** iSv § 13 Abs. 2 S. 5 Nr. 3 HGB veranlasst (Abs. 2 S. 2). Teilweise wird aus der Regelung in Abs. 2 S. 2 auf eine dahingehende Pflicht des Verwalters bzw. des ständigen Vertreters zur Unterrichtung des Insolvenzgerichts geschlossen (MüKoBGB/Kindler Rn. 15; Braun/Ehret Rn. 4; Andres/Leithaus/Dahl Rn. 12; HK-InsO/Swierczok Rn. 15). Dies mag für den ständigen Vertreter noch angehen, da er ohnehin die Niederlassung nach § 13e Abs. 2 HGB anzumelden hat. Für den ausländischen Verwalter kann das nationale Recht hingegen schon aus systematischen Erwägungen keine Pflichten begründen; diese bestimmen sich nach dem Recht des Staats der Verfahrenseröffnung, nach dem der Verwalter bestellt wurde (MüKoInsO/Thole Rn. 18). **16**

D. Zuständigkeit

Zuständig für die Entscheidung über die öffentliche Bekanntmachung ist gem. § 348 Abs. 1 S. 1 ausschließlich das Insolvenzgericht, in dessen Bezirk die Niederlassung oder, wenn eine Niederlassung fehlt, Vermögen des Schuldners belegen ist. Die funktionelle Zuständigkeit liegt beim Richter (§ 18 Abs. 1 Nr. 3 RPflG). **17**

E. Kosten

Die öffentliche Bekanntmachung ist wie bei Art. 102 § 5 EGInsO gerichtsgebührenfrei (MüKoInsO/Thole Rn. 14). Die Kosten des Verfahrens sind nach § 24 GKG iVm KV Nr. 9004 vom Antragsteller, dh vom Insolvenzverwalter und damit letztlich von der Insolvenzmasse zu tragen (anders FK-InsO/Schuster/Wimmer Rn. 11). Es besteht eine Kostenvorschusspflicht nach § 17 Abs. 1 GKG (KPB/Paulus Rn. 19; MüKoBGB/Kindler Rn. 18). **18**

Weissinger

InsO § 346   Elfter Teil. Internationales Insolvenzrecht

F. Rechtsmittel (Abs. 3 S. 3)

19   Lehnt das Insolvenzgericht den Antrag auf öffentliche Bekanntmachung ab, kann der **Insolvenzverwalter** nach Abs. 3 S. 3 **sofortige Beschwerde** gegen die Entscheidung einlegen (§ 6 iVm § 567 Abs. 1 Nr. 2 ZPO). Die Beschwerde kann sich auf die vollständige oder teilweise Ablehnung sowie die Art und Weise der Bekanntmachung beziehen (MüKoInsO/Thole Rn. 19). Der Wortlaut des Abs. 3 S. 3 nennt eine Ablehnung der Bekanntmachung, hat also eine Fallkonstellation im Blick, in der ein Antrag als Grundlage für eine Ablehnung vorausgegangen ist. Gegen eine Bekanntmachung nach Abs. 2 ist die Beschwerde folglich nicht statthaft, weil diese von Amts wegen erfolgt und der Verwalter insofern nicht formell beschwert sein kann (K. Schmidt InsO/Brinkmann Rn. 9; KPB/Paulus Rn. 18). Ob der Verwalter auch prozessführungsbefugt ist, bestimmt sich nach den Bestimmungen des Rechts des Staats der Verfahrenseröffnung (**lex fori concursus**) (KPB/Paulus Rn. 18; BK-InsR/Pannen Rn. 27).

20   Die Beschwerdebefugnis des **Schuldners** ist in § 345 nicht geregelt. Er kann aber beschwert sein, wenn beispielsweise die bekannt gemachte Entscheidung über die Verfahrenseröffnung im Inland nicht anerkennungsfähig ist. Im Anwendungsbereich der EuInsVO wäre hingegen eine Beschwerdemöglichkeit über Art. 102 § 7 EGInsO eröffnet. Es ist nicht ersichtlich, warum im Fall des Drittstaatenbezugs etwas anderes gelten sollte. Art. 102 § 7 EGInsO ist daher analog anzuwenden (K. Schmidt InsO/Brinkmann Rn. 10; MüKoInsO/Thole Rn. 19; Andres/Leithaus/Dahl Rn. 14).

§ 346 Grundbuch

(1) Wird durch die Verfahrenseröffnung oder durch Anordnung von Sicherungsmaßnahmen nach § 343 Abs. 2 oder § 344 Abs. 1 die Verfügungsbefugnis des Schuldners eingeschränkt, so hat das Insolvenzgericht auf Antrag des ausländischen Insolvenzverwalters das Grundbuchamt zu ersuchen, die Eröffnung des Insolvenzverfahrens und die Art der Einschränkung der Verfügungsbefugnis des Schuldners in das Grundbuch einzutragen:
1. bei Grundstücken, als deren Eigentümer der Schuldner eingetragen ist;
2. bei den für den Schuldner eingetragenen Rechten an Grundstücken und an eingetragenen Rechten, wenn nach der Art des Rechts und den Umständen zu befürchten ist, dass ohne die Eintragung die Insolvenzgläubiger benachteiligt würden.

(2) ¹Der Antrag nach Absatz 1 ist nur zulässig, wenn glaubhaft gemacht wird, dass die tatsächlichen Voraussetzungen für die Anerkennung der Verfahrenseröffnung vorliegen. ²Gegen die Entscheidung des Insolvenzgerichts steht dem ausländischen Verwalter die sofortige Beschwerde zu. ³Für die Löschung der Eintragung gilt § 32 Abs. 3 Satz 1 entsprechend.

(3) Für die Eintragung der Verfahrenseröffnung in das Schiffsregister, das Schiffsbauregister und das Register für Pfandrechte an Luftfahrzeugen gelten die Absätze 1 und 2 entsprechend.

Überblick

Die Vorschrift regelt die Eintragung der Eröffnung des ausländischen Insolvenzverfahrens (→ Rn. 6) und damit (bzw. mit der Anordnung einer Sicherungsmaßnahme) verbundener Beschränkungen der Verfügungsbefugnis des Insolvenzschuldners (→ Rn. 7) in das Grundbuch (bzw. nach Abs. 3 in das Schiffs- und Schiffsbauregister sowie das Register für Pfandrechte an Luftfahrzeugen, → Rn. 17). Die tatsächlichen Voraussetzungen für die Anerkennungsfähigkeit der Verfahrenseröffnung (→ Rn. 8) müssen gem. Abs. 2 S. 1 glaubhaft gemacht werden (→ Rn. 9 f.). Die Prüfung erfolgt nach Antragstellung durch den ausländischen Insolvenzverwalter oder eigenverwaltenden Insolvenzschuldner (→ Rn. 11) aufgrund einer abgespaltenen Kompetenz durch das inländische Insolvenzgericht, das wiederum das Grundbuchamt bzw. die andere registerführende Stelle um Eintragung ersuchen muss (→ Rn. 12 ff.). Ein unmittelbarer Antrag bei der registerführenden Stelle ist nicht statthaft. Gegen die Entscheidung des Insolvenzgerichts steht dem ausländischen Insolvenzverwalter gem. Abs. 2 S. 2 (→ Rn. 21) und ggf. auch dem Insolvenzschuldner (→ Rn. 23) das Recht zur sofortigen Beschwerde zu; ferner kommen grundbuchverfahrensrechtliche Rechtsbehelfe in Betracht (→ Rn. 22).

Übersicht

	Rn.		Rn.
A. Normzweck und Anwendungsbereich	1	eröffnung oder Anordnung einer Sicherungsmaßnahme	6
I. Normzweck	1	2. Anerkennungsfähigkeit der ausländischen Verfahrenseröffnung (Abs. 2 S. 1)	8
II. Anwendungsbereich	4	3. Antrag	11
B. Eintragung der Verfahrenseröffnung und Verfügungsbeschränkung ins Grundbuch (Abs. 1)	6	II. Rechtsfolgen	13
		1. Eintragungsersuchen beim Grundbuchamt	13
		2. Bezugsgegenstand und Ort der Eintragung (Abs. 1 Nr. 1 und 2, Abs. 3)	15
I. Eintragungsvoraussetzungen	6	3. Inhalt der Eintragung	18
1. Einschränkung der Verfügungsbefugnis des Insolvenzschuldners durch Verfahrens-		4. Löschung der Eintragung (Abs. 2 S. 3)	19
		C. Rechtsmittel (Abs. 2 S. 2)	21

A. Normzweck und Anwendungsbereich

I. Normzweck

Die Vorschrift ist eine **Sachnorm** (Uhlenbruck/Lüer Rn. 3; KPB/Paulus Rn. 3), die unmittelbar die Eintragung der Eröffnung des ausländischen Insolvenzverfahrens und (bzw. mit der Anordnung von Sicherungsmaßnahmen) verbundener Beschränkungen der Verfügungsbefugnis des Insolvenzschuldners in das Grundbuch (bzw. nach Abs. 3 in das Schiffs- und Schiffsbauregister sowie das Register für Pfandrechte an Luftfahrzeugen) regelt. Sie ergänzt § 345 in Bezug auf Rechte an Immobilien. Sinn und Zweck ist wie bei § 345 (→ § 345 Rn. 1) zunächst der **Schutz der Masse** vor dem Verlust von Immobilien und Rechten an Immobilien durch einen gutgläubigen Erwerb Dritter gem. § 349 iVm §§ 892, 893 BGB (Uhlenbruck/Lüer Rn. 1; Braun/Ehret Rn. 1; Leible/Staudinger KTS 2000, 533 (564f.); näher zum Ganzen Bierhenke MittBayNot 2009, 197). Ferner ist der **Schutz des inländischen Rechtsverkehrs** insgesamt bezweckt (KPB/Paulus Rn. 1), da die durch das ausländische Verfahren bewirkte und wegen des universalen Geltungsanspruchs auch im Inland beachtliche Einschränkung der Verfügungsbefugnis öffentlich bekannt wird. 1

Die Grundbucheintragung entfaltet – ebenso wie die öffentliche Bekanntmachung iRv § 345 (→ § 345 Rn. 2) – **keine Bindungswirkung für die Anerkennung** des ausländischen Verfahrens (MüKoInsO/Thole Rn. 1; KPB/Paulus Rn. 2; BK-InsR/Pannen Rn. 3). Die Anerkennung ist allein eine materielle Rechtsfrage, die nach § 343 zu beurteilen ist. Unterbleibt die Eintragung, kann das ausländische Insolvenzverfahren gleichwohl im Inland anerkannt werden und – umgekehrt – folgt aus einer erfolgten Eintragung nicht die Anerkennung der Eröffnung des ausländischen Insolvenzverfahrens. Vielmehr kann auch nach Registereintragung die Anerkennungsfähigkeit Gegenstand eines Rechtsstreits im Inland sein. 2

Die **Eintragung in andere Register** als die in § 346 genannten richtet sich – anders als im Fall der Parallelvorschrift des Art. 22 EuInsVO (bzw. Art. 29 EuInsVO nF), die auch für andere öffentliche Register gilt – nach den allgemeinen Regeln. Entscheidend ist dabei die Antragsberechtigung des ausländischen Insolvenzverwalters (MüKoInsO/Thole Rn. 1). 3

II. Anwendungsbereich

§ 346 ist nur einschlägig, soweit **im Ausland ein Hauptinsolvenzverfahren** eröffnet wurde (K. Schmidt InsO/Brinkmann Rn. 2; Uhlenbruck/Lüer Rn. 3). Ein **ausländisches Partikularverfahren** erstreckt sich wegen seiner territorialen Begrenzung nicht auf Vermögensgegenstände außerhalb des Staats der Verfahrenseröffnung, sodass die Vorschrift in diesem Fall – anders als § 345 (→ § 345 Rn. 3) – bei unbeweglichen Gegenständen in der Praxis schlicht nicht zur Anwendung kommen wird (ebenso BK-InsR/Pannen Rn. 4; KPB/Paulus Rn. 3). Eine Ausnahme ist allenfalls bei Schiffen oder Luftfahrzeugen denkbar, die anfangs vom ausländischen Hauptinsolvenzverfahren erfasst und später ins Inland verbracht und dort ins betreffende Register eingetragen werden (MüKoInsO/Thole Rn. 3). 4

Aufgrund des **vorrangigen Gemeinschaftsrechts** erfasst § 346 nur Fälle von Hauptinsolvenzverfahren in Drittstaaten bzw. solche Fälle, die vom Anwendungsbereich der EuInsVO ausgenom- 5 men sind. Im Anwendungsbereich der EuInsVO gilt Art. 22 EuInsVO (bzw. Art. 29 EuInsVO nF).

B. Eintragung der Verfahrenseröffnung und Verfügungsbeschränkung ins Grundbuch (Abs. 1)

I. Eintragungsvoraussetzungen

1. Einschränkung der Verfügungsbefugnis des Insolvenzschuldners durch Verfahrenseröffnung oder Anordnung einer Sicherungsmaßnahme

6   Der Tatbestand des § 346 verlangt zunächst, dass entweder ein **ausländisches Hauptinsolvenzverfahren eröffnet** wurde oder im ausländischen Eröffnungsverfahren **Sicherungsmaßnahmen** nach § 343 Abs. 2 bzw. anlässlich eines solchen nach § 344 Abs. 1 iVm § 21 durch das inländische Insolvenzgericht **angeordnet** wurden.

7   Die Verfahrenseröffnung oder die Anordnung von Sicherungsmaßnahmen muss die **Verfügungsbefugnis des Insolvenzschuldners einschränken.** Der Begriff der Einschränkung ist weit auszulegen und erfordert daher kein vollständiges Verfügungsverbot (FK-InsO/Wenner/Schuster Rn. 5); auch die Anordnung eines Zustimmungsvorbehalts, wie ihn etwa das deutsche Recht in § 21 Abs. 2 Nr. 2 Alt. 2 kennt, genügt (Braun/Ehret Rn. 4; Uhlenbruck/Lüer Rn. 8; MüKoBGB/Kindler Rn. 5). Die Bestellung eines vorläufigen Verwalters ist nicht zwingend erforderlich (aA KPB/Paulus Rn. 4); entscheidend ist die Einschränkung der Verfügungsbefugnis. Insoweit kann die Vorschrift auch bei einem **eigenverwaltenden Insolvenzschuldner** Platz greifen, soweit er der Aufsicht eines Sachwalters unterstellt, nicht mehr uneingeschränkt verfügungsbefugt ist und den Insolvenzzweck beachten muss (MüKoInsO/Thole Rn. 4; K. Schmidt InsO/Brinkmann Rn. 4). Einschränkungen der Verpflichtungsbefugnis sind hingegen für § 346 irrelevant (MüKoInsO/Thole Rn. 4).

2. Anerkennungsfähigkeit der ausländischen Verfahrenseröffnung (Abs. 2 S. 1)

8   Wie sich aus Abs. 2 S. 1 erschließt, muss die ausländische Verfahrenseröffnung im Inland **anerkennungsfähig** sein. Dies gilt auch für die Sicherungsmaßnahmen iSv § 343 Abs. 2, denn diese sind der Eröffnungsentscheidung gleichgestellt (Braun/Ehret Rn. 2). Für die Begründetheit des Antrags prüft das Insolvenzgericht daher von Amts wegen die Voraussetzungen für die Anerkennungsfähigkeit der ausländischen Eröffnungsentscheidung gem. § 343 (OLG Düsseldorf RNotZ 2012, 281 (282 f.)). Bei Sicherungsmaßnahmen gem. § 344 wird die Anerkennungsfähigkeit des noch nicht eröffneten Hauptinsolvenzverfahrens inzident geprüft (→ § 344 Rn. 12).

9   Gemäß **Abs. 2 S. 1** müssen die tatsächlichen Voraussetzungen, insbesondere betreffend der internationalen Zuständigkeit nach § 3 (MüKoInsO/Thole Rn. 8), für die Anerkennung der Verfahrenseröffnung **glaubhaft gemacht werden** (§ 4 iVm § 294 ZPO). Die Glaubhaftmachung ist eine besondere Art der Beweisführung. Es gilt das Beweismaß der überwiegenden Wahrscheinlichkeit und der Antragsteller kann sich sämtlicher Beweismittel (einschließlich einer eidesstattlichen Versicherung) bedienen. Eine Pflicht zur Vorlage von Urkunden besteht nicht (MüKoInsO/Thole Rn. 8; KPB/Paulus Rn. 9).

10   Als Rechtsfolge, wenn der Antragsteller die erforderlichen Tatsachen nicht glaubhaft macht, ordnet das Gesetz die **Unzulässigkeit des Antrags** an. Vorzugswürdig ist es stattdessen wie bei § 345 (→ § 345 Rn. 7) zu differenzieren: Gelingt die Glaubhaftmachung nicht, ist der Antrag unbegründet; wird die Glaubhaftmachung erst gar nicht versucht, ist der Antrag bereits unzulässig (MüKoInsO/Thole Rn. 8; anders die hM Braun/Ehret Rn. 2; KPB/Paulus Rn. 7; HK-InsO/Swierczok Rn. 7; Andres/Leithaus/Dahl Rn. 6).

3. Antrag

11   Die Eintragung erfolgt nur auf Antrag. Eine Ausnahme besteht für Verfügungsbeschränkungen, die nach § 344 Abs. 1 iVm § 21 Abs. 2 Nr. 2 angeordnet werden. In diesem Fall erfolgt aufgrund von § 23 Abs. 3 iVm §§ 32, 33 eine amtsseitige Eintragung in den öffentlichen Registern (→ § 23 Rn. 16 f.). Diese allgemeinen Verfahrensregeln des inländischen Rechts kommen stets bei Sicherungsmaßnahmen zur Anwendung, die auf der Grundlage des § 21 (entweder in direkter Anwendung oder über den Verweis in § 344) angeordnet werden; sie werden nicht von § 346 verdrängt (zutr. MüKoInsO/Thole Rn. 5; aA MüKoInsO/Reinhart, 2. Aufl., Rn. 7). Ob im

Übrigen ein Antrag gestellt wird, steht **grundsätzlich im freien Ermessen** des ausländischen Insolvenzverwalters (Uhlenbruck/Lüer Rn. 5; KPB/Paulus Rn. 5). Gegebenenfalls ergibt sich aber aus dem auf ihn anwendbaren Insolvenzstatut eine Antragspflicht bzw. eine Haftung, wenn er eine Antragstellung unterlässt und infolge eines gutgläubigen Erwerbs der Insolvenzmasse Vermögensgegenstände entzogen werden (MüKoInsO/Thole Rn. 7; K. Schmidt InsO/Brinkmann Rn. 8).

Der Antrag ist an das **nach § 348 zuständige Insolvenzgericht** zu richten. Die Zwischenschaltung des inländischen Insolvenzgerichts ist zwingend. Aus Sicht des Gesetzgebers soll das Gericht anstelle der Registerstelle die Wirkung der Verfahrenseröffnung im Ausland als kompetente Instanz aufgrund seiner besonderen Sachkunde bei Fällen mit Auslandsberührung prüfen, um die Registerstelle nicht mit der Prüfung der komplexen Rechtsfrage der Anerkennungsfähigkeit der Verfahrenseröffnung zu überfordern (Begr. RegE, BT-Drs. 15/16, 22). Einen fälschlicherweise unmittelbar an das Grundbuchamt gerichteten Antrag kann das Grundbuchamt an das zuständige Insolvenzgericht weiterleiten oder den Verwalter zur Antragsstellung beim Insolvenzgericht auffordern (MüKoInsO/Thole Rn. 7). 12

II. Rechtsfolgen

1. Eintragungsersuchen beim Grundbuchamt

Ist der Antrag zulässig und sind die Anerkennungsvoraussetzungen nach § 343 gegeben, hat der gem. § 18 Abs. 1 Nr. 4 RPflG funktional zuständige Richter das Grundbuchamt **um Eintragung in das Grundbuch zu ersuchen.** Das Ersuchen erfolgt gem. § 38 GBO. Als registerrechtliche Formvorschrift ist § 29 Abs. 3 GBO zu beachten (Begr. RegE, BT-Drs. 15/16, 22; KPB/Paulus Rn. 15). Aus diesem Grund ist die Vorlage des ausländischen Eröffnungsbeschlusses als Urkunde gegenüber dem Grundbuchamt auch nicht wegen § 29 Abs. 1 S. 2 GBO erforderlich (zutr. MüKoInsO/Thole Rn. 8; aA KPB/Paulus Rn. 9). Das Grundbuchamt prüft gem. §§ 38, 29 Abs. 3 GBO lediglich das Ersuchen des Insolvenzgerichts selbst sowie dessen sachliche Zuständigkeit, nicht aber die inhaltliche Richtigkeit des Ersuchens (BeckOK GBO/Zeiser GBO § 38 Rn. 15; vgl. auch Begr. RegE, BT-Drs. 15/16, 22). Somit ist das Grundbuchamt an die Beschreibung der Verfügungsbeschränkung des Schuldners durch das Insolvenzgericht gebunden (OLG Dresden ZIP 2010, 2108; Braun/Ehret Rn. 9; MüKoInsO/Schmahl/Busch §§ 32, 33 Rn. 49). Im Übrigen kann hinsichtlich des Verfahrens auf die Ausführungen zur Parallelnorm des § 32 verwiesen werden (→ § 32 Rn. 9 ff.). 13

§ 346 begründet allerdings **nicht pauschal eine abgespaltene sachliche Teilzuständigkeit des Insolvenzgerichts an Stelle des Grundbuchamts.** Die abgespaltene inhaltliche Prüfungszuständigkeit des Insolvenzgerichts bei Eintragungen nach § 346 kann daher nicht erweiternd auf andere Vorgänge im Zusammenhang mit den Wirkungen der Eröffnung eines ausländischen Insolvenzverfahrens im Inland angewendet werden. Es gilt weiterhin der allgemeine Grundsatz, dass die Gerichte bei der Rechtsanwendung auch entscheidungserhebliche rechtliche Vorfragen in eigener Zuständigkeit zu prüfen und zu beurteilen haben, sofern nicht gesetzlich etwas anderes vorgeschrieben oder zugelassen ist. Wenn außerhalb des eigentlichen Anwendungsbereichs von § 3436 im Rahmen eines Eintragungsantrags die Frage aufgeworfen ist, welche Wirkungen ein ausländisches Insolvenzverfahren im Inland nach sich zieht, kann das Grundbuchamt deshalb nicht auf eine vorrangige Prüfungskompetenz des Insolvenzgerichts verweisen, sondern muss die Rechtsfrage selbst klären (AG Duisburg NZI 2010, 199 (200) zur Löschung einer Grundschuld auf Antrag des ausländischen Insolvenzverwalters). 14

2. Bezugsgegenstand und Ort der Eintragung (Abs. 1 Nr. 1 und 2, Abs. 3)

Eine Eintragung kommt nur bezüglich bestimmter Gegenstände und Rechte in Betracht. **Abs. 1 Nr. 1** bezieht sich auf Grundstücke, bei denen der Schuldner als Eigentümer eingetragen ist, und **Abs. 1 Nr. 2** auf sonstige für den Insolvenzschuldner eingetragene Rechte an Grundstücken oder grundstücksgleichen Rechten. Hierzu gehören beispielsweise die Hypothek, die Grundschuld, die Rentenschuld oder die Erbpacht. Maßgeblich ist allein die Eintragung und nicht das materiell-rechtliche Bestehen des eingetragenen Rechts (MüKoInsO/Thole Rn. 10). Die Eintragung erfolgt in **Abteilung II des Grundbuchs** bei dem jeweiligen Grundstück bzw. in **Abteilung III** bei dem eingetragenen beschränkt dinglichem Grundstücksrecht oder sonstigem Recht. 15

In den Fällen des **Abs. 1 Nr. 2** wird ferner die Befürchtung vorausgesetzt, dass ohne die Eintragung die **Insolvenzgläubiger benachteiligt würden.** Dies prüft das Insolvenzgericht, wobei ein großzügiger Maßstab anzulegen ist (Braun/Ehret Rn. 7; FK-InsO/Wenner/Schuster 16

Rn. 6). Insoweit genügt, dass eine Verfügung zu einer Verringerung der Insolvenzmasse führen würde, was insbesondere dann der Fall ist, wenn die Möglichkeit eines gutgläubigen Dritterwerbs des im Grundbuch eingetragenen Rechts gegeben ist (KPB/Paulus Rn. 13; MüKoInsO/Thole Rn. 10).

17 Gemäß **Abs. 3** gelten die Abs. 1 und 2 auch für die Eintragung der Verfahrenseröffnung in das **Schiffsregister** und in das **Register für Pfandrechte an Luftfahrzeugen.** Der gutgläubige Erwerb von Rechten an eingetragenen Schiffen ist in §§ 3 Abs. 3, 16, 17 SchiffRG bzw. von Rechten an Luftfahrzeugen in §§ 5 Abs. 3, 16, 17 LuftRG geregelt. Registerrechtlich sind §§ 45, 37 Abs. 3 SchRegO und §§ 18, 86 Abs. 1 LuftzRG zu beachten. Bei Luftfahrzeugen muss eine Eintragung in das deutsche Register für Pfandrechte an Luftfahrzeugen erfolgen und nicht etwa in die Luftfahrzeugrolle (MüKoBGB/Kindler Rn. 15).

3. Inhalt der Eintragung

18 Aufgrund des sachenrechtlichen Typenzwangs (numerus clausus) können nur die **dem deutschen Recht bekannten eintragungsfähigen** Rechte eingetragen werden. **Inhalt und Umfang** der Verfügungsbeschränkung bestimmt jedoch das ausländische Insolvenzrecht (MüKoInsO/Thole Rn. 11; KPB/Paulus Rn. 12; HK-InsO/Swierczok Rn. 10). Der darin begründete potentielle Konflikt zwischen ausländischem und inländischem Recht ist wie folgt aufzulösen: Im Ausgangspunkt ist die Verfügungsbeschränkung so einzutragen, wie sie das ausländische Recht vorsieht. Das Insolvenzgericht hat daher zu ermitteln, ob und inwieweit das ausländische Insolvenzrecht die Verfügungsbefugnis des Insolvenzschuldners einschränkt, welcher Art diese Einschränkung ist und ob die ausländische Beschränkung ein **Äquivalent im deutschen Recht** hat (HK-InsO/Swierczok Rn. 12; KPB/Paulus Rn. 11). Unerheblich ist, ob das Registerwesen des Eröffnungsstaats überhaupt eine Eintragung der Verfahrenseröffnung oder gänzlich andere Maßnahmen zur Herstellung der Publizität vorsieht (FK-InsO/Wenner/Schuster Rn. 5; K. Schmidt InsO/Brinkmann Rn. 6). Ergibt sich bei der vom inländischen Insolvenzgericht anzustellenden Prüfung ein Widerspruch zum inländischen Recht, ist in einem weiteren Schritt festzustellen, ob eine **funktionsäquivalente Substitution** der dem inländischen Recht wesensfremden Einschränkung durch ein dem inländischen Recht bekanntes Instrument möglich ist. Ist dies nicht der Fall, kann als Auffanglösung lediglich ein Insolvenzvermerk eingetragen werden (MüKoInsO/Thole Rn. 11; HK-InsO/Swierczok Rn. 9 f.; KPB/Paulus Rn. 11; MüKoBGB/Kindler Rn. 11; → Rn. 18.1).

18.1 Beispielsweise ist bezüglich der im Inland belegenen Vermögenswerte lediglich der Übergang der Verfügungsbefugnis auf den Verwalter zu vermerken, auch wenn das ausländische Recht vorsieht, dass das Eigentum des Insolvenzschuldners auf den Verwalter übergeht (KPB/Paulus Rn. 11).

4. Löschung der Eintragung (Abs. 2 S. 3)

19 Die Löschung der Eintragung erfolgt nach Abs. 2 S. 3 iVm § 32 Abs. 3 S. 1. Auf entsprechenden Antrag ersucht das Insolvenzgericht das Grundbuchamt um Löschung der Eintragung (§§ 38, 29 Abs. 3 GBO). Dafür muss das Grundstück bzw. das Recht hieran vom Insolvenzverwalter freigegeben oder veräußert worden sein (§ 32 Abs. 3 S. 1) (KPB/Paulus Rn. 16; BK-InsR/Pannen Rn. 18). Wird die Verfügungsbeschränkung in dem ausländischen Hauptinsolvenzverfahren auf andere Weise aufgehoben, gilt ebenfalls § 32 Abs. 3 S. 1, da die letztgenannte Vorschrift gem. Abs. 2 S. 3 nur entsprechend gilt (MüKoInsO/Thole Rn. 25). Mit Blick auf das Interesse, dem Rechtsverkehr das Entfallen der Verfügungsbeschränkung kundzutun, ist nicht nur der Verwalter **antragsbefugt,** sondern auch der Schuldner (MüKoInsO/Thole Rn. 12; K. Schmidt InsO/Brinkmann Rn. 9) und ggf. jeder andere an der Freigabe oder Veräußerung Beteiligte (Uhlenbruck/Lüer Rn. 12; BK-InsR/Pannen Rn. 18; KPB/Paulus Rn. 16).

20 Die Antragsberechtigten können sich mangels Verweises auf S. 2 von § 32 Abs. 3 aber nicht selbst an das Grundbuchamt wenden (K. Schmidt InsO/Brinkmann Rn. 9). Wegen § 84 Abs. 1 S. 1 GBO ist eine Löschungsbewilligung nach § 19 GBO oder ein Unrichtigkeitsnachweis nach §§ 22, 29 Abs. 1 S. 2 GBO nicht erforderlich (KPB/Paulus Rn. 16; HK-InsO/Kirchhof Rn. 22). Wie beim Ersuchen um Eintragung findet seitens des Grundbuchamts keine inhaltliche Nachprüfung statt (MüKoInsO/Thole Rn. 12; OLG Dresden ZIP 2010, 2108 (2109); OLG Düsseldorf RNotZ 2012, 281 (282)).

C. Rechtsmittel (Abs. 2 S. 2)

Aufgrund der erheblichen Bedeutung einer Eintragung für die Sicherung der Insolvenzmasse 21
sieht Abs. 2 S. 2 das Rechtsmittel der **sofortigen Beschwerde** nach § 6 iVm § 567 Abs. 1 Nr. 2
ZPO vor. Diese kommt sowohl im Falle der Ablehnung des Antrags auf Eintragung der Verfahrenseröffnung bzw. der Verfügungsbeschränkung als auch im Falle einer inhaltlich vom Antrag abweichenden Gerichtsentscheidung – insbesondere über die Art und den Umfang der Verfügungsbeschränkung – in Betracht (KPB/Paulus Rn. 17; HK-InsO/Swierczok Rn. 14; FK-InsO/Wenner/
Schuster Rn. 9). Die **Prozessführungsbefugnis** des Verwalters ergibt sich aus dem Insolvenzstatut.

Darüber hinaus stehen dem Verwalter die **Rechtsbehelfe nach der GBO** zu, beispielsweise 22
die Beschwerde nach § 71 GBO, wenn das Grundbuchamt dem Eintragungsersuchen des Insolvenzgerichts nicht nachkommt (Andres/Leithaus/Dahl Rn. 13; KPB/Paulus Rn. 16; BK-InsR/
Pannen Rn. 17; aA FK-InsO/Wenner/Schuster Rn. 9, der stattdessen eine inzidente Überprüfung
der Weigerung des Grundbuchamts, die Eintragung vorzunehmen, im Rahmen der sofortigen
Beschwerde vorzieht; s. auch BeckOK GBO/Zeiser GBO § 38 Rn. 17). Im Zusammenhang mit
Eintragungen nach Art. 22 EuInsVO führt die Gesetzesbegründung zu Art. 102 § 7 EGInsO als
weitere rechtsmittelfähige Entscheidung indes ausdrücklich die Entscheidung des Grundbuchamts
über das Ersuchen des Insolvenzgerichts an, auf die zusätzlich die im Grundbuchverfahren geltenden Beschwerdevorschriften anzuwenden seien (Begr. RegE BT-Drs. 15/16, 16; dazu näher
MüKoInsO/Thole EGInsO Art. 102 § 7 Rn. 8 mwN). Es ist nicht ersichtlich, warum in einem
Parallelfall mit Drittstaatenbezug etwas anderes gelten sollte. Dieser Weg darf allerdings nicht dazu
führen, dass die abgespaltene Prüfungskompetenz des Insolvenzgerichts (→ Rn. 12) ausgehebelt
wird; eine Korrektur der Entscheidung des Insolvenzgerichts kann folglich über grundbuchverfahrensrechtliche Rechtsbehelfe nicht vorgenommen werden (MüKoInsO/Thole Rn. 13).

Die **Beschwerdebefugnis des Schuldners** ist in § 346 nicht geregelt. Er kann aber beschwert 23
sein, wenn beispielsweise eine Eintragung erfolgt, obwohl die Verfahrenseröffnung im Inland nicht
anerkennungsfähig ist (→ Rn. 8 ff.). Zur Schließung dieser Lücke ist wie bei § 345 (→ § 345
Rn. 20) Art. 102 § 7 EGInsO analog anzuwenden (K. Schmidt InsO/Brinkmann Rn. 7).

§ 347 Nachweis der Verwalterbestellung. Unterrichtung des Gerichts

(1) ¹Der ausländische Insolvenzverwalter weist seine Bestellung durch eine beglaubigte Abschrift der Entscheidung, durch die er bestellt worden ist, oder durch eine andere von der zuständigen Stelle ausgestellte Bescheinigung nach. ²Das Insolvenzgericht kann eine Übersetzung verlangen, die von einer hierzu im Staat der Verfahrenseröffnung befugten Person zu beglaubigen ist.

(2) Der ausländische Insolvenzverwalter, der einen Antrag nach den §§ 344 bis 346 gestellt hat, unterrichtet das Insolvenzgericht über alle wesentlichen Änderungen in dem ausländischen Verfahren und über alle ihm bekannten weiteren ausländischen Insolvenzverfahren über das Vermögen des Schuldners.

Überblick

Abs. 1 (→ Rn. 4 ff.) legt fest, wie ein ausländischer Insolvenzverwalter (→ Rn. 2) seine Legitimation im Inland nachweist, nämlich durch eine beglaubigte Abschrift des Bestellungsaktes
(→ Rn. 8 ff.), und gibt dem Insolvenzgericht das Recht, eine Übersetzung desselben zu verlangen
(→ Rn. 10 ff.). Abs. 2 statuiert unter bestimmten Voraussetzungen Informationspflichten des ausländischen Verwalters gegenüber dem inländischen Insolvenzgericht (→ Rn. 14 ff.), ohne die
Folgen einer Verletzung dieser Pflichten selbst zu regeln (→ Rn. 16).

A. Normzweck und Anwendungsbereich

I. Normzweck

Die Norm will in Abs. 1 den **Nachweis der Legitimation** des ausländischen Insolvenzverwal- 1
ters durch Einräumung bestimmter Privilegierungen **erleichtern** und befriedigt damit ein praktisches Bedürfnis bei grenzüberschreitenden Insolvenzfällen. Denn der ausländische Insolvenzverwalter verfügt über verschiedene Befugnisse zum Tätigwerden im Inland und hat verschiedene

Weissinger

Mitwirkungs- und Antragsrechte inne, die er effizienter wahrnehmen kann, wenn er seine Legitimation möglichst einfach nachweisen kann. Abs. 2 soll sicherstellen, dass das inländische Insolvenzgericht, das mit Anträgen des Insolvenzverwalters nach §§ 344–346 befasst ist, **von wesentlichen Entwicklungen** und dem Fortgang des ausländischen Insolvenzverfahrens **Kenntnis erlangt,** die für sein eigenes Tätigwerden und die von ihm zu treffenden Anordnungen **relevant** sind. Er entspricht Art. 18 Uncitral-Modellgesetz. Die Vorschrift stellt insgesamt eine **Sachnorm** dar (MüKoInsO/Thole Rn. 2; FK-InsO/Wenner/Schuster Rn. 1; KPB/Paulus Rn. 2).

II. Anwendungsbereich

2   Die Vorschrift ist auf ausländische Hauptinsolvenzverfahren sowie **Partikularverfahren** anwendbar (MüKoBGB/Kindler Rn. 1; Uhlenbruck/Lüer Rn. 1; BK-InsR/Pannen Rn. 2; KPB/Paulus Rn. 2). In der Praxis wird gleichwohl die Geltung im Hauptinsolvenzverfahren den Hauptanwendungsfall bilden, weil der Verwalter in einem Partikularverfahren im Regelfall nicht in einem anderen Staat tätig werden wird (HK-InsO/Swierczok Rn. 3; Andres/Leithaus/Dahl Rn. 1). Auch wenn Abs. 1 S. 2 darauf hinweist, dass die Norm im Ausgangspunkt auf ein eröffnetes Insolvenzverfahren zugeschnitten ist, spricht nichts dagegen die Nachweiserleichterungen auch auf einen **vorläufigen Insolvenzverwalter** anzuwenden (K. Schmidt InsO/Brinkmann Rn. 4; MüKoInsO/Thole Rn. 4; Uhlenbruck/Lüer Rn. 2; BK-InsR/Pannen Rn. 2; FK-InsO/Wenner/Schuster Rn. 1). Der systematische Zusammenhang mit Abs. 2, der über die Verweisung auf § 344 ebenfalls das Eröffnungsverfahren in Bezug nimmt, unterstützt diese Sichtweise zusätzlich (MüKoInsO/Thole Rn. 4). Darüber hinaus ist die Vorschrift auch auf den **eigenverwaltenden Schuldner** anzuwenden, wenn er seine Handlungsbefugnisse im Inland nachweisen muss, da insoweit dasselbe Vereinfachungsbedürfnis auf der Hand liegt (so K. Schmidt InsO/Brinkmann Rn. 3).

3   Im **Gemeinschaftsrecht** entspricht Abs. 1 dem Art. 19 EuInsVO (zukünftig Art. 22 EuInsVO). Sofern der räumlich-gegenständliche Anwendungsbereich der EuInsVO eröffnet ist, ist diese vorrangig anzuwenden mit der Folge, dass § 347 nur bei sog. Drittstaatenfällen oder in Fällen gilt, die unter die Bereichsausnahme des Art. 1 Abs. 2 EuInsVO fallen. Für Abs. 2 findet sich indes auf europäischer Ebene keine Entsprechung mit der Folge, dass teilweise vertreten wird, die Norm sei auch anzuwenden, wenn an sich die EuInsVO anzuwenden wäre (Braun/Ehret Rn. 8; HmbKommInsR/Undritz Rn. 1). Dieser Ansicht ist nicht zu folgen, weil die EuInsVO generellen Anwendungsvorrang vor dem autonomen Recht beansprucht unabhängig davon, ob einzelne Regelungsaspekte von ihr erfasst sind oder nicht (ebenso MüKoInsO/Thole Rn. 3).

B. Nachweis der Bestellung des Insolvenzverwalters (Abs. 1)

I. Regelungsgehalt

4   Abs. 1 lässt sich nur entnehmen, **wie** der ausländische Insolvenzverwalter seine Bestellung nachweist. Daraus ergibt sich in negativer Abgrenzung dreierlei:

5   Erstens ergibt sich seine materielle Legitimation, also **ob** er und **wie weit** seine Befugnisse reichen, naturgemäß nicht aus § 347 selbst, sondern ist unmittelbar auf der Grundlage des Rechts des Staates der Verfahrenseröffnung und der ausländischen Eröffnungsentscheidung bzw. des Bestellungsbeschlusses zu bestimmen (FK-InsO/Wenner/Schuster Rn. 3; KPB/Paulus Rn. 3, 5). Eine öffentliche Bekanntmachung im Inland nach § 345 ist nicht erforderlich.

6   Zweitens gelten die Nachweisprivilegien **nur für den Bestellungsakt selbst** und nicht auch für andere Entscheidungen des ausländischen Insolvenzgerichts, die die Stellung des Insolvenzverwalters näher definieren und seine Befugnisse ausgestalten (K. Schmidt InsO/Brinkmann Rn. 6; MüKoInsO/Thole Rn. 4; MüKoBGB/Kindler Rn. 6). Insoweit bleibt es bei den üblichen Regeln im internationalen Rechtsverkehr für den Nachweis der Legitimation des Handelnden trägt der Insolvenzverwalter, wenn seine Befugnisse bestritten werden, nach allgemeinen Regeln die Darlegungs- und Beweislast (MüKoInsO/Thole Rn. 4; KPB/Paulus Rn. 5).

7   Drittens begründet die Norm **keine Pflicht** für den Insolvenzverwalter seine Bestellung nachzuweisen (KPB/Paulus Rn. 3, 5; BK-InsR/Pannen Rn. 3). Der Nachweis erleichtert freilich das Tätigwerden im Inland.

II. Nachweis durch beglaubigte Abschrift (Abs. 1 S. 1)

8   Der Nachweis ist entweder durch eine beglaubigte Abschrift der Bestellungsentscheidung oder durch eine andere von einer zuständigen Stelle ausgestellte Bescheinigung zu führen. Nach dem Wortlaut wird eine **Beglaubigung** nur für die erste Alternative verlangt. Wegen der im Gesetzes-

text ebenfalls zum Ausdruck kommenden Gleichrangigkeit der beiden Alternativen ist auch für die zweite Alternative davon auszugehen, dass eine Beglaubigung erforderlich ist (MüKoInsO/Thole Rn. 5). Zuständige Stelle ist nicht nur das Insolvenzgereicht, sondern kann jede Stelle sein, die im Staat der Verfahrenseröffnung befugt ist, derartige Bescheinigungen auszustellen (MüKo-InsO/Thole Rn. 5).

Aus der Beschränkung auf die Beglaubigung folgt zugleich, dass darüber hinaus **keine weitergehenden Nachweise** zu erbringen sind (→ Rn. 9.1). 9

Insbesondere bedarf es weder einer Legalisation ausländischer öffentlicher Urkunden iSd § 13 KonsG noch einer Apostille (MüKoBGB/Kindler Rn. 5; KPB/Paulus Rn. 4; Uhlenbruck/Lüer Rn. 3; FK-InsO/Wenner/Schuster Rn. 2). Ebenso wenig hat eine gerichtliche Prüfung nach § 438 ZPO zur Echtheit der ausländischen öffentlichen Urkunde zu erfolgen (Anders/Leithaus/Dahl Rn. 1; BK-InsR/Pannen Rn. 4; FK-InsO/Wenner/Schuster Rn. 2; HK-InsO/Swierczok Rn. 5). Ferner findet das Haager Übereinkommen von 1961 zur Befreiung ausländischer öffentlicher Urkunden von der Legalisation keine Anwendung (KPB/Paulus Rn. 4; HK-InsO/Swierczok Rn. 6). 9.1

III. Beglaubigte Übersetzung (Abs. 1 S. 2)

Aus der Regelungstechnik („kann ... verlangen") lässt sich ableiten, dass auch keine Übersetzung zur Führung des Legitimationsnachweises erforderlich ist. Der Nachweis über die Verwalterbestellung kann daher **grundsätzlich in der Landessprache** des Staates der Verfahrenseröffnung erbracht werden (Uhlenbruck/Lüer Rn. 4). Das inländische Insolvenzgericht kann jedoch eine Übersetzung in die deutsche Sprache verlangen, die den allgemeinen Anforderungen für Übersetzungen von offiziellen Dokumenten genügen muss. 10

Die Übersetzung ist nach dem eindeutigen Wortlaut von einer hierzu befugten Person bzw. Stelle des Staates der Verfahrenseröffnung zu beglaubigen. Es ist allerdings nicht nachvollziehbar, warum die Übersetzung nicht von einem bei einem inländischen Gericht öffentlich bestellten und vereidigten Übersetzer angefertigt werden kann (krit. zu Recht MüKoBGB/Kindler Rn. 7; MüKoInsO/Thole Rn. 5). 11

Ebenfalls eindeutig ist der Wortlaut im Hinblick auf den Kreis der Anspruchsinhaber (aA KPB/Paulus Rn. 6). Demnach kann **nur das inländische Insolvenzgericht** eine solche Übersetzung verlangen. Anderen Personen, insbesondere den Gläubigern, steht dieses Recht nicht zu, wenngleich die Übersetzung auch für Dritte hilfreich wäre (K. Schmidt InsO/Brinkmann Rn. 7; Andres/Leithaus/Dahl Rn. 2; FK-InsO/Wenner/Schuster Rn. 2; HK-InsO/Swierczok Rn. 8; Liersch NZI 2003, 302 (307); aA KPB/Paulus Rn. 6). 12

Anfallende **Kosten** für die Übersetzung und Beglaubigung stellen Kosten des Verfahrens dar. Über deren Behandlung entscheidet das anzuwendende Insolvenzstatut (Braun/Ehret Rn. 5; Anders/Leithaus/Dahl Rn. 2). Regelmäßig werden die Kosten der Masse zur Last fallen (MüKoInsO/Thole Rn. 6). 13

C. Informationspflicht über Verfahrensfortgang (Abs. 2)

I. Inhalt und Umfang der Informationspflicht

Nach Abs. 2 trifft den ausländischen Insolvenzverwalter eine Unterrichtungspflicht gegenüber dem zuständigen inländischen Insolvenzgericht. Voraussetzung ist, dass der Insolvenzverwalter einen Antrag gem. §§ 344–346 gestellt hat. Aus dieser Anbindung an den vorausgegangenen Antrag und dem Normzweck (Rn. 1) ergibt sich der Maßstab für die Bestimmung der Reichweite dieser Verpflichtung: Dem Insolvenzgericht sind alle wesentlichen Umstände im ausländischen Verfahren und das Vermögen des Schuldners mitzuteilen, die für das Gericht **relevant** im Hinblick auf die von ihm zu erlassenden oder bereits erlassenen Entscheidungen sein können (Begr RegE, BT-Drs. 15/16, 23; KPB/Paulus Rn. 9; K. Schmidt InsO/Brinkmann Rn. 8; MüKoInsO/Thole Rn. 7). Relevant ist die Änderung dann, wenn sie eine Änderung oder Aufhebung der gerichtlichen Entscheidung zur Folge haben könnte. Dies ist im Zweifel weit auszulegen, da letztlich das Gericht selbst darüber zu befinden hat, welche Umstände für seine Entscheidung Relevanz besitzen (MüKoInsO/Thole Rn. 7) (→ Rn. 14.1). 14

Als relevante Änderung kommt zunächst die Einstellung oder Beendigung des ausländischen Verfahrens oder die Eröffnung weiterer Insolvenzverfahren in Betracht. Das Gericht ist ferner zu informieren, wenn sich die Rechtsstellung des Verwalters verändert hat oder er womöglich aus seinem Amt entlassen wurde oder wenn das Verfahren von einem Reorganisations- in ein Liquidationsverfahren übergeht. Insbesondere 14.1

besteht eine Pflicht zur Unterrichtung, wenn das Insolvenzgericht Sicherungsmaßnahmen entsprechend § 344 angeordnet hat und diese nun angeglichen oder aufgehoben werden müssen (Begr RegE, BT-Drs. 15/16, 23; MüKoBGB/Kindler Rn. 8; Braun/Ehret Rn. 2; Andres/Leithaus/Dahl Rn. 4; KPB/Paulus Rn. 9).

15   Die Norm enthält keine Vorgaben, bis wann die Informationspflicht spätestens zu erfüllen ist. Mit Blick auf Sinn und Zweck der Regelung wird man annehmen müssen, dass die Pflicht **unverzüglich** zu erfüllen ist. Dafür spricht auch, dass die in Bezug genommenen Vorschriften der §§ 344–346 nicht nur die Interessen des ausländischen Insolvenzverfahrens und somit des ausländischen Verwalters betreffen, sondern auch inländische öffentliche Interessen schützen sollen. Damit wäre es nur schwer zu vereinbaren, wenn die Erfüllung der Informationspflicht in zeitlicher Hinsicht im Ermessen des ausländischen Insolvenzverwalters stünde (MüKoInsO/Thole Rn. 8).

II. Rechtsfolgen im Fall der Pflichtverletzung

16   Abs. 2 enthält keine Regelung für den Fall, dass die Informationspflicht vom ausländischen Insolvenzverwalter nicht erfüllt wird. Es wird jedoch versucht, ein dem Prozessrechtsverhältnis ähnliches Sonderrechtsverhältnis zu konstruieren, dem der ausländische Insolvenzverwalter infolge der vom Tatbestand vorausgesetzten Antragstellung beim inländischen Insolvenzgericht unterworfen sei (FK-InsO/Wimmer, 4. Aufl., Rn. 5; offenlassend FK-InsO/Wenner/Schuster Rn. 4). Aus diesem Rechtsverhältnis könnte sodann nach allgemeinen Regeln ein Anspruch wegen schuldhafter Pflichtverletzung gestützt auf § 280 BGB ergeben (dagegen mit überzeugender Begründung MüKoInsO/Thole Rn. 9). Denkbar ist es auch, die alleinige Konsequenz der Pflichtwidrigkeit darin zu sehen, dass das inländische Insolvenzgericht nicht zu einer weiteren Mitwirkung angehalten ist. Richtigerweise lässt sich die Antwort auf die Haftungsfrage allein in der **anwendbaren lex fori concursus** finden (KPB/Paulus Rn. 8; MüKoInsO/Thole Rn. 9; K. Schmidt InsO/Brinkmann Rn. 8). Rein praktisch ist aber fraglich, ob sich die Kausalität eines evtl. eingetretenen Schaden nachweisen lässt.

§ 348 Zuständiges Insolvenzgericht. Zusammenarbeit der Insolvenzgerichte

(1) ¹Für die Entscheidungen nach den §§ 344 bis 346 ist ausschließlich das Insolvenzgericht zuständig, in dessen Bezirk die Niederlassung oder, wenn eine Niederlassung fehlt, Vermögen des Schuldners belegen ist. ²§ 3 Absatz 3 gilt entsprechend.

(2) Sind die Voraussetzungen für die Anerkennung eines ausländischen Insolvenzverfahrens gegeben oder soll geklärt werden, ob die Voraussetzungen vorliegen, so kann das Insolvenzgericht mit dem ausländischen Insolvenzgericht zusammenarbeiten, insbesondere Informationen weitergeben, die für das ausländische Verfahren von Bedeutung sind.

(3) ¹Die Landesregierungen werden ermächtigt, zur sachdienlichen Förderung oder schnelleren Erledigung der Verfahren durch Rechtsverordnung die Entscheidungen nach den §§ 344 bis 346 für die Bezirke mehrerer Insolvenzgerichte einem von diesen zuzuweisen. ²Die Landesregierungen können die Ermächtigungen auf die Landesjustizverwaltungen übertragen.

(4) ¹Die Länder können vereinbaren, dass die Entscheidungen nach den §§ 344 bis 346 für mehrere Länder den Gerichten eines Landes zugewiesen werden. ²Geht ein Antrag nach den §§ 344 bis 346 bei einem unzuständigen Gericht ein, so leitet dieses den Antrag unverzüglich an das zuständige Gericht weiter und unterrichtet hierüber den Antragsteller.

Überblick

Die Vorschrift regelt die ausschließliche sachliche und örtliche Zuständigkeit für Entscheidungen nach §§ 344–346 (→ Rn. 6 ff.). Ihr Abs. 2 schafft eine Grundlage für die Zusammenarbeit der Insolvenzgerichte bei grenzüberschreitenden Insolvenzverfahren (→ Rn. 11 ff.). Abs. 3 und Abs. 4 S. 1 ermöglichen die Herbeiführung einer Zuständigkeitskonzentration bei bestimmten Insolvenzgerichten (→ Rn. 14). Abs. 4 S. 2 ordnet an, dass ein Antrag, der bei einem unzuständigen Gericht eingeht, unverzüglich an das zuständige Gericht zu verweisen ist (→ Rn. 15 ff.).

A. Normzweck und Anwendungsbereich

I. Normzweck

Aus **Abs. 1** ergibt sich die **sachliche und örtliche Zuständigkeit** der inländischen Gerichte 1
im Fall von Anträgen des ausländischen Insolvenzverwalters betreffend die Anordnung von Sicherungsmaßnahmen nach § 344, öffentliche Bekanntmachungen nach § 345 und Eintragungen in das Grundbuch oder ähnliche Register nach § 346. Gleichzeitig lässt sich der Vorschrift die **internationale Zuständigkeit** der inländischen Insolvenzgerichte entnehmen; denn der Regelung über die örtliche Zuständigkeit kommt insoweit eine **doppelte Funktion** zu, als sie grundsätzlich auch auf die internationale Zuständigkeit hindeutet (ebenso MüKoInsO/Thole Rn. 1; MüKoBGB/Kindler Rn. 5). Einer eigenständigen Bestimmung der gerichtlichen Zuständigkeit bedarf es insbesondere deswegen, weil Anträge nach §§ 344–346 bereits in einer Phase gestellt werden können, in der im Inland noch keine anderweitige Zuständigkeit eines Insolvenzgerichts für die Durchführung eines Sekundärinsolvenzverfahrens begründet wurde (zB → § 344 Rn. 1 und → § 345 Rn. 4; Braun/Ehret Rn. 1; Uhlenbruck/Lüer Rn. 1; MüKoBGB/Kindler Rn. 1; MüKoInsO/Thole Rn. 1; KPB/Paulus Rn. 1).

Abs. 2 wurde durch das Gesetz zur weiteren Erleichterung der Sanierung von Unternehmen 2
(ESUG) neu eingeführt und stellt die auch schon vor Einführung der Vorschrift verbreitete Praxis der gerichtlichen Zusammenarbeit auf eine verlässliche Grundlage (K. Schmidt InsO/Brinkmann Rn. 1). Er soll die unmittelbare Zusammenarbeit der Insolvenzgerichte ermöglichen, ohne den Umweg über die Rechtshilfe bemühen und dritte Stellen einschalten zu müssen, und auf diese Weise die **effiziente Abwicklung grenzüberschreitender Insolvenzverfahren** erleichtern. Praktisch bedeutsam wird die Kooperation und Kommunikation mit dem ausländischen Insolvenzgericht vor allem, wenn es um Fragen der Anerkennung des ausländischen Verfahrens, die Vermeidung von Zuständigkeitskonflikten, die Feststellung von Vermögensgegenständen oder die Beurteilung der Notwendigkeit, Sicherungsmaßnahmen anzuordnen, geht (BT-Drs. 17/5712, 43; HmbKommInsR/Undritz Rn. 2; Braun/Ehret Rn. 9; MüKoInsO/Thole Rn. 2).

Die **Abs. 3 und 4** sehen die Möglichkeit vor, eine **Zuständigkeitskonzentration** bzw. eine 3
länderübergreifende Konzentration der Zuständigkeit herbeiführen. Der Gesetzeswortlaut weist bereits auf die Zielsetzung hin, indem er die sachdienliche Förderung oder schnellere Erledigung der Verfahren ausdrücklich heraustellt. Der Gesetzgeber strebt damit die Bündelung der Fachkompetenz und Expertise bei einem oder wenigen Gericht(en) für die komplexen Rechtsfragen an, die mit der Anerkennung ausländischer Insolvenzverfahren regelmäßig verbunden sind (MüKoBGB/Kindler Rn. 7).

II. Anwendungsbereich

Von der Vorschrift werden **nur die Entscheidungen nach §§ 344–346** erfasst. Sie ist somit 4
abschließend und kann nicht erweiternd auf andere Entscheidungen angewandt werden, bei denen die Frage nach der Anerkennungsfähigkeit einer ausländischen Verfahrenseröffnung ebenfalls aufgeworfen wird (so aber LG Kiel DZWiR 2007, 173 (mablAnm Buhlert und Mankowski ZInsO 2007, 1324) für die Erinnerung des Schuldners gegen Zwangsvollstreckungsmaßnahmen; wie hier dagegen MüKoInsO/Thole Rn. 4; Andres/Leithaus/Dahl Rn. 1; MüKoInsO/Thole Rn. 4; HK-InsO/Swierczok Rn. 2). Die Anerkennung der ausländischen Verfahrenseröffnung ist eine automatische Rechtsfolge, wenn die Tatbestandsvoraussetzungen des § 343 erfüllt sind. Wie bei jeder anderen Rechtsfrage gilt auch hier der allgemeine Grundsatz, dass die Gerichte bei der Rechtsanwendung auch entscheidungserhebliche rechtliche Vorfragen in eigener Zuständigkeit zu prüfen und zu beurteilen haben, sofern nicht gesetzlich etwas anderes vorgeschrieben oder zugelassen ist. Über § 348 kann in diesen Fällen nicht die Zuständigkeit eines anderen Gerichts begründet werden. Für das inländische Sekundärinsolvenzverfahren hat der Gesetzgeber mit § 354 Abs. 3 eine eigene Norm geschaffen, die die Zuständigkeit regelt.

Für die **Abgrenzung zur EuInsVO** gelten die allgemeinen Grundsätze. Die Verordnung ist 5
in ihrem Anwendungsbereich vorrangig anzuwenden. Dann ist die Antwort auf die Zuständigkeitsfrage nicht aus § 348, sondern aus Art. 102 § 1 Abs. 3 EGInsO zu gewinnen (→ Rn. 5.1).

Aufgrund dieses Vorrangverhältnisses ist an sich auch die Kooperationsregelung in Abs. 2 im Anwen- 5.1
dungsbereich der EuInsVO nicht anwendbar. Da in der EuInsVO aF allerdings keine vergleichbare Vorschrift zur gerichtlichen Zusammenarbeit zu finden ist und in Art. 102 § 4 Abs. 3 EGInsO Kooperationspflichten der Gerichte nur unvollständig und für einen bestimmten Fall geregelt sind, wird Abs. 2 teilweise als Sachnorm verstanden, die nicht nur für die nach §§ 344–346 zu treffenden Entscheidungen gelte und

daher auch im Anwendungsbereich der EuInsVO anzuwenden sei (MüKoInsO/Thole Rn. 5, 9; HmbKommInsR/Undritz Rn. 2; Graf-Schlicker/Bornemann/Sabel/Schlegel Rn. 2). Die bestehende Lücke lässt sich auch nicht über Art. 31 EuInsVO aF schließen, weil sich diese Vorschrift ausdrücklich nur auf die gegenseitige Unterrichtungspflicht der beteiligten Insolvenzverwalter bezieht. Es ist indes nicht auszuschließen, dass der Gesetzgeber die Einführung einer dem Abs. 2 entsprechenden Neuregelung in der EGInsO versäumt hat, zumal er die Lücke im Gemeinschaftsrecht in der Gesetzesbegründung treffsicher identifiziert hat (BT-Drs. 17/5712, 64; MüKoInsO/Thole Rn. 5). Die systematische Stellung im autonomen Recht, noch dazu unmittelbar zwischen Abs. 1 und Abs. 3 ist indes verunglückt, wenn der Gesetzgeber der Vorschrift einen weitreichenderen Anwendungsbereich hätte zumessen wollen. Letztlich hat die Frage nur noch für Altfälle Bedeutung, da für Insolvenzverfahren, die nach dem 26.6.2017 eröffnet werden, die neue EuInsVO gilt und die neue Verordnung in Art. 57 nunmehr eine Regelung zur Zusammenarbeit und Kommunikation der Gerichte enthält.

B. Zuständiges Insolvenzgericht (Abs. 1)

6   Abs. 1 regelt zunächst die **sachliche** Zuständigkeit, die **ausschließlich** ist mit der Folge, dass Gerichtsstandsvereinbarungen ausgeschlossen sind (KPB/Paulus Rn. 4; Andres/Leithaus/Dahl Rn. 2). Demnach ist das Amtsgericht als Insolvenzgericht sachlich zuständig (§ 2). Gemäß § 18 Abs. 1 Nr. 2 RPflG ist der Richter **funktionell** zuständig.

7   Bei der **örtlichen** Zuständigkeit wird zwischen dem Gerichtsstand der Niederlassung (Abs. 1 S. 1 Alt. 1) und dem Vermögensgerichtsstand (Abs. 1 S. 1 Alt. 2) unterschieden. Der Gerichtsstand der Niederlassung ist, wie der Gesetzeswortlaut deutlich macht, **vorrangig,** derjenige am Ort der Belegenheit von Vermögensgegenständen demnach nur subsidiär (Braun/Ehret Rn. 3; Andres/Leithaus/Dahl Rn. 4; KPB/Paulus Rn. 4). Dabei müssen sich sowohl die Niederlassung als auch das Vermögen **zum Zeitpunkt der Antragstellung** bereits im Inland befunden haben (KPB/Paulus Rn. 5; K. Schmidt InsO/Brinkmann Rn. 3, 6).

8   Die Auslegung des **Begriffs der Niederlassung** entspricht derjenigen in § 354 Abs. 1 und ist wie dort weit zu verstehen (HK-InsO/Swierczok Rn. 4; K. Schmidt InsO/Brinkmann Rn. 4). Als Niederlassung wird jeder Tätigkeitsort verstanden, an dem der Insolvenzschuldner einer wirtschaftlichen Aktivität von nicht nur vorübergehender Art nachgeht, die den Einsatz von Personal und Vermögenswerten voraussetzt (s. nur MüKoBGB/Kindler Rn. 3; FK-InsO/Wenner/Schuster Rn. 2). Ein fester Geschäftssitz oder eine Eintragung der Niederlassung in das Handelsregister sind nicht erforderlich (BK-InsR/Pannen Rn. 4; HK-InsO/Swierczok Rn. 4). Bei mehreren gleichberechtigten Niederlassungen kommt gem. Abs. 1 S. 2 das **Prioritätsprinzip** des § 3 Abs. 3 zur Anwendung.

9   Der **Vermögensbegriff** ist wie bei § 23 ZPO, der über § 4 anzuwenden ist, weit zu verstehen, dh es kommt auf jeden Gegenstand an, der einen Verkehrswert hat, auch wenn ihm nur ein geringer Wert beizumessen oder der Gegenstand unpfändbar ist (Andres/Leithaus/Dahl Rn. 4; KPB/Paulus Rn. 4; HK-InsO/Swierczok Rn. 6; dies entspricht der allgemeinen Meinung zu § 23 ZPO, s. nur MüKoZPO/Patzina ZPO § 23 Rn. 16; aA Zöller/Vollkommer ZPO § 23 Rn. 7). Im Rahmen des § 348 kann schon aus grundsätzlichen Erwägungen nicht nach dem Wert oder der Pfändbarkeit des Gegenstands differenziert werden; denn allein der ausländische Insolvenzverwalter soll entscheiden, ob er die von §§ 344–346 erfassten Unterstützungshandlungen im Inland beantragt (FK-InsO/Wenner/Schuster Rn. 3).

10   Die **Belegenheit** ist nach den üblichen Regeln zu ermitteln. Das bedeutet beispielsweise für Forderungen, dass wegen § 23 S. 2 ZPO darauf abzustellen ist, wo der zur Leistung Verpflichtete seinen Wohnsitz hat (MüKoBGB/Kindler Rn. 4; HK-InsO/Swierczok Rn. 6). Ist an mehreren Orten Vermögen belegen, gilt gem. Abs. 1 S. 2 das **Prioritätsprinzip** des § 3 Abs. 3. Ein Vermögensvergleich im Inland und eine Differenzierung nach der Werthaltigkeit der Vermögensgegenstände ist daher zur Bestimmung des vorrangig zuständigen Gerichts nicht vorzunehmen (Braun/Ehret Rn. 3).

C. Zusammenarbeit der Gerichte (Abs. 2)

I. Anwendungsbereich und Tatbestandsvoraussetzungen

11   Abs. 2 gilt ausweislich seines Wortlauts nur für die Zusammenarbeit **aus der Perspektive des inländischen Insolvenzgerichts** und nur für Entscheidungen, die nach §§ 344–346 zu treffen sind (näher → Rn. 4; zur Diskussion um eine Anwendung im Geltungsbereich der EuInsVO → Rn. 5.1). Es versteht sich von selbst, dass die Vorschrift nicht auch eine Regelung treffen

kann, die für das ausländische Insolvenzgericht beachtlich wäre. Persönlich ist sie nur auf das Insolvenzgericht und nicht schlechterdings auf das ordentliche Gericht anwendbar, auch wenn dieses mit Fragestellungen im Zusammenhang mit einem ausländischen Insolvenzverfahren befasst ist (MüKoInsO/Thole Rn. 9). Die Vorschrift ist ferner nicht auf den Insolvenzverwalter anzuwenden; insofern findet sich in § 347 Abs. 2 eine eigene Regelung zur Zusammenarbeit mit dem Gericht.

Der Tatbestand setzt voraus, dass entweder die Voraussetzungen für die Anerkennung eines ausländischen Insolvenzverfahrens gegeben sind oder geklärt werden sollen. Die **Anerkennungsfähigkeit** ist nach § 343 zu bestimmen. Die letztgenannte Tatbestandsalternative stellt eine begrüßenswerte Erweiterung dar, die erst auf Empfehlung des Rechtsausschusses Eingang in den Gesetzestext gefunden hat (BT-Drs. 17/7511, 22, 37). Damit wird die Grundlage für einen Austausch gerade auch in den Fällen geschaffen, in denen Zuständigkeitskonflikte drohen, etwa bei einer divergierenden Beurteilung des Mittelpunkts der wirtschaftlichen Interessen des Insolvenzschuldners (MüKoInsO/Thole Rn. 9). Die Norm spricht allgemein vom ausländischen Insolvenzverfahren, sodass nicht nur Hauptinsolvenzverfahren, sondern **auch Sekundärinsolvenzverfahren** erfasst sind, obschon die praktische Bedeutung im Fall eines Hauptinsolvenzverfahrens ungleich größer sein dürfte (MüKoInsO/Thole Rn. 9). 12

II. Rechtsfolgen

Die Vorschrift berechtigt das inländische Insolvenzgericht zum Austausch und zur Kooperation mit dem ausländischen Insolvenzgericht, verpflichtet es aber nicht dazu. Das „Ob" und „Wie" der Zusammenarbeit steht daher grundsätzlich im **Ermessen** des Gerichts; das Ermessen ist jedoch im Einzelfall **ermessensfehlerfrei** in Orientierung am Normzweck, eine effiziente Abwicklung des grenzüberschreitenden Insolvenzverfahrens zu ermöglichen (→ Rn. 2), auszuüben (FK-InsO/Wenner/Schuster Rn. 4). Im Einzelfall kann sich die Ermessensausübung nach allgemeinen Grundsätzen zu einer Pflicht zur Zusammenarbeit verdichten (KPB/Paulus Rn. 11 mwN). Die Befugnis zur Zusammenarbeit steht sowohl dem Richter als auch dem Rechtspfleger, der den Fall bearbeitet, zu (HK-InsO/Swierczok Rn. 9; → Rn. 13.1). 13

Als **Formen der Zusammenarbeit** kommen neben der Weitergabe und Abfrage von Informationen (zB zu Zuständigkeitsthemen, Terminsbestimmungen oder Verwalterbestellungen) auch die Erstellung eines Protokolls für die Zusammenarbeit (näher dazu Paulus ZIP 1998, 977; Eidenmüller ZZP 114 (2001), 3) in Betracht. Als **Kommunikationsarten** stehen neben einer schriftlichen oder telefonischen Kontaktaufnahme mit dem ausländischen Gericht alle modernen Kommunikationsmittel (Email, Internet-Telefonie, Videokonferenz) zur Verfügung (näher zum Ganzen KPB/Paulus Rn. 10 ff.; HK-InsO/Swierczok Rn. 10; Vallender KTS 2008, 59). Bei Bedarf kann ein Dolmetscher beigezogen werden; die anfallenden Kosten sind Masseverbindlichkeiten (HK-InsO/Swierczok Rn. 9). 13.1

D. Möglichkeit zur Schaffung einer Zuständigkeitskonzentration (Abs. 3 und 4 S. 1)

Nach **Abs. 3 S. 1** können die Landesregierungen Rechtsverordnungen erlassen, die zu einer konzentrierten Zuständigkeit einzelner Insolvenzgerichte für Entscheidungen nach §§ 344–346 führen. Darüber hinaus haben die Landesregierungen nach **Abs. 3 S. 2** die Möglichkeit, die Ermächtigung auch an die jeweilige Landesjustizverwaltung zu delegieren. **Abs. 4 S. 1** räumt den Ländern weiterhin die Möglichkeit ein, Vereinbarungen zu treffen, die die gemeinsame und damit länderübergreifende Zuweisung an ein Insolvenzgericht bestimmen. Die Länder haben, soweit ersichtlich, bislang von diesen Möglichkeiten keinen Gebrauch gemacht. 14

E. Weiterleitung von Anträgen (Abs. 4 S. 2)

Falls das unzuständige Gericht angerufen wird, ordnet Abs. 4 S. 2 an, dass der Antrag unverzüglich an das zuständige Gericht weiterzuleiten ist. Die Vorschrift ist als Abs. 4 S. 2 **systematisch falsch verortet,** weil sie ersichtlich nicht nur im Fall einer länderübergreifenden Zuständigkeitskonzentration Bedeutung erlangt, sondern auch in den übrigen Fällen der Zuständigkeitsbestimmung nach § 348. Denn für den ausländischen Insolvenzverwalter ist die inländische Zuständigkeitsordnung oft nur schwer feststellbar und der Gesetzgeber wollte generell die Arbeit des ausländischen Insolvenzverwalters erleichtern (Begr. RegE, BT-Drs. 15/16, 23). Abs. 4 S. 2 ist daher als eigenständiger Abs. 5 zu lesen. 15

16 Der Tatbestand der Norm differenziert nicht zwischen einzelnen Zuständigkeitsaspekten. Er greift daher sowohl bei der **sachlichen wie auch** bei der **örtlichen** Unzuständigkeit des angerufenen Gerichts Platz (Andres/Leithaus/Dahl Rn. 5; BK-InsR/Pannen Rn. 17; HK-InsO/Swierczok Rn. 11).

17 Das angerufene Gericht ist **von Amts wegen verpflichtet,** den Antrag an das zuständige Gericht unverzüglich weiterzuleiten. Eine Abweisung des Antrags wegen Unzuständigkeit scheidet mithin aus (BK-InsR/Pannen Rn. 16; KPB/Paulus Rn. 6). Über die Weiterleitung ist der Antragsteller nach **Abs. 4 S. 2** formlos (KPB/Paulus Rn. 7) zu unterrichten.

18 Die **Verweisung** ist im Gegensatz zu § 4 iVm § 281 ZPO **nicht bindend** und erfordert keinen dahingehenden Antrag des ausländischen Insolvenzverwalters (MüKoInsO/Thole Rn. 11). Die mangelnde Bindungswirkung kann freilich zu einer Verweisungskette zum letztlich zuständigen Gericht führen, wenn das Gericht, an das jeweils verwiesen wird, eine Weiterverweisung oder sogar eine Rückverweisung vornimmt. Zur Vermeidung negativer Zuständigkeitskonflikte spricht viel dafür, § 4 iVm § 281 ZPO entsprechend anzuwenden (zutr. K. Schmidt InsO/Brinkmann Rn. 6; aA MüKoInsO/Thole Rn. 11).

§ 349 Verfügungen über unbewegliche Gegenstände

(1) Hat der Schuldner über einen Gegenstand der Insolvenzmasse, der im Inland im Grundbuch, Schiffsregister, Schiffsbauregister oder Register für Pfandrechte an Luftfahrzeugen eingetragen ist, oder über ein Recht an einem solchen Gegenstand verfügt, so sind die §§ 878, 892, 893 des Bürgerlichen Gesetzbuchs, § 3 Abs. 3, §§ 16, 17 des Gesetzes über Rechte an eingetragenen Schiffen und Schiffsbauwerken und § 5 Abs. 3, §§ 16, 17 des Gesetzes über Rechte an Luftfahrzeugen anzuwenden.

(2) Ist zur Sicherung eines Anspruchs im Inland eine Vormerkung im Grundbuch, Schiffsregister, Schiffsbauregister oder Register für Pfandrechte an Luftfahrzeugen eingetragen, so bleibt § 106 unberührt.

Überblick

Die Norm begründet in Durchbrechung des Universalitätsprinzips Sonderanknüpfungen bei Verfügungen über Gegenstände, die im Inland im Grundbuch oder bestimmten anderen Registern eingetragen sind. Abs. 1 ermöglicht in bestimmten Konstellationen einen gutgläubigen Erwerb bzw. sichert einen noch nicht vollendeten Rechtserwerb (→ Rn. 6 ff.). Abs. 2 enthält eine Regelung zum Schutz registerrechtlich geschützter Vormerkungen und macht diese insolvenzfest (→ Rn. 15 ff.).

A. Normzweck und Anwendungsbereich

1 Nach dem in § 335 verankerten Universalitätsprinzip (→ § 335 Rn. 2) richten sich das Insolvenzverfahren und seine Wirkung nach der lex fori concursus. Grundsätzlich wäre für einen gutgläubigen Erwerb daher das Recht des Staates, in dem das Insolvenzverfahren eröffnet wird, maßgebend. Hiervon macht § 349 aus Gründen des Verkehrsschutzes eine Ausnahme (MüKoInsO/Thole Rn. 1; Braun/Ehret Rn. 1; KPB/Paulus, Rn. 1), indem er bestimmt, dass sich die Wirksamkeit von Verfügungen über Gegenstände, die im Grundbuch oder einem anderen Sachregister eingetragen sind, nach deutschem Recht richten. Dadurch soll das **Vertrauen des Rechtsverkehrs in die Richtigkeit des Grundbuchs und anderer Sachregister** geschützt werden. Entsprechend schützt Abs. 2 die **Insolvenzfestigkeit inländischer Vormerkungen**. Diese Abweichungen von der universalen Geltung des Rechts des ausländischen Verfahrenseröffnung sind aufgrund der starken Prägung unbeweglicher Gegenstände oder Registerrechte durch das Recht des Belegenheitsortes bzw. des Staates der Registerführung auch gerechtfertigt (BK-InsR/Pannen Rn. 1). Zugleich setzt die Norm Art. 25 und Art. 20 Abs. 3 der RL 2001/17/EG sowie Art. 31 und Art. 21 Abs. 3 der RL 2001/24/EG um.

2 Die Vorschrift verweist nicht auf das inländische Recht generell, sondern im Fall des Abs. 1 nur auf bestimmte Tatbestände des materiellen Rechts und im Fall des Abs. 2 auf eine insolvenzrechtliche Spezialnorm zur Behandlung der Vormerkung. Sie regelt die Frage des gutgläubigen Erwerbs und der Insolvenzfestigkeit der Vormerkung indes nicht selbst. Es handelt sich daher bei beiden Absätzen um **einseitige Kollisionsnormen** und nicht um Sachnormen (MüKoInsO/Thole Rn. 2; Uhlenbruck/Lüer Rn. 3; FK-InsO/Wenner/Schuster Rn. 1; aA KPB/Paulus,

Rn. 2, der beiden Absätzen Sachnormqualität zuspricht; diff. MüKoBGB/Kindler Rn. 1, der Abs. 1 für eine Kollisionsnorm und Abs. 2 für eine Sachnorm hält).

Das Korrelat zu Abs. 1 im Gemeinschaftsrecht ist Art. 14 EuInsVO (zukünftig Art. 17 **3** EuInsVO), der jedoch nur auf entgeltliche Verfügungen anwendbar ist. Abs. 2 entspricht funktional Art. 5 Abs. 3 EuInsVO (zukünftig Art. 8 Abs. 3 EuInsVO). In ihrem Anwendungsbereich ist die europäische Insolvenzverordnung vorrangig anzuwenden und verdrängt die Vorschriften des autonomen internationalen Insolvenzrechts, mithin auch § 349.

Aus der systematischen Stellung der Vorschrift im Anschluss an die § 343 lässt sich ableiten, **4** dass die direkte Anwendbarkeit die **Eröffnung eines ausländischen Hauptinsolvenzverfahrens** voraussetzt (Braun/Ehret Rn. 3; BK-InsR/Pannen Rn. 8). Eine Erstreckung auf ausländische Partikularverfahren scheidet aus, weil diese keinen Geltungsanspruch gegenüber Gegenständen erheben, die in einem anderen Staat belegen sind (KPB/Paulus Rn. 2).

Fraglich ist indes, ob die Vorschrift auch auf Verfügungen während des **Eröffnungsverfahrens** **5** entsprechend angewendet werden kann (dafür Uhlenbruck/Lüer Rn. 5; Andres/Leithaus/Dahl Rn. 2; Braun/Ehret Rn. 2; KPB/Paulus Rn. 15; aA MüKoBGB/Kindler Rn. 3; FK/Wenner/Schuster Rn. 3). Dies ist zu bejahen, weil der Rechtsverkehr bei Verfügungen in diesem Verfahrensstadium gleichermaßen schutzwürdig ist und eine planwidrige Schutzlücke vorliegt, die über eine analoge Anwendung zu schließen ist. Es wäre auch nicht erklärlich, warum bei einem inländischen Verfahren, bei dem über die Verweisung in § 24 die Parallelnorm des § 81 auch im Eröffnungsverfahren gilt, der Rechtsverkehr schutzwürdiger sein sollte als bei einem grenzüberschreitenden Sachverhalt. Der Anwendungsbefehl für § 878 BGB, § 3 Abs. 3 SchiffRG und § 5 Abs. 3 LuftfzG in Abs. 1 weist ebenfalls darauf hin, dass die Vorschrift Verfügungen vor Verfahrenseröffnung einbeziehen möchte (ebenso MüKoInsO/Thole Rn. 6; KPB/Paulus Rn. 6; vgl. auch BK-InsR/Pannen Rn. 9).

B. Verfügungen des Schuldners über unbewegliche Gegenstände (Absatz 1)

I. Tatbestandsvoraussetzungen

1. Verfügung

Der Schuldner muss über einen Gegenstand der Insolvenzmasse oder ein Recht an einem **6** solchen Gegenstand verfügt haben. **Verfügungen im sachenrechtlichen Sinn** sind Rechtsgeschäfte, durch die bestehende Rechte mit unmittelbarer Wirkung aufgehoben, übertragen, belastet oder inhaltlich verändert werden sollen (siehe nur BGHZ 1, 294 (304); MüKoBGB/Bayreuther § 185 BGB Rn. 3). Zur Auslegung kann das zur Parallelnorm des § 81 entwickelte Verständnis herangezogen werden (→ § 81 Rn. 3). Keine Verfügungen sind daher eine Universalsukzession oder eine Rechtsänderung aufgrund eines Hoheitsaktes (zB eine Pfändung im Wege der Zwangsvollstreckung). Zu weitgehend dürfte aber die Ansicht sein, den Begriff der Verfügung weit auszulegen und auch nicht rechtsgeschäftsähnliche Rechthandlungen darunter zu subsumieren (so aber FK-InsO/Wenner/Schuster Rn. 3; gegen ein weites Begriffsverständnis Andres/Leithaus/Dahl Rn. 6; KPB/Paulus Rn. 5).

Die Norm unterscheidet nicht danach, ob die Verfügung **entgeltlich oder unentgeltlich** **7** erfolgt. Bei Verfügungen vor der Eröffnung des ausländischen Hauptinsolvenzverfahrens kommt eine analoge Anwendung in Betracht (→ Rn. 5). Die Verfügung muss vom Schuldner selbst oder einem Vertreter vorgenommen worden sein; eine Verfügung durch einen Treuhänder ist nicht ausreichend (FK-InsO/Wenner/Schuster Rn. 3).

2. Massezugehöriger und registrierter Gegenstand der Insolvenzmasse (oder ein Recht an einem solchen Gegenstand)

Gegenstand der Verfügung sind **unbewegliche Vermögensgegenstände** wie Grundstücke, **8** im Schiffsregister eingetragene Schiffe und Schiffswerke sowie Pfandrechte an Luftfahrzeugen, die im entsprechenden Grundbuch, Schiffsregister, Schiffsbauregister oder Register für Pfandrechte an Luftfahrzeugen eingetragen sind, **und alle dinglichen Rechte** an einem dieser Vermögensgegenstände. Luftfahrzeuge selbst sind nicht aufgeführt, da diese wie bewegliche Gegenstände behandelt werden (Uhlenbruck/Lüer Rn. 6; KPB/Paulus Rn. 3; aA offenbar K. Schmidt InsO/Brinkmann Rn. 5). Der Erwerb von Wertpapieren, deren Existenz die Eintragung in ein gesetzlich vorgeschriebenes Register voraussetzt, ist anders als bei der gemeinschaftsrechtlichen Parallelnorm des Art. 14 EuInsVO (zukünftig Art. 17 EuInsVO) nicht erfasst (K. Schmidt InsO/Brinkmann

InsO § 349

Rn. 5). Soweit der Gegenstand vom Tatbestand nicht umfasst ist, bleibt es bei der universalen Geltung nach § 335 und bestimmt sich ein etwaiger Gutglaubensschutz nach dem Recht des Staates der Verfahrenseröffnung.

9   Weitere Voraussetzung ist die Zugehörigkeit des Verfügungsgegenstands zur **Insolvenzmasse**; andernfalls könnte die Verfügung nicht infolge eines insolvenzrechtlichen Verfügungsverbots unwirksam sein (Andres/Leithaus/Dahl Rn. 4; KPB/Paulus Rn. 4). Dies ergibt sich aus dem anzuwendenden Insolvenzstatut und ist möglicherweise nicht der Fall, wenn er nach diesem Recht aussonderungsfähig oder ausnahmsweise pfändungsfrei ist (MüKoInsO/Thole Rn. 8).

II. Rechtsfolgen

10   Die Norm erklärt dieselben **Gutglaubensvorschriften** für anwendbar, die gem. §§ 81 und 91 Abs. 2 auch für inländische Insolvenzverfahren gelten. Etwaige Gutglaubensvorschriften des anzuwendenden Insolvenzstatuts werden verdrängt (FK-InsO/Wenner/Schuster Rn. 4). Auf der Rechtsfolgenseite sind daher die nachfolgenden drei Konstellationen zu unterscheiden.

11   Zu beachten ist, dass die Vorschrift nicht einen Erwerb schlechthin ermöglicht. Vielmehr kann die Verfügung in allen drei Fallgruppen aufgrund anderweitiger Nichtigkeitsgründe unwirksam sein. Insbesondere kann die Verfügung nach allgemeinen Regeln der ausländischen lex fori concursus **anfechtbar** sein (vgl. den Rechtsgedanken des § 147, der freilich vorliegend wegen des maßgeblichen ausländischen Insolvenzstatuts nicht selbst gilt; KPB/Paulus Rn. 12; K. Schmidt InsO/Brinkmann Rn. 10; HK-InsO/Swierczok Rn. 8), wobei insoweit wiederum der Vorbehalt des § 339 Abs. 1 Hs. 2 greift.

1. Setzung des Verfügungstatbestands nach Verfahrenseröffnung

12   Wurde der Verfügungstatbestand nach Verfahrenseröffnung gesetzt (anders MüKoBGB/Kindler Rn. 7; HK-InsO/Swierczok Rn. 6, nach denen die dingliche Einigung vorher erklärt worden sein muss), richtet sich die **Wirksamkeit der Verfügung nach § 892 BGB, § 16 SchiffRG bzw. § 16 LuftfzG.** Hierzu müssen zunächst die allgemeinen Tatbestandsvoraussetzungen mit Ausnahme der Verfügungsberechtigung vorliegen und ein Verkehrsgeschäft vorliegen (MüKoBGB/Kohler § 892 BGB Rn. 24 ff.). Die Verfahrenseröffnung darf noch nicht durch einen Insolvenzvermerk im Grundbuch oder Register eingetragen sein und der Erwerber **keine positive Kenntnis** von der Verfahrenseröffnung bzw. im Falle der analogen Anwendung keine positive Kenntnis von der Verfügungsbeschränkung haben. Tatsächliche Kenntnis von der Verfahrenseröffnung als solcher ist bereits schädlich, der Vertragspartner des Insolvenzschuldners braucht keine genaue Kenntnis von den damit verbundenen Rechtsfolgen, insbesondere der Verfügungsbeschränkung, zu haben (MüKoInsO/Thole Rn. 10; MüKoBGB/Kindler Rn. 7). Maßgeblicher Zeitpunkt für die Gutgläubigkeit ist nicht der Zeitpunkt des Rechtserwerbs, sondern gem. § 892 Abs. 2 BGB der Zeitpunkt der dinglichen Einigung. Die Beweislast für die Bösgläubigkeit trägt der Insolvenzverwalter des Hauptverfahrens (HK-InsO/Swierczok Rn. 6; BK-InsR/Pannen Rn. 17).

2. Setzung des Verfügungstatbestands vor Verfahrenseröffnung

13   Wurde der Verfügungstatbestand dagegen bereits vor Verfahrenseröffnung (bzw. in der analogen Anwendung der Norm vor Wirksamwerden der Verfügungsbeschränkung im Eröffnungsverfahren) gesetzt, der Rechtserwerb jedoch noch nicht vollendet, kommen **§ 878 BGB, § 3 Abs. 3 SchiffRG bzw. § 5 Abs. 3 LuftfzG** zur Anwendung. Die vorgenannten Vorschriften bezwecken einen Schutz vor den Folgen der Dauer des Eintragungsverfahrens, die die Parteien nicht in der Hand haben. Daher müssen das Eintragungsverfahren bereits durch Antragstellung bei der zuständigen Stelle in Gang gesetzt und die materiell-rechtlichen Verfügungserklärungen bereits bindend geworden sein, bevor die Verfügungsbeschränkung wirksam wurde (näher dazu MüKoBGB/Kohler § 878 BGB Rn. 7 ff.). Wann die Bindungswirkung vorliegt, ergibt sich wegen § 336 aus dem inländischen Recht, bei Grundstücken also aus § 873 Abs. 2 BGB (MüKoInsO/Thole Rn. 13). Der Verfügende ist also zum Zeitpunkt der Antragstellung bzw. späteren Einigung noch tatsächlich Berechtigter des von der Verfügung betroffenen Rechts, während in der vorgenannten Randnummer diskutierten Fallgruppe zum relevanten Verfügungszeitpunkt bereits Verfügungsmängel auf Seiten des verfügenden Insolvenzschuldners bestanden, die noch nicht im relevanten Register nachgehalten wurden.

3. Bewirken einer Leistung an den Insolvenzschuldner

Erbringt ein Dritter **gutgläubig eine Leistung auf ein eingetragenes dingliches Recht** an 14
den Schuldner, hat diese Leistung aufgrund der Verweisung auf § 893 BGB, bzw. § 18 SchiffRG bzw.
§ 17 LuftfzG schuldbefreiende Wirkung. Bei der Grundschuld hat der Dritte daher nur schuldbefreiende Wirkung, wenn der Dritte zur Tilgung der dinglichen Schuld leistet und nicht etwa zur
Erfüllung des schuldrechtlichen Anspruchs (MüKoInsO/Thole Rn. 12). Insoweit ist § 349 lex
specialis zu § 350, der sonstige Leistungen an den Insolvenzschuldner erfasst (→ § 350 Rn. 6; K.
Schmidt InsO/Brinkmann Rn. 8; Uhlenbruck/Lüer Rn. 12; HK-InsO/Swierczok Rn. 8).

C. Insolvenzfestigkeit der Vormerkung (Absatz 2)

I. Tatbestandsvoraussetzungen

Abs. 2 ist im Fall einer im Grundbuch, Schiffsregister, Schiffsbauregister oder Register für 15
Pfandrechte an Luftfahrzeugen eingetragenen **Vormerkung zur Sicherung eines schuldrechtlichen Anspruchs** zur Aufhebung oder Einräumung oder Inhaltsänderung eines Gegenstandes
anwendbar. Die Vorschrift geht § 336 als lex specialis vor (MüKoInsO/Thole Rn. 15).

Aus dem systematischen Zusammenhang mit Abs. 1 und der Bezugnahme auf dieselben öffentlichen Register im Wortlaut ist ersichtlich, dass sich die Vormerkung auf dieselben Vermögensgegenstände wie Abs. 1 (→ Rn. 8) beziehen muss. 16

Die Vormerkung muss zum Zeitpunkt der Verfahrenseröffnung (bzw. im Fall der analogen 17
Anwendung der Norm: des Wirksamwerdens der Verfügungsbeschränkung) bereits im betreffenden Register **eingetragen** sein (MüKoInsO/Thole Rn. 16). War sie noch nicht eingetragen,
kommt ein gutgläubiger Erwerb der Vormerkung in Betracht (näher dazu MüKoInsO/Thole
Rn. 17; im Ergebnis auch HK-InsO/Swierczok Rn. 10; KPB/Paulus Rn. 13). Ob eine wirksam
begründete Vormerkung vorliegt, bestimmt das deutsche Sachrecht (Braun/Ehret Rn. 6).

II. Rechtsfolge

Die Vorschrift bringt § 106 zur Anwendung. Der Vormerkungsberechtigte kann daher vom 18
ausländischen Insolvenzverwalter Befriedigung des der Vormerkung zugrundeliegenden Anspruchs
aus der Insolvenzmasse verlangen. Der Insolvenzverwalter kann gegenüber dem Vormerkungsberechtigten die **Erfüllung nicht ablehnen** (HK-InsO/Swierczok Rn. 9; MüKoBGB/Kindler
Rn. 10; Uhlenbruck/Lüer Rn. 14) und **keine Einwendungen aus dem Recht des Verfahrensstaates** geltend machen, sondern ist nur auf solche Einwendungen verwiesen, die dem Schuldner
außerhalb des Insolvenzverfahrens zustünden (BK-InsR/Pannen Rn. 29; KPB/Paulus Rn. 14).
Den Anspruch gegen den Insolvenzverwalter muss der Vormerkungsberechtigte im ausländischen
Insolvenzverfahren geltend machen (KPB/Paulus Rn. 14).

§ 350 Leistung an den Schuldner

¹Ist im Inland zur Erfüllung einer Verbindlichkeit an den Schuldner geleistet worden, obwohl die Verbindlichkeit zur Insolvenzmasse des ausländischen Insolvenzverfahrens zu erfüllen war, so wird der Leistende befreit, wenn er zur Zeit der Leistung die Eröffnung des Verfahrens nicht kannte. ²Hat er vor der öffentlichen Bekanntmachung nach § 345 geleistet, so wird vermutet, dass er die Eröffnung nicht kannte.

Überblick

Die Vorschrift regelt die Voraussetzungen für die Befreiung des gutgläubigen Drittschuldners
von seiner Verbindlichkeit, falls er an den Insolvenzschuldner anstatt zugunsten der Insolvenzmasse
geleistet hat. Voraussetzung ist, dass nach Eröffnung des ausländischen Hauptinsolvenz- oder Partikularverfahrens (→ Rn. 12) (oder Anordnung einer Sicherungsmaßnahme im Eröffnungsverfahren, die gleichermaßen zum Wegfall der Empfangszuständigkeit des Insolvenzschuldners geführt
hat (→ Rn. 13)) eine Leistung des Drittschuldners (oder auf Geheiß eines Dritten) (→ Rn. 5.1) an den
Insolvenzschuldner (oder auf dessen Geheiß an einen Dritten (→ Rn. 5)) im Inland (→ Rn. 9)
zur Erfüllung einer Verbindlichkeit erfolgt und im maßgeblichen Zeitpunkt keine positive Kenntnis
von der Verfahrenseröffnung (bzw. der Anordnung der Sicherungsmaßnahme) (→ Rn. 14)

Übersicht

	Rn.
A. Normzweck und Anwendungsbereich	
I. Normzweck	1
II. Anwendungsbereich	3
B. Leistung an den Insolvenzschuldner	
I. Tatbestandsvoraussetzungen	4
1. Leistung an den Insolvenzschuldner in Erfüllung einer Verbindlichkeit (S. 1)	5
2. Leistung im Inland (S. 1)	9
3. Leistung nach Verfahrenseröffnung (S. 1)	11
4. Unkenntnis von der Verfahrenseröffnung (S. 1, 2)	14
II. Rechtsfolgen	20

A. Normzweck und Anwendungsbereich

I. Normzweck

1 Die Vorschrift hat die in grenzüberschneidenden Insolvenzfällen häufig anzutreffende Situation im Blick, dass der Drittschuldner, ohne die Eröffnung eines Insolvenzverfahrens im Ausland zu kennen, an den Insolvenzschuldner im Inland leistet und damit an sich mit dem Risiko belastet ist, dass das anwendbare Insolvenzrecht die Schuldbefreiung versagt und er noch einmal zugunsten der Insolvenzmasse leisten müsste. Die ausländische Verfahrenseröffnung ist nur im Fall des § 345 Abs. 2, also wenn der Insolvenzschuldner eine Niederlassung im Inland hat, im Inland von Amts wegen öffentlich zu bekannt zu machen; im Übrigen muss der Insolvenzverwalter erst die Bekanntmachung nach § 354 Abs. 1 beantragen oder die ihm bekannten Drittschuldner individuell in Kenntnis setzen. Um den **gutgläubigen Drittschuldner**, der den Insolvenzschuldner weiterhin für empfangszuständig hält, vor einer erneuten Inanspruchnahme geltenden Rechtsgedanken des § 82 auf grenzüberschreitende Sachverhalte übertragen und die **Durchbrechung des universalen Geltungsanspruchs** des nach § 335 eigentlich anwendbaren Rechts des Staates der Verfahrenseröffnung angeordnet (BT-Drs. 15/16, 23; MüKoInsO/Thole Rn. 1; Uhlenbruck/Lüer Rn. 1; krit. Andres/Leithaus/Dahl Rn. 1).

2 Damit ist für das deutsche Recht auch der früher herrschende Streit über die richtige kollisionsrechtliche Anknüpfung des Drittschuldnerschutzes, nämlich zwischen der Geltung des Rechts des Eröffnungsstaates (vgl. LG München I WM 1987, 222) oder dem Forderungsstatut, aufgelöst (näher dazu FK-InsO/Wenner/Schuster Rn. 1 f.; MüKoBGB/Kindler Rn. 2; Kirchhof WM 1993, 1364 (1369)). Der Gesetzgeber hat sich für die Bildung einer **Sachnorm** entschieden, indem er nicht im Sinne einer Kollisionsnorm auf eine andere Rechtsordnung verweist, sondern unmittelbar die Befreiung des gutgläubigen Drittschuldners von seiner Leistungspflicht verfügt (Braun/Ehret Rn. 7; FK-InsO/Wenner/Schuster Rn. 3; KPB/Paulus Rn. 2; HK-InsO/Swierczok Rn. 2). Mit der Norm wird zugleich Art. 13 der Richtlinie zur Sanierung und Liquidation von Kreditinstituten (2001/24/EG) umgesetzt.

II. Anwendungsbereich

3 Die Norm kommt nur in Drittstaatenfällen und bei Nichteingreifen der vorrangigen europäischen Insolvenzverordnung nach Art. 1 Abs. 2 EuInsVO zur Anwendung. Im Anwendungsbereich der EuInsVO gilt die Parallelvorschrift des Art. 24 EuInsVO (zukünftig Art. 31 EuInsVO). Bei einer Leistung auf ein dingliches Recht geht § 349 Abs. 1 iVm § 893 BGB (bzw. § 18 SchiffsRG oder § 17 LuftfzG) als lex specialis vor (→ Rn. 6; → § 349 Rn. 14).

B. Leistung an den Insolvenzschuldner

I. Tatbestandsvoraussetzungen

4 Der Tatbestand enthält einzelne Merkmale, die nach unterschiedlichen Rechtsordnungen zu bestimmen sind.

1. Leistung an den Insolvenzschuldner in Erfüllung einer Verbindlichkeit (S. 1)

Der Tatbestand ist auf Leistungen **an den Insolvenzschuldner selbst** ausgerichtet. Die Norm 5 gelangt aber auch dann zur Anwendung, wenn der Leistende **auf Geheiß** seines Gläubigers, des Drittschuldners, an einen Dritten leistet (ebenso KPB/Paulus Rn. 3; anders für die EuInsVO EuGH ZIP 2013, 1971 Rn. 30 ff. mAnm Paulus EWiR 2013, 719). Ungeklärt ist die Anwendung in Fällen, in denen die Leistung nicht an, sondern **von einem Dritten** erfolgt und der leistende Dritte und der Drittschuldner unterschiedliche Kenntnis von der Eröffnung des ausländischen Insolvenzverfahrens haben, sodass sich die Frage nach einer Kenntniszurechnung aufdrängt (→ Rn. 5.1).

Richtigerweise dürfte insoweit danach zu unterscheiden sein, ob der Drittschuldner den Dritten anweist, 5.1 in Erfüllung einer gegenüber ihm, dem Drittschuldner, bestehenden Verpflichtung an den Insolvenzschuldner zu leisten oder der Dritte ohne eigene Verpflichtung iSd § 267 BGB auf eine fremde Verbindlichkeit leistet. Im Fall der **Anweisungslage** wird man eine evtl. Kenntnis des Dritten dem Drittschuldner nicht zurechnen können, weil er nur in Ausführung der Anweisung handelt und nicht erwartet werden kann, dass er sich zu einer Offenlegung der eigenen Kenntnis gegenüber dem Drittschuldner veranlasst sieht. Im anderen Fall der **Leistung ohne eigene Verpflichtung** könnte ohne Kenntniszurechnung das wenig sachgerechte Ergebnis eintreten, dass der Insolvenzverwalter in Ermangelung einer Zugriffsmöglichkeit auf den Dritten sich an den Drittschuldner halten müsste, von diesem aber auch bei Bösgläubigkeit keine erneute Leistung verlangen könnte, wenn es nur auf die Gutgläubigkeit des leistenden Dritten ankäme (so zum Ganzen für das die parallele Problematik im europäischen Recht MüKoInsO/Thole EuInsVO Art. 24 Rn. 7 f.).

Die Leistung muss zur Erfüllung einer Verbindlichkeit gegenüber dem Drittschuldner erfolgen. 6 Ob und in welchem Umfang die Verbindlichkeit bestand, ergibt sich aus dem anwendbaren **Forderungsstatut** (BK-InsR/Pannen Rn. 4; FK-InsO/Wenner/Schuster Rn. 4). Im Fall der Drittleistung ist außerdem an Hand des Forderungsstatuts zu prüfen, ob der Dritte eine Befreiung des Drittschuldners herbeiführen kann oder der Drittschuldner in Person zu leisten hat. Erfasst sind nur schuldrechtliche Leistungsbeziehungen. Für **Leistungen auf dingliche Rechte** gilt als Spezialfall § 349 Abs. 1 iVm § 893 BGB (bzw. § 18 SchiffsRG oder § 17 LuftfzG) (→ § 349 Rn. 14; ebenso KPB/Paulus Rn. 3; Uhlenbruck/Lüer Rn. 3).

Die Leistung muss nach dem anwendbaren Forderungsstatut auch geeignet sein, den Leistungs- 7 erfolg herbeizuführen, wenn der Drittschuldner weiterhin empfangszuständig gewesen wäre (MüKoInsO/Thole Rn. 3). Denn andernfalls könnte unabhängig von der insolvenzrechtlichen Überlagerung keine Schuldbefreiung eintreten und der Drittschuldner wäre nicht schutzwürdig.

Schließlich ist erforderlich, dass die Leistung an sich gegenüber der Insolvenzmasse zu erbringen 8 gewesen wäre. Die **Massezugehörigkeit,** also der Reichweite des Insolvenzbeschlags, sowie die **Empfangszuständigkeit** des ausländischen Insolvenzverwalters bestimmen sich nach dem anwendbaren ausländischen Insolvenzstatut (BK-InsR/Pannen Rn. 8; FK-InsO/Wenner/Schuster Rn. 4). Grundsätzlich kommt es darauf an, ob die Verbindlichkeit, auf die geleistet wird, dem Insolvenzschuldner bereits im Zeitpunkt der Eröffnung des ausländischen Insolvenzverfahrens zustand. Sofern das anwendbare Insolvenzrecht wie § 35 Abs. 1 einen Neuerwerb während des laufenden Verfahrens zur Masse zieht, lassen sich auch Leistungen auf solche Verbindlichkeiten unter den Tatbestand subsumieren (Andres/Leithaus/Dahl Rn. 7).

2. Leistung im Inland (S. 1)

Tatbestandsvoraussetzung ist weiterhin, dass der Drittschuldner an den Insolvenzschuldner im 9 Inland geleistet hat. Bei der Prüfung dieses Tatbestandsmerkmals, das allein der Herstellung des notwendigen **Inlandsbezugs** dient (MüKoInsO/Thole Rn. 5), wird auf den herkömmlichen Leistungsbegriff abgestellt (KPB/Paulus Rn. 3). Es kommt daher unabhängig von dem auf die Verbindlichkeit anzuwendenden Recht auf den Leistungsort iSd § 269 BGB, also den **Ort, an dem die Leistungshandlung tatsächlich erbracht wurde,** und nicht auf den Erfolgsort oder den Sitz des Leistenden an (Andres/Leithaus/Dahl Rn. 4; MüKoBGB/Kindler Rn. 5; Braun/Ehret Rn. 6; HK-InsO/Swierczok Rn. 6). Der häufigste praktische Anwendungsfall sind Schickschulden; bei einer Warenlieferung oder Geldleistung genügt die Absendung im Inland genügt (BT-Drs. 15/16, 23; K. Schmidt InsO/Brinkmann Rn. 2; Uhlenbruck/Lüer Rn. 4).

Erfüllungswirkung kann die Leistungshandlung allerdings nur haben, wenn sie an dem inlän- 10 dischen Leistungsort auch vertragsgemäß erbracht werden durfte; dies richtet sich nach dem Vertragsstatut (KPB/Paulus Rn. 5; Andres/Leithaus/Dahl Rn. 4). Leistungen des Drittschuldners im Eröffnungsstaat oder in einem anderen Staat werden vom § 350 nicht erfasst (BK-InsR/Pannen

Rn. 6). Ob sie befreiende Wirkung haben, ergibt sich aus dem Insolvenzstatut des Eröffnungsstaates, es sei denn, dieses enthält wiederum eine Sonderanknüpfung für diese Fallkonstellation (Braun/Ehret Rn. 6; verkürzt KPB/Paulus Rn. 5; HK-InsO/Swierczok Rn. 7; BK-InsR/Pannen Rn. 6; Hess/Reimann-Rättig Rn. 3).

3. Leistung nach Verfahrenseröffnung (S. 1)

11 § 350 setzt nach seinem Wortlaut die **Eröffnung eines ausländischen Insolvenzverfahrens** zum Zeitpunkt der Leistungshandlung voraus. Dieses muss aus systematischen Gründen im Inland nach § 343 anerkennungsfähig sein (MüKoInsO/Thole Rn. 6; KPB/Paulus Rn. 6), weil sich sonst die Frage nach einer Durchbrechung des Universalitätsprinzips nicht stellt. Der Zeitpunkt der Verfahrenseröffnung richtet sich nach dem anzuwendenden Insolvenzrecht (KPB/Paulus Rn. 6; BK-InsR/Pannen Rn. 7).

12 Die Norm gilt jedenfalls für das im Ausland eröffnete Hauptinsolvenzverfahren, da dieses mit universalem Geltungsanspruch erhebt und damit auch Forderungen mit Inlandsbezug erfasst. Dementsprechend wird vertreten, dass sie für **Partikularverfahren** grundsätzlich keine Anwendung finden könne (so Braun/Ehret Rn. 5; MüKoBGB/Kindler Rn. 6). Das ist in dieser Allgemeingültigkeit nicht zutreffend, da Forderungen als am Sitz des Drittschuldners belegen gelten (vgl. § 23 S. 2 Alt. 1 ZPO; s. nur MüKoInsO/Thole § 354 Rn. 14) und daher durchaus Teil der Partikularmasse sein können. Wenn mithin der Drittschuldner seinen Sitz in dem Staat hat, in dem das ausländische Partikularverfahren eröffnet wurde, der Leistungsort aber im Inland liegt, ergibt sich ein Anwendungsfall für § 350 auch bei Partikularverfahren (ebenso K. Schmidt InsO/Brinkmann Rn. 3; im Ergebnis auch FK-InsO/Wenner/Schuster Rn. 5; KPB/Paulus Rn. 4).

13 Fraglich ist, ob die Vorschrift bereits **im Eröffnungsverfahren** angewendet werden kann, wenn der Insolvenzschuldner schon in diesem Verfahrensstadium nicht mehr empfangszuständig ist. Dieser Fall, der in § 350 nicht abgebildet ist, kann etwa dann eintreten, wenn bereits vor Verfahrenseröffnung Verfügungsbeschränkungen angeordnet werden, die gem. § 343 Abs. 2 anzuerkennen sind und analog § 345 ebenfalls öffentlich bekannt gemacht werden können oder die das inländische Insolvenzgericht auf Antrag des ausländischen vorläufigen Insolvenzverwalters gem. § 344 Abs. 1 iVm § 21 als Sicherungsmaßnahme verfügt und nach § 23 Abs. 1 öffentlich bekannt macht. Handelte es sich hingegen um einen reinen Inlandssachverhalt, griffe über die Verweisung in § 24 Abs. 1 die Parallelnorm des § 82 Platz. Es ist indes kein Grund ersichtlich, warum der Drittschuldner bei einem grenzüberschreitenden Sachverhalt, bei dem er noch weiter von einer Bekanntmachung von etwaigen Verfügungsbeschränkungen entfernt ist, weniger schutzwürdig wäre. Die planwidrige Regelungslücke ist daher durch eine analoge Anwendung des § 350 zu schließen (ebenso Uhlenbruck/Lüer Rn. 12; MüKoInsO/Thole Rn. 11; BK-InsR/Pannen Rn. 18 ff.; KPB/Paulus Rn. 11; aA Andres/Leithaus/Dahl Rn. 11).

4. Unkenntnis von der Verfahrenseröffnung (S. 1, 2)

14 Der Drittschuldner wird geschützt, wenn er **keine positive Kenntnis** in rein tatsächlicher Hinsicht von der Eröffnung des ausländischen Insolvenzverfahrens hatte. Wenn die Norm analog auf das Eröffnungsverfahren angewendet wird (→ Rn. 13), ist insofern auf die Kenntnis von der Sicherungsmaßname abzustellen, die zu einem Verlust der Empfangszuständigkeit des Insolvenzschuldners führt. Eine fahrlässige, selbst grob fahrlässige, Unkenntnis ist unschädlich (FK-InsO/Wenner/Schuster Rn. 7). Kenntnis von der Krise des Insolvenzschuldners oder von der Stellung eines Eröffnungsantrags ist irrelevant (BK-InsR/Pannen Rn. 13; FK-InsO/Wenner/Schuster Rn. 7). Allerdings kann sich der Drittschuldner nicht darauf berufen, dass er, obgleich er tatsächliche Kenntnis von der Verfahrenseröffnung hatte, fälschlicherweise davon ausgegangen sei, es handele sich dabei um kein Insolvenzverfahren (MüKoInsO/Thole Rn. 7).

15 Maßgeblicher Zeitpunkt für die Gutgläubigkeit ist der **Zeitpunkt der Vornahme der Leistungshandlung**. In Präzisierung dieses Grundsatzes hat der BGH im Zusammenhang mit § 82 entschieden, dass auf den Zeitpunkt abzustellen sei, bis zu dem der Leistende den Eintritt des Leistungserfolgs vernünftigerweise noch hätte verhindern können (BGH ZIP 2010, 935 mAnm Thole JZ 2010, 48). Diese Rechtsprechung ist auf die Parallelnorm des § 350 zu übertragen (ebenso MüKoInsO/Thole Rn. 7; HK-InsO/Swierczok Rn. 3). Der Eintritt des Leistungserfolgs selbst ist unbeachtlich.

16 Hinsichtlich der **Verteilung der Beweislast** ist wie folgt zu unterscheiden:

17 Erfolgt die **Leistungshandlung vor der öffentlichen Bekanntmachung** der ausländischen Verfahrenseröffnung (bzw. in der analogen Anwendung der Norm: der Anordnung der Sicherungsmaßnahme, die zum Wegfall der Empfangszuständigkeit des Insolvenzschuldners führt) nach § 345,

stellt § 350 S. 2 eine widerlegliche gesetzliche Vermutung iSd § 292 ZPO auf, dass der Drittschuldner keine Kenntnis hatte (MüKoInsO/Thole Rn. 8; MüKoBGB/Kindler Rn. 9; HK-InsO/Stepan Rn. 9). Folglich muss der ausländische Insolvenzverwalter – vorausgesetzt freilich, er ist nach dem anwendbaren ausländischen Insolvenzrecht zur Prozessführung im Inland befugt – nach § 286 ZPO darlegen und beweisen, dass der Leistende positive Kenntnis von der Verfahrenseröffnung bzw. Anordnung der Sicherungsmaßnahme hatte (BK-InsR/Pannen Rn. 13; KPB/Paulus Rn. 9). Eine Bekanntmachung der Entscheidung im Ausland genügt nicht, um die Vermutung zu entkräften (Braun/Ehret Rn. 8). Der Insolvenzverwalter kann aber auf dieser Grundlage versuchen zu beweisen, dass der Drittschuldner davon Kenntnis erlangt hat. Da die von § 350 bewirkte Schuldbefreiung zur Verkürzung der Insolvenzmasse führen kann, ist der ausländische Insolvenzverwalter gut geraten, den Antrag nach § 345 Abs. 1 auf öffentliche Bekanntmachung im Inland zügig zu stellen, um das Eingreifen der Vermutungsregel des S. 2 zu verhindern, oder ihm bekannte Drittschuldner direkt anzuschreiben, um die gegenteilige positive Kenntnis nachweisen zu können.

Ist die **Bekanntmachung nach § 345 bereits erfolgt, bevor die Leistungshandlung vorgenommen wird,** trägt der Drittschuldner nach allgemeinen prozessualen Regeln die Beweislast, weil die Unkenntnis ein für ihn vorteilhaftes, nämlich die Leistungsbefreiung bewirkendes Tatbestandsmerkmal ist (BK-InsR/Pannen Rn. 16; K. Schmidt InsO/Brinkmann Rn. 4; Anders/Leithaus/Dahl Rn. 10; aA FK-InsO/Wenner/Schuster Rn. 8, die auf die Beweislastverteilung nach dem Forderungsstatut abstellen wollen). Der Nachweis dieser negativen Tatsache wird in der Praxis nur schwer zu führen sein (ebenso KPB/Paulus Rn. 10). Den ausländischen Insolvenzverwalter trifft immerhin eine sekundäre Darlegungslast, der er aber wegen der Bekanntmachung regelmäßig wird nachkommen können (MüKoInsO/Thole Rn. 9). 18

Im Unterschied zur Parallelnorm des Art. 24 Abs. 2 S. 2 EuInsVO (zukünftig Art. 31 Abs. 2 S. 2 EuInsVO) enthält das autonome Recht keine weitere Beweislastregel für den Zeitraum nach der öffentlichen Bekanntmachung. Nach Gemeinschaftsrecht wird widerleglich vermutet, dass dem Leistenden die Eröffnung des Insolvenzverfahrens bekannt war, falls er nach der Bekanntmachung des Insolvenzverfahrens geleistet hat (s. nur Braun/Ehret Rn. 5). In diesem Fall kommen bei § 350 die allgemeinen Beweislastregeln zur Anwendung (→ Rn. 18). 19

II. Rechtsfolgen

Liegen die Voraussetzungen des § 350 vor, wird der Drittschuldner mit der Leistung an den Insolvenzschuldner **von seinen Leistungspflichten befreit.** Er muss nicht erneut an die Insolvenzmasse leisten. Der Verwalter ist darauf verwiesen, sich an den Insolvenzschuldner zu wenden und das von ihm als Nichtberechtigtem Erlangte zugunsten der Insolvenzmasse heraus zu verlangen (vgl. den Rechtsgedanken des § 816 Abs. 2 BGB). Die Abwicklung richtet sich entweder nach dem Bereicherungs- oder dem Insolvenzstatut (MüKoInsO/Thole Rn. 10). 20

Wirkt die Leistung hingegen nicht schuldbefreiend, da die Voraussetzungen des § 350 nicht erfüllt sind, ist der Insolvenzverwalter berechtigt, die Leistung nochmals von dem Drittschuldner zu verlangen. Dieser muss dann bereicherungsrechtlichen Rückgriff beim Insolvenzschuldner nehmen, wobei der Rang dieser Forderung vom anzuwendenden Insolvenzrecht abhängt (MüKoInsO/Thole Rn. 10). 21

§ 351 Dingliche Rechte

(1) Das Recht eines Dritten an einem Gegenstand der Insolvenzmasse, der zur Zeit der Eröffnung des ausländischen Insolvenzverfahrens im Inland belegen war, und das nach inländischem Recht einen Anspruch auf Aussonderung oder auf abgesonderte Befriedigung gewährt, wird von der Eröffnung des ausländischen Insolvenzverfahrens nicht berührt.

(2) Die Wirkungen des ausländischen Insolvenzverfahrens auf Rechte des Schuldners an unbeweglichen Gegenständen, die im Inland belegen sind, bestimmen sich, unbeschadet des § 336 Satz 2, nach deutschem Recht.

Überblick

Die Vorschrift enthält zwei unterschiedliche Regelungen: Zum einen ordnet Abs. 1 in einem umfassenden Sinn an, dass Aus- oder Absonderungsrechte Dritter (→ Rn. 10) an einem beweglichen oder unbeweglichen Gegenstand (→ Rn. 8), der zur Insolvenzmasse gehört (→ Rn. 9) und im maßgeblichen Zeitpunkt der Eröffnung des ausländischen Hauptinsolvenzverfahrens im Inland belegen war (→ Rn. 12), ungeachtet der Verfahrenseröffnung weiterhin verwertet werden können (→ Rn. 14). Zum anderen normiert Abs. 2 (vorbehaltlich des § 336 S. 2 (→ Rn. 20)) den Vorrang des deutschen Sach- und Registerrechts (→ Rn. 18 f.), soweit dingliche Rechte des Insolvenzschuldners an einem unbeweglichen Gegenstand, der zur Insolvenzmasse gehört (→ Rn. 15 f.) und im maßgeblichen Zeitpunkt der Eröffnung des ausländischen Hauptinsolvenzverfahrens im Inland belegen war (→ Rn. 17).

Übersicht

	Rn.		Rn.
A. Normzweck, Anwendungsbereich und Systematik	1	2. Gewährung eines Aus- oder Absonderungsrechts	10
I. Abs. 1	1	3. Belegenheit im Inland zur Zeit der Verfahrenseröffnung	12
II. Abs. 2	5		
B. Dingliche Rechte Dritter an inländischen Gegenständen der Insolvenzmasse (Abs. 1)	8	II. Rechtsfolge	14
		C. Rechte des Insolvenzschuldners an inländischen Immobilien (Abs. 2)	15
I. Tatbestandsvoraussetzungen	8		
1. Recht an einem Gegenstand der Insolvenzmasse	8	I. Tatbestandsvoraussetzungen	15
		II. Rechtsfolge	18

A. Normzweck, Anwendungsbereich und Systematik

I. Abs. 1

1 Abs. 1 will den **inländischen Rechts- und Geschäftsverkehr schützen,** indem er in Durchbrechung des universalen Geltungsanspruchs des anzuwendenden Insolvenzrechts des Staates der Verfahrenseröffnung (§ 343) anordnet, dass die Eröffnung eines ausländischen Insolvenzverfahrens dingliche Sicherungsrechte Dritter nicht berührt. Die Gläubiger sollen auf den Bestand dieser Rechte und die Zugriffsmöglichkeiten, die ihnen derartige Rechte verleihen, vertrauen können und ihre Geltendmachung soll durch das ausländische Insolvenzrecht nicht erschwert werden. Andernfalls könnten inländische Sicherungsrechte entwertet werden (MüKoInsO/Thole Rn. 2; Uhlenbruck/Lüer Rn. 1; K. Schmidt InsO/Brinkmann Rn. 1; KPB/Paulus Rn. 1). Zugleich dient die Vorschrift der **Vereinfachung der Insolvenzabwicklung,** da die Einbeziehung ausländischer Kreditsicherungsrechte, die in den einzelnen Rechtsordnungen stark unterschiedlich ausgestaltet sind, eine aufwändige Prüfung und Anpassungsprobleme nach sich zöge (MüKoBGB/Kindler Rn. 2; HK-InsO/Swierczok Rn. 6).

2 In der praktischen Anwendung führt die Vorschrift freilich dazu, dass Sanierungsbemühungen des ausländischen Insolvenzverwalters erschwert werden können, indem für die Unternehmensfortführung erforderliche Gegenstände, die mit Sicherungsrechten belastet sind, seinem Zugriff entzogen werden (Andres/Leithaus/Dahl Rn. 1–2; Uhlenbruck/Lüer Rn. 2; Braun/Ehret Rn. 2; FK-InsO/Wenner/Schuster Rn. 3).

3 Aus systematischer Sicht ist umstritten, ob es sich bei Abs. 1 um eine Sach- oder Kollisionsnorm handelt. Der Wortlaut ist unklar; vorzugswürdig ist aber die Einordnung als **Sachnorm** (→ Rn. 3.1 ff.).

3.1 Die richtige Einordnung ist keinesfalls nur von akademischem Interesse, was sich ermessen lässt, wenn man die Auswirkungen auf der Rechtsfolgenseite in den Blick nimmt (→ Rn. 14). Handelte es sich um eine Kollisionsnorm (so K. Schmidt InsO/Brinkmann Rn. 4; FK-InsO/Wenner/Schuster Rn. 4 f.; von Bismarck/Schürmann-Kleber NZI 2005, 147 (150)), wären zwar Einschränkungen, die sich aus dem anzuwendenden ausländischen Insolvenzrecht ergeben, ausgeblendet; es kämen aber zumindest die Verwertungs- und Nutzungsbeschränkungen des inländischen Sachrechts zur Anwendung. Im Fall einer Sachnorm wäre die Wirkung umfassender: das dingliche Recht dürfte in keiner Weise durch die Insolvenzwirkung, gleich ob aus- oder inländischer Provenienz, beeinträchtigt werden.

3.2 Für ein **kollisionsrechtliches Verständnis** mag die Gesetzesbegründung sprechen, nach der die Gläubiger nur vor solchen Einschränkungen der Sicherungsrechte geschützt werden sollen, die über das deutsche Insolvenzrecht hinausgehen (BT-Drs. 15/16, 24). Diese Aussage ist indes ebenfalls nicht eindeutig.

3.3 Richtigerweise wird man mit der **herrschenden Auffassung** wie bei der Parallelnorm des Art. 5 Abs. 1 EuInsVO (zukünftig Art. 8 Abs. 1 EuInsVO) davon ausgehen müssen, dass es sich um eine **Sachnorm** handelt. Denn die Vorschrift erschöpft sich nicht darin, im Sinn einer Weichenstellung festzulegen, welches Recht zur Anwendung gelangt, sondern trifft unmittelbar eine Regelung (BK-InsR/Pannen Rn. 2; Braun/Ehret Rn. 1, 6; KPB/Paulus Rn. 2; Ehret NZI 2003, 302 (307); Huber ZZP 114 [2001], 133 (154)). Dafür spricht auch die systematische Stellung im Abschnitt über die Anerkennung der Wirkungen ausländischer Insolvenzverfahren. Der Gesetzgeber hat mit der Norm den vor dem Erlass der Vorschrift ausgetragenen Streit, ob dingliche Sicherungsrechte nach dem Insolvenzstatut, dem Sachstatut des Sicherungsgegenstandes oder nach einer Kombination dieser Regeln zu beurteilen sind (vgl. RegE, BT-Drs. 12/2443, 69, 243 f.; Prütting ZIP 1996, 1277 (1284); Lüer KTS 1990, 377 (399); Hanisch ZIP 1992, 1125 (1130)), aufgelöst, indem er sich für einen anderen Weg entschieden hat. Grundsätzlich bleibt es bei der Geltung des Rechts der Verfahrenseröffnung, dessen Reichweite wird aber durch § 350 eingeschränkt (MüKoInsO/Thole Rn. 1).

In der **Praxis** dürfte es zumeist nicht auf den Meinungsstreit über die richtige Qualifizierung der Norm ankommen. Denn der ausländische Insolvenzverwalter kann vergleichsweise einfach nach § 356 Abs. 2 (→ § 356 Rn. 16 f.) einen Antrag auf Eröffnung eines Sekundärinsolvenzverfahrens stellen. Dann unterliegen die dinglichen Sicherheiten den bei einer rein kollisionsrechtlichen Sichtweise ohnehin zu beachtenden Verwertungs- und Nutzungsbeschränkungen des deutschen Insolvenzrechts (von Bismarck/Schümann-Kleber NZI 2005, 147 (150); HK-InsO/Swierczok Rn. 5; K. Schmidt InsO/Brinkmann Rn. 4). 3.4

Die Norm gilt aber nur **einseitig** im Fall eines ausländischen Insolvenzverfahrens und inländischen Aus- bzw. Absonderungsrechten. Im umgekehrten Fall eines inländischen Insolvenzverfahrens mit Auslandsbezug, bei dem ausländische dingliche Rechte betroffen sind, greift sie hingegen nicht ein (Uhlenbruck/Lüer Rn. 2; Andres/Leithaus/Dahl Rn. 3). 4

II. Abs. 2

Abs. 2 will verhindern, dass das ausländische Insolvenzverfahren Wirkungen auf Rechte an unbeweglichen Gegenständen im Inland entfaltet, die das deutsche Recht nicht kennt (Braun/Ehret Rn. 5). Das deutsche Immobiliarsachenrecht ist gerade vom **Typenzwang** und einem **Numerus Clausus der dinglichen Rechte**, die an einem Gegenstand bestehen können, gekennzeichnet. Es soll daher im Sinn einer Schutzvorschrift sichergestellt werden, dass derartige Rechte auch nach Verfahrenseröffnung im Ausland weiterhin nach deutschem Recht behandelt werden, und zugleich die **Funktionsfähigkeit des Grundbuchs** gesichert werden (K. Schmidt InsO/Brinkmann Rn. 7). 5

Im Gegensatz zu Abs. 1 handelt es sich bei Abs. 2 um eine **Kollisionsnorm** (MüKoInsO/Thole Rn. 3; aA Uhlenbruck/Lüer Rn. 4; KPB/Paulus Rn. 2). Außer in den Fällen des § 336 S. 2 bestimmt die Vorschrift, dass sich die Wirkungen des ausländischen Verfahrens auf Rechte des Schuldners an unbeweglichen Gegenständen nach deutschem Recht und nicht nach der lex fori concursus richten (Begr RegE, BT-Drs. 15/16, 24). § 350 Abs. 1 setzt außerdem Art. 20 RL 2001/17/EG, Art. 21 RL 2001/24/EG und Art. 268 RL 2009/138/EG um. 6

Die Parallelnorm zu Abs. 1 im Gemeinschaftsrecht ist Art. 5 EuInsVO (zukünftig Art. 8 EuInsVO), während dem Abs. 2 der Art. 11 EuInsVO (zukünftig Art. 14 EuInsVO) entspricht. Der generelle Anwendungsvorrang der europäischen Insolvenzverordnung gilt auch für § 351 mit der Folge, dass die Vorschrift nur für Drittstaatenfälle und in den Fällen des Art. 1 Abs. 2 EuInsVO Platz greift. 7

B. Dingliche Rechte Dritter an inländischen Gegenständen der Insolvenzmasse (Abs. 1)

I. Tatbestandsvoraussetzungen

1. Recht an einem Gegenstand der Insolvenzmasse

Die Regelung gilt für sämtliche Gegenstände der Insolvenzmasse, also für **bewegliche wie unbewegliche Sachen und Rechte** (einschließlich Forderungen und Immaterialgüterrechte) gleichermaßen (Uhlenbruck/Lüer Rn. 8; Andres/Leithaus/Dahl Rn. 6; KPB/Paulus Rn. 5). Aus der Systematik lässt sich nicht der Schluss ziehen, Abs. 2 sei lex specialis für unbewegliche Gegenstände und Abs. 1 gelte für alle anderen Gegenstände (Uhlenbruck/Lüer Rn. 5). Vielmehr ist der Wortlaut des Abs. 1 allumfassend und ergibt sich die Aufteilung auf zwei Absätze aus den unterschiedlichen Fallkonstellationen, die beide Normen im Blick haben: Abs. 1 betrifft Rechte Dritter an einem Gegenstand, wohingegen Abs. 2 von Rechten des Schuldners an einem unbeweglichen Gegenstand handelt. 8

9 Dabei muss es sich um einen Gegenstand handeln, der zur Insolvenzmasse gehört. Da die Vorschrift auch für Aussonderungsrechte Anwendung finden sollen, kann damit nur die **Ist-Masse** gemeint sein (MüKoInsO/Thole Rn. 5; K. Schmidt InsO/Brinkmann Rn. 3); denn die Soll-Masse wäre bereits um die aussonderungsfähigen Gegenstände bereinigt. Der Umfang der Masse bestimmt sich nach dem Insolvenzstatut des Eröffnungsstaates (Andres/Leithaus/Dahl Rn. 7; Braun/Ehret Rn. 4; KPB/Paulus Rn. 6). Ausgehend vom Schutzzweck der Norm (→ Rn. 1) kann nur die Insolvenzmasse eines **eröffneten ausländischen und anerkennungsfähigen Hauptinsolvenzverfahrens** gemeint sein. Ein ausländisches Partikularverfahren würde von vornherein keine Wirkung auf im Inland belegene Gegenstände haben (Andres/Leithaus/Dahl Rn. 4; FK-InsO/Wenner/Schuster Rn. 7).

2. Gewährung eines Aus- oder Absonderungsrechts

10 Weiteres Tatbestandsmerkmal ist, dass das inländische Recht dem Dritten nach §§ 47–51 oder spezialgesetzlichen Vorschriften (zB § 110 VVG) einen **Anspruch auf Aussonderung oder auf abgesonderte Befriedigung** verleiht. Das Recht muss bereits vor der Eröffnung des ausländischen Insolvenzverfahrens wirksam bestanden haben; andernfalls verbleibt es bei der Geltung des Rechts des Staates der Verfahrenseröffnung nach § 335 (HK-InsO/Swierczok Rn. 8; BK-InsR/Pannen Rn. 6) (→ Rn. 10.1).

10.1 Dazu zählen das Eigentum, das Pfandrecht, das Pfändungspfandrecht, das Sicherungseigentum, Hypotheken und Grundschulden (MüKoBGB/Kindler Rn. 5; BK-InsR/Pannen Rn. 4; vgl. auch LG Ravensburg BeckRS 2013, 18580). Vormerkungen sind dagegen allein von § 349 Abs. 2 erfasst und fallen nicht in den Geltungsbereich der Vorschrift (MüKoInsO/Thole Rn. 7; KPB/Paulus Rn. 4). Auch schuldrechtliche Ansprüche können unter Umständen ein Aussonderungsrecht begründen (zB → § 47 Rn. 58).

11 Ob das Recht besteht, ist dagegen eine sachenrechtliche Vorfrage, die kollisionsrechtlich je nach Gegenstand gesondert anzuknüpfen ist (K. Schmidt InsO/Brinkmann Rn. 3; FK-InsO/Wenner/Schuster Rn. 10; zu den Einzelheiten: MüKoInsO/Thole Rn. 8 f.).

3. Belegenheit im Inland zur Zeit der Verfahrenseröffnung

12 Der Gegenstand, auf den sich das Aus- oder Absonderungsrecht bezieht, muss im maßgeblichen **Zeitpunkt der Eröffnung** des ausländischen Insolvenzverfahrens im Inland belegen sein. Dieser Zeitpunkt bestimmt sich nach dem Insolvenzstatut. Auf den Zeitpunkt der Antragstellung kommt es nicht an. Unerheblich sind aus Rechtssicherheitsgründen auch Rückwirkungsfiktionen des anzuwendenden ausländischen Insolvenzrechts, nach denen bestimmte Wirkungen der Verfahrenseröffnung vorverlagert werden (Braun/Ehret Rn. 9; BK-InsR/Pannen Rn. 6; aA MüKoInsO/Thole Rn. 6; offengelassen von Pannen/Riedemann/Kühnle NZI 2002, 303 (305)). Wird der Gegenstand erst nach Verfahrenseröffnung ins Inland verbracht, verbleibt es bei der Grundregel des § 335 und der Geltung des Universalitätsprinzips (vgl. MüKoBGB/Kindler Rn. 7; FK-InsO/Wenner/Schuster Rn. 11; Liersch NZI 2003, 302 (308)).

13 Für die Bestimmung der Belegenheit des Gegenstands ist das deutsche **Lageortrecht** maßgeblich (MüKoInsO/Thole Rn. 6; KPB/Paulus Rn. 9; BK-InsR/Pannen Rn. 7; Haas FS Gerhardt 2004, 319 (336 f.)). Die Bestimmung erfolgt im Einzelnen wie bei § 354.

II. Rechtsfolge

14 Die gesetzlich angeordnete Rechtsfolge ist, dass das Recht des Dritten durch die ausländische Verfahrenseröffnung **„nicht berührt"** wird. Dies ist wegen der Sachnormqualität der Vorschrift weit zu verstehen und bedeutet **im Sinn einer völligen Freistellung**, dass die Verfahrenseröffnung keinerlei Auswirkungen auf die tatbestandsgegenständlichen dinglichen Rechte Dritter haben darf, also das Recht weder den Beschränkungen des auf das Hauptinsolvenzverfahren anzuwendenden Insolvenzrechts noch denjenigen des Insolvenzrechts des inländischen Belegenheitsorts unterworfen ist (MüKoInsO/Thole Rn. 10; KPB/Paulus Rn. 9; HK-InsO/Swierczok Rn. 6; Braun/Ehret Rn. 11). Der Gläubiger kann den betroffenen Gegenstand folglich nach allgemeinen Regeln verwerten, als gäbe es kein Insolvenzverfahren (MüKoInsO/Thole Rn. 10). Der ausländische Insolvenzverwalter kann dem nur entgegenwirken, wenn er einen **Antrag auf Eröffnung eines inländischen Sekundärinsolvenzverfahrens** nach § 356 Abs. 2 (→ § 356 Rn. 16) stellt und auf diese Weise den Verwertungsbeschränkungen der §§ 166 ff. zur Geltung verhilft. Die Gegenauffassung nimmt hingegen zu Unrecht an, das Sicherungsrecht unterliege nur den Ein-

C. Rechte des Insolvenzschuldners an inländischen Immobilien (Abs. 2)

I. Tatbestandsvoraussetzungen

Die Norm setzt voraus, dass ein unbeweglicher Gegenstand betroffen ist, der im Inland belegen 15 ist. **Unbewegliche Gegenstände** sind nach Maßgabe des § 49 iVm § 864 ZPO solche, die der Zwangsvollstreckung in das unbewegliche Vermögen unterliegen. Dazu gehören neben Grundstücken und grundstücksgleichen Rechten wie Wohnungseigentum (§ 1 WEG), die im Schiffsregister eingetragenen Schiffe und Schiffsbauwerke, die im Schiffsbauregister eingetragen sind oder in dieses Register eingetragen werden können, sowie Luftfahrzeuge, die in der Luftfahrzeugrolle oder in dem Register für Pfandrechte an Luftfahrzeugen eingetragen sind (Andres/Leithaus/Dahl Rn. 11; KPB/Paulus Rn. 13).

Das Recht des Insolvenzschuldners an dem Gegenstand kann **jedes dingliche Recht** sein, 16 etwa solche auf Herausgabe aufgrund einer Eigentümer- oder Besitzerposition oder solche auf Befriedigung aus dem Gegenstand (Andres/Leithaus/Dahl Rn. 11; Uhlenbruck/Lüer Rn. 15; KPB/Paulus Rn. 13). Ob das dingliche Recht wirksam begründet wurde, entscheidet sich nach deutschem Lageortrecht (Uhlenbruck/Lüer Rn. 15; Braun/Ehret Rn. 14).

Der Gegenstand muss im maßgeblichen **Zeitpunkt der Eröffnung** des ausländischen Hauptin- 17 solvenzverfahrens Teil der Insolvenzmasse sein und im Inland belegen sein (MüKoInsO/Thole Rn. 15; K. Schmidt InsO/Brinkmann Rn. 6). Die Belegenheit bestimmt sich nach deutschem **Lageortrecht** (KPB/Paulus Rn. 14), die **Massezugehörigkeit** nach dem anzuwendenden Insolvenzrecht. Für Schiffe und Luftfahrzeuge richtet sich die Belegenheit nicht nach dem physischen Lageort, sondern in Anlehnung an § 336 S. 2 danach, welcher Staat die Aufsicht über das Register führt, in dem der jeweilige Gegenstand eingetragen ist (K. Schmidt InsO/Brinkmann Rn. 6).

II. Rechtsfolge

Gemäß Abs. 2 richten sich die unmittelbaren und mittelbaren Wirkungen eines ausländischen 18 Insolvenzverfahrens nach deutschem Recht. Damit ist gemeint, dass zum einen Rechte des Schuldners an den Gegenständen, die dem Tatbestand unterfallen, allein nach **deutschem Recht** entstehen und geltend gemacht werden können (MüKoInsO/Thole Rn. 16). Zum anderen gibt ausschließlich das **deutsche Registerrecht** die Antwort auf die Frage, welche Wirkungen einer Auslandsinsolvenz wie einzutragen sind und was eintragungsfähig und eintragungspflichtig ist (K. Schmidt InsO/Brinkmann Rn. 7). Für die Eintragung der Verfahrenseröffnung im Grundbuch gilt die Spezialregelung des § 346 (KPB/Paulus Rn. 15) (→ Rn. 18.1).

Folglich kann bspw. Privilegierungen und Sonderrechtsstellungen nach ausländischem Recht, die das 18.1 inländische Recht nicht kennt (wie etwa dem deutschen Sachenrecht fremde Generalhypotheken und Superprivilegien (HK-InsO/Swierczok Rn. 10; KPB/Paulus Rn. 16; MüKoBGB/Kindler Rn. 11) oder die Aufhebung einer Wohnungseigentümergemeinschaft im Hinblick auf die Insolvenz des Schuldners als Miteigentümer (Graf-Schlicker/Kebekus/Sabel/Schlegel Rn. 2)), nicht zur Geltung verholfen werden.

Die **Verwertung** des Rechts des Schuldners richtet sich ebenfalls allein **nach deutschem** 19 **Recht** (Begr. RegE, BT-Drs. 15/16, 24; MüKoInsO/Thole Rn.16; BK-InsR/Pannen Rn. 12). Die Möglichkeit des Einstellungsantrags nach § 30d ZVG ist dem ausländischen Insolvenzverwalter indes verschlossen, wenn dadurch ein Aus- oder Absonderungsrecht eines Dritten an dem Gegenstand beeinträchtigt würde (s. Abs. 1; Braun/Ehret Rn. 17; aA von Bismarck/Schümann-Kleber NZI 2005, 147 (151)).

Zu beachten ist jedoch, wie der Gesetzestext deutlich macht, § 336 S. 2 mit der Folge, dass für 20 im Schiffsregister, Schiffsbauregister oder Register für Pfandrechte an Luftfahrzeugen eingetragene Gegenstände das Recht des Staats anwendbar ist, unter dessen Aufsicht das Register geführt wird. Das deutsche Recht ist daher nur anwendbar, wenn ein solcher Gegenstand in ein deutsches Register eingetragen wurde, selbst wenn er sich physisch im Ausland befindet.

§ 352 Unterbrechung und Aufnahme eines Rechtsstreits

(1) ¹Durch die Eröffnung des ausländischen Insolvenzverfahrens wird ein Rechtsstreit unterbrochen, der zur Zeit der Eröffnung anhängig ist und die Insolvenzmasse betrifft.

²Die Unterbrechung dauert an, bis der Rechtsstreit von einer Person aufgenommen wird, die nach dem Recht des Staats der Verfahrenseröffnung zur Fortführung des Rechtsstreits berechtigt ist, oder bis das Insolvenzverfahren beendet ist.

(2) Absatz 1 gilt entsprechend, wenn die Verwaltungs- und Verfügungsbefugnis über das Vermögen des Schuldners durch die Anordnung von Sicherungsmaßnahmen nach § 343 Abs. 2 auf einen vorläufigen Insolvenzverwalter übergeht.

Überblick

Die Vorschrift regelt die Unterbrechung eines Rechtsstreits im Inland, nachdem im Ausland ein Insolvenzverfahren eröffnet wurde (Abs. 1, → Rn. 4 ff.) oder die Verwaltungs- und Verfügungsbefugnis durch die Anordnung von Sicherungsmaßnahmen noch vor Verfahrenseröffnung auf einen vorläufigen Insolvenzverwalter übergegangen ist (Abs. 2; → Rn. 19 f.). Eine Unterbrechung setzt die Eröffnung eines ausländischen Insolvenzverfahrens (→ Rn. 4 ff.) und einen rechtshängigen, nicht nur anhängigen (→ Rn. 13) Rechtsstreit (→ Rn. 9 ff.) mit Bezug zur Insolvenzmasse (→ Rn. 11 f.) voraus. Die Unterbrechung tritt automatisch ein und ist von Amts wegen zu beachten (→ Rn. 14 f.). Nach Abs. 1 S. 2 ist für die Frage, wer zur Wiederaufnahme des unterbrochenen Rechtsstreits befugt ist, das ausländische Insolvenzstatut maßgeblich, während das nationale Prozessrecht darüber befindet, ob, unter welchen Voraussetzungen und in welcher Form eine Aufnahme möglich ist (→ Rn. 16 f.).

Übersicht

	Rn.		Rn.
A. Normzweck und Anwendungsbereich	1	4. Anhängigkeit zur Zeit der Verfahrenseröffnung	13
B. Unterbrechung des Rechtsstreits nach ausländischer Verfahrenseröffnung (Absatz 1 S. 1)	4	II. Rechtsfolgen der Unterbrechung	14
		C. Aufnahme des Rechtsstreits (Absatz 1 S. 2)	16
I. Voraussetzungen für die Unterbrechung	4	D. Unterbrechung und Aufnahme des Rechtsstreits bei Sicherungsmaßnahmen	19
1. Eröffnung eines ausländischen Insolvenzverfahrens	4	I. Anordnung von Sicherungsmaßnahmen im Ausland (Absatz 2)	19
2. Rechtsstreit	9	II. Anordnung von Sicherungsmaßnahmen im Inland	20
3. Massebezug des Rechtsstreits	11		

A. Normzweck und Anwendungsbereich

1   Die Vorschrift überführt die für das inländische Insolvenzverfahren geltende Regelung des § 240 ZPO in das autonome internationale Insolvenzrecht (BT-Drs. 15/16, 24). Der Gesetzgeber knüpft damit für grenzüberschreitende Sachverhalte an die bereits von der Rechtsprechung entwickelte Unterbrechungswirkung ausländischer Insolvenzverfahrenseröffnungen an (BGH NJW 1997, 2525; NJW 1998, 928; BAG ZIP 2007, 2047 (2050); näher zur Entstehungsgeschichte: MüKoBGB/Kindler Rn. 3; FK-InsO/Wenner/Schuster Rn. 1) und hält die Regelung in Abs. 1 S. 1 lediglich für eine Klarstellung (BT-Drs. 15/16, 24). Die einseitige Anordnung der Unterbrechungswirkung unmittelbar durch das nationale Recht beschneidet insoweit die nach § 335 grundsätzlich universale Wirkung des ausländischen Insolvenzstatuts (Braun/Ehret Rn. 1; HK-InsO/ Swierczok Rn. 5; anders MüKoBGB/Kindler Rn. 1 und Smid, Int. InsR Rn. 1, die das Augenmerk auf die dadurch bewirkte Stärkung des Universalitätsprinzips legen). Die Vorschrift des § 352 ist zwar in der InsO verortet, löst aber funktional eine verfahrensrechtliche Frage. Sie erhält damit die Qualität einer **prozessual einzuordnenden Sachnorm** (MüKoInsO/Thole Rn. 2; KPB/ Paulus Rn. 3; Graf-Schlicker/Bornemann/Sabel/Schlegel Rn. 1).

2   Die Unterbrechung soll die Parteien des Rechtsstreits in die Lage versetzen, sich auf die durch die Insolvenzverfahrenseröffnung im Ausland eingetretene neue Sach- und Rechtslage einzustellen, und insbesondere dem Insolvenzverwalter ermöglichen, sich in die Verhältnisse des Insolvenzschuldners und den Prozessstoff einzuarbeiten (Uhlenbruck/Lüer Rn. 1). Auch der Prozessgegner wird, soweit er eine Forderung geltend macht, eine gewisse Prüfungs- und Überlegungszeit benötigen, um zu beurteilen, ob es angesichts der Insolvenz wirtschaftlich lohnend erscheint, den Rechtsstreit fortzuführen, oder abwarten zu wollen, ob sein geltend gemachter Anspruch vom Insolvenz-

verwalter anerkannt wird. Letzten Endes dient die Norm damit der **Verwirklichung des Rechts auf rechtliches Gehör** (K. Schmidt InsO/Brinkmann Rn. 5).

Die Vorschrift kommt nur zu Anwendung, soweit die **vorrangige EuInsVO** nicht Platz greift, 3 also in sog. Drittstaatenfällen oder im Fall einer Bereichsausnahme nach Art. 1 Abs. 2 EuInsVO (nicht beachtet von OLG Brandenburg ZInsO 2011, 398 (399); OLG Nürnberg ZIP 2012, 241 (242)). Anders als bei der Sachnorm des § 352 handelt es sich bei Art. 15 EuInsVO (bzw. Art. 18 EuInsVO nF) nur um eine **Kollisionsnorm,** die auf das Recht des Mitgliedstaates verweist, in dem der Rechtsstreit anhängig (bzw. in der Neufassung der Verordnung das Schiedsgericht belegen) ist. § 352 setzt zugleich Art. 32 der RL 2001/24/EG v. 4.4.2001 über die Sanierung und Liquidation von Kreditinstituten und Art. 26 der RL 2001/17/EG v. 19.3.2001 über die Sanierung und Liquidation von Versicherungsunternehmen um, namentlich in einem Bereich, in dem EuInsVO mangels persönlicher Anwendbarkeit nicht einschlägig ist.

B. Unterbrechung des Rechtsstreits nach ausländischer Verfahrenseröffnung (Absatz 1 S. 1)

I. Voraussetzungen für die Unterbrechung

1. Eröffnung eines ausländischen Insolvenzverfahrens

Eine Unterbrechung des Rechtsstreits im Inland setzt zunächst die Eröffnung eines ausländi- 4 schen Insolvenzverfahrens voraus. Ein förmlicher Eröffnungsbeschluss eines Gerichts ist nicht erforderlich (aA OLG Brandenburg ZInsO 2011, 398 (399); Braun/Ehret Rn. 3; Hess/Reimann-Rättig Rn. 6); es genügt, dass die **Eröffnungsentscheidung einer zuständigen Stelle** im Verfahrensstaat vorliegt (FK-InsO/Wenner/Schuster Rn. 6). Diese kann auch schon in der Bestellung eines Verwalters liegen (MüKoInsO/Thole Rn. 4). Die Eröffnungsentscheidung muss sich gerade auf das Vermögen einer Prozesspartei beziehen; ist nur das Vermögen eines Streithelfers oder Streitverkündungsempfängers betroffen, hat dies keine Unterbrechung zur Folge (MüKoInsO/Thole Rn. 4; KPB/Paulus Rn. 3; HK-InsO/Swierczok Rn. 5).

Der Wortlaut der Norm unterscheidet nicht zwischen einem **Hauptinsolvenz- oder Partiku-** 5 **larverfahren.** Teilweise wird jedoch vertreten, dass § 352 nicht auf ein ausländisches Partikularverfahren anwendbar sei, weil es aufgrund der territorialen Begrenzung nur im Staat der Verfahrenseröffnung Wirkung entfalte (Braun/Ehret Rn. 3; BK-InsR/Pannen Rn. 4; HK-InsO/Swierczok Rn. 6; ebenso noch Andres/Leithaus/Dahl Rn. 2 in der Erstauflage). Das dürfte zwar den praktischen Regelfall entsprechen; gleichwohl sind Konstellationen denkbar, in denen sich je nach Streitgegenstand eine grenzüberschreitende Auswirkung zeigen kann (zB wenn Gegenstände, die zur ausländischen Partikularmasse gehören, ins Inland verbracht wurden und nunmehr herausverlangt werden). Richtigerweise ist daher wie folgt zu differenzieren (MüKoInsO/Thole Rn. 3; Andres/Leithaus/Dahl Rn. 2; im Ansatz auch Uhlenbruck/Lüer Rn. 2): Bei Aktivprozessen kommt es darauf an, ob der streitbefangene Gegenstand zur Masse des ausländischen Partikularverfahrens gehört (→ Rn. 11 f.); denn dann wird zumeist dem ausländischen Verwalter und nicht mehr dem Insolvenzschuldner die Prozessführungsbefugnis zufallen und der Schutzweck der Norm (→ Rn. 2) zum Tragen kommen. Bei einem Passivprozess kann hingegen der Gläubiger den Insolvenzschuldner grundsätzlich sowohl im In- wie im Ausland verklagen, sodass nicht ersichtlich ist, warum die Eröffnung eines ausländischen Partikularverfahrens zu einem Verlust der passiven Prozessführungsbefugnis im Inland führen und den Rechtsstreit unterbrechen soll.

Aus der systematischen Stellung der Vorschrift und ihrem Sinn und Zweck (→ Rn. 2) erhellt, 6 dass nur ein Insolvenzverfahren, das **im Inland anerkennungsfähig** ist, die Unterbrechungswirkung auslösen kann (MüKoInsO/Thole Rn. 4; HmbKommInsR/Undritz Rn. 2; KBP/Paulus Rn. 3; FK-InsO/Wenner/Schuster Rn. 2; vgl. auch BAG ZInsO 2014, 200 (203)). Es muss daher nach Maßgabe des § 343 Abs. 1 S. 1 als Insolvenzverfahren gelten und es dürfen keine Versagungsgründe für die Anerkennung gem. § 343 Abs. 1 S. 2 gegeben sein.

Unerheblich ist, ob das ausländische Recht des Eröffnungsstaates das Institut der Prozessunter- 7 brechung überhaupt kennt (OLG München ZInsO 2011, 866 (869); FK-InsO/Wenner/Schuster Rn. 6; Braun/Ehret Rn. 2). Die Unterbrechung eines Rechtsstreits ist keine insolvenzrechtliche Frage, sondern eine solche des anwendbaren Prozessrechts, sodass allein im inländischen Recht die Antwort zu finden ist.

Umstritten ist indes, ob als **zusätzliches Tatbestandsmerkmal** in die Vorschrift hinzulesen 8 ist, dass der Insolvenzschuldner nach der ausländischen Rechtsordnung seine Prozessführungsbefugnis verloren hat bzw. diese auf einen Dritten übergegangen ist. Im Regelfall wird zwar mit der Eröffnung des Insolvenzverfahrens die materiell-rechtliche Verfügungsbefugnis sowie einhergehend damit die Prozessführungsbefugnis entfallen und die Vorschrift des § 352 diese Veränderung prozessual nachzeichnen. Von diesem Verständnis geht auch der Gesetzgeber aus (BT-Drs. 15/16, 24). Die besseren Argumente sprechen aber dafür, die Unterbrechungswirkung **unabhängig vom Verlust der Prozessführungsführungsbefugnis** eintreten zu lassen (BGH NZI 2009, 859; s. aber jetzt auch → Rn. 8.3; BAG NJW-RR 2014, 32 (34); OLG München ZInsO 2011, 866; OLG Frankfurt ZIP 2007, 932; MüKoInsO/Thole Rn. 5; K. Schmidt InsO/Brinkmann Rn. 3; Andres/Leithaus/Dahl Rn. 3; HK-InsO/Swierczok Rn. 7; KPB/Paulus Rn. 1 (aA noch die Vorauflage); Hess/Reimann-Rättig Rn. 8; Liersch NZI 2003, 302 (308)) (→ Rn. 8.1 ff.).

8.1 Der Gesetzgeber hat im Sinne einer nicht kollisionsrechtlichen Sachnorm die Unterbrechungswirkung gerade unabhängig vom ausländischen Recht des Eröffnungsstaates angeordnet (→ Rn. 1). Die Norm bezweckt, den Beteiligten im Fall des Eintritts der Insolvenz einer Prozesspartei eine Prüfungs- und Überlegungsfrist zu sichern und zu ermöglichen, sich auf die neue Lage einzustellen (→ Rn. 2). Dasselbe Bedürfnis besteht auch, wenn das ausländische Recht dem Insolvenzschuldner die Prozessführungsbefugnis belässt (vgl. MüKoInsO/Thole Rn. 5). Bei der für reine Inlandssachverhalte geltenden Parallelnorm des § 240 ZPO ist ebenfalls – zumindest für Passivprozesse – anerkannt, dass auch im Fall der Eigenverwaltung eine Unterbrechungswirkung eintritt, obwohl der Insolvenzschuldner die Verfügungs- und Prozessführungsbefugnis behält (BGH NJW-RR 2007, 629; OLG München BeckRS 2002, 30277551; Musielak/Voit/Stadler, § 240 ZPO Rn. 1; krit. Meyer ZInsO 2007, 807 (809); aA MüKoZPO/Gehrlein § 240 Rn. 10). Diese Parallelwertung kann auch für § 352 fruchtbar gemacht werden, weil der Gesetzgeber ausweislich der Gesetzesbegründung das Regelungsmodell des § 240 ZPO für das autonome internationale Insolvenzrecht nachbilden wollte (BT-Drs. 15/16, 24).

8.2 Teilweise wird hingegen vertreten, dass der Verlust der Prozessführungsbefugnis des Insolvenzschuldners ein ungeschriebenes Tatbestandsmerkmal des § 352 Abs. 1 darstelle (MüKoBGB/Kindler Rn. 12 f.; FK-InsO/Wenner/Schuster Rn. 6; Piekenbrock LMK 2010, 295925). Zum einen wird dies damit begründet, dass es andernfalls zu einer Unterbrechung eines inländischen Rechtsstreits käme, obwohl das ausländische Recht dem Insolvenzschuldner an sich die Prozessführung belässt, und damit dem ausländischen Recht überschießende Wirkungen im Inland zukämen. Der Gesetzgeber hat indes die Unterbrechungswirkung autonom und losgelöst von der ausländischen Prozessführungsbefugnis geregelt. Die unter Umständen schwierige Prüfung dieser Rechtsfrage würde für das inländische Gericht zudem einen zusätzlichen, zeitverzögernden Aufwand bedeuten (KPB/Paulus Rn. 1 Fn. 2) und mit einem Verlust an Rechtssicherheit einhergehen. Die Ansicht stützt sich zum anderen auf Abs. 2, der den Übergang der Verwaltungs- und Verfügungsbefugnis auf einen vorläufigen Insolvenzverwalter ausdrücklich erwähnt. Doch kann daraus nicht der Schluss gezogen werden, dass zwingend derselbe Umstand zum Tatbestandsmerkmal auch für Abs. 1 erhoben werden müsste. Vielmehr hat der Gesetzgeber eine Ausweitung der Unterbrechungswirkung vor der Verfahrenseröffnung durch Abs. 2 nur für sachgerecht gehalten, wenn der Insolvenzschuldner seiner Prozessführungsbefugnis bereits in diesem Stadium verlustig gegangen ist.

8.3 Für das Schweizer Verfahren der Nachlassstundung hat der **BGH** entschieden, dass es nicht entscheidend darauf ankomme, ob das ausländische Verfahrensrecht seinerseits eine Unterbrechungswirkung kenne, da allein das anwendbare Prozessrecht für die Frage der Verfahrensunterbrechung maßgeblich sei. In teilweiser Abweichung von früheren Entscheidungen (BGH NJW 1997, 2525) hat er indes erstmals, ohne die Streitfrage letztlich lösen zu müssen, die Auffassung vertreten, eine Unterbrechungswirkung sei jedenfalls dann nicht gerechtfertigt, wenn das Verfahren weder einen Verlust der Prozessführungsbefugnis des Insolvenzschuldners anordnet noch aus einem sonstigen Grund eine Unterbrechungswirkung im Ausland beanspruche (BGH NZI 2012, 572 Rn. 45). Der damit vorgenommenen **teleologischen Reduktion des Tatbestandes** von § 352 kann allerdings nicht gefolgt werden (wie hier K. Schmidt InsO/Brinkmann Rn. 3; HmbKommInsR/Undritz Rn. 2a; Brinkmann IPrax 2011, 143 (144); Buntenbroich NZI 2012, 547 (548)). Wie der BGH einleitend zu seinen Ausführungen selbst feststellt, kommt es allein auf das anwendbare Prozessrecht an, in der vorliegenden Konstellation mithin auf das deutsche Verfahrensrecht. Die Vorschrift ist zwar in der InsO verortet, regelt von ihrem Gehalt her aber eine prozessuale Frage. Zudem ordnet § 352 als Sachnorm eine Ausnahme vom Grundsatz des § 335 an (→ Rn. 1); der Gesetzgeber wollte also gerade für die Unterbrechungswirkung nicht auf das ansonsten maßgebliche Recht des Staates der Verfahrenseröffnung rekurrieren.

2. Rechtsstreit

9 Der Begriff des Rechtsstreits ist **weit auszulegen** (MüKoBGB/Kindler Rn. 5; BK-InsR/Pannen Rn. 6). Erfasst werden alle kontradiktorischen Streitigkeiten unabhängig von der Art der Gerichtsbarkeit (MüKoInsO/Thole Rn. 8) und vom Ausgang des Rechtsstreits (Andres/Leithaus/

Dahl Rn. 3; FK-InsO/Wenner/Schuster Rn. 3; aA wohl LG Mannheim GRUR-RR 2011, 49). Unerheblich ist ebenfalls, ob der Rechtsstreit eine mündliche Verhandlung verlangt (MüKoInsO/Thole Rn. 7) (→ Rn. 9.1 f.).

Unter den Begriff fallen somit neben Aktivprozessen über Forderungen des Insolvenzschuldners sowie Passivprozessen gegen die Insolvenzmasse (Andres/Leithaus/Dahl Rn. 3; Leible/Staudinger KTS 2000, 533 (558)) auch Kostenfestsetzungs- (KG ZInsO 2000, 271), Arrest- und einstweilige Verfügungsverfahren, Mahnverfahren, wenn vor Eröffnung des Verfahrens der Mahnbescheid zugestellt wurde (HK-InsO/Swierczok Rn. 5), und kontradiktorische Verfahren der freiwilligen Gerichtsbarkeit (Smid Int. InsR Rn. 2 f.; MüKoBGB/Kindler Rn. 11; MüKoInsO/Thole Rn. 7; BK-InsR/Pannen Rn. 6). **9.1**

Zwangsvollstreckungsverfahren sind hingegen nicht von § 352 Abs. 1 umfasst, es sei denn, es handelt sich wie etwa bei der Vollstreckungsgegenklage um ein kontradiktorisches Verfahren (MüKoInsO/Thole Rn. 7; MüKoBGB/Kindler Rn. 8; HmbKommInsR/Undritz Rn. 3; FK-InsO/Wenner/Schuster Rn. 3). Insoweit besteht auch kein Bedürfnis für eine gesetzlich angeordnete Unterbrechung, da die Einzelzwangsvollstreckung nach Eröffnung des Insolvenzverfahrens regelmäßig ausgeschlossen sein wird. **9.2**

Offen ist, ob die Vorschrift auch auf **Schiedsverfahren** Anwendung findet (so K. Schmidt InsO/Brinkmann Rn. 5; KPB/Paulus Rn. 4; Wagner KTS 2010, 39 (56 ff., 61 f.); anders MüKoInsO/Thole Rn. 16, der eine analoge Anwendung von § 240 ZPO präferiert). Nach der Gegenansicht, die nur Verfahren vor staatlichen Gerichten abgedeckt sieht, kommt es allein darauf an, ob die schiedsrechtlichen Normen der ZPO (§§ 1025 ff. ZPO) oder die anwendbare institutionelle Schiedsordnung eine Unterbrechungswirkung vorsehen (so MüKoInsO/Kindler Rn. 5; HK-InsO/Swierczok Rn. 9; Bähr/Nacimiento NJOZ 2009, 4752 (4755)). Die meisten institutionellen Schiedsordnungen enthalten indes keine eigenen Regelungen zur Berücksichtigung von Insolvenzverfahren (MüKoInsO/Thole Rn. 15; Bähr/Nacimiento NJOZ 2009, 4752 (4757)). Vorzugswürdig erscheint die Auffassung, die § 352 unmittelbar auf Schiedsverfahren anwendet. Zum einen ist der Wortlaut offen und spricht ohne Differenzierung von einem Rechtsstreit. Zum anderen gilt auch für die Beteiligten an einem Schiedsverfahren, dass sie sich auf die durch den Eintritt der Insolvenz veränderte Sach- und Rechtslage einstellen müssen (→ Rn. 2). Eine Unterbrechung ist mithin ebenfalls sachgerecht und verwirklicht das Recht auf rechtliches Gehör. **10**

3. Massebezug des Rechtsstreits

Der Rechtsstreit muss einen Bezug zur Insolvenzmasse aufweisen. Ob dies der Falls ist, bestimmt sich nach dem gem. § 335 anwendbaren Insolvenzstatut (K. Schmidt InsO/Brinkmann Rn. 2; MüKoBGB/Kindler Rn. 9; HK-InsO/Swierczok Rn. 7). Es ist ausreichend, wenn die Insolvenzmasse nur teilweise vom Streitgegenstand betroffen ist (Andres/Leithaus/Dahl Rn. 3; KPB/Paulus Rn. 5) oder wenn lediglich ein mittelbarer Bezug besteht (Uhlenbruck/Lüer Rn. 6; vgl. auch BGH NJW 2010, 2213; BAG ZIP 2007, 2047 (2049 f.)). Ein Massebezug ist auch vorhanden, wenn die Streitigkeit gerade die Klärung der Frage betrifft, ob Massezugehörigkeit besteht (Anders/Leithaus/Dahl Rn. 3; MüKoBGB/Kindler Rn. 9; HK-InsO/Swierczok Rn. 8). Insolvenzfreies Vermögen weist naturgemäß keinen Massebezug auf (KPB/Paulus Rn. 5). **11**

Vielfach werden nichtvermögensrechtliche Ansprüche pauschal ausgeschieden (HK-InsO/Swierczok Rn. 8; MüKoBGB/Kindler Rn. 10; Andres/Leithaus/Dahl Rn. 3; KPB/Paulus Rn. 5; Hess/Reimann-Rättig Rn. 10). Jedoch ist stets im Einzelfall zu prüfen, ob der darüber geführte Rechtsstreit für die Insolvenzmasse wirklich vermögensmäßig neutral ist oder nicht doch ein zumindest mittelbarer Massebezug besteht (wie hier MüKoInsO/Thole Rn. 10; vgl. auch BeckOK ZPO/Jaspersen § 240 ZPO Rn. 10). **12**

4. Anhängigkeit zur Zeit der Verfahrenseröffnung

Schließlich muss der Rechtsstreit zum Zeitpunkt der Eröffnungsentscheidung im Inland „anhängig" sein. Der Begriff ist nach deutschem Verfahrensrecht als dem Recht des Staates, in dem der Rechtsstreit geführt wird, auszulegen (Braun/Ehret Rn. 10; BK-InsR/Pannen Rn. 8; FK-InsO/Wenner/Schuster Rn. 5). Die im Gesetzestext gewählte eindeutige Terminologie drängt nachgerade dazu, zwischen Anhängigkeit und Rechtshängigkeit im üblichen verfahrensrechtlichen Sinn zu unterscheiden mit der Folge, dass es für Zwecke der Unterbrechungswirkung allein auf die Anhängigkeit, nicht aber auf die Rechtshängigkeit iSd § 261 ZPO ankäme (so MüKoInsO/Thole Rn. 9; K. Schmidt InsO/Brinkmann Rn. 4). Der Wortlaut ist allerdings missverständlich; vielmehr ist allein die **Rechtshängigkeit maßgeblich** (BAG NJW-RR 2014, 32 (34); MüKoBGB/Kindler Rn. 11). Diese beginnt mit der formell ordnungsmäßigen Klageerhebung, verlangt also die Zustellung der Klageschrift. Erst dadurch wird das Verfahren gleichsam in Gang **13** gesetzt, sodass es nach dem Wortsinn anschließend wieder unterbrochen werden kann. Für die Parallelnorm des § 240 ZPO, die freilich keinen gleichermaßen eindeutigen Wortlaut aufweist wie § 352, wird von der hM dasselbe Verständnis geteilt (BGH NJW-RR 2009, 566 (567 f.); OLG München BeckRS 2007, 13013; MüKoZPO/Gehrlein § 240 ZPO Rn. 6; BeckOKZPO/Jaspersen § 240 ZPO Rn. 2; Musielak/Voit/Stadler § 240 ZPO Rn. 6).

II. Rechtsfolgen der Unterbrechung

14 Wenn die Voraussetzungen des § 352 Abs. 1 erfüllt sind, tritt die Unterbrechung des Rechtsstreits **automatisch** ein, ohne dass es eines dahingehenden Antrags einer Partei oder eines richterlichen Beschlusses bedürfte (HK-InsO/Swierczok Rn. 11; Andres/Leithaus/Dahl Rn. 4). Ist die Unterbrechungswirkung streitig, kann freilich ein Zwischenurteil nach § 303 erlassen werden (MüKoInsO/Thole Rn. 11; OLG Frankfurt ZIP 2007, 932 (933); aA wohl BGH NJW 2005, 290 (291); NJW 2004, 2983 (2984)). Die Kenntnis der Parteien oder des Gerichts von der Verfahrenseröffnung im Ausland ist für die Unterbrechungswirkung unerheblich (KPB/Paulus Rn. 6). Die Unterbrechung ist **von Amts wegen** zu beachten (BGH NZI 2012, 572 (573)); Uhlenbruck/Lüer Rn. 7; KPB/Paulus Rn. 6). Wird während der Verfahrensunterbrechung gleichwohl ein Urteil erlassen, ist es nicht nichtig, sondern lediglich verfahrensfehlerhaft und kann mit den üblichen Rechtsmitteln angegriffen werden (Uhlenbruck/Lüer Rn. 7; MüKoInsO/Thole Rn. 11; KPB/Paulus Rn. 6).

15 Die Norm regelt die Unterbrechungswirkung unmittelbar; eines Rückgriffs auf § 240 ZPO bedarf es nicht. Die **Folgen der Unterbrechung** sind indes dem anwendbaren inländischen Verfahrensrecht zu entnehmen, mithin vor allem §§ 249, 250 ZPO (Braun/Ehret Rn. 5; Uhlenbruck/Lüer Rn. 7; HK-InsO/Swierczok Rn. 11). Die Auswirkungen der Insolvenzeröffnung auf das Auftragsverhältnis zwischen dem Insolvenzschuldner und seinem Prozessbevollmächtigten, etwa die Frage, ob eine erteilte Prozessvollmacht erlischt, ergeben sich hingegen wieder aus dem jeweiligen Insolvenzstatut (Andres/Leithaus/Dahl Rn. 4a; MüKoInsO/Thole Rn. 12; FK-InsO/Wenner/Schuster Rn. 7). Ein etwaiges Fortbestehen der Prozessvollmacht kann freilich die von § 352 angeordnete Verfahrensunterbrechung nicht verhindern.

C. Aufnahme des Rechtsstreits (Absatz 1 S. 2)

16 Nach Abs. 1 S. 2 dauert die Unterbrechung so lange an, bis der Rechtsstreit von einer Person aufgenommen wird, die nach dem Recht des Eröffnungsstaates zur Fortführung des Rechtsstreites berechtigt ist, oder bis das Insolvenzverfahren beendet ist. Die Rechtsprechung und die überwiegende Auffassung im Schrifttum verstehen diese Regelung **kollisionsrechtlich** in dem Sinn, dass das nach § 335 maßgebliche Insolvenzstatut über die Möglichkeit der Aufnahme (das „Ob") befindet, während nur die Art und Weise der Aufnahme (das „Wie") vom inländischen Prozessrecht bestimmt wird (BGH NZI 2009, 859 (861); BAG IPrax 2009, 343 mAnm Tenning, IPrax 2009, 327 und Mankowski EWiR 2007, 761; Braun/Ehret Rn. 7; MüKoBGB/Kindler Rn. 16; BK-InsR/Pannen Rn. 10).

17 Dieser Ansatz führt dazu, dass die vom nationalem Recht bereitgestellten Aufnahmemöglichkeiten nicht zur Verfügung stehen und die Gerichte prüfen müssen, ob der Umstand, dass das ausländische Recht eine Aufnahme gar nicht oder nur unter bestimmten erschwerten Voraussetzungen zulässt, einen Verstoß gegen den deutschen **verfahrensrechtlichen ordre public** iSd § 343 Abs. 1 S. 2 Nr. 2 darstellt. So ist bspw. für das US-amerikanische Chapter 11-Verfahren entschieden worden, dass ein Arbeitnehmer einen Kündigungsschutzprozess gegen den insolventen Arbeitgeber gleichwohl aufnehmen kann, auch wenn dazu nach dem maßgeblichen ausländischen Insolvenzstatut an sich erst eine einzelfallbezogene Aufhebung des automatischen Verfahrensstillstandes hätte erreicht werden müssen (BAG ZIP 2007, 2047 (2050 f.); siehe auch BGH NZI 2009, 859)). Begründet wird dies mit einer andernfalls eintretenden unzumutbaren Verkürzung des Justizgewähranspruchs.

18 Bei Lichte besehen hat der Gesetzgeber in Abs. 1 S. 2 die Antwort auf die insolvenzrechtlich zu qualifizierende Frage, **wem** im Fall einer Aufnahme die Prozessführungsbefugnis auf Seiten der Partei des Insolvenzschuldners zukommt – aber eben auch nur diese – dem Insolvenzstatut zugewiesen. Das ergibt sich aus dem insoweit eindeutigen Wortlaut und der Gesetzesbegründung (BT-Drs. 15/16, 24). Das ausländische Insolvenzrecht ist demnach allein berufen, den Kompetenzkonflikt zwischen dem Insolvenzschuldner und einem Dritten, meist dem Insolvenzverwalter, aufzulösen. Eine darüber hinausgehende Sonderanknüpfung für die Frage, ob eine Aufnahme möglich ist, ist nicht erkennbar (so auch MüKoInsO/Thole Rn. 13; KPB/Paulus Rn. 7 f.; K.

Schmidt InsO/Brinkmann Rn. 7; Brinkmann IPrax. 2011, 143 (147)). **Ob, unter welchen Voraussetzungen und in welcher Form** ein unterbrochener Rechtsstreit wieder aufgenommen werden kann, ist dagegen eine prozessuale Frage, die nach allgemeinen Grundsätzen von dem am Ort des Rechtsstreits geltenden Verfahrensrecht beantwortet wird. Dieser Weg führt ua zur Anwendbarkeit der §§ 85, 86, die zwar in der InsO angesiedelt, aber nichtsdestotrotz prozessual zu qualifizieren sind. Des von der Rechtsprechung gewählten Rückgriffs auf den ordre public (→ Rn. 17) bedarf es demzufolge nicht, um der jeweiligen Partei den Zugang zu einer verfahrensrechtlichen Wiederaufnahmemöglichkeit zu verschaffen. Der Verweis in das nationale Recht bedeutet freilich nicht, dass die insolvenzrechtlichen Implikationen vollständig ausgeblendet sind. Die jeweiligen tatbestandlichen Vorfragen, wie etwa ob ein Aus- oder Absonderungsrecht besteht bzw. eine Masseverbindlichkeit vorliegt (§ 86 Abs. 1) oder der Passivprozess eine Insolvenzforderung (§ 87) betrifft, sind nach dem ausländischen Insolvenzstatut zu entscheiden (K. Schmidt InsO/Brinkmann Rn. 8; Brinkmann IPrax 2011, 143 (147)). Die Wirkungen und Folgen einer Aufnahme des Rechtsstreits richten sich wie schon beim Eintritt der Unterbrechung nach dem inländischen Verfahrensrecht (Uhlenbruck/Lüer Rn. 8; K. Schmidt InsO/Brinkmann Rn. 7; Braun/Ehret Rn. 8).

D. Unterbrechung und Aufnahme des Rechtsstreits bei Sicherungsmaßnahmen

I. Anordnung von Sicherungsmaßnahmen im Ausland (Absatz 2)

Die Regelung des Abs. 2 orientiert sich an der für Inlandssachverhalte geltenden Parallelnorm 19 des § 240 S. 2 ZPO. Danach tritt auch eine Verfahrensunterbrechung ein, wenn durch **Sicherungsmaßnahmen iSd § 343 Abs. 2 Alt. 1** die Verwaltungs- und Verfügungsbefugnis auf einen vorläufigen Verwalter übergegangen ist. Denn mit diesem Fall geht regelmäßig ein Übergang der Prozessführungsbefugnis einher, sodass die Ausweitung der Unterbrechungswirkung auf einen Zeitpunkt vor Eröffnung des Insolvenzverfahrens angezeigt ist (vgl. Andres/Leithaus/Dahl Rn. 10; KPB/Paulus Rn. 9). Über den Wortlaut hinaus tritt die Unterbrechungswirkung auch dann ein, wenn der Übergang der Verwaltungs- und Verfügungsbefugnis nicht ausdrücklich angeordnet wird, sondern aus gerichtlichen Maßnahmen oder aus dem Gesetz hervorgeht (MüKoInsO/Thole Rn. 14). Die Sicherungsmaßnahme muss entsprechend § 343 Abs. 2 Alt. 1 anerkennungsfähig sein, sich also auf ein anerkennungsfähiges Hauptinsolvenz- oder Partikularverfahren zu beziehen (FK-InsO/Wenner/Schuster Rn. 8). Aufgrund der Anlehnung an § 240 S. 2 ZPO und das Leitbild des starken vorläufigen Insolvenzverwalters gilt Abs. 2 nicht für Sicherungsmaßnahmen, die lediglich einen Zustimmungsvorbehalt vorsehen.

II. Anordnung von Sicherungsmaßnahmen im Inland

Von den Sicherungsmaßnahmen iSd § 343 Abs. 2 Alt. 1, die das ausländische Insolvenzgericht 20 angeordnet hat, sind die vom inländischen Insolvenzgericht **nach § 344 Abs. 2 angeordneten Maßnahmen** zu unterscheiden. Letztere sind vom Wortlaut des § 352 Abs. 2 nicht erfasst; jedoch ist diese Regelungslücke durch eine **analoge Anwendung** zu schließen (Uhlenbruck/Lüer Rn. 10; Anders/Leithaus/Dahl Rn. 7; KPB/Paulus Rn. 10; aA FK-InsO/Wenner/Schuster, die insoweit § 240 S. 2 ZPO anwenden wollen). Denn mit Blick auf die Interessenlage macht es keinen Unterschied, ob die Sicherungsmaßnahme, die zum Verlust der Verwaltungs- und Verfügungsbefugnis geführt hat (§ 21 Abs. 2 S. 1 Nr. 2), erst auf Antrag des Insolvenzverwalters nach § 344 Abs. 2 erlassen wurde.

§ 353 Vollstreckbarkeit ausländischer Entscheidungen

(1) ¹Aus einer Entscheidung, die in dem ausländischen Insolvenzverfahren ergeht, findet die Zwangsvollstreckung nur statt, wenn ihre Zulässigkeit durch ein Vollstreckungsurteil ausgesprochen ist. ²§ 722 Abs. 2 und § 723 Abs. 1 der Zivilprozessordnung gelten entsprechend.

(2) Für die in § 343 Abs. 2 genannten Sicherungsmaßnahmen gilt Absatz 1 entsprechend.

InsO § 353 Elfter Teil. Internationales Insolvenzrecht

Überblick

Die Vorschrift ordnet an, dass eine Entscheidung, die in einem ausländischen Insolvenzverfahren (→ Rn. 3) ergangen ist (→ Rn. 4 ff.), oder eine Sicherungsmaßnahme, die in einem ausländischen Eröffnungsverfahren erlassen wurde (→ Rn. 10 f.), nicht automatisch im Inland vollstreckbar ist, sondern eines gesonderten Exequaturverfahrens im Inland bedarf (→ Rn. 1), in dem die Vollstreckbarkeit ausgesprochen wird (→ Rn. 12). Sie verweist hinsichtlich des Prüfungsumfangs (→ Rn. 8 f.) und der Zuständigkeit (→ Rn. 13) auf die, im autonomen internationalen Zivilverfahrensrecht geltenden Regeln.

A. Normzweck und Anwendungsbereich

1   Die **einseitige Sachnorm** des § 353 überträgt die, aus dem autonomen internationalen Zivilverfahrensrecht bekannte **Unterscheidung zwischen der Anerkennung** einer ausländischen Entscheidung (§ 328 ZPO) **und** ihrer **Vollstreckbarkeit** im Inland (§ 722 ZPO) in das Insolvenzrecht. Die ausländische Eröffnungsentscheidung wird zwar nach Maßgabe des § 343 im Inland anerkannt, jedoch ist damit noch keine automatische Vollstreckbarkeit verbunden. Eine Vollstreckung im Inland ist nur statthaft, wenn die Entscheidung in einem **gesonderten Exequaturverfahren** für vollstreckbar erklärt wird (MüKoInsO/Thole Rn. 1; Uhlenbruck/Lüer Rn. 1; Anders/Leithaus/Dahl Rn. 1). Die Regelung schränkt insoweit die Wirkungserstreckung der ausländischen Entscheidung auf das Inland mit dem Ziel ein, den Vollstreckungsschuldner vor einer Vollstreckungsmaßnahme im Inland zu schützen, die auf einer ausländischen, gegen den deutschen ordre public verstoßenden Entscheidung beruht (→ Rn. 9; BK-InsR/Pannen Rn. 1; Braun/Ehret Rn. 1).

2   Die Vorschrift gilt räumlich nur im Verhältnis zu Drittstaaten. Im **Anwendungsbereich der vorrangigen EuInsVO** gilt demgegenüber ein anderes Regelungsmodell: Art. 16 EuInsVO (bzw. Art. 19 EuInsVO nF) sieht eine automatische Anerkennung vor und Art. 25 EuInsVO (bzw. Art. 32 EuInsVO nF) stellt ein vereinfachtes Exequaturverfahren bereit (vgl. auch Art. 102 § 8 EGInsO). Dies lässt sich durch den das Gemeinschaftsrecht prägenden Grundsatz gegenseitigen Vertrauens rechtfertigen, der im Verhältnis zu Drittstaaten nicht angebracht ist (MüKoInsO/Thole Rn. 1; BK-InsR/Pannen Rn. 2; HmbKommInsR/Undritz Rn. 1). Wo die EuInsVO keine Anwendung findet, ist der Weg über § 353 zu beschreiten und ein Vollstreckungsurteil im Klageverfahren zu erwirken (s. zB im Verhältnis zu Dänemark OLG Frankfurt a. M. ZInsO 2005, 715).

3   In sachlicher Hinsicht betrifft die Norm ausweislich ihres ersten Absatzes sämtliche eröffneten ausländischen Insolvenzverfahren und gilt wegen Abs. 2 auch für Sicherungsmaßnahmen, die in einem Eröffnungsverfahren erlassen wurden (→ Rn. 10 f.). Aus dem Wortlaut ergibt sich keine Einengung auf Hauptinsolvenzverfahren, sodass im Grundsatz **auch ausländische Partikularverfahren** in den Anwendungsbereich der Vorschrift fallen. Die praktische Bedeutung für eine grenzüberschreitende Vollstreckung dürfte in diesen Fällen freilich gering sein, da ein Partikularverfahren per definitionem territorial begrenzt ist. Gleichwohl kann sich in bestimmten Konstellationen, etwa wenn rechtswidrig Vermögen aus dem Staat des Partikularverfahrens nach Deutschland verschoben wurde, ein Bedürfnis für eine Vollstreckbarerklärung eines ausländischen Herausgabetitels ergeben (KPB/Paulus Rn. 2; MüKoInsO/Thole Rn. 2; FK-InsO/Wenner/Schuster Rn. 2). Die **Eröffnung eines Sekundärinsolvenzverfahrens** in Deutschland setzt zwar der Wirkungserstreckung der Eröffnung des ausländischen Hauptinsolvenzverfahrens eine Grenze (→ § 356 Rn. 20), steht der Vollstreckbarerklärung der ausländischen Entscheidung im Inland aber nicht entgegen (OLG Düsseldorf NZI 2004, 628 mAnm Pannen/Riedemann EWiR 2005, 177).

B. Vollstreckung von Entscheidungen aus einem eröffneten ausländischen Insolvenzverfahren (Abs. 1 S. 1)

I. Begriff der Entscheidung

4   Ein die Vollstreckbarkeit aussprechendes Vollstreckungsurteil setzt zunächst voraus, dass eine Entscheidung vorliegt, die in einem ausländischen Insolvenzverfahren ergangen ist. Der Begriff der Entscheidung ist **weit auszulegen** (K. Schmidt InsO/Brinkmann Rn. 3; Uhlenbruck/Lüer Rn. 2). Dies betrifft nicht nur die Art und Form der Entscheidung, sondern auch die erlassende Stelle. Erfasst werden daher nicht nur Urteile im technischen Sinn, sondern auch gerichtliche Beschlüsse und, soweit das Insolvenzverfahren von einer Behörde durchgeführt wird, deren Hoheitsakte (KPB/Paulus Rn. 5; K. Schmidt InsO/Brinkmann Rn. 3; MüKoInsO/Thole Rn. 3;

Uhlenbruck/Lüer Rn. 2). Aus der systematischen Stellung der Vorschrift – § 353 ist das vollstreckungsrechtliche Gegenstück zur Anerkennungsnorm § 343 – lässt sich schließen, dass der Begriff der Entscheidung **wie bei § 343 Abs. 1 und Abs. 2 Alt. 2 zu verstehen** ist, also sowohl Eröffnungs- als auch Durchführungs- und Beendigungsentscheidungen einschließt (→ Rn. 4.1).

Die Begründung des Regierungsentwurfs nennt **beispielhaft** die folgenden Entscheidungen: die Entscheidung über die Eröffnung des ausländischen Insolvenzverfahrens, Entscheidungen des ausländischen Gerichts über die Auskunftsleistung, Verfahrensmitwirkung, Vorführung oder Verhaftung von Verfahrensbeteiligten, die Postsperre, die Feststellung bestrittener Forderungen im Insolvenzverfahren und die gerichtliche Bestätigung eines Vergleichs oder Insolvenzplans (BT-Drs. 15/16, 24). Die Nennung der Feststellung bestrittener Forderungen als Beispiel erscheint indes fraglich, weil nach deutschem Verständnis die Feststellung in einem kontradiktorischen Verfahren im ordentlichen Rechtsweg außerhalb des Insolvenzverfahrens erfolgt (§§ 179, 180; ebenso K. Schmidt InsO/Brinkmann Rn. 5). 4.1

Die Entscheidung muss nach dem Recht des Eröffnungsstaates **der Vollstreckung bedürfen** und einen **vollstreckungsfähigen Inhalt** haben (K. Schmidt InsO/Brinkmann Rn. 3; Uhlenbruck/Lüer Rn. 2). Ihr darf also wie etwa einer Anordnung, die die Verwaltungs- und Verfügungsbefugnis des Insolvenzschuldners einschränkt, kein unmittelbar materiell wirkender Inhalt zukommen, der bereits über die Anerkennung der Eröffnungsentscheidung nach § 343 Abs. 1 Wirkung im Inland entfaltet (Andres/Leithaus/Dahl Rn. 4; KPB/Paulus Rn. 6). Vollstreckbare Entscheidungen sind namentlich solche, die nach dem im Staat der Eröffnungsentscheidung anwendbaren Recht einen Vollstreckungstitel darstellen (HK-InsO/Swierczok Rn. 4). Eine Vollstreckbarerklärung im Ausland ist indes unbeachtlich, weil die Vollstreckbarkeit im Inland nur nach Durchlaufen des Exequaturverfahrens ausgesprochen werden kann (Uhlenbruck/Lüer Rn. 3). Ist die ausländische Entscheidung zwischenzeitlich aufgehoben, aber bereits die Vollstreckbarkeit im Inland ausgesprochen worden, kann der Vollstreckungsschuldner Vollstreckungsgegenklage erheben (MüKoInsO/Thole Rn. 6). 5

Die **formelle Rechtskraft** der ausländischen Entscheidung ist **nicht erforderlich**, da § 353 nicht auf § 723 Abs. 2 S. 1 ZPO verweist (HK-InsO/Swierczok Rn. 7; Braun/Ehret Rn. 3; MüKoInsO/Thole Rn. 6; krit. Geimer IZPR Rn. 3523). Den Eintritt der formellen Rechtskraft im Ausland abzuwarten, würde dem Ziel des Gesetzgebers, das Insolvenzverfahren zügig durchzuführen (BT-Drs. 15/16, 24), zuwiderlaufen (HK-InsO/Swierczok Rn. 7; Andres/Leithaus/Dahl Rn. 5; KPB/Paulus Rn. 7). Ebenso wenig ist relevant, ob zwischen den beteiligten Staaten im Hinblick auf die Vollstreckbarkeit die jeweils anderen Staat die **Gegenseitigkeit** iSv § 328 Abs. 1 Nr. 5 ZPO verbürgt ist. Denn dieser Umstand wird schon für die Anerkennung der Entscheidung gem. § 343 nicht zur Voraussetzung erhoben und § 353 verweist nicht auf § 723 Abs. 2 S. 2 ZPO (MüKoBGB/Kindler Rn. 5; HK-InsO/Swierczok Rn. 9; Graf-Schlicker/Bornemann/Sabel/Schlegel Rn. 3). 6

Die Entscheidung muss **in** einem Insolvenzverfahren ergehen. Das grenzt sie zu **Annexentscheidungen** ab, die lediglich in einem (wenn auch vielleicht engen) Zusammenhang mit einem Insolvenzverfahren getroffen werden, aber nicht unmittelbar das eigentliche Insolvenzverfahren betreffen. Für deren Vollstreckbarkeit gilt nicht § 353, da sie auch nicht nach § 343 anerkennungsfähig sind, sondern kommen unmittelbar §§ 722, 723 ZPO zur Anwendung (MüKoInsO/Thole Rn. 3; HK-InsO/Swierczok Rn. 4; Anders/Leithaus/Dahl Rn. 4; KPB/Paulus Rn. 9). Das trifft bspw. auf Anfechtungs- und Feststellungsklagen zu. Führt in einem Drittstaat die Eröffnung des Insolvenzverfahrens dazu, dass entgegen der sonst maßgeblichen zivilverfahrensrechtlichen Zuständigkeitsverteilung das Insolvenzgericht auch für Klagen, die mit dem Insolvenzverfahren zusammenhängen und nach seiner Eröffnung eingeleitet werden, zuständig wird (sog. vis attractiva concursus), bedeutet dies gleichwohl nicht, dass in diesen Fällen auch für Zwecke der Anerkennung und Vollstreckung im Inland eine Entscheidung iSd §§ 343, 353 vorliegt. Maßgeblich für die Einordnung ist vielmehr das inländische Verständnis mit der Folge, dass für solche Entscheidungen der Weg über § 353 ebenfalls verschlossen ist (ebenso MüKoInsO/Thole Rn. 3; FK-InsO/Wenner/Schuster Rn. 5; HK-InsO/Swierczok Rn. 4; K. Schmidt InsO/Brinkmann Rn. 9) (→ Rn. 7.1). 7

Bei der Anerkennung und Vollstreckbarkeit von Entscheidungen **dänischer** Gerichte wird vertreten, dass nicht die allgemeinen Regeln der § 328 ZPO bzw. §§ 722, 723 ZPO, sondern die Regeln der EuGVO zur Anwendung gelangen (MüKoInsO/Thole Rn. 3; aA mit der wohl hM K. Schmidt InsO/Brinkmann Rn. 9) 7.1

II. Prüfungsumfang des Vollstreckungsgerichts

8   Wie der Verweis auf § 723 Abs. 1 ZPO zeigt, darf das inländische Gericht weder die Gesetzmäßigkeit noch die inhaltliche Richtigkeit der Entscheidung nachprüfen, bezüglich derer die Vollstreckbarkeit ausgesprochen werden soll (**Verbot der révision au fond**). Das betrifft sowohl die Frage, ob die ausländische Erlassstelle nach ihrem Verfahrensrecht zuständig war, das Verfahren ordnungsgemäß durchgeführt hat oder das materielle Recht richtig angewendet hat (KPB/Paulus Rn. 10; Andres/Leithaus/Dahl Rn. 6).

9   **Inzident** ist jedoch zu prüfen, ob die ausländische Entscheidung im Inland **nach § 343 anerkennungsfähig** ist (BK-InsR/Pannen Rn. 6; MüKoInsO/Thole Rn. 5; Braun/Ehret Rn. 3; K. Schmidt InsO/Brinkmann Rn. 6; Andres/Leithaus/Dahl Rn. 6; Liersch NZI 2003, 302 (308)). Es fehlt zwar ein Verweis auf § 723 Abs. 2 S. 2 ZPO, der die Anerkennungsfrage aufwürfe. Die ausländische Entscheidung wäre aber ohne Anerkennung im Inland unbeachtlich und kann erst recht nicht vollstreckt werden. Damit hat das Vollstreckungsgericht zu prüfen, ob die ausländische Entscheidung von einem aus deutscher Sicht **zuständigen Gericht** erging und die Anerkennung zu einem Ergebnis führt, das mit wesentlichen Grundsätzen des deutschen Rechts offensichtlich unvereinbar ist (**ordre public**).

C. Vollstreckung von in einem ausländischen Eröffnungsverfahren getroffenen Sicherungsmaßnahmen (Abs. 2)

10 Während Abs. 1 nur für Entscheidungen nach Eröffnung des Insolvenzverfahrens gilt, sind nach Abs. 2 auch Sicherungsmaßnahmen, die **nach Stellung eines Insolvenzantrags, aber vor Eröffnung** des Insolvenzverfahrens, also nach deutschem Verständnis in einem Eröffnungsverfahren, von einer ausländischen Stelle angeordnet werden, in einem gesonderten Verfahren für vollstreckbar zu erklären (KPB/Paulus Rn. 7). Das Eröffnungsverfahren muss sich auf ein anerkennungsfähiges Haupt- oder Partikularinsolvenzverfahren beziehen (→ Rn. 9; FK-InsO/Wenner/Schuster Rn. 8).

11 Während Abs. 1 an § 343 Abs. 1 und Abs. 2 Hs. 2 anknüpft, spiegelt Abs. 2 die in § 343 Abs. 2 Hs. 1 gemeinten Sicherungsmaßnahmen. Somit sind zunächst Sicherungsmaßnahmen iSd § 21 erfasst (Uhlenbruck/Lüer Rn. 6); der Begriff ist aber **weiter zu verstehen** und schließt auch andere vorläufige Sicherungsmaßnahmen ein (MüKoInsO/Thole Rn. 9). Abzugrenzen hiervon sind jedoch Sicherungsmaßnahmen nach § 344, die vom inländischen Insolvenzgericht selbst angeordnet werden und deshalb keiner eigenen Vollstreckbarerklärung bedürfen (K. Schmidt InsO/Brinkmann Rn. 7; MüKoInsO/Thole Rn. 9).

D. Verfahren der Vollstreckbarerklärung (Abs. 1 S. 2)

12 Das Exequaturverfahren wird durch Erhebung einer Klage eingeleitet (K. Schmidt InsO/Brinkmann Rn. 8). Die Prozessführungsbefugnis ergibt sich aus dem Recht des Eröffnungsstaates und wird häufig dem Insolvenzverwalter zufallen. Streitgegenstand ist die Vollstreckbarkeit der ausländischen Entscheidung. Ist die Klage zulässig und begründet, erlässt das inländische Gericht ein rechtsgestaltendes **Vollstreckungsurteil,** in dem die Zulässigkeit der Vollstreckung im Inland ausgesprochen wird (MüKoInsO/Thole Rn. 8; KPB/Paulus Rn. 3).

13 Die **sachliche Zuständigkeit** für die Klage auf den Erlass eines Vollstreckungsurteils richtet sich nach §§ 23, 71 GVG. Die **örtliche Zuständigkeit** bestimmt § 722 Abs. 2 ZPO, auf den Abs. 1 S. 2 verweist. Damit ist grundsätzlich der allgemeine Gerichtsstand des Vollstreckungsschuldners und hilfsweise der Ort, an dem sich Vermögen des Vollstreckungsschuldners oder der mit der Vollstreckungsmaßnahme in Anspruch genommene Gegenstand befindet (§ 23 ZPO), maßgeblich. In der Praxis wird regelmäßig der besondere Gerichtsstand des § 23 ZPO einschlägig sein, weil der Vollstreckungsschuldner keinen Wohnsitz im Inland haben wird (BT-Drs. 15/16, 24; KPB/Paulus Rn. 4).

Dritter Abschnitt. Partikularverfahren über das Inlandsvermögen

§ 354 Voraussetzungen des Partikularverfahrens

(1) Ist die Zuständigkeit eines deutschen Gerichts zur Eröffnung eines Insolvenzverfahrens über das gesamte Vermögen des Schuldners nicht gegeben, hat der Schuldner

jedoch im Inland eine Niederlassung oder sonstiges Vermögen, so ist auf Antrag eines Gläubigers ein besonderes Insolvenzverfahren über das inländische Vermögen des Schuldners (Partikularverfahren) zulässig.

(2) ¹Hat der Schuldner im Inland keine Niederlassung, so ist der Antrag eines Gläubigers auf Eröffnung eines Partikularverfahrens nur zulässig, wenn dieser ein besonderes Interesse an der Eröffnung des Verfahrens hat, insbesondere, wenn er in einem ausländischen Verfahren voraussichtlich erheblich schlechter stehen wird als in einem inländischen Verfahren. ²Das besondere Interesse ist vom Antragsteller glaubhaft zu machen.

(3) ¹Für das Verfahren ist ausschließlich das Insolvenzgericht zuständig, in dessen Bezirk die Niederlassung oder, wenn eine Niederlassung fehlt, Vermögen des Schuldners belegen ist. ²§ 3 Absatz 3 gilt entsprechend.

Überblick

Die Vorschrift legt in Abs. 1 fest, unter welchen Voraussetzungen die Eröffnung eines inländischen Partikularverfahrens zulässig ist (→ Rn. 5 ff.). Abs. 2 normiert mit dem besonderen Interesse an der Verfahrenseröffnung eine zusätzliche Voraussetzung, wenn der Insolvenzschuldner über keine Niederlassung im Inland verfügt und der Antrag aufgrund der Belegenheit von Vermögen im Inland gestellt wird (→ Rn. 17 ff.). In Abs. 3 ist die ausschließliche gerichtliche Zuständigkeit des Insolvenzgerichts geregelt (→ Rn. 23).

Übersicht

	Rn.		Rn.
A. Normzweck und Anwendungsbereich	1	III. Vorliegen eines Insolvenzgrundes	12
		IV. Deckung der Verfahrenskosten	16
B. Eröffnungsvoraussetzungen für Partikularverfahren (Abs. 1)	5	V. Antrag eines Gläubigers	17
		C. Antragsbefugnis (Abs. 2)	19
I. Keine Zuständigkeit deutscher Gerichte für das Hauptinsolvenzverfahren	5	I. Bei Verfahrenseröffnung wegen Bestehens einer Niederlassung	19
II. Niederlassung oder sonstiges Vermögen im Inland zum Zeitpunkt der Verfahrenseröffnung	7	II. Bei Verfahrenseröffnung wegen Belegenheit sonstigen Vermögens	20
1. Niederlassung	8	D. Zuständiges Gericht (Abs. 3)	23
2. Sonstiges Vermögen	9	E. Folge der Eröffnung eines inländischen Partikularverfahrens	24
3. Maßgeblicher Zeitpunkt	11		

A. Normzweck und Anwendungsbereich

Die Vorschrift ist eine **Sachnorm** und regelt in **Durchbrechung des Universalitätsprinzips** 1 die Voraussetzungen für die Eröffnung eines Partikularverfahrens. Hierbei handelt es sich um ein **territorial beschränktes Insolvenzverfahren** allein über das inländische Vermögen des Schuldners (krit. zur Erforderlichkeit Mohrbutter/Ringstmeier/Wenner, Handbuch Insolvenzverwaltung, 9. Aufl. 2015, § 20 Rn. 38 mwN). Wie in der EuInsVO differenziert das Gesetz zwischen Partikular- und Sekundärinsolvenzverfahren. Während ein Partikularverfahren isoliert durchgeführt wird, wird ein Sekundärinsolvenzverfahren parallel zu einem ausländischen Hauptinsolvenzverfahren betrieben. Letzteres stellt somit einen Unterfall des Partikularverfahrens dar, für den in den §§ 356–358 spezielle Regelungen gelten.

Ein Partikularverfahren soll mögliche wirtschaftliche oder rechtliche Nachteile eines ausländi- 2 schen Hauptinsolvenzverfahrens mit universalem Geltungsanspruch vermeiden und dem **besonderen Schutzbedürfnis der Gläubiger und des inländischen Rechtsverkehrs** gerecht werden. Ein Partikularverfahren ist aber auch mit Nachteilen verbunden: Es kann zu einer Zersplitterung der Insolvenzmasse führen und so die Sanierung eines Unternehmens gefährden (krit. daher BK-InsR/Pannen Rn. 2; Braun/Delzant Rn. 2; Uhlenbruck/Lüer Rn. 4). Der Gesetzgeber hat dies bewusst in Kauf genommen (BT-Drs. 12/2443, 237).

Der räumliche Anwendungsbereich ergibt sich aus einer **Abgrenzung zur vorrangigen** 3 **EuInsVO.** Sind die Gerichte eines Mitgliedstaats nach der EuInsVO für das Hauptinsolvenzverfahren über das Schuldnervermögen zuständig, gelten die Vorschriften über das Partikularverfahren in der EuInsVO (Art. 3 Abs. 2–4; Art. 27 ff. EuInsVO bzw. Art. 34 ff. EuInsVO nF). § 354 ist damit auf die Fälle beschränkt, in denen die Zuständigkeit für ein Hauptinsolvenzverfahren nicht in einem Mitgliedstaat der EuInsVO liegt.

4 **Spezialgesetzlich ausgeschlossen** sind Partikularverfahren bei Insolvenzverfahren über das Vermögen von Kreditinstituten und Versicherungsunternehmen, die im europäischen Wirtschaftsraum ausschließlich in ihrem jeweiligen Herkunftsstaat eröffnet werden (§ 46e Abs. 2 KWG, § 88 Abs. 1b VAG). Im außereuropäischen Kontext sind solche Verfahren hingegen zulässig; aus deutscher Sicht gelten dann die §§ 335 ff. ohne Einschränkung (Pannen, Krise und Insolvenz bei Kreditinstituten, Kap. 6 Rn. 75).

B. Eröffnungsvoraussetzungen für Partikularverfahren (Abs. 1)

I. Keine Zuständigkeit deutscher Gerichte für das Hauptinsolvenzverfahren

5 Nach § 354 Abs. 1 darf **keine internationale Zuständigkeit für ein Hauptinsolvenzverfahren** über das gesamte Vermögen des Schuldners **in Deutschland** begründet sein. Systematisch ist zunächst zu prüfen, ob sich die internationale Zuständigkeit nicht nach Art. 3 Abs. 1 EuInsVO bestimmen lässt, der Mittelpunkt der hauptsächlichen Interessen sich in einem Mitgliedstaat der EuInsVO befindet (MüKoInsO/Reinhart Rn. 6; KPB/Paulus Rn. 4). Ist dies nicht der Fall, ist in einem zweiten Schritt § 3 zu prüfen.

6 Ist in einem Drittstaat ein Hauptinsolvenzverfahren bereits eröffnet worden, kann ein Partikularverfahren nur noch in Form eines Sekundärinsolvenzverfahrens durchgeführt werden. Die §§ 356–358 gelten dann zusätzlich. Ist das Hauptinsolvenzverfahren in einem Mitgliedstaat der EuInsVO eröffnet, hat die EuInsVO Vorrang und ein etwaiges Partikularverfahren ist nur iRv Art. 3 Abs. 2 und 4 EuInsVO zulässig (→ Rn. 3).

II. Niederlassung oder sonstiges Vermögen im Inland zum Zeitpunkt der Verfahrenseröffnung

7 Die Eröffnung eines Partikularverfahrens setzt ferner voraus, dass der Schuldner im Inland entweder über eine **Niederlassung** oder **sonstiges Vermögen** verfügt. Dies stellt einen Unterschied zu dem Partikularverfahren nach Art. 3 Abs. 2 EuInsVO dar, wo die Belegenheit von Vermögen allein nicht ausreicht.

1. Niederlassung

8 Der **Begriff der Niederlassung** ist in der InsO nicht definiert, sodass die Frage aufgeworfen ist, wie diese Lücke zu füllen ist. Eine stark vertretene Auffassung will Anleihen bei der Parallelnorm des Art. 2 lit. h EuInsVO (bzw. Art. 2 Nr. 10 EuInsVO nF) nehmen (Uhlenbruck/Lüer Rn. 9; Andres/Leithaus/Dahl Rn. 6; Hess/Reimann-Rättig Rn. 10; KPB/Paulus Rn. 5; HK-InsO/Swierczok Rn. 10; Leonhardt/Smid/Zeuner/Smid, Internationales Insolvenzrecht, 2. Aufl. 2012, Rn. 3; Graf-Schlicker/Bornemann/Sabel/Schlegel Rn. 5). Es sei grundsätzlich möglich, dass Gemeinschaftsrecht als Auslegungshilfe für eine nationale Vorschrift heranzuziehen (BK-InsR/Pannen Rn. 13). Vorzugswürdig ist es indes, mit der Gegenauffassung über § 4 den **§ 21 ZPO** heranzuziehen (MüKoInsO/Reinhart Rn. 8; Braun/Delzant Rn. 5; K. Schmidt InsO/Brinkmann Rn. 5; FK-InsO/Wenner/Schuster Rn. 4; LG Frankfurt a.M. ZIP 2012, 2454). Der Niederlassungsbegriff der EuInsVO ist wie bei allen Tatbestandsmerkmalen der Verordnung autonom zu bestimmen. Ein Rückgriff auf das gemeinschaftsrechtliche Begriffsverständnis ist zudem nicht erforderlich, da das inländische Recht mit § 21 ZPO eine passende Regelung bereithält. In den meisten Fällen werden beide Ansichten freilich zu demselben Ergebnis gelangen, sodass es auf den Meinungsstreit nicht ankommt.

2. Sonstiges Vermögen

9 **Sonstiges Vermögen** umfasst alle körperlichen oder unkörperlichen Rechtsobjekte des Insolvenzschuldners, denen ein gewisser selbstständiger Vermögenswert innewohnt (vgl. BGH NJW 1997, 326; MüKoInsO/Reinhart Rn. 10). Dabei kommt es auf die Höhe des Vermögenswerts nicht an (Andres/Leithaus/Dahl Rn. 7; MüKoInsO/Reinhart Rn. 10; HK-InsO/Swierczok Rn. 11; aA FK-InsO/Wenner/Schuster Rn. 6). Der vermeintlichen Sorge, dass eine fehlende Geringfügigkeitsschwelle zu einer ausufernden Anwendung des Partikularverfahrens führen könnte, lässt sich durch das vom Gesetzgeber selbst eingeführte Korrektiv der Antragsbefugnis nach Abs. 2 begegnen. Danach ist ein besonderes Interesse des antragstellenden Gläubigers Voraus-

setzung, wenn ein Partikularverfahren allein aufgrund der Belegenheit eines Vermögensgegenstands im Inland eröffnet werden soll (→ Rn. 20). Eines darüber hinausgehenden Korrekturelements bedarf es deshalb nicht.

Eine ausdrückliche Regelung über die Bestimmung des Belegenheitsorts fehlt in § 354. Somit **10** sind die **allgemeinen Grundsätze des internationalen Einzelzwangsvollstreckungsrechts** heranzuziehen (§ 828 Abs. 2 ZPO iVm § 23 Abs. 2 ZPO) (BGH NJW 1960, 774; MüKoInsO/ Reinhart Rn. 11; Uhlenbruck/Lüer Rn. 11; MüKoBGB/Kindler Rn. 3; K. Schmidt InsO/Brinkmann Rn. 6). Die Gegenauffassung plädiert hingegen – ähnlich wie bei der Bestimmung der Niederlassung (→ Rn. 8) – dafür, sich auch hier an der EuInsVO zu orientieren (KPB/Paulus Rn. 7) (→ Rn. 10.1 ff.).

Bei **unbeweglichen und beweglichen Sachen** iSv § 90 BGB kommt es mithin auf den Lageort an **10.1** (**lex rei sitae;** MüKoInsO/Reinhart Rn. 12; HK-InsO/Swierczok Rn. 13; K. Schmidt InsO/Brinkmann Rn. 6). Sachen, die sich zum Zeitpunkt der Verfahrenseröffnung zufällig in Deutschland befinden, weil sie sich auf dem Transport oder der Durchreise befinden (**res in transitu**), fielen nach diesem Grundsatz ebenfalls in die Partikularmasse. Dagegen ließe sich mit Blick auf den Normzweck (→ Rn. 2) einwenden, dass es allein vom Zufall abhängt, ob sich der Gegenstand zum maßgeblichen Zeitpunkt im Inland befindet und Gläubiger auf diesen Umstand nicht in schutzwürdiger Weise vertrauen könnten (so Uhlenbruck/ Lüer Rn. 11; wohl auch FK-InsO/Wenner/Schuster Rn. 6). Richtigerweise ist dieser Aspekt bei der Antragsbefugnis nach Abs. 2 zu verorten und im Einzelfall zu prüfen, ob gestützt auf diesen Gegenstand trotz seiner zufälligen Belegenheit ein besonderes Interesse des antragstellenden Gläubigers an der Durchführung eines Partikularverfahrens im Inland anzuerkennen ist (MüKoInsO/Reinhart Rn. 13). Für **Transportmittel** wie Flugzeuge, Züge oder Schiffe ist der nach Art. 45 EGBGB zu bestimmende Herkunftsstaat maßgeblich (Uhlenbruck/Lüer Rn. 10).

Für **Forderungen** kommt es wegen § 23 S. 2 Alt. 1 ZPO grundsätzlich auf den Wohnsitz des Dritt- **10.2** schuldners an, bei juristischen Personen auf den Sitz iSv § 17 ZPO (KPB/Paulus Rn. 12; MüKoInsO/ Reinhart Rn. 14). Bei **dinglich besicherten Forderungen** käme zwar wegen § 23 S. 1 Alt. 2 ZPO eine alternative Anknüpfung am Lageort des Sicherungsgegenstands in Betracht. Dies könnte indes dazu führen, dass die Forderung in zwei verschiedene Partikularmassen fiele, wenn der Wohnsitz des Drittschuldners und der Lageort des Sicherungsgegenstands auseinanderfallen (MüKoInsO/Reinhart Rn. 15; Uhlenbruck/ Lüer Rn. 12; Andres/Leithaus/Dahl Rn. 7; K. Schmidt InsO/Brinkmann Rn. 9; aA Hess/Reimann-Rättig Rn. 13). Die Überlegung, die hinter dem alternativen Gerichtsstand des § 23 S. 1 Alt. 2 ZPO steht, nämlich dem Gläubiger eine gerichtliche Durchsetzung direkt am Ort des Sicherungsgegenstands, wo er ohnehin Vollstreckungsmaßnahmen ergreifen müsste, zu ermöglichen, passt nicht auf das Partikularverfahren. Besser ist es daher, allein auf den Wohnsitz des Drittschuldners abzustellen. Bei **verbrieften Forderungen** kommt es auf den Ort an, an dem sich das Papier befindet (MüKoInsO/Reinhart Rn. 18; Stein/Jonas/Roth ZPO § 23 Rn. 29; Wieczorek/Schütze/Hausmann ZPO § 23 Rn. 29; OLG Frankfurt a. M. NJW-RR 1996, 187).

Anteile an Kapital- oder Personengesellschaften sind gem. § 23 ZPO sowohl am Sitz des Gesell- **10.3** schafters als auch am Sitz der Gesellschaft belegen (MüKoZPO/Patzina ZPO § 23 Rn. 19; Stein/Jonas/ Roth ZPO § 23 Rn. 29; BGH IPRspr. 1966/67 Nr. 5; BGH DB 1977, 719). Soweit im konkreten Fall die Möglichkeit einer Zurechnung ein- und desselben Rechts zu verschiedenen Insolvenzmassen besteht, sollte dem Sitz der Gesellschaft der Vorrang gebühren (MüKoInsO/Reinhart Rn. 16; K. Schmidt InsO/ Brinkmann Rn. 9). Denn dort hat der Gesellschafter auch die gesellschaftsrechtlichen Pflichten zu erfüllen.

Gewerbliche Schutzrechte wie Urheberrechte, Markenrechte oder Patente sind im Schutzland bele- **10.4** gen (MüKoInsO/Reinhart Rn. 19; K. Schmidt InsO/Brinkmann Rn. 9). Bei Gemeinschaftsmarken iSd VO (EG) Nr. 40/94 des Rates v. 20.12.1993 ist der Sitz des Markeninhabers maßgeblich. Liegt dessen Sitz außerhalb des Gemeinschaftsgebiets, so ist Spanien als Sitz des zuständigen Markenamts der Belegenheitsort (MüKoInsO/Reinhart Rn. 19).

3. Maßgeblicher Zeitpunkt

Die zuständigkeitsbegründenden Tatsachen müssen bei Antragstellung, spätestens jedoch **im** **11** **Zeitpunkt der Verfahrenseröffnung** vorliegen (KPB/Paulus Rn. 10; FK-InsO/Wenner/Schuster Rn. 8; vgl. auch BGH ZIP 1996, 847; LG Frankfurt ZIP 2012, 2454). Werden zuständigkeitsbegründende Tatsachen zielgerichtet erst nachträglich herbeigeführt, kann eine unzulässige, da rechtsmissbräuchliche Zuständigkeitserschleichung vorliegen (Uhlenbruck/Lüer Rn. 13; MüKoInsO/Reinhart Rn. 22). Andererseits bleibt nach dem allgemeinen Grundsatz der **perpetuatio fori** die einmal begründete inländische Zuständigkeit erhalten, auch wenn die Voraussetzungen hierfür später wegfallen (HK-InsO/Swierczok Rn. 15; MüKoInsO/Reinhart Rn. 22; LG Frankfurt ZIP 2012, 2454; aA Uhlenbruck/Lüer Rn. 13). Etwaige bei Antragstellung noch vorhandene

Vermögenswerte können von einem inländischen Insolvenzgericht durch entsprechende Sicherungsmaßnahmen im Inland konserviert werden (Uhlenbruck/Lüer Rn. 14; Reinhart NZI 2009, 201 (204 f.)).

III. Vorliegen eines Insolvenzgrundes

12 Das inländische Insolvenzgericht muss zur Durchführung eines Partikularverfahrens einen **Insolvenzgrund gem. §§ 17 ff.** feststellen, weil das Partikularverfahren seinem Wesen nach ein Insolvenzverfahren ist. Lediglich bei einem Sekundärinsolvenzverfahren ist die Prüfung gem. § 356 Abs. 3 entbehrlich, weil in diesem Fall ein Insolvenzgrund von einem ausländischen Gericht bereits festgestellt wurde (→ § 356 Rn. 10). Da das deutsche Verfahrensrecht zur Anwendung kommt, ist unerheblich, welche Insolvenzeröffnungsgründe das ausländische Recht kennt (FK-InsO/Wenner/Schuster Rn. 15; Andres/Leithaus/Dahl Rn. 9). Da das Partikularverfahren nur ein Gläubiger beantragen kann (→ Rn. 17), kommen als Insolvenzgründe nur Zahlungsunfähigkeit iSv § 17 sowie Überschuldung iSv § 19 in Betracht.

13 Bei der Bestimmung der **Zahlungsunfähigkeit** ist das Zahlungsverhalten des Insolvenzschuldners weltweit zu betrachten (Andres/Leithaus/Dahl Rn. 13; Uhlenbruck/Lüer Rn. 16; FK-InsO/Wenner/Schuster Rn. 15; MüKoBGB/Kindler Rn. 11; Braun/Delzant Rn. 17; Hess/Reimann-Rättig Rn. 23; HK-InsO/Swierczok Rn. 15; → Rn. 13.1).

13.1 Nach einer abweichenden Ansicht kommt es hingegen auf rein niederlassungsbezogene Zahlungsvorgänge an (KPB/Paulus Rn. 21; BK-InsR/Pannen Rn. 23). Gegen die globale Perspektive sei einzuwenden, dass die Wirkung des Partikularverfahrens gerade territorial begrenzt ist. Zudem ergäben sich erhebliche praktischen Schwierigkeiten, wenn ein Gläubiger nachweisen müsste, dass ein unter Umständen weltweit agierendes, in vielfältige Unternehmensstrukturen gegliedertes Unternehmen seine Zahlungen eingestellt hat. Dies wird kaum gelingen bzw. mit einem beträchtlichen Kosten- und Zeitaufwand verbunden sein (Wimmer ZIP 1998, 982 (986)). Andererseits fehlt es der einzelnen Niederlassung an einer eigenen Rechtspersönlichkeit und ist ein Geldfluss von der Haupt- in die Zweigniederlassung ist stets möglich (Wimmer ZIP 1998, 982 (986)) mit der Folge, dass das Unternehmen mit dem Transfer von Geld in die betroffene Niederlassung den Insolvenzgrund beseitigen und ein Insolvenzverfahren nahezu immer vereiteln könnte. Eine inländische Niederlassung kann daher nur dann insolvent sein, wenn auch aus dem Ausland keine Zahlungen mehr erfolgen können (HK-InsO/Swierczok Rn. 15).

14 Um den praktischen Schwierigkeiten bei der Beweisführung gerecht zu werden, sind **Beweiserleichterungen** angezeigt (wie hier MüKoInsO/Reinhart Rn. 25; Uhlenbruck/Lüer Rn. 16; Braun/Delzant Rn. 18). Der BGH lässt die nachgewiesene Zahlungseinstellung der Niederlassung in Deutschland, der Hauptniederlassung und allenfalls der Zweigniederlassungen in anderen europäischen Ländern als Anscheinsbeweis für weltweite Zahlungsunfähigkeit gelten (BGH NJW 1992, 624; MüKoInsO/Reinhart Rn. 25).

15 Bei dem Insolvenzgrund der **Überschuldung** ist ebenfalls das weltweite Vermögen in den Blick zu nehmen (Braun/Delzant Rn. 14; Uhlenbruck/Lüer Rn. 16; Andres/Leithaus/Dahl Rn. 14; HK-InsO/Swierczok Rn. 15; BK-InsR/Pannen Rn. 24; Graf-Schlicker/Bornemann/Sabel/Schlegel Rn. 5; Mankowski ZIP 1995, 1650 (1658)). Der gesamte Rechtsträger muss überschuldet sein. Rechtsträger ist aber das ausländische Schuldnerunternehmen, nicht eine inländische Niederlassung oder im Inland belegenes Vermögen. Daher ergibt sich eine Überschuldung aus der Gegenüberstellung sämtlicher Aktiva und Passiva weltweit (→ Rn. 15.1).

15.1 Der zum Teil vorgeschlagene Vergleich von inländischen Vermögenswerten und weltweiten Verbindlichkeiten ist demgegenüber keine geeignete Berechnungsmethode (Braun/Delzant Rn. 17). Diese Ansicht verkennt, dass nicht nur grundsätzlich alle Gläubiger am Partikularverfahren teilnehmen können. Generell können die Gläubiger auch an parallelen Verfahren teilnehmen und sich aus der weltweiten Passivmasse befriedigen. Dass das Partikularverfahren nur national wirkt, hat mit der Frage der Überschuldung als Verfahrensvoraussetzung nichts zu tun. Allerdings ergeben sich – ähnlich wie bei der Feststellung der Zahlungsunfähigkeit (→ Rn. 13.1) – aus einer weltweiten Betrachtung nicht unerhebliche praktische Beweisschwierigkeiten (vgl. auch KPB/Paulus Rn. 22).

IV. Deckung der Verfahrenskosten

16 Hinsichtlich der Deckung der Verfahrenskosten gelten die allgemeinen Regeln wie bei jedem Insolvenzverfahren. Das Insolvenzgericht weist einen Antrag auf Eröffnung eines Partikularverfahrens gem. § 26 Abs. 1 S. 1 mangels Masse ab, wenn die Kosten des Verfahrens nicht gedeckt werden können (KPB/Paulus Rn. 9; HK-InsO/Swierczok Rn. 13; MüKoInsO/Reinhart Rn. 29). Bei

Voraussetzungen des Partikularverfahrens § 354 InsO

der Deckung der Verfahrenskosten ist allein das **inländische Vermögen** des Insolvenzschuldners maßgeblich, weil der Insolvenzverwalter ausschließlich das inländische Vermögen zur Massekostendeckung verwerten kann (Braun/Delzant Rn. 19).

V. Antrag eines Gläubigers

Die Eröffnung eines Partikularverfahrens kann abweichend von § 13 **nur ein Gläubiger** beantragen (Braun/Delzant Rn. 11; BK-InsR/Pannen Rn. 11; KPB/Paulus Rn. 15; K. Schmidt InsO/Brinkmann Rn. 11); im Rahmen eines Sekundärinsolvenzverfahrens gem. § 356 Abs. 2 erweiternd auch der ausländische Insolvenzverwalter (→ § 356 Rn. 16). Soweit mit Verweis auf § 13 Abs. 1 S. 2 vertreten wird, sowohl Gläubiger als auch Schuldner könnten ein Partikularverfahren beantragen (MüKoInsO/Reinhart Rn. 23; Uhlenbruck/Lüer Rn. 19), widerspricht dies sowohl dem Wortlaut des Abs. 1 als auch dem Willen des Gesetzgebers (s. Begr. RegE, BT-Drs. 15/16, 25). Die Vorschrift dient nicht dem Interesse des Schuldners, sondern allein dem Schutz der Gläubigerschaft (→ Rn. 2). 17

Umstritten ist ferner, ob der Antrag allgemein auf die Eröffnung eines Insolvenzverfahrens (so MüKoInsO/Reinhart Rn. 23; Uhlenbruck/Lüer Rn. 19) oder explizit auf die Eröffnung eines Partikularverfahrens gerichtet sein muss (vgl. OLG Köln NZI 2001, 380 (382); AG Mönchengladbach ZIP 2004, 1064; AG Köln NZI 2006, 57; Braun/Delzant Rn. 10; FK-InsO/Wenner/Schuster Rn. 11). Für einen allgemein auf Eröffnung eines Insolvenzverfahrens gerichteten Antrag wird vorgetragen, das Partikularverfahren sei keine besondere Verfahrensart und erfordere somit auch keinen eigenen dahingehenden Antrag (Uhlenbruck/Lüer Rn. 19). Das OLG Köln hat demgegenüber auf die Verschiedenheit der Verfahrensgegenstände abgestellt und hieraus richtigerweise den Schluss gezogen, dass ein Antrag auf Eröffnung eines Partikularverfahrens nicht als Minus im Insolvenzantrag enthalten sein kann (OLG Köln NZI 2001, 380 (382)). Zumindest ist der Antrag zu konkretisieren und hat eine Aussage darüber zu enthalten, ob bereits ein Hauptinsolvenzverfahren im Ausland eröffnet wurde, weil das angerufene Gericht ohne diese Angaben seine internationale Zuständigkeit nicht ohne Weiteres überprüfen kann (HK-InsO/Swierczok Rn. 15; Braun/Delzant Rn. 6). 18

C. Antragsbefugnis (Abs. 2)

I. Bei Verfahrenseröffnung wegen Bestehens einer Niederlassung

Besteht eine inländische Niederlassung, ist jeder inländische und ausländische Gläubiger antragsbefugt (KPB/Paulus Rn. 11; Andres/Leithaus/Dahl Rn. 8; MüKoInsO/Reinhart Rn. 35), der iSv § 14 ein **rechtliches Interesse** an der Durchführung eines Insolvenzverfahrens geltend machen kann. Die Forderung muss nicht im Zusammenhang mit der inländischen Niederlassung entstanden sein (KPB/Paulus Rn. 11; MüKoInsO/Reinhart Rn. 34). 19

II. Bei Verfahrenseröffnung wegen Belegenheit sonstigen Vermögens

Soll hingegen ein Partikularverfahren wegen der Belegenheit sonstigen Vermögens des Insolvenzschuldners im Inland eröffnet werden, muss der Antragsteller nach Abs. 2 ein über das allgemeine rechtliche Interesse iSv § 14 hinausgehendes **besonderes Interesse** an der Eröffnung des Verfahrens glaubhaft machen (krit. zum Erfordernis des besonderen Interesses Habscheid NZI 2003, 238). Die Norm nennt als **Beispiel** („insbesondere") für ein solches besonderes Interesse eine voraussichtlich erhebliche Schlechterstellung in einem ausländischen Verfahren gegenüber einem inländischen Verfahren. Wie genau eine solche Schlechterstellung festzustellen und zu beurteilen ist, bleibt allerdings unklar. 20

Denkbar ist es zunächst, wie teilweise vertreten wird (FK-InsO/Werner/Schuster Rn. 9; HK-InsO/Swierczok Rn. 18), an eine **rein wirtschaftliche Schlechterstellung** anzuknüpfen. Die Gesetzesbegründung spricht jedenfalls von erheblich schlechteren „Befriedigungschancen" eines Gläubigers im ausländischen Verfahren (Begr. RegE, BT-Drs. 15/16, 25). Damit ist zumindest geklärt, dass allgemeine wirtschaftliche Nachteile wie Übersetzungs- und Reisekosten mit dem „besonderen Interesse" in Abs. 2 nicht gemeint sind (KPB/Paulus Rn. 12b). Wenn eine wirtschaftliche Betrachtungsweise maßgeblich ist, kommt es somit eher auf einen Vergleich der zu erwartenden Quoten an. Ein solcher Ansatz stößt freilich an praktische Grenzen: Ein Gläubiger wird kaum in der Lage sein, in diesem Verfahrensstadium verlässlich zu den Befriedigungschancen in einem ausländischen Verfahren vorzutragen (MüKoInsO/Reinhart Rn. 36). 21

22 Vorzugswürdig ist es daher, auf eine **rechtliche Schlechterstellung** abzustellen. Auch insoweit erlaubt das Gesetz eine erste Annäherung: Mit Blick auf den in § 335 normierten Universalitätsgrundsatz auf der einen und Regelungen wie § 351 auf der anderen Seite kann jedenfalls nicht jeder rechtliche Unterschied – beispielsweise eine vom deutschen Recht abweichende Rangordnung (ebenso MüKoInsO/Reinhart Rn. 36; Braun/Delzant Rn. 8; FK-InsO/Werner/Schuster Rn. 9) – ein besonderes Interesse iSv § 354 begründen (so auch KPB/Paulus Rn. 12). Darüber ist eine Antwort aus dem Normzweck zu gewinnen: § 354 soll einen Kompromiss zwischen Universalitätsprinzip und dem Gläubigerschutz darstellen. Ein besonderes Interesse kann sich daher aus einem zur deutschen Rechtsordnung evidenten Widerspruch ergeben (→ Rn. 22.1).

22.1 Ein solcher Widerspruch kann sich beispielsweise auftun, wenn Gläubiger aufgrund ihrer Nationalität in diskriminierender Weise von der Teilnahme an einem ausländischen Verfahren ausgeschlossen sind (BK-InsR/Pannen Rn. 21; MüKoInsO/Reinhart Rn. 36; KPB/Paulus Rn. 12; MüKoBGB/Kindler Rn. 8). Ebenfalls liegt ein besonderes Interesse vor, wenn berechtigte Zweifel bestehen, ob im Verfahrensstaat des Hauptinsolvenzverfahrens Insolvenzverfahren überhaupt möglich oder die ausländische Gerichtsbarkeit aufgrund einer politisch instabilen Lage funktionsfähig ist (AG Göttingen NZI 2011, 160; KPB/Paulus Rn. 12b). Die bloße Undurchsichtigkeit der **lex fori concursus** oder eine sehr große Distanz zu dieser genügt hingegen nicht (FK-InsO/Werner/Schuster Rn. 9). Eine Rechtsposition droht ein Gläubiger darüber hinaus zu verlieren, wenn dingliche Rechte an dem inländischen Vermögensgegenstand ein Aus- oder Absonderungsrecht begründen, das im Staat des Hauptinsolvenzverfahrens nicht besteht (MüKoInsO/Reinhart Rn. 38; KPB/Paulus 4 Rn. 13).

D. Zuständiges Gericht (Abs. 3)

23 Nach Abs. 3 ist **örtlich ausschließlich** das Insolvenzgericht zuständig, in dessen Bezirk sich die Niederlassung des Insolvenzschuldners befindet oder sein inländisches Vermögen belegen ist. Bestehen mehrere Niederlassungen oder ist Vermögen in verschiedenen Gerichtsbezirken belegen, findet gem. Abs. 3 S. 2 iVm § 3 Abs. 3 das **Prioritätsprinzip** Anwendung. Das zuerst angerufene Insolvenzgericht schließt dann die Zuständigkeit anderer Gerichte aus. Besteht sowohl ein Gerichtsstand der Niederlassung als auch als solcher des Belegenheitsorts von Vermögensgegenständen, sollte der Ort der Niederlassung Vorrang haben. Dies wird dem Grundsatz des § 3, dass das Insolvenzverfahren grundsätzlich an dem Ort durchgeführt werden soll, zu dem der Insolvenzschuldner die engsten Beziehungen hat, am ehesten gerecht (MüKoInsO/Reinhart Rn. 44).

E. Folge der Eröffnung eines inländischen Partikularverfahrens

24 Kommt es zur Eröffnung eines Partikularverfahrens im Inland, unterfällt dieses nach dem Grundsatz des § 335 der **lex fori concursus** und damit allein **deutschem Verfahrensrecht**. Grundsätzlich gelten daher auch die allgemeinen insolvenzrechtlichen Vorschriften (MüKoInsO/Reinhart Rn. 46). Die Sonderregelungen in §§ 355–358 sind zusätzlich zu berücksichtigen. Bei der Eröffnung eines Partikularverfahrens sollte das Insolvenzgericht zudem prüfen, ob eine Bekanntmachung im Ausland sinnvoll ist (KPB/Paulus Rn. 23; vgl. hierzu auch K. Schmidt InsO/Brinkmann Rn. 15).

25 Die Eröffnung des Partikularverfahrens führt zur Bildung an territorial begrenzter **Aktivmasse**. Insoweit wird § 35 modifiziert, da sich der **Insolvenzbeschlag** nicht mehr auf das gesamte weltweite Vermögen des Insolvenzschuldners erstreckt, sondern nur sein im Inland belegenes Vermögen erfasst (MüKoInsO/Reinhart Rn. 45). Alle Gläubiger des Schuldners können sich – unabhängig von ihrem Sitz im In- oder Ausland und dem Recht, dem ihre Forderung unterliegt – an dem Partikularverfahren beteiligen (Andres/Leithaus/Dahl Rn. 16; FK-InsO/Werner/Schuster Rn. 9). Es erfolgt somit **keine Beschränkung der Passivmasse**.

§ 355 Restschuldbefreiung. Insolvenzplan

(1) Im Partikularverfahren sind die Vorschriften über die Restschuldbefreiung nicht anzuwenden.

(2) Ein Insolvenzplan, in dem eine Stundung, ein Erlass oder sonstige Einschränkungen der Rechte der Gläubiger vorgesehen sind, kann in diesem Verfahren nur bestätigt werden, wenn alle betroffenen Gläubiger dem Plan zugestimmt haben.

Überblick

Durch § 355 erfährt das Partikularverfahren eine einschränkende Modifikation der ansonsten allgemein geltenden Regeln der Insolvenzordnung zur Abwicklung von Insolvenzverfahren. Diese Sonderregelungen beziehen sich sowohl auf den generellen Ausschluss der Restschuldbefreiung (Abs. 1, → Rn. 4f.) als auch auf die Bestätigungsvoraussetzungen für einen Insolvenzplan (Abs. 2, → Rn. 6f.), wobei jedoch eine Korrektur des zu weit geratenen Wortlauts vorzunehmen ist (→ Rn. 8f.).

A. Normzweck und Anwendungsbereich

Die **einseitige Sachnorm** schützt die Interessen der Gläubiger und entspringt der Erkenntnis, dass das Partikularverfahren nur einen territorial beschränkten Geltungsbereich hat und deshalb nicht unbeschränkt auf die Forderungen der Gläubiger einwirken kann. Denn während eine territoriale Separierung der Haftungsmasse durch Bildung einer Partikularmasse im Inland möglich ist, kann eine Forderung nicht gleichermaßen im räumlichen Sinn aufgespalten werden. Ihr steht zur Befriedigung grundsätzlich das gesamte in- und ausländische Vermögen des Insolvenzschuldners zur Verfügung, auf das außerhalb des inländischen Partikularverfahrens über das Hauptinsolvenzverfahren oder ggf. über ein weiteres parallel durchgeführtes Partikularverfahren zugegriffen werden kann. Eine inländisch angeordnete Restschuldbefreiung oder ein Eingriff im Rahmen eines inländisch bestätigten Insolvenzplanes ließen die Forderung hingegen zu einer unvollkommenen, vom Gläubiger nicht mehr durchsetzbaren Verbindlichkeit werden (→ § 254 Rn. 9; → § 301 Rn. 2). Eine derartige extraterritoriale Einwirkung auf die Forderung wäre **mit der territorial begrenzten Wirkung des Partikularverfahrens nicht zu vereinbaren** (vgl. MüKoInsO/Reinhart Rn. 1; BK-InsR/Pannen Rn. 3; Kolmann/Keller, in: Gottwald InsR-HdB, § 132 Rn. 179; Reimann-Rättig, in: Hess InsR, Rn. 2). Der Gesetzgeber hält daher vor dem Hintergrund des Grundsatzes der gleichmäßigen Befriedigung aller Gläubiger eine gesetzliche Restschuldbefreiung nur dann für angebracht, wenn auch das weltweite Vermögen des Insolvenzschuldners verwertet worden ist. Denselben Gedanken überträgt er auf einen Insolvenzplan, der in Gläubigerrechte eingreift (BT-Drs. 15/16, 25) (→ Rn. 1.1). 1

Zusätzlich wird zur Erklärung des generellen Ausschlusses der Restschuldbefreiung angeführt, dass der in § 287 Abs. 2 S. 1 vorgesehenen Abtretung die Beschlagnahmewirkung eines ggf. durchgeführten Hauptinsolvenzverfahrens entgegenstehen und vom Verwalter des Hauptinsolvenzverfahrens möglicherweise angefochten werden könne (BK-InsR/Pannen Rn. 6). Ferner sei bei einer natürlichen Person als Insolvenzschuldner wohl kaum mit weiteren Einnahmen während der Wohlverhaltensperiode zu rechnen, weil der Schuldner sein Einkommen mit großer Wahrscheinlichkeit am Sitz des Hauptinsolvenzverfahrens erzielen wird, also gerade nicht im Land des Partikularverfahrens (MüKoInsO/Reinhart Rn. 4). 1.1

Die Vorschrift ist auf **alle inländischen Partikularverfahren,** mithin nicht nur auf ein isoliertes Partikularverfahren, sondern **auch auf ein Sekundärinsolvenzverfahren** als Unterfall des Partikularverfahrens (→ § 356 Rn. 1), anwendbar. 2

Der räumliche Anwendungsbereich in **Abgrenzung zur EuInsVO** entspricht demjenigen des § 354 (→ Rn. 3.1). 3

Die entsprechenden Regelungen in Art. 17 Abs. 2 S. 2 EuInsVO (bzw. Art. 20 Abs. 2 S. 2 EuInsVO nF) und Art. 34 Abs. 2 EuInsVO (bzw. Art. 47 Abs. 2 EuInsVO n.F.) weichen vom deutschen autonomen Recht ab: Das Gemeinschaftsrecht differenziert nicht zwischen den beiden Regelungsbereichen. Eine Restschuldbefreiung im Sekundärinsolvenzverfahren ist im Unterschied zum restriktiven Abs. 1 grundsätzlich zulässig, entfaltet aber hinsichtlich des in einem anderen Mitgliedstaat belegenen Vermögens nur gegenüber den zustimmenden Gläubigern Wirkung. Anders als in Abs. 2 wird die Planbestätigung nicht von der Zustimmung aller betroffenen Gläubiger abhängig gemacht; vielmehr werden nur die Wirkungen des Plans auf das vom Insolvenzbeschlag des Sekundärinsolvenzverfahrens erfasste Vermögen beschränkt. Eine darüber hinausgehende Wirkung kommt dem Plan nur zu, wenn die betroffenen Gläubiger zustimmen. Der deutsche Gesetzgeber hat freilich in Art. 102 § 9 EGInsO eine davon abweichende und Abs. 2 vergleichbare Regelung getroffen, indem er gleichwohl die Zustimmung aller betroffenen Gläubiger zur Voraussetzung für die Planbestätigung erhebt. Die Durchführungsnorm ist aber angesichts des anderen Regelungsprogramms des unmittelbar anwendbaren Art. 34 Abs. 2 EuInsVO (bzw. Art. 47 Abs. 2 EuInsVO nF) einschränkend auszulegen (MüKoInsO/Reinhart, Art. 102 § 9 EGInsO, Rn. 9; K. Schmidt InsO/Brinkmann, Art. 102 § 9 EGInsO, Rn. 2). 3.1

B. Ausschluss der Restschuldbefreiung (Abs. 1)

4 Abs. 1 schließt die Anwendung der Vorschriften über die Restschuldbefreiung (§§ 286 ff.) aus. Ein Antrag des Insolvenzschuldners auf Erteilung der Restschuldbefreiung nach § 287 ist somit als **unzulässig** abzuweisen. Nach Aufhebung des Partikularverfahrens mit Vollziehung der Schlussverteilung nach § 200 können die Gläubiger ihre Restforderungen gegen den Insolvenzschuldner selbst oder im Hauptinsolvenzverfahren bzw. einem anderen ggf. anhängigen parallelen Partikularverfahren geltend machen; der Insolvenzschuldner haftet dann gem. § 201 unbeschränkt (KPB/Paulus Rn. 3; Andres/Leithaus/Dahl Rn. 1). Eine **Restschuldbefreiung** kann folglich **nur auf einem der beiden folgenden Wege** erlangt werden: nach deutschem Recht bei Eröffnung eines Hauptinsolvenzverfahrens im Inland oder nach ausländischem Recht, wenn das Recht des Eröffnungsstaates eine Restschuldbefreiung vorsieht (Braun/Delzant Rn. 4).

5 Die Vorschrift ist indes **nicht** auf einen **Schuldenbereinigungsplan** iSv § 305 Abs. 1 Nr. 4 anzuwenden. Ein solcher Plan kann zwar auch Teilerlasse oder sogar einen vollständigen Forderungsverzicht (Nullplan) vorsehen (→ § 305 Rn. 50), kommt jedoch anders als die Restschuldbefreiung nicht aufgrund einer gerichtlichen Entscheidung (§ 300), sondern aufgrund einer (ggf. fingierten) Zustimmung der Gläubiger zustande (§ 308). Er ist daher eher einem Insolvenzplan vergleichbar, sodass anstelle von Abs. 1 die Regelung in Abs. 2 sachgerechter und analog anzuwenden ist (so auch Braun/Delzant Rn. 6; MüKoInsO/Reinhart Rn. 6; Andres/Leithaus/Dahl Rn. 8). Die Ersetzungsmöglichkeit nach § 309 findet dann allerdings keine Anwendung, da Abs. 2 diese gerade ausschließt (→ Rn. 6).

C. Einstimmigkeitserfordernis beim Insolvenzplan (Abs. 2)

6 Abs. 2 bestätigt zunächst, dass das Partikularverfahren auch mit einem Insolvenzplan iSd §§ 217 ff. abgeschlossen werden kann. Dies gilt sowohl für den Liquidations- als auch den Sanierungsplan. Insolvenzpläne sind auch in isolierten Partikularverfahren möglich (zB betreffend eine inländische Niederlassung). Die praktische Bedeutung im Fall des Sanierungsplans ist indes zweifelhaft, weil nach Aufhebung des isolierten Partikularverfahrens die ausländischen Gläubiger wieder in das inländische Vermögen vollstrecken können (FK-InsO/Wenner/Schuster Rn. 4). Bedeutung erlangt Abs. 2 daher insbesondere im Rahmen von Sekundärinsolvenzverfahren, das neben einem Hauptinsolvenzverfahren zu einer umfassenden Sanierung genutzt wird.

7 Die Vorschrift modifiziert die Voraussetzungen für die Planbestätigung. Insolvenzpläne, in denen eine Stundung, ein Erlass oder sonstige Einschränkungen von Gläubigerrechten vorgesehen sind, können im Partikularverfahren nur bestätigt werden, wenn alle betroffenen Gläubiger diesem Plan zugestimmt haben. Relevant sind grundsätzlich alle Abänderungen der schuld- oder sachenrechtlichen Rechtsposition der Gläubiger gegenüber dem Schuldner unabhängig von deren wirtschaftlichem Gewicht. Folglich genügt in diesen Fallkonstellationen **weder eine Mehrheit nach § 244 noch gilt das Obstruktionsverbot des § 245** mit der Möglichkeit, die fehlende Zustimmung einer Abstimmungsgruppe zu ersetzen. Ohne die erforderliche Zustimmung aller betroffenen Gläubiger kann der Plan nicht gerichtlich bestätigt werden und kommt daher nicht zustande (vgl. § 248 InsO).

8 Grundsätzlich entfaltet der gestaltende Teil des Insolvenzplans mit Rechtskraft des Bestätigungsbeschlusses nach § 254 auch Wirkung gegenüber nicht teilnehmenden Gläubigern (→ § 254 Rn. 6). **Betroffen** iSd Abs. 2 sind demnach nicht nur Gläubiger, die ihre Forderungen im inländischen Partikularverfahren angemeldet haben, sondern alle zur Anmeldung berechtigten Gläubiger, also auch solche, die unbekannt oder im Ausland ansässig sind (MüKoInsO/Reinhart Rn. 9; FK-InsO/Wenner/Schuster Rn. 7). Da ein Insolvenzplan typischerweise in tatbestandsrelevanter Weise in Gläubigerpositionen eingreift, wäre regelmäßig die Zustimmung der weltweiten Gläubiger erforderlich. Dies kann vom Gericht schon rein praktisch nicht überprüft werden (MüKoInsO/Reinhart Rn. 9; K. Schmidt InsO/Brinkmann Rn. 5; FK-InsO/Wenner/Schuster Rn. 7). Eine **wortlautgetreue Anwendung** der Norm bedeutete letztlich, dass ein Insolvenzplan im Partikularverfahren nicht durchführbar und **Abs. 2 faktisch unanwendbar** wäre (MüKoInsO/Reinhart Rn. 9; Hess InsR/Reimann-Rättig Rn. 8).

9 Es ist daher eine Korrektur angezeigt: Diese kann entweder über ein anderes Verständnis des Begriffs der Zustimmung oder über eine **teleologische Reduktion des Anwendungsbereichs der Norm** erfolgen. Da die erste Variante keine Stütze im Gesetzeswortlaut findet (→ Rn. 9.1), ist die zweite Variante vorzugswürdig. Demnach ist allein auf die Gläubiger abzustellen, die ihre Forderungen entweder im inländischen Sekundärinsolvenzverfahren oder im Hauptinsolvenzverfahren tatsächlich angemeldet haben (K. Schmidt InsO/Brinkmann Rn. 5). Nur auf diese Weise

ist sichergestellt, dass das Gericht die Bestätigungsvoraussetzung des Abs. 2 überprüfen kann und ein Insolvenzplan im Partikularverfahren, wovon der Gesetzgeber ja offenkundig ausgeht, überhaupt durchgeführt werden kann. Derselbe Ansatz wird auch bei der Parallelnorm des Art. 102 § 9 EGInsO für das Gemeinschaftsrecht verfolgt (→ Rn. 3.1; MüKoInsO/Reinhart EGInsO Art. 102 § 9 Rn. 11; K. Schmidt InsO/Brinkmann EGInsO Art. 102 § 9 Rn. 2; HK-InsO/Stephan EGInsO Art. 102 § 9 Rn. 3; aA Pannen/Frind, EuInsVO, EGInsO Art. 102 Rn. 3) (→ Rn. 9.1 ff.).

Eine starke Meinungsgruppe im Schrifttum befürwortet indes die erste Variante und will es im Fall **9.1** abgestimmter Insolvenzpläne genügen lassen, wenn die Gläubiger diese in den parallel stattfindenden Verfahren, wovon eines ein Hauptinsolvenzverfahren sein muss, bestätigen und im Übrigen die allgemeinen Bestätigungsvoraussetzungen für den inländischen Insolvenzplan erfüllt sind. Denn in dieser Konstellation wird über den Insolvenzbeschlag des Haupt- und der ggf. parallel durchgeführten Sekundärinsolvenzverfahren das gesamte schuldnerische Vermögen erfasst, sodass das vom Gesetzgeber mit der Regelung in Abs. 2 verfolgte Ziel (→ Rn. 1) erreicht wird und die Rechtfertigung für das Einstimmigkeitserfordernis entfällt. (MüKoBGB/Kindler Rn. 5; Braun/Delzant Rn. 17; HK-InsO/Swierczok Rn. 5; FK-InsO/Wenner/Schuster Rn. 8; Liersch NZI 2003, 302 (309)). Dieser Ansatz, der im Ergebnis auf die Majorisierung dissentierender Gläubiger im inländischen Sekundärinsolvenzverfahren hinausläuft, findet allerdings keine Stütze im Gesetzeswortlaut (so auch Andres/Leithaus/Dahl Rn. 2; K. Schmidt InsO/Brinkmann Rn. 6; KPB/Paulus Rn. 7; Smid, Int. InsR Rn. 10; Hess InsR /Reimann-Rättig Rn. 10).

Möglich ist allerdings die Ausarbeitung inhaltlich aufeinander abgestimmter Insolvenzpläne oder eines **9.2** einheitlichen Insolvenzplans, der in allen Verfahren zur Abstimmung gestellt wird (Gesamtplan), und die Koordination der Beschlussfassung in den getrennten Verfahren im Wege der Zusammenarbeit der verschiedenen Insolvenzverwalter nach § 357 (so auch Uhlenbruck/Lüer Rn. 13; Andres/Leithaus/Dahl Rn. 3; KPB/Paulus Rn. 7). Die Zustimmung von Gläubigern zum inländischen Insolvenzplan kann freilich in einem anderen Plan ausdrücklich erklärt werden und gilt dann auch als Zustimmung im inländischen Verfahren (KPB/Paulus Rn. 5). Alternativ kann auch die gesamte Partikularmasse an den Verwalter des Hauptinsolvenzverfahrens veräußert und so einer einheitlichen Verwertung zugeführt werden (MüKoInsO/Reinhart Rn. 17). Dafür ist gem. § 160 keine Zustimmung aller Gläubiger erforderlich. Die Gläubiger im Sekundärinsolvenzverfahren würden durch den Veräußerungserlös befriedigt, müssten sich aber den Erlös auf die Verteilungsquote im Hauptinsolvenzverfahren anrechnen lassen.

Nach einem anderen Vorschlag soll gem. § 222 Abs. 2 zwingend eine Gruppe der ausländischen Gläubi- **9.3** ger gebildet werden (Smid, Int. InsR Rn. 3; MüKoBGB/Kindler Rn. 6). Es ist jedoch nicht ersichtlich, warum eine solche Gruppenbildung zwingend ist. Jedenfalls würde dieser Ansatz das aufgezeigte praktische Problem nicht lösen, da Abs. 2 gerade die Ersetzung der Zustimmung einer ganzen Abstimmungsgruppe ausschließt (MüKoInsO/Reinhart Rn. 9; Hess InsR/Reimann-Rättig Rn. 9). Zu weiteren Lösungsansätzen siehe MüKoInsO/Reinhart Rn. 12 ff.; FK-InsO/Wenner/Schuster Rn. 5.

§ 356 Sekundärinsolvenzverfahren

(1) ¹Die Anerkennung eines ausländischen Hauptinsolvenzverfahrens schließt ein Sekundärinsolvenzverfahren über das inländische Vermögen nicht aus. ²Für das Sekundärinsolvenzverfahren gelten ergänzend die §§ 357 und 358.

(2) Zum Antrag auf Eröffnung des Sekundärinsolvenzverfahrens ist auch der ausländische Insolvenzverwalter berechtigt.

(3) Das Verfahren wird eröffnet, ohne dass ein Eröffnungsgrund festgestellt werden muss.

Überblick

Die Vorschrift stellt klar, dass neben einem eröffneten Hauptinsolvenzverfahren im Ausland ein Sekundärinsolvenzverfahren im Inland durchgeführt werden kann (→ Rn. 4); zu den Wirkungen (→ Rn. 20 ff.) und normiert teilweise (→ Rn. 5 ff.) die Eröffnungsvoraussetzungen (→ Rn. 8 ff.). Bei der Prüfung der Eröffnungsvoraussetzungen muss kein Eröffnungsgrund festgestellt werden (→ Rn. 10 f.). Außerdem erweitert die Vorschrift der Antragsberechtigten und verleiht auch dem Verwalter des ausländischen Hauptinsolvenzverfahrens die Befugnis, den Antrag auf Eröffnung des Sekundärinsolvenzverfahrens zu stellen (→ Rn. 15 ff.).

Übersicht

	Rn.		Rn.
A. Normzweck und Systematik	1	2. Keine Prüfung eines Eröffnungsgrundes (Abs. 3)	10
B. Eröffnung eines Sekundärinsolvenzverfahrens (Abs. 1, 3)	4	3. Weitere Eröffnungsvoraussetzungen	12
		4. Kostendeckende Partikularmasse	13
I. Zulässigkeit des Sekundärinsolvenzverfahrens	4	5. Zuständiges Gericht	14
		C. Antragsbefugnis (Abs. 2)	15
II. Anwendbare Vorschriften	5	I. Verwalter des Hauptinsolvenzverfahrens	16
		II. Gläubiger	18
III. Eröffnungsvoraussetzungen	8	III. Insolvenzschuldner	19
1. Eröffnung eines anerkennungsfähigen Hauptinsolvenzverfahrens	8	D. Wirkung der Eröffnung eines Sekundärinsolvenzverfahrens	20

A. Normzweck und Systematik

1   § 356 ist eine **einseitige Sachnorm** und betrifft einen **Unterfall des Partikularverfahrens**. Das Sekundärinsolvenzverfahren ist ein inländisches Insolvenzverfahren, das – im Gegensatz zu einem isolierten Partikularverfahren – parallel zu einem an sich universal wirkenden ausländischen Hauptinsolvenzverfahren durchgeführt wird.

2   Die Durchführung eines Sekundärinsolvenzverfahrens schützt zum einen die inländischen Gläubiger in ihrem Vertrauen, dass ein Zugriff auf das inländische Vermögen des Insolvenzschuldners in einem ihnen bekannten Verfahren nach deutschem Recht und der ihnen darin eingeräumten Rechtsposition weiterhin möglich bleibt. Zum anderen kann es auch zur Strukturierung von komplexen und unübersichtlichen Vermögens- und Rechtsverhältnissen eingesetzt werden und dient damit dem ausländischen Insolvenzverwalter zur effizienteren Abwicklung des Hauptverfahrens (Begr. RegE, BT-Drs. 15/16, 25 zu § 356). Der Verwalter kann somit dem im konkreten Fall möglicherweise geeigneteren Insolvenzrecht zur Geltung verhelfen.

2.1   Dieser Aspekt kann bspw. dann relevant werden, wenn dingliche Sicherheiten einbezogen werden sollen, die das ausländische Hauptverfahren nicht erfasst (HK-InsO/Swierczok Rn. 9), oder wenn der Insolvenzschuldner über eine Niederlassung verfügt, über die er am inländischen Rechtsverkehr (zB durch die Begründung von Arbeits- oder sonstigen Vertragsverhältnissen) teilgenommen hat und daher eine Abwicklung nach lokalen Regeln zur Verfahrensvereinfachung und zum Schutz der Interessen von Arbeitnehmern und anderen Gläubigern angezeigt ist (Hess/Reimann-Rättig Rn. 1; MüKoInsO/Reinhart Rn. 3). Vgl. zur praktischen Bedeutung im europäischen Kontext auch die Fälle: Tribunal de Commerce de Nanterre, EWiR 2006, 207 mAnm Penzlin; High Court of Justice London, EWiR 2006, 623 mAnm Mankowski; High Court of Justice Birmingham, NZI 2006, 416 mAnm Mankowski).

3   Die Vorschrift betrifft nur inländische Sekundärinsolvenzverfahren und kommt nur zur Anwendung, wenn das Hauptinsolvenzverfahren, zu dem parallel ein Sekundärinsolvenzverfahren durchgeführt werden soll, in einem **Drittstaat** eröffnet wurde, also nicht in einem Mitgliedstaat nach der EuInsVO eröffnet wurde oder einen Schuldner iSv Art. 1 Abs. 2 EuInsVO betrifft. Im Geltungsbereich der EuInsVO sind Art. 27 ff. EuInsVO (bzw. Art. 34 ff. EuInsVO nF) vorrangig (BGH NZI 2011, 120). Der sachlich-räumliche Anwendungsbereich ist mithin indentisch mit dem des § 354.

B. Eröffnung eines Sekundärinsolvenzverfahrens (Abs. 1, 3)

I. Zulässigkeit des Sekundärinsolvenzverfahrens

4   Abs. 1 der Vorschrift stellt klar, dass neben einem eröffneten Hauptinsolvenzverfahren im Ausland ein inländisches Sekundärinsolvenzverfahren gleichwohl durchgeführt werden kann. Auffällig ist, dass der Gesetzgeber in S. 1 eine negative Formulierung („…schließt … nicht aus") gewählt hat. Das mag bereits darauf hindeuten, dass die Eröffnung eines solchen Verfahrens nicht zum Regelfall werden soll und eher unerwünscht ist (BK-InsR/Pannen Rn. 2). Jedenfalls ist zu bedenken, dass von einem Sekundärinsolvenzverfahren auch Störpotentiale für die reibungslose Abwicklung des Hauptinsolvenzverfahrens, das an sich universale Geltung beansprucht und gem. § 343 grundsätzlich anerkannt werden soll, ausgehen können (näher dazu FK-InsO/Wenner/Schuster Vor §§ 354 ff. Rn. 4 mwN). Dies gilt insbesondere dann, wenn die in § 357 angelegte Zusammen-

arbeit der Insolvenzverwalter nicht funktioniert (MüKoInsO/Reinhart Rn. 3). In der Gesamtschau lässt sich daraus ableiten, dass die Regelungen zum Sekundärinsolvenzverfahren **im Zweifel eher restriktiv auszulegen** sind.

II. Anwendbare Vorschriften

Die **Voraussetzungen** des Sekundärinsolvenzverfahrens lassen sich **nicht vollständig** dem § 356 entnehmen. Da das Verfahren ein Unterfall des Partikularverfahrens ist, müssen zusätzlich die in § 354 genannten Voraussetzungen erfüllt sein. Ebenfalls findet § 355 Anwendung mit der Folge, dass die Vorschriften zur Restschuldbefreiung nicht anwendbar sind und für die Bestätigung des Insolvenzplans ein besonderes Zustimmungserfordernis gilt. Beides ergibt sich schon aus der systematischen Stellung der Vorschrift im dritten Abschnitt des elften Teils der InsO. 5

Bei der **Durchführung des Sekundärinsolvenzverfahrens** sind, wie der Verweis in Abs. 1 S. 2 zeigt, zunächst § 357 und § 358 zu beachten. Beide Vorschriften gelten aufgrund der Anknüpfung in § 356 nicht für isolierte Partikularverfahren. Da das Sekundärinsolvenzverfahren ein vollwertiges inländisches Insolvenzverfahren ist, gelangen darüber hinaus die übrigen Bestimmungen der Insolvenzordnung für die Verfahrensdurchführung zur Anwendung (zB Zustellungen (§ 8), öffentliche Bekanntmachungen (§ 9), Insolvenzfähigkeit (§ 11), Verwalterauswahl (§§ 56, 56a), Forderungsanmeldung (§§ 174 ff., § 341)), soweit nicht die §§ 354 ff. eine Modifikation enthalten. Vom zuständigen Gericht sollte geprüft werden, ob eine Bekanntmachung im Ausland sinnvoll und angemessen ist (HK-InsO/Swierczok Rn. 5). 6

Das Sekundärinsolvenzverfahren kann **auch in Eigenverwaltung** durchgeführt werden (HK-InsO/Swierczok Rn. 5; K. Schmidt InsO/Brinkmann Rn. 3; vgl. auch AG Köln NZI 2004, 151; AG Rottenburg DZWIR 2004, 434; krit. dagegen Beck NZI 2006, 606 (616)). In diesem Fall würde der Insolvenzschuldner und nicht der Verwalter des Hauptinsolvenzverfahrens (so aber AG Köln NZI 2004, 151 (154)) zum Eigenverwalter. 7

III. Eröffnungsvoraussetzungen

1. Eröffnung eines anerkennungsfähigen Hauptinsolvenzverfahrens

Notwendige Voraussetzung für die Eröffnung eines Sekundärinsolvenzverfahrens ist, dass in einem Drittstaat (→ Rn. 3) ein **Hauptinsolvenzverfahren eröffnet** wurde. Ein Antrag auf Eröffnung eines solchen Verfahrens ist nicht ausreichend (KPB/Paulus Rn. 4; Uhlenbrock/Lüer Rn. 6). In zeitlicher Hinsicht ergibt sich daraus die Einschränkung, dass ein Antrag auf Eröffnung eines Sekundärinsolvenzverfahrens nur im Zeitraum zwischen der Eröffnung und der Aufhebung des Hauptinsolvenzverfahrens zulässig ist. Es ist jedoch zweckdienlich, die Eröffnung so zeitnah wie möglich zu beantragen, um zu vermeiden, dass einerseits die Verwertung der potenziellen Partikularinsolvenzmasse im Hauptinsolvenzverfahren schon zu weit fortgeschritten ist und andererseits das Ziel des Hauptinsolvenzverfahrens möglicherweise durchkreuzt wird (FK-InsO/Wenner/Schuster Rn. 3) (→ Rn. 8.1 f.). 8

Solange **noch kein Hauptinsolvenzverfahren** eröffnet wurde oder lediglich ein dahingehender Antrag vorliegt, kommt nur ein isoliertes Partikularverfahren nach § 354 in Betracht (Andres/Leithaus/Dahl Rn. 3; Braun/Delzant Rn. 3). Sofern im Inland zunächst ein Partikularinsolvenzverfahren durchgeführt und später ein ausländisches Hauptverfahren eröffnet wird, ist das **isolierte Partikularverfahren als Sekundärinsolvenzverfahren fortzuführen** (Uhlenbrock/Lüer Rn. 6; Graf-Schlicker/Bornemann/Sabel/Schlegel Rn. 1; HK-InsO/Swierczok Rn. 3; KPB/Paulus Rn. 4; hM). Das deutsche autonome Insolvenzrecht ordnet diese Rechtsfolge allerdings – anders als Art. 36 EuInsVO (bzw. Art. 50 EuInsVO nF) – nicht ausdrücklich an. Das nachträglich eröffnete Hauptinsolvenzverfahren erstreckt sich dann nicht auf die Vermögensgegenstände, die im Inland als dem Ort der Eröffnung des Partikularverfahrens, das nun in ein Sekundärinsolvenzverfahren übergegangen ist, belegen sind (→ Rn. 20). Die zeitlich vorangegangene Eröffnung des Partikularverfahrens im Inland steht aber einer Vollstreckbarerklärung der späteren Eröffnungsentscheidung im ausländischen Hauptinsolvenzverfahren nicht entgegen (vgl. OLG Düsseldorf NZI 2004, 628 mAnm Pannen/Riedemann EWiR 2005, 177). 8.1

Eine **spätere Einstellung des Hauptinsolvenzverfahrens** führt nicht zu einer automatischen Beendigung des Sekundärinsolvenzverfahrens, da Voraussetzung für die Durchführung des Verfahrens allein die Eröffnung des Hauptinsolvenzverfahrens ist. Mangels Hauptinsolvenzverfahrens ist es jedoch als isoliertes Partikularverfahren weiterzuführen. Das Gericht muss dann aber selbst das Vorliegen eines Insolvenzgrundes feststellen, da die Prüfung nach Abs. 3 (→ Rn. 12) nur entbehrlich ist, wenn ein anerkennungsfähiges Hauptinsolvenzverfahren vorliegt (vgl. K. Schmidt InsO/Brinkmann Art. 27 EuInsVO Rn. 9), und bei Wegfall des ursprünglich gegebenen Eröffnungsgrundes das Verfahren einstellen (vgl. § 212). 8.2

9   Das ausländische Hauptinsolvenzverfahren muss, wie schon der Wortlaut von Abs. 1 S. 1 verdeutlicht, **in Deutschland gem. § 343 anerkennungsfähig** sein (MüKoInsO/Reinhart Rn. 6; KPB/Paulus Rn. 5), dh das Gericht, an dem das Hauptinsolvenzverfahren eröffnet wurde, muss aus der Sicht des deutschen Rechts zuständig sein und die Anerkennung darf nicht dem deutschen ordre public widersprechen (→ § 343 Rn. 3 ff.). Das deutsche Gericht, das über die Eröffnung des Sekundärinsolvenzverfahrens zu entscheiden hat (→ Rn. 14), muss die Anerkennungsvoraussetzungen somit inzident prüfen. Kann das ausländische Hauptinsolvenzverfahren in Deutschland nicht anerkannt werden, verbleibt nur die Möglichkeit, ein isoliertes Partikularverfahren nach § 354 durchzuführen. Unerheblich ist, welchem Zweck das ausländische Verfahren dient, ob es also auf eine Sanierung oder eine Liquidation des Insolvenzschuldners ausgerichtet ist (FK-InsO/Wenner/Schuster Rn. 3; aA Stoll/Hanisch, Vorschläge und Gutachten zur Umsetzung des EU-Übereinkommens über Insolvenzverfahren im deutschen Recht, 1997, 202, 214).

2. Keine Prüfung eines Eröffnungsgrundes (Abs. 3)

10   Ein Eröffnungsgrund muss gem. Abs. 3 vom Gericht, das über die Eröffnung des Sekundärinsolvenzverfahrens zu entscheiden hat (→ Rn. 14), nicht festgestellt werden. Dies entspricht der Regelung in Art. 27 Abs. 1 S. 1 EuInsVO (bzw. Art. 34 Abs. 1 S. 1 EuInsVO nF).

11   Die Vorschrift ist Ausdruck und unmittelbare Folge des Universalitätsprinzips (→ § 343 Rn. 1) und enthält nicht nur eine Beweislastregel. Es wird also weder bloß unwiderleglich vermutet, dass ein Insolvenzgrund auch im Inland gegeben ist (so aber HK-InsO/Swierczok Rn. 7; Trunk KTS 1994, 45), noch wird der Wegfall eines Eröffnungsgrundes gesetzlich angeordnet oder ein eigenständiger Eröffnungsgrund geschaffen (so aber Pannen/Herchen, Art. 27 EuInsVO Rn. 31 zur Parallelnorm der EuInsVO); es **kommt** vielmehr **auf diese Frage überhaupt nicht an** (so auch Andres/Leithaus/Dahl Rn. 9; KPB/Paulus Rn. 13; MüKoInsO/Reinhart Rn. 13; Liersch NZI 2003, 302 (309)). Ausreichend ist, dass ein anerkennungsfähiges (→ Rn. 9) Hauptinsolvenzverfahren eröffnet wurde, auch wenn es auf einem Eröffnungsgrund beruht, der dem deutschen Recht unbekannt ist oder dessen Tatbestandsvoraussetzungen nach dem Maßstab des deutschen Rechts nicht erfüllt wären (BT-Drs. 15/16, 25 zu § 356; Braun/Delzant Rn. 11). Denn es soll gerade ausgeschlossen werden, dass es im Inland trotz der Anerkennung des ausländischen Hauptinsolvenzverfahrens zu einer abweichenden Beurteilung darüber kommt, ob der Insolvenzschuldner materiell insolvent ist.

3. Weitere Eröffnungsvoraussetzungen

12   Da es sich beim Sekundärinsolvenzverfahren um einen Unterfall des Partikularverfahrens handelt (→ Rn. 1), müssen ferner die **allgemeinen Voraussetzungen des § 354** für die Eröffnung eines jeden Partikularverfahrens erfüllt sein. Deshalb muss zum Zeitpunkt der Verfahrenseröffnung der Insolvenzschuldner eine inländische Niederlassung haben oder Schuldnervermögen im Inland belegen sein (näher dazu → § 354 Rn. 6). Daneben müssen mit Ausnahme der Feststellung eines Eröffnungsgrundes (→ Rn. 10 f.) die üblichen Voraussetzungen für die Eröffnung eines Insolvenzverfahrens nach der InsO gegeben sein (FK-InsO/Wenner/Schuster Rn. 3).

4. Kostendeckende Partikularmasse

13   Der Grundsatz, dass ein Insolvenzverfahren nur dann stattfinden soll, wenn die vorhandene Masse ausreicht, die Kosten zur Verfahrensdurchführung iSv § 54 zu decken (→ § 26 Rn. 1), gilt auch für das Sekundärinsolvenzverfahren. Maßgebliche Aktivmasse ist allein die **inländische Partikularmasse** (→ Rn. 20). Andernfalls ist der Eröffnungsantrag gem. § 26 abzuweisen, es sei denn, der ausländische Verwalter des Hauptinsolvenzverfahrens übernimmt die Kosten des inländischen Verfahrens (Braun/Delzant Rn. 11). Zu der Frage, inwieweit die Massen von Haupt- und Sekundärinsolvenzverfahren für im jeweils anderen Verfahren begründete Masseverbindlichkeiten haften, s. unten (→ Rn. 22).

5. Zuständiges Gericht

14   Die **sachliche und örtliche gerichtliche Zuständigkeit** bestimmt sich nach § 354 Abs. 3. Ausschließlich zuständig für die Eröffnung des Sekundärinsolvenzverfahrens ist somit das Insolvenzgericht, in dessen Bezirk sich die Niederlassung befindet oder, wenn eine Niederlassung fehlt, das Schuldnervermögen belegen ist (→ § 354 Rn. 9). Kommt danach die Zuständigkeit mehrerer Insolvenzgerichte in Betracht, ist nach der Prioritätsregel des § 354 Abs. 3 S. 2 iVm § 3 Abs. 2

das zuerst angerufene Gericht für die Eröffnung des Sekundärinsolvenzverfahrens zuständig. Die **internationale Zuständigkeit** ergibt sich aus § 354 Abs. 1.

C. Antragsbefugnis (Abs. 2)

Das Sekundärinsolvenzverfahren setzt wie jedes Insolvenzverfahren einen Antrag voraus (§ 13 Abs. 1 S. 1); das Verfahren wird **nicht von Amts wegen** eröffnet. 15

I. Verwalter des Hauptinsolvenzverfahrens

Die Vorschrift erweitert den Kreis der nach § 13 Abs. 1 S. 2 antragsberechtigten Personen um 16 den Verwalter des ausländischen Hauptinsolvenzverfahrens. Dem eindeutigen Gesetzeswortlaut lassen sich keine besonderen Voraussetzungen für dessen Antragsbefugnis entnehmen. Insbesondere muss er, da die nur auf den Gläubiger anwendbare Vorschrift des § 354 Abs. 2 nicht in Bezug genommen wird, **kein besonderes Interesse** an der Verfahrenseröffnung im Inland darlegen (Andres/Leithaus/Dahl Rn. 5; HK-InsO/Swierczok Rn. 6; KPB/Paulus Rn. 9; aA Braun/Delzant Rn. 10). Daraus folgt, dass, auch wenn keine Niederlassung im Inland besteht, der ausländische Verwalter bereits bei schlichtem Vorhandensein einzelner Vermögensgegenstände im Inland (zB Bankkonto, Grundstück) einen Antrag auf Eröffnung eines Sekundärinsolvenzverfahrens stellen kann. Dies erleichtert die Nutzung des Verfahrens zu den in → Rn. 2 beschriebenen Zwecken, bedeutet aber auch, dass der universale Geltungsanspruch des Hauptinsolvenzverfahrens ohne das Korrektiv des besonderen Interesses oder eines besonderen Inlandsbezugs leicht durchbrochen werden kann (krit. daher Uhlenbruck/Lüer Rn. 9; KPB/Paulus Rn. 10). Grundvoraussetzung ist freilich, dass der Verwalter nach dem für ihn maßgeblichen Insolvenzstatut des Hauptinsolvenzverfahrens im Ausland handeln darf (KPB/Paulus Rn. 8). Unter Umständen macht er sich nach dem anwendbaren Recht schadensersatzpflichtig, wenn er keinen Antrag auf Eröffnung eines Sekundärinsolvenzverfahrens stellt, das Verfahren aber für eine bestmögliche Verwertung des Schuldnervermögens erforderlich wäre (MüKoBGB/Kindler Rn. 9; HK-InsO/Swierczok Rn. 7).

Ein ausländischer **vorläufiger Insolvenzverwalter** ist hingegen nicht antragsbefugt (ebenso 17 K. Schmidt InsO/Brinkmann Rn. 6; HK-InsO/Swierczok Rn. 8; HmbKommInsR/Undritz Rn. 4; aA MüKoInsO/Reinhart Rn. 10). Die Begründung eines solchen Antragsrechts über den Wortlaut hinaus könnte zwar die Abwicklung und Koordination von Haupt- und Sekundärinsolvenzverfahren erleichtern, wenn bereits im Stadium eines Vorverfahrens eine Eröffnung des Sekundärinsolvenzverfahrens angestoßen werden könnte (MüKoInsO/Reinhart Rn. 10). Der Bestellung eines vorläufigen ausländischen Insolvenzverwalters als Sicherungsmaßnahme kommt jedoch noch nicht die Qualität einer Eröffnungsentscheidung zu. Die Entscheidung des EuGH in der Sache Eurofood, die bestimmte Beschlüsse über Sicherungsmaßnahmen im Eröffnungsverfahren als Eröffnungsentscheidungen qualifiziert hat (EuGH NZI 2006, 360), ist nicht auf das autonome internationale Insolvenzrecht übertragbar (näher dazu K. Schmidt InsO/Brinkmann § 343 Rn. 9; MüKoInsO/Thole § 343 Rn. 9). Dem ausländischen vorläufigen Verwalter verbleibt somit lediglich die Möglichkeit, Schutzmaßnahmen nach § 344 zu beantragen.

II. Gläubiger

Darüber hinaus sind, wie der Wortlaut des Abs. 2 („auch") bestätigt, die in- und ausländischen 18 Gläubiger wegen des im Sekundärinsolvenzverfahren anwendbaren (→ Rn. 5) § 354 antragsbefugt. Stellt ein Gläubiger den Eröffnungsantrag mangels einer inländischen Niederlassung aufgrund sonstigen im Inland belegenen Vermögens, muss er gem. § 354 Abs. 2 ein besonderes Interesse an der Verfahrenseröffnung glaubhaft machen (näher dazu → § 354 Rn. 6).

III. Insolvenzschuldner

Da das Sekundärinsolvenzverfahren ein Unterfall des Partikularverfahrens ist gilt auch hier, dass 19 der Insolvenzschuldner nicht antragsbefugt ist. Dies ergibt sich nicht nur aus der eindeutigen Regelung in § 354 Abs. 1 (→ § 354 Rn. 5), sondern auch daraus, dass ein Sekundärinsolvenzverfahren ein Hauptinsolvenzverfahren voraussetzt und mit der Eröffnung des Hauptinsolvenzverfahrens die Verwaltungs- und Verfügungsbefugnis im Regelfall nicht mehr beim Insolvenzschuldner liegt (MüKoInsO/Reinhart Rn. 8 f.; KPB/Paulus Rn. 12; etwas anderes gilt nur, wenn das Hauptinsolvenzverfahren ausnahmsweise keinen universellen Insolvenzbeschlag beanspruchte).

D. Wirkung der Eröffnung eines Sekundärinsolvenzverfahrens

20 Die Wirkung des inländischen Sekundärinsolvenzverfahrens ist **territorial beschränkt** und führt im Verhältnis zum Hauptinsolvenzverfahren in Durchbrechung des Universalitätsprinzips zur **Bildung einer Teilmasse**. Die Eröffnung des Sekundärinsolvenzverfahrens nach deutschem Recht berührt dagegen die vermögensrechtliche Zuordnung der Gegenstände zum Schuldnervermögen nicht. Das inländische Vermögen wird dem an sich universell wirkenden Insolvenzbeschlag des Hauptinsolvenzverfahrens entzogen, unterfällt dem Insolvenzbeschlag des Sekundärinsolvenzverfahrens und stellt dessen **Aktivmasse** dar (K. Schmidt InsO/Brinkmann Rn. 4; FK-InsO/Wenner/Schuster Rn. 5 f.; Smid, Int. InsR Rn. 1). Das anwendbare deutsche Insolvenzrecht verdrängt insoweit das Recht des Hauptinsolvenzverfahrens (→ Rn. 20.1 f.).

20.1 Sofern der Insolvenzbeschlag nach deutschem Recht weiter reicht als nach dem Recht des Hauptverfahrensstaates, kann es zu einer Mehrung der Gesamtmasse kommen. Im umgekehrten Fall, wenn also der Insolvenzbeschlag nach deutschem Recht hinter dem des Hauptinsolvenzverfahrens zurückbleibt, können die Unterschiede in den Rechtsordnungen des Haupt- und Sekundärverfahrensstaates zu einer Verkürzung der Gesamtmasse führen (vgl. K. Schmidt InsO/Brinkmann Art. 27 EuInsVO Rn. 17).

20.2 Eine Übertragung von Massegegenständen zwischen den beiden durch Haupt- und Sekundärinsolvenzverfahren gebildeten Teilmassen ist möglich und ggf. auch zweckmäßig (FK-InsO/Wenner/Schuster Rn. 5). Sie kann durch kompetenzabgrenzende Verträge zwischen den beiden Verwaltern und den Insolvenzbeschlag beendende Freigaben durch den verwaltungs- und verfügungsbefugten Verwalter geregelt werden (vgl. K. Schmidt InsO/Brinkmann Art. 27 EuInsVO Rn. 18; MüKoBGB/Kindler Art. 27 EuGVO Rn. 30). Verschiebungen von Gegenständen aus der Teilmasse heraus in den Staat des Hauptinsolvenzverfahrens sind nach Eröffnung des Sekundärinsolvenzverfahrens ohne Zustimmung des Verwalters des Sekundärinsolvenzverfahrens nicht mehr zulässig, weil die Verwaltungs- und Verfügungsbefugnis dann auf ihn übergegangen ist (FK-InsO/Wenner/Schuster Rn. 6).

21 In Bezug auf die Aktivmasse des Sekundärinsolvenzverfahrens können Maßnahmen zur **Massesicherung** geboten sein. Da es sich beim Sekundärinsolvenzverfahren um ein Insolvenzverfahren nach inländischem Recht handelt, findet § 21 uneingeschränkt Anwendung (Hess/Reimann-Rättig Rn. 9). Es gilt aber wie auch in anderen Verfahren der Maßstab des § 21 Abs. 1 S. 1, insbesondere muss die Maßnahme erforderlich sein (→ § 21 Rn. 16) (→ Rn. 20.1 f.).

21.1 Dies ist vor dem Hintergrund des § 351, der die Rechte dinglich gesicherter Gläubiger unberührt lässt, jedenfalls bei Maßnahmen iSd § 21 Abs. 2 Nr. 3 zu bejahen, aufgrund derer die Zwangsvollstreckung gegen den Insolvenzschuldner untersagt oder einstweilen eingestellt wird (ebenso Braun/Delzant Rn. 5). Umstritten ist indes, ob nach Eröffnung des Hauptinsolvenzverfahrens noch ein vorläufiger Verwalter im Sekundärinsolvenzverfahren eingesetzt werden kann. Dies wird für nicht mehr erforderlich iSv § 21 Abs. 1 S. 1 gehalten, wenn der Hauptinsolvenzverwalter nach dem ausländischen Verfahrensrecht die Verwaltungs- und Verfügungsbefugnis über das Schuldnervermögen erlangt (Braun/Delzant Rn. 5). Da die Durchführung eines Sekundärinsolvenzverfahrens gerade dem Schutz der Interessen der inländischen Gläubiger dient (→ Rn. 2), kann die Einsetzung eines vorläufigen Verwalters bis zur Eröffnung des Sekundärinsolvenzverfahrens gleichwohl angezeigt sein (ebenso Hess/Reimann-Rättig Rn. 9).

22 Zur **Passivmasse** gehören zunächst die im Sekundärinsolvenzverfahren angemeldeten Forderungen (s. auch § 341). Darüber hinaus weist die Bestimmung der Passivmasse komplexe Abgrenzungsfragen zwischen Haupt- und Sekundärinsolvenzverfahren auf und es ist im Einzelnen umstritten, inwieweit die verschiedenen Massen für die jeweils im anderen Verfahren begründeten Verbindlichkeiten haften (→ Rn. 20.1 ff.).

22.1 Im Ausgangspunkt haftet zunächst die Masse, deren Verwalter die entsprechende Verbindlichkeit begründet hat. Das bedeutet, dass für die **vom Sekundärinsolvenzverwalter begründeten** Verbindlichkeiten grundsätzlich nur die Partikularmasse haftet. Eine Ausnahme davon, also eine Haftung der Masse des Hauptinsolvenzverfahrens auch für Masseverbindlichkeiten des Sekundärinsolvenzverfahrens, erscheint vertretbar, wenn gem. Abs. 2 der Antrag auf Eröffnung des Sekundärinsolvenzverfahrens vom Verwalter des Hauptinsolvenzverfahrens gestellt wurde → Rn. 16 (HK-InsO/Swierczok Rn. 13).

22.2 Bei Verbindlichkeiten, die **vom Hauptinsolvenzverwalter begründet** wurden, kommt es hingegen auf den Zeitpunkt an. Bei einer Begründung **vor** der Eröffnung des Sekundärinsolvenzverfahrens steht das gesamte Schuldnervermögen als Haftungsmasse zur Verfügung. **Nach** der Eröffnung des Sekundärinsolvenzverfahrens greift der gesonderte Insolvenzbeschlag für die Partikularmasse, die demzufolge nicht für die vom Hauptinsolvenzverwalter nach diesem Zeitpunkt begründeten Verbindlichkeiten haftet (Braun/Delzant Rn. 5; MüKoBGB/Kindler EuInsVO Art. 27 Rn. 29; Duursma-Kepplinger ZIP 2007, 752 (754); Beck NZI 2007, 1 (3)).

Fraglich ist, ob für Verbindlichkeiten, die **vor der Eröffnung des Sekundärinsolvenzverfahrens** 22.3
begründet wurden, die Partikularmasse nach der Eröffnung **weiter haftet.** Denkbar wäre es, die Masseverbindlichkeiten nach dem Wert der später separierten Massen aufzuteilen und nur anteilig haften zu lassen (Duursma-Kepplinger ZIP 2007, 752 (754). Eine weitere Spielart dieses Gedankens lässt eine vollumfängliche Haftung der Masse des Sekundärinsolvenzverfahrens zu, begründet aber eine Ausgleichspflicht im Innenverhältnis der beiden Verwalter (Beck NZI 2007, 1 (4)). Nach einer anderen Ansicht soll für vom Hauptinsolvenzverwalter begründete Verbindlichkeiten nur das im Staat des Hauptinsolvenzverfahrens belegene Vermögen und das Vermögen in Staaten, in denen die Eröffnung eines Sekundärinsolvenzverfahrens nicht möglich wäre, haften (Duursma-Kepplinger/Duursma/Chalupsky Art. 27 EuInsVO Rn. 48). Vorzugswürdig und auch praxisgerechter ist es, mit der wohl überwiegenden Auffassung (Ringstmeier/Homann NZI 2004, 354 (355 f.); Lüke ZZP 1998, 275 (306); FK-InsO/Wenner/Schuster Art. 27 EuInsVO Rn. 17) die Partikularmasse uneingeschränkt für die zuvor im Hauptinsolvenzverfahren begründeten Masseverbindlichkeiten forthaften zu lassen. Zwar unterfällt die Partikularmasse einem gesonderten Insolvenzbeschlag, doch wird dadurch der allgemeine Insolvenzbeschlag des Hauptinsolvenzverfahrens nicht außer Kraft gesetzt. Außerdem ist zu bedenken, dass die Massegläubiger des Hauptinsolvenzverfahrens in ihrem Vertrauen auf einen Zugriff auf die gesamte Masse, einschließlich jener Vermögensgegenstände, die später dem zum Zeitpunkt der Begründung der Verbindlichkeit noch nicht eröffneten Sekundärinsolvenzverfahren zuzuordnen sind, schutzwürdig sind.

§ 357 Zusammenarbeit der Insolvenzverwalter

(1) ¹**Der Insolvenzverwalter hat dem ausländischen Verwalter unverzüglich alle Umstände mitzuteilen, die für die Durchführung des ausländischen Verfahrens Bedeutung haben können.** ²**Er hat dem ausländischen Verwalter Gelegenheit zu geben, Vorschläge für die Verwertung oder sonstige Verwendung des inländischen Vermögens zu unterbreiten.**

(2) **Der ausländische Verwalter ist berechtigt, an den Gläubigerversammlungen teilzunehmen.**

(3) ¹**Ein Insolvenzplan ist dem ausländischen Verwalter zur Stellungnahme zuzuleiten.** ²**Der ausländische Verwalter ist berechtigt, selbst einen Plan vorzulegen.** ³**§ 218 Abs. 1 Satz 2 und 3 gilt entsprechend.**

Überblick

Die Vorschrift will die Zusammenarbeit zwischen dem Verwalter des inländischen Sekundärinsolvenzverfahrens und dem Verwalter des ausländischen Hauptinsolvenzverfahrens fördern und stellt zu diesem Zweck Regeln für ein Mindestmaß an Kooperation auf (→ Rn. 1 ff., → Rn. 18). Den Verwalter des Sekundärinsolvenzverfahrens treffen zum einen bestimmte Informationspflichten (→ Rn. 4 ff.) und die Pflicht, dem ausländischen Verwalter einen Insolvenzplan zur Stellungnahme zuzuleiten (→ Rn. 15). Zum anderen verleiht die Vorschrift dem ausländischen Verwalter bestimmte Rechte: das Recht, Vorschläge für die Verwertung oder sonstige Verwendung des inländischen Vermögens zu unterbreiten (→ Rn. 10 ff.); das Recht, an den Gläubigerversammlungen im Sekundärinsolvenzverfahren teilzunehmen (→ Rn. 13 f.), und schließlich das Recht, selbst einen Insolvenzplan im Sekundärinsolvenzverfahren vorzulegen (→ Rn. 16 f.).

Übersicht

	Rn.		Rn.
A. Normzweck und Anwendungsbereich	1	**C. Rechte des Verwalters des Hauptinsolvenzverfahrens**	10
		I. Vorschlagsrecht betreffend die Verwertung (Abs. 1 S. 2)	10
B. Pflichten des Verwalters des Sekundärinsolvenzverfahrens	4	II. Teilnahmerecht (Abs. 2)	13
I. Informationspflichten (Abs. 1 S. 1)	4	III. Recht zur Stellungnahme und Planinitiativrecht (Abs. 3)	15
II. Rechtsfolgen bei einer Pflichtverletzung	9	**D. Weitere Kooperation**	18

InsO § 357 Elfter Teil. Internationales Insolvenzrecht

A. Normzweck und Anwendungsbereich

1 Die Durchführung verschiedener paralleler Verfahren über das schuldnerische Vermögen, nämlich eines Hauptinsolvenzverfahrens und daneben eines oder mehrerer Sekundärinsolvenzverfahren, durchbricht den universalen Geltungsanspruch des Hauptinsolvenzverfahrens und kann zu Effizienzverlusten führen (→ § 356 Rn. 4). Vor diesem Hintergrund hält der Gesetzgeber eine enge Zusammenarbeit der Verwalter bei grenzüberschreitenden Insolvenzen für geboten und verlangt in § 357 ein **Mindestmaß an Zusammenarbeit** zwischen den Verwaltern und Koordination der verschiedenen Verfahren, um trotz der territorialen Zergliederung der Verfahren und Insolvenzmasse dem **übergeordneten Ziel der bestmöglichen Befriedigung der Gläubiger** gerecht zu werden (RegE BT-Drs. 15/16, 26; s. auch MüKoInsO/Reinhart Rn. 1; KPB/Paulus Rn. 1; Braun/Delzant Rn. 1). Abstimmungsbedarf kann insbesondere bei der Festlegung von Art und Umfang der Verwertung, der Ausübung von Anfechtungs-, Wahl- oder Kündigungsrechten, der Aufstellung eines Insolvenzplans oder der Abwehr von geltend gemachten, aber streitigen Forderungen entstehen. Gleichgültig ist, ob Verfahrensziel die Liquidation oder eine Sanierung ist (FK-InsO/Wenner/Schuster Rn. 1) (→ Rn. 1.1 f.).

1.1 Bei der Erreichung des Ziels einer bestmöglichen Gläubigerbefriedigung kann freilich im Einzelfall ein Konflikt zwischen dem Haupt- und Sekundärinsolvenzverfahren entstehen (MüKoInsO/Reinhart Rn. 2). Denn eine aus Sicht der Gläubiger des Sekundärinsolvenzverfahrens ungünstigere Verwertung kann sich für das Hauptinsolvenzverfahren als günstiger erweisen. Zu denken ist etwa an die Übertragung eines Vermögensgegenstands aus der Teilmasse heraus, um im Hauptinsolvenzverfahren einen vorteilhafteren Gesamtverkauf zusammen mit anderen Vermögensgegenständen im Paket zu ermöglichen. Auflösen lässt sich dieser Konflikt, wenn durch eine Vereinbarung der Verwalter eine angemessene Partizipation der inländischen Gläubiger an dem im Hauptinsolvenzverfahren erzielten Verwertungserlös sichergestellt ist.

1.2 Teilweise wird als Zweck der Vorschrift auch die Stärkung des Hauptinsolvenzverfahrens angesehen (Smid Int. InsR Rn. 2) und ferner angenommen, die Norm sei Ausdruck der prinzipiell untergeordneten Funktion des Sekundärinsolvenzverfahrens (Uhlenbruck/Lüer Rn. 1; KPB/Paulus Rn. 1; Andres/Leithaus/Dahl Rn. 2; aA wie hier MüKoBGB/Kindler Rn. 2; MüKoInsO/Reinhart Rn. 2). Das Sekundärinsolvenzverfahren verdrängt jedoch in seinem Bereich die universelle Wirkung des Hauptinsolvenzverfahrens und dient in erster Linie dem Schutz der inländischen Gläubiger (→ § 356 Rn. 2). Von einer Unterordnung kann nur insoweit gesprochen werden, als ein eventueller Überschuss nach § 358 an den Verwalter des Hauptinsolvenzverfahrens herauszugeben ist, weil nach Beendigung des Sekundärinsolvenzverfahrens dessen Sperrwirkung endet (→ § 358 Rn. 2).

2 Die Vorschrift betrifft nur das **Verhältnis zu Drittstaaten** und bleibt daher in der Statuierung von Kooperationspflichten und -rechten verständlicherweise hinter der für Gemeinschaftssachverhalte geltenden Parallelnorm des Art. 31 EuInsVO (bzw. Art. 41 EuInsVO nF) zurück. Insbesondere findet sich kein Art. 33 EuInsVO (bzw. Art. 46 EuInsVO nF) vergleichbares Recht des Verwalters des Hauptinsolvenzverfahrens, die vollständige oder teilweise Aussetzung der Verwertung der im Sekundärinsolvenzverfahren gebildeten Teilmasse zu verlangen (auch → Rn. 12). Eine über die von § 357 aufgestellten Mindestanforderungen hinausgehende Zusammenarbeit und Abstimmung zwischen den Verwaltern ist indes möglich (→ Rn. 18) und unter Umständen sogar geboten.

3 Ihrem Wortlaut nach bindet die **einseitige Sachnorm** nur den Verwalter des bereits eröffneten inländischen Sekundärinsolvenzverfahrens gegenüber dem Verwalter des ausländischen Hauptinsolvenzverfahrens. Dem Verwalter des Hauptinsolvenzverfahrens können durch das nationale Insolvenzrecht naturgemäß keine Pflichten auferlegt werden; eine Kooperationspflicht kann sich insoweit nur aus dem auf das Hauptinsolvenzverfahren anwendbaren ausländischen Insolvenzstatut ergeben (so auch KPB/Paulus Rn. 2; Braun/Delzant Rn. 1). Es ist jedoch kein Grund ersichtlich, warum die Vorschrift – jedenfalls soweit die Mitteilungspflichten des Abs. 1 S. 1 betroffen sind – nicht auch schon im **vorläufigen Sekundärinsolvenzverfahren** Platz greifen sollte (ebenso MüKoInsO/Reinhart Rn. 9; K. Schmidt InsO/Brinkmann Rn. 4). Denn schon in der Phase des Eröffnungsverfahrens können Umstände zu Tage treten, die für das Hauptinsolvenzverfahren bedeutsam sind. Eine **darüber hinausgehende** Ausweitung des Anwendungsbereichs im Wege der **Analogie** ist indes **nicht möglich** (→ Rn. 3.1 ff.).

3.1 Das bedeutet zum einen, dass die Norm **nicht für den umgekehrten Fall** eines inländischen Hauptinsolvenzverfahrens im Verhältnis zu einem ausländischen Sekundärinsolvenzverfahren gilt (aA FK-InsO/Wenner/Schuster Rn. 4; HK-InsO/Swierczok Rn. 3). Das belegen schon die systematische Stellung der Vorschrift und der Anwendungsbefehl in § 356 Abs. 1 S. 2. Ob der Verwalter in dieser Konstellation zur Zusammenarbeit verpflichtet ist, ergibt sich allein aus dem Recht des Staates, in dem das Hauptinsolvenzverfahren eröffnet wurde (für Deutschland aus § 60: HK-InsO/Undritz Rn. 2; K. Schmidt InsO/Brinkmann Rn. 3).

Zum anderen greift die Norm **nicht im Verhältnis zu einem oder mehreren anderen ausländi-** **3.2** **schen Sekundärinsolvenzverfahren** (aA HK-InsO/Swierczok Rn. 3; K. Schmidt InsO/Brinkmann Rn. 2), da keine planwidrige Regelungslücke besteht. Der Gesetzgeber hat gerade keine dem Art. 31 EuInsVO vergleichbare Regelung getroffen, die sich gleichermaßen an „die" Verwalter von Haupt- und Sekundärinsolvenzverfahren richtet, sondern weist allein dem „einen" ausländischen Verwalter des Hauptinsolvenzverfahrens bestimmte Rechte im inländischen Verfahren zu (MüKoBGB/Kindler Rn. 3). Es wäre zudem nicht systemkonform, den Verwaltern paralleler Sekundärinsolvenzverfahren einseitige Einflussnahmemöglichkeiten auf ein anderes Sekundärinsolvenzverfahren zu verleihen (BK-InsR/Pannen Rn. 3). Eine Kooperation auch in diesem Verhältnis ist zwar wünschenswert; in diesem Fall kann jedoch der Verwalter des Hauptinsolvenzverfahrens die Aufgabe der Koordination ggf. aufgrund seiner Einflussnahmemöglichkeiten auf das jeweilige Sekundärinsolvenzverfahren wahrnehmen (MüKoInsO/Reinhart Rn. 1).

Schließlich verpflichtet die Norm **nicht das Insolvenzgericht**. Eine Zusammenarbeit der Gerichte, **3.3** für die ebenfalls ein großes praktisches Bedürfnis besteht, ist aber nichtsdestotrotz möglich (näher dazu Ehrike WM 2005, 397; Vallender KTS 2005, 283 (321); Eidenmüller IPrax 2001, 9).

B. Pflichten des Verwalters des Sekundärinsolvenzverfahrens

I. Informationspflichten (Abs. 1 S. 1)

§ 357 Abs. 1 S. 1 trägt dem inländischen Verwalter des Sekundärinsolvenzverfahrens eine Mittei- **4** lungs- und Informationspflicht auf. Er hat dem Verwalter des Hauptinsolvenzverfahrens unverzüglich alle Umstände zu übermitteln, die für die Durchführung des Hauptinsolvenzverfahrens Bedeutung haben können. Der inländische Verwalter darf nicht erst eine Aufforderung des Hauptinsolvenzverwalters abwarten, sondern muss **eigeninitiativ** tätig werden (KPB/Paulus Rn. 3; Uhlenbruck/Lüer Rn. 4; Andres/Leithaus/Dahl Rn. 4). Dies bedeutet jedoch nicht, dass er stets jeden relevanten Umstand einzeln mitzuteilen hat. Es reicht aus, wenn er seiner Mitteilungspflicht **in regelmäßigen Abständen** nachkommt, sofern dies ausreicht, um das Informationsbedürfnis des Hauptinsolvenzverwalters zu befriedigen (MüKoInsO/Reinhart Rn. 7; Hess/Reimann-Rättig Rn. 11; auch → Rn. 6). Das Gesetz verlangt keine Gegenseitigkeit, dh der Sekundärinsolvenzverwalter hat seine Pflichten unabhängig davon zu erfüllen, ob ihm im Hauptinsolvenzverfahren vergleichbare Rechte eingeräumt werden (MüKoBGB/Kindler Rn. 8; BK-InsR/Pannen Rn. 4; Smid Int. InsR Rn. 4).

Welche Umstände mitzuteilen sind, ist gesetzlich nicht definiert, sondern anhand des Einzelfalls **5** zu bestimmen. Der Normzweck (→ Rn. 1) gebietet eine **weite Auslegung,** um im Interesse der Gläubiger an einer bestmöglichen Verwertung und einer effizienten Verfahrensabwicklung eine enge Zusammenarbeit der Verwalter sicherzustellen (Andres/Leithaus/Dahl Rn. 4). Die Informationspflicht ist daher **umfassend** zu verstehen (RegE, BT-Drs. 15/16, 26) und erfasst grundsätzlich alle Umstände, Ereignisse und Handlungen im Sekundärinsolvenzverfahren (KPB/Paulus Rn. 4). Sie kann nicht von vornherein auf wesentliche Masseteile oder wichtige verfahrensleitende Entscheidungen beschränkt werden (so aber HK-InsO/Swierczok Rn. 6; s. auch Wimmer ZIP 982 (987)). Die Pflicht erschöpft sich nicht in der bloßen Mitteilung der relevanten Information, sondern umfasst **auch sonstige Mitwirkungspflichten** wie zB die Beschaffung und Herausgabe von Dokumenten und Unterlagen (FK-Inso/Wenner/Schuster Rn. 3).

Die **Testfrage** ist, ob und inwieweit die Information und sonstige Mitwirkungshandlung erfor- **6** derlich ist, um dem Hauptinsolvenzverwalter die effektive Wahrnehmung seiner Rechte aus § 357 (→ Rn. 13 ff.) zu ermöglichen. Dieser Maßstab prägt nicht nur die inhaltliche Reichweite, sondern auch die **zeitliche Komponente** der Pflichterfüllung. Nach dem Normtext sind die relevanten Umstände unverzüglich, dh ohne schuldhaftes Zögern (§ 121 BGB), mitzuteilen. Ungeachtet dessen hat die Mitteilung aber jedenfalls so zeitnah und mit ausreichender Vorlaufzeit zu erfolgen, dass eine effektive Rechtewahrnehmung gewährleistet ist (Braun/Delzant Rn. 4; Andres/Leithaus/Dahl Rn. 7). Eine nachträgliche Information genügt somit keinesfalls (HK-InsO/Swierczok Rn. 9).

Die Pflicht besteht allerdings nicht uneingeschränkt und darf nicht ausufern. Einen ersten **7** Anhaltspunkt für eine **sachgerechte Grenzziehung** liefert das Gesetz selbst, indem es verlangt, dass die mitzuteilenden Umstände aus Sicht des Hauptinsolvenzverfahrens für dessen Durchführung **von Bedeutung** sein müssen. Daraus lässt sich ableiten, dass eine bestimmte Wesentlichkeitsschwelle überschritten sein muss, bevor die Informationspflicht eingreift (Uhlenbruck/Lüer Rn. 6; Andres/Leithaus/Dahl Rn. 4). Um die Bedeutung für das Hauptinsolvenzverfahren bestimmen zu können, benötigt der inländische Verwalter wiederum Informationen über dieses Verfahren (Hess/Reimann-Rättig Rn. 10). Erhält er diese vom Hauptinsolvenzverwalter trotz Anforderung nicht (eine entsprechende Pflicht zur Mitwirkung kann das deutsche Recht, wie ausgeführt → Rn. 3, in diesem Verhältnis nicht begründen), scheidet eine schuldhafte Pflichtverletzung aus, wenn er die Bedeutung für das Hauptinsolvenzverfahren falsch einschätzt (MüKoInsO Rn. 6). Gleichzeitig ist aus Sicht des Sekundärinsolvenzverfahrens zu bedenken, dass die Erfüllung der Unterrichtungspflicht nicht dazu führen darf, dem inländischen Verwalter die Grundlage für sein autonomes Handeln zu entziehen und seine Arbeit unnötig zu erschweren (Uhlenbruck/Lüer Rn. 6; HK-InsO/Swierczok Rn. 6; Wimmer ZIP 1998, 982 (987)). Denn das Sekundärinsolvenzverfahren ist ein **rechtlich eigenständiges Verfahren.** Darüber hinaus ist dort eine Grenze zu ziehen, wo inländische Daten- oder Geheimnisschutzbestimmungen verletzt würden (K. Schmidt InsO/Brinkmann Rn. 5; HK-InsO/Swierczok Rn. 7; Kemper ZIP 2001, 1609 (1618)) (→ Rn. 7.1).

7.1 Als **Beispiele** für mitzuteilende Informationen nennen die Gesetzesbegründungen die Eröffnung des Insolvenzverfahrens im Inland, die Vornahme einer Verteilung sowie die Aufhebung oder Einstellung des Verfahrens (RegE, BT-Drs. 15/16, 26) sowie ferner die Vermögensübersicht zu Beginn des Verfahrens, die Ergebnisse des allgemeinen Prüftermins und den Eintritt der Masseunzulänglichkeit (RegE, BT-Drs. 12/2443, 246 zu § 398). Darüber hinaus zählen in jedem Fall zu den relevanten Informationen diejenigen Berichte, Verzeichnisse und sonstigen Informationen, die der inländische Verwalter auch dem Insolvenzgericht zuleitet (Graf-Schlicker/Bornemann/Sabel/Schlegel Rn. 3). Ferner sind von Bedeutung: Angaben über den Umfang des schuldnerischen Vermögens, den Bestand und Umfang der Insolvenzmasse und die Möglichkeiten zu deren Verwertung, die Form der Verfahrensabwicklung und evtl. Pläne betreffend die Fortführung des Unternehmens oder einer Niederlassung bzw. Sanierungs- und Reorganisationsmaßnahmen, die Anzahl und Struktur der Gläubiger sowie deren Rangfolge, den Stand der Forderungsanmeldungen und -prüfungen, insbesondere zu streitigen Forderungen, die Behandlung schwebender Verträge, wesentliche Anfechtungsprozesse, Klagen auf Schadensersatz (§§ 92, 93) sowie allgemein über den Verfahrensstand, die Verteilung der Insolvenzmasse und Maßnahmen zur Verfahrensbeendigung (Braun/Delzant Rn. 3; MüKoBGB/Kindler Rn. 7; Andres/Leithaus Rn. 5; BK-InsR/Pannen Rn. 10; KPB/Paulus Rn. 4).

8 Zur **Art und Weise der Informationsübermittlung** trifft das Gesetz keine Regelungen. Die Antwort darauf liefert der bereits für die inhaltliche Reichweite der Informationspflicht herausgearbeitete Maßstab (→ Rn. 6). Grundsätzlich kann der Verwalter des Sekundärinsolvenzverfahrens seine Pflicht in jeder sinnvollen Art und Weise erfüllen (also etwa auch per E-Mail), die den Verwalter des Hauptinsolvenzverfahrens in die Lage versetzt, seine Rechte effektiv wahrzunehmen. Einen Anspruch auf Übersetzung in eine andere Sprache, insbesondere in die Amtssprache des Hauptinsolvenzverfahrens, hat er hingegen nicht. Sollte es indes für den Verwalter des Sekundärinsolvenzverfahrens zumutbar sein, die Informationen in einer auch für den Verwalter des Hauptinsolvenzverfahrens verständlichen Sprache zur Verfügung zu stellen (was für die englische Sprache regelmäßig anzunehmen sein dürfte), folgt aus dem Normzweck, der eine enge und möglichst friktionslose Zusammenarbeit der Verwalter im Blick hat (→ Rn. 1), eine dahingehende Verpflichtung (ebenso K. Schmidt InsO/Brinkmann Rn. 6). Die in Erfüllung der Pflichten aus § 357 entstehenden **Kosten hat die inländische Insolvenzmasse zu tragen** (MüKoInsO/Reinhart Rn. 8).

II. Rechtsfolgen bei einer Pflichtverletzung

9 § 357 Abs. 1 S. 1 begründet einen auf dem ordentlichen Rechtsweg im Weg der Auskunftsklage **einklagbaren materiell-rechtlichen Anspruch** des ausländischen Insolvenzverwalters (MüKoInsO/Reinhart Rn. 20). Die gerichtliche Durchsetzung ist jedoch kaum praktikabel, da sie zeitintensiv ist und in den meisten Fällen das Informationsbedürfnis kurzfristig erfüllt werden muss, damit der Verwalter des Hauptinsolvenzverfahrens seine Rechte im Sekundärinsolvenzverfahren effektiv wahrnehmen kann. Praktisch wirksamer dürfte es daher sein, wenn der ausländische Verwalter oder ein Insolvenzgläubiger eine **Aufsichtsmaßnahme des Insolvenzgerichts nach § 58** anregt, falls der Verwalter des Sekundärinsolvenzverfahrens seinen Mitwirkungspflichten nicht oder nur unzureichend nachkommt (BT-Drs. 12/2443, 246; BT-Drs. 15/16, 26). Die Pflicht aus § 357 Abs. 1 S. 1 fällt unter § 58 Abs. 2. Außerdem kann ein **Schadensersatzanspruch nach § 60** bei schuldhafter Verletzung der insolvenzverfahrensspezifischen Pflicht bestehen (KPB/Paulus Rn. 5; Uhlenbruck/Lüer Rn. 5; Andres/Leithaus/Dahl Rn. 6). Der Nachweis eines Schadens oder der haftungsbegründenden Kausalität der Pflichtverletzung dürfte im Einzelfall indes nicht leicht zu führen sein (MüKoInsO/Reinhart Rn. 20; HK-InsO/Swierczok Rn. 20).

C. Rechte des Verwalters des Hauptinsolvenzverfahrens

I. Vorschlagsrecht betreffend die Verwertung (Abs. 1 S. 2)

Nach Abs. 1 S. 2 hat der inländische Verwalter, dem ausländischen Verwalter des Hauptinsolvenzverfahrens Gelegenheit zu geben, Vorschläge für die Verwertung oder die sonstige Verwendung des inländischen Vermögens zu unterbreiten. Dadurch soll vor allem vermieden werden, dass durch isoliert durchgeführte Maßnahmen im Sekundärinsolvenzverfahren **Sanierungs- oder Fortführungsbemühungen des Hauptinsolvenzverwalters** unterlaufen werden (Braun/Delzant Rn. 5; BK-InsR/Pannen Rn. 14). Mit dem Vorschlagsrecht des Hauptinsolvenzverwalters korrespondiert eine Pflicht des Sekundärinsolvenzverwalters, die faktischen Voraussetzungen für eine effektive Rechtsausübung zu schaffen (K. Schmidt InsO/Brinkmann Rn. 7). Dazu gehört zunächst die **rechtzeitige vorherige** Information über geplante Verwertungsmaßnahmen, sodass ein daraufhin unterbreiteter Gegenvorschlag zur Verwertung noch berücksichtigt werden kann (MüKoInsO/Reinhart Rn. 15; HK-InsO/Swierczok Rn. 11; KPB/Paulus Rn. 6; vgl. auch Staak NZI 2004, 480 (484)). Der Verwalter des Sekundärinsolvenzverfahrens hat die Vorschläge zur Kenntnis zu nehmen und in seine Verwertungsüberlegungen einzubeziehen (Braun/Delzant Rn. 6).

Den Vorschlägen kommt jedoch **keine Bindungswirkung** zu; der Verwalter des Hauptinsolvenzverfahrens hat **kein Weisungsrecht** gegenüber dem Verwalter des Sekundärinsolvenzverfahrens (MüKoBGB/Kindler Rn. 12; KPB/Paulus Rn. 7; Uhlenbruck/Lüer Rn. 9; anders für das europäische Insolvenzrecht: Ehricke ZIP 2005, 1104 (1107, 1110); Staak NZI 2004, 480 (484); s. auch Beck NZI 2006, 609 (611)). Denn das Sekundärinsolvenzverfahren ist rechtlich selbstständig und der Verwalter hat in diesem Verfahren nur die Befriedigungsinteressen der inländischen Gläubiger zu beachten. In einem Ausnahmefall, in dem schwerwiegende Nachteile für das Hauptinsolvenzverfahren drohten, wenn der Verwertungsvorschlag nicht umgesetzt würde, lässt sich jedoch über eine gewisse Bindungswirkung nachdenken (Uhlenbruck/Lüer Rn. 9).

Eine Verletzung der Pflicht des Verwalters des Sekundärinsolvenzverfahrens, dem Verwalter des Hauptinsolvenzverfahrens Gelegenheit zur Unterbreitung von Verwertungsvorschlägen zu geben, hat ferner **nicht die Unwirksamkeit einer Verwertungsmaßnahme** zur Folge (KPB/Paulus Rn. 6; Uhlenbruck/Lüer Rn. 5; Andres/Leithaus/Dahl Rn. 7; aA MüKoInsO/Reinhart Rn. 11). Teilweise wird vertreten, dass eine **Liquidationssperre** im ausländischen Insolvenzverfahren auch im inländischen Sekundärinsolvenzverfahren Beachtung finden müsse und dementsprechend die Verwertung der Partikularmasse auszusetzen sei. Dagegen spricht jedoch zum einen der Gesetzgebungsprozess, der gerade nicht zur Umsetzung einer entsprechenden noch in einem Vorentwurf enthaltenen Regelung geführt hat (näher dazu MüKoInsO/Reinhart Rn. 13), und der Umstand, dass der Gesetzgeber in Kenntnis der Liquidationssperre in Art. 33 EuInsVO (zukünftig Art. 46 EuInsVO) für das autonome Recht keine Aussetzungsmöglichkeit angeordnet hat (K. Schmidt InsO/Brinkmann Rn. 7; MüKoInsO/Reinhart Rn. 13; Uhlenbruck/Lüer Rn. 10).

II. Teilnahmerecht (Abs. 2)

Abs. 2 räumt dem ausländischen Verwalter in Erweiterung des in § 74 Abs. 1 S. 2 aufgeführten Personenkreises das Recht ein, zur Sicherstellung der Verfahrenskoordination an den Gläubigerversammlungen teilzunehmen. Damit sind alle Gläubigerversammlungen erfasst, die während des Sekundärinsolvenzverfahrens stattfinden (KPB/Paulus Rn. 9). Eine **Ladung** zu den Versammlungen ist im Gesetz nicht vorgesehen; gleichwohl geht die Gesetzesbegründung davon aus, dass der Verwalter des Hauptinsolvenzverfahrens zu laden ist, damit er seine Rechte effektiv wahrnehmen kann (BT-Drs. 15/16, 26; aA KPB/Paulus Rn. 9).

Über das Recht zur physischen Anwesenheit hinaus verleiht die Vorschrift auch ein **Rederecht** und ein Recht, der Versammlung Vorschläge zu unterbreiten und dafür zu werben (MüKoInsO/Reinhart Rn. 14; KPB/Paulus Rn. 10). Der ausländische Verwalter des Hauptinsolvenzverfahrens kann jedoch – anders als im Fall der Vorlage eines eigenen Insolvenzplans nach Abs. 3 S. 2 (→ Rn. 16) – **keine Abstimmung herbeiführen,** weil das Vorschlagsrecht für die Verwertung der inländischen Partikularmasse gem. § 156 dem Verwalter des Sekundärinsolvenzverfahrens zusteht (KPB/Paulus Rn. 10; aA MüKoBGB/Kindler Rn. 11; HK-InsO/Swierczok Rn. 13). Ein Recht auf Mitgliedschaft im Gläubigerausschuss steht dem ausländischen Verwalter ebenfalls nicht zu (K. Schmidt InsO/Brinkmann Rn. 8). Ferner verfügt er weder über ein **Stimmrecht,** noch kann er gegen Beschlüsse einer Gläubigerversammlung Rechtsmittel einlegen (MüKoInsO/Reinhart 14; Hess/Reimann-Rättig Rn. 23). Ein Stimmrecht hat er nur dann, wenn er nach dem

Recht des Eröffnungsstaates des Hauptinsolvenzverfahrens oder aufgrund einer rechtsgeschäftlichen Bevollmächtigung befugt ist, Stimmrechte der Gläubiger auch im Sekundärinsolvenzverfahren auszuüben (ebenso K. Schmidt InsO/Brinkmann Rn. 8; MüKoInsO/Reinhart Rn. 15; Hess/Reimann-Rättig Rn. 24; dies ergibt sich aber nicht aus § 341 Abs. 3, der mangels Gesetzgebungskompetenz nicht auf den ausländischen Verwalter des Hauptinsolvenzverfahrens angewendet werden kann, aA MüKoBGB/Kindler Rn. 11; Braun/Delzant Rn. 7; Andres/Leithaus/Dahl Rn. 9; KPB/Paulus Rn. 10; HK-InsO/Swierczok Rn. 13).

III. Recht zur Stellungnahme und Planinitiativrecht (Abs. 3)

15   Über Abs. 3 kommen dem ausländischen Verwalter besondere Rechte im Zusammenhang mit der Aufstellung eines Insolvenzplans im Sekundärinsolvenzverfahren zu. In Erweiterung des Personenkreises, dem gem. § 232 ein Insolvenzplan zur Stellungnahme vorzulegen ist, ordnet Abs. 3 S. 1 an, dass der Plan auch dem Verwalter des Hauptinsolvenzverfahrens zuzuleiten ist, und gibt ihm damit das korrespondierende Recht zur Stellungnahme. Dies ist sinnvoll, da der Verwalter nur so die Auswirkungen des Plans auf das Hauptinsolvenzverfahren vorab prüfen, sich auf den Erörterungs- und Abstimmungstermin vorbereiten und ggf. Vorschläge zur Änderung vortragen oder einen eigenen Plan als Gegenvorschlag vorlegen kann (Uhlenbruck/Lüer Rn. 13; MüKoInsO/Reinhart Rn. 16; FK-InsO/Wenner/Schuster Rn. 9). Entsprechend § 235 Abs. 3 ist er zum Erörterungs- und Abstimmungstermin **zu laden** (KPB/Paulus Rn. 11; Andres/Leithaus/Dahl Rn. 10).

16   Darüber hinaus verleiht Abs. 3 S. 2 dem Verwalter des Hauptinsolvenzverfahrens das **Initiativrecht** und erweitert so den Kreis derjenigen Personen, die zur Vorlage eines Insolvenzplans im Sekundärinsolvenzverfahren berechtigt sind. Dadurch erwirbt der Verwalter die gleiche Rechtsstellung wie die anderen nach § 218 Abs. 1 S. 1 Vorlageberechtigten (HK-InsO/Swierczok Rn. 16). Er kann mithin einen erstmaligen Plan oder einen Gegenplan vorlegen, sodass ggf. zwei abweichende Pläne zur Abstimmung gestellt werden können. Er erhält aber keine Blockademöglichkeit, da seine Zustimmung für die Planbestätigung nicht erforderlich ist (K. Schmidt InsO/Brinkmann Rn. 11). Die praktische Bedeutung dürfte indes gering sein, da nach § 355 Abs. 2 die Zustimmung aller betroffenen Gläubiger erforderlich ist, wenn der Plan eine Stundung, einen Erlass oder eine sonstige Einschränkung von Gläubigerrechten vorsieht (vgl. HK-InsO/Swierczok Rn. 18 mwN).

17   Auf Grund des Verweises in Abs. 3 S. 3 auf § 218 Abs. 1 S. 2 kann der Verwalter des Hauptinsolvenzverfahrens den Insolvenzplan auch zusammen mit seinem eigenen Antrag auf Verfahrenseröffnung nach § 356 Abs. 2 (→ § 356 Rn. 16) vorlegen. Das Gesetz ermöglicht somit einen **prepackaged plan** im Sekundärinsolvenzverfahren (Braun/Delzant Rn. 8; MüKoBGB/Kindler Rn. 13; BK-InsR/Pannen Rn. 16). Zu beachten ist, dass ein Insolvenzplan, der erst nach dem Schlusstermin im Sekundärinsolvenzverfahren beim zuständigen Gericht eingeht, nicht mehr berücksichtigt wird (Abs. 3 S. 3 iVm § 218 Abs. 1 S. 3).

D. Weitere Kooperation

18   Die Vorschrift des § 357 stellt keine abschließende Regelung der Zusammenarbeit der Verwalter in den verschiedenen Verfahren dar, sondern beschreibt nur ein Mindestmaß an Rechten und Pflichten (Andres/Leithaus/Dahl Rn. 1; BK-InsR/Pannen, Rn. 2; FK-InsO/Wenner/Schuster Rn. 1). Die in § 357 normierten Regelungen gehen vielmehr schon aus allgemeinen Pflichten hervor und lassen sich aus allgemeinen Grundsätzen ableiten (MüKoInsO/Reinhart Rn. 1; Flessner IPrax 1997, 1 (4)). Darüberhinausgehende **Vereinbarungen zwischen den Verwaltern** (sog. protocols) über die Zusammenarbeit und die Verwertung der Insolvenzmassen sind daher grundsätzlich zulässig (MüKoInsO/Reinhart Rn. 1; MüKoBGB/Kindler Rn. 1; K. Schmidt InsO/Brinkmann Rn. 1; HK-InsO/Swierczok Rn. 3; BK-InsR/Pannen Rn. 5; jeweils mwN).

§ 358 Überschuss bei der Schlussverteilung

Können bei der Schlussverteilung im Sekundärinsolvenzverfahren alle Forderungen in voller Höhe berichtigt werden, so hat der Insolvenzverwalter einen verbleibenden Überschuss dem ausländischen Verwalter des Hauptinsolvenzverfahrens herauszugeben.

Überblick

Die Vorschrift regelt die Verteilung des verbleibenden Überschusses in einem Sekundärinsolvenzverfahren (→ Rn. 4) nach der Schlussverteilung und ordnet an, dass ein etwaiger Überschuss

Überschuss bei der Schlussverteilung § 358 InsO

(→ Rn. 5 ff.) an den Verwalter des ausländischen Hauptinsolvenzverfahrens und nicht an den Insolvenzschuldner (→ Rn. 1 f.) herauszugeben ist (→ Rn. 9).

A. Normzweck und Anwendungsbereich

§ 358 **weicht von der Grundregel des § 199,** dass Überschüsse nach vollständiger Befriedigung der Insolvenzgläubiger an den Insolvenzschuldner auszukehren sind, **ab.** Eine Auskehr an den Insolvenzschuldner vor einer Befriedigung der Gläubiger im Hauptinsolvenzverfahren würde dem insolvenzrechtlichen Ziel der gleichmäßigen Gläubigerbefriedigung widersprechen (Liersch NZI 2003, 302 (310); BK-InsR/Pannen Rn. 2). 1

Die Vorschrift ist eine Sachnorm, hat jedoch lediglich **klarstellende Funktion,** denn mit Beendigung des Sekundärinsolvenzverfahrens endet die Sperrwirkung desselben (→ § 356 Rn. 20) und erstreckt sich die Beschlagnahmewirkung des Eröffnungsbeschlusses des anerkennungsfähigen Hauptinsolvenzverfahrens wieder auf das inländische Vermögen (MüKoInsO/Reinhart Rn. 1; MüKoBGB/Kindler Rn. 1; KPB/Paulus Rn. 2). § 358 zeigt, dass trotz der allgemeinen Verdrängungswirkung des Sekundärinsolvenzverfahrens insoweit jedenfalls ein Vorrang des Hauptinsolvenzverfahrens besteht (ebenso KPB/Paulus Rn. 2; K. Schmidt InsO/Brinkmann § 356 Rn. 4). 2

Eine Parallelnorm findet sich in Art. 35 EuInsVO (bzw. Art. 49 EuInsVO nF). Der sachlich-räumliche Anwendungsbereich von § 358 in Abgrenzung zur EuInsVO ist wie bei § 356 zu bestimmen (→ § 356 Rn. 3). 3

B. Tatbestandsvoraussetzungen

I. Eröffnetes, anerkennungsfähiges Hauptinsolvenzverfahren

Die Vorschrift ist, wie der Verweis in § 356 Abs. 1 S. 2 zeigt (→ § 356 Rn. 5) und sich aus ihrer systematischen Stellung ergibt, **nur auf Sekundärinsolvenzverfahren anwendbar** (BK-InsR/Pannen Rn. 1). Wurde kein ausländisches Hauptinsolvenzverfahren eröffnet oder ein Hauptinsolvenzverfahren eröffnet, das nicht anerkennungsfähig ist, handelt es sich bei dem inländischen Insolvenzverfahren um ein isoliertes Partikularverfahren mit der Folge, dass ein Überschuss nach der Grundregel des § 199 an den Insolvenzschuldner herauszugeben ist (MüKoInsO/Reinhart Rn. 2). 4

II. Überschuss nach Berichtung aller Forderungen im Sekundärinsolvenzverfahren

Der Begriff „Überschuss" ist wie bei § 199 zu verstehen (K. Schmidt InsO/Brinkmann Rn. 3; MüKoInsO/Reinhart Rn. 4; Braun/Delzant Rn. 3). Die Herausgabepflicht beschränkt sich nicht nur auf **liquide Mittel,** sondern sämtliche, noch vorhandene, dh **nicht verwertete Vermögensgegenstände** sind herauszugeben, sofern der Verwalter des Hauptinsolvenzverfahrens diesbezüglich keine Freigabe erklärt hat (BK-InsR/Pannen Rn. 1; MüKoInsO/Reinhart Rn. 4). 5

Ein Überschuss ist nur vorhanden, wenn alle maßgeblichen Forderungen der Gläubiger im Sekundärinsolvenzverfahren befriedigt worden sind. Dazu zählen zum einen die im Schlusstermin zu berücksichtigen, also die im Sekundärinsolvenzverfahren **angemeldeten und festgestellten Forderungen** der Insolvenzgläubiger, die nicht auf die inländischen Gläubiger beschränkt sind (s. § 341 Abs. 1). Zum anderen gehören dazu auch die **Masseverbindlichkeiten** (Uhlenbruck/Lüer Rn. 5) und die **Forderungen nachrangiger Insolvenzgläubiger** iSd § 39 (Braun/Delzant Rn. 2; HK-InsO/Swierczok Rn. 3). Nach Ende des Schlusstermins bekannt gewordene Masseverbindlichkeiten sind vorweg aus dem Überschuss zu befriedigen (§ 206 Nr. 2; vgl. Braun/Delzant Rn. 2). 6

Die Einstellung des Verfahrens mangels Masse gem. § 207, die Einstellung nach Anzeige der Masseunzulänglichkeit gem. § 211 und die Einstellung mit Zustimmung der Insolvenzgläubiger gem. § 213 führen zu keiner Befriedigung der Gläubiger. § 358 ist daher nicht anwendbar. Aufgrund der Verfahrenseinstellung greift jedoch die universale Beschlagnahmewirkung des Hauptinsolvenzverfahrens (→ Rn. 2) mit der Folge, dass der Überschuss doch zur Masse des Hauptinsolvenzverfahrens gezogen wird (BK-InsR/Pannen Rn. 6; vgl. auch KPB/Paulus Rn. 2). 7

Die **praktische Bedeutung** der Vorschrift dürfte **gering** sein, da Gläubiger ihre Ansprüche gem. § 341 Abs. 1 sowohl im Haupt- als auch im Sekundärinsolvenzverfahren anmelden dürfen (so auch die Einschätzung von MüKoInsO/Reinhart Rn. 4; K. Schmidt InsO/Brinkmann Rn. 2; Uhlenbruck/Lüer Rn. 2; FK-InsO/Wenner/Schuster Rn. 3). Sollte sich abzeichnen, dass die Aktivmasse des Sekundärinsolvenzverfahrens ausreichend werthaltig ist, besteht ein Anreiz zur 8

Doppelanmeldung (freilich mit der Folge einer Anrechnung des Erlangten gem. § 342 Abs. 2), die im Ergebnis zu Lasten des erzielbaren Überschusses geht. Teilweise wird in einer solchen Konstellation sogar eine Pflicht des Verwalters des Hauptinsolvenzverfahrens postuliert, die im Hauptinsolvenzverfahren angemeldeten Forderungen auch über den Weg des § 342 Abs. 2 im Sekundärinsolvenzverfahren geltend zu machen (FK-InsO/Wenner/Schuster Rn. 3). Dies hängt letztlich vom Pflichtenkanon und den Haftungsnormen des anwendbaren ausländischen Verfahrensrechts ab.

C. Rechtsfolge

9   Der Überschuss ist vom deutschen Verwalter des Sekundärinsolvenzverfahrens **direkt an den Verwalter des Hauptinsolvenzverfahrens** und nicht an den Insolvenzschuldner herauszugeben. Ist das Hauptinsolvenzverfahren bereits beendet worden, scheidet eine Herausgabe an den Verwalter aus und verbleibt es bei der Auskehr nach § 199 an den Insolvenzschuldner, es sei denn, das anwendbare ausländische Insolvenzstatut kennt eine Nachtragsverteilung (Uhlenbruck/Lüer Rn. 4; MüKoInsO/Reinhart Rn. 5). Gegenüber Verwaltern von anderen Sekundärinsolvenzverfahren besteht keine vergleichbare Verpflichtung, da ja insoweit keine Beschlagnahmewirkung eintritt und zwischen den verschiedenen Verfahren kein Über-/Unterordnungsverhältnis besteht (MüKoBGB Rn. 5; HK-InsO/Swierczok Rn. 4).

Zwölfter Teil. Inkrafttreten

§ 359 Verweisung auf das Einführungsgesetz

Dieses Gesetz tritt an dem Tage in Kraft, der durch das Einführungsgesetz zur Insolvenzordnung bestimmt wird.

§ 359 regelt das Inkrafttreten der InsO nicht selbst, sondern verweist hierfür auf das Einführungsgesetz zur InsO. Der Grund für diese **reine Verweisnorm** ist in Art. 82 Abs. 2 GG zu sehen, wonach jedes Gesetz und jede Rechtsverordnung den Zeitpunkt des Inkrafttretens bestimmen soll und andernfalls der 14. Tag nach Veröffentlichung im BGBl. als Tag des Inkrafttretens gilt. 1

Art. 110 Abs. 1 EGInsO bestimmt den 1.1.1999 als **Tag des Inkrafttretens** der InsO, soweit kein Ausnahmetatbestand greift. Nach den Abs. 2 und 3 sind bestimmte in der InsO enthaltene Verordnungsermächtigungen und weitere Einzelermächtigungen vorzeitig bereits am Tag nach der Verkündung des Gesetzes am 18.10.1994 in Kraft getreten. 2

Nach Art. 104 EGInsO findet die InsO auf alle Verfahren, bei denen der **Eröffnungsantrag nach dem 31.12.1998 gestellt wurde,** Anwendung. Für **Altverfahren,** also solche bei denen der Antrag auf Verfahrenseröffnung **vor dem 1.1.1999 gestellt** wurde, gilt gem. Art. 103 S. 1 EGInsO weiterhin die Konkurs-, Vergleichs- und Gesamtvollstreckungsordnung. Gleiches gilt nach Art. 103 S. 2 EGInsO für Anschlusskonkursverfahren, bei denen der Vergleichsantrag, der dem Verfahren vorausging, ebenfalls vor dem 1.1.1999 gestellt wurde. Maßgeblich ist der Tag, an dem der Eröffnungsantrag zum ersten Mal mit Willen des Antragstellers in den Bereich der Justiz gelangt ist (MüKoInsO/Busch Rn. 11) (→ Rn. 3.1). 3

Daneben sind **weitere Übergangsbestimmungen** zu beachten: Bei Finanztermingeschäften gilt Art. 105 EGInsO. Vor dem 1.1.1999 vorgenommene Rechtshandlungen sind nur dann nach dem neuen Recht der InsO anfechtbar, wenn eine Anfechtung (auch hinsichtlich ihres Umfangs) schon nach altem Recht möglich war (Art. 106 EGInsO). Bei der Zwangsvollstreckung gegen einen Schuldner, über dessen Vermögen ein Gesamtvollstreckungsverfahren durchgeführt wurde, ist auch nach dem 31.12.1998 die Vollstreckungsbeschränkung des § 18 Abs. 2 S. 3 der Gesamtvollstreckungsordnung zu beachten (Art. 108 EGInsO). Soweit den Inhabern von bestimmten Schuldverschreibungen, die vor dem 1.1.1963 ausgegeben wurden, Befriedigungsvorrechte in der Insolvenz des Emittenten zustanden, sind diese weiterhin beachtlich (Art. 109 EGInsO). Zu weiteren Einzelheiten wird auf die Kommentierung in MüKoInsO/Busch Rn. 20 ff. verwiesen. 3.1

Die Übergangsvorschriften aus Anlass von **Gesetzesänderungen nach dem Inkrafttreten** der InsO werden regelmäßig hinter Art. 103 EGInsO eingefügt. Diese knüpfen teilweise nicht an den Tag der Antragstellung, sondern an denjenigen der Verfahrenseröffnung an (→ Rn. 4.1 f.). 4

Die Überleitungsvorschriften zum Gesetz zur Modernisierung des GmbH-Rechts und zur Bekämpfung von Missbräuchen (MoMiG) v. 23.10.2008 finden sich, um nur wenige besonders praxisrelevante Vorschriften herauszugreifen, in Art. 103d EGInsO und diejenigen zum Gesetz zur Erleichterung der Sanierung von Unternehmen (ESUG) in Art. 103g EGInsO. Für weitere Einzelheiten siehe die Kommentierung in MüKoInsO/Busch Rn. 38 ff. 4.1

Im Fall der für die Praxis bedeutsamen zwischenzeitlichen Änderungen des Überschuldungsbegriffs des § 19 Abs. 2 hat der Gesetzgeber die intertemporale Abgrenzung nicht im EGInsO, sondern in verschiedenen Einzelgesetzen vorgenommen (so zunächst im Finanzmarktstabilisierungsgesetz v. 17.10.2008, dem Gesetz zur Modernisierung des GmbH-Rechts und zur Bekämpfung von Missbräuchen (MoMiG) v. 23.10.2008 sowie zuletzt im Gesetz zur Einführung einer Rechtsbehelfsbelehrung im Zivilprozess und zur Änderung anderer Vorschriften vom 5.12.2012). 4.2

Eigenverwaltung idF bis 31.12.2020 (InsO aF)

§ 270 Voraussetzungen

(1) ¹Der Schuldner ist berechtigt, unter der Aufsicht eines Sachwalters die Insolvenzmasse zu verwalten und über sie zu verfügen, wenn das Insolvenzgericht in dem Beschluß über die Eröffnung des Insolvenzverfahrens die Eigenverwaltung anordnet. ²Für das Verfahren gelten die allgemeinen Vorschriften, soweit in diesem Teil nichts anderes bestimmt ist. ³Die Vorschriften dieses Teils sind auf Verbraucherinsolvenzverfahren nach § 304 nicht anzuwenden.

(2) Die Anordnung setzt voraus,
1. daß sie vom Schuldner beantragt worden ist und
2. dass keine Umstände bekannt sind, die erwarten lassen, dass die Anordnung zu Nachteilen für die Gläubiger führen wird.

(3) ¹Vor der Entscheidung über den Antrag ist dem vorläufigen Gläubigerausschuss Gelegenheit zur Äußerung zu geben, wenn dies nicht offensichtlich zu einer nachteiligen Veränderung in der Vermögenslage des Schuldners führt. ²Wird der Antrag von einem einstimmigen Beschluss des vorläufigen Gläubigerausschusses unterstützt, so gilt die Anordnung nicht als nachteilig für die Gläubiger.

(4) Wird der Antrag abgelehnt, so ist die Ablehnung schriftlich zu begründen; § 27 Absatz 2 Nummer 4 gilt entsprechend.

Überblick

Zu der ab dem 1.1.2021 geltenden Rechtslage → InsO § 270 Rn. 1 ff.

Mit Eröffnung des Insolvenzverfahrens geht im Regelfall die Befugnis, das Vermögen des Schuldners zu verwalten und über es zu verfügen, auf den Insolvenzverwalter über (§ 80 Abs. 1). Davon abweichend sieht die InsO mit der in den §§ 270 ff. geregelten **Eigenverwaltung** ein Verfahren vor, das es dem Schuldner gestattet, das Insolvenzverfahren unter Aufsicht eines **Sachwalters** (§§ 274 ff.) eigenverantwortlich zu betreiben. Die Eigenverwaltung ist in Anlehnung an das US-amerikanische **Chapter 11-Verfahren** als Sanierungsverfahren zur Bewältigung von Unternehmenskrisen mit den Mitteln der InsO konzipiert (→ Rn. 1 ff.). Dementsprechend sind Verbraucherinsolvenzen gem. § 270 Abs. 1 S. 3 vom Anwendungsbereich ausgenommen. Die Eigenverwaltung wurde mit Inkrafttreten der InsO zum 1.1.1999 eingeführt, spielte jedoch zunächst in der Sanierungspraxis kaum eine Rolle (→ Rn. 6). Mit dem **ESUG** hat der Gesetzgeber die Regelungen der Eigenverwaltung generalüberholt und insbesondere die Hürden für den Eintritt in das Verfahren deutlich abgesenkt (→ Rn. 2). Das Verfahren hat dadurch massiv an Bedeutung gewonnen und wird in der Praxis insbesondere bei der Sanierung größerer Unternehmen verbreitet eingesetzt (→ Rn. 6).

Voraussetzung der Eigenverwaltung sind ein entsprechender **Eigenverwaltungsantrag des Schuldners** (→ Rn. 9), ein Insolvenzantrag (→ Rn. 19), und das Fehlen von Umständen, die **Nachteile für die Gläubiger** infolge der Eigenverwaltung erwarten lassen (→ Rn. 20). Dem Schutz der Gläubigerinteressen dient zudem die in § 270 Abs. 3 vorgesehene Einbindung eines vorläufigen Gläubigerausschusses (→ Rn. 42 ff.). Wenn der vorläufige Gläubigerausschuss einstimmig den Eigenverwaltungsantrag unterstützt, so gilt dieser gem. § 270 Abs. 3 S. 2 als nicht nachteilig für die Gläubiger (→ Rn. 37). Ob neben den ausdrücklich geregelten Anordnungsvoraussetzungen weitere Voraussetzungen erfüllt sein müssen, damit das Insolvenzgericht die Eigenverwaltung zulässt, ist im Einzelnen umstritten (→ Rn. 19, → Rn. 39). Liegen die Voraussetzungen der Eigenverwaltung vor, ordnet das Insolvenzgericht die Eigenverwaltung im Eröffnungsbeschluss an. Gemäß § 270 Abs. 1 S. 1 verbleibt in diesem Fall die Verwaltungs- und Verfügungsbefugnis beim Schuldner, dessen Stellung auch im Übrigen der eines Insolvenzverwalters im Regelverfahren ähnelt (→ Rn. 59). Insbesondere unterliegt der eigenverwaltende Schuldner den im Gläubigerinteresse bestehenden insolvenzrechtlichen Bindungen (→ Rn. 63). Im Übrigen gelten die **allgemeinen Vorschriften,** jedoch mit den aus den §§ 270 ff. folgenden **Modifikationen** (→ Rn. 78 ff.).

Auch wenn sich die Eigenverwaltung seit 2012 in der Sanierungspraxis etabliert hat, bestehen noch viele rechtliche Grauzonen. Praktisch relevante Bereiche, die nicht völlig geklärt sind, sind insbesondere:
- Anwendungsbereich der Eigenverwaltung (→ Rn. 8);
- Vertretung juristischer Personen und Gesellschaften bei der Antragsstellung (→ Rn. 10);
- Inhaltliche Anforderungen an den Eigenverwaltungsantrag, ua Bestehen einer Begründungspflicht (→ Rn. 12 ff.);
- Begriff des Nachteils iSv Abs. 2 Nr. 2 (→ Rn. 21 ff.);
- Maßstab und Anforderungen an die gerichtliche Nachteilsprüfung (→ Rn. 26 ff.).

Übersicht

	Rn.		Rn.
A. Allgemeines	1	2. Gesetzliche Aufgaben des Sachwalters	64
I. Entstehungsgeschichte	1	3. Abgrenzung bei fehlender Zuständigkeitszuweisung	66
II. Normzweck	3	II. Durchführung der Eigenverwaltung	69
III. Praktische Bedeutung	6	1. Bindung an den Verfahrenszweck	69
B. Anwendungsbereich	7	2. Einsatz von Beratern	70
C. Voraussetzungen der Eigenverwaltung	9	3. Haftung des Schuldners	71
I. Eigenverwaltungsantrag des Schuldners	9	III. Eigenverwaltung bei juristischen Personen und Gesellschaften ohne Rechtspersönlichkeit	72
1. Antragsrecht	9	1. Stellung der Organe	73
2. Form des Antrags	12	2. Organhaftung	74
3. Zeitliche Beschränkungen	15	3. Umsatzsteuerliche Organschaft	77a
4. Bedingungsfeindlichkeit des Eigenverwaltungsantrags	17	**F. Geltung der allgemeinen Vorschriften**	78
5. Eröffnungsantrag des Schuldners?	19	I. Anwendung der Vorschriften der InsO in der Eigenverwaltung	79
II. Wahrung der Gläubigerinteressen	20	1. Allgemeine Vorschriften (§§ 1–10)	81
1. Keine Nachteile für die Gläubiger	21	2. Eröffnungsverfahren, erfasstes Vermögen und Verfahrensbeteiligte (§§ 11–79)	83
2. Prognoseentscheidung des Gerichts	26	3. Wirkung der Eröffnung des Insolvenzverfahrens (§§ 80–147):	84
3. Fiktion des § 270 Abs. 3 S. 2	37	4. Verwaltung und Verwertung der Insolvenzmasse (§§ 148–173):	85
III. Abschließende Regelung	39	5. Befriedigung der Insolvenzgläubiger, Einstellung des Verfahrens (§§ 174–216)	86
D. Anordnungsentscheidung	40	6. Insolvenzplan (§§ 217–269)	87
I. Zuständigkeit und Verfahren	40	7. Restschuldbefreiung (§§ 286–303) ff.	88
II. Beteiligung des vorläufigen Gläubigerausschusses	42	8. Verbraucherinsolvenzverfahren und sonstige Kleinverfahren (§§ 304–314)	89
III. Anordnungsbeschluss	48	9. Besondere Arten des Insolvenzverfahrens (§§ 315–334)	90
IV. Ablehnungsbeschluss und Begründungspflichtzwang bei Ablehnung	51	10. Internationales Insolvenzrecht (§§ 335–358)	91
V. Rechtsmittel	55	II. Anwendung der ZPO in der Eigenverwaltung	92
E. Stellung des Schuldners in der Eigenverwaltung	59		
I. Rechte und Pflichten des Schuldners/Abgrenzung Sachwalter	59		
1. Gesetzliche Aufgaben und Pflichten des Schuldners	60		

A. Allgemeines

I. Entstehungsgeschichte

Das Eigenverwaltungsverfahren wurde mit der InsO eingeführt, um dem Schuldner zu ermöglichen, seinen Betrieb mit Zustimmung der Gläubiger unter der Aufsicht eines Sachwalters fortzuführen, abzuwickeln oder zu sanieren (vgl. RegE zur InsO, BT-Drs. 12/2443, 100). Durch die Möglichkeit der Eigenverwaltung sollte ein Anreiz für den Schuldner geschaffen werden, rechtzeitig Insolvenzantrag zu stellen (RegE zur InsO, BT-Drs. 12/2443, 106). Als weiterer Vorzug wurde die Möglichkeit gesehen, durch Rückgriff auf die Kenntnisse und Erfahrungen der bisherigen Geschäftsleitung Zeit und Kosten zu sparen (RegE zur InsO, BT-Drs. 12/2443, 223). Zum Schutz der Gläubigerinteressen sollte die Anordnung der Eigenverwaltung nur dann zulässig sein, wenn keine Verzögerungen oder sonstige wirtschaftliche Nachteile gegenüber dem Regelinsolvenzverfahren zu erwarten waren (BT-Drs. 12/7302, 185).

InsO aF § 270

2   Mit dem Gesetz zur weiteren Erleichterung der Sanierung von Unternehmen v. 7.12.2011 (ESUG) hat der Gesetzgeber ua die Regelungen der Eigenverwaltung umfassend reformiert, um Sanierungschancen zu verbessern (RegE zum ESUG, BT-Drs. 17/5712, 17). Ziel des Gesetzgebers war es, den Zugang zur Eigenverwaltung zu vereinfachen und insbesondere dem von den Gläubigern als vertrauenswürdig betrachteten Schuldner, der bei (nur) drohender Zahlungsunfähigkeit Insolvenzantrag stellt, einen rechtssicheren Zugang zur Eigenverwaltung zu ermöglichen (RegE zum ESUG, BT-Drs. 17/5712, 1 f.; BGH NZI 2020, 635 Rn. 18). Diesem Zweck dienen die mit dem ESUG eingeführten Regelungen zum eigenverwalteten Eröffnungsverfahren (§§ 270a ff.; → § 271 Rn. 1) und eine maßvolle Lockerung der Voraussetzungen für die Anordnung der Eigenverwaltung (RegE zum ESUG, BT-Drs. 17/5712, 19). Weiterhin wurde mit dem neuen Abs. 3 die Gläubigerautonomie durch die Einbindung des vorläufigen Gläubigerausschusses gestärkt (RegE zum ESUG, BT-Drs. 17/5712, 39).

II. Normzweck

3   Zweck der Vorschriften über die Eigenverwaltung ist es somit, eine planungssichere Verfahrensoption zu schaffen (vgl. MüKoInsO/Kern Vor §§ 270–285 Rn. 20), die dem Schuldner die Verwaltungs- und Verfügungsbefugnis belässt, um daraus Vorteile für das Verfahren zu generieren. Auch wenn der Gesetzgeber diese Vorteile in erster Linie in Sanierungsfällen vermutet, ist die Eigenverwaltung nicht darauf beschränkt. Eigenverwaltung kann vielmehr auch angeordnet werden, wenn der Schuldner eine sanierende Übertragung oder die Liquidation des Geschäftsbetriebs anstrebt (vgl. Graf-Schlicker/Graf-Schlicker Rn. 16). Verfahrenszweck ist auch in der Eigenverwaltung die bestmögliche Befriedigung der Gläubigerinteressen (§ 1 S. 1; vgl. Uhlenbruck/Zipperer Rn. 2). Deren Schutz dienen die im Zuge der Anordnungsentscheidung vorzunehmende Nachteilsprüfung (Abs. 2 Nr. 2), die Einbindung des (vorläufigen) Gläubigerausschusses in die Entscheidung (Abs. 3; vgl. MüKoInsO/Kern Rn. 14) sowie insbesondere die Überwachung der Eigenverwaltung durch den Sachwalter (Abs. 1 S. 1; vgl. Uhlenbruck/Zipperer Rn. 2).

4   Ob die Eigenverwaltung durch das ESUG zum Regelfall gemacht wurde (so MüKoInsO/Kern Rn. 76) oder nach wie vor auf geeignete Ausnahmefälle zu beschränken ist (vgl. zB AG Hamburg NZI 2014, 312; Graf-Schlicker/Graf-Schlicker Rn. 2), ist umstritten. Die den Gesetzgeber leitenden Erwägungen sprechen jedenfalls gegen eine übermäßig restriktive Auslegung der Anordnungsvoraussetzungen (aA wohl AG Hamburg NZI 2014, 312).

5   Auch wenn die Eigenverwaltung unabhängig von der Person des Schuldners (Ausnahme: Verbraucherinsolvenz) und dem angestrebten Verfahrensziel angeordnet werden kann (vgl. HK-InsO/Brünkmans Vor §§ 270 ff. Rn. 14 f.), eignet sich die Eigenverwaltung besonders für die Sanierung größerer Unternehmen, die bereits vorinsolvenzlich durch den Schuldner in Abstimmung mit den für das Gelingen der Sanierung wesentlichen Gläubigern professionell vorbereitet wurde; insbesondere in solchen Fällen hat sich die Eigenverwaltung auch in der Praxis bewährt (vgl. MüKoInsO/Kern Vor §§ 270–285 Rn. 18 und Rn. 34; Uhlenbruck/Zipperer Rn. 4 und 10). Daneben eignet sich die Eigenverwaltung auch bei Freiberuflerinsolvenzen, wo ggf. der Verlust der Zulassung vermieden werden kann (MüKoInsO/Kern Vor §§ 270–285 Rn. 32; Uhlenbruck/Zipperer Rn. 5 f.).

III. Praktische Bedeutung

6   Die praktische Bedeutung der Eigenverwaltung war zunächst gering. In der gerichtlichen Praxis wurden – nicht zuletzt aufgrund schlechter Erfahrungen mit unprofessionell vorbereiteten oder missbräuchlichen Eigenverwaltungsanträgen – strenge Anforderungen an die Anordnung der Eigenverwaltung gestellt (MüKoInsO/Kern Vor §§ 270–285 Rn. 16 f.). Das führte dazu, dass die Eigenverwaltung als Sanierungsoption nur sehr selten genutzt wurde. Seit der Reform der Eigenverwaltung durch das ESUG hat die Eigenverwaltung erheblich an Bedeutung gewonnen, insbesondere bei der Sanierung von größeren Unternehmen (vgl. HK-InsO/Brünkmans Vor §§ 270 ff. Rn. 26; Pape ZIP 2013, 2285 (2286); → Rn. 6.1).

6.1   Zwar werden nach Angaben des Statistischen Bundesamtes aus dem Jahr 2016 nur 1,5 % der Insolvenzverfahren als Eigenverwaltungsverfahren durchgeführt (Statistisches Bundesamt, Unternehmen und Arbeitsstätten, InsVerf, Ausgabe Dezember 2016, Tab. 5 und 19). Jedoch wurde bei den 50 nach Umsatz größten Unternehmensinsolvenzen im Jahr 2016 in 58 % der Fälle Eigenverwaltung beantragt (The Boston Consulting Group, Fünf Jahre ESUG, Moldenhauer/Wolf, März 2017 abrufbar unter http://media-publications.bcg.com/Focus-ESUG-Studie-16May17.pdf). Im Jahr 2012 lag der Anteil noch bei nur 44 %, 2015 gar nur bei 20 % (HK-InsO/Brünkmans Vor §§ 270 ff. Rn. 29). Blickt man auf die Größenklassen des

§ 267 HGB, ergibt sich folgendes Bild: Von den zwischen März 2012 und Januar 2018 beantragten Eigenverwaltungsverfahren betrafen 67 % kleine Unternehmen, 23 % mittlere Unternehmen und 10 % große Unternehmen (HK-InsO/Brünkmans Vor §§ 270 ff. Rn. 29).

In der Praxis wurden die Änderungen des ESUG positiv aufgenommen (Bericht der Bundesregierung **6.2** über die Erfahrungen mit der Anwendung des Gesetzes zur weiteren Erleichterung der Sanierung von Unternehmen (ESUG) vom 7. Dezember 2011 (BGBl. I 2582), 3, abrufbar unter https://www.bmjv.de/SharedDocs/Artikel/DE/2018/101018_Bericht_ESUG.html). Das ESUG hat das deutsche Sanierungsrecht attraktiver gemacht. Insbesondere die Planbarkeit des Eigenverwaltungsverfahrens und die Mitwirkungsrechte des Gläubigerausschusses werden positiv aufgefasst. Allerdings gingen mit den Verbesserungen auch eine höhere Komplexität und ein erhöhter Beratungsaufwand einher (McKinsey&Company/Noerr, InsO-Studie, 2015, abrufbar unter https://www.mckinsey.de/sites/mck_files/files/2015_inso_studie_ger.pdf (Stand: 2.5.2016)). Der Kurzbericht der Evaluierung über die Erfahrungen mit der Anwendung des ESUG fasst die für die Eigenverwaltung relevanten Ergebnisse wie folgt zusammen: Zwar werde die Eigenverwaltung weder insgesamt zu häufig noch zu häufig bei dafür nicht geeigneten Schuldnern angeordnet. Zugleich werden jedoch mehrheitlich Forderungen nach klar definierten Ablehnungsgründen für die Eigenverwaltung und nach vereinfachten Möglichkeiten zu ihrer Aufhebung unterstützt (vgl. zur Bewertung der Vorschläge Buchalik ZInsO 2019, 1597 ff.). Zudem werde geäußert, dass die Organe des eigenverwaltenden Schuldners in der Eigenverwaltung den Gläubigern unmittelbar haften sollten wie ein Insolvenzverwalter und dass Aufgabenbereich und Vergütung eines (vorläufigen) Sachwalters gesetzlich klarer umrissen werden sollten. Das Schutzschirmverfahren nach § 270b sei im Auswertungszeitraum insgesamt weniger häufig in Anspruch genommen worden als die vorläufige Eigenverwaltung nach § 270a; erhebliche Vorteile des Schutzschirmverfahrens gegenüber der vorläufigen Eigenverwaltung werden verneint (Kurzbericht: Evaluierung des Gesetzes zur weiteren Erleichterung der Sanierung von Unternehmen (ESUG) vom 7. Dezember 2011, 7).

Es ist zu erwarten, dass die Ergebnisse der ESUG-Evaluation Einfluss auf die Umsetzung der Richtlinie **6.3** über den präventiven Restrukturierungsrahmen vom 20.06.2019 ins deutsche Recht haben werden (vgl. Thole NZI-Beil. 2019, 61 f.). Die Restrukturierungsrichtlinie sieht zwar weder eine Beschränkung des Zugangs zu diesem Rahmen nach Art oder Größe des schuldnerischen Unternehmens noch eine Beschränkung des Anwendungsbereichs des Rahmens auf bestimmte Gläubigergruppen (zB Finanzgläubiger) vor (Madaus NZI-Beil. 2019, 59 (60 f.)). Um die Unbestimmtheit des Nachteilsbegriffs in § 270 Abs. 2 Nr. 2 auszugleichen, sollte der Gesetzgeber jedoch die entsprechenden Vorgaben der Richtlinie, insbesondere zum erschwerten Zugang zum präventiven Restrukturierungsrahmen bei schwerwiegenden Verstößen gegen die Rechnungslegungs- oder Buchführungspflichten, aufgreifen und die Zugangsvoraussetzungen zur Eigenverwaltung konkretisieren (Thole NZI-Beil. 2019, 61 (62)).

B. Anwendungsbereich

Nach der gesetzlichen Regelung kann Eigenverwaltung außer in Verbraucherinsolvenzverfahren **7** (vgl. Abs. 1 S. 3) in sämtlichen Insolvenzverfahren angeordnet werden. In den Anwendungsbereich fallen Insolvenzen selbstständig tätiger natürlicher Personen (MüKoInsO/Kern Rn. 21; vgl. zB AnwGH NRW BeckRS 2011, 20268), Unternehmensinsolvenzen (KPB/Pape Rn. 68) sowie Insolvenzen von nicht-unternehmenstragenden juristischen Personen (MüKoInsO/Kern Rn. 22). Auch im Nachlassinsolvenzverfahren ist Eigenverwaltung möglich (zB MüKoInsO/Kern Vor §§ 270 ff. Rn. 43; einschränkend KPB/Pape Rn. 71), ebenso wie im Insolvenzverfahren über das Gesamtgut (Braun/Riggert Rn. 13) und in Sekundärinsolvenzverfahren (AG Köln NZI 2004, 151; Uhlenbruck/Zipperer Rn. 11; → Rn. 7.1).

Ob der Anwendungsbereich darüber hinaus einzuschränken ist, ist umstritten. Diskutiert wird **8** insbesondere eine Einschränkung vor dem Hintergrund, dass die Eigenverwaltung als Sanierungsverfahren konzipiert ist (vgl. KPB/Pape Rn. 60 f.). Dementsprechend wird mitunter die Anordnung der Eigenverwaltung auf „geeignete Ausnahmefälle" beschränkt (AG Hamburg NZI 2014, 269 mablAnm Hofmann; AG Hamburg NZI 2014, 312) bzw. für unzulässig gehalten, wenn das Insolvenzverfahren auf Liquidation des Schuldners gerichtet ist (zB AG Hamburg NZI 2014, 269). Dem ist indes mit der hM nicht zu folgen (AG Köln NZI 2004, 151; LG Cottbus ZIP 2001, 2188 mAnm Lüke; Braun/Riggert Rn. 5; Graf-Schlicker/Graf-Schlicker Rn. 16; MüKoInsO/Kern Rn. 101 f.). Eine derartig einschränkende Auslegung findet keine Stütze im Gesetzeswortlaut und steht auch nicht im Einklang mit der Absicht des Gesetzgebers, den Zugang zur Eigenverwaltung durch das ESUG zu erleichtern. Der BGH hat zuletzt in einem überwiegend zu vergütungsrechtlichen Fragen ergangenen Beschluss einerseits angedeutet, die Eigenverwaltung könne auch zu anderen als zu Sanierungszwecken angeordnet werden (Betriebsfortführung als typisch und gesetzlicher Regelfall, BGH NZI 2016, 796 Rn. 65), jedoch an anderer Stelle den Sanierungszweck der Eigenverwaltung betont („Zweck jeglicher Eigenverwaltung", BGH NZI 2016, 796

InsO aF § 270

Rn. 75), der sich freilich auch in der Eigenverwaltung durch übertragende Sanierung verwirklichen lässt (vgl. LAG Hamm NZI 2016, 854 (855)). Die Frage nach möglichen Einschränkungen des Anwendungsbereichs ist damit weiterhin nicht abschließend geklärt.

C. Voraussetzungen der Eigenverwaltung

I. Eigenverwaltungsantrag des Schuldners

1. Antragsrecht

9   Das Antragsrecht liegt gem. § 270 Abs. 2 Nr. 1 ausschließlich beim Schuldner. Dem Schuldner kann weder durch einen Fremdantrag (Nerlich/Römermann/Riggert Rn. 17; MüKoInsO/Kern Rn. 23; Uhlenbruck/Zipperer Rn. 41), noch durch eine Entscheidung des Insolvenzgerichts von Amts wegen (MüKoInsO/Kern Rn. 23; Nerlich/Römermann/Riggert Rn. 17) eine Eigenverwaltung aufgezwungen werden.

10 Ist der Schuldner keine natürliche Person, stellt sich die Frage, welche Anforderungen an die ordnungsgemäße Vertretung des Schuldners bei der Antragstellung zu stellen sind. Die Frage ist umstritten. Wohl überwiegend wird vertreten, der Antrag müsse entsprechend der gesellschaftsrechtlichen Vertretungsregeln von den zuständigen Personen in vertretungsberechtigter Zahl gestellt werden (Graf-Schlicker/Graf-Schlicker Rn. 8; Gottwald InsO-Hdb/Haas § 87 Rn. 12; MüKoInsO/Kern Rn. 31). Nach anderer Auffassung soll entsprechend § 15 Abs. 1 die Antragstellung durch jedes Mitglied des Vertretungsorgans bzw. durch jeden Gesellschafter allein möglich sein (Nerlich/Römermann/Riggert Rn. 19; Uhlenbruck/Zipperer Rn. 34), während nach einer dritten Auffassung alle vertretungsberechtigten Personen den Antrag gemeinsam stellen müssen (FK-InsO-InsO/Foltis Rn. 51; wohl auch KPB/Pape Rn. 84). Da § 15 auf den Eigenverwaltungsantrag nicht ohne weiteres passt (vor allem das in § 15 Abs. 2 vorgesehene Erfordernis der Glaubhaftmachung des Eröffnungsgrundes) und eine gesetzliche Grundlage für das Erfordernis der Antragstellung durch alle Organwalter fehlt (MüKoInsO/Kern Rn. 31), dürfte es im Ergebnis bei den gesellschaftsrechtlichen Vertretungsregeln bleiben. Dafür spricht auch die allgemeine Regel des § 51 Abs. 1 ZPO (anwendbar über § 270 Abs. 1 S. 2 iVm § 4, vgl. K. Schmidt InsO/Undritz Rn. 6), die eine gerichtliche Vertretung der juristischen Person durch Geschäftsleiter gemäß den Bestimmungen des Gesellschaftsvertrags erlaubt (vgl. zB MüKoAktG/Spindler AktG § 78 Rn. 14 für die Vertretung der AG durch Vorstand und Prokurist).

11 Die Stellung des Insolvenzantrags durch die Geschäftsleitung ohne bestehende Antragspflicht bedarf nach hM im Innenverhältnis grundsätzlich der Zustimmung des nach dem gesellschaftsrechtlichen Kompetenzgefüge zuständigen Verwaltungsorgans, wobei Einzelheiten streitig sind. Entsprechendes wird auch für die Stellung des Eigenverwaltungsantrags zu gelten haben (vgl. AG Mannheim NZI 2014, 412 (413); aA Gottwald InsO-Hdb/Haas § 87 Rn. 13 f.). In welchem Umfang die Zustimmungspflicht besteht und ob sie zB vom Vorliegen einer Antragspflicht abhängt (zweifelhaft, da keine Pflicht zur Eigenverwaltung besteht, vgl. LG Frankfurt a. M. NZG 2013, 1315 Rn. 42) ist nicht geklärt (vgl. zB für die GmbH: Gottwald InsO-Hdb/Haas § 87 Rn. 13 f.). Nach hM schlägt ein Verstoß gegen ein womöglich bestehendes gesellschaftsrechtliches Zustimmungserfordernis jedenfalls nicht unmittelbar auf den Eigenverwaltungsantrag durch, macht diesen also nicht unwirksam (vgl. HmbKommInsR/Fiebig Rn. 14; AG Mannheim NZI 2014, 412 (413)). Ein Dissens zwischen Geschäftsleitung und Gesellschaftern ist aber ggf. im Rahmen der Nachteilsprüfung zu berücksichtigen und kann einen Nachteil iSd Abs. 2 Nr. 2 indizieren (vgl. AG Mannheim NZI 2014, 412 (413); LG Frankfurt NZG 2013, 1315 Rn. 74).

2. Form des Antrags

12 Das Gesetz sieht für den Eigenverwaltungsantrag mit Ausnahme des Schutzschirmantrags (insbesondere wegen der vorzulegenden Bescheinigung (§ 270b), → § 270b Rn. 25) keine besondere Form vor. Der Antrag kann jedenfalls schriftlich gestellt werden (MüKoInsO/Kern Rn. 24; Uhlenbruck/Zipperer Rn. 41). Ob eine Antragstellung zu Protokoll der Geschäftsstelle zulässig ist, ist umstritten (dafür zB MüKoInsO/Kern Rn. 24; dagegen zB Uhlenbruck/Zipperer Rn. 41).

13 Auch eine Begründung des Eigenverwaltungsantrags verlangt das Gesetz – außer beim Schutzschirmantrag gem. § 270b Abs. 1 S. 3 – nicht (KPB/Pape Rn. 90; MüKoInsO/Kern Rn. 24; Uhlenbruck/Zipperer Rn. 43; aA zB Henkel ZIP 2015, 562 (564 f.)). Dem liegt die bewusste Entscheidung des Gesetzgebers zugrunde, die Schwelle für die Anordnung der Eigenverwaltung herabzusetzen (Uhlenbruck/Zipperer Rn. 43; → Rn. 13.1).

Es entspricht der Praxis mancher Insolvenzgerichte, einen gut vorbereiteten Eigenverwaltungsantrag als Voraussetzung für die Anordnung der Eigenverwaltung anzusehen (vgl. AG Hamburg NZI 2014, 312; 2014, 566 (567)). Das hat zur Folge, dass ein auf den gesetzlichen Mindestinhalt beschränkter Eigenverwaltungsantrag zurückgewiesen werden kann, weil die – nach dieser Auffassung unzureichende – Vorbereitung der Eigenverwaltung bzw. Kommunikation mit dem Insolvenzgericht als nachteilsbegründend angesehen wird. Dem sollte der Schuldner entgegenwirken, indem er bereits im Eigenverwaltungsantrag die für das Verfahren wesentlichen Angaben macht (HK-InsO/Brünkmans Rn. 13; sehr weitgehend Henkel ZIP 2015, 562 ff.), wozu neben den wirtschaftlichen Gegebenheiten auch ein geeigneter Nachweis gehört, dass beim Schuldner die für die Durchführung der Eigenverwaltung erforderlichen Kenntnisse vorhanden sind (vgl. Vallender DB 2015, 231 (232)), sowie ggf. ein Grobkonzept der angestrebten Sanierung (str., vgl. Henkel ZIP 2015, 562 (565) mwN). Der Antragstellung sollte in der Regel eine Abstimmung mit den wesentlichen Gläubigern vorausgehen, was im Antrag dargestellt werden sollte. Auch eine Vorbesprechung mit dem Insolvenzgericht ist ratsam (vgl. Reus/Höfer/Harig NZI 2019, 57 (59)). Ebenfalls sollte der Antrag Aussagen zu den prognostizierten Kosten der Eigenverwaltung im Vergleich zu einem Regelinsolvenzverfahren enthalten. Wenn mitunter darüber hinausgehend eine detaillierte Vergleichsrechnung unter umfassender Ermittlung der (voraussichtlichen) Insolvenzmasse gefordert wird (so Hammes NZI 2017, 233 (236)), so geht das zu weit. **13.1**

Auch wenn für die Zulässigkeit des Antrags keine Begründung erforderlich ist, hat der Schuldner im Verfahren zu kooperieren (vgl. K. Schmidt InsO/Undritz Rn. 9) und über möglicherweise nachteilsbegründende Umstände Auskunft zu geben (weitergehend HmbKommInsR/Fiebig Rn. 26). Kommt er dem nicht nach, kann das Gericht ggf. aus der mangelnden Kooperation des Schuldners auf Nachteile für die Gläubiger iSd Abs. 2 Nr. 2 schließen und die Anordnung der Eigenverwaltung versagen (vgl. KPB/Pape Rn. 72). **14**

3. Zeitliche Beschränkungen

Der Eigenverwaltungsantrag muss im Zeitpunkt der Entscheidung des Insolvenzgerichts über die Eröffnung des Insolvenzverfahrens vorliegen (Nerlich/Römermann/Riggert Rn. 18; Uhlenbruck/Zipperer Rn. 41). Nach hM ist ein Nachschieben im Beschwerdeverfahren über den Eröffnungsantrag nicht möglich (vgl. zB MüKoInsO/Kern Rn. 36; Uhlenbruck/Zipperer Rn. 41 mwN; aA Graf-Schlicker/Graf-Schlicker Rn. 10). Wurde das Insolvenzverfahren eröffnet, ohne dass das Gericht Eigenverwaltung angeordnet hat, kommt eine nachträgliche Anordnung der Eigenverwaltung nur nach § 271 in Betracht (Andres/Leithaus/Andres Rn. 3; Uhlenbruck/Zipperer Rn. 41). **15**

Bis zur Entscheidung des Gerichts über die Anordnung der Eigenverwaltung kann der Schuldner den Eigenverwaltungsantrag jederzeit zurücknehmen (Andres/Leithaus/Andres Rn. 3; MüKo-InsO/Kern Rn. 23; Uhlenbruck/Zipperer Rn. 42). Bei juristischen Personen und Gesellschaften ohne Rechtspersönlichkeit muss die Rücknahme gemäß den gesellschaftsrechtlichen Vertretungsregeln erfolgen (MüKoInsO/Kern Rn. 32; → Rn. 15). In der Rücknahme des Eigenverwaltungsantrags liegt nicht zwingend die Rücknahme eines Eigenantrags des Schuldners auf Eröffnung des Insolvenzverfahrens (Uhlenbruck/Zipperer Rn. 42). **16**

4. Bedingungsfeindlichkeit des Eigenverwaltungsantrags

Der Eigenverwaltungsantrag ist als Prozesshandlung grundsätzlich bedingungsfeindlich (Uhlenbruck/Zipperer Rn. 42). Zulässig sind nur innerprozessuale Bedingungen (Uhlenbruck/Zipperer Rn. 42; → Rn. 17.1). **17**

Dementsprechend unzulässig wäre eine Bedingung, wonach der Eigenverwaltungsantrag nur für den Fall gestellt sein soll, dass eine bestimmte Person zum Sachwalter bestellt wird (Uhlenbruck/Zipperer Rn. 42). Hingegen ist es zulässig und auch außerhalb des Schutzschirmverfahrens (§ 270b) nicht zu beanstanden, wenn der Schuldner im Eigenverwaltungsantrag die Bestellung einer bestimmten Person als Sachwalter anregt (vgl. etwa LG Cottbus ZIP 2001, 2188). **17.1**

Umgekehrt kann die Anordnung der Eigenverwaltung nicht zur Bedingung für Verfahrenshandlungen gemacht werden, die ihrerseits bedingungsfeindlich sind. Das gilt etwa für die Zahlung eines Vorschusses zur Deckung der Verfahrenskosten (BGH NZI 2006, 34). Ebenso unzulässig ist es, den Eröffnungsantrag unter die Bedingung zu stellen, dass die Eigenverwaltung angeordnet wird (vgl. Andres/Leithaus/Andres Rn. 3; MüKoInsO/Kern Rn. 34; aA AG Mannheim NZI 2014, 412 (414)). **18**

5. Eröffnungsantrag des Schuldners?

19 Dass die Anordnung der Eigenverwaltung neben dem Eigenverwaltungsantrag des Schuldners auch einen Eröffnungsantrag voraussetzt, folgt aus dem Charakter der Eigenverwaltung als Insolvenzverfahren und wird in Abs. 1 vorausgesetzt. Ob der Eröffnungsantrag vom Schuldner gestellt sein muss (vgl. zB MüKoInsO/Kern Rn. 37), ist umstritten (dagegen zB Uhlenbruck/Zipperer Rn. 41 mwN). Der Gesetzeswortlaut verlangt nur für das Schutzschirmverfahren gem. § 270b Abs. 1 S. 1 einen Eigenantrag des Schuldners (Uhlenbruck/Zipperer Rn. 41). Allerdings spricht es gegen die Anordnung der Eigenverwaltung, wenn der Schuldner die Durchführung eines Insolvenzverfahrens ablehnt (MüKoInsO/Kern Rn. 37) und damit Anlass zur Befürchtung gibt, er werde die Eigenverwaltung nicht im Einklang mit den Verfahrenszielen durchführen (→ Rn. 19.1).

19.1 Bei Vorliegen eines Fremdantrags hat das Insolvenzgericht den Schuldner gem. § 14 Abs. 2 anzuhören und ihm in diesem Zusammenhang auch die Möglichkeit einzuräumen, einen Antrag auf Eigenverwaltung zu stellen (MüKoInsO/Kern Rn. 37; Nerlich/Römermann/Riggert Rn. 19). Der Schuldner kann, sofern die Anordnungsvoraussetzungen vorliegen, auch bei Verfahrenseinleitung durch Fremdantrag die Durchführung des Insolvenzverfahrens in Eigenverwaltung erreichen, indem er selbst Insolvenzantrag und Eigenverwaltungsantrag stellt. Allerdings sind das Vorliegen eines Gläubigerantrags und eine (zu) späte Stellung des Eigenantrags Umstände, die auf Nachteile für die Gläubiger hinweisen und somit der Anordnung der Eigenverwaltung entgegenstehen können (vgl. MüKoInsO/Kern Rn. 37; → Rn. 33).

II. Wahrung der Gläubigerinteressen

20 Als materielle Anordnungsvoraussetzung bestimmt Abs. 2 Nr. 2, dass die Eigenverwaltung nur angeordnet werden darf, wenn keine Umstände bekannt sind, die erwarten lassen, dass die Anordnung zu Nachteilen für die Gläubiger führt. Für die Anordnung der Eigenverwaltung ist es nicht erforderlich, dass sie eine Besserstellung der Gläubiger erwarten lässt (Uhlenbruck/Zipperer Rn. 46).

1. Keine Nachteile für die Gläubiger

21 Unter welchen Voraussetzungen Nachteile für die Gläubiger infolge der Eigenverwaltung zu erwarten sind, ist gesetzlich nicht geregelt. Der Nachteilsbegriff ist grundsätzlich weit und unter Berücksichtigung der Interessen der Gläubigergesamtheit (AG Köln NZI 2013, 796; MüKoInsO/Kern Rn. 47), einschließlich der Masse- und Absonderungsgläubiger (MüKoInsO/Kern Rn. 51) auszulegen. Ob durch die Anordnung der Eigenverwaltung Nachteile zu erwarten sind, ist im Vergleich mit der Anordnung eines Regelinsolvenzverfahrens als mögliche Entscheidungsalternative zu bestimmen (Nerlich/Römermann/Riggert Rn. 20).

22 In Betracht kommen zunächst wirtschaftliche Nachteile, die in der Eigenverwaltung im Vergleich zum Regelinsolvenzverfahren zu befürchten sein können (vgl. AG Köln NZI 2013, 796; Braun/Riggert Rn. 5; Uhlenbruck/Zipperer Rn. 46). Zudem spricht gegen die Eigenverwaltung, wenn ihre Durchführung eine Verletzung der Verfahrensziele des § 1 befürchten lässt (vgl. Uhlenbruck/Zipperer Rn. 46).

23 Als Nachteile kommen insbesondere in Betracht:
- Verfahrensverzögerung durch die Eigenverwaltung (hM, zB AG Köln NZI 2015, 282 (283); Braun/Riggert Rn. 5; K. Schmidt InsO/Undritz Rn. 11; MüKoInsO/Kern Rn. 48 ff.; Uhlenbruck/Zipperer Rn. 46; aA KPB/Pape Rn. 98, 115; AGR/Ringstmeier Rn. 12), insbesondere, wenn dadurch die Masse belastet wird (vgl. AG Köln NZI 2015, 282 (283 f.) – Belastung mit Kosten des Sachwalters und des Gläubigerausschusses);
- Verstöße gegen den Grundsatz der Gläubigergleichbehandlung, zB durch Bevorzugung einzelner Gläubiger (vgl. AG Köln NZI 2015, 282 (284));
- Verschlechterung der Sanierungschancen durch die Eigenverwaltung, zB aufgrund einer Weigerung wesentlicher Gläubiger, an einer kooperativen Sanierung unter der bisherigen Unternehmensführung mitzuwirken (AG Köln NZI 2013, 796);
- Verschlechterung der Quotenerwartung durch die Eigenverwaltung, beispielsweise wenn durch die Eigenverwaltung im Vergleich zum Regelverfahren (evident) höhere Kosten entstehen und diese nicht durch Vorteile der Eigenverwaltung kompensiert werden (zu Einzelheiten → Rn. 31.1).

24 Nicht als Nachteil anzusehen sind:
- die Absicht, die Eigenverwaltung als Liquidationsverfahren durchzuführen (Braun/Riggert Rn. 5);

- das Vorliegen der Zahlungsunfähigkeit oder deren Eintritt zwischen Antragstellung und Insolvenzeröffnung.

Wird die Eigenverwaltung vom Gläubigerausschuss nicht oder nicht mehrheitlich unterstützt, so liegt in der Ablehnung der Eigenverwaltung durch den Gläubigerausschuss nicht per se ein Nachteil (vgl. AG Köln NZI 2013, 796; Braun/Riggert Rn. 10). Allerdings hat das Gericht die Gründe für die Ablehnung im Rahmen seiner Prognoseentscheidung zu berücksichtigen (Braun/Riggert Rn. 10; Uhlenbruck/Zipperer Rn. 58; vgl. LG Halle NZI 2014, 2050 (2051) – MIFA). Ähnliches gilt für Verstöße des Schuldners gegen gesetzliche Vorschriften. Insbesondere kann die Verletzung gläubigerschützender Vorschriften der §§ 270 ff. den Rückschluss auf zu erwartende Nachteile für die Gläubiger erlauben (vgl. AG Köln NZI 2015, 282 (285)). 25

2. Prognoseentscheidung des Gerichts

§ 270 Abs. 2 Nr. 2 verlangt eine **tatsachenbasierte Prognoseentscheidung** des Gerichts (vgl. KPB/Pape Rn. 115; MüKoInsO/Kern Rn. 96). Ausgehend von den entscheidungserheblichen Tatsachen muss das Gericht beurteilen, ob im Falle der Anordnung der Eigenverwaltung Nachteile für die Gläubiger zu erwarten sind (Andres/Leithaus/Andres Rn. 6). 26

In Betracht kommen sowohl Umstände, die unmittelbar Nachteile begründen, als auch Umstände, die mittelbar auf Nachteile hinweisen (Uhlenbruck/Zipperer Rn. 47). Die Bewertung mittelbarer Umstände ist Aufgabe des Gerichts im Rahmen seiner Prognoseentscheidung (AG Potsdam ZIP 2013, 181 (183)). 27

Das Gericht hat seiner Entscheidung die ihm bekannten Umstände zugrunde zu legen (vgl. zB AG Hamburg NZI 2014, 566 (567)). Diese ergeben sich aus den zur Gerichtsakte eingereichten Unterlagen, insbesondere aus dem Eigenverwaltungsantrag, aus Stellungnahmen des vorläufigen Gläubigerausschusses (AG Köln NZI 2013, 769) und ggf. einzelner Gläubiger (zB Schutzschriften, vgl. AG Köln NZI 2013, 769; Graf-Schlicker/Graf-Schlicker Rn. 16; HK-InsO/Brünkmans Rn. 13), sowie aus dem Bericht des vorläufigen Sachwalters (vgl. MüKoInsO/Kern Rn. 93). Im Rahmen der Entscheidung über die Anordnung der Eigenverwaltung gilt der Amtsermittlungsgrundsatz (§ 270 Abs. 1 S. 2 iVm § 5 Abs. 1) nach wohl überwiegender Auffassung nur eingeschränkt (vgl. Uhlenbruck/Zipperer Rn. 37; Vallender DB 2015, 231 (232, 235); aA AG Charlottenburg ZInsO 2013, 2501 Rn. 23, Ausnahme nur bei Abs. 3 S. 2). Es besteht weder eine allgemeine Nachforschungspflicht des Gerichts (Braun/Riggert Rn. 6; KPB/Pape 116; MüKoInsO/Kern Rn. 89), noch ist das Gericht im Regelfall berechtigt, ein Sachverständigengutachten zu den Voraussetzungen der Eigenverwaltung einzuholen (vgl. Braun/Riggert Rn. 6; Uhlenbruck/Zipperer Rn. 37; Vallender DB 2015, 231 (235); aA Graf-Schlicker/Graf-Schlicker Rn. 12; MüKoInsO/Kern Rn. 93). Weitergehende Sachverhaltsermittlungen sind dem Gericht aber jedenfalls gestattet, wenn sich im Eröffnungsverfahren zeigt, dass die gesetzlich vorgesehene Überwachung durch den vorläufigen Sachwalter versagt (Uhlenbruck/Zipperer Rn. 37) und insbesondere konkrete Anhaltspunkte für einen möglichen Nachteil vorliegen (Nerlich/Römermann/Riggert Rn. 20; ähnl. MüKoInsO/Kern Rn. 89; Hofmann NZI 2014, 270 (271)). Ob das Gericht darüber hinaus zur Amtsermittlung verpflichtet ist (so FK-InsO/Foltis Rn. 69), ist zweifelhaft, da nach der Intention des Gesetzgebers verbleibende Zweifel an den zugrunde zu legenden Tatsachen nicht zulasten des Schuldners zu werten sind (vgl. zB AG Hamburg NZI 2014, 566 (567); Uhlenbruck/Zipperer Rn. 51 f.; Hofmann NZI 2014, 270 (271)). Das spricht gegen eine gerichtliche Verpflichtung zur Aufklärung der Tatsachengrundlagen. Jedenfalls ist kein Raum mehr für gerichtliche Ermittlungen, wenn der Eigenverwaltungsantrag von einem einstimmigen Beschluss des vorläufigen Gläubigerausschusses unterstützt wird (Graf-Schlicker/Graf-Schlicker Rn. 11). 28

Unberührt bleibt der Amtsermittlungsgrundsatz, soweit das Insolvenzgericht über die Eröffnung des Insolvenzverfahrens zu entscheiden hat. Das betrifft das Vorliegen eines Insolvenzgrundes (vgl. Uhlenbruck/Zipperer Rn. 37) sowie einer die Kosten deckenden Masse (vgl. Vallender DB 2015, 231 (235); → Rn. 29.1). 29

Die Einreichung von Schutzschriften ist zulässig (vgl. MüKoInsO/Kern Rn. 41; Nerlich/Römermann/Riggert Rn. 15). Schutzschriften sind auch grundsätzlich vom Gericht zu beachten (vgl. AG Köln NZI 2013, 796; Uhlenbruck/Zipperer Rn. 39). Das Gericht muss einer Schutzschrift allerdings nur dann nachgehen, wenn konkrete Umstände zumindest vorgetragen werden, die zu Nachteilen für die Gläubiger führen können (Uhlenbruck/Zipperer Rn. 39). Dann folgt aus der Schutzschrift eine gesteigerte Überprüfungspflicht des Gerichts mit Blick auf die Nachteilsprüfung (KPB/Pape Rn. 94; MüKoInsO/Kern Rn. 41). Dass eine Schutzschrift nicht älter als einen Monat sein dürfte, um Berücksichtigung zu finden (so Uhlenbruck/Zipperer Rn. 39), erscheint nicht zwingend. 29.1

InsO aF § 270

30 Ausgehend von den entscheidungsrelevanten Tatsachen hat das Gericht eine **Prognoseentscheidung** zu treffen. Welcher Maßstab für die Beurteilung des Gerichts gilt, ist umstritten. In der insolvenzgerichtlichen Praxis reicht die Bandbreite von **geringer** (AG Hamburg NZI 2014, 312; 2014, 269) über eine **gewisse** (AG Essen NZI 2015, 931 (932); AG Hamburg NZI 2014, 566 (567)) bzw. **hinreichende** (AG Köln NZI 2013, 796; wohl auch AG Freiburg NZI 2015, 604 (605)), bis hin zu **überwiegender Wahrscheinlichkeit** (vgl. AG Köln NZI 2015, 282 (284); AG Essen ZIP 2015, 841 = BeckRS 2015, 03320) des Eintretens von Nachteilen. Darüber hinaus wird vertreten, dass Zweifel der Nachteilswirkung der Eigenverwaltung nicht entgegenstehen (Uhlenbruck/Zipperer Rn. 53), was darauf hinaus läuft, dass das Gericht von der Nachteilswirkung überzeugt sein muss (Uhlenbruck/Zipperer Rn. 55). Zu befürchtende Nachteile sind dabei mit zu erwartenden Vorteilen der Eigenverwaltung abzuwägen (vgl. AG Essen NZI 2015, 931 (932); HK-InsO/Brünkmans Rn. 14; Nerlich/Römermann/Riggert Rn. 20; aA K. Schmidt InsO/Undritz Rn. 8), sodass sich die Anordnung der Eigenverwaltung ggf. trotz einzelner Nachteile insgesamt als nicht nachteilig erweisen kann (Uhlenbruck/Zipperer Rn. 50). Sofern vertreten wird, bei Vorliegen bestimmter, typischerweise auf Nachteile hindeutender Umstände, sei regelmäßig von Nachteilen auszugehen (Graf-Schlicker/Graf-Schlicker Rn. 13), wird dies nicht der durch das ESUG bezweckten Erleichterung des Zugangs zur Eigenverwaltung gerecht.

31 Als Vorteile der Eigenverwaltung kommen Kostenvorteile durch die geringere Sachwaltervergütung (im Vergleich mit dem Insolvenzverwalter) sowie bei der Verwertung von Sicherungsgut in Betracht, aber auch bessere Fortführungsmöglichkeiten (Nerlich/Römermann/Riggert Rn. 20). Insbesondere können besondere Sachkunde des Schuldners oder besondere Sanierungserfahrung und -expertise in der schuldnerischen Geschäftsleitung für die Anordnung der Eigenverwaltung sprechen (Nerlich/Römermann/Riggert Rn. 21). Auch die Unterstützung der Eigenverwaltung durch wesentliche Stakeholder oder eine entsprechende Erwartungshaltung (MüKoInsO/Kern Rn. 83) können für die Anordnung der Eigenverwaltung sprechen, da in diesem Fall bei Versagung der Eigenverwaltung Nachteile drohen können (vgl. AG Duisburg NZI 2002, 556 (559); MüKoInsO/Kern Rn. 83; → Rn. 31.1).

31.1 Schwierigkeiten bereitet insbesondere die Beurteilung der Auswirkungen der Eigenverwaltung auf die Quotenerwartung. Grundsätzlich wird man einen Nachteil iSd Abs. 2 Nr. 2 annehmen müssen, wenn bei Eigenverwaltung – eindeutig – eine schlechtere Quote zu erwarten ist als im Regelinsolvenzverfahren (so zB Braun/Riggert Rn. 5; Uhlenbruck/Zipperer Rn. 46). Setzt die Durchführung der Eigenverwaltung den Einsatz externer Sanierungsexperten in der Geschäftsleitung oder als Berater voraus, ist es dem Insolvenzgericht im Ausgangspunkt nicht verwehrt, die dadurch zu erwartenden Kosten im Rahmen seiner Prognoseentscheidung zu berücksichtigen (vgl. AG Freiburg NZI 2015, 604 (605) mAnm Madaus; Vallender DB 2015, 231 (234); HK-InsO/Brünkmans Rn. 21). Entsprechend der gesetzgeberischen Absicht, die Eigenverwaltung als gleichwertige Verfahrensalternative zu etablieren, darf dies aber nicht zu einer reflexhaften Ablehnung der Eigenverwaltung führen.

31.2 In der Praxis wird verbreitet mit dem Eigenverwaltungsantrag eine Vergleichsrechnung vorgelegt (bzw. die Vorlage wird von einigen Insolvenzgerichten verlangt; vgl. HK-InsO/Brünkmans Rn. 9; AG Köln NZI 2018, 210 (211)), in der die prognostizierten Kosten der Eigenverwaltung (einschließlich insbesondere Beraterkosten) im Rahmen einer Vergleichsrechnung den Kosten des Regelinsolvenzverfahrens gegenübergestellt werden. Vorgerichtliche Beraterkosten sind dabei ebenso wenig einzubeziehen (Frind ZIP 2019, 1945 (1946)) wie Beraterkosten, die auch im Regelverfahren zusätzlich zur Verwaltervergütung anfallen würden (vgl. Reus/Höfer/Harig NZI 2019, 57 (58 f.), wie zB für die Durchführung eines M&A-Prozesses; aA wohl Frind ZIP 2019, 1945 (1948)). Angesichts der Unsicherheiten bei der Prognose der Beraterkosten wie auch des Insolvenzverwalterhonorars sollte ein Nachteil nur dann angenommen werden, wenn die Durchführung der Eigenverwaltung offensichtlich erheblich teurer als ein Regelverfahren wäre, ohne dass dies durch zu erwartende Vorteile bei der Sanierung oder Liquidation in Folge der Eigenverwaltung kompensiert würde (ähnl. Vallender DB 2015, 231 (234); HK-InsO/Brünkmans Rn. 21; strenger Madaus NZI 2015, 605 (606)). Angezeigt ist somit keine Quotenprognose (vgl. MüKoInsO/Kern Rn. 78; aA wohl AG Essen ZIP 2015, 841 = BeckRS 2015, 03320; wohl auch Henkel ZIP 2015, 562 (564 mwN), wohl aber eine Evidenzkontrolle (in diesem Sinn wohl AG Freiburg NZI 2015, 604 (605); HK-InsO/Brünkmans Rn. 21).

32 Fällt die Prognoseentscheidung positiv für die Eigenverwaltung oder zumindest nicht zweifelsfrei negativ aus, besteht **kein Ermessensspielraum** für das Gericht (MüKoInsO/Kern Rn. 20; aA zB AG Essen NZI 2015, 931 (932)).

33 Umstände, die auf einen Nachteil hinweisen können, sind etwa:
- Verspätete (BGH NZI 2006, 34; MüKoInsO/Kern Rn. 54; Vallender DB 2015, 231 (233)) oder unrichtige Stellung des Insolvenzantrags durch den Schuldner (AG Hamburg NZI 2014, 566 (567); AG Mannheim NZI 2014, 412 (413 f.); Uhlenbruck/Zipperer Rn. 48);

Voraussetzungen   § 270 InsO aF

- Mangelhafte Buchführung und Rechnungswesen (AG Essen NZI, 2015, 931 (932); MüKoInsO/Kern Rn. 57; Uhlenbruck/Zipperer Rn. 48);
- Scheitern früherer Sanierungsbemühungen, wenn keine oder untaugliche Maßnahmen ergriffen wurden (LG Bonn NZI 2003, 653; Uhlenbruck/Zipperer Rn. 48);
- Unverhältnismäßige Vergütungsvereinbarungen mit einem externen Sanierer (Uhlenbruck/Zipperer Rn. 48) und überhöhte Vorschusszahlungen (LG Bonn ZInsO 2003, 806);
- Dissens innerhalb der Geschäftsleitung einer juristischen Person oder Gesellschaft ohne Rechtspersönlichkeit (AG Mannheim NZI 2014, 412 (413); MüKoInsO/Kern Rn. 80; Uhlenbruck/Zipperer Rn. 48);
- Ablehnung der Eigenverwaltung durch wesentliche Gläubiger (AG Köln NZI 2013, 796; Uhlenbruck/Zipperer Rn. 48), insbesondere durch solche, deren Mitwirkung wesentlich für den Erfolg der Eigenverwaltung ist (LG Halle NZI 2014, 1050 (1051) – MIFA; MüKoInsO/Kern Rn. 82);
- Bestehen erheblicher Anfechtungs- und Haftungsansprüche gegen Organe des Schuldners oder gegen Gesellschafter (FK-InsO/Foltis Rn. 79; Uhlenbruck/Zipperer Rn. 48), jedenfalls wenn zu befürchten ist, dass diese sich der Haftung zu entziehen versuchen (MüKoInsO/Kern Rn. 60; Uhlenbruck/Zipperer Rn. 50);
- Fehlende Eignung des Schuldners für die Wahrnehmung der Aufgaben in der Eigenverwaltung, die sich zB äußert in vorausgegangenen Bankrottdelikten oder strafrechtlichen Ermittlungen (AG Essen NZI, 2015, 931; MüKoInsO/Kern Rn. 59; Uhlenbruck/Zipperer Rn. 49), jedenfalls sofern ein hinreichender Tatverdacht angenommen werden kann (vgl. Vallender DB 2015, 231 (233); weiter AG Hamburg NZI 2014, 269 (270 f.)), aus sonstigen Gesetzesverstößen im Zusammenhang mit der Verfahrenseinleitung oder im Eröffnungsverfahren (vgl. AG Potsdam ZIP 2013, 181 ff. = BeckRS 2013, 01722; MüKoInsO/Kern Rn. 52; vgl. Vallender DB 2015, 231 (232 f.)) oder durch unzureichende Kooperation des Schuldners mit dem vorläufigen Sachwalter, dem vorläufigen Gläubigerausschuss oder dem Insolvenzgericht (vgl. AG Köln NZI 2018, 210 (211); MüKoInsO/Kern Rn. 55; Nerlich/Römermann/Riggert Rn. 20).
- Unzulässige Einflussnahme der Anteilseigner zur Verfolgung von Eigeninteressen (MüKoInsO/Kern Rn. 62; Uhlenbruck/Zipperer Rn. 49), was sich beispielsweise im Zusammenhang mit der Besetzung eines vorläufigen Gläubigerausschusses zeigen kann (vgl. Vallender DB 2015, 231 (233));
- Unzureichende Einbindung der Gläubiger in das Verfahren (LG Halle NZI 2014, 1050 (1052) – MIFA; vgl. Vallender DB 2015, 231 (232);
- Besorgnis der Befangenheit des Schuldners, die sich zB aus der Beteiligung eines Gesellschafter-Geschäftsführers an einer Hauptgläubigerin des Schuldners bzw. seinem Interesse an der Übernahme des Geschäftsbetriebs der Schuldnerin ergeben kann (AG Hamburg NZI 2014, 566 (567)), bzw. allgemein, wenn die Gefahr besteht, dass der Schuldner sich oder Dritten Sondervorteile verschaffen will (Graf-Schlicker/Graf-Schlicker Rn. 13; Vallender DB 2015, 231 (233)).

Grundsätzlich **nicht** zur Annahme eines Nachteils führen: 34
- Bestehen von Ansprüchen aus Insolvenzanfechtung oder Haftungsansprüchen, sofern der Schuldner die anfechtbaren Zahlungen und haftungsbegründenden Sachverhalte nicht verschleiert (MüKoInsO/Kern Rn. 58, 60; Vallender DB 2015, 231 (234); aA AG Hamburg NZI 2014, 566 (567 f.); FK-InsO/Foltis Rn. 79; Graf-Schlicker/Graf-Schlicker Rn. 13 bei vorsätzlichen gläubigerschädigenden Handlungen);
- Einflussnahme von Großgläubigern (KPB/Pape Rn. 119; aA MüKoInsO/Kern Rn. 62; Uhlenbruck/Zipperer Rn. 49), da die Stärkung des Gläubigereinflusses gerade ein Anliegen des ESUG ist (KPB/Pape Rn. 119). Wenn die Einflussnahme zur konkreten Benachteiligung anderer Gläubiger führt, kann das natürlich einen Nachteil begründen;
- Verfolgung anderer Verfahrenszwecke als der Sanierung des Rechtsträgers (zB Liquidation, übertragende Sanierung (MüKoInsO/Kern Rn. 67; Uhlenbruck/Zipperer Rn. 48; BGH NZI 2016, 796 Rn. 75; aA zB AG Hamburg NZI 2014, 269 ff. mablAnm Hofmann);
- Scheitern außergerichtlicher Sanierungsbemühungen des Schuldners im Vorfeld der Insolvenz (Graf-Schlicker/Graf-Schlicker Rn. 15; MüKoInsO/Kern Rn. 65);
- Struktur und Rechtsform des Schuldners bzw. der Unternehmensgruppe, zu der der Schuldner gehört (Uhlenbruck/Zipperer Rn. 48).

Der Schuldner muss in der Lage sein, die Aufgaben der Eigenverwaltung selbst wahrzunehmen.   35
Über die dazu erforderlichen Kenntnisse muss er nicht höchstpersönlich verfügen (aA wohl Hammes NZI 2017, 233 (236)), sondern er kann sich das notwendige Know-how durch Beauftragung geeigneter Dritter sichern (vgl. zB Uhlenbruck/Zipperer Rn. 50). Die Beauftragung eines sanie-

36 rungserfahrenen Beraters beseitigt aber nicht prognostizierte Nachteile, die auf der persönlichen Unzuverlässigkeit des Schuldners beruhen (vgl. AG Köln BeckRS 2017, 101893).

36 Unterschiedlich beurteilt wird die Auswechselung der bisherigen Geschäftsleitung im Zusammenhang mit der Eigenverwaltung (vgl. KPB/Pape Rn. 44 ff.; Uhlenbruck/Zipperer Rn. 50). Wird die Geschäftsleitung erst kurz vor Antragstellung ausgetauscht und muss sich die neue Geschäftsleitung erst einarbeiten, begründet dies allein regelmäßig keinen Nachteil, da sich auch ein Insolvenzverwalter erst einarbeiten müsste (vgl. MüKoInsO/Kern Rn. 49). Kritisch gesehen wird mitunter der Verzicht auf das im Unternehmen vorhandene und in der alten Geschäftsleitung personifizierte Know-how (AG Duisburg NZI 2002, 556 (558 f.); dagegen KPB/Pape Rn. 47). Sofern die neue Geschäftsleitung über das erforderliche Sanierungs-Know-how verfügt, wird indes dieser Nachteil durch den Gewinn an Sanierungsexpertise, die regelmäßig zur Stärkung des Vertrauens der Gläubiger in die Eigenverwaltung führt, kompensiert (vgl. MüKoInsO/Kern Rn. 72; Nerlich/Römermann/Riggert Rn. 20; aA Hammes NZI 2017, 233 (240), der in dem Austausch der Geschäftsleitung eine „Umgehung" sieht). Insbesondere wenn Umstände in der Person eines Organmitglieds das Risiko von Nachteilen für die Gläubiger begründen, liegt ein Austausch des Organmitglieds im Interesse der Gläubiger und kann die Eigenverwaltungsfähigkeit des Schuldners ggf. wiederherstellen (FK-InsO/Foltis Rn. 81). Die Aufnahme eines erfahrenen Insolvenzverwalters in die Geschäftsleitung dürfte dementsprechend regelmäßig für die Anordnung der Eigenverwaltung sprechen (vgl. Graf-Schlicker/Graf-Schlicker Rn. 15; Vallender DB 2015, 231 (234)). Bedenken kann es aber auslösen, wenn zwischen neuer Geschäftsführung und bestimmten (Groß-)Gläubigern ein Näheverhältnis besteht, das die gleichmäßige Wahrnehmung der Interessen der Gläubigergesamtheit in Frage stellt (vgl. MüKoInsO/Kern Rn. 72; Uhlenbruck/Zipperer Rn. 50). Nachteilsbegründend kann auch ein Näheverhältnis zu anderen Verfahrensbeteiligten oder deren Beratern sein (Hammes NZI 2017, 233 (234 f.)), sofern dies konkrete Anhaltspunkte dafür bietet, dass die Eigenverwaltung nicht an den gesetzlichen Regeln und Verfahrenszielen ausgerichtet erfolgt. Die Gewährung von angemessenen Vorschusszahlungen an vom Schuldner in die Geschäftsleitung berufene oder als Berater beauftragte Sanierungsfachleute ist nicht zu beanstanden (aA MüKoInsO/Kern Rn. 60); dies folgt schon daraus, dass einem Sanierungsgeschäftsführer oder -berater andernfalls ein Vergütungsrisiko aufgebürdet würde, das ein (vorläufiger) Insolvenzverwalter nicht zu tragen hätte. Die Regelung des § 56 zu Unabhängigkeit des Insolvenzverwalters gilt für die Geschäftsleiter des Schuldners nicht, auch nicht entsprechend (Uhlenbruck/Zipperer Rn. 50; aA AG Duisburg NZI 2002, 556 (559); Hölzle ZIP 2018, 1669 (1674 f.)) (→ Rn. 36.1 f.).

36.1 Im Schrifttum wird im Anschluss an das Grundsatzurteil des BGH zur Haftung der Geschäftsleiter in der Eigenverwaltung (BGH NJW 2018, 2125 ff.) vertreten, dass vom BGH erkannte Bedürfnis der analogen Anwendung der §§ 60 f. auf die Geschäftsleiter mache es erforderlich, dass eine im insolvenzrechtlichen Sinne geschäftskundige Person die insolvenzrechtlichen Pflichten als Organ wahrnimmt (Hölzle ZIP 2018, 1669 (1675)). Diese Ansicht ist zweifelhaft. Nach der gesetzlichen Konzeption steht die Eigenverwaltung nämlich auch Einzelkaufleuten und Freiberuflern offen; diesen Personengruppen wollte der Gesetzgeber ausdrücklich die Eigenverwaltung ermöglichen (→ Rn. 2). Die Eigenverwaltung kann in diesen Fällen nicht von der höchstpersönlichen Erfahrung mit Insolvenzverwaltung abhängen, da andernfalls eine Eigenverwaltung entgegen der gesetzgeberischen Intention kaum einmal angeordnet werden könnte. Anderes kann dann aber auch nicht bei Gesellschaften gelten, wollte man nicht ein – gesetzlich nicht fundiertes – Sonderrecht der Eigenverwaltung bei Gesellschaften postulieren. Dementsprechend dürfte es zumindest im Regelfall nicht erforderlich sein, einen Insolvenzexperten in die Organstellung zu berufen, um die Annahme von Nachteilen iSd Abs. 2 auszuschließen; die Einholung sachkundiger Beratung in Zusammenspiel mit der Überwachung durch den Sachwalter und dessen Verpflichtung zur Nachteilsanzeige (§ 274 Abs. 3) reichen qua gesetzlicher Wertung zur Sicherung der Gläubigerinteressen typischerweise aus (Gehrlein ZInsO 2018, 2234 (2241)).

36.2 Ebenfalls unklar ist, ob der Schuldner bzw. seine Organe eine Vermögensschadenshaftpflichtversicherung unterhalten müssen, da andernfalls – verglichen mit der Regelinsolvenz – ein Nachteil deswegen vorliege, weil mögliche Haftungsansprüche wegen der Verletzung insolvenzrechtlicher Pflichten oftmals an fehlender Haftungsmasse scheitern werden. Auf Basis des BGH-Urteils wäre die Forderung nach adäquatem Versicherungsschutz konsequent (Hofmann ZIP 2018, 1429 (1435)).

3. Fiktion des § 270 Abs. 3 S. 2

37 Die Anordnung der Eigenverwaltung ist als nicht nachteilig für die Gläubiger anzusehen, wenn der vorläufige Gläubigerausschuss die Eigenverwaltung mit einstimmigem Beschluss unterstützt. Ein einstimmiger Beschluss liegt vor, wenn alle Mitglieder des vorläufigen Gläubigerausschusses an der Abstimmung teilgenommen und den Beschluss gefasst haben (MüKoInsO/Kern Rn. 98). Nehmen nicht alle Gläubigerausschussmitglieder an der Abstimmung teil, so ist streitig, ob ein von den teilnehmenden Mitgliedern gefasster Beschluss ausreicht (so Braun/Riggert Rn. 10; Uhlenbruck/Zipperer Rn. 58; aA MüKoInsO/Kern Rn. 98). Stimmenthaltungen hindern ein einstimmiges Votum iSd Abs. 3 S. 2 (vgl. MüKoInsO/Kern Rn. 98; aA Uhlenbruck/Zipperer Rn. 58). In jedem Fall müssen die Anforderungen an einen wirksamen Beschluss erfüllt sein, insbesondere an die Beschlussfähigkeit des Gläubigerausschusses (vgl. Uhlenbruck/Zipperer Rn. 58).

Die in § 270 Abs. 3 S. 2 angeordnete gesetzliche Fiktion (Nerlich/Römermann/Riggert Rn. 23) bindet das Insolvenzgericht (MüKoInsO/Kern Rn. 97). Liegt ein einstimmiges Gläubigerausschussvotum für die Anordnung der Eigenverwaltung vor (zu den formalen Anforderungen vgl. AG Freiburg NZI 2015, 605 f.; krit. dazu Madaus NZI 2015, 606 f.), hat sich das Insolvenzgericht weiterer Prüfung möglicher Nachteile der Eigenverwaltung zu enthalten und darf die Anordnung der Eigenverwaltung nicht wegen befürchteter Nachteile ablehnen (Uhlenbruck/Zipperer Rn. 58; Vallender DB 2015, 231 (232)). 38

III. Abschließende Regelung

Die Voraussetzungen der Eigenverwaltung sind in Abs. 2 abschließend geregelt. Die Anordnung der Eigenverwaltung hängt in materieller Hinsicht insbesondere nicht davon ab, dass bestimmte positive Voraussetzungen erfüllt sein müssten (vgl. MüKoInsO/Kern Rn. 108). Insbesondere muss der Schuldner weder Gründe für die Anordnung der Eigenverwaltung darlegen, noch ein konkretes Verfahrensziel verfolgen oder gar einen Insolvenzplan vorlegen (vgl. MüKoInsO/Kern Rn. 104 f.). Auch ist nicht erforderlich, dass die Insolvenz „unverschuldet" eingetreten ist (MüKoInsO/Kern Rn. 106), oder dass der Schuldner bei Antragstellung oder gar Anordnung der Eigenverwaltung noch zahlungsfähig ist (vgl. MüKoInsO/Kern Rn. 107). Allerdings kann das Vorliegen einzelner oder mehrerer dieser Umstände dazu führen, dass die Anordnung der Eigenverwaltung Nachteile für die Gläubiger befürchten lässt. Das ist im Einzelfall durch das Insolvenzgericht im Rahmen seiner Prognoseentscheidung zu würdigen (→ Rn. 26). 39

D. Anordnungsentscheidung

I. Zuständigkeit und Verfahren

Für die internationale und örtliche Zuständigkeit des Insolvenzgerichts gelten die allgemeinen Vorschriften (Braun/Riggert Rn. 13). Funktionell zuständig ist gem. § 18 Abs. 1 Nr. 1 RPflG der Richter (vgl. zB Andres/Leithaus/Andres Rn. 10; MüKoInsO/Kern Rn. 110; Uhlenbruck/Zipperer Rn. 54). 40

Hat das Gericht Bedenken gegen die Anordnung der Eigenverwaltung, so hat es den Schuldner vorab anzuhören (AG Potsdam ZIP 2013, 181 (184) = BeckRS 2013, 01722). 41

II. Beteiligung des vorläufigen Gläubigerausschusses

Sofern ein vorläufiger Gläubigerausschuss eingesetzt ist, ist diesem gem. § 270 Abs. 3 S. 1 vor der Anordnungsentscheidung Gelegenheit zur Äußerung zu geben. Die Anhörung über die Anordnungsentscheidung kann mit der Anhörung zur Person des Verwalters oder Sachwalters gem. § 56a Abs. 1 (iVm § 274 Abs. 1) verbunden werden (Uhlenbruck/Zipperer Rn. 57). 42

Die gerichtliche Aufforderung zur Anhörung ist an alle Mitglieder des vorläufigen Gläubigerausschusses zu richten (Uhlenbruck/Zipperer Rn. 57). Eine besondere Form der Anhörung ist nicht gesetzlich vorgeschrieben (vgl. Madaus NZI 2015, 606). Möglich ist beispielsweise die persönliche, schriftliche oder mündliche Anhörung (vgl. MüKoInsO/Kern Rn. 133; Uhlenbruck/Zipperer Rn. 57). Das Gericht kann eine Frist zur Äußerung setzen (MüKoInsO/Kern Rn. 133; Uhlenbruck/Zipperer Rn. 57). In jedem Fall ist die Anhörung möglichst so zu gestalten, dass der vorläufige Gläubigerausschuss von seinem Beteiligungsrecht in angemessener Form Gebrauch machen kann. Dazu gehört es, die Anhörung im Regelfall kurz vor der Eröffnungsentscheidung durchzuführen, was eine informierte Äußerung des vorläufigen Gläubigerausschusses fördert (vgl. Uhlenbruck/Zipperer Rn. 57). 43

Die Anhörung des Gläubigerausschusses kann nur unterbleiben, wenn sie offensichtlich zu einer nachteiligen Veränderung in der Vermögenslage des Schuldners führen würde (Abs. 3 S. 1 Hs. 2). Dazu kann es kommen, wenn das Insolvenzgericht aufgrund überraschender Umstände (zB überraschende Verlustfortführung im Eröffnungsverfahren; vgl. Braun/Riggert Rn. 9) gezwungen ist, 44 das Insolvenzverfahren umgehend zu eröffnen, ohne dass Gelegenheit bestand, die Anhörung zuvor abzuschließen. Wird der Eigenverwaltungsantrag wie zumeist zeitgleich mit einem Eigenantrag des Schuldners gestellt, kommt ein Absehen von der Anhörung des vorläufigen Gläubigerausschusses praktisch nur in absoluten Ausnahmefällen in Betracht (Nerlich/Römermann/Riggert Rn. 22), etwa wenn die Einsetzung des vorläufigen Gläubigerausschusses gem. § 22a Abs. 2 („Soll-Ausschuss") erst spät im Eröffnungsverfahren beantragt wird (vgl. Uhlenbruck/Zipperer Rn. 57).

45 Unterlässt das Gericht die Anhörung des vorläufigen Gläubigerausschusses, ohne dass dies gem. § 270 Abs. 3 S. 1 Hs. 2 gerechtfertigt wäre, ist ein trotzdem ergangener Beschluss über die Anordnung oder Versagung der Eigenverwaltung zwar rechtswidrig, aber dennoch wirksam (vgl. Uhlenbruck/Zipperer Rn. 57).

46 Ob und wie die Äußerung des Gläubigerausschusses zu erfolgen hat, ist gesetzlich nicht vorgegeben. Der Gläubigerausschuss ist insoweit frei (vgl. Uhlenbruck/Zipperer Rn. 57; aA MüKoInsO/Kern Rn. 136 – Äußerung in Beschlussform). Lediglich die Fiktionswirkung bei einstimmiger Unterstützung der Eigenverwaltung ist gem. § 270 Abs. 3 S. 2 an einen Beschluss des Gläubigerausschusses geknüpft (Uhlenbruck/Zipperer Rn. 57).

47 Die Regelung schließt es nicht aus, einzelne für das Verfahren wesentliche Gläubiger zusätzlich zum Gläubigerausschuss anzuhören.

III. Anordnungsbeschluss

48 Der Beschluss über die anfängliche Anordnung der Eigenverwaltung hat gem. § 270 Abs. 1 S. 1 im Eröffnungsbeschluss zu erfolgen (vgl. MüKoInsO/Kern Rn. 109). Statt eines Insolvenzverwalters hat das Gericht gem. § 270c S. 1 einen Sachwalter einzusetzen (→ Rn. 64). Eine Aufforderung nach § 28 Abs. 3 unterbleibt, da die Verwaltungs- und Verfügungsbefugnis beim Schuldner liegt (Andres/Leithaus/Andres Rn. 9; Uhlenbruck/Zipperer Rn. 54). Im Übrigen ist im Eröffnungsbeschluss statt auf den Insolvenzverwalter auf den Sachwalter abzustellen (vgl. Uhlenbruck/Zipperer Rn. 54), so bei der Anmeldung von Forderungen (§ 28 Abs. 1 S. 1) und der Mitteilung von Sicherungsrechten (§ 28 Abs. 2) (→ Rn. 48.1).

48.1 Die Anordnung der Eigenverwaltung sollte im Eröffnungsbeschluss ausdrücklich ausgesprochen werden. Geschieht dies nicht, ergeben sich jedoch aus dem Beschluss Anhaltspunkte dafür, dass das Gericht die Anordnung der Eigenverwaltung beabsichtigte, stellt sich die Frage, wie mit der daraus resultierenden Unklarheit umzugehen ist. Aus der Praxis sind zB Fälle bekannt, in denen im Eröffnungsbeschluss die Bestellung eines Sachwalters ausgesprochen wird, die ausdrückliche Anordnung der Eigenverwaltung jedoch fehlt. In solchen Fällen kann und sollte das Insolvenzgericht die Anordnung der Eigenverwaltung in einem Ergänzungsbeschluss zum Eröffnungsbeschluss gem. § 4 iVm § 319 Abs. 1 ZPO aussprechen.

49 Umstritten ist, ob das Gericht mit dem Anordnungsbeschluss Sicherungsmaßnahmen gem. § 277 verbinden kann (zust. FK-InsO/Foltis Rn. 91; Uhlenbruck/Zipperer Rn. 54), oder ob dies wegen des abschließenden Charakters der Gläubigerschutzregeln der §§ 275ff. unzulässig ist (so MüKoInsO/Kern Rn. 115).

50 Das Gericht ist nicht verpflichtet, den Anordnungsbeschluss zu begründen (Braun/Riggert Rn. 12; aA K. Schmidt InsO/Undritz Rn. 15). Sofern der Beschluss nicht ohne Sachprüfung aufgrund eines einstimmigen Beschlusses des vorläufigen Gläubigerausschusses (Abs. 3 S. 2) ergeht, ist eine Begründung aber sinnvoll, um der Gläubigerversammlung eine Entscheidungsgrundlage für ihre Entscheidung über die nachträgliche Aufhebung der Eigenverwaltung an die Hand zu geben (Graf-Schlicker/Graf-Schlicker Rn. 20; Uhlenbruck/Zipperer Rn. 54).

IV. Ablehnungsbeschluss und Begründungspflichtzwang bei Ablehnung

51 Die Ablehnung der Eigenverwaltung erfolgt durch Beschluss (Uhlenbruck/Zipperer Rn. 55). Umstritten ist, ob ein gesonderter Beschluss ergehen kann (so MüKoInsO/Kern Rn. 120) oder ob die Entscheidung im Eröffnungsbeschluss zu erfolgen hat (so Uhlenbruck/Zipperer Rn. 55).

52 Eine Pflicht zur Begründung der Entscheidung besteht nur, wenn das Insolvenzgericht die Anordnung der Eigenverwaltung ablehnt (§ 270 Abs. 4 iVm § 27 Abs. 2 Nr. 5). Der Begründungszwang verfolgt zum einen den Zweck, der Gläubigerversammlung eine informierte Entscheidung über die nachträgliche Anordnung der Eigenverwaltung gem. § 271 zu ermöglichen (MüKoInsO/Kern Rn. 122; Uhlenbruck/Zipperer Rn. 59). Zum anderen soll das Gericht angehalten werden, insbesondere eine ablehnende Entscheidung sorgfältig und unter Berücksichtigung aller relevanten Umstände zu prüfen (Uhlenbruck/Zipperer Rn. 59). Letzteres dient der Umsetzung des vom Gesetzgeber mit dem ESUG verfolgten Ziels, die Eigenverwaltung als Sanierungsinstrument zu stärken (vgl. Uhlenbruck/Zipperer Rn. 59).

Das Insolvenzgericht muss in seiner Begründung die Umstände darlegen, auf die es die Ableh- 53
nung stützt (Braun/Riggert Rn. 12). Dies darf nicht schematisch erfolgen (Graf-Schlicker/Graf-
Schlicker Rn. 20), sondern die Begründung muss verständlich und nachvollziehbar unter konkreter Auseinandersetzung mit den Umständen, auf die das Gericht die Nachteilswirkung stützt,
abgefasst werden (vgl. Uhlenbruck/Zipperer Rn. 60). Die Person des Sachwalters darf in der
Begründung aus Gründen des Persönlichkeitsschutzes gem. § 270 Hs. 2 iVm § 27 Abs. 2 Nr. 5
nicht genannt werden (vgl. MüKoInsO/Kern Rn. 124; Nerlich/Römermann/Riggert Rn. 24).

Eine unterbliebene oder mangelhafte Begründung macht den Ablehnungsbeschluss nicht nich- 54
tig (Uhlenbruck/Zipperer Rn. 61). Der Schuldner kann in diesem Fall aber Beschlussergänzung
gem. § 4 iVm §§ 320 f. ZPO und ggf. Gehörsrüge gem. § 3 iVm § 321a ZPO erheben (Uhlen-
bruck/Zipperer Rn. 61). Zudem können Amtshaftungsansprüche bestehen (vgl. Uhlenbruck/
Zipperer Rn. 61).

V. Rechtsmittel

Gegen die Ablehnung der Eigenverwaltung steht dem Schuldner kein Rechtsmittel zur Verfü- 55
gung (BGH NZI 2007, 238 ff.; Braun/Riggert Rn. 12; MüKoInsO/Kern Rn. 125 ff.; Uhlen-
bruck/Zipperer Rn. 56). Das gilt auch für die sofortige Beschwerde gem. § 34 Abs. 2. Diese
richtet sich nur gegen die Eröffnung des Insolvenzverfahrens, nicht aber gegen die Ablehnung der
Eigenverwaltung, auch wenn diese im Eröffnungsbeschluss erfolgt (BGH NZI 2007, 238 Rn. 10;
LG Frankfurt ZIP 2014, 742 f.; MüKoInsO/Kern Rn. 127; Uhlenbruck/Zipperer Rn. 56).

Auch gegen die Anordnung der Eigenverwaltung ist kein Rechtsmittel gegeben (MüKoInsO/ 56
Kern Rn. 118; Uhlenbruck/Zipperer Rn. 56). In Betracht kommt nur die nachträgliche Anordnung bzw. Aufhebung der Eigenverwaltung gem. § 271 bzw. § 272.

Den Beteiligten steht die Gehörsrüge gem. § 4 iVm § 321a ZPO zu (Uhlenbruck/Zipperer 57
Rn. 56; aA wohl MüKoInsO/Kern Rn. 128).

Nach hM steht auch einem Minderheitsgesellschafter, dessen Gesellschafterrechte durch die 58
Einleitung eines Insolvenzverfahrens verletzt wurden, kein Rechtsmittel gegen die Anordnung
der Eigenverwaltung zu (vgl. Uhlenbruck/Zipperer Rn. 56 mwN).

E. Stellung des Schuldners in der Eigenverwaltung

I. Rechte und Pflichten des Schuldners/Abgrenzung Sachwalter

In der Eigenverwaltung sind **im Grundsatz** sämtliche Aufgaben, die im regulären Verfahren 59
dem Insolvenzverwalter obliegen und die nach den nicht abschließenden §§ 270 ff. auf den
Sachwalter übertragen sind, dem **Schuldner** übertragen (MüKoInsO/Kern Rn. 147).

1. Gesetzliche Aufgaben und Pflichten des Schuldners

Kraft ausdrücklicher gesetzlicher Anordnung sind dem eigenverwaltenden Schuldner folgende 60
Aufgaben und die damit einhergehenden Rechte und Pflichten zugewiesen:
- Berechtigung, die Insolvenzmasse zu verwalten und über sie zu verfügen (§ 270 Abs. 1 S. 1);
- Ausübung der Rechte aus §§ 103 ff.;
- Eingehung neuer Verbindlichkeiten, auch außerhalb des gewöhnlichen Geschäftsbetriebs (§ 275 Abs. 1; vgl. MüKoInsO/Kern Rn. 142);
- Entscheidung über die Fortsetzung beiderseits nicht erfüllter Vertragsverhältnisse nach Maßgabe des § 279 (→ § 279 Rn. 2) und über die Aufnahme von Prozessen (Uhlenbruck/Zipperer Rn. 12);
- Erstellung der in § 151 genannten Verzeichnisse (§ 281 Abs. 1);
- Berichterstattung im Berichtstermin (§ 281 Abs. 2);
- Rechnungslegung (§ 281 Abs. 3);
- Recht zur Verwertung von mit Absonderungsrechten belasteten Gegenständen nach Maßgabe des § 282 Abs. 1 (→ § 282 Rn. 5);
- Recht zum Bestreiten angemeldeter Forderungen (§ 283 Abs. 1 S. 1.);
- Verteilung der Insolvenzmasse an die Insolvenzgläubiger (§ 283 Abs. 2);
- Ausarbeitung eines Insolvenzplans mit Auftrag der Gläubigerversammlung (§ 284; → Rn. 87).

Da der Schuldner zur Verwaltung der Insolvenzmasse befugt ist, begründen seine Handlungen 61
originäre Masseverbindlichkeiten gem. § 55 Abs. 1 Nr. 1 (Uhlenbruck/Zipperer Rn. 13). Er
unterliegt dabei den Beschränkungen der §§ 275 ff., die dem Schuldner im Innenverhältnis (Auf-

sicht durch den Sachwalter) und ggf. im Außenverhältnis (vor allem bei Anordnung eines Zustimmungsvorbehalts gem. § 277) Grenzen auferlegen (vgl. Uhlenbruck/Zipperer Rn. 13).

62 Der Schuldner nimmt in der Eigenverwaltung weiterhin die Arbeitgeberfunktion wahr (Andres/Leithaus/Andres Rn. 12; MüKoInsO/Kern Rn. 164; Uhlenbruck/Zipperer Rn. 14). Die Rechte aus §§ 120, 122 und 126 kann der Schuldner allerdings kraft gesetzlich angeordneten Zustimmungsvorbehalts (§ 279 S. 3) nur mit vorheriger (Uhlenbruck/Zipperer Rn. 14) Zustimmung des Sachwalters wirksam ausüben (→ Rn. 84). Der Schuldner bleibt Adressat steuerlicher und sonstiger öffentlich-rechtlicher Pflichten, soweit sie die Insolvenzmasse betreffen (MüKoInsO/Kern Rn. 157 f.).

63 Der Schuldner hat die Insolvenzmasse im Interesse der Gesamtheit der Gläubiger zu verwalten (→ Rn. 69). In diesem Rahmen ist er befugt, den schuldnerischen Geschäftsbetrieb zu veräußern, wobei er die Zustimmung des Sachwalters sowie des zuständigen Gläubigerorgans einzuholen hat. Veräußert der eigenverwaltende Schuldner den Geschäftsbetrieb, ist § 25 HGB ebenso unanwendbar wie im Regelverfahren (vgl. LAG Hamm NZI 2016, 854 (856) mAnm Juretzek; BGH BB 2020, 273 f.).

2. Gesetzliche Aufgaben des Sachwalters

64 Der Sachwalter hat gem. § 274 Abs. 2 S. 1 die wirtschaftliche Lage des Schuldners zu **prüfen** und die Geschäftsführung sowie die Ausgaben für die Lebensführung zu **überwachen;** Ausdruck der Überwachungsfunktion sind insbesondere die Anzeigepflicht in § 274 Abs. 3 sowie die speziellen Regelungen zu Zustimmungsrechten in § 275 und § 277. Daneben bestehen **Prüfungs-** und **Mitwirkungspflichten** im Zusammenhang mit dem Berichtstermin (§ 281), der Verwertung von Sicherungsgut (§ 282 Abs. 2) und bei der Verteilung (§ 283). Gemäß § 275 Abs. 2 kann der Sachwalter die Kassenführung an sich ziehen (→ Rn. 83). Der Sachwalter ist zuständig für die Entgegennahme von Forderungsanmeldungen und hat die Insolvenztabelle zu führen (§ 270c S. 2). Zudem sind ihm die Anfechtung sowie die Durchsetzung von Haftungsansprüchen, die zugunsten der Gläubigergesamtheit bestehen, zugewiesen (§ 280). Hierbei handelt es sich um besonders konfliktanfällige Ansprüche, die dementsprechend in den Verantwortungsbereich des Sachwalters fallen.

65 Ob neben der Aufsicht durch den Sachwalter auch eine unmittelbare Aufsicht durch das Insolvenzgericht besteht, wird unterschiedlich beurteilt (dagegen zB Uhlenbruck/Zipperer Rn. 28; dafür zB Vallender DB 2015, 231 (233)).

3. Abgrenzung bei fehlender Zuständigkeitszuweisung

66 Die Regelungen der §§ 270 ff. sind nicht abschließend (MüKoInsO/Kern Rn. 147). Soweit eine gesetzliche Kompetenzzuweisung fehlt, ist die Zuständigkeit nach allgemeinen Auslegungsgrundsätzen unter besonderer Berücksichtigung des Verfahrenszwecks zu bestimmen. In jedem Einzelfall ist festzustellen, ob es sich um eine Aufgabe des Schuldners oder des Sachwalters handelt (MüKoInsO/Kern Rn. 147). Die **Abgrenzung** der Zuständigkeiten folgt nach der gesetzlichen Konzeption dem Grundsatz, dass dem Schuldner die Verwaltung obliegt, wohingegen der Sachwalter primär Kontrolle ausübt (Braun/Riggert Rn. 8) und Aufgaben wahrnimmt, die dem Insolvenzverwalter im Regelverfahren im Gläubigerinteresse übertragen sind (HK-InsO/Brünkmans Vor §§ 270 ff. Rn. 11). Dieser Grundsatz ist auch in den Fällen maßgeblich, in denen eine ausdrückliche gesetzliche Kompetenzzuweisung fehlt (BGH BeckRS 2017, 117356 Rn. 7) (→ Rn. 66.1).

66.1 Dementsprechend muss der Verzicht auf ein Absonderungsrecht dem Schuldner gegenüber erklärt werden, wobei der Verzicht mit Annahme durch den Schuldner wirksam wird (vgl. BGH NZI 2017, 345 Rn. 11 ff.). Dem Sachwalter fehlt für die Entgegennahme der Verzichtserklärung sowie für die Annahme des Verzichts die erforderliche Verfügungsbefugnis; insoweit besteht auch keine Annexkompetenz des Sachwalters aus § 270c S. 2 (BGH NZI 2017, 345 Rn. 17; → § 270c Rn. 6). Für die Entbindung eines Berufsgeheimnisträgers von der Verschwiegenheitspflicht ist ebenfalls der Schuldner zuständig, nicht der Sachwalter (OLG Hamm BeckRS 2018, 5248 Rn. 22).

67 Eine Unterscheidung zwischen geschäftstypischen einer- und insolvenztypischen Aufgaben andererseits, wie mitunter vorgeschlagen (HK-InsO/Brünkmans Vor §§ 270 ff. Rn. 11), dürfte nicht passen, da die §§ 270 ff. dem Schuldner zahlreiche insolvenztypische Pflichten auferlegen.

68 Ob und unter welchen Voraussetzungen eine Freigabe von Massegegenständen möglich ist, ist ungeklärt (vgl. BGH BeckRS 2017, 104879 Rn. 9). Nach wohl überwiegender Meinung liegt die Befugnis zur **Freigabe** von Massegegenständen beim Schuldner (Uhlenbruck/Zipperer Rn. 16; aA HK-InsO/Brünkmans Vor §§ 270 ff. Rn. 12; offen gelassen in BGH BeckRS 2017, 104879

Rn. 9). Interessenkonflikte bei der Freigabeentscheidung können durch Einbeziehung des Sachwalters (§ 275; vgl. Uhlenbruck/Zipperer Rn. 16) und ggf. Nichtigkeit der Freigabeentscheidung wegen Insolvenzzweckwidrigkeit (MüKoInsO/Kern Rn. 149) bewältigt werden.

II. Durchführung der Eigenverwaltung

1. Bindung an den Verfahrenszweck

Dass dem Schuldner in der Eigenverwaltung die Befugnis zur Verwaltung seines Vermögens verbleibt, heißt nicht, dass der Schuldner frei in seinen Verwaltungsentscheidungen wäre. Vielmehr ist der Schuldner an die gesetzlichen Vorgaben der InsO und insbesondere an den Verfahrenszweck gebunden, und er hat seine Rechte im **Interesse der Gläubigergesamtheit** auszuüben (vgl. BGH NZI 2007, 188 Rn. 8; Uhlenbruck/Zipperer Rn. 12). Der Schuldner tritt in der Eigenverwaltung auch insofern an die Stelle des Insolvenzverwalters (vgl. Braun/Riggert Rn. 1). Er ist verpflichtet, Eigeninteressen gegenüber den Interessen der Gläubigergesamtheit zurückzustellen (BGH NZI 2007, 188 Rn. 9). Rechtshandlungen des Schuldners, die dem Grundsatz der Gläubigergleichbehandlung evident zuwiderlaufen, können wegen **Insolvenzzweckwidrigkeit** unwirksam sein (vgl. OLG Karlsruhe NZI 2016, 685 (686 f.) = BeckRS 2016, 12125 Rn. 17; MüKoInsO/Kern/Kern Rn. 150). Ob der Schuldner in der Eigenverwaltung seine Verwaltungs- und Verfügungsbefugnis in modifizierter Form behält (so zB AG Köln NZI 2004, 151 (154); tendenziell BGH NJW 2018, 2125 Rn. 17, 20) oder ob er sie durch die Anordnung der Eigenverwaltung originär erhält (zB MüKoInsO/Kern Rn. 141; Uhlenbruck/Zipperer Rn. 12 mwN; BFH NZI 2018, 988 (989 f.); BAG NZI 2018, 47 Rn. 11), ist streitig. Folgerungen für die Lösung konkreter Rechtsprobleme sollten aus diesem eher akademischen Streit nicht gezogen werden (die Frage offenlassend BGH BB 2020, 273 Rn. 19; anders BFH NZI 2018, 988 ff. zur Qualifikation von Umsatzsteuer als Masseverbindlichkeit in der (vorläufigen) Eigenverwaltung). **69**

2. Einsatz von Beratern

Der Schuldner ist verpflichtet, die Eigenverwaltung selbst durchzuführen. Dazu muss der Schuldner über die erforderlichen Fähigkeiten und Kenntnisse verfügen (MüKoInsO/Kern Rn. 70). Soweit der Schuldner nicht selbst darüber verfügt, stellt sich die Frage, ob und in welchem Umfang der Schuldner Berater hinzuziehen kann. Nach wohl einhelliger und inzwischen auch vom BGH bestätigter Auffassung ist der Einsatz von Beratern zulässig (vgl. zB BGH NZI 2016, 796 Rn. 81; sowie HK-InsO/Brünkmans Vor §§ 270 ff. Rn. 14; Vallender DB 2015, 231 (232)), sofern der Schuldner (bzw. seine Organe) die Eigenverwaltung selbst und eigenverantwortlich betreibt (MüKoInsO/Kern Rn. 70; in diesem Sinn wohl auch Graf-Schlicker/Graf-Schlicker Rn. 14). Hierbei ist klar zu definieren, ob die Beratung dem Schuldner selbst, der Geschäftsführung oder aber den Gesellschaftern zugutekommt; die Beratung muss in jedem Fall auch von entsprechender Stelle vergütet werden muss (so Kübler HRI/Bierbach § 11 Rn. 180 ff.; aA Specovius/Uffmann ZIP 2016, 295 (301 f.)), ist ungeklärt. Die Kosten für die Beratung sind im Rahmen der gerichtlichen Nachteilsprognose nach Abs. 2 S. 2 (→ Rn. 33) zu berücksichtigen (HmbKommInsR/Fiebig Rn. 30). Zu hohe Beraterkosten haben bereits zur Ablehnung der Eigenverwaltung geführt (vgl. AG Freiburg NZI 2015, 604 (605); AG Essen ZIP 2015, 841 = BeckRS 2015, 03320). Nicht zulässig ist die Durchführung der Eigenverwaltung durch Beiordnung eines Anwalts unter Verfahrenskostenstundung gem. § 4a Abs. 2 (LG Bochum NZI 2003, 167 ff.; HmbKommInsR/Fiebig Rn. 30; → Rn. 70.1 f.). **70**

In der Praxis kommt es vor, dass der eigenverwaltende Schuldner durch den (vorläufigen) Sachwalter unterstützt wird (vgl. LG Dresden ZIP 2013, 2116 ff.). Dabei ist darauf zu achten, dass der (vorläufige) Sachwalter den Schuldner nur insoweit unterstützen darf, wie es ihm im Rahmen seiner Stellung gesetzlich obliegt oder erlaubt ist. Andernfalls riskiert er einen Verstoß gegen berufsrechtliche Bestimmungen (§ 45 Abs. 1 Nr. 1 BRAO, vgl. Vill ZInsO 2015, 2245 ff.). Vertragliche Vergütungsansprüche stehen ihm in diesem Fall, auch wegen Insolvenzzweckwidrigkeit der Beauftragung, nach der zutreffenden, zwischenzeitlich vom BGH (BeckRS 2016, 17382 Rn. 72) bestätigten, hM nicht zu (OLG Dresden ZIP 2015, 1937 ff.; Vill ZInsO 2015, 2245 ff.; aA noch die Vorinstanz LG Dresden ZIP 2013, 2116 ff.). Auch gesetzliche Vergütungsansprüche bestehen nicht, wenn der (vorläufige) Sachwalter außerhalb seines Aufgabenbereichs tätig wird (BGH NZI 2016, 796 Rn. 61); ob die Tätigkeit berufsrechtlich zu beanstanden ist, ist insoweit unerheblich. **70.1**

Noch weitgehend ungeklärt ist, in welcher Weise die Beziehung des Schuldners zu Beratern, auf deren Know-how in Sanierungsfragen oder im Insolvenzrecht er zur ordnungsgemäßen Durchführung der **70.2**

Eigenverwaltung angewiesen ist, auszugestalten ist. In der Praxis geläufig sind die Bestellung des Beraters zum Geschäftsführungsorgan des Schuldners, seine Ernennung zum Generalbevollmächtigten sowie ein Tätigwerden aufgrund eines Beratungsvertrags, wobei allerdings ungeklärt ist, ob alle genannten Alternativen als gleichwertig betrachtet werden können (in diesem Sinn Berner/Köster/Lambrecht NZI 2018, 425 (426); wohl auch Gehrlein ZInsO 2018, 2234 (2241); aA Hölzle ZIP 2018, 1669 (1674 f.): Organstellung zwingend erforderlich). In der Praxis kommt es zudem vor, dass ein „Chief Restructuring Officer" oder „Vorstand Eigenverwaltung" nicht unmittelbar mit dem Schuldner einen Anstellungsvertrag schließt, sondern die Vertragsbeziehung über einen Intermediär läuft. In solchen Fällen „indirekten Interim Managements" (vgl. zu Einzelheiten Specovius/Uffmann ZIP 2016, 295 (301 f.)) geht der Berater vertragliche Beziehungen mit einem Dritten ein, von dem er auch für seine Tätigkeit vergütet wird. Dass dies zu Interessenkonflikten führen kann, liegt nahe und wird besonders plastisch, wenn es sich bei dem Dritten um einen Gesellschafter handelt. Für die Zulässigkeit einer Drittanstellung des Interim Managers mag sprechen, dass er trotz seiner Vertragsbeziehung mit dem Dritten grundsätzlich verpflichtet ist, im Interesse des Schuldners zu handeln, was in der Eigenverwaltung die Beachtung der gesetzlichen Vorgaben umfasst. Das gilt jedenfalls, sofern der Berater in Organfunktion tätig wird. Daneben kommt es in Betracht, den Vertrag mit dem Dritten als echten Vertrag zugunsten Dritter (nämlich des Schuldners) sowie als Vertrag mit Schutzwirkung zugunsten Dritter (der weiteren Verfahrensbeteiligten, insbesondere der Gläubiger) auszugestalten oder auch ohne besondere Ausgestaltung zu werten (Specovius/Uffmann ZIP 2016, 295 (301 ff.)). Insgesamt sprechen gute Gründe dafür, jedenfalls bei hinreichender, die Interessen des Schuldners und der Verfahrensbeteiligten wahrender Ausgestaltung der Drittanstellung ohne Vorliegen weiterer Anhaltspunkte nicht von einem Nachteil iSd Abs. 2 auszugehen (aA wohl Hammes NZI 2017, 233 (234 f.)). Die weitere Rechtsentwicklung bleibt abzuwarten.

3. Haftung des Schuldners

71 Für den Schuldner gelten die Haftungsregeln der §§ 60 f. entsprechend (so BGH NJW 2018, 2125 Rn. 21; so schon zuvor MüKoInsO/Kern Rn. 167). Wie sich die Haftung des Schuldners im Einzelnen gestaltet, ist unklar. Insoweit ist beispielsweise problematisch, dass Haftungsansprüche – anders als solche gegen den Insolvenzverwalter im Regelverfahren – die Masse belasten (vgl. MüKoInsO/Kern Rn. 169; Uhlenbruck/Zipperer Rn. 18), was jedenfalls dann zulasten der Insolvenzquote gehen kann, wenn keine Regressmöglichkeiten (zB gegen Geschäftsleiter) bestehen.

III. Eigenverwaltung bei juristischen Personen und Gesellschaften ohne Rechtspersönlichkeit

72 In der Eigenverwaltung juristischer Personen und von Gesellschaften ohne Rechtspersönlichkeit ergibt sich eine Reihe von Problemen. Gesetzlich besonders geregelt ist das Verhältnis der Geschäftsführung zu sonstigen Organen (§ 276a; → Rn. 73; vgl. dazu Literaturübersicht bei Uhlenbruck Rn. 30–32). Hingegen fehlen Sonderregeln für die Stellung der Organe und deren Haftung.

1. Stellung der Organe

73 Die Aufgaben des Schuldners werden in der Eigenverwaltung juristischer Personen und von Gesellschaften ohne Rechtspersönlichkeit von den Geschäftsleitern (Geschäftsführer, Vorstand, geschäftsführender Gesellschafter) wahrgenommen. Die Geschäftsleiter agieren gem. § 276a weisungsfrei (Uhlenbruck/Zipperer § 276a Rn. 7). Die §§ 56 f. finden keine Anwendung (Uhlenbruck/Zipperer Rn. 8), die Geschäftsleitung wird zu einem Amtswalter in eigenen Angelegenheiten (Uhlenbruck/Zipperer Rn. 12 mwN). Die ihr eingeräumten Befugnisse hat sie im Interesse der Gläubigergesamtheit auszuüben (HK-InsO/Brünkmans Rn. 15). Gesellschaftsrechtliche Bindungen des Geschäftsführungsorgans entfallen im Umfang der Eigenverwaltungsbindung des Schuldners (FK-InsO/Foltis Rn. 10). Auch Regelungen im Anstellungsvertrag sind unter Berücksichtigung des Verfahrenszwecks zu beachten. Insbesondere richtet sich der Vergütungsanspruch des Geschäftsleiters auch in der Eigenverwaltung nach dem Anstellungsvertrag (AG Duisburg NZI 2006, 112 (113)). Für persönlich haftende Organmitglieder gilt jedoch § 278 (HK-InsO/Brünkmans § 276a Rn. 20).

2. Organhaftung

74 Die wichtige Frage nach der Haftung der geschäftsführenden Organe in der Eigenverwaltung ist infolge des Grundsatzurteils des BGH v. 26.4.2018 (BGH NJW 2018, 2125 ff.) für die Praxis

Voraussetzungen § 270 InsO aF

in einem zentralen Punkt geklärt. Für die Geschäftsleiter gelten nicht lediglich die allgemeinen zivilrechtlichen sowie gesellschaftsrechtlichen Haftungsregeln (so noch OLG Düsseldorf NZI 2018, 65 (67)), sondern die Geschäftsleiter haften bei Verletzung der ihnen obliegenden insolvenzspezifischen Pflichten analog §§ 60 f. wie ein Insolvenzverwalter (BGH NJW 2018, 2125 Rn. 47 ff.). Der BGH begründet dies mit dem Fehlen einer ausdrücklichen Regelung für die Haftung der Geschäftsführungsorgane bei der Eigenverwaltung einer Gesellschaft („unbeabsichtigte Regelungslücke", vgl. BGH NJW 2018, 2125 Rn. 16 ff.; krit. dazu Bachmann/Becker NJW 2018, 2235 f.; Schwartz NZG 2018, 1013 (1015 f.)), welche durch Rückgriff auf die allgemeinen Haftungstatbestände nicht angemessen ausgefüllt werden könne (BGH NJW 2018, 2125 Rn. 26 ff.). Die analoge Anwendung der §§ 60 f. sei erforderlich, um die gebotene haftungsrechtliche Gleichstellung einer eigenverwalteten Gesellschaft mit einer Gesellschaft im Regelinsolvenzverfahren herzustellen (BGH NJW 2018, 2125 Rn. 47 ff.) (→ Rn. 74.1).

74.1 Die Haftung des Geschäftsleiters nach zivil- und gesellschaftsrechtlichen Grundsätzen ist im Vergleich zur Haftung des Insolvenzverwalters lückenhaft, ua da den Gläubigern in der Regel kein Direktanspruch gegen den Organwalter zusteht (vgl. Gehrlein ZInsO 2017, 849 (855 ff.)). In Teilen der Literatur wurde daher vorgeschlagen, das diagnostizierte Haftungsdefizit (dazu eing. BGH NZI 2018, 2125 Rn. 26 ff.) durch analoge Anwendung der §§ 60 f. zu schließen (vgl. zB HmbKommInsR/Fiebig Rn. 45; Gehrlein ZInsO 2017, 849 (855 ff.)). Dieser Auffassung hat sich der BGH angeschlossen. Sie hat erhebliche Haftungsrisiken für die Organe des eigenverwaltenden Schuldners zur Folge, was mit der gesetzgeberischen Absicht, die Sanierung per Eigenverwaltung zu fördern, im Kontrast steht (→ Rn. 3; vgl. auch Bachmann/Becker NJW 2018, 2235 (2237)).

75 Die analoge Anwendung der §§ 60 f. auf Geschäftsleiter hat insbesondere zur Folge, dass die Beteiligten bei Verletzung insolvenzspezifischer Pflichten einen Direktanspruch auf Ersatz des ihnen entstandenen Schadens erwerben. Dieser Anspruch hängt nicht davon ab, ob der eigenverwalteten Schuldnerin selbst ein Schaden entstanden ist und besteht insbesondere auch bei Masseunzulänglichkeit. Das bedeutet eine Verbesserung insbesondere für geschädigte Absonderungs- und Massegläubiger, deren Ansprüche sonst nur erschwert oder (bei Masseunzulänglichkeit) womöglich gar nicht durchsetzbar wären (vgl. BGH NJW 2018, 2125 Rn. 32 ff.; Bachmann/Becker NJW 2018, 2235 (2236)). Einzelheiten der analogen Anwendung der §§ 60 f., zB die Anwendung auf Generalbevollmächtigte, die Möglichkeit der Haftungskonzentration durch Ressortaufteilung und die Anwendung des § 60 Abs. 2, sind umstritten. Es bleibt abzuwarten, wie die Rechtsprechung die Haftung im Einzelnen ausgestalten wird.

75.1 Ob die analoge Anwendung der §§ 60 f. auf Organe des Schuldners beschränkt ist, oder ob darüber hinaus eine Anwendung auf Sanierungsberater in Betracht kommt, sofern diese für die Sicherstellung der insolvenzrechtlichen Anforderungen der Eigenverwaltung einstehen, ist umstritten. In der Praxis nehmen Sanierungsberater oft (nur) eine Rolle als Handlungs- bzw. Generalbevollmächtigte ein, ohne in die Organstellung berufen zu werden. Gegen die analoge Anwendung der §§ 60 f. in diesen Fällen lässt sich insbesondere anführen, dass nach der gesetzlichen Konzeption die Verantwortung (und damit auch die Verantwortlichkeit) für die Erfüllung der insolvenzrechtlichen Pflichten beim Organ liegt und von diesem nicht haftungsbefreiend delegiert werden kann (vgl. Hölzle ZIP 2018, 1669 (1670 f.); Gehrlein ZInsO 2018, 2234 (2240); gegen analoge Anwendung auch Bachmann/Becker NJW 2018, 2235 (2237)). Eine Haftung analog §§ 60 f. kommt aber in Betracht, wenn der Sanierungsberater als faktischer Geschäftsführer auftritt, was nur unter engen Voraussetzungen in Betracht kommt (vgl. Gehrlein ZInsO 2018, 2234 (2240)). In der Literatur wird darüber hinaus vertreten, dass eine persönliche Haftung auch in Betracht kommen soll, wenn der Sanierungsberater nach außen erkennbar höchstpersönliche insolvenzrechtliche Pflichten der eigenverwaltenden Organe übernimmt (vgl. Schulte-Kaubrügger ZIP 2019, 345 (349)).

75.2 Die Höchstpersönlichkeit der insolvenzrechtlichen Pflichten in ihrem Kernbereich bedeutet im Ausgangspunkt, dass jedes Mitglied des Geschäftsleitungsorgans des eigenverwaltenden Schuldners für die Wahrnehmung der Pflichten höchstpersönlich zu sorgen hat, wobei er sich nach zutreffender Ansicht entsprechend qualifizierter Berater bedienen darf (→ Rn. 35). Ob eine Enthaftung durch Ressortaufteilung dergestalt möglich ist, dass die Verantwortung für die Erfüllung der insolvenzrechtlichen Pflichten einem zB als Chief Insolvency Officer bezeichneten Organmitglied schriftlich (zB durch Geschäftsordnung) zur alleinverantwortlichen Wahrnehmung übertragen werden (dafür Hölzle ZIP 1669 (1673)), erscheint dogmatisch und auch unter Anreizgesichtspunkten zweifelhaft (vgl. Gehrlein ZInsO 2018, 2234 (2240 f.)). Durchaus nahe liegt, die übrigen Organmitglieder wie auch sonst bei zulässiger Ressortaufteilung (vgl. zB Baumbach/Hueck/Zöllner/Noack GmbHG § 43 Rn. 26) jedenfalls bei einer Verletzung von Überwachungs- und Organisationspflichten haften zu lassen (weitergehend Gehrlein ZInsO 2018, 2234 (2241): Gesamtverantwortung jedenfalls im eröffneten Verfahren), wobei aufgrund der Insolvenz die Anforderungen an die Überwachungsaufgabe erhöht sind (Gehrlein ZInsO 2018, 2234 (2241)).

InsO aF § 270

75.3 Gemäß § 60 Abs. 2 muss sich der Insolvenzverwalter das Verschulden von Angestellten des Schuldners iRd § 278 BGB nur eingeschränkt zurechnen lassen. Gegen die analoge Anwendung dieser Privilegierung lässt sich anführen, dass dem eigenverwaltenden Geschäftsleiter – anders als einem Insolvenzverwalter – die Angestellten des Schuldners nicht „aufgedrängt" werden. Dieser Umstand mag gegen eine analoge Anwendung sprechen (vgl. Hofmann ZIP 2018, 1429 (1431)).

76 Der BGH hat in seinem Grundsatzurteil keine Aussage dazu getroffen, ob neben der Haftung analog §§ 60 f. eine persönliche Haftung des Geschäftsleiters nach allgemeinen Grundsätzen in Betracht kommt und wie sich diese bejahendenfalls zur insolvenzrechtlichen Haftung verhält. Für die Fortgeltung der allgemeinen Regeln spricht aus Gläubigersicht, dass diese in Teilen strenger ist als die nach §§ 60 f. InsO (vgl. Bachmann/Becker NJW 2018, 2235 (2237): Verjährung, Beweislast, Gesamtschuld) und dass bei Eigenschäden der Schuldnerin eine Verfolgung durch den Sachwalter gem. bzw. analog § 280 in der Regel zweckmäßig sein dürfte.

77 Sofern man davon ausgeht, dass die allgemeinen Grundsätze fortgelten, kommt eine Haftung des Geschäftsführers (bzw. vergleichbarer Leitungsorgane) gegenüber der Gesellschaft (**Innenhaftung**) insbesondere gem. § 43 Abs. 2 GmbHG (bzw. entsprechenden Vorschriften) in Betracht (Bachmann ZIP 2015, 101 (106)). Die Verpflichtung des Geschäftsführers zur Massesicherung gem. § 64 S. 1 GmbHG endet hingegen nach hM mit Eröffnung des Insolvenzverfahrens (vgl. Baumbach/Hueck/Haas, GmbHG, 21. Aufl. 2017, GmbHG § 64 Rn. 87; Schmidt/Poertzgen NZI 2013, 369 (376); aA vgl. FK-InsO/Foltis § 270a Rn. 11: grundsätzlich mit Anordnung der vorläufigen Eigenverwaltung; K. Schmidt InsO/Undritz Rn. 21: besteht fort unter Berücksichtigung der Besonderheiten der (vorläufigen) Eigenverwaltung). Eine **Außenhaftung** kann den Geschäftsleiter bei Inanspruchnahme besonderen persönlichen Vertrauens treffen (§§ 280, 241 Abs. 2, 311 Abs. 2, Abs. 3 BGB; vgl. Uhlenbruck/Zipperer Rn. 20 und 25 zu Einzelheiten). Ein Auftreten als „Sanierungsgeschäftsführer" allein reicht dafür aber nicht aus (BGH NJW 2018, 2125 Rn. 37 f.). Eine Außenhaftung kann sich zudem aus Deliktsrecht ergeben (Bachmann ZIP 2015, 101 (106); Schmidt/Poertzgen NZI 2013, 369 (376); vgl. Uhlenbruck/Zipperer Rn. 20 sowie Gehrlein ZInsO 2017, 849 (854 f.) zu Einzelheiten).

3. Umsatzsteuerliche Organschaft

77a Eine umsatzsteuerliche Organschaft entfällt nach der Rechtsprechung des BFH (DStR 2017, 599 ff.) mit der Eröffnung des Insolvenzverfahrens über das Vermögen des Organträgers oder der Organgesellschaft auch dann, wenn Eigenverwaltung angeordnet und ein Sachwalter in den Insolvenzverfahren des bisherigen Organträgers und der bisherigen Organgesellschaft angeordnet wird. Ob bereits die Bestellung eines vorläufigen Sachwalters (ggf. im Zusammenspiel mit weiteren Anordnungen) in der vorläufigen Eigenverwaltung der Organgesellschaft oder des Organträgers zur Beendigung der umsatzsteuerlichen Organschaft führt, ist umstritten (→ § 270a Rn. 52).

F. Geltung der allgemeinen Vorschriften

78 Gemäß Abs. 1 S. 2 gelten in der Eigenverwaltung die allgemeinen Vorschriften, soweit nicht die §§ 270–285 anderes bestimmen. Mit den allgemeinen Vorschriften sind die Vorschriften der InsO und der ZPO (über den Verweis in § 4, vgl. Uhlenbruck/Zipperer Rn. 37) gemeint.

I. Anwendung der Vorschriften der InsO in der Eigenverwaltung

79 Der Verweis auf die Vorschriften der InsO bereitet in der praktischen Anwendung Schwierigkeiten, die in den strukturellen Unterschieden zwischen regulärem Insolvenzverfahren mit Verwalter und Eigenverwaltung begründet sind. Insbesondere stellt sich oftmals, soweit eine ausdrückliche Regelung fehlt, die Frage, ob Normadressat der allgemeinen Regel der Schuldner oder der Sachwalter ist.

80 Der Anwendungsbereich der allgemeinen Vorschriften ist durch **Auslegung** zu ermitteln (Nerlich/Römermann/Riggert Rn. 3; Uhlenbruck/Zipperer Rn. 33). Dabei ist insbesondere der Struktur der Eigenverwaltung als verwalterloses Insolvenzverfahren unter der Aufsicht des Sachwalters Rechnung zu tragen (vgl. Uhlenbruck/Zipperer Rn. 33). Die Verweisung auf die allgemeinen Vorschriften bezieht sich „auf den Gang des Insolvenzverfahrens" (BGH NZI 2007, 240 Rn. 7). Damit sind nicht nur die verfahrensrechtlichen Vorschriften der InsO gemeint (so Siemon/Klein ZInsO 2012, 2009; Uhlenbruck/Zipperer Rn. 35), sondern auch materiell-rechtliche Regelungen, wie insbesondere die Haftungsvorschriften der §§ 60 ff. (→ Rn. 74) (MüKoInsO/Kern Rn. 173; BGH NJW 2018, 2125 Rn. 21).

Voraussetzungen § 270 InsO aF

1. Allgemeine Vorschriften (§§ 1–10)

Die allgemeinen Vorschriften über das Eröffnungsverfahren sind grundsätzlich anwendbar (Ner- 81
lich/Römermann/Riggert Rn. 3; Uhlenbruck/Zipperer Rn. 34).
Umstritten ist allerdings, ob und inwieweit der in § 5 Abs. 1 verankerte Amtsermittlungsgrund- 82
satz auch bei der Vorbereitung der Entscheidung über die Anordnung der Eigenverwaltung gilt
(→ Rn. 28).

2. Eröffnungsverfahren, erfasstes Vermögen und Verfahrensbeteiligte (§§ 11–79)

Der Verweis in § 270 Abs. 1 S. 2 auf die allgemeinen Vorschriften umfasst die Vorschriften über 83
das Eröffnungsverfahren (Uhlenbruck/Zipperer Rn. 33). Daraus folgt, dass diese Vorschriften nur
insoweit anzuwenden sind, als sich aus den §§ 270 ff. nichts anderes ergibt. Im Überblick:
- §§ 11, 12 und 14 sind anwendbar (Uhlenbruck/Zipperer Rn. 34);
- § 13 ist unter dem Gesichtspunkt anwendbar, dass der Schuldner bereits mit dem Eröffnungsantrag die Anordnung der Eigenverwaltung beantragen kann (Uhlenbruck/Zipperer Rn. 34). Zu den Anforderungen an den Antrag auf Eigenverwaltung → Rn. 9 ff.;
- die Anwendung des § 15 auf den Eigenverwaltungsantrag des Schuldners ist umstritten (→ Rn. 10);
- §§ 16–19 sind anwendbar;
- § 20 Abs. 1 S. 1 ist anwendbar, wobei Auskunftsersuchen des Insolvenzgerichts nicht eine solche Intensität annehmen dürfen, dass sie faktisch zu einer Beaufsichtigung durch das Gericht führen (Uhlenbruck/Zipperer Rn. 34);
- § 20 Abs. 1 S. 2 ist bezogen auf den Eigenverwaltungsantrag unanwendbar. Verstöße des Schuldners können aber die Ablehnung/Aufhebung der Eigenverwaltung zur Folge haben (Uhlenbruck/Zipperer Rn. 34);
- § 21 ist grundsätzlich anwendbar, wird aber durch die § 270a Abs. 1 (→ § 270a Rn. 33) und § 270b Abs. 2 modifiziert (Uhlenbruck/Zipperer Rn. 34; KPB/Pape Rn. 127 ff.);
- § 22 ist anwendbar, soweit § 270a (→ § 270a Rn. 57) und § 270b (→ § 270b Rn. 93) Raum für die Bestellung eines vorläufigen Insolvenzverwalters lassen (vgl. KPB/Pape Rn. 128); § 22 Abs. 1 S. 2 Nr. 2 ist aber nicht auf den eigenverwaltenden Schuldner selbst anzuwenden (vgl. BAG BeckRS 2020, 10022 Rn. 100);
- § 22a ist anwendbar (vgl. Abs. 3);
- § 23 ist anwendbar (Uhlenbruck/Zipperer Rn. 34), soweit das Insolvenzgericht trotz Eigenverwaltungsantrag befugt ist, einen vorläufigen Insolvenzverwalter zu bestellen. Ob § 23 darüber hinaus auf die Bestellung des Sachwalters anwendbar ist, ist umstritten (→ § 270a Rn. 27). Für die Bekanntmachung des Beschlusses auf Anordnung der oder Aufhebung der Eigenverwaltung gilt § 273;
- § 24 ist ebenfalls nur anwendbar, soweit das Insolvenzgericht trotz Eigenverwaltungsantrag einen vorläufigen Insolvenzverwalter bestellt und die Verfügungsbefugnis des Schuldners beschränkt hat. Im Übrigen ist die Norm unanwendbar (Nerlich/Römermann/Riggert § 270a Rn. 16);
- § 25 Abs. 1 ist anwendbar (Uhlenbruck/Zipperer Rn. 34); § 25 Abs. 2 kommt in der Eigenverwaltung keine Bedeutung zu, da die Verwaltungsbefugnis regelmäßig beim Schuldner bleibt. Für den Fall, dass der vorläufige Sachwalter die Kassenführung gem. § 275 Abs. 2 an sich zieht, ist § 25 nicht anwendbar (Uhlenbruck/Zipperer Rn. 34);
- § 26 ist anwendbar, wobei das Gericht bei der Kostendeckungsprognose die Besonderheiten der Eigenverwaltung (deutlich geringere Kosten) berücksichtigen muss (Nerlich/Römermann/Riggert § 270a Rn. 16; Uhlenbruck/Zipperer Rn. 34);
- § 26a ist auch bei Bestellung eines vorläufigen Sachwalters anwendbar (vgl. MüKoInsO/Stephan InsVV § 12 Rn. 24 f.; Budnik NZI 2014, 247 (252));
- §§ 27, 28 sind anwendbar; das Gericht ordnet jedoch die Eigenverwaltung an und bestellt einen Sachwalter (§ 270c S. 2); im Übrigen findet § 28 Abs. 3 keine Anwendung, da in der Eigenverwaltung (weiter) an den Schuldner geleistet werden soll (Nerlich/Römermann/Riggert § 270a Rn. 16);
- § 29 ist anwendbar; es ist aber darauf hinzuweisen, dass der Schuldner den Bericht erstattet und der Sachwalter dazu Stellung nimmt (vgl. § 281 Abs. 2; KPB/Pape Rn. 140);
- § 30 ist anwendbar (KPB/Pape Rn. 133);
- § 31 ist anwendbar (zB Nerlich/Römermann/Riggert § 270a Rn. 16);
- § 32 und 33 sind gem. § 270c S. 3 unanwendbar (Nerlich/Römermann/Riggert § 270a Rn. 16);

Ellers

InsO aF § 270

- § 34 ist unanwendbar; die Ablehnung der Eigenverwaltung kann insbesondere nicht mit der gegen den Eröffnungsbeschluss gerichteten sofortigen Beschwerde angegriffen werden (KPB/Pape Rn. 176; BGH NZI 2007, 240 Rn. 7 ff.);
- §§ 35–55 Abs. 2 sind anwendbar (Nerlich/Römermann/Riggert Rn. 5; Uhlenbruck/Zipperer Rn. 35). Bei § 54 Nr. 2 sind statt der Vergütung und Auslagen des (vorläufigen) Insolvenzverwalters die des (vorläufigen) Sachwalters als Kosten des Insolvenzverfahrens Masseverbindlichkeiten (Nerlich/Römermann/Riggert Rn. 5);
- § 55 Abs. 3 ist im Schutzschirmverfahren analog anwendbar (BGH NZI 2016, 779; → § 270b Rn. 73).
- § 55 Abs. 4 ist in der vorläufigen Eigenverwaltung gem. § 270a weder direkt noch analog anzuwenden (→ § 270a Rn. 51; vgl. BGH NJW 2019, 224; FG Münster NZI 2019, 547 Rn. 48 ff. mAnm Sonnleitner);
- §§ 56–59 sind entsprechend anzuwenden auf den Sachwalter und dessen Bestellung (Nerlich/Römermann/Riggert Rn. 5; KPB/Pape Rn. 155; aA zu § 58: K. Schmidt InsO/Undritz Rn. 2);
- § 60 ist auf den Sachwalter anzuwenden (Nerlich/Römermann/Riggert Rn. 5); sie gilt auch für den Schuldner (BGH NJW 2018, 2125 Rn. 21; → Rn. 71);
- § 61 gilt für den Schuldner (BGH NJW 2018, 2125 Rn. 21) und ist gem. § 277 Abs. 1 S. 3 anwendbar, wenn der Sachwalter der Begründung einer Masseverbindlichkeit zustimmt (Nerlich/Römermann/Riggert Rn. 5; → Rn. 61);
- §§ 62–65 gelten gem. § 275 Abs. 1 entsprechend für Sachwalter (Nerlich/Römermann/Riggert Rn. 5). Für den Schuldner sind sie nicht anwendbar (Uhlenbruck/Zipperer Rn. 35);
- § 66 ist gem. § 281 Abs. 3 S. 1 anwendbar (→ § 281 Rn. 14);
- §§ 67–77 sind entsprechend anwendbar (Uhlenbruck/Zipperer Rn. 35; vgl. AG Köln NZI 2018, 210 ff.);
- § 78 ist anwendbar (Uhlenbruck/Zipperer Rn. 35), jedoch nicht auf den Beschluss zur nachträglichen Anordnung oder Aufhebung der Eigenverwaltung (→ § 271 Rn. 7 f.). Den Antrag nach § 78 Abs. 1 kann anstelle des in der Vorschrift genannten Insolvenzverwalters der Sachwalter stellen, nicht jedoch der Schuldner selbst (BGH BeckRS 2017, 117356);
- § 79 wird durch die Sonderregel des § 281 Abs. 2 modifiziert.

3. Wirkung der Eröffnung des Insolvenzverfahrens (§§ 80–147):

84   § 80 Abs. 1 ist gem. 270 Abs. 1 S. 1 unanwendbar. § 80 Abs. 2 ist hingegen auch in der Eigenverwaltung anwendbar (Nerlich/Römermann/Riggert Rn. 6; Uhlenbruck/Zipperer Rn. 35);
- § 81 Abs. 1 S. 2 und 3 sind gem. § 277 Abs. 1 S. 2 anwendbar, soweit ein Zustimmungsvorbehalt angeordnet ist (→ Rn. 61; Nerlich/Römermann/Riggert Rn. 6; Uhlenbruck/Zipperer Rn. 35);
- Ob §§ 82 und 83 mangels Übergang der Verwaltungs- und Verfügungsbefugnis anwendbar sind, ist streitig (für Anwendbarkeit Nerlich/Römermann/Riggert Rn. 6; dagegen zB Uhlenbruck/Zipperer Rn. 35);
- § 84 ist anwendbar (Uhlenbruck/Zipperer Rn. 35);
- §§ 85 und 86 sind anwendbar, wobei streitig ist, ob der Schuldner den Gegenstand eines Aktivprozesses gem. § 85 Abs. 2 freigeben kann (dagegen Nerlich/Römermann/Riggert Rn. 6; dafür Uhlenbruck/Zipperer Rn. 35);
- §§ 87–91 sind entsprechend anwendbar; bei § 90 ist statt auf den Insolvenzverwalter auf den Schuldner abzustellen (Uhlenbruck/Zipperer Rn. 35);
- §§ 92, 93 finden gem. § 280 entsprechende Anwendung (→ Rn. 64);
- §§ 94–96 finden Anwendung (Nerlich/Römermann/Riggert Rn. 6);
- § 97 ist neben §§ 275–277 (besondere Schuldnerpflichten) anwendbar (Nerlich/Römermann/Riggert Rn. 6), wobei streitig ist, ob insoweit der Sachwalter und die Gläubigerversammlung bzw. der Gläubigerausschuss gem. § 274 Abs. 2 S. 2, § 276 alleinige Auskunftsberechtigte sind (so Uhlenbruck/Zipperer Rn. 35; ohne diese Einschränkung Nerlich/Römermann/Riggert Rn. 6);
- §§ 98, 99 sind grundsätzlich anwendbar (Nerlich/Römermann/Riggert Rn. 6), wobei streitig ist, ob Sanktionen gem. § 274 Abs. 2 S. 2 nur gem. § 22 Abs. 3 S. 3 auf Initiative des Sachwalters zulässig sind (so Uhlenbruck/Zipperer Rn. 35; ohne diese Einschränkung Nerlich/Römermann/Riggert Rn. 6);
- § 100 ist nicht anwendbar, sondern wird durch § 278 ersetzt (Uhlenbruck/Zipperer Rn. 35);

Voraussetzungen   § 270 InsO aF

- § 101 ist anwendbar, wobei ähnliche Modifikationen wie bei §§ 98, 99 vertreten werden (vgl. bei Uhlenbruck/Zipperer Rn. 35);
- §§ 103–128 sind anwendbar; für die Geltendmachung der Rechte aus den §§ 103–128 gilt § 279;
- §§ 129–147 sind anwendbar, wobei das Anfechtungsrecht gem. § 280 vom Sachwalter ausgeübt wird (→ § 280 Rn. 2).

4. Verwaltung und Verwertung der Insolvenzmasse (§§ 148–173):

§§ 148–155 sind mit der Maßgabe anzuwenden, dass an die Stelle des Insolvenzverwalters der Schuldner tritt (Nerlich/Römermann/Riggert Rn. 8; Uhlenbruck/Zipperer Rn. 35); 85
- §§ 156–164 sind mit der Maßgabe anzuwenden, dass an die Stelle des Insolvenzverwalters der Schuldner tritt (vgl. Nerlich/Römermann/Riggert Rn. 8; Uhlenbruck/Zipperer Rn. 35 sowie (zu § 157) BGH NZI 2020, 295 Rn. 12; BAG BeckRS 2020, 10022 Rn. 102); Handlungen nach §§ 160 f. sind darüber hinaus nur im Zusammenwirken mit dem Sachwalter möglich gem. § 275 Abs. 1 (Uhlenbruck/Zipperer Rn. 35);
- §§ 165–173 gelten (Uhlenbruck/Zipperer Rn. 35), wobei gem. § 281 dem Schuldner das Verwertungsrecht zusteht und nur die tatsächlichen Verwertungskosten geltend gemacht werden können (→ § 282 Rn. 10).

5. Befriedigung der Insolvenzgläubiger, Einstellung des Verfahrens (§§ 174–216)

§§ 174–186 sind mit der Maßgabe anwendbar, dass der Schuldner diese Aufgaben übernimmt; 86 dem Sachwalter steht ein Recht zum Bestreiten gem. § 283 Abs. 1 S. 2 zu (Nerlich/Römermann/Riggert Rn. 9, Uhlenbruck/Zipperer Rn. 35);
- §§ 187–206 sind mit der Maßgabe anwendbar, dass der Schuldner diese Aufgaben übernimmt (Uhlenbruck/Zipperer Rn. 35);
- § 207 ist anwendbar (Uhlenbruck/Zipperer Rn. 35);
- §§ 208–216 sind mit der Maßgabe anwendbar, dass dem Sachwalter die Anzeige obliegt (Uhlenbruck/Zipperer Rn. 35).

6. Insolvenzplan (§§ 217–269)

§§ 217–269 sind anwendbar (Nerlich/Römermann/Riggert Rn. 10; OLG Dresden NZI 2014, 87 703 (704)). Zur Vorlage des Insolvenzplans ist der Schuldner originär (§ 218 Abs. 1 S. 1) berechtigt (vgl. Uhlenbruck/Zipperer Rn. 15). Er kann aber auch von den Gläubigern mit der Ausarbeitung eines Insolvenzplans beauftragt werden (§ 284 Abs. 1 S. 1). Die Überwachung der Planerfüllung (§§ 260 ff.) ist gem. § 284 Abs. 2 Aufgabe des Sachwalters. Auch bei weiteren Vorschriften der §§ 254 ff. tritt an die Stelle des Insolvenzverwalters der Sachwalter (Nerlich/Römermann/Riggert Rn. 10; vgl. auch OLG Dresden NZI 2014, 703 (704)).

7. Restschuldbefreiung (§§ 286–303)

§§ 286–303 sind anwendbar (Nerlich/Römermann/Riggert Rn. 12; Uhlenbruck/Zipperer 88 Rn. 36).

8. Verbraucherinsolvenzverfahren und sonstige Kleinverfahren (§§ 304–314)

Soweit ein Verbraucherinsolvenzverfahren oder ein sonstiges Kleinverfahren vorliegt, sind die 89 Vorschriften über §§ 270–285 gem. § 270 Abs. 1 S. 3 ausgeschlossen; die §§ 304 ff. sind somit in der Eigenverwaltung unanwendbar (Nerlich/Römermann/Riggert Rn. 11).

9. Besondere Arten des Insolvenzverfahrens (§§ 315–334)

Die Vorschriften über die Eigenverwaltung sind entsprechend anwendbar (Nerlich/Römermann/Riggert Rn. 14). 90

10. Internationales Insolvenzrecht (§§ 335–358)

Die Vorschriften zum internationalen Insolvenzrecht sind auch in der Eigenverwaltung anzuwenden. 91

II. Anwendung der ZPO in der Eigenverwaltung

92 Die Vorschriften der ZPO sind gem. § 270 Abs. 1 S. 2 iVm § 4 grundsätzlich anwendbar, soweit die §§ 270 ff. und die übrigen Vorschriften der InsO keine vorrangigen Regelungen treffen (Nerlich/Römermann/Riggert Rn. 15). Das gilt zB für § 116 S. 1 Nr. 1 ZPO, der zu Gunsten des eigenverwalteten Insolvenzschuldners anzuwenden ist (vgl. BAG BeckRS 2017, 124478). Anwendbar ist bei Anordnung der Eigenverwaltung insbesondere **§ 240 ZPO** (vgl. zu Einzelheiten KPB/Pape Rn. 183 f.). Das anhängige Verfahren wird mit der Anordnung der Eigenverwaltung unterbrochen (BGH NZI 2007, 188; BFH BeckRS 2014, 94867 Rn. 14; OLG München BeckRS 2019, 3394 Rn. 7; Uhlenbruck/Zipperer Rn. 12 mwN), obwohl es zu keinem Wechsel in der Prozessführungsbefugnis kommt (BGH NZI 2007, 188 Rn. 8; BFH BeckRS 2014, 94867 Rn. 14; Andres/Leithaus/Andres Rn. 12; aA zB Uhlenbruck/Zipperer Rn. 12). Die Unterbrechung nach § 240 ZPO tritt mit Anordnung der Eigenverwaltung ein, nicht bereits im Eröffnungsverfahren (LG Freiburg ZIP 2014, 1351 f.; BAG BeckRS 2020, 10022 Rn. 53 ff.). Allerdings kann es zur Gewährleistung eines fairen Verfahrens geboten sein, auf Antrag des Schuldners Fristverlängerungen zu gewähren oder Termine zu verlegen, damit dieser seine Prozessführung auf die durch die Anordnung der vorläufigen Eigenverwaltung geänderten Umstände einrichten kann (vgl. BeckRS 2020, 10022 Rn. 56).

§ 270a Eröffnungsverfahren

(1) ¹Ist der Antrag des Schuldners auf Eigenverwaltung nicht offensichtlich aussichtslos, so soll das Gericht im Eröffnungsverfahren davon absehen,
1. dem Schuldner ein allgemeines Verfügungsverbot aufzuerlegen oder
2. anzuordnen, dass alle Verfügungen des Schuldners nur mit Zustimmung eines vorläufigen Insolvenzverwalters wirksam sind.

²Anstelle des vorläufigen Insolvenzverwalters wird in diesem Fall ein vorläufiger Sachwalter bestellt, auf den die §§ 274 und 275 entsprechend anzuwenden sind.

(2) Hat der Schuldner den Eröffnungsantrag bei drohender Zahlungsunfähigkeit gestellt und die Eigenverwaltung beantragt, sieht das Gericht jedoch die Voraussetzungen der Eigenverwaltung als nicht gegeben an, so hat es seine Bedenken dem Schuldner mitzuteilen und diesem Gelegenheit zu geben, den Eröffnungsantrag vor der Entscheidung über die Eröffnung zurückzunehmen.

Überblick

Zu der ab dem 1.1.2021 geltenden Rechtslage → InsO § 270a Rn. 1 ff., → InsO § 270b Rn. 1 ff. und → InsO § 270c Rn. 1 ff.

§ 270a wurde mit dem ESUG neu eingeführt (→ Rn. 1) und bildet die Grundnorm des eigenverwalteten Eröffnungsverfahrens (→ Rn. 4). Die Vorschrift soll die Bereitschaft zur Sanierung in Eigenverwaltung fördern und einen Anreiz zur Stellung frühzeitiger Insolvenzanträge geben (→ Rn. 1 f.). Das eigenverwaltete Eröffnungsverfahren setzt einen Insolvenzantrag des Schuldners (Regelfall) oder eines Gläubigers (→ Rn. 7 f.) voraus, und zusätzlich einen Eigenverwaltungsantrag des Schuldners (→ Rn. 9). Liegen diese Voraussetzungen vor, behält der Schuldner während der Dauer des Insolvenzeröffnungsverfahrens seine Verwaltungs- und Verfügungsbefugnis, sofern nicht der Antrag auf Eigenverwaltung offensichtlich aussichtslos ist (→ Rn. 12 ff.). Statt eines vorläufigen Insolvenzverwalters bestellt das Insolvenzgericht einen vorläufigen Sachwalter (→ Rn. 24); die Bestellung eines vorläufigen Insolvenzverwalters kommt nur in Ausnahmefällen in Betracht, wenn dies zur Massesicherung zwingend erforderlich ist (→ Rn. 28 ff.). Stellt der Schuldner den Eigenverwaltungsantrag erst, nachdem ein vorläufiger Insolvenzverwalter bestellt wurde, kommt eine Überleitung in das eigenverwaltete Eröffnungsverfahren in Betracht (→ Rn. 31 f.). Das Gericht kann neben der Bestellung eines vorläufigen Sachwalters weitere (Sicherungs-)Maßnahmen nach den allgemeinen Vorschriften anordnen (→ Rn. 33 ff.). Insbesondere kann das Gericht nach hM den Schuldner zur Begründung von Masseverbindlichkeiten durch Beschluss ermächtigen (→ Rn. 38 ff.). Handlungen des Schuldners im eigenverwalteten Eröffnungsverfahren können der Insolvenzanfechtung unterliegen (→ Rn. 48 f.). Der Schuldner hat im eigenverwalteten Eröffnungsverfahren den Insolvenzzweck sowie die Vorgaben des Insolvenzrechts zu beachten (→ Rn. 37). Die steuerrechtlichen Pflichten des Schuldners im eigenverwalteten Eröffnungsverfahren sind umstritten (→ Rn. 50 ff.). Für den vorläufigen Sachwalter gelten die Regelungen für den Sachwalter im eröffneten Verfahren mit den sich aus den Besonderheiten des Eröffnungsverfahrens ergebenden Modifikationen (→ Rn. 53 ff.). Mangels ausdrücklicher gesetzlicher Regelung ist umstritten, wie die Tätigkeit des vorläufigen Sachwalters zu vergüten ist (→ Rn. 67 f.). Die in Abs. 2 geregelte Hinweispflicht (→ Rn. 69 ff.) hat insbesondere Bedeutung für die Eigenverwaltung bei natürlichen Personen und Personengesellschaften (→ Rn. 71).

Übersicht

	Rn.		Rn.
A. Allgemeines	1	**D. Rechtsstellung des eigenverwaltenden Schuldners im Eröffnungsverfahren**	37
I. Entstehungsgeschichte und Normzweck	1	I. Allgemeines	37
II. Regelungssystematik	4	II. Begründung von Masseverbindlichkeiten im Eröffnungsverfahren	38
B. Einleitung des eigenverwalteten Eröffnungsverfahrens	6	1. Meinungsspektrum	39
I. Insolvenzantrag des Schuldners oder eines Gläubigers	7	2. Gerichtliche Ermächtigung des Schuldners zur Begründung von Masseverbindlichkeiten	43
II. Wirksamer Eigenverwaltungsantrag des Schuldners	9	3. Beteiligung des vorläufigen Sachwalters	46
III. Eigenverwaltungsantrag „nicht offensichtlich aussichtslos"	12	4. Haftung für Masseverbindlichkeiten	47
1. Aussichtslosigkeit des Eigenverwaltungsantrags	13	III. Anfechtbarkeit der Rechtshandlungen des Schuldners im Eröffnungsverfahren	48
2. Offensichtlichkeit	17	IV. Die Steuerpflicht des Schuldners im eigenverwalteten Eröffnungsverfahren	50
3. Sachverhaltsaufklärung	18	**E. Die Rechtsstellung des vorläufigen Sachwalters**	53
4. Änderungen relevanter Tatsachen und Beurteilungsfehler	19	I. Aufgaben und Pflichten des vorläufigen Sachwalters	54
C. Entscheidungen des Insolvenzgerichts	21	1. Überprüfung der wirtschaftlichen Lage und der Geschäftsführung (§ 274 Abs. 2)	54
I. Absehen von allgemeinem Verfügungsverbot und Zustimmungsvorbehalt, Bestellung eines vorläufigen Sachwalters (Abs. 1)	22	2. Anzeigepflicht (§ 274 Abs. 3)	58
1. Regelfall: Bestellung eines vorläufigen Sachwalters	23	3. Mitwirkung im Eröffnungsverfahren	60
2. Ausnahme: Anordnung eines allgemeinen Verfügungsverbots und Bestellung eines vorläufigen Insolvenzverwalters	28	II. Gerichtliche Aufsicht und Haftung des vorläufigen Sachwalters	65
3. Entscheidung bei nachträglichem Eigenverwaltungsantrag	31	III. Vergütung des vorläufigen Sachwalters	67
II. Weitere Entscheidungen im eigenverwalteten Eröffnungsverfahren	33	**F. Hinweispflicht bei Antrag bei drohender Zahlungsunfähigkeit (Abs. 2)**	69
III. Rechtsmittel	35	I. Regelungszweck	69
		II. Voraussetzungen der Hinweispflicht	72
		III. Rechtsfolge	80

A. Allgemeines

I. Entstehungsgeschichte und Normzweck

Die Vorschrift wurde mit dem **ESUG** eingeführt, um dem sanierungswilligen Schuldner einen weiteren Anreiz für die Stellung eines frühzeitigen Insolvenzantrags zwecks Einleitung einer Sanierung des Geschäftsbetriebs in Eigenverwaltung zu bieten (vgl. MüKoInsO/Kern Rn. 1). Diesem Zweck dient zunächst die Regelung in Abs. 1, welche die Einleitung eines Insolvenzverfahrens in Eigenverwaltung ermöglicht, **ohne** dass im Eröffnungsverfahren ein **vorläufiger Insolvenzverwalter** bestellt und ein allgemeines Verfügungsverbot angeordnet wird. Der Regelung liegt der Gedanke zugrunde, dass die Anordnung solcher Maßnahmen das Vertrauen der Geschäftspartner in die Geschäftsleitung des Schuldners und sein Sanierungskonzept zerstören kann, wodurch ein Eigenverwaltungsverfahren von vornherein torpediert werden würde (vgl. RegE ESUG, BT-Drs. 17/5712, 39). Zudem ist in der Praxis festzustellen, dass nicht zuletzt der mit einer Insolvenz einhergehende Kontrollverlust den Schuldner von einer frühzeitigen bzw. rechtzeitigen Antragstellung abhält. Die Regelung in Abs. 1 bewirkt die Kontinuität der Geschäftsführung während des

1

InsO aF § 270a

Eröffnungsverfahrens und vermittelt dem sanierungswilligen Schuldner die nötige Planungssicherheit für sein Vorhaben (vgl. MüKoInsO/Kern Rn. 6 f.).

2 Insbesondere der Förderung frühzeitiger Insolvenzanträge dient die Reglung in Abs. 2 (vgl. MüKoInsO/Kern Rn. 8). Hat der Schuldner frühzeitig bereits bei drohender Zahlungsunfähigkeit Insolvenzantrag gestellt, soll er den Antrag zurücknehmen dürfen, wenn das Gericht Bedenken gegen die Anordnung der Eigenverwaltung hat. Die Regelung zielt insbesondere auf Einzelkaufleute und Freiberufler ab, bei denen die bei drohender Zahlungsunfähigkeit regelmäßig gegebene Überschuldung keine Antragspflicht auslöst (vgl. RegE ESUG, BT-Drs. 17/5712, 39; Uhlenbruck/Zipperer Rn. 1).

3 In der Praxis wird die weit überwiegende Zahl der Eigenverwaltungsverfahren als § 270a-Verfahren eingeleitet (vgl. zB Vallender DB 2015, 231, vgl. auch die Statistiken in der Studie von The Boston Consulting Group, Vier Jahre ESUG, abrufbar unter http://www.bcg.de/documents/file206068.pdf (Stand: 2.5.2016)). Entsprechend groß ist die Bedeutung der Vorschrift in der Sanierungspraxis.

3a Zur Umsetzung der RL (EU) 2019/1023 des Europäischen Parlaments und des Rates v. 20.6.2019 (Restrukturierungsrichtlinie) wird eine Harmonisierung der umzusetzenden Richtlinie mit den Regelungen der vorläufigen Eigenverwaltung nach § 270a nötig sein, da mit der Regelung des vorläufigen Eigenverwaltungsverfahrens nach § 270a sowie des Schutzschirmverfahrens nach § 270b bereits Teile der Richtlinieninhalte im deutschen Sanierungsrecht enthalten sind (Dahl/Linnenbrink NZI-Beil. 2019, 45 f.).

II. Regelungssystematik

4 § 270a ist die **Grundnorm** des eigenverwalteten Eröffnungsverfahrens (Uhlenbruck/Zipperer Rn. 1). Die Voraussetzungen des Abs. 1 müssen daher auch bei einem Schutzschirmantrag gem. § 270b vorliegen (FK-InsO/Foltis Rn. 9; Uhlenbruck/Zipperer Rn. 1); § 270b Abs. 2 S. 1 enthält insofern eine Rechtsgrundverweisung auf § 270a Abs. 1, und nicht lediglich eine Rechtsfolgenverweisung (Nerlich/Römermann/Riggert § 270b Rn. 12). Im Verhältnis zu § 270b kommt § 270a eine Auffangfunktion zu (FK-InsO/Foltis Rn. 9). Daher kann ein nach § 270b eingeleitetes Verfahren ohne weiteres in ein Verfahren nach § 270a übergehen (vgl. AG Ludwigshafen BeckRS 2014, 09643; → § 270b Rn. 93).

5 Die Regelung in Abs. 1 modifiziert die allgemeinen Vorschriften über das Eröffnungsverfahren (vgl. FK-InsO/Foltis Rn. 3 ff.), die vorbehaltlich abweichender Regelungen gem. § 270 Abs. 1 S. 2 auch gelten, wenn der Schuldner einen Eigenverwaltungsantrag gestellt hat. Liegen die Voraussetzungen des Abs. 1 vor, ist das Gericht im Regelfall gehalten, von den in Abs. 1 genannten Sicherungsmaßnahmen abzusehen. Darüber hinaus wird die Vorschrift mitunter so verstanden, dass das Gericht auf den Eigenverwaltungsantrag hin eine (punktuelle) Entscheidung über die Anordnung einer **vorläufigen Eigenverwaltung** trifft (vgl. Uhlenbruck/Zipperer Rn. 12; wohl auch Nerlich/Römermann/Riggert Rn. 7). Diese Auffassung führt zu der Folgefrage, ob und unter welchen Voraussetzungen die „vorläufige Eigenverwaltung" trotz fehlender gesetzlicher Regelungen vorzeitig aufgehoben werden kann (Uhlenbruck/Zipperer Rn. 13). Auch dass bzw. ob das Insolvenzgericht bei veränderter Sachlage nachträglich ein allgemeines Verfügungsverbot auferlegen oder einen Insolvenzverwalter einsetzen kann, ist bei diesem Normverständnis nicht selbstverständlich. Den Vorzug verdient die Gegenauffassung, nach der sich die Regelung in einer Modifizierung des gerichtlichen Entscheidungsspielraums betreffend die Anordnung von Sicherungsmaßnahmen beschränkt (FK-InsO/Foltis Rn. 16 mwN). Sie steht im Einklang mit dem Gesetzeswortlaut und ermöglicht es dem Gericht, auf nachträgliche Änderung der relevanten Umstände bzw. auf Basis neuer Erkenntnisse flexibel zu reagieren.

B. Einleitung des eigenverwalteten Eröffnungsverfahrens

6 Die Regelung in § 270a hat Fälle im Blick, in denen der Schuldner seinen Eigenantrag auf Eröffnung des Insolvenzverfahrens mit einem Antrag auf Anordnung der Eigenverwaltung verbindet (vgl. RegE ESUG, BT-Drs. 17/5712, 39).

I. Insolvenzantrag des Schuldners oder eines Gläubigers

7 Die Einleitung des eigenverwalteten Eröffnungsverfahrens setzt zunächst einen Insolvenzantrag voraus. Das folgt aus § 270 Abs. 1 S. 2 iVm § 13 Abs. 1 S. 1 sowie aus dem Umstand, dass die in Abs. 1 Nr. 1 und 2 genannten Maßnahmen einen Eröffnungsantrag voraussetzen.

Auch wenn die Regelung in § 270a auf die Einleitung des Insolvenzverfahrens durch den 8
Schuldner zugeschnitten ist, kann sie dennoch zum Tragen kommen, wenn der Eröffnungsantrag
von einem Gläubiger gestellt wurde (vgl. KPB/Pape Rn. 6; MüKoInsO/Kern Rn. 16; zweifelnd
Andres/Leithaus/Leithaus Rn. 3). Insoweit gilt im Grundsatz dasselbe wie bei § 270 (→ § 270
Rn. 3 ff.). Im Falle eines Gläubigerantrags muss das Gericht den Schuldner anhören und ihm
Gelegenheit geben, Eigenverwaltungsantrag zu stellen (MüKoInsO/Kern Rn. 37; Nerlich/
Römermann/Riggert Rn. 18).

II. Wirksamer Eigenverwaltungsantrag des Schuldners

Damit die Regelung in Abs. 1 zum Tragen kommt, muss ein wirksamer Eigenverwaltungsantrag 9
des Schuldners vorliegen (vgl. MüKoInsO/Kern Rn. 17 f.). Der Eigenverwaltungsantrag des
Schuldners muss den in der Kommentierung zu § 270 dargestellten formellen Anforderungen
genügen (→ § 270 Rn. 12 ff.).

Damit ein wirksamer Eigenverwaltungsantrag vorliegt, muss der Antrag nicht mit einer Begrün- 10
dung versehen sein (vgl. MüKoInsO/Kern Rn. 20, str.). Da das Gesetz keinen von Eigenverwaltungsantrag zu unterscheidenden Antrag auf vorläufige Eigenverwaltung vorsieht, gelten im
Anwendungsbereich des § 270a keine zusätzlichen Begründungserfordernisse (so aber Uhlen-
bruck/Zipperer Rn. 2). Zwar trifft es zu, dass dem Gericht bei einem nicht mit einer Begründung
versehenen Eigenverwaltungsantrag die Tatsachengrundlage für die vorzunehmende Prognoseentscheidung fehlt (Uhlenbruck/Zipperer Rn. 2). Daraus folgt jedoch **kein Begründungszwang**,
da das Gericht zur weiteren Aufklärung des Sachverhalts berechtigt und auch verpflichtet ist
(→ Rn. 18). Dazu kann es insbesondere weitere Auskünfte vom Schuldner anfordern (gem. § 270
Abs. 1 S. 2 iVm § 20; → Rn. 10.1).

Auch wenn der Eigenverwaltungsantrag nach der hier vertretenen Auffassung nicht begründet werden 10.1
muss, ist es angesichts der unklaren Rechtslage und der Praxis vieler Insolvenzgerichte sinnvoll, den Antrag
mit einer hinreichend aussagekräftigen Begründung zu versehen (→ § 270 Rn. 13).

Bestehen Zweifel an der Wirksamkeit des Eigenverwaltungsantrags, hat das Gericht diesen gem. 11
§ 270 Abs. 1 S. 2 iVm § 5 nachzugehen. Dazu wird es in der Regel zweckmäßig sein, wenn das
Gericht dem Schuldner Gelegenheit zur Klarstellung und ggf. Behebung etwaiger Antragsmängel
gibt (vgl. MüKoInsO/Kern Rn. 18). Das Gericht darf über mögliche formelle Mängel nicht
mit der Begründung hinwegsehen, die Anordnung der Eigenverwaltung sei „nicht offensichtlich
aussichtslos", da es sich dabei um eine zusätzliche, die materiellen Voraussetzungen der Anordnung
der Eigenverwaltung betreffende Voraussetzung handelt (vgl. MüKoInsO/Kern Rn. 18). Umgekehrt darf das Gericht aber auch nicht ohne Rücksprache mit dem Schuldner wegen (vermeintlicher) formeller Mängel des Eigenverwaltungsantrags von der Anwendung des Abs. 1 absehen
(Uhlenbruck/Zipperer Rn. 3).

III. Eigenverwaltungsantrag „nicht offensichtlich aussichtslos"

Weiterhin darf der Eigenverwaltungsantrag nicht „offensichtlich aussichtslos" sein. Damit wird 12
auf die Voraussetzungen für die Anordnung der Eigenverwaltung in **§ 270 Abs. 2** Bezug genommen, und zwar insbesondere auf die auf die in § 270 Abs. 2 Nr. 2 normierte Prognoseentscheidung.

1. Aussichtslosigkeit des Eigenverwaltungsantrags

Der Eigenverwaltungsantrag ist aussichtslos, wenn im Zeitpunkt der Beurteilung durch das 13
Insolvenzgericht die Voraussetzungen für die spätere Anordnung der Eigenverwaltung gem. § 270
Abs. 2 nicht vorliegen (vgl. MüKoInsO/Kern Rn. 21). Das Insolvenzgericht hat somit eine **Prog-
noseentscheidung** zu treffen (MüKoInsO/Kern Rn. 20).

Maßstab der Prognoseentscheidung ist die in § 270 Abs. 2 Nr. 2 normierte **Nachteilsprüfung** 14
(vgl. MüKoInsO/Kern Rn. 23). Das Gericht muss demnach jedenfalls prüfen, ob die im Entscheidungszeitpunkt bekannten Umstände erwarten lassen, dass die spätere Anordnung der Eigenverwaltung zu Nachteilen für die Gläubiger führen wird. Der Nachteilsbegriff ist dabei derselbe wie bei
§ 270 Abs. 2 Nr. 2 (vgl. Braun/Riggert Rn. 2; MüKoInsO/Kern Rn. 23; → § 270 Rn. 26 ff.).
Zudem muss die Eigenverwaltung als Verfahrensart überhaupt in Betracht kommen, sodass der
Eigenverwaltungsantrag bei Verbraucherinsolvenzen aussichtslos ist (Nerlich/Römermann/Rig-
gert Rn. 12).

In der Kommentarliteratur wird im Sinne einer „**doppelten Prognose**" verlangt, das Gericht 15
müsse prognostizieren, welche Umstände bis zur Entscheidung über den Eigenverwaltungsantrag

bekannt sein werden und wie auf Basis dieser hypothetischen Umstände seine iRd § 270 Abs. 2 Nr. 2 zu treffende Prognoseentscheidung ausfallen wird (MüKoInsO/Kern Rn. 23). Daran ist richtig, dass das Gericht im Rahmen seiner Prognoseentscheidung voraussichtliche Entwicklungen bis zur Entscheidung über den Eigenverwaltungsantrag zu berücksichtigen hat (vgl. Braun/Riggert Rn. 2). Das Gericht darf aber hier nicht stehen bleiben, sondern muss ohnehin den prognostizierten Verfahrensverlauf bei Anordnung der Eigenverwaltung in Betracht ziehen. Sind dem Gericht beispielsweise Umstände bekannt, welche die mangelnde Eignung des Schuldners für die Durchführung der Eigenverwaltung begründen, muss das Gericht erwägen, ob bereits diese Umstände Nachteile für die Gläubiger befürchten lassen, welche die Versagung der Eigenverwaltung rechtfertigen würden (vgl. Uhlenbruck/Zipperer Rn. 3). Ob die Prognosesicherheit dadurch gefördert wird, dass als gedanklicher Zwischenschritt der Verfahrensverlauf und die Änderung der Tatsachenbasis bis zum Eröffnungsbeschluss prognostiziert und die künftige Prognoseentscheidung simuliert wird, darf bezweifelt werden.

16 Sofern bereits durch das Unterlassen der in Abs. 1 genannten Sicherungsmaßnahmen Nachteile drohen, wird das regelmäßig indizieren, dass die spätere Anordnung der Eigenverwaltung die Gefahr (weiterer) Nachteile mit sich bringen wird. Allerdings kann das Gericht unter Umständen zu dem Ergebnis kommen, dass der nachteilsbegründende Umstand während des Eröffnungsverfahrens entfallen wird, sodass im späteren Zeitpunkt der Anordnungsentscheidung keine Nachteile durch die Anordnung der Eigenverwaltung zu erwarten sind. In diesem Fall greift Abs. 1 seinem Wortlaut nach ein (aA wohl MüKoInsO/Kern Rn. 25). Im Interesse der Gläubiger könnte man insoweit eine teleologische Reduktion der Norm erwägen. Alternativ bietet aber auch die Ausgestaltung der Norm als Soll-Vorschrift hinreichend Spielraum für die Anordnung sachgerechter Maßnahmen (vgl. MüKoInsO/Kern Rn. 31).

2. Offensichtlichkeit

17 Der Eigenverwaltungsantrag ist iSd Abs. 1 S. 1 **„offensichtlich" aussichtslos,** wenn angesichts der bekannten oder auf der Hand liegenden Umstände (vgl. Graf-Schlicker/Graf-Schlicker Rn. 4; Uhlenbruck/Zipperer Rn. 4) eine an Sicherheit grenzende (vgl. MüKoInsO/Kern Rn. 25), jedenfalls aber ganz überwiegende (AG Charlottenburg ZInsO 2013, 2501 Rn. 27; LG Halle NZI 2014, 1050 (1051) – MIFA; KPB/Pape Rn. 16) Wahrscheinlichkeit dafür besteht, dass Eigenverwaltung nicht angeordnet werden wird. Der Gesetzgeber hat die Anwendungsschwelle des Abs. 1 bewusst niedrig gesetzt, um das Institut der Eigenverwaltung zu stärken (vgl. MüKoInsO/Kern Rn. 25). Offensichtlich aussichtslos kann der Eigenverwaltungsantrag beispielsweise sein, wenn der Schuldner seine **mangelnde Zuverlässigkeit** bereits nachgewiesen hat (vgl. MüKoInsO/Kern Rn. 25), ein **offener Dissens** zwischen zwei Gesellschafter-Geschäftsführern besteht (AG Mannheim NZI 2014, 412 (413)), jedenfalls sofern dieser nicht kurzfristig behebbar ist, oder die **Verfolgung insolvenzzweckwidriger Absichten** offen zu Tage liegt. Angesichts des Gesetzeszwecks dürfen aber keine zu geringen Anforderungen an die Annahme offensichtlicher Aussichtslosigkeit gestellt werden.

3. Sachverhaltsaufklärung

18 Nach allgemeinen Grundsätzen hat das Gericht den für die Anordnung von Sicherungsmaßnahmen relevanten Sachverhalt zu ermitteln (Uhlenbruck/Pape § 5 Rn. 23). Ob und inwieweit der **Amtsermittlungsgrundsatz** (§ 5) auch iRd § 270a gilt, ist umstritten (vgl. Vallender DB 2015, 231 (235)). Das Meinungsspektrum reicht von der Unzulässigkeit von Amtsermittlungen im weiteren Sinn (Uhlenbruck/Zipperer Rn. 4) bis hin zur Verpflichtung des Gerichts zur umfassenden Ermittlung der relevanten Umstände (MüKoInsO/Kern Rn. 20). Eine umfassende Amtsermittlung des Gerichts stünde allerdings im Widerspruch zur gesetzgeberischen Absicht, die Eigenverwaltung zu stärken und im Zweifel zuzulassen. Bestehen oder ergeben sich aber im Lauf des Eröffnungsverfahrens Zweifel, wird das Gericht diesen nachgehen und insoweit auch Gutachtenaufträge erteilen können (vgl. HmbKommInsR/Fiebig Rn. 3; MüKoInsO/Kern Rn. 20; aA Vallender DB 2015, 231 (235)), soweit sich das Gericht nicht durch Berichte des Sachwalters Klarheit verschaffen kann (vgl. Uhlenbruck/Zipperer Rn. 11; → Rn. 81).

4. Änderungen relevanter Tatsachen und Beurteilungsfehler

19 Ändert sich die für die Entscheidung des Gerichts relevante Tatsachenbasis im Verlauf des Eröffnungsverfahrens, kann das Gericht nach hM seine anfängliche Entscheidung korrigieren und die in Abs. 1 genannten **Sicherungsmaßnahmen nachträglich anordnen bzw. aufheben** (vgl.

LG Halle NZI 2014, 1050 (1051) – MIFA; KPB/Pape Rn. 16 f.; MüKoInsO/Kern Rn. 26 f.; Uhlenbruck/Zipperer Rn. 13). Gleiches gilt bei anfänglichen Beurteilungsfehlern, die das Gericht im Lauf des Eröffnungsverfahrens ggf. korrigieren kann. Kommt es im Eröffnungsverfahren zu einem unüberbrückbaren Gegensatz zwischen Schuldner und vorläufigem Sachwalter, kann das die Anordnung von Sicherungsmaßnahmen rechtfertigen (LG Halle NZI 2014, 1050 (1052) – MIFA), insbesondere bei einem entsprechenden einstimmigen Votum des vorläufigen Gläubigerausschusses (vgl. BGH ZIP 2015, 648; → Rn. 19.1).

Allerdings ist Zurückhaltung geboten: Das Insolvenzgericht sollte durch sachgerechte Auswahl des vorläufigen Sachwalters möglichen Gegensätzen bereits im Vorfeld begegnen. Außerdem ist auch eine Auswechselung des vorläufigen Sachwalters in Betracht zu ziehen, wenn die Ursachen des Gegensatzes ganz oder überwiegend aus seiner Sphäre stammen. 19.1

Die nachträgliche Bestellung eines vorläufigen Insolvenzverwalters ist eine einschneidende Maßnahme. Dem Schuldner steht dagegen zwar die sofortige Beschwerde gem. § 21 Abs. 1 S. 2 zu, die jedoch wegen der Wirkungen der angeordneten Sicherungsmaßnahmen regelmäßig erfolglos bleiben dürfte (vgl. LG Halle NZI 2014, 1050 mAnm Madaus – MIFA). Um eine ausreichende Planbarkeit der Sanierung in Eigenverwaltung im Einklang mit dem Gesetzeszweck zu gewährleisten, wird daher mit beachtlichen Gründen eine analoge Anwendung des § 270b Abs. 4 in Betracht gezogen (vgl. Madaus NZI 2014, 1053 f.; aA Uhlenbruck/Zipperer Rn. 13). 20

C. Entscheidungen des Insolvenzgerichts

Für die Entscheidungen des Insolvenzgerichts im eigenverwalteten Eröffnungsverfahren gilt vorrangig die Regelung des Abs. 1 und ergänzend gem. § 270 Abs. 1 S. 2 die allgemeinen Regeln der §§ 21 ff. 21

I. Absehen von allgemeinem Verfügungsverbot und Zustimmungsvorbehalt, Bestellung eines vorläufigen Sachwalters (Abs. 1)

Liegen die Tatbestandsvoraussetzungen des Abs. 1 vor, „soll" das Gericht davon absehen, dem Schuldner ein allgemeines Verfügungsverbot aufzuerlegen (Nr. 1) oder einen vorläufigen Insolvenzverwalter zu bestellen und einen Zustimmungsvorbehalt anzuordnen (Nr. 2). Abs. 1 S. 2 sieht vor, dass das Gericht bei Absehen von den vorgenannten Maßnahmen statt eines vorläufigen Insolvenzverwalters einen vorläufigen Sachwalter zu bestellen hat. 22

1. Regelfall: Bestellung eines vorläufigen Sachwalters

Die Vorschrift modifiziert die Regelung des § 21 Abs. 1 S. 1 dahingehend, dass das Gericht im Regelfall die in § 21 Abs. 2 S. 1 Nr. 1 und Nr. 2 genannten Maßnahmen zu unterlassen hat. Die Ausgestaltung als **Soll-Vorschrift** bedeutet, dass dem Insolvenzgericht ein eingeschränktes, am Gesetzeszweck orientiertes Ermessen eingeräumt ist (aA FK-InsO/Foltis Rn. 16). Das Gericht hat daher regelmäßig von den genannten Sicherungsmaßnahmen abzusehen, sofern nicht im Einzelfall besondere Umstände eine abweichende Entscheidung rechtfertigen (vgl. KPB/Pape Rn. 9; MüKoInsO/Kern Rn. 31; K. Schmidt InsO/Undritz Rn. 2). 23

Sieht das Gericht von der Bestellung eines vorläufigen Insolvenzverwalters ab, so ist gem. Abs. 1 S. 2 ein **vorläufiger Sachwalter** zu bestellen. Ob die Bestellung eines vorläufigen Sachwalters zwingend ist (vgl. MüKoInsO/Kern Rn. 33) oder – wie die Bestellung eines vorläufigen Insolvenzverwalters – bei fehlendem Sicherungsbedürfnis unterbleiben kann (K. Schmidt InsO/Undritz Rn. 4), ist umstritten. Praktische Auswirkungen hat der Streit kaum: erfolgt der Eigenverwaltungsantrag wie meistens zwecks Sanierung eines laufenden Geschäftsbetriebs, wird ein Sicherungsbedürfnis stets bestehen (vgl. HmbKommInsR/Fiebig Rn. 5). 24

Für die Bestellung des vorläufigen Sachwalters gelten gem. Abs. 1 S. 2 iVm § 274 die §§ 56 f. Hat sich ein **vorläufiger Gläubigerausschuss** konstituiert (vgl. AG München BB 2012, 2975 mAnm Desch/Hafenmayer), so ist diesem regelmäßig gem. § 56a Abs. 1 Gelegenheit zur Äußerung zu geben (→ Rn. 25.1). 25

Gemäß § 56a Abs. 1 darf das Gericht von der Anhörung des vorläufigen Gläubigerausschusses absehen, wenn die Anhörung offensichtlich zu einer nachteiligen Veränderung in der Vermögenslage des Schuldners führen würde. Ob die Regelung zur Folge hat, dass eine Anhörung wegen der regelmäßig gegebenen Eilbedürftigkeit der Einsetzung des vorläufigen Sachwalters unterbleiben kann (vgl. MüKoInsO/Kern Rn. 32), hängt in der Praxis davon ab, wie gut das Eigenverwaltungsverfahren vorbereitet wurde. Insbeson- 25.1

InsO aF § 270a

dere wenn der Schuldner mit seinem Eigenverwaltungsantrag Gläubiger benennt, die für die Mitarbeit im Gläubigerausschuss bereit stehen, wird es oft möglich und geboten sein, einen vorläufigen Gläubigerausschuss vor der Bestellung des vorläufigen Sachwalters einzusetzen und auch anzuhören.

26 Ein Votum des vorläufigen Gläubigerausschusses zur Person des vorläufigen Sachwalters oder zu dessen Anforderungsprofil ist für das Gericht unter den Voraussetzungen des § 56a Abs. 2 verbindlich. Insbesondere darf das Gericht von einem einstimmigen Beschluss zur Person des vorläufigen Sachwalters nur abweichen, wenn der vorgeschlagene Kandidat ungeeignet iSd § 56 ist. Im Übrigen gelten gem. § 56 dieselben Grundsätze wie für die Auswahl des (vorläufigen) Insolvenzverwalters (MüKoInsO/Kern Rn. 32; Nerlich/Römermann/Riggert Rn. 13). Da das Amt des vorläufigen Sachwalters hinter den Anforderungen eines vorläufigen Insolvenzverwalters zurückbleibt, können allerdings an die fachliche Geeignetheit niedrigere Anforderungen gestellt werden (vgl. Uhlenbruck/Zipperer Rn. 27; → Rn. 26.1).

26.1 Anders als im Schutzschirmverfahren (§ 270b Abs. 2) hat der Schuldner keine rechtsförmliche Möglichkeit, auf die Auswahl des vorläufigen Sachwalters unmittelbar Einfluss zu nehmen. Es entspricht aber verbreiteter Praxis, dass sich der Schuldner im Vorfeld mit seinen wesentlichen Gläubigern über die Eckpunkte einer Insolvenz in Eigenverwaltung abstimmt. Die Abstimmung umfasst in größeren Fällen regelmäßig einen Vorschlag für die Besetzung des vorläufigen Gläubigerausschusses und die Person des vorläufigen Sachwalters (vgl. Reus/Höfer/Harig NZI 2019, 57 (59)). Setzt das Gericht einen vorläufigen Gläubigerausschuss mit der vorgeschlagenen Besetzung ein, wird dieser für den vorläufigen Sachwalter votieren, woran das Insolvenzgericht in der Regel gebunden sein wird. Ein solches Vorgehen ist jedenfalls dann nicht zu beanstanden, wenn die vorgeschlagene Besetzung des vorläufigen Gläubigerausschusses rechtmäßig ist und die divergierenden Gläubigerinteressen ausgewogen abbildet.

27 Die Bestellung des vorläufigen Sachwalters erfolgt durch Beschluss (MüKoInsO/Kern Rn. 67). Die Anfechtung der Bestellung durch Mitbewerber ist nicht statthaft (vgl. OLG Düsseldorf BeckRS 2016, 16302 Rn. 15, obiter, zu § 270b, → § 270b Rn. 60). Ob eine **öffentliche Bekanntmachung** des Beschlusses zu erfolgen hat, ist nicht ausdrücklich geregelt. Die Frage ist in der Literatur **umstritten.** Vertreten wird, die Bekanntmachung habe stets (zB MüKoInsO/Kern Rn. 34), nie (K. Schmidt InsO/Undritz Rn. 5) oder abhängig von den konkreten Umständen nach Ermessen des Gerichts (AG Göttingen NZI 2012, 1008 (1009); Graf-Schlicker/Graf-Schlicker Rn. 9; HmbKommInsR/Fiebig Rn. 47; Vallender DB 2015, 231 (235)) zu erfolgen. Die Handhabung der Gerichte ist uneinheitlich. Für die öffentliche Bekanntmachung spricht das berechtigte Interesse der beteiligten Verkehrskreise an einer Information über die Krise des Schuldners (vgl. Nerlich/Römermann/Riggert Rn. 16). Dagegen könnte neben der fehlenden gesetzlichen Grundlage (K. Schmidt InsO/Undritz Rn. 5) sprechen, dass eine frühzeitige Information möglicherweise nachteilige Folgen für die laufenden Sanierungsbemühungen des Schuldners haben kann (MüKoInsO/Kern Rn. 34), insbesondere wenn das Geschäftsmodell des Schuldners nur eingeschränkt insolvenzfähig ist (vgl. AG Göttingen NZI 2012, 1008 (1009)). Die Interessenlage ist grundsätzlich dieselbe wie im Schutzschirmverfahren (aA MüKoInsO/Kern Rn. 34), sodass die Frage der Bekanntmachung in beiden Fällen einheitlich entschieden werden sollte. Im Ergebnis dürfte es richtig sein, dem Gericht ein Ermessen hinsichtlich der Bekanntmachung des Beschlusses zuzugestehen, da dies eine flexible Handhabung der Bekanntmachung nach den Erfordernissen des konkreten Falls ermöglicht.

2. Ausnahme: Anordnung eines allgemeinen Verfügungsverbots und Bestellung eines vorläufigen Insolvenzverwalters

28 Die Anordnung eines allgemeinen Verfügungsverbots sowie die Bestellung eines mitbestimmenden vorläufigen Insolvenzverwalters sind nach der klaren gesetzgeberischen Wertung auf Ausnahmefälle beschränkt. Dies ist auf die unterschiedlichen Wirkungen der Sicherungsmaßnahmen im herkömmlichen und im Eigenverwaltungsverfahren zurückzuführen; im herkömmlichen Verfahren verhindern sie Handlungen des Schuldners und schützen das Vermögen vor Gläubigerzugriffen und wirken damit verbietend; in der Eigenverwaltung wirken sie unterstützend für den Erhalt der Verfügungsgewalt über das schuldnerische Vermögen (Vallender/Zipperer ZInsO 2019, 2393 (2396 f.); → Rn. 28.1).

28.1 Die weitergehende Formulierung des BGH in seinem Beschl. v. 21.7.2016, wonach bei beantragter Eigenverwaltung kein vorläufiger Insolvenzverwalter bestellt werden dürfe (BGH NZI 2016, 796 Rn. 46), dürfte sich vor dem vergütungsrechtlichen Kontext der Entscheidung verstehen. In der maßgeblichen Passage geht es um die Konturierung der Aufgaben des vorläufigen Sachwalters und die Abgrenzung vom vorläufigen Insolvenzverwalter. Es ist nicht davon auszugehen, dass der BGH auch bei offensichtlich aussichtslosem Eigenverwaltungsantrag die Bestellung eines vorläufigen Insolvenzverwalters für unzulässig hält.

Eine entsprechende Anordnung kommt bei Vorliegen der Voraussetzungen des Abs. 1 nur in Betracht, wenn sie zur Massesicherung **zwingend** erforderlich ist (weitergehend K. Schmidt InsO/Undritz Rn. 3: erhebliche, überwiegende Sicherungsinteressen der Gläubiger; ähnl. LG Halle NZI 2014, 1050 (1051) – MIFA; HmbKommInsR/Fiebig Rn. 3). Beispielsweise ist die Bestellung eines vorläufigen Insolvenzverwalters insbesondere dann geboten, wenn masseschädigende Verfügungen des Schuldners bzw. seiner Organe im zeitlichen Zusammenhang mit dem Eigenverwaltungsantrag im Raum stehen (vgl. BGH NZI 2004, 216 mAnm Dahl; → Rn. 29.1). 29

In einem solchen Fall mag der Eigenverwaltungsantrag als offensichtlich aussichtslos beurteilt werden (vgl. zur Ansicht, dass ein Bedürfnis nach Eingriffen in die Verwaltungs- und Verfügungsbefugnis des Schuldners sowie nach Zustimmungsvorbehalten die Geeignetheit zur Eigenverwaltung entfallen lassen: Vallender/Zipperer ZInsO 2019, 2393 (2395)). Zwingend ist das indes nicht in jedem Fall, da ggf. die Eigenverwaltung durch Auswechslung des betreffenden Organs noch erreicht werden kann. Dennoch hat bei Vorliegen konkreter Anhaltspunkte für vorsätzlich masseschädigende Verfügungen die Massesicherung Vorrang, sodass in aller Regel ein vorläufiger Insolvenzverwalter zu bestellen sein wird. 29.1

Auch bei **unklarer Sachlage** ist Zurückhaltung geboten. Es ist insbesondere unzulässig, einen vorläufigen Insolvenzverwalter auf Verdacht zu bestellen, bis der Sachverhalt aus Sicht des Gerichts hinreichend geklärt ist (vgl. KPB/Pape Rn. 18; MüKoInsO/Kern Rn. 35). Zwar besteht grundsätzlich die Möglichkeit, den vorläufigen Insolvenzverwalter nachträglich zum vorläufigen Sachwalter herabzustufen (MüKoInsO/Kern Rn. 35). Jedoch widerspräche ein solches Vorgehen dem vom Gesetzgeber verfolgten Ziel der Stärkung der Eigenverwaltung (vgl. MüKoInsO/Kern Rn. 35; Uhlenbruck/Zipperer Rn. 1; vgl. auch BGH NZI 2016, 796 Rn. 47). 30

3. Entscheidung bei nachträglichem Eigenverwaltungsantrag

Stellt der Schuldner den Eigenverwaltungsvertrag erst, nachdem das Gericht ein allgemeines Verfügungsverbot angeordnet oder einen vorläufigen Insolvenzverwalter bestellt hat, passt die in Abs. 1 geregelte Rechtsfolge nicht. Ob das Gericht bei Vorliegen der Voraussetzungen des Abs. 1 regelmäßig seine Anordnungen aufzuheben und statt des vorläufigen Insolvenzverwalters einen vorläufigen Sachwalter zu bestellen hat (so MüKoInsO/Kern Rn. 27; aA Nerlich/Römermann/Riggert Rn. 7; Uhlenbruck/Zipperer Rn. 2), ist umstritten. 31

Gegen die **entsprechende Anwendung des Abs. 1** spricht, dass der Gesetzzweck nach Bestellung eines vorläufigen Insolvenzverwalters nicht mehr voll verwirklicht werden kann (Nerlich/Römermann/Riggert Rn. 7; vgl. auch LG Halle NZI 2014, 2050 (2052) – MIFA). Auch ist der Schuldner nicht schutzwürdig, wenn er es unterlässt, die Eigenverwaltung bei Stellung seines Eröffnungsantrags oder nach gerichtlicher Anhörung bei vorausgegangenem Fremdantrag rechtzeitig zu beantragen (Nerlich/Römermann/Riggert Rn. 7). Allerdings sollte es dem Gericht in geeigneten Fällen erlaubt sein, gestützt auf Abs. 1 in das eigenverwaltete Verfahren überzuleiten und einen vorläufigen Sachwalter zu bestellen (vgl. LG Halle NZI 2014, 2050 ff. – MIFA; aA wohl Nerlich/Römermann/Riggert Rn. 7). 32

II. Weitere Entscheidungen im eigenverwalteten Eröffnungsverfahren

Neben der Entscheidung über die Bestellung eines vorläufigen Sachwalters oder der nur in Ausnahmefällen zulässigen Anordnung von Maßnahmen nach § 21 Abs. 1 Nr. 1 und 2 kann das Insolvenzgericht grundsätzlich **sämtliche Maßnahmen** treffen, die auch sonst im Eröffnungsverfahren zulässig sind (vgl. KPB/Pape Rn. 10; K. Schmidt InsO/Undritz Rn. 5). Zulässig sind insbesondere (vgl. Uhlenbruck/Zipperer Rn. 8): 33
- Einsetzung eines vorläufigen Gläubigerausschusses (§ 21 Abs. 2 S. 1 Nr. 1a);
- Untersagung sowie einstweilige Einstellung der Zwangsvollstreckung in bewegliches Vermögen (§ 21 Abs. 2 S. 1 Nr. 3);
- Verwertungsstopp für Gegenstände, an denen nach Eröffnung Aus- oder Absonderungsrechte bestehen (§ 21 Abs. 2 S. 1 Nr. 5; vgl. AG Leipzig ZInsO 2017, 328 f.).

Auch die Anordnung einer **Postsperre** (§ 21 Abs. 2 S. 1 Nr. 4) ist zulässig (Uhlenbruck/Zipperer Rn. 8), wenngleich in der Regel nicht zweckmäßig und mit Blick auf den Zweck der Eigenverwaltung fragwürdig (K. Schmidt InsO/Undritz Rn. 5). Auch **Zwangsmaßnahmen** gem. §§ 79, 98, 101 Abs. 1 S. 1, 2, Abs. 2 können gem. Abs. 1 S. 2 iVm § 274 Abs. 2 S. 2, § 22 Abs. 3 S. 3 34

InsO aF § 270a

angeordnet werden. Allerdings kommt dies nur **subsidiär** in Betracht, da bei einem kooperationsunwilligen Schuldner vorrangig die Aufhebung der Eigenverwaltung in Betracht kommt (vgl. Uhlenbruck/Zipperer Rn. 14).

III. Rechtsmittel

35 Gegen die Entscheidung des Insolvenzgerichts über die Anordnung von Sicherungsmaßnahmen steht dem Schuldner gem. § 270 Abs. 1 S. 2 iVm § 21 Abs. 1 S. 2 die **sofortige Beschwerde** zu. Damit kann sich der Schuldner insbesondere gegen die Anordnung eines allgemeinen Verfügungsverbots sowie die Bestellung eines vorläufigen Insolvenzverwalters wenden. Um zu vermeiden, dass Fakten geschaffen werden, durch welche die sofortige Beschwerde obsolet wird, sollte der Schuldner in diesen Fällen zudem die Aussetzung der sofortigen Vollziehung beantragen (§ 270 Abs. 1 S. 2, 4 iVm § 570 Abs. 2 und 3 ZPO; vgl. MüKoInsO/Kern Rn. 68).

36 Hingegen ist gegen das **Absehen von Sicherungsmaßnahmen** kein Rechtsmittel gegeben. Der Schuldner kann sich daher insbesondere nicht dagegen wehren, dass das Insolvenzgericht seinem Antrag auf Ermächtigung zur Begründung von Masseverbindlichkeiten (→ Rn. 45) nicht nachkommt.

D. Rechtsstellung des eigenverwaltenden Schuldners im Eröffnungsverfahren

I. Allgemeines

37 Der Schuldner ist im eigenverwalteten Eröffnungsverfahren **verwaltungs- und verfügungsbefugt**. Ihm obliegt somit die Fortführung seiner Geschäfte in Eigenverantwortung, jedoch unter der Kontrolle des vorläufigen Sachwalters. Daneben ist der Schuldner verpflichtet, die **insolvenzspezifischen Pflichten** einzuhalten (vgl. zB BAG NZA 2020, 1091 Rn. 56). Das betrifft zuvorderst die Massesicherungspflicht und die Beachtung insolvenzrechtlicher Zahlungsverbote (HmbKommInsR/Fiebig Rn. 15). Dass der Schuldner im Eröffnungsverfahren an den **Insolvenzzweck** gebunden ist, ist im Grundsatz unstreitig. Wie weit die Zweckbindung reicht und wie sie zum Tragen kommt, wird jedoch unterschiedlich beurteilt. Insbesondere ist streitig, ob § 276a bereits im Eröffnungsverfahren (Vor-)Wirkung entfaltet (vgl. zum Streitstand zB Uhlenbruck/Zipperer § 276a Rn. 4). Auch ob und inwieweit der Schuldner verpflichtet sein kann, alternative Sanierungskonzepte im Eröffnungsverfahren zu berücksichtigen oder sogar zu verfolgen, wird unterschiedlich beurteilt (vgl. Buchalik ZInsO 2015, 484 ff.). Der BGH scheint davon auszugehen, dass der eigenverwaltende Schuldner zur Prüfung verschiedener Szenarien einschließlich einer übertragenden Sanierung verpflichtet ist (BGH NZI 2016, 796 Rn. 71). Bei juristischen Personen und Gesellschaften haben deren Geschäftsleitungsorgane die insolvenzspezifischen Pflichten zu erfüllen. Für Pflichtverletzungen haften sie den Gläubigern analog §§ 60 f. (Gehrlein ZInsO 2018, 2234 (2240); Hölzle ZIP 2018, 1669 (1670); zum Haftungsumfang gilt im Wesentlichen dasselbe wie im eröffneten Eigenverwaltungsverfahren (→ § 270 Rn. 74).

II. Begründung von Masseverbindlichkeiten im Eröffnungsverfahren

38 Gemäß § 270b Abs. 3 kann der Schuldner im Schutzschirmverfahren zur Begründung von Masseverbindlichkeiten durch das Insolvenzgericht ermächtigt werden. Ob und unter welchen Voraussetzungen der Schuldner darüber hinaus im eigenverwalteten Eröffnungsverfahren Masseverbindlichkeiten begründet bzw. dazu ermächtigt werden kann, ist umstritten. Der BGH hat die Frage mit Urt. v. 22.11.2018 (BGH NJW 2019, 224 ff.) für die Praxis nunmehr dahingehend entschieden, dass das Insolvenzgericht den Schuldner durch eine entsprechende Anordnung zur Begründung von Masseverbindlichkeiten ermächtigen kann.

1. Meinungsspektrum

39 Aus dem Umstand, dass eine gesetzliche Regelung zur Begründung von Masseverbindlichkeiten im Verfahren nach § 270a fehlt, wurden in Literatur und Rechtsprechung der Instanzgerichte bis zur klärenden Entscheidung des BGH unterschiedliche Schlüsse gezogen.

40 Das Meinungsspektrum war denkbar weit. Am einen Ende wurde vertreten, das Fehlen einer dem § 270b Abs. 3 vergleichbaren Regelung sei als bewusste Entscheidung des Gesetzgebers gegen die Begründung von Masseverbindlichkeiten im § 270a-Verfahren zu werten (AG Fulda ZIP 2012, 1471; wohl auch OLG Jena NZI 2016, 784 (785)). Das andere Extrem bildete die Auffassung, der Schuldner könne auch ohne gerichtliche Anordnung unter Beachtung des § 275 Abs. 1 (AG

Montabaur NZI 2013, 350 (351); LG Erfurt NZI 2016, 32 f.; AG Hannover ZIP 2015, 1843 Rn. 6 (zwischenzeitlich anscheinend aufgegeben, vgl. LG Hannover ZIP 2016, 1790 (1791)); FK-InsO/Foltis Rn. 25) oder mit Zustimmung des Sachwalters (Frind ZInsO 2012, 1099 (1102)) Masseverbindlichkeiten begründen.

Überwiegend wurde jedoch unter Rückgriff auf die auch im eigenverwalteten Eröffnungsverfahren über § 270 Abs. 1 S. 2 grundsätzlich anwendbaren allgemeinen Vorschriften vertreten, dass Insolvenzgericht könne im Einzelfall eine **Anordnung über die Begründung von Masseverbindlichkeiten** treffen (vgl. zB HmbKommInsR/Fiebig Rn. 39; MüKoInsO/Kern Rn. 49 f.; K. Schmidt InsO/Undritz Rn. 6; Uhlenbruck/Zipperer Rn. 18). Dieser Ansicht hat sich der BGH nun angeschlossen (BGH NJW 2019, 224 (225 f.)) und zudem entschieden, dass Adressat der Anordnung der eigenverwaltende Schuldner ist (BGH NJW 2019, 224 Rn. 17). Bislang war umstritten, wen das Gericht ermächtigen kann (Schuldner oder vorläufiger Sachwalter) und ob bei Ermächtigung des Schuldners ein mit Außenwirkung versehener Zustimmungsvorbehalt des vorläufigen Sachwalters angeordnet werden kann (vgl. zum Streitstand MüKoInsO/Kern Rn. 49 ff.; Uhlenbruck/Zipperer Rn. 18 f.). 41

Die Grundsatzentscheidung des BGH trägt dem praktischen Bedürfnis nach der Möglichkeit der Begründung von Masseverbindlichkeiten im eigenverwalteten Eröffnungsverfahren (vgl. BGH NJW 2019, 224 ff. Rn. 9, 14; AG Hamburg NZI 2012, 566; LG Duisburg NZI 2013, 91 ff.; MüKoInsO/Kern Rn. 49) adäquat Rechnung. Tatsächlich wäre eine Betriebsfortführung im eigenverwalteten Eröffnungsverfahren ohne die Möglichkeit zur Begründung von Masseverbindlichkeiten, entgegen der gesetzgeberischen Intention, nur schwer möglich (vgl. AG Hamburg NZI 2012, 566), wenn nicht sogar unmöglich (so AG Montabaur NZI 2013, 350). 42

2. Gerichtliche Ermächtigung des Schuldners zur Begründung von Masseverbindlichkeiten

Nach nunmehr ganz hM kann das Gericht somit den Schuldner zur Begründung von Masseverbindlichkeiten durch Beschluss ermächtigen (zB BGH NJW 2019, 224 ff.; LG Dresden ZInsO 2019, 510 (511); AG Ludwigshafen BeckRS 2014, 09643; LG Duisburg NZI 2013, 91 ff.; AG Essen ZIP 2015, 841; AG München NZI 2012, 1470 Rn. 6 f.; AG Hannover ZIP 2016, 1790 (1792); K. Schmidt InsO/Undritz Rn. 6; Uhlenbruck/Zipperer Rn. 18 f.). Diese Auffassung überzeugt in ihren praktischen Ergebnissen und steht im Einklang mit dem Gesetzeszweck. Soweit man der hM folgend eine gerichtliche Ermächtigung des Schuldners zur Begründung von Masseverbindlichkeiten für zulässig und im Einzelfall auch für erforderlich hält, muss die gerichtliche Anordnung den Anforderungen genügen, die der BGH (NZI 2002, 543) im regulären Eröffnungsverfahren an eine Ermächtigung des mitbestimmenden Insolvenzverwalters stellt (so bereits AG Essen ZIP 2015, 841 und LG Hannover ZIP 2016, 1790 (1792) sowie nunmehr BGH NJW 2019, 224 Rn. 15, 17; K. Schmidt InsO/Undritz Rn. 6; Uhlenbruck/Zipperer Rn. 18; → Rn. 43.1). 43

Noch nicht geklärt ist, ob die Ermächtigung auch rückwirkend erfolgen kann, um bestimmte Ansprüche gegen den Schuldner nachträglich zu Masseverbindlichkeiten „aufzuwerten". Für eine solche Möglichkeit kann ein praktisches Bedürfnis bestehen, zB wenn der Schuldner auf die Fortsetzung der Belieferung angewiesen ist, eine gerichtliche Ermächtigung jedoch nicht schnell genug eingeholt werden kann. Dogmatisch bestehen gegen eine Rückwirkung der Ermächtigung allerdings Bedenken (vgl. AG Köln ZIP 2018, 2234). 43.1

Ob Vergütungsansprüche des Insolvenzgeschäftsführers als Kosten des Verfahrens analog § 54 Nr. 2 qualifiziert werden können (so AG Hamburg NZI 2019, 683, bei Bestellung eines Insolvenzfachmanns zum Geschäftsführer bzw. „Chief Insolvency Officer" und Regelung der Vergütung im Dienst- oder Rahmenvertrag in Anlehnung an die InsVV), ist fraglich (befürwortend zB → § 63 Rn. 1a; krit. zB Frind ZIP 2019, 1945 (1949 ff.); Anm. Budnik zu AG Hamburg NZI 2019, 683 (686 f.); Harig EWiR 2019, 439 (440)). Nach Ansicht des AG Hamburg kann das Insolvenzgericht auf Antrag der Schuldnerin (vorsorglich) die Begründung von Masseverbindlichkeiten in Ansehung der Vergütungsansprüche anordnen, solange die Rechtslage nicht im Sinne einer analogen Anwendung des § 54 Nr. 2 geklärt ist (AG Hamburg NZI 2019, 683). 43.2

Grundsätzlich erfordert die Erteilung einer Einzelermächtigung zur Begründung einer Masseverbindlichkeit, dass im Rahmen einer Liquiditätsvorschau das Vorhandensein ausreichender Mittel in der Masse dargelegt wird (MüKoInsO/Haarmeyer/Schildt § 22 Rn. 70a). Die Erteilung einer Einzelermächtigung zur Begründung eines Massekredits soll ausnahmsweise auch ohne die Vorlage einer Liquiditätsvorschau zulässig sein, wenn die Darlehensgeber hinter sämtliche anderen Massegläubiger zurücktreten (AG Hamburg ZIP 2019, 882). Ob hingegen eine Erlösbeteiligung zur Masseverbindlichkeit aufgewertet werden kann, 43.3

InsO aF § 270a

ist fraglich (dagegen AG Hamburg ZIP 2019, 882; für Zulässigkeit der Aufwertung einer angemessenen Erlösbeteiligung Ganter NZI 2020, 249 (250 f.)).

44 Ob darüber hinaus eine **Globalermächtigung** des Schuldners auf Grundlage der allgemeinen Vorschriften (Graf-Schlicker/Graf-Schlicker Rn. 20 ff.; dagegen LG Hannover ZIP 2016, 1790 (1792); Ganter NZI 2020, 249 (251)) oder in Anlehnung an § 270b Abs. 3 möglich ist (dafür zB Andres NZI 2013, 91 (93); aA AG Essen ZIP 2015, 841; K. Schmidt InsO/Undritz Rn. 6), erscheint zweifelhaft (Uhlenbruck/Zipperer Rn. 20; Sterzinger UStB 2019, 153 (157); für eine differenzierte Sichtweise Graf-Schlicker/Graf-Schlicker Rn. 24 ff.). Die Frage wurde vom BGH ausdrücklich offengelassen (BGH NJW 2019, 224 Rn. 17).

45 Lehnt das Insolvenzgericht eine Ermächtigung des Schuldners ab, so ist gegen die Entscheidung kein Rechtsmittel gegeben (vgl. BGH NZI 2013, 342 ff.; LG Hannover ZIP 2016, 1790 (1791)).

3. Beteiligung des vorläufigen Sachwalters

46 Ob die Ermächtigung unter den Vorbehalt der Zustimmung des vorläufigen Sachwalters gestellt werden kann (dafür zB AG Köln ZIP 2018, 2234; AG München ZIP 2012, 1470 Rn. 9; HK-InsO/Brünkmans Rn. 33; KPB/Pape Rn. 19; Uhlenbruck/Zipperer Rn. 22), ist umstritten (offen gelassen in BGH NZI 2016, 796 Rn. 70). Dagegen spricht die Konzeption der Eigenverwaltung, wonach dem vorläufigen Sachwalter lediglich eine (interne) Überwachungs- und Kontrollfunktion zukommt (vgl. K. Schmidt InsO/Undritz Rn. 6). Zudem ist zweifelhaft, ob eine für die analoge Anwendung des § 277 erforderliche Lücke vorliegt (dagegen Graf-Schlicker/Graf-Schlicker Rn. 28). Für die Anordnung eines Zustimmungsvorbehalts spricht der durch ihn ermöglichte effiziente Schutz der Haftungsmasse (AG München ZIP 2012, 1470 Rn. 10; Uhlenbruck/Zipperer Rn. 22), der ggf. über den durch die gerichtliche Prüfung vermittelten Schutz hinausgeht (daran zweifelnd Graf-Schlicker/Graf-Schlicker Rn. 28). Stimmt man dieser Auffassung zu, haftet der vorläufige Sachwalter als logische Konsequenz für die Erfüllung der mit seiner Zustimmung begründeten Masseverbindlichkeiten entsprechend § 61 (→ Rn. 66). Jedenfalls sollte das Gericht den vorläufigen Sachwalter vor der Ermächtigung zur Begründung von Masseverbindlichkeiten anhören (vgl. Graf-Schlicker/Graf-Schlicker Rn. 28).

4. Haftung für Masseverbindlichkeiten

47 Ob der Schuldner für Masseverbindlichkeiten analog § 61 haftet (so zB K. Schmidt InsO/Undritz Rn. 7; Uhlenbruck/Zipperer Rn. 21) ist auch für im Eröffnungsverfahren begründete Masseverbindlichkeiten umstritten. Praktisch wird die persönliche Haftung des Schuldners, so man sie bejaht, jedoch regelmäßig mangels vorhandener Haftungsmasse nicht relevant. Ist der Schuldner eine juristische Person oder Gesellschaft haften jedoch die Organe des Schuldners für Masseverbindlichkeiten analog § 61 InsO (Gehrlein ZInsO 2018, 2234 (2240); Hölzle ZIP 2018, 1669 (1670); auch → § 270 Rn. 74).

III. Anfechtbarkeit der Rechtshandlungen des Schuldners im Eröffnungsverfahren

48 Rechtshandlungen des Schuldners **unterliegen grundsätzlich der Insolvenzanfechtung** (OLG Dresden NZI 2014, 703 (704); LG Erfurt NZI 2016, 32; vgl. Uhlenbruck/Hirte/Ede § 129 Rn. 156). Die Bestellung eines vorläufigen Sachwalters anstelle eines Insolvenzverwalters ändert daran im Ausgangspunkt nichts (→ Rn. 48.1).

48.1 Zu einer anderen Beurteilung könnte man gelangen, wenn man der Auffassung folgt, dass die Gläubigerinteressen durch die Anordnung der vorläufigen Eigenverwaltung durch das Gericht und die Bestellung eines vorläufigen Sachwalters ausreichend gewahrt sind (so FK-InsO/Foltis Rn. 11). Dem liegt der Gedanke zugrunde, der vorläufig eigenverwaltende Schuldner sei einem starken vorläufigen Insolvenzverwalter gleichzustellen (FK-InsO/Foltis Rn. 11); das erscheint mindestens gewagt.

49 Allerdings können Schuldnerhandlungen unter bestimmten Voraussetzungen **der Anfechtung entzogen** sein. Das gilt zunächst für die Begründung und **Erfüllung von Masseverbindlichkeiten** (vgl. Uhlenbruck/Hirte/Ede § 129 Rn. 157; LG Erfurt NZI 2016, 32 f.; dagegen Roth ZInsO 2017, 617 (620 ff.), unter Verweis auf Rechtsprechung des BGH zur Anfechtung unechter Masseverbindlichkeiten zu Zeiten der KO), welche nach der auch hier vertretenen hM mit Ermächtigung des Insolvenzgerichts möglich ist (→ Rn. 43). Darüber hinaus sollten für die Anfechtung schuldnerischer Rechtshandlungen die Grundsätze, die für die Anfechtung von Rechtshandlungen, die mit Zustimmung eines mitbestimmenden vorläufigen Insolvenzverwalters

vorgenommen werden (vgl. LG Hagen NZI 2016, 138 mAnm Leithaus; Uhlenbruck/Hirte/Ede § 129 Rn. 158; Uhlenbruck/Zipperer Rn. 23), entsprechend gelten, dh die Anfechtung scheidet aus, wenn der Gläubiger auf die Rechtsbeständigkeit der Handlung vertraut hat und sein Vertrauen schutzwürdig ist. Das dürfte in der Regel der Fall sein, wenn der vorläufige Sachwalter der Schuldnerhandlung zugestimmt hat (vgl. LG Hagen NZI 2016, 138 (139) mAnm Leithaus; Uhlenbruck/Hirte/Ede Rn. 158; Bork ZIP 2018, 1613 (1618)), kommt aber darüber hinaus auch für sonstige Handlungen im Rahmen des gewöhnlichen Geschäftsbetriebs in Betracht (Uhlenbruck/Zipperer Rn. 23; aA Bork ZIP 2018, 1613 (1618)). Insoweit mag man argumentieren, dass der Vertrauenstatbestand zwar primär durch das Verhalten des eigenverwaltenden Schuldners geschaffen wird, wobei aber das Schweigen des vorläufigen Sachwalters im Verkehr vor dem Hintergrund der diesen treffenden Überwachungspflichten als Zustimmung gewertet wird (Zipperer ZIP 2019, 689 (692 ff.)). Nach anderer Ansicht kann aufgrund des beschränkten Aufgabenkreises des vorläufigen Sachwalters nur dessen aktives Handeln gegenüber dem Gläubiger vertrauensbegründend sein (Frind ZInsO 2019, 1292 (1297 ff.)).

IV. Die Steuerpflicht des Schuldners im eigenverwalteten Eröffnungsverfahren

50 Die Auswirkungen der vorläufigen Eigenverwaltung auf steuerliche Pflichten des Schuldners sind im Einzelnen umstritten (vgl. Uhlenbruck/Zipperer Rn. 25 mwN; Sonnleitner/Winkelhog BB 2015, 88 (95 ff.)). Im Mittelpunkt steht dabei die Frage, ob sich die **steuerlichen Zahlungspflichten** des Schuldners gegen die insolvenzrechtliche Pflicht zur Massesicherung durchsetzen (vgl. dazu zB Sonnleitner/Winkelhog BB 2015, 88 (95 ff.); Uhlenbruck/Zipperer Rn. 25 mwN). Die Beantwortung dieser höchstrichterlich bislang ungeklärten Frage (vgl. K. Schmidt InsO/Undritz Rn. 7) ist für die vorläufige Eigenverwaltung zentral. Bei Missachtung der steuerlichen Zahlungspflichten droht dem Schuldner bzw. seinen Organen die **persönliche Haftung** (vgl. §§ 34, 69 AO; Sonnleitner/Winkelhog BB 2015, 88 (96); FG Münster NZI 2017, 492 Rn. 27 ff.; FG Münster NZI 2018, 762 ff.). Aus Sicht des Insolvenzrechts stellt sich die Frage, ob nicht die Zahlung der im Eröffnungsverfahren fällig werdenden Steuern dem **Insolvenzzweck** (Gläubigergleichbehandlung) widerspricht und einen Nachteil für die Gläubiger begründet, der wenigstens die Übertragung der Kassenführung auf den vorläufigen Sachwalter zur Folge haben muss (so AG Hamburg NZI 2015, 177 f.; entgegen der hM, vgl. zB Boie-Harder NZI 2015, 162 ff.; HmbKommInsR/Fiebig Rn. 18). Ist der Schuldner eine juristische Person, droht zudem die persönliche Inanspruchnahme der Geschäftsleitung gem. § 64 S. 1 GmbHG bzw. § 92 AktG; wenngleich die wohl überwiegende Auffassung die Haftung verneint (Uhlenbruck/Zipperer Rn. 25 mwN), besteht mangels höchstrichterlicher Klärung der Frage Rechtsunsicherheit (→ § 270 Rn. 74; aA FG Münster NZI 2017, 492 Rn. 35). In der Praxis wird dieser Zielkonflikt überwiegend dadurch gelöst, dass der eigenverwaltende Schuldner seinen steuerlichen Verpflichtungen im Eröffnungsverfahren nachkommt, aber zuvor den Insolvenzantrag gegenüber den Zahlungsempfängern offenlegt. Soweit es sich bei den sodann bezahlten Steuerverbindlichkeiten um Insolvenzforderungen handelt, wird die Zahlung im eröffneten Verfahren durch den Sachwalter **angefochten** (vgl. LG Köln NZI 2014, 816 f.; OLG Köln ZIP 2014, 2523; LG Hamburg NZI 2015, 226 mAnm Hörmann/Yildiz (zu § 270b); vgl. K. Schmidt InsO/Undritz Rn. 7; Sonnleitner/Winkelhog BB 2015, 88 (96); → Rn. 50.1).

50.1 Die Möglichkeit der Anfechtung durch den Sachwalter entlastet den Geschäftsleiter nicht von seiner Haftung aus §§ 69, 34 AO. Führt der Geschäftsführer im Eröffnungsverfahren pflichtwidrig Steuern nicht ab, kann er sich nicht darauf berufen, dass es bei ordnungsgemäßer Abführung der Steuern wegen Anfechtung der Steuerzahlung durch den Sachwalter ebenfalls zum Steuerausfall gekommen wäre (vgl. BFH BB 2016, 1119; FG Münster NZI 2017, 492 Rn. 39).

50.2 Die mit der „Anfechtungslösung" verbundenen Risiken sind weniger offensichtlich. Allerdings ist es so, dass Zahlung der Steuerverbindlichkeiten auf Kosten der dringend notwendigen Liquidität der Schuldnergesellschaft geht. So ist denkbar, dass infolge der Steuerzahlung im Eröffnungsverfahren in der Masse nicht genügend Mittel verbleiben, um nach der Insolvenzeröffnung einen Anfechtungsprozess zu führen, was die Handelnden einer Haftung gem. § 60 analog wegen Massechädigung aussetzen könnte (vgl. Bernsau BB 2019, 2393 (2399 f.)). Praktisch erscheint dieses Risiko jedoch kaum relevant, da die Finanzämter regelmäßig auf offensichtlich begründete Anfechtungsansprüche zahlen, ohne dass eine gerichtliche Durchsetzung der Ansprüche erforderlich wäre (vgl. Uebele NZG 2018, 881 (886)).

50a Ein anderer Lösungsansatz besteht darin, einen Zustimmungsvorbehalt für die Zahlung von Steuerverbindlichkeiten anzuordnen (vgl. AG Düsseldorf ZInsO 2014, 289 (Ls.); AG Heilbronn NZI 2016, 582 mAnm Hörmann; AG Hamburg BeckRS 2017, 117818 betreffend Abführung

InsO aF § 270a

von Arbeitnehmeranteile zur Sozialversicherung), sog. „Zustimmungslösung". Lässt man diese Möglichkeit zu (str.), kann das Haftungsrisiko des Schuldners dadurch reduziert werden, dass der vorläufige Sachwalter – wie ein mitbestimmender vorläufiger Insolvenzverwalter – seine Zustimmung verweigert. Ein Vorzug der Zustimmungslösung ist die Schonung der Liquidität im Eröffnungszeitraum; das kann nach Ansicht des AG Hamburg die Anordnung eines Zustimmungsvorbehalts rechtfertigen, sofern ohne Zustimmungsvorbehalt die Liquidität des Schuldners erheblich belastet und dadurch die Betriebsfortführung gefährdet wäre (AG Hamburg BeckRS 2017, 117818 Rn. 27; → Rn. 50a.1).

50a.1 Die Zustimmungslösung ist risikobehaftet (krit. zB Uhlenbruck/Zipperer Rn. 25; Berner/Köster/Lambrecht NZI 2018, 425 (429): mögliche Strafbarkeit aller Beteiligten: Geschäftsführer, Berater, Richter), da den Schuldner nach verbreiteter Ansicht weitreichende Pflichten treffen, für die Erfüllung der ihn treffenden Steuerpflichten Sorge zu tragen (vgl. Uhlenbruck/Zipperer Rn. 25). Damit könnte zB das Hinwirken auf die Anordnung eines Zustimmungsvorbehalts im Konflikt stehen (Uhlenbruck/Zipperer Rn. 25). Nach einem aktuellen Urteil des FG Münster (NZI 2017, 495 ff.) fehlt es aber – unabhängig von der insolvenzrechtlichen Zulässigkeit des Zustimmungsvorbehalts – an einem haftungsbegründenden Verschulden des Geschäftsführers, der es unter Beachtung der Zustimmungsversagung durch den vorläufigen Sachwalter unterlässt, Steuern abzuführen. Insoweit könne es auch kein grobes Verschulden des Geschäftsführers begründen, wenn dieser seine Tätigkeit im Rahmen der Eigenverwaltung trotz des angeordneten Zustimmungsvorbehalts fortgesetzt habe (FG Münster NZI 2017, 495 Rn. 22). Das Urteil des FG Münster stützt die Zustimmungslösung, räumt aber die mit ihr verbundenen Risiken (vgl. Anm. zu FG Münster Rieger/Verken NZI, 2017, 495 (497)) nicht aus.

50b Die Einholung einer verbindlichen Auskunft gem. § 89 AO, die mitunter empfohlen wird (Uhlenbruck/Zipperer Rn. 25), ist in der Praxis regelmäßig nicht praktikabel (Sonnleitner/Winkelhog BB 2015, 88 (96)). Schließlich wird auch die Übertragung der Kassenführung auf den vorläufigen Sachwalter (und Nichtabführung der Steuer durch diesen) als Lösung in Betracht gezogen (vgl. AG Hamburg NZI 2015, 177 f.; Hörmann/Yildiz NZI 2015, 229; dagegen Boie-Harder NZI 2015, 162).

51 Soweit die gezahlten Steuerforderungen im Insolvenzverfahren als Masseverbindlichkeiten qualifizieren, scheidet die Insolvenzanfechtung aus. Dazu kann es kommen, wenn man § 55 Abs. 4 (analog) auf Steuerschuldverhältnisse anwendet, die der eigenverwaltende Schuldner im Eröffnungsverfahren begründet (vgl. LG Erfurt NZI 2016, 32 f. mAnm Sterzinger). Die Anwendung des § 55 Abs. 4 im eigenverwalteten Eröffnungsverfahren wurde schon bislang von der ganz hM abgelehnt (vgl. BGH NJW 2019, 224 (226 f.); LG Dresden ZInsO 2019, 510 f.; FG Münster NZI 2019, 547 Rn. 48 ff. mAnm Sonnleitner). Dieser Auffassung hat sich inzwischen der BFH in zwei Beschlüssen angeschlossen (BFH DStR 2020, 1674 ff.; BeckRS 2020, 17457; vgl. dazu Weber/Knaebel DStR 2020, 2229 ff.).

52 Welche Auswirkungen das eigenverwaltete Eröffnungsverfahren auf eine **umsatzsteuerliche Organschaft** des Schuldners als Organgesellschaft hat, ist im Einzelnen ungeklärt. Einer Ansicht zufolge führt bereits die Anordnung der vorläufigen Eigenverwaltung zum Wegfall der organisatorischen Eingliederung der Organgesellschaft und damit zur Beendigung der umsatzsteuerlichen Organschaft (vgl. Anm. Witfeld zu FG Münster NZI 2017, 939 (942 f.); FK-InsO/Foltis Rn. 27; wohl auch Bernsau BB 2019, 2393 (2399)) Nach anderer Ansicht dürfte die Organschaft zunächst fortbestehen, sofern lediglich ein vorläufiger Sachwalter bestellt wird und keine den Schuldner beschränkenden Anordnungen getroffen werden (vgl. Anm. de Weerth NZI 2013, 860 f. zu BFH NZI 2013, 857). Teilweise wird danach differenziert, ob weitergehende Sicherungsmaßnahmen angeordnet werden (zB Übertragung der Kassenführung auf den vorläufigen Sachwalter oder Vollstreckungsschutz gem. § 21 Abs. 2 Nr. 3) oder ob im Zuge des Insolvenzantrags die Geschäftsleitung ausgetauscht wird (vgl. FG Münster NZI 2017, 939 ff.; de Weerth NZI 2013, 860 f.). Der BFH hat mit Urteil vom 27.11.2019 (NZI 2020, 378) entschieden, dass allein die Anordnung der vorläufigen Eigenverwaltung unter Bestellung eines vorläufigen Sachwalters und Anordnung eines Vollstreckungsverbots jedenfalls bei Personenidentität in der Geschäftsleitung von Organträger und Organgesellschaft nicht zum Wegfall der umsatzsteuerlichen Organschaft führt. In dem vom BFH entschiedenen Fall stand die für die umsatzsteuerliche Organschaft erforderliche wirtschaftliche Eingliederung nicht im Streit. Die organisatorische Eingliederung war aufgrund bestehender Personenidentität in den Leitungsorganen von Organträger und Organgesellschaft gegeben. Aufgrund dieser konnte die Organgesellschaft ihren Willen bei der Organträgerin in vollem Umfang durchsetzen. Die Anordnung des Vollstreckungsverbots sowie die Bestellung des vorläufigen Sachwalters sieht der BFH insoweit als unschädlich an, da die Organträgerin dessen ungeachtet in der Lage blieb, ihren Willen bei der Organgesellschaft durchzusetzen (BFH NZI 2020, 378 Rn. 55). Auch die finanzielle Eingliederung bestand nach Ansicht des BFH fort, da die Organträgerin weiterhin ihren Willen durch die Fassung von Mehrheitsbeschlüssen in der Gesellschafterversammlung der Organgesellschaft durchsetzen konnte. Letzteres begründet der BFH maßgeblich, dass § 276a erst ab Insolvenzeröffnung gelte, nicht jedoch bereits in der vorläufigen Eigenverwaltung (BFH NZI 2020, 378 Rn. 65; vgl. dazu → § 276a Rn. 6). Das Urteil bietet für die Praxis eine wertvolle Orientierung. Ob und unter welchen Voraussetzungen die Organschaft im vorläufigen Eigenverwaltungsverfahren bei abweichendem Sachverhalt entfällt, ist aber unklar (vgl. Wagner/Datzer/Schlott DStR 2020, 1761 ff. zu offenen Fragen).

E. Die Rechtsstellung des vorläufigen Sachwalters

Die Stellung des vorläufigen Sachwalters richtet sich gem. Abs. 1 S. 2 nach den §§ 274 und 275. Die Aufgaben und Befugnisse des vorläufigen Sachwalters sind mit denen des Sachwalters in weiten Teilen identisch und jedenfalls strukturell vergleichbar (vgl. BGH NZI 2016, 796 Rn. 38 ff.). Da sich die Aufgaben des Schuldners im Eröffnungsverfahren und im eröffneten Verfahren unterscheiden, sind die Pflichten des (vorläufigen) Sachwalters jedoch im jeweiligen Verfahrensabschnitt typischerweise unterschiedlich ausgeprägt (BGH NZI 2016, 796 Rn. 43). Die §§ 274 und 275 sind dementsprechend unter Berücksichtigung der besonderen Gegebenheiten im Eröffnungsverfahren (vgl. HmbKommInsR/Fiebig Rn. 8) anzuwenden. 53

I. Aufgaben und Pflichten des vorläufigen Sachwalters

1. Überprüfung der wirtschaftlichen Lage und der Geschäftsführung (§ 274 Abs. 2)

Gemäß Abs. 1 iVm § 274 Abs. 2 S. 1 hat der vorläufige Sachwalter zunächst die **wirtschaftliche Lage des Schuldners** zu prüfen. Das umfasst die Prüfung der **Insolvenzgründe** (KPB/Pape Rn. 28; aA Uhlenbruck/Zipperer Rn. 11), die **Fortführungskonzeption** des Schuldners (vgl. MüKoInsO/Kern Rn. 37) sowie die Prüfung, ob eine die Kosten des Insolvenzverfahrens deckende Masse vorhanden ist (KPB/Pape Rn. 28; MüKoInsO/Kern Rn. 37; aA Nerlich/Römermann/Riggert Rn. 4: nur überwachende Funktion). 54

Da der vorläufige Sachwalter gegenüber dem Insolvenzgericht **berichtspflichtig** ist (Abs. 1 S. 2 iVm § 274 Abs. 1, § 58 Abs. 1 S. 2), kann sich das Insolvenzgericht auf diesem Weg über das Vorhandensein einer ausreichenden Masse informieren. Sofern man die Prüfung der Eröffnungsvoraussetzungen nicht zu den Aufgaben des vorläufigen Sachwalters zählt (Nerlich/Römermann/Riggert Rn. 4), wird das Insolvenzgericht ein **Gutachten** über das Vorliegen der Eröffnungsgründe sowie zur Frage der Verfahrenskostendeckung einholen und den vorläufigen Sachwalter mit der Gutachtenerstattung beauftragen (MüKoInsO/Kern Rn. 37; Nerlich/Römermann/Riggert Rn. 4). Sofern die Bestellung des Sachwalters nicht veröffentlicht wird (→ Rn. 27), kommt eine Beauftragung als Sachverständiger in Betracht, um dem vorläufigen Sachwalter die Kontaktaufnahme mit Verfahrensbeteiligten zu ermöglichen, ohne auf die Erlaubnis des Schuldners angewiesen zu sein (vgl. HmbKommInsR/Fiebig Rn. 28). Für die **Überwachung der Geschäftsführung** des Schuldners gem. Abs. 1 S. 2, § 274 Abs. 2 und ggf. der Ausgaben für die Lebensführung durch den vorläufigen Sachwalter gelten im Ausgangspunkt die gleichen Grundsätze wie nach Insolvenzeröffnung (→ § 274 Rn. 1 ff.). 55

Was Art, Umfang und Intensität der Prüfung und Überwachung angeht, ist zu berücksichtigen, dass sich der vorläufige Sachwalter im Eröffnungsverfahren zunächst einarbeiten muss. Das hat zur Folge, dass der vorläufige Sachwalter zu Beginn eine intensivere Kontrolltätigkeit auszuüben hat (vgl. HmbKommInsR/Fiebig Rn. 11). Im Übrigen hängt die Kontrolltiefe und -dichte von Größe und Umfang des Geschäftsbetriebs (Uhlenbruck/Zipperer Rn. 29) sowie von der Kooperation des Schuldners und dem Zustand des schuldnerischen Controllings ab (vgl. HmbKommInsR/Fiebig Rn. 11). Jedenfalls hat die Überwachung der vorläufigen Eigenverwaltung zukunftsorientiert zu erfolgen; eine rein nachlaufende Überwachung wäre unzureichend (BGH NZI 2016, 796 Rn. 74). Im Schutzschirmverfahren besteht zudem mit Blick auf die Anzeigepflicht gem. § 270b Abs. 4 S. 2 die Pflicht, fortlaufend die Zahlungsfähigkeit des Schuldners zu überwachen (BGH NZI 2016, 796 Rn. 44). Eine entsprechende Pflicht, möglicherweise mit geringerer Intensität, kommt wegen der in § 274 Abs. 3 normierten Anzeigepflicht auch im Verfahren nach § 270a in Betracht. Jedenfalls hat der vorläufige Sachwalter bei laufendem Geschäftsbetrieb (Regelfall in der vorläufigen Eigenverwaltung) darauf zu achten, dass er dauerhaft und umfassend in die Betriebsfortführung eingebunden wird. In diesem Zusammenhang ist der vorläufige Sachwalter auch zur Kontrolle der laufenden Bestellungen verpflichtet (BGH NZI 2016, 796 Rn. 67). Zur Überwa- 56 chung der Geschäftsführung gehört zudem die Prüfung und beratende Begleitung der vom Schuldner ausgearbeiteten Szenarien zur Fortführung des Geschäftsbetriebs auf Durchführbarkeit und mögliche Auswirkungen auf die Quotenerwartung der Gläubiger (BGH NZI 2016, 796 Rn. 72 f.; BGH BeckRS 2016, 17382 Rn. 64).

57 Zur Wahrnehmung seiner Aufgaben nach § 274 Abs. 2 S. 1 stehen dem vorläufigen Sachwalter gem. § 274 Abs. 2 S. 2 die in § 22 Abs. 3 genannten **Zutritts-, Einsichts- und Auskunftsrechte** zu (→ § 274 Rn. 1 ff.). Auch insoweit ergeben sich keine Besonderheiten. Darüber hinausgehende Befugnisse zur Massesicherung stehen dem vorläufigen Sachwalter nicht zu. Da die Massesicherung nicht in den Aufgabenbereich des vorläufigen Sachwalters fällt, hat dieser keine eigenen Sicherungs- und Eingriffsbefugnisse (BGH NZI 2016, 796 Rn. 43).

2. Anzeigepflicht (§ 274 Abs. 3)

58 Die in § 274 Abs. 3 geregelte Anzeigepflicht gilt auch für den vorläufigen Sachwalter. Dieser hat dem Insolvenzgericht unverzüglich Mitteilung zu machen, sobald er Umstände feststellt, die erwarten lassen, dass die Anordnung der Eigenverwaltung zu Nachteilen für die Gläubiger führen wird (KPB/Pape Rn. 29; MüKoInsO/Kern Rn. 39). Erst recht hat der vorläufige Sachwalter Umstände anzuzeigen, welche die Anordnung weitergehender Sicherungsmaßnahmen bereits während des Eröffnungsverfahrens angezeigt erscheinen lassen (Uhlenbruck/Zipperer Rn. 29). Der vorläufige Sachwalter hat vor Erstattung der Anzeige nachteilsbegründende Umstände bei unsicherer Faktenlage zu verifizieren und in der Regel auch dem Schuldner Gelegenheit zur Stellungnahme zu geben (vgl. HmbKommInsR/Fiebig Rn. 24).

59 Die Anzeigepflicht besteht im eigenverwalteten Eröffnungsverfahren zudem entsprechend § 274 Abs. 3 S. 1 gegenüber dem vorläufigen Gläubigerausschuss. Ist kein vorläufiger Gläubigerausschuss bestellt, ist die Anzeige gegenüber den bekannten Insolvenz- und Absonderungsgläubigern zu erstatten (MüKoInsO/Kern Rn. 39).

3. Mitwirkung im Eröffnungsverfahren

60 Die in § 275 Abs. 1 geregelten Zustimmungs- und Widerspruchsrechte gelten auch für den vorläufigen Sachwalter (MüKoInsO/Kern Rn. 40).

61 Verstößt der Schuldner gegen § 275 Abs. 1, so muss der vorläufige Sachwalter prüfen, ob aufgrund dessen Nachteile für die Gläubiger zu befürchten sind. Ist dies – wie wohl im Regelfall – der Fall, so muss er dies gem. § 274 Abs. 3 anzeigen. Ein Verstoß des Schuldners gegen § 275 Abs. 1 wirkt auch im Eröffnungsverfahren nur im **Innenverhältnis** (MüKoInsO/Kern Rn. 40). In diesem Zusammenhang ist umstritten, ob bereits im Eröffnungsverfahren eine **Anordnung der Zustimmungsbedürftigkeit** bestimmter Rechtsgeschäfte entsprechend § 277 oder unter Rückgriff auf die allgemeine Vorschrift des § 21 Abs. 2 (Uhlenbruck/Zipperer Rn. 9; AG Heilbronn NZI 2016, 582 (583)) durch das Insolvenzgericht möglich ist. Die hM befürwortet diese Möglichkeit (zB HmbKommInsR/Fiebig Rn. 6; KPB/Pape Rn. 18; MüKoInsO/Kern Rn. 48), da die Anordnung eines Zustimmungsvorbehalts ein gegenüber der sonst erforderlichen Aufhebung der Eigenverwaltung (MüKoInsO/Kern Rn. 48) milderes Mittel sei. Die Gegenauffassung lehnt die Anwendung des § 277 unter Berufung auf die fehlende Verweisung ab (AG Hannover ZIP 2015, 1893; vgl. Braun/Riggert Rn. 3; K. Schmidt InsO/Undritz Rn. 4).

62 Weiterhin kann der vorläufige Sachwalter grundsätzlich gem. § 275 Abs. 2 bereits im Eröffnungsverfahren die **Kassenführung** an sich ziehen (AG Dresden ZInsO 2020, 1261; Braun/Riggert Rn. 4). Dabei handelt es sich um einen schwerwiegenden Eingriff in die Geschäftsführung des Schuldners, von dem der vorläufige Sachwalter mit Blick auf die Zielrichtung der Eigenverwaltung nur mit Augenmaß Gebrauch machen sollte (vgl. MüKoInsO/Kern Rn. 45). Erfolgt die Übernahme des Zahlungsverkehrs durch den vorläufigen Sachwalter zur Verhinderung konkret drohender Nachteile für die Gläubiger, kann dies zur Ablehnung der Eigenverwaltung führen (KPB/Pape Rn. 35 f.). Bislang nicht geklärt ist, ob der vorläufige Sachwalter bei Übernahme der Kassenführung als Verfügungsberechtigter iSd § 35 AO anzusehen und somit ggf. der Haftung aus § 69 AO ausgesetzt ist (so dagegen zB Sonnleitner/Winkelhog BB 2015, 88 (96); vgl. auch Uhlenbruck/Zipperer Rn. 31 zum Streitstand).

63 Im Übrigen ist die Mitwirkung des vorläufigen Sachwalters im Eröffnungsverfahren auf die gesetzlich geregelten Aufgaben und Maßnahmen beschränkt. Der vorläufige Sachwalter hat nicht die Aufgabe, aktiv bei der Führung der Eigenverwaltung mitzuwirken oder gar in Einzelbereichen ganz zu übernehmen. Die Durchführung der Eigenverwaltung ist allein Sache des Schuldners. Weitere, über die gesetzlichen Aufgaben hinausgehende Aufgaben kann der Insolvenzverwalter weder an sich ziehen, noch können sie ihm von anderen Verfahrensbeteiligten übertragen werden

(BGH BeckRS 2016, 17382 Rn. 73). Allerdings ist die in § 284 Abs. 1 S. 1 vorgesehene Beauftragung des Insolvenzverwalters mit der Ausarbeitung eines Insolvenzplans in analoger Anwendung dieser Vorschrift auch im Eröffnungsverfahren möglich (BGH BeckRS 2016, 17382 Rn. 77). Ob eine darüber hinausgehende Übertragung durch Anordnung des Insolvenzgerichts möglich ist, hat der BGH bislang offen gelassen (BGH BeckRS 2016, 17382 Rn. 74).

Insbesondere nicht zu den Aufgaben des vorläufigen Sachwalters, sondern zu denen des eigenverwaltenden Schuldners zählen: **63.1**
- Information und Kommunikation mit Kunden und Lieferanten (BGH BeckRS 2016, 17382 Rn. 55);
- Aktives Führen von Verhandlungen mit Gläubigern und Finanzierern. Gestattet (und ggf. geboten) ist aber selbstverständlich die Teilnahme an wichtigen Verhandlungen (BGH BeckRS 2016, 17382 Rn. 56);
- Erarbeitung von Maßnahmen und Strategien hinsichtlich Umsatzsteuer und Sozialversicherungsbeiträgen (BGH BeckRS 2016, 17382 Rn. 37);
- Entscheidungen über das Fortbestehen (ausländischer) Tochtergesellschaften (BGH BeckRS 2016, 17382 Rn. 60);
- Übernahme arbeitsrechtlicher Sonderaufgaben und Führung von Verhandlungen mit Gewerkschaften und dem Betriebsrat (BGH BeckRS 2016, 17382 Rn. 71).

Handlungen des vorläufigen Sachwalters begründen ohne Weiteres keine Verbindlichkeiten **64** zulasten des Schuldners. Insbesondere findet § 55 Abs. 2 auf Handlungen des vorläufigen Sachwalters keine Anwendung (LG Dresden ZInsO 2019, 510; MüKoInsO/Kern Rn. 49). Ob das Insolvenzgericht den vorläufigen Sachwalter ermächtigen kann, Masseverbindlichkeiten zulasten des Schuldners zu begründen, ist umstritten. Die überwiegende Meinung in Rechtsprechung (vgl. LG Duisburg NZI 2013, 91; AG München ZIP 2012, 1470 = BeckRS 2012, 14972) und Literatur (vgl. KPB/Pape Rn. 19; MüKoInsO/Kern Rn. 50; Frind NZI 2014, 977 (979)) spricht sich gegen diese Möglichkeit aus. In der Tat widerspricht eine solche Anordnung der Konzeption der Eigenverwaltung, wonach die Verfügungsbefugnis beim Schuldner liegt und dem Sachwalter die Rolle eines Überwachungsorgans zukommt. Die Gegenansicht (zB AG Hamburg NZI 2012, 566) geht davon aus, das Insolvenzgericht könne den vorläufigen Sachwalter wie einen vorläufigen Insolvenzverwalter einzelfallbezogen mit Befugnissen ausstatten (AG Hamburg NZI 2012, 566). Zudem sprächen auch praktische Bedürfnisse für die Zulässigkeit einer entsprechenden Anordnung, da insbesondere Banken einen verlässlichen, für begründete Masseschulden ggf. persönlich haftbaren Ansprechpartner bevorzugten (AG Hamburg NZI 2012, 566). Den Bedenken der Gegenansicht kann im Einzelfall durch die Anordnung eines Zustimmungsvorbehalts Rechnung getragen werden (→ Rn. 41). Der BGH hat die Möglichkeit der Ermächtigung des vorläufigen Sachwalters zur Begründung von Masseverbindlichkeiten zwar nicht ausdrücklich verneint, allerdings den Schuldner zum Adressaten einer solchen Ermächtigung erklärt (BGH NJW 2019, 224). Eine Ermächtigung des vorläufigen Sachwalters erscheint damit kaum vereinbar (vgl. MüKoInsO/Kern Rn. 50).

II. Gerichtliche Aufsicht und Haftung des vorläufigen Sachwalters

Der vorläufige Sachwalter steht unter der Aufsicht des Insolvenzgerichts gem. Abs. 1 S. 2 iVm **65** § 274 Abs. 1, § 58. Unter den Voraussetzungen des § 59 kann das Insolvenzgericht den vorläufigen Sachwalter insbesondere bei gravierenden Pflichtverletzungen aus wichtigem Grund entlassen.

Darüber hinaus haftet der vorläufige Sachwalter gem. Abs. 1 S. 2 iVm § 274 Abs. 1 S. 2, § 60 **66** für Schäden, die aus seiner Verletzung insolvenzspezifischer Pflichten entstehen. Die Anwendung des § 60 hat dabei den gegenüber dem (vorläufigen) Insolvenzverwalter beschränkten Pflichtenkreis des vorläufigen Sachwalters zu berücksichtigen (vgl. HmbKommInsR/Fiebig Rn. 37 f.). Für die Erfüllung von Masseverbindlichkeiten besteht grundsätzlich **keine Haftung entsprechend § 61** (vgl. KPB/Pape Rn. 25; Uhlenbruck/Zipperer Rn. 17). Hält man jedoch die Anordnung eines Zustimmungsvorbehalts zur Begründung von Masseverbindlichkeiten durch den Schuldner für zulässig (→ Rn. 46), wird man konsequenterweise auch § 61 (iVm § 277 Abs. 1 S. 3) entsprechend anwenden müssen (HmbKommInsR/Fiebig Rn. 37; HK-InsO/Brünkmans Rn. 33; Uhlenbruck/Zipperer Rn. 22).

III. Vergütung des vorläufigen Sachwalters

Da eine gesetzliche Regelung über die Höhe der Vergütung des vorläufigen Sachwalters fehlt **67** (vgl. MüKoInsO/Kern Rn. 57), wurden in Rechtsprechung und Literatur verschiedene Vergütungsmodelle entwickelt:

InsO aF § 270a

- Anwendung des § 12 InsVV unter Gleichstellung des vorläufigen Sachwalters mit dem Sachwalter (AG Göttingen ZIP 2013, 36; AG Hamburg ZIP 2014, 237; AG Potsdam NZI 2015, 247 f.; Budnik NZI 2014, 247 (250)), dh **60 % der Regelvergütung des Insolvenzverwalters**, wobei die Besonderheiten des Einzelfalls durch Zu- und Abschläge berücksichtigt werden sollten (AG Potsdam NZI 2015, 247 mAnm Budnik);
- Anwendung des § 63 Abs. 3 S. 2 (K. Schmidt InsO/Undritz Rn. 4; Pape ZInsO 2013, 2129 (2135)), dh **25 % der Regelvergütung des Insolvenzverwalters;**
- Kombination des § 63 Abs. 3 S. 2 mit § 12 InsVV, dh 60 % der Vergütung eines vorläufigen Insolvenzverwalters (LG Dessau-Roßlau NZI 2015, 570; AG Essen NZI 2015, 574; AG Essen ZIP 2015, 1796; AG Ludwigshafen BeckRS 2015, 13531; AG Köln ZIP 2013, 426; LG Bonn ZIP 2014, 694), somit **15 % der Regelvergütung des Insolvenzverwalters.** Innerhalb dieser Auffassung war wiederum umstritten, ob für die Berechnung die fiktive Vergütung eines starken (AGR/Ringstmeier Rn. 9) oder eines schwachen vorläufigen Insolvenzverwalters (KPB/Pape Rn. 27) anzusetzen ist.

67a Der BGH hat in seinem Beschl. v. 21.7.2016 (NZI 2016, 796 ff.) einen eigenen Ansatz entwickelt, wonach die Regelung über die Vergütung des (endgültigen) Sachwalters (§ 12 InsVV) auch für die Vergütung des vorläufigen Sachwalters maßgeblich ist. Der BGH nimmt an, dass der Zeitabschnitt der vorläufigen Sachwaltung sei regelmäßig bei der Festsetzung der Vergütung des (endgültigen) Sachwalters zu berücksichtigen. Dies folge aus dem Fehlen einer eigenen Vergütungsregelung für den vorläufigen Sachwalter und dem Umstand, dass die Aufgaben und Befugnisse des vorläufigen Sachwalters mit denen des (endgültigen) Sachwalters mindestens strukturell vergleichbar seien (BGH NZI 2016, 796 Rn. 31 ff.). Jedoch folge aus den Unterschieden der Tätigkeit in den beiden Verfahrensabschnitten für den Zeitraum der vorläufigen Sachwaltung eine Reduktion der in § 12 vorgesehenen Regelvergütung. Dabei stellt der BGH in Rechnung, dass der (endgültige) Sachwalter typischerweise deutlich länger tätig ist als der vorläufige Sachwalter und auch umfangreichere Aufgaben wahrzunehmen hat. Unter Berücksichtigung der auch den vorläufigen Sachwalter treffenden sanierungsbezogenen Aufgaben gelangt der BGH so zu einer Regelvergütung der vorläufigen Sachwaltung in Höhe von 25 % der Regelvergütung des Insolvenzverwalters (BGH NZI 2016, 796 Rn. 49; bestätigt in BGH BeckRS 2016, 17382).

67b Nach der Konzeption des BGH hat der vorläufige Sachwalter in der Regel, nämlich wenn er auch zum (endgültigen) Sachwalter bestellt wird, keinen eigenständigen Vergütungsanspruch. Stattdessen wird die Sachwaltervergütung einheitlich festgesetzt (BGH BeckRS 2016, 17382 Rn. 32) und um die Vergütung des vorläufigen Sachwalters erhöht. Dies führt zu einer Erhöhung der Sachwaltervergütung um 25 % (BGH NZI 2016, 796 Rn. 46; BGH BeckRS 2016, 17382 Rn. 32) zuzüglich angemessener Zu- bzw. Abschläge. Der vorläufige Sachwalter hat in Höhe seiner voraussichtlichen Vergütung einen Anspruch auf Vorschuss gem. § 9 InsVV, den grundsätzlich der Schuldner zu zahlen hat (BGH NZI 2016, 796 Rn. 54; BGH BeckRS 2016, 17382 Rn. 32). Hat der (vorläufige) Sachwalter die Kassenführung an sich gezogen, kann er den Vorschuss selbst entnehmen. Bei der Anwendung des § 9 InsVV entfällt die sechsmonatige Wartefrist, sobald es zur Insolvenzeröffnung kommt. Bei Abweisung des Eröffnungsantrags gilt § 26a analog (vgl. BGH NZI 2016, 796 Rn. 54; BGH BeckRS 2016, 17382 Rn. 39; AG Köln NZI 2017, 322 (323))).

68 Von seinem Ansatz aus konsequent legt der BGH der Vergütungsberechnung auch für den Zeitabschnitt der vorläufigen Sachwaltung einheitlich die Berechnungsgrundlage des (endgültigen) Sachwalters zugrunde (BGH NZI 2016, 796 Rn. 50; BGH BeckRS 2016, 17382 Rn. 37). Auch bei der bislang streitigen Frage, unter welchen Voraussetzungen Zuschläge (vgl. zB AG Essen NZI 2015, 574; ZIP 2015, 1796; LG Dessau-Roßlau NZI 2015, 570 mAnm Budnik) bzw. ggf. Abschläge (vgl. AG Essen ZIP 2015, 1796; AG Ludwigshafen BeckRS 2015, 13531) zu gewähren sind, hat der BGH für Klärung gesorgt: Rechtsgrundlage für die Gewährung von Zu- und Abschlägen ist § 10 iVm § 3 InsVV (BGH NZI 2016, 796 Rn. 55), maßgebliches Kriterium der tatsächliche Aufwand, der ins Verhältnis zu den in jedem Verfahren zu erfüllenden gesetzlichen Aufgaben des vorläufigen Sachwalters zu setzen ist (BGH NZI 2016, 796 Rn. 56; BGH BeckRS 2016, 17382 Rn. 42). Die Gewährung von Zu- und Abschlägen erfordert eine Gesamtwürdigung, der eine genaue Prüfung aller in Frage kommenden Zu- und Abschlagstatbestände vorauszugehen hat (BGH NZI 2016, 796 Rn. 57). Zu vergüten sind alle Tätigkeiten, die dem vorläufigen Sachwalter vom Gesetz oder in gesetzlicher Weise vom Insolvenzgericht oder einem Verfahrensbeteiligten wirksam übertragen worden sind (BGH NZI 2016, 796 Rn. 61; BGH BeckRS 2016, 17382 Rn. 47). Da der Schuldner im (vorläufigen) Eigenverwaltungsverfahren über eigene oder durch Berater vermittelte insolvenzrechtliche Expertise verfügt bzw. verfügen muss sowie wegen des gegenüber dem Regelverfahren beschränkten Tätigkeitsfeld, haben Zuschläge in der Eigenverwaltung in der Regel deutlich geringer auszufallen als in einem vergleichbaren Regelverfahren (BGH

NZI 2016, 796 Rn. 81). Zu- und Abschläge werden einheitlich festgesetzt, wobei unerheblich ist, ob eine zuschlagsbegründende Tätigkeit in der Zeit der vorläufigen Sachwaltung oder im eröffneten Verfahren erbracht wurde oder während beider Zeiträume (BGH BeckRS 2016, 17382 Rn. 38; → Rn. 68.1 f.).

Folgende Umstände sieht der BGH als grundsätzlich geeignet an, einen Zuschlag auszulösen: **68.1**
- Unternehmensfortführung, jedenfalls gem. § 10 iVm § 3 InsVV, wenn die Masse durch die Unternehmensfortführung nicht entsprechend größer geworden ist und unter Berücksichtigung des vom vorläufigen Sachwalter geleisteten Mehraufwands (BGH NZI 2016, 796 Rn. 64 ff.; BeckRS 2016, 17382 Rn. 54);
- Mehraufwand durch einen vom Insolvenzgericht angeordneten Zustimmungsvorbehalt (BGH NZI 2016, 796 Rn. 70; BeckRS 2016, 17382 Rn. 61);
- Beratende Begleitung des Schuldners bei dessen Bemühung um eine übertragende Sanierung (BGH NZI 2016, 796 Rn. 71 ff.; BeckRS 2016, 17382 Rn. 62 f.);
- Zusammenarbeit mit einem vorläufigen Gläubigerausschuss rechtfertigt einen geringen Zuschlag (BGH NZI 2016, 796 Rn. 76; BeckRS 2016, 17382 Rn. 69);
- Hohe Arbeitnehmeranzahl, soweit nicht bereits im Zuschlag für die Unternehmensfortführung berücksichtigt (BGH NZI 2016, 796 Rn. 77; BeckRS 2016, 17382 Rn. 66);
- Übernahme der Kassenführung durch den vorläufigen Sachwalter, soweit nicht bereits im Zuschlag für die Unternehmensfortführung berücksichtigt (BGH NZI 2016, 796 Rn. 79; BeckRS 2016, 17382 Rn. 68);
- Begleitende Kontrolle der Vorfinanzierung von Löhnen durch den Schuldner, soweit nicht bereits im Zuschlag für die Unternehmensfortführung berücksichtigt (BGH NZI 2016, 796 Rn. 80; BeckRS 2016, 17382 Rn. 70);
- Ausarbeitung eines Insolvenzplans bei Beauftragung (analog) § 284 Abs. 1 S. 1 (BGH BeckRS 2016, 17382 Rn. 77).

Folgende Umstände führen zu keinem Zuschlag: **68.2**
- Beschäftigung eines Kanzleikollegen (BGH NZI 2016, 796 Rn. 63) oder anderer Rechtsanwälte (BGH BeckRS 2016, 17382 Rn. 50) durch den vorläufigen Sachwalter;
- Unternehmensgröße, da bereits in der Berechnungsgrundlage berücksichtigt (BGH BeckRS 2016, 17382 Rn. 51);
- Erteilung von Informationen an Kunden und Lieferanten (BGH NZI 2016, 796 Rn. 68);
- Abhaltung von Betriebsversammlungen und Erteilung von Informationen gegenüber Arbeitnehmern (BGH NZI 2016, 796 Rn. 78);
- Konzernstrukturen und Auslandsbezug, sofern bei Unternehmen vergleichbarer Größe üblich (BGH BeckRS 2016, 17382 Rn. 60).
- Ein Abschlag ist nicht deshalb gerechtfertigt, weil der Schuldner einem Insolvenzrechtsexperten Generalvollmacht erteilt hat (BGH NZI 2016, 796 Rn. 81) oder einen Rechtsanwalt mit insolvenzrechtlicher Expertise hinzugezogen hat (BGH BeckRS 2016, 17382 Rn. 81).

Zusätzlich zu seiner Vergütung kann der vorläufige Sachwalter die Auslagenpauschale gem. **68a** § 12 Abs. 3 InsVV beanspruchen (BGH BeckRS 2016, 17382 Rn. 84).

F. Hinweispflicht bei Antrag bei drohender Zahlungsunfähigkeit (Abs. 2)

I. Regelungszweck

Insolvenzanträge werden regelmäßig erst dann gestellt, wenn eine außergerichtliche Sanierung **69** gescheitert und der Schuldner überzeugt ist, dass keinerlei Aussicht mehr besteht, die Insolvenz zu vermeiden. Grund für die späte Antragstellung dürfte in den allermeisten Fällen die **Angst vor Kontrollverlust** sein, welcher mit der Bestellung eines Insolvenzverwalters einhergeht (vgl. RegE ESUG, BT-Drs. 17/5712, 39 f.). Aus Sicht des Insolvenzrechts als Sanierungsrecht hat ein später Antrag den Nachteil, dass die Substanz des schuldnerischen Geschäftsbetriebs im Zeitpunkt der Antragstellung bereits sehr gelitten hat, mit den entsprechenden nachteiligen Auswirkungen auf die Sanierungschancen (vgl. RegE ESUG, BT-Drs. 17/5712, 40).

Vor diesem Hintergrund ist die in Abs. 2 geregelte Hinweispflicht zu sehen: Der Gesetzgeber **70** wollte dem sanierungswilligen Schuldner die Möglichkeit geben, seinen Insolvenzantrag zurückzunehmen, wenn das Gericht beabsichtigt, statt der vom Schuldner angestrebten Eigenverwaltung einen Insolvenzverwalter zu bestellen. Der Schuldner hat dadurch die Möglichkeit, einen ungewollten Kontrollverlust zu vermeiden und die Sanierung seines Geschäftsbetriebs weiter außergerichtlich zu verfolgen. Die **Rückkehr zur außergerichtlichen Sanierung** ist dem Schuldner

InsO aF § 270a

aber nur dann gestattet, wenn er den Insolvenzantrag bereits bei (nur) drohender Zahlungsunfähigkeit gestellt hat. Durch dieses Erfordernis wollte der Gesetzgeber die Stellung frühzeitiger Insolvenzanträge fördern.

71 Die Regelung zielt in erster Linie auf Insolvenzen natürlicher Personen (zB Freiberufler) und Personengesellschaften ohne voll haftende natürliche Person ab. Bei Kapitalgesellschaften tritt hingegen die mit Abs. 2 verfolgte Anreizwirkung regelmäßig deshalb nicht ein, weil bei drohender Zahlungsunfähigkeit in der Regel eine Antragspflicht wegen Überschuldung besteht (vgl. RegE ESUG, BT-Drs. 17/5712, 40). Insbesondere deshalb dürfte die Einschätzung von Pape zutreffen, dass der Regelung des Abs. 2 für die Sanierungspraxis keine wesentliche Bedeutung zukommen wird (vgl. KPB/Pape Rn. 43 f.).

II. Voraussetzungen der Hinweispflicht

72 Die Verpflichtung zur Hinweiserteilung besteht, wenn der Schuldner den Eröffnungsantrag bei drohender Zahlungsunfähigkeit gestellt und die Eigenverwaltung beantragt hat, das Gericht die Voraussetzung der Eigenverwaltung jedoch als nicht gegeben ansieht.

73 Der Eröffnungsantrag ist nur dann „bei" drohender Zahlungsunfähigkeit gestellt, wenn **im Zeitpunkt der Antragstellung** (Uhlenbruck/Zipperer Rn. 35; aA MüKoInsO/Kern Rn. 80) **objektiv** (nur) drohende Zahlungsunfähigkeit bestand und insbesondere noch keine Zahlungsunfähigkeit vorlag. Den Angaben des Schuldners in seinem Insolvenzantrag kommt nur indizielle Bedeutung zu (aA FK-InsO/Foltis Rn. 36). Sofern der Schuldner seinen Antrag auf drohende Zahlungsunfähigkeit stützt, muss das Gericht im Eröffnungsverfahren ermitteln, ob nicht in Wirklichkeit bereits Zahlungsunfähigkeit eingetreten ist (vgl. Uhlenbruck/Zipperer Rn. 35). Dazu kann es den Gutachterauftrag zur Ermittlung des Vorliegens der Eröffnungsvoraussetzungen entsprechend erweitern. Alternativ kann das Gericht den Hinweis auch vorsorglich erteilen (AGR/Ringstmeier Rn. 12), was in der Regel effizienter sein wird.

74 Sollte, wie oft, die zunächst nur drohende Zahlungsunfähigkeit nach Antragstellung in Zahlungsunfähigkeit umschlagen, lässt das die Hinweispflicht unberührt (vgl. Uhlenbruck/Zipperer Rn. 35; aA KPB/Pape Rn. 43; MüKoInsO/Kern Rn. 80). Das entspricht dem Gesetzeswortlaut und dem Normzweck. Da der nicht antragspflichtige Schuldner auch nach Eintritt der Zahlungsunfähigkeit die Möglichkeit haben soll, seinen Insolvenzantrag sanktionslos zurückzunehmen, ist es hinzunehmen, dass durch den Hinweis möglicherweise Nachteile für die Gläubiger entstehen (→ Rn. 74.1).

74.1 Kaum praktisch sind Fälle, in denen im Antragszeitpunkt noch kein Eröffnungsgrund vorlag oder sich eine bei Antragstellung bereits eingetretene Zahlungsunfähigkeit im Lauf des Eröffnungsverfahrens zur nur noch drohenden Zahlungsunfähigkeit bessert (vgl. dazu MüKoInsO/Kern Rn. 81). In diesen Fällen lässt sich eine Hinweispflicht durch teleologisch erweiternde Auslegung des Abs. 2 begründen.

75 Bei juristischen Personen und Gesellschaften ohne Rechtspersönlichkeit, die in den Anwendungsbereich des § 15a fallen, verfehlt der Hinweis bei zwischenzeitlich eingetretener Zahlungsunfähigkeit seinen Zweck, da diese Schuldner den Eröffnungsantrag aufgrund der dann eingetretenen Antragspflicht nicht zurücknehmen dürfen. Da der Gesetzgeber dies zwar gesehen, jedoch im Gesetzeswortlaut nicht berücksichtigt hat, bleibt es auch bei diesen Schuldnern bei der Hinweispflicht (Uhlenbruck/Zipperer Rn. 34; aA KPB/Pape Rn. 41). Das Gericht hat den Schuldner aber bei erkannter Antragspflicht auf die mögliche Strafbarkeit der Antragsrücknahme hinzuweisen (Uhlenbruck/Zipperer Rn. 34).

76 Wenn neben der drohenden Zahlungsunfähigkeit im Antragszeitpunkt der Eröffnungsgrund der Überschuldung eingetreten war, muss kein Hinweis gegeben werden (vgl. MüKoInsO/Kern Rn. 75 f.). Für die Beschränkung der Hinweispflicht auf Fälle, in denen bei Antragstellung nur der Eröffnungsgrund der drohenden Zahlungsunfähigkeit vorliegt (so MüKoInsO/Kern Rn. 77 f.) sprechen der Umstand, dass Abs. 2 anders als § 270b Abs. 1 S. 1 nicht die Überschuldung erwähnt (Braun/Riggert Rn. 7), sowie der Gläubigerschutzgedanke (vgl. MüKoInsO/Kern Rn. 77). Es wäre widersinnig, dem gem. § 15a antragspflichtigen Schuldner einen Hinweis auf die Möglichkeit der Antragsrücknahme zu geben. Dieses Verständnis widerspricht auch nicht dem Normzweck, denn nur bei juristischen Personen und Gesellschaften ohne Rechtspersönlichkeit ohne persönlich haftenden Gesellschafter ist die Überschuldung Antragsgrund (vgl. § 19 Abs. 1 und 3) und in Fällen dessen Vorliegens darf, wegen der Antragspflicht des § 15a, ein Insolvenzantrag ohnehin nicht mehr zurückgenommen werden (MüKoInsO/Kern Rn. 77).

77 Die Hinweispflicht setzt weiter voraus, dass der Schuldner auch die Eigenverwaltung beantragt hat und das Gericht die Voraussetzungen der Eigenverwaltung als nicht gegeben ansieht. Letzteres

ist der Fall, wenn das Gericht die Voraussetzungen des § 270 Abs. 2 als nicht gegeben ansieht und es deshalb beabsichtigt, den Eigenverwaltungsantrag abzulehnen (vgl. MüKoInsO/Kern Rn. 89).

Wird der Eigenverwaltungsantrag zurückgenommen, besteht keine Hinweispflicht (aA MüKo- 78 InsO/Kern Rn. 85). Der Hinweis wäre in diesem Fall sinnlos, da der Schuldner nach Rücknahme seines Eigenverwaltungsvertrags zu erkennen gibt, dass er mit der Bestellung eines Insolvenzverwalters einverstanden ist. Ändert sich das im Lauf des Eröffnungsverfahrens, kann der Schuldner jederzeit erneut Eigenverwaltungsantrag stellen oder seinen Insolvenzantrag zurücknehmen. Auf diese Möglichkeiten muss das Gericht aber nicht hinweisen.

Im Schutzschirmverfahren (§ 270b) gilt die Hinweispflicht neben der Regelung in § 270b 79 Abs. 4 S. 3 (Uhlenbruck/Zipperer Rn. 35; aA KPB/Pape Rn. 45).

III. Rechtsfolge

Das Gericht hat dem Schuldner seine Bedenken gegen den Eigenverwaltungsantrag mitzuteilen 80 und muss dem Schuldner Gelegenheit geben, den Eröffnungsantrag zurückzunehmen, bevor es über die Eröffnung des Insolvenzverfahrens entscheidet.

In welcher **Form** dies zu geschehen hat, ist gesetzlich nicht geregelt (MüKoInsO/Kern Rn. 94, 81 100). Dementsprechend steht es dem Insolvenzgericht frei, seine Bedenken in der ihm geeignet erscheinenden Form mitzuteilen. Neben der schriftlichen Mitteilung durch Beschluss oder Verfügung kommen in geeigneten Fällen die telefonische oder mündliche Mitteilung (Uhlenbruck/Zipperer Rn. 36) sowie die Mitteilung per E-Mail in Betracht. Eine mündliche Mitteilung ist gem. § 4 iVm § 160 Abs. 2 ZPO aktenkundig zu machen (MüKoInsO/Kern Rn. 94, 100).

Auch zum **Inhalt** des zu erteilenden Hinweises macht das Gesetz nur rudimentäre Vorgaben. 82 Mindestens muss das Gericht dem Schuldner seine Bedenken gegen die Anordnung der Eigenverwaltung mitteilen. Die Formulierung geht über die bloße Mitteilung hinaus, dass das Gericht die Ablehnung des Eigenverwaltungsantrags beabsichtigt. Dementsprechend muss das Gericht mitteilen, welche konkreten Umstände der Anordnung der Eigenverwaltung entgegenstehen (MüKoInsO/Kern Rn. 90; Uhlenbruck/Zipperer Rn. 36). Der Schuldner erhält dadurch die Möglichkeit, das Gericht durch weiteren Vortrag davon zu überzeugen, dass die Anordnungsvoraussetzungen vorliegen (MüKoInsO/Kern Rn. 91). Sollte das Gericht seine Beurteilung nach Erteilung des Hinweises ändern und beabsichtigt es, die Eigenverwaltung aus anderen als den zuvor mitgeteilten Gründen abzulehnen, muss es einen weiteren Hinweis erteilen (MüKoInsO/Kern Rn. 93).

Zudem muss das Gericht dem Schuldner Gelegenheit geben, seinen Insolvenzantrag zurückzu- 83 nehmen. Dazu muss das Gericht den Schuldner auf die Möglichkeit der Antragsrücknahme hinweisen (MüKoInsO/Kern Rn. 96) und diesen Hinweis so rechtzeitig erteilen, dass der Schuldner eine Entscheidung über die Antragsrücknahme in angemessener Weise treffen kann (ähnl. Uhlenbruck/Zipperer Rn. 36: „so früh als möglich"). Dazu sollte das Gericht dem Schuldner mitteilen, wann es frühestens über die Eröffnung des Insolvenzverfahrens entscheiden wird (MüKoInsO/Kern Rn. 98 f.; → Rn. 83.1).

Solange das Insolvenzverfahren nicht eröffnet ist, kann der Schuldner den Antrag gem. § 13 Abs. 2 83.1 zurücknehmen (vgl. zB MüKoInsO/Vuia § 13 Rn. 118 f.). Da Abs. 2 nur die Hinweispflicht normiert, nicht aber § 13 Abs. 2 verdrängt (aA Nerlich/Römermann/Riggert Rn. 17), ist es dem Gericht nicht möglich, eine Frist zur Erklärung über die Antragsrücknahme mit der Folge zu setzen, dass der Schuldner nach Fristablauf den Eröffnungsantrag nicht mehr zurücknehmen könnte (so aber MüKoInsO/Kern Rn. 98).

Das weitere Verfahren hängt davon ab, wie der Schuldner auf den gerichtlichen Hinweis 84 reagiert. Hält der Schuldner seinen Eröffnungsantrag und seinen Eigenverwaltungsantrag aufrecht, kann ggf. ein weiterer Hinweis gem. § 4 iVm § 139 ZPO geboten sein, wenn das Gericht trotz der vom Schuldner nachgeschobenen Gründe die Eigenverwaltung abzulehnen beabsichtigt (vgl. MüKoInsO/Kern Rn. 102).

§ 270b Vorbereitung einer Sanierung

(1) ¹Hat der Schuldner den Eröffnungsantrag bei drohender Zahlungsunfähigkeit oder Überschuldung gestellt und die Eigenverwaltung beantragt und ist die angestrebte Sanierung nicht offensichtlich aussichtslos, so bestimmt das Insolvenzgericht auf Antrag des Schuldners eine Frist zur Vorlage eines Insolvenzplans. ²Die Frist darf höchstens

drei Monate betragen. ³Der Schuldner hat mit dem Antrag eine mit Gründen versehene Bescheinigung eines in Insolvenzsachen erfahrenen Steuerberaters, Wirtschaftsprüfers oder Rechtsanwalts oder einer Person mit vergleichbarer Qualifikation vorzulegen, aus der sich ergibt, dass drohende Zahlungsunfähigkeit oder Überschuldung, aber keine Zahlungsunfähigkeit vorliegt und die angestrebte Sanierung nicht offensichtlich aussichtslos ist.

(2) ¹In dem Beschluss nach Absatz 1 bestellt das Gericht einen vorläufigen Sachwalter nach § 270a Absatz 1, der personenverschieden von dem Aussteller der Bescheinigung nach Absatz 1 zu sein hat. ²Das Gericht kann von dem Vorschlag des Schuldners nur abweichen, wenn die vorgeschlagene Person offensichtlich für die Übernahme des Amtes nicht geeignet ist; dies ist vom Gericht zu begründen. ³Das Gericht kann vorläufige Maßnahmen nach § 21 Absatz 1 und 2 Nummer 1a, 3 bis 5 anordnen; es hat Maßnahmen nach § 21 Absatz 2 Nummer 3 anzuordnen, wenn der Schuldner dies beantragt.

(3) ¹Auf Antrag des Schuldners hat das Gericht anzuordnen, dass der Schuldner Masseverbindlichkeiten begründet. ²§ 55 Absatz 2 gilt entsprechend.

(4) ¹Das Gericht hebt die Anordnung nach Absatz 1 vor Ablauf der Frist auf, wenn
1. die angestrebte Sanierung aussichtslos geworden ist;
2. der vorläufige Gläubigerausschuss die Aufhebung beantragt oder
3. ein absonderungsberechtigter Gläubiger oder ein Insolvenzgläubiger die Aufhebung beantragt und Umstände bekannt werden, die erwarten lassen, dass die Anordnung zu Nachteilen für die Gläubiger führen wird; der Antrag ist nur zulässig, wenn kein vorläufiger Gläubigerausschuss bestellt ist und die Umstände vom Antragsteller glaubhaft gemacht werden.

²Der Schuldner oder der vorläufige Sachwalter haben dem Gericht den Eintritt der Zahlungsunfähigkeit unverzüglich anzuzeigen. ³Nach Aufhebung der Anordnung oder nach Ablauf der Frist entscheidet das Gericht über die Eröffnung des Insolvenzverfahrens.

Überblick

Zu der ab dem 1.1.2021 geltenden Rechtslage → InsO § 270c Rn. 1 ff. und → InsO § 270d Rn. 1 ff.

Die mit dem Ziel der frühzeitigen Insolvenzantragstellung (→ Rn. 3 ff.) geschaffene und im Gesetzgebungsverfahren mehrfach geänderte Vorschrift (→ Rn. 8 ff.) ermöglicht dem Schuldner, den Insolvenzantrag (→ Rn. 13) und den Eigenverwaltungsantrag (→ Rn. 18) zur Vorbereitung eines Insolvenzplans um einen Antrag auf Vollstreckungsschutz (→ Rn. 21) zu ergänzen. Solange durch eine geeignete Person (→ Rn. 39) in Form einer Bescheinigung nachgewiesen ist, dass keine Zahlungsunfähigkeit vorliegt und die Sanierung nicht offensichtlich aussichtslos ist (→ Rn. 25), setzt das Gericht dem Schuldner auf Antrag eine Frist zur Vorlage eines Insolvenzplans (→ Rn. 53), bestellt einen vorläufigen Sachwalter (→ Rn. 56) und setzt ggf. einen vorläufigen Gläubigerausschuss (→ Rn. 67) ein. Die Bestellung eines vorläufigen Insolvenzverwalters ist ausgeschlossen (→ Rn. 62). Ferner kann das Gericht den Schuldner auf Antrag ermächtigen, Masseverbindlichkeiten zu begründen (→ Rn. 68). Nach Ablauf der Frist entscheidet das Gericht über die Eröffnung des Insolvenzverfahrens in Eigenverwaltung (→ Rn. 80), sofern das Verfahren nicht vorzeitig beendet wird (→ Rn. 81). Der Regierungsentwurf eines Gesetzes zur Fortentwicklung des Sanierungs- und Insolvenzrechts, der in Umsetzung der RL (EU) 2018/2013 des Europäischen Parlaments und des Rates vom 20.6.2019 seit Oktober 2020 vorliegt, sieht, veranlasst durch die Studie zur Evaluation des ESUG, Änderungen des Rechts der Eigenverwaltung über weite Strecken vor. Dies gilt zunächst für die Regulierung des Zugangs zum Eigenverwaltungsverfahren. Änderungen erfolgen auch im Bereich der Regelungen des § 270b, diese sind aber nur redaktioneller Art (neu: § 270d). Das Inkrafttreten der Neuregelungen ist zum 1.1.2021 beabsichtigt.

Übersicht

	Rn.		Rn.
A. Normzweck	1	I. Zu stellende Anträge	12
		1. Eröffnungsantrag	13
B. Entstehungsgeschichte und Gesetzgebung	8	2. Eigenverwaltungsantrag	18
		3. Antrag auf Fristbestimmung	20
C. Zulässigkeitsvoraussetzungen	12	4. Antrag auf Vollstreckungsschutz	21

	Rn.		Rn.
5. Antrag auf Begründung von Masseverbindlichkeiten	23	VI. Gesellschaftsinterne Willensbildung/Gesellschaftsrecht	76
II. Vorlage einer Bescheinigung	25	**E. Ablauf der gerichtlichen Frist**	80
1. Inhalt der Bescheinigung	26	**F. Vorzeitige Beendigung (Abs. 4 S. 1)**	81
2. Person des Ausstellers	39	I. Aussichtslosigkeit der Sanierung (Nr. 1)	82
3. Prüfung durch das Insolvenzgericht	51	II. Antrag des vorläufigen Gläubigerausschusses (Nr. 2)	86
D. Ablauf des Schutzschirmverfahrens	53	III. Antrag eines einzelnen Gläubigers (Nr. 3)	87
I. Frist zur Vorlage eines Insolvenzplans	53	**G. Anzeige der Zahlungsunfähigkeit**	90
II. Vorläufiger Sachwalter	56	**H. Die Aufhebung des Schutzschirmverfahrens**	92
III. Sicherungsmaßnahmen	62		
IV. Vorläufiger Gläubigerausschuss	67		
V. Masseverbindlichkeiten	68		

A. Normzweck

Mit §§ 270a und 270b stellt das Gesetz eine vorläufige Eigenverwaltung zur Verfügung, die aufgrund der Erfahrungen durch die Evaluation des ESUG mit Wirkung zum 1.1.2021 durch das Gesetz zur Fortentwicklung des Sanierungs- und Insolvenzrechts (StaRUG) umgestaltet werden soll. Das sog. Schutzschirmverfahren nach § 270b soll dem Schuldner die Vorbereitung einer Sanierung ermöglichen, indem er während des Eröffnungsverfahrens unter Aufsicht eines vorläufigen Sachwalters einen Insolvenzplan ausarbeiten kann (wobei dies nicht obligatorisch ist, → Rn. 55), ohne den Vollstreckungszugriff seiner Gläubiger befürchten zu müssen. 1

Das Gesetz schaffte 2012 kein gänzlich neues Sanierungsinstrument, sondern verknüpft die Vorbereitung eines Insolvenzplans mit der (vorläufigen) Eigenverwaltung. So soll die Planbarkeit des Verfahrens (näher → Rn. 2.1) gestärkt werden. Rechtstechnisch wird der Vorhersehbarkeit durch gebundene Entscheidungen Rechnung getragen. 2

Vor dem ESUG hatte der Schuldner, selbst wenn er sich bei nur drohender Zahlungsunfähigkeit zu einer Antragstellung entschloss, keine Gewissheit, dass die Eigenverwaltung angeordnet oder ihm die Ausarbeitung eines Insolvenzplans ermöglicht werden würde (BT-Drs. 17/5712, 1). 2.1

Diese mangelnde Rechtssicherheit hatte nach überkommenem Recht bisweilen zur Folge, dass sich Schuldner bestenfalls an außergerichtlichen Sanierungen versuchten, aber keinen Insolvenzantrag stellten. 2.2

Wurde das Insolvenzverfahren Monate nach Eintritt der materiellen Insolvenz auf einen Fremdantrag hin schließlich doch eröffnet, engten die zwischenzeitliche Aufzehrung der Masse und der Vertrauensverlust der Beteiligten die weiteren Handlungsmöglichkeiten häufig ein. 2.3

Mit § 270b verfolgt der Gesetzgeber das Ziel, einen Anreiz zur frühzeitigen Antragstellung zu setzen (BT-Drs. 17/5712, 19 und 40). Dem Schuldner soll die Sorge genommen werden, mit dem Eröffnungsantrag die Kontrolle über das Unternehmen zu verlieren und bereits im Vorfeld vorbereitete oder begonnene Sanierungsschritte nicht mehr durchführen bzw. beenden zu können (BT-Drs. 17/5712, 40). Ob und ggf. welche Bedeutung der sog. Schutzschirm nach dem zu erwartenden Inkrafttreten der Regelungen des Gesetzes zur Fortentwicklung des Sanierungs- und Insolvenzrechts noch hat, bleibt abzuwarten. Durch die frühzeitige Einleitung eines Insolvenzverfahrens sollen jedenfalls Sanierungschancen gewahrt und der Forderungsausfall zulasten der Gläubiger möglichst geringgehalten werden. Daher steht auch das sog. Schutzschirmverfahren unter dem Vorzeichen der Gläubigerbefriedigung (§ 1). Ein eigenes Verfahrensziel stellt die Sanierung auch hier nicht dar (Brinkmann/Zipperer ZIP 2011, 1337 (1338); HK-InsO/Brünkmans Rn. 5; aA KPB/Pape Rn. 14 ff., 19). Näher → Rn. 3.1 f. 3

Dies ergibt sich nach wie vor aus dem unveränderten § 1, wonach die Sanierung des Unternehmens ein **Mittel** der gemeinschaftlichen Gläubigerbefriedigung und keinen Verfahrenszweck darstellt. 3.1

Richtigerweise ist aber zu hinterfragen, ob es aktuellem Verständnis entspricht, eine zügige, möglichst hohe Quote als Ziel der gemeinschaftlichen Gläubigerbefriedigung zu postulieren oder ob Stakeholder häufig nicht viel eher ein Interesse am Unternehmenserhalt zwecks Fortsetzung der Geschäftsbeziehungen haben. Jedenfalls werden aber insbesondere im Falle des Insolvenzplans künftige Ertragschancen seine Geschäftsbeziehung fortsetzenden Gläubigers zu berücksichtigen sein (zu dieser Zeitraumbetrachtung im Einzelnen Buchalik ZInsO 2015, 484). 3.2

Konzeptionell soll der Anreiz durch verschiedene Privilegien – insbesondere im Vergleich zur allgemeinen vorläufigen Eigenverwaltung nach § 270a – geschaffen werden. Im Mittelpunkt steht 4

InsO aF § 270b

die Fristbestimmung zur Vorlage eines Insolvenzplans (KPB/Pape Rn. 38), wenngleich diese nur auf Antrag geschieht und die Vorlage eines Insolvenzplans daher für das Schutzschirmverfahren nicht obligatorisch ist. Darüber hinaus kann der Schuldner die Person des vorläufigen Sachwalters vorschlagen, wobei das Gericht nur in Ausnahmefällen vom Vorschlag abweichen darf (§ 270b Abs. 2 S. 2). Der Schuldner hat ferner einen Anspruch darauf, dass ihn das Gericht zur Begründung von Masseverbindlichkeiten ermächtigt (§ 270b Abs. 3) und die Zwangsvollstreckung in das Mobiliarvermögen untersagt bzw. einstellt (§ 270b Abs. 2 S. 3 Hs. 2). Auf diesen Vollstreckungsschutz geht der Begriff des sog. Schutzschirmverfahrens zurück.

5   Diese Anreize dürfen nicht darüber hinwegtäuschen, dass der Schutzschirm nur unter engen Voraussetzungen gewährt wird. Der Antrag ist nur begründet, wenn der Schuldner noch nicht zahlungsunfähig ist, sich also frühzeitig um eine Sanierungsvorbereitung unter gerichtlicher Aufsicht bemüht. Die Anordnungsvoraussetzungen hat er zudem durch die Sanierungsbescheinigung (§ 270b Abs. 1 S. 3) einer insolvenzerfahrenen Person nachzuweisen, die die beabsichtigte Sanierung als nicht offensichtlich aussichtslos ausweist.

6   Während der Schutzfrist kann das Schutzschirmverfahren jederzeit auf Antrag des vorläufigen Gläubigerausschusses (§ 270b Abs. 4 S. 1 Nr. 2) aufgehoben werden. Das Schutzschirmverfahren erweist sich daher als recht fragil (Schelo ZIP 2012, 712 (714)). Scheitert es, besteht für den Schuldner das Risiko des Rückfalls in das herkömmliche Eröffnungsverfahren unter vorläufiger Fremdverwaltung. Nicht selten wird im Schrifttum daher das Fazit gezogen, dem Schutzschirm sei das Verfahren nach § 270a – etwa in Verbindung mit einem sog. prepackaged plan – vorzuziehen (Pape ZInsO 2013, 2285 (2288 f.); KPB/Pape Rn. 60; ähnl. Schelo ZIP 2012, 712 (715); zum Vergleich mit der außergerichtlichen Sanierung auch Gottwald InsR-HdB/Haas § 88 Rn. 18).

7   Bei aller Kritik bleibt jedoch festzuhalten, dass sich das Schutzschirmverfahren nunmehr etabliert hat und Vorteile gegenüber vergleichbaren Verfahren bieten kann (ausf. hierzu Kolmann, Schutzschirmverfahren, 2014, Rn. 203 ff.), mag auch die zahlenmäßige Bedeutung erheblich hinter den Erwartungen zurückgeblieben sein. Unlängst bedienten sich die in den Sog der Thomas-Cook-Insolvenz geratene Fluglinie Condor Flugdienst GmbH und die Galeria Karstadt Kaufhof GmbH dem Instrument des Schutzschirms. Es steht zu erwarten, dass die zahlenmäßige Bedeutung nach dem Inkrafttreten der Regelungen des StaRUG mit seinem voraussichtlichen Inkrafttreten am 1.1.2021 noch weiter zurückgehen wird.

B. Entstehungsgeschichte und Gesetzgebung

8   Öffentliche Aufmerksamkeit erreichte die mangelhafte Wettbewerbsfähigkeit des deutschen Insolvenzrechts durch die Abwanderung deutscher Traditionsunternehmen, um im Vereinigten Königreich ein Company Voluntary Arrangement (CVA) bzw. Scheme of Arrangement (SoA) zu durchlaufen. In Deutschland hatte die Wirtschaftskrise 2008 die Forderungen nach einem „vorinsolvenzlichen" bzw. „außergerichtlichen" Sanierungsverfahren aufleben lassen. Die Beteiligten versprachen sich hierdurch stille und kostengünstige Sanierungen ohne das vermeintliche Stigma der Insolvenz.

9   Andererseits ist jedoch zweifelhaft, ob Zwangseingriffe in Gläubiger- oder Gesellschafterrechte außerhalb eines Insolvenzverfahrens verfassungsrechtlich gerechtfertigt sind (KPB/Pape Rn. 4; Uhlenbruck/Zipperer Rn. 1; Pape ZInsO 2010, 1582 (1584)). Dies gilt insbesondere im Hinblick auf Kooperationspflichten zwischen den Gläubigern; für eine allseitige Bindungswirkung privater Sanierungsvereinbarungen besteht nach wie vor keine Grundlage (zu sog. Akkordstörern BGH NJW 1991, 967).

10 Die EU-Kommission beriet seit jüngerer Zeit über einen „wirksamen Insolvenzrahmen in der EU" (dazu ZIP 2016, A 28), wodurch auch die Diskussion um vorinsolvenzliche Sanierungsverfahren wieder auflebte (vgl. dazu etwa die Stellungnahme des DAV, abgedr. in ZInsO 2016, 1197 sowie aus ministerialer Sicht ZIP-Beil. Heft 22/2016, 21; Überblick bei Zipperer ZInsO 2016, 831). Nach dem Richtlinienentwurf der Europäischen Kommission v. 22.11.2016 (COMI (2016) 723 final); dazu Thole ZIP 2017, 101; Jacobi ZInsO 2017, 1; kritisch insbesondere Frind NZI 2018, 431), stimmte das Europäische Parlament der Restrukturierungsrichtlinie am 27.3.2019 zu. Sie trat am 16.7.2019 in Kraft. Der deutsche Gesetzgeber muss sie binnen zwei Jahren in nationales Recht umsetzen. Es bleibt nach wie vor zu erwarten, dass das Schutzschirmverfahren als Insolvenzverfahren von diesem Reformvorhaben nicht unmittelbar berührt wird (an dem weiteren Bedürfnis von § 270b zweifelnd: MüKoInsO/Kern Rn. 16; für eine Aufhebung zB Freitag ZIP 2019, 541 (552)). Ob und wie sich die Corona-Epidemie seit März 2020 und die hiermit verbundenen gesetzgeberischen Änderungen in der Insolvenzordnung durch das COVID-19-Insolvenzausset-

zungsgesetz (COVInsAG) zeitlich hierauf auf die Umsetzung der Richtlinie in nationales Recht auswirken, bleibt abzuwarten.

Der Reformgesetzgeber hat sich schließlich für ein Sanierungsverfahren innerhalb der InsO entschieden. Gleichwohl wurde § 270b von vorinsolvenzlichen Verfahrensarten ausländischer Rechtsordnungen inspiriert und soll in Wettbewerb mit ihnen treten (vorsichtig BT-Drs. 17/5712, 4). Hier ist etwa an die vorgenannten (→ Rn. 8) Verfahren des englischen Rechts oder die französische procédure de sauvegarde zu denken. Zur Entstehungsgeschichte → Rn. 11.1 ff. 11

Bereits der Diskussionsentwurf zum Gesetz zur weiteren Erleichterung der Sanierung von Unternehmen v. 1.9.2010 (NZI-Beil. Heft 16/2010, 1) enthielt einen Vorschlag zur Etablierung eines Schutzschirmverfahrens. Die diskutierten Anordnungsvoraussetzungen entsprachen im Wesentlichen den letztlich Gesetz gewordenen. Allerdings war der Eröffnungsgrund auf die drohende Zahlungsunfähigkeit (§ 18) beschränkt, während nunmehr auch die Überschuldung (§ 19) einem Schutzschirmverfahren nicht entgegensteht. Der Kreis potentieller Bescheinigungsaussteller war auf Steuerberater, Wirtschaftsprüfer und Rechtsanwälte begrenzt, wobei nur von der letzten Berufsgruppe eine besondere Insolvenzerfahrung verlangt wurde. Eine Bestimmung zur Begründungsmöglichkeit von Masseverbindlichkeiten fehlte. Die Einsetzung eines vorläufigen Gläubigerausschusses, dessen Einführung der Entwurf jedoch vorschlug, enthielt § 270b Abs. 2 InsO-DiskE ebenfalls nicht. § 270b Abs. 3 InsO-DiskE sah ausschließlich amtswegige Aufhebungsgründe vor, wozu der Entwurf auch den nachträglichen Eintritt der Zahlungsunfähigkeit zählte. 11.1

Seit dem Referentenentwurf v. 25.1.2011 kann das Schutzschirmverfahren auch bei Überschuldung (§ 19) angeordnet werden. Weicht das Gericht vom Vorschlag des Schuldners zur Person des vorläufigen Sachwalters ab, so hat das Gericht dies nunmehr zu begründen. Der Entwurf weitete den Kreis möglicher Bescheinigungsaussteller auf „Person[en] mit vergleichbarer Qualifikation" aus und verlangte die notwendige Insolvenzerfahrung fortan unabhängig von der Berufsgruppe. Zudem muss die Bescheinigung seitdem „mit Gründen versehen" sein. § 270b Abs. 2 InsO-RefE sah nun auch die Einsetzung eines vorläufigen Gläubigerausschusses ausdrücklich vor. Ergänzend hierzu führte der Entwurf auch die Aufhebung auf Antrag eines Gläubigers und des vorläufigen Gläubigerausschusses ein, wie sie § 270b Abs. 4 S. 1 Nr. 2 und 3 heute vorsieht. 11.2

An dem Referentenentwurf hielt der Regierungsentwurf v. 4.5.2011 (BT-Drs. 17/5712, 40 f.) entgegen den Anregungen des Bundesrats v. 5.4.2011 (BR-Drs. 127/1/11, 23 ff.) fest. Zuvor hatte der Bundesrat das Gesetzgebungsvorhaben im Wesentlichen begrüßt, aber auch um die genauere Bestimmung einzelner Formulierungen (ua „Bescheinigung", „in Insolvenzsachen erfahren", „Person mit vergleichbarer Qualifikation") gebeten. Der Rechtsausschuss hatte zudem angeregt, das weitreichende Vorschlagsrecht des Schuldners zur Person des vorläufigen Sachwalters zu streichen. Der Vollstreckungsschutz sollte zudem nur grundsätzlich gewährt werden („soll ... anordnen"). Schließlich hatte der Bundesrat um eine Sanktion gebeten, wenn der Eintritt der Zahlungsunfähigkeit nicht angezeigt wird. Diesen Vorschlägen entsprach die Bundesregierung nicht (zur Gegenäußerung BT-Drs. 17/5712, 70 f.). 11.3

Weitreichende Änderungen brachte sodann allerdings die Beschlussempfehlung des Rechtsausschusses v. 26.10.2011 mit sich (Gegenüberstellung von Regierungsentwurf und den Empfehlungen des Rechtsausschusses in BT-Drs. 17/7511, 19 f.). So wurde die heutige Regelung in § 270b Abs. 3 eingeführt, wonach das Gericht den Schuldner auf dessen Antrag hin zur Begründung von Masseverbindlichkeiten zu ermächtigen hat. Um das Blockadepotential einzelner Gläubiger zu reduzieren, wurde der zwingende Aufhebungsgrund des Eintritts der Zahlungsunfähigkeit nach Antragstellung gestrichen; es bleibt nun bei der entsprechenden Anzeigepflicht des Schuldners und des vorläufigen Sachwalters. Von bloß deklaratorischer Bedeutung ist der ebenfalls übernommene Vorschlag des Rechtsausschusses, dass Bescheinigungsaussteller und vorläufiger Sachwalter personenverschieden zu sein haben. 11.4

Nachdem die Änderungen übernommen worden waren, wurde das ESUG inkl. § 270b v. 7.12.2011 verabschiedet und verkündet (BGBl. I 2582 (2587 f.)). 11.5

C. Zulässigkeitsvoraussetzungen

I. Zu stellende Anträge

Das Verfahren setzt drei zwingende schuldnerische Anträge voraus, den Eröffnungs- (→ Rn. 13) und Eigenverwaltungsantrag (→ Rn. 18) sowie den Antrag auf Bestimmung der Frist (→ Rn. 20). Darüber hinaus wird der Schuldner Anträge auf Vollstreckungsschutz (→ Rn. 21) sowie auf Ermächtigung zur Begründung von Masseverbindlichkeiten (→ Rn. 23) stellen. 12

1. Eröffnungsantrag

Der Schuldner muss zunächst einen Eröffnungsantrag stellen, dessen Zulässigkeit sich nach den allgemeinen Regeln (§§ 11 ff.) richtet. Da der Schuldner auch die Eigenverwaltung zu beantragen 13

InsO aF § 270b

hat (→ Rn. 18), sind die Angaben zur Gläubiger- und Forderungsstruktur verpflichtend (§ 13 Abs. 1 S. 6 Nr. 1).

14 Die erhöhten Anforderungen, die das ESUG an den Eigenantrag stellt (§ 13), sind freilich keine Besonderheiten des Schutzschirmverfahrens. Allerdings können Schwächen, die bereits im Rahmen des Eröffnungsantrags auftreten, die offensichtliche Aussichtslosigkeit der Sanierung nahelegen (MüKoInsO/Kern Rn. 19), zumal der Schuldner durch das Schutzschirmverfahren gerade dazu angehalten werden soll, einen (zulässigen) Eröffnungsantrag zu stellen. Gleichwohl hat das Gericht nach § 4 iVm § 139 ZPO zunächst auf die Unzulässigkeit hinzuweisen.

15 Der Schuldner muss den Eröffnungsgrund zwar nicht glaubhaft machen (arg. e § 14), aber Tatsachen mitteilen, welche die wesentlichen Merkmale eines Eröffnungsgrunds erkennen lassen (BGH NZI 2003, 147).

16 Im Rahmen von § 270b genügt die Bezugnahme auf die Bescheinigung (Kübler HRI/Koch/Jung § 8 Rn. 32; FK-InsO/Foltis Rn. 12; Uhlenbruck/Zipperer Rn. 8; zurückhaltend Kolmann, Schutzschirmverfahren, 2014, Rn. 634).

17 Das Antragsrecht jedes organschaftlichen Vertreters bzw. persönlich haftenden Gesellschafters (§ 15) ist durch § 18 Abs. 3 eingeschränkt, wenn nicht zugleich auch Überschuldung vorliegt. Bei der Antragsberechtigung ist allein das Außenverhältnis maßgebend; die gesellschaftsinterne Berechtigung des Vertreters ist unerheblich (HmbKommInsR/Fiebig Rn. 3).

2. Eigenverwaltungsantrag

18 Anders als an den Eröffnungsantrag stellt das Gesetz an den Eigenverwaltungsantrag (vgl. § 270 Abs. 2 Nr. 1) keine formellen Anforderungen. Gleichwohl bleibt die Schriftform anzuraten. Die Anordnungsvoraussetzungen in § 270b Abs. 1 S. 1 sind nicht abschließend. Der Eigenverwaltungsantrag muss auch im Rahmen des Schutzschirmverfahrens den Anforderungen von § 270 genügen (Braun/Riggert Rn. 2 und 8: Rechtsgrundverweisung; K. Schmidt InsO/Undritz Rn. 8; Uhlenbruck/Zipperer Rn. 7; Kolmann, Schutzschirmverfahren, 2014, Rn. 372 und 607; einschränkend HmbKommInsR/Fiebig Rn. 10; abl. MüKoInsO/Kern Rn. 41), da § 270b eine besondere Variante der vorläufigen Eigenverwaltung nach § 270a darstellt (FK-InsO/Foltis Rn. 1).

19 Es dürfen demnach keine Umstände bekannt sein, die erwarten lassen, dass die Anordnung zu Nachteilen für die Gläubiger führen wird (§ 270 Abs. 2 Nr. 2), wobei diese Nachteiligkeit offenkundig sein muss (arg. e § 270a Abs. 1). Ohne die Berücksichtigung des Eigenverwaltungsantrags nach § 270a stünde das Schutzschirmverfahren auch fraudulösen Schuldnern offen, solange die Sanierung nicht offensichtlich aussichtslos ist (Braun/Riggert Rn. 8). Damit gehen die (materiellen) Anordnungsvoraussetzungen über den Bescheinigungsinhalt nach § 270b Abs. 1 S. 3 hinaus (Meyland, Sanierungsbescheinigung, 2018, 76 und 197 ff.). Letztlich wird die Diskussion in praxi allerdings dadurch entschärft, dass (offenkundig) gläubigerbenachteiligende Umstände in der Regel auch die Aussichtslosigkeit der Sanierung begründen.

3. Antrag auf Fristbestimmung

20 Eine bestimmte Frist muss der Antrag nicht enthalten (K. Schmidt InsO/Undritz Rn. 2). Er muss weder zeitgleich mit dem Eröffnungs- noch dem Eigenverwaltungsantrag gestellt werden (zu nachfolgenden Schutzschirmanträgen FK-InsO/Foltis Rn. 16; vgl. auch MüKoInsO/Kern Rn. 25). In der Literatur finden sich Musteranträge (etwa bei Borchardt/Frind Betriebsfortführung Anh. Rn. 3097; BeckPFormB/Sinz InsR III, F Nr. 2 und Buchalik ZInsO 2012, 349). Das Gesetz schreibt zwar keine Form vor, gleichwohl ist die Schriftform anzuraten.

4. Antrag auf Vollstreckungsschutz

21 Anders als im allgemeinen Eröffnungsverfahren hat der Schuldner nach § 270b Abs. 2 S. 3 Hs. 2 einen Anspruch auf Sicherung nach § 21 Abs. 2 Nr. 3. Voraussetzung für den Vollstreckungsschutz ist ein (fakultativer) Antrag, an den das Gesetz keine besonderen Form- oder Fristerfordernisse stellt (MüKoInsO/Kern Rn. 105).

22 Durch diesen „Schutzschirm" wird die Mobiliarzwangsvollstreckung untersagt oder einstweilen eingestellt. Für Immobilien gelten hingegen die allgemeinen Vorschriften nach dem ZVG (vgl. zur Zwangsversteigerung § 30d Abs. 4 S. 2 ZVG und zur Zwangsverwaltung § 153b ZVG). Eine Einstellung der Zwangsverwaltung setzt eine Eröffnung voraus und kommt im Schutzschirmstadium daher nicht in Betracht (BT-Drs. 17/5712, 41; die Anwendbarkeit in sonstigen Eröffnungsverfahren ist str., dazu Böttcher/Keller ZVG § 153b Rn. 2).

5. Antrag auf Begründung von Masseverbindlichkeiten

Der Schuldner hat abzuwägen, ob er den Antrag auf eine umfassende Ermächtigung richtet oder sich angesichts der Liquiditätsplanung auf einzelne Verbindlichkeiten beschränkt (BT-Drs. 17/7511, 50), wobei der Verweis auf § 55 Abs. 2 zu berücksichtigen ist. Wegen der hohen Liquiditätsbelastung empfiehlt es sich in der Regel, zunächst Einzelermächtigungen zu beantragen und erst im weiteren Verlauf die Kompetenz zur Begründung von Masseverbindlichkeiten auszuweiten (Kolmann, Schutzschirmverfahren, 2014, Rn. 651; näher zu Einzelermächtigungen Horstkotte/Martini ZInsO 2010, 750; Kraft/Lambrecht NZI 2015, 639 (640); zur Bedeutung von Einzelermächtigungen im Rahmen der Eigenverwaltung insbesondere Lambrecht/Michelsen ZInsO 2015, 2520). 23

Weitere Voraussetzungen stellt das Gesetz weder an den Antrag noch an die Anordnung (Kolmann, Schutzschirmverfahren, 2014, Rn. 653; Uhlenbruck/Zipperer Rn. 68: keine Begründungsobliegenheit). 24

II. Vorlage einer Bescheinigung

Die Zulässigkeit des Schutzschirmantrags setzt voraus, dass der Schuldner die Bescheinigung einer insolvenzerfahrenen Person vorlegt, aus der sich die Anordnungsvoraussetzungen ergeben. 25

1. Inhalt der Bescheinigung

Das Gesetz lässt die sachlichen Anforderungen an die Sanierungsbescheinigung im Wesentlichen offen. Seit dem RefE muss die Bescheinigung jedenfalls „mit Gründen versehen" sein; eine ergebnisorientierte Mitteilung, wie es mitunter noch zum DiskE vertreten wurde (Hill ZInsO 2010, 1825), genügt somit nicht. Gleiches gilt für (in der Praxis bisweilen anzutreffende und das „Insolvenzklima" mit dem Gericht nicht unbedingt verbessernde) Textbausteine ohne Bezug zum konkreten Sanierungsfall (Graf-Schlicker/Graf-Schlicker Rn. 23). 26

Der Gesetzgeber sah davon ab, ein „umfassendes Sanierungsgutachten entsprechend bestimmten formalisierten Standards" (etwa nach IDW S 6, zu Prüfungsstandards → Rn. 28.1) zu verlangen, weil kleineren und mittleren Unternehmen das Schutzschirmverfahren aus Kostengründen anderenfalls verwehrt bleiben könnte (BT-Drs. 17/5712, 40). Der Begriff der Bescheinigung wirft zwar Unklarheiten auf (krit. BR-Drs. 17/5712, 58), ist andererseits aber nicht gänzlich neu, wie § 305 Abs. 1 Nr. 1 zeigt (Meyland, Sanierungsbescheinigung, 2018, 90 ff.; Frind ZInsO 2018, 231 (236 ff.); Gutmann/Laubereau ZInsO 2012, 1861 (1868); Braun/Riggert Rn. 7). Der Begriff wurde bewusst gewählt, um die inhaltlichen Anforderungen nicht zu überspannen (vgl. die Gegenäußerung zum BR in BT-Drs. 17/7512, 70). 27

Die Praxis behilft sich an dieser Stelle mit Musterbescheinigungen. Näher → Rn. 28.1 ff. 28

Ein prominentes Beispiel ist der vom Institut der Wirtschaftsprüfer e.V. (IDW) verabschiedete Standard: Bescheinigung nach § 270b (IDW S 9, abgedr. ua in ZInsO 2014, 2266). Während dessen Entwurf (IDW ES 9) Gegenstand von Kritik (etwa Frind ZInsO 2012, 540; Kraus/Lenger/Radner ZInsO 2012, 587) war, wird der endgültige Standard im Wesentlichen begrüßt (Frind ZInsO 2014, 2264; Leib/Rendels INDat-Report 2014, 52). 28.1

Hinsichtlich der Einzelheiten zu den Eröffnungsgründen wird auf den Entwurfsstandard IDW ES 11 verwiesen (IDW S 9 Rn. 14), der die Vorgängerrichtlinien IDW PS 800 und FAR 1/1996 ersetzt (zu IDW ES 11 iRv § 270b detailliert Horstkotte ZInsO 2015, 135). Nunmehr wurde der endgültige Standard IDW S 11 verlautbart (abgedr. ua in ZInsO 2015, 1136). 28.2

Einen weiteren Leitfaden stellt der Bundesverband Deutscher Unternehmensberater e.V. (BDU) mit der Struktur eines Grobkonzepts im Rahmen der Bescheinigung nach § 270b vor (abgedr. in ZInsO 2013, 2095), der in der Literatur weitgehend auf Zustimmung stößt (Bremen NZI 2014, 137 (139); Kolmann, Schutzschirmverfahren, 2014, Rn. 524; Reinhardt/Lambrecht Stbg 2014, 71 (79); Siemon ZInsO 2014, 625 (530); krit. Hermanns ZInsO 2014, 922). 28.3

Mit § 270b hält der Gesetzgeber an der Konzeption von § 16 fest (krit. Hirte ZInsO 2011, 401 (402)). Erstmals verknüpft das Gesetz die (vorläufige) Eigenverwaltung mit besonderen Eröffnungsgründen. Hierzu zählt seit dem RefE neben dem Sanierungsgrund der drohenden Zahlungsunfähigkeit auch die Überschuldung, da die drohende Zahlungsunfähigkeit regelmäßig auch die Überschuldung begründet. Aus diesem Grund können beide Eröffnungsgründe simultan vorliegen. 29

Die Privilegien des Schutzschirmverfahrens sind nur gerechtfertigt, wenn sich der Schuldner um eine frühzeitige Antragstellung bemüht hat. Aus diesem Grund darf zum Zeitpunkt der 30

InsO aF § 270b

Fristbestimmung keine Zahlungsunfähigkeit (§ 17) eingetreten sein. Obschon die bloß drohende Zahlungsunfähigkeit (§ 18) begrifflich ausschließt, dass Zahlungsunfähigkeit bereits eingetreten ist (Uhlenbruck/Zipperer Rn. 22: stichtagsbezogene Exklusivität), ist das Negativattest zwingender Bestandteil der Bescheinigung. Ob in diesem Rahmen eine nur knappe Beurteilung der Zahlungsunfähigkeit erlaubt ist (vgl. HmbKommInsR/Fiebig Rn. 15), ist angesichts von Wortlaut (der anders als bei der Sanierungsaussicht gerade keine Einschränkung nach Offensichtlichkeit oÄ vorsieht) und Missbrauchsanfälligkeit zweifelhaft (Meyland, Sanierungsbescheinigung, 2018, 130 ff.).

31 Begriff und Ermittlung der Zahlungsunfähigkeit richten sich nach den allgemeinen Vorschriften (zum Folgenden BGH NJW 2005, 3062). Näher → Rn. 31.1 ff.

31.1 Im (stichtagsbezogenen) Finanzstatus werden die liquiden Mittel den fälligen und ernsthaft eingeforderten Verbindlichkeiten gegenübergestellt. Sodann werden in einem (zeitraumbezogenen) Finanzplan die zufließenden Einnahmen („Aktiva II") und Verbindlichkeiten („Passiva II", früher str.; zur Einbeziehung iRv § 64 GmbHG nunmehr BGH NZI 2018, 204) der nächsten drei Wochen berücksichtigt. Ergibt sich hieraus eine Liquiditätslücke von mindestens 10 %, liegt grundsätzlich Zahlungsunfähigkeit vor. Zur abweichenden Bezugsgröße der IDW-Methode Meyland, Sanierungsbescheinigung, 2018, 133 mwN.

31.2 Ob die Fortschreibung des Prognosezeitraums auf bis zu 6 Monate, die ausnahmsweise eine bloße Zahlungsstockung begründen kann, den Zugang zum Schutzschirmverfahren rechtfertigt, stößt auf Zweifel (abl. Horstkotte ZInsO 2015, 135 (138)).

31.3 Nach Auffassung des AG Ludwigshafen darf die Zahlungsunfähigkeit zum Zeitpunkt der Fristbestimmung nicht eingetreten sein (AG Ludwigshafen NZI 2014, 761; auch MüKoInsO/Kern Rn. 29 ff.; Kollmann, Schutzschirmverfahren, 2014, Rn. 538 aE; K. Schmidt InsO/Undritz Rn. 5; für die Maßgeblichkeit der Antragstellung FAKomm InsR/Ringstmeier Rn. 7, 9; Uhlenbruck/Zipperer Rn. 12; KPB/Pape Rn. 30; Meyland, Sanierungsbescheinigung, 2018, 148 f.). Das ist zweifelhaft. Jedenfalls aber ist die mangelnde Liquidität, die voraussichtlich nicht den überschaubaren Zeitraum zwischen Antragstellung und Fristbestimmung zu überbrücken vermag, bei der Sanierungsaussicht zu würdigen (AG Ludwigshafen NZI 2014, 761).

32 Nach § 18 Abs. 2 droht der Schuldner zahlungsunfähig zu werden, wenn er voraussichtlich nicht in der Lage sein wird, die bestehenden Zahlungspflichten im Zeitpunkt der Fälligkeit zu erfüllen. Im Rahmen von § 270b reduziert sich der Prognosezeitraum auf drei Monate (Uhlenbruck/Zipperer Rn. 24; Graf-Schlicker/Graf-Schlicker Rn. 15). Die Prognose in der Bescheinigung umfasst auch solche Verbindlichkeiten, die erst im Prognosezeitraum entstehen werden (Meyland, Sanierungsbescheinigung, 2018, 151 ff. mwN). Nach Auffassung des AG Erfurt ist eine eingetretene, nicht bloß drohende Zahlungsunfähigkeit anzunehmen, wenn der Schuldner nach Ablauf der befristeten Stundung wieder zahlungsunfähig wird (AG Erfurt ZInsO 2012, 944; zust. Siemon ZInsO 2012, 1045; aA AG Ludwigshafen NZI 2014, 761; Ganter NZI 2012, 985; HmbKommInsR/Fiebig Rn. 5; Meyland, Sanierungsbescheinigung, 2018, 146 ff.). Das stößt auf Zweifel, mag die Stundung doch gerade das Vertrauen der Gläubiger in die künftige Liquidität des Schuldners belegen (AG Ludwigshafen NZI 2014, 761).

33 Mit der drohenden Zahlungsunfähigkeit wird die liquiditätsorientierte Fortführungsprognose negativ, in aller Regel tritt dann Überschuldung (§ 19) ein. Dieser Umstand führte zur Aufnahme in § 270b Abs. 1. Daher ist auch das gleichzeitige Vorliegen dieser Eröffnungsgründe unschädlich (Meyland, Sanierungsbescheinigung, 2018, 167 mwN).

34 Hinsichtlich des Begriffs der Sanierung bietet sich ein Rückgriff auf § 39 Abs. 4 S. 2 an, sodass die Sanierungsbemühungen des Schuldners auf die Überwindung von Eröffnungsgründen – auch der drohenden Zahlungsunfähigkeit – gerichtet sind (HmbKommInsR/Lüdtke § 39 Rn. 54); allerdings wird die Sanierungsfähigkeit hier, anders als im Rahmen des Sanierungsprivilegs, ex ante bestimmt (Uhlenbruck/Zipperer Rn. 25).

35 Die Beteiligten können auch eine übertragende Sanierung anstreben, § 270b verlangt nicht zwingend den Erhalt des Rechtsträgers (HK-InsO/Brünkmans Rn. 17; Gottwald InsO-HdB/Haas § 88 Rn. 24; Uhlenbruck/Zipperer Rn. 13; Smid ZInsO 2016, 61 (64); BDU ZInsO 2013, 2095 (2098); Meyland, Sanierungsbescheinigung, 2018, 180; aA Nerlich/Römermann/Riggert Rn. 14 und FK-InsO/Foltis Rn. 46).

36 Die angestrebte Sanierung ist offensichtlich aussichtslos, wenn ihr Erfolg mit an Sicherheit grenzender Wahrscheinlichkeit nicht eintreten wird (MüKoInsO/Kern Rn. 40). Dies betrifft vornehmlich Fälle, in denen der Schuldner von völlig unrealistischen oder nicht denklogischen Prämissen ausgeht (MüKoInsO/Kern Rn. 38; Braun/Riggert Rn. 18; Brinkmann DB 2012, 1313 (1317)).

Vorbereitung einer Sanierung　　　　　　　　　　　　　　　　　§ 270b InsO aF

Es haben sich Fallgruppen herausgebildet, in denen die Aussichtslosigkeit der Sanierung regelmäßig naheliegt. Näher Rn. → Rn. 37.1 ff. 　37

Die Sanierung kann aus rechtlichen Gründen aussichtslos sein, wenn dem Schuldner die Konzession (der Fluggesellschaft zB das AOC) entzogen oder das Gewerbe untersagt wurde (Gottwald InsO-HdB/Haas § 88 Rn. 25; Gutmann/Laubereau ZInsO 2012, 1861 (1870)). 　37.1

Gleiches gilt, wenn bereits die Finanzierung des Schutzschirmverfahrens nicht plausibel dargelegt werden kann oder die Reaktion des Marktes die Fortführung unrealistisch erscheinen lässt (umfassende Übersicht bei Reinhardt/Lambrecht Stbg 2014, 71 (80); Kolmann, Schutzschirmverfahren, 2014, Rn. 255; speziell zur „Insolvenzfähigkeit" des Geschäftsmodells Siemon ZInsO 2014, 625). 　37.2

Skepsis ist geboten, wenn mit dem Schutzschirmverfahren strategische Probleme überwunden werden sollen; solche Mängel lassen sich mithilfe eines Insolvenzplans nicht beseitigen (Gottwald InsO-HdB/Haas § 88 Rn. 25; Kolmann, Schutzschirmverfahren, 2014, Rn. 254; vgl. auch Uhlenbruck/Zipperer Rn. 11: nur bei finanzwirtschaftlich angeschlagenen Unternehmen sinnvoll). 　37.3

Auch an die Sanierungsfähigkeit bei eingestelltem Geschäftsbetrieb sind hohe Anforderungen zu stellen (Kolmann, Schutzschirmverfahren, 2014, Rn. 559). § 270b Abs. 3 S. 1 Nr. 1 InsO-RegE, wonach der nachträgliche Eintritt der Zahlungsunfähigkeit stets zur Aufhebung der Fristbestimmung führt, wurde nicht Gesetz. 　37.4

Somit begründet die erwartete Zahlungsunfähigkeit während des Schutzschirmverfahrens für sich genommen keine Aussichtslosigkeit (Ganter NZI 2012, 985 (986); KPB/Pape Rn. 30 f.; Borchardt/Frind/Rattunde Betriebsfortführung Rn. 1695; aA AG Ludwigshafen NZI 2012, 761; FK-InsO/Foltis Rn. 19). Nach der Konzeption des Gesetzes nimmt das Gericht den nachträglichen Eintritt der Zahlungsunfähigkeit allerdings zum Anlass, die Aufhebungsvoraussetzung in § 270b Abs. 3 S. 1 Nr. 1 zu prüfen (arg. ex § 270b Abs. 3 S. 2). Ausweislich des Wortlauts genügt ein Negativattest; einer (positiven) Bescheinigung bedarf es mithin ebenso wenig wie ein kostenträchtiges umfassendes Gutachten, wie es etwa der IDW S 6 vorsieht (BT-Drs. 17/5712, 40). Gleichwohl müssen unabhängig von der Unternehmensgröße die wesentlichen Eckpunkte des Sanierungskonzepts vorliegen, wobei allerdings die Prüfungsdichte dem Umfang des Unternehmens und der verfügbaren Zeit angepasst werden kann (im Rahmen der Vorsatzanfechtung BGH NJW 1998, 1561; jüngst auch OLG Köln ZInsO 2018, 792). Der Bescheiniger hat sich – vergleichbar § 156 Abs. 1 – ein Bild von der Geschäftstätigkeit des Schuldners, dem Stadium und den Ursachen der Krise zu machen. 　37.5

Hierfür ist es hilfreich, neben der Vermögens-, Finanz- und Ertragslage der letzten zwei Jahre auch bereits eingeleitete Sanierungsmaßnahmen darzustellen (Reinhardt/Lambrecht Stbg 2014, 71 (79)). 　37.6

Der Antrag sollte im Hinblick auf die Bescheinigung **zeitnah** erfolgen. Näher → Rn. 38.1 ff. 　38

Ihre erforderliche Aktualität richtet sich nach Art und Umfang des Unternehmens. 　38.1

Hohe Umsätze und kurze Fälligkeitsfristen erfordern eine höhere Aktualität als Unternehmen mit geringen Umsätzen und längerfristigen Erlösen (Zipperer/Vallender NZI 2012, 729 (732); Kolmann, Schutzschirmverfahren, 2014, Rn. 564; ähnl. FAKomm InsR/Ringstmeier Rn. 14), wobei die in der Literatur diskutierten Zeiträume als Orientierung dienen (HmbKommInsR/Fiebig Rn. 14: Tag der Antragstellung; A. Schmidt/Linker ZIP 2012, 963: drei Tage; IDW S 9 Rn. 35 sowie Gutmann/Laubereau ZInsO 2012, 1861 (1870 f.): eine Woche; KPB/Pape Rn. 52 und Kolmann, Schutzschirmverfahren, 2014, Rn. 565: drei Wochen). Zur Aktualität der Bescheinigung aus anfechtungsrechtlicher Sicht jüngst OLG Köln ZInsO 2018, 792. 　38.2

Entscheidend ist der Eingang bei Gericht. 　38.3

2. Person des Ausstellers

Während das Gesetz bei Steuerberatern, Wirtschaftsprüfern und Rechtsanwälten an normierte und gesetzlich geschützte Berufe (§ 43 StBerG, §§ 1, 18 WPO, §§ 4, 12 Abs. 4 BRAO) anknüpft, bedient es sich im Übrigen unbestimmter Rechtsbegriffe (vgl. die Gegenäußerung der Bundesregierung zu den Vorschlägen des Bundesrats in BT-Drs. 17/5712, 40). 　39

§ 270b Abs. 1 S. 3 setzt somit die unklaren Anforderungen fort, die die Judikatur an den Ersteller eines Sanierungskonzepts etwa im Rahmen von Sanierungskrediten oder des Anfechtungsrechts stellt (etwa BGH NJW 1953, 1665: „branchenkundiger Wirtschaftsfachmann"). Zum Einfluss dieser Rechtsprechung auf § 270b HmbKommInsR/Fiebig Rn. 18; Hirte ZInsO 2011, 401 (403). 　40

Zu den Personen mit vergleichbarer Qualifikation zählen ausweislich der Gesetzesbegründung jedenfalls Steuerbevollmächtigte und (der 2005 im Beruf des Wirtschaftsprüfers aufgegangene) vereidigte Buchprüfer (BT-Drs. 17/5712, 40 (70)). Die Ausstellungsbefugnis von Unternehmensberatern ist umstritten (bejahend BDU ZInsO 2013, 2095; Schröder/Schulz ZIP 2017, 1096 (1101); HRI/Koch/Jung § 8 Rn. 43 ff.; Kolmann, Schutzschirmverfahren, 2014, Rn. 506; Jung/ 　41

InsO aF § 270b

Haake KSI 2012, 164; abl. Steffan/Solmecke ZIP 2014, 2271 (2272); Buchalik ZInsO 2012, 349; eingehend Meyland, Sanierungsbescheinigung, 2018, 214 ff.).

42 Überwiegend wird zu Recht angenommen, dass für die Bestimmung einer Qualifikation weniger die Berufsträgereigenschaft, sondern eine hinreichende Insolvenzerfahrung ausschlaggebend ist (Reinhardt/Lambrecht Stbg 2014, 71; Hölzle ZIP 2012, 158 (160); für Diplom-Juristen etwa Zipperer/Vallender NZI 2012, 729 (730); abweichend Meyland, Sanierungsbescheinigung, 2018, 227: Kumulation dieser Merkmale).

43 Die Auffangklausel trägt zudem der Europäischen Dienstleistungsrichtlinie (2006/123/EG) Rechnung. Als Bescheiniger kommen daher auch Berufsangehörige eines anderen Mitgliedstaats der Europäischen Union oder eines EWR-Vertragsstaats ebenso in Betracht wie Personen, die in einem dieser Staaten ihre berufliche Niederlassung haben und über eine vergleichbare Qualifikation verfügen (BT- Drs. 17/5712, 40 (70)). Hierfür bieten §§ 206, 207 BRAO einen Anhaltspunkt (Uhlenbruck/Zipperer Rn. 17).

44 Unabhängig von der Berufszugehörigkeit muss der Bescheinigungsaussteller über eine hinreichende Erfahrung in Insolvenzsachen verfügen (anders noch der DiskE). Dies erfordert eine (praktische) Tätigkeit in Unternehmenssanierungen und Sanierungskonzepten (Schröder/Schulz ZIP 2017, 1096 (1101 f.); Meyland, Sanierungsbescheinigung, 2018, 206 f.); eine Befassung mit Verbraucherinsolvenzverfahren genügt demnach nicht. Als Insolvenzverwalter muss der Aussteller allerdings nicht zwingend tätig gewesen sein, da der Begriff der Insolvenzsachen begrifflich über die Insolvenzverwaltung hinausgeht (Uhlenbruck/Zipperer Rn. 19). Fachanwälte für Insolvenzrecht, DStV-Fachberater und Inhaber eines GSV-Gütesiegels erfüllen diese Anforderungen regelmäßig (MüKoInsO/Kern Rn. 49; Kerz DStR 2012, 204 (208); Reinhardt/Lambrecht Stbg 2014, 71; zu Grenzfällen Kraus/Lenger/Radner ZInsO 2012, 587 f., insbesondere Fn. 11).

45 Die Erfahrung setzt zudem eine mehrjährige Tätigkeit voraus (IDW S 9 Rn. 5; Kolmann, Schutzschirmverfahren, 2014, Rn. 496), als Richtwert werden vier Jahre vorgeschlagen (Zipperer/Vallender NZI 2012, 729 (730)). Hinsichtlich der Insolvenzerfahrung obliegt dem Schuldner die Darlegungslast (MüKoInsO/Kern Rn. 54), die Eignung ist daher durch entsprechende Nachweise zu belegen (Uhlenbruck/Zipperer Rn. 19; HRI/Koch/Jung § 8 Rn. 45).

46 Die namentliche Nennung betreuter Insolvenzfälle durch Steuerberater, beratende Rechtsanwälte usw ist berufsrechtlich problematisch und nur nach entsprechender Befreiung durch den Mandanten gegenüber dem Insolvenzgericht (FAKomm InsR/Ringstmeier Rn. 12; Frind ZInsO 2012, 1546 (1549)) möglich.

47 Ausweislich des § 270b Abs. 2 S. 1 muss der Bescheinigungsaussteller vom (vorläufigen) Sachwalter personenverschieden sein. Darüber hinaus dürfen diese Personen nicht derselben Sozietät angehören (vgl. auch § 45 Abs. 3 BRAO; Braun/Riggert Rn. 6; A. Schmidt/Linker ZIP 2012, 963 (964): jedenfalls bei Überschuldung).

48 Über die Unabhängigkeit im Übrigen herrscht Uneinigkeit. Näher → Rn. 48.1 ff.

48.1 Unklar ist insbesondere, ob der Aussteller beratend für den Schuldner tätig gewesen sein darf, was zum Teil verneint wird (ausf. Hölzle ZIP 2012, 158 (161 f.); KPB/Pape Rn. 42, 44; Meyland, Sanierungsbescheinigung, 2018, 239 ff.; im Einzelnen auch FK-InsO/Foltis Rn. 23. Anderer Ansicht mit ausführlicher Begr. MüKoInsO/Kern Rn. 55 ff.; Schröder/Schulz ZIP 2017, 1096 (1102); K. Schmidt InsO/Undritz Rn. 7, 10; Braun/Riggert Rn. 6; Buchalik/Kraus KSI 2012, 60 (61 f.); IDW S 9 Rn. 7: aber § 43 WPO; jüngst auch Frind ZInsO 2018, 231 (237)).

48.2 Die Gerichte schließen sich dem überwiegend an (AG München NZI 2012, 566 sowie ZIP 2012, 1308, krit. HK-InsO/Landfermann Rn. 27).

48.3 Es ist jedenfalls wenig überzeugend, eine frühere Befassung bereits deshalb für unschädlich zu halten, weil § 270b Abs. 2 S. 1 einzig die Unabhängigkeit vom (vorläufigen) Sachwalter normiert, da diese Regelung rein deklaratorisch ist.

49 Nach IDW S 9 Rn. 6 kommen auch juristische Personen als Aussteller in Betracht, wenn nur solche natürlichen Personen verantwortlich mit der Tätigkeit betraut werden, die über die erforderliche Berufsqualifikation und Sachkunde verfügen (eingehend Schröder/Schulz ZIP 2017, 1096 (1097 ff.) und Meyland, Sanierungsbescheinigung, 2018, 244 ff.; zust. auch Gutmann/Laubereau ZInsO 2012, 1861 (1868 f.) und Nerlich/Römermann/Riggert Rn. 8). Die Insolvenzerfahrung kann jedoch nur für einzelne natürliche Personen festgestellt werden, sodass Gesellschaften als Bescheinigungsaussteller ausscheiden (HK-InsO/Brünkmans Rn. 21; MüKoInsO/Kern Rn. 43; FK-InsO/Foltis Rn. 23; anders Schröder/Schulz ZIP 2017, 1096 (1100) und Meyland, Sanierungsbescheinigung, 2018, 255). Jedenfalls iRv § 56 ist der Ausschluss juristischer Personen verfassungsrechtlich nicht zu beanstanden (BVerfG NZI 2016, 163; BGH NJW 2013, 3374; für § 270b auch Meyland, Sanierungsbescheinigung, 2018, 250 f.).

Fehlerhafte Bescheinigungen sind haftungsrechtlich relevant. Näher → Rn. 50.1 ff. **50**

Gegenüber dem Schuldner kommen vertragliche Ansprüche nach §§ 631 ff. BGB in Betracht, dagegen **50.1** scheidet eine Haftung entsprechend § 323 HGB aus (Reinhardt/Lambrecht Stbg 2014, 71 (82) und Meyland, Sanierungsbescheinigung, 2018, 273 f.; für die Haftung gegenüber Dritten auch Brinkmann DB 2012, 1313 (1314); de lege ferenda aber Brinkmann ua ZIP 2017, 2430 (2431): Verweis auf § 60 InsO und § 323 HGB).

Dabei wird die Wirksamkeit vertraglicher Haftungsbeschränkungen gegenüber dem Schuldner als Auf- **50.2** traggeber überwiegend bejaht (weitgehend Uhlenbruck/Zipperer Rn. 31; ähnl. Brinkmann DB 2012, 1313 (1318) und Reinhardt/Lambrecht Stbg 2014, 71 (83); MüKoInsO/Kern Rn. 68; anders KPB/Pape Rn. 56: keine Haftungserleichterung). In dieses Schuldverhältnis sind die Gläubiger einbezogen (durch eine culpa in contrahendo nach § 311 Abs. 3 BGB oder einen Vertrag mit Schutzwirkung zugunsten Dritter), daneben kommt als Anspruchsgrundlage im Ergebnis nur § 826 BGB in Betracht (umfassend Brinkmann DB 2012, 1313). Inwiefern der Bescheiniger eine mögliche Haftungsbeschränkung aus dem Vertrag des Schuldners nach § 334 BGB auch den Gläubigern entgegenhalten kann, ist fraglich (abl. Brinkmann DB 2012, 1313 (1318); HmbKommInsR/Scholz Anhang K zu § 35 Rn. 12; bejahend Uhlenbruck/Zipperer Rn. 38; Zipperer/Vallender NZI 2012, 729 (734))).

Der Nachweis eines kausalen Schadens durch den ausschließlich prozessführungsbefugten (§ 92) Sach- **50.3** walter bzw. Insolvenzverwalter ist schwierig und wird – jenseits eines Verzögerungsschadens oder der Bescheinigungskosten als nutzlosen Aufwand – in der Regel zu verneinen sein (Reinhardt/Lambrecht Stbg 2014, 71 (82); Gutmann/Laubereau ZInsO 2012, 1861; ähnl. HRI/Koch/Jung § 8 Rn. 56; optimistischer hingegen Brinkmann DB 2012, 1313 (1317 f.)).

Zudem droht dem Aussteller die Anfechtung seines Honorars (zur Kenntnis des Ausstellers hinsichtlich **50.4** des schuldnerischen Gläubigerbenachteiligungsvorsatzes OLG Köln ZInsO 2018, 792).

3. Prüfung durch das Insolvenzgericht

Das Gericht unterzieht den Bescheinigungsinhalt einer Plausibilitätsprüfung (umfassend zur **51** gerichtlichen Prüfung iRv § 270b Smid ZInsO 2013, 209 und Beth ZInsO 2015, 369). Die materielle Prüfungskompetenz ist somit auf offensichtliche Mängel beschränkt (HRI/Koch/Jung § 8 Rn. 97; HmbKommInsR/Fiebig Rn. 13; Meyland, Sanierungsbescheinigung, 2018, 267; weitreichender Frind ZInsO 2018, 231 (237) und Beth ZInsO 2015, 369 mwN), sodass die Bestellung eines Sachverständigen ausscheidet (umfassend Smid ZInsO 2013, 209 (insbesondere 215 f.); K. Schmidt InsO/Undritz Rn. 9; Uhlenbruck/Zipperer Rn. 48; Braun/Riggert Rn. 7; Meyland, Sanierungsbescheinigung, 2018, 262 ff.; aA AG Erfurt ZInsO 2012, 944; FK-InsO/Foltis Rn. 22; Frind ZInsO 2018, 231 (238) und Frind ZInsO 2011, 2249 (2261); MüKoInsO/Kern Rn. 42).

Vom Prüfungsumfang umfasst sind offensichtliche und somit gerichtskundige Tatsachen (Smid **52** ZInsO 2013, 209 (211); dazu auch MüKoZPO/Prütting ZPO § 291 Rn. 9 ff.). Vor diesem Hintergrund empfiehlt es sich opponierenden Gläubigern, Einwände gegen das Verfahren durch Schutzschriften gerichtsbekannt werden zu lassen (Borchardt/Frind Betriebsfortführung/Rattunde Rn. 1683 und 1753; allg. zur Verhinderung der Eigenverwaltung durch Schutzschriften Uhlenbruck/Zipperer § 270 Rn. 39).

D. Ablauf des Schutzschirmverfahrens

I. Frist zur Vorlage eines Insolvenzplans

Das Gericht ordnet das Schutzschirmverfahren als gebundene Entscheidung an, der Schuldner **53** hat also einen Rechtsanspruch auf die Fristbestimmung (Rattunde/Stark, Der Sachwalter, 2015, Rn. 35; HRI/Koch/Jung § 8 Rn. 105).

Die Dauer von drei Monaten ist das gesetzliche Höchstmaß und orientiert sich am Insolvenz- **54** geldzeitraum sowie an § 169. Eine kürzere Frist kann auf maximal drei Monate verlängert werden (FK-InsO/Foltis Rn. 25, K. Schmidt InsO/Undritz Rn. 9). Sinn und Zweck der Anordnung ist die Befugnis des Schuldners, Ressourcen auf die Ausarbeitung eines Insolvenzplans zu verwenden. Der vorläufige Sachwalter kann diese Aufwendungen mithin nicht verhindern (Rattunde in Borchardt/Frind, Betriebsfortführung, 3. Aufl. 2017, Rn. 1708).

Die Vorlage eines Insolvenzplans ist dabei eine bloße Obliegenheit des Schuldners, bei deren **55** Verletzung allerdings die Einleitung eines Regelverfahrens drohen kann (MüKoInsO/Kern Rn. 78; Braun/Riggert Rn. 13; Nerlich/Römermann/Riggert Rn. 16).

InsO aF § 270b

II. Vorläufiger Sachwalter

56 Im Schutzschirmbeschluss bestellt das Gericht einen vorläufigen Sachwalter nach § 270a Abs. 1. Die Bestellung eines vorläufigen Insolvenzverwalters ist damit ausgeschlossen. Bestellung, Rechtsstellung und Funktion richten sich somit grundsätzlich nach → § 270a Rn. 53 ff., der auf § 274 und somit auch auf §§ 56–60, 62–65 verweist. Für die Person des (vorläufigen) Sachwalters gelten somit keine anderen persönlichen Anforderungen als für den Insolvenzverwalter (Rattunde/Stark, Der Sachwalter, 2015, Rn. 40 f.). Zur Vergütung des vorläufigen Sachwalters jüngst BGH NZI 2016, 963 sowie NZI 2016, 796.

57 Eine Besonderheit gegenüber § 270a besteht jedoch bei der Auswahl des vorläufigen Sachwalters. Im Schutzschirmverfahren darf der Schuldner eine Person vorschlagen; hiervon kann das Gericht nach § 270b Abs. 2 S. 2 nur abweichen, wenn die Person offensichtlich für die Übernahme des Amts nicht geeignet ist. Anders als iRv § 56a genügt die einfache Ungeeignetheit nicht. Im Non-liquet-Fall der Eignung ist die vorgeschlagene Person daher zu bestellen (Braun/Riggert Rn. 11; krit. Korch ZIP 2018, 109 (114 f.)). Das Vorschlagsrecht verdrängt die subsidiäre Regelung in § 56a (Rattunde/Stark, Der Sachwalter, 2015, Rn. 96; K. Schmidt InsO/Undritz Rn. 10; Uhlenbruck/Zipperer Rn. 58); die Mitwirkungsrechte des vorläufigen Gläubigerausschusses leben mit endgültiger Ablehnung des Vorgeschlagenen oder nach vorzeitiger Aufhebung nach § 270b Abs. 4 allerdings wieder auf (Rattunde/Stark, Der Sachwalter, 2015, Rn. 99). Auf diesem Wege erhält der Schuldner weitestgehend Gewissheit, die Plansanierung mit einer für ihn vertrauenswürdigen, aber unabhängigen Person vorbereiten zu können (BT-Drs. 17/5712, 40).

58 Vor diesem Hintergrund ist es kritisch zu sehen, den Vorgeschlagenen bereits wegen dessen „Delisting" nicht zu bestellen oder den Vorschlag auf Kandidaten der Vorauswahlliste zu beschränken (Pape ZInsO 2013, 2129 (2133) sowie FK-InsO/Foltis Rn. 34; Braun/Riggert Rn. 11; Borchardt/Frind Betriebsfortführung/Rattunde Rn. 1758; Kolmann, Schutzschirmverfahren, 2014, Rn. 470; aA AG Hamburg NZI 2013, 903).

59 Gleichwohl hat der Vorschlag einer gelisteten Person den Vorteil, dass ein weiterer „Vortrag" regelmäßig entbehrlich wird (Borchardt/Frind Betriebsfortführung/Rattunde Rn. 1755; Rattunde/Stark, Der Sachwalter, 2015, Rn. 99). Die Praxis schlägt daher häufig gelistete Verwalter vor, was der Sache sicherlich dienlich ist.

60 Mit Eröffnung der Eigenverwaltung kann der Ausschuss von seinem Vorschlagsrecht nach §§ 274, 56a wieder umfänglich Gebrauch machen. Der Vorschlag kann sich auch auf einzelne Anforderungskriterien beschränken (Kolmann, Schutzschirmverfahren, 2014, Rn. 638). Das Gericht hat die Abweichung vom schuldnerischen Vorschlag zu begründen (§ 270b Abs. 2 S. 2 Hs. 2). Die Begründung dient als Entscheidungsgrundlage für die Gläubiger; sie können nach Verfahrenseröffnung entscheiden (§§ 274, 57), ob die Neuwahl des vorgeschlagenen, aber nicht bestellten Sachwalters in Betracht kommt (BT-Drs. 17/5712, 40). Ob gegen die abweichende Bestellung ein Rechtsmittel statthaft ist, hängt wegen § 6 davon ab, ob § 21 Abs. 1 S. 2 Anwendung findet (bejahend mit umfassender Begr. Sämisch ZInsO 2014, 1312; Pape ZInsO 2013, 2129 (2133); FK-InsO/Foltis Rn. 34; aA AG Hamburg NZI 2013, 903; MüKoInsO/Kern Rn. 96 sowie K. Schmidt InsO/Undritz Rn. 10 f.). Die Anfechtung durch den vorgeschlagenen, aber nicht bestellten Prätendenten ist jedenfalls ausgeschlossen (OLG Düsseldorf ZInsO 2016, 2255 = BeckRS 2016, 16302).

61 Eine weitere Besonderheit gegenüber § 270a ergibt sich zudem aus der vorzulegenden Bescheinigung. Von ihrem Aussteller muss der vorläufige Sachwalter personenverschieden sein (§ 270b Abs. 2 S. 1). Diese Norm fand erst auf Anregung des Rechtsausschusses Eingang in das Gesetz und ist rein klarstellend (BT-Drs. 17/7511, 37). Darüber hinaus dürfen die Personen auch nicht derselben Sozietät angehören (K. Schmidt InsO/Undritz Rn. 10: § 45 Abs. 3 BRAO; MüKoInsO/Kern Rn. 90 mwN).

III. Sicherungsmaßnahmen

62 Für die Dauer der gerichtlich bestimmten Frist darf kein vorläufiger Verwalter bestellt werden, wie der Verweis auf § 270a klarstellt. Auch ein Zustimmungsvorbehalt oder gar ein Verfügungsverbot können während des Schutzschirmverfahrens nicht angeordnet werden (BT-Drs. 17/5712, 40 f.). Gleiches gilt für den Zeitraum bis zur Entscheidung über den Antrag; das Gericht ist währenddessen durch § 270b Abs. 2 S. 3 an der Bestellung eines Sachverständigen oder vorläufigen Insolvenzverwalters gehindert (BT-Drs. 17/5712, 41).

63 Auf Antrag hat das Gericht Maßnahmen der Zwangsvollstreckung in das Mobiliarvermögen des Schuldners nach § 21 Abs. 2 Nr. 3 zu untersagen oder einstweilen einzustellen. Ein Ermessen steht dem Gericht somit nicht zu. Von diesem „Schutzschirm" im Umkehrschluss nicht umfasst sind Immobilien. Das Gericht kann die Zwangsversteigerung nach § 30d ZVG einstellen, während die Einstellung der Zwangsverwaltung (§ 153b ZVG) die Verfahrenseröffnung voraussetzt und im Schutzschirmverfahren daher nicht in Betracht kommt (BT-Drs. 17/5712, 41). Untersagung und Einstellung der Zwangsvollstreckung richten sich nach § 775 Nr. 1 und 2 ZPO (Keller ZIP 2012, 1895 (1900)).

Die auch im Schutzschirmverfahren mögliche Anordnung einer Postsperre nach § 270b Abs. 2 S. 3 iVm § 21 Abs. 2 Nr. 4 überrascht, da dieses Sicherungsmittel in der Regel nicht mit der Eigenverwaltung vereinbar (K. Schmidt InsO/Undritz Rn. 11; HRI/Koch/Jung § 8 Rn. 162) und darüber hinaus teilweise überholt ist. Näher → Rn. 64.1 f. **64**

Denn ohnehin ist die praktische Bedeutung der (auch vorläufigen) Postsperre aufgrund der technischen Entwicklung zurückgedrängt worden. **64.1**

Eine Postsperre bezieht sich zwar auch auf den elektronischen Rechtsverkehr (E-Mail), wird jedoch in praxi jedenfalls durch ausländische Anbieter regelmäßig ignoriert und ist in Bezug auf einen fraudulösen Schuldner ohnehin wirkungslos, da dieser zugleich einen E-Mail-Account bei einem Alternativanbieter einrichten wird, sobald er von der Postsperre erfährt. **64.2**

Das Gericht kann auch iRv § 270b anordnen, dass bewegliches Ab- und Aussonderungsgut vom Gläubiger nicht eingezogen und verwertet werden dürfen (§ 21 Abs. 2 Nr. 5). Bei einem solchen Einziehungs- und Verwertungsstopp wird der Schuldner mögliche Ausgleichszahlungen nach § 169 S. 2 und 3 zu berücksichtigen haben. **65**

Ob das Gericht das Schutzschirmverfahren – genauer: die Bestellung eines vorläufigen Sachwalters – öffentlich bekanntmacht, wird unterschiedlich beurteilt. Näher → Rn. 66.1 ff. **66**

Das Meinungsspektrum reicht von der Unzulässigkeit (Horstkotte ZInsO 2012, 1161; Keller ZIP 2012, 1895; Hirte ZInsO 2011, 401 (404); Vallender GmbHR 2012, 451; Andres/Leithaus/Leithaus Rn. 14; HmbKommInsR/Schröder § 23 Rn. 4; K. Schmidt InsO/Hölzle § 23 Rn. 4) über das pflichtgemäße Ermessen (AG Göttingen BeckRS 2012, 24941 = ZInsO 2012, 2413; Graf-Schlicker/Graf-Schlicker Rn. 39; MüKoInsO/Kern Rn. 75; FK-InsO/Schmerbach § 23 Rn. 5) bis hin zur Pflicht einer solchen Bekanntmachung (Frind ZIP 2012, 1591; FK-InsO/Foltis Rn. 29). **66.1**

Mangels Rechtsgrundlage vermag eine Bekanntmachungsbefugnis oder -pflicht nicht zu überzeugen, da § 23 nicht einschlägig ist – die Verfügungsbefugnis des Schuldners bleibt im Außenverhältnis von der Anordnung nach § 270b unberührt – und eine Analogie zu anderen Ermächtigungsgrundlagen jedenfalls an der vergleichbaren Interessenlage scheitert (Horstkotte ZInsO 2012, 1161 (1163 f.)). **66.2**

Etwas anderes gilt freilich im Falle der Zustimmung; teilweise wird die Diskussion daher auch als Scheinproblematik verstanden, da die Weigerung des Schuldners nachteilige Umstände für (Neu-)Gläubiger nach § 270 Abs. 2 Nr. 2 nahelege (Borchardt/Frind Betriebsfortführung/Rattunde Rn. 1723). **66.3**

IV. Vorläufiger Gläubigerausschuss

Gemäß § 270b Abs. 2 S. 3 iVm § 21 Abs. 2 Nr. 1a kann das Gericht einen vorläufigen Gläubigerausschuss einsetzen. Da § 270b auf die allgemeinen Vorschriften verweist, richtet sich die Einsetzung nach § 22a. Erreicht der Schuldner die mWz 27.7.2015 angehobenen Schwellenwerte aus § 22a Abs. 1, ist das Gericht somit zur Einsetzung verpflichtet (K. Schmidt InsO/Undritz Rn. 11; KPB/Pape Rn. 69 f.; Kolmann, Schutzschirmverfahren, 2014, Rn. 355; aA Braun/Riggert Rn. 15: keine Pflicht). **67**

V. Masseverbindlichkeiten

Ausweislich von § 270b Abs. 3 hat das Gericht auf Antrag des Schuldners anzuordnen, dass der Schuldner Masseverbindlichkeiten begründet, wobei § 55 Abs. 2 entsprechend gilt. **68**

Die Handhabung der Norm ist Gegenstand der meisten veröffentlichten Gerichtsentscheidungen zu § 270b. Adressat des Beschlusses ist der eigenverwaltende Schuldner; erst mit diesem Beschluss kommt ihm die entsprechende Kompetenz zu (BGH NZI 2016, 443; OLG Köln ZIP 2014, 2523). Im Gesetzgebungsverfahren wurde die Regelung erst auf Anregung des Rechtsausschusses eingeführt. Näher → Rn. 69.1 f. **69**

Er sah die Ermächtigung des Schuldners als geboten an, um in dieser kritischen Phase der Unternehmenssanierung um Vertrauen im Geschäftsverkehr zu werben; insoweit soll der Schuldner wie ein starker vorläufiger Verwalter Masseverbindlichkeiten begründen können (BT-Drs. 17/7511, 37; dazu auch BGH NZI 2016, 779). **69.1**

InsO aF § 270b

69.2 Diese Gleichsetzung dient insbesondere auch dem Schutz des Rechtsverkehrs, da Rechtshandlungen im Rahmen der Ermächtigung weitgehend anfechtungsfest sind (BGH NZI 2016, 779; HK-InsO/Brünkmans Rn. 47; eingehend Schmittmann/Dannemann ZIP 2013, 760 (763 ff.)).

70 Anders als im Rahmen der allgemeinen Eigenverwaltung nach § 270a, in der das Gericht den Schuldner nach § 21 ermächtigen kann (dazu Lambrecht/Michelsen ZInsO 2015, 2520 (2521)), ordnet § 270b Abs. 3 eine gebundene Entscheidung an (Smid ZInsO 2017, 1121 (1123)).

71 Der Schuldner hat abzuwägen, ob er den Antrag auf eine umfassende Ermächtigung richtet oder sich angesichts der Liquiditätsplanung auf einzelne Verbindlichkeiten beschränkt (BT-Drs. 17/7511, 37), wobei eine Einzel- oder Gruppenermächtigung erst recht ohne gerichtliches Ermessen angeordnet wird (OLG Naumburg NZI 2014, 454; AG Ludwigshafen ZInsO 2014, 853; aA Klinck ZInsO 2014, 365 (369 f.) sowie AG Hannover ZInsO 2016, 1535).

72 Umfang und Reichweite der Einzelermächtigung ergeben sich ggf. durch Auslegung des Beschlusses (eingehend dazu Klinck ZInsO 2014, 365 (367)) und können nicht in das schuldnerische Ermessen gestellt werden. Der allgemein ermächtigte Schuldner hat kein Wahlrecht, ob er im Einzelfall Masseverbindlichkeiten begründen möchte oder nicht. Die Begründung von Masseschulden richtet sich vielmehr nach den Vorschriften, die für den starken vorläufigen Verwalter gelten (BGH NZI 2016, 779). Bei der Abwägung zwischen Einzel- und Globalermächtigung wird der Schuldner vor seinem Antrag den weitreichenden Verweis auf § 55 Abs. 2 zu berücksichtigen haben. Zu Masseverbindlichkeiten erstarken nicht nur Verbindlichkeiten, die der Schuldner durch Rechtsgeschäft oder Gesetz begründet, sondern entsprechend § 55 Abs. 2 S. 2 auch Verbindlichkeiten aus einem Dauerschuldverhältnis, soweit der Schuldner die Gegenleistung in Anspruch nimmt (K. Schmidt InsO/Undritz Rn. 14). Nimmt der ermächtigte Schuldner die Arbeitsleistung seiner Arbeitnehmer in Anspruch, erstarken neben den Lohnansprüchen auch die Arbeitnehmerbeiträge zur Sozialversicherung zu Masseverbindlichkeiten („einheitlicher Bruttolohnanspruch des Arbeitnehmers", BGH NZI 2016, 779).

73 Wegen der hohen Liquiditätsbelastung empfiehlt es sich in der Regel, zunächst die Einzelermächtigung zu beantragen und erst im weiteren Verlauf die Kompetenz zur Begründung von Masseverbindlichkeiten auszuweiten (Kolmann, Schutzschirmverfahren, 2014, Rn. 651). Aus der Gleichstellung mit einem starken vorläufigen Insolvenzverwalter (BT-Drs. 17/7511, 37) folgt, dass die Bundesagentur für Arbeit die nach § 169 SGB III übertragenen Forderungen der Arbeitnehmer gem. § 55 Abs. 3 nur als Insolvenzgläubigerin geltend machen kann (Graf-Schlicker/Graf-Schlicker Rn. 26; HK-InsO/Brünkmans Rn. 45; Buchalik ZInsO 2012, 349 (356)). § 55 Abs. 3 wird insoweit analog angewandt. Masseverbindlichkeiten nach § 55 Abs. 2 werden jedoch nur zu Insolvenzforderungen nach § 55 Abs. 3 heruntergestuft, soweit die Verbindlichkeiten noch fortbestehen, insbesondere also nicht vom Schuldner erfüllt wurden (ausf. BGH NZI 2016, 779). Eine entsprechende Anwendung von § 55 Abs. 4 wird hingegen abgelehnt (HRI/Koch/Jung § 8 Rn. 167 sowie K. Schmidt InsO/Undritz Rn. 14 aE unter Rückgriff auf BT-Drs. 17/5712, 68; vgl. iRv § 270a OLG Jena NZI 2016, 784).

74 Da die Geltung dieses Fiskusprivilegs nicht abschließend geklärt ist, sollte der Schuldner die Finanzverwaltung über das Schutzschirmverfahren in Kenntnis setzen, um so eine Anfechtungssituation herbeizuführen; dies sollte allerdings mit dem vorläufigen Sachwalter und Gläubigerausschuss abgesprochen werden (HRI/Koch/Jung § 8 Rn. 167).

75 Die Anordnung nach § 270b Abs. 3 birgt eine nicht zu unterschätzende Ausfallgefahr für die Massegläubiger; denn anders als in Eröffnungsverfahren mit starkem vorläufigen Verwalter besteht iRv § 270b das Risiko der Masseunzulänglichkeit ohne Ausgleich der – wirtschaftlich ohnehin wertlosen – Haftung nach § 61 (Kolmann, Schutzschirmverfahren, 2014, Rn. 654; Uhlenbruck/Zipperer Rn. 68; K. Schmidt InsO/Undritz Rn. 12; Graf-Schlicker/Graf-Schlicker Rn. 38). Für die Begründung von Masseverbindlichkeiten gilt im Innenverhältnis die Soll-Vorschrift nach §§ 270a Abs. 1, 275. Bei einem Verstoß setzt der vorläufige Sachwalter das Insolvenzgericht und den vorläufigen Gläubigerausschuss in Kenntnis. Ob das Gericht die (Außen-)Wirksamkeit begründeter Masseverbindlichkeiten an die Mitwirkung des vorläufigen Sachwalters abhängig knüpfen kann, ist hingegen zweifelhaft (HK-InsO/Brünkmans Rn. 43; aA KPB/Pape Rn. 81). Eine Begründung erfordert der Antrag nicht (AG Ludwigshafen ZInsO 2014, 853; unter Verweis auf die Bescheinigung auch Uhlenbruck/Zipperer Rn. 68).

VI. Gesellschaftsinterne Willensbildung/Gesellschaftsrecht

76 Wird der Eigenantrag einer Gesellschaft auf die drohende Zahlungsunfähigkeit gestützt, ist er nur bei Vertretungsberechtigung des antragstellenden Organs bzw. Gesellschafters zulässig (§ 18

Abs. 3). Die Antragsberechtigung ist nicht eingeschränkt, wenn die Gesellschaft auch überschuldet ist.

Im angeordneten Schutzschirmverfahren bleibt der Einfluss der Überwachungsorgane (wie Aufsichtsrat oder Gesellschafterversammlung) auf die Geschäftsführung der Schuldnerin unberührt, da § 276a die eröffnete Eigenverwaltung voraussetzt und § 270b nicht auf diese Regelung verweist (Rattunde/Stark, Der Sachwalter, 2015, Rn. 473; Uhlenbruck/Zipperer § 276a Rn. 4). **77**

Eine analoge Anwendung stößt auf Zweifel (Uhlenbruck/Zipperer § 276a Rn. 4; Zipperer ZIP 2012, 1492 (1494f.); Klöhn NZG 2013, 81 (84); vgl. auch Hölzle ZIP 2012, 2427; Analogie erwogen etwa bei Brinkmann DB 2012, 1369 Fn. 50). Die fehlende Anwendung von § 276a im Schutzschirmverfahren darf indes nicht darüber hinwegtäuschen, dass Aufsichtsorgane rein faktisch nur beschränkt Einfluss auf die organschaftlichen Vertreter im Eröffnungsverfahren nehmen können (eingehend dazu Borchardt/Frind Betriebsfortführung/Rattunde Rn. 1742). **78**

Während die Innenhaftung nach § 43 GmbHG, § 93 AktG unstreitig auch im Schutzschirmverfahren Anwendung findet, ist dies bei § 64 GmbHG unklar (bejahend Kolmann, Schutzschirmverfahren, 2014, Rn. 854f.). Näher → Rn. 79.1 f. **79**

Teilweise wird eine Haftung nach § 64 GmbHG abgelehnt, da dieses Zahlungsverbot in engem Zusammenhang mit § 15a stehe, ein Eröffnungsantrag aber gestellt worden sei (Brinkmann DB 2012, 1369; vgl. auch Haas ZHR 178, 603; im Einzelnen auch BeckOK GmbHG/Mätzig GmbHG § 64 Rn. 10 mwN). **79.1**

Nach überwiegender Auffassung findet § 64 GmbHG im Schutzschirmverfahren allerdings Anwendung, wobei sich der Sorgfaltsmaßstab (§ 64 Abs. 1 S. 2 GmbHG) nach den Besonderheiten des Eröffnungsverfahrens richtet (Kolmann, Schutzschirmverfahren, 2014, Rn. 857f.: keine Haftung wegen Begleichung künftiger Masseverbindlichkeiten; A. Schmidt/Poertzgen NZI 2013, 369 (374f.); im Einzelnen auch Siemon/Klein ZInsO 2012, 2009 (2018)). **79.2**

E. Ablauf der gerichtlichen Frist

Nach Ablauf der nach § 270b Abs. 1 S. 1 gesetzten Frist entscheidet das Gericht über die Eröffnung des Insolvenzverfahrens in Eigenverwaltung (Graf-Schlicker/Graf-Schlicker Rn. 40). **80**

F. Vorzeitige Beendigung (Abs. 4 S. 1)

§ 270b Abs. 4 S. 1 statuiert drei Gründe für die vorzeitige Aufhebung, wobei die Aufzählung abschließend ist (FK-InsO/Foltis Rn. 6; K. Schmidt InsO/Undritz Rn. 15). Anders als noch im Diskussionsentwurf vorgesehen (→ Rn. 11.1) kommt eine Aufhebung von Amts wegen oder auf Gläubigerinitiative in Betracht; die vorgeschlagene Aufhebung wegen nachträglich eingetretener Zahlungsunfähigkeit wurde nicht Gesetz (→ Rn. 11.4). Auf Rechtsfolgenseite handelt es sich stets um eine gebundene Entscheidung. **81**

I. Aussichtslosigkeit der Sanierung (Nr. 1)

§ 270b Abs. 4 S. 1 Nr. 1 greift die Anordnungsvoraussetzung aus § 270b Abs. 1 S. 1 auf, verzichtet aber auf das Merkmal der Offensichtlichkeit. Das Gericht muss von den Aufhebungsvoraussetzungen also überzeugt sein (MüKoInsO/Kern Rn. 126). **82**

Seinem Wortlaut nach ist das Gericht zunächst bei nachträglichen Gründen zur Aufhebung verpflichtet („geworden ist"). Als typischen Anwendungsfall sieht die Gesetzesbegründung den endgültigen Abbruch von Finanzierungsverhandlungen an, wenn keine anderweitige Möglichkeit mehr besteht, neues Kapital zu erlangen (BT-Drs. 17/5712, 41). Der Aufhebungsgrund erfasst auch den nachträglichen Wegfall der zwingenden Voraussetzungen aus § 270a (K. Schmidt InsO/Undritz Rn. 15f.), jedenfalls wenn kein vorläufiger Gläubigerausschuss eingesetzt wurde. **83**

§ 270b Abs. 4 S. 1 Nr. 1 wird jedenfalls entsprechend angewandt, wenn sich ein anfängliches Anordnungshindernis im Nachhinein herausstellt (Uhlenbruck/Zipperer Rn. 73; A. Schmidt/Linker ZIP 2012, 963 (965); K. Schmidt InsO/Undritz Rn. 15; HmbKommInsR/Fiebig Rn. 44: jedenfalls bei eklatanter und bewusster Täuschung; Kolmann, Schutzschirmverfahren, 2014, Rn. 785f.). Das Insolvenzgericht ist zur fortlaufenden Prüfung der Voraussetzungen in § 270b Abs. 4 S. 1 Nr. 1 verpflichtet. Neben der amtswegigen Ermittlung kommen hierfür Hinweise etwa durch den Schuldner, vorläufigen Sachwalter (§ 274 Abs. 2) oder einzelne Gläubiger in Betracht. Eine entsprechende Mitteilungspflicht sieht das Gesetz dabei nur im Falle nachträglich eingetretener Zahlungsunfähigkeit ausdrücklich vor (Borchardt/Frind Betriebsfortführung/Rattunde Rn. 1713; krit. KPB/Pape Rn. 84f.). **84**

InsO aF § 270b

85 Aus der Gesetzeshistorie (→ Rn. 11) ergibt sich, dass der nachträgliche Eintritt der Zahlungsunfähigkeit für sich kein Aufhebungsgrund, sondern Anlass zur Überprüfung durch das Gericht ist (KPB/Pape Rn. 86; Uhlenbruck/Zipperer Rn. 73). Bei Hinweisen auf die Aussichtslosigkeit durch Dritte gibt das Gericht zunächst dem vorläufigen Sachwalter Gelegenheit zur kurzfristigen Stellungnahme (HRI/Koch/Jung § 8 Rn. 227).

II. Antrag des vorläufigen Gläubigerausschusses (Nr. 2)

86 Für die Aufhebung nach Nr. 2 ist es notwendig und ausreichend, dass die Kopfmehrheit (§ 72) im vorläufigen Gläubigerausschuss die Aufhebung beantragt. Einer besonderen Begründung bedarf es nicht (KPB/Pape Rn. 87).

III. Antrag eines einzelnen Gläubigers (Nr. 3)

87 In kleineren Verfahren ohne vorläufigen Gläubigerausschuss (vgl. § 22a) kann auch ein einzelner Absonderungsberechtigter oder Insolvenzgläubiger die Aufhebung beantragen.

88 Im Gegensatz zu Nr. 2 hebt das Gericht jedoch nur auf, wenn Umstände bekannt werden, die erwarten lassen, dass die Anordnung zu Nachteilen für die Gläubiger führen wird. Die Nachteile müssen weder erheblich sein noch in der Person des Antragstellers liegen (arg. e § 272 Abs. 1 Nr. 2).

89 Wurde ein vorläufiger Gläubigerausschuss eingesetzt, ist der Antrag bereits unzulässig. Gleiches gilt, wenn der Antragsteller die Aufhebungsvoraussetzungen nicht glaubhaft machen (§ 4 iVm § 294 ZPO) kann, die behaupteten Tatsachen also nicht überwiegend wahrscheinlich sind. Für die Begründetheit des Antrags muss das Gericht hingegen von der Erwartung nachteiliger Umstände überzeugt sein (MüKoInsO/Kern Rn. 136).

G. Anzeige der Zahlungsunfähigkeit

90 Die Pflicht des Schuldners und vorläufigen Sachwalters, dem Gericht die (nachträglich) eingetretene Zahlungsunfähigkeit unverzüglich (ohne schuldhaftes Zögern, § 121 Abs. 1 BGB) anzuzeigen, ist ein Relikt aus dem Regierungsentwurf (→ Rn. 11.4; Rattunde/Stark, Der Sachwalter, 2015, Rn. 228), der in diesem Fall noch die Aufhebung von Amts wegen vorsah. Das Gericht nimmt den Eintritt der Zahlungsunfähigkeit zum Anlass, die Aufhebungsvoraussetzung in § 270b Abs. 3 S. 1 Nr. 1 zu prüfen.

91 Welche Rechtsfolgen die unterbliebene Anzeige zeitigt, bleibt dunkel (Brinkmann DB 2012, 1369 (1371)); die vom Bundesrat angeregte Strafbewehrung fand jedenfalls keinen Eingang in das Gesetz (BR-Drs. 127/11(Beschluss), 22 f.).

H. Die Aufhebung des Schutzschirmverfahrens

92 Gemäß § 270b Abs. 4 S. 3 entscheidet das Gericht nach Ablauf der Frist oder im Falle vorzeitiger Aufhebung über die Eröffnung des Insolvenzverfahrens nach – wie es in der Begründung (BT-Drs. 17/5712, 41) heißt – den allgemeinen Vorschriften.

93 Dem Gericht stehen dann die üblichen vorläufigen Maßnahmen nach §§ 21 ff., aber auch § 270a zur Verfügung; anders als im Zeitpunkt der Fristbestimmung ist dann etwa auch die Bestellung eines vorläufigen Insolvenzverwalters möglich (HmbKommInsR/Fiebig Rn. 39).

94 Dies wird trotz Vorschlags durch den Schuldner oftmals die Person des vorläufigen Sachwalters sein; zwingend ist dessen Bestellung freilich nicht (→ Rn. 57; vgl. aber K. Schmidt InsO/Undritz Rn. 18: keine Neubestellung bei Weiterführung als § 270a-Verfahren; zurückhaltender Desch BB 2011, 841 (845)). Da die Sicherung nach § 21 Abs. 2 Nr. 3 ohne materielle Prüfung angeordnet wurde (→ Rn. 21), bleibt dieser Schutzschirm nach Aufhebung nur bei Erforderlichkeit nach § 21 Abs. 1 bestehen.

95 Ein erfolgreicher Aufhebungsantrag nach § 270b Abs. 4 S. 1 Nr. 3 erfüllt in der Regel den Ausschlusstatbestand in § 270 Abs. 2 Nr. 2, da das Gericht von den nachteiligen Umständen für die Gläubiger überzeugt ist (Uhlenbruck/Zipperer Rn. 77, vgl. auch FK-InsO/Foltis Rn. 54). Sofern der Fehlschlag des Schutzschirmverfahrens jedoch keine nachteiligen Rückschlüsse auf die Erfolgsaussichten der Eigenverwaltung erlaubt, kommt auch eine Fortführung nach § 270a in Betracht (K. Schmidt InsO/Undritz Rn. 18; FK-InsO/Foltis Rn. 60; vgl. auch Braun/Riggert Rn. 25: Scheitern des Schutzschirms kein Indiz für Nachteile iSv § 270 Abs. 2 Nr. 2; anders HRI/Koch/Jung § 8 Rn. 228: nach Aufhebung Regelinsolvenzverfahren).

Das Eröffnungsverfahren wird – gleich ob nach §§ 21 ff. oder in vorläufiger Eigenverwaltung 96
nach § 270a – fortgeführt, wenn die Eröffnungsvoraussetzungen noch nicht beurteilt werden
können; andernfalls entscheidet das Gericht über den Eigenverwaltungs- und Insolvenzantrag (im
Einzelnen Kolmann, Schutzschirmverfahren, 2014, Rn. 795 ff.).

Dabei sollte unter Berücksichtigung der Dreimonatsfrist der Insolvenzgeldvorfinanzierung mög- 97
lichst zeitnah über den Eröffnungs- und Eigenverwaltungsantrag entschieden werden (KPB/Pape
Rn. 93).

§ 270c Bestellung des Sachwalters

¹**Bei Anordnung der Eigenverwaltung wird anstelle des Insolvenzverwalters ein Sachwalter bestellt.** ²**Die Forderungen der Insolvenzgläubiger sind beim Sachwalter anzumelden** ³**Die §§ 32 und 33 sind nicht anzuwenden.**

Überblick

Zu der ab dem 1.1.2021 geltenden Rechtslage → InsO § 270c Rn. 1 ff.

Die Norm ergänzt und konkretisiert § 270 Abs. 1 S. 1, nachdem sie aus dem früheren § 270 Abs. 3 herausgenommen wurde (BT-Drs. 17/5712, 41). Sie ordnet die bei Anordnung der Eigenverwaltung zwingende Bestellung eines Sachwalters anstelle des Insolvenzverwalters an und regelt in S. 2 dessen Zuständigkeit für die Forderungsanmeldung. S. 3 schließt für die Eigenverwaltung im Gegensatz zum Regelinsolvenzverfahren Eintragungen der Verfahrenseröffnung in das Grundbuch und das Register für Schiffe und Luftfahrzeuge aus.

A. Entstehungsgeschichte und Normzweck

Der am 1.3.2012 in Kraft getretene § 270c wurde durch Art. 1 Nr. 46 des Gesetzes zur weiteren 1
Erleichterung der Sanierung von Unternehmen v. 7.12.2011 („ESUG", BGBl. I 2582) in die
InsO eingefügt. Er entspricht inhaltlich der Vorgängerregelung in § 270 Abs. 3 aF, mit der er vom
Wortlaut fast identisch ist. Die Herausnahme aus § 270 bewirkt eine Trennung zwischen den
Voraussetzungen der Eigenverwaltung (§ 270), den Regelungen für das Eröffnungsverfahren im
Fall eines Eigenverwaltungsantrags (§§ 270a, 270b) und den Folgen einer angeordneten Eigenverwaltung (§§ 270c, 272–284; Nerlich/Römermann/Riggert Rn. 1; MüKoInsO/Kern Rn. 4).
§ 270c gilt zusammen mit §§ 270, 271 ff. für das eröffnete Verfahren (Braun/Riggert Rn. 1) und
nicht für die §§ 270a und 270b (KPB/Pape Rn. 1); im eigenverwalteten Eröffnungsverfahren
sehen § 270a Abs. 1 S. 2 und § 270 Abs. 2 S. 1 die Bestellung eines vorläufigen Sachwalters vor.

Die Bestellung eines Sachwalters schafft den Ausgleich zwischen dem Verbleib der Verwaltungs- 2
und Verfügungsbefugnis beim Schuldner im Fall der Eigenverwaltung und dem Bedürfnis nach
Überwachung des Schuldners (MüKoInsO/Kern Rn. 1). In Ermangelung eines Insolvenzverwalters ist auch eine Regelung darüber erforderlich, bei wem Gläubiger ihre Forderungen anmelden
können, aus der wiederum die Pflicht zur Tabellenführung folgt (K. Schmidt InsO/Undritz Rn. 2;
KPB/Pape Rn. 7; MüKoInsO/Kern Rn. 6). Forderungsanmeldungen beim Schuldner oder beim
Gericht wollte der Gesetzgeber vermeiden, um das Insolvenzgericht gegenüber dem vorherigen
Rechtszustand zu entlasten und den Sachwalter verstärkt in das Verfahren einzubeziehen (BT-
Drs. 12/7302, 185; Nerlich/Römermann/Riggert Rn. 3; HmbKommInsR/Fiebig Rn. 2). Da
die Verfügungsbefugnis des Schuldners im Fall der Eigenverwaltung nicht beschränkt ist, sind
Eintragungen der Verfahrenseröffnung in das Grundbuch und andere sachenrechtliche Register
unnötig (MüKoInsO/Kern Rn. 3; Uhlenbruck-Zipperer Rn. 1). S. 3 schließt sie daher für die
Eigenverwaltung aus.

B. Bestellung eines Sachwalters

§ 270c S. 1 beschränkt sich darauf, in Abweichung von § 27 Abs. 1 S. 1 die Bestellung eines 3
Sachwalters anstelle eines Insolvenzverwalters im Eröffnungsbeschluss anzuordnen. Nach Riggert
(Nerlich/Römermann/Riggert Rn. 2) müssen die Anordnung der Eigenverwaltung und die
Bestellung des Sachwalters in den Eröffnungsbeschluss aufgenommen werden. Das AG Darmstadt
(ZInsO 1999, 176 (177)) lässt auch zwei separate Beschlüsse zu. Weitergehende Regelungen zur
Auswahl, Bestellung und Stellung des Sachwalters sowie zu seinen Aufgaben (mit Ausnahme der
Zuständigkeit für Forderungsanmeldungen) und Befugnissen trifft § 270c nicht; sie sind den

InsO aF § 270d

§§ 274, 275, 280 (→ § 274 Rn. 1 ff., → § 275 Rn. 1 ff., → § 280 Rn. 1 ff.) vorbehalten (Uhlenbruck/Zipperer Rn. 1; KPB/Pape Rn. 2, 6).

4   Dass der Sachwalter „anstelle des Insolvenzverwalters" bestellt wird, bedeutet nicht, dass beide gleichbedeutend wären. Dafür sind ihre Befugnisse und Aufgaben zu verschieden (Uhlenbruck/Zipperer Rn. 1; Uhlenbruck/Zipperer § 270a Rn. 26).

C. Forderungsanmeldung beim Sachwalter

5   Der Regelungsgehalt des S. 2 beschränkt sich nicht in der Anordnung, dass Insolvenzgläubiger abweichend von § 174 Abs. 1 ihre Forderungen beim Sachwalter anmelden müssen. Vielmehr nimmt der Sachwalter im Forderungsfeststellungsverfahren im Fall der Eigenverwaltung insgesamt die Rolle des Insolvenzverwalters im Regelinsolvenzverfahren ein (FK-InsO/Foltis Rn. 34). Er ist daher auch in der Aufforderung an die Gläubiger zur Forderungsanmeldung gem. § 28 Abs. 1 zu nennen (Nerlich/Römermann/Riggert Rn. 3; MüKoInsO/Kern Rn. 6). Der Sachwalter führt die Tabelle; ihm obliegt es, Forderungsanmeldungen ggf. zu beanstanden und zurückzuweisen und die Tabelle fristgerecht niederzulegen (§ 175 Abs. 1 S. 2, Uhlenbruck/Zipperer Rn. 5; KPB/Pape Rn. 7). Bestreitet der Sachwalter eine Forderung, gilt sie wie beim Bestreiten des Insolvenzverwalters im Regelinsolvenzverfahren als nicht festgestellt (§ 283 Abs. 1 S. 2). Anders als im Regelinsolvenzverfahren kommt in der Eigenverwaltung dieselbe Wirkung auch dem Bestreiten des Schuldners zu (KPB/Pape Rn. 8).

6   Aus der Zuständigkeit des Sachwalters für das Forderungsfeststellungsverfahren folgt jedoch ebensowenig seine Empfangs- und Annahmezuständigkeit für den Verzicht eines Gläubigers auf ein Absonderungsrecht wie seine Befugnis zur Freigabe von Gegenständen aus der Masse. Beides setzt die Verwaltungs- und Verfügungsbefugnis voraus und fällt daher in der Eigenverwaltung in die Zuständigkeit des Schuldners (BGH ZInsO 2017, 704 Rn. 8 mzustAnm Ganter NZI 2017, 347 und Bremen EWiR 2017, 307). Aus der Zuständigkeit des Sachwalters für das Führen der Tabelle folgt insofern auch keine Annexkompetenz (BGH ZInsO 2017, 704 Rn. 14, 17). Verzichtet ein Gläubiger gegenüber dem Schuldner auf seine Rechte aus einer Sicherungsübereignung, obliegt es dem Schuldner, den daraus folgenden Anspruch auf Rückübereignung durchzusetzen (BGH ZInsO 2017, 704 Rn. 13).

6a Auch das Verteilungsverfahren liegt in der Eigenverwaltung in der Zuständigkeit des Schuldners; der Sachwalter prüft nur die Verteilungsverzeichnisse (§ 283 Abs. 2). Nachweise gem. §§ 189, 190 sind daher gegenüber dem Schuldner zu erbringen (Uhlenbruck/Zipperer Rn. 5; → § 274 Rn. 27).

D. Registereintragungen

7   Gemäß S. 3 unterbleiben im Fall der Eigenverwaltung Eintragungen der Verfahrenseröffnung in den in §§ 32, 33 genannten Registern (Grundbuch, Schiffsregister, Schiffsbauregister und Register für Pfandrechte an Luftfahrzeugen), also in Register, die mit negativer Publizität ausgestattet sind (§ 892 Abs. 1 S. 2 BGB, § 16 Abs. 1 S. 2 SchRG, § 16 Abs. 1 LuftFzgG; MüKoInsO/Kern Rn. 7). Eintragungen in diesen Registern sind entbehrlich, da der Schuldner in der Eigenverwaltung im Gegensatz zum Regelinsolvenzverfahren seine Verfügungsbefugnis nicht verliert (BT-Drs. 12/2443, 223; Uhlenbruck/Zipperer Rn. 6; Graf-Schlicker/Graf-Schlicker Rn. 4; krit. FK-InsO/Foltis Rn. 38 f., der für die Wiedereinführung der vormals in § 58 VerglO vorgesehenen Berechtigung des Insolvenzgerichts plädiert, dem Schuldner jederzeit Verfügungsbeschränkungen über diese Gegenstände aufzuerlegen), sodass der öffentliche Glaube dieser Register auch nach Verfahrenseröffnung mit der wahren Rechtslage übereinstimmt (MüKoInsO/Kern Rn. 7; K. Schmidt InsO/Undritz Rn. 1). Eine Eintragung muss allerdings gem. § 277 Abs. 3 S. 3 erfolgen, wenn nach § 277 Abs. 1 S. 1 eine Verfügungsbeschränkung über einen Gegenstand angeordnet wird, der in einem der oben genannten Register eingetragen ist (→ § 277 Rn. 21).

8   Auch im Fall der Eigenverwaltung wird die Verfahrenseröffnung hingegen in die Register eingetragen, die in § 31 genannt sind und bei denen der Gutglaubensschutz keine Rolle spielt (Handels-, Genossenschafts-, Partnerschafts- und Vereinsregister (vgl. zB MüKoInsO/Kern Rn. 9; Andres/Leithaus/Leithaus Rn. 1).

§ 270d Eigenverwaltung bei gruppenangehörigen Schuldnern

¹Wird die Eigenverwaltung oder die vorläufige Eigenverwaltung bei einem gruppenangehörigen Schuldner angeordnet, unterliegt der Schuldner den Kooperationspflichten

des § 269a. ²Dem eigenverwaltenden Schuldner stehen nach Verfahrenseröffnung die Antragsrechte nach § 3a Absatz 1, § 3d Absatz 2 und § 269d Absatz 2 Satz 2 zu.

Überblick

Zu der ab dem 1.1.2021 geltenden Rechtslage → InsO § 270g Rn. 1 ff.

Die Vorschrift regelt die Anwendung bestimmter Vorschriften des Konzerninsolvenzrechts auf eigenverwaltende Schuldner, die Mitglied einer Unternehmensgruppe iSd § 3e sind (→ Rn. 2). Rechtsfolgen sind die Geltung von Kooperationspflichten im Rahmen der Eigenverwaltung (→ Rn. 3) und die Zuordnung der Antragsrechte nach § 3a Abs. 1, § 3d Abs. 2 und § 269d Abs. 2 S. 2 zum Schuldner (→ Rn. 4). Nur unvollständig bzw. gar nicht normiert sind die Stellung des eigenverwaltenden Schuldners im Koordinationsverfahren (→ Rn. 5 ff.) sowie die Stellung des Sachwalters in der Konzerninsolvenz (→ Rn. 8 ff.).

A. Allgemeines

Die mit der Einführung eines Konzerninsolvenzrechts (Gesetz zur Erleichterung der Bewältigung von Konzerninsolvenzen (EKIG) v. 13.4.2017 (BGBl. 2017 I 866)) angestrebte Vereinfachung der Durchführung von Konzerninsolvenzen soll unabhängig davon greifen, ob die Insolvenz aller oder einzelner Konzerngesellschaften in Fremd- oder Eigenverwaltung abläuft (vgl. Uhlenbruck/Zipperer Rn. 4). Dass die in S. 1 genannte Kooperationspflicht (§ 269a) und die in S. 2 aufgeführten Antragsrechte den Schuldner treffen bzw. diesem zustehen, entspricht der allgemeinen Kompetenzverteilung in der Eigenverwaltung. Da sich diese Rechtsfolgen des § 270d bereits aus der Anwendung der allgemeinen Vorschriften (§ 270 Abs. 1 S. 2) herleiten ließen, kommt der Vorschrift insoweit klarstellender Charakter zu (vgl. BT-Drs. 18/407, 41 f.; HmbKommInsR/Fiebig Rn. 1; Uhlenbruck/Zipperer Rn. 1). 1

Der Anwendungsbereich des § 270d ist eröffnet, wenn der Schuldner Mitglied einer Unternehmensgruppe (§ 3e) ist und für ihn die Eigenverwaltung oder vorläufige Eigenverwaltung (§ 270a) bzw. ein Schutzschirmverfahren (§ 270b) angeordnet wird (HmbKommInsR/Fiebig Rn. 2). 2

B. Stellung des Schuldners

Den eigenverwaltenden, gruppenangehörigen Schuldner trifft zunächst die Pflicht zur Kooperation mit anderen gruppenangehörigen Schuldnern (S. 1 iVm § 269a). Die **Kooperationspflicht** greift bereits mit Anordnung der vorläufigen Eigenverwaltung. Sie besteht sowohl gegenüber weiteren gruppenangehörigen eigenverwalteten Schuldnern als auch gegenüber den für Konzerngesellschaften bestellten (vorläufigen) Insolvenzverwaltern (Uhlenbruck/Zipperer Rn. 4; HmbKommInsR/Fiebig Rn. 3). 3

Darüber hinaus hat der eigenverwaltende Schuldner gem. § 270d S. 2, § 3a Abs. 1 das Recht, „nach Verfahrenseröffnung" den Antrag auf **Begründung eines Gruppengerichtsstands** zu stellen. Die Regelung stellt klar, dass der Schuldner auch nach Verfahrenseröffnung zur Antragstellung berechtigt bleibt und das Antragsrecht nicht etwa (in entsprechender Anwendung des § 3a Abs. 3) auf den Sachwalter übergeht (Uhlenbruck/Zipperer Rn. 2). Gleichlaufende Regelungen sieht S. 2 für den Antrag auf **Verweisung an den Gruppengerichtsstand** (§ 3d Abs. 2) und den **Antrag auf Einleitung eines Koordinationsverfahrens** (§ 269d Abs. 2 S. 2) vor. Der Schuldner bedarf hierfür weder der Zustimmung des Sachwalters noch steht diesem ein Widerspruchsrecht gem. § 275 Abs. 1 S. 2 zu (HmbKommInsR/Fiebig Rn. 5). 4

Gemäß § 269e Abs. 1 S. 3 kann der eigenverwaltende Schuldner nicht zum **Koordinationsverwalter** bestellt werden. Im Übrigen ist die Rechtsstellung des eigenverwaltenden Schuldners im **Koordinationsverfahren** nicht normiert. Über die Anwendung der allgemeinen Vorschriften auf den eigenverwaltenden Schuldner (§ 270 Abs. 1 S. 2) ergibt sich jedoch Folgendes (vgl. KBP/Thole § 269f Rn. 16): 5

Der eigenverwaltende Schuldner ist verpflichtet, mit einem **Koordinationsverwalter** zu kooperieren. Die in § 269f Abs. 2 für den (vorläufigen) Insolvenzverwalter normierten Pflichten treffen auch den eigenverwaltenden Schuldner (HK-InsO/Specovius § 269f Rn. 5; FK-InsO/Wimmer-Amend Rn. 4, jeweils für eine Analogie zu § 270d). Es wäre sinnwidrig, den eigenverwaltenden Schuldner von Kooperationspflichten gegenüber dem Verfahrenskoordinator auszunehmen (vgl. Westphal NZI-Beil. 2018, 41 (44); HmbKommInsR/Fiebig Rn. 4), zumal wenn der eigenverwaltende Schuldner das Koordinationsverfahren selbst initiiert (vgl. FK-InsO/Wimmer-Amend Rn. 4). 6

InsO aF § 270d

7　Weiterhin ist der eigenverwaltende Schuldner gem. § 269h Abs. 1 S. 1 (iVm § 270 Abs. 1 S. 2) berechtigt, dem Insolvenzgericht gemeinsam mit den (Insolvenzverwaltern der anderen) gruppenangehörigen Schuldner(n) einen **Koordinationsplan** vorzulegen (→ § 269h Rn. 14; Braun/Specovius Rn. 10). Ein Planinitiativrecht des Sachwalters besteht dagegen nur bei entsprechendem Auftrag der Gläubigerversammlung iSd § 284 Abs. 1 (Andres/Leithaus/Leithaus Rn. 6 mwN). Ist ein Koordinationsplan vorgelegt worden, so treffen den eigenverwaltenden Schuldner die in § 269i Abs. 1 geregelten Pflichten (→ § 269i Rn. 3; Braun/Specovius Rn. 10; HmbKomm-InsR/Fiebig Rn. 6), dh er hat den Koordinationsplan ggf. zu **erläutern** und muss begründen, von welchen im Koordinationsplan beschriebenen Maßnahmen er abweichen will. § 269i Abs. 2 ist ebenfalls anwendbar (Westphal NZI-Beil. 2018, 41 (44); Andres/Leithaus/Leithaus Rn. 6).

C. Stellung des Sachwalters

8　Die Gerichte können bei Konzerninsolvenzen einen einheitlichen Sachwalter in allen oder mehreren Insolvenzverfahren bestellen, um die Sanierung des Konzerns möglichst reibungslos zu gestalten (BT-Drs. 18/407, 42; HK-InsO/Brünkmans Rn. 5; Uhlenbruck/Zipperer Rn. 6; aA → § 56b Rn. 12). Ebenfalls möglich ist jedoch die Bestellung personenverschiedener Sachwalter in den unterschiedlichen Insolvenzverfahren mehrerer gruppenangehöriger Schuldner (vgl. HK-InsO/Brünkmans Rn. 5). Ob auch personenverschiedene Sachwalter den Kooperationspflichten des § 269a unterliegen, ist nicht gesetzlich geregelt und umstritten.

9　Die Gesetzesbegründung erwähnt eine Anwendbarkeit auf die Sachwalter untereinander nicht. Deshalb wird teilweise vertreten, mangels ausdrücklicher Anordnung (weder in § 274 noch in § 270d) treffe den (bloß beaufsichtigenden) Sachwalter keine Kooperationspflicht (vgl. Braun/Fendel § 269a Rn. 14; HK-InsO/Brünkmans Rn. 5). Vorzugswürdig erscheint es aber, auch den Sachwalter als Adressaten der Kooperationspflicht anzusehen (→ § 269a Rn. 19; Westphal NZI-Beil. 2018, 41 (43); Andres/Leithaus/Leithaus Rn. 3). Rechtstechnisch lässt sich die Kooperationspflicht mit der Anwendung der allgemeinen Vorschriften über § 270 Abs. 1 S. 2 begründen (FK-InsO/Wimmer-Amend Rn. 3). § 270 Abs. 1 S. 2 trifft keine Aussage dazu, ob bestimmte Regelungen im Rahmen der Eigenverwaltung für den Schuldner oder den Sachwalter gelten (→ § 270 Rn. 79). Dementsprechend ist es grundsätzlich möglich, sowohl den Schuldner als auch den Sachwalter als Adressaten der „allgemeinen Vorschriften" anzusehen, soweit dies der Struktur des Eigenverwaltungsverfahrens entspricht. In der Sache ist die Anwendung der Kooperationspflichten des § 269a auf den (vorläufigen) Sachwalter zumindest insoweit geboten, wie der Sachwalter originär Pflichten wahrnimmt, die in der Regelinsolvenz vom Insolvenzverwalter zu erfüllen sind (zB Geltendmachung von Anfechtungs- und Haftungsansprüchen, KPB/Thole § 269a Rn. 16); deren effiziente Wahrnehmung erfordert eine Kooperation in der Gruppe (→ § 269a Rn. 19; HambK-Inso/Fiebig Rn. 7). Ob eine darüber hinaus gehende Kooperationspflicht besteht (dafür wohl → § 269a Rn. 19; FK-InsO/Wimmer-Amend Rn. 3) ist weniger klar. Dafür spricht immerhin, dass der Sachwalter auch für die effiziente Wahrnehmung seiner Überwachungsaufgabe auf Informationen angewiesen sein kann, die dem Sachwalter in Insolvenzverfahren eines anderen gruppenangehörigen Schuldners vorliegen (HK-InsO/Brünkmans Rn. 7).

10　Im Verhältnis zum Koordinationsverwalter ist auch der Sachwalter (gem. § 270 Abs. 1 S. 2, § 269f Abs. 2) zur Kooperation verpflichtet. Die Anwendung auf den Sachwalter ist geboten, um eine möglichst effiziente Durchführung des Koordinationsverfahrens zu gewährleisten (vgl. Braun/Esser § 269f Rn. 15; HK-InsO/Specovius § 269f Rn. 5; Westphal NZI-Beil. 2018, 41 (44)). Der Umfang der Kooperationspflicht ist aber im Vergleich zu der des eigenverwaltenden Schuldners insoweit begrenzt, als der Sachwalter im Rahmen der Eigenverwaltung nur in einem eingeschränkten Pflichtenkreis tätig wird (vgl. Braun/Esser § 269f Rn. 15; weiter einschränkend KPB/Thole § 269 Rn. 17).

Gesetz zur vorübergehenden Aussetzung der Insolvenzantragspflicht und zur Begrenzung der Organhaftung bei einer durch die COVID-19-Pandemie bedingten Insolvenz (COVInsAG)

vom 27. März 2020 (BGBl. I S. 569), zuletzt geändert durch Artikel 1 des Gesetzes vom 15. Februar 2021 (BGBl. I S. 237)

§ 1 Aussetzung der Insolvenzantragspflicht

(1) ¹Die Pflicht zur Stellung eines Insolvenzantrags nach § 15a der Insolvenzordnung und nach § 42 Absatz 2 des Bürgerlichen Gesetzbuchs ist bis zum 30. September 2020 ausgesetzt. ²Dies gilt nicht, wenn die Insolvenzreife nicht auf den Folgen der Ausbreitung des SARS-CoV-2-Virus (COVID-19-Pandemie) beruht oder wenn keine Aussichten darauf bestehen, eine bestehende Zahlungsunfähigkeit zu beseitigen. ³War der Schuldner am 31. Dezember 2019 nicht zahlungsunfähig, wird vermutet, dass die Insolvenzreife auf den Auswirkungen der COVID-19-Pandemie beruht und Aussichten darauf bestehen, eine bestehende Zahlungsunfähigkeit zu beseitigen. ⁴Ist der Schuldner eine natürliche Person, so ist § 290 Absatz 1 Nummer 4 der Insolvenzordnung mit der Maßgabe anzuwenden, dass auf die Verzögerung der Eröffnung des Insolvenzverfahrens im Zeitraum zwischen dem 1. März 2020 und dem 30. September 2020 keine Versagung der Restschuldbefreiung gestützt werden kann. ⁵Die Sätze 2 und 3 gelten entsprechend.

(2) Vom 1. Oktober 2020 bis zum 31. Dezember 2020 ist allein die Pflicht zur Stellung eines Insolvenzantrags wegen Überschuldung nach Maßgabe des Absatzes 1 ausgesetzt.

(3) ¹Vom 1. Januar 2021 bis zum 30. April 2021 ist die Pflicht zur Stellung eines Insolvenzantrags nach Maßgabe des Absatzes 1 für die Geschäftsleiter solcher Schuldner ausgesetzt, die im Zeitraum vom 1. November 2020 bis zum 28. Februar 2021 einen Antrag auf die Gewährung finanzieller Hilfeleistungen im Rahmen staatlicher Hilfsprogramme zur Abmilderung der Folgen der COVID-19-Pandemie gestellt haben. ²War eine Antragstellung aus rechtlichen oder tatsächlichen Gründen innerhalb des Zeitraums nicht möglich, gilt Satz 1 auch für Schuldner, die nach den Bedingungen des staatlichen Hilfsprogramms in den Kreis der Antragsberechtigten fallen. ³Die Sätze 1 und 2 gelten nicht, wenn offensichtlich keine Aussicht auf Erlangung der Hilfeleistung besteht oder die erlangbare Hilfeleistung für die Beseitigung der Insolvenzreife unzureichend ist.

Aufgrund der Corona-Pandemie und der damit einhergehenden beispiellosen Beschränkungen des öffentlichen und wirtschaftlichen Lebens hat der Gesetzgeber Erleichterungen für Unternehmen geschaffen, deren Geschäftsmodell durch die Maßnahmen beeinträchtigt ist. Die Regelung soll – wie in der Vergangenheit bereits bei anderen Fällen, etwa Hochwasser – einen befristeten geschützten Raum für die Betroffenen durch Aussetzung der Insolvenzantragspflicht schaffen. Von Bedeutung ist, dass die Aussetzung der Pflichten an Voraussetzungen geknüpft ist, nämlich an das Beruhen der Insolvenzreife auf der Pandemie (→ Rn. 6) und die Aussicht zur Beseitigung einer bestehenden Zahlungsunfähigkeit (→ Rn. 7). 1

Art. 1 § 1 S. 1 setzt die **Pflicht** zur Insolvenzantragstellung nach § 15a InsO (sowie nach § 42 Abs. 2 BGB) im Zeitraum vom 1.3.2020 bis zunächst zum 30.9.2020 pauschal für alle Unternehmen aus. In Art. 1 § 1 Abs. 1 S. 2 wird dann die Anwendung des S. 1 (also die Aussetzung der Antragspflicht) für zwei Konstellationen wiederum (im Wege der Rückausnahme) ausgeschlossen, nämlich dann, wenn (i) die Insolvenzreife nicht auf den Folgen der Ausbreitung des SARS-CoV-2-Virus (COVID-19-Pandemie) beruht oder wenn (ii) keine Aussichten darauf bestehen, eine bestehende Zahlungsunfähigkeit zu beseitigen. Beide Merkmale werden gem. Art. 1 § 1 S. 3 jedoch zunächst von Gesetzes wegen vermutet, wenn der Schuldner am 31.12.2019 nicht zahlungsunfähig war. Um die Vermutungswirkung für sich beanspruchen zu können, muss der Betreffende also zunächst einen Status zum 31.12.2019 erstellen. Die Wahl des „klassischen" Bilanzstichtages wird dies vielen erleichtern. 2

COVInsAG § 1

3 Die Wahl des frühen Stichtages wird (mit guten Gründen) kritisiert, ist aber geltendes Recht, um jede denkbare Corona-Auswirkung zu erfassen und sicherzustellen, dass redliche Kaufleute und ihre überlebensfähigen Unternehmen geschützt werden. Nicht zu unterschätzen ist allerdings, dass das Gesetz (nur) eine **Vermutungsregelung** aufstellt (S. 3). Ausgangspunkt hierfür ist die **Feststellung der Zahlungsfähigkeit am 31.12.2019.** Einen entsprechenden Status zum 31.12.2019 aufzustellen und zu dokumentieren dürfte im Hinblick auf die im Regelfall ohnehin kalenderjährlich bestehende Dokumentation zum Bilanzstichtag für die meisten Unternehmen darstellbar sein.

4 Wenn im Falle einer späteren Insolvenz des Schuldners in Streit steht, ob eine Antragspflicht bestand oder nicht, besteht für den jeweiligen Anspruchsteller (zumeist wohl der Insolvenzverwalter gegenüber den Organen) nach den allgemeinen Regeln die volle Beweislast für den Nachweis der Antragspflicht bei der Begründung etwaiger Haftungsansprüche und damit eine vergleichsweise hohe Hürde. Nichtsdestoweniger dürfte die Frage nach dem Zeitpunkt einer Insolvenzantragspflicht im Einzelfall in der Folge der späteren Aufarbeitung der dennoch zu erwartenden Insolvenzverfahren und der dann folgenden Haftungsprozesse erhebliche praktische Relevanz bekommen. Es ist zumindest anzunehmen, dass einige insolvenzreife oder stark kriselnde Unternehmen bereits vor Corona (wie auch sog. „Zombies") noch am Markt waren und nun den Versuch unternehmen, staatliche Unterstützung zu erhalten und jedenfalls noch eine Zeitlang länger am Markt bleiben, bevor sie endgültig in die Insolvenz gehen. Eine unabhängig von der Corona-Pandemie bestehende Insolvenzantragspflicht sollte durch das COVInsAG jedoch gerade nicht aufgehoben werden.

4.1 In der Gesetzesbegründung (http://dip21.bundestag.de/dip21/btd/19/181/1918110.pdf; nicht lektorierte Fassung, Abruf vom 2.5.2020) lautet es zur Vermutungsregelung des § 1 S. 3: „Zwar ist die Vermutung widerleglich. Allerdings kann angesichts des Zwecks der Vermutung, den Antragspflichtigen von den Nachweis- und Prognoseschwierigkeiten effektiv zu entlasten, eine Widerlegung nur in solchen Fällen in Betracht kommen, bei denen kein Zweifel daran bestehen kann, dass die COVID19-Pandemie nicht ursächlich für die Insolvenzreife war und dass die Beseitigung einer eingetretenen Insolvenzreife nicht gelingen konnte. Es sind insoweit höchste Anforderungen zu stellen."

5 Dies gibt Anlass, sich mit beiden Merkmalen des § 1 Abs. 1 S. 2 zu befassen. Nicht zuletzt aufgrund der das betroffene Organ persönlich treffenden strafrechtlichen und zivilrechtlichen Haftungsrisiken ist es für jeden Geschäftsleiter höchst ratsam, beide Tatbestandsmerkmale sorgsam zu prüfen und vor allem auch die eigene Prüfung nebst den jeweiligen Prämissen für ihre weitere Unternehmensplanung zu dokumentieren. Stillschweigend vorausgesetzt wird dabei, dass jedes Unternehmen über eine adäquate Finanzplanung verfügt.

6 **Beruhen:** Ursächlich für eine Insolvenz ist oftmals nicht nur ein einzelner Umstand, sondern vielmehr zumeist ein ganzes Bündel an Umständen. Die Bedeutung des Verbs „beruhen" nach dem Duden würde nahelegen, dass die Insolvenzreife allein auf die Pandemie zurückzuführen sein muss. Dies widerspricht wiederum dem Sinn und Zweck der gesetzlichen Regelung und der gesetzlichen Begründung, wonach die derzeitigen Unsicherheiten „in keiner Weise zulasten des Antragspflichtigen" gehen sollen (Teil B, Zu § 1 der Gesetzesbegründung). Jegliche (auch mittelbare) Kausalität der Pandemie zur eingetretenen Insolvenzreife genügen zu lassen, erscheint zu weitgehend, da das komplette öffentliche Leben und damit jeglicher Lebensbereich betroffen ist und eine nicht unbeträchtliche Zahl von Unternehmen bereits vor Eintritt der Pandemie-Folgen an unüberwindbaren Problemen litt, welche durch die Pandemie vielleicht den Eintritt der Insolvenzreife nur beschleunigten (so auch Hölzle/Schulenberg ZIP 2020, 633 (637)). Allein danach abzugrenzen, ob die Insolvenzreife bereits zuvor eingetreten war (so Thole ZIP 2020, 650 (652); Uhlenbruck/Hirte Rn. 23), ist daher nicht hinreichend interessengerecht. Unternehmen aus dem Markt austreten zu lassen, deren Geschäftsmodell nicht funktioniert. Die Grenzfälle werden vielmehr im Streitfall durch die geltenden Vermutungs- und Beweislastregeln zu lösen sein.

6.1 Auszug aus der Gesetzesbegründung BT-Drs. 19/18110, Teil B. Zu § 1: „Da allerdings unklar sein kann, ob die Insolvenz auf den Auswirkungen der COVID-19-Pandemie beruht oder nicht und sich bei den bestehenden Unsicherheiten auch schwer Prognosen treffen lassen, sollen die Antragspflichtigen weitergehend durch die Vermutung entlastet werden, dass bei bestehender Zahlungsfähigkeit am 31. Dezember 2019 davon auszugehen ist, dass die spätere Insolvenzreife auf der COVID-19-Pandemie beruht und Aussichten darauf bestehen, eine bestehende Zahlungsunfähigkeit zu beseitigen. Damit soll gewährleistet werden, dass die derzeit bestehenden Unsicherheiten und Schwierigkeiten hinsichtlich des Nachweises der Kausalität und der Prognostizierbarkeit der weiteren Entwicklungen in keiner Weise zulasten des Antragspflichtigen geht. Zwar ist die Vermutung widerleglich. Allerdings kann angesichts des Zwecks der Vermutung, den Antragspflichtigen von den Nachweis- und Prognoseschwierigkeiten effektiv zu entlasten, eine Widerlegung nur in solchen Fällen in Betracht kommen, bei denen kein Zweifel daran bestehen kann, dass die COVID-19-Pandemie nicht ursächlich für die Insolvenzreife war und dass die Beseitigung einer eingetretenen Insolvenzreife nicht gelingen konnte. Es sind insoweit höchste Anforderungen zu stellen. Die Vermutungsregelung des Satz 3 ändert im Übrigen nichts an der Beweislast. Auch wenn der Schuldner zum 31. Dezember 2019 zahlungsunfähig war, bleibt es dabei, dass das Nichtberuhen der Insolvenzreife auf den Folgen der COVID-19-Pandemie oder das Fehlen von Aussichten auf eine Beseitigung der Zahlungsunfähigkeit von demjenigen zu beweisen ist, der sich darauf beruft, dass eine Verletzung der Insolvenzantragspflicht vorliegt."

Aussicht zur Beseitigung der Zahlungsunfähigkeit: Das Tatbestandsmerkmal der „Aussicht" ist reichlich unbestimmt. Die Gesetzesmaterialien geben außer der Motivation des Gesetzgebers nicht viel her (BT-Drs. 19/18110): „Damit soll gewährleistet werden, dass die derzeit bestehenden Unsicherheiten und Schwierigkeiten hinsichtlich des Nachweises der Kausalität und der Prognostizierbarkeit der weiteren Entwicklungen in keiner Weise zulasten des Antragspflichtigen geht." Der Begriff ist also weit zu verstehen. Dies ist sinnvoll, vermag doch niemand vorherzusagen, wie sich die Pandemie und damit einhergehend die wirtschaftlichen Rahmenbedingungen verändern. Sicher ist, dass der Begriff der „Aussicht" nicht mit der Fortbestehensprognose iSv § 19 InsO gleichgesetzt werden darf (der Gesetzgeber geht interessanterweise ohnehin nicht auf den Überschuldungsbegriff ein, vgl. hierzu im Detail → Rn. 10). Hinzu kommen praktische Probleme, wenn die „Aussicht" von Vorfragen abhängt, welche nicht kurzfristig geklärt werden können, weil sie etwa von Verhandlungen (zB mit dem Betriebsrat bei Sozialplanverhandlungen oder mit der Betriebsunterbrechungsversicherung) oder vom Ausgang eines Rechtsstreits (zB mit dem Vermieter um Mietkürzungen) abhängen. Dennoch: Es wird zur Bestimmung der Aussicht eines validen und auf Tatsachen gründenden planerischen Szenarios durch den Schuldner bedürfen, welches aufzeigt, was die „Aussicht" des Unternehmens ist. Hierin liegt derzeit die praktische Schwierigkeit. Die meisten Unternehmer werden nicht oder nur schwer vorhersagen können, wie sich ihre bisherigen Märkte in den nächsten Monaten entwickeln, geschweige denn wie sich die Marktlage darüber hinaus entwickelt. Ungeschriebene Grundvoraussetzung für eine „Aussicht" ist daher jedenfalls eine Finanzplanung des Unternehmens, bestehend aus einem aktuellen Status und einer Prognose für die Zukunft, anhand derer eine weitere „Aussicht" festgemacht werden könnte.

Zu berücksichtigen ist weiterhin, dass die Aussetzung der Insolvenzantragspflicht gem. **Abs. 1 auf den 30.9.2020** befristet ist. Seit dem 1.10.2020 gilt gem. Art. 1 § 1 Abs. 2 eine eingeschränkte Regelung, wonach die Insolvenzantragspflicht für (nur) überschuldete Unternehmen weiterhin bis zum 31.12.2020 ausgesetzt bleibt.

Seit dem 1.10.2020 gilt bei zahlungsunfähigen (§ 17 InsO) Rechtsträgern grundsätzlich wieder die bisherige Rechtslage zur Antragspflicht nach §§ 15a, 17 InsO. Nachdem ursprünglich vorgesehen war, dass ab dem 1.1.2021 sodann für alle Rechtsträger wieder allein die Regelungen der InsO gelten, wurde in Abs. 3 ab 1.1.2021 wiederum die Pflicht zur Insolvenzantragstellung unter den im Gesetz genannten Maßgaben zunächst bis zum 31.1.2021 ausgesetzt; am 28.2.2021 wurde im Bundestag neu beschlossen, die Antragsfrist bis zum 30.4.2021 zu verlängern, gleichgültig ob der Rechtsträger überschuldet oder zahlungsunfähig ist. Auch in diesen Fällen ist aber sehr deutlich darauf hinzuweisen, dass die Aussicht auf die beantragte bzw. zu beantragende Hilfszahlung bestehen und diese zur Beseitigung der bestehenden Zahlungsunfähigkeit geeignet sein muss. Festzustellen ist, dass die Regelung kompliziert ist und die antragsverpflichteten Organe ein nicht unerhebliches persönliches Risiko tragen, dass der (im Detail nämlich seinerseits ggf. komplexe) Antrag auf die Hilfszahlung vollständig, richtig und zur Beseitigung der Zahlungsunfähigkeit geeignet ist. Hinzu kommt, dass auch eine etwaige zum Insolvenzantrag zwingende Überschuldung beachtet bzw. eine positive Fortbestehensprognose aufgestellt werden muss.

Soweit die betroffenen Unternehmen staatliche Unterstützungen aus den beschlossenen Rettungsschirmen in Anspruch nehmen bzw. zu nehmen beabsichtigen, um die Aussicht auf Wiederherstellung ihrer Zahlungsfähigkeit zu gewährleisten, sollten sie sich rasch mit ihrem eigenen Rating und den Voraussetzungen der Hausbanken bzw. der KfW auseinandersetzen, um einschätzen zu können, wie realistisch eine Kreditgewährung ist. Die praktische Feststellung ist, dass die Hausbanken der durch die KfW nicht vollständig rückgedeckten Kreditvergabe vergleichsweise vorsichtig gegenüberstehen. Bei allen Versuchen, den Rettungsschirm weit aufzuspannen, muss dennoch vom jeweiligen Rechtsträger ua die Kapitaldienstfähigkeit für die beantragten Darlehen sichergestellt sein und eine entsprechende Dokumentation und Prüfung erfolgen, dies gilt auch für die weiteren Vergabekriterien für Kredite. Da die Kredite die Liquidität sichern sollen, die Unternehmen die aktuell auflaufenden Verbindlichkeiten/Verluste auf Sicht natürlich aber bedienen müssen, ist das ein durchaus nicht ganz einfaches Unterfangen. Abstrakt lässt sich festhalten, dass jedes Unternehmen und damit jedes Organ des Unternehmens mit zunehmendem zeitlichen Verlauf zunehmend Klarheit über seine Finanzierungsszenarien erhielt und dann beurteilen konnte, aber auch musste, ob eine Aussicht zur nachhaltigen Beseitigung der Zahlungsunfähigkeit (vgl. aktuell BGH NZI 2020, 167) weiterhin bestand. Ging die Finanzplanung auch bei zunächst gegebenem Anwendungsbereich des § 1 Abs. 1 im weiteren Verlauf bis September 2020 nicht mehr auf und konnte eine Zahlungsunfähigkeit planerisch nicht beseitigt werden, entfiel die Anwendung von § 1 Abs. 1 S. 1 und die Insolvenzantragsfrist lebte dann wieder auf. In diesen Fällen ist dann also bei bestehender Insolvenzantragspflicht des § 15a Abs. 1 InsO zu handeln gewesen – da eine weitere Sanierungsaussicht in diesen Fällen bereits nicht mehr bestehen dürfte, entfällt die Höchstfrist von drei Wochen faktisch und der Antrag war sofort zu stellen.

10 Art. 1 § 1 Abs. 1 S. 1 setzt die Antragspflicht unabhängig vom Insolvenzgrund für alle Unternehmen aus, sodass ausdrücklich auch Rechtsträger profitieren, welche **gem. § 19 InsO rechnerisch überschuldet** sind oder werden (auch wenn die Überschuldung zB bereits am 31.12.2019 bestand). Gemäß Art. 1 § 1 Abs. 2 bestand die **Aussetzung der Antragsfrist bei Überschuldung bis zum 31.12.2020.** Der Anwendungsbereich bei überschuldeten Unternehmen ergibt sich in erster Linie über die Auswirkungen der Pandemie auf die Veränderung der Bewertung zur Fortbestehensprognose bei der Prüfung der Insolvenzreife nach → § 19 Rn. 10. Vor oder in der Krise noch zahlungsfähige, aber rechnerisch überschuldete Unternehmen müssen ihre Fortbestehensprognose an die veränderte Situation anpassen und es kann in Frage stehen, ob die Fortführung der Gesellschaft überwiegend wahrscheinlich ist (→ § 19 Rn. 15). Die aktuellen Unsicherheiten werden somit zugunsten der Betroffenen abgemildert und ein geschützter Zeitraum für die Herstellung einer angepassten Bewertung geschaffen. Auch insoweit gilt jedoch, dass Finanzplanungen erstellt werden müssen und die Einschätzung für die dauerhafte Überlebensfähigkeit durch die Organe laufend überwacht und angepasst werden muss. Besteht keine positive Fortbestehensprognose mehr und ist der Rechtsträger nicht zahlungsfähig, bestand mit dem Gesetzeswortlaut keine Antragspflicht bis zum 30.9.2020. Die zur Antragstellung verpflichteten Personenkreise sollten allerdings höchst sorgfältig erwägen, ob zur Vermeidung der nicht durch das COVInsAG ausgesetzten Haftungstatbestände (insbesondere strafrechtlicher Natur, etwa Eingehungsbetrug nach § 263 StGB, Bankrottstraftaten etc) ab der Erkenntnis, dass die Überschuldung nicht bis zum 31.12.2020 beseitigt werden kann, ein Antrag dennoch unverzüglich gestellt werden sollte. Ist ab dem 1.10.2020 zusätzlich Zahlungsunfähigkeit eingetreten, gelten grundsätzlich die allgemeinen Maßstäbe der §§ 15a, 17 InsO. Für den Zeitraum ab dem 1.1.2021 gilt dann wiederum die Regelung des Abs. 3 mit der (erneuten) Aussetzung der Antragspflicht für Rechtsträger, welche einen Antrag auf die Gewährung finanzieller Hilfeleistungen im Rahmen staatlicher Hilfsprogramme zur Abmilderung der Folgen der COVID-19-Pandemie gestellt haben oder berechtigt hätten stellen können. Hierauf kann sich das betroffene Organ aber dann nicht berufen, wenn offensichtlich keine Aussicht auf Erlangung der Hilfeleistung besteht oder die erlangbare Hilfeleistung für die Beseitigung der Insolvenzreife unzureichend ist. Es kommt also auch ab dem 1.1.2021 effektiv darauf an, ob mit den Mitteln aus dem staatlichen Hilfsprogramm (in der Regel Überbrückungshilfe sowie November-/Dezemberhilfe) eine Zahlungsunfähigkeit (ohne dass Überschuldung eintritt) oder eine Überschuldung beseitigt werden kann. Bei der Prüfung einer Überschuldung ist für den Zeitraum ab dem 1.1.2021 zudem der unter bestimmten Voraussetzungen auf vier Monate verkürzte Prognosezeitraum zu beachten (→ § 4 Rn. 1). Die Vielzahl der unterschiedlichen Regelungen für kurz aufeinanderfolgende unterschiedliche Zeiträume machen es für Rechtsunkundige schwer, den Überblick über eine eventuelle Antragspflicht zu behalten, zumal in den Medien oftmals nicht zutreffend oder zu verkürzt berichtet wurde. Das Risiko einer Fehleinschätzung trägt das jeweilige Organ persönlich.

10.1 Faktisch hat der Gesetzgeber für das Jahr 2020 vorübergehend die Insolvenzantragspflicht wegen Überschuldung ausgesetzt, was die gelegentliche Diskussion um die Abschaffung dieses Antragsgrunds weiter befeuert hatte. Damit einher geht zudem auch, dass, sofern im Einzelfall eine (insolvenzrechtliche) Überschuldung schon zum 31.12.2019 bestand, diese wohl keinesfalls mit Corona in Verbindung stehen kann. Eventuell könnten Betroffene nachträglich privilegiert werden; diese Trittbrettfahrer müssen im übergeordneten Interesse hingenommen werden. Für den Zeitraum ab 2021 gilt mit den genannten Einschränkungen die Überschuldung zwar wieder als zwingender Antragsgrund, jedoch hat der Gesetzgeber nun die Frist für die Fortbestehensprognose verbindlich geregelt (§ 19 Abs. 2 S. 1 InsO, § 4 CoVInsAG).

11 Es soll nicht versäumt werden darauf hinzuweisen, dass das COVInsAG nur die Pflicht zur Stellung eines Insolvenzantrags aussetzt; selbstverständlich besteht weiterhin die **Möglichkeit** der Organe, bei Vorliegen der Antragsgründe einen Insolvenzantrag zu stellen (zu den Voraussetzungen eines Antrags ohne Antragspflicht vgl. → InsO § 18 Rn. 3 ff.). Es ist daher den Organen im

Folgen der Aussetzung § 2 COVInsAG

Eigeninteresse anzuraten, nicht nur die oben geschilderten Tatbestandsmerkmale sorgfältig zu prüfen, sondern auch zu erwägen, ob ein gleichwohl bereits jetzt gestellter Insolvenzantrag mit den Möglichkeiten des Insolvenzverfahrens, zB einer Eigenverwaltung und dem Einsatz von Insolvenzausfallgeld, ein ggf. günstigeres Szenario für das Unternehmen darstellen kann oder auch ein Verfahren nach dem zum 1.1.2021 eingeführten StaRUG. Da § 1 Abs. 1 S. 3 nur eine Vermutung enthält, hat das zur Entscheidung berufene Insolvenzgericht die entsprechenden Voraussetzungen eines Eigenantrags (materielle Insolvenzreife gem. §§ 17, 19 InsO oder drohende Zahlungsunfähigkeit nach § 18 InsO wie auch sonst zu prüfen. Eine Einschränkung des Antragsrechts durch die Aufhebung des Zwangs zur Antragstellung ist mit § 1 sicher nicht verbunden.

Etwaig vor der Verkündung des Gesetzes gestellte Anträge bleiben daher zulässig, können jedoch bis zur Eröffnungsentscheidung zurückgenommen werden (→ InsO § 13 Rn. 35 ff.). **12**

§ 2 Folgen der Aussetzung

(1) Soweit nach § 1 Absatz 1 die Pflicht zur Stellung eines Insolvenzantrags ausgesetzt ist,
1. gelten Zahlungen, die im ordnungsgemäßen Geschäftsgang erfolgen, insbesondere solche Zahlungen, die der Aufrechterhaltung oder Wiederaufnahme des Geschäftsbetriebes oder der Umsetzung eines Sanierungskonzepts dienen, als mit der Sorgfalt eines ordentlichen und gewissenhaften Geschäftsleiters im Sinne des § 64 Satz 2 des Gesetzes betreffend die Gesellschaften mit beschränkter Haftung, des § 92 Absatz 2 Satz 2 des Aktiengesetzes, des § 130a Absatz 1 Satz 2, auch in Verbindung mit § 177a Satz 1, des Handelsgesetzbuchs und des § 99 Satz 2 des Genossenschaftsgesetzes vereinbar;
2. gilt die bis zum 30. September 2023 erfolgende Rückgewähr eines im Aussetzungszeitraum gewährten neuen Kredits sowie die im Aussetzungszeitraum erfolgte Bestellung von Sicherheiten zur Absicherung solcher Kredite als nicht gläubigerbenachteiligend; dies gilt auch für die Rückgewähr von Gesellschafterdarlehen und Zahlungen auf Forderungen aus Rechtshandlungen, die einem solchen Darlehen wirtschaftlich entsprechen, nicht aber deren Besicherung; § 39 Absatz 1 Nummer 5 und § 44a der Insolvenzordnung finden insoweit in Insolvenzverfahren über das Vermögen des Schuldners, die bis zum 30. September 2023 beantragt wurden, keine Anwendung;
3. sind Kreditgewährungen und Besicherungen im Aussetzungszeitraum nicht als sittenwidriger Beitrag zur Insolvenzverschleppung anzusehen;
4. sind Rechtshandlungen, die dem anderen Teil eine Sicherung oder Befriedigung gewährt oder ermöglicht haben, die dieser in der Art und zu der Zeit beanspruchen konnte, in einem späteren Insolvenzverfahren nicht anfechtbar; dies gilt nicht, wenn dem anderen Teil bekannt war, dass die Sanierungs- und Finanzierungsbemühungen des Schuldners nicht zur Beseitigung einer eingetretenen Zahlungsunfähigkeit geeignet gewesen sind. Entsprechendes gilt für
   a) Leistungen an Erfüllungs statt oder erfüllungshalber;
   b) Zahlungen durch einen Dritten auf Anweisung des Schuldners;
   c) die Bestellung einer anderen als der ursprünglich vereinbarten Sicherheit, wenn diese nicht werthaltiger ist;
   d) die Verkürzung von Zahlungszielen;
5. gelten die bis zum 31. März 2022 erfolgten Zahlungen auf Forderungen aufgrund von bis zum 28. Februar 2021 gewährten Stundungen als nicht gläubigerbenachteiligend, sofern über das Vermögen des Schuldners ein Insolvenzverfahren bis zum Ablauf des 18. Februar 2021 noch nicht eröffnet worden ist.

(2) Absatz 1 Nummer 2 bis 5 gilt auch für Unternehmen, die keiner Antragspflicht unterliegen, sowie für Schuldner, die weder zahlungsunfähig noch überschuldet sind.

(3) Absatz 1 Nummer 2 und 3 gilt im Fall von Krediten, die von der Kreditanstalt für Wiederaufbau und ihren Finanzierungspartnern oder von anderen Institutionen im Rahmen staatlicher Hilfsprogramme anlässlich der COVID-19-Pandemie gewährt werden, auch dann, wenn der Kredit nach dem Ende des Aussetzungszeitraums gewährt oder besichert wird, und unbefristet für deren Rückgewähr.

(4) ¹Soweit nach § 1 Absatz 2 die Pflicht zur Stellung eines Insolvenzantrags ausgesetzt ist und keine Zahlungsunfähigkeit vorliegt, ist Absatz 1 anwendbar. ²Absatz 2 findet entsprechende Anwendung. ³Absatz 3 bleibt unberührt.

(5) Ist die Pflicht zur Stellung eines Insolvenzantrags nach § 1 Absatz 3 ausgesetzt, gelten die Absätze 1 bis 3 entsprechend, jedoch Absatz 1 Nummer 1 nur mit der Maßgabe, dass an die Stelle der darin genannten Vorschriften § 15b Absatz 1 bis 3 der Insolvenzordnung tritt.

Überblick

§ 2 regelt die Folgen einer Aussetzung der Pflicht zur Stellung eines Insolvenzantrags nach § 1 (vgl. allg. Bitter ZIP 2020, 685; Hölzle/Schulenburg ZIP 2020, 633; Lüdtcke/Holzmann/Swierczok BB 2020; Mylich ZIP 2020, 1097 ff.; Smid DZWiR 2020, 262; Thole ZIP 2020, 650).

Übersicht

	Rn.		Rn.
A. Zahlungen im ordnungsgemäßen Geschäftsgang (Abs. 1 Nr. 1)	1	I. Kongruente Deckungshandlungen	10
B. Ausschluss der Gläubigerbenachteiligung (Abs. 1 Nr. 2 Hs. 1)	2	II. Inkongruente und andere Rechtshandlungen des Zahlungsverkehrs	11
C. Gesellschafterdarlehen und wirtschaftlich entsprechende Rechtshandlungen (Abs. 1 Nr. 2 Hs. 2)	6	G. Zahlungen auf Forderungen, bezüglich derer bis zum 28.2.2021 Stundungen gewährt wurden (Abs. 1 Nr. 5)	13
D. Kreditgewährungen und Besicherungen im Aussetzungszeitraum (Abs. 1 Nr. 3)	7	H. Nicht antragspflichtige Unternehmen; nicht insolvente Schuldner (Abs. 2)	15
E. Staatliche Hilfsprogramme (Abs. 3)	8	I. Verlängerung des Aussetzungszeitraumes bis zum 31.12.2020 (Abs. 4)	16
F. Kongruente Rechtshandlungen; Handlungen des Zahlungsverkehrs (Abs. 1 Nr. 4)	9	J. Verlängerung des Aussetzungszeitraumes bis zum 30.4.2021 (Abs. 5)	17

A. Zahlungen im ordnungsgemäßen Geschäftsgang (Abs. 1 Nr. 1)

1 § 2 Abs. 1 Nr. 1 mindert die Haftungsrisiken der Geschäftsleitung für die Betriebsfortführung im Aussetzungszeitraum nach § 1 Abs. 1, indem er bestimmt, dass während des Aussetzungszeitraumes Zahlungen der Geschäftsleitung, die im ordentlichen Geschäftsgang erfolgt sind, als mit der Sorgfalt eines ordentlichen und gewissenhaften Geschäftsleiters iSd § 64 S. 2 GmbHG, § 92 Abs. 2 S. 2 AktG, § 130a Abs. 1 S. 2 HGB, auch iVm § 177a S. 1 HGB, und § 99 S. 2 GenG vereinbar gelten. Als Regelbeispiel genannt werden solche Zahlungen, die der Aufrechterhaltung oder der Wiederaufnahme des Geschäftsbetriebes oder der Umsetzung eines Sanierungskonzepts dienen. Die Regelungen der § 64 S. 2 GmbHG, § 92 Abs. 2 S. 2 AktG, § 130a Abs. 1 S. 2 HGB und § 99 S. 2 GenG wurden durch das SanInsFoG zum 1.1.2021 in den § 15b InsO überführt. Demnach ist die Regelung des § 2 Abs. 1 Nr. 1 entsprechend zu lesen.

B. Ausschluss der Gläubigerbenachteiligung (Abs. 1 Nr. 2 Hs. 1)

2 § 2 Abs. 1 Nr. 2 Hs. 1 nimmt die Rückführung von im Aussetzungszeitraum nach § 1 gewährten Krediten und deren Besicherung im späteren Insolvenzverfahren über das Vermögen des Kreditnehmers unter bestimmten Umständen von einer Insolvenzanfechtung aus, indem sie eine fehlende Gläubigerbenachteiligung fingiert (vgl. hierzu → InsO § 39 Rn. 106a ff., → InsO § 44a Rn. 24 und → InsO § 135 Rn. 93 ff.). Die Regelung gilt für alle Insolvenzanfechtungsgründe der §§ 130 ff. InsO, weshalb eine Insolvenzanfechtung einer privilegierten Rückgewähr oder Besicherung unter keinen Umständen in Betracht kommt.

3 Die **Fiktion der mangelnden Gläubigerbenachteiligung** ist unwiderleglich. Allerdings kann § 2 Abs. 1 Nr. 2 seinem Sinn und Zweck nach keine Anwendung finden, wenn sich der Gläubigerbenachteiligungsvorsatz aus Umständen ergibt, die außerhalb des Aussetzungszeitraumes liegen. Denn die Kreditgeber sollen über das Privileg des § 2 Abs. 1 Nr. 2 Hs. 1 nur von den Risiken aufgrund solcher Unsicherheiten befreit werden, die sich in der aktuellen Krisensituation ergeben. Gläubigerbenachteiligende Beweggründe nach Ablauf des Aussetzungszeitraumes können sinnvollerweise nicht privilegiert sein (vgl. Bitter ZIP 2020, 685 (693 f.)).

Bitter (ZIP 2020, 685 (694)) nennt als Beispiel die unlautere Vorabbefriedigung einzelner Gläubiger in einer Unternehmenskrise, die sich erst 2022 oder 2023 völlig unabhängig von der COVID-19-Pandemie ergibt.

Die Privilegierung des § 2 Abs. 1 Nr. 2 Hs. 1 gilt nur für im Aussetzungszeitraum gewährte **„neue" Kredite**. Nach der Gesetzesbegründung ist dieser Begriff weit auszulegen. Erfasst werden neben der Darlehensvergabe auch Warenkredite und andere Formen der Leistungserbringung auf das Zahlungsziel. Auch Finanzierungen im Wege der Übernahme von Schuldverschreibungen dürften erfasst sein. Nicht erfasst werden hingegen bloße Novationen oder Prolongation und wirtschaftlich vergleichbare Sachverhalte, die zwar Finanzierungsfunktion haben, aber keine zusätzliche Finanzierung darstellen (vgl. BT-Drs. 19/18110, 23; Lütcke/Holzmann/Swierczok BB 2020, 898 (901); Hölzle/Schulenburg ZIP 2020, 633 (643)). Erforderlich ist stets, dass der Kreditgeber sein Insolvenzrisiko im Aussetzungszeitraum erhöht (vgl. Bitter ZIP 2020, 685 (695 ff.)).

Nach Bitter soll beispielsweise die Ablösung von Altkrediten durch Neukredite eines mit dem Altkreditgeber verbundenen neuen Kreditgebers (Hin- und Herzahlen unter Einbeziehung Dritter) oder das Zurverfügungstellen neuen Geldes zur Rückführung bestehender Forderungen (Hin- und Herzahlen) nicht privilegiert sein im Gegensatz zu einer erstmaligen Stundung von Forderungen im Aussetzungszeitraum (Bitter ZIP 2020, 685 (695 ff.)).

Privilegiert ist weiterhin die **im Aussetzungszeitraum erfolgte Bestellung von Sicherheiten** zur Absicherung der neuen Kredite (vgl. dazu Mylich ZIP 2020, 1097 (1100 ff.)). Nicht erforderlich ist, dass der neue Kredit und die Besicherung in einem unmittelbaren rechtlichen Zusammenhang stehen. Möglich ist daher auch eine „Nachbesicherung" eines neuen Kredites innerhalb des Aussetzungszeitraums; eine Nachbesicherung von Altverbindlichkeiten ist hingegen nicht privilegiert (Mylich ZIP 2020, 1097 (1101)). Die Reichweite der Norm ist in mancher Hinsicht unklar:
a) Nicht ausdrücklich geregelt ist zunächst, ob von der Privilegierung nur Sicherheiten erfasst werden, die der nach § 1 privilegierte Kreditnehmer selbst bestellt hat (Eigensicherheiten) oder ob auch von Dritten bestellte Sicherheiten (**Drittsicherheiten**) privilegiert werden (in einer späteren Insolvenz des jeweiligen Drittsicherheitengebers). Jedoch bezweckt § 2 Abs. 1 Nr. 2 primär, die negativen Folgen einer möglichen späteren Insolvenz des (nach § 1 privilegierten) Kreditnehmers für die Kreditgeber abzumildern, nicht aber das Risiko einer späteren Insolvenz des den Kreditgeber unterstützenden Drittsicherungsgebers. Daher dürfte sich die Privilegierung des § 2 Abs. 1 Nr. 2 auf Eigensicherheiten beschränken (Mylich ZIP 2020, 1097 (1101)).
b) Nicht klar geregelt ist weiterhin, ob diese Privilegierung auch für das **Werthaltigmachen** von im Aussetzungszeitraum bestellten Sicherheiten nach Ende des Aussetzungszeitraumes gilt, zB für das Entstehen von im Voraus sicherungshalber abgetretenen Forderungen nach Ende des Aussetzungszeitraums oder für die Einzahlung von Geldern auf ein verpfändetes Bankkonto nach Ende des Aussetzungszeitraumes; gegen eine Privilegierung spricht in diesen Fällen die Regelung des § 140 (→ InsO § 140 Rn. 12, → InsO § 140 Rn. 12; Mylich ZIP 2020, 1097 (1102)).
c) Schließlich ist nicht klar geregelt, ob auch die im Aussetzungszeitraum erfolgte **Erweiterung des Sicherungszweckes** einer Kreditsicherheit zur Absicherung neuer Kredite privilegiert sein soll, die bereits vor Beginn des Aussetzungszeitraumes bestellt wurde. Der Gesetzeszweck, Anreize zur Unterstützung des in finanzielle Schwierigkeiten geratenen Unternehmens zu schaffen, indem für die jeweiligen Kreditgeber das Risiko gemindert wird, gewährte Unterstützungsleistungen oder den Rückgriff auf Sicherheiten zu verlieren, spricht dafür (vgl. Begr. zum Gesetzesentwurf, BT-Drs. 19/18110, 23).

Die **Gesetzesbegründung** zu § 2 Abs. 1 Nr. 2 der Vorabfassung des COVInsAG vom 27.3.2020 lautet (BT-Drs. 19/18110, 23): „Die Regelung schützt die Geber von neuen Krediten, einschließlich von Warenkrediten und anderen Formen der Leistungserbringung auf Ziel. Sie sollen nicht befürchten müssen, zur Rückgewähr zwischenzeitlicher Leistungen verpflichtet zu werden oder den Zugriff auf die bei der Vergabe der neuen Kredite gewährten Sicherheiten zu verlieren, wenn die Bemühungen um eine Rettung des Unternehmens der Kreditnehmerin oder des Kreditnehmers scheitern und deshalb doch ein Insolvenzverfahren eröffnet wird. Tatbestandlich knüpft die Regelung zunächst an § 1 an, sodass die dortigen Voraussetzungen einschließlich der Beweislastregelungen gelten, aber den Kreditgebern auch die dortigen Vermutungen zugutekommen. Es muss sich zudem um einen neuen Kredit handeln. Bei einer bloßen Novation oder Prolongation und wirtschaftlich vergleichbaren Sachverhalten, die etwa auf ein Hin- und Herzahlen hinauslaufen, kommt das Anfechtungsprivileg also nicht zur Anwendung. Denn die Regelung zielt darauf ab, Banken und andere Kreditgeber zu motivieren, Krisenunternehmen zusätzliche Liquidität zur Verfügung zu stellen. Halbsatz 2 stellt klar, dass auch die Rückgewähr von Gesellschafterkrediten unter den gleichen Voraussetzungen wie die Rückgewähr von Drittfinanzierungen geschützt werden, um auch Gesellschaftern Anreize zu bieten, dem Unternehmen in der Krise Liquidität zuzuführen. Demselben Zweck dient auch die Suspendierung des insolvenzrechtlichen Nachrangs von Gesellschafterdarlehen und von Forderungen aus wirtschaftlich vergleichbaren Rechtshandlungen. Auch bei den Gesellschafterkrediten muss es sich um neue Kredite handeln. Nicht erfasst ist daher insbesondere die Prolongation oder Neuvergabe eines bislang nachrangigen Gesellschafterdarlehens zum Zwecke oder mit der Wirkung einer Rangaufwertung. Nicht privilegiert wird die Gewährung von Sicherheiten für Gesellschafterkredite aus dem Vermögen der Gesellschaft. Halbsatz 2 erstreckt die Anwendung von Halbsatz 1 allein auf die Gewährung von Gesellschafterdarlehen, nicht aber auf deren Besicherung. Dies wird im Gesetzestext klargestellt. Darum schließt Halbsatz 3 auch nicht die Anwendung des § 135 Absatz 1 Nummer 1 InsO aus. Zahlungen aus erfassten Krediten und zur Absicherung dieser Zahlung bestellte Kreditsicherheiten aus dem Vermögen der Gesellschaft gelten als nicht gläubigerbenachteiligend und unterliegen damit in einem etwaigen späteren Insolvenzverfahren nicht der Insolvenzanfechtung. Dies gilt sowohl für Zahlungen zur Rückführung des überlassenen Kapitals als auch für angemessene Zinszahlungen. Allerdings müssen die Zahlungen bis zum 30. September 2023 vorgenommen sein. Dem insoweit zeitlich beschränkten Schutz der Sanierungsfinanzierung entspricht die Beschränkung der Rangaufwertung von neuen Gesellschafterkrediten auf Insolvenzverfahren, die bis zum 30. September 2023 beantragt worden sein werden. Damit werden kurz- und mittelfristige Unterstützungsmaßnahmen geschützt."

C. Gesellschafterdarlehen und wirtschaftlich entsprechende Rechtshandlungen (Abs. 1 Nr. 2 Hs. 2)

6 § 2 Abs. 1 Nr. 2 Hs. 2 erstreckt die Anwendung von Hs. 1 auch auf die Rückgewähr von **Gesellschafterdarlehen** und von Zahlungen aufgrund wirtschaftlich entsprechender Rechtshandlungen, nicht aber auf deren Besicherung (vgl. → InsO § 135 Rn. 93 ff.; krit. Lütcke/Holzmann/Swierczok BB 2020, 898 (901); Hölzle/Schulenburg ZIP 2020, 633 (642 f.)).

D. Kreditgewährungen und Besicherungen im Aussetzungszeitraum (Abs. 1 Nr. 3)

7 Nach § 2 Abs. 1 Nr. 3 sind Kreditgewährungen und Besicherungen im Aussetzungszeitraum nicht als sittenwidriger Beitrag zur Insolvenzverschleppung anzusehen (vgl. Lütcke/Holzmann/Swierczok BB 2020, 898 (902)). Von der Vorschrift sind auch Prolongationen und Novationen erfasst. Hintergrund der Regelung ist, dass nach Ansicht des Gesetzgebers die Voraussetzungen eines Sittenverstoßes (§§ 138, 826 BGB) bei der Gewährung von Krediten und/oder deren Besicherung im Rahmen der finanziellen Stützung von Unternehmen, die durch die Covid-19-Krise in eine akute Schieflage geraten sind, in aller Regel nicht vorliegen (vgl. Begründung zur Vorabfassung des COVInsAG vom 27.3.2020, BT-Drs. 19/18110, 24). In Fällen kollusiven Zusammenwirkens zwischen Kreditgeber und Schuldner zur Benachteiligung anderer Gläubiger oder bei anderen Fällen vorsätzlich sittenwidrigen Handelns (zB Wucherzinsen) kann die Vorschrift des § 2 Abs. 1 Nr. 3 nach zutreffender Ansicht allerdings keine Anwendung finden (vgl. Bitter ZIP 2020, 685 (693); Smid DZWiR 2020, 251 (257 f.)).

E. Staatliche Hilfsprogramme (Abs. 3)

8 § 2 Abs. 3 weitet die Privilegierungen des § 2 Abs. 1 Nr. 2 und Nr. 3 aus: Werden die Kredite iSd § 2 Abs. 1 Nr. 2 von der Kreditanstalt für Wiederaufbau und ihren Finanzierungspartnern oder von anderen Institutionen im Rahmen **staatlicher Hilfsprogramme** anlässlich der Covid-19-Pandemie gewährt, sind Rückgewähr und Besicherung **stets privilegiert**: § 2 Abs. 1 Nr. 3 schließt eine Gläubigerbenachteiligung selbst dann aus, wenn die Kredite nach dem Ende des Aussetzungszeitraums gewährt oder besichert werden, und unabhängig vom Zeitpunkt der Rückgewähr.

8.1 Die **Gesetzesbegründung** zu § 2 Abs. 3 der Vorabfassung des COVInsAG vom 27.3.2020 lautet (BT-Drs. 19/18110, 25): „Die zeitlichen Beschränkungen des Absatzes 1 Nummer 2 und 3 gelten für Finanzierungen nicht, die im Rahmen der staatlichen Hilfsprogramme gewährt werden. Das gilt nicht nur für die von der Kreditanstalt für Wiederaufbau bereitgestellten Teile der Finanzierung, sondern auch für die von Dritten bereitzustellenden Teile davon. Insgesamt muss gewährleistet sein, dass die im Rahmen der staatlichen Hilfsprogramme gewährten Kredite in den Genuss der Haftungs- und Anfechtungsbeschränkungen des Absatzes 1 Nummer 2 und 3 kommen. Das bedeutet insbesondere, dass insoweit auch Kreditvergaben nach dem Auslaufen des Aussetzungszeitraums erfasst sind und dass der Schutz sich auch auf Rückzahlungszeiträume nach dem 30. September 2023 erstreckt. Durch die im Rahmen der Vergabekontrolle bestehenden Kontroll- und Steuerungsmöglichkeiten, ist die Entfristung für die Kreditvergabe, deren Besicherung und Rückgewähr gerechtfertigt."

Wesentliches Element der staatlichen Hilfsprogramme ist der **Wirtschaftsstabilisierungsfonds (WSF)**, über den die Bundesrepublik Deutschland Mittel für Kapitalmaßnahmen (Beteiligungen), Bürgschaften und Mittel für die Refinanzierung der KfW-Programme zugunsten notleidender Unternehmen zur Verfügung stellt. Angesichts des – auch in der Gesetzesbegründung (→ Rn. 8.1) ausdrücklich betonten – durch die öffentliche Vergabekontrolle begründeten Vertrauens sollten auch solche Finanzierungen als „im Rahmen staatlicher Hilfsprogramme" gewährt angesehen und somit privilegiert werden, die zwar rechtlich unabhängig von den Maßnahmen des WSF erbracht werden, jedoch wirtschaftlich mit diesen verbunden sind. Zu denken ist insbesondere an Konstellationen, in denen ein Unternehmen durch ein Gesamtpaket aus staatlichem Eigenkapital (WSF-Beteiligung) und privatem Fremdkapital (Kredit) finanziert wird.

8.2

F. Kongruente Rechtshandlungen; Handlungen des Zahlungsverkehrs (Abs. 1 Nr. 4)

§ 2 Abs. 1 Nr. 4 nimmt im Aussetzungszeitraum vorgenommene **kongruente Rechtshandlungen (S. 1) und bestimmte, auch inkongruente Rechtshandlungen** des Zahlungsverkehrs (S. 2) unter bestimmten Voraussetzungen von der Insolvenzanfechtung aus. Die Vorschrift erweitert den Anfechtungsschutz des § 2 Abs. 1 für Fälle, in denen kein neuer Kredit iSd Nr. 2 vorliegt (vgl. BT-Drs. 19/18110, 24).

9

Teilweise wird vertreten, dass die Vorschrift des § 2 Abs. 1 Nr. 4 S. 1 lediglich die Deckungsanfechtung nach §§ 130, 131 InsO einschränkt, sonstige Anfechtungstatbestände jedoch unberührt lässt (Hölzle/Schulenburg ZIP 2020, 633 (647); Smid DZWiR 2020, 251 (257)). Angesichts des Wortlauts der Norm erscheint diese Ansicht jedoch nicht zwingend.

9.1

Zudem wird vertreten, die Vorschrift nach Sinn und Zweck des COVInsAG einschränkend auszulegen und nicht auf Rechtshandlungen anzuwenden, die keinen Beitrag zur Überwindung der Krise leisten (zB die Bedienung von Altforderungen) (vgl. Bitter ZIP 2020, 685 (697)). Auch diese Ansicht erscheint vor dem Hintergrund von Wortlaut und Gesetzesbegründung nicht zwingend.

9.2

I. Kongruente Deckungshandlungen

Die Vorschrift bestimmt zunächst, dass im Aussetzungszeitraum vorgenommene **kongruente Deckungshandlungen** (dh Rechtshandlungen, die dem anderen Teil eine Sicherung oder Befriedigung gewährt oder ermöglicht haben, die dieser in der Art und zu der Zeit beanspruchen konnte (→ InsO § 130 Rn. 10)), in einem späteren Insolvenzverfahren **nicht anfechtbar** sind, es sei denn, der Schuldner war zahlungsunfähig und dem anderen Teil war bekannt, dass die Sanierungs- und Finanzierungsbemühungen des Schuldners nicht zur Beseitigung einer eingetretenen Zahlungsunfähigkeit geeignet gewesen sind. Hintergrund dieser Regelung ist die gesetzgeberische Erwägung, dass ein Bedürfnis nach Anfechtungsschutz zur Aufrechterhaltung des Geschäftsbetriebes auch in bestimmten Fällen besteht, in denen kein neuer Kredit iSd Nr. 2 vorliegt, zB bei Dauerschuldverhältnissen (Leistung von Miete oder Leasingraten; Bezahlung von Lieferanten): „Wenn solche Vertragspartner befürchten müssten, erhaltene Zahlungen im Falle des Scheiterns der Sanierungsbemühungen des Krisenunternehmens mit anschließender Eröffnung des Insolvenzverfahrens aufgrund einer Anfechtung zurückzahlen zu müssen, wären sie geneigt, die Vertragsbeziehung auf dem schnellsten Wege zu beenden, was wiederum die Sanierungsbemühungen vereiteln würde" (BT-Drs. 19/18110, 24). Voraussetzung ist zunächst, dass die Rechtshandlung im Aussetzungszeitraum des § 1 vorgenommen wurde. Maßgeblich für den Zeitpunkt der Vornahme ist § 140 InsO (→ InsO § 129 Rn. 38). Unbeachtlich ist hingegen, ob eine Forderung, auf die gezahlt wird, vor (Altforderung) oder im Aussetzungszeitraum (Neuforderung) entstanden ist (dazu Lütcke/Holzmann/Swierczok BB 2020, 898 (902)). Zudem darf der Schuldner im Zeitpunkt der Vornahme der Rechtshandlung nicht zahlungsunfähig (§ 17) gewesen sein. Schließlich schadet auch die Kenntnis des anderen Teils, dass die Sanierungs- und Finanzierungsbemühungen des Schuldners nicht zur Beseitigung der Zahlungsunfähigkeit geeignet gewesen sind. Das Gesetz verlangt hier positive Kenntnis des Anfechtungsgegners; bloßes Kennenmüssen genügt folglich nicht (Lütcke/Holzmann/Swierczok BB 2020, 898 (902)). Die Darlegungs- und Beweislast trägt der Insolvenzverwalter.

10

COVInsAG § 2

10a Nicht erforderlich ist in diesem Zusammenhang, dass sich der andere Teil im Fall von Kreditgewährungen und Besicherungen im Aussetzungszeitraum die Sanierungsfähigkeit im Wege eines Sanierungsgutachtens bestätigen lässt (vgl. dazu → InsO § 133 Rn. 20.1).

10a.1 Dies folgt aus der Regelung des § 2 Abs. 1 Nr. 3, wonach Kreditgewährungen und Besicherungen im Aussetzungszeitraum nicht als sittenwidriger Beitrag zur Insolvenzverschleppung anzusehen sind, und welche das Erfordernis eines Sanierungsgutachtens als Haftungsprävention bei der Vergabe von Sanierungskrediten (→ InsO § 133 Rn. 3.1) obsolet macht (vgl. auch Nerlich/Römermann/Römermann Rn. 46 ff.).

10a.2 Im Einklang mit dieser Regelung hat auch die BAFin die Anwendung des BTO 1.2.5 Rn. 3 **MaRisk** ausgesetzt, um eine Kreditvergabe auch dann zu ermöglichen, wenn aufgrund der Covid-19-Pandemie die Kapitaldienstfähigkeit eines Kreditnehmers krisenbedingt nicht gegeben ist bzw. im Wesentlichen vom weiteren Verlauf der Krise abhängt (vgl. FAQ „Problemkreditbehandlung: Wie müssen Problemkredite behandelt werden? Müssen Banken zwingend eine Sanierungs- oder Fortführungsprognose erstellen?", www.bafin.de).

II. Inkongruente und andere Rechtshandlungen des Zahlungsverkehrs

11 § 2 Abs. 1 Nr. 4 S. 2 privilegiert die folgenden Rechtshandlungen des Zahlungsverkehrs in gleicher Weise wie die kongruenten Handlungen des § 2 Abs. 1 Nr. 4 S. 1:
a) Leistungen an Erfüllungs statt oder erfüllungshalber;
b) Zahlungen durch einen Dritten auf Anweisung des Schuldners;
c) die Bestellung einer anderen als der ursprünglich vereinbarten Sicherheit, wenn diese nicht werthaltiger ist und
d) die Verkürzung von Zahlungszielen.
Die frühere zusätzliche Privilegierung der Gewährung von Zahlungserleichterungen in lit. e ist mit Gesetz vom 15.2.2021 (BGBl. I 237) weggefallen.

11.1 Laut **Gesetzesbegründung** (BT-Drs. 19/18110, 24) hat die Regel in lit. c im Blick, die Auswechslung einer Sicherheit ohne Erhöhung des Sicherheitswerts zu schützen, um die betriebswirtschaftliche sinnvolle Verwendung von Sicherungsgegenständen durch die Schuldnerin oder den Schuldner nicht zu behindern. Vom Wortlaut nicht erfasst ist die inkongruente Bestellung einer bereits zugesagten Sicherheit, zB durch zeitliches Vorziehen einer für einen späteren Zeitpunkt zugesagten Sicherheitenverstärkung.

12 Die Aufzählung ist abschließend (Lütcke/Holzmann/Swierczok BB 2020, 898 (902)). Der Anfechtungsschutz erfasst somit bestimmte inkongruente (→ InsO § 131 Rn. 5) Rechtshandlungen (lit. a–c) und greift in lit. d und – bis zu seinem Wegfall – in lit. e zudem den Gedanken aus § 133 Abs. 3 S. 2 auf (→ InsO § 133 Rn. 30) (Einhaus NZI 2020, 352 (354)).

12.1 Die **Gesetzesbegründung** zu § 2 Abs. 1 Nr. 4 der Vorabfassung des COVInsAG vom 27.3.2020 lautet (BT-Drs. 19/18110, 24): „Ein Bedürfnis für einen Anfechtungsschutz besteht auch in bestimmten Fällen, in denen kein neuer Kredit im Sinne der Nummer 2 vorliegt. Dies betrifft z. B. Vertragspartner von Dauerschuldverhältnissen wie Vermieter sowie Leasinggeber, aber auch Lieferanten. Wenn solche Vertragspartner befürchten müssten, erhaltene Zahlungen im Falle des Scheiterns der Sanierungsbemühungen des Krisenunternehmens mit anschließender Eröffnung des Insolvenzverfahrens aufgrund einer Anfechtung zurückzahlen zu müssen, wären sie geneigt, die Vertragsbeziehung auf dem schnellsten Wege zu beenden, was wiederum die Sanierungsbemühungen vereiteln würde. Weiterhin möglich bleibt die Anfechtung bestimmter in der Aufzählung des zweiten Satzes nicht genannter inkongruenter Deckungen. Außerdem kann eine Anfechtung weiterhin erfolgen, wenn dem anderen Teil bekannt war, dass die Sanierungs- und Finanzierungsbemühungen der Schuldnerin oder Schuldners nicht zur Beseitigung der Insolvenzreife geeignet gewesen sind. Die Beweislast dafür liegt bei demjenigen, der sich auf die Anfechtbarkeit berufen möchte. Der andere Teil muss sich nicht davon überzeugen, dass die Schuldnerin oder der Schuldner geeignete Sanierungs- und Finanzierungsbemühungen entfaltet; nur die nachgewiesene positive Kenntnis vom Fehlen von Sanierungs- und Finanzierungsbemühungen oder von der offensichtlichen Ungeeignetheit der Sanierungs- und Finanzierungsbemühungen würde den Anfechtungsschutz entfallen lassen. Ausdrücklich geschützt werden auch Leistungen an Erfüllungs statt oder erfüllungshalber, Forderungsabtretungen statt Barzahlungen und Zahlungen durch Dritte auf Anweisung der Schuldnerin oder des Schuldners, weil solche der Leistung des Geschuldeten wirtschaftlich gleichstehen. Auch die Auswechslung einer Sicherheit ohne Erhöhung des Sicherheitswerts wird geschützt, um die betriebswirtschaftliche sinnvolle Verwendung von Sicherungsgegenständen durch die Schuldnerin oder den Schuldner nicht zu behindern. Der Schutz wird auf die Gewährung von Zahlungserleichterungen erstreckt, weil solche die Liquidität des Unternehmens stärken und insoweit ähnlich wirken wie die Gewährung neuer Kredite. Der Schutz einer Verkürzung von Zahlungszielen verfolgt demgegenüber den Zweck, Vertragspartnern einen weitergehenden Anreiz für eine Fortsetzung der Vertragsbeziehungen zu bieten. Wenn z. B. eine Lieferantin oder ein Lieferant betriebsnotwendiger Bauteile nur dann zur Weiterbelieferung des schuldnerischen Unternehmens bereit ist, wenn die bisher in einem Rahmenvertrag vereinbarten Zahlungsfristen verkürzt werden, sollte er nicht allein deshalb zu einer vollständigen Vertragsbeendigung gedrängt werden, weil er sich durch die Vertragsanpassung Anfechtungsrisiken aussetzen würde."

G. Zahlungen auf Forderungen, bezüglich derer bis zum 28.2.2021 Stundungen gewährt wurden (Abs. 1 Nr. 5)

§ 2 Abs. 1 Nr. 5 wurde durch das Gesetz zur Änderung des COVID-19-Insolvenzaussetzungsgesetzes vom 15.2.2021 (BGBl. I 237; BT-Drs. 19/26245; BT-Drs. 19/25976) in das Gesetz eingefügt. Ziel der Regelung ist, denjenigen Gläubigern entgegenzukommen, die einem aufgrund der COVID-19-Pandemie in wirtschaftliche Not geratenen Unternehmen Stundungen gewährt und dadurch einen Beitrag geleistet haben, die aufgrund staatlicher Hilfsmaßnahmen bestehenden Sanierungsaussichten nicht zu vereiteln (BT-Drs. 19/26245, 18; dazu Klinck ZIP 2021, 541). Zugleich wurde die zuvor geltende Regelung des § 2 Abs. 1 Nr. 4 lit. e, wonach während der Aussetzung der Insolvenzantragspflicht gewährte Zahlungserleichterungen anfechtungsrechtlich privilegiert waren, wegen ihrer Funktionslosigkeit aufgehoben (Klinck ZIP 2021, 541; → InsO § 133 Rn. 30b).

§ 2 Abs. 1 Nr. 5 bestimmt, dass bis zum 31.3.2022 erfolgte Zahlungen auf Forderungen aufgrund von bis zum 28.2.2021 gewährten Stundungen als **nicht gläubigerbenachteiligend** gelten, sofern vor dem Zeitpunkt der Einfügung der Nr. 5 in § 2 Abs. 1 noch kein Insolvenzverfahren über das Schuldnervermögen eröffnet war. Im Gegensatz zum zuvor geltenden § 2 Abs. 1 Nr. 4 lit. e, welcher jegliche Zahlungserleichterungen umfasste, beschränkt sich die anfechtungsrechtliche Privilegierung des § 2 Abs. 1 Nr. 5 ihrem Wortlaut nach auf Stundungen (für die Einbeziehung „planungssicherer" Zahlungserleichterungen wie ein „pactum de non petendo" vgl. Klinck ZIP 2021, 541 (543)). Die Vorschrift steht selbstständig neben dem Privilegierungstatbestand des § 2 Abs. 1 Nr. 2 Hs. 1 (Klinck ZIP 2021, 541 (546); → Rn. 3).

H. Nicht antragspflichtige Unternehmen; nicht insolvente Schuldner (Abs. 2)

Nach § 2 Abs. 2 gelten die Ausnahmen von der Insolvenzanfechtung in § 2 Abs. 1 Nr. 2–5 und die Regelung der Nr. 3 auch für **Unternehmen, die keiner Antragspflicht unterliegen, sowie für Schuldner, die weder zahlungsunfähig noch überschuldet sind.** Dies soll nach der Gesetzesbegründung der Tatsache Rechnung tragen, dass die Folgen der Covid-19-Pandemie Unternehmen unabhängig von ihrer Rechtsform treffen können und dass auch Unternehmen in ernsthafte wirtschaftliche Schwierigkeiten geraten können, ohne bereits insolvent zu sein. Die Regelung soll daher Anreize schaffen, dass diesen Schuldnern bereits vor der Insolvenzreife weitere Finanzierungen zur Verfügung gestellt werden, ihre Vertragspartner weiter mit ihnen kontrahieren und Unsicherheiten vermieden werden.

Die **Gesetzesbegründung** zu § 2 Abs. 2 der Vorabfassung des COVInsAG vom 27.3.2020 lautet (BT-Drs. 19/18110, 24): „Die Aussetzung der Insolvenzantragspflicht, an welche die Regelungen des § 2 anknüpfen, gilt nur für Schuldner, die aufgrund ihrer Rechtsform einer Antragspflicht unterliegen und bereits insolvent sind. Die Auswirkungen der COVID-19-Pandemie treffen Unternehmen jedoch unabhängig von ihrer Rechtsform. Auch nicht antragspflichtige Unternehmen, wie zum Beispiel Einzelhandelskaufleute und Kommanditgesellschaften mit einer natürlichen Person als Komplementär, sollen unter den vorgesehenen Erleichterungen weitere Finanzierungen erhalten können und auch sie beziehungsweise ihre Vertragspartner sollen von den Anfechtungserleichterungen profitieren. Daher gelten auch für die nicht antragspflichtigen Unternehmen die an die Aussetzung anknüpfenden Regelungen des Absatzes 1 Nummer 2, 3 und 4. Zudem wird es aber auch eine Vielzahl von Schuldnern geben, die durch die COVID-19-Pandemie in ernsthafte wirtschaftliche Schwierigkeiten geraten sind, ohne bereits insolvent zu sein. Damit diesen Schuldnern bereits vor der Insolvenzreife weitere Finanzierungen zur Verfügung gestellt werden, ihre Vertragspartner weiter mit ihnen kontrahieren und Unsicherheiten vermieden werden, gelten für diese ebenfalls die an die Aussetzung anknüpfenden Regelungen des Absatzes 1 Nummer 2, 3 und 4."

I. Verlängerung des Aussetzungszeitraumes bis zum 31.12.2020 (Abs. 4)

Die Regelung in § 2 Abs. 4 folgt der gem. § 1 Abs. 2 nachträglich in das Gesetz eingefügten Verlängerung der Aussetzung der Insolvenzantragspflicht wegen Überschuldung im Zeitraum vom 1.10.2020 bis zum 31.12.2020.

J. Verlängerung des Aussetzungszeitraumes bis zum 30.4.2021 (Abs. 5)

17   Die Regelung in § 2 Abs. 5 folgt der gem. § 1 Abs. 3 nachträglich in das Gesetz eingefügten Verlängerung der Aussetzung der Insolvenzantragspflicht bis zum 30.4.2021 für Schuldner, die im Zeitraum vom 1.11.2020 bis zum 28.2.2021 einen Antrag auf die Gewährung finanzieller Hilfeleistungen im Rahmen staatlicher Hilfsprogramme zur Abmilderung der Folgen der COVID-19-Pandemie gestellt haben.

§ 3 Eröffnungsgrund bei Gläubigerinsolvenzanträgen

Bei zwischen dem 28. März 2020 und dem 28. Juni 2020 gestellten Gläubigerinsolvenzanträgen setzt die Eröffnung des Insolvenzverfahrens voraus, dass der Eröffnungsgrund bereits am 1. März 2020 vorlag.

1   Diese Regelung flankiert die Aufhebung der Insolvenzantragspflicht nach § 1 Abs. 1 zum Schutz der betroffenen Unternehmen vor Einflussnahme durch Gläubiger.

2   Nach der Gesetzesbegründung soll durch diese Regelung für einen Zeitraum von drei Monaten verhindert werden, dass von der COVID-19-Pandemie betroffene Unternehmen, die am 1.3.2020 noch nicht insolvent waren, durch Gläubigerinsolvenzanträge in ein Insolvenzverfahren gezwungen werden können. Hierdurch wird zum einen die vorübergehende Aussetzung der Insolvenzantragspflicht durch die Unternehmen selbst flankiert, zum anderen soll dem Umstand Rechnung getragen werden, dass mit Hilfe von Hilfs- und Stabilisierungsmaßnahmen und sonstiger Sanierungs- oder Finanzierungsmaßnahmen die Insolvenzreife rasch wieder beseitigt werden kann.

3   Die Regelung gilt nicht für außerhalb der InsO geregelte Antragsrechte der Bundesanstalt für Finanzdienstleistungsaufsicht und zuständigen Aufsichtsbehörden, insbesondere für Antragsrechte nach § 46b Abs. 1 KWG und § 312 Abs. 1 VAG.

4   Nach dem Wortlaut der Vorschrift sind nur Anträge ausgeschlossen, bei denen am Tag nach der Verkündung dieses Gesetzes noch nicht über die Eröffnung des Verfahrens entschieden worden ist. Früher gestellte Gläubigeranträge bleiben zulässig.

5   In der Praxis stellt sich nun die Frage, wie die Glaubhaftmachung der Insolvenzreife zum oder vor dem 1.3.2020 erfolgen kann. Grundsätzlich gelten hierfür ebenfalls die allgemeinen Regelungen (§ 14 InsO). In den aufgrund ihrer Fallzahl bedeutsamen Fällen der Anträge durch Sozialversicherungsträger, welche meist auf sechsmonatige Zahlungsrückstände verweisen, ist die Berücksichtigung dieses Zeitraums als Indiz für Zahlungsunfähigkeit im Sinne der Rechtsprechung des BGH (NZI 2006, 591) streitig.

6   Das AG Darmstadt lässt aufgrund des Schutzzwecks der pandemiebedingten Norm diese Zeiträume nicht bei der Glaubhaftmachung mitgelten (NZI 2021, 431). Das AG Ludwigshafen (NZI 2021, 673) hingegen hält schon aufgrund der strafbewehrten Sanktion des § 266a StGB das Vorliegen einer bloßen Zahlungsunwilligkeit für unwahrscheinlich, jedenfalls dann, wenn gegenläufige Indizien, die etwa in einem Bestreiten der nichterfüllten Forderungen des Sozialversicherungsträgers liegen können, vom Schuldner nicht vorgetragen werden. Richtig ist, dass in den Fällen, in welchen die Nichtzahlung der Beiträge bereits in Zeiträumen vor dem 1.3.2020 liegt, der Insolvenzgrund der Unfähigkeit zur Zahlung aller Verbindlichkeiten bereits vor dem Stichtag liegt. Dennoch war die gesetzliche Regelung des § 3 COVInsAG zum Schutz der Unternehmen vor Liquiditätslücken in jenem Zeitraum gedacht, sodass die Auffassung des AG Darmstadt nicht von der Hand zu weisen ist. Jedenfalls müssten weitere Indizien vorgetragen werden, die auf eine Zahlungsunfähigkeit vor dem 1.3.2020 schließen lassen.

7   Ob betroffene Unternehmen ihrerseits nicht dennoch in der Antragspflicht sind bzw. waren und einen Eigenantrag stellen sollten, ist hingegen eine ganz andere Frage.

§ 4 Prognosezeitraum für die Überschuldungsprüfung

¹Abweichend von § 19 Absatz 2 Satz 1 der Insolvenzordnung ist zwischen dem 1. Januar 2021 und dem 31. Dezember 2021 anstelle des Zeitraums von zwölf Monaten ein Zeitraum von vier Monaten zugrunde zu legen, wenn die Überschuldung des Schuldners auf die COVID-19-Pandemie zurückzuführen ist. ²Dies wird vermutet, wenn
1. der Schuldner am 31. Dezember 2019 nicht zahlungsunfähig war,
2. der Schuldner in dem letzten, vor dem 1. Januar 2020 abgeschlossenen Geschäftsjahr ein positives Ergebnis aus der gewöhnlichen Geschäftstätigkeit erwirtschaftet hat und

3. der Umsatz aus der gewöhnlichen Geschäftstätigkeit im Kalenderjahr 2020 im Vergleich zum Vorjahr um mehr als 30 Prozent eingebrochen ist.

Die Begründung des Gesetzes lautet im Regierungsentwurf vom 14.10.2020: „Infolge der wirtschaftlichen Auswirkungen der COVID-19-Pandemie und der zur Eindämmung dieser Pandemie ergriffenen Maßnahmen hat eine Vielzahl von Unternehmen erhebliche Umsatzeinbrüche zu verzeichnen. Für viele dieser Unternehmen bestehen zudem erhebliche Prognoseunsicherheiten. Um möglichst zu verhindern, dass Insolvenzanträge allein aufgrund der Prognoseunsicherheiten gestellt werden müssen, sieht § 4 COVInsAG-E für die Prüfung der Fortführungsprognose des § 19 Absatz 2 Satz 1 InsO eine Verkürzung des Prognosezeitraums vor. Wenn der Schuldner zum 31. Dezember 2019 nicht zahlungsunfähig war (Nummer 1), in dem letzten, vor dem 1. Januar 2020 abgeschlossenen Geschäftsjahr ein positives Ergebnis aus der gewöhnlichen Geschäftstätigkeit erwirtschaftet hat (Nummer 2) und der Umsatz aus der gewöhnlichen Geschäftstätigkeit im Kalenderjahr 2020 im Vergleich zum Vorjahr um mehr als 40 vom Hundert eingebrochen ist (Nummer 3) verkürzt sich der Prognosezeitraum auf vier Monate. Dies soll aber nur vorübergehend bis zu einer zu erwartenden Normalisierung der wirtschaftlichen Lage gelten; deshalb wird die Regelung bis zum 31. Dezember 2021 befristet." In der ab dem 1.1.2021 geltenden Fassung des § 4 ist im Vergleich zum Regierungsentwurf der Umsatzeinbruch von 40 % auf 30 % abgesenkt worden, was eine weitere Erleichterung für die Betroffenen darstellen soll.

Die Vorschrift ist im engen Zusammenhang mit § 19 InsO zu verstehen und modifiziert letztlich „nur" den dort geregelten Prognosezeitraum, weshalb zunächst auf die dortige Kommentierung verwiesen wird (→ InsO § 19 Rn. 16).

Von Bedeutung für die potenziell antragsverpflichtete Person ist, dass im Zeitpunkt des jeweiligen Stichtages die Voraussetzungen des § 4 S. 2 Nr. 1–3 kumulativ vorliegen müssen und er dies jeweils belegen können muss. Es handelt sich bei § 4 um eine gesetzliche Vermutung, welche unter Umständen zu einem späteren Zeitpunkt auch widerlegt werden kann, wenn sich etwa herausstellt, dass das Geschäftsmodell des Rechtsträgers unabhängig von der Pandemie untauglich war.

Weiterhin wird durch die Vorschrift auch unter Berücksichtigung des kurzen Zeitraums für die Bestimmung der Fortbestehensprognose der jeweilige Rechtsträger gezwungen, eine valide Finanzplanung aufzubauen und zu dokumentieren, diese ist aufgrund des kurzen Prognosezeitraums de facto monatlich fortzuschreiben. Prognostisch wird der jeweilige Verpflichtete zu beachten haben, dass die Regelung befristet ist: Per 31.12.2021 reicht eine positive Fortbestehensprognose bis zum 30.4.2022, am 1.1.2022 muss die positive Fortbestehensprognose aber schon wieder bis zum 31.12.2022 positiv sein. Überschuldete Unternehmen erhalten also einen nun definierten Zeitraum, in welchem sie ihre während der Pandemie aufgelaufenen Verluste und die daraus resultierenden ggf. kurzfristigen Finanzverbindlichkeiten ordnen und langfristig strukturieren können, insbesondere ihre Finanzplanung auf die aktuellen Umstände einstellen können. Umgekehrt steigt mit dieser Regelung die Gefahr weiter an, dass Unternehmen mit überholtem Geschäftsmodell und die vielzitierten „Zombies" künstlich am Leben erhalten bleiben, wie auch evident das Risiko besteht, dass Unternehmen, welche sich auf der Regelung „ausruhen", am 1.1.2022 durch den dann wieder längerfristigen Prognosezeitraum schlagartig in die Insolvenz katapultiert werden.

§ 5 Anwendung des bisherigen Rechts

(1) Auf Eigenverwaltungsverfahren, die zwischen dem 1. Januar 2021 und dem 31. Dezember 2021 beantragt werden, sind, soweit in den folgenden Absätzen und § 6 nichts anderes bestimmt ist, die §§ 270 bis 285 der Insolvenzordnung in der bis zum 31. Dezember 2020 geltenden Fassung weiter anzuwenden, wenn die Zahlungsunfähigkeit oder Überschuldung des Schuldners auf die COVID-19-Pandemie zurückzuführen ist.

(2) ¹Die Insolvenzreife gilt als auf die COVID-19-Pandemie zurückführbar, wenn der Schuldner eine von einem in Insolvenzsachen erfahrenen Steuerberater, Wirtschaftsprüfer oder Rechtsanwalt oder einer Person mit vergleichbarer Qualifikation ausgestellte Bescheinigung vorlegt, aus der sich ergibt, dass
1. der Schuldner am 31. Dezember 2019 weder zahlungsunfähig noch überschuldet war,
2. der Schuldner in dem letzten vor dem 1. Januar 2020 abgeschlossenen Geschäftsjahr ein positives Ergebnis aus der gewöhnlichen Geschäftstätigkeit erwirtschaftet hat und

3. der Umsatz aus der gewöhnlichen Geschäftstätigkeit im Kalenderjahr 2020 im Vergleich zum Vorjahr um mehr als 30 Prozent eingebrochen ist.

²Satz 1 gilt entsprechend, wenn die nach Satz 1 Nummer 2 und 3 zu bescheinigenden Voraussetzungen zwar nicht oder nicht vollständig vorliegen, aus der Bescheinigung jedoch hervorgeht, dass aufgrund von Besonderheiten, die im Schuldner oder in der Branche, der er angehört, begründet sind oder aufgrund sonstiger Umstände oder Verhältnisse, dennoch davon ausgegangen werden kann, dass die Insolvenzreife auf die COVID-19-Pandemie zurückzuführen ist.

(3) ¹Die Insolvenzreife gilt auch als auf die COVID-19-Pandemie zurückführbar, wenn der Schuldner im Eröffnungsantrag darlegt, dass keine Verbindlichkeiten bestehen, die am 31. Dezember 2019 bereits fällig und zu diesem Zeitpunkt noch nicht bestritten waren. ²Die Erklärung zur Richtigkeit und Vollständigkeit der Angaben nach § 13 Absatz 1 Satz 7 der Insolvenzordnung muss sich auch auf die Angaben nach Satz 1 beziehen.

(4) Erlangt das Gericht Kenntnis davon, dass die Zahlungsunfähigkeit oder Überschuldung des Schuldners nicht auf die Auswirkungen der COVID-19-Pandemie zurückzuführen ist, kann es auch aus diesem Grund
1. anstelle des vorläufigen Sachwalters einen vorläufigen Insolvenzverwalter bestellen,
2. die Anordnung nach § 270b Absatz 1 der Insolvenzordnung in der bis zum 31. Dezember 2020 geltenden Fassung vor Ablauf der Frist aufheben, oder
3. die Anordnung der Eigenverwaltung aufheben.

(5) Ordnet das Gericht die vorläufige Eigenverwaltung oder Eigenverwaltung an, kann es zugleich anordnen, dass Verfügungen des Schuldners der Zustimmung durch den vorläufigen Sachwalter oder den Sachwalter bedürfen.

(6) Die Annahme von Nachteilen für die Gläubiger kann nicht allein darauf gestützt werden, dass der Schuldner keine Vorkehrungen zur Sicherstellung seiner Fähigkeit zur Erfüllung insolvenzrechtlicher Pflichten getroffen hat.

(7) ¹Ordnet das Gericht die vorläufige Eigenverwaltung oder Eigenverwaltung an, so ist die Insolvenzrechtliche Vergütungsverordnung in der bis zum 31. Dezember 2020 geltenden Fassung anzuwenden. ²Dies gilt auch, wenn die vorläufige Eigenverwaltung oder Eigenverwaltung aufgehoben wird.

Überblick

Die Vorschrift des § 5 wurde als Übergangsregelung eingeführt, um Unternehmen, die durch die COVID-19-Pandemie in eine finanzielle Notlage geraten sind, zeitweilig weiterhin den erleichterten Zugang zur Eigenverwaltung nach den bis zum 31.12.2020 geltenden Vorschriften zu gewähren (→ Rn. 2). Die Anwendung der alten Eigenverwaltungsvorschriften wird für Anträge bis zum 31.12.2021 (→ Rn. 3 f.) unter der Voraussetzung angeordnet, dass die Zahlungsunfähigkeit oder Überschuldung (→ Rn. 6 f.) auf die Pandemie zurückzuführen ist (→ Rn. 8). Die Rückführbarkeit wird fingiert (→ Rn. 9), wenn die in Abs. 2 bezeichneten Sachverhalte (→ Rn. 10 ff.) von einer qualifizierten Person (→ Rn. 17) bescheinigt werden. Soweit die Anforderungen nach Abs. 2 S. 1 Nr. 2 und 3 nicht oder nur teilweise vorliegen, kann sich der Pandemiebezug auch aus sonstigen Umständen ergeben (→ Rn. 14 ff.). Im Vergleich zur Bescheinigung nach § 270d Abs. 1 S. 1 InsO stellt § 5 Abs. 2 geringere Anforderungen an den Inhalt der Bescheinigung (→ Rn. 18 ff.). Gemäß Abs. 3 wird der Pandemiebezug auch fingiert, wenn der Schuldner im Eröffnungsantrag darlegt, dass keine Verbindlichkeiten bestehen, die am 31.12.2019 bereits fällig und zu diesem Zeitpunkt noch nicht bestritten waren (→ Rn. 24 ff.). Die Darlegung ist durch den Schuldner zu versichern (→ Rn. 28 ff.). Stellt sich im Nachhinein heraus, dass die Insolvenzreife nicht auf der COVID-19-Pandemie beruhte, kann das Insolvenzgericht gem. Abs. 4 die vorläufige Eigenverwaltung aufheben und einen vorläufigen Insolvenzverwalter bestellen (→ Rn. 30 ff.). Zum Schutz der Gläubiger kann das Gericht gem. Abs. 5 einen Zustimmungsvorbehalt anordnen (→ Rn. 35 ff.). Gemäß Abs. 6 kann die Nachteilsprognose nach § 270 Abs. 2 Nr. 2 aF nicht alleine darauf gestützt werden, dass der Schuldner keine Vorkehrungen zur Sicherstellung seiner Fähigkeit zur Erfüllung insolvenzrechtlicher Pflichten getroffen hat (→ Rn. 38 ff.). Abs. 7 trifft eine Regelung zur Vergütung (→ Rn. 41).

Übersicht

	Rn.		Rn.
A. Allgemeines	1	5. Fiktionswirkung	21
B. Fortgeltung der InsO in der bis zum 31.12.2020 geltenden Fassung	2	II. Darlegung im Eröffnungsantrag (Abs. 3)	24
C. Rückführbarkeit der Insolvenzreife auf die COVID-19-Pandemie	9	D. Entscheidungen des Insolvenzgerichts bei fehlendem Pandemiebezug	30
I. Bescheinigung (Abs. 2)	9	E. Anordnung eines Zustimmungsvorbehalts (Abs. 5)	35
1. Inhalt der Bescheinigung im Regelfall	10	F. Regelung zur Nachteilsprognose (Abs. 6)	38
2. Erlaubte Abweichungen vom Regelinhalt	14	G. Geltung der insolvenzrechtlichen Vergütungsordnung in der Fassung vom 31.12.2020	41
3. Person des Ausstellers	17		
4. Begründung	18		

A. Allgemeines

Mit dem SanInsFoG wurde die Eigenverwaltung neu konzipiert. Insbesondere wurden die Anordnungsvoraussetzungen in formeller und materieller Hinsicht angehoben (→ InsO § 270 Rn. 3). In der politischen Diskussion führte dies zu Befürchtungen, das Instrument der Eigenverwaltung könne unter den Bedingungen der COVID-19-Pandemie insbesondere von kleinen und mittleren Unternehmen nicht mehr im wünschenswerten Umfang in Anspruch genommen werden. Auch wurde die Eignung des StaRUG für die Sanierung von KMUs bezweifelt. Dementsprechend sollen nach § 5 die bislang geltenden Regelungen für einen Übergangszeitraum für solche Unternehmen fortgelten, deren Insolvenz auf den Auswirkungen der COVID-19-Pandemie beruht (vgl. Bericht des Ausschusses für Recht und Verbraucherschutz zu dem Gesetzesentwurf SanInsFoG, BT-Drs. 19/25353, 15). Die §§ 5 f. greifen einen Vorschlag des VID für ein COVID-Schutzschirmverfahren auf (COVID-Schutzschirmverfahren: Erleichterter Zugang für KMU und Inhabergeführte Unternehmen, www.vid.de/initiativen/COVID-Schutzschirmverfahren: Erleichterter Zugang für KMU und inhabergeführte Unternehmen – VID, abgerufen am 3.2.2021). **1**

B. Fortgeltung der InsO in der bis zum 31.12.2020 geltenden Fassung

Gemäß Abs. 1 sind auf zwischen dem 1.1.2021 und 31.12.2021 beantragte Eigenverwaltungsverfahren grundsätzlich weiterhin die bis zum 31.12.2020 geltenden Regelungen der §§ 270–285 InsO anzuwenden, wenn die Zahlungsunfähigkeit oder Überschuldung des Schuldners auf die COVID-19-Pandemie zurückzuführen ist. Abweichungen zum alten Recht der Eigenverwaltung ergeben sich aus §§ 5 f. („soweit in den folgenden Absätzen und § 6 nichts anderes bestimmt ist"). **2**

Voraussetzung der Anwendung der alten Eigenverwaltungsvorschriften ist somit zunächst die Stellung eines Eigenverwaltungsantrags „zwischen" dem 1.1.2021 und dem 31.12.2021. Der Wortlaut scheint nahe zu legen, dass bei Antragstellung am 1.1.2021 oder am 31.12.2021 das neue Recht anzuwenden sei. Das wäre jedenfalls bei am 1.1.2021 gestellten Anträgen ersichtlich unsinnig. Die Formulierung sollte dementsprechend korrigierend als Bezugnahme auf das gesamte Kalenderjahr 2021 verstanden werden. **3**

Bei der Auslegung der Vorschrift muss berücksichtigt werden, dass sie unter großem Zeitdruck erst auf Empfehlung des Rechtsausschusses vom 16.12.2020 (BT-Drs. 19/25353, 15 f.) in das SanInsFoG aufgenommen wurde. Für redaktionellen Feinschliff war angesichts des geplanten Inkrafttretens des SanInsFoG zum 1.1.2021 keine Zeit. **3.1**

Da Abs. 1 umfassend auf die §§ 270–285 InsO aF verweist, muss der Eigenverwaltungsantrag den im Vergleich zu § 270a InsO deutlich geringeren formellen und materiellen Anforderungen des § 270 InsO aF entsprechen. Die nach § 270a InsO erforderliche Eigenverwaltungsplanung und weiteren Erklärungen müssen nicht vorgelegt werden. **4**

Für die Einhaltung der Frist kommt es auf die Stellung des Eigenverwaltungsantrags an. Liegt zB bis 31.12.2021 zunächst nur ein Eröffnungsantrag vor, muss ein am 1.1.2022 oder danach gestellter Eigenverwaltungsantrag den Anforderungen des § 270a InsO genügen. **5**

Abs. 1 verlangt, dass Zahlungsunfähigkeit oder Überschuldung vorliegen. Dementsprechend steht der erleichterte Zugang zur Eigenverwaltung nicht offen, wenn lediglich drohende Zahlungs- **6**

COVInsAG § 5

unfähigkeit vorliegt, ohne dass zugleich Überschuldung eingetreten ist. Maßgeblich sind insoweit die Regelungen der §§ 18 f. InsO in der Fassung des SanInsFoG. Aufgrund der nunmehr abgestuften Prognosezeiträume in § 18 Abs. 1 InsO (24 Monate) und § 19 Abs. 1 InsO (12 Monate) hat die Unterscheidung erhebliche praktische Bedeutung.

7 Wird der Eigenverwaltungsantrag nicht bei bereits eingetretener Zahlungsunfähigkeit gestellt, muss er zwingend Ausführungen zum Vorliegen der Überschuldung enthalten. Während im Rahmen des Eröffnungsantrags im Allgemeinen die Darlegung von Umständen ausreicht, aus denen sich auf einen entsprechenden Eröffnungsgrund schließen lässt, wird man für den erleichterten Eigenverwaltungsantrag erhöhte Anforderungen stellen müssen. Ausweislich des Gesetzeswortlauts sollten (nur) drohend zahlungsunfähige Schuldner nicht in den Genuss des erleichterten Zugangs zur Eigenverwaltung kommen. Dementsprechend kann eine aussagekräftige Darlegung der Überschuldung gefordert werden.

8 Weiterhin muss die Zahlungsunfähigkeit oder Überschuldung des Schuldners auf die COVID-19-Pandemie zurückzuführen sein. Die Rückführbarkeit auf die COVID-19-Pandemie ist in Abs. 2 und 3 näher geregelt. Beide Absätze bestimmen Voraussetzungen, unter denen die Rückführbarkeit qua gesetzlicher Fiktion zugunsten des antragstellenden Schuldners angenommen wird. Die Regelungen in Abs. 2 und 3 dienen dazu, pandemiebetroffenen Schuldnern einen planbaren und sicheren Zugang zur Eigenverwaltung zu ermöglichen. Das schließt dem Wortlaut nach nicht aus, die Rückführbarkeit aus anderen Umständen herzuleiten.

8.1 Welcher Maßstab außerhalb der Abs. 2 und 3 an den Nachweis der Rückführbarkeit anzulegen ist, lässt sich weder dem Gesetzeswortlaut noch der Gesetzesbegründung verlässlich entnehmen. Abs. 2 scheint mit den Anforderungen auf S. 1 einen eher strikten Maßstab nahezulegen. Dies wird indes durch Abs. 2 S. 2 relativiert, der Abweichungen von den in Abs. 2 S. 1 Nr. 2 und Nr. 3 aufgestellten Anforderungen im Einzelfall erlaubt (→ Rn. 14 ff.). Nimmt man zudem Abs. 3 in den Blick, so erscheint die Liquidität des Schuldners per 31.12.2019 als zentrales Kriterium. War der Schuldner zu diesem Zeitpunkt zweifelsfrei liquide, wird sich regelmäßig die Rückführbarkeit der später eingetretenen Zahlungsunfähigkeit und Überschuldung auf die Pandemie begründen lassen. Ausgeschlossen sind dann wie bei § 1 im Wesentlichen die Fälle, bei denen die Pandemie nicht zumindest mitursächlich für die Insolvenzreife ist (vgl. Uhlenbruck/Hirte § 1 Rn. 23; Nerlich/Römermann § 1 Rn. 27 f.; einschränkend → § 1 Rn. 6).

8.2 Gemäß Abs. 1 hängt die Anwendung des alten Rechts davon ab, ob die Insolvenzreife objektiv auf die COVID-19-Pandemie zurückzuführen ist. Der Schuldner kann jedenfalls nach dem Gesetzeswortlaut nicht zum neuen Recht optieren. Unter dieser Prämisse richtet sich das Verfahren bei hinreichendem Pandemiebezug auch dann nach altem Recht, wenn der Schuldner einen den Anforderungen des § 270a entsprechenden Eigenverwaltungsantrag stellt und sich nicht auf die Fiktionswirkung nach Abs. 2 und Abs. 3 beruft. Folgt man dieser Auffassung (vgl. Blankenburg ZInsO 2021, 753 (754); Seagon NZI-Beil. 1/2021, 12 (13)), so muss das Gericht bereits zu Beginn des Verfahrens die Rückführbarkeit der Insolvenzreife auf die COVID-19-Pandemie von Amts wegen prüfen, was das Verfahren mit Kosten und zeitlichen Verzögerungen belasten kann (vgl. Blankenburg ZInsO 2021, 753 (754)). Angesichts dieser für die Praxis misslichen Konsequenzen und mit Blick auf den Gesetzeszweck liegt es nahe, dem Schuldner im Wege korrigierender Auslegung die Option zum neuen Recht zu gestatten. Da die Eintrittsschwelle zur Eigenverwaltung nach neuem Recht höher liegt, dürfte diese Lösung (ungeachtet möglicher Kosteneffekte für das Verfahren; vgl. Blankenburg ZInsO 2021, 753 (754)) im Einklang mit dem wohlverstandenen Interesse der Gläubiger stehen.

C. Rückführbarkeit der Insolvenzreife auf die COVID-19-Pandemie

I. Bescheinigung (Abs. 2)

9 Abs. 2 enthält zugunsten des Schuldners eine Fiktion der Rückführbarkeit der Zahlungsunfähigkeit oder Überschuldung auf die COVID-19-Pandemie. Voraussetzung ist die Vorlage einer den Vorgaben des Abs. 2 entsprechenden Bescheinigung.

1. Inhalt der Bescheinigung im Regelfall

10 Der Inhalt der Bescheinigung ist gesetzlich vorgegeben. Er entspricht den Voraussetzungen in § 4, bei deren Vorliegen pandemiebetroffene Schuldner im Rahmen der Überschuldungsprüfung einen auf vier Monate verkürzten Prognosezeitraum zugrunde legen dürfen.

11 Erforderlich ist zunächst, dass der Schuldner am 31.12.2019 **weder zahlungsunfähig noch überschuldet** war (Abs. 2 S. 1 Nr. 1). Das geht über die Vermutungsregel des § 1 Abs. 1 S. 3 sowie die Voraussetzung für die Verkürzung des Prognosezeitraums gem. § 4 S. 2 Nr. 1 hinaus.

Anwendung des bisherigen Rechts   § 5 COVInsAG

Zusätzlich zur fehlenden Zahlungsunfähigkeit per 31.12.2019 muss bescheinigt werden, dass auch keine Überschuldung vorlag. Die dem Negativtestat zugrundeliegende Prüfung muss grundsätzlich den Anforderungen genügen, die auch sonst im Rahmen der Begutachtung von Insolvenzgründen anzulegen sind. Begriff und Ermittlung der Zahlungsunfähigkeit sowie der Überschuldung richten sich nach § 17 InsO bzw. § 19 InsO.

Im Unterschied zum Schutzschirmverfahren bezieht sich die Bescheinigung auf einen im Zeitpunkt der Antragstellung weit zurückliegenden Zeitpunkt. Pandemiebetroffene Schuldner, die in 2021 vom erleichterten Zugang zur Eigenverwaltung Gebrauch machen wollen, werden vielfach einen testierten Jahresabschluss zum 31.12.2019 oder zu einem späteren Stichtag vorlegen können. Auch wenn der handelsrechtliche Going Concern-Begriff mit dem der Fortbestehensprognose nicht deckungsgleich ist (vgl. BGH NJW 2017, 1611 Rn. 26 ff.), wird es mitunter möglich sein, bereits anhand des Jahresabschlusses, ggf. unter Hinzuziehung des Prüfungsberichts, feststellen zu können, dass der Schuldner am 31.12.2019 weder zahlungsunfähig noch überschuldet war. In solchen eindeutigen Fällen mag eine zusätzliche Prüfung der Zahlungsfähigkeit und fehlenden Überschuldung nach insolvenzrechtlichen Grundsätzen mit Rückbezug auf den 31.12.2019 entbehrlich sein.   11.1

Weiterhin muss bescheinigt werden, dass der Schuldner in dem letzten vor dem 1.1.2020 abgeschlossenen Geschäftsjahr ein positives Ergebnis aus der gewöhnlichen Geschäftstätigkeit erwirtschaftet hat (Abs. 2 S. 1 Nr. 2). Das entspricht der Regelung in § 4 S. 2 Nr. 2. Was mit „gewöhnlicher Geschäftstätigkeit" gemeint ist, ist im Gesetz nicht definiert. Richtig dürfte es sein, unter Rückgriff auf bilanzielle Kategorien den bilanziellen Ertrag aus der gewöhnlichen Geschäftstätigkeit (also ohne außerordentliches Ergebnis) vor Steueraufwand als Bezugsgröße zu nehmen (vgl. Blankenburg ZInsO 2021, 753).   12

Schließlich muss im Kalenderjahr 2020 ein Umsatzeinbruch im Vergleich zum Vorjahr um mehr als 30 % vorliegen. Das entspricht der Regelung in § 4 S. 2 Nr. 3. Für den Umsatzvergleich kommt es somit nicht auf das Geschäftsjahr, sondern auf die Entwicklung im Kalenderjahr 2020 im Vergleich zum Kalenderjahr 2019 an. Bezugsgröße ist der Umsatz aus der gewöhnlichen Geschäftstätigkeit. Sondereffekte sind somit jeweils herauszurechnen.   13

2. Erlaubte Abweichungen vom Regelinhalt

Nach Abs. 2 S. 2 kann die Bescheinigung auch dann die Fiktionswirkung auslösen, wenn die Voraussetzungen nach S. 1 Nr. 2 und 3 nicht oder nicht vollständig vorliegen. Erforderlich ist aber, dass aufgrund besonderer Umstände oder Verhältnisse davon ausgegangen werden kann, dass die Insolvenzreife auf die COVID-19-Pandemie zurückzuführen ist. Exemplarisch nennt das Gesetz Besonderheiten in der Person des Schuldners oder der Branche, der er angehört. Da aber auch alle sonstigen Umstände oder Verhältnisse berücksichtigt werden können, ist ein weiter Anwendungsbereich eröffnet.   14

Im Anwendungsbereich des Abs. 2 S. 2 stellt sich in besonderer Schärfe die Frage, welcher Verursachungsbeitrag ausreicht, um die Rückführbarkeit der Insolvenzreife auf die Pandemie zu begründen. Wie bei § 1 Abs. 1 S. 3 spricht – auch in Anbetracht der Regelung in Abs. 3 – vieles dafür, dass eine Mitursächlichkeit der Pandemie ausreicht (vgl. → § 1 Rn. 6 f. zu den Abgrenzungsfragen), jedenfalls sofern der Pandemieeffekt nicht ersichtlich marginal ist (ähnlich Morgen/Arends ZIP 2021, 447 (453)).   15

Insbesondere Umstände und Verhältnisse mit konkretem Pandemiebezug (zB COVID-19-Erkranungen, Lockdown-Anordnungen, Grenzschließungen) können zu berücksichtigen sein, wenn diese sich konkret auf den Geschäftsbetrieb des Schuldners auswirken (Auftragsverluste, Umsatzausfälle in 2021 und daraus resultierende Insolvenzreife etc). Haben solche Auswirkungen jedoch nur einen geringen Anteil am Eintritt an der Insolvenzreife, sollte der vereinfachte Zugang zur Eigenverwaltung nicht gewährt werden. Denn Sinn des § 5 ist es nicht, Krisenunternehmen generell bis zum 31.12.2021 von den Anforderungen des § 270a InsO in der seit dem 1.1.2021 geltenden Fassung freizustellen.   15.1

Abs. 2 S. 2 erlaubt insbesondere Start-ups und Wachstumsunternehmen den erleichterten Zugang zur Eigenverwaltung in Fällen, in denen die Voraussetzungen des Abs. 3 nicht erfüllt sind. Bei Start-ups und generell auf Wachstum ausgerichteten Geschäftsmodellen ist es nicht ungewöhnlich, dass im letzten abgelaufenen Geschäftsjahr vor dem 1.1.2020 kein positives Ergebnis aus der gewöhnlichen Geschäftstätigkeit erwirtschaftet wurde, auch wenn das Geschäftsmodell völlig intakt ist. Auch kann es sein, dass durch Zukäufe oder organisches Wachstum der Umsatz des Kalenderjahres 2020 nicht mit dem des 2019 vergleichbar ist. Dann mag das 30 %-Kriterium des Abs. 2 S. 1 Nr. 3 verfehlt werden, obwohl der Umsatz ggf. massiv durch die Pandemie beein-   16 flusst wurde. Nicht zu verkennen ist, dass Abs. 2 S. 2 in der Rechtsanwendung Fragen aufwirft, insbesondere nach der Kontrolltiefe einer gerichtlichen Prüfung. Die Intention des Gesetzgebers spricht insoweit für eine großzügige Handhabung, zumal die Gerichte kaum mehr als eine Missbrauchskontrolle werden leisten können (vgl. Blankenburg ZInsO 2021, 753 (754)).

3. Person des Ausstellers

17   Was die Person des Ausstellers der Bescheinigung betrifft, entspricht der Gesetzeswortlaut dem des § 270d Abs. 1 S. 1 InsO. Es liegt daher nahe, die zu § 270d InsO (bzw. § 270b InsO aF) etablierten Kriterien (→ InsO § 270d Rn. 35 ff.) auch bei § 5 Abs. 2 anzuwenden (so Blankenburg ZInsO 2021, 753). Fraglich ist aber, ob hinsichtlich der erforderlichen Insolvenzerfahrung derselbe strenge Maßstab anzulegen ist und insbesondere eine mehrjährige praktische Tätigkeit in Unternehmenssanierungen verlangt werden sollte (→ InsO § 270d Rn. 41). Zwar verlangt § 5 Abs. 2 wie § 270d Abs. 1 S. 1 InsO eine Beurteilung der Insolvenzgründe. Nicht verlangt ist jedoch eine Beurteilung der Sanierungsaussichten. Dafür sind mit Abs. 2 S. Nr. 2 und 3 sowie insbesondere iRd S. 2 Fragen zu begutachten, die keinen spezifischen Insolvenzbezug aufweisen; um zu beurteilen, ob und wie sich die COVID-19-Pandemie auf das Geschäftsmodell ausgewirkt hat, bedarf es keiner spezifischen Sanierungserfahrung. Das spricht dafür, einen weniger strengen Maßstab als bei § 270d InsO anzulegen.

4. Begründung

18   § 270d Abs. 1 S. 1 InsO verlangt für die Anordnung des Schutzschirms eine „mit Gründen versehene Bescheinigung". Dass Abs. 2 seinem Wortlaut nach keine Mitteilung von Gründen verlangt, weist darauf hin, dass im Vergleich zur Bescheinigung nach § 270d Abs. 1 S. 1 InsO geringere Anforderungen an den Inhalt der Bescheinigung zu stellen sind.

19   Für die Bescheinigung der Regelvoraussetzungen (Abs. 2 S. 1 Nr. 1–3) wird dementsprechend in der Regel kein umfangreiches Gutachten zu fordern sein. Ein hinreichendes Maß an Substantiierung wird man dennoch fordern müssen, schon um keinen Anreiz für eine missbräuchliche Erschleichung der Eigenverwaltung zu geben.

19.1   Durch den Verzicht auf die Beifügung von Gründen bringt der Gesetzgeber zum Ausdruck, dass er den Zugang zur erleichterten Eigenverwaltung entsprechend der Zwecksetzung nicht von zu hohen Hürden abhängig machen will. Damit mag ein erhöhtes Missbrauchsrisiko einhergehen, welches aber akzeptabel erscheint, da das Gericht vor Anordnung der vorläufigen Eigenverwaltung die Voraussetzungen des § 270a aF InsO zu prüfen hat. Weiteren Schutz bietet die Bestellung des vorläufigen Sachwalters, was in Kombination mit den Möglichkeiten des Abs. 4 die Gläubiger in der Regel ausreichend schützen sollte.

20   Soll die Rückführbarkeit der Pandemie in der Bescheinigung auf die Ausnahmeregelung des Abs. 2 S. 2 gestützt werden, müssen die Besonderheiten, die im konkreten Fall die Rückführbarkeit der Insolvenzreife auf die COVID-19-Pandemie begründen, nachvollziehbar dargelegt werden. Zudem muss dargestellt werden, ob und wie die relevanten Umstände und Verhältnisse im Einzelfall zur Insolvenzreife beigetragen haben. Die Darstellung muss dem Gericht im Wege einer Plausibilitätskontrolle („davon ausgegangen werden kann") ermöglichen die Rückführbarkeit der Insolvenzreife auf die Pandemie nachzuvollziehen.

5. Fiktionswirkung

21   Die Fiktionswirkung des Abs. 2 S. 1 tritt ein, wenn die in Nr. 1–3 aufgeführten Voraussetzungen tatsächlich vorliegen (arg. ex S. 2) und sich dies aus der Bescheinigung ergibt.

22   Die Fiktionswirkung des Abs. 2 S. 2 tritt ein, wenn die Voraussetzung des Abs. 2 S. 1 Nr. 1 tatsächlich vorliegt und sich dies aus der Bescheinigung ergibt und zudem das Gericht zu dem Schluss kommt, dass die Rückführbarkeit der Insolvenzreife auf die Pandemie aufgrund sonstiger Umstände oder Verhältnisse hinreichend plausibel dargelegt ist.

23   Wurde der Antrag auf Eigenverwaltung rechtzeitig gestellt, hat die Fiktion zur Folge, dass das Gericht die Voraussetzungen für die Anordnung der vorläufigen Eigenverwaltung bzw. des Schutzschirms nach §§ 270a f. InsO aF prüft. Liegen die Anordnungsvoraussetzungen nicht vor, wird das Gericht einen vorläufigen Insolvenzverwalter bestellen. Ein vorheriger Hinweis muss gegeben werden, wenn der Antrag bei drohender Zahlungsunfähigkeit gestellt wurde (§ 270a Abs. 2 InsO aF). Dies gilt nicht, wenn schon bei Antragstellung zugleich Überschuldung vorliegt (→ InsO 2012 aF § 270a Rn. 76).

II. Darlegung im Eröffnungsantrag (Abs. 3)

Die Rückführbarkeit der Insolvenzreife auf die COVID-19-Pandemie wird gem. Abs. 3 fingiert, wenn der Schuldner im Eröffnungsantrag auch darlegt und versichert, dass keine Verbindlichkeiten bestehen, die am 31.12.2019 bereits fällig und zu diesem Zeitpunkt noch nicht bestritten waren.

Voraussetzung ist zunächst eine Darlegung des Schuldners im Eröffnungsantrag. Das Gesetz macht keine Vorgaben dazu, wie die Darlegung zu erfolgen hat und welche Anforderungen an den Umfang und die Darstellung zu stellen sind. Der Wortlaut deutet zunächst darauf hin, dass mehr als eine bloße Negativerklärung des Schuldners verlangt wird. Dafür spricht auch, dass der Schuldner die Richtigkeit und Vollständigkeit der „Angaben nach Satz 1" ergänzend zu versichern hat (Abs. 3 S. 2). Wäre für Abs. 3 S. 1 eine Negativerklärung genügend, hätte es ausgereicht, lediglich eine Versicherung des Schuldners zu verlangen.

Allerdings sind an die Darlegung nach Abs. 3 S. 1 auch mit Blick auf das Anliegen des Gesetzgebers keine überzogenen Anforderungen zu stellen. Der Schuldner muss zwar nach § 13 Abs. 1 S. 3 ein Verzeichnis seiner Gläubiger und ihrer Forderungen beifügen. Das Verzeichnis muss jedoch keine Angaben zu Fälligkeiten der Forderungen enthalten (vgl. → InsO § 13 Rn. 28a; Uhlenbruck/Wegener § 13 Rn. 100). Wird das Verzeichnis um Angaben zur Fälligkeit der Forderung ergänzt, genügt dies entsprechend dem Vorschlag des VDI zum COVID-Schutzschirmverfahren (vgl. Ziff. III. des VDI-Konzeptpapiers, www.vid.de/wp-content/uploads/2020/11/VID-Konzeptpapier_COVID-Schutzschirmverfahren.pdf, abgerufen am 3.2.2021) für die Darlegung nach Abs. 3 S. 1. Da der Gesetzgeber jedoch keine entsprechende Obliegenheit vorgesehen hat, ist die Vorlage eines um die Fälligkeiten (aller Forderungen) ergänzten Verzeichnisses nicht verlangt. Bestehen keine Forderungen, die am 31.12.2019 fällig waren und im Zeitpunkt der Antragstellung noch unbezahlt sind, dürfte in der Regel eine (beschreibende) Darstellung des Bestandes der per 31.12.2019 fälligen Verbindlichkeiten und Ausführungen zu deren Erfüllung im Zeitraum bis zur Antragstellung genügen.

Die Darlegung nach Abs. 3 S. 1 kann auch durch Vorlage geeigneter Bescheinigungen oder Erklärungen erfolgen, welche beispielsweise durch den Steuerberater des Schuldners ausgestellt werden können, sofern dieser über ausreichenden Einblick in die Verhältnisse des Schuldners verfügt. Abs. 3 S. 1 verlangt nicht, dass der die Erklärung abgebende Dritte vom Schuldner unabhängig ist. Erforderlich und ausreichend ist, dass der Schuldner sich die Erklärung zu eigen macht, wenn er den Antrag darauf stützen will.

Sind Forderungen, die am 31.12.2019 bereits fällig waren, im Zeitpunkt der Antragstellung noch offen, muss der Schuldner darlegen, dass die Forderungen bereits zum 31.12.2019 bestritten waren. Hiermit ist gemeint, dass der Schuldner die Berechtigung der gegen ihn gerichteten Forderung gerichtlich oder außergerichtlich in Abrede gestellt hat (aA Blankenburg ZInsO 2021, 753 (754)). Die Nichterfüllung fälliger unstreitiger Verbindlichkeiten für einen Zeitraum von mehr als einem Jahr ist ein starkes Indiz dafür, dass sich der Schuldner bereits vor der Pandemie in einer Krise befand. In diesem Fall soll die Zugangsmöglichkeit des Abs. 3 nicht gegeben sein, sondern der Schuldner muss die Rückführbarkeit der Zahlungsunfähigkeit oder Überschuldung durch die Pandemie anderweitig belegen. Dementsprechend werden regelmäßig detaillierte Angaben zum Grund und Zeitpunkt des Bestreitens der Forderung zu verlangen sein.

Abs. 3 S. 2 ordnet an, dass der Schuldner die Richtigkeit und Vollständigkeit seiner Darstellung nach Abs. 3 S. 1 zu versichern hat. Rechtstechnisch geschieht dies durch Erweiterung des Umfangs der in § 13 Abs. 1 S. 7 InsO für die Stellung eines wirksamen Eröffnungsantrags verlangten Versicherung.

Das ist insofern bemerkenswert, als eine fehlerhafte Versicherung nach § 13 Abs. 1 S. 7 InsO grundsätzlich zur Folge hat, dass der Eröffnungsantrag nicht richtig gestellt ist. Das kann die Strafbarkeit der den Antrag stellenden Geschäftsleiter begründen (§ 15a Abs. 4 Nr. 2 InsO), wenn der Eröffnungsantrag deswegen rechtskräftig als unzulässig zurückgewiesen wird (§ 15a Abs. 6 InsO). Die Unzulässigkeit des Eröffnungsantrags droht, sofern der Mangel gravierend ist und der Schuldner ihn nicht innerhalb der vom Insolvenzgericht gesetzten Frist (§ 13 Abs. 3 InsO) behebt (vgl. Uhlenbruck/Wegener § 13 Rn. 136).

Die Regelung erscheint missglückt. Anlass für die Erweiterung des Inhalts der Erklärung nach § 13 Abs. 1 S. 7 InsO ist der Wunsch des Schuldners nach vereinfachtem Zugang zur Eigenverwaltung. Eine unzureichende Darstellung nach Abs. 3 S. 1 hat zur Folge, dass die gesetzliche Fiktion nicht greift, weswegen die (vorläufige) Eigenverwaltung ggf. versagt werden kann. Warum dann der Eröffnungsantrag unzulässig sein sollte, erschließt sich nicht. Jedenfalls wird man den Eröffnungsantrag als zulässig behandeln müssen, wenn der Schuldner nachträglich auf die Darstellung nach Abs. 3 S. 1 verzichtet. Richtig erscheint es auch, dem Schuldner zu gestatten, die Darstellung nach Abs. 3 S. 1 nachträglich zu korrigieren oder ggf. ganz nachzuschieben (vgl. Blankenburg ZInsO 2021, 753 (754)).

D. Entscheidungen des Insolvenzgerichts bei fehlendem Pandemiebezug

30 Der Gesetzgeber hat mit den Regelungen in Abs. 2 und 3 einen bewusst niedrigschwelligen Zugang zur Eigenverwaltung geschaffen. Um Missbrauch entgegenzuwirken, erlaubt Abs. 4 den Übergang ins Regelverfahren, wenn sich im Nachhinein herausstellt, dass die Insolvenzreife nicht auf die Auswirkungen der COVID-19-Pandemie zurückzuführen ist.

31 Das Gericht kann dann insbesondere statt des vorläufigen Sachwalters einen vorläufigen Insolvenzverwalter bestellen, die Anordnung nach § 270b Abs. 1 InsO aF vorzeitig aufheben oder die Anordnung der Eigenverwaltung aufheben. Die Regelungen treten gem. Abs. 1 neben die allgemeinen Vorschriften der §§ 270 ff. InsO aF.

32 Für die Anordnung nach Abs. 4 muss das Gericht „Kenntnis" davon erlangen, dass die Zahlungsunfähigkeit oder Überschuldung des Schuldners nicht auf die Auswirkungen der COVID-19-Pandemie zurückzuführen ist. Bloße Verdachtsmomente reichen also nicht aus. Sollten dem Gericht allerdings verdächtige Umstände bekannt werden, ist es gehalten, diesen im Rahmen seiner Amtsermittlung (§ 5 InsO) nachzugehen.

33 Der Übergang zum Regelverfahren ist insbesondere dann möglich, wenn sich die Bescheinigung nach Abs. 2 S. 1 als inhaltlich falsch erweist, deswegen die Fiktionswirkung nicht eintritt (→ Rn. 21) und das Gericht nicht anhand anderer Umstände die Feststellung treffen kann, dass die Insolvenzreife auf die COVID-19-Pandemie zurückzuführen ist (→ Rn. 14). Gleiches gilt, wenn sich nachträglich herausstellt, dass entgegen der Darlegung und Versicherung des Schuldners die Voraussetzungen des Abs. 3 bei Antragstellung nicht gegeben waren.

33.1 Da Abs. 4 neben die allgemeinen Regelungen tritt („auch"), kann das Gericht die vorläufige Eigenverwaltung auch dann beenden, wenn sich die Anordnung der Eigenverwaltung als nachteilig für die Gläubiger erweist. Das kommt insbesondere in Betracht, wenn die Bescheinigung nach Abs. 2 oder der Darlegung nach Abs. 3 auf (vorsätzlich) fehlerhaften Angaben beruht (→ InsO 2012 aF § 270 Rn. 33). Der Übergang zum Regelverfahren nach den allgemeinen Vorschriften ist in diesem Fall auch dann nicht ausgeschlossen, wenn die Insolvenzreife trotz der fehlerhaften Angaben auf die COVID-19-Pandemie zurückzuführen ist.

34 Dem Gericht ist hinsichtlich der in Abs. 4 bezeichneten Entscheidungen Ermessen eingeräumt. In der Regel sprechen fehlerhafte Angaben in der Bescheinigung (Abs. 2) oder im Antrag (Abs. 3) gegen die Beibehaltung der Eigenverwaltung, insbesondere wenn sie die Annahme nahelegen, dass der Schuldner zugleich die Voraussetzungen für eine von ihm in Anspruch genommene Aussetzung der Insolvenzantragspflicht verkannt hat. Gleiches gilt erst recht bei vorsätzlicher Insolvenzverschleppung (vgl. Morgen/Arends ZIP 2021, 447 (454 f.)). Dennoch bleibt die Beibehaltung der (vorläufigen) Eigenverwaltung in Fällen möglich, in denen Vorteile für die Gläubiger zu erwarten oder zumindest keine Nachteile zu befürchten sind, zumal wenn die Gläubiger (mehrheitlich) die Eigenverwaltung befürworten.

E. Anordnung eines Zustimmungsvorbehalts (Abs. 5)

35 Nach der Neukonzeption der Eigenverwaltung durch das SanInsFoG muss der Schuldner gem. § 270a Abs. 1 Nr. 4 InsO in der dem Eigenverwaltungsantrag beizufügenden Eigenverwaltungsplanung die Vorkehrungen darstellen, die er getroffen hat, um seine Fähigkeit sicherzustellen, die insolvenzrechtlichen Pflichten zu erfüllen. Bereits nach der alten Rechtslage begründete das Fehlen entsprechender Vorkehrungen in aller Regel die Gefahr von Nachteilen für die Gläubiger (§ 270 Abs. 2 Nr. 2 InsO aF, → InsO 2012 aF § 270 Rn. 35) und führte zur Versagung oder Aufhebung der (vorläufigen) Eigenverwaltung. Im Rahmen des § 5 darf der Schuldner die Eigenverwaltung auch dann einleiten, wenn er die Erfüllung der insolvenzrechtlichen Pflichten weder selbst noch durch sachkundige Beratung sicherstellt (vgl. Abs. 6).

36 Um der Gefahr von Nachteilen für die Gläubiger durch die COVID-Eigenverwaltung vorzubeugen, gibt Abs. 5 dem Gericht die Möglichkeit, anzuordnen, dass Verfügungen des Schuldners der Zustimmung durch den vorläufigen Sachwalter oder den Sachwalter bedürfen.

37 Die Anordnung des Zustimmungsvorbehalts steht im pflichtgemäßen Ermessen des Gerichts. Sofern der Schuldner nicht sachkundig beraten ist, dürfte sich das Ermessen in aller Regel auf Null reduzieren. Insbesondere für diese Konstellation ist der Zustimmungsvorbehalt gedacht (vgl. Bericht des Ausschusses für Recht und Verbraucherschutz zu dem Gesetzesentwurf SanInsFoG, BT-Drs. 19/25353, 16). Seine Anordnung ist allerdings nicht auf diese Konstellation beschränkt.

F. Regelung zur Nachteilsprognose (Abs. 6)

Gemäß Abs. 6 kann die Annahme von Nachteilen für die Gläubiger (§ 270 Abs. 2 Nr. 2 InsO aF) nicht allein darauf gestützt werden, dass der Schuldner keine Vorkehrungen zur Sicherstellung seiner Fähigkeit zur Erfüllung insolvenzrechtlicher Pflichten getroffen hat. 38

Hintergrund der Regelung dürfte der Wunsch des Gesetzgebers sein, die COVID-Eigenverwaltung auch für KMUs attraktiv zu machen. Gerade bei kleinen Unternehmen stellen die für eine professionelle Durchführung der Eigenverwaltung anfallenden Beraterkosten oft eine erhebliche Hürde dar. (Zu) hohe Beraterkosten können im Rahmen der Nachteilsprüfung der Anordnung der (vorläufigen) Eigenverwaltung entgegenstehen (→ InsO 2012 aF § 270 Rn. 31.1 f.). 39

Abs. 6 befreit den Schuldner allerdings nur davon, sich professionell beraten zu lassen (dazu zweifelnd Morgen/Arends ZIP 2021, 447 (453)). Die insolvenzspezifischen Verpflichtungen muss er dennoch – selbstverständlich – erfüllen. Der Gesetzgeber lässt offen, wie der Schuldner dies ohne Beratung in Anspruch zu nehmen bewerkstelligen soll. Allerdings legt die Regelung des Abs. 5 nahe, dass dem (vorläufigen) Sachwalter die Aufgabe zukommen soll, entsprechende Defizite auszugleichen (vgl. Ellers DB 2021, M21; ebenso Blankenburg ZInsO 2021, 753 (754)). Dies entspricht auch der Konzeption des vom VID vorgeschlagenen COVID-Schutzschirmverfahrens (vgl. Ziff. III. des VDI-Konzeptpapiers, www.vid.de/wp-content/uploads/2020/11/VID-Konzeptpapier_COVID-Schutzschirmverfahren.pdf, abgerufen am 3.2.2021). Der Gesetzgeber hat mit § 274 Abs. 2 S. 2 InsO eine Möglichkeit geschaffen, dem (vorläufigen) Sachwalter weitere Aufgaben zuzuweisen. Diese Vorschrift ist allerdings in Abs. 1 gerade nicht in Bezug genommen. Zur Anwendung gelangt man nur, wenn man Abs. 5 und 6 so versteht, dass sie in Hinblick auf die Rolle des (vorläufigen) Sachwalters iSd Abs. 1 „etwas anderes bestimmen", nämlich die Anwendung des § 274 Abs. 2 S. 2 InsO in der seit dem 1.1.2021 geltenden Fassung. Angesichts der Rechtsprechung des BGH zum begrenzten Aufgabenumfang des (vorläufigen) Sachwalters und den an die Aufgabenzuweisung anknüpfenden Vergütungsfolgen (→ InsO 2012 aF § 270 Rn. 70.1) sollte § 274 Abs. 2 S. 2 InsO auf die COVID-Eigenverwaltung angewendet werden. 40

G. Geltung der insolvenzrechtlichen Vergütungsordnung in der Fassung vom 31.12.2020

Gemäß Abs. 7 ist bei Anordnung der (vorläufigen) COVID-Eigenverwaltung die Insolvenzrechtliche Vergütungsverordnung in der Fassung vom 31.12.2020 anzuwenden. Gemäß S. 2 gilt dies auch bei einer nachfolgenden Aufhebung der vorläufigen Eigenverwaltung oder Eigenverwaltung. Damit wird erreicht, dass das Gericht nicht unterschiedliche Regelungen für die Festsetzungen zugrunde legen muss (vgl. Bericht des Ausschusses für Recht und Verbraucherschutz zu dem Gesetzesentwurf SanInsFoG, BT-Drs. 19/25353, 16). Vgl. dazu auch → InsVV § 12a Rn. 35. 41

§ 6 Erleichterter Zugang zum Schutzschirmverfahren

¹Die Zahlungsunfähigkeit eines Schuldners steht der Anwendung des § 270b der Insolvenzordnung in der bis zum 31. Dezember 2020 geltenden Fassung bei einem zwischen dem 1. Januar 2021 und dem 31. Dezember 2021 gestellten Insolvenzantrag nicht entgegen, wenn in der Bescheinigung nach § 270b Absatz 1 Satz 3 der Insolvenzordnung in der bis zum 31. Dezember 2020 geltenden Fassung auch bestätigt wird, dass
1. der Schuldner am 31. Dezember 2019 nicht zahlungsunfähig war,
2. der Schuldner in dem letzten, vor dem 1. Januar 2020 abgeschlossenen Geschäftsjahr ein positives Ergebnis aus der gewöhnlichen Geschäftstätigkeit erwirtschaftet hat und
3. der Umsatz aus der gewöhnlichen Geschäftstätigkeit im Kalenderjahr 2020 im Vergleich zum Vorjahr um mehr als 30 Prozent eingebrochen ist.
²Satz 1 gilt entsprechend, wenn die nach Satz 1 Nummer 2 und 3 zu bescheinigenden Voraussetzungen zwar nicht oder nicht vollständig vorliegen, aus der Bescheinigung jedoch hervorgeht, dass aufgrund von Besonderheiten, die im Schuldner oder in der Branche, der er angehört, begründet sind oder aufgrund sonstiger Umstände oder Verhältnisse, dennoch davon ausgegangen werden kann, dass die Zahlungsunfähigkeit auf die COVID-19-Pandemie zurückzuführen ist. ³§ 5 Absatz 7 gilt entsprechend.

COVInsAG § 6

Überblick

§ 6 regelt aufbauend auf § 5 den erleichterten Zugang zum Schutzschirmverfahren für pandemiebetroffene Schuldner (→ Rn. 1 f.). Gemäß S. 1 steht dem Zugang zum Schutzschirmverfahren die eingetretene Zahlungsunfähigkeit nicht entgegen (→ Rn. 3), wenn der Schuldner im Kalenderjahr 2021 Insolvenzantrag stellt (→ Rn. 4 f.) und die nach § 270b Abs. 1 InsO aF vorzulegende Bescheinigung (→ Rn. 6) neben dem Eintritt der Zahlungsunfähigkeit und bestehender Sanierungsaussichten (→ Rn. 7 f.) das Vorliegen der in S. 1 Nr. 1–3 genannten Kriterien bestätigt, wobei die nach S. 1 Nr. 2 und 3 zu bescheinigenden Sachverhalte substituiert werden können (→ Rn. 9 ff.). Soweit § 6 keine abweichenden Regelungen trifft, gelten gem. § 5 die §§ 270 ff. InsO aF (→ Rn. 14 f.). Gemäß S. 3 gilt entsprechend § 5 Abs. 7 die insolvenzrechtliche Vergütungsordnung in der bis zum 31.12.2020 geltenden Fassung (→ Rn. 16).

A. Allgemeines

1 Die Regelung des § 6 basiert auf § 5 RegE, der Regelungen für einen erleichterten Zugang zur Eigenverwaltung und zum Schutzschirm in der Fassung des SanInsFoG vorsah. Im Zuge des Gesetzgebungsverfahrens wurde die Regelung für den erleichterten Zugang zur Eigenverwaltung auf die Beschlussempfehlung des Ausschusses für Recht und Verbraucherschutz vom 16.12.2020 (BT-Drs. 19/25353) hin umgestaltet. Für den erleichterten Zugang zur Eigenverwaltung gilt § 5. Der erleichterte Zugang zum Schutzschirm ist mit § 6 in einer eigenen Vorschrift geregelt worden.

2 Die Regelung trägt dem Umstand Rechnung, dass durch die COVID-19-Pandemie in den besonders hart betroffenen Branchen Unternehmen oft gänzlich unverschuldet in die Zahlungsunfähigkeit geraten. Der Gesetzgeber sieht in diesen Fällen in der eingetretenen Zahlungsunfähigkeit kein Indiz für ein unsachgemäßes Krisenmanagement. Jedenfalls sei der Eintritt der Zahlungsunfähigkeit nicht per se geeignet, das Vertrauen in die Bereitschaft und Fähigkeit des Schuldners in Frage zu stellen, die Geschäftsführung an den Interessen der Gläubigerschaft auszurichten. Daher soll in diesen Fällen auch der Zugang zum Schutzschirmverfahren nicht am Vorliegen einer Zahlungsunfähigkeit scheitern (vgl. RegE SanInsFoG, BT-Drs. 19/24181, 218).

B. Zugang zum Schutzschirmverfahren bei Zahlungsunfähigkeit

3 § 6 erlaubt es pandemiebetroffenen Schuldnern, trotz bereits eingetretener Zahlungsunfähigkeit ein Schutzschirmverfahren nach den Regelungen des § 270b InsO aF zu beantragen („COVID-Schutzschirm"). Dafür muss der Antrag den in § 6 normierten Voraussetzungen genügen.

I. Antragstellung in 2021

4 § 6 verlangt die Stellung eines Insolvenzantrags zwischen dem 1.1.2021 und dem 31.12.2021. Wie bei § 5 ist dies als Bezugnahme auf das Kalenderjahr 2021 zu lesen (→ § 5 Rn. 3), sodass die Vorschrift auch bei Antragstellung am ersten und letzten Tag des Kalenderjahres greift.

5 Maßgeblich ist ausweislich des Gesetzeswortlauts die Stellung eines Insolvenzantrags. Damit weicht die Vorschrift von § 5 Abs. 1 ab, der den Eigenverwaltungsantrag in Bezug nimmt. Da der Schutzschirm in der Praxis regelmäßig zusammen mit einem Eigenantrag des Schuldners gestellt wird, dürfte die unterschiedliche Anknüpfung kaum praktisch werden.

II. Bescheinigung nach § 270b InsO aF

6 Der Schuldner muss eine Bescheinigung nach § 270b InsO aF vorlegen. Die Bescheinigung muss von einem Aussteller stammen, der die in § 270b Abs. 1 S. 3 InsO aF aufgestellten Anforderungen erfüllt (→ InsO 2012 aF § 270b Rn. 26 ff.). Die Anforderungen an den Inhalt der Bescheinigung wird durch § 6 in mehrfacher Hinsicht modifiziert.

1. Bescheinigung der Insolvenzreife und Sanierungsaussichten

7 Gemäß § 270b Abs. 1 S. 3 InsO aF muss sich aus der Bescheinigung ergeben, dass drohende Zahlungsunfähigkeit oder Überschuldung, aber keine Zahlungsunfähigkeit vorliegt. Da § 6 die Anordnung des Schutzschirmverfahrens auch bei bereits eingetretener Zahlungsunfähigkeit erlaubt, genügt es, dass sich aus der Bescheinigung dieser Umstand ergibt.

8 Auch wenn der Schutzschirm damit unabhängig davon angeordnet werden kann, welche Insolvenzgründe vorliegen, kann in der Bescheinigung nicht auf deren Darstellung verzichtet werden. Das folgt schon daraus, dass die Bescheinigung eine Aussage zur Sanierungsfähigkeit enthalten

muss. Die Sanierungsaussichten lassen sich aber nur auf Grundlage des vorgelegten Sanierungskonzepts beurteilen. Da die Erstellung eines sachgerechten Sanierungskonzepts wiederum zwingend eine Analyse der Krisenursachen und des Krisenstadiums erfordert (vgl. die Anforderungen des IDW S6 an Sanierungskonzepte; BGH NZI 2016, 636, insbesondere Rn. 15 und Rn. 18), muss die nach § 6 iVm § 270b Abs. 1 S. 3 InsO aF vorzulegende Bescheinigung hierzu zwingend Aussagen enthalten. Dies ist Grundlage für die gebotene Definition von Maßnahmen zur Vermeidung oder Beseitigung der (drohenden) Insolvenzreife (BGH NZI 2016, 636, insbesondere Rn. 15 und Rn. 18).

2. Bescheinigung der besonderen Zugangsvoraussetzungen

Die besonderen Zugangsvoraussetzungen zum COVID-Schutzschirm sind für den Regelfall in S. 1 Nr. 1–3 normiert. S. 2 erlaubt dabei Abweichungen von Nr. 2 und Nr. 3, wenn dies aufgrund besonderer Umstände gerechtfertigt ist. Die Regelung entspricht inhaltlich weitgehend der des § 5 Abs. 2. **9**

Nach S. 1 Nr. 1 muss die Bescheinigung bestätigen, dass der Schuldner am 31.12.2019 nicht zahlungsunfähig war. Eine am 31.12.2019 bestehende Überschuldung scheint der Anwendung des § 270b InsO aF dem Wortlaut nach nicht entgegenzustehen. Jedenfalls muss ihr Nichtvorliegen nicht (zwingend) bescheinigt werden. **10**

Nr. 2 und Nr. 3 entsprechen § 5 Abs. 2 S. 1 Nr. 2 (→ § 5 Rn. 12) und § 5 Abs. 2 S. 1 Nr. 3 (→ § 5 Rn. 13). **11**

S. 2 entspricht inhaltlich der Regelung in § 5 Abs. 2 S. 2. Der Zugang zum COVID-Schutzschirm steht somit auch pandemiebetroffenen Schuldnern offen, bei denen die Regelvoraussetzungen des S. 1 Nr. 2 und Nr. 3 ganz oder teilweise nicht vorliegen (→ § 5 Rn. 14). **12**

§ 6 verweist pauschal auf § 270b InsO aF und gibt vor, dass die Voraussetzungen der Nr. 1–3 „in der Bescheinigung nach § 270b Absatz 1 Satz 3 der Insolvenzordnung in der bis zum 31. Dezember 2020 geltenden Fassung" zu bestätigen sind. Damit wird zum Ausdruck gebracht, dass für die Voraussetzungen der Nr. 1–3 auch das Begründungserfordernis des § 270b Abs. 1 S. 3 InsO aF gilt. Das impliziert eine im Vergleich zu § 5 Abs. 2 erhöhte Anforderung an die Substantiierung der Bescheinigung. Darauf, dass die Anforderungen bei § 6 gegenüber § 5 Abs. 2 erhöht sind, weist auch der Umstand hin, dass die Bescheinigung bei § 6 das Vorliegen der Voraussetzungen „bestätigen" muss. Bei § 5 Abs. 2 genügt es, wenn sich das Vorliegen der Voraussetzungen aus der Bescheinigung „ergibt". **13**

C. Verhältnis zu § 5

§ 6 bestimmt, dass die eingetretene Zahlungsunfähigkeit der Anwendung des § 270b InsO aF nicht entgegensteht. Daraus folgt noch nicht, dass § 270b InsO aF anzuwenden ist. Die Anwendbarkeit des § 270b InsO aF ergibt sich vielmehr aus § 5, der diese nämlich durch Verweis auf die §§ 270–285 InsO aF anordnet, sofern die in § 5 normierten Voraussetzungen vorliegen. **14**

Da § 5 Abs. 2 Nr. 1 zusätzlich zur Bescheinigung der Zahlungsfähigkeit am 31.12.2019 eine Negativaussage verlangt, wonach am 31.12.2019 keine Überschuldung vorlag, werden die Voraussetzungen des § 5 Abs. 1 durch die Bescheinigung nach § 6 iVm § 270b InsO aF nicht automatisch nachgewiesen. Der Nachweis ist aber dann geführt, wenn in die Bescheinigung eine ausdrückliche Bestätigung des Nichtvorliegens der Überschuldung am 31.12.2019 aufgenommen wird. Ebenfalls reicht es aus, wenn sich auch ohne eine ausdrückliche Aussage das Nichtvorliegen der Überschuldung aus dem Inhalt der Bescheinigung ergibt. Denn hinsichtlich des Negativtestats muss die Bescheinigung nur die geringeren Anforderungen des § 5 Abs. 2 erfüllen. Nach der hier vertretenen Auffassung sollten insoweit keine überspannten Anforderungen an die Bescheinigung gestellt werden (→ § 5 Rn. 18 ff.). **15**

D. Geltung der insolvenzrechtlichen Vergütungsordnung in der Fassung vom 31.12.2020

Die Regelung aus S. 3 ordnet eine entsprechende Geltung des § 5 Abs. 7 an (→ § 5 Rn. 41). Die insolvenzrechtliche Vergütungsordnung findet also auch dann in der bis zum 31.12.2020 geltenden Fassung Anwendung (vgl. → InsVV § 12a Rn. 35), wenn der Schuldner den COVID-Schutzschirm nach § 6 in Anspruch nimmt. **16**

COVInsAG § 7

§ 7 Sicherstellung der Gläubigergleichbehandlung bei Stützungsmaßnahmen anlässlich der COVID-19-Pandemie

¹Der Umstand, dass Forderungen im Zusammenhang mit staatlichen Leistungen stehen, die im Rahmen von staatlichen Programmen zur Bewältigung der COVID-19-Pandemie gewährt wurden, ist für sich allein kein geeignetes Kriterium für die Einbeziehung in den Restrukturierungsplan nach § 8 des Unternehmensstabilisierungs- und -restrukturierungsgesetzes oder die Abgrenzung der Gruppen nach § 9 des Unternehmensstabilisierungs- und -restrukturierungsgesetzes oder § 222 der Insolvenzordnung. ²Staatliche Leistungen im Sinne von Satz 1 sind sämtliche Finanzhilfen einschließlich der Gewährung von Darlehen und die Übernahme einer Bürgschaft, einer Garantie oder eine sonstige Übernahme des Ausfallrisikos bezüglich von Forderungen Dritter, die durch öffentliche Anstalten, Körperschaften oder Rechtsträgern öffentlicher Sondervermögen sowie im Mehrheitsbesitz des Bundes, der Länder oder der Kommunen stehenden Rechtsträger gewährt werden. ³Soweit im Rahmen einer staatlichen Leistung das Ausfallrisiko übernommen worden ist, ist die besicherte Forderung als eine Forderung anzusehen, die nach Satz 1 im Zusammenhang mit staatlichen Leistungen steht.

Überblick

Die Norm schränkt die Behandlung von Forderungen, die in Zusammenhang mit im Rahmen von staatlichen Programmen zur Bewältigung der COVID-19-Pandemie gewährten staatlichen Leistungen stehen, im Rahmen von Restrukturierungs- oder Insolvenzplänen ein.

A. Normzweck

1 § 7 ist Teil einer Reihe von im COVInsAG ausgeführten Regeln zur Bewältigung der COVID-19-Pandemie und schränkt die Behandlung von Forderungen, die in Zusammenhang mit im Rahmen von staatlichen Programmen zur Bewältigung der COVID-19-Pandemie gewährten staatlichen Leistungen stehen, im Rahmen von Restrukturierungs- oder Insolvenzplänen ein.

2 Die Vorschrift wurde nachträglich aufgrund der Beschlussempfehlung des Ausschusses für Recht und Verbraucherschutz (6. Ausschuss) in den Entwurf des SanInsFoG eingefügt (BT-Drs. 19/25303, 140).

3 Der Gesetzgeber befürchtete, dass die anlässlich der COVID-19-Pandemie gewährten staatlichen Hilfen Opfer von gezielten Entschuldungskampagnen werden könnten. Auch aus beihilferechtlicher Sicht sollte daher vermieden werden, dass eine Begünstigung von privaten Gläubigern auf Kosten von öffentlichen Haushalten erfolgt (BT-Drs. 19/25353, 17). Eine derartige Begünstigung könnte etwa dadurch erfolgen, dass den Gruppen mit privaten Gläubigern bessere Konditionen angeboten werden als der Gruppe mit den Gläubigern, die im Zusammenhang mit staatlichen Leistungen stehen.

B. Betroffene Forderungen

4 Im Zuge der COVID-19-Krise haben insbesondere die Kreditanstalt für Wiederaufbau (KfW), der Wirtschaftsstabilisierungsfonds (WSF) sowie Förderbanken und andere Träger von Wirtschaftsförderungsmaßnahmen auf der Ebene der Länder Darlehen und Garantien oder Bürgschaften, also umfangreiche staatliche Stützungsmaßnahmen zur Überwindung der hierdurch bedingten wirtschaftlichen Schwierigkeiten gewährt. Betroffen sind also sowohl die den Hilfsprogrammen entsprechenden Rückzahlungsansprüche als auch Rückforderungen der Hilfen aufgrund ungerechtfertigter Inanspruchnahme.

5 S. 2 konkretisiert die von der Vorschrift betroffenen Forderungen. Hierzu gehören zum einen von der KfW und dem WSF oder den Ländern oder Kommunen gewährte Darlehen und sonstige Finanzhilfen sowie auch Rückforderungen wegen zu Unrecht gezahlter Finanzhilfen oder zu Unrecht erhaltener Vergünstigungen bezüglich Steuern, Abgaben oder Sozialversicherungsleistungen, die im Zusammenhang mit Förderprogrammen zur Bewältigung der wirtschaftlichen Folgen der COVID-19-Pandemie gewährt wurden (BT-Drs. 19/25353, 17).

6 S. 3 stellt klar, dass, soweit der WSF, die KfW, sonstige Förderbanken oder sonstige Rechtsträger der öffentlichen Hand oder im Mehrheitsbesitz der öffentlichen Hand im Zusammenhang mit Förderprogrammen zur Bewältigung der COVID-19-Krise Bürgschaften, Garantien oder ähnliche Sicherheitsleistungen bezüglich von Forderungen abgegeben haben, auch die auf diese Weise

gesicherten Forderungen von Banken und sonstigen Personen der Privatwirtschaft von der Regelung in S. 1 erfasst werden (BT-Drs. 19/25353, 17).

C. Folgen

Nach Abs. 1 S. 1 darf die Qualifikation einer Forderung als Forderung, die in Zusammenhang mit im Rahmen von staatlichen Programmen zur Bewältigung der COVID-19-Pandemie gewährten staatlichen Leistungen steht, kein alleiniges Kriterium für die Auswahl von Planbetroffenen (§ 8 StaRUG) oder für die Einteilung in Gruppen von Restrukturierungsplänen (§ 9 StaRUG) oder von Insolvenzplänen (§ 222 InsO) sein. Die Bildung einer Gruppe nur für derartige Forderungen verstößt aufgrund dieser gesetzlichen Vorgabe gegen zwingende Vorschriften, wodurch die Pläne angreifbar werden: Einem Restrukturierungsplan kann die gerichtliche Bestätigung versagt werden (§ 63 StaRUG) bzw. das Gericht hätte im Vorprüfungstermin einen Hinweis zu erteilen (§ 46 StaRUG), ein Insolvenzplan wäre vom Gericht gem. § 231 InsO von Amts wegen zurückzuweisen.

Zur Vermeidung von Umgehungsversuchen kann auch die Hinzunahme weiterer Abgrenzungskriterien für die Einbeziehung in den Restrukturierungsplan oder für die Gruppenbildung einen Verstoß gegen § 7 dann nicht verhindern, wenn im Ergebnis die Planbetroffenen oder die Gruppe ausschließlich aus Gläubigern entsprechender Forderungen bestehen.

Insolvenzrechtliche Vergütungsverordnung (InsVV)

vom 19. August 1998 (BGBl. I S. 2205), zuletzt geändert durch Artikel 4 des Gesetzes vom 22. Dezember 2020 (BGBl. I S. 3328)

Erster Abschnitt. Vergütung des Insolvenzverwalters

§ 1 Berechnungsgrundlage

(1) ¹Die Vergütung des Insolvenzverwalters wird nach dem Wert der Insolvenzmasse berechnet, auf die sich die Schlußrechnung bezieht. ²Wird das Verfahren nach Bestätigung eines Insolvenzplans aufgehoben oder durch Einstellung vorzeitig beendet, so ist die Vergütung nach dem Schätzwert der Masse zur Zeit der Beendigung des Verfahrens zu berechnen.

(2) Die maßgebliche Masse ist im einzelnen wie folgt zu bestimmen:
1. Massegegenstände, die mit Absonderungsrechten belastet sind, werden berücksichtigt, wenn sie durch den Verwalter verwertet werden. Der Mehrbetrag der Vergütung, der auf diese Gegenstände entfällt, darf jedoch 50 vom Hundert des Betrages nicht übersteigen, der für die Kosten ihrer Feststellung in die Masse geflossen ist. Im übrigen werden die mit Absonderungsrechten belasteten Gegenstände nur insoweit berücksichtigt, als aus ihnen der Masse ein Überschuß zusteht.
2. Werden Aus- und Absonderungsrechte abgefunden, so wird die aus der Masse hierfür gewährte Leistung vom Sachwert der Gegenstände abgezogen, auf die sich diese Rechte erstreckten.
3. Steht einer Forderung eine Gegenforderung gegenüber, so wird lediglich der Überschuß berücksichtigt, der sich bei einer Verrechnung ergibt.
4. Die Kosten des Insolvenzverfahrens und die sonstigen Masseverbindlichkeiten werden nicht abgesetzt. Es gelten jedoch folgende Ausnahmen:
    a) Beträge, die der Verwalter nach § 5 als Vergütung für den Einsatz besonderer Sachkunde erhält, werden abgezogen.
    b) Wird das Unternehmen des Schuldners fortgeführt, so ist nur der Überschuß zu berücksichtigen, der sich nach Abzug der Ausgaben von den Einnahmen ergibt.
5. Ein Vorschuß, der von einer anderen Person als dem Schuldner zur Durchführung des Verfahrens geleistet worden ist, und ein Zuschuß, den ein Dritter zur Erfüllung eines Insolvenzplans oder zum Zweck der Erteilung der Restschuldbefreiung vor Ablauf der Abtretungsfrist geleistet hat, bleiben außer Betracht.

Überblick

Der Insolvenzverwalter hat nach § 63 Abs. 1 S. 1 InsO einen Anspruch auf Vergütung für seine Geschäftsführung und auf Erstattung angemessener Auslagen. Der Regelsatz der Vergütung wird nach dem Wert der Insolvenzmasse zur Zeit der Beendigung des Insolvenzverfahrens ermittelt. Grundsätzlich ist die Berechnungsgrundlage für die Vergütung des Insolvenzverwalters der Wert der Insolvenzmasse, auf die sich die Schlussrechnung des Verwalters gem. § 66 Abs. 1 S. 1 InsO bezieht (§ 1 Abs. 1 S. 1) (→ Rn. 2 ff.). In Ausnahmefällen ist die Berechnungsgrundlage auf zukünftige, sichere Massezuflüsse wie beispielsweise die Umsatzsteuererstattung aus der Verwaltervergütung, zu erweitern (→ Rn. 7 ff.).

Nach § 1 Abs. 1 S. 2 ist bei besonderen Arten der frühzeitigen Verfahrensbeendigung eine Schätzung der Masse als Berechnungsgrundlage vorzunehmen (→ Rn. 11 ff.).

Abs. 2 enthält Regelungen zur Berücksichtigung von mit Aus- und Absonderung belasteten Vermögenswerten (Nr. 1, → Rn. 16 ff. und Nr. 2, → Rn. 23) und zur Bereinigung der für die Berechnungsgrundlage zu berücksichtigenden Masse (Nr. 2–5) (→ Rn. 23 ff.). Masseverbindlichkeiten sind mit Ausnahme der in § 1 Abs. 2 Nr. 4 abschließend aufgeführten Fälle nicht von der Berechnungsgrundlage abzuziehen (→ Rn. 25 ff.).

Die Vergütung richtet sich vornehmlich nach den vom Verwalter erzielten Verwertungserlösen. Der sich nicht auf Verwertungserlöse niederschlagende Bearbeitungsaufwand des Insolvenzverwalters schlägt sich nicht in der Berechnungsgrundlage nieder, kann aber über Zuschläge gem. § 3 abgegolten werden (→ Rn. 1, → Rn. 28).

Erlöse, die als Sondermasse (→ Rn. 36) zu separieren sind, können in die Berechnungsgrundlage mit einbezogen werden (→ Rn. 40).

Der Gegenstandswert für die Gerichtskosten nach § 58 GKG entspricht der Berechnungsgrundlage für die Vergütung des Insolvenzverwalters nach § 1 (→ Rn. 49).

Übersicht

	Rn.		Rn.
A. Anwendungsbereich	1	III. Aufrechenbare Forderungen (Nr. 3)	24
B. Berechnungsgrundlage der Vergütung (Abs. 1)	2	IV. Masseverbindlichkeiten (Nr. 4)	25
I. Grundsatz Schlussrechnung (Abs. 1 S. 1)	2	1. Ausnahme: Vergütung für besondere Sachkunde (Nr. 4a)	26
II. Erweiterung der Berechnungsgrundlage	5	2. Ausnahme: Unternehmensfortführung (Nr. 4b)	28
III. Zeitlich nachlaufende Massezuflüsse	10	V. Vorschüsse und Zuschüsse (Nr. 5)	34
IV. Schätzung bei Insolvenzplan oder vorzeitiger Verfahrensbeendigung	11	D. Sondermasse(n)	36
C. Berechnung der Masse nach Abs. 2	15	I. Definition	36
I. Absonderungsrechte (Nr. 1)	16	II. Vergütung bezogen auf die Sondermasse	40
II. Abfindungen für Aus- und Absonderungsrechte (Nr. 2)	23	E. Gegenstandswert nach § 58 Abs. 1 GKG	49

A. Anwendungsbereich

Die Vorschrift gilt zunächst einmal für den **Insolvenzverwalter** im Regelinsolvenzverfahren. Einen Anspruch auf angemessene Vergütung und Auslagen nach § 63 Abs. 1 S. 1 InsO hat auch der Insolvenzverwalter im Verbraucherinsolvenzverfahren (§ 13 InsVV) sowie der **Treuhänder** nach § 293 InsO (§ 14 InsVV), für die die Vorschrift über § 10 InsVV unmittelbar anwendbar ist. Sie gilt über § 10 InsVV in entsprechender Weise auch für den **vorläufigen Insolvenzverwalter** (§ 63 Abs. 3 S. 1 InsO, § 11 InsVV), auch wenn diesem keine Verwertungskompetenz zukommt (vgl. BGH ZInsO 2016, 1637 (1644); abw. wohl HmbKommInsR/Büttner Rn. 25). Auf den **Sachwalter** im Eigenverwaltungsverfahren (§ 271 Abs. 1 InsO, § 12 InsVV) ist die Vorschrift ebenfalls über § 10 InsVV entsprechend anwendbar (BGH NZI 2016, 1637; aA HmbKommInsR/Büttner Rn. 26). Für den **vorläufigen Sachwalter** (§ 270a Abs. 1 S. 2) ist eine eigene Berechnungsgrundlage nicht erforderlich, da diesem kein eigener, selbstständiger Vergütungsanspruch zusteht. Seine Tätigkeit wird durch einen Zuschlag zur Vergütung des Sachwalters abgegolten, sodass eine einheitliche Vergütung festzusetzen ist; insofern entspricht die Berechnungsgrundlage des vorläufigen Sachwalters derjenigen des Sachwalters (BGH ZInsO 2016, 1637 (1642)). In entsprechender Anwendung – je nach Aufgabenbereich – gilt die Vorschrift auch für den **Sonderinsolvenzverwalter** (→ § 5 Rn. 11 ff.; BGH NZI 2021, 505; ZIP 2015, 1034; BGH ZInsO 2010, 399; NZI 2008, 485 mAnm Frege; Uhlenbruck/Mock InsO § 63 Rn. 12, 13; KPB/Eickmann/Prasser InsVV Vor § 1 Rn. 66); zur Berechnungsgrundlage der Regelvergütung des Sonderinsolvenzverwalters → § 5 Rn. 14.

B. Berechnungsgrundlage der Vergütung (Abs. 1)

I. Grundsatz Schlussrechnung (Abs. 1 S. 1)

Grundlage der Vergütung ist der Wert der Insolvenzmasse zum Zeitpunkt der Verfahrensbeendigung. Dieser Wert ergibt sich grundsätzlich zunächst einmal aus der vom Insolvenzverwalter mit dem Schlussbericht zu erstellenden und mit dem Vergütungsantrag nach § 8 dem Insolvenzgericht einzureichenden **Schlussrechnung**. Diese ist nach § 66 Abs. 1 S. 1 InsO vom Insolvenzverwalter bei jeder Art der Beendigung des Insolvenzverfahrens und mit der Beendigung seines Amtes zu erstellen. Zur Art und Weise der Rechnungslegung enthält die InsO zwar keine Vorgaben, jedoch ist allgemein anerkannt, dass diese einen Tätigkeitsbericht enthält, der die Geschäftsführung umfassend darstellt, sowie eine **Einnahmen-/Überschussrechnung,** in der die gesamten Einnahmen und Ausgaben rechnerisch, chronologisch und in Anlehnung an einen üblichen Kontenplan darzustellen sind, und ein Schlussverzeichnis hinsichtlich der Insolvenzforderungen; eine Schlussbilanz kann ggf. beigefügt werden (vgl. Andres/Leithaus InsO § 66 Rn. 4–7, jeweils mwN). Insofern zählen zur Berechnungsgrundlage alle Vermögenswerte, die zum Zeitpunkt der Beendigung der zu vergütenden Tätigkeit zu dem gesicherten und verwalteten Vermögen gehört haben bzw. gehören (BGH WM 2005, 1663). Dabei richtet sich die Berechnungsgrundlage nicht nach dem am Verfahrensende stehenden Guthabensaldo, sondern dem Wert der Insolvenzmasse, welcher der Verwaltungs- und Verfügungsbefugnis des Verwalters unterliegt oder während des Verfahrens unterlag (BGH WM 2015, 733). Für die Berechnungsgrundlage maßgeblich ist die gesamte Teilungsmasse, die für eine Verteilung an die Insolvenzgläubiger zur Verfügung steht (BGH WM 2017, 1620). Zur Berechnungsgrundlage zählen sämtliche Massezuflüsse, die auch tatsächlich an die Masse ausbezahlt werden und daher die Masse erhöhen (vgl. BGH WM 2015, 617 Rn. 8 mwN). Im Hinblick auf den Tätigkeitsumfang des Insolvenzverwalters ist eine Beschränkung auf solche Massezuflüsse, die tatsächlich zur Verteilung unter die Insolvenzgläubiger kommen, nicht geboten. Zum einen hat der Gesetzgeber davon abgesehen, dass Masseverbindlichkeiten die Berechnungsgrundlage mindern. Gemäß § 1 Abs. 2 Nr. 4 S. 1 InsVV werden die Kosten des Insolvenzverfahrens und die sonstigen Masseverbindlichkeiten nicht abgesetzt. Zum anderen hat der Gesetzgeber ausdrücklich bestimmt, dass eine Begrenzung der Berechnungsgrundlage auf die Höhe der Schulden ausscheidet (BT-Drs. 12/2443, 130). Daraus ergibt sich, dass die tatsächliche Höhe der am Ende des Insolvenzverfahrens erzielten Masse für die Berechnungsgrundlage ausschlaggebend ist; für welche Zwecke die vorhandene Insolvenzmasse einzusetzen ist, ist für die Berechnungsgrundlage regelmäßig unerheblich (BGH WM 2019, 220). Daher erhöht der Erlös aus einem Anfechtungsanspruch auch dann die Berechnungsgrundlage, wenn die bereits ohne diesen Erlös vorhandene Masse ausreicht, um sämtliche gegenüber den Ansprüchen eines Pflichtteilsberechtigten vorrangigen Insolvenzforderungen vollständig aus der Masse zu befriedigen, und der Erlös nicht für die Befriedigung von Ansprüchen eines Pflichtteilsberechtigten verwendet werden darf (BGH NZI 2019, 355; zust. Buck FD-InsR 2019, 414156 und Konen AnwZert InsR 3/2019 Anm. 3 sowie Prasser EWiR 2019, 245 und Wozniak, jurisPR-InsR 8/2019 Anm. 3; BGH WM 2019, 548; zutr. krit. dazu im Hinblick auf die Begrenzung der Berechnungsgrundlage auf die Höhe des zur Befriedigung der Gläubiger erforderlichen Betrags: Blersch EWiR 2019, 405). Ebenso ist eine durch den Schuldner vor Verfahrensbeendigung auf künftige Obliegenheiten der **Wohlverhaltensphase** geleistete **Einmalzahlung** bei der Berechnungsgrundlage zu berücksichtigen (BGH NZI 2021, 190 mAnm Hölken, jurisPR-InsR 6/2021 Anm. 3; BGH WM 2020, 2427). **Pfändbares Arbeitseinkommen** nach § 36 Abs. 1 InsO ist ebenso wie ein **Lottogewinn** oder ein **Nachlasserwerb** zu berücksichtigen (HK-InsO/Keller Rn. 10).

3 Aus der Schlussrechnung ergeben sich die für die Vergütung relevanten **Absonderungsrechte** (vgl. § 1 Abs. 2 Nr. 1). In ihr sind auch die vom Verwalter **delegierten Tätigkeiten** (§ 4 Abs. 1 S. 3) darzustellen und nach § 8 Abs. 2 die dafür gezahlten **Honorare** anzugeben (BGH NZI 2005, 103). Bei Unternehmensfortführungen ist im Hinblick auf § 1 Abs. 2 Nr. 4a eine gesonderte Einnahmen-/Ausgabenrechnung allein bezogen auf die fortführungsbezogenen Ein- und Ausgaben zu erstellen.

4 Die Schlussrechnung bezieht sich dabei auf die **Sollmasse nach § 35 InsO;** unpfändbare Gegenstände iSd § 36 InsO gehören nicht dazu. Ebenso sind der **Aussonderung** nach § 47 InsO unterliegende Gegenstände nicht zu berücksichtigen. In die Schlussrechnung und damit in die Berechnungsgrundlage fließen auch vereinnahmte Beträge aufgrund von **Fehlüberweisungen,** da hier kein Fall durchlaufender Gelder oder rückfließender Beträge vorliegt (BGH NZI 2015, 362 mAnm Budnik); die **rechtsgrundlose Zahlung** eines Drittschuldners auf das vom Insolvenzverwalter eingerichtete Insolvenzsonderkonto führt zu einer Erhöhung der Berechnungsgrundlagen für die Kosten des Insolvenzverfahrens (BGH NZI 2016, 751).

4a Umstritten ist, ob Zahlungen Dritter, mit denen Kosten an die Masse erstattet werden, die zuvor als Masseverbindlichkeiten aus der Insolvenzmasse beglichen worden sind, die Berechnungsgrundlage erhöhen oder als durchlaufende Posten (→ Rn. 4) unberücksichtigt bleiben dürfen (vgl. MüKoInsO/Riedel Rn. 41 ff.; Haarmeyer/Mock InsVV Rn. 86 ff., 98; Zimmer in Zimmer, InsVV, 2. Aufl. 2021, Rn. 45 ff.). Nach Ansicht des BGH stellen jedenfalls Erstattungen von Prozesskosten, welche die Insolvenzmasse verauslagt hat, keine die Berechnungsgrundlage erhöhenden Einnahmen dar, weil der Sachverhalt mit der Ausnahme nach § 1 Abs. 2 Nr. 4 S. 2 lit. b ähnlich sei, wonach nur der Fortführungsüberschuss zu berücksichtigen sei (BGH NZI 2021, 245; zust. Keller EWiR 2021, 119 und Kreft AnwZert InsR 2/2021 Anm. 2; im Ergebnis ebenso Stephan/Riedel, InsVV, 1. Aufl. 2010, Rn. 56 f.; MüKoInsO/Riedel Rn. 41 ff.; Keller Insolvenzverfahren § 3 Rn. 118; Graeber/Graeber Rn. 12; Reck ZInsO 2011, 567 (568); Haarmeyer/Mock InsVV Rn. 98 für Rückerstattungen von zuvor beglichenen Masseverbindlichkeiten; Nerlich/Römermann/Stephan, 2017, Rn. 37 für durchlaufende Gelder). Bereits § 2 Nr. 3 Abs. 2 der Verordnung über die Vergütung des Konkursverwalters, des Vergleichsverwalters, der Mitglieder des Gläubigerausschusses und der Mitglieder des Gläubigerbeirats (VergVO) vom 25.5.1960 (BGBl. I 329) bestimmte, dass wieder eingehende verauslagte Prozess- oder Vollstreckungskosten gegen die verauslagten Kosten verrechnet werden. Der Verordnungsgeber wollte nach Auffassung des BGH die Rechtslage insoweit nicht ändern. Er hat § 2 Nr. 3 Abs. 2 VergVO lediglich deshalb nicht übernommen, weil er es als selbstverständlich angesehen hat, dass von der Masse verauslagte Kosten, die später wieder eingehen, die Berechnungsgrundlage nicht vergrößern können (vgl. Begründung zu § 1 InsVV, abgedruckt bei KPB Anh. II InsVV). Nach der zutreffenden Gegenansicht sind die **Erstattungen von anwaltlichen Prozesskosten (nicht Gerichtskostenerstattungen) als Einnahme ansehen,** welche die Berechnungsgrundlage erhöht (AG Gera NZI 2017, 948 mzustAnm Zimmer; Zimmer in Zimmer, InsVV, 2. Aufl. 2021, Rn. 54; allgemein gegen eine Verrechnung bei durchlaufenden Posten Förster ZInsO 2000, 553). Dem BGH ist im Hinblick auf die Erstattung der verauslagten Gerichtskosten zuzustimmen, nicht jedoch im Hinblick auf die von dem Prozessgegner realisierten Ansprüche Erstattung der Anwaltsgebühren und -auslagen. Denn für deren Erstattung besteht anders als bei der Erstattung der Gerichtsgebühren kein Automatismus; vielmehr muss der Insolvenzverwalter diesen eigenständigen Anspruch erst gesondert geltend machen. Im Falle einer gerichtlichen Auseinandersetzung resultiert er aus der Kostenregelung des § 91 InsO. Außergerichtlich ergibt sich ein Erstattungsanspruch aus dem Schadensersatzrecht in Form von Rechtsverfolgungskosten nach § 249 Abs. 2 S. 1 BGB, als Verzugsschaden nach den §§ 280 Abs. 2, 286 BGB oder als nutzlose Aufwendung nach §§ 311 Abs. 2, 280 Abs. 1 BGB oder Schadenersatzanspruch nach § 122 Abs. 1 BGB. Der Massezufluss erfolgt also erst durch ein Tätigwerden des Insolvenzverwalters (AG Gera NZI 2017, 948 mzustAnm Zimmer). Auch überzeugt die Begründung der Gegenauffassung zur Nichtübernahme des früheren § 2 Nr. 3 S. 3 VergVO in die InsVV nicht, da der Grundsatz des § 1 Abs. 4 S. 1 nur durch Gesetz, nicht aber durch die Begründung der Nichtübernahme einer Vorschrift unter Hinweis auf eine Selbstverständlichkeit eingeschränkt werden kann. Aufgrund des Enumerationsprinzips des § 1 Abs. 2 liegt keine gesetzliche Grundlage für die Nichtberücksichtigung der Erstattungen der Anwaltskosten vor; diese sind daher in die Berechnungsgrundlage einzubeziehen.

II. Erweiterung der Berechnungsgrundlage

In der Schlussrechnung **nicht erfasste Vermögenswerte** sowie nach Einreichung der Schlussrechnung sicher erfolgende, dh sicher zu erwartende Einnahmen können in die Berechnungsgrundlage für die Vergütung mit einzubeziehen sein. Offene, im Antragsverfahren nicht eingezogene Forderungen sind bei der Berechnungsgrundlage des vorläufigen Verwalters zu berücksichtigen (BGH NZI 2007, 138). Mit Absonderungsrechten belastete Gegenstände sind bei der Berechnungsgrundlage für die Vergütung des vorläufigen Verwalters zu berücksichtigen, auch wenn dieser sie nicht verwertet hat (BGH NZI 2013, 183; BGH ZInsO 2013, 630; BGH NZI 2013, 29 mAnm Graeber und Keller EWiR 2013, 61; Keller NZI 2013, 240). Hat der Treuhänder im Verbraucherinsolvenzverfahren das Unternehmen des Schuldners fortgeführt, ist das hierfür erforderliche und vom Treuhänder verwaltete Anlagevermögen bei der Berechnung der Vergütung des Treuhänders der Masse hinzuzurechnen, auch wenn dieses bei Verfahrensbeendigung nicht verwertet wurde (BGH ZVI 2005, 388). In Insolvenzplanverfahren richtet sich die Berechnungsgrundlage nach dem Schätzwert der Insolvenzmasse bei Verfahrensbeendigung, einschließlich der Schadensersatzansprüche gegen Gesellschafter (BGH ZIP 2007, 1330; BGH NZI 2011, 445) und der Ansprüche auf Kapitalaufbringung und -erhaltung (BGH NZI 2012, 315 mAnm Keller; BGH ZInsO 2013, 309).

Sofern der in die Masse fallende **Firmenwert (good will)** (BGH ZIP 2004, 1555) veräußert wird, der Kaufpreis aber nicht ausschließlich in bar an die Masse gezahlt wird, sondern der Erwerber andere werthaltige, finanzielle Verpflichtungen übernimmt, sind diese in die Berechnungsgrundlage einzubeziehen; dies gilt auch bei einer **Beteiligungsveräußerung (share deal),** bei dem Verpflichtungen zur Kapitalausstattung oder Schuldübernahmen beispielsweise hinsichtlich übernommener Darlehensverpflichtungen, Miet- und Leasingverträge, Lieferverträge und auch von Arbeitsverhältnissen „Teil des Kaufpreises" sind (vgl. LG München I NZI 2013, 696 mAnm Keller; HmbKommInsR/Büttner Rn. 14 f.).

In die Berechnungsgrundlage sind auch die nach Einreichung der Schlussrechnung **mit Sicherheit noch zu erwartenden Einnahmen** bis zur Verfahrensaufhebung hinzuzurechnen (BGH ZIP 2006, 486 mAnm Prasser; BGH NZI 2011, 326). Dies gilt insbesondere für die **Umsatzsteu-**

ererstattung, die sich aus dem Vorsteuerabzug hinsichtlich der noch festzusetzenden Vergütung des (vorläufigen) Verwalters ergibt (BGH ZInsO 2007, 1347). Der Verwalter hat die künftige Realisierung der Umsatzsteuererstattung aus der Vergütung bereits in seinem Vergütungsantrag zu berücksichtigen (vgl. BGH ZInsO 2015, 711 (712)). Die Berechnungsgrundlage erhöht sich also um den Betrag der erwarteten Umsatzsteuererstattung aus der Vergütung, die wiederum zu einer erhöhten Berechnungsgrundlage führen würde, was sich endlos fortsetzen würde. Eine **mehrfache Berechnung der Umsatzsteuererstattung** ist allerdings unzulässig (BGH NZI 2015, 388 mAnm Graeber und Zimmer EWiR 2015, 353; Graeber/Graeber § 7 Rn. 27 ff.). Die zu erwartende Umsatzsteuererstattung an die Insolvenzmasse wegen des Vorsteuerabzugs hinsichtlich der festzusetzenden Vergütung des Verwalters im Voraus bei der Berechnungsgrundlage für die Vergütung des Verwalters ist daher nur in der Höhe zu berücksichtigen, die sich aus der ohne Vorsteuererstattung berechneten Vergütung ergibt. Es ist daher nur eine einmalige Umsatzsteuerkorrektur vorzunehmen. Die Erhöhung der Berechnungsgrundlage ist allerdings nur in der Höhe vorzunehmen, in der in dem betreffenden Veranlagungszeitraum (Kalenderjahr) keine umsatzpflichtigen Leistungen vorgelegen haben (BGH ZInsO 2011, 791 ff.).

8   Dient ein Insolvenzverfahren sowohl der Befriedigung von **Verbindlichkeiten** des – zum Vorsteuerabzug berechtigten – **Unternehmens** wie auch der **Befriedigung von Privatverbindlichkeiten** des Unternehmers, ist der Unternehmer aus der Leistung des Insolvenzverwalters grundsätzlich im Verhältnis der unternehmerischen zu den privaten Verbindlichkeiten, die im Insolvenzverfahren jeweils als Insolvenzforderungen geltend gemacht werden, zum **anteiligen Vorsteuerabzug** berechtigt (BFH ZIP 2015, 1237 mAnm Kahlert = NZI 2015, 625 mAnm de Weerth). Diese Vorsteueraufteilung nach § 15 Abs. 4 UStG gilt auch im Nachlassinsolvenzverfahren (BFH NZI 2016, 370–372). Insofern hat der Verwalter die Quote zwischen den betriebsbedingten und den privat veranlassten Verbindlichkeiten anhand der Insolvenztabelle vorzunehmen. Nur mit dieser Quote kann er die Erstattung der auf seine Vergütung und die Auslagen entfallenden Umsatzsteuer beim Finanzamt geltend machen und als erwartete Umsatzsteuererstattung in die Berechnungsgrundlage einstellen.

9   Im Insolvenzverfahren einer **KG**, die ihre Tätigkeit bereits vor Insolvenzeröffnung eingestellt hatte, ist über den Vorsteuerabzug aus der Rechnung des Insolvenzverwalters nach der früheren Unternehmenstätigkeit der KG zu entscheiden, da der Insolvenzverwalter seine Leistung erst mit der Aufhebung des Insolvenzverfahrens erbracht hat. Ein Vorsteuerabzug bereits im Insolvenzverfahren kommt daher nur nach § 15 Abs. 1 Nr. 1 S. 3 UStG in Betracht (BGH NZI 2016, 372–375).

III. Zeitlich nachlaufende Massezuflüsse

10   Die vorstehend (→ Rn. 5 ff.) genannten, vorhersehbaren und sicheren Massezuflüsse sind in die Berechnungsgrundlage für die Vergütung einzubeziehen. Soweit **unvorhergesehene oder unsichere Massezuflüsse** zwar nach Einreichung des Schlussrechnung bzw. des Vergütungsantrags, aber noch **vor der Schlussverteilung** erfolgen, kann die Vergütungsfestsetzung durch das Gericht mit der erhöhten Berechnungsgrundlage **nachträglich ergänzt** werden (BGH ZInsO 2014, 305). **Massezuflüsse zwischen dem Vollzug der Schlussverteilung und der Beendigung des Insolvenzverfahrens** erhöhen die Berechnungsgrundlage der Vergütung des Insolvenzverwalters. Konnten sie bei der bereits erfolgten Festsetzung der Vergütung noch nicht berücksichtigt werden, kann der Insolvenzverwalter eine ergänzende Festsetzung beantragen (BGH NZI 2017, 505). Der nach Einreichung des Vergütungsantrags bei Gericht erfolgende Massezufluss stellt eine neue Tatsache dar, die grundsätzlich eine nachträgliche Festsetzung der Vergütung ermöglicht. Berücksichtigt der Insolvenzverwalter bei seinem ersten Vergütungsantrag sicher zu erwartende, zukünftige Massezuflüsse nicht, führt dies nicht zur Präklusion für einen ergänzenden Festsetzungsantrag (BGH NZI 2017, 822; aA AG Friedberg NZI 2015, 908, das eine **Zweitfestsetzung** der Vergütung aufgrund eines nachträglichen, aber sicher zu erwartenden Massezuflusses abgelehnt hat). Spätere Massezuflüsse, insbesondere nach Aufhebung des Verfahrens, können nur bei einer **Nachtragsverteilung** berücksichtigt und festgesetzt werden (BGH NZI 2014, 238; Zimmer EWiR 2014, 183; BGH ZInsO 2011, 2049).

IV. Schätzung bei Insolvenzplan oder vorzeitiger Verfahrensbeendigung

11   Wird das **Verfahren** nach **Bestätigung eines Insolvenzplans** (§ 259 InsO) aufgehoben oder vorzeitig beendet aufgrund einer **Einstellung mangels Masse** (§ 207 InsO) oder wegen **Masseunzulänglichkeit** (§§ 208 f. InsO), hat der Insolvenzverwalter gleichwohl eine **Schlussrechnung zu erstellen** (HK-InsO/Keller Rn. 15; Uhlenbruck/Mock InsO § 66 Rn. 44). Die Schlussrechnungslegungspflicht besteht auch bei Verfahrenseinstellung nach **§ 212 InsO** wegen **Wegfalls des**

Eröffnungsgrunds und bei Einstellung nach § 213 InsO mit Zustimmung aller Gläubiger (BGH ZInsO 2013, 309; LG Kassel ZInsO 2014, 2397; HK-InsO/Keller Rn. 15). Denn auch bei vorzeitiger Verfahrensbeendigung bemisst sich die Berechnungsgrundlage für die Vergütung des Verwalters nach dem Schätzwert der Masse zur Zeit der Beendigung des Verfahrens (§ 1 Abs. 1 S. 2). Dafür sind alle Vermögenswerte des Schuldners zu berücksichtigen und zu bewerten, die zum Zeitpunkt der Beendigung des Verfahrens zur Masse gehören; auch die noch nicht verwerteten Massegegenstände sind Teil der Berechnungsgrundlage (BGH ZIP 2007, 1070; ZInsO 2007, 539). Soweit sie nicht verwertet worden sind, sind sie mit ihrem **Verkehrswert** oder einem fiktiven Verwertungsbetrag zu berücksichtigen (vgl. BGH WM 2005, 1663). Forderungen, die in die Masse fallen und dort noch vorhanden sind, sind mit ihrem Verkehrswert zu berücksichtigen, unabhängig davon, ob sich der Verwalter mit ihnen befasst hat; ob die Forderung auch noch zu einem späteren Zeitpunkt eingezogen werden könnte oder verjährt, ist unerheblich (BGH ZInsO 2013, 309; 2012, 603; 2011, 839). Dies gilt allerdings nur in dem Umfang, in dem die Einziehung der Forderung zur Befriedigung aller Gläubiger – der Insolvenz- wie auch der Massegläubiger – erforderlich gewesen wäre. Wären Massegegenstände nicht verwertet worden, weil eine vollständige Befriedigung der Gläubiger ohnedies zu erreichen gewesen wäre, ist der Wert jener Gegenstände vergütungsrechtlich nicht zu berücksichtigen (BGH WM 2019, 548; ZInsO 2013, 309; 2012, 603; 2007, 539). Tatsächliche Massezuflüsse erhöhen die Berechnungsgrundlage dagegen auch insoweit, als sie zur Befriedigung sämtlicher Gläubiger nicht benötigt werden (BGH WM 2019, 220; 2019, 548). Sofern keine Verwertungsergebnisse vorliegen und sich die Insolvenzmasse nicht hinreichend aus der Schlussrechnung ergibt, ist nach § 1 Abs. 1 S. 2 die Vergütung nach dem **Schätzwert der Masse** zur Zeit der Beendigung des Verfahrens zu berechnen (BGH NZI 2015, 821). Eine Feststellung der Ist-Masse durch das Gericht ist nicht möglich; diese ist gem. § 1 Abs. 1 S. 2 durch Schätzung gem. § 287 ZPO iVm § 4 InsO auf der Grundlage des bisherigen Sach- und Streitstandes unter Berücksichtigung der vorliegenden Verwalterberichte, Forderungszusammenstellungen und sonstiger Ermittlungsergebnisse vorzunehmen (BGH ZInsO 2005, 757; LG Lüneburg ZInsO 2019, 2183). Die Schätzung hat auf der Basis nachvollziehbarer und objektiver Gründe zu erfolgen (Graeber/Graeber Rn. 71). Wird das Insolvenzverfahren vorzeitig eingestellt, kann das mit der Festsetzung der Vergütung befasste Gericht für den Schätzwert der Masse in entsprechender Anwendung des § 287 ZPO auf der Grundlage einer überwiegenden Wahrscheinlichkeit auch feststellen, ob ein **Gegenstand Bestandteil der Masse** war (BGH NZI 2017, 770, vgl. auch Haarmeyer/Mock InsVV Rn. 20, 52; LSZ InsVV/Amberger Rn. 22, 27; aA Wozniak jurisPR-InsR 20/2017, Anm. 1). Die gesamte Insolvenzmasse ist auch maßgeblich bei der Einstellung nach § 213 InsO und nicht nur die zur Befriedigung der Gläubiger erforderlichen Vermögenswerte (BGH ZInsO 2009, 888). In diesem Fall kann das mit der Festsetzung der Vergütung befasste Gericht für den Schätzwert der Masse in entsprechender Anwendung des § 287 ZPO auf der Grundlage einer überwiegenden Wahrscheinlichkeit feststellen, ob ein Gegenstand Bestandteil der Masse war (BGH IPRax 2018, 430–432).

Die **Schätzung** hat nach den Grundsätzen des § 4 InsO iVm § 287 ZPO zu erfolgen (BGH ZInsO 2004, 909), wobei der voraussichtlich zu realisierende Wert entscheidend für den Schätzwert ist (BGH ZInsO 2013, 309; HmbKommInsR/Büttner Rn. 18). Die Schätzung hat auf der Basis nachvollziehbarer und objektiver Grundlage zu erfolgen; der Schätzwert muss objektiv nachvollziehbar und plausibel sein (HK-InsO/Keller Rn. 16). Dabei kann insbesondere auf das Sachverständigengutachten im Rahmen des Eröffnungsverfahrens, die Berichte des Verwalters und die Eröffnungsbilanz gem. §§ 153, 155 InsO zurückgegriffen werden (so auch LG Kassel ZInsO 2014, 2397 f.). Die darin ausgewiesenen Werte sind ggf. nach dem Stand der Vermögensentwicklung und -bewertung zu korrigieren (BGH ZInsO 2009, 888; MüKoInsO/Nowak, 2. Aufl. 2007, Rn. 4).

Im Falle eines bestätigten, rechtskräftigen **Insolvenzplans** (§§ 258, 248 InsO) ist der Vergütungsberechnung die Vermögensübersicht gem. § 229 InsO zugrunde zu legen (LG Berlin DZWIR 2005, 298; LG Traunstein ZInsO 2000, 510); maßgeblich ist der danach zu ermittelnde Schätzwert bei Verfahrensbeendigung einschließlich bestehender Schadensersatzansprüche gegen Dritte (BGH ZInsO 2011, 839) und nicht verwerteter Vermögensgegenstände (KPB/Eickermann/Prasser Rn. 12 ff.; HK-InsO/Keller Rn. 16). Je nachdem, ob der Insolvenzplan als Liquidationsplan oder Fortführungsplan ausgelegt ist, liegen der Vermögensübersicht in aller Regel durch Sachverständigengutachten ermittelte Liquidations- oder Fortführungswerte zugrunde, auf die die Vergütungsberechnung gestützt werden kann, jedoch sind zusätzliche Erkenntnisse zu berücksichtigen (MüKoInsO/Nowak, 2. Aufl. 2007, Rn. 7). Bei einer im Plan geregelten „übertragenden Sanierung" sind wie bei einer Sanierung mit Erhalt des Rechtsträgers die **Werte der Vermögensübersicht nach § 229 InsO** für die Schätzung zugrunde zu legen (HmbKommInsR/Büttner Rn. 20;

HWF InsVerw-HdB Rn. 34; Keller Insolvenzverfahren § 3 Rn. 23; aA Weber RPfleger 2007, 296: Buchwerte des Zwischenabschlusses).

14 Endet nicht das Verfahren, sondern lediglich das Amt des Verwalters durch Abwahl (§ 57 InsO) oder Entlassung (§ 59 InsO), so scheidet er vorzeitig aus und seine Vergütung ist nach dem Wert der Insolvenzmasse zur Zeit der Beendigung seines Amts zu ermitteln (BGH ZInsO 2015, 1636; BGH NZI 2006, 165; MüKoInsO/Riedel Rn. 7, 14). Der neu bestellte Verwalter hat einen eigenen Vergütungsanspruch, sodass die Berechnungsgrundlage für jeden Verwalter **gesondert** für die seiner jeweiligen Verwaltung unterliegende Insolvenzmasse zu ermitteln ist.

C. Berechnung der Masse nach Abs. 2

15 Die sich grundsätzlich aus der Schlussrechnung ergebende Insolvenzmasse nach Abs. 1 ist nach Abs. 2 zu **konkretisieren** und um die dort abschließend geregelten Abzugsposten (OLG Köln ZInsO 2000, 597; HK-InsO/Büttner Rn. 28) zu korrigieren (zur Nichtanwendung von Abs. 2 wegen Nichtigkeit aufgrund Missachtung der Vorgaben zur Berechnungsgrundlage in § 63 Abs. 1 S. 2 InsO und Übertragung der Rechtsprechung des BGH zu § 11 aF s. Graeber ZInsO 2018, 141).

I. Absonderungsrechte (Nr. 1)

16 Massegegenstände, die mit **Absonderungsrechten** (§§ 49–51 InsO) behaftet sind, werden bei der Ermittlung der Berechnungsgrundlage nach S. 1 berücksichtigt, wenn sie **durch den Verwalter** verwertet werden und der Masse hierfür die Kostenbeiträge nach den §§ 170, 171 InsO zufließen (BGH ZInsO 2006, 254; vgl. zur vergütungsrechtlichen Behandlung verwerteter Realsicherheiten auch Knapp ZInsO 2016, 772) oder sie durch den Verwalter zu verwerten gewesen wären, wenn nicht das Verfahren vorzeitig geendet hätte (BGH ZInsO 2007, 539; KPB/Eickmann Rn. 33 ff.; HK-InsO/Keller Rn. 23). Bei erfolgreicher Anfechtung des Absonderungsrechts ist der Abzug nach Nr. 1 nicht vorzunehmen (BGH ZInsO 2006, 254). Die der **Aussonderung (§ 47 InsO)** unterliegenden Gegenstände sind nicht Teil der Insolvenzmasse und nicht mit ihrem Wert in die Berechnungsgrundlage einzubeziehen (aA AG Potsdam NZI 2020, 340). Wie der bei der Verwertung von Absonderungsrechten konkret für die Berechnungsgrundlage zu berücksichtigende Betrag zu ermitteln bzw. zu berechnen ist, beschreibt S. 2. S. 3 zeigt den **Grundsatz** auf, dass die mit Absonderungsrechten belasteten Gegenstände nur insofern berücksichtigt werden, als sich aus deren Verwertung ein **Überschuss** zugunsten der Masse ergibt (BGH ZInsO 2006, 254). Sofern der Verwalter sowohl einen Überschuss nach S. 3 als auch einen Feststellungskostenbeitrag (§ 171 Abs. 1 InsO) erzielt, liegt ein **Sonderfall** vor, bei dem der Absonderungsgegenstand mit dem vollen Wert anzusetzen ist (BGH ZInsO 2006, 254; FK-InsO/Lorenz Rn. 25; HWF InsVV Rn. 61; HmbKommInsR/Büttner Rn. 37).

17 Die Form der **Verwertungshandlung des Insolvenzverwalters** ist unerheblich, erforderlich ist lediglich ein **aktives Handeln** des Verwalters (BK-InsR/Blersch Rn. 9). **Keine** Berücksichtigung findet damit der Erlös aus der Verwertung von Absonderungsgut, wenn der Verwalter dem absonderungsberechtigten Gläubiger die Verwertung überlässt (§ 173 InsO). Bei der Verwertung von **unbeweglichem Vermögen** greift Nr. 1, wenn der Verwalter selbst die **Zwangsvollstreckung nach §§ 172 f. ZVG** betrieben hat; andernfalls entsteht ein Kostenbeitrag nach § 10 Abs. 1 Nr. 1a ZVG nur für das nach § 1120 BGB, §§ 21, 55 ZVG mithaftende Zubehör (HK-InsO/Keller Rn. 22). Bei **freihändiger Verwertung** des belasteten **Grundbesitzes** gilt § 171 InsO nicht; der Verwalter kann aber eine Massebeteiligung mit dem dinglich Berechtigten vereinbaren. Diese sollte entsprechend der §§ 170, 171 InsO in einen Feststellungskostenanteil und einen Verwertungskostenanteil unterteilt werden, da auch hier ein Teil der Arbeit des Verwalters die Feststellung des Absonderungsrechts und ein Teil dessen Verwertung ausmacht; die quotale Aufteilung kann sich an § 171 InsO orientieren und sollte dem Verhältnis der Arbeitsbelastung entsprechen. Der Feststellungskostenbeitrag ist vergütungsrelevant, wenn er zur Masse fließt und ausdrücklich als solcher bezeichnet ist (LG Heilbronn ZInsO 2011, 1958; LG Heilbronn RPfleger 2007, 105; HmbKommInsR/Büttner Rn. 34; aA HK-InsO/Keller: auf die Bezeichnung kommt es nicht an). Da im Falle der **Eigenverwaltung** die Verwertung der Absonderungsrechte allein dem Schuldner nach § 282 Abs. 1 S. 1 InsO obliegt, sind die mit Absonderungsrechten belasteten Massegegenstände nicht in die Berechnungsgrundlage für die **Vergütung des Sachwalters** einzubeziehen (AG Dortmund ZInsO 2016, 2499).

18 Fließt bei der freihändigen Veräußerung von **Grundstücken,** die mit Grundpfandrechten belastet sind, weder ein **Übererlös** noch eine vereinbarte Massebeteiligung in die Masse, ist der

Grundstückswert in der Berechnungsgrundlage nicht zu berücksichtigen (BGH ZInsO 2016, 1443). Bei der sog. **kalten Zwangsverwaltung** sind nur die aus der kalten Zwangsverwaltung erzielten Überschüsse bei der Berechnungsgrundlage zu berücksichtigen (BGH ZInsO 2016, 1693; LG Frankfurt (Oder) BeckRS 2017, 116113; LG Heilbronn ZIP 2012, 2077; zu Vergütungsvereinbarungen bei kalter Zwangsverwaltung s. Becker ZInsO 2013, 2352; Bork ZIP 2013, 2129).

Da die Insolvenzmasse aus der Verwertung von Absonderungsgegenständen regelmäßig nur die Massebeteiligung gem. §§ 170, 171 InsO zusteht, würde der Ansatz des vollen Werts des Absonderungsgegenstands zu einer **unverhältnismäßigen Erhöhung** der Berechnungsgrundlage führen. Abs. 2 Nr. 1 S. 2 sieht daher ein **Korrektiv** vor, wonach der Mehrbetrag der Vergütung, der auf diese absonderungsbelasteten Gegenstände entfällt, 50 % des Betrags nicht übersteigen darf, der für die Kosten ihrer Feststellung in die Masse geflossen ist. Verwertet der Verwalter einen Absonderungsgegenstand nach § 166 InsO iVm §§ 170, 171 InsO, erhöht sich seine Vergütung maximal um 2 % (= 50 % der 4%igen Feststellungskostenpauschale) des Verwertungserlöses. Insofern ist eine **Vergleichsrechnung** durch den Verwalter vorzunehmen (KPB/Eickmann Rn. 44). Dies gilt analog auch bei **freihändiger Grundstücksverwertung,** wenn der Masse ein ausgehandelter Massebeitrag zufließt, der auch den Feststellungsaufwand des Verwalters berücksichtigt (BGH NZI 2016, 824). 19

Zunächst ist die **Staffelvergütung** nach § 2 unter Berücksichtigung der **Bruttoverwertungserlöse** aus den Absonderungsgegenständen zu ermitteln. Sodann ist die Vergütung nach der tatsächlich vorhandenen **Istmasse** zu berechnen, dh in die Berechnungsgrundlage sind die Überschüsse aus der Verwertung der Absonderungsgegenstände sowie tatsächlich vereinnahmten Kostenbeiträge nach den §§ 170, 171 InsO und die vereinnahmte Umsatzsteuer zu berücksichtigen, nicht aber die an Absonderungsgläubiger ausgekehrten Beträge. Die zweite errechnete Vergütung ist niedriger, da die Berechnungsgrundlage geringer als bei der ersten Berechnung ist. Von dem zuerst errechneten Vergütungsbetrag ist der zweite errechnete Vergütungsbetrag abzuziehen. Der sich daraus ergebende **Differenzbetrag** ist der Mehrbetrag nach Abs. 2 Nr. 1 S. 2. Dieser Mehrbetrag ist **beschränkt auf 50% der Feststellungskosten,** mithin im Falle der gesetzlichen Pauschale von 4 % nach § 171 Abs. 1 InsO auf 2 % des Bruttoverwertungserlöses. Dieser gekürzte Mehrbetrag ist der zweiten errechneten Staffelvergütung und nicht lediglich der Berechnungsgrundlage hinzuzuaddieren. Daraus ergibt sich die zulässige **Sondervergütung** (BGH NZI 2013, 1067). Diese besondere Vergütung nach Nr. 1 erhöht die Regelvergütung, sodass Erhöhungstatbestände nach § 3 auf die Regelvergütung unter Einbeziehung dieser Sondervergütung zu berechnen sind (BGH NZI 2006, 464 mAnm Nowak; BGH ZInsO 2013, 1104). 20

Dem Insolvenzverwalter kann die **Sondervergütung** nach Nr. 1 aber nur zugebilligt werden, wenn der zur Masse vereinnahmte Kostenbetrag nicht schon bei der Berechnungsgrundlage berücksichtigt wurde (BGH ZInsO 2013, 1104). Würde die Sondervergütung nach Nr. 1 S. 2 neben der Regelvergütung nach § 2 Abs. 1 InsVV gewährt, die anhand der um die Feststellungspauschalen erhöhten Berechnungsgrundlage bestimmt würde, käme es zu einer **Doppelvergütung,** die zumindest in der ersten Degressionsstufe, bei höheren Stufen jedenfalls bei gewährten Zuschlägen die Deckelung der Nr. 1 S. 2 zunichte machen würde. Der Verwalter hat deshalb ein **Wahlrecht,** ob er die erhöhte Berechnungsgrundlage oder die Sondervergütung in Anspruch nimmt (BGH NZI 2013, 1067); in Ausnahmefällen kann die Staffelvergütung aus der erhöhten Berechnungsgrundlage günstiger sein. 21

Ein sämtlichen Insolvenzforderungen **nachrangiges Absonderungsrecht** erhöht im Falle der Verwertung durch den Insolvenzverwalter die Bemessungsgrundlage für die Vergütung des Verwalters in der Weise, dass der der Masse zustehende Betrag in vollem Umfang, der an den Absonderungsberechtigten auszukehrende Betrag aber nur mit höchstens 2 % des Erlösanteils zu berücksichtigen ist (BGH ZInsO 2006, 254). 22

II. Abfindungen für Aus- und Absonderungsrechte (Nr. 2)

Nimmt der Verwalter Zahlungen an Aus- oder Absonderungsberechtigte vor, um diese abzufinden, so wird die aus der Masse hierfür gewährte Leistung vom Sachwert der aus- bzw. absonderungsbelasteten Gegenstände abgezogen. In der Berechnungsgrundlage ist nur der Differenzbetrag zwischen dem gezahlten **Ablösebetrag** und dem **objektiven Sachwert** des Gegenstands zu berücksichtigen; keine Berücksichtigung findet dabei der ggf. höher oder niedriger liegende **tatsächliche Verwertungserlös** (KPB/Eickmann/Prasser Rn. 40, 41; HK-InsO/Keller Rn. 27; aA MüKoInsO/Riedel Rn. 24). Es liegt am Verwalter, vorteilhafte Ablösungen zugunsten der Masse vorzunehmen, beispielsweise durch Ablösung der letzten Finanzierungsrate eines Vermögensgegenstands, um Eigentümer des höherwertigen Gegenstands zu werden. 23

III. Aufrechenbare Forderungen (Nr. 3)

24   Soweit einer Forderung des Insolvenzschuldners eine Gegenforderung gegenübersteht und eine wirksame **Aufrechnung** erfolgt, ist nur der sich durch die Verrechnung ergebende **Überschuss** in der Berechnungsgrundlage zu berücksichtigen. Ist die Aufrechnung unzulässig (§ 96 InsO), ist die Forderung bei der Berechnungsgrundlage in voller Höhe zu berücksichtigen (BGH NZI 2010, 400; BGH ZInsO 2007, 1107). Die Vorschrift findet keine Anwendung bei Aufrechnungen mit und gegen Masseverbindlichkeiten (BK-InsR/Blersch Rn. 15; HmbKommInsR/Büttner Rn. 39; FK-InsO/Lorenz Rn. 28).

IV. Masseverbindlichkeiten (Nr. 4)

25   Die **Kosten des Insolvenzverfahrens** (§ 54 InsO) und die sonstigen **Masseverbindlichkeiten** (§ 55 InsO) sind grundsätzlich nicht von der Berechnungsgrundlage in Abzug zu bringen. Zu den Kosten des Insolvenzverfahrens zählen nicht die Vergütungsansprüche eines Insolvenzgeschäftsführers im Rahmen eines (vorläufigen) Eigenverwaltungsverfahrens, auch nicht, wenn er „ins Organ geht" und seine vertragliche Vergütung in Anlehnung an die InsVV erfolgt (Urteilsanm. Budnik NZI 2019, 686; Frind ZIP 2019, 1945 (1949); aA AG Hamburg NZI 2019, 683). Auch die Erstattungen **ungerechtfertigt vereinnahmter Beträge** sind nicht als Masseverbindlichkeiten abzusetzen (BGH ZInsO 2016, 1604; 2015, 742). Es bestehen allerdings die beiden in Nr. 4a und 4b genannten Ausnahmen:

1. Ausnahme: Vergütung für besondere Sachkunde (Nr. 4a)

26   Sofern der Verwalter für eine Tätigkeit aufgrund **besonderer Sachkunde nach § 5** eine besondere Vergütung nach besonderen Vergütungsvorschriften, beispielsweise als Rechtsanwalt nach dem RVG, als Steuerberater nach der StBGebVO oder als Wirtschaftsprüfer nach der WiPrO, erhalten hat, ist diese von der Berechnungsgrundlage für die Verwaltervergütung nach Nr. 4a abzusetzen; nicht abzusetzen sind die neben der Vergütung gezahlten Auslagen. Die Vergütungsbeträge werden von der Berechnungsgrundlage in Abzug gebracht, da die Insolvenzmasse insoweit bereits mit diesen Zahlungen belastet wurde und es ansonsten zu einer doppelten Berücksichtigung zugunsten des Verwalters kommen würde. Abzusetzen ist der Netto-Vergütungsbetrag, sofern die Masse vorsteuerabzugsberechtigt ist (BFH NZI 1998; KPB/Eickmann/Prasser Rn. 46). Die Regelung ist von der Ermächtigung in §§ 63, 65 InsO gedeckt und **verfassungskonform** (BGH ZInsO 2011, 2051). Der Verwalter hat in seinem Vergütungsantrag nach § 8 Abs. 2 anzugeben, welche Tätigkeiten er an Dritte delegiert und welche Honorare er hierfür gezahlt hat; dabei hat er auch die Vergütungen anzugeben, die er bei Einsatz besonderer Sachkunde nach § 5 für welche Tätigkeiten entnommen hat (BGH NZI 2005, 103).

27   Vergütungsbeträge, die der Verwalter an einen **Dritten** zahlt, sind nicht abzusetzen. Erhält der Verwalter also persönlich keine Vergütung für den Einsatz besonderer Sachkunde nach § 5, sondern eine von ihm beauftragte **Personen- oder Kapitalgesellschaft,** an der er – beispielsweise als Sozius – (mittelbar) **wirtschaftlich beteiligt** ist, ist Nr. 4a nicht anwendbar und die gezahlten Vergütungsbeträge nicht in Abzug zu bringen (BGH ZInsO 2007, 813; BGH DZWIR 2008, 30 mAnm Keller; LG Leipzig NZI 2002, 665; MüKoInsO/Nowak, 2. Aufl. 2007, Rn. 18; KPB/Eickmann/Prasser Rn. 48; HmbKommInsR/Büttner Rn. 41; **aA** LG Frankfurt/Oder DZWIR 2001, 168; HK-InsO/Keller Rn. 30; MüKoInsO/Riedel Rn. 32; Keller DZWIR 2000, 265). Begründet wird dies mit dem Wortlaut „Beträge, die **der Verwalter** [...] erhält" und mit dem Hinweis, dass dem Verwalter die Vergütung nicht allein, sondern nur in Höhe seines Beteiligungsanteils zufließt (BK-InsR/Blersch Rn. 18).

2. Ausnahme: Unternehmensfortführung (Nr. 4b)

28   Die Ausnahme in Nr. 4b betrifft die **Fortführung des Unternehmens** im eröffneten Insolvenzverfahren. Die Regelung gilt für den Sachwalter unmittelbar, und für analog auch für den **vorläufigen Sachwalter,** als sich dessen Vergütung als Zuschlag zur Vergütung des Sachwalters darstellt und somit Ausgangspunkt die Berechnungsgrundlage des **Sachwalters** ist (BGH ZInsO 2016, 1637). In die Berechnungsgrundlage fließt nur der **Überschuss** aus der Unternehmensfortführung ein, der sich nach Abzug der Ausgaben von den Einnahmen ergibt. Führt allerdings bereits der vorläufige Insolvenzverwalter den Betrieb des Schuldners fort, ist bei der Berechnung der Vergütung des Insolvenzverwalters auch nur der daraus erzielte Überschuss zugrunde zu legen; im Eröffnungsverfahren begründete, aber bis zur Eröffnung des Insolvenzverfahrens nicht begli-

chene Masseverbindlichkeiten sind regelmäßig vom Wert der Insolvenzmasse abzusetzen, **sog. nachlaufende Masseverbindlichkeiten** (BGH NZI 2017, 544; BGH ZInsO 2017, 982; aA AG Potsdam NZI 2020, 340). Erst recht muss dies aber auch für den Ausgleich von vom vorläufigen Verwalter „begründete" **Insolvenzforderungen** gelten, die keine Masseverbindlichkeiten darstellen und dennoch nach Verfahrenseröffnung durch den Insolvenzverwalter unter Verstoß gegen § 87 InsO ausgeglichen werden (vgl. Küpper/Heinze ZInsO 2010, 214 ff.). Andernfalls könnte der vorläufige Verwalter durch die unterlassene Zahlung der im Antragsverfahren „begründeten" Forderungen und deren späteren insolvenzzweckwidrigen Ausgleich durch den Insolvenzverwalter nach Verfahrenseröffnung die Berechnungsgrundlage für seine Vergütung erhöhen (Anm. Budnik NZI 2017, 545).

In die Einnahmen- und Überschussrechnung sind allerdings auch die Gegenstände einzubeziehen, die der Verwalter fortführungsbedingt nicht verwertet hat (BGH DZWIR 2005, 463 mAnm Keller); dies gilt besonders bei Verfahrensaufhebung mit **Insolvenzplan** (KPB/Eickmann/Prasser Rn. 12 ff.; HK-InsO/Keller Rn. 32). Die aufgrund der Regelung in Nr. 4b erfolgende Reduzierung der Verwaltervergütung kann durch einen **Zuschlag** nach § 3 Abs. 1b für die Unternehmensfortführung kompensiert werden (BGH NZI 2011, 630; BGH ZInsO 2010, 2409; BGH NZI 2008, 239; BGH NZI 2007, 341 und 343).

28a

Bei der Fortführung des Geschäftsbetriebs durch den **vorläufigen Insolvenzverwalter** im Eröffnungsverfahren richtet sich dessen Vergütung gem. § 63 Abs. 3 InsO iVm § 11 InsVV nach dem Vermögen, auf das sich seine Tätigkeit während des Eröffnungsverfahrens erstreckt. Nach §§ 10, 1 Abs. 2 Nr. 4 lit. b ist in die Berechnungsgrundlage allerdings nur der Überschuss aus der Unternehmensfortführung einzustellen (BGH ZInsO 2011, 1519; NZI 2007, 461; Graeber NZI 2007, 492). Somit ist jeweils für den vorläufigen und endgültigen Verwalter eine getrennte Berechnung des Fortführungsüberschusses im jeweiligen Zeitraum (Antragsverfahren und Insolvenzverfahren) vorzunehmen. Zur Ermittlung des Überschusses hat der vorläufige Insolvenzverwalter eine **gesonderte Einnahmen-/Ausgabenrechnung** zu erstellen und dem Insolvenzgericht mit seinem Vergütungsantrag vorzulegen. Diese hat sich auf den Zeitpunkt zu beziehen, in dem die vorläufige Verwaltung geendet hat (BGH NZI 2020, 246; BGH ZInsO 2011, 1519; NZI 2007, 341).

28b

Bei den abzuziehenden sonstigen Masseverbindlichkeiten muss es sich um **fortführungsbedingte Verbindlichkeiten** handeln. Dies sind unzweifelhaft die vom Verwalter nach § 55 Abs. 1 Nr. 1 InsO begründeten und die durch Erfüllungswahl nach **§ 103 InsO** entstehenden Verbindlichkeiten; dies gilt allerdings auch für **oktroyierte Masseverbindlichkeiten** nach § 55 Abs. 1 Nr. 2 InsO. Entscheidend für die Anwendung von § 1 Abs. 2 Nr. 4 S. 2 lit. b ist, ob tatsächlich Ausgaben während und für die Betriebsfortführung angefallen sind; auch die während der Unternehmensfortführung anfallenden laufenden Kosten, mit denen der Gewinn erwirtschaftet werden soll, müssen im Rahmen der Einnahmen-/Ausgabenrechnung als Ausgaben berücksichtigt werden (BGH WM 2008, 2299). Maßgebend ist allein, ob die **Gegenleistung für die Unternehmensfortführung** verwendet wurde (BGH NZI 2011, 714 = ZInsO 2011, 1615; ZInsO 2011, 1519). Insofern hat der Verwalter eine Abgrenzung der für die Betriebsfortführung erforderlichen Kosten gegenüber denjenigen in der separaten, **gesonderten Einnahmen-/Überschussrechnung** vorzunehmen, die nicht im Zusammenhang mit der Betriebsfortführung entstanden sind (BGH ZInsO 2008, 1262; FK-InsO/Lorenz, 6. Aufl., Rn. 33). **Arbeitet der Schuldner** im fortgeführten Unternehmen mit, stellt die Zuwendung an ihn **keinen Unterhalt nach § 100 InsO,** sondern eine abzuziehende Ausgabe im Rahmen der Betriebsfortführung dar (BGH ZInsO 2006, 703). In Abzug zu bringen ist auch die vom Unternehmer abzuführende **Einkommensteuer,** die durch die Fortführung des Unternehmens entsteht (BGH ZIP 2015, 230 ff.). Als Ausgaben in der Überschussrechnung sind aber auch **im Antragsverfahren begründete Steuerverbindlichkeiten** zu berücksichtigen, die erst nach Eröffnung durch § 55 Abs. 4 InsO zu Masseverbindlichkeiten erhoben werden (Keller Insolvenzverfahren § 3 Rn. 133; vgl. zur Einkommensteuer aus Unternehmensfortführung BGH ZIP 2015, 230 ff.). Die zeitlich nachlaufenden Verbindlichkeiten sind dem Verfahrensabschnitt des Antragsverfahrens zuzuordnen, sodass sie für die Vergütung des vorläufigen Insolvenzverwalters in der Überschussrechnung so zu berücksichtigen sind, als wären sie noch im Antragsverfahren bezahlt worden (BGH ZInsO 2011, 1519; Keller Insolvenzverfahren § 3 Rn. 133).

29

Die auch im Fall der Liquidation ohne Betriebsfortführung anfallenden, sog. **„Sowieso-Kosten"** sind auch nach Nr. 4b in Abzug zu bringen; die **Löhne und Gehälter** der Arbeitnehmer für den Kündigungszeitraum sind nur dann als Ausgaben zu berücksichtigen, wenn der Verwalter die Arbeitskraft der Arbeitnehmer im Rahmen der Betriebsfortführung **in Anspruch genommen**

30

hat (BGH NZI 2011, 714; BGH NZI 2010, 942; NZI 2009, 49 mAnm Prasser; dazu Schröder EWiR 2008, 761; aA HK-InsO/Keller Rn. 33; KPB/Eickmann/Prasser Rn. 51).

31 Auch Masseverbindlichkeiten, die bei einer Fortführung im Rahmen eines **Insolvenzplanverfahrens** zum Zeitpunkt der Annahme des Plans zwar begründet, aber noch nicht ausgeglichen worden sind, finden bei der Ermittlung des Überschusses Berücksichtigung und sind ggf. vom Verwalter zu schätzen.

32 Abs. 2 Nr. 4b ist auch anwendbar im Falle einer **kalten Zwangsverwaltung,** auch hier erhöht nur der Überschuss, der zugunsten der Masse erzielt worden ist, die Berechnungsgrundlage (BGH NZI 2016, 824).

33 Ergibt sich aus der gesondert aufzustellenden Einnahmen-/Ausgabenrechnung für den Fortführungszeitraum ein Überschuss, ist dieser Teil der für die Vergütung zu berücksichtigenden Insolvenzmasse. Eine Kürzung der Insolvenzmasse durch etwaig erzielte **Verluste** erfolgt nicht; der Abzug der Masseverbindlichkeiten nach Nr. 4b ist durch die Einnahmen begrenzt (BGH ZInsO 2008, 1262; BGH DZWIR 2005, 463 mAnm Keller; HK-InsO/Keller Rn. 34).

V. Vorschüsse und Zuschüsse (Nr. 5)

34 Vorschüsse, die von einer **dritten Person** zur Durchführung des Verfahrens und Zuschüsse, die ein **Dritter** zur Erfüllung eines Insolvenzplans geleistet hat, bleiben bei der Ermittlung der Berechnungsgrundlage außer Betracht. Kommt es nur durch einen Kostenvorschuss (§ 26 Abs. 1 S. 2 InsO) zur Verfahrenseröffnung oder erfolgt eine Vorschusszahlung zur Vermeidung der Abweisung des Insolvenzantrages mangels Masse (§ 207 Abs. 1 S. 2 InsO), sind die Vorschüsse als **treuhänderisch** geleistet anzusehen (HK-InsO/Rüntz InsO § 26 Rn. 31) und nicht Teil der Insolvenzmasse. Ebenso sind Vorschüsse und Zuschüsse zur Erfüllung eines **Insolvenzplans** von der Berechnungsgrundlage in Abzug zu bringen (HmbKommInsR/Büttner Rn. 52; aA Schmerbach NZI 2014, 554). **Darlehen,** die von Dritten zur Erfüllung eines Insolvenzplans zur Verfügung gestellt werden, sind ebenfalls von der Insolvenzmasse zur Berechnung der Berechnungsgrundlage in Abzug zu bringen (BGH ZInsO 2011, 839).

35 Neben den Vorschusszahlungen Dritter zur Durchführung des Verfahrens oder zur Erfüllung eines Insolvenzplans bleiben in nach dem 30.9.2020 beantragten Verfahren (→ § 19 Rn. 12) auch die **Vorschüsse zum Zweck der Erteilung der Restschuldbefreiung** vor Ablauf der Abtretungsfrist des § 287 Abs. 2 InsO bei der Berechnungsgrundlage für die Vergütung des Verwalters außer Betracht. Diese Ergänzung im Gesetzestext ist eingefügt worden durch das am 22.12.2020 erlassene Gesetz zur weiteren Verkürzung des Restschuldbefreiungsverfahrens und zur Anpassung pandemiebedingter Vorschriften im Gesellschafts-, Genossenschafts-, Vereins- und Stiftungsrecht sowie im Miet- und Pachtrecht (BGBl. 2020 I 3328). Nach Art. 4 Nr. 2 des vorgenannten Gesetzes gilt dies rückwirkend für alle Verfahren, deren Antrag auf Eröffnung eines Insolvenzverfahrens nach dem 30.9.2020 gestellt worden ist. Aufgrund der Nichteinbeziehung dieser Vorschüsse erfolgt rückwirkend eine Verschlechterung der Vergütung des Insolvenzverwalters, die verfassungsrechtliche Bedenken begegnet (Graeber NZI 2021, 370). Nach der in den bis zum 30.9.2020 beantragten Verfahren geltenden Regelung erhöhen solche Drittzuschüsse die Insolvenzverwaltervergütung (Graf-Schlicker/Kalkmann Rn. 46; Graeber/Graeber Rn. 134; KPB/Prasser/Stoffler Rn. 81; Zimmer in Zimmer, InsVV, 2. Aufl. 2021, Rn. 134; aA Waltenberger ZInsO 2014, 808 (813); offengelassen vom BGH NZI 2019, 934). Nach der Begründung des Regierungsentwurfs (BT-Drs. 19/21981, 23) wäre es angesichts der Überschaubarkeit des mit der Vereinnahmung des Zuschusses verbundenen Aufwands für den Verwalter oder Treuhänder nicht gerechtfertigt und aus Sicht des Zuwendenden auch nicht nachvollziehbar, wenn der Zuschuss eine Erhöhung der Vergütung nach sich zöge und den Zweck des Zuschusses vereiteln würde (vgl. Waltenberger ZInsO 2014, 808 (813); Frind ZInsO 2014, 814 (818)).

D. Sondermasse(n)

I. Definition

36 Neben der Sicherung und Verwertung der Insolvenzmasse nach § 35 InsO kommt dem Insolvenzverwalter auch die Aufgabe der Geltendmachung von Gesamtschadensansprüchen nach § 92 InsO, von Haftungsansprüchen gegen persönlich haftende Gesellschafter für Verbindlichkeiten des Insolvenzschuldners nach § 93 InsO sowie der Kommanditistenhaftung nach §§ 171, 172 HGB und der Insolvenzverschleppungshaftung zugunsten der sog. Altgläubiger aus § 823 Abs. 2 BGB iVm § 15a Abs. 1 InsO zu. Ausgehend von dem Grundsatz: „Eine Person, ein Vermögen, ein

Berechnungsgrundlage **§ 1 InsVV**

Insolvenzverfahren" (Jaeger/Henckel InsO § 35 Rn. 131), nach dem in der Insolvenz einer (natürlichen oder juristischen) Person ihren Gläubigern das gesamte Vermögen haftungsrechtlich zugewiesen ist und eine einheitliche Insolvenzmasse bildet (Jaeger/Henckel InsO § 35 Rn. 141 f.; Uhlenbruck/Hirte/Praß InsO § 35 Rn. 53; MüKoInsO/Peters InsO § 35 Rn. 86–88), ist für die Einnahmen aus den vorgenannten Ansprüchen eine sog. „**Sondermasse**" zu bilden (BGH ZInsO 2016, 330; ZIP 2007, 79 (80); 1998,776; MüKoInsO/Peters InsO § 35 Rn. 88; Uhlenbruck/ Hirte InsO § 35 Rn. 57 ff. und Rn. 401 ff. mit weiteren Fallgestaltungen für die Bildung von Sondermassen sowie bei Gottwald/Haas InsR-HdB/Vogel InsO § 94 Rn. 83; vgl. auch Schmidt/ Bitter ZIP 2000, 1077 (1084 f.); krit. Petersen NZG 2001, 836).

Die Sondermasse ist von der **besonderen Vermögensmasse** eines (Sonder-)Insolvenzverfahrens **zu unterscheiden** (BGH NJW 1978, 1525; Jaeger/Henckel InsO § 35 Rn 141; Uhlenbruck/ Hirte/Praß InsO § 35 Rn. 54, 55, 61), bei dem eine begrenzte Vermögensmasse kraft Gesetzes bestimmten Gläubigern haftungsrechtlich (allein) zugewiesen ist, zB beim Nachlassinsolvenzverfahren (§§ 11 Abs. 2 Nr. 2, 315 ff. InsO). (Sonder-)Insolvenzverfahren über besondere Vermögensmassen sind in § 11 Abs. 2 Nr. 2 InsO gesetzlich anerkannt. 37

Demgegenüber handelt es sich bei der Sondermasse um einen **Teil der Insolvenzmasse,** die innerhalb ein und desselben Insolvenzverfahrens haftungsrechtlich allerdings nicht allen Insolvenzgläubigern nach § 38 InsO, sondern nur einer bestimmten Gläubigergruppe zugewiesen ist, ohne dass über diesen Teil ein weiteres, selbstständiges (Sonder-)Insolvenzverfahren durchgeführt wird bzw. werden kann (Uhlenbruck/Hirte/Praß InsO § 35 Rn. 55; Jaeger/Henckel InsO § 35 Rn. 141; KPB/Holzer InsO § 35 Rn 13; Haarmeyer InsBüro 2019, 130). Die Sondermasse ist damit kein von der Insolvenzmasse „dinglich" getrenntes Sondervermögen, sondern lediglich als ein „zweckgebundenes Vermögen innerhalb der Masse" zu behandeln (Uhlenbruck/Hirte/Praß InsO § 35 Rn. 55; MüKoInsO/Gehrlein InsO § 93 Rn. 22; K. Schmidt, Einlage und Haftung des Kommanditisten, 1977, 138 f.; MüKoHGB/K. Schmidt HGB § 172 Rn. 112: „die Sonderbehandlung wirkt sich nur rechnerisch aus"; letztlich offen gelassen von LG Münster BeckRS 2014, 6489, da allein das Antragsverfahren und die Vergütung des vorläufigen Verwalters betroffen war; **aA,** dh Sondermasse sei keine Insolvenzmasse nach § 35 InsO: LG Detmold BeckRS 2021, 18650; Haarmeyer/Mock InsVV Rn. 114a; Haarmeyer InsBüro 2019, 130; Graeber NZI 2016, 860; Graeber/Graeber Rn. 44; Zimmer in Zimmer, InsVV, 2. Aufl. 2021, Rn. 178, 183; Keller Insolvenzverfahren § 3 Rn. 61). 38

Für die Verteilung der vereinnahmten Sondermasse ist ein **besonderes Verteilungsverzeichnis** anzulegen (KPB/Holzer InsO § 188 Rn. 21; Uhlenbruck/Hirte/Praß InsO § 35 Rn. 56; RSZ InsO/Kirchner InsO § 188 Rn. 7; MAH Insolvenz/Nerlich/Kreplin Rn. 58). 39

II. Vergütung bezogen auf die Sondermasse

Nach der hier vertretenen Ansicht ist die Sondermasse Teil der Insolvenzmasse nach § 35 InsO (→ Rn. 38). Zudem bezieht sich die Tätigkeit des Insolvenzverwalters auch auf die Sondermasse(n), sodass die hierauf bezogene **Tätigkeit** nach einhelliger Auffassung **angemessen und umfassend zu vergüten** ist, auch wenn die Vergütung hierzu gesetzlich nicht geregelt ist (LG Detmold BeckRS 2021, 18650 unter Hinweis auf die BGH-Rechtsprechung zur Vergütung des vorläufigen Sachwalters, NZI 2016, 796; vgl. auch BGH NZI 2004, 196; Graeber/Graeber Rn. 44; Haarmeyer InsBüro 2019, 130; Scholz/Hölken ZInsO 2019, 293; Heitsch ZInsO 2008, 793; Schaltke ZInsO 2010, 1249; Uhlenbruck/Mock InsO § 63 Rn. 2; HmbKommInsR/Büttner InsO § 63 Rn. 3a; RSZ InsO/Amberger InsO § 63 Rn. 6). Anspruchsgrundlage bildet dabei § 63 Abs. 1 S. 1 InsO (vgl. Haarmeyer/Mock InsVV Rn. 114a; Zimmer in Zimmer, InsVV, 2. Aufl. 2021, Rn. 183). 40

Wie sich die **Vergütung** für die Tätigkeit des Insolvenzverwalters bezogen auf die Sondermasse bestimmt, dh ob die Sondermasse in die Berechnungsgrundlage des Insolvenzverwalters nach § 1 einzubeziehen ist (→ Rn. 42 f.), ob die Vergütung einheitlich oder gesondert nach § 8 bezogen auf die Sondermasse festzusetzen ist (→ Rn. 45 f.) und von wem, dh der regulären Masse oder der Sondermasse, sie zu tragen ist (→ Rn. 47 f.), ist **bislang abschließend nicht geklärt,** sodass hierfür jeweils verschiedene Ansätze vertreten werden (vgl. Auflistungen bei Haarmeyer InsBüro 2019, 130; Graeber/Graeber InsBüro 2019, 71; Hölken ZInsO 2019, 293). 41

Da die Sondermasse Teil der Insolvenzmasse ist (str., → Rn. 38), ist die **Sondermasse in die Berechnungsgrundlage nach § 1 Abs. 1** für die einheitlich festzusetzende Vergütung des Insolvenzverwalters für seine Tätigkeit in Bezug auf die reguläre Masse und die Sondermasse **einzubeziehen,** da sich die Schlussrechnungslegung des Insolvenzverwalters nach § 66 InsO auch auf die innerhalb der Masse gebildete Sondermasse bezieht. 42

43 Nach einer Ansicht innerhalb der Kommentatoren, die die Sondermasse – unzutreffend – nicht als Teil der Insolvenzmasse nach § 35 InsO ansehen (LG Detmold BeckRS 2021, 18650; Haarmeyer/Mock Rn. 114a; Haarmeyer InsBüro 2019, 130; Graeber NZI 2016, 860; Graeber/Graeber Rn. 44; Keller Insolvenzverfahren § 3 Rn. 61; Zimmer in Zimmer, InsVV, 2. Aufl. 2021, Rn. 178, 183, wobei dieser allerdings bei der Vergütung des Sachwalters die Sondermasse in die Berechnungsgrundlage einbeziehen will, Zimmer in Zimmer, InsVV, 2. Aufl. 2021, Rn. 185 und Zimmer in Zimmer, InsVV, 2. Aufl. 2021, § 12 Rn. 33; vgl. auch → Rn. 38), ist die Sondermasse gleichwohl in die Berechnungsgrundlage nach § 1 einzubeziehen, da sie zwar nicht Teil der Masse sei, aber von der Tätigkeit des Insolvenzverwalters umfasst wird (Keller Insolvenzverfahren § 3 Rn. 61; für die Einbeziehung auch Heitsch ZInsO 2008, 793 und Smid ZInsO 2013, 1233, die die Vergütung sodann verhältnismäßig auf die Massen aufteilen). Nach anderer Ansicht ist die Sondermasse nicht in die Berechnungsgrundlage für die Vergütung des Insolvenzverwalters einzubeziehen (Graeber/Graeber Rn. 44, 49; Graeber/Graeber InsBüro 2019, 71; Haarmeyer/Mock InsVV Rn. 17; Haarmeyer InsBüro 2019, 130). Sofern für diese Ansicht auf die Entscheidung des LG Münster (BeckRS 2014, 6489) verwiesen wird, ist allerdings zu berücksichtigen, dass es dabei allein um die Berechnungsgrundlage der Vergütung des vorläufigen Insolvenzverwalters ging und die Sondermasse aus erst nach Verfahrenseröffnung vom Insolvenzverwalter geltend zu machenden Ansprüchen resultierte, sodass eine Einbeziehung ebenso wie bei den erst nach Verfahrenseröffnung entstehenden Anfechtungsansprüchen (s. BGH ZIP 2013, 468) ausschied.

44 In jedem Fall kann aber – unabhängig von der Einbeziehung der Sondermasse in die Berechnungsgrundlage – für die Tätigkeit in Bezug auf die Sondermasse(n) bei entsprechender Mehrbelastung des Verwalters ein Zuschlag nach § 3 in Betracht kommen (Keller Insolvenzverfahren § 3 Rn. 61; Graeber/Graeber Rn. 46; Haarmeyer/Mock InsVV Rn. 114a); ebenso ist eine gesonderte Vergütung nach § 5 möglich (Keller Insolvenzverfahren § 3 Rn. 61).

45 Für die Tätigkeit des Insolvenzverwalters in Bezug auf die Sondermasse steht ihm **kein eigenständiger, gesondert nach § 8 festzusetzender Vergütungsanspruch** zu. Ein solcher ist in den Regelungen der InsO und der InsVV nicht vorgesehen. Die Tätigkeiten des Insolvenzverwalters in Bezug auf die zu bildenden Sondermassen zählt vielmehr zu seinen Aufgaben als Insolvenzverwalter, die einheitlich zu vergüten ist. Insofern bedarf es **keiner gesonderten Festsetzung** der Vergütung des Insolvenzverwalters zum einen für seine Tätigkeit in Bezug auf die reguläre Masse und zum anderen für seine Tätigkeit in Bezug auf die Sondermasse(n). Im Ergebnis ebenso Graeber, der allerdings die Sondermasse mangels Bestandteil der Insolvenzmasse nicht in die Berechnungsgrundlage einbeziehen will und für die Tätigkeit bezogen auf die Sondermasse die alleinige Lösung in der Gewährung eines Zuschlags sieht, es sei denn, der Anspruch aus § 93 S. 2 InsO richte sich gegen den Insolvenzverwalter, sodass dieser Teil der Masse werde (Graeber/Graeber Rn. 45 ff.).

46 Nach anderer, abzulehnender Auffassung soll dem Insolvenzverwalter ein eigenständiger, gesondert nach § 8 festzusetzender Vergütungsanspruch bezüglich der Sondermasse mit eigenständiger Ermittlung der Berechnungsgrundlage zustehen (Haarmeyer/Mock InsVV Rn. 114a; Zimmer in Zimmer, InsVV, 2. Aufl. 2021, Rn. 183 f.; Graeber NZI 2016, 860; Haarmeyer InsBüro 2019, 130). Die konkrete Ermittlung erfolgt innerhalb dieser Ansicht jedoch in unterschiedlicher Art und Weise (vgl. Scholz/Hölken ZInsO 2019, 293; Heitsch ZInsO 2003, 692; Schaltke ZInsO 2010, 1249; Heitsch ZInsO 2008, 793; Smid ZInsO 2013, 1233; Wagner ZInsO 2009, 449). Durch eine getrennte Ermittlung der regulären Masse einerseits und der Sondermasse(n) andererseits soll jede Masse mit genau den Verfahrenskosten belastet werden, die nach den gesetzlichen Regelungen als Verfahrenskosten für die Verwaltung und Verwertung einer Insolvenzmasse vorgesehen sind, wobei die unterschiedlichen Massen separat behandelt werden und vom Insolvenzgericht für jede Masse ein gesonderter Vergütungsfestsetzungsbeschluss zu erlassen ist; hierdurch würde der Verwalter für die Verwaltung und Verteilung der Sondermasse die gleiche Vergütung erhalten (Haarmeyer/Mock InsVV Rn. 114a; so im Ergebnis auch Scholz/Hölken ZInsO 2019, 293; ebenso Graeber NZI 2016, 860). Dabei soll allerdings die Staffelvergütung nach § 2 aufgrund des Progressionsvorbehalts dort beginnen, wo die Berechnungsgrundlage für die reguläre Masse endet, sodass für den Insolvenzverwalter dieselbe (Gesamt-)Vergütung wie bei – nach hiesiger Ansicht zutreffender – Einbeziehung der Sondermasse in die Berechnungsgrundlage entsteht (Zimmer in Zimmer, InsVV, 2. Aufl. 2021, Rn. 184). Wenn es sich aber tatsächlich um einen eigenständigen und separaten Vergütungsanspruch handeln würde, wäre eine derartige Beschränkung nach den Regelungen der InsO und der InsVV nicht zu rechtfertigen. Gegen diese Ansicht spricht auch, dass nur ein Insolvenzverwalter in einem Insolvenzverfahren tätig wird, der auch nur eine (einheitliche) Vergütung erhalten kann, entsprechend des Grundsatzes eine Person, ein Vermögen, ein Insolvenz-

Berechnungsgrundlage § 1 InsVV

verfahren (Jaeger/Henckel InsO § 35 Rn. 131); ein Sonder-Insolvenzverfahren liegt gerade nicht vor.

Die **Gläubiger der Sondermasse** sind an den durch die einheitliche Vergütung des Insolvenz- 47
verwalters in Bezug auf die Sondermasse anfallenden Kosten **in Höhe der Mehrvergütung wie folgt zu beteiligen:** Aus der Sondermasse ist anteilig die Vergütung des Insolvenzverwalters zu tragen, wie sich die – nach hiesiger Ansicht einheitlich festzusetzende – Vergütung durch die Einbeziehung der Sondermasse – unter Berücksichtigung etwaiger Zuschläge – erhöht hat. Dabei ist zunächst die Vergütung auf Basis der Berechnungsgrundlage bestehend aus der allgemeinen Masse und der Sondermasse unter Berücksichtigung etwaiger Zuschläge zu berechnen. Sodann ist die Vergütung auf Basis der Berechnungsgrundlage bestehend allein aus der regulären Masse unter Berücksichtigung etwaiger Zuschläge zu berechnen. Die zuletzt berechnete Vergütung tragen die Insolvenzgläubiger der regulären Masse, den Differenzbetrag zu der zuerst berechneten Vergütung fällt den Gläubigern der Sondermasse zur Last (ebenso mit Beispielsberechnung Keller Insolvenzverfahren § 3 Rn. 64–66). Die Gläubiger der Sondermasse kommen dadurch in den Genuss des Progressionsvorbehaltes des § 2, während die Insolvenzgläubiger nach § 38 InsO nur mit der Vergütung des Insolvenzverwalters belastet werden, die sich aus der Berechnungsgrundlage ohne die Sondermasse und damit ohne seine hierauf gerichteten Tätigkeiten ergibt. Hierdurch werden die an der regulären Masse bzw. der Sondermasse jeweils nicht beteiligten Gläubiger mit den (abgrenzbaren) Verfahrenskosten durch Befassung mit der jeweils anderen Masse nicht belastet (vgl. BGH NZI 2015, 362 zur anteiligen Kostentragungspflicht des Bereicherungsgläubigers, wobei hieraus eine selbstständige Vergütungsfestsetzung nicht zwingend ableitbar ist). Zudem erhält der Insolvenzverwalter – aufgrund der Progressionsstufenregelung in § 2 – im Ergebnis eine geringere Vergütung als bei separater Festsetzung einer Vergütung für die reguläre Masse und einer weiteren Vergütung für die Sondermasse(n). Es wäre nicht sachgerecht, die Sondermasse an den Verfahrenskosten, die sich durch die Realisierung der Sondermasse ergeben, nicht zu beteiligen und nur aus der regulären Masse zu zahlen. Dies würde die Gläubiger der Sondermasse gegenüber den Insolvenzgläubigern nach § 38 InsO unangemessen begünstigen (vgl. Keller Insolvenzverfahren § 3 Rn. 62). Dies gilt unabhängig davon, dass die Gesellschafter über § 93 InsO nicht persönlich für die Kosten des Insolvenzverfahrens über das Vermögen der Gesellschaft und die von dem Verwalter in diesem Verfahren begründeten Masseverbindlichkeiten haften (BGH NZI 2009, 841), denn dies allein sagt noch nichts darüber aus, dass die Gläubiger der Sondermasse nicht an den Kosten des Verfahrens zu beteiligen sind. Auch den Gläubigern nach § 38 InsO wird vor einer Quotenzahlung der Abzug der Verfahrenskosten nach § 54 InsO und der Masseverbindlichkeiten nach § 55 InsO zugemutet. Für eine einheitliche Vergütungsfestsetzung spricht auch die Tätigkeitsbezogenheit der Vergütung des Insolvenzverwalters. Wenn sich seine Tätigkeit auch auf eine Sondermasse bezieht, ist diese Tätigkeit bei seiner Vergütung mit zu berücksichtigen und gerade nicht gesondert zu vergüten. Die – durch § 12a in den ab dem 1.1.2021 beantragten Insolvenzverfahren überholte – Rechtsprechung des BGH zur einheitlichen Vergütung des vorläufigen Sachwalters (BGH NZI 2016, 796) spricht ebenfalls gegen eine getrennte Festsetzung der Vergütungen, bezogen auf die reguläre Masse und die Sondermasse(n). Letztlich fehlt es für eine gesonderte Festsetzung einer Vergütung für die Tätigkeit des einen Insolvenzverwalters in einem Insolvenzverfahren bezogen auf die in seinem Aufgabenbereich liegende Tätigkeit, die lediglich zur Bildung einer Sondermasse führt, neben der festzusetzenden Vergütung für seine Tätigkeit im Insolvenzverfahren an einer gesetzlichen Grundlage hierfür.

Folgt man den Ansichten, die eine gesonderte Festsetzung der Vergütung des Insolvenzverwal- 48
ters hinsichtlich der regulären Masse und hinsichtlich der Sondermasse annehmen (→ Rn. 46), sind die Kosten aus den jeweiligen Massen zu tragen, gegen die die Vergütungen vom Insolvenzgericht nach § 8 festgesetzt worden sind.

E. Gegenstandswert nach § 58 Abs. 1 GKG

Nach § 58 Abs. 1 GKG werden die Gebühren für den Antrag auf Eröffnung des Insolvenzverfah- 49
rens und für die Durchführung des Insolvenzverfahrens nach dem Wert der Insolvenzmasse zur Zeit der Beendigung des Verfahrens erhoben. Gegenstände, die zur **abgesonderten Befriedigung** dienen, werden nur in Höhe des für diese nicht erforderlichen Betrags angesetzt. Demzufolge sind diejenigen Gegenstände, die einer abgesonderten Befriedigung nach §§ 49–52 InsO unterliegen, in Höhe des dazu nötigen Betrags von der Insolvenzmasse abzuziehen (KG ZIP 2013, 1973; Nicht/Schildt NZI 2013, 67; Elzer in Toussaint, Kostenrecht, 51. Aufl. 2021, GKG § 58 Rn. 5). Wird das **Unternehmen des Schuldners fortgeführt,** so ist von den bei der Fortführung erzielten Einnahmen **nur der Überschuss** zu berücksichtigen, der sich nach Abzug der Ausgaben

ergibt. Dies gilt auch, wenn nur Teile des Unternehmens fortgeführt werden. Diese beiden vorstehenden Sätze sind in § 58 Abs. 1 GKG als S. 3 und 4 durch das Kostenrechtsänderungsgesetz 2021 (BT-Drs. 19/23484) eingefügt worden und gelten ab dem 1.1.2021. Mit dieser neuen Regelung wird der Streit darüber beendet, ob bei der Wertbestimmung im Fall der Unternehmensfortführung die im Rahmen der Fortführung erzielten Einnahmen nur insoweit berücksichtigt werden, wie sie die betrieblichen Aufwendungen übersteigen, mithin also nur der Reinerlös in Ansatz zu bringen ist („**Nettoansatz**"; so bislang OLG Nürnberg ZIP 2020, 2591; OLG Düsseldorf ZInsO 2015, 1581; OLG Koblenz ZInsO 2014, 457; OLG Stuttgart ZInsO 2014, 1177; OLG Dresden ZInsO 2013, 1859; OLG Hamm ZIP 2013, 1924; ZInsO 2013, 2011; OLG Hamm ZIP 2013, 470; OLG Düsseldorf ZIP 2012, 1089), oder aber die Aufwendungen nicht abzuziehen sind („Bruttoansatz"; so bislang OLG München ZIP 2017, 1035; ZInsO 2012, 1722; OLG Düsseldorf ZInsO 2010, 1645). Durch die Neuregelung hat sich der Gesetzgeber für den Nettoansatz entschieden, da die Wertberechnung andernfalls bei hohen Unternehmensumsätzen zu unverhältnismäßig hohen Gerichtskosten führen würde, was sich nachteilig auf die Sanierung der Unternehmen auswirken kann (Begründung Gesetzentwurf der Bundesregierung zur Änderung des Justizkosten- und des Rechtsanwaltsvergütungsrechts (Kostenrechtsänderungsgesetz 2021 – KostRÄG 2021, BT-Drs. 19/23484, 53). Die Gesetzesänderung ist zu begrüßen, da sie zum einen zur Rechtssicherheit und Vereinheitlichung der gerichtlichen Praxis führt und zum anderen sachgerecht ist. § 58 Abs. 1 S. 1 GKG und § 63 Abs. 1 S. 2 InsO regeln den Gegenstandswert für die Gerichtskosten bzw. die Berechnungsgrundlage für die Vergütung des Insolvenzverwalters einheitlich mit den identischen Worten „Wert der Insolvenzmasse zur Zeit der Beendigung des Insolvenzverfahrens" bzw. „Wert der Insolvenzmasse, auf die sich die Schlussrechnung bezieht", sodass die Wertberechnung identisch ausfallen muss.

§ 2 Regelsätze

(1) Der Insolvenzverwalter erhält in der Regel
1. von den ersten 35 000 Euro der Insolvenzmasse 40 Prozent,
2. von dem Mehrbetrag bis zu 70 000 Euro 26 Prozent,
3. von dem Mehrbetrag bis zu 350 000 Euro 7,5 Prozent,
4. von dem Mehrbetrag bis zu 700 000 Euro 3,3 Prozent,
5. von dem Mehrbetrag bis zu 35 000 000 Euro 2,2 Prozent,
6. von dem Mehrbetrag bis zu 70 000 000 Euro 1,1 Prozent,
7. von dem Mehrbetrag bis zu 350 000 000 Euro 0,5 Prozent,
8. von dem Mehrbetrag bis zu 700 000 000 Euro 0,4 Prozent,
9. von dem darüber hinausgehenden Betrag 0,2 Prozent.

(2) ¹Haben in dem Verfahren nicht mehr als 10 Gläubiger ihre Forderungen angemeldet, so soll die Vergütung in der Regel mindestens 1 400 Euro betragen. ²Von 11 bis zu 30 Gläubigern erhöht sich die Vergütung für je angefangene 5 Gläubiger um 210 Euro. ³Ab 31 Gläubiger erhöht sich die Vergütung je angefangene 5 Gläubiger um 140 Euro.

Überblick

Die Vorschrift regelt – basierend auf der Berechnungsgrundlage nach § 1 – die sog. Regelvergütung (→ Rn. 3 ff.) des Insolvenzverwalters. § 2 gestaltet die grundlegende Regelung in § 63 Abs. 1 S. 1 und S. 2 InsO dergestalt näher aus, dass er einen prozentualen Anteil als Vergütung bezogen auf die Berechnungsgrundlage festlegt. Der Regelsatz gliederte sich in der bis zum 31.12.2020 geltenden Fassung für bis zu diesem Zeitpunkt beantragte Verfahren je nach Höhe der Insolvenzmasse bzw. Berechnungsgrundlage in sieben Stufen und ist degressiv angelegt; der prozentuale Anteil beginnt bei 40 % der Berechnungsgrundlage von bis zu 25.000 EUR und sinkt auf 0,5 % bei einer Berechnungsgrundlage von mehr als 50 Mio. EUR. In der mit Inkrafttreten des SanInsFoG (→ § 19 Rn. 13) seit dem 1.1.2021 geltenden Fassung sind die Beträge und Prozente nach oben angepasst und zwei Stufen hinzugefügt worden; der prozentuale Anteil beginnt weiterhin bei 40 % der Berechnungsgrundlage, allerdings von einer Masse von bis zu 35.000 EUR und sinkt auf 0,2 % bei einer Berechnungsgrundlage von mehr als 700 Mio. EUR (→ Rn. 1). Die Regelvergütung soll die gesamte Tätigkeit des Verwalters in quantitativer und qualitativer Hinsicht in einem sog. Normalverfahren (→ Rn. 4 ff.) abdecken, das keine Besonderheiten aufweist.

Abs. 2 der Vorschrift regelt die Mindestvergütung von nunmehr 1.400 EUR (in der bis zum 31.12.2020 geltenden Fassung: 1.000 EUR), die anfällt, wenn die Insolvenzmasse kleiner gleich

3.500 EUR (in der vorherigen Gesetzesfassung: 2.500 EUR) ist und nicht mehr als zehn Gläubiger Forderungen zur Insolvenztabelle angemeldet haben (→ Rn. 13). Haben mehr als zehn Gläubiger Forderungen angemeldet, erhöht sich die Mindestvergütung nach der Anzahl der Gläubiger, ohne dass es wie bei Abs. 1 der Vorschrift auf die erwirtschaftete Insolvenzmasse ankommt.

Übersicht

	Rn.		Rn.
A. Angemessenheit der Regelvergütung	1	D. Mindestvergütung nach Abs. 2	10
B. Regelvergütung und Normalverfahren	4	I. Anwendungsbereich	10
I. Quantitative Kriterien für ein Regelverfahren	7	II. Erhöhung der Mindestvergütung	14
		III. Vergleichsrechnung	18
II. Qualitative Kriterien für ein Regelverfahren	8	IV. Angemessenheit der Mindestvergütung	19
C. Berechnung der Regelvergütung	9	E. Anwendbarkeit der bis zum 31.12.2020 geltenden Fassung nach § 5 Abs. 7 COVInsAG	20

A. Angemessenheit der Regelvergütung

Die bis zum 31.12.2020 geltende Fassung der Vorschrift hatte den Regelungsgehalt des früheren **1** § 3 **VergVO** übernommen und mit verschärfter **degressiver Steigerung auf sieben Stufen** erhöht (Begr. zu § 2 InsVV, abgedr. bei Keller Vergütung 430). Die Degression stagnierte auf der 4. Stufe bei einer Masse zwischen 500.000 EUR und 25 Mio. EUR und führte zu einem „**Degressionsloch**" (Keller Vergütung § 4 Rn. 2), weil der Verwalter einer Masse von etwas über 500.000 EUR ebenso nur 2 % davon erhält wie der Verwalter einer Masse von knapp 25 Mio. EUR. Dies führte zu unangemessenen Ergebnissen (eing. HmbKommInsR/Büttner § 2 Rn. 2 mwN). Für Massen ab 250.000 EUR konnte daher nach der Rechtsprechung (BGH ZInsO 2012, 2305) ein **Degressionsausgleich** erfolgen und ein **Zuschlag nach § 3 Abs. 1 Buchst. c** gewährt werden (→ § 3 Rn. 1 ff.). Für die bis zum 31.12.2020 beantragten Insolvenzverfahren gelten nach § 19 Abs. 5 die bisherigen Regelsätze des § 2 fort, sodass hier der Insolvenzverwalter in der Regel
1. von den ersten 25 000 EUR der Insolvenzmasse 40 vom Hundert,
2. von dem Mehrbetrag bis zu 50 000 EUR 25 vom Hundert,
3. von dem Mehrbetrag bis zu 250 000 EUR 7 vom Hundert,
4. von dem Mehrbetrag bis zu 500 000 EUR 3 vom Hundert,
5. von dem Mehrbetrag bis zu 25 000 000 EUR 2 vom Hundert,
6. von dem Mehrbetrag bis zu 50 000 000 EUR 1 vom Hundert,
7. von dem darüber hinausgehenden Betrag 0,5 vom Hundert erhält.

Haben in dem Verfahren nicht mehr als 10 Gläubiger ihre Forderungen angemeldet, so soll die Vergütung in der Regel mindestens 1.000 EUR betragen. Von 11 bis zu 30 Gläubigern erhöht sich die Vergütung für je angefangene 5 Gläubiger um 150 EUR. Ab 31 Gläubiger erhöht sich die Vergütung je angefangene 5 Gläubiger um 100 EUR.

Die sich aus der bis zum 31.12.2020 geltenden Fassung der Vorschrift ergebende Regelvergü- **2** tung der Vorschrift befand sich durch die Übernahme aus § 3 VergVO im Jahre 1999 **betragsmäßig** auf dem Stand des Jahres **1989** und war damit bei Einführung der InsVV bereits zehn Jahre alt. Unberücksichtigt geblieben sind in der bis zum 31.12.2020 geltenden Fassung die gestiegenen Verbraucherpreise und die Kürzung durch die Euro-Umstellung im Jahre 2002. Es stellte sich (wie seinerzeit bei § 3 VergVO von 1970) die Frage der **Verfassungsmäßigkeit** und der Notwendigkeit einer allgemeinen pauschalen Erhöhung (vgl. BVerfG ZIP 1989, 382 mAnm Eickmann; dazu Onusseit EWiR 1989, 391). Die Diskussion über eine aktuell angemessene Vergütung und **Erhöhung der Regelsätze** hatte bereits vor einiger Zeit eingesetzt (vgl. sehr ausf. dazu HmbKommInsR/Büttner § 2 Rn. 2–26; KPB/Prasser/Stoffler § 3 Rn. 28 ff.; HK-InsO/Keller InsO § 63 Rn. 53; Keller Vergütung § 4 Rn. 64 ff.; Graeber/Graeber InsVV § 2 Rn. 83; Graeber NZI 2015, 143; Blersch/Bremen ZIP-Beil. 28/2014, 1 (5)). Der BGH ließ diese Frage zunächst offen (BGH NZI 2005, 228; HK-InsO/Keller InsO § 63 Rn. 19, 53) und sah in 2014 und 2015 für eine angemessene Vergütung des Verwalters keinen Anlass, die bestehende Regelvergütung anzuheben. Die Regelsätze verletzen trotz der Geldentwertung seit dem Inkrafttreten der Insolvenzrechtlichen Vergütungsverordnung im Jahr 1999 „**derzeit noch nicht**" den Anspruch des Verwalters auf eine seiner Qualifikation und seiner Tätigkeit angemessene Vergütung (BGH NZI 2015, 141; dazu Keller EWiR 2015, 153; BGH InsBüro 2015, 368; LG Hamburg InsO 2019, 637; LG Köln

ZIP 2019, 1132). Auch für ein im Jahr 2002 eröffnetes Verfahren nahm der BGH noch in seiner Entscheidung vom 12.9.2019 die Angemessenheit der Vergütung im Zeitpunkt der Eröffnung des Insolvenzverfahrens bei Verfassungsmäßigkeit der Vergütung nach den Regelsätzen des § 2 an (BGH NZI 2019, 910). Unter Verweis auf seine beiden vorgenannten Entscheidungen führte er aus, dass die gesetzlichen Bestimmungen für die Insolvenzverwaltervergütung am Maßstab des Art. 12 Abs. 1 GG zu messen seien und § 63 Abs. 1 S. 1 InsO daher verfassungskonform dahin auszulegen sei, dass die dem Verwalter zustehende Vergütung insgesamt einen seiner Qualifikation und seiner Tätigkeiten angemessenen Umfang erreichen müsse. Dabei sei aufgrund der Tätigkeitsbezogenheit der Vergütung (BGH ZIP 2019, 82 Rn. 24 mwN) im Ausgangspunkt entsprechend der allgemeinen Grundsätze des Vergütungsrechts (vgl. § 61 RVG, § 134 Abs. 2 GNotKG, vgl. auch § 71 GKG, § 63 FamGKG) grundsätzlich auf das Verhältnisse zum Zeitpunkt der Eröffnung des Insolvenzverfahrens abzustellen, für das die Vergütung beansprucht wird (BGH NZI 2019, 910; vgl. auch BGHZ 157, 282 (300) zur Mindestvergütung nach § 2 Abs. 2 InsVV in der bis 6.10.2004 geltenden Fassung und LG Köln NZI 2019, 1132 mkritAnm Zimmer EWiR 2019, 473, bestätigt durch BGH vom 17.9.2020 – IX ZB 26/19; AG Potsdam NZI 2020, 340, das die in der bis zum 31.12.2020 geltenden Gesetzesfassung geregelte Vergütung der Insolvenzverwalter nicht mehr als rechtmäßig ansah und in einem Verfahren aus dem Jahr 2000 die Regelvergütung des § 2 Abs. 1 unter Hinweis auf Graeber/Graeber Rn. 125 um 40 % erhöhte, ohne hierin eine Zuschlag iSv § 3 zu sehen). Allein aufgrund der **Geldentwertung** seit dem Inkrafttreten der insolvenzrechtlichen Vergütungsverordnung im Jahr 1999 ließ sich nach Ansicht des BGH nicht feststellen, dass die Festsetzung der Vergütung des Insolvenzverwalters für im Jahr 2016 eröffnete Insolvenzverfahren nach den Regelsätzen den Anspruch des Verwalters auf eine seiner Qualifikation und seiner Tätigkeit angemessene Vergütung verletzte. Solange die absolute Höhe der Geldentwertung und der Preisentwicklung kein Ausmaß erreicht habe, bei dem eine weitere Festsetzung der Vergütung des Insolvenzverwalters nach den Bestimmungen der Insolvenzrechtlichen Vergütungsverordnung den verfassungsrechtlich begründeten Anspruch auf eine angemessene Vergütung offensichtlich verfehle, seien in die Prüfung, ob der Anspruch auf angemessene Vergütung verletzt ist, sämtliche Umstände einzubeziehen, die für die Festsetzung der Vergütung und die Einnahmen und Ausgaben des Insolvenzverwalters erheblich sind. Maßgeblich sei, ob die Vergütungsstruktur insgesamt dem Insolvenzverwalter nicht mehr erlaube, den für seine Tätigkeit erforderlichen Aufwand zu finanzieren und nach Abzug der mit seiner Tätigkeit verbundenen Ausgaben eine angemessene Entlohnung für seine Arbeit zu erzielen (BGH ZIP 2020, 2083). Aber auch der Anstieg der Erzeugerpreise für Beratungsdienstleistungen seit Inkrafttreten der InsVV am 1.1.1999 führt nach Ansicht des BGH bei Anwendung der Regelsätze des § 2 Abs. 1 nicht zu einer unangemessen niedrigen Vergütung für die Tätigkeit des Insolvenzverwalters in einem im Jahr 2011 eröffneten Insolvenzverfahren. Eine Erhöhung der dem Insolvenzverwalter zugesprochenen Vergütung unter dem Gesichtspunkt des Inflationsausgleichs sei daher nicht gerechtfertigt (BGH ZRI 2020, 601).

2a Der Gesetzgeber hat im Rahmen der Umsetzung der RL (EU) 2019/1023 vom 20.6.2019 durch das am 22.12.2020 erlassene Gesetz zur Fortentwicklung des Sanierungs- und Insolvenzrechts (Sanierungs- und Insolvenzrechtsfortentwicklungsgesetz – **SanInsFoG**) in dessen Art. 6 unter Nr. 1 § 2 geändert. Die Gesetzesänderung mit **Anhebung der Regelsätze** gilt nach § 19 Abs. 5 (→ § 19 Rn. 13) für **Insolvenzverfahren, die ab dem 1.1.2021 beantragt** werden. Nach der Begründung des Gesetzentwurfs der Bundesregierung vom 9.11.2020 (BT-Drs. 19/24181, 210–212) ist die Anhebung der Regelsätze in § 2 die zentrale Maßnahme zur Sicherstellung einer auch in Zukunft angemessenen und verfassungsgemäßen Vergütung der Insolvenzverwalter. Die Neuregelung hat die alten Stufengrenzwerte in § 2 Abs. 1 und die Mindestvergütungssätze in § 2 Abs. 2 um jeweils 40 % erhöht. Dieser Prozentsatz geht zwar über die Entwicklung des vom Statistischen Bundesamtes veröffentlichten Verbraucherpreisindex hinaus, der von 1999 bis 2018 um 31,7 % gestiegen ist, bleibt aber hinter dem Anstieg der durchschnittlichen Bruttolöhne der Arbeitnehmer zurück, der sich nach Angaben der Deutschen Bundesbank von 1999 bis 2018 auf 45,6 % belief. Allerdings werden die Prozentsätze zur Vermeidung von „flächendeckenden Abweisung von Insolvenzanträgen mangels Masse" insbesondere im Bereich der Kleinstverfahren erst ab der zweiten Stufe maßvoll angehoben, um so auch in diesem Bereich die Ordnungsfunktion des Insolvenzverfahrens zu sichern. Auf der ersten Stufe bleibt es allerdings bei dem Prozentsatz von 40 %; lediglich die Wertgrenze wird von 25.000 EUR auf 35.000 EUR erhöht, wodurch sich aber bei den Insolvenzmassen mit Werten von bis zu 25.000 EUR im Bereich oberhalb der Mindestvergütungssätze gar keine Erhöhung der Regelvergütung ergibt. Dies dürfte eine Vielzahl von Verfahren betreffen; Graeber vermutet, dass dies mehr als 50 % aller eröffneten Insolvenzverfahren betrifft (NZI 2021, 370 (371)). Erst ab einem Wert von 35.000 EUR ergibt sich überhaupt eine Erhöhung und bei diesem Betrag ergibt sich statt einer Regelvergütung nach bisherigem Recht in Höhe von 12.500 EUR nach neuem Recht eine solche von 14.000 EUR, was gerade einmal einen Zuwachs von lediglich 12 % bedeutet. Insgesamt bleibt die Erhöhung der Prozentsätze in den einzelnen Staffelstufen damit deutlich hinter den berechtigten Forderungen der Berufsverbände der Insolvenzverwalter zurück. In der höchsten Stufe wird auf eine Anhebung des Prozentsatzes ebenfalls verzichtet, da empirisch gerade in Fällen mit sehr hohen Massen bereits nach dem geltenden Recht nicht festzustellen sei, dass die Vergütungen die Kosten der Insolvenzverwalterbüros nicht abdecken oder aus anderen Gründen unangemessen erscheinen. Die Begrenzung des Vergütungssatzes in den neuen Endstufen auf 0,4 % für den über 350.000.000 EUR und auf 0,2 % für den über 700.000.000 EUR hinausgehenden Betrag der Bemessungsgrundlage trägt dem Gedanken Rechnung, dass der Mehraufwand, der dem Insolvenzverwalter durch eine vergrößerte Insolvenzmasse entsteht, degressiv verläuft.

Ein Insolvenzverwalter, der zum Nachteil der Masse eine **strafbare Untreue** begeht, um sich 3 oder einen nahen Angehörigen zu bereichern, handelt regelmäßig in besonders schwerem Maß verwerflich und verwirkt damit in der Regel seinen Anspruch auf Vergütung; ist der **Anspruch auf Vergütung verwirkt,** ist der Insolvenzverwalter mit seinem Anspruch auf Vergütung insgesamt ausgeschlossen. Die Verwirkung des Anspruchs auf Vergütung erstreckt sich regelmäßig auch auf die vom Insolvenzverwalter als Pauschsatz geltend gemachten Auslagen (BGH NJW 2019, 935; zust. Ahrens NJW 2019, 890; dazu auch Deppenkemper jM 2019, 184).

B. Regelvergütung und Normalverfahren

Die Regelsätze nach Abs. 1 sollen dem Insolvenzverwalter im **Regelinsolvenzverfahren** eine 4 **angemessene Vergütung** für die Bearbeitung eines **Normalverfahrens** gewähren (vgl. amtl. Begründung, Abdruck bei HWF InsVV 50; Wagner NZI 1998, 23; HmbKommInsR/Büttner § 2 Rn. 27). Das sog. Normalverfahren ist weder vom Gesetzgeber noch vom Verordnungsgeber definiert worden, sondern hat sich zunächst in der Literatur anhand von quantitativen und qualitativen Merkmalen der Tätigkeit des Insolvenzverwalters herausgebildet (vgl. HWF InsVV § 3 Rn. 3 ff.; HmbKommInsR/Büttner § 2 Rn. 28 mwN) und hat sich zwischenzeitlich durch die Literatur und Rechtsprechung zu den Zu- und Abschlagstatbeständen des § 3 verfestigt.

Bei dem sog. **Normalverfahren** handelt es sich um ein durchschnittliches Insolvenzverfahren, 5 bei dem Erhöhungstatbestände nach **§ 3 Abs. 1 nicht erfüllt** sind (vgl. HK-InsO/Keller § 3 Rn. 6; Hess § 2 Rn. 15 ff.; KPB/Prasser/Stoffler § 3 Rn. 9 ff.; HmbKommInsR/Büttner § 2 Rn. 5). In der Vergütungspraxis haben sich die nachfolgenden **quantitativen** und **qualitativen Kriterien** herausgebildet, die ein Regelverfahren charakterisieren sollen (vgl. BK-InsR/Blersch § 2 Rn. 11; MüKoInsO/Nowak § 2 Rn. 3; HmbKommInsR/Büttner § 2 Rn. 29 ff. und 38 ff.; HK-InsO/Keller § 3 Rn. 6; Hess § 3 Rn. 78; HWF InsVV § 2 Rn. 24 ff.; KPB/Prasser/Stoffler § 3 Rn. 22). Die Grenzen zwischen den Kriterien sind allerdings fließend und überschneiden sich zum Teil. Der BGH hebt stets hervor, dass ein **Vergütungszuschlag nur dann gerechtfertigt** ist, wenn durch die **konkrete Tätigkeit** des Insolvenzverwalters eine **erhebliche Mehrbelastung** entstanden ist. Dabei sind die **Besonderheiten des Unternehmens** und die jeweiligen **Umstände des Einzelfalls** zu berücksichtigen (vgl. BGH NZI 2007, 244; 2004, 591; Keller Vergütung Rn. 252 ff.; HK-InsO/Keller Rn. 10 ff.).

Die qualitativen und quantitativen Kriterien für das Vorliegen eines Normalverfahrens können 6 auch als **Pflichtenkatalog des Verwalters** angesehen werden (vgl. HWF InsVV § 2 Rn. 11 ff.; KPB/Prasser/Stoffler § 3 Rn. 63; vgl. zum erweiterten Aufgabenkatalog Haarmeyer/Mock InsVV Rn. 13 ff.; Haarmeyer ZInsO 2014, 1237 und HmbKommInsR/Büttner § 2 Rn. 30 ff. zu den weiteren, neuen Pflichten des Verwalters zB nach dem IFG, InsStatG und im Steuerrecht und der **Fiktion eines Normalverfahrens**).

I. Quantitative Kriterien für ein Regelverfahren

Als quantitative, bei der Schuldnerin zum Zeitpunkt der Insolvenzeröffnung vorliegende Krite- 7 rien für ein Regelverfahren können herangezogen werden:
- Jahresumsatz bis 1,5 Mio. EUR; bei mehr als 50 Mitarbeitern bis zu 4 Mio. EUR Jahresumsatz (vgl. BGH ZInsO 2004, 265)
- nur eine Betriebsstätte oder ein Sitz und keine Zweigniederlassungen
- nicht mehr als 20 Arbeitnehmer beschäftigt (§§ 17, 18 KSchG; BGH ZInsO 2008, 1640; 2007, 1272; NZI 2004, 251)
- keine Unternehmensfortführung (BGH ZIP 2011, 1373; NZI 2006, 401; 2009, 49 mAnm Prasser; dazu Schröder EWiR 2008, 761; BGH NZI 2004, 251; Keller Vergütung Rn. 322)

- keine Auslandsberührung; kein im Ausland befindliches Vermögen
- weitgehend geordnete und ordnungsgemäße Buchhaltung bei der Schuldnerin
- bis zu 300 Buchungsvorgänge in der Insolvenzbuchhaltung nach Insolvenzeröffnung
- steuerliche Buchführung weitgehend aufgearbeitet und Steuererklärungen abgegeben
- Prüfung von Aus- und Absonderungsrechten im Umfang von bis zu etwa 30 % bis 50 % der Insolvenzmasse (KPB/Prasser/Stoffler § 3 Rn. 70)
- Forderungseinzug von bis zu 50 Forderungen/max. 50 Debitoren
- Nicht mehr als 100 Insolvenzforderungen (BGH NZI 2007, 244; ZInsO 2006, 642; NZI 2004, 591; LG München ZInsO 2002, 275 (276); LG Chemnitz ZIP 2004, 84; Uhlenbruck, 12. Aufl. 2002, § 8 Rn. 18; KPB/Prasser/Stoffler § 3 Rn. 62; HWF InsVV § 3 Rn. 72)
- keine Zustellungen für das Insolvenzgericht nach § 8 Abs. 3 InsO
- keine Haus- und Grundstücksverwaltung; keine Immobilienverwertung
- keine Ausarbeitung eines Insolvenzplans durch den Verwalter
- Verfahrensdauer bis zu 2 (oder 4) Jahren (vgl. LG Darmstadt RPfleger 1993, 35; KPB/Eickmnn/ Prasser § 3 Rn. 22); Zuschlagsfähigkeit allerdings nur, sofern sachliche Gründe für die lange Verfahrensdauer vorliegen, die mit Mehrbelastung für Verwalter verbunden sind (BGH ZInsO 2015, 765; BGH NZI 2010, 1504; dazu Prasser EWiR 2010, 791; Keller Vergütung Rn. 242; HK-InsO/Keller § 2 Rn. 12)

II. Qualitative Kriterien für ein Regelverfahren

8 Als qualitative Kriterien für ein Regelverfahren können herangezogen werden:
- einfache Inbesitznahme und Sicherung der Masse
- Prüfung und Entscheidung zur Unternehmensfortführung
- Prüfung von Aus- und Absonderungsrechten im Umfang von bis zu etwa 30 % der Aktivmasse bezogen auf den qualitativen Aufwand, der unabhängig von diesem Verhältnis einen Zuschlag nach § 3 Abs. 1 Buchst. a rechtfertigen kann (HK-InsO/Keller § 3 Rn. 6)
- Prüfung von Anfechtungstatbeständen von mittlerer rechtlicher Schwierigkeit oder von geringer Zahl (fraglich, ob 10 als Richtzahl anzunehmen ist; HK-InsO/Keller § 3 Rn. 6; KPB/Prasser/Stoffler § 3 Rn. 66, 67)
- Vertragsabwicklung/Kündigung/Nichteintritt
- Entscheidung über Aufnahme von Rechtsstreitigkeiten
- Erstellung der Verzeichnisse (Gläubigerverzeichnis, Masseverzeichnis und Vermögensübersicht)
- Erstellung der Insolvenzbuchhaltung
- Führung der Insolvenztabelle
- Prüfung der angemeldeten Forderungen
- Masseverwertung, Befriedigung der Massegläubiger, Quotenausschüttung

C. Berechnung der Regelvergütung

9 Ausgehend von der ermittelten Berechnungsgrundlage § 1 ist die Regelvergütung in jedem Einzelfall **konkret zu berechnen** und zwar für **jede Wertstufe gesondert.** Auf jeder Wertstufe sind Teilvergütungen aus der Differenz zwischen den einzelnen Wertstufen zu ermitteln und sodann zu addieren. Die Berechnung kann nach Keller zu § 2 aF auch mit folgender **Berechnungsformel** ermittelt werden (vgl. Keller Vergütung Rn. 231; Keller NZI 2005, 23; HK-InsO/ Keller § 2 Rn. 5), die sich **beispielsweise** mit einer Berechnungsgrundlage von **750.000 EUR** wie folgt dargestellt:

InsolvenzmasseBerechnungsformel zur RegelvergütungBeispiel
bis 35.000 EURX (Vergütung) = M (Insolvenzmasse) x 40 %= 14.000 EUR
bis 70.000 EURX = (M − 35.000 EUR) x 26 % + 14.000 EUR= 23.100 EUR
bis 350.000 EURX = (M − 70.000 EUR) x 7,5 % + 23.100 EUR= 44.100 EUR
bis 700.000 EURX = (M − 350.000 EUR) x 3,3 % + 44.100 EUR= 55.650 EUR
bis 35 Mio. EURX = (M − 700.000 EUR) x 2,2 % + 55.650 EUR= **56.750 EUR**
bis 70 Mio. EURX = (M − 35 Mio. EUR) x 1,1 % + 810.250 EUR
bis 350 Mio. EURX = (M − 70 Mio. EUR) x 0,5 % + 1.195.250 EUR
bis 700 Mio. EURX = (M − 350 Mio. EUR) x 0,4 % + 2.595.250 EUR
über 700 Mio. EURX = (M − 700 Mio. EUR) x 0,2 % + 3.995.250 EUR

D. Mindestvergütung nach Abs. 2

I. Anwendungsbereich

Mit Einführung der InsO am 1.1.1999 betrug die Mindestvergütung 500 EUR. Sie wurde bei einem durchschnittlichen Bearbeitungsaufwand von 20 bis 40 Stunden auch in einfach gelagerten Verfahren und bei optimaler Büroorganisation als **völlig unzureichend** angesehen. Der BGH stellte in zwei Beschlüssen (BGH NZI 2004, 196; ZIP 2004, 417) die **Verfassungswidrigkeit** dieser Mindestvergütungsregelung des § 2 Abs. 2 aF fest, da der durchschnittliche Arbeitsaufwand damit nicht auskömmlich abgegolten war. Er forderte den Verordnungsgeber auf, eine verfassungskonforme Regelung zu schaffen und billigte ihm einen Prognose- und Anpassungsspielraum bis zum 31.12.2013 zu. In den bis zum 1.1.2004 eröffneten Verfahren sei zwar die Tätigkeit mit 500 EUR nicht auskömmlich entgolten, dies sei aber hinzunehmen und eine rückwirkende Erhöhung komme nicht in Betracht (BGH ZIP 2004, 257 (262)). Die Regelung ist für Altverfahren vor dem 1.1.2004 verfassungskonform (BGH NZI 2008, 361).

Durch die Verordnung zur Änderung der InsVV v. 4.10.2004 (BGBl. I 2569) wurde die **Mindestvergütung** in ab dem **1.1.2004 eröffneten Regelinsolvenzverfahren** auf **1.000 EUR** festgesetzt (Abs. 2 S. 1 in der bis zum 31.12.2020 geltenden Fassung). Durch die Verknüpfung mit der Zahl der anmeldenden Gläubiger hat der Verordnungsgeber die vom BGH angedeutete Nettomindestvergütung von 1.200 EUR unterlaufen (HmbKommInsR/Büttner § 2 Rn. 64; vgl. BGH ZInsO 2004, 257 (261)). Durch das SanInsFoG und die Änderung von § 2 Abs. 2 beträgt die Mindestvergütung in den **ab dem 1.1.2021 beantragten Regelinsolvenzverfahren 1.400 EUR**. Das Kriterium der **Gläubigeranzahl** ermöglicht den Insolvenzgerichten eine **einfache und sichere Handhabung**, auch wenn die Mindestvergütung nicht immer genau den Arbeitsaufwand des Verwalters abdeckt (vgl. BGH ZInsO 2011, 1251; HmbKommInsR/Büttner § 2 Rn. 65).

Die Regelung gilt für **Unternehmensinsolvenzverfahren** ebenso wie für Insolvenzverfahren über das Vermögen **natürlicher Personen**, sofern diese sich nicht im Verbraucherinsolvenzverfahren befinden. Im **Verbraucherinsolvenzverfahren (§§ 304 ff. InsO)** gilt die Ausnahmeregelung in § 13. Danach reduziert sich in den nach dem **1.7.2014** eröffneten Verbraucherinsolvenzverfahren die Mindestvergütung des Insolvenzverwalters nach § 2 Abs. 2 S. 1 auf **800 EUR**, und in den **ab dem 1.1.2021 beantragten Verbraucherinsolvenzverfahren 1.120 EUR** sofern die Unterlagen nach § 305 Abs. 1 Nr. 3 InsO von einer geeigneten Person oder Stelle erstellt wurden.

Die Regelung gilt über § 10 auch für den **vorläufigen Insolvenzverwalter** (§ 63 Abs. 3 InsO). Bei ihm tritt an die Stelle der Anzahl der Gläubiger, die Forderungen zur Tabelle angemeldet haben, die Anzahl der von ihm ermittelten Gläubiger (BGH NZI 2010, 256). Der **Sachwalter** und der **vorläufige Sachwalter** haben ebenfalls Anspruch auf die Mindestvergütung nach dieser Vorschrift (HmbKommInsR/Büttner § 2 Rn. 70). Ein selbstständig zu berechnender Vergütungsanspruch steht dem **vorläufigen Sachwalter** allerdings nicht zu. Die Tätigkeit als vorläufiger Sachwalter stellt vielmehr einen Umstand dar, der zu einem Zuschlag für die Vergütung des Sachwalters führt, wobei dieser in der Regel mit 25 % zu bemessen ist (BGH ZInsO 2017, 1813; → § 12 Rn. 1 ff.).

II. Erhöhung der Mindestvergütung

Die Mindestvergütung aus Abs. 2 S. 1, die bei einer Anzahl von 1 bis 10 anmeldenden Gläubigern anfällt, kann sich nach der Anzahl der anmeldenden Gläubiger nach Abs. 2 S. 2 und S. 3 erhöhen. Haben **mehr als zehn** verschiedene Gläubiger Forderungen zur Insolvenztabelle angemeldet, erhöht sich die Mindestvergütung bei bis zu 30 Gläubigern um 250 EUR (in bis zum 31.12.2020 beantragten Verfahren: 150 EUR) pro angefangene fünf Gläubiger und ab 31 Gläubiger um 140 EUR (in bis zum 31.12.2020 beantragten Verfahren: 100 EUR) pro angefangene fünf Gläubiger. Eine Begrenzung nach oben ist nicht vorgesehen. Für die Anzahl der Gläubiger ist auf die **Kopfzahl** der anmeldenden Gläubiger und nicht auf die Anzahl der angemeldeten Forderungen abzustellen (BGH BeckRS 2017, 107458; ZInsO 2011, 200; NZI 2011, 572; Keller Vergütung Rn. 422; Vill BGH NZI 2020, 974 ff.). Eine **Gebietskörperschaft** zählt auch dann als (nur) eine Gläubigerin, wenn sie durch verschiedene Behörden mehrere Forderungen aus unterschiedlichen Rechtsverhältnissen angemeldet hat (BGH NZI 2011, 542). Nach anderer Ansicht sollen rechtlich selbstständige Forderungen des gleichen Gläubigers als einzelne Forderungsanmeldungen erfasst werden (Keller NZI 2005, 23 (24); HmbKommInsR/Büttner § 2 Rn. 71; **aA** AG Potsdam ZInsO 2006, 1263). Unerheblich ist, ob die **angemeldete Forderung** am Verfahrensende **endgültig bestritten** ist (HmbKommInsR/Büttner § 2 Rn. 71; aA AG Potsdam NZI 2007, 179).

15 Für die Mindestvergütung nach Anzahl der Gläubiger ergibt sich folgende Übersicht:
bis zum 31.12.2020 beantragte Verfahren: **ab dem 1.1.2021 beantragte Verfahren:**
Gläubigeranzahl Mindestvergütung Gläubigeranzahl Mindestvergütung

Gläubigeranzahl	Mindestvergütung	Gläubigeranzahl	Mindestvergütung
0–10	1.000 EUR	0–10	1.400 EUR
11–15	1.150 EUR	11–15	1.610 EUR
16–20	1.300 EUR	16–20	1.820 EUR
21–25	1.450 EUR	21–25	2.030 EUR
26–30	1.600 EUR	26–30	2.240 EUR
31–35	1.700 EUR	31–35	2.380 EUR
36–40	1.800 EUR	36–40	2.520 EUR
41–45	1.900 EUR	41–45	2.660 EUR
46–50	2.000 EUR	46–50	2.800 EUR

16 Sowohl die Mindestvergütung nach Abs. 2 S. 1 als auch die erhöhte Mindestvergütung nach Abs. 2 S. 2 und S. 3 kann nach § 3 durch einen **Zuschlag** erhöht werden, wenn **zusätzliche**, von der Anzahl der Gläubiger unabhängige **Erschwernisse** vorliegen, die beim Verwalter zu einem Mehraufwand geführt haben (BGH NZI 2015, 782; ZInsO 2009, 1511; Keller ZVI 2004, 569; HmbKommInsR/Büttner § 2 Rn. 75; vgl. AG Charlottenburg ZIP 2019, 727 mit Bespr. Bersch NZI 2019, 529 im Fall Air Berlin ausgehend von der Mindestvergütung bei 700.000 Gläubigern und Zuschlägen von insgesamt 65 % für den Sachwalter).

17 In ganz besonderen Ausnahmefällen kann eine **Kürzung** auch der Mindestvergütung in Betracht kommen, zB wenn das Amt des **vorläufigen Verwalters** nach nur 17 Tagen endet und keine Sicherungstätigkeiten erforderlich waren (AG Köln NZI 2017, 324). Die Mindestvergütung des **Insolvenzverwalters** kann – insbesondere unter den Voraussetzungen des § 3 Abs. 2 InsVV – im Wege eines Abschlags gekürzt werden, wenn der qualitative und quantitative Zuschnitt des Verfahrens erheblich hinter den Kriterien eines durchschnittlichen massearmen Verfahrens zurückbleibt und der Regelsatz der Mindestvergütung deshalb zu einer unangemessen hohen Vergütung führen würde. In einem Verbraucherinsolvenzverfahren schließt die Regelung in § 13 InsVV nF über die Ermäßigung der Mindestvergütung des Insolvenzverwalters Abschläge von der Mindestvergütung nach § 3 Abs. 2 InsVV nicht aus. Dabei hat sich die Prüfung, ob die Vermögensverhältnisse des Schuldners überschaubar sind und die Zahl der Gläubiger oder die Höhe der Verbindlichkeiten gering ist, auch in einem Verbraucherinsolvenzverfahren am Durchschnitt der massearmen Verfahren auszurichten, wenn der Regelsatz der Mindestvergütung unterschritten werden soll. Die Vergütung des Insolvenzverwalters in einem Verbraucherinsolvenzverfahren darf aber nicht unter der Mindestvergütung liegen, die einem Treuhänder nach § 13 InsVV aF zu gewähren war (BGH NZI 2018, 130; zust. Zimmer EWiR 2018, 277).

III. Vergleichsrechnung

18 Da bei einer geringen Insolvenzmasse die Mindestvergütung höher sein kann als die Regelvergütung nach Abs. 1, hat der Insolvenzverwalter dies auch in Regel- und Unternehmensinsolvenzverfahren durch eine **Vergleichsberechnung** zwischen der Regelvergütung nach Abs. 1 und der Mindestvergütung nach Abs. 2 zu ermitteln (HmbKommInsR/Büttner § 2 Rn. 67; Keller NZI 2005, 23). Der Verwalter kann die für ihn günstigere, dh höhere Vergütung beantragen.

IV. Angemessenheit der Mindestvergütung

19 Der BGH hatte in seiner Entscheidung im Jahr 2004 schon eine Nettomindesthöhe von 1.200 EUR für angemessen erachtet (→ Rn. 10), deren Unterschreitung nicht allein durch die einfache und sichere Handhabung der Mindestvergütungsregelung gerechtfertigt sein kann (HmbKommInsR/Büttner § 2 Rn. 72, 73). Auch die Kürzung um 20 % im Fall der Anwendbarkeit von § 13 erscheint nur der Minderung der Verfahrenskosten geschuldet zu sein; ein sachlich rechtfertigender Grund ist nicht ersichtlich (vgl. Graeber/Graeber § 13 Rn. 24; HmbKommInsR/Büttner § 2 Rn. 74), sodass bei der Mindestvergütung die gleichen Bedenken galten wie bei der Regelvergütung nach Abs. 1 (→ Rn. 2). Durch die Anhebung der Regel- und der Mindestvergütung durch das zum 1.1.2021 in Kraft getretene SanInsFoG wird der vom BGH genannte Betrag in den ab dem 1.1.2021 beantragten Insolvenzverfahren überschritten.

E. Anwendbarkeit der bis zum 31.12.2020 geltenden Fassung nach § 5 Abs. 7 COVInsAG

Das am 1.1.2021 in Kraft getretene Gesetz zur Fortentwicklung des Sanierungs- und Insolvenzrechts (SanInsFoG) hat auch zu Änderungen des COVID-19-Aussetzungsgesetzes (COVInsAG) in Bezug auf die Normen zum Eigenverwaltungsverfahren und zum Insolvenzplan geführt. Die neuen Regelungen der Insolvenzordnung nach Maßgabe des SanInsFoG finden gem. Art. 103k Einführungsgesetz zur Insolvenzordnung (EG-InsO) auf Insolvenzverfahren Anwendung, welche ab dem 1.1.2021 beantragt wurden bzw. werden. Jedoch sieht das COVInsAG in bestimmtem Fällen die Fortgeltung des bis zum 31.12.2020 geltenden Rechts für Eigenverwaltungsverfahren nach § 5 COVInsAG (zu den Voraussetzungen → COVInsAG § 5 Rn. 3 ff.) und für Schutzschirmverfahren nach § 6 COVInsAG (zu den Voraussetzungen → COVInsAG § 6 Rn. 4 ff. und Rn. 14 f.) vor. So sind gem. § 5 COVInsAG auf Eigenverwaltungsverfahren, die zwischen dem 1.1.2021 und dem 31.12.2021 beantragt werden, die Vorschriften zur Eigenverwaltung nach den §§ 270–285 InsO in der bis zum 31.12.2020 geltenden Fassung weiter anzuwenden, wenn die Zahlungsunfähigkeit oder Überschuldung des Schuldners auf die COVID-19-Pandemie zurückzuführen ist. Sofern nach den §§ 5, 6 COVInsAG auf das vom Insolvenzgericht angeordnete Eigenverwaltungsverfahren die §§ 270–285 InsO in der bis zum 31.12.2020 geltenden Fassung weiter Anwendung finden, so ist nach § 5 Abs. 7 COVInsAG auch die InsVV in der bis zum 31.12.2020 geltenden Fassung anzuwenden. Dies gilt auch dann, wenn die vorläufige Eigenverwaltung oder Eigenverwaltung aufgehoben wird. In diesen Fällen findet § 2 in seiner bis zum 31.12.2020 geltenden Fassung Anwendung.

§ 3 Zu- und Abschläge

(1) Eine den Regelsatz übersteigende Vergütung ist insbesondere festzusetzen, wenn
a) die Bearbeitung von Aus- und Absonderungsrechten einen erheblichen Teil der Tätigkeit des Insolvenzverwalters ausgemacht hat, ohne daß ein entsprechender Mehrbetrag nach § 1 Abs. 2 Nr. 1 angefallen ist,
b) der Verwalter das Unternehmen fortgeführt oder Häuser verwaltet hat und die Masse nicht entsprechend größer geworden ist,
c) die Masse groß war und die Regelvergütung wegen der Degression der Regelsätze keine angemessene Gegenleistung dafür darstellt, daß der Verwalter mit erheblichem Arbeitsaufwand die Masse vermehrt oder zusätzliche Masse festgestellt hat,
d) arbeitsrechtliche Fragen zum Beispiel in bezug auf das Insolvenzgeld, den Kündigungsschutz oder einen Sozialplan den Verwalter erheblich in Anspruch genommen haben oder
e) der Verwalter einen Insolvenzplan ausgearbeitet hat.

(2) Ein Zurückbleiben hinter dem Regelsatz ist insbesondere gerechtfertigt, wenn
a) ein vorläufiger Insolvenzverwalter im Verfahren tätig war,
b) die Masse bereits zu einem wesentlichen Teil verwertet war, als der Verwalter das Amt übernahm,
c) das Insolvenzverfahren vorzeitig beendet wird oder das Amt des Verwalters vorzeitig endet,
d) die Masse groß war und die Geschäftsführung geringe Anforderungen an den Verwalter stellte,
e) die Vermögensverhältnisse des Schuldners überschaubar sind und die Zahl der Gläubiger oder die Höhe der Verbindlichkeiten gering ist oder
f) der Schuldner in ein Koordinationsverfahren einbezogen ist, in dem ein Verfahrenskoordinator nach § 269e der Insolvenzordnung bestellt worden ist.

Überblick

Die Vorschrift konkretisiert § 63 Abs. 1 S. 3 InsO, wonach dem Umfang und der Schwierigkeit der Geschäftsführung des Insolvenzverwalters durch Abweichungen vom Regelsatz Rechnung getragen wird. Da die Regelvergütung nach § 2 nur pauschal nach dem Prozentsatz der Insolvenzmasse bemessen wird, ermöglicht § 3 die Berücksichtigung der Besonderheiten des jeweiligen Verfahrens durch Erhöhungen (Zuschläge nach Abs. 1, → Rn. 17 ff.) und Kürzungen (Abschläge nach Abs. 2, → Rn. 39 ff.) entsprechend der konkreten Erschwernisse oder Erleichterungen. § 3 bietet als zentrale Norm im Vergütungsrecht Gewähr für die Festsetzung einer angemessenen Vergütung (→ Rn. 1 ff.), bei der die Höhe der Zu- und Abschläge (→ Rn. 7 ff.) nach Darstellung und Berechnung (→ Rn. 11 ff.) einer Gesamtwürdigung zu unterziehen sind (→ Rn. 15 f.).

§ 3 Abs.1 enthält einen Katalog von Erhöhungstatbeständen (→ Rn. 17–37). Bei Vorliegen der Tatbestandsvoraussetzungen eines der genannten Regelbeispiele hat das Insolvenzgericht eine den Regelsatz übersteigende Vergütung festzusetzen (→ Rn. 5 f.). Die Regelbeispiele sind nicht abschließend, sodass auch andere, verfahrensspezifische Umstände, die qualitativ oder quantitativ vom Normalverfahren abweichen, zu einer Erhöhung der Vergütung führen können (→ Rn. 38).

§ 3 Abs. 2 benennt ebenfalls nicht abschließend Regelbeispiele (→ Rn. 39–55) die ein Zurückbleiben hinter den Regelsatz der Vergütung rechtfertigen können, sodass weitere Abschlagstatbestände möglich sind (→ Rn. 55). Anders als bei Abs. 1 ist eine Kürzung der Regelvergütung jedoch nicht zwingend (→ Rn. 6 ff.).

Durch das Gesetzes zur Erleichterung der Bewältigung von Konzerninsolvenzen v. 13.4.2017 (BGBl. 2017 I 866), welches am 21.4.2018 in Kraft trat, ist § 3 in Abs. 2 durch den Buchstaben f) ergänzt worden, wonach ein Abschlag für die Vergütung des Insolvenzverwalters in Betracht kommt, wenn ein Verfahrenskoordinator nach § 269e InsO eingesetzt wird, der zu einer Entlastung des Verwalters führt (→ Rn. 54 f.).

Da der BGH zunehmend Zuschlagssachverhalte für den (vorläufigen) Sachverwalter zu entscheiden hat, sind diese zusammengefasst unter → Rn. 38a dargestellt.

Übersicht

	Rn.		Rn.
A. Regelungsinhalt und Systematik der Zu- und Abschläge	1	5. Ausarbeitung eines Insolvenzplans (Abs. 1 Buchst. e)	36
I. Angemessene Vergütung bei erhöhtem Arbeitsaufwand	1	II. Weitere Zuschlagstatbestände, alphabetische Fallgruppen	38
II. Zwingende Erhöhung bei Zuschlagstatbeständen	5	III. Zuschlagssachverhalte beim (vorläufigen) Sachverwalter	38a
III. Ermessen bei Abschlagstatbeständen	6	C. Einzelne Abschlagstatbestände	39
IV. Höhe der Zu- und Abschläge	7	I. Tätigkeit eines vorläufigen Insolvenzverwalters (Abs. 2 Buchst. a)	40
V. Darstellung und Berechnung von Zu- und Abschlägen	11	II. Fortgeschrittene Masseverwertung (Abs. 2 Buchst. b)	44
VI. Gesamtwürdigung	15	III. Vorzeitige Verfahrens-/Amtsbeendigung (Abs. 2 Buchst. c)	46
B. Einzelne Zuschlagstatbestände	17	IV. Große Masse bei geringem Aufwand (Abs. 2 Buchst. d)	50
I. Gesetzlich normierte Zuschlagstatbestände	17	V. Überschaubare Vermögensverhältnisse (Abs. 2 Buchst. e)	52
1. Bearbeitung von Aus- und Absonderungsrechten (Abs. 1 Buchst. a)	18	VI. Koordinationsverfahren in Konzerninsolvenzverfahren mit Verfahrenskoordinator nach § 269e InsO (Abs. 1 Buchst. f)	54
2. Unternehmensfortführung und Hausverwaltung (Abs. 1 Buchst. b)	23	VII. Weitere mögliche Abschlagskriterien	56
3. Degressionsausgleich (Abs. 1 Buchst. c)	29		
4. Bearbeitung arbeitsrechtlicher Sachverhalte (Abs. 1 Buchst. d)	32		

A. Regelungsinhalt und Systematik der Zu- und Abschläge

I. Angemessene Vergütung bei erhöhtem Arbeitsaufwand

1 § 3 kommt die Aufgabe zu, eine einzelfallbezogene Anpassung der Vergütung für den vorläufigen und endgültigen Insolvenzverwalter, den vorläufigen und endgültigen Sachwalter sowie den Treuhänder durch konkrete Zu- oder Abschläge vorzunehmen; auf die Vergütungsansprüche der Mitglieder des (vorläufigen) Gläubigerausschusses nach § 17 ist die Vorschrift nicht anwendbar (BGH NZI 2021, 457). Sie ermöglicht als **zentrale Norm des Vergütungsrechts** die Umsetzung des **verfassungsrechtlich garantierten Anspruchs** aus Art. 12 Abs. 1 GG auf **eine angemessene Vergütung** (BVerfG ZIP 1989, 382 mAnm Eickmann; dazu Onusseit EWiR 1989, 391; HK-InsO/Keller InsO § 63 Rn. 16 ff.). Die Zu- und Abschläge sollen dem **gestiegenen Umfang** und den **größeren Schwierigkeiten bei der Geschäftsführung** des Verwalters nach § 63 Abs. 1 S. 3 InsO im **konkreten Einzelfall** Rechnung tragen, was durch § 2 aufgrund dessen pauschaler Prozentsatzregelung allein nicht möglich ist (HmbKommInsR/Büttner Rn. 3 ff.).

Zu- und Abschläge **§ 3 InsVV**

Eine Erhöhung oder Kürzung der Vergütung nach pauschalierenden Tatbeständen ist unzulässig. 2
Zu berücksichtigen ist der gegenüber einem Normalverfahren (→ § 2 Rn. 1 ff.) **tatsächlich
gestiegene Arbeitsaufwand** des Verwalters in dem **konkreten Einzelfall** (amtl. Begründung
zu § 3, abgedruckt in HWF InsVerw-HdB 54; vgl. BGH NZI 2019, 392; ZIP 2018, 1553; ZInsO
2017, 1694; 2016, 1637 (1643 mwN); 2015, 765; 2012, 7533 (7534); 2010, 2409; NZI 2006
mAnm Nowak). Insofern können auch auf **Regelaufgaben** Zuschläge gewährt werden, wenn
diese den Verwalter außergewöhnlich belasten (BGH ZInsO 2007, 1268). Zulässig ist auch die
Bildung typisierender Fallgruppen, die regelmäßig eine Erschwernis oder eine Erleichterung
für den Verwalter darstellen (umfassende Darstellung zu diversen Zuschlägen bei Graeber/Graeber
Rn. 102–299a und Haarmeyer/Mock InsVV Rn. 9–110; KPB/Prasser/Stoffler Rn. 9 ff.). Wie
beim Normalverfahren lassen sich die Erhöhungs- und Kürzungstatbestände anhand von quantitativen (erhebliche, umfangreiche Arbeitsbelastung) und qualitativen Kriterien und Merkmalen
(besondere rechtliche Schwierigkeiten) unterscheiden (s. Keller Vergütung Rn. 240; HK-InsO/
Keller InsO § 3 Rn. 6).

Die **Mitwirkung** des Verwalters an der vom Insolvenzgericht angeordneten **Überprüfung** der 2a
Beauftragung externer Dienstleister durch einen Dritten ist für den Verwalter verpflichtend und
gehört zum Regelfall eines Insolvenzverfahrens; der ihm dadurch entstehende Aufwand rechtfertigt
regelmäßig **keine Erhöhung** der Regelvergütung (BGH NZI 2017, 732).

Die **Vergütung** des **vorläufigen Sachwalters** ist nunmehr für die ab dem 1.1.2021 beantrag- 3
ten Insolvenzverfahren in **§ 12a als selbstständiger Vergütungsanspruch normiert** (→ § 12a
Rn. 1 f.). Für die bis zum 31.12.2020 beantragten Verfahren ist weiterhin die Rechtsprechung des
BGH zu beachten (→ § 12 Rn. 3), nach der dem vorläufigen Sachwalter kein eigenständiger
Vergütungsanspruch zusteht, sondern seine Tätigkeit durch einen Zuschlag auf die Vergütung des
Sachwalters zu vergüten ist; sie ist allerdings auch selbst **zuschlagsfähig** (BGH ZInsO 2017, 1813;
NZI 2016, 796).

Im **Vergütungsantrag** (s. § 8) hat der Verwalter die zu- oder abschlagsfähigen **Sachverhalte** 4
darzustellen und anzugeben, ob er die zur **Mehrbelastung** führenden Tätigkeiten selbst oder
durch externe Dritte erledigt hat (zur **strafrechtlichen Relevanz** bei unterlassener Angabe:
bejahend OLG Oldenburg ZInsO 2016, 1659; HmbKommInsR/Büttner Rn. 9; **aA** LG Aurich
ZInsO 2015, 1809).

Bei der letztlich für jeden Zuschlagstatbestand darzulegenden **Mehrbelastung** des Insolvenz- 4a
verwalters im Hinblick auf ein sog. Normalverfahren ist auch zu berücksichtigen, ob der Insolvenzverwalter für die Erledigung zuschlagsfähiger Aufgaben Dritte in Anspruch genommen und Arbeiten delegiert hat. Hierzu ist er grundsätzlich berechtigt. Betrifft die delegierte oder selbst
entsprechend § 5 ausgeführte Tätigkeit allerdings die Erledigung einer dem Verwalter obliegenden,
aber über den üblichen Umfang eines Insolvenzverfahrens hinausgehenden Aufgabe, ist bei der
Bemessung des Zuschlags nach § 3 Abs. 1 InsVV zu berücksichtigen, dass **im Umfang der
Delegation kein Mehraufwand** für den Verwalter entstanden ist oder – im Falle des § 5 – die
Tätigkeit des Verwalters gesondert vergütet wurde (BGH NZI 2019, 989; vgl. Keller, Vergütung
und Kosten im Insolvenzverfahren, 4. Aufl. 2016, Teil A § 2 Rn. 184; Graeber/Graeber § 4 Rn. 58
und Graeber/Graeber § 5 Rn. 3; Haarmeyer/Mock InsVV, 5. Aufl. 2014, § 5 Rn. 31; MüKoInsO/
Riedel, 4. Aufl. 2019, § 5 Rn. 9).

II. Zwingende Erhöhung bei Zuschlagstatbeständen

Nach dem Wortlaut der Vorschrift „ist" ein **Zuschlag** zwingend „festzusetzen", wenn einer 5
der in **Abs. 1** unter Buchst. a–e genannten Katalogtatbestände vorliegt, sodass dem Insolvenz-
richt **kein Ermessen** zukommt; das gilt auch für weitere, ungeschriebene Zuschlagstatbestände
(HmbKommInsR/Büttner Rn. 11; Keller Vergütung Rn. 263). Das fehlende Ermessen ist allerdings dadurch **relativiert,** dass dem Gericht hinsichtlich der zu gewährenden **Höhe des
Zuschlags** (→ Rn. 7 ff.) ein **Ermessen** zukommt (HmbKommInsR/Büttner Rn. 12).

III. Ermessen bei Abschlagstatbeständen

Ein Zurückbleiben hinter dem Regelsatz der Vergütung, dh eine **Minderung** „ist" bei den 6
Katalogtatbeständen des **Abs. 2** lediglich „gerechtfertigt", sodass bei ihnen ebenso wie bei weiteren möglichen Minderungstatbeständen eine **Ermessensentscheidung** des Insolvenzgerichts zu
erfolgen hat. Das Gericht **hat nachvollziehbar zu begründen,** aus welchen Gründen es einen
Abschlag vornimmt; allein die Feststellung eines Abschlagstatbestands genügt nicht (BGH ZInsO
2007, 766; 2003, 790; HmbKommInsR/Büttner Rn. 134). Maßgeblich für einen Abschlag ist,
ob der Verwalter **schwächer bzw. weniger intensiv** als in entsprechenden Insolvenzverfahren

allgemein üblich in Anspruch genommen wird. Liegen unterdurchschnittliche Anforderungen an den Insolvenzverwalter vor, ist zwar kein Regeltatbestand für einen Abschlag gegeben, jedoch ist gleichwohl ein Abschlag gerechtfertigt, wenn die **Anforderungen eines Normalverfahrens erheblich unterschritten** werden (BGH NZI 2009, 601; ZIP 2006, 858).

IV. Höhe der Zu- und Abschläge

7 Von der Frage, ob ein Zuschlag zu gewähren ist bzw. ob im Rahmen einer Ermessensentscheidung ein Abschlag in Betracht kommt, ist methodisch zu trennen, in welcher **Höhe** der Zu- bzw. Abschlag erfolgt (vgl. auch → Rn. 14). Der Gesetzgeber hat von Vorgaben abgesehen, weil die umfassende Würdigung der im Einzelfall in Betracht kommenden Umstände im Vordergrund stehen soll (BGH ZInsO 2003, 790). Das Vorliegen eines Zuschlags- oder Abschlagtatbestands kann nach objektiven Kriterien geprüft werden, die Zuerkennung eines bestimmten **Prozentsatzes** dafür ist **tatrichterliche Entscheidung**, die unter Abwägung aller Umstände des Einzelfalls der Nachprüfung nur eingeschränkt unterliegt (stRspr, BGH WM 2016, 1304 mwN; ZInsO 2009, 55; 2008, 1264; ZVI 2008, 226; ZInsO 2007, 370; NZI 2006, 464 mAnm Nowak; NZI 2005, 629; 2004, 665; Stephan/Riedel Rn. 4). Die tatrichterliche Entscheidung ist im Beschwerdeverfahren nur darauf zu überprüfen, ob sie die Gefahr der Verschiebung von Maßstäben mit sich bringt (BGH NZI 2017, 459; ZIP 2012, 2407; ZInsO 2010, 2409 mwN; ZIP 2002, 145).

8 **Maßstab** der Erhöhung bzw. Minderung der Vergütung ist die **Abweichung** von den Kriterien des nach § 2 abgegoltenen **Normalfalls** (HK-InsO/Keller InsO § 3 Rn. 3, § 2 Rn. 6 ff.). Zu- und Abschläge auf die Vergütung sind erst dann vorzunehmen, wenn die **Abweichung vom Normalfall** eine Erhöhung oder Herabsetzung der Regelvergütung von **mindestens 5 %** rechtfertigt. Darunter liegende Zu- und Abschläge sind schon im Hinblick auf die Bandbreite, innerhalb der ein Normalfall anzunehmen ist, verfehlt. Festzustellen, ob gegenüber einem Normalfall Besonderheiten vorliegen, ist Aufgabe des Tatrichters (BGH NZI 2006, 464). Die Abweichung vom Normalfall muss so signifikant sein, dass erkennbar ein Missverhältnis entstünde, wenn nicht die besondere und vom Umfang her erhebliche Tätigkeit des Verwalters auch in einer vom Normalfall abweichenden Festsetzung der Vergütung ihren Niederschlag fände (BGH NZI 2019, 392; ZInsO 2017, 1694; NZI 2008, 33).

9 Eine **Kappungsgrenze** nach oben für die Festsetzung von Zuschlägen **gibt es nicht** (Graeber/Graeber Rn. 35; HmbKommInsR/Büttner Rn. 13). Der Verwalter hat in jedem Einzelfall Anspruch auf **leistungsangemessene Vergütung** (BGH ZInsO 2009, 1557; 2004, 268; 2003, 790; 2003, 748; ZIP 2002, 1459). Ein **Vorrang der Gläubigerinteressen** oder der Interessen sonstiger Beteiligter **gibt es nicht** (HmbKommInsR/Büttner Rn. 14; aA Begrenzung auf 50 % der Insolvenzmasse aus verfassungsrechtlichem Konflikt zwischen Art. 12 GG und Art. 14 GG: AG Hamburg ZVI 2016, 330; Haarmeyer/Mock InsVV Vor § 1 Rn. 46 ff., 46a). In der ersten Degressionsstufe des § 2 Abs. 1 sind bereits Gesamtkosten inkl. Vergütung von deutlich über 50 % denkbar (HmbKommInsR/Büttner Rn. 14; vgl. Frind ZInsO 2011, 169 (172))).

10 In der Literatur vorhandene **„Faustregel-Tabellen"** (vgl. FAKomm InsR/Nies Rn. 106; FK-InsO/Lorenz Rn. 59; HWF InsVerw-HdB Rn. 77; KPB/Prasser/Stoffler Rn. 115 f.) sind für den Tatrichter ohne Bindung und können zur schematischen Bearbeitung ohne Einzelfallwürdigung führen (BGH ZInsO 2007, 370; NZI 2006, 464; 2007, 40; AG Freiburg ZInsO 2016, 2270; HmbKommInsR/Büttner Rn. 16). Gerichtsentscheidungen können allerdings als Orientierungshilfe dienen (BGH ZInsO 2016, 1637; vgl. die Synopse bei Keller Vergütung § 5 Rn. 196).

V. Darstellung und Berechnung von Zu- und Abschlägen

11 Zuschläge können als **prozentuale Erhöhung** des Regelsatzes nach § 2 dargestellt werden (vgl. BGH ZInsO 2016, 1637; HK-InsO/Keller InsO § 3 Rn. 15 f.) **oder in konkreten Euro-Beträgen** benannt werden (Graeber/Graeber Rn. 34).

12 Im Vergütungsantrag hat der Verwalter **sämtliche Erhöhungs- und Kürzungstatbestände darzulegen** und zu **begründen,** sodass das Insolvenzgericht bei der Festsetzung der Vergütung auf jeden Tatbestand eingehen kann; eine allgemeine Begründung ohne Bezug zum konkreten Verfahren ist unzulässig (BGH NZI 2006, 341; 2006, 464 mAnm Nowak; NZI 2007, 461; dazu Graeber NZI 2007, 491; KPB/Prasser/Stoffler Rn. 17 ff.). Ein vom Verwalter als Abschlagskriterium eingeordneter Sachverhalt kann vom Gericht als Zuschlagsfaktor im Rahmen der Gesamtbewertung herangezogen werden (BGH NZI 2016, 796).

13 Bei der Zuschlagsgewährung ist zu prüfen, ob sich durch den zugrunde liegenden Vorgang nicht **bereits die Insolvenzmasse selbst erhöht** und somit bereits zu einer erhöhten Regelvergütung nach § 2 geführt hat; ein (weiterer) Zuschlag darf nicht zu einer Doppelberücksichtigung

führen (BGH ZInsO 2013, 2180; NZI 2012, 372; dazu Anm. Keller DZWIR 2012, 260; BGH NZI 2009, 49). In diesen Fällen ist eine **Vergleichsrechnung** der Vergütung mit und ohne Mehrung der Insolvenzmasse vorzunehmen und der **Zuschlag** um die bereits nach § 2 erfolgte Erhöhung **prozentual zu kürzen** (BGH NZI 2008, 239; ZIP 2012, 682; BGH 2008, 239; KPB/Prasser/Stoffler Rn. 46 ff.; Graeber NZI 2012, 355). Die Vergleichsrechnung dient bei **qualitativen Tatbeständen** dazu, im konkreten Einzelfall den angemessenen Erhöhungstatbestand und damit den **angemessenen Zuschlag** zu ermitteln (HK-InsO/Keller InsO § 3 Rn. 19). Bei **quantitativen Erhöhungstatbeständen** kann eine **Kontrolle** dadurch erfolgen, dass der durch den prozentualen Zuschlag entstehende konkrete Erhöhungsbetrag auf den Einzelfall der Quantität und damit auf den konkreten Arbeitsaufwand bzw. die **konkrete Arbeitsbelastung** „heruntergebrochen" wird (BGH ZIP 2012, 682; HK-InsO/Keller InsO § 3 Rn. 20).

Sich **überschneidende Erhöhungstatbestände** dürfen nicht doppelt berücksichtigt werden. **14** Die Minderung oder gar der Ausschluss einer Erhöhung allein wegen einer (zu) **hohen Berechnungsgrundlage** ist ausgeschlossen (HK-InsO/Keller InsO § 3 Rn. 21; auch MüKoInsO/Riedel Rn. 7). Bei der Prüfung einer im Einzelfall gebotenen Erhöhung der Regelvergütung ist aber auch die Höhe der Berechnungsgrundlage in die Gesamtwürdigung einzubeziehen (LG Münster ZInsO 2017, 2033). In einem größeren Insolvenzverfahren ist der regelmäßig anfallende Mehraufwand des Insolvenzverwalters im Grundsatz bereits dadurch abgegolten, dass die größere Vermögensmasse zu einer höheren Vergütung führt. Zuschläge für einen quantitativ höheren Aufwand setzen daher die Darlegung voraus, dass der tatsächlich erforderliche Aufwand erheblich über dem bei vergleichbaren Massen Üblichen liegt (BGH ZIP 2021, 1284; NZI 2017, 988). Dem steht der Grundsatz der Querfinanzierung nicht entgegen, da er sich auf die Regelsätze des § 2 bezieht, während § 3 sich auf besondere tätigkeitsbezogene Umstände des konkreten Verfahrens bezieht und die Zuschläge nicht dazu dienen, dem Verwalter in massereichen Verfahren zusätzlich zu der in § 2 vorgesehenen höheren Vergütung weitere Zuschläge zu gewähren, die nicht durch einen besonderen zusätzlichen Aufwand veranlasst sind (vgl. BGH ZIP 2021, 1284; NZI 2004, 196). Eine hohe Berechnungsgrundlage kann nur im Falle des Abs. 2 Buchst. d eine **Kürzung** der Vergütung rechtfertigen, wenn das Verfahren nur geringe Anforderungen an den Verwalter stellt. Eine große Masse kann im Gegenteil aber auch zu einem Zuschlag nach Abs. 1 Buchst. c führen, wenn der Regelsatz nach § 2 Abs. 1 wegen der enthaltenen Degression die besondere Arbeitsbelastung des Verwalters nicht angemessen vergütet (HK-InsO/Keller InsO § 3 Rn. 21).

VI. Gesamtwürdigung

Bei der Festsetzung der Vergütung kann das Insolvenzgericht zunächst für konkret vorliegende **15** einzelne Zu- und Abschlagstatbestände gesonderte Zu- und Abschläge ansetzen. Eine reine Addition der Zuschlagssätze verbietet sich. Die einzelnen **Zuschlags- oder Abschlagstatbestände** sind lediglich **beispielhaft**. Es gibt zahlreiche weitere Umstände, die für die Bemessung der Vergütung im Einzelfall Bedeutung gewinnen können. Von bindenden Vorgaben hat der Verordnungsgeber bewusst abgesehen, weil im Einzelfall alle in Betracht kommenden Faktoren umfassend berücksichtigt und gegeneinander abgewogen werden müssen. Das Insolvenzgericht hat daher im Ergebnis eine **angemessene Gesamtwürdigung** vorzunehmen; der Tatrichter hat die möglichen Zu-und Abschlagstatbestände dem Grunde nach zu prüfen und anschließend in einer **Gesamtschau** unter Berücksichtigung von Überschneidungen und eine auf das Ganze bezogenen Angemessenheitsbetrachtung den Gesamtzuschlag oder Gesamtabschlag zu bestimmen (stRspr; vgl. etwa BGH ZIP 2021, 1284; NZI 2019, 392; ZInsO 2017, 1694; ZIP 2018, 1553; ZInsO 2016, 1637; 2008, 1264; NZI 2008, 544; 2007, 461; 2006, 464 mAnm Nowak; NZI 2006, 347; 2004, 251; vgl. Haarmeyer/Mock InsVV Rn. 126 f.; Graeber/Graeber Rn. 342; Nowak NZI 2006, 467; HK-InsO/Keller InsO § 3 Rn. 9 ff.); **aA**, dh gegen das Konzept der Gesamtwürdigung, HmbKommInsR/Büttner Rn. 155 ff.; HK-InsO/Keller InsO § 3 Rn. 14). Für die Geltendmachung und Festsetzung des Gesamtzu- oder Gesamtabschlags ist stets eine Gesamtbetrachtung erforderlich, um eine doppelte Berücksichtigung von Umständen zu vermeiden und sich aus Einzelzuschlägen ergebenden Überschneidungen Rechnung tragen zu können (BGH BeckRS 2021, 18430). Soweit sich **Zuschlagtatbestände überschneiden,** kann hierfür ein **Gesamtzuschlag** anstelle von Einzelzuschlägen bewilligt werden (vgl. BGH ZIP 2019, 2018).

Der Gesamtwürdigung hat eine genaue **Überprüfung und Beurteilung aller** in Betracht **16** kommenden **Zu- und Abschlagstatbestände** vorauszugehen, da sich einzelne Zu- und Abschlagstatbestände überschneiden können. Die Überprüfung und ihr Ergebnis sind zu begründen und müssen in der Vergütungsfestsetzung zum Ausdruck kommen (BGH ZInsO 2016, 1637). Isolierte Feststellungen des Insolvenzgerichts zur Zu- oder Abschlagsfähigkeit jedes einzelnen in

Betracht kommenden Zu- oder Abschlagstatbestands sind nicht (mehr) erforderlich (BGH ZInsO 2017, 1694; NZI 2010, 643; ZInsO 2011, 1128; NZI 2008, 544); vielmehr hat eine – **wertende – Gesamtwürdigung** zu erfolgen, um den endgültigen Zu- oder Abschlag festzusetzen (stRspr seit BGH NZI 2006, 464).

B. Einzelne Zuschlagstatbestände

I. Gesetzlich normierte Zuschlagstatbestände

17   § 3 Abs. 1 nennt in Buchst. a–e bzw. ab 21.8.2014 bis Buchst. f folgende Regelbeispiele für die Erhöhung der Regelvergütung:

1. Bearbeitung von Aus- und Absonderungsrechten (Abs. 1 Buchst. a)

18   Abs. 1 Buchst. a sieht die Gewährung einer über dem Regelsatz liegenden Vergütung vor, wenn ein **erheblicher Teil der Tätigkeit** des Verwalters in der **Bearbeitung von Aus- und Absonderungsrechten** lag, **ohne** dass ein entsprechender **Mehrbetrag nach § 1 Abs. 2 Nr. 1** angefallen ist (aA Haarmeyer/Mock InsVV Rn. 12 f.). Die Vorschrift trägt dem Umstand Rechnung, dass heutzutage insbesondere in Unternehmensinsolvenzen regelmäßig in großem Umfang Aus- und Absonderungsrechte zu beachten sind, weil die Gegenstände des beweglichen Anlagevermögens häufig geleast, finanziert oder sicherungsübereignet sind oder Pfandrechten, etwa dem Vermieter- oder dem Spediteurpfandrecht unterliegen; Forderungen sind regelmäßig (mehrfach) globalzediert oder gefactored. Der Verordnungsgeber ging von einer **Belastung der Masse mit 80 % an Drittrechten** aus (Amtl. Begründung, A. 2., abgedruckt bei HWF InsVerw-HdB, 4. Aufl. 2007, 44). Der damit für den Verwalter verbundene erhebliche **Mehraufwand** wird **nicht** durch die Erhöhung der Teilungsmasse nach § 1 Abs. 2 Nr. 1 **angemessen ausgeglichen**. Ein Zuschlag kommt aber nur bei einer durch die Bearbeitung **real angestiegenen Arbeitsbelastung** in Betracht (BGH ZInsO 2003, 790).

19   Der Begriff der „Bearbeitung" ist **weit zu fassen** und kann sich sowohl auf **tatsächliche, juristische oder buchhalterische Tätigkeiten** beziehen (HmbKommInsR/Büttner Rn. 65). Voraussetzung ist, dass der Verwalter die Aus- und Absonderungsrechte in rechtlicher und abwicklungstechnischer Hinsicht **selbst** und nicht durch externe Dritte **bearbeitet** hat. Allein die Prüfung der Eigentümerstellung des Schuldners von im Anlagevermögen aufgeführten Wirtschaftsgütern reicht für ein Erhöhungstatbestand iSd Vorschrift aber nicht aus (BGH ZInsO 2007, 1272). Die Erhöhung bezieht sich vornehmlich auf die Prüfung des Bestehens der Aus- und Absonderungsrechte (vgl. HK-InsO/Keller InsO § 3 Rn. 23). **Nicht erforderlich** ist, dass der Verwalter die mit Aus- oder Absonderungsrechten behafteten Gegenstände auch **verwertet**; die Verwertung wird bereits durch § 1 Abs. 2 Nr. 1 abgegolten (Keller Vergütung Rn. 264).

20   Die Befassung muss einen **erheblichen Teil** der Tätigkeit des Verwalters ausgemacht haben. Als normal wird die Belastung der Masse mit **Drittrechten im Umfang von 30 %** empfunden (Graeber/Graeber Rn. 49; HWF InsVerw-HdB Rn. 13; HmbKommInsR/Büttner Rn. 66). Nach Ansicht des BGH soll es auf ein bestimmtes Verhältnis von Fremdrechten zur freien Insolvenzmasse aber nicht ankommen (BGH NZI 2003, 603; dazu Rendels EWiR 2003, 1043). Ein erheblicher Teil der Tätigkeit mit Aus- und Absonderungsrechten und eine damit verbundene Erschwernis der Tätigkeit des Verwalters kann gleichwohl in quantitativer Hinsicht regelmäßig bei einer Belastung der Masse mit Aus- und Absonderungsrechten von **mehr als 30 %** angenommen werden (KPB/Prasser/Stoffler Rn. 70 ff.; HK-InsO/Keller InsO § 3 Rn. 24). Dieser Prozentsatz stellt allerdings keine starre Grenze dar; es ist vielmehr auf den Einzelfall abzustellen, sodass auch bei einer Quote von unter 30 % ein Aufschlag auf die Vergütung gerechtfertigt sein kann, wenn der Verwalter in seinem Vergütungsantrag **konkret darlegt,** welche besonderen tatsächlichen und/oder rechtlichen Schwierigkeiten bei der Bearbeitung von Aus- und Absonderungsrechten aufgetreten sind (BGH ZInsO 2006, 254; ZIP 2003, 1757; Graeber/Graeber Rn. 48). Umgekehrt kann auch ein höherer Anteil an Fremdrechten zu einer einfachen und wenig aufwendigen Prüfung und Abwicklung führen (LG Bielefeld ZInsO 2004, 1250).

21   Ein Zuschlag ist nach Abs. 1 Buchst. a aE ausgeschlossen, wenn bereits eine Erhöhung der Vergütung über § 1 Abs. 2 Nr. 1 erfolgt ist; diese Sondervergütung kann dem Insolvenzverwalter nur zugebilligt werden, wenn der zur Masse vereinnahmte Kostenbetrag nicht schon bei der Berechnungsgrundlage nach § 1 Abs. 2 Nr. 1 berücksichtigt wurde (BGH ZInsO 2013, 1104). Würde die Sondervergütung nach § 1 Abs. 2 Nr. 1 S. 2 neben der Regelvergütung nach § 2 Abs. 1 gewährt, die anhand der um die Feststellungspauschalen erhöhten Berechnungsgrundlage bestimmt

würde, käme es zu einer Doppelvergütung, die zumindest in der ersten Degressionsstufe von § 2 Abs. 1 und bei den höheren Stufen jedenfalls bei gewährten Zuschlägen die Deckelung des § 1 Abs. 2 Nr. 1 S. 2 zunichte machen würde. Der Verwalter hat deshalb ein Wahlrecht, ob er die erhöhte Berechnungsgrundlage oder die Sondervergütung in Anspruch nimmt (BGH NZI 2013, 1067; ZInsO 2013, 1104).

Der Zuschlag nach Abs. 1 Buchst. a ist zunächst gesondert zu bestimmen und dann um den 22 Betrag nach § 1 Abs. 2 Nr. 1 zu kürzen (s. dazu das Berechnungsbeispiel HmbKommInsR/Büttner Rn. 67).

2. Unternehmensfortführung und Hausverwaltung (Abs. 1 Buchst. b)

a) Unternehmensfortführung (Alt. 1). Der Verwalter hat gem. § 158 InsO den **Geschäfts-** 23 **betrieb** des Schuldners zumindest bis zum Berichtstermin **fortzuführen**. Im Fall einer Sanierung mit Investorensuche kann sich die Unternehmensfortführung **deutlich länger** hinziehen. Da die Unternehmensfortführung zum einen mit **erheblichen Haftungsrisiken** verbunden ist und lediglich der **Überschuss** aus der Unternehmensfortführung in die Berechnungsgrundlage nach § 1 Abs. 2 Nr. 4 lit. b einfließt, hat der Verordnungsgeber in § 3 Abs. 1 Buchst. b einen Erhöhungstatbestand als **Ausgleich** geschaffen. Für die Unternehmensfortführung ist die **Anzahl der Arbeitnehmer nicht entscheidend** (BGH ZIP 2004, 2448; AG Dresden ZIO 2005, 88). Der Mehraufwand für arbeitsrechtliche Sonderaufgaben und Insolvenzgeldvorfinanzierung kann im Rahmen der Bemessung des Zuschlags für die Unternehmensfortführung berücksichtigt werden (BGH ZIP 2019, 2018). Die **Unternehmensfortführung** ist nicht Bestandteil des – fiktiven – Normalverfahrens, daher **niemals Regelaufgabe** und somit **stets zuschlagswürdig** (BGH ZIP 2010, 1909 mAnm Prasser; BGH NZI 2009, 49 mAnm Prasser; dazu Schröder EWiR 2008, 761; BGH ZInsO 2008, 1265; Keller Vergütung § 5 Rn. 155). Die Fortführung schließt die sog. **Ausproduktion** mit ein (vgl. BGH ZInsO 2009, 55; 2010, 2409; HmbKommInsR/Büttner Rn. 85; vgl. andererseits BGH ZInsO 2013, 840). Sowohl die Fortführung des Unternehmens des Schuldners als auch Bemühungen um eine Sanierung des Schuldners gehören nicht zu den Regelaufgaben eines **vorläufigen Insolvenzverwalters** und können deshalb auch für ihn einen Zuschlag rechtfertigen (BGH BeckRS 2019, 23182; BGH ZIP 2010, 1909 bei einer ausdrücklichen Beauftragung, Sanierungsmöglichkeiten zu prüfen).

Durch die **Unternehmensfortführung** darf **keine entsprechend größere Insolvenzmasse** 24 **erwirtschaftet** worden sein, da diese bereits die Regelvergütung nach § 2 über § 1 Abs. 2 Nr. 4 b) entsprechend erhöht. **Beide Tatbestandsmerkmale** – Unternehmensfortführung und fehlende Massemehrung – müssen **kumulativ erfüllt** sein (BGH ZInsO 2010, 2409; NZI 2007, 341; HmbKommInsR/Büttner Rn. 84 ff.; **aA** Haarmeyer/Mock InsVV § 2 Rn. 32, § 3 Rn. 20).

Die Koppelung des Zuschlags an die Erhöhung der Berechnungsgrundlage macht eine **Ver-** 25 **gleichsberechnung erforderlich** (s. Beispielrechnung in HmbKommInsR/Büttner Rn. 90). Die Vergleichsrechnung bezieht sich **nur auf** diesen **Zuschlag wegen der Unternehmensfortführung,** nicht auf andere; diese sind bei der Vergleichsrechnung nicht zu berücksichtigen (BGH ZInsO 2011, 1422). Nur wenn die Erhöhung der **Vergütung durch die Massemehrung aus der Unternehmensfortführung** hinter dem Betrag zurückbleibt, der dem Verwalter bei unveränderter Masse, dh Berechnungsgrundlage, als **Zuschlag** zu gewähren wäre, ist ihm diese Differenz durch einen entsprechenden, die Differenz in etwa **ausgleichenden Zuschlag** zu gewähren (BGH ZInsO 2016, 1637 (1644 mwN); NZI 2008, 239; 2007, 343; 2007, 341; eing. Keller Vergütung Rn. 310 ff.; Keller DZWIR 2009, 231). Ist im Rahmen der **Vergleichsrechnung** die sich unter der Berücksichtigung der Massemehrung ergebende **Vergütung höher als diejenige mit Zuschlag,** was bei erfolgreichen Fortführungen mit erheblichen Überschüssen der Fall sein kann, muss das Gericht **keinen Zuschlag gewähren**. Hat sich durch die Unternehmensfortführung die Berechnungsgrundlage erhöht, sind alle **weiteren Zuschläge nach dieser erhöhten Berechnungsgrundlage** zu gewähren (BGH ZInsO 2011, 1422). Es ist aber **nicht ausgeschlossen,** dass (daneben) ein „echter" Zuschlag gewährt wird, wenn die Unternehmensfortführung besonders aufwendig war; der „ausgleichende Zuschlag" bei Überschüssen aus der Fortführung und der „echte" Zuschlag bei besonderen Erschwernissen schließen sich nicht aus (HK-InsO/Keller InsO § 3 Rn. 23; vgl. BGH ZIP 2011, 1373).

Die **Höhe** des Zuschlags ist abhängig von den Umständen des Einzelfalls, insbesondere der 26 Dauer (LG Potsdam ZIP 2005, 914; AG Siegen ZIP 2002, 2054), des Umfangs der Unternehmensfortführung sowie der Größe des Unternehmens in Anlehnung an § 367 HGB (HK-InsO/Keller InsO § 3 Rn. 23; Graf-Schlicker-Kalkmann Rn. 12). Maßgeblich für den Prozentsatz des Zuschlags ist der mit der Fortführung verbundene Aufwand und die tatsächliche Arbeitsbelastung

(LG Chemnitz ZIP 2008, 1693). Die Höhe des Zuschlags richtet sich dabei nach dem durch die Betriebsfortführung veranlassten zusätzlichen Aufwand; ein Mindestzuschlag (etwa in Höhe von 25 %) besteht nicht (BGH BeckRS 2021, 18430). Bei **kurzen Betriebsfortführungen** über max. drei Monate bei wenigen Arbeitnehmern ist von einem Mindestzuschlag von 25 % auszugehen, bei einer **Fortführung über sechs Monate** bei 37 Mitarbeitern zwischen 50 und 75 % (LG Göttingen NZI 2001, 665; KPB/Prasser/Stoffler Rn. 116: 75 % Zuschlag bei Fortführung eines kleinen Unternehmens iSv § 267 HGB mit einer Dauer von bis zu einem Jahr, für jedes weitere angefangene Jahr jeweils 25 %), lediglich 30 % bei Fortführung eines mittelgroßen Unternehmens über zwei Monate, wenn der Verwalter die besonders umfangreichen und schwierigen Aufgaben wie Inventarisierung und Controlling auf Kosten der Masse auf dritte Personen übertragen hat (LG Münster ZInsO 2013, 841; AG Dortmund ZInsO 2021, 634: 30% bei 30 Mitarbeitern und einem Monat Fortführung, bei bis zu 100 Mitarbeitern und bis zu 3 Monaten: 50 %). Wird ein „**Interims-Manager**" eingeschaltet, kann ein Zuschlag nach Ansicht des BGH gekürzt oder versagt werden (BGH ZInsO 2010, 730; aA HmbKommInsR/Büttner Rn. 86; Graeber/Graeber Rn. 54; diff. Keller Vergütung § 5 Rn. 133). Die Zuschlagsfähigkeit ist danach zu unterscheiden, ob der Interims-Manager eine Regelaufgabe des Verwalters übernimmt oder für Sonderaufgaben eingesetzt wird, die der Verwalter nach § 4 an externe Dritte vergeben kann. Bei übernommenen Regelaufgaben kann kein Zuschlag gewährt werden; anders bei Sonderaufgaben. Der Verwalter bleibt für die Unternehmensfortführung verantwortlich, sodass bei größeren Fortführungen bereits die Abstimmung mit und die Kontrolle und Überwachung des Interim-Managers durch den Verwalter zu einem Mehraufwand führen kann, der einen Zuschlag rechtfertigt (vgl. HmbKommInsR/Büttner Rn. 86; BGH ZInsO 2016, 1637: Begleitung des Unternehmens kann ebenso aufwendig sein wie die Fortführung selbst). Bei **mehrjährigen Fortführungen** ist ein Zuschlag von bis zu 150 % denkbar (LG Flensburg BeckRS 2019, 31217; KPB/Prasser/Stoffler Rn. 44).

27 **b) Grundstücks- und Hausverwaltung (Alt. 2).** Eine Hausverwaltung liegt vor, wenn **Immobilienbewirtschaftung** (Vermietung, Sicherung und Erhaltung der Immobilie oder Sicherstellung der Energie-/Wasserversorgung oder Erfüllung von Verkehrssicherungspflichten) **betrieben** wurde (HmbKommInsR/Büttner Rn. 102). Sie ist nicht von der Regelvergütung gedeckt ist. Für eine Erhöhung der Regelvergütung kommt es nicht auf die Anzahl der Immobilien, sondern auf den mit der Immobilienbewirtschaftung verbundenen **Arbeitsaufwand** des Verwalters an (BGH NZI 2008, 239; abl. bei Veräußerung an insges. einen Erwerber BGH NZI 2009, 554; aA Mock/Haarmeyer Rn. 26). **Verwertet** der Insolvenzverwalter ein lastenfreies Grundstück freihändig, kommt ein Zuschlag nur in Betracht, wenn die Verwertungstätigkeit über die üblichen mit der Veräußerung eines Grundstücks verbundenen Tätigkeiten in erheblichem Maß hinausgeht (BGH NZI 2017, 991).

28 Die **Berechnung** erfolgt ebenfalls mit **Vergleichsrechnung** wie bei der Unternehmensfortführung (LG Heilbronn ZIP 2012, 2077; → Rn. 23; Berechnungsbeispiel bei HmbKommInsR/Büttner Rn. 104).

3. Degressionsausgleich (Abs. 1 Buchst. c)

29 Nach Abs. 1 Buchst. c ist eine **Anpassung** der Vergütung über einen Zuschlag für den Fall vorgesehen, dass die Masse – zu Beginn des Verfahrens – groß war und die Regelvergütung wegen der Degression der **Regelsätze** keine angemessene Gegenleistung dafür darstellt, dass der Verwalter mit erheblichem Arbeitsaufwand diese große Masse vermehrt oder zusätzliche Masse freigestellt hat. Die **Regelsätze** in § 2 Abs. 1 sind **degressiv** angelegt, dh der Verordnungsgeber ist von der grundsätzlichen Überlegung ausgegangen, dass der Arbeitsaufwand des Verwalters nicht in demselben Umfang steigt, wie die Teilungsmasse, sondern vielmehr sein **Arbeitsaufwand** mit steigender Masse **geringer** wird. Der **Wortlaut** der Vorschrift stellt für den Zuschlag auf eine **Kombination von Erfolg** („Masse vermehrt", „zusätzliche Masse festgestellt") des Verwalters **und** dessen **Tätigkeit** („mit erheblichem Arbeitsaufwand") ab (vgl. HmbKommInsR/Büttner Rn. 74; vgl. die Nachweise in BGH ZInsO 2012, 2305).

30 Voraussetzung der Erhöhung der Vergütung ist eine mit **erheblichem Arbeitsaufwand** vermehrte oder festgestellte große Masse, bei der aufgrund der Degression die sich ergebende Staffelvergütung keine angemessene „Gegenleistung" mehr darstellt (Haarmeyer/Mock InsVV Rn. 35). Mit dieser Voraussetzung soll eine Abgrenzung erfolgen gegenüber den Verfahren, in denen die große Masse etwa durch entsprechendes Kontoguthaben bereits vorhanden war. Wann eine „**große Masse**" vorliegt, regelt die Vorschrift nicht. In der Literatur und nunmehr auch in der Rechtsprechung hat sich ein Grenzwert von über **250.000,00 EUR** herausgebildet (BGH NZI 2012, 981; Keller Vergütung § 4 Rn. 52 ff.; Haarmeyer/Mock InsVV Rn. 31 ff.; HWF InsVerw-HdB Rn. 26;

KPB/Prasser/Stoffler Rn. 36). Begründet hat der BGH den Betrag von 250.000,00 EUR zum einen mit der Höhe der durchschnittlichen Teilungsmassen im Jahre 1995 in Höhe von 175.000,00 EUR und zum anderen mit der starken Reduzierung des Staffelsatzes in § 2 Abs. 1 von 7 % auf 3 % ab diesem Grenzwert. Statistisch gesehen ist bei den in 2013 abgeschlossenen Insolvenzverfahren allerdings bereits eine „große Masse" bei einer Berechnungsgrundlage von **50.000,00 EUR** gegeben (HmbKommInsR/Büttner Rn. 77, 78).

Soweit beide Voraussetzungen der Vorschrift vorliegen, ist auch hier die konkrete **Höhe** des Zuschlags nach den **Umständen des Einzelfalls,** insbesondere nach dem vom Verwalter darzulegenden **Arbeitsaufwand** zu ermitteln. Überwiegend wird in der Literatur an einem gesonderten Zuschlag festgehalten, der sich beispielsweise dadurch **errechnet,** dass die **Beträge der Berechnungsgrundlage, die 250.000,00 EUR übersteigen, nach der jeweils vorangehenden Stufe berechnet werden** (KPB/Prasser/Stoffler Rn. 36; HWF InsVerw-HdB Rn. 27; Lorenz/Klanke/Lorenz Rn. 28a mwN; Keller NZI 2013, 19 ff.). Dem steht allerdings die Rechtsprechung des BGH entgegen, der den zum Degressionsausgleich gebotenen **Zuschlag nur in die Gesamtabwägung bei der Bemessung eines angemessenen Gesamtzuschlags einbezieht** (BGH NZI 2012, 981; Haarmeyer/Mock InsVV Rn. 31). Damit erlangt die Vorschrift einen anderen als vom Verordnungsgeber beabsichtigten und der überwiegenden Literatur angestrebten Inhalt und hat schon aufgrund der Wertgrenze für die meisten Insolvenzverfahren **kaum praktische Bedeutung** (vgl. HmbKommInsR/Büttner Rn. 76, 75).

4. Bearbeitung arbeitsrechtlicher Sachverhalte (Abs. 1 Buchst. d)

Die **Arbeitgeberbefugnis** geht mit der Eröffnung des Insolvenzverfahrens auf den Insolvenzverwalter über, sodass er sämtliche in diesem Zusammenhang stehende Tätigkeiten auszuüben hat. Daher gewährt Abs. 1 Buchst. d eine den Regelsatz übersteigende Vergütung, wenn **arbeitsrechtliche Fragen** den Insolvenzverwalter **erheblich in Anspruch genommen** haben. Beispielhaft werden vom Verordnungsgeber die Tätigkeitsbereiche **Insolvenzgeld, Kündigungsschutz** und **Sozialplan** genannt. **Sozialplanverhandlungen** sind ebenfalls vergütungserhöhend (BGH NZI 2004, 251). Die Zahl der Arbeitnehmer eines schuldnerischen Unternehmens rechtfertigt für sich genommen keinen Zuschlag für arbeitsrechtliche Sonderaufgaben; ein erheblicher Mehraufwand kann sich aber aus der Insolvenzgeldvorfinanzierung und den dabei notwendigen Abläufen bei einer großen Zahl von Arbeitnehmern ergeben (BGH ZIP 2019, 2018). Die Tätigkeiten müssen aber über die bloße Personalverwaltung im Rahmen der Betriebsfortführung hinausgehen. Dies trifft in jedem Fall für die Insolvenzgeldvorfinanzierung, aber auch für die Bearbeitung von Kündigungen, Massenentlassungen, Personalanpassungsmaßnahmen und Neueinstellungen zu (Prasser EWiR 2019, 757). Ein erheblicher Mehraufwand des (vorläufigen) Insolvenzverwalters für arbeitsrechtliche Sonderaufgaben oder Insolvenzgeldvorfinanzierung wird regelmäßig nicht durch eine höhere Berechnungsgrundlage aufgefangen (BGH ZIP 2019, 2018). Bei entsprechender **Mehrbelastung** können aber auch Tätigkeiten im Zusammenhang mit der **Beendigung von Arbeitsverhältnissen,** etwa das Erstellen einer **Massenentlassungsanzeige** sowie der Abschluss von **Betriebsvereinbarungen,** die Verhandlungen über **Sanierungstarifverträge** oder die Herabsetzung der Vergütungsansprüche zum Zwecke der Kostenminimierung, aber auch Tätigkeiten im Zusammenhang mit der Einführung von **Kurzarbeit** oder der Schaffung einer **Transfergesellschaft** iSd §§ 16a ff. SGB III einen Zuschlag rechtfertigen (vgl. die Aufzählung bei Graeber/Graeber Rn. 94).

Angelehnt an die §§ 17, 18 KSchG ist bei entsprechender Mehrarbeit eine Erhöhung der Vergütung bei einer Anzahl von **quantitativ mehr als 20 beschäftigten Arbeitnehmern** möglich, was der BGH ausdrücklich für **Sozialplanverhandlungen** und **Insolvenzgeldvorfinanzierungen** entschieden hat (BGH NZI 2019, 913; dazu Mock EWiR 2019, 725; BGH ZInsO 2007, 438; 2007, 439; 2007, 1269; Anzahl nicht erwähnt in BGH ZInsO 2016, 1637; NZI 2008, 1264; gegen eine zahlenmäßige Beschränkung und Zuschlag bereits ab einem Arbeitnehmer HmbKommInsR/Büttner Rn. 60 ff.; VID ZInsO 2014, 1254 (1256); ausführlich Haarmeyer/Mock InsVV Vor Rn. 36 ff.). Bei bis zu 20 Arbeitnehmern liegt ein sog. Normalfall vor, der durch die Regelvergütung abgegolten wird (vgl. BGH ZInsO 2007, 1272), der nur dann einen Zuschlag rechtfertigt, wenn **qualitative Erschwernisse** hinzukommen (LG Münster NZI 2019, 439; zust. Wehner/Borchert, jurisPR-InsR 7/2019 Anm. 4; HK-InsO/Keller InsO § 3 Rn. 23). Letztlich ist für einen möglichen Zuschlag nicht auf die schematisch starre **Grenze von 20 Arbeitnehmern** abzustellen, sondern auf die **Besonderheiten des Einzelfalles** und die **konkret verursachten Angelegenheiten und Mehrbelastungen** des Verwalters (Wehner/Borchert jurisPR-InsR 7/2019 Anm. 4; vgl. auch HmbKommInsR/Büttner § 3 Rn. 59 ff.). Wird die Zahl von 20 Arbeitnehmern bei Insolvenzeröffnung aber überschritten, dürfte gleichwohl weiterhin die widerlegliche Vermutung bestehen, dass der Verwalter durch die in dem Zuschlagstatbestand genannten Regelbeispiele erheblich in Anspruch genommen wurde (BK-InsR/Blersch § 3 Rn. 19). Erhöhungskriterium sind auch die Gründung von Beschäftigungs- und Qualifizierungsgesellschaften (**BQG**) (KPB/Prasser/Stoffler Rn. 69) oder andere Differenzlohnberechnungen (HK-InsO/Keller InsO § 3 Rn. 23).

34 Eine **erhebliche Inanspruchnahme** kann auch bei der Führung **arbeitsgerichtlicher Prozesse** angenommen werden, selbst wenn der Verwalter, der kein Volljurist ist, anwaltliche Hilfe in Anspruch nimmt (BGH ZInsO 2003, 722), dadurch aber keine signifikante Arbeitsersparnis hat (HmbKommInsR/Büttner Rn. 63).

35 Die **Höhe** der Zuschläge orientiert sich, wie auch in den anderen Fällen des § 3 Abs. 1, am **tatsächlichen Aufwand** des Verwalters, der diesen Aufwand **darzulegen** und zu **begründen** hat. In **Einzelfällen** können bei entsprechend umfangreichen Problemstellungen Zuschläge von bis zu 100 % gerechtfertigt sein (vgl. MüKoInsO/Nowak Anh. zu § 3 Rn. 10, BK-InsR/Blersch Rn. 20).

5. Ausarbeitung eines Insolvenzplans (Abs. 1 Buchst. e)

36 Nach § 218 Abs. 1 S. 1 InsO ist der Verwalter berechtigt, einen Insolvenzplan (§§ 217 ff. InsO) **vorzulegen**. Gemäß § 218 Abs. 1 S. 2 InsO kann darüber hinaus die Gläubigerversammlung den Verwalter beauftragen, einen Insolvenzplan **auszuarbeiten**. Da die **Ausarbeitung eines Insolvenzplans** mit **zusätzlichem Aufwand** verbunden ist, sieht § 3 Abs. 1 Buchst. e die Möglichkeit eines tätigkeitsbezogenen Zuschlags auf die Regelvergütung vor. Der Insolvenzplan ist eine Abweichung vom sog. Regelverfahren und stellt per se eine zusätzliche Belastung für den Verwalter dar (HmbKommInsR/Büttner Rn. 118 ff.; aA Graeber/Graeber Rn. 99). Hat nicht der Verwalter den Insolvenzplan ausgearbeitet, sondern der Schuldner, kann dessen **Durchsicht und** die **Stellungnahme** dazu ebenso wie dessen **Überarbeitung** durch den Verwalter bei **relevanter Mehrarbeit** einen **Zuschlag rechtfertigen** (BGH ZInsO 2007, 1269; NZI 2007, 341; HmbKommInsR/Büttner Rn. 120 f.).

37 Die **Höhe des Zuschlags** hat **einzelfallbezogen** unter Berücksichtigung des Umfangs des Insolvenzplans und der damit verbundenen Tätigkeiten (Verhandlungen mit Gläubigergruppen, Durchführungen von Kapitalherabsetzungen oder -erhöhungen etc) zu erfolgen. Für den vom Verwalter vorgelegten Insolvenzplan ist ein **Zuschlag von 20 %** am unteren Rande anzusehen (BGH NZI 2007, 341). Dieser **Mindestzuschlag** im einfach gelagerten Insolvenzplanverfahren kann, je nach Umfang der Tätigkeit, auch ein **Mehrfaches** des Regelsatzes (200–300 %) ausmachen (vgl. HWF InsVerw-HdB Rn. 34).

II. Weitere Zuschlagstatbestände, alphabetische Fallgruppen

38 Die in § 3 Abs. 1 unter Buchst. a–e bzw. f genannten Regelbeispiele sind **nicht abschließend**, sodass im Einzelfall weitere Zuschlagstatbestände in Betracht kommen (vgl. Begründung zum Entwurf der InsVV, zu § 3, abgedruckt bei Keller Vergütung 432). Allen weiteren Zuschlagssachverhalten ist gemein, dass sie jeweils zu einer **Mehrbelastung** des Insolvenzverwalters geführt haben müssen, die allein durch die **Regelvergütung nicht angemessen vergütet** ist. Ein Zuschlag kommt insbesondere auch in Betracht, wenn die **Bearbeitung einzelner Sachverhalte** wie beispielsweise die Geschäftsführung oder die Ermittlung und Durchsetzung von Anfechtungsansprüchen den **Verwalter stärker als in entsprechenden Insolvenzverfahren allgemein üblich in Anspruch genommen** hat und durch diese Tätigkeit die **Masse nicht entsprechend größer geworden** ist (NZI 2012, 372). Es können hier nicht alle möglichen Beispiele (umfassend KPB/Prasser/Stoffler Rn. 45, 115; Hess Rn. 118; HmbKommInsR/Büttner Rn. 21–132; Haarmeyer/Mock InsVV Rn. 53–110; HK-InsO/Keller InsO § 3 Rn. 23) genannt werden, jedoch sollen folgende in der Praxis regelmäßig relevanten Fälle in alphabetischer Reihenfolge genannt werden:

- **Abschlagsverteilung**, sofern sie zu besonderem Arbeitsaufwand geführt hat (HWF InsVerw-HdB Rn. 41, 78; HK-InsO/Keller InsO § 3 Rn. 23).
- **Altlastensanierung**: bei deren Beseitigung vom Grundstück oder bei Abwicklungsproblemen (MüKoInsO/Nowak Rn. 23; Hess Rn. 118).
- **Anfechtungen nach § 129 ff. InsO** können vergütungserhöhend sein, wenn sie **qualitativ** mit **besonderen rechtlichen Schwierigkeiten** behaftet waren oder eine **quantitativ hohe Anzahl** von Anfechtungsprozessen erforderlich war (KPB/Prasser/Stoffler Rn. 66: zehn Prozesse; aA LG Konstanz ZInsO 2016, 1828: 12 Fälle sind „nicht viele"; offen gelassen von BGH

ZInsO 2013, 2180). Vor der Anfechtungserklärung und Verzug des Anfechtungsgegners besteht bei bereits geprüftem Anfechtungsanspruch kein Bedürfnis, einen Anwalt zu beauftragen (BGH ZVI 2013, 167). Der **BGH** handhabt einen Zuschlag für Anfechtungen **restriktiv: kein Zuschlag bei einfachen Anfechtungsansprüchen** und **bei schwierigen nur nach einer Vergleichsrechnung** mit der durch die Anfechtung erzielten Massemehrung; im Verhältnis zur Größe des Verfahrens wenige, relativ einfach zu beurteilende Anfechtungsfälle sind daher bei außergerichtlicher Erledigung mit der Regelvergütung abgegolten (BGH NZI 2012, 372; krit. und ausf. dazu HmbKommInsR/Büttner Rn. 22–54; Vergleichsrechnung ebenfalls abl. KPB/Prasser/Stoffler Rn. 52; Graeber/Graeber Rn. 115). Für die Bestimmung der höheren Arbeitsbelastung aufgrund einer Vielzahl an Anfechtungsforderungen kommt es nicht entscheidend darauf an, um wie viele Anfechtungsgegner es sich handelt. Jeder Anfechtungsgegner ist bemüht, Anfechtungsansprüche des Verwalters möglichst abzuwehren. Das trifft auf Anfechtungsgegner, gegen die der Verwalter nur einen oder wenige Anfechtungsansprüche innehat, im gleichen Maße zu wie für Anfechtungsgegner, gegen die der Verwalter zahlreiche Ansprüche innehat. Arbeitserleichterungen entstehen dadurch nicht. Der Verwalter hat die gleichen Anforderungen an die Anspruchsbegründung zu stellen wie bei jedem Anfechtungsanspruch. Ein Zuschlag kommt bei einer hohen Zahl von 150 ermittelten und bearbeiteten Anfechtungsansprüchen in Betracht, auch wenn sich die Ansprüche lediglich gegen zwei Anfechtungsgegner richten (LG Hamburg ZInsO 2019, 695; zust. Hölken jurisPR-InsR 9/2019 Anm. 4). Hat der **vorläufige Insolvenzverwalter** im Rahmen seiner gutachterlichen, bereits abgerechneten Tätigkeit Anfechtungsansprüche ermittelt, kann sich dies auf die Höhe des für die Ermittlung der Anfechtungsansprüche geltend gemachten Zuschlags für die Tätigkeit als vorläufiger Insolvenzverwalter auswirken (LG Münster ZInsO 2020, 2172).

- **Aufsichtsmaßnahmen des Gerichts** (Beauftragung externer Dienstleister auf Kosten der Masse zur Prüfung des Verwalters) führen beim Verwalter regelmäßig nicht zu einem Aufwand, der zu einer Erhöhung seiner Vergütung führt. Die Mitwirkung an derartigen Prüfungsmaßnahmen ist für den Verwalter verpflichtend und gehört zum Regelfall eines Insolvenzverfahrens. Dies gilt auch dann, wenn die Aufsichtsmaßnahme vom Geschäftsführer der Schuldnerin beantragt wurde (BGH NZI 2017, 732). Das muss auch im Fall eines vom Gericht eingesetzten **Sonderinsolvenzverwalters** gelten, sofern damit nicht ein erheblicher, unverhältnismäßiger Mehraufwand verbunden ist und dies zu einem Missverhältnis bei der Vergütung im Vergleich zum Normalfall führen würde.
- Insofern kommt auch die Geltendmachung eines Zuschlags für die vom Insolvenzgericht angeordnete Aufsichtsmaßnahme durch Einsetzung eines **Sonderinsolvenzverwalters** in Betracht, sofern damit eine erhebliche Mehraufwendung für den Insolvenzverwalter verbunden ist, die deutlich vom Normalfall abweicht. Zum einen ist bereits die Bestellung eines Sonderinsolvenzverwalters im Normalverfahren nicht gegeben. Dies allein vermag aber sicherlich noch keinen Zuschlag rechtfertigen.
- **Auslandsbezug und Auslandsvermögen,** das in Besitz zu nehmen ist, rechtfertigen ebenso einen Zuschlag wie bei Anwendung von Kollisionsrecht (EUInsVO, EU-Beihilferecht oder der Insolvenz einer Gesellschaft ausländischen Rechts, zB der Ltd. (HK-InsO/Keller InsO § 3 Rn. 23; KPB/Prasser/Stoffler Rn. 75).
- **Betriebsstätten:** Da das Normalverfahren durch eine Betriebsstätte gekennzeichnet ist (→ § 2 Rn. 6), kann bei mehreren Betriebsstätten ein Zuschlag gerechtfertigt sein (Lorenz/Klanke Rn. 35).
- **Buchführung, Buchhaltung und Rechnungswesen:** Die **Aufarbeitung der Buchhaltung** des Insolvenzschuldners mit erheblichem Arbeitsaufwand ist vergütungserhöhend, wenn sie der Insolvenzverwalter **mit eigenen Mitarbeitern** vornimmt und nicht an externe Dritte delegiert (BGH NZI 2004, 665). Eine **unvollständige oder mangelhafte Finanzbuchhaltung** rechtfertigen einen Zuschlag, wenn nicht nur geringe Mängel bestehen; gleiches gilt bei **mangelhafter bzw. nicht aktueller Lohnbuchführung** (BGH ZInsO 2005, 1159). Da in einem Normalverfahren „nur" bis zu **300 Buchungsvorgänge** anfallen, ist bei Überschreiten dieser Buchungsgrenze aufgrund des dabei entstehenden Mehraufwandes ein Zuschlag gerechtfertigt (→ § 2 Rn. 6).
- **Datensicherung und Datenübertragung sowie Datenschutz:** Da die Berücksichtigung der datenschutzrechtlichen Bestimmungen in jedem Insolvenzverfahren zu erfolgen hat, zählt dies grundsätzlich zu den nicht zuschlagsfähigen Regelaufgaben des Insolvenzverwalters in einem Normalverfahren. Nur wenn die Datensicherung über das normale Maß hinaus geht und mit entsprechender Mehrbelastung des Verwalters verbunden ist, kann dies einen Zuschlag rechtfertigen, insbesondere dann, wenn die Datensicherung zur Datenübertragung unter Berücksichti-

gung datenschutzrechtlicher Bestimmungen führt (vgl. Weiß/Reisener, Datenschutz in der Insolvenzkanzlei, 2019, Rn. 782: 5–10 % bei adäquater Bearbeitung dieser Spezialmaterie). Sofern der Datenbestand das wesentliche Asset darstellt, umfangreich, ungeordnet oder unklar ist und dessen Übertragung aufgrund der Berücksichtigung des Datenschutzes zu einem Mehraufwand führt, kann ein Zuschlag gerechtfertigt sein (vgl. Nerlich/Römermann/Weiß § 63 Rn. 7: 20–25 %).

- **Dauer des Verfahrens:** Eine lange Dauer des Verfahrens rechtfertigt für sich allein keinen gesonderten Zuschlag zur Vergütung des Insolvenzverwalters. Maßgebendes Bemessungskriterium für Zu- und Abschläge soll der **tatsächlich gestiegene oder geminderte Arbeitsaufwand** sein. Dies verbietet es, Zuschläge zur Vergütung allein an den Zeitablauf anzuknüpfen. Zu bewerten ist vielmehr die **während der Dauer des Verfahrens erbrachte Tätigkeit** des Verwalters (BGH ZIP 2018, 1553; ZInsO 2017, 1694; 2015, 765; 2010, 2410; 2010, 1504, dazu Prasser EWiR 2010, 791; BGH NZI 2010, 982; LG Münster ZInsO 2017, 353).
- **Erfolg:** Der durch den Insolvenzverwalter herbeigeführte Erfolg des Insolvenzverfahrens kann einen Zuschlag rechtfertigen, da dies der Idee des Verordnungsgebers beim Degressionsausgleich entspricht (→ Rn. 28); ein Erfolg kann insbesondere im Zusammenhang mit der **Verwirklichung insolvenzspezifischer Sonderaktiva** (Insolvenzanfechtung, Geschäftsführer- und Gesellschafterhaftung) bei **objektiver Massemehrung** (AG Hamburg ZVI 2016, 330 zur Anfechtung; **aA** Graeber/Graeber Rn. 5), aber auch beim sog. **Abwehrerfolg** im Hinblick auf Aus- und Absonderungsrechte (vgl. Frind ZInsO 2011, 169) sowie in einer **überdurchschnittlichen Quotenzahlung** gesehen werden (HmbKommInsR/Büttner Rn. 10, 79 ff., 123; aA BGH ZInsO 2009, 1030).
- **Forderungsbeitreibung und Zwangsvollstreckung:** Die Feststellung und Beitreibung **besonders vieler Außenstände** bei einer **hohen Zahl von Drittschuldnern** im Bereich der Debitorenbeitreibung (**mehr als 50 Debitoren;** → § 2 Rn. 6) rechtfertigt einen **quantitativen Vergütungszuschlag**; ein **qualitatives Element** kann bei **Prozessführung und Zwangsvollstreckung** hinzukommen (LG Koblenz KTS 1982, 141; LG Siegen ZIP 1988, 326; dazu Eickmann EWiR 1988, 289). Ein äußerst umfangreicher und zeitintensiver Forderungseinzug aus Lieferung und mit 1.263 einzelne Forderungen gegenüber mehr als 300 Debitoren und Aufrechnungen sowie Zahlungsweigerungen sowie der Forderungseinzug von 60 Genossenschaftsanteilen rechtfertigt einen Zuschlag von 60 % (AG Dortmund ZInsO 2021, 634). Ebenso rechtfertigt ein besonders umfangreicher Forderungseinzug bei mehr als 200 Debitoren einen Zuschlag von bis zu 50 % (Haarmeyer/Wutzke/Förster, InsVV, 4. Aufl. 2007, InsVV § 3 Rn. 78). Eine Vergütungserhöhung kann gestaffelt ab einer Anzahl von 50 Forderungen erfolgen; eine besondere Erhöhung rechtfertigt die **Zwangsversteigerung nach § 172 ZVG** (HK-InsO/Keller InsO § 3 Rn. 23).
- **Gesellschaftsrechtliche Beteiligungen:** Beteiligungen und konzernrechtliche Verflechtungen mehrerer Gesellschaften sind vergütungserhöhend, wenn sie sich auf die Arbeitsbelastung des Insolvenzverwalters auswirken (BGH NZI 2009, 57; AG Dortmund ZInsO 2021, 634 (40 %); LG Leipzig DZWIR 2000, 36; LG Mönchengladbach ZIP 1986, 1588; dazu Eickmann EWiR 1987, 73; KPB/Prasser/Eickmann Rn. 100).
- **Gläubigerausschuss:** Die Bestellung eines (vorläufigen) Gläubigerausschusses ist – außer nach § 22a InsO in den Fällen der §§ 270a, 270b InsO – **kein Regelfall.** Die Bestellung eines (vorläufigen) Gläubigerausschusses führt zu Mehrarbeit beim Verwalter in Form von dessen Unterrichtung, Korrespondenz, Gesprächen sowie Vor- und Nachbereitung von gemeinsamen Sitzungen, sodass dafür ein Zuschlag gerechtfertigt ist (BGH NZI 2016, 963 und BGH NZI 2016, 1592 zum vorläufigen Sachwalter; Keller Vergütung § 5 Rn. 90; HK-InsO/Keller InsO § 3 Rn. 23; HmbKommInsR/Büttner Rn. 91; aA Graeber/Braeber Rn. 185: erst bei erheblichen Belastungen).
- **Gläubigerzahl:** Mit **steigender Anzahl** der Gläubiger erhöht sich der insofern beim Verwalter anfallende **Arbeitsaufwand** für Erfassungen, Zustellungen, Bearbeitung der Forderungsanmeldungen und Forderungsprüfungen einschließlich nachlaufender Korrespondenz insbesondere bei zunächst bestrittenen Forderungen, Tabellenführung, Rundschreiben, Mitteilungen und Sachstandsinformationen sowie Ausschüttungen. Die **Erhöhung des Tätigkeitsumfangs ist der Erhöhung der Gläubigerzahl immanent** (Keller Vergütung § 5 Rn. 47; HmbKommInsR/Büttner Rn. 93). Der BGH hat bei „außergewöhnlich hoher Zahl von Gläubigern" einen Zuschlag für gerechtfertigt erachtet, ohne aber eine konkrete Zahl zu nennen (BGH NZI 2006, 464 mAnm Nowak). Einen festen Grenzwert gibt es jedoch nicht, jedoch ist nicht stets ab einer Anzahl von **100 Gläubigern** ein Zuschlag zu gewähren. Entscheidend ist, ob die Bearbeitung den Insolvenzverwalter stärker als in entsprechenden Insolvenzverfahren allgemein üblich in

Zu- und Abschläge § 3 InsVV

Anspruch genommen hat (BGH NZI 2017, 732; 2006, 464). Vereinzelt wird orientiert an § 2 Abs. 2 ein **Zuschlag ab dem elften Gläubiger** (HmbKommInsR/Büttner Rn. 98) oder orientiert an § 304 InsO **bei mehr als 20 Gläubigern** (AG Göttingen ZInsO 2003, 461). Überwiegend gehen die Literatur und die Instanzgerichte von einem Zuschlag **ab dem 101. Gläubiger** aus, da bei bis zu 100 Gläubigern noch von einem sog. Normalverfahren auszugehen ist (→ § 2 Rn. 6 ff; vgl. LG Düsseldorf ZInsO 2018, 621; LG Heilbronn ZInsO 2011, 1958, bei 119 Gläubigern 5 %; LG Braunschweig ZInsO 2001, 552; AG Freiburg ZInsO 2016, 2270, bei 414 Gläubigern 20 %; AG Göttingen ZInsO 2009, 688, bei 160.000 Gläubigern 750 %; LG Leipzig ZInsO 2000, 240, bei 500 Gläubigern 5 %; AG Göttingen NZI 1999, 382, bei 350 Gläubigern 5 %; AG Bonn ZInsO 2000, 55; AG Göttingen ZInsO 2005, 871 bei komplexen Prüfungsproblemen; Graeber/Graeber Rn. 183 mwN; MüKoInsO/Nowak Rn. 23; FK-InsO/Lorenz Rn. 36; HmbKommInsR/Büttner § 2 Rn. 38, 50; KPB/Prasser/Stoffler Rn. 93, 113; aA LG Itzehoe MDR 2005, 1193: ab 100 Forderungsanmeldungen). Der Zuschlag von 15 % für bis zu jeweils 100 weitere Gläubiger sollte bei weiter steigender Anzahl im Prozentsatz sinken (vgl. HK-InsO/Keller InsO § 3 Rn. 23) bzw. ist je weiterer Forderungsanmeldung zwischen 101 und 10.000 mit einem **Wert je Gläubiger von 120 EUR bis 150 EUR** anzusetzen (Keller Vergütung § 4 Rn. 134).

- **Inflationsausgleich:** Dem Insolvenzverwalter steht **derzeit noch kein Inflationszuschlag zur Regelvergütung** zu. Die Festsetzung der Vergütung nach den **Regelsätzen des § 2 verletzt** trotz der Geldentwertung seit dem Inkrafttreten der insolvenzrechtlichen Vergütungsverordnung im Jahre 1999 und trotz der feststellbaren Aufgabenmehrungen **derzeit noch nicht den Anspruch** des Verwalters auf eine seiner Qualifikation und seiner Tätigkeit **angemessene Vergütung** (BGH NZI 2020, 1010; Insbüro 2015, 368; NZI 2015, 141; aA mit ausführlicher Begründung und mwN HmbKommInsR/Büttner Rn. 105–108).
- **Informationsbeschaffung:** Mit Inkrafttreten des IFG und anderer Landesinformationsfreiheitsgesetze ist der Verwalter verpflichtet, auch diese Informationsquellen auszuschöpfen und Daten zu beschaffen. Die Informationsbeschaffung und **Ermittlung von insolvenzspezifischen Ansprüchen** zählt allerdings zu den **Regelaufgaben** des Insolvenzverwalters, sodass diese Tätigkeiten – sofern nicht ein deutlich erhöhter Arbeitsaufwand damit verbunden ist – **nicht zuschlagsfähig** sind (AG Hamburg ZVI 2016, 330; aA HmbKommInsR/Büttner Rn. 109–116). Ein **Zuschlag für Erschwernisse** bei der Informationsbeschaffung kann dann gerechtfertigt sein, wenn die Informationsbeschaffung beim Schuldner dadurch erheblich erschwert wird, dass die bisherigen Organe des Schuldners ausgeschieden und von ihnen keine Informationen mehr zu erhalten sind, der neue Geschäftsführer keine Kenntnisse hat, auf Kenntnisse der Beschäftigten nicht zurückgegriffen werden kann und eine ausreichende Information anhand der Geschäftsunterlagen nicht möglich ist (BGH ZIP 2021, 1284; NZI 2017, 991).
- **Kalte Zwangsverwaltung:** Die Vereinbarung einer kalten bzw. stillen Zwangsverwaltung zwischen Absonderungsberechtigtem und Insolvenzverwalter ist grundsätzlich zulässig; nicht jedoch eine persönliche Verpflichtung des Verwalters. In die **Berechnungsgrundlage** nach § 1 fließt nur der aus der kalten Zwangsverwaltung erzielte **Überschuss** ein. Die Durchführung der stillen Zwangsverwaltung ist bei der Vergütungsfestsetzung zu berücksichtigen. Ist die Berechnungsgrundlage nicht entsprechend größer geworden, ist dem Verwalter für die Durchführung der stillen Zwangsverwaltung ein Zuschlag zu gewähren. Für die Höhe des Zuschlags ist der Umfang des **zusätzlichen Arbeitsaufwandes** maßgebend; ein Anhaltspunkt kann auch die **Vergütung eines Zwangsverwalters** nach § 18 ZwVwV sein, sofern Umfang der Tätigkeit und Ertrag für die Masse vergleichbar sind (BGH NZI 2016, 824; vgl. abweichend Keller NZI 2013, 265; Bork ZIP 2129; Keller Vergütung Rn. 274; HK-InsO/Keller InsO § 3 Rn. 23). Wird im Rahmen der kalten Zwangsverwaltung die Hausverwaltung auf einen Dritten delegiert, fallen beim Insolvenzverwalter gleichwohl Tätigkeiten an, wie zB die Beaufsichtigung der Verwaltung der Mietverhältnisse sowie die Einziehung und Auskehr der Mietbeträge, die nicht von der Regelvergütung eines Insolvenzverwalters abgedeckt werden (LG Frankfurt (Oder) BeckRS 2017, 116113).
- **Prozessführung:** Die Führung schwieriger Prozesse rechtfertigt einen Zuschlag; es kann sowohl eine **hohe Anzahl** als auch die **besondere Schwierigkeit eines einzelnen Prozesses** zu berücksichtigen sein (vgl. Keller Vergütung § 5 Rn. 124 f.). Als schwierig sind Prozesse anzusehen wegen der Aufbringung des Stammkapitals (LG Hamburg ZInsO 2001, 1006), zur Anspruchsdurchsetzung nach dem IFG (OLG Bremen JurBüro 2010, 540); über insolvenzspezifische Sonderaktiva (Geschäftsführer- und Gesellschafterhaftung sowie Insolvenzanfechtung), über betriebsverfassungsgerichtliche Streitigkeiten mit dem Betriebsrat; Kündigungsschutzklagen (BAG ZInsO 2003, 722); vor dem Finanzgericht wegen steuerrechtlicher Streitigkeiten und

solche mit schwierigen prozessualen Materien (LG Aachen ZInsO 2007, 768). Ein Zuschlag für die Prozessführung kommt allerdings nur in Betracht, wenn der Verwalter ihn nicht delegiert hat (§ 4) oder ihn über § 5 selbst führt und separat vergütet wird (HK-InsO/Keller InsO § 3 Rn. 23).

- **Sanierung:** Sowohl die (gescheiterten) **Bemühungen** um eine Sanierung als auch die **sanierende Übertragung** des Geschäftsbetriebs sind zuschlagsfähig (vgl. BGH ZInsO 2016, 1637; AG Freising ZInsO 2016, 2270; LG Mönchengladbach ZIP 1986, 1588; dazu Eickmann EWiR 1987, 73; LG Bonn ZIP 1991, 34; dazu Eickmann EWiR 1991, 185; umfassend KPB/Prasser/Stoffler § 3 Rn. 81 ff.). **Je nach Umfang der Tätigkeit** (zB M&A-Prozess inkl. Due Diligence, Aufbereitung der Buchhaltungsunterlagen, Prüfung besonderer Zustimmungserfordernisse von Kartellbehörden oder Gesellschaftern, Notwendigkeit und Durchführung von Umstrukturierungen, Anpassung gesellschaftlicher Verhältnisse oder der Mitarbeiteranzahl, Prüfung von immateriellen Vermögenswerten oder von Beteiligungsverhältnissen) kann der Zuschlag erheblich sein und 100 % der Regelvergütung betragen (HK-InsO/Keller InsO § 3 Rn. 23). **Umfangreiche Vorbereitungen** der übertragenden Sanierung sind ebenfalls für den Zuschlag zu berücksichtigen (BGH NZI 2006, 236). Auf den Sanierungserfolg kommt es nicht an (BGH ZInsO 2007, 439). Auch die Vorbereitung einer übertragenden Sanierung durch den **vorläufigen Insolvenzverwalter** mit von ihm getätigten Sanierungs- und Restrukturierungsmaßnahmen können einen rechtfertigen (BGH BeckRS 2019, 23182; BGH ZIP 2004, 1555; 2008, 618; 2010; BGHZ 211, 225 für die Überwachungs- und Kontrolltätigkeit des vorläufigen Sachwalters bei Sanierungsplänen).
- **Schuldnerverhalten:** Bei **besonders destruktivem bzw. obstruktivem Verhalten des Schuldners** oder seiner Angehörigen kann die dadurch beim Verwalter **verursachte erhebliche Mehrbelastung** einen Zuschlag zur Regelvergütung rechtfertigen (vgl. BGH ZIP 2021, 1284; NZI 2009, 554; ZIP 2008, 514; LG Münster BeckRS 2019, 47679; ZInsO 2017, 353; AG Hannover ZInsO 2016, 2107; LG Passau ZInsO 2010, 158; LG Mönchengladbach ZInsO 2001, 750; Graeber/Graeber Rn. 235 mwN). Der Verwalter muss konkret darlegen, welches Verhalten seine Arbeitstätigkeit wie erschwert hat; allgemeine Erschwernisse genügen nicht (BGH NZI 2009, 554; HK-InsO/Keller InsO § 3 Rn. 23). Allerdings stellt ein solches Verhalten keinen generellen Zuschlagsgrund dar, weil es der Realität in faktisch jedem Verfahren entspricht, dass der Schuldner nicht oder nur sehr begrenzt informations- und unterstützungswillig ist. Zuschläge können daher nur ganz außergewöhnliche Konstellationen rechtfertigen (LG Münster ZInsO 2017, 353). Die schwierige oder teilweise gar verweigerte Zusammenarbeit mit der Schuldnerin und deren **Organen** mit dem Insolvenzverwalter infolge eines Zerwürfnisses oder **Streits der Mitgesellschafter** kann die Tätigkeit des Verwalters erheblich erschweren und beeinträchtigen, was die Anhebung der Vergütung rechtfertigt (LG Berlin ZInsO 2017, 2770; LG Mönchengladbach ZInsO 2001, 750 (751); vgl. auch BGH ZInsO 2008, 266; Keller, Vergütung und Kosten im Insolvenzverfahren, 4. Aufl. 2016, § 5 Rn. 196).
- **Statistik:** Da der Verordnungsgeber die mit dem seit 1.1.2013 geltenden **InsStatG** einhergehenden Arbeitsbelastungen des Verwalters nicht vorsehen konnte, ist für die nach dem InsStatG entschädigungslose **Datenermittlung und -übertragung** ein selbstständiger Zuschlag gerechtfertigt (Graeber/Graeber Rn. 259b; Keller Vergütung § 5 Rn. 101; HmbKommInsR/Büttner Rn. 128; aA Haarmeyer/Mock InsVV Rn. 55; BGH ZInsO 2015, 110). Dafür ist ein Prozentwert anzusetzen (Keller Vergütung § 5 Rn. 101; aA Graeber/Graeber Rn. 259b: errechneter Durchschnittsbetrag je Verfahren von 6,25 EUR in IK-Verfahren und 11,10 EUR in IN-Verfahren).
- **Steuern:** Einfach zu erstellende Steuererklärungen sind mit der Regelvergütung abgegolten (BGH ZInsO 2014, 951). Eine Definition von einfachen Erklärungen in Abgrenzung zu schwierigen, die einen Zuschlag rechtfertigen können, nimmt der BGH nicht vor. Die Einlegung steuerlicher Rechtsmittel erfüllt aber einen Zuschlagstatbestand (BGH ZInsO 2014, 951). Einfache steuerrechtliche Sachverhalte liegen aber kaum mehr vor, was sich insbesondere im **Umsatzsteuerrecht** und der dazu ergangenen Rechtsprechung der Doppelkorrektur bei Verfahrenseröffnung und später auch zum vorläufigen und zum starken vorläufigen Verwalter sowie die Rechtsprechung des BFH zum Forderungseinzug zeigt (vgl. ausf. HmbKommInsR/Büttner Rn. 131 f.). Dies gilt aber auch im **Sanierungssteuerrecht.** Verwiesen sei dazu allein auf die bestehende Gesetzeslage, den sog. Sanierungserlass durch BMF-Schreiben und dessen vom Großen Senat des BFH festgestellten Verstoß gegen den Grundsatz der Gesetzmäßigkeit der Verwaltung (NZI 2017, 163) und den nunmehr vorliegenden Gesetzentwurf der Bundesregierung gegen schädliche Steuerpraktiken im Zusammenhang mit Rechteüberlassungen (BT-Drs. 18/11233, 18/11531, 18/11683 Nr. 8), durch den in § 3a Abs. 1 EStG nF Sanierungsgewinne

steuerfrei gestellt werden sollen. Bei schwierigen steuerrechtlichen Sachverhalten mit entsprechender qualitativer wie quantitativer Mehrbelastung für den Verwalter ist daher ein Zuschlag zu gewähren.
- **Zustellungen:** Bis zur **Neuregelung** von § 8 mit Wirkung für Verfahren, die ab dem 1.1.2004 eröffnet wurden, sollte dem Verwalter für die ihm nach § 8 Abs. 3 InsO übertragenen Zustellungen ab einer Anzahl von 100 ein besonderer Zuschlag gewährt werden (vgl. BGH ZIP 2004, 1822; LG Chemnitz ZIP 2004, 84; LG München ZInsO 2002, 275; Uhlenbruck/Pape § 8 Rn. 10; KPB/Prasser/Stoffler Rn. 109 ff.). Dies scheint nach der Neuregelung für Verfahrenseröffnungen nach dem 1.1.2004 überholt zu sein (HK-InsO/Keller InsO § 8 Rn. 17 ff.). Sofern dem Insolvenzverwalter oder Treuhänder das Zustellungswesen übertragen ist, ist diesem für jede Zustellung der Sach- und Personalaufwand zu ersetzen. **Nunmehr** bemisst sich die Höhe der Vergütung außerhalb der sonstigen Zuschlagstatbestände durch einen **angemessenen Betrag pro Zustellung**, der nach dem tatsächlichen Aufwand geschätzt werden kann (BGH ZIP 2013, 833; unter Aufgabe von BGH ZIP 2007, 440; NZI 2012, 372; auch → § 8 Rn. 1).

III. Zuschlagssachverhalte beim (vorläufigen) Sachwalter

Ein **selbstständig** zu berechnender Vergütungsanspruch steht dem vorläufigen Sachwalter **nicht** zu. Die Tätigkeit als vorläufiger Sachwalter stellt vielmehr einen Umstand dar, der zu einem **Zuschlag** für die Vergütung des Sachwalters führt, wobei dieser in der Regel mit **25 %** zu bemessen ist. Die Berechnungsgrundlage der Vergütung des vorläufigen Sachwalters ist dabei identisch mit derjenigen des endgültigen Sachwalters (s. § 12). In seiner jüngsten Entscheidung hat der BGH (ZInsO 2017, 1813) einige Zuschlagstatbestände wie folgt zusammengefasst: 38a

Der im Verhältnis zu den in jedem Verfahren zu erfüllenden gesetzlichen Aufgaben des (vorläufigen) Sachwalters **gestiegene oder geminderte Arbeitsaufwand ist ausschlaggebendes Kriterium** für die Gewährung von Zu- oder Abschlägen. Zuschläge sind nur für solche Tätigkeiten zu gewähren, die dem vorläufigen Sachwalter entweder vom Gesetz selbst oder vom Insolvenzgericht oder von den Verfahrensbeteiligten in rechtswirksamer Weise übertragen worden sind. 38b

Für das Eröffnungsverfahren ist die **Unternehmensfortführung** bei beantragter Eigenverwaltung typisch und stellt den **Regelfall** dar. Gleichwohl kommt für den vorläufigen Sachwalter ein Zuschlag in Betracht, wenn seine Arbeitskraft durch die Überwachung der Betriebsfortführung in überdurchschnittlicher Weise in Anspruch genommen wird. Weitere Voraussetzung eines Zuschlags ist es, dass die Masse nicht entsprechend größer und damit auch die Vergütung entsprechend höher geworden ist. Ein Zuschlag für die Betriebsfortführung kommt nicht in Betracht, wenn der Schuldner die **Überwachung und Kontrolle** in einem durchschnittlichen Verfahren ermöglicht, er Unterlagen und Daten in aufbereiteter Form zur Verfügung stellt und darüber hinaus auch jederzeit auskunftsbereit ist. 38c

Bei einer erheblichen Unternehmensgröße entspricht ein **Auslandsbezug** für Verhandlungen mit ausländischen Kunden dem typischen Normalfall und kann die Gewährung eines Zuschlags nicht rechtfertigen, da der vorläufige Sachwalter insofern lediglich Überwachungsaufgaben wahrnimmt. Die **Kommunikation mit den Gläubigern** kann grundsätzlich keinen Zuschlag rechtfertigen, da sie Aufgabe des eigenverantwortlichen Schuldners ist. Verhandlungen mit Gläubigern fallen nicht in den Aufgabenbereich des vorläufigen Sachwalters und können einen Zuschlag nur bei einem außergewöhnlichen und für das konkrete Verfahren trotz seiner Größe nicht zu erwartenden außergewöhnlichen Zusatzaufwand rechtfertigen. Die Zusammenarbeit mit einem **vorläufigen Gläubigerausschuss** ist auch zur Entlastung des vorläufigen Sachwalters geeignet, da dieser seinerseits Überwachungsfunktionen gem. § 69 InsO und Aufgaben nach §§ 56a, 270 Abs. 3 InsO sowie im Schutzschirmverfahren nach § 270b Abs. 4 S. 1 Nr. 2 InsO hat. Ein möglicher Zuschlag kann daher nur einen geringen Umfang haben. 38d

C. Einzelne Abschlagstatbestände

§ 3 Abs. 2 sieht folgende **Regelbeispiele** vor, die eine **Reduzierung** der Regelvergütung rechtfertigen **können**: 39

I. Tätigkeit eines vorläufigen Insolvenzverwalters (Abs. 2 Buchst. a)

Nach § 3 Abs. 2 Buchst. a kann ein **Zurückbleiben** hinter dem Regelsatz gerechtfertigt sein, wenn ein **vorläufiger Insolvenzverwalter** im Verfahren tätig war. Zwar wird in der Vorschrift eine dadurch bedingte **Arbeitserleichterung oder Arbeitsersparnis** für den späteren, personenidentischen **Insolvenzverwalter** nicht genannt, wird aber aufgrund des Sachzusammenhangs all- 40 gemein gefordert; nur dies rechtfertigt den Abschlag (stRspr seit BGH NZI 2006, 464 mAnm Nowak; JurBüro 2007, 267; ZInsO 2007, 370; NZI 2010, 941; 2011, 630; 2019, 910; zust. Mock EWiR 2019, 725). Der vorläufige Insolvenzverwalter muss bereits so **erhebliche Vorarbeiten** getätigt haben, dass diese zu einer **erheblichen Arbeitsersparnis** bzw. Arbeitserleichterung des späteren, personenidentischen Insolvenzverwalters geführt haben und für diesen nur noch ein Aufwand verbleibt, der signifikant unter dem Aufwand eines durchschnittlichen Verfahrens liegt (LG Offenburg 5.1.2018 – 1 T 26/18; LG Berlin ZInsO 2018, 72601 mAnm Wozniak jurisPR-InsR 4/2018 Anm. 5; LG Potsdam ZInsO 2008, 154; LG Siegen ZIP 1988, 326; dazu Eickmann EWiR 1988, 289; KPB/Prasser/Stoffler Rn. 121; HK-InsO Rn. 24). Nach Ansicht des BGH kann der vorläufige Verwalter bei pflichtgemäßer Tätigkeit dem endgültigen Verwalter erhebliche Arbeit ersparen (BGH NZI 2009, 601), beispielsweise durch die Erstellung einer – wenn auch nicht vollständigen – Vermögensübersicht und die Feststellung der Gläubiger und Schuldner; insofern ist eine **Doppelvergütung zu vermeiden** (BGH NZI 2006, 464); allerdings begründet die **Sachverständigentätigkeit** allein keine Arbeitsersparnis und keinen Abschlag (BGH ZIP 2009, 1630; 2010, 902). Auch der Umstand, dass der Insolvenzverwalter als vorläufiger Verwalter bereits eine (hohe) Vergütung erhalten hat, rechtfertigt für sich genommen keine Kürzung der Insolvenzverwaltervergütung (BGH ZIP 2013, 2164).

41 Sofern die Tätigkeiten nicht in den Aufgabenbereich des vorläufigen Insolvenzverwalters, sondern des vom Gericht eingesetzten **Sachverständigen** gehören, ist zu berücksichtigen, dass die Sachverständigentätigkeit keine signifikante Arbeitsersparnis und damit keinen Abschlag rechtfertigt (BGH NZI 2009, 601 insofern unter Aufgabe von BGH NZI 2006, 464; 2010, 902; 2010, 941). Zudem hat der BGH für den **Sachwalter** entschieden, dass für dessen Tätigkeit **kein Abschlag** vorzunehmen ist, wenn er zuvor als **vorläufiger Sachwalter** tätig war und dieser bereits im Antragsverfahren **wesentliche Teile seiner Aufgaben erbracht** hat (BGH ZInsO 2016, 1637 (1642)).

42 Die Vergütung des Insolvenzverwalters kann nicht mit der Begründung gekürzt werden, seine Vergütung als vorläufiger Insolvenzverwalter sei **zu hoch festgesetzt** worden (BGH NZI 2013, 1014 mAnm Keller).

43 Ein Abschlag auf die Vergütung des Verwalters kommt nicht in Betracht, wenn er nicht als vorläufiger Verwalter, sondern **allein als Sachverständiger bestellt** war (BGH ZInsO 2010, 1503; 2009, 1367).

II. Fortgeschrittene Masseverwertung (Abs. 2 Buchst. b)

44 Ein Abschlag vom Regelsatz kann nach Abs. 2 Buchst. b gerechtfertigt sein, wenn die **Masse bereits** zu einem erheblichen Teil bei Verfahrenseröffnung **verwertet** war. Das AG Goslar (NZI 2010, 691) hat dafür beispielsweise einen **Abschlag von 10 %** angenommen. Ein Abschlag kommt auch in Betracht, wenn der vorläufige Insolvenzverwalter bereits im Eröffnungsverfahren eine **Unternehmensübertragung oder übertragende Sanierung** soweit vorbereitet hat, dass **mit Verfahrenseröffnung** faktisch und rechtlich schon der **Vollzug eintritt** (KPB/Prasser/Stoffler Rn. 131 f.; Haarmeyer/Mock InsVV Rn. 114; BK-InsR/Blersch Rn. 27). Sofern ein Abschlag wegen der Arbeitsersparnis aufgrund der vorherigen Tätigkeit als vorläufiger Insolvenzverwalter bereits nach **Abs. 2 Buchst. a** berücksichtigt war (vgl. BGH ZInsO 2006, 642), ist ein weiterer Abzug nicht gerechtfertigt (Haarmeyer/Mock InsVV Rn. 114).

45 Auch bei einem **Verwalterwechsel** kann die Vergütung des nachfolgenden Verwalters aufgrund der erheblichen Vorverwertung gekürzt werden (BGH NZI 2010, 902).

III. Vorzeitige Verfahrens-/Amtsbeendigung (Abs. 2 Buchst. c)

46 Erfolgt eine vorzeitige Beendigung des Verwalteramtes durch seine **Entlassung (§ 59 InsO)** oder **vorzeitige Einstellung des Verfahrens nach § 207 InsO** und vor (wesentlichen) Verwertungshandlungen oder vor der Forderungsprüfung, kann eine Reduzierung der Regelvergütung nach Abs. 2 Buchst. c angemessen sein (LG Chemnitz ZInsO 2008, 1266). Bei der Minderung ist die **Tätigkeitsbezogenheit der Vergütung** des Insolvenzverwalters zu berücksichtigen; ist das Insolvenzverfahren bei Entlassung des Verwalters bereits weitgehend abschlussreif, kann der Abschlag entfallen (vgl. BGH NZI 2015, 821). Der Abschlag auf die Vergütung bei vorzeitiger Beendigung ist anhand des **unerledigten Anteils** zu bestimmen; sonstige Umstände, welche die Tätigkeit des vorzeitig entlassenen Insolvenzverwalters erleichtert oder erschwert haben, verringern oder erhöhen unmittelbar nach § 3 den für ihn maßgeblichen Bruchteil der Vergütung (vgl. BGH ZInsO 2005, 85; Keller DZWIR 2005, 291).

Die **Einstellung des Insolvenzverfahrens nach § 213 InsO** kann ebenfalls vergütungsmin- 47
dernd sein (BGH NZI 2009, 57).
 Eine vorzeitige Beendigung mit Reduzierung der Regelvergütung kommt auch für den **vorläu-** 48
figen Insolvenzverwalter in Betracht (BGH NZI 2007, 168).
 Die **Aufhebung des Insolvenzverfahrens nach § 258 InsO** nach Bestätigung des **Insolvenz-** 49
plans stellt keine vorzeitige Aufhebung des Insolvenzverfahrens iSd Vorschrift dar und rechtfertigt keinen Abschlag.

IV. Große Masse bei geringem Aufwand (Abs. 2 Buchst. d)

 Ein Abschlag kann nach Abs. 2 Buchst. d gerechtfertigt sein, wenn die **Masse groß** war **und** 50
die **Geschäftsführung geringe Anforderungen** an den Verwalter stellte. Die Vorschrift hat einen sehr **eingeschränkten Anwendungsbereich**, da nach § 2 Abs. 1 degressiv berechnete Regelvergütung hierzu außer Verhältnis stehen müsste (BGH ZInsO 2011, 2052; NZI 2006, 464; Haarmeyer/Mock InsVV Rn. 118). Geringe Anforderungen können gegeben sein, wenn das Vermögen des Schuldners seine Verbindlichkeiten erheblich übersteigt und die Höhe dieses Vermögens in keinem Verhältnis zu dem entfalteten Aufwand steht, etwa weil sich die Insolvenzmasse ohne jegliches Zutun des Insolvenzverwalters ergeben hat (BGH BeckRS 2021, 18430). Die Vorschrift kommt beispielsweise bei unproblematischer Übernahme eines **großen Kontoguthabens,** beim **Lottogewinn** oder dem **Nachlasserwerb** mit sofortiger Befriedigung aller Gläubiger zur Anwendung (BGH NZI 2012, 144; AG Göttingen NZI 2012, 32; Haarmeyer/Mock InsVV Rn. 118) oder wenn der **einzige Gläubiger** seine Forderungsanmeldung zurücknimmt und nur drei Gegenstände zur Insolvenzmasse gehörten (LG Berlin NZI 2009, 777). Ein Abschlag von 40 % kann bei Überschaubarkeit der Vermögensverhältnisse im **Nachlassinsolvenzverfahren** angemessen sein, bei dem lediglich Guthaben auf dem Nachlasstreuhandkonto übernommen wird und bei dem aufgrund zuvor eingerichteter Nachlasspflegschaft weder Erben noch Nachlassgegenstände zu ermitteln sind sowie nur eine geringe Gläubigerzahl (drei) vorhanden ist (LG Münster NZI 2018, 132).
 Von einer **großen Masse** ist ab einem Betrag von **mindestens 250.000 EUR** auszugehen 51
(BGH NZI 2012, 981; anders noch BGH NZI 2006, 464; aA HWF InsVerw-HdB Rn. 85: 400.000 bis 500.000 EUR). Allerdings kann ein Abschlag bereits dann angezeigt sein, wenn die **Geschäftsführung** an den Verwalter **geringe Anforderungen** stellte, auch wenn die **Masse nicht groß** und damit ein Tatbestandsmerkmal von Abs. 2 Buchst. d) fehlt (BGH NZI 2006, 347); ohne Abschlag müsste die Vergütung außer Verhältnis zur Tätigkeit des Verwalters stehen (BGH NZI 2006, 464).

V. Überschaubare Vermögensverhältnisse (Abs. 2 Buchst. e)

 Ein Zurückbleiben hinter die Regelvergütung ist nach Abs. 2 Buchst. e auch gerechtfertigt, 52
wenn die **Vermögensverhältnisse des Schuldners überschaubar** sind und (kumulativ) die Zahl der **Gläubiger** oder die Höhe der **Verbindlichkeiten gering** ist. Der Ausnahmetatbestand ist durch das Gesetz zur Verkürzung des Restschuldbefreiungsverfahrens und zur Stärkung der Gläubigerrechte v. 15.7.2013 (BGBl. 2013 I 2379) mWv 1.7.2014 eingeführt worden, mit dem auch das **Verbraucherinsolvenzverfahren** als solches und die Figur des Treuhänders für Neuverfahren ab dem 1.7.2014 abgeschafft und in das allgemeine Insolvenzverfahren integriert wurde. Die Vorschrift ermöglicht die Kürzung der Vergütung im Verbraucherinsolvenzverfahren, die zugleich mit dem vorgenannten Gesetz – auch bezüglich der Mindestvergütung – in § 13 angepasst wurde. Die bei **Kleinverfahren** nach Maßgabe von § 5 Abs. 2 InsO bestehenden **Verfahrenserleichterungen** und die daraus folgenden geringen Anforderungen für den Verwalter sollen nach Vorstellung des Gesetzgebers durch einen Abschlag berücksichtigt werden können (BT-Drs. 17/11268, 36; ebenso BR-Drs. 467/12, 55; BGH NZI 2017, 459; AG Hamburg ZVI 2018, 260). Sofern die Tätigkeit des Insolvenzverwalters in einem Verbraucherinsolvenzverfahren tatsächlich nicht über die **Tätigkeit eines Treuhänders nach §§ 313 f. InsO aF** hinausgeht, ist daher regelmäßig ein Abschlag gerechtfertigt, der dazu führt, dass sich der Vergütungssatz des Insolvenzverwalters im Ergebnis am bisherigen Vergütungssatz für einen Treuhänder orientiert. Dabei hat der **Tatrichter** die Höhe des Abschlags stets nach den konkreten Umständen des jeweiligen Einzelfalls zu bemessen (stRspr, BGH WM 2016, 1304 mwN). Ein Abschlag kann gerechtfertigt sein, wenn der **qualitative und quantitative Zuschnitt** des Verfahrens erheblich hinter den Kriterien eines **durchschnittlichen massearmen Verfahrens** zurückbleibt und der Regelsatz der Mindestvergütung deshalb zu einer unangemessen hohen Vergütung führen würde. Ein Abschlag ist daher nur gerechtfertigt, wenn der durchschnittliche Aufwand eines massearmen

Verfahrens tatsächlich unterschritten wird, wobei der Gesamtzuschnitt des Verfahrens zu würdigen ist (BGH NZI 2018, 130). In einem Verbraucherinsolvenzverfahren schließt die Regelung in § 13 InsVV nF über die Ermäßigung der Mindestvergütung des Insolvenzverwalters Abschläge von der Mindestvergütung nach § 3 Abs. 2 InsVV nicht aus. Dabei hat sich die Prüfung, ob die Vermögensverhältnisse des Schuldners überschaubar sind und die **Zahl der Gläubiger** oder die **Höhe der Verbindlichkeiten** gering ist, auch in einem Verbraucherinsolvenzverfahren am Durchschnitt der massearmen Verfahren auszurichten. Die Vergütung des Insolvenzverwalters in einem Verbraucherinsolvenzverfahren darf aber **nicht unter der Mindestvergütung** liegen, die einem **Treuhänder nach § 13 InsVV aF** zu gewähren war (BGH NZI 2020, 521; 2018, 130; im Detail → § 13 Rn. 9 f.). Überschaubar sind die Vermögensverhältnisse beispielsweise, wenn der Schuldner **lediglich regelmäßige Einkünfte aus unselbstständiger Tätigkeit** und später **Arbeitslosengeld** erzielt; sind weiter **nur vier Gläubiger beteiligt,** rechtfertigt dies einen Abschlag (BGH InsBüro 2017, 29). Ein Abschlag kann auch gerechtfertigt sein, wenn lediglich **zwei Lebensversicherungen** zu verwerten und der monatliche Eingang des **pfändbaren Teils des Einkommens und der Steuererstattung** des Schuldners auf dem Insolvenzsonderkonto zu überwachen waren; dabei ist auch zu berücksichtigen, ob die Unterlagen gem. § 305 Abs. 1 Nr. 3 InsO bereits von einer Anwaltskanzlei vorgelegt wurden, sodass eine diesbezügliche Recherche und Zusammenführung der Unterlagen nicht mehr seitens des Insolvenzverwalters erfolgen muss (BGH NZI 2017, 459). Der **Minderaufwand muss jedoch ein gewisses Maß erreichen,** um einen Abschlag zu rechtfertigen (BGH ZInsO 2017, 1694). Nach Ansicht des BGH ist ein Abschlag von der Regelvergütung auch dann vorzunehmen, wenn der Tatrichter im Rahmen der Prüfung des Vergütungsantrags feststellt, dass die in dem individuellen Verfahren festzusetzende Vergütung ggf. nicht auskömmlich für den Insolvenzverwalter ist, da eine Querfinanzierung bei den Vergütungen durch eine mögliche erhöhte Vergütung und deren Kompensationswirkung aus einem anderen Insolvenzverfahren bestehe. Dies kann nicht überzeugen, da die Argumentation zwar auf große oder reine Insolvenzverwalterkanzleien zutreffen mag. Bei kleineren Verwalterkanzleien, deren Verwaltern insbesondere nur Insolvenzverfahren über Vermögen natürlicher Personen oder kleiner juristischer Personen übertragen werden, ist eine Querfinanzierung nicht zwingend auskömmlich. Zudem ist zum Zeitpunkt der Verwalterbestellung nicht klar, über welche Querfinanzierungsmöglichkeiten er verfügt, dh welche größeren Verfahren ihm überhaupt noch übertragen werden, sodass allein der Verwalter das Risiko fehlender Querfinanzierung trägt (Harbeck jurisPR-InsR 23/2017, Anm. 4).

53 Eine Minderung der Vergütung nach dieser Vorschrift unter den reduzierten **Mindestbetrag von 800,00 EUR** nach § 13 würde eine **doppelte Reduzierung** bedeuten, die abzulehnen ist. Die Tatbestandskriterien sind scheinbar der Regelung in **§ 304 InsO** zur Unterscheidung der Regel- und der Verbraucherinsolvenz entnommen und restriktiv zu handhaben (Haarmeyer/Mock InsVV Rn. 119; HmbKommInsR/Büttner Rn. 150; abweichend BGH NZI 2020, 521; kritisch Blersch EWiR 2020, 467; im Detail → § 13 Rn. 9 f.). Die Vermögensverhältnisse sind nicht mehr überschaubar, wenn der Schuldner mehr als 19 Gläubiger hat; auf die Anzahl der Forderungen kommt es nicht an (BGH NZI 2005, 676; HK-InsO/Landfermann InsO § 304 Rn. 7). Anders als bei § 304 InsO kommt es hier aber auf die beim Schuldner vorhandenen Aktivposten an; denn andernfalls bedürfte es der gesonderten Erwähnung der geringen Gläubigerzahl nicht mehr (HmbKommInsR/Büttner Rn. 151 f.).

VI. Koordinationsverfahren in Konzerninsolvenzverfahren mit Verfahrenskoordinator nach § 269e InsO (Abs. 1 Buchst. f)

54 Durch das Gesetz zur Erleichterung der Bewältigung von Konzerninsolvenzen v. 13.4.2017 (BGBl. I 866), welches am 21.4.2018 in Kraft trat, ist § 3 in Abs. 2 Buchst. f angefügt. Danach kann ein Zurückbleiben hinter dem Regelsatz der Vergütung gerechtfertigt sein, wenn der Schuldner in ein Koordinationsverfahren einbezogen ist, in dem ein Verfahrenskoordinator nach § 269e InsO bestellt worden ist.

55 Die Tätigkeit eines Verfahrenskoordinators nach (dem künftigen, ab dem 21.4.2018 geltenden) § 269e InsO dient der Entlastung der einzelnen Insolvenzverwaltungen und rechtfertigt daher in aller Regel einen Abschlag von der Regelvergütung. Der Abschlag wird grundsätzlich in der Höhe der Vergütung des Verfahrenskoordinators gerechtfertigt sein, sodass das Koordinationsverfahren zu keinen Mehrkosten führt. Ein Abschlag ist jedoch dann nicht gerechtfertigt, wenn sich im Einzelfall erweist, dass die Verfahrenskoordinierung auch für den Verwalter mit Zusatzaufwand verbunden war, der weder durch die entlastenden Wirkungen der Koordinierungsleistungen des Koordinators kompensiert noch durch die vergütungsrechtlichen Effekte der auf die Masse entfal-

lenden Anteile am Koordinationsmehrwert abgegolten wird (Begründung zur Beschlussempfehlung, BT-Drs. 18/11436, 25). Insofern wird es wie bei den übrigen Abschlagstatbeständen des Abs. 2 auf die konkrete Arbeitserleichterung und -entlastung des Insolvenzverwalters im Einzelfall ankommen.

VII. Weitere mögliche Abschlagskriterien

Wie bei Abs. 1 stellen auch die in Abs. 2 aufgeführten Fälle nur **Regelfälle** dar und beinhalten keinen abschließenden Abschlagskatalog. **Weitere Konstellationen,** die Abschläge rechtfertigen, sind denkbar. Zu nennen ist die mögliche Minderung wegen der Beschäftigung von **externen Hilfskräften und Dienstleistern,** sofern der Verwalter auf diese **umfangreich Regelaufgaben delegiert** und dadurch eigene Tätigkeiten und Arbeitsaufwand erspart (Haarmeyer/Mock InsVV Rn. 120 ff. mwN; zu weiteren Abschlagsmöglichkeiten s. Haarmeyer/Mock InsVV Rn. 124 f. mwN; AG Gießen Beschl. v. 7.2.2020 – 6 IN 70/07).

§ 4 Geschäftskosten. Haftpflichtversicherung

(1) ¹Mit der Vergütung sind die allgemeinen Geschäftskosten abgegolten. ²Zu den allgemeinen Geschäftskosten gehört der Büroaufwand des Insolvenzverwalters einschließlich der Gehälter seiner Angestellten, auch soweit diese anlässlich des Insolvenzverfahrens eingestellt worden sind. ³Unberührt bleibt das Recht des Verwalters, zur Erledigung besonderer Aufgaben im Rahmen der Verwaltung für die Masse Dienst- oder Werkverträge abzuschließen und die angemessene Vergütung aus der Masse zu zahlen.

(2) ¹Besondere Kosten, die dem Verwalter im Einzelfall, zum Beispiel durch Reisen, tatsächlich entstehen, sind als Auslagen zu erstatten. ²Für die Übertragung der Zustellungen im Sinne des § 8 Absatz 3 der Insolvenzordnung gilt Nummer 9002 des Kostenverzeichnisses zum Gerichtskostengesetz entsprechend.

(3) ¹Mit der Vergütung sind auch die Kosten einer Haftpflichtversicherung mit einer Versicherungssumme bis zu 2 000 000 Euro pro Versicherungsfall und mit einer Jahreshöchstleistung bis zu 4 000 000 Euro abgegolten. ²Ist die Verwaltung mit einem darüber hinausgehenden Haftungsrisiko verbunden, so sind die Kosten einer entsprechend höheren Versicherung als Auslagen zu erstatten.

Überblick

Die Vorschrift enthält im Gegensatz zum früheren § 5 VergVO klarstellende Regelungen zu den Geschäftskosten und Mitarbeitergehältern (→ Rn. 1 f.), die mit der Vergütung abgedeckt werden, sowie zu den zusätzlich zu erstattenden Auslagen (→ Rn. 4 f.) und zur Haftpflichtversicherung des Verwalters (→ Rn. 19).

Abs. 1 stellt klar, dass die für den Verwalter festgesetzten Vergütung dessen **allgemeine Geschäftskosten** abgegolten sind und diese nicht gesondert in Rechnung gestellt werden können. Hierunter fallen seine Aufwendungen für Bürobedarf sowie die Gehälter seiner Angestellten, auch wenn er diese anlässlich eines Insolvenzverfahrens einstellt. Eine **Ausnahme** bilden die für besondere Aufgaben im Verfahren eingestellten Arbeitnehmer **gem. Abs. 1 S. 3,** die dort zu Masseverbindlichkeiten nach § 55 Abs. 1 Nr. 1 InsO führen. Die Kosten für den Einsatz von Dritten, welche zur Entlastung des Verwalters von seinen Regelaufgaben führen, sind bei seiner Vergütung gem. § 8 Abs. 2 zu berücksichtigen.

Von den allgemeinen Geschäftskosten sind die **erstattungsfähigen Auslagen** (vgl. § 8 Abs. 3) gem. Abs. 2 und 3 zu unterscheiden (→ Rn. 12 f.).

Mit Inkrafttreten des SanInsFoG ist Abs. 2 S. 2 angefügt worden, sodass in den ab dem 1.1.2021 beantragten Insolvenzverfahren die Höhe der Kosten für die nach § 8 Abs. 3 InsO übertragenen Zustellungen durch Verweis auf KV 9002 GKG gesetzlich geregelt ist (→ Rn. 15a); die dazu bislang geführte Diskussion (→ Rn. 14 f.) ist für diese Verfahren obsolet.

Zudem ist durch das SanInsFoG Abs. 3 um konkrete Versicherungssummen ergänzt und neu gefasst worden (→ Rn. 18 f.).

Die Vorschrift ist über § 10 entsprechend anwendbar auf den vorläufigen Insolvenzverwalter (§ 11), den vorläufigen (§ 12a) und endgültigen Sachwalter bei der Eigenverwaltung (§ 12) und den Insolvenzverwalter im Verbraucherinsolvenzverfahren (§§ 304 ff. InsO, § 13 InsVV).

A. Allgemeine Geschäftskosten (Absatz 1 S. 1, 2)

1 Allgemeine Geschäftskosten sind die Kosten, die beim Verwalter **ohne Bezug** auf ein bestimmtes Verfahren anfallen und die **auch entstanden wären,** wenn der Verwalter das konkrete Insolvenzverfahren nicht geführt und bearbeitet hätte (Haarmeyer/Mock InsVV Rn. 5, 8; Nerlich/Römermann/Madert Rn. 1; Stephan/Riedel Rn. 1; KPB/Stoffler Rn. 3). Da solche Kosten durch die Vergütung gem. S. 1 der Vorschrift abgegolten werden, muss dies bei der Festsetzung der angemessenen Vergütung berücksichtigt werden. Der Verwalter übernimmt eine hohe Verantwortung und Einsatzbereitschaft und ist demgegenüber einem Haftungsrisiko ausgesetzt. Er muss – anders als andere überwiegend forensisch tätigen Anwaltskanzleien – **zusätzliches hochqualifiziertes Personal** in verschiedenen Bereichen wie Tabellenbearbeitung, Ausschüttung, Buchhaltung etc bereithalten. Im Rahmen der Auswahl des Verwalters wird dies von den Gerichten ebenso berücksichtigt und gefordert wie eine professionelle Kanzleistruktur, sodass die Kostendeckungsquote regelmäßig mindestens 70 % des Umsatzes beträgt. Dies ist bei der Festsetzung der Vergütung zu berücksichtigen (HWF InsVV Rn. 3 (65–75 %), 4; Uhlenbruck/Bearbeiter InsO § 63 Rn. 27; Lorenz/Klanke Rn. 3; **aA** MüKoInsO/Nowak Anh. zu § 65 InsVV § 4 Rn. 2). Die Frage der Angemessenheit der Vergütung stellt sich daher erst nach Deckung dieser Kostenschwelle (vgl. BGH ZInsO 2004, 964).

2 Die **allgemeinen Geschäftskosten** sind in Abs. 1 S. 2 definiert; zu ihnen zählen insbesondere die Unterhaltungskosten des Büros wie Miete, Verbrauchskosten (Strom, Gas, Heizung etc) sowie die Anschaffungs- und Unterhaltungskosten für die Betriebs- und Geschäftsausstattung mit EDV, Telekommunikationseinrichtungen (Telefon, Fax, E-Mail, Internetanschluss), Büromaterial, Bücher, Zeitschriften. Es fallen auch entsprechende **Finanzierungskosten** etwa durch Leasing hierunter. Mit umfasst sind auch die Kosten, die anlässlich eines konkreten Verfahrens des Verwalters entstehen, aber allgemein sein Büro betreffen, wie bspw. für ein Großverfahren angeschaffte spezifische **Insolvenzsoftware** oder Scannererfassungssysteme für die Zählung von Stimmabgaben bei der Durchführung einer Gläubigerversammlung in Großverfahren. Die Kosten für ein **Gläubigerinformationssystem** sind auch dann, wenn sie einem einzelnen Verfahren zuordenbar sind, nicht zusätzlich zur Vergütung des Verwalters aus der Masse aufzubringen (BGH NZI 2016, 802).

3 Zu den **Bürokosten** zählen auch die beim Verwalter oder dessen Kanzlei beschäftigten Mitarbeiter. Der Aufwand für selbst beschäftigtes **Personal** ist mit Ausnahme der Regelung in Abs. 1 S. 3 (→ Rn. 6 f.) von der Vergütung abgedeckt und nicht gesondert erstattungsfähig, auch wenn sie nur anlässlich eines Verfahrens und nicht dauerhaft vom und beim Verwalter angestellt sind (BGH NZI 2006, 586; Haarmeyer/Mock InsVV Rn. 9; MüKoInsO/Riedel Anh. zu § 65 InsVV § 4 Rn. 6; Nerlich/Römermann/Madert Rn. 2). „Eine Erstattung solcher Gehälter als Auslagen, wie sie § 5 Abs. 2 VergVO erlaubt[e], soll nicht mehr möglich sein" (Amtl. Begründung B zu § 4). Neben den Gehältern für **eigene Mitarbeiter** gilt dies auch bei Vergütungen für **freie Mitarbeiter** oder ähnliche Vergütungsverhältnisse, die der Verwalter oder seine Kanzlei begründen (Lorenz/Klanke Rn. 3, 6).

B. Beschäftigung von Hilfskräften (Absatz 1 S. 3)

I. Masseverbindlichkeiten

4 Grundsätzlich hat der Verwalter die von ihm eingesetzten **Mitarbeiter** zu entlohnen. Nach Abs. 1 S. 3 der Vorschrift ist es ihm aber unbenommen, zur Erledigung **besonderer Aufgaben,** dh solcher Aufgaben, die nicht zu seiner Regeltätigkeit zählen, im Rahmen der Verwaltung eines konkreten Verfahrens für die Insolvenzmasse **Dienst- oder Werkverträge** abzuschließen und die angemessene Vergütung als Masseverbindlichkeit nach § 55 Abs. 1 Nr. 1 InsO zu zahlen. Die so eingesetzten **Hilfskräfte** hat er gem. § 8 Abs. 2 in seinem Vergütungsantrag dem Insolvenzgericht näher darzulegen (→ § 8 Rn. 1 ff.).

4a Die im Zusammenhang mit der notwendigen Einholung eines privaten **Sachverständigengutachtens** zum Unternehmenswert zur Prüfung von Insolvenzanfechtungsansprüchen gegen eine Vielzahl von Anlegern durch Beauftragung Externer entstandenen Kosten zählen allerdings im Rahmen eines Zivilprozesses nach § 91 Abs. 1 S. 1 ZPO nur ausnahmsweise dann zu den erstattungsfähigen notwendigen „Kosten des Rechtsstreits", wenn sie unmittelbar prozessbezogen sind. Daran fehlt es, wenn das Gutachten keinen konkreten Bezug zu dem Zivilverfahren gegen den Beklagten enthält, zumal die Ermittlung von Anfechtungsansprüchen zu den Regelaufgaben des Insolvenzverwalters gehört, die normalerweise mit der Regelvergütung abgegolten ist (vgl. BGH ZInsO 2013, 152 und Budnik EWiR 2018, 759). Die Aufarbeitung einfacher Sachverhalte, aus denen Anfechtungsansprüche erkannt werden können, ist nicht delegationsfähig, sofern nicht komplexe Gestaltungen vorliegen, wie beispielsweise Anfechtungen nach § 133 Abs. 1 InsO, bei denen umfassende Ermittlungen in Bezug auf etwaige Beweisanzeichen und Auswertungen umfangreicher Rechtsprechung erforderlich sind (vgl. AG Hannover ZInsO 2020, 2067).

Ob das Insolvenzgericht nach § 58 InsO berechtigt ist, zu **überprüfen**, ob die **Beauftragung** 5 **Externer gerechtfertigt** war (so BGH NJW 2005, 903 (904)), ist letztlich nur wegen des Prüfumfangs umstritten. Nach einer Ansicht entfällt die unter Geltung des § 5 Abs. 2 VergVO noch erforderliche Kontrollpflicht des Insolvenzgerichts, bei der Festsetzung der Auslagenerstattung zu prüfen, ob die **Delegation von Aufgaben angemessen** war (Graeber/Graeber ZInsO 2013, 1284 (1286)). Die Prüfung beschränke sich darauf, inwieweit sich die Tätigkeit des Verwalters durch den Abschluss von Dienst- oder Werkverträgen erleichtert hat; dies sei bei der Festsetzung der Zu- und Abschläge (§ 3) zur Regelvergütung zu berücksichtigen (AG Bochum ZInsO 2001, 900; LG Augsburg Rpfleger 1997, 317; Haarmeyer/Förster ZInsO 2001, 887; MüKoInsO/Riedel Anh. zu § 65 InsVV § 4 Rn. 23; Haarmeyer/Mock InsVV Rn. 80, 81). War die Beauftragung eines Externen nicht angemessen, kann das Insolvenzgericht jedenfalls diese Kosten von der beantragten Vergütung absetzen (BGH ZInsO 2013, 2511; 2013, 152). Zur Notwendigkeit der Delegation → Rn. 8–11. Der Verwalter unterliegt aber ohnehin der Kontrolle des Gläubigerausschusses bzw. der Gläubigerversammlung.

Zulässig ist auch der Abschluss von Dienst- und Werkverträgen mit **juristischen Personen**, 6 an denen der Verwalter beteiligt sein kann, sofern es sich um eine **besondere Aufgabe** handelt und die Vergütung angemessen ist (BGH ZIP 1991, 324; HmbKommInsR/Büttner Rn. 7; FK-InsO/Lorenz Rn. 8; Uhlenbruck/Mock InsO § 63 Rn. 69; aA Kreft/Keller Rn. 10). Dies hat der Verwalter allerdings dem Insolvenzgericht zuvor **anzuzeigen,** da eine Verletzung dieser Pflicht Schadensersatzansprüche begründen könnte (BGH NJW-RR 2012, 953 (954); BGH ZIP 1991, 324 (328); Nerlich/Römermann/Andres InsO § 55 Rn. 13; MüKoInsO/Nowak Anh. zu § 65 InsVV § 4 Rn. 6; Haarmeyer/Mock InsVV Rn. 83).

Der Verwalter kann auch mit **eigenen Mitarbeitern** Dienst- oder Werkverträge zulasten der 7 Masse abschließen, sofern er die Arbeitsbereiche objektiv nachvollziehbar trennt (vgl. BGH ZInsO 2006, 817; MüKoInsO/Nowak, Anh. zu § 65 InsVV § 4 Rn. 6; MüKoInsO/Hefermehl InsO § 55 Rn. 73 f.; HWF InsVV Rn. 21; Nerlich/Römermann/Madert Rn. 2 f.).

II. Notwendigkeit

Die Hilfskräfte müssen für eine **besondere Aufgabe** eingesetzt werden, wenn deren Kosten 8 nach Abs. 1 S. 3 als Masseverbindlichkeit bedient werden sollen. Eine solche Aufgabe liegt vor, wenn sie über den Umfang der konkreten Regelaufgaben des Verwalters (vgl. § 2) hinausgeht (Stephan/Riedel Rn. 9) und wenn bei ordnungsgemäßer Amtsführung die kostenträchtige Einschaltung Externer erforderlich war (BGH ZInsO 2004, 1348 (1349); OLG Düsseldorf NZI 2019, 52; HmbKommInsR/Büttner Rn. 3). Dies ist bspw. in besonders umfangreichen Verfahren, bei Betriebsfortführungen oder speziellen Branchen der Fall.

Zwar stellen die **Bewertung** (Haarmeyer/Mock InsVV Rn. 35) und die **Verwertung** von 9 Massegegenständen grundsätzlich eine **Regelaufgabe** dar (BGH ZInsO 2004, 1348 (1349)), doch kann auch hier die Einschaltung eines **externen Dritten** gerechtfertigt sein, wenn dadurch eine **vorteilhaftere Verwertung** erfolgt, zB bei Kunstgegenständen, Verwertung im Ausland oder wegen Kenntnis bzw. gezielter Ansprache von potentiellen Käufern (BGH ZInsO 2007, 1268 (1269); HmbKommInsR/Büttner Rn. 5e; Haarmeyer/Mock InsVV Rn. 28–31; Polonius ZVI 2021, 57). **Juristische Aufgaben,** die der Verwalter, der nicht Jurist ist, einem Anwalt übertragen würde, können delegiert werden (BGH ZInsO 2004, 1348 (1349)), für einfache **Mahnschreiben** ist die Einschaltung eines Anwalts nicht erforderlich (BGH NZI 2005, 103); die Angemessenheit hängt vom Schwierigkeitsgrad des Verfahrens ab (OVG Bremen JurBüro 2010, 540 (541); HmbKommInsR/Büttner Rn. 4; vgl. Haarmeyer/Mock InsVV Rn. 44a). Die **Abwicklung von Arbeitsverhältnissen** gehört zu den Aufgaben eines Insolvenzverwalters. Aufgaben, die ein Insolvenzverwalter ohne volljuristische Ausbildung im Allgemeinen nicht lösen kann, darf er, auch wenn er selbst Volljurist ist, auf einen Rechtsanwalt übertragen und die dadurch entstehenden Auslagen aus der Masse entnehmen (BGH NZI 2019, 989; 2006, 341; BGH BeckRS 2008, 14059). Ist er selbst als Rechtsanwalt zugelassen und führt er die Tätigkeit selbst aus, kann er aus der Insolvenzmasse Gebühren und Auslagen nach dem Rechtsanwaltsvergütungsgesetz entnehmen (§ 5 Abs. 1). Betrifft die delegierte oder selbst ausgeführte Tätigkeit die Erledigung einer dem Verwalter obliegenden, aber über den üblichen Umfang eines Insolvenzverfahrens hinausgehenden Aufgabe und beantragt der Verwalter deshalb einen **Zuschlag** nach § 3 Abs. 1, ist bei der Entscheidung über den Zuschlag zu berücksichtigen, dass **im Umfang der Delegation kein Mehraufwand** für den Verwalter entstanden ist oder – im Falle des § 5 Abs. 1 – die Tätigkeit des Verwalters gesondert vergütet wurde (BGH NZI 2019, 989; vgl. Keller, Vergütung und Kosten im Insolvenzverfahren, 4. Aufl. 2016, Teil A § 2 Rn. 184; Graeber/Graeber Rn. 58 und Graeber/Graeber § 5 Rn. 3; Haarmeyer/Mock InsVV § 5 Rn. 31; MüKoInsO/Riedel § 5 Rn. 9). **Lohnbuchhaltung** und **Insolvenzgeldbearbeitung** können ab 20 Arbeitnehmern delegiert werden (BGH NZI 2006, 586; LG Flensburg ZInsO 2003, 1093; HmbKommInsR/Büttner Rn. 13; Haarmeyer/Mock InsVV Rn. 67–72). Umfangreiche **steuerliche Aufgaben** können ebenfalls delegiert werden (vgl. BGHZ 160, 176), auch wenn für die Zeit vor Verfahreneröffnung keine ordnungsgemäße Buchhaltung vorhanden ist (BGH NZI 2006, 586); einfache steuerliche Aufgaben nicht, da die **Insolvenzbuchhaltung** einschließlich Bearbeitung der laufenden Umsatzsteuervoranmeldungen Regelaufgabe des Verwalters ist (OLG Köln KTS 1977, 56; LG Aachen KTS 1977, 187; MüKoInsO/Nowak Anh. zu § 65 InsVV § 4 Rn. 11; Haarmeyer/Mock InsVV Rn. 38–39, **aA** KPB/Stoffels Rn. 37 ff.). Im Verhältnis zur Größe des Verfahrens wenige, einfach zu erstellende Steuererklärungen sind mit der Regelvergütung des Treuhänders abgegolten (BGH ZInsO 2013, 2511; krit. dazu Ries EWiR 2014, 87 (88)). Hat der Schuldner Aufgaben bereits vorinsolvenzlich ausgelagert, spricht dies für die Erforderlichkeit des Einsatzes externer Dienstleister durch den Verwalter (BGH ZVI 2005, 143. Zu einzelnen delegationsfähigen Aufgaben und Einsatz Dritter s. ausführlich Haarmeyer/Mock InsVV Rn. 23–79 und Lorenz/Klanke Rn. 11). Auch die nach § 66 Abs. 1 InsO gegenüber der Gläubigerversammlung vorzunehmende (interne) **Rechnungslegung** zählt zu den Regelaufgaben des Insolvenzverwalters (BGH NZI 2020, 671; vgl. Uhlenbruck/Mock § 66 Rn. 15 f.; MüKoInsO/Riedel § 66 Rn. 13; KPB/Stoffler Rn. 58; HK-InsO/Metoja § 66 Rn. 86). Nimmt er gleichwohl bei Beauftragung externer Dienstleister mit der insolvenzrechtlichen Rechnungslegung die dabei anfallenden Kosten aus der Masse, können die Haftungsvoraussetzungen nach § 60 InsO vorliegen (vgl. BGH NZI 2020, 671; ZIP 2015, 138; 2005, 36; Nerlich/Römermann/Weiß, 2019, § 66 Rn. 6).

10   Die **Notwendigkeit** des Einsatzes Externer ist auch dann anzunehmen, wenn die Voraussetzungen des § 5 vorliegen (Stephan/Riedel Rn. 15; KPB/Stoffels Rn. 17).

11   War der Einsatz von Hilfskräften nicht erforderlich oder lag keine besondere Aufgabe vor, sind zu Unrecht aus der Masse entnommene Beträge **zurückzuerstatten** und durch das Insolvenzgericht von der festgesetzten Vergütung in Abzug zu bringen; das Insolvenzgericht ist insofern verpflichtet, über die Berechtigung der Vergütung von Dritten, also über das Vorliegen von „besonderen" Aufgaben iSv § 4 Abs. 1 S. 3 zu entscheiden (BGH ZInsO 2013, 2511; 2013, 152; 2004, 1348; NZI 2005, 103; LG Leipzig ZInsO 2011, 1991 (1993); vgl. auch AG Deggendorf BeckRS 2014, 60050; Stephan/Riedel Rn. 11; HmbKommInsR/Büttner Rn. 3; **aA** wegen dogmatischer Bedenken HK-InsO/Keller Rn. 10: Einsatz eines Sonderverwalters zur Geltendmachung des Gesamtschadens nach §§ 60, 92 S. 2 InsO; HWF InsVV § 5 Rn. 34; Frege, Der Sonderinsolvenzverwalter, 2012, Rn. 140 ff.).

C. Besondere Kosten und Auslagenersatz (Absatz 2)

12   Gemäß Abs. 2 sind dem Verwalter **besondere Kosten,** die ihm persönlich im Einzelfall, zB durch Reisen oder durch die Mehrversicherung nach Abs. 3 oder durch die ihm nach § 8 Abs. 3 InsO übertragenen Zustellungen, tatsächlich entstehen, als Auslagen zu erstatten. Zu den Auslagen zählen Aufwendungen, die weder unter die allgemeinen Geschäftskosten (Abs. 1 S. 1 und S. 2) fallen, noch zu den gem. Abs. 1 S. 3 begründeten Masseverbindlichkeiten nach § 55 Abs. 1 Nr. 1 InsO zählen; sie sind hiervon abzugrenzen. Bei Abs. 2 handelt es sich um einen **besonderen Kostenerstattungsanspruch,** der von den allgemeinen Geschäftskosten, die nach Abs. 1 mit der Vergütung abgegolten sind, ebenso abzugrenzen ist wie von der Auslagenpauschale des § 8 Abs. 3 (vgl. Zimmer Rn. 130). Der Verwalter kann grundsätzlich entweder die **tatsächlich entstandenen Kosten** nach § 8 Abs. 1 **oder die Kostenpauschale** des § 8 Abs. 3 geltend machen; ein Nebeneinander von Einzelabrechnung und Pauschale ist nicht möglich (BGH NZI 2016, 802; Graeber/Graeber Rn. 41; Keller NZI 2005, 493 (495); Graeber NZI 2021, 370 (373)). Die **besonderen Kosten nach Abs. 2 können allerdings neben der Pauschale nach § 8 Abs. 3** geltend gemacht werden, wenn sie tatsächlich angefallen sind (vgl. BGH NZI 2004, 597; ZIP 2016, 1299; LG Gießen ZInsO 2012, 755; KPB/Stoffler Rn. 19; Zimmer § 8 Rn. 80 f.; Haarmeyer/Mock InsVV, 5. Aufl. 2014, Rn. 101 mwN; → § 8 Rn. 13 ff.).

13   Neben den ausdrücklich genannten **Reisekosten** zählen zu den Auslagen auch die sächlichen **Bürounkosten** sowie die – nun ausdrücklich genannten – Kosten, die dem Verwalter aufgrund gerichtlicher Übertragung der **Zustellungen nach § 8 Abs. 3 InsO** entstehen (zur alten Geset-

zesfassung: BGH ZInsO 2012, 753; 2007, 86 (87); 2007, 202 (203); LG Mainz ZInsO 2006, 425; HK-InsO/Kirchhof InsO § 8 Rn. 13; HWF InsVV Rn. 8; HmbKommInsR/Büttner Rn. 10). Für die in den ab dem 1.1.2021 beantragten Verfahren (vgl. → § 19 Rn. 13) zu erstattenden Kosten für die Übertragung der Zustellungen iSd § 8 Abs. 3 InsO gilt **KV 9002 GKG)** entsprechend. Die Begründung des Gesetzentwurfs der Bundesregierung vom 9.11.2020 (BT-Drs. 19/24181, 212) weist unter Bezugnahme auf → Rn. 15 darauf hin, dass bisher eine ausdrückliche Regelung für die Höhe des Auslagenersatzes im Fall der Übertragung der Zustellungen nach § 8 Abs. 3 InsO nicht existierte und die Gerichte für die erstattungsfähigen Auslagen der Zustellungen sehr unterschiedlich hohe Beträge je Zustellung festsetzten. Durch die Neuregelung unter Verweis auf KV 9002 GKG wird nun ein **einheitlicher Satz von 3,50 EUR pro Zustellung** festgelegt. Sofern tatsächlich höhere Zustellkosten anfallen, können diese auch nicht im Wege der Einzelabrechnung nach § 8 Abs. 1 iVm Abs. 2 geltend gemacht werden. Anders als nach der Gesetzesbegründung (BT-Drs. 19/24181, 212) fällt der Auslagenersatz nach KV 9002 GKG aber nicht erst ab der elften Zustellung an, sondern nach den Vorgaben der KV 9002 GKG und dem Sinn und Zweck dieser Regelung bereits für die erste Zustellung, sofern insgesamt mehr als zehn Zustellungen anfallen. Nur wenn nicht mehr als zehn Zustellungen erfolgen, werden nach KV 9002 GKG keine Kosten hierfür erhoben, da sie durch die Gerichtskosten abgedeckt sind. Diese Voraussetzungen treffen auf den Verwalter ebenso wenig zu wie die darin vorgesehene Gebührenerhebung nach einem Streitwert (Graeber NZI 2021, 370 (373)). Zudem mutet auch der BGH dem Verwalter keine Zustellungen ohne Kostenersatz zu (vgl. BGH NZI 2013, 487 und NZI 2015, 782). Die die besonderen Kosten für die nach § 8 Abs. 3 InsO übertragenen Zustellungen können auch in den nach dem 1.1.2021 beantragten Verfahren weiterhin neben der Pauschale nach § 8 Abs. 3 geltend gemacht werden (→ § 8 Rn. 17). Allein die Normierung der Höhe der Zustellkosten in Abs. 2 kann zu keiner anderen Bewertung als bisher führen (→ Rn. 12). Nach anderer, abzulehnender Auffassung soll dies in den ab dem 1.1.2021 beantragten Verfahren aufgrund der Einbeziehung der Zustellkosten in Abs. 2 nicht mehr gelten; danach können die Zustellkosten nur im Rahmen einer Einzelabrechnung nach § 8 Abs. 1 angesetzt werden. Wähle der Verwalter die Kostenpauschale nach § 8 Abs. 3, könne er aber (wieder) für die **personellen Belastungen** aus den Zustellungen grundsätzlich einen **Zuschlag nach § 3 Abs. 1** geltend machen, den der BGH bereits in seiner bisherigen Rechtsprechung gewährt habe (vgl. BGH NZI 2015, 782; 2013, 487; 2012, 372; 2008, 361; Graeber NZI 2021, 370 (373)). Dies überzeugt nicht, da es sich zum einen bei Abs. 2 um besondere Kosten handelt, die neben der Pauschale nach § 8 Abs. 3 abgerechnet werden können. Andernfalls erhielte der Verwalter, dem das Gericht keinerlei Zustellungen überträgt, über diese Pauschale die gleichen Auslagen wie der Verwalter, den das Gericht mit zahlreichen, mehreren hundert Zustellungen beauftragt. Zudem wollte der Verordnungsgeber ersichtlich nur die bislang uneinheitlich hoch festgesetzten Zustellkosten vereinheitlichen. Zudem wird der Verwalter hier nicht in eigenem Zuständigkeitsbereich tätig, sondern nimmt aufgrund der Übertragung eine Zustellaufgabe des Gerichts wahr (vgl. Zimmer Rn. 140 f.).

Bei **ab dem 1.1.2004 eröffneten Verfahren** können die nach § 8 Abs. 3 InsO übertragenen **14 Zustellauslagen** mit mind. 1 EUR pro gerichtlich übertragener Zustellung und Gläubiger **als Sachkosten** auch **zusätzlich zur allgemeinen Auslagenpauschale nach § 8 Abs. 3** beansprucht werden; dabei anfallende Personalkosten waren aber mit der Vergütung abgedeckt (BGH ZInsO 2012, 753; 2007, 202 (203); Stephan/Riedel Rn. 5, 6; Lorenz/Klanke Rn. 15; Graeber ZInsO 2007, 204; aA HWF InsVV Rn. 8: Auslagen auch für Personalkosten). War mit den Zustellungen eine erhebliche Mehrbelastung verbunden (dies war im Allgemeinen ab einer Anzahl von 100 Zustellungen anzunehmen), konnten **Zuschläge** nach § 3 Abs. 1 gewährt werden, durch die auch die Personalkosten berücksichtigt werden sollten (BGH ZInsO 2012, 753; 2007, 202; MüKoInsO/Riedel Anh. zu § 65 InsVV § 4 Rn. 6; HmbKommInsR/Büttner § 3 Rn. 4b). Der BGH sah keine Bedenken, wenn die Personalvergütung für die Zustellungen dadurch festgesetzt wird, dass ein **angemessener Betrag** pro Zustellung in Ansatz gebracht wird (BGH ZIP 2012, 682: 5 %iger Zuschlag für Personalkosten entsprach 2,70 EUR pro Zustellung). Die **Bearbeitungspauschale** von Sach- und Personalkosten sollte insgesamt ca. 3–4 EUR betragen (HWF InsVV Rn. 8; LG Bamberg ZInsO 2004, 1196; LG Chemnitz ZIP 2004, 84; AG Göttingen ZInsO 2004, 1351).

Zwischenzeitlich hat der **BGH seine Rechtsprechung** (BGH ZInsO 2007, 202; → Rn. 14) **15 aufgegeben,** wonach nur die Sachkosten für die vom Gericht auf den Verwalter/Treuhänder übertragenen Zustellungen vom Verwalter geltend gemacht werden konnten. Für die **personellen Kosten** konnte ein Zuschlag nur dann geltend gemacht werden, wenn der Mehraufwand ins Gewicht fiel, was er bei Zustellungen an mehr als 100 Gläubiger annahm. Hieran hält der BGH nicht mehr fest, sondern stellte ausdrücklich klar, dass ein Zuschlag für **alle** Zustellungen zu gewähren ist. Er führte aus, dass Zustellungen grundsätzlich den Gerichten obliegen und damit nicht von der Regelvergütung abgedeckt sind (BGH ZInsO 2013, 894; vgl. Stoffler NZI 2013, 487 und Keller EWiR 2013, 383). Der Zuschlag sei aber nicht mit einem Prozentsatz der Vergütung zu bemessen, sondern für jede aufgrund der Übertragung vorgenommene Zustellung sei der hierfür erforderliche **Personal- und Sachaufwand** getrennt oder gemeinsam in einem Betrag bei der Vergütungsfestsetzung festzulegen; eine Bemessung des Zuschlags nach § 3 InsVV sei nicht vorzunehmen (BGH ZInsO 2013, 894 (896)). Zur genauen Kostenhöhe äußerte der BGH sich in dieser Entscheidung nicht konkret, sondern hat insofern die Sache an das Insolvenzgericht zur Sachaufklärung zurückgewiesen. Er führte aber aus, dass er bereits in der Vergangenheit darauf hingewiesen habe, dass in der Literatur die Kosten für eine Zustellung mit eigenem Personal mit 2,80 EUR ermittelt wurden (BGH WM 2012, 331) und er in einem anderen Fall 2,70 EUR allein für den Personalaufwand nicht zum Nachteil des Verwalters als unrichtig angesehen hat (BGH ZIP 2012, 682). Der BGH hat seine Entscheidung mit Beschluss vom 11.6.2015 bestätigt, dass die **personellen Mehrkosten** durch die Erstattung eines Betrags von **1,80 EUR pro Zustellung** gedeckt sein können und die vom Insolvenzgericht zusätzlich festgesetzten **Sachkosten von ca. 1,50 EUR** (genau 1,515 EUR) nicht beanstandet (BGH NZI 2015, 782; vgl. dazu auch Vogt ZVI 2016, 9). Demzufolge sind **Zustellkosten (Personal- und Sachkosten) von 3,30 EUR nicht zu beanstanden.** Zutreffend scheint ein Betrag von mindestens **3,50 EUR** (Zimmer, InsVV, 2017, § 4 Rn. 142) oder gar **4,50 EUR** (Lorenz/Klanke § 8 Rn. 27) zu sein, zumal seit der Entscheidung des BGH allein das Porto für den Standardbrief im Jahr 2016 von 0,62 EUR auf nunmehr 0,80 EUR gestiegen ist, sodass die Sachkosten mit rund 1,68 EUR anzusetzen sind. Die Reallöhne sind von 2016 bis 2018 um 2,3 % gestiegen (vgl. Reallohnindex des Statistischen Bundesamtes), sodass die Personalkosten mit rund 1,84 EUR anzusetzen sind, was insgesamt zu Kosten von zumindest 3,52 EUR pro Zustellung führt. In der insolvenzgerichtlichen Praxis haben sich örtlich unterschiedlich hohe Pauschalsätze für die Zustellkosten zwischen 1,00 EUR und 4,50 EUR herausgebildet; beispielsweise gewähren das AG Gießen 2,80 EUR pro Zustellung (ZIP 2015, 651), das AG Düsseldorf seit Ende September 2019 regelmäßig 3,50 EUR pro Zustellung und das **AG Potsdam 4,00 EUR pro Zustellung** (NZI 2020, 340). Entsprechende Kosten fielen auch bei einem **Gerichtsvollzieher** an und zwar bei einer Zustellung auf Betreiben der Parteien (§§ 191, 194 ZPO) durch Aufgabe zur Post in Höhe einer Gebühr von 3,00 EUR (KV 101 zu § 9 GvKostG) nebst Auslagen in Höhe des vollen Postentgeltes von 0,80 EUR Porto für einen Standardbrief (KV 701 zu § 9 GvKostG) bzw. in Höhe der Pauschale für bare Auslagen von mindestens 3,00 EUR (KV 716 zu § 9 GvKostG). Nach Nummer 9002 des Kostenverzeichnisses zu § 3 Abs. 2 GKG beträgt die Pauschale für gerichtliche Zustellungen mit Zustellungsurkunde, Einschreiben gegen Rückschein oder durch Justizbedienstete nach § 168 Abs. 1 ZPO 3,50 EUR je Zustellung. Hierauf verweist nunmehr § 2 Abs. 2 ist S. 2 in der seit dem 1.1.2021 geltenden Fassung für die ab dem 1.1.2021 beantragten Insolvenzverfahren (vgl. § 19 Abs. 5). Für die bis zum 31.12.2020 beantragten Verfahren ist weiterhin auf die dargestellte Rechtsprechung zurückzugreifen, wobei § 4 Abs. 2 S. 2 nF eine Orientierung zur Höhe der Zustellkosten mit 3,50 EUR auch für diese Verfahren bietet, sofern die Zustellungen nicht schon einige Jahre zurückliegen.

16 Besondere Kosten sind bei **massearmen Verfahren** auch die Kosten eines einbezogenen **Steuerberaters,** soweit der Fiskus umfangreiche steuerliche Tätigkeiten erzwingt (BGHZ 160, 176 (183); HmbKommInsR/Büttner Rn. 9b). Diese unvermeidbaren Steuerberatungskosten sind in diesen engen Grenzen dem Verwalter als Auslagen nach § 63 Abs. 2 InsO aus der Staatskasse zu erstatten. Im Übrigen hatte der BGH die Einordnung der **unausweichlichen Verwaltungskosten** bisher offen gelassen (BGH WM 2010, 130; 2010, 2233). Darunter werden Aufwendungen verstanden, die der Verwalter in Erfüllung seiner Pflichten nicht vermeiden kann, weil sie aus tatsächlichen oder rechtlichen Gründen zwingend aufgebracht werden müssen (BGH NZI 2014, 339; BGH WM 2010, 2233). Unausweichlich in diesem Sinne können Steuerberatungskosten nach Ansicht des BGH aber nicht sein, wenn der Steuerberater zulasten der Masse mit Aufgaben betraut wird, deren Erfüllung dem Insolvenzverwalter selbst obliegen (BGH NZI 2014, 339). Besondere Kosten nach Abs. 2 entstehen nur dann, wenn der Steuerberater in einer Angelegenheit tätig wird, die besondere Kenntnisse erfordert oder über den allgemeinen, mit jeder Steuererklärung verbundenen Arbeitsaufwand hinausgeht (BGH NZI 2014, 339; WM 2013, 2373; BGHZ 160, 176). Im Verhältnis zur Größe des Insolvenzverfahrens wenige, einfache zu erstellende Steuererklärungen – einschließlich der Ermittlung der abzugsfähigen Werbungskosten – sind mit der Regelvergütung abgegolten, sofern kein Rechtsmittel eingelegt werden muss (BGH NZI 2014, 339; WM 2013, 2373). Entsprechendes gilt bei der Erstellung von **Bescheinigungen** für die Agentur für Arbeit, Sozialversicherungsträger und Berufsgenossenschaften sowie bei pflichtgemäßer **Archivierung** von Unterlagen des Schuldners (vgl. BGH ZInsO 2006, 817; AG Dresden

ZIP 2006, 1686; Stephan/Riedel Rn. 4; HmbKommInsR/Büttner Rn. 5b, 9b; Polonius ZVI 2021, 57).

D. Angemessenheit von Vergütung und Kosten

Die Angemessenheit der an Externe gezahlten Vergütung ist anhand der konkreten **Gepflogen-** **heiten** und des in dem jeweiligen Bereich Üblichen vom Gericht zu prüfen (Stephan/Riedel Rn. 19). Dabei sind auch die gesetzlichen Vergütungsordnungen, zB die der RVG zu berücksichtigen. Bei der Bewertung der Angemessenheit der Auslagen sind die Maßstäbe der §§ 670, 675 BGB anzulegen (KPB/Stoffels Rn. 7). Maßgeblicher **Beurteilungszeitpunkt** ist derjenige der Entstehung (MüKoInsO/Riedel Anh. zu § 65 InsVV § 4 Rn. 4). 17

E. Zusätzliche Haftpflichtversicherung (Absatz 3)

Die Kosten für eine Haftpflichtversicherung des Verwalters mit einer Versicherungssumme von bis zu 2 Mio. EUR pro Versicherungsfall und mit einer Jahreshöchstleistung bis zu 4 Mio. EUR (sog. „Regelversicherung") ist **mit der Vergütung des Verwalters abgedeckt** (Abs. 3. S. 1 nF). Ist die Verwaltung mit einem darüber hinausgehenden Haftungsrisiko verbunden, so sind die Kosten einer entsprechend höheren Versicherung nach S. 2 nF als Auslagen zu erstatten. Die für ab dem 1.1.2021 beantragte Verfahren geltende Neuregelung konkretisiert die bisherige Regelung, indem sie die unbestimmten Rechtsbegriffe des besonderen Haftungsrisikos und der angemessenen zusätzlichen Versicherung durch konkrete betragliche Vorgaben ersetzt. Sie dient nach der Begründung des Gesetzentwurfs der Bundesregierung vom 9.11.2020 (BT-Drs. 19/24181, 212), damit der Rechtssicherheit und der Vorhersehbarkeit des Auslagenersatzes. Der Auslagenersatz für die Mehrversicherungsbeiträge soll danach nicht mehr neben die Pauschale nach § 8 Abs. 3 treten, sondern könne nur bei einer Einzelabrechnung geltend gemacht werden. Hierfür besteht allerdings weder ein sachlicher Grund, noch ist dies systematisch veranlasst, da der Verordnungsgeber „nur" die bisher unklaren Rechtsbegriffe konkretisieren wollte und dabei offenbar weder die Problematik des Verhältnisses von Abs. 2 und Abs. 3 zu § 8 Abs. 3 noch die überwiegende Praxis der Auslagenerstattung nach Abs. 2 und Abs. 3 neben der Pauschale nach § 8 Abs. 3 (→ § 8 Rn. 13, zu den Zustellkosten → § 8 Rn. 17) kannte und diese folglich nicht ändern wollte (vgl. Graeber NZI 2021, 370 (374)). Ein sachlicher Änderungsgrund ist nicht ersichtlich sowie systematische Gründe nur formal und nicht durchgreifend. Demzufolge sind sowohl bei den bis zum 31.12.2020 beantragten Verfahren (§ 8 Abs. 3 aF) als auch bei den danach beantragten Verfahren (§ 8 in der aktuellen Fassung) die **Prämien** für Versicherungen, deren Versicherungssumme über 2 Mio. EUR und deren Jahreshöchstleistung über 4 Mio. EUR liegen, **als zusätzliche Auslagen neben der Pauschale nach § 8 Abs. 3 zu erstatten** (so die hM zu Abs. 3 aF: AG Charlottenburg ZInsO 2019, 641; LG Gießen ZInsO 2012, 755; KPB/Stoffler Rn. 19; KPB/Prasser § 8 Rn. 23, 34 f.; Haarmeyer/Mock InsVV, 5. Aufl. 2014, Rn. 101 mwN; Zimmer § 8 Rn. 80 f.; LSZ InsVV/ Amberger Rn. 46; aA Graeber NZI 2021, 370 für die ab dem 1.1.2021 beantragten Verfahren mit Kritik am Verordnungsgeber wegen dessen fehlender Kenntnis der Problematik des Verhältnisses zu § 8 Abs. 3 noch der Lösungsansätze dazu in der Praxis; s. auch Begründung des Gesetzentwurfs der Bundesregierung vom 9.11.2020 des SanInsFoG, BT-Drs. 19/24181, 212). Bis zur Neufassung von Abs. 3 hing die Erstattung der Mehrversicherung von der Überschreitung des **Risikomaßes eines „Normalverfahrens"** im konkreten Verfahren ab (vgl. Haarmeyer/Mock InsVV Rn. 100–103) und war insbesondere bei einer Betriebsfortführung (LG Gießen ZInsO 2012, 755 bei nichtaussagebereiter Geschäftsführung), bei der Beurteilung komplexer gesellschaftsrechtlicher Verhältnisse (Konzernstrukturen), bei Verwaltung und Verwertung von gewerblichen Schutzrechten und Grundstücken (Stephan/Riedel Rn. 26 ff.; MüKoInsO/Riedel Anh. zu § 65 InsVV § 4 Rn. 26 f.; Nerlich/Römermann/Madert Rn. 6; Lorenz/Klanke Rn. 18; Haarmeyer/Mock InsVV Rn. 100) anzunehmen. Ebenso konnte das Risikomaß des durchschnittlichen Verfahrens überschritten sein aufgrund der Größe des Betriebes, schwer durchschaubarer Konzernstrukturen oder bei mit einer unkooperativen Geschäftsführung verbundenen Schwierigkeiten (vgl. LG Gießen ZInsO 2012, 755; MüKoInsO/Riedel Rn. 26; FK-InsO/Lorenz Rn. 28). Es kam darauf an, dass die für ein Durchschnittsverfahren notwendige Deckungssumme einer standardisierten Berufshaftpflichtversicherung nicht ausreiche, um das mit der Abwicklung des konkreten Insolvenzverfahrens verbundene Haftungsrisiko abzusichern (AG Hannover ZInsO 2020, 1099 zum vorläufigen Sachwalter). Durch den ab dem 1.1.2021 als diesen Zeitpunkt beantragte Insolvenzverfahren geltenden Abs. 3 wird quasi das **Normalverfahren** als ein solches mit dem Bedürfnis für einen **Versicherungsschutz von bis zu 2 Mio. EUR pro Versicherungsfall und 4 Mio. EUR** 18

InsVV § 5   Erster Abschnitt. Vergütung des Insolvenzverwalters

jährlich definiert. Die Versicherungsprämien für die Haftpflichtversicherung bis zu den vorgenannten Grenzen ist mit der Vergütung abgegolten. Nur bei einem darüber hinausgehenden Versicherungsbedürfnis wegen eines erhöhten Haftungsrisikos können die daraus entstehenden Kosten als Auslagen ersetzt werden. Für die Beurteilung des Vorliegens eines erhöhten Haftungsrisikos kann auf die vorgenannten Kriterien für die Abweichung vom Normalverfahren zurückgegriffen werden.

19   Die Kosten der Haftpflichtversicherung nach Abs. 3 stellen vom Insolvenzgericht festzusetzende (→ § 8 Rn. 19) **Auslagen nach § 54 Nr. 2 InsO** und keine Masseverbindlichkeit nach § 55 InsO dar. Versichert der Verwalter allerdings **Vermögensgegenstände der Masse,** bspw. Gebäude, Grundstücke, Warenlager oder schließt eine Betriebshaftpflichtversicherung ab, so stellen die Prämien Masseverbindlichkeiten nach § 55 Abs. 1 Nr. 1 InsO dar (Haarmeyer/Mock InsVV Rn. 104).

§ 5 Einsatz besonderer Sachkunde

(1) Ist der Insolvenzverwalter als Rechtsanwalt zugelassen, so kann er für Tätigkeiten, die ein nicht als Rechtsanwalt zugelassener Verwalter angemessenerweise einem Rechtsanwalt übertragen hätte, nach Maßgabe des Rechtsanwaltsvergütungsgesetzes Gebühren und Auslagen gesondert aus der Insolvenzmasse entnehmen.

(2) Ist der Verwalter Wirtschaftsprüfer oder Steuerberater oder besitzt er eine andere besondere Qualifikation, so gilt Absatz 1 entsprechend.

Überblick

Die Vorschrift regelt in Abs. 1, dass einem Insolvenzverwalter, der als **Rechtsanwalt** zugelassen ist und für die Masse tätig wird, ein **zusätzlicher Vergütungsanspruch** sowie Auslagen nach dem RVG zustehen (→ Rn. 1 f.). Dies gilt nach Abs. 2 gleichfalls für einen Insolvenzverwalter, der Wirtschaftsprüfer oder Steuerberater (→ Rn. 9 f.) ist oder eine andere **besondere Qualifikation** besitzt. Derjenige, der seine speziellen Berufskenntnisse für die Masse einsetzt, soll dafür separat vergütet werden.

A. Rechtsanwalt als Insolvenzverwalter (Abs. 1)

1   Voraussetzung des Rechts zur Entnahme der Gebühren und Auslagen ist, dass ein nicht als Anwalt zugelassener Verwalter die Tätigkeit angemessener Weise einem Rechtsanwalt übertragen hätte.

I. Angemessenheit und Entnahmerecht

2   Für den Anfall der Zusatzvergütung kommt es darauf an, ob der Verwalter, der über die für dieses Amt erforderlichen Kenntnisse und Fähigkeiten verfügt, bei sachgerechter Tätigkeit **vernünftigerweise** einen Fachmann beauftragen würde, weil **besondere Sachkunde** erforderlich ist (vgl. BGH NJW 2005, 903; LAG Köln NZA-RR 2006, 539; HmbKommInsR/Büttner Rn. 2; LG Lübeck NZI 2009, 559; Stephan/Riedel Rn. 4; KPB/Stoffler Rn. 2). Es kommt also auf die Frage an, ob ein **geschäftskundiger, erfahrener Verwalter** üblicherweise ohne fremden Beistand die Aufgabe erledigt hätte (vgl. BGH ZIP 1998, 1793 (1795); NZI 2005, 103 (104); LG Hannover ZInsO 2009, 1222). Für diese Grenzziehung kommt es wesentlich darauf an, ob ein Verwalter, der über die für dieses Amt heutzutage und **allgemein erforderlichen Kenntnisse und Fähigkeiten** verfügt, für bestimmte Tätigkeiten einen entsprechenden Fachmann beiziehen würde (Haarmeyer/Mock InsVV Rn. 6 mwN; BGH NZI 2006, 431; 2005, 103; KPB/Eickermann/Prasser Vor § 1 Rn. 26).

3   Der nach den vorgenannten Kriterien bestehende Erstattungsanspruch des als Anwalt zugelassenen Verwalters ist **Masseverbindlichkeit** nach § 55 Abs. 1 Nr. 1 InsO und fällt nicht unter die Auslagen iSv § 54 Nr. 2 InsO oder § 4 Abs. 2 (Stephan/Riedel § 4 Rn. 1; MüKoInsO/Riedel Anh. zu § 65 InsVV § 4 Rn. 1). Auch bei Beauftragung eines externen Anwalts müsste die Masse die Vergütung nach § 55 Abs. 1 Nr. 1 InsO zahlen.

4   Ob das Insolvenzgericht nach § 58 InsO berechtigt und verpflichtet ist, zu **überprüfen,** ob die Beauftragung Externer **gerechtfertigt** war (so BGH NJW 2005, 903 (904)), ist umstritten. Da § 5 aber ein Entnahmerecht begründet, ist eine Gestattung durch das Insolvenzgericht nicht

erforderlich (Haarmeyer/Mock InsVV Rn. 41; Lorenz/Klanke Rn. 3); eine Rechnungstellung durch den Verwalter genügt. Es besteht aber Einigkeit darüber, dass bei nicht angemessener Beauftragung eines externen Anwalts zu Unrecht entnommene Beträge an die Masse zu erstatten. Das Insolvenzgericht ist insofern berechtigt, Beträge von dem Insolvenzverwalter zurückzufordern oder von seiner beantragten Vergütung in Abzug zu bringen, die er ohne ausreichende Rechtfertigung der Masse zur Vergütung von Sonderaufgaben entnommen hat (BGH ZInsO 2013, 152; 2004, 1348; NZI 2005, 103; LG Berlin ZInsO 2019, 693; LG Leipzig ZInsO 2011, 1991 (1993); MüKoInsO/Riedel Rn. 8; Stephan/Riedel Rn. 8; HmbKommInsR/Büttner Rn. 4; Wozniak, jurisPR-InsR 14/2019 Anm. 4; aA HWF InsVerw-HdB Rn. 33 ff.; BK-InsR/Blersch Rn. 19; Lorenz/Klanke Rn. 4: Einsatz eines Sonderverwalters; im Einzelnen → § 4 Rn. 8–11).

Der vom Verwalter für seine Anwaltstätigkeit aus der Masse entnommene Betrag **mindert die** 5 **Berechnungsgrundlage** nach § 1 Abs. 2 Nr. 4 Buchst. a; dies gilt aber nicht für Vergütungen, die nicht unmittelbar an den Verwalter, sondern an eine **Sozietät** oder Gesellschaft geleistet werden, der er angehört (BGH NZI 2007, 583; LG Frankfurt/Oder ZInsO 1998, 236; LG Leipzig ZInsO 2001, 615; HWF InsVerw-HdB § 1 Rn. 83; Stephan/Riedel § 1 Rn. 43; Kreft/Irschlinger § 1 Rn. 9e).

II. Einzelfälle

Die Zusatzvergütung fällt auch an, wenn für einen **Zivilprozess** Anwaltszwang besteht. Die 6 Zusatzvergütung bemisst sich für den Anwalt dann nach den Gebührenregelungen des **RVG**. Gleiches gilt bei Verfahren vor den Arbeits-, Finanz-, Patent- und Verwaltungsgerichten (MüKoInsO/Nowak Anh. zu § 65 InsVV § 5 Rn. 5 mwN; KPB/Stoffler Rn. 4, 6 ff.).

Die Zusatzvergütung fällt in der Regel an bei der Beantragung eines **Zwangsversteigerungs-** 7 **verfahrens** nach §§ 172 ff. ZVG (MüKoInsO/Riedel Anh. zu § 65 InsVV § 5 Rn. 5), bei dem Antrag auf Eintragung einer **Zwangssicherungshypothek** (HWF InsVerw-HdB Rn. 22; KPB/Stoffler Rn. 19) und beim Einzug streitiger **Forderungen** (HWF InsVerw-HdB Rn. 21). Auch die Aufhebung eines **Mietvertrags** kann bei Bestehen rechtlicher Schwierigkeiten von einem Verwalter nicht erwartet werden, sodass die Zusatzvergütung anfällt (BGH NZI 2005, 103; Stephan/Riedel Rn. 7). Sie fällt auch an bei komplizierten **Vollstreckungsmaßnahmen** wie der Herausgabevollstreckung, **Pfändung** von Vermögensrechten, von Hypothekenforderungen und Grundpfandrechten sowie von indossablen Papieren (MüKoInsO/Riedel Anh. zu § 65 InsVV § 5 Rn. 6). Der gesonderte Vergütungsanspruch besteht auch für den gegen den Massebescheid über **Einkommensteuer und Solidaritätszuschlag Einspruch** einlegenden und das Vorverfahren ohne Hinzuziehung eines Rechtsanwalts betreuenden Insolvenzverwalter – jedenfalls dann, wenn für das Vorverfahren gem. § 139 Abs. 3 S. 3 FGO die Hinzuziehung eines Bevollmächtigten für notwendig erklärt wurde (SächsFG BeckRS 2015, 94091).

Einen rechtlich schwierigen **Anfechtungsrechtsstreit** wird ein Insolvenzverwalter ohne voll- 8 juristische Ausbildung auf einen Rechtsanwalt übertragen und kann die dadurch entstehenden Auslagen, sofern sie nicht vom Anfechtungsgegner zu tragen sind, der Masse entnehmen (BGH ZInsO 2013, 152; ZIP 2012, 682; NJW 2006, 1597). Für die abschließende vorprozessuale Prüfung gilt dies nur bei rechtlich und tatsächlich schwierigen Anfechtungsfragen (BGH ZInsO 2013, 152; ZIP 2012, 682). Sofern der Verwalter die Anfechtungsansprüche bereits im Gutachten festgestellt hat, besteht für die Beauftragung eines Anwalts mit der außergerichtlichen Geltendmachung kein Anlass, noch bevor die Anfechtung erklärt und der Anfechtungsgegner mit der Zahlung in Verzug gesetzt worden ist oder die Zahlung verweigert hat (BGH ZInsO 2013, 152).

Dem geschäftserfahrenen Verwalter, der kein Anwalt ist, ist es zumutbar, ohne Beiziehung eines 9 Fachmanns einen Gerichtsvollzieher mit der **Sachpfändung** zu beauftragen (Stephan/Riedel Rn. 5), sodass hierfür keine Zusatzvergütung anfällt. Dies gilt grundsätzlich bei einfachen und unkomplizierten Vollstreckungsmaßnahmen wie dem Antrag auf **Abgabe der Vermögensauskunft** nach § 802c ZPO, der einfachen Forderungsvollstreckung (MüKoInsO/Nowak Anh. zu § 65 InsVV § 5 Rn. 6) oder dem Antrag auf Erlass eines Mahnbescheids (LG Lübeck NZI 2009, 559).

B. Wirtschaftsprüfer/Steuerberater (Abs. 2)

Die unter → Rn. 1 ff. dargestellten Grundsätze gelten gem. Abs. 2 der Vorschrift gleichfalls 10 für **Wirtschaftsprüfer, Steuerberater** (vgl. LG Aachen ZInsO 2007, 768) und andere Personen mit **besonderer Qualifikation,** die als Insolvenzverwalter eingesetzt werden. Für sie gelten die berufsständischen Gebührenregelungen der StBerGebVO und der GO für Wirtschaftsprüfer.

C. Sonderinsolvenzverwalter

11 Das **Insolvenzgericht** kann für bestimmte Sonderaufgaben, beispielsweise die Prüfung von Schadensersatzansprüchen der Masse gegen den Insolvenzverwalter einen **Sonderinsolvenzverwalter bestellen** (BGHZ 165, 96; BGH NZI 2006, 474; ZIP 2007, 548). Dessen Tätigkeit und Vergütung sind nicht gesondert geregelt (vgl. BT-Drs. 12/7302, 162), sodass lange streitig war, wonach diese zu bemessen ist. Die Vergütung des Sonderinsolvenzverwalters richtet sich nach den Vorschriften der Vergütung des Insolvenzverwalters, also der InsVV (BGH NZI 2021, 505; 2020, 589; 2015, 730; 2008, 485 mAnm Frege; LG Münster BeckRS 2021, 12767; LG Münster NZI 2018, 418 mAnm Fuhst jurisPR-InsR 13/2018 Anm. 4; Uhlenbruck/Mock InsO § 63 Rn. 12, 13; KPB/Eickmann/Prasser Vor § 1 Rn. 66).

12 Soweit die Tätigkeit des Sonderinsolvenzverwalters kaum mehr mit der eines Insolvenzverwalters vergleichbar ist, weil ein **ganz eingeschränkter Aufgabenkreis** besteht, ist die Vergütung nicht an der Verwaltervergütung zu messen, sondern auf das **Honorar** begrenzt, das für die Tätigkeit nach **§ 5** in Rechnung gestellt werden könnte (BGH ZInsO 2010, 399; 2008, 733; LG Braunschweig ZInsO 2012, 506; HWF InsVerw-HdB § 1 Rn. 105; MüKoInsO/Stephan InsO § 63 Rn. 58; HmbKommInsR/Büttner InsO § 63 Rn. 5, Rn. 2a; Polonius ZVI 2021, 57; **aA** LG Frankfurt a. M. KTS 2009, 232: Abschläge von der Regelvergütung; krit. Graeber ZInsO 2008, 847; **aA** Vergütung nach den für den Ergänzungspfleger (§ 1909 BGB) geltenden Regeln der §§ 1915, 1835, 1835 BGB: KPB/Lüke InsO § 56 Rn. 80; KPB/Prasser Vor § 1 Rn. 66; FK-InsO/ Kind InsO § 63 Rn. 20; Uhlenbruck InsO § 56 Rn. 73).

13 Grundlegend ging und geht der BGH davon aus, dass der Sonderinsolvenzverwalter, dessen Tätigkeit mit der eines **Insolvenzverwalters vergleichbar** ist, einen **Vergütungsanspruch** in entsprechender Anwendung der für den Insolvenzverwalter geltenden Vorschriften nach **§ 63 InsO** und der InsVV hat; eine abstrakte Quote kann aufgrund der Vielfältigkeit und Unterschiedlichkeit der Tätigkeitsbereiche nicht gebildet werden, Zu- und Abschläge sind aber möglich (BGH ZInsO 2010, 399; 2008, 733). Seit der Entscheidung des BGH v. 26.3.2015 (NZI 2015, 730) ist bei der Frage, ob sich die Vergütung des Sonderinsolvenzverwalters nach der InsVV oder dem RVG richtet, danach zu **unterscheiden,** ob der Sonderinsolvenzverwalter eine **delegierbare Sonderaufgabe** iSd § 5 wahrnimmt oder eine **Regelaufgabe.** Handelt es sich um eine (einzelne) Sonderaufgabe, bemisst sich seine Vergütung unmittelbar nach dem RVG. Sofern es sich um eine Regelaufgabe, die nicht unter § 5 fällt, handelt, bemisst sich die Vergütung nach der InsVV, wobei die Vergütung auf die fiktive Vergütung nach dem RVG (bzw. StBerGebVO oder WPO) **begrenzt** ist (BGH NZI 2021, 505; 2020, 589; 2015, 730; 2008, 485). Der BGH wendet also die gleichen Maßstäbe wie bei Abs. 1 an (Stoffler EWiR 2015, 517). Die Vergütung des Sonderinsolvenzverwalters bemisst sich daher in entsprechender Anwendung der §§ 63 ff. InsO und der InsVV (BGH NZI 2021, 505; ZIP 2008, 1294). Die **Prüfung einer zur Aufnahme in die Insolvenztabelle angemeldeten Forderung** gehört zu den **Kernaufgaben,** die ein Insolvenzverwalter in der Regel selbst auszuführen in der Lage sein muss, auch wenn er nicht als Rechtsanwalt zugelassen ist. Er wird diese Tätigkeit deshalb angemessenerweise nicht einem Rechtsanwalt übertragen, wenn nicht ausnahmsweise besondere rechtliche Schwierigkeiten mit der **Prüfung einer Forderung** verbunden sind (BGH NZI 2021, 505; 2020, 589; 2015, 730). Ebenso gehört die **Ermittlung von Anfechtungsansprüchen** zu den **Regelaufgaben** jeden Insolvenzverwalters (BGH NZI 2021, 505; ZIP 2012, 682; ZInsO 2013, 152). Bezieht sich die Tätigkeit des Sonderinsolvenzverwalters – wie etwa bei der Forderungsprüfung – nur auf einen Teil der Aufgaben, die einem Insolvenzverwalter als Regelaufgaben obliegen, ist dem dadurch Rechnung zu tragen, dass die Vergütung auf einen **angemessenen Bruchteil der Regelvergütung** eines Insolvenzverwalters anzusetzen ist. Dabei ist zu berücksichtigen, welchen Anteil die Forderungsprüfung an den mit der Regelvergütung abgegoltenen Aufgaben eines Insolvenzverwalters ausmacht und welcher tatsächliche Aufwand für den Sonderinsolvenzverwalter mit der Forderungsprüfung verbunden war. Die Vergütung muss in diesem Rahmen in einer dem Aufgabenumfang angemessenen Höhe festgesetzt werden. Dabei stellt die Mindestvergütung des § 2 Abs. 2 keine Untergrenze dar, weil die Aufgaben des Sonderinsolvenzverwalters so beschränkt sein können, dass die Festsetzung der Mindestvergütung unangemessen hoch wäre. Eine Obergrenze gilt insofern, als der Sonderinsolvenzverwalter jedenfalls nicht mehr beanspruchen kann, als ihm im Falle einer Abrechnung nach dem RVG zustünde (BGH NZI 2021, 505; LG Münster BeckRS 2021, 12767).

14 **Berechnungsgrundlage** sowohl für die Vergütung nach der InsVV bzw. **Gebührenwert** für die Gebühr nach dem RVG ist das der Verwaltung bzw. Überprüfung des Sonderinsolvenzverwalters unterliegende Vermögen (HmbKommInsR/Büttner InsO § 63 Rn. 12d). Bei der Forderungsprüfung, der Regelaufgabe des Verwalters ist, ist die Vergütung des Sonderinsolvenzverwalters

nach der InsVV zu berechnen, der Höhe nach ist sie aber auf die Gebühr nach Nr. 2300 VV RVG beschränkt (BGH ZIP 2015, 1034; ZInsO 2008, 733; krit. hierzu Looff DZWiR 2009, 14). Der Wert bemisst sich nach dem wirtschaftlichen Interesse des „Auftraggebers", hier also des Insolvenzverwalters, und entspricht somit dem **Nennwert der zu prüfenden Forderung** (KPB/Prasser/Stoffler, 2015, Vor § 1 Rn. 73; Stoffler EWiR 2015, 517 (518); vgl. auch Lorenz/Klanke/Lorenz, Vergütung und Kosten in der Insolvenz, 3. Aufl., Vor § 1 Rn. 29 f.; Budnik EWiR 2020, 595). Die Auffassung; die als Berechnungsgrundlage statt auf den Nominalbetrag der geprüften Forderung auf die darauf entfallende Quotenerwartung entsprechend § 182 InsO abstellt (BGH NZI 2021, 505 mit zust. Anm. Zimmer EWiR 2021, 307; BGH NZI 2020, 589; LG Münster NZI 2018, 418; zust. Fuhst jurisRR-InsR 13/2018 Anm. 4; Graeber/Graeber, Stand 3/15, Rn. 44a), ist abzulehnen. Zum einen führt dies bei geringer oder keiner Quotenerwartung zu einer unangemessenen Vergütung (§ 13 RVG: Mindeststreitwert von 300 EUR mit einer Gebühr von 25 EUR bzw. in der seit dem 1.1.2021 geltenden Fassung Mindeststreitwert von 500 EUR mit einer Gebühr von 49 EUR). So hat auch das LG Münster eine Vergütung in Höhe von 1.000 EUR, welche etwa 1 % der Regelvergütung entspricht, mangels besonderem Umfang und Schwierigkeit bei der Forderungsprüfung als angemessen angesehen (NZI 2018, 418). Zum anderen hat die Bestimmung des Gegenstandswerts gem. § 28 Abs. 3 RVG unter Berücksichtigung des wirtschaftlichen Interesses des Auftraggebers zu erfolgen. Dieses Interesse entspricht dem Interesse eines insolvenzantragstellenden Gläubigers, der ebenfalls seine Forderung gegen einen insolventen Schuldner durchsetzen will. Die Gebühr für den Antrag bestimmt sich nach dem Wert der Forderung, es sei denn, der Wert der Insolvenzmasse ist geringer (§ 35 InsO, § 58 Abs. 2 GKG), nicht aber nach der Quotenerwartung. Auch die für eine Forderungsanmeldung durch einen Anwalt anfallende Gebühr richtet sich nicht etwa nach der Quotenerwartung, sondern gem. § 28 Abs. 2 RVG nach dem Betrag der angemeldeten Forderung (BeckOK RVG/K. Sommerfeldt/M. Sommerfeldt, 52. Ed. 1.6.2021, RVG § 28 Rn. 6; Mayer/Kroiß-Gierl, 7. Aufl. 2018, RVG § 28 Rn. 16). Ebenso richtet sich die Anwaltsgebühr für eine Zwangsvollstreckung gem. § 25 RVG nach dem Nennbetrag der Forderung, nicht etwa nach den Erfolgsaussichten der Vollstreckung und der Realisierungsquote. Auch bei einem Streit über die Höhe der Insolvenzverwaltervergütung richtet sich der Gegenstandswert für die Gebühren der Verfahrensbevollmächtigten eines beteiligten Gläubigers nach der streitigen Vergütung und nicht nach dem Erfolg, also nach der vom Gläubiger erstrebten Verbesserung seiner Befriedigungsquote (BGH NJW-RR 2012, 1257).

Die Regelung der **Mindestvergütung** in § 2 Abs. 2 ist auf die Vergütungsansprüche des Sonderinsolvenzverwalters nicht anwendbar und bildet somit keine Untergrenze für dessen Vergütung. Die Aufgaben des Sonderinsolvenzverwalters können so beschränkt sein, dass die Festsetzung der Mindestvergütung unangemessen wäre (BGH NZI 2021, 505; 2015, 730). 15

§ 6 Nachtragsverteilung. Überwachung der Erfüllung eines Insolvenzplans

(1) ¹Für eine Nachtragsverteilung erhält der Insolvenzverwalter eine gesonderte Vergütung, die unter Berücksichtigung des Werts der nachträglich verteilten Insolvenzmasse nach billigem Ermessen festzusetzen ist. ²Satz 1 gilt nicht, wenn die Nachtragsverteilung voraussehbar war und schon bei der Festsetzung der Vergütung für das Insolvenzverfahren berücksichtigt worden ist.

(2) ¹Die Überwachung der Erfüllung eines Insolvenzplans nach den §§ 260 bis 269 der Insolvenzordnung wird gesondert vergütet. ²Die Vergütung ist unter Berücksichtigung des Umfangs der Tätigkeit nach billigem Ermessen festzusetzen.

Überblick

Die Norm gewährt – anders als noch die VergVO – dem Insolvenzverwalter einen eigenständigen Vergütungsanspruch gem. Abs. 1 für die Durchführung der Nachtragsverteilung nach den §§ 203, 206, 211 Abs. 3 InsO (→ Rn. 1 f.) und gem. Abs. 2 für die Überwachung der Erfüllung eines Insolvenzplans nach den §§ 260–269 InsO (→ Rn. 15 f.). Der Vergütungsanspruch für die Nachtragsverteilung ist allerdings ausgeschlossen, wenn sie vorhersehbar war und bei der Vergütungsfestsetzung bereits in die Berechnung eingeflossen war. Sowohl die Nachtragsverteilung als auch die Planüberwachung sind gebührenrechtlich selbstständige, gesondert zu vergütende Verfahren. Die Höhe der Vergütung ist vom Insolvenzgericht nach billigem Ermessen festgesetzt; hierzu haben sich Faustregeln (→ Rn. 12) entwickelt.

Übersicht

	Rn.		Rn.
A. Vergütung für Nachtragsverteilung (Abs. 1)	1	B. Vergütung für Überwachung des Insolvenzplans (Abs. 2)	15
I. Anordnung der Nachtragsverteilung	1	I. Überwachung des Insolvenzplans	16
II. Zeitpunkt des Massezuflusses und Vorhersehbarkeit der Nachtragsverteilung	4	II. Höhe der Vergütung bei Planüberwachung	18
III. Höhe der Vergütung für Nachtragsverteilung	9	III. Festsetzung und Durchsetzung des Vergütungsanspruchs	22

A. Vergütung für Nachtragsverteilung (Abs. 1)

I. Anordnung der Nachtragsverteilung

1 Die **Nachtragsverteilung** muss durch das Insolvenzgericht förmlich angeordnet sein und durchgeführt werden (BGH ZIP 2011, 2115). Sie kann **auf Antrag** des Verwalters, eines Gläubigers oder von Amts wegen erfolgen, wenn nach dem Schlusstermin zurückbehaltene Beträge für die Verteilung frei werden, Beträge, die aus der Masse gezahlt sind, zurückfließen, oder Gegenstände der Masse ermittelt werden (§ 203 Abs. 1 InsO). Letzteres ist auch nach Anzeige der **Masseunzulänglichkeit** möglich (§ 211 Abs. 3 InsO; BGH NZI 2011, 906).

2 Die Nachtragsverteilung ist ein selbstständiges, gesondert zu vergütendes Verfahren (BGH NZI 2010, 259; ZIP 2011, 2115; vgl. kritisch zum Vergütungssystem der Nachtragsverteilung Holzer NZI 2019, 521). Die Vergütung ist vor dem Vollzug der Verteilung gem. § 205 InsO auf Antrag festzusetzen; zum Festsetzungsverfahren s. § 8. Eine Nachtragsvergütung kann auch im **Verbraucherinsolvenzverfahren** angeordnet werden (BGH ZInsO 2006, 33; LG Köln NZI 2017, 227; LG Offenburg ZInsO 2005, 481; Haarmeyer/Mock InsVV Rn. 4; auch → § 13 Rn. 1a). § 13 Abs. 2 steht dem nicht entgegen. Denn nach ihrer systematischen Stellung schließt diese Vorschrift nur die Anwendung des § 2 auf die in § 13 Abs. 1 abschließend geregelte Grundvergütung des Treuhänders aus, nicht aber die Heranziehung der Staffelsätze bei der Bestimmung der gesonderten Vergütung für die Nachtragsverteilung (LG Köln NZI 2017, 227). Der Vergütungsanspruch ist an keine weiteren Voraussetzungen gebunden und nicht etwa ausgeschlossen, weil die Verteilung des Massezuflusses durch den Verwalter ohne besondere Mühe oder Aufwand erfolgen kann oder nur geringe Beträge auszuzahlen sind oder nur wenige Gläubiger vorhanden sind (MüKoInsO/Stephan Anh. zu § 65 InsVV § 6 Rn. 1; HWF InsVerw-HdB Rn. 4).

3 Zwar gestattet der Wortlaut des § 203 Abs. 1 InsO die Anordnung einer Nachtragsverteilung ab dem Schlusstermin. Begrifflich ist eine Nachtragsverteilung aber erst **nach der Schlussverteilung** veranlasst (BGH ZIP 2006, 486; Zimmer KTS 2009, 199 (204)). Solange die Schlussverteilung nicht vollzogen ist, können neue Massezuflüsse noch in diese einbezogen werden. Einer Nachtragsverteilung bedarf es in diesen Fällen nicht (BGH BB 2014, 321; FKR InsR Rn. 1727).

II. Zeitpunkt des Massezuflusses und Vorhersehbarkeit der Nachtragsverteilung

4 § 6 bezieht sich auf **vorhersehbare oder unvorhersehbare Massezuflüsse** für die **Zeit nach dem Vollzug der Schlussverteilung,** dh der Verfahrensbeendigung. Massezuflüsse zwischen dem Schlusstermin und dem Vollzug der Schlussverteilung erhöhen daher die Berechnungsgrundlage der Vergütung des Insolvenzverwalters; einer Nachtragsvergütung bedarf es nicht. Konnten diese Massezuflüsse bei der bereits erfolgten Festsetzung der Vergütung noch nicht berücksichtigt werden, ist die Festsetzung zu ergänzen (BGH NZI 2017, 505; zust. Prasser EWiR 2017, 471; BGH ZIP 2014, 334; zust. Zimmer EWiR 2014, 183 und Smid jurisPR-InsR 7/2014 Anm. 2). Von der vergütungsrelevanten Nachtragsverteilung zu unterscheiden sind daher die Fälle, in denen der **Massezufluss nach Einreichung der Schlussrechnung** des Verwalters, aber noch **vor** der **Verfahrensbeendigung** erfolgt. Massezuflüsse nach Einreichung der Schlussrechnung des Verwalters, die **nicht sicher zu erwarten** und damit nicht vorhersehbar waren, stellen **neue Tatsachen** dar, die zu einer **ergänzenden Vergütungsfestsetzung** führen können, sofern der Massezufluss noch bis zur Beendigung des Verfahrens erfolgt (BGH ZIP 2011, 2115; 2006, 93; 2006, 2131; 2006, 486). Massezuflüsse zwischen dem Vollzug der Schlussverteilung und der Beendigung des Insolvenzverfahrens erhöhen die Berechnungsgrundlage der Vergütung des Insolvenzverwalters. Konnten sie bei der bereits erfolgten Festsetzung der Vergütung noch nicht berücksich-

tigt werden, kann der Insolvenzverwalter eine ergänzende Festsetzung beantragen (BGH NZI 2017, 505). Berücksichtigt der Insolvenzverwalter bei seinem ersten Vergütungsantrag **sicher zu erwartende, zukünftige Massezuflüsse** nicht, führt dies allerdings nicht zur Präklusion für einen ergänzenden Festsetzungsantrag (BGH NZI 2017, 822; aA AG Friedberg NZI 2015, 908, das eine Zweitfestsetzung der Vergütung aufgrund eines nachträglichen, aber sicher zu erwartenden Massezuflusses abgelehnt hat). Einen sachlichen Grund, Massezuflüsse im Zeitraum zwischen dem Schlusstermin und der Aufhebung des Verfahrens nur in die Berechnungsgrundlage der Vergütung einzubeziehen, wenn sie vorhersehbar und sicher zu erwarten sind, aber bei zunächst nicht vorhersehbaren oder nicht sicher feststehenden, gleichwohl später erfolgter Zuflüssen eine entsprechende Ergänzung der Festsetzung zu versagen, gibt es nicht. Demzufolge erhöhen **sämtliche vor Aufhebung des Insolvenzverfahrens erfolgten Massezuflüsse** – gleich ob vorhersehbar oder nicht – die Berechnungsgrundlage der Verwaltervergütung (für Massezuflüsse im Zeitraum zwischen Einreichung der Schlussrechnung und dem Schlusstermin BGH ZIP 2006, 486; für Massezuflüsse nach dem Schlusstermin, aber vor Vollzug der Schlussverteilung, BGH ZIP 2014, 334). Konnten diese Massezuflüsse bei der bereits erfolgten Vergütungsfestsetzung noch nicht berücksichtigt werden, ist die Festsetzung zu ergänzen (BGH NZI 2017, 822; BGH NZI 2017, 505; BeckRS 2014, 2534; BB 2014, 321). Ist bei der Festsetzung der Vergütung für das Insolvenzverfahren eine Nachtragsverteilung voraussehbar, kann das Insolvenzgericht dies bei der Vergütungsfestsetzung bereits berücksichtigen. Es kann sich allerdings auch die Entscheidung über die **Vergütung für die Nachtragsverteilung vorbehalten** und die Vergütung für das Insolvenzverfahren festsetzen, ohne die voraussehbare Nachtragsverteilung zu berücksichtigen; ein **Zuschlag** für den künftigen Mehraufwand bei der Nachtragsverteilung ist **dann** aber **nicht zu gewähren** (BGH NZI 2019, 910; zust. Mock EWiR 2019, 725).

Ob für die Beendigung des Verfahrens der Schlusstermin (so noch BGH ZIP 2006, 486) oder 5 die (rechtskräftige) Verfahrensaufhebung maßgeblich ist, hatte der BGH zunächst offen gelassen. Bei **Zuflüssen nach der Aufhebung** des Verfahrens scheidet eine Ergänzung der Festsetzung jedenfalls aus (BGH ZIP 2011, 2115). Spätere Massezuflüsse, insbesondere nach Aufhebung des Verfahrens, können daher nur bei einer **Nachtragsverteilung** berücksichtigt und festgesetzt werden (BGH NZI 2014, 238; Zimmer EWiR 2014, 183; BGH ZInsO 2011, 2049).

Steht der Massezufluss bei Einreichung der Schlussunterlagen **mit Sicherheit fest,** so ist er 6 bereits bei der Schlussrechnung und der hierauf gestützten Vergütungsfestsetzung zu berücksichtigen. Dies gilt insbesondere für Steuererstattungsansprüche aus der Vergütung des vorläufigen und endgültigen Verwalters, sofern sie später tatsächlich an die Masse ausbezahlt werden und daher die Masse erhöhen (BGH ZIP 2011, 2115; 2008, 61; ZInsO 2010, 1503). Gegenstand der Schlussrechnung ist nicht nur die zum Zeitpunkt ihrer Erstellung vorhandene Masse. Sie muss vielmehr auf den Zeitpunkt der Beendigung des Verfahrens abstellen (BGH ZIP 2006, 486). Deshalb sind spätere, schon mit Sicherheit feststehende Massezuflüsse in die Berechnungsgrundlage mit einzubeziehen (BGH ZIP 2007, 1958; 2008, 81; 2011, 2115).

Unvorhersehbarkeit nach Abs. 1 S. 2 ist nicht gegeben, wenn aus ex-ante-Sicht für einen 7 geschäftskundigen, mit den Verfahrenseinzelheiten vertrauten Dritten aufgrund objektiver Kriterien erkennbar gewesen ist, dass noch realisierbare Vermögenswerte keine Berücksichtigung bei der Festsetzung der Vergütung gefunden haben (vgl. BGH ZInsO 2006, 166; 2006, 1105; HWF InsVerw-HdB Rn. 11). Bei zu bejahender Vorhersehbarkeit der Nachtragsverteilung entfällt der zusätzliche Vergütungsanspruch aber nur dann, wenn dies bereits bei der **Festsetzung** der Vergütung **berücksichtigt** worden ist. Das ist nur anzunehmen, wenn der Verwalter ausdrücklich unter Bezugnahme auf die noch durchzuführende Nachtragsverteilung einen Zuschlag nach § 3 Abs. 1 beantragt hat und dieser festgesetzt worden ist (MüKoInsO/Nowak Anh. zu § 65 InsVV § 6 Rn. 4; KPB/Prasser Rn. 3; Lorenz/Klanke Rn. 6, 7).

Die ergänzende Vergütungsfestsetzung kommt selbst dann noch in Betracht, wenn über die 8 Vergütung bereits rechtskräftig entschieden war, da die Massemehrung eine neue Tatsache darstellen kann (BGH ZIP 2006, 93; 2006, 486; BB 2014, 321).

III. Höhe der Vergütung für Nachtragsverteilung

Die Höhe der Vergütung für die Nachtragsverteilung ist gem. Abs. 1 S. 1 nach **billigem** 9 **Ermessen** festzusetzen. Das dem Insolvenzgericht eingeräumte Ermessen ist verfassungskonform auszuüben; zur von Holzer vertretenen Verfassungswidrigkeit der Norm wegen Verstoßes gegen Art. 12 GG s. NZI 2019, 521 (524). Als **Berechnungsgrundlage** ist der Wert der nachträglich zu verteilenden Insolvenzmasse zu berücksichtigen (BGH ZIP 2006, 2131). Der Wert ist aber nicht allein maßgeblich, sodass auch weitere Umstände zu berücksichtigen sind, die nach § 3 zu

Zu- oder Abschlägen führen können, wie besondere Schwierigkeiten, Umfang des Arbeitsanfalls oder Haftungsrisiken. Die Vergütung muss die Arbeitsleistung des Verwalters angemessen und ausreichend entlohnen (vgl. AG Mannheim ZIP 1983, 479; MüKoInsO/Stephan Anh. zu § 65 InsVV § 6 Rn. 5; HWF InsVerw-HdB Rn. 6, 8; Haarmeyer/Mock InsVV Rn. 9).

10 Der Verordnungsgeber hat für die Nachtragsverteilung **keine Regelvergütung vorgesehen**, weil die Nachtragsverteilungen zu verschieden gelagert sind und es sachgerechter ist, die Vergütung jeweils einzelfallbezogen festzulegen (BGH NZI 2010, 259; ZIP 2011, 2115; 2006, 2131). Der **Wert der nachträglich zu verteilenden Masse** ist der zuvor festgestellten Verteilungsmasse (§§ 1, 63 Abs. 1 S. 2 InsO) nicht hinzuzuzählen und keine auf die gesamte Verteilungsmasse bezogene einheitliche Vergütung zu errechnen (BGH ZIP 2011, 2115; 2006, 2131; AG Offenburg ZInsO 2005, 481; HWF InsVerw-HdB Rn. 4; MüKoInsO/Stephan Anh. zu § 65 InsVV § 6 Rn. 2).

11 Die Vergütung ist „unter Berücksichtigung des Wertes der nachträglich verteilten Insolvenzmasse" festzusetzen, sodass diese sich nach der **Staffelvergütungsregelung des § 2** richtet (vgl. LG Köln NZI 2017, 227; LG Offenburg ZInsO 2005, 481). Bei einer durchschnittlichen Nachtragsverteilung eines der Masse zurückgeflossenen hinterlegten Geldbetrags an nicht mehr als 100 Gläubiger innerhalb von max. sechs Monaten erscheint eine Vergütung iHv **25 %** der einfachen Staffelvergütung angemessen (vgl. BGH ZInsO 2006, 33; 2006, 1205; LG Köln NZI 2017, 227; LG Offenburg ZInsO 2005, 481 (482); HWF InsVerw-HdB Rn. 7, 9; KPB/Stoffler § 4 Rn. 6; Stephan/Riedel Rn. 9; MüKoInsO/Stephan Anh. zu § 65 InsVV § 6 Rn. 9; Haarmeyer/Mock InsVV Rn. 7; **weitergehend** Lorenz/Klanke Rn. 10: **35 %** und MüKoInsO/Nowak Anh. zu § 65 InsVV § 6 Rn. 5: **50 %** und je Einzelfall **25–150 %**).

12 Für die auch bei § 6 geltenden **Erhöhungstatbestände** nach § 3 haben sich in der Praxis folgende **Faustregeln** herausgebildet (Tabelle entnommen aus: KPB/Prasser Rn. 7; Lorenz/Klanke Rn. 11; Spalte 4 aus Hess InsO Anh. A Rn. 5; a. A. Zimmer InsVV Rn. 21: Anwendung von § 3 ausgeschlossen):

Kriterium	Nähere Ausgestaltung im Einzelverfahren	Zusatzvergütung in Prozent des Staffelsatzes von § 2	InsVV zusätzlich zum Regelsatz
Dauer der Nachtragsverteilung	- mehr als 6 Monate bis 1 Jahr - bis 2 Jahre - über 2 Jahre	+ 10 % + 20 % + 30 %	13 % 25 % 38 %
Gläubigerzahl, an die verteilt wird	- 100 - 200 - für je 100 mehr	+ 10 % + 5 %	13 % 6 %
Verwertungshandlungen	- bewegliche Sachen - Grundstücke	+ 20 % + 25 %	25 % 38 %
Rückfluss von Beträgen infolge Geltendmachung von Bereicherungs-, Anfechtungs- oder ähnlichen Ansprüchen	- ohne Rechtsstreit - nach Rechtsstreit	+ 25 % + 30-40 % (unbeschadet der zusätzlichen Geltendmachung von Anwaltsgebühren nach Maßgabe von § 5)	25 % 38 %
Stellungnahme zu Gläubigereinwendungen im Verteilungsverfahren		+ 5 %	6 %

13 Für die Vergütung der Nachtragsverteilung durch den **Treuhänder** sind ebenfalls gem. § 6 die Staffelsätze des § 2 und nicht die geringeren Regelsätze des § 13 Abs. 1 S. 1 heranzuziehen (vgl. LG Offenburg NZI 2005, 172; Stephan/Riedel Rn. 11; Lorenz/Klanke Rn. 14).

14 Hinsichtlich der **Auslagen,** die § 6 nicht ausdrücklich nennt, gelten die allgemeinen Regeln des § 4 (AG Mannheim ZIP 1983, 479; MüKoInsO/Nowak, 2. Aufl. 2008, Anh. zu § 65 InsVV § 6 Rn. 5; HWF InsVerw-HdB Rn. 12; Haarmeyer/Mock InsVV Rn. 12).

B. Vergütung für Überwachung des Insolvenzplans (Abs. 2)

15 Die **Überwachung der Erfüllung** des Insolvenzplans kann im **gestaltenden Teil** des Insolvenzplans gem. § 260 Abs. 1 InsO vorgesehen werden, was Ausfluss der Vertrags- und Gestaltungs-

Nachtragsverteilung. Überwachung der Erfüllung eines Insolvenzplans § 6 InsVV

freiheit der Beteiligten ist (vgl. BT-Drs. 12/2443, 215 zu § 307 RegE-InsO; vgl. dazu BGHZ 214, 78 Rn. 18 f.; BGH ZIP 2021, 1282). Die Überwachung ist Aufgabe des Insolvenzverwalters (vgl. § 261 InsO) bzw. des Sachwalters (vgl. § 284 Abs. 2 InsO). Der Insolvenzplan kann aber auch die Überwachung nicht durch den Insolvenzverwalter, sondern durch einen von den Gläubigern bestimmten Sachwalter oder durch einen neu bestimmten Planüberwachungsausschuss vorsehen (BT-Drs. 12/2443, 215 zu § 307 RegE-InsO; BGH NZI 2021, 1282; Jaeger/Piekenbrock InsO § 260 Rn. 11; Uhlenbruck/Lüer/Streit InsO § 260 Rn. 18; KPB/Pleister InsO § 260 Rn. 15; Gottwald/Haas InsR–HdB/Frotscher/Schulze/Koch/de Bra § 68 Rn. 10; Nerlich/Römermann/Braun InsO § 260 Rn. 3; Lissner ZInsO 2012, 1452 (1453); zweifelnd, die Zustimmung des Schuldners für erforderlich haltend HK-InsO/Haas InsO § 260 Rn. 7). Die Vergütung eines **privatrechtlich beauftragten Sachwalters** oder der **Mitglieder eines Planüberwachungsausschusses** richtet sich dann aber nicht nach § 6 Abs. 2, sondern nach den getroffenen vertraglichen Regelungen (BGH ZIP 2021, 1282 unter Aufhebung von OLG Düsseldorf BeckRS 2021, 13215; FK-InsO/Jaffé InsO § 269 Rn. 4; Braun/Braun/Frank InsO § 269 Rn. 1). Gleiches gilt für die Vergütung der **Mitglieder des Gläubigerausschusses, sofern dieser nicht nach § 261 Abs. 1 S. 2 InsO fortbesteht**, sondern aufgrund abweichender Regelungen im Insolvenzplan die Planüberwachung vornehmen soll. Diese Regelung ist möglich, da der Schuldner im Insolvenzplan Verfahrensrechte und nach § 269 S. 1 InsO die Kosten der Planüberwachung zu tragen hat (BGH ZIP 2021, 1282; vgl. auch BGH WM 2018, 1105; Jaeger/Piekenbrock InsO § 259 Rn. 12).

I. Überwachung des Insolvenzplans

Die **Vergütung** für die Planüberwachung durch den Insolvenzverwalter bzw. den Sachwalter ist unter Berücksichtigung des **Umfangs der Überwachungstätigkeit** nach billigem Ermessen festzusetzen. Vergütungserhöhende Faktoren wie die Bindung einzelner Geschäfte an die Zustimmung des Verwalters (§ 263 InsO) oder die Eröffnung des Kreditrahmens (§ 264 InsO) sind nach der Begründung des Verordnungsgebers zu berücksichtigen (Lorenz/Klanke Rn. 18). **Berechnungsgrundlage** ist die **Vermögensübersicht nach § 229 S. 1 InsO** (ausf. Haarmeyer ZInsO 2000, 241; Stephan/Riedel Rn. 16; FK-InsO/Lorenz Rn. 20; HK-InsO/Büttner Rn. 9). Sie kann auch ein durch das Insolvenzgericht festzusetzender Wert oder Stundensatz sein (Haarmeyer/Mock InsVV Rn. 17).

II. Höhe der Vergütung bei Planüberwachung

Ausgehend von der Staffelvergütung nach § 2 ist ein angemessener Bruchteil für ein **Normalverfahren**, das zu überwachen ist, festzusetzen. Zur grundsätzlichen Vergütung der Mitglieder des Gläubigerausschusses → § 17 Rn. 1 ff. Bei einem Normalverfahren, dadurch gekennzeichnet ist, dass nicht mehr als 100 Gläubiger vorhanden sind und keine weiteren Zusatzverpflichtungen nach §§ 263, 264 für den Verwalter bestehen, gilt eine **Vergütung von 50 %** der Verwaltervergütung gem. § 2 angesichts der erheblichen Prüf- und Kontrollaufgaben bei der Planüberwachung als angemessen (Lorenz/Klanke Rn. 19; aA Stephan/Riedel Rn. 16: **20–40 %**). Der Vorschlag von Eickmann (KPB/Prasser Rn. 12), für den Normalfall der Überwachungstätigkeit bei einer dreijährigen Laufzeit mit bis zu 100 zu beachtenden Ansprüchen 20 % der Verwaltervergütung nach § 2 anzusetzen, erscheint zu niedrig. Nach **aA** soll die Vergütung je Jahr der Überwachung mit dem 0,25-fachen der Regelvergütung berechnet werden (HWF InsVerw-HdB Rn. 14 f.).

Sind dem Verwalter **weitere Verpflichtungen auferlegt**, so kann bei Überwachung zustimmungsbedürftiger Rechtsgeschäfte (§ 263 InsO) ein **Zuschlag von 5–10 %**, bei Überwachung einer Kreditaufnahme (§ 264 InsO) ein Zuschlag von 10 % und für die Fortführung von Anfechtungsrechtsstreiten (§ 259 Abs. 3 InsO) ein Zuschlag von 5 % gewährt werden (KPB/Prasser Rn. 12; Hess Anh. A Rn. 8).

Das Gericht kann auch statt der Staffelvergütung nach §§ 2, 3 eine angemessene **Zeitvergütung** festsetzen (HWF InsVerw-HdB Rn. 17; 400 bis 600 EUR/h; so jedenfalls bei besonderer Fallgestaltung Lorenz/Klanke Rn. 21; vgl. auch Graeber InsbürO 2005, 341). Für komplexe Überwachungen durch einen professionellen Insolvenzverwalter kann eine Bruttovergütung von 400 bis 600 EUR angemessen sein (Haarmeyer/Mock InsVV Rn. 17 mit Verweis auf AG Braunschweig ZInsO 2005, 870 (871)), bei geringeren Anforderungen ein Bruttostundensatz von 150 bis 250 EUR (wie vor).

Für Auslagen und Umsatzsteuer gelten auch hier die §§ 4, 5, 7 und 8.

III. Festsetzung und Durchsetzung des Vergütungsanspruchs

22 Die **Kosten** der Überwachung hat der Schuldner gem. § 269 S. 2 InsO oder die Übernahmegesellschaft im Fall des § 260 Abs. 3 InsO zu tragen. Trägt der Schuldner die Kosten, ist eine **Festsetzung** der Vergütung durch das **Insolvenzgericht** möglich und nötig (LG Memmingen ZInsO 2011, 1567; HK-InsO/Büttner Rn. 11; vgl. → § 17 Rn. 14). Die Festsetzung erfolgt gegenüber dem jeweiligen Kostenschuldner (KPB/Prasser Rn. 9; Lorenz/Klanke Rn. 22). Vereinbarungen über die (bereits verdiente) Vergütung des Insolvenzverwalters können nicht Inhalt eines Insolvenzplans sein (BGHZ 214, 78). Die unabdingbare Festsetzungsbefugnis des Insolvenzgerichts schützt die Interessen der Beteiligten vor einer überhöhten Vergütung, und die Interessen des Insolvenzverwalters vor einer zu niedrigen Vergütung. Sie sichert somit die öffentlichen Interessen aller Beteiligten und des Insolvenzverwalters an einer angemessenen Vergütung (BGH ZIP 2021, 1282). Gleiches gilt für die Vergütung der Mitglieder des Gläubigerausschusses (offen gelassen von BGH ZIP 2021, 1282), zumal auch sie Anspruch auf eine unabhängige und angemessene Vergütung haben, die zu den Verfahrenskosten gehört und damit eine Masseverbindlichkeit darstellt (§§ 53, 54 Nr. 2 InsO).

23 Um das auf den Verwalter verlagerte **Insolvenzrisiko** der Übernahmegesellschaft zu minimieren, ist die Festsetzung monatlicher **Teilvergütungen** als Vorschuss nach § 9 zulässig (HK-InsO/Büttner Rn. 11; **aA** MüKoInsO/Novak, 2. Aufl. 2008, Anh. zu §§ 65 InsVV § 6 Rn. 6: vierteljährlich bis jährlich; Jaeger/Schilken InsO § 63 Rn. 63: halbjährlich). Zulässig ist auch die Aufnahme und Hinterlegung der Vergütung in den Insolvenzplan entsprechend § 292 Abs. 2 S. 2 InsO (HWF InsVerw–HdB Rn. 15; **aA** Lorenz/Klanke § 4 Rn. 23). Eine Berichtigung als Masseanspruch gem. § 258 Abs. 2 vor Aufhebung des Insolvenzverfahrens (BK-InsR/Blersch Rn. 28; abl. Lorenz/Klanke Rn. 23) ist nicht zulässig, da der Vergütungsanspruch erst mit Abschluss der Überwachungstätigkeit fällig wird. Aufgrund der Änderungen durch das **ESUG** kann nunmehr aber auch für die **nicht fälligen Masseverbindlichkeiten Sicherheit zu leisten** oder ein **Finanzplan** vorzulegen sein, aus dem sich ergibt, dass ihre Erfüllung gewährleistet ist (§ 258 Abs. 2 S. 1, 2 InsO).

24 Der Vergütungsbeschluss ist ein **Vollstreckungstitel** iSd § 794 Abs. 1 Nr. 2 und 3 ZPO (LG Memmingen ZInsO 2011, 1567; Andres/Leithaus InsO § 269 Rn. 1; Braun InsO/Frank InsO § 269 Rn. 3, § 268 Rn. 7; Uhlenbruck/Luer InsO § 269 Rn. 3; FK-InsO/Jaffé InsO § 269 Rn. 2b; KPB/Prasser § 8 Rn. 9 f.; **aA** MüKoInsO/Stephan InsO § 269 Rn. 12; HK-InsO/Thies InsO § 269 Rn. 3), aus dem gegen den Schuldner die Vollstreckung betrieben werden kann.

§ 7 Umsatzsteuer

Zusätzlich zur Vergütung und zur Erstattung der Auslagen wird ein Betrag in Höhe der vom Insolvenzverwalter zu zahlenden Umsatzsteuer festgesetzt.

A. Umsatzsteuerpflicht des Verwalters

Überblick

1 Der Insolvenzverwalter hat neben seiner Vergütung und seinen Auslagen einen Anspruch auf die von ihm hierauf abzuführende Umsatzsteuer, unabhängig davon, ob die Insolvenzmasse vorsteuerabzugsberechtigt ist oder nicht.

B. Festsetzung der Umsatzsteuer und Rechnungstellung

2 Die Vorschrift stellt klar, dass der Verwalter nach dem Umsatzsteuerrecht unternehmerisch tätig ist iSd § 2 Abs. 1 UStG (BFH ZIP 1986, 517). Er erbringt eine **entgeltliche, sonstige Leistung** gem. § 1 Abs. 1 Nr. 1, § 3 Abs. 9 UStG gegenüber der Insolvenzmasse, die er **zu versteuern hat** (vgl. BFH Report 2003, 366; HWF InsVV Rn. 2; Stephan/Riedel § 4 Rn. 3).

Der nach § 64 InsO iVm § 8 zu erlassende Beschluss zur Festsetzung der Vergütung des Insolvenzverwalters muss gem. § 7 InsVV den Betrag der vom Verwalter zu zahlenden Umsatzsteuer enthalten. Die auf Vergütung und Auslagen entfallende Umsatzsteuer sollte daher bereits in den **Vergütungsantrag** des Verwalters enthalten sein und ist im Festsetzungsbeschluss separat auszuweisen (BFH ZVI 2005, 280; HWF InsVV Rn. 5; BK-InsR/Blersch Rn. 5). Der Beschluss hat keine Qualität einer

Rechnung nach § 14 UStG, sodass der Verwalter an den Insolvenzschuldner eine den Anforderungen der vorgenannten Vorschrift entsprechende **Rechnung** zu erstellen hat. Dadurch erwirbt der Insolvenzschuldner und damit die Insolvenzmasse unter den Voraussetzungen des **§ 15 UStG** einen Anspruch auf Vorsteuererstattung (BFH ZVI 2005, 280; BFH ZInsO 2001, 510; HWF InsVV Rn. 5). Wird die Umsatzsteuer im Beschluss nicht separat ausgewiesen, ist der Verwalter gleichwohl zur Rechnungsstellung mit **Umsatzsteuerausweis** berechtigt (BFH ZVI 2005, 280).

Da der Verwalter die unternehmerische Leistung erbringt, müsste er selbst und nicht die **Anwaltssozietät,** in der er Angestellter oder Partner ist, die Rechnung ausstellen (vgl. Onusseit ZInsO 2008, 1337 ff.; Dahms ZInsO 2008, 1174 ff.; Thüringische Landesfinanzdirektion ZIP 2008, 2444; FG Hessen EFG 2007, 548). Die Finanzbehörden haben sich stillschweigend und ohne BMF-Schreiben aber auf die abweichende Rechnungstellung durch die Sozietät eingelassen (HK-InsO/Büttner Rn. 4). 3

Der Insolvenzverwalter hat die aus der Masse entnommene Umsatzsteuer auf seine Vergütung und Auslagen als **Vorsteuer** beim Finanzamt geltend zu machen (HWF InsVV Rn. 6). Er sollte dies noch vor der Quotenauszahlung vornehmen, um eine Nachtragsverteilung zu vermeiden (BK-InsR/Blersch Rn. 11; Lorenz/Klanke Rn. 6; Keller EWiR 2003, 885). Zur Problematik der Durchführung des **Vorsteuerabzugs** und der Aufrechnungsmöglichkeiten der Finanzbehörden im Einzelnen s. HK-InsO/Büttner Rn. 15–31; Onusseit ZInsO 2005, 638 und Maus ZInsO 2005, 583. 4

C. Umsatzsteuersatz

Grundsätzlich ist die bei **Beendigung der (jeweiligen) Verwaltertätigkeit,** also mit Aufhebung oder Einstellung des Verfahrens geltende gesetzliche Umsatzsteuer festzusetzen (AG Potsdam ZInsO 2006, 1263; Stephan/Riedel Rn. 5; Graeber ZInsO 2007, 21). Das Amt des vorläufigen Insolvenzverwalters endet mit Eröffnung des Insolvenzverfahrens, sofern nicht das Verfahren zuvor aufgehoben wird. Es ist allein auf den Beendigungszeitraum des Amtes abzustellen, nicht etwa auf den Zeitpunkt der Einreichung der Schlussrechnung oder des Antrags oder des Beschlusses über die Festsetzung der Vergütung. Der beantragte Umsatzsteuerbetrag sollte im Vergütungsantrag benannt. 5

Durch Art. 3 des Zweiten Gesetzes zur Umsetzung steuerlicher Hilfsmaßnahmen zur Bewältigung der Corona-Krise vom 29. Juni 2020 – Zweites CoronaSteuerhilfegesetz – (BGBl. I 1512) war vom 1.7.2020 bis 31.12.2020 der allgemeine Umsatzsteuersatz von 19 % auf 16 % (§ 12 Abs. 1 iVm § 28 Abs. 1 UStG) gesenkt. Die Änderungen sind am 1.7.2020 in Kraft (vgl. Art. 3 Zweites CoronaSteuerhilfegesetz). Die Umsatzsteuer entsteht in diesem Falle bei der Besteuerung nach vereinbarten Entgelten mit Ablauf des Voranmeldungszeitraums, in dem die Leistung oder die Teilleistung erbracht wird (vgl. § 13 Abs. 1 Nr. 1 Buchst. a UStG). Dabei ist wie folgt zu unterscheiden: Für den auf die **Vergütung des vorläufigen Insolvenzverwalters**/vorläufigen Sachwalters (sofern kein endgültiger Sachwalter bestellt wird) entfallenden Umsatzsteuersatz ist auf den Zeitpunkt der Eröffnung des Insolvenzverfahrens bzw. auf das Datum der Beschlussfassung über die Ablehnung der Eröffnung des Verfahrens bzw. der **Aufhebung des Antragsverfahrens** abzustellen, sodass für die vor dem 1.7.2020 beendeten Tätigkeiten des vorläufigen Insolvenzverwalters noch der Umsatzsteuer von 19 % anzusetzen ist; nach diesem Zeitpunkt der bis zum 31.12.2020 reduzierte Steuersatz von 16 %; dauert die Tätigkeit des vorläufigen Verwalters bis zum 1.1.2021, gilt wieder der Steuersatz von 19 %. Für den auf die **Vergütung des Treuhänders** (Altverfahren), **Insolvenzverwalters** und **Sachwalters** entfallenden Steuersatz ist auf die Beendigung des jeweiligen Amtes abzustellen. Das Amt endet, sofern keine vorzeitige Entlassung nach § 59 InsO erfolgt oder der Verwalter verstirbt mit der **rechtskräftigen Beendigung des Insolvenzverfahrens** (MüKoInsO/Graeber InsO § 56 Rn. 164; BeckOK InsO/Göcke InsO § 56 Rn. 48; BGH BGHReport 2006, 998) oder der Wahl eines neuen Insolvenzverwalters durch die Gläubigerversammlung entsprechend § 57 InsO und der anschließenden Bestellung. Insofern ist für die Bestimmung des richtigen Umsatzsteuersatzes (19 % oder 16 %) im Zusammenhang mit den Entgeltansprüchen des Insolvenzverwalters an den Zeitpunkt des Entstehens der Steuer anzuknüpfen. Dies ist der Zeitpunkt, in dem die Leistung des Verwalters ausgeführt wird. Da er eine einheitliche, nicht teilbare Leistung erbringt, entsteht die Umsatzsteuer mit der Beendigung des Verwalteramtes, also der Aufhebung des Insolvenzverfahrens bzw. der Einstellung des Verfahrens (vgl. Waza BB 2020, 2007; Weigel UStB 2020, 392). Auch nach Auffassung des Bundesministeriums der Finanzen (**BMF**) ist die **Leistung eines Insolvenzverwalters dann ausgeführt,** wenn der seiner Leistung zugrundeliegende Auftrag (**letzte Vollzugshandlung**) erledigt ist. Die Leistung eines Insolvenzverwalters ist nach der Rechtsprechung des BFH (BStBl. II 2016 486 = BeckRS 2016, 94438) 5a erst mit dem Beschluss des Insolvenzgerichts über die Aufhebung des Insolvenzverfahrens nach § 200 Abs. 1 InsO erbracht, soweit keine anderen Beendigungsgründe vorliegen. Aus Vereinfachungsgründen beanstandet es die Finanzverwaltung nicht, wenn für die Bestimmung des Leistungszeitpunkts auf den **Vollzug der Schlussverteilung** abgestellt wird (BMF-Schreiben v. 4.11.2020 - III C 2 - S 7030/20/10009:016, BStBl. I 2020 1129).

5b Das Amt des **Treuhänders in der Restschuldbefreiungsphase** endet nicht automatisch mit dem Ablauf der Wohlverhaltensperiode oder mit der Rechtskraft der Entscheidung über die Restschuldbefreiung, sondern mit der **Erfüllung der ihm nach § 292 InsO zugewiesenen Aufgaben** (AG Duisburg NZI 2010, 532; KPB/Wenzel InsO § 292 Rn. 1; Uhlenbruck/Sternal InsO § 292 Rn. 10; aA Grahlmann NZI 2010, 523 (524)). Wird allerdings die Restschuldbefreiung nach den §§ 296, 297 oder 298 versagt, endet das Amt des Treuhänders gem. § 299 InsO mit der Rechtskraft des Versagungsbeschlusses. Nach Auffassung des **BMF** bestimmt sich der Leistungszeitpunkt im Restschuldbefreiungsverfahren **nach dem Zeitpunkt der rechtskräftigen Erteilung der Restschuldbefreiung nach § 300 InsO** (BMF-Schreiben v. 4.11.2020 - III C 2 - S 7030/20/10009:016, BStBl. I 2020, 1129). Bei der Beantragung eines **Vorschusses** ist auf den Zeitpunkt dessen Festsetzung abzustellen. Soweit Vorschüsse vor dem 1.7.2020 mit 19 % festgesetzt und entnommen wurden und die Beendigung des Amtes in die Zeit vom 1.7.2020 bis zum 31.12.2020 fällt, sind diese in der (Schluss-)Abrechnung insoweit zu berücksichtigen, dass der bereits im Rahmen der Vorschusszahlungen enthaltene Umsatzsteueranteil von dem auf die festgesetzte Gesamtvergütung entfallenden Umsatzsteuerbetrag abzusetzen ist und der dann im Ergebnis verbleibende Betrag an das Finanzamt abgeführt werden muss (vgl. BK-InsR/Blersch Rn. 5). Das Insolvenzgericht muss die bezogen auf die Vergütung und die Auslagen jeweils entfallende Umsatzsteuer gesondert ausweisen (Haarmeyer/Mock InsVV Rn. 5). Vorschüsse, die in der Zeit vom 1.7.2020 bis 31.12.2020 beantragt werden, sollten mit einem Umsatzsteuersatz von 19 % beantragt werden, wenn zu erwarten ist, dass die Beendigung des jeweiligen Amtes nach dem 31.12.2020 erfolgt. Gleiches gilt für Vorschussentnahmen oder Vorschusszahlungen des bzw. an den Treuhänder in der Restschuldbefreiungsphase in der Zeit vom 1.7.2020 bis 31.12.2020, wenn die Phase im späteren Zeitraum nach dem 31.12.2020 endet. Zudem sollte auch der Insolvenzverwalter bei seinem Vergütungsantrag eine 19 %ige Umsatzsteuer zugrunde legen, wenn zu diesem Zeitpunkt absehbar ist, dass beispielsweise wegen der zu erwartenden Umsatzsteuererstattung aus der Vergütung und einer komplexeren, länger andauernden Quotenausschüttung das Verfahren erst im Jahr 2021 rechtskräftig beendet sein wird. Ist allerdings eine Festsetzung mit reduziertem Steuersatz von 16 % im Zeitraum vom 1.7.2020 bis 31.12.2020 erfolgt und wird das Verfahren erst im Jahr 2021 oder später beendet, so ist ab 2021 die Differenz zum dann wieder geltenden Steuersatz von 19 % ergänzend zur Festsetzung zu beantragen. War die Vergütung bereits vor dem 1.7.2020 mit 19 % Umsatzsteuer festgesetzt und fällt die Beendigung des Amtes in den Zeitraum vom 1.7.2020 bis 31.12.2020, kann in der Rechnung lediglich ein Steuersatz von 16 % angesetzt werden. Etwaige aus der Masse oder der Landeskasse zu viel erhaltene Beträge wären zurückzuerstatten. Für den Steuersatz bei der **Vergütung als Sachverständigen** nach dem JVEG ist auf die Beendigung der Tätigkeit, in der Regel also die Einreichung des schriftlichen Gutachtens zur Gerichtsakte abzustellen(vgl. KG DS 2007, 230 zum Ergänzungsgutachten).

D. Anwendungsbereich

6 Die Vorschrift gilt über § 10 auch für den **vorläufigen Verwalter** (§ 11), den **vorläufigen Sachwalter** (s. §§ 10 und 12), den **Sachwalter** (§ 12) und den **Treuhänder** im vereinfachten Verfahren (§ 12). Gleiches gilt gem. § 18 Abs. 2 für die Mitglieder des **vorläufigen Gläubigerausschusses** sowie eines **Gläubigerausschusses**, sofern diese umsatzsteuerpflichtig sind (vgl. AG Duisburg ZInsO 2004, 1047: grundsätzliche Umsatzsteuerpflicht). Ein Mitglied eines (vorläufigen) Gläubigerausschusses hat nach § 18 Abs. 2, 7 einen Anspruch auf **Nachfestsetzung der Umsatzsteuer** auf die ihm bereits zuerkannte Nettovergütung, wenn seine Umsatzsteuerpflicht durch die Bescheinigung des Finanzamts für das Festsetzungsverfahren hinreichend glaubhaft nachgewiesen ist (LG Aurich BeckRS 2011, 29455). Ebenso ist die Umsatzsteuer bei einem beantragten und gewährten **Vorschuss** auf die Vergütung separat festzusetzen (HWF InsVV § 9 Rn. 16; Nerlich/Römermann/Madert Rn. 2).

§ 8 Festsetzung von Vergütung und Auslagen

(1) ¹Die **Vergütung und die Auslagen werden auf Antrag des Insolvenzverwalters vom Insolvenzgericht festgesetzt.** ²Die Festsetzung erfolgt für Vergütung und Auslagen

gesondert. ³Der Antrag soll gestellt werden, wenn die Schlußrechnung an das Gericht gesandt wird.

(2) In dem Antrag ist näher darzulegen, wie die nach § 1 Abs. 2 maßgebliche Insolvenzmasse berechnet worden ist und welche Dienst- oder Werkverträge für besondere Aufgaben im Rahmen der Insolvenzverwaltung abgeschlossen worden sind (§ 4 Abs. 1 Satz 3).

(3) ¹Der Verwalter kann nach seiner Wahl anstelle der tatsächlich entstandenen Auslagen einen Pauschsatz fordern, der im ersten Jahr 15 vom Hundert, danach 10 vom Hundert der Regelvergütung, höchstens jedoch 350 Euro je angefangenen Monat der Dauer der Tätigkeit des Verwalters beträgt. ²Der Pauschsatz darf 30 vom Hundert der Regelvergütung nicht übersteigen.

Überblick

Das Insolvenzgericht setzt die Vergütung und die zu erstattenden Auslagen des Insolvenzverwalters auf Antrag (→ Rn. 1 ff.) gem. § 64 Abs. 1 InsO durch Beschluss (→ Rn. 19 ff.) fest. Das Verfahren der Vergütungsfestsetzung sowie die inhaltlichen Anforderungen werden durch diese Regelung ergänzt und konkretisiert. Der Pauschsatz ist mit dem am 1.1.2001 in Kraft getretenen SanInsFoG für die nach diesem Datum beantragten Insolvenzverfahren nach § 19 Abs. 5 (→ § 19 Rn. 13) von 250 EUR auf 350 EUR pro Monat erhöht worden.

Übersicht

	Rn.		Rn.
A. Zeitpunkt und Inhalt des Antrags	1	C. Festsetzung durch das Insolvenzgericht	19
I. Schriftlicher Antrag	1	I. Funktionelle Zuständigkeit und rechtliches Gehör	19
II. Zeitpunkt	2		
III. Inhalt	7	II. Inhalt und Bekanntgabe des Beschlusses	23
B. Auslagen und übertragene Zustellungen	11	III. Rechtsmittel	25
I. Auslagen	11	D. Verwirkung des Vergütungsanspruchs	28
II. Übertragene Zustellungen	17	E. Verjährung des Vergütungsanspruchs	33

A. Zeitpunkt und Inhalt des Antrags

I. Schriftlicher Antrag

Die Festsetzung der Vergütung und der Auslagen erfolgt durch das Insolvenzgericht gem. Abs. 1 **1** S. 1 nur auf schriftlichen Antrag (BGH ZInsO 2007, 259; MüKoInsO/Stephan InsO § 269 Rn. 7; Jaeger/Piekenbrock InsO § 269 Rn. 12). Dabei sind Vergütung und Auslagen gesondert in konkreter Höhe zu beantragen (vgl. Abs. 1 S. 2).

II. Zeitpunkt

Der Antrag soll nach Abs. 1 S. 3 gestellt werden, wenn die **Schlussrechnung** (vgl. § 66 InsO) **2** an das Gericht gesandt wird. Nur bei gleichzeitiger Vorlage der Vergütungsantrags und der Schlussrechnung kann das Insolvenzgericht anhand dieser die Berechnungsgrundlage für die Vergütung überprüfen. Demzufolge ist ein Antrag ohne Schlussrechnung nach § 66 InsO nicht prüffähig und damit unzulässig (HmbKommInsR/Büttner Rn. 5; HWF InsVV Rn. 8; Haarmeyer/Mock InsVV Rn. 14). Mit Sicherheit zu erwartende Massezuflüsse, die erst nach Schlussrechnungslegung erfolgen, können allerdings vergütungserhöhend geltend gemacht werden (BGH ZInsO 2011, 791 f.; vgl. § 1). Ein **nach der Einreichung des Vergütungsantrags** bei Gericht erfolgender **Massezufluss** stellt eine neue Tatsache dar, die grundsätzlich eine **nachträgliche Festsetzung der Vergütung** ermöglicht. Berücksichtigt der Insolvenzverwalter bei seinem ersten Vergütungsantrag sicher zu erwartende, zukünftige Massezuflüsse nicht, führt dies nicht zur Präklusion für einen ergänzenden Festsetzungsantrag (BGH NZI 2017, 822).

Da dem Insolvenzverwalter bei lang andauernden Verfahren aufgrund der bei ihm entstehenden **3** sachlichen und personellen Bürokosten nicht zuzumuten ist, den Verfahrensabschluss abzuwarten, kann er nach § 9 einen **Vorschuss** beantragen.

InsVV § 8   Erster Abschnitt. Vergütung des Insolvenzverwalters

4   Der **vorläufige Insolvenzverwalter** kann den Vergütungsantrag für seine Tätigkeit bei Beendigung seines Amts (Abschluss des Antragsverfahrens mit Verfahrenseröffnung) stellen. Die Verweisung in § 10 ist nicht so zu verstehen, dass er wie der endgültige Verwalter bis zum Abschluss des Insolvenzverfahrensabschluss warten muss (Jaeger InsO/Henckel InsO § 54 Rn. 19; HmbKommInsR/Büttner Rn. 6).

5   Der **Sachwalter** kann den Vergütungsantrag stellen, wenn er seine Stellungnahme zur Schlussrechnung des Schuldners gem. § 281 Abs. 3 S. 1 iVm § 281 Abs. 1 S. 2 InsO abgegeben hat (HmbKommInsR/Büttner Rn. 8). Der **vorläufige Sachwalter** hingegen kann zu dessen Vergütung keinen eigenständigen Antrag stellen, da die Festsetzung der Vergütung des vorläufigen Sachwalters zusammen mit der Festsetzung der Vergütung des Sachwalters erfolgt (BGH ZInsO 2017, 1813; 2016, 1637).

6   Auch nach rechtskräftiger Festsetzung kann ein zulässiger **Zweitantrag** gestellt werden, wenn nicht berücksichtigte Massezuflüsse bis zur Verfahrensbeendigung erfolgt sind (BGH ZInsO 2010, 1407; 2011, 2049). Nach Verfahrensbeendigung erfolgte Massezuflüsse unterliegen der Vergütung für die Nachtragsverteilung (BGH ZInsO 2011, 2049; HmbKommInsR/Büttner Rn. 10).

III. Inhalt

7   Der Antrag hat zunächst **konkrete Beträge** für die **Vergütung** und **Auslagen** sowie in den bis zum 31.12.2020 beantragten Verfahren auch etwaige **Zustellkosten** (→ Rn. 17) zu enthalten. Ein Antrag ohne diese Beträge auf Festsetzung der angemessenen Vergütung ist zu unbestimmt und unzulässig (HmbKommInsR/Büttner Rn. 12; HWF InsVV Rn. 8; Haarmeyer/Mock InsVV Rn. 3; aA Uhlenbruck/Uhlenbruck InsO § 64 Rn. 3).

8   In dem Antrag ist sodann die Berechnung der Insolvenzmasse als **Berechnungsgrundlage** der Vergütung gem. **§ 1 Abs. 2** darzulegen (Abs. 2 S. 1; BGH ZInsO 2007, 259). Dabei sind **Bezugnahmen** auf die eingereichte **Schlussrechnung** (§ 66 InsO) zulässig, soweit diese eine entsprechende Gliederung zur Berechnung der Vergütung aufweist (Graf-Schlicker/Kalkmann Rn. 3). Den Antragsteller trifft die Feststellungslast zu den Tatsachen, die der Vergütung zugrunde gelegt werden sollen (BGH ZInsO 2012, 1236). Dies beinhaltet die Berücksichtigung der in § 1 Abs. 2 enthaltenen Vorgaben: Bei mit Absonderungsrechten belasteten Gegenständen ist eine Vergleichsrechnung nach § 1 Abs. 2 Ziff. 1 vorzunehmen. Auf Aus- und Absonderungsrechte geleistete Abfindungen sind nach § 1 Abs. 2 Ziff. 2 vom Sachwert der Gegenstände abzuziehen. Bei Verrechnungen ist nach § 1 Abs. 2 Ziff. 3 nur der Überschuss zu berücksichtigen. Beträge, die der Verwalter nach § 5 erhält, sind einzeln darzustellen. Gleiches gilt für die aus der Insolvenzmasse zum Ausgleich der nach § 4 Abs. 1 S. 3 für die Erledigung besonderer Aufgaben entnommenen Beträge (vgl. BGH ZInsO 2004, 1348; BGH NJW 2005, 903; FK-InsO/Lorenz Rn. 10 f.; HmbKommInsR/Büttner Rn. 19, 28). Bei Fortführung des schuldnerischen Unternehmens ist nur der Fortführungsüberschuss gem. § 1 Abs. 2 Ziff. 4b zu berücksichtigen, sodass insofern eine gesonderte Einnahmen-/Ausgabenrechnung vorzulegen ist (BGH ZInsO 2007, 436 f.; zur strafrechtlichen Relevanz unzutreffender Angaben im Vergütungsantrag s. LG Aurich (3. Große Strafkammer, LG Aurich BeckRS 2017, 117963).

9   Der **vorläufige Insolvenzverwalter** hat das Vermögen darzulegen, auf sich seine Tätigkeit erstreckte (§ 63 Abs. 3 S. 1 InsO; § 11 Abs. 1 S. 1; vgl. BGH ZInsO 2007, 259 f.; HmbKommInsR/Büttner Rn. 21). Gleiches gilt für den **vorläufigen Sachwalter** (vgl. BGH ZInsO 2016, 1637 (1642); HmbKommInsR/Büttner Rn. 23).

10 Werden **Erhöhungstatbestände** iSd § 3 geltend gemacht, sind diese schlüssig zu begründen und mit **konkretem** Tatsachenvortrag zu belegen, sodass das Gericht sich ein Leistungsbild verschaffen und Erschwernisse überprüfen kann; gleiches gilt für Erleichterungen, die zu Abschlägen führen können (BGH ZInsO 2007, 259; HmbKommInsR/Büttner Rn. 26; HWF InsVV Rn. 7). Der Verwalter muss die Vermutung widerlegen, dass es durch einen zuvor eingesetzten vorläufigen Verwalter zu **Arbeitsersparnissen** gekommen ist (BGH ZInsO 2006, 642 (644)).

B. Auslagen und übertragene Zustellungen

I. Auslagen

11 Soweit die **Auslagen** konkret geltend gemacht werden sind diese entsprechend zu belegen und nachzuweisen. Bei Geltendmachung der **tatsächlich entstanden Auslagen** sind die getätigten Ausgaben im Einzelnen darzustellen und zu belegen (→ § 4 Rn. 12 ff). Bei Inanspruchnahme der Auslagenpauschale nach Abs. 3 ist im Vergütungsantrag kein Nachweis darüber erforderlich.

Werden im Rahmen der Auslagen **Kosten für Hilfskräfte,** die zur Erfüllung besonderer **12** Aufgaben herangezogen worden sind, geltend gemacht, sind die konkreten Umstände der Beauftragung (Art der vereinbarten Dienstleistung, Umfang und Dauer der Tätigkeit, Höhe der vereinbarten Vergütung) darzustellen und zu belegen (BGH ZIP 2005, 36; ZInsO 2004, 1348; Henssler/Deckenbrock EWiR 2005, 833).

Statt der konkreten Auslagen kann der Verwalter nach Abs. 3 die **Auslagenpauschale** geltend **13** machen. Dem Verwalter steht insofern ein nicht vom Gericht zu beanstandendes **Wahlrecht** zu (BGH NZI 2007, 166; ZInsO 2006, 424; LG Chemnitz ZIP 2000, 710; HK-InsO/Keller Rn. 5). Die Pauschalierung der Auslagen soll die Festsetzung der Auslagen erleichtern (vgl. BGH NZI 2004, 590). Hat er sich für die Pauschale entschieden, kann er daneben **keine zusätzlichen allgemeinen Auslagen** geltend machen; ein Nebeneinander von Einzelabrechnung und Pauschale ist nicht möglich (BGH NZI 2016, 802; MüKoInsO/Riedel Rn. 28 f.; Graeber/Graeber InsVV § 4 Rn. 41; Keller NZI 2005, 493 (495)). Allerdings sind im Einzelfall anfallende, **besondere Kosten nach § 4 Abs. 2 gesondert** zu erstatten, da es keinen Sinn ergäbe, wenn diese besonderen Kosten in der Pauschale nach Abs. 3 aufgingen; zudem spricht § 4 von der Erstattung besonderer Kosten, § 8 Abs. 3 von Auslagen (Zimmer InsVV Rn. 79 f.). Neben den in § 4 Abs. 2 genannten **Geschäftsreisen** und den nach § 8 Abs. 3 InsO **übertragenen Zustellungen** (→ Rn. 17) gilt dies auch für den Auslagenersatz für **Mehrversicherungsbeiträge** nach § 4 Abs. 3 (zur bis zum 31.12.2020 geltenden Fassung von § 4 Abs. 3: LG Gießen ZInsO 2012, 755; KPB/Stoffler InsVV § 4 Rn. 19; Zimmer InsVV Rn. 80 f.; Haarmeyer/Mock, 5. Aufl. 2014, § 4 Rn. 101 mwN; → § 4 Rn. 18; aA Graeber NZI 2021, 370 für die ab dem 1.1.2021 beantragten Verfahren unter Kritik am Verordnungsgeber wegen fehlender Kenntnis der Problematik und der oben genannten Lösungsansätze in der Praxis; s. auch Begründung des Gesetzentwurfs der Bundesregierung vom 9.11.2020 des SanInsFoG, BT-Drs. 19/24181, 212).

Die Pauschale beträgt **im ersten Jahr 15 %** und **ab dem 2. Jahr jährlich 10 %** (BGH ZIP **14** 2003,1458) der Regelvergütung (vgl. § 2), dh ohne Berücksichtigung von Erhöhungstatbeständen. Das gilt auch für das letzte, angefangene Jahr der Verwaltung, das nicht nach Monaten gequotelt wird (BGH NZI 2003, 608; 2004, 590; 2004, 591; LG Berlin ZInsO 2003, 367; HK-InsO/Keller Rn. 13; Haarmeyer/Mock InsVV Rn. 22). Der Verwalter hat im Rahmen der Pauschalierung ohne jeden Einzelnachweis einen Anspruch auf Festsetzung in Höhe von maximal 350 EUR für jeden Monat, den das Verfahren konkret (nicht nach Kalendermonaten) gedauert hat (vgl. BGH NZI 2004, 665; 2003, 608; Haarmeyer/Mock InsVV Rn. 22).

Die Pauschale kann bei ordnungsgemäßer Durchführung des Verfahrens bis zu dessen voraus- **15** sichtlicher **Beendigung** bei zügiger Bearbeitung geltend gemacht werden (BGH ZIP 2006, 483; 2004, 1716; LG Chemnitz ZInsO 2004, 799; vgl. Graeber ZInsO 2018, 1083). Bei **überlanger Verfahrensdauer** ohne Tätigkeitsentfaltung des Verwalters kommt eine Kürzung der Pauschale in Betracht (BGH ZInsO 2008, 854 (856)).

Die Pauschale betrug nach der bis zum 31.12.2000 geltenden Rechtslage höchstens 250 EUR je **16** angefangenen Monat der Verwaltung (BGH NZI 2003, 608). Für die ab dem 1.1.2021 beantragten Insolvenzverfahren (vgl. § 19 Abs. 5) beträgt die Pauschale nun **höchstens 350 EUR** je angefangenen Monat der Dauer der Tätigkeit des Verwalters. Sie ist weiterhin auf **30 % der Regelvergütung** nach **§ 2 begrenzt.** Maßgeblich ist die Regelvergütung und weder die durch Zuschläge erhöhte noch die durch Abschläge verminderte Vergütung (zu letzterem: LG Berlin ZInsO 2019, 693). Diese Deckung nach Abs. 3 findet bei der Geltendmachung der **konkreten,** einzeln darzulegenden **Erstattungsbeträge** aber keine Anwendung. Die Abrechnung der tatsächlich entstandenen Auslagen schließt aber nicht aus, einzelne Auslagen, die nur schwer oder mit besonderem Aufwand belegt werden können (wie zB Portokosten) pauschal in einem Betrag zusammenzufassen (Haarmeyer/Mock InsVV Rn. 21). Der Gesetzgeber hat bei der Anhebung des monatlichen Höchstbetrages auf eine zusätzliche Erhöhung der Prozentsätze verzichtet, weil diese sich nach der Begründung des Gesetzentwurfs der Bundesregierung vom 9.11.2020 (BT-Drs. 19/24181, 212) auf die Regelvergütungssätze des § 2 beziehen und daher schon durch deren Anhebung eine angemessene Anpassung gewährleistet sei.

II. Übertragene Zustellungen

Bei Übertragung des **Zustellwesens gem. § 8 Abs. 3 InsO** steht dem Verwalter nach der **17** fortgeltenden Rechtsprechung des BGH zu den bis zum 31.12.2020 beantragten Verfahren **neben der Auslagenpauschale nach Abs. 3** ein Ersatz des ihm dadurch entstandenen **Sach- und Personalaufwands** zu (zur aF: BGH ZIP 2007, 440; NZI 2008, 444; ZIP 2013, 833; ZIP 2013, 833; im Detail → § 4 Rn. 14 f.). Hieran ändert auch die betragsmäßige Konkretisierung der Höhe der Zustellkosten durch den Verweis auf KV 9002 GKG in dem seit dem 1.1.2021 geltenden § 4 Abs. 2 nichts, denn der **besondere Kostenerstattungsanspruch** nach § 4 Abs. 2 besteht neben der Auslagenerstattung nach § 8 Abs. 3 (Zimmer InsVV § 4 Rn. 131, 140; aA Graeber NZI 2021, 370 mit Hinweis auf die Möglichkeit eines Zuschlags für die Zustellungen nach § 3 Abs. 1 unter Verweis auf BGH NZI 2015, 782; 2013, 487; 2012, 372; 2008, 361). Diese Zustellkosten fallen nicht unter den Auslagenbegriff des § 8 Abs. 3, da der (vorläufige) Verwalter keine eigene, sondern ein ihm übertragene Aufgabe wahrnimmt und somit keine eigenen Kosten anfallen, die von einer Pauschale abgedeckt sein könnten (vgl. BGH NZI 2007, 166; LG Leipzig NZI 2003, 442 LG Chemnitz ZInsO 2004, 200; LG Bamberg ZInsO 2004, 1196; AG Göttingen ZInsO 2004, 1351; AG Marburg ZInsO 2005, 706; KPB/Prasser Rn. 23 und 34f; Zimmer InsVV § 4 Rn. 140; Keller NZI 2004, 465; Voß EWiR 2004, 1045; auch → § 4 Rn. 12 ff.). Andernfalls würde der Verwalter, dem die gerichtlichen Zustellungen nicht übertragen sind, die gleiche Pauschale wie der Verwalter, dem sie übertragen sind, erhalten, was schlechterdings nicht sein kann.

18 Die Kosten für ein **Gläubigerinformationssystem** sind auch dann, wenn sie einem einzelnen Verfahren zuzuordnen sind, nicht zusätzlich zur Vergütung des Verwalters aus der Masse aufzubringen (BGH NZI 2016, 802).

C. Festsetzung durch das Insolvenzgericht

I. Funktionelle Zuständigkeit und rechtliches Gehör

19 Die gesonderte Festsetzung der Vergütung und Auslagen (Abs. 1 S. 2) mit Ausweis der Umsatzsteuer erfolgt gem. § 64 Abs. 1 InsO durch **Beschluss** des Insolvenzgerichts. **Funktionell** zuständig ist grundsätzlich der Rechtspfleger gem. § 3 Nr. 2e RPflG, soweit es sich nicht um ein Verfahren handelt, das dem Richter gem. § 18 Abs. 2 RPflG vorbehalten ist oder der Richter an sich gezogen hat. Die gesetzliche Regelung der funktionellen Zuständigkeit für das Insolvenzverfahren weist sämtliche Entscheidungen im Eröffnungsverfahren dem Richter (§ 18 Abs. 1 Nr. 1 RPflG) und im eröffneten Verfahren dem Rechtspfleger (§ 3 Nr. 2 RPflG) zu. Der Richtervorbehalt für das Eröffnungsverfahren ist im zeitlichen Sinne zu verstehen, sodass erst mit Eröffnung des Insolvenzverfahrens die Zuständigkeit zur Entscheidung über die Vergütung eines Insolvenzverwalters auf den Rechtspfleger übergeht. Trifft der Richter bereits im Eröffnungsverfahren eine Entscheidung, ist für eine gegenteilige Entscheidung eines Rechtspflegers im eröffneten Verfahren danach kein Raum (LG Potsdam NZI 2021, 99).

20 Die **Entscheidung** des Gerichts über den Antrag hat unverzüglich zu erfolgen, wobei in der Rechtsprechung ein Zeitraum von sechs Wochen als angemessen angesehen wird (BGH ZInsO 2006, 27 (28); HWF InsVV Rn. 25). Eine Verzinsung ab dem Zeitpunkt der Antragstellung erfolgt allerdings nicht (BGH ZIP 2004, 574; BGH ZInsO 2004, 268; HK-InsO/Keller Rn. 12).

21 Vor der Entscheidung kann das Gericht den Gläubigerausschuss und den Schuldner anhören (KPB/Eickmann/Prasser Rn. 7); die **Anhörung** der Insolvenzgläubiger im Schlusstermin ist nicht üblich (LG Potsdam ZIP 2005, 914; HK-InsO/Keller Rn. 8 mwN).

22 Bei Aufhebung des Verfahrens nach Bestätigung eines **Insolvenzplans** (§ 258 InsO) hat die Festsetzung der Vergütung erst nach Rechtskraft des Beschlusses über die Bestätigung des Insolvenzplans zu erfolgen (LG Berlin NZI 2005, 338; HK-InsO/Keller Rn. 2).

II. Inhalt und Bekanntgabe des Beschlusses

23 Der Beschluss hat die **Vergütung** und die **Auslagen** sowie in den bis zum 31.12.2020 beantragten Verfahren auch die **Zustellkosten,** jeweils zuzüglich **Umsatzsteuer,** gesondert auszuweisen (vgl. BFH ZVI 2005, 280). Der die Vergütung festsetzende Beschluss ist zu **begründen,** insbesondere die Gewährung von Zuschlägen (BGH ZInsO 2016, 1637 (1643); LG Osnabrück ZInsO 2015, 2242 (2243); LG München II RPfl. 1981, 155 mAnm Uhlenbruck; Uhlenbruck/Mock, InsO, § 64 Rn. 39; HK-InsO/Keller Rn. 10; HmbKommInsR/Büttner Rn. 44). Die festgesetzte Vergütung und deren Angemessenheit muss nachvollziehbar bestimmt werden (BGH ZInsO 2006, 642 (645); HmbKommInsR/Büttner Rn. 47).

24 Der Vergütungsbeschluss ist nach § 64 Abs. 2 S. 1 InsO **öffentlich bekanntzumachen** und an den Schuldner, den Verwalter sowie die Mitglieder des Gläubigerausschusses **zuzustellen.** Die festgesetzten Beträge sind allerdings nicht zu veröffentlichen (HK-InsO/Keller Rn. 11 mwN). Eine wirksame öffentliche Bekanntmachung des Vergütungsbeschlusses setzt nach Ansicht des BGH voraus, dass dieser Beschluss für sich allein und getrennt von anderen Beschlüssen veröffentlicht wird; die nachrichtliche Mitteilung der Festsetzung der Vergütung in der Bekanntmachung

eines anderen Beschlusses reicht hierfür nicht aus (BGH ZInsO 2018, 135 mAnm Haarmeyer ZInsO 2018, 139; Prütting EWiR 2018, 113). Mit dieser Entscheidung hat der BGH der **bisher gängigen Praxis,** in dem veröffentlichten Beschluss über die Zustimmung zur Schlussverteilung und den Schlusstermin einen Hinweis auf einen ergangenen Beschluss über die Festsetzung der Vergütung des Insolvenzverwalters zu geben, eine **deutliche Absage** erteilt. Der BGH stellt klar, dass die nach § 64 Abs. 2 S. 2 InsO nicht zu veröffentlichen Beträge nur die Beträge der festgesetzten Vergütung und der festgesetzten Auslagen sowie ggf. die Beträge der hierauf entfallenden Umsatzsteuer und der in Abzug gebrachten Vorschüsse betreffen. Die öffentliche Bekanntmachung des Beschlusses sei nur wirksam, wenn der **Beschlusstenor** und die für das Verständnis der Entscheidung **maßgeblichen Teile der Beschlussgründe** selbst veröffentlicht werden. Die nach § 9 Abs. 1 S. 1 Hs. 2 InsO erlaubte auszugsweise Bekanntmachung gestatte Auslassungen im Text des Beschlusses und Kürzungen des Beschlusstextes; sie schaffe aber keine Möglichkeit, die Bekanntmachung eines Beschlusses durch die Bekanntmachung eines anderen Textes über den Beschluss – wie bei den Insolvenzgerichten üblich die Nachricht, dass eine Entscheidung zur Festsetzung der Vergütung ergangen sei – zu ersetzen (BGH ZInsO 2018, 135; vgl. BVerfG ZIP 1988, 379). Daher sei der **vollständige** – lediglich um die festgesetzten Beträge anonymisierte – **Beschlusstenor zu veröffentlichen** und ebenso die vom Insolvenzgericht angenommene **Berechnungsgrundlage,** die zugrunde gelegten **Zuschläge und Abschläge** einschließlich einer **schlagwortartigen Bezeichnung** und der im Rahmen der Gesamtschau festgesetzte **Gesamtzuschlag oder -abschlag,** die vom Insolvenzgericht angenommenen **Auslagentatbestände** und ggf. die Entscheidung des Insolvenzgerichts, ob vom Insolvenzverwalter an von ihm **beauftragte Dritte** aus der Masse bezahlte Vergütungen zu berücksichtigen sind. Bei entsprechender Veröffentlichung der Berechnungsgrundlage und der Zuschlags- bzw. Abschlagshöhe kann die Vergütung aller Insolvenzverwalter automatisiert bundesweit durch jeden – auch am Insolvenzverfahren nicht beteiligten – Dritten errechnet werden. Dies dürfte einen **unzulässigen Eingriff in das informationelle Selbstbestimmungsrecht** der betroffenen Verwalter darstellen. Bereits der Gesetzesentwurf der Bundesregierung zur Insolvenzordnung sah vor, dass in der öffentlichen Bekanntmachung die festgesetzten Beträge nicht enthalten zu sein brauchen, wenn darauf hingewiesen wird, dass der vollständige Beschluss in der Geschäftsstelle eingesehen werden kann. Dadurch sollten „**unnötige Einblicke Außenstehender vermieden werden**" (Gesetzesbegründung, BT-Drs. 12/2443, 130). Nach Beratung im Rechtsausschuss wurde der Gesetzestext in die heute noch gültige Fassung so eingeschränkt, dass die Vergütungsbeträge nicht nur nicht veröffentlicht zu werden brauchen, sondern nicht zu veröffentlichen sind. Diese Einschränkung geht auf die Anliegen des damaligen Bundesbeauftragten für Datenschutz zurück und dient dem **Schutz des Persönlichkeitsrechts des Verwalters** (BT-Drs. 12/7302, 162).

Die **öffentliche Bekanntmachung** einer im Insolvenzverfahren ergangenen Entscheidung **wirkt als Zustellung und setzt die Beschwerdefrist in Gang,** auch wenn die gesetzlich vorgeschriebene Rechtsbehelfsbelehrung fehlt oder fehlerhaft ist. Der Belehrungsmangel kann allenfalls eine Wiedereinsetzung in den vorigen Stand begründen (BGH ZIP 2016, 988). Die Entscheidung des BGH bringt für den Insolvenzverwalter einen erhöhten Prüfungsaufwand mit sich, da er sich nicht allein auf die Zustellung des Beschlusses an ihn persönlich verlassen kann. Er muss zur Fristwahrung den Tag der Veröffentlichung des Vergütungsbeschlusses im Internet ermitteln, was allerdings auch den anderen Beteiligten zugemutet wird (vgl. dazu Budnik EWiR 2016, 437). 24a

III. Rechtsmittel

Gegen den Festsetzungsbeschluss ist die sofortige Beschwerde statthaft. Beschwerdeberechtigt sind nach § 64 Abs. 3 S. 2 InsO der Verwalter, der Schuldner und jeder Insolvenzgläubiger und bei Masseunzulänglichkeit der Massegläubiger. Der Beschwerdewert muss 200 EUR übersteigen (§ 64 Abs. 3 S. 2 InsO iVm § 567 ZPO). 25

Beantragt der (vorläufige) Verwalter die Festsetzung seiner Vergütung und setzt das Gericht lediglich einen – nicht beantragten – Vorschuss unter gleichzeitiger Zurückweisung des weitergehenden Antrags fest, liegt darin eine mit der sofortigen Beschwerde angreifbare Ablehnung der Vergütungsfestsetzung (BGH NZI 2016, 889). 26

Der Verwalter darf den festgesetzten Betrag der Masse entnehmen; entnimmt er die festgesetzte Vergütung aber noch vor Rechtskraft des Beschlusses und ist er der Insolvenzmasse aufgrund der Reduzierung der Vergütung im Rechtsmittelverfahren zur Erstattung verpflichtet, umfasst ein Schadensersatzanspruch auch die Erstattung von Zinsen ab dem Zeitpunkt der Entnahme (BGH ZIP 2014, 1438 ff.). 27

D. Verwirkung des Vergütungsanspruchs

28 Nach der Rechtsprechung des BGH verwirkt der Insolvenzverwalter seinen Anspruch auf Vergütung entsprechend dem der Regelung in § 654 BGB zugrunde liegenden allgemeinen Rechtsgedanken, wenn er vorsätzlich oder grob leichtfertig die ihm obliegende **Treuepflicht** so **schwerwiegend verletzt,** dass er sich seines **Lohnes als „unwürdig" erweist** (NZI 2011, 760; 2015, 46; 2016, 892; 2017, 988; dazu auch Keller DZWIR 2018, 129; BGH NZI 2019, 139; zust. dazu Ahrens NJW 2019, 890 und Deppenkemper jM 2019, 184). Da der Insolvenzverwalter einen gem. Art. 12 Abs. 1 GG verfassungsrechtlich gewährleisteten Anspruch auf Vergütung seiner Tätigkeit hat, kommt ein Ausschluss der Vergütung bei Berücksichtigung des Verhältnismäßigkeitsgrundsatzes allerdings nur in eng begrenzten Ausnahmefällen in Betracht (BGHZ 159, 122; NZI 2011, 760; 2016, 892). Es genügt nicht jede objektiv erhebliche Pflichtverletzung. Die Versagung jeglicher Vergütung kommt vielmehr nur bei einer schweren, subjektiv in hohem Maße vorwerfbaren Verletzung der Treuepflicht in Betracht. Ein solcher Fall liegt insbesondere dann vor, wenn der Insolvenzverwalter besonders schwerwiegende Pflichtverletzungen in Form von Straftaten zum Nachteil der Masse begangen hat (BGH NZI 2016, 892; 2017, 988). Der Insolvenzverwalter kann seinen Vergütungsanspruch auch verwirken, wenn er bei seiner Bestellung verschweigt, dass er in einer Vielzahl früherer Insolvenzverfahren als Verwalter an sich selbst und an von ihm beherrschten Gesellschaften grob pflichtwidrig Darlehen aus den dortigen Massen ausgereicht hat (BGH NZI 2016, 892; Anschluss an BGH ZIP 2011, 1526 = NZI 2011, 760). Nach der Entscheidung des BGH v. 21.9.2017 (NZI 2017, 988) verwirkt der **vorläufige Insolvenzverwalter** seinen Vergütungsanspruch in der Regel nicht durch Pflichtverletzungen, die er als Insolvenzverwalter im eröffneten Verfahren begeht.

29 Der BGH führt in seiner jüngsten Entscheidung v. 22.11.2018 wörtlich aus, dass diese **Voraussetzungen** (schwere, subjektiv in hohem Maße vorwerfbare Verletzung der Treuepflicht insbesondere dann, wenn der Insolvenzverwalter besonders **schwerwiegende Pflichtverletzungen** in Form von **Straftaten** zum Nachteil der Masse begangen hat) „im Regelfall dann erfüllt sind, wenn der Insolvenzverwalter zulasten der verwalteten Masse eine **strafbare Untreue** begeht, um sich oder seine Angehörigen zu bereichern. Die Verwirkung des Anspruchs eines Insolvenzverwalters auf Vergütung findet ihren inneren Grund in dem schweren Treuebruch gegenüber dem Insolvenzgericht, das ihn bestellt hat (BGH, NZI 2016, 892; NZI 2017, 988). Deshalb kann die Verwirkung des Vergütungsanspruchs regelmäßig nur auf Pflichtverletzungen des Verwalters bei der Ausübung des konkreten Amtes gestützt werden, für das er eine Vergütung beansprucht (BGH, NZI 2017, 988). Zu würdigen sind stets die Umstände im Hinblick auf die dem Insolvenzverwalter gegenüber dem Insolvenzgericht obliegende Treuepflicht. Eine **schwere, subjektiv in hohem Maße vorwerfbare Verletzung der Treuepflicht** liegt insbesondere dann vorliegt, wenn der Insolvenzverwalter besonders schwerwiegende Pflichtverletzungen in Form von Straftaten zum Nachteil der Masse begangen hat (BGH, NZI 2016, 892; NZI 2017, 988). Hierbei sind die Umstände und das Gewicht der Straftat nach Art, Zielrichtung, Dauer und Ausmaß der Straftat zu würdigen; insbesondere ist zu berücksichtigen, inwieweit die Straftat auf einem systematischen Vorgehen des Verwalters zum Nachteil der Insolvenzmasse und zu seinem eigenen Vorteil beruht. Sorgt der Insolvenzverwalter über einen längeren Zeitraum durch ein systematisches Vorgehen dafür, für sich oder seine Angehörigen wirtschaftliche Vorteile aus der Verwaltung der Masse zu ziehen, die zum Nachteil der Insolvenzmasse gehen, und begeht er dabei eine strafbare Untreue, hat er regelmäßig seinen Vergütungsanspruch verwirkt. Denn mit diesem Verhalten missachtet der Insolvenzverwalter eine seiner Hauptpflichten, die Insolvenzmasse zu sichern und zu erhalten (BGHZ 189, 299; BGH NJW-RR 2014, 1516; BGH NZI 2016, 892), und verlässt damit die grundlegende Vertrauensbasis, auf der seine Bestellung durch das Insolvenzgericht beruht. Die an einen Insolvenzverwalter gestellte Erwartung, er werde im Rahmen seiner Amtsausübung weder sich noch seine Angehörigen in strafbarer Weise vorsätzlich zulasten der Masse bereichern, enthält elementare, einfach zu erfüllende Anforderungen und betrifft den Kern der Treuepflicht. Wenn der Verwalter vorsätzlich oder grob leichtfertig die ihm obliegende Treuepflicht so schwerwiegend verletzt hat, dass er sich seines Lohnes als „unwürdig" erweist und deshalb die Voraussetzungen erfüllt sind, unter denen ein Insolvenzverwalter seinen Vergütungsanspruch verwirkt, scheidet eine bloße **Kürzung der Vergütung** auf einen – noch angemessenen – (Rest-)Betrag bereits aus Rechtsgründen aus. Vielmehr führt die Verwirkung dazu, dass der Insolvenzverwalter mit seinem An-spruch auf Vergütung insgesamt ausgeschlossen ist" (so wörtlich BGH NZI 2019, 139).

30 Für die Annahme einer Verwirkung des Vergütungsanspruchs bedarf es einer Abwägung mit Gewichtung der Straftat nach Art, Zielrichtung, Dauer und Ausmaß und einer Berücksichtigung des Umstands, ob die Straftat auf einem systematischen Vorgehen beruht. Daraus folgt, dass allge-

meine Pflichtverletzungen des Insolvenzverwalters, insbesondere solche ohne eine Beeinträchtigung der Insolvenzmasse, in der Regel nicht geeignet sind, eine Verwirkung zu begründen. Daher besteht insofern kein Gleichlauf mit dem für die Entlassung nach § 59 InsO erforderlichen wichtigen Grund (vgl. Mock EWiR 2019, 181).

Begeht der Insolvenzverwalter im konkreten Insolvenzverfahren, aber auch in anderen Insolvenzverfahren in Ausübung seines Amtes vorsätzlich eine Straftat zum Nachteil der Insolvenzmasse, handelt er regelmäßig in besonders schwerem Maß verwerflich und verletzt in allen Verfahren das Vertrauensverhältnis zu den Beteiligten nachhaltig. Der Insolvenzverwalter wird auch bewilligte Vorschüsse (§ 9 InsVV) zurückzahlen müssen. Die Vorschussbewilligung beinhaltet kein Präjudiz für den Vergütungsanspruch, und das Verbot der reformatio in peius (BGHZ 159, 122 = NZI 2004, 435) gilt nicht, weil das Insolvenzgericht ihm gerade keine Vergütung gewährt hat (Anm. Keller NZI 2019, 142 zu BGH NZI 2019, 139). 31

Unter Berücksichtigung der unter den Rn. → Rn. 28–→ 31 dargestellten Grundsätze kann ein Gericht annehmen, der pflichtwidrigen Annahme der Bestellung als Insolvenzverwalter komme ein so erhebliches Gewicht zu, dass ein Ausschluss von der Vergütungsfestsetzung nicht unverhältnismäßig ist. Die Verwirkung soll nach einer Literaturauffassung aber nicht schon bei einem bloßen Verdacht einer Straftat ausgesprochen werden, da die abschließende strafrechtliche Beurteilung des Verhaltens des Insolvenzverwalters nicht beim Insolvenzgericht liege (KPB/Prasser/Stoffler Vor § 1 Rn. 24). Dem Ansatz wird in der Instanzrechtsprechung allerdings zutreffend nicht gefolgt. In der Rechtsprechung kommt es insoweit nicht darauf an, ob diesbezüglich auch eine (ggf. sogar rechtskräftige) strafrechtliche Verurteilung vorliegt. Entscheidend ist, dass die die Verwirkung begründenden Tatsachen feststehen und ihre strafrechtliche Wertung unschwer vollzogen werden kann (AG Wolfratshausen ZInsO 2000, 517; LG Deggendorf NZI 2013, 1028). Nach einer Literaturansicht ist allerdings das Festsetzungsverfahren bis zu einer strafgerichtlichen Entscheidung entsprechend § 149 ZPO auszusetzen (Haarmeyer/Mock InsVV Vor Rn. 88; KPB/Prasser/Stoffler Vor § 1 Rn. 24). 32

E. Verjährung des Vergütungsanspruchs

Der nicht festgesetzte Vergütungsanspruch unterliegt der regelmäßigen Verjährungsfrist von **drei Jahren** gem. § 195 BGB (BGH NZI 2007, 539 zum vorläufigen Insolvenzverwalter). Der Anspruch entsteht regelmäßig mit der Beendigung der vergütungspflichtigen Tätigkeit bzw. der Möglichkeit der Stellung eines Vergütungsanspruchs; die Bezifferbarkeit der Vergütung ist nicht Voraussetzung für deren Entstehung (LG Wiesbaden ZInsO 2021, 566; vgl. BGH ZIP 2010, 136). 33

Die Einreichung des Festsetzungsantrags beim Insolvenzgericht **hemmt** allerdings die Verjährung analog § 11 Abs. 7 RVG, § 2 Abs. 3 JVEG (allg. BGH ZIP 2007, 1070) und zwar bis zur Beendigung des eröffneten Verfahrens (BGH ZIP 2010, 2160). Die Verjährung kann von Amts wegen berücksichtigt werden (LG Wiesbaden ZInsO 2021, 566; vgl. BGH BeckRS 2011, 16923). 34

Der **rechtskräftig festgesetzte** Vergütungsanspruch verjährt in **30 Jahren** gem. § 197 Abs. 1 Nr. 3 BGB. 35

§ 9 Vorschuß

¹**Der Insolvenzverwalter kann aus der Insolvenzmasse einen Vorschuß auf die Vergütung und die Auslagen entnehmen, wenn das Insolvenzgericht zustimmt.** ²**Die Zustimmung soll erteilt werden, wenn das Insolvenzverfahren länger als sechs Monate dauert oder wenn besonders hohe Auslagen erforderlich werden.** ³**Sind die Kosten des Verfahrens nach § 4a der Insolvenzordnung gestundet, so bewilligt das Gericht einen Vorschuss, sofern die Voraussetzungen nach Satz 2 gegeben sind.**

Überblick

Grundsätzlich steht dem Insolvenzverwalter die Vergütung für seine Leistungen erst nach Abschluss seiner Tätigkeiten und somit regelmäßig erst bei Abschluss des Insolvenzverfahrens zu; vgl. etwa die generellen Regelungen in § 63 S. 2 InsO, § 8 Abs. 1 S. 3. Insbesondere in komplexen Insolvenzverfahren oder Konzerninsolvenzen mit wechselseitigen Verflechtungen sowie bei Durchführung von Rechtsstreitigkeiten ziehen sich die Verfahren häufig über viele Jahre hin. Der Insolvenzverwalter müsste über diesen Zeitraum ohne unmittelbare Vergütung nicht nur seine eigene Arbeitsleistung erbringen, sondern auch in erheblichem Umfang eigene Mitarbeiter in professionell ausgestatteten Büros mit einem entsprechenden Kostenaufwand beschäftigen. Diese Leistungen über einen längeren Zeitraum vorzufinanzieren ist ihm aber grundsätzlich nicht zuzumuten.

Hinzu kommt, dass der Insolvenzverwalter damit das Risiko trägt, am Ende des Verfahrens im Falle einer Beendigung nach § 207 InsO oder § 208 InsO ganz oder teilweise mit seinem Vergütungsanspruch auszufallen und damit das Insolvenzverfahren mitfinanziert. Um dem entgegenzuwirken, räumt § 9 dem Insolvenzverwalter das Recht ein, einen Vorschussantrag (→ Rn. 1 ff.) zu stellen und mit Zustimmung des Insolvenzgerichts (→ Rn. 10 ff.) einen Vorschuss auf die Vergütung und die Auslagen zu entnehmen.

Übersicht

	Rn.		Rn.
A. Entnahmeantrag	1	**B. Zustimmung des Insolvenzgerichts**	10
I. Antrag	1	**C. Beschluss des Gerichts und Entnahme-**	
II. Antragsberechtigte	2	recht	16
III. Anhörung der Beteiligten	3	**D. Bekanntgabe der Entscheidung und**	
IV. Inhalt des Antrags – Berechnungsgrundlage	4	Rechtsmittel	18

A. Entnahmeantrag

I. Antrag

1 Nach § 9 S. 1 kann der Insolvenzverwalter einen Vorschuss auf seine Vergütung aus der Masse entnehmen, wenn das Insolvenzgericht dem zustimmt. Die Zustimmung setzt Kenntnis von der Absicht zur Vorschussentnahme voraus, sodass entgegen des Wortlauts der Vorschrift der Insolvenzverwalter **vor** der Entnahme eines Vorschusses einen **schriftlichen Antrag** an das Insolvenzgericht zur Entscheidung darüber zu richten hat (HmbKommInsR/Büttner Rn. 1; Stephan/Riedel Rn. 19; missverständlich Jaeger/Schilken InsO § 63 Rn. 15). Ein Antrag ohne Verwendung des Begriffs des Vorschusses ist in einen Vorschussantrag auslegungsfähig (LG Frankfurt ZInsO 2020, 2448). Der Vorschussantrag kann auch dann noch gestellt werden, wenn die Verfahrensbeendigung absehbar ist (Stephan/Riedel Rn. 21), aber noch keine Schlussrechnung gelegt ist (AG Göttingen ZInsO 2011, 147 = BeckRS 2011, 01700; HmbKommInsR/Büttner Rn. 10), es sei denn, der Insolvenzverwalter ist zuvor aus seinem Amt **entlassen** worden (OLG Zweibrücken ZInsO 2002, 68).

II. Antragsberechtigte

2 § 9 findet nach seinem Wortlaut unmittelbar Anwendung auf den Insolvenzverwalter und über § 10 auf den **vorläufigen Insolvenzverwalter** (§ 12a; vor der Rechtslage am 1.1.2021 vgl. BGH ZInsO 2007, 34 (35); 2004, 268 (269)). Die Vorschrift ist, zumindest im Hinblick auf hohe Auslagen, auch auf den **vorläufigen Sachwalter** im sog. Schutzschirmverfahren gem. §§ 270a ff. InsO ohne Ablauf der Sechsmonatsfrist direkt anzuwenden (BGH ZInsO 2016, 1637 (1643)). Aufgrund der seit dem 1.1.2021 geltenden Rechtslage, nach dem auch dem vorläufigen Sachwalter ein eigenständiger Vergütungsanspruch nach § 12a zusteht, muss er den Vorschuss nicht mehr zusammen mit dem Vorschuss für den **Sachwalter** im Rahmen der Eigenverwaltung (§§ 270 ff. InsO) geltend machen (vgl. BGH ZInsO 2016, 1637 (1640) zur Rechtslage vor dem 1.1.2021), wobei sich der Auszahlungsanspruch gegen den Schuldner richtet, sofern er nicht die Kassenführung nach § 275 Abs. 2 InsO an sich gezogen hat. Antragsberechtigt ist auch der **Treuhänder im vereinfachten Insolvenzverfahren** (§ 313 InsO). Keine Anwendung findet § 9 auf den **Treuhänder in der Wohlverhaltensphase** (§ 292 InsO), da für diesen eine Sonderregelung in § 16 Abs. 2 besteht. Für den **Insolvenzverwalter im Planüberwachungsverfahren** gem. §§ 260 ff. InsO ist § 9 zwar nicht unmittelbar, jedoch entsprechend anwendbar (Stephan/Riedel Rn. 7), da dem Verwalter keine Masse mehr zur Verfügung steht, auf die er Zugriff hat und er dadurch ein höheres Risiko läuft, mit seinem Vergütungsanspruch auszufallen. Mangels Entnahmemöglichkeit ist dabei der Vorschuss gegen den vormaligen Insolvenzschuldner als Zahlungspflichtigen gem. § 269 InsO festzusetzen. Den **Mitgliedern des Gläubigerausschusses** steht in analoger Anwendung von § 9 auch ein Anspruch auf einen Vorschuss zu (BGH ZInsO 2012, 826 Rn. 9; AG Hannover ZInsO 2016, 1875; zust. Zimmer EWiR 2017, 83; KPB/Prasser § 73 Rn. 21;

HmbKommInsR/Frind § 73 Rn. 6; Stephan/Riedel Rn. 6 mwN; MüKoInsO/Stephan § 17 Rn. 29; Haarmeyer/Mock InsVV § 18 Rn. 7).

III. Anhörung der Beteiligten

Eine **Anhörung** der Beteiligten zu dem Vorschussantrag, insbesondere des Schuldners, ist **nicht** notwendig, da es sich nicht um eine abschließende Vergütungsfestsetzung, sondern um eine **vorläufige Entscheidung** handelt (LG Frankfurt ZInsO 2020, 2448; MüKoInsO/Stephan Rn. 23; HmbKommInsR/Büttner Rn. 3; aA Jaeger/Schilken Rn. 15; MüKoInsO/Nowak Rn. 9). Nach Stephan/Riedel Rn. 23 sollte in Fällen der vorläufigen Verwaltung jedoch der Schuldner gehört werden, da eine Verringerung der Vermögensmasse evtl. erhebliche Folgen für den Schuldner und den Fortgang des Eröffnungsverfahrens haben kann. 3

IV. Inhalt des Antrags – Berechnungsgrundlage

Der Inhalt des Antrags ist im Gesetz nicht geregelt (vgl. BGH ZInsO 2014, 2390 (2393)), jedoch ist er so zu **begründen,** dass dem Gericht eine sachgerechte Prüfung möglich ist (HmbKommInsR/Büttner Rn. 2; MüKoInsO/Stephan Rn. 20). Welche Unterlagen das Gericht zur Prüfung anfordert, steht im pflichtgemäßen Ermessen des Gerichts (BGH ZInsO 2014, 2390 (2393)). 4

Die **inhaltlichen Erfordernisse** orientieren sich letztlich an denen des späteren Vergütungsantrags (vgl. § 8). Der **Umfang** des Vergütungsvorschusses soll den bislang **erbrachten Leistungen entsprechen** (Jaeger/Schilken InsO § 63 Rn. 14) und sich an der endgültigen Vergütung orientieren. Dabei sind sowohl vergütungserhöhende als auch vergütungsmindernde Positionen zu berücksichtigen, sodass der Antragsteller die zum Zeitpunkt der Antragstellung bereits vorliegenden oder zumindest erkennbaren Voraussetzungen für Zu- und Abschläge gem. § 3, die sich mit Sicherheit verwirklichen werden, in Ansatz bringen kann (BGH ZIP 2002, 2223; LG Göttingen NZI 2001, 665; AG Chemnitz ZIP 2006, 820; HK-InsO/Keller Rn. 7). Daher ist insbesondere die **Berechnungsgrundlage,** dh die voraussichtliche Insolvenzmasse des § 1 und die voraussichtliche Höhe der späteren Vergütung darzulegen, sodass das Gericht die Angemessenheit des Vorschusses prüfen kann (HmbKommInsR/Büttner Rn. 2; aA Regelvergütung nach der bis zum Vorschussantrag realisierter Masse, Schulz NZI 2006, 446 (447); KPB/Eickmann/Prasser Rn. 11). 5

Der Vorschuss besteht aus einem Bruchteil der endgültigen Vergütung und soll die voraussichtliche Gesamtvergütung nicht übersteigen (BGH ZInsO 2002, 1133 (1134); BGHZ 116, 233 (241); LG Göttingen NZI 2001, 665). Im Fall einer zu hohen Vorschussentnahme ist der Verwalter zur **Rückzahlung** des zu viel entnommenen Vorschusses verpflichtet. Dies gilt allerdings nicht bei einer Einstellung des Verfahrens mangels Masse gem. § 207 InsO (LG Göttingen NZI 2014, 713 (714)). 6

Da die für die Berechnung der endgültigen Vergütung relevante Teilungsmasse zum Zeitpunkt der Beantragung des Vorschusses regelmäßig noch nicht feststeht, hat der Antragsteller die Teilungsmasse iSv § 1 Abs. 1 S. 2 **realistisch zu schätzen,** wobei reine Erinnerungswerte und der Wert von noch nicht realisierten Forderungen, deren Beitreibbarkeit zweifelhaft ist, hierbei außer Acht zu lassen sind (Stephan/Riedel Rn. 17). 7

Der Verwalter kann auch **Auslagen,** soweit diese bereits angefallen sind oder zumindest bestimmbar demnächst anfallen werden, als Vorschuss geltend machen. Bei den **Auslagen** hat der Antragsteller anzugeben, ob er gem. § 8 Abs. 3 die tatsächlich entstandenen Auslagen oder den Pauschsatz geltend macht (HmbKommInsR/Büttner Rn. 5); zukünftige Auslagen können bevorschusst werden (HWF InsVV Rn. 10; Jaeger/Schilken InsO § 63 Rn. 13). Im Falle der Geltendmachung tatsächlicher Auslagen sind diese zu belegen. Die Berechnungsart der Auslagen bindet den Verwalter nicht für seinen endgültigen Vergütungsantrag. Hohe Auslagen liegen bereits bei Aufwendungen von über 500 EUR vor (FK-InsO/Lorenz Rn. 13; BK-InsR/Blersch Rn. 15). 8

Dies gilt auch in Verfahren mit **Kostenstundung** (§§ 4a ff. InsO), wenn der Verwalter einen Steuerberater beauftragt und die Kosten nach § 4 Abs. 2 erstattungsfähig sind (BGH ZIP 2004, 1717; AG Dresden ZVI 2002, 340; LG Kassel ZVI 2002, 387; HK-InsO/Keller Rn. 5). 9

B. Zustimmung des Insolvenzgerichts

Die Entnahme des Vorschusses bedarf der vorherigen Zustimmung des Insolvenzgerichts (BGH ZInsO 2002, 1133; KPB/Eickmann/Prasse Rn. 14). Die Zustimmung ist als Maßnahme im Rahmen dessen **Aufsicht** (§ 58 InsO) anzusehen (BGH ZInsO 2011, 77; HmbKommInsR/Büttner Rn. 2; aA verfahrensleitende Verfügung, Schulz NZI 2006, 446 (449)). Eine Entnahme ohne 10

Zustimmung kann eine Untreue iSv § 266 StGB darstellen (vgl. BGH ZInsO 2001, 856 zum Liquidator sowie Lissner Rpfleger 2018, 4 zur (un-)berechtigten Entnahme von Vorschüssen).

11 Der Verwalter hat nach S. 1 einen Anspruch auf den Vorschuss, wenn die Voraussetzungen der Vorschrift vorliegen. Gemäß § 9 S. 2 **soll** die Zustimmung erteilt werden, wenn das Insolvenzverfahren länger als **sechs Monate** dauert oder wenn besondere Auslagen erforderlich werden, dh ein **berechtigtes Interesse** des Verwalters an einer Vorschussfestsetzung besteht (vgl. Jaeger/Schilken InsO § 63 Rn. 13: Zustimmungspflicht). Mit der Festlegung einer zeitlichen Komponente folgt der Gesetzgeber der Auffassung, dass dem Insolvenzverwalter, insbesondere im Hinblick auf das von ihm eingesetzte Personal und seine sonstigen Büro- und Geschäftskosten, eine Vorfinanzierung über einen längeren Zeitraum nicht zumutbar ist; das Gericht hat nur einen engen Ermessensspielraum und kann den Antrag nur unter engen Voraussetzungen ablehnen (BGH ZInsO 2002, 1133 (1134); HmbKommInsR/Büttner Rn. 3, 4). Die Sechsmonatsfrist ist nur als Beispiel für berechtigtes Interesse anzusehen (HWF InsVV Rn. 11; BK-InsR/Blersch Rn. 10; HmbKommInsR/Büttner Rn. 6).

12 Es muss nicht alle sechs Monate ein Vorschuss beantragt werden (LG Stuttgart ZInsO 2000, 620); jedoch können im Abstand von sechs Monaten Vorschüsse beantragt werden (BGH ZInsO 2002, 1133 (1134); HmbKommInsR/Büttner Rn. 9).

13 Ein berechtigtes Interesse liegt aber auch vor bei besonders hohen Auslagen, etwa Zustellungskosten oder bei der notwendigen Beauftragung externer Dienstleister, etwa Steuerberatern. Aus der Formulierung „[...] erforderlich werden" ergibt sich, dass die Auslagen nicht bereits angefallen sein müssen, es genügt, wenn der Anfall der Auslagen **unmittelbar bevorsteht** (Lorenz/Klanke Rn. 12; HK-InsO/Keller InsO § 63 Rn. 36 und HK-InsO/Keller Rn. 6).

14 Ein weiterer Fall des berechtigten Interesses ist der mögliche Eintritt einer **Masseunzulänglichkeit gem. § 207 InsO**. Nach stRspr des BGH (ZIP 2000, 2223; 1992, 120; NZI 2003, 31) geht der vorleistende Insolvenzverwalter in den Fällen der §§ 207, 208 InsO das Risiko ein, mit seiner Vergütung ganz oder teilweise auszufallen und kann durch die rechtzeitige Beantragung von Vorschüssen sein Ausfallrisiko ausschalten oder zumindest reduzieren. In diesem Fall ist der Antragsteller nicht an die sechsmonatige Frist gebunden. Dementsprechend besteht **keine** Verpflichtung des Verwalters, im Falle der späteren Massearmut gem. § 207 InsO oder Masseunzulänglichkeit gem. § 208 InsO, den Vorschuss oder Teile davon **zurückzuzahlen** (HWF InsVV Rn. 21).

15 Mit der Einführung von S. 3 durch die Verordnung zur Änderung der Insolvenzrechtlichen Vergütungsverordnung v. 4.10.2004 (BGBl. I 2569) hat der Gesetzgeber der Praxis einzelner Insolvenzgerichte, dem Verwalter in den Stundungsfällen keinen Vorschuss zu gewähren, entgegengewirkt und klargestellt, dass der Anspruch auf Entnahme eines Vorschusses auch in Verfahren besteht, in denen die Verfahrenskosten gem. § 4a InsO gestundet worden sind. Dies ist insbesondere für den Vorschuss für die Kosten eines extern beauftragten Steuerberaters von Bedeutung (Blersch ZIP 2004, 2311 (2316); HmbKommInsR/Büttner Rn. 18; auch → Rn. 9 und → Rn. 13).

C. Beschluss des Gerichts und Entnahmerecht

16 Das Insolvenzgericht entscheidet über den Antrag nach **pflichtgemäßem Ermessen** schriftlich durch Beschluss, der den Betrag des **Vorschusses**, der **Auslagen** und der **Umsatzsteuer** auszuweisen hat. Der Beschluss hat eine **Begründung** zu enthalten, wenn der Verwalter den Antrag vor Ablauf von sechs Monaten gestellt hat, unabhängig davon, ob dem Antrag entsprochen wird oder nicht. Eine Begründungspflicht besteht auch, wenn der Verwalter den Antrag nach Ablauf von sechs Monaten gestellt hat und das Gericht dennoch die Zustimmung versagt.

17 Sobald das Insolvenzgericht seine Zustimmung erteilt hat, ist der Verwalter berechtigt, den zugebilligten Vorschuss einschließlich der darauf entfallenden Umsatzsteuer aus der verwalteten Masse zu entnehmen. Die Entnahme hat insoweit **Tilgungswirkung,** damit erlischt die latent bestehende Masseverbindlichkeit gem. § 54 Nr. 2 InsO in Höhe des Vorschusses.

D. Bekanntgabe der Entscheidung und Rechtsmittel

18 Die Entscheidung des Insolvenzgerichts über den Vorschussantrag ist dem Verwalter im Falle der Zustimmung formlos (§ 6 InsO) **mitzuteilen,** im Falle der Versagung **förmlich zuzustellen,** da dem Verwalter hiergegen das Rechtsmittel der befristeten Erinnerung gem. § 11 Abs. 1, Abs. 2 RPflG zusteht (BGH ZIP 2002, 2223). Erfolgt die Versagung im eröffneten Verfahren durch den Richter, der das Verfahren gem. § 18 Abs. 2 RPflG an sich gezogen hat, ist die Entscheidung unanfechtbar.

Vorschuß **§ 9 InsVV**

Eine **Veröffentlichung** gem. § 64 Abs. 2 InsO findet **nicht** statt, da es sich nicht um eine 19 Vergütungsfestsetzung gem. § 64 Abs. 1, sondern lediglich um eine insolvenzrechtliche **Erlaubnis** handelt.

Gegen den Beschluss als **aufsichtsrechtliche Maßnahme** nach § 58 InsO ist daher für den 20 Schuldner und die Gläubiger weder gegen die Gestattung noch gegen die Versagung ein Rechtsmittel gegeben; diese sind gehalten, ggf. die endgültige Festsetzungsentscheidung gem. § 64 Abs. 2 InsO anzufechten (BGH ZIP 2002, 2223; Keller NZI 2003, 31; OLG Köln ZIP 2002, 231; LG Münster NZI 2001, 604; LG Göttingen NZI 2001, 665; HK-InsO/Keller Rn. 9, 10 mwN; Lorenz in Lorenz/Klanke, InsVV – GKG – RVG, 3. Aufl. 2016, Rn. 21; aA OLG Zweibrücken NZI 2002, 43). Soweit die Entscheidung durch den Rechtspfleger ergangen ist, ist allerdings die befristete Rechtspfleger-Erinnerung nach § 11 Abs. 2 RPflG zulässig (BGH ZIP 2002, 2223; dazu krit. Keller Vergütung Rn. 539 ff.; BGH ZInsO 2001, 777; 2002, 1133 (1134)).

Sofern das Insolvenzgericht auf einen Vergütungsantrag hin lediglich einen Vorschuss festsetzt, 21 liegt darin eine mit der sofortigen Beschwerde angreifbare Zurückweisung des weitergehenden Antrags (BGH ZInsO 2016, 1645).

Zweiter Abschnitt. Vergütung des vorläufigen Insolvenzverwalters, des Sachwalters und des Insolvenzverwalters im Verbraucherinsolvenzverfahren

§ 10 Grundsatz

Für die Vergütung des vorläufigen Insolvenzverwalters, des Sachwalters, des vorläufigen Sachwalters und des Insolvenzverwalters im Verbraucherinsolvenzverfahren gelten die Vorschriften des Ersten Abschnitts entsprechend, soweit in den §§ 11 bis 13 nichts anderes bestimmt ist.

Überblick

Da sich die Aufgaben und Tätigkeiten des vorläufigen Insolvenzverwalters, des Sachwalters, des vorläufigen Sachwalters und des Insolvenzverwalters im Verbraucherinsolvenzverfahren von denen des Insolvenzverwalters unterscheiden, sind diese in den §§ 11–13 besonders geregelt.

A. Norminhalt

1   Die Vorschrift des § 10 bestimmt und stellt klar, dass die Vorschriften des ersten Abschnitts, mithin die §§ 1–9 mit den Regelungen zur Berechnungsgrundlage, die Festsetzung der Vergütung und Auslagen sowie die Vorschussgewährung auch für den Zweiten Abschnitt mit seinen Regelungen zur Vergütung des vorläufigen Insolvenzverwalters (§ 11), des Sachwalters (§ 12) und des Treuhänders im Verbraucherinsolvenzverfahren (§ 13) **entsprechende,** dh unter **Berücksichtigung der verschiedenen Aufgaben und Tätigkeiten,** Anwendung finden. Wegen der abweichenden Aufgaben und Tätigkeit sind für den vorgenannten Personenkreis in den §§ 11–13 spezielle, vorrangige Regelungen enthalten, die die unterschiedlichen Tätigkeiten und Aufgaben berücksichtigen.

2   Weil die Vorschriften des Ersten Abschnitts nur entsprechend und nicht unmittelbar anzuwenden sind, wird deutlich, dass die den Vergütungsansprüchen zugrunde liegenden Tätigkeiten und Aufgaben mit denen des Insolvenzverwalters hinsichtlich ihrer **Struktur, Berechnung und Vergütungsfestsetzung vergleichbar** sind. Unter Berücksichtigung der Unterschiede enthalten die §§ 11–13 in Einzelheiten abweichende Regelungen.

3   Da die Tätigkeiten der in § 10 genannten Personen Berührungspunkte mit der Tätigkeit des Insolvenzverwalters aufweisen und in Teilbereichen vergleichbar sind, soll für die Struktur, Berechnung und Festsetzung der Vergütung dieser Personen in weitem Umfang auf den Ersten Abschnitt zurückgegriffen werden (vgl. Amtl. Begründung zur InsVV, § 10, abgedr. bei Haarmeyer/Mock InsVV Anh. 2.1, 487 (498); zur Widersprüchlichkeit, Unvergleichbarkeit und fehlenden Strukturgleichheit der Tätigkeiten der in § 10 genannten Personen und der Person des Insolvenzverwalters s. ausf. Büttner ZVI 2013, 289 ff.; HmbKommInsR/Büttner Rn. 4, 6; Haarmeyer/Mock InsVV Rn. 1 ff.).

4   Auf die Einzelheiten wird bei den Kommentierungen zur Vergütung des vorläufigen Insolvenzverwalters (§ 11), des Sachwalters (§ 12) und des Treuhänders im Verbraucherinsolvenzverfahren (§ 13) eingegangen.

B. Vorläufiger Insolvenzverwalter

5   Bei der Vergütung des **vorläufigen Insolvenzverwalters** (§ 11) liegt jedenfalls seit der Zweiten Änderung der InsVV v. 21.12.2006 (BGBl. I 3389; abgedr. in ZInsO 2007, 27) eine Annäherung der Struktur zur Vergütung des Insolvenzverwalters vor, da beide Vergütungen einen erfolgsorientierten Tätigkeitscharakter aufweisen (vgl. HmbKommInsR/Büttner Rn. 6; Haarmeyer/Mock InsVV Rn. 4 und BGH ZInsO 2011, 1422 (1424); NZI 2004, 626). Für den vorläufigen Insolvenzverwalter gilt allerdings eine von § 1 erheblich **abweichende Berechnungsgrundlage,** sodass eigentlich nur die §§ 2–9 eine entsprechende Anwendung für den vorläufigen Verwalter finden (HmbKommInsR/Büttner Rn. 8; Haarmeyer/Mock InsVV Rn. 5). Im Fall einer Betriebsfortführung durch den vorläufigen Insolvenzverwalter hat dieser allerdings auch nach **§ 1 Abs. 2 Nr. 4 S. 2 lit. b** eine gesonderte Aufstellung der damit verbundenen Einnahmen und Ausgaben mit entsprechender **Überschussermittlung** vorzunehmen (BGH BeckRS 2019, 35243; NZI 2007,

341). Über § 10 ist für die Vergütung des vorläufigen Insolvenzverwalters auch **§ 3 entsprechend anwendbar** (BGH NZI 2019, 913; 2020, 87 mAnm Keller; BGH WM 2019, 1890; ZInsO 2007, 370; ZIP 2006, 1008; WM 2004, 585 (587)). Das entspricht der herrschenden Ansicht im Schrifttum (KPB/Prasser/Stoffler, 2013, § 11 Rn. 55 ff.; K. Schmidt InsO/Vuia InsO § 63 Rn. 42; aA Haarmeyer/Mock InsVV, 5. Aufl. 2014, § 11 Rn. 43, 105; vgl. Uhlenbruck/Mock InsO § 63 Rn. 103). Dies gilt auch, nachdem das Gesetz zur Verkürzung des Restschuldbefreiungsverfahrens und zur Stärkung der Gläubigerrechte vom 15.7.2013 (BGBl. I 2379) die Vorschriften des § 11 Abs. 1 S. 1–3 aF als § 63 Abs. 3 S. 1–3 in die InsO übernommen hat. Mit dieser Neuregelung wollte der Gesetzgeber eine Frage klären, welche die Berechnungsgrundlage betrifft (vgl. BGH NZI 2019, 867). Ein Wille des Gesetzgebers, Zu- und Abschläge abweichend von der Rechtsprechung des BGH und der herrschenden Lehre neu zu regeln, ist nicht erkennbar (BGH ZIP 2019, 2489).

C. Vorläufiger Sachwalter

Die Vergütung des vorläufigen Sachwalters hatte der Verordnungsgeber in der bis zum 31.12.2020 geltenden Fassung der InsVV nicht geregelt, sodass Streit über den Regelsatz bestand, den der BGH in seiner Entscheidung v. 21.6.2016 (BGH ZInsO 2016, 1637; ZIP 2016, 1592 = NZI 2016, 7969) auf 25 % der Regelvergütung des Insolvenzverwalters festgeschrieben hat. In der Entscheidung hat der BGH § 12 entsprechend angewandt und das Vergütungsrecht des vorläufigen Sachwalters neu geregelt (dazu unter → § 12 Rn. 3). Für die ab dem 1.1.2021 beantragten Insolvenzverfahren ist die Vergütung des vorläufigen Sachwalters in § 12a geregelt (→ § 12a Rn. 1 ff. ff.). Er wurde durch Art. 6 des am 1.1.2021 in Kraft getretenen SanInsFoG in die InsVV eingefügt (vgl. → § 19 Rn. 13). 6

§ 11 Vergütung des vorläufigen Insolvenzverwalters

(1) ¹**Für die Berechnung der Vergütung des vorläufigen Insolvenzverwalters ist das Vermögen zugrunde zu legen, auf das sich seine Tätigkeit während des Eröffnungsverfahrens erstreckt.** ²**Vermögensgegenstände, an denen bei Verfahrenseröffnung Aus- oder Absonderungsrechte bestehen, werden dem Vermögen nach Satz 1 hinzugerechnet, sofern sich der vorläufige Insolvenzverwalter in erheblichem Umfang mit ihnen befasst.** ³**Sie bleiben unberücksichtigt, sofern der Schuldner die Gegenstände lediglich auf Grund eines Besitzüberlassungsvertrages in Besitz hat.**

(2) **Wird die Festsetzung der Vergütung beantragt, bevor die von Absatz 1 Satz 1 erfassten Gegenstände veräußert wurden, ist das Insolvenzgericht spätestens mit Vorlage der Schlussrechnung auf eine Abweichung des tatsächlichen Werts von dem der Vergütung zugrunde liegenden Wert hinzuweisen, sofern die Wertdifferenz 20 vom Hundert bezogen auf die Gesamtheit dieser Gegenstände übersteigt.**

(3) **Art, Dauer und der Umfang der Tätigkeit des vorläufigen Insolvenzverwalters sind bei der Festsetzung der Vergütung zu berücksichtigen.**

(4) **Hat das Insolvenzgericht den vorläufigen Insolvenzverwalter als Sachverständigen beauftragt zu prüfen, ob ein Eröffnungsgrund vorliegt und welche Aussichten für eine Fortführung des Unternehmens des Schuldners bestehen, so erhält er gesondert eine Vergütung nach dem Justizvergütungs- und -entschädigungsgesetz.**

Überblick

Das Insolvenzgericht kann im Rahmen der Anordnung von Sicherungsmaßnahmen im Insolvenzantragsverfahren gem. § 21 Abs. 2 Nr. 1 InsO einen vorläufigen Insolvenzverwalter bestellen, dessen Rechtsstellung und Aufgaben in § 22 InsO normiert sind. § 63 Abs. 3 InsO gewährt dem vorläufigen Insolvenzverwalter ein gesetzlichen, eigenständigen Vergütungsanspruch (→ Rn. 1 ff.), der 25 % der Vergütung des Insolvenzverwalters beträgt, bezogen auf das Vermögen (→ Rn. 2), auf das sich seine Tätigkeit während des Eröffnungsverfahrens erstreckt.

Die Vergütung des vorläufigen Insolvenzverwalters orientiert sich somit an der des Insolvenzverwalters. Neben den Vorgaben zur zu berücksichtigenden Art, Dauer und Umfang der Tätigkeit (Abs. 3) enthält § 63 Abs. 3 InsO weitere Detailregelungen (→ Rn. 18). Ist der vorläufige Insolvenzverwalter zugleich als Sachverständiger vom Insolvenzgericht eingesetzt, erhält er dafür eine gesonderte Vergütung nach dem JVEG (→ Rn. 40).

§ 11 gilt ebenso wie der neu eingeführte 63 Abs. 3 InsO für Verfahren, die ab dem 19.07.2013 beantragt worden sind (→ Rn. 1).

Übersicht

	Rn.		Rn.
A. Allgemeines	1	2. Abschläge	25
B. Berechnungsgrundlage	2	D. Auslagenersatz und Umsatzsteuer	26
I. Maßgeblicher Zeitpunkt	3	E. Festsetzung der Vergütung	28
II. Bewertungskriterien	4	I. Allgemeines, Antrag, Zuständigkeit und Entscheidung	28
III. Vermögenswerte	6	II. Verjährung und Vorschüsse	33
IV. Aus- und Absonderungsrechte (Abs. 1 S. 2)	9	III. Nachträgliche Änderung der Festsetzung (Absatz 2)	35
C. Vergütungshöhe	16	F. Vorläufiger Insolvenzverwalter als Sachverständiger	40
I. Regel- und Mindestvergütung	16		
II. Berücksichtigung von Art, Dauer und Umfang der Tätigkeit (Absatz 3)	18	G. Anwendbarkeit der bis zum 31.12.2020 geltenden Fassung nach § 5 Abs. 7 COVInsAG	46
III. Zuschläge und Abschläge	20		
1. Zuschläge	20		

A. Allgemeines

1   Der vorläufige Insolvenzverwalter hat Anspruch auf eine angemessene Vergütung (§ 21 Abs. 2 Nr. 1 iVm § 63 Abs. 3 InsO). § 11 findet in § 63 Abs. 3 InsO nunmehr eine ausreichende Ermächtigungsgrundlage für den Verordnungsgeber, der § 11 mehrfach geändert hat, zuletzt durch das Gesetz zur Verkürzung der Restschuldbefreiung und zur Stärkung der Gläubigerrechte v. 15.7.2013 (BGBl. I 2379), mit dem auch § 63 Abs. 3 InsO eingeführt wurde. Die Vorschriften sind nach der Übergangsregelung in Art. 103h S. 3 EGInsO auf **Verfahren anwendbar, die ab dem 19.7.2013 beantragt** worden sind (BGH ZInsO 2016, 1653). Für Altverfahren gilt das bis dahin geltende Recht in der Ausprägung der Rechtsprechung des BGH dazu (BGH ZInsO 2016, 1653; dazu Blersch EWiR 2016, 667). Hintergrund der letzten Änderung war die Rechtsprechung des BGH (vgl. BGH ZIP 2012, 2515; dazu Keller EWiR 2013, 61; BGH ZIP 2013, 30; dazu Steh EWiR 2013, 125; BGH ZIP 2013, 61; 2013, 393), die abweichend vom damaligen Gesetzestext des § 11 die Vermögenswerte mit Aussonderungsrechten gar nicht und Vermögenswerte mit Absonderungsrechten nur in Höhe einer freien Masse bei der Berechnungsgrundlage berücksichtigte und für den früheren § 11 Abs. 1 S. 4 keine ausreichende Ermächtigungsgrundlage für den Verordnungsgeber der InsVV sah, weshalb der Gesetzgeber § 63 Abs. 3 InsO mit Regelungen zur Vergütung des vorläufigen Insolvenzverwalters erließ (vgl. dazu Keller NZI 2013, 240; HK-InsO/Keller § 63 Rn. 62 und HK-InsO/Keller Rn. 2–4; HmbKommInsR/Büttner Rn. 2 mwN). Nachdem der BGH sich zunächst nur mit der darin enthaltenen Übergangsregelung befassen musste (vgl. vorstehend BGH ZInsO 2016, 1653), hat er nunmehr ausdrücklich die aktuelle gesetzliche Regelung des § 11 Abs. 1 S. 2 als wirksam anerkannt; die Regelung in § 11 Abs. 1 S. 2 ist von der gesetzlichen Ermächtigung in §§ 63 Abs. 3, 65 InsO gedeckt (BGH NZI 2019, 867 mwN). Damit kehrt der BGH vom „Überschussprinzip" zurück zur „Soll-Masse" (Keller EWiR 2019, 661).

B. Berechnungsgrundlage

2   Die Vergütung des vorläufigen Insolvenzverwalters berechnet sich nach dem Vermögen, auf das sich seine Tätigkeit während des Eröffnungsverfahrens erstreckt (§ 63 Abs. 3 S. 2 InsO, § 11 Abs. 1 S. 1). Zu berücksichtigen sind solche Vermögenswerte, die zu dem gesicherten und verwalteten oder sonst für die (künftige) Masse zu reklamierenden Vermögen gehört haben (BGH ZIP 2020, 279 Rn. 10 mwN; BGH BeckRS 2021, 18430). Diesem Vermögen werden nach § 11 Abs. 1 S. 2 Vermögensgegenstände, an denen bei Verfahrenseröffnung Aus- oder Absonderungsrechte bestehen, hinzugerechnet, sofern sich der vorläufige Insolvenzverwalter in erheblichem Umfang mit ihnen befasst hat (BGH NZI 2019, 867; vgl. Spannhoff ZInsO 2021, 697 ff.). Nach § 63 Abs. 3 InsO erhält der vorläufige Insolvenzverwalter für seine Tätigkeit eine gesonderte Vergütung,

die in der Regel 25 % der Vergütung des Insolvenzverwalters beträgt, bezogen auf das **Vermögen**, auf das sich seine Tätigkeit während des Eröffnungsverfahrens erstreckt. Die Berechnungsgrundlage bildet demnach das gesamte der vorläufigen Verwaltung unterliegende Vermögen des Schuldners einschließlich der Gegenstände, die mit Aus- und Absonderungsrechten belastet sind (Abs. 1 S. 1 – zu Abs. 1 S. 2 ↪ Rn. 9; LG Darmstadt NZI 2009, 809; LG Cottbus ZInsO 2009, 2114; MüKo-InsO/Stephan Rn. 27 ff.; HK-InsO/Keller Rn. 13), nicht aber unpfändbare und damit nicht massezugehörige Gegenstände (BGH ZInsO 2007, 766). Maßgeblich ist also das Vermögen, auf das sich die Tätigkeit des vorläufigen Verwalters während des Eröffnungsverfahrens erstreckt (BGH ZInsO 2011, 2055).

I. Maßgeblicher Zeitpunkt

Maßgebend für die Wertermittlung ist der **Zeitpunkt der Beendigung der vorläufigen** 3
Verwaltung oder der Zeitpunkt, ab dem der Gegenstand nicht mehr der vorläufigen Verwaltung unterliegt (§ 63 Abs. 3 S. 3 InsO). Damit ist Grundlage der Ermittlung der Vergütung des vorläufigen Insolvenzverwalters das von ihm gesicherte und verwaltete Vermögen zum Zeitpunkt der Beendigung seiner Tätigkeit bzw. zum Zeitpunkt der Beendigung der vorläufigen Verwaltung oder der Zeitpunkt, ab dem der Gegenstand nicht mehr der vorläufigen Verwaltung unterliegt.

II. Bewertungskriterien

Bei der **Bewertung** der Vermögensgegenstände ist auf den voraussichtlich zu **realisierenden**, 4
dh der Insolvenzmasse zufließenden, **Erlös** (vgl. BGH ZInsO 2006, 337; HmbKommInsR/Büttner Rn. 11) abzustellen. Der Verwertungserlös ist ein wichtiges Indiz für den objektiven Wert eines Vermögengegenstands (BGH ZInsO 2007, 147). Erkenntnisse zum Wert sind bis zum letzten Entscheidungszeitpunkt über den Vergütungsantrag zu berücksichtigen (BGH ZInsO 2011, 2055; 2011, 1128). Bei naturgemäßen Wertschwankungen (zB Aktien) ist der Wert bei Verkauf zu berücksichtigen (Vill FS Gero Fischer, 2008, 547 (553); HmbKommInsR/Büttner Rn. 13; aA Nowak NZI 2006, 519 f.: höchster Wert).

Grundsätzlich ist vom **Liquidationswert** auszugehen. Sofern jedoch eine **Unternehmens-** 5
fortführung erfolgt oder ernsthaft in Betracht kommt, ist der Ansatz von **Fortführungswerten** möglich (BGH ZIP 2004, 1555; KPB/Prasser/Stoffler Rn. 24 ff.; Haarmeyer/Mock InsVV Rn. 95; Keller Vergütung § 7 Rn. 104; HK-InsO/Büttner Rn. 17). Anlagevermögen ist grundsätzlich mit dem im Gutachten zur Insolvenzeröffnung ausgewiesenen Wert anzusetzen; höhere Beträge sind substantiiert darzulegen (BGH NZI 2007, 168; Graeber NZI 2007, 492).

III. Vermögenswerte

Unter den **Begriff des Vermögens** iSd § 11 Abs. 1 S. 2 fallen damit sämtliche Güter und 6
Rechte, die dem Schuldner zustehen und einen wirtschaftlichen Wert ausweisen, insbesondere das Eigentum an Grundstücken, an beweglichen und unbeweglichen Gegenständen sowie Forderungen. Damit werden auch diejenigen Gegenstände einbezogen, die während des Antragsverfahrens dem Vermögen des Insolvenzschuldners zuzuordnen waren, selbst wenn sie zum Zeitpunkt der Beendigung der vorläufigen Verwaltung nicht mehr vorhanden waren, etwa Vermögensgegenstände, die der Insolvenzschuldner **während des Eröffnungsverfahrens** mit Zustimmung des vorläufigen Insolvenzverwalters **veräußert** hat (MüKoInsO/Nowak Anh. zu § 65 InsO § 11 Rn. 6). Eine Ermittlung der Berechnungsgrundlage nach § 1 Abs. 1 scheidet allerdings aus, da § 63 Abs. 3 iVm Abs. 1 S. 1 einen eigenständigen Vermögensbegriff definiert (Graeber/Graeber Rn. 14; Haarmeyer/Mock InsVV Rn. 98). Zwar ist auch § 1 Abs. 2 nicht unmittelbar anwendbar, jedoch ist dessen analoge Anwendung nicht ausgeschlossen (Graeber/Graeber Rn. 61 ff.; Haarmeyer/Mock InsVV Rn. 98; aA HmbKommInsR/Büttner Rn. 16; analoge Anwendung nur von § 1 Abs. 2 Nr. 4a: HK-InsO/Keller Rn. 26 und BGH NZI 2007, 461; dazu Graeber NZI 2007, 492).

Die Ermittlung der Vermögenswerte kann anhand der bilanziellen Gliederung (vgl. § 266 HGB) 7
der Aktiva erfolgen. **Beispielhaft** seien folgende **Vermögenwerte** angesprochen:
- **Finanzanlagen:** Beteiligungen nach Veräußerungswert (BGH ZInsO 2011, 2055; LG München I BZI 2013, 696 mAnm Keller), Rückkaufswerte von Lebens- oder Direktversicherungen (LG Dresden ZInsO 2002, 369; LG Osnabrück ZInsO 2003, 896)
- **Forderungen:** mit Verkehrswert (BGH ZInsO 2012, 44) bzw. Realisierungswert (BGH NZI 2010, 400; LG Heilbronn ZIP 2001, 719; dazu Keller EWiR 2002, 817; LG Dresden ZIP 2002, 1303; HK-InsO/Keller Rn. 18), ohne dass diese in Rechnung gestellt (BGH NZI 2007, 461)

oder fällig (BGH ZInsO 2007, 147; BGH ZInsO 2007, 766), bei streitigen Forderungen mit Bewertungsabschlag (BGH ZInsO 2012, 1236: 50 % bei aktuell fehlender Durchsetzbarkeit)
- **Grundvermögen:** Erbbaurecht (LG Berlin ZInsO 2003, 623), Ausgleichsanspruch für von Schuldnerin im Grundbuch abgesicherter fremder Verbindlichkeiten (BGH ZInsO 2010, 350)
- **Immaterielle Vermögenswerte:** Firmenwert (BGH ZInsO 2004, 909; DZWIR 2004, 421 mAnm Graeber ZIP 2004, 1555), Unternehmenswert (BGH ZInsO 2006, 929; zur Berechnung vgl. Haarmeyer/Mock InsVV Rn. 78; Graeber DZWIR 2006, 479), unentgeltliches Nutzungsrecht, das den Unternehmenswert erhöht (BGH NZI 2010, 527)
- **Mobiles Vermögen** (LG Cottbus ZInsO 2009, 2114 (2116))
- **Sonstige Vermögenswerte:** Haftungsansprüche nach § 43 GmbHG, wegen existenzvernichtender Haftung, wegen Vermögensvermischung analog § 128 HGB (BGH ZInsO 2006, 328); nach § 64 S. 1 GmbHG (BGH ZInsO 2010, 2101)
- Anspruch auf Einzahlung der **Stammeinlage** (BGH ZInsO 2013, 309; 2012, 1236) und auf Kapitalaufbringung/-erhaltung (BGH ZInsO 2012, 603)

8 **Nicht zu berücksichtigen** bei der Berechnungsgrundlage sind Insolvenzanfechtungsansprüche (BGH ZInsO 2010, 2101; LG Kiel ZInsO 2017, 1756; aA AG Göttingen ZInsO 2018, 2771; LG Köln ZInsO 2009, 2415; AG Göttingen ZInsO 2007, 89) und Ansprüche nach § 135 InsO (BGH InsO 2010, 2101; ZInsO 2010, 730; ZIP 2004, 1653 mAnm Keller), da diese erst mit Insolvenzeröffnung entstehen. Nach anderer, nicht zuzustimmender Auffassung wird oftmals erst durch das Tätigwerden des vorläufigen Insolvenzverwalters die Grundlage für diese Ansprüche geschaffen, sodass die Ansprüche in die Berechnungsgrundlage einzubeziehen sind (HK-InsO/Keller Rn. 15 mwN; HWF InsVV Rn. 47; KPB/Prasser Rn. 23; HmbKommInsR/Büttner Rn. 6). Bei der Prüfung von **Anfechtungsansprüchen** mit besonderen, über den Normalfall hinausgehenden Schwierigkeiten kann ein **Zuschlagtatbestand** nach § 3 erfüllt sein (→ Rn. 24).

IV. Aus- und Absonderungsrechte (Abs. 1 S. 2)

9 Vermögensgegenstände, an denen bei Verfahrenseröffnung Aus- oder Absonderungsrechte bestehen, werden gem. Abs. 1 S. 2 dem Vermögen nach Abs. 1 S. 1 hinzugerechnet, sofern sich der vorläufige Insolvenzverwalter **in erheblichem Umfang mit ihnen befasst.** Ein solches erhebliches Befassen in erheblichem Umfang liegt vor, wenn sich der vorläufige Insolvenzverwalter nach dem zeitlichen und sachlichen Maß der Befassung einen erheblichen Teil seiner Arbeitskraft auf die Bearbeitung des Vermögensgegenstandes verwendet und dabei das gewöhnliche Maß an Tätigkeit eines vorläufigen Insolvenzverwalters derart überschreitet, dass eine erhebliche Mehrbelastung des vorläufigen Verwalters durch die Befassung mit dem Vermögensgegenstand feststeht. Der erhebliche Umfang der Befassung muss sich dabei gerade auf den Vermögensgegenstand richten, welcher der Berechnungsgrundlage hinzuzurechnen ist (BGH BeckRS 2021, 18430). Soweit der vorläufige Insolvenzverwalter die Voraussetzungen der erheblichen Befassung konkret darlegt und nachweist, ist der Wert der entsprechenden Vermögensgegenstände in die Berechnungsgrundlage mit ihrem **vollen Verkehrswert** mit einzubeziehen (HK-InsO/Keller Rn. 19 mwN). Dies gilt auch dann, wenn der vorläufige Verwalter den Gegenstand **nicht** verwertet (BGH ZIP 2013, 30 ff.).

10 Das Befassen in erheblichem Umfang richtet sich zunächst nach dem **Aufgabenkreis** des vorläufigen Insolvenzverwalters nach § 21 Abs. 2 Nr. 1 iVm § 22 InsO, insbesondere danach, ob ein sog. **schwacher Verwalter** mit oder ohne Zustimmungsvorbehalt oder ein sog. **starker vorläufiger** Verwalter bestellt ist. Sodann ist die erhebliche Befassung danach zu bestimmen, in welchem **zeitlichen oder sachlichen Maße** der vorläufige Verwalter sich mit den Vermögenswerten befasst hat (BGH BeckRS 2021, 18430; HK-InsO/Keller Rn. 20–23; Stephan/Riedel/Stephan § 11 Rn. 27). Die Hinzurechnung der Vermögenswerte hängt gerade von der **Intensität der Befassung** mit diesen Vermögenswerten ab. Die Befassung ist erheblich, wenn der vorläufige Verwalter **über das gewöhnliche Maß hinaus** in Anspruch genommen worden ist (BGH BeckRS 2021, 18430; vgl. BGHZ 156, 266; Haarmeyer/Mock InsVV Rn. 75; Graeber/Graeber Rn. 21f), wobei der real gestiegene Arbeitsaufwand entscheidend ist (BGH ZInsO 2003, 790; 2006, 1160 (1162); HmbKommInsR/Büttner Rn. 18–20). Dabei ist die erhebliche Befassung entweder mit dem behauptetem Recht an dem Gegenstand oder dem Gegenstand selbst jeweils für sich ausreichend (BGH ZInsO 2009, 495 (496)).

11 Für eine erhebliche Befassung mit den der Aus- oder Absonderung unterliegenden Vermögenswerten **genügt es allerdings nicht,** dass der vorläufige Insolvenzverwalter die Gegenstände **nur in Besitz nimmt** und die an diesen Gegenständen bestehenden **Sicherungsrechte prüft.** Hinzukommen muss vielmehr eine über den einfachen Normalfall hinausgehende Tätigkeit des vorläufigen Insolvenzverwalters, um den Umfang einer erheblichen Befassung zu erreichen. Nur **nennenswerte Befassung** oder **gewöhnliche Tätigkeiten** sind nicht ausreichend (BGH ZInsO 2006, 811 (815); **Beispiele** zu Routinetätigkeiten und nennenswerten Tätigkeiten bei HmbKommInsR/Büttner Rn. 21). Allerdings können Routinetätigkeiten aufgrund ihrer Vielzahl und aufgrund des damit verbundenen Arbeitsanfalls ins Gewicht fallen und einen erheblichen Aufwand darstellen, der zu einer erheblichen Befassung führen kann; insofern ist auf die **Erheblichkeit** als Abgrenzungskriterium abzustellen (HmbKommInsR/Büttner Rn. 21 mit Beispielen zu Routine und nennenswertem Befassen; HK-InsO/Keller Rn. 20 ff.; vgl. FK-InsO/Lorenz Rn. 19, 42). Eine **Befassung in erheblichem Umfang** liegt bei einer auf eine Sicherung gerichteten Tätigkeit des vorläufigen Verwalters als auch bei einer umfangreichen Tätigkeit zur Ermittlung von Bestand und Umfang der geltend gemachten Fremdrechte vor (BGH NZI 2019, 867; BGHZ 165, 266 (268 ff.), allerdings für die Gewährung eines Zuschlags; ähnlich bereits BGHZ 146, 165 (173 ff.) für die Einbeziehung in die Berechnungsgrundlage; vgl. Haarmeyer/Mock InsVV Rn. 74). Bei der erheblichen Befassung iSv § 11 Abs. 1 S. 2 ist eine **Unterscheidung** zwischen **ganz und nur teilweise mit Fremdrechten belasteten Gegenständen** weder vorgesehen noch geboten. Hat sich der vorläufige Verwalter mit einem teilweise belasteten Gegenstand in erheblichem Umfang befasst, zählt nach § 11 Abs. 1 S. 2 sein ganzer Wert zur Berechnungsgrundlage. Fehlt es an einer solchen Befassung, kann nur der Wert des unbelasteten Teils einbezogen werden (BGH NZI 2019, 867; zust. Keller EWiR 2019, 661).

Im Zusammenhang mit **Absonderungsrechten** wird eine erhebliche Befassung **beispielsweise** angenommen bei: 12
- **Anerkennung oder Bestreiten eines fremden Rechts** mit substantiierter rechtlicher Begründung unter Mitteilung einer entsprechenden Sachverhaltsgrundlage (BGH ZInsO 2006, 811 (814))
- **Mietverwaltung** (sog. „kalte Zwangsverwaltung" ohne Massemehrung sowie Verhandlungen über Nichtbetreibung der Zwangsversteigerung einer Immobilie (BGH ZInsO 2006, 811 (815); vgl. auch AG Hamburg ZInsO 2007, 260); vereinbart der vorläufige Insolvenzverwalter mit den Grundpfandrechtsgläubigern allerdings lediglich, die Mieten aus laufenden Mietverhältnissen einzuziehen und an die Grundpfandrechtsgläubiger zu verteilen, liegt darin allein keine Befassung im erheblichen Umfang mit dem Grundstück oder dem Grundpfandrecht (BGH BeckRS 2021, 18430)
- **Sicherungsmaßnahmen** für Immobilien und Mobilien an verschiedenen Standorten (LG Cottbus ZInsO 2009, 2114 (2117))
- Verhandlungen über **freihändige Verwertung einer Immobilie** mit Grundpfandrechtsgläubiger, wenn Veräußerung nach Verfahrenseröffnung nicht erfolgen kann (AG Hamburg ZInsO 2007, 260)
- Anordnung einer **Verwertungssperre nach § 21 Abs. 2 S. 1 Nr. 5** für Gegenstände, die der Verwalter nach Eröffnung nach § 166 InsO verwerten darf (HmbKommInsR/Büttner Rn. 25)
- **Erwirken** der **Einstellung der Zwangsversteigerung** nach § 30d Abs. 4 ZVG (BGH ZInsO 2006, 811 (815))

Eine **erhebliche Befassung** mit **Aussonderungsrechten** wird beispielsweise anerkannt bei: 13
- **Anordnung einer Verwertungssperre nach § 21 Abs. 2 S. 1 Nr. 5** für Gegenstände, die nach Eröffnung der Aussonderung unterliegen (HmbKommInsR/Büttner Rn. 29)
- **Nutzungsbeanspruchung** eines Gegenstands, auf den sich ein Aussonderungsrecht bezieht (BGHZ 165, 266)
- **Unklare Rechtslage** hinsichtlich Fremdheit bei Finanzierungsleasingverträgen mit Kaufoption (Vill FS Gero Fischer, 2008, 547 (552)).

Nicht berücksichtigt wird der Gegenstand, soweit er **wertausschöpfend** belastet ist, für Forderungen, die mit einer Sicherungszession wertausschöpfend belastet sind, gilt dies nur dann, wenn die Zession anfechtbar ist (BGH ZIP 2013, 515). Der BGH geht insofern vom über § 10 anwendbaren Überschussprinzip des § 1 Abs. 2 Nr. 1 S. 3 aus (BGH ZInsO 2013, 100 (102); 2012, 100 (102 f.); zur Anerkennung des Überschussprinzips und dessen entsprechender Anwendung s. HmbKommInsR/Büttner Rn. 26–28; Graeber/Graeber Rn. 33; Keller § 7 Rn. 38). 14

§ 11 Abs. 1 S. 3 stellt klar, dass Vermögensgegenstände, die der Schuldner lediglich aufgrund 15 eines **Besitzüberlassungsvertrags** im Besitz hat, auch dann **nicht** in die Berechnungsgrundlage einzubeziehen sind, wenn sich der vorläufige Insolvenzverwalter mit ihnen in erheblichem Umfang befasst hat. Darunter fallen insbesondere Pacht-, Miet- und Leihverträge, aber auch reine Verwahrungsverträge und Operating-Leasingverträge sowie Finanzierungs-Leasing ohne Kaufoption (Graeber/Graeber Rn. 53; HmbKommInsR/Büttner Rn. 33).

C. Vergütungshöhe

I. Regel- und Mindestvergütung

16 Die **Regelvergütung** des vorläufigen Insolvenzverwalters beträgt nach § 63 Abs. 3 S. 2 InsO 25 % der Regelvergütung des Insolvenzverwalters und zwar unabhängig davon, ob ein sog. schwacher vorläufiger Verwalter (§ 21 Abs. 2 S. 1 Nr. 1 und 2 Alt. 2 InsO, § 22 Abs. 2 InsO) oder ein sog. starker vorläufiger Verwalter (§ 21 Abs. 2 S. 1 Nr. 1 und 2 Alt. 1 InsO, § 22 Abs. 1 InsO) bestellt ist (BGH NZI 2008, 391; 2007, 461; ZInsO 2011, 1519; NZI 2004, 251; 2003, 547; ZIP 2003, 208).

17 Die **Mindestvergütung** des vorläufigen Insolvenzverwalters beträgt gem. § 10 iVm § 2 Abs. 2 in den ab dem 1.1.2021 beantragten Verfahren **1.400 EUR;** für die bis zum 31.12.2020 beantragten Verfahren bleibt es bei 1.000 EUR (vgl. → § 19 Rn. 13). Sie kann sich nach der voraussichtlichen Anzahl der Gläubiger im eröffneten Insolvenzverfahren entsprechend der dortigen Regelung erhöhen. Mangels Anmeldung ist auf die Zahl der Gläubiger abzustellen, die sich aus den Geschäftsunterlagen des Schuldners ergeben, ggf. ergänzt durch die Gläubiger, die der vorläufige Insolvenzverwalter im Rahmen seiner Tätigkeit ermittelt hat, ohne dass sich der vorläufige Verwalter mit ihnen befasst haben muss (BGH ZIP 2010, 486). Die Begrenzung auf 25 % der Regelvergütung des Insolvenzverwalters greift nicht im Falle der Mindestvergütung (AG Hannover 27.5.2021 – 908 IN 179/20 - 0; LG Krefeld NZI 2002, 611; LG Gera ZIP 2004, 2199, 2200; MüKoInsO/Stephan Rn. 77; Graeber/Graeber Rn. 188; wohl auch BGH ZInsO 2006, 811 Rn. 32). Auf die Mindestvergütung können allerdings über § 10 auch Zu- und Abschläge nach § 3 entfallen.

II. Berücksichtigung von Art, Dauer und Umfang der Tätigkeit (Absatz 3)

18 Die Regelung in Abs. 3 steht im Zusammenhang mit § 63 Abs. 3 S. 2 InsO. Bei der Bemessung der **Regelvergütung** gehen Gesetz- und Verordnungsgeber von einem typischen Normalfall, dem sog. **Normalverfahren** aus (krit. dazu HmbKommInsR/Büttner Rn. 52–59; Graeber/Graeber Rn. 71 ff.). Die Regelvergütung bezieht sich also auf den **Normalfall** eines vorläufigen Insolvenzverfahrens, dass durch die Anordnung der vorläufigen Verwaltung über das Vermögen des Schuldners mit einer Betriebsstätte mit max. 20 Arbeitnehmern und einem Jahresumsatz von bis zu 1,5 Mio. EUR , max. 100 Debitoren und max. 100 Kreditoren sowie einer Verfahrensdauer von vier bis sechs Wochen bestimmt ist (HK-InsO/Büttner Rn. 30; HWF InsVV Rn. 15 ff.; eingehend KPB/Prasser/Stoffler Rn. 63 ff.). Die Tätigkeit des vorläufigen Insolvenzverwalters ist dabei auf die Sicherung und Verwaltung des Schuldnervermögens, die Erfassung und Sicherung des Forderungsbestands, die Feststellung der Vermögenssituation des Schuldners und Feststellung der Verfahrenskostendeckung beschränkt.

19 Durch die in Abs. 3 normierte, vorgeschriebene Berücksichtigung von Art, Dauer und Umfang der Tätigkeit sind die in § 3 genannten sowie weitere mögliche Zu- und Abschläge entsprechend zu berücksichtigen. Zu- und Abschläge sollen erst bei einer Abweichung vom Normalfall von mindestens 5 % erfolgen (BGH ZInsO 2006, 642 (644)). Zu berücksichtigen ist allerdings, dass für einen Zuschlag ein tätigkeitsbezogener Mehraufwand vorliegen muss. Maßgebend sind nach der Bestimmung des § 63 Abs. 1 S. 3 InsO, welche gem. § 63 Abs. 3 S. 2 InsO auch für die Vergütung des vorläufigen Verwalters gilt, der Umfang und die Schwierigkeit der Geschäftsführung. Ebenso wie bei der Vergütung des Insolvenzverwalters (→ § 3 Rn. 1 ff.; vgl. auch BGH ZInsO 2010, 1504; NZI 2010, 982) kann deshalb auch beim vorläufigen Verwalter ein Zuschlag nicht allein an den Zeitablauf geknüpft werden. Allein eine längere als durchschnittliche Dauer des Eröffnungsverfahrens rechtfertigt keinen Zuschlag. Zu bewerten ist vielmehr die während der Dauer des Eröffnungsverfahrens erbrachte Tätigkeit (BGH ZIP 2018, 1553).

III. Zuschläge und Abschläge

1. Zuschläge

20 § 3 ist auf den vorläufigen Insolvenzverwalter entsprechend anzuwenden (stRspr, BGH ZIP 2019, 2489; WM 2019, 1890; ZInsO 2007, 370; ZIP 2006, 1008; WM 2004, 585 (587); KPB/Prasser/Stoffler, 2013, Rn. 55 ff.; K. Schmidt InsO/Vuia InsO § 63 Rn. 42; aA Haarmeyer/Mock InsVV Rn. 43, 105; vgl. Uhlenbruck/Mock, InsO, 15. Aufl., InsO § 63 Rn. 103). Dies gilt entsprechend § 10 auch, nachdem das Gesetz zur Verkürzung des Restschuldbefreiungsverfahrens und zur Stärkung der Gläubigerrechte vom 15.7.2013 (BGBl. I 2379) die Vorschriften des § 11 Abs. 1 S. 1–3 aF als § 63 Abs. 3 S. 1–3 in die InsO übernommen hat (BGH NZI 2020, 86). Mit dieser Neuregelung wollte der Gesetzgeber eine Frage klären, welche die Berechnungsgrundlage betrifft (vgl. BGH WM 2019, 1890). Ein Wille des Gesetzgebers, Zu- und Abschläge abweichend von der Rechtsprechung des BGH und der herrschenden Lehre neu zu regeln, ist nicht erkennbar (BGH NZI 2020, 86). **Zuschläge** können dem vorläufigen Verwalter allerdings nur für dessen Tätigkeiten im Rahmen seiner **ihm übertragenen oder gesetzlich zukommenden Aufgaben** gewährt werden; **überobligatorische Tätigkeiten** sind weder zu vergüten noch zuschlagsfähig (BGH ZInsO 2016, 1637 (1641)). Sie sind immer dann begründet, wenn Umstände vorliegen, die vom Regelfall, dh dem Normalverfahren, **abweichen**. Zudem bedarf es bei der Geltendmachung und Festsetzung des Gesamtzu- oder Gesamtabschlags einer Gesamtbetrachtung, um eine doppelte Berücksichtigung von Umständen zu vermeiden und sich aus Einzelzuschlägen ergebenden Überschneidungen Rechnung tragen zu können (BGH BeckRS 2021, 18430; → § 3 Rn. 15 f.). Folgende zuschlagsfähige Sachverhalte, die zu einer **konkreten Mehrbelastung** des vorläufigen Insolvenzverwalters führen, sind anerkannt.

Die **Unternehmensfortführung** gehört nicht zu den Regelaufgaben eines vorläufigen Insol- 21 venzverwalters und kann daher einen Zuschlag rechtfertigen (BGH NZI 2020, 86 mAnm Keller; Kreft AnwZert InsR 4/2020 Anm. 2). Die **Betriebsfortführung** unter Mitwirkung des vorläufigen Insolvenzverwalters, unabhängig davon, ob als vorläufiger Insolvenzverwalter mit Zustimmungsvorbehalt, § 21 Abs. 2 Nr. 2 Alt. 2 oder als vorläufiger starker Insolvenzverwalter mit Verfügungsbefugnis gem. § 21 Abs. 2 Nr. 2 Alt. 1 **rechtfertigt daher grundsätzlich** einen Zuschlag, insbesondere bei **Ausübung des Zustimmungsvorbehalts** (BGH ZInsO 2007, 147 (148)), **es sei denn**, die Fortführung führt zu einer so signifikanten Massemehrung, dass die dadurch bedingte Erhöhung der Regelvergütung den beim vorläufigen Insolvenzverwalter angefallenen **Mehraufwand ausgleicht**. Die Unternehmensfortführung für mehrere Monate ohne gleichzeitige Massemehrung ist für sich genommen bereits zuschlagsfähig (BGH NZI 2006, 401; 2004, 251; LG Münster ZInsO 2013, 841). Entsprechend § 1 Abs. 2 Nr. 4 S. 2 lit. b ist jedoch nur der **Fortführungsüberschuss** in der Berechnungsgrundlage zu berücksichtigen, sodass der Vergütungsantrag des vorläufigen Insolvenzverwalters im Fall einer Betriebsfortführung eine **gesonderte Aufstellung** der damit verbundenen **Einnahmen und Ausgaben** zu enthalten hat (BGH NZI 2020, 246, dazu Keller EWiR 2020, 207; BGH NZI 2007, 341). Dies gilt grundsätzlich auch in den Fällen, in denen die Betriebsfortführung mit einem Verlust endet (BGH NZI 2020, 246). Die Höhe des Zuschlags hat sich auch an der **Dauer der Betriebsfortführung** und der **Zahl der Arbeitnehmer** zu orientieren (vgl. BGH ZInsO 2016, 1637), so wird etwa bei der Betriebsfortführung von drei Monaten und etwa 80 Arbeitnehmern ein Zuschlag bis zu 50 % für gerechtfertigt gehalten (LG Neubrandenburg ZInsO 2003, 26) oder um 25 % bei einer Fortführung von 7 Wochen und 96 Arbeitnehmern (LG Cottbus ZInsO 2009, 2114). Auch ein über den Normalfall hinausgehende **Haftungsrisiko** für den vorläufigen Verwalter, etwa bei Übernahme einer persönlichen Bürgschaft, kann durch einen Zuschlag berücksichtigt werden (vgl. LG Münster BeckRS 2011, 21030; LG Münster NZI 2020, 962 mAnm Knapp). Zu berücksichtigen ist aber auch der **tatsächliche Arbeitsaufwand** des vorläufigen Insolvenzverwalters, etwa wenn er **mit eigenem,** von ihm vergüteten Personal die **Geschäftsleitung** im Rahmen der Fortführung unterstützt, die Fortführung in Zusammenarbeit mit dem Schuldner vornimmt (BGH ZInsO 2006, 595) oder gar selbst die **Tagesgeschäfte führt** (Jaeger InsO/Gerhardt InsO § 22 Rn. 237), aber auch die Einführung und Implementierung von **betriebswirtschaftlichen Steuerungselementen** (HmbKommInsR/Büttner Rn. 67; aA AG Ludwigshafen ZInsO 2015, 1643). Ein **Jahresumsatz von über 1,5 Mio. EUR** kann einen Zuschlag rechtfertigen (BGH NZI 2004, 251).

Sanierungsbemühungen rechtfertigen ebenfalls einen Zuschlag, der iHv 20 % (LG Bielefeld 22 ZInsO 2004, 1250) oder 25 % als angemessen angesehen wird (LG Cottbus ZInsO 2009, 2114). Wird der vorläufige Insolvenzverwalter im Rahmen des ihm zustehenden Aufgabenkreises in erheblichem Umfang zur Vorbereitung einer Sanierung tätig, ist der damit verbundene Mehraufwand im Rahmen eines Zuschlags zu vergüten (BGH NZI 2019, 913 mAnm Keller NZI 2020, 88; Prasser EWiR 2019, 757 und Graeber DZWIR 2020, 16; Fuchs NZI 2019,880; Ganter NZI 2020, 295; Kreft AnwZert InsR 4/2020 Anm. 2); zuschlagsfähig sind auch begleitende Bemühungen zur übertragenden Sanierung (vgl. BGH ZInsO 2016, 1637) sowie die **Vorarbeiten** für eine übertragende Sanierung (BGH ZIP 2006, 672 mAnm Prasser ZVI 2006, 165; AG Bielefeld ZInsO 2000, 350; KPB/Prasser/Stoffler Rn. 94 ff.). Sofern der vorläufige Insolvenzverwalter den gesamten **Investorenprozess durchführt,** ist ein Zuschlag gerechtfertigt (AG Ludwigshafen ZInsO 2015, 1643).

Ebenfalls einen Aufschlag rechtfertigen Tätigkeiten im Rahmen von **Arbeitnehmerangele-** 23 **genheiten** bei mehr als **20 Arbeitnehmern,** etwa die Insolvenzgeldvorfinanzierung (BGH NZI

2020, 86 mAnm Keller; BGH NZI 2019, 913; ZInsO 2008, 1265; ZIP 2007, 826; LG Traunstein ZIP 2004, 1657; LG Bielefeld ZInsO 2004, 1250) oder deren Überwachung (vgl. BGH ZInsO 2016, 1637), Verhandlungen über einen **Interessenausgleich und Sozialplan** sowie Personalanpassungsmaßnahmen (BGH NZI 2004, 251), über Sanierungstarifverträge, die Einrichtung von **Transfergesellschaften,** einen Personalabbau. Auch eine besonders hohe Zahl von Arbeitnehmern ist zuschlagsfähig (vgl. BGH ZInsO 2016, 1637; LG Leipzig DZWIR 2000, 36; AG Chemnitz ZIP 2001, 1473).

24 **Weitere Kriterien** für Zuschläge können sein:
- Tätigkeiten im Zusammenhang mit der **Bearbeitung und Prüfung von Aus- und Absonderungsrechten,** die nicht den Umfang einer erheblichen Befassung erreichen, dennoch den Umfang einer nennenswerten Tätigkeit ausmachen, können entgegen der Auffassung des BGH (NZI 2008, 33 mAnm Prasser) mit einem Zuschlag nach § 3 Abs. 1a belegt werden, wenn die Tätigkeit den Umfang der vollen Routinetätigkeiten übersteigt, ohne bereits erheblich iSv Abs. 1 S. 2 zu sein (HK-InsO/Keller Rn. 32). Beispiel hierfür ist die Vereinbarung eines Konsignationslagers mit aussonderungsberechtigten Lieferanten oder die Prüfung zedierter Forderungen auf ihre Werthaltigkeit und Zahlungsaufforderung an die Drittschuldner (KPB/Prasser Rn. 41). Soweit der vorläufige Insolvenzverwalter aber bereits eine Vergütung für den aus der erheblichen Befassung mit einem Vermögensgegenstand entstandenen Aufwand erhält, weil die Berechnungsgrundlage um den Wert des Aus- oder Absonderungsrechts erhöht worden ist (→ Rn. 9 ff.), können solche über die Erhöhung der Berechnungsgrundlage vergütete Tätigkeiten nicht herangezogen werden, um einen Zuschlag zu rechtfertigen (BGH BeckRS 2021, 18430)
- notwendige **Akteneinsicht in Steuerakten** des Schuldners (vgl. LG Hamburg ZInsO 2015, 45)
- **Prüfung von Anfechtungsansprüchen** mit besonderen, über den Normalfall hinausgehenden Schwierigkeiten (vgl. BGH NZI 2019, 867; WM 2006, 534; 2004, 1390), wobei sich die Ermittlung dieser Ansprüche im Rahmen einer parallelen gutachterlichen, gesondert vergüteten Tätigkeit mindernd auf die Höhe des Zuschlags auswirkt (LG Münster NZI 2020, 962 mAnm Knapp: 5 % Zuschlag)
- besonders **hohe Anzahl von Gläubigern** (LG Göttingen NZI 2002, 115; LG Braunschweig ZInsO 2001, 552; LG Leipzig DZWIR 2000, 36; AG Bielefeld ZInsO 2000, 350; vgl. Vill BGH NZI 2020, 974 ff.)
- **unvollständige** oder **unzureichende Buchhaltung** bzw. Buchhaltungsunterlagen (BGH NZI 2004, 665) zur „Fortführung der Buchhaltung/ungeordnete Buchhaltung/Lohnsteuerbescheinigungen/Personal" (vgl. BGH NZI 2019, 867)
- Klärung **gesellschaftsrechtlicher Verflechtungen** (LG Leipzig DZWIR 2000, 36)
- Zusammenarbeit mit einem eingesetzten **vorläufigen Gläubigerausschuss** (vgl. BGH ZInsO 2016, 1637)
- Tätigkeiten im Zusammenhang mit der Prüfung oder Erstellung eines **Insolvenzplans** (Haarmeyer/Mock InsVV Rn. 125; HmbKommInsR/Büttner Rn. 67)
- **Immobilienverwaltung oder -verwertung** in großer Zahl (LG Leipzig DZWIR 2000, 36) sowie Verhandlungen mit dem Vermieter des für die Unternehmensfortführung benötigten Grundstücks (HWF InsVV Rn. 45; Graeber ZInsO 2007, 133 (135))
- unkooperativer, dh **obstruktiv handelnder Schuldner** oder Angehöriger (LG Mönchengladbach ZInsO 2001, 750) und/oder Fehlen kompetenter Ansprechpartner im Unternehmen sowie Schwierigkeiten der Geschäftsführung wegen einer gegen den Schuldner angeordneten Verfügungsbeschränkung nach § 21 Abs. 2 Nr. 2 oder einer **Postsperre,** auch nur für kurze Zeit (AG Bonn ZIP 1999, 2167; HmbKommInsR/Büttner Rn. 68)
- **Verfahrensdauer** von über 6 Wochen unter der Voraussetzung, dass der vorläufige Insolvenzverwalter auch in diesem Zeitraum entsprechende Handlungen vorgenommen hat (→ Rn. 19).
- bei besonderer Arbeitsbelastung für den sog. starken vorläufigen Verwalter aufgrund der Anordnung eines **Verfügungsverbots** nach § 22 Abs. 1 InsO (BGH ZIP 2003, 1260; AG Dresden ZIP 2005, 88; KPB/Prasser/Stoffler Rn. 101 ff.)
- Notwendigkeit umfangreicher **Verwertungsmaßnahmen** im Rahmen der Sicherungstätigkeit (vgl. BGH ZInsO 2006, 257; NZI 2004, 750 zum Forderungseinzug; LG Bamberg ZInsO 2005, 477 (479) zur Verwertung von Warenbeständen unter Zeitdruck)
- **Abwehr zahlreicher Vollstreckungsmaßnahmen** einzelner Gläubiger (vgl. AG Nürnberg ZInsO 2001 463 zur Zwangsverwaltung)

2. Abschläge

Bei Abweichung vom Normalfall, die zu einer **Minderbelastung** des vorläufigen Insolvenzver- 25
walters von mind. 5 % (vgl. BGH ZInsO 2006, 642 (644)) führt, können auch Abschläge nach
§ 3 Abs. 2 in Betracht kommen. Sie fallen allerdings bei der vorläufigen Verwaltung naturgemäß
weniger ins Gewicht, sodass insbesondere eine besonders kurze Verfahrensdauer zu nennen ist
(BGH NZI 2007, 168; HK-InsO/Keller Rn. 34). Zu den sonstigen in der Praxis diskutierten
Abschlagstatbeständen wie dem eingestelltem Geschäftsbetrieb, fehlenden Mitarbeitern, vorzeitiger
Verfahrensbeendigung durch Antragsrücknahme s. Graeber/Graeber Rn. 146 ff.

D. Auslagenersatz und Umsatzsteuer

Aufgrund der Verweisung in § 10 ist § 4 entsprechend anwendbar, sodass der vorläufige Insol- 26
venzverwalter zudem einen Anspruch auf Erstattung von **Auslagen** hat und dabei gem. § 8 Abs. 3
auch eine **Pauschale in voller Höhe** geltend machen kann (BGH NZI 2006, 464 mAnm Nowak;
LG Chemnitz ZIP 2000, 710).

Die **Umsatzsteuererstattung** erfolgt über § 10 iVm § 7. 27

E. Festsetzung der Vergütung

I. Allgemeines, Antrag, Zuständigkeit und Entscheidung

Der Anspruch auf die Vergütung des vorläufigen Insolvenzverwalters wird **fällig** mit der **Been-** 28
digung des vorläufigen Verwalters (LG Göttingen NZI 2001, 219). Die Festsetzung des Anspruchs
kann auf **schriftlichen Antrag** des vorläufigen Verwalters unmittelbar danach erfolgen und kann
erst mit Beendigung des (eröffneten) Insolvenzverfahrens (Jaeger InsO/Heckel InsO § 54 Rn. 19;
HK-InsO/Keller Rn. 6). Der Antrag hat hinsichtlich der Vergütung, der Auslagen und der
Umsatzsteuer **bestimmte Eurobeträge** zu beinhalten. Der Vergütungsantrag ist zu **begründen.**
Dabei ist die Berechnungsgrundlage nachvollziehbar darzulegen, Erhöhungtatbestände sind darzulegen und zu begründen (HK-InsO/Keller Rn. 41).

Der Vergütungsanspruch des vorläufigen Insolvenzverwalters besteht selbstständig neben dem 29
Vergütungsanspruch des (endgültigen) Insolvenzverwalters und muss in seiner Gesamthöhe nicht
niedriger sein als die Vergütung des Insolvenzverwalters; sie kann sie erreichen und im Einzelfall
auch höher sein (HmbKommInsR/Büttner Rn. 62; HK-InsO/Keller Rn. 5; Keller EWiR 2002,
115; Keller DZWIR 2005, 292; aA BGHZ 146, 165 (176); BGH NZI 2004, 665; BGH NZI
2006, 284; dazu Blersch ZIP 2006, 598; Keller NZI 2006, 271; Uhlenbruck/Uhlenbruck InsO
§ 22 Rn. 235). Der vorläufige Insolvenzverwalter **verwirkt** seinen Vergütungsanspruch in der
Regel nicht durch Pflichtverletzungen, die er als Insolvenzverwalter im eröffneten Verfahren
begeht (BGH WM 2017, 2028; vgl. dazu Anm. Keller DZWIR 2018, 129 und Blersch EWiR
2018, 51).

Mit Eröffnung des Insolvenzverfahrens zählt die Vergütung des vorläufigen Insolvenzverwalters 30
zu den Kosten des Verfahrens nach § 54 Nr. 2 InsO. Bei **Nichteröffnung** des Verfahrens aufgrund
Antragserledigung oder mangels Masse ist der Schuldner Kostenschuldner der Vergütung (BGH
NZI 2008, 170; BGH ZIP 2006, 239; HK-InsO/Keller Rn. 9). Das Insolvenzgericht kann nach
Einführung des § 26a InsO die Vergütung gegen den Schuldner festsetzen.

Funktionell zuständig für die Entscheidung über den Antrag ist im eröffneten Insolvenzver- 31
fahren nach hM der **Rechtspfleger,** soweit sich der Richter nicht gem. § 18 Abs. 2 RPflG das
Verfahren vorbehalten hat (BGH ZIP 2010, 2160; Prasser NZI 2011, 54; KPB/Prasser/Stoffler
Rn. 150). Bei Nichteröffnung ist unstreitig der Richter zuständig (HK-InsO/Kellner Rn. 42
mwN).

Die **Entscheidung** über den Vergütungsantrag des vorläufigen Verwalters ergeht durch 32
Beschluss gem. § 64 Abs. 1 InsO. Der Beschluss ist nach § 64 Abs. 2 InsO öffentlich bekannt zu
machen und dem vorläufigen Insolvenzverwalter, dem Schuldner und ggf. dem Gläubigerausschuss
zuzustellen. Gegen die Festsetzung der Vergütung steht dem vorläufigen Insolvenzverwalter, dem
Schuldner und jedem Gläubiger gem. § 64 Abs. 3 InsO die **sofortige Beschwerde** zu. Eine
Beschwer ist nur gegeben, wenn der **Beschwerdewert** von 200 EUR erreicht ist nach § 567
Abs. 2 ZPO, der entsprechend gilt.

II. Verjährung und Vorschüsse

Der Vergütungsanspruch des vorläufigen Insolvenzverwalters **verjährt,** soweit er rechtskräftig 33
festgesetzt ist, in 30 Jahren (§ 197 Abs. 1 Nr. 3 BGB), nicht festgesetzte Ansprüche verjähren gem.

§ 195 BGB **in drei Jahren** (BGH NZI 2007, 539). Allerdings **hemmt** die Einreichung des Festsetzungsantrags beim Insolvenzgericht die Verjährung analog § 11 Abs. 7 RVG, § 2 Abs. 3 JVEG (allg. BGH ZIP 2007, 1070) und zwar bis zur Beendigung des eröffneten Verfahrens (BGH ZIP 2010, 2160).

34 Aufgrund der Verweisung des § 10 und des Umstands, dass § 11 keine abweichende Regelung trifft, ist auch der vorläufige Insolvenzverwalter **berechtigt**, unter den Voraussetzungen des § 9 **Vorschüsse** anzufordern, soweit er insoweit ein berechtigtes Interesse darlegt, etwa durch erhebliche Kosten. Die dortige Sechsmonatsfrist ist auf die regelmäßige Dauer des Antragsverfahrens von drei Monaten zu reduzieren (HK-InsO/Keller Rn. 44).

III. Nachträgliche Änderung der Festsetzung (Absatz 2)

35 § 11 Abs. 2 steht im Zusammenhang mit § 63 Abs. 3 S. 4 InsO und durchbricht nur scheinbar den Grundsatz, dass **nachträgliche Bewertungsänderungen** einzelner Vermögenswerte keinen Einfluss auf die rechtskräftige Vergütungsfestsetzung haben (vgl. BGH NZI 2006, 284; 2004, 251). Es geht allerdings um eine unrichtige Bewertung des Vermögenswerts im Vergütungsantrag bezogen auf den Zeitpunkt der Beendigung der Tätigkeit als vorläufiger Verwalter. Die **unrichtige Bewertung** wird regelmäßig auf die noch nicht erfolgte Verwertung zum **Zeitpunkt der Stellung des Vergütungsantrags** zurückzuführen sein. Spätestens mit Vorlage der Schlussrechnung und damit nach Verwertung der Vermögenswerte hat daher der Insolvenzverwalter das Insolvenzgericht auf eine Abweichung des tatsächlichen Werts von dem der Vergütung zugrunde liegenden Wert hinzuweisen, sofern die Wertdifferenz 20 vom Hundert bezogen auf die Gesamtheit dieser Gegenstände übersteigt. Im Ergebnis geht es also um eine **seinerzeit unrichtige Bewertung** eines noch nicht verwerteten Vermögenswerts (BGH ZInsO 2011, 1128).

36 Da es bei § 11 Abs. 2 um **Bewertungskorrekturen** geht, fallen **später eintretende Wertänderungen,** beispielsweise Werterhöhungen oder Wertminderungen bei Immobilien oder die Realisierbarkeit von Forderungen, nicht unter den Anwendungsbereich dieser Vorschrift (vgl. BGH ZInsO 2011, 1128; HK-InsO/Keller Rn. 45).

37 Die Hinweispflicht des Insolvenzverwalters gilt sowohl bei **Über- als auch bei Unterschreiten** der Wertdifferenz von 20 %. Bei **Personenidentität** von vorläufigem Verwalter und endgültigem Verwalter ist die Hinweispflicht unproblematisch; sie gilt aber auch für den Insolvenzverwalter, der zuvor vorläufiger Verwalter war (KPB/Prasser/Stoffler Rn. 125 ff.; HK-InsO/Keller Rn. 46; HmbKommInsR/Büttner Rn. 39, 40; aA FK-InsO/Lorenz Rn. 64).

38 Die **Bagatellgrenze** von 20 % bezieht sich nach dem Wortlaut der Vorschrift auf die Gesamtheit der Gegenstände iSv Abs. 1 S. 1. Jedoch sind auch Bewertungsabweichungen bei den **mit Aus- und Absonderungsrechten belasteten Gegenständen** nach Abs. 1 S. 2 zu berücksichtigen (vgl. LG Frankenthal NZI 2019, 869); sie unterliegen ebenfalls der Hinweispflicht nach Abs. 2 (FK-InsO/Lorenz Rn. 62; Haarmeyer/Mock InsVV Rn. 90; HK-InsO/Keller Rn. 45, Rn. 47-51; aA HWF InsVV Rn. 52; Haarmeyer ZInsO 2007, 73 (76); KPB/Prasser/Stoffler Rn. 117).

39 Eine **Verpflichtung** des Gerichts, die Vergütung abzuändern, besteht **nicht.** Gemäß § 11 Abs. 2 S. 2 besteht lediglich die **Möglichkeit** des Gerichts, nach pflichtgemäßem Ermessen den Beschluss über die Festsetzung der Vergütung des vorläufigen Insolvenzverwalters bis zur Rechtskraft der Entscheidung über die Vergütung des endgültigen Insolvenzverwalters **abzuändern.** Die Änderung kann das Gericht nach § 63 Abs. 3 S. 4 InsO bis zur Rechtskraft der Entscheidung über die Vergütung des (endgültigen) Insolvenzverwalters vornehmen.

F. Vorläufiger Insolvenzverwalter als Sachverständiger

40 Hat das Insolvenzgericht den **vorläufigen Insolvenzverwalter als Sachverständigen** beauftragt zu prüfen, ob ein Eröffnungsgrund vorliegt und welche Aussichten für eine Fortführung des Unternehmens des Schuldners bestehen, so erhält er neben seiner Vergütung als vorläufiger Insolvenzverwalter eine **gesonderte, eigenständige Vergütung** nach dem Justizvergütungs- und -entschädigungsgesetz (**JVEG**).

41 In den Verfahren, in denen der vom Insolvenzgericht an den Sachverständigen, der zugleich schwacher oder starker vorläufiger Verwalter war (§ 22 Abs. 1 S. 2 Nr. 3 InsO), erteilte Auftrag bis zum 31.12.2020 einging, richtet sich dessen Vergütung nach **§ 9 Abs. 2 JVEG** in der bis zum 31.12.2020 geltenden Fassung und betrug 80 EUR.

42 Die **Honorierung** des bis zum 31.12.2020 ausschließlich zum Gutachter bestellten **(isolierten) Sachverständigen,** der also nicht zugleich vorläufiger Verwalter war, war gesetzlich bis zum 31.12.2020 nicht konkret geregelt; er fiel jedenfalls nicht unter § 9 Abs. 2 JVEG. Eine unmittelbare

Anwendung des § 9 Abs. 2 JVEG kam nur dann in Betracht, wenn ein Gutachter bereits als Insolvenzverwalter bestellt war (hM, vgl. OLG Karlsruhe ZIP 2016, 430 f. Rn.11 mwN). Der Gesetzgeber hatte es versäumt, für den vom Insolvenzgericht eingesetzten isolierten Sachverständigen eine eigene Honorargruppe zu schaffen, sodass dessen Einordnung in eine der Honorargruppen des § 9 Abs. 1 JVEG in Verbindung mit einem der Sachgebiete aus Anlage 1 zu § 9 JVEG von den verschiedenen Insolvenzgerichten unterschiedlich gehandhabt wurde. Der Gesetzgeber hatte sich vorgestellt, dass der isolierte Sachverständige ein Honorar erhält, dass in der **Sachgebietsliste unter Nr. 6 der Anlage 1 zu § 9 Abs. 1 JVEG** aufgeführt ist (BT-Drs. 17/11471, 260). Das Sachgebiet 6 umfasst Tätigkeiten der Unternehmensbewertung (Honorargruppe 11 mit 115 EUR Stundensatz), der Kapitalanlagen und privaten Finanzplanung (Honorargruppe 13 mit 125 EUR Stundensatz), und der Besteuerung (Honorargruppe 3 mit 75 EUR Stundensatz). An den isolierten Sachverständigen sind qualitativ die gleichen Anforderungen zu stellen wie an den Sachverständigen, der zugleich vorläufiger Verwalter ist (LG Hamburg ZInsO 2011, 1078 (1079)). Die Darstellung des Vorliegens des Insolvenzgrundes der Überschuldung im Strafverfahren kommt einer Unternehmensbewertung sehr nahe (vgl. OLG Düsseldorf NZI 2006, 716). Dies gilt auch für die Ermittlung des Vorliegens eines Insolvenzgrundes der Überschuldung oder Zahlungsunfähigkeit im Insolvenzantragsverfahren (HmbKommInsR/Büttner Rn. 75). Daher war das Sachgebiet 6 Betriebswirtschaft, **6.1 Unternehmensbewertung** mit der Honorargruppe 11 einschlägig, die nach § 9 Abs. 1 S. 3 JVEG zu einem **Stundenhonorar von 115 EUR** führte (AG Göttingen ZIP 2018, 700; AG Göttingen ZInsO 2018, 277; zu beiden s. Wozniak jurisPR-InsR 5/2018 Anm. 4 und jurisPR-InsR 9/2018 Anm. 5; OLG Bamberg ZInsO 2017, 2457 mzustAnm Wozniak jurisPR-InsR 2/2018 Anm. 4; OLG Karlsruhe ZInsO 2016, 355 mzustAnm Straßburg ZInsO 2016, 318; AG Göttingen ZInsO 2016, 1758 mit denkbaren Ausnahmen in Verbraucherinsolvenzverfahren; ZInsO 2017, 403; LG Göttingen ZInsO 2017, 2459; HmbKommInsR/Büttner Rn. 75; Krösch ZInsO 2013, 1562 (1563); Keller § 16 Rn. 15; aA LG Frankenthal ZInsO 2016, 1388: bei Kleinstbetrieben 75 EUR, ansonsten nach Einzelfall zwischen 75 EUR und 125 EUR; AG Saarbrücken BeckRS 2016, 10959: 95 EUR; AG Stuttgart ZInsO 2014, 364: 105 EUR; AG Darmstadt ZInsO 2013, 2400: 95 EUR; Graeber/Graeber Rn. 197: 90–115 EUR; Uhlenbruck/Vallender InsO § 22 Rn. 261: 90 EUR; Greiner ZInsO 2018, 1714: 80 EUR gem. Honorargruppe 4). Unerheblich war, ob es sich um einen kleineren Betrieb handelt, denn der Umfang und die Größe des Unternehmens ändern nichts an dem grundsätzlichen Arbeitsbereich bzw. der Fachrichtung, in dem der Sachverständige tätig sein muss; für die Entschädigung nach dem JVEG kam es allein auf die Zuordnung zu einem bestimmten Sachgebiet an (OLG Bamberg ZInsO 2017, 2457; OLG Karlsruhe ZIP 2016, 430). Gleichwohl gewährten die Insolvenzgerichte beispielsweise in NRW regelmäßig lediglich 80 EUR oder 90 EUR, das AG Bonn unterscheidet sogar danach, ob der isolierte Sachverständige die Verfahrenseröffnung anregt (dann 80 EUR) oder die Abweisung mangels Masse (dann 90 EUR).

Durch das zum 1.1.2021 in Kraft getretene SanInsFoG ist auch das JVEG geändert worden. **42a** Für die beim Sachverständigen vom Insolvenzgericht **ab dem 1.1.2021 eingehenden Aufträge** gilt nach der Überleitungsvorschrift des § 24 JVEG die Regelung des **§ 9 Abs. 4 JVEG**. Diese lautet: „Das Honorar des Sachverständigen für die Prüfung, ob ein Grund für die Eröffnung eines Insolvenzverfahrens vorliegt und welche Aussichten für eine Fortführung des Unternehmens des Schuldners bestehen, beträgt 120 Euro je Stunde (sogenannter Stundensatz für den isolierten Sachverständigen). Ist der Sachverständige zugleich der vorläufige Insolvenzverwalter oder der vorläufige Sachwalter, so beträgt sein Honorar 95 Euro je Stunde." Insofern hat der Gesetzgeber klargestellt, dass dem **zugleich als vorläufigem Insolvenzverwalter** tätige Sachverständige für seine Sachverständigentätigkeit ein Stundensatz von **95 EUR** zusteht. Ist er als **„isolierter"** **Sachverständiger** (ohne zugleich vorläufiger Insolvenzverwalter zu sein) tätig, gebührt ihm ein Stundensatz von **120 EUR**.

Der Sachverständige hat nach den §§ 5–7, 12 JVEG zudem einen Anspruch auf Ersatz der **43** **Auslagen** und die auf das Honorar und die Auslagen entfallende **Umsatzsteuer** (§ 12 Abs. 1 S. 2 Nr. 4 JVEG). Die Vergütung wird aus der **Staatskasse** gewährt und gehört zu den gerichtlichen Auslagen nach Nr. 9005 GKG KV.

Der Honoraranspruch ist innerhalb einer **Frist von drei Monaten** zu beantragen, da er andern- **44** falls erlischt (§ 2 Abs. 1 Nr. 1 JVEG). Die **Verjährung** tritt drei Jahre nach Ablauf des Kalenderjahres ein, in dem das Gutachten eingereicht wurde (§ 2 Abs. 3 S. 1 JVEG); die Verjährung wird jedoch nicht von Amts wegen berücksichtigt (§ 2 Abs. 3 S. 4 JVEG) und wird durch den Antrag auf gerichtliche Festsetzung gehemmt (§ 2 Abs. 3 S. 3 JVEG).

Die gerichtliche Entscheidung über die Vergütungsfestsetzung ist nach § 4 Abs. 3 JVEG mit **45** der **Beschwerde** anfechtbar, sofern der Beschwerdewert 200 EUR übersteigt. Bei Nichtabhilfe

G. Anwendbarkeit der bis zum 31.12.2020 geltenden Fassung nach § 5 Abs. 7 COVInsAG

46 Das am 1.1.2021 in Kraft getretene Gesetz zur Fortentwicklung des Sanierungs- und Insolvenzrechts (SanInsFoG) hat auch zu Änderungen des COVID-19-Aussetzungsgesetzes (COVInsAG) in Bezug auf die Normen zum Eigenverwaltungsverfahren und zum Insolvenzplan geführt. Die neuen Regelungen der InsO nach Maßgabe des SanInsFoG finden gem. Art. 103k Einführungsgesetz zur Insolvenzordnung (EG-InsO) auf Insolvenzverfahren Anwendung, welche ab dem 1.1.2021 beantragt wurden bzw. werden. Jedoch sieht das COVInsAG in bestimmten Fällen die Fortgeltung des bis zum 31.12.2020 geltenden Rechts für Eigenverwaltungsverfahren nach § 5 COVInsAG (zu den Voraussetzungen → COVInsAG § 5 Rn. 3 ff.) und für Schutzschirmverfahren nach § 6 COVInsAG (zu den Voraussetzungen → COVInsAG § 6 Rn. 4 ff. und Rn. 14 f.) vor. So sind gem. § 5 COVInsAG auf Eigenverwaltungsverfahren, die zwischen dem 1.1.2021 und dem 31.12.2021 beantragt werden, die Vorschriften zur Eigenverwaltung nach den §§ 270–285 InsO in der bis zum 31.12.2020 geltenden Fassung weiter anzuwenden, wenn die Zahlungsunfähigkeit oder Überschuldung des Schuldners auf die COVID-19-Pandemie zurückzuführen ist. Sofern nach den §§ 5, 6 COVInsAG auf das vom Insolvenzgericht angeordnete Eigenverwaltungsverfahren die §§ 270–285 InsO in der bis zum 31.12.2020 geltenden Fassung weiter Anwendung finden, so ist nach § 5 Abs. 7 COVInsAG auch die InsVV in der bis zum 31.12.2020 geltenden Fassung anzuwenden. Dies gilt auch dann, wenn die vorläufige Eigenverwaltung oder Eigenverwaltung aufgehoben wird. In diesen Fällen findet § 11 in seiner bis zum 31.12.2020 geltenden Fassung Anwendung, sodass die Mindestvergütung 1.000 EUR beträgt (→ Rn. 17).

§ 12 Vergütung des Sachwalters

(1) Der Sachwalter erhält in der Regel 60 vom Hundert der für den Insolvenzverwalter bestimmten Vergütung.

(2) Eine den Regelsatz übersteigende Vergütung ist insbesondere festzusetzen, wenn das Insolvenzgericht gemäß § 277 Abs. 1 der Insolvenzordnung angeordnet hat, daß bestimmte Rechtsgeschäfte des Schuldners nur mit Zustimmung des Sachwalters wirksam sind.

(3) § 8 Abs. 3 gilt mit der Maßgabe, dass an die Stelle des Betrags von 350 Euro der Betrag von 175 Euro tritt.

Überblick

Die Vorschrift regelt die Vergütung und Auslagen des Sachwalters, der bei Anordnung der Eigenverwaltung durch den Schuldner (§§ 270–285 InsO) vom Insolvenzgericht bestellt wird. Er hat im Vergleich zum Insolvenzverwalter eine weniger umfassende Tätigkeit auszuüben (→ Rn. 1) und eine geringere Verantwortung, sodass die Vergütung gesondert zu regeln war. Sie soll regelmäßig 60 % der Vergütung des Insolvenzverwalters betragen (→ Rn. 2). Rechtsgrundlage für die Vergütung des Sachwalters ist § 274 Abs. 1 InsO, der auf die Vergütungsregeln der §§ 63–65 InsO verweist. Besondere Zuschlagsgründe normiert Abs. 2 (→ Rn. 9 f.); Abs. 3 normiert den Anspruch auf die Auslagen (→ Rn. 19 f.). Die Vorschrift ist auf die bis zum 31.11.2020 beantragten Verfahren nach § 19 Abs. 5 (→ § 19 Rn. 13) durch die Verweisung in § 270a Abs. 1 S. 2 InsO aF entsprechend für den vorläufigen Sachwalter (→ Rn. 3) anwendbar. Mit dem am 22.12.2020 erlassenen Sanierungs- und Insolvenzrechtsfortentwicklungsgesetz (**SanInsFoG**) ist in den **nach dem 1.1.2021 beantragten Insolvenzverfahren** (→ § 19 Rn. 13) die Vergütung des **vorläufigen Sachwalters** nunmehr in **§ 12a** geregelt (→ § 12a Rn. 1 ff.); zugleich wurde die Auslagenpauschale für diese Verfahren in Abs. 3 von 125 EUR auf 175 EUR angehoben.

Übersicht

	Rn.		Rn.
A. Regelvergütung (Abs. 1)	1	II. Abschläge	24
I. Der Sachwalter	1	III. Anrechnungen	25
II. Der vorläufige Sachwalter in bis zum 31.12.2020 beantragten Verfahren	3	**C. Auslagen (Abs. 3)**	26
		D. Fälligkeit, Festsetzung und Vorschuss	27
III. Berechnungsgrundlage der Vergütung des Sachwalters	8	I. Fälligkeit der Vergütung	27
IV. Berechnungsgrundlage beim vorläufigen Sachwalter in bis zum 31.12.2020 beantragten Verfahren	9a	II. Festsetzung der Vergütung und Veröffentlichung	28
		III. Vorschuss	35
V. Mindestvergütung	10a	**E. Vorzeitige Beendigung der vorläufigen Sachwaltung**	37
VI. Besondere Sachkunde	11		
B. Zuschläge (Abs. 2)	12	**F. Anwendbarkeit der bis zum 31.12.2020 geltenden Fassung nach § 5 Abs. 7 COVInsAG**	40
I. Zuschlagstatbestände	13		

A. Regelvergütung (Abs. 1)

I. Der Sachwalter

Dem Sachwalter kommt eine eingeschränkte Tätigkeit zu. Die Verwaltungs- und Verfügungsbefugnis verbleibt beim Schuldner; dieser hat eine Vielzahl von Rechten und Pflichten (vgl. → InsO § 277 Rn. 1, → InsO § 279 Rn. 1 ff., → InsO § 281 Rn. 3, → InsO § 281 Rn. 14, → InsO § 281 Rn. 3, → InsO § 282 Rn. 1 ff.; HK-InsO/Büttner, 7. Auflage 2014, Rn. 3). Dies rechtfertigt die vom Verordnungsgeber vorgegebene **Regelvergütung von 60 % der Verwaltervergütung** (amtl. Begründung, BT-Drs. 12/2443, 223). Durch die Verweisung in § 10 gelten die allgemeinen Regelungen der §§ 1–9 für die Vergütung des Insolvenzverwalters auch für die Vergütung des Sachwalters.

1

Die Regelvergütung des Sachwalters von 60 % der Vergütung des Insolvenzverwalters bezieht sich aufgrund der Verweisung in § 10 auf ein **Normalverfahren.** Dieses ist aufgrund der unter § 2 dargestellten Grundsätze durch folgende Kriterien **gekennzeichnet:** Umsatz bis zu 1,5 Mio. EUR, Verfahrensdauer bis zu zwei Jahren, bis zu 20 Arbeitnehmer, nur eine Betriebsstätte, bis zu 100 Gläubiger, bis zu 100 Debitoren, bis zu 300 Vorgänge in der Insolvenzbuchhaltung des Schuldners, rechtliche Prüfung von Sonderrechten an Massegegenständen mit einem Wert von 50 % des Aktivvermögens und Überwachung der Verwertung durch den Schuldner entsprechend § 282 InsO (vgl. MüKoInsO/Riedel Anh. zu § 65 InsVV § 2 Rn. 3–5; BK-InsR/Blersch Rn. 16; Lorenz/Klanke Rn. 6: allerdings 30–50 % der Schuldenmasse).

2

II. Der vorläufige Sachwalter in bis zum 31.12.2020 beantragten Verfahren

Der vorläufige Sachwalter hat aufgrund der Verweisung in § 270a Abs. 1 S. 2 InsO auf die §§ 274, 275 InsO vergleichbare Aufgaben wie der Sachwalter. Er hat zusätzlich gem. § 270b Abs. 4 S. 2 InsO aF die **Pflicht,** dem Insolvenzgericht den Eintritt der **Zahlungsunfähigkeit** unverzüglich **anzuzeigen.** Da die Zahlungsunfähigkeit bereits bei Überschreiten der 10%igen Liquiditätslücke (vgl. BGHZ 163, 134 und Ganter ZInsO 2011, 2297) eintreten kann, setzt die Anzeigepflicht eine tägliche **Kontrolle der Liquiditätsplanung** und damit auch des tatsächlichen Liquiditätsstatus voraus (HK-InsO/Büttner, 7. Auflage, 2014, Rn. 3a). Der Gesetzgeber hat im Rahmen der Umsetzung der Richtlinie (EU) 2019/1023 vom 20.6.2019 durch das am 22.12.2020 erlassene Gesetz zur Fortentwicklung des Sanierungs- und Insolvenzrechts (Sanierungs- und Insolvenzrechtsfortentwicklungsgesetz – SanInsFoG) in dessen Art. 6 unter Nr. 7 den **§ 12a** in die InsVV eingefügt, der gem. § 19 Abs. 5 in den **ab dem 1.1.2021 beantragten Insolvenzverfahren Anwendung findet** (→ § 19 Rn. 13). Nach § 12a erhält der vorläufige Sachwalter nun 25 % der Regelvergütung des Sachwalters, welche 60 % der Regelvergütung des Insolvenzverwalters erhält, sodass die Vergütung des vorläufigen Sachwalters im Ergebnis 15 % der Regelvergütung des Insolvenzverwalters (vgl. → Rn. 4) entspricht, allerdings auf einer anderen Berechnungsgrundlage basiert. Insofern wird für diese Verfahren auf die Kommentierung zu § 12a (→ § 12a Rn. 1 ff.) verwiesen; für die bis zum 31.12.2020 beantragten Verfahren → Rn. 3a ff.

3

InsVV § 12   Zweiter Abschnitt. Vergütung im Verbraucherinsolvenzverfahren

3a   Für die bis zum 31.12.2020 beantragten Insolvenzverfahren enthielt die **InsVV keine Regelung** zum Vergütungsanspruch des vorläufigen Sachwalters. Wie dessen Vergütung festzusetzen ist, war zunächst in Literatur und Rechtsprechung der Amts-, Land- und Oberlandesgerichte umstritten, bis der **BGH** in seiner **Entscheidung v. 21.7.2016** (BGH ZInsO 2016, 1637–1645) **grundlegende Feststellungen** zu den zu vergütenden Tätigkeiten, der Berechnungsgrundlage, der Höhe der Regelvergütung, zur Vergütungsfestsetzung sowie zur Bemessung von Zu- und Abschlägen getroffen und damit die **Vergütungsstruktur des vorläufigen Sachwalters** für die bis zum 31.12.2020 beantragten Verfahren **geregelt** hat. In Fortführung der vorgenannten Entscheidung hat der **BGH** in seiner zweiten **Entscheidung v. 22.9.2016** (ZInsO 2016, 2077 (2084)) weitere Ausführungen zu der Beauftragung des vorläufigen Insolvenzverwalters mit der Ausarbeitung eines Insolvenzplans, dem Umfang der Überwachungs- und Kontrolltätigkeit, den Zu- und Abschlagtatbeständen sowie zur Auslagenpauschale vorgenommen. Bevor auf diese neuere Rechtsprechung nachstehend unter → Rn. 7a näher eingegangen wird, soll zuvor der in der Literatur – jedenfalls teilweise weiter – bestehende Streitstand dargestellt werden (vgl. die die BGH-Rspr. ablehnende Entscheidungsbesprechung von Keller NZI 2016, 753–757 und weitere Anm. von Fuhst jurisPR-InsR 22/2016; Graeber DZWIR 2016, 514–519; Beck EWiR 2016, 499–500; Haarmeyer ZInsO 2016, 1829–1838; Haarmeyer ZInsO 2016, 2084–2086; Haarmeyer ZInsO 2016, 2125–2130; Buchalik ZInsO 2016, 2231–2238; Henkel ZInsO 2016, 2330–2336; Kampshoff NZI 2016, 941–943). Kritisiert wird das Modell des BGH im Wesentlichen wegen der Nichtberücksichtigung der grundsätzlich zu trennenden Verfahrensabschnitte des Eröffnungsverfahrens und des eröffneten Verfahrens (vgl. Meyer NZI 2019, 917; Keller NZI 2019, 753; Helmi/Stagge ZInsO 2019, 1834).

4   Eine Auffassung befürwortete eine entsprechende Anwendung der §§ 11 und 12, sodass der Vergütungssatz von 60 % gem. § 12 auf 25 % davon gem. § 11 analog reduziert werden soll, was im Ergebnis **15 % der Regelvergütung des Insolvenzverwalters** ausmacht (AG Münster ZInsO 2016, 719; krit. Keller NZI 2016, 211; LG Freiburg ZInsO 2016, 185; AG Ludwigshafen ZInsO 2015, 1639 über § 270a Abs. 1 S. 2 InsO, § 274 Abs. 1 InsO, § 63 Abs. 1 S. 1 InsO, § 63 Abs. 3 S. 2 nF InsO analog; LG Dessau-Roßlau NZI 2015, 570; AG Wuppertal ZIP 2015, 541; AG Essen ZIP 2015, 1796; AG Essen NZI 2015, 574; AG Essen ZInsO 2014, 2398; AG Essen NZI 2014, 271; LG Bonn NZI 2014, 123 mAnm Plathner; Plathner NZI 2014, 124; AGR InsO/Ringstmeier § 270a Rn. 9; Zipperer in Uhlenbruck, Insolvenzordnung, 14. Aufl. 2015, InsO § 270a Rn. 32; Graeber/Graeber, InsVV, 2. Aufl. 2016, Rn. 11, 13; FK-InsO/Foltis InsO § 270a Rn. 32; KPB/Pape InsO § 270a Rn. 9, 26 und § 274 Rn. 68; Graf-Schlicker/Graf-Schlicker § 270a Rn. 12, 26; Haarmeyer ZInsO 2013, 2343; Haarmeyer/Mock InsVV Rn. 21; Mock ZInsO 2014, 67 (68); HK-InsO/Landfermann InsO § 270a Rn. 15; im Ergebnis auch AG Köln NZI 2013, 97 über Analogie von § 12; ebenso AG Wuppertal ZIP 2015, 541).

5   Eine aA wendete den neuen, an die Stelle von § 11 Abs. 1 S. 2 getretenen § 63 Abs. 3 S. 2 InsO analog an und billigte dem vorläufigen Sachwalter damit **25 % der Regelvergütung des Insolvenzverwalters** zu (Kübler/Hofmann, Handbuch Restrukturierung in der Insolvenz, 2012, § 6 Rn. 81; K. Schmidt InsO/Undritz InsO § 270a Rn. 4; Lorenz/Klanke Rn. 23, 27; Hofmann, Eigenverwaltung, 2. Aufl. 2016, Rn. 549; Hofmann EWiR 2014, 155; Pape ZInsO 2013, 2129 (2135); Zimmer ZInsO 2012, 1658 (1661); im Ergebnis ebenso Schur ZIP 2014, 757 (761); diesem zust. Keller ZIP 2014, 2022).

6   Nach aA schied eine analoge Anwendung des § 11 mangels Vergleichbarkeit aus. Die Tätigkeiten des Sachwalters und des vorläufigen Sachwalters seien aufgrund der jeweiligen Sicherungs- und Überwachungsfunktion im Wesentlichen gleich, sodass für beide **entsprechend § 12 Abs. 1** ein einheitlicher Vergütungssatz von **60 % der Regelvergütung des Insolvenzverwalters** anzuwenden sei (AG Hamburg ZInsO 2014, 569; AG Göttingen ZInsO 2012, 2413; Budnik NZI 2014, 247 (249); Budnik NZI 2015, 53 Anm. zu LG Dessau-Roßlau; Schmücker jurisPR-InsR 5/2013 Anm. 5; Schur ZIP 2014, 757; Pape ZInsO 2013, 2129 (2135); Zimmer ZInsO 2013, 2305; Lorenz/Klanke Rn. 27; Graf-Schlicker/Kalkmann Rn. 11; KPB/Prasser Rn. 23 mwN auch aus Rechtsprechung; zum Aufgabenkreis des vorläufigen Sachwalters bei der Eigenverwaltung eingehend Frind NZI 2014, 937). Unterschieden bei der Tätigkeit im Eröffnungsverfahren und im eröffneten Verfahren seien durch Anwendung des § 3 durch Zu- und Abschläge Rechnung zu tragen. Daher sei **§ 12 analog** auf den vorläufigen Sachwalter (ohne „Verquickung" mit § 11) anzuwenden (AG Göttingen ZInsO 2012, 2413). Dem hat sich das AG Hamburg in seiner Entscheidung v. 20.12.2013 (ZIP 2014, 237) im Ergebnis angeschlossen, wonach die Vergütung des vorläufigen Sachwalters, jedenfalls in Verfahren, die zeitnah nach Eröffnung durch einen Insolvenzplan abgeschlossen werden sollen, insbesondere in Schutzschirmverfahren, 60 % der für den Insolvenzverwalter bestimmten Vergütung beträgt. Individuellen Besonderheiten ist durch

Zu- und Abschläge Rechnung zu tragen; wobei Zuschläge nur ausnahmsweise in Betracht kommen sollen. Aufgrund der regelmäßigen **Übereinstimmung des Aufgabenkreises des vorläufigen und endgültigen Sachwalters** ist dieser Auffassung zuzustimmen. Der Aufgabenkreis des vorläufigen Sachwalters ist beim Schutzschirmverfahren durch § 270 Abs. 4 S. 2 gegenüber demjenigen des endgültigen Sachwalters sogar noch erweitert. Diese **vergleichbaren Tätigkeiten** rechtfertigen eine gleiche Vergütung, sodass dem vorläufigen Sachwalter entsprechend § 12 eine Vergütung von 60 % der Regelvergütung des Insolvenzverwalters zuzubilligen ist. Korrekturen bspw. im Hinblick auf eine kurze Dauer des Eröffnungsverfahrens sowie für Unterschiede bei den Tätigkeitsbereichen können durch Zu- und Abschläge nach § 3 erfolgen (→ InsO § 270b Rn. 47; → InsO § 270a Rn. 5; § 274 Abs. 1; → InsO § 63 Rn. 1 ff.; vgl. AG Göttingen ZInsO 2012, 2413 Rn. 22; AG Hamburg ZIP 2014, 237). Die Anzeige des vorläufigen Sachwalters über die Benachteiligung der Gläubiger durch die Eigenverwaltung wird inhaltlich der Bescheinigung nach § 270b Abs. 1 S. 3 entsprechen müssen. Die Komplexität der Kontrolltätigkeiten und die ggf. erforderliche Anzeige des Eintritts der Zahlungsunfähigkeit mit entsprechender Darstellung in Form eines Gutachtens, erfordern eine dem endgültigen Verwalter gegenüber erheblich höhere Vergütung (HK-InsO/Büttner, 7. Aufl. 2014, Rn. 3a). Nach Ansicht des AG Potsdam erscheint es sachgemäß, für die Vergütung eines vorläufigen Sachwalters grundsätzlich von der einzig verbleibenden Vergütungsnorm aus dem Bereich der Sachwaltung, dem § 12, auszugehen und dem vorläufigen Sachwalter eine Regelgrundvergütung von 60 % der Vergütung des § 2 Abs. 1 zuzubilligen, wobei die Besonderheiten des Einzelfalls durch angemessene Zu- und Abschläge entsprechend § 3 berücksichtigt werden können (NZI 2015, 247; vgl. AG Potsdam ZIP 2013, 181; dazu Rendels/Körner EWiR 2013, 157).

Büttner kam trotz der vergleichbaren Tätigkeiten mangels genereller Betrachtungsmöglichkeit nicht zu einem konkreten Vergütungssatz, sondern fordert unter Hinweis auf die Rechtsprechung des BGH zur Vergütung bei der Nachtragsverteilung (vgl. BGH ZInsO 2011, 2049 (2051)) eine gerichtliche Einzelfallentscheidung (HmbKommInsR/Büttner Rn. 3a, Rn. 21 und 24: Stundensatzvergütung). 7

Nach der **Rechtsprechung des BGH** (NZI 2016, 796 = ZInsO 2016, 1637) zum bis zum 31.12.2020 geltenden Recht **für die bis zum 31.12.2020 beantragten Insolvenzverfahren** in Eigenverwaltung sind dem (vorläufigen) Sachwalter die Tätigkeiten zu vergüten, die ihm vom Gesetz oder vom Insolvenzgericht und den Verfahrensbeteiligten in wirksamer Weise übertragen worden sind. Die **Vergütung des vorläufigen Sachwalters** in diesen Verfahren ist **in Anwendung** der Vorschriften über die **Vergütung des (endgültigen) Sachwalters** festzusetzen; die Vorschriften über die Vergütung des **vorläufigen Insolvenzverwalters sind nicht entsprechend** anwendbar. Die **Berechnungsgrundlage** für die Vergütung des vorläufigen Sachwalters ist die **Berechnungsgrundlage für die Vergütung des (endgültigen) Sachwalters** (bestätigt durch BGH NZI 2016, 963 = ZInsO 2016, 512 und BGH ZInsO 2017, 1813; s. auch Kirchner/Wozniak ZInsO 2018, 147). Die Vergütung des vorläufigen Sachwalters beträgt im Normalfall **25 % der Regelvergütung des Insolvenzverwalters.** In der Entscheidung hat der BGH unerwartet und überraschend die Entscheidung getroffen, dass die Festsetzung der Vergütung des vorläufigen Sachwalters mit der Festsetzung der Vergütung des Sachwalters erfolgt, ihm also **kein eigenes Antragsrecht** für die Festsetzung seiner Vergütung zusteht, sondern nur dem (endgültigen) Sachwalter für die Vergütung des vorläufigen und endgültigen Sachwalters zusammen. Der Sachwalter erhält, wenn er als vorläufiger Sachwalter tätig war, einen Zuschlag von 25 % auf seine Vergütung (60 % der Regelvergütung des Insolvenzverwalters, § 12), insgesamt also eine **Regelvergütung von 85 % der Vergütung nach § 2 Abs. 1.** Die Vergütung wird einheitlich festgesetzt. Dem vorläufigen Sachwalter ist allerdings nach Eröffnung auf seinen Antrag hin ein **Abschlag** in Höhe der zu erwartenden Vergütung für die Tätigkeit als vorläufiger Sachwalter zu gewähren. Zu den allgemeinen Grundsätzen für die Bemessung von **Zu- und Abschlägen** auf die Regelvergütung des (vorläufigen) Sachwalters hat der BGH ausgeführt, dass **Zuschläge** insbesondere in Betracht kommen können bei **Unternehmensfortführung,** bei begleitenden **Bemühungen zur übertragenden Sanierung,** bei Zusammenarbeit mit einem eingesetzten **vorläufigen Gläubigerausschuss,** bei **hoher Zahl von Mitarbeitern** des fortgeführten Unternehmens, bei **Übernahme des Zahlungsverkehrs** und bei **Überwachung der Vorfinanzierung** der Löhne und Gehälter. Der Umstand, dass der Schuldner einen **Berater** mit insolvenzrechtlicher Expertise als Generalbevollmächtigten bestellt hat, rechtfertigt **keinen Abschlag.** Die **Bemessung** der Zuschläge im Einzelfall ist **Aufgabe des Tatrichters,** der als Ergebnis einer angemessenen Gesamtwürdigung einen Gesamtzuschlag (oder Gesamtabschlag) festzulegen hat. Der **Aufgabenzuschnitt** des vorläufigen Sachwalters führt regelmäßig zu deutlich **geringeren Zuschlägen als für vergleichbare zuschlagspflichtige Tätigkeitsbereiche des Verwalters** im Regelinsolvenzverfahren. 7a

7b In Fortführung der vorgenannten Entscheidung hat der **BGH** mit Beschluss v. **22.9.2016** (ZInsO 2016, 2077) zum bis zum 31.12.2020 geltenden Recht in den bis zu diesem Zeitpunkt beantragten Verfahren bestätigt, dass dem vorläufigen Sachwalter die Tätigkeiten zu vergüten sind, die ihm vom Gesetz, vom Insolvenzgericht oder den Verfahrensbeteiligten in wirksamer Weise übertragen worden sind; **eigenmächtige Aufgabenerweiterungen** sind ihm **nicht zu vergüten**. Bei beantragter Eigenverwaltung kann im Eröffnungsverfahren der vorläufige Sachwalter vom vorläufigen **Gläubigerausschuss mit Zustimmung des Schuldners** beauftragt werden, einen **Insolvenzplan auszuarbeiten;** weitere Aufgaben können dem vorläufigen Sachwalter auf diesem Weg über sein von Gesetz und Insolvenzgericht festgelegtes Tätigkeitsfeld hinaus nicht übertragen werden. Der vorläufige Sachwalter darf im Rahmen seiner **Überwachungs- und Kontrolltätigkeit** die **Eigenverwaltung beratend begleiten** in dem Sinne, dass er sich rechtzeitig in die Erarbeitung der Sanierungskonzepte und die Wahrnehmung sonstiger Aufgaben einbinden lässt und rechtzeitig zur Durchführbarkeit der beabsichtigten Maßnahmen äußert; eine nur nachlaufend wahrgenommene Überwachung ist unzureichend. Die **Auslagenpauschale** des vorläufigen Sachwalters bemisst sich nach § 12 Abs. 3 InsVV.

III. Berechnungsgrundlage der Vergütung des Sachwalters

8 Berechnungsgrundlage für die Vergütung des Sachwalters ist gem. der Verweisung in § 10 nach § 1 der **Wert der Masse,** der sich aus der **Schlussrechnung** des Schuldners gem. § 281 Abs. 3 S. 2 InsO ergibt (AG Göttingen ZInsO 2012, 2413; FK-InsO/Lorenz Rn. 10). Bei vorzeitiger Beendigung der Tätigkeit ist die zu diesem Zeitpunkt vorhandene Vermögensmasse maßgeblich, soweit sich die Tätigkeit des Sachwalters darauf bezog (HWF InsVV Rn. 7; MüKoInsO/Stephan InsO Anh. zu § 65 InsVV § 12 Rn. 6.

9 § **1 Abs. 2 Nr. 1** ist insofern **nicht anwendbar,** als dass der Schuldner auch das Verwertungsrecht an Gegenständen hat, die mit Absonderungsrechten belastet sind (vgl. § 282 Abs. 1 S. 3; AG Göttingen ZInsO 2012, 2413; FK-InsO/Lorenz Rn. 10; Haarmeyer/Mock InsVV, Insolvenzrechtliche Vergütung, 5. Aufl. 2014, Rn. 5). Feststellungskosten fallen nach § 282 Abs. 1 S. 2 nicht an. Nach S. 3 der Vorschrift sind als Kosten nur die tatsächlich entstandenen und die Umsatzsteuer anzusetzen (KPB/Pape Rn. 4). Wenn der Sachwalter Zahlungen nach § 275 Abs. 2 InsO nicht entgegennimmt und leistet, ist § 1 Abs. 2 Nr. 4a nicht anzuwenden (HK-InsO/Büttner, 7. Auflage, 2014, Rn. 4).

IV. Berechnungsgrundlage beim vorläufigen Sachwalter in bis zum 31.12.2020 beantragten Verfahren

9a Nach der unter → Rn. 7a genannten Rechtsprechung des BGH (ZInsO 2016, 1637) entspricht die Berechnungsgrundlage für die Vergütung des vorläufigen Sachwalters **in den bis zum 31.12.2020 beantragten Verfahren** der Berechnungsgrundlage für die Vergütung des (endgültigen) Sachwalters (stRspr, zuletzt BGH ZInsO 2017, 1813). Damit sind die bisherigen Entscheidungen zur Berechnungsgrundlage, wie sie nachfolgend unter → Rn. 10 noch genannt sind, obsolet. Zudem gilt für die **ab dem 1.1.2021 beantragten Insolvenzverfahren** nach der Überleitungsregelung des § 19 Abs. 5 (→ § 19 Rn. 13) der durch das SanInsFoG in die InsVV eingefügte § 12a (→ § 12a Rn. 7) mit einer abweichenden Regelung zur Berechnungsgrundlage.

10 Bis zu der BGH-Entscheidung v. 21.7.2016 (ZInsO 2016, 1637) nach dem bis zum 31.12.2020 geltenden Recht war die Berechnungsgrundlage umstritten. So wurde vertreten, dass die Berechnungsgrundlage für die Berechnung der Vergütung des vorläufigen Sachwalters gem. § 270a InsO das Vermögen ist, auf das sich seine Tätigkeit während des Eröffnungsverfahrens erstreckt hat (AG Münster ZInsO 2016, 719; LG Dessau-Roßlau NZI 2015, 570 mzustAnm Budnik NZI 2015, 573; AG Wuppertal Beschl. v. 23.3.2015 – 145 IN 458/14; AG Hamburg ZInsO 2014, 569 (571); AG Essen NZI 2014, 271; AG Köln NZI 2013, 97). Berechnungsgrundlage sei also die Masse, die sich während der Dauer seiner Tätigkeit ergibt und seiner Aufsicht unterliegt; es sei wie beim vorläufigen Verwalter (vgl. § 11) eine **zeitraumbezogene Betrachtung** vorzunehmen (HK-InsO/Büttner, 7. Auflage, 2014 Rn. 4a; HmbKommInsR/Büttner Rn. 4a; KPB/Prasser/Stoffler § 11 Rn. 22). Bei negativer Eröffnungsentscheidung nach § 270b Abs. 5 S. 3 InsO ist nach allgemeinen Grundsätzen im Rahmen der Schätzung der Wert der Masse bei Verfahrensbeendigung zugrunde zu legen (AG Essen NZI 2014, 271; Budnik NZI 2014, 247 (251); **aA** HmbKommInsR/Büttner Rn. 4b: Vermögenswerte per Antragstellung). In die Berechnungsgrundlage sind die im Eröffnungsverfahren **generierten Einnahmen** einzubeziehen, **nicht nur der erwirtschaftete Überschuss.** Ausgaben sind – anders als beim vorläufigen Verwalter – nicht abzusetzen, da auf den Gesichtspunkt der Aufsicht und nicht – wie in § 11 Abs. 1 S. 2 – auf das Vermögen, auf das sich die Tätigkeit erstreckt, abzustellen ist (AG Göttingen ZInsO 2012, 2413; LG Bonn NZI 2014, 123; Budnik NZI 2014, 247 (251)). Nach der Begründung der hier vertretenen Auffassung zur Regelvergütung von 60 % aufgrund des Vergleichs mit dem endgültigen Sachwalter sind die **mit Aus- und Absonderungsrechten** belasteten Gegenstände allerdings **nicht** mit in die Berechnungsgrundlage einzubeziehen, da § 1 Abs. 2 Nr. 1 keine Anwendung findet (LG Dessau-Roßlau NZI 2015, 570; Budnik NZI 2014, 247 (252); 2015, 573; AG Dortmund ZInsO 2016, 2499 mit dem zutreffenden Hinweis, dass die mit Absonderungsrechten belasteten Massegegenstände bei der Berechnungsgrundlage für die Sachwaltervergütung nur berücksichtigt werden können, wenn sie gem. § 1 Abs. 2 Nr. 1 InsVV durch den Verwalter verwertet werden, was aber ausscheidet, wenn die Verwertung der Absonderungsrechte gem. § 282 Abs. 1 S. 1 InsO allein dem Schuldner obliegt; Zimmer ZInsO 2013, 2305 (2306); HmbKommInsR/Büttner Rn. 4; Nerlich/Römermann/Madert Rn. 2; Graeber/Graeber InsbürO 2013, 6 mit dem Hinweis, dass sich der vorläufige Sachwalter per se mit Drittrechten nicht erheblich befasst; Haarmeyer/Mock InsVV, 5. Aufl. 2014, Rn. 5; **aA** AG Münster ZInsO 2016, 719; Mock ZInsO 2014, 67 (69); Graeber/Graeber, InsVV, 2. Aufl. 2016, Rn. 14; Graeber/Graeber InsbürO 2013, 6; KPB/Pape InsO § 270a Rn. 27; Schur ZInsO 2014, 757 (761 ff.); Zimmer ZInsO 2012, 1658 (1662)).

V. Mindestvergütung

Für die Vergütung des (vorläufigen) Sachwalters gilt auch § 2 Abs. 2 S. 1, sodass die Mindestvergütung **in den nach dem 1.1.2021 beantragten Insolvenzverfahren 1.400 EUR** beträgt; in bis zum 31.12.2020 beantragten Verfahren beträgt sie weiterhin 1.000 EUR (vgl. die Überleitungsregelung in → § 19 Rn. 13). Diese Vergütung erhöht sich entsprechend der Gläubigeranzahl nach § 2 Abs. 2 S. 2 und 3. Dabei entspricht den Gläubigern, die im eröffneten Verfahren Forderungen anmelden, im Eröffnungsverfahren am ehesten die Gesamtzahl der festgestellten Gläubiger, bei denen mit einer Anmeldung im eröffneten Verfahren zu rechnen ist (AG Charlottenburg ZIP 2019, 727; dazu Anm. Fuchs NZI 2019, 180 und Besprechung Bersch NZI 2019, 532; sowie Mock ZInsO 2019, 643). Auf die so berechnete Mindestvergütung können sich nach § 3 Zu- bzw. Abschläge ergeben (→ § 2 Rn. 16).

10a

VI. Besondere Sachkunde

Ist der **Sachwalter Rechtsanwalt, Steuerberater, Wirtschaftsprüfer** oder besitzt er **besondere Sachkunde,** gilt auch für ihn über die Verweisung in § 10, dass er – für solche Tätigkeiten, die ein nicht als Rechtsanwalt, Steuerberater oder Wirtschaftsprüfer zugelassener Sachwalter einem solchen Berufsträger übertragen hätte – gem. § 5 eine **zusätzliche, gesonderte Vergütung** nach Maßgabe der berufsständischen Vergütungsordnungen erhält.

11

B. Zuschläge (Abs. 2)

Weicht die Tätigkeit des Sachwalters von der in einem Normalverfahren ab, ist unter Berücksichtigung der Kriterien des § 3 eine angemessene Vergütung festzusetzen. Dies gilt auch für den vorläufigen Sachwalter (HK-InsO/Landfermann InsO § 270a Rn. 15; KPB/Prasser Rn. 31 ff.; AG Ludwigshafen ZInsO 2015, 1639; LG Freiburg ZInsO 2016, 185; LG Bonn NZI 2014, 123; aA, dh in der Regel kein Zuschlag: Haarmeyer/Mock InsVV, 5. Aufl. 2014, Rn. 21; Uhlenbruck/Mock, 14. Aufl. 2015, InsO § 63 Rn. 16). Zuschläge kann der (vorläufige) Sachwalter allerdings nur für die Tätigkeiten begehren, die in seinen **Aufgabenkreis** fallen; für quasi **überobligatorisch erbrachte Leistungen** kann er keine Vergütung und damit auch keine Zuschläge erfolgreich geltend machen (LG Freiburg ZInsO 2016, 185; AG Essen ZIP 2015, 1796; NZI 2015, 574 (576); Budnik NZI 2015, 573). Die Höhe der Zuschläge hat dem jeweiligen **Leistungsbild der Tätigkeit** zu entsprechen (MüKoInsO/Nowak InsO Anh. zu § 65 Rn. 9; FK-InsO/Lorenz Rn. 11; HK-InsO/Büttner, 7. Auflage, 2014 Rn. 7). Zu berücksichtigen sind dabei der **Umfang der Tätigkeit,** die **Mitwirkungspflichten** und das **Haftungsrisiko** (BK-InsR/Blersch Rn. 24 ff.; Lorenz/Klanke Rn. 9). Zu berücksichtigen ist zwar, dass nach der Rechtsprechung des BGH die Tätigkeit des vorläufigen Sachwalters durch einen Zuschlag auf die Vergütung des (endgültigen) Sachwalters zu vergüten ist (→ Rn. 7a). Gleichwohl kann für Mehraufwendungen im Antragsverfahren ein separater Zuschlag anfallen; dieser ist ggf. mit gleichgelagerten Tätigkeiten, beispielsweise der Bearbeitung von Arbeitnehmerangelegenheiten, als einheitlicher Zuschlagstatbestand geltend zu machen, wobei auch hier die jeweiligen Zeitabschnitte Berücksichtigung bei dem einheitlichen Zuschlag finden müssen.

12

I. Zuschlagstatbestände

13   Abs. 2 der Vorschrift nennt als **Erhöhungstatbestand** insbesondere die Anordnung des Insolvenzgerichts nach § 277 Abs. 1, dass bestimmte Rechtsgeschäfte des Schuldners nur mit **Zustimmung** des Sachwalters wirksam sind. In diesen Fällen ist eine höhere Vergütung festzusetzen (AG Wuppertal Beschl. v. 23.3.2015 – 145 IN 458/14; AG Göttingen ZInsO 2012, 2413; FK-InsO/Lorenz Rn. 10). Hier dürften Zuschläge von **10–40 %** zuzubilligen sein (HWF InsVV Rn. 9; Stephan/Riedel, InsVV, 2010, Rn. 7: mind. 10 %; **aA** KPB/Eickmann Rn. 8: bis zu 10 %). Zu- und Abschläge können nicht nur bei der Vergütung des Sachwalters, sondern auch bei der Vergütung des vorläufigen Sachwalters vorgenommen werden (FK-InsO/Foltis InsO § 270a Rn. 32; KPB/Pape InsO § 270a Rn. 26; Budnik NZI 2015, 573).

14   Die Übernahme der **Kassenführungsbefugnis** nach § 275 Abs. 2 InsO kann einen Zuschlag rechtfertigen, sofern diese umfangreiche zusätzliche Arbeit beispielsweise durch ein eng abgestimmtes Informations- und Freigabeverfahren zur Zahlung entsteht und ein erhöhtes Haftungsrisiko mit sich bringt(AG Essen ZIP 2015, 1796; AG Essen NZI 2015, 574 (576); LG Dessau-Roßlau NZI 2015, 570; AG Münster ZInsO 2016, 719). Hier sind Zuschläge von **10–20 %** angemessen (Lorenz/Klanke Rn. 11).

15   Zuschläge kommen zudem in Betracht für die **Erstellung eines Insolvenzplans** nach § 284 Abs. 1 S. 1 InsO, die beratende **Mitwirkung** an einem Insolvenzplan nach § 284 Abs. 1 S. 2 InsO und die **Überwachung** des Plans nach § 284 Abs. 2 InsO (HWF InsVV Rn. 11; HmbKomm-InsR/Büttner Rn. 5; KPB/Eickmann Rn. 7; MüKoInsO/Nowak, 2. Aufl. 2008, InsO Anh. zu § 65 InsVV § 12 Rn. 8; **aA:** für Planüberwachung kein Zuschlag, MüKoInsO/Stephan Anh. zu § 65 InsVV § 12 Rn. 10).

16   Ist die **Überwachung eines Insolvenzplans** durch den Sachwalter vorgesehen, so erhält er hierfür keinen Zuschlag auf die Regelvergütung iRd § 12, sondern eine gesonderte Vergütung nach **§ 6 Abs. 2** (Stephan/Riedel, InsVV, 2010, Rn. 11; Keller, Vergütung und Kosten im Insolvenzverfahren, 4. Aufl. 2016, Rn. 565; **aA:** MüKoInsO/Tetzlaff InsO § 274 Rn. 50a; KPB Rn. 7).

17   Bei **einzelnen Mitwirkungs- und Zustimmungsfällen** können Zuschläge von jeweils **5–10 %** angemessen sein (vgl. KPB/Eickmann Rn. 8); bei umfangreicher **Einbindung** in sämtliche wesentlichen verfahrensleitenden **Gespräche und Entscheidungen** des Generalbevollmächtigten/dem potentiellen Übernahmeinteressenten 10 % (AG Münster ZInsO 2016, 719). Zudem sind allgemeine Zuschläge nach Maßgabe des § 3 möglich, allerdings auch Abschläge (HWF InsVV Rn. 9 ff.; MüKoInsO/Nowak InsO Anh. zu § 65 Rn. 8, 9; KPB/Eickmann Rn. 6, 9 ff.).

18   Der durch die Einsetzung eines **vorläufigen Gläubigerausschusses** erhöhte Aufwand beim vorläufigen Sachwalter rechtfertigt im Einzelfall einen Zuschlag von 10 % (vgl. LG Dessau-Roßlau NZI 2015, 570: bei intensiver Abstimmung mit dem Gläubigerausschuss; AG Ludwigshafen ZInsO 2015, 1639; AG Wuppertal Beschl. v. 23.3.2015 – 145 IN 458/14). Das AG Wuppertal hält auch den Mehraufwand bei einer **Vielzahl von Gläubigern** und aufgrund einer zentralen Stellung einer Schuldnerin im **Konzern** für zuschlagsfähig.

19   Zuschlagsfähig ist die Tätigkeit des **vorläufigen Sachwalters** im Zusammenhang mit der **Insolvenzgeldvorfinanzierung** (LG Dessau-Roßlau NZI 2015, 570 mzustAnm Budnik NZI 2015, 573; AG Wuppertal Beschl. v. 23.3.2015 – 145 IN 458/14). Bei Notwendigkeit einer Mitarbeiterinformation mit Klärung arbeitsrechtlicher Fragen, die mit erheblichem Mehraufwand verbunden ist und einer Überwachung der Insolvenzgeldvorfinanzierung der und Gehälter hält das AG Münster einen Zuschlag von 10 % für gerechtfertigt und angemessen (ZInsO 2016, 719). Nicht hingegen kann ein Zuschlag für anfallende Arbeitnehmerangelegenheiten erfolgen, da diese zu den Aufgaben der sich selbst verwaltenden Schuldnerin zählen (LG Dessau-Roßlau NZI 2015, 570 mzustAnm Budnik NZI 2015, 573).

20   Dem AG Essen (NZI 2015, 576) erscheint es zweifelhaft, dem vorläufigen Sachwalter bei einer **Fortführung des schuldnerischen Unternehmens** einen Zuschlag zu gewähren. Nach Ansicht des LG Bonn (ZInsO 2013, 2341 (2342)) sei dies generell zu verneinen, da die Eigenverwaltung mit Sachwalterbetreuung bereits die Betriebsfortführung voraussetzt und die Aufgabe des Sachwalters allein darin bestehe, die dem Schuldner grundsätzliche erhaltene Verfügungsbefugnis zu beaufsichtigen und dem Insolvenzgericht zu berichten. Mit gleicher Begründung hält das LG Dessau-Roßlau die **Betriebsfortführung** ebenfalls nicht für zuschlagsfähig und weist darauf hin, dass diese bereits insofern berücksichtigt wird, als dass die iRd Betriebsfortführung erzielten Erlöse zu einer Erhöhung der Berechnungsgrundlage führen. Zwar ist die vorläufige Eigenverwaltung mit einer Betriebsfortführung regelmäßig verknüpft, jedoch nicht zwingend, da sie auch in Liquidationsverfahren angeordnet werden kann (AG Essen ZIP 2015, 1796; NZI 2015, 574 (576)). Zudem wird auch dem vorläufigen Insolvenzverwalter für die Betriebsfortführung je nach Dauer, Größe

und Schwierigkeitsgrad regelmäßig ein Zuschlag gewährt. So hat das AG Ludwigshafen (ZInsO 2015, 1639) für vom Gericht per Beschluss übertragene, besondere Überwachungsaufgaben bei der **Betriebsfortführung** mit entsprechend erhöhtem Haftungsrisiko und Erweiterung des Aufgabenkreises des vorläufigen Sachwalters einen Zuschlag von 10 % nicht beanstandet. Nach Ansicht des AG Münster (ZInsO 2016, 719) rechtfertigt zwar die bloße Betriebsfortführung in kleinen Eigenverwaltungsverfahren nicht generell die Erhöhung der Basisvergütung des vorläufigen Sachwalters, doch hat es ihm im konkreten Fall im Hinblick auf die Gesamtbetrachtung und unter dem Aspekt der Höhe der Berechnungsmasse unter Einbeziehung der Vermögenswerte, die mit Aus- und Absonderungsrechten belegt waren, aufgrund der Dauer des Eröffnungsverfahrens von knapp 2,5 Monaten und der Tatsache, dass auf schuldnerischer Seite ein Insolvenzrechtler als Generalbevollmächtigter tätig war, einen Zuschlag von 50 % gewährt.

Das LG Dessau-Roßlau (NZI 2015, 570) hält einen Zuschlag zugunsten des (vorläufigen) Sachwalters für die **Sanierungsbemühungen** nicht für angemessen, da sich auch hier die Schuldnerin selbst im Rahmen der Eigenverwaltung um die Sanierung bemüht hat und die dabei anfallenden begleitenden und überwachenden Tätigkeiten zu den originären Aufgaben des vorläufigen Sachwalters gehören. Weiter weist das LG Dessau-Roßlau darauf hin, dass die Schuldnerin rechtlich und betriebswirtschaftlich beraten war (vgl. dazu auch AG Wuppertal Beschl. v. 23.3.2015 – 145 IN 458/14), was auch zu einer Entlastung des vorläufigen Sachwalters beigetragen habe. Das AG Wuppertal gewährte in seiner Entscheidung (Beschl. v. 23.3.2015 – 145 IN 458/14) ebenfalls einen Zuschlag für die starke Einbindung des vorläufigen Sachwalters in die Sanierungsbemühungen der Schuldnerin, die gekennzeichnet waren durch Maßnahmen zur arbeitsrechtlichen Restrukturierung mit – gemessen an der übliche Sachwaltertätigkeit – überdurchschnittlich vielen Betriebsrats- und Gewerkschaftssitzungen, Aufstellung der Liquiditätsplanung und Formulierung des Antrags zur Sicherstellung einer neuen Finanzierung.

Nach dem Beschluss des AG Wuppertal (Beschl. v. 23.3.2015 – 145 IN 458/14) ist zuschlagsbegründend der besondere Aufwand des vorläufigen Sachwalters in Zusammenhang mit der **Prüfung alternativer Verwertungsmöglichkeiten**; der überdurchschnittlich aufwendigen **Prüfung von Drittrechten** und **Separierung des Forderungseinzugs** auf Treuhandkonten, für die der vorläufige Sachwalter der wirtschaftlich Berechtigte war; der **Prüfung von Anfechtungsansprüchen** sowie den schwierigen Fragen der **steuerlichen** Behandlung der **Organschaft,** die sich im Kontext mit der **Betriebsfortführung** ergaben; dem **Auslandsbezug,** der aus der Geschäftsbeziehung zu der ehemaligen Tochtergesellschaft mit Sitz im Ausland resultierte.

Bei Hess findet sich folgende **Übersicht** (Hess Anh. A nach Rn. 9):

Kriterium	Einzelheiten	Erhöhung (also zum Regelmultiplikator hinzuzuzählen)
Dauer	- 1 bis 2 Jahre	13 %
	- für jedes weitere Jahr	6 %
Gläubigerzahl	- über 100 - 200	13 %
	- für je 100 mehr	6 %
schwierige Vermögensermittlung		13 % (25 %)
Prüfung von Aus- und Absonderungsrechten	- ohne besondere Rechtsprobleme (Sicherungseigentum, einfacher EV ohne Verlängerungsformen)	25 %
	- Schwierige Rechtsfragen (verlängerter EV, mehrere Rohstofflieferanten mit Verarbeitungsklauseln)	50 %
	- Rechtlich und tatsächlich komplexe Verhältnisse (große Warenlager, Sicherungspool)	75 %
Mitwirkung bei Rechtsgeschäften	- vereinzelt	13 %
	- in größerer Zahl	6 %
Mitwirkung infolge Verfügungsbeschränkungen	- in kleineren Unternehmen	38 %
	- in mittleren Unternehmen	5 % (63 %)
	- in größeren Unternehmen	75 % (100 %)

II. Abschläge

24   Abschläge kommen in Betracht, wenn die **Überwachungstätigkeit** des Sachwalters **gering** war und keine oder nur **wenige Mitwirkungs- und Zustimmungsfälle** vorhanden waren oder die Eigenverwaltung vorzeitig gem. § 272 aufgehoben wird (Stephan/Riedel, InsVV, 2010, Rn. 12; KPB/Prasser Rn. 10; Budnik NZI 2014, 573). Ein Abschlag kommt auch bei verkürzter Tätigkeit des vorläufigen Sachwalters wegen des Wechsels zur vorläufigen Insolvenzverwaltung in Betracht (vgl. AG Ludwigshafen ZInsO 2015, 1639: 5 %). Kann der vorläufige Sachwalter auf eine professionelle Sanierungsberatung beim Schuldner im Rahmen seiner Tätigkeit laufend zurückgreifen, rechtfertigt dies einen Abschlag (Haarmeyer/Mock InsVV, 5. Aufl. 2014, Rn. 22; Mock ZInsO 2014, 67 (69)).

III. Anrechnungen

25   Sofern schon vor Einleitung der Eigenverwaltung im Antragsverfahren ein vorläufiger Insolvenzverwalter tätig war, kommt ebenso wie bei Aufhebung der Eigenverwaltung und dem damit verbundenen **Wechsel** vom **Sachwalter** auf den **Insolvenzverwalter** eine Anrechnung der Vergütungen bei Personenidentität in Betracht; Anrechnung auch bei Ausscheiden des Sachwalters infolge von Entlassung oder Tod (KPB/Eickmann Rn. 15–17).

C. Auslagen (Abs. 3)

26   Neben der Vergütung sind nach §§ 10, 4 Abs. 2 insbesondere Kosten, die im Einzelfall entstanden sind, als Auslagen zu erstatten (AG Köln NZI 2013, 97). Für die Auslagen gelten **§§ 4 und 8 Abs. 3,** sodass auch eine Pauschale geltend gemacht werden kann. Die **Pauschale für die Auslagen** beträgt im **ersten Jahr 15 %, danach 10 %** der Regelvergütung. Die Pauschale ist jedoch aufgrund der Änderung von Abs. 3 durch das SanInsFoG in den **ab dem 1.1.2021 beantragten Verfahren** (→ § 19 Rn. 13) **beschränkt auf höchstens 175 EUR** je angefangenen Monat der Dauer der Tätigkeit des Sachwalters. Die Erhöhung um 40 % dient nach der Begründung des Gesetzentwurfs der Bundesregierung vom 9.11.2020 (BT-Drs. 19/24181, 212) dem Ausgleich der allgemeinen Preis- und Einkommensentwicklung. Aufgrund des gegenüber einem Insolvenzverwalter begrenzteren Aufgabenkreises sowie der Möglichkeit der Einzelabrechnung von Auslagen erfolgte durch das SanInsFoG keine Streichung von Abs. 3. Für **die bis zum 31.12.2020 beantragten Verfahren** gilt die bisherige Begrenzung auf **125 EUR** je angefangenen Monat fort. Der Pauschbetrag darf zudem allerdings **30 % der Regelvergütung** des Sachwalters nicht übersteigen (→ § 8 Rn. 16).

D. Fälligkeit, Festsetzung und Vorschuss

I. Fälligkeit der Vergütung

27   Die Vergütung ist mit **Abschluss der Sachwaltertätigkeit** fällig, also mit Verfahrensbeendigung (§ 200 InsO), Aufhebung der Eigenverwaltung (§ 273 InsO), Verfahrenseinstellung (§§ 207, 212, 213 InsO) oder Entlassung und Tod des Sachwalters (Lorenz/Klanke Rn. 3).

II. Festsetzung der Vergütung und Veröffentlichung

28   Da dem Sachwalter anders als dem Insolvenzverwalter ein **Entnahmerecht fehlt,** sind die Vergütung und die Auslagen nebst Umsatzsteuer gegenüber dem Schuldner als **Massekosten** gem. **§ 54 Nr. 2 InsO** vollstreckbar festzusetzen (vgl. auch BGH ZInsO 2006, 27; AG Göttingen ZInsO 2012, 2413; MüKoInsO/Stephan InsO Anh. zu § 65 InsVV § 12 Rn. 17; Stephan/Riedel, InsVV, 2010, Rn. 17; KPB/Eickmann Rn. 13; FK-InsO/Lorenz Rn. 21; Keller, Vergütung und Kosten im Insolvenzverfahren, 4. Aufl. 2016, Rn. 686).

29   Im Fall der Kassenführungsbefugnis des Sachwalters nach **§ 275 InsO** besteht allerdings ein **Entnahmerecht** des Sachwalters (Stephan/Riedel, InsVV, 2010, Rn. 18; HK-InsO/Büttner, 7. Aufl. 2014 Rn. 10; **aA** wohl HK-InsO/Fiebig, 7. Aufl. 2014, § 275 Rn. 5).

29a   Die **Festsetzung** der Vergütung erfolgt gem. § 270b Abs. 2 S. 1 InsO, § 270a Abs. 1 S. 2 InsO, § 274 Abs. 1 InsO, § 64 Abs. 1 InsO auf den Antrag des Sachwalters durch Beschluss des Insolvenzgerichts. Dem **vorläufigen Sachwalter** steht **kein eigenes Antragsrecht** für die Festsetzung seiner Vergütung zu, sondern nur dem (endgültigen) Sachwalter für die Vergütung des vorläufigen und endgültigen Sachwalters zusammen. Die **Festsetzung** erfolgt dabei **einheitlich**

§ 12 InsVV

für den **vorläufigen Sachwalter und den Sachwalter**. Wird der **Sachwalter ausgetauscht** oder der vorläufige Sachwalter ausnahmsweise nicht auch zum Sachwalter bestellt, ist seine Vergütung bei Abschluss des Verfahrens **anteilig festzusetzen**. Die Feststellung einer abweichenden Berechnungsgrundlage erübrigt sich nach der Rechtsprechung des BGH (ZInsO 2016, 1637 = NZI 2016, 796).

Sofern es nicht zu einer Eröffnung des Insolvenzverfahrens kommt, findet für den **vorläufigen** 30 **Sachwalter § 26a InsO** mangels Erfassung in der Verweisungskette des § 270a Abs. 1 S. 2 InsO **analoge Anwendung,** sodass für die Festsetzung nicht die Zivilgerichte, sondern das Insolvenzgericht zuständig ist (Mock ZInsO 2014, 67 (71); MüKoInsO/Stephan Anh. zu § 65 InsVV § 12 Rn. 24 f.; Zimmer ZInsO 2012, 1658 (1663); HmbKommInsR/Büttner Rn. 10; Haarmeyer/ Mock InsVV Rn. 19). Dies gilt auch dann, wenn der Schuldner zur Eingehung von Masseverbindlichkeiten gem. § 270b Abs. 3 InsO ermächtigt war und zwischen dem vorläufigen Sachwalter und dem Schuldner nach Beendigung des Eröffnungsverfahrens Einvernehmen über die Vergütungshöhe besteht (AG Göttingen ZInsO 2012, 2413).

Umstritten ist, ob **Vergütungsvereinbarungen** zwischen dem Schuldner und dem (vorläufi- 31 gen) Sachwalter können hinsichtlich der Umstände und der Höhe **wirksam** und für das Insolvenzgericht bindend in einen **Insolvenzplan** aufgenommen werden können. Nach einer Ansicht ist dies unter Bezugnahme auf § 278 Abs. 6 ZPO **zulässig** und das Insolvenzgericht hat nur noch formal die Vergütung festzusetzen (LG München ZInsO 2013,1966; zust. Haarmeyer ZInsO 2013, 1967; KPB/Pleister InsO § 249 Rn. 7; LSZ/Rattunde InsO § 249 Rn. 4; SRM Rn. 24.26; Buchalik/Stahlschmidt ZInsO 2014, 1144 (1147); Mock NZI 2014, 384; Graeber ZIP 2013, 916; Rattunde GmbHR 2012, 455 (458); vgl. eingehend Mock KTS 2012, 59). Die spätere Festsetzung hat nach dieser Ansicht faktisch nur noch deklaratorische Wirkung, auch wenn de lege lata eine Festsetzungsnotwendigkeit durch das Gericht bleibt (weitergehend HofmannEWiR 2014, 155 (156): gerichtliche Festsetzung sogar entbehrlich). Begründet wird diese Ansicht damit, dass Kalkulierbarkeit des Plans und Planungs- sowie Rechtssicherheit für die Quotengläubiger bestehen müsse (Haarmeyer/Mock InsVV § 1 Rn. 38). Aufgrund der durch das ESUG gestärkten Gläubigerautonomie sei eine Regelung zur Vergütung des Sachwalters im Plan als eine nach § 217 InsO abweichende Regelung zur Verfahrensabwicklung zulässig (Graeber ZIP 2013, 916 (919); Harbeck jurisRR-InsR 2/2014, Anm 4). Gegen diese Ansicht bestehen aufgrund der Unabhängigkeit des Insolvenzgerichts und des Sachwalters grundsätzliche Bedenken. Die **Gläubigerautonomie rechtfertigt** die Zulässigkeit der Vergütungsregelung im Plan **nicht;** sie unterliegt **mangels gesetzlicher Grundlage** nicht der Dispositionsbefugnis der Gläubiger. Abweichende Regelungen zur Verfahrensabwicklung nach § 217 S. 1 InsO beziehen sich auf die Verfahrensgestaltung und umfassen nicht das Vergütungsrecht (Schöttler NZI 2014, 852 (853); Madaus/Heßel ZIP 2013, 2088 (2089); aA Uhlenbruck/Mock InsO § 63 Rn. 7). Die Festsetzung ist nach § 64 InsO **Aufgabe des unabhängigen Insolvenzgerichts** und dort auch nach dem ESUG verblieben. Der Vergütungsanspruch begründet zudem eine Masseforderung des Verwalters nach § 54 InsO und Masseforderungen sind im Plan nicht disponibel. Bereits der BGH hat in seiner Entscheidung vom 22.02.2007 (BGH NZI 2007, 341) eine Bindung des Insolvenzverwalters an einen niedrigeren Vergütungssatz im Insolvenzplan für das nachfolgende Vergütungsfestsetzungsverfahren verneint; das muss auch für das Insolvenzgericht gelten (Schöttler NZI 2014, 852). Andernfalls entstünden nicht hinnehmbare Abhängigkeiten des (im Schutzschirmverfahren vom Schuldner mitgebrachten) Sachwalters; er würde sich bei einer eher üppig vereinbarten Vergütung der Erwartung des Schuldners und dessen Berater ausgesetzt sehen, im Verfahren „nicht so genau hinzusehen" oder bei einer eher niedrigen Vergütung dem Versprechen erlegen sein, beim nächsten größeren Verfahren vom Berater von ihm wieder vorgeschlagen zu werden (Schöttler NZI 2014, 852 (854)). **Fraglich** ist allerdings, ob eine im Plan enthaltene Vergütungsregelung nichtig und daher (noch vor der Abstimmung der Gläubiger über den Plan) vom Insolvenzgericht im Rahmen seiner Prüfung nach § 231 InsO **zwingend als unzulässige Planregelung zurückzuweisen** ist (so Schöttler NZI 2014, 852 (854)). Dies erscheint zu weitgehend, da die einvernehmliche Regelung im Plan für das Insolvenzgericht nicht bindend ist, es seiner **Festsetzungsbefugnis** gem. § 64 InsO nicht enthoben werden kann, die Regelungen hinsichtlich der Umstände und der Höhe der Sachwaltervergütung im Plan aber für die Festsetzung der Vergütung eine **Orientierung** für das Gericht darstellen können. Die **Aufnahme** von Vergütungsregelungen in den Plan sind insofern zwar **zulässig,** aber für das Gericht **nicht bindend** (vgl. Budnik NZI 2014, 247 (252)).

Dem Insolvenzgericht steht allerdings keine Kompetenz zu, die an der InsVV orientierte, 31a vertraglich vereinbarte **Vergütung des Insolvenzgeschäftsführers** festzusetzen. Hierzu fehlt es ebenso an einer gesetzlichen Grundlage wie an den Voraussetzungen einer analogen Anwendung von § 64 GmbHG. Das Insolvenzgericht setzt die in den §§ 63, 64 InsO genannten Personen im

Rahmen der Justizgewährung unter Einbindung „freiberuflicher Amtsträger" selbst ein (§§ 21, 56 InsO), sodass sie nach den gesetzlichen Grundlagen zu vergüten sind. Demgegenüber wird der Insolvenzgeschäftsführer von den Gesellschaftern im Rahmen der Privatautonomie berufen, sodass sich die Vergütung nach privatrechtlichen Regelungen richtet, auch wenn diese an die InsVV angelehnt ist (Budnik NZI 2019, 686; vgl. auch Harig EWiR 2019, 439; Frind ZIP 2019, 1945 (1950); aA AG Hamburg NZI 2019, 383 für den „ins Organ gehenden" Insolvenzgeschäftsführer). Die Vergütungsansprüche des Insolvenzgeschäftsführers sind mangels planwidriger Regelungslücke auch nicht als Kosten des Insolvenzverfahrens nach § 54 Nr. 2 InsO anzusehen.

32   Nach § 270b Abs. 2 S. 1 InsO, § 270a Abs. 1 S. 2 InsO, § 274 Abs. 1 InsO, § 64 Abs. 2 InsO ist die Festsetzung der Vergütung grundsätzlich **öffentlich bekanntzumachen** (Mock ZInsO 2014, 67 (71); AG Göttingen ZInsO 2413, 2416). Sofern es allerdings nicht zu einer Verfahrenseröffnung kommt und weder der Anordnungsbeschluss noch der Aufhebungsbeschluss öffentlich bekannt gemacht wurden, erfolgt eine öffentliche Bekanntmachung des Vergütungsbeschlusses für den vorläufigen Sachwalter nicht, da hierfür kein Grund besteht, weil die Rechte von Insolvenzgläubigern im Hinblick auf die zur Durchführung des Verfahrens erforderliche Masse nicht beeinträchtigt sein können (AG Göttingen ZInsO 2012, 2413; FK-InsO/Schmerbach § 21 Rn. 156).

33   Festzusetzen ist nach § 10 iVm § 7 auch die **Umsatzsteuer** auf die Vergütung und die Auslagen. Anstelle der tatsächlich entstandenen **Auslagen** kann er nach den §§ 10, 8 Abs. 3 einen vergütungsabhängigen Prozentsatz von der Regelvergütung fordern. Für den **vorläufigen Sachwalter** betragen sie nach § 12 Abs. 3 analog jedoch **max. 150 EUR pro Monat** (AG Hamburg ZIP 2014, 237 (239); AG Köln ZIP 2013, 426).

34   Sind dem Schuldner die **Kosten** des Verfahrens gem. **§ 4a InsO** bei angeordneter Eigenverwaltung **gestundet**, so haftet durch die Verweisung in § 274 Abs. 1 InsO auf § 63 Abs. 2 InsO die **Staatskasse** auch für die Vergütung des Sachwalters (Stephan/Riedel Rn. 22). Gleichzeitig kann aufgrund von KV 9018 GKG der dem Sachwalter erstattete Betrag gegen den Schuldner festgesetzt werden (Lorenz/Klanke Rn. 21).

III. Vorschuss

35   Das Insolvenzgericht kann dem Sachwalter auf dessen Antrag hin die Zustimmung dazu erteilen, dass er gegenüber dem zu überwachenden Schuldner einen **Vorschuss** nach § 9 fordert. Verweigert der Schuldner die Zahlung, kann das Gericht den Vorschuss entsprechend § 8 gegen den Schuldner **festsetzen** (MüKoInsO/Stephan InsO Anh zu § 65 InsVV § 12 Rn. 17; Lorenz/Klanke Rn. 4; Haarmeyer/Mock InsVV Rn. 17).

35a Der **Sachwalter** kann nach der BGH-Entscheidung v. 21.7.2016 auf **Antrag** einen **Vorschuss** erhalten. Ein Vorschuss ist für die Tätigkeit als Sachwalter unter den Voraussetzungen des § 9 zu bewilligen, nach Eröffnung des Insolvenzverfahrens auf Antrag stets für die Zeit bis zur Eröffnung in Höhe der zu erwartenden Vergütung für die Tätigkeit als vorläufiger Sachwalter (BGH ZInsO 2016, 1637 = NZI 2016, 796).

36   Im Fall der **Kassenführung** durch den Sachwalter nach § 275 Abs. 2 InsO kann er den Vorschuss aus eigener Rechtszuständigkeit entnehmen (HWF InsVV Rn. 14; Stephan/Riedel § 4 Rn. 19).

E. Vorzeitige Beendigung der vorläufigen Sachwaltung

37   Hebt das Insolvenzgericht die **vorläufige Eigenverwaltung (vorzeitig) auf** und setzt einen **vorläufigen Insolvenzverwalter** ein, verliert der vorläufige Sachwalter seinen Vergütungsanspruch nicht; er ist ihm bei Personenidentität auch nicht unter Hinweis auf seine zu vergütende Tätigkeit als vorläufiger Insolvenzverwalter verwehrt (AG Ludwigshafen ZInsO 2015, 1639; Graeber/Graeber ZInsO 2015, 891 (892)). Der aus dem Amt Entlassene erhält für seine (bisherige) Tätigkeit eine Vergütung (BGH NZI 2006, 165). Diese je eigenständigen Vergütungen können nicht anhand einer Quote einer Gesamtvergütung berechnet werden, weil deren Höhe bei Fälligkeit der ersten noch gar nicht feststeht (Uhlenbruck/Vallender InsO § 59 Rn. 29 mwN). Zu berücksichtigen sind bei beiden Vergütungen aufgrund des jeweiligen Minderaufwands aber Abschläge oder gekürzte Zuschläge (AG Ludwigshafen ZInsO 2015, 1639). Als Berechnungsgrundlage ist auf das vom vorläufigen Sachwalter begleitend verwaltete Vermögen abzustellen (Graeber/Graeber § 11 Rn. 204 ff.; Keller, Vergütung und Kosten im Insolvenzverfahren, 4. Aufl. 2016, Teil A. § 9 Rn. 34).

38   Kommt es aufgrund einer **Rücknahme des Eröffnungsantrags** nicht mehr zur Eröffnung des Insolvenzverfahrens und zur Bestellung eines Sachwalters, ist die **Vergütung** des vorläufigen Sachwalters **analog § 26a InsO** festzusetzen (AG Köln NZI 2017, 322; AG Hamburg ZInsO

Vergütung des vorläufigen Sachwalters　　　　　　　　　　　　§ 12a InsVV

2014, 569; vgl. BGH NZI 2016, 796; Mock ZInsO 2014, 67 (71)). Für die Bemessung der Vergütung ist in diesem Fall zunächst von einer Vergütung in Höhe von 25 % der Regelvergütung eines Sachwalters im eröffneten Verfahren auszugehen. Es sodann sind Zu- und Abschläge vorzunehmen, die sich nach den allgemeinen Kriterien richten (AG Köln NZI 2017, 322).

Vom Gesetz ebenfalls auch nicht geregelt ist die Vergütung des vorläufigen Sachwalters, der **mit** **39** **Insolvenzeröffnung** nicht zum (endgültigen) Sachwalter bestellt wird, sondern aufgrund der **Fortführung des Verfahrens als Regelinsolvenzverfahren** zum Insolvenzverwalter bestellt wird. Nach der Rechtsprechung des BGH zur einheitlich festzusetzenden Vergütung des vorläufigen und endgültigen Sachwalters (→ Rn. 7a) steht dem vorläufigen Sachwalter kein eigenständiger Vergütungsanspruch zu; seine Tätigkeit führt zu einem Zuschlag in Höhe von 25 % für die Vergütung des Sachwalters. Wenn in der vorgenannten Fallkonstellation kein Sachwalter bestellt wird, greift diese Rechtsprechung nicht, sodass die Vergütung des vorläufigen Sachwalters hier die **Vergütung für die Tätigkeit als vorläufiger Sachwalter** ebenso wie beim Wechsel der Verfahrensart im Antragsverfahren (→ Rn. 37) **separat festzusetzen** ist (AG Charlottenburg NZI 2019, 916 über die entsprechende Anwendung von § 26a InsO; dazu Anm. Meyer NZI 2019, 917 und Helmi/Stagge ZInsO 2019, 1834). Als Berechnungsgrundlage ist das vom vorläufigen Sachwalter begleitend verwaltete Vermögen heranzuziehen (Keller Meyer NZI 2019, 917; → Rn. 37).

F. Anwendbarkeit der bis zum 31.12.2020 geltenden Fassung nach § 5 Abs. 7 COVInsAG

Das am 1.1.2021 in Kraft getretene Gesetz zur Fortentwicklung des Sanierungs- und Insolvenz- **40** rechts (SanInsFoG) hat auch zu Änderungen des COVID-19-Aussetzungsgesetzes (COVInsAG) in Bezug auf die Normen zum Eigenverwaltungsverfahren und zum Insolvenzplan geführt. Die neuen Regelungen der InsO nach Maßgabe des SanInsFoG finden gem. Art. 103k Einführungsgesetz zur Insolvenzordnung (EG-InsO) auf Insolvenzverfahren Anwendung, welche ab dem 1.1.2021 beantragt wurden bzw. werden. Jedoch sieht das COVInsAG in bestimmten Fällen die Fortgeltung des bis zum 31.12.2020 geltenden Rechts für Eigenverwaltungsverfahren nach § 5 COVInsAG (zu den Voraussetzungen → COVInsAG § 5 Rn. 3 ff.) und für Schutzschirmverfahren nach § 6 COVInsAG (zu den Voraussetzungen → COVInsAG § 6 Rn. 4 ff. und Rn. 14 f.) vor. So sind gem. § 5 COVInsAG auf Eigenverwaltungsverfahren, die zwischen dem 1.1.2021 und dem 31.12.2021 beantragt werden, die Vorschriften zur Eigenverwaltung nach den §§ 270–285 InsO in der bis zum 31.12.2020 geltenden Fassung weiter anzuwenden, sofern die Zahlungsunfähigkeit oder Überschuldung des Schuldners auf die COVID-19-Pandemie zurückzuführen ist. Sofern nach den §§ 5, 6 COVInsAG auf das vom Insolvenzgericht angeordnete Eigenverwaltungsverfahren die §§ 270–285 InsO in der bis zum 31.12.2020 geltenden Fassung weiter Anwendung finden, so ist nach § 5 Abs. 7 COVInsAG auch die InsVV in der bis zum 31.12.2020 geltenden Fassung anzuwenden. Dies gilt auch dann, wenn die vorläufige Eigenverwaltung oder Eigenverwaltung aufgehoben wird. In diesen Fällen findet § 12 in seiner bis zum 31.12.2020 geltenden Fassung Anwendung, sodass die Mindestvergütung 1.000 EUR beträgt (→ Rn. 10a) und die Auslagen nach § 8 Abs. 3 Abs. 3 gem. § 12 Abs. 3 aF 125 EUR betragen (→ Rn. 26).

§ 12a Vergütung des vorläufigen Sachwalters

(1) ¹**Die Tätigkeit des vorläufigen Sachwalters wird gesondert vergütet.** ²**Er erhält in der Regel 25 Prozent der Vergütung des Sachwalters bezogen auf das Vermögen, auf das sich seine Tätigkeit während des Eröffnungsverfahrens erstreckt.** ³**Maßgebend für die Wertermittlung ist der Zeitpunkt der Beendigung der vorläufigen Eigenverwaltung oder der Zeitpunkt, ab dem der Gegenstand nicht mehr der Verfügungsbefugnis des eigenverwaltenden Schuldners unterliegt.** ⁴**Vermögensgegenstände, an denen bei Verfahrenseröffnung Aus- oder Absonderungsrechte bestehen, werden dem Vermögen nach Satz 2 hinzugerechnet, sofern sich der vorläufige Sachwalter in erheblichem Umfang mit ihnen befasst.** ⁵**Sie bleiben unberücksichtigt, sofern der Schuldner die Gegenstände lediglich aufgrund eines Besitzüberlassungsvertrages in Besitz hat.**

(2) **Wird die Festsetzung der Vergütung beantragt, bevor die von Absatz 1 Satz 2 erfassten Gegenstände veräußert wurden, ist das Insolvenzgericht spätestens mit Vorlage der Schlussrechnung auf eine Abweichung des tatsächlichen Werts von dem der Vergütung zugrunde liegenden Wert hinzuweisen, sofern die Wertdifferenz 20 Prozent bezogen auf die Gesamtheit dieser Gegenstände übersteigt.**

(3) Art, Dauer und Umfang der Tätigkeit des vorläufigen Sachwalters sind bei der Festsetzung der Vergütung zu berücksichtigen.

(4) Hat das Insolvenzgericht den vorläufigen Sachwalter als Sachverständigen gesondert beauftragt zu prüfen, ob ein Eröffnungsgrund vorliegt und welche Aussichten für eine Fortführung des Unternehmens des Schuldners bestehen, so erhält er gesondert eine Vergütung nach dem Justizvergütungs- und -entschädigungsgesetz.

(5) § 12 Absatz 3 gilt entsprechend.

Überblick

Die Vorschrift ist mit dem zum 1.1.2021 in Kraft getretenen SanInsFoG neu in die InsVV eingeführt worden und gilt für die ab dem 1.1.2021 beantragten Insolvenzverfahren in Eigenverwaltung nach den §§ 270–285 InsO in der ebenfalls ab dem 1.1.2021 geltenden Fassung (→ § 19 Rn. 13). Sie regelt nunmehr in Ergänzung von § 12 (Vergütung des Sachwalters) die bislang nicht normierte Vergütung und Auslagen des vorläufigen Sachwalters. Für die bis zum 31.12.2020 beantragten Verfahren gelten die zur Vergütung des vorläufigen Insolvenzverwalters entwickelten Grundsätze fort (→ Rn. 1).

§ 12a ist der Vergütungsnorm des § 63 Abs. 3 InsO iVm § 11 für den vorläufigen Insolvenzverwalter nachgebildet. In den nach dem 1.1.2021 beantragten Insolvenzverfahren in Eigenverwaltung nach den §§ 270–285 InsO in der ab dem 1.1.2021 geltenden Fassung kann das Insolvenzgericht im Rahmen der Anordnung der vorläufigen Eigenverwaltung nach § 270b Abs. 1 InsO nF einen vorläufigen Sachwalter bestellen, auf den die §§ 274 und 275 InsO anzuwenden sind. Nach § 274 InsO ist für ihn auch die Vergütungsvorschrift des § 63 InsO entsprechend anwendbar.

Nach Abs. 1 wird die Tätigkeit des vorläufigen Sachwalters gesondert vergütet (→ Rn. 5). Sie beträgt in der Regel 25 % der Vergütung des Sachwalters, der wiederum 60 % der Regelvergütung des Insolvenzverwalters erhält (§ 12 Abs. 1), sodass die Vergütung des vorläufigen Sachalters in den ab dem 1.1.2021 beantragten Verfahren 15 % der Regelvergütung des Insolvenzverwalters beträgt (→ Rn. 6 f.).

Wie beim vorläufigen Insolvenzverwalter bezieht sich die Vergütung auf das Vermögen, auf das sich seine Tätigkeit während des Eröffnungsverfahrens erstreckt (→ Rn. 8); ebenso werden mit Aus- und Absonderungsrechten belastete Vermögensgegenstände berücksichtigt, sofern der vorläufige Sachwalter sich in erheblichem Umfang mit ihnen befasst hat (→ Rn. 10).

Wird die Vergütung vor der Verwertung der Vermögensgegenstände beantragt und ergeben sich im Rahmen der Schlussrechnungslegung Wertdifferenzen in der Berechnungsgrundlage von mehr als 20 %, bedarf es nach Abs. 2 einer Korrektur der Vergütung.

Art, Dauer und Umfang der Tätigkeit des vorläufigen Sachwalters sind nach Abs. 3 bei der Vergütungsfestsetzung zu berücksichtigen.

Ist der vorläufige Sachwalter zugleich als Sachverständiger vom Insolvenzgericht eingesetzt, erhält er dafür eine gesonderte Vergütung nach dem JVEG. Für Auslagen nach § 8 Abs. 3 gilt § 12 Abs. 3 entsprechend.

Übersicht

	Rn.		Rn.
A. Historie	1	II. Festsetzung der Vergütung und Veröffentlichung	15
B. Eigenständiger Vergütungsanspruch des vorläufigen Sachwalters	5	III. Vorschuss	21
C. Regelvergütung	6	I. Nachträgliche Änderung der Festsetzung (Abs. 2)	22
D. Berechnungsgrundlage beim vorläufigen Sachwalter	8	J. Verjährung und Verwirkung des Vergütungsanspruchs	23
E. Berücksichtigung von Art, Dauer und Umfang der Tätigkeit	11	K. Vorzeitiger Abbruch der vorläufigen Eigenverwaltung	25
F. Zuschläge und Abschläge	12	L. Vorläufiger Sachwalter als Sachverständiger (Abs. 4)	28
G. Auslagen (Abs. 5) und Umsatzsteuer (§ 7)	13		
H. Fälligkeit, Festsetzung und Vorschuss	14	M. Unanwendbarkeit des § 12a nach § 5 Abs. 7 COVInsAG	35
I. Antragstellung und Fälligkeit der Vergütung	14		

A. Historie

Die Vergütungsansprüche des vorläufigen Sachwalters waren bis zum Inkrafttreten des SanIns- **1**
FoG vom 22.12.2020 (BGBl. 2013 I 2379) in der InsVV nicht durch den Verordnungsgeber
geregelt und werden nunmehr mit Inkrafttreten des Gesetzes am 1.1.2021 durch § 12a in der
InsVV als eigenständiger Anspruch normiert. **§ 12a gilt** entsprechend der Überleitungsvorschrift
in § 19 Abs. 5 **für die ab dem 1.1.2021 beantragten Eigenverwaltungsverfahren** (→ § 19
Rn. 13). Die Vorschrift ist derjenigen für die Vergütung des vorläufigen Insolvenzverwalters nach
§ 11 mit angepasstem Prozentsatz nachgebildet und entspricht § 63 Abs. 3 InsO. Für die bis zum
31.12.2020 beantragten Verfahren ist die Vorschrift nicht anwendbar. Für diese Verfahren ist
auf die bisherigen Grundsätze in Rechtsprechung und Literatur abzustellen. Danach steht dem
vorläufigen Sachwalter auch in bis zum 31.12.2020 beantragten Verfahren aufgrund der Verweisung
in § 270a Abs. 1 S. 2 InsO aF auf die §§ 274, 275 InsO aF ebenfalls eine angemessene Vergütung
zu (ausführlich → § 12 Rn. 3–7b und → § 12 Rn. 9a f.). Mit der Neuregelung greift der Verordnungsgeber im Wesentlichen die gemeinsamen Reformvorschläge von NIVD und VID zur
Reform der Insolvenzrechtlichen Vergütungsverordnung auf (abrufbar unter https://www.vid.de/
initiativen/gemeinsamereformvorschlaege-von-nivd-und-vid-zur-reform-der-
insolvenzrechtlichen-verguetungsverordnung/, dort 3.17), erteilt der bisherigen Rechtsprechung
des BGH (→ Rn. 2) eine klare Absage und lehnt die Vergütung des vorläufigen Sachwalters an
diejenige des vorläufigen Insolvenzverwalters an.

Nach der **Rechtsprechung des BGH** (BGH NZI 2016, 796; Beck EWiR 2016, 499; BGH **2**
NZI 2016, 963; Körner/Rendels EWiR 2016, 763; Kampshoff/Schäfer NZI 2016, 941) zu den
bis zum 30.12.2020 beantragten Verfahren beträgt die Vergütung des vorläufigen Sachwalters
im Normalfall **25 % der Regelvergütung des Insolvenzverwalters** und ist über die Vergütung
des endgültigen Sachwalters als entsprechender Zuschlag festzusetzen; die Vorschriften der Vergütung des vorläufigen Insolvenzverwalters sind nicht entsprechend anwendbar. Der **Sachwalter**
erhält also auf Basis dieser Rechtsprechung, wenn er bereits als vorläufiger Sachwalter tätig war,
einen **Zuschlag von 25 %** auf seine Vergütung, sodass sich eine **Regelvergütung von 85 %**
der Vergütung des Insolvenzverwalters nach § 2 Abs. 1 InsVV ergibt. Diese Vergütung ist nach
der vorgenannten Entscheidung grundsätzlich einheitlich für die Tätigkeit als vorläufiger und
endgültiger Sachwalter festzusetzten (ausführlich zum alten Recht → § 12 Rn. 7a f.). Die BGH-
Rechtsprechung ist in den bis zum 30.12.2020 beantragten Verfahren weiterhin anzuwenden, da
§ 12a erst in den ab dem 1.1.2021 beantragten Verfahren Anwendung findet.

Berechnungsgrundlage für die Vergütung des vorläufigen Sachwalters entspricht nach der **3**
Rechtsprechung des BGH zu den bis zum 31.12.2020 beantragten Verfahren der Berechnungsgrundlage für die Vergütung des endgültigen Sachwalters (stRspr, zuletzt BGH ZInsO 2017, 1813).
Die Insolvenzmasse ist gem. § 1 Abs. 2 InsVV nach dem Schätzwert der freien Insolvenzmasse
zum Zeitpunkt der Beendigung der Tätigkeit des Sachwalters zu ermitteln (ausführlich zum alten
Recht → § 12 Rn. 9a f.).

Zu den allgemeinen Grundsätzen für die **Bemessung von Zu- und Abschlägen** auf die **4**
Regelvergütung des vorläufigen Sachwalters nehmen Rechtsprechung und Literatur in den bis
zum 31.12.2020 beantragten Verfahren an, dass Zuschläge nach § 3 auch für den vorläufigen
Sachwalter in Betracht kommen (→ § 12 Rn. 12), insbesondere bei Unternehmensfortführung,
bei begleitenden Bemühungen zur übertragenden Sanierung, bei Zusammenarbeit mit einem
eingesetzten vorläufigen Gläubigerausschuss, bei hoher Zahl von Mitarbeitern des fortgeführten
Unternehmens, bei Übernahme des Zahlungsverkehrs und bei Überwachung der Vorfinanzierung
der Löhne und Gehälter. Der Umstand, dass der Schuldner einen Berater mit insolvenzrechtlicher
Expertise als Generalbevollmächtigten bestellt hat, rechtfertigt keinen Abschlag. Die Bemessung
der Zuschläge im Einzelfall ist Aufgabe des Tatrichters, der als Ergebnis einer angemessenen
Gesamtwürdigung einen Gesamtzuschlag (oder Gesamtabschlag) festzulegen hat. Der Aufgabenzuschnitt des vorläufigen Sachwalters führt regelmäßig zu deutlich geringeren Zuschlägen als für
vergleichbare zuschlagspflichtige Tätigkeitsbereiche des Verwalters im Regelinsolvenzverfahren
(hierzu und zu den einzelnen Zuschlagssachverhalten ausführlich → § 12 Rn. 13–24).

B. Eigenständiger Vergütungsanspruch des vorläufigen Sachwalters

Die Vergütungsansprüche des vorläufigen Sachwalters werden nunmehr – anders als nach der **5**
bisherigen BGH-Rechtsprechung – nach Abs. 1 gesondert vergütet und stellen damit einen eigenständigen Vergütungsanspruch dar. In der Begründung des Gesetzentwurfs des SanInsFoG der
Bundesregierung vom 9.11.2020 (BT-Drs. 19/24181, 213) heißt es zur Situation vor Inkrafttreten

des SanInsFoG zum 1.1.2021 und zur Begründung der gesetzgeberischen Änderung der bisherigen, auf der Rechtsprechung des BGH basierenden Praxis: Der BGH (ZInsO 2017, 1813 Rn. 10, 11 mwN) geht davon aus, dass der InsO kein eigenständiger Vergütungsanspruch des vorläufigen Sachwalters besteht. Danach handelt es sich bei der Tätigkeit als vorläufiger Sachwalter um einen Umstand, der zu einem Zuschlag für die Vergütung des Sachwalters führt. Der Sachwalter erhält danach, wenn er als vorläufiger Sachwalter tätig war, einen Zuschlag von 25 % auf seine Vergütung, insgesamt also eine Regelvergütung von 85 % der Vergütung nach § 2 Abs. 1 aF. Die Vergütung wird in den bis zum 30.12.2020 beantragten Verfahren einheitlich festgesetzt. Zuvor kann der Sachwalter auf Antrag einen Vorschuss erhalten. Die Berechnungsgrundlage für die Vergütung der Tätigkeit als vorläufigen Sachwalters ist mit derjenigen des endgültigen Sachwalters identisch. Wird der vorläufige Sachwalter ausgetauscht oder nicht auch zum Sachwalter bestellt, ist seine Vergütung bei Abschluss des Verfahrens anteilig festzusetzen (BGH NZI 2016, 796 Rn. 28 mwN). Damit werden nach der Begründung des Gesetzentwurfs im bisherigen, bis zum 30.12.2020 geltenden Recht vorläufige Insolvenzverwalter, die einen eigenständigen Vergütungsanspruch haben, und vorläufige Sachwalter, die einen solchen Anspruch nicht haben, ungleich behandelt, ohne dass für diese Ungleichbehandlung ein tragfähiger Grund besteht. Außerdem knüpft die bestehende Vergütungsregelung für den vorläufigen Sachwalter an eine Vermögensmasse an, auf die sich ihre Tätigkeit nicht bezieht.

C. Regelvergütung

6   Durch die Einführung des § 12a wird dem vorläufigen Sachwalter in ab dem 1.1.2021 beantragten Eigenverwaltungsverfahren ein eigenständiger Vergütungsanspruch eingeräumt. Diese gesetzgeberische Klarstellung ist zu begrüßen. Für seine Tätigkeit erhält der vorläufige Sachwalter **in der Regel 25 % der Vergütung des Sachwalters** bezogen auf das Vermögen, auf das sich seine Tätigkeit während des Eröffnungsverfahrens erstreckt. Die 25 % beziehen sich somit nicht wie beim vorläufigen Insolvenzverwalter (§ 11) auf die Vergütung des Insolvenzverwalters (mit 100 % der Regelsätze nach § 2), sondern auf die Vergütung des Sachwalters (§ 12), dem 60 % der Regelvergütung des Insolvenzverwalters nach § 2 zustehen, und belaufen sich damit im Ergebnis auf **15 % der Regelsätze des Insolvenzverwalters** nach § 2 (vgl. Begründung des Gesetzentwurfs des SanInsFoG der Bundesregierung vom 9.11.2020, BT-Drs. 19/24181, 213). Begründet wird dies damit, dass bei einem vorläufigen Sachwalter typisierend von einem begrenzteren Aufgabenkreis als bei einem vorläufigen Insolvenzverwalter ausgegangen werden kann. Die ist zutreffend und wird in der Praxis zu niedrigeren, aber angemessenere Vergütungen für die im Wesentlichen überwachende Tätigkeit des vorläufigen Sachwalters führen.

7   Die **Mindestvergütung** des vorläufigen Sachwalters beträgt gem. § 10 iVm § 2 Abs. 2 in den ab dem 1.1.2021 beantragten Verfahren **1.400 EUR;** für die bis zum 31.12.2020 beantragten Verfahren bleibt es bei 1.000 EUR (vgl. → § 19 Rn. 13). Sie kann sich nach der voraussichtlichen Anzahl der Gläubiger im eröffneten Insolvenzverfahren entsprechend der dortigen Regelung erhöhen. Mangels Anmeldung ist auf die Zahl der Gläubiger abzustellen, die sich aus den Geschäftsunterlagen des Schuldners ergeben, ggf. ergänzt durch die Gläubiger, die der vorläufige Insolvenzverwalter im Rahmen seiner Tätigkeit ermittelt hat, ohne dass sich der vorläufige Verwalter mit ihnen befasst haben muss (vgl. BGH ZIP 2010, 486 zum alten Recht). Auch auf die Mindestvergütung können Zuschläge nach § 3 entfallen.

D. Berechnungsgrundlage beim vorläufigen Sachwalter

8   § 12a ist der Vergütungsnorm des § 63 Abs. 3 InsO iVm § 11 für den vorläufigen Insolvenzverwalter nachgebildet, sodass nach Abs. 1 S. 2 bei der Berechnungsgrundlage für die Regelvergütung des vorläufigen Sachwalters das **Vermögen** zugrunde zu legen ist, **auf das sich die Tätigkeit des vorläufigen Sachwalters während des Eröffnungsverfahrens erstreckt.** Damit entspricht die Berechnungsgrundlage nicht derjenigen nach der Rechtsprechung des BGH zu den bis zum 31.12.2021 beantragten Verfahren, sondern weicht von ihr ab. Sie bezieht sich vielmehr wie beim vorläufigen Insolvenzverwalter (→ § 11 Rn. 2) auf die Vermögensmasse, auf welche sich seine Tätigkeit bezieht. Allerdings wird dies nicht zur gleichen Berechnungsgrundlage führen können, da der vorläufige Sachwalter gegenüber dem vorläufigen Insolvenzverwalter, dessen Sicherungsfunktion sich auf die gesamte spätere Insolvenzmasse erstreckt (vgl. §§ 21, 22 InsO), ein deutlich eingeschränkter Aufgabenkreis mit Überwachungs-, Beratungs- und Begleitungsfunktion zukommt (vgl. §§ 270b, 270c InsO), die sich nicht zwingend auf die gesamte spätere Insolvenzmasse beziehen müssen. Insofern muss im Einzelfall konkret entschieden werden, auf welche

Vermögenswerte sich die Tätigkeit des vorläufigen Sachwalters erstreckt hat (vgl. Blersch NZI-Beil. 2021, 94).

Ebenso ist wie beim vorläufigen Insolvenzverwalter nach § 63 Abs. 3 S. 3 InsO (→ § 11 Rn. 3) für die **Wertermittlung** der **Zeitpunkt der Beendigung** der vorläufigen Eigenverwaltung oder der Zeitpunkt, ab dem der Gegenstand nicht mehr der Verfügungsbefugnis des eigenverwaltenden Schuldners unterliegt, maßgeblich. Da der Gesetzgeber den Vergütungsanspruch des vorläufigen Sachwalters in den ab dem 1.1.2021 beantragten Eigenverwaltungsverfahren in seiner Struktur **parallel zu den Vergütungsregelungen für den vorläufigen Insolvenzverwalter** ausgestaltet hat, kann auf die Kommentierung bei § 11 zu den Bewertungskriterien (→ § 11 Rn. 4 f.) und die Begriffsdefinition des Vermögens (→ § 11 Rn. 6 ff.) verwiesen werden, da diese nunmehr entsprechend auch für den vorläufigen Sachwalter gelten. Problematisch erscheint die Übernahme der Regelung aus § 11 Abs. 2, da die Eigenverwaltung auf die Fortführung und Sanierung des Unternehmens, meist mit Insolvenzplanlösung ausgerichtet ist und vom Sachwalter selbst keine Schlussrechnung vorgelegt wird, sondern dies nach § 281 Abs. 3 S. 2 InsO Aufgabe der eigenverwaltenden Schuldnerin ist (Graeber NZI 2021, 94; vgl. Blersch NZI-Beil. 2021, 94). Insofern kann die normierte Aufgabe des Hinweises auf die Überschreitung der Grenze von 20 % bei der Abweichung der Berechnungsgrundlage nicht den (vorläufigen) Sachwalter treffen, sondern den Schuldner. Zudem endet die Hinweispflicht nach Abs. 2 mit der Vorlage der Schlussrechnung, sodass der (vorläufige) Sachwalter den Hinweis nicht erteilen kann und muss, wenn er die Schlussrechnung vorher nicht kannte (vgl. Graeber NZI 2021, 94).

Vermögensgegenstände, an denen bei Verfahrenseröffnung **Aus- oder Absonderungsrechte** bestehen, werden dem Vermögen nach S. 4 hinzugerechnet, sofern sich der vorläufige Sachwalter in erheblichem Umfang mit ihnen befasst. Dies entspricht § 11 Abs. 1 S. 2, sodass auf die dortigen Ausführungen verwiesen werden kann (→ § 11 Rn. 9–14). Aus- und Absonderungsrechte bleiben nach Abs. 1 S. 5 unberücksichtigt, sofern der Schuldner die Gegenstände lediglich aufgrund eines Besitzüberlassungsvertrages in Besitz hat, was § 11 Abs. 1 S. 3 entspricht (→ § 11 Rn. 15). Ob sich der vorläufige Sachwalter aufgrund seiner Aufsichtsfunktion (vgl. §§ 270b, 270c InsO) in diesem Umfang mit den Aus- und Absonderungsrechten befasst, ist im Einzelfall zu prüfen, erscheint aufgrund des Aufgabenkreises aber kaum möglich zu sein (Graeber NZI 2021, 370; Blersch NZI-Beil. 2021, 94 mit Hinweis auf Abgrenzungsschwierigkeiten und Konfliktpotenzial).

E. Berücksichtigung von Art, Dauer und Umfang der Tätigkeit

Art, Dauer und Umfang der Tätigkeit des vorläufigen Sachwalters sind nach Abs. 3 bei der Festsetzung der Vergütung zu berücksichtigen. Die Regelung in Abs. 3 entspricht der Regelung für den vorläufigen Insolvenzverwalter nach § 11 Abs. 3 S. 2 InsO. Bei der Bemessung der **Regelvergütung** gehen Gesetz- und Verordnungsgeber von einem typischen Normalfall, dem sog. **Normalverfahren** aus (zu dessen Kriterien → § 11 Rn. 18).

F. Zuschläge und Abschläge

Durch die in Abs. 3 normierte Berücksichtigung von Art, Dauer und Umfang der Tätigkeit sind die in § 3 genannten sowie weitere mögliche Zu- und Abschläge entsprechend zu berücksichtigen. Weicht die Tätigkeit des vorläufigen Sachwalters von der Tätigkeit in einem Normalverfahren ab und führt zu einem Mehraufwand, ist unter Berücksichtigung der Kriterien des § 3 eine angemessene Vergütung festzusetzen. Zuschläge kann der vorläufige Sachwalter allerdings nur für die Tätigkeiten begehren, die in seinen Aufgabenkreis fallen; für quasi überobligatorisch erbrachte Leistungen kann er keine Vergütung und damit auch keine Zuschläge erfolgreich geltend machen (vgl. AG Essen NZI 2015, 574 (576); Budnik NZI 2015, 573). Der Verordnungsgeber geht bei dem nun festgelegten Regelsatz von 15 % der Regelvergütung des Insolvenzverwalters allerdings typisierend von einem begrenzteren Aufgabenkreis als bei einem vorläufigen Insolvenzverwalter aus (BT-Drs. 19/24181, 213), sodass bei Überschreiten dieses Aufgabenkreises und einer damit verbundenen Mehrbelastung die Gewährung eines Zuschlags in Betracht kommt. Hinsichtlich der einzelnen Zuschlags- und Abschlagskriterien wird auf → § 3 Rn. 17 ff. sowie auf → § 11 Rn. 20 ff. verwiesen.

G. Auslagen (Abs. 5) und Umsatzsteuer (§ 7)

Aufgrund der Verweisung in § 10 sind die §§ 4 und 5 entsprechend anwendbar, sodass auch der vorläufige Sachwalter Anspruch auf Erstattung von **Auslagen** gem. § 8 Abs. 3 (konkret oder pauschal) und der **Umsatzsteuer** gem. § 7 hat. Anstelle der tatsächlich entstandenen **Auslagen** kann der vorläufige Sachwalter nach den §§ 10, 8 Abs. 3 einen vergütungsabhängigen Prozentsatz von der Regelvergütung fordern. Für den **vorläufigen Sachwalter** betragen sie nach Abs. 5, § 12 Abs. 3 jedoch **max. 175 EUR pro Monat.** Damit ist die Auslagenpauschale des vorläufigen Sachwalters an diejenige des Sachwalters angepasst, nicht an die des vorläufigen Insolvenzverwalters, da es andernfalls widersprüchlich wäre, wenn die Auslagenpauschale des vorläufigen Sachwalters höher wäre als diejenige des Sachwalters im eröffneten Verfahren. (vgl. Bericht des Ausschusses für Recht und Verbraucherschutz zu dem Gesetzesentwurf SanInsFoG, BT-Drs. 19/25353, 16).

H. Fälligkeit, Festsetzung und Vorschuss

I. Antragstellung und Fälligkeit der Vergütung

14 Der eigenständige Anspruch des vorläufigen Sachwalters auf seine Vergütung wird wie beim vorläufigen Insolvenzverwalter mit der **Beendigung seines Amtes** fällig (vgl. zum vorläufigen Insolvenzverwalter LG Göttingen MZI 2001, 219; → § 11 Rn. 28). Der Anspruch setzt einen **schriftlichen Antrag** des vorläufigen Sachwalters voraus, der hinsichtlich der Vergütung, der Auslagen und der Umsatzsteuer **bestimmte Eurobeträge** zu beinhalten hat. Der Vergütungsantrag ist zu **begründen.** Dabei ist die Berechnungsgrundlage nachvollziehbar darzulegen, Erhöhungstatbestände sind darzulegen und zu begründen. Ergänzend wird auf die Kommentierung unter → § 11 Rn. 28 ff. verwiesen.

II. Festsetzung der Vergütung und Veröffentlichung

15 Da dem vorläufigen ebenso wie dem endgültigen Sachwalter ein **Entnahmerecht aus der Masse fehlt,** sind die Vergütung und die Auslagen nebst Umsatzsteuer gegenüber dem Schuldner als **Massekosten** gem. **§ 54 Nr. 2 InsO** vollstreckbar festzusetzen (vgl. → § 12 Rn. 28).

16 Die **Festsetzung** der Vergütung erfolgt gem. § 270b Abs. 1 S. 1 InsO, § 274 Abs. 1 InsO, § 64 Abs. 1 InsO auf Antrag des vorläufigen Sachwalters durch Beschluss des Insolvenzgerichts. Dem **vorläufigen Sachwalter** steht aufgrund der Eigenständigkeit seines Vergütungsanspruchs ein **eigenes Antragsrecht** für die Festsetzung seiner Vergütung zu. Festzusetzen ist nach § 10 iVm § 7 auch die **Umsatzsteuer** auf die Vergütung und die Auslagen.

17 **Funktionell zuständig** für die Entscheidung über den Antrag ist der **Rechtspfleger,** soweit sich der Richter nicht gem. § 18 Abs. 2 RPflG das Verfahren vorbehalten hat. Die **Entscheidung** über den Vergütungsantrag ergeht durch **Beschluss** gem. § 64 Abs. 1 InsO.

18 **Umstritten** ist, ob **Vergütungsvereinbarungen** zwischen dem Schuldner und dem (vorläufigen) Sachwalter hinsichtlich der Umstände und der Höhe **wirksam** und für das Insolvenzgericht bindend in einen **Insolvenzplan** aufgenommen werden können. Nach einer Ansicht ist dies unter Bezugnahme auf § 278 Abs. 6 ZPO bzw. aufgrund der Änderung des § 217 InsO durch das ESUG **zulässig** und das Insolvenzgericht hat nur noch formal die Vergütung festzusetzen. Gegen diese Ansicht bestehen aufgrund der Unabhängigkeit des Insolvenzgerichts und des Sachwalters grundsätzliche Bedenken. Die **Gläubigerautonomie rechtfertigt** allerdings die Zulässigkeit der Vergütungsregelung im Plan **nicht;** sie unterliegt **mangels gesetzlicher Grundlage** nicht der Dispositionsbefugnis der Gläubiger. Die Festsetzung ist nach § 64 InsO **Aufgabe des unabhängigen Insolvenzgerichts** und dort auch nach dem ESUG verblieben. Der Vergütungsanspruch begründet zudem eine Masseforderung des Verwalters nach § 54 InsO und Masseforderungen sind im Plan nicht disponibel. Bereits der BGH hat in seiner Entscheidung vom 22.2.2007 (BGH NZI 2007, 341) eine Bindung des Insolvenzverwalters an einen niedrigeren Vergütungssatz im Insolvenzplan für das nachfolgende Vergütungsfestsetzungsverfahren verneint; das muss auch für das Insolvenzgericht gelten (Schöttler NZI 2014, 852). Allerdings führt die **Aufnahme** von Vergütungsregelungen nicht zur Unzulässigkeit des Plans und ist für das Gericht **nicht bindend** (vgl. Budnik NZI 2014, 247 (252) sowie zum Meinungsstreit detailliert zum Sachwalter → § 12 Rn. 31).

19 Nach § 270b Abs. 1 S. 1 InsO, § 274 Abs. 1 InsO, § 64 Abs. 2 InsO ist die Festsetzung der Vergütung grundsätzlich **öffentlich bekanntzumachen** und dem Sachwalter, dem Schuldner und, wenn ein Gläubigerausschuss bestellt ist, den Mitgliedern des Ausschusses besonders zuzustellen. Die festgesetzten Beträge sind nicht zu veröffentlichen; in der öffentlichen Bekanntmachung ist darauf hinzuweisen, dass der vollständige Beschluss in der Geschäftsstelle eingesehen werden kann.

20 Gegen die Festsetzung der Vergütung steht dem vorläufigen Sachwalter, dem Schuldner und jedem Gläubiger gem. § 64 Abs. 3 InsO die **sofortige Beschwerde** zu. Gemäß § 6 Abs. 2

InsO beginnt die Frist zur Einlegung einer sofortigen Beschwerde gegen eine nicht verkündete Entscheidung mit deren Zustellung. Zum Nachweis der Zustellung genügt die öffentliche Bekanntmachung (§ 9 Abs. 3 InsO). Gegen die Beschwerdeentscheidung ist die **Rechtsbeschwerde** gem. § 64 Abs. 3 InsO iVm § 7 InsO zulässig. Eine Beschwer ist nur gegeben, wenn der **Beschwerdewert** des § 64 Abs. 3 S. 2 InsO iVm § 567 Abs. 2 ZPO iHv 200 EUR erreicht ist.

III. Vorschuss

Das Insolvenzgericht kann dem vorläufigen Sachwalter auf dessen Antrag hin die Zustimmung 21 dazu erteilen, dass er gegenüber dem zu überwachenden Schuldner einen **Vorschuss** nach § 9 fordert. Verweigert der Schuldner die Zahlung, kann das Gericht den Vorschuss entsprechend § 8 gegen den Schuldner **festsetzen**.

I. Nachträgliche Änderung der Festsetzung (Abs. 2)

Die Struktur der Vergütung des vorläufigen Sachwalters in den nach dem 1.1.2021 beantragten 22 Eigenverwaltungsverfahren ist an den Regelungen für den vorläufigen Insolvenzverwalter in § 11 angelehnt und enthält mit Abs. 2 eine dem § 11 Abs. 2 entsprechende Regelung für den Fall der Abweichung der tatsächlich erzielten Verwertungserlöse von den geschätzten und der Vergütungsfestsetzung zugrunde gelegten Werten der Vermögensgegenstände. Beantragt der vorläufige Sachwalter die Festsetzung seiner Vergütung, noch bevor der von Abs. 1 S. 2 erfassten Gegenstände veräußert wurden, hat er gem. Abs. 2 das Insolvenzgericht spätestens mit Vorlage der Schlussrechnung auf eine Abweichung des tatsächlichen Werts von dem der Vergütung zugrunde liegenden Wert hinzuweisen, sofern die Wertdifferenz 20 % bezogen auf die Gesamtheit dieser Gegenstände übersteigt (vgl. im Detail → § 11 Rn. 35 f.). Diese Anzeigepflicht bei Abweichung des dem Vergütungsantrag zugrunde gelegten Werts der Vermögensgegenstände und dem tatsächlich erzielten Erlös aus der Verwertung bei einer Differenz von mehr als 20 % gilt sowohl bei **Über- als auch bei Unterschreiten** des zugrunde gelegten Wertes (vgl. → § 11 Rn. 37 f.). Eine **Verpflichtung** des Gerichts, die Vergütung abzuändern, besteht **nicht**. Vielmehr besteht lediglich die **Möglichkeit** des Gerichts, nach pflichtgemäßem Ermessen den Beschluss über die Festsetzung der Vergütung des vorläufigen Sachwalters **abzuändern** (vgl. → § 11 Rn. 39).

J. Verjährung und Verwirkung des Vergütungsanspruchs

Der Vergütungsanspruch des vorläufigen Sachwalters verjährt aufgrund seiner Eigenständigkeit 23 wie der Vergütungsanspruch des vorläufigen Insolvenzverwalters (→ § 11 Rn. 33 f.), soweit er rechtskräftig festgesetzt ist, in 30 Jahren (§ 197 Abs. 1 Nr. 3 BGB). Nicht rechtskräftig festgesetzte Ansprüche verjähren gem. § 195 BGB **in drei Jahren** nach Beendigung des Amtes des vorläufigen Sachwalters (vgl. BGH NZI 2007, 539). Allerdings **hemmt** die Einreichung des Festsetzungsantrags beim Insolvenzgericht die Verjährung.

Zur Verwirkung vgl. allgemein die Kommentierung zu § 8 (→ § 8 Rn. 1 ff.). Der vorläufige 24 Sachwalter verwirkt seine Vergütungsansprüche in der Regel **nicht** durch Pflichtverletzungen, die er als Insolvenzverwalter im eröffneten Verfahren begangen hat, soweit er sein Amt als vorläufiger Sachwalter beanstandungsfrei ausgeübt hat (vgl. zum vorläufigen Insolvenzverwalter BGH ZInsO 2017, 2309 ff.; → § 11 Rn. 29).

K. Vorzeitiger Abbruch der vorläufigen Eigenverwaltung

Hebt das Insolvenzgericht die vorläufige Eigenverwaltung (vorzeitig) auf und setzt einen vorläu- 25 figen Insolvenzverwalter oder mit Insolvenzeröffnung einen endgültigen Insolvenzverwalter ein, so verliert der vorläufige Sachwalter seinen Vergütungsanspruch nicht; er ist ihm auch nicht unter Hinweis auf eine zu vergütende Tätigkeit des vorläufigen Insolvenzverwalters verwehrt (vgl. AG Ludwigshafen BeckRS 2015, 13531; Graeber/Graeber ZInsO 2015, 891 (892)). Der aus dem Amt Entlassene erhält für seine (bisherige) Tätigkeit eine Vergütung (vgl. BGH NZI 2006, 165). Zu berücksichtigen sind bei beiden Vergütungen aufgrund des jeweiligen Minderaufwands aber Abschläge oder gekürzte Zuschläge (vgl. AG Ludwigshafen ZInsO 2015, 1639).

Kommt es aufgrund einer **Rücknahme des Eröffnungsantrags** nicht mehr zur Eröffnung 26 des Insolvenzverfahrens und zur Bestellung eines Sachwalters, ist die **Vergütung** des vorläufigen Sachwalters mangels Erfassung in der Verweisungskette des § 270b Abs. 1 S. 1 InsO nach **§ 26a InsO analog** festzusetzen (AG Köln NZI 2017, 322; AG Hamburg ZInsO 2014, 569; vgl. BGH

NZI 2016, 796; Mock ZInsO 2014, 67 (71)), wobei auch hier Zu- und Abschläge nach den allgemeinen Kriterien vorzunehmen sind (vgl. AG Köln NZI 2017, 322; AG Hamburg ZInsO 2014, 569; vgl. BGH NZI 2016, 796; Mock ZInsO 2014, 67 (71)).

27 Sind dem Schuldner die **Kosten** des Verfahrens gem. **§ 4a InsO** bei angeordneter Eigenverwaltung **gestundet**, so haftet durch die Verweisung in § 274 Abs. 1 InsO auf § 63 Abs. 2 InsO die **Staatskasse** auch für die Vergütung des vorläufigen Sachwalters.

L. Vorläufiger Sachwalter als Sachverständiger (Abs. 4)

28 Der vorläufige Sachwalter, der vom Insolvenzgericht zugleich beauftragt wird, als **Sachverständiger gesondert zu prüfen**, ob ein Eröffnungsgrund vorliegt und welche Aussichten für eine Fortführung des Unternehmens des Schuldners bestehen, erhält für diese Sachverständigentätigkeit **gesondert** eine **Vergütung** nach dem Justizvergütungs- und -entschädigungsgesetz (**JVEG**).

29 In den Verfahren, in denen der vom Insolvenzgericht an den Sachverständigen, der zugleich Sachwalter war, erteilte Auftrag bis zum 31.12.2020 einging, richtete sich dessen Vergütung nach **§ 9 Abs. 2 JVEG** in der bis zum 31.12.2020 geltenden Fassung und betrug 80 EUR.

30 Die **Honorierung** des bis zum 31.12.2020 ausschließlich zum Gutachter bestellten **(isolierten) Sachverständigen**, der also nicht zugleich vorläufiger Sachwalter war, war gesetzlich bis zum 31.12.2020 nicht konkret geregelt; er fiel nicht unter § 9 Abs. 2 JVEG, sondern war in die **Sachgebietsliste unter Nr. 6 der Anlage 1 zu § 9 Abs. 1 JVEG** mit der Honorargruppe 11 einzuordnen, die nach § 9 Abs. 1 S. 3 JVEG zu einem **Stundenhonorar von 115 EUR** führte, gleichwohl von den Insolvenzgerichten unterschiedlich behandelt wurde (vgl. ausführlich zum „isolierten" vorläufigen Insolvenzverwalter → § 11 Rn. 42).

31 Durch das zum 1.1.2021 in Kraft getretene SanInsFoG ist auch das JVEG geändert worden. Für die beim Sachverständigen vom Insolvenzgericht **ab dem 1.1.2021 eingehenden Aufträge** gilt nach der Überleitungsvorschrift des § 24 JVEG die Regelung des **§ 9 Abs. 4 JVEG**. Diese lautet: „Das Honorar des Sachverständigen für die Prüfung, ob ein Grund für die Eröffnung eines Insolvenzverfahrens vorliegt und welche Aussichten für eine Fortführung des Unternehmens des Schuldners bestehen, beträgt 120 Euro je Stunde (sogenannter Stundensatz für den isolierten Sachverständigen). Ist der Sachverständige zugleich der vorläufige Insolvenzverwalter oder der vorläufige Sachwalter, so beträgt sein Honorar 95 Euro je Stunde." Insofern hat der Gesetzgeber klargestellt, dass dem **zugleich als vorläufiger Sachwalter** tätigen Sachverständigen für seine Sachverständigentätigkeit ein Stundensatz von **95 EUR** zusteht. Ist er als **„isolierter" Sachverständiger** (ohne zugleich vorläufiger Insolvenzverwalter zu sein) tätig, gebührt ihm ein Stundensatz von **120 EUR**.

32 Der Sachverständige hat nach den §§ 5–7, 12 JVEG zudem einen Anspruch auf Ersatz der **Auslagen** und die auf das Honorar und die Auslagen entfallende **Umsatzsteuer** (§ 12 Abs. 1 S. 2 Nr. 4 JVEG). Die Vergütung wird aus der **Staatskasse** gewährt und gehört zu den gerichtlichen Auslagen nach KV 9005 GKG.

33 Der Honoraranspruch ist innerhalb einer **Frist von drei Monaten** zu beantragen, da er anderenfalls erlischt (§ 2 Abs. 1 Nr. 1 JVEG). Die **Verjährung** tritt drei Jahre nach Ablauf des Kalenderjahres ein, in dem das Gutachten eingereicht wurde (§ 2 Abs. 3 S. 1 JVEG); die Verjährung wird jedoch nicht von Amts wegen berücksichtigt (§ 2 Abs. 3 S. 4 JVEG) und wird durch den Antrag auf gerichtliche Festsetzung gehemmt (§ 2 Abs. 3 S. 3 JVEG).

34 Die gerichtliche Entscheidung über die Vergütungsfestsetzung ist nach § 4 Abs. 3 JVEG mit der **Beschwerde** anfechtbar, sofern der Beschwerdewert 200 EUR übersteigt. Bei Nichtabhilfe ist die Sache dem Landgericht zur Entscheidung vorzulegen (§ 4 Abs. 4 JVEG), das die weitere Beschwerde nach § 4 Abs. 5 JVEG zum Oberlandesgericht zulassen kann.

M. Unanwendbarkeit des § 12a nach § 5 Abs. 7 COVInsAG

35 Das am 1.1.2021 in Kraft getretene Gesetz zur Fortentwicklung des Sanierungs- und Insolvenzrechts (SanInsFoG) hat auch zu Änderungen des COVID-19-Aussetzungsgesetzes (COVInsAG) in Bezug auf die Normen zum Eigenverwaltungsverfahren und zum Insolvenzplan geführt. Die neuen Regelungen der InsO nach Maßgabe des SanInsFoG finden gem. Art. 103k Einführungsgesetz zur Insolvenzordnung (EG-InsO) auf Insolvenzverfahren Anwendung, welche ab dem 1.1.2021 beantragt wurden bzw. werden. Jedoch sieht das COVInsAG in bestimmten Fällen die Fortgeltung des bis zum 31.12.2020 geltenden Rechts für Eigenverwaltungsverfahren nach § 5 COVInsAG (zu den Voraussetzungen → COVInsAG § 5 Rn. 3 ff.) und für Schutzschirmverfahren nach § 6 COVInsAG (zu den Voraussetzungen → COVInsAG § 6 Rn. 4 ff. und → COVInsAG

§ 6 Rn. 14 f.) vor. So sind gem. § 5 COVInsAG auf Eigenverwaltungsverfahren, die zwischen dem 1.1.2021 und dem 31.12.2021 beantragt werden, die Vorschriften zur Eigenverwaltung nach den §§ 270–285 InsO in der bis zum 31.12.2020 geltenden Fassung weiter anzuwenden, wenn die Zahlungsunfähigkeit oder Überschuldung des Schuldners auf die COVID-19-Pandemie zurückzuführen ist. Sofern nach den §§ 5, 6 COVInsAG auf das vom Insolvenzgericht angeordnete Eigenverwaltungsverfahren die §§ 270–285 InsO in der bis zum 31.12.2020 geltenden Fassung weiter Anwendung finden, so ist nach § 5 Abs. 7 COVInsAG auch die InsVV in der bis zum 31.12.2020 geltenden Fassung anzuwenden. Dies gilt auch dann, wenn die vorläufige Eigenverwaltung oder Eigenverwaltung aufgehoben wird. In diesen Fällen findet § 12a keine Anwendung, sondern die vom BGH zur Vergütung des vorläufigen Sachwalters entwickelten Grundsätze (→ Rn. 1 f. und → § 12 Rn. 7a f.).

§ 13 Vergütung des Insolvenzverwalters im Verbraucherinsolvenzverfahren

Werden in einem Verfahren nach dem Neunten Teil der Insolvenzordnung die Unterlagen nach § 305 Absatz 1 Nummer 3 der Insolvenzordnung von einer geeigneten Person oder Stelle erstellt, ermäßigt sich die Vergütung nach § 2 Absatz 2 Satz 1 auf 1 120 Euro.

Überblick

Die Vorschrift ist durch das Gesetz zur Verkürzung des Restschuldbefreiungsverfahrens und zur Stärkung der Gläubigerrechte geändert worden, mit dem das vereinfachte (Verbraucher-)Insolvenzverfahren in das Regelinsolvenzverfahren integriert wurde, und gilt für die seit dem 1.7.2014 beantragten Verfahren. Sie regelt nunmehr ausschließlich in Ergänzung von § 2 Abs. 2 die gekürzte Mindestvergütung des Insolvenzverwalters in Verbraucherinsolvenzverfahren. Die ermäßigte Vergütung ist mit dem am 1.1.2001 in Kraft getretenen SanInsFoG für die nach diesem Datum beantragten Insolvenzverfahren nach § 19 Abs. 5 (→ § 19 Rn. 13) von 800 EUR auf 1.120 EUR erhöht worden.

A. Allgemeines

Durch das **Gesetz zur Verkürzung des Restschuldbefreiungsverfahrens und zur Stärkung der Gläubigerrechte v. 15.7.2013** (BGBl. I 2379) sind die §§ 312–314 InsO aF aufgehoben worden und das **vereinfachte Insolvenzverfahren,** bei dem ein Treuhänder bestellt wurde, **in das allgemeine Regelinsolvenzverfahren integriert** worden. Da die §§ 304–310 InsO weiter gelten, gilt das bisherige vereinfachte Insolvenzverfahren nun im Rahmen des Regelinsolvenzverfahrens für die Personen, die die Voraussetzungen des § 304 InsO erfüllen, als Verbraucherinsolvenzverfahren. Mit Streichung der §§ 312–314 InsO aF hat sich der **Aufgabenkreis des Insolvenzverwalters im Verbraucherinsolvenzverfahren erweitert,** sodass er ua auch zur **Anfechtung,** zur **Verwertung von Sicherungsgut** und zur **Erstellung von Insolvenzplänen** berechtigt ist. Die Aufgabenstellung des Insolvenzverwalters im Verbraucherinsolvenzverfahren ist daher im Regelfall identisch mit denen eines Insolvenzverwalters im Regelinsolvenzverfahren (vgl. Büttner ZVI 2013, 289 (301)), sodass er über § 10 grundsätzlich auch die gleiche Vergütung erhält. Der erweiterte Aufgabenkreis rechtfertigt zudem die Anhebung der Mindestvergütung gegenüber dem Treuhänder. 1

§ 11 selbst regelt die Vergütung des Insolvenzverwalters in Verbraucherinsolvenzverfahren, § 13 Abs. 2 steht dem nicht entgegen. Denn nach ihrer systematischen Stellung schließt diese Vorschrift nur die Anwendung des § 2 auf die in § 13 Abs. 1 abschließend geregelte Grundvergütung des Treuhänders aus, nicht aber die Heranziehung der Staffelsätze bei der Bestimmung der gesonderten Vergütung für die Nachtragsverteilung im Rahmen des billigen Ermessens gem. § 6. Im Rahmen der **Nachtragsverteilung** entspricht die Tätigkeit des Treuhänders der eines Insolvenzverwalters und die gesonderte Vergütung des Treuhänders kann aus der neuen Masse aufgebracht werden. Diese Vergütung ist daher auch genauso zu bemessen wie die eines Insolvenzverwalters, was nur durch eine Berechnung nach den Staffelsätzen des § 2 erreicht werden kann (vgl. BGH ZInsO 2006, 33; LG Köln NZI 2017, 227; LG Offenburg ZInsO 2005, 481 = NZI 2005, 172; MüKo-InsO/Stephan Rn. 11; auch → § 6 Rn. 2). 1a

§ 11 selbst regelt die Vergütung des Insolvenzverwalters in Verbraucherinsolvenzverfahren nicht, da sich diese aus § 63 Abs. 1 InsO iVm den Vorschriften des 1. Abschnitts der InsVV ergibt; einziger **Regelungsgehalt** ist die **Kürzung der Mindestvergütung.** Systematisch hätte der 2

Verordnungsgeber diese Kürzung auch in § 2 Abs. 2 regeln können (vgl. HmbKommInsR/Büttner § 11 Rn. 2).

3 § 11 nF gilt für die **seit dem 1.7.2014 beantragten Verfahren,** da zu diesem Zeitpunkt das Gesetz zur Verkürzung des Restschuldbefreiungsverfahrens und zur Stärkung der Gläubigerrechte nach dessen § 9 in Kraft trat. Dies entspricht den Überleitungsregelungen in § 19 Abs. 4 und Art. 103h S. 1 EGInsO. Ist die Eröffnung des Insolvenzverfahrens gläubigerseits vor dem 1.7.2014, schuldnerseits jedoch erst nach dem 1.7.2014 beantragt worden, ist Art. 103h EGInsO grundsätzlich dahin auszulegen, dass die bis zum 30.6.2014 geltende Fassung der InsO Anwendung findet (AG Norderstedt InsbürO 2019, 514; vgl. AG Blankenburg ZInsO 2015, 293). Der Gesetzgeber hat an den Eröffnungsantrag und nicht an den Eröffnungszeitpunkt anknüpfen wollen (BT-Drs. 17/11268, 37). Das Abstellen auf den ersten zulässigen und begründeten Insolvenzantrag entspricht dem Rechtsgedanken des § 139 Abs. 2 InsO.

B. Regelvergütung und Mindestvergütung

4 Die **Vergütung** des Insolvenzverwalters in Verbraucherinsolvenzverfahren bemisst sich über § 10 nach den **allgemeinen Vorschriften** der InsVV in den §§ 1–9. Die **Regelvergütung** errechnet sich somit nach den **Regelsätzen des § 2** nach der bei Beendigung der Tätigkeit vorhandenen Insolvenzmasse (§ 1).

5 Hinsichtlich der **Mindestvergütung** ist zunächst § 2 Abs. 2 anwendbar, jedoch beträgt die Mindestvergütung nicht **1.400 EUR,** sondern aufgrund der Regelung in § 13 lediglich **1.120 EUR,** sofern die **Unterlagen** nach § 305 Abs. 1 Nr. 3 InsO von einer geeigneten Person oder Stelle **erstellt** worden sind. Für die bis zum 31.12.2020 beantragten Insolvenzverfahren gelten nach der Überleitungsvorschrift des § 19 Abs. 5 (→ § 19 Rn. 13) noch die Vergütungssätze der InsVV in der bis zum 31.12.2020 geltenden Fassung, also mit einer Herabsetzung der Mindestvergütung von 1.000 EUR auf 800 EUR. Die damit verbundene **Arbeitserleichterung** für den Insolvenzverwalter rechtfertigt die Reduzierung seiner Mindestvergütung.

6 Was konkret unter der „**Erstellung von Unterlagen**" nach § 305 Abs. 1 Nr. 3 InsO durch eine geeignete Person oder Stelle zu verstehen ist, bleibt unklar (Grote/Pape ZInsO 2013, 1433; KPB/Stoffler § 11 Rn. 4). Sie setzt nach der zuzustimmenden Entscheidung des LG Stuttgart (ZInsO 2016, 470) voraus, dass die geeignete Person die Unterlagen des § 305 Abs. 1 Nr. 3 InsO aufgrund der **Angaben** des Schuldners entweder **selbst ausfüllt** oder zumindest eine **Mitverantwortung übernimmt,** indem sie den Fragenkatalog der Formulare zusammen mit dem Schuldner durchgeht. Füllt der Schuldner die Unterlagen zumindest teilweise selbst und ohne Hilfe einer geeigneten Person aus, so ist die erhöhte Richtigkeits- und Vollständigkeitsgewähr nicht gegeben, die es rechtfertigen würde, von einem „Erstellen" durch eine geeignete Person auszugehen (zust. auch KPB/Stoffler § 11 Rn. 4; Fuhst jurisPR-InsR 4/2016 Anm. 4). Weiter führt das LG Stuttgart unter Rn. 15 zutreffend aus: „Auch wenn eine geeignete Stelle die Unterlagen erstellt, kommen die Informationen in der Regel vom Schuldner selbst, der mit seiner Unterschrift dafür die Verantwortung übernimmt. Unterschrieben und damit erstellt werden Verzeichnisse und Antrag regelmäßig durch den Schuldner selbst mit – unterschiedlich ausgeprägter – Hilfestellung der geeigneten Stelle. Ob dies der Fall ist, wird sich nicht immer aus der Gerichtsakte ergeben. Der Insolvenzverwalter wird hierzu ggf. beim Schuldner nachfragen und im Vergütungsantrag entsprechend vortragen müssen (vgl. KPB/Stoffler, InsO, 1. Aufl. 2015, 65. Lieferung 09.2015 Rn. 4)." In der Praxis werden die Unterlagen nach § 305 Abs. 1 Nr. 3 InsO regelmäßig durch eine geeignete Person oder Stelle erstellt, sodass die **Regelmindestvergütung** für das Verbraucherinsolvenzverfahren 800 EUR beträgt. Sollten allerdings die **Unterlagen nach § 305** Abs. 1 Nr. 3 InsO zwar durch eine geeignete Person oder Stelle erstellt, aber so **mangelhaft** sein, dass sie nicht zu einer Arbeitserleichterung für den Insolvenzverwalter führen, sollte es bei der Mindestvergütung nach § 2 Abs. 2 in Höhe von 1.000 EUR verbleiben (KPB/Stoffler § 11 Rn. 4). Nach der aktuellen Entscheidung des AG Düsseldorf (NZI 2017, 533) ist davon auszugehen, dass die Unterlagen nach § 305 Abs. 1 Nr. 3 InsO von einer geeigneten Stelle iSd Vorschrift „erstellt" wurden, wenn die Bescheinigung über das Scheitern des außergerichtlichen Einigungsversuchs iSv § 305 Abs. 1 Nr. 1 InsO von einer der **Verbände oder Mitgliedsorganisationen der freien Wohlfahrtspflege, Kirchen, Gemeinden angehörigen Stelle** oder einer **Verbraucherzentrale** ausgestellt wurde. Der Insolvenzverwalter ist in solchen Fällen darlegungslastig für Umstände, die eine Reduzierung der Vergütung nach § 13 InsVV nicht rechtfertigen (AG Düsseldorf NZI 2017, 533).

7 Eine an die Gläubigeranzahl gekoppelte **Erhöhung der Mindestvergütung,** seien dies 1.400 EUR nach § 2 Abs. 2 S. 1 oder 1.120 EUR nach § 13, wird durch letztgenannte Vorschrift aber

nicht ausgeschlossen, sodass § 2 Abs. 2 S. 2 und 3 auch für die Berechnung der Mindestvergütung des Insolvenzverwalters im Verbraucherinsolvenzverfahren **anwendbar** ist (KPB/Stoffler § 11 Rn. 7).

C. Erhöhungstatbestände

Durch § 10 ist auch **§ 3 uneingeschränkt** auf die Vergütung des Insolvenzverwalters in Verbraucherinsolvenzverfahren **anwendbar**. Insofern kann zunächst auf die dortigen **Zuschlagstatbestände** verwiesen werden. Für die im Verbraucherinsolvenzverfahren typischerweise relevanten Erhöhungstatbestände kann auf die Tatbestände zurückgegriffen werden, die sich beim vereinfachten Verfahren nach §§ 311–314 InsO aF herausgebildet haben. Zu nennen sind **beispielhaft** nach KPB/Stoffler § 11 Rn. 12 ff.: **unvollständiges Vermögensverzeichnis** nach § 305 Abs. 1 Nr. 3 InsO und damit verbundenem Mehrarbeitsaufwand bei der Vermögenserfassung; umfangreiches Vermögen mit **Verwertungsschwierigkeiten; Verwertung** von mit **Absonderungsrechten** belasteten Gegenständen; Verwertung; **obstruktives Verhalten des Schuldners** oder von Angehörigen, durch das die Tätigkeit erheblich erschwert wird; hohe Zahl von **Forderungsanmeldungen;** Abgabe von **Steuererklärungen** (BGHZ 160, 176; ZVI 2005, 143; einschränkend ZIP 2013, 2413). 8

D. Anwendbarkeit von § 3 Abs. 2 lit. e

Abschlagtatbestände sind in **§ 3 Abs. 2** geregelt; lit. e ist durch das Gesetz zur Verkürzung des Restschuldbefreiungsverfahrens und zur Stärkung der Gläubigerrechte zum 1.7.2014 eingeführt worden, wonach ein Abschlag in Betracht kommt, wenn die Vermögensverhältnisse des Schuldners überschaubar sind und die Zahl der Gläubiger oder die Höhe der Verbindlichkeiten gering ist. Die Vorschrift knüpft an § 304 InsO an und soll **Arbeitserleichterungen** des Insolvenzverwalters berücksichtigen (HK-InsO/Keller § 11 Rn. 19). Eine Anwendung kommt in Betracht, wenn durch die Kürzung die Mindestvergütung von 800 EUR nicht unterschritten wird. Eine Anwendung von § 3 Abs. 2 lit. e auch iRd § 13 würde zu einer Kürzung der bereits geminderten Mindestvergütung von 800 EUR führen. Eine Kürzung der Mindestvergütung durch einen **zusätzlichen Abschlag** nach § 3 Abs. 2 lit. e ist **vergütungssystematisch nicht möglich;** bei der Mindestvergütung des § 13 sind die Tatbestände des § 3 Abs. 2 lit. e bereits „integriert" (HK-InsO/Keller Rn. 19; KPB/Prasser/Stoffler § 13 Rn. 9; HmbKommInsR/Büttner § 11 Rn. 4; Haarmeyer/Mock InsVV Rn. 119; ebenso Fuhst jurisPR-InsR 4/2016 Anm. 4; Nerlich/Römermann/Stephan Rn. 17; Wischemeyer/Schur ZVI 2017, 171 (177); offen gelassen von LG Münster BeckRS 2019, 22836; zur abweichenden Ansicht → Rn. 9a). 9

Geht die Tätigkeit des Insolvenzverwalters in einem Verbraucherinsolvenzverfahren tatsächlich nicht über die **Tätigkeit eines Treuhänders nach §§ 313 f. InsO** aF hinaus, kann dies nach den Umständen des Einzelfalls einen Abschlag rechtfertigen, der dazu führt, dass sich der Vergütungssatz des Insolvenzverwalters im Ergebnis am bisherigen Vergütungssatz für einen Treuhänder orientiert. Für die Frage, ob die Zahl der Gläubiger gering ist, kommt es auf die Zahl der Gläubiger an, die sich am Insolvenzverfahren beteiligen. Die Ermäßigung der Mindestvergütung des Insolvenzverwalters in Verbraucherinsolvenzverfahren ist auf Fälle, in denen die Regelvergütung nach § 2 Abs. 1 zum Tragen kommt, weder direkt noch analog anzuwenden; § 13 nF gilt nur für die Mindestvergütung nach § 2 Abs. 2 (BGH NZI 2017, 459). § 13 nF schließt über die Ermäßigung der Mindestvergütung des Insolvenzverwalters **Abschläge** von der Mindestvergütung nach § 3 Abs. 2 nicht aus, jedoch ist der vorgenannten BGH-Entscheidung die Zulässigkeit einer sog. **doppelten Kürzung** (Kürzung des § 2 Abs. 2 S. 1 auf den Betrag in § 13 und darüber hinausgehende Kürzung nach § 3 Abs. 2 lit. e unter den Betrag in § 13) nicht zu entnehmen. Denn dort ging es um die erste Kürzung der Mindestvergütung von 1.000 EUR nach § 2 Abs. 1 auf 800 EUR nach § 3 Abs. 2 aF, nicht aber um die Kürzung der bereits nach § 13 gekürzten Mindestvergütung (LG Münster BeckRS 2019, 22836). Die Prüfung, ob die Vermögensverhältnisse des Schuldners überschaubar sind und die Zahl der Gläubiger oder die Höhe der Verbindlichkeiten gering ist, hat sich, wenn der Regelsatz der Mindestvergütung unterschritten werden soll, auch in einem Verbraucherinsolvenzverfahren am Durchschnitt der massearmen Verfahren auszurichten. Die Vergütung des Insolvenzverwalters in einem Verbraucherinsolvenzverfahren darf **allerdings nicht unter der Mindestvergütung** liegen, die einem **Treuhänder nach § 13 aF** zu gewähren war (BGH NZI 2018, 130; Zimmer EWiR 2018, 277; vgl. → Rn. 9). Im Verbraucherinsolvenzverfahren kann die Mindestvergütung des § 13 nach Ansicht des BGH also nur ausnahmsweise um einen Abschlag nach § 3 Abs. 2 lit. e gekürzt werden, wenn wegen der Über- 9a schaubarkeit der Vermögensverhältnisse und der geringen Anzahl der Gläubiger oder der geringen Höhe der Verbindlichkeiten der durchschnittliche Aufwand eines massearmen Verfahrens beträchtlich unterschritten wird, die Arbeitserleichterung nicht bereits darauf zurückzuführen ist, dass die Unterlagen nach § 305 Abs. 1 Nr. 3 InsO von einer geeigneten Person oder Stelle erstellt worden sind, und sich ohne die zusätzliche Kürzung eine unangemessene hohe Vergütung ergäbe (BGH NZI 2020, 521; kritisch Blersch EWiR 2020, 467 mit Hinweis auf Ausnahmecharakter). Insofern kommt eine Kürzung der Mindestvergütung gem. § 13 nach § 3 Abs. 2 lit. e nur dann in Betracht, wenn der qualitative und quantitative Zuschnitt des Insolvenzverfahrens erheblich hinter den Kriterien eines durchschnittlichen massearmen Verfahrens (iSd § 13) zurückbleibt. Andernfalls käme es in Verbraucherinsolvenzverfahren wohl nur zu einer regelmäßigen Mindestvergütung von 800 EUR, die aber der Verordnungsgeber selbst nicht mehr als angemessen ansieht (zu dieser verfassungsrechtlich bedenklichen Praxis vgl. Blersch EWiR 2020, 467; Blersch NZI-Beil. 1/2021 96). Allein der Umstand, dass keine Anfechtungen vorzunehmen, keine mit Absonderungsrechten belasteten Gegenstände zu verwerten und auch sonst keine Verwertungstätigkeiten zu erledigen waren, reicht für einen Abschlag nicht aus (LG Münster NZI 2020, 126 mkritAnm Budnik NZI 2020, 128). Die Bestimmung des vergütungsrechtlichen „Normalverfahrens" hat in jedem Einzelfall auch im Lichte der Insolvenzmasse zu erfolgen. Ein Abschlag auf die Vergütung kommt deshalb nur bei erheblicher Unterschreitung der erforderlichen Aufwands in Betracht (Wozniak, jurisPR-InsR 18/2019 Anm. 2). Der nach dieser Ansicht mögliche Abschlag ist also nicht durch jede Unterschreitung des (ohnehin nach § 13 verminderten) Aufwandes bei einem durchschnittlichen massearmen Verfahren gerechtfertigt. In massearmen Verfahren sind fehlende Anfechtungen und Verwertungstätigkeiten nicht ungewöhnlich; zu berücksichtigen ist auch, ob eine formularmäßige Abwicklung des Verfahrens möglich gewesen ist. Insofern handelt es sich bei Verfahren, bei denen eine doppelte Kürzung der Vergütung angebracht erscheint, um besonders gelagerte, nicht verallgemeinerungsfähige Einzelfälle, was sich auch aus den Formulierungen des BGH ergibt, sodass kaum Fälle denkbar sind, bei denen eine derartig unangemessene Überzahlung eintreten könnte (Fuhst, jurisPR-InsR 18/2019 Anm. 3). Jedenfalls ist die Kürzung der Vergütung auf Ausnahmefälle zu beschränken (Hergenröder KTS 2021, 106). Sofern allerdings die Vergütung im Verbraucherinsolvenzverfahren nicht nach § 13 gemindert ist, sondern die Mindestvergütung nach § 2 Abs. 2 zum Tragen kommt, erscheint eine Kürzung nach § 3 Abs. 2 Buchst. e nicht ausgeschlossen (LG Stuttgart NZI 2016, 145; vgl. auch LG Frankenthal ZInsO 2016, 772; aA Wischemeyer/Schur ZVI 2017, 171). Jedenfalls aber ist die Minderung nach § 3 Abs. 2 lit. e restriktiv zu handhaben (Schmerbach/Semmelbeck NZI 2014, 547; Haarmeyer/Mock InsVV § 3 Rn. 119; Gortan NZI 2016, 339; ähnl. Grote/Pape ZInsO 2013, 1433: „maßvoller Abschlag").

E. Besonderheiten bei sog. asymmetrischen Verfahren/Neuerwerbsverwaltung nach § 300a Abs. 3 InsO

10 Der durch das Gesetz zur Verkürzung des Restschuldbefreiungsverfahrens und zur Stärkung der Gläubigerrechte ebenfalls neu eingeführte **§ 330a InsO** nimmt die Rechtsprechungsregeln des BGH zu den sog. asymmetrischen Verfahren, dh dem Fall des **Fortdauerns des Insolvenzverfahrens zum Zeitpunkt der Erteilung der Restschuldbefreiung** auf (BGH ZVI 2010, 68; KPB/Stoffler § 11 Rn. 10a). Neu ist allerdings die Regelung in § 300a Abs. 3 InsO, wonach der Insolvenzverwalter für seine **Tätigkeit nach § 300a Abs. 2**, sofern Restschuldbefreiung rechtskräftig erteilt wird, **gegenüber dem Schuldner** einen **Anspruch auf Vergütung** und auf Erstattung angemessener **Auslagen** hat. Die Vergütung nach § 300a Abs. 3 InsO wird gem. § 293 Abs. 2 InsO, § 64 InsO vom Insolvenzgericht gegenüber dem Schuldner festgesetzt. Die Höhe der Vergütung ergibt sich aus **§ 14**, wobei dessen Regelung zur Mindestvergütung in § 14 Abs. 3 aufgrund des geringen Pflichtenkreises des Verwalters nach Ansicht des Gesetzgebers keine Anwendung finden soll (KPB/Stoffler § 11 Rn. 10a; BT-Drs. 17/11268, 32).

F. Altverfahren, Antragstellung vor dem 1.7.2014

11 Für vor dem 1.7.2017 beantragte Verfahren gilt die Regelung in § 313 Abs. 1 S. 3 InsO aF iVm § 63 Abs. 1 InsO. Der in diesen Verfahren noch eingesetzte Treuhänder erhält seine Vergütung nach § 13 InsVV aF, der wie folgt lautet:

„(1) Der Treuhänder erhält in der Regel 15 vom Hundert der Insolvenzmasse. Ein Zurückbleiben hinter dem Regelsatz ist insbesondere dann gerechtfertigt, wenn das vereinfachte Insolvenzverfahren vorzeitig beendet wird. Haben in dem Verfahren nicht mehr als 5 Gläubiger ihre Forderungen angemeldet, so soll die Vergütung in der Regel mindestens 600 Euro betragen. Von 6 bis zu

15 Gläubigern erhöht sich die Vergütung für je angefangene 5 Gläubiger um 150 Euro. Ab 16 Gläubiger erhöht sich die Vergütung je angefangene 5 Gläubiger um 100 Euro.
(2) §§ 2 und 3 finden keine Anwendung."

Danach hat der Treuhänder im vereinfachten Insolvenzverfahren (§§ 313, 212 aF InsO) über § 313 Abs. 1 S. 3 InsO aF und § 63 InsO einen eigenen Vergütungsanspruch, der in der Höhe und in seiner Berechnung von dem des Insolvenzverwalters abweicht und in der Regel deutlich geringer ist. Begründet wird dies mit dem eingeschränkten Aufgabenbereich des Treuhänders, der ua weder zur Anfechtung noch zur Verwertung von Vermögensgegenständen, an denen Absonderungsrechte bestehen, berechtigt ist (§ 313 Abs. 2 und 3 InsO aF). Die aus Vereinfachungszwecken pauschalierte **Mindestvergütung** betrug 600 EUR. Die **Regelvergütung** des Treuhänders im vereinfachten Insolvenzverfahren beläuft sich auf 15 % der Insolvenzmasse und geht dabei von dem **Normalfall** eines Verbraucherinsolvenzverfahrens ohne Besonderheiten aus. Die **Berechnungsgrundlage** ist durch den Verweis in § 10 die **Insolvenzmasse** nach § 1, wie sie sich aus der Schlussrechnung (§ 313 Abs. 1 S. 1 InsO, § 66 InsO) ergibt. Die Anwendbarkeit des § 2 ist über § 13 Abs. 2 aF ausgeschlossen, dh eine Staffelung der Vergütung nach der Höhe der Teilungsmasse findet nicht statt. Eine **Erhöhung** der Vergütung nach § 3 Abs. 1 war nach dem Wortlaut des § 13 Abs. 2 aF **ausgeschlossen,** was nach hM aber nur ein Abstellen auf diese Erhöhungstatbestände des § 3 Abs. 1, nicht aber generell die Gewährung von **Zuschlägen** ausschließt (Lorenz/Klanke Rn. 9 mwN). Eine **Kürzung** der Regelvergütung war nach § 13 Abs. 1 S. 2 **nur vorgesehen** für den Fall der vorzeitigen Beendigung des vereinfachten Insolvenzverfahrens und bei **ganz besonders gelagerten Fällen,** in denen durch die vorzeitige Beendigung erheblicher Arbeitsaufwand beim Treuhänder eingespart werden kann.

Dritter Abschnitt. Vergütung des Treuhänders nach § 293 der Insolvenzordnung

§ 14 Grundsatz

(1) Die Vergütung des Treuhänders nach § 293 der Insolvenzordnung wird nach der Summe der Beträge berechnet, die auf Grund der Abtretungserklärung des Schuldners (§ 287 Abs. 2 der Insolvenzordnung) oder auf andere Weise zur Befriedigung der Gläubiger des Schuldners beim Treuhänder eingehen.

(2) Der Treuhänder erhält
1. von den ersten 35 000 Euro 5 vom Hundert,
2. von dem Mehrbetrag bis zu 70 000 Euro 3 vom Hundert und
3. von dem darüber hinausgehenden Betrag 1 vom Hundert.

(3) ¹Die Vergütung beträgt mindestens 140 Euro für jedes Jahr der Tätigkeit des Treuhänders. ²Hat er die durch Abtretung eingehenden Beträge an mehr als 5 Gläubiger verteilt, so erhöht sich diese Vergütung je 5 Gläubiger um 70 Euro.

Überblick

Die Vorschrift regelt die Vergütung des Treuhänders in der Wohlverhaltensphase; sie wird durch § 15 ergänzt, sofern dem Treuhänder die Überwachung der Schuldnerobliegenheiten nach § 292 Abs. 2 InsO übertragen wird. § 14 sieht in Abs. 1, bezogen auf die innerhalb der Abtretungsfrist des § 287 Abs. 2 InsO vereinnahmten Beträge (→ Rn. 2), feste Berechnungswerte mit einer Staffelvergütung gem. Abs. 2 vor (→ Rn. 4). Für den Fall, dass der Treuhänder keine oder nur geringe pfändbare Einkommensbestandteile vereinnahmt, sieht Abs. 3 eine Mindestvergütung vor (→ Rn. 8), die sich nach der Zahl der Anmeldgläubiger erhöhen kann. Die Staffelvergütung in Abs. 2 und die Vergütung nach Abs. 3 sind mit dem am 1.1.2001 in Kraft getretenen SanInsFoG für die ab diesem Datum beantragten Insolvenzverfahren nach § 19 Abs. 5 (→ § 19 Rn. 13) angehoben worden.

A. Allgemeines

1 Der **Vergütungsanspruch** des Treuhänders in der Wohlverhaltensphase, dh dem Restschuldbefreiungsverfahren ergibt sich **unmittelbar aus § 293 Abs. 1 InsO.** Nach dessen Abs. 2 gelten § 63 Abs. 2 InsO sowie die §§ 64 und 65 InsO entsprechend. Die Aufgaben und Rechtsstellung des Treuhänders sind in § 292 InsO geregelt. § 291 InsO aF ist seit dem 1.7.2014 weggefallen und sah nach Prüfung der Zulässigkeit des Antrags auf Restschuldbefreiung deren Ankündigung durch Beschluss im Schlusstermin vor. Nunmehr wird die Zulässigkeit bereits im Rahmen der Eingangsentscheidung nach § 287a InsO zu Beginn des Verfahrens getroffen. Das Vergütungssystem des Treuhänders weicht von denen des Ersten Abschnitts der InsVV ab.

B. Berechnungsgrundlage (Abs. 1)

2 **Berechnungsgrundlage** für die Regelvergütung des Treuhänders in der Wohlverhaltensphase ist nach Abs. 1 die **Summe der Beträge,** die in dieser Zeit aufgrund der Abtretungserklärung des Schuldners nach § 287 Abs. 2 InsO oder auf andere Weise **zur Befriedigung der Gläubiger** des Schuldners beim Treuhänder eingehen. Demzufolge sind überschießende Beträge nicht zu berücksichtigen (LG Ingolstadt ZInsO 2018, 551). In erster Linie handelt es sich bei den eingehenden Beträgen um die **pfändbaren Einkommensbestandteile** des Schuldners **aufgrund der Abtretungserklärung** des Schuldners (§ 287 Abs. 2 InsO) und die Zahlungen, die der **selbstständig tätige Schuldner** in Erfüllung seiner Obliegenheit gem. § 295 Abs. 2 InsO erbringt. In die Berechnung einbezogen werden auch **Zuflüsse aus Erbschaften** gem. § 295 Abs. 1 Nr. 2 InsO (LG Hannover ZVI 2011, 469), sowie – anders als bei § 1 Abs. 2 – auch **Leistungen Dritter** (umfassend MüKoInsO/Stephan InsO § 287 Rn. 35–53; MüKoInsO/Ehricke InsO § 295 Rn. 107 mwN; LG Mönchengladbach ZInsO 2007, 1044 (1045)), und Zinsen, die der Treuhänder während der Dauer des Restschuldverfahrens vereinnahmt. Auch eine durch den Schuldner **vor Beendigung** des Insolvenzverfahrens auf **künftige Obliegenheiten** der Wohlverhaltensphase geleistete

Grundsatz § 14 InsVV

Einmalzahlung geht in die Berechnungsgrundlage für die Vergütung des Insolvenzverwalters ein (BGH WM 2020, 2427).

Zahlungen Dritter zur ausschließlichen **Deckung der Kosten** der Wohlverhaltensphase bleiben 2a ebenso wie die vom Schuldner oder einem Dritten gezahlte **Mindestvergütung außer Betracht** (FK-InsO/Lorenz Rn. 5; HK-InsO/Keller § 11 Rn. 3; KPB/Stoffler Rn. 5). **Nicht** in die Berechnung **einzubeziehen** sind auch Guthaben, die der Treuhänder aus dem gerichtlichen Verfahren in die Wohlverhaltensphase übernommen hat, etwa pfändbare Einkommensbestandteile, die zwischen der Ausschüttung im gerichtlichen Verfahren und dessen Aufhebung eingegangen sind, und Beträge, die im Rahmen einer angeordneten Nachtragsverteilung der Masse zufließen.

Beträge, die der Treuhänder gem. § 292 Abs. 1 S. 3 InsO an den Schuldner zu erstatten hat 3 (sog. **Motivationsprämie**), sind von der Berechnungsgrundlage nicht in Abzug zu bringen (Lorenz/Klanke Rn. 5).

C. Vergütungsstaffelung (Abs. 2)

Zwar sieht § 293 Abs. 1 S. 2 InsO vor, dass dem **Zeitaufwand** und dem **Umfang der** 4 **Tätigkeit** des Treuhänders Rechnung zu tragen ist, jedoch stellt § 14 Abs. 2 auf **feste Berechnungswerte** nach der Berechnungsgrundlage von Abs. 1 ab. Die vorgesehene **Staffelung** ist degressiv und entspricht nur für die ersten zwei Stufen den Staffelbeträgen von § 2 Abs. 1 nF, nicht jedoch hinsichtlich der 3. Stufe und der Prozentsätze. Die Vergütungssätze orientieren sich an der Vergütung des Zwangsverwalters (amtl. Begründung, Abdruck bei HWF InsVV, S. 65). Die beiden ersten Staffelbeträge sind mit dem am 1.1.2001 in Kraft getretenen SanInsFoG für die ab diesem Datum beantragten Insolvenzverfahren nach § 19 Abs. 5 (→ § 19 Rn. 13) in Nr. 1 von 25.000 EUR auf 35.000 EUR und in Nr. 2 von 50.000 EUR auf 70.000 EUR angehoben worden; die Prozentsätze haben sich nicht geändert. Für die bis zum 31.12.2020 beantragten Insolvenzverfahren gelten weiterhin die vorherigen Staffelbeträge von 25.000 EUR bzw. 50.000 EUR.

Die Höhe der Vergütung errechnet sich anhand der **Prozentsätze** des Abs. 2, bezogen auf die 5 ermittelte Berechnungsgrundlage nach § 1. Dabei werden auf den einzelnen Stufen jeweils anhand der genannten Prozentsätze **Teilvergütungen** (1. Stufe max. 1.750 EUR (statt bisher 1.250 EUR), 2. Stufe max. weitere 1.050 EUR (statt bisher 750 EUR) und 3. Stufe 1 % des den Betrag von 70.000 EUR übersteigenden Betrages) ermittelt und dann addiert.

Eine **Erhöhung der Vergütung** über einen Zuschlag nach § 3 Abs. 1 entsprechend ist **nicht** 6 **vorgesehen**, da § 10 den § 14 nicht erwähnt und § 14 eine Erhöhung auch nicht regelt. Dennoch wird in der Literatur teilweise die Auffassung vertreten, dass die Prozentsätze des § 14 Abs. 2 zu erhöhen sind, wenn aufgrund des Umfangs der Tätigkeit des Treuhänders im Einzelfall ein **unangemessenes Missverhältnis** zwischen Aufwand und Vergütung entsteht, sodass der verfassungsrechtlich verankerte Anspruch des Treuhänders auf angemessene Vergütung nicht mehr gewährleistet ist (HWF InsVV Rn. 7; KPB/Stoffler Rn. 8; Keller, Vergütung und Kosten im Insolvenzverfahren, 4. Aufl. 2016, Rn. 744). Insbesondere bei **erheblichem Aufwand** des Treuhänders mit den abgetretenen Beträgen nach § 287 Abs. 2 InsO durch häufigen Wechsel des Arbeitgeber durch den Schuldner und damit verbundener Neuberechnungen der pfändbaren Einkommensbestandteile und etwaiger Zusammenrechnungsbeschlüsse gem. § 850c Nr. 2 ZPO und etwaig erforderlicher gerichtlicher Geltendmachung und Vollstreckung gegen der Verpflichteten oder aufgrund von klageweise geltend zu machender Beträge nach § 295 Abs. 2 InsO wird eine **Erhöhung der Vergütung um 5–10 %** für **angemessen** erachtet (vgl. HK-InsO/Keller § 11 Rn. 6; HK-InsO/Landfermann § 292 Rn. 3; KPB/Stoffler Rn. 8: 1–5 % oder nach Zeitaufwand entsprechend § 19 Abs. 1 ZwVwV).

Der durch das Gesetz zur Verkürzung des Restschuldbefreiungsverfahrens und zur Stärkung 7 der Gläubigerrechte ebenfalls neu eingeführte **§ 300a Abs. 3 InsO** regelt die Vergütung des Treuhänders für seine Tätigkeit im Rahmen der Verwaltung des Neuerwerbs (**sog. Neuerwerbsverwaltung**) in den sog. asymmetrischen Verfahren, dh im Fall des **Fortdauerns des Insolvenzverfahrens zum Zeitpunkt der Erteilung der Restschuldbefreiung** (vgl. BGH ZVI 2010, 68; KPB/Stoffler § 11 Rn. 10a). Nach § 300a Abs. 3 InsO hat der Insolvenzverwalter für seine **Tätigkeit nach § 300a Abs. 2** einen **Anspruch auf Vergütung** und auf Erstattung angemessener **Auslagen** gegenüber dem Schuldner, sofern Restschuldbefreiung rechtskräftig erteilt wird. Die Vergütung soll über § 14 gewährt werden (FK-InsO/Keller § 11 Rn. 7; BT-Drs. 17/11268, 40), wobei dessen Regelung zur Mindestvergütung in Abs. 3 aufgrund des geringen Pflichtenkreises des Verwalters nach Ansicht des Gesetzgebers keine Anwendung finden soll (KPB/Stoffler § 11 Rn. 10a; BT-Drs. 17/11268, 32).

D. Mindestvergütung (Abs. 3)

8   Die Mindestvergütung beträgt in den ab dem 1.1.2021 beantragten Insolvenzverfahren nach § 19 Abs. 5 (→ § 19 Rn. 13) gem. Abs. 3 S. 1 **pro angefangenem Jahr** der Tätigkeit des Treuhänders Wohlverhaltensphase **140 EUR;** in den bis zum 31.12.2020 beantragten Verfahren bleibt es bei dem Betrag von 100 EUR (zum alten Recht: LG Saarbrücken NZI 2010, 696; HK-InsO/Keller Rn. 8; Stephan/Riedel Rn. 12 mwN). Der Anspruch auf die Mindestvergütung besteht auch denn, wenn der Treuhänder überhaupt keine Einnahmen verzeichnet, weil der Schuldner beispielsweise ohne Beschäftigung ist oder Einkommen unterhalb der Pfändungsfreigrenze erzielt (HK-InsO/Landfermann InsO § 298 Rn. 3; KPB/Stoffler § 13 Rn. 10), da der Treuhänder auch in diesem Fall Tätigkeiten entfaltet (Prüfung der Einkommenssituation des Schuldners, der Berechnung der pfändbaren Beträge durch den Arbeitgeber, Berichtspflicht gegenüber dem Gericht ua), die zu vergüten sind.

9   Die Mindestvergütung erhöht sich gem. Abs. 3 S. 2, wenn und soweit der Treuhänder **Einnahmen** erzielt und die eingegangenen Beträge in dem zu prüfenden Jahr der Tätigkeit an **mehr als fünf Gläubiger verteilt.** Die Erhöhung beträgt in den ab dem 1.1.2021 beantragten Insolvenzverfahren nach § 19 Abs. 5 (→ § 19 Rn. 13) **70 EUR je fünf Gläubiger,** dh Verteilungsempfänger; in den bis zum 31.12.2020 beantragten Verfahren bleibt es bei der Erhöhung von 50 EUR je fünf Gläubiger. Der erste Zuschlag von 70 EUR wird für jeweils volle fünf Gläubiger gewährt, aber auch für die ersten fünf Gläubiger, wenn insgesamt an mehr als fünf Gläubiger verteilt wird (BGH ZInsO 2011, 247; BGH JurionRS 2011, 22324). Die Erhöhung wird damit beginnend mit dem 6. Gläubiger an jeweils „angefangene" fünf Gläubiger gewährt, sodass **bei 6–10 Gläubigern** ein **Zuschlag von 70 EUR,** bei 11–15 Gläubigern ein Zuschlag von 140, bei 16–20 Gläubigern ein Zuschlag von 210 EUR usw gewährt wird (vgl. LG Memmingen ZInsO 2009, 302; LG Lübeck NZI 2009, 566; KPB/Stoffler § 13 Rn. 10, 11). Diese Erhöhung ist **bei jeder jährlichen Ausschüttung** zu berechnen (BGH JurionRS 2011, 22324; KPB/Stoffler § 13 Rn. 12), sodass sich die Mindestvergütung in fünf Jahren der Wohlverhaltensphase bei je einer Ausschüttung pro Jahr an jeweils sieben Gläubiger um 5 x 70 EUR erhöht.

10   Die **Erhöhung** nach Abs. 3 S. 2 gilt allerdings nur bei der Mindestvergütung, eine entsprechende Erhöhung nach der Gläubigerzahl erfolgt **nicht bei der Staffelvergütung** nach Abs. 2 (BGH NZI 2011, 147; HK-InsO/Keller Rn. 8; KPB/Stoffler § 13 Rn. 12).

11   Da nicht auszuschließen ist, dass während der Wohlverhaltensphase beim Treuhänder Beträge eingehen, die zu einer höheren Vergütung nach § 14 Abs. 2 InsVV führen, ist die **Vergütung des Treuhänders nicht auf die Mindestvergütung** des § 14 Abs. 3 InsVV **beschränkt** (BGH ZVI 2013, 79). Letztlich ist die Mindestvergütung nach Abs. 3 mit der Staffelvergütung nach Abs. 1 und 2 bezogen auf die **gesamte Dauer** der Tätigkeit des Treuhänders zu **vergleichen. Die höhere Vergütung ist festzusetzen.** Die Staffelvergütung nach Abs. 2 kann nicht zusätzlich zur Mindestvergütung nach Abs. 3 S. 2 verlangt werden (BGH ZInsO 2011, 247 (248); HK-InsO/Stoffler Rn. 8; HmbKommInsR/Büttner Rn. 6; KPB/Stoffler Rn. 15).

E. Vergütungs- und Haftungsschuldner

12   Der Vergütungsanspruch des Treuhänders richtet sich zunächst gegen die **Insolvenzmasse.** Bei **Kostenstundung** nach § 4a wird durch die **subsidiäre Haftung der Staatskasse** die Mindestvergütung für den Treuhänder sichergestellt (§ 293 Abs. 2 iVm § 63 Abs. 2). Sofern die ursprünglich gewährte Kostenstundung später **aufgehoben** wird, soll sich der Treuhänder auf die Kostenstundung verlassen können. Dieser **Vertrauensschutz** besteht allerdings nur für Tätigkeiten, die vor der Aufhebung der Stundung erbracht wurden; es kommt insofern auf die Kenntnis des Treuhänders an (BGH ZInsO 2014, 1179 (1180); HmbKommInsR/Büttner Rn. 7).

13   Soweit die **Insolvenzmasse nicht ausreicht** und dem Schuldner die Kosten der Wohlverhaltensphase **nicht gem. § 4a gestundet** sind, kann der Treuhänder den Schuldner nach **§ 298 Abs. 1 zur Zahlung** mit einer Frist von zwei Wochen und Belehrung über die Folgen der Nichtzahlung **auffordern.** Bei Nichtzahlung kann das Insolvenzgericht auf Antrag des Treuhänders die **Restschuldbefreiung versagen.** Dann wird der Treuhänder allerdings regelmäßig mit seiner Vergütung ausfallen, da auch nach Festsetzung über § 16 die Realisierungsaussichten gering sein werden (KPB/Stoffler Rn. 14). Der Treuhänder kann allerdings – auch im eigenen Interesse zur Sicherstellung der Kostenerstattung aus der Staatskasse bei Stundung nach § 4a – beim Schuldner auf die Stellung des Stundungsantrags für das Restschuldbefreiungsverfahren hinwirken (HK-InsO/Keller Rn. 10).

F. Auslagen und Umsatzsteuer

Der Treuhänder in der Wohlverhaltensphase hat Anspruch auf Erstattung von **Auslagen** und Festsetzung der auf die Vergütung und die Auslagen entfallenden **Umsatzsteuer** (§ 16 Abs. 1 S. 4). Allerdings besteht hinsichtlich der Auslagen die Besonderheit, dass diese **ausschließlich konkret** geltend zu machen sind, die Möglichkeit des § 8 Abs. 3 S. 1, wonach der Verwalter nach seiner Wahl anstelle der tatsächlich entstandenen Auslagen einen Pauschsatz fordern kann, ist nach § 16 Abs. 1 S. 3 ausdrücklich ausgeschlossen. 14

G. Festsetzungsverfahren, Fälligkeit und Vorschuss

Die **Festsetzung** der Vergütung, der Auslagen und der Umsatzsteuer erfolgt durch das Insolvenzgericht und ist **in § 16 gesondert geregelt**. Der Anspruch des Treuhänders wird **fällig mit Abschluss der Tätigkeit** nach Ablauf der Wohlverhaltensphase, bei vorzeitiger Erteilung der Restschuldbefreiung, bei Tod des Treuhänders oder Schuldners in der Wohlverhaltensphase und bei rechtskräftiger Versagung der Restschuldbefreiung gem. §§ 296, 297 InsO. Auch der Treuhänder in der Wohlverhaltensphase ist gem. § 16 zur Geltendmachung von **Vorschüssen** berechtigt, die dort abweichend von § 9 geregelt sind. 15

§ 15 Überwachung der Obliegenheiten des Schuldners

(1) ¹Hat der Treuhänder die Aufgabe, die Erfüllung der Obliegenheiten des Schuldners zu überwachen (§ 292 Abs. 2 der Insolvenzordnung), so erhält er eine zusätzliche Vergütung. ²Diese beträgt regelmäßig 50 Euro je Stunde.

(2) ¹Der Gesamtbetrag der zusätzlichen Vergütung darf den Gesamtbetrag der Vergütung nach § 14 nicht überschreiten. ²Die Gläubigerversammlung kann eine abweichende Regelung treffen.

Überblick

Die Vorschrift ergänzt § 14 durch Benennung des Stundensatzes (→ Rn. 4) nach Abs. 1 und des Höchstbetrags (→ Rn. 6) nach Abs. 2 für den Fall, dass die Gläubigerversammlung dem Treuhänder in der Wohlverhaltensphase gem. § 292 Abs. 2 InsO die zusätzliche Aufgabe übertragen hat, die Erfüllung der Obliegenheiten des Schuldners (§ 295 InsO) zu überwachen. Nur wenn die Vergütung für diese Tätigkeit nach § 292 Abs. 2 S. 3 gesichert ist, ist der Treuhänder zur Überwachung verpflichtet (→ Rn. 8). Der Stundensatz in Abs. 1 S. 2 ist durch das StaRuG für die ab dem 1.1.2021 beantragten Insolvenzverfahren von 35 EUR auf 50 EUR angehoben worden.

A. Allgemeines

Sofern die **Gläubigerversammlung** dem Treuhänder in der Wohlverhaltensphase gem. § 292 Abs. 2 InsO die zusätzliche **Aufgabe** übertragen hat, die **Erfüllung der Obliegenheiten** des Schuldners (§ 295 InsO) **zu überwachen**, steht ihm zum Ausgleich für seinen Aufwand gem. Abs. 1 S. 1 ein **zusätzliches Honorar** zu, das gem. Abs. 1 S. 2 in den ab dem 1.1.2021 beantragten Insolvenzverfahren **pro Stunde 50 EUR** beträgt. Der Stundensatz wurde mit der Verordnung zur Änderung der InsVV v. 4.10.2004 (BGBl. I 2569) wegen des Kostenrechtsmodernisierungsgesetzes v. 5.5.2004 (BGBl. I 718, 776) und der Zwangsverwalterverordnung v. 19.12.2003 (BGBl. I 2804) von 15 EUR auf 35 EUR erhöht (vgl. Begründung zu § 19 in ZVI 2004, 638 (644)). Dieser Stundensatz von 35 EUR gilt für bis zum 31.12.2020 beantragte Insolvenzverfahren fort (vgl. → § 19 Rn. 13), wurde für die danach beantragten Verfahren aber durch das zum 1.1.2021 in Kraft getretene Gesetzes zur Fortentwicklung des Sanierungs- und Insolvenzrechts (Sanierungs- und Insolvenzrechtsfortentwicklungsgesetz – SanInsFoG; BGBl. 2020 I 3256) auf 50 EUR erhöht. 1

Die Vergütung gem. § 15 bemisst sich nach dem **Zeitaufwand des Treuhänders** im Rahmen der Überwachung. Der Stundensatz orientiert sich an den Sätzen der 2003 in Kraft getretenen Zwangsverwalterverordnung und des Kostenrechtsmodernisierungsgesetzes aus dem Jahre 2004, die **Vergütungssätze zwischen 35 EUR und 95 EUR** vorsehen (Entwurf zur Änderung der InsVV des BMJ, abgedr. in ZIP 2004, 1927 (1935)). 2

Diese zusätzliche **Vergütung** muss entweder bei Übernahme des Amts **gedeckt** oder durch die Gläubiger nach § 292 Abs. 2 S. 3 InsO **vorgeschossen** werden. Die **Festsetzung** der Vergütung der Höhe nach erfolgt durch das Insolvenzgericht gem. **§ 16.** 3

B. Vergütung nach Stundensatz (Abs. 1)

4 Die Vergütungshöhe bemisst sich nach einem **Stundensatz**, der nach dem Wortlaut des § 15 Abs. 1 S. 2 **regelmäßig 50 EUR** beträgt. Dieser Stundensatz gilt gem. § 19 Abs. 5 für ab dem 1.1.2021 beantragte Insolvenzverfahren (vgl. → § 19 Rn. 13). Für bis zum 31.12.2020 beantragte Verfahren gilt der Stundensatz von 35 EUR nach § 15 Abs. 1 S. 2 in der bis zum 31.12.2020 geltenden Fassung. Der Verordnungsgeber geht davon aus, dass es sich bei der Überwachung der Obliegenheiten des Schuldners durch den Treuhänder nicht um eine hoch qualifizierte Tätigkeit (vgl. Entwurf zur Änderung der InsVV des BMJ, abgedr. in ZIP 2004, 1927 (1935), sondern eher um eine durchschnittlich anspruchsvolle Tätigkeit handelt (HmbKommInsR/Büttner Rn. 3).

5 Das Insolvenzgericht kann den Stundensatz im Rahmen der **Festsetzung** gem. § 16 Abs. 1 S. 1 **abweichend** und zwar je nach Lage des Einzelfalls sowohl höher als auch niedriger festsetzen (HK-InsO/Keller Rn. 2; Keller, Vergütung und Kosten im Insolvenzverfahren, 4. Aufl. 2016, Rn. 749). Eine quantitativ umfangreichere Überwachung allein rechtfertigt allerdings keinen höheren Stundensatz, da die zeitliche Mehrbelastung bereits durch die höhere Stundenzahl berücksichtigt wird (KPB/Stoffler Rn. 3).

C. Begrenzung der Überwachungsvergütung (Abs. 2)

6 Die Vergütung für die Überwachung ist gem. Abs. 2 **der Höhe nach begrenzt** auf den **Gesamtbetrag der Vergütung nach § 14**. Der Treuhänder erhält somit maximal die doppelte Staffelvergütung des § 14 Abs. 2. Die mit der Verordnung zur Änderung der InsVV v. 4.10.2004 (BGBl. I 2569) beabsichtigte Erhöhung der Vergütung durch Anhebung des Stundensatzes von 15 EUR auf 35 EUR ging bereits durch die Begrenzung weitgehend ins Leere, da der Treuhänder regelmäßig nur die Mindestvergütung nach **§ 14 Abs. 3 aF** erhält, sodass auch seine nach Stundensätzen abrechenbare Überwachungstätigkeit auf 100 EUR im Jahr beschränkt war (vgl. Blersch ZIP 2004, 2311 (2317); HmbKommInsR/Büttner Rn. 6). Hieran ändert auch der aktuelle Stundensatz von 50 EUR und die zugleich durch das SanInsFoG erhöhte Mindestvergütung nach **§ 14 Abs. 3** von **140 EUR** im Jahr nichts. Denn dadurch stünden dem Treuhänder für seine **Überwachungstätigkeit** rechnerisch weiterhin nicht einmal **drei Stunden im Jahr** für seine Überwachungstätigkeit zur Verfügung. Eine auch nur im Ansatz effektive Überwachung wird mit einem so geringen Zeitaufwand **kaum zu bewerkstelligen** sein (krit. zur Kappungsgrenze auch KPB/Stoffler Rn. 4 zur alten Rechtslage).

7 Die **Gläubigerversammlung** kann nach Abs. 2 S. 1 auch eine **abweichende Regelung** treffen, beispielsweise die Kappungsgrenze erhöhen oder der Treuhänder von dieser ganz freistellen (FK-InsO/Lorenz Rn. 4, 6; KPB/Stoffler Rn. 5).

D. Vergütungsgarantie

8 Der Treuhänder ist zur Überwachung **nur verpflichtet**, soweit die ihm dafür zustehende **Vergütung gedeckt** ist oder vorgeschossen wird, § 292 Abs. 2 S. 3 InsO. Stehen keine ausreichenden Mittel zur Verfügung, kann der Treuhänder von den Gläubigern einen Vorschuss verlangen, die als Gesamtschuldner (vgl. §§ 427, 421 BGB) anzusehen sind (KPB/Stoffler Rn. 6). Der Treuhänder hat die Vorschussleistung darzulegen und den erforderlichen Zeitaufwand zu schätzen und diesen zu begründen (ausf. FK-InsO/Lorenz Rn. 6; KPB/Stoffler Rn. 7 ff.; HmbKommInsR/Büttner Rn. 8).

§ 16 Festsetzung der Vergütung. Vorschüsse

(1) ¹Die Höhe des Stundensatzes der Vergütung des Treuhänders, der die Erfüllung der Obliegenheiten des Schuldners überwacht, wird vom Insolvenzgericht bei der Ankündigung der Restschuldbefreiung festgesetzt. ²Im übrigen werden die Vergütung und die zu erstattenden Auslagen auf Antrag des Treuhänders bei der Beendigung seines Amtes festgesetzt. ³Auslagen sind einzeln anzuführen und zu belegen. ⁴Soweit Umsatzsteuer anfällt, gilt § 7 entsprechend.

(2) ¹Der Treuhänder kann aus den eingehenden Beträgen Vorschüsse auf seine Vergütung entnehmen. ²Diese dürfen den von ihm bereits verdienten Teil der Vergütung und die Mindestvergütung seiner Tätigkeit nicht überschreiten. ³Sind die Kosten des Verfahrens nach § 4a der Insolvenzordnung gestundet, so kann das Gericht Vorschüsse bewilligen, auf die Satz 2 entsprechend Anwendung findet.

Überblick

Die Vorschrift regelt abweichend von § 8 das Festsetzungsverfahren für die Vergütung und die Auslagen (→ Rn. 3) des Treuhänders in der Wohlverhaltensphase mit eigenständiger Vorschussregelung in Abs. 2 (→ Rn. 12 f.).

A. Allgemeines

Aufgrund der Verweisung in § 293 InsO auf § 64 InsO, erfolgt die Festsetzung der Vergütung 1 durch **Beschluss** des Insolvenzgerichts. § 16 fasst die Regelungen der §§ 4–9 in modifizierter Form zusammen. Die von § 9 abweichende Regelung dient der **Verfahrensbeschleunigung** (MüKoInsO/Nowak Anh. zu § 65 InsVV § 16 Rn. 1; HWF InsVerw-HdB Rn. 1).

B. Festsetzung der Vergütung nach § 14 und der Auslagen (Abs. 1 S. 2–4)

I. Antragstellung

Der Grund-**Vergütungsanspruch** des Treuhänders nach § 14 **entsteht**, wenn er tätig wird. 2 Er wird **fällig**, wenn die Tätigkeit des Treuhänders im Restschuldbefreiungsverfahren **beendet** ist. Dies ist der Fall, wenn die **Restschuldbefreiung** gem. § 299 InsO nach den §§ 296, 297 oder 298 InsO rechtskräftig versagt wurde, wenn die Restschuldbefreiung gem. § 300 InsO erteilt wurde, wenn der Treuhänder entlassen wurde, wenn der Treuhänder oder der Schuldner stirbt, oder wenn alle Gläubiger befriedigt werden (MüKoInsO/Stephan Anh. zu § 65 InsVV § 16 Rn. 8; Stephan/Riedel Rn. 2; Lorenz/Klanke Rn. 9). Die Festsetzung erfolgt auf **Antragstellung** nach der Fälligkeit; ein vor Fälligkeit gestellter Antrag ist unzulässig (HWF InsVerw-HdB Rn. 2; BK-InsR/Blersch Rn. 14). Der Treuhänder muss die Festsetzung eines **konkreten Betrags** nebst Ausweis der **Umsatzsteuer** beantragen und die dem Antrag zugrunde liegende **Berechnungsgrundlage** nach § 14 Abs. 1 nachvollziehbar darlegen (MüKoInsO/Stephan Anh. zu § 65 InsVV § 16 Rn. 9; HWF InsVerw-HdB Rn. 3; Stephan/Riedel Rn. 4). Er hat zudem bei **Beendigung des Amtes** Rechnung nach § 292 Abs. 3 S. 1 InsO zu legen, sodass das Gericht damit eine ausreichende Entscheidungsgrundlage erhält (FK-InsO/Lorenz Rn. 7).

Die **Auslagen** sind getrennt zu beantragen und einzeln anzuführen und anhand von Belegen 3 **nachzuweisen;** § 8 gilt wegen S. 3 nicht (HWF InsVerw-HdB § 4 Rn. 47; MüKoInsO/Ehricke § 293 Rn. 29, 30; HmbKommInsR/Büttner Rn. 5, 10). Eine **Pauschalierung** der Auslagen ist nicht vorgesehen.

Soweit **Umsatzsteuer** anfällt, gilt gem. S. 4 § 7 entsprechend (→ § 7 Rn. 1 ff.). 4

II. Anhörung

Vor der Festsetzung sind die Beschwerdeberechtigten zu hören, dh der Schuldner und bei 5 beabsichtigter nicht antragsgemäßer Festsetzung auch der Treuhänder. Dies folgt aus dem Rechtsanspruch auf rechtliches Gehör gem. Art. 103 GG und dem Grundsatz des fairen Verfahrens (vgl. LG Düsseldorf DB 1977, 1260; Stephan/Riedel Rn. 4; MüKoInsO/Nowak Anh. zu § 65 InsVV § 16 Rn. 5 mwN zum Streitstand; aA HWF InsVerw-HdB § 8 Rn. 18 mwN).

III. Entscheidung, Bekanntgabe, Rechtsbehelf und Entnahme

Für die Entscheidung über die Festsetzung der Vergütung ist funktionell der **Rechtspfleger** 6 nach § 3 Nr. 2 lit. e RPflG zuständig, sofern sich der Richter das Verfahren nicht nach § 18 Abs. 2 RPflG vorbehalten hat (Andres/Leithaus InsO § 293 Rn. 6). Die Entscheidung ergeht durch **Beschluss,** der nach § 64 Abs. 2 InsO dem Treuhänder und dem Schuldner als Beschwerdeberechtigte **zuzustellen** und **öffentlich bekanntzumachen** ist. Die festgesetzten Beträge sind nicht zu veröffentlichen; in der öffentlichen Bekanntmachung ist darauf hinzuweisen, dass der vollständige Beschluss in der Geschäftsstelle eingesehen werden kann (§ 64 Abs. 2 InsO).

Der Beschluss über die Festsetzung der Vergütung ist nach den §§ 293 Abs. 2, 64 Abs. 3 S. 2 7 InsO iVm § 567 Abs. 2 S. 2 ZPO mit der **sofortigen Beschwerde** anfechtbar, sofern der Gegenstandswert 200 EUR überschreitet. Beschwerdeberechtigt sind zunächst die im Gesetz genannten **Personen,** dh der Treuhänder, der Schuldner sowie die im rechtskräftigen Schlussverzeichnis nach § 292 Abs. 1 InsO aufgeführten Gläubiger. Zur Fristberechnung bei öffentlicher Bekanntmachung → § 8 Rn. 1 ff. Im Fall der Festsetzung der Vergütung des **vorläufigen Insolvenzverwalters** ist nicht nur dieser selbst (§ 21 Abs. 2 S. 1 Nr. 1 InsO, § 64 Abs. 3 S. 1 InsO), sondern auch der spätere **Insolvenzverwalter** beschwerdeberechtigt (BGH ZIP 2012, 2081). Ist die Masse unzulänglich, steht das Beschwerderecht auch **Massegläubigern** zu, wenn durch die Festsetzung und vorrangige Berücksichtigung der Vergütung nach § 209 Abs. 1 Nr. 1 InsO ihre Befriedigung im beeinträchtigt wird; das gilt auch für **Dritte**, die sich gegenüber der Masse verpflichtet haben, für die Kosten des Insolvenzverfahrens einzustehen (BGH ZIP 2013, 226). Darüber hinaus sind aber alle Betroffenen, also auch diejenigen beschwerdebefugt, die durch die Vergütungsfestsetzung in ihren Rechten unmittelbar beeinträchtigt werden können. § 64 Abs. 3 S. 1 InsO ist auf den **Gesellschafter** analog anzuwenden, der beschwerdebefugt ist, wenn die Höhe der Festsetzung sein Recht auf Teilhabe an einem Überschuss beeinträchtigen kann (BGH ZIP 2014, 587).

8   Die im Beschluss festgesetzte Vergütung kann der Treuhänder aus den von ihm eingezogenen Geldern **entnehmen**. Entnommene Vorschüsse (→ Rn. 12 ff.) sind abzusetzen bzw. zu erstatten (Lorenz/Klanke Rn. 21). Sofern eine ausreichende Masse nicht vorhanden ist und dem Schuldner die Verfahrenskosten für die Wohlverhaltensphase nach § 4a Abs. 3 S. 2 InsO gestundet sind, hat der Treuhänder einen **Sekundäranspruch** auf Zahlung seiner Vergütung und Auslagen gegen die **Staatskasse** (HWF InsVerw-HdB Rn. 9). Sofern die Entnahme vor Rechtskraft der Vergütungsfestsetzung erfolgte und der Festsetzungsbeschluss später aufgehoben wird, hat die **Rückabwicklung** der bereits der Masse entnommenen Beträge in entsprechender Anwendung des § 717 Abs. 2 ZPO zu erfolgen (BGHZ 165, 96 (201 f.)). Die (zu viel) entnommene und zurück zu gewährende Vergütung ist zum Schutz der Insolvenzmasse entsprechend § 717 Abs. 2 S. 2 Hs. 2, Abs. 3 S. 4 Hs. 2 ZPO bereits ab dem Zeitpunkt der Entnahme und nicht erst ab Inverzugsetzung zu verzinsen (BGH NZI 2014, 709).

C. Festsetzung der Vergütung nach § 15 und der Auslagen

9   Der Antrag auf Festsetzung der **Überwachungsvergütung** nach § 15 sollte verbunden werden mit dem Antrag auf Festsetzung der Grund-Vergütung nach § 14 (HWF InsVerw-HdB Rn. 4; HmbKommInsR/Büttner Rn. 7; Lorenz/Klanke Rn. 16). Der Antrag muss den **Betrag** für Vergütung und Auslagen konkret beziffern und die **Umsatzsteuer** ausweisen (→ Rn. 2).

10   Der **Stundensatz** selbst wird vom Gericht gem. § 15 Abs. 1 S. 2 bereits bei Ankündigung der Restschuldbefreiung festgesetzt (s. § 15). Ohne Versagungsantrag erfolgt die Ankündigung durch den Rechtspfleger, bei Vorliegen eines Versagungsantrages durch den Richter, der dann auch über die Höhe des Stundensatzes entscheidet (Stephan/Riedel Rn. 9, 10).

11   Die **Höhe** der **Überwachungsvergütung** bemisst sich nach der vom Treuhänder nachzuweisenden, für die Überwachung aufgewandten Anzahl der Stunden. Da Schätzungen und Pauschalen nicht zulässig sind, muss der Treuhänder **Stundennachweise** führen (HWF InsVerw-HdB Rn. 4; BK-InsR/Blersch Rn. 23; FK-InsO/Lorenz Rn. 11; HmbKommInsR/Büttner Rn. 7).

12   Die **Festsetzung** der Höhe des Stundensatzes der Vergütung des Treuhänders, der die Erfüllung der Obliegenheiten des Schuldners überwacht, wird **bei der Ankündigung der Restschuldbefreiung** festgesetzt (Abs. 1 S. 1). Im Übrigen werden nach Abs. 1 S. 2 die Vergütung und die zu erstattenden Auslagen **bei der Beendigung des Amtes** des Treuhänders auf seinen Antrag hin festgesetzt. Die Vergütung des Treuhänders wird dabei für den gesamten Zeitraum der Wohlverhaltensphase gem. Abs. 1 S. 2 bei Beendigung des Amtes einheitlich fällig und festgesetzt (BGH NZI 2014, 707; vgl. Uhlenbruck/Vallender InsO § 293 Rn. 3, 7).

D. Vorschüsse (Abs. 2)

13   Der Treuhänder darf – abweichend von § 9 – ohne Zustimmung des Gerichts aus den eingehenden Beträgen einen jährlich abzurechnenden (LG Chemnitz ZVI 2004, 558) **Vorschuss** auf die **Vergütung** entnehmen, der allerdings den Anteil der bereits verdienten Vergütung und die Mindestvergütung nicht übersteigen darf (Abs. 1 S. 1, 2). Von Gläubigern gezahlte Vorschüsse zur Übernahme der Überwachungsaufgaben sind anzurechnen (Nerlich/Römermann/Römermann InsO § 293 Rn. 21; MüKoInsO/Ehricke InsO § 293 Rn. 32). Gegen Missbräuche schützt die vorgenannte Begrenzung der Vorschusshöhe sowie die Aufsicht des Gerichts gem. § 292 Abs. 3 S. 2 InsO iVm §§ 58, 59 InsO (amtl. Begr.; Abdruck bei HWF InsVerw-HdB 67).

14   Zur Entnahme von Vorschüssen, die **über den in Abs. 2 S. 2 genannten Grenzen** liegen, kann der Treuhänder die **Zustimmung** des Insolvenzgerichts beantragen (MüKoInsO/Nowak Anh. zu § 65 InsVV § 16 Rn. 15; BK-Blersch Rn. 29; Lorenz/Klanke Rn. 24; aA wohl HWF InsVerw-HdB Rn. 8; KPB/Stoffler Rn. 10). Stimmt das Insolvenzgericht schuldhaft amtspflichtwidrig, dh objektiv unvertretbar, der Entnahme eines Vorschusses aus der Masse nicht zu, stellt zwar der nicht bewilligte Vorschuss keinen Schaden dar, jedoch kann der Verwalter Ersatz des

Festsetzung der Vergütung. Vorschüsse § 16 InsVV

Verzögerungsschadens nach endgültiger Festsetzung seiner Vergütung und Feststellung des Ausfalls verlangen (BGH NZI 2015, 24).

Bereits entstandene **Auslagen** darf der Treuhänder auch entnehmen (amtl. Begründung, **15** Abdruck bei HWF InsVerw-HdB 67; MüKoInsO/Nowak Anh. zu § 65 InsVV § 16 Rn. 15; KPB/Stoffler Rn. 11; HmbKommInsR/Büttner Rn. 10; **aA** Stephan/Riedel Rn. 14; MüKo-InsO/Ehricke InsO § 293 Rn. 33: Entnahme der Auslagen nur aus gebildeten Rücklagen oder bei besonders hohen Auslagen mit Zustimmung des Gerichts).

Der Treuhänder kann zur Absicherung seiner Mindestvergütung für die gesamte Verfahrens- **16** dauer aus den vom Schuldner eingehenden Beträgen **Rücklagen** bilden (MüKoInsO/Ehricke InsO § 293 Rn. 32).

Sofern es sich um ein **Verfahren mit Kostenstundung** handelt, ist die **Bewilligung** der **17** Vorschussentnahme durch das Gericht erforderlich (Abs. 2 S. 3). Für die **Festsetzung** des Vorschusses auf die Vergütung des Treuhänders in **Stundungsverfahren** nach Abs. 2 S. 3 ist gem. § 55 Abs. 1 RVG der **Urkundsbeamte der Geschäftsstelle** zuständig (AG Göttingen ZInsO 2010, 1760); die endgültige Festsetzung der Vergütung erfolgt im Rahmen der Entscheidung über die Erteilung der Restschuldbefreiung gem. § 300 InsO durch den Rechtspfleger. Gegen die Versagung der Vorschussentnahme steht dem Treuhänder die **Erinnerung** nach § 11 Abs. 2 RPflG zu.

Da die **Änderung in Abs. 2 S. 3** durch die Verordnung v. 4.10.2004 (vgl. § 18) die Ansicht **18** der Rechtsprechung (LG Köln NZI 2004, 597; LG Essen ZInsO 2003, 989) und Literatur (MüKo-InsO/Ehricke, 2. Aufl. 2008, InsO § 293 Rn. 43; Uhlenbruck/Vallender ZPO § 294 Rn. 23) in Gesetzesform gegossen hat, ist Abs. 2 auch auf die **vor dem 1.4.2004 eröffneten Verfahren** anwendbar (AG Marburg/Lahn ZInsO 2005, 38; Stephan/Riedel Rn. 15; HmbKommInsR/Büttner Rn. 11; KPB/Stoffler Rn. 14; **aA** FK-InsO/Lorenz Rn. 26).

Ein **Anspruch** auf die Bewilligung eines Vorschusses **besteht nicht.** Eine ablehnende Entschei- **19** dung stellt keine echte Vergütungsentscheidung dar, sodass grundsätzlich kein Rechtsmittel hiergegen gegeben ist. Entscheidet der Rechtspfleger, ist die befristete Erinnerung § 11 Abs. 2 RPflG gegeben (Lorenz/Klanke Rn. 25).

Vierter Abschnitt. Vergütung der Mitglieder des Gläubigerausschusses

§ 17 Berechnung der Vergütung

(1) ¹Die Vergütung der Mitglieder des Gläubigerausschusses beträgt regelmäßig zwischen 50 und 300 Euro je Stunde. ²Bei der Festsetzung des Stundensatzes sind insbesondere der Umfang der Tätigkeit und die berufliche Qualifikation des Ausschussmitglieds zu berücksichtigen.

(2) ¹Die Vergütung der Mitglieder des vorläufigen Gläubigerausschusses für die Erfüllung der ihm nach § 56a und § 270b Absatz 3 der Insolvenzordnung zugewiesenen Aufgaben beträgt einmalig 500 Euro. ²Nach der Bestellung eines vorläufigen Insolvenzverwalters oder eines vorläufigen Sachwalters richtet sich die weitere Vergütung nach Absatz 1.

Überblick

Die Vorschrift konkretisiert § 73 Abs. 1 InsO, nach dem die Mitglieder des Gläubigerausschusses (vgl. §§ 67 ff. InsO) Anspruch auf **Vergütung für ihre Tätigkeit** und auf **Erstattung angemessener Auslagen** haben. Dabei ist dem **Zeitaufwand** und dem **Umfang der Tätigkeit** Rechnung zu tragen (→ Rn. 19 ff.). Für die ab dem 1.1.2021 beantragten Verfahren ist aufgrund der Ergänzung der Norm durch das **SanInsFoG** die Berücksichtigung der beruflichen Qualifikation in Abs. 1 S. 2 normiert. Zudem ist in den vorgenannten Verfahren der Stundensatz von 35–95 EUR auf 50–300 EUR erhöht worden (→ Rn. 1 f.). Die Vergütung bemisst sich weiterhin nach Stunden und nicht in Abhängigkeit von der Insolvenzmasse. Abs. 2 ist durch das ESUG eingeführt und setzt die Vergütung der Mitglieder des **vorläufigen Gläubigerausschusses** (→ Rn. 35 f.) für die Verwalterauswahl, dh für die Tätigkeiten nach § 56a Abs. 2 InsO und § 270b Abs. 3 InsO mit einem **Pauschalbetrag von 500 EUR** an (→ Rn. 37 ff.); für bis zum 31.12.2020 beantragte Verfahren bleibt es bei dem früheren Pauschalbetrag von 300 EUR. Für die übrigen Tätigkeiten der Mitglieder des vorläufigen Gläubigerausschusses (vgl. §§ 22a, 21 Abs. 2 S. 1 Nr. 1a InsO) gilt § 73 InsO und damit § 17 Abs. 1 in entsprechender Weise (→ Rn. 42 ff.).

Übersicht

	Rn.		Rn.
A. Allgemeines	1	III. Bruchteil der Verwaltervergütung und Zuschläge nach § 3	32
I. Antrag	6	IV. Stundungsverfahren/Ausfallhaftung des Staatskasse	33
II. Anhörung	12	V. Vorschüsse	34
III. Festsetzung, Veröffentlichung und Rechtsmittel	14	**C. Vergütung der Mitglieder des vorläufigen Gläubigerausschusses (Abs. 2)**	35
B. Vergütung der Mitglieder des Gläubigerausschusses (Abs. 1)	19	I. Bestellung eines vorläufigen Gläubigerausschusses	35
I. Stundenvergütung (Abs. 1 S. 1)	21	II. Pauschalvergütung (Abs. 2 S. 1)	37
1. Mindest-Stundensatz	21	III. Stundenvergütung (Abs. 2 S. 2)	42
2. Durchschnitts-Stundensatz	22	IV. Festsetzung als Masseverbindlichkeit	45
3. Abweichung vom Regelsatz	23	**D. Fälligkeit und Verjährung**	46
II. Pauschalvergütung	29		

A. Allgemeines

1   Die Mitglieder des vorläufigen und endgültigen Gläubigerausschusses haben (über § 21 Abs. 2 S. 1 Nr. 1a InsO) nach § 73 InsO Anspruch auf Vergütung für ihre Tätigkeit und auf Erstattung angemessener Auslagen. Dabei ist dem **Zeitaufwand** und dem **Umfang der Tätigkeit** Rechnung zu tragen (§ 73 Abs. 1 S. 2 InsO), wobei der Umfang der Tätigkeit alle Gesichtspunkte meint, welche die Höhe des Stundensatzes beeinflussen (BGH NZI 2021, 457; 2021, 461). Die **Entgeltlichkeit** ist allerdings kein zwingendes Erfordernis und kann gerade in masselosen Verfahren **entfallen** (vgl. HWF InsVerw-HdB InsVerw-HdB Rn. 2).

Berechnung der Vergütung § 17 InsVV

Der Gesetzgeber hat im Rahmen der Umsetzung der RL (EU) 2019/1023 vom 20.6.2019 **1a** durch das am 22.12.2020 erlassene Gesetz zur Fortentwicklung des Sanierungs- und Insolvenzrechts (Sanierungs- und Insolvenzrechtsfortentwicklungsgesetz – **SanInsFoG**) in dessen Art. 6 unter Nr. 11 § 17 geändert. Diese **Änderung gilt für alle ab dem 1.1.2021 beantragten Insolvenzverfahren** (→ § 19 Rn. 13); für zuvor beantragte Verfahren gilt die bis zum 31.12.2020 geltende Fassung des § 17. Zum einen ist für die ab dem 1.1.2021 beantragten Verfahren die Vergütung der Mitglieder des Gläubigerausschusses von 35–90 EUR auf 50–300 EUR **ganz erheblich erhöht** worden. Diese Anhebung des Rahmens des Stundensatzes für die Vergütung der Mitglieder des Gläubigerausschusses geht **deutlich über die übrigen durch das SanInsFoG vorgenommenen Erhöhungen** der Vergütungen für (vorläufige) Insolvenzverwalter, (vorläufige) Sachwalter) und Treuhänder hinaus. Damit will der Gesetzgeber der Entwicklung entgegenwirken, dass es zunehmend schwierig ist, geeignete Gläubigerausschussmitglieder zu finden, und dass eine wesentliche Ursache für diese Schwierigkeiten in der zu geringen Höhe der maximalen Vergütung liegt. Nach der Begründung des Gesetzentwurfs der Bundesregierung vom 9.11.2020 (Drs. 19/24181, 214) werden die bisherigen Vergütungssätze weder der in anspruchsvolleren Verfahren erforderlichen fachlichen Qualifikation der Gläubigerausschussmitglieder noch den Haftungsrisiken, denen sie ausgesetzt sind, gerecht. Aus diesem Grunde wird auch die berufliche Qualifikation des jeweiligen Gläubigerausschussmitglieds ausdrücklich als zu berücksichtigender Umstand normiert. Dieser Umstand ist allerdings auch in den bis zum 31.12.2020 beantragten Verfahren nach Rechtsprechung und Literatur bereits zu berücksichtigen (→ Rn. 24).

Bei der Bemessung der Vergütung ist auch zu berücksichtigen, dass die Tätigkeit als Mitglied **2** des Gläubigerausschusses auch aus **eigenen Interessen** erfolgt, mit Vorteilen durch die Einflussnahmemöglichkeit auf die Tätigkeiten des Verwalters verbunden und selten altruistisch motiviert ist (HWF InsVerw-HdB Rn. 5–7).

Ein **Vergütungsanspruch besteht nicht,** wenn keine ordnungsgemäße Bestellung vorliegt, **3** etwa weil die Amtsannahme innerhalb einer gesetzlichen Frist nicht erklärt wird (LG Duisburg NZI 2004, 95; BK-InsR/Blersch Rn. 6; HmbKommInsR/Büttner Rn. 20).

Der Anspruch auf die Vergütung ist **nicht ausgeschlossen,** wenn das Gläubigerausschussmit- **4** glied seine Tätigkeit innerhalb seiner **Arbeitszeit** für einen Arbeitgeber erbringt, auch wenn das Mitglied die Vergütung an seinen Arbeitgeber (anteilig) weiterleiten muss (MüKoInsO/Nowak Anh. zu § 65 InsVV § 17 Rn. 9; Lorenz/Klanke Rn. 15–17; HmbKommInsR/Büttner Rn. 21, 23; **aA:** HWF InsVerw-HdB Rn. 30: kein Vergütungsanspruch, wenn keine Nacharbeitspflicht für die Tätigkeit besteht; so auch AG Köln ZIP 1992, 1492 (1495)). Dies gilt auch für Institutionelle Gläubiger, die typischerweise Verfahrensbeteiligte sind, wie zB der **Pensions-Sicherungs-Verein (PSV) aG,** der **DGB, Gewerkschaften, Betriebsräte, Banken** sowie **Kreditversicherer** (Uhlenbruck/Knof InsO § 73 Rn. 8; vgl. AG Karlsruhe ZIP 1987, 124). Wird nicht die Institution, sondern ein **Angestellter oder Vorstand,** was anderen als bei Behörden, zB der **Bundesagentur für Arbeit** (vgl. BGH NJW 1994, 453: Behördenverbot) möglich ist, persönlich in den vorläufigen oder endgültigen Gläubigerausschuss berufen, steht ihm ein Vergütungsanspruch zu, wobei es unerheblich ist, ob er im Innenverhältnis verpflichtet ist, die Vergütung an den Arbeitgeber abzuführen. Entscheidend ist vielmehr, dass er im Interesse sämtlicher Gläubiger tätig wird und für eine schuldhafte Pflichtverletzung nach § 71 InsO persönlich haftet Uhlenbruck/Knof InsO § 73 Rn. 8; KPB/Prasser InsO § 73 Rn. 17; Jaeger/Gerhardt InsO § 73 Rn. 13; MüKoInsO/Stephan Rn. 31). **Zeitfreistellungen, Haftungsfreistellungen** oder **Abführungsverpflichtungen** betreffen ausschließlich das Innenverhältnis zwischen dem Arbeitgeber und dem Ausschussmitglied (Uhlenbruck/Knof InsO § 73 Rn. 8; vgl. AG Elmshorn ZIP 1982, 981; MüKoInsO/Stephan Rn. 33; KPB/Prasser § 73 Rn. 16).

Zur Erstattung von Auslagen und wegen der Umsatzsteuer im Detail → § 18 Rn. 1 ff. Zu den **5** Auslagen gehört insbesondere die Prämie für die Vermögensschadenhaftpflichtversicherung (vgl. → § 18 Rn. 10 und → § 4 Rn. 18 f.; BGH ZInsO 2012, 826; AG Hannover ZInsO 2016, 1875).

I. Antrag

Die Festsetzung der Vergütung setzt einen entsprechenden **Antrag** voraus. Da es um den **6** Vergütungsanspruch eines **jeden Mitglieds des Gläubigerausschusses** geht, sollten die Mitglieder den Antrag jeweils für sich stellen und nicht der Verwalter (vgl. AG Duisburg NZI 2004, 325 (327); Uhlenbruck/Uhlenbruck InsO § 73 Rn. 28; HmbKommInsR/Büttner Rn. 3, 5).

Die Vergütung wird **mit Beendigung des Amtes** fällig (MüKoInsO/Stephan Anh. zu § 65 **7** InsVV § 17 Rn. 15). Die Beendigung hängt von der Art des Gläubigerausschusses ab. Das Amt des Mitglieds des vorläufigen Gläubigerausschusses endet mit der Verfahrenseröffnung oder Abweisung des Insolvenzantrages. Das Amt des Mitglieds eines vom Gericht nach § 67 InsO interimistisch eingesetzten Gläubigerausschusses endet mit der Bestellung des (endgültigen) Gläubigerausschusses durch die Gläubigerversammlung gem. § 68 InsO. Das Amt des Mitglieds des endgültigen, durch die Gläubigerversammlung nach § 68 InsO bestellten Gläubigerausschusses (zur Begrifflichkeit vgl. Frind ZInsO 2011, 2249 (2251)), endet mit Verfahrensaufhebung (vgl. HmbKommInsR/Büttner Rn. 4). Für Fälligkeit des Vergütungsanspruchs wird allerdings auch auf die letzte Sitzung des Gläubigerausschusses oder den Schlusstermin abgestellt (vgl. KPB/Prasser § 73 Rn. 5; MüKo-InsO/Stephan Rn. 29; Haarmeyer/Mock InsVV Rn. 23).

8 Der **Vergütungsantrag** des Mitglieds des endgültigen Gläubigerausschusses sollte gestellt werden, nachdem der Gläubigerausschuss die **Schlussrechnung** des Verwalters entsprechend § 66 Abs. 2 InsO geprüft hat, und spätestens zwei Wochen vor dem **Schlusstermin** dem Gericht vorliegen (HWF InsVerw-HdB Rn. 13; HmbKommInsR/Büttner Rn. 4).

9 In dem schriftlichen Antrag ist der **konkret festzusetzende Betrag** zu nennen und zu begründen; ein Antrag auf Festsetzung einer „angemessenen Vergütung" ist unzulässig (HWF InsVerw-HdB Rn. 12; vgl. MüKoInsO/Stephan Anh. zu § 65 InsVV § 16 Rn. 9 zum Treuhänder; **aA** HmbKommInsR/Büttner Rn. 6).

10 In dem Antrag sind – soweit die Vergütung auf Abs. 1 oder Abs. 2 S. 2 gestützt wird – die **konkret aufgewandten Stunden** darzulegen und zu beweisen; **Aufzeichnungen** über die aufgewandten Stunden sind dem Antrag beizufügen (LG Göttingen ZIP 2005, 590; LG Aachen ZIP 1993, 137; AG Köln ZIP 1992, 1492; HWF InsVerw-HdB Rn. 14; MüKoInsO/Nowak Anh. zu § 65 InsVV § 17 Rn. 8; KPB/Prasser Rn. 4; FK-InsO/Lorenz Rn. 19). Fehlt die Stundenaufstellung, die auch **unzumutbar** sein kann, ist der Antrag nicht unzulässig, sondern kann ergänzt oder der Aufwand vom Gericht **geschätzt** werden (vgl. AG Duisburg NZI 2004, 325; LG Aachen ZIP 1993, 137; HWF InsVerw-HdB Rn. 14; MüKoInsO/Nowak Anh. zu § 65 Rn. 8; Lorenz/Klanke Rn. 19; HmbKommInsR/Büttner Rn. 7, 14).

11 Soll **nicht nach Zeitaufwand** abgerechnet werden, sind im Antrag die Gründe für die **abweichende Berechnungsgrundlage** darzulegen. Auch bei beantragter Abweichung von der Pauschalvergütung nach Abs. 2 S. 1 ist diese konkret zu **begründen** (HmbKommInsR/Büttner Rn. 8, 9).

II. Anhörung

12 Eine Anhörung der Gläubigerversammlung ist weder in der InsO noch in der InsVV vorgesehen und nicht erforderlich, sollte aber wegen des **Grundsatzes des rechtlichen Gehörs** erfolgen und zwar im Schlusstermin (Stephan/Riedel Rn. 37; **aA** HWF InsVerw-HdB Rn. 10; Lorenz/Klanke Rn. 21 mwN; zwingende Anhörung nach LG Göttingen ZIP 2005, 590; HmbKommInsR/Büttner Rn. 18).

13 Dem **Verwalter** und dem Schuldner ist ebenfalls Gelegenheit zur **Stellungnahme** zu geben (HWF InsVerw-HdB Rn. 27; MüKoInsO/Stephan Anh. zu § 65 InsVV § 17 Rn. 36; Haarmeyer/Mock InsVV Rn. 34; HmbKommInsR/Büttner Rn. 19; **aA** FK-InsO/Lorenz Rn. 22 zum Verwalter).

III. Festsetzung, Veröffentlichung und Rechtsmittel

14 Die **Festsetzung** der Vergütung – auch des nach § 261 Abs. 1 S. 2 InsO fortbestehenden Gläubigerausschusses (→ § 6 Rn. 15) – erfolgt auf Antrag nach den §§ 73 Abs. 2, 64 Abs. 1 InsO, §§ 8, 17 InsVV durch **Beschluss** des Gerichts (vgl. BGH ZIP 2021, 1282; MüKoInsO/Stephan InsO § 269 Rn. 7; Jaeger/Piekenbrock InsO § 269 Rn. 12). Zuständig für die Festsetzung der Vergütung ist der **Rechtspfleger,** sofern kein Richtervorbehalt besteht.

15 Die Festsetzung sollte für den endgültigen Gläubigerausschuss bereits **im** Schlusstermin erfolgen, da zu diesem Zeitpunkt die aktive Tätigkeit des Gläubigerausschusses endet, auch wenn das Amt bis zur Verfahrensaufhebung besteht (KPB/Prasser InsO § 73 Rn. 9; HWF InsVerw-HdB Rn. 10). Vereinbarungen über die Vergütung der Mitglieder des Gläubigerausschusses können nicht Inhalt eines Insolvenzplans sein (vgl. zur Vergütung des Insolvenzverwalters: BGHZ 214, 78). Die Festsetzungsbefugnis des Insolvenzgerichts ist unabdingbar und schützt die Interessen der Beteiligten vor einer überhöhten Vergütung und die Interessen der Gläubigerausschussmitglieder vor einer zu niedrigen Vergütung. Sie sichert den Anspruch auf eine unabhängige und angemessene Vergütung, die öffentlichen Interessen und die Interessen aller Beteiligten und des Insolvenzverwalters an einer angemessenen Vergütung (offen gelassen von BGH ZIP 2021, 1282). Zur Vergütung der Mitglieder des Gläubigerausschusses bei **Überwachung des Insolvenzplans** → § 6 Rn. 15.

Der Festsetzungsbeschluss ist zu **begründen** (vgl. § 8) und nach § 64 Abs. 2 InsO iVm § 9 InsO **16 öffentlich bekannt zu machen** und dem Verwalter und dem Schuldner besonders **zuzustellen** (Stephan/Riedel Rn. 40–44).

Der Festsetzungsbeschluss ist mit der **sofortigen Beschwerde** nach § 64 Abs. 3 InsO iVm **17** § 73 Abs. 2 InsO anfechtbar, sofern die Beschwerdesumme 200 EUR erreicht. Der Verwalter ist neben dem Mitglied des Gläubigerausschusses auch **beschwerdeberechtigt** (MüKoInsO/Stephan Anh. zu § 65 InsVV § 17 Rn. 42; Stephan/Riedel Rn. 45; HmbKommInsR/Büttner Rn. 29; KPB/Prasser Rn. 17; **aA** Lorenz/Klanke Rn. 24).

Zum Beschlusstenor s. MüKoInsO/Nowak Anh. zu § 65 InsVV § 17 Rn. 15 und Stephan/ **18** Riedel Rn. 38; zum Festsetzungsbeschluss § 8.

B. Vergütung der Mitglieder des Gläubigerausschusses (Abs. 1)

Abs. 1 S. 1 sieht für die ab dem 1.1.2021 beantragten Verfahren (→ § 19 Rn. 13) eine Vergü- **19** tung vor, die **„regelmäßig" zwischen 50 und 300 EUR je Stunde** beträgt; in den bis zum 31.12.2020 beantragten Verfahren bleibt es bei der Regelvergütung zwischen **35 und 95 EUR**. Aus dem Wortlaut ergibt sich aber auch, dass auch **andere Formen** der Vergütungsbemessung möglich sind. In der Praxis erfolgte die Festsetzung der Vergütung auch durch eine **Pauschale** sowie durch Festsetzung eines **Bruchteils** der festgesetzten Vergütung des Verwalters; letzteres aber allenfalls noch in älteren Verfahren vor und ist nach zutreffender Ansicht des BGH unzulässig (BGH NZI 2021, 457; → Rn. 32). Bei der **Höhe des Stundensatzes** ist weiter zu berücksichtigen, dass die Vergütung nach § 73 Abs. 1 InsO, § 17 Abs. 1 eine **Aufwandsentschädigung** darstellt (BGH NZI 2021, 457; 2021, 461; mit je zust. Anm. Leithaus NZI 2021, 463; Mock EWiR 2021, 145; Blersch EWiR 2021, 337; Bissels NZI 2021, 382; vgl. Jaeger/Gerhardt InsO § 73 Rn. 3; MüKoInsO/Riedel § 73 Rn. 8; MüKoInsO/Stephan Rn. 5; Uhlenbruck/Knof InsO § 73 Rn. 1; HmbKommInsR/Frind § 73 Rn. 2; BK-InsR/Blersch § 73 Rn. 3; Haarmeyer/Mock InsVV Rn. 3; aA KPB/Prasser Vor § 17 Rn. 1; Zimmer in Zimmer, InsVV, 2. Aufl. 2021, Rn. 10 f.; HmbKommInsR/Büttner Rn. 29; vgl. auch FK-InsO/Lorenz Rn. 2: Honorierung wie eine ähnlich gelagerte Tätigkeit außerhalb eines Gläubigerausschusses; Keller Insolvenzverfahren § 12 Rn. 4: Vergütung für aufgewendete Zeit nach Stunden, nicht Erfolgsvergütung). Die Dauer des Insolvenzverfahrens und der zeitliche Gesamtumfang der Tätigkeit sind grundsätzlich kein Kriterium für die Bemessung des Stundensatzes, weil dem bereits durch den Zeitaufwand Rechnung getragen wird (BGH NZI 2021, 461; vgl. Keller Insolvenzverfahren § 12 Rn. 36, 40; BK-InsO/Blersch Rn. 13 f.). Ebenso wenig ist für den Stundensatz erheblich, dass die Tätigkeit als Mitglied des Gläubigerausschusses nicht verpflichtend ist und somit die Übernahme der Tätigkeit freiwillig (Zimmer in Zimmer, InsVV, 2. Aufl. 2021, Rn. 73). Auch die allgemeinen Haftungsrisiken beeinflussen den Stundensatz nicht (aA Keller Insolvenzverfahren § 12 Rn. 39). Insoweit ist das Mitglied bereits dadurch geschützt, dass die Kosten einer angemessenen Haftpflichtversicherung der Masse zur Last fallen (BGH NZI 2021, 461; vgl. BGH ZIP 2012, 876).

Grundsätzlich ist aber die **individuelle Tätigkeit der Mitglieder** des Gläubigerausschusses **20** unter Berücksichtigung des **Zeitaufwands** und des Umfangs sowie der **Schwierigkeit** des Verfahrens in sachlicher (**Komplexität**) als auch in **rechtlicher Hinsicht** und des Intensitätsgrades der **Mitwirkung** angemessen zu vergüten. Dabei sind auch übernommene **Verantwortung** und **Haftungsrisiken** sowie die **fachliche Qualifikation** und **Sachkunde** der Mitglieder des Gläubigerausschusses zu beachten. In den ab dem 1.1.2021 beantragten Verfahren ist auch die **berufliche Qualifikation** des jeweiligen Gläubigerausschussmitglieds ausdrücklich als zu berücksichtigender Umstand in Abs. 1 S. 2 normiert. Dieser Umstand ist allerdings auch in den bis zum 31.12.2020 beantragten Verfahren nach Rechtsprechung und Literatur bereits zu berücksichtigen (→ Rn. 24). Nicht vergessen werden darf trotz des **Eigeninteresses** die zusätzliche Leistung und das **Engagement**, die dem Allgemeininteresse der Gesamtgläubigerschaft dienen und zu einer erfolgreichen Bearbeitung eines Insolvenzverfahrens beitragen (vgl. AG Detmold NZI 2008, 505 f.; MüKoInsO/ Stephan Anh. zu § 65 InsVV § 17 Rn. 20 ff.; HWF InsVerw-HdB Rn. 22; FK-InsO/Kind InsO § 73 Rn. 6; HmbKommInsR/Büttner Rn. 1, 12, 20). Soweit es die Umstände des Einzelfalls rechtfertigen, kann das Gericht den **Stundensatz** für die einzelnen Mitglieder des Gläubigerausschusses **unterschiedlich** bestimmen (BGH NZI 2021, 457; 2021, 461; Jaeger/Gerhardt InsO § 73 Rn. 9; Keller Insolvenzverfahren § 12 Rn. 41; Zimmer in Zimmer, InsVV, 2. Aufl. 2021, Rn. 77; Haarmeyer/Mock InsVV Rn. 28). Besondere Umstände, die eine unterschiedliche Höhe des Stundensatzes rechtfertigen können, sind insbesondere die Qualifikation und Sachkunde des jeweiligen Ausschussmitglieds. Zudem ist zu berücksichtigen, ob das Mitglied durch die Dauer oder die Häufigkeit der Inanspruchnahme andernfalls einen nicht zumutbaren Erwerbsverlust erleiden würde (vgl. Zweiter Bericht der Kommission für Insolvenzrecht, 1986, 130) und ob das Mitglied des Gläubigerausschusses kein Gläubiger und daher gem. § 67 Abs. 3 InsO zum Mitglied bestellt worden ist (BGH NZI 2021, 457). In diesem Fall fehlt es an einer Tätigkeit im Eigeninteresse der Gläubigergemeinschaft. Ist ein Nichtgläubiger Mitglied des Gläubigerausschusses, ist für den Stundensatz zu prüfen, inwieweit das Mitglied gerade wegen seiner besonderen Qualifikation und Kenntnisse bestellt worden ist. In diesem Fall kann das Insolvenzgericht einen an marktüblichen Bedingungen orientierten Stundensatz festsetzen, der dem Umfang der Tätigkeit entspricht, soweit die Tätigkeit des Mitglieds zu seiner Berufsausübung gehört (BGH NZI 2021, 461; vgl. Uhlenbruck/Knof InsO § 73 Rn. 14 mwN; Zimmer in Zimmer, InsVV, 2. Aufl. 2021, Rn. 73; Keller Insolvenzverfahren § 12 Rn. 19; BK-InsR/Blersch, 2015, Rn. 3).

20a Der Vergütungsanspruch der Mitglieder des Gläubigerausschusses richtet sich nach dem Zeitaufwand und dem Umfang der Tätigkeit (§ 73 Abs. 1 S. 2 InsO). Die Höhe des Stundensatzes bemisst sich zum einen nach den für alle Mitglieder des Gläubigerausschusses gleich wirkenden Umständen wie dem Umfang und der Schwierigkeit des Insolvenzverfahrens und dem Umfang und der Schwierigkeit der Aufgaben des Gläubigerausschusses in dem betreffenden Insolvenzverfahren. Zum anderen sind auch nur in der Person des Mitglieds begründeten Umstände heranzuziehen, wie besondere nicht versicherbare Haftungsrisiken, Art und inhaltlicher Umfang (Intensität) der Mitwirkung sowie die Qualifikation und Sachkunde des jeweiligen Ausschussmitglieds. Den sich aus Abs. 1 S. 1 ergebende Rahmen für die Höhe des Stundensatzes darf nur überschreiten, wenn der Umfang der Tätigkeit von den bei einem Insolvenzverfahren, in dem üblicherweise ein Gläubigerausschuss eingesetzt wird, regelmäßig zu erwartenden Umständen derart abweicht, dass offensichtlich keine angemessene Vergütung mehr gewährleistet ist. Das Gericht ist nach den Umständen des Einzelfalls befugt, den Stundensatz für die einzelnen Mitglieder des Gläubigerausschusses unterschiedlich zu bestimmen (BGH NZI 2021, 457; 2021, 461; → Rn. 20). Diese **Grundsätze** gelten entsprechend, wenn eine **juristische Person Mitglied** des Gläubigerausschusses ist. Dabei ist für die Höhe der Vergütung nicht auf die Person abzustellen, welche die juristische Person zulässigerweise (vgl. Uhlenbruck/Knof InsO § 67 Rn. 14; MüKoInsO/Schmid-Burgk InsO § 67 Rn. 18) als ihren Vertreter in den Gläubigerausschuss entsendet. Der Vergütungsanspruch steht nur der juristischen Person als Mitglied des Gläubigerausschusses zu (vgl. Zimmer in Zimmer, InsVV, 2. Aufl. 2021, Rn. 31; Keller Insolvenzverfahren § 12 Rn. 25, 27; Jaeger/Gerhardt InsO § 73 Rn. 13). Die Höhe des Stundensatzes richtet sich nach den für das Mitglied des Gläubigerausschusses gegebenen Umständen. Welche Kosten einer juristischen Person als Mitglied des Gläubigerausschusses für den von ihr entsandten Vertreter entstehen oder welche Vergütung der entsandte Vertreter beanspruchen könnte, wenn er selbst als Mitglied des Gläubigerausschusses bestellt worden wäre, sind keine für die Höhe der Vergütung maßgebenden Umstände (BGH NZI 2021, 457; aA Zimmer in Zimmer, InsVV, 2. Aufl. 2021, Rn. 78 für die Vergütung eines in einem Anstellungsverhältnis stehenden Ausschussmitglieds). Der Stundensatz für eine juristische Person ist nicht nach den Verhältnissen der juristischen Person zu bemessen, da deren allgemeine oder aufgrund ihrer häufigen Tätigkeit als Mitglied eines Gläubigerausschusses vorhandene Qualifikation und Sachkunde für sich genommen keinen besonderen Bezug zur Tätigkeit als Mitglied des Gläubigerausschusses in einem bestimmten Insolvenzverfahren haben, sodass dies allein keine Erhöhung des Stundensatzes rechtfertigt (BGH NZI 2021, 457). Die Vergütung der juristischen Person richtet sich in erster Linie nach Umfang und Schwierigkeit des Insolvenzverfahrens und Umfang und Schwierigkeit der Aufgaben des Gläubigerausschusses in dem betreffenden Insolvenzverfahren. Die bei der juristischen Person vorhandene Qualifikation und Sachkunde können für die Höhe der Vergütung nur berücksichtigt werden, soweit diese nach den objektiv zu bestimmenden Anforderungen des Insolvenzverfahrens für die Tätigkeit als Mitglied des Gläubigerausschusses erforderlich waren. Qualifikation und Sachkunde beeinflussen den Stundensatz bei einer juristischen Person daher nach Maßgabe der von ihr als Mitglied des Gläubigerausschusses objektiv zu erfüllenden Aufgaben. Unter diesen Voraussetzungen ist zu prüfen, wen die juristische Person als ihren Vertreter entsendet. Ist es objektiv erforderlich, sich durch eine besonders qualifizierte und sachkundige Person vertreten zu lassen, ist dies bei der Höhe der Vergütung zu berücksichtigen (BGH NZI 2021, 457).

I. Stundenvergütung (Abs. 1 S. 1)

1. Mindest-Stundensatz

21 Der vom Verordnungsgeber vorgegebene **Rahmen** der Stundensätze gibt einen Rahmen vor und sollte in den nach dem 1.1.2021 beantragten Verfahren **nach unten (50 EUR) nicht unter-**

schritten werden. Bereits der in der bis zum 31.12.2020 geltenden Fassung genannte untere Stundensatz von 35 EUR wurde bereits für nicht hoch qualifizierte Tätigkeiten gewährt (vgl. HmbKommInsR/Büttner Rn. 12; **aA** MüKoInsO/Stephan InsO Anh. zu § 65 InsVV § 17 Rn. 20; FK-InsO/Lorenz Rn. 12 f.).

2. Durchschnitts-Stundensatz

Der Verwalter erhält bei einem **durchschnittlichen Verfahren** (Normalverfahren) eine Normal- bzw. Regelvergütung (→ § 2 Rn. 4 ff.). Für die Mitglieder des Gläubigerausschusses war bei einem **bis zum 31.12.2020 beantragten Normalverfahren** von einem leicht über dem rechnerischen Durchschnitt liegenden Stundensatz von **65 EUR** auszugehen (vgl. AG Potsdam NZI 2019, 957 (958) mkritAnm Achsnick; AG Konstanz ZIP 2015, 1841; AG Braunschweig ZInsO 2005, 870; LG Aurich ZIP 2013, 1342: „mittlere Vergütung"; HWF InsVerw-HdB Rn. 20; Stephan/Riedel Rn. 18; HK-InsO/Keller Rn. 4; Lorenz/Klanke/Lorenz Rn. 17c; **aA** HmbKommInsR/Büttner Rn. 26). Aufgrund der erforderlichen Qualifikation in Unternehmensinsolvenzverfahren war allerdings von einer Regelvergütung von 95 EUR auszugehen (Zimmer ZIP 2013, 1309 (1312)). Rechnerisch ergibt sich nun in den **ab dem 1.1.2021 beantragten Verfahren** aufgrund der in Abs. 1 S. 1 genannten 50–300 EUR für Normalverfahren ein **Durchschnitt von 175 EUR pro Stunde.** Der Betrag erscheint hoch, jedoch war vom Gesetzgeber für die Mitglieder des (vorläufigen) Gläubigerausschusses ausdrücklich eine deutlich über die übrigen durch das SanInsFoG vorgenommenen Erhöhungen der Vergütungen beabsichtigt, da es zunehmend schwierig ist, geeignete Gläubigerausschussmitglieder zu finden, eine wesentliche Ursache hierfür liegt in der zu geringen Höhe der maximalen Vergütung (Begründung des Gesetzentwurfs der Bundesregierung vom 9.11.2020, Drs. 19/24181, 214).

3. Abweichung vom Regelsatz

Das Gericht kann ausgehend von dem in bis zum 31.12.2020 beantragten Verfahren sich ergebenden Durchschnitts-Stundensatz von 65 EUR für jedes Mitglied des Gläubigerausschusses eine **individuelle Vergütung** festsetzen, je nach dessen **Fähigkeiten, Tätigkeiten** oder **Leistungen** und unter Berücksichtigung der **Besonderheiten** und **Erschwernisse des Verfahrens** (vgl. BGH NZI 2021, 461; AG Konstanz ZIP 2015, 1841; AG Braunschweig ZInsO 2005, 870; AG Karlsruhe ZIP 1987, 124; HWF InsVerw-HdB Rn. 21; BK-InsR/Blersch Rn. 8; KPB/Prasser InsO § 73 Rn. 8). In diesem Zusammenhang war zu berücksichtigen, dass die **Gewinnung qualifizierter Mitglieder eines Gläubigerausschusses** nicht unwesentlich für eine erfolgreiche und professionelle Abwicklung eines Insolvenzverfahrens ist, sodass die Gewinnung entsprechenden Sachverstands auch mit einer **dafür angemessenen Vergütung** honoriert werden muss. Ebenso wie der Insolvenzverwalter haben daher auch die Mitglieder des Gläubigerausschusses Anspruch auf eine ihrer Qualifikation und der konkreten Tätigkeit angemessene Vergütung (vgl. Haarmeyer/Mock InsVV Rn. 26). Letztlich müssen die von Mitgliedern des Gläubigerausschusses erbrachten Tätigkeiten, ihre Leistungen und das übernommene Haftungsrisiko angemessen entlohnt werden (vgl. BGH NZI 2021, 457; 2021, 461; MüKoInsO/Riedel InsO § 73 Rn. 1; MüKoInsO/Stephan Rn. 5; Uhlenbruck/Knof InsO § 73 Rn. 1, 5; Haarmeyer/Mock InsVV Rn. 26). Dem trägt die Erhöhung des Stundensatzes in Abs. 1 S. 1 für die ab dem 1.1.2021 beantragten Verfahren Rechnung, jedoch kommt auch hier weiterhin bei besonderen Umständen und in Großverfahren eine Erhöhung dieses Stundensatzes in Betracht (→ Rn. 24–26). **Bemessungsgrundlage** für die Vergütung der Mitglieder des Gläubigerausschusses ist vorrangig deren **Zeitaufwand,** der alle Zeiten umfasst, die mit der sachgerechten Wahrnehmung der Aufgaben eines Gläubigerausschussmitgliedes im Zusammenhang stehen. Es kommt hinsichtlich der Stundenzahl auf die tatsächlich geleisteten Stunden an; vergütungsfähig sind nur jene Stunden und Tätigkeiten, die innerhalb des Aufgabengebiets des Gläubigerausschusses geleistet wurden (BGH NZI 2021, 461; Zimmer in Zimmer, InsVV, 2. Aufl. 2021, Rn. 61). Dies sind alle Zeiten, die im Zusammenhang mit der Tätigkeit im Gläubigerausschuss stehen (vgl. LG Münster NZI 2017, 548 (550); KPB/Prasser Rn. 4; Uhlenbruck/Knof InsO § 73 Rn. 5). Neben dem Zeitaufwand für die Sitzungen des Gläubigerausschusses oder sonstige **Besprechungstermine** ist auch der Zeitaufwand für Vor- und Nachbereitung dieser Sitzungen sowie für das häusliche Aktenstudium, für Telefonate, für Recherchen in Literatur oder Praxis, für die Prüfung der Rechnungen und der Bilanzführung des Verwalters und für etwaig notwendige Fahrtzeiten zu berücksichtigen. Der Besuch einer Fortbildungsveranstaltung ist nicht als Tätigkeit gem. § 73 Abs. 1 S. 1 InsO zu vergüten, da er nicht zur Tätigkeit in einem Gläubigerausschuss gehört (BGH NZI 2021, 461). Bei der Bemessung des Stundensatzes ist insbesondere die Schwierigkeit und der Umfang des jeweiligen Verfahrens und die Intensität der Mitwirkung des einzelnen Ausschussmitglieds zu beachten (LG Koblenz NZI 2021, 100 mAnm Holzer; BGH NZI 2021, 461; zust. Mock EWirR 2021, 145; LG Hamburg NZI 2018, 955; LG Münster NZI 2017, 548; vgl. AG Duisburg NZI 2004, 325). Es handelt sich bei der Vergütung iSd § 17 InsVV iVm § 73 Abs. 1 S. 1 InsO nicht um eine Tätigkeitsvergütung, sondern um eine Entschädigungsregelung für die entstandene Zeitversäumnis (LG Münster NZI 2017, 548; LG Göttingen NZI 2005, 340; vgl. BGH NZI 2021, 461; MüKoInsO/Stephan § 73 Rn. 8). Tätigkeiten und Zeiten, bei bzw. in denen das Ausschussmitglied nicht für den Ausschuss, sondern allein die individuellen Interessen der von ihm repräsentierten Gläubigergruppe wahrnimmt, sind nicht zu berücksichtigen (LG Bückeburg ZInsO 2020, 2062; MüKoInsO/Stephan Rn. 21).

24   Neben dem Umfang der Tätigkeit sind beispielhaft folgende **objektive und subjektive Kriterien** zu berücksichtigen: besondere berufliche Stellung, Sachkunde und Qualifikation des jeweiligen Mitglieds sowie dessen besonderen Tätigkeiten, persönlicher Einsatz beispielsweise bei Korrespondenz mit Verfahrensbeteiligten, oder Leistungen und Fähigkeiten, aktive Mitwirkung auch außerhalb der Sitzungen, umfangreiche Betriebsfortführungen, erforderliche Beteiligung an Verhandlungen, Befassung mit besonderen tatsächlichen und rechtlichen Problemen, besonderen Schwierigkeiten bei der Aufarbeitung gesellschaftsrechtlicher Verflechtungen oder steuerrechtlicher Fragen, Auslandsbezug tatsächlicher und rechtlicher Art, Mitwirkung bei der Erarbeitung eines Insolvenzplans (§ 232 Abs. 1 Nr. 1 InsO) oder Sozialplans (§ 123 InsO), Mitwirkung bei Betriebsvereinbarungen und Betriebsänderungen insbesondere im Zusammenhang mit einer möglichen übertragenden Sanierung oder im Zusammenhang mit möglichen Massenentlassungen, Sozialauswahl und Erstellung der Namensliste der von einer Entlassung betroffenen Arbeitnehmer (§§ 17 ff. KSchG, §§ 111 ff. BetrVG, §§ 121 ff. InsO), besondere Haftungskriterien (§ 71 InsO), Prüfung mehrerer Rechnungslegungen oder besondere Schwierigkeiten bei der Erfassung des vorsinsolvenzlichen Geldverkehrs, insbesondere wegen möglicher Anfechtungssachverhalte sowie besondere Tätigkeiten, zB Kassenprüfung (BGH NZI 2021, 461; zust. Mock EWirR 2021, 145; LG Hamburg NZI 2018, 955; LG Münster NZI 2017, 548; LG Köln BeckRS 2015, 8257; LG Aurich ZInsO 2013, 631; AG Detmold NZI 2008, 505; AG Braunschweig ZInsO 2005, 870; AG Karlsruhe ZIP 1987, 12; HWF InsVerw-HdB Rn. 21; MüKoInsO/Nowak, 2008, Anh. zu § 65 InsVV Rn. 5, 6; Lorenz/Klanke Rn. 9; HK-InsO/Keller § 18 Rn. 4). Zu den weiteren **verfahrensimmanenten Erhöhungstatbeständen** zählen neben der Bearbeitung und Verwertung von besonders vielen Sicherungsrechten, besonders hohe Anzahl von Grundstücken, Haus- und Grundstücksverwaltung nebst dazugehöriger Sondertätigkeiten, hohe Gläubigerzahl, besonders viele beizutreibende Außenstände oder besondere Schwierigkeiten bei der Vermögensverwertung, insbesondere bei erforderlicher schwieriger Prüfung von Absonderungsrechten, Prüfung und Klärung arbeits- und sozialrechtlicher Fragen, Vielzahl von Rechtsstreitigkeiten oder besondere Schwierigkeiten bei der Prüfung von Rechtsgeschäften, die der Zustimmung nach § 160 InsO bedürfen, fehlende/unvollständige/mangelhafte Buchhaltung, Vermögen im Ausland, besondere Schwierigkeiten bei der Prüfung der Tätigkeit des Verwalters, insbesondere hinsichtlich der Prüfung der Kassenführung im laufenden Insolvenzverfahren oder der Prüfung der Schlussrechnung, besonders viele Berichte des Verwalters etc (vgl. LG Koblenz ZInsO 2020, 2349; LG Köln NZI 2015, 573 mwN; HK-InsO/Keller Rn. 9; Haarmeyer/Mock InsVV Rn. 28; MüKoInsO/Nowak Anh. zu § 65 InsVV Rn. 5 und § 3 Rn. 4 ff.). Liegt eines dieser Kriterien vor oder kumulieren sich sogar mehrere Faktoren, so ist der individuell **angemessene Stundensatz durch Zuschläge zu ermitteln,** die im Einzelfall zB für besonders sachkundige Ausschussmitglieder bis zu einem Stundensatz von 200 EUR oder 300 EUR führen können (vgl. BGH NZI 2021, 461; LG Münster NZI 2017, 548; AG Detmold NZI 2008, 505; AG Braunschweig ZInsO 2005, 870; LG Aachen ZIP 1993, 137; AG Köln ZIP 1992, 1492; Jaeger/Gerhardt InsO § 73 Rn. 9; Keller Insolvenzverfahren § 17 Rn. 41; Zimmer in Zimmer, InsVV, 2. Aufl. 2021, Rn. 77; Haarmeyer/Mock InsVV Rn. 28).

25   Bereits die Begründung zum Entwurf einer InsVV Teil B § 17 sah eindeutig (später einschränkend) für die bis zum 31.12.2020 beantragten Verfahren vor, dass **Abweichungen von diesen Regelsätzen nach oben** möglich sind, damit im Einzelfall die Vergütung dem **quantitativen und qualitativen Aufwand** entspricht und die Gläubiger zur Mitarbeit im Ausschuss motiviert werden (vgl. AG Braunschweig ZInsO 2005, 870; AG Detmold NZI 2008, 505; AG Karlsruhe ZIP 1987, 124; Uhlenbruck/Knof InsO § 73 Rn. 13–14; MüKoInsO/Nowak Rn. 20, 24; HWF InsVerw-HdB Rn. 21; FK-InsO/Lorenz Rn. 11; HmbKommInsR/Büttner Rn. 1; HmbKommInsR/Frind InsO § 73 Rn. 5a). Nach aA amortisiert und rechtfertigt die Möglichkeit der Mitbestimmung durch die Tätigkeit im Gläubigerausschuss eine bescheidene Vergütung (AG Duisburg NZI 2004, 325 (326)). Das LG Köln (ZInsO 2015, 873; vgl. auch Anm. Holzer zu LG Koblenz

NZI 2021, 100 Rn. 14) sieht keine Veranlassung, regelmäßig höhere als in § 17 genannte Stundensätze festzusetzen, weist aber darauf hin, dass eine Erhöhung des nach § 17 „regelmäßig" zu gewährenden Stundensatzes im Ausnahmefall bei außerordentlichem Umfang oder bei außergewöhnlichen Schwierigkeiten im Verfahren sowie bei besonderer Tätigkeit, besonderen Haftungsrisiken, besonderen Leistungen oder Qualifikationen des Gläubigerausschussmitglieds in Betracht kommt (abl. Anm. Mock zu LG Köln ZInsO 2015, 874). Das vorgenannte Motivierungsargument greift die Begründung des Gesetzentwurfs der Bundesregierung zum SanInsFoG vom 9.11.2020 (Drs. 19/24181, 214) auf und begründet die deutliche Erhöhung der Stundensätze in den ab dem 1.1.2021 beantragten Verfahren damit, dass es zunehmend schwierig ist, geeignete Gläubigerausschussmitglieder zu finden, und dass eine wesentliche Ursache für diese Schwierigkeiten in der zu geringen Höhe der maximalen Vergütung liegt und die bisherigen Vergütungssätze weder der in anspruchsvolleren Verfahren erforderlichen fachlichen Qualifikation der Gläubigerausschussmitglieder noch den Haftungsrisiken, denen sie ausgesetzt sind, gerecht werden. Dies sollte allerdings nicht dazu führen, dass der normierte Rahmen mit einem **Durchschnitt von 175 EUR pro Stunde** in Normalverfahren (→ Rn. 22) bis zum **Stundensatz von 300 EUR ausgeschöpft** wird. Der vom Verordnungsgeber in Abs. 1 S. 1 für den Stundensatz vorgegebene Rahmen kann **nur überschritten werden, wenn** der Umfang der Tätigkeit von den bei einem Insolvenzverfahren, in dem üblicherweise ein Gläubigerausschuss eingesetzt wird, regelmäßig zu erwartenden Umständen abweicht (BGH NZI 2021, 461; Keller Insolvenzverfahren § 12 Rn. 36). Maßgeblich ist, ob die für die Bemessung des Stundensatzes erheblichen Umstände bei einer Gesamtwürdigung des Umfangs der Tätigkeit dazu führen, dass der von Abs. 1 S. 1 festgelegte obere Stundensatz auch unter Berücksichtigung des Charakters als Entschädigung für einen Zeitaufwand **offensichtlich keine angemessene Vergütung mehr gewährleistet.** Dies setzt nicht voraus, dass Umfang und Schwierigkeiten außerordentlich oder außergewöhnlich sind (BGH NZI 2021, 457; 2021, 461; HmbKommInsR/Frind InsO § 73 Rn. 6; Uhlenbruck/Knof InsO § 73 Rn. 5, 14; **aA** LG Köln ZIP 2015, 1450; LG Bückeburg ZInsO 2020, 2062 (2063); LG Koblenz ZInsO 2020, 2349; Haarmeyer/Mock InsVV Rn. 27). Insofern erscheint es aufgrund der durchschnittlich allgemein gestiegenen Stundensätze nicht ausgeschlossen, dass der normierte Stundensatzhöchstsatz von 300 EUR noch überschritten werden kann. Denn die in Abs. 1 S. 1 genannten Stundensätze sind **„regelmäßig"** festzusetzen und lassen somit Ausnahmen zu. Insofern gelten weiterhin die bislang in Rechtsprechung und Literatur herausgebildeten Kriterien für die Festlegung der Höhe des angemessenen Stundensatzes für die Mitglieder des Gläubigerausschusses. Diese lagen in Großverfahren bereits in den bis zum 31.12.2020 beantragten Verfahren deutlich über dem bis zum 31.12.2020 normierten Höchstsatz von 95 EUR (→ Rn. 26). Zudem hat der BGH für anwaltliche Tätigkeit ein Stundenhonorar von **500 EUR** nicht als unangemessen beanstandet (vgl. BGHZ 174, 186 ff.; HmbKommInsR/Büttner Rn. 51).

Gerade in **Großverfahren** müssen nicht zuletzt für die Zweckmäßigkeitskontrolle (vgl. dazu OLG Rostock ZInsO 2004, 814 (816)) ausreichend **qualifizierte Mitglieder** eingesetzt werden können, die eine ausreichende Qualifikation besitzen, sodass insbesondere in bis zum 31.12.2020 beantragten Verfahren auch **Stundensätze** von **200–300 EUR** angemessen sein können; für ab dem 1.1.2021 beantragte Verfahren liegen die vorgenannten Stundensätze nur relativ gering über dem Regelsatz von 175 EUR pro Stunde (→ Rn. 25; vgl. zur Rechtslage bis zum 1.1.2021: AG Detmold NZI 2008, 505: im Einzelfall **300 EUR** bei außerordentlichem Umfang und Schwierigkeit des Verfahrens sowie der besonderen Tätigkeit, Haftungsrisiken, Leistungen und Qualifikation der Mitglieder; AG Hamburg ZIP 2018, 1562: **300 EUR** bei besonders umfangreicher Tätigkeit und besonderer Fachkunde als Insolvenzverwalter und Fachanwalt für Steuer- und Insolvenzrecht; AG Bremen ZIP 2016, 633: **300 EUR** bei einer besonders umfangreichen Tätigkeit und einer besonderen Qualifikation des Mitglieds als Rechtsanwalt; LG Bückeburg ZInsO 2020, 2062: **250 EUR** bei besonderen, in der Entscheidung ausführlich begründeten **Schwierigkeiten des Verfahrens;** LG Hamburg NZI 2018, 955 mAnm Zimmer EWiR 2019, 119: **200 EUR** bei Qualifikation als erfahrener Insolvenzverwalter und Sanierungsexperte, besonderen Haftungsrisiken und großem, bedeutendem Verfahren mit kurzer Tätigkeitszeit; AG Braunschweig ZInsO 2005, 870: **200 EUR** bei Wahrnehmung von Sonderaufgaben durch Anwalt; Zimmer ZIP 2013, 1309 (1314, 1315): 200 EUR als Regelvergütung bei einschlägiger Qualifikation des Mitglieds oder Rückgriff auf unterstützende organisatorische Einheit und bis zu 300 EUR bei „Großverfahren"; vgl. AG Braunschweig ZInsO 2005, 870; LG Aachen ZIP 1993, 137; AG Köln ZIP 1992, 1492; HWF InsVerw-HdB Rn. 22; Stephan/Riedel Rn. 24; BK-InsR/ Blersch Rn. 14; HmbKommInsR/Büttner Rn. 12; Lorenz/Klanke Rn. 10; FK-InsO/Kind InsO § 73 Rn. 6; FK-InsO/Lorenz Rn. 11; Pape/Uhländer InsO § 73 Rn. 11; HmbKommInsR/Frind

§ 73 Rn. 6; Zimmer ZIP 2013, 1309; **abw** MüKoInsO/Nowak InsO Anh. zu § 65 Rn. 3: **prozentuale Aufschläge** auf Grundstundensatz).

27 Aufgrund der immer mehr **zunehmenden Spezialisierung** und **allgemeiner Gebührensteigerungen** ist bei erforderlicher, eingesetzter Sachkunde eines Mitglieds und komplexem Arbeitsaufwand in Großverfahren ein **Stundensatz zwischen 350 EUR und 400 EUR** als **angemessen** anzusehen. Ein Stundensatz von **500 EUR** erscheint derzeit aber auch bei einem nunmehr normierten Höchststundensatz von 300 EUR auch im Einzelfall (noch) als zu hoch (vgl. zur Gesetzeslage bis zum 1.1.2021: FK-InsO/Schmitt InsO § 73 Rn. 6).

28 In masselosen (Verbraucher-)Insolvenzverfahren kann das Gericht anstelle einer geltend gemachten Vergütung nach Stundensätzen eine – niedrigere – Pauschalvergütung bewilligen, die sich an der Höhe der (Treuhänder-)Verwaltervergütung orientiert (BGH NZI 2009, 845; zu möglichen **Abschlagstatbeständen** s. MüKoInsO/Nowak, 2. Aufl. 2008, Anh. zu § 65 InsVV § 17 Rn. 7; HWF InsVerw-HdB Rn. 23; Lorenz/Klanke Rn. 11).

II. Pauschalvergütung

29 In **besonders gelagerten Fällen** kommt entgegen des Wortlauts statt des Stundenhonorars ein **Pauschalhonorar** in Betracht, um den **Schwierigkeiten des Verfahrens**, der **Art und dem Umfang der Tätigkeit** sowie der **Verantwortung** und dem **Haftungsrisiko** der Ausschussmitglieder Rechnung zu tragen, zB bei **Großverfahren** und **masselosen Verbraucherinsolvenzverfahren** (BGH ZInsO 2009, 2165 (2166): in masselosen Verfahren kann Vergütung nach Stundensätzen unangemessen hoch ausfallen; AG Göttingen NZI 2003, 502; Stephan/Riedel Rn. 26). In Rede stehen gerichtlich festgesetzte **Pauschalen zwischen 250 EUR und 2.500 EUR**; bei langjährigen und schwierigen Verfahren mit erheblicher Mitarbeit der Gläubigerausschussmitglieder auch **25.000 EUR** (AG Gummersbach ZIP 1986, 659; HWF InsVerw-HdB Rn. 25; Lorenz/Klanke Rn. 14; HmbKommInsR/Büttner Rn. 15).

30 Eine **Vereinbarung** über die Zahlung einer Pauschale zwischen den Gläubigerausschussmitgliedern und dem Gericht oder dem Verwalter ist allerdings **unzulässig** (AG Duisburg NZI 2004, 325 (327); HWF InsVerw-HdB Rn. 25; HmbKommInsR/Büttner Rn. 3).

31 In Betracht kommt auch die **Orientierung** einer Pauschalvergütung an der vor Insolvenzantragstellung bestehenden **Vergütung eines Aufsichtsrats** (AG Duisburg ZIP 2003, 1640; HmbKommInsR/Frind InsO § 73 Rn. 5; **aA** HmbKommInsR/Büttner Rn. 17; Haarmeyer ZInsO 2003, 940).

III. Bruchteil der Verwaltervergütung und Zuschläge nach § 3

32 In **besonders gelagerten, komplizierten Einzelfällen** haben die Gerichte unter Geltung der Konkursordnung die Abweichung von der Regelvergütung zugelassen und den Mitgliedern des Gläubigerausschusses eine **prozentual an der Vergütung des Verwalters** orientierte Vergütung von **1–5 %** zugesprochen (vgl. BGH ZInsO 2009, 2165 (2166 zur Orientierung der – niedrigeren – Pauschalvergütung an der Höhe der (Treuhänder-)Verwaltervergütung in einem masselosen (Verbraucher-) an Stelle der geltend gemachten – höheren – Vergütung nach Stundensätzen); AG Chemnitz ZInsO 1999, 301; AG Stuttgart ZIP 1986, 659; AG Ansbach ZIP 1986, 249 mwN; KPB/Prasser, 2014, Rn. 9 f.; MüKoInsO/Riedel InsO § 73 Rn. 18; K. Schmidt InsO/Jungmann InsO § 73 Rn. 8; Jaeger/Gerhardt InsO § 73 Rn. 10; BK-InsO/Blersch, 2015, Rn. 16; FK-InsO/Lorenz Rn. 14; Zimmer in Zimmer, InsVV, 2. Aufl. 2021, Rn. 94 f.; Vallender WM 2002, 2049). Eine entsprechende Praxis der Insolvenzgerichte auf Festsetzung der Vergütung der Mitglieder des (vorläufigen) Gläubigerausschusses anhand eines prozentualen Bruchteils der Vergütung des (vorläufigen) Insolvenzverwalters hat in den letzten Jahren ganz erheblich abgenommen und kam zuletzt kaum mehr vor. Nunmehr hat der BGH klargestellt, dass die dem Insolvenzverwalter gewährte Vergütung kein Maßstab für die einem Mitglied des Gläubigerausschusses zustehende Vergütung ist. Insbesondere ist es **nicht zulässig, die Vergütung des Mitglieds des Gläubigerausschusses mit einem Bruchteil der Vergütung des Insolvenzverwalters festzusetzen** (BGH NZI 2021, 457; 2021, 457; LG Aurich ZInsO 2013, 631; Keller Insolvenzverfahren § 12 Rn. 46 f.; Haarmeyer/Mock InsVV Rn. 33; Uhlenbruck/Knof InsO § 73 Rn. 16; HmbKommInsR/Frind InsO § 73 Rn. 4; HmbKommInsR/Büttner Rn. 61; Stephan/Riedel Stephan Rn. 28; Graeber/Graeber Rn. 9a). Auch die **Vorschrift des § 3** ist auf die Vergütungsansprüche der Mitglieder des (vorläufigen) Gläubigerausschusses **nicht anwendbar**, da die Vergütung der Mitglieder des (vorläufigen) Gläubigerausschusses eine Entschädigung für Zeitaufwand nach Umfang der Tätigkeit darstellt und nicht tätigkeitsbezogen ist (BGH NZI 2021, 457 mAnm

Cranshaw, jurisPR-InsR 9/2021 Anm. 2; **aA** Keller Insolvenzverfahren § 12 Rn. 36; FK-InsO/Lorenz Rn. 10).

IV. Stundungsverfahren/Ausfallhaftung des Staatskasse

Bei **Stundung der Verfahrenskosten** nach § 4a InsO haftet gem. § 73 Abs. 2 InsO iVm 63 Abs. 2 InsO die **Staatskasse** (vgl. HWF InsVerw-HdB Rn. 31; Lorenz/Klanke Rn. 26). 33

V. Vorschüsse

Es ist allgemein anerkannt, dass das Gericht auch den Mitgliedern des Gläubigerausschusses **zu gegebener Zeit** einen angemessenen **Vorschuss** auf die Vergütung bewilligen kann; mit Ausnahme des Entnahmerechts ist **§ 9 analog** anzuwenden (vgl. BGH ZInsO 2012, 826 Rn. 9; AG Hannover ZInsO 2016, 1875; HWF InsVerw-HdB Rn. 10 und § 18 Rn. 7–9; MüKoInsO/Nowak Anh. zu § 65 InsVV § 17 Rn. 12; Stephan/Riedel Rn. 29; HmbKommInsR/Büttner Rn. 30; Lorenz/Klanke Rn. 27). Danach können Vorschüsse gewährt werden, wenn 6 Monate der Tätigkeit verstrichen sind, wobei der Vorschuss die zu erwartende Vergütung nicht übersteigen soll (BGH ZInsO 2001, 1133). Vergütungsvorschüsse sind allerdings nicht beschwerdefähig und erwachsen nicht in Rechtskraft, sodass der Vorschuss nur vorläufig ist und für den Fall, dass der endgültige Vergütungsbeschluss der Höhe nach hinter dem Vorschussbetrag zurückbleibt, in entsprechender Höhe ein Rückforderungsanspruch der Masse besteht (BGH ZInsO 2010, 1407; **aA** Wilhelm/Oppermann ZInsO 2013, 528: Rückforderung nach Treu und Glauben ausgeschlossen). 34

C. Vergütung der Mitglieder des vorläufigen Gläubigerausschusses (Abs. 2)

I. Bestellung eines vorläufigen Gläubigerausschusses

Nach Einführung des **ESUG** hat das Gericht **in den Fällen des § 22a InsO** einen **vorläufigen Gläubigerausschuss** zu bestellen. Es kann ihn auch im Rahmen der Anordnung von Sicherungsmaßnahmen nach § 21 Abs. 2 S. 1 Nr. 1a InsO bestellen. Nach der aktuellen Gesetzeslage ist der Streit, ob die Bestellung eines vorläufigen Gläubigerausschusses im Antragsverfahren **überhaupt zulässig** ist (vgl. hierzu Andres/Leithaus InsO §§ 67, 68 Rn. 2–3 mwN), **obsolet**. 35

Nach **§ 56a InsO** hat das Insolvenzgericht dem vorläufigen Gläubigerausschuss vor der Bestellung des Verwalters Gelegenheit zu geben, sich zu den **Anforderungen,** die an den Verwalter zu stellen sind, und zur **Person des Verwalters** zu äußern, soweit dies nicht offensichtlich zu einer nachteiligen Veränderung der Vermögenslage des Schuldners führt. Das Gericht darf von einem einstimmigen Vorschlag eines Verwalters nur in den in § 56a Abs. 2 genannten Fällen abweichen. Gleichfalls ist dem vorläufigen Gläubigerausschuss vom Insolvenzgericht vor dessen Entscheidung über die Anordnung der Eigenverwaltung gem. § 270b Abs. 3 S. 1 InsO **Gelegenheit zur Äußerung** zu geben, wenn dies nicht offensichtlich zu einer nachteiligen Veränderung in der Vermögenslage des Schuldners führt. In der ab dem 1.7.2014 gültigen Fassung der Vorschrift verweist Abs. 2 S. 1 richtigerweise auf § 56a InsO. In der vorherigen Fassung war aufgrund eines redaktionellen Versehens auf § 56 Abs. 2 verwiesen worden (vgl. BGBl. I 2582), was durch das Gesetzes zur Verkürzung des Restschuldbefreiungsverfahrens und zur Stärkung der Gläubigerrechte (vgl. BGBl. 2013 I 2379 und → § 19 Rn. 11) korrigiert wurde. 36

II. Pauschalvergütung (Abs. 2 S. 1)

Der vorläufige Gläubigerausschuss hat also vor der Bestellung des vorläufigen Verwalters, des vorläufigen Sachwalters und der Anordnung der Eigenverwaltung ein **Anhörungsrecht,** in dessen Rahmen er eine **Stellungnahme** abzugeben hat, die Basis der gerichtlichen Entscheidung wird. Allein für diese Stellungnahme im Rahmen der Anhörung erhält der vorläufige Gläubigerausschuss für die ab dem 1.1.2021 beantragte Verfahren (→ § 19 Rn. 13) die **Pauschalvergütung von 500 EUR;** für bis zum 31.12.2020 beantragte Verfahren bleibt es bei der Pauschalvergütung von 300 EUR. Nicht umfasst von der Pauschalvergütung nach Abs. 2 S. 1 ist die **weitere Tätigkeit** des vorläufigen Gläubigerausschusses, die neben der Pauschale geltend gemacht werden kann. Die Vergütung für weitere, möglicherweise arbeitsintensivere Aufgaben richtet sich nach den allgemeinen Regeln über die Vergütung der Mitglieder des Gläubigerausschusses (AG Konstanz ZIP 2015, 1841; amtl. Begründung RegE, BT-Drs. 17/5712; Haarmeyer/Mock InsVV Rn. 15; Lorenz/Klanke/Lorenz Rn. 17c; HmbKommInsR/Büttner Rn. 32; HK-InsO/Keller Rn. 6; 37

Rauscher ZInsO 2012, 1201 (1202)). Dies ergibt sich bereits daraus, dass Abs. 1 Anwendung findet, sobald ein vorläufiger Insolvenzverwalter oder vorläufiger Sachwalter eingesetzt wird (Abs. 2 S. 2).

38 Die **Pauschalvergütung** für den vorläufigen Gläubigerausschuss ist sprachlich verunglückt und so zu verstehen, dass nicht der gesamte Ausschuss, sondern **jedes Mitglied** jeweils die Pauschale von 500 EUR in ab dem 1.1.20201 und von 300 EUR in den bis zum 31.12.2020 beantragten Verfahren erhält (vgl. HmbKommInsR/Büttner Rn. 32; Frind ZInsO 2011, 373 (377); vgl. Rauscher ZInsO 2012, 1201 (1202)).

39 Nach der Begründung des Verordnungsgebers entspricht die Pauschale in den bis zum 31.12.2020 beantragten Verfahren in etwa der Vergütung für eine **dreistündige Tätigkeit** des Gläubigerausschusses nach dem in § 17 Abs. 1 aF vorgesehenen **Höchststundensatz von 95 EUR** und soll eine **Auszehrung der Masse** verhindern (Begründung RegE, BT-Drs. 17/5712; vgl. HmbKommInsR/Büttner Rn. 32, 33; HK-InsO/Keller Rn. 6). In der für ab dem 1.1.2021 beantragten Verfahren geltenden Fassung des Abs. 2 S. 1 entspricht die Auslagenpauschale von 500 EUR dem 1,67-fachen des Höchststundensatzes von 300 EUR nach Abs. 1 S. 1 und dem 2,85-fachen des durchschnittlichen Stundensatzes von 175 EUR.

40 Unter Berücksichtigung der **möglichen Qualifikation** der Gläubigerausschussmitglieder (zB Rechtsanwälte, Wirtschaftsprüfer), des **Zeitaufwands** für die Bildung, Koordinierung und die Zusammentritts der Mitglieder in einer konstituierenden Sitzung mit möglicher Festlegung einer **Geschäftsordnung** (vgl. dazu Ingelmann/Ide/Steinwachs ZInsO 2011, 1059) sowie der erforderlichen **Abwägungsüberlegungen** vor der **Stellungnahme**, erscheint ein Zeitaufwand von **drei Stunden nicht ausreichend** (vgl. Frind ZInsO 2011, 373 (377)) und der **Stundensatz unangemessen niedrig** zu sein, sodass die Pauschale **keine angemessene Vergütung** für die Stellungnahme zur Auswahl des vorläufigen Insolvenzverwalters und vorläufigen Sachwalters darstellt (ebenso HmbKommInsR/Büttner Rn. 33, 34). Auch die Vergütung bezüglich der Stellungnahme zur Anordnung der Eigenverwaltung ist nicht ausreichend, um eine der Beurteilung angemessene Beschäftigung durch qualifizierte Mitglieder angemessen zu entlohnen (HmbKommInsR/Büttner Rn. 36). Die Vergütung ist nicht praxisgerecht (HK-InsO/Keller Rn. 6). Dies gilt auch für die für ab dem 1.1.2021 beantragten Verfahren, da die Auslagenpauschale weiterhin nur einem Zeitaufwand von nicht einmal drei Stunden bei einem durchschnittlichen Stundensatz entspricht (→ Rn. 39).

41 **Angemessen** erscheint es, die Vergütung an den **tatsächlich angefallenen** und nachzuweisenden **Stunden** zu orientieren und bei dem Stundensatz **Erhöhungstatbestände** zu berücksichtigen, ohne dass eine Begrenzung auf die Pauschale von 500 EUR erfolgt (vgl. zu § 17 aF: HmbKommInsR/Büttner Rn. 35).

III. Stundenvergütung (Abs. 2 S. 2)

42 Nach der Bestellung eines vorläufigen Insolvenzverwalters oder eines vorläufigen Sachwalters richtet sich die Vergütung nach Abs. 1. Dies wird in der amtlichen Begründung mit möglicherweise arbeitsintensiveren Aufgaben begründet, ohne dass darin auf den Zeitpunkt der Umstellung von der Pauschal- zur Stundenvergütung eingegangen wird (amtl. Begründung RegE, BT-Drs. 17/5712). Der Umstellungszeitpunkt ist im Hinblick auf anfallende Aufgaben nicht nachzuvollziehen, da auch bereits zuvor arbeitsintensive Prüfungen und Abwägungen bei der Auswahl der in Frage kommenden Personen sowie der Durchführung des Verfahrens mit Eigenverwaltung zu bewältigen sind (HmbKommInsR/Büttner Rn. 39).

43 Aufgrund der Verweisung auf Abs. 1 ist grundsätzlich von einer Stundenvergütung auszugehen, die in den ab dem 1.1.2021 beantragten Verfahren regelmäßig zwischen 50 und 300 EUR und in den bis zum 31.13.2020 beantragten Verfahren regelmäßig zwischen 35 und 95 EUR liegt. Sie kann je nach Umfang der Tätigkeit und Qualifikation der jeweiligen Mitglieds auch höher liegen und zwar bis zu 350–400 EUR (→ Rn. 27; aA LG Duisburg NZI 2005, 116: Obergrenze 50 EUR; AG Ludwigshafen NZI 2012, 850 im konkreten Fall: 95 EUR; zum Meinungsstand der Erhöhung der Regelvergütung → Rn. 23–27).

44 Auch bei Abs. 2 S. 2 kommt aufgrund der Verweisung auf Abs. 1 eine **Pauschalvergütung** (zum Meinungsstand → Rn. 29–31) in Betracht. Darüber ist eine Orientierung für die Vergütung der Mitglieder des vorläufigen Gläubigerausschusses am **Bruchteil der Vergütung des vorläufigen Verwalters** nicht zulässig (→ Rn. 32). Nach § 73 Abs. 1 S. 2 InsO iVm § 17 sind die Mitglieder des vorläufigen Gläubigerausschusses nach Zeitaufwand und Umfang ihrer jeweiligen Tätigkeit in ihrer Funktion zu vergüten sind (LG Aurich ZInsO 2013, 631; Uhlenbruck/Uhlenbruck InsO § 73 Rn. 17).

IV. Festsetzung als Masseverbindlichkeit

Vergütungsansprüche **entstehen** grundsätzlich mit Beginn der Tätigkeit und sind bei deren Beendigung festzusetzen. Für die Mitglieder des vorläufigen Gläubigerausschusses hat der Gesetzgeber eine klarstellende Regelung versäumt, da die Vergütung der Mitglieder des Gläubigerausschusses in § 54 Nr. 2 InsO als **Kosten des Verfahrens** nicht genannt sind. Die Vorschrift findet allerdings durch die Verweisung in § 21 Abs. 2 S. 1 Nr. 1a InsO auf § 73 InsO, der wiederum auf § 63 InsO verweist, (entsprechende) Anwendung. Daher zählt die Vergütung zu den Kosten des Verfahrens und ist so vom Insolvenzgericht festzusetzen (vgl. HmbKommInsR/Büttner Rn. 40: „Masseverbindlichkeit"). Sofern das Insolvenzverfahren nicht eröffnet wird, gilt § 26a InsO entsprechend (HmbKommInsR/Büttner Rn. 41). 45

D. Fälligkeit und Verjährung

Der Vergütungsanspruch der Mitglieder des Gläubigerausschusses entsteht ebenso wie der Anspruch des Insolvenzverwalters auf seine Vergütung mit Erbringung der Arbeitsleistung (KPB/Prasser § 73 Rn. 2 und 5). Der Anspruch wird **fällig mit Erledigung** der zu honorierenden Tätigkeit. Die Fälligkeit tritt somit für beide Vergütungen im Normalverfahren mit der Verfahrensbeendigung ein. 46

Sofern ein Mitglied des **vorläufigen Gläubigerausschusses** aber nicht in den endgültigen Ausschuss gewählt wird oder nach Eröffnung des Insolvenzverfahrens kein endgültiger Ausschuss gebildet wird, tritt die **Fälligkeit** mit dem entsprechenden **Beschluss der Gläubigerversammlung** ein (KPB/Prasser InsVV Vor § 17 Rn. 4). 47

Für den **Verjährungsbeginn** gilt grundsätzlich § 198 BGB mit der regelmäßigen Verjährungsfrist des § 195 BGB (KPB/Prasser InsVV Vor § 17 Rn. 5; KPB/Prasser InsVV Vor § 1 Rn. 8 ff.). Sofern bei Stellung des Vergütungsantrags der Anspruch noch nicht verjährt ist, wird durch die **Antragstellung** die Verjährung des Vergütungsanspruchs **gehemmt**. Im Hinblick auf die **Hemmung** ist allerdings fraglich, ob diesbezüglich die Entscheidung des BGH v. 22.9.2010 (NZI 2010, 977) herangezogen werden kann, in der er entschieden hat, dass der Vergütungsanspruch des vorläufigen Insolvenzverwalters bis zum Abschluss des eröffneten Insolvenzverfahrens gehemmt ist, auch wenn der Antrag erst nach Ablauf der allgemeinen Verjährungsfrist gestellt wird. Der BGH begründet dies mit der Anwendung eines allgemeinen Rechtsgedankens, der beispielsweise auch in § 8 Abs. 2 S. 1 RVG zum Ausdruck komme. Neben den Vorteilen einer einheitlichen Beantragung und Festsetzung der Vergütung des vorläufigen und endgültigen Insolvenzverwalters führt der BGH in der vorgenannten Entscheidung aus, dass das praktische Bedürfnis, die Verjährung des Vergütungsanspruchs für die vorläufige Verwaltung bis zum Abschluss des eröffneten Insolvenzverfahrens hinauszuschieben, durch die Neufassung des § 11 Abs. 2 S. 2 InsVV verdeutlich wird. Diese Vorschrift würde ins Leere laufen, wenn der Vergütungsanspruch zuvor verjährt wäre, weshalb die allgemeinen Verjährungsregelungen keine Anwendung finden könnten. Der Gesetzgeber sei entweder von einer Hemmung der Verjährung ausgegangen oder habe die Möglichkeit der Verjährung des Vergütungsanspruchs für die vorläufige Verwaltung vor Erteilung der Schlussrechnung im eröffneten Verfahren nicht bedacht. Diese Regelungslücke hat der BGH im Wege der Rechtsfortbildung geschlossen und ausgeführt, dass eine auf einen Vergütungsanspruch nach § 11 Abs. 2 S. 2 begrenzte Anwendung des Rechtsgedankens zu der praktisch kaum handhabbaren Differenzierung führen würde, dass die Verjährung des Vergütungsanspruchs für die vorläufige Verwaltung nur insoweit gehemmt wäre, als dieser Anspruch auf Grundlage der bereits vor Ablauf der regelmäßigen Verjährungsfrist gem. §§ 195, 199 BGB zur Verfügung stehenden Erkenntnisse über die Wertverhältnisse noch nicht hätte geltend gemacht werden können. Zwar hat der BGH damit in seiner vorgenannten Entscheidung die Hemmung der Verjährung des Vergütungsanspruchs nicht allein auf § 11 Abs. 2 S. 2 gestützt, jedoch besteht im Unterschied zu der Entscheidung bei Wegfall des vorläufigen Gläubigerausschusses ohne nachfolgenden endgültigen Gläubigerausschuss die Kontinuität „im Amt", sodass der vom BGH bemühte allgemeine Rechtsgedanke hierauf nicht übertragen werden kann. Demzufolge ist die Entscheidung auf den vorläufigen Gläubigerausschuss nicht anwendbar, sodass dessen Vergütungsanspruch nicht bis zum Abschluss des eröffneten Verfahrens gehemmt ist. Die Verjährung beginnt vielmehr mit dem Beschluss in der Gläubigerversammlung, in der ein endgültiger Gläubigerausschuss nicht bestellt wird. 48

§ 18 Auslagen. Umsatzsteuer

(1) Auslagen sind einzeln anzuführen und zu belegen.
(2) Soweit Umsatzsteuer anfällt, gilt § 7 entsprechend.

Überblick

Die Vorschrift konkretisiert in Abs. 1 neben § 17 zur Vergütung den in § 73 Abs. 1 InsO begründeten Anspruch der Mitglieder des Gläubigerausschusses auf **Erstattung der angemessenen Auslagen** (→ Rn. 2). Abs. 2 (→ Rn. 13 f.) stellt klar, dass die Mitglieder des Gläubigerausschusses Anspruch auf Erstattung der **Umsatzsteuer** haben, sobald diese bei ihnen anfällt; hier gilt § 7 entsprechend.

A. Auslagen (Abs. 1)

I. Allgemeines

1   Die Erstattung der **Auslagen** ist **gesondert zu beantragen,** deren **Entstehung** einzeln zu belegen und ihre Angemessenheit analog zu § 4 Abs. 2 zu **begründen** (LG Göttingen ZInsO 2005, 143; Stephan/Riedel Rn. 2; Haarmeyer/Mock InsVV Rn. 2; Keller, Vergütung und Kosten im Insolvenzverfahren, 4. Aufl. 2016, § 12 Rn. 51).

2   **Auslagen** sind die konkret im Zusammenhang mit der Wahrnehmung des Amtes als Gläubigerausschussmitglied entstandenen **Sachaufwendungen** und in bestimmten Fällen auch **Personalkosten,** insbesondere Telekommunikationskosten, Portokosten, Kopierkosten und Fahrtkosten (vgl. MüKoInsO/Stephan Anh. zu § 65 InsVV § 18 Rn. 5; Haarmeyer/Mock InsVV Rn. 3). **Angemessenheit** und **Notwendigkeit** der Auslagen sind anhand objektiver Maßstäbe unter Berücksichtigung der subjektiven Erkenntnismöglichkeiten eines verständigen Ausschussmitglieds zu beurteilen (BGHZ 95, 375; AG Hannover BeckRS 2016, 104735; MüKoInsO/Stephan Anh. zu § 65 InsVV § 18 Rn. 3 f.; HmbKommInsR/Büttner Rn. 3; Lorenz/Klanke Rn. 3).

3   Anders als in § 8 Abs. 3 für den Verwalter ist für die Mitglieder des Gläubigerausschusses **keine Festsetzung einer Auslagenpauschale** vorgesehen. Die Pauschalierung eignet sich nach der amtlichen Begründung InsVV Teil B zu § 18 aufgrund der ganz unterschiedlichen Beanspruchung nicht. Sie ist aber **innerhalb einzelner Ausgabengruppen** anhand eines allgemeinen Erfahrungssatzes anzuerkennen (Stephan/Riedel Rn. 2).

4   Die **Beweislast** für die getätigten Auslagen und die Tatsachen, aufgrund derer das Mitglied sie für erforderlich hält, trägt das Ausschussmitglied. In Einzelfällen ist eine **Schätzung** ausreichend, zB bei **Kilometerangaben** und **Büromaterial** (Nerlich/Römermann/Delhaes InsO § 73 Rn. 9; HmbKommInsR/Büttner Rn. 6).

5   Zum **Festsetzungsverfahren,** der Bekanntmachung und den **Beschwerdemöglichkeiten** s. § 17 und § 8. Zur Nachfestsetzung der Umsatzsteuer s. § 7. Kommt es nicht zur Eröffnung des Insolvenzverfahrens, sind die Auslagen entsprechend **§ 26a InsO** durch das Insolvenzgericht festzusetzen (HmbKommInsR/Büttner Rn. 12).

II. Einzelfälle

1. Reisekosten

6   Reisekosten sind grundsätzlich erstattungsfähig. Gefahrene **Kilometer** sind mit den Sätzen der Steuerverwaltung abzurechnen (LG Göttingen ZIP 2005, 590; MüKoInsO/Stephan Anh. zu § 65 InsVV § 18 Rn. 5; Stephan/Riedel Rn. 4; HmbKommInsR/Büttner Rn. 2).

2. Porto, Telekommunikations- und Kopierkosten sowie Schreibmaterial

7   Kosten für Porto, Telefon und Fax sind ebenso wie Kopierkosten in der entstandenen Höhe erstattungsfähig (MüKoInsO/Stephan Anh. zu § 65 InsVV § 18 Rn. 5). Zu den **Telekommunikationskosten** gehören aber auch die Kosten für **E-Mail** und **Internet.** Unter die Auslagen fallen auch Kosten für **Recherchearbeiten** oder der **Auskunftseinholung** (Stephan/Riedel Rn. 5; Haarmeyer/Mock InsVV Rn. 3). **Schreibmaterial** ist ebenfalls erstattungsfähig (MüKoInsO/ Stephan Anh. zu § 65 InsVV § 18 Rn. 5; Stephan/Riedel Rn. 5; Haarmeyer/Mock InsVV Rn. 3). Allgemeiner **Büroaufwand** ist demgegenüber nicht erstattungsfähig (Lorenz/Klanke Rn. 4; KPB/ Prasser Rn. 2).

3. Hilfskräfte

Kosten für die **Beauftragung eines Sachverständigen, Rechtsanwalts, Wirtschaftsprüfers** 8
oder **Steuerberaters** können auch zu den Auslagen zählen, wenn sich das Ausschussmitglied ihrer
zur Erfüllung seiner Aufgaben bedient und einzelne Tätigkeiten auf sie delegiert (LG Bückeburg
ZInsO 2020, 2061; MüKoInsO/Stephan Rn. 6; Stephan/Riedel Rn. 6; HmbKommInsR/Büttner
Rn. 26 und § 4 Rn. 2).

Übersetzungskosten von Urkunden oder Schriftstücken (HmbKommInsR/Büttner Rn. 2) 9
zählen ebenso zu den Auslagen wie Personalkosten für **Schreibkräfte**, soweit sie für die Erstellung
von Korrespondenz erforderlich sind (Haarmeyer/Mock InsVV Rn. 3).

4. Haftpflichtversicherung

Je nach Art, Umfang und Schwierigkeitsgrad des Insolvenzverfahrens und den damit für die 10
Mitglieder des Gläubigerausschusses verbundenen erhöhten, beträchtlichen **Haftungsrisiken** ist
der Abschluss einer **Vermögensschadenhaftpflichtversicherung** notwendig und erforderlich.
Die dafür anfallenden Kosten sind als Auslagen erstattungsfähig (BGH ZIP 2012, 876; AG Hannover ZInsO 2016, 1875; Haarmeyer/Mock InsVV Rn. 3–5; HmbKommInsR/Büttner Rn. 4; Nerlich/Römermann/Delhaes InsO § 73 Rn. 9; Braun/Kind InsO § 71 Rn. 12; krit. MüKoInsO/
Stephan Anh. zu § 65 InsVV § 18 Rn. 7).

Anders als beim Insolvenzverwalter sind die Kosten der Haftpflichtversicherung nicht mit der 10a
Vergütung abgegolten; die Regelung in § 4 Abs. 3 S. 1 ist auf die Vergütung der Mitglieder des
Gläubigerausschusses nicht entsprechend anwendbar (vgl. § 10; BGH ZIP 2012, 876).

In der Literatur ist umstritten, ob die Prämienzahlung der Versicherung der vorherigen förmli- 11
chen gerichtlichen Festsetzung bedarf. Grundsätzlich ist eine gerichtliche Festsetzung erforderlich,
da andernfalls die Festsetzungsbefugnis des Gerichts nach § 8 unterlaufen werden könnte. In
Zweifelsfällen sollte die **Erstattungsfähigkeit** mit dem Insolvenzgericht ohne förmliches Verfahren **abgestimmt** werden (MüKoInsO/Stephan Anh. zu § 65 § 18 Rn. 7; Haarmeyer/Mock
InsVV Rn. 5; Stephan/Riedel Rn. 7; Lorenz/Klanke § 4 Rn. 5; **anders** Uhlenbruck/Uhlenbruck
InsO § 73 Rn. 22: förmlicher Antrag auf Genehmigung des Abschlusses der Versicherung mit
Vorschussgewährung). Teilweise wird es als zulässig angesehen, dass die Versicherungsprämien im
Einverständnis des Insolvenzgerichts **direkt aus der Masse bezahlt** werden (Vallender WM 2002,
2040; BK-InsR/Blersch, 2006, Rn. 7; vgl. BGH ZIP 2012, 876). Auch wird eine Festsetzung
bei verfassungskonformer Auslegung der §§ 73, 74 InsO nicht für erforderlich gehalten. Die
Prämienzahlung kann daher im **abgekürzten Zahlungswege** unmittelbar aus der Insolvenzmasse
bezahlt werden, da es wegen § 53 InsO einer Zustimmung des Insolvenzgerichts letztlich nicht
bedarf (Zimmer, InsVV, 2017, § 4 Rn. 158–168).

Steht fest, dass die Versicherungsprämien nicht aus der Masse gezahlt werden können und muss 12
das Mitglied des Gläubigerausschusses damit rechnen, dass es selbst gezahlte Prämien nicht erstattet
bekommt, kann ihm die Fortsetzung der Tätigkeit als Mitglied des Gläubigerausschusses unzumutbar sein mit der Folge, dass das Gericht das Mitglied auf eigenen Antrag hin aus seinem Amt zu
entlassen hat (BGH ZIP 2012, 876).

B. Umsatzsteuer (Abs. 2)

Bis zur **Neuregelung** des Abs. 2 war umstritten, ob die Umsatzsteuer als Auslage erstattungsfä- 13
hig ist; nunmehr ist die Erstattungsfähigkeit in Abs. 2 ausdrücklich geregelt. Sie ist allerdings nur
dann festzusetzen, wenn das jeweilige Mitglied des Gläubigerausschusses umsatzsteuerpflichtig ist
und die auf die Vergütung entfallende Umsatzsteuer **tatsächlich** auch **abzuführen** hat (Lorenz/
Klanke Rn. 7; MüKoInsO/Stephan Anh. zu § 65 InsVV § 18 Rn. 7).

Die Vergütung unterliegt **grundsätzlich** der **Umsatzsteuerpflicht**, es sei denn es liegt ein 14
gesetzlicher **Befreiungstatbestand** vor (AG Duisburg ZInsO 2004, 1047). Die Umsatzsteuerpflichtigkeit ist insbesondere bei Mitgliedern gegeben, die **Freiberufler** oder **Selbstständige** sind
(Haarmeyer/Mock InsVV Rn. 6; BK-InsR/Blersch Rn. 8). Da grundsätzlich Umsatzsteuerpflicht
besteht, haben auch Mitglieder, die keine Freiberufler oder Selbstständige sind, die Umsatzsteuerpflichtigkeit nicht nachzuweisen (Lorenz/Klanke Rn. 7; HmbKommInsR/Büttner Rn. 7; **anders:**
Nachweispflichtigkeit: MüKoInsO/Stephan Anh. zu § 65 InsVV § 18 Rn. 9; Stephan/Riedel
Rn. 9; Jaeger/Gerhardt InsO § 73 Rn. 15). Das jeweilige Mitglied muss vielmehr in seinem Antrag
darlegen, ob ein Befreiungstatbestand (vgl. § 19 Abs. 1 UStG) vorliegt (AG Duisburg ZInsO 2004,
1047; LG Aurich BeckRS 2011, 29555; HmbKommInsR/Büttner Rn. 7).

14a Durch Art. 3 des Zweiten Gesetzes zur Umsetzung steuerlicher Hilfsmaßnahmen zur Bewältigung der Corona-Krise vom 29.6.2020 – Zweites CoronaSteuerhilfegesetz – (BGBl. 2020 I 1512) war vom 1.7.2020 bis 31.12.2020 der allgemeine Umsatzsteuersatz von 19 % auf 16 % (§ 12 Abs. 1 iVm § 28 Abs. 1 UStG) gesenkt. Die Änderungen sind am 1.7.2020 in Kraft (vgl. Art. 3 Zweites CoronaSteuerhilfegesetz). Die Umsatzsteuer entsteht in diesem Falle bei der Besteuerung nach vereinbarten Entgelten mit Ablauf des Voranmeldungszeitraums, in dem die Leistung oder die Teilleistung erbracht wird (vgl. § 13 Abs. 1 Nr. 1 lit. a UStG). Dabei sind die für den vorläufigen Insolvenzverwalters und den Insolvenzverwalter geltenden Grundsätze (→ § 7 Rn. 5a) entsprechend anwendbar: für den auf die Vergütung des **vorläufigen Gläubigerausschusses** entfallenden Umsatzsteuersatz ist auf den Zeitpunkt der Eröffnung des Insolvenzverfahrens bzw. auf das Datum der Beschlussfassung über die Ablehnung der Eröffnung des Verfahrens bzw. der **Aufhebung des Antragsverfahrens** abzustellen, sodass für die vor dem 1.7.2020 beendeten Tätigkeiten des vorläufigen Gläubigerausschusses noch der Umsatzsteuer von 19 % anzusetzen ist; nach diesem Zeitpunkt der bis zum 31.12.2020 reduzierte Steuersatz von 16 %; dauert die Tätigkeit des vorläufigen Gläubigerausschusses bis zum 1.1.2021 an, gilt wieder der Steuersatz von 19 %. Für den auf die **Vergütung des Gläubigerausschusses** entfallenden Steuersatz ist auf die Beendigung des Amtes abzustellen, was dem Zeitpunkt der **rechtskräftigen Beendigung des Insolvenzverfahrens** entspricht.

C. Vorschuss

15 Obwohl der Entwurf zur InsVV in § 18 die Möglichkeit der Vorschussgewährung ausdrücklich vorsah und nun in § 18 nicht enthalten ist, entspricht es **allgemeiner Auffassung,** dass auch den Mitgliedern des Gläubigerausschusses auf **Antrag** ein Vorschuss auf die Auslagen zu gewähren ist, insbesondere bei einer längeren, über ein Jahr hinausgehenden **Verfahrensdauer** (LG Aachen ZIP 1993, 137; AG Stuttgart ZIP 1986, 659; Haarmeyer/Mock InsVV Rn. 6–9 mwN; MüKo-InsO/Stephan Anh. zu § 65 InsVV § 18 Rn. 8; Stephan/Riedel Rn. 8). Den Mitgliedern des Gläubigerausschusses steht **analog § 9 InsVV** ein Anspruch auf einen **Vorschuss** zu (BGH ZInsO 2012, 826; KPB/Prasser InsO § 73 Rn. 21; HmbKommInsR/Frind InsO § 73 Rn. 6; Uhlenbruck/Knof, 14. Aufl. 2015, InsO § 73 Rn. 23; MüKoInsO/Stephan § 17 Rn. 29; FK-InsO/Lorenz, 8. Aufl. 2015, § 73 Rn. 33; Schmidt-InsO-Jungmann InsO § 73 Rn. 16; Haarmeyer/Mock InsVV § 18 Rn. 7). Hinsichtlich der **Auslagen** ist § 9 InsVV ebenfalls analog anzuwenden, da es den Gläubigerausschussmitgliedern nicht zumutbar ist, die Auslagen, worunter insbesondere die Prämienzahlung für ihre **Haftpflichtversicherung** fallen vorzustrecken. Es kann allerdings dahingestellt bleiben, ob die Voraussetzungen des § 9 InsVV erfüllt sein müssen (MüKoInsO/Stephan § 18 Rn. 8; Uhlenbruck/Knof InsO § 73 Rn. 23; FK-InsO/Lorenz § 17 Rn. 33) oder ob überhaupt keine Vorleistungspflicht für die Gläubigerausschussmitglieder besteht (KPB/Prasser InsO § 73 Rn. 21). Die Gläubigerausschussmitglieder sind auch berechtigt, den Vorschuss geltend zu machen, obwohl von ihnen die Prämie noch nicht entrichtet wurde (AG Hannover ZInsO 2016, 1875; aA Uhlenbruck/Knof InsO § 73 Rn. 23). Hinsichtlich des Insolvenzverwalters ist anerkannt, dass er besonders hohe Auslagen nicht vorfinanzieren muss (MüKoInsO/Stephan § 9 Rn. 11), weshalb für die Gläubigerausschussmitglieder nichts anderes gelten kann, da es insbesondere den natürlichen Personen wie den Arbeitnehmervertretern nicht zumutbar ist, erhebliche Beträge vorab zu verauslagen. Anderenfalls wäre möglicherweise die Besetzung des Gläubigerausschusses erheblich erschwert. Soweit zudem der Insolvenzverwalter bzw. der selbstverwaltende Schuldner wie vorliegend zu einer direkten Auszahlung an den Versicherer ermächtigt wird, besteht auch keinerlei Missbrauchsrisiko (AG Hannover ZInsO 2016, 1875).

16 Die **Höhe** des festzusetzenden **Vorschusses** sollte sich an dem bisherigen **Verfahrensstand** bzw. bei Berechnung nach Stunden nach den bereits **angefallenen Stunden** richten (Haarmeyer/Mock InsVV Rn. 9). Zu den allgemeinen Grundsätzen zur Bewilligung eines Vorschusses s. § 9 zur Verwaltervergütung.

Fünfter Abschnitt. Übergangs- und Schlußvorschriften

§ 19 Übergangsregelung

(1) Auf Insolvenzverfahren, die vor dem 1. Januar 2004 eröffnet wurden, sind die Vorschriften dieser Verordnung in ihrer bis zum Inkrafttreten der Verordnung vom 4. Oktober 2004 (BGBl. I S. 2569) am 7. Oktober 2004 geltenden Fassung weiter anzuwenden.

(2) Auf Vergütungen aus vorläufigen Insolvenzverwaltungen, die zum 29. Dezember 2006 bereits rechtskräftig abgerechnet sind, sind die bis zum Inkrafttreten der Zweiten Verordnung zur Änderung der Insolvenzrechtlichen Vergütungsverordnung vom 21. Dezember 2006 (BGBl. I S. 3389) geltenden Vorschriften anzuwenden.

(3) Auf Insolvenzverfahren, die vor dem 1. März 2012 beantragt worden sind, sind die Vorschriften dieser Verordnung in ihrer bis zum Inkrafttreten des Gesetzes vom 7. Dezember 2011 (BGBl. I S. 2582) am 1. März 2012 geltenden Fassung weiter anzuwenden.

(4) Auf Insolvenzverfahren, die vor dem 1. Juli 2014 beantragt worden sind, sind die Vorschriften dieser Verordnung in ihrer bis zum Inkrafttreten des Gesetzes vom 15. Juli 2013 (BGBl. I S. 2379) am 1. Juli 2014 geltenden Fassung weiter anzuwenden.

(5) Auf Insolvenzverfahren, die vor dem 1. Oktober 2020 beantragt worden sind, sind die Vorschriften dieser Verordnung in ihrer bis dahin geltenden Fassung weiter anzuwenden.

(5)[1] Auf Insolvenzverfahren, die vor dem 1. Januar 2021 beantragt worden sind, sind die bis zum 31. Dezember 2020 geltenden Vorschriften anzuwenden.

Überblick

Die Vorschrift regelt in Abs. 1 (→ Rn. 3 f.) und 2 (→ Rn. 8 f.) die Anwendbarkeit der früher geltenden Vergütungsverordnungen in den Fassungen vom 4.10.2004 und vom 21.12.2006.

Abs. 3 (→ Rn. 10) betrifft die Übergangsregelung bezüglich § 17 Abs. 2, der aufgrund des Gesetzes zur weiteren Erleichterung der Sanierung von Unternehmen (**ESUG**) vom 7.12.2011 neu in die InsVV aufgenommen wurde.

Abs. 4 (→ Rn. 11) betrifft die **Verkürzung des Restschuldbefreiungsverfahrens** und ist mit Wirkung vom 1.7.2014 angefügt worden.

Die beiden Abs. 5 (amtliche Nummerierung) sind wohl aufgrund eines Redaktionsversehens aufgrund zweier, jeweils am 22.12.2020 erlassener Gesetze mit gleicher Nummerierung quasi doppelt in § 19 enthalten, wenn auch mit unterschiedlichem Inhalt:

Der erste Abs. 5 (→ Rn. 12) betrifft das am 22.12.2020 erlassene **Gesetz zur weiteren Verkürzung des Restschuldbefreiungsverfahrens** und zur Anpassung pandemiebedingter Vorschriften im Gesellschafts-, Genossenschafts-, Vereins- und Stiftungsrecht sowie im Miet- und Pachtrecht mit rückwirkender Wirkung zum 1.10.2020.

Der zweite Abs. 5 (→ Rn. 13) betrifft das ebenfalls am 22.12.2020 erlassene **Sanierungs- und Insolvenzrechtsfortentwicklungsgesetz** (**SanInsFoG**) mit Wirkung zum 1.1.2021.

A. Allgemeines

Für die Verfahren nach der Konkursordnung, der Vergleichsordnung und der Gesamtvollstreckungsverordnung (vgl. § 21 GesO) gilt weiterhin die **VergVO** v. 25.5.1960 (BGBl. I 329) in der Fassung der Verordnung vom 11.6.1979 (BGBl. I 637). Die sich auf die InsVV beziehende neuere Rechtsprechung dürfte allerdings auch Berücksichtigung bei der Interpretation der VergVO finden (BK-InsR/Blersch Rn. 1; Lorenz/Klanke Rn. 1). 1

Die InsVV ist seit ihrem Inkrafttreten **fünfmal geändert** worden. Die **Erste Änderung** v. 13.12.2001 (BGBl. I 3574) betraf die Umstellung der Vergütungssätze des § 2 Abs. 1 sowie die weiteren Vergütungsbeträge von DM auf EUR, abweichend vom amtlichen Umrechnungskurs, von zwei zu eins (zu den Auswirkungen s. Stephan/Riedel Rn. 2) Die **Zweite Änderung** durch das KostRMoG v. 5.5.2004 (BGBl. I 718) änderte in den §§ 5 und 11 den Begriff der „Bundesge- 2

---

[1] Nummerierung amtlich.

bührenordnung für Rechtsanwälte" in „Rechtsanwaltsvergütungsgesetz". Durch die **Änderungsverordnung v. 4.10.2004**, in Kraft getreten am 7.10.2004, ist die Mindestvergütung des Insolvenzverwalters und des Treuhänders im vereinfachten Verfahren neu geregelt worden. Die **Zweite Verordnung zur Änderung der InsVV v. 21.12.2006** brachte Änderungen zur Einbeziehung von Aus- und Absonderungen in die Berechnungsgrundlage nach § 11. Die **letzte Änderung** der InsVV basiert auf dem **ESUG**, durch das die Vergütungsregelung für die Tätigkeiten des vorläufigen Gläubigerausschusses in § 17 Abs. 2 aufgenommen wurde.

B. Übergangsvorschrift zur Verordnung v. 4.10.2004 (Abs. 1)

3   Der BGH hielt in zwei Entscheidungen (BGH NZI 2004, 196; 2004, 224) die in den in §§ 2 Abs. 2, 13 Abs. 1 S. 3 in der Fassung v. 19.8.1998 geregelte **Mindestvergütung des Insolvenzverwalters und des Treuhänders im vereinfachten Verfahren** seit dem 1.1.2004 für **verfassungswidrig**, regelte der Verordnungsgeber die Vorschriften neu durch die Änderungsverordnung v. 4.10.2004. Zudem erfuhren die §§ 8, 9, 11 Abs. 2 und 17 Anpassungen. Für diese Änderung sind die Übergangsvorschriften in § 19 Abs. 1 geschaffen. Es besteht seither eine auf den Vorgaben des BVerfG basierende, an der Gläubigeranzahl orientierte, **erhöhte Mindestvergütung** in den **masselosen Stundungsverfahren** bei allen Regel- und Verbraucherinsolvenzverfahren.

4   Die Neuregelungen sollen nach der Übergangsvorschrift des Abs. 1 für die ab dem 1.1.2004 eröffneten Verfahren gelten; für die zuvor eröffneten Verfahren gelten die bisherigen Vergütungsregelungen (vgl. BGH NZI 2007, 46; 2005, 333; Stephan/Riedel Rn. 7, 9). Diese **Stichtagsregelung** hatte der BGH in seinem Beschluss v. 15.1.2004 vorgegeben (BGH NZI 2004, 196); sie ist verfassungsgemäß (BVerfG ZIP 2005, 1694; eing. Keller Vergütung Rn. 279 ff.; krit. Stephan/Riedel Rn. 7; Lorenz/Klanke Rn. 3, der wegen der Zersplitterung des Vergütungsrechts die Anwendbarkeit auch auf ältere, ab dem 1.12.2001 eröffnete Verfahren erstrecken will). Die mit der Änderungsverordnung v. 4.10.2004 einhergehende Beschränkung der in § 8 Abs. 3 S. 1 geregelten Auslagenpauschale ist in allen ab dem 1.1.2004 eröffneten Insolvenzverfahren anwendbar und verstößt für Insolvenzverfahren, die bei Inkrafttreten der Änderungsverordnung am 7.10.2004 noch andauerten, nicht gegen das verfassungsrechtliche Rückwirkungsverbot (BGH NZI 2013, 37).

5   Obwohl Abs. 1 sich nur auf vor dem 1.1.2004 eröffnete Verfahren bezieht, nimmt der BGH an, dass sich die Vergütung für einen **vorläufigen Insolvenzverwalter,** der vor dem 1.1.2004 bestellt worden ist, nach der ab dem 7.10.2004 geltenden Fassung der InsVV bemisst, auch wenn das Insolvenzverfahren selbst erst nach dem 31.10.2003 eröffnet worden ist (BGH ZInsO 2006, 1206).

6   Mit dem in § 19 Abs. 1 genannten Insolvenzverfahren ist auch das Eröffnungsverfahren gemeint (BGH DZWIR 2010, 426). Für die Vergütung des **Treuhänders,** der erst nach dem 31.12.2003 ernannt wird, ist daher die neue Vergütungsregelung (des § 14 Abs. 3) anwendbar, auch wenn das Insolvenzverfahren bereits vor diesem Zeitpunkt eröffnet wurde; § 19 Abs. 1 hat für das selbstständige **Restschuldbefreiungsverfahren** keine Übergangsregelung getroffen und ist für den Treuhänder in der Wohlverhaltensphase nicht anwendbar (BGH ZInsO 2011, 247 mAnm Pluta jurisPR-InsR 6/2011 Anm. 2; LG Saarbrücken mAnm Pluta jurisPR-InsR 19/2010 Anm. 5; vgl. LG Lüneburg ZInsO 2010, 270; LG Hamburg ZInsO 2010, 352; Stephan/Riedel Rn. 8; KPB/Stoffler § 14 Rn. 8; **aA** LG Augsburg ZInsO 2010, 351).

7   Durch die Verordnung v. 4.10.2004 ist zudem bei § 8 eine **Obergrenze** der **Auslagenpauschale auf 30 %** der Regelvergütung eingeführt worden. Dies stellt eine echte Rückwirkung eines belastenden Gesetzes dar, die grundsätzlich verfassungswidrig ist (vgl. BVerfG NJW 1998, 1574; BVerfGE 45, 142 für Verordnungen). Für in der Zeit vom 1.1.2004 bis 7.10.204 eröffnete Verfahren soll die bisherige Regelung in § 8 ohne die 30 %-ige Obergrenze anwendbar sein (Lorenz/Klanke Rn. 4).

C. Übergangsvorschrift zur Verordnung v. 21.12.2006 (Abs. 2)

8   Mit der Zweiten Verordnung zur Änderung der InsVV v. 21.12.2006 änderte der Verordnungsgeber **§ 11** und reagierte damit auf die Kritik des BGH hieran in den Entscheidungen zur Einbeziehung von **Aus- und Absonderungsrechten** in die **Berechnungsgrundlage** der Vergütung des vorläufigen Verwalters (BGH NZI 2006, 284; 2006, 464). Für diese Änderung sind die Übergangsvorschriften in § 19 Abs. 2 geschaffen.

9   Die Übergangsvorschrift in Abs. 2 soll verhindern, dass eine Änderung von Vergütungen des vorläufigen Verwalters erfolgt, wenn diese bereits vor dem 29.12.2006, dem Inkrafttreten der Änderung, rechtskräftig festgesetzt waren. Die Änderung ist nur auf die zu diesem Zeitpunkt noch

Übergangsregelung § 19 InsVV

nicht **rechtskräftigen Vergütungsbeschlüsse** anwendbar (BGH ZInsO 2008, 1321; Kreft/Keller Rn. 2; HmbKommInsR/Büttner Rn. 4; Haarmeyer ZInsO 2007, 73 (77)). Dies bezieht sich auf den neuen § 11 Abs. 2, die Nachbewertung des Schuldnervermögens, auf das sich die Tätigkeit des vorläufigen Insolvenzverwalters erstreckte. Die Übergangsvorschrift soll verhindern, dass nach § 11 Abs. 2 auch solche Vergütungen noch nachträglich abgeändert werden, die bereits vor dem Inkrafttreten der Neuregelung rechtskräftig festgesetzt worden waren, ohne dass ein vorläufiger Insolvenzverwalter damals der Verordnung einen Vorbehalt der Wertnachprüfung entnehmen konnte (BGH ZInsO 2008, 1321; LG Essen ZInsO 2020, 1955). Der BGH wendet auf die Vergütungen des vorläufigen Verwalters, dessen Tätigkeit vor dem 29.12.2006 begannen und endeten, § 11 in der früheren Fassung weiterhin an (BGH ZInsO 2010,110).

D. Übergangsvorschrift zum ESUG v. 7.12.2011 (Abs. 3)

Abs. 3 ist durch das ESUG angefügt worden und besagt, dass auf Insolvenzverfahren, die vor dem 1.3.2012 beantragt worden sind, die InsVV in ihrer Fassung v. 1.3.2012 anzuwenden ist. Abs. 3 bezieht sich dabei auf **§ 17 Abs. 2,** der erst durch das ESUG in die InsVV aufgenommen wurde. Er sieht für die Mitglieder des durch das ESUG neu geschaffenen **vorläufigen Gläubigerausschusses** als **Vergütung** für die Erfüllung der ihm nach § 56a Abs. 1 und § 270 Abs. 3 InsO zugewiesenen Aufgaben einen Betrag von einmalig **300 EUR** vor. Eine Übergangsvorschrift ist entbehrlich, da die besonderen, separat vergüteten Aufgaben des § 17 Abs. 2 gerade erst durch das ESUG neu eingeführt worden sind und keine Altfälle bestehen (vgl. HK-InsO/Keller Rn. 2). 10

E. Übergangsvorschrift zum Gesetz v. 15.7.2013 (Abs. 4)

Abs. 4 ist durch Art. 5 des Gesetzes zur Verkürzung des Restschuldbefreiungsverfahrens und zur Stärkung der Gläubigerrechte angefügt worden und besagt, dass auf Insolvenzverfahren, die vor dem 1.7.2014 beantragt worden sind, die Vorschriften dieser Verordnung in ihrer bis zum Inkrafttreten des Gesetzes v. 15.7.2013 (BGBl. 2013 I 2379) am 1.7.2014 geltenden Fassung weiter anzuwenden sind. 11

F. Übergangsvorschrift zum Gesetz v. 22.12.2020 (Abs. 5)

Der nach amtlicher Nummerierung erste Abs. 5 ist durch das am 22.12.2020 erlassene Gesetz zur weiteren Verkürzung des Restschuldbefreiungsverfahrens und zur Anpassung pandemiebedingter Vorschriften im Gesellschafts-, Genossenschafts-, Vereins- und Stiftungsrecht sowie im Miet- und Pachtrecht (BGBl. 2020 I 3328) mit Wirkung zum 1.10.2020 angefügt worden. Er besagt, dass auf Insolvenzverfahren, die vor dem 1.10.2020 beantragt worden sind, die Vorschriften dieser Verordnung in ihrer bis dahin geltenden Fassung weiter anzuwenden sind. 12

G. Übergangsvorschrift zum Gesetz v. 22.12.2020 (Abs. 5)

Der nach amtlicher Nummerierung zweite Abs. 5 ist durch Art. 6 des am 22.12.2020 erlassenen Gesetzes zur Fortentwicklung des Sanierungs- und Insolvenzrechts (Sanierungs- und Insolvenzrechtsfortentwicklungsgesetz – SanInsFoG), welches der Umsetzung der EU-Richtlinie 2019/1023 v. 20.6.2019 dient, angefügt worden. Er besagt, dass auf Insolvenzverfahren, die vor dem 1.1.2021 beantragt worden sind, die Vorschriften dieser Verordnung in ihrer bis zum Inkrafttreten des Gesetzes vom 22.12.2020 (BGBl. 2020 I 3256) am 1.1.2021 geltenden Fassung weiter anzuwenden sind. 13

Die Übergangsregelung stellt sicher, dass im Zeitpunkt der Insolvenzantragstellung für alle Beteiligten die Vergütung des Insolvenzverwalters, des vorläufigen Insolvenzverwalters, des Sachwalters, des Treuhänders und der Mitglieder des Gläubigerausschusses und des vorläufigen Gläubigerausschusses hinreichend planbar ist. Eine Rückwirkung der für die Insolvenzgläubiger sowie Schuldner potentiell belastenden Neuregelungen wird vermieden. (Gesetzentwurf der Bundesregierung, BT-Drs. 19/24181, 214 vom 9.11.2020). 14

H. Unanwendbarkeit des neuen Rechts nach dem SanInsFoG gem. § 5 Abs. 7 COVInsAG

Das am 1.1.2021 in Kraft getretene Gesetz zur Fortentwicklung des Sanierungs- und Insolvenzrechts (SanInsFoG) hat auch zu Änderungen des COVID-19-Aussetzungsgesetzes (COVInsAG) 15 in Bezug auf die Normen zum Eigenverwaltungsverfahren und zum Insolvenzplan geführt. Die neuen Regelungen der InsO nach Maßgabe des SanInsFoG finden gem. Art. 103k Einführungsgesetz zur Insolvenzordnung (EG-InsO) auf Insolvenzverfahren Anwendung, welche ab dem 1.1.2021 beantragt wurden bzw. werden. Jedoch sieht das COVInsAG in bestimmtem Fällen die Fortgeltung des bis zum 31.12.2020 geltenden Rechts für Eigenverwaltungsverfahren nach § 5 COVInsAG (zu den Voraussetzungen → COVInsAG § 5 Rn. 3 ff.) und für Schutzschirmverfahren nach § 6 COVInsAG (zu den Voraussetzungen → COVInsAG § 6 Rn. 4 ff. und Rn. 14 f.) vor. So sind gem. § 5 COVInsAG auf Eigenverwaltungsverfahren, die zwischen dem 1.1.2021 und dem 31.12.2021 beantragt werden, die Vorschriften zur Eigenverwaltung nach den §§ 270–285 InsO in der bis zum 31.12.2020 geltenden Fassung weiter anzuwenden, wenn die Zahlungsunfähigkeit oder Überschuldung des Schuldners auf die COVID-19-Pandemie zurückzuführen ist. Sofern nach den §§ 5, 6 COVInsAG auf das vom Insolvenzgericht angeordnete Eigenverwaltungsverfahren die §§ 270–285 InsO in der bis zum 31.12.2020 geltenden Fassung weiter Anwendung finden, so ist nach § 5 Abs. 7 COVInsAG auch die InsVV in der bis zum 31.12.2020 geltenden Fassung anzuwenden. Dies gilt auch dann, wenn die vorläufige Eigenverwaltung oder Eigenverwaltung aufgehoben wird. Die Anwendbarkeit der InsVV in ihrer bis zum 31.12.2020 geltenden Fassung wirkt sich im Wesentlichen aus bei der Mindestvergütung des vorläufigen Insolvenzverwalters (→ § 11 Rn. 17), des Insolvenzverwalters (→ § 2 Rn. 11 ff.), des vorläufigen Sachwalters (→ § 12a Rn. 7), des Sachwalters (→ § 12 Rn. 10a), des Insolvenzverwalters im Verbraucherinsolvenzverfahren (→ § 13 Rn. 5 ff.) sowie deren jeweiliger Regelvergütung (→ § 2 Rn. 1 ff., → § 12a Rn. 1 ff.), der Mindest- und Regelvergütung des Treuhänders (→ § 14 Rn. 4 und → § 14 Rn. 8) sowie deren jeweiligen Auslagen (vgl. → § 8 Rn. 16, → § 12 Rn. 26, → § 12a Rn. 13) und der Vergütung der Mitglieder des (vorläufigen) Gläubigerausschusses (→ § 17 Rn. 19, → § 17 Rn. 37 und → § 17 Rn. 42 f.).

§ 20 Inkrafttreten
Diese Verordnung tritt am 1. Januar 1999 in Kraft.

1 Die Insolvenzrechtliche Vergütungsverordnung trat **zeitgleich** am 1.1.2009 mit der **Insolvenzordnung** in Kraft, die die Konkursordnung, die Vergleichsordnung und die Gesamtvollstreckungsordnung ablöste. Die InsVV löste die bis dahin geltende Verordnung über die Vergütung des Konkursverwalters, des Vergleichsverwalters, der Mitglieder des Gläubigerausschusses und der Mitglieder des Gläubigerbeirats (**VergVO**) v. 25.5.1960 (BGBl. I 329) ab. Die VergVO ist auf die noch laufenden, vorgenannten Verfahren sowie das Gesamtvollstreckungsverfahren weiterhin anwendbar.

Europäische Insolvenzverordnung (EuInsVO)

Verordnung (EU) 2015/848 des Europäischen Parlaments und des Rates vom 20. Mai 2015 über Insolvenzverfahren (ABl. 2015 L 141, 19)

Kapitel I. Allgemeine Bestimmungen

Artikel 1 Anwendungsbereich

(1) Diese Verordnung gilt für öffentliche Gesamtverfahren einschließlich vorläufiger Verfahren, die auf der Grundlage gesetzlicher Regelungen zur Insolvenz stattfinden und in denen zu Zwecken der Rettung, Schuldenanpassung, Reorganisation oder Liquidation
a) dem Schuldner die Verfügungsgewalt über sein Vermögen ganz oder teilweise entzogen und ein Verwalter bestellt wird,
b) das Vermögen und die Geschäfte des Schuldners der Kontrolle oder Aufsicht durch ein Gericht unterstellt werden oder
c) die vorübergehende Aussetzung von Einzelvollstreckungsverfahren von einem Gericht oder kraft Gesetzes gewährt wird, um Verhandlungen zwischen dem Schuldner und seinen Gläubigern zu ermöglichen, sofern das Verfahren, in dem die Aussetzung gewährt wird, geeignete Maßnahmen zum Schutz der Gesamtheit der Gläubiger vorsieht und in dem Fall, dass keine Einigung erzielt wird, einem der in den Buchstaben a oder b genannten Verfahren vorgeschaltet ist.
Kann ein in diesem Absatz genanntes Verfahren in Situationen eingeleitet werden, in denen lediglich die Wahrscheinlichkeit einer Insolvenz besteht, ist der Zweck des Verfahrens die Vermeidung der Insolvenz des Schuldners oder der Einstellung seiner Geschäftstätigkeit.
Die Verfahren, auf die in diesem Absatz Bezug genommen wird, sind in Anhang A aufgeführt.

(2) Diese Verordnung gilt nicht für Verfahren nach Absatz 1 in Bezug auf
a) Versicherungsunternehmen,
b) Kreditinstitute,
c) Wertpapierfirmen und andere Firmen, Einrichtungen und Unternehmen, soweit sie unter die Richtlinie 2001/24/EG fallen, oder
d) Organismen für gemeinsame Anlagen.

Überblick

Durch Art. 1 wird der sachliche Anwendungsbereich (→ Rn. 9 ff.), der persönliche Anwendungsbereich (→ Rn. 13 ff.) und der räumliche Anwendungsbereich (→ Rn. 17 ff.) der EuInsVO definiert. Der zeitliche Anwendungsbereich wird in Art. 1 nicht adressiert (→ Rn. 22).

Übersicht

	Rn.		Rn.
A. Grundfragen der EuInsVO	1	B. Sachlicher Anwendungsbereich (Abs. 1)	9
I. Historische Entwicklung der EuInsVO	1	I. Begriff des Gesamt- bzw. Insolvenzverfahrens	10
II. EuInsVO und europäisches Insolvenzrecht	3	II. Anwendbarkeit anderer europarechtlicher Vorschriften	12
III. Unmittelbare Geltung und Verhältnis zum nationalen Recht	4	C. Persönlicher Anwendungsbereich (Abs. 2)	13
IV. Auslegung	5		
V. Disponibilität der EuInsVO	8	D. Räumlicher Anwendungsbereich	17

	Rn.		Rn.
I. Insolvenzverfahren in einem Mitgliedstaat	18	III. Erfordernis eines Binnenmarktbezugs?	21
II. Vorliegen eines grenzüberschreitenden Bezugs	20	E. Zeitlicher Anwendungsbereich	22

A. Grundfragen der EuInsVO

I. Historische Entwicklung der EuInsVO

1   Die Europäische Insolvenzverordnung wurde vom Rat der Europäischen Union am 29.5.2000 (VO (EG) Nr. 1346/2000 des Rates vom 29. Mai 2000 über Insolvenzverfahren, ABl. EG Nr. L 160 v. 30.6.2000, 1 ff.) beschlossen. Die EuInsVO entspricht dabei weitgehend dem Entwurf des nicht in Kraft getretenen **Übereinkommens über Insolvenzverfahren der Mitgliedstaaten der Europäischen Union v. 23.11.1995 (EuIÜ)**, womit das internationale Insolvenzrecht zunächst auf völkerrechtlicher Ebene einer Regelung zugeführt werden sollte (ausf. dazu Herchen, Das Übereinkommen über Insolvenzverfahren der Mitgliedstaaten der Europäischen Union vom 23.11.1995, 2000). Nachdem diese Bemühungen gescheitert waren, nutzte die Kommission die durch den Vertrag von Amsterdam geschaffene Ermächtigungsgrundlage des Art. 61 lit. c, 67 EG, um diese Problematik auf dem Verordnungswege zu regeln.

2   Aufgrund umfangreicher Entwicklungen vor allem im Zusammenhang mit dem europäischen Gesellschaftsrecht im Hinblick auf die Mobilität von Gesellschaften im Binnenmarkt sah sich der europäische Gesetzgeber gezwungen, die EuInsVO einer umfassenden Reform zu unterziehen. Dazu wurde bereits 2012 ein Vorschlag für eine **Änderung der EuInsVO** vorgelegt (dazu etwa Mock GPR 2013, 156 ff.; Thole ZEuP 2014, 39 ff.), der nach langwierigen Verhandlungen am 20.5.2015 mit einigen Änderungen verabschiedet wurde.

II. EuInsVO und europäisches Insolvenzrecht

3   Die EuInsVO verkörpert den Kernbestand des europäischen Insolvenzrechts. Dies ist vor allem darauf zurückzuführen, dass der europäische Gesetzgeber das Insolvenzrecht der Mitgliedstaaten bisher kaum harmonisiert hat. Dies ist insofern verwunderlich, da vor allem das Gesellschafts- und Kapitalmarkt- sowie große Teile des allgemeinen Zivilrechts bereits einer **weitgehenden Harmonisierung** unterzogen wurden. Auch die EuInsVO selbst greift in das nationale Insolvenzrecht im Grundsatz nicht ein, sondern soll lediglich die einzelnen Verfahren koordinieren. Inwiefern diese Zurückhaltung auf dem Gebiet des Insolvenzrechts allerdings noch andauern wird, bleibt abzuwarten. So wurde auch auf europäischer Ebene inzwischen jedenfalls eine Notwendigkeit einer stärkeren Koordinierung der nationalen Sanierungsrechte erkannt (vgl. Proposal for a Directive of the European Parliament and the Council on preventive restructuring frameworks, second chance and measures to increase the efficiency of restructuring, insolvency and discharge procedures and amending Directive 2012/30/EU, COM(2016) 723 final; dazu ausf. Mock NZI 2016, 977 ff.).

III. Unmittelbare Geltung und Verhältnis zum nationalen Recht

4   Die EuInsVO gilt als **europäisches Verordnungsrecht** unmittelbar (Art. 288 Abs. 2 AEUV) und gilt nationalem Recht vollumfänglich vor. Somit können die deutschen Vorschriften des internationalen Insolvenzrechts (§§ 335 ff. InsO) nur dann Anwendung finden, wenn der Anwendungsbereich der EuInsVO nicht eröffnet ist (so auch ausdrücklich BGH NZI 2011, 420; vgl. auch K. Schmidt InsO/Brinkmann Vor EuInsVO Rn. 6; MMS/Müller Einl. Rn. 35 ff.). Unabhängig davon findet allerdings Art. 102c EGInsO Anwendung, der nationale Durchführungsbestimmungen für die EuInsVO enthält.

IV. Auslegung

5   Als europäisches Verordnungsrecht ist die EuInsVO autonom auszulegen (K. Schmidt InsO/Brinkmann Vor EuInsVO Rn. 4). Auch wenn an diesem Grundsatz keine Zweifel bestehen können, begegnet diese **autonome Auslegung** in der tatsächlichen Anwendung nicht selten großen Schwierigkeiten, die darauf zurückzuführen sind, dass das europäische Insolvenzrecht in materieller Hinsicht im Binnenmarkt bisher kaum harmonisiert wurde, sodass die in der EuInsVO verwendete

Anwendungsbereich   **Art. 1 EuInsVO**

Terminologie in ihrer Bedeutung in den einzelnen Mitgliedstaaten teilweise sehr stark voneinander abweicht.

Wie bei allen europäischen Rechtsakten ist die EuInsVO in allen Amtssprachen der Europä- 6
ischen Union verbindlich. Allerdings zeigen sich zwischen den **verschiedenen Sprachversionen** nicht unerhebliche Abweichungen. Da die EuInsVO als europäisches Verordnungsrecht einheitlich ausgelegt werden muss, ist bei einer Abweichung des Regelungsgehalts zwischen verschiedenen Sprachversionen auf diejenige abzustellen, die vor dem Hintergrund der Zielsetzungen der EuInsVO am zutreffendsten ist (enger MMS/Müller Einl. Rn. 38 mit einer Betonung der Gleichwertigkeit aller Versionen). In der Anwendungspraxis der EuInsVO 2000 hat sich gezeigt, dass dies in der Regel die englischsprachige Version ist, sodass diese bei der Auslegung vorrangig heranzuziehen ist.

Von zunehmender Bedeutung für die Auslegung ist das **Vorabentscheidungsverfahren nach** 7
Art. 267 AEUV. Während vor allem in den Anfangsjahren der EuInsVO 2000 Vorlageentscheidungen nationaler Gerichte eher selten anzutreffen waren, ist gerade in den vergangenen Jahren ein deutlicher Anstieg festzustellen. Diese Entwicklung dürfte sich aufgrund der Verwirklichung der Reformbemühungen im Rahmen der EuInsVO 2015 aufgrund der damit verbundenen teilweise erheblichen Erweiterung noch weiter verstärken. Die deutschen unterinstanzlichen Gerichte zeichnen sich derzeit allerdings durch eine relative Zurückhaltung aus, da die überwiegende Anzahl der Vorabentscheidungsverfahren durch den BGH initiiert werden. Zwar unterliegen unterinstanzliche Gerichte lediglich einem Vorlagerecht und keiner Vorlagepflicht (Art. 267 Abs. 2 AEUV), allerdings wäre eine intensivere Befassung mit der Vorlagepflicht häufig wünschenswert, zumal viele Verfahren den BGH nicht erreichen.

V. Disponibilität der EuInsVO

Die EuInsVO ist zwingendes Recht, sodass deren Anwendbarkeit nicht vertraglich ausgeschlos- 8
sen oder begrenzt werden kann.

B. Sachlicher Anwendungsbereich (Abs. 1)

Der sachliche Anwendungsbereich der EuInsVO wird in Abs. 1 zunächst durch die **Definition** 9
des Insolvenzverfahrens abgesteckt (→ Rn. 10). Darüber hinaus sind aber auch Beschränkungen des sachlichen Anwendungsbereichs zu beachten, die sich aus der (vorrangigen) Anwendbarkeit anderer europarechtlicher Vorschriften ergeben (→ Rn. 12).

I. Begriff des Gesamt- bzw. Insolvenzverfahrens

Durch Abs. 1 wird zunächst der Begriff des öffentlichen Gesamtverfahrens definiert. Dem 10
Begriff „Gesamtverfahren" kommt dabei allerdings **keine besondere eigenständige Bedeutung** zu. Vielmehr wird dieser lediglich als Oberbegriff für die Insolvenzverfahren verwendet, die in Anhang A aufgeführt sind (Art. 2 Nr. 4). Da die Aufnahme von Verfahren in den Anhang A lediglich durch eine Änderung der EuInsVO durch den europäischen Gesetzgeber selbst erfolgen kann (vgl. MMS/J. Schmidt Rn. 36 zu den Anforderungen an einer Änderung), sind die Tatbestandsmerkmale des Abs. 1 insofern auch keine tatsächlichen Voraussetzungen für eine Aufnahme in den Anhang A. Umgekehrt können nationale Verfahren, die die Voraussetzungen von Abs. 1 erfüllen, auch nicht als Gesamtverfahren iSv Abs. 1 betrachtet werden. Daher stellt Anhang A eine eigenständige und von Abs. 1 unabhängige **abschließende Aufzählung der Verfahren** dar, auf die die EuInsVO Anwendung findet (so ausdrücklich Erwägungsgrund 9 S. 2; vgl. auch MüKo-InsO/Reinhart Rn. 2 f.; MMS/J. Schmidt Rn. 34; vgl. auch zur EuInsVO 2000 EuGH Slg. I, 739 Rn. 33 = NZI 2013, 106 – Handlowy; EuGH Slg. I, 704 Rn. 24 = EuZW 2013, 72 – Radziejewski; K. Schmidt InsO/Brinkmann Rn. 1). Eine eigenständige gerichtliche Prüfung ist nicht erforderlich (MMS/J. Schmidt Rn. 35). Dies schließt vor allem eine Erweiterung des Anwendungsbereichs im Wege der Analogie oder der erweiterten Auslegung aus (ebenso zur EuInsVO 2000 EuGH Slg. I, 704 Rn. 24 = EuZW 2013, 72 – Radziejewski; ebenso K. Schmidt InsO/Brinkmann Art. 2 Rn. 2). Eine, wenn auch beschränkte eigenständige Bedeutung hat der Begriff Gesamtverfahren allerdings bei der Auslegung der in Anhang A genannten Verfahren erlangt (→ Rn. 10.1).

Die in den einzelnen Mitgliedstaaten geschaffenen **Restrukturierungs- und Sanierungsverfahren** 10.1
in Umsetzung der RestruktRL (RL 2019/1023/EU) werden ebenfalls nur als Gesamt- bzw. Insolvenzverfahren im Sinne der EuInsVO erfasst, wenn diese im Anhang A genannt werden. Davon hat bisher kein

Mitgliedstaat Gebrauch gemacht, wobei zu beachten ist, dass einige Mitgliedstaaten eine entsprechende Aufnahme der Verfahren in den Anhang A anstreben. Diese selektive Vorgehensweise erscheint zweifelhaft, da damit ein großes Regelungsgefälle zwischen den Mitgliedstaaten entstehen wird, die sowohl dem Regelungsanliegen der EuInsVO als auch der **RestruktRL** widerspricht.

11   Ein **öffentliches Gesamtverfahren** liegt dann vor, wenn dem Schuldner die Verfügungsgewalt über sein Vermögen ganz oder teilweise entzogen und ein Verwalter bestellt wird (Abs. 1 lit. a), das Vermögen und die Geschäfte des Schuldners der Kontrolle oder Aufsicht durch ein Gericht unterstellt werden oder (Abs. 1 lit. b) die vorübergehende Aussetzung von Einzelvollstreckungsverfahren von einem Gericht oder kraft Gesetzes gewährt wird, um Verhandlungen zwischen dem Schuldner und seinen Gläubigern zu ermöglichen, sofern das Verfahren, in dem die Aussetzung gewährt wird, geeignete Maßnahmen zum Schutz der Gesamtheit der Gläubiger vorsieht und in dem Fall, dass keine Einigung erzielt wird, einem der in den Buchstaben a oder b genannten Verfahren vorgeschaltet ist (Abs. 1 lit. c). Diese Voraussetzungen müssen dabei nicht kumulativ vorliegen. Problematisch ist dabei allerdings, dass diese Begriffe durch die EuInsVO nicht weiter konkretisiert werden (umfassend zu den einzelnen Tatbestandsvoraussetzungen MüKoInsO/Reinhart Rn. 4 ff.; MMS/J. Schmidt Rn. 9 ff.).

II. Anwendbarkeit anderer europarechtlicher Vorschriften

12   Der sachliche Anwendungsbereich der EuInsVO kann in einem Widerspruch oder jedenfalls in einem Spannungsverhältnis zu den Anwendungsbereichen anderer europäischer Vorschriften stehen. Diese Problematik bestand bei der EuInsVO 2000 vor allem im Hinblick auf die Brüssel-Ia-VO. Die EuInsVO adressiert diese Problematik jedenfalls hinsichtlich der Brüssel-Ia-VO dahingehend, dass Regelungslücken durch eine vorrangige Anwendung der EuInsVO vermieden werden sollen (Erwägungsgrund 7 S. 3). Umgekehrt soll ein Verfahren, das nicht unter die EuInsVO fällt, nicht automatisch in den Anwendungsbereich der Brüssel-Ia-VO fallen (Erwägungsgrund 7 S. 4). Auch wenn der Verordnungsgeber die Problematik teilweise einer Regelung zugeführt hat, dürften auch in Zukunft nicht unerhebliche Abgrenzungsprobleme bestehen bleiben.

C. Persönlicher Anwendungsbereich (Abs. 2)

13   Der persönliche Anwendungsbereich der EuInsVO wird im Wesentlichen durch Abs. 2 umrissen. Danach gilt die EuInsVO nicht für Insolvenzverfahren über das Vermögen von Versicherungsunternehmen oder Kreditinstituten, von Wertpapierfirmen, die Dienstleistungen erbringen, welche die Haltung von Geldern oder Wertpapieren Dritter umfassen, sowie von Organismen für gemeinsame Anlagen. **Hintergrund dieser Bereichsausnahmen** ist, dass diese Unternehmen typischerweise gesonderten Insolvenzregelungen des deutschen oder des europäischen Rechts unterliegen.

14   Bei **Versicherungsunternehmen** iSv Abs. 2 handelt es sich um solche nach Art. 2 lit. a **RL 2001/17/EG über die Sanierung und Liquidation von Versicherungsunternehmen** (ABl. EG Nr. L 110 v. 20.4.2001, 28 ff.) und bei **Kreditinstituten** um solche nach Art. 1 Nr. 1 RL 2000/12/EG **über die Aufnahme und Ausübung der Tätigkeit der Kreditinstitute in Verbindung mit** RL 2001/24/EG über die Sanierung und Liquidation von Kreditinstituten (ABl. EG Nr. L 125 v. 5.5.2001, 15 ff.).

15   **Wertpapierfirmen** sind nach Art. 4 Abs. 1 Nr. MiFiD II (RL 2014/65/EG des Europäischen Parlaments und des Rates v. 15.5.2014 über Märkte für Finanzinstrumente sowie zur Änderung der Richtlinien 2002/92/EG und 2011/61/EU, ABl. EG Nr. L 173 v. 12.6.2014, 349 ff.) juristische Personen, die im Rahmen ihrer üblichen beruflichen oder gewerblichen Tätigkeit gewerbsmäßig eine oder mehrere Wertpapierdienstleistungen für Dritte erbringen und/oder eine oder mehrere Anlagetätigkeiten ausüben. Auch wenn mit dieser Bereichsausnahme die Anwendbarkeit eines Sonderregimes gesichert werden soll, fehlt es an einem solchen bis heute (MüKoBGB/Kindler Rn. 11; → Rn. 15.1).

15.1   Aufgrund der fehlenden Anwendbarkeit der EuInsVO richtet sich die grenzüberschreitende Insolvenz von Wertpapierfirmen nach dem **autonomen nationalen Recht,** sodass in Deutschland die §§ 335 ff. InsO bzw. die aufsichtsrechtlichen Sondervorschriften zur Anwendung kommen.

16   Der Begriff **Organismen für gemeinsame Anlagen** wird in Art. 2 Nr. 2 (→ Art. 2 Rn. 16) definiert.

D. Räumlicher Anwendungsbereich

Der räumliche Anwendungsbereich wurde in der EuInsVO 2000 nur **unzureichend geregelt**, 17
was vor allem im Hinblick auf Insolvenzverfahren mit einem Drittstaatenbezug Probleme aufwirft.
Der räumliche Anwendungsbereich setzt voraus, dass ein Insolvenzverfahren in einem Mitgliedstaat
eröffnet wurde (→ Rn. 18 f.), ein grenzüberschreitender Bezug (→ Rn. 20) vorliegt und ein
Binnenmarktbezug (→ Rn. 21) gegeben ist.

I. Insolvenzverfahren in einem Mitgliedstaat

Zentrale Voraussetzung ist zunächst, dass ein **Insolvenzverfahren in einem Mitgliedstaat** 18
eröffnet wurde. Dies ergibt sich daraus, dass die EuInsVO nur auf die in Anhang A und B
genannten Verfahren anwendbar ist und diese beiden Anhänge nur Verfahren aus Mitgliedstaaten
benennen (MMS/J. Schmidt Rn. 52). Dabei ist es für den räumlichen Anwendungsbereich der
EuInsVO unbeachtlich, um welche Art von Verfahren es sich handelt.

Keine Anwendung findet die EuInsVO allerdings im Verhältnis zu **Dänemark**, da Dänemark 19
hinsichtlich der Projekte der Justiziellen Zusammenarbeit einen Vorbehalt erklärt hat. Da es jedenfalls im Verhältnis von Deutschland zu Dänemark auch an einem völkerrechtlichen Vertrag zum
Insolvenzrecht fehlt, ist Dänemark im Sinne des deutschen autonomen internationalen Insolvenzrechts als Drittstaat zu betrachten, sodass lediglich die §§ 335 ff. InsO Anwendung finden (ebenso
zur EuInsVO 2000 K. Schmidt InsO/Brinkmann Rn. 12). Ebenfalls nicht erfasst sind **EWR-Vertragsstaaten** (MMS/J. Schmidt Rn. 52).

II. Vorliegen eines grenzüberschreitenden Bezugs

Weitere Voraussetzung ist, dass das in einem Mitgliedstaat eröffnete Insolvenzverfahren einen 20
grenzüberschreitenden Bezug aufweist. Zwar wird der grenzüberschreitende Bezug in Art. 1 selbst
nicht vorausgesetzt. Allerdings ergibt sich dieser aus Art. 81 AEUV als Ermächtigungsgrundlage
für die EuInsVO (MMS/J. Schmidt Rn. 56). Dabei reicht es schon aus, wenn **Vermögen im
Ausland** belegen ist oder ein Gläubiger des Schuldners seinen **Sitz im Ausland** hat. Etwaige
quantitative Anforderungen sind an den Auslandsbezug nicht zu stellen, sodass der grenzüberschreitende Bezug in nahezu jedem Fall vorliegen wird.

III. Erfordernis eines Binnenmarktbezugs?

Immer noch nicht vollständig geklärt ist schließlich die Frage, ob der räumliche Anwendungsbe- 21
reich der EuInsVO auch einen Binnenmarktbezug aufweisen muss. Dies wird in den Verfahren
relevant, in denen zwar ein Auslandsbezug des in einem Mitgliedstaat eröffneten Insolvenzverfahrens gegeben ist, dieser aber lediglich zu einem **Drittstaat** (also einem Staat außerhalb der Europäischen Union oder zu Dänemark) besteht. Da der EuGH (Slg. I, 6 = NZI 2014, 134 (Ralph
Schmid als Verwalter im Insolvenzverfahren über das Vermögen von Aletta Zimmermann/Lilly
Hertel)) – jedenfalls im Hinblick auf die internationale Zuständigkeit – dazu neigt, die EuInsVO
2000 auch bei einem grenzüberschreitenden Bezug zu einem Drittstaat anzuwenden, dürfte in
diesem Zusammenhang eine eher großzügige Auslegung angezeigt sein (im Ergebnis auch MMS/
J. Schmidt Rn. 59). Hinzu kommt, dass das Regelungsziel einer umfassenden Koordinierung von
Insolvenzverfahren im Binnenmarkt nicht erreicht werden kann, wenn Drittstaatensachverhalte
vollständig ausgenommen sind. Eine Ausnahme ist lediglich in den Fällen zu machen, in denen
die Vorschriften der EuInsVO ausdrücklich das Vorliegen eines „doppelten" Mitgliedstaatenbezugs
voraussetzen.

E. Zeitlicher Anwendungsbereich

Für die Bestimmung des zeitlichen Anwendungsbereichs → Art. 92 Rn. 1 ff. 22

Artikel 2 Begriffsbestimmungen
Für die Zwecke dieser Verordnung bezeichnet der Ausdruck
1. „**Gesamtverfahren**" **ein Verfahren, an dem alle oder ein wesentlicher Teil der Gläubiger des Schuldners beteiligt sind, vorausgesetzt, dass im letzteren Fall das Verfahren nicht die Forderungen der Gläubiger berührt, die nicht daran beteiligt sind;**

2. „Organismen für gemeinsame Anlagen" Organismen für gemeinsame Anlagen in Wertpapieren (OGAW) im Sinne der Richtlinie 2009/65/EG des Europäischen Parlaments und des Rates[1] und alternative Investmentfonds (AIF) im Sinne der Richtlinie 2011/61/EU des Europäischen Parlaments und des Rates[2];
3. „Schuldner in Eigenverwaltung" einen Schuldner, über dessen Vermögen ein Insolvenzverfahren eröffnet wurde, das nicht zwingend mit der Bestellung eines Verwalters oder der vollständigen Übertragung der Rechte und Pflichten zur Verwaltung des Vermögens des Schuldners auf einen Verwalter verbunden ist, und bei dem der Schuldner daher ganz oder zumindest teilweise die Kontrolle über sein Vermögen und seine Geschäfte behält;
4. „Insolvenzverfahren" ein in Anhang A aufgeführtes Verfahren;
5. „Verwalter" jede Person oder Stelle, deren Aufgabe es ist, auch vorläufig
    i) die in Insolvenzverfahren angemeldeten Forderungen zu prüfen und zuzulassen;
    ii) die Gesamtinteressen der Gläubiger zu vertreten;
    iii) die Insolvenzmasse entweder vollständig oder teilweise zu verwalten;
    iv) die Insolvenzmasse im Sinne der Ziffer iii zu verwerten oder
    v) die Geschäftstätigkeit des Schuldners zu überwachen.
Die in Unterabsatz 1 genannten Personen und Stellen sind in Anhang B aufgeführt;
6. „Gericht"
    i) in Artikel 1 Absatz 1 Buchstaben b und c, Artikel 4 Absatz 2, Artikel 5, Artikel 6, Artikel 21 Absatz 3, Artikel 24 Absatz 2 Buchstabe j, Artikel 36, Artikel 39 und Artikel 61 bis Artikel 77 das Justizorgan eines Mitgliedstaats;
    ii) in allen anderen Artikeln das Justizorgan oder jede sonstige zuständige Stelle eines Mitgliedstaats, die befugt ist, ein Insolvenzverfahren zu eröffnen, die Eröffnung eines solchen Verfahrens zu bestätigen oder im Rahmen dieses Verfahrens Entscheidungen zu treffen;
7. „Entscheidung zur Eröffnung eines Insolvenzverfahrens"
    i) die Entscheidung eines Gerichts zur Eröffnung eines Insolvenzverfahrens oder zur Bestätigung der Eröffnung eines solchen Verfahrens und
    ii) die Entscheidung eines Gerichts zur Bestellung eines Verwalters;
8. „Zeitpunkt der Verfahrenseröffnung" den Zeitpunkt, zu dem die Entscheidung zur Eröffnung des Insolvenzverfahrens wirksam wird, unabhängig davon, ob die Entscheidung endgültig ist oder nicht;
9. „Mitgliedstaat, in dem sich ein Vermögensgegenstand befindet", im Fall von
    i) Namensaktien, soweit sie nicht von Ziffer ii erfasst sind, den Mitgliedstaat, in dessen Hoheitsgebiet die Gesellschaft, die die Aktien ausgegeben hat, ihren Sitz hat;
    ii) Finanzinstrumenten, bei denen die Rechtsinhaberschaft durch Eintrag in ein Register oder Buchung auf ein Konto, das von einem oder für einen Intermediär geführt wird, nachgewiesen wird („im Effektengiro übertragbare Wertpapiere"), den Mitgliedstaat, in dem das betreffende Register oder Konto geführt wird;
    iii) Guthaben auf Konten bei einem Kreditinstitut den Mitgliedstaat, der in der internationalen Kontonummer (IBAN) angegeben ist, oder im Fall von Guthaben auf Konten bei einem Kreditinstitut ohne IBAN den Mitgliedstaat, in dem das Kreditinstitut, bei dem das Konto geführt wird, seine Hauptverwaltung hat, oder, sofern das Konto bei einer Zweigniederlassung, Agentur oder sonstigen Niederlassung geführt wird, den Mitgliedstaat, in dem sich die Zweigniederlassung, Agentur oder sonstige Niederlassung befindet;
    iv) Gegenständen oder Rechten, bei denen das Eigentum oder die Rechtsinhaberschaft in anderen als den unter Ziffer i genannten öffentlichen Registern eingetragen ist, den Mitgliedstaat, unter dessen Aufsicht das Register geführt wird;
    v) Europäischen Patenten den Mitgliedstaat, für den das Europäische Patent erteilt wurde;
    vi) Urheberrechten und verwandten Schutzrechten den Mitgliedstaat, in dessen Hoheitsgebiet der Eigentümer solcher Rechte seinen gewöhnlichen Aufenthalt oder Sitz hat;
    vii) anderen als den unter den Ziffern i bis iv genannten körperlichen Gegenständen den Mitgliedstaat, in dessen Hoheitsgebiet sich der Gegenstand befindet;

Begriffsbestimmungen   Art. 2 EuInsVO

viii) anderen Forderungen gegen Dritte als solchen, die sich auf Vermögenswerte gemäß Ziffer iii beziehen, den Mitgliedstaat, in dessen Hoheitsgebiet der zur Leistung verpflichtete Dritte den Mittelpunkt seiner hauptsächlichen Interessen im Sinne des Artikels 3 Absatz 1 hat;

10. „Niederlassung" jeden Tätigkeitsort, an dem der Schuldner einer wirtschaftlichen Aktivität von nicht vorübergehender Art nachgeht oder in den drei Monaten vor dem Antrag auf Eröffnung des Hauptinsolvenzverfahrens nachgegangen ist, die den Einsatz von Personal und Vermögenswerten voraussetzt;

11. „lokaler Gläubiger" den Gläubiger, dessen Forderungen gegen den Schuldner aus oder in Zusammenhang mit dem Betrieb einer Niederlassung in einem anderen Mitgliedstaat als dem Mitgliedstaat entstanden sind, in dem sich der Mittelpunkt der hauptsächlichen Interessen des Schuldners befindet;

12. „ausländischer Gläubiger" den Gläubiger, der seinen gewöhnlichen Aufenthalt, Wohnsitz oder Sitz in einem anderen Mitgliedstaat als dem Mitgliedstaat der Verfahrenseröffnung hat, einschließlich der Steuerbehörden und der Sozialversicherungsträger der Mitgliedstaaten;

13. „Unternehmensgruppe" ein Mutterunternehmen und alle seine Tochterunternehmen;

14. „Mutterunternehmen" ein Unternehmen, das ein oder mehrere Tochterunternehmen entweder unmittelbar oder mittelbar kontrolliert. Ein Unternehmen, das einen konsolidierten Abschluss gemäß der Richtlinie 2013/34/EU des Europäischen Parlaments und des Rates[3] erstellt, wird als Mutterunternehmen angesehen.

Überblick

Durch Art. 2 werden eine Reihe zentraler Begriffe der EuInsVO definiert, um so die einheitliche Anwendung der EuInsVO zu gewährleisten.

Übersicht

	Rn.		Rn.
A. Gesamtverfahren (Nr. 1)	1	I. Mitgliedstaat, die dem sich ein Vermögensgegenstand befindet (Nr. 9)	17
B. Organismen für gemeinsame Anlagen (Nr. 2)	2	J. Niederlassung (Nr. 10)	26
C. Schuldner in Eigenverwaltung (Nr. 3)	4	I. Wirtschaftliche Aktivität	27
		II. Dauerhaftigkeit der Tätigkeit	28
D. Insolvenzverfahren (Nr. 4)	6	III. Einsatz von Personal	29
E. Verwalter (Nr. 5)	7	IV. Einsatz von Vermögenswerten	30
F. Gericht (Nr. 6)	11	K. Lokale Gläubiger (Nr. 11)	31
G. Entscheidung zur Eröffnung eines Insolvenzverfahrens (Nr. 7)	14	L. Ausländische Gläubiger (Nr. 12)	33
		M. Unternehmensgruppe (Nr. 13)	35
H. Zeitpunkt der Verfahrenseröffnung (Nr. 8)	15	N. Mutterunternehmen (Nr. 14)	36

A. Gesamtverfahren (Nr. 1)

Durch Nr. 1 wird zunächst der Begriff des Gesamtverfahrens näher bestimmt. Dabei handelt es sich aber nicht um eine Definition, sondern vielmehr um einen **Verweis auf Art. 1 Abs. 1** (→ Art. 1 Rn. 9 ff.). Der eigentliche Regelungsgehalt von Nr. 1 besteht dabei in dem Verweis auf die in Anhang A enthaltene Aufzählung, die abschließend ist. Damit ist sogleich eine Erweiterung des Anwendungsbereichs der EuInsVO auf andere, im Anhang A nicht enthaltene Verfahren ausgeschlossen (→ Art. 1 Rn. 10).

B. Organismen für gemeinsame Anlagen (Nr. 2)

Organismen für gemeinsame Anlagen werden in Art. 1 Abs. 2 lit. a RL 2009/65/EG (L 2009/65/EG des Rates v. 13.7.2009 zur Koordinierung der Rechts- und Verwaltungsvorschriften betreffend bestimmte Organismen für gemeinsame Anlagen in Wertpapieren (OGAW), ABl. EG Nr. L

302 v. 17.11.2009, 32 ff.) als **Unternehmen** definiert, deren ausschließlicher Zweck es ist, beim Publikum beschaffte Gelder für gemeinsame Rechnung nach dem Grundsatz der Risikobetreuung in Wertpapieren anzulegen, und deren Anteile auf Verlangen der Anteilinhaber unmittelbar oder mittelbar zulasten des Vermögens dieser Organismen zurückgenommen oder ausgezahlt werden. Diesen Rücknahmen oder Auszahlungen gleichgestellt sind Handlungen, mit denen ein OGAW sicherstellen will, dass der Kurs seiner Anteile nicht erheblich von deren Nettoinventarwert abweicht und deren Anteile auf Verlangen der Anteilinhaber unmittelbar oder mittelbar zulasten des Vermögens dieser Organismen zurückgenommen oder ausgezahlt werden. Diesen Rücknahmen oder Auszahlungen gleichgestellt sind Handlungen, mit denen ein OGAW sicherstellen will, dass der Kurs seiner Anteile nicht erheblich von deren Nettoinventarwert abweicht.

3   Der Begriff der Organismen für gemeinsame Anlagen in Nr. 2 ist für die Bestimmung des **Anwendungsbereichs der EuInsVO** in Art. 1 relevant.

C. Schuldner in Eigenverwaltung (Nr. 3)

4   Die Legaldefinition des Schuldners in Eigenverwaltung in Nr. 3 wurde neu in die EuInsVO eingefügt. Dies ist auf die **Erweiterung des Begriffs der öffentlichen Gesamtverfahren** in Art. 1 Abs. 1 zurückzuführen, wonach die Bestellung eines Verwalters nicht mehr zwingend erforderlich ist. Die Definition erfasst sowohl Schuldner, die unter der Aufsicht eines Sachwalters als auch solche, die lediglich unter der Kontrolle des Gerichts stehen (MMS/J. Schmidt Rn. 8).

5   Die Definition ist für die Bestimmung des **Anwendungsbereichs der EuInsVO** in Art. 1 Abs. 1 (→ Art. 1 Rn. 9 ff.) relevant.

D. Insolvenzverfahren (Nr. 4)

6   Als Insolvenzverfahren werden die Verfahren definiert, die in Anhang A enthalten sind. Eine eigenständige Bedeutung hat die Definition in Nr. 4 aber nicht (ähnlich MMS/J. Schmidt Rn. 9 mit dem Hinweis darauf, dass damit der abschließende Charakter der Aufzählung in Anhang A unterstrichen werden soll).

E. Verwalter (Nr. 5)

7   Nach lit. b handelt es sich bei einem Verwalter iSd EuInsVO um eine Person oder Stelle, deren Aufgabe es ist, die in Insolvenzverfahren angemeldeten Forderungen zu prüfen und zuzulassen (Nr. 5 i), die Gesamtinteressen der Gläubiger zu vertreten (Nr. 5 ii), die Insolvenzmasse entweder vollständig oder teilweise zu verwalten (Nr. 5 iii), die Insolvenzmasse iSd Ziffer iii zu verwerten (Nr. 5 iv) oder die Geschäftstätigkeit des Schuldners zu überwachen (Nr. 5 v). Auch wenn es sich dabei um eine alternative Aufzählung handelt (Fritz DB 2015, 1882 (1884); MMS/J. Schmidt Rn. 12), ist damit – im Vergleich zur Rechtslage unter Art. 2 lit. b EuInsVO 2000 – eine **erhebliche Ausweitung des Aufgabenspektrums des Verwalters** verbunden. Die Personen, die in den einzelnen Mitgliedstaaten diese Voraussetzungen erfüllen, werden in Anhang B abschließend aufgelistet (ebenfalls von einem abschließenden Charakter ausgehend MMS/J. Schmidt Rn. 15).

8   Keine Bedeutung hat, ob der Verwalter die in Nr. 5 genannten Aufgaben lediglich vorübergehend wahrnimmt, womit ausdrücklich auch der **vorläufige Insolvenzverwalter** erfasst ist (ebenso Fritz DB 2015, 1882 (1884); Prager/Keller WM 2015, 805 (810); MMS/J. Schmidt Rn. 13; MüKoInsO/Thole Rn. 7).

9   Durch die Verwendung des Begriffs **Stelle** wird deutlich, dass es sich bei dem Verwalter nicht zwingend um eine **natürliche Person** handeln muss, sodass der EuInsVO gerade keine dahingehende Festlegung (zur Beschränkung des Insolvenzverwalteramtes auf natürliche Personen → InsO § 56 Rn. 6) entnommen werden kann.

10 Keine Rolle spielt es schließlich, auf welche Art und Weise der Verwalter bestellt wurde, sodass eine **gerichtliche Bestellung** gerade nicht erforderlich ist. Allerdings müssen diese Personen dann einer angemessenen Regulierung unterliegen (Erwägungsgrund 21), was allerdings keinen unmittelbaren Handlungszwang für die betroffenen Mitgliedstaaten begründet (MMS/J. Schmidt Rn. 14).

F. Gericht (Nr. 6)

11 Für die Definition des Gerichts enthält Nr. 6 **zwei verschiedene Ansatzpunkte**.

12 Zunächst geht Nr. 6 i von einem eingeschränkten Begriffsverständnis aus, da dort nur Justizorgane von Mitgliedstaaten erfasst werden, womit nur **Gerichte im institutionellen Sinne** gemeint sind (MMS/J. Schmidt Rn. 17).

Begriffsbestimmungen   **Art. 2 EuInsVO**

Im Gegensatz dazu ist Nr. 6 ii weiter und versteht unter einem Gericht jedes Justizorgan oder **13**
jede sonstige zuständige Stelle eines Mitgliedstaats, die befugt ist, ein Insolvenzverfahren zu eröffnen oder im Laufe des Verfahrens Entscheidungen zu treffen. Damit verfolgt Nr. 6 ii einen **funktionellen Ansatz.** Die Entscheidungskompetenz in den Verfahren kann sich allerdings nicht auf diejenigen staatlichen Stellen beziehen, die irgendeine Entscheidung mit Insolvenzbezug treffen, da dies auf nahezu jede staatliche Stelle wie etwa Gewerbeaufsichts- oder Steuerbehörden zutreffen würde. Erforderlich ist vielmehr eine substantielle Entscheidungskompetenz im Insolvenzverfahren.

G. Entscheidung zur Eröffnung eines Insolvenzverfahrens (Nr. 7)

Eine Entscheidung setzt nach Nr. 7 voraus, dass es sich dabei um die **Eröffnung eines Insol- 14 venzverfahrens** oder die **Bestellung eines Verwalters** (→ Rn. 14.1) oder die **Entscheidung jedes Gerichts** handelt, das zur Eröffnung eines derartigen Verfahrens oder zur Bestellung eines Verwalters befugt ist. Durch die Bezugnahme auf Entscheidungen zur Eröffnung eines Insolvenzverfahrens wurde die unter Art. 2 lit. e EuInsVO 2000 bestehende Verwirrung beseitigt.

Eine Bestellung eines Verwalters iSv Nr. 7 ist auch die **Bestellung eines vorläufigen Insolvenzver- 14.1 walters,** da dieser in Anhang B genannt wird, sodass dieser unter Nr. 5 fällt (BGH ZIP 2021, 90 Rn. 7 = ZInsO 2021, 87). Keine Entscheidung iSv Nr. 7 ist hingegen eine bloße **Änderung der Befugnisse des (vorläufigen) Insolvenzverwalters,** da dieser dann bereits bestellt ist (AG Charlottenburg NZI 2018, 171 = ZInsO 2018, 342).

H. Zeitpunkt der Verfahrenseröffnung (Nr. 8)

Durch Nr. 8 wird der Zeitpunkt der Verfahrenseröffnung als derjenige definiert, in dem die **15** Eröffnungsentscheidung wirksam wird und zwar unabhängig davon, ob die Entscheidung endgültig ist und nicht. Mit dem Verweis auf die fehlende Endgültigkeit der Entscheidung stellt die Definition in Nr. 8 zunächst klar, dass eine spätere Aufhebung der Entscheidung diesen Zeitpunkt unberührt lässt. Weniger eindeutig ist allerdings, ob der in Nr. 8 festgesetzte Zeitpunkt aufgeschoben wird, wenn das anwendbare Insolvenzrecht für ein Rechtsmittel eine aufschiebende Wirkung vorsieht. Dies ist allerdings abzulehnen (wohl auch MMS/J. Schmidt Rn. 23; → Rn. 15.1).

Dies ergibt sich vor allem aus dem Umstand, dass eine Eröffnungsentscheidung selbst bei einer vorsorgli- **15.1** chen Einlegung eines Rechtsmittels – soweit das anwendbare Insolvenzrecht dies überhaupt zulässt – jedenfalls für eine logische Sekunde wirksam ist (aA aber K. Schmidt InsO/Brinkmann Rn. 6, der eine solche logische Sekunde anscheinend nicht annimmt). Würde man eine Aufschiebung des in Nr. 8 definierten Zeitraums bei einem entsprechenden Rechtsmittel annehmen, könnte es zu einem nicht **kontrollierbaren Zuständigkeitskonflikt** zwischen den Gerichten verschiedener Mitgliedstaaten kommen, der spätestens dann entstehen würde, wenn das die aufschiebende Wirkung auslösende Rechtsmittel nachträglich aufgehoben wird. Denn dann würde die ursprüngliche Eröffnungsentscheidung wieder wirksam und würde sich in einen Gegensatz zu einer Eröffnungsentscheidung in einem anderen Mitgliedstaat setzen. Durch das Abstellen auf den ursprünglichen Zeitpunkt der Eröffnungsentscheidung kann ein solcher Kompetenzkonflikt aufgrund des Prioritätsprinzips in Art. 3 vermieden werden.

Der Zeitpunkt der Verfahrenseröffnung hat für die EuInsVO **zentrale Bedeutung,** da eine **16** Reihe der Kollisionsregeln der EuInsVO auf diesen abstellen.

I. Mitgliedstaat, die dem sich ein Vermögensgegenstand befindet (Nr. 9)

Von zentraler Bedeutung für die Anwendung der EuInsVO ist die in Nr. 9 enthaltene Definition **17** des Belegenheitsorts der vom Insolvenzverfahren betroffenen Vermögensgegenstände. Diese Bedeutung ergibt sich vor allem aus dem Umstand, dass das internationale Sachenrecht auf Unionsebene (noch) nicht geregelt und darüber hinaus etwa auch im deutschen internationalen Privatrecht in dieser Hinsicht wenig gefestigt ist.

Für **Namensaktien** wird einheitlich auf den Mitgliedstaat verwiesen, in dem die Aktiengesell- **18** schaft ihren Sitz hat (Nr. 9 i). Bei dem Sitz handelt es sich um den Satzungssitz der Emittentin (Garcimartin IPRax 2015, 489 (492); MMS/J. Schmidt Rn. 32). Damit kommt es in diesem Zusammenhang gerade nicht auf den (Wohn-)Sitz der Aktionäre oder den Ort von deren Depot an. Da Nr. 9 i ausdrücklich nur auf Namensaktien Bezug nimmt, kann Nr. 9 i nicht bei **Inhaberaktien** oder anderen Arten von Gesellschaftsanteilen zur Anwendung kommen (→ Rn. 18.1 ff.).

18.1 Für alle anderen **Arten von Gesellschaftsanteilen** trifft Nr. 9 keine Regelung, was die Frage nach deren Behandlung aufwirft. Dabei muss davon ausgegangen werden, dass soweit eine Beteiligung in einem öffentlichen Register eingetragen ist, Nr. 9 iv mit der Folge zur Anwendung kommt, dass auf den Mitgliedstaat abzustellen ist, in dem sich das Register befindet. Dabei kann es allerdings nicht schon ausreichen, wenn die Gesellschaft selbst im Register eingetragen ist. Vielmehr müssen die Gesellschafter namentlich eingetragen werden. Daher gilt Nr. 9 iv im Zusammenhang mit dem deutschen Gesellschaftsrecht für **GmbH-Anteile,** für **KG- und OHG-Anteile** sowie für **Anteile an Partnerschaftsgesellschaften.** Insofern sind sowohl der Satzungs- als auch der Verwaltungssitz der Gesellschaft für diese Frage ohne Bedeutung.

18.2 Keine Anwendung findet Nr. 9 iv hingegen auf **Anteile an BGB-Gesellschaften,** da die BGB-Gesellschaft nicht in einem öffentlichen Register geführt wird. Da es sich bei Anteilen an BGB-Gesellschaften auch weder um Gegenstände (Nr. 9 vii) noch um bloße Forderungen (Nr. 9 viii) handelt, muss eine eigenständige Bestimmung des Belegenheitsorts erfolgen, die sich dabei an den Grundstrukturen des internationalen Insolvenzrechts orientieren muss. Daher ist als Belegenheitsort der Mittelpunkt der hauptsächlichen Interessen und nicht der Gründungsort der Gesellschaft maßgeblich. Dies ergibt sich schon aus dem Umstand, dass die Gesellschafter ihre aus der Mitgliedschaft ergebenden Rechte ohnehin meist nur am Verwaltungssitz der Gesellschaft geltend machen können, der in der Regel dem Mittelpunkt der hauptsächlichen Interessen entspricht. Dadurch wird auch keine Rechtsunsicherheit begründet, da sich die Frage nach der Belegenheit von BGB-Anteilen jedenfalls in der Insolvenz über das Vermögen der BGB-Gesellschaft erst nach der Verfahrenseröffnung stellt, in deren Rahmen der Mittelpunkt der hauptsächlichen Interessen häufig festgestellt wird.

18.3 Bei **Fremdkapitalinstrumenten** findet schließlich Nr. 9 viii Anwendung, sodass es auf den Sitz des Emittenten ankommt.

19 Davon abweichend wird der Belegenheitsort für **Finanzinstrumente** nach Nr. 9 ii bestimmt, da es bei diesen auf die Belegenheit des Depots des Inhabers ankommt. Voraussetzung dafür ist aber, dass die Rechtsinhaberschaft durch Eintrag in ein Register oder Buchung auf ein Konto, das von einem oder für einen Intermediär geführt wird, nachgewiesen wird. Damit werden physische Depots oder Schließfächer von Nr. 9 ii nicht erfasst. Da es sich auch bei Namensaktien um Finanzinstrumente handelt, ist Nr. 9 i als lex specialis zu Nr. 9 ii zu betrachten.

20 Für **Bankguthaben** gilt nach Nr. 9 iii, dass der Belegenheitsort der Mitgliedstaat ist, in dem sich die Zweigniederlassung, Agentur oder sonstige Niederlassung der kontoführenden Bank befindet, die in der IBAN angegeben ist. Soweit das IBAN-System nicht verwendet wird, kommt es auf die Zweigniederlassung, Agentur oder sonstige Niederlassung der kontoführenden Bank an (MMS/J. Schmidt Rn. 36).

21 Bei Gegenständen oder Rechten, bei denen das Eigentum oder die Rechtsinhaberschaft in ein **öffentliches Register** einzutragen ist, soll nach Nr. 9 iv der Mitgliedstaat als Belegenheitsort angesehen werden, unter dessen Aufsicht das Register geführt wird. Ein öffentliches Register liegt dann vor, wenn dieses von einer staatlichen, staatlich beliehenen Stelle oder unter staatlicher Aufsicht geführt wird. Dabei kommt es nicht darauf an, ob das Register für jedermann einsehbar ist. Schließlich muss das Register das Eigentum oder die Rechtsinhaberschaft betreffen, sodass insbesondere keine Register erfasst sind, bei denen bloße Sicherungsrechte eingetragen werden (→ Rn. 21.1 ff.).

21.1 Bei einem öffentlichen Register iSv lit. g zweiter Gedankenstrich handelt es sich in Deutschland um das **Grundbuch.** Da **Sicherungsrechte an beweglichen Gegenständen** in Deutschland nicht in öffentlichen Registern geführt werden, ist Nr. 9 iv nicht anwendbar. Bei diesen ist der Belegenheitsort dann nach Nr. 9 vii zu bestimmen, sodass es darauf ankommt, wo sich der Gegenstand selbst befindet.

21.2 Ebenso fallen die häufig bei **Transportmitteln** bestehenden Register in den Anwendungsbereich von Nr. 9 vii, sodass eine Belegenheit der eingetragenen Gegenstände in einem anderen Mitgliedstaat unbeachtlich ist.

21.3 Auch **Gesellschaftsanteile** können von Nr. 9 iv erfasst werden (→ Rn. 18.1 ff.).

22 Bei **Patenten** gilt nach Nr. 9 v der Mitgliedstaat als Belegenheitsort, in dem das Patent erteilt wurde (s. im Übrigen auch die Sonderregelung in Art. 15).

23 Für **Urheberrechte und verwandte Schutzrechte** kommt es nach Nr. 9 vi auf den gewöhnlichen Aufenthalt oder Wohnsitz des Eigentümers dieser Rechte an. Unklar ist, ob dies auch dann gilt, wenn diese Rechte in einem öffentlichen Register eingetragen werden. Da Nr. 9 iv diesen Aspekt vorrangig regelt, kann Nr. 9 vi auf diese keine Anwendung finden.

24 Für **sonstige Vermögensgegenstände** ist nach Nr. 9 vii der Belegenheitsort der Mitgliedstaat, in dem sich diese befinden (**lex rei sitae**). Dabei bezieht sich der Begriff körperliche Gegenstände

Begriffsbestimmungen   **Art. 2 EuInsVO**

wohl auf bewegliche Sachen, da unbewegliche Sachen typischerweise von Nr. 9 iv (→ Rn. 22) erfasst werden (→ Rn. 24.1).

Diese Belegenheitsdefinition gilt dabei auch für Gegenstände, die sich auf dem Transport befinden (**res** **24.1** **in transitu**). Damit sind zwar zwangsläufig Zufallsergebnisse verbunden, die von der Definition in Nr. 9 vii anscheinend aber bewusst in Kauf genommen werden, zumal diese auch nicht über entsprechende Ausweichklauseln verfügt. Insofern verbietet es sich auch, in diesen Fällen auf das Absende- oder Bestimmungsland oder gar auf den Mitgliedstaat der Verfahrenseröffnung abzustellen.

Schließlich verortet Nr. 9 viii den Belegenheitsort für **Forderungen** in dem Mitgliedstaat, in **25** dessen Gebiet der zur Leistung verpflichtete Dritte den Mittelpunkt seiner hauptsächlichen Interessen iSv Art. 3 Abs. 1 hat. Dies gilt dabei unabhängig davon, ob die Forderung verbrieft ist oder nicht (ebenso so schon zur alten Rechtslage unter der EuInsVO 2000 K. Schmidt InsO/Brinkmann Rn. 15). Insofern kommt es bei verbrieften Forderungen gerade nicht auf den Belegenheitsort der Urkunde an (ebenso so schon zur alten Rechtslage unter der EuInsVO 2000 K. Schmidt InsO/Brinkmann Rn. 15).

J. Niederlassung (Nr. 10)

Nr. 10 definiert die Niederlassung als jeden Tätigkeitsort, an dem der Schuldner einer **wirt-** **26** **schaftlichen Aktivität** von nicht vorübergehender Art nachgeht oder in den drei Monaten vor dem Antrag auf Eröffnung des Hauptinsolvenzverfahrens nachgegangen ist, die den Einsatz von Personal und Vermögenswerten voraussetzt. Somit besteht Nr. 10 aus insgesamt vier Tatbestandsmerkmalen (wirtschaftliche Aktivität (→ Rn. 27), deren Dauerhaftigkeit (→ Rn. 28), Einsatz von Personal (→ Rn. 29) und Einsatz von Vermögenswerten (→ Rn. 30)), die kumulativ vorliegen müssen. Die Definition in Nr. 10 ist vor allem für die Eröffnung von Sekundärinsolvenzverfahren von Bedeutung, da diese für die Eröffnung eines Sekundärinsolvenzverfahrens (Art. 3 Abs. 2 S. 1, → Art. 3 Rn. 27) erforderlich ist (→ Rn. 26.1 f.).

Bei der Definition in Nr. 10 handelt es sich um einen **Kompromiss**, der bei der Entstehung des EuInsÜ **26.1** erreicht wurde. Während einige Staaten seinerzeit eine bloße Vermögensanknüpfung für die Eröffnung eines Sekundärinsolvenzverfahrens ausreichen lassen wollten, wollten andere an einen engen Niederlassungsbegriff anknüpfen. Da sich beide Positionen nicht durchsetzen konnten, einigte man sich auf die in Nr. 10 verwandte Definition, bei der neben der Niederlassung (im gesellschaftsrechtlichen Sinne) auch ein Einsatz von Personal und Vermögenswerten vorausgesetzt wird (Virgós/Schmit, Erläuternder Bericht, Rn. 70; dazu Bork NZI 2018, 673 (674); Fehrenbach ZEuP 2013, 353 (375 f.); Lüke ZZP 111 (1998), 275 (299); Paulus ZIP 2002, 729 (730)).

Daraus wird gefolgert, dass der Begriff der Niederlassung **weit auszulegen** ist (MüKoBGB/Kindler **26.2** Rn. 22; Paulus, EuInsVO, 5. Aufl. 2017, Rn. 56; Vallender/Zipperer in Vallender, EuInsVO, 2017, Art. 3 Rn. 37; ebenso schon zur wortgleichen Regelung in der EuInsVO 2000 Shierson v. Vlieland-Boddy (2005) EWCA Civ. 974 Rn. 65 ff.; MüKoInsO/Thole EuInsVO 2000 Art. 2 Rn. 30). Diese weite Auslegung führt allerdings zu dem Problem der ausufernden Nutzung von Sekundärinsolvenzverfahren, sodass das von der EuInsVO verfolgte Universalitätsprinzip nicht unerheblich beeinträchtigt wird (→ Art. 34 Rn. 2). Aus diesem Grund wird teilweise eine enge Auslegung des Niederlassungsbegriffs in Nr. 10 vertreten (so vor allem Bork NZI 2018, 673 (674 ff.); Lüke ZZP 111 (1998), 275 (299)), die sich in Ansätzen auch in der Rechtsprechung des EuGH zur EuInsVO 2000 (EuGH Slg. I, 9915 Rn. 62 = NZI 2011, 990 – Interedil) und auch in der Rechtsprechung der Mitgliedstaaten (so vor allem The Trustees of the Olympic Airlines SA Pension and Life Assurance Scheme v. Olympic Airlines SA [2015] UKSC 27 Rn. 13) wiederfindet. Diese Frage wird man allerdings abstrakt kaum beantworten können. Vielmehr wird man die einzelnen Kriterien konkretisieren müssen und den Niederlassungsbegriff auf diese Weise mit Leben füllen.

I. Wirtschaftliche Aktivität

Zunächst ist eine **wirtschaftliche Aktivität** erforderlich, die dabei sowohl von Privatpersonen **27** (Bork NZI 2018, 673 f.; MMS/J. Schmidt Rn. 52) als auch von Unternehmen erbracht werden kann. Auch auf die Art der Tätigkeit kommt es nicht an. Diese kann sowohl industrieller oder auch freiberuflicher Natur sein (Bork NZI 2018, 673 (675); MMS/J. Schmidt Rn. 52). Ebenfalls ohne Bedeutung ist die Zwecksetzung der Tätigkeit, sodass auch eine Gewinnerzielungsabsicht keine Voraussetzung ist (Bork NZI 2018, 673 (675); MMS/J. Schmidt Rn. 52). Zudem ist es erforderlich, dass die Tätigkeit durch ein Auftreten auf einem Markt gekennzeichnet wird, sodass eine tatsächlich über das bloße Innehaben von Vermögen hinausgehende Verwaltungstätigkeit nicht ausreichend ist (Bork NZI 2018, 673 (675 f.); MMS/J. Schmidt Rn. 60 mit weiteren Beispielen; Sutschet in Vallender, EuInsVO, 2017, Rn. 42; ebenso so schon zur alten Rechtslage unter der EuInsVO 2000 EuGH Slg. I, 9915 = NZI 2011, 990 – Interedil; BGH NZI 2012, 725; zust. K. Schmidt InsO/Brinkmann Rn. 18).

27.1 Die erforderliche Marktausrichtung ist schon gegeben, wenn ein **(festangestellter) Vermögensverwalter** hinzugezogen wird, wobei dabei nicht schon ein Steuerberater ausreicht, der lediglich mit der Erstellung der Steuererklärungen beauftragt wird (MMS/J. Schmidt Rn. 60; ebenso so schon zur alten Rechtslage unter der EuInsVO 2000 BGH NZI 2012, 725).

27.2 Auch die **Verwaltung eigenen Vermögens** stellt eine wirtschaftliche Aktivität dar. Bei dieser kommt es dann nicht darauf an, wo sich das zu verwaltende Vermögens befindet. Maßgeblich ist vielmehr der Ort, von dem aus die Verwaltung getätigt wird.

27.3 **Angestellte** haben grundsätzlich keine Niederlassung. Etwas anderes gilt aber, wenn sie überwiegend auf eigene Rechnung arbeiten, was etwa bei **Chefärzten** der Fall ist (LG Hannover NZI 2008, 631 (zur EuInsVO 2000); Bork NZI 2018, 673 (675 f.)). Zum Problem des Einsatzes von Klinikpersonal durch einen Chefarzt → Rn. 29.2.

27.4 Bei **Geschäftsführern und sonstigem Führungspersonal** fehlt es an einer wirtschaftlichen Tätigkeit iSv Nr. 10, da es bei diesen an einer insofern erforderlich **selbstständigen** Tätigkeit fehlt (Bork NZI 2018, 673 (675 f., 677); aA LG Kiel BeckRS 2012, 11626). Zur fehlenden Zurechnung von Personal der Gesellschaft → Rn. 29.

27.5 Auch bei **Gesellschaftern** fehlt es an einer wirtschaftlichen Tätigkeit, da sich die Gesellschafterstellung grundsätzlich in einer Verwaltung fremden Vermögens erschöpft, ohne dass ein Marktbezug vorliegt (Bork NZI 2018, 673 (678)). Dies gilt auch bei Personengesellschaften, auch wenn bei diesen meist eine Beteiligung an der Geschäftsführung vorliegt. Allerdings treten auch bei den Personengesellschaften diese aufgrund ihrer (Teil-)Rechtsfähigkeit am Markt auf, sodass es sich nicht um eine wirtschaftliche Tätigkeit des Gesellschafters handelt. Zum Kriterium des Einsatzes von Personal → Rn. 29.3.

27.6 Bei den **Scheinauslandsgesellschaften** ist eine Niederlassung in dem Mitgliedstaat des Satzungssitzes jedenfalls dann ausgeschlossen, wenn dort nicht auch zusätzlich einer wirtschaftlichen Tätigkeit nachgegangen wird. Bei dem Satzungssitz handelt es sich gerade nicht um eine Niederlassung iSv Nr. 10 (ebenso so schon zur alten Rechtslage unter der EuInsVO 2000 AG Köln NZI 2004, 151 = ZInsO 2004, 216; K. Schmidt InsO/Brinkmann Rn. 20; aA aber wohl LG Klagenfurt NZI 2004, 677).

II. Dauerhaftigkeit der Tätigkeit

28 Weiterhin muss die wirtschaftliche **Tätigkeit von einiger Dauer** sein, sodass lediglich vorübergehende Tätigkeiten nicht ausreichend sind. Zentrales Kriterium ist die Absicht der Wiederholung der Tätigkeit (Bork NZI 2018, 673 (676)). Eine gewisse indizielle Bedeutung hat die die in Nr. 10 bestehende Bezugnahme auf den Zeitraum von drei Monaten, ohne dass die drei Monate dabei aber eine Mindestdauer darstellen. Schließlich darf die wirtschaftliche Tätigkeit noch nicht in dem 3-Monats-Zeitraum beendet worden sein (→ Rn. 28.1 f.).

28.1 Daher ist insbesondere bei einem **Entzug der für eine bestimmte Tätigkeit notwendigen staatlichen Erlaubnis** im Zweifel von einer Beendigung der wirtschaftlichen Tätigkeit auszugehen (ebenso zur EuInsVO 2000 BGH NZI 2012, 377 = ZInsO 2012, 699 (Beendigung der wirtschaftlichen Tätigkeit eines Notars durch vorläufige Amtsenthebung); dazu etwa Bork NZI 2018, 673 (676 f.)).

28.2 Bei **ausländischen Gesellschaften** liegt eine wirtschaftliche Tätigkeit nicht schon dann vor, wenn das Organ der Gesellschaft im Inland lediglich tätig ist, da es dann einer Verstetigung der wirtschaftlichen Aktivität fehlt (Fuchs NZI 2018, 667 (668 f.); ebenso unter Geltung der EuInsVO 2000 OLG Wien NZI 2005, 56 (60); aA aber LG München I NZI 2018, 665; wohl auch Bork EWiR 2018, 247 (248)).

III. Einsatz von Personal

29 Hinsichtlich des erforderlichen **Einsatzes von Personal** ist erforderlich, dass mindestens eine Person für die Hauptniederlassung in dem jeweils anderen Mitgliedstaat tätig wird, sodass der Schuldner selbst nicht als Personal iSv Nr. 10 betrachtet werden kann (MMS/J. Schmidt Rn. 54). Weitere quantitative Kriterien können an den Personaleinsatz nicht gestellt werden. Insbesondere auf eine bestimmte Art von Beschäftigung kommt es nicht an, wobei lediglich vorübergehende Tätigkeiten ausgenommen sind (zB Beratung durch einen Steuerberater) (MMS/J. Schmidt Rn. 54; ebenso so schon zur alten Rechtslage unter der EuInsVO 2000 BGH NZI 2012, 377 = ZInsO 2012, 699). Voraussetzung ist aber eine Zurechnung des Personals zum Schuldner, sodass der Schuldner für dieses in irgendeiner Form verantwortlich sein muss (MMS/Mankowski Art. 3 Rn. 142; Paulus, EuInsVO, 5. Aufl. 2017, Rn. 25; Vallender NZI 2008, 632 (633); einschränkend

Bork NZI 2018, 673 (676)). Eine bloße Erkennbarkeit für den Rechtsverkehr ist nicht ausreichend (so aber LG Hannover NZI 2008, 631 (632); Bork EWiR 2018, 247 (248)).

Dabei ist es nicht erforderlich, dass der Schuldner selbst **Vertragspartner des Personals** wird und etwa dessen Löhne zahlt (Bork NZI 2018, 673 (676)). 29.1

Bei einem **Chefarzt** (→ Rn. 27.3) erscheint es fraglich, ob diesem das Klinikpersonal zugerechnet werden kann. Für die Patienten ist es in der Regel nicht ersichtlich, dass Teile des Klinikpersonals nur für den Chefarzt tätig sind. Allerdings kommt es auf eine bloße Erkennbarkeit nicht an, sodass die Anforderungen in diesem Zusammenhang nicht zu hoch angesetzt werden dürfen (ebenso zur EuInsVO 2000 LG Hannover NZI 2008, 631; aA und für eine in der Regel fehlende Zurechnung Bork NZI 2018, 673 (677)). 29.2

Ein **Gesellschafter** (→ Rn. 27.5) verfügt nicht über eigenes Personal, wenn dieses bei der Gesellschaft angestellt ist. Insofern erfolgt gerade keine Zurechnung (Bork NZI 2018, 673 (678 f.)). 29.3

Schließlich setzt auch ein **Geschäftsführer** (→ Rn. 27.4) das Personal der Gesellschaft nicht im eigenen, sondern im Namen der Gesellschaft ein, sodass eine Zurechnung ausscheidet (Bork NZI 2018, 673 (679)). 29.4

IV. Einsatz von Vermögenswerten

Schließlich liegt eine Niederlassung nur dann vor, wenn auch **Vermögenswerte** in dem jeweiligen Mitgliedstaat eingesetzt werden, da nur dann eine wirtschaftliche Aktivität vorliegt. Bei den Vermögenswerten ist es irrelevant, ob diese auch im Eigentum des Schuldners stehen. Es ist vielmehr ausreichend, dass dieser in dem jeweiligen Mitgliedstaat nur über geleaste oder gemietete Gegenstände verfügt (Bork NZI 2018, 673 (676); Paulus, EuInsVO, 5. Aufl. 2017, Rn. 60). 30

Nicht ausreichend ist allerdings, dass in dem Mitgliedstaat lediglich ein **Konto bei einer Bank** geführt wird oder einzelne Vermögensgegenstände nur belegen sind (ebenso schon zur alten Rechtslage unter der EuInsVO 2000 EuGH Slg. I, 9915 = NZI 2011, 990 – Interedil) (→ Rn. 30.1). 30.1

K. Lokale Gläubiger (Nr. 11)

Die auch im Rahmen der neuen EuInsVO bestehende Möglichkeit der Eröffnung eines **Sekundärinsolvenzverfahrens** macht es erforderlich, lokale und ausländische Gläubiger voneinander abzugrenzen, da für die lokalen Gläubiger im Sekundärinsolvenzverfahren besondere Schutzinstrumente vorgesehen sind. Als lokale Gläubiger gelten diejenigen, deren Forderungen gegen den Schuldner aus oder in Zusammenhang mit dem Betrieb einer Niederlassung in einem anderen Mitgliedstaat als dem Mitgliedstaat entstanden sind, in dem sich der Mittelpunkt der hauptsächlichen Interessen des Schuldners befindet. Die Frage, wer (generell) Gläubiger ist, bestimmt sich nach der **lex fori concursus** und in Deutschland somit nach den §§ 38 ff. InsO (MMS/J. Schmidt Rn. 62). 31

Der erforderliche Bezug zum Schuldner (**Betriebsbezogenheit** – mit dieser Terminologie MMS/J. Schmidt Rn. 63) ist dann gegeben, wenn die Forderung in einem rechtlichen oder tatsächlichen Zusammenhang mit dem Betrieb oder der Niederlassung des Schuldners steht. In diesem Zusammenhang ist es angezeigt, auf die Rechtsprechung des EuGH zu Art. 7 Nr. 5 Brüssel-Ia-VO (vgl. in diesem Zusammenhang vor allem EuGH Slg. I, 2184 – Somafer) bzw. der Vorgängerregelungen abzustellen, der ein weites Verständnis zugrunde liegt (ebenso MMS/J. Schmidt Rn. 63). 32

L. Ausländische Gläubiger (Nr. 12)

Zu den ausländischen Gläubiger gehören – in einem Umkehrschluss zu den lokalen Gläubigern nach Nr. 11 (→ Rn. 28) – nach Nr. 12 all diejenigen, die ihren gewöhnlichen Aufenthalt, Wohnsitz oder Sitz in einem anderen Mitgliedstaat als dem Mitgliedstaat der Verfahrenseröffnung haben. Auch in diesem Zusammenhang richtet sich die **Gläubigereigenschaft** nach der **lex fori concursus** und in Deutschland somit nach den §§ 38 ff. InsO (MMS/J. Schmidt Rn. 65). Ausdrücklich erwähnt werden in Nr. 12 die Steuerbehörden und die Sozialversicherungsträger, ohne dass allerdings klar wird, welche Folgen mit deren ausdrücklicher Nennung verbunden sein sollen (von einer Klarstellungsfunktion ausgehend MMS/J. Schmidt Rn. 66). 33

Für die für die Bestimmung der ausländischen Gläubiger relevante Anknüpfung an den **gewöhnlichen Aufenthalt** oder den **Wohnsitz** sind die Grundsätze des internationalen Zivilprozessrechts maßgeblich, sodass es keiner Entwicklung eigenständiger Grundsätze bedarf (ebenso MMS/J. Schmidt Rn. 69). Mit dem **Sitz** ist der Satzungssitz (**registered office**) gemeint. 34

M. Unternehmensgruppe (Nr. 13)

35 Der Begriff der Unternehmensgruppe wird in Nr. 13 – ähnlich wie in § 18 AktG – als Mutterunternehmen zuzüglich der Tochterunternehmen definiert. Diese beiden Begriffe werden wiederum in Nr. 14 (→ Rn. 36) definiert.

N. Mutterunternehmen (Nr. 14)

36 Für die Definition des Mutter- und damit zwangsläufig auch des Tochterunternehmens verweist Nr. 14 auf die (neue) Bilanzrichtlinie (2013/34/EU), sodass das europäische Insolvenzrecht tatbestandlich auf dem **europäischen Konzernbilanzrecht** aufbaut. Inwiefern dieser Ansatz überzeugend ist, kann derzeit noch nicht beantwortet werden. Es muss jedenfalls auf den ersten Blick überraschen, dass das Konzernbilanz- und das Konzerninsolvenzrecht auf dem gleichen Tatbestand aufbauen, obwohl beide Rechtsgebiete teilweise voneinander abweichende Schutzrichtungen verfolgen.

37 Da Nr. 14 S. 2 für die Definition des Mutterunternehmens anknüpft und damit auf Art. 22 **Bilanzrichtlinie** abstellt, liegt ein Mutter- bzw. ein Tochterunternehmen immer dann vor, wenn es eine Kontrollmehrheit bei den Stimmrechten gibt (Art. 22 Abs. 1 lit. a Bilanzrichtlinie), die Mehrheit der Mitglieder des Verwaltungs-, Leitungs- oder Aufsichtsorgans bestellt oder abberufen werden können (Art. 22 Abs. 1 lit. b Bilanzrichtlinie), ein Unternehmensvertrag besteht (Art. 22 Abs. 1 lit. c Bilanzrichtlinie) oder aber aufgrund einer eigenen Stimmenmacht die Mehrheit der Mitglieder des Verwaltungs-, Leitungs- oder Aufsichtsorgans bestellt hat oder aber aufgrund einer Gesellschaftervereinbarung über eine Stimmrechtsmehrheit verfügt (Art. 22 Abs. 1 lit. d Bilanzrichtlinie). Aufgrund des Verweises in Nr. 14 auf Art. 22 Bilanzrichtlinie kommt es insofern nicht auf die deutschen Umsetzungsvorschriften der §§ 290 ff. HGB an (aA aber MMS/J. Schmidt Rn. 79).

38 Eine etwaige Pflicht zur Aufstellung des Konzernabschlusses nach den **IFRS** (Art. 5 IAS-VO) ist in diesem Zusammenhang irrelevant, da Nr. 14 S. 2 so verstanden werden muss, dass es auf die (theoretische) Pflicht zur Aufstellung des Konzernabschlusses und nicht auf deren tatsächliche Erfüllung ankommt (MMS/J. Schmidt Rn. 80). Denn anderenfalls wären kapitalmarktorientierte Unternehmen keine Mutterunternehmen iSd EuInsVO, was aufgrund des Fehlens eines Parallelregimes nicht gewollt sein kann.

Artikel 3 Internationale Zuständigkeit

(1) ¹Für die Eröffnung des Insolvenzverfahrens sind die Gerichte des Mitgliedstaats zuständig, in dessen Hoheitsgebiet der Schuldner den Mittelpunkt seiner hauptsächlichen Interessen hat (im Folgenden „Hauptinsolvenzverfahren"). ²Mittelpunkt der hauptsächlichen Interessen ist der Ort, an dem der Schuldner gewöhnlich der Verwaltung seiner Interessen nachgeht und der für Dritte feststellbar ist.
¹Bei Gesellschaften oder juristischen Personen wird bis zum Beweis des Gegenteils vermutet, dass der Mittelpunkt ihrer hauptsächlichen Interessen der Ort ihres Sitzes ist. ²Diese Annahme gilt nur, wenn der Sitz nicht in einem Zeitraum von drei Monaten vor dem Antrag auf Eröffnung des Insolvenzverfahrens in einen anderen Mitgliedstaat verlegt wurde.
¹Bei einer natürlichen Person, die eine selbständige gewerbliche oder freiberufliche Tätigkeit ausübt, wird bis zum Beweis des Gegenteils vermutet, dass der Mittelpunkt ihrer hauptsächlichen Interessen ihre Hauptniederlassung ist. ²Diese Annahme gilt nur, wenn die Hauptniederlassung der natürlichen Person nicht in einem Zeitraum von drei Monaten vor dem Antrag auf Eröffnung des Insolvenzverfahrens in einen anderen Mitgliedstaat verlegt wurde.
¹Bei allen anderen natürlichen Personen wird bis zum Beweis des Gegenteils vermutet, dass der Mittelpunkt ihrer hauptsächlichen Interessen der Ort ihres gewöhnlichen Aufenthalts ist. ²Diese Annahme gilt nur, wenn der gewöhnliche Aufenthalt nicht in einem Zeitraum von sechs Monaten vor dem Antrag auf Eröffnung des Insolvenzverfahrens in einen anderen Mitgliedstaat verlegt wurde.
(2) ¹Hat der Schuldner den Mittelpunkt seiner hauptsächlichen Interessen im Hoheitsgebiet eines Mitgliedstaats, so sind die Gerichte eines anderen Mitgliedstaats nur dann zur Eröffnung eines Insolvenzverfahrens befugt, wenn der Schuldner eine Niederlassung

im Hoheitsgebiet dieses anderen Mitgliedstaats hat. ²Die Wirkungen dieses Verfahrens sind auf das im Hoheitsgebiet dieses letzteren Mitgliedstaats befindliche Vermögen des Schuldners beschränkt.

(3) Wird ein Insolvenzverfahren nach Absatz 1 eröffnet, so ist jedes zu einem späteren Zeitpunkt nach Absatz 2 eröffnete Insolvenzverfahren ein Sekundärinsolvenzverfahren.

(4) ¹Vor der Eröffnung eines Insolvenzverfahrens nach Absatz 1 kann ein Partikularverfahren nach Absatz 2 nur eröffnet werden, falls:
a) die Eröffnung eines Insolvenzverfahrens nach Absatz 1 angesichts der Bedingungen, die das Recht des Mitgliedstaats vorschreibt, in dessen Hoheitsgebiet der Schuldner den Mittelpunkt seiner hauptsächlichen Interessen hat, nicht möglich ist oder
b) die Eröffnung des Partikularverfahrens von
   i) einem Gläubiger beantragt wird, dessen Forderung sich aus dem Betrieb einer Niederlassung ergibt oder damit im Zusammenhang steht, die sich im Hoheitsgebiet des Mitgliedstaats befindet, in dem die Eröffnung des Partikularverfahrens beantragt wird, oder
   ii) einer Behörde beantragt wird, die nach dem Recht des Mitgliedstaats, in dessen Hoheitsgebiet sich die Niederlassung befindet, das Recht hat, die Eröffnung von Insolvenzverfahren zu beantragen.

²Nach der Eröffnung des Hauptinsolvenzverfahrens wird das Partikularverfahren zum Sekundärinsolvenzverfahren.

Überblick

Durch Art. 3 wird die internationale Zuständigkeit bei grenzüberschreitenden Insolvenzverfahren als zentraler Weichenstellung für die verschiedenen Verfahrensarten (→ Rn. 1) geregelt. Dabei trifft Abs. 1 eine Regelung für das Hauptinsolvenzverfahren (→ Rn. 2 ff.). Die internationale Zuständigkeit bei Partikularinsolvenzverfahren richtet sich nach Abs. 2 (→ Rn. 27 ff.). Weiterhin wird in Abs. 3 das Verhältnis Hauptinsolvenzverfahren und Partikularinsolvenzverfahren adressiert (→ Rn. 28). Schließlich regelt Abs. 4 die Voraussetzungen für die Eröffnung eines (isolierten) Partikularinsolvenzverfahren (→ Rn. 28 ff.).

Übersicht

	Rn.		Rn.
A. Verfahrensarten der EuInsVO	1	IV. Natürliche, unternehmerisch tätige Personen (Abs. 1 UAbs. 3)	23
B. Bestimmung der Zuständigkeit bei Hauptinsolvenzverfahren (Abs. 1)	2	V. Übrige natürliche Personen (Abs. 1 UAbs. 4)	24
I. Mittelpunkt der hauptsächlichen Interessen als grundlegendes Konzept der Bestimmung der internationalen Zuständigkeit (Abs. 1 UAbs. 1)	3	C. Bestimmung der Zuständigkeit bei Partikularinsolvenzverfahren (Abs. 2)	27
II. Zeitpunkt der Bestimmung	6	D. Verhältnis von Sekundärinsolvenzverfahren und Hauptinsolvenzverfahren (Abs. 3)	28
III. Gesellschaften und juristische Personen (Abs. 1 UAbs. 2)	7	E. Voraussetzungen für die Eröffnung von (isolierten) Partikularinsolvenzverfahren (Abs. 4)	29
1. Anwendungsbereich	8		
2. Vermutungsregelung (Abs. 1 UAbs. 2 S. 1)	11	I. Fehlende Möglichkeit der Eröffnung eines Hauptinsolvenzverfahrens (Abs. 4 S. 1 lit. a)	30
3. Widerlegung der Vermutung (Abs. 1 UAbs. 2 S. 1)	12	II. Erfordernis der Fremdantragstellung (Abs. 4 S. 1 lit. b)	32
4. Sperrfrist von drei Monaten (Abs. 1 UAbs. 2 S. 2)	16	III. Umwandlung des Partikularinsolvenzverfahrens zum Hauptinsolvenzverfahren (Abs. 4 S. 2)	33
5. Konzerne und Unternehmensgruppen	17		

A. Verfahrensarten der EuInsVO

Die EuInsVO unterscheidet im Wesentlichen zwischen zwei **verschiedenen Verfahrensarten,** 1 die auch schon unter der EuInsVO 2000 existierten. Dabei handelt es sich um die sog. Hauptinsolvenzverfahren und die Partikularinsolvenzverfahren. Während bei einem Hauptinsolvenzverfahren nur ein Insolvenzverfahren in einem Mitgliedstaat mit Wirkung für alle anderen Mitgliedstaaten eröffnet, zeichnet sich das Partikularinsolvenzverfahren durch eine regionale Beschränkung seiner Wirkungen aus. Dabei unterscheidet die EuInsVO noch einmal zwischen Sekundärinsolvenzverfahren und unabhängigen Partikularinsolvenzverfahren. Das Sekundärinsolvenzverfahren setzt stets die Eröffnung eines Hauptinsolvenzverfahrens voraus, für das es eine Art Annex darstellt. Das unabhängige Partikularinsolvenzverfahren findet hingegen ohne die Eröffnung eines Hauptinsolvenzverfahrens statt, was nach Abs. 4 nur unter bestimmten Voraussetzungen als Ausnahme möglich ist. Für die einzelnen Verfahrensarten sieht Art. 3 verschiedene Regelungen für die Bestimmung der (internationalen) Zuständigkeit vor.

B. Bestimmung der Zuständigkeit bei Hauptinsolvenzverfahren (Abs. 1)

2   Zunächst wird in Abs. 1 die Zuständigkeit bei Hauptinsolvenzverfahren geregelt. Dabei wird in Abs. 1 UAbs. 1 S. 1 der allgemeine Grundsatz der **Anknüpfung an den Mittelpunkt der hauptsächlichen Interessen** als zuständigkeitsbegründendes Kriterium aufgestellt (→ Rn. 3 ff.), bei dem es auf den Zeitpunkt der Antragstellung ankommt (→ Rn. 5 f.). Dieser Grundsatz wird in Abs. 1 UAbs. 1 S. 2 weiter konkretisiert. Für die verschiedenen Arten von Schuldnern wird dieser Grundsatz dann teilweise in den Folgeunterabsätzen modifiziert. Dabei handelt es sich um **Gesellschaften und juristische Personen** (→ Rn. 7 ff.), **natürliche Personen in Ausübung einer selbständig gewerblichen oder freiberuflichen Tätigkeit** (→ Rn. 23) und **natürliche Personen ohne eine solche Tätigkeit** (→ Rn. 24 ff.).

I. Mittelpunkt der hauptsächlichen Interessen als grundlegendes Konzept der Bestimmung der internationalen Zuständigkeit (Abs. 1 UAbs. 1)

3   Abs. 1 UAbs. 1 bestimmt, dass die Gerichte des Mitgliedstaats für die Eröffnung des Insolvenzverfahrens zuständig sind, in deren Gebiet der Schuldner den Mittelpunkt seiner hauptsächlichen Interessen (**center of main interest** – kurz: **COMI**) hat (ausf. zu diesem Konzept MMS/Mankowski Rn. 6 ff.). Damit verfolgt die EuInsVO vor allem im Vergleich zu den Anknüpfungskriterien des internationalen bzw. europäischen Zivilverfahrensrechts ein **eigenständiges Konzept**, sodass entsprechende Querbezüge grundsätzlich nicht hergestellt werden können.

4   Der Mittelpunkt der hauptsächlichen Interessen des Schuldners wird in Abs. 1 UAbs. 1 S. 2 als der Ort definiert, an dem der Schuldner gewöhnlich der Verwaltung seiner Interessen nachgeht und der für Dritte feststellbar ist. Damit soll den **Interessen der Gläubiger (Gläubigernähe)** als Hauptverfahrensbeteiligte eines Insolvenzverfahrens Rechnung getragen werden, da diese mit dem Insolvenzverfahren in dem Mitgliedstaat konfrontiert werden sollen, in dem sie mit dem Schuldner agiert haben (EuGH NZI 2020, 805 Rn. 19– Novo Banco SA; EuGH BeckRS 2016, 81277 Rn. 33 – Leonmobil und Leone). Dies schließt zwar nicht aus, dass die Gläubiger auch in einem Insolvenzverfahren in einem anderen Mitgliedstaat teilnehmen müssen. Allerdings haben sie dies weitgehend selbst in der Hand, da sie nicht mit jedem Schuldner in Kontakt treten müssen. Diese Überlegungen kommen freilich bei den Gläubigern von gesetzlichen Schuldverhältnissen und öffentlich-rechtlichen Schuldnern an ihre Grenzen. Dabei darf aber nicht übersehen werden, dass es bei Geltung des Universitätsprinzips zwangsläufig zur Bestimmung einer zentralen Zuständigkeit in einem Mitgliedstaat kommen muss, sodass den Interessen derjenigen Gläubiger entsprochen werden sollte, die typischerweise die Mehrheit ausmachen. Dies sind letztlich stets die vertraglichen Gläubiger.

4a Diese Grundsätze gelten für jede Art von Schuldner, sodass davon **Gesellschaften, juristische Personen** und **natürliche Personen** erfasst sind (EuGH NZI 2020, 805 Rn. 23 – Novo Banco SA). Grundvoraussetzung ist freilich, dass diese überhaupt insolvenzfähig sind, was sich nach Art. 7 Abs. 2 S. 2 lit. a richtet (→ Art. 7 Rn. 23 ff.).

5   Die durch den Mittelpunkt seiner hauptsächlichen Interessen begründete internationale Zuständigkeit ist eine **ausschließliche Zuständigkeit,** sodass weder der Schuldner noch die Gläubiger eine **Gerichtsstandsvereinbarung** treffen können (MMS/Mankowski Rn. 10; vgl. auch zur EuInsVO 2000 LG Gießen BeckRS 2014, 10148; → Rn. 5.1).

5.1 Es bleibt dem Schuldner und den Gläubigern allerdings unbenommen, hinsichtlich der Zuständigkeit oder jedenfalls der zuständigkeitsbegründenden Umstände eine **vertragliche Vereinbarung** zu treffen. Allerdings ist das Insolvenzgericht an solche Abreden nicht gebunden. Deren Verletzung kann aber eine Schadenersatzpflicht auslösen, die beim Schuldner dann allerdings nur eine einfache Insolvenzforderung darstellt (MMS/Mankowski Rn. 11; Mankowski ZIP 2010, 1376 (1380 f.)).

II. Zeitpunkt der Bestimmung

Der für die Bestimmung des Mittelpunkts der hauptsächlichen Interessen maßgebliche Zeitpunkt ist grundsätzlich die **Insolvenzantragsstellung** (MMS/Mankowski Rn. 28 ff.; ebenso schon zur EuInsVO 2000 EuGH Slg. I-701 Rn. 24 ff. = NZI 2006, 153 – Susanne Staubitz-Schreiber; OLG Celle ZInsO 2013, 1002; LG Hamburg NZI 2005, 645 = ZInsO 2005, 1052; AG Celle NZI 2005, 410 (411) = ZInsO 2005, 895). Dies gilt dabei sowohl für den tatsächlichen Mittelpunkt der hauptsächlichen Interessen als auch für die Vermutungsregelungen nach Abs. 1 UAbs. 2 S. 1 (→ Rn. 11 ff.), nach Abs. 1 UAbs. 3 S. 1 (→ Rn. 23) und Abs. 1 UAbs. 4 S. 1 (→ Rn. 24 ff.). Etwaige Veränderungen nach der Insolvenzantragstellung sind unbeachtlich. Vielmehr kommt es zu einer **Perpetuierung der internationalen Zuständigkeit mit Insolvenzantragstellung,** wie sie das deutsche Recht etwa auch iRv § 261 Abs. 3 Nr. 2 ZPO für die sachliche und örtliche Zuständigkeit kennt. Dieser Grundsatz gilt dabei unabhängig davon, wie der weitere Verfahrensverlauf in dem anwendbaren nationalen Insolvenzrecht ausgestaltet ist. Die Veränderung der zuständigkeitsbegründenden Umstände vor Insolvenzantragstellung wird durch die nunmehr bei allen Schuldnern vorgesehene Sperrfrist (Abs. 1 UAbs. 2 S. 2 → Rn. 7 ff., Abs. 1 UAbs. 3 S. 2 → Rn. 15 und Abs. 1 UAbs. 4 S. 2 → Rn. 17 ff.) ausdrücklich adressiert.

Inwieweit diese Perpetuierung der internationalen Zuständigkeit mit Insolvenzantragstellung eintritt, ist derzeit Gegenstand eines **Vorlageverfahrens,** das vom BGH eingeleitet wurde (BGH ZIP 2021, 90 = ZInsO 2021, 87). Diese Vorlage war erforderlich, da die bisherige Rechtsprechung zur EuInsVO nicht ohne weiteres auf die EuInsVO 2015 übertragen werden kann. Bei der Schaffung der EuInsVO 2015 waren die Regelungen zur internationalen Zuständigkeit Gegenstand umfassender Reformen, sodass eine Perpetuierung der internationalen Zuständigkeit nicht ohne weiteres angenommen werden kann. Dies gilt insbesondere vor dem Hintergrund der Schaffung der Art. 4 und 5. Im Ergebnis dürfte aber wohl damit zu rechnen sein, dass der EuGH an seiner bisherigen Rechtsprechung festhält. Da dieses Vorabentscheidungsverfahren allerdings einen deutsch-englischen Fall betrifft, dürfte der EuGH aufgrund der fehlenden Fortgeltung der EuInsVO für dieses Verfahren aufgrund des Brexit aber auch in der Sache schon nicht entscheiden.

III. Gesellschaften und juristische Personen (Abs. 1 UAbs. 2)

Für Gesellschaften und juristische Personen stellt Abs. 1 UAbs. 2 die Vermutung auf, dass der Mittelpunkt der hauptsächlichen Interessen bis zum Beweis des Gegenteils an dem Ort des **(satzungsmäßigen) Sitzes der Gesellschaft** belegen ist (vgl. nur MMS/Mankowski Rn. 48 ff.).

1. Anwendungsbereich

Der Anwendungsbereich dieser Vermutungsregelung ist dabei weit zu fassen. Aufgrund des Grundsatzes der autonomen Auslegung (EuGH NZI 2020, 805 Rn. 17– Novo Banco SA; EuGH Slg. I-9915 Rn. 42 = NZI 2011, 990 – Interedil Srl i.L./Fallimento Interedil Srl und Intesa Gestione Crediti SpA) darf aber nicht auf die Begrifflichkeiten des deutschen Gesellschaftsrechts abgestellt werden. Da die EuInsVO im Übrigen aber selbst keine Definition für die Begriffe Gesellschaft und juristische Person enthält, muss im Ausgangspunkt auf die entsprechenden **Begrifflichkeiten des europäischen Gesellschaftsrechts** zurückgegriffen werden. Damit ist auf Art. 54 Abs. 2 AEUV abzustellen, wonach als Gesellschaften die Gesellschaften des bürgerlichen Rechts und des Handelsrechts einschließlich der Genossenschaften und die sonstigen juristischen Personen des öffentlichen und privaten Rechts mit Ausnahme derjenigen zählen, die keinen Erwerbszweck verfolgen.

Da die **Verfolgung eines Erwerbszwecks** für die Eröffnung des Insolvenzverfahrens aber keine Voraussetzung ist, kann dieses Kriterium bei der Auslegung von Abs. 1 UAbs. 2 nicht hinzugezogen werden. Daher sind auch Gesellschaften in Liquidation vom Anwendungsbereich des Abs. 1 UAbs. 2 mit umfasst.

Als weitere Einschränkung ist eine **Insolvenzfähigkeit der jeweiligen Gesellschaft oder juristischen Person** zu fordern, da Art. 7 Abs. 2 S. 2 lit. a die Insolvenzfähigkeit der **lex fori concursus** unterwirft. Denn wenn es schon an einer Insolvenzfähigkeit der Gesellschaft oder juristischen Person nach dem für das Insolvenzverfahren maßgeblichen Insolvenzrecht fehlt, kann es nicht zu einer Eröffnung des Insolvenzverfahren über deren Vermögen kommen, sodass sich die Frage nach der Anwendbarkeit von Abs. 1 UAbs. 2 nicht stellen kann. Auch wenn es in diesem Zusammenhang zunächst nur auf die Bestimmung der internationalen Zuständigkeit ankommt und es nicht zwingend zu einer Eröffnungsentscheidung des angerufenen Gerichts kommen muss,

EuInsVO Art. 3   Kapitel I. Allgemeine Bestimmungen

ergibt sich die Maßgeblichkeit der **lex fori concursus** dennoch aus Art. 7, da dieser auch regelt, unter welchen Voraussetzungen ein Insolvenzverfahren eröffnet wird (→ Rn. 10.1 ff.).

10.1 Nach diesen Grundsätzen gilt Abs. 1 UAbs. 2 im Hinblick auf die deutschem Recht unterliegenden Schuldner daher für die **GmbH**, die **Aktiengesellschaft**, die **Genossenschaft**, die **rechtsfähige BGB-Gesellschaft**, die **offene Handelsgesellschaft**, die **Kommanditgesellschaft** (inklusive der **Kapitalgesellschaft & Co. KG**), die **Partnerschaftsgesellschaft**, die **Partenreederei**, die **Stiftung**, den **eingetragenen Verein**, die **Europäische Aktiengesellschaft (SE)**, die **Europäische Genossenschaft (SCE)** und die **Europäische Wirtschaftliche Interessenvereinigung (EWIV)**.

10.2 Keine Anwendung kann Abs. 1 UAbs. 2 daher auf die **nicht rechtsfähige BGB-Gesellschaft** und die **stille Gesellschaft** finden. Schließlich erfasst Abs. 1 UAbs. 2 aufgrund der fehlenden Insolvenzfähigkeit auch nicht den **Konzern**.

10.3 Ebenfalls ausgenommen sind die nach § 12 InsO ausgenommenen **juristischen Personen des öffentlichen Rechts**, da es auch diesen an der Insolvenzfähigkeit fehlt.

10.4 Schließlich findet Abs. 1 UAbs. 2 auch auf bereits **gelöschte Gesellschaften** Anwendung, bei denen dann die für Abwicklungsgesellschaften entwickelten Grundsätze zur Anwendung kommen (**Nachtragsliquidation**). Voraussetzung dafür ist allerdings, dass die **lex fori concursus** die Insolvenzfähigkeit auch über die Lösung der Gesellschaft hinaus anerkennt.

2. Vermutungsregelung (Abs. 1 UAbs. 2 S. 1)

11 Durch die Vermutungsregelung ist in Abweichung von Abs. 1 UAbs. 1 S. 2 (→ Rn. 7 ff.) nicht auf den tatsächlichen Mittelpunkt der hauptsächlichen Interessen, sondern nur auf den **Satzungssitz der Gesellschaft oder juristischen Person** abzustellen. Dabei ist immer nur auf den Satzungssitz im Zeitpunkt der Antragstellung abzustellen, sodass insbesondere **grenzüberschreitende Umwandlungsvorgänge** einen direkten Einfluss auf die Vermutungsregelung von Abs. 1 UAbs. 2 S. 1 haben, soweit sie vor der Insolvenzantragstellung vollzogen wurden.

11.1 Hinsichtlich der **konkreten Vorgehensweise der Prüfung** macht Abs. 1 UAbs. 2 S. 1 keine direkten Vorgaben. Auch die bisherige Rechtsprechung des EuGH ist insofern nicht eindeutig. Während nach der Interedil-Entscheidung (EuGH Slg. I-9915 = NZI 2011, 990 – Interedil Srl i.L./Fallimento Interedil Srl und Intesa Gestione Crediti SpA) zunächst zu prüfen ist, ob Hauptverwaltung und Satzungssitz zusammenfallen und erst im Anschluss daran der COMI positiv festzustellen ist, scheint nach der Rastelli-Entscheidung (EuGH Slg. I-838 ZIP 2012, 183 – Rastelli Davide e C. Snc gegen Jean-Charles Hidoux) die Gesamtbetrachtung schon bei der Bestimmung des Ortes der tatsächlichen Hauptverwaltung relevant zu sein. Tatsächliche Unterschiede ergeben sich daraus aber nicht (Thole ZIP 2018, 401 (403)). Es empfiehlt sich aber zur besseren Handhabbarkeit von Abs. 1 UAbs. 2 S. 1 folgende Vorgehensweise:
1. Bestimmung des Sitzstaates der Gesellschaft
2. Feststellung des Sitzes der Verwaltungs- und Kontrollorgane der Gesellschaft
3. Prüfung der Feststellbarkeit dieses Sitzes der Verwaltungs- und Kontrollorgane der Gesellschaft für die Gläubiger

11a Ausgangspunkt ist also die Vermutung, dass der **COMI am Satzungssitz der Gesellschaft** belegen ist. Soweit am Satzungssitz nur eine Niederlassung (Art. 2 Nr. 10, → Art. 2 Rn. 26 ff.) betrieben wird, kommt die Vermutungsregelung nicht zur Anwendung (Thole ZIP 2018, 401 (404)).

11a.1 Daher kann die Vermutungsregelung bei sog. **Scheinauslandsgesellschaften** keine Anwendung finden, da bei diesen COMI schon offensichtlich nicht mit dem Satzungssitz übereinstimmt (ähnlich Thole ZIP 2018, 401 (404)).

3. Widerlegung der Vermutung (Abs. 1 UAbs. 2 S. 1)

12 Für die Widerlegung der Vermutung des Abs. 1 UAbs. 2 S. 1 ist vor dem Hintergrund der im Rahmen des Mittelpunkts der hauptsächlichen Interessen maßgeblichen **Gläubigernähe** (→ Rn. 4) vor allem darauf abzustellen, dass bei einer Gesellschaft oder juristischen Person am Satzungssitz tatsächlich nicht die umfassendste wirtschaftliche Tätigkeit vorliegt, sondern diese sich an einem Ort in einem anderen Mitgliedstaat konzentriert. Dabei kommt es wieder maßgeblich auf die Erkennbarkeit für Dritte an, sodass insbesondere allein der Ort, an dem die strategischen Entscheidungen vom Management getroffen werden, nicht ausreichend ist (MMS/Mankowski Rn. 52 ff.; ebenso schon zur EuInsVO 2000 EuGH Slg. I-3854 = NZI 2006, 360 – Eurofood IFSC Ltd.; EuGH Slg. I-9915 = NZI 2011, 990 – Interedil Srl i.L./Fallimento Interedil Srl und

Intesa Gestione Crediti SpA; EuGH Slg. I-838 ZIP 2012, 183 – Rastelli Davide e C. Snc gegen Jean-Charles Hidoux).

Die Widerlegung der Vermutung nach Abs. 1 UAbs. 2 S. 1 gelingt in der Regel dann, wenn die Gesellschaft oder juristische Person ihren **tatsächlichen Verwaltungssitz** in einen anderen Mitgliedstaat verlegt hat und sich dieser auch noch dort befindet. Die Gleichsetzung des tatsächlichen Verwaltungssitzes mit dem Mittelpunkt der hauptsächlichen Interessen ist dabei allerdings nicht normativ vorgeprägt, sondern ergibt sich allein aus dem Umstand, dass am tatsächlichen Verwaltungssitz typischerweise die Kontaktaufnahme mit der Mehrheit der Gläubiger erfolgt (dazu MMS/Mankowski Rn. 59 ff.). Der tatsächliche Verwaltungssitz spielt vor allem seit der Rechtsprechung des EuGH zur Niederlassungsfreiheit (ausf. dazu MüKoBGB/Kindler Internationales Gesellschaftsrecht Rn. 427 ff.). eine große Rolle. Da die Verlegung des Verwaltungssitzes – jedenfalls nach deutschem Gesellschaftsrecht – keine im Handelsregister eintragungsfähige Tatsache ist, muss zur Ermittlung auf die tatsächlichen Umstände abgestellt werden, was in der Praxis teilweise nicht unerhebliche Probleme bereitet. Der tatsächliche Verwaltungssitz ist bei Gesellschaften oder juristischen Personen immer dort, wo die maßgeblichen Entscheidungen des Managements der Gesellschaft beschlossen werden; die Verwaltung also ihren Platz eingenommen hat. Anhaltspunkte dafür können der Standort der zentralen Verwaltungsräumlichkeiten oder aber auch der Wohnsitz der Geschäftsleitung sein, falls die Gesellschaft oder juristische Person nicht über eigenständige Verwaltungsräumlichkeiten verfügt. 13

Darüber hinaus kommt eine Widerlegung der Vermutung nach Abs. 1 UAbs. 2 S. 1 auch dann in Betracht, wenn die Gesellschaft – ohne zugleich ihren tatsächlichen Verwaltungssitz zu verlegen – in einem anderen Mitgliedstaat dort einer **umfassenden wirtschaftlichen Tätigkeit** nachgeht und die Gläubigernähe (→ Rn. 4) eben dort besteht (→ Rn. 14.1 ff.). 14

Die **Belegenheit von Vermögensgegenständen** kann dabei nur eins von vielen Kriterien sein (MMS/Mankowski Rn. 68 ff.; ebenso schon zur EuInsVO 2000 EuGH Slg. I-9915 = NZI 2011, 990 – Interedil Srl i.L./Fallimento Interedil Srl und Intesa Gestione Crediti SpA), da mit dem Bestehen von Vermögenswerten noch nicht zwingend Berührungspunkte mit Gläubigern verbunden sein müssen. Auch der Umstand des erleichterten Zugriffs auf Vermögensgegenstände im Insolvenzverfahren bei einer Eröffnung des Verfahrens im Mitgliedstaat von deren Belegenheit kann die Widerlegung der Vermutung des Abs. 1 UAbs. 2 S. 1 nicht begründen, da die Gläubiger in dieser Hinsicht durch die EuInsVO nicht geschützt werden. 14.1

Entscheidende Kriterien sind etwa der **Ort der Handelsaktivitäten**, die **Belegenheit von Geschäftsräumen und Fabrikationsanlagen** oder der **Wohnsitz von Organpersonen** (für einen Überblick vgl. MMS/Mankowski Rn. 84 ff.). 14.2

Andere Kriterien, die für die Widerlegung der Vermutung aufgrund ihres lediglich internen Bezugs grundsätzlich keine Rolle spielen, sind die Orte, wo die **Buchhaltung** geführt wird, wo **wesentliche Personalentscheidungen** getroffen werden, wo die **Konten** geführt werden oder wo die **Finanzierung** organisiert wird (für einen Überblick vgl. MMS/Mankowski Rn. 84 ff.). 14.3

Bei nicht mehr werbend tätigen Gesellschaften (**Liquidationsgesellschaften**) kann es ebenfalls zu einer Widerlegung der Vermutung nach Abs. 1 UAbs. 2 S. 1 kommen. Bei diesen ist der Mittelpunkt der hauptsächlichen Interessen in dem Zeitpunkt zu bestimmen, in dem diese ihre werbende Tätigkeit eingestellt haben (ebenso MMS/Mankowski Rn. 109 ff.; ebenso schon zur EuInsVO 2000 BGH ZInsO 2012, 143 (145)). Es kommt also sozusagen zu einem **Einfrieren** des Mittelpunkts der hauptsächlichen Interessen. Dies ergibt sich vor allem aus dem Umstand, dass durch die internationale Zuständigkeit am Mittelpunkt der hauptsächlichen Interessen möglichst eine Gläubigernähe hergestellt werden soll (→ Rn. 4). Auch wenn bei Gesellschaften im Liquidationsverfahren typischerweise auch weitere Gläubiger hinzukommen können, bleiben diese im Umfang ihrer Forderungen meist jedoch hinter denjenigen Gläubigern zurück, die während der werbenden Tätigkeit hinzugekommen sind. 15

4. Sperrfrist von drei Monaten (Abs. 1 UAbs. 2 S. 2)

Die Vermutungsregelung des Abs. 1 UAbs. 2 S. 1 steht nach Abs. 1 UAbs. 2 S. 2 unter dem Vorbehalt, dass der Schuldner seinen Sitz innerhalb von drei Monaten seit der Insolvenzantragstellung nicht verlegt hat. Damit will der Verordnungsgeber dem **Insolvenztourismus** begegnen, der sich unter der Geltung der EuInsVO 2000 verbreitet hatte. Die in Abs. 1 UAbs. 2 S. 2 vorgesehene Frist ist dabei absolut und kann daher weder verkürzt noch verlängert werden. Hat der Schuldner seinen Mittelpunkt der hauptsächlichen Interessen vor dem Ablauf der Frist verlegt und einen Antrag auf Verfahrenseröffnung in dem (neuen) Mitgliedstaat gestellt, muss dieser wegen der fehlenden internationalen Zuständigkeit abgelehnt werden. Erfolgt die Antragstellung aller- 16 dings erst nach Ablauf der Frist, steht einer Verfahrenseröffnung nichts im Wege. Allerdings muss auch in diesem Fall geprüft werden, ob eine Widerlegung der Vermutung möglich ist (→ Rn. 7 ff.).

5. Konzerne und Unternehmensgruppen

17 Die EuInsVO sieht für Konzerne oder Unternehmensgruppen keinen einheitlichen Konzerninsolvenzgerichtsstand vor. Auch die Vorschriften des Kapitel V (Insolvenzverfahren über das Vermögen von Mitgliedern einer Unternehmensgruppe – Art. 56–77) verhalten sich zu dieser Problematik nicht. Daher muss der Mittelpunkt der hauptsächlichen Interessen **für jede einzelne Gesellschaft oder juristische Person einzeln ermittelt** werden. Etwas anderes gilt nur, wenn ein Gruppen-Koordinationsverfahren durchgeführt wird (Art. 62 ff.), was bei einem Konzern oder einer Unternehmensgruppe nicht zwangsläufig der Fall sein muss. Die Ausführungen in den nachfolgenden Randnummern beziehen sich daher auf den Fall, dass ein solches Gruppen-Koordinationsverfahren nicht durchgeführt wird (→ Rn. 17.1).

17.1 Dies setzt allerdings zunächst voraus, dass das Insolvenz- bzw. Gesellschaftsrecht des Mitgliedstaats, in dem der Insolvenzantrag gestellt wird, eine **Insolvenzfähigkeit von Konzernen oder Unternehmensgruppen** nicht kennt, was typischerweise – etwa auch im deutschen Recht – nicht der Fall ist. Wird der Konzern oder die Unternehmensgruppe hingegen als solche für insolvenzfähig anerkannt, bedarf es nur der Ermittlung des Mittelpunkts der hauptsächlichen Interessen des Konzerns oder der Unternehmensgruppe.

17.2 Diese bei der fehlenden Durchführung eines Gruppen-Koordinationsverfahren bestehende Regelungslücke stellt bereits wenige Monate nach dem Inkrafttreten der reformierten EuInsVO eine **massive Schwachstelle** dar. Vor allem im Rahmen der Insolvenz von **Air Berlin PLC & Co. Luftverkehrs KG** bzw. der **NIKI Luftfahrt GmbH** und der Streit zwischen den deutschen und österreichischen Gerichten um die Zuständigkeit der konzernabhängigen NIKI Luftfahrt GmbH ist deutlich geworden, dass die reformierte EuInsVO in diesem Zusammenhang ebenso wenig wie die alte EuInsVO 2000 in der Lage ist, Konzerninsolvenzen hinreichend zu bewältigen.

18 Bei einer zu einem Konzern oder zu einer Unternehmensgruppe gehörenden Gesellschaft oder juristischen Person gelten die für die Bestimmung des Mittelpunkts der hauptsächlichen Interessen entwickelten Grundsätze (→ Rn. 3 f.) uneingeschränkt. Daher kann der Mittelpunkt der hauptsächlichen Interessen auch bei einer **abhängigen Konzerngesellschaft** nicht am Sitz der Mutter angenommen werden, auch wenn dort typischerweise alle wichtigen strategischen Entscheidungen getroffen werden. Denn auch bei diesen Gesellschaften besteht die erforderliche Gläubigernähe (→ Rn. 4) gerade nicht am Sitz der Konzernmutter, auch wenn diese selbst die Rolle einer Gläubigerin einnehmen kann. Zudem ist zu beachten, dass die Zuständigkeit für die Bestimmung des anwendbaren Rechts maßgeblich ist, sodass die Zuständigkeit umfassend auf das gesamte Verfahren ausstrahlt. Dies kann allerdings dann anders zu beurteilen sein, wenn die abhängige Gesellschaft oder juristische Person an ihrem Sitz selbst kaum oder keine wirtschaftlichen Aktivitäten entfaltet, sondern sich diese am Sitz der Mutter konzentrieren (→ Rn. 18.1 f.).

18.1 Diese Aspekte sind im Rahmen der **Insolvenz von Air Berlin PLC & Co. Luftverkehrs KG** bzw. der **NIKI Luftfahrt GmbH** kontrovers diskutiert und von den beteiligten Gerichten auch unterschiedlich betrachtet wurden. Während die AG Charlottenburg für die NIKI Luftfahrt GmbH den Mittelpunkt der hauptsächlichen Interessen trotz des Satzungssitzes in Wien stattdessen in Berlin bei der Konzernleitung der Air Berlin annahm (AG Charlottenburg ZInsO 2018, 62), ging das LG Berlin (NZI 2018, 85 = ZInsO 2018, 168) davon aus, dass die Vermutung des Abs. 1 UAbs. 2 nicht widerlegt wurde und die österreichischen Gerichte zuständig seien. Nach der Aufhebung der Eröffnungsentscheidung des AG Charlottenburg durch das LG Berlin eröffnete das LG Korneuburg ein Hauptinsolvenzverfahren über das Vermögen der NIKI Luftfahrt GmbH in Österreich, da es den Mittelpunkt der hauptsächlichen Interessen dort annahm (LG Korneuburg ZInsO 2018, 164 (166); zur Frage der Zulässigkeit der Eröffnung eines Hauptinsolvenzverfahrens → Rn. 28.1). Im Ergebnis dürfte der Einschätzungen des LG Berlin und des LG Korneuburg zu folgen sein, da es sich bei der NIKI Luftfahrt GmbH nicht um eine umfassend integrierte Konzerntochtergesellschaft gehandelt hat, sondern diese noch zahlreiche Rechtsbeziehungen am Satzungssitz in Wien unterhalten hat. Dies wird etwa an dem Umstand deutlich, dass trotz der umfassenden organisatorischen Einbindung bei der Konzernzentrale in Berlin noch zahlreiche Arbeitsverhältnisse vor Ort bestanden und auch dort Räumlichkeiten genutzt wurden. Zudem unterhielt die NIKI Luftfahrt GmbH in Österreich zahlreiche Konten und unterlag der dortigen Aufsichtsbehörde.

18.2 Unter Berücksichtigung der im Rahmen der **Insolvenz von Air Berlin PLC & Co. Luftverkehrs KG** bzw. der **NIKI Luftfahrt GmbH** gewonnenen Kenntnisse sind an die Widerlegung der Vermutung des Abs. 1 UAbs. 2 hohe Anforderungen zu stellen. So kann eine Widerlegung der Vermutung tatsächlich nur dann angenommen werden, wenn die Gläubigerbeziehungen mehrheitlich mit dem Mitgliedstaat der Konzernmutter bestehen. Soweit in beiden Mitgliedstaaten umfassende Gläubigerbeziehungen bestehen, muss es bei der Vermutungswirkung des Abs. 1 UAbs. 2 bleiben. Zudem kann der Umfang der Konzernintegration für die Widerlegung der Vermutung keine Rolle spielen, da derartige Innenbeziehungen für die Bestimmung des Mittelpunkts der hauptsächlichen Interessen irrelevant sind. Es geht vielmehr um den Schutz der Gläubiger und damit um die Außenbeziehungen der jeweiligen Tochtergesellschaft.

Bei einer **Konzernmutter** ist der Mittelpunkt der hauptsächlichen Interessen ebenfalls separat zu bestimmen. Auch bei dieser verbietet sich eine Gleichstellung mit dem Mittelpunkt der hauptsächlichen Interessen abhängiger Gesellschaften. Da bei der Konzernmutter aber häufig nur wenig wirtschaftliche Aktivität zu verzeichnen ist, kann deren Mittelpunkt der hauptsächlichen Interessen allerdings auch am Sitz der anhängigen Gesellschaft verortet werden. 19

Bei Gesellschaften oder juristischen Personen, die Teil eines **Konzerns** sind, kann schließlich nicht **per se** von einer Widerlegung der Vermutung des Abs. 1 UAbs. 2 S. 1 zugunsten des Ortes ausgegangen werden, an dem die Konzernleitung die wesentlichen Entscheidungen trifft. Vielmehr muss der Mittelpunkt der hauptsächlichen Interessen für jede Konzerngesellschaft einzeln festgestellt werden, sodass auch das Vorliegen der Voraussetzungen für eine Widerlegung nach Abs. 1 UAbs. 2 S. 1 bei jeder zum Konzern gehörigen Gesellschaft oder juristischen Person nachgewiesen werden. 22

IV. Natürliche, unternehmerisch tätige Personen (Abs. 1 UAbs. 3)

Soweit eine natürliche Person einer selbstständigen gewerblichen oder freiberuflichen Tätigkeit nachgeht, wird nach Abs. 1 UAbs. 3 S. 1 bis zum Beweis des Gegenteils vermutet, dass der Mittelpunkt ihrer hauptsächlichen Interessen ihre Hauptniederlassung ist. Dies ist in der Regel dort, wo sich die **Hauptgeschäftsräume** befinden (MMS/Mankowski Rn. 114; ebenso schon zur EuInsVO 2000 BGH NJW-RR 2011, 642). Ebenso wie bei Gesellschaften und juristischen Personen (→ Rn. 7 ff.) gilt dies nicht, wenn die Hauptniederlassung der natürlichen Person nicht in einem Zeitraum von drei Monaten vor dem Antrag auf Eröffnung des Insolvenzverfahrens in einen anderen Mitgliedstaat verlegt wurde (→ Rn. 23.1). 23

Bei natürlichen, unternehmerisch tätigen Personen kann es zu Problemen der **Abgrenzung von unternehmerischer und privater Tätigkeit** kommen. Dabei sollten die Kriterien herangezogen werden, die im internationalen Arbeitsrecht entwickelt wurden (dazu MMS/Mankowski Rn. 116). 23.1

Für die Ausübung der unternehmerischen Tätigkeit kommt es nicht darauf an, dass der Schuldner diese als natürliche Person selbst ausübt. Vielmehr reicht es in diesem Zusammenhang aus, dass der Schuldner seine **unternehmerische Tätigkeit durch die von ihm gehaltenen oder beherrschten Gesellschaften** ausübt (Supreme Court of Gibraltar ZIP 2017, 1773). Dies kann allerdings nur dann gelten, wenn der Schuldner nicht nur passiver Gesellschafter, sondern die Geschäfte dieser von ihm gehaltenen oder beherrschten Gesellschaften aktiv selbst betreibt. Darüber hinaus hat dies keinerlei Einfluss auf die internationale Zuständigkeit für das Insolvenzverfahren über das Vermögen dieser Gesellschaften. Für diese kommt Abs. 1 UAbs. 2 (→ Rn. 7 ff.) zur Anwendung. 23.2

V. Übrige natürliche Personen (Abs. 1 UAbs. 4)

Für alle übrigen – also nicht unter Abs. 1 UAbs. 3 (→ Rn. 23 ff.) fallenden – natürlichen Personen wird der Mittelpunkt der hauptsächlichen Interessen nach Abs. 1 UAbs. 4 S. 1 bis zum Beweis des Gegenteils am **gewöhnlichen Aufenthaltsort** vermutet (ausf. dazu MMS/Mankowski Rn. 119 ff.). Dies gilt nicht, wenn der gewöhnliche Aufenthaltsort in den letzten sechs Monaten verlegt wurde (Abs. 1 UAbs. 4 S. 2). Die im Vergleich zu den Gesellschaften und juristischen Personen (→ Rn. 7 ff.) bzw. einer selbstständigen gewerblichen oder freiberuflichen Tätigkeit nachgehenden natürlichen Personen (→ Rn. 23) längere Frist ergibt sich aus dem Umstand, dass natürliche Personen den gewöhnlichen Aufenthaltsort in der Regel ohne weiteres und größeren Aufwand verlegen können. 24

Für die Begründung eines gewöhnlichen Aufenthaltsorts ist erforderlich, dass die natürliche, nicht unternehmerisch tätige Person den Schwerpunkt ihrer Lebensverhältnisse an diesem Ort hat. Dies ist in der Regel dann der Fall, wenn sich an diesem Ort **die Wohnung und ggf. der Arbeitsplatz** des Schuldners befinden, da sich dann dort der Lebensmittelpunkt befindet (für die Maßgeblichkeit des Lebensmittelpunkts vgl. MMS/Mankowski Rn. 127 ff.) (→ Rn. 25.1 f.). Maßgebliche Kriterien sind insoweit die Vermögenslage und die wirtschaftliche Situation, sodass es darauf ankommt, wo die jeweilige Person die meisten ihrer Einkünfte erzielt und ausgibt bzw. 25

wo sich der Großteil ihres Vermögens befindet (EuGH NZI 2020, 805 Rn. 24 – Novo Banco SA).

25.1 Weitere Anknüpfungskriterien wie der **Wohnsitz naher Verwandter** oder **Zweitwohnsitze** sind hingegen nicht zu berücksichtigen. Auch **einzelne vertragliche Beziehungen zu Gläubigern in anderen Mitgliedstaaten** können den anhand der genannten Kriterien bestimmten gewöhnlichen Aufenthaltsort nicht relativieren. Dies gilt vor allem etwa für Konten bei Banken in anderen Mitgliedstaaten.

25.2 Ebenso wenig kann die **Staatsangehörigkeit** für die Bestimmung des Mittelpunkts der hauptsächlichen Interessen nicht herangezogen werden. Denn dies würde nicht zuletzt vor dem Hintergrund der europäischen Grundfreiheiten zweifelhaft erscheinen.

26 Eine besondere Herausforderung stellen schließlich die sog. **Grenzgänger** da, bei denen meist Wohn- und Arbeitsort nicht in dem gleichen Mitgliedstaat belegen sind. Dabei ist grundsätzlich auf den Wohnort und nicht den Arbeitsort abzustellen. Dies ergibt sich aus dem Umstand, dass die Begründung von Verbindlichkeiten typischerweise gerade am Wohnort und nicht am Arbeitsort vollzieht, sodass vor dem Hintergrund des Aspekts der Gläubigernähe (→ Rn. 4) eine Anknüpfung am Arbeitsort ausscheiden muss.

26a Für die Widerlegung der Vermutung stellt Erwägungsgrund 30 darauf ab, dass sich entweder ein Großteil des Vermögens des Schuldners außerhalb des Mitgliedstaates mit dem gewöhnlichen Wohnsitz befindet oder wenn ein Umzug nur mit dem Ziel erfolgt ist, um in einem anderen Mitgliedstaat einen Insolvenzantrag zu stellen, womit die Interessen der Gläubiger im Ausgangsmitgliedstaat beeinträchtigt werden. Diese Aspekte stellen aber nur erste Anhaltspunkte für die Widerlegung der Vermutung dar, sodass aus diesen nicht per se eine Widerlegung geschlossen werden kann; vielmehr ist eine Gesamtbewertung erforderlich (EuGH NZI 2020, 805 Rn. 27 f. – Novo Banco SA). Daher reicht es für die **Widerlegung der Vermutung** nicht schon aus, dass die natürliche Person Eigentümerin lediglich einer im Ausland belegenen Immobilie ist (EuGH NZI 2020, 805 Rn. – Novo Banco SA).

C. Bestimmung der Zuständigkeit bei Partikularinsolvenzverfahren (Abs. 2)

27 Durch Abs. 2 wird die Zuständigkeit für Partikularinsolvenzverfahren geregelt. Ausgangspunkt ist dabei, dass der Schuldner über eine **Niederlassung in einem anderen Mitgliedstaat** verfügen muss (Abs. 2 S. 1), in dem dann unter den weiteren Voraussetzungen von Abs. 2 S. 2 ein Partikularinsolvenzverfahren eröffnet werden kann. Der Begriff der Niederlassung wird in Art. 2 Nr. 10 (→ Art. 2 Rn. 26 ff.) definiert. Wird ein solches Partikularinsolvenzverfahren in dem Mitgliedstaat der Niederlassung eröffnet, sind dessen **Wirkungen** nach Abs. 2 S. 2 auf diesen Mitgliedstaat beschränkt. Bei den Partikularinsolvenzverfahren nach Abs. 2 handelt es sich aufgrund der Regelung in Abs. 3 (→ Rn. 28) immer um ein Sekundärinsolvenzverfahren.

D. Verhältnis von Sekundärinsolvenzverfahren und Hauptinsolvenzverfahren (Abs. 3)

28 Die Zulässigkeit von Sekundärinsolvenzverfahren wirft die Frage nach deren Verhältnis zu Hauptinsolvenzverfahren auf, die durch Abs. 3 dahingehend beantwortet wird, dass jedes nach der Eröffnung eines Hauptinsolvenzverfahrens nach Abs. 2 (→ Rn. 27 ff.) eröffnete Insolvenzverfahren **automatisch ein Sekundärinsolvenzverfahren** ist. Daraus ergibt sich zunächst, dass es immer nur ein Hauptinsolvenzverfahren geben kann. Darüber hinaus folgt daraus, dass es durchaus mehrere Sekundärinsolvenzverfahren nebeneinander geben kann, wobei es nicht als denklogisch ausgeschlossen ist, dass in einem Mitgliedstaat mehrere Sekundärinsolvenzverfahren eröffnet werden (→ Rn. 28.1 f.).

28.1 Die Rechtsfolge des Abs. 3 setzt aber voraus, dass die Eröffnungsentscheidung nicht aufgrund eines **Rechtsmittels** aufgehoben wurde. Denn in diesem Fall fehlt es an einer Eröffnung eines Hauptinsolvenzverfahrens nach Abs. 1 (LG Korneuburg ZInsO 2018, 164 (166)). Dabei kommt es aber darauf an, dass die Aufhebung der Eröffnungsentscheidung auch tatsächlich wirksam ist, was nach dem auf die Beschwerde anwendbaren Prozessrecht beantwortet werden muss. Dies ist bei in Deutschland erfolgreichen Beschwerden gegen die Eröffnungsentscheidung meist der Fall, sofern das Beschwerdegericht nicht sofortige Vollziehbarkeit der Beschwerdeentscheidung aussetzt (§§ 575 Abs. 5, 570 Abs. 1 ZPO iVm § 4 InsO).

28.2 Das gleiche gilt, wenn die Eröffnungsentscheidung nach nationalem Recht nichtig ist. Entscheidend ist dabei aber, ob die **Nichtigkeit nach nationalem Prozessrecht** automatisch eintritt oder die Einlegung eines Rechtsmittels erfordert.

E. Voraussetzungen für die Eröffnung von (isolierten) Partikularinsolvenzverfahren (Abs. 4)

Schließlich wird durch Abs. 4 die Zulässigkeit der Eröffnung eines Partikularinsolvenzverfahrens geregelt. Da die EuInsVO grundsätzlich dem Universalitätsprinzip folgt, stellt das Partikularinsolvenzverfahren ein Ausnahmeverfahren dar, an dessen Eröffnung strenge Anforderungen zu stellen sind. Durch Abs. 4 werden zwei Voraussetzungen für die Eröffnung eines Partikularinsolvenzverfahrens aufgestellt. Während durch Abs. 4 S. 1 lit. a die materiellen Voraussetzungen geregelt werden (→ Rn. 29 f.), normiert Abs. 4 S. 1 lit. b die Antragsbefugnis (→ Rn. 31). 29

I. Fehlende Möglichkeit der Eröffnung eines Hauptinsolvenzverfahrens (Abs. 4 S. 1 lit. a)

Ein Partikularinsolvenzverfahren kann eröffnet werden, wenn der Mitgliedstaat, in dem der Schuldner den Mittelpunkt seiner hauptsächlichen Interessen hat, die Eröffnung eines Hauptinsolvenzverfahrens nicht gestattet. Damit soll den **Interessen der Gläubiger des Mitgliedstaats der Niederlassung** entsprochen werden. Diese werden sozusagen in ihrem Vertrauen auf die Möglichkeit der Eröffnung eines Insolvenzverfahrens über das Vermögen des Schuldners in ihrem Mitgliedstaat geschützt. 30

Der Hauptanwendungsfall ist dabei die unterschiedliche Regelung der **Insolvenzfähigkeit von Schuldnern** (MMS/Mankowski Rn. 196) in verschiedenen Mitgliedstaaten. Sieht der Mitgliedstaat, in dem der Schuldner den Mittelpunkt seiner hauptsächlichen Interessen hat, die Insolvenzfähigkeit einer bestimmten Art von Schuldner nicht vor, kann ein Partikularinsolvenzverfahren in einem anderen Mitgliedstaat eröffnet werden, wenn der Schuldner dort eine Niederlassung hat und der Schuldner in diesem Mitgliedstaat insolvenzfähig ist. Der Begriff der Niederlassung wird in Art. 2 Nr. 10 (→ Art. 2 Rn. 26 ff.) definiert. 31

II. Erfordernis der Fremdantragstellung (Abs. 4 S. 1 lit. b)

Weiterhin kann ein Partikularinsolvenzverfahren nach Abs. 4 S. 1 lit. b i von Gläubiger im Mitgliedstaat der Niederlassung (sog. lokale Gläubiger, Art. 2 Nr. 11, → Art. 2 Rn. 31 f.) und nach Abs. 4 S. 1 lit. b ii von Behörden im Mitgliedstaat der Niederlassung beantragt werden. Ein Eigenantrag des Schuldners ist in Partikularinsolvenzverfahren daher nicht möglich. 32

III. Umwandlung des Partikularinsolvenzverfahrens zum Hauptinsolvenzverfahren (Abs. 4 S. 2)

Mit der Eröffnung eines Hauptinsolvenzverfahrens nach der Eröffnung eines Partikularinsolvenzverfahrens wird letzteres automatisch zu einem Sekundärinsolvenzverfahren. Damit wird sichergestellt, dass ein Partikularinsolvenzverfahren tatsächlich ein **Ausnahmeverfahren** bleibt. 33

Artikel 4 Prüfung der Zuständigkeit

(1) ¹Das mit einem Antrag auf Eröffnung eines Insolvenzverfahrens befasste Gericht prüft von Amts wegen, ob es nach Artikel 3 zuständig ist. ²In der Entscheidung zur Eröffnung des Insolvenzverfahrens sind die Gründe anzugeben, auf denen die Zuständigkeit des Gerichts beruht sowie insbesondere, ob die Zuständigkeit auf Artikel 3 Absatz 1 oder Absatz 2 gestützt ist.

(2) ¹Unbeschadet des Absatzes 1 können die Mitgliedstaaten in Insolvenzverfahren, die gemäß den nationalen Rechtsvorschriften ohne gerichtliche Entscheidung eröffnet werden, den in einem solchen Verfahren bestellten Verwalter damit betrauen, zu prüfen, ob der Mitgliedstaat, in dem der Antrag auf Eröffnung des Verfahrens anhängig ist, gemäß Artikel 3 zuständig ist. ²Ist dies der Fall, führt der Verwalter in der Entscheidung zur Verfahrenseröffnung die Gründe auf, auf welchen die Zuständigkeit beruht sowie insbesondere, ob die Zuständigkeit auf Artikel 3 Absatz 1 oder Absatz 2 gestützt ist.

Überblick

Durch Art. 4 wird die Regelung zur internationalen Zuständigkeit in Art. 3 prozessual abgesichert, indem die Prüfungskompetenz des Gerichts (Abs. 1, → Rn. 1 ff.) bzw. der bestellten Verwalter (Abs. 2, → Rn. 5 ff.) angeordnet wird.

A. Prüfung der internationalen Zuständigkeit durch das Gericht von Amts wegen (Abs. 1)

I. Prüfungskompetenz (Abs. 1 S. 1)

1   Das mit einem Antrag auf Eröffnung des Insolvenzverfahrens befasste Gericht (Art. 2 Nr. 6, → Art. 2 Rn. 11 ff.) muss von Amts wegen prüfen, ob es nach Art. 3 international zuständig ist. Damit stellt Art. 4 keine bloße Regelung zur internationalen Koordinierung von Insolvenzverfahren im Binnenmarkt dar, sondern trifft letztlich eine konkrete **(materiell-rechtliche) Regelung zum Ablauf des Insolvenzverfahrens** (→ Rn. 1.1). Aufgrund der in Abs. 1 ausdrücklich in Bezug genommenen **Prüfung** der für die Beurteilung relevanten Tatsachen, ordnet diese keine echte Ermittlung der entsprechenden Tatsachen an (AG Charlottenburg ZInsO 2018, 111; MMS/Mankowski Rn. 8; aA ebenso Thole ZIP 2018, 401 (405) mit der Annahme einer echten Ermittlungspflicht).

1.1   Die weiteren Einzelheiten des Ablaufs der Prüfung von Amts wegen werden daher durch Abs. 1 S. 1 nicht vorgegeben. Diese richten sich nach dem Verfahrensrecht des Forumstaats. Dies gilt insbesondere für die Frage, ob etwa der **Amtsermittlungs- oder der Beibringungsgrundsatz** zur Anwendung kommt (MMS/Mankowski Rn. 8; Thole ZEuP 2014, 39 (57)).

II. Begründungspflicht (Abs. 1 S. 2)

2   Das Ergebnis der Prüfung der internationalen Zuständigkeit nach Abs. 1 S. 1 muss von dem angerufenen Gericht nach Abs. 1 S. 2 begründet werden. Damit sollen die Gerichte in anderen Mitgliedstaaten in die Lage versetzt werden, sich ebenfalls hinreichend mit der (eigenen) internationalen Zuständigkeit auseinanderzusetzen. Da Abs. 1 S. 2 eine Begründungspflicht nur für den Fall der **Annahme der eigenen Zuständigkeit** anordnet, besteht diese nicht, wenn eine internationale Zuständigkeit abgelehnt wird (MMS/Mankowski Rn. 8; Thole ZEuP 2014, 39 (57)).

3   Zudem muss das angerufene Gericht begründen, ob die Zuständigkeit für ein **Hauptinsolvenzverfahren** (Art. 3 Abs. 1, → Art. 3 Rn. 2 ff.) oder ein **Partikularinsolvenzverfahren** (Art. 3 Abs. 2, → Art. 3 Rn. 27) angenommen wird.

4   Eine konkrete **Sanktion für die Verletzung der Begründungspflicht** wird durch Art. 4 nicht vorgegeben. In Betracht kommt aber ein unionsrechtlicher Staatshaftungsanspruch, da den Mitgliedstaaten durch Abs. 1 S. 2 konkrete Pflichten auferlegt werden (ebenso MMS/Mankowski Rn. 18) (→ Rn. 4.1).

4.1   Ein unionsrechtlicher Staatshaftungsanspruch dürfte allerdings in der Regel an einem **konkreten Schaden** scheitern. Denn auch wenn die Eröffnung des Insolvenzverfahrens in einem anderen Mitgliedstaat typischerweise mit einer Reihe von Nachteilen verbunden ist, dürften sich diese in nur wenigen Fällen zu konkreten Schadenspositionen verdichten. Anzunehmen wäre dies wohl aber hinsichtlich der erhöhten Rechtsdurchsetzungs- und Beratungskosten, da diese bei einer Eröffnung im „richtigen" Mitgliedstaat nicht angefallen wären. Aber auch in einem solchen Fall müsste nachgewiesen werden, dass der Schaden bei einer ordnungsgemäßen Begründung nicht entstanden wäre.

B. Prüfung der internationalen Zuständigkeit durch den Verwalter (Abs. 2)

5   Durch Abs. 2 wird den Mitgliedstaaten die Möglichkeit eröffnet, die Prüfung der internationalen Zuständigkeit einem Verwalter (Art. 2 Nr. 5, → Art. 2 Rn. 7 ff.) unter Einschluss eines vorläufigen Verwalters (Garcimartin ZEuP 2015, 694 (709); MMS/Mankowski Rn. 20) zu übertragen (→ Rn. 6). Auch diesen trifft dann eine Begründungspflicht (→ Rn. 7). Hintergrund dieses Mitgliedstaatenwahlrechts ist die unterschiedliche **Ausgestaltung der Gerichtsorganisation in Insolvenzverfahren** in den einzelnen Mitgliedstaaten. Allerdings dürfen die Mitgliedstaaten die Kompetenz nur dann auf den Verwalter übertragen, wenn das Insolvenzverfahren ohne eine gerichtliche Entscheidung eröffnet wird. Dies ist in Deutschland nicht der Fall, sodass Abs. 2 für das deutsche Insolvenzrecht keine Bedeutung hat.

I. Prüfungskompetenz (Abs. 2 S. 1)

6   Soweit dem Verwalter die Prüfungskompetenz übertragen wurde, muss dieser die internationale Zuständigkeit nach Art. 3 prüfen. Auch wenn Abs. 2 S. 1 für den **Prüfungsmaßstab** keine konkreten Vorgaben macht, muss davon ausgegangen werden, dass die für Abs. 1 (→ Rn. 2 ff.) geltenden Grundsätze entsprechend anzuwenden sind.

Gerichtliche Nachprüfung   **Art. 5 EuInsVO**

II. Begründungspflicht (Abs. 2 S. 2)

Den Verwalter trifft im Fall der Übertragung der Prüfungskompetenz auch eine Begründungs- 7
pflicht, die derjenigen nach Abs. 1 S. 2 (→ Rn. 2 ff.) entspricht. Nicht geregelt wird allerdings,
in welcher **Form** bzw. in welchem Zusammenhang die Begründung erfolgen muss. Dieser Aspekt
dürfte in der Regelungshoheit der Mitgliedstaaten liegen.

Artikel 5 Gerichtliche Nachprüfung der Entscheidung zur Eröffnung des Hauptinsolvenzverfahrens

(1) Der Schuldner oder jeder Gläubiger kann die Entscheidung zur Eröffnung des Hauptinsolvenzverfahrens vor Gericht aus Gründen der internationalen Zuständigkeit anfechten.

(2) Die Entscheidung zur Eröffnung des Hauptinsolvenzverfahrens kann von anderen als den in Absatz 1 genannten Verfahrensbeteiligten oder aus anderen Gründen als einer mangelnden internationalen Zuständigkeit angefochten werden, wenn dies nach nationalem Recht vorgesehen ist.

Überblick

Durch Art. 5 wird den Verfahrensbeteiligten die Möglichkeit einer gerichtlichen Überprüfung
der internationalen Zuständigkeit eingeräumt. Nach Abs. 1 kann der Schuldner und jeder Gläubiger die Entscheidung zur Eröffnung des Hauptinsolvenzverfahrens vor Gericht aus Gründen der
internationalen Zuständigkeit anfechten (→ Rn. 1 ff.). Darüber hinaus kann das nationale Recht
nach Abs. 2 eine Anfechtung der Entscheidung auch für andere Personen oder aus anderen Gründen zulassen (→ Rn. 6 f.).

A. Rechtsschutzmöglichkeiten für den Schuldner und die Gläubiger (Abs. 1)

Durch Abs. 1 wird für die EuInsVO ein eigenständiges Rechtsmittel gegen die Eröffnungsent- 1
scheidung des Gerichts (Art. 2 Nr. 6, → Art. 2 Rn. 11 ff.) in einem Hauptinsolvenzverfahren
normiert. Damit soll der **Problematik der Zuständigkeitsstreitigkeiten** begegnet werden, die
unter Geltung der EuInsVO 2000 noch vollständig dem nationalen Insolvenz- und Prozessrecht
der Mitgliedstaaten überlassen war.

Antragsberechtigt sind nur der Schuldner und jeder Gläubiger. Somit kommt es für das 2
Rechtsmittel nicht darauf an, ob es sich bei den Gläubigern um lokale oder ausländische Gläubiger
(Art. 2 Nr. 11, → Art. 2 Rn. 31 und Art. 2 Nr. 23, → Art. 2 Rn. 33) handelt (Garcimartín ZEuP
2015, 694 (709); MMS/Mankowski Rn. 8). Der **Verwalter** ist mangels Nennung in Abs. 1 nicht
antragsberechtigt (MMS/Mankowski Rn. 8). Ebenso wenig können andere vom Insolvenzverfahren betroffene Personen einen Antrag nach Abs. 1 stellen. Dies gilt insbesondere für Arbeitnehmer,
Gesellschafter des Schuldners oder Mitglieder des Aufsichts- oder Beirats des Schuldners.

Mit dem Rechtsmittel kann nur gegen die Entscheidung zur Eröffnung des Hauptinsolvenz- 3
verfahrens vor Gericht aus **Gründen der internationalen Zuständigkeit** vorgegangen werden.
Auf andere Gründe kann das Rechtsmittel nicht gestützt werden. Dies ist lediglich dann möglich,
wenn das Verfahrensrecht des Forumstaats dies zulässt (Abs. 2, → Rn. 6 f.). Die Beschränkung
auf die Anfechtung aus Gründen der internationalen Zuständigkeit ist zudem nicht auf die Eröffnungsentscheidung beschränkt, sondern bezieht sich auf alle Entscheidungen, die eine internationale Zuständigkeit voraussetzen. Daher können auch Sicherungsmaßnahmen unter Abs. 1 fallen
(Brinkmann FS Schilken, 2015, 631; MMS/Mankowski Rn. 4). Da Abs. 1 nur auf die internationale Zuständigkeit Bezug nimmt, kann die örtliche, sachliche oder funktionelle Zuständigkeit
nach Art. 5 nicht gerügt werden (MMS/Mankowski Rn. 6).

Weiterhin ist das Rechtsmittel nur gegen Entscheidung zur **Eröffnung des Hauptinsolvenz-** 4
verfahrens (Art. 3 Abs. 1, → Art. 3 Rn. 2 ff.) statthaft (MMS/Mankowski Rn. 4). Dabei spielt
es keine Rolle, ob es sich um die Eröffnung des vorläufigen Insolvenzverfahrens inklusiver etwaiger
Sicherungsmaßnahmen (ebenso AG Charlottenburg ZInsO 2018, 111 (112)) oder des eigentlichen
Insolvenzverfahrens handelt, da die EuInsVO dahingehend nicht mehr unterscheidet (Art. 2 Nr. 4,
→ Art. 2 Rn. 6). Entscheidungen zur Eröffnung von Sekundärinsolvenzverfahren (Art. 3 Abs. 3,
→ Art. 3 Rn. 28) oder isolierten Partikularinsolvenzverfahren (Art. 3 Abs. 4, → Art. 3 Rn. 28)
können nach Art. 5 nicht angegriffen werden.

EuInsVO Art. 6 Kapitel I. Allgemeine Bestimmungen

5   Es ist auch nicht erforderlich, durch die Entscheidung **in einer bestimmten Weise beschwert** zu sein (ebenso AG Charlottenburg ZInsO 2018, 111). Abs. 1 stellt dieses Erfordernis gerade nicht auf. Popular- oder missbräuchliche Anfechtungen von Eröffnungsentscheidungen sind dadurch auch nicht zu erwarten, da das Antragsrecht durch die Bezugnahme auf den Schuldner und die Gläubiger hinreichend eingeschränkt ist.

6   Weitere **Einzelheiten des Rechtsmittels** werden durch Abs. 1 nicht normiert. Diese Lücken – wie etwa die Frage der Frist, der Beteiligtenrechte, das Bestehen eines Suspensiveffekts usw (für die Einzelheiten vgl. etwa MMS/Mankowski Rn. 10 ff.). – sind durch die sich aus der anzufechtenden Entscheidung ergebenden **lex fori concursus** zu schließen. Dies ergibt sich mangels ausdrücklicher Regelung in Art. 5 aus Art. 7 Abs. 1 und aus Erwägungsgrund 34 (im Ergebnis auch MMS/Mankowski Rn. 10) (→ Rn. 6.1).

6.1   In **Deutschland** kommen insofern über Art. 102c § 4 EGInsO die §§ 574–577 ZPO zur Anwendung.

B. Rechtsbehelfe nach der lex fori concursus (Abs. 2)

7   Durch Abs. 2 wird den Mitgliedstaaten die Möglichkeit eröffnet, den Rechtsbehelf nach Abs. 1 auch auf **andere Verfahrensbeteiligte** oder auf **andere Gründe** auszudehnen. Dabei können die Mitgliedstaaten aber nur ihr eigenes Verfahrensrecht dahingehend modifizieren. Eine Begründung von erweiterten Rechtsmitteln, die in anderen Mitgliedstaaten eingelegt werden können, ist nach Abs. 2 nicht möglich (→ Rn. 7.1).

7.1   **Deutschland** hat von der Möglichkeit nach Abs. 2 keinen Gebrauch gemacht, sodass es für in Deutschland ergangene Eröffnungsentscheidungen bei den Beschränkungen nach Abs. 1 (→ Rn. 1 ff.) bleibt.

Artikel 6 Zuständigkeit für Klagen, die unmittelbar aus dem Insolvenzverfahren hervorgehen und in engem Zusammenhang damit stehen

(1) Die Gerichte des Mitgliedstaats, in dessen Hoheitsgebiet das Insolvenzverfahren nach Artikel 3 eröffnet worden ist, sind zuständig für alle Klagen, die unmittelbar aus dem Insolvenzverfahren hervorgehen und in engem Zusammenhang damit stehen, wie beispielsweise Anfechtungsklagen.

(2) Steht eine Klage nach Absatz 1 im Zusammenhang mit einer anderen zivil- oder handelsrechtlichen Klage gegen denselben Beklagten, so kann der Verwalter beide Klagen bei den Gerichten in dem Mitgliedstaat, in dessen Hoheitsgebiet der Beklagte seinen Wohnsitz hat, oder – bei einer Klage gegen mehrere Beklagte – bei den Gerichten in dem Mitgliedstaat, in dessen Hoheitsgebiet einer der Beklagten seinen Wohnsitz hat, erheben, vorausgesetzt, die betreffenden Gerichte sind nach der Verordnung (EU) Nr. 1215/2012 zuständig.

Unterabsatz 1 gilt auch für den Schuldner in Eigenverwaltung, sofern der Schuldner in Eigenverwaltung nach nationalem Recht Klage für die Insolvenzmasse erheben kann.

(3) Klagen gelten für die Zwecke des Absatzes 2 als miteinander im Zusammenhang stehend, wenn zwischen ihnen eine so enge Beziehung gegeben ist, dass eine gemeinsame Verhandlung und Entscheidung zweckmäßig ist, um die Gefahr zu vermeiden, dass in getrennten Verfahren miteinander unvereinbare Entscheidungen ergehen.

Überblick

Durch Art. 6 wird die internationale Zuständigkeit für sog. Annexverfahren (vis attractiva concursus) geregelt, zu denen nach Abs. 1 beispielsweise die Anfechtungsklage gehört (→ Rn. 4). Dabei besteht grundsätzlich eine internationale Zuständigkeit bei den Gerichten des Mitgliedstaats, in dem das Insolvenzverfahren eröffnet wurde (→ Rn. 3 ff.). Abweichend davon kann der Verwalter bzw. der Schuldner in Eigenverwaltung die Klage nach Abs. 2 aber auch im Mitgliedstaat des Beklagten erheben, wenn sie im Zusammenhang mit einer anderen zivil- oder handelsrechtlichen Klage steht (→ Rn. 13). Der dafür erforderliche Zusammenhang wird in Abs. 3 näher definiert (→ Rn. 17).

Übersicht

	Rn.		Rn.
A. Grundlagen	1	1. Bestehen eines engen Zusammenhangs mit dem Insolvenzverfahren	4
I. Zweck	1	2. Kein Bestehen eines engen Zusammenhangs mit dem Insolvenzverfahren	8
II. Kritik	2		
III. Anwendungsbereich	2a	III. Anwendungsbereich der Zuständigkeitsregel	9
B. Zuständigkeit der Gerichte des Mitgliedstaats der Verfahrenseröffnung (Abs. 1)	3	**C. Zuständigkeit bei im Zusammenhang stehenden zivilrechtlichen Klagen (Abs. 2)**	13
I. Erfordernis eines engen Zusammenhangs	3	**D. Definition des erforderlichen Zusammenhangs (Abs. 3)**	17
II. Einzelfälle	4		

A. Grundlagen

I. Zweck

Nach Abs. 1 sind die Gerichte (Art. 2 Nr. 6, → Art. 2 Rn. 11 ff.) des Mitgliedstaats international zuständig, in dem das Insolvenzverfahren eröffnet wurde. Damit wird eine unter der Geltung lange Zeit umstrittene und erst durch die Rechtsprechung des EuGH geklärte Frage einer ausdrücklichen Regelung zugeführt. Der Hintergrund dieser Regelung ist die Idee der **Verfahrenskonzentration im Mitgliedstaat der Verfahrenseröffnung**, da eine abweichende internationale Zuständigkeit in verschiedenen Mitgliedstaaten zu einem erheblich höheren Verfahrensaufwand führen würde. Umgekehrt ist damit aber auch eine Einschränkung der Rechte der anderen Beteiligten der betroffenen Verfahren verbunden, da diese mit der Eröffnung des Insolvenzverfahrens über das Vermögen des Schuldners möglicherweise mit einer abweichenden internationalen Zuständigkeit konfrontiert werden.

II. Kritik

Auch wenn die ausdrückliche Regelung der internationalen Zuständigkeit in sog. insolvenzrechtlichen Annexverfahren durch den europäischen Gesetzgeber in Art. 6 nachvollziehbar ist, bleibt diese Regelung ein Fremdkörper. Dies ergibt sich vor allem daraus, dass die internationale Zuständigkeit für alle (sonstigen) Zivil- und Handelssachen in der Brüssel-Ia-VO geregelt ist, sodass eine **Zersplitterung der Zuständigkeitsvorschriften** droht. Dass es sich dabei nicht nur um ein theoretisches Problem handelt, zeigt, dass die fehlende Erfassung einer Klage durch die Brüssel-I-VO wegen des Vorliegens der Voraussetzungen von deren Art. 1 Abs. 2 lit. b Brüssel-I-VO nicht automatisch zu einer Erfassung durch Art. 6 führt, auch wenn dies meist der Fall sein dürfte. Hinzu kommt, dass es wohl über kurz oder lang zu der Frage kommen wird, inwiefern einzelne Vorschriften der Brüssel-Ia-VO analog iRv Art. 6 anzuwenden sind. Insofern wäre es systematischer gewesen, auch die internationale Zuständigkeit für Insolvenzsachen in der Brüssel-Ia-VO zu regeln.

III. Anwendungsbereich

Die Zuständigkeitsregelung des Art. 6 gilt für insolvenznahe Klagen, wenn der **(Wohn-)Sitz des Beklagten** in einem Mitgliedstaat belegen ist. Ob dies auch dann gilt, wenn der (Wohn-)Sitz in einem Drittstaat belegen ist, geht aus dem Wortlaut von Art. 6 nicht eindeutig hervor. Erwägungsgrund 35 S. 2 scheint aufgrund der Bezugnahme auf die Anfechtungsklagen gegen Beklagte „in anderen Mitgliedstaaten" eine entsprechende Beschränkung nahezulegen. Allerdings ist davon auszugehen, dass Art. 6 uneingeschränkt Anwendung findet, sodass die Belegenheit des (Wohn-)Sitzes des Beklagten unbeachtlich ist (Hänel in Vallender, EuInsVO, 2017, Rn. 38; MMS/Mankowski Rn. 11; Ringe in Bork/van Zwieten, Commentary on the European Insolvency Regulation, 2016, Rn. 6.20) (→ Rn. 2a.1).

Zur **Begründung** kann im Wesentlichen auf die Rechtsprechung des EuGH in der Sache Schmid/Hertel verwiesen werden (EuGH Slg. I-6 = NZI 2014, 134), da sich die Anfechtungsklage in diesem Fall gegen eine Beklagte mit Sitz in der Schweiz richtete. Da der Verordnungsgeber bei der Reform der

EuInsVO Art. 6 Kapitel I. Allgemeine Bestimmungen

EuInsVO 2015 diese Rechtsprechung umsetzen wollte, muss davon ausgegangen werden, dass eine Beschränkung auf Beklagte mit (Wohn-)Sitz in einem Mitgliedstaat nicht beabsichtigt gewesen ist (ebenso Hänel in Vallender, EuInsVO, 2017, Rn. 38).

2a.2 Diese Sichtweise ist allerdings insofern nicht ganz unproblematisch, da der Drittstaat möglicherweise die **Anerkennung und die Vollstreckung des Urteils** verweigert (Hänel in Vallender, EuInsVO, 2017, Rn. 38; vgl. auch zur vorherigen Rechtsprechung des EuGH Paulus EWiR 2014, 85; Cranshaw ZInsO 2012, 1237 (1244 ff.)).

B. Zuständigkeit der Gerichte des Mitgliedstaats der Verfahrenseröffnung (Abs. 1)

I. Erfordernis eines engen Zusammenhangs

3 Abs. 1 erfasst alle Klagen, die unmittelbar aus dem Insolvenzverfahren hervorgehen und mit diesem in einem **engen Zusammenhang** stehen (Erwägungsgrund Nr. 35). Auch wenn dahingehend Einigkeit besteht, bleibt es bei einer weitgehenden Rechtsunsicherheit, die schon unter der alten Rechtslage bestanden hat (→ Rn. 3.1).

3.1 Im Rahmen der Arbeiten an der neuen EuInsVO war erwogen worden, eine **Definition** („Klage, die auf ein Urteil gerichtet ist, das aufgrund seines Inhalts nicht außerhalb oder unabhängig von einem Insolvenzverfahren erreicht werden kann oder erreicht werden konnte, und die nur dann zulässig ist, wenn ein Insolvenzverfahren anhängig ist." (Legislative Entschließung des Europäischen Parlaments v. 5.2.2014 zu dem Vorschlag für eine Verordnung des Europäischen Parlaments und des Rates zur Änderung der Verordnung (EG) Nr. 1346/2000 des Rates über Insolvenzverfahren, COM (2012) 744 final)) einzufügen, wovon dann aber Abstand genommen wurde. Trotz der fehlenden Umsetzung dieses Vorschlags kann diese Definition als Anhaltspunkt für die Bestimmung des erforderlichen engen Zusammenhangs herangezogen werden (ebenso Hänel in Vallender, EuInsVO, 2017, Rn. 56).

3a Nach der Rechtsprechung des EuGH zur EuInsVO 2000 ergibt sich aus dem Zusammenspiel mit der EuGVVO, dass alle unter die Bereichsausnahme des Art. 1 Abs. 2 lit. b EuGVVO fallenden Klagen automatisch in den Anwendungsbereich der EuInsVO fallen (EuGH NZI 2019, 302 Rn. 24 – NK/BNP Paribas Fortis NV; NZI 2019, 134 Rn. 30 –Azteca/Feniks; EuGH NZI 2018, 232 – Valach/Waldviertler Sparkasse Bank AG). Insofern besteht dahingehend eine **Wechselwirkung zwischen der EuInsVO und der EuGVVO.**

3a.1 Diesen Grundsatz hat der EuGH zwar noch zur **EuInsVO 2000** entwickelt. Allerdings hat der EuGH in der Rs. NK/BNP Paribas Fortis NV deutlich gemacht, dass dieser Grundsatz auch für Art. 6 zur Anwendung kommen soll (EuGH NZI 2019, 302 Rn. 27 – NK/BNP Paribas Fortis NV).

3b Für die Bestimmung des engen Zusammenhangs kommt es auf die **Rechtsgrundlage des Klageanspruchs** an (MMS/Mankowski Rn. 9; ebenso schon zur Rechtslage unter der EuInsVO 2000 EuGH NZI 2019, 302 Rn. 28 – NK/BNP Paribas Fortis NV); EuGH NZI 2018, 232 Rn. 29 – Valach/Waldviertler Sparkasse Bank AG; EuGH NZI 2018, 45 Rn. 22 – Tünkers France ua/Expert France; EuGH Slg. I-384 Rn. 28 = NZI 2015, 663 – Comité dentreprise de Nortel Networks SA ua/Cosme Rogeau ua; EuGH Slg. I-2145 Rn. 21 = NZI 2014, 919 – Nickel & Goeldner Spedition GmbH/„Kintra" UAB). Daher müssen von Abs. 1 alle Klagen erfasst werden, die sowieso nur im Insolvenzverfahren erhoben werden können.

II. Einzelfälle

1. Bestehen eines engen Zusammenhangs mit dem Insolvenzverfahren

4 Zu den von Abs. 1 erfassten Verfahren zählen vor allem schon aufgrund der Nennung in Abs. 1 **Anfechtungsklagen,** die die Eröffnung eines Insolvenzverfahrens voraussetzen (EuGH NZI 2019, 134 Rn. 32 – Azteca/Feniks) (→ Rn. 4.1).

4.1 Der Erfassung von Insolvenzanfechtungsklagen durch Abs. 1 steht auch nicht Art. 31 CMR entgegen, da es sich dabei nicht um eine Streitigkeit im Zusammenhang mit einer **Beförderung aufgrund eines gültigen CMR-Vertrages** handelt (OLG Düsseldorf RdTW 2018, 473 Rn. 17 f.).

5 Darüber hinaus werden auch die **Feststellungsklage zur Insolvenztabelle** erfasst (MMS/Mankowski Rn. 12; **aA** OLG Frankfurt a. M. BeckRS 2016, 123859 Rn. 42; Haubold IPRax 2002, 157 (163); Lüke FS Schütze, 2014, 467 (483); im Ergebnis auch zur EuInsVO 2000 EuGH

ZIP 2019, 1872). Denn auch wenn die Anmeldung zur Tabelle lediglich die außerhalb des Insolvenzverfahrens bestehende Möglichkeit der gerichtlichen Geltendmachung von Ansprüchen ersetzt, besteht ein direkter Bezug zum Insolvenzverfahren, da die Art und Weise der Geltendmachung durch die Anmeldung umfassend modifiziert wird. Die Erfassung durch Abs. 1 schließt eine Erfassung als Zivil- oder Handelssache nach Art. 1 Abs. 1 S. 1 EuGVVO aus (EuGH ZIP 2019, 1872).

Bei der **Feststellungsklage zur Insolvenztabelle** findet Art. 29 Abs. 1 EuGVVO keine Anwendung (EuGH ZIP 2019, 1872). **5.1**

Ebenfalls unter Abs. 1 fallen **Klagen gegen den Insolvenzverwalter wegen der Verletzung seiner Pflichten** (Pluta/Keller FS Vallender, 2015, 437 (450); MMS/Mankowski Rn. 18). Dies ergibt sich schon daraus, dass diese Ansprüche ohne die Eröffnung eines Insolvenzverfahrens nicht denkbar sind. Das gleiche gilt für **deliktische Schadensersatzklagen gegen die Mitglieder eines Gläubigerausschusses** wegen ihres Verhaltens bei einer Abstimmung über einen Sanierungsplan (EuGH NZI 2018, 232 – Valach/Waldviertler Sparkasse Bank AG), da auch diese Ansprüche ohne das Insolvenzverfahren nicht denkbar sind. **6**

Die Erfassung von **insolvenznahen (Organ-)Haftungsansprüchen** durch Abs. 1 ist Schwierigkeiten ausgesetzt, da die entsprechenden Qualifikationsfragen iRv Art. 7 nicht abschließend geklärt sind (→ Art. 7 Rn. 69 ff.). Zwar besteht zwischen der internationalen Zuständigkeit und dem anwendbaren Recht kein zwingender Zusammenhang (dazu in diesem Zusammenhang Mock IPRax 2016, 237 (239)). Allerdings neigt insbesondere der EuGH bei diesen Fragestellungen zu einfachen Antworten, die dann eben doch einen entsprechenden Gleichlauf ergeben (→ Rn. 7.1 ff.). **7**

Dies gilt insbesondere für das **Zahlungsverbot** nach § 64 S. 1 GmbHG, das der EuGH insolvenzrechtlich qualifiziert (EuGH Slg. 2015, I-806 Rn. 22 ff. = NZI 2016, 48 – Simona Kornhaas gegen Thomas Dithmar als Insolvenzverwalter über das Vermögen der Kornhaas Montage und Dienstleistung Ltd; dazu ausf. Mock IPRax 2016, 237 ff.) und auch als Insolvenzsache im Rahmen der internationalen Zuständigkeit betrachtet (EuGH Slg. 2014, I-2410 Rn. = NZI 2015, 88 – H gegen H. K.). Auch wenn diese Entscheidungen nur zu § 64 S. 1 GmbHG ergangen sind, ist davon auszugehen, dass für § 92 Abs. 2 AktG, §§ 130a Abs. 1, 177a HGB das gleiche gilt. **7.1**

Für die **Insolvenzverschleppungshaftung** aus § 823 Abs. 2 BGB iVm § 15a InsO (→ InsO § 15a Rn. 29) ist von einer gesellschaftsrechtlichen Qualifikation auszugehen (→ Art. 7 Rn. 80), sodass konsequenterweise auch keine Zuständigkeit nach Abs. 1 angenommen werden kann (aA MMS/Mankowski Rn. 20). Dies ist auch sachgerecht, da der Geschäftsführer nicht gezwungenermaßen im Mitgliedstaat der Verfahrenseröffnung verklagt werden muss, zumal dies tendenziell Fremdgeschäftsführer aus anderen Mitgliedstaaten benachteiligt. Insofern ist aber zu beachten, dass der EuGH anhand der bisherigen Rechtsprechung zum Zahlungsverbot (→ Rn. 6.1) in diesem Zusammenhang wohl zu einer insolvenzrechtlichen Qualifikation neigen wird. **7.2**

Die **Ansprüche aus Gesellschafterdarlehen** und die **Ansprüche auf Nutzungsüberlassung** sind ebenfalls nicht in Abs. 1 erfasst (aA MMS/Mankowski Rn. 24), da diese gesellschaftsrechtlich zu qualifizieren sind (→ Art. 7 Rn. 85). **7.3**

Klagen des Verwalters auf **Geltendmachung der persönlichen Haftung eines Personengesellschafters** (§ 93 InsO, § 171 Abs. 2 HGB) werden von Abs. 1 erfasst. Denn auch wenn es bei diesen Klagen nur um die Durchsetzung einer persönlichen Haftung der Gesellschafter einer Personengesellschaft geht, die auch außerhalb des Insolvenzverfahrens besteht, liegt aufgrund der Sperr- und Ermächtigungswirkung des § 93 InsO, § 171 Abs. 2 HGB (dazu Gottwald InsR–HdB/Haas/Mock InsO § 94 Rn. 51 ff.) ein unmittelbarer Bezug zum Insolvenzverfahren vor (Prager/Keller WM 2015, 805 (807); wohl auch Haas NZG 1999, 1148 (1152) (zur Rechtslage vor der EuInsVO); aA Hänel in Vallender, EuInsVO, 2017, Rn. 59; Lüke FS Schütze, 1999, 467 (477); Willemer, Vis attractiva concursus und die Europäische Insolvenzverordnung, 2006, 135; MMS/Mankowski Rn. 26; K. Schmidt InsO/Brinkmann Art. 3 Rn. 59) (→ Rn. 7a.1). **7a**

Dem kann auch nicht die Rechtsprechung des EuGH entgegengehalten werden, wonach der Umstand, dass nach der Eröffnung des Insolvenzverfahrens nur noch der Insolvenzverwalter einen Anspruch geltend machen kann, keinen hinreichenden Insolvenzbezug begründet (EuGH NZI 2019, 302 Rn. 29 – NK/BNP Paribas Fortis NV; EuGH NZI 2009, 741 Rn. 31, 33 – German Graphics Graphische Maschinen GmbH/Alice van der Schee, Konkursverwalterin der Holland Binding BV; EuGH NZI 2014, 919 Rn. 29 – Nickel & Goeldner Spedition GmbH/„Kintra" UAB). Denn bei § 93 InsO, § 171 Abs. 2 HGB geht es um mehr als den bloßen Übergang der Verwaltungs- und Verfügungsbefugnis aufgrund der Eröffnung des Insolvenzverfahrens (§ 80 InsO). Vielmehr werden durch § 93 InsO, § 171 Abs. 2 HGB gerade Kompeten- **7a.1** zen in Form einer **Konzentration der Geltendmachung von Ansprüchen** begründet, die vor der Eröffnung des Insolvenzverfahrens so nicht bestanden haben.

7b Die ausschließliche Zuständigkeit besteht auch für Feststellungsklagen, mit denen die negative Feststellung geltend gemacht werden soll, dass die Bestellung einer **dinglichen Sicherheit an einem Grundstück** unwirksam ist (EuGH NZI 2020, 123 – Tiger (zu Art. 3 EuInsVO 2000)). Die im internationalen Privat- und Zivilprozessrecht sonst typischerweise anzutreffende Maßgeblichkeit des Belegenheitsortes einer Immobilie gilt für das internationale Insolvenzrecht nicht.

7b.1 Von der Frage der internationalen Annexzuständigkeit ist dabei die nach dem **anwendbaren Insolvenzrecht** und der **Insolvenzfestigkeit** zu trennen. Dabei ist vor allem im Zusammenhang mit dem Insolvenzanfechtungsrecht Art. 16 zu beachten.

2. Kein Bestehen eines engen Zusammenhangs mit dem Insolvenzverfahren

8 Keine Klagen nach Abs. 1 sind hingegen alle Zivilsachen, die der (einfachen) **Durchsetzung von Ansprüchen des Schuldners** dienen (Erwägungsgrund 35). Daran ändert auch der Umstand einer **insolvenzbedingten Kündigung** nichts (Pluta/Keller FS Vallender, 2015, 437).

8.1 Für **Ansprüche gegen Organmitglieder** (wegen Verletzung ihrer nicht insolvenzbezogenen Pflichten (für diese → Rn. 7), vgl. MMS/Mankowski Rn. 14) und **Ansprüche aus vom Insolvenzverwalter geschlossenen Verträgen** (MMS/Mankowski Rn. 15) fehlt es für die Sonderzuständigkeit nach Abs. 1 an dem erforderlichen engen Zusammenhang mit dem Insolvenzverfahren.

8.2 Auch **Gläubigeranfechtungsklagen,** die keine Eröffnung eines Insolvenzverfahrens erfordern, werden von Abs. 1 nicht erfasst (EuGH NZI 2019, 134 Rn. 32 – Azteca/Feniks). Auf die Gläubigeranfechtung kommt auch nicht die Kollisionsregelung des Art. 7 zur Anwendung (→ Art. 7 Rn. 60a).

8.3 Auch **Haftungsklagen wegen unlauteren Wettbewerbs** bezüglich eines im Insolvenzverfahren erworbenen Geschäftsbereichs stellen keine Insolvenzsachen dar (EuGH NZI 2018, 45 = ZInsO 2018, 214 (zur EuInsVO 2000); zur Übertragbarkeit auf Art. 6 vgl. Mankowski NZI 2018, 46 (47); J. Schmidt EWiR 2017, 737 (738)). Diese Sichtweise dürfte auch dann gelten, wenn der Insolvenzverwalter selbst – etwa im Rahmen einer Betriebsfortführung – wettbewerbswidrige Maßnahmen vorgenommen hat und deswegen in Anspruch genommen wird. Denn aus Sicht des Geschädigten macht es keinen Unterschied, ob die wettbewerbswidrige Handlung nun durch den Schuldner selbst oder den Insolvenzverwalter vorgenommen wird. Jedenfalls kann dieser Umstand keinen Wechsel bei der internationalen Zuständigkeit begründen.

8.4 Weiterhin werden auch die sog. **Peeters/Gatzen-Klagen nach holländischem Recht** nicht von Abs. 1 erfasst (EuGH NZI 2019, 302 Rn. 34 – NK/BNP Paribas Fortis NV), die allerdings keine Entsprechung im deutschen Insolvenz- oder Prozessrecht haben (dazu Mankowski NZI 2019, 304 ff.).

8.5 Schließlich besteht bei **Rechtsstreitigkeiten zwischen Absonderungsberechtigten** ohne jede Beteiligung des Insolvenzverwalters kein enger Zusammenhang mit dem Insolvenzverfahren (OLG Saarbrücken NZI 2020, 443 (zur EuInsVO 2000); so auch schon Mankowski NZI 2010, 508 (512)).

III. Anwendungsbereich der Zuständigkeitsregel

9 Bei durch Abs. 1 begründeter internationaler Zuständigkeit handelt es sich um eine **ausschließliche Zuständigkeit** (MMS/Mankowski Rn. 27 ff.; Thole ZEuP 2014, 39 (60); Wedemann IPRax 2015, 505 (508)).

10 Dies ergibt sich zwar nicht ausdrücklich aus dem Wortlaut von Abs. 1, kann aber aus der Gesamtsystematik abgeleitet werden, insbesondere da Abs. 1 auf Art. 3 verweist, der selbst eine ausschließliche Zuständigkeit anordnet (→ Art. 3 Rn. 5). Daher kann hinsichtlich der von Abs. 1 erfassten Klagen keine **Gerichtsstandsvereinbarung** getroffen werden. Auch eine **rügelose Einlassung** ist ausgeschlossen (MMS/Mankowski Rn. 29; Mankowski NZI 2020, 123 (126)).

11 Keine Regelung enthält Abs. 1 zur Frage der **örtlichen und sachlichen Zuständigkeit** der Gerichte im Mitgliedstaat der Eröffnung des Insolvenzverfahrens. Diese Aspekte richten sich nach der lex fori concursus (MMS/Mankowski Rn. 30).

12 Schließlich gilt Abs. 1 für **alle Arten von Insolvenzverfahren,** da dieser insgesamt auf Art. 3 verweist (MMS/Mankowski Rn. 31). Allerdings ist im Rahmen von Sekundärinsolvenzverfahren die Sonderregelung von Art. 21 Abs. 2 zu beachten. Ein Feststellungstreit um die Zugehörigkeit eines Vermögensgegenstands zum Haupt- oder zum Sekundärinsolvenzverfahren ist durch analoge Anwendung der Art. 29 ff. Brüssel-Ia-VO zu lösen (Fehrenbach NZI 2015, 667; MMS/Mankowski Rn. 33).

C. Zuständigkeit bei im Zusammenhang stehenden zivilrechtlichen Klagen (Abs. 2)

Nach Abs. 2 kann der Verwalter in Abweichung von Abs. 1 (→ Rn. 3) eine Klage auch am Beklagtenwohnsitz erheben, wenn die Klage nach Abs. 1 in einem Zusammenhang mit einer anderen zivil- oder handelsrechtlichen Klage gegen denselben Beklagten steht. Damit soll den Interessen einer Verfahrenskonzentration der Zivilklagen beim Beklagtenwohnsitz und damit dem internationalen Entscheidungseinklang (Mock GPR 2013, 156 (161); MMS/Mankowski Rn. 36) entsprochen werden, sodass Abs. 2 die Möglichkeit einer Relativierung der ausschließlichen Zuständigkeit nach Abs. 1 für den Insolvenzverwalter schafft. 13

Dieser fakultative Gerichtsstand besteht nur, wenn der **Insolvenzverwalter** oder der **Schuldner in Eigenverwaltung** (Abs. 2 UAbs. 2) davon Gebrauch macht. Insofern besteht ein Wahlrecht, das nach freiem Ermessen – bzw. beim Insolvenzverwalter nach pflichtgemäßem Ermessen – ausgeübt werden kann bzw. ausgeübt werden muss. 14

Voraussetzung für das Bestehen des fakultativen Gerichtsstands ist eine **Zuständigkeit der betreffenden Gerichte nach der Brüssel-Ia-VO.** Da Abs. 2 lediglich auf das Bestehen der Zuständigkeit und nicht auf deren bereits erfolgte Feststellung abstellt, muss diese Zuständigkeit eigenständig geprüft werden. 15

Im Gegensatz zu Abs. 1 ist Abs. 2 nicht allein auf die Regelung der internationalen Zuständigkeit beschränkt. Jedenfalls Abs. 2 Alt. 2 (Verfahrenskonzentration am Wohnsitz des Ankerbeklagten) regelt auch die **örtliche Zuständigkeit,** da sich die Idee der Verfahrenskonzentration nicht verwirklichen lässt (MMS/Mankowski Rn. 44). Für Abs. 2 Alt. 1 bleibt es hingegen dabei, dass durch diesen nur die internationale Zuständigkeit geregelt wird. 16

D. Definition des erforderlichen Zusammenhangs (Abs. 3)

Schließlich wird durch Abs. 3 der für den fakultativen Gerichtsstand nach Abs. 2 erforderliche Zusammenhang definiert. Dieser setzt voraus, dass zwischen den beiden Klagen nach Abs. 2 eine so enge Beziehung gegeben ist, dass eine **gemeinsame Verhandlung und Entscheidung** zweckmäßig ist, um die Gefahr zu vermeiden, dass in getrennten Verfahren miteinander unvereinbare Entscheidungen ergehen. 17

Artikel 7 Anwendbares Recht

(1) Soweit diese Verordnung nichts anderes bestimmt, gilt für das Insolvenzverfahren und seine Wirkungen das Insolvenzrecht des Mitgliedstaats, in dessen Hoheitsgebiet das Verfahren eröffnet wird (im Folgenden „Staat der Verfahrenseröffnung").

(2) ¹Das Recht des Staates der Verfahrenseröffnung regelt, unter welchen Voraussetzungen das Insolvenzverfahren eröffnet wird und wie es durchzuführen und zu beenden ist. ²Es regelt insbesondere:
a) bei welcher Art von Schuldnern ein Insolvenzverfahren zulässig ist;
b) welche Vermögenswerte zur Insolvenzmasse gehören und wie die nach der Verfahrenseröffnung vom Schuldner erworbenen Vermögenswerte zu behandeln sind;
c) die jeweiligen Befugnisse des Schuldners und des Verwalters;
d) die Voraussetzungen für die Wirksamkeit einer Aufrechnung;
e) wie sich das Insolvenzverfahren auf laufende Verträge des Schuldners auswirkt;
f) wie sich die Eröffnung eines Insolvenzverfahrens auf Rechtsverfolgungsmaßnahmen einzelner Gläubiger auswirkt; ausgenommen sind die Wirkungen auf anhängige Rechtsstreitigkeiten;
g) welche Forderungen als Insolvenzforderungen anzumelden sind und wie Forderungen zu behandeln sind, die nach der Eröffnung des Insolvenzverfahrens entstehen;
h) die Anmeldung, die Prüfung und die Feststellung der Forderungen;
i) die Verteilung des Erlöses aus der Verwertung des Vermögens, den Rang der Forderungen und die Rechte der Gläubiger, die nach der Eröffnung des Insolvenzverfahrens aufgrund eines dinglichen Rechts oder infolge einer Aufrechnung teilweise befriedigt wurden;
j) die Voraussetzungen und die Wirkungen der Beendigung des Insolvenzverfahrens, insbesondere durch Vergleich;
k) die Rechte der Gläubiger nach der Beendigung des Insolvenzverfahrens;

l) wer die Kosten des Insolvenzverfahrens einschließlich der Auslagen zu tragen hat;
m) welche Rechtshandlungen nichtig, anfechtbar oder relativ unwirksam sind, weil sie die Gesamtheit der Gläubiger benachteiligen.

Überblick

Art. 4 regelt eines der wichtigsten Grundprinzipien der EuInsVO, wonach sich das anwendbare Insolvenzrecht nach dem Recht des Mitgliedstaats der Verfahrenseröffnung bestimmt (**lex fori concursus**). In Abs. 1, Abs. 2 S. 1 wird dieser allgemeine Grundsatz aufgestellt (→ Rn. 4 ff.), der in Abs. 2 S. 2 für eine Reihe verschiedener Spezialmaterien eine Konkretisierung erfährt (→ Rn. 21 ff.).

Übersicht

	Rn.		Rn.
A. Grundlagen	1	VIII. Anmeldung von Forderungen (Abs. 2 S. 2 lit. g)	47
B. Lex fori concursus als allgemeine Kollisionsregel (Abs. 1, Abs. 2 S. 1)	4	IX. Anmeldung, Prüfung und Feststellung von Forderungen (Abs. 2 S. 2 lit. h)	50
I. Umfang der lex fori concursus	4	X. Verteilung des Vermögens, Rangordnung der Forderungen und Gläubigerrechte bei teilweiser Befriedigung (Abs. 2 S. 2 lit. i)	51
1. Methode der Bestimmung des Umfangs der *lex fori concursus*	5		
2. Klassische – nicht von Abs. 2 S. 2 geregelte – Fälle der lex fori concursus	10		
II. Anwendbarkeit der lex fori concursus auf alle Verfahrensarten der EuInsVO	13	XI. Voraussetzungen und Wirkungen der Beendigung des Insolvenzverfahrens (Abs. 2 S. 2 lit. j)	56
III. Anwendbarkeit der lex fori concursus auf alle Verfahrensabschnitte des Insolvenzverfahrens (Abs. 2 S. 1)	15	XII. Rechte der Gläubiger nach Beendigung des Verfahrens (Abs. 2 S. 2 lit. k)	58
1. Voraussetzungen für die Eröffnung des Insolvenzverfahrens	16	XIII. Kosten des Verfahrens und Auslagen (Abs. 2 S. 2 lit. l)	61
2. Durchführung des Insolvenzverfahrens	18	XIV. Nichtigkeit, Anfechtbarkeit und relative Unwirksamkeit von Rechtshandlungen (Abs. 2 S. 2 lit. m)	63
3. Beendigung des Insolvenzverfahrens	20		
C. Regelbeispiele im Rahmen der lex fori concursus (Abs. 2 S. 2)	21	**D. Problemfälle bei der Bestimmung des Umfangs der lex fori concursus**	68a
I. Methodik und Auslegung der Regelbeispiele	22	I. Aktivklagen	68a
II. Insolvenzfähigkeit (Abs. 2 S. 2 lit. a)	23	II. Gesellschaftsrechtliche Aspekte	69
III. Massezugehörigkeit (Abs. 2 S. 2 lit. b)	27	1. Qualifikation der gesellschaftsrechtlichen Gläubigerschutzinstrumente	70
IV. Befugnisse des Schuldners und des Verwalters (Abs. 2 S. 2 lit. c)	32	2. Auswirkungen der Eröffnung des Insolvenzverfahrens auf Gesellschaften	87
V. Aufrechnung (Abs. 2 S. 2 lit. d)	34	III. Kreditsicherungsrecht	88
VI. Laufende Verträge (Abs. 2 S. 2 lit. e)	37	IV. Zivilprozessrecht	89
VII. Rechtsverfolgungsmaßnahmen einzelner Gläubiger (Abs. 2 S. 2 lit. f)	42	V. Schiedsverfahren	90
		VI. Kapitalmarktrecht	92

A. Grundlagen

1 Die Regelung des Art. 7 ist in einem engen Zusammenhang mit den Art. 8–18 zu sehen. Denn während Art. 7 die **allgemeine Kollisionsnorm** der **lex fori concursus** statuiert, enthalten die Art. 8–18 eine Reihe von Sonderanknüpfungen.

2 Bei Art. 7 handelt es sich um eine **Sachnormverweisung**, sodass das internationale Insolvenz- bzw. Privatrecht des Mitgliedstaats, dessen Recht für anwendbar erklärt wird, nicht beachtet werden muss (grundlegend Kölner Schrift InsO/Mankowski Kapitel 47 Rn. 68). Anderenfalls könnte der mit der EuInsVO verfolgte Zweck einer möglichst umfassenden Verfahrenskoordination im Binnenmarkt kaum erreicht werden. Diese Betrachtungsweise wird im Ergebnis wohl auch durch den Wortlaut von Abs. 1 belegt, da danach auf das **Insolvenz**recht des Eröffnungsstaates verwiesen wird, auch wenn dieser Verweis letztlich auch das internationale Insolvenzrecht mit umfassen könnte. Diese Grundsätze gelten auch dann, wenn auf das Recht eines Drittstaats verwiesen wird (Kölner Schrift InsO/Mankowski Kap. 47 Rn. 68).

Anwendbares Recht | **Art. 7 EuInsVO**

Auch wenn die **lex fori concursus** an das Recht des Mitgliedstaats der Eröffnung des Insol- 3
venzverfahrens anknüpft und diese iRd EuInsVO grundsätzlich nur ein EuInsVO-Mitgliedstaat
sein kann, folgt daraus nicht, dass die in Art. 7 enthaltenen **Sachnormverweise nur auf die
Rechtsordnung der Mitgliedstaaten** beschränkt sind (Kölner Schrift InsO/Mankowski Kap.
47 Rn. 69). Dies ist zwar der Regelfall, allerdings ergeben sich auch teilweise Ausnahmen. Wann
eine solche – wie etwa bei Art. 9 oder Art. 13 – vorliegt, ist im Wege der Auslegung zu bestimmen
und kann nicht abstrakt für die gesamte EuInsVO bestimmt werden.

B. Lex fori concursus als allgemeine Kollisionsregel (Abs. 1, Abs. 2 S. 1)

I. Umfang der lex fori concursus

Das Insolvenzrecht der Mitgliedstaaten zeichnet sich typischerweise dadurch aus, dass es einer- 4
seits von materiell-rechtlichen Vorschriften und andererseits von einer Reihe von Verfahrensvorschriften geprägt wird. Dies ist darauf zurückzuführen, dass sich das **Insolvenzrecht als Gesamt-
vollstreckungsrecht** aus dem Recht der Einzelzwangsvollstreckung entwickelt hat. Auch wenn
vor allem in den vergangenen Jahrzehnten eine zunehmende Erweiterung der materiell-rechtlichen
Regelungen des Insolvenzrechts zu verzeichnen ist, ist dieser Doppelcharakter des Insolvenzrechts
noch immer gegeben. Für die **lex fori concursus** als allgemeine Kollisionsregel bedeutet dies,
dass sie sich sowohl auf das materielle Insolvenzrecht als auch auf das Verfahrensrecht bezieht
(ähnlich Kölner Schrift InsO/Mankowski Kap. 47 Rn. 71 (alle insolvenzrechtlichen Fragen)).
Damit wendet das zuständige Insolvenzgericht nicht nur sein eigenes Verfahrens-, sondern auch
sein eigenes materielles Recht an (**lex propria in foro proprio**), sodass es nicht zu typischerweise
auftretenden Reibungsverlusten bei der Anwendung ausländischen Rechts kommt (Kölner Schrift
InsO/Mankowski Kap. 47 Rn. 71).

1. Methode der Bestimmung des Umfangs der *lex fori concursus*

Die genaue **Abgrenzung der lex fori concursus von anderen Statuten** ist typischerweise 5
nicht unerheblichen Schwierigkeiten ausgesetzt, was nicht zuletzt auf den geringen Umfang der
Insolvenzrechtsharmonisierung auf europäischer Ebene zurückzuführen ist. Ausgangspunkt muss
dabei immer zunächst der in Abs. 2 S. 2 enthaltene Beispielskatalog sein (→ Rn. 21 ff.). Ist eine
Subsumtion unter die dort genannten Beispiele nicht möglich, muss eine international-privatrechtliche Qualifikation des jeweiligen Rechtsinstituts vorgenommen werden. Dabei kann allerdings
nicht auf die Regelungssystematik des nationalen Rechts zurückgegriffen werden, da die EuInsVO
insgesamt und damit auch der in Abs. 1 S. 1 genannte **Begriff Insolvenzverfahren und seine
Wirkungen** autonom ausgelegt werden muss (ebenso so schon zur EuInsVO 2000 EuGH Slg. I-
9915 Rn. 42 ff. = NZI 2011, 990 – Interedil; K. Schmidt InsO/Brinkmann Rn. 5).

Da es sich bei Abs. 1 S. 1 um eine Kollisionsnorm handelt (→ Rn. 2), ist die Auslegung 6
dabei methodisch mit der **international-privatrechtlichen Qualifikation** gleichzusetzen (im
Ergebnis auch Kölner Schrift InsO/Mankowski Kap. 47 Rn. 85), sodass insofern keine Unterschiede bestehen, auch wenn die Begriffe im Schrifttum teilweise vor allem im Zusammenhang
mit der EuInsVO abweichend voneinander benutzt werden.

Die Auslegung des Begriffs **Insolvenzverfahren und seine Wirkungen** muss ihren Anfangs- 7
punkt in dem **Insolvenzverfahrensbegriff der EuInsVO** nehmen. Da für diesen das Vorliegen
eines Insolvenzgrundes, die Anordnung eines Vermögensbeschlags und die Bestellung eines Insolvenzverwalters maßgeblich sind (Art. 1 Abs. 1, → Art. 1 Rn. 10 f.), müssen diejenigen Rechtsinstitute der **lex fori concursus** unterfallen, die zwingend auf diesen Voraussetzungen aufbauen
und funktionell mit dem Insolvenzverfahren verbunden sind. Etwaige Vorprägungen durch das
nationale Recht sind dabei unbeachtlich und können die Qualifikationsfragen iRv Art. 7 nicht –
auch nicht präjudizierend – beeinflussen (grundlegend Kölner Schrift InsO/Mankowski Kap. 47
Rn. 87).

Für die nicht im Beispielskatalog von Abs. 2 S. 2 enthaltenen Rechtsinstitute kann diese genaue 8
Abgrenzung durchaus schwierig sein, zumal eine unvoreingenommene Betrachtung von Rechtsinstituten der **eigenen** Rechtsordnung aufgrund der dann immer bestehenden **path dependency**
letztlich kaum möglich ist und in der Regel auch nicht erfolgt. Hinzu kommt, dass sich die
deutschen Gerichte vor allem im Rahmen der Diskussion über die Mobilität von Gesellschaften
im Binnenmarkt durch das im internationalen Privatrecht allgemein bestehende **Problem des
Heimwärtsstrebens** ausgezeichnet haben.

Vor dem Hintergrund der bloßen Koordinierungsaufgabe der EuInsVO und der fehlenden 9
Harmonisierung des Insolvenzrechts der Mitgliedstaaten ist im Ergebnis eine restriktive Auslegung

EuInsVO Art. 7   Kapitel I. Allgemeine Bestimmungen

des Umfangs der **lex fori concursus** notwendig (ebenso so schon zur EuInsVO 2000 EuGH Slg. I-8438 Rn. 25 = NZI 2009, 741 – German Graphics Graphische Maschinen GmbH/Alice van der Schee, Konkursverwalterin der Holland Binding BV; K. Schmidt InsO/Brinkmann Rn. 7), da anderenfalls die **europarechtliche Ermächtigungsgrundlage für die EuInsVO** überschritten würde. Die Notwendigkeit einer restriktiven Auslegung des Begriffs **Insolvenzverfahren und seine Wirkungen** kann zudem im Einzelfall auch durch die **europäischen Grundfreiheiten** bedingt sein.

2. Klassische – nicht von Abs. 2 S. 2 geregelte – Fälle der lex fori concursus

10 Die **lex fori concursus** erfasst zunächst, unter welchen Voraussetzungen ein Insolvenzverfahren eröffnet werden kann und damit vor allem die **Insolvenzeröffnungsgründe** (Kölner Schrift InsO/Mankowski Kap. 47 Rn. 86). Darüber hinaus bestimmt die lex fori concursus, wer zur Einleitung des Insolvenzverfahrens berechtigt ist. Ein Fall der lex fori concursus ist auch die **Insolvenzantragspflicht** und die mit ihr verbundenen Sanktionen, auch wenn die besseren Argumente für eine gesellschaftsrechtliche Qualifikation sprechen (→ Rn. 80 ff.).

11 Die Diskussion über den Umfang und die Reichweite der lex fori concursus hat sich dabei in den vergangenen Jahren auf eine **Vielzahl von Einzelfällen** konzentriert, die bisher nur in sehr eingeschränktem Maße höchstrichterlich entschieden wurden. Dabei stehen neben dem **Unternehmensinsolvenzrecht** (→ Rn. 69 ff.) vor allem das **Kreditsicherungsrecht** (→ Rn. 88), das **Zivilprozessrecht** (→ Rn. 89), das **Schiedsverfahrensrecht** (→ Rn. 90 f.) und das **Kapitalmarktrecht** (→ Rn. 92) im Mittelpunkt der Auseinandersetzung.

12 Schließlich werden **präjudizielle Rechtsverhältnisse** als Tatbestandsmerkmale des über die lex fori concursus anwendbaren Sachrechts nicht von dieser erfasst, sondern sind als Vorfrage nach den im Mitgliedstaat der Eröffnung des Insolvenzverfahrens anwendbaren Kollisionsnormen anzuknüpfen (Kölner Schrift InsO/Mankowski Kap. 47 Rn. 73).

II. Anwendbarkeit der lex fori concursus auf alle Verfahrensarten der EuInsVO

13 Die allgemeine Kollisionsnorm des Art. 7 ist auf alle in der EuInsVO vorgesehenen Verfahrensarten anwendbar und gilt somit neben dem **Hauptinsolvenzverfahren** (→ Art. 3 Rn. 2 ff.) auch für die **Partikularinsolvenzverfahren** (→ Art. 3 Rn. 27 ff.). Zwar findet sich in Art. 35 für die Partikularinsolvenzverfahren noch einmal eine entsprechende Kollisionsnorm, die allerdings deutlich kürzer gefasst ist und bei der Konkretisierung ohnehin auf Art. 7 zurückgegriffen werden muss.

14 Zudem findet Art. 7 auch auf das **Insolvenzeröffnungsverfahren** Anwendung. Während dies unter Geltung der EuInsVO 2000 noch umstritten war, ergibt sich dies für die neue EuInsVO aus der Definition in Art. 1 und Erwägungsgrund Nr. 15 (→ Art. 1 Rn. 10 f.).

III. Anwendbarkeit der lex fori concursus auf alle Verfahrensabschnitte des Insolvenzverfahrens (Abs. 2 S. 1)

15 Nach Abs. 2 S. 1 regelt das Recht des Eröffnungsstaats, unter welchen Voraussetzungen das Insolvenzverfahren eröffnet (→ Rn. 16 ff.), wie es durchzuführen (→ Rn. 18 f.) und wie es schließlich zu beenden (→ Rn. 20) ist. Damit wird die lex fori concursus für das **gesamte Insolvenzverfahren** für verbindlich erklärt.

1. Voraussetzungen für die Eröffnung des Insolvenzverfahrens

16 Da die EuInsVO immer nur an das eröffnete Insolvenzverfahren anknüpft, die Voraussetzungen für eine Eröffnung aber in einem **unmittelbaren Sachzusammenhang mit dem späteren Insolvenzverfahren** stehen, ordnet Abs. 2 S. 1 Alt. 1 die Maßgeblichkeit der lex fori concursus auch für die Voraussetzungen für die Eröffnung des Insolvenzverfahrens an. Dieser Grundsatz wird durch Abs. 2 Satz 2 lit. a (→ Rn. 23 ff.) teilweise noch weiter konkretisiert. Ansonsten ergibt sich der Umfang der lex fori concursus direkt aus Abs. 2 S. 1 (→ Rn. 4 ff.).

17 Auch das **Insolvenzeröffnungsverfahren** wird durch Abs. 2 S. 1 Alt. 1 erfasst. Denn dieses muss für die Eröffnung des Insolvenzverfahrens typischerweise zwingend durchlaufen werden. Zur Anwendung der EuInsVO auf das Insolvenzeröffnungsverfahren → Rn. 14.

Anwendbares Recht **Art. 7 EuInsVO**

2. Durchführung des Insolvenzverfahrens

Darüber hinaus erstreckt sich die lex fori concursus nach Abs. 2 S. 1 Alt. 2 auf die gesamte **18** Durchführung des Insolvenzverfahrens. Dieses beginnt mit der **Eröffnung des Insolvenzverfahrens,** wie es in Art. 2 lit. f (→ Rn. 42 ff.) definiert ist, und findet sein **Ende,** wenn die maßgeblichen Kriterien für den Begriff des Insolvenzverfahrens in Form des Bestehens eines Vermögensbeschlags und der Bestellung eines Insolvenzverwalters (→ Art. 1 Rn. 11) nicht mehr vorliegen. Die für die Durchführung des Insolvenzverfahrens relevanten Aspekte werden durch die Tatbestände in Abs. 2 S. 2 lit. b–i, lit. l und lit. m näher definiert. Hinsichtlich der Beendigung des Insolvenzverfahrens gibt es Überschneidungen mit Abs. 2 S. 1 Alt. 3 (→ Rn. 20).

Auch die Durchführung des **Insolvenzeröffnungsverfahrens** wird in diesem Zusammenhang **19** erfasst. Zur Anwendung der EuInsVO auf das Insolvenzeröffnungsverfahren → Rn. 14.

3. Beendigung des Insolvenzverfahrens

Schließlich umfasst die lex fori concursus nach Abs. 2 S. 1 Alt. 3 auch, unter welchen Bedingun- **20** gen das Insolvenzverfahren beendet wird. Dabei ist die Formulierung in Abs. 2 S. 1 Alt. 3 aber missverständlich, da die lex fori concursus nicht nur die Voraussetzungen der Beendigung des Insolvenzverfahrens, sondern auch die **Wirkungen von deren Beendigung** erfasst. Dies wird insbesondere durch die Konkretisierung von Abs. 2 S. 1 Alt. 3 durch Abs. 2 S. 2 lit. j (→ Rn. 56 f.) und Abs. 2 S. 2 lit. k (→ Rn. 58 ff.) deutlich.

C. Regelbeispiele im Rahmen der lex fori concursus (Abs. 2 S. 2)

Zur Konkretisierung der allgemeinen Kollisionsnorm in Abs. 1, 2 S. 1 enthält Abs. 2 S. 2 eine **21** Aufzählung von Aspekten, die in jedem Fall der lex fori concursus unterfallen. Dabei handelt es sich um eine **nicht abschließende Aufzählung** (ebenso schon zur Geltung unter der EuInsVO 2000 K. Schmidt InsO/Brinkmann Rn. 18; Kölner Schrift InsO/Mankowski Kap. 47 Rn. 85). Darüber hinaus steckt Abs. 2 S. 2 einen ungefähren Rahmen für die Reichweite der lex fori concursus ab und dient somit als erster Anhaltspunkt für die insolvenzrechtliche Qualifikation (Kölner Schrift InsO/Mankowski Kap. 47 Rn. 74).

I. Methodik und Auslegung der Regelbeispiele

Die Regelbeispiele in Abs. 2 S. 2 sind schließlich – ebenso wie die gesamte EuInsVO – **auto-** **22** **nom** auszulegen.

II. Insolvenzfähigkeit (Abs. 2 S. 2 lit. a)

Nach Abs. 2 S. 2 lit. a unterfällt der lex fori concursus zunächst die Frage, bei welcher Art von **23** Schuldnern ein Insolvenzverfahren zulässig ist. Dabei ist es unbeachtlich, ob ein Insolvenzverfahren bei diesem Schuldner in dessen **Heimat- oder Herkunftsrechtsordnung** möglich ist. Ebenso kommt es nicht darauf an, dass die im Rahmen der **späteren Anerkennung der Wirkungen des Insolvenzverfahrens** am stärksten betroffene Rechtsordnung die Möglichkeit der Eröffnung eines solchen Insolvenzverfahrens vorsieht. Allerdings wird durch letzteren Aspekt nicht der **Ordre-public-**Vorbehalt des Art. 33 ausgeschlossen, der vor allem bei der Insolvenz öffentlich-rechtlicher Schuldner von Bedeutung ist.

Die Maßgeblichkeit der lex fori concursus für die Insolvenzfähigkeit nach Abs. 2 S. 2 lit. a gilt **24** dabei sowohl für die generelle Insolvenzfähigkeit als auch für die **Voraussetzungen von besonderen Verfahrensarten** (Kölner Schrift InsO/Mankowski Kap. 47 Rn. 75).

Die Anwendbarkeit des nationalen Rechts für die Bestimmung der allgemeinen oder besonde- **25** ren Insolvenzfähigkeit kann dabei dazu führen, dass nach dem Recht eines Mitgliedstaats entstandene oder als solche anerkannte Schuldner unter das Insolvenzrecht eines anderen Mitgliedstaats subsumiert werden müssen. Dabei ist bei der **Auslegung des nationalen Insolvenzrechts** allein dieses und nicht das Heimatrecht des Schuldners berufen. Auch eine autonome Auslegung scheidet aus, da diese nur für die Kollisionsnorm des Abs. 2 S. 2 lit. a selbst (→ Rn. 23), nicht aber für das anwendbare Insolvenzrecht maßgeblich ist. Dabei kann oftmals eine international-privatrechtliche Substitution notwendig sein (→ Rn. 25.1 ff.).

Für in **Deutschland** zu eröffnende Insolvenzverfahren bedeutet Abs. 2 S. 2 lit. a, dass sich die Insolvenz- **25.1** fähigkeit allein nach §§ 11 f. InsO richtet. Dabei müssen die in §§ 11 f. InsO genannten Begriffe allein anhand des deutschen (Insolvenz-)Rechts ausgelegt werden. Bei den Begriffen **juristische Person** (§ 11

Mock 2259

Abs. 1 S. 1, Abs. 3 InsO), **nicht rechtsfähiger Verein** (§ 11 Abs. 1 S. 2 InsO) oder **Gesellschaft ohne Rechtspersönlichkeit** (§ 11 Abs. 2 Nr. 1 InsO) muss in der Regel eine Substitution vorgenommen werden. Dies ist jedenfalls für die in anderen Mitgliedstaaten mit Rechtsfähigkeit versehenen Schuldner in der Regel unproblematisch (im Ergebnis auch für die EuInsVO 2000 K. Schmidt InsO/Brinkmann Rn. 20). Die Reform des Personengesellschaftsrechts durch das MoPeG hat hinsichtlich der Insolvenzfähigkeit der deutschen Personengesellschaften keine Änderungen gebracht, zumal der relevante § 11 InsO durch diese Reform unberührt geblieben ist.

25.2 Für die in **§ 12 InsO enthaltenen Begriffe** ist dies in der Regel nicht erforderlich, da die dort genannten Personen den Mittelpunkt ihrer hauptsächlichen Interessen iSv Art. 3 Abs. 1 (→ Art. 3 Rn. 2) nicht außerhalb von Deutschland haben und somit schon kein Insolvenzverfahren über deren Vermögen in einem anderen Mitgliedstaat eröffnet werden kann.

25.3 Die Frage der Insolvenzfähigkeit spielt zudem häufig bei der Eröffnung von Insolvenzverfahren in Mitgliedstaaten eine Rolle, die dem **romanischen Modell des Kaufmannskonkurses** folgen, wie dies etwa im spanischen Recht der Fall ist.

26 Soweit ein Schuldner nach seinem Gründungsrecht keine Rechtsfähigkeit mehr hat bzw. nicht mehr existent ist, richtet sich dessen Insolvenzfähigkeit dennoch nach Abs. 2 S. 2 lit. a. Dies ist allerdings nur dann relevant, wenn die lex fori concursus für derartige Schuldner ein **Nachtragsliquidationsverfahren** vorsieht.

III. Massezugehörigkeit (Abs. 2 S. 2 lit. b)

27 Zudem bestimmt die lex fori concursus nach Abs. 2 S. 2 lit. b, welche **Gegenstände zur Insolvenzmasse** gehören (→ Rn. 28) und wie die vom Schuldner **nach der Eröffnung des Insolvenzverfahrens erworbenen Vermögenswerte** (→ Rn. 29) zu behandeln sind (→ Rn. 27.1).

27.1 Dabei ist Abs. 2 S. 2 lit. b insbesondere von Abs. 2 S. 2 lit. c (→ Rn. 32) insbesondere für die Fälle des bloßen Übergangs der Befugnis zur Geltendmachung von Ansprüchen während der Dauer des Insolvenzverfahrens abzugrenzen, wie dies etwa im deutschen Insolvenzrecht bei § 93 InsO, § 171 Abs. 2 HGB der Fall ist. Da die von diesen Vorschriften erfassten Ansprüche nicht zur Insolvenzmasse gehören, fallen sie auch nicht unter Abs. 2 S. 2 lit. b, sondern werden von Abs. 2 S. 2 lit. c erfasst (→ Rn. 32).

28 Durch Abs. 2 S. 2 lit. b Alt. 1 wird nur die **Zugehörigkeit zur Insolvenzmasse** geregelt. Dies betrifft vor allem die Frage, wie weit der durch die Eröffnung des Insolvenzverfahrens ausgelöste Vermögensbeschlag reicht (BGH NZI 2017, 770 Rn. 18 = ZInsO 2017, 1858). Allerdings behält jeder Gegenstand auch nach der Eröffnung des Insolvenzverfahrens sein eigenes Statut (→ Rn. 28.1). Abs. 2 S. 2 lit. b lässt die Frage, wer Eigentümer einer Sache ist, aber unberührt. Diese ist vielmehr selbständig anzuknüpfen (BGH NZI 2017, 770 Rn. 18 = ZInsO 2017, 1858), wofür in der Regel das Recht des Belegenheitsortes maßgeblich ist.

28.1 Für ein **Insolvenzverfahren in Deutschland** bedeutet dies, dass die §§ 35 ff. InsO zur Anwendung kommen.

29 Darüber hinaus richtet sich auch der **Erwerb von Vermögenswerten** nach der Eröffnung des Insolvenzverfahrens nach der lex fori concursus (→ Rn. 29.1).

29.1 Für ein **Insolvenzverfahren in Deutschland** bedeutet dies, dass dahingehend die §§ 35 ff. InsO zur Anwendung kommen.

30 Ebenfalls unter Abs. 2 S. 2 lit. b fällt die Frage der **Pfändbarkeit** (BGH NZI 2017, 816 Rn. 15 ff. = ZInsO 2017, 1781) und damit auch die **Pfändungsfreigrenzen.** Dies ergibt sich schon aus Gründen der Praktikabilität, da der Insolvenzverwalter ansonsten für jeden Vermögensgegenstand das Recht des Vollstreckungsstaates prüfen müsste, was nicht nur zu einem erheblichen Aufwand, sondern möglicherweise auch zu einer endlosen Zahl von Wertungswidersprüchen führen kann (dazu schon Mankowski NZI 2009, 785 (787)). Der Erfassung der Pfändbarkeit und der Pfändungsfreigrenzen durch Abs. 2 S. 2 lit. b steht auch nicht Art. 21 Abs. 3 entgegen, da dieser diese Fragen gerade nicht adressiert (→ Art. 21 Rn. 16).

30.1 Für **Rentenansprüche** bedeutet dies, dass sich deren Pfändbarkeit nach dem Recht des Staates der Verfahrenseröffnung richtet. Etwaige abweichende Regelungen in der **lex causae** des Anspruchs auf die Rente sind unbeachtlich. Dies gilt auch dann, wenn die den Rentenansprüchen zugrundeliegenden Verträge eine Unpfändbarkeit vorsehen, da derartige Beschränkungen im – bei einer Verfahrenseröffnung in Deutschland maßgeblichem – deutschen Insolvenzrecht unbeachtlich sind (→ InsO § 36 Rn. 9).

Bei der **Pfändung von Arbeitseinkommen** kommt es daher nicht auf einen in einem anderen 30.2
Mitgliedstaat belegenen Arbeitsort ankommt (Kölner Schrift InsO/Mankowski Kap. 47 Rn. 76). Ebenso
wenig kommt es auf den Ort der Durchführung der Zwangsvollstreckung oder das anwendbare Arbeitsinsolvenzrecht (Art. 13) an. Allerdings kann die Anwendung von Pfändungsfreigrenzen aufgrund der damit
typischerweise verbundenen sozialpolitischen Fragestellungen unter den **Ordre-public-**Vorbehalt des
Art. 33 fallen.

Durch die Erfassung der Massezugehörigkeit durch die **lex fori concursus** ist allerdings nicht 31
ausgeschlossen, dass auf das Belegenheitsrecht im Rahmen einer **Vorfrage** abzustellen ist (Kölner
Schrift InsO/Mankowski Kap. 47 Rn. 76), soweit das anwendbare Insolvenzrecht diese Frage
aufwirft. Auch in diesem Zusammenhang kann es zudem zum Problem der **Substitution** kommen.

IV. Befugnisse des Schuldners und des Verwalters (Abs. 2 S. 2 lit. c)

Zur lex fori concursus zählen nach Abs. 2 S. 2 lit. c weiterhin die Befugnisse des Schuldners 32
und des Verwalters. Dazu zählt insbesondere die Frage, inwiefern der Schuldner nach der Eröffnung
des Insolvenzverfahrens noch seine **Verfügungsbefugnis** behält oder auf eine **Zustimmung des
Insolvenzverwalters** angewiesen ist (Kölner Schrift InsO/Mankowski Kap. 47 Rn. 77).

Dazu zählt auch die Frage, ob für den Schuldner nach Eröffnung des Insolvenzverfahrens noch 32a
die Möglichkeit der **Abtretung von Ansprüchen** besteht (FG Rheinland-Pfalz ZInsO 2018,
1685).

Ist über das Vermögen des Schuldners im Vereinigten Königreich das Insolvenzverfahren eröffnet wor- 32.1
den, ist die Abtretung des Schuldners einer ihm zustehenden Steuererstattung ohne Zustimmung oder
Genehmigung des Gerichts unwirksam (FG RhPf ZInsO 2018, 1685).

Allerdings enthält Art. 17 eine Sonderanknüpfung für den Fall des **gutgläubigen Erwerbs**. 33
Zudem ist Art. 21 Abs. 3 in diesem Zusammenhang zu beachten, wonach der Insolvenzverwalter
bei der **Ausübung seiner Befugnisse** das Recht des Mitgliedstaats beachten muss, in dem er
handelt.

V. Aufrechnung (Abs. 2 S. 2 lit. d)

Nach Abs. 2 S. 2 lit. d unterliegen auch die Voraussetzungen für die Wirksamkeit einer Aufrech- 34
nung der lex fori concursus. Dabei ist Abs. 2 S. 2 lit. d in einem unmittelbaren **Zusammenhang
mit Art. 9** zu sehen, der die vor der Eröffnung des Insolvenzverfahrens bestehende Aufrechnungslage schützt (→ Art. 9 Rn. 1). Zudem ist die **in Art. 12 enthaltene Ausnahme** für Aufrechnungen in Zahlungs- und Abwicklungssystemen zu beachten.

Der Verweis in Abs. 2 S. 2 lit. d beschränkt sich allerdings auf die **spezifisch insolvenzrechtli-** 35
chen Auswirkungen der Eröffnung eines Insolvenzverfahrens auf die Aufrechnung, sodass
sich die übrigen Voraussetzungen der Aufrechnung nach dem Aufrechnungsstatut richten, für das
in der Regel Art. 17 Rom-I-VO maßgeblich ist (→ Rn. 35.1).

Dieser beschränkte Umfang ergibt sich vor allem aus dem Umstand, dass eine vollständige Erfassung 35.1
des Aufrechnungsstatuts durch die lex fori concursus zum einen im **Wortlaut von Abs. 2 S. 2 lit. d** schon
nicht angelegt ist und zum anderen vor dem Hintergrund des **Regelungszwecks der EuInsVO** in Form
der Verfahrenskoordinierung auch nicht notwendig wäre. Zudem würde eine gegenteilige Sicht dazu
führen, dass die Eröffnung des Insolvenzverfahrens für den Gläubiger zu einem **unverdienten Glücks-
fall** (so wörtlich Geimer/Schütze/Gruber vor I 20b Art. 6 Rn. 6) werden würde, wenn das Aufrechnungsrecht des Mitgliedstaats der Eröffnung des Insolvenzverfahrens weiterreichende Aufrechnungsmöglichkeiten
als das eigentliche (ursprüngliche) Aufrechnungsstatut gestatten würde. Denn der Grund für die Zulässigkeit
der Aufrechnung würde sich vor allem dann daraus ergeben, dass das Insolvenzverfahren eröffnet wurde.
Ohne dessen Eröffnung wäre es hingegen bei den beschränkten Aufrechnungsmöglichkeiten des Aufrechnungsstatuts geblieben. Daher wird durch die Eröffnung des Insolvenzverfahrens auch kein Statutenwechsel
vollzogen.

Praktische Bedeutung hat der Verweis in Abs. 2 S. 2 lit. d vor allem dann, wenn das Recht 36
des Mitgliedstaats der Eröffnung des Insolvenzverfahrens für den Insolvenzfall eine Aufrechnungsmöglichkeit ausschließt, die nach dem Aufrechnungsstatut eigentlich besteht. Ist dies der Fall,
muss aber in einem zweiten Schritt geprüft werden, ob Art. 9 zur Anwendung kommt und die
Aufrechnungslage trotz der Verfahrenseröffnung weiter schützt.

VI. Laufende Verträge (Abs. 2 S. 2 lit. e)

37 Auch die Auswirkungen der Eröffnung des Insolvenzverfahrens auf laufende Verträge bestimmen sich nach der lex fori concursus. Insofern überlagert die lex fori concursus das Vertragsstatut hinsichtlich des **Fortbestands der vertraglichen Pflichten** nach der Eröffnung des Insolvenzverfahrens und eines etwaigen **Wahlrechts des Insolvenzverwalters**. Davon erfasst sind insbesondere insolvenzbedingte Lösungsrechte der Vertragsparteien (Kölner Schrift InsO/Mankowski Kap. 47 Rn. 78).

38 Bei den von Abs. 2 S. 2 lit. e erfassten laufenden Verträgen ist der Vertragsbegriff des europäischen Privatrechts – und dabei insbesondere derjenige des Art. 5 Nr. 1 EuGVVO – zugrunde zu legen, sodass alle **freiwillig eingegangenen Verpflichtungen** erfasst sind. Damit umfasst Abs. 2 S. 2 lit. e nicht nur schuld-, sondern auch sachenrechtliche Verträge und schließlich auch Prozessverträge.

39 Weitere Voraussetzung ist, dass es sich um **noch laufende Verträge** handelt. Dies ist immer schon dann anzunehmen, wenn eine Vertragspartei ihre vertraglichen Pflichten noch nicht vollständig erfüllt hat oder der vertragliche gesetzte Zweck noch nicht eingetreten ist.

40 Ausgenommen sind schließlich Verträge, die auch im Rahmen des europäischen Privatrechts einem eigenständigen Sonderregime unterworfen sind, wie dies etwa bei **Gesellschaftsverträgen** der Fall ist (aA aber Kölner Schrift InsO/Mankowski Kap. 47 Rn. 78). Dies ergibt sich dabei nicht aus dem Wortlaut von Abs. 2 S. 2 lit. e, sondern aus der generell fehlenden Erstreckung der lex fori concursus in diesem Zusammenhang (→ Rn. 40.1).

40.1 Bei einer **Eröffnung des Insolvenzverfahrens in Deutschland** bedeutet dies, dass die §§ 103 ff. InsO zur Anwendung kommen.

41 Schließlich sehen die Art. 11 (**Verträge über unbewegliche Gegenstände**) und Art. 13 (**Arbeitsverträge**) abweichende Sonderanknüpfungen vor. Zudem besteht mit Art. 10 Abs. 2 (→ Art. 10 Rn. 7 f.) eine Sachnorm für den Eigentumsvorbehalt, die der lex fori concursus vorgeht.

VII. Rechtsverfolgungsmaßnahmen einzelner Gläubiger (Abs. 2 S. 2 lit. f)

42 Da durch die Eröffnung des Insolvenzverfahrens typischerweise die Verfolgungsrechte der Gläubiger massiv eingeschränkt werden, unterwirft Abs. 2 S. 2 lit. f diesen Aspekt ebenfalls der lex fori concursus. **Regelungshintergrund** ist, dass anderenfalls insbesondere die Einzelzwangsvollstreckung einem anderen Recht als die durch das Insolvenzverfahren typischerweise stattfindende Gesamtzwangsvollstreckung unterliegen würde, was zu einer Beeinträchtigung der Zielsetzung des Insolvenzverfahrens führen würde (Kölner Schrift InsO/Mankowski Kap. 47 Rn. 79).

43 Somit betrifft Abs. 2 S. 2 lit. f die einem anhängigen Rechtsstreit zeitlich vorgelagerten Rechtsverfolgungsmaßnahmen. Daher erfasst Abs. 2 S. 2 lit. f neben der generellen **Klagemöglichkeit** auch die **Vollstreckbarkeit eines bereits erstrittenen Urteils** und die **Beantragung von Sicherungsmaßnahmen** im Rahmen des einstweiligen Rechtsschutzes (ebenso schon zur EuInsVO EuGH Slg. I-417 = NZI 2010, 156 – MG Probud Gdynia sp. z o.o.).

44 Aus der Zuweisung der Rechtsverfolgungsmaßnahmen an die lex fori concursus folgt auch, dass **Zwangsvollstreckungsmaßnahmen in anderen Mitgliedstaaten** unwirksam sind, soweit die lex fori concursus dies nicht gestattet. Dabei ist es unbeachtlich, dass das Recht des Mitgliedstaats der Durchführung der Zwangsvollstreckungsmaßnahmen diese zulässt. Werden dennoch entsprechende Zwangsvollstreckungsmaßnahmen durchgeführt, sind diese ipso iure nichtig (aA für die EuInsVO 2000 K. Schmidt InsO/Brinkmann Rn. 31).

44.1 Bei einer **Eröffnung des Insolvenzverfahrens in Deutschland** bedeutet dies, dass die §§ 87, 89, 90, 91 InsO zur Anwendung kommen. Keine Anwendung über Abs. 2 S. 2 lit. f kann hingegen die Rückschlagsperre des § 88 InsO finden, da es sich dabei letztlich um eine Anfechtungsregelung handelt, die Abs. 2 S. 2 lit. m (→ Rn. 63 ff.) unterliegt. Dies ist insbesondere bei der Anwendung von Art. 13 von Bedeutung.

45 Nicht erfasst sind hingegen **Rechtsbehelfsverfahren gegen Maßnahmen der Einzelzwangsvollstreckung,** die sich nach dem Recht des angerufenen Gerichts richten (Kölner Schrift InsO/Mankowski Kap. 47 Rn. 80). Dies gilt insbesondere für die Verfahren, mit denen die Aufhebung, die Einstellung oder die Suspendierung einzelner Maßnahmen erreicht werden soll (→ Rn. 45.1).

45.1 Somit bestimmt sich nach dem Recht des angerufenen Gerichts, welche **Art von Rechtsbehelfen** besteht, welche **Fristen** dafür gelten, welche **Antrags- und Begründungserfordernisse** zu beachten sind, wie das Verfahren ausgestaltet ist, ob eine **mündliche Verhandlung** notwendig ist, wer ggf. angehört oder beteiligt werden muss, welche **Mitwirkungs- und Anschlussbefugnisse** sich ergeben, welcher **Instanzenzug** besteht und ob auch Dritte Rechtsbehelfsmöglichkeiten haben (Kölner Schrift InsO/Mankowski Kap. 47 Rn. 80).

Ausgenommen sind schließlich die **Auswirkungen auf anhängige Rechtsstreitigkeiten**, die 46 der Sonderregelung des Art. 18 unterfallen. Ebenfalls ausgenommen ist die **Forderungsanmeldung**, für die Abs. 2 S. 2 lit. g (→ Rn. 47 ff.) und Abs. 2 S. 2 lit. h Sonderregelungen enthalten (→ Rn. 50).

VIII. Anmeldung von Forderungen (Abs. 2 S. 2 lit. g)

Die Anmeldung von Insolvenzforderungen und die Behandlung von nach der Eröffnung des 47 Insolvenzverfahrens entstehenden Forderungen unterliegen nach Abs. 2 S. 2 lit. g der lex fori concursus. Dabei ist die Regelung in Abs. 2 S. 2 lit. g in einem unmittelbaren Zusammenhang mit den Abs. 2 S. 2 lit. h (→ Rn. 50) und Abs. 2 S. 2 lit. i (→ Rn. 51 ff.) zu sehen, da sich alle mit dem **Aspekt der Forderungsanmeldung** auseinandersetzen. Die Abgrenzung der Abs. 2 S. 2 lit. g–i ist dabei teilweise schwierig, im Ergebnis aber ohne große Bedeutung, da zur lex fori concursus führen.

Die Regelung der Abs. 2 S. 2 lit. g beschränkt sich dabei zunächst auf die Frage, **welche** 48 **Forderungen überhaupt angemeldet** werden können. Insofern geht es um die generelle Frage, welche Forderungen im Insolvenzverfahren unberücksichtigt bleiben und damit auch keine Gläubigerrechte begründen können. Die Frage des Rangverhältnisses von Forderungen im Insolvenzverfahren wird nicht von Abs. 2 S. 2 lit. g, sondern von Abs. 2 S. 2 lit. i geregelt (→ Rn. 51 ff.).

Darüber hinaus bestimmt sich nach Abs. 2 S. 2 lit. g auch die Frage der **Behandlung von** 49 **nach der Eröffnung des Insolvenzverfahrens entstandenen Forderungen** nach der lex fori concursus. Wann eine Forderung genau entsteht, kann sich für die Zwecke von Abs. 2 S. 2 lit. g Alt. 2 dabei zwar nicht nach dem Vertragsstatut bestimmen, da Abs. 2 S. 2 lit. g insofern einen eigenständigen Begriff prägt. Allerdings wird man im Ergebnis umhinkommen, für die Entstehung der Forderung auf Forderungsstatut abzustellen, da eine autonome Bestimmung des Entstehungsbegriffs iRd EuInsVO letztlich unmöglich ist.

IX. Anmeldung, Prüfung und Feststellung von Forderungen (Abs. 2 S. 2 lit. h)

In unmittelbarem Zusammenhang mit Abs. 2 S. 2 lit. g unterstellt Abs. 2 S. 2 lit. h die Anmel- 50 dung, Prüfung und Feststellung von Forderungen der lex fori concursus. Damit sind vor allem die verfahrensrechtlichen Aspekte der eigentlichen Forderungsanmeldung gemeint. In diesem Zusammenhang ist zudem die Regelung in den Art. 45, 53 zu beachten.

Die **Klage auf Feststellung des Bestehens einer Forderung zum Zweck ihrer Anmeldung** fällt 50.1 nicht unter Art. 1 Abs. 2 lit. b EuGVVO (EuGH ZIP 2019, 1872), sondern unter Art. 6 (→ Art. 6 Rn. 5).

X. Verteilung des Vermögens, Rangordnung der Forderungen und Gläubigerrechte bei teilweiser Befriedigung (Abs. 2 S. 2 lit. i)

Im Zusammenhang mit der auch in Abs. 2 S. 2 lit. g (→ Rn. 47 ff.) und Abs. 2 S. 2 lit. i 51 (→ Rn. 51 ff.) geregelten Forderungsanmeldung unterwirft schließlich Abs. 2 S. 2 lit. i die Verteilung des Erlöses aus der Verwertung des Vermögens, den Rang der Forderung und die Gläubigerrechte, die nach der Eröffnung des Insolvenzverfahrens aufgrund eines dinglichen Rechts oder infolge einer Aufrechnung teilweise befriedigt wurden, der lex fori concursus. Damit schließt Abs. 2 S. 2 lit. i den **Regelungsaspekt der Forderungsanmeldung** ab.

Die Verteilung des Vermögens aus der Verwertung des Vermögens erfasst dabei neben der 52 Erfüllung von Insolvenzforderungen auch die Frage, inwiefern **Masseverbindlichkeiten** befriedigt werden.

Dabei schließt Abs. 2 S. 2 lit. i keine **abweichende Vereinbarungen zwischen dem Insol-** 53 **venzverwalter und den Gläubigern** aus, soweit nach dem anwendbaren Insolvenzrecht derartige Vereinbarungen zulässig sind. Die Regelung in Abs. 2 S. 2 lit. i ist eine reine Kollisions- und gerade keine Sachnorm, sodass sich etwaige Beschränkungen aus dieser selbst nicht ableiten lassen.

Mit dem **Rang der Forderungen** werden zum einen Regelungen erfasst, die Vorrechte für 54 bestimmte Gläubiger gewähren. Darüber hinaus wird aber auch der Regelungskomplex der Nachrangigkeit von Forderungen durch Abs. 2 S. 2 lit. i adressiert. Daher fällt auch der **Rangrücktritt** inklusive dessen Voraussetzungen und Wirkungen unter Abs. 2 S. 2 lit. i (im Ergebnis auch Kölner

Schrift InsO/Mankowski Kap. 47 Rn. 86). Auch das Recht der Gesellschafterdarlehen dürfte von Abs. 2 S. 2 lit. i erfasst sein, auch wenn die besseren Argumente dafür sprechen, dass diese dem Gesellschaftsstatut unterfallen (→ Rn. 85 f.).

55 Schließlich bestimmen sich auch die Rechte der Gläubiger, die nach der Eröffnung des Insolvenzverfahrens teilweise aufgrund eines **dinglichen Rechts** oder infolge einer **Aufrechnung** teilweise befriedigt wurden, nach der lex fori concursus. Bei einer vollständigen Befriedigung kommt Abs. 2 S. 2 lit. i nicht zur Anwendung, da sich diese nach Art. 8 (**dingliche Rechte**) und nach Art. 9 (**Aufrechnung**) bestimmen.

XI. Voraussetzungen und Wirkungen der Beendigung des Insolvenzverfahrens (Abs. 2 S. 2 lit. j)

56 Der lex fori concursus unterliegt nach Abs. 2 S. 2 lit. j zudem die Voraussetzungen und die Wirkungen der Beendigung des Insolvenzverfahrens, womit sogleich eine **Konkretisierung der in Abs. 2 S. 1 Alt. 3** (→ Rn. 20) **enthaltenen Regelung** verbunden ist. Diese Regelung wird durch Abs. 2 S. 2 lit. k komplettiert, die nur bedingt von Abs. 2 S. 2 lit. j abgegrenzt werden kann, da beide ua die Wirkungen der Beendigung des Insolvenzverfahrens regeln. Da beide Regelungen aber auf die lex fori concursus verweisen, ist eine genaue Abgrenzung nicht erforderlich.

57 Damit ist zunächst allgemeine **jede Form der Verfahrensbeendigung** gemeint (ebenso unter Geltung der EuInsVO 2000 EuGH Slg. I-739 Rn. 46 ff. = NZI 2013, 106 – Bank Handlowy vs Christianapol). Somit ist vor allem auch eine Beendigung im Rahmen eines **Insolvenzplans** erfasst (Kölner Schrift InsO/Mankowski Kap. 47 Rn. 83).

XII. Rechte der Gläubiger nach Beendigung des Verfahrens (Abs. 2 S. 2 lit. k)

58 Mit den Wirkungen der Beendigung des Insolvenzverfahrens wird vor allem das Problem der **Nachhaftung des Schuldners** als auch die **Restschuldbefreiung** geregelt. Dies gilt unabhängig davon, ob das Insolvenzverfahren erfolgreich durchgeführt wird oder nicht.

59 Die lex fori concursus bestimmt iRv Abs. 2 S. 2 lit. k auch, ob eine Forderung nach dem Insolvenzverfahren nach geltend gemacht werden kann. Da die einzelnen Insolvenzrechte der Mitgliedstaaten insbesondere für die Restschuldbefreiung unterschiedliche Folgen bzw. Begründungen für die **fehlende Durchsetzbarkeit der betroffenen Forderungen** vorsehen, bleibt es dem Forderungsstatut überlassen, die fehlende Durchsetzbarkeit zu bewerkstelligen.

60 Neben Abs. 2 S. 2 lit. k kann aber auch Art. 32 Abs. 1 UAbs. 1 einschlägig sein, was immer dann der Fall ist, wenn die Rechte der Gläubiger durch eine **gesonderte Entscheidung im Rahmen der Beendigung des Insolvenzverfahrens** betroffen sind, wie dies etwa bei der Erteilung von Konkursscheinen der Fall ist (Kölner Schrift InsO/Mankowski Kap. 47 Rn. 83). Wird die Restschuldbefreiung im Rahmen eines eigenen Verfahrens erteilt, bestimmt sich die Anerkennung nach Art. 32 Abs. 1 UAbs. 2 (Kölner Schrift InsO/Mankowski Kap. 47 Rn. 83).

60a Keine Anwendung findet Abs. 2 S. 2 lit. k im Rahmen der **Einzelgläubigeranfechtung nach dem Anfechtungsgesetz**, da diese nicht zwingend mit der Eröffnung eines Insolvenzverfahrens verbunden ist (FG München EFG 2018, 915 Rn. 37 (zur EuInsVO 2000)) (→ Rn. 60a.1 f.).

60a.1 Eine europäische Kollisionsregel gibt es in diesem Zusammenhang nicht, sodass auf das **internationale Privatrecht der einzelnen Mitgliedstaaten** zurückgegriffen werden muss. In Deutschland ist dies in § 19 AnfG geregelt, sodass bei Sachverhalten mit Auslandsberührung für die Anfechtbarkeit einer Rechtshandlung das Recht maßgeblich ist, dem die Wirkungen der Rechtshandlung unterliegen. Viele Mitgliedstaaten verwenden aber andere Anknüpfungspunkte (dazu etwa Fuchs NZI 2019, 136 (137)).

60a.2 Für diese Klagen besteht auch **keine internationale Zuständigkeit** nach Art. 6 (EuGH NZI 2019, 134 – Azteca/Feniks), sodass in diesem Zusammenhang vielmehr die EuGVVO zur Anwendung kommt.

XIII. Kosten des Verfahrens und Auslagen (Abs. 2 S. 2 lit. l)

61 Nach Abs. 2 S. 2 lit. l unterliegen auch die Kosten des Verfahrens und die Auslagen der lex fori concursus, wozu vor allem die **Vergütung des Insolvenzverwalters** und etwaiger Organe im Insolvenzverfahren zählt (ausf. dazu Mock FS Haarmeyer, 2013, 157 ff.).

62 Kein Aspekt von Abs. 2 S. 2 lit. l ist die Frage, ob die Gläubiger bei der **Verwertung ihrer Sicherungsrechte** einen Abschlag vom Erlös zugunsten der Masse hinnehmen müssen, da insofern Art. 8 einschlägig ist, wenn sich das Sicherungsgut im Zeitpunkt der Eröffnung des Insolvenzverfahrens in einem anderen Mitgliedstaat als dem Eröffnungsstaat befindet (→ Rn. 62.1).

Anwendbares Recht   **Art. 7 EuInsVO**

62.1 Bei Insolvenzverfahren in Deutschland finden die §§ 170 f. InsO keine Anwendung, da insofern Art. 8 lex specialis ist.

XIV. Nichtigkeit, Anfechtbarkeit und relative Unwirksamkeit von Rechtshandlungen (Abs. 2 S. 2 lit. m)

63 Schließlich unterwirft Abs. 2 S. 2 lit. m auch die Nichtigkeit, Anfechtbarkeit und relative Unwirksamkeit aufgrund einer Gläubigerbenachteiligung der lex fori concursus. Dabei ist es unbeachtlich, welcher der Rechtsfolgen durch die lex fori concursus konkret angeordnet wird, solange jedenfalls eine Gläubigerbenachteiligung vorliegt. Entscheidend ist insofern nur, dass die **Folgen gläubigerbenachteiligender Rechtshandlungen** rückgängig gemacht werden.

64 Zentrale Voraussetzung von Abs. 2 S. 2 lit. m ist zunächst, dass ein **qualifizierter Binnenmarktbezug** vorliegt, der nur dann anzunehmen ist, wenn die lex causae der Rechtshandlung das Recht eines EuInsVO-Mitgliedstaats ist. Soweit dies nicht der Fall ist, kommt das autonome Insolvenzrecht der lex fori zur Anwendung. Dies ergibt sich aus dem Umstand, dass anderenfalls die iRv Art. 16 bestehenden Sonderanknüpfung ins Leere gehen würde, da diese nur auf das Recht eines EuInsVO-Mitgliedstaats verweist. Die internationale Zuständigkeit bei Anfechtungsklagen ist in Art. 6 geregelt (→ Art. 6 Rn. 3).

65 Die erforderliche Gläubigerbenachteiligung kann nur dann angenommen werden, wenn eine Rechtshandlung **alle Gläubiger** benachteiligt. Daraus kann allerdings nicht geschlossen werden, dass eine nach der lex fori concursus nichtige, anfechtbare oder relativ unwirksame Veräußerung einer Sache mit einer wertausfüllenden Besicherung zugunsten eines Gläubigers nicht den Anforderungen von Abs. 2 S. 2 lit. m entspricht. Denn die Gläubigerbenachteiligung ist unabhängig von etwaigen Ab- oder Aussonderungsrechten zu bestimmen, sodass nach der lex fori concursus nichtige, anfechtbare oder relativ unwirksame Veräußerung einer Sache immer gläubigerbenachteiligend ist, soweit die Forderungen der Gläubiger nicht vollständig erfüllt werden.

66 Die Nichtigkeit, Anfechtbarkeit und relative Unwirksamkeit von Rechtshandlungen erfordert zudem einen insolvenzrechtlichen Bezug, sodass insbesondere die (einfache) **Gläubigeranfechtung nach dem AnfG** lediglich vollstreckungsrechtlich zu qualifizieren ist und damit nicht von lit. m erfasst wird (FG München EFG 2018, 915 Rn. 37 (zur EuInsVO 2000)). Zur fehlenden Erfassung durch Abs. 2 S. 2 lit. k → Rn. 60a.

67 Weitegehend unklar ist noch immer, ob schließlich die **Gläubigerschutzinstrumente des Gesellschaftsrechts** wie die Insolvenzverschleppungshaftung (→ Rn. 78 ff.) und das Recht der Gesellschafterdarlehen (→ Rn. 85 f.) unter Abs. 2 S. 2 lit. m fallen, da deren Qualifikation noch nicht abschließend geklärt ist (→ Rn. 67.1).

67.1 Bei einer **Eröffnung des Insolvenzverfahrens in Deutschland** bedeutet dies, dass vor allem die §§ 129 ff. InsO über Abs. 2 S. 2 lit. m zur Anwendung kommen. Ebenfalls durch Abs. 2 S. 2 lit. m wird die **Rückschlagesperre des § 88 InsO** erfasst, da es sich dabei der Sache nach um eine anfechtungsrechtliche Regelung handelt.

67.2 Für die Frage des Verhältnisses des **Umwandlungsrechts** zur Insolvenzanfechtung hat die Rechtsprechung des EuGH vom 30.1.2020 (EuGH Slg. I-56 = NZG 2020, 550 – I.G.I.Srl/Cocenia ua) teilweise Rechtssicherheit gebracht, in dem der EuGH eine Anwendbarkeit des Insolvenzanfechtungsrechts nicht als Verstoß gegen die Vorschriften der Spaltungsrichtlinie (82/891/EWG) betrachtet hat. Die Insolvenzanfechtung kann dabei insbesondere auch auf eine Rückabwicklung der Spaltung gerichtet sein. Diese Grundsätze lassen sich auch auf andere Umwandlungsvorgänge übertragen, wobei zu beachten ist, dass nicht alle Umwandlungsvorgänge des deutschen Umwandlungsrechts ihren Ursprung im europäischen Gesellschaftsrecht haben.

68 Bei der Anwendung der lex fori concursus über Abs. 2 S. 2 lit. m muss allerdings immer auch Art. 16 geprüft werden, der insofern eine **abweichende Sonderanknüpfung** für den Fall der Insolvenzfestigkeit einer Rechtshandlung nach der lex causae enthält.

D. Problemfälle bei der Bestimmung des Umfangs der lex fori concursus

I. Aktivklagen

68a Nicht von der lex fori concursus sind Verträge – und auf diesen aufbauende Ansprüche und Klagen – erfasst, die der Schuldner schon **vor der Insolvenz mit Dritten abgeschlossen** hat (EuGH NZI 2020, 41 – CeDe Group AB gegen KAN Sp. z o.o. (zu Art. 4)). Daran ändert auch der Umstand nichts, dass die meisten Insolvenzrechtsordnungen die Verwaltungs- und Verfügungs-

EuInsVO Art. 7 Kapitel I. Allgemeine Bestimmungen

befugnis mit der Eröffnung des Insolvenzverfahrens auf den Insolvenzverwalter übergehen lassen. Dies gilt erst recht, wenn diese Ansprüche an einen an dem Insolvenzverfahren nicht beteiligten Dritten abgetreten wurden.

II. Gesellschaftsrechtliche Aspekte

69   Im Mittelpunkt der Auseinandersetzung um die Reichweite und den Umfang der lex fori concursus steht zunächst das Unternehmensinsolvenzrecht. Die Intensität dieser Auseinandersetzung ist zum einen auf die **enorme praktische Bedeutung des Unternehmensinsolvenzrechts** und zum anderen auf die **Rechtsprechung des EuGH zur Niederlassungsfreiheit** zurückzuführen (dazu MüKoBGB/Kindler Internationales Gesellschaftsrecht Rn. 427 ff.). Denn letztere hat zu einer erhöhten Mobilität von Gesellschaften im Binnenmarkt geführt, womit sogleich eine **Konfrontation** der gläubigerschützenden Aspekte des Gesellschaftsrechts mit dem Insolvenzrecht der übrigen Mitgliedstaaten verbunden war (ausf. Mock IPRax 2016, 237 ff.). Zu diesen beiden, die bisherige Entwicklung im Wesentlichen prägenden Faktoren ist durch die Reformwelle in den Insolvenzrechten der Mitgliedstaaten ein weiterer Aspekt in Form der **Überlagerung des Gesellschafts- durch das Insolvenzrecht** hinzugekommen, der auf die stärkere Betonung des Sanierungsgedankens zurückzuführen ist.

1. Qualifikation der gesellschaftsrechtlichen Gläubigerschutzinstrumente

70   Das Gesellschaftsrecht der einzelnen Mitgliedstaaten, aber auch das europäische (supranationale) Gesellschaftsrecht kennt eine Reihe von Gläubigerschutzinstrumenten, die teilweise erheblich voneinander abweichende Ausprägungen in den einzelnen Mitgliedstaaten erfahren haben. Neben dem klassischen Kapitalschutzsystem mit seinen Grundsätzen der **Kapitalaufbringung und -erhaltung** (→ Rn. 72 ff.) ist dabei die **Durchgriffshaftung** (→ Rn. 75 ff.), die **Insolvenzverschleppungshaftung** (→ Rn. 78 ff.) und schließlich das **Recht der Gesellschafterdarlehen** (→ Rn. 85 f.) zu nennen.

71   Methodisch steht die Auslegung von Abs. 1 S. 1 bzw. die damit verbundene internationalprivatrechtliche Qualifikation vor dem Dilemma, dass die EuInsVO im Prinzip keinerlei gesellschafts- oder unternehmensinsolvenzrechtliche Regelungen enthält. Allerdings kann das **europäische Gesellschaftsrecht als Auslegungshilfe** herangezogen werden. Dies gilt vor allem für die – allerdings noch nicht verabschiedete – Verordnung über das Statut einer europäischen Privatgesellschaft. Denn für diese supranationale Gesellschaftsform hat der europäische Gesetzgeber eine Reihe von Aspekten im Rahmen dieses Verordnungsentwurfs geregelt, die Rückschlüsse auf sein Verständnis in der Abgrenzung von Gesellschafts- und Insolvenzrecht zulassen (dazu ausf. Jahrbuch Junger Zivilrechtswissenschaftler/Mock, Einheit des Privatrechts, komplexe Welt – Herausforderungen durch fortschreitende Spezialisierung und Interdisziplinarität, 2009, 365 ff.).

72   **a) Kapitalschutzsystem (Kapitalaufbringung und -erhaltung).** Das in den meisten mitgliedstaatlichen Gesellschaftsrechten bestehende Kapitalschutzsystem stellt **keinen Aspekt der lex fori concursus** dar. Denn auch wenn dieses Regelungssystem dem Gläubigerschutz dient, steht es in keinem zwingenden Zusammenhang mit dem Insolvenzverfahren. Dies gilt dabei nicht nur für die Kapitalgesellschaften, sondern auch für die Personengesellschaften, soweit bei diesen eine Haftungsbeschränkung wie etwa bei der deutschen Kommanditgesellschaft (§§ 171 f., 176 HGB) möglich ist. Seit der neuen Rechtsprechung des EuGH zur Niederlassungsfreiheit richtet sich diese Frage vielmehr nach dem Recht des **Gründungsstaats der Gesellschaft,** sodass nach einer Sitzverlegung einer Gesellschaft in einen anderen Mitgliedstaat das Gesellschafts- und das Insolvenzstatut auseinanderfallen.

73   Diese fehlende insolvenzrechtliche Qualifikation des Kapitalschutzsystems berührt allerdings nicht die Frage nach der **Befugnis zur Geltendmachung der sich im Rahmen diesen Systems ergebenden Ansprüche.** Denn auch wenn die einzelnen Gesellschaftsrechte der Mitgliedstaaten für die Geltendmachung dieser Ansprüche bestimmte Verfahren und innergesellschaftliche Kompetenzzuweisungen vornehmen, sind diese im Fall der Eröffnung des Insolvenzverfahrens unbeachtlich, wenn es sich dabei um Ansprüche der Gesellschaft handelt, diese in die Insolvenzmasse (der Gesellschaft) fallen und das anwendbare Insolvenzrecht dem Insolvenzverwalter die Befugnis zur Geltendmachung von zur Insolvenzmasse gehörenden Ansprüchen einräumt.

74   Schließlich berührt die gesellschaftsrechtliche Qualifikation (→ Rn. 72) nicht die **Frage nach der internationalen Zuständigkeit zur Geltendmachung** der sich aus dem Kapitalschutzsystem ergebenden Ansprüche.

75   **b) Durchgriffshaftung (insbesondere Existenzvernichtungshaftung).** Die in den Gesellschaftsrechten der Mitgliedstaaten typischerweise als Durchgriffshaftung bezeichnete Haftung der

Anwendbares Recht   **Art. 7 EuInsVO**

Gesellschafter einer Kapitalgesellschaft für deren Verbindlichkeiten ist **kein Bestandteil der lex fori concursus** (ebenso schon zur EuInsVO 2000 K. Schmidt InsO/Brinkmann Rn. 10). Dies ergibt sich daraus, dass dieses Haftungsinstitut in keinem unmittelbaren Zusammenhang mit dem Insolvenzverfahren steht und dieses insbesondere in keiner Weise voraussetzt. Dem steht auch nicht entgegen, dass die Durchgriffshaftung typischerweise erst vom Insolvenzverwalter geltend gemacht wird, da dieser Umstand darauf zurückzuführen ist, dass die Durchgriffshaftung meist bei kleineren Gesellschaften einschlägig ist, bei denen die Geschäftsführer häufig auch Gesellschafter sind, sodass es an einem entsprechenden Anreiz zur Durchsetzung dieser Haftung fehlt.

Bei der Durchgriffshaftung ist vielmehr eine **gesellschaftsrechtliche Qualifikation** vorzunehmen, da sie eine Kernfrage des Kapitalgesellschaftsrechts in Form der Beschränkung der unmittelbaren Haftung der Gesellschafter für die Verbindlichkeiten der Gesellschaft betrifft. Dem kann auch nicht entgegengehalten werden, dass die als **Existenzvernichtungshaftung** bezeichnete Durchgriffshaftung im deutschen Kapitalgesellschaftsrecht durch die höchstrichterliche Rechtsprechung unter § 826 BGB (BGHZ 173, 246 = NJW 2007, 2689 – Trihotel) gefasst wurde (so aber K. Schmidt InsO/Brinkmann Rn. 10 unter Geltung der EuInsVO 2000) (→ Rn. 76.1).   76

Die **fehlende Überzeugungskraft der deliktsrechtlichen Qualifikation** zeigt sich letztlich bei der   76.1
Bestimmung des anwendbaren Rechts. Denn nach Art. 4 Abs. 2 Rom-II-VO bestimmt sich das anwendbare Deliktsrecht nach dem Recht des Staats, in dem der Schaden eintritt. Für die Existenzvernichtungshaftung müsste dann konsequenterweise bestimmt werden, ob es dabei auf den Schaden der Gesellschaft oder den Schaden der Gläubiger abzustellen ist. Unabhängig davon erscheint es auch in diesem Zusammenhang fragwürdig, ob eine mit einer deliktsrechtlichen Qualifikation verbundene Außerachtlassung des Gründungsgesellschaftsrechts tatsächlich mit der Niederlassungsfreiheit vereinbar ist.

In einem unmittelbaren Zusammenhang mit der Frage nach der Qualifikation der Durchgriffs-   77
haftung steht das Problem der **Befugnis zur Geltendmachung der Haftung** (→ Rn. 77.1 f.).

Denn wenn man wie hier der **gesellschaftsrechtlichen Qualifikation** (→ Rn. 76) folgt, ergibt sich   77.1
jedenfalls für das deutsche Gesellschaftsrecht eine Befugnis des Insolvenzverwalters nach § 80 InsO, da es sich bei § 826 BGB um eine reine Innenhaftung handelt. Ist dies nach dem anwendbaren Gesellschaftsrecht nicht der Fall, ist nach der lex fori concursus zu bestimmen, ob es sich um Ansprüche der Gläubiger und/oder der Gesellschaft handelt und diese während des Insolvenzverfahrens nur vom Insolvenzverwalter geltend gemacht werden können, wie dies im deutschen Insolvenzrecht aufgrund von § 93 InsO der Fall ist.

Folgt man hingegen einer **deliktsrechtlichen Qualifikation** (→ Rn. 76.1) ist immer nach der lex   77.2
fori concursus zu bestimmen, ob die Ansprüche der Gläubiger während des Insolvenzverfahrens nur vom Insolvenzverwalter geltend gemacht werden können.

c) **Insolvenzverschleppung.** Große Bedeutung hat ferner die Qualifikation der Insolvenzver-   78
schleppungshaftung, wobei es sich dabei um eine **Reihe von Rechtsinstituten** handelt. Eine einheitliche Qualifikation muss dabei ausscheiden, da zwischen diesen Rechtsinstituten teilweise erhebliche Unterschiede bestehen (ausf. Mock IPRax 2016, 237 ff.). Dabei lassen sich – nicht zuletzt aus rechtsvergleichender Sicht – drei verschiedene Tatbestände unterscheiden. Neben der bloßen Begründung erhöhter Sorgfaltspflichten für Geschäftsleiter in Insolvenznähe (→ Rn. 79) ist dabei die Pflicht zur Insolvenzantragsstellung (→ Rn. 80 ff.) und schließlich Zahlungsverbote (→ Rn. 84) zu nennen.

aa) **Erhöhte Sorgfaltspflichten für Geschäftsleiter in Insolvenznähe.** Die in vielen   79
Rechtsordnungen bestehenden erhöhten Sorgfaltspflichten für Geschäftsleiter in Insolvenznähe sind **gesellschaftsrechtlich zu qualifizieren**, da sie nicht zwingend mit einem Insolvenzverfahren in Zusammenhang stehen. Vielmehr ist es so, dass die Eröffnung des Insolvenzverfahrens bei einer Beachtung dieser Pflichten meist vermieden wird.

bb) **Pflicht zur Insolvenzantragsstellung.** Zudem statuiert eine Reihe von Mitgliedstaaten   80
die Pflicht, bei Vorliegen eines Insolvenzgrundes einen Insolvenzantrag zu stellen. Kommt der Antragsverpflichtete dem nicht nach, löst dies teilweise eine zivil- und/oder strafrechtliche Haftung aus, was typischerweise als (eigentliche) Insolvenzverschleppungshaftung bezeichnet wird. Dabei muss grundsätzlich zwischen einer **Insolvenzantragspflicht der Geschäftsleiter** (→ Rn. 81) und der **Insolvenzantragspflicht der Gesellschafter** (→ Rn. 82) unterschieden werden. In diesem Zusammenhang muss die Rechtsprechung des EuGH hinsichtlich der Qualifikation des Zahlungsverbots beachtet werden. Auch wenn diese keine unmittelbare Auswirkung auf die Insolvenzantragspflicht der Geschäftsleiter hat, spricht viel dafür, dass der EuGH diese auch insolvenzrechtlich qualifiziert (Mock IPRax 2016, 237 (241)).

81 **(1) Insolvenzantragspflicht der Geschäftsleiter.** Die Pflicht, bei Vorliegen eines Insolvenzgrundes einen Insolvenzantrag zu stellen, ist dabei **gesellschaftsrechtlich zu qualifizieren** und wird somit nicht von der lex fori concursus erfasst. Dies bedeutet für die im deutschen Recht nach § 15a Abs. 1 InsO bestehende Insolvenzantragspflicht nur bei (deutschen) juristischen Personen und gerade nicht bei ausländischen Gesellschaften mit Verwaltungssitz in Deutschland zur Anwendung kommen kann (→ Rn. 81.1 ff.). Zur Frage der internationalen Zuständigkeit für entsprechende Klagen → Art. 6 Rn. 6.1.

81.1 Für diese Betrachtungsweise spricht vor allem, dass die tatsächliche Erfüllung der Insolvenzantragspflicht **keine zwingende Voraussetzung für die Durchführung des Insolvenzverfahrens** ist. Zwar setzt ein Insolvenzverfahren typischerweise einen Insolvenzantrag voraus. Allerdings ist es dabei eher Regelungsgegenstand des Gesellschaftsrechts, wer innerhalb des Verbands dazu verpflichtet ist.

81.2 Für die Frage der Qualifikation der nach § 15a Abs. 1 InsO bestehenden Insolvenzantragspflicht ist zudem der **Regelungsstandort** unbeachtlich. Dies ergibt sich zunächst daraus, dass dieser bei der international-privatrechtlichen Qualifikation ohnehin nur eine untergeordnete Rolle spielt und die autonome Auslegung von Art. 7 nicht beeinflussen kann. Zudem war die Insolvenzantragspflicht bis zum MoMiG in § 64 Abs. 1 GmbHG aF geregelt, sodass aus historischer Sicht zwei unterschiedliche Regelungsstandorte bestanden, sodass sich dessen Bedeutung entsprechend relativiert. Hinzu kommt, dass der Gesetzgeber des MoMiG die Verschiebung der Insolvenzantragspflicht in den § 15a Abs. 1 InsO nur vorgenommen hat, um eine entsprechende insolvenzrechtliche Qualifikation zu indizieren (so ausdrücklich Begr RegE MoMiG, BT-Drs. 16/6140, 55).

81.3 Zudem besteht die Insolvenzantragspflicht typischerweise nur für **bestimmte Arten von Gesellschaften,** was ebenfalls eine gesellschaftsrechtliche Qualifikation nahelegt. Dies wird etwa bei § 15a Abs. 1 InsO deutlich, der nur auf juristische Personen und gerade nicht auf Personenhandelsgesellschaften Anwendung findet.

81.4 Außerdem stellt sich in diesem Zusammenhang die Frage nach der **Vereinbarkeit der insolvenzrechtlichen Qualifikation mit der Niederlassungsfreiheit.** Denn durch die Anwendung der nach dem Recht eines Mitgliedstaats bestehenden Insolvenzantragspflicht auf Gesellschaften aus anderen Mitgliedstaaten wird für diese die Möglichkeit der Verlegung des Verwaltungssitzes nach Deutschland beschränkt, da sie in Deutschland bei Bestehen eines Insolvenzgrundes einen Insolvenzantrag stellen müssen, womit dann bei der Eröffnung eines Insolvenzverfahrens ein Vermögensbeschlag und die Bestellung eines Insolvenzverwalters verbunden ist. Betrachtet man zudem das für die EuGH bei der Niederlassungsfreiheit maßgebliche Informationsmodell, wird ebenfalls keine andere Sichtweise indiziert. Denn die Gläubiger können anhand des offenzulegenden Nennkapitals ohne Weiteres die finanziellen Rahmenbedingungen der Gesellschaft erkennen.

82 **(2) Insolvenzantragspflicht der Gesellschafter.** Zudem ist teilweise in den Gesellschaftsrechten der Mitgliedstaaten – wie etwa im deutschen Recht durch § 15a Abs. 3 InsO im Fall der Führungslosigkeit – eine Insolvenzantragspflicht für die Gesellschafter einer Kapitalgesellschaft vorgesehen. Auch diese Pflichten sind **gesellschaftsrechtlich zu qualifizieren,** da sie den für die juristischen Personen elementaren Aspekt der Trennung zwischen Gesellschaft und Gesellschafter betreffen.

83 **(3) Folgen der Pflichtverletzung.** Auch die Folgen der Verletzung der Insolvenzantragspflicht sind **gesellschaftsrechtlich zu qualifizieren** und richten sich folglich nicht nach der lex fori concursus (→ Rn. 83.1 f.).

83.1 Dabei lassen sich zunächst die für die gesellschaftsrechtliche Qualifikation der Insolvenzantragspflicht schon angeführten Argumente (→ Rn. 81.1 ff.) entsprechend übertragen. Hinzu kommt, dass die Haftung wegen Insolvenzverschleppung – jedenfalls nach deutschem Recht – schon kein Insolvenzverfahren voraussetzt, sondern **von jedem Gläubiger individuell geltend gemacht** werden kann. Erst bei der Eröffnung des Insolvenzverfahrens geht die Befugnis zur Geltendmachung auf den Insolvenzverwalter nach § 93 InsO über.

83.2 In diesem Zusammenhang wird schließlich auch eine **deliktsrechtliche Qualifikation** vorgeschlagen, die aber ebenfalls abzulehnen ist. Denn mit einer solchen Qualifikation wird letztlich die Frage nach der Bestimmung des anwendbaren (Insolvenzantrags-)Rechts nicht beantwortet. Zudem droht bei einer deliktsrechtlichen Qualifikation eine Haftungszersplitterung, da nach Art. 4 Abs. 2 Rom-II-VO auf den Erfolgsort und damit auf den Ort abzustellen ist, an dem die Quotenminderung für den jeweiligen Gläubiger eingetreten ist.

84 **cc) Zahlungsverbote.** Einige Mitgliedstaaten sehen zudem auch Zahlungsverbote in Insolvenznähe vor. Auch diese fallen aufgrund des fehlenden zwingenden Bezugs zur Eröffnung des Insolvenzverfahrens nicht unter die lex fori concursus, sondern sind vielmehr **gesellschaftsrecht-**

Anwendbares Recht   **Art. 7 EuInsVO**

lich zu qualifizieren. Allerdings hat der EuGH dies mit sehr zweifelhaften Erwägungen abweichend entschieden (EuGH Slg. I- 806 = NZI 2016, 48 – Simona Kornhaas/Thomas Dithmar als Insolvenzverwalter über das Vermögen der Kornhaas Montage und Dienstleistung Ltd; dazu ausf. Mock IPRax 2016, 237 (239 ff.); → Rn. 84.1 ff.). Zur Frage der internationalen Zuständigkeit für entsprechende Klagen → Art. 6 Rn. 6.2.

Argumentativ kann dabei grundsätzlich auf die Insolvenzantragspflicht verwiesen werden **84.1** (→ Rn. 81.1 ff.), da auch die Zahlungsverbote – jedenfalls nach deutschem Recht (§ 15b InsO = § 64 GmbHG aF) – **kein Insolvenzverfahren** voraussetzen.

Zudem ist § 15b als **reine Innenhaftung** ausgestaltet, sodass es sich insofern um Ansprüche der Gesellschaft gegen den Geschäftsleiter handelt. **84.2**

Auch eine **historische Betrachtung** kommt nicht zu einem gegenteiligen Ergebnis, zumal das Zahlungsverbot des § 15b ursprünglich sogar nur für die GmbH vorgesehen war und gerade keine Entsprechung bei der AG fand. **84.3**

Weiterhin stellt sich auch wie schon bei der Insolvenzantragspflicht (→ Rn. 81.4) das **Problem der** **84.4** **fehlenden Vereinbarkeit der insolvenzrechtlichen Qualifikation mit der Niederlassungsfreiheit**, die der EuGH allerdings als unproblematisch einstuft (EuGH Slg. I- 806 Rn. 22 ff. = NZI 2016, 48 – Simona Kornhaas/Thomas Dithmar als Insolvenzverwalter über das Vermögen der Kornhaas Montage und Dienstleistung Ltd; dazu ausf. Mock IPRax 2016, 237 (241 ff.)).

In der Diskussion um die international-privatrechtliche Qualifikation des Zahlungsverbots dürfte **84.5** schließlich der Umstand zu berücksichtigen sein, dass dieses nun zentral in § 15b geregelt ist und der **Gesetzgeber des SanInsFoG** die gesellschaftsrechtlichen Einzelregelungen aufgehoben hat. Zwar ergeben sich aus dieser bloßen Verschiebung der Normen in den neuen § 15b keine unmittelbaren Folgen für die international-privatrechtliche Qualifikation. Allerdings dürfte diese Verschiebung die Diskussion – wie auch schon bei der international-privatrechtlichen Qualifikation der Insolvenzantragspflicht (→ Rn. 81.2) – faktisch erheblich beeinflussen.

d) Gesellschafterdarlehen. Ebenfalls sehr umstritten ist die Qualifikation des Rechts der **85** Gesellschafterdarlehen, das im deutschen Recht in § 39 Abs. 1 Nr. 5 InsO, § 135 Abs. 1 und 2 InsO kodifiziert wurde. Das Recht der Gesellschafterdarlehen **gesellschaftsrechtlich zu qualifizieren**, sodass es nicht von der lex fori concursus erfasst ist (Mock IPRax 2016, 237 (241); offen lassend Kölner Schrift InsO/Mankowski Kap. 47 Rn. 87). Auch in diesem Zusammenhang muss die Rechtsprechung des EuGH hinsichtlich der Qualifikation des Zahlungsverbots (→ Rn. 84) beachtet werden. Auch wenn diese keine unmittelbare Auswirkung auf das Rechts der Gesellschafterdarlehen hat, spricht viel dafür, dass der EuGH dieses auch insolvenzrechtlich qualifiziert (Mock IPRax 2016, 237 (241); → Rn. 85.1 ff.). Zur Frage der internationalen Zuständigkeit für entsprechende Klagen → Art. 6 Rn. 6.3.

Argumentativ stützt sich die wohl überwiegende Ansicht zunächst teilweise auf den **Regelungsstand- 85.1** **ort**. Dies kann allerdings nicht überzeugen, da der Regelungsstandort im Rahmen der international-privatrechtlichen Qualifikation zum einen sowieso nur einen ersten Anhaltspunkt geben kann und der Begriff Insolvenzverfahren und seine Wirkungen iRv Abs. 1 S. 1 ohnehin autonom auszulegen ist. Zudem wurde der heutige Regelungsstandort vom deutschen Gesetzgeber des MoMiG im Hinblick auf eine mögliche Qualifikation so gewählt. Bedenkt man zudem, dass jedenfalls der kodifizierte Teil des Rechts der Gesellschafterdarlehen in den §§ 32a f. GmbHG aF enthalten war, wird deutlich, dass das deutsche Recht der Gesellschafterdarlehen aus einer historischen Perspektive über zwei unterschiedliche Regelungsstandorte verfügte, was die Relevanz dieses Arguments noch weiter relativiert.

Für eine **gesellschaftsrechtliche Qualifikation** spricht vor allem der Umstand, dass das Recht der **85.2** Gesellschafterdarlehen nur auf Gesellschaften Anwendung findet, die weder eine natürliche Person noch eine Gesellschaft als persönlich haftenden Gesellschafter haben, bei der ein persönlich haftender Gesellschafter eine natürliche Person ist (§ 39 Abs. 4 S. 1 InsO). Damit handelt es sich eindeutig um eine für einen spezifischen Gesellschaftstyp geschaffene Regelung. In unmittelbarem Zusammenhang steht damit, dass es sich bei den Gesellschafterdarlehen bzw. bei deren nachrangiger Behandlung um eine Frage der Finanzierung der Gesellschaft in Form der Abgrenzung von Fremd- und Eigenkapital handelt, was typischerweise durch das Gesellschafts- und nicht durch das Insolvenzrecht adressiert wird.

Die gesellschaftsrechtliche Qualifikation findet ihre Rechtfertigung zudem in einer **historischen 85.3** **Betrachtung des Rechts der Gesellschafterdarlehen** im deutschen Gesellschaftsrecht. Denn dieses wurde nicht aus einem insolvenzrechtlichen Regelungsumfeld, sondern vielmehr durch eine analoge Anwendung des Kapitalschutzsystems entwickelt und selbst nach einer Teilkodifizierung in den §§ 32a f. GmbHG auch weiterhin auf eine analoge Anwendung des Kapitalschutzsystems gestützt.

Die fehlende argumentative Überzeugungskraft der insolvenzrechtlichen Qualifikation wird letztlich **85.4** auch bei den sich daraus ergebenden **Folgefragen** deutlich. Denn bei der insolvenzrechtlichen Qualifika-

Mock   2269

85.5 Zudem stellt sich ebenso wie bei der Insolvenzverschleppungshaftung (→ Rn. 81.4) auch hier das Problem der **Beschränkung der Niederlassungsfreiheit** durch eine insolvenzrechtliche Qualifikation. Denn eine Gesellschaft, die nach dem Recht eines Mitgliedstaats gegründet wurde und von ihren Gesellschaftern Darlehen erhalten hat, ohne dass dies nach dem Recht des Gründungsstaats zu einer nachrangigen Behandlung dieser Darlehen führt, sieht sich bei einer Verlegung des Verwaltungssitzes nach Deutschland bei einer insolvenzrechtlichen Qualifikation einer Anwendung des deutschen Rechts der Gesellschafterforderungen gegenüber und ist somit in ihrer Niederlassungsfreiheit beschränkt. Dabei ist natürlich zu beachten, dass diese nicht vorbehaltlos gewährt wird und Eingriffe in diese auch gerechtfertigt werden können. Allerdings erscheint dies vor dem Hintergrund des vom EuGH in seiner Rechtsprechung zur Niederlassungsfreiheit verfolgten Informationsmodells fragwürdig, da die Gläubiger über die zwingende Angabe der Höhe den Nennkapitals hinreichend über die Finanzverfassung der Gesellschaft unterrichtet werden und keines weiteres Schutzes bedürfen.

85.6 Die Lösung dieser Qualifikationsfrage ist aufgrund einer gewissen **argumentativen Pattsituation** im nationalen Kontext kaum lösbar, zumal gerade die deutschen Gerichte eine Tendenz zur Anwendung deutschen Sachrechts haben. Letztlich kann diese Frage daher nur durch den EuGH abschließend beantwortet werden, was derzeit aber nicht absehbar ist.

86 Diese Diskussion setzt sich auch für das **Recht der Nutzungsüberlassungen** fort. Auch in diesem Fall ist eine gesellschaftsrechtliche Qualifikation vorzunehmen (Mock IPRax 2016, 237 (241); → Rn. 86.1). Zur Frage der internationalen Zuständigkeit für entsprechende Klagen → Art. 6 Rn. 6.3.

86.1 Dabei werden im Wesentlichen die unter → Rn. 85.1 ff. genannten Argumente angeführt, die aber nicht überzeugen können. Denn die dort genannten Gegenargumente lassen in diesem Zusammenhang nicht nur ebenfalls fruchtbar machen, sondern finden vielmehr sogar eine Verstärkung. Die unfreiwillige Überlassung von Gegenständen eines Gesellschafters gegenüber einer Gesellschaft stellt nämlich gerade einen **zentralen Regelungsaspekt des Innenverhältnisses einer Gesellschaft** dar, der nicht dem Insolvenzrecht überlassen bleiben kann.

2. Auswirkungen der Eröffnung des Insolvenzverfahrens auf Gesellschaften

87 Nach der lex fori concursus bestimmt sich auch, welche Auswirkungen die Eröffnung des Insolvenzverfahrens auf die Gesellschaft hat. Dies ergibt sich direkt aus Abs. 1, da Abs. 2 S. 2 lit. e auf den Gesellschaftsvertrag keine Anwendung findet (→ Rn. 40). Davon erfasst sind daher vor allem die **Befugnisse der Gesellschaftsorgane** nach der Eröffnung des Insolvenzverfahrens.

III. Kreditsicherungsrecht

88 Das Kreditsicherungsrecht ist grundsätzlich nicht insolvenzrechtlich zu qualifizieren. Denn auch wenn es typischerweise auf die Absicherung für den Eintritt der Insolvenz ausgerichtet ist, setzt es für die Wirksamkeit der Durchsetzung der Sicherungsrechte gerade kein Insolvenzverfahren voraus. Zwar sieht Art. 10 eine Sonderregelung für den **Eigentumsvorbehalt** in der Insolvenz vor. Allerdings erstreckt sich diese nur auf die Sicherung bestimmter mit dem Eigentumsvorbehalt verbundener Rechtspositionen.

IV. Zivilprozessrecht

89 Für die Auswirkungen der Eröffnung des Insolvenzverfahrens auf das Zivilprozessrecht kommt vor allem Art. 18 zur Anwendung, soweit es sich um eine anhängige Streitigkeit handelt. Bei **Prozessverträgen** muss danach unterschieden werden, ob die dem jeweiligen Prozessvertrag zugrundeliegende Prozesshandlung bereits vorgenommen wurde. Soweit dies nicht der Fall ist, findet Abs. 2 S. 2 lit. e mit der Folge Anwendung, dass sich die Wirksamkeit des Prozessvertrags nach der lex fori concursus richtet. Wurde die Prozesshandlung allerdings schon vor der Eröffnung des Insolvenzverfahrens vorgenommen, findet Art. 18 Anwendung.

V. Schiedsverfahren

90 Die Wirksamkeit einer Schiedsabrede wird von der lex fori concursus erfasst. Dies ergibt sich vor allem aus Abs. 2 S. 2 lit. e, wonach sich die Auswirkungen der Eröffnung des Insolvenzverfahrens auf **laufende Verträge** nach der lex fori concursus richtet (→ Rn. 37 ff.). Da es sich bei der Schiedsabrede ebenfalls um einen wenn auch prozessualen Vertrag des Schuldners handelt, muss dieser davon erfasst sein, zumal nicht ersichtlich ist, warum derartige Verträge von Abs. 2 S. 2 lit. e ausgenommen sein sollten.

Etwas anderes gilt allerdings dann, wenn das Schiedsverfahren bereits begonnen hat, da dann eine **anhängige Streitigkeit iSv Art. 18** vorliegt. Voraussetzung dafür ist allerdings, dass der Schuldner nicht die Zuständigkeit des Schiedsgerichts gerügt und sich somit nach § 1040 Abs. 2 ZPO rügelos eingelassen hat (→ Rn. 91.1). 91

Dies ergibt sich daraus, dass es sich bei der Schiedsvereinbarung mit dem Beginn des Schiedsverfahrens nicht mehr um einen **einfachen** laufenden Vertrag, sondern vielmehr um ein Prozessverhältnis handelt. Der Umstand, dass dieses **Prozessverhältnis im Rahmen eines Schiedsverfahrens** begründet wurde, ist dabei unbeachtlich. 91.1

VI. Kapitalmarktrecht

Das Verhältnis der lex fori concursus zum Kapitalmarktrecht ist bisher wenig untersucht worden und ist daher derzeit kaum bestimmbar. Dies ergibt sich vor allem aus dem Umstand, dass der europäische Gesetzgeber im Rahmen der **Schaffung der Kapitalmarktunion** auf insolvenzrechtliche Aspekte nicht eingegangen ist. 92

Artikel 8 Dingliche Rechte Dritter

(1) Das dingliche Recht eines Gläubigers oder eines Dritten an körperlichen oder unkörperlichen, beweglichen oder unbeweglichen Gegenständen des Schuldners – sowohl an bestimmten Gegenständen als auch an einer Mehrheit von nicht bestimmten Gegenständen mit wechselnder Zusammensetzung –, die sich zum Zeitpunkt der Eröffnung des Insolvenzverfahrens im Hoheitsgebiet eines anderen Mitgliedstaats befinden, wird von der Eröffnung des Verfahrens nicht berührt.

(2) Rechte im Sinne von Absatz 1 sind insbesondere
a) das Recht, den Gegenstand zu verwerten oder verwerten zu lassen und aus dem Erlös oder den Nutzungen dieses Gegenstands befriedigt zu werden, insbesondere aufgrund eines Pfandrechts oder einer Hypothek;
b) das ausschließliche Recht, eine Forderung einzuziehen, insbesondere aufgrund eines Pfandrechts an einer Forderung oder aufgrund einer Sicherheitsabtretung dieser Forderung;
c) das Recht, die Herausgabe von Gegenständen von jedermann zu verlangen, der diese gegen den Willen des Berechtigten besitzt oder nutzt;
d) das dingliche Recht, die Früchte eines Gegenstands zu ziehen.

(3) Das in einem öffentlichen Register eingetragene und gegen jedermann wirksame Recht, ein dingliches Recht im Sinne von Absatz 1 zu erlangen, wird einem dinglichen Recht gleichgestellt.

(4) Absatz 1 steht der Nichtigkeit, Anfechtbarkeit oder relativen Unwirksamkeit einer Rechtshandlung nach Artikel 7 Absatz 2 Buchstabe m nicht entgegen.

Überblick

Durch Art. 8 werden die Auswirkungen der Eröffnung des Insolvenzverfahrens auf dingliche Rechte an körperlichen oder unkörperlichen Gegenständen geregelt und der **lex fori concursus** entzogen. Stattdessen bestimmt sich das Schicksal dieser Rechte nach dem Belegenheitsrecht (Abs. 1, → Rn. 6 ff.), wobei die tatsächliche Reichweite dieses Verweises unklar ist, was zu erheblichen Schwierigkeiten im Umgang mit Art. 8 führt. Der Begriff **dingliches Recht** wird durch die nicht abschließende Aufzählung in Abs. 2 (→ Rn. 17 ff.) und durch Abs. 3 (→ Rn. 19 ff.) näher definiert. Aus Abs. 4 (→ Rn. 26) ergibt sich schließlich eine Bereichsausnahme für die Nichtigkeit, Anfechtbarkeit oder relative Unwirksamkeit, sodass sich diese Frage nach der **lex fori concursus** richtet.

Übersicht

	Rn.		Rn.
A. Grundlagen	1	C. Rechtsfolgen	22
B. Voraussetzungen	5	I. Bestimmung des (generellen) auf die dinglichen Rechte anwendbaren Rechts	23
I. Dingliche Rechte (Abs. 1 und 2)	6		
1. Maßgeblichkeit der *lex rei sitae* als Ausgangspunkt für den Umfang und das Bestehen eines dinglichen Rechts	6	II. Erfassung des ausländischen Insolvenzrechts	24
2. Regelbeispiele (Abs. 2)	12	D. Nichtigkeit, Anfechtbarkeit und relative Unwirksamkeit (Abs. 4)	26
II. Registrierte Anwartschaften (Abs. 3)	17		
III. Belegenheit in einem anderen Mitgliedstaat	18	E. Sondersituation bei Sekundärinsolvenzverfahren	27

A. Grundlagen

1 Die dinglichen Rechte eines Gläubigers oder eines Dritten an körperlichen oder unkörperlichen, beweglichen oder unbeweglichen Gegenständen des Schuldners werden durch Art. 8 der **lex fori concursus** entzogen und vielmehr dem jeweiligen Belegenheitsrecht unterworfen. Hintergrund dieser Regelung ist, dass die Mitgliedstaaten ihr Sachenrecht und damit ihre Hoheitsrechte vor den durch die Eröffnung des Insolvenzverfahrens verbundenen Eingriffen schützen wollten. Nach Erwägungsgrund Nr. 68 soll die Berechtigung dieser Ausnahme zwar im **Vertrauensschutz** zu suchen sein (MMS/J. Schmidt Rn. 3; ebenso schon zur EuInsVO 2000 BGH NZI 2011, 420 Rn. 21 = ZInsO 2011, 925). Allerdings erscheint dieser Ansatz mehr als fragwürdig, da die Belegenheit von – jedenfalls beweglichen – Gegenständen zu Beginn des Insolvenzverfahrens oftmals willkürlich ist (ebenso krit. Kölner Schrift InsO/Mankowski Kap. 47 Rn. 88).

2 Daraus folgt ua auch, dass der Regelungsgehalt von Art. 8 nicht zwingend ist und sich der Inhaber des Sicherungsrechts auch freiwillig der **lex fori concursus** unterwerfen kann (Kölner Schrift InsO/Mankowski Kap. 47 Rn. 99). Ob diese **Disponibilität von Art. 8** auch schon vor der Eröffnung des Insolvenzverfahrens vertraglich vorgenommen werden kann, bleibt allerdings zweifelhaft.

3 Unabhängig von diesen Grundsätzen ist der tatsächliche Regelungsgehalt von Art. 8 unklar, da nicht hinreichend deutlich wird, ob mit der fehlenden Erstreckung der **lex fori concursus** sogleich eine **Anwendbarkeit des (einfachen) nationalen Sachenrechts oder des jeweiligen Insolvenzrecht** des Mitgliedstaats des Belegenheitsorts verbunden ist (→ Rn. 24 ff.). Da die unterschiedliche Beantwortung dieser Frage teilweise massiv voneinander abweichende Folgen hat, muss Art. 8 nicht zuletzt vor dem Hintergrund der enormen Bedeutung von dinglichen (Sicherungs-)Rechten als verfehlt betrachtet werden.

4 Da Art. 10 den **Eigentumsvorbehalt** als Sonderform des Eigentums regelt, geh dieser Art. 8 gegenüber als lex specialis vor (MMS/J. Schmidt Rn. 1).

B. Voraussetzungen

5 Zentrale Voraussetzung von Art. 8 ist zunächst, dass in dem Belegenheitsort des Vermögensgegenstands kein **Partikularinsolvenzverfahren** eröffnet wird, da der Vermögensgegenstand dann in die Insolvenzmasse dieses Verfahrens fällt und das von Abs. 1 geforderte Auseinanderfallen des Belegenheitsorts und des Mitgliedstaats der Verfahrenseröffnung nicht mehr gegeben ist.

I. Dingliche Rechte (Abs. 1 und 2)

1. Maßgeblichkeit der *lex rei sitae* als Ausgangspunkt für den Umfang und das Bestehen eines dinglichen Rechts

6 Da Art. 8 nur die Auswirkungen der Eröffnung des Insolvenzverfahrens auf in anderen Mitgliedstaaten belegene dingliche Rechte regelt, bedarf es zunächst der Beantwortung der Frage, ob ein dingliches Recht überhaupt besteht und welchen Umfang dieses hat. Dabei ist der Begriff des dinglichen Rechts **autonom auszulegen,** auch wenn die dahingehend anzuwendenden Kriterien erst zur Anwendung kommen, wenn ein nach dem nationalen Recht des Belegenheitsortes ein dingliches Recht vorliegt (EuGH Slg. 2016, I-804 Rn. 18 = NZI 2016, 1011 mAnm Fritz – Senior Home/Gemeinde Wedemark ua; MüKoBGB/Kindler Rn. 4) (→ Rn. 6.1 ff.).

Dem gegenüber gehen einige davon aus, dass auch in diesem Zusammenhang die **lex fori concursus** 6.1
des Art. 7 maßgeblich ist (vgl. jeweils zur Rechtslage der EuInsVO 2000 Eidenmüller IPRax 2001, 2 (6 Fn. 29); Leible/Staudinger KTS 2000, 533 (551)).

Dem wird teilweise entgegengehalten, dass auf diese Weise nicht erkennbar sei, dass Art. 7 bzw. die 6.2
EuInsVO insgesamt eine über das Insolvenzverfahren hinausgehende Kollisionsnorm für das internationale Schuld- bzw. Sachenrecht aufstellen will (ebenso für die Rechtslage unter EuInsVO 2000 K. Schmidt InsO/Brinkmann Rn. 7). Daher wird dieser Aspekt teilweise als selbstständige Vorfrage mit der Folge betrachtet, dass das Kollisionsrecht der **lex fori processus** entscheidet, die typischerweise zur **lex rei sitae** führt (so vor allem Virgós/Schmitt, Ergänzender Bericht, in Stoll, Vorschläge und Gutachten zur Umsetzung des EU-Übereinkommens über Insolvenzverfahren im deutschen Recht, 1997, Rn. 100; dem folgend MMS/J. Schmidt Rn. 9).

Diese unterschiedlichen Auffassungen führen teilweise zu erheblich abweichenden Ergebnissen. Da der 6.3
EuGH in seiner **Senior-Home-Entscheidung** (EuGH Slg. 2016, I-804 = NZI 2016, 1011 mAnm Fritz – Senior Home/Gemeinde Wedemark ua) aber auf diesen Streit nicht ausdrücklich eingegangen ist und eigene Kriterien für ein dingliches Recht aufgestellt hat, muss von einer autonomen Auslegung ausgegangen werden. Diese finden allerdings eine Einschränkung dahingehend, dass das Bestehen eines dinglichen Rechts zunächst nach dem nationalen Recht der Belegenheit der Sache zu prüfen ist und er ist in einem zweiten Schritt eine Art Kontrollüberlegung vorzunehmen ist, ob diese Art von dinglichem Recht den Anforderungen von Art. 8 entspricht (MüKoBGB/Kindler Rn. 4). Ausgangspunkt ist also die **lex rei sitae** mit der Einschränkung, dass die von der Rechtsprechung des EuGH aufgestellten Anforderungen erfüllt sein müssen. Wenn also das nationale Recht der **lex rei sitae** – etwa im Gegensatz zur lex fori concursus – ein bestimmtes dingliches Recht nicht kennt, fällt dieses nicht unter Art. 8, auch wenn die Anforderungen des EuGH an das dingliche Recht erfüllt werden.

Für das Vorliegen eines dinglichen Rechts muss dieses eine unmittelbare und sofortige Belastung 7
einer Sache oder Forderung darstellen und es muss eine bevorrechtigte Gläubigerposition begründen (EuGH Slg. 2016, I-804 Rn. 23 ff. = NZI 2016, 1011 mAnm Fritz – Senior Home/Gemeinde Wedemark ua). Ein Negativmerkmal in Form einer Verknüpfung mit einem Handelsgeschäft existiert nicht, sodass dieser Aspekt für das Vorliegen eines dinglichen Rechts keinerlei Auswirkungen hat (EuGH Slg. 2016, I-804 Rn. 30 = NZI 2016, 1011 mAnm Fritz – Senior Home/Gemeinde Wedemark ua) (→ Rn. 7.1 ff.).

Bei einem **Insolvenzverfahren in Deutschland** kommt es für das Bestehen und den Umfang eines 7.1
(dinglichen) Rechts darauf an, ob das Recht des Belegenheitsortes der Sache oder Forderung, der anhand von Art. 2 Nr. 9 (→ Art. 2 Rn. 17) zu bestimmen ist, das jeweilige Recht überhaupt kennt. Soweit dies der Fall ist, muss geprüft werden, ob es die in → Rn. 7 genannten Kriterien erfüllt. Erst wenn das der Fall ist, fällt es unter Art. 8. Für einzelne Beispiele → Rn. 11.1.

Bei der **Eröffnung eines Insolvenzverfahrens in einem anderen Mitgliedstaat** und einer Belegen- 7.2
heit der Sache oder der Forderung in Deutschland, werden von Art. 8 alle Rechte erfasst, die die Kriterien in → Rn. 7 erfüllen.

Diese Frage spielt vor allem bei den in einigen Rechtsordnungen bestehenden Rechten an Sachgesamt- 7.3
heiten oder Vermögensmassen, die in zahlreichen Rechtsordnungen aufgrund des **Spezialitätsgrundsatzes** abgelehnt werden, eine Rolle. Dies gilt etwa für die französische **nantissement du fonds de commerce,** die englische **floating charge** oder die schwedische **företagshypotek** (MMS/J. Schmidt Rn. 22). Ebenfalls problematisch ist das Bestehen von **Sicherheiten an Forderungen,** da es für diese trotz des Bestehens der Regelung in Art. 14 Rom-I-VO bereits an einer einheitlichen Kollisionsnorm fehlt.

Alle nach dem Recht der Mitgliedstaaten bestehenden **Rechte,** die den Anforderungen von 8
→ Rn. 6 genügen, sind daher dingliche Rechte iSv Art. 8, soweit sie nicht schon in dem Beispielskatalog von Abs. 2 genannt werden. Dabei spielt es keine Rolle, ob die Rechte dabei **verkörpert** sind oder nicht. Ebenso wenig ist es von Bedeutung, wer Inhaber des Rechts ist oder dieses geltend macht. Daraus folgt, dass nicht nur **dingliche Rechte an Sachen** geschützt sind. Auch **Forderungen** und **Immaterialgüterrechte** sowie **Wertpapiere** werden erfasst (Kölner Schrift InsO/Mankowski Kap. 47 Rn. 90; MMS/J. Schmidt Rn. 14).

Dingliche Rechte können auch **Sachgesamtheiten** darstellen (Kölner Schrift InsO/Mankow- 9
ski Kap. 47 Rn. 90; MMS/J. Schmidt Rn. 12), bei denen allerdings die Anforderungen an den Spezialitätsgrundsatz zu beachten sind. Dies gilt etwa für die **floating charge** des englischen Rechts.

Kein dingliches Recht iSv Art. 8 ist vor allem der **Besitz,** da es sich dabei lediglich um eine 10
tatsächliche Position einer Person in Bezug auf eine Sache handelt. Dem steht auch nicht Art. 43 EGBGB entgegen, wonach der Besitz ein Recht an einer Sache darstellt, da diese Betrachtung des nationalen Rechts aufgrund des Grundsatzes der autonomen Auslegung (→ Rn. 6) unbeacht-

lich ist. Zudem unterscheidet das europäische Kollisionsrecht in Art. 4 Abs. 1 lit. c Rom-I-VO zwischen dinglichen Rechten einerseits und Miete und Pacht andererseits, was ebenfalls eine fehlende Erfassung des Besitzes als dingliches Recht nahelegt, da anderenfalls diese Unterscheidung nicht notwendig wäre.

11 Keine dinglichen Rechte sind schließlich **vollstreckungsbedingt entstandene dingliche Rechte** (aA aber Kölner Schrift InsO/Mankowski Kap. 47 Rn. 94).

11.1 Zu denen nach Abs. 1 als dingliche Rechte anzuerkennenden Rechte des deutschen (Sachen-)Rechts zählen auch **öffentliche Lasten** eines Grundstücks nach § 12 GrStG (BGH NZI 2017, 457 = ZInsO 2017, 506).

2. Regelbeispiele (Abs. 2)

12 Zur näheren Definition der in Abs. 1 genannten dinglichen Rechte enthält Abs. 2 eine **nicht abschließende Aufzählung** (Kölner Schrift InsO/Mankowski Kap. 47 Rn. 93; MMS/J. Schmidt Rn. 14). Soweit ein Recht unter Abs. 2 fällt, bedarf es keiner Prüfung der Voraussetzungen von Abs. 1 mehr, auch wenn diese vorliegen müssten. Für Beispiele von unter Abs. 1 und nicht unter Abs. 2 fallende dingliche Rechte des deutschen Rechts → Rn. 11.1.

13 **a) Verwertung von Gegenständen (lit. a).** Durch Abs. 2 lit. a werden vor allem **Pfandrechte an beweglichen Sachen** und **Hypotheken** und **Grundschulden** erfasst, da diese ein Verwertungsrecht begründen (Kölner Schrift InsO/Mankowski Kap. 47 Rn. 95; MMS/J. Schmidt Rn. 15). Darüber hinaus erstreckt sich Abs. 2 lit. a auch auf die **Sicherungsübereignung**, da bei dieser das Recht zur Erlösbefriedigung bei Eintritt des Sicherungsfalls besteht und auf das Sicherungsinteresse begrenzt ist.

14 **b) Einzug von Forderungen (lit. b).** Von Abs. 2 lit. b werden vor allem die **Sicherungsrechte an Forderungen** erfasst (MMS/J. Schmidt Rn. 16).

15 **c) Herausgabe von Gegenständen (lit. c).** Mit Abs. 2 lit. c wird vor allem auf das **Eigentum** Bezug genommen (im Ergebnis auch Kölner Schrift InsO/Mankowski Kap. 47 Rn. 95). Der **Besitz** wird von lit. c allerdings ebenso wenig wie von Art. 8 insgesamt (→ Rn. 10) erfasst.

16 **d) Recht zur Fruchtziehung (lit. d).** Schließlich erstreckt sich lit. d auf Rechte wie etwa den **Nießbrauch** (Kölner Schrift InsO/Mankowski Kap. 47 Rn. 95; MMS/J. Schmidt Rn. 18).

II. Registrierte Anwartschaften (Abs. 3)

17 Durch Abs. 3 wird das in einem öffentlichen Register eingetragene und gegen jedermann wirksame Recht auf Erlangung eines dinglichen Rechts iSv Abs. 1 und 2 einem dinglichen Recht gleichgestellt. Für das deutsche Recht bedeutet dies eine Erfassung der **Vormerkung** (§ 883 BGB) (Kölner Schrift InsO/Mankowski Kap. 47 Rn. 96; MMS/J. Schmidt Rn. 20) und des dinglichen **Vorkaufsrechts** (§ 1094 BGB; ebenso MMS/J. Schmidt Rn. 20). Keine Anwendung findet Abs. 3 aufgrund der fehlenden Eintragung in einem öffentlichen Register auf das **Anwartschaftsrecht**. Ebenso wenig wird die **Vormerkung nach österreichischem Recht** erfasst, da dieser eine dingliche Wirkung fehlt.

III. Belegenheit in einem anderen Mitgliedstaat

18 Weitere Voraussetzung ist, dass sich der Gegenstand in einem anderen Mitgliedstaat als dem der Eröffnung des Insolvenzverfahrens befindet. Die Belegenheit des jeweiligen Gegenstands bestimmt sich im Wesentlichen nach Art. 2 Nr. 9 (→ Art. 2 Rn. 17 ff.), der dafür eine **Reihe von Einzelfällen** definiert. Zudem ist für in öffentlichen Registern registrierte Gegenstände die Sonderregelung des Art. 14 zu beachten.

19 **Maßgeblicher Zeitpunkt** für die Bestimmung der Belegenheit ist die Eröffnung des Insolvenzverfahrens, wie sie in Art. 2 Nr. 9 definiert wird (Kölner Schrift InsO/Mankowski Kap. 47 Rn. 89). Dies gilt auch bei Waren, die sich auf einem Transport (**res in transitu**) oder in einem Zwischenlager befinden. Damit wird vor allem faktisch die Möglichkeit geschaffen, das Insolvenzverfahren durch eine für die Verfahrensdurchführung günstige Verbringung in einen bestimmten Mitgliedstaat vorzubereiten. Art. 8 nimmt dieses Problem – letztlich wie das gesamte internationale Sachenrecht – in Kauf. Der Umstand, dass diese die entsprechenden Sicherungsrechte beeinträchtigende Verbringung oftmals sogleich eine Vertragsverletzung darstellt, begründet für den Inhaber der Sicherungsrechte auch keinen weitergehenden Schutz, da die sich daraus ergebenden Ansprüche ebenfalls nur im Insolvenzverfahren geltend gemacht werden können (aA MMS/J. Schmidt Rn. 37 mit der Annahme einer Bereichsausnahme) (→ Rn. 19.1).

Unabhängig davon setzt ein solcher Anspruch aber eine **tatsächliche Pflichtwidrigkeit** voraus, an 19.1
der es in der Regel schon fehlen wird. Dies kann sich allerdings daraus ergeben, dass die Verbringung des
Sicherungsguts in bestimmte Mitgliedstaaten oder generell ins Ausland vertraglich ausgeschlossen wurde.

Bei **gestreckten Erwerbstatbeständen** findet Art. 8 nur dann Anwendung, wenn der 20
Erwerbstatbestand im Zeitpunkt der Eröffnung des Insolvenzverfahrens bereits vollständig abgeschlossen ist bzw. bereits eine dingliche Rechtsposition begründet wurde (Kölner Schrift InsO/
Mankowski Kap. 47 Rn. 89).

Soweit sich der Gegenstand schließlich in einem **Drittstaat** befindet, kommt das autonome 21
internationale Insolvenzrecht zur Anwendung (MMS/J. Schmidt Rn. 27). Bei einer Eröffnung
eines Insolvenzverfahrens in einem Drittstaat ist dabei hinsichtlich des in Deutschland belegenen
Vermögens § 351 InsO zu beachten.

C. Rechtsfolgen

Hinsichtlich der Rechtsfolge muss zunächst zwischen **zwei Aspekten** unterschieden werden. 22
Denn zum einen geht es bei Art. 8 um die Frage, welchem Recht die von der Eröffnung des
Insolvenzverfahrens unberührt bleibenden dinglichen Rechte unterliegen (→ Rn. 23). Zum anderen ist zu klären, ob damit sogleich das Insolvenzrecht dieses Mitgliedstaats oder lediglich das
(allgemeine) Sachenrecht Anwendung findet (→ Rn. 24). Zudem ist die mögliche **Disponibilität**
von Art. 8 zu beachten (→ Rn. 2).

I. Bestimmung des (generellen) auf die dinglichen Rechte anwendbaren Rechts

Auch wenn Art. 8 keinen ausdrücklichen Verweis auf das **Recht des Belegenheitsorts** vor- 23
nimmt, ist dieses auf die dinglichen Rechte anwendbar (Kölner Schrift InsO/Mankowski Kap. 47
Rn. 97; MMS/J. Schmidt Rn. 31 ff.). Dies ergibt sich in der Regel – wie im deutschen Recht
(Art. 46 EGBGB) – aus dem internationalen Sachenrecht sowie aus der **lex fori processus** (im Ergebnis
auch Kölner Schrift InsO/Mankowski Kap. 47 Rn. 97, der dies allerdings nur für die Geltendmachung im Rahmen des Insolvenzverfahrens ausführt), die aber auch davon abweichende Anknüpfungen enthalten kann. Dies bedeutet bei körperlichen Sachen, dass das Recht der Belegenheit
zur Anwendung kommt. Bei Forderungen gilt deren Statut und bei Immaterialgüterrechten die
lex loci protectionis (Kölner Schrift InsO/Mankowski Kap. 47 Rn. 97).

II. Erfassung des ausländischen Insolvenzrechts

Die tatsächliche Rechtsfolge von Art. 8 ist unklar, da Abs. 1 insofern nur ausführt, dass dingliche 24
Rechte an körperlichen oder unkörperlichen, beweglichen oder unbeweglichen Gegenständen
des Schuldners von der Eröffnung des Verfahrens nicht berührt werden. Ein Teil des Schrifttums
leitet aus dieser Formulierung die Folge ab, dass die dinglichen Rechte an den in einem anderen
Mitgliedstaat als dem Eröffnungsstaat belegenen Gegenständen so geltend gemacht werden können,
als sei überhaupt **kein Insolvenzverfahren** eröffnet worden. Dies hat zur Folge, dass die sowohl
im Insolvenzrecht des Eröffnungs- als auch des Belegenheitsstaats in der Regel bestehenden
Beschränkungen für die Geltendmachung dieser Rechte im Insolvenzverfahren nicht zur Anwendung kommen (→ Rn. 24.1).

Zur Begründung verweist diese Ansicht vor allem darauf, dass es sich bei Art. 8 um eine **Sachnorm** 24.1
handele (zum Streitstand MMS/J. Schmidt Rn. 31 ff.), die gerade nicht auf ein anderes Recht verweise,
sondern lediglich die Reichweite der lex fori concursus beschränke. Das sich vor allem bei einer Verwertung
stellende **Problem des sog. Übererlöses** soll dabei dadurch gelöst werden, dass der Verwertungsberechtigte diesen Übererlös an den Insolvenzverwalter und gerade nicht an den Schuldner herausgeben muss. Das
dann konsequenterweise weiter bestehende Problem der Titelumschreibung soll durch eine Anwendung
des nationalen Rechts gelöst werden.

Dieses Verständnis von Art. 8 kann allerdings nicht überzeugen und ist zugunsten einer Betrach- 25
tung von Art. 8 als Kollisionsnorm mit der Folge der **Anwendung des Insolvenzrechts des
Belegenheitsorts** abzulehnen (Kölner Schrift InsO/Mankowski Kap. 47 Rn. 97; aA MMS/J.
Schmidt Rn. 34: Sachnorm) (→ Rn. 25.1 ff.).

Diese Sichtweise wird vor allem durch die **systematische Stellung von Art. 8** getragen. Denn als 25.1
Sachnorm (→ Rn. 24.1) wäre Art. 8 ein Fremdkörper in den Art. 7 ff., da diese mit Ausnahme von Art. 10
Abs. 2 nur Kollisionsnormen enthalten. Allerdings trägt der Wortlaut von Art. 8 dieses Ergebnis nur bedingt.

25.2 Dieses Problem kann man aber durch eine **analoge Anwendung von Art. 11** lösen. Die dafür erforderliche Regelungslücke ergibt sich daraus, dass Art. 8 keine entsprechende (insolvenzrechtsbezogene) Regelung enthält. Dem könnte zwar entgegengehalten werden, dass Art. 8 eine schlichte Begrenzung der **lex fori concursus** enthält. Dies würde aber dazu führen, dass die bloße Belegenheit eines Gegenstands in einem anderen Mitgliedstaat als dem Eröffnungsstaat zu einer uneingeschränkten Zugriffsmöglichkeit des Inhabers des dinglichen Rechts führen würde, während bei einer Belegenheit im Eröffnungsstaat die Beschränkungen des nationalen Insolvenzrechts greifen. Damit würde der letztlich in allen Rechtsordnungen der Mitgliedstaaten geltende Grundsatz des **par conditio creditorum** aber massiv verletzt werden. Zudem kann sich der Inhaber des dinglichen Rechts insofern auch nicht auf einen Vertrauensschutz berufen, da ein solcher hinsichtlich der von einem Insolvenzverfahren völlig unberührten Geltendmachung des dinglichen Rechts gerade nicht bestehen kann. Weiterhin ergibt sich auch eine vergleichbare Interessenlage, da die Belegenheit eines Gegenstands bzw. der Ort der Eröffnung des Insolvenzverfahrens oftmals sehr willkürlich ist.

25.3 Gegen die hier präferierte analoge Anwendung von Art. 11 kann auch nicht **Art. 21 Abs. 1 S. 2** angeführt werden, wonach der Verwalter keine Gegenstände mit Sicherungsrechten aus einem Mitgliedstaat entfernen darf, wenn die **lex rei sitae** ihm nicht ein solches Recht einräumt. Denn insofern handelt es sich um einen Zirkelschluss. Art. 21 Abs. 1 S. 2 steht der hier präferierten analogen Anwendung von Art. 11 nur dann entgegen, wenn Art. 8 im Sinne der gegenteiligen Ansicht verstanden wird.

25.4 Zudem spricht auch die **Regelungsnähe zu Art. 21 Abs. 3** (Kölner Schrift InsO/Mankowski Kap. 47 Rn. 97) für eine kollisionsrechtliche Betrachtung.

25.5 Schließlich zeigt sich der kollisionsrechtliche Gehalt an der **Gesamtsystematik der EuInsVO** und insbesondere von Art. 8 in Zusammenspiel mit Art. 7. Denn Art. 8 stellt gerade eine Ausnahme zu der von Art. 7 generell für maßgeblich erklärten **lex fori concursus** dar, sodass sich die Ausnahme in ihren Wirkungen immer auch an der entsprechenden Grundregel orientieren muss (Kölner Schrift InsO/Mankowski Kap. 47 Rn. 97).

D. Nichtigkeit, Anfechtbarkeit und relative Unwirksamkeit (Abs. 4)

26 Nach Abs. 4 wird durch Art. 8 eine Nichtigkeit, Anfechtbarkeit und relative Unwirksamkeit einer Rechtshandlung nicht berührt, sodass sich diese Fragen nach der **lex fori concursus** richten, soweit sich aus Art. 16 nichts anderes ergibt. Mit dem Bezug auf Art. 7 Abs. 2 S. 2 lit. m wird deutlich gemacht, dass insofern nur insolvenzrechtliche Tatbestände gemeint sind.

E. Sondersituation bei Sekundärinsolvenzverfahren

27 Soweit in dem Mitgliedstaat der Belegenheit des jeweiligen Gegenstands ein Sekundärinsolvenzverfahren eröffnet wird, kommt Art. 8 nicht zur Anwendung, da Art. 35 insofern auf das **Insolvenzrecht des Mitgliedstaats** verweist, in dem das Sekundärinsolvenzverfahren eröffnet wurde. In diesen Fällen ist auch der Streit über die tatsächliche Rechtsfolge von Art. 8 (→ Rn. 22 ff.) jedenfalls im Hinblick auf die dort belegenen Vermögensgegenstände irrelevant.

Artikel 9 Aufrechnung

(1) Die Befugnis eines Gläubigers, mit seiner Forderung gegen eine Forderung eines Schuldners aufzurechnen, wird von der Eröffnung des Insolvenzverfahrens nicht berührt, wenn diese Aufrechnung nach dem für die Forderung des insolventen Schuldners maßgeblichen Recht zulässig ist.

(2) Absatz 1 steht der Nichtigkeit, Anfechtbarkeit oder relativen Unwirksamkeit einer Rechtshandlung nach Artikel 7 Absatz 2 Buchstabe m nicht entgegen.

Überblick

Die Regelung des Art. 9 stellt eine Ergänzung zu Art. 7 Abs. 2 S. 2 lit. d dar und gestattet die Aufrechnung jenseits der **lex fori concursus**, wenn das für die Forderung des Schuldners maßgebliche Recht eine solche Aufrechnung zulässt (→ Rn. 3 ff.). Eine Nichtigkeit oder relative Unwirksamkeit einer Rechtshandlung nach Art. 7 Abs. 2 lit. m wird dadurch nicht berührt (→ Rn. 10).

A. Systematik

Nach Art. 7 Abs. 2 S. 2 lit. d unterliegt die Aufrechnung grundsätzlich der **lex fori concursus**. 1
Ergänzend dazu lässt Art. 9 die Aufrechnung aber auch dann zu, wenn dies nach dem für die Forderung des Schuldners (Hauptforderung) maßgeblichen Recht möglich ist. Damit wird der aufrechnungsberechtigte Gläubiger hinsichtlich des **Bestands der Aufrechnungslage** geschützt (MMS/J. Schmidt Rn. 3). Dies soll sich nach Ansicht des Verordnungsgebers daraus ergeben, dass sich die Gläubiger auch im Fall der Insolvenz auf die die Aufrechnung gestattenden Vorschriften des Rechts der Hauptforderungen verlassen sollen können (Kölner Schrift InsO/Mankowski Kap. 47 Rn. 104).

Diese Sonderregelung findet schließlich ihre **Entsprechung im internationalen Vertrags-** 2
recht (Art. 17 Rom-I-VO), wonach sich die materiell-rechtlichen Voraussetzungen der Aufrechnung nach dem Recht der Hauptforderung richten.

B. Voraussetzungen

Voraussetzung ist zunächst, dass die Aufrechnung der Forderung des Gläubigers gegen die 3
Hauptforderung – also der (Passiv-)Forderung des Schuldners – für eine logische Sekunde vor der Eröffnung des Insolvenzverfahrens möglich war. Denn Art. 9 schützt insofern das **Bestehen einer Aufrechnungslage,** kann diese aber selbst nicht herbeiführen (Kölner Schrift InsO/Mankowski Kap. 47 Rn. 103; MMS/J. Schmidt Rn. 11). Ob eine solche Aufrechnungslage vor der Eröffnung des Insolvenzverfahrens bestanden hat, richtet sich nach dem jeweils anwendbaren Recht (**Forderungsstatut**), welches wiederum nach Art. 17 Rom-I-VO zu bestimmen ist (Kölner Schrift InsO/Mankowski Kap. 47 Rn. 105; im Ergebnis auch MMS/J. Schmidt Rn. 13).

Mittelbare Voraussetzung von Art. 9 ist, dass nach der **lex fori concursus keine Aufrechnung** 4
des Gläubigers gegen die Hauptforderung zulässt ist, da es anderenfalls schon keiner Anwendung von Art. 9 bedarf (MMS/J. Schmidt Rn. 11).

Grundsätzlich keinen Unterschied macht es, ob es sich bei der Hauptforderung um eine Neben- 5
forderung handelt. Voraussetzung ist dabei allerdings, dass die **Nebenforderung** auch dem Recht der Hauptforderung folgt, was in der Regel aber – jedenfalls iRv Art. 17 Rom-I-VO – der Fall ist (ähnl. Kölner Schrift InsO/Mankowski Kap. 47 Rn. 106).

Abs. 1 erfasst nur Aufrechnungen des Gläubigers und nicht des Schuldners. Daher sind vor 6
allem Verrechnungen nur einseitig von Abs. 1 erfasst. Aufrechnungen des Schuldners gegenüber dem Gläubiger bestimmen sich hingegen nach der **lex fori concursus.** Dies gilt insbesondere für **Konzernverrechnungsklauseln.**

Soweit eine Vereinbarung allerdings nur die Fälligkeit der Forderungen betrifft, wie dies etwa bei 7
Netting-Agreements der Fall ist (ausf. dazu MMS/J. Schmidt Rn. 22 ff.), muss deren Zulässigkeit zunächst nach der **lex fori concursus** bestimmt werden. Erst wenn sich danach eine Zulässigkeit ergibt, ist in einem zweiten Schritt von einer Aufrechnungsbefugnis des Gläubigers – nicht aber des Schuldners – auszugehen.

Keine Voraussetzung ist, ob es sich bei dem Statut der Hauptforderung um das **Recht eines** 8
Mitgliedstaats handelt (Kölner Schrift InsO/Mankowski Kap. 47 Rn. 105; MMS/J. Schmidt Rn. 14). Denn es ist in keiner Weise erkennbar, inwiefern Abs. 1 nur auf das Recht von Mitgliedstaaten verweisen soll (→ Rn. 8.1).

Soweit die Wirksamkeit der **Aufrechnung vor deutschen Gerichten** geltend gemacht wird, ist dieser 8.1
Streit unbeachtlich, da selbst bei einer Anwendung des autonomen internationalen Insolvenzrechts in Form von § 338 das jeweilige Recht berufen wäre.

C. Rechtsfolgen

Nach Art. 9 ist eine Aufrechnung auch möglich, wenn das Recht der Hauptforderung eine 9
solche für zulässig erklärt. Im Zusammenspiel mit Art. 7 Abs. 2 S. 2 lit. d bedeutet dies, dass im Verhältnis zur **lex fori concursus** immer zur **Durchsetzung des anfechtungsfreundlicheren Rechts** kommt (Kölner Schrift InsO/Mankowski Kap. 47 Rn. 107; MMS/J. Schmidt Rn. 19). Daraus folgt allerdings nicht, dass die **lex fori concursus** verdrängt wird, da ansonsten Art. 7 Abs. 2 S. 2 lit. d weitestgehend überflüssig wäre (Kölner Schrift InsO/Mankowski Kap. 47 Rn. 107; MMS/J. Schmidt Rn. 19).

D. Nichtigkeit, Anfechtbarkeit und relative Unwirksamkeit (Abs. 2)

10 Durch Abs. 2 wird ebenso wie bei Art. 8 Abs. 4, Art. 10 Abs. 3 und Art. 12 Abs. 2 eine Ausnahme für den Fall der Nichtigkeit, Anfechtbarkeit und der relativen Unwirksamkeit dahingehend gemacht, dass sich diese Fragen stets nach der **lex fori concursus** richten. Diese Bereichsausnahme bezieht sich dabei sowohl auf die Haupt- als auch auf die Gegenforderung. Bezugspunkt ist dabei immer das Rechtsgeschäft, das zur Aufrechenbarkeit geführt hat (Kölner Schrift InsO/Mankowski Kap. 47 Rn. 108; MMS/J. Schmidt Rn. 21). Keine Bedeutung hat es, ob die Nichtigkeit, Anfechtbarkeit und relative Unwirksamkeit **ipso iure** oder erst aufgrund einer gerichtlichen Geltendmachung eintritt (MMS/J. Schmidt Rn. 21) (→ Rn. 10.1).

10.1 Unter Abs. 2 fällt in Deutschland auch die **Rückschlagsperre des § 88 InsO** (MMS/J. Schmidt Rn. 21).

Artikel 10 Eigentumsvorbehalt

(1) Die Eröffnung eines Insolvenzverfahrens gegen den Käufer einer Sache lässt die Rechte der Verkäufer aus einem Eigentumsvorbehalt unberührt, wenn sich diese Sache zum Zeitpunkt der Eröffnung des Verfahrens im Hoheitsgebiet eines anderen Mitgliedstaats als dem der Verfahrenseröffnung befindet.

(2) Die Eröffnung eines Insolvenzverfahrens gegen den Verkäufer einer Sache nach deren Lieferung rechtfertigt nicht die Auflösung oder Beendigung des Kaufvertrags und steht dem Eigentumserwerb des Käufers nicht entgegen, wenn sich diese Sache zum Zeitpunkt der Verfahrenseröffnung im Hoheitsgebiet eines anderen Mitgliedstaats als dem der Verfahrenseröffnung befindet.

(3) Die Absätze 1 und 2 stehen der Nichtigkeit, Anfechtbarkeit oder relativen Unwirksamkeit einer Rechtshandlung nach Artikel 7 Absatz 2 Buchstabe m nicht entgegen.

Überblick

Durch Art. 10 wird eine Sonderregelung für den Eigentumsvorbehalt geschaffen, womit im Wesentlichen dessen Wirksamkeit bzw. Anerkennung in grenzüberschreitenden Insolvenzverfahren sichergestellt werden soll (→ Rn. 5). Die Regelung des Abs. 2 stellt hingegen eine Sach- und keine Kollisionsnorm dar (→ Rn. 7). Bei Abs. 1 handelt es sich um eine Beschränkung der **lex fori concursus** für den Fall, dass eine unter Eigentumsvorbehalt übereignete Sache in einem anderen Mitgliedstaat belegen ist. Schließlich enthält Abs. 3 für die Fälle der Nichtigkeit, Anfechtbarkeit und relativen Unwirksamkeit eine Bereichsausnahme (→ Rn. 9).

A. Grundlagen

1 Der Eigentumsvorbehalt stellt ein zentrales Sicherungsmittel im Warenverkehr dar, ist als solcher aber bisher keiner einheitlichen europäischen Regelung zugeführt worden. Lediglich **Art. 9 Zahlungsverzugsrichtlinie** (RL 2011/7/EU des Europäischen Parlaments und des Rates v: 16.2:2001 zur Bekämpfung von Zahlungsverzug im Geschäftsverkehr, ABl. EG Nr. L 48, 1 ff.) enthält eine Regelung zum Eigentumsvorbehalt, die sich aber im Wesentlichen darauf beschränkt, dass die Mitgliedstaaten einen zwischen den Parteien vereinbarten Eigentumsvorbehalt anerkennen müssen (Art. 9 Abs. 1) und dass die Mitgliedstaaten Regelungen hinsichtlich der vom Schuldner geleisteten Anzahlungen schaffen oder beibehalten können (Art. 9 Abs. 2). Zwar führt Erwägungsgrund Nr. 31 Zahlungsverzugsrichtlinie noch weiter aus, dass es wünschenswert wäre, wenn für die Gläubiger sichergestellt sei, dass diese einen rechtswirksamen Eigentumsvorbehalt auf nichtdiskriminierender Grundlage in der gesamten Gemeinschaft geltend machen können. Allerdings ergeben sich daraus ebenso wenig konkrete Vorgaben für das nationale Recht. Aufgrund dieser fehlenden einheitlichen Regelung bedarf es einer Sonderregelung in der EuInsVO, da auch das internationale Sachenrecht europaweit nicht einheitlich geregelt ist.

B. Anwendungsbereich

2 Eine eigenständige Definition des Begriffs Eigentumsvorbehalt ist in Art. 10 nicht enthalten. Aufgrund des Grundsatzes der autonomen Auslegung verbietet sich ein Rückgriff auf das nationale

Recht. Insofern ist vielmehr auf Art. 9 Zahlungsverzugsrichtlinie zurückzugreifen, wonach ein Eigentumsvorbehalt eine Vereinbarung ist, bei der sich der Verkäufer das Eigentum an Gütern bis zur vollständigen Bezahlung behält. Damit erstreckt sich Art. 10 nur auf den **einfachen Eigentumsvorbehalt** (MMS/J. Schmidt Rn. 7). Die im deutschen Kreditsicherungsrecht gebräuchlichen Sonderformen des **verlängerten und erweiterten Eigentumsvorbehalts** (§ 449 BGB) werden durch Art. 10 nicht erfasst, fallen als solche aber unter Art. 8 (Kölner Schrift InsO/Mankowski Kap. 47 Rn. 103; MMS/J. Schmidt Rn. 8). Eine pauschalisierte Erfassung aller Arten des Eigentumsvorbehalts verbietet sich schon aufgrund der teilweise erheblichen Abweichungen der Ausgestaltung dieser Sicherungsrechte in den einzelnen Mitgliedstaaten.

Voraussetzung ist zudem, dass sich die unter Eigentumsvorbehalt übereignete Sache in einem **anderen Mitgliedstaat als dem Eröffnungsstaat** befindet. Wo sich eine Sache befindet, richtet sich nach Art. 2 Nr. 9 (→ Art. 2 Rn. 17 ff.). Maßgeblicher Zeitpunkt ist dabei die Eröffnung des Insolvenzverfahrens, der in Art. 2 Nr. 8 (→ Art. 2 Rn. 15 ff.) geregelt wird. 3

Unabhängig von Art. 10 steht in jedem Fall die **Frage der Wirksamkeit des Eigentumsvorbehalts**. Dies bestimmt sich nach der **lex causae**, die sich wiederrum nach der **lex fori processus** richtet (Kölner Schrift InsO/Mankowski Kap. 47 Rn. 103; MMS/J. Schmidt Rn. 9 f.). Für die Beurteilung der dinglichen Rechtslage wird es hingegen in der Regel auf die **lex rei sitae** ankommen. 4

C. Eigentumsvorbehalt in der Insolvenz des Käufers (Abs. 1)

Die Eröffnung des Insolvenzverfahrens gegen den Käufer lässt nach Abs. 1 die Rechte des Verkäufers aus dem Eigentumsvorbehalt unberührt. Ebenso wie bei Art. 8 (→ Art. 8 Rn. 1 ff.) ist die tatsächliche Bedeutung dieser Regelung unklar. Während der wohl hM des deutschen Schrifttums davon ausgeht, dass der Vorbehaltsverkäufer keinerlei insolvenzrechtlichen Beschränkung des Eröffnungs- oder des Belegenheitsstaats unterliegt, ist Abs. 1 richtigerweise als **Kollisionsnorm** dahingehend zu verstehen, dass auf das Insolvenzrecht des Belegenheitsstaats verwiesen wird (aA MMS/J. Schmidt Rn. 13). Dieses ist aufgrund der Geltung des **lex fori concursus** des Eröffnungsstaats nach Art. 7 zwar gerade nicht berufen. Allerdings würde eine vollständige Freistellung des Verkäufers von den insolvenzrechtlichen Bindungen bei einem Insolvenzverfahren über das Vermögen des Käufers eine nicht sachgerechte Besserstellung bedeuten, die auch der übrigen Systematik der EuInsVO widerspricht (→ Rn. 5.1 f.). 5

Etwas anderes ergibt sich auch nicht aus dem **German Graphics-Urteil** (Slg. I- 8438 = NZI 2009, 741 – German Graphics Graphische Maschinen GmbH/Alice van der Schee, Konkursverwalterin der Holland Binding BV) **des EuGH** (aA MMS/J. Schmidt Rn. 13). Zwar hat der EuGH Art. 10 dabei als materiell-rechtliche Vorschrift bezeichnet. Allerdings ist dies nur im Rahmen einer Verneinung eines prozessualen Regelungsgehaltes erfolgt, sodass diesem Argument insofern keine Bedeutung zukommt. 5.1

Auch aus dem anzunehmenden **Schutzbedürfnis des Verkäufers** ergibt sich nichts anderes. Denn durch Art. 10 wird in jedem Fall ein Schutz vor dem Insolvenzrecht des Eröffnungsstaats gewährleistet, was nicht zwingend auch einen Schutz vor dem Insolvenzrecht des Belegenheitsstaats nach sich ziehen muss. 5.2

Soweit das Insolvenzverfahren in einem anderen Mitgliedstaat eröffnet wird und sich die **Sache in Deutschland** befindet, bedeutet dies, dass der Verkäufer den Beschränkungen der §§ 107 Abs. 2, 112 InsO unterliegt. 6

D. Eigentumsvorbehalt in der Insolvenz des Verkäufers (Abs. 2)

Durch Abs. 2 wird der Käufer in seinen sich aus dem Eigentumsvorbehalt ergebenden Rechten im Fall der Eröffnung des Insolvenzverfahrens gegen den Verkäufer geschützt. Es wird also eine **Insolvenzfestigkeit der Rechtsposition des Vorbehaltskäufers** angeordnet, sodass es sich bei Abs. 2 um eine Sach- und nicht um eine Kollisionsnorm handelt (Kölner Schrift InsO/Mankowski Kap. 47 Rn. 102; MMS/J. Schmidt Rn. 17). Denn in diesem Fall kann der Eigentumsvorbehalt nicht aufgelöst oder beendet werden. Voraussetzung ist dabei aber, dass sich die Sache in einem anderen Mitgliedstaat als dem Eröffnungsstaat befindet. Dies gilt auch dann, wenn das auf den Eigentumsvorbehalt anwendbare Sachrecht eine gegenteilige Regelung trifft, da Abs. 2 als Europarecht dem nationalen Recht vorgeht. 7

Die Regelung des Abs. 2 findet auch dann Anwendung, wenn in dem Belegenheitsstaat ein **Partikularinsolvenzverfahren** eröffnet wird, da es sich bei Abs. 2 **lediglich** um eine materiell-rechtliche Regelung handelt (MMS/J. Schmidt Rn. 18). 8

E. Nichtigkeit, Anfechtbarkeit und relative Unwirksamkeit (Abs. 3)

9   Ebenso wie Art. 8 Abs. 4 (→ Art. 8 Rn. 26) und Art. 9 Abs. 2 (→ Art. 9 Rn. 10) erklärt Abs. 3 einen Vorbehalt für den Fall der Nichtigkeit, Anfechtbarkeit und relativen Unwirksamkeit von Rechtshandlungen, soweit diese den Eigentumsvorbehalt betreffen. In diesem Fall bleibt es bei der **Anwendung der lex fori concursus** (MMS/J. Schmidt Rn. 19 f.).

Artikel 11 Vertrag über einen unbeweglichen Gegenstand

(1) Für die Wirkungen des Insolvenzverfahrens auf einen Vertrag, der zum Erwerb oder zur Nutzung eines unbeweglichen Gegenstands berechtigt, ist ausschließlich das Recht des Mitgliedstaats maßgebend, in dessen Hoheitsgebiet sich dieser Gegenstand befindet.

(2) Die Zuständigkeit für die Zustimmung zu einer Beendigung oder Änderung von Verträgen nach diesem Artikel liegt bei dem Gericht, das das Hauptinsolvenzverfahren eröffnet hat, wenn

a) ein derartiger Vertrag nach den für diese Verträge geltenden Rechtsvorschriften des Mitgliedstaats nur mit Zustimmung des Gerichts der Verfahrenseröffnung beendet oder geändert werden kann und

b) in dem betreffenden Mitgliedstaat kein Insolvenzverfahren eröffnet worden ist.

Überblick

Durch Art. 11 wird für unbewegliche Gegenstände eine Ausnahme von der lex fori concursus begründet. Diese besteht nach Abs. 1 (→ Rn. 3 ff.) darin, dass sich die Auswirkungen der Eröffnung des Insolvenzverfahrens auf einen Vertrag über den Erwerb oder die Nutzung eines unbeweglichen Gegenstandes ausschließlich nach dem Recht des Mitgliedstaates der Belegenheit des unbeweglichen Gegenstandes richten. Darüber hinaus regelt Abs. 2 die internationale Zuständigkeit für die Zustimmung zu einer Beendigung oder Änderung dieser Verträge (→ Rn. 16 ff.).

Übersicht

	Rn.		Rn.
A. Grundlagen	1	III. Problem der Behandlung typengemischter Verträge	11
B. Maßgeblichkeit des Rechts des Belegenheitsortes des Grundstücks (Abs. 1)	3	IV. Rechtsfolgen	14
I. Unbewegliche Gegenstände	5		
II. Vertrag zum Erwerb oder zur Nutzung des unbeweglichen Gegenstandes	7	C. Zuständigkeit für die Änderung von Verträgen (Abs. 2)	16

A. Grundlagen

1   Die Regelung des Art. 11 ist in einem unmittelbaren Zusammenhang mit Art. 7 Abs. 2 lit. e zu sehen, wonach sich die Auswirkungen der Eröffnung des Insolvenzverfahrens auf laufende Verträge nach der lex fori concursus richten (→ Art. 7 Rn. 4 ff.). Insofern stellt Art. 11 eine Ausnahmeregelung dar, die sich aus der bei unbeweglichen Gegenständen grundsätzlich **engen Verbindung mit dem Belegenheitsstaat** ergibt und auch in anderen kollisionsrechtlichen Zusammenhängen wie etwa in Art. 7 Abs. 1 lit. c Rom-I-VO oder Art. 22 Nr. 1 EuGVVO eine Entsprechung findet, die insofern auch im Rahmen der Auslegung von Art. 11 herangezogen werden können (Kölner Schrift InsO/Mankowski Kap. 47 Rn. 110). Rechtspolitischer Hintergrund der lex rei sitae ist dabei, dass der Belegenheitsstaat typischerweise ein großes Interesse an einer eigenständigen Regelung von in seinem Territorium belegenen unbeweglichen Gegenständen hat.

2   Art. 11 ist dabei für die Parteien – wie alle Kollisionsregelungen der EuInsVO (→ Art. 1 Rn. 8) – **nicht disponibel**.

B. Maßgeblichkeit des Rechts des Belegenheitsortes des Grundstücks (Abs. 1)

Art. 11 setzt zunächst voraus, dass sich der unbewegliche Gegenstand in einem Mitgliedstaat 3
befindet und dass das Insolvenzverfahren in einem anderen Mitgliedstaat eröffnet wurde. Hintergrund dieses Erfordernisses des **Auseinanderfallens von Belegenheitsort und Ort der Verfahrenseröffnung** ist, dass bei einem Zusammenfallen beider Orte immer das jeweilige Insolvenzrecht des betroffenen Staates zur Anwendung kommt und die lex fori concursus und die lex rei sitae zum gleichen Recht führen.

Für die Anwendung von Art. 11 unbeachtlich ist schließlich, ob das **Insolvenzverfahren über** 4
das Vermögen einer bestimmten Person eröffnet wurde, da Art. 11 ausschließlich an den Vertrag über den unbeweglichen Gegenstand anknüpft.

I. Unbewegliche Gegenstände

Der **Begriff des unbeweglichen Gegenstandes** ist autonom und somit Rückgriff auf das 5
nationale Recht zu bestimmen (Kölner Schrift InsO/Mankowski Kap. 47 Rn. 113). Diese ist freilich nicht unwesentlichen Schwierigkeiten unterworfen, da es vor allem iRd EuInsVO selbst an konkreten Anknüpfungspunkten für eine Begriffsbildung fehlt. Daraus kann aber nicht auf die Möglichkeit einer Qualifikationsverweisung auf das Belegenheitsrecht angenommen werden, da ansonsten dem Ausnahmecharakter von Art. 11 gegenüber der Grundregel des Art. 7 (→ Art. 7 Rn. 4 ff.) nicht hinreichend Rechnung getragen werden würde (Kölner Schrift InsO/Mankowski Kap. 47 Rn. 113). Zudem wird auf diese Weise eine Aushöhlung der lex fori concursus durch die nationalen Gesetzgeber verhindert.

Allerdings kann und muss in diesem Zusammenhang auf die **übrigen kollisionsrechtlichen** 6
Regelungen des Europarechts zurückgegriffen werden. Dies gilt vor allem für Art. 4 Abs. 1 lit. c Rom-I-VO. Daher handelt es sich bei unbeweglichen Gegenständen zunächst um Grundstücke. Darüber hinaus sind aber auch Gebäude erfasst, was allerdings deren Sonderrechtsfähigkeit nach der lex rei sitae voraussetzt, was etwa im deutschen Sachenrecht grundsätzlich gerade nicht der Fall ist (→ Rn. 6.1).

Erfasst wird zudem das **Wohnungseigentum** (Kölner Schrift InsO/Mankowski Kap. 47 Rn. 111) und 6.1
das **Bruchteilseigentum an Grundstücken** (Kölner Schrift InsO/Mankowski Kap. 47 Rn. 111).

II. Vertrag zum Erwerb oder zur Nutzung des unbeweglichen Gegenstandes

Darüber hinaus ist es erforderlich, dass ein **Vertrag zum Erwerb oder zur Nutzung des** 7
unbeweglichen Gegenstandes vorliegt. Dabei unterscheidet Art. 11 nicht zwischen schuldrechtlich oder dinglich wirkenden Verträgen, sondern erfasst grundsätzlich alle entsprechenden Verträge (→ Rn. 7.1).

Mit dem Erfordernis eines Vertrages kann Art. 11 keine Anwendung auf **quasi-vertragliche Schuld-** 7.1
verhältnisse finden, auch wenn diese in einem Zusammenhang mit dem Erwerb oder der Nutzung eines unbeweglichen Gegenstandes stehen. Diese Betrachtungsweise ergibt sich nicht zuletzt aus dem Umstand, dass auch der europäische Gesetzgeber jedenfalls die Fallgruppe des **Verschuldens bei Vertragsschluss** kollisionsrechtlich den außervertraglichen Schuldverhältnissen zugewiesen hat (Art. 12 Rom-II-VO). Etwas anderes gilt nur dann, wenn die Rechtsfolge dieser quasi-vertraglichen Schuldverhältnisse zu einem Erwerb oder der Begründung eines Nutzungsrechts an einem unbeweglichen Gegenstand führt. In diesen Fällen wird das Statut der quasi-vertraglichen Schuldverhältnisses aufgrund der engeren Verbindung aber ohnehin oftmals zum Recht des Belegenheitsstaates führen (vgl. etwa Art. 12 Abs. 2 lit. c Rom-II-VO für das Verschulden bei Vertragsschluss).

Daher gilt Art. 11 vor allem für **Verträge über eine vorübergehende oder endgültige** 8
Gebrauchsüberlassung des Grundstücks. Dies erfasst Kauf-, Miet- und Pachtverträge, soweit diese hinsichtlich der Hauptpflicht auf einen unbeweglichen Gegenstand bezogen sind. Auch Schenkungsverträge fallen unter Art. 11 (BGH NZI 2017, 770 Rn. 19 = ZInsO 2017, 1858). Keine Anwendung findet Art. 11 auf **Grundpfandrechte oder Sicherungsabreden,** da diese Rechte weder ein Erwerbs- noch ein Nutzungsrecht vermitteln (Kölner Schrift InsO/Mankowski Kap. 47 Rn. 112). Auch der **Nießbrauch** von Art. 11 nicht erfasst (Kölner Schrift InsO/Mankowski Kap. 47 Rn. 112).

Weitere Voraussetzung ist, dass der Vertrag zum Erwerb oder zur Nutzung des unbeweglichen 9
Gegenstandes zum **Zeitpunkt der Eröffnung des Insolvenzverfahrens** (Art. 2 Nr. 8, → Art. 2 Rn. 15) bereits geschlossen wurde.

EuInsVO Art. 11

10 Ein **negatives Tatbestandsmerkmal von Art. 11** ist schließlich, dass die sich aus den Verträgen ergebenden Erwerbs- oder Nutzungsrechte nicht in einem öffentlichen Register iSv Art. 14 eingetragen werden, da dann Art. 14 lex specialis ist (→ Rn. 10.1).

10.1 Für in Deutschland belegene unbewegliche Gegenstände trifft dies vor allem auf das **Erbbaurecht** und den **Nießbrauch** zu (→ Art. 14 Rn. 3 ff.).

III. Problem der Behandlung typengemischter Verträge

11 Schwierigkeiten bereiten typengemischte Verträge, bei denen neben Erwerbs- oder Nutzungsrechten auch weitere Vertragspflichten begründet werden, wie dies etwa bei Bauträgerverträgen der Fall ist. Ausgangspunkt der Behandlung dieser typengemischten Verträge ist dabei deren Aufspaltung, die zu einer **getrennten kollisionsrechtlichen Behandlung** führt. Dabei ist es unbeachtlich, ob eine derartige Aufspaltung dem Willen der Vertragsparteien entspricht, da jedenfalls die Kollisionsregelung des Art. 11 nicht disponibel (→ Rn. 2) ist. Allerdings können die Aufspaltung und die mit ihr verbundene Anwendung unterschiedlicher Rechte Auswirkungen auf den Vertrag haben (→ Rn. 11.1).

11.1 Dabei kommt neben der Begründung von **Rücktrittsrechten** vor allem eine **Anpassung des Vertrages** nach dem im deutschen Schuldrecht etwa existierenden Instituts des Wegfalls der Geschäftsgrundlage (§ 313 BGB). Dies richtet sich im Einzelfall nach dem auf den Vertrag anwendbaren Schuldrecht, das nach den Regelungen des internationalen Vertragsrechts der Rom-I-VO zu bestimmen ist.

12 Eine Aufspaltung kommt dabei nicht in Betracht, wenn es sich bei den nicht auf Erwerbs- oder Nutzungsrechte bezogenen Pflichten um bloße **Nebenpflichten** handelt oder sich die Erwerbs- oder Nutzungsrechte in untergeordnetem Maße auf bewegliche Gegenstände beziehen, wie dies etwa bei der Erfassung von **Zubehör** der Fall ist.

13 Umgekehrt kann eine Aufspaltung aber nicht schon deswegen abgelehnt werden, weil der Vertrag zum Erwerb oder zur Nutzung des unbeweglichen Gegenstandes im Rahmen eines Gesamtvertrages erfolgt, bei dem der Erwerb oder die Nutzung des unbeweglichen Gegenstandes nur eine vergleichsweise untergeordnete Rolle spielen, wie dies etwa bei **Unternehmenskaufverträgen** im Wege des asset deal der Fall ist. Der Verordnungsgeber hat den Verträgen zum Erwerb oder zur Nutzung des unbeweglichen Gegenstandes mit Art. 11 eine klare Sonderrolle zugewiesen, die nicht zugunsten einer Gesamtbetrachtung des jeweiligen Vertrages aufgegeben werden kann.

IV. Rechtsfolgen

14 Bei Art. 11 handelt es sich um eine **Sachnormverweisung** (BGH NZI 2017, 770 Rn. 19 = ZInsO 2017, 1858). Daher finden nicht das Kollisionsrecht des Belegenheitsstaates, sondern vielmehr dessen materielles Sachrecht Anwendung. Insofern wird die eigentlich nach Art. 7 maßgebliche lex fori concursus verdrängt.

15 Auch wenn Art. 11 im Gegensatz zu den Art. 8, 9, 10 und 12 keine Ausnahmeregelung für den Fall der **Nichtigkeit, Anfechtbarkeit oder relativen Unwirksamkeit einer Rechtshandlung** enthält, ist dieser Vorbehalt auch bei Art. 11 mit der Folge zu beachten, dass Art. 11 nur dann zur Anwendung kommen kann, wenn der Vertrag im Übrigen trotz der Nichtigkeit, Anfechtbarkeit oder relativen Unwirksamkeit einer relevanten Rechtshandlung bestehen bleibt. Daher kann auch Art. 11 insbesondere kein Sonderregime für die Insolvenzanfechtung von Rechtshandlungen mit Bezug auf Verträge zum Erwerb oder zur Nutzung des unbeweglichen Gegenstandes abgeleitet werden.

C. Zuständigkeit für die Änderung von Verträgen (Abs. 2)

16 Da in vielen Rechtsordnungen die Zustimmung zur Beendigung oder Änderung von unter Art. 11 fallenden Verträgen auch gerichtlich vorgenommen werden kann, regelt Abs. 2 die Frage, welches Gericht dafür **international zuständig** ist. Dabei gilt im Grundsatz, dass es bei einer Zuständigkeit des Gerichts bleibt, das das Hauptverfahren eröffnet hat. Voraussetzung dafür ist aber, dass der Vertrag nach dem anwendbaren Insolvenzrecht nur mit Zustimmung des Gerichts der Verfahrenseröffnung beendet oder geändert werden kann (Abs. 2 lit. a) und in dem betreffenden Mitgliedstaat (der Belegenheit der unbeweglichen Sache) keine Insolvenzverfahren eröffnet wurde (Abs. 2 lit. b).

17 Liegen die **Voraussetzungen von Abs. 2 nicht vor,** kommt es entweder nicht auf eine gerichtliche Zustimmung an oder aber das Gericht ist dafür zuständig, das das Insolvenzverfahren in dem Mitgliedstaat des Belegenheitsortes eröffnet hat.

Artikel 12 Zahlungssysteme und Finanzmärkte

(1) Unbeschadet des Artikels 8 ist für die Wirkungen des Insolvenzverfahrens auf die Rechte und Pflichten der Mitglieder eines Zahlungs- oder Abwicklungssystems oder eines Finanzmarktes ausschließlich das Recht des Mitgliedstaats maßgebend, das für das betreffende System oder den betreffenden Markt gilt.

(2) Absatz 1 steht einer Nichtigkeit, Anfechtbarkeit oder relativen Unwirksamkeit der Zahlungen oder Transaktionen gemäß den für das betreffende Zahlungssystem oder den betreffenden Finanzmarkt geltenden Rechtsvorschriften nicht entgegen.

Überblick

Da sich Zahlungssysteme und Finanzmärkte durch eine hohe Komplexität auszeichnen, der durch das Insolvenzrecht nur bedingt Rechnung getragen wird, sieht Abs. 1 eine entsprechende Ausnahme für die lex fori concursus vor, indem auf das Marktrecht des jeweiligen Mitgliedstaates verwiesen wird (→ Rn. 3). Für den Fall der Nichtigkeit, Anfechtbarkeit oder relativen Unwirksamkeit von Zahlungen oder Transaktionen sieht Abs. 2 eine Gegenausnahme vor (→ Rn. 10).

A. Grundlagen

Art. 12 sieht für Zahlungssysteme und Finanzmärkte eine Ausnahme von der lex fori concursus **1** vor, die sich im Wesentlichen aus der **Komplexität und wirtschaftlichen Bedeutung von Zahlungssystemen und Finanzmärkten** erklärt, der durch das nationale Insolvenzrecht in der Regel nicht hinreichend Rechnung getragen wird (in diesem Sinne auch Erwägungsgrund Nr. 27 (besonderes Schutzbedürfnis bei Zahlungssystemen und Finanzmärkten)). Die dafür stattdessen vorgesehene **Marktanknüpfung** rechtfertigt sich außerdem aus dem Umstand, dass der europäische Gesetzgeber im Rahmen der sog. Finalitätsrichtlinie (RL 98/26/EG des Europäischen Parlaments und des Rates v. 19.5.1998 über die Wirksamkeit von Abrechnungen in Zahlungs- sowie Wertpapierliefer- und -abrechnungssystemen, ABl. L 166 v. 11.6.1998, 45 ff.) Sondervorschriften geschaffen hat, die aufgrund der Umsetzung in den Mitgliedstaaten zur Anwendung kommen.

Durch Art. 12 wird vor allem die **Regelung zur Aufrechnung in Art. 9** verdrängt. Dies **2** ergibt sich zwar nicht unmittelbar aus dem Wortlaut von Art. 12. Allerdings stellt Art. 12 insofern eine lex specialis dar.

B. Ausnahme für Mitglieder eines Zahlungs- oder Abwicklungssystems oder eines Finanzmarktes (Abs. 1)

I. Voraussetzungen

Die Anwendbarkeit von Art. 12 setzt zunächst die **Eröffnung eines Insolvenzverfahrens in 3 einem Mitgliedstaat** voraus. Dabei spezifiziert Abs. 1 aber nicht danach, über wessen Vermögen genau das Insolvenzverfahren eröffnet werden bzw. inwieweit ein Bezug zum Insolvenzverfahren bestehen muss.

1. Rechte und Pflichten von Mitgliedern eines Zahlungs- oder Abwicklungssystems

Für die erste Tatbestandsalternative in Form der Mitglieder eines Zahlungs- oder Abwicklungs- **4** systems findet sich in der EuInsVO keine Definition. Allerdings definiert Art. 2 lit. a Finalitätsrichtlinie ein System – und damit ein **Zahlungs- oder Abwicklungssystem** – als eine förmliche Vereinbarung, die – ohne Mitrechnung einer etwaigen Verrechnungsstelle, zentralen Vertragspartei oder Clearingstelle oder eines etwaigen indirekten Teilnehmers – zwischen mindestens drei Teilnehmern getroffen wurde und gemeinsame Regeln und vereinheitlichte Vorgaben für die Ausführung von Zahlungs- bzw. Übertragungsaufträgen zwischen den Teilnehmern vorsieht, die dem Recht eines von den Teilnehmern gewählten Mitgliedstaats unterliegt; die Teilnehmer können sich jedoch nur für das Recht eines Mitgliedstaats entscheiden, in dem zumindest einer von ihnen seine Hauptverwaltung hat, und die unbeschadet anderer, weitergehender einzelstaatlicher Vorschriften von allgemeiner Geltung als System angesehen wird und der Kommission von dem Mitgliedstaat, dessen Recht maßgeblich ist, gemeldet worden ist, nachdem der Mitgliedstaat sich von der Zweckdienlichkeit der Regeln des Systems überzeugt hat. Während Art. 10 Finalitätsrichtlinie den Anwendungsbereich auf die Systeme verengt, die von den Mitgliedstaaten angemeldet wurden, sieht Art. 12 eine solche Einschränkung nicht vor, sodass Art. 12 insofern alle Zahlungs- oder Abwicklungssysteme erfasst.

5   Durch Art. 12 werden **nur die Mitglieder** der Zahlungs- oder Abwicklungssysteme und nicht schon jeder Teilnehmer erfasst, sodass im Ergebnis ein relativ kleiner Anwendungsbereich für Art. 12 bleibt.

2. Rechte und Pflichten von Mitgliedern eines Finanzmarktes

6   Weniger deutlich ist hingegen, was mit den Mitgliedern eines Finanzmarktes gemeint ist. Aufgrund der Regelungsnähe zu den Zahlungs- oder Abwicklungssystemen können davon ebenfalls nur entsprechende Abrechnungssysteme verstanden werden. Nach Virgós/Schmit (Ergänzender Bericht, in Stoll, Vorschläge und Gutachten zur Umsetzung des EU-Übereinkommens über Insolvenzverfahren im deutschen Recht, 1997, Rn. 120 (zur EuInsVO 2000)) handelt es sich dabei einen Markt in einem Vertragsstaat, auf dem Finanzinstrumente, sonstige Finanzwerte oder Warenterminkontrakte und -optionen gehandelt werden, der regelmäßig funktioniert, dessen Funktions- und Zugangsbedingungen durch Vorschriften geregelt sind und der dem Recht des jeweiligen Vertragsstaates unterliegt, einschließlich einer etwaigen entsprechenden Aufsicht vonseiten der zuständigen Behörde dieses Vertragsstaates. Diese Definition erfasst auch nicht-förmliche Abrechnungssysteme wie Inter-Company-Netting-Agreements, Termintransaktionen über Clearing-Systeme und Warenterminbörsen.

7   Durch Art. 12 werden **nur die Mitglieder** der Abrechnungssysteme auf Finanzmärkten und nicht schon jeder Teilnehmer erfasst, sodass im Ergebnis ein relativ kleiner Anwendungsbereich für Art. 12 bleibt.

II. Rechtsfolge

8   Aufgrund von Art. 12 unterliegen die Wirkungen des Insolvenzverfahrens nicht der lex fori concursus, sondern dem jeweiligen Recht, dem das betroffene System unterliegt oder das für den betroffenen Markt gilt (**Marktanknüpfung**).

9   Dabei erstreckt sich Art. 12 aufgrund des Vorbehalts bezüglich Art. 8 nicht auf **dingliche Sicherheiten**, für die die lex rei sitae maßgeblich ist.

C. Gegenausnahme für die Nichtigkeit, Anfechtbarkeit oder relative Unwirksamkeit von Zahlungen oder Transaktionen (Abs. 2)

10   Schließlich sieht Art. 12 im Gegensatz zu den Art. 8, 9 und 10 eine Ausnahmeregelung für den Fall der **Nichtigkeit, Anfechtbarkeit oder relativen Unwirksamkeit einer Rechtshandlung**. Denn im Gegensatz zu den Art. 8, 9 und 10 bestimmt sich diese nach der lex causae des jeweiligen Systems und nicht nach der lex fori concursus. Diese Regelung hat letztlich nur klarstellende Funktion, da sich diese Rechtsfolge schon aus Abs. 1 ergibt (→ Rn. 10.1).

10.1   Einen eigenständigen Regelungsgehalt könnte der Regelung allerdings dann zuerkannt werden, wenn man die in ihr enthaltene Verneinung als **Redaktionsversehen** begreift. Damit würde sich Abs. 2 auch in die Regelungsstruktur der Art. 8 Abs. 4, 9 Abs. 2 und Art. 10 Abs. 3 einreihen. Für eine derartige Interpretation von Abs. 2 gibt es allerdings keine Anhaltspunkte.

Artikel 13 Arbeitsvertrag

(1) Für die Wirkungen des Insolvenzverfahrens auf einen Arbeitsvertrag und auf das Arbeitsverhältnis gilt ausschließlich das Recht des Mitgliedstaats, das auf den Arbeitsvertrag anzuwenden ist.

(2) Die Zuständigkeit für die Zustimmung zu einer Beendigung oder Änderung von Verträgen nach diesem Artikel verbleibt bei den Gerichten des Mitgliedstaats, in dem ein Sekundärinsolvenzverfahren eröffnet werden kann, auch wenn in dem betreffenden Mitgliedstaat kein Insolvenzverfahren eröffnet worden ist.

Unterabsatz 1 gilt auch für eine Behörde, die nach nationalem Recht für die Zustimmung zu einer Beendigung oder Änderung von Verträgen nach diesem Artikel zuständig ist.

Arbeitsvertrag   **Art. 13 EuInsVO**

Überblick

Durch Art. 13 wird eine Ausnahme zum Insolvenzstatut für Arbeitsverhältnisse statuiert. Diese sollen nach Abs. 1 nicht der lex fori concursus nach Art. 7, sondern der lex causae unterliegen (→ Rn. 2 ff.). Für die Zustimmung zu einer Beendigung oder Änderung der Arbeitsverträge durch Gericht oder Behörden enthält Abs. 2 eine Zuständigkeitsregelung (→ Rn. 14 f.).

A. Grundlagen

Mit Art. 13 werden arbeitsrechtliche Fragen von der lex fori concursus ausgenommen und dem 1 auf den Arbeitsvertrag anwendbaren Recht unterworfen. Diese Bereichsausnahme für arbeitsrechtliche Fragen rechtfertigt sich aus dem **rechtspolitisch gewollten Schutz von Arbeitnehmern** (Erwägungsgrund Nr. 28; Virgós/Schmit, Ergänzender Bericht, in Stoll, Vorschläge und Gutachten zur Umsetzung des EU-Übereinkommens über Insolvenzverfahren im deutschen Recht, 1997, Rn. 125; zustimmend Kölner Schrift InsO/Mankowski Kap. 47 Rn. 117). Die tatsächliche Verfolgung dieses für die meisten nationalen Arbeitsrechte durchaus nachvollziehbare Grundanliegen durch Art. 13 erscheint allerdings fragwürdig. Denn es ist nicht erkennbar, inwieweit die Anwendung des auf den Arbeitsvertrag anwendbaren Arbeitsinsolvenzrechts einen umfangreicheren Schutz als die Anwendung des Arbeitsinsolvenzrechts der lex fori concursus gewährleistet. Diesem Regelungsanliegen wäre tatsächlich nur entsprochen worden, wenn eine Günstigkeitsregelung aufgenommen worden wäre. Tatsächlich begünstigt die Regelung des Art. 13 somit das Interesse der Mitgliedstaaten, ihre rechtspolitischen Vorstellungen in Bezug auf das Arbeitsinsolvenzrecht grundsätzlich auch im Fall einer Auslandsinsolvenz zur Anwendung zu bringen. Auch wenn diesem Anliegen vor allem aus sozialpolitischen Gründen durchaus Bedeutung zukommt, scheint Art. 13 in seiner jetzigen Fassung zu weitgehend.

B. Keine Verdrängung des anwendbaren Arbeitsrechts (Abs. 1)

I. Arbeitsvertrag und Arbeitsverhältnis

Die Art. 13 zugrundeliegenden Begriffe Arbeitsvertrag und Arbeitsverhältnis sind – ebenso wie 2 die EuInsVO insgesamt (→ Art. 1 Rn. 5) – autonom auszulegen. Allerdings kann in diesem Zusammenhang auf die Begriffsbildung nach Art. 8 Rom-I-VO zurückgegriffen werden (Kölner Schrift InsO/Mankowski Kap. 47 Rn. 118), wo jedenfalls der Begriff des Arbeitsvertrags verwendet wird. Danach handelt es sich bei einem Arbeitsvertrag um eine **Vereinbarung, die eine Seite zu einer abhängigen, weisungsgebundenen, entgeltlichen Tätigkeit verpflichtet** (EuGH Slg. I-2703 Rn. 26 = NZA 2005, 348 – Brian Francis Collins ./. Secretary of State for Work and Pensions; EuGH Slg. I-5939 Rn. 33 = NZA 2008, 995 – Andrea Raccanelli ./. Max-Planck-Gesellschaft zur Förderung der Wissenschaften e. V.) (→ Rn. 2.1).

Dies umfasst neben den „klassischen" Arbeitnehmern auch Anstellungsverträge von Gesellschaftsorga- 2.1 nen und somit vor allem auch die **Anstellung von Geschäftsführern einer GmbH**, soweit es sich bei diesen um Fremdgeschäftsführer handelt (MMS/Mankowski Rn. 7; vgl. auch EuGH Slg. I-574 = NZG 2015, 1199 – Holterman Ferho Exploitatie BV und andere gegen Friedrich Leopold Freiherr Spies von Büllesheim zur EuGVVO aF). Aufgrund fehlender Abhängigkeit werden **Handelsvertreter** sowie **Vertriebs- und Vertragshändler** von Art. 13 nicht erfasst. Das gleiche gilt für den Geschäftsführer einer Ein-Mann-Gesellschaft (MMS/Mankowski Rn. 7).

Keine Bedeutung für die Anwendung von Art. 13 hat die Frage, ob das **Insolvenzverfahren** 3 **über das Vermögen des Arbeitnehmers oder des Arbeitgebers** eröffnet wird, da Art. 13 allein auf die Insolvenzbetroffenheit des Arbeitsverhältnisses als solchem abstellt. Ebenso wenig ist es entscheidend, ob ein Haupt- oder Sekundärinsolvenzverfahren eröffnet wird, da Art. 13 über Art. 35 bei **Sekundärinsolvenzverfahren** Anwendung findet.

Durch die eindeutige Bezugnahme von Art. 13 auf den Arbeitsvertrag und das Arbeitsverhältnis 4 sind Fragen der **betrieblichen oder unternehmerischen Mitbestimmung** von Art. 13 ausgenommen (Kölner Schrift InsO/Mankowski Kap. 47 Rn. 118). Diese richten sich mangels einer Kollisionsnorm in der EuInsVO nach den **Grundsätzen des internationalen Arbeitsrechts** und den **Grundsätzen des internationalen Gesellschaftsrechts**. Allerdings können diese durch das anwendbare Insolvenzrecht überlagert und eingeschränkt werden.

Zudem setzt Art. 13 nach seinem Wortlaut voraus, dass es sich bei dem auf den Arbeitsvertrag 5 anwendbaren Arbeitsrecht um das **Recht eines Mitgliedstaats** handelt. Da die Parteien iRv

Mock   2285

Art. 8 Rom-I-VO auch das Arbeitsrecht eines Dritt- und nicht eines Mitgliedstaats wählen können, haben diese damit indirekten Einfluss auf die Anwendbarkeit von Art. 13. Dies mag rechtspolitisch zweifelhaft erscheinen, ist aber letztlich eine Konsequenz der akzessorischen Anknüpfung in Art. 13. Für die Behandlung der Arbeitsverträge und Arbeitsverhältnisse, die sich nach dem Recht eines Drittstaates richten, → Rn. 15.

6   Das Erfordernis der Anwendbarkeit des Rechts eines Mitgliedstaats und nicht des Rechts eines Drittstaates (→ Rn. 15) kann allerdings nicht so verstanden bzw. weiterentwickelt werden, dass auch der **gewöhnliche Arbeitsort** in einem Mitgliedstaat belegen sein muss. Dem steht zum einen schon der Wortlaut von Art. 13 entgegen und zum anderen wird ein hinreichender Binnenmarktbezug schon durch das Erfordernis der Eröffnung des Insolvenzverfahrens in einem Mitgliedstaat Rechnung getragen.

II. Wirkungen des Insolvenzverfahrens auf den Arbeitsvertrag und das Arbeitsverhältnisses

7   Für die Ermittlung des genauen Anwendungsbereichs von Art. 13 bedarf es zunächst einer Bestimmung des Begriffs der „Wirkungen des Insolvenzverfahrens auf den Arbeitsvertrag und das Arbeitsverhältnisses". Dabei ist davon auszugehen, dass Art. 13 auf das **Arbeits- bzw. Vertragsstatut** abstellt. Eine eigenständige Bestimmung des Begriffs der Auswirkungen des Insolvenzverfahrens ist dann nicht mehr notwendig, da bei einer Erfassung eines bestimmten Tatbestands vom Vertragsstatut aufgrund von Art. 8 Rom-I-VO ohnehin das Arbeitsstatut zur Anwendung kommt, worauf auch Art. 13 abzielt.

8   Nach dem Arbeits- bzw. Vertragsstatut richtet sich insbesondere die Frage der **Fortsetzung oder Beendigung des Arbeitsverhältnisses** aufgrund der Eröffnung des Insolvenzverfahrens (Kölner Schrift InsO/Mankowski Kap. 47 Rn. 120). Somit richtet sich insbesondere die **Kündigung** nach dem Arbeits- bzw. Vertragsstatut und nicht der lex fori concursus (ArbG Frankfurt a. M. BeckRS 2010, 16568 (zur EuInsVO 2000); HessLAG BeckRS 2011, 70634 (zur EuInsVO 2000); Kölner Schrift InsO/Mankowski Kap. 47 Rn. 120).

9   Keine Erfassung durch das Arbeits- bzw. Vertragsstatut erfolgt hingegen für die Frage, ob **Lohnforderungen als Masse- oder als Insolvenzforderung** einzuordnen sind, sodass sich dies nach der lex fori concursus richtet (High Court of Justice Birmingham NZI 2005, 515; Kölner Schrift InsO/Mankowski Kap. 47 Rn. 120). Dies gilt ebenso für Fragen des **Pfändungsschutzes von Lohnforderungen** (LG Passau NZI 2014, 1019 (zur EuInsVO 2000); LG Traunstein NZI 2009, 818 (819) (zur EuInsVO 2000); Kölner Schrift InsO/Mankowski Kap. 47 Rn. 117, 120) oder der **Anfechtbarkeit** von deren Zahlung, die sich nach Art. 7 Abs. 2 lit. m, Art. 16 richten (MMS/Mankowski Rn. 21).

10 Zudem sind auch sozialrechtliche Ansprüche grundsätzlich unabhängig von Art. 13 und auch der lex fori concursus anzuknüpfen (Kölner Schrift InsO/Mankowski Kap. 47 Rn. 121). Dies gilt insbesondere für den **Anspruch auf Insolvenzgeld nach § 165 SGB III** (aA HessLAG NZI 2011, 203 (205)). Diese und andere Fragen des Sozialrechts unterfallen dem internationalen Sozialversicherungsrecht, dass an das Recht des Staates anknüpft, dem die sichernde Einrichtung angehört (Virgós/Schmit, Ergänzender Bericht, in Stoll, Vorschläge und Gutachten zur Umsetzung des EU-Übereinkommens über Insolvenzverfahren im deutschen Recht, 1997, Rn. 128 (zur EuInsVO 2000); Kölner Schrift InsO/Mankowski Kap. 47 Rn. 121). Daher besteht ein Anspruch aus Insolvenzgeld nach § 165 SGB III immer nur dann, wenn der Arbeitnehmer in Deutschland beschäftigt war (EuGH Slg. I-1421 = NJW 2011, 1791 – Charles Defossez ./. Christian Wiart).

III. Rechtsfolgen

11 Zentrale Folge von Art. 13 ist, dass sich die Wirkungen des Insolvenzverfahrens auf den Arbeitsvertrag und das Arbeitsverhältnis nach dem **auf den Arbeitsvertrag anwendbaren Recht** bestimmen und die lex fori concursus insofern verdrängt wird (Kölner Schrift InsO/Mankowski Kap. 47 Rn. 117). Diese Verdrängung ist vollständig, sodass es insbesondere nicht zu einer kumulativen oder alternativen Anknüpfung an das Insolvenzstatut kommt (MMS/Mankowski Rn. 2; BAGE 143, 129 = NZI 2012, 1011 (zur EuInsVO 2000)). Keine Rolle spielt zudem, ob das Insolvenzstatut aus Sicht des Arbeitnehmers günstiger ist (MMS/Mankowski Rn. 2; BAGE 143, 129 = NZI 2012, 1011 (zur EuInsVO 2000)).

12 Die Anwendbarkeit des für den Arbeitsvertrag bzw. das Arbeitsverhältnis maßgeblichen Rechts eines Mitgliedstaates bezieht sich dabei immer auf das **gewählte Recht** (Art. 8 Abs. 1 S. 1 Rom-I-VO) und nicht auf die bei Vorliegen einer Rechtswahl kraft objektiver Anknüpfung anwendbaren

Schutzvorschriften des Staates der Verrichtung der Arbeitstätigkeit (Art. 8 Abs. 1 S. 2 Rom-I-VO).

Fehlt es an einer Rechtswahl unterliegt der Arbeitsvertrag dem Recht des Staates, in dem oder andernfalls von dem aus der Arbeitnehmer in Erfüllung des Vertrags gewöhnlich seine Arbeit verrichtet (Art. 8 Abs. 2 S. 1 Rom-I-VO). 13

C. Zuständigkeitsfragen (Abs. 2)

Soweit für die Zustimmung zu einer Beendigung oder Änderung von Arbeitsverträgen eine gerichtliche oder behördliche Zustimmung erforderlich ist, sieht Abs. 2 vor, dass die **internationale Zuständigkeit** hierfür bei den Gerichten des Mitgliedstaates besteht, in dem das Insolvenzverfahren eröffnet wurde. Soweit allerdings in dem Mitgliedstaat, dessen Recht das Arbeitsverhältnis unterfällt, ein Sekundärinsolvenzverfahren eröffnet wurde, sind die Gerichte dieses Mitgliedstaates international zuständig (Abs. 2 UAbs. 1). Muss die Zustimmung durch eine Behörde erklärt werden, sind die Behörden des Mitgliedstaates zuständig, in dem das Sekundärinsolvenzverfahren eröffnet wurde (Abs. 2 UAbs. 2). 14

D. Behandlung von Arbeitsverhältnissen nach dem Recht von Drittstaaten

Soweit sich der Arbeitsvertrag oder das Arbeitsverhältnis nach dem Recht eines Drittstaates richten, kommt Art. 13 nicht zur Anwendung (→ Rn. 5). Darauf folgt aber nicht, dass damit die lex fori concursus berufen ist. Denn insofern fehlt es in diesen Fällen schon an dem erforderlichen qualifizierten Binnenmarktbezug. Es kommt vielmehr jedenfalls bei einer Eröffnung des Insolvenzverfahrens in Deutschland das **autonome internationale Insolvenzrecht** in Gestalt von § 337 InsO zur Anwendung, sodass allein auf die Vorschriften der Rom-I-VO abzustellen ist. Dies führt letztlich zum gleichen Ergebnis wie nach Art. 10, sodass sich – jedenfalls bei einer Anwendbarkeit des europäischen Kollisionsrechts – keine Unterschiede ergeben. 15

Artikel 14 Wirkung auf eintragungspflichtige Rechte

Für die Wirkungen des Insolvenzverfahrens auf Rechte des Schuldners an einem unbeweglichen Gegenstand, einem Schiff oder einem Luftfahrzeug, die der Eintragung in ein öffentliches Register unterliegen, ist das Recht des Mitgliedstaats maßgebend, unter dessen Aufsicht das Register geführt wird.

Überblick

Art. 14 statuiert eine Ausnahme zum Insolvenzstatut für die Wirkung des Insolvenzverfahrens auf eintragungspflichtige Rechte. Diese unterliegen nicht lex fori concursus nach Art. 7, sondern dem Recht des Mitgliedstaats, unter dessen Aufsicht das Register geführt wird.

A. Grundlagen

Die Regelung des Art. 14 stellt eine weitere Ausnahme von der generellen Maßgeblichkeit der lex fori concursus dar, indem für in öffentlichen Registern eingetragene Rechte an unbeweglichen Gegenständen, Schiffen oder Luftfahrzeugen nicht die lex fori concursus, sondern das Recht des registerführenden Mitgliedstaates maßgeblich ist. Hintergrund dieser Ausnahme ist die **Aufrechterhaltung der Funktionalität und Zuverlässigkeit der öffentlichen Register** (Kölner Schrift InsO/Mankowski Kap. 47 Rn. 122). Denn mit einer Maßgeblichkeit der lex fori concursus würden die öffentlichen Register der Mitgliedstaaten vor das Problem gestellt, dass Wirkungen der Eröffnung des Insolvenzverfahrens einzutragen wären, obwohl diese in dem registerführenden Mitgliedstaat nicht bekannt bzw. nicht eintragungsfähig sind (Kölner Schrift InsO/Mankowski Kap. 47 Rn. 122). 1

B. Anwendungsbereich

Nicht von Art. 14 erfasst wird die Frage, ob die Rechte selbst zur **Insolvenzmasse** gehören, da sich diese Frage allein nach der lex fori concursus des Art. 7 Abs. 2 S. 2 lit. b richtet. Ebenso wenig hat Art. 14 darauf Einfluss, wie der Insolvenzverwalter die Rechte verwerten kann. 2

C. Voraussetzungen

3 Die Anwendung von Art. 14 setzt zunächst voraus, dass ein **Insolvenzverfahren in einem Mitgliedstaat** eröffnet wurde, der Schuldner **Inhaber von Rechten an unbeweglichen Gegenständen, Schiffen oder Luftfahrzeugen** ist und diese Rechte **in einem öffentlichen Register eingetragen** sind.

4 Bei **unbeweglichen Gegenständen** gelten die Ausführungen zu Art. 11 entsprechend. Für **Schiffe** oder **Luftfahrzeuge** enthält die EuInsVO selbst keine Definition. Die Anforderungen an diese Begrifflichkeiten dürfen dabei aber nicht allzu hoch angesetzt werden, zumal die Eintragung von Rechten an diesen ohnehin eine entsprechende Einschränkung vornimmt.

5 Auch an das Erfordernis des Vorliegens eines öffentlichen Registers und die Aufsicht durch den Mitgliedstaat dürfen keine zu großen Anforderungen gestellt werden. Von einem **öffentlichen Register** ist immer schon dann auszugehen, wenn dieses Register für einen nicht vorherbestimmten Personenkreis einsehbar ist. Das Erfordernis eines besonderen Interesses für die Einsichtnahme schließt die Öffentlichkeit des Registers nicht aus. Eine **Aufsicht des öffentlichen Registers durch den Mitgliedstaat** ist schon immer dann gegeben, wenn das öffentliche Register speziellen gesetzlichen Vorgaben unterliegt. Schließlich darf es sich nicht um ein öffentliches Register eines Drittstaates handeln (→ Rn. 12).

6 Schließlich muss das jeweilige Recht in dem Register nicht zwingend eingetragen sein, da Art. 14 ausdrücklich nicht auf die tatsächliche Eintragung, sondern lediglich auf eine **Eintragungsfähigkeit** abstellt. Etwas anderes gilt nur für fakultative Eintragungen.

D. Rechtsfolgen

7 Durch Art. 14 bestimmen sich die Wirkungen des Insolvenzverfahrens auf die Rechte an unbeweglichen Gegenständen, Schiffen oder Luftfahrzeugen nach dem Recht des registerführenden Mitgliedstaates (lex libri siti). Es kommt also zu einer Beschränkung bzw. Überlagerung der lex fori concursus durch die **lex libri siti**. Für die genauen Folgen dieser Überlagerung muss allerdings zwischen den eintragungsbezogenen Rechten (→ Rn. 8) und den nicht eintragungsbezogenen Rechten (→ Rn. 11) differenziert werden.

I. Eintragungsbezogene Rechte

8 Bei den eintragungsbezogenen Rechten lassen sich drei Aspekte unterscheiden, bei denen die lex fori concursus durch die lex libri siti überlagert wird. Dabei handelt es sich zunächst um die Frage, ob eine Auswirkung des Insolvenzverfahrens überhaupt eintragen werden kann (**Eintragungsfähigkeit**, → Rn. 9). Zudem bestimmt die lex libri siti, ob die entsprechende Wirkung eingetragen werden muss (**Eintragungsbedürftigkeit**, → Rn. 9). Schließlich gibt die lex libri siti vor, welche Auswirkungen die Eintragung im öffentlichen Register hat (**Eintragungsfolgen**, → Rn. 10).

9 In Bezug auf die **Eintragungsfähigkeit** und die **Eintragungsbedürftigkeit** muss teilweise auf die Grundsätze der Substitution zurückgegriffen werden. Dies gilt etwa für die Frage, ob und in welcher Form der Insolvenzverwalter in dem jeweiligen Register eingetragen wird (→ Rn. 9.1).

9.1 Bei einem **in Deutschland belegenden Grundstück, Schiff oder Luftfahrzeug** bedeutet dies, dass immer ein Insolvenzvermerk nach § 32 InsO einzutragen ist, auch wenn die lex fori concursus einen solchen Vermerk nicht kennt (Kölner Schrift InsO/Mankowski Kap. 47 Rn. 123).

10 Hinsichtlich der **Eintragungsfolgen** gilt dabei, dass die Rechte an den unbeweglichen Gegenständen, Schiffen oder Luftfahrzeugen die Eröffnung des Insolvenzverfahrens nur soweit verändert werden können, als dies nach dem Recht des registerführenden Mitgliedstaates vorgesehen ist. Dies gilt dabei sowohl gegenüber den Inhabern der Rechte als auch gegenüber den Personen, die aus der Eintragung Rechte ableiten (**Schutz des guten Glaubens**). Die Wirkungen von Art. 14 sind dabei nicht nur auf eine positive Publizität beschränkt, sondern erstrecken sich auch auf eine **fehlende Eintragung**.

II. Nicht eintragungsbezogene Rechte

11 Schließlich regelt Art. 14 zum Teil auch Fragen, die nur mittelbar mit der Eintragung verbunden sind. Dies gilt insbesondere für die Ausübung der Verfügungsbefugnis über den unbeweglichen Gegenstand, das Schiff oder das Luftfahrzeug. Auch diese Fragen werden von dem Recht des Belegenheitsstaates geregelt (→ Rn. 11.1).

Bei einem in **Deutschland belegenden unbeweglichen Gegenstand** bedeutet dies etwa, dass deren Verwertung nur nach den Vorschriften des ZVG erfolgen darf, auch wenn die lex fori concursus einen freihändigen Verkauf gestattet (Kölner Schrift InsO/Mankowski Kap. 47 Rn. 123). Umgekehrt bedeutet dies auch, dass ein ausländischer Schuldner in den Genuss der Schutzvorschriften des ZVG kommt, auch wenn die lex fori concursus solche Vorschriften nicht kennt (Kölner Schrift InsO/Mankowski Kap. 47 Rn. 123). 11.1

E. Rechte in öffentlichen Registern eines Drittstaates

Sofern ein Recht an einem unbeweglichen Gegenstand, Schiff oder Luftfahrzeug in einem Register eines Drittstaates eingetragen ist, findet Art. 14 keine Anwendung. Ebenso wenig kann dann auf die allgemeine Kollisionsregel des Art. 7 Abs. 2 zurückgegriffen werden. Es ist vielmehr das **autonome internationale Privatrecht des Mitgliedstaates der Verfahrenseröffnung** berufen. In Deutschland existiert insofern nur § 351 Abs. 1 InsO, der allerdings nur bei einer Verfahrenseröffnung im Ausland hinsichtlich von in Deutschland belegenden unbeweglichen Gegenständen gilt. 12

Artikel 15 Europäische Patente mit einheitlicher Wirkung und Gemeinschaftsmarken

Für die Zwecke dieser Verordnung kann ein Europäisches Patent mit einheitlicher Wirkung, eine Gemeinschaftsmarke oder jedes andere durch Unionsrecht begründete ähnliche Recht nur in ein Verfahren nach Artikel 3 Absatz 1 miteinbezogen werden.

Überblick

Für Europäische Patente mit einheitlicher Wirkung und Gemeinschaftsmarken ordnet Art. 15 an, dass diese nur in einem Hauptinsolvenzverfahren einbezogen werden können. Damit können diese nicht in einem Sekundärinsolvenzverfahren oder einem Partikularinsolvenzverfahren einbezogen werden.

A. Grundlagen

I. Systematik

Gemeinschaftspatente, Gemeinschaftsmarken oder andere durch Gemeinschaftsvorschriften begründete ähnliche Rechte werden durch Art. 15 allein dem Hauptinsolvenzverfahren zugewiesen und damit dem Sekundär- und Partikularinsolvenzverfahren entzogen. Hintergrund dieser Regelung ist die **Supranationalität dieser Rechte** (Kölner Schrift InsO/Mankowski Kap. 47 Rn. 124). Denn diese entstammen nicht einem bestimmten Mitgliedstaat bzw. dessen Rechtsordnung und können daher auch nicht territorial einem räumlich beschränkten Verfahren zugewiesen werden. Durch die alleinige Zuweisung zum Hauptinsolvenzverfahren werden diese zwar bei einer Eröffnung eines Sekundär- oder Partikularinsolvenzverfahrens dem jeweiligen Mitgliedstaat auch entzogen. Dabei handelt es sich letztlich aber um einen Kompromiss zwischen der gemeinschaftsweiten Anerkennung dieser Rechte und der Möglichkeit der Durchführung von Sekundär- oder Partikularinsolvenzverfahren. Bei Art. 15 handelt es sich nicht um eine Kollisions- oder Zuständigkeits-, sondern vielmehr um eine **Sachnorm zur Reichweite der Insolvenzmasse** (Kölner Schrift InsO/Mankowski Kap. 47 Rn. 124). 1

II. Historische Entwicklung

Art. 15 hat in gewisser Weise Vorgängerregelungen, die in den jeweiligen europäischen Rechtsakten enthalten waren. So war in **Art. 21 Gemeinschaftsmarkenverordnung** aF und in **Art. 25 Pflanzensortenschutzverordnung** aF vorgesehen, dass die jeweils durch die Verordnungen geschaffenen Rechte in das zuerst eröffnete Insolvenzverfahren einbezogen werden sollten, ohne dass dabei aber zwischen Haupt- oder Sekundärinsolvenzverfahren unterschieden wurde. Da diese Regelung unter dem Vorbehalt der Schaffung einer gemeinschaftsweiten Regelung über Insolvenzverfahren standen, sind diese seit der Schaffung von Art. 15 nicht mehr zu beachten. 2

B. Voraussetzungen

3 Für die Anwendung von Art. 15 ist es zunächst notwendig, dass das Hauptinsolvenzverfahren in einem Mitgliedstaat eröffnet wurde, da auch nur in einem solchen Mitgliedstaat das **Hauptinsolvenzverfahren nach Art. 3 Abs. 1** eröffnet werden kann. Dabei ist es nicht erforderlich, dass das Insolvenzverfahren auch tatsächlich eröffnet wurde, da die Rechtsfolge von Art. 15 auf einen Ausschluss der Erfassung durch Sekundär- oder Partikularinsolvenzverfahren ausgerichtet ist (→ Rn. 1). Fehlt es an einem Mittelpunkt der hauptsächlichen Interessen in einem Mitgliedsstaat, führt dies zwar zu einer fehlenden Anwendbarkeit von Art. 15. Allerdings kommen in diesem Fall die in → Rn. 2 genannten Regelungen zur Anwendung.

4 Keine Anwendung kann Art. 15 finden, wenn es sich bei dem Schuldner um ein **Versicherungsunternehmen oder ein Kreditinstitut** handelt, da für diese mit Art. 24 Abs. 1 UAbs. 2 Unionsmarken-VO, Art. 41 GemPatentVereinb und Art. 25 SortenschutzVO abweichende Regelungen vorsehen, die als lex specialis Art. 15 vorgehen (aA aber Kölner Schrift InsO/Mankowski Kap. 47 Rn. 125). Etwas anderes gilt allerdings für Geschmacksmuster, da es dafür an einer vergleichbaren Regelung fehlt, sodass es bei einer Anwendung von Art. 15 bleibt. Etwas anderes ergibt sich auch nicht aus Art. 31 GeschmacksmusterVO.

5 Die Sonderregelung des Art. 15 gilt nur für die **Gemeinschaftsmarke** im Sinne des Unionsmarken-VO, **Gemeinschaftsgeschmacksmuster** im Sinne der GeschmacksmusterVO und für **Sorten** im Sinne des gemeinschaftlichen Sortenschutzes. Ebenso erstreckt sich Art. 15 auf das sog. **EU-Patent** auf Grundlage der EU-Patent-VO. Voraussetzung für eine Anwendung von Art. 15 ist für die genannten Schutzrechte zudem, dass diese bereits vor der Eröffnung des Insolvenzverfahrens begründet wurden.

6 Durch Art. 15 werden nicht nur die in den → Rn. 5 genannten Rechte selbst, sondern auch **Sicherungsrechte** an diesen erfasst (Kölner Schrift InsO/Mankowski Kap. 47 Rn. 125).

7 Nicht erfasst sind hingegen ergänzende Schutzzertifikate für **Arznei- oder Pflanzenschutzmittel**, da diese kein originär gemeinschaftsrechtliches Schutzrecht schaffen. Schließlich wird auch das einfache **Europäische Patent** auf Grundlage des Europäischen Patentübereinkommens nicht von Art. 15 erfasst, da es sich auch bei diesem um ein originär gemeinschaftsrechtliches Schutzrecht handelt. Da es bei diesen Schutzrechten bei einer territorialen Anknüpfung bleibt, muss aufgrund der fehlenden vergleichbaren Interessenlage auch eine analoge Anwendung von Art. 15 ausscheiden.

C. Rechtsfolgen

8 Zentrale Rechtsfolge von Art. 15 ist die fehlende Erfassung der in → Rn. 5 genannten Schutzrechte durch ein Sekundär- oder Partikularinsolvenzverfahren. Darüber hinaus können diese Schutzrechte nur in einem **Hauptinsolvenzverfahren nach Art. 3 Abs. 1** (→ Art. 3 Rn. 2) Gegenstand der Insolvenzmasse sein. Daher kann Art. 15 in diesem Zusammenhang keine Bedeutung erlangen.

Artikel 16 Benachteiligende Handlungen

Artikel 7 Absatz 2 Buchstabe m findet keine Anwendung, wenn die Person, die durch eine die Gesamtheit der Gläubiger benachteiligende Handlung begünstigt wurde, nachweist, dass

a) für diese Handlung das Recht eines anderen Mitgliedstaats als des Staates der Verfahrenseröffnung maßgeblich ist und

b) diese Handlung im vorliegenden Fall in keiner Weise nach dem Recht dieses Mitgliedstaats angreifbar ist.

Überblick

Durch Art. 16 wird eine nicht unerhebliche Einschränkung der nach Art. 7 Abs. 2 S. 2 lit. m für die Insolvenzanfechtung maßgeblichen lex fori concursus für den Fall angeordnet, dass die Rechtshandlung dem Recht eines anderen Mitgliedstaates unterliegt und nach dessen Recht nicht anfechtbar ist.

Übersicht

	Rn.		Rn.
A. Grundlagen	1	III. Fehlende Angreifbarkeit der Rechts-	
B. Voraussetzungen	3	handlung nach der lex causae	16
I. Maßgeblichkeit eines anderen Rechts eines Mitgliedstaates	4	C. Rechtsfolgen	18
1. Bestimmung der lex causae	5	D. Beweisfragen	21
2. Anwendung und Geltendmachung der lex causae	14	E. Anfechtungsansprüche zwischen Haupt- und Sekundärinsolvenzverfahren	23
II. Angreifbarkeit der Rechtshandlung nach der lex fori concursus	15		

A. Grundlagen

Durch Art. 16 wird eine Sperrwirkung der lex causae in Bezug auf die Anfechtbarkeit von Rechtshandlungen angeordnet. Damit sollen die Vertragspartner des Schuldners hinsichtlich der Insolvenzfestigkeit von Rechtshandlungen geschützt werden, wenn die Rechtshandlung nach der für sie maßgeblichen Rechtsordnung nicht angreifbar ist. Anderenfalls wäre die Verlegung des Mittelpunkts der hauptsächlichen Interessen iSv Art. 3 und der damit verbundenen Änderung der lex fori concursus (Art. 7) stets mit einer umfangreichen Modifikation der Vertragsbeziehungen bzw. der vom Schuldner gegenüber Dritten vorgenommenen Rechtshandlungen verbunden, sodass sich letztere niemals auf eine fehlende Anfechtbarkeit verlassen könnten. Daher dient Art. 16 dem **Vertrauens- und Verkehrsschutz** (Erwägungsgrund 24; EuGH NJW 2021, 1583 Rn. 24 – ZM/E.A.Frerichs; so auch schon zur EuInsVO 2000 EuGH Slg. I-227 Rn. 34 = NZI 2015, 478 – Hermann Lutz/Elke Bäuerle als Verwalterin in dem Insolvenzverfahren über das Vermögen der ECZ Autohandel GmbH; so auch schon Virgós/Schmit, Ergänzender Bericht, in Stoll, Vorschläge und Gutachten zur Umsetzung des EU-Übereinkommens über Insolvenzverfahren im deutschen Recht, 1997, Rn. 138 (zur EuInsVO 2000); vgl. auch Kölner Schrift InsO/Mankowski Kap. 47 Rn. 126; MMS/Müller Rn. 2). 1

Diese Überlegungen sind allerdings nicht zwingend, zumal die Anfechtungsrechte der Mitgliedstaaten häufig relativ kurze Anfechtungszeiträume vorsehen und eine Verlegung des Mittelpunkts der hauptsächlichen Interessen iSv Art. 3 nur bedingt Rückwirkungen auf die Anfechtbarkeit hat. Aber selbst für die Fälle längerer Anfechtungsfristen bestehen **Zweifel an der Schutzbedürftigkeit der Dritten,** da diese die Insolvenzfestigkeit von Rechtshandlungen bereits im Zeitpunkt von deren Vornahme auch nach den in Betracht kommenden alternativen Insolvenzrechten prüfen und sich entsprechend absichern können. Auch wenn diese konkreten Erwägungen in der Rechtsprechung des EuGH bisher nicht reflektiert werden, betont diese wenigstens eine restriktive Auslegung von Art. 16 (EuGH NJW 2021, 1583 Rn. 24 – ZM/E.A.Frerichs; so auch schon zur EuInsVO 2000 EuGH Slg. I-690 Rn. 18 = NZI 2015, 954 – Nike European Operations Netherlands BV ./. Sportland Oy in Liquidation (zur EuInsVO 2000)). 2

Art. 16 ist gegenüber den **Regelungen zum internationalen Vertragsrecht in der Rom I-VO** als lex specialis zu betrachten, sodass Art. 16 in der Anwendung stets vorgeht (EuGH NJW 2021, 1583 Rn. 24 – ZM/E.A.Frerichs; so auch schon zur EuInsVO 2000 EuGH Slg. I-433 Rn. 48 = NZI 2017, 633 – Vinyls Italia SpA v Mediterranea di Navigazione SpA (zur EuInsVO 2000)). 2a

B. Voraussetzungen

Zentrale Voraussetzung für die Anwendbarkeit von Art. 16 ist zunächst, dass ein **Haupt- oder ein Sekundärinsolvenzverfahren in einem Mitgliedstaat** eröffnet wurde, da dann nur überhaupt Art. 7 Abs. 2 S. 2 lit. m als Ausgangspunkt von Art. 16 anwendbar ist (→ Art. 7 Rn. 63). Darüber hinaus muss überhaupt eine anfechtbare Rechtshandlung nach Art. 7 Abs. 2 S. 2 lit. m vorliegen, sodass sich auch übrige Anwendungsbereich von Art. 7 Abs. 2 S. 2 lit. m mit dem von Art. 16 deckt. Weitere Voraussetzung ist, dass die anfechtbare Rechtshandlung dem Recht eines Mitgliedstaates (lex causae) unterliegt (→ Rn. 4) und nach diesem – im Gegensatz zur lex fori concursus (→ Rn. 15) – nicht angreifbar ist (→ Rn. 16). 3

I. Maßgeblichkeit eines anderen Rechts eines Mitgliedstaates

4 Darüber hinaus muss – wie sich aus dem eindeutigen Wortlaut von Art. 16 ergibt – die anfechtbare Rechtshandlung dem **Recht eines Mitgliedstaates** (lex causae) unterliegen. Soweit es sich bei der lex causae um das Recht eines Drittstaates handelt, kommt es nicht zur Anwendung von Art. 16, da es schon an der Anwendbarkeit von Art. 7 Abs. 2 S. 2 lit. m fehlt (→ Art. 7 Rn. 63). In diesem Fall findet das autonome internationale Insolvenzrecht des Mitgliedstaates der Eröffnung des Insolvenzverfahrens Anwendung (→ Rn. 4.1 f.).

4.1 Bei der **Eröffnung des Insolvenzverfahrens in Deutschland** finden daher die §§ 335, 339 InsO Anwendung (ebenso MüKoBGB/Kindler Rn. 4).

4.2 Dieses Ergebnis steht in einem gewissen Spannungsverhältnis zur **Zuständigkeitsregelung** des Art. 6, da danach die Zuständigkeit der Gerichte des Mitgliedstaates der Verfahrenseröffnung besteht, wenn der Beklagte seinen (Wohn-Sitz) in einem Drittstaat hat (→ Art. 6 Rn. 2a). Insofern regelt die EuInsVO umfassend die internationale Zuständigkeit, verweigert sich aber der umfassenden Bestimmung des anwendbaren Rechts. Dies ist aufgrund des eindeutigen Erfordernisses des Mitgliedstaatenbezugs bei der lex causae in Art. 16 aber hinzunehmen (im Ergebnis ebenso MüKoBGB/Kindler Rn. 4).

1. Bestimmung der lex causae

5 Die Bestimmung der lex causae richtet sich dabei nach dem internationalen Privatrecht der lex fori processus.

6 **a) Internationales Vertragsrecht.** Soweit die anzufechtende Rechtshandlung im Rahmen eines **Schuldvertrages** vorgenommen wird, bestimmt sich das auf den Schuldvertrag anwendbare Recht nach den Vorschriften der Rom-I-VO (OLG Düsseldorf RdTW 2018, 473 Rn. 26; → Rn. 6.1).

6.1 Einige wollen hingegen stets an **das auf das zwischen den Parteien insgesamt bestehende Schuldverhältnis anwendbare Recht** abstellen. Dabei wird darauf verwiesen, dass die Erfüllungshandlung typischerweise gerade anfechtungsneutral und es somit sachgerechter sei, auf das Schuldverhältnis insgesamt abzustellen. Diese Betrachtungsweise kann allerdings schon für das deutsche Recht nicht überzeugen, da § 130 InsO etwa auch die Anfechtung „bloßer" Erfüllungshandlungen (→ InsO § 130 Rn. 6) zulässt. Zudem kommt diese Betrachtungsweise jedenfalls in den Fällen an ihre Grenzen, bei denen es an einem Schuldverhältnis fehlt.

6.2 Für den Fall einer **Überweisung** ist das Recht des zugrundeliegenden Vertrags als lex causae maßgeblich (LG Potsdam NZI 2017, 943 (zur EuInsVO 2000)).

7 Bei einer **Anfechtbarkeit einer Rechtswahl** ist auf das von den Parteien gewählte Recht abzustellen. Dies ergibt sich schon aus Art. 10 Rom-I-VO, wonach stets das in Aussicht genommene Recht für die Wirksamkeit des Vertrages maßgeblich ist (→ Rn. 7.1).

7.1 Teilweise wird im Schrifttum in diesem Fall aber auf das **nach der objektiven Anknüpfung maßgebliche Recht** abgestellt. Zur Begründung wird dabei im Wesentlichen darauf verwiesen, dass damit eine missbräuchliche Rechtswahl durch die Parteien verhindert werden soll. Dies kann allerdings aus zwei Gründen nicht überzeugen. Zum einen tritt dieses Problem auch iRv Art. 10 Rom-I-VO auf, wird dort vom europäischen Gesetzgeber aber als unproblematisch akzeptiert. Zum anderen ist das insofern bestehende Missbrauchspotential jedenfalls bei reinen Inlandssachverhalten aufgrund von Art. 3 Abs. 3 und 4 Rom-I-VO ausgeschlossen, da danach von den (einfach) zwingenden Vorschriften nicht abgewichen werden kann, wozu aufgrund der fehlenden Disponibilität auch das Insolvenzanfechtungsrecht gehört.

8 Art. 3 Abs. 3 Rom-I-VO ist nicht direkt anwendbar und kann auch nicht als Rechtsgrundsatz iRv Art. 16 begründet werden, sodass auch **reine Inlandssachverhalte** unter Art. 16 fallen können, wenn die Parteien die Geltung eines ausländischen Rechts vereinbart haben (EuGH Slg. I-433 = NZI 2017, 633 – Vinyls Italia SpA v Mediterranea di Navigazione SpA (zur EuInsVO 2000)). Allerdings hat der EuGH die Möglichkeit offen gelassen, bei der Feststellung eines missbräuchlichen Verhaltens eine Berufung auf die lex causae auszuschließen (EuGH Slg. I-433 = NZI 2017, 633 – Vinyls Italia SpA v Mediterranea di Navigazione SpA (zur EuInsVO 2000)). Dadurch wird die Wahl eines anfechtungsfeindlichen Rechts zur Absicherung bestimmter Transaktionen ausgeschlossen (→ Rn. 8.1).

8.1 Ein solcher Ausschluss der Berufung auf die lex causae erfordert neben einem **objektiven Element** (kein Erreichen des Regelungsziels bei Gesamtwürdigung der Umstände) auch ein **subjektives Element**, das bei der Absicht der Erlangung eines ungerechtfertigten Vorteils vorliegen soll. Die genauen Anforderungen sind in diesem Zusammenhang nach bisherigem Stand noch nicht sicher bestimmbar. Ein missbräuchli-

Bei **Leistungshandlungen** – wie etwa **Zahlungen** – ist davon auszugehen, dass es auf das **9** Vertragsstatut ankommt, solange der Vertragspartner davon ausgehen durfte, dass die Zahlung durch den anderen Vertragspartner auf die Erfüllung der vertraglichen Verpflichtung gerichtet ist. Dies gilt auch dann, wenn die Leistung durch einen Dritten erbracht wird (EuGH NJW 2021, 1583 Rn. 32 – ZM/E.A.Frerichs; zurückgehend auf ein vom BGH eingeleitetes Vorabentscheidungsverfahren BGH NZI 2020, 534; dazu Bork EWiR 2020, 147).

Dies ist vor dem **Regelungshintergrund und dem Zweck** von Art. 16 (→ Rn. 1) konsequent, da **9.1** es das Vertrauen der Vertragspartner im Hinblick auf das anwendbare Vertragsrecht schützt (so ausdrücklich EuGH NJW 2021, 1583 Rn. 33 – ZM/E.A.Frerichs). Zudem ist zu beachten, dass anderenfalls die **praktische Wirksamkeit** von Art. 16 faktisch negiert werden würde und Zahlungen regelmäßig anfechtbar wären (dies betonend EuGH NJW 2021, 1583 Rn. 34 – ZM/E.A.Frerichs). Schließlich sieht Art. 12 Abs. 1 lit. b Rom I-VO sogar selbst vor, dass die Erfüllung einer vertraglichen Verpflichtung dem Vertragsstatut unterfällt, sodass eine gegenteilige Sichtweise in **Konflikt mit dem europäischen internationalen Vertragsrecht** stünde (EuGH NJW 2021, 1583 Rn. 35 – ZM/E.A.Frerichs).

Im bisherigen Schrifttum standen sich dazu im Wesentlichen zwei Ansichten gegenüber. Nach der wohl **9.2** herrschenden Meinung ist auf das **Vertragsstatut** abzustellen, sodass es auf das auf die Erfüllungshandlung anwendbare Recht insofern nicht ankommt (so etwa MMS/Müller Rn. 7; Thole NZI 2013, 113 (114 f.)). Demgegenüber wird auch vertreten, dass das „andere Recht" iSv Art. 16 das für **die Kausalbeziehung maßgebliche Schuldstatut** ist (so etwa Paulus ZInsO 2006, 295 (296); Stürner/Fix FS Wellensiek, 2011, 833 (838)). Entscheidenden Einfluss auf diesen Meinungsstreit hat die Auslegung von Art. 12 Abs. 1 lit. b Rom I-VO und dabei vor allem die Frage, ob dieser nur die Erfüllungswirkung oder auch die Wirksamkeit der Erfüllungshandlung regelt (dazu Bork EWiR 2020, 147 (148)). Im Ergebnis ist der wohl bisher herrschenden Meinung in Übereinstimmung mit der jüngeren EuGH-Rechtsprechung (EuGH NJW 2021, 1583 Rn. 32 – ZM/E.A.Frerichs) zuzustimmen.

Nicht abschließend geklärt ist, ob auch **dingliche Verfügungen** im Rahmen einer Erfüllungs- **9a** handlungen von Art. 16 erfasst ist. Dies dürfte wohl abzulehnen sein (Finkelmeier NZI 2021, 503 (504)).

Die **fehlende Erfassung dinglicher Verfügungen** dürfte sich daraus ableiten, dass diese schon nicht **9a.1** Art. 12 Abs. 1 lit. b Ro -I-VO unterfallen und somit der vom EuGH vorgenommene Gleichlauf zwischen Art. 16 und Art. 12 Abs. 1 lit. b Rom I-VO (→ Rn. 9.1) nicht besteht (darauf abstellend Finkelmeier NZI 2021, 503 (504)). Allerdings bestehen Zweifel daran, dass eine solche differenzierende Sicht des deutschen Rechts beim EuGH Gehör geschenkt bekommt.

b) Internationales Sachen- und Kreditsicherungsrecht. Wird hingegen eine **Verfügung** **10** angefochten, richtet sich das anwendbare Recht nach dem Sach- oder Abtretungsstatut. Es kommt also immer auf das auf die konkret anzufechtende Rechtshandlung anwendbare Recht und nicht auf das Schuldverhältnis insgesamt an.

Im Rahmen der Anfechtbarkeit der **Bestellung von Sicherheiten** kommt es auf das Recht **11** an, das für die anzufechtende Verfügung gilt, da es insofern um die Beseitigung des Vorrechts eines Gläubigers und nicht um die Erfüllung einer Forderung geht. Das Forderungsstatut der zu besichernden Forderung ist daher unbeachtlich.

Ohne Bedeutung ist der **Lageort des Gegenstandes,** der zur Masse gezogen werden soll. **12** Soweit sich der Gegenstand nicht in einem EuInsVO-Mitgliedstaat befindet, ist daher dennoch Art. 16 anwendbar, soweit die übrigen Voraussetzungen gegeben sind.

c) Internationales Gesellschaftsrecht. Bei der **Anfechtbarkeit von Gesellschafterdarle-** **13** **hen** stellt sich die Frage der Bestimmung der lex causae bzw. der Anwendung von Art. 16 nicht, da diese schon nicht unter die lex fori concursus fallen (→ Art. 7 Rn. 85).

2. Anwendung und Geltendmachung der lex causae

Da nach Art. 6 typischerweise eine internationale Zuständigkeit für Insolvenzanfechtungsklagen **14** im Mitgliedstaat der Eröffnung des Insolvenzverfahrens besteht, muss die lex causae meist von ausländischen Gerichten angewendet werden. Dabei regelt das nationale Prozessrecht die **Fragen der Form und der Frist** sowie die Frage, ob **Prüfung von Amts wegen** erfolgt oder nicht (EuGH Slg. I-433 = NZI 2017, 633 – Vinyls Italia SpA ./. Mediterranea di Navigazione SpA (zur EuInsVO 2000)). In diesem Zusammenhang dürfen die anzuwendenden Regeln für die Anwendung und Geltendmachung der lex causae aber nicht ungünstiger sein als gleichartige

Sachverhalte, die nur dem innerstaatlichen Recht unterliegen (**Äquivalenzgrundsatz**). Zudem darf dies nicht praktisch unmöglich gemacht oder übermäßig erschwert werden (**Effektivitätsgrundsatz**; EuGH Slg. I-433 = NZI 2017, 633 – Vinyls Italia SpA ./. Mediterranea di Navigazione SpA (zur EuInsVO 2000)).

II. Angreifbarkeit der Rechtshandlung nach der lex fori concursus

15 Weiterhin muss die Rechtshandlung nach der lex fori concursus **nichtig, unwirksam oder anfechtbar** sein (zu diesen Voraussetzungen ausf. → Art. 7 Rn. 63).

III. Fehlende Angreifbarkeit der Rechtshandlung nach der lex causae

16 Schließlich darf die Rechtshandlung nach der lex causae (→ Rn. 5) in keiner Weise angreifbar sein. Eine fehlende Angreifbarkeit ist immer schon dann anzunehmen, wenn der insolvenzrechtlichen Wirksamkeit der Rechtshandlung keinerlei Hindernisse entgegenstehen. Dabei ist es ohne Bedeutung, ob sich diese Hindernisse aus **materiell-rechtlichen oder prozessualen Vorschriften** ergeben (für ein weites Verständnis EuGH Slg. I-227 Rn. 34 = NZI 2015, 478 – Hermann Lutz/Elke Bäuerle als Verwalterin in dem Insolvenzverfahren über das Vermögen der ECZ Autohandel GmbH (zur EuInsVO 2000)). Ebenfalls irrelevant ist, auf welche Weise die Angreifbarkeit in der jeweiligen Rechtsordnung realisiert wird, sodass insbesondere auch eine Rückgewähr im Rahmen eines Schadenersatzanspruches von Art. 16 erfasst wird (→ Rn. 16.1).

16.1 So kann eine **Überweisung,** die niederländischem Recht unterliegt, nur dann angegriffen werden, wenn ein kollusives Zusammenwirken des Absenders mit dem Empfänger vorliegt oder diese erst nach der Insolvenzantragstellung vorgenommen wurde. Liegen diese Voraussetzungen nicht vor, kann sich der Insolvenzverwalter nicht auf deutsches Insolvenzanfechtungsrecht berufen (LG Potsdam NZI 2017, 943 (zur EuInsVO 2000)).

17 Von einer fehlenden Angreifbarkeit ist auch dann auszugehen, wenn dem Anspruch lediglich die **Einrede der Verjährung** entgegensteht, soweit sich diese aus der lex causae ergibt (EuGH Slg. I-227 Rn. 34 = NZI 2015, 478 – Hermann Lutz/Elke Bäuerle als Verwalterin in dem Insolvenzverfahren über das Vermögen der ECZ Autohandel GmbH (zur EuInsVO 2000); MMS/Müller Rn. 23; vgl. auch BGH NZI 2018, 721 (zu § 339 InsO)). Auch bei den Fragen der **Hemmung und Unterbrechung der Verjährung** ist auf die lex causae abzustellen (OLG Stuttgart BeckRS 2012, 21817 (zur EuInsVO 2000)). Dies gilt auch dann, wenn diese Wirkungen nur bei einer Klageerhebung eintreten, da dies – auch wenn es sich insofern um eine Prozesshandlung handelt – eine materiell-rechtliche Voraussetzung darstellt (OLG Stuttgart BeckRS 2012, 21817 (zur EuInsVO 2000)) (→ Rn. 17.1).

17.1 Handelt es sich bei der lex fori concursus dabei etwa um das **deutsche Insolvenzrecht,** finden alle Vorschriften, die anfechtungsrechtlich zu qualifizieren sind, keine Anwendung. Dies gilt auch für die Rückschlagsperre des § 88 InsO, da es sich dabei der Sache nach um eine anfechtungsrechtliche Regelung (→ Art. 7 Rn. 67.1) handelt (EuGH Slg. I-227 Rn. 34 = NZI 2015, 478 – Hermann Lutz/Elke Bäuerle als Verwalterin in dem Insolvenzverfahren über das Vermögen der ECZ Autohandel GmbH (zur EuInsVO 2000); anschließend BGH NZI 2015, 1038; MMS/Müller Rn. 22 am Ende).

C. Rechtsfolgen

18 Zentrale Rechtsfolge von Art. 16 ist, dass der Verweis von Art. 7 Abs. 2 S. 2 lit. m auf die lex fori concursus für die anfechtbare Rechtshandlung **keine Anwendung** findet. Art. 16 ist daher keine Kollisionsnorm (MMS/Müller Rn. 31).

19 Durch Art. 16 wird dem Anfechtungsgegner eine **Einrede** gewährt, soweit das auf die anfechtbare Rechtshandlung anwendbare Recht keine Anfechtbarkeit vorsieht (Kölner Schrift InsO/Mankowski Kap. 47 Rn. 126).

20 Mit der durch Art. 16 verordneten Unangreifbarkeit ist sogleich eine **umfassende Immunisierung** der Rechtshandlung verbunden, sodass diese auch nach keinem anderen Insolvenzrecht angegriffen werden kann. Dies gilt auch dann, wenn das autonome Kollisionsrecht eines Mitgliedstaates zur Anwendung eines entsprechenden mit einer Anfechtbarkeit versehenen Insolvenzrechts führt. Denn durch Art. 16 soll gerade der Rechtsverkehr hinsichtlich bestehender oder eben nicht bestehender Anfechtungsmöglichkeiten geschützt werden (→ Rn. 1).

D. Beweisfragen

Da es sich bei Art. 7 Abs. 2 S. 2 lit. m um Kollisionsnormen handelt, richtet sich eine ggf. 21
bestehende Beweislast für das anwendbare Recht nach dem Verfahrensrecht des angerufenen
Gerichts (**lex loci processus**). Dies gilt ebenso für die Beweislast hinsichtlich der nach dem
anwendbaren Recht bestehenden Voraussetzungen für die Anfechtbarkeit bzw. deren Geltendmachung.

Etwas anderes gilt allerdings für Art. 16, da dieser selbst eine **Sachnorm** mit einer entsprechen- 22
den Beweislastregel darstellt. Danach muss der Anfechtungsgegner nachweisen, dass die Rechtshandlung nach der lex causae nicht angreifbar ist (EuGH Slg. I-433 = NZI 2017, 633 – Vinyls Italia SpA ./. Mediterranea di Navigazione SpA (zur EuInsVO 2000); EuGH Slg. I-690 = NZI 2015, 954 – Nike European Operations Netherlands BV ./. Sportland Oy in Liquidation (zur EuInsVO 2000)). Alternativ reicht es aber aus, das Fehlen von nach der lex fori concursus notwendigen Tatbestandsvoraussetzungen nachzuweisen, da es dann schon nicht mehr auf Art. 16 ankommt. Soweit die lex causae für den Anfechtungsgegner Beweiserleichterungen vorsieht, finden diese auch Anwendung, da es sich bei diesen über Art. 16 um materiell-rechtliche Regelungen handelt (MMS/Müller Rn. 27).

E. Anfechtungsansprüche zwischen Haupt- und Sekundärinsolvenzverfahren

Die Geltendmachung von Anfechtungsansprüchen kann vor allem bei der Eröffnung eines 23
Sekundärinsolvenzverfahrens hinsichtlich der genauen Zuordnung der Rechtshandlungen bzw.
der sich aus der Geltendmachung der Anfechtbarkeit ergebenden Ansprüche Schwierigkeiten
bereiten. Diese Problematik wurde vom europäischen Gesetzgeber nicht ausdrücklich adressiert
und muss daher im Rahmen der **Systematik der EuInsVO** insgesamt gelöst werden.

Dabei gilt zunächst, dass sich die **Zuordnung der Ansprüche aus der Anfechtbarkeit** 24
zwischen den Verfahren danach richtet, aus welcher Masse der zurückzugewährende Gegenstand
stammte bzw. wo er ohne die Vornahme der anfechtbaren Rechtshandlung belegen sein würde.

Darüber hinaus kann aus dem bloßen Umstand der **Verbringung eines Gegenstandes aus** 25
dem Bereich eines Verfahrens in den eines anderen Verfahrens keine Gläubigerbenachteiligung abgeleitet werden. Denn auch wenn sich die Insolvenzmassen der jeweiligen Verfahren dadurch unter Umständen massiv verändern, ist dies in der Gesamtbetrachtung aller Verfahren irrelevant. Anderenfalls würde es regelmäßig zu Zuordnungsstreitigkeiten zwischen den Insolvenzverwaltern der einzelnen Verfahren kommen, die die Insolvenzmasse belasten, am Ende aber kaum einen relevanten Ertrag liefern. Dieser Grundsatz ergibt sich aus einer direkten Überlagerung des materiellen Insolvenzrechts durch die EuInsVO, sodass die Mitgliedstaaten auch keine abweichenden Regelungen aufgrund des Anwendungsvorrangs der EuInsVO erlassen können.

Wurde die Anfechtbarkeit einer Rechtshandlung durch den Hauptinsolvenzverwalter bereits 26
im Klagewege geltend gemacht und fällt der betreffende Gegenstand dann in die Masse eines Sekundärinsolvenzverfahrens, lässt dies die **Prozessführungsbefugnis des Hauptinsolvenzverwalters** unberührt. Denn die in → Rn. 23 genannten Grundsätze müssen auch in diesem Zusammenhang gelten, zumal der Verlust der Prozessführungsbefugnis nur dazu führt, dass die Geltendmachung erneut durch den Sekundärinsolvenzverwalter erfolgen muss, sodass letztlich die Gesamtmasse nicht gemehrt, sondern vielmehr durch Mehrkosten belastet ist.

Aus Gründen der Rechtssicherheit sollte in diesem Zusammenhang aber eine Vereinbarung 27
zwischen dem Haupt- und dem Sekundärinsolvenzverwalter dahingehend geschlossen werden,
dass der Hauptinsolvenzverwalter weiterhin **im Wege der gewillkürten Prozessstandschaft** zur
Geltendmachung berechtigt ist. Eine Abtretung zur Lösung dieses Problems scheidet hingegen in
der Regel aus, da damit – jedenfalls nach deutschem Zivilprozessrecht – eine Klageänderung
verbunden ist, die nur mit Zustimmung des Anfechtungsgegners erfolgen kann (§ 263 ZPO).

Artikel 17 Schutz des Dritterwerbers

Verfügt der Schuldner durch eine nach Eröffnung des Insolvenzverfahrens vorgenommene Handlung gegen Entgelt über
a) einen unbeweglichen Gegenstand,
b) ein Schiff oder ein Luftfahrzeug, das der Eintragung in ein öffentliches Register unterliegt, oder
c) Wertpapiere, deren Eintragung in ein gesetzlich vorgeschriebenes Register Voraussetzung für ihre Existenz ist,

EuInsVO Art. 17 Kapitel I. Allgemeine Bestimmungen

so richtet sich die Wirksamkeit dieser Rechtshandlung nach dem Recht des Staats, in dessen Hoheitsgebiet sich dieser unbewegliche Gegenstand befindet oder unter dessen Aufsicht das Register geführt wird.

Überblick

Durch Art. 17 wird eine weitere Ausnahme vom Grundsatz der Maßgeblichkeit der lex fori concursus für die Fälle des entgeltlichen Erwerbs bestimmter Gegenstände bzw. Rechte statuiert und die lex rei sitae für anwendbar erklärt.

A. Grundlagen

I. Systematik

1 Die Maßgeblichkeit der lex fori concursus nach Art. 7 führt grundsätzlich dazu, dass dieser alle Wirkungen nach der Eröffnung des Insolvenzverfahrens unterstehen. Damit würde diese auch regeln, ob und unter welchen Bedingungen Gegenstände oder Rechte nach der Eröffnung des Insolvenzverfahrens erworben werden können. Da dies jedenfalls für in anderen Mitgliedstaaten in deren Register eingetragene Gegenstände und Rechte zu einem Konflikt mit den **Verkehrsschutzinteressen des jeweiligen Mitgliedstaates** führt, sieht Art. 17 eine Ausnahme von der lex fori concursus zugunsten der lex rei sitae vor.

2 Mit dieser Regelung bringt der europäische Gesetzgeber zum Ausdruck, dass **insolvenzrechtlich bedingte Verfügungsbeschränkungen** nicht sachen-, sondern insolvenzrechtlich zu qualifizieren sind. Daraus kann geschlossen werden, dass sich für die von Art. 17 nicht erfassten Gegenstände und Rechte die durch die Eröffnung des Insolvenzverfahrens bedingten Verfügungsbeschränkungen aus der lex fori concursus ergeben und sich gerade nicht nach der lex rei sitae richten.

II. Verhältnis zu anderen Vorschriften

3 Die Regelung des Art. 17 ist in einem engen Zusammenhang mit Art. 14 zu lesen, da dieser die **Eintragungsfähigkeit bzw. -bedürftigkeit** der Eröffnung des Insolvenzverfahrens in einem öffentlich geführten Register regelt.

B. Voraussetzungen

I. Erfasste Gegenstände und Rechte

4 Die Sonderregelung des Art. 17 erstreckt sich nur auf dort genannten Rechte, sodass die Aufzählung **abschließender Natur** ist. Für die **unbeweglichen Gegenstände, Schiffe** und **Luftfahrzeuge** kann auf die Definition in Art. 14 verwiesen werden (→ Art. 14 Rn. 4).

5 Weiterhin werden **Wertpapiere** erfasst, soweit deren Eintragung in einem gesetzlich vorgeschriebenen Register Voraussetzung für deren Existenz ist. Die Reichweite dieser Voraussetzung bleibt dabei unklar (→ Rn. 5.1 ff.).

5.1 Denn insofern bietet sich zunächst eine weite Auslegung dahingehend an, dass alle Wertpapiere erfasst sind, bei denen im **Zusammenhang mit deren Begebung** generell eine Registereintragung vorgenommen wird, wie diese etwa im deutschen Kapitalgesellschaftsrecht bei Kapitalerhöhungen immer der Fall ist. Andererseits kann die Regelung auch dahingehend verstanden werden, dass die Eintragung des Wertpapiers selbst Voraussetzung ist. Da es sich bei Art. 17 um eine Sonderregelung zu Art. 7 handelt und dieser dem Schutz von Verkehrsinteressen im Mitgliedstaat der Belegenheit dient (→ Rn. 1), kann im Ergebnis nur ein enges Verständnis überzeugen. Denn es ist nicht ersichtlich, warum die bloße Eintragung etwa einer Kapitalerhöhung den Erwerb von Inhaberaktien bzw. dahingehende Verkehrsschutzinteressen beeinflussen soll.

5.2 Unklar bleibt zudem, welche **Anforderungen an den Wertpapierbegriff** zu stellen sind. Dies gilt vor allem für das Verbriefungserfordernis, auf das es im Ergebnis nicht ankommen kann. Denn die Verkehrsschutzinteressen des Belegenheitsstaates sind immer schon dann betroffen, wenn das jeweilige Wertpapier in einem öffentlichen Register eingetragen ist.

5.3 Aus Sicht des deutschen Rechts fallen unter diese Regelung vor allem **Namensaktien** (§ 67 AktG). Für **GmbH-Anteile** erscheint dies schon fraglich, da diese zwar im Handelsregister einsehbar sind, es sich

Wirkungen des Insolvenzverfahrens auf Verfahren **Art. 18 EuInsVO**

bei diesen aber nicht um (verbriefte) Wertpapiere handelt. Außerhalb von Art. 17 bleiben hingegen **Patente und andere gewerbliche Schutzrechte,** da über diese in der Regel schon nicht verfügt werden kann.

Weiterhin müssen die in Art. 17 genannten Gegenstände und Rechte in einem anderen Staat 6
als dem Mitgliedstaat der Verfahrenseröffnung belegen sein. Die Belegenheit richtet sich dabei nach Art. 2 Nr. 9 (→ Art. 2 Rn. 17). Da Art. 17 lediglich auf den **Staat der Belegenheit** und nicht auf den Mitgliedstaat der Belegenheit abstellt, ist dieser immer schon dann anwendbar, wenn das Insolvenzverfahren in einem EuInsVO-Mitgliedstaat eröffnet wurde, da dann immer schon ein hinreichender Binnenmarktbezug vorliegt (→ Rn. 6.1).

Das **deutsche autonome internationale Insolvenzrecht** in Form von § 349 InsO kann daher immer 6.1
nur dann zur Anwendung kommen, wenn das Insolvenzverfahren nicht in einem EuInsVO-Mitgliedstaat eröffnet wurde, Gegenstände oder Rechte aber in Deutschland belegen sind.

II. Entgeltlichkeit - Erwerb durch eine Rechtshandlung

Voraussetzung für die Anwendung von Art. 17 ist zudem, dass ein entgeltlicher Erwerb nach 7
der Eröffnung des Insolvenzverfahrens stattfindet. Die bloße Erstreckung auf **Erwerbstatbestände nach der Eröffnung des Insolvenzverfahrens** erklärt sich vor dem Hintergrund, dass es sich bei Art. 17 lediglich um eine Vorschrift zur Regelung der nach der Eröffnung des Insolvenzverfahrens typischerweise eintretenden Beschränkungen der Verfügungsbefugnis des Schuldners und nicht um eine Vorschrift zur Insolvenzanfechtung handelt. Für den in diesem Zusammenhang maßgeblichen Zeitpunkt ist auf Art. 2 Nr. 8 abzustellen (→ Art. 2 Rn. 15) (→ Rn. 7.1).

Daraus ergibt sich für das **deutsche Insolvenzrecht,** dass auch Verfügungen im Eröffnungsverfahren 7.1
erfasst werden, soweit der Beschluss zur Eröffnung des Insolvenzeröffnungsverfahrens den Anforderungen der *Eurofood*-Rechtsprechung (→ Art. 2 Rn. 14) entspricht (MMS/Mankowski Rn. 8). Von Bedeutung ist Art. 17 dabei nur dann, wenn in diesem Zusammenhang die Verfügungsbefugnis des Schuldners beschränkt wird (§ 21 Abs. 2 Nr. 2 InsO).

Zudem muss der **Erwerb durch eine Rechtshandlung** vorgenommen worden sein, sodass 8
gesetzliche Erwerbstatbestände durch Art. 17 nicht erfasst werden. Dabei ist es unbeachtlich, ob es sich um eine Übertragung eines Vollrechts oder eines lediglich beschränkten dinglichen Rechts handelt. Maßgeblich ist insofern, dass der Erwerb des jeweiligen Rechts nach der Eröffnung des Insolvenzverfahrens vorgenommen wurde.

Der Erwerb muss schließlich entgeltlich erfolgt sein. Hintergrund dieser Beschränkung auf den 9
entgeltlichen Erwerb ist letztlich das in zahlreichen Mitgliedstaaten aufgrund der gemeinsamen Ursprünge im römischen Recht existierende **Utilitätsprinzip,** wonach der unentgeltliche Erwerber einer Sache weniger schutzbedürftig ist als der entgeltliche Erwerber. Der Begriff der Entgeltlichkeit ist dabei weit auszulegen, da sich nur dadurch der bezweckte Verkehrsschutz realisieren lässt (→ Rn. 1). Daher wird vor allem auch die **gemischte Schenkung** erfasst. Ohne Berücksichtigung bleiben hingegen Verfügungen, bei denen es an jeglicher Gegenleistung fehlt. Deren Wirksamkeit richtet sich nach der lex fori concursus.

C. Rechtsfolge

Durch Art. 17 wird eine Ausnahme von der lex fori concursus dahingehend statuiert, dass die 10
Sachvorschriften des Register- bzw. Belegenheitsstaates auf die Frage Anwendung finden, ob ein Erwerb auch nach der Eröffnung des Insolvenzverfahrens möglich ist. Das internationale Privatrecht des Belegenheitsstaates ist daher unbeachtlich (→ Rn. 10.1).

Bei einer Eröffnung eines Insolvenzverfahrens in einem anderen Mitgliedstaat und einer Belegenheit 10.1
der in Art. 17 genannten Gegenstände und Rechte (→ Rn. 4 ff.) in Deutschland bedeutet dies, dass die § 81 Abs. 1 S. 2 InsO, § 91 Abs. 2 InsO iVm § 892 BGB zur Anwendung kommen.

Artikel 18 Wirkungen des Insolvenzverfahrens auf anhängige Rechtsstreitigkeiten und Schiedsverfahren

Für die Wirkungen des Insolvenzverfahrens auf einen anhängigen Rechtsstreit oder ein anhängiges Schiedsverfahren über einen Gegenstand oder ein Recht, der bzw. das Teil der Insolvenzmasse ist, gilt ausschließlich das Recht des Mitgliedstaats, in dem der Rechtsstreit anhängig oder in dem das Schiedsgericht belegen ist.

Mock   2297

Überblick

Nach Art. 18 bestimmen sich die Auswirkungen der Eröffnung des Insolvenzverfahrens auf einen anhängigen Rechtsstreit oder ein anhängiges Schiedsverfahren nach dem Recht des Mitgliedstaates, in dem der Rechtsstreit oder das Schiedsverfahren anhängig ist. Somit statuiert Art. 18 eine weitere Ausnahme vom Grundsatz der lex fori concursus.

A. Grundlagen

1   Durch Art. 18 wird eine Sonderanknüpfung für die Frage vorgenommen, welche Auswirkungen die Eröffnung eines Insolvenzverfahrens auf im Zeitpunkt der Eröffnung des Insolvenzverfahrens anhängige Prozesse hat. Die somit statuierte **Ausnahme von der lex fori concursus zugunsten der lex fori processus** hat ihren Hintergrund wohl in dem Umstand, dass durch die EuInsVO nicht auf eine Weise in Prozessverhältnisse eingegriffen werden soll, wie sie die einzelnen mitgliedstaatlichen Rechte nicht kennen.

B. Voraussetzungen

2   Zentrale Voraussetzung für die Anwendbarkeit von Art. 18 ist zunächst, dass das **Insolvenzverfahren in einem Mitgliedstaat** eröffnet wurde. Dies ergibt sich dabei weniger aus Art. 18, sondern vielmehr aus dem allgemeinen (räumlichen) Anwendungsbereich der EuInsVO (→ Art. 1 Rn. 17). Keine Bedeutung hat hingegen, ob es sich dabei um ein Haupt- oder um ein Partikularinsolvenzverfahren handelt.

I. Erfasste Streitigkeiten

3   Zudem erfordert Art. 18, dass ein **Rechtsstreit über einen Gegenstand oder ein Recht der Masse** vorliegt, bei denen also dem Schuldner die Verfügungsbefugnis entzogen ist (EuGH NZI 2018, 613 Rn. 25 – Tarragó da Silveira). Der Begriff Rechtsstreit ist dabei – ebenso wie die EuInsVO insgesamt (→ Art. 1 Rn. 5) – autonom auszulegen.

4   Da Art. 7 Abs. 2 S. 2 lit. f **Rechtsverfolgungsmaßnahmen einzelner Gläubiger** der lex fori concursus unterstellt, kann Art. 18 in Abgrenzung dazu nur Erkenntnisverfahren erfassen, womit vor allem das Vollstreckungsverfahren ausgenommen ist (EuGH NZI 2018, 613 Tz. 30 – Tarragó da Silveira; EuGH Slg. 2016, I-841 = NZI 2016, 959 Rn. 33 – ENEFI). Dabei kann Art. 7 Abs. 2 S. 2 lit. f aber nur die Rechtsverfolgungsmaßnahme der Gläubiger als solche erfassen, sodass vollstreckungsrechtliche Rechtsbehelfe dennoch in den Anwendungsbereich von Art. 18 fallen, da bei diesen weniger die Vollstreckung als solche, sondern vielmehr der Streit über deren Rechtmäßigkeit im Vordergrund steht. Daher zählt zu den von Art. 18 erfassten Verfahren auch das Beschwerdeverfahren nach Art. 43 ff. EuGVVO. Etwas anderes muss hingegen für das Verfahren nach Art. 40 f. EuGVVO gelten.

5   Als Rechtsstreit iSv Art. 18 gelten auch Verfahren vor **Schiedsgerichten**, was sich nun aus Art. 18 direkt ergibt.

6   Ohne Bedeutung ist zudem, um welche Art von staatlicher Gerichtsbarkeit es sich handelt. Daher sind vor allem auch **verwaltungsrechtliche Streitigkeiten** erfasst. Verfahren vor Verwaltungsbehörden sind dann als Streitigkeit iSv Art. 18 anzuerkennen, wenn es sich dabei um ein zweiseitiges Verfahren handelt, an dessen Ende eine verbindliche Entscheidung steht.

7   Weitere Voraussetzung ist schließlich, dass es sich um einen **Rechtsstreit über einen Gegenstand oder ein Recht der Masse** handelt. Die Massezugehörigkeit ist dabei nach Art. 7 Abs. 2 S. 2 lit. b zu bestimmen (→ Art. 2 Rn. 27). Ohne Bedeutung ist dabei, ob es sich um einen Aktiv- oder einen Passivprozess handelt.

II. Anhängigkeit zum Zeitpunkt der Eröffnung des Insolvenzverfahrens

8   Der Begriff der Anhängigkeit ist autonom auszulegen, wobei vor allem auf Art. 30 EuGVVO zurückgegriffen werden kann. Insofern ist von einer **Rechtshängigkeit** auszugehen, wenn zum einen das verfahrenseinleitende Schriftstück beim Gericht oder bei der für die Zustellung verantwortlichen Stelle eingereicht worden ist und zum anderen der Kläger alle notwendigen Schritte unternommen hat, die für die Fortführung des Verfahrens notwendig sind. Letzterer Aspekt richtet sich nach der lex fori processus.

9   Zudem muss der Rechtsstreit in einem **Mitgliedstaat** im **Zeitpunkt der Verfahrenseröffnung** anhängig sein. Letzterer Aspekt richtet sich nach Art. 2 Nr. 8 (→ Art. 2 Rn. 15). Für

Insolvenzeröffnungsverfahren ist es dabei erforderlich, dass diese den Anforderungen von Art. 1 Abs. 1 entsprechen (im Ergebnis auch OLG München NJW-RR 2013, 314 (zur EuInsVO 2000)). Zu den Folgen einer Anhängigkeit in einem Drittstaat → Rn. 14.

Daraus folgt auch, dass eine Erfassung von **Streitigkeiten vor der Eröffnung des Insolvenzverfahrens** nicht – auch nicht im Wege der Analogie – erfolgen kann. Allerdings kann in diesem Zusammenhang Art. 25 Abs. 1 UAbs. 3 von Bedeutung sein. **10**

C. Rechtsfolge

Art. 18 verweist hinsichtlich der Wirkungen der Eröffnung des Insolvenzverfahrens auf einen anhängigen Rechtsstreit vollumfänglich auf das Recht des Mitgliedstaates, in dem der Rechtsstreit anhängig ist. Damit richten sich insbesondere die **Unterbrechungswirkung** und die sich dann ergebenden **Aufnahme- oder Ablehnungsmöglichkeiten** für die Parteien des Rechtsstreits und des Insolvenzverwalters nach der lex fori processus (BGH BeckRS 2017, 136174 Rn. 12 (zur EuInsVO 2000)). Davon ist allerdings die Frage abzugrenzen, wer zur Aufnahme oder Ablehnung des Rechtsstreits befugt ist, die sich nach der lex fori concursus richtet (→ Rn. 11.1 f.). **11**

Die in → Rn. 11 genannten Grundsätze führen bei einer **Anhängigkeit eines Rechtsstreits in Deutschland** und der Eröffnung des Insolvenzverfahrens in einem anderen Mitgliedstaat zur Unterbrechung des Rechtsstreits nach § 240 ZPO und zur Aufnahme- bzw. Ablehnungsmöglichkeit nach §§ 85 ff. InsO (OLG München NJW-RR 2013, 314 (zur EuInsVO 2000)). **11.1**

Hinsichtlich der **Unterscheidung zwischen § 86 und § 87** ist maßgeblich, wie das jeweilige anwendbare ausländische Insolvenzrecht diese Forderungen einordnet. Wird die Forderung als Insolvenzforderung betrachtet, muss der Gläubiger diese in dem ausländischen (Insolvenz-)Verfahren geltend machen. Bestreitet der Insolvenzverwalter das Bestehen der Forderung, kann der Gläubiger dann nach § 180 Abs. 2 InsO den inländischen (unterbrochenen) Prozess wieder aufnehmen. Die Anerkennung dieser Entscheidung richtet sich dann nach der EuGVVO. **11.2**

Gleiches gilt für die Frage, ob eine vom Schuldner erteilte **Prozessvollmacht** durch die Eröffnung des Insolvenzverfahrens berührt wird. Dabei handelt es sich aufgrund des prozessualen Gehalts dieser Frage gerade nicht um einen Aspekt der lex fori concursus. **12**

Bei **Schiedsverfahren** bezieht sich der Verweis von Art. 18 auf die jeweilige Schiedsordnung und ggf. auch die lex loci arbitri. Soweit die Parteien allerdings die Geltung eines anderen Schiedsverfahrensstatut wirksam vereinbart haben, ist dieses maßgeblich. **13**

D. Anhängigkeit von Rechtsstreitigkeiten in Drittstaaten

Bei einer fehlenden Anhängigkeit in einem EuInsVO-Mitgliedstaat kommt das **autonome internationale Insolvenzrecht** des Staates zur Anwendung, in dem der Rechtsstreit anhängig ist. Soweit es sich dabei um Deutschland handelt, bestimmen sich die Folgen der Eröffnung des Insolvenzverfahrens auf den anhängigen Rechtsstreit nach § 352 InsO. **14**

Kapitel II. Anerkennung der Insolvenzverfahren

Artikel 19 Grundsatz

(1) Die Eröffnung eines Insolvenzverfahrens durch ein nach Artikel 3 zuständiges Gericht eines Mitgliedstaats wird in allen übrigen Mitgliedstaaten anerkannt, sobald die Entscheidung im Staat der Verfahrenseröffnung wirksam ist.

Die Regel nach Unterabsatz 1 gilt auch, wenn in den übrigen Mitgliedstaaten über das Vermögen des Schuldners wegen seiner Eigenschaft ein Insolvenzverfahren nicht eröffnet werden könnte.

(2) ¹Die Anerkennung eines Verfahrens nach Artikel 3 Absatz 1 steht der Eröffnung eines Verfahrens nach Artikel 3 Absatz 2 durch ein Gericht eines anderen Mitgliedstaats nicht entgegen. ²In diesem Fall ist das Verfahren nach Artikel 3 Absatz 2 ein Sekundärinsolvenzverfahren im Sinne von Kapitel III.

Überblick

Mit Art. 19 wird der Grundsatz der automatischen Anerkennung des Insolvenzverfahrens in allen anderen Mitgliedstaaten aufgestellt, sodass es insofern keines besonderen Anerkennungsverfahrens bedarf.

A. Grundlage

1   Die EuInsVO folgt dem **Grundsatz der automatischen Anerkennung** eines in einem EuInsVO-Mitgliedstaat eröffneten Insolvenzverfahrens in allen anderen Mitgliedstaaten. Daher dürfen die Gerichte der übrigen Mitgliedstaaten diese Entscheidung – mit Ausnahme des Ordrepublic-Vorbehalts (Art. 33) – nicht in Frage stellen (Geltungserstreckung) und insbesondere kein weiteres oder konkurrierendes (Haupt-)Insolvenzverfahren eröffnen. Davon ist die Wirkungserstreckung abzugrenzen, die sich nach Art. 20 richtet (→ Art. 20 Rn. 8).

2   Der Grundsatz der automatischen Anerkennung findet seinen Ursprung im **Grundsatz des gegenseitigen Vertrauens in die Rechtspflege der Mitgliedstaaten** (dies betonend EuGH Slg. I-3854 Rn. 39 f. = NZI 2006, 360 – Eurofood IFSC Ltd. (zur EuInsVO 2000)), bei dem es sich um ein Spezifikum des europäischen Justizraums handelt, das vor allem im autonomen internationalen Insolvenzrecht in der Regel keine Entsprechung findet (vgl. § 343 InsO).

B. Grundsatz der Anerkennung (Abs. 1)

3   Zentrale Voraussetzung für die Anerkennung ist zunächst, dass ein Gericht (Art. 2 Nr. 6, → Art. 2 Rn. 11) eines Mitgliedstaates das Insolvenzverfahren eröffnet hat, auf die sich die EuInsVO in ihrem Anwendungsbereich erstreckt (→ Art. 1 Rn. 9). Keine Bedeutung hat dabei, ob sich die Entscheidung auf ein **Haupt-, ein Sekundär- oder ein Partikularinsolvenzverfahren** bezieht, da Abs. 1 auf die nach Art. 3 bestehende Zuständigkeit Bezug nimmt.

4   Die automatische Anerkennung ist ab dem **Zeitpunkt der Wirksamkeit des Eröffnungsbeschlusses** (Art. 2 Nr. 8, → Art. 2 Rn. 15) zu gewähren. Dies richtet sich nach dem Insolvenzrecht des Mitgliedstaates, dessen Gerichte das Insolvenzverfahren eröffnen (→ Rn. 4.1 f.).

4.1   Sobald daher die Eröffnungsentscheidung aufgrund eines **Rechtsmittels** aufgehoben wurde, steht es den – ebenfalls international zuständigen – Gerichten der anderen Mitgliedstaaten offen, selbst das Insolvenzverfahren zu eröffnen (LG Korneuburg ZInsO 2018, 164 (165)). Dies ist in Deutschland bei Beschwerden gegen die Eröffnungsentscheidung meist der Fall, sofern das Beschwerdegericht nicht sofortige Vollziehbarkeit der Beschwerdeentscheidung aussetzt (§§ 575 Abs. 5, 570 Abs. 1 ZPO iVm § 4 InsO).

4.2   Das gleiche gilt, wenn die Eröffnungsentscheidung nach nationalem Recht nichtig ist (MMS/Mankowski Rn. 15). Entscheidend ist dabei aber, ob die **Nichtigkeit nach nationalem Prozessrecht** automatisch eintritt oder die Einlegung eines Rechtsmittels erfordert.

4.3   Im Rahmen der Vollstreckung einer Abgabenfestsetzung stellt die im Inland anzuerkennende mitgliedstaatliche Restschuldbefreiung stellt je nach den ihr vom Recht des Eröffnungsstaates beigelegten Rechtswirkungen ein der Vollstreckung entgegenstehendes **Vollstreckungshindernis** dar (VG Greifswald NZI 2018, 658 = ZInsO 2018, 2159).

Wirkungen der Anerkennung **Art. 20 EuInsVO**

Zudem stellt Abs. 1 UAbs. 2 klar, dass die Anerkennung auch dann nicht verweigert werden 5
kann, wenn die Eröffnung des Insolvenzverfahrens in den übrigen Mitgliedstaaten aufgrund einer
fehlenden Insolvenzfähigkeit nicht eröffnet werden könnte. Diese Regelung hat dabei nur
klarstellende Funktion, da die Insolvenzfähigkeit durch Art. 7 Abs. 2 S. 2 lit. a der lex fori concursus unterstellt wird (→ Art. 7 Rn. 23).

In sachlicher Hinsicht bezieht sich Art. 19 nur auf die Eröffnungsentscheidung. Die **Anerkennung aller anderen Entscheidungen** richtet sich dabei nach Art. 32 und damit im Grundsatz 6
nach der EuGVVO. Die **Reichweite der Eröffnungsentscheidung** und die ggf. bestehende
Notwendigkeit weiterer Entscheidungen richten sich im Grundsatz nicht nach der lex fori concursus, sondern ergeben sich insofern aus der EuInsVO selbst, da anderenfalls das Regelungsanliegen
in Form der europaweiten Koordination nicht erreicht werden kann (→ Rn. 6.1).

Dies bedeutet für das deutsche Insolvenzrecht, dass lediglich die Eröffnungsentscheidung als solche 6.1
von Art. 19 erfasst ist. Alle weiteren Entscheidungen unterfallen – auch wenn sie typischerweise bei der
Eröffnungsentscheidung gefasst werden – Art. 32. Dies gilt vor allem für die **Anordnung von Sicherungsmaßnahmen**.

Auch wenn Abs. 1 ausdrücklich auf das Bestehen einer internationalen Zuständigkeit des eröff- 7
nenden Gerichts nach Art. 3 abstellt, ist dies keine tatsächliche Voraussetzung für eine Anerkennung (VG Greifswald NZI 2018, 658 = ZInsO 2018, 2159). Denn die **Möglichkeit der Überprüfung der Entscheidung eines Gerichts eines Mitgliedstaates durch die Gerichte anderer Mitgliedstaaten** würde gerade dem Grundsatz des gegenseitigen Vertrauens in die
Gleichwertigkeit der Justizsysteme widersprechen. Damit verbleibt für die Gerichte der übrigen
Mitgliedstaaten nur die Möglichkeit zu überprüfen, ob die Zuständigkeit des eröffnenden Gerichts
nach Art. 3 angenommen wurde. Nur soweit dies nicht der Fall ist, bleibt Raum für die Eröffnung
eines Hauptinsolvenzverfahrens.

Die automatische Anerkennung kann durch die Gerichte eines Mitgliedstaates schließlich im 8
Rahmen des **Ordre-public-Vorbehalts** (Art. 33) verweigert werden. Dabei ist allerdings zu
beachten, dass die fälschliche Inanspruchnahme der internationalen Zuständigkeit durch die
Gerichte eines anderen Mitgliedstaates keinen Verstoß gegen den ordre public darstellt (VG Greifswald NZI 2018, 658 = ZInsO 2018, 2159).

C. Eröffnung eines weiteren Insolvenzverfahrens als Sekundärinsolvenzverfahren (Abs. 2)

Durch Abs. 2 wird der nach Abs. 1 aufgestellte Grundsatz der automatischen Anerkennung 9
dahingehend eingeschränkt, als dass immer ein **Sekundärinsolvenzverfahren** eröffnet werden
kann (Abs. 2 S. 1). Dabei kann es sich nach Abs. 2 S. 2 nicht um ein Partikularinsolvenzverfahren
(Art. 3 Abs. 4, → Art. 3 Rn. 29) handeln, was sich allerdings auch schon aus Art. 3 Abs. 4 ergibt.

Artikel 20 Wirkungen der Anerkennung

(1) Die Eröffnung eines Insolvenzverfahrens nach Artikel 3 Absatz 1 entfaltet in jedem anderen Mitgliedstaat, ohne dass es hierfür irgendwelcher Förmlichkeiten bedürfte, die Wirkungen, die das Recht des Staates der Verfahrenseröffnung dem Verfahren beilegt, sofern diese Verordnung nichts anderes bestimmt und solange in diesem anderen Mitgliedstaat kein Verfahren nach Artikel 3 Absatz 2 eröffnet ist.

(2) ¹Die Wirkungen eines Verfahrens nach Artikel 3 Absatz 2 dürfen in den anderen Mitgliedstaaten nicht in Frage gestellt werden. ²Jegliche Beschränkung der Rechte der Gläubiger, insbesondere eine Stundung oder eine Schuldbefreiung infolge des Verfahrens, wirkt hinsichtlich des im Hoheitsgebiet eines anderen Mitgliedstaats befindlichen Vermögens nur gegenüber den Gläubigern, die ihre Zustimmung hierzu erteilt haben.

Überblick

Die Regelung des Art. 20 ist in Zusammenhang mit Art. 19 zu sehen und komplettiert den
Grundsatz der automatischen Anerkennung um die Wirkungserstreckung. Dabei wird allerdings
ein Vorbehalt für die Eröffnung eines Partikularinsolvenzverfahrens vorgesehen.

A. Grundlagen

I. Systematik

1   Da durch Art. 19 lediglich die automatische Anerkennung der Entscheidung über die Eröffnung des Insolvenzverfahrens in Form der fehlenden Möglichkeit der Überprüfung dieser Entscheidung normiert wird (Art. 19), im Rahmen eines Insolvenzverfahrens aber typischerweise eine ganze Reihe von Rechtswirkungen auftreten, konkretisiert Art. 20 den **Umfang der Anerkennung**. Dabei wird auch Art. 20 von dem Grundsatz der automatischen Anerkennung geprägt, indem alle nach der lex fori concursus bestehenden Wirkungen in allen anderen Mitgliedstaaten anzuerkennen sind, soweit die EuInsVO selbst nicht etwas anderes regelt oder aber ein **Partikularinsolvenzverfahren** eröffnet wurde. Im letzteren Fall sieht Abs. 2 eine nicht unerhebliche Einschränkung der Anerkennung vor.

2   Dabei ordnet Abs. 1 zunächst an, dass die Wirkungen der Eröffnung des Insolvenzverfahrens in allen anderen Mitgliedstaaten anzuerkennen sind, ohne dass es dafür förmlicher Anerkennungsverfahren bedarf. Damit normiert Abs. 1 das **Universalitätsprinzip**, wie es dem internationalen Insolvenzrecht typischerweise zu eigen ist. Dieser Grundsatz wird zum einen im Fall der Eröffnung eines Partikularinsolvenzverfahrens und zum anderen durch den Ordre-public-Vorbehalt des Art. 33 beschränkt.

3   Zudem wird durch Abs. 2 der Fall der **Eröffnung eines Partikularinsolvenzverfahrens** näher konkretisiert. Dabei wird durch Abs. 2 S. 1 im Grundsatz auch das Universalitätsprinzip normiert und durch Abs. 2 S. 2 dahingehend beschränkt, dass die Beschränkung von Gläubigerrechten oder eine Schuldbefreiung sich nur auf die Vermögensgegenstände im Mitgliedstaat der Eröffnung des Partikularinsolvenzverfahrens beziehen können, soweit die Gläubiger etwas anderem nicht zugestimmt haben.

4   Die durch Art. 20 angeordnete Wirkungserstreckung ist von der **Frage der Bestimmung des anwendbaren Rechts** abzugrenzen. Denn auch wenn aufgrund der Art. 8–16 ein anderes Recht als das Recht des Eröffnungsstaates zur Anwendung kommen kann, können die allgemeinen Wirkungen der Eröffnung des Insolvenzverfahrens dennoch in anderen Staaten anzuerkennen sein (EuGH Slg. I-417 = NZI 2010, 156 – MG Probud Gdynia sp. z o.o.).

II. Verhältnis zu anderen Vorschriften

5   Die Regelung des Art. 20 ist in einem unmittelbaren **Zusammenhang mit Art. 19** zu sehen, da die (automatische) Anerkennung der Eröffnungsentscheidung nach Art. 19 überhaupt erst die Möglichkeit einer Anerkennung der Wirkungen der Eröffnung des Insolvenzverfahrens ermöglicht.

6   Zudem ist Art. 20 von Art. 21 und die dort vorgesehene **Regelung zu den Kompetenzen des Insolvenzverwalters** abzugrenzen. Dabei ist Art. 21 als eine lex specialis zu Art. 20 zu begreifen.

7   Schließlich ist Abs. 2 von **Art. 48 Abs. 2** abzugrenzen. Während Abs. 2 die Gläubiger eines Partikularinsolvenzverfahrens vor einer Erfassung der außerhalb des jeweiligen Mitgliedstaates befindlichen Vermögensgegenstände schützt, sieht Art. 48 Abs. 2 nicht nur die Zustimmung einzelner Gläubiger, sondern aller Gläubiger vor. Zudem findet Art. 48 Abs. 2 nur im Fall der Sanierung Anwendung.

B. Grundsatz der automatischen Anerkennung (Abs. 1)

8   Die Wirkungen der Eröffnung eines Insolvenzverfahrens sind nach Abs. 1 aufgrund der dort niedergelegten Universalität (→ Rn. 2) in allen anderen Mitgliedstaaten anzuerkennen. Die Anerkennung erfolgt dabei **automatisch** und ist nicht an etwaige Förmlichkeiten gebunden, was freilich nicht bedeutet, dass es zur Durchsetzung von diesen nicht auch Zwangsmaßnahmen bedarf. Die Anerkennung erstreckt sich auch auf die gesamte Rechtsordnung, sodass es auf die Rechtsnatur der entsprechenden Forderung nicht ankommt (→ Rn. 8.1 f.).

8.1   Daher ist eine Entscheidung zur Restschuldbefreiung etwa auch vom **Fiskus** anzuerkennen (BFH NZI 2016, 929 (Anerkennung einer ausländischen Restschuldbefreiung); FG Baden-Württemberg IStR 2017, 241 (244) (Anerkennung einer Restschuldbefreiung aus Deutschland beim griechischen Fiskus)).

8.2   Die automatische Anerkennung hat auch tatbestandliche Wirkungen, soweit Vorschriften des nationalen Rechts an bestimmte insolvenzrechtliche Entscheidungen anknüpfen. Dies gilt für den **Vermögensverfall**, sodass die Eröffnung des Insolvenzverfahrens in einem anderen Mitgliedstaat ausreichend ist (BGH NZG

2016, 1234, für den Fall des § 46 Abs. 2 Nr. 4 StBerG bei einer Eröffnung des Insolvenzverfahrens in England).

Diese Wirkungen treten aber nur dann ein, wenn **kein Partikularinsolvenzverfahren** nach Art. 3 Abs. 2 eröffnet wurde. Dieser Vorbehalt wird durch Abs. 2 näher konkretisiert (→ Rn. 12). 9

Schließlich steht die automatische Anerkennung der Wirkungen der Eröffnung des Insolvenzverfahrens unter dem **Vorbehalt einer anderweitigen Regelung in der EuInsVO**. Dabei handelt es sich zunächst um die **Anerkennungshindernisse des Art. 32 Abs. 3** und des **Ordre-public-Vorbehalts des Art. 33.** Soweit die entsprechenden Voraussetzungen vorliegen, erstrecken sich die Wirkungen nicht auf das Gebiet des Mitgliedstaates, bei dem das jeweilige Hindernis besteht (Art. 32 und Art. 33). Zudem sehen Art. 10 Abs. 2 und Art. 24 Sonderregelungen für den **Eigentumsvorbehalt** (→ Art. 10 Rn. 2) bzw. die **Leistungserbringung an den Schuldner nach der Eröffnung des Insolvenzverfahrens** (Art. 31) vor. 10

Kein Fall einer anderweitigen Regelung in der EuInsVO sind die in Art. 9, 11–14 und 16–18 vorgesehenen **Sonderanknüpfungen.** Denn diese regeln nur, nach welchem Recht sich die Wirkungen der Eröffnung des Insolvenzverfahrens richten. Dass die sich dann aus dem von der lex fori concursus abweichenden nationalen Recht ergebenden Folgen der Eröffnung des Insolvenzverfahrens anzuerkennen sind, ergibt sich aus Art. 20. Dies gilt ebenso für die Regelungen der Art. 8 und 10, da es sich auch bei diesen um Kollisionsnormen handelt (→ Art. 8 Rn. 1, → Art. 10 Rn. 1). 11

C. (Beschränkte) Anerkennung der Wirkung eines Partikularinsolvenzverfahrens (Abs. 2)

Auch bei der Eröffnung eines Partikularinsolvenzverfahrens gilt nach Abs. 2 S. 1 der Grundsatz, dass die **Wirkungen dieses Verfahrens in den übrigen Mitgliedstaaten** nicht in Frage gestellt werden dürfen. 12

Etwas anderes gilt nach Abs. 2 S. 2 allerdings hinsichtlich der **Beschränkung von Gläubigerrechten,** bei denen sich das Territorialitätsprinzip durchsetzt. Daraus folgt, dass die Gläubiger von den Wirkungen der Eröffnung des Partikularinsolvenzverfahrens nur soweit betroffen sein können, als sich ihre Rechte auf die in dem Mitgliedstaat der Eröffnung des Partikularinsolvenzverfahrens belegenen Vermögensgegenstände beziehen. Die Belegenheit der Vermögensgegenstände bestimmt sich dabei nach Art. 2 Nr. 9 (→ Art. 2 Rn. 17). Beispielhaft nennt Abs. 2 S. 2 als Gläubigerrechte die **Stundung** und die **Erteilung einer Restschuldbefreiung.** Diese Beschränkung der Gläubigerrechte findet ihre (umgekehrte) Entsprechung in Art. 48 Abs. 2. 13

Die fehlende Erstreckung auf die Gläubigerrechte gilt allerdings dann nicht, wenn die Gläubiger den Beschränkungen zugestimmt haben. Für die **Zustimmung** ist es dabei erforderlich, dass jeder Gläubiger diese selbst erklärt, sodass insbesondere eine Zustimmung im Rahmen von Verfahrensorganen nicht ausreicht. Die Zustimmung muss gegenüber dem Insolvenzverwalter erklärt werden. Keinerlei Bedeutung hat eine etwaige Zustimmung für die Vermögensgegenstände, die sich im Mitgliedstaat der Eröffnung des Partikularinsolvenzverfahrens befinden. 14

Keine Einschränkungen ergeben sich nach Abs. 2 für die **übrigen, von den in** → Rn. 12 **genannten Wirkungen,** sodass die Wirkungen in allen Mitgliedstaaten anzuerkennen sind. Dies ergibt sich schon aus dem Regel-Ausnahme-Verhältnis von Abs. 2 S. 1 und Abs. 2 S. 2. Denn während Abs. 2 S. 1 den Grundsatz aufstellt, macht Abs. 2 S. 2 davon eine Ausnahme. 15

Die in Abs. 2 angeordneten Beschränkungen der Wirkungen des Partikularinsolvenzverfahrens begründen schließlich keine Kompetenz der Gerichte des Mitgliedstaates der Eröffnung des Insolvenzverfahrens, die Entscheidungen der Gerichte des Mitgliedstaates zu überprüfen, in dem das **Hauptinsolvenzverfahren** eröffnet wurde. 16

Artikel 21 Befugnisse des Verwalters

(1) ¹Der Verwalter, der durch ein nach Artikel 3 Absatz 1 zuständiges Gericht bestellt worden ist, darf im Gebiet eines anderen Mitgliedstaats alle Befugnisse ausüben, die ihm nach dem Recht des Staates der Verfahrenseröffnung zustehen, solange in dem anderen Staat nicht ein weiteres Insolvenzverfahren eröffnet ist oder eine gegenteilige Sicherungsmaßnahme auf einen Antrag auf Eröffnung eines Insolvenzverfahrens hin ergriffen worden ist. ²Er darf insbesondere vorbehaltlich der Artikel 8 und 10 die zur Masse gehörenden Gegenstände aus dem Hoheitsgebiet des Mitgliedstaats entfernen, in dem diese sich befinden.

(2) ¹Der Verwalter, der durch ein nach Artikel 3 Absatz 2 zuständiges Gericht bestellt worden ist, darf in jedem anderen Mitgliedstaat gerichtlich und außergerichtlich geltend machen, dass ein beweglicher Gegenstand nach der Eröffnung des Insolvenzverfahrens aus dem Hoheitsgebiet des Staates der Verfahrenseröffnung in das Hoheitsgebiet dieses anderen Mitgliedstaats verbracht worden ist. ²Des Weiteren kann der Verwalter eine den Interessen der Gläubiger dienende Anfechtungsklage erheben.

(3) ¹Bei der Ausübung seiner Befugnisse hat der Verwalter das Recht des Mitgliedstaats, in dessen Hoheitsgebiet er handeln will, zu beachten, insbesondere hinsichtlich der Art und Weise der Verwertung eines Gegenstands der Masse. ²Diese Befugnisse dürfen nicht die Anwendung von Zwangsmitteln ohne Anordnung durch ein Gerichts dieses Mitgliedstaats oder das Recht umfassen, Rechtsstreitigkeiten oder andere Auseinandersetzungen zu entscheiden.

Überblick

Dem Insolvenzverwalter werden als zentralem Verfahrensbeteiligten des Insolvenzverfahrens die nach der lex fori concursus bestehenden Kompetenzen und Befugnisse durch Art. 21 auch grenzüberschreitend eingeräumt, ohne dass diese dabei jeweils gesondert anerkannt werden müssen.

A. Grundlagen

1   Der Insolvenzverwalter muss zur Ausübung seiner Funktion als zentraler Verfahrensbeteiligter problemlos grenzüberschreitend agieren können. Aus diesem Grund ordnet Art. 21 im Grundsatz an, dass alle **nach der lex fori concursus bestehenden Rechte** in allen Mitgliedstaaten ausgeübt werden können. Dabei sieht Art. 21 allerdings keine uneingeschränkte Anerkennung dieser Befugnisse in den anderen Mitgliedstaaten vor. So sind nach Abs. 1 S. 1 die Befugnisse beschränkt, wenn in einem Mitgliedstaat ein Partikularinsolvenzverfahren eröffnet oder eine gegenteilige Sicherungsmaßnahme im Zusammenhang mit einem Insolvenzantrag erlassen wurde. Zudem hat der Insolvenzverwalter nach Abs. 3 das Recht des Mitgliedstaates zu beachten, in dem er handeln will. Mit diesem **Regel-Ausnahme-System** versucht der europäische Verordnungsgeber einerseits den Interessen des Insolvenzverwalters nach einer möglichst uneingeschränkten Geltung seiner Befugnisse und andererseits den Verkehrsschutzinteressen der übrigen Mitgliedstaaten zu entsprechen.

2   Dieser Grundsatz wird durch Abs. 2 für das **Partikularinsolvenzverfahren** entsprechend reduziert, um möglichst wenig Konflikte mit dem Insolvenzverwalter des Hauptinsolvenzverwalters zu begründen. Insofern ordnet Abs. 2 insbesondere keine Unterordnung oder Rechenschaftspflicht des Insolvenzverwalters des Partikularinsolvenzverfahrens gegenüber dem Insolvenzverwalters des Hauptinsolvenzverfahrens.

3   Die umfangreichen Kompetenzen des Insolvenzverwalters und die nahezu unbeschränkte Möglichkeit der **Eröffnung eines Sekundärinsolvenzverfahrens** (Art. 34) haben in der Vergangenheit dazu geführt, dass eine tatsächliche Durchsetzung der Kompetenzen des Insolvenzverwalters nicht stattfinden konnte, da bei einem Vorhandensein ausreichender Vermögensgegenstände in einem anderen Mitgliedstaat als demjenigen der Verfahrenseröffnung dort ein Sekundärinsolvenzverfahren durchgeführt wurde. Da damit in der Regel höhere Kosten verbunden sind, die sich letztlich negativ auf die Gläubigerbefriedigungsquote niederschlagen, ist im Rahmen der anstehenden Reform der EuInsVO eine entsprechende Neuregelung vorgesehen.

4   Die bisherige Praxis hat zudem gezeigt, dass eine umfassende Wahrnehmung der Kompetenzen eines Insolvenzverwalters in den übrigen Mitgliedstaaten oftmals aufgrund des damit typischerweise verbundenen **hohen Aufwands** nicht erfolgt bzw. wenig ergiebig ist, zumal die entsprechenden Vergütungsrechte der Mitgliedstaaten für Auslandseinsätze typischerweise sogar eine erhöhte Vergütung gewähren. Diese Problematik wird durch die anstehende Reform der EuInsVO allerdings nicht thematisiert.

B. Befugnisse des (Haupt-)Insolvenzverwalters (Abs. 1)

5   Durch Abs. 1 wird zunächst der Insolvenzverwalter des Hauptinsolvenzverfahrens nach Art. 3 erfasst, sodass sich dessen **Befugnisse grundsätzlich nach der lex fori concursus** bestimmen. Auch wenn Abs. 1 dem Wortlaut nach darauf abstellt, dass eine Zuständigkeit nach Art. 3 Abs. 1 besteht, ist dies keine Voraussetzung bzw. kann bei einem Fehlen der Voraussetzungen nicht abgeleitet werden, dass dem Insolvenzverwalter die Befugnisse nicht zukommen. Insofern kann

auch bei Art. 21 ebenso wenig wie bei Art. 19 eine Überprüfung der internationalen Zuständigkeit des eröffnenden Gerichts durch ein Gericht eines anderen Mitgliedstaates erfolgen.

Die durch Abs. 1 S. 1 eingeräumten Befugnisse werden durch Abs. 1 S. 2 noch weiter dahingehend konkretisiert, dass der Insolvenzverwalter auch **Vermögensgegenstände aus einzelnen Mitgliedstaaten entfernen** darf, ohne dass dabei die Regelung des Art. 8 oder 10 berührt werden. Letzteres bedeutet, dass die durch Art. 8 und 10 im Zeitpunkt der Eröffnung des Insolvenzverfahrens vermittelten Rechte durch die Verbringung der Gegenstände in einen anderen Mitgliedstaat nicht (ohne weiteres) beseitigt werden können. 6

Auch wenn durch Abs. 1 die Befugnisse des Insolvenzverwalters bzw. deren Bestimmung klar umrissen sind, kann es aus **Praktikabilitätsgründen** sinnvoll sein, dem Insolvenzverwalter im Eröffnungsbeschluss ausdrücklich bestimmte Befugnisse zuzuerkennen, auch wenn dieses sich bereits aus dem anwendbaren Insolvenzrecht ergeben. 7

Die Regelung der Befugnisse des Insolvenzverwalters hat keinen Einfluss auf die nach den Art. 8–17 bestehenden **Sonderanknüpfungen**. 8

Die Befugnisse des Insolvenzverwalters werden zunächst im Fall der **Eröffnung eines Partikularinsolvenzverfahrens** in Bezug auf den Mitgliedstaat beschränkt, dessen Gerichte das Partikularinsolvenzverfahren eröffnet haben. Zwar erwähnt Abs. 1 S. 1 nur die Eröffnung eines Insolvenzverfahrens, ohne einen eindeutigen Bezug auf ein Partikularinsolvenzverfahren zu nehmen. Allerdings kann es nach Art. 3 Abs. 2 bei einem weiteren Insolvenzverfahren immer nur um ein Partikularinsolvenzverfahren handeln. 9

Zudem werden die Befugnisse des Insolvenzverwalters für den Fall beschränkt, dass **Sicherungsmaßnahmen im Zusammenhang mit der (noch nicht erfolgen) Eröffnung eines Partikularinsolvenzverfahrens** erlassen wurden. Dies ergibt sich daraus, dass diese nach Art. 32 Abs. 1 UAbs. 3 im gesamten Binnenmarkt anzuerkennen sind und die Befugnisse des (Haupt-)Insolvenzverwalters ansonsten damit kollidieren würden. 10

C. Befugnisse des (Partikular-)Insolvenzverwalters (Abs. 2)

Für den Fall der Eröffnung eines Partikularinsolvenzverfahrens räumt Abs. 2 dem Insolvenzverwalter die Befugnis ein, auch im Ausland **Aktivprozesse mit Massebezug** zu führen. Dies gilt allerdings nach dem eindeutigen Wortlaut von Abs. 2 nur dann, wenn sich der jeweilige Gegenstand in einem EuInsVO-Mitgliedstaat befindet. Bei einer Belegenheit im Mitgliedstaat des Partikularinsolvenzverfahrens bedarf es schon keiner Regelung, da sich die Kompetenzen dann bereits aus der lex fori concursus ergeben. Die Erfassung von in einem anderen Mitgliedstaat als dem der Verfahrenseröffnung belegenen Vermögensgegenständen stellt dabei auch keine Durchbrechung der durch das Partikularinsolvenzverfahren vermittelten Territorialität dar. Denn Abs. 2 gestattet die Führung von Aktivprozessen mit Massebezug nur dann, wenn die jeweiligen Vermögensgegenstände im Zeitpunkt der Eröffnung des Partikularinsolvenzverfahrens in diesem Mitgliedstaat belegen waren und erst danach in einen anderen Mitgliedstaat verbracht wurden. Als Verbringung in einen anderen Mitgliedstaat ist auch der **bargeldlose Zahlungsverkehr** zu verstehen. 11

Aufgrund des eindeutigen Wortlautes von Abs. 2 S. 1 kann der Insolvenzverwalter dabei aber nicht die **anfechtbare Verbringung der Gegenstände vor der Eröffnung des Insolvenzverfahrens** geltend machen. Hierfür räumt ihm vielmehr Abs. 2 S. 2 dem Partikularinsolvenzverwalter die entsprechende Befugnis ein, die sich dann aber auch auf diese Fälle erstreckt. Weitergehende Anfechtungsansprüche werden durch Abs. 2 S. 2 gerade nicht erfasst. 12

D. Maßgeblichkeit des Rechts des Handlungsmitgliedstaates (Abs. 3)

Die Erweiterung der Befugnisse des Insolvenzverwalters auf alle EuInsVO-Mitgliedstaaten findet durch Abs. 3 eine deutliche Beschränkung, da der Insolvenzverwalter danach das Recht des Mitgliedstaates zu beachten hat, in dem er tätig wird. Die genaue **Reichweite dieser Beschränkung** bleibt allerdings unklar und wird lediglich durch die nicht exklusive Nennung der Art und Weise der Verwertung eines Gegenstandes und die weitere Beschränkung durch Abs. 3 S. 2 (→ Art. 3 Rn. 27) konkretisiert. Letztlich geht es bei Abs. 3 um die Frage der **Abgrenzung der lex fori concursus gegenüber den anderen Statuten**, die sich aus der Tätigkeit des Insolvenzverwalters insbesondere aus dem typischerweise in den Insolvenzrechten der Mitgliedstaaten vorgesehenen Übergang der Verwaltungs- und Verfügungsbefugnis ergeben. 13

I. Art und Weise der Verwertung eines Gegenstandes

14 Beispielhaft nennt Abs. 3 S. 1 die **Art und Weise der Verwertung eines Gegenstandes**. Diese Frage wird auch noch nicht durch Art. 7 Abs. 2 S. 2 lit. c der lex fori concursus unterworfen, da darunter lediglich die Kompetenz zur Verwertung nicht aber die Art und Weise von deren Durchführung fällt. Insofern stellt Abs. 3 S. 1 auch keine Sonderkollisionsnorm zu Art. 7 Abs. 2 S. 2 lit. c dar. Die Regelung des Abs. 3 S. 1 bezieht sich nicht zwangsläufig auf den Mitgliedstaat der Belegenheit des Gegenstandes, da die Handlung zu dessen Verwertung oftmals auch in anderen Mitgliedstaaten vorgenommen werden kann.

15 Durch die Art und Weise der Verwertung werden vor allem **Vorschriften hinsichtlich des allgemeinen Verkehrsrechts** und die **verfahrensrechtlichen Vorschriften über die Verwertung** erfasst (→ Rn. 15.1).

15.1 Dies bedeutet bei einer **Belegenheit von Vermögensgegenständen in Deutschland**, dass vor allem die Vorschriften des ZVG und der §§ 814 ff. ZPO über Art. 21 Abs. 3 S. 1 EuInsVO zur Anwendung kommen.

16 Keine Anwendung über Abs. 3 S. 1 finden hingegen die **Pfändungsschutzvorschriften** des Verwertungsstaates, da diese über die lex fori concursus iRv Art. 7 Abs. 2 S. 2 lit. b (→ Art. 7 Rn. 30) berufen sind (BGH NZI 2017, 816 Rn. 17 = ZInsO 2017, 1781). Denn Abs. 3 regelt nur das „Wie" und nicht das „Ob" der Verwertung. Ebenso wenig hat Abs. 1 S. 2 Einfluss darauf, ob der Insolvenzverwalter bei der Verwertung ein förmliches Verfahren durchlaufen muss, da sich dieser Aspekt nach der lex fori concursus iRv Art. 7 Abs. 2 S. 2 lit. c (→ Art. 7 Rn. 32) richtet. Entscheidet er sich allerdings für ein solches Verfahren, richtet sich dies nach dem Recht des Verwertungsstaates.

II. Ausschluss extraterritorialer hoheitlicher Befugnisse des Insolvenzverwalters (Abs. 3 S. 2)

17 Schließlich darf der Insolvenzverwalter nach Abs. 3 S. 2 bei der Ausübung seiner Befugnisse keine **Zwangsmittel** nutzen oder tatsächlich **Rechtsstreitigkeiten oder andere Auseinandersetzungen entscheiden**. Hintergrund dieser Beschränkung ist, dass die Insolvenzrechte der Mitgliedstaaten teilweise dahingehende Befugnisse vorsehen, bei deren Anwendung in die Hoheitsrechte derjenigen Mitgliedstaaten eingegriffen werden würde, die in ihren Insolvenzrechten solche Befugnisse gerade nicht vorsehen.

Artikel 22 Nachweis der Verwalterbestellung

Die Bestellung zum Verwalter wird durch eine beglaubigte Abschrift der Entscheidung, durch die er bestellt worden ist, oder durch eine andere von dem zuständigen Gericht ausgestellte Bescheinigung nachgewiesen.
¹Es kann eine Übersetzung in die Amtssprache oder eine der Amtssprachen des Mitgliedstaats, in dessen Hoheitsgebiet er handeln will, verlangt werden. ²Eine Legalisation oder eine entsprechende andere Förmlichkeit wird nicht verlangt.

Überblick

Durch Art. 22 wird der Nachweis für den Insolvenzverwalter über seine Bestellung für den gesamten Binnenmarkt einheitlich geregelt, sodass es keiner spezifischen Anerkennung in jedem einzelnen Mitgliedstaat bedarf.

A. Grundlagen

I. Systematik

1 Durch Art. 21 werden dem Insolvenzverwalter die nach dem Recht des Mitgliedstaates der Eröffnung des Insolvenzverfahrens zugewiesenen Kompetenzen auf den gesamten Binnenmarkt ausgeweitet. Um sowohl den materiellen als auch den zeitlichen **Aufwand für den tatsächlichen Nachweis der Bestellung** in Grenzen zu halten, ordnet Abs. 1 an, dass die Vorlage einer beglaubigten Abschrift der ihn bestellenden Entscheidung ausreicht. Den **Schutzinteressen des**

Rechtsverkehrs in den übrigen Mitgliedstaaten wird dabei dadurch Rechnung getragen, dass dabei eine Übersetzung in die Amtssprache verlangt werden kann.

Bei Art. 22 handelt es sich um **keine Kollisions-, sondern um eine Sachnorm**, da nicht auf das Recht eines Mitgliedstaates verwiesen wird. Vielmehr wird eine konkrete materiell-rechtliche bzw. verfahrensrechtliche Regelung getroffen. 2

II. Verhältnis zu anderen Vorschriften

Mit der ausdrücklichen Regelung des Nachweises der Bestellung zum Insolvenzverwalter erübrigt sich eine Anwendung der in diesem Zusammenhang sonst anwendbaren Regelungen. Dies trifft insbesondere für das **Haager Übereinkommen v. 5.10.1961 zur Befreiung ausländischer öffentlicher Urkunden von der Legalisation übliche Apostille** zu. Das Haager Übereinkommen wird allerdings nicht außer Kraft gesetzt, sondern findet aufgrund der durch Abs. 2 S. 2 erklärten Befreiung von den Förmlichkeiten keine Anwendung. 3

B. Nachweis der Verwalterbestellung (Abs. 1)

Der **Anwendungsbereich** von Abs. 1 ist nach dessen Wortlaut auf den Nachweis der Bestellung zum Insolvenzverwalter beschränkt. Daher werden andere Entscheidungen des Insolvenzgerichts etwa in Form einer Erteilung besonderer Befugnisse gegenüber dem Insolvenzverwalter von Art. 22 nicht erfasst. Als Insolvenzverwalter iSv Abs. 1 gelten alle Personen, die in Anhang C genannt sind (→ Rn. 4.1). 4

Bei der **Eröffnung des Insolvenzverfahrens in Deutschland** werden daher der Insolvenzverwalter, der Sachwalter, der Treuhänder und auch der vorläufige Insolvenzverwalter von Art. 22 erfasst. Bei letzterem findet Art. 22 unabhängig davon Anwendung, ob die Eröffnung des Insolvenzeröffnungsverfahrens den Kriterien der Eurofood-Rechtsprechung entspricht oder nicht (dazu → Art. 2 Rn. 14). 4.1

Der Nachweis der Bestellung zum Insolvenzverwalter kann nach Abs. 1 durch eine **beglaubigte Abschrift der (Bestellungs-)Entscheidung** oder durch eine **spezifische Bescheinigung des Gerichts** erfolgen. Die Beglaubigung darf dabei nur von Personen vorgenommen werden, die nach dem Recht des Mitgliedstaates der Eröffnung des Insolvenzverfahrens dazu berechtigt sind (→ Rn. 5.1). 5

Bei einer Eröffnung des Insolvenzverfahrens in Deutschland handelt es sich bei der **Bestellungsentscheidung** um den Beschluss nach § 27 Abs. 2 Nr. 2 InsO und bei der (spezifischen) **Bescheinigung des Gerichts** um die Bescheinigung nach § 56 Abs. 2 InsO. Der deutsche Insolvenzverwalter sollte die Abschrift des ihn bestellenden Beschlusses von dem Insolvenzgericht selbst beglaubigen lassen. 5.1

C. Anforderungen an den Nachweis (Abs. 2)

Der Insolvenzverwalter kann verpflichtet werden, den Nachweis in Abs. 1 mit **Übersetzung in die Amtssprache des jeweiligen Mitgliedstaats** vorzulegen. Die Übersetzung muss dabei aber nicht zwingend erfolgen, wenn der Empfänger des Nachweises sich mit der Bescheinigung in der Sprache des Herkunftsstaates zufriedengibt, was in der Regel wohl nur bei englischsprachigen Bescheinigungen der Fall sein wird. Soweit eine Übersetzung erfolgt, muss auch diese beglaubigt werden. Die Übersetzung kann dabei von der ausstellenden Stelle im Herkunftsstaat oder einer dazu ermächtigten Stelle im Empfängerstaat vorgenommen werden. 6

D. Rechtsfolgen

Mit der Vorlage der Bescheinigung ist der Insolvenzverwalter wie ein nach dem Recht des Empfängerstaats bestellter Insolvenzverwalter zu behandeln. Die **Echtheit des Nachweises** kann dabei angezweifelt werden, wobei dabei allerdings kein Ermessen besteht. 7

Die Rechtsfolge von Art. 22 bezieht sich allerdings nur auf das Bestehen einer wirksamen Bestellung und erstreckt sich gerade nicht auf den Umfang der sich daraus ergebenden Rechte (OLG Frankfurt a. M. NZI 2021, 558 Rn. 18). Insofern muss der Insolvenzverwalter denjenigen gegenüber, gegenüber denen er die Befugnisse ausüben will, den **Umfang seiner Befugnisse** nachweisen. Bei den typischerweise bei einem Insolvenzverwalter in einem (Haupt-)Insolvenzverfahren bestehenden Befugnissen kann allerdings die Bestellungsurkunde bzw. der -nachweis als Indiz dienen. Eine Ermittlung der Befugnisse von Amts wegen ergibt sich aus Art. 22 nicht, kann 8 aber nach dem Recht der lex fori processus vorgesehen sein. Eine Ausnahme besteht für den (deutschen) Nachlassinsolvenzverwalter (→ Rn. 8.1).

8.1 Eine Ausnahme besteht insofern für den (deutschen) **Nachlassinsolvenzverwalter,** der in den meisten europäischen Rechtsordnungen unbekannt ist. Dieser kann sich nach Art. 76 EuErbVO ein europäisches Nachlasszeugnis ausstellen lassen, für das er nach Art. 63 EuErbVO antragsberechtigt ist (OLG Frankfurt a. M. NZI 2021, 558 Rn. 23). Der Umstand, dass die EuInsVO ein solches nicht vorsieht, ist unbeachtlich (OLG Frankfurt a. M. NZI 2021, 558 Rn. 24).

9 Hinsichtlich der Kosten für den Nachweis bzw. die Erstellung der Unterlagen enthält Art. 22 keine Regel, sodass insofern die Vorschriften der lex fori processus zur Anwendung kommen, bei denen der Nachweis ausgestellt wird.

Artikel 23 Herausgabepflicht und Anrechnung

(1) Ein Gläubiger, der nach der Eröffnung eines Insolvenzverfahrens nach Artikel 3 Absatz 1 auf irgendeine Weise, insbesondere durch Zwangsvollstreckung, vollständig oder teilweise aus einem Gegenstand der Masse befriedigt wird, der im Hoheitsgebiet eines anderen Mitgliedstaat belegen ist, hat vorbehaltlich der Artikel 8 und 10 das Erlangte an den Verwalter herauszugeben.

(2) Zur Wahrung der Gleichbehandlung der Gläubiger nimmt ein Gläubiger, der in einem Insolvenzverfahren eine Quote auf seine Forderung erlangt hat, an der Verteilung im Rahmen eines anderen Verfahrens erst dann teil, wenn die Gläubiger gleichen Ranges oder gleicher Gruppenzugehörigkeit in diesem anderen Verfahren die gleiche Quote erlangt haben.

Überblick

Durch Art. 23 wird dem insolvenzrechtlichen Grundsatz der par conditio creditorum Rechnung getragen, indem einerseits eine Herausgabepflicht für den nach der Eröffnung des Insolvenzverfahrens befriedigten Gläubiger und andererseits eine Anrechnung bei der Gläubigerbefriedigung bei mehreren Insolvenzverfahren angeordnet wird.

A. Grundlagen

1 Die mit einer grenzüberschreitenden Insolvenz typischerweise verbundene erhöhte Komplexität von Insolvenzverfahren bringt es in erhöhtem Maße mit sich, dass einzelne Gläubiger auch nach der Eröffnung des Insolvenzverfahrens noch befriedigt werden. Da dies einen Verstoß gegen den Grundsatz des par conditio creditorum darstellt, ordnet Abs. 1 einen **Herausgabeanspruch des Insolvenzverwalters gegen einen solchen Gläubiger** an. Dabei handelt es sich um eine materiell-rechtliche Regelung und nicht um eine Kollisionsnorm. Dieser Anspruch steht in Übereinstimmung mit den Regelungen in Art. 8 und Art. 10 unter dem Vorbehalt von deren Anwendung. Die Regelung ist dabei aber unvollständig, da sie dem Insolvenzverwalter insbesondere – im Gegensatz zur Parallelregelung im autonomen deutschen internationalen Insolvenzrecht (§ 342 Abs. 3 InsO) – **keinen Auskunftsanspruch** gewährt.

2 Zudem wird durch Abs. 2 ebenfalls eine **materiell-rechtliche Verteilungsregelung** aufgestellt, nach der ein in einem Insolvenzverfahren befriedigter Gläubiger in anderen Verfahren erst dann befriedigt wird, wenn die ihm gleichgestellten Gläubiger in diesem mit der gleichen Quote befriedigt wurden. Die tatsächliche Bedeutung dieser Regelung ist allerdings sehr beschränkt, da der Insolvenzverwalter nach Art. 45 Abs. 2 die in **seinem** Verfahren angemeldeten Forderungen auch in den übrigen Verfahren anmelden kann.

B. Herausgabepflicht des (teil-)befriedigten Gläubigers (Abs. 1)

I. Voraussetzungen

3 Zentrale Voraussetzung von Abs. 1 ist zunächst, dass der teil- oder vollständig befriedigte Gläubiger durch einen **Gegenstand der Masse** (Art. 7 Abs. 2 S. 2 lit. b, → Art. 7 Rn. 27) befriedigt wird, der sich in einem anderen Mitgliedstaat befindet. Daher ist eine Befriedigung durch nicht zur Insolvenzmasse gehörende Gegenstände unbeachtlich. Ebenso wenig findet Art. 23 Anwen-

dung, wenn der zur Befriedigung genutzte Gegenstand in einem **Drittstaat** belegen ist. Die Belegenheit richtet sich dabei nach Art. 2 Nr. 9 (→ Art. 2 Rn. 17).

Unbeachtlich ist zudem, auf welche **Art und Weise die Befriedigung des Gläubigers** 4 erreicht wurde.

Voraussetzung ist außerdem, dass die **Befriedigung nach der Eröffnung des Insolvenzver-** 5 **fahren** erfolgt ist (→ Art. 2 Rn. 15). Soweit die Befriedigung bereits vor der Eröffnung des Insolvenzverfahrens erfolgt, findet Abs. 1 keine Anwendung. Da die EuInsVO auch ansonsten keine dahingehende (materiell-rechtliche) Regelung enthält, kommt Art. 7 Abs. 2 S. 2 lit. m zur Anwendung (→ Rn. 5.1).

Für ein in **Deutschland eröffnetes Insolvenzverfahren** bedeutet dies, dass gegen § 88 InsO versto- 5.1 ßende Vollstreckungen nicht in den Anwendungsbereich von Abs. 1 fallen.

Voraussetzung ist schließlich, dass die Befriedigung des Gläubigers tatsächlich unter Verletzung 6 des Gläubigergleichbehandlungsgebots erfolgt ist. Dies ist nach dem Wortlaut von Abs. 1 zunächst ausdrücklich der Fall, wenn die Befriedigung in Übereinstimmung mit Art. 8 oder Art. 10 erfolgt ist. Darüber hinaus müssen aber alle anderen Arten der Befriedigung von Abs. 1 ausgenommen werden, die im Ergebnis zu keiner Verletzung der Gläubigergleichbehandlung führen. Dies gilt vor allem für die Aufrechnung nach Art. 9, sodass der Insolvenzverwalter dann keinen Herausgabeanspruch hat, wenn entweder die Regelungen der lex fori concursus oder die (insolvenzrechtlichen) Regelungen des lex causae der Hauptforderung keine Unwirksamkeit der Aufrechnung anordnen.

II. Rechtsfolgen

Rechtsfolge von Abs. 1 ist die Begründung eines Herausgabeanspruchs des Insolvenzverwalters 7 gegen den befriedigten Gläubiger. Der Anspruch erstreckt sich dabei auf das durch die Befriedigung **Erlangte**.

Da es sich bei Abs. 1 um eine Sachnorm handelt, die den Anspruch selbst begründet (→ Rn. 1), 8 dieser aber keinerlei Regelungen zu den **Zinsen oder Nutzungen** insgesamt enthält, erstreckt sich der Anspruch nicht auf diese. Zinsen oder Nutzungen können sich aber aus der Ersatzrechtsordnung für den Anspruch aus Abs. 1 ergeben. Diese ist nach den Vorschriften der Rom-II-VO zu bestimmen.

C. Nachrangige Befriedigung eines Gläubigers in Parallelverfahren (Abs. 2)

I. Voraussetzungen

Zentrale Voraussetzung ist zunächst, dass neben einem Hauptinsolvenzverfahren auch ein Parti- 9 kularinsolvenzverfahren eröffnet wurde. Darüber hinaus muss der Gläubiger seine **Forderung in mehreren Verfahren angemeldet** und eine **Ausschüttung** erhalten haben. Dabei ist es – im Gegensatz zu Abs. 1 (→ Rn. 3) – unbeachtlich, dass die Ausschüttung in einem Drittstaat vorgenommen wurde, da Abs. 2 keinen dahingehenden unmittelbaren Bezug zu einem Mitgliedstaat voraussetzt.

II. Rechtsfolgen

Als Rechtsfolge sieht Abs. 2 die **Anrechnung der bereits gewährten Ausschüttung** auf 10 weitere Ausschüttungen vor. Daher ist der Gläubiger erst dann forderungsberechtigt, wenn die Gläubiger gleichen Rangs im Hauptinsolvenzverfahren in diesem Umfang ebenfalls befriedigt werden.

Durch die in Abs. 2 normierte Anrechnungslösung wird zudem ein **Rückforderungsrecht** 11 **des Insolvenzverwalters** materiell-rechtlich ausgeschlossen, sodass etwaige Ansprüche nach der lex fori concursus oder einem anderen Recht irrelevant sind.

D. Kein Bestehen eines korrespondierenden Auskunftsanspruchs

Im Gegensatz zur Parallelregelung des autonomen deutschen internationalen Insolvenzrechts 12 (§ 342 Abs. 3 InsO) sieht Art. 23 keinen Auskunftsanspruch des Insolvenzverwalters gegen den Gläubiger vor. Ein solcher kann auch nicht durch die Heranziehung des autonomen deutschen internationalen Insolvenzrechts begründet werden, da mit der Anwendbarkeit von Art. 23 dessen Anwendungsbereich schon nicht eröffnet ist. Allerdings kann sich ein solcher Auskunftsanspruch

Artikel 24 Einrichtung von Insolvenzregistern

(1) ¹Die Mitgliedstaaten errichten und unterhalten in ihrem Hoheitsgebiet ein oder mehrere Register, um Informationen über Insolvenzverfahren bekanntzumachen (im Folgenden „Insolvenzregister"). ²Diese Informationen werden so bald als möglich nach Eröffnung eines solchen Verfahrens bekanntgemacht.

(2) Die Informationen nach Absatz 1 sind gemäß den Voraussetzungen nach Artikel 27 öffentlich bekanntzumachen und umfassen die folgenden Informationen (im Folgenden „Pflichtinformationen"):
a) Datum der Eröffnung des Insolvenzverfahrens;
b) Gericht, das das Insolvenzverfahren eröffnet hat, und – soweit vorhanden – Aktenzeichen;
c) Art des eröffneten Insolvenzverfahrens nach Anhang A und gegebenenfalls Unterart des nach nationalem Recht eröffneten Verfahrens;
d) Angaben dazu, ob die Zuständigkeit für die Eröffnung des Verfahrens auf Artikel 3 Absatz 1, 2 oder 4 beruht;
e) Name, Registernummer, Sitz oder, sofern davon abweichend, Postanschrift des Schuldners, wenn es sich um eine Gesellschaft oder eine juristische Person handelt;
f) Name, gegebenenfalls Registernummer sowie Postanschrift des Schuldners oder, falls die Anschrift geschützt ist, Geburtsort und Geburtsdatum des Schuldners, wenn er eine natürliche Person ist, unabhängig davon, ob er eine selbständige gewerbliche oder freiberufliche Tätigkeit ausübt;
g) gegebenenfalls Name, Postanschrift oder E-Mail-Adresse des für das Verfahren bestellten Verwalters;
h) gegebenenfalls die Frist für die Anmeldung der Forderungen bzw. einen Verweis auf die Kriterien für die Berechnung dieser Frist;
i) gegebenenfalls das Datum der Beendigung des Hauptinsolvenzverfahrens;
j) das Gericht, das gemäß Artikel 5 für eine Anfechtung der Entscheidung zur Eröffnung des Insolvenzverfahrens zuständig ist und gegebenenfalls die Frist für die Anfechtung bzw. einen Verweis auf die Kriterien für die Berechnung dieser Frist.

(3) Absatz 2 hindert die Mitgliedstaaten nicht, Dokumente oder zusätzliche Informationen, beispielsweise denn Ausschluss von einer Tätigkeit als Geschäftsleiter im Zusammenhang mit der Insolvenz, in ihre nationalen Insolvenzregister aufzunehmen.

(4) Die Mitgliedstaaten sind nicht verpflichtet, die in Absatz 1 dieses Artikels genannten Informationen über natürliche Personen, die keine selbständige gewerbliche oder freiberufliche Tätigkeit ausüben, in die Insolvenzregister aufzunehmen oder diese Informationen über das System der Vernetzung dieser Register öffentlich zugänglich zu machen, sofern bekannte ausländische Gläubiger gemäß Artikel 54 über die in Absatz 2 Buchstabe j dieses Artikels genannten Elemente informiert werden.

Macht ein Mitgliedstaat von der in Unterabsatz 1 genannten Möglichkeit Gebrauch, so berührt das Insolvenzverfahren nicht die Forderungen der ausländischen Gläubiger, die die Informationen gemäß Unterabsatz 1 nicht erhalten haben.

(5) Die Bekanntmachung von Informationen in den Registern gemäß dieser Verordnung hat keine anderen Rechtswirkungen als die, die nach nationalem Recht und in Artikel 55 Absatz 6 festgelegt sind.

1   Durch Art. 24 wird die Grundlage für ein europaweites System für die Bekanntmachungen von Informationen über Insolvenzverfahren geschaffen (Abs. 1). Hierzu müssen die Mitgliedstaaten Insolvenzregister errichten und die in Abs. 2 genannten Informationen bekanntmachen. Die Aufzählung in Abs. 2 ist nicht abschließend, sodass es den Mitgliedstaaten freisteht, die Bekanntmachung weiterer Informationen vorzusehen (Abs. 3). Die Bekanntmachungspflicht müssen die Mitgliedstaaten nicht auf natürliche, keine selbständige gewerbliche oder freiberufliche Tätigkeit ausübende Personen ausdehnen (Abs. 4). Die Wirkungen der Bekanntmachung richten sich nach nationalem Recht und nach Art. 55 Abs. 6 (Abs. 5).

Voraussetzungen für den Zugang zu Informationen   Art. 27 EuInsVO

Artikel 25 [1] Vernetzung von Insolvenzregistern

(1) ¹Die Kommission richtet im Wege von Durchführungsrechtsakten ein dezentrales System zur Vernetzung der Insolvenzregister ein. ²Dieses System besteht aus den Insolvenzregistern und dem Europäischen Justizportal, das für die Öffentlichkeit als zentraler elektronischer Zugangspunkt zu Informationen im System dient. ³Das System bietet für die Abfrage der Pflichtinformationen und alle anderen Dokumente oder Informationen in den Insolvenzregistern, die von den Mitgliedstaaten über das Europäische Justizportal verfügbar gemacht werden, einen Suchdienst in allen Amtssprachen der Organe der Union.

(2) Die Kommission legt im Wege von Durchführungsrechtsakten gemäß dem Verfahren nach Artikel 87 bis zum 26. Juni 2019 Folgendes fest:
a) die technischen Spezifikationen für die elektronische Kommunikation und den elektronischen Informationsaustausch auf der Grundlage der festgelegten Schnittstellenspezifikation für das System zur Vernetzung der Insolvenzregister;
b) die technischen Maßnahmen, durch die die IT-Mindestsicherheitsstandards für die Übermittlung und Verbreitung von Informationen innerhalb des Systems zur Vernetzung der Insolvenzregister gewährleistet werden;
c) die Mindestkriterien für den vom Europäischen Justizportal bereitgestellten Suchdienst anhand der Informationen nach Artikel 24;
d) die Mindestkriterien für die Anzeige der Suchergebnisse in Bezug auf die Informationen nach Artikel 24;
e) die Mittel und technischen Voraussetzungen für die Verfügbarkeit der durch das System der Vernetzung von Insolvenzregistern angebotenen Dienste und
f) ein Glossar mit einer allgemeinen Erläuterung der in Anhang A aufgeführten nationalen Insolvenzverfahren.

Art. 25 stellt eine Ermächtigungsgrundlage für die Errichtung eines dezentralen Systems zur 1
Vernetzung der Insolvenzregister dar (Abs. 1). Die Einzelheiten werden in Abs. 2 geregelt.

Artikel 26 Kosten für die Einrichtung und Vernetzung der Insolvenzregister

(1) Die Einrichtung, Unterhaltung und Weiterentwicklung des Systems zur Vernetzung der Insolvenzregister wird aus dem Gesamthaushalt der Union finanziert.

(2) ¹Jeder Mitgliedstaat trägt die Kosten für die Einrichtung und Anpassung seiner nationalen Insolvenzregister für deren Interoperabilität mit dem Europäischen Justizportal sowie die Kosten für die Verwaltung, den Betrieb und die Pflege dieser Register. ²Davon unberührt bleibt die Möglichkeit, Zuschüsse zur Unterstützung dieser Vorhaben im Rahmen der Finanzierungsprogramme der Union zu beantragen.

Die Finanzierung der Insolvenzregister erfolgt nach Abs. 1 durch den Gesamthaushalt der 1
Union. Die Mitgliedstaaten tragen hingegen die Kosten für den nationalen Teil dieses Registersystems (Abs. 2).

Artikel 27 Voraussetzungen für den Zugang zu Informationen über das System der Vernetzung

(1) Die Mitgliedstaaten stellen sicher, dass die Pflichtinformationen nach Artikel 24 Absatz 2 Buchstaben a bis j über das System der Vernetzung von Insolvenzregistern gebührenfrei zur Verfügung stehen.

(2) Diese Verordnung hindert die Mitgliedstaaten nicht, für den Zugang zu den Dokumenten oder zusätzlichen Informationen nach Artikel 24 Absatz 3 über das System der Vernetzung von Insolvenzregister eine angemessene Gebühr zu erheben.

(3) Die Mitgliedstaaten können den Zugang zu Pflichtinformationen bezüglich natürlicher Personen, die keine selbständige gewerbliche oder freiberufliche Tätigkeit ausüben sowie bezüglich natürlicher Personen, die eine selbständige gewerbliche oder freiberufliche Tätigkeit ausüben, sofern sich das Insolvenzverfahren nicht auf diese

EuInsVO Art. 28 Kapitel II. Anerkennung der Insolvenzverfahren

Tätigkeit bezieht, von zusätzlichen, über die Mindestkriterien nach Artikel 25 Absatz 2 Buchstabe c hinausgehenden Suchkriterien in Bezug auf den Schuldner abhängig machen.

(4) ¹Die Mitgliedstaaten können ferner verlangen, dass der Zugang zu den Informationen nach Absatz 3 von einem Antrag an die zuständige Behörde abhängig zu machen ist. ²Die Mitgliedstaaten können den Zugang von der Prüfung des berechtigten Interesses am Zugang zu diesen Daten anhängig machen. ³Der anfragenden Person muss es möglich sein, die Auskunftsanfrage in elektronischer Form anhand eines Standardformulars über das Europäische Justizportal zu übermitteln. ⁴Ist ein berechtigtes Interesse erforderlich, so ist es zulässig, dass die anfragende Person die Rechtmäßigkeit ihres Antrags anhand von Kopien einschlägiger Dokumente in elektronischer Form belegt. ⁵Die anfragende Person erhält innerhalb von drei Arbeitstagen eine Antwort von der zuständigen Behörde.

Die anfragende Person ist weder verpflichtet, Übersetzungen der Dokumente, die die Berechtigung ihrer Anfrage belegen, zur Verfügung zu stellen, noch dazu, die bei der Behörde möglicherweise aufgrund der Übersetzungen anfallenden Kosten zu tragen.

1   Art. 27 ordnet an, dass das Insolvenzregister grundsätzlich gebührenfrei zugänglich sein muss. Davon können die Mitgliedstaaten unter den in Abs. 2 genannten Voraussetzungen abweichen. Durch Abs. 3 und 4 werden weitere Möglichkeiten normiert, den Zugang zu erschweren.

Artikel 28 Öffentliche Bekanntmachung in einem anderen Mitgliedstaat

(1) ¹Der Verwalter oder der Schuldner in Eigenverwaltung hat zu beantragen, dass eine Bekanntmachung der Entscheidung zur Eröffnung des Insolvenzverfahrens und gegebenenfalls der Entscheidung zur Bestellung des Verwalters in jedem anderen Mitgliedstaat, in dem sich eine Niederlassung des Schuldners befindet, nach den in diesem Mitgliedstaat vorgesehenen Verfahren veröffentlicht wird. ²In der Bekanntmachung ist gegebenenfalls anzugeben, wer als Verwalter bestellt wurde und ob sich die Zuständigkeit aus Artikel 3 Absatz 1 oder Absatz 2 ergibt.

(2) Der Verwalter oder der Schuldner in Eigenverwaltung kann beantragen, dass die Bekanntmachung nach Absatz 1 in jedem anderen Mitgliedstaat, in dem er dies für notwendig hält, nach dem in diesem Mitgliedstaat vorgesehenen Verfahren der Bekanntmachung veröffentlicht wird.

Überblick

Durch Art. 28 wird dem Insolvenzverwalter die Möglichkeit gegeben, eine Bekanntmachung der Entscheidung der Eröffnung des Insolvenzverfahrens und seiner Bestellung zu erwirken. Darüber hinaus können die Mitgliedstaaten diese Verpflichtung nach nationalem Recht verpflichtend vorsehen, sofern der Schuldner in deren Gebiet eine Zweigniederlassung besitzt.

A. Grundlagen

I. Systematik

1   Da die Befugnisse des Insolvenzverwalters im gesamten Binnenmarkt bestehen, sind dadurch zwangsläufig **Eingriffe in den Rechtsverkehr der Mitgliedstaaten** verbunden. Um die Reibungsverluste dabei möglichst gering zu halten, sieht Abs. 1 die Möglichkeit der Herbeiführung einer Bekanntmachung der Eröffnungs- und/oder Bestellungsentscheidung durch den Insolvenzverwalter vor (Erwägungsgrund Nr. 29). Damit wird sichergestellt, dass der Rechtsverkehr über die tatsächliche Verfahrenseröffnung und Bestellung des Insolvenzverwalters auf die für den jeweiligen Mitgliedstaat typische Weise bekannt gemacht wird. Umgekehrt sieht Abs. 2 die Möglichkeit für die Mitgliedstaaten vor, den eigenen Rechtsverkehr in jedem Fall über die Verfahrenseröffnung und Bestellung des Insolvenzverwalters unterrichten zu lassen, indem die Mitgliedstaaten vorschreiben können, dass die Bekanntmachung zwingend erfolgen muss. Dies kann aber nur dann angeordnet werden, wenn der Schuldner eine Zweigniederlassung in dem jeweiligen Mitgliedstaat hat.

Öffentliche Bekanntmachung in einem anderen Mitgliedstaat **Art. 28 EuInsVO**

Bei Abs. 1 handelt es sich nicht um eine **Kollisions-, sondern um eine Sachnorm,** da 2
dem Insolvenzverwalter ein unmittelbares Antragsrecht zur Herbeiführung der Bekanntmachung
eingeräumt wird. Auch Abs. 2 stellt keine Kollisionsnorm dar, sondern gestattet den Mitgliedstaaten eine nationale Regelung zur Bekanntmachung vorzusehen.

II. Verhältnis zu anderen Vorschriften

Art. 28 regelt die Bekanntmachung nur teilweise und wird insofern durch die Art. 29 ff. vervoll- 3
ständigt. Diese regeln die **Eintragung in spezifischen Registern** (Art. 29), die **Kostentragungslast für die Eintragung** (Art. 30) und die **Auswirkungen der Bekanntmachung auf Leistungen des Schuldners** (Art. 31).

Da Abs. 2 den Mitgliedstaaten ein Gestaltungsrecht einräumt, sind im Rahmen von Art. 28 die 4
jeweiligen **nationalen Umsetzungsgesetze** zu beachten. In Deutschland sind dies Art. 102 § 5
EGInsO (Bekanntmachungsverfahren) und Art. 102 § 7 EGInsO (Rechtsbehelfe).

B. Herbeiführung einer öffentlichen Bekanntmachung durch den Insolvenzverwalter (Abs. 1)

Das nach Abs. 1 für den Insolvenzverwalter bestehende Recht der Herbeiführung einer 5
Bekanntmachung der Eröffnung des Insolvenzverfahrens und seiner Bestellung setzt zunächst
voraus, dass in einem EuInsVO-Mitgliedstaat ein **Haupt- oder Partikularinsolvenzverfahren**
eröffnet wurde. Inwiefern dabei auch dem eigentlichen Insolvenzverfahren vorgelagerte Eröffnungsverfahren Berücksichtigung finden, hängt davon ab, ob sie den Anforderungen der Eurofood-
Rechtsprechung entsprechen. Dies ergibt sich daraus, dass der Begriff der Eröffnung des Insolvenzverfahrens durch Art. 2 Nr. 8 für die gesamte EuInsVO bestimmt wird (→ Rn. 5.1).

Bei der **Durchführung eines Insolvenzeröffnungsverfahrens in Deutschland** bedeutet dies, dass 5.1
jedenfalls der starke vorläufige Insolvenzverwalter von den Möglichkeiten des Abs. 1 Gebrauch machen
kann.

Antragsberechtigt ist nur der Insolvenzverwalter selbst, sodass insbesondere die übrigen Ver- 6
fahrensbeteiligten kein Antragsrecht haben. Den Nachweis über seine Bestellung kann der Insolvenzverwalter nach Art. 22 führen.

Die tatsächliche Beantragung der Bekanntmachung liegt dabei im **Ermessen des Insolvenz-** 7
verwalters, da Abs. 1 insofern keine Pflicht aufstellt. Da mit der Bekanntmachung stets Kosten
verbunden sind, wird der Insolvenzverwalter in der Regel von einer Bekanntmachung in allen
Mitgliedstaaten Abstand nehmen. Da Abs. 1 dem Insolvenzverwalter das Recht zur Herbeiführung
einer Bekanntmachung einräumt, sind an das nationale Recht hinsichtlich der Folgen einer pflichtwidrigen Bekanntmachung hohe Anforderungen zu stellen. Denn ansonsten würde das dem durch
Abs. 1 dem Insolvenzverwalter eingeräumte Recht faktisch ausgehöhlt.

Hinsichtlich des **Bekanntmachungsorgans** enthält Abs. 1 keine Regelung. Dies richtet sich 8
nach nationalem Recht (→ Rn. 8.1).

Bei der **Eröffnung eines Insolvenzverfahrens in Deutschland** bedeutet dies, dass insofern § 9 InsO 8.1
Anwendung findet und die Bekanntmachung unter www.insolvenzbekanntmachungen.de erfolgt.

Der **Inhalt der Bekanntmachung** wird ebenfalls vom nationalen Recht des Mitgliedstaates 9
vorgegeben, in dem diese erfolgen soll. Allerdings muss der in Abs. 1 genannte Mindestinhalt
aufgenommen werden. Dabei handelt es sich um den wesentlichen Inhalt der Entscheidung über
die Verfahrenseröffnung in Form der Bezeichnung des Schuldners, des entscheidenden Organs,
der Angabe der Verfahrensart, des Zeitpunkts der Eröffnung des Verfahrens, des Namens des
Insolvenzverwalters und ob es sich um ein Haupt- oder ein Partikularinsolvenzverfahren handelt.

C. Bekanntmachungen im Mitgliedstaat der Zweigniederlassung (Abs. 2)

Wenn der Schuldner in einem Mitgliedstaat eine **Niederlassung** (Art. 2 Nr. 10, → Art. 2 10
Rn. 26) hat, kann dieser Mitgliedstaat die Bekanntmachung verpflichtend anordnen
(→ Rn. 10.1 f.).

Bei dem Bestehen einer **Niederlassung in Deutschland** hat die Bekanntmachung stets zu erfolgen, 10.1
da Art. 102 § 5 Abs. 2 EGInsO eine entsprechende Regelung vorsieht.

Auch **Österreich** hat von dieser Möglichkeit Gebrauch gemacht und eine Bekanntmachungspflicht 10.2
vorgesehen (§ 219 Abs. 1 öIO).

Artikel 29 Eintragung in öffentliche Register eines anderen Mitgliedstaats

(1) Ist es in einem Mitgliedstaat, in dem sich eine Niederlassung des Schuldners befindet und diese Niederlassung in einem öffentlichen Register dieses Mitgliedstaats eingetragen ist oder in dem unbewegliches Vermögen des Schuldners belegen ist, gesetzlich vorgeschrieben, dass die Informationen nach Artikel 28 über die Eröffnung eines Insolvenzverfahrens im Grundbuch, Handelsregister oder einem sonstigen öffentlichen Register einzutragen sind, stellt der Verwalter oder der Schuldner in Eigenverwaltung die Eintragung im Register durch alle dazu erforderlichen Maßnahmen sicher.

(2) Der Verwalter oder der Schuldner in Eigenverwaltung kann diese Eintragung in jedem anderen Mitgliedstaat beantragen, sofern das Recht des Mitgliedstaats, in dem das Register geführt wird, eine solche Eintragung zulässt.

Überblick

Um den Rechtsverkehr auch in den Mitgliedstaaten hinreichend zu schützen, in denen das Insolvenzverfahren nicht eröffnet wurde, sieht Art. 29 für den Insolvenzverwalter die Möglichkeit der Beantragung einer Eintragung der Eröffnung in das Grundbuch, das Handelsregister oder sonstige öffentliche Register vor. Darüber hinaus können die Mitgliedstaaten eine solche Eintragung auch zwingend vorsehen.

A. Grundlagen

1   Da durch die Eröffnung des Insolvenzverfahrens die Teilnahme des Schuldners am Rechtsverkehr ist bzw. eine Reihe von Einschränkungen unterliegt, sieht Abs. 1 für den Insolvenzverwalter die Möglichkeit vor, die Eröffnung des Insolvenzverfahrens im Grundbuch, im Handelsregister und in allen sonstigen öffentlichen Registern eintragen zu lassen. Damit wird ein hinreichender **Schutz des Rechtsverkehrs** sichergestellt. Geschützt wird aber auch die **Insolvenzmasse**, da ein gutgläubiger Erwerb dann meist nicht mehr möglich ist (BGH NZI 2017, 770 Rn. 14 (zur EuInsVO 2000)). Dies kann durch die Mitgliedstaaten nach Abs. 2 auch dahingehend ausgebaut werden, dass eine solche Eintragung zwingend erfolgen muss.

2   Bei Art. 29 handelt es sich lediglich um eine **Verfahrensvorschrift** zur Eintragung der Eröffnung des Insolvenzverfahrens in den genannten Registern. Es bleibt insofern vollständig dem nationalen Recht der lex fori concursus und des Belegenheitsrechts überlassen, welche Rechtsfolgen an die Eintragung geknüpft werden (BGH NZI 2017, 770 Rn. 14 (zur EuInsVO 2000); auch → Rn. 7).

B. Eintragung der Verfahrenseröffnung im öffentlichen Register (Abs. 1)

I. (Beschränkter) Anwendungsbereich

3   Ausweislich des eindeutigen Wortlauts von Abs. 1 bezieht sich dieser nur auf die **Eröffnung eines Hauptverfahrens iSv Art. 3 Abs. 1**. Diese Beschränkung ergibt sich daraus, dass die Partikularinsolvenzverfahren nur eine territorial beschränkte Wirkung haben und der in Abs. 1 geregelte Aspekt insofern keine Rolle spielen kann (→ Rn. 3.1).

3.1   Bei einer Eröffnung eines Partikularinsolvenzverfahrens in einem Mitgliedstaat kann daher auch keine Eintragung der Eröffnung des Insolvenzverfahrens im **deutschen Grundbuch oder deutschen Handelsregister** erfolgen. Insofern fehlt es dem jeweiligen Insolvenzverwalter schon an einem Antragsrecht.

4   Die Regelung des Art. 29 ist zudem nur bei Eintragung in öffentlichen Registern anwendbar. Zentrales Kriterium ist dabei die **Öffentlichkeit des Registers** und die **staatliche Überwachung**. Letztere Voraussetzung ergibt sich aus dem Umstand, dass sich Art. 29 direkt an die Mitgliedstaaten richtet und daher auch nur von diesen betriebene oder wenigstens überwachte Register erfassen kann (→ Rn. 4.1).

4.1   In Deutschland handelt es sich bei den erfassten Registern um das **Grundbuch**, das **Handelsregister**, das **Genossenschaftsregister**, das **Partnerschaftsregister**, das **Vereinsregister**, das **Schiffsregister**, das **Luftfahrzeugregister**, das **Kraftfahrzeugregister** sowie die **Register für gewerbliche Schutzrechte**.

II. Verfahren der Eintragung im Register

Voraussetzung für die Eintragung in dem Register ist die **Statthaftigkeit des Eintragungsan-** 5
trags. Daher kann eine Eintragung nur erfolgen, wenn eine solche nach dem nationalen Recht
des Registerortes überhaupt möglich ist. Darüber hinaus bestimmt das nationale Recht des Registerortes auch die **Art und Weise der Eintragung**.

Soweit die nach dem nationalen Recht des Registerortes erforderlichen Voraussetzungen erfüllt 6
sind, muss eine Eintragung erfolgen. Die Antragsbefugnis des Insolvenzverwalters ergibt sich dabei
unmittelbar aus Art. 29 in Verbindung mit seiner Bestellung (Art. 2 Nr. 5, → Art. 2 Rn. 7) und
Anhang C. Daher kann das Registergericht bei einer Vorlage der Bescheinigung nach Art. 22 nur
sehr beschränkt überprüfen, ob der Insolvenzverwalter tatsächlich bestellt wurde. Schließlich kann
das Registergericht die Eintragung aufgrund des **Ordre-public-Vorbehalts nach Art. 33** verweigern, wenn dessen Voraussetzungen erfüllt sind.

Die **Rechtsfolgen der Eintragung** richten sich ausschließlich nach dem Recht des Register- 7
ortes (vgl. Art. 11 und Art. 17) (→ Rn. 7.1).

Bei einer **Eröffnung eines Partikularinsolvenzverfahrens in einem Mitgliedstaat** unter einer 7.1
Betroffenheit eines deutschen Registers kommt Art. 102 § 6 EGInsO zur Anwendung, der die Einzelheiten
der Eintragung regelt.

Die **Kosten der Eintragung** stellen Kosten iSv Art. 30 dar. 8

III. Pflichten des Insolvenzverwalters im Zusammenhang mit der Eintragung

Da die Eintragung in einem öffentlichen Register nach Abs. 1 für den Insolvenzverwalter keine 9
Pflicht, sondern lediglich eine Möglichkeit darstellt, ergibt sich die Frage, inwiefern dennoch eine
Eintragungspflicht angenommen werden kann. Diese Frage richtet sich nach der lex fori concursus,
da diese auch den **Pflichtenkatalog des Insolvenzverwalters** determiniert (→ Art. 7 Rn. 32)
(→ Rn. 9.1).

Bei der **Eröffnung des Insolvenzverfahrens in Deutschland** kommt insofern § 60 InsO zur Anwen- 9.1
dung, wonach der Insolvenzverwalter alle Maßnahmen ergreifen muss, um die Masse bei der Eröffnung
des Insolvenzverfahrens hinreichend zu sichern. Da bei einer fehlenden Eintragung der Eröffnung des
Insolvenzverfahrens in ausländischen Registern meist ein gutgläubiger Erwerb der jeweils eingetragenen
Rechte durch Dritte möglich ist, beläuft sich der Schaden in der Regel auf den Verlust des jeweiligen
Rechts. Die Pflichtwidrigkeit der fehlenden Eintragung ist in jedem Fall gegeben, wenn nach dem Recht
des Registerortes eine Eintragungspflicht nach Abs. 2 bestanden hat.

Eine mögliche **Haftung des Insolvenzverwalters gegenüber Dritten** aufgrund der fehlen- 10
den Eintragung richtet sich hingegen nicht nach der lex fori concursus, sondern nach dem Recht
des Registerortes.

C. Obligatorische Eintragung (Abs. 2)

Den Mitgliedstaaten steht es frei, die nach Abs. 1 bestehende Eintragungsoption zwingend 11
vorzusehen. Von dieser Möglichkeit hat **Deutschland keinen Gebrauch** gemacht.

Artikel 30 Kosten

Die Kosten der öffentlichen Bekanntmachung nach Artikel 28 und der Eintragung
nach Artikel 29 gelten als Kosten und Aufwendungen des Verfahrens.

Überblick

Durch Art. 30 werden die Kosten für die öffentliche Bekanntmachung nach Art. 28 und der
Eintragung nach Art. 29 als Verfahrenskosten eingestuft.

A. Grundlagen

Da die öffentliche Bekanntmachung nach Art. 28 und die Eintragung nach Art. 29 in der Regel 1
Kosten verursacht, trifft Art. 30 die Anordnung, dass es sich dabei um Kosten des Verfahrens
handelt. Dabei handelt es sich allerdings nicht um eine materiell-rechtliche Vorschrift, sondern

EuInsVO Art. 31 — Kapitel II. Anerkennung der Insolvenzverfahren

um eine **Kollisionsnorm**, da sich aus der Einordnung als Verfahrenskosten keine eindeutigen Rechtsfolgen ergeben. Vielmehr sind diese der lex fori concursus zu entnehmen.

B. Kosten der öffentlichen Bekanntmachung und der Eintragung

2   Art. 30 bezieht sich nur auf die Kosten für die dort genannten Maßnahmen und erstreckt sich daher nur auf die **Kosten der öffentlichen Bekanntmachung** und der **Eintragung**. Davon umfasst sind neben den unmittelbaren Gebühren bei den jeweiligen Registern auch die Kosten für die Übersetzung.

3   Mit der Klassifizierung dieser Kosten als Verfahrenskosten richtet sich deren konkretes **weiteres Schicksal nach der lex fori concursus** (→ Rn. 3.1).

3.1   Bei einer **Eröffnung des Insolvenzverfahrens in Deutschland** kommt insofern § 53 InsO zur Anwendung, sodass diese Kosten vorweg zu berichtigen sind.

4   Im Fall der **Eröffnung des Insolvenzverfahrens in einem anderen Mitgliedstaat** und der Betroffenheit eines deutschen Registers sind zudem die Art. 102c § 7 EGInsO, Art. 102c § 8 EGInsO zu beachten.

Artikel 31 Leistung an den Schuldner

(1) Wer in einem Mitgliedstaat an einen Schuldner leistet, über dessen Vermögen in einem anderen Mitgliedstaat ein Insolvenzverfahren eröffnet worden ist, obwohl er an den Verwalter des Insolvenzverfahrens hätte leisten müssen, wird befreit, wenn ihm die Eröffnung des Verfahrens nicht bekannt war.

(2) ¹Erfolgt die Leistung vor der öffentlichen Bekanntmachung nach Artikel 28, so wird bis zum Beweis des Gegenteils vermutet, dass dem Leistenden die Eröffnung nicht bekannt war. ²Erfolgt die Leistung nach der Bekanntmachung gemäß Artikel 28, so wird bis zum Beweis des Gegenteils vermutet, dass dem Leistenden die Eröffnung bekannt war.

Überblick

Durch Art. 31 wird eine Regelung hinsichtlich der Wirksamkeit von Leistungen getroffen, die an den Schuldner nach der Eröffnung des Insolvenzverfahrens vorgenommen werden. Dabei wird im Grundsatz von einer befreienden Wirkung ausgegangen, soweit dem Leistenden die Eröffnung des Insolvenzverfahrens unbekannt war.

Übersicht

	Rn.		Rn.
A. Grundlagen	1	D. Leistungserbringung vor der öffentlichen Bekanntmachung (Abs. 2)	12
B. Anwendungsbereich	5		
C. Befreiende Leistungserbringung bei fehlender Kenntnis von der Verfahrenseröffnung (Abs. 1)	9		

A. Grundlagen

1   Die Eröffnung des Insolvenzverfahrens ist typischerweise damit verbunden, dass ab diesem Zeitpunkt keine Leistung mit befreiender Wirkung mehr gegenüber dem Schuldner vorgenommen werden kann. Da allerdings die Eröffnung des Insolvenzverfahrens oftmals nicht allen Leistenden bekannt ist, trifft Art. 31 eine abweichende, **materiell-rechtliche Regelung** dahingehend, dass die befreiende Wirkung eintritt, soweit der Leistende keine Kenntnis von der Eröffnung des Insolvenzverfahrens hatte.

2   Damit schützt Art. 31 den gutgläubig Leistenden und dient damit dem **Schutz des Rechtsverkehrs**. Die Schutzbedürftigkeit ergibt sich in der Regel daraus, dass bei einer fehlenden Befreiung von der Verbindlichkeit durch die Leistungserbringung der Insolvenzverwalter die nochmalige Leistungserbringung verlangen kann, der Leistende bei der Rückforderung des Geleisteten aber häufig Einschränkungen unterliegt. Insofern besteht für den Leistenden oftmals die Gefahr der

Leistung an den Schuldner **Art. 31 EuInsVO**

doppelten Leistungserbringung ohne die Möglichkeit der vollständigen Rückabwicklung der ersten Leistungserbringung.

Der **Schutz des Rechtsverkehrs in grenzüberschreitenden Sachverhalten** ist in Abweichung von der lex fori concursus aber nur dann notwendig, wenn die Leistung in einem anderen Mitgliedstaat als dem der Eröffnung des Insolvenzverfahrens erfolgt. Denn soweit der Leistungsort und der Ort der Eröffnung des Insolvenzverfahrens in einem Mitgliedstaat belegen sind, kommt die lex fori concursus zur Anwendung, deren Regelungen zur Leistungserbringung nach der Eröffnung des Insolvenzverfahrens auch bei rein nationalen Insolvenzverfahren zur Anwendung kommen, sodass es keines weiteren Schutzes des Rechtsverkehrs bedarf. Bei einer Leistungserbringung in einem anderen Mitgliedstaat als dem der Eröffnung des Insolvenzverfahrens kann der Leistende mit der Anwendung dieser Regelung der lex fori concursus aber nicht rechnen. Auch wenn es vor diesem Hintergrund schlüssig wäre, dass jeweilige Insolvenzrecht des Leistungsortes anzuwenden, ist dem **materiell-rechtlichen Regelungskonzept von Art. 31** der Vorzug zu geben. Denn dadurch wird die konkrete und oftmals schwierige Bestimmung des Ortes der tatsächlichen Vornahme der Leistung entbehrlich. 3

Dabei stellt Abs. 1 zunächst das allgemeine **Erfordernis der Gutgläubigkeit für den Eintritt der Leistungsbefreiung** auf. Durch Abs. 2 wird diese für den Fall der öffentlichen Bekanntmachung der Eröffnung des Insolvenzverfahrens dahingehend modifiziert, dass an die öffentliche Bekanntmachung eine **Vermutungsregelung der Kenntnis von Eröffnung des Insolvenzverfahrens** geknüpft wird. 4

B. Anwendungsbereich

Zentrale Voraussetzung von Art. 31 ist zunächst, dass die Leistung an den Schuldner und die Eröffnung des Insolvenzverfahrens in unterschiedlichen Mitgliedstaaten erfolgt. Hintergrund dieses **zwingenden Auseinanderfallens des Leistungsortes und des Ortes der Eröffnung des Insolvenzverfahrens** ist, dass bei einer Leistung an den Schuldner im Mitgliedstaat der Eröffnung des Insolvenzverfahrens ohnehin die lex fori concursus zur Anwendung kommt, worauf der Rechtsverkehr in dem jeweiligen Mitgliedstaat auch eingestellt ist. Insofern bedarf es einer Bestimmung des Leistungsortes, bei dem es nicht auf den vertraglich vereinbarten, sondern auf den **tatsächlichen Leistungsort** ankommt (zum Leistungsbegriff→ Rn. 9) (→ Rn. 5.1). 5

Kein Erfordernis ist hingegen, dass der **Sitz des Drittschuldners** und der Ort der Eröffnung des Insolvenzverfahrens auseinanderfallen, da es nach Abs. 1 allein auf den Leistungsort und den Ort der Eröffnung des Insolvenzverfahrens ankommt. 5.1

Bei einer **Auszahlung an einem Geldautomaten** kommt es darauf an, ob sich dieser Geldautomat in einem anderen Mitgliedstaat als demjenigen befindet, in dem das Insolvenzverfahren eröffnet wird; die insofern für Art. 31 relevante tatsächliche Leistungserbringung erfolgt in dem Mitgliedstaat, wo sich der Geldautomat befindet (LG Kiel NZI 2020, 949 (951)). 5.2

Wird die Leistung nicht in einem Mitgliedstaat, sondern in einem **Drittstaat** vorgenommen, kommt es nicht zur Anwendung von Art. 31. Vielmehr kommt dann das autonome internationale Insolvenzrecht des jeweiligen Mitgliedstaates der Verfahrenseröffnung zur Anwendung (→ Rn. 6.1). 6

Bei der **Eröffnung eines Insolvenzverfahrens in Deutschland** und einer Leistungserbringung in einem Drittstaat bedeutet dies, dass § 350 InsO anwendbar ist. 6.1

Der Anwendungsbereich von Art. 31 erstreckt sich zudem nicht nur auf die **Eröffnung eines Hauptinsolvenzverfahrens nach Art. 3 Abs. 1, sondern auch auf die Eröffnung eines Partikularinsolvenzverfahrens.** Dies ergibt sich zum einen aus dem Wortlaut von Abs. 1, der – etwa im Gegensatz zu Art. 22 – nicht explizit auf die Eröffnung eines Hauptinsolvenzverfahrens Bezug nimmt. Zum anderen kann sich die in Art. 31 geregelte Problematik auch ohne Weiteres in einem Partikularinsolvenzverfahren stellen. Denn auch wenn dessen Wirkungen territorial beschränkt sind, kann auch bei diesem eine Leistungserbringung außerhalb des Mitgliedstaates der Eröffnung des Insolvenzverfahrens erfolgen. 7

Art. 31 setzt für den Anwendungsbereich die **Eröffnung des Insolvenzverfahrens** voraus (→ Rn. 8.1). 8

In **Deutschland** reicht dafür auch schon das Insolvenzeröffnungsverfahren aus, soweit dieses den Anforderungen der Eurofood-Rechtsprechung genügt. Dies ergibt sich schon daraus, dass auch bei diesen Verfahren die für Art. 31 zugrundeliegende Interessenlage gegeben ist. 8.1

Mock 2317

8a Schließlich findet Art. 31 keine Anwendung bei **Leistungen durch den Schuldner an einen Dritten**, da Art. 31 nur Leistungen an den Insolvenzschuldner regelt (LG Kiel NZI 2020, 949 (951); so auch schon zur EuInsVO 2000 EuGH Slg. I-566 = NZI 2013, 1039 – Christian van Buggenhout und Ilse van de Mierop gegen Banque Internationale á Luxemburg SA).

C. Befreiende Leistungserbringung bei fehlender Kenntnis von der Verfahrenseröffnung (Abs. 1)

9 Zentrale Voraussetzung für Abs. 1 ist zunächst eine tatsächliche Leistungserbringung. Dabei lässt Abs. 1 allerdings offen, was unter einer Leistung zu verstehen ist. Insofern könnte zwar auf das Schuldrecht abgestellt werden, in dessen Rahmen die Leistungserbringung erfolgt. Allerdings würde diese in der Systematik von Art. 31 einen Fremdkörper darstellen, da dieser eine materiell-rechtliche Regelung enthält, die in allen Mitgliedstaaten in gleicher Weise zur Anwendung kommen soll. Das Verständnis von Abs. 1 als Kollisionsnorm im Zusammenhang mit dem Leistungsbegriff ist damit nicht vereinbar. Die insofern vorzunehmende autonome Auslegung des **Leistungsbegriffs in Abs. 1** steht allerdings vor nicht unerheblichen Schwierigkeiten, da das europäische Zivilrecht über einen ausgeprägten Leistungsbegriff nicht verfügt. Anknüpfungspunkt muss zunächst eine Massemehrung sein, da nur dann überhaupt das Insolvenzverfahren als solches betroffen ist. Zudem kann aus der Bezugnahme auf die Kenntnis der Eröffnung des Insolvenzverfahrens in Art. 31 auf das Erfordernis eines Leistungsbewusstseins geschlossen werden, da anderenfalls das subjektive Element der Kenntnis von der Eröffnung des Insolvenzverfahrens obsolet wäre (→ Rn. 9.1).

9.1 Die Anforderungen an den Leistungsbegriff haben dabei **nicht nur theoretische Bedeutung.** Diese erlangen insbesondere beim Fall der Leistungserbringung an den Schuldner durch einen Dritten auf (vermeintliche) Veranlassung eines Schuldners des Insolvenzschuldners Bedeutung.

10 Weitere Voraussetzung ist zudem, dass die Leistungserbringung an den Schuldner nach der Eröffnung des Insolvenzverfahrens überhaupt unwirksam ist bzw. **keine befreiende Wirkung** hat. Dies richtet sich nach der lex fori concursus (Art. 7 Abs. 2 S. 2 lit. b, → Art. 7 Rn. 27) (→ Rn. 10.1).

10.1 Bei einer **Eröffnung des Insolvenzverfahrens in Deutschland** ist eine derartige befreiende Wirkung nach der Eröffnung des Insolvenzverfahrens nicht mehr möglich, da mit der Eröffnung des Insolvenzverfahrens die Empfangszuständigkeit nunmehr allein beim Insolvenzverwalter liegt (§ 80 InsO). Allerdings kann zugunsten des Leistenden § 82 InsO zur Anwendung kommen.

11 Schließlich setzt die befreiende Leistungserbringung nach der Eröffnung des Insolvenzverfahrens voraus, dass der Leistende **keine Kenntnis von der Eröffnung des Insolvenzverfahrens** hatte. Dabei ist positive Kenntnis erforderlich, sodass grobe fahrlässige Unkenntnis nicht schadet. Soweit eine öffentliche Bekanntmachung nach Art. 28 erfolgt ist, gelten die Sonderregelungen des Abs. 2 (→ Rn. 12).

D. Leistungserbringung vor der öffentlichen Bekanntmachung (Abs. 2)

12 Für die Kenntnis des Leistenden von der Eröffnung des Insolvenzverfahrens enthält Abs. 2 eine **Beweislastregelung,** die auf die Bekanntmachung nach Art. 28 abstellt.

13 Nach Abs. 2 S. 1 wird bis zum Beweis des Gegenteils vermutet, dass bei einer **Leistungserbringung vor der Bekanntmachung nach Art. 28** keine Kenntnis von der Eröffnung des Insolvenzverfahrens bestanden hat. Erfolgte die **Leistungserbringung hingegen erst nach der Bekanntmachung nach Art. 28,** wird die Kenntnis nach Abs. 2 S. 2 bis zum Beweis des Gegenteils vermutet. Insbesondere im Fall von Abs. 2 S. 2 wird die Erbringung des Gegenbeweises in der Regel Schwierigkeiten ausgesetzt sein. Dabei kann sich der Leistende auch nicht auf die **Beweiserleichterungen der lex fori** berufen, da Abs. 2 insofern eine abschließende (autonome) Regelung enthält, die eine (zusätzliche) Anwendung nationalen Rechts ausschließt.

14 Bei der Bekanntmachung nach Art. 28 handelt es sich zunächst nicht um die Bekanntmachung im Mitgliedstaat der Eröffnung des Insolvenzverfahrens, sondern lediglich um die **Bekanntmachungen in den übrigen Mitgliedstaaten.** Darüber hinaus kommt es darauf an, dass die Bekanntmachung in dem Mitgliedstaat erfolgt ist, in dem die Leistung erbracht wurde. Dies ergibt sich schon daraus, dass nur dann die Verkehrsschutzinteressen berührt sind.

Artikel 32 Anerkennung und Vollstreckbarkeit sonstiger Entscheidungen

(1) ¹Die zur Durchführung und Beendigung eines Insolvenzverfahrens ergangenen Entscheidungen eines Gerichts, dessen Eröffnungsentscheidung nach Artikel 19 anerkannt wird, sowie ein von diesem Gericht bestätigter Vergleich werden ebenfalls ohne weitere Förmlichkeiten anerkannt. ²Diese Entscheidungen werden nach den Artikeln 39 bis 44 und 47 bis 57 der Verordnung (EU) Nr. 1215/2012 vollstreckt.

Unterabsatz 1 gilt auch für Entscheidungen, die unmittelbar aufgrund des Insolvenzverfahrens ergehen und in engem Zusammenhang damit stehen, auch wenn diese Entscheidungen von einem anderen Gericht erlassen werden.

Unterabsatz 1 gilt auch für Entscheidungen über Sicherungsmaßnahmen, die nach dem Antrag auf Eröffnung eines Insolvenzverfahrens oder in Verbindung damit getroffen werden.

(2) Die Anerkennung und Vollstreckung anderer als der in Absatz 1 dieses Artikels genannten Entscheidungen unterliegen der Verordnung (EU) Nr. 1215/2012, sofern jene Verordnung anwendbar ist.

Überblick

Art. 32 sieht für die Anerkennung und Vollstreckbarerklärung von Entscheidungen, die im Laufe eines Insolvenzverfahrens typischerweise getroffen werden, ein (eigenständiges) Verfahren vor, das sich im Wesentlichen nach den allgemeinen Vorschriften des Europäischen Zivilverfahrensrechts richtet.

A. Grundlagen

Da gerichtliche Entscheidungen eines Staates zur Vollstreckung in anderen Staaten eine vorherige Anerkennung und Vollstreckbarerklärung bedürfen (**Exequatur**), sieht Art. 32 für die Entscheidungen im Rahmen eines Insolvenzverfahrens mit Ausnahme der Entscheidung über die Eröffnung des Insolvenzverfahrens ein entsprechendes Verfahren vor. Dabei geht Art. 32 grundsätzlich von einer uneingeschränkten Anerkennung der Entscheidungen aus und sieht für deren Vollstreckbarkeit eine Anwendung der entsprechenden Regelungen der Brüssel-Ia-VO vor. Dabei ergibt sich im Zusammenspiel mit den übrigen Vorschriften der EuInsVO folgende **Gesamtsystematik** (dazu Mankowski NZI 2010, 508 (509)):

- Insolvenzeröffnungsentscheidungen (Art. 3, 19);
- Entscheidungen im eröffneten Insolvenzverfahren (Abs. 1 UAbs. 1);
- insolvenznahe Annexentscheidungen (Abs. 1 UAbs. 2 und 3);
- entferntere Annexentscheidungen (Abs. 2);
- nicht direkt insolvenzbezogene Entscheidungen (Brüssel Ia-VO).

Art. 32 verweist aber nicht vollständig auf das Vollstreckungsverfahren der Brüssel-Ia-VO, sondern erklärt insbesondere die **Ausschlussgründe des Art. 46 Brüssel-Ia-VO** für nicht anwendbar. 2

Keine Regelung enthält Art. 32 zur **Frage der internationalen Zuständigkeit** für die anerkennungs- und vollstreckungsfähigen Entscheidungen. Diese richtet sich in der Regel vielmehr nach Art. 3 (→ Art. 3 Rn. 2) und nach Art. 6 (so wohl auch Mankowski NZI 2020, 123 (126)). 3

B. Anwendungsbereich

Der Anwendungsbereich von Art. 32 erfordert zunächst, dass ein Insolvenzverfahren in einem Mitgliedstaat eröffnet wurde, da nur dieses iRv Art. 19 anerkannt werden kann. Dabei ist es unbeachtlich, ob es sich um ein **Haupt- oder ein Partikularinsolvenzverfahren** handelt, da beide Verfahrensarten von Art. 19 erfasst werden. 4

Zudem ist es für die Anwendung von Art. 32 erforderlich, dass eine **gerichtliche Entscheidung** vorliegt. Da dieser Begriff auch im übrigen europäischen Zivilverfahrensrecht (vgl. etwa Art. 36 Brüssel-Ia-VO) verwendet wird, kann auf die dort vorgenommene Begriffsbildung zurückgegriffen werden. Mit der Beschränkung auf die Anerkennung und Vollstreckbarerklärung von gerichtlichen Entscheidungen in Art. 32 ist sogleich dessen Anwendung auf Befugnisse oder Maßnahmen des Insolvenzverwalters ausgeschlossen. Ob und in welchem Umfang der Insolvenzverwalter von seinen Befugnissen Gebrauch machen kann, ist sowohl ein kollisions- als auch ein materiellrechtliches Problem, das im Wesentlichen von Art. 21 adressiert wird. 5

C. Entscheidungen im Zusammenhang mit der Durchführung und Beendigung des Verfahrens (Abs. 1)

6 Für die Anerkennung unterscheidet Art. 32 zwischen **fünf verschiedenen Arten von Entscheidungen**. Dabei handelt es sich um Entscheidungen zur Durchführung und Beendigung eines Insolvenzverfahrens (Abs. 1 UAbs. 1 S. 1, → Rn. 8), um Annexentscheidungen (Abs. 1 UAbs. 2, → Rn. 12) und schließlich um Sicherungsmaßnahmen (Abs. 1 UAbs. 3, → Rn. 13). Hinzu kommen **alle anderen Entscheidungen** nach Abs. 2 (→ Rn. 16).

I. Anerkennung der Entscheidungen

7 Dem Regelungsmodell der Brüssel-Ia-VO folgend, kennt auch Art. 32 für die Anerkennung von Entscheidungen **kein gesondertes Verfahren**, sondern geht von einer automatischen Anerkennung aus. Eine automatische Anerkennung ist lediglich im Rahmen des Ordre-public-Vorbehalts von Art. 33 ausgeschlossen. Die (automatische) Anerkennung ist insbesondere dann nicht ausgeschlossen, wenn das Gericht der Eröffnung des Insolvenzverfahrens keine **internationale Zuständigkeit** hatte.

1. Entscheidungen zur Durchführung und Beendigung eines Insolvenzverfahrens (Abs. 1 UAbs. 1 S. 1)

8 Von der Regelung des Abs. 1 UAbs. 1 S. 1 sind zunächst **Entscheidungen zur Eröffnung des Insolvenzverfahrens** ausgenommen, da sich deren Anerkennung nach Art. 19 richtet. Insofern bedarf es für diese schon keiner Anwendung iRv Abs. 1 UAbs. 1 S. 1. Allerdings muss für deren Vollstreckung teilweise auf Abs. 1 UAbs. 1 S. 2 zurückgegriffen werden (→ Rn. 15).

9 Bei Entscheidungen zur Durchführung und Beendigung eines Insolvenzverfahrens sind vor allem Folgeentscheidungen zur Eröffnung des Insolvenzverfahrens gemeint. Dies betrifft die **Verwaltungsbestellung, verfahrensleitende Verfügungen, Aufhebungsentscheidungen** oder **Einstellungsentscheidungen**.

10 Die **Entscheidung zur Erteilung einer Restschuldbefreiung** kann ebenfalls von Abs. 1 UAbs. 1 S. 1 erfasst werden, wenn diese Entscheidung nicht Bestandteil der Eröffnungsentscheidung ist. Soweit dies allerdings der Fall ist, richtet sich die Anerkennung nach Art. 19 f.

11 Schließlich fallen unter Abs. 1 UAbs. 1 S. 1 auch **Bestätigungen von Vergleichen** oder die **Annahme von Insolvenzplänen**. Dies gilt allerdings nicht für das **company voluntary arrangement** des englischen Rechts, da es sich nicht um eine gerichtliche Entscheidung handelt. Dies schließt allerdings nicht, dass das **company voluntary arrangement** dennoch anerkannt werden kann.

2. Annexentscheidungen (Abs. 1 UAbs. 2)

12 Nach Abs. 1 UAbs. 2 werden auch die Entscheidungen automatisch anerkannt, die unmittelbar aufgrund des Insolvenzverfahrens ergehen und in engem Zusammenhang damit stehen, auch wenn diese Entscheidungen von einem anderen Gericht getroffen werden. Diese typischerweise als Annexentscheidungen bezeichneten Entscheidungen (→ Art. 6 Rn. 8) sind allerdings iRv Art. 32 weniger problematisch, sondern spielen vor allem für die **Frage der internationalen Zuständigkeit** eine große Rolle (→ Art. 6 Rn. 5).

3. Entscheidungen über Sicherungsmaßnahmen (Abs. 1 UAbs. 3)

13 Schließlich werden nach Abs. 1 UAbs. 3 auch Entscheidungen über Sicherungsmaßnahmen automatisch anerkannt. Dabei ordnet Abs. 1 UAbs. 3 eine Vorverlegung auf den Zeitpunkt der Antragstellung an, da die Regelung ansonsten keinen Sinn machen würde (→ Rn. 13.1).

13.1 Bei der **Eröffnung eines Insolvenzverfahrens in Deutschland** werden insofern vor allem die Einsetzung eines vorläufigen Insolvenzverwalters (§ 21 Abs. 2 S. 1 Nr. 1 InsO) und die Anordnung eines Verfügungsverbots (§ 21 Abs. 2 S. 1 Nr. 2 InsO) erfasst.

14 Keine Anwendung findet Abs. 1 UAbs. 3 schließlich in **Partikularinsolvenzverfahren,** da bei diesen eine Vollstreckung in einem anderen Mitgliedstaat aufgrund der beschränkten territorialen Wirkung schon nicht notwendig ist. Dies gilt auch für **Maßnahmen nach Art. 52**.

II. Vollstreckung der Entscheidungen (Abs. 1 UAbs. 1 S. 2)

Für die von Abs. 1 erfassten Entscheidungen verweist Abs. 1 UAbs. 1 S. 2 auf Art. 39–44 Brüssel-Ia-VO. Diese Grundsätze gelten auch für die **Entscheidungen zur Eröffnung des Insolvenzverfahrens,** auch wenn diese von Abs. 1 UAbs. 1 S. 1 ausgenommen sind (→ Rn. 8). Dies ist jedenfalls dann der Fall, wenn die Entscheidungen zur Eröffnung des Insolvenzverfahrens einen vollstreckungsfähigen Inhalt haben. Etwas anderes gilt allerdings für den Fall der **Eröffnung eines Sekundärinsolvenzverfahrens,** sodass insofern der Eröffnungsbeschluss für das Hauptinsolvenzverfahren im Mitgliedstaat der Eröffnung des Sekundärinsolvenzverfahrens aufgrund der territorial beschränkten Wirkung des Sekundärinsolvenzverfahrens nicht vollstreckbar ist. 15

D. Anerkennung und Vollstreckung sonstiger Entscheidungen (Abs. 2)

Für alle von Abs. 1 nicht erfassten Entscheidungen ordnet Abs. 2 die Geltung der Brüssel-Ia-VO an. 16

Der **tatsächliche Regelungsgehalt von Abs. 2** ist allerdings unklar. Denn der dort vorgesehenen Anwendungsanordnung im Hinblick auf die Brüssel-Ia-VO bedarf es grundsätzlich nicht, da diese ihren Anwendungsbereich selbst regelt. Allerdings kann Abs. 2 auch als eine Anordnung des nahtlosen Ineinandergreifens von Brüssel-Ia-VO und EuInsVO mit der Folge verstanden werden, dass der Ausschluss des Anwendungsbereichs der einen VO automatisch den Anwendungsbereich der anderen VO eröffnet. 17

Diese Verknüpfung von Brüssel-Ia-VO und EuInsVO besteht allerdings nicht bei Insolvenzverfahren, die schon nicht von der EuInsVO erfasst werden. Dies gilt vor allem für die Insolvenzverfahren für die **in Art. 1 Abs. 2 genannten Schuldner** (→ Art. 1 Rn. 13). 18

Artikel 33 Öffentliche Ordnung

Jeder Mitgliedstaat kann sich weigern, ein in einem anderen Mitgliedstaat eröffnetes Insolvenzverfahren anzuerkennen oder eine in einem solchen Verfahren ergangene Entscheidung zu vollstrecken, soweit diese Anerkennung oder Vollstreckung zu einem Ergebnis führt, das offensichtlich mit seiner öffentlichen Ordnung, insbesondere mit den Grundprinzipien oder den verfassungsmäßig garantierten Rechten und Freiheiten des Einzelnen, unvereinbar ist.

Überblick

Der Grundsatz der automatischen Anerkennung der Entscheidung der Eröffnung des Insolvenzverfahrens und der weiteren im Laufe des Verfahrens ergangener Entscheidungen erfährt durch Art. 33 die für das internationale Zivilverfahrensrecht typische Einschränkung in Form des Ordre-public-Vorbehalts. Maßgebliche Kriterien für eine fehlende Anerkennung sind die fehlende Vereinbarkeit mit der öffentlichen Ordnung, den Grundprinzipien oder den verfassungsmäßig garantierten Rechten und Freiheiten des Einzelnen im Vollstreckungsstaat.

Übersicht

	Rn.		Rn.
A. Grundlagen	1	1. Verfahrensrechtlicher ordre public	7
B. Voraussetzungen	3	2. Materiell-rechtlicher ordre public	17
I. Anerkennungsrechtlicher Ordre-public-Vorbehalt	5	II. Kollisionsrechtlicher Ordre-public-Vorbehalt	18
		C. Rechtsfolgen	19

A. Grundlagen

Als Korrektiv zur grundsätzlich automatischen Anerkennung von im Insolvenzverfahren getroffenen Entscheidungen nach Art. 19, 32 sieht Art. 33 den im internationalen Zivilverfahrensrecht regelmäßig bestehenden Ordre-public-Vorbehalt vor. Dadurch wird nicht weniger als der für die EuInsVO maßgebliche **Grundsatz des gegenseitigen Vertrauens in die Gleichwertigkeit der Justizsysteme der Mitgliedstaaten** durchbrochen bzw. eingeschränkt. Dabei muss allerdings 1 beachtet werden, dass der Ordre-public-Vorbehalt als ultima ratio gedacht ist und daher nicht in einer unbegrenzten Vielzahl von Fällen zur Anwendung kommen soll.

2 Auch wenn dies in der Formulierung von Art. 33 nicht unbedingt eindeutig angelegt ist, muss zwischen dem **anerkennungsrechtlichen Ordre-public-Vorbehalt** und dem **kollisionsrechtlichen Ordre-public-Vorbehalt** unterschieden werden. Während ersterer sich gegen die Anerkennung der Entscheidung eines ausländischen Gerichts richtet, zielt letzterer auf die fehlende Anwendung einer ausländischen Rechtsnorm ab. Beide Formen des Ordre-public-Vorbehalts werden von Art. 33 erfasst.

B. Voraussetzungen

3 Durch die **öffentliche Ordnung** ist die Rechtsordnung der einzelnen Mitgliedstaaten gemeint, in der die jeweilige Entscheidung vollstreckt werden soll. Dabei ist allerdings in zwei Schritten vorzugehen. Zunächst ist zu ermitteln, welche Grundwerte die öffentliche Ordnung der Rechtsordnung des jeweiligen Mitgliedstaats ausmachen. Sodann ist in einem zweiten Schritt zu fragen, ob die Zugrundelegung dieses Begriffsverständnisses europarechtskonform ist.

4 Zudem muss der Verstoß gegen den Ordre-public-Vorbehalt offensichtlich sein, womit vor allem der Ausnahmecharakter der Vorschrift betont werden soll. Eine **Offensichtlichkeit** ist dabei nur dann anzunehmen, wenn das durch die Anerkennung oder Vollstreckung bewirkte Ergebnis in einem nicht hinnehmbaren Gegensatz zur Rechtsordnung des Vollstreckungsstaates stehen muss.

I. Anerkennungsrechtlicher Ordre-public-Vorbehalt

5 Der anerkennungsrechtliche Ordre-public-Vorbehalt setzt zunächst voraus, dass überhaupt eine gerichtliche Entscheidung vorliegt. Dabei ist es unbeachtlich, ob es sich dabei um die **Eröffnungsentscheidung** oder eine erst **im späteren Insolvenzverfahren ergangene Entscheidung** handelt. Ebenso wenig ist es von Bedeutung, ob die Entscheidung im Rahmen eines **Haupt- oder eines Sekundärinsolvenzverfahrens** ergeht.

6 Zudem ist es erforderlich, dass die Anerkennung der Entscheidung zu einem Ergebnis führen würde, das mit den **Grundwertungen der Rechtsordnung des Vollstreckungsstaates** offensichtlich nicht vereinbar ist.

1. Verfahrensrechtlicher ordre public

7 a) **Unzureichende Beteiligung am Insolvenzverfahren.** Diese offensichtliche Unvereinbarkeit kann sich vor allem aus den **Verfahrensgrundrechten** eines Beteiligten ergeben (MMS/Müller Rn. 20 ff.).

8 Von Bedeutung sind in diesem Zusammenhang vor allem Beschränkungen bei der Antragstellung und der **Beteiligung an dem Insolvenzverfahren.** Dies gilt insbesondere im Hinblick auf das Grundrecht auf rechtliches Gehör (BGH NZI 2016, 93 Rn. 24 (zur EuInsVO 2000)) bzw. aus unionsrechtlicher Sicht von den Rechtsgrundsatz, dass jedermann Anspruch auf ein faires Verfahren hat (EuGH Slg. I-3813, 3854 = NZI 2006, 360 – Eurofood IFSC Ltd.) (→ Rn. 8.1 f.).

8.1 Dabei muss allerdings beachtet werden, dass es sich beim Insolvenzverfahren in der Regel um ein **Massenverfahren** handelt, sodass schon aus Gründen der Praktikabilität und der Effektivität in diesem Zusammenhang gewisse Abstriche gemacht werden müssen. Dies gilt erst recht bei grenzüberschreitenden Insolvenzverfahren. Insofern muss jede Beschränkung des Rechts auf rechtliches Gehör ordnungsgemäß gerechtfertigt werden und jedenfalls Verfahrensgarantien dahingehend enthalten, dass den betroffenen Personen die Möglichkeit der Anfechtung der für sie relevanten Entscheidungen bleibt (EuGH Slg. I-3854 Rn. 66 = NZI 2006, 360 – Eurofood IFSC Ltd.). Dabei kann aber nicht zwingend von dem Bestehen von effektiven Rechtsschutzmöglichkeiten im Erlassstaat auf eine fehlende Anwendung des Ordre-public-Vorbehalts im Anerkennungsstaat geschlossen werden.

8.2 Daher kann aber der bloße Umstand der **fehlenden Antwort eines ausländischen Insolvenzgerichts** noch keinen Verstoß gegen den ordre public begründen (LG Aurich BeckRS 2016, 114750), da das Insolvenzverfahren als Massenverfahren einen angemessenen Ausgleich zwischen einer individuellen Beteiligung der Gläubiger und der schlichten Durchführbarkeit finden muss.

9 Weitgehend unproblematisch sind hingegen etwa **Bindungen des Eröffnungsantragsrechts an bestimmte Beteiligungsquoten bei öffentlichen Unternehmen**, sehr kurze **Fristen im Eröffnungsverfahren** oder etwa die **Unanfechtbarkeit der Eröffnungsentscheidung** durch die Gläubiger (zu diesen Fällen vgl. BAG NZI 2013, 758 Rn. 55 ff.; MMS/Müller Rn. 21).

Öffentliche Ordnung   **Art. 33 EuInsVO**

Auch in diesem Zusammenhang spielt es eine Rolle, ob der Gläubiger alle **Rechtsschutzmög-** 10
lichkeiten ausgenutzt hat (so wohl auch BGH NZI 2016, 93 Rn. 25 (zur EuInsVO 2000)).
Allerdings ist dabei immer zu berücksichtigen, dass insbesondere eine fehlende Beteiligung vor
allem zu Beginn des Insolvenzverfahrens meist eine rechtzeitige Nutzung von Rechtsschutzmöglichkeiten ausschließt.

b) Fehlerhafte Annahme der internationalen Zuständigkeit. Einen Verstoß gegen den 11
ordre public kann grundsätzlich die **fehlerhafte Annahme** der internationalen Zuständigkeit
durch das Gericht eines Mitgliedstaates darstellen (ausdrücklich BGH NZI 2016, 93 Rn. 12 (zur
EuInsVO 2000); BFH NZI 2016, 929 (zur EuInsVO 2000); restriktiver hingegen noch OLG
Wien NZI 2005, 56; OGH NZI 2005, 465; OLG Innsbruck NZI 2008, 700; auf die bloße
Möglichkeit hinweisend, ohne den konkreten Tatbestand zu prüfen EuGH Slg. 2010, I-417
Rn. 33 = NZI 2010, 156 – MG Probud Gdynia sp. z o.o.; (zur EuInsVO 2000); zum Ganzen
ausführlich MMS/Müller Rn. 20)).

Allerdings sind die konkreten **Anforderungen** verhältnismäßig hoch anzusetzen. So kann allein 13
das Motiv der Erlangung einer weitergehenden oder schnelleren Restschuldbefreiung im Rahmen
der Verlegung des Mittelpunkts der hauptsächlichen Interessen des Schuldners einen solchen Verstoß gegen den ordre public nicht begründen (BGH NZI 2016, 93 Rn. 12 (zur EuInsVO 2000);
BFH NZI 2016, 929 (zur EuInsVO 2000)). Ebenso wenig dürfte der bloße Nachweis des Erschleichens des Mittelpunkts der hauptsächlichen Interessen des Schuldners ausreichend sein (aA BFH
NZI 2016, 929 (zur EuInsVO 2000)), da dies auf eine Überprüfung der Entscheidung des Gerichts
eines anderen Mitgliedstaates hinauslaufen würde, was aber gerade vermieden werden soll. Dies
dürfte selbst dann gelten, wenn tatsächlich die Schwelle des **Prozessbetruges** erreicht ist, da auch
in diesem Fall der Vorbehalt des ordre public eine Kontrolle der Gerichte der anderen Mitgliedstaaten bedeuten würde.

Ausreichend ist aber ein **willkürliches Verhalten** bei der Annahme der internationalen Zustän- 14
digkeit (BGH NZI 2016, 93 Rn. 13 (zur EuInsVO 2000)). Allerdings dürften den Anforderungen
an den Nachweis eines solchen Verhaltens in der Regel kaum entsprochen werden.

Zudem gilt zu beachten, dass eine Berufung auf den ordre public in der Regel schon dann 15
ausgeschlossen ist, wenn der Gläubiger seine **Rechtsschutzmöglichkeiten** in dem Mitgliedstaat
der Verfahrenseröffnung nicht genutzt hat (BGH NZI 2016, 93 Rn. 21 (zur EuInsVO 2000)).
Dies ergibt sich aus dem Grundsatz des gegenseitigen Vertrauens im europäischen Zivilprozessbzw. Insolvenzrecht.

Die strengen Anforderungen an den Vorbehalt des ordre public im Rahmen der fehlerhaften 16
Annahme der internationalen Zuständigkeit durch das Gericht eines Mitgliedstaates können auch
nicht durch die Begründung etwaiger **Schadenersatzansprüche** umgangen werden. Dies gilt
vor allem im Hinblick auf § 826 BGB bei der Nutzung ausländischer Restschuldbefreiungsmöglichkeiten (LG Trier BeckRS 2017, 114009). Denn das materielle Zivilrecht kann nicht dazu
genutzt werden, die Wertungen des europäischen Insolvenzrechts zu umgehen.

2. Materiell-rechtlicher ordre public

Darüber hinaus kann die Anerkennung im Rahmen des anerkennungsrechtlichen *Ordre-public-* 17
Vorbehalts verweigert werden, wenn die **materiellen Wirkungen der Entscheidung** mit inländischen Grundwertungen unvereinbar sind. Dabei kann nicht von der fehlenden Abdingbarkeit auf
derartige Wirkungen geschlossen werden (→ Rn. 17.1 ff.).

Dies kann aber etwa nicht bei der **Restschuldbefreiung** angenommen werden, auch wenn bei dieser 17.1
zwischen den einzelnen Mitgliedstaaten teilweise erhebliche Abweichungen bestehen (strenger OLG Düsseldorf BeckRS 2013, 15627; MMS/Müller Rn. 25).

Ebenso wenig kann das **vollständige Fehlen von Insolvenzanfechtungstatbeständen** keinen Ver- 17.2
stoß gegen den ordre public begründen (BAG NZI 2013, 758 Rn. 65 (zur EuInsVO 2000); zust. MMS/
Müller Rn. 23)).

Einen Verstoß gegen den ordre public soll die **Restschuldbefreiung für Ansprüche wegen eines** 17.3
Vorenthaltens von Arbeitnehmeranteilen zur Sozialversicherung darstellen (wohl BGH NZI 2014,
283 Rn. 25; unklar MMS/Müller Rn. 25), was allerdings zweifelhaft erscheint. Denn es ist kaum nachvollziehbar, dass dies tatsächlich eine Grundwertung der deutschen Rechtsordnung darstellt, auch wenn das
deutsche Insolvenzrecht die Restschuldbefreiung nicht für alle Arten von Ansprüchen kennt.

Abzulehnen ist zudem auch ein Verstoß gegen den ordre public für den Fall, dass der Gläubiger einen 17.4
Rechtsverlust bei einer verspäteten Anmeldung der Forderung erleidet. Zwar kann nach deutschem
Insolvenzrecht eine Forderungsanmeldung auch verspätet erfolgen. Allerdings kennt das deutsche Zivilrecht
Verjährungs- und Ausschlussfristen, sodass dieses Ergebnis aus Sicht des deutschen Rechts nicht völlig

II. Kollisionsrechtlicher Ordre-public-Vorbehalt

18 Der kollisionsrechtliche Ordre-public-Vorbehalt kann zur Anwendung kommen, wenn ein inländisches Gericht zur Anwendung einer ausländischen Rechtsnorm berufen ist, dies aber zu dem Ergebnis einer **offensichtlichen Unvereinbarkeit mit den rechtlichen Grundprinzipien** des Mitgliedstaates des befassten Gerichts führen würde. Art. 33 erfasst dabei auch den kollisionsrechtlichen Ordre-public-Vorbehalt. Dabei ist aber ein hinreichend starker Inlandsbezug erforderlich.

C. Rechtsfolgen

19 Bei einem **Verstoß gegen den anerkennungsrechtlichen Ordre-public-Vorbehalt** kann die betreffende Entscheidung im Vollstreckungsstaat keinerlei Rechtswirkungen herbeiführen (MMS/Müller Rn. 33 ff.). Dabei kann sich die fehlende Wirkung aber auch nur auf einen Teil der Entscheidung beziehen, sofern deren Wirkungen teilbar sind.

20 Der **Verstoß gegen den kollisionsrechtlichen Ordre-public-Vorbehalt** führt hingegen zu einer fehlenden Anwendung der jeweiligen Norm durch das berufene Gericht. Soweit dadurch eine Lücke entsteht, ist diese durch eine Anpassung des ausländischen Rechts zu schließen.

Kapitel III. Sekundärinsolvenzverfahren

Artikel 34 Verfahrenseröffnung

¹Ist durch ein Gericht eines Mitgliedstaats ein Hauptinsolvenzverfahren eröffnet worden, das in einem anderen Mitgliedstaat anerkannt worden ist, kann ein nach Artikel 3 Absatz 2 zuständiges Gericht dieses anderen Mitgliedstaats nach Maßgabe der Vorschriften dieses Kapitels ein Sekundärinsolvenzverfahren eröffnen. ²War es für das Hauptinsolvenzverfahren erforderlich, dass der Schuldner insolvent ist, so wird die Insolvenz des Schuldners in dem Mitgliedstaat, in dem ein Sekundärinsolvenzverfahren eröffnet werden kann, nicht erneut geprüft. ³Die Wirkungen des Sekundärinsolvenzverfahrens sind auf das Vermögen des Schuldners beschränkt, das im Hoheitsgebiet des Mitgliedstaats belegen ist, in dem dieses Verfahren eröffnet wurde.

Überblick

Durch die Art. 34 ff. eröffnet die EuInsVO die Möglichkeit, die bei einem Hauptinsolvenzverfahren bestehende Universalität zu durchbrechen und neben dem Hauptinsolvenzverfahren noch weitere territorial beschränkte Sekundärinsolvenzverfahren zu eröffnen. Art. 34 normiert dabei die wesentlichen Voraussetzungen, nach denen ein Sekundärinsolvenzverfahren eröffnet werden kann.

Übersicht

	Rn.		Rn.
A. Grundlagen	1	V. Keine Prüfung der Zweckmäßigkeit oder der Vorteilhaftigkeit für die Gläubiger	17
B. Konzeption des Sekundärinsolvenzverfahrens	2	D. Eröffnung als Liquidationsverfahren (S. 2)	18
C. Voraussetzungen für die Eröffnung eines Sekundärinsolvenzverfahrens (S. 1)	8	E. Wirkungen der Eröffnung eines Sekundärinsolvenzverfahrens (S. 3)	19
I. Antragstellung	9	I. Aktivmasse des Sekundärinsolvenzverfahrens	20
II. Eröffnung eines Hauptinsolvenzverfahrens in einem anderen Mitgliedstaat	10	II. Passivmasse des Sekundärinsolvenzverfahrens	25
III. Niederlassung im Mitgliedstaat der Eröffnung des Sekundärinsolvenzverfahrens	14	III. Territoriale Beschränkungen des Sekundärinsolvenzverfahrens	27
IV. Keine Prüfung des Vorliegens eines Insolvenzgrundes	15	IV. Insolvenzverwalter im Sekundärinsolvenzverfahren	28

A. Grundlagen

Die Regelungen der Art. 34 ff. finden nur auf Sekundärinsolvenzverfahren Anwendung und gelten daher nicht für **unabhängige Partikularinsolvenzverfahren** (→ Art. 3 Rn. 27) nach Art. 3 Abs. 4. 1

B. Konzeption des Sekundärinsolvenzverfahrens

Die EuInsVO folgt dem **Grundsatz der Universalität** (→ Art. 3 Rn. 1), sodass lediglich ein Insolvenzverfahren eröffnet wird, das dann in allen anderen Mitgliedstaaten anzuerkennen ist. Zur Abfederung dieses Grundsatzes kann aber auch ein oder mehrere Sekundärinsolvenzverfahren eröffnet werden, die sich dann – um einem Konflikt mit dem Hauptinsolvenzverfahren aus dem Weg zu gehen – in ihren Wirkungen auf die jeweiligen Mitgliedstaaten beschränken, in denen sie eröffnet wurden. 2

Die genaue Funktion des Sekundärinsolvenzverfahrens wird in der EuInsVO nicht ausdrücklich geregelt und ergibt sich auch nur teilweise aus deren **Regelungssystematik**. Denn die Voraussetzungen für die Eröffnung eines Sekundärinsolvenzverfahrens sind äußerst gering und lassen im Prinzip kaum erkennen, welchem Zweck ein Sekundärinsolvenzverfahren dienen soll. 3

4   So soll das Sekundärinsolvenzverfahren vor allem der **Unterstützung des Hauptinsolvenzverfahrens** dienen. Diese dienende Funktion wird dabei vor allem im Zusammenhang mit der Anwendung von Art. 8 und Art. 10 hervorgehoben, die dabei allerdings nur dann besteht, wenn man diese nicht kollisionsrechtlich betrachtet. Folgt man hingegen dieser Auslegung von Art. 8 und Art. 10, bleibt von der Unterstützungsfunktion des Sekundärinsolvenzverfahrens nicht viel übrig. Unabhängig davon bestehen aufgrund des mit der Eröffnung eines Sekundärinsolvenzverfahrens entstehenden Koordinierungsaufwands mit dem Hauptinsolvenzverfahren nicht unerhebliche Zweifel, ob eine solche Unterstützungsfunktion tatsächlich wahrgenommen wird.

5   Darüber hinaus wird der Funktion des Sekundärinsolvenzverfahrens teilweise auch in einem **Schutz inländischer Interessen** gesehen. Denn vor allem für Kleingläubiger stellt die Teilnahme an einem in einem anderen Mitgliedstaat eröffneten Insolvenzverfahren oftmals eine große Kostenbelastung dar, die nicht selten zu einer generellen Abstinenz von der Verfahrensbeteiligung führt. Darüber hinaus führt die Anwendung des Insolvenzrechts des Mitgliedstaates der Eröffnung des Sekundärinsolvenzverfahrens zum einen zu einer Reduktion der Kosten für die beteiligten Gläubiger und zum anderen zu einer Anwendung der jeweiligen inländischen Wertentscheidungen des Insolvenzrechts, auf die die Gläubiger in der Regel die Entstehung der Begründung einer Forderung gegenüber dem Schuldner basiert haben. Auch wenn diese Gesichtspunkte durchaus nachvollziehbar sind, ergeben sich daraus auch eine Reihe von Nachteilen, die häufig zu einer Umkehr der Interessenlage führen.

6   Im Ergebnis dürfte die Möglichkeit der Eröffnung eines Sekundärinsolvenzverfahrens damit zu erklären sein, dass ein mit der Verabschiedung der EuInsVO verbundener kompromissloser Übergang bzw. die unbedingte Durchsetzung des Universalitätsprinzips auf Akzeptanzprobleme gestoßen wäre. Das Sekundärinsolvenzverfahren schafft einen **Ausgleich zwischen dem Konzept der Universalität einerseits und einem möglichst gläubigernahen und in gewohnter Weise durchgeführten Insolvenzverfahren andererseits.** Diese Deutung der Aufgabe des Insolvenzverfahrens legt allerdings nahe, dass langfristig mit einer Aufgabe des Konzepts des Sekundärinsolvenzverfahrens zu rechnen wäre, was derzeit nicht absehbar ist.

7   Das **Verhältnis von Sekundär- und Hauptinsolvenzverfahren** wird dabei in einem gewissen Umfang durch eine Dominanz des Hauptinsolvenzverfahrens geprägt. Dies wird vor allem sichtbar an dem zwingenden Abstimmungsrecht der Insolvenzverwalter (Art. 31) und der Möglichkeit der Aussetzung der Verwertung im Sekundärinsolvenzverfahren auf Antrag des Insolvenzverwalters des Hauptinsolvenzverfahrens (Art. 46).

C. Voraussetzungen für die Eröffnung eines Sekundärinsolvenzverfahrens (S. 1)

8   Die Voraussetzungen für die Eröffnung eines Sekundärinsolvenzverfahrens ergeben sich **grundsätzlich aus Art. 34 ff.** selbst. Daneben kommt teilweise die lex fori concursus zur Anwendung.

I. Antragstellung

9   Voraussetzung für die Eröffnung eines Sekundärinsolvenzverfahrens ist zunächst, dass ein solches beantragt wird. Insofern erfolgt auch beim Sekundärinsolvenzverfahren keine Eröffnung von Amts wegen. Die **Antragsberechtigung** besteht nach Art. 37 für den Insolvenzverwalter des Hauptinsolvenzverfahrens und für jede Person, der nach der lex fori concursus des Mitgliedstaates der Eröffnung des Sekundärinsolvenzverfahrens ein Insolvenzantragsrecht zukommt.

II. Eröffnung eines Hauptinsolvenzverfahrens in einem anderen Mitgliedstaat

10   Zentrale Voraussetzung für die Eröffnung eines Sekundärinsolvenzverfahrens ist zudem die vorherige **Eröffnung eines Hauptinsolvenzverfahrens in einem anderen Mitgliedstaat**, das dabei nach Art. 19 anerkennungsfähig sein muss. Dabei ist es ohne Bedeutung, ob es sich dabei um ein Sanierungs- oder ein Liquidationsverfahren handelt (EuGH Slg. I 739 = NZI 2013, 106 – Bank Handlowy w Warszawie SA and PPHU «ADAX»/Ryszard Adamiak v Christianapol sp. z o.o.).

11   Aufgrund der Tatsache, dass es immer nur ein Hauptinsolvenzverfahren geben kann, handelt es sich **bei jedem später eröffneten Insolvenzverfahren automatisch um ein Sekundärinsolvenzverfahren.** Insofern entfaltet das zuerst eröffnete Insolvenzverfahren gegenüber allen nachfolgenden Insolvenzverfahren eine Sperrwirkung. Von einer Eröffnung eines Insolvenzverfahrens ist dabei immer schon dann auszugehen, wenn die Anforderungen von Art. 3 erfüllt werden. Ist dies nicht der Fall, kann in keinem anderen Mitgliedstaat ein Sekundärinsolvenzverfahren eröffnet werden (→ Rn. 11.1).

Dem kann auch nicht entgegengehalten werden, dass es damit faktisch zu einem **Entfallen der Prüfung** **11.1** von Insolvenzgründen kommen würde. Denn wenn das Insolvenzeröffnungsverfahren in dem anderen Mitgliedstaat nicht zu einer finalen Eröffnung des Insolvenzverfahrens führt, müsste das dann nicht mehr mögliche Sekundärinsolvenzverfahren eingestellt werden, wenn kein Insolvenzgrund vorhanden ist.

Die **Sperrwirkung** gilt dabei auch dann, wenn das eröffnende Gericht fälschlicherweise davon **12** ausgeht, ein Hauptinsolvenzverfahren zu eröffnen. Daher kann sich auch im Rahmen eines Insolvenzeröffnungsverfahrens bei einer Eröffnung eines Sekundärinsolvenzverfahrens in einem anderen Mitgliedstaat kein Zwang zur Eröffnung eines Hauptinsolvenzverfahrens ergeben. Vielmehr ist das zuerst eröffnete Insolvenzverfahren immer Haupt- und jedes nachfolgend eröffnete Insolvenzverfahren immer Sekundärinsolvenzverfahren.

Bei einer **Beendigung des Hauptinsolvenzverfahrens** kommt es automatisch zu einer **13** Umwidmung des als erstes eröffneten Sekundär- in ein Hauptinsolvenzverfahren. Vielmehr wird das Sekundärinsolvenzverfahren bei der Beendigung des Hauptinsolvenzverfahrens zu einem unabhängigen Partikularinsolvenzverfahren nach Art. 3 Abs. 4 (→ Art. 3 Rn. 29 ff.). Allerdings wird dann – soweit die lex fori concursus dies erfordert – das Vorliegen eines Insolvenzgrundes zu prüfen sein, da dessen Entbehrlichkeit nach S. 1 mit dem Wegfallen des Hauptinsolvenzverfahrens nicht mehr gegeben ist.

III. Niederlassung im Mitgliedstaat der Eröffnung des Sekundärinsolvenzverfahrens

Weitere Voraussetzung ist, dass der Schuldner in dem Mitgliedstaat, in dem das Sekundärinsol- **14** venzverfahren eröffnet werden soll, eine Niederlassung hat. Dies ergibt sich zwar nicht aus Art. 34. Allerdings besteht die **internationale Zuständigkeit** nach Art. 3 Abs. 2 für ein Sekundärinsolvenzverfahren nur in diesem Fall.

IV. Keine Prüfung des Vorliegens eines Insolvenzgrundes

Zudem erfolgt nach S. 1 im Rahmen der Eröffnung des Sekundärinsolvenzverfahrens keine **15** Prüfung des Vorliegens eines Insolvenzgrundes, der somit aufgrund des Eingriffs in die lex fori concursus eine **Sachnorm** (K. Schmidt InsO/Brinkmann Rn. 11) und nicht eine bloße unwiderlegbare Vermutung (MüKoInsO/Reinhart Rn. 16) darstellt. Dies gilt auch dann, wenn das Vorliegen eines Insolvenzgrundes im Rahmen der Eröffnung des Hauptinsolvenzverfahrens nicht geprüft wurde (EuGH Slg. I 739 Rn. 74 = NZI 2013, 106 – Bank Handlowy w Warszawie SA and PPHU «ADAX»/Ryszard Adamiak v Christianapol sp. z o.o.); zust. K. Schmidt InsO/Brinkmann Rn. 11) (→ Rn. 15.1).

Hintergrund dieses ausdrücklichen Ausschlusses einer möglichen Anforderung der lex fori con- **15.1** cursus ist, dass der Insolvenzgrund bei der Eröffnung des Hauptinsolvenzverfahrens typischerweise geprüft wird. Aber auch für den Fall, dass die lex fori concursus des Hauptinsolvenzverfahrens eine solche Prüfung nicht vorsieht, ergibt sich für das Sekundärinsolvenzverfahren nichts anderes, da aufgrund des Universalitätsprinzips auch ohne die Eröffnung eines Sekundärinsolvenzverfahrens eine Erstreckung des dann Hauptinsolvenzverfahrens auf den jeweils anderen Mitgliedstaat erfolgt.

Im **Fall der Beendigung des Hauptinsolvenzverfahrens** kann allerdings die Notwendigkeit **16** der nachträglichen Prüfung des Vorliegens eines Insolvenzgrundes bestehen.

V. Keine Prüfung der Zweckmäßigkeit oder der Vorteilhaftigkeit für die Gläubiger

Schließlich ist es kein Erfordernis für die Eröffnung des Sekundärinsolvenzverfahrens, dass **17** dessen Durchführung tatsächlich zweckmäßig oder für die Gläubiger vorteilhaft ist. Zwar geht die EuInsVO in ihrer Systematik anscheinend davon aus, dass das Sekundärinsolvenzverfahren nur in diesen Fällen eröffnet wird. Die bisherige Praxis hat allerdings gezeigt, dass dies nicht immer der Fall ist und das Sekundärinsolvenzverfahren häufig als **Druckmittel oder Störfaktor** eingesetzt wird.

D. Eröffnung als Liquidationsverfahren (S. 2)

Bei der Eröffnung des Sekundärinsolvenzverfahrens muss nach S. 2 das **Vorliegen eines Insol-** **18** **venzgrundes** nicht geprüft werden, soweit eine dahingehende Prüfung bereits im Hauptinsolvenzverfahren erfolgt ist.

E. Wirkungen der Eröffnung eines Sekundärinsolvenzverfahrens (S. 3)

19 Die Folgen der Eröffnung eines Sekundärinsolvenzverfahrens unterscheiden sich massiv von denen eines Hauptinsolvenzverfahrens. Denn das Sekundärinsolvenzverfahren bildet sowohl eine **eigenständige Aktivmasse** (→ Rn. 20 ff.) und eine **eigenständige Passivmasse** (→ Rn. 25 f.) und wird umfänglich von seiner **territorialen Beschränkung** geprägt (→ Rn. 27). Darüber hinaus nimmt der **Insolvenzverwalter des Sekundärinsolvenzverfahrens** eine besondere Stellung ein (→ Rn. 28 f.).

I. Aktivmasse des Sekundärinsolvenzverfahrens

20 Durch die Eröffnung des Sekundärinsolvenzverfahrens bilden die im Mitgliedstaat der Eröffnung des Sekundärinsolvenzverfahrens befindlichen Vermögensgegenstände eine eigenständige Aktivmasse. Damit sind diese Vermögensgegenstände sogleich nicht mehr Gegenstand der Aktivmasse des Hauptinsolvenzverfahrens und unterliegen damit auch nicht mehr dem dafür geltenden Insolvenzbeschlag. Die **Belegenheit eines Vermögensgegenstandes** richtet sich dabei nach Art. 2 Nr. 9 (→ Art. 2 Rn. 17 ff.). Maßgeblicher Zeitpunkt für die Bestimmung der Belegenheit ist die Eröffnung des (Sekundär-)Insolvenzverfahrens (Art. 2 Nr. 8, → Art. 2 Rn. 15 f.).

21 Die Bildung einer eigenständigen Aktivmasse kann zur Folge haben, dass sich die **Insolvenzmasse insgesamt vergrößert**. Dies ist darauf zurückzuführen, dass sich der Umfang der Insolvenzmasse nach der lex fori concursus richtet, die sich bei der Eröffnung eines Sekundärinsolvenzverfahrens nach dem Mitgliedstaat richtet, in dem das Sekundärinsolvenzverfahren eröffnet wurde.

22 Darüber hinaus kann es aber auch zu einer **Verkürzung der Insolvenzmasse** kommen, wenn die lex fori concursus des Sekundärinsolvenzverfahrens etwa bestimmte Vermögensgegenstände dem Insolvenzbeschlag nicht unterwirft. Dies hat zur Folge, dass die jeweiligen Vermögensgegenstände mit der Eröffnung des Sekundärinsolvenzverfahrens nicht mehr dem Insolvenzbeschlag unterfallen und daher auch dem Zugriff des Insolvenzverwalters entzogen sind.

23 Die Belegenheit der Vermögensgegenstände im Zeitpunkt der Eröffnung des Sekundärinsolvenzverfahrens kann durch die Insolvenzverwalter später durch eine **Verbringung in einen anderen Mitgliedstaat** verändert werden. Dafür sind in der Regel vertragliche Vereinbarungen notwendig.

24 Soweit der Insolvenzverwalter des Sekundärinsolvenzverfahrens eine **Freigabe** hinsichtlich eines vom Insolvenzbeschlag des Sekundärinsolvenzverfahrens erfassten Vermögensgegenstandes erklärt, führt dies nicht dazu, dass dieser unter den Insolvenzbeschlag des Hauptinsolvenzverfahrens fällt. Allerdings sollte vor dem Hintergrund von Art. 49 von einer Freigabe zurückhaltend Gebrauch gemacht werden.

II. Passivmasse des Sekundärinsolvenzverfahrens

25 Parallel zur Aktivmasse bildet das Sekundärinsolvenzverfahren auch eine eigene Passivmasse aus. Dies ergibt sich aus Art. 45, der insofern eine **eigenständige Forderungsanmeldung** für das Sekundärinsolvenzverfahren vorschreibt.

26 Neben den angemeldeten Forderungen zählen zur Passivmasse auch die **Masseverbindlichkeiten** des Sekundärinsolvenzverfahrens. Darüber hinaus zählen dazu aber auch die Masseverbindlichkeiten, die vor der Eröffnung des Sekundärinsolvenzverfahrens im Hauptinsolvenzverfahren begründet wurden. Die Haftung beschränkt sich beim Sekundärinsolvenzverfahren allerdings auf die zu diesem Zeitpunkt bereits im Mitgliedstaat der Eröffnung des Sekundärinsolvenzverfahrens belegenen Vermögensgegenstände.

III. Territoriale Beschränkungen des Sekundärinsolvenzverfahrens

27 Das Sekundärinsolvenzverfahren wird zudem vom Grundsatz der territorialen Begrenzung geprägt. Dies bedeutet, dass sich die **Wirkungen des Hauptinsolvenzverfahrens** nicht auf den Mitgliedstaat erstrecken, in dem das Sekundärinsolvenzverfahren eröffnet wurde (→ Rn. 27.1).

27.1 Dies hat bei einer **Eröffnung eines Sekundärinsolvenzverfahrens in Deutschland** ua zur Folge, dass eine Vollstreckbarerklärung der Entscheidung zur Eröffnung des Hauptinsolvenzverfahrens eines ausländischen Gerichts in Deutschland nicht mehr vorgenommen werden kann.

IV. Insolvenzverwalter im Sekundärinsolvenzverfahren

28 Auch für das Sekundärinsolvenzverfahren wird ein eigenständiger Insolvenzverwalter bestellt, wofür die lex fori concursus des Mitgliedstaates der Eröffnung des Sekundärinsolvenzverfahrens

maßgeblich ist. Dabei gibt es – jedenfalls im Rahmen der EuInsVO – **kein Verbot einer Personalunion** hinsichtlich der Bestellung zum Insolvenzverwalter im Haupt- und im Sekundärinsolvenzverfahren. Allerdings können sich solche Beschränkungen ohne weiteres aus der lex fori concursus des Haupt- oder des Sekundärinsolvenzverfahrens ergeben.

Bei der **Durchführung des Sekundärinsolvenzverfahrens als Eigenverwaltung** wird der 29 Schuldner und nicht der Insolvenzverwalter des Hauptinsolvenzverfahrens zum Eigenverwalter.

Artikel 35 Anwendbares Recht

Soweit diese Verordnung nichts anderes bestimmt, finden auf das Sekundärinsolvenzverfahren die Rechtsvorschriften des Mitgliedstaats Anwendung, in dessen Hoheitsgebiet das Sekundärinsolvenzverfahren eröffnet worden ist.

Überblick

Durch Art. 35 wird der Grundsatz der lex fori concursus auch für das Sekundärinsolvenzverfahren festgelegt, sodass das nationale Recht des Staates der Sekundärinsolvenz zur Anwendung kommt (→ Rn. 2). Vorrangig sind aber die Regelungen der EuInsVO selbst zu beachten (→ Rn. 3).

A. Grundlagen

Für das Sekundärinsolvenzverfahren ergibt sich das anwendbare Recht aus der **lex fori concur-** 1 **sus** des Staates der Sekundärinsolvenz, sodass gerade nicht das Recht des Staates der Hauptinsolvenz zur Anwendung kommt. Das Hauptinsolvenzstatut hat daher für die Dauer des Sekundärinsolvenzverfahrens seinen Anwendungsanspruch verloren. Dies ist vor dem Hintergrund der generellen Zulassung von Sekundärinsolvenzverfahren auch konsequent, da eine Anwendung des Insolvenzrechts des Hauptinsolvenzverfahrens im Staat des Sekundärinsolvenzverfahrens eine enorme Mehrbelastung begründen würde.

B. Verweis auf das nationale Recht des Staates der Sekundärinsolvenz

Bei Art. 35 handelt es sich um eine **Sachverweisung** und nicht um eine Gesamtverweisung, 2 sodass das internationale Insolvenzrecht des Staates des Sekundärinsolvenzverfahrens nicht berufen ist. Hinsichtlich des Umfangs der Verweisung ist auf die in Art. 7 Abs. 2 geltenden Grundsätze abzustellen.

C. Verweis auf Regelung in der EuInsVO

Die durch Art. 35 vorgenommene Sachverweisung steht allerdings unter dem Vorbehalt einer 3 anderweitigen Regelung in der EuInsVO selbst. Soweit dies der Fall ist und die EuInsVO eigene Verweise vorsieht, kommt Art. 35 nicht zur Anwendung.

D. Anwendbarkeit bei isolierten Partikularinsolvenzverfahren

Obwohl Art. 35 nur auf Sekundärinsolvenzverfahren Bezug nimmt, gilt dieser auch bei Partiku- 4 larinsolvenzverfahren, da Art. 35 nur ein allgemein geltendes Prinzip wiedergibt.

Artikel 36 Recht, zur Vermeidung eines Sekundärinsolvenzverfahrens eine Zusicherung zu geben

(1) ¹Um die Eröffnung eines Sekundärinsolvenzverfahrens zu vermeiden, kann der Verwalter des Hauptinsolvenzverfahrens in Bezug auf das Vermögen, das in dem Mitgliedstaat, in dem ein Sekundärinsolvenzverfahren eröffnet werden könnte, belegen ist, eine einseitige Zusicherung (im Folgenden „Zusicherung") des Inhalts geben, dass er bei der Verteilung dieses Vermögens oder des bei seiner Verwertung erzielten Erlöses die Verteilungs- und Vorzugsrechte nach nationalem Recht wahrt, die Gläubiger hätten, wenn ein Sekundärinsolvenzverfahren in diesem Mitgliedstaat eröffnet worden wäre.

²Die Zusicherung nennt die ihr zugrunde liegenden tatsächlichen Annahmen, insbesondere in Bezug auf den Wert der in dem betreffenden Mitgliedstaat belegenen Gegenstände der Masse und die Möglichkeiten ihrer Verwertung.

(2) ¹Wurde eine Zusicherung im Einklang mit diesem Artikel gegeben, so gilt für die Verteilung des Erlöses aus der Verwertung von Gegenständen der Masse nach Absatz 1, für den Rang der Forderungen und für die Rechte der Gläubiger in Bezug auf Gegenstände der Masse nach Absatz 1 das Recht des Mitgliedstaats, in dem das Sekundärinsolvenzverfahren hätte eröffnet werden können. ²Maßgebender Zeitpunkt für die Feststellung, welche Gegenstände nach Absatz 1 betroffen sind, ist der Zeitpunkt der Abgabe der Zusicherung.

(3) Die Zusicherung erfolgt in der Amtssprache oder einer der Amtssprachen des Mitgliedstaats, in dem ein Sekundärinsolvenzverfahren hätte eröffnet werden können, oder – falls es in dem betreffenden Mitgliedstaat mehrere Amtssprachen gibt – in der Amtssprache oder einer Amtssprache des Ortes, an dem das Sekundärinsolvenzverfahren hätte eröffnet werden können.

(4) ¹Die Zusicherung erfolgt in schriftlicher Form. ²Sie unterliegt den gegebenenfalls im Staat der Eröffnung des Hauptinsolvenzverfahrens geltenden Formerfordernissen und Zustimmungserfordernissen hinsichtlich der Verteilung.

(5) ¹Die Zusicherung muss von den bekannten lokalen Gläubigern gebilligt werden. ²Die Regeln über die qualifizierte Mehrheit und über die Abstimmung, die für die Annahme von Sanierungsplänen gemäß dem Recht des Mitgliedstaats, in dem ein Sekundärinsolvenzverfahren hätte eröffnet werden können, gelten, gelten auch für die Billigung der Zusicherung. ³Die Gläubiger können über Fernkommunikationsmittel an der Abstimmung teilzunehmen, sofern das nationale Recht dies gestattet. ⁴Der Verwalter unterrichtet die bekannten lokalen Gläubiger über die Zusicherung, die Regeln und Verfahren für deren Billigung sowie die Billigung oder deren Ablehnung.

(6) ¹Eine gemäß diesem Artikel gegebene und gebilligte Zusicherung ist für die Insolvenzmasse verbindlich. ²Wird ein Sekundärinsolvenzverfahren gemäß den Artikeln 37 und 38 eröffnet, so gibt der Verwalter des Hauptinsolvenzverfahrens Gegenstände der Masse, die er nach Abgabe der Zusicherung aus dem Hoheitsgebiet dieses Mitgliedstaats entfernt hat, oder – falls diese bereits verwertet wurden – ihren Erlös an den Verwalter des Sekundärinsolvenzverfahrens heraus.

(7) ¹Hat der Verwalter eine Zusicherung gegeben, so benachrichtigt er die lokalen Gläubiger, bevor er Massegegenstände und Erlöse im Sinne des Absatzes 1 verteilt, über die beabsichtigte Verteilung. ²Entspricht diese Benachrichtigung nicht dem Inhalt der Zusicherung oder dem geltendem Recht, so kann jeder lokale Gläubiger diese Verteilung vor einem Gericht des Mitgliedstaats anfechten, in dem das Hauptinsolvenzverfahren eröffnet wurde, um eine Verteilung gemäß dem Inhalt der Zusicherung und dem geltendem Recht zu erreichen. ³In diesen Fällen findet keine Verteilung statt, bis das Gericht über die Anfechtung entschieden hat.

(8) Lokale Gläubiger können die Gerichte des Mitgliedstaats, in dem das Hauptinsolvenzverfahren eröffnet wurde, anrufen, um den Verwalter des Hauptinsolvenzverfahrens zu verpflichten, die Einhaltung des Inhalts der Zusicherung durch alle geeigneten Maßnahmen nach dem Recht des Staats, in dem das Hauptinsolvenzverfahren eröffnet wurde, sicherzustellen.

(9) Lokale Gläubiger können auch die Gerichte des Mitgliedstaats, in dem ein Sekundärinsolvenzverfahren eröffnet worden wäre, anrufen, damit das Gericht einstweilige Maßnahmen oder Sicherungsmaßnahmen trifft, um die Einhaltung des Inhalts der Zusicherung durch den Verwalter sicherzustellen.

(10) Der Verwalter haftet gegenüber den lokalen Gläubigern für jeden Schaden infolge der Nichterfüllung seiner Pflichten und Auflagen im Sinne dieses Artikels.

(11) Für die Zwecke dieses Artikels gilt eine Behörde, die in dem Mitgliedstaat, in dem ein Sekundärinsolvenzverfahren hätte eröffnet werden können, eingerichtet ist und die nach der Richtlinie 2008/94/EG des Europäischen Parlaments und des Rates verpflichtet ist, die Befriedigung nicht erfüllter Ansprüche von Arbeitnehmern aus Arbeitsverträgen oder Arbeitsverhältnissen zu garantieren, als lokaler Gläubiger, sofern dies im nationalen Recht geregelt ist.

Recht, zur Vermeidung einer Zusicherung **Art. 36 EuInsVO**

Überblick

Durch Art. 36 wurde im Rahmen der Reform der EuInsVO eine wesentliche Neuerung dahingehend eingeführt, dass mögliche Behinderungen des Hauptinsolvenzverfahrens durch das Sekundärinsolvenzverfahren vermieden werden sollen. Zentrales Mittel zur Erreichung dieses Ziels ist der Abschluss von Vereinbarungen des Insolvenzverwalters des Hauptinsolvenzverfahrens mit den Gläubigern in einem potentiellen Sekundärinsolvenzverfahren, damit diese die Beantragung des Sekundärinsolvenzverfahrens unterlassen.

Übersicht

	Rn.		Rn.
A. Grundlagen	1	G. Verbindlichkeit der Zusicherung (Abs. 6)	13
B. Zusicherung des Hauptinsolvenzverwalters (Abs. 1)	2	H. Benachrichtigungspflicht (Abs. 7)	15
C. Rangfolge und Verteilung der hypothetischen Sekundärinsolvenzmasse (Abs. 2)	5	I. Rechtsschutz bei den Gerichten des Staates des Hauptinsolvenzverfahrens (Abs. 8)	18
D. Sprache (Abs. 3)	6	J. Rechtsschutz bei den Gerichten des Staates des hypothetischen Sekundärinsolvenzverfahrens (Abs. 9)	19
E. Form (Abs. 4)	7	K. Leistungsstörungsrecht (Abs. 10)	20
F. Zustimmung der bekannten lokalen Gläubiger (Abs. 5)	9	L. Qualifikation der Behörde iSv RL 2008/94/EG als lokaler Gläubiger (Abs. 11)	21

A. Grundlagen

Auch wenn Art. 36 richtigerweise der ausufernden Nutzung von Sekundärinsolvenzverfahren 1 begegnen möchte, ist die Regelung **wenig praktikabel,** da sie deutlich zu komplex geraten ist. Zudem vermeidet Art. 36 eine klare Positionierung hinsichtlich der Unzulässigkeit von Sekundärinsolvenzverfahren. Diese sind trotz der in Art. 36 genannten Möglichkeiten nicht per se unzulässig (arg. Abs. 6 S. 2, Abs. 8, Abs. 10, Art. 37 Abs. 2), sodass ein tatsächlicher Schutz des Hauptinsolvenzverfahrens vor den Gläubigern eines potentiellen Sekundärinsolvenzverfahrens kaum erreicht werden kann. Insofern dürfte die praktische Bedeutung der Zusicherungen des Hauptinsolvenzverwalters sehr gering sein, solange keine Sicherheit besteht, dass ein Sekundärinsolvenzverfahren noch eröffnet werden kann.

B. Zusicherung des Hauptinsolvenzverwalters (Abs. 1)

Zentrales Element des Art. 36 ist die Zusicherung des Hauptinsolvenzverwalters gegenüber den 2 Gläubigern eines möglichen Sekundärinsolvenzverfahrens, dass er bei der Verteilung des Vermögens oder des bei seiner Verwertung erzielten Erlöses die Verteilungs- und Vorzugsrechte nach nationalem Recht wahrt, die Gläubiger hätten, wenn ein Sekundärinsolvenzverfahren in diesem Mitgliedstaat eröffnet worden wäre. Die Frage einer möglichen **Privilegierung der Gläubiger** (nach nationalem Recht) stellt sich dabei nicht, da Abs. 1 ausdrücklich eine solche im Rahmen der dort genannten Voraussetzungen zulässt (MMS/Mankowski Rn. 26).

Durch S. 2 wird der **Mindestinhalt der Zusicherung** geregelt. Diese muss die zugrunde 3 liegenden tatsächlichen Annahmen nennen und dabei insbesondere den Wert der in dem betreffenden Mitgliedstaat belegenen Gegenstände der Masse und die Möglichkeiten ihrer Verwertung angeben. Werden diese Vorgaben verletzt, kann die Zusicherung nicht durchgesetzt werden.

Eine vom Hauptinsolvenzverwalter abgegebene Zusicherung ist verbindlich (Abs. 6), aber **nicht** 4 **als solche vollstreckbar,** worin eine erhebliche Einschränkung zu sehen ist. Daher müssen die Gläubiger den Insolvenzverwalter verklagen, wenn sie die Zusicherung durchsetzen wollen (MMS/Mankowski Rn. 28). Dabei ist anzunehmen, dass jeder Gläubiger nur den auf ihn entfallenden Teil der Zusicherung gerichtlich geltend machen kann. Eine kollektive Möglichkeit der Geltendmachung wird durch Abs. 1 nicht begründet.

C. Rangfolge und Verteilung der hypothetischen Sekundärinsolvenzmasse (Abs. 2)

Durch Abs. 2 wird im Fall einer Zusicherung die Anwendbarkeit des Rechts des Staates des 5 hypothetischen Sekundärinsolvenzverfahrens angeordnet. Es ist also zu fragen, was die Gläubiger bei einer Eröffnung eines Sekundärinsolvenzverfahrens erhalten hätten. Dabei lässt Abs. 2 offen, ob dabei die **hypothetischen Kosten des Sekundärinsolvenzverfahrens** zu berücksichtigen sind oder nicht, was eine nicht unerhebliche Rechtssicherung im Umgang mit der Zusicherung auslöst. Auch wenn nach dem Wortlaut die Kosten des Sekundärinsolvenzverfahrens Berücksichtigung finden müssten, muss dies abgelehnt werden, da diese Kosten zum einen nicht (abgesehen von den Mehrkosten des Hauptinsolvenzverfahrens) anfallen und zum anderen für die Gläubiger auch kein Anreiz besteht, auf die Beantragung des Sekundärinsolvenzverfahrens im Fall der Abgabe einer Zusicherung durch den Hauptinsolvenzverwalter zu verzichten. Maßgeblicher **Zeitpunkt** für die Ermittlung ist nach Abs. 2 S. 2 der Zeitpunkt der Abgabe der Zusicherung.

D. Sprache (Abs. 3)

6   Die Zusicherung muss nach Abs. 3 in der Amtssprache oder einer der Amtssprachen des Mitgliedstaats abgegeben werden, in dem ein Sekundärinsolvenzverfahren hätte eröffnet werden können. Damit soll den **Interessen der Gläubiger** in diesem Mitgliedstaat entsprochen werden. Für eine Verletzung dieser Vorgabe sieht Abs. 3 keine Regelung vor. Dahingehend ist aber davon auszugehen, dass damit lediglich eine Pflichtwidrigkeit des Insolvenzverwalters begründet wird, ohne dass die Wirksamkeit der Zusicherung berührt wird.

E. Form (Abs. 4)

7   Die Zusicherung muss nach Abs. 4 S. 1 schriftlich erfolgen, ohne dass Abs. 4 allerdings den Begriff der **Schriftlichkeit** näher bestimmt. Insofern kann aber auf die vergleichbaren Vorgaben des europäischen Zivilprozessrechts verwiesen werden (MMS/Mankowski Rn. 33).

8   Weiterhin muss die Zusicherung nach Abs. 4 S. 2 den Anforderungen entsprechen, die nach dem Recht des Hauptinsolvenzverfahrens bestehen. Daher können die Mitgliedstaaten insofern **strengere Vorgaben** machen, soweit diese nicht bereits für Erklärungen des Insolvenzverwalters über Verteilungen bestehen.

F. Zustimmung der bekannten lokalen Gläubiger (Abs. 5)

9   Die Zusicherung kann der Hauptinsolvenzverwalter nach Abs. 5 S. 1 nur mit **Billigung der bekannten lokalen Gläubiger** abgeben, womit klargestellt ist, dass es sich bei der Zusicherung nicht um eine autonome Entscheidung des Hauptinsolvenzverwalters handelt. Der Begriff der lokalen Gläubiger wird in Art. 2 Nr. 11 (→ Art. 2 Rn. 31 ff.) definiert. Darüber hinaus müssen die lokalen Gläubiger aber auch bekannt sein. Da es aufgrund der fehlenden Eröffnung eines Sekundärinsolvenzverfahrens an entsprechenden Forderungsanmeldungen der lokalen Gläubiger fehlt, kann es insofern nur auf die Gläubiger ankommen, die dem Hauptinsolvenzverwalter tatsächlich bekannt sind (MMS/Mankowski Rn. 37). Ein Zustimmungserfordernis für andere Gläubiger (etwa derjenigen des Hauptinsolvenzverfahrens) besteht nicht.

10   Für die Zustimmung der lokalen Gläubiger ist nach Abs. 5 S. 2 eine **Mehrheit** ausreichend, die für die Annahme von Sanierungsplänen gemäß dem Recht des Mitgliedstaats, in dem ein Sekundärinsolvenzverfahren hätte eröffnet werden können, gilt. Das gleiche gilt für das Procedere und die Formalien. Diese Regelung ist im Ergebnis enorm inpraktikabel, da der Aufwand für die Ermittlung dieser Anforderungen sehr hoch ist und dies aus der fehlenden Eröffnung des Sekundärinsolvenzverfahren ergebenden Kostenersparnisse wohl nicht unerheblich aufzehren.

11   Für die Abstimmung kann nach Abs. 5 S. 3 auch auf **Fernkommunikationsmittel** zurückgegriffen werden, wenn das nationale Recht des Staates des hypothetischen Sekundärinsolvenzverfahrens dies gestattet. Dieser Vorbehalt ist rechtspolitisch wenig überzeugend, da er keine europaweit einheitliche Lösung ermöglicht. Dies führt erneut zu einer Kostensteigerung, da der Hauptinsolvenzverwalter für jede Rechtsordnung eines möglichen Sekundärinsolvenzverfahrens diesen Aspekt gesondert ermitteln muss.

12   Schließlich muss der Hauptinsolvenzverwalter die bekannten lokalen Gläubiger nach Abs. 5 S. 4 über die Zusicherung, die Regeln und Verfahren für deren Billigung sowie die Billigung oder deren Ablehnung informieren. Dabei handelt es sich um eine **nachträgliche Unterrichtungspflicht** (MMS/Mankowski Rn. 52).

G. Verbindlichkeit der Zusicherung (Abs. 6)

13   Die Zusicherung ist nach Abs. 6 S. 1 lediglich verbindlich, was nicht mit der Vollstreckbarkeit gleichgesetzt werden darf. Daher ist die Zusicherung lediglich als ein **schuldrechtlicher**

Anspruch zu betrachten, der für seine Durchsetzung einer gerichtlichen Feststellung mit anschließender Zwangsvollstreckung bedarf (dazu ausf. MMS/Mankowski Rn. 28; Prager/Keller WM 2015, 805 (808); Pluta/Keller FS Vallender, 2015, 437 (447 f.)).

Kommt es trotz der Zusicherung zur **Eröffnung eines Sekundärinsolvenzverfahrens,** muss 14
der Hauptinsolvenzverwalter nach Abs. 6 S. 2 die Gegenstände der Masse, die er nach Abgabe der Zusicherung aus dem Hoheitsgebiet dieses Mitgliedstaats entfernt hat, oder – falls diese bereits verwertet wurden – ihren Erlös an den Verwalter des Sekundärinsolvenzverfahrens herausgeben.

H. Benachrichtigungspflicht (Abs. 7)

Mit der Abgabe der Zusicherung ist der Hauptinsolvenzverwalter verpflichtet, die bekannten 15
(!) lokalen Gläubiger vor einer Verteilung der Massegegenstände oder der Erlöse zu unterrichten (Abs. 7 S. 1). Damit soll den Gläubigern die Möglichkeit eingeräumt werden, die **Einhaltung der Zusicherung zu kontrollieren.** Diese Unterrichtung muss sich in Fortsetzung der Rechtsgedanken des Abs. 3 an den Voraussetzungen des Rechts des hypothetischen Sekundärinsolvenzverfahrens ausrichten. Unmittelbare Sanktionen für eine Verletzung dieser Benachrichtigungspflicht sieht Abs. 7 nicht vor, sodass sich diese im Grundsatz nach dem auf den Hauptinsolvenzverwalter anwendbaren Insolvenzrecht richten.

Wenn die Benachrichtigung dem Inhalt nach nicht mit der ursprünglichen Zusicherung oder 16
dem geltenden übereinstimmt, so kann jeder lokale Gläubiger diese Verteilung nach Abs. 7 S. 2 vor einem Gericht des Mitgliedstaats **anfechten,** in dem das Hauptinsolvenzverfahren eröffnet wurde, um eine Verteilung gemäß dem Inhalt der Zusicherung und dem geltenden Recht zu erreichen. Abs. 7 S. 2 regelt auch die internationale Zuständigkeit. Die sachliche und örtliche Zuständigkeit ergibt sich aus dem nationalen Insolvenzrecht.

Mit Anhängigkeit der Anfechtungsklage muss die Verteilung nach Abs. 7 S. 3 ausgesetzt werden. 17
Somit hat diese einen europarechtlich angeordneten **Suspensiveffekt** (MMS/Mankowski Rn. 62).

I. Rechtsschutz bei den Gerichten des Staates des Hauptinsolvenzverfahrens (Abs. 8)

Die lokalen Gläubiger können nach Abs. 8 den Hauptinsolvenzverwalter vor den Gerichten des 18
Staates des Hauptinsolvenzverfahrens zur Einhaltung der Zusicherung zwingen und entsprechend Leistungsklage erheben. Somit besteht eine **ausschließliche internationale Zuständigkeit** vor den Gerichten des Staates des Hauptinsolvenzverfahrens. Für einstweilige Maßnahmen besteht allerdings eine Sonderzuständigkeit nach Abs. 9.

J. Rechtsschutz bei den Gerichten des Staates des hypothetischen Sekundärinsolvenzverfahrens (Abs. 9)

Soweit die lokalen Gläubiger des Staates des hypothetischen Sekundärinsolvenzverfahrens einst- 19
weilige Maßnahmen oder Sicherungsmaßnahmen durchsetzen wollen, müssen sie dies nach Abs. 9 vor den Gerichten des Staates des hypothetischen Sekundärinsolvenzverfahrens tun. Damit weicht Abs. 9 von der **ausschließlichen internationalen Zuständigkeit** der Gerichte des Staates des Hauptinsolvenzverfahrens für die Durchsetzung der Zusicherung nach Abs. 8 ab. Die Abgrenzung von Maßnahmen im Rahmen der Hauptsache und einstweiligen Maßnahmen oder Sicherungsmaßnahmen muss autonom iRv Abs. 9 und ohne Rückgriff auf das nationale Recht vorgenommen werden (wohl auch MMS/Mankowski Rn. 66).

K. Leistungsstörungsrecht (Abs. 10)

Bei einer Verletzung der Zusicherung haftet der Hauptinsolvenzverwalter den lokalen Gläubi- 20
gern gegenüber auf Schadenersatz. Anspruchsgrundlage dafür ist Abs. 10 und nicht das nationale Insolvenzrecht des Staates des Hauptinsolvenzverfahrens (MMS/Mankowski Rn. 67; Pluta/Keller FS Vallender, 2015, 437 (450)). Da Abs. 10 kein Verschuldenselement enthält, handelt es sich um eine verschuldensunabhängige Haftung. Die genauen Voraussetzungen der Haftung sind bisher weitestgehend ungeklärt, da diese im Rahmen der autonomen Auslegung von Abs. 10 ermittelt werden müssen.

L. Qualifikation der Behörde iSv RL 2008/94/EG als lokaler Gläubiger (Abs. 11)

21   Schließlich ordnet Abs. 11 an, dass die Behörde iSv RL 2008/94/EG (RL 2008/94/EG des Europäischen Parlaments und des Rates v. 22.10.2008 über den Schutz der Arbeitnehmer bei Zahlungsunfähigkeit des Arbeitgebers, ABl. EG L 283, 36) als lokaler Gläubiger gilt, soweit das nationale Recht nichts anderes anordnet.

Artikel 37 Recht auf Beantragung eines Sekundärinsolvenzverfahrens

(1) Die Eröffnung eines Sekundärinsolvenzverfahrens kann beantragt werden von
a) dem Verwalter des Hauptinsolvenzverfahrens,
b) jeder anderen Person oder Behörde, die nach dem Recht des Mitgliedstaats, in dessen Hoheitsgebiet die Eröffnung des Sekundärinsolvenzverfahrens beantragt wird, dazu befugt ist.

(2) Ist eine Zusicherung im Einklang mit Artikel 36 bindend geworden, so ist der Antrag auf Eröffnung eines Sekundärinsolvenzverfahrens innerhalb von 30 Tagen nach Erhalt der Mitteilung über die Billigung der Zusicherung zu stellen.

Überblick

Durch Art. 37 wird das Recht auf Beantragung eines Sekundärinsolvenzverfahrens geregelt. Dieses kommt nach Abs. 1 lit. a dem Hauptinsolvenzverwalter und nach Abs. 1 lit. b demjenigen zu, der nach dem nationalen Recht des Staates des Sekundärinsolvenzverfahrens antragsbefugt ist. Abs. 2 regelt das Antragsrecht im Fall der Abgabe einer Zusicherung nach Art. 36.

A. Antragsrecht (Abs. 1)

1   Da es sich bei dem Sekundärinsolvenzverfahren um ein spezifisch grenzüberschreitendes Insolvenzverfahren handelt, bedarf es in der EuInsVO der Regelung des Antragsrechts. Art. 37 stellt dabei eine **autonome Regelung** dar, die ohne Rückgriff auf das nationale Insolvenzrecht auszulegen ist. Eine Durchbrechung dieses Grundsatzes ergibt sich nur iRv Abs. 1 lit. b, da dort ein Verweis auf das Recht des Staates des Sekundärinsolvenzverfahrens enthalten ist.

2   Der Antrag auf Eröffnung eines Sekundärinsolvenzverfahrens bedarf wie jede Prozesshandlung der **Auslegung** und kann somit auch umgedeutet werden. Dies gilt insbesondere dann, wenn die Eröffnung eines Sekundärinsolvenzverfahrens trotz der Bezeichnung als solchem im Antrag nicht möglich ist, weil etwa noch kein Hauptinsolvenzverfahren eröffnet wurde. In diesem Fall ist der Antrag auf Eröffnung eines Sekundärinsolvenzverfahrens in einen Antrag auf Eröffnung eines Hauptinsolvenzverfahrens umzudeuten (MMS/Mankowski Rn. 36). Umgekehrt kann ein Antrag auf Eröffnung eines Hauptinsolvenzverfahrens in einen Antrag auf Eröffnung eines Sekundärinsolvenzverfahrens umgedeutet werden, wenn etwa ein Hauptinsolvenzverfahren bereits in einem anderen Mitgliedstaat eröffnet wurde, da das Interesse des Antragstellers typischerweise dahingehend gerichtet ist, die Wirkungen eines Insolvenzverfahrens in dem jeweiligen Mitgliedstaat auszulösen. Eine gegenteilige Annahme ist nur dann berechtigt, wenn sich aus dem Antrag eindeutig ergibt, dass der Antragsteller nur dieses spezifische Verfahren eröffnet haben möchte.

3   Für die Beantragung eines Sekundärinsolvenzverfahrens ist keine **Frist** vorgesehen. Eine solche kann aber nach nationalem Recht begründet werden (MMS/Mankowski Rn. 39). Eine Frist besteht lediglich nach Abs. 2 im Fall der Abgabe einer Zusicherung.

I. Hauptinsolvenzverwalter (lit. a)

4   Das Antragsrecht kommt zunächst dem Hauptinsolvenzverwalter nach lit. a zu. Damit soll dieser die Möglichkeit haben, das schuldnerische Vermögen effektiv zu verwerten. Die Ausübung dieses Antragsrechts kann erforderlich sein, weil sich eine **Verwertung des schuldnerischen Vermögens im Belegenheitsstaat** im Rahmen eines Sekundärinsolvenzverfahrens einfacher durchführen lässt oder weil eine entsprechende Antragstellung durch die Gläubiger sehr wahrscheinlich ist. In letzterem Fall kann der Hauptinsolvenzverwalter mit einer eigenen Antragstellung zur **Verkürzung des Verfahrens** beitragen.

Entscheidung zur Eröffnung eines Sekundärinsolvenzverfahrens   **Art. 38 EuInsVO**

Hauptinsolvenzverwalter iSv lit. a ist nur der Verwalter iSv Art. 2 Nr. 5 iVm Anhang B. Für   5
den Nachweis der Bestellung zum Insolvenzverwalter gilt Art. 22. Eine **Pflicht zur Antragstellung** besteht grundsätzlich nicht, kann sich aber aus dem auf den Hauptinsolvenzverwalter anwendbaren nationalen Insolvenzrecht ergeben (MMS/Mankowski Rn. 9).

Kein Antragsrecht kommt **Insolvenzverwaltern in anderen Sekundärinsolvenzverfahren**   6
zu, da diese in lit. a nicht genannt werden. Allerdings können sie bei Vorliegen einer Gläubigerstellung einen Antrag nach lit. b stellen.

II. Personen oder Behörden mit Antragsrecht nach nationalem Recht (lit. b)

Darüber hinaus ist nach lit. b jede Person antragsbefugt, die nach dem Recht des Staates des   7
beantragten Sekundärinsolvenzverfahrens dazu berechtigt ist. Trotz des eindeutigen Wortlauts von lit. b ist es dafür ausreichend, dass einer Person generell ein Recht auf Insolvenzantragstellung zukommt. Das nationale Recht des Staates des beantragten Sekundärinsolvenzverfahrens muss daher nicht ein ausdrückliches **Antragsrecht für ein Sekundärinsolvenzverfahren** vorsehen (MMS/Mankowski Rn. 19).

Zu den antragsberechtigten Personen kann auch der **Schuldner** selbst zählen, soweit dies nach   8
dem Recht des Staates des beantragten Sekundärinsolvenzverfahrens zulässig ist (weitergehender MMS/Mankowski Rn. 24 ff.). Zwar verliert der Schuldner mit Eröffnung des Hauptinsolvenzverfahrens über sein Vermögen typischerweise die Verwaltungs- und Verfügungsbefugnis über sein Vermögen, sodass er eigentlich keinen Antrag auf Eröffnung eines Sekundärinsolvenzverfahrens mehr stellen kann. Dies ist allerdings abzulehnen, da die Antragstellung eine reine Verfahrenshandlung und keine Masseverwaltung darstellt (MMS/Mankowski Rn. 26; Thole ZIP 2019, 401 (409); ebenso schon zur EuInsVO 2000 AG Köln NZI 2004, 151 (153); aA Keller in Vallender, EuInsVO, 2017, Rn. 9). Daher kommt es auch nicht darauf an, ob eine solche Antragstellung nach dem Insolvenzrecht des Hauptinsolvenzverfahrens zulässig ist oder nicht. Entscheidend ist vielmehr das (in Aussicht genommene) Insolvenzrecht des Sekundärinsolvenzverfahrens (→ Rn. 8.1).

Bei der Eröffnung eines Hauptinsolvenzverfahrens in einem anderen Mitgliedstaat sind in **Deutschland**   8.1
der Schuldner (§ 13 Abs. 1 S. 2 InsO) und die Gläubiger antragsberechtigt (§§ 13 Abs. 1 S. 2, 14 InsO).

Da lit. b ausdrücklich auf das nationale Recht des Staates des beantragten Sekundärinsolvenzverfahrens verweist, ergeben sich keine weiteren Einschränkungen für die Antragstellung. Daher ist   9
es auch nicht erforderlich, dass das Sekundärinsolvenzverfahren für das Hauptinsolvenzverfahren **sachdienlich** ist.

B. Antragstellung nach Zusicherung (Abs. 2)

Soweit der Hauptinsolvenzverwalter eine Zusicherung nach Art. 36 abgegeben hat und diese   10
bindend ist, kann ein Antrag auf Eröffnung eines Sekundärinsolvenzverfahrens nur noch innerhalb von 30 Tagen gestellt werden. Wird der **Antrag nach Fristablauf** gestellt, ist dieser unzulässig (MMS/Mankowski Rn. 40).

Die **Berechnung der Frist** richtet sich nach der VO 1182/71 (ABl. EWG 1971 L 124/1),   11
die für alle Fristberechnung im Europarecht gilt. Der Fristbeginn ergibt sich hingegen aus der EuInsVO selbst. Dabei ist auf den Zeitpunkt der Zustimmung der lokalen Gläubiger nach Art. 36 Abs. 5 abzustellen (krit. MMS/Mankowski Rn. 42).

C. Anwendung im Partikularinsolvenzverfahren

Die Regelung des Art. 37 findet auch im isolierten Partikularinsolvenzverfahren nur im Hin-   12
blick auf Abs. 1 lit. b Anwendung, da bei diesem Verfahren **kein Hauptinsolvenzverwalter** iSv Abs. 1 lit. a existiert.

Artikel 38 Entscheidung zur Eröffnung eines Sekundärinsolvenzverfahrens

(1) Das mit einem Antrag auf Eröffnung eines Sekundärinsolvenzverfahrens befasste Gericht unterrichtet den Verwalter oder den Schuldner in Eigenverwaltung des Hauptinsolvenzverfahrens umgehend davon und gibt ihm Gelegenheit, sich zu dem Antrag zu äußern.

(2) Hat der Verwalter des Hauptinsolvenzverfahrens eine Zusicherung gemäß Artikel 36 gegeben, so eröffnet das in Absatz 1 dieses Artikels genannte Gericht auf Antrag

des Verwalters kein Sekundärinsolvenzverfahren, wenn es der Überzeugung ist, dass die Zusicherung die allgemeinen Interessen der lokalen Gläubiger angemessen schützt.

(3) Wurde eine vorübergehende Aussetzung eines Einzelvollstreckungsverfahrens gewährt, um Verhandlungen zwischen dem Schuldner und seinen Gläubigern zu ermöglichen, so kann das Gericht auf Antrag des Verwalters oder des Schuldners in Eigenverwaltung die Eröffnung eines Sekundärinsolvenzverfahrens für einen Zeitraum von höchstens drei Monaten aussetzen, wenn geeignete Maßnahmen zum Schutz des Interesses der lokalen Gläubiger bestehen.
¹Das in Absatz 1 genannte Gericht kann Sicherungsmaßnahmen zum Schutz des Interesses der lokalen Gläubiger anordnen, indem es dem Verwalter oder Schuldner in Eigenverwaltung untersagt, Gegenstände der Masse, die in dem Mitgliedstaat belegen sind, in dem sich seine Niederlassung befindet, zu entfernen oder zu veräußern, es sei denn, dies erfolgt im Rahmen des gewöhnlichen Geschäftsbetriebs. ²Das Gericht kann ferner andere Maßnahmen zum Schutz des Interesses der lokalen Gläubiger während einer Aussetzung anordnen, es sei denn, dies ist mit den nationalen Vorschriften über Zivilverfahren unvereinbar.

Die Aussetzung der Eröffnung eines Sekundärinsolvenzverfahrens wird vom Gericht von Amts wegen oder auf Antrag eines Gläubigers widerrufen, wenn während der Aussetzung im Zuge der Verhandlungen gemäß Unterabsatz 1 eine Vereinbarung geschlossen wurde.

Die Aussetzung kann vom Gericht von Amts wegen oder auf Antrag eines Gläubigers widerrufen werden, wenn die Fortdauer der Aussetzung für die Rechte des Gläubigers nachteilig ist, insbesondere wenn die Verhandlungen zum Erliegen gekommen sind oder wenn offensichtlich geworden ist, dass sie wahrscheinlich nicht abgeschlossen werden, oder wenn der Verwalter oder der Schuldner in Eigenverwaltung gegen das Verbot der Veräußerung von Gegenständen der Masse oder ihres Entfernens aus dem Hoheitsgebiet des Mitgliedstaats, in dem sich seine Niederlassung befindet, verstoßen hat.

(4) ¹Auf Antrag des Verwalters des Hauptinsolvenzverfahrens kann das Gericht nach Absatz 1 abweichend von der ursprünglich beantragten Art des Insolvenzverfahrens ein anderes in Anhang A aufgeführtes Insolvenzverfahren eröffnen, sofern die Voraussetzungen für die Eröffnung dieses anderen Verfahrens nach nationalem Recht erfüllt sind und dieses Verfahren im Hinblick auf die Interessen der lokalen Gläubiger und die Kohärenz zwischen Haupt- und Sekundärinsolvenzverfahren am geeignetsten ist. ²Artikel 34 Satz 2 findet Anwendung.

Überblick

Durch Art. 38 wird die Eröffnung des Sekundärinsolvenzverfahrens durch das befasste Gericht geregelt. Nach Abs. 1 muss dieses den Hauptinsolvenzverwalter oder den Schuldner in Eigenverwaltung von der Antragstellung unterrichten. Soweit der Hauptinsolvenzverwalter eine Zusicherung nach Art. 36 abgegeben hat, kann das befasste Gericht von einer Eröffnung des Sekundärinsolvenzverfahrens nach Abs. 2 absehen. Nach Abs. 3 kann das befasste Gericht zudem den Antrag auf Eröffnung des Sekundärinsolvenzverfahrens für bis zu drei Monate aussetzen. Schließlich kann das befasste Gericht auch eine andere Art von Sekundärinsolvenzverfahren nach Abs. 4 eröffnen. Aufgrund dieser nach Art. 38 eingeräumten Möglichkeiten ist die Eröffnung eines Sekundärinsolvenzverfahrens somit kein Automatismus, sondern kann durch das befasste Gericht auch unter bestimmten Voraussetzungen verhindert werden. Für den Hauptinsolvenzverwalter besteht nach Art. 39 die Möglichkeit der gerichtlichen Überprüfung.

A. Unterrichtung des Hauptinsolvenzverwalters oder Schuldner in Eigenverwaltung (Abs. 1)

1   Nach Abs. 1 muss das mit dem Antrag auf Eröffnung eines Sekundärinsolvenzverfahrens befasste Gericht zunächst den Hauptinsolvenzverwalter oder Schuldner in Eigenverwaltung über die Antragstellung informieren und diesen Gelegenheit geben, sich zu dem Antrag zu äußern. Damit soll sichergestellt werden, dass diese Personen etwaige **Einwände gegen die Eröffnung des Sekundärinsolvenzverfahrens** rechtzeitig vorbringen können. Daher muss diesen eine angemessene Frist eingeräumt werden. Für den Fall einer Verletzung dieser Pflicht sieht Abs. 1 keine Sanktion vor.

B. Vorrang der Zusicherung (Abs. 2)

Für den Fall der Abgabe einer Zusicherung durch den Hauptinsolvenzverwalter nach Art. 36 **2** darf das befasste Gericht von der Eröffnung des Sekundärinsolvenzverfahrens absehen, wenn es der Ansicht ist, dass bereits die Zusicherung die **Interessen der lokalen Gläubiger** angemessen schützt. Dabei muss das befasste Gericht zunächst umfassend prüfen, ob die Vorgaben für die Abgabe der Zusicherung nach Art. 36 alle beachtet wurden. Ist die Abgabe der Zusicherung fehlerhaft erfolgt, muss – bei Vorliegen der übrigen Voraussetzungen – das Sekundärinsolvenzverfahren eröffnet werden.

Wann ein Fall des **Schutzes der allgemeinen Interessen der lokalen Gläubiger** vorliegt, **3** wird durch Abs. 2 nicht definiert. Abgesehen von einer Verletzung der Vorgaben von Art. 36 dürfte dies nur dann der Fall sein, wenn die lokalen Gläubiger durch die Zusicherung deutlich schlechter als im Fall der Eröffnung eines Sekundärinsolvenzverfahrens gestellt werden. Insofern kann auf die im Insolvenzplanrecht existierenden Vergleichsrechnungen abgestellt werden.

C. Aussetzen des Eröffnungsantrags (Abs. 3)

Statt einer Zurückweisung des Antrags auf Eröffnung eines Sekundärinsolvenzverfahrens kann **4** das befasste Gericht den Antrag auch aussetzen und somit zu einem milderen Mittel greifen.

I. Aussetzung von Einzelzwangsvollstreckungsmaßnahmen (UAbs. 1)

Eine Aussetzung des Antrags ist zunächst möglich, wenn eine vorübergehende Aussetzung eines **5** Einzelvollstreckungsverfahrens gewährt wurde, um Verhandlungen zwischen dem Schuldner und seinen Gläubigern zu ermöglichen (UAbs. 1). Damit soll einer Verhandlungslösung zwischen Schuldner und Gläubigern der Vorrang eingeräumt werden. Dafür ist jedoch erforderlich, dass der Hauptinsolvenzverwalter oder der Schuldner einen entsprechenden Antrag stellt. Gibt das befasste Gericht dem Antrag statt, kann es den Eröffnungsantrag für einen Zeitraum von bis zu drei Monaten aussetzen. Dies setzt allerdings voraus, dass **geeignete Maßnahmen zum Schutz der lokalen Gläubiger** bestehen. Welche Maßnahmen dies sein könnten, wird durch UAbs. 1 leider nicht konkretisiert, sodass dahingehend eine erhebliche Rechtsunsicherheit bleibt. Einen gewissen Fingerzeig liefert UAbs. 2, der insofern nicht abschließend ist (MMS/Mankowski Rn. 24).

II. Anordnung von Sicherungsmaßnahmen (UAbs. 2)

Nach UAbs. 2 kann das befasste Gericht Sicherungsmaßnahmen zum Schutz des Interesses der **6** lokalen Gläubiger anordnen. Dazu zählt, es dem Verwalter oder dem Schuldner in Eigenverwaltung zu untersagen, Gegenstände der Masse, die in dem Mitgliedstaat belegen sind, in dem sich seine Niederlassung befindet, **zu entfernen oder zu veräußern**. Soweit dies allerdings im Rahmen des gewöhnlichen Geschäftsbetriebs erfolgt, kann eine derartige Untersagung nicht erfolgen. Dies ist immer dann der Fall, wenn es sich im Umfang um ein Geschäft handelt, das typischerweise durch den Geschäftsleiter ohne Zustimmung eines Auf- oder Beirats oder der Gesellschafterversammlung vorgenommen werden kann. Weiterhin darf die Veräußerung nur zu marktgerechten Konditionen erfolgen.

Darüber hinaus kann das befasste Gericht **andere Maßnahmen** zum Schutz des Interesses der **7** lokalen Gläubiger während einer Aussetzung anordnen, soweit diese nicht mit den nationalen Vorschriften über Zivilverfahren unvereinbar sind. Die Unvereinbarkeit kann sich dabei sowohl aus dem Erkenntnis- als auch aus dem Vollstreckungsverfahren ergeben.

III. Widerruf der Aussetzung bei Abschluss einer Vereinbarung iSv UAbs. 1 (UAbs. 3)

Wenn das befasste Gericht die Eröffnung des Sekundärinsolvenzverfahrens ausgesetzt hat, kann **8** diese nach UAbs. 3 von Amts wegen oder auf Antrag eines Gläubigers widerrufen werden, wenn eine Vereinbarung iSv UAbs. 1 geschlossen wurde. Damit wird auch für den Fall der bereits erfolgten Aussetzung der **Vorrang einer Verhandlungslösung** verankert. Die Wirksamkeit der Vereinbarung zwischen dem Schuldner und den Gläubigern richtet sich nach dem Vertrags- bzw. Sachenrechts- und nicht nach dem Insolvenzstatut, da es insofern um eine außerinsolvenzrechtliche Einigung geht.

IV. Widerruf bei Nachteiligkeit der Aussetzung (UAbs. 4)

9   Schließlich kann die Aussetzung der Eröffnung des Sekundärinsolvenzverfahrens nach UAbs. 4 widerrufen werden, wenn die Fortdauer der Aussetzung für die Rechte des Gläubigers nachteilig ist. Dies kann von Amts wegen oder auf Antrag eines Gläubigers erfolgen. Die Nachteiligkeit kann sich aus dem Abbruch der Verhandlungen oder dem Verbot der Veräußerung von Gegenständen der Masse oder ihres Entfernens aus dem Hoheitsgebiet des Mitgliedstaats, in dem sich seine Niederlassung befindet, ergeben. Diese in UAbs. 4 enthaltene Aufzählung ist nicht abschließender Natur (MMS/Mankowski Rn. 35).

D. Eröffnung anderer Arten von Sekundärinsolvenzverfahren (Abs. 4)

10   Nach Abs. 4 kann das befasste Gericht den Antrag auf Eröffnung eines Sekundärinsolvenzverfahrens dahingehend abändern, dass ein anderes als das ursprünglich beantragte Insolvenzverfahren eröffnet wird, soweit dieses in Anhang A aufgeführt ist. Zentrale Voraussetzung dafür ist, dass dieses andere Verfahren den **Interessen der lokalen Gläubiger** dient und für die **Kohärenz zwischen Haupt- und Sekundärinsolvenzverfahren** am geeignetsten ist. Beide Aspekte werden durch Abs. 4 S. 1 nicht näher definiert, sodass das befasste Gericht dahingehend ein sehr weites Ermessen hat.

11   Aufgrund des Verweises auf Art. 34 S. 2 in Abs. 4 S. 2 bedarf es dann keiner eigenen **Prüfung des Vorliegens eines Insolvenzgrundes**.

Artikel 39 Gerichtliche Nachprüfung der Entscheidung zur Eröffnung des Sekundärinsolvenzverfahrens

Der Verwalter des Hauptinsolvenzverfahrens kann die Entscheidung zur Eröffnung eines Sekundärinsolvenzverfahrens bei dem Gericht des Mitgliedstaats, in dem das Sekundärinsolvenzverfahren eröffnet wurde, mit der Begründung anfechten, dass das Gericht den Voraussetzungen und Anforderungen des Artikels 38 nicht entsprochen hat.

1   Die Regelung in Art. 39 ist in Zusammenhang mit den Kompetenzen des im Rahmen der Beantragung eines Sekundärinsolvenzverfahrens befassten Gerichts zu sehen, da Art. 39 dem Hauptinsolvenzverwalter die Möglichkeit einräumt, die Eröffnung des Sekundärinsolvenzverfahrens mit der Begründung anzufechten, dass den Voraussetzungen und Anforderungen des Art. 38 nicht entsprochen wurde.

2   Die Anfechtung der Entscheidung zur Eröffnung des Sekundärinsolvenzverfahrens muss der Hauptinsolvenzverwalter bei dem Gericht geltend machen, das das Sekundärinsolvenzverfahren eröffnet hat. Damit hat die Anfechtung **keinen Devolutiveffekt**. Ein Instanzenzug wird durch Art. 39 nicht ausgeschlossen.

3   **Anfechtungsberechtigter** ist aufgrund des eindeutigen Wortlauts von Art. 39 allein der Hauptinsolvenzverwalter. Daher können weder der Schuldner noch die Gläubiger eine Anfechtung geltend machen. Der Schuldner in Eigenverwaltung wird in Art. 39 zwar nicht ausdrücklich genannt, sollte aber ebenfalls eine Antragsberechtigung haben (MMS/Mankowski Rn. 5).

4   Die Anfechtung kann sich nur gegen die **erfolgreiche Eröffnung eines Sekundärinsolvenzverfahrens** richten. Soweit dessen Eröffnung abgelehnt wird, kommt eine Anfechtung ausweislich des Wortlauts von Art. 39 nicht in Betracht.

5   **Anfechtungsgrund** kann nur eine Verletzung der Voraussetzung von Art. 38 sein. Dies ist von Amts wegen zu prüfen, sodass dem Hauptinsolvenzverwalter dahingehend keine Begründungslast trifft (MMS/Mankowski Rn. 10).

Artikel 40 Kostenvorschuss

Verlangt das Recht des Mitgliedstaats, in dem ein Sekundärinsolvenzverfahren beantragt wird, dass die Kosten des Verfahrens einschließlich der Auslagen ganz oder teilweise durch die Masse gedeckt sind, so kann das Gericht, bei dem ein solcher Antrag gestellt wird, vom Antragsteller einen Kostenvorschuss oder eine angemessene Sicherheitsleistung verlangen.

Zusammenarbeit und Kommunikation der Verwalter   **Art. 41 EuInsVO**

Durch Art. 40 wird die Finanzierung des Sekundärinsolvenzverfahrens im Hinblick auf einen 1
Kostenvorschuss geregelt. Ein solcher kann von dem befassten Gericht von dem Antragsteller
verlangt werden, wenn das Recht des Staates des Sekundärinsolvenzverfahrens eine Kostendeckung
für die Antragstellung voraussetzt.

Das mit der Eröffnung des Sekundärinsolvenzverfahrens befasste Gericht kann nach Art. 40 2
von dem Antragsteller verlangen, einen Kostenvorschuss oder eine angemessene Sicherheitsleistung
zu leisten, wenn das nationale Recht für die Verfahrenseröffnung voraussetzt, dass die **Kosten des
Verfahrens einschließlich der Auslagen** ganz oder teilweise durch die Masse gedeckt sind.
Dabei handelt es sich um einen Verweis auf das nationale Recht des Staates der Eröffnung des
Sekundärinsolvenzverfahrens und nicht um eine eigene Anspruchsgrundlage. Ob das Gericht
von der nach dem nationalen Recht des Staates der Eröffnung des Sekundärinsolvenzverfahrens
bestehenden Möglichkeit Gebrauch macht und einen Kostenvorschuss oder eine angemessene
Sicherheitsleistung verlangt, steht in dessen Ermessen (MMS/Mankowski Rn. 6).

Da die Beantragung der Eröffnung eines Sekundärinsolvenzverfahrens in der EuInsVO selbst 3
geregelt ist, darf das nationale Recht im Hinblick auf die Vorschussfestsetzung gegenüber Anträgen
auf Eröffnung eines Sekundärinsolvenzverfahrens **nicht diskriminierend** sein und muss daher
dem entsprechen, was für vergleichbare nationale Verfahren erforderlich ist (MMS/Mankowski
Rn. 9).

Durch Art. 40 wird schließlich nicht geregelt, ob der Hauptinsolvenzverwalter einen **Vorschuss** 4
leisten darf, um eine Eröffnung des Sekundärinsolvenzverfahrens zu erreichen. Dies richtet sich
vielmehr nach dem auf den Hauptinsolvenzverwalter anwendbaren Insolvenzrecht.

Artikel 41 Zusammenarbeit und Kommunikation der Verwalter

(1) ¹Der Verwalter des Hauptinsolvenzverfahrens und der oder die in Sekundärinsolvenzverfahren über das Vermögen desselben Schuldners bestellten Verwalter arbeiten soweit zusammen, wie eine solche Zusammenarbeit mit den für das jeweilige Verfahren geltenden Vorschriften vereinbar ist. ²Die Zusammenarbeit kann in beliebiger Form, einschließlich durch den Abschluss von Vereinbarungen oder Verständigungen, erfolgen.

(2) Bei der Durchführung der Zusammenarbeit nach Absatz 1 obliegt es den Verwaltern,
a) einander so bald wie möglich alle Informationen mitzuteilen, die für das jeweilige andere Verfahren von Bedeutung sein können, insbesondere den Stand der Anmeldung und Prüfung der Forderungen sowie alle Maßnahmen zur Rettung oder Sanierung des Schuldners oder zur Beendigung des Insolvenzverfahrens, vorausgesetzt, es bestehen geeignete Vorkehrungen zum Schutz vertraulicher Informationen;
b) die Möglichkeit einer Sanierung des Schuldners zu prüfen und, falls eine solche Möglichkeit besteht, die Ausarbeitung und Umsetzung eines Sanierungsplans zu koordinieren;
c) die Verwertung oder Verwendung der Insolvenzmasse und die Verwaltung der Geschäfte des Schuldners zu koordinieren; der Verwalter eines Sekundärinsolvenzverfahrens gibt dem Verwalter des Hauptinsolvenzverfahrens frühzeitig Gelegenheit, Vorschläge für die Verwertung oder Verwendung der Masse des Sekundärinsolvenzverfahrens zu unterbreiten.

(3) Die Absätze 1 und 2 gelten sinngemäß für Fälle, in denen der Schuldner im Haupt- oder Sekundärinsolvenzverfahren oder in einem der Partikularverfahren über das Vermögen desselben Schuldners, das zur gleichen Zeit eröffnet ist, die Verfügungsgewalt über sein Vermögen behält.

Überblick

Mit der Zulässigkeit von Sekundärinsolvenzverfahren stellt sich das zentrale Problem der Koordination zwischen den Insolvenzverwaltern des Haupt- und Sekundärinsolvenzverfahrens. Diesem Aspekt will Art. 41 Rechnung tragen, indem dieser in Abs. 1 allgemeine Kooperations- und Informationspflichten vorsieht, die in Abs. 2 konkretisiert werden. Für den Fall der Eigenverwaltung sieht Abs. 3 eine entsprechende Anwendung vor.

A. Zusammenarbeit der Insolvenzverwalter des Haupt- und Sekundärinsolvenzverfahrens (Abs. 1)

1 Durch Abs. 1 S. 1 wird zunächst eine **allgemeine Kooperations- und Informationspflicht** der Insolvenzverwalter des Haupt- und Sekundärinsolvenzverfahrens angeordnet, die unter dem Vorbehalt der Vereinbarkeit mit dem nationalen Insolvenzrecht sowohl des Haupt- als auch des Sekundärinsolvenzverfahrens steht. Darüber hinaus können sich weitere Einschränkungen wie etwa das Datenschutzrecht ergeben.

2 Bei der Kooperations- und Informationspflicht handelt es sich um eine **beiderseitige Pflicht**, sodass gerade kein Über- oder Unterordnungsverhältnis zwischen den verschiedenen Insolvenzverwaltern besteht (MMS/Mankowski Rn. 3). Lediglich Art. 2 lit. c Hs. 2 gestattet eine direkte Einflussnahmemöglichkeit des Hauptinsolvenzverwalters auf das Sekundärinsolvenzverfahren. Darüber hinaus erstreckt sich die Kooperations- und Informationspflicht auch auf Insolvenzverwalter mehrerer Sekundärinsolvenzverfahren, wobei diese Verfahren typischerweise weniger Berührungspunkte haben.

3 Für die konkrete Ausgestaltung der Kooperations- und Informationspflicht können die Insolvenzverwalter nach Abs. 1 S. 2 **Vereinbarungen oder Verständigungen** abschließen (dazu ausf. MMS/Mankowski Rn. 50 ff.). Auch wenn Abs. 1 S. 2 keinen ausdrücklichen Vorbehalt enthält, können derartige Vereinbarungen oder Verständigungen nur dann abgeschlossen werden, wenn die nationalen Insolvenzrechte des Haupt- und Sekundärinsolvenzverfahrens dies vorsehen.

4 Für die **Verletzung dieser Kooperations- und Informationspflichten** sieht weder Art. 41 noch die EuInsVO insgesamt ein eigenständiges Sanktionenregime vor. Daher ist es zuvörderst Aufgabe der beaufsichtigenden Insolvenzgerichte, die Einhaltung der Kooperations- und Informationspflichten durchzusetzen (MMS/Mankowski Rn. 89 ff.). Daneben kommt eine **Haftung des Insolvenzverwalters** in Betracht, die sich nach dem auf sein Insolvenzverfahren anwendbaren Insolvenzrecht richtet. Darüber hinaus ist eine allgemeine vertragliche und deliktische Haftung möglich.

B. Spezifische Kooperations- und Informationspflichten (Abs. 2)

5 Die in Abs. 1 abstrakt angesprochenen Kooperations- und Informationspflichten werden in Abs. 2 weiter konkretisiert, wobei diese **keinen abschließenden Charakter** haben (MMS/Mankowski Rn. 12).

I. Informationspflichten (lit. a)

6 Die Insolvenzverwalter treffen zunächst umfangreiche Informationspflichten. So müssen sie einander so bald wie möglich alle Informationen mitteilen, die für das jeweilige andere Verfahren von Bedeutung sein können. Dazu zählen der Stand der **Anmeldung und Prüfung der Forderungen** sowie alle **Maßnahmen zur Rettung oder Sanierung des Schuldners** oder zur **Beendigung des Insolvenzverfahrens**.

7 Dieser Informationsaustausch steht allerdings unter dem Vorbehalt, dass geeignete **Vorkehrungen zum Schutz vertraulicher Informationen** bestehen.

8 Hinsichtlich der Kosten für die Informationserteilung trifft Abs. 2 lit. a keinerlei Regelung. Da durch diesen aber eine Informationspflicht des jeweiligen Insolvenzverwalters begründet wird, ist von einer **Kostentragungspflicht des ersuchten Insolvenzverwalters** auszugehen (MMS/Mankowski Rn. 20).

9 Die **Durchführung des Informationsaustausches** wird in Abs. 2 lit. a ebenfalls nicht adressiert. Allerdings verweist Erwägungsgrund Nr. 48 S. 5 ua auf die Leitlinien der Kommission der Vereinten Nationen für internationales Handelsrecht (UNCITRAL), wobei der Verweis nicht ganz eindeutig ist (zu den möglichen Verweiszielen MMS/Mankowski Rn. 27). Hinsichtlich der Sprache ist auf Englisch zurückzugreifen, da anderenfalls eine Kommunikation mit Ausnahme der Verwendung der gleichen Amtssprache in beiden Staaten in der Regel ausgeschlossen sein dürfte.

II. Sanierungsprüfung und Sanierungsplan (lit. b)

10 Weiterhin obliegt es den Verwaltern, nach lit. b die Möglichkeit einer Sanierung des Schuldners zu prüfen und, falls eine solche Möglichkeit besteht, die Ausarbeitung und Umsetzung eines Sanierungsplans zu koordinieren. Für die **Koordination eines Sanierungsplans** ist zudem Art. 47 zu beachten.

III. Verwertung, Verwendung und Verwaltung der Insolvenzmasse (lit. c)

Schließlich obliegt es den Verwaltern nach lit. c, die Verwertung oder Verwendung der Insolvenzmasse und die Verwaltung der **Geschäfte des Schuldners** zu koordinieren. Dazu soll der Verwalter eines Sekundärinsolvenzverfahrens dem Verwalter des Hauptinsolvenzverfahrens frühzeitig Gelegenheit geben, Vorschläge für die Verwertung oder Verwendung der Masse des Sekundärinsolvenzverfahrens zu unterbreiten. Eine besondere **Form** ist dafür nicht vorgesehen. Somit ist davon auszugehen, dass die Verwalter dahingehend nicht an eine bestimmte Form gebunden sind. Da lit. c ausdrücklich nur die Pflicht zur Unterbreitung eines Vorschlags aufstellt, kann daraus **keine Befolgungspflicht** für den Sekundärinsolvenzverwalter abgeleitet werden (MMS/Mankowski Rn. 77 ff.). 11

C. Geltung im Fall der Eigenverwaltung (Abs. 3)

Die Kooperations- und Informationspflichten gelten nach Abs. 3 auch für den Schuldner in Eigenverwaltung, ohne dass sich dahingehend Besonderheiten ergeben. 12

Artikel 42 Zusammenarbeit und Kommunikation der Gerichte

(1) ¹Um die Koordinierung von Hauptinsolvenzverfahren, Partikularverfahren und Sekundärinsolvenzverfahren über das Vermögen desselben Schuldners zu erleichtern, arbeitet ein Gericht, das mit einem Antrag auf Eröffnung eines Insolvenzverfahrens befasst ist oder das ein solches Verfahren eröffnet hat, mit jedem anderen Gericht, das mit einem Antrag auf Eröffnung eines Insolvenzverfahrens befasst ist oder das ein solches Verfahren eröffnet hat, zusammen, soweit diese Zusammenarbeit mit den für jedes dieser Verfahren geltenden Vorschriften vereinbar ist. ²Die Gerichte können hierzu bei Bedarf eine unabhängige Person oder Stelle bestellen bzw. bestimmen, die auf ihre Weisungen hin tätig wird, sofern dies mit den für sie geltenden Vorschriften vereinbar ist.

(2) Bei der Durchführung der Zusammenarbeit nach Absatz 1 können die Gerichte oder eine von ihnen bestellte bzw. bestimmte und in ihrem Auftrag tätige Person oder Stelle im Sinne des Absatzes 1 direkt miteinander kommunizieren oder einander direkt um Informationen und Unterstützung ersuchen, vorausgesetzt, bei dieser Kommunikation werden die Verfahrensrechte der Verfahrensbeteiligten sowie die Vertraulichkeit der Informationen gewahrt.

(3) ¹Die Zusammenarbeit im Sinne des Absatzes 1 kann auf jedem von dem Gericht als geeignet erachteten Weg erfolgen. ²Sie kann sich insbesondere beziehen auf
a) die Koordinierung bei der Bestellung von Verwaltern,
b) die Mitteilung von Informationen auf jedem von dem betreffenden Gericht als geeignet erachteten Weg,
c) die Koordinierung der Verwaltung und Überwachung des Vermögens und der Geschäfte des Schuldners,
d) die Koordinierung der Verhandlungen,
e) soweit erforderlich die Koordinierung der Zustimmung zu einer Verständigung der Verwalter.

Überblick

Art. 42 regelt die Kooperation der Gerichte, die ein Haupt- oder ein Sekundärinsolvenzverfahren eröffnet haben. Dazu wird in Abs. 1 eine allgemeine Kooperationspflicht normiert. Zudem wird in Abs. 2 die Möglichkeit einer direkten Kommunikation der Gerichte untereinander eingeräumt. Abs. 3 enthält schließlich eine Aufzählung verschiedener Arten der Kooperation der Gerichte. Insgesamt ist Art. 42 in einem engen Zusammenhang mit Art. 41 (Zusammenarbeit und Kommunikation der Verwalter) und Art. 43 (Zusammenarbeit und Kommunikation zwischen Verwaltern und Gerichten) zu sehen.

A. Kooperationspflicht der Gerichte (Abs. 1)

Durch Abs. 1 S. 1 wird die allgemeine Pflicht aller Gerichte, die ein grenzüberschreitendes Insolvenzverfahren eröffnet haben, statuiert, miteinander zu kooperieren. Dabei besteht eine **allge-** 1

EuInsVO Art. 43   Kapitel III. Sekundärinsolvenzverfahren

meine Kooperationspflicht mit allen Gerichten, sodass es in diesem Zusammenhang kein Über- oder Unterordnungsverhältnis gibt. Die Kooperationspflicht bezieht sich allerdings nur auf Gerichte im Anwendungsbereich der EuInsVO, sodass Gerichte von Drittstaaten ausgenommen sind (MMS/Mankowski Rn. 7).

2   Zur Durchführung der Kooperation können die Gerichte nach Abs. 1 S. 2 eine **Delegation** vornehmen. Insofern ist es insbesondere sinnvoll, eine zentrale Ansprechperson zu benennen, über die dann die Kooperation erfolgt.

B. Mindestanforderungen an die Kommunikation (Abs. 2)

3   Mit Abs. 2 wird ein Mindestmaß an Kooperation und Kommunikation zwischen den Gerichten sichergestellt, indem ein **entsprechender Austausch generell für zulässig** betrachtet wird. Schranken ergeben sich insofern nur aus den Verfahrensrechten der Verfahrensbeteiligten und der Vertraulichkeit der Informationen.

C. Konkretisierung der Zusammenarbeit (Abs. 3)

4   In Abs. 3 werden verschiedene **Formen der Zusammenarbeit** beispielhaft aufgezählt, ohne dass diese Aufzählung einen abschließenden Charakter hätte (MMS/Mankowski Rn. 17).

I. Bestellung von Verwaltern (lit. a)

5   Zunächst wird in lit. a die Bestellung von Verwalter als Ziel der Kooperation genannt. Dies kann auch so weit gehen, dass die **gleiche Person zum Insolvenzverwalter** in mehreren Verfahren bestellt wird, soweit dies nach dem in den einzelnen Insolvenzverfahren anwendbaren Recht zulässig ist.

II. Mitteilung von Informationen (lit. b)

6   Weiterhin können die Gerichte nach lit. b **Informationen** austauschen, wobei der genaue Regelungsgehalt von lit. b neben Abs. 2 nicht wirklich erkennbar ist.

III. Koordinierung der Verwaltung und Überwachung (lit. c)

7   Zudem können sich die Gerichte im Zusammenhang mit der Verwaltung und Überwachung des Vermögens und der Geschäfte des Schuldners koordinieren. Insofern bietet es sich insbesondere an, die Zwischenberichte auszutauschen.

IV. Koordinierung der Verhandlungen (lit. d)

8   Die Gerichte dürfen sich nach lit. d auch im Hinblick auf die bei ihnen durchzuführenden Verhandlungen koordinieren. Damit ist vor allem gemeint, dass **mündliche Verhandlungen** im Rahmen der einzelnen Insolvenzverfahren so durchgeführt werden, dass mehrfach beteiligte Personen die Möglichkeit haben, an allen Verhandlungen teilzunehmen.

V. Koordinierung der Zustimmung zu einer Verständigung der Verwalter (lit. e)

9   Schließlich dürfen sich die Gerichte nach lit. e bei der Zustimmung zu einer Verständigung der Verwalter koordinieren. Damit nimmt lit. e auf Art. 41 Abs. 1 S. 2 Bezug, wonach die Verwalter Vereinbarungen oder Verständigungen miteinander abschließen können. Lit. e ist daher die entsprechende Vorschrift, um die Einschaltung der jeweiligen Gerichte zu koordinieren.

Artikel 43 Zusammenarbeit und Kommunikation zwischen Verwaltern und Gerichten

(1) Um die Koordinierung von Hauptinsolvenzverfahren, Partikularverfahren und Sekundärinsolvenzverfahren über das Vermögen desselben Schuldners zu erleichtern,
   a) arbeitet der Verwalter des Hauptinsolvenzverfahrens mit jedem Gericht, das mit einem Antrag auf Eröffnung eines Sekundärinsolvenzverfahrens befasst ist oder das ein solches Verfahren eröffnet hat, zusammen und kommuniziert mit diesem,
   b) arbeitet der Verwalter eines Partikularverfahrens oder Sekundärinsolvenzverfahrens mit dem Gericht, das mit einem Antrag auf Eröffnung des Hauptinsolvenzverfahrens

befasst ist oder das ein solches Verfahren eröffnet hat, zusammen und kommuniziert mit diesem, und

c) arbeitet der Verwalter eines Partikularverfahrens oder Sekundärinsolvenzverfahrens mit dem Gericht, das mit einem Antrag auf Eröffnung eines anderen Partikularverfahrens oder Sekundärinsolvenzverfahrens befasst ist oder das ein solches Verfahren eröffnet hat, zusammen und kommuniziert mit diesem,

soweit diese Zusammenarbeit und Kommunikation mit den für die einzelnen Verfahren geltenden Vorschriften vereinbar sind und keine Interessenkonflikte nach sich ziehen.

(2) Die Zusammenarbeit im Sinne des Absatzes 1 kann auf jedem geeigneten Weg, wie etwa in Artikel 42 Absatz 3 bestimmt, erfolgen.

Überblick

Durch Art. 43 wird die Zusammenarbeit und Kommunikation in den einzelnen grenzüberschreitenden Insolvenzverfahren weiter dahingehend vervollständigt, dass die Insolvenzverwalter der einzelnen Verfahren mit den jeweils anderen Insolvenzverwaltern zusammenarbeiten müssen (Abs. 1). Für die Art und Weise der Zusammenarbeit und Kommunikation verweist Abs. 2 auf Art. 42 Abs. 3.

A. Grundsatz der Zusammenarbeit und Kommunikation (Abs. 1)

Nach Abs. 1 sind die Verwalter der einzelnen Verfahren zur Zusammenarbeit und Kommunikation verpflichtet. In den lit. a–c wird diese **Pflicht der Verwalter** in Bezug auf andere Verwalter konkretisiert. Schließlich steht diese Pflicht unter dem Vorbehalt, dass diese mit den für die einzelnen Verfahren geltenden Vorschriften vereinbar ist und keine Interessenkonflikte nach sich zieht.

I. Pflicht des Hauptinsolvenzverwalters zur Zusammenarbeit mit dem das Sekundärinsolvenzverfahren eröffnende Gericht (lit. a)

Zunächst besteht nach lit. a die Pflicht des **Hauptinsolvenzverwalters,** mit jedem Gericht, das mit einem Antrag auf Eröffnung eines Sekundärinsolvenzverfahrens befasst ist oder das ein solches Verfahren eröffnet hat, zusammenzuarbeiten und mit diesem zu kommunizieren. Dies ist wegen der grundsätzlich fehlenden Verbindung zwischen Hauptinsolvenzverwalter und dem Gericht des Sekundärinsolvenzverfahrens eine Selbstverständlichkeit, auch wenn Art. 43 keine unmittelbaren Sanktionen für den Fall der Verletzung dieser Pflicht aufstellt.

II. Pflicht des Sekundärinsolvenzverwalters zur Zusammenarbeit mit dem das Hauptinsolvenzverfahren eröffnende Gericht (lit. b)

Weiterhin besteht die Pflicht zur Zusammenarbeit mit dem das Hauptinsolvenzverfahren eröffnende Gericht nach lit. b auch für den **Sekundärinsolvenzverwalter.** Auch dieser hat ansonsten keinerlei Verbindung mit dem das Hauptinsolvenzverfahren eröffnende Gericht, sodass durch lit. b eine originäre Verbindung zwischen diesen hergestellt wird.

III. Pflicht des Sekundärinsolvenzverwalters zur Zusammenarbeit mit den das Sekundärinsolvenzverfahren eröffnende Gericht (lit. c)

Schließlich ordnet lit. c eine **Pflicht des Sekundärinsolvenzverwalters** zur Zusammenarbeit mit dem das Sekundärinsolvenzverfahren eröffnende Gericht an. Damit wird eine Verbindung der einzelnen Sekundärinsolvenzverwalter mit den Gerichten hergestellt, die die übrigen Sekundärinsolvenzverfahren eröffnet haben und zu denen die übrigen Sekundärinsolvenzverwalter eigentlich keine Verbindung haben.

B. Mittel der Zusammenarbeit (Abs. 2)

Für die Mittel der Zusammenarbeit verweist Abs. 2 auf Art. 42 Abs. 3, ohne dass auch in diesem Zusammenhang die Aufzählung von Art. 42 Abs. 3 abschließender Natur wäre.

Artikel 44 Kosten der Zusammenarbeit und Kommunikation

Die Anforderungen nach Artikel 42 und 43 dürfen nicht zur Folge haben, dass Gerichte einander die Kosten der Zusammenarbeit und Kommunikation in Rechnung stellen.

1 Durch Art. 44 wird eine gegenseitige Kostentragungslast der Gerichte und Verwalter untereinander ausgeschlossen.

2 Soweit die Gerichte und Verwalter iRv Art. 42 und 43 miteinander kooperieren und Informationen austauschen, dürfen dafür nach Art. 44 keinerlei Kosten in Rechnung gestellt werden. Damit wird sichergestellt, dass die Kooperation und Kommunikation untereinander nicht aufgrund der Angst vor einer ausufernden Kostenlast unterlassen wird.

Artikel 45 Ausübung von Gläubigerrechten

(1) Jeder Gläubiger kann seine Forderung im Hauptinsolvenzverfahren und in jedem Sekundärinsolvenzverfahren anmelden.

(2) Die Verwalter des Hauptinsolvenzverfahrens und der Sekundärinsolvenzverfahren melden in den anderen Verfahren die Forderungen an, die in dem Verfahren, für das sie bestellt sind, bereits angemeldet worden sind, soweit dies für die Gläubiger des letztgenannten Verfahrens zweckmäßig ist und vorbehaltlich des Rechts dieser Gläubiger, eine solche Anmeldung abzulehnen oder die Anmeldung ihrer Ansprüche zurückzunehmen, sofern das anwendbare Recht dies vorsieht.

(3) Der Verwalter eines Haupt- oder eines Sekundärinsolvenzverfahrens ist berechtigt, wie ein Gläubiger an einem anderen Insolvenzverfahren mitzuwirken, insbesondere indem er an einer Gläubigerversammlung teilnimmt.

Überblick

Mit Art. 45 wird die Ausübung von Gläubigerrechten in den einzelnen Verfahren geregelt. Zentrale Grundsätze sind dabei, dass jeder Gläubiger seine Forderung im Hauptinsolvenzverfahren und in jedem Sekundärinsolvenzverfahren anmelden kann (Abs. 1), dass die Insolvenzverwalter die bei ihnen angemeldeten Forderungen in den übrigen Insolvenzverfahren anmelden (Abs. 2) und dass der Verwalter eines Haupt- oder eines Sekundärinsolvenzverfahrens berechtigt ist, wie ein Gläubiger an einem anderen Insolvenzverfahren mitzuwirken (Abs. 3).

A. Getrennte Anmeldung der Forderungen durch die Gläubiger (Abs. 1)

1 Durch die Zulässigkeit von Sekundärinsolvenzverfahren stehen die Gläubiger vor dem Problem, dass die Insolvenzmasse auf mehrere Verfahren aufgeteilt ist. Um sicherzustellen, dass die Gläubiger in jedem dieser Verfahren mitwirken können, gestattet Abs. 1, dass jeder Gläubiger seine Forderung im Hauptinsolvenzverfahren und in jedem Sekundärinsolvenzverfahren anmelden kann. Damit wird eine **verfahrensübergreifende Mitwirkung der Gläubiger** sichergestellt.

1.1 Da Art. 45 ausdrücklich die Mehranmeldung zulässt, kommt **Art. 29 EuGVVO** weder direkt noch entsprechend zur Anwendung (EuGH ZIP 2019, 1872). Daher sind auch widersprüchliche Entscheidungen möglich.

2 Dabei besteht **keine Pflicht zur Anmeldung.** Unterlässt ein Gläubiger die Anmeldung seiner Forderung in einem Verfahren, kann er an diesem nicht mitwirken und auch keine Befriedigung erhalten. Daher sollte jeder Gläubiger auch in jedem Verfahren eine Forderungsanmeldung vornehmen, da sich dann im Idealfall keine Verschiebungen zwischen den einzelnen Insolvenzverfahren ergeben können. Anderenfalls bedarf es einer umfassenden und komplexen Anrechnung der einzelnen Befriedigungsquoten, die sich nur durch eine umfassende Kooperation der einzelnen Insolvenzverwalter erreichen lässt.

3 Soweit ein Gläubiger eine Forderungsanmeldung in einem Verfahren vorgenommen hat, gilt bei der Anerkennung dieser Anmeldung, dass diese Anmeldung über Art. 32 Abs. 1 UAbs. 1 in allen anderen Mitgliedstaaten **anzuerkennen** ist (MMS/Mankowski Rn. 17). Daher ist die erste Forderungsanmeldung in der Regel die wichtigste und sollte daher bei einem Gericht erfolgen, wo die größten Erfolgschancen bestehen. Voraussetzungen für eine Anerkennung sind allerdings,

dass es sich um eine Entscheidung iSv Art. 32 Abs. 1 handelt, dass diese Entscheidung außerhalb ihres Erlassstaates Wirkung beansprucht und dass es im Anerkennungsstaat an einer anderweitigen Entscheidung fehlt (dazu MMS/Mankowski Rn. 19 ff.). Dass mit diesem System letztlich das Prioritätsprinzip umgesetzt wird, ist fragwürdig, muss aber vor dem Hintergrund der durch das Sekundärinsolvenzverfahren erfolgenden künstlichen Aufspaltung des Insolvenzverfahrens betrachtet werden. Aus Beratersicht führt diese Rechtslage dazu, dass zu prüfen ist, ob entweder eine gleichzeitige Anmeldung oder eine vorrangige Anmeldung bei einem Gericht vorteilhafter für den anmeldenden Gläubiger ist (dazu MMS/Mankowski Rn. 27).

B. Anmeldung der Forderungen durch die Insolvenzverwalter (Abs. 2)

Die Verwalter der einzelnen Verfahren sind nach Abs. 2 verpflichtet, die Forderungen, die in 4
dem Verfahren, für das sie bestellt sind, bereits angemeldet worden sind, auch in den anderen Verfahren anzumelden. Hintergrund dieser Pflicht ist, dass damit im Idealfall in allen Verfahren alle **Forderungen in gleichem Umfang** angemeldet sind, sodass zwischen den einzelnen Verfahren dahingehend keine Unterschiede bestehen. Da die Anmeldung bei einem Insolvenzverwalter in der Regel eine Entscheidung iSv Art. 32 Abs. 1 UAbs. 1 begründet, bedarf die Anmeldung in einem weiteren Verfahren keiner vorherigen Prüfung, weder durch den anmeldenden Insolvenzverwalter noch durch den Insolvenzverwalter, in dessen Verfahren die Forderung durch den anderen Verwalter angemeldet wird (aA wohl MMS/Mankowski Rn. 37).

Die Anmeldung muss aber nur dann erfolgen, wenn dies für die Gläubiger der Verfahren 5
zweckmäßig, wobei vor allem die Kostenlast in den Blick zu nehmen ist (MMS/Mankowski Rn. 40 ff.). Darüber hinaus steht es den Gläubigern frei, eine solche Anmeldung abzulehnen oder die Anmeldung ihrer Ansprüche zurückzunehmen, sofern das anwendbare Recht dies vorsieht.

Die **Kosten** für die Anmeldung hat der anmeldende Insolvenzverwalter zu tragen (MMS/ 6
Mankowski Rn. 50 f.), soweit diese nicht nach dem jeweils anwendbaren Verfahrensrecht von der Masse zu tragen sind, bei deren Insolvenzverfahren die Anmeldung erfolgt.

C. Mitwirkungsrechte der Insolvenzverwalter (Abs. 3)

Schließlich wird jeder Insolvenzverwalter in jedem anderen Insolvenzverfahren nach Abs. 3 7
einem Gläubiger gleichgestellt, sodass diese in den anderen Verfahren die typischen Verfahrensrechte ausüben können. Dazu gehört neben dem **Teilnahme-** vor allem das **Stimmrecht** (dazu ausf. MMS/Mankowski Rn. 57 ff.). Aus Abs. 3 folgt allerdings nicht, dass der Verwalter eine Vertretungsbefugnis für die Gläubiger ihres Verfahrens in anderen Verfahren haben (MMS/Mankowski Rn. 65 f.). Vielmehr können die Gläubiger ihre Rechte in allen Verfahren ausüben, in denen sie oder der Insolvenzverwalter ihre Forderung angemeldet haben.

Artikel 46 Aussetzung der Verwertung der Masse

(1) ¹Das Gericht, welches das Sekundärinsolvenzverfahren eröffnet hat, setzt auf Antrag des Verwalters des Hauptinsolvenzverfahrens die Verwertung der Masse ganz oder teilweise aus. ²In diesem Fall kann das Gericht jedoch vom Verwalter des Hauptinsolvenzverfahrens verlangen, alle angemessenen Maßnahmen zum Schutz der Interessen der Gläubiger des Sekundärinsolvenzverfahrens sowie einzelner Gruppen von Gläubigern zu ergreifen. ³Der Antrag des Verwalters des Hauptinsolvenzverfahrens kann nur abgelehnt werden, wenn die Aussetzung offensichtlich für die Gläubiger des Hauptinsolvenzverfahrens nicht von Interesse ist. ⁴Die Aussetzung der Verwertung der Masse kann für höchstens drei Monate angeordnet werden. ⁵Sie kann für jeweils denselben Zeitraum verlängert oder erneuert werden.

(2) Das Gericht nach Absatz 1 hebt die Aussetzung der Verwertung der Masse in folgenden Fällen auf:
a) auf Antrag des Verwalters des Hauptinsolvenzverfahrens,
b) von Amts wegen, auf Antrag eines Gläubigers oder auf Antrag des Verwalters des Sekundärinsolvenzverfahrens, wenn sich herausstellt, dass diese Maßnahme insbesondere nicht mehr mit dem Interesse der Gläubiger des Haupt- oder des Sekundärinsolvenzverfahrens zu rechtfertigen ist.

Überblick

Zum Schutz der Interessen der Gläubiger des Hauptinsolvenzverfahrens kann das Gericht, das das Sekundärinsolvenzverfahren eröffnet hat, auf Antrag des Verwalters des Hauptinsolvenzverfahrens die Verwertung der Masse ganz oder teilweise aussetzen, sofern damit die Interessen der lokalen Gläubiger nicht beeinträchtigt werden (Abs. 1). Diese Aussetzung ist nach Abs. 2 unter bestimmten Bedingungen wieder aufzuheben.

A. Aussetzung der Verwertung (Abs. 1)

1   Mit der Verwertung in einem Sekundärinsolvenzverfahren können typischerweise Fakten geschaffen werden, die sich **nachteilhaft für das Hauptinsolvenzverfahren** auswirken. Aus diesem Grund gestattet Abs. 1 dem Hauptinsolvenzverwalter, die Verwertung im Sekundärinsolvenzverfahren zu verhindern, indem das zuständige Gericht eine Aussetzung anordnet.

I. Aussetzung auf Antrag des Hauptinsolvenzverwalters (S. 1)

2   Die Aussetzung im Sekundärinsolvenzverfahren kann **nur auf Antrag des Hauptinsolvenzverwalters** erfolgen (Abs. 1 S. 1). Anderen Personen kommt insofern kein Antragsrecht zu. Dies bedeutet freilich nicht, dass andere Personen eine Aussetzung von Amts wegen beim zuständigen Gericht anregen können. Der Antrag muss der Hauptinsolvenzverwalter nach pflichtgemäßem Ermessen stellen, sodass dahingehend keine unbedingte Antragspflicht besteht.

3   Der Antrag des Hauptinsolvenzverwalters muss stets **bestimmt** sein, sodass eine pauschale und vorsorgliche Beantragung einer Aussetzung nicht möglich ist.

II. Ergreifen von Schutzmaßnahmen zugunsten der lokalen Gläubiger (S. 2)

4   Wenn der Hauptinsolvenzverwalter die Aussetzung beantragt, kann das Gericht des Sekundärinsolvenzverfahrens nach Abs. 1 S. 2 von ihm verlangen, dass er alle angemessenen Maßnahmen zum Schutz der **Interessen der Gläubiger** des Sekundärinsolvenzverfahrens sowie einzelner Gruppen von Gläubigern ergreift. Dies gilt insbesondere für aussonderungsberechtigte Gläubiger (MMS/Mankowski Rn. 14). Über die Arten von Schutzmaßnahmen gibt Abs. 1 S. 2 keine Auskunft. Insofern kommen alle Maßnahmen in Betracht, die das nationale Insolvenzrecht des Staates des Sekundärinsolvenzverfahrens bereithält.

III. Ablehnung bei offensichtlich fehlendem Interesse (S. 3)

5   Nach S. 3 muss dem Antrag des Hauptinsolvenzverwalters grundsätzlich stattgegeben werden, wenn die Aussetzung für die Gläubiger des Hauptinsolvenzverfahrens offensichtlich nicht von Interesse ist. Dies dürfte insbesondere dann der Fall sein, wenn auch eine Aussetzung nicht zu einer Erhöhung der quotalen Befriedigung der Gläubiger im Hauptinsolvenzverfahren führen würde. Daher muss insofern eine **Vergleichsrechnung** erstellt werden, die aufgrund des Merkmals der Offensichtlichkeit in S. 3 nur bei einer eindeutigen Unrichtigkeit von dem zuständigen Gericht nicht herangezogen werden kann.

IV. Aussetzung für maximal drei Monate (S. 4)

6   Die Aussetzung kann nach S. 4 für höchstens drei Monate angeordnet werden. Dabei handelt es sich aber **nicht um eine Höchstfrist**, da die Aussetzung auch nach S. 5 verlängert oder erneuert werden kann. Mit der somit bestehenden Beschränkung auf einmalig drei Monate soll den fortlaufenden Veränderungen im Insolvenzverfahren Rechnung getragen werden, sodass das Gericht spätestens alle drei Monate erneut überprüfen muss, ob die Aussetzung noch immer gerechtfertigt ist (ähnlich MMS/Mankowski Rn. 33 ff.).

V. Verlängerung und Erneuerung der Aussetzung (S. 5)

7   Schließlich kann die Aussetzung nach S. 5 für bis zu drei Monate verlängert oder erneuert werden. Dies ist allerdings nur dann möglich, wenn die Antragsvoraussetzungen der S. 1–3 auch weiterhin vorliegen.

B. Aufhebung der Aussetzung der Verwertung (Abs. 2)

Die nach Abs. 1 mögliche Aussetzung der Verwertung kann nach Abs. 2 wieder aufgehoben **8** werden. Dafür sehen die lit. a und b verschiedene Antrags- bzw. Initiativrechte vor.

I. Antrag des Hauptinsolvenzverwalters (lit. a)

Dies ist zunächst möglich, wenn der Hauptinsolvenzverwalter dies nach lit. a beantragt. Da der **9** Hauptinsolvenzverwalter nach Abs. 1 S. 1 das Antragsrecht für die Aussetzung hat, ist es folgerichtig, dass dieser eine einmal angeordnete Aussetzung auch wieder aufheben lassen kann. Da es sich bei dem Antrag auf Aufhebung der Aussetzung formell um eine **Rücknahme des Antrags** handelt, sind dafür keine weiteren Voraussetzungen erforderlich (MMS/Mankowski Rn. 60).

II. Aufhebung von Amts wegen, auf Antrag eines Gläubigers oder Sekundärinsolvenzverwalters (lit. b)

Zudem kann das zuständige Gericht die Aufhebung der Aussetzung nach lit. b auch von Amts **10** wegen, auf Antrag eines Gläubigers oder auf Antrag eines Sekundärinsolvenzverwalters anordnen. Eine Aufhebung von Amts wegen kommt insbesondere dann in Betracht, wenn die **Voraussetzungen für die Aussetzung nachträglich weggefallen** sind oder die Aussetzung nicht mehr mit dem **Interesse der Gläubiger des Haupt- oder des Sekundärinsolvenzverfahrens** zu rechtfertigen ist. Letzteres dürfte anzunehmen sein, wenn die Aussetzung weder im Haupt- oder Sekundärinsolvenzverfahren zu einer Erhöhung der Sanierungschancen oder der Befriedigungsquoten führen wird. Dies ist auch Voraussetzung für die Antragstellung durch die Gläubiger oder die Sekundärinsolvenzverwalter.

Artikel 47 Recht des Verwalters, Sanierungspläne vorzuschlagen

(1) Kann nach dem Recht des Mitgliedstaats, in dem das Sekundärinsolvenzverfahren eröffnet worden ist, ein solches Verfahren ohne Liquidation durch einen Sanierungsplan, einen Vergleich oder eine andere vergleichbare Maßnahme beendet werden, so hat der Verwalter des Hauptinsolvenzverfahrens das Recht, eine solche Maßnahme im Einklang mit dem Verfahren des betreffenden Mitgliedstaats vorzuschlagen.

(2) Jede Beschränkung der Rechte der Gläubiger, wie zum Beispiel eine Stundung oder eine Schuldbefreiung, die sich aus einer im Sekundärinsolvenzverfahren vorgeschlagenen Maßnahme im Sinne des Absatzes 1 ergibt, darf ohne Zustimmung aller von ihr betroffenen Gläubiger keine Auswirkungen auf das nicht von diesem Verfahren erfasste Vermögen des Schuldners haben.

Überblick

Da es sich bei einem Sekundärinsolvenzverfahren nicht gezwungenermaßen um ein Liquidationsverfahren handeln muss, sieht Abs. 1 das Recht des Hauptinsolvenzverwalters vor, einen Sanierungsplan im Sekundärinsolvenzverfahren vorzuschlagen. Eine solche Sanierung wirkt sich nach Abs. 2 aber nur auf das Sekundärinsolvenzverfahren aus und kann außerhalb des Verfahrens nur dann Wirkungen entfalten, wenn die jeweiligen Gläubiger dem zustimmen. Somit sieht Abs. 2 eine Art opt in für Gläubiger außerhalb des Sekundärinsolvenzverfahrens vor.

A. Vorschlagsrecht für Sanierungspläne (Abs. 1)

Soweit das auf das Sekundärinsolvenzverfahren anwendbare Insolvenzrecht gestattet, dieses ohne **1** Liquidation durch einen Sanierungsplan, einen Vergleich oder eine andere vergleichbare Maßnahme zu beenden, kommt dem Hauptinsolvenzverwalter in einem solchen Verfahren nach Abs. 1 ein **Vorschlags- oder Initiativrecht** zu. Dieses wird dem Hauptinsolvenzverwalter durch Abs. 1 unmittelbar eingeräumt, sodass das nationale Insolvenzrecht dieses gerade nicht vorsehen muss. Da Abs. 1 nur das Vorschlags- oder Initiativrecht regelt, richtet sich das weitere Schicksal des Verfahrens nach dem anwendbaren nationalen Insolvenzrecht.

B. Auswirkungen außerhalb der Sekundärinsolvenz (Abs. 2)

2 Da die Durchführung eines Sanierungsplans, eines Vergleichs oder einer anderen vergleichbaren Maßnahme zwangsläufig zu einer **Einschränkung bei den Gläubigern** führt, stellt Abs. 2 sicher, dass davon nur diejenigen Gläubiger unmittelbar betroffen sind, die an dem Sekundärinsolvenzverfahren beteiligt sind. Für alle übrigen Gläubiger hat ein solches Verfahren nur dann Auswirkungen, wenn sie diesem zustimmen.

Artikel 48 Auswirkungen der Beendigung eines Insolvenzverfahrens

(1) Unbeschadet des Artikels 49 steht die Beendigung eines Insolvenzverfahrens der Fortführung eines zu diesem Zeitpunkt noch anhängigen anderen Insolvenzverfahrens über das Vermögen desselben Schuldners nicht entgegen.

(2) Hätte ein Insolvenzverfahren über das Vermögen einer juristischen Person oder einer Gesellschaft in dem Mitgliedstaat, in dem diese Person oder Gesellschaft ihren Sitz hat, deren Auflösung zur Folge, so besteht die betreffende juristische Person oder Gesellschaft so lange fort, bis jedes andere Insolvenzverfahren über das Vermögen desselben Schuldners beendet ist oder von dem Verwalter in diesem bzw. den Verwaltern in diesen anderen Verfahren der Auflösung zugestimmt wurde.

Überblick

Durch Art. 48 werden die Auswirkungen der Beendigung des Insolvenzverfahrens adressiert. Dabei stellt Abs. 1 den Grundsatz auf, dass die Beendigung eines Insolvenzverfahrens der Fortführung eines zu diesem Zeitpunkt noch anhängigen anderen Insolvenzverfahrens nicht entgegensteht (fehlende Beendigungsakzessorietät). Zudem sieht Abs. 2 vor, dass eine Gesellschaft, über deren Vermögen das Insolvenzverfahren eröffnet wurde, so lange fortbesteht, bis jedes andere Insolvenzverfahren beendet oder von dem Verwalter in diesem bzw. den Verwaltern in diesen anderen Verfahren der Auflösung zugestimmt wurde.

A. Keine Beendigungsakzessorietät (Abs. 1)

1 Durch Abs. 1 wird die verfahrensrechtliche Unabhängigkeit von Haupt- und Sekundärinsolvenzverfahren betont, indem die Beendigung eines der Verfahren der Fortführung der anderen Verfahren nicht entgegensteht. Dies gilt unabhängig davon, welches Verfahren beendet wird, sodass auch die Beendigung des Hauptinsolvenzverfahrens die **Fortführung etwaiger Sekundärinsolvenzverfahren** unberührt lässt. Allerdings gilt es zu beachten, dass die Einstellung oder anderweitige Beendigung des Hauptinsolvenzverfahrens die Sekundärinsolvenzverfahren dahingehend inhaltlich verändert, dass aus diesen isolierte Partikularinsolvenzverfahren werden (MMS/Mankowski Rn. 3).

B. Fortbestand einer aufgelösten Gesellschaft (Abs. 2)

2 Durch Abs. 2 wird für das Gesellschaftsinsolvenzrecht der allgemeine Grundsatz aufgestellt, dass eine Gesellschaft so lange nicht als aufgelöst gilt, bis jedes andere Insolvenzverfahren über das Vermögen desselben Schuldners beendet ist oder von dem Verwalter in diesem bzw. den Verwaltern in diesen anderen Verfahren der Auflösung zugestimmt wurde. Damit stellt Abs. 2 eine Sachnorm dar, die eine **nicht unerhebliche Abweichung vom deutschen Gesellschaftsrecht** enthält, da die Eröffnung des Insolvenzverfahrens über das Vermögen einer Gesellschaft in Deutschland zu deren Auflösung führt. Handelt es sich um eine grenzüberschreitende Gesellschaft, über deren Vermögen mehrere Insolvenzverfahren eröffnet wurden, würde dies nach Abs. 2 nicht mehr gelten. Dies erscheint fragwürdig.

Artikel 49 Überschuss im Sekundärinsolvenzverfahren

Können bei der Verwertung der Masse des Sekundärinsolvenzverfahrens alle in diesem Verfahren festgestellten Forderungen befriedigt werden, so übergibt der in diesem

Verfahren bestellte Verwalter den verbleibenden Überschuss unverzüglich dem Verwalter des Hauptinsolvenzverfahrens.

Durch Art. 49 werden die zentralen Folgen des Sekundärinsolvenzverfahrens dahingehend geregelt, dass ein etwaiger Überschuss an den Hauptinsolvenzverwalter herauszugeben ist. 1

Mit Art. 49 wird der Sekundärinsolvenzverwalter verpflichtet, den Überschuss aus dem Sekundärinsolvenzverfahren an den Hauptinsolvenzverwalter herauszugeben. Voraussetzung dafür ist freilich, dass ein **entsprechender Überschuss** tatsächlich erzielt wurde. Fehlt es an einem Überschuss, besteht auch keine Herausgabepflicht. In diesem Fall müssen die Gläubiger ihre Ansprüche im Haupt- oder in den anderen Sekundärinsolvenzverfahren weiterverfolgen. 2

Umgekehrt ist ein **Überschuss aus einem Hauptinsolvenzverfahren** nicht an den Sekundärinsolvenzverwalter herauszugeben (MMS/Mankowski Rn. 10). Vielmehr verbleibt dieser Überschuss bei dem Schuldner bzw. wird an dessen Gesellschafter ausgekehrt. 3

Artikel 50 Nachträgliche Eröffnung des Hauptinsolvenzverfahrens

Wird ein Verfahren nach Artikel 3 Absatz 1 eröffnet, nachdem in einem anderen Mitgliedstaat ein Verfahren nach Artikel 3 Absatz 2 eröffnet worden ist, so gelten die Artikel 41, 45, 46, 47 und 49 für das zuerst eröffnete Insolvenzverfahren, soweit dies nach dem Stand dieses Verfahrens möglich ist.

Durch Art. 50 wird der Fall adressiert, dass es nach der Eröffnung eines isolierten Partikularinsolvenzverfahrens zur Eröffnung eines Hauptinsolvenzverfahrens in einem anderen Mitgliedstaat kommt. Soweit dies eintritt, sind nach Art. 50 die Art. 41, 45–47 und 49 entsprechend auf das isolierte Partikularinsolvenzverfahren anzuwenden. 1

Bei der Eröffnung eines Hauptinsolvenzverfahrens nach der Eröffnung eines isolierten Partikularinsolvenzverfahrens in einem anderen Mitgliedstaat stellt sich die Frage, wie mit diesem sozusagen nachträglich zu einem Sekundärinsolvenzverfahren gewordenen Verfahren umzugehen ist. Nach Art. 50 sind auf dieses **nachträgliche Sekundärinsolvenzverfahren** die Art. 41, 45–47 und 49 anzuwenden. Im Umkehrschluss folgt daraus, dass dieses Verfahren gerade nicht wie ein reguläres Sekundärinsolvenzverfahren zu behandeln ist. 2

Artikel 51 Umwandlung von Sekundärinsolvenzverfahren

(1) Auf Antrag des Verwalters des Hauptinsolvenzverfahrens kann das Gericht eines Mitgliedstaats, bei dem ein Sekundärinsolvenzverfahren eröffnet worden ist, die Umwandlung des Sekundärinsolvenzverfahrens in ein anderes der in Anhang A aufgeführten Insolvenzverfahren anordnen, sofern die Voraussetzungen nach nationalem Recht für die Eröffnung dieses anderen Verfahrens erfüllt sind und dieses Verfahren im Hinblick auf die Interessen der lokalen Gläubiger und die Kohärenz zwischen Haupt- und Sekundärinsolvenzverfahren am geeignetsten ist.

(2) Bei der Prüfung des Antrags nach Absatz 1 kann das Gericht Informationen von den Verwaltern beider Verfahren anfordern.

Überblick

Durch Art. 51 wird es dem Hauptinsolvenzverwalter gestattet, einen direkten Einfluss auf das Sekundärinsolvenzverfahren dergestalt zu nehmen, dass er bei dem zuständigen Gericht eine Umwandlung des Sekundärinsolvenzverfahrens beantragen kann. Die Umwandlung richtet sich nach dem jeweiligen, auf das Sekundärinsolvenzverfahren anwendbare Insolvenzrecht.

A. Umwandlung eines Sekundärinsolvenzverfahrens in ein anderes Verfahren (Abs. 1)

Die Eröffnung eines Sekundärinsolvenzverfahrens muss nicht stets in einer bestimmten Form erfolgen. Vielmehr kommt für ein Sekundärinsolvenzverfahren jedes Insolvenzverfahren in Betracht, das in dem jeweiligen Staat möglich ist und in Anhang A der EuInsVO aufgelistet ist. 1

Daraus kann sich aber das Problem ergeben, dass die vom Antragsteller gewählte Verfahrensform nur bedingt mit den Interessen der lokalen Gläubiger vereinbar ist und sich in der Abstimmung mit dem Hauptinsolvenzverfahren wenig eignet. Um diesen **Konflikt** zu beseitigen, gestattet Abs. 1 dem Hauptinsolvenzverwalter die Beantragung eines anderen Verfahrens. So kann etwa ein im Rahmen des Sekundärinsolvenzverfahrens betriebenes Sanierungsverfahren mit den Interessen des Hauptinsolvenzverfahrens in Widerstreit stehen, wenn dem Hauptinsolvenzverfahren besser mit einem Liquidationsverfahren gedient ist.

2   Das Antragsrecht kommt nur dem **Hauptinsolvenzverwalter** zu, sodass die Sekundärinsolvenzverwalter aus den anderen Sekundärinsolvenzverfahren einen entsprechenden Antrag stellen können. Auch können die Sekundärinsolvenzverwalter im Rahmen des Hauptinsolvenzverfahrens keine Umgestaltung dieses Verfahrens beantragen.

3   Weitere Voraussetzung für den Antrag ist, dass die Voraussetzungen für dieses Verfahren tatsächlich vorliegen, was von dem befassten Gericht zu prüfen ist. Zudem muss die andere Verfahrensart den **Interessen der lokalen Gläubiger** besser dienen und die **Kohärenz zwischen Haupt- und Sekundärinsolvenzverfahren** am geeignetsten sein. Dabei handelt es sich um kumulative Voraussetzungen. Zudem kommt nicht jede andere Verfahrensart, sondern nur die geeignetste Verfahrensart in Betracht. Wenn daher in dem jeweiligen Insolvenzrecht mehrere Verfahrensarten zur Verfügung stehen, muss der Hauptinsolvenzverwalter nachweisen, dass die von ihm beantragte Verfahrensart nicht nur besser als die aktuelle Verfahrensart ist, sondern die von ihm beantragte Verfahrensart von allen zur Verfügung stehenden Verfahrensarten am geeignetsten ist.

4   Die Regelung des Abs. 1 räumt lediglich dem Hauptinsolvenzverwalter ein Antragsrecht ein, lässt die **Rechte der übrigen Verfahrensbeteiligten** aber unberührt. Soweit das nationale Insolvenzrecht die Umwandlung des Verfahrens auf Antrag auch anderen Personen gestattet, können diese unabhängig von Abs. 1 von ihrem Antragsrecht Gebrauch machen (MMS/Mankowski Rn. 15 f.).

B. Auskunftsrecht des Gerichts (Abs. 2)

5   Das zuständige Gericht des Sekundärinsolvenzverfahrens kann nach Abs. 2 Informationen von dem Hauptinsolvenz- und dem Sekundärinsolvenzverwalter einholen. Eine entsprechende Pflicht wird für das Gericht aber nicht begründet. Die Regelung in Abs. 2 ist erforderlich, da das zuständige Gericht des Sekundärinsolvenzverfahrens nach nationalen Insolvenzrecht **typischerweise keine Auskunftsansprüche** gegen den Hauptinsolvenzverwalter hat.

Artikel 52 Sicherungsmaßnahmen

Bestellt das nach Artikel 3 Absatz 1 zuständige Gericht eines Mitgliedstaats zur Sicherung des Schuldnervermögens einen vorläufigen Verwalter, so ist dieser berechtigt, zur Sicherung und Erhaltung des Schuldnervermögens, das sich in einem anderen Mitgliedstaat befindet, jede Maßnahme zu beantragen, die nach dem Recht dieses Mitgliedstaats für die Zeit zwischen dem Antrag auf Eröffnung eines Insolvenzverfahrens und dessen Eröffnung vorgesehen ist.

Überblick

Zur Sicherung des schuldnerischen Vermögens vor der Eröffnung des Hauptinsolvenzverfahrens in einem Mitgliedstaat gestattet Art. 52 bereits dem vorläufigen Insolvenzverwalter, Sicherungsmaßnahmen in anderen Mitgliedstaaten zu beantragen, die nach dem Recht dieses Mitgliedstaats für die Zeit zwischen dem Antrag auf Eröffnung eines Insolvenzverfahrens und dessen Eröffnung vorgesehen sind. Damit stellt Art. 52 eine Art Vorwirkung zu Art. 19 dar und ist in einem unmittelbaren Zusammenhang mit diesem zu sehen.

A. Bestellung eines vorläufigen Insolvenzverwalters

1   Voraussetzung für das durch Art. 52 gewährte Antragsrecht ist die Bestellung eines vorläufigen Insolvenzverwalters. Diese Entscheidung trifft das **angerufene Gericht** auf Basis des nationalen Insolvenzrechts. Die von Art. 52 erfassten Personen ergeben sich aus Anhang B.

B. Befugnisse des vorläufigen Insolvenzverwalters

Die Befugnisse des vorläufigen Insolvenzverwalters zur Beantragung von Sicherungsmaßnahmen nach Art. 52 bestehen nur im Hinblick auf **schuldnerisches Vermögen,** das sich außerhalb des Staates befindet, in dem das Hauptinsolvenzverfahren beantragt wurde. Ob dies der Fall ist, ergibt sich aus Art. 2 Nr. 9. Die Besonderheit iRv Art. 52 besteht dabei darin, dass die nach dem Recht des (vorläufigen) Hauptinsolvenzverfahrens zulässigen Sicherungsmaßnahmen auch in allen Staaten durchgesetzt werden können, in denen sich schuldnerisches Vermögen befindet. Dabei ist es keine Voraussetzung, dass in diesen Staaten möglicherweise ein Sekundärinsolvenzverfahren beantragt werden wird (ebenso MMS/Mankowski Rn. 18 ff.).

Mit der **Beendigung des vorläufigen (Haupt-)Insolvenzverfahrens** sind auch die Sicherungsmaßnahmen in den anderen Mitgliedstaaten zu beenden, da sich Art. 52 auf den Zeitraum nach dem vorläufigen Insolvenzverfahren nicht erstreckt (MMS/Mankowski Rn. 25 f.).

Kapitel IV. Unterrichtung der Gläubiger und Anmeldung ihrer Forderungen

Artikel 53 Recht auf Forderungsanmeldung

¹Jeder ausländische Gläubiger kann sich zur Anmeldung seiner Forderungen in dem Insolvenzverfahren aller Kommunikationsmittel bedienen, die nach dem Recht des Staats der Verfahrenseröffnung zulässig sind. ²Allein für die Anmeldung einer Forderung ist die Vertretung durch einen Rechtsanwalt oder sonstigen Rechtsbeistand nicht zwingend.

Überblick

Art. 53 regelt in Teilen das Recht auf Forderungsanmeldung in grenzüberschreitenden Insolvenzverfahren. In S. 1 wird der Grundsatz aufgestellt, dass sich jeder ausländische Gläubiger zur Anmeldung seiner Forderungen in dem Insolvenzverfahren aller Kommunikationsmittel bedienen kann, die nach dem Recht des Staats der Verfahrenseröffnung zulässig sind. Zudem verbietet S. 2 das Erfordernis einer Vertretung durch einen Rechtsanwalt oder durch einen sonstigen Rechtsbeistand.

A. Kommunikationsmittel für die Forderungsanmeldung (S. 1)

1   Nach S. 1 kann sich jeder ausländische Gläubiger zur Anmeldung seiner Forderungen in dem Insolvenzverfahren aller Kommunikationsmittel bedienen, die nach dem Recht des Staats der Verfahrenseröffnung zulässig sind. Insofern dürfen die nationalen Insolvenzrechte **keine besonderen Formvorschriften für die Forderungsanmeldung durch ausländische Gläubiger** vorsehen, da diese dadurch diskriminiert werden würden. Dieser Grundsatz gilt für alle Verfahrensarten (MMS/Schmidt Rn. 7).

B. Kein Erfordernis der Vertretung durch einen Rechtsanwalt oder durch einen sonstigen Rechtsbeistand (S. 2)

2   Bei der Forderungsanmeldung dürfen die Mitgliedstaaten keinen Anwaltszwang oder die Vertretung durch einen sonstigen Beistand vorsehen, um die Forderungsanmeldung durch ausländische Gläubiger **nicht unnötig zu erschweren**. S. 2 erfasst aber nur die Forderungsanmeldung und nicht weitere Verfahrenshandlungen. Soweit das nationale Insolvenzrecht für letztere besondere Vertretungserfordernisse vorsieht, kommt S. 2 nicht zur Anwendung (MMS/Schmidt Rn. 11).

3   Schließlich wird durch S. 2 eine Vertretung durch einen Rechtsanwalt oder durch einen sonstigen Rechtsbeistand nicht ausgeschlossen, wenn sich ein ausländischer Gläubiger dazu **freiwillig** entscheidet (MMS/Schmidt Rn. 12).

Artikel 54 Pflicht zur Unterrichtung der Gläubiger

(1) Sobald in einem Mitgliedstaat ein Insolvenzverfahren eröffnet wird, unterrichtet das zuständige Gericht dieses Staates oder der von diesem Gericht bestellte Verwalter unverzüglich alle bekannten ausländischen Gläubiger.

(2) ¹Die Unterrichtung nach Absatz 1 erfolgt durch individuelle Übersendung eines Vermerks und gibt insbesondere an, welche Fristen einzuhalten sind, welches die Versäumnisfolgen sind, welche Stelle für die Entgegennahme der Anmeldungen zuständig ist und welche weiteren Maßnahmen vorgeschrieben sind. ²In dem Vermerk ist auch anzugeben, ob die bevorrechtigten oder dinglich gesicherten Gläubiger ihre Forderungen anmelden müssen. ³Dem Vermerk ist des Weiteren eine Kopie des Standardformulars für die Anmeldung von Forderungen gemäß Artikel 55 beizufügen oder es ist anzugeben, wo dieses Formular erhältlich ist.

(3) ¹Die Unterrichtung nach den Absätzen 1 und 2 dieses Artikels erfolgt mithilfe eines Standardmitteilungsformulars, das gemäß Artikel 88 festgelegt wird. ²Das Formular wird im Europäischen Justizportal veröffentlicht und trägt die Überschrift „Mittei-

lung über ein Insolvenzverfahren" in sämtlichen Amtssprachen der Organe der Union. ³Es wird in der Amtssprache des Staates der Verfahrenseröffnung oder – falls es in dem betreffenden Mitgliedstaat mehrere Amtssprachen gibt – in der Amtssprache oder einer der Amtssprachen des Ortes, an dem das Insolvenzverfahren eröffnet wurde, oder in einer anderen Sprache übermittelt, die dieser Staat gemäß Artikel 55 Absatz 5 zugelassen hat, wenn anzunehmen ist, dass diese Sprache für ausländische Gläubiger leichter zu verstehen ist.

(4) Bei Insolvenzverfahren bezüglich einer natürlichen Person, die keine selbständige gewerbliche oder freiberufliche Tätigkeit ausübt, ist die Verwendung des in diesem Artikel genannten Standardformulars nicht vorgeschrieben, sofern die Gläubiger nicht verpflichtet sind, ihre Forderungen anzumelden, damit diese im Verfahren berücksichtigt werden.

Überblick

Durch Art. 54 wird die Unterrichtung der ausländischen Gläubiger adressiert. Diese sind aufgrund des meist bestehenden räumlichen Abstands zum Insolvenzverfahren von den regulären Informationswegen in ihrer Heimatrechtsordnung abgeschnitten und bedürfen daher einer besonderen Unterrichtung. Dafür sieht Abs. 1 eine entsprechende Pflicht des Insolvenzgerichts und des Insolvenzverwalters vor. Die Art und Weise der Unterrichtung wird durch Abs. 2 geregelt. Die Abs. 3 und 4 sehen die Verwendung von Standardformularen vor bzw. erteilen davon einen Dispens.

A. Pflicht zur Unterrichtung der ausländischen Gläubiger (Abs. 1)

Nach Abs. 1 sind das Insolvenzgericht und der Insolvenzverwalter verpflichtet, die **bekannten ausländischen Gläubiger** (Art. 2 Nr. 12) unverzüglich über die Eröffnung des Insolvenzverfahrens zu unterrichten. Dabei legt sich Abs. 1 nicht fest, wer von den beiden die Unterrichtung vornehmen muss, sodass die Mitgliedstaaten dies ausdrücklich regeln können. Soweit bei der Eröffnung des Insolvenzverfahrens einzelne Gläubiger noch nicht bekannt sind, besteht auch keine Unterrichtungspflicht. Diese ist aber nachzuholen, sobald das Insolvenzgericht oder der Insolvenzverwalter von der Gläubigerstellung erfahren (MMS/Schmidt Rn. 14).

Der Begriff der **Unverzüglichkeit** wird in Art. 54 nicht definiert. Da Art. 54 aber eine effektive Verfahrensteilnahme der ausländischen Gläubiger sicherstellen will, muss die Unterrichtung so erfolgen, dass dies tatsächlich gewährleistet ist. Ein Abstellen auf die Legaldefinition in § 121 Abs. 1 S. 1 BGB ist nicht möglich, da der Begriff autonom auszulegen ist.

B. Art und Weise der Unterrichtung der ausländischen Gläubiger (Abs. 2)

Für die Unterrichtung der ausländischen Gläubiger sieht Abs. 2 S. 1 die Übersendung eines Vermerks vor, aus dem sich ergeben muss, welche **Fristen** einzuhalten sind, welches die Versäumnisfolgen sind, welche Stelle für die **Entgegennahme der Anmeldungen** zuständig ist und welche weiteren Maßnahmen vorgeschrieben sind. Zudem muss in dem Vermerk auch angegeben werden, ob die **bevorrechtigten oder dinglich gesicherten Gläubiger** ihre Forderungen anmelden müssen (Abs. 2 S. 2). Schließlich muss dem Vermerk auch eine **Kopie des Standardformulars** für die Anmeldung von Forderungen gem. Art. 55 beigefügt werden oder aber angeben, wo dieses Formular erhältlich ist (Abs. 2 S. 3).

C. Verwendung eines Standardformulars (Abs. 3)

Abs. 3 regelt das für die Unterrichtung zu verwendende **Standardmitteilungsformular**. 4

D. Keine Verwendung von Standardformularen bei Verbraucherinsolvenzen (Abs. 4)

Bei **Verbraucherinsolvenzen** muss das Standardmitteilungsformular nach Abs. 4 nicht verwendet werden, wenn die Gläubiger nicht verpflichtet sind, Forderungen in diesem Verfahren anzumelden, damit sie bei diesem berücksichtigt werden.

Artikel 55 Verfahren für die Forderungsanmeldung

(1) ¹Ausländische Gläubiger können ihre Forderungen mithilfe des Standardformulars anmelden, das gemäß Artikel 88 festgelegt wird. ²Das Formular trägt die Überschrift „Forderungsanmeldung" in sämtlichen Amtssprachen der Organe der Union.

(2) ¹Das Standardformular für die Forderungsanmeldung nach Absatz 1 enthält die folgenden Angaben:
a) Name, Postanschrift, E-Mail-Adresse sofern vorhanden, persönliche Kennnummer sofern vorhanden sowie Bankverbindung des ausländischen Gläubigers nach Absatz 1,
b) Forderungsbetrag unter Angabe der Hauptforderung und gegebenenfalls der Zinsen sowie Entstehungszeitpunkt der Forderung und – sofern davon abweichend – Fälligkeitsdatum,
c) umfasst die Forderung auch Zinsen, den Zinssatz unter Angabe, ob es sich um einen gesetzlichen oder vertraglich vereinbarten Zinssatz handelt, sowie den Zeitraum, für den die Zinsen gefordert werden, und den Betrag der kapitalisierten Zinsen,
d) falls Kosten für die Geltendmachung der Forderung vor Eröffnung des Verfahrens gefordert werden, Betrag und Aufschlüsselung dieser Kosten,
e) Art der Forderung,
f) ob ein Status als bevorrechtigter Gläubiger beansprucht wird und die Grundlage für einen solchen Anspruch,
g) ob für die Forderung eine dingliche Sicherheit oder ein Eigentumsvorbehalt geltend gemacht wird und wenn ja, welche Vermögenswerte Gegenstand der Sicherheit sind, Zeitpunkt der Überlassung der Sicherheit und Registernummer, wenn die Sicherheit in ein Register eingetragen wurde, und
h) ob eine Aufrechnung beansprucht wird und wenn ja, die Beträge der zum Zeitpunkt der Eröffnung des Insolvenzverfahrens bestehenden gegenseitigen Forderungen, den Zeitpunkt ihres Entstehens und den geforderten Saldo nach Aufrechnung.

²Der Forderungsanmeldung sind etwaige Belege in Kopie beizufügen.

(3) Das Standardformular für die Forderungsanmeldung enthält den Hinweis, dass die Bankverbindung und die persönliche Kennnummer des Gläubigers nach Absatz 2 Buchstabe a nicht zwingend anzugeben sind.

(4) Meldet ein Gläubiger seine Forderung auf anderem Wege als mithilfe des in Absatz 1 genannten Standardformulars an, so muss seine Anmeldung die in Absatz 2 genannten Angaben enthalten.

(5) ¹Forderungen können in einer Amtssprache der Organe der Union angemeldet werden. ²Das Gericht, der Verwalter oder der Schuldner in Eigenverwaltung können vom Gläubiger eine Übersetzung in die Amtssprache des Staats der Verfahrenseröffnung oder – falls es in dem betreffenden Mitgliedstaat mehrere Amtssprachen gibt – in die Amtssprache oder in eine der Amtssprachen des Ortes, an dem das Insolvenzverfahren eröffnet wurde, oder in eine andere Sprache, die dieser Mitgliedstaat zugelassen hat, verlangen. ³Jeder Mitgliedstaat gibt an, ob er neben seiner oder seinen eigenen Amtssprachen andere Amtssprachen der Organe der Union für eine Forderungsanmeldung zulässt.

(6) ¹Forderungen sind innerhalb der im Recht des Staats der Verfahrenseröffnung festgelegten Frist anzumelden. ²Bei ausländischen Gläubigern beträgt diese Frist mindestens 30 Tage nach Bekanntmachung der Eröffnung des Insolvenzverfahrens im Insolvenzregister des Staats der Verfahrenseröffnung. ³Stützt sich ein Mitgliedstaat auf Artikel 24 Absatz 4, so beträgt diese Frist mindestens 30 Tage ab Unterrichtung eines Gläubigers gemäß Artikel 54.

(7) Hat das Gericht, der Verwalter oder der Schuldner in Eigenverwaltung Zweifel an einer nach Maßgabe dieses Artikels angemeldeten Forderung, so gibt er dem Gläubiger Gelegenheit, zusätzliche Belege für das Bestehen und die Höhe der Forderung vorzulegen.

Überblick

Durch Art. 55 wird das Verfahren zur Forderungsanmeldung einheitlich geregelt, ohne dass Art. 55 dabei aber eine abschließende und das nationale Recht vollständig verdrängende Regelung darstellt. Zentrales Instrument der Forderungsanmeldung in grenzüberschreitenden Insolvenzverfahren ist die Verwendung eines Standardformulars, womit auch fremdsprachliche Formulare verstanden werden können (Abs. 1–5). Durch Abs. 6 wird die Frist für die Forderungsanmeldung geregelt. In Abs. 7 wird schließlich dem Gläubiger die Möglichkeit der Vorlage zusätzlicher Belege eingeräumt, wenn das Bestehen der Forderung bestritten wird.

Übersicht

	Rn.		Rn.
A. Forderungsanmeldung durch das Standardformular (Abs. 1)	1	I. Anmeldung in einer der Amtssprachen der Union (S. 1)	7
B. Inhalt des Standardformulars (Abs. 2)	2	II. Übersetzung in die Amtssprache des Staats der Verfahrenseröffnung (S. 2)	8
C. Hinweis auf die Bankverbindung des Gläubigers (Abs. 3)	4	III. Zulassung einer anderen Amtssprache (S. 3)	14
D. Anmeldung ohne Verwendung des Standardformulars (Abs. 4)	5	F. Frist für die Anmeldung (Abs. 6)	15
E. Sprache der Anmeldung (Abs. 5)	6	G. Nachweis der Forderung bei Bestreiten (Abs. 7)	17

A. Forderungsanmeldung durch das Standardformular (Abs. 1)

1 Für die Forderungsanmeldung in grenzüberschreitenden Insolvenzverfahren sieht Abs. 1 die Verwendung eines **Standardformulars** vor, das von der Kommission nach Art. 88 festgelegt wird. Dabei sind die Gläubiger nicht gezwungen, dieses tatsächlich zu verwenden (arg. Abs. 4). Mit dem Standardformular soll eine schnelle und unkomplizierte Forderungsanmeldung in grenzüberschreitenden Insolvenzverfahren ermöglicht werden.

B. Inhalt des Standardformulars (Abs. 2)

2 Der Inhalt des Standardformulars wird durch Abs. 2 S. 1 vorgegeben. Dabei handelt es sich um **Höchstanforderungen,** sodass die lex fori concursus davon abweichen kann (EuGH ZIP 2019, 1872). Diese Angaben sind nach Abs. 2 S. 2 durch **Belege in Kopie** zu untermauern.

2a Die Angabe eines **Entstehungszeitpunkts der Forderung** ist verzichtbar, sofern dies nach der lex fori concursus nicht erforderlich ist und dieser aus den Belegen ableitbar ist (EuGH ZIP 2019, 1872).

3 Wenn der Gläubiger das Standardformular **unvollständig ausfüllt,** ergeben sich die Folgen daraus aus der lex fori concursus (Art. 7 Abs. 2 S. 2 lit. h), da Art. 55 dafür keine Regelung vorsieht.

C. Hinweis auf die Bankverbindung des Gläubigers (Abs. 3)

4 Die nach Abs. 2 S. 1 lit. a anzugebende Bankverbindung und persönliche Kennnummer muss der ausländische Gläubiger nicht zwingend angeben. Auf die **Freiwilligkeit dieser Angaben** muss das Standardformular nach Abs. 3 hinweisen.

D. Anmeldung ohne Verwendung des Standardformulars (Abs. 4)

5 Die ausländischen Gläubiger müssen für die Forderungsanmeldung das Standardformular nicht benutzen. Allerdings müssen sie dann die in Abs. 2 S. 1 **genannten Angaben auf andere Art und Weise** machen. Damit ist ein nicht unerhebliches Risiko verbunden, dass die Angaben unvollständig gemacht werden, sodass stets das Standardformular verwendet werden sollte.

5.1 Soweit bei der Forderungsanmeldung auf das Standardformular verzichtet wird, muss für die Forderungsanmeldung nicht eine mehrsprachige **Überschrift „Forderungsanmeldung"** vorgenommen werden, da Abs. 4 nur auf Abs. 2, nicht aber auf Abs. 1 S. 2 verweist (ebenso Fuchs NZI 2018, 9 (11)).

E. Sprache der Anmeldung (Abs. 5)

6 Durch Abs. 5 wird die Sprache der Forderungsanmeldung adressiert. Dieser auf den ersten Blick nicht unbedingt leicht zu verstehenden Regelung liegen **zwei Grundprinzipien** zugrunde.

6a Die Regelung des Abs. 5 gilt nur für Gläubiger mit einem Sitz in einem Mitgliedstaat. Für **Gläubiger aus Drittstaaten** gilt § 184 S. 1 GVG analog, sodass diese ihre Forderungsanmeldung in deutscher Sprache vornehmen müssen. Soweit eine Forderungsanmeldung von einem Gläubiger aus einem Drittstaat in einer anderen Sprache vorgenommen wird, muss der Insolvenzverwalter ihn darauf hinweisen, dass die Anmeldung in deutscher Sprache erfolgen muss (LG Hildesheim BeckRS 2017, 132623 Rn. 34 f.).

I. Anmeldung in einer der Amtssprachen der Union (S. 1)

7 Zunächst kann die Anmeldung generell in einer der **Amtssprachen der Union** erfolgen (Abs. 5 S. 1). Dies bedeutet, dass die Anmeldung in jeder der Amtssprachen der Union – also in 24 verschiedenen Sprachen – vorgenommen werden kann.

II. Übersetzung in die Amtssprache des Staats der Verfahrenseröffnung (S. 2)

8 Von diesem Grundsatz weicht Abs. 5 S. 2 aber in erheblichem Maße ab, indem das Gericht, der Verwalter oder der Schuldner in Eigenverwaltung vom Gläubiger eine **Übersetzung in die Amtssprache des Staats der Verfahrenseröffnung** oder – falls es in dem betreffenden Mitgliedstaat mehrere Amtssprachen gibt – in die Amtssprache oder in eine der Amtssprachen des Ortes, an dem das Insolvenzverfahren eröffnet wurde, oder in eine andere Sprache, die dieser Mitgliedstaat zugelassen hat, verlangen können.

8.1 Im Ergebnis geht Abs. 5 einen **vertretbaren Mittelweg**, indem der Gläubiger für die Forderungsanmeldung einfach auf die für ihn genehme Sprache zurückgreifen kann, das Gericht, der Verwalter oder der eigenverwaltende Schuldner bei Bedarf aber eine Übersetzung in der eigenen Amtssprache verlangen können.

9 Dabei handelt es sich lediglich um eine Möglichkeit für das Gericht, den Verwalter oder den eigenverwaltenden Schuldner, sodass sich diese auch mit der vom anmeldenden Gläubiger verwendeten Sprache einverstanden erklären können. Der Verwalter entscheidet insofern nach **pflichtgemäßem Ermessen** (Fuchs NZI 2018, 9 (11)). Insofern ist es unzulässig, schon bei der Benachrichtigung über die Insolvenzeröffnung die Vorlage einer Übersetzung zu verlangen (Fuchs NZI 2018, 9 (11)). Zudem kann der Verwalter nicht per se eine Übersetzung verlangen. Vielmehr ist dies nur pflichtgemäß, wenn der Verwalter der Sprache der Forderungsanmeldung nicht mächtig ist oder diese schwierige Begriffe enthält, die mit einfachen Sprachkenntnissen nicht bewältigt werden können. Soweit sich die Schwierigkeiten nur im Hinblick auf die Anlage ergeben, ist die Übersetzungsaufforderung auf diese zu beschränken.

10 Aus diesen Grundsätzen folgt, dass das Gericht, der Verwalter oder der eigenverwaltende Schuldner bei einer **Forderungsanmeldung in englischer Sprache** im Zweifel keine Übersetzung anfordern darf.

11 Die **Aufforderung zur Übersetzung** kann in deutscher Sprache erfolgen, sodass der Gläubiger diese Aufforderung auf eigene Kosten übersetzen lassen muss, wenn er sie nicht versteht (Fuchs NZI 2018, 9 (11)). Aus Gründen der Verfahrensbeschleunigung und Kostenvermeidung sollte die Aufforderung gleichwohl in englischer Sprache erfolgen.

12 Für die Vorlage der Übersetzung sieht das deutsche Insolvenzrecht keine **Frist** vor, sodass man in diesem Zusammenhang mit den Grundsätzen der Verwirkung arbeiten muss. Die Übersetzung muss nicht von einem **vereidigten Dolmetscher** vorgenommen werden. Die **Kosten der Übersetzung** trägt der Gläubiger selbst.

13 Legt der Gläubiger **keine Übersetzung** vor, wird er so behandelt, als habe er keine Forderung angemeldet (Fuchs NZI 2018, 9 (12)). Die **Folgen einer fehlerhaften Übersetzung** trägt der Gläubiger.

III. Zulassung einer anderen Amtssprache (S. 3)

14 Schließlich können die Mitgliedstaaten auch eine **Anmeldung in einer anderen Amtssprache eines Mitgliedstaates der Union** zulassen, ohne dass dabei aber klar ist, wo über die Ausübung dieser Option nach Abs. 5 S. 3 zu berichten ist (→ Rn. 14.1 f.).

14.1 Der **deutsche Gesetzgeber** hat davon im Rahmen des Ausführungsgesetzes keinen Gebrauch gemacht, sodass das Gericht, der Verwalter oder der eigenverwaltende Schuldner die Forderungsanmeldung in deutscher Sprache verlangen können, da § 184 S. 1 GVG die deutsche Sprache als Gerichtssprache festlegt.

14.2 Im Rahmen der **Gesetzgebungsarbeiten an der EuInsVO** war vorgesehen worden, dass jeder Mitgliedstaat eine weitere Sprache für die Forderungsanmeldung zulassen muss (Vorschlag für eine Verordnung

Verfahren für die ForderungsanmeldungArt. 55 EuInsVO

des Europäischen Parlaments und des Rates zur Änderung der Verordnung (EG) Nr. 1346/2000 des Rates über Insolvenzverfahren, KOM(2012) 744), was im Ergebnis in den meisten Mitgliedstaaten wohl auf die englische Sprache hinausgelaufen wäre. Dieses Vorhaben ist dann allerdings gescheitert.

F. Frist für die Anmeldung (Abs. 6)

Für die Anmeldungsfrist sieht Abs. 6 S. 1 einen Verweis auf die lex fori concurus vor. Allerdings findet dieser Verweis eine Einschränkung dahingehend, dass die Frist für ausländische Gläubiger mindestens **30 Tage gerechnet ab dem Tag der Bekanntmachung der Eröffnung des Insolvenzverfahrens im Insolvenzregister des Staats der Verfahrenseröffnung** betragen muss (Abs. 6 S. 2).   15

Soweit die Mitgliedstaaten von Art. 24 Abs. 4 Gebrauch gemacht haben und **Informationen über bestimmte Schuldner nicht in das Insolvenzregister** einstellen, beträgt die Frist mindestens 30 Tage ab Unterrichtung eines Gläubigers gem. Art. 54 (Abs. 6 S. 3).   16

G. Nachweis der Forderung bei Bestreiten (Abs. 7)

Schließlich regelt Abs. 7 den Nachweis der Forderung bei einem Bestreiten durch das Gericht, den Verwalter oder den Schuldner in Eigenverwaltung. Soweit diese Zweifel an dem Bestehen der Forderung haben, müssen sie dem jeweiligen Gläubiger die Möglichkeit geben, zusätzliche Belege für das Bestehen und die Höhe der Forderung vorzulegen. Damit soll ein **Scheitern der Forderungsanmeldung aufgrund bloßer Nachweismängel** vermieden werden.   17

Mock2357

Kapitel V. Insolvenzverfahren über das Vermögen von Mitgliedern einer Unternehmensgruppe

Artikel 56 Zusammenarbeit und Kommunikation der Verwalter

(1) ¹Bei Insolvenzverfahren über das Vermögen von zwei oder mehr Mitgliedern derselben Unternehmensgruppe arbeiten die Verwalter dieser Verfahren zusammen, soweit diese Zusammenarbeit die wirksame Abwicklung der Verfahren erleichtern kann, mit den für die einzelnen Verfahren geltenden Vorschriften vereinbar ist und keine Interessenkonflikte nach sich zieht. ²Diese Zusammenarbeit kann in beliebiger Form, einschließlich durch den Abschluss von Vereinbarungen oder Verständigungen, erfolgen.

(2) Bei der Durchführung der Zusammenarbeit nach Absatz 1 obliegt es den Verwaltern,
a) einander so bald wie möglich alle Informationen mitzuteilen, die für das jeweilige andere Verfahren von Bedeutung sein können, vorausgesetzt, es bestehen geeignete Vorkehrungen zum Schutz vertraulicher Informationen;
b) zu prüfen, ob Möglichkeiten einer Koordinierung der Verwaltung und Überwachung der Geschäfte der Gruppenmitglieder, über deren Vermögen ein Insolvenzverfahren eröffnet wurde, bestehen; falls eine solche Möglichkeit besteht, koordinieren sie die Verwaltung und Überwachung dieser Geschäfte;
c) zu prüfen, ob Möglichkeiten einer Sanierung von Gruppenmitgliedern, über deren Vermögen ein Insolvenzverfahren eröffnet wurde, bestehen und, falls eine solche Möglichkeit besteht, sich über den Vorschlag für einen koordinierten Sanierungsplan und dazu, wie er ausgehandelt werden soll, abzustimmen.

¹Für die Zwecke der Buchstaben b und c können alle oder einige der in Absatz 1 genannten Verwalter vereinbaren, einem Verwalter aus ihrer Mitte zusätzliche Befugnisse zu übertragen, wenn eine solche Vereinbarung nach den für die jeweiligen Verfahren geltenden Vorschriften zulässig ist. ²Sie können ferner vereinbaren, bestimmte Aufgaben unter sich aufzuteilen, wenn eine solche Aufteilung nach den für die jeweiligen Verfahren geltenden Vorschriften zulässig ist.

Überblick

Mit Art. 56 wird grundlegend die Pflicht der Verwalter der einzelnen Insolvenzverfahren in einem Gruppeninsolvenzverfahren geregelt. Dabei gibt Abs. 1 die generelle Kooperationspflicht vor und Abs. 2 regelt einzelne Kooperationspflichten.

A. Überblick

1 Die Art. 56 ff. normieren das **Konzerninsolvenzrecht der EuInsVO** als wesentliche Neuerung der reformierten EuInsVO. Dafür hat der europäische Gesetzgeber zwei Mechanismen zur Verfügung gestellt.

2 Durch die Art. 56–60 wird die allgemeine Pflicht zur **Zusammenarbeit der Gerichte und der Verwalter** geregelt.

3 Daneben tritt das **Gruppen-Koordinationsverfahren** nach den Art. 61–77, das speziell beantragt werden muss und bei dem ein erhöhtes Maß an Zusammenarbeit stattfinden. Allerdings besteht keine Verpflichtung, ein solches Gruppen-Koordinationsverfahren einzuleiten. Vielmehr kann eine Konzerninsolvenz auch mit den allgemeinen Mitteln der Art. 56–60 bewältigt werden.

B. Pflicht zur Zusammenarbeit (Abs. 1)

4 Nach Abs. 1 sind die Insolvenzverwalter bei Insolvenzverfahren über das Vermögen von zwei oder mehr Mitgliedern derselben Unternehmensgruppe verpflichtet, zusammenzuarbeiten. Diese Pflicht steht unter dem Vorbehalt, dass diese Zusammenarbeit die wirksame **Abwicklung der Verfahren erleichtern** kann, **mit den für die einzelnen Verfahren geltenden Vorschriften vereinbar** ist und keine **Interessenkonflikte** nach sich zieht.

Für die **Form der Zusammenarbeit** werden keine Vorgaben gemacht. Diese kann nach S. 2 5
in beliebiger Form erfolgen und auch den Abschluss von Vereinbarungen oder Verständigungen
umfassen.

C. Einzelne Kooperationspflicht für die Verwalter (Abs. 2)

I. Bestandteile der Kooperationspflicht (Abs. 2 S. 1)

Durch Abs. 2 S. 1 werden die **einzelnen Bestandteile der Kooperationspflicht** näher 6
bestimmt.
So obliegt es den Verwaltern nach lit. a, einander so bald wie möglich alle **Informationen** 7
mitzuteilen, die für das jeweilige andere Verfahren von Bedeutung sein können. Dies erfordert
geeignete Vorkehrungen zum Schutz vertraulicher Informationen.
Zudem müssen die Verwalter nach lit. b prüfen, ob Möglichkeiten einer **Koordinierung der** 8
Verwaltung und Überwachung der Geschäfte der Gruppenmitglieder, über deren Vermögen
ein Insolvenzverfahren eröffnet wurde, bestehen. Soweit dies der Fall ist, koordinieren sie die
Verwaltung und Überwachung dieser Geschäfte.
Schließlich müssen die Verwalter nach lit. c prüfen, ob **Möglichkeiten einer Sanierung von** 9
Gruppenmitgliedern, über deren Vermögen ein Insolvenzverfahren eröffnet wurde, bestehen
und, falls eine solche Möglichkeit besteht, sich über den Vorschlag für einen koordinierten Sanierungsplan und dazu, wie er ausgehandelt werden soll, abzustimmen.

II. Übertragung von Befugnissen auf einen Verwalter (Abs. 2 S. 2)

Durch Abs. 2 S. 2 besteht für die Verwalter die Möglichkeit, für die Zwecke der Abs. 2 S. 1 10
lit. b und c einem Verwalter aus ihrer Mitte **zusätzliche Befugnisse** zu übertragen, wenn eine
solche Vereinbarung nach den für die jeweiligen Verfahren geltenden Vorschriften zulässig ist.

III. Aufteilung von Befugnissen (Abs. 2 S. 3)

Schließlich können die Verwalter auch vereinbaren, bestimmte **Aufgaben unter sich aufzutei-** 11
len, wenn eine solche Aufteilung nach den für die jeweiligen Verfahren geltenden Vorschriften
zulässig ist.

Artikel 57 Zusammenarbeit und Kommunikation der Gerichte

(1) ¹Bei Insolvenzverfahren über das Vermögen von zwei oder mehr Mitgliedern
derselben Unternehmensgruppe arbeitet ein Gericht, das ein solches Verfahren eröffnet
hat, mit Gerichten, die mit einem Antrag auf Eröffnung eines Insolvenzverfahrens über
das Vermögen eines anderen Mitglieds derselben Unternehmensgruppe befasst sind oder
die ein solches Verfahren eröffnet haben, zusammen, soweit diese Zusammenarbeit
eine wirksame Verfahrensführung erleichtern kann, mit den für die einzelnen Verfahren
geltenden Vorschriften vereinbar ist und keine Interessenkonflikte nach sich zieht. ²Die
Gerichte können hierzu bei Bedarf eine unabhängige Person oder Stelle bestellen bzw.
bestimmen, die auf ihre Weisungen hin tätig wird, sofern dies mit den für sie geltenden
Vorschriften vereinbar ist.
(2) Bei der Durchführung der Zusammenarbeit nach Absatz 1 können die Gerichte
oder eine von ihnen bestellte bzw. bestimmte und in ihrem Auftrag tätige Person oder
Stelle im Sinne des Absatzes 1 direkt miteinander kommunizieren oder einander direkt
um Informationen und Unterstützung ersuchen, vorausgesetzt, bei dieser Kommunikation werden die Verfahrensrechte der Verfahrensbeteiligten sowie die Vertraulichkeit der
Informationen gewahrt.
(3) ¹Die Zusammenarbeit im Sinne des Absatzes 1 kann auf jedem von dem Gericht
als geeignet erachteten Weg erfolgen. ²Sie kann insbesondere Folgendes betreffen:
a) die Koordinierung bei der Bestellung von Verwaltern,
b) die Mitteilung von Informationen auf jedem von dem betreffenden Gericht als geeignet erachteten Weg,
c) die Koordinierung der Verwaltung und Überwachung der Insolvenzmasse und
Geschäfte der Mitglieder der Unternehmensgruppe,

d) die Koordinierung der Verhandlungen,
e) soweit erforderlich die Koordinierung der Zustimmung zu einer Verständigung der Verwalter.

Überblick

Durch Art. 57 wird die Kooperation der Gerichte geregelt und diese zu einer umfassenden Zusammenarbeit verpflichtet. Diese Kooperationspflicht wird in Abs. 1 allgemein definiert. In den Abs. 2 und 3 werden verschiedene Einzelheiten der Kooperation adressiert.

A. Kooperationspflicht der Gerichte (Abs. 1)

1   Nach Abs. 1 sind die Gerichte im Rahmen einer Konzerninsolvenz verpflichtet, mit anderen Gerichten zusammenzuarbeiten. Diese Pflicht steht aber unter dem Vorbehalt, dass diese Zusammenarbeit eine **wirksame Verfahrensführung** erleichtern kann, mit den für die einzelnen Verfahren geltenden Vorschriften vereinbar ist und **keine Interessenkonflikte** nach sich zieht.
2   Die Gerichte können nach Abs. 1 S. 2 bei Bedarf eine **unabhängige Person oder Stelle** bestellen bzw. bestimmen, die auf ihre Weisungen hin tätig wird, sofern dies mit den für sie geltenden Vorschriften vereinbar ist.

B. Kommunikation der Gerichte untereinander (Abs. 2)

3   Durch Abs. 2 wird den Gerichten einer Konzerninsolvenz gestattet, miteinander oder über die von ihnen bestellte bzw. bestimmte und in ihrem Auftrag tätige Person oder Stelle zu **kommunizieren**. Daher sind etwaige entgegenstehende nationale Regelungen unbeachtlich.
4   Voraussetzung für die Kommunikation ist es aber, dass die **Verfahrensrechte der Verfahrensbeteiligten** sowie die **Vertraulichkeit der Informationen** gewahrt werden.

C. Art und Weise der Zusammenarbeit (Abs. 3)

I. Freie Gestaltung der Zusammenarbeit (Abs. 3 S. 1)

5   Für die Art und Weise der Zusammenarbeit macht Abs. 3 S. 1 keine Vorgaben, sodass diese auf jedem von dem Gericht **als geeignet erachteten Weg** erfolgen kann.

II. Spezielle Formen der Zusammenarbeit (Abs. 3 S. 2)

6   Durch Abs. 3 S. 2 werden **typische Kooperationsmöglichkeiten** benannt, ohne dass diese Aufzählung aber abschließender Natur wäre.
7   So können sich die Gerichte bei der **Bestellung von Verwaltern** koordinieren (lit. a).
8   Zudem können sie Informationen auf jedem von den betreffenden Gericht als geeignet erachteten Weg **austauschen** (lit. b).
9   Weiterhin können sich bei der **Koordinierung der Verwaltung** und Überwachung der Insolvenzmasse und Geschäfte der Mitglieder der Unternehmensgruppe austauschen (lit. c).
10 Auch eine **Koordinierung der Verhandlungen** kann erfolgen (lit. d).
11 Schließlich kann auch eine Koordinierung der Zustimmung zu einer **Verständigung der Verwalter** erfolgen (lit. d).

Artikel 58 Zusammenarbeit und Kommunikation zwischen Verwaltern und Gerichten

Ein Verwalter, der in einem Insolvenzverfahren über das Vermögen eines Mitglieds einer Unternehmensgruppe bestellt worden ist,
a) arbeitet mit jedem Gericht, das mit einem Antrag auf Eröffnung eines Insolvenzverfahrens über das Vermögen eines anderen Mitglieds derselben Unternehmensgruppe befasst ist oder das ein solches Verfahren eröffnet hat, zusammen und kommuniziert mit diesem und
b) kann dieses Gericht um Informationen zum Verfahren über das Vermögen des anderen Mitgliedes der Unternehmensgruppe oder um Unterstützung in dem Verfahren, für das er bestellt worden ist, ersuchen,

soweit eine solche Zusammenarbeit und Kommunikation die wirkungsvolle Verfahrensführung erleichtern können, keine Interessenkonflikte nach sich ziehen und mit den für die Verfahren geltenden Vorschriften vereinbar sind.

Überblick

Durch Art. 58 wird die Kooperation der Insolvenzverwalter mit den Gerichten näher konkretisiert. Nach lit. a ist der Verwalter verpflichtet, mit jedem anderen Gericht im Rahmen der Gruppeninsolvenz zusammenzuarbeiten und mit diesem zu kommunizieren. Darüber hinaus kann der Verwalter von diesen Gerichten nach lit. b auch Informationen verlangen und diese um Unterstützung ersuchen.

A. Kooperation der Verwalter mit den übrigen Gerichten (lit. a)

Nach lit. a ist jeder Verwalter, der in einem Insolvenzverfahren über das Vermögen eines **1** Mitglieds einer Unternehmensgruppe bestellt worden ist, verpflichtet, mit jedem Gericht **zusammenzuarbeiten**, das mit einem Antrag auf Eröffnung eines Insolvenzverfahrens über das Vermögen eines anderen Mitglieds derselben Unternehmensgruppe befasst ist oder das ein solches Verfahren eröffnet hat. Dies schließt die Kommunikation mit diesem Gericht ein.

Voraussetzung für eine solche Zusammenarbeit und Kommunikation ist, dass diese die wir- **2** kungsvolle **Verfahrensführung erleichtern** kann, **keine Interessenkonflikte** nach sich zieht und **mit den für die Verfahren geltenden Vorschriften vereinbar** ist.

B. Auskunftsrecht der Verwalter gegenüber den anderen Gerichten (lit. b)

Zudem kann der Verwalter nach lit. b dieses Gericht um **Informationen zum Verfahren** **3** über das Vermögen des anderen Mitglieds der Unternehmensgruppe oder um Unterstützung in dem Verfahren, für das er bestellt worden ist, ersuchen.

Auch in diesem Zusammenhang ist es erforderlich, dass die Auskunft die wirkungsvolle **Verfah- 4 rensführung erleichtern** kann, **keine Interessenkonflikte** nach sich zieht und **mit den für die Verfahren geltenden Vorschriften vereinbar** ist.

Artikel 59 Kosten der Zusammenarbeit und Kommunikation bei Verfahren über das Vermögen von Mitgliedern einer Unternehmensgruppe

Die Kosten der Zusammenarbeit und Kommunikation nach den Artikeln 56 bis 60, die einem Verwalter oder einem Gericht entstehen, gelten als Kosten und Auslagen des Verfahrens, in dem sie angefallen sind.

Durch Art. 59 werden die Kosten für die Zusammenarbeit und der Kommunikation im Rah- **1** men der Unternehmensgruppe geregelt.

Art. 59 stellt den Grundsatz auf, dass **jedes Verfahren seine Kosten selbst zu tragen hat.** **2** Insofern können die Verwalter oder Gericht untereinander keine Kostenerstattung verlangen. Es steht ihnen aber frei, eine Kostenteilung zu vereinbaren, soweit das nach nationalem Recht zulässig ist.

Artikel 60 Rechte des Verwalters bei Verfahren über das Vermögen von Mitgliedern einer Unternehmensgruppe

(1) Der Verwalter eines über das Vermögen eines Mitglieds einer Unternehmensgruppe eröffneten Insolvenzverfahrens kann, soweit dies eine effektive Verfahrensführung erleichtern kann,
a) in jedem über das Vermögen eines anderen Mitglieds derselben Unternehmensgruppe eröffneten Verfahren gehört werden,
b) eine Aussetzung jeder Maßnahme im Zusammenhang mit der Verwertung der Masse in jedem Verfahren über das Vermögen eines anderen Mitglieds derselben Unternehmensgruppe beantragen, sofern

i) für alle oder einige Mitglieder der Unternehmensgruppe, über deren Vermögen ein Insolvenzverfahren eröffnet worden ist, ein Sanierungsplan gemäß Artikel 56 Absatz 2 Buchstabe c vorgeschlagen wurde und hinreichende Aussicht auf Erfolg hat;
　　ii) die Aussetzung notwendig ist, um die ordnungsgemäße Durchführung des Sanierungsplans sicherzustellen;
　　iii) der Sanierungsplan den Gläubigern des Verfahrens, für das die Aussetzung beantragt wird, zugute käme und
　　iv) weder das Insolvenzverfahren, für das der Verwalter gemäß Absatz 1 bestellt wurde, noch das Verfahren, für das die Aussetzung beantragt wird, einer Koordinierung gemäß Abschnitt 2 dieses Kapitels unterliegt;
　c) die Eröffnung eines Gruppen-Koordinationsverfahrens gemäß Artikel 61 beantragen.

(2) Das Gericht, das das Verfahren nach Absatz 1 Buchstabe b eröffnet hat, setzt alle Maßnahmen im Zusammenhang mit der Verwertung der Masse in dem Verfahren ganz oder teilweise aus, wenn es sich überzeugt hat, dass die Voraussetzungen nach Absatz 1 Buchstabe b erfüllt sind.

¹Vor Anordnung der Aussetzung hört das Gericht den Verwalter des Insolvenzverfahrens, für das die Aussetzung beantragt wird. ²Die Aussetzung kann für jeden Zeitraum bis zu drei Monaten angeordnet werden, den das Gericht für angemessen hält und der mit den für das Verfahren geltenden Vorschriften vereinbar ist.

Das Gericht, das die Aussetzung anordnet, kann verlangen, dass der Verwalter nach Absatz 1 alle geeigneten Maßnahmen nach nationalem Recht zum Schutz der Interessen der Gläubiger des Verfahrens ergreift.

Das Gericht kann die Dauer der Aussetzung um einen weiteren Zeitraum oder mehrere weitere Zeiträume verlängern, die es für angemessen hält und die mit den für das Verfahren geltenden Vorschriften vereinbar sind, sofern die in Absatz 1 Buchstabe b Ziffern ii bis iv genannten Voraussetzungen weiterhin erfüllt sind und die Gesamtdauer der Aussetzung (die anfängliche Dauer zuzüglich aller Verlängerungen) sechs Monate nicht überschreitet.

Überblick

Durch Art. 60 werden die Rechte des Insolvenzverwalters in einem Gruppeninsolvenzverfahren geregelt. Diese reichen von einem Anhörungsrecht (Abs. 1 lit. a), über das Antragsrecht auf Aussetzung (Abs. 1 lit. b) bis hin zum Recht auf Beantragung der Eröffnung eines Gruppen-Koordinierungsverfahrens (Abs. 1 lit. c). Durch Abs. 2 wird insbesondere die Aussetzung der Verwertung der Insolvenzmasse geregelt.

A. Rechte der Verwalter in anderen Verfahren (Abs. 1)

1　Durch Abs. 1 werden die **zentralen Rechte der Verwalter in den anderen Verfahren** adressiert. Diese Rechte berühren nicht die Rechte, die sich aus der Gesellschafterstellung des Schuldners bei anderen gruppenzugehörigen Schuldnern ergeben. Diese bestehen unter Anwendung des jeweiligen Gesellschaftsrechts fort.

I. Anhörung in anderen Verfahren (lit. a)

2　Der Verwalter kann – soweit dies eine **effektive Verfahrensführung** erleichtern kann – zunächst nach lit. a in jedem über das Vermögen eines anderen Mitglieds derselben Unternehmensgruppe eröffneten Verfahren gehört werden.

II. Beantragung der Aussetzung von Maßnahmen (lit. b)

3　Darüber hinaus kann er nach lit. b eine Aussetzung jeder Maßnahme im Zusammenhang mit der **Verwertung der Masse** in jedem Verfahren über das Vermögen eines anderen Mitglieds derselben Unternehmensgruppe beantragen.

4　Voraussetzung dafür ist nach Ziff. i zunächst aber, dass für alle oder einige Mitglieder der Unternehmensgruppe, über deren Vermögen ein Insolvenzverfahren eröffnet worden ist, ein **Sanierungsplan** gem. Art. 56 Abs. 2 lit. c (→ Art. 56 Rn. 9) vorgeschlagen wurde und hinreichende Aussicht auf Erfolg hat.

Weiterhin muss die Aussetzung nach Ziff. ii notwendig sein, um die ordnungsgemäße **Durch-** 5
führung des Sanierungsplans sicherzustellen.
Zudem muss der Sanierungsplan den Gläubigern des Verfahrens, für das die Aussetzung bean- 6
tragt wird, **zugute kommen** (Ziff. iii).
Schließlich darf nach Ziff. iv weder das Insolvenzverfahren, für das der Verwalter gem. Abs. 1 7
bestellt wurde, noch das Verfahren, für das die Aussetzung beantragt wird, einer Koordinierung
im Rahmen eines **Gruppen-Koordinierungsverfahrens** unterliegen.

III. Beantragung der Eröffnung eines Gruppen-Koordinationsverfahrens (lit. c)

Schließlich kann der Verwalter auch die **Eröffnung eines Gruppen-Koordinationsverfah-** 8
rens beantragen (lit. c) und damit eine deutliche umfangreichere Zusammenarbeit herbeiführen.

B. Aussetzung der Verwertung (Abs. 2)

Das Gericht, das das Verfahren nach Abs. 1 lit. b eröffnet hat, setzt alle Maßnahmen im Zusam- 9
menhang mit der Verwertung der Masse in dem Verfahren ganz oder teilweise aus, wenn es sich
überzeugt hat, dass die **Voraussetzungen nach Abs. 1 lit. b erfüllt sind**.
Vor der Aussetzung muss das Gericht aber den Verwalter des Insolvenzverfahrens **anhören**, für 10
das die Aussetzung beantragt wird (UAbs. 2 S. 1).
Die Aussetzung kann für einen **Zeitraum von bis zu drei Monaten** angeordnet werden. 11
Den Zeitraum der Aussetzung legt das Gericht nach pflichtgemäßem Ermessen mit den für das
Verfahren geltenden Vorschriften fest (UAbs. 2 S. 2).
Bei der Aussetzung kann das Gericht nach UAbs. 3 verlangen, dass der Verwalter nach Abs. 1 12
alle geeigneten Maßnahmen nach nationalem Recht zum **Schutz der Interessen der Gläubiger**
des Verfahrens ergreift.
Schließlich kann die Aussetzung nach UAbs. 4 auch um **einen weiteren Zeitraum oder** 13
mehrere weitere Zeiträume verlängert werden. Voraussetzung dafür ist, dass das Gericht dies
für angemessen hält und dass dies mit den für das Verfahren geltenden Vorschriften vereinbar
ist. Zudem ist eine Verlängerung nur möglich, wenn die in Abs. 1 lit. b Ziff. ii–iv genannten
Voraussetzungen weiterhin erfüllt sind und die Gesamtdauer der Aussetzung (die anfängliche Dauer
zuzüglich aller Verlängerungen) sechs Monate nicht überschreitet.

Artikel 61 Antrag auf Eröffnung eines Gruppen-Koordinationsverfahrens

(1) Ein Gruppen-Koordinationsverfahren kann von einem Verwalter, der in einem Insolvenzverfahren über das Vermögen eines Mitglieds der Gruppe bestellt worden ist, bei jedem Gericht, das für das Insolvenzverfahren eines Mitglieds der Gruppe zuständig ist, beantragt werden.

(2) Der Antrag nach Absatz 1 erfolgt gemäß dem für das Verfahren, in dem der Verwalter bestellt wurde, geltenden Recht.

(3) Dem Antrag nach Absatz 1 ist Folgendes beizufügen:
a) ein Vorschlag bezüglich der Person, die zum Gruppenkoordinator (im Folgenden: „Koordinator") ernannt werden soll, Angaben zu ihrer Eignung nach Artikel 71, Angaben zu ihren Qualifikationen und ihre schriftliche Zustimmung zur Tätigkeit als Koordinator;
b) eine Darlegung der vorgeschlagenen Gruppen-Koordination, insbesondere der Gründe, weshalb die Voraussetzungen nach Artikel 63 Absatz 1 erfüllt sind;
c) eine Liste der für die Mitglieder der Gruppe bestellten Verwalter und gegebenenfalls die Gerichte und zuständigen Behörden, die in den Insolvenzverfahren über das Vermögen der Mitglieder der Gruppe betroffen sind;
d) eine Darstellung der geschätzten Kosten der vorgeschlagenen Gruppen-Koordination und eine Schätzung des von jedem Mitglied der Gruppe zu tragenden Anteils dieser Kosten.

Überblick

Durch Art. 61 werden die Voraussetzungen für die Eröffnung eines Gruppen-Koordinationsverfahrens näher geregelt. Während Abs. 1 das Antragsrecht adressiert, trifft Abs. 2 eine Regelung

A. Antrag auf Einleitung eines Gruppen-Koordinationsverfahrens (Abs. 1)

1 Durch Abs. 1 wird das **Antragsrecht auf Eröffnung eines Gruppen-Koordinationsverfahrens** jedem Verwalter zugewiesen, der in einem Insolvenzverfahren über das Vermögen eines Mitglieds der Gruppe bestellt worden ist. Voraussetzung ist dabei die wirksame Bestellung. Andere Personen wie etwa Gläubiger haben kein Antragsrecht.

2 Zudem regelt Abs. 1 die **Zuständigkeit für die Eröffnung eines Gruppen-Koordinationsverfahrens**. Eine solches kann bei jedem Gericht beantragt werden, das für das Insolvenzverfahren eines Mitglieds der Gruppe zuständig ist.

B. Anwendbares Recht für den Antrag (Abs. 2)

3 Der Antrag auf Eröffnung eines Gruppen-Koordinationsverfahrens richtet sich nach dem **Recht des Mitgliedstaates, in dem der Verwalter bestellt wurde.** Es kommt daher für jeden Verwalter ein anderes Antragsrecht zur Anwendung. Eine Rechtswahl ist nicht – auch nicht unter Einschluss aller Verwalter – möglich.

C. Inhalt des Antrags (Abs. 3)

4 Dem Antrag müssen die in Abs. 3 genannten Bestandteile beigefügt werden.

5 Dabei handelt es sich nach lit. a zunächst um einen **Vorschlag bezüglich der Person,** die zum Gruppenkoordinator ernannt werden soll. Insofern sind auch Angaben zur Eignung nach Art. 71, Angaben zu den Qualifikationen und die schriftliche Zustimmung zur Tätigkeit als Koordinator beizufügen.

6 Weiterhin muss die **Erforderlichkeit der vorgeschlagenen Gruppen-Koordination** dargelegt werden. Insofern sind auch die Gründe zu nennen, weshalb die Voraussetzungen nach Art. 63 Abs. 1 erfüllt sind (lit. b).

7 Zudem muss nach lit. c eine **Liste der für die Mitglieder der Gruppe bestellten Verwalter** und ggf. die Gerichte und zuständigen Behörden beigefügt werden, die in den Insolvenzverfahren über das Vermögen der Mitglieder der Gruppe betroffen sind.

8 Schließlich müssen die geschätzten **Kosten der vorgeschlagenen Gruppen-Koordination** sowie eine Schätzung des von jedem Mitglied der Gruppe zu tragenden Anteils dieser Kosten angegeben werden (lit. d).

Artikel 62 Prioritätsregel

Unbeschadet des Artikels 66 gilt Folgendes: Wird die Eröffnung eines Gruppen-Koordinationsverfahrens bei Gerichten verschiedener Mitgliedstaaten beantragt, so erklären sich die später angerufenen Gerichte zugunsten des zuerst angerufenen Gerichts für unzuständig.

1 Durch Art. 62 wird eine allgemeine Prioritätsregel für die Beantragung eines Gruppen-Koordinationsverfahrens aufgestellt.

2 Bei der Beantragung mehrerer Gruppen-Koordinationsverfahren gilt nach Art. 62 das **Prioritätsprinzip,** sodass sich stets das zuerst angerufene Gericht durchsetzt. Alle anderen Gerichte müssen sich für unzuständig erklären. Die Durchsetzung dieses Prioritätsprinzips wird durch die Mitteilungspflichten der befassten Gerichte nach Art. 63 sichergestellt.

3 Das Prioritätsprinzip gilt ausweislich Art. 62 nicht, wenn eine **Prorogation nach Art. 66** vorgenommen wurde. In diesem Fall ist das prorogierte Gericht als Koordinationsgericht zuständig.

Artikel 63 Mitteilung durch das befasste Gericht

(1) Das mit einem Antrag auf Eröffnung eines Gruppen-Koordinationsverfahrens befasste Gericht unterrichtet so bald als möglich die für die Mitglieder der Gruppe bestellten Verwalter, die im Antrag gemäß Artikel 61 Absatz 3 Buchstabe c angegeben

Einwände von Verwaltern | **Art. 64 EuInsVO**

sind, über den Antrag auf Eröffnung eines Gruppen-Koordinationsverfahrens und den vorgeschlagenen Koordinator, wenn es davon überzeugt ist, dass
a) die Eröffnung eines solchen Verfahrens die effektive Führung der Insolvenzverfahren über das Vermögen der verschiedenen Mitglieder der Gruppe erleichtern kann,
b) nicht zu erwarten ist, dass ein Gläubiger eines Mitglieds der Gruppe, das voraussichtlich am Verfahren teilnehmen wird, durch die Einbeziehung dieses Mitglieds in das Verfahren finanziell benachteiligt wird, und
c) der vorgeschlagene Koordinator die Anforderungen gemäß Artikel 71 erfüllt.

(2) In der Mitteilung nach Absatz 1 dieses Artikels sind die in Artikel 61 Absatz 3 Buchstaben a bis d genannten Bestandteile des Antrags aufzulisten.

(3) Die Mitteilung nach Absatz 1 ist eingeschrieben mit Rückschein aufzugeben.

(4) Das befasste Gericht gibt den beteiligten Verwaltern die Gelegenheit, sich zu äußern.

Überblick

Mit Abs. 1 wird die Pflicht für das mit einem Antrag auf Eröffnung eines Gruppen-Koordinationsverfahrens befassten Gericht statuiert, die Verwalter darüber zu informieren. Dazu regeln Abs. 2–4 die weiteren Einzelheiten.

A. Unterrichtungspflicht des mit einem Antrag befassten Gerichts (Abs. 1)

Nach Abs. 1 besteht für das bei der Antragstellung angerufene Gericht die Pflicht, so bald als 1 möglich die für die Mitglieder der Gruppe bestellten Verwalter, die im Antrag gem. Art. 61 Abs. 3 lit. c (→ Art. 61 Rn. 7) angegeben sind, über den Antrag auf Eröffnung eines Gruppen-Koordinationsverfahrens und den vorgeschlagenen Koordinator **zu informieren**. Diese Unterrichtungspflicht steht unter dem Vorbehalt, dass die Voraussetzungen der lit. a–c kumulativ erfüllt sind. Insofern findet eine Vorprüfung durch das Gericht statt, um zu verhindern, dass aussichtslose Anträge bereits unter den Verwaltern zirkuliert werden.

Diese Pflicht steht zunächst unter dem Vorbehalt, dass die Eröffnung eines solchen Verfahrens 2 die **effektive Führung der Insolvenzverfahren** über das Vermögen der verschiedenen Mitglieder der Gruppe erleichtern kann (lit. a).

Darüber hinaus darf nicht zu erwarten sein, dass ein Gläubiger eines Mitglieds der Gruppe, das 3 voraussichtlich am Verfahren teilnehmen wird, durch die Einbeziehung dieses Mitglieds in das Verfahren **finanziell benachteiligt** wird (lit. b).

Schließlich muss der vorgeschlagene Koordinator die **Anforderungen nach Art. 71** erfüllen. 4

B. Inhalt der Mitteilung (Abs. 2)

Die Mitteilung des angerufenen Gerichts muss die in Art. 61 Abs. 3 lit. a–d (→ Rn. 4 ff.) 5 **genannten Bestandteile** einzeln auflisten.

C. Art und Weise der Mitteilung (Abs. 3)

Abs. 3 regelt die Art und Weise der Mitteilung und sieht insofern vor, dass für die Übermittlung 6 ein **Einschreiben mit Rückschein** verwendet werden muss.

D. Äußerungsmöglichkeit der beteiligten Verwalter (Abs. 4)

Schließlich muss das befasste Gericht nach Abs. 4 den beteiligten Verwaltern die Möglichkeit 7 geben, sich zu äußern. Damit wird der **Anspruch auf rechtliches Gehör** umgesetzt.

Artikel 64 Einwände von Verwaltern

(1) Ein für ein Mitglied einer Gruppe bestellter Verwalter kann Einwände erheben gegen
a) die Einbeziehung des Insolvenzverfahrens, für das er bestellt wurde, in ein Gruppen-Koordinationsverfahren oder
b) die als Koordinator vorgeschlagene Person.

(2) Einwände nach Absatz 1 dieses Artikels sind innerhalb von 30 Tagen nach Eingang der Mitteilung über den Antrag auf Eröffnung eines Gruppen-Koordinationsverfahrens durch den Verwalter gemäß Absatz 1 dieses Artikels bei dem Gericht nach Artikel 63 zu erheben.

Der Einwand kann mittels des nach Artikel 88 eingeführten Standardformulars erhoben werden.

(3) Vor der Entscheidung über eine Teilnahme bzw. Nichtteilnahme an der Koordination gemäß Absatz 1 Buchstabe a hat ein Verwalter die Genehmigungen, die gegebenenfalls nach dem Recht des Staats der Verfahrenseröffnung, für das er bestellt wurde, erforderlich sind, zu erwirken.

Überblick

Art. 64 regelt die Befugnisse der Verwalter, Einwände gegen die Einbeziehung eines Insolvenzverwalters in das Gruppen-Koordinationsverfahren oder gegen die als Koordinator vorgeschlagene Person. Diese Einwände sind nach Abs. 2 innerhalb von 30 Tagen zu erheben. Soweit der Verwalter dafür nach dem nationalen Insolvenzrecht einer Genehmigung bedarf, muss er diese vor der Entscheidung über eine Teilnahme bzw. Nichtteilnahme an der Koordination erwirken (Abs. 3).

A. Befugnis zur Erhebung von Einwänden (Abs. 1)

1   Nach Abs. 1 kann jeder für ein Mitglied einer Gruppe bestellte Verwalter Einwände im Rahmen des Gruppen-Koordinationsverfahrens erheben.

2   Dabei handelt es sich zunächst um den Einwand gegen die **Einbeziehung in das Gruppen-Koordinationsverfahren** überhaupt (lit. a).

3   Darüber hinaus kann jeder Verwalter aber auch **Einwände gegen die vorgeschlagene Person des Koordinators** erheben (lit. b). Die Folgen der Einwände regelt Art. 67.

B. Frist für die Erhebung von Einwänden (Abs. 2)

4   Für die nach Abs. 1 zu erhebenden Einwände besteht eine Frist von 30 Tagen. Fristbeginn ist ausweislich Abs. 2 der Eingang der Mitteilung nach Art. 63 Abs. 1 (→ Art. 63 Rn. 1 ff.) beim Verwalter. Der Nachweis des **Fristbeginns** kann anhand des Einschreibens mit Rückschein nach Art. 63 Abs. 3 (→ Art. 63 Rn. 6) erfolgen. Einwände, die nach Ablauf der Frist erhoben werden, können vom Gericht nicht mehr berücksichtigt werden.

5   Für den Einwand kann das nach Art. 88 eingeführte **Standardformular** verwendet werden, ohne dass dessen Verwendung für die Wirksamkeit der Erhebung des Einwands aber erforderlich ist (UAbs. 2).

C. Genehmigungsbedürftigkeit der Erhebung von Einwänden (Abs. 3)

6   Der Verwalter muss vor seiner Entscheidung über die Teilnahme an dem Gruppen-Koordinationsverfahren die nach dem auf ihn anwendbaren Recht erforderlichen **Genehmigungen** einholen (→ Rn. 6.1).

6.1   Der **deutsche Insolvenzverwalter** muss die Genehmigung des Gläubigerausschusses bzw. der Gläubigerversammlung nach § 160 InsO einholen.

Artikel 65 Folgen eines Einwands gegen die Einbeziehung in ein Gruppen-Koordinationsverfahren

(1) Hat ein Verwalter gegen die Einbeziehung des Verfahrens, für das er bestellt wurde, in ein Gruppen-Koordinationsverfahren Einwand erhoben, so wird dieses Verfahren nicht in das Gruppen-Koordinationsverfahren einbezogen.

(2) Die Befugnisse des Gerichts gemäß Artikel 68 oder des Koordinators, die sich aus diesem Verfahren ergeben, haben keine Wirkung hinsichtlich des betreffenden Mitglieds und ziehen keine Kosten für dieses Mitglied nach sich.

Überblick

Wenn ein Verwalter einen Einwand gegen die Einbeziehung in ein Gruppen-Koordinationsverfahren erhebt, wird sein Verfahren nicht in das Gruppen-Koordinationsverfahren einbezogen (Abs. 1). Zudem erstrecken sich die Befugnisse des Koordinators nicht auf dieses Verfahren (Abs. 2).

A. Fehlende Einbeziehung eines Verfahrens bei Erhebung von Einwänden durch den Verwalter (Abs. 1)

1   Wenn ein Insolvenzverwalter einen Einwand gegen die Einbeziehung erhoben hat, führt dies nach Abs. 1 dazu, dass dieses Verfahren **nicht in das Gruppen-Koordinationsverfahren einbezogen** wird. Allerdings besteht die Möglichkeit eines nachträglichen Opt-in nach Art. 69.

B. Keine Wirkungserstreckung des Gruppen-Koordinationsverfahrens auf dieses Verfahren (Abs. 2)

2   Bei einer fehlenden Einbeziehung eines Verfahrens bei Erhebung von Einwänden durch den Verwalter kommen dem Koordinator oder dem Koordinationsgericht auch keine Befugnisse im Hinblick auf dieses Verfahren zu. Ebenso wenig kann dieses Verfahren mit den **Kosten des Gruppen-Koordinationsverfahren** belastet werden.

Artikel 66 Wahl des Gerichts für ein Gruppen-Koordinationsverfahren

(1) Sind sich mindestens zwei Drittel aller Verwalter, die für Insolvenzverfahren über das Vermögen der Mitglieder der Gruppe bestellt wurden, darüber einig, dass ein zuständiges Gericht eines anderen Mitgliedstaats am besten für die Eröffnung eines Gruppen-Koordinationsverfahrens geeignet ist, so ist dieses Gericht ausschließlich zuständig.

(2) ¹Die Wahl des Gerichts erfolgt als gemeinsame Vereinbarung in Schriftform oder wird schriftlich festgehalten. ²Sie kann bis zum Zeitpunkt der Eröffnung des Gruppen-Koordinationsverfahrens gemäß Artikel 68 erfolgen.

(3) Jedes andere als das gemäß Absatz 1 befasste Gericht erklärt sich zugunsten dieses Gerichts für unzuständig.

(4) Der Antrag auf Eröffnung eines Gruppen-Koordinationsverfahrens wird bei dem vereinbarten Gericht gemäß Artikel 61 eingereicht.

Überblick

Durch Art. 66 wird den Insolvenzverwaltern der einzelnen Verfahren die Möglichkeit gegeben, ein Gericht eines anderen Mitgliedstaates für die Eröffnung eines Gruppen-Koordinationsverfahrens für zuständig zu erklären. Diese Wahl muss nach Abs. 2 schriftlich erfolgen. Damit sind alle anderen Gerichte unzuständig (Abs. 3). Der Antrag auf Eröffnung eines Gruppen-Koordinationsverfahrens muss dann bei diesem Gericht gestellt werden (Abs. 4).

A. Wahl der Zuständigkeit des Gerichts durch die Verwalter (Abs. 1)

1   Durch Abs. 1 wird die **Prorogation eines Gerichts** zur Eröffnung eines Gruppen-Koordinationsverfahrens ermöglicht. Voraussetzung dafür ist, dass sich mindestens zwei Drittel aller Verwalter, die für Insolvenzverfahren über das Vermögen der Mitglieder der Gruppe bestellt wurden, darüber einig sind, dass ein zuständiges Gericht eines anderen Mitgliedstaats am besten für die Eröffnung eines Gruppen-Koordinationsverfahrens geeignet ist. In diesem Fall ist dieses Gericht ausschließlich zuständig.

B. Formerfordernis für die Wahl des zuständigen Gerichts (Abs. 2)

2   Die Prorogation muss nach Abs. 2 S. 1 als **schriftliche Vereinbarung oder jedenfalls mit einer schriftlichen Fixierung** festgehalten werden. Diese schriftliche Vereinbarung oder schriftliche Fixierung muss bis zum Zeitpunkt der Eröffnung des Gruppen-Koordinationsverfahrens gem. Art. 68 erfolgen.

C. Unzuständigkeit aller anderen Gerichte (Abs. 3)

3 **Folge der Prorogation** ist nach Abs. 3, dass sich alle anderen Gerichte zugunsten des prorogierten Gerichts für unzuständig erklären.

D. Einreichung des Antrags auf Eröffnung eines Gruppen-Koordinationsverfahrens (Abs. 4)

4 Zudem muss der Antrag auf Eröffnung eines Gruppen-Koordinationsverfahrens bei dem prorogierten Gericht eingereicht werden. Insofern findet gerade **keine (automatische) Weiterverweisung** eines bereits angerufenen Gerichts statt.

Artikel 67 Folgen von Einwänden gegen den vorgeschlagenen Koordinator

Werden gegen die als Koordinator vorgeschlagene Person Einwände von einem Verwalter vorgebracht, der nicht gleichzeitig Einwände gegen die Einbeziehung des Mitglieds, für das er bestellt wurde, in das Gruppen-Koordinationsverfahren erhebt, kann das Gericht davon absehen, diese Person zu bestellen und den Einwände erhebenden Verwalter auffordern, einen den Anforderungen nach Artikel 61 Absatz 3 entsprechenden neuen Antrag einzureichen.

1 Durch Art. 67 werden die Folgen von Einwänden gegen den vorgeschlagenen Koordinator geregelt.

2 Bei einer Erhebung von Einwänden gegen den vorgeschlagenen Koordinator durch einen Verwalter nach Art. 64 Abs. 1 lit. b kann das Gericht von einer Bestellung absehen. In diesem Fall kann das Gericht den die Einwände erhebenden Verwalter auffordern, einen den Anforderungen nach Art. 61 Abs. 3 entsprechenden neuen Antrag einzureichen. Dabei handelt es sich um eine **Ermessensentscheidung des Gerichts**.

Artikel 68 Entscheidung zur Eröffnung eines Gruppen-Koordinationsverfahrens

(1) ¹Nach Ablauf der in Artikel 64 Absatz 2 genannten Frist kann das Gericht ein Gruppen-Koordinationsverfahren eröffnen, sofern es davon überzeugt ist, dass die Voraussetzungen nach Artikel 63 Absatz 1 erfüllt sind. ²In diesem Fall hat das Gericht:
a) einen Koordinator zu bestellen,
b) über den Entwurf der Koordination zu entscheiden und
c) über die Kostenschätzung und den Anteil, der von den Mitgliedern der Gruppe zu tragen ist, zu entscheiden.

(2) Die Entscheidung zur Eröffnung eines Gruppen-Koordinationsverfahrens wird den beteiligten Verwaltern und dem Koordinator mitgeteilt.

Überblick

Durch Art. 67 wird die Entscheidung zur Eröffnung eines Gruppen-Koordinationsverfahrens geregelt. Nach Abs. 1 kann das angerufene Gericht ein Gruppen-Koordinationsverfahren eröffnen, wenn die Voraussetzungen von Art. 63 erfüllt sind. Diese Entscheidung wird nach Abs. 2 den beteiligten Verwaltern und dem Koordinator mitgeteilt.

A. Entscheidung zur Eröffnung eines Gruppen-Koordinationsverfahrens (Abs. 1)

1 Nach Ablauf der 30-Tage-Frist des Art. 64 Abs. 2 (→ Art. 64 Rn. 4 f.) kann das angerufene Gericht das Gruppen-Koordinationsverfahren **eröffnen**. Voraussetzung dafür ist aber, dass es von dem Vorliegen der Voraussetzungen nach Art. 63 Abs. 1 (→ Art. 63 Rn. 1 ff.) überzeugt ist (Abs. 1 S. 1). Wenn es dies nicht ist, muss der Antrag abgelehnt werden.

2 Soweit das Gericht vom Vorliegen der Voraussetzungen nach Art. 63 Abs. 1 überzeugt ist, muss es zunächst einen **Koordinator** bestellen (lit. a).

Weiterhin muss das Gericht über den **Entwurf der Koordination** entscheiden (lit. b). 3
Schließlich muss das Gericht über die **Kostenschätzung** und den Anteil, der von den Mitgliedern der Gruppe zu tragen ist, entscheiden (lit. c). 4
Die **Rechtsmittel** gegen die Eröffnungsentscheidung werden weder in Art. 68 noch in der EuInsVO insgesamt adressiert. Dies richtet sich folglich nach der lex fori des Koordinationsgerichts (→ Rn. 5.1). 5

Bei einer **Ablehnung der Eröffnung eines Gruppen-Koordinationsverfahrens in Deutschland** steht dem Antragsteller die sofortige Beschwerde zu (§ 34 InsO). Bei einer Eröffnung besteht das Beschwerderecht nach § 34 Abs. 2 InsO analog für alle Verwalter der beteiligten Verfahren (MMS/Schmidt Rn. 29). 5.1

B. Mitteilung der Eröffnungsentscheidung (Abs. 2)

Bei einer **Entscheidung zur Eröffnung eines Gruppen-Koordinationsverfahrens** wird dies den beteiligten Verwaltern und dem Koordinator nach Abs. 2 mitgeteilt. 6
Lehnt das Gericht den Antrag ab, ist hiervon nur der Antragsteller zu unterrichten. 7

Artikel 69 Nachträgliches Opt-in durch Verwalter

(1) Im Einklang mit dem dafür geltenden nationalen Recht kann jeder Verwalter im Anschluss an die Entscheidung des Gerichts nach Artikel 68 die Einbeziehung des Verfahrens, für das er bestellt wurde, beantragen, wenn
a) ein Einwand gegen die Einbeziehung des Insolvenzverfahrens in das Gruppen-Koordinationsverfahren erhoben wurde oder
b) ein Insolvenzverfahren über das Vermögen eines Mitglieds der Gruppe eröffnet wurde, nachdem das Gericht ein Gruppen-Koordinationsverfahren eröffnet hat.

(2) Unbeschadet des Absatzes 4 kann der Koordinator einem solchen Antrag nach Anhörung der beteiligten Verwalter entsprechen, wenn
a) er davon überzeugt ist, dass unter Berücksichtigung des Stands, den das Gruppen-Koordinationsverfahren zum Zeitpunkt des Antrags erreicht hat, die Voraussetzungen gemäß Artikel 63 Absatz 1 Buchstaben a und b erfüllt sind, oder
b) alle beteiligten Verwalter gemäß den Bestimmungen ihres nationalen Rechts zustimmen.

(3) Der Koordinator unterrichtet das Gericht und die am Verfahren teilnehmenden Verwalter über seine Entscheidung gemäß Absatz 2 und über die Gründe, auf denen sie beruht.

(4) Jeder beteiligte Verwalter und jeder Verwalter, dessen Antrag auf Einbeziehung in das Gruppen-Koordinationsverfahren abgelehnt wurde, kann die in Absatz 2 genannte Entscheidung gemäß dem Verfahren anfechten, das nach dem Recht des Mitgliedstaats, in dem das Gruppen-Koordinationsverfahren eröffnet wurde, bestimmt ist.

Überblick

Durch Art. 69 wird die Möglichkeit eines nachträglichen Opt-in geregelt. Dafür muss der Verwalter nach Abs. 1 einen Antrag stellen. Diesem Antrag muss der Koordinator nach Abs. 2 entsprechen, wenn die dort geregelten Voraussetzungen vorliegen. Nach Abs. 3 unterrichtet der Koordinator das Gericht und die am Verfahren teilnehmenden Verwalter über seine Entscheidung. Abs. 4 regelt schließlich die Anfechtungsbefugnis des Verwalters bei einer ablehnenden Entscheidung.

A. Nachträgliche Einbeziehung eines Verfahrens (Abs. 1)

Durch Abs. 1 wird ein **nachträgliches Opt-in** in ein Gruppen-Koordinationsverfahren ermöglicht. Dazu kann jeder Verwalter – sofern ihm das nationale Recht dies gestattet – die Einbeziehung beantragen. Voraussetzung dafür ist, dass ein Einwand gegen die Einbeziehung des Insolvenzverfahrens in das Gruppen-Koordinationsverfahren erhoben wurde (lit. a) oder aber ein Insolvenzverfahren über das Vermögen eines Mitglieds der Gruppe eröffnet wurde, nachdem das Gericht ein Gruppen-Koordinationsverfahren eröffnet hat (lit. b). 1

B. Rechte des Koordinators bei einem Antrag auf nachträgliche Einbeziehung eines Verfahrens (Abs. 2)

2   Durch Abs. 2 wird die **Befugnis des Koordinators** geregelt, einem solchen Antrag auf ein Opt-in zu entsprechen.

3   Der **Koordinator** kann einem solchen Antrag nach lit. a entsprechen, wenn er davon überzeugt ist, dass unter Berücksichtigung des Stands, den das Gruppen-Koordinationsverfahren zum Zeitpunkt des Antrags erreicht hat, die Voraussetzungen gem. Art. 63 Abs. 1 lit. a (→ Art. 63 Rn. 2) und lit. b (→ Art. 63 Rn. 3) erfüllt sind.

4   Ebenso kann er dem Antrag nach lit. b entsprechen, wenn **alle beteiligten Verwalter** gemäß den Bestimmungen ihres nationalen Rechts zustimmen.

C. Unterrichtung des Gerichts und der anderen Verwalter durch den Koordinator (Abs. 3)

5   Der Koordinator hat das Gericht und die anderen Verwalter von seiner **Entscheidung zu unterrichten.** Die Entscheidung muss begründet werden.

D. Anfechtung der ablehnenden Entscheidung (Abs. 4)

6   Nach Abs. 4 kann jeder beteiligte Verwalter und jeder Verwalter, dessen Antrag auf Einbeziehung in das Gruppen-Koordinationsverfahren abgelehnt wurde, die Entscheidung nach Abs. 2 (→ Rn. 2) gemäß dem Verfahren **anfechten,** das nach dem Recht des Mitgliedstaats, in dem das Gruppen-Koordinationsverfahren eröffnet wurde, bestimmt ist.

Artikel 70 Empfehlungen und Gruppen-Koordinationsplan

(1) Bei der Durchführung ihrer Insolvenzverfahren berücksichtigen die Verwalter die **Empfehlungen des Koordinators und den Inhalt des in Artikel 72 Absatz 1 genannten Gruppen-Koordinationsplans.**

(2) Ein Verwalter ist nicht verpflichtet, den Empfehlungen des Koordinators oder dem Gruppen-Koordinationsplan ganz oder teilweise Folge zu leisten.

Folgt er den Empfehlungen des Koordinators oder dem Gruppen-Koordinationsplan nicht, so informiert er die Personen oder Stellen, denen er nach seinem nationalen Recht Bericht erstatten muss, und den Koordinator über die Gründe dafür.

Überblick

Die Verwalter sollen nach Abs. 1 die Empfehlungen des Koordinators und des Gruppen-Koordinationsplans berücksichtigen. Abs. 2 stellt allerdings klar, dass dahingehend keine Pflicht besteht. Bei einer Nichtbefolgung sind die nach nationalem Recht zuständigen Stellen davon zu unterrichten.

A. Berücksichtigung der Empfehlungen des Koordinators und des Gruppen-Koordinationsplans durch die Verwalter (Abs. 1)

1   Durch Abs. 1 wird die Pflicht der beteiligten Verwalter begründet, bei der Durchführung ihrer Insolvenzverfahren die Empfehlungen des Koordinators und den Inhalt des in Art. 72 Abs. 1 (→ Art. 72 Rn. 1 ff.) genannten Gruppen-Koordinationsplans zu berücksichtigen. Dabei handelt es sich – wie Abs. 2 (→ Rn. 2) deutlich macht – nicht um eine Befolgungs-, sondern nur um eine Berücksichtigungspflicht. Damit ist im Wesentlichen aber nur verbunden, dass die Verwalter die Empfehlungen des Koordinators und des Gruppen-Koordinationsplans nicht einfach ignorieren dürfen. Weitere Folgen ergeben sich nicht.

B. Keine Befolgungspflicht für die Verwalter (Abs. 2)

2   Durch Abs. 2 wird klargestellt, dass die Verwalter **nicht verpflichtet** sind, den Empfehlungen des Koordinators oder dem Gruppen-Koordinationsplan ganz oder teilweise Folge zu leisten.

Aufgaben und Rechte des Koordinators **Art. 72 EuInsVO**

Entschließt sich ein Verwalter, den Empfehlungen des Koordinators oder dem Gruppen-Koor- 3
dinationsplan **nicht zu folgen,** muss er die Personen oder Stellen, denen er nach seinem nationalen
Recht Bericht erstatten muss, darüber informieren und dem Koordinator die Gründe für fehlende
Befolgung mitteilen. Insofern handelt es sich bei UAbs. 2 um eine Comply-or-Explain-Regelung
(MMS/Schmidt Rn. 4).

Artikel 71 Der Koordinator

(1) Der Koordinator muss eine Person sein, die nach dem Recht eines Mitgliedstaats geeignet ist, als Verwalter tätig zu werden.

(2) Der Koordinator darf keiner der Verwalter sein, die für ein Mitglied der Gruppe bestellt sind, und es darf kein Interessenkonflikt hinsichtlich der Mitglieder der Gruppe, ihrer Gläubiger und der für die Mitglieder der Gruppe bestellten Verwalter vorliegen.

A. Grundlagen

Durch Art. 71 werden die allgemeinen Anforderungen an den Koordinator geregelt, sodass es 1
sich dabei um eine **Sachnorm** handelt. Allerdings stellt Art. 71 keine eigenen Kriterien auf,
sondern verweist hinsichtlich der generellen Eignung auf mitgliedschaftliches Recht.

Das Vorliegen der Voraussetzungen von Art. 71 sind **von Amts wegen** iRv Art. 63 zu prüfen. 2
Eine erneute Prüfung muss vor Erlass der Eröffnungsentscheidung erfolgen.

B. Eignung des Koordinators (Abs. 1)

Der Koordinator muss nach Abs. 1 nach dem **Recht eines Mitgliedstaates** geeignet sein, als 3
Verwalter tätig werden zu können. Damit nimmt Abs. 1 Bezug auf irgendeinen Mitgliedstaat,
sodass gerade keine Eignung nach dem Gerichtsstaat des Gruppen-Koordinationsverfahrens bestehen muss (MüKoBGB/Kindler Rn. 3). Dabei reicht es auch aus, wenn die Eignung nach dem
Recht eines völlig unbeteiligten Mitgliedstaates besteht.

Da Abs. 1 eindeutig auf das Recht **eines** Mitgliedstaates Bezug nimmt, ist es auch möglich, 4
juristische Personen zum Koordinator zu bestellen. Dem steht auch nicht entgegen, dass dies
nach dem materiellen Insolvenzrecht vieler Mitgliedstaaten nicht möglich ist (aA MüKoBGB/
Kindler Rn. 5; MMS/Schmidt Rn. 5). Insbesondere wird damit nicht gegen den ordre public
nach Art. 33 verstoßen (aA MüKoBGB/Kindler Rn. 5).

C. Ausschlussgründe (Abs. 2)

Durch Abs. 2 wird ein autonomer Ausschlussgrund normiert, wonach der Koordinator keiner 5
der Verwalter sein darf, die für ein Mitglied der Gruppe bestellt sind. Insofern normiert Abs. 2
ein formelles **Verbot der Personenidentität.**

Weiterhin darf kein Interessenkonflikt hinsichtlich der Mitglieder der Gruppe, ihrer Gläubiger 6
und der für die Mitglieder der Gruppe bestellten Verwalter vorliegen. Dies ist nur dann der
Fall, wenn ein **konkreter Interessenkonflikt** vorliegt. Dafür ist schon eine Vorbefassung mit
insolvenzrechtlichen Angelegenheiten ausreichend (MüKoBGB/Kindler Rn. 7). Kein Interessenkonflikt liegt bei einer allgemeinen Beratung eines Gläubigers außerhalb des Insolvenzverfahrens
vor (MüKoBGB/Kindler Rn. 8).

Artikel 72 Aufgaben und Rechte des Koordinators

(1) Der Koordinator
a) **legt Empfehlungen für die koordinierte Durchführung der Insolvenzverfahren fest und stellt diese dar,**
b) **schlägt einen Gruppen-Koordinationsplan vor, der einen umfassenden Katalog geeigneter Maßnahmen für einen integrierten Ansatz zur Bewältigung der Insolvenz der Gruppenmitglieder festlegt, beschreibt und empfiehlt. Der Plan kann insbesondere Vorschläge enthalten zu**
   i) **den Maßnahmen, die zur Wiederherstellung der wirtschaftlichen Leistungsfähigkeit und der Solvenz der Gruppe oder einzelner Mitglieder zu ergreifen sind,**

ii) der Beilegung gruppeninterner Streitigkeiten in Bezug auf gruppeninterne Transaktionen und Anfechtungsklagen,

iii) Vereinbarungen zwischen den Verwaltern der insolventen Gruppenmitglieder.

(2) Der Koordinator hat zudem das Recht

a) in jedem Insolvenzverfahren über das Vermögen eines Mitglieds der Unternehmensgruppe gehört zu werden und daran mitzuwirken, insbesondere durch Teilnahme an der Gläubigerversammlung,

b) bei allen Streitigkeiten zwischen zwei oder mehr Verwaltern von Gruppenmitgliedern zu vermitteln,

c) seinen Gruppen-Koordinationsplan den Personen oder Stellen vorzulegen und zu erläutern, denen er aufgrund der nationalen Rechtsvorschriften seines Landes Bericht erstatten muss,

d) von jedem Verwalter Informationen in Bezug auf jedes Gruppenmitglied anzufordern, wenn diese Informationen bei der Festlegung und Darstellung von Strategien und Maßnahmen zur Koordinierung der Verfahren von Nutzen sind oder sein könnten, und

e) eine Aussetzung von Verfahren über das Vermögen jedes Mitglieds der Gruppe für bis zu sechs Monate zu beantragen, sofern die Aussetzung notwendig ist, um die ordnungsgemäße Durchführung des Plans sicherzustellen, und den Gläubigern des Verfahrens, für das die Aussetzung beantragt wird, zugute käme, oder die Aufhebung jeder bestehenden Aussetzung zu beantragen. Ein derartiger Antrag ist bei dem Gericht zu stellen, das das Verfahren eröffnet hat, für das die Aussetzung beantragt wird.

(3) Der in Absatz 1 Buchstabe b genannte Plan darf keine Empfehlungen zur Konsolidierung von Verfahren oder Insolvenzmassen umfassen.

(4) Die in diesem Artikel festgelegten Aufgaben und Rechte des Koordinators erstrecken sich nicht auf Mitglieder der Gruppe, die nicht am Gruppen-Koordinationsverfahren beteiligt sind.

(5) Der Koordinator übt seine Pflichten unparteiisch und mit der gebotenen Sorgfalt aus.

(6) Wenn nach Ansicht des Koordinators die Wahrnehmung seiner Aufgaben zu einer – im Vergleich zu der in Artikel 61 Absatz 3 Buchstabe d genannten Kostenschätzung – erheblichen Kostensteigerung führen wird, und auf jeden Fall, wenn die Kosten die geschätzten Kosten um 10 % übersteigen, hat der Koordinator

a) unverzüglich die beteiligten Verwalter zu informieren und

b) die vorherige Zustimmung des Gerichts einzuholen, das das Gruppen-Koordinationsverfahren eröffnet hat.

Überblick

Durch Art. 72 werden die allgemeinen Pflichten und Rechte des Koordinators geregelt.

A. Aufgaben des Koordinators (Abs. 1)

1   Dem Koordinator werden nach Abs. 1 eine **Reihe besonderer Kompetenzen** zugewiesen, ohne dass diese Aufzählung abschließender Natur ist.

2   Nach Abs. 1 lit. a legt der Koordinator die Empfehlungen für die koordinierte Durchführung der einzelnen Insolvenzverfahren fest und stellt diese klar. Da es sich nur um **Empfehlungen** handelt, haben diese keine unmittelbaren Auswirkungen auf den Pflichtenkatalog der Verwalter der einzelnen Insolvenzverfahren.

3   Darüber hinaus schlägt der Koordinator nach lit. b den **Gruppen-Koordinationsplan** vor. Diese Plan kann die in i–iii genannten Inhalte haben, ohne dass es sich dabei um eine abschließende Aufzählung handelt.

B. Rechte des Koordinators (Abs. 2)

4   Durch Abs. 2 werden die Rechte des Koordinators festgelegt. Auch dabei handelt es sich **um keine abschließende Aufzählung.**

Zunächst hat der Koordinator nach lit. a das Recht, in jedem Insolvenzverfahren über das **5** Vermögen eines Mitglieds der Unternehmensgruppe gehört zu werden und insbesondere durch **Teilnahme an der Gläubigerversammlung** daran mitzuwirken.

Weiterhin kann er bei allen **Streitigkeiten zwischen zwei oder mehr Verwaltern** von **6** Gruppenmitgliedern vermitteln (lit. b).

Zudem kann er **seinen Gruppen-Koordinationsplan** den Personen oder Stellen vorlegen **7** und erläutern, denen er aufgrund der nationalen Rechtsvorschriften seines Landes Bericht erstatten muss (lit. c).

Außerdem kann er von jedem Verwalter **Informationen in Bezug auf jedes Gruppenmit-** **8** **glied** anfordern, wenn diese Informationen bei der Festlegung und Darstellung von Strategien und Maßnahmen zur Koordinierung der Verfahren von Nutzen sind oder sein könnten (lit. d).

Schließlich kann er eine **Aussetzung von Verfahren** über das Vermögen jedes Mitglieds **9** der Gruppe für bis zu sechs Monate beantragen, sofern die Aussetzung notwendig ist, um die ordnungsgemäße Durchführung des Plans sicherzustellen, und den Gläubigern des Verfahrens, für das die Aussetzung beantragt wird, zugute käme (lit. e). Auch kann er die Aufhebung jeder bestehenden Aussetzung beantragen. Ein derartiger Antrag ist bei dem Gericht zu stellen, das das Verfahren eröffnet hat, für das die Aussetzung beantragt wird.

C. Keine Empfehlungen zur Konsolidierung von Verfahren oder Insolvenzmassen (Abs. 3)

Durch Abs. 3 wird eine erhebliche Einschränkung für den Inhalt des **Gruppen-Koordinati-** **10** **onsplans** aufgestellt, indem dieser keine Empfehlungen zur Konsolidierung von Verfahren oder Insolvenzmassen umfassen darf. Hintergrund dieser Beschränkung ist die Absicherung der Interessen der Gläubiger in den Einzelverfahren.

D. Keine Erstreckung auf Nicht-Gruppenmitglieder (Abs. 4)

Mit Abs. 4 wird die **beschränkte Wirkung des Gruppen-Koordinationsverfahrens** sicher- **11** gestellt. Danach erstrecken sich die Aufgaben und Rechte des Koordinators nicht auf die Mitglieder der Gruppe, die nicht am Gruppen-Koordinationsverfahrens beteiligt sind. Damit dient Abs. 4 der Klarstellung, da sich dieses Ergebnis schon unmittelbar aus der fehlenden Teilnahme an dem Gruppen-Koordinationsverfahren ergibt.

E. Pflichtenmaßstab für den Koordinator (Abs. 5)

Abs. 5 regelt den allgemeinen Pflichtenmaßstab für den Koordinator, der seine Pflichten unpar- **12** teiisch und mit der gebotenen Sorgfalt ausüben muss. Diese Begriffe sind **autonom auszulegen**, sodass insofern nicht auf das nationale Insolvenzrecht zurückgegriffen werden kann.

F. Hinweispflicht bei erheblichen Kostensteigerungen (Abs. 6)

Zum Schutz der Gläubiger der beteiligten Insolvenzverfahren sieht Abs. 6 eine Hinweispflicht **13** für den Koordinator für den Fall erheblicher Kostensteigerung. Dies ist insbesondere dann der Fall, wenn die Kosten die geschätzten Kosten um 10 % übersteigen werden. Der Koordinator muss dann nach lit. a unverzüglich die beteiligten Verwalter informieren und nach lit. b die vorherige Zustimmung des Gerichts einzuholen, das das Gruppen-Koordinationsverfahren eröffnet hat. Verweigert das Gericht die Zustimmung, müssen die **kostensteigernden Maßnahmen** unterbleiben.

Artikel 73 Sprachen

(1) Der Koordinator kommuniziert mit dem Verwalter eines beteiligten Gruppenmitglieds in der mit dem Verwalter vereinbarten Sprache oder bei Fehlen einer entsprechenden Vereinbarung in der Amtssprache oder in einer der Amtssprachen der Organe der Union und des Gerichts, das das Verfahren für dieses Gruppenmitglied eröffnet hat.

(2) Der Koordinator kommuniziert mit einem Gericht in der Amtssprache, die dieses Gericht verwendet.

Überblick

Durch Art. 73 wird die Frage der zu verwendenden Sprachen adressiert, in der der Koordinator mit den Verwaltern eines beteiligten Gruppenmitglieds oder dem Gericht kommunizieren soll.

A. Grundsatz

1   Aufgrund des grenzüberschreitenden Charakters des Gruppen-Koordinationsverfahrens stellt sich das **Problem der zwischen den Beteiligten zu verwendenden Sprache**. Dabei sieht Art. 73 zwei verschiedene Grundsätze vor. Während der Koordinator mit den beteiligten Verwaltern die Sprache für die Kommunikation nach Abs. 1 selbst festlegen kann, sieht Abs. 2 eine solche Wahlmöglichkeit für die Kommunikation mit dem das Gruppen-Koordinationsverfahren eröffnende Gericht nicht vor.

B. Kommunikation mit dem Verwalter eines beteiligten Gruppenmitglieds (Abs. 1)

2   Der Koordinator kann mit den Verwaltern die für ihre Kommunikation zu verwendende Sprache selbst festlegen. Dabei muss keine **Vereinbarung mit allen Verwaltern** getroffen werden. Vielmehr steht es dem Koordinator frei, mit jedem einzelnen Verwalter eine dahingehende Vereinbarung zu treffen.

3   Fehlt es an einer solchen Vereinbarung, muss die Kommunikation in der Amtssprache oder in einer der **Amtssprachen der Organe der Union** und des Gerichts erfolgen, das das Verfahren für dieses Gruppenmitglied eröffnet hat. Aus dieser doppelten Einschränkung folgt, dass eine der Amtssprachen des Gerichts gewählt werden muss.

4   Keine Regelung enthält Abs. 1 für die Frage der **Folgen einer Kommunikation in einer der nicht zu verwendenden Sprache**. Im Grundsatz ist dabei davon auszugehen, dass eine solche Kommunikation als nicht existent betrachtet werden muss. Dies gilt auch, wenn sie in englischer Sprache erfolgt.

C. Kommunikation mit dem Gericht (Abs. 2)

5   Bei der Kommunikation mit einem Gericht muss der Koordinator stets dessen Amtssprache verwenden. Dies gilt für jede Form von **Kommunikation mit irgendeinem Gericht,** sodass sich Abs. 2 gerade nicht auf das Gericht bezieht, das das Gruppen-Koordinationsverfahren eröffnet hat. Werden bei dem Gericht mehrere Amtssprachen verwendet, besteht für den Koordinator ein Wahlrecht.

6   Kommuniziert der Koordinator mit dem Gericht in einer **anderen Sprache,** kann das Gericht diese Kommunikation ignorieren.

Artikel 74 Zusammenarbeit zwischen den Verwaltern und dem Koordinator

(1) Die für die Mitglieder der Gruppe bestellten Verwalter und der Koordinator arbeiten soweit zusammen, wie diese Zusammenarbeit mit den für das betreffende Verfahren geltenden Vorschriften vereinbar ist.

(2) Insbesondere übermitteln die Verwalter jede Information, die für den Koordinator zur Wahrnehmung seiner Aufgaben von Belang ist.

Überblick

Art. 74 statuiert die Pflicht zur Zusammenarbeit zwischen den Verwaltern und dem Koordinator. Diese Pflicht reicht nach Abs. 1 so weit, wie diese Zusammenarbeit mit den für das betreffende Verfahren geltenden Vorschriften vereinbar ist. Durch Abs. 2 wird die Pflicht zur Informationsübermittlung geregelt.

A. Pflicht zur Zusammenarbeit der Verwalter mit dem Koordinator (Abs. 1)

1   Die Verwalter der einzelnen Insolvenzverfahren des Gruppen-Koordinationsverfahrens und der Koordinator sind nach Abs. 1 verpflichtet, miteinander zusammenzuarbeiten. Diese Pflicht steht

allerdings unter dem **Vorbehalt,** dass eine solche Zusammenarbeit bzw. die im Rahmen einer solchen stattfindenden Maßnahmen mit dem nationalen Recht vereinbar sind, das für die Verwalter der einzelnen Insolvenzverfahren gilt. Insofern setzt sich Abs. 1 gerade nicht gegenüber dem nationalen Insolvenzrecht durch.

B. Informationsübermittlung durch die Verwalter (Abs. 2)

Als besondere Form der Zusammenarbeit ordnet Abs. 2 die Informationsübermittlung zwischen dem Verwalter der einzelnen Insolvenzverfahren des Gruppen-Koordinationsverfahrens und dem Koordinator an. Auch wenn Abs. 2 nur die **Informationsübermittlung** der einzelnen Verwalter an den Koordinator adressiert, ist unter Rückgriff auf Abs. 1 auch eine Informationsübermittlung in die andere Richtung möglich und kann zur Erreichung der Zwecke des Gruppen-Koordinationsverfahrens geboten sein. 2

Im Gegensatz zu Abs. 1 sieht Abs. 2 **keinen Vorbehalt des nationalen Rechts** vor. Daher muss davon ausgegangen werden, dass die Verwalter der einzelnen Insolvenzverfahren einen solchen Vorbehalt auch nicht erklären können. Ebenso muss Abs. 2 als lex specialis gegenüber der Datenschutzgrundverordnung betrachtet werden, sodass auch ein dahingehender Einwand nicht verfangen kann. 3

Artikel 75 Abberufung des Koordinators
Das Gericht ruft den Koordinator von Amts wegen oder auf Antrag des Verwalters eines beteiligten Gruppenmitglieds ab, wenn der Koordinator
a) zum Schaden der Gläubiger eines beteiligten Gruppenmitglieds handelt oder
b) nicht seinen Verpflichtungen nach diesem Kapitel nachkommt.

Überblick

Durch Art. 75 wird die Abberufung des Koordinators geregelt, die möglich ist, wenn dieser zum Schaden der Gläubiger eines beteiligten Gruppenmitglieds handelt (lit. a) oder er nicht seinen Verpflichtungen nach diesem Kapitel nachkommt (lit. b).

A. Beendigung des Amts des Koordinators

Der Koordinator wird in den Art. 71 ff. nicht umfassend geregelt. Insbesondere die Beendigung seiner Amtsstellung wird nur sporadisch in Art. 75 adressiert, wonach der Koordinator gerichtlich abberufen werden kann. Daneben kann der Koordinator sein Amt aber auch **niederlegen.** Dies wird zwar weder in Art. 75 noch in den Art. 71 ff. insgesamt geregelt, ergibt sich aber aus allgemeinen Grundsätzen, da niemand gegen seinen Willen zu einer Amtsführung gezwungen werden kann. Eine Einschränkung ist dahingehend ebenfalls nach allgemeinen Grundsätzen nur für den Fall der Amtsniederlegung zur Unzeit zu machen. 1

B. Abberufung des Koordinators

Für die Abberufung des Koordinators sieht Art. 75 zwei Gründe vor. Diese Aufzählung ist als **abschließend** zu betrachten. 2

I. Verfahren der Abberufung

Die Abberufung des Koordinators erfolgt nach Art. 75 auf Antrag eines Verwalters oder von Amts wegen. Dem Koordinator muss aus Gründen der Rechtsstaatlichkeit vor der Abberufung **rechtliches Gehör** gewährt werden. Die genauen, weiteren verfahrensrechtlichen Einzelheiten sind – mangels Adressierung in Art. 75 – dem Insolvenzrecht des Mitgliedstaates zu entnehmen, in dem das Gruppen-Koordinationsverfahren eröffnet wurde. 3

II. Schädigung der Gläubiger eines beteiligten Gruppenmitglieds (lit. a)

Der Koordinator kann zudem wegen der Schädigung der Gläubiger eines beteiligten Gruppenmitglieds von dem Gericht abberufen werden, das das Gruppen-Koordinationsverfahren eröffnet und ihn bestellt hat. Eine solche Schädigung ist immer schon dann anzunehmen, wenn die **Befrie-** 4 digungsaussichten eines Gläubigers durch den Koordinator beeinträchtigt werden, ohne dass diese Beeinträchtigung mit einer Förderung des Gruppen-Koordinationsverfahrens verbunden ist. Daher genügt für die Schädigung nicht schon die Begründung von Kosten, soweit diese für die Verfahrensdurchführung erforderlich sind. Bei der Berücksichtigung der Schädigung der Gläubiger eines beteiligten Gruppenmitglieds ist der Verhältnismäßigkeitsgrundsatz zu wahren, sodass marginale Beeinträchtigungen keinen Grund zur Abberufung darstellen können.

III. Abberufung des Koordinators bei Pflichtverletzungen (lit. b)

5   Weiterhin kann der Koordinator auch abberufen werden, wenn er die ihm nach den Art. 71 ff. obliegenden Pflichten verletzt. Auch bei diesem Abberufungsgrund ist der Verhältnismäßigkeitsgrundsatz zu beachten, sodass **geringfügige Pflichtverletzungen** unbeachtlich sind. Vielmehr ist es erforderlich, dass aufgrund der begangenen Pflichtverletzung eine ordnungsgemäße Durchführung des Gruppen-Koordinationsverfahrens nicht mehr erwartet werden kann.

Artikel 76 Schuldner in Eigenverwaltung

Die gemäß diesem Kapitel für den Verwalter geltenden Bestimmungen gelten soweit einschlägig entsprechend für den Schuldner in Eigenverwaltung.

1   Bei einer Anordnung einer Eigenverwaltung gelten die Bestimmungen der Art. 71 ff. entsprechend.

2   Da ein Gruppen-Koordinationsverfahren auch Insolvenzverfahren in Form der Eigenverwaltung einbeziehen kann, stellt sich die Frage, ob der Sachwalter oder der eigenverwaltende Schuldner (Art. 2 Nr. 3, → Art. 2 Rn. 4) die **Verfahrensrechte im Gruppen-Koordinationsverfahren** wahrnehmen soll. Art. 76 beantwortet diese Frage zugunsten des eigenverwaltenden Schuldners, sodass diese alle in den Art. 71 ff. für den Verwalter eingeräumten Rechte selbst ausüben kann.

3   Da Art. 76 dem eigenverwaltenden Schuldner die Verfahrensrechte direkt und ohne Verweis auf das nationale Insolvenzrecht zuweist, sind etwaige **Vorbehalte nach nationalem Insolvenzrecht** unbeachtlich, sodass der eigenverwaltende Schuldner die Verfahrensrechte im Gruppen-Koordinationsverfahren umfassend eigenständig ausüben kann.

Artikel 77 Kosten und Kostenaufteilung

(1) Die Vergütung des Koordinators muss angemessen und verhältnismäßig zu den wahrgenommenen Aufgaben sein sowie angemessene Aufwendungen berücksichtigen.

(2) Nach Erfüllung seiner Aufgaben legt der Koordinator die Endabrechnung der Kosten mit dem von jedem Mitglied zu tragenden Anteil vor und übermittelt diese Abrechnung jedem beteiligten Verwalter und dem Gericht, das das Koordinationsverfahren eröffnet hat.

(3) ¹Legt keiner der Verwalter innerhalb von 30 Tagen nach Eingang der in Absatz 2 genannten Abrechnung Widerspruch ein, gelten die Kosten und der von jedem Mitglied zu tragende Anteil als gebilligt. ²Die Abrechnung wird dem Gericht, das das Koordinationsverfahren eröffnet hat, zur Bestätigung vorgelegt.

(4) Im Falle eines Widerspruchs entscheidet das Gericht, das das Gruppen-Koordinationsverfahren eröffnet hat, auf Antrag des Koordinators oder eines beteiligten Verwalters über die Kosten und den von jedem Mitglied zu tragenden Anteil im Einklang mit den Kriterien gemäß Absatz 1 dieses Artikels und unter Berücksichtigung der Kostenschätzung gemäß Artikel 68 Absatz 1 und gegebenenfalls Artikel 72 Absatz 6.

(5) Jeder beteiligte Verwalter kann die in Absatz 4 genannte Entscheidung gemäß dem Verfahren anfechten, das nach dem Recht des Mitgliedstaats, in dem das Gruppen-Koordinationsverfahren eröffnet wurde, vorgesehen ist.

Überblick

Durch Art. 77 werden die Kosten und die Kostenaufteilung adressiert. Nach Abs. 1 muss die Vergütung des Koordinators angemessen und verhältnismäßig sein. Die Kosten sind nach Abs. 2

vom Koordinator abzurechnen. Diese Abrechnung gilt bei einem fehlenden Widerspruch nach 30 Tagen als gebilligt (Abs. 3). Über den Widerspruch entscheidet nach Abs. 4 das Gericht, das das Gruppen-Koordinationsverfahren eröffnet hat. Durch Abs. 5 wird das Anfechtungsrecht der beteiligten Verwalter geregelt.

A. Vergütung des Koordinators (Abs. 1)

Der Koordinator hat nach Abs. 1 einen Anspruch auf eine angemessene und verhältnismäßige **1** Vergütung und Ersatz seiner Aufwendungen. Damit überlässt Art. 77 letztlich den Mitgliedstaaten die Festsetzung der Vergütung, sodass diese **je nach Mitgliedstaat** sehr unterschiedlich sein kann (MüKoInsO/Reinhart Rn. 4). Daher muss Abs. 1 als ein Verweis auf das nationale Recht des Mitgliedstaates verstanden werden, in dem das Gruppen-Koordinationsverfahren eröffnet wurde. Dies ergibt sich nicht zuletzt aus Erwägungsgrund Nr. 61, da die Mitgliedstaaten danach sogar spezifische Regelungen erlassen können (→ Rn. 1.1).

Für ein in **Deutschland eröffnetes Gruppen-Koordinationsverfahren** kommen insofern die **1.1** Grundsätze nach § 269g InsO zur Anwendung, da es bisher an Spezialregelungen in der InsVV fehlt.

Bei der Festsetzung ist das **Aufgabenspektrum des Koordinators** zu beachten. Außerhalb **2** dieses Aufgabenspektrums erbrachte Leistungen können daher nicht nach Abs. 1 vergütet werden.

B. Endabrechnung durch den Koordinator (Abs. 2)

Durch Abs. 2 wird der Koordinator verpflichtet, eine Endabrechnung der Kosten für das Grup- **3** pen-Koordinationsverfahren zu erstellen. Diese Endabrechnung muss den auf jeden Teilnehmer des Gruppen-Koordinationsverfahrens entfallenden Betrag ausweisen. Da durch Abs. 2 **keine bestimmte Abrechnungsform oder ein Abrechnungsverfahren** vorgegeben wird, besteht dahingehend Gestaltungsfreiheit für den Koordinator. Allerdings muss aus der Abrechnung ersichtlich sein, welche Kosten für die Durchführung des Gruppen-Koordinationsverfahrens angefallen sind und welche Tätigkeit der Koordinator erbracht hat. Zudem muss erkennbar sein, ob der Koordinator andere Personen zur Durchführung des Gruppen-Koordinationsverfahrens eingesetzt hat.

Nach der Erstellung der Abrechnung ist diese jedem **Verwalter** und dem **Gericht** vorzulegen, **4** das das Gruppen-Koordinationsverfahren eröffnet hat. Dem schließt sich das in Abs. 3 geregelte Bestätigungsverfahren an. Etwaige Einwendungen gegen die Endabrechnung sind von den Verwaltern durch Widerspruch geltend zu machen, der sich nach Abs. 4 richtet.

C. Widerspruch gegen die Abrechnung und deren Bestätigung (Abs. 3)

Nach der Erstellung der Endabrechnung durch den Koordinator haben die einzelnen Verwalter **5** die Möglichkeit, gegen diese einen **Widerspruch** einzulegen. Dieser Widerspruch ist innerhalb von 30 Tagen bei dem Gericht einzulegen, das das Gruppen-Koordinationsverfahrens eröffnet hat. Letzteres ergibt sich zwar nicht aus Abs. 3, ist aber aus Gründen der Sicherung des rechtlichen Gehörs anzunehmen (MüKoInsO/Reinhart Rn. 6). Das weitere Verfahren der Entscheidung über den Widerspruch richtet sich nach Abs. 4.

Wird kein Widerspruch innerhalb dieser Frist eingelegt, gelten die in der Endabrechnung **6** festgesetzten Kosten als nach Abs. 3 S. 1 gebilligt. Diese **Billigung** hat aber nur relative und keine absolute Wirkung, sodass sie sich immer nur auf die Kosten in dem auf jeden Mitgliedstaat entfallenden Betrag beschränken. Erst wenn kein Verwalter einen Widerspruch eingelegt hat, tritt die absolute Billigungswirkung ein.

Unabhängig von einem etwaigen Widerspruch durch die Verwalter hat das Gericht, das das **7** Gruppen-Koordinationsverfahren eröffnet hat, die **Endabrechnung nach Abs. 3 S. 2 zu prüfen und zu bestätigen.** Die Prüfung ist auf eine Rechtsprüfung beschränkt. Eine Zweckmäßigkeitsprüfung findet nicht statt.

D. Entscheidung des Gerichts bei Widerspruch (Abs. 4)

Soweit ein Widerspruch gegen die Endabrechnung eingelegt wurde, entscheidet das Gericht, **8** das das Gruppen-Koordinationsverfahren eröffnet hat, über die Kosten und den von jedem Mitglied zu tragenden Anteil im Einklang mit den **Kriterien nach Abs. 1** (→ Rn. 1) und unter Berücksichtigung der **Kostenschätzung gem. Art. 68 Abs. 1 und ggf. Art. 72 Abs. 6.** Die

Entscheidung erstreckt sich stets nur auf die Kosten, die auf das einzelne Verfahren in dem jeweiligen Mitgliedstaat entfallen. Das Rechtsmittel gegen diese Entscheidung richtet sich nach Abs. 5.

E. Anfechtungsrecht der beteiligten Verwalter (Abs. 5)

9   Nach Abs. 5 kann jeder Verwalter gegen die gerichtliche Entscheidung nach Abs. 4 ein **Rechtsmittel** einlegen, wenn ein solches nach dem Recht des Mitgliedstaates besteht, in dem das Gruppen-Koordinationsverfahren eröffnet wurde. Da Abs. 5 nur auf den Verwalter Bezug nimmt, kommt ein Rechtsmittel für andere Personen nicht in Betracht. Daher können insbesondere Gläubiger kein Rechtsmittel einlegen. Sofern ein solches Rechtsmittel nach dem Recht des Mitgliedstaats nicht vorgesehen ist, ergibt sich ein solches nicht aus Abs. 5 (→ Rn. 9.1).

9.1   Bei der Eröffnung eines Gruppen-Koordinationsverfahrens in **Deutschland** richtet sich das Rechtsmittel nach § 64 InsO.

Kapitel VI. Datenschutz

Artikel 78 Datenschutz

(1) Sofern keine Verarbeitungsvorgänge im Sinne des Artikels 3 Absatz 2 der Richtlinie 95/46/EG betroffen sind, finden die nationalen Vorschriften zur Umsetzung der Richtlinie 95/46/EG auf die nach Maßgabe dieser Verordnung in den Mitgliedstaaten durchgeführte Verarbeitung personenbezogener Daten Anwendung.

(2) Die Verordnung (EG) Nr. 45/2001 gilt für die Verarbeitung personenbezogener Daten, die von der Kommission nach Maßgabe der vorliegenden Verordnung durchgeführt wird.

Durch Art. 78 wird der Aspekt des Datenschutzes im Rahmen der grenzüberschreitenden Insolvenzverfahren adressiert, indem der europäische Datenschutzrahmen für anwendbar erklärt wird. Nach Abs. 1 gelten die nationalen Umsetzungsvorschriften der EG-Datenverarbeitungsrichtlinie (RL 95/46/EG). Nach Abs. 2 gilt bei einer Datenverarbeitung durch die Kommission die Datenschutzverordnung für die EU-Organe (EG/45/2001). Weitere Einzelfragen werden durch die Art. 79 ff. geregelt. **1**

Artikel 79 Aufgaben der Mitgliedstaaten hinsichtlich der Verarbeitung personenbezogener Daten in nationalen Insolvenzregistern

(1) Jeder Mitgliedstaat teilt der Kommission im Hinblick auf seine Bekanntmachung im Europäischen Justizportal den Namen der natürlichen oder juristischen Person, Behörde, Einrichtung oder jeder anderen Stelle mit, die nach den nationalen Rechtsvorschriften für die Ausübung der Aufgaben eines für die Verarbeitung Verantwortlichen gemäß Artikel 2 Buchstabe d der Richtlinie 95/46/EG benannt worden ist.

(2) Die Mitgliedstaaten stellen sicher, dass die technischen Maßnahmen zur Gewährleistung der Sicherheit der in ihren nationalen Insolvenzregistern nach Artikel 24 verarbeiteten personenbezogenen Daten durchgeführt werden.

(3) Es obliegt den Mitgliedstaaten, zu überprüfen, dass der gemäß Artikel 2 Buchstabe d der Richtlinie 95/46/EG benannte für die Verarbeitung Verantwortliche die Einhaltung der Grundsätze in Bezug auf die Qualität der Daten, insbesondere die Richtigkeit und die Aktualisierung der in nationalen Insolvenzregistern gespeicherten Daten sicherstellt.

(4) Es obliegt den Mitgliedstaaten gemäß der Richtlinie 95/46/EG, Daten zu erheben und in nationalen Datenbanken zu speichern und zu entscheiden, diese Daten im vernetzten Register, das über das Europäische Justizportal eingesehen werden kann, zugänglich zu machen.

(5) Als Teil der Information, die betroffene Personen erhalten, um ihre Rechte und insbesondere das Recht auf Löschung von Daten wahrnehmen zu können, teilen die Mitgliedstaaten betroffenen Personen mit, für welchen Zeitraum ihre in Insolvenzregistern gespeicherten personenbezogenen Daten zugänglich sind.

Durch Art. 79 wird die Verarbeitung personenbezogener Daten durch die Mitgliedstaaten im Rahmen der nationalen Insolvenzregister geregelt und dient damit der Durchsetzung des in Art. 78 allgemein angesprochenen europäischen Datenschutzrahmens. **1**

Artikel 80 Aufgaben der Kommission im Zusammenhang mit der Verarbeitung personenbezogener Daten

(1) Die Kommission nimmt die Aufgaben des für die Verarbeitung Verantwortlichen gemäß Artikel 2 Buchstabe d der Verordnung (EG) Nr. 45/2001 im Einklang mit den diesbezüglich in diesem Artikel festgelegten Aufgaben wahr.

(2) Die Kommission legt die notwendigen Grundsätze fest und wendet die notwendigen technischen Lösungen an, um ihre Aufgaben im Aufgabenbereich des für die Verarbeitung Verantwortlichen zu erfüllen.

(3) Die Kommission setzt die technischen Maßnahmen um, die erforderlich sind, um die Sicherheit der personenbezogenen Daten bei der Übermittlung, insbesondere die Vertraulichkeit und Unversehrtheit bei der Übermittlung zum und vom Europäischen Justizportal, zu gewährleisten.

(4) Die Aufgaben der Mitgliedstaaten und anderer Stellen in Bezug auf den Inhalt und den Betrieb der von ihnen geführten, vernetzten nationalen Datenbanken bleiben von den Verpflichtungen der Kommission unberührt.

1   Art. 80 regelt die Verarbeitung personenbezogener Daten durch die Kommission und konkretisiert damit die sich aus der Datenschutzverordnung für die EU-Organe (EG/45/2001) ergebenden Pflichten.

Artikel 81 Informationspflichten

Unbeschadet der anderen den betroffenen Personen nach Artikel 11 und 12 der Verordnung (EG) Nr. 45/2001 zu erteilenden Informationen informiert die Kommission die betroffenen Personen durch Bekanntmachung im Europäischen Justizportal über ihre Rolle bei der Datenverarbeitung und die Zwecke dieser Datenverarbeitung.

1   Durch Art. 81 wird eine Informationspflicht der Kommission zur Unterrichtung der durch die Verarbeitung personenbezogener Daten betroffenen Personen statuiert, womit die sich aus der Datenschutzverordnung für die EU-Organe (EG/45/2001) ergebenden Pflichten konkretisiert werden.

Artikel 82 Speicherung personenbezogener Daten

¹Für Informationen aus vernetzten nationalen Datenbanken gilt, dass keine personenbezogenen Daten von betroffenen Personen im Europäischen Justizportal gespeichert werden. ²Sämtliche derartige Daten werden in den von den Mitgliedstaaten oder anderen Stellen betriebenen nationalen Datenbanken gespeichert.

1   Nach Art. 82 ist es untersagt, personenbezogene Daten von betroffenen Personen im Europäischen Justizportal zu speichern. Vielmehr sind diese Daten in den von den Mitgliedstaaten oder anderen Stellen betriebenen nationalen Datenbanken zu speichern. Damit rundet Art. 82 den Regelungsrahmen des europäischen Datenschutzrechts im Zusammenhang mit grenzüberschreitenden Insolvenzverfahren weiter ab.

Artikel 83 Zugang zu personenbezogenen Daten über das Europäische Justizportal

Die in den nationalen Insolvenzregistern nach Artikel 24 gespeicherten personenbezogenen Daten sind solange über das Europäische Justizportal zugänglich, wie sie nach nationalem Recht zugänglich bleiben.

1   Durch Art. 83 wird ein Gleichlauf der Verfügbarkeit der personenbezogenen Daten zwischen dem Europäischen Justizportal und den nationalen Insolvenzregistern hergestellt, womit der Regelungsrahmen des europäischen Datenschutzrechts im Zusammenhang mit grenzüberschreitenden Insolvenzverfahren weiter abgerundet wird.

Kapitel VII. Übergangs- und Schlussbestimmungen

Artikel 84 Zeitlicher Anwendungsbereich

(1) ¹Diese Verordnung ist nur auf solche Insolvenzverfahren anzuwenden, die ab dem 26. Juni 2017 eröffnet worden sind. ²Für Rechtshandlungen des Schuldners vor diesem Datum gilt weiterhin das Recht, das für diese Rechtshandlungen anwendbar war, als sie vorgenommen wurden.

(2) Unbeschadet des Artikels 91 der vorliegenden Verordnung gilt die Verordnung (EG) Nr. 1346/2000 weiterhin für Verfahren, die in den Geltungsbereich jener Verordnung fallen und vor dem 26. Juni 2017 eröffnet wurden.

Durch Art. 84 wird der zeitliche Anwendungsbereich der EuInsVO 2015 regelt (Abs. 1 S. 1). **1** Danach findet diese auf alle grenzüberschreitenden Insolvenzverfahren Anwendung, die ab dem 26.6.2017 eröffnet worden sind. Für die davor eröffneten Insolvenzverfahren bleibt es bei der Anwendung der EuInsVO 2000, soweit deren zeitlicher Anwendungsbereich eröffnet ist (Abs. 2). Für Rechtshandlungen des Schuldners bleibt nach Abs. 1 S. 2 weiter das Recht anwendbar, das zum Zeitpunkt der Vornahme der Rechtshandlung gegolten hat. Durch diese Übergangsregelungen soll das Vertrauen der Verfahrensbeteiligten gestärkt werden.

Bei der **Eröffnung eines Sekundärinsolvenzverfahrens** nach dem 26.6.2017 im Zusammen- **2** hang mit einem Hauptinsolvenzverfahren, das vor dem 26.6.2017 eröffnet wurde, bleibt die EuInsVO 2000 anwendbar, sodass sich das Sekundärinsolvenzverfahren nicht nach der EuInsVO 2015 richtet (LG München I NZI 2018, 665; Bork EWiR 2018, 247 (248); MüKoBGB/Kindler Rn. 4; MMS/Schmidt Rn. 7).

Artikel 85 Verhältnis zu Übereinkünften

(1) Diese Verordnung ersetzt in ihrem sachlichen Anwendungsbereich hinsichtlich der Beziehungen der Mitgliedstaaten untereinander die zwischen zwei oder mehreren Mitgliedstaaten geschlossenen Übereinkünfte, insbesondere
a) das am 8. Juli 1899 in Paris unterzeichnete belgisch-französische Abkommen über die gerichtliche Zuständigkeit, die Anerkennung und die Vollstreckung von gerichtlichen Entscheidungen, Schiedssprüchen und öffentlichen Urkunden;
b) das am 16. Juli 1969 in Brüssel unterzeichnete belgisch-österreichische Abkommen über Konkurs, Ausgleich und Zahlungsaufschub (mit Zusatzprotokoll vom 13. Juni 1973);
c) das am 28. März 1925 in Brüssel unterzeichnete belgisch-niederländische Abkommen über die Zuständigkeit der Gerichte, den Konkurs sowie die Anerkennung und die Vollstreckung von gerichtlichen Entscheidungen, Schiedssprüchen und öffentlichen Urkunden;
d) den am 25. Mai 1979 in Wien unterzeichneten deutsch-österreichischen Vertrag auf dem Gebiet des Konkurs- und Vergleichs-(Ausgleichs-)rechts;
e) das am 27. Februar 1979 in Wien unterzeichnete französisch-österreichische Abkommen über die gerichtliche Zuständigkeit, die Anerkennung und die Vollstreckung von Entscheidungen auf dem Gebiet des Insolvenzrechts;
f) das am 3. Juni 1930 in Rom unterzeichnete französisch-italienische Abkommen über die Vollstreckung gerichtlicher Urteile in Zivil- und Handelssachen;
g) das am 12. Juli 1977 in Rom unterzeichnete italienisch-österreichische Abkommen über Konkurs und Ausgleich;
h) den am 30. August 1962 in Den Haag unterzeichneten deutsch-niederländischen Vertrag über die gegenseitige Anerkennung und Vollstreckung gerichtlicher Entscheidungen und anderer Schuldtitel in Zivil- und Handelssachen;
i) das am 2. Mai 1934 in Brüssel unterzeichnete britisch-belgische Abkommen zur gegenseitigen Vollstreckung gerichtlicher Entscheidungen in Zivil- und Handelssachen mit Protokoll;
j) das am 7. November 1933 in Kopenhagen zwischen Dänemark, Finnland, Norwegen, Schweden und Irland geschlossene Konkursübereinkommen;

k) das am 5. Juni 1990 in Istanbul unterzeichnete Europäische Übereinkommen über bestimmte internationale Aspekte des Konkurses;
l) das am 18. Juni 1959 in Athen unterzeichnete Abkommen zwischen der Föderativen Volksrepublik Jugoslawien und dem Königreich Griechenland über die gegenseitige Anerkennung und Vollstreckung gerichtlicher Entscheidungen;
m) das am 18. März 1960 in Belgrad unterzeichnete Abkommen zwischen der Föderativen Volksrepublik Jugoslawien und der Republik Österreich über die gegenseitige Anerkennung und die Vollstreckung von Schiedssprüchen und schiedsgerichtlichen Vergleichen in Handelssachen;
n) das am 3. Dezember 1960 in Rom unterzeichnete Abkommen zwischen der Föderativen Volksrepublik Jugoslawien und der Republik Italien über die gegenseitige justizielle Zusammenarbeit in Zivil- und Handelssachen;
o) das am 24. September 1971 in Belgrad unterzeichnete Abkommen zwischen der Sozialistischen Föderativen Republik Jugoslawien und dem Königreich Belgien über die justizielle Zusammenarbeit in Zivil- und Handelssachen;
p) das am 18. Mai 1971 in Paris unterzeichnete Abkommen zwischen den Regierungen Jugoslawiens und Frankreichs über die Anerkennung und Vollstreckung gerichtlicher Entscheidungen in Zivil- und Handelssachen;
q) das am 22. Oktober 1980 in Athen unterzeichnete Abkommen zwischen der Tschechoslowakischen Sozialistischen Republik und der Hellenischen Republik über die Rechtshilfe in Zivil- und Strafsachen, der zwischen der Tschechischen Republik und Griechenland noch in Kraft ist;
r) das am 23. April 1982 in Nikosia unterzeichnete Abkommen zwischen der Tschechoslowakischen Sozialistischen Republik und der Republik Zypern über die Rechtshilfe in Zivil- und Strafsachen, der zwischen der Tschechischen Republik und Zypern noch in Kraft ist;
s) den am 10. Mai 1984 in Paris unterzeichneten Vertrag zwischen der Regierung der Tschechoslowakischen Sozialistischen Republik und der Regierung der Französischen Republik über die Rechtshilfe und die Anerkennung und Vollstreckung gerichtlicher Entscheidungen in Zivil-, Familien- und Handelssachen, der zwischen der Tschechischen Republik und Frankreich noch in Kraft ist;
t) den am 6. Dezember 1985 in Prag unterzeichneten Vertrag zwischen der Tschechoslowakischen Sozialistischen Republik und der Republik Italien über die Rechtshilfe in Zivil- und Strafsachen, der zwischen der Tschechischen Republik und Italien noch in Kraft ist;
u) das am 11. November 1992 in Tallinn unterzeichnete Abkommen zwischen der Republik Lettland, der Republik Estland und der Republik Litauen über Rechtshilfe und Rechtsbeziehungen;
v) das am 27. November 1998 in Tallinn unterzeichnete Abkommen zwischen Estland und Polen über Rechtshilfe und Rechtsbeziehungen in Zivil-, Arbeits- und Strafsachen;
w) das am 26. Januar 1993 in Warschau unterzeichnete Abkommen zwischen der Republik Litauen und der Republik Polen über Rechtshilfe und Rechtsbeziehungen in Zivil-, Familien-, Arbeits- und Strafsachen;
x) das am 19. Oktober 1972 in Bukarest unterzeichnete Abkommen zwischen der Sozialistischen Republik Rumänien und der Hellenischen Republik über die Rechtshilfe in Zivil- und Strafsachen mit Protokoll;
y) das am 5. November 1974 in Paris unterzeichnete Abkommen zwischen der Sozialistischen Republik Rumänien und der Französischen Republik über die Rechtshilfe in Zivil- und Handelssachen;
z) das am 10. April 1976 in Athen unterzeichnete Abkommen zwischen der Volksrepublik Bulgarien und der Hellenischen Republik über die Rechtshilfe in Zivil- und Strafsachen;
aa) das am 29. April 1983 in Nikosia unterzeichnete Abkommen zwischen der Volksrepublik Bulgarien und der Republik Zypern über die Rechtshilfe in Zivil- und Strafsachen;
ab) das am 18. Januar 1989 in Sofia unterzeichnete Abkommen zwischen der Volksrepublik Bulgarien und der Regierung der Französischen Republik über die gegenseitige Rechtshilfe in Zivilsachen;

ac) den am 11. Juli 1994 in Bukarest unterzeichneten Vertrag zwischen Rumänien und der Tschechischen Republik über die Rechtshilfe in Zivilsachen;
ad) den am 15. Mai 1999 in Bukarest unterzeichneten Vertrag zwischen Rumänien und der Republik Polen über die Rechtshilfe und die Rechtsbeziehungen in Zivilsachen.

(2) Die in Absatz 1 aufgeführten Übereinkünfte behalten ihre Wirksamkeit hinsichtlich der Verfahren, die vor Inkrafttreten der Verordnung (EG) Nr. 1346/2000 eröffnet worden sind.

(3) Diese Verordnung gilt nicht
a) in einem Mitgliedstaat, soweit es in Konkurssachen mit den Verpflichtungen aus einer Übereinkunft unvereinbar ist, die dieser Mitgliedstaat mit einem oder mehreren Drittstaaten vor Inkrafttreten der Verordnung (EG) Nr. 1346/2000 geschlossen hat;
b) im Vereinigten Königreich Großbritannien und Nordirland, soweit es in Konkurssachen mit den Verpflichtungen aus Vereinbarungen, die im Rahmen des Commonwealth geschlossen wurden und die zum Zeitpunkt des Inkrafttretens der Verordnung (EG) Nr. 1346/2000 wirksam sind, unvereinbar ist.

Durch Art. 85 wird das Verhältnis der EuInsVO zu völkerrechtlichen Übereinkommen adressiert, die für grenzüberschreitende Insolvenzverfahren abgeschlossen wurden oder sich jedenfalls auf solche Verfahren auswirken. Dabei verfolgt Art. 85 den Grundsatz, dass die EuInsVO gegenüber Übereinkommen zwischen Mitgliedstaaten Vorrang genießt, soweit der Anwendungsbereich der EuInsVO sachlich und zeitlich eröffnet ist. Bei Übereinkommen mit Drittstaaten haben diese hingegen Vorrang gegenüber der EuInsVO.   1

Artikel 86 Informationen zum Insolvenzrecht der Mitgliedstaaten und der Union

(1) Die Mitgliedstaaten übermitteln im Rahmen des durch die Entscheidung 2001/470/EG des Rates[2] geschaffenen Europäischen Justiziellen Netzes für Zivil- und Handelssachen eine kurze Beschreibung ihres nationalen Rechts und ihrer Verfahren zum Insolvenzrecht, insbesondere zu den in Artikel 7 Absatz 2 aufgeführten Aspekten, damit die betreffenden Informationen der Öffentlichkeit zur Verfügung gestellt werden können.

(2) Die in Absatz 1 genannten Informationen werden von den Mitgliedstaaten regelmäßig aktualisiert.

(3) Die Kommission macht Informationen bezüglich dieser Verordnung öffentlich verfügbar.

Art. 86 regelt die Bereitstellung von Informationen für die Öffentlichkeit über das nationale Insolvenzrecht der Mitgliedstaaten im Rahmen des Europäischen Justiziellen Netzes für Zivil- und Handelssachen.   1

Artikel 87 Einrichtung der Vernetzung der Register

¹Die Kommission erlässt Durchführungsrechtsakte zur Einrichtung der Vernetzung der Insolvenzregister gemäß Artikel 25. ²Diese Durchführungsrechtsakte werden gemäß dem in Artikel 89 Absatz 3 genannten Prüfverfahren erlassen.

Art. 87 enthält eine Ermächtigung für die Kommission zum Erlass von Durchführungsrechtsakten zur Errichtung der Vernetzung der Insolvenzregister. Diese Durchführungsrechtsakte müssen das in Art. 89 Abs. 3 genannte Prüfungsverfahren durchlaufen.   1

Artikel 88 Erstellung und spätere Änderung von Standardformularen

¹Die Kommission erlässt Durchführungsrechtsakte zur Erstellung und soweit erforderlich Änderung der in Artikel 27 Absatz 4, Artikel 54, Artikel 55 und Artikel 64 Absatz 2 genannten Formulare. ²Diese Durchführungsrechtsakte werden gemäß dem in Artikel 89 Absatz 2 genannten Beratungsverfahren erlassen.

1   Durch Art. 88 wird die Kommission ermächtigt, Durchführungsrechtsakte zur Erstellung von verschiedenen in der EuInsVO in Bezug genommenen Formularen zu erlassen. Diese Durchführungsrechtsakte sind nach dem in Art. 89 Abs. 2 genannten Beratungsverfahren zu erlassen.

Artikel 89 Ausschussverfahren

(1) ¹Die Kommission wird von einem Ausschuss unterstützt. ²Dieser Ausschuss ist ein Ausschuss im Sinne der Verordnung (EU) Nr. 182/2011.

(2) Wird auf diesen Absatz Bezug genommen, so gilt Artikel 4 der Verordnung (EU) Nr. 182/2011.

(3) Wird auf diesen Absatz Bezug genommen, so gilt Artikel 5 der Verordnung (EU) Nr. 182/2011.

1   Art. 89 regelt das Verfahren zum Erlass von Durchführungsakten. Dabei wird die Kommission durch einen Ausschuss unterstützt (Abs. 1 S. 1), auf den die Verordnung EU/182/2011 Anwendung findet (Abs. 1 S. 2). Dabei wird insbesondere die Anwendung von dessen Art. 4 und 5 angeordnet, soweit die EuInsVO auf Art. 89 Bezug nimmt.

Artikel 90 Überprüfungsklausel

(1) ¹Die Kommission legt dem Europäischen Parlament, dem Rat und dem Europäischen Wirtschafts- und Sozialausschuss spätestens bis zum 27. Juni 2027 und danach alle fünf Jahre einen Bericht über die Anwendung dieser Verordnung vor. ²Der Bericht enthält gegebenenfalls einen Vorschlag zur Anpassung dieser Verordnung.

(2) ¹Die Kommission legt dem Europäischen Parlament, dem Rat und dem Europäischen Wirtschafts- und Sozialausschuss spätestens bis zum 27. Juni 2022 einen Bericht über die Anwendung des Gruppen-Koordinationsverfahrens vor. ²Der Bericht enthält gegebenenfalls einen Vorschlag zur Anpassung dieser Verordnung.

(3) Die Kommission übermittelt dem Europäischen Parlament, dem Rat und dem Europäischen Wirtschafts- und Sozialausschuss spätestens bis zum 1. Januar 2016 eine Studie zu den grenzüberschreitenden Aspekten der Haftung von Geschäftsleitern und ihres Ausschlusses von einer Tätigkeit.

(4) Die Kommission übermittelt dem Europäischen Parlament, dem Rat und dem Europäischen Wirtschafts- und Sozialausschuss spätestens bis zum 27. Juni 2020 eine Studie zur Frage der Wahl des Gerichtsstands in missbräuchlicher Absicht.

1   Art. 90 enthält eine Überprüfungsklausel, wonach die Kommission verpflichtet ist, dem Europäischen Parlament, dem Rat und dem Europäischen Wirtschafts- und Sozialausschuss spätestens bis zum 27.6.2027 und danach alle fünf Jahre einen Bericht über die Anwendung dieser Verordnung vorzulegen (Abs. 1). Für das Gruppenkoordinationsverfahren, die grenzüberschreitenden Aspekten der Haftung von Geschäftsleitern und ihres Ausschlusses von einer Tätigkeit und für die Wahl des Gerichtsstands in missbräuchlicher Absicht sehen die Abs. 2–4 zeitigere Berichte vor.

Artikel 91 Aufhebung

Die Verordnung (EG) Nr. 1346/2000 wird aufgehoben.
Verweisungen auf die aufgehobene Verordnung gelten als Verweisungen auf die vorliegende Verordnung und sind nach der Entsprechungstabelle in Anhang D dieser Verordnung zu lesen.

1   Mit Art. 91 wird die bisherige EuInsVO (EG/1346/2000) aus dem Jahr 2000 aufgehoben und damit vollständig durch die EuInsVO 2015 ersetzt. Soweit Rechtsakte auf die EuInsVO 2000 Bezug nehmen, gelten diese in Bezugnahme auf solche der EuInsVO 2015. Zur besseren Übersicht enthält Anhang D eine Synopse.

Anhang A EuInsVO

Artikel 92 Inkrafttreten

Diese Verordnung tritt am zwanzigsten Tag nach ihrer Veröffentlichung [1] im *Amtsblatt der Europäischen Union* in Kraft.
Sie gilt ab dem 26. Juni 2017 mit Ausnahme von
a) Artikel 86, der ab dem 26. Juni 2016 gilt,
b) Artikel 24 Absatz 1, der ab dem 26. Juni 2018 gilt und
c) Artikel 25, der ab dem 26. Juni 2019 gilt.

Art. 92 regelt das Inkrafttreten der EuInsVO. Diese ist am 26.6.2015 in Kraft getreten. Sie gilt 1
allerdings erst seit dem 26.6.2017. Für die Art. 24, 25 und 86 enthält Art. 92 abweichende Daten
für den Geltungsbeginn.

Schlussformel

Diese Verordnung ist in allen ihren Teilen verbindlich und gilt gemäß den Verträgen unmittelbar in den Mitgliedstaaten.

Anhang A

Insolvenzverfahren nach Artikel 2 Nummer 4
BELGIQUE/BELGIË
- La faillite/Het faillissement,
- De gerechtelijke reorganisatie door een collectief akkoord/La réorganisation judiciaire par accord collectif,
- De gerechtelijke reorganisatie door een minnelijk akkoord/La réorganisation judiciaire par accord amiable,
- De gerechtelijke reorganisatie door overdracht onder gerechtelijk gezag/La réorganisation judiciaire par transfert sous autorité de justice,
- De collectieve schuldenregeling/Le règlement collectif de dettes,
- De vrijwillige vereffening/La liquidation volontaire,
- De gerechtelijke vereffening/La liquidation judiciaire,
- De voorlopige ontneming van beheer, bepaald in artikel 8 van de faillissementswet/ Le dessaisissement provisoire, visé à l'article 8 de la loi sur les faillites,

БЪЛГАРИЯ
- Производство по несъстоятелност

ČESKÁ REPUBLIKA
- Konkurs,
- Reorganizace,
- Oddlužení,

DEUTSCHLAND
- Das Konkursverfahren,
- das gerichtliche Vergleichsverfahren,
- das Gesamtvollstreckungsverfahren,
- das Insolvenzverfahren,

EESTI
- Pankrotimenetlus,
- Võlgade ümberkujundamise menetlus,

ÉIRE/IRELAND
- Compulsory winding-up by the court,
- Bankruptcy,
- The administration in bankruptcy of the estate of persons dying insolvent,
- Winding-up in bankruptcy of partnerships,
- Creditors' voluntary winding-up (with confirmation of a court),
- Arrangements under the control of the court which involve the vesting of all or part of the property of the debtor in the Official Assignee for realisation and distribution,
- Examinership,
- Debt Relief Notice,

- Debt Settlement Arrangement,
- Personal Insolvency Arrangement,

ΕΛΛΑΔΑ
- Η πτώχευση
- Η ειδική εκκαθάριση εν λειτουργία,
- Σχέδιο αναδιοργάνωσης,
- Απλοποιημένη διαδικασία επί πτωχεύσεων μικρού αντικειμένου,
- Διαδικασία Εξυγίανσης,

ESPAÑA
- Concurso,
- Procedimiento de homologación de acuerdos de refinanciación,
- Procedimiento de acuerdos extrajudiciales de pago,
- Procedimiento de negociación pública para la consecución de acuerdos de refinanciación colectivos, acuerdos de refinanciación homologados y propuestas anticipadas de convenio,

FRANCE
- Sauvegarde,
- Sauvegarde accélérée,
- Sauvegarde financière accélérée,
- Redressement judiciaire,
- Liquidation judiciaire,

HRVATSKA
- Stečajni postupak,

ITALIA
- Fallimento,
- Concordato preventivo,
- Liquidazione coatta amministrativa,
- Amministrazione straordinaria,
- Accordi di ristrutturazione,
- Procedure di composizione della crisi da sovraindebitamento del consumatore (accordo o piano),
- Liquidazione dei beni,

ΚΥΠΡΟΣ
- Υποχρεωτική εκκαθάριση από το Δικαστήριο,
- Εκούσια εκκαθάριση από μέλη,
- Εκούσια εκκαθάριση από πιστωτές
- Εκκαθάριση με την εποπτεία του Δικαστηρίου,
- Διάταγμα Παραλαβής και πτώχευσης κατόπιν Δικαστικού Διατάγματος,
- Διαχείριση της περιουσίας προσώπων που απεβίωσαν αφερέγγυα,

LATVIJA
- Tiesiskās aizsardzības process,
- Juridiskās personas maksātnespējas process,
- Fiziskās personas maksātnespējas process,

LIETUVA
- Įmonės restruktūrizavimo byla,
- Įmonės bankroto byla
- Įmonės bankroto procesas ne teismo tvarka,
- Fizinio asmens bankroto procesas,

LUXEMBOURG
- Faillite,
- Gestion contrôlée,
- Concordat préventif de faillite (par abandon d'actif),
- Régime spécial de liquidation du notariat,
- Procédure de règlement collectif des dettes dans le cadre du surendettement,

MAGYARORSZÁG
- Csődeljárás,
- Felszámolási eljárás,

MALTA
- Xoljiment,
- Amministrazzjoni,

- Stralċ volontarju mill-membri jew mill-kredituri,
- Stralċ mill-Qorti,
- Falliment f'każ ta' kummerċjant,
- Proċedura biex kumpanija tirkupra,

NEDERLAND
- Het faillissement,
- De surséance van betaling,
- De schuldsaneringsregeling natuurlijke personen,

ÖSTERREICH
- Das Konkursverfahren (Insolvenzverfahren),
- das Sanierungsverfahren ohne Eigenverwaltung (Insolvenzverfahren),
- das Sanierungsverfahren mit Eigenverwaltung (Insolvenzverfahren),
- das Schuldenregulierungsverfahren,
- das Abschöpfungsverfahren,
- das Ausgleichsverfahren,

POLSKA
- Postępowanie naprawcze,
- Upadłość obejmująca likwidację,
- Upadłość z możliwością zawarcia układu,

PORTUGAL
- Processo de insolvência,
- Processo especial de revitalização,

ROMÂNIA
- Procedura insolvenței,
- Reorganizarea judiciară,
- Procedura falimentului,
- Concordatul preventiv,

SLOVENIJA
- Postopek preventivnega prestrukturiranja,
- Postopek prisilne poravnave,
- Postopek poenostavljene prisilne poravnave,
- Stečajni postopek: stečajni postopek nad pravno osebo, postopek osebnega stečaja and postopek stečaja zapuščine,

SLOVENSKO
- Konkurzné konanie,
- Reštrukturalizačné konanie,
- Oddlženie,

SUOMI/FINLAND
- Konkurssi/konkurs,
- Yrityssaneeraus/företagssanering,
- Yksityishenkilön velkajärjestely/skuldsanering för privatpersoner,

SVERIGE
- Konkurs,
- Företagsrekonstruktion,
- Skuldsanering,

UNITED KINGDOM
- Winding-up by or subject to the supervision of the court,
- Creditors' voluntary winding-up (with confirmation by the court),
- Administration, including appointments made by filing prescribed documents with the court,
- Voluntary arrangements under insolvency legislation,
- Bankruptcy or sequestration.

EuInsVO

Kapitel VII. Übergangs- und Schlussbestimmungen

Anhang B

Verwalter nach Artikel 2 Nummer 5

BELGIQUE/BELGIË
- De curator/Le curateur,
- De gedelegeerd rechter/Le juge-délégué,
- De gerechtsmandataris/Le mandataire de justice,
- De schuldbemiddelaar/Le médiateur de dettes,
- De vereffenaar/Le liquidateur,
- De voorlopige bewindvoerder/L'administrateur provisoire,

БЪЛГАРИЯ
- Назначен предварително временен синдик,
- Временен синдик,
- (Постоянен) синдик,
- Служебен синдик,

ČESCKÁ REPUBLIKA
- Insolvenční správce,
- Předběžný insolvenční správce,
- Oddělený insolvenční správce,
- Zvláštní insolvenční správce,
- Zástupce insolvenčního správce,

DEUTSCHLAND
- Konkursverwalter,
- Vergleichsverwalter,
- Sachwalter (nach der Vergleichsordnung),
- Verwalter,
- Insolvenzverwalter,
- Sachwalter (nach der Insolvenzordnung),
- Treuhänder,
- Vorläufiger Insolvenzverwalter,
- Vorläufiger Sachwalter,

EESTI
- Pankrotihaldur,
- Ajutine pankrotihaldur,
- Usaldusisik,

ÉIRE/IRELAND
- Liquidator,
- Official Assignee,
- Trustee in bankruptcy,
- Provisional Liquidator,
- Examiner,
- Personal Insolvency Practitioner,
- Insolvency Service,

ΕΛΛΑΔΑ
- Ο σύνδικος,
- Ο εισηγητής,
- Η επιτροπή των πιστωτών,
- Ο ειδικός εκκαθαριστής,

ESPAÑA
- Administrador concursal,
- Mediador concursal,

FRANCE
- Mandataire judiciaire,
- Liquidateur,
- Administrateur judiciaire,
- Commissaire à l'exécution du plan,

HRVATSKA
- Stečajni upravitelj,
- Privremeni stečajni upravitelj,
- Stečajni povjerenik,

- Povjerenik,
ITALIA
- Curatore,
- Commissario giudiziale,
- Commissario straordinario,
- Commissario liquidatore,
- Liquidatore giudiziale,
- Professionista nominato dal Tribunale,
- Organismo di composizione della crisi nella procedura di composizione della crisi da sovraindebitamento del consumatore,
- Liquidatore,
ΚΥΠΡΟΣ
- Εκκαθαριστής και Προσωρινός Εκκαθαριστής,
- Επίσημος Παραλήπτης,
- Διαχειριστής της Πτώχευσης,
LATVIJA
- Maksātnespējas procesa administrators,
LIETUVA
- Bankroto administratorius,
- Restruktūrizavimo administratorius,
LUXEMBOURG
- Le curateur,
- Le commissaire,
- Le liquidateur,
- Le conseil de gérance de la section d'assainissement du notariat,
- Le liquidateur dans le cadre du surendettement,
MAGYARORSZÁG
- Vagyonfelügyelő,
- Felszámoló,
MALTA
- Amministratur Proviżorju,
- Riċevitur Uffiċjali,
- Stralċjarju,
- Manager Speċjali,
- Kuraturi f'każ ta' proċeduri ta' falliment,
- Kontrolur Speċjali,
NEDERLAND
- De curator in het faillissement,
- De bewindvoerder in de surséance van betaling,
- De bewindvoerder in de schuldsaneringsregeling natuurlijke personen,
ÖSTERREICH
- Masseverwalter,
- Sanierungsverwalter,
- Ausgleichsverwalter,
- Besonderer Verwalter,
- Einstweiliger Verwalter,
- Sachwalter,
- Treuhänder,
- Insolvenzgericht,
- Konkursgericht,
POLSKA
- Syndyk,
- Nadzorca sądowy,
- Zarządca,
PORTUGAL
- Administrador da insolvência,
- Administrador judicial provisório,
ROMÂNIA
- Practician în insolvență,
- Administrator concordatar,

– Administrator judiciar,
– Lichidator judiciar,
SLOVENIJA
– Upravitelj,
SLOVENSKO
– Predbežný správca,
– Správca,
SUOMI/FINLAND
– Pesänhoitaja/boförvaltare,
– Selvittäjä/utredare,
SVERIGE
– Förvaltare,
– Rekonstruktör,
UNITED KINGDOM
– Liquidator,
– Supervisor of a voluntary arrangement,
– Administrator,
– Official Receiver,
– Trustee,
– Provisional Liquidator,
– Interim Receiver,
– Judicial factor.

Anhang C

Aufgehobene Verordnung mit Liste ihrer nachfolgenden Änderungen
Verordnung (EG) Nr. 1346/2000 des Rates
(ABl. L 160 vom 30.6.2000, S. 1)
Verordnung (EG) Nr. 603/2005 des Rates
(ABl. L 100 vom 20.4.2005, S. 1)
Verordnung (EG) Nr. 694/2006 des Rates
(ABl. L 121 vom 6.5.2006, S. 1)
Verordnung (EG) Nr. 1791/2006 des Rates
(ABl. L 363 vom 20.12.2006, S. 1)
Verordnung (EG) Nr. 681/2007 des Rates
(ABl. L 159 vom 20.6.2007, S. 1)
Verordnung (EG) Nr. 788/2008 des Rates
(ABl. L 213 vom 8.8.2008, S. 1)
Durchführungsverordnung (EU) Nr. 210/2010 des Rates
(ABl. L 65 vom 13.3.2010, S. 1)
Durchführungsverordnung (EU) Nr. 583/2011 des Rates
(ABl. L 160 vom 18.6.2011, S. 52)
Verordnung (EU) Nr. 517/2013 des Rates
(ABl. L 158 vom 10.6.2013, S. 1)
Durchführungsverordnung (EU) Nr. 663/2014 des Rates
(ABl. L 179 vom 19.6.2014, S. 4)
Akte über die Bedingungen des Beitritts der Tschechischen Republik, der Republik Estland, der Republik Zypern, der Republik Lettland, der Republik Litauen, der Republik Ungarn, der Republik Malta, der Republik Polen, der Republik Slowenien und der Slowakischen Republik und die Anpassungen der die Europäische Union begründenden Verträge

(ABl. L 236 vom 23.9.2003, S. 33)

Anhang D
Entsprechungstabelle

Verordnung (EG) Nr. 1346/2000	In dieser Verordnung wird Folgendes festgelegt:
Artikel 1	Artikel 1
Artikel 2 Eingangsteil	Artikel 2 Eingangsteil
Artikel 2 Buchstabe a	Artikel 2 Nummer 4
Artikel 2 Buchstabe b	Artikel 2 Nummer 5
Artikel 2 Buchstabe c	–
Artikel 2 Buchstabe d	Artikel 2 Nummer 6
Artikel 2 Buchstabe e	Artikel 2 Nummer 7
Artikel 2 Buchstabe f	Artikel 2 Nummer 8
Artikel 2 Buchstabe g Eingangsteil	Artikel 2 Nummer 9 Eingangsteil
Artikel 2 Buchstabe g erster Gedankenstrich	Artikel 2 Nummer 9 Ziffer vii
Artikel 2 Buchstabe g zweiter Gedankenstrich	Artikel 2 Nummer 9 Ziffer iv
Artikel 2 Buchstabe g dritter Gedankenstrich	Artikel 2 Nummer 9 Ziffer viii
Artikel 2 Buchstabe h	Artikel 2 Nummer 10
–	Artikel 2 Nummern 1 bis 3 und 11 bis 13
–	Artikel 2 Nummer 9 Ziffern i bis iii, v, vi
Artikel 3	Artikel 3
–	Artikel 4
–	Artikel 5
–	Artikel 6
Artikel 4	Artikel 7
Artikel 5	Artikel 8
Artikel 6	Artikel 9
Artikel 7	Artikel 10
Artikel 8	Artikel 11 Absatz 1
–	Artikel 11 Absatz 2
Artikel 9	Artikel 12
Artikel 10	Artikel 13 Absatz 1
–	Artikel 13 Absatz 2
Artikel 11	Artikel 14
Artikel 12	Artikel 15
Artikel 13 Absatz 1	Artikel 16 Buchstabe a
Artikel 13 Absatz 2	Artikel 16 Buchstabe b
Artikel 14 Gedankenstrich 1	Artikel 17 Buchstabe a
Artikel 14 Gedankenstrich 2	Artikel 17 Buchstabe b
Artikel 14 Gedankenstrich 3	Artikel 17 Buchstabe c
Artikel 15	Artikel 18
Artikel 16	Artikel 19
Artikel 17	Artikel 20
Artikel 18	Artikel 21

Verordnung (EG) Nr. 1346/2000	In dieser Verordnung wird Folgendes festgelegt:
Artikel 19	Artikel 22
Artikel 20	Artikel 23
–	Artikel 24
–	Artikel 25
–	Artikel 26
–	Artikel 27
Artikel 21 Absatz 1	Artikel 28 Absatz 2
Artikel 21 Absatz 2	Artikel 28 Absatz 1
Artikel 22	Artikel 29
Artikel 23	Artikel 30
Artikel 24	Artikel 31
Artikel 25	Artikel 32
Artikel 26	Artikel 33
Artikel 27	Artikel 34
Artikel 28	Artikel 35
–	Artikel 36
Artikel 29	Artikel 37 Absatz 1
–	Artikel 37 Absatz 2
–	Artikel 38
–	Artikel 39
Artikel 30	Artikel 40
Artikel 31	Artikel 41
–	Artikel 42
–	Artikel 43
–	Artikel 44
Artikel 32	Artikel 45
Artikel 33	Artikel 46
Artikel 34 Absatz 1	Artikel 47 Absatz 1
Artikel 34 Absatz 2	Artikel 47 Absatz 2
Artikel 34 Absatz 3	–
–	Artikel 48
Artikel 35	Artikel 49
Artikel 36	Artikel 50
Artikel 37	Artikel 51
Artikel 38	Artikel 52
Artikel 39	Artikel 53
Artikel 40	Artikel 54
Artikel 41	Artikel 55
Artikel 42	–
–	Artikel 56
–	Artikel 57
–	Artikel 58
–	Artikel 59
–	Artikel 60

Verordnung (EG) Nr. 1346/2000	In dieser Verordnung wird Folgendes festgelegt:
–	Artikel 61
–	Artikel 62
–	Artikel 63
–	Artikel 64
–	Artikel 65
–	Artikel 66
–	Artikel 67
–	Artikel 68
–	Artikel 69
–	Artikel 70
–	Artikel 71
–	Artikel 72
–	Artikel 73
–	Artikel 74
–	Artikel 75
–	Artikel 76
–	Artikel 77
–	Artikel 78
–	Artikel 79
–	Artikel 80
–	Artikel 81
–	Artikel 82
–	Artikel 83
Artikel 43	Artikel 84 Absatz 1
–	Artikel 84 Absatz 2
Artikel 44	Artikel 85
–	Artikel 86
Artikel 45	–
–	Artikel 87
–	Artikel 88
–	Artikel 89
Artikel 46	Artikel 90 Absatz 1
–	Artikel 90 Absätze 2 bis 4
–	Artikel 91
Artikel 47	Artikel 92
Anhang A	Anhang A
Anhang B	–
Anhang C	Anhang B
–	Anhang C
–	Anhang D

Anhang D

Verordnung (EG) Nr. 1346/2000	In dieser Verordnung wird Folgendes festgelegt:
—	Artikel 61
—	Artikel 62
—	Artikel 63
—	Artikel 64
—	Artikel 65
—	Artikel 66
—	Artikel 67
—	Artikel 68
—	Artikel 69
—	Artikel 70
—	Artikel 71
—	Artikel 72
—	Artikel 73
—	Artikel 74
—	Artikel 75
—	Artikel 76
—	Artikel 77
—	Artikel 78
—	Artikel 79
—	Artikel 80
—	Artikel 81
—	Artikel 82
—	Artikel 83
Artikel 43	Artikel 84 Absatz 1
—	Artikel 84 Absatz 2
Artikel 44	Artikel 85
—	Artikel 86
Artikel 45	—
—	Artikel 87
—	Artikel 88
—	Artikel 89
Artikel 46	Artikel 90 Absatz 1
—	Artikel 90 Absätze 2 bis 4
—	Artikel 91
Artikel 47	Artikel 92
Anhang A	Anhang A
Anhang B	—
Anhang C	Anhang B
—	Anhang C
—	Anhang D

Sachverzeichnis

Fett gedruckte Zahlen/Begriffe bezeichnen Abschnitte, mager gedruckte Zahlen Randnummern.

Abkürzung	Abschnitt	Band
InsO	Insolvenzordnung	I
InsO aF	Eigenverwaltung idF bis 31.12.2020	I
COVInsAG	Gesetz zur vorübergehenden Aussetzung der Insolvenzantragspflicht und zur Begrenzung der Organhaftung bei einer durch die COVID-19-Pandemie bedingten Insolvenz	I
InsVV	Insolvenzrechtliche Vergütungsverordnung	I
EuInsVO	Europäische Insolvenzverordnung	I
GB	Länderbericht England	II
F	Länderbericht Frankreich	II
I	Länderbericht Italien	II
A	Länderbericht Österreich	II
Pl	Länderbericht Polen	II
S	Länderbericht Spanien	II
CZ	Länderbericht Tschechische Republik	II
US	Länderbericht USA	II
G	Geschichte	II
B/ArR	Bau- und Architektenrecht in der Insolvenz	II
DS	Datenschutz in der Insolvenz	II
ImoV	Immobilienverwertung im Insolvenzverfahren	II
StR-ESt	Steuerrecht in der Insolvenz – Ertragssteuerrecht	II
StR-USt	Steuerrecht in der Insolvenz – Umsatzsteuer	II
StR-Nl	Steuerrecht in der Insolvenz – Sonstige Steuern und Nebenleistungen	II
StR-Verf	Steuerrecht in der Insolvenz – Steuerverfahrensrecht	II

Abberufung InsO § 15 12 ff.
– Antragsteller **InsO § 15** 12 ff.
– Geschäftsleitung **InsO § 276a** 8 ff., 28 ff.
– Gläubigerausschuss, vorläufiger **InsO § 22a** 75
– Koordinator **EUInsVO 75** 2 ff.
Abnahme B/ArR 90 ff.
Abschlagsverteilung InsO § 192 1 ff.; **InsO § 195** 1 ff.
Absonderung
– Abgrenzung zu Aussonderung **InsO § 47** 13
– AGB-Pfandrecht KI **InsO § 50** 7
– aus Gesetzen, anderen **InsO § 49** 9 ff.
– aus InsO **InsO § 49** 8
– Auseinandersetzungsguthaben **InsO § 118** 16
– Ausfall Befriedigung **InsO § 52** 1 ff.
– Ausfallhaftung **ImoV** 231 ff.
– Befriedigung *siehe dort*
– Begrenzungen **ImoV** 221
– Begründung/Disposition Rechte **InsO § 49** 4 ff.
– Berechtigung **ImoV** 298
– Bestanderweiterung **ImoV** 313
– Bestandteile **ImoV** 301, 422 ff.
– Bestreiten **InsO § 49** 22
– Bruchteil **ImoV** 300
– Doppelausgebot **ImoV** 612 ff.
– Durchsetzung **ImoV** 407 ff., 457

– Einkommensteuer **StR-ESt** 116
– Einstellung Verfahren **InsO § 213** 14 f.
– Entstehungsvoraussetzungen **ImoV** 220 ff.
– Erbbaurecht **ImoV** 298
– Erlösverteilung **InsO § 170** 1 ff.
– Ersatzabsonderung **InsO § 47** 14; **InsO § 49** 31 ff.; **A** 320; **ImoV** 226, 236, 413, 496 ff.
– Ersetzungsbefugnis **InsO § 167** 10 f.
– Erwerbsbeschränkung **ImoV** 221
– Erzeugnisse **ImoV** 301, 422 ff.
– Fälligkeit **ImoV** 222
– Forderungen **InsO § 41** 11 f.; **InsO § 174** 2; **ImoV** 302, 458 ff.
– Gemeinschaftsanteil **ImoV** 416 ff.
– Gesamthypothek **ImoV** 314 ff.
– Gesellschaftsanteil **InsO § 84** 20 f.
– Gläubigerverzeichnis **InsO § 152** 7 ff.
– Grundpfandrechte **ImoV** 407 ff.
– Grundstücke **ImoV** 296
– Gruppenbildung **InsO § 222** 12
– Haftungsumfang **ImoV** 317 ff.
– Haftungsverband **ImoV** 301 ff.
– Immobilien **InsO § 49** 1 ff.; **ImoV** 211 ff., 220 ff., 294 ff.
– Insolvenzplan *siehe dort*
– Kostenbeteiligung **InsO § 171** 1 ff.
– Leistung, wiederkehrende **ImoV** 310 ff.

Sachverzeichnis

- Masseverbindlichkeiten **InsO** § 49 15a ff.
- Miteigentumsanteil **ImoV** 414 f.
- Mitteilung Veräußerungsabsicht **InsO** § 168 1 ff.
- Nachranggläubiger **InsO** § 49 16 ff.
- Nichtbeachtung **ImoV** 226
- Pfändung/Verpfändung/ Sicherungsübereignung **ImoV** 450 ff.
- Pfändungsverbot **ImoV** 435 ff.
- Prozesse **InsO** § 86 12 ff.
- Rangfragen **InsO** § 49 35 f.; **ImoV** 223 f.
- Reaktion auf Zwangsversteigerung **ImoV** 540
- Recht, internationales **InsO** § 351 10 ff.; **A** 231, 319 ff.; **CH** 164
- Rechte, dingliche **InsO** § 351 10 ff.
- Rechte, grundstücksgleiche **ImoV** 298
- Regelung, gesetzliche **ImoV** 213
- Rückschlagsperre **InsO** § 88 20 ff.; **ImoV** 221
- Sachen, bewegliche *siehe dort*
- Schiffe/Luftfahrzeuge/Bahneinheiten **ImoV** 299
- Schutz vor Verzögerung **InsO** § 169 1 ff.
- Sicherheiten Dritter **A** 319 ff.
- Sicherungsabtretung **ImoV** 34, 974
- Sicherungsübereignung **InsO** § 51 1 ff.
- Stimmrecht **InsO** § 237 7 f.; **InsO** § 238 1 ff.
- Teilhaber an Gemeinschaft **ImoV** 219
- Umfang **ImoV** 228 ff.
- Unterrichtung Gläubiger **InsO** § 167 1 ff.
- Veräußerung/Entfernung **InsO** § 165 45; **ImoV** 442 ff.
- Verfahren **InsO** § 49 30; **InsO** § 50 27
- Verfallabreden **ImoV** 410 ff.
- Verfügungsbeschränkung **ImoV** 221
- Vergütung **InsO** § 63 9 f.; **InsVV** § 1 16 ff.; **InsVV** § 3 18 ff.; **InsVV** § 11 9 ff.
- Verkaufsvollmacht **ImoV** 411
- Versicherungsleistungen **ImoV** 303 ff.
- Verteilungsverzeichnis **InsO** § 190 1 ff.
- Verwalter, vorläufiger starker **InsO** § 22 40 ff.
- Verwalterpflichten **InsO** § 49 23 ff.
- Verwertung **InsO** § 49 38 ff.; **ImoV** 890 ff.
- Vollstreckungsverbot **ImoV** 221
- WEG-Recht **ImoV** 297
- Zubehör **ImoV** 428 ff.
- Zurückbehaltungsrecht **InsO** § 51 9 ff.
- Zwangs-/Arresthypothek **ImoV** 381 ff.

Abtretung
- AGB **B/ArR** 488
- Baurecht **B/ArR** 283 ff., 435 ff.
- Forderungen **ImoV** 480 ff.
- Frist **InsO** § 287 21 ff.
- Haftung **StR-USt** 221
- Individualisierbarkeit Anspruch **InsO** § 287 31 f.
- Recht, internationales **CH** 185 ff., 359 ff.; **F** 517 ff.; **Pl** 739 f.
- Restschuldbefreiung **InsO** § 287 17 ff.
- Sicherungsabtretung **InsO** § 82 19 f.; **B/ArR** 435 ff.; **ImoV** 34 f., 974
- Umfang **InsO** § 287 21 ff.
- Verbote **B/ArR** 489
- Verfahrenseröffnung **B/ArR** 283 ff.
- Verpfändung **InsO** § 287 33 ff.
- Vorausabtretung **InsO** § 103 109 ff.

Aktiengesellschaft (AG) **InsO** § 225a 8 f., 22; **Pl** 632 ff.; **StR-ESt** 56 *siehe auch Gesellschaft*
Altersrente **InsO** § 36 12 f., 16
Altersvorsorge **US** 209 f.
Amtsermittlungsgrundsatz **InsO** § 5 1 ff.; **InsO** § 296 21 ff.
Anfechtung B/ArR 118, 124 ff.
- Abschlagzahlungen **B/ArR** 126
- Absichtsanfechtung **CH** 328 ff.
- Anfechtung **ImoV** 106 ff.
- Anfechtungsklage **InsO** § 143 46 ff.; **InsO** § 259 7 f.; **CH** 335 f.; **Pl** 759 ff., 1081 ff.
- Ansprüche Gegner **InsO** § 144 1 ff.
- Anspruchskonkurrenzen **InsO** § 129 10 ff.
- Anweisung **InsO** § 129 68 ff.
- Anwendung Vorschriften, allgemeine **InsO** § 143 15 ff.
- Anwendungsbereich **InsO** § 339 9 f.
- Ausnahmen **COVInsAG** § 2 15 f.
- Ausschluss **A** 373, 375
- Aussonderung **InsO** § 47 120 ff.
- Bargeschäft **InsO** § 142 1 ff.; **ImoV** 85
- Baurecht *siehe dort*
- Befreiung von Gesellschaftersicherheit **InsO** § 135 48 ff.; **InsO** § 119 ff.
- Befriedigung/Sicherung Gesellschafter **InsO** § 135 17 ff.
- Berechtigter **InsO** § 143 4 ff.
- Besicherung **InsO** § 135 37 ff.
- Beweiserleichterungen **InsO** § 131 34
- Corona-Pandemie **InsO** § 129 18a
- Darlegungs-/Beweislast *siehe dort*
- Deckung, inkongruente *siehe dort*
- Deckung, kongruente *siehe dort*
- Direktzahlungen **B/ArR** 127 ff.
- Doppelinsolvenz **InsO** § 129 78 f.
- Drei-/Mehrpersonenverhältnisse **InsO** § 129 63 f.; **InsO** § 131 14 ff.; **ImoV** 103 ff.
- Drittwiderspruchsklage **InsO** § 129 5a ff.; **InsO** § 143 51
- Eigenverwaltung **InsO** § 129 16; **InsO** aF § 270a 48 ff.; **InsO** § 280 1 ff.
- England **GB** 354 ff.
- Erben **InsO** § 145 5 ff.
- Erbfolge, vorweggenommene **ImoV** 101
- Erbschaft/Vermächtnis **InsO** § 83 17 f.
- Erlangung Aufrechnungsmöglichkeit **InsO** § 96 29 ff.
- Erwerb *siehe dort*
- floating charges **GB** 366 f.
- Forderungsliste **Pl** 793 ff.
- Frankreich **F** 537
- Frist *siehe dort*
- Gegner **InsO** § 130 11 ff.; **InsO** § 131 31, 36; **InsO** § 135 9 ff., 34; **InsO** § 143 7 ff.
- Geltendmachung **InsO** § 143 8 ff.
- Gesellschaft, stille **InsO** § 136 1 ff.
- Gesellschafterdarlehen **InsO** § 135 1 ff.
- Gläubigerbenachteiligung *siehe dort*
- Gläubigerliste **E** 777 ff.
- Grundlagen **B/ArR** 118 ff.
- Grundsätze **InsO** § 129 1 ff.; **InsO** § 143 21 ff.
- Grundstücksübertragung **ImoV** 281; **StR-Nl** 32 ff.
- Gütergemeinschaft **InsO** § 333 23
- Immobilienverwertung **ImoV** 76 ff.

Sachverzeichnis

- Inhalt **InsO** § 129 3
- Insolvenz Leistungsmittler **InsO** § 129 77 f.
- Insolvenzplan **InsO** § 129 15; **InsO** § 221 10
- Inventar **E** 777 ff.
- Italien **I** 295
- Kenntnis Zahlungsunfähigkeit **InsO** § 130 20 ff.
- Konkursanfechtungsklage **I** 235 ff.
- Kredit-/Finanzdienstleistungsinstitut **InsO** § 129 17
- Kreditgeschäft, wucherisches **GB** 368
- Leistungen **InsO** § 129 80 ff.; **InsO** § 134 1 ff.; **InsO** § 143 36 ff.
- Mängelbeseitigung auf Kosten Masse **B/ArR** 221
- Margensicherheiten **InsO** § 130 33 ff.
- Maßnahmen, vorläufige **InsO** § 21 147 ff.
- Mietvertrag **InsO** § 110 23; **ImoV** 475 ff., 491 ff.
- Mithaftung **InsO** § 129 87 f.
- Nachlassinsolvenz **InsO** § 129 18; **InsO** § 322 1 ff.
- Nutzungen **InsO** § 143 22 ff.
- Nutzungsüberlassung **InsO** § 135 61 ff.
- Österreich **A** 355 ff., 477
- paulianische **CH** 316 ff.
- Personen, nahestehende **InsO** § 131 39 f.; **InsO** § 138 1 ff.
- Pfandrecht **ImoV** 478 f., 491 ff.
- Planverfahren **InsO** § 129 15
- Polen **Pl** 727 ff., 793 ff., 1081 ff.
- Prozessuales **InsO** § 129 89 ff.
- Rangrücktritt **InsO** § 135 18
- Recht, internationales **InsO** § 339 1 ff.; **EUInsVO** 7 63 ff.
- Rechtsfolgen **InsO** § 135 35, 46, 56 ff.; **InsO** § 143 1 ff.; **InsO** § 339 18 ff.; **B/ArR** 206 ff.; **ImoV** 105, 122 ff., 281, 350 ff.
- Rechtshandlungen/-geschäfte *siehe dort*
- Rechtsnachfolger **InsO** § 145 1 ff.
- Rechtsnatur **InsO** § 129 4 ff.; **InsO** § 143 1 ff.
- Refinanzierungsvereinbarung **E** 93 ff.
- Richterentscheidungen **InsO** § 6 2 ff.
- Rückforderungsausschluss **InsO** § 137 3 ff.
- Rückgewähr **InsO** § 143 12 ff.
- Schenkung **InsO** § 134 15 ff.; **CH** 321 ff.; **ImoV** 91 ff.
- Schweiz **CH** 172 ff., 235 f., 316 ff.
- Spanien *siehe dort*
- Stellung von Sicherheiten **B/ArR** 146 ff.
- Surrogate **InsO** § 143 25
- Systematik **InsO** § 129 7 ff.
- Tatbestände **A** 366
- Teilanfechtung **InsO** § 135 53
- Titel, vollstreckbarer **InsO** § 141 1 ff.
- Treuhand **InsO** § 129 82 f.
- Überbrückungskredit **A** 477
- Überschuldungsanfechtung **CH** 324 ff.
- Umsatzsteuer **StR-USt** 79, 223 ff.
- Unterhalt aus Masse **InsO** § 100 28
- USA **US** 46, 182 ff.
- Verfügungen Insolvenzverwalter **InsO** § 143 8 ff.
- Vergleich *siehe dort*
- Vergütungsfestsetzung **EUInsVO** 77 9 f.
- Verjährung **InsO** § 135 36; **InsO** § 146 1 ff.; **B/ArR** 222 ff.
- Vertrag mit Person, nahestehender **InsO** § 131 35 ff.
- Vertrag zu Gunsten Dritter **InsO** § 129 72
- Vertrag, entgeltlicher **InsO** § 131 38 f.
- Verwendungsersatz **InsO** § 143 33 ff.
- Vollstreckungsmaßnahmen **InsO** § 80 79 ff.; **InsO** § 141 8 ff.; **ImoV** 395 ff.
- Voraussetzungen **InsO** § 129 2; **InsO** § 130 16 ff., 29 ff.; **InsO** § 131 27 ff.; **InsO** § 339 11 ff.; **GB** 355 ff.
- Vormerkung **InsO** § 106 45 f.
- Vorsatz **ImoV** 106 ff.
- Wechsel-/Scheckzahlungen **InsO** § 137 1 ff.
- Wertersatz **InsO** § 143 26 ff.
- Werthaltigmachen einer Forderung **B/ArR** 212 ff.
- Wiederaufleben Forderung **InsO** § 144 5 ff.
- Zahlungen **B/ArR** 144 f., 172 ff.; **E** 153 ff.; **ImoV** 859
- Zahlungsunfähigkeit **InsO** § 130 17 ff.
- Zahlungszeitpunkt **B/ArR** 137
- Zeitpunkt **InsO** § 135 31 ff., 42 ff.; **InsO** § 140 1 ff.
- Zeitraum **InsO** § 131 11 ff., 41; **A** 371; **ImoV** 109
- Zurechnungszusammenhang **InsO** § 129 61 ff.
- Zusammenhang, ursächlicher **InsO** § 129 55 ff.
- Zuständigkeit **InsO** § 339 27 ff.; **CH** 335 f.; **EUInsVO** 5 1 ff.
- Zuwendungen, mittelbare **InsO** § 129 65 ff.
- Zweck **InsO** § 129 1
- Zwei-Personen-Verhältnis **ImoV** 99 ff.

Anfechtungsklage
- Prozessrecht **US** 182 ff.

Anhörung
- Antrag **InsVV** § 9 3
- Aufenthalt, unbekannter **InsO** § 10 16
- Aufhebung **InsO** § 270e 31 f.
- Auslandsaufenthalt **InsO** § 10 13 ff.
- Begriff **InsO** § 10 1 ff.
- Durchführung **InsO** § 10 7 ff.
- Eigenverwaltung, vorläufige **InsO** § 270b 32 ff.
- Einstellung **InsO** § 214 8
- Entbehrlichkeit **InsO** § 10 11 ff.
- Entlassung Mitglied Ausschuss **InsO** § 70 13
- Gesellschaft **InsO** § 10 21 ff.
- Gläubiger **InsO** § 309 17 ff.; **InsO** § 314 8 f.
- Gläubigerausschuss, vorläufiger **InsO** § 56a 4 ff.; **InsO** § 270b 32 ff.; **InsO** § 270e 31 f.
- Insolvenzplan **InsO** § 248 7; **InsO** § 248a 6
- Massearmut/-losigkeit **InsO** § 207 4 f.
- Notwendigkeit **InsO** § 10 4 ff.
- Person, natürliche **InsO** § 10 12
- Postsperre **InsO** § 99 22 ff.
- Restschuldbefreiung **InsO** § 287 43 ff.; **InsO** § 287a 7; **InsO** § 297 10 f.; **InsO** § 300 19 ff.
- Schuldenbereinigungsplan **InsO** § 309 17 ff.
- Schuldner **InsO** § 10 1 ff.; **InsO** § 14 21 ff.; **InsO** § 98 28 ff.; **InsO** § 287a 7
- unterlassene **InsO** § 10 27 f.
- Verbraucherinsolvenz **InsO** § 306 20 ff.
- Vergütung **InsVV** § 16 5; **InsVV** § 17 12 f.

Sachverzeichnis

- Vertreter/Angehöriger **InsO § 10** 17 ff.; **InsO § 14** 22
- Verwalter **InsO § 59** 15 ff.
- Verzögerung, übermäßige **InsO § 10** 13 ff.

Antrag
- ab Insolvenzeröffnung **ImoV** 771 f.
- abgewiesener **InsO § 139** 12
- Ablehnung **CZ** 62 ff.
- Abtretungserklärung **InsO § 305** 28 f.
- Abweisung **InsO § 13** 43 f.; **InsO § 26** 1 ff.; **InsO § 139** 13
- Amtsniederlegung/Abberufung Antragsteller **InsO § 15** 12 ff.
- Änderungen, nachträgliche **InsO § 269c** 31 ff.
- Anfechtung **US** 46
- Anhörung **InsVV § 9** 3
- Anlagen **InsO § 305** 25 ff.
- Antragsberechtigung/-befugnis *siehe dort*
- Antragspflicht *siehe dort*
- Antragsrücknahme **GB** 73
- Aufhebung **InsO § 270e** 9 ff.; **InsO § 272** 13 ff.
- Aussichtslosigkeit **InsO § 270a** 12 ff.
- Baurecht **B/ArR** 59, 67 ff.
- Bedingungsfeindlichkeit **InsO aF § 270** 17 ff.; **InsO § 270a** 7 ff.
- Begründung Verbindlichkeiten **InsO aF § 270b** 23 f.
- Bekanntmachung **InsO § 345** 6 ff.
- Berichtigung **InsO § 297** 5 f.
- Bescheinigung Scheitern Vorverfahren **InsO § 305** 15 ff.
- Beschluss Gläubigerversammlung **InsO § 78** 4 f.
- Beschwerdebefugnis **InsO § 15** 16
- Bestimmtheit **InsO § 13** 4
- Darlegungs-/Beweislast **InsO § 139** 15
- Eigenantrag **InsO § 287** 1 ff.
- Eigenverwaltung **InsO aF § 270** 9 ff.; **InsO § 270a** 1 ff.; **InsO aF § 270a** 7 ff.; **InsO aF § 270b** 18 f.**InsO § 272** 13 ff.; **COVInsAG § 5** 24 ff.
- Einberufung Gläubigerversammlung **InsO § 75** 1 ff.
- Einstellung Verfahren **InsO § 212** 2 ff.; **InsO § 213** 2 ff.; **InsO § 214** 2
- England *siehe dort*
- Entlassung Verwalter **InsO § 59** 10 f.
- Erledigung **InsO § 13** 35 ff., 45 ff.; **InsO § 139** 14
- erneuter **InsO § 269c** 31 ff.
- Eröffnung **InsO § 5** 2 ff.; **InsO § 13** 1 ff.; **InsO § 54** 5 ff.; **InsO § 139** 1 ff.; **InsO § 270a** 9 ff.; **InsO aF § 270b** 13 ff.; **InsO § 305** 1 ff.; **EUInsVO 38** 4 ff.
- Ersetzung Zustimmung **InsO § 309** 1 ff.
- Finanzbehörde **StR-Verf** 174 ff.
- Form **InsO aF § 270** 12 ff.; **InsO § 270a** 6; **InsO § 287** 11 f.; **InsO § 290** 9 ff.
- Formulare, unvollständige **InsO § 305** 53 ff.
- Formularzwang **InsO § 13** 46; **InsO § 305** 11 ff.
- Frankreich *siehe dort*
- freiwilliger **US** 40 ff.
- Fremdantrag **InsO § 287** 7 ff.
- Frist *siehe dort*
- Glaubhaftmachung **InsO § 290** 14 ff.

- Gläubiger **InsO § 13** 8 ff.; **InsO § 14** 1 ff.; **InsO § 277** 6 ff.; **InsO § 304** 28 f.; **InsO § 306** 15 ff.; **CH** 106 ff.; **COVInsAG § 3** 1 ff.; **CZ** 31 ff.
- Gläubiger-/Forderungsverzeichnis **InsO § 305** 38 ff.
- Gläubigerausschuss, vorläufiger **InsO § 22a** 27 f.
- Gläubigerversammlung **InsO § 277** 3 ff.
- Grundbucheintragungen **InsO § 346** 11 f.
- Gründe **Pl** 343 ff.
- Gruppengerichtsstand **InsO § 3a** 7 ff.; **InsO § 13a** 1 ff.
- Gruppen-Gläubigerausschuss **InsO § 269c** 5 ff.
- Gutachten **InsO § 21** 10
- Identifizierung **InsO § 13** 21 ff.
- Inhalt **InsO § 13** 20 ff.; **InsO § 270a** 9 ff.; **InsO § 287** 13 ff.; **InsO § 290** 12 ff.; **CZ** 26; **InsVV § 8** 7 ff.; **InsVV § 9** 4 ff.; **Pl** 64 ff., 224 ff., 234
- Inkassounternehmen **InsO § 290** 11a
- Insolvenzgrund **InsO § 13** 24 ff.
- Insolvenzplan **InsO § 248** 8
- Italien **I** 131 ff., 353 f.
- Konkursabwendungsvergleich **I** 131 ff.
- Koordinationsgericht **InsO § 269d** 4 ff.
- Koordinationsverfahren **EUInsVO 61** 1 ff.
- Kosten **InsO § 54** 5 ff.
- Kündigungsschutz **InsO § 126** 13 ff.
- Mängel **InsO § 13** 32 ff.
- mehrere **InsO § 13** 3; **InsO § 139** 9 ff.
- Nachlassinsolvenz *siehe dort*
- nachträglicher **InsO aF § 270** 31 f.
- Österreich **A** 32 ff.
- Partikularverfahren **InsO § 354** 17 ff.
- Personengesellschaften *siehe dort*
- Polen *siehe dort*
- Postsperre **InsO § 99** 21
- Rechtsschutz **StR-Verf** 174 ff.
- Restschuldbefreiung **InsO § 287** 1 ff.; **InsO § 290** 1 ff.; **InsO § 295a** 15 ff.; **InsO § 296** 1 ff.; **InsO § 305** 25 ff.
- Rücknahme **InsO § 13** 35 ff., 45 ff.; **InsO § 15** 15 f.; **InsO § 139** 14; **InsO § 287** 16a f.; **InsO § 306** 14; **CZ** 66 f.; **ImoV** 564
- schriftlicher **InsVV § 8** 1
- Schuldenbereinigungsplan **InsO § 305** 46 ff.
- Schuldner **InsO § 13** 13 ff.; **InsO aF § 270** 19 f.; **InsO § 270f** 3; **InsO § 304** 21 ff.; **InsO § 305** 1 ff.; **CH** 111 ff.; **CZ** 29 f.; **Pl** 66 f.
- Schutzschirmverfahren *siehe dort*
- Schweiz **CH** 29 f., 106 ff.
- Sekundärverfahren **InsO § 356** 15 ff.
- Sicherungsmaßnahmen **InsO § 344** 8 ff.
- Spanien **E** 72 ff., 118 ff., 564 ff.
- Stellung durch Berechtigte, einzelne **InsO § 15** 10 ff.
- Treuhänder **InsO § 298** 1 ff.
- Tschechische Republik *siehe dort*
- unfreiwilliger **US** 44 ff.
- Unterhalt aus Masse **InsO § 100** 13 ff.
- USA **US** 40 ff.
- Verbraucherinsolvenz **InsO § 304** 19 f.; **InsO § 305** 1 ff.; **InsO § 306** 15 ff.
- vereinfachter **Pl** 335 ff.
- Verfahren nach - **InsO § 270a** 25 ff.

Sachverzeichnis

- Verfahrenskosten **InsO § 4a** 13 ff.; **InsO § 4b** 4 f.; **InsO § 13** 41 ff.
- Verfahrenspfleger **InsO § 21** 9
- Vergütungsfestsetzung **InsO § 64** 4 ff.; **InsVV § 7** 2 ff.; **InsVV § 8** 1 ff.; **InsVV § 9** 1 ff.; **InsVV § 12a** 14; **InsVV § 17** 6 ff.
- Vermögensübersicht **InsO § 305** 30 ff.
- Vermögensverzeichnis **InsO § 305** 33 ff.
- Versicherung, eidesstattliche **InsO § 153** 15 ff.
- Vertretung **InsO § 305** 7 ff.
- Verwalter **InsO § 253** 12 ff.; **ImoV** 782 f.
- Verweisungsantrag **InsO § 3d** 4 ff.
- Verwertungsaussetzung **EUInsVO 46** 2 f., 9
- Verzeichnisse **InsO § 13** 28 ff.; **InsO § 305** 30 ff.
- Vollstreckungsschutz **InsO aF § 270b** 21 f.
- von Amts wegen **CH** 116 ff.
- Weiterleitung **InsO § 348** 15 ff.
- Zeitpunkt **InsVV § 8** 2 ff.
- Zulässigkeit **InsO § 21** 5 ff.
- Zulassungsverfahren **InsO § 5** 2 ff.
- Zurückweisung **InsO § 253** 12 ff.; **CZ** 68 ff.
- Zwangsversteigerung **ImoV** 524 ff., 565 ff.
- Zwangsverwaltung **ImoV** 769 ff.
- Zwangsvollstreckung **ImoV** 499

Antragsberechtigung/-befugnis InsO § 13 7 ff.; **InsO § 290** 1 ff.
- Eigenverwaltung **InsO § 270a** 3 ff.
- Einstellung Verfahren **InsO § 212** 2; **InsO § 213** 2
- England **GB** 69 ff., 94, 126
- Erbe **InsO § 330** 16 ff.
- Erben **InsO § 317** 4 ff.
- Frankreich **F** 171
- Gesellschaft ohne Rechtspersönlichkeit **InsO § 15** 1 ff.
- Gesellschaft, ausländische **InsO § 15** 9
- Gesellschaft, führungslose **InsO § 15** 4 ff.
- Glaubhaftmachung **InsO § 14** 9 ff.
- Gläubiger **InsO § 14** 1 ff.; **InsO § 39** 128; **InsO § 75** 8 ff.
- Gläubigerausschuss **InsO § 75** 4
- Gruppengerichtsstand **InsO § 3a** 8 ff.
- Gütergemeinschaft **InsO § 333** 7 ff.
- Insolvenzverwalter **InsO § 75** 1 ff.
- Interesse, rechtliches **InsO § 14** 2 ff.
- Italien **I** 170 ff.
- Kapitalgesellschaft **InsO § 18** 3 ff.
- Nachlassgläubiger **InsO § 317** 22 ff.
- Nachlassinsolvenz **InsO § 317** 1 ff.
- Österreich **A** 32 ff.
- Partikularverfahren **InsO § 354** 19 ff.
- Person, juristische **InsO § 13** 19; **InsO § 15** 1 ff.
- Person, natürliche **InsO § 13** 16 ff.
- Personengesellschaft **InsO § 13** 19; **InsO § 18** 3 ff.
- Polen **Pl** 53 ff., 222, 374, 895
- Restschuldbefreiung **InsO § 296** 2 ff.
- Schuldner **InsO § 18** 1 ff.
- Sekundärinsolvenzverfahren **EUInsVO 37** 1 ff.
- Sekundärverfahren **InsO § 356** 15 ff.
- Spanien *siehe dort*
- Staatsanwaltschaft **InsO § 13** 19a f.
- Verbraucherinsolvenz **InsO § 305** 18 ff.
- Vergütung **InsVV § 9** 2

- Wegfall Recht **InsO § 13** 39 ff.

Antragspflicht InsO § 15a 1 ff.; **InsO § 15b** 16; **InsO § 317** 26 ff.
- Adressaten **InsO § 15a** 7 ff.
- Aufbauhilfe/Hochwasser **InsO § 15a** 28e ff.
- Auslandsgesellschaften **InsO § 15a** 6, 15
- Aussetzung **COVInsAG § 1** 1 ff.; **COVInsAG § 2** 1 ff.; **E** 216; **EUInsVO 38** 4 ff.
- COVID-Pandemie **InsO § 15a** 28b ff.
- Gesellschaft, führungslose **InsO § 15a** 11 ff.
- Gesellschaftsformen **InsO § 15a** 1 ff.
- Haftung **InsO § 15a** 29 ff.
- Inhalt **InsO § 15a** 17 ff.
- Kapitalgesellschaften **InsO § 15a** 2 ff.
- Kenntnis **InsO § 15a** 16
- Kreditinstitute/Finanzdienstleister **InsO § 15a** 4
- Nichterfüllung **E** 215
- Personengesellschaften **InsO § 15a** 5 ff.
- Polen **Pl** 62 ff., 223, 1200 ff.
- Spanien **E** 213 ff.
- Tschechische Republik **CZ** 630

Anwartschaftsrecht InsO § 35 7; **InsO § 47** 29

Anzeigepflicht
- Eigenverwaltung, vorläufige **InsO § 270c** 56 f.
- Recht, internationales **A** 440
- Restschuldbefreiung **InsO § 295** 15 ff.
- Sachwalter **InsO aF § 270a** 58 f.; **InsO § 270c** 56 f.
- Verwalter **InsO § 262** 2 ff.

Arbeitsrecht
- Abfindung **InsO § 35** 11; **InsO § 55** 55 ff.; **CZ** 452 ff.; **Pl** 644 ff.; **US** 202
- Abschlagszahlungen **InsO § 123** 25
- Altersvorsorge **US** 209 f.
- Änderung, wesentlich Sachlage **InsO § 125** 37 ff.
- Angestellte **InsO § 276a** 47
- Angestellte, leitende **A** 439
- Arbeitnehmer **InsO § 55** 50; **InsO § 220** 9 ff.; **InsO § 221** 13 ff.; **InsO § 222** 23, 30 ff.; **InsO § 224** 5; **A** 292; **F** 415; **Pl** 639, 1040
- Arbeitnehmervertreter **InsO § 269c** 20 ff.
- Arbeitseinkommen **InsO § 55** 68 ff.; **InsO § 81** 25 ff.; **InsO § 89** 30 ff.; **InsO § 113** 1 ff.; **InsO § 292** 2 ff., 18 ff.; **InsO § 294** 10 ff.
- Arbeitskraft Schuldner **InsO § 35** 13
- Arbeitsvertrag **E** 558 ff.; **EUInsVO 13** 1 ff.
- Arbeitszeugnis **InsO § 55** 58
- Aufgaben Verwalter **E** 402
- Aufwandsentschädigung **InsO § 36** 10
- Ausschlussfristen, tarifliche **InsO § 123** 29
- Beendigung Arbeitsverhältnisse **CZ** 450 f.; **Pl** 635 ff.
- Beschlussverfahren **InsO § 122** 19 ff.; **InsO § 126** 1 ff.
- Betrieb, betriebsratsloser **InsO § 126** 9 ff.
- Betriebsänderung **InsO § 121** 1 ff.; **InsO § 122** 1 ff.; **InsO § 125** 6 ff.; **A** 290 f.
- Betriebsübergang **InsO § 128** 6 ff.; **GB** 294 ff.; **Pl** 653 ff., 1045 ff.
- Betriebsvereinbarungen **InsO § 120** 1 ff.
- Corona-Prämien **InsO § 35** 11; **InsO § 36** 10b
- Dienstverhältnis **InsO § 108** 18 ff., 62 ff.; **InsO § 113** 1 ff.

2399

Sachverzeichnis

- Direktversicherung **InsO § 35** 14, 23
- Eigenverwaltung **InsO § 113** 15 f.; **InsO § 279** 7
- Einkommen, unpfändbares **InsO § 35** 11
- Entgeltumwandlung **InsO § 35** 14
- Erwerberhaftung **InsO § 128** 29
- Erwerbermodell **InsO § 125** 18
- Feststellungsverfahren, kollektivrechtliche **E** 297 ff.
- Freigabe Arbeit, selbstständige **InsO § 35** 65 ff.
- Gläubiger, lokaler **EUInsVO 36** 21
- Individualarbeitsrecht **A** 282 ff.
- Insolvenzausfallgeld **A** 293 ff.; **CZ** 465 ff.
- Insolvenzplan **InsO § 220** 9 ff.; **InsO § 221** 13 ff.
- Insolvenzverwalter, vorläufiger **InsO § 22** 37 f., 54
- Interessenausgleich **InsO § 125** 10 ff.; **InsO § 128** 31 f.
- internationales **InsO § 337** 1 ff.; **A** 282 ff.; **CZ** 450 ff.; **E** 297 ff., 349 ff., 402, 558 ff.; **EUInsVO 13** 1 ff.; **F** 233, 304 ff., 331 ff.; **GB** 290 ff.; **Pl** 634 ff., 1037 ff.; **US** 196 ff.
- kollektives **A** 300 ff.; **CZ** 469; **US** 205 ff.
- Konsultationsverfahren **InsO § 125** 46 ff.
- Kündigung **InsO § 113** 1 ff.; **InsO § 125** 42 ff.; **InsO § 126** 4 ff.; **GB** 290 ff.; **Pl** 1038 f.
- Kündigungsschutz **InsO § 125** 1 ff.; **InsO § 126** 1 ff.; **InsO § 127** 1 ff.; **A** 283 ff.; **E** 574
- Leiharbeit **InsO § 125** 33 ff.
- Leistungen **Pl** 1042 ff.
- Leistungsträgerklausel **InsO § 125** 34 ff.
- Lohnforderungen **US** 196 ff.
- Masseforderungen **InsO § 35** 10 ff.
- Massenentlassung **InsO § 125** 39 ff.; **CZ** 455 ff.; **Pl** 640 ff., 1041
- Masseverbindlichkeiten **InsO § 55** 49 ff.
- Mehrarbeitsstunden **InsO § 35** 11
- Nachkündigung **InsO § 113** 18 ff.
- Namensliste **InsO § 125** 17 ff.
- Nebenverfahren **E** 349 ff.
- Pensionsverpflichtungen **InsO § 19** 52
- Personalstruktur, angemessene **InsO § 125** 28 ff.
- Personen, nahestehende **InsO § 138** 31 ff.
- Pflichten Insolvenzverwalter **InsO § 60** 51 ff.
- Rechtskraft **InsO § 126** 23
- Rechtsmittel **InsO § 122** 24 ff.; **InsO § 126** 22
- Restrukturierung **CZ** 454; **Pl** 1037 ff.
- Sonderzuwendungen **InsO § 55** 51
- Sozialauswahl **InsO § 125** 34 ff.
- Sozialplan **InsO § 19** 47; **InsO § 123** 1 ff.; **InsO § 124** 1 ff.; **InsO § 209** 16; **F** 334
- Sozialversicherungsbetrug **CZ** 631 ff.
- Stellung Verwalter **InsO § 80** 45
- Stellungnahme Betriebsrat **InsO § 125** 49 ff.
- Tarifverträge **Pl** 661
- Teileinigung **InsO § 125** 19
- Unternehmensveräußerung **InsO § 128** 1 ff.
- Unterrichtung **InsO § 122** 10 ff.; **InsO § 125** 15 f.
- Urlaub **InsO § 55** 52 f.
- Urlaubsgeld **InsO § 36** 10
- USA **US** 196 ff.
- Vereinbarung, abweichende **InsO § 113** 22 ff.
- Vereinbarungen, kollektivrechtliche **US** 205 ff.
- Verfrühungsschaden **InsO § 113** 23 ff.
- Verfügung, einstweilige **InsO § 122** 26 f.
- Verfügungsverbote **InsO § 81** 25 ff.
- Vergütung **InsVV § 3** 32 ff.; **Pl** 747 ff.
- Verjährung **InsO § 123** 27 ff.
- Vermittlungsverfahren **InsO § 121** 1 ff.
- Vollstreckungsverbot **InsO § 123** 26
- Vorausverfügungen Arbeitseinkommen **InsO § 287** 33 ff.
- Vorsorgeleistungen **US** 203 f.
- Wechselschichtzulage/Zulagen **InsO § 36** 10
- Weihnachtsgeld **InsO § 36** 10
- Zuständigkeit **EUInsVO 13** 14

Architekt/Ingenieur B/ArR 14 f., 385 ff.

Asset-Deal DS 100 ff.

Aufbauhilfe/Hochwasser InsO § 15a 28e ff.

Aufenthaltsbeschränkungen InsO § 21 75 f.

Aufhebung InsO § 270e 24 ff.
- Anhörung **InsO § 270e** 31 f.
- Antrag **InsO § 272** 13 ff.
- Beschluss Gläubigerversammlung **InsO § 78** 1 ff.; **InsO § 272** 13 ff.
- Eigenverwaltung **InsO § 272** 1 ff.; **InsO § 277** 23; **InsO § 280** 13
- Eigenverwaltung, vorläufige **InsO § 270e** 1 ff.; **InsO § 270f** 12 f.
- Entscheidung **InsO § 4c** 27 ff.; **InsO § 200** 7 ff.; **InsO § 272** 29 ff.
- Gläubiger **InsO § 272** 13 ff.
- Grund **InsO § 4c** 1 ff.; **InsO § 270e** 3 ff.; **InsO § 270f** 12 f.
- Österreich **A** 69 ff.
- Rechte Gläubiger nach - **InsO § 201** 1 ff.
- Rechtsmittel **InsO § 270e** 29; **InsO § 272** 33 f.
- Registereintragungen **InsO § 200** 12 ff.
- Schuldner **InsO § 272** 26 ff.
- Schutzschirmverfahren **InsO aF § 270b** 92 ff.
- Sicherungsmaßnahmen **InsO § 25** 1 ff.
- Stundung **InsO § 4c** 1 ff.
- Überwachung Insolvenzplan **InsO § 268** 1 ff.
- Verfahren **InsO § 200** 1 ff.; **InsO § 201** 1 ff.; **InsO § 258** 1 ff.; **InsO § 270e** 9 ff.; **Pl** 124 ff., 183 ff., 295 ff.
- Verhältnis zur Restschuldbefreiung **InsO § 201** 17
- Voraussetzungen **InsO § 200** 5 f.; **InsO § 272** 6 ff.
- Wirkungen **InsO § 259** 1 ff.
- Zustimmungsbedürftigkeit **InsO § 277** 23
- Zwangsvollstreckungsmaßnahmen **InsO § 201** 13 ff.
- Zweckverfehlung **InsO § 4c** 26

Aufrechnung
- Arbeitsentgelte **InsO § 294** 10 ff.
- Aufrechnungslage **InsO § 94** 1 ff.
- Aufrechnungsvereinbarung **B/ArR** 613 ff.
- Ausschluss **InsO § 95** 30 ff.
- Baurecht **B/ArR** 230 ff., 283 ff., 329 ff., 365 ff., 613 ff.
- Befugnis **InsO § 94** 5 ff., 12 ff., 30 ff.
- Darlegungs-/Beweislast **InsO § 94** 50
- durch Abtretung **InsO § 96** 14 f.
- Durchsetzbarkeit **InsO § 94** 27 f.
- Durchsetzung **InsO § 94** 48 ff.
- Eigenverwaltung **InsO § 94** 61

Sachverzeichnis

- Entstehung HF nach Eröffnung **B/ArR** 238 ff.
- Erfüllbarkeit Hautforderung **InsO** § 94 29
- Erfüllungsablehnung **B/ArR** 329 ff.
- Erklärung **InsO** § 94 48; **InsO** § 287 39
- Erlangung, anfechtbare **InsO** § 96 29 ff.
- Eröffnungsverfahren **InsO** § 94 57
- Erwerb GegenF nach Eröffnung **B/ArR** 246 f.
- Erwerb Gegenforderung nach Eröffnung **InsO** § 96 20 ff.
- Fälligkeit **InsO** § 95 24 ff.
- Forderungen **InsO** § 96 44 ff.; **Pl** 558 f.
- Forderungsanmeldung **B/ArR** 556
- Fremdwährung **InsO** § 95 35 ff.
- Gegenseitigkeit **InsO** § 94 13 ff.
- Geltendmachung **InsO** § 94 49 f.
- Gläubigerverzeichnis **InsO** § 152 10
- Gleichartigkeit **InsO** § 94 23 ff.; **InsO** § 95 27 ff.
- Hauptforderung nach Eröffnung **InsO** § 96 8 ff.
- Herbeiführung, anfechtbare Aufrechnungslage **B/ArR** 250 f.
- Konzernverrechnungsklausel **InsO** § 94 36 ff.
- Lageeintritt im Verfahren **InsO** § 95 1 ff.
- Mängelrechte **B/ArR** 230 ff.
- Mietforderungen **InsO** § 110 17 ff.; **ImoV** 474
- Nachlassinsolvenz **InsO** § 323 9 ff.; **InsO** § 327 19 ff.
- Planverfahren **InsO** § 94 59 f.
- Privilegierung (§ 95 Abs. 1 S. 3 InsO) **B/ArR** 252 ff.
- Recht, anwendbares **EUInsVO** 7 34 ff.
- Recht, internationales **InsO** § 338 1 ff.; **A** 250 ff.; **CH** 231 ff.; **CZ** 433 ff.; **E** 530 ff.; **EUInsVO** 9 1 ff.; **F** 392 ff.; **GB** 276 ff.; **I** 223; **Pl** 558 f.; **US** 179 ff.
- Rechtsausübung, unzulässige **InsO** § 94 43 f.
- Rechtsfolgen **InsO** § 94 51 ff.; **InsO** § 294 17 f.
- Rechtsweg **InsO** § 96 3 f.
- Restschuldbefreiung **InsO** § 94 58; **InsO** § 294 10 ff.
- Schuldenbereinigungsplan **InsO** § 309 37
- Schutz künftiger - **InsO** § 95 5 ff.
- Steuererstattungen **InsO** § 95 16 ff.
- Teildeckung **InsO** § 94 54 ff.
- Überschuldung **InsO** § 19 48
- Umsatzsteuer durch Finanzamt **StR-USt** 118, 137 ff.
- Unzulässigkeit **InsO** § 96 1 ff.
- Verbote **InsO** § 21 38; **InsO** § 94 39 ff.; **InsO** § 96 5 ff.; **InsO** § 210 16; **B/ArR** 236 ff.; **StR-NI** 35
- Verfahrenseröffnung **InsO** § 94 283 ff.
- Verrechnungsvereinbarung **InsO** § 94 33 ff.
- Verträge, gegenseitige/laufende **InsO** § 103 107 ff.
- Verzicht auf - **B/ArR** 233
- Vollzugsvereinbarung **InsO** § 94 32
- Voraussetzungen **InsO** § 338 10 ff.; **B/ArR** 232 ff.

Aufsichtspflicht InsO § 58 1 ff.; **InsO** § 292 5
Aufspaltung StR-ESt 14 ff.
Ausgebot ImoV 596 ff., 607 f., 612 ff., 620 ff.

Auskunft/Unterrichtung/Mitteilung InsO
§ 4c 2; **InsO** § 357 4 ff.; **StR-Verf** 62 ff.
- Akteneinsicht **StR-Verf** 62 ff.
- Angestellte (ehemalige) **InsO** § 101 31 ff.
- Ansprüche, materiell-rechtliche **InsO** § 101 40
- Anwendungsbereich **InsO** § 20 5 ff.; **InsO** § 97 3 ff.
- Art/Umfang **InsO** § 97 25 ff.; **InsO** § 167 4 f.
- Aussonderung **InsO** § 47 139 f.
- Baurecht **B/ArR** 271 f.
- Berater **InsO** § 97 12 ff.
- Berechtigte **InsO** § 20 10 ff.; **InsO** § 79 1 ff.; **InsO** § 97 16 ff.; **InsO** § 101 28
- Betriebsrat **F** 62
- Bruchteil **InsO** § 195 13 f.
- Datenabfrage, steuerliche **StR-Verf** 60 ff.
- datenschutzrechtlicher **InsO** § 36 20b
- Datenspeicherung **EUInsVO** 83 1
- Dritte **InsO** § 97 12 ff.
- Durchsetzung **InsO** § 20 46 ff.; **InsO** § 97 40 f.; **InsO** § 98 1 ff.; **InsO** § 101 35 ff.; **InsO** § 167 12 f.; **InsO** § 269a 21 ff.; **InsO** § 269b 13
- Ehegatten/Angehörige **InsO** § 97 11
- Eigenverwaltung **InsO** § 281 1 ff.
- Einholung Drittauskünfte **InsO** § 98 52 ff.
- England **GB** 169
- Eröffnungsverfahren **InsO** § 20 4 ff.
- Führungslosigkeit **InsO** § 101 17 ff.
- Gegenstand **InsO** § 97 20 ff.; **InsO** § 167 3
- Gläubiger **InsO** § 97 12 ff.; **InsO** § 167 1 ff.
- Gläubigerversammlung **InsO** § 79 1 ff.
- Grenzen **InsO** § 20 41 ff.; **InsO** § 167 6 ff.
- Gruppen-Koordinationsverfahren **EUInsVO** 63 1 ff.
- Hand, öffentliche **InsO** § 97 14 ff.
- Informationsfreiheitsgesetze **StR-Verf** 68 ff.
- Inhalt **InsO** § 20 20 ff.; **InsO** § 97 20 ff.; **InsO** § 101 22 ff.
- Insolvenzgeheimnis **InsO** § 97 27 ff.
- Insolvenzplan **InsO** § 269a 8 ff.
- Kosten **InsO** § 97 42; **InsO** § 167 12 f.
- Missachtung **InsO** § 290 67 ff.
- Polen **Pl** 171 ff., 288 ff.
- Recht, internationales **InsO** § 342 13 ff.; **EUInsVO** 23 12; **EUInsVO** 51 5
- Rechtsfolgen Verletzung **InsO** § 20 53 ff.
- Rechtsmittel **InsO** § 97 43
- Restschuldbefreiung **InsO** § 303 8 ff.
- Schuldner **InsO** § 97 1 ff.; **E** 462 ff.; **StR-Verf** 57 ff.
- Schweiz **CH** 16 ff.
- Selbstoffenbarungspflicht **InsO** § 97 24
- Sicherheiten **InsO** § 28 8 ff.
- Spanien **E** 462 ff., 960 ff.
- Steuerrecht **StR-Verf** 45 ff.
- Strafrecht **Pl** 1198 f.
- Treuhänder **StR-Verf** 54
- Tschechische Republik **CZ** 55 ff., 340 ff.
- Umfang **InsO** § 79 6
- Unterhaltsgewährung **InsO** § 101 41 ff.
- USA **US** 51 ff., 65 ff.
- Verfahrenseröffnung **B/ArR** 271 f.
- Verlangen **InsO** § 97 24
- Verletzung **InsO** § 290 48 ff.
- Vermögen, erworbenes **InsO** § 295 15 ff.

Sachverzeichnis

- Verpflichtete **InsO § 20** 14 ff.; **InsO § 97** 7 ff.
- Verschwiegenheitspflicht **InsO § 97** 19
- Vertreter, organschaftliche **InsO § 101** 7 ff.
- Verwalter *siehe dort*
- Verweigerung **InsO § 98** 20 f.
- Verwendungsverbot **InsO § 97** 27 ff.
- Voraussetzungen **InsO § 20** 5 ff.
- zivilrechtliche **StR-Verf** 72 ff.
- Zwangsmittel **InsO § 101** 35 f.

Auslagen InsO § 63 25 f.; **InsO § 73** 21 ff.; **InsVV § 4** 12 ff.; **InsVV § 8** 11 ff.; **InsVV § 11** 26; **InsVV § 12** 26; **InsVV § 12a** 13; **InsVV § 14** 14; **InsVV § 18** 1 ff.

Aussetzung
- Antrag **EUInsVO 38** 4 ff.
- Insolvenzplan **InsO § 233** 1 ff.
- Verwertung **EUInsVO 46** 1 ff.
- Verwertung/Verteilung **InsO § 159** 16 f.; **InsO § 233** 1 ff.
- Zinsen **F** 300

Aussonderung InsO § 47 1 ff.
- Abgrenzung zu Absonderung **InsO § 47** 13 f.
- Abgrenzung zu Masseverbindlichkeiten **InsO § 47** 5 f.
- Abgrenzung zu Schadenersatz **InsO § 47** 7 ff.
- Alleineigentum **ImoV** 259 f.
- Anfechtungsansprüche **InsO § 47** 120 ff.
- Anwartschaftsrecht **InsO § 47** 29
- Auskunfts-/Nachforschungspflichten **InsO § 47** 139 f.
- Aussonderungssperre **InsO § 135** 64 ff.
- Bar-/Buchgeld **InsO § 47** 93 ff.
- Berechtigte **InsO § 47** 18 f.; **ImoV** 206 ff.
- Berechtigung, fehlende **InsO § 48** 12 ff.
- Besitz **InsO § 47** 61
- Daten, analoge **InsO § 47** 78 ff.
- Daten, digitale **InsO § 47** 85 ff.
- Eigentum **InsO § 47** 26 ff.
- Eigentumserwerb **ImoV** 267 ff.
- Eigentumsvorbehalt **InsO § 47** 32 ff.; **InsO § 107** 37 f.; **F** 478
- Erbansprüche **InsO § 47** 60 f.
- Ersatzaussonderung **InsO § 48** 1 ff.; **A** 309 ff.
- Factoring **InsO § 47** 98 ff.
- Forderungsanmeldung **InsO § 174** 2
- Forderungsinhaberschaft **InsO § 47** 58 f.
- Fracht/Spedition **InsO § 47** 117 ff.
- Gegenstand **InsO § 48** 6; **ImoV** 258 ff., 267 ff.
- Gesamthand **ImoV** 266
- Grundlagen **InsO § 47** 1 ff.
- Herausgabeansprüche **InsO § 47** 116a
- Immobilienverwertung **ImoV** 206 ff., 257 ff.
- Insolvenzplan **InsO § 217** 7 ff.; **InsO § 221** 22
- Internetdomain **InsO § 47** 75 ff.
- Kommission **InsO § 47** 117 ff.
- Kosten **InsO § 47** 130
- Kreditwesen **InsO § 47** 116b
- Leasing **InsO § 47** 96 ff.
- Lizenzen **InsO § 47** 65 ff.; **InsO § 108** 81 ff.
- Mängelhaftungsbürgschaft **B/ArR** 169 f.
- Mietkaution **InsO § 47** 53
- Miteigentum **ImoV** 265
- Mitwirkungspflicht Berechtigter **InsO § 47** 141 f.
- Nutzungsüberlassung **InsO § 135** 64 ff.
- Objekte **InsO § 47** 15 ff.
- Pacht/Leihe **InsO § 47** 54
- Prozesse **InsO § 86** 7 ff.
- Prüf-/Sorgfalts-/Rücksichtnahmepflichten **InsO § 47** 134 ff.
- Recht, internationales **InsO § 351** 10 ff.; **A** 231, 307 ff.; **CH** 161 ff., 227 ff.; **E** 592 ff.; **F** 476 ff.; **Pl** 671 ff.
- Rechte, dingliche **InsO § 47** 62 f.; **InsO § 351** 10 ff.
- Rechtsfolgen **InsO § 48** 18 ff.
- Rückgabeanspruch Vermieter **InsO § 47** 48 ff.
- Rückgewähransprüche, schuldrechtliche **InsO § 47** 57
- Sanierungsplan **A** 205
- Schutzrechte, gewerbliche/immaterielle **InsO § 47** 71 ff.
- Sicherungseigentum **InsO § 47** 30 f.
- Sperre für Gesellschafter **ImoV** 261 ff.
- Treuhand **InsO § 47** 106 ff.
- Umfang **InsO § 47** 21 ff.
- Urheberrechte **InsO § 47** 64
- Veräußerung **InsO § 48** 7 ff.
- Vergütung **InsVV § 1** 23; **InsVV § 3** 18 ff.; **InsVV § 11** 9 ff.
- Verwahrvertrag **InsO § 47** 55
- Verwalter, vorläufiger starker **InsO § 22** 40 ff.
- Vorkaufsrecht, dingliches **InsO § 47** 31
- Vormerkung **InsO § 47** 30
- Wertpapiere **InsO § 47** 116b; **F** 482
- Wertpapierverwahrung **InsO § 47** 56
- Zweck **InsO § 47** 1 ff.

Auszahlung
- Verwertung **InsO § 170** 11 ff.

Bargeld
- Aussonderung **InsO § 47** 93 f.

Bargeschäft
- Anfechtung **InsO § 142** 1 ff.; **ImoV** 85
- Darlegungs-/Beweislast **InsO § 142** 24 f.
- Gesellschafterdarlehen **InsO § 135** 88 ff.
- Gläubigerbenachteiligung **ImoV** 114
- Massearmut/-losigkeit **InsO § 207** 7 ff.
- Rechtsfolgen **InsO § 142** 21 ff.
- Vergleich **B/ArR** 204 ff.

Baurecht B/ArR 1 ff.
- Abnahme **B/ArR** 90 ff.
- Abrechnung **B/ArR** 82 ff.
- Abweisung mangels Masse **B/ArR** 69c
- Adressat Kündigung **B/ArR** 74
- Anfechtung **B/ArR** 78 f., 113 ff., 126 ff., 172 ff.
- Anspruch Herstellung Bauwerk **B/ArR** 9
- Anwendbarkeit §§ 103 ff. **InsO B/ArR** 278 ff.
- Architekt **B/ArR** 14 f.
- Architekt/Ingenieur **B/ArR** 385 ff.
- Auflösung/Fortbestand ARGE **B/ArR** 502 ff.
- Aufrechnung *siehe dort*
- Auftraggeber **B/ArR** 12 f., 409 ff.
- Auftragnehmer **B/ArR** 12 f.
- Auseinandersetzungsbilanz **B/ArR** 514 ff.
- Auskunfts-/Mitwirkungspflichten **B/ArR** 271 f.
- Bau-ARGE **B/ArR** 490 ff., 537 ff.
- BauFoSiG **B/ArR** 448 ff., 477 ff.
- Bauhandwerkersicherung **B/ArR** 168
- Bauinsolvenzrecht **B/ArR** 1 ff.

Sachverzeichnis

- Baustoffe/Bauteile **B/ArR** 445 ff., 461 ff.
- Baustofflieferant **B/ArR** 459 ff.
- Bautenstandsfeststellung **B/ArR** 80 f.
- Bauträger **B/ArR** 351 ff.
- Bauträgervertrag **B/ArR** 4, 351 ff., 362 ff.; **Pl** 389 ff., 922 ff.
- Bauunternehmer **B/ArR** 294 ff.
- Bauvertrag **B/ArR** 3 ff., 36 ff., 224 ff., 276 ff.
- Beendigung Verfahren **B/ArR** 50 ff.
- Begrifflichkeiten **B/ArR** 1 ff.
- BGBWerkV/BGB-BauV **B/ArR** 75 ff.
- Bürgschaft *siehe dort*
- Direktzahlungen **B/ArR** 127 ff.
- Durchsetzungssperre **B/ArR** 508 ff.
- Eewerbsschutz **B/ArR** 354
- Eigenantrag **B/ArR** 59, 67 ff.
- Eigenverwaltung **B/ArR** 34a
- Einheitspreisvertrag **B/ArR** 84, 303
- Entgegennahme Bauleistungen **B/ArR** 212 ff.
- Erfüllungswahl *siehe dort*
- Eröffnung *siehe dort*
- Erschließungs-/Anliegerbeträge **B/ArR** 382 ff.
- Fachplaner **B/ArR** 14 f.
- Fertigstellungsmehrkosten **B/ArR** 95 ff.
- Forderungsanmeldung **B/ArR** 548 ff.
- Fortführung/Verwertung Praxis **B/ArR** 391 ff.
- Freistellungsanspruch nach § 110 VVG **B/ArR** 403 ff.
- Gegenansprüche **B/ArR** 365 ff.
- Gegenrechte **B/ArR** 94 ff.
- Generalplaner/Generalunternehmer **B/ArR** 341 ff.
- Generalübernehmer (GÜ) **B/ArR** 13
- Generalunternehmer (GU) **B/ArR** 13
- Gestaltungsmöglichkeiten **B/ArR** 209 ff.
- Gläubiger **B/ArR** 8
- Grundlagen, insolvenzrechtliche **B/ArR** 19 ff.
- Grundpfandrechte **B/ArR** 376 ff., 421 ff.
- Haftpflichtversicherer **B/ArR** 398 ff.
- Haftung, gesamtschuldnerische **B/ArR** 247
- in Bau-Arge **B/ArR** 567
- Ingenieur **B/ArR** 14 f.
- Insolvenz, materielle **B/ArR** 41 ff.
- Insolvenzplan **B/ArR** 52
- Kongruenzvereinbarung **B/ArR** 140 ff.
- Kosten **B/ArR** 9
- Krise **B/ArR** 16 ff., 56 ff.
- Kündigung Auftraggeber **B/ArR** 56 ff., 501
- Kündigung Auftragnehmer **B/ArR** 106 ff.
- Leistungsaustausch, fehlender **B/ArR** 297 ff., 327 ff.
- Leistungsgleichstand **B/ArR** 300 ff., 334 ff.
- Leistungsstandfeststellung **B/ArR** 610 f.
- Leistungsteil, kaufvertraglicher **B/ArR** 352 f.
- Leistungsüberschuss **B/ArR** 319 ff., 338 f.
- Leistungsverweigerungsrecht **B/ArR** 99, 109 ff.
- Mängelrechte/Gewährleistungsansprüche *siehe dort*
- Nachschieben Kündigungsgründe **B/ArR** 70 ff.
- Nachunternehmer **B/ArR** 108, 154, 346 ff., 477
- Pauschalvertrag **B/ArR** 85 ff., 304 ff.
- Produzent **B/ArR** 481 ff.
- Prozessuales **B/ArR** 548 ff.
- Rechtshandlung **B/ArR** 120, 138
- Restabwicklungsvereinbarung **B/ArR** 598 ff., M 633
- Restrukturierung (StaRUG) **B/ArR** 34b
- Restvergütungsanspruch **B/ArR** 365 ff.
- Sachwalter **B/ArR** 34a
- Schadenersatz **B/ArR** 327
- Schiedsgerichtsvereinbarung **B/ArR** 560 f.
- Schnittstellen zum InsR **B/ArR** 35 ff.
- Schuldner **B/ArR** 6 f.
- Schutzschirm **B/ArR** 34a
- Sicherheiten **B/ArR** 617
- Sicherheitenstellung **B/ArR** 146 ff., 370 ff.
- Sicherheitseinbehalt **B/ArR** 101, 157 ff.
- Sicherheitsleistung **B/ArR** 439 ff.
- Sicherheitsverlangen **B/ArR** 430 ff.
- Sicherungsabtretung **B/ArR** 435 ff.
- Sicherungshypothek **B/ArR** 421 ff.
- Steuerrecht **B/ArR** 223a ff.
- Totalübernehmer **B/ArR** 13
- Überschuldung **B/ArR** 24 f.
- Vereinbarkeit § 8 Abs. 2 Nr. 1 VOB/§ 119 InsO **B/ArR** 60 ff.
- Vergleiche **B/ArR** 182 ff.
- Verjährungsfristen **B/ArR** 51 ff.
- Verjährungsverzichtserklärungen **B/ArR** 222 ff.
- Vermögensansprüche **B/ArR** 9 ff.
- Verteidigung gegen Eigentumsübertragung **B/ArR** 379 ff.
- Vertragsstrafe **B/ArR** 102 ff., 367
- Vertragstermine **B/ArR** 618
- Verwalter **B/ArR** 26 ff.
- Verzugsschaden **B/ArR** 102 ff., 367
- VOB-Vertrag **B/ArR** 3 ff.
- Vorgehen nach Kündigung **B/ArR** 80 ff.
- Werthaltigmachen einer Forderung **B/ArR** 212 ff.
- Zahlungen *siehe dort*
- Zweiteilung Bauvertrag **B/ArR** 242, 264, 283 ff.

Beendigung InsO § 308 8 f.; **B/ArR** 50 ff., 570 f.; **EUInsVO** 48 1 f.
- Amt Koordinator **EUInsVO** 75 1
- Bekanntmachung **InsO** § 345 12
- England **GB** 91, 120 ff., 145 ff.
- Frankreich **F** 346 ff.
- Gläubigerausschuss, vorläufiger **InsO** § 22a 72 ff.
- Gründe **E** 1025 ff.
- Insolvenzverwalteramt **InsO** § 56 48
- Konkurs **I** 306 ff.
- Masseunzulänglichkeit **E** 1043 ff.
- Miet-/Pachtverhältnisse **InsO** § 108 40 ff., 56 ff.
- Österreich **A** 69 ff.
- Polen *siehe dort*
- Prozesse **InsO** § 86 31 ff.
- Rechnungslegung **InsO** § 66 1 ff.
- Recht, anwendbares **EUInsVO** 7 56 ff.
- Restschuldbefreiung **InsO** § 299 1 ff.
- Schutzschirmverfahren **InsO** aF § 270b 81 ff.; **InsO** § 270d 68 ff.
- Spanien **E** 313, 1024 ff.
- Tschechische Republik *siehe dort*
- USA **US** 240 ff.

Sachverzeichnis

- Verträge, gegenseitige/laufende **InsO § 104** 38 ff.
- Verwalter **InsO § 56** 48
- Verwertungsphase **E** 1027 ff.
- vorzeitige **InsO aF § 270b** 81 ff.; **InsVV § 3** 46 ff.; **InsVV § 12** 37 ff.
- Warentermingeschäfte/Finanzleistungen **InsO § 104** 38 ff.
- Wirkungen **E** 1060 ff.

Befriedigung InsO § 135 23 ff.
- abgesonderte **InsO § 49** 13 ff.; **InsO § 50** 1 ff.; **InsO § 52** 1 ff.; **B/ArR** 403 ff.
- Ausfall **InsO § 52** 1 ff.
- Baurecht **B/ArR** 403 ff.
- Befriedigungsverbot **Pl** 557
- bestmögliche **InsO § 1** 5
- Ersterwerb Grundpfandrecht **ImoV** 320 ff.
- Forderungen **InsO § 135** 17 ff.; **InsO § 300** 10 ff.
- Freistellungsanspruch nach § 110 VVG **B/ArR** 403 ff.
- Gläubiger **InsO § 187** 1 ff.; **InsO § 199** 4; **InsO § 270** 40; **InsO § 283** 1 ff.; **InsO § 300** 10 ff.; **Pl** 403 f., 813 ff.
- Immobilienverwertung **ImoV** 211 f.
- Masseverbindlichkeiten **InsO § 209** 1 ff.
- nachrangige **InsO § 44a** 16 ff.
- Pfandgläubiger **InsO § 50** 1 ff.
- Polen **Pl** 403 f., 813 ff.
- Rangfolge **GB** 380 f.
- Regressanspruch **InsO § 44a** 16 ff.
- Verfahren **InsO § 49** 13 ff.
- Verzicht **InsO § 52** 16 ff.
- vorzugsweise **ImoV** 211 f., 320 ff., 381 ff.
- Zwangs-/Arresthypothek **ImoV** 381 ff.

Behinderungsverbot InsO § 101 26
Beihilfe, europarechtswidrige InsO § 38 37
Bekanntmachung, öffentliche
- Recht, internationales **EUInsVO 28** 1 ff.; **EUInsVO 29** 1 ff.; **EUInsVO 31** 12 ff.

Bekanntmachung/-gabe, öffentliche InsO § 9 1 ff.; **InsO § 312** 1 ff.
- Abweisung mangels Masse **InsO § 26** 23
- Art/Weise **InsO § 9** 4 ff.; **InsO § 345** 10 ff.
- auf Antrag Verwalter **InsO § 345** 6 ff.
- Aufhebung Sicherungsmaßnahmen **InsO § 25** 4 ff.
- Beendigung **InsO § 345** 12
- Beginn Rechtsmittelfristen **InsO § 9** 15 ff.
- Bestellung Verwalter **InsO § 56** 45
- Datenschutz/Datenumgang **InsO § 9** 18 ff.; **EUInsVO 81** 1
- Eigenverwaltung **InsO § 273** 1 ff.
- Einstellung **InsO § 207** 18 f.; **InsO § 214** 3 f.; **InsO § 215** 2
- Eröffnung **InsO § 30** 1 ff.; **E** 272 ff., 361 ff.
- Erörterungs-/Abstimmungstermin **InsO § 235** 5
- fakultative **InsO § 9** 22 f.
- Grundbucheintragung **InsO § 23** 16 f.
- im Ausland **EUInsVO 28** 1 ff.; **EUInsVO 30** 1 ff.; **EUInsVO 31** 12 ff.
- Inhalt **InsO § 9** 7 f.; **InsO § 30** 5 f.; **InsO § 345** 10 ff.
- InsIntBekV **InsO § 9** 18 ff.
- Insolvenzgericht **InsO § 345** 10 ff.

- Insolvenzplan **InsO § 235** 5; **InsO § 252** 1 ff.; **InsO § 253** 11; **InsO § 267** 1 ff.; **InsO § 312** 7 f.
- Kosten **InsO § 9** 5.1; **InsO § 345** 18
- Masseunzulänglichkeit **InsO § 208** 6
- Notwendigkeit **InsO § 9** 1 ff.
- Publizitätswirkung **InsO § 9** 17
- Recht, internationales **InsO § 345** 1 ff.; **CZ** 55 ff.; **E** 272 ff., 361 ff.; **Pl** 171 ff., 288 ff.; **US** 65 ff.
- Rechtsmittel **InsO § 345** 19 f.
- Restschuldbefreiung **InsO § 290** 77
- Sicherungsmaßnahmen **InsO § 345** 13 f.
- Steuerrecht **StR-Verf** 140 ff.
- Übermittlung **InsO § 23** 12 ff.
- Verfahrensaufhebung **InsO § 258** 8
- Verfügungsbeschränkungen **InsO § 23** 1 ff.
- Vergütungsfestsetzung **InsO § 64** 8 ff.; **InsVV § 9** 18; **InsVV § 12a** 19
- Veröffentlichung **InsO § 23** 3 ff.
- von Amts wegen **InsO § 345** 14 ff.
- Wirkung **InsO § 9** 9 ff.; **InsO § 30** 7 f.
- Zuständigkeit **InsO § 345** 17
- Zustellung **InsO § 23** 19 ff.
- Zustellungsnachweis **InsO § 9** 12 ff.

Berater InsO § 97 12 ff.; **InsO § 270** 23 ff.; **InsO aF § 270** 70 ff.; **InsO § 276a** 42 ff.
Bereitschaftspflicht InsO § 98 1 ff.
Berichtstermin InsO § 29 2 ff.; **InsO § 156** 1 ff.; **InsO § 157** 1 ff.; **InsO § 159** 1 ff.
Beschlagnahme InsO § 88 21
- Apothekerinventar **InsO § 36** 30
- Betriebsmittel, landwirtschaftliche **InsO § 36** 30
- Ende **ImoV** 852 ff.
- Freiwerden/Freigabe siehe dort
- Gegenstände, unpfändbare **InsO § 36** 26 ff.
- Geschäftsbücher **InsO § 36** 27 ff.
- Maßnahmen, vorläufige **InsO § 21** 77 ff.
- Mieten, eingezogene **ImoV** 855 f.
- nach StPO **InsO § 50** 12a ff.
- Recht, internationales **A** 303 ff.; **CH** 239; **CZ** 470 ff.; **F** 54, 325 ff.; **GB** 302 ff.; **Pl** 663 ff.
- Rechte, dingliche **ImoV** 747 ff.
- Sachen, bewegliche **ImoV** 444 ff.
- Umfang **A** 303 ff.; **GB** 302 ff.; **ImoV** 791 ff.; **Pl** 663 ff.
- Veräußerung vor - **ImoV** 932 ff.
- Wirkung **ImoV** 789 f.
- zugunsten Masse **ImoV** 458
- Zwangsversteigerung **ImoV** 581 ff.
- Zwangsverwaltung **ImoV** 786 ff.
- Zwangsvollstreckung **InsO § 80** 76

Beschleunigungsgrundsatz InsO § 9 15.1
Beschwerde, sofortige InsO § 6 10 ff.; **InsO § 34** 3 ff.
- Abhilfeentscheidung **InsO § 6** 17
- Ablehnung Eröffnung **InsO § 34** 7 ff.
- Aufhebung Eröffnung **InsO § 34** 16 ff.
- Auskunfts-/Mitwirkungspflicht **InsO § 97** 43
- Beiordnungsablehnung **InsO § 4d** 3 f.
- Beschwer **InsO § 6** 11 f., 13
- Beschwerdebefugnis **InsO § 6** 10; **InsO § 15** 16; **InsO § 21** 150 ff.; **InsO § 34** 9 f.; **InsO § 59** 24; **InsO § 64** 11; **InsO § 216** 2 ff.; **InsO § 253** 3
- Beteiligte, sonstige **InsO § 4d** 10 f.

Sachverzeichnis

- Einstellung Verfahren **InsO § 216** 1 ff.
- Entlassung Verwalter **InsO § 59** 21, 24
- Entscheidung Beschwerdegericht **InsO § 59** 25
- Entscheidung Landgericht **InsO § 6** 19 ff.
- Eröffnungsbeschluss **InsO § 34** 11 ff.
- Frist **InsO § 6** 14; **InsO § 34** 4; **InsO § 64** 12
- Inhalt **InsO § 34** 5
- Insolvenzplan **InsO § 253** 1 ff.
- Kosten **InsO § 34** 21
- Maßnahmen, vorläufige **InsO § 21** 147 ff.
- Postsperre **InsO § 99** 40 ff.
- Rechtsbeschwerde **InsO § 6** 26 ff.; **InsO § 64** 16
- Staatskasse **InsO § 4d** 7 ff.
- Verfahren **InsO § 4d** 12 ff.; **InsO § 6** 15 ff.; **InsO § 21** 158 ff.; **InsO § 253** 16; **Pl** 131 ff., 262 f.
- Verfahrenskostenstundung **InsO § 4d** 1 ff.
- Vergütungsfestsetzung **InsO § 64** 9 ff.
- Verstoß gegen Vollstreckungsverbot **InsO § 21** 100
- Voraussetzungen **InsO § 253** 4 ff.
- Wirkung **InsO § 34** 6
- Wirkung, aufschiebende **InsO § 6** 15 f.
- Zulässigkeit **InsO § 6** 10 ff.
- Zurückweisung **InsO § 253** 12 ff.
- Zuständigkeit **InsO § 34** 3
- Zustimmungsersetzung Bereinigungsplan **InsO § 309** 45

Besserungsklausel InsO § 39 122
Bestandteile ImoV 301, 422 ff., 435 ff., 450 ff.
Bestellung
- Abschlussprüfer **InsO § 155** 38 ff.
- Gläubigerausschuss **Pl** 471 f.
- Gläubigerausschuss, vorläufiger **InsO § 22a** 1 ff.; **InsO § 56a** 1 ff.; **InsO § 56b** 28 f.
- Gläubigerbeteiligung **InsO § 56a** 1 ff.
- Grundpfandrechte **ImoV** 321 ff.
- isolierte **InsO § 21** 56 ff.
- Kontrollorgane **I** 480
- Neubestellung Geschäftsleitung **InsO § 276a** 8 ff., 28 ff.
- Polen **Pl** 989
- Sachwalter **InsO aF § 270c** 1 ff.; **InsO § 270f** 19 ff.; **InsO § 274** 4 ff.
- Sicherheiten *siehe dort*
- Verwalter **InsO § 26a** 9; **InsO § 55b** 1 ff.; **InsO § 56** 41 ff.; **InsO § 272** 35; **EUInsVO 22** 1 ff.
- Verwalter, vorläufiger **InsO § 21** 56 ff.; **InsO § 270e** 30
- Vormerkung **InsO § 106** 17 ff.

Betretungsrecht InsO § 22 88 ff.
Betrieb *siehe Unternehmen, siehe auch Arbeitsrecht*
Betriebsmittel, landwirtschaftliche InsO § 36 30
Bruchteilsgemeinschaft ImoV 151 ff., 300, 871 f.
Buchführungs-/Rechnungslegungspflichten
- Abgabe Steuererklärungen **InsO § 155** 28 ff., 37
- Abrechnung **B/ArR** 82 ff.
- Auseinandersetzungsbilanz **B/ArR** 514 ff.
- Beginn Geschäftsjahr, neues **InsO § 155** 33 ff.
- Bestellung Abschlussprüfer **InsO § 155** 38 ff.
- Durchsetzung **InsO § 66** 13

- Eigenverwaltung **InsO § 281** 14 f.
- Einstellung **InsO § 211** 11
- Eröffnungsbilanz, handelsrechtliche **InsO § 155** 15 ff.
- Haftung **InsO § 155** 31 f.
- handels-/steuerrechtliche **InsO § 155** 1 ff.
- Inhalt **InsO § 66** 4
- Insolvenzplan **InsO § 66** 10 f.; **InsO § 217** 25 f.
- Insolvenzverwalter **InsO § 66** 1 ff.; **InsO § 155** 6 ff.
- Jahresabschluss **InsO § 155** 12 ff.
- Konzernabschlüsse **InsO § 155** 24
- Nachtragsverteilung **InsO § 205** 6 ff.
- Offenlegungspflichten **InsO § 155** 21, 37
- Person, verpflichtete **InsO § 66** 8 ff.
- Pflichtenübergang **InsO § 155** 6 ff., 25 ff.
- Prolongation Pflichten **InsO § 155** 37
- Prüfung **InsO § 66** 10 ff.
- Reichweite **InsO § 155** 10 f.
- Schlussbericht **E** 758 ff., 785 ff.
- Schlussbilanz, handelsrechtliche **InsO § 155** 22 f.
- Schlussrechnung **InsO § 197** 9 ff.; **InsO § 211** 11; **InsO § 221** 42; **InsVV § 1** 2 ff.
- Schuldner **InsO § 155** 25 ff.
- Spanien **E** 492 ff.
- Steuerrecht **StR-Verf** 76 ff.
- Treuhänder **InsO § 292** 7 f.
- Tschechische Republik **CZ** 661 ff.
- Umfang **InsO § 66** 11
- Umsetzung, praktische **InsO § 66** 6
- Verwalter **InsO § 66** 1 ff.; **InsO § 155** 6 ff.; **CZ** 661 ff.; **Pl** 1259 ff.
- Zuständigkeit **InsO § 66** 10 f.
- Zwangsmittel **InsO § 155** 31 f.
- Zwischenrechnungslegung **InsO § 66** 7

Bürgschaft InsO § 43 15
- Anspruch auf Rückgabe **B/ArR** 162
- Baurecht **B/ArR** 53, 155 ff., 372, 540 ff.
- Einkommensteuer **StR-ESt** 53 ff.
- Insolvenz Bürge **GB** 331
- Insolvenz Hauptschuldner **GB** 328 ff.
- Insolvenzmasse **InsO § 35** 16
- Insolvenzplan **InsO § 221** 26
- Mängelhaftungsbürgschaft **B/ArR** 163 f., 169 ff.
- Partnerausschüttungsbürgschaft **B/ArR** 540 ff.
- Recht, internationales **A** 329 ff.; **E** 691 ff.; **F** 452; **GB** 324 ff.; **I** 395
- Rechte Bürge **InsO § 44** 1 ff.
- Sanierungsplan **A** 332
- selbstschuldnerische **F** 452
- Vertragserfüllungsbürgschaft **B/ArR** 161, 243 ff.
- Vorauszahlungsbürgschaft **B/ArR** 165
- Zahlung nach Insolvenzeröffnung **B/ArR** 156
- Zahlung vor Insolvenzeröffnung **B/ArR** 155

Compliance DS 65 ff., 106 f., **C** 91
Corona-Pandemie
- Anfechtung **InsO § 129** 18a
- Antragspflicht **InsO § 15a** 28b ff.
- Aussetzung Antragspflicht **COVInsAG § 1** 1 ff.; **COVInsAG § 2** 1 ff.
- Aussetzungsfristen **COVInsAG § 2** 16 f.
- Besicherung, privilegierte **InsO § 44a** 24 ff.

Sachverzeichnis

- Corona-Prämien **InsO § 35** 11; **InsO § 36** 10b
- Corona-Soforthilfe **InsO § 35** 15a, 25a
- Darlehen **COVInsAG § 2** 7
- Deckung, inkongruente **InsO § 131** 24a; **COVInsAG § 2** 9 ff.
- Deckung, kongruente **InsO § 130** 10a f.; **COVInsAG § 2** 9 ff.
- Eigenverwaltung **COVInsAG § 5** 1 ff.
- Eröffnungsgrund bei Gläubigerantrag **COVInsAG § 3** 1 ff.
- Gesellschafterdarlehen **COVInsAG § 2** 6
- Gläubiger, nachrangige **InsO § 39** 6a
- Gläubigerbenachteiligung **InsO § 131** 10 f.; **COVInsAG § 2** 2 ff.
- Gläubigergleichbehandlung **COVInsAG § 7** 1 ff.
- Hilfsprogramme, staatliche **COVInsAG § 2** 8 ff.
- Kredite, privilegierte **InsO § 135** 93 ff.
- Kreditprivileg ab 1.3.2020 **InsO § 39** 106a ff.
- Österreich **A** 460a ff.
- Polen **Pl** 39b ff.
- Prognosezeitraum Überschuldung **COVInsAG § 4** 1 ff.
- Schutzschirmverfahren **COVInsAG § 6** 1 ff.
- Sicherheitenbestellung **COVInsAG § 2** 5 f.
- StaRUG **InsO § 129** 18b; **InsO § 130** 10a f.; **InsO § 131** 10 f., 24a, 29a; **InsO § 132** 21a f.; **InsO § 134** 4b f.
- Stundung **COVInsAG § 2** 13 f.
- Vergütung **InsVV § 2** 20; **InsVV § 11** 46; **InsVV § 12** 40; **InsVV § 19** 15
- Zahlungsunfähigkeit **COVInsAG § 1** 3 ff.
- Zustimmungsvorbehalt **COVInsAG § 5** 35 ff.

Darlegungs-/Beweislast
- Anfechtung **InsO § 129** 90 f.; **InsO § 130** 38 ff.; **InsO § 131** 32 ff.; **InsO § 143** 54 ff.; **B/ArR** 119; **ImoV** 279
- Antrag **InsO § 139** 15
- Aufrechnung **InsO § 94** 50
- Bargeschäft **InsO § 142** 24 f.
- Beweisanzeichen/Umstände **InsO § 131** 19 ff.
- Beweiserleichterungen **InsO § 130** 44 f.; **InsO § 131** 34
- Beweislastumkehr **InsO § 131** 20 ff.
- Ersatzaussonderung **InsO § 48** 17a
- Frankreich **F** 487
- Gesellschaft, stille **InsO § 136** 12
- Gesellschafterdarlehen **InsO § 135** 90
- Glaubhaftmachung **InsO § 296** 7 ff.
- Gläubigerbenachteiligung **InsO § 131** 32 ff.; **InsO § 132** 23 ff.; **EUInsVO 16** 21 f.
- Gutglaubensschutz **InsO § 82** 14 ff.
- Gutgläubigkeit **InsO § 9** 17
- Insolvenzverschleppung **InsO § 19** 60
- Interessenausgleich **InsO § 125** 22 ff.
- Kenntnis **InsO § 130** 42 f.
- Nachrangigkeit **InsO § 39** 131
- Nichterfüllung Masseverbindlichkeiten **InsO § 61** 39
- Person, nahestehende **InsO § 138** 33
- Überschuldung **InsO § 19** 58 ff.
- Unentgeltlichkeit **InsO § 134** 18 ff.
- Wechsel-/Scheckzahlungen **InsO § 137** 15
- Zahlungsunfähigkeit **InsO § 130** 39 ff.

- Zeitpunkt Rechtshandlung **InsO § 140** 29 f.

Darlehen InsO § 108 32 ff.
- besichertes **InsO § 39** 98
- Besicherung, privilegierte **InsO § 44a** 24 ff.
- Cash-Pool **InsO § 135** 29
- Corona-Pandemie **COVInsAG § 2** 7
- Deckung, inkongruente **InsO § 131** 14
- Doppelbesicherung **InsO § 44a** 20 ff.
- Drittdarlehen, gesellschafterbesicherte **InsO § 44a** 19
- Förderbanken, staatliche **InsO § 39** 98a ff.
- Fortbestand **InsO § 108** 64 ff.
- Frankreich **F** 216
- Gesellschafterdarlehen *siehe dort*
- Hilfen, staatliche **InsO § 135** 99
- Insolvenzdarlehen **InsO § 39** 86
- Insolvenzmasse **InsO § 35** 16
- Insolvenzplan **InsO § 39** 87; **InsO § 221** 31; **InsO § 264** 1 ff.
- Kontokorrent **InsO § 135** 28
- Kredite, privilegierte **InsO § 39** 106a ff.; **InsO § 135** 93 ff.
- Kreditrahmen **InsO § 264** 1 ff.
- Rangrücktrittsvereinbarung **InsO § 39** 107 ff.
- revolvierendes **InsO § 135** 28
- Rückgewähr bis 30.9.2023 **InsO § 135** 93 ff.
- Rückgewähr bis 31.3.2022 **InsO § 135** 99
- Rückgewähr während Aussetzungszeitraum **InsO § 135** 98
- Sicherheiten **InsO § 44a** 9 ff.; **EUInsVO 7** 88
- USA **US** 218 f.
- Versprechen **InsO § 135** 21
- Vertragsspaltung **InsO § 108** 34
- zur Kostendeckung **InsO § 302** 23
- Zustimmung Gläubigerausschuss **InsO § 160** 8 f.

Datenschutz DS 1 ff.
- Akteneinsichtsrecht **StR-Verf** 62 ff.
- Anforderungen an Abfrage **InsO § 9** 21
- Asset-Deal **DS** 100 ff.
- Aufgaben EU-Kommission **EUInsVO 80** 1
- Auftragsverarbeiter **DS** 10
- Auskunftsrecht **EUInsVO 83** 1
- Aussonderung Daten **InsO § 47** 78 ff.
- Bedeutung für Insolvenz **DS** 1 ff.
- Begrifflichkeiten **DS** 5 ff.
- Bekanntmachung, öffentliche **InsO § 9** 18 ff.
- Beschäftigtendatenschutz **DS** 84 f., 101 ff.
- Bußgeldrisiken **DS** 112 ff.
- Daten, analoge **InsO § 47** 78 ff.
- Daten, personenbezogene **DS** 92 ff.
- Daten, personenbezogene **DS** 6
- Datenabfrage, steuerliche **StR-Verf** 60 ff.
- Datenschutzbeauftragter, betrieblicher **DS** 71 ff.
- Drittverträge, datenschutzrelevante **DS** 53 ff.
- Einwilligungen **DS** 53 ff.
- Hinweise **DS** 78
- Informationsfreiheitsgesetze **StR-Verf** 68 ff.
- Informationspflichten **EUInsVO 81** 1
- InsIntBekV **InsO § 9** 18 ff.
- Kundendaten **DS** 103 ff.
- Löschung **InsO § 9** 20
- Managementsystem **DS** 124 ff.
- Melde-/Benachrichtigungspflichten **DS** 81 ff.
- Nachweis Rechtmäßigkeit **DV DS** 40 ff.
- Person, betroffene **DS** 8, 76 ff.

Sachverzeichnis

- Planverfahren **DS** 97
- Recht, internationales **EUInsVO** 27 1; **EUInsVO** 78 1; **EUInsVO** 79 1
- Reputationsverlust **DS** 123
- Schadenersatz **DS** 120
- Schuldnerverzeichnis **InsO** § 303a 2 ff.
- Share-Deal **DS** 98
- Sicherung **InsO** § 9 19
- Speicherung **EUInsVO** 82 1
- Stelle, nicht-öffentliche **DS** 33 ff.
- Stellung Insolvenzverwalter **DS** 11 ff.
- Strafvorschriften **DS** 119
- Termine, virtuelle **InsO** § 4 16 ff.
- TOM **DS** 86 f.
- Übernahme/Fortführung Compliance **DS** 65 ff., C 91
- Umgang Aufsichtsbehörden **DS** 88 ff.
- Umwandlungsrecht **DS** 99
- Verantwortlicher **DS** 9, 19 ff., 51
- Verarbeitung **DS** 7
- Verarbeitungsverzeichnis **DS** 74 f.
- Verfahrenseröffnung **DS** 15 ff., 40 ff.
- Verwalter **InsO** § 80 53.3; **DS** 106 ff.
- Verwertung Daten **DS** 50
- Verwertungs-/Restrukturierungsszenarien **DS** 94 ff.

Dauerwohnrecht InsO § 35 9; **ImoV** 244 f.
Deckung, inkongruente InsO § 131 1 ff.
- Corona-Pandemie **InsO** § 131 24a
- Erwerb Grundpfandrecht **ImoV** 346
- Gegenleistung, angemessene **CZ** 530 ff.
- Gewährung/Ermöglichung Sicherung/Befriedigung **InsO** § 131 7 ff.
- Immobilienverwertung **ImoV** 86 ff.
- Inkongruenz **InsO** § 131 5 ff.
- Kenntnis **InsO** § 131 27.3
- Kongruenzvereinbarung **B/ArR** 140 ff.
- Polen **Pl** 731 ff., 1064
- Valutierung Grundpfandrecht **ImoV** 362
- Vergleich **B/ArR** 191 ff.
- Zahlungsverkehr **COVInsAG** § 2 11 ff.

Deckung, kongruente InsO § 130 1 ff.; **InsO § 131** 20.3; **B/ArR** 118
- Corona-Pandemie **InsO** § 130 10a f.; **COVInsAG** § 2 9 ff.
- Deckung **InsO** § 130 6 ff.
- Erwerb Grundpfandrecht **ImoV** 346
- Gewährung/Ermöglichung Sicherung/Befriedigung **InsO** § 130 6 ff.
- Immobilienverwertung **ImoV** 86 ff.
- Kongruenz **InsO** § 130 10
- Kongruenzvereinbarung **B/ArR** 140 ff.
- Polen **Pl** 741 ff.
- Rechtshandlung **InsO** § 130 4 ff.
- Valutierung Grundpfandrecht **ImoV** 362
- Vergleich **B/ArR** 191 ff.
- Vorteil, gleichwertiger **InsO** § 129 49 ff.

Deliktsrecht InsO § 129 12 ff.
Dienstbarkeit, beschränkt persönliche InsO § 35 9; **ImoV** 250 ff.
Dienstverhältnis siehe Arbeitsrecht
Doppelausgebot ImoV 612 ff.
Doppelinsolvenz InsO § 129 78 f.; **StR-USt** 21 ff.
Drittwiderspruchsklage InsO § 129 5a ff.; **InsO** § 143 51

Durchsuchung Geschäftsräume InsO § 21 77 ff.; **InsO** § 22 88 ff.

Eigentumsvorbehalt
- Absonderung **InsO** § 51 6 ff.
- Anspruch gegen Masse **InsO** § 107 20 ff.
- Aussonderung **InsO** § 47 32 ff.; **InsO** § 107 37 f.; **F** 478
- Begründung, vorinsolvenzliche **InsO** § 107 31 f.
- Besitzerlangung Käufer **InsO** § 107 34 ff.
- Besitzübertragung an Käufer **InsO** § 107 15 ff.
- einfacher **InsO** § 47 36 ff.; **InsO** § 107 9.1; **B/ArR** 462 ff.
- Entstehung Anwartschaftsrecht **InsO** § 107 11 f.
- Erfüllungswahlrecht **InsO** § 107 36 ff.
- erweiterter **InsO** § 47 44 ff.; **InsO** § 107 9.2
- Insolvenzrecht, internationales **EUInsVO** 10 1 ff.
- Käuferinsolvenz **InsO** § 47 35 ff.; **InsO** § 107 29 ff.
- Mängel **InsO** § 107 28 f.
- Nebenleistungen **InsO** § 107 25 ff.
- nur dinglicher **InsO** § 107 9.8
- Recht, internationales **CZ** 432; **F** 456, 506 ff.; **I** 258; **Pl** 570
- Rechtsfolgen **InsO** § 107 19 ff., 35 ff.
- Sache, bewegliche **InsO** § 107 13 f.
- Unwirksamkeit Zwischenverfügungen **InsO** § 107 23 f.
- Verarbeitungsklausel **InsO** § 47 39 ff.
- Verkauf unter - **InsO** § 107 6 ff.
- Verkäuferinsolvenz **InsO** § 47 32; **InsO** § 107 5 ff.
- verlängerter **InsO** § 47 39 ff.; **InsO** § 107 9.3; **B/ArR** 465 ff.
- Verschlechterungsgefahr **InsO** § 107 42 ff.
- Vertragsspaltung **InsO** § 107 10, 26 f.
- Vertragsteile, weitere **InsO** § 107 25

Eigenverwaltung InsO § 1 41; **InsO** § 270 1 ff.; **InsO aF** § 270 1 ff.
- Abberufung/Neubestellung Geschäftsleitung **InsO** § 276a 8 ff., 28 ff.
- Abgrenzung zum Sachwalter **InsO** § 270 12
- Abgrenzung Zuständigkeitszuweisung **InsO** § 270 20 ff.
- Ablehnung **InsO aF** § 270 51 ff.
- Anfechtung **InsO** § 129 16; **InsO aF** § 270a 48 f.; **InsO** § 280 1 ff.
- Anordnung **InsO aF** § 270 40 ff.; **InsO** § 270f 14 ff.; **InsO** § 271 12 ff.
- Anordnung Zustimmungsbedürftigkeit **InsO** § 277 1 ff.
- Antrag siehe dort
- Anwendung Vorschriften **InsO aF** § 270 79 ff.
- Anwendungsbereich **InsO** § 270 8 ff.; **InsO aF** § 270 7 f.
- Arbeitsrecht **InsO** § 113 15 f.; **InsO** § 279 7
- Aufgaben Sachwalter **InsO** § 270 17 ff.
- Aufgaben/Pflichten Schuldner **InsO** § 270 13 ff.
- Aufhebung siehe dort
- Aufrechnung **InsO** § 94 61
- Auskunftspflichtberechtigter **InsO** § 101 30
- Ausschluss Gesellschaftsorgane **InsO** § 276a 8 ff.

2407

Sachverzeichnis

- Aussichtslosigkeit **InsO aF § 270a** 12 ff.; **InsO § 270e** 7 f.; **InsO § 272** 11 f.
- Baurecht **B/ArR** 34a
- Bedeutung, praktische **InsO § 270** 6 ff.; **InsO aF § 270** 6 ff.
- Bedingungsfeindlichkeit **InsO aF § 270** 17 ff.
- Befriedigung Gläubiger **InsO § 283** 1 ff.
- Befriedigung Insolvenzgläubiger **InsO § 270** 40
- Befugnisse Schuldner **InsO § 279** 2 ff.
- Begriff **EUInsVO** 2 4 f.
- Begründung Verbindlichkeiten **InsO aF § 270a** 38 ff.; **InsO § 275** 3 ff.
- Bekanntmachung, öffentliche **InsO § 273** 1 ff.; **InsO § 312** 9
- Berater **InsO § 270** 23 ff.; **InsO aF § 270** 70 ff.
- Berichtspflicht **InsO § 281** 12 f.
- Bescheinigung Rückführbarkeit **COVInsAG § 5** 9 ff.
- Bestellung Sachwalter **InsO aF § 270c** 1 ff.
- Beteiligte **InsO § 270** 37
- Betriebsaufspaltung **StR-ESt** 16
- Bindung an Verfahrenszweck **InsO § 270** 22
- Corona-Pandemie **COVInsAG § 5** 1 ff.
- Durchführung **InsO § 270** 22 ff.; **InsO aF § 270** 69 ff.
- Einflussnahme, erlaubte **InsO § 276a** 22 ff.
- Einstellung **InsO § 270** 40
- Entscheidungen Insolvenzgericht **InsO aF § 270a** 21 ff.
- Entstehungsgeschichte **InsO § 270** 1 ff.; **InsO aF § 270** 1 f.
- Erfüllungswahlrecht **InsO § 103** 51
- Erklärungen Schuldner **InsO § 270a** 21 ff.
- Eröffnung **InsO aF § 270a** 1 ff.
- Eröffnungsverfahren **InsO § 270** 37 f.
- Finanzplan **InsO § 270a** 12 ff.
- Forderungsfeststellung **InsO § 178** 6; **InsO § 283** 2 ff.
- Frankreich **F** 200 ff.
- Geschäftsbetrieb, gewöhnlicher **InsO § 275** 7
- Gesellschaft ohne Rechtspersönlichkeit **InsO § 270** 29 ff.; **InsO aF § 270** 72 ff.
- Gesellschaftsrecht **InsO § 80** 47
- Gläubigerausschuss *siehe dort*
- Gläubigerbenachteiligung **COVInsAG § 5** 38 ff.
- Gläubigerversammlung **InsO § 271** 3 ff.
- Grundsatz **InsO § 270** 1 ff.
- Haftung **InsO aF § 270** 71; **InsO § 276a** 38 ff.; **InsO § 280** 1 ff.
- Hinweispflicht **InsO aF § 270a** 69 ff.
- Immobilienverwertung **ImoV** 193 f.
- Insolvenzplan **InsO § 269e** 17; **InsO § 270** 41; **InsO § 284** 19 ff.
- Insolvenzverwalter **InsO § 272** 35
- Insolvenzverwaltung, vorläufige **InsO § 21** 23 f.
- Kassenführung **InsO § 275** 15 ff.
- Kleinverfahren **InsO § 270** 43
- Konzept **InsO § 270a** 13 f.
- Kooperationspflicht **InsO § 269a** 26
- Koordinationsverfahren **EUInsVO 76** 1 ff.
- Kosten **InsO § 270a** 19 ff.
- Masseunzulänglichkeit **InsO § 285** 1 ff.
- Minderheitenschutz **InsO § 271** 7 f.
- Mittel zur Lebensführung Schuldner **InsO § 278** 1 ff.
- Mitwirkung **InsO § 275** 1 ff.; **InsO § 276** 1 ff.; **InsO § 276a** 1 ff.
- Nachlassinsolvenz **InsO § 315** 59 ff.
- Niederlegung **InsO § 281** 8
- Normzweck **InsO § 270** 4 f.
- Offenlegungspflichten **InsO § 270a** 24
- Organhaftung **InsO § 270** 31; **InsO aF § 270** 74 ff.
- Organschaft **InsO aF § 270** 77a; **StR-USt** 12 ff., 18
- Österreich **A** 122 ff.
- Personen, juristische **InsO § 270** 29 ff.; **InsO aF § 270** 72 ff.
- Personengesellschaften **InsO § 276a** 25 ff., 36 f.
- Planung **InsO § 270a** 10 ff.; **InsO § 270e** 6
- Postsperre **InsO § 99** 7; **InsO aF § 270a** 34
- Prognoseentscheidung **InsO aF § 270** 26 ff.
- Rechnungslegung **InsO § 281** 14 f.
- Recht, internationales **InsO § 270** 45
- Rechtshandlungen **InsO § 129** 33; **InsO aF § 270a** 48 ff.; **InsO § 276** 2 ff.; **InsO § 277** 17 ff.
- Rechtsmittel **InsO aF § 270** 55 ff.; **InsO aF § 270a** 35 f.; **InsO § 271** 19
- Restschuldbefreiung **InsO § 270** 42
- Sachlage, unklare **InsO aF § 270a** 30
- Sachverhaltsaufklärung **InsO aF § 270a** 18
- Sachwalter *siehe dort*
- Sanierungsverfahren **A** 122 ff.
- Sanktionen gegen Schuldner **InsO § 279** 8 ff.
- Schuldner **InsO § 270g** 3 ff.; **InsO § 271** 9 f.
- Schuldnerhandeln, eigenmächtiges **InsO § 276** 10 ff.
- Schuldnerstellung **InsO § 270** 12 ff.
- Schutzschirmverfahren **InsO aF § 270b** 1 ff.
- Sekundärverfahren **EUInsVO 38** 1 ff.; **EUInsVO 41** 12
- Sicherungsübereignung **StR-USt** 193 ff.
- Stellung Organe **InsO § 270** 30; **InsO aF § 270** 73
- Stellung Sachwalter **InsO aF § 270d** 8 ff.
- Stellung Sachwalter, vorläufiger **InsO aF § 270a** 53 ff.
- Stellung Schuldner **InsO aF § 270** 59 ff.; **InsO aF § 270a** 37 ff.; **InsO aF § 270d** 3 ff.; **InsO § 270g** 3 ff.
- Steuerrecht **InsO aF § 270a** 50 ff.; **StR-Verf** 42 ff.
- Tatsachenänderung **InsO aF § 270a** 19 ff.
- Übergang aus Regelverwaltung **InsO § 271** 20 ff.; **InsO § 272** 37 ff.
- Überwachung **InsO § 284** 23 ff.
- Umsatzsteuer **InsO § 282** 12; **StR-USt** 71 ff., 80
- Unternehmensgruppe **InsO § 269e** 17; **InsO § 270g** 1 ff.; **InsO aF § 270d** 1 ff.
- Unterrichtung Gläubiger **InsO § 281** 1 ff.
- Verbraucherinsolvenzverfahren **InsO § 270** 43
- Verfahrensarten **InsO aF § 270** 44
- Verfügungsverbote **InsO aF § 270a** 28 ff.
- Vergütung **COVInsAG § 5** 41
- Verhandlung mit Beteiligten **InsO § 270a** 14 ff.
- Vermögen, erfasstes **InsO § 270** 37

Sachverzeichnis

- Verteilungsverfahren **InsO § 283** 13 ff.
- Verträge, gegenseitige **InsO § 279** 1 ff.
- Verwaltung **InsO § 270** 39
- Verwertung **InsO § 270** 39
- Verwertung Sicherungsgut **InsO § 282** 1 ff.
- Verzeichnisse **InsO § 281** 1 ff.
- Voraussetzungen **InsO § 270** 10 ff.; **InsO aF § 270** 9 ff.; **InsO § 270f** 3 ff.
- Vorbereitung Sanierung **InsO aF § 270b** 1 ff.
- Vorkehrungen Pflichterfüllung **InsO § 270a** 18
- vorläufige *siehe dort*
- Vorschriften **InsO § 270** 32 ff.
- Wahrung Gläubigerinteressen **InsO aF § 270** 20 ff.
- Widerspruch Sachwalter **InsO § 275** 11 f.
- Zahlungsunfähigkeit, drohende **InsO aF § 270a** 69 ff.
- Zeitpunkt **InsO aF § 270a** 15 f.
- Zuständigkeit *siehe dort*
- Zustimmung Sachwalter **InsO § 276a** 28 ff.
- Zustimmungsvorbehalt **COVInsAG § 5** 35 ff.
- Zwangsmaßnahmen **InsO aF § 270a** 34
- Zwangsverwaltung **ImoV** 783
- Zweck **InsO aF § 270** 3 ff.
- Zweckbindung **InsO aF § 270** 69

Eigenverwaltung, vorläufige InsO § 21 23 f.; **InsO § 270b** 1 ff.; **StR-USt** 193 ff.
- Ablehnung **InsO § 270b** 53 ff.
- Anordnung **InsO § 270b** 3 ff., 31 ff., 47 ff.
- Anzeigepflicht **InsO § 270c** 56 f.
- Aufhebung **InsO § 270e** 1 ff.; **InsO § 270f** 12 f.
- Aufsicht **InsO § 270c** 64
- Beauftragung Sachwalter, vorläufiger **InsO § 270c** 7 ff.
- Begründung Masseverbindlichkeiten **InsO § 270c** 20 ff.
- defizitäre **InsO § 270b** 18 ff.
- Entscheidungen Insolvenzgericht **InsO § 270c** 6 ff.
- Entstehungsgeschichte **InsO § 270b** 1 f.
- Eröffnungsverfahren **InsO § 270c** 58 ff.
- Finanzierung, unzureichende **InsO § 270b** 20 f.
- Gläubiger **InsO § 270e** 16 ff.
- Gläubigerausschuss **InsO § 270b** 32 ff.
- Hinweispflicht **InsO § 270c** 67 f.
- Kosten, überschießende **InsO § 270b** 22 f.
- Mängel, behebbare **InsO § 270b** 16 f.
- Mitteilungspflicht **InsO § 270c** 39
- Mitwirkung **InsO § 270c** 58 ff.; **InsO § 276a** 54 ff.
- Planforderungen **InsO § 270c** 22 ff.
- Planung, ordnungsgemäße **InsO § 270b** 6 ff.
- Postsperre **InsO § 270c** 15
- Prognoseentscheidung **InsO § 270b** 26 ff.
- Rechtsfolge **InsO § 270c** 78 ff.
- Rechtshandlungen Schuldner **InsO § 270c** 40 ff.
- Rechtsmittel **InsO § 270b** 58 f.; **InsO § 270c** 34 f.
- Sachwalter, vorläufiger **InsO § 270c** 50 f.; **InsO § 270e** 10 f.
- Schutzschirmverfahren **InsO § 270d** 1 ff.
- Sicherungsmaßnahmen **InsO § 270c** 14 ff.
- Sicherungsübereignung **StR-USt** 210 ff.
- Stellung Schuldner **InsO § 270c** 36 ff.; **InsO § 270e** 13 ff.
- Steuerpflicht **InsO § 270c** 43 ff.
- Tatsachen, zugrunde gelegte **InsO § 270b** 13 ff.
- Überprüfung Lage/Geschäftsführung **InsO § 270c** 52 ff.
- Verfahren **InsO § 270b** 31; **InsO § 270c** 1 ff.
- Verstoß gegen Offenlegungsverpflichtung **InsO § 270b** 25
- Vollständigkeit/Schlüssigkeit **InsO § 270b** 6 ff.
- Vollstreckungs-/Verwertungssperren **InsO § 270b** 24
- Zahlungsrückstände **InsO § 270b** 23
- Zuständigkeit **InsO § 270b** 31
- Zustimmungsvorbehalt **InsO § 270c** 12 f.
- Zwangsmaßnahmen **InsO § 270c** 16

Einfuhrumsatzsteuer StR-USt 44
Einheitspreisvertrag B/ArR 84, 303
Einkommensteuer StR-ESt 1 ff.
- Abgrenzung Insolvenzforderung/Masseverbindlichkeit **StR-ESt** 108 ff.
- Absonderungsrechte **StR-ESt** 116
- Aktienverluste **StR-ESt** 56
- Anschaffungskosten, nachträgliche **StR-ESt** 52 ff.
- Ausfall Privatdarlehen **StR-ESt** 57
- Bauabzugsteuer **StR-ESt** 12
- Beteiligungen **StR-ESt** 27 ff., 47 ff.
- Betriebsaufgabe/-veräußerung **StR-ESt** 21 ff.
- Betriebsaufspaltung **StR-ESt** 14 ff.
- Betriebsgrundstück **StR-ESt** 121
- Betriebsvermögen, ewiges **StR-ESt** 23
- Betriebsvermögensvergleich **StR-ESt** 8
- Bürgschaft **StR-ESt** 53 ff.
- Ehegattenveranlagung **StR-ESt** 94 ff.
- Einnahmen-/Überschussrechnung **StR-ESt** 8
- Einkommensermittlung **StR-ESt** 3 ff.
- Einkommensteuerpflicht **StR-ESt** 2 f.
- Einzelveranlagung **StR-ESt** 101
- Erhebung/Anrechnung **StR-ESt** 130 ff.
- Ermittlung Steuerschuld **StR-ESt** 7 ff.
- Ermittlungs-/Bemessungs-/Veranlagungszeitraum **StR-ESt** 5
- Festsetzung/Aufteilung EkSt-Schulden **StR-ESt** 106 ff.
- Gesellschafterdarlehen **StR-ESt** 53 ff.
- Gewinnermittlung **StR-ESt** 8
- Insolvenz Arbeitgeber **StR-ESt** 137 ff.
- Insolvenz Arbeitnehmer **StR-ESt** 141 ff.
- Insolvenz Gesellschaft **StR-ESt** 29 ff.
- Insolvenz Gesellschafter **StR-ESt** 35 ff.
- Kapitalertragsteuer **StR-ESt** 12
- Lohnsteuer **StR-ESt** 12, 130 ff.; **StR-Verf** 210 ff.
- Masse **InsO § 38** 31
- Masseverbindlichkeiten **InsO § 55** 28
- Massezufluss durch Geltendmachung Ansprüche **StR-ESt** 80 ff.
- nach Insolvenzeröffnung **StR-ESt** 122 ff.
- Nachlassinsolvenz **StR-ESt** 146 ff.
- Recht, internationales **A** 446 ff., 455 ff.; **CZ** 642 f.; **Pl** 1263 ff.
- Rechtsprechungsübersicht **StR-ESt** 1.1
- Restschuldbefreiung **StR-ESt** 26 ff.
- Sanierungsgewinne **StR-ESt** 70 ff.
- Separationstheorie **StR-ESt** 6.1

Sachverzeichnis

- Sonderausgaben **StR-ESt** 60
- Überzahlungen **StR-ESt** 13
- Veranlagungswahl **StR-ESt** 96, 102 ff.
- Veräußerungserlös Auflösung **StR-ESt** 47 ff.
- Verlustabzug **StR-ESt** 60 ff.
- Verlustvorschreibung **StR-ESt** 9
- Vermögen, insolvenzfreies **StR-ESt** 122 ff.
- Vorauszahlung **StR-ESt** 10 f.
- Zusammenveranlagung **StR-ESt** 95 ff.

Einstellung
- Abwicklungsverhältnis **InsO § 215** 9
- Anhörung **InsO § 214** 8
- Antrag **InsO § 212** 2 ff.; **InsO § 213** 2 ff.; **InsO § 214** 2
- Befriedigung Gläubiger, vollständige **ImoV** 865
- Bekanntgabe **InsO § 207** 18 f.; **InsO § 214** 3 f.; **InsO § 215** 2
- Berichtigung Forderungen **InsO § 214** 9 ff.
- Beschluss **InsO § 211** 6 ff.; **InsO § 213** 16
- Eigenverwaltung **InsO § 270** 40
- Eintragung Schuldnerverzeichnis **InsO § 207** 24
- Folgen **InsO § 207** 18 ff.
- Genossenschaft/VVaG **InsO § 213** 18
- Gesellschaftsinsolvenz **InsO § 207** 26 ff.
- Gläubiger, absonderungsberechtigte **InsO § 213** 14 f.
- im Versteigerungsverfahren **ImoV** 860 ff.
- Masseunzulänglichkeit **InsO § 207** 1 ff.; **InsO § 208** 1 ff.; **InsO § 211** 1 ff.
- mit Zustimmung Gläubiger **InsO § 213** 1 ff.
- nach Verteilung **InsO § 211** 6 ff.
- Nachtragsverteilung **InsO § 211** 12 ff.
- Niederlegung **InsO § 214** 3 f.
- Prozesse **InsO § 207** 21 ff.
- Prozessführungsbefugnis **InsO § 207** 21 ff.
- Rechnungslegung **InsO § 211** 10
- Recht, internationales **CH** 33 ff.; **CZ** 74 ff.; **Pl** 109 ff., 317 ff.
- Rechtsmittel **InsO § 207** 18 f.; **InsO § 213** 19; **InsO § 215** 10; **InsO § 216** 1 ff.
- Restschuldbefreiung **InsO § 215** 8; **InsO § 289** 1 ff.
- Unterrichtung **InsO § 215** 3 f.
- Verfahren **InsO § 207** 1 ff.; **InsO § 212** 7 f.; **InsO § 214** 1 ff.; **InsO § 289** 1 ff.
- Verwaltungs-/Verfügungsbefugnis **InsO § 207** 20
- Vollstreckungsmaßnahmen **ImoV** 566 ff., 572
- Vollstreckungsverbote **InsO § 207** 25; **InsO § 208** 7; **InsO § 210** 1 ff.
- Wegfall Eröffnungsgrund **InsO § 212** 1 ff.
- Widerspruch **InsO § 214** 5 ff.
- Wirkungen **InsO § 212** 9; **InsO § 215** 5
- Zwangsversteigerung siehe dort
- Zwangsverwaltung siehe dort

England GB 1 ff.
- Adjucator **GB** 162
- administration **GB** 93 ff., 155 f., 435 ff.
- Akteneinsicht **GB** 169
- Anerkennung nach common law **GB** 172 f.
- Anerkennung Verfahren im Ausland **GB** 189 ff.
- Anerkennung Verfahren, ausländische **GB** 170 ff.
- Anfechtung **GB** 354 ff.
- Anordnung, vorläufige **GB** 155 f.
- Ansprüche, sozialrechtliche **GB** 299 ff.
- Antragsberechtigung **GB** 69 ff., 94, 126
- Antragsrücknahme **GB** 73
- Antragstellung **GB** 69 ff., 93 ff., 125 ff.
- Antragsverfahren **GB** 72
- Anwendungsbereich **GB** 192
- Aufrechnung (set-off) **GB** 276 ff.
- bankruptcy **GB** 125 ff., 403 ff., 447 f.
- Beendigung **GB** 91, 120 ff., 145 ff.
- Beendigung Arbeitsverhältnis **GB** 290 ff.
- Beschränkungsanordnung **GB** 430 ff.
- Beteiligte **GB** 223 ff.
- Betriebsübergang **GB** 294 ff.
- Bilanzierungsperiode **GB** 435
- Brexit **GB** 188
- Bürgschaft **GB** 324 ff.
- Company Directors Disqualification Act **GB** 413 ff.
- Company Voluntary Arrangement (CVA) **GB** 41 ff.
- Compulsory Winding up by the Court **GB** 69 ff.
- Creditors Voluntary Winding up **GB** 65 ff.
- Cross-Border Insolvency Regulations 2006 **GB** 177 ff.
- Durchgriffshaftung, gesellschaftsrechtliche **GB** 332 ff.
- Entwicklungen, neueste **GB** 8 ff.
- Eröffnung **GB** 258 ff.
- Eröffnungsentscheidung **GB** 81 ff., 109 ff., 139 ff.
- EuInsO **GB** 187
- Falschangaben **GB** 402, 408
- Fehlverhalten während Liquidation **GB** 397 ff.
- floating charges **GB** 366 f.
- Flucht Schuldner **GB** 410
- Folgen, gesellschaftsrechtliche **GB** 284 ff.
- Forderungsanmeldung **GB** 370 ff.
- Geschäftsleiterhaftung **GB** 344 ff.
- Geschäftstätigkeit **GB** 412
- Geschichte **GB** 2 ff.
- Gläubiger, einzelner **GB** 227 ff.
- Gläubigerausschuss **GB** 240
- Gläubigerbegünstigung **GB** 359 ff.
- Gläubigergemeinschaft **GB** 232 ff.
- Gläubigerzugriff **GB** 258 ff.
- Haftungsansprüche **GB** 332 ff.
- Individual Voluntary Arrangement (IVA) **GB** 51 ff.
- Information Verfahrensbeteiligte **GB** 166 ff.
- Insolvenzfähigkeit **GB** 214
- Insolvenzgericht **GB** 241 f.
- Insolvenzgründe **GB** 193 ff.
- Kapitalaufbringung/-erhaltung **GB** 338 ff.
- Kapitalgesellschaften **GB** 6 ff., 225 f.
- Kooperation **GB** 174 ff.
- Kosten **GB** 157 ff., 382
- Kreditgeschäft, wucherisches **GB** 368
- Kreditgeschäfte **GB** 412
- Liquidation **GB** 65 ff., 392 ff., 435 ff.
- Liquidationsausschuss **GB** 240
- Masse **GB** 302 ff.
- Moratorien **GB** 115, 155 f., 28a ff., 381a
- Offenlegungen, unterlassene **GB** 405
- Person, natürliche **GB** 3 ff., 51 ff., 125 ff., 223 f., 430 ff.

2410

Sachverzeichnis

- piercing/lifting the corporate veil **GB** 332 ff.
- Rahmenbedingungen, institutionelle **GB** 18 ff.
- Rangfolge Befriedigung **GB** 380 ff.
- Rangfolge Steuerforderungen **GB** 436 ff.
- Rechtsmittel **GB** 81 ff., 144
- Rechtsquellen **GB** 26
- Rechtsstreit, anhängiger **GB** 281 ff.
- Restrukturierung, vorinsolvenzliche **GB** 27 ff.
- Restrukturierungsplanverfahren **GB** 40a ff.
- Restschuldbefreiung **GB** 145 ff.
- Sanierungsmöglichkeiten **GB** 255 ff.
- Scheme of Arrangement **GB** 29 ff.
- Sicherheiten Dritter **GB** 320 ff.
- Steuerforderungen nach Verfahrensbeginn **GB** 439 ff.
- Steuerrecht **GB** 434 ff.
- Strafrecht **GB** 390 ff.
- Tätigkeitsverbote **GB** 413 ff.
- Techt, materielles **GB** 192 ff.
- Transaktionen **GB** 357 ff., 396, 409, 411
- Überschuldung **GB** 198 ff.
- Umfang Beschlagnahme **GB** 302 ff.
- Unterlassen von Angaben **GB** 401
- Unternehmensfortführung **GB** 284 ff.
- Verfahren **GB** 63 ff., 90 ff., 114 ff., 145 ff.
- Verfahren, vorläufiges **GB** 148 ff.
- Verfahrensarten **GB** 23 ff.
- Verfahrensöffentlichkeit **GB** 165
- Verfälschung Bücher **GB** 400, 407
- Verfügungsbefugnis **GB** 264 ff.
- Verhalten, betrügerisches **GB** 394 ff.
- Verschleierung Vermögenswerte **GB** 406
- Verteilung Masse **GB** 369 ff.
- Verteilungsverfahren **GB** 375 ff.
- Verträge, laufende **GB** 268 ff.
- Verwalter **GB** 158, 160 f., 243 f., 245 ff.
- Verwalter, vorläufiger **GB** 149 ff., 159
- Verwaltung, staatliche **GB** 19 ff.
- Verwertung Masse **GB** 318 ff.
- Wirtschaftsjahr **GB** 435
- Zahlungsunfähigkeit **GB** 194 ff.
- Ziele **GB** 204 ff.
- Zuständigkeit **GB** 77 ff., 108, 133 ff.

Erbbaurecht InsO § 35 8; **ImoV** 176 ff., 298

Erben
- Anfechtung gegenüber - **InsO § 145** 5 ff.
- Aufwendungen **InsO § 323** 1 ff.; **InsO § 324** 6 ff.
- Erbengemeinschaft **ImoV** 160 ff., 172 ff.
- Erbschaftskauf **InsO § 330** 1 ff.
- Herausgabepflicht **InsO § 295** 12 ff.

Erbeninsolvenz InsO § 43 34; **InsO § 52** 21; **InsO § 315** 62; **InsO § 331** 1 ff.

Erbschaft PL 560 ff., 1005 ff.
- Annahme/Ausschlagung **InsO § 83** 1 ff.
- Aussonderung **InsO § 47** 60 f.
- Nachlassinsolvenz *siehe dort*
- Steuerrecht **StR-Nl** 80 ff.
- Vorerbschaft **InsO § 83** 28 ff.

Erfüllung *siehe auch Leistung, siehe auch Zahlung*
- Ablehnung **InsO § 87** 23 ff.
- an Schuldner **InsO § 350** 1 ff.
- Anspruch gegen Masse **InsO § 106** 33 ff.
- Begriff **InsO § 103** 38 ff.
- beiderseitige nicht vollständige **InsO § 103** 37 ff., 83 ff.
- Dauerschuldverhältnisse **InsO § 90** 6 ff.

- Erlöschen Anspruch/Netting **InsO § 104** 41 ff.
- Gewährung/Ermöglichung **InsO § 130** 6 ff.; **InsO § 131** 7 ff.
- im Eröffnungsverfahren **InsO § 103** 114 f.
- Insolvenzplan **InsO § 231** 13
- Kostentragungspflicht **InsO § 14** 26 f.
- Lizenzen **InsO § 108** 73 ff.
- Mietzahlung **InsO § 108** 48 ff.
- nach Antragstellung **InsO § 14** 7 ff.
- nach Eröffnung **InsO § 55** 42 ff.
- Nachlassverbindlichkeiten **InsO § 326** 5 ff.
- Nichterfüllung Masseverbindlichkeiten **InsO § 61** 1 ff.
- Recht, internationales **InsO § 350** 1 ff.
- Schutzschirmverfahren **InsO § 103** 115
- Surrogate **InsO § 103** 41; **InsO § 131** 17a ff.; **InsO § 135** 54
- Teilerfüllung **InsO § 103** 44 ff.
- Teilleistung, vorinsolvenzliche **InsO § 105** 23 ff.
- Vorleistung **InsO § 105** 23 ff.
- Wiederaufleben Forderung **InsO § 144** 5 ff.
- Zeitpunkt **InsO § 103** 43 f.

Erfüllungswahl InsO § 55 40 f.; **InsO § 103** 1 ff.
- Ablehnung **InsO § 87** 23 ff.; **InsO § 103** 72 ff.; **B/ArR** 323 ff., 361 ff., 416 ff., 473
- Aufforderung Ausübung **B/ArR** 287 ff., 295 ff., 475 f.
- Auslegung/Wirksamkeit Willenserklärung **InsO § 103** 57 ff.
- Ausübung, einheitliche **InsO § 103** 55 f.
- Ausübung, fehlende **InsO § 103** 72 ff.
- Ausübungsaufforderung **InsO § 103** 61 ff.
- Ausübungsmaßstab **InsO § 103** 53 ff.
- Baurecht **B/ArR** 287 ff., 323 ff., 343 ff., 356 ff., 409 ff., 473 f.
- Bewertungsgrundsätze **B/ArR** 301 ff.
- doppelte **B/ArR** 343 ff.
- Eigentumsvorbehalt **InsO § 107** 36 ff.
- Eigenverwaltung **InsO § 103** 111
- Einheitspreisvertrag **B/ArR** 303
- Erklärungsaufforderung **InsO § 109** 44 ff.
- Frist **InsO § 107** 40 ff.
- Gläubigerausschuss **InsO § 103** 50
- Insolvenz Bauunternehmer **B/ArR** 295 ff.
- Mängelrechte **B/ArR** 309 ff., 335 ff.
- Massemehrung **InsO § 103** 53 ff.
- Masseverbindlichkeiten **InsO § 209** 5 ff.
- Miet-/Pachtverhältnisse **InsO § 108** 38 ff.
- Österreich **A** 103
- Pauschalvertrag **B/ArR** 304 ff.
- Rechtsfolgen **InsO § 103** 67
- Schutz künftiger Aufrechnung **InsO § 95** 10 ff.
- Tatbestand **InsO § 103** 16 ff.
- Verbraucherinsolvenz **InsO § 103** 51.1
- Verhältnis zu Vorschriften, anderen **InsO § 103** 116
- Verschlechterungsgefahr **InsO § 107** 42 ff.
- Verwalter **InsO § 103** 52; **B/ArR** 33
- Vormerkung **InsO § 106** 1 ff.
- Warentermingeschäfte/Finanzleistungen **InsO § 104** 1 ff.
- Zuständigkeit **InsO § 103** 49 ff.

Ergebnis-/Finanzplan InsO § 229 1 ff.

2411

Sachverzeichnis

Eröffnung InsO § 5 5 f.
- Abweisung mangels Masse **InsO § 26** 1 ff.; **B/ArR** 69c
- Abwicklung Verwaltung, vorläufige **InsO § 25** 7 ff.
- Aktivprozesse **InsO § 85** 1 ff.
- Antrag *siehe dort*
- Auflösung Gesellschaften **InsO § 118** 1 ff.
- Aufrechnung **InsO § 94** 1 ff., 57
- Aufträge Schuldner **InsO § 115** 1 ff.
- Auskunfts-/Mitwirkungspflichten **InsO § 20** 1 ff.; **InsO § 101** 28; **B/ArR** 271 f.
- Baurecht **B/ArR** 46 ff., 49, 56 ff., 265 ff., 69a
- Bekanntmachung/-gabe, öffentliche *siehe dort*
- Berichtstermin **InsO § 29** 2 ff.
- Buchführungs-/Rechnungslegungspflichten **InsO § 155** 12 ff.
- Datenschutz **DS** 15 ff., 40 ff.
- Eigenverwaltung **InsO § 270** 37 f.; **InsO aF § 270a** 1 ff.; **InsO § 270c** 58 ff.
- Einstufungsverfahren **E** 994 ff.
- England *siehe dort*
- Entscheidungen, höchstpersönliche **InsO § 83** 1 ff.
- Erbschaft/Vermächtnis **InsO § 83** 1 ff.
- Erfüllung in - **InsO § 103** 114 f.
- Erfüllungswahl *siehe dort*
- Erklärungspflicht **StR-Verf** 81 ff.
- Erlöschen Vollmacht **InsO § 117** 1 ff.
- Eröffnungsentscheidung **InsO § 27** 1 ff.; **EUInsVO 2** 14 f.; **EUInsVO 38** 1 ff.
- Forderungsanmeldung *siehe dort*
- Frankreich **F** 320 ff.
- Gesamtschaden **InsO § 92** 1 ff.
- Gewerbesteuer **StR-Nl** 6
- Gläubigerausschuss **InsO § 67** 9; **InsO § 69** 29 ff.
- Grunderwerbsteuer **StR-Nl** 27
- Gütergemeinschaft **InsO § 83** 24 ff.
- im Ausland **InsO § 343** 4 ff.
- Inhalt **E** 269
- In-Kraft-Treten **E** 270
- Insolvenzgrund **InsO § 16** 1 ff.
- Koordinationsverfahren **EUInsVO 68** 1 ff.
- Leistungen an Schuldner **InsO § 82** 1 ff.
- Leistungsverbot **InsO § 28** 14 ff.
- Miet-/Pachtverhältnisse **InsO § 110** 1 ff.
- Mitteilung an Gläubiger **E** 657 ff.
- Mitwirkungspflicht **InsO § 20** 1 ff.; **InsO § 101** 29
- Nachlassinsolvenz **InsO § 316** 1 ff.
- nachträgliche **EUInsVO 50** 1 f.
- Nutzung für Masse **InsO § 172** 16
- Österreich **A** 193 ff.
- Partikularverfahren **InsO § 354** 5 ff.
- Polen **Pl** 1001 ff.
- Postsperre, vorläufige **InsO § 99** 5
- Prozesskosten **B/ArR** 594 ff.
- Prozessunterbrechung **B/ArR** 562 ff.
- Prüfungstermin **InsO § 29** 7 ff.
- Recht, internationales **InsO § 335** 15 ff.; **InsO § 345** 6 f.; **InsO § 346** 8 ff.
- Rechtshandlungen nach - **InsO § 147** 1 ff.
- Rechtsmittel **InsO § 27** 19; **InsO § 34** 1 ff.; **EUInsVO 39** 1 ff.
- Registereintragungen **InsO § 31** 1 ff.; **InsO § 32** 1 ff.; **InsO § 346** 6 ff.
- Restrukturierung **Pl** 1001 ff.
- Ruhen **InsO § 306** 1 ff.
- Sachverhaltsermittlung **CZ** 335 ff.
- Schutzschirmverfahren **InsO aF § 270b** 13 ff.
- Schweiz **CH** 9 f., 27 ff., 88 ff.
- Sekundärverfahren *siehe dort*
- Sicherung Insolvenzmasse **CZ** 343 ff.
- Spanien *siehe dort*
- Terminsbestimmung **InsO § 29** 1 ff.
- Tschechische Republik **CZ** 335 ff.
- Unkenntnis von - **InsO § 82** 9 ff.; **InsO § 350** 14 ff.
- Verfahrenskosten **InsO § 13** 42
- Vermeidung durch Zusicherung **EUInsVO 36** 1 ff.
- Verwaltungs-/Verfügungsrecht **InsO § 80** 5 ff.
- Verwertung **InsO § 170** 18 f.
- Verwertung vor - **InsO § 166** 25
- Vollstreckungsmaßnahmen *siehe dort*
- Widerruf **E** 1029 ff.
- Wirksamkeit Beschluss **InsO § 343** 8
- Wirkungen **A** 228 ff.; **B/ArR** 265 ff., 385 ff.; **E** 453 ff.; **EUInsVO 8** 1 ff.; **EUInsVO 34** 19 ff.
- Zahlungen **InsO § 15b** 23 f.
- Zahlungsunfähigkeit **InsO § 17** 1 ff.
- Zeitpunkt **EUInsVO 2** 15 ff.
- Zulässigkeit **InsO § 11** 1 ff.
- Zuständigkeit **InsO § 29** 10
- Zustellung **InsO § 30** 9 f.

Erschließungs-/Anliegerbeträge B/ArR 382 ff.

Ertragsteuerrecht StR-ESt 1 ff.
- Körperschaftsteuer **StR-ESt** 152 ff.
- Masseverbindlichkeit **ImoV** 918 ff.
- Nachlassinsolvenz **StR-ESt** 143 ff.
- Pflichten Insolvenzverwalter **ImoV** 139 ff.
- Tschechische Republik **CZ** 657
- Umsatz, steuerbarer **ImoV** 918 ff.
- Verwaltungsvereinbarung **ImoV** 995
- Verwertung, freihändige **ImoV** 918 ff.
- Zwangsversteigerung **ImoV** 684 ff.
- Zwangsverwaltung **ImoV** 995

Erwerb
- anfechtbarer **InsO § 135** 48 ff.; **InsO § 328** 1 ff.; **ImoV** 60 f., 272 ff., 339 ff., 361 f., 369, 373
- Ausschluss **InsO § 91** 1 ff.
- Beschränkungen **ImoV** 49 ff.
- Grundpfandrechte **ImoV** 320 ff., 339 ff., 347, 361 f., 369, 373
- gutgläubiger *siehe Gutglaubensschutz*
- insolvenzfester **ImoV** 399 ff.
- Neuerwerb **InsO § 35** 46 ff.; **InsO § 148** 6
- sonstiger **ImoV** 22 f.
- unentgeltlicher **InsO § 145** 18 ff.
- unwirksamer sonstiger **ImoV** 337 f., 353 ff.

Erwerbsobliegenheit InsO § 4c 17 ff.; **InsO § 287b** 1 ff.; **InsO § 290** 64 ff.; **InsO § 295** 5 ff.; **InsO § 295a** 1 ff.

Erzeugnisse ImoV 301, 422 ff., 436 ff.

Factoring InsO § 47 98 ff.; **InsO § 226** 5 ff.
siehe auch Forderungen

Fälligkeit
- Absonderung **ImoV** 222
- Aufrechnung **InsO § 95** 24 ff.

Sachverzeichnis

- Begriff **InsO § 17** 8 ff.
- Fiktion **InsO § 41** 20 ff.
- Forderungen **InsO § 41** 20 ff.; **Pl** 555 f.
- Guthaben Auseinandersetzungsbilanz **B/ArR** 533
- Polen **Pl** 555 f.
- Vergütung **InsO § 63** 15 ff.; **InsVV § 12** 27; **InsVV § 14** 15; **InsVV § 17** 46 f.
- Zahlungsunfähigkeit **InsO § 17** 8 ff.
- Zeitpunkt, nicht feststehender **InsO § 41** 33 ff.
- Sicherung/Befriedigung Schuld vor - **Pl** 736 ff.
- **Finanzplan InsO § 270a** 12 ff.
- **Folgeinsolvenz InsO § 266** 3
- **Forderungen InsO § 35** 10 ff.; **InsO § 39** 10 ff.; **InsO § 41** 1 ff.; **InsO § 87** 1 ff.
  - Abgrenzung zur Masseverbindlichkeit **StR-Verf** 99 ff.
  - Abrechnung **InsO § 221** 28
  - Absonderung *siehe dort*
  - Abtretung **Pl** 739 f.
  - Altersrente **InsO § 36** 12 f., 16
  - Anerkennung **E** 673 ff.
  - Anfechtung *siehe dort*
  - Anmeldung *siehe Forderungsanmeldung*
  - Anrechnung **InsO § 342** 9a ff.; **InsVV § 1** 24
  - Anwendungsbereich **InsO § 87** 7 ff.
  - arbeitsrechtliche *siehe Arbeitsrecht*
  - auflösend bedingte **InsO § 42** 1 ff.
  - auflösend befristete **InsO § 42** 6 ff.
  - Aufrechnung *siehe dort*
  - aufschiebend bedingte **InsO § 42** 30 ff.; **InsO § 95** 5 ff.; **InsO § 191** 1 ff.
  - aufschiebend befristete **InsO § 41** 13 ff.
  - Ausfall Privatdarlehen **StR-ESt** 57
  - Ausfallbetrag **InsO § 44a** 12 ff.
  - Ausfallforderungen **InsO § 256** 1 ff.
  - ausgeschlossene **A** 410
  - Aussonderung *siehe dort*
  - Baurecht **B/ArR** 9 ff.
  - bedingte **InsO § 41** 5 ff.; **E** 686
  - Befriedigung *siehe dort*
  - befristete **InsO § 41** 5 ff.
  - bereits titulierte **StR-Verf** 170
  - Bestimmtheit **InsO § 46** 9 ff.
  - bestrittene **InsO § 77** 6; **InsO § 87** 19 ff.; **InsO § 176** 11 ff.; **InsO § 189** 4 ff.; **§ 213** 10 ff.; **InsO § 221** 23 ff.; **CZ** 212 ff.
  - Dauerschuldverhältnisse **InsO § 90** 6 ff.
  - Ehegatte **CZ** 204
  - Einkommensteuer **StR-ESt** 108 ff.
  - Eintritt Bedingung, auflösende **InsO § 42** 18 ff.
  - Einzelerörterung **InsO § 176** 11 ff.
  - Einzug **InsO § 22** 30 f.; **InsO § 292** 9 ff.; **ImoV** 32 ff.
  - Erbschaft/Vermächtnis **InsO § 35** 18
  - Erfüllungsablehnung **InsO § 87** 23 ff.
  - Erlass **InsO § 224** 5 f.; **InsO § 225** 3 ff.
  - Erstattungsansprüche, öffentlich-rechtliche **InsO § 38** 41
  - Factoring *siehe dort*
  - Fälligkeit **InsO § 41** 20 ff.; **Pl** 555 f.
  - festgestellte **InsO § 87** 16 ff.; **InsO § 189** 1 ff.
  - Finanzmarktstabilisierungsfonds **InsO § 43** 35
  - Forderungseinzug **StR-USt** 64 ff.
- Forderungsprüfung/-feststellung *siehe dort*
- Forderungstabelle *siehe dort*
- Frankreich *siehe dort*
- Fremdwährung **InsO § 95** 35 ff.
- Geldbetrag, unbestimmter **InsO § 45** 14 ff.
- Geldbuße **InsO § 302** 22
- Geldsanktionen **InsO § 39** 27 ff.
- Geltendmachung **InsO § 87** 12 ff.
- geprüfte **InsO § 176** 8 f.
- Gesamtschuldner/Bürge **InsO § 44** 7 ff.
- Gesamtschuldverhältnisse **InsO § 43** 14
- Glaubhaftmachung **InsO § 14** 12 ff.
- Gläubiger, nachrangige **InsO § 87** 23 ff.
- Gläubigergleichbehandlung **COVInsAG § 7** 1 ff.
- Grundsätze Schätzung/Umrechnung **InsO § 45** 24 ff.
- Haftung mehrerer/Mithaftung **InsO § 43** 1 ff.
- Honorarforderungen Berufe, freie **InsO § 36** 17
- Inhaberschaft **InsO § 47** 58 f.
- Insolvenzplan *siehe dort*
- Kreditinstitute **InsO § 36** 20a
- künftig zu erwerbende **InsO § 44** 4 ff.
- künftige **InsO § 89** 30 ff.; **Pl** 739 f.
- Kürzung **InsO § 224** 3 ff.
- Liste **Pl** 781 ff.
- Masse **InsO § 35** 10 ff.
- Miet-/Pachtforderungen **InsO § 35** 25b; **ImoV** 302, 458 ff.
- Nachhaftung **A** 389
- nachrangige **InsO § 39** 10 ff.; **InsO § 177** 18; **InsO § 221** 36; **A** 409 f.; **ImoV** 759 f.
- Neuforderungen **InsO § 302** 24 f.
- nicht angemeldete **InsO § 224** 9 f.; **InsO § 256** 5 f.
- nicht auf Geld gerichtete **InsO § 45** 6 ff.
- nicht fällige **InsO § 41** 1 ff.
- nicht titulierte **InsO § 179** 7 ff.; **InsO § 189** 5 ff.; **StR-Verf** 173
- Nichtgeltendmachung **InsO § 44** 12 ff.
- Österreich **A** 377 ff., 390 ff., 443 ff.
- Personalsicherheiten **InsO § 35** 16
- Pfandrecht **F** 544 ff.
- Pflichtteilsanspruch **InsO § 36** 8
- Polen *siehe dort*
- privilegierte **InsO § 43** 36 ff.; **InsO § 96** 44 ff.; **InsO § 302** 1 ff.
- Rangrücktrittsvereinbarung **InsO § 39** 107 ff.
- Rechnungseinheit **InsO § 45** 21 ff.
- Rechte nach Aufhebung **A** 407 f.
- Saldo Girokonto **InsO § 35** 25a
- Säumniszuschläge **InsO § 39** 18
- Schadenersatz **InsO § 47** 7 ff.
- Schweiz **CH** 263 ff., 401 ff.
- sicherungsabgetretene **InsO § 21** 106, 111 ff.; **InsO § 166** 34 ff.
- Sozialplanforderungen **InsO § 209** 16
- Spanien **E** 161 ff., 688 ff., 1138 ff. *siehe dort*
- Steuererstattungen **InsO § 35** 17
- Steuerforderungen **InsO § 38** 29 ff.; **InsO § 80** 32; **InsO § 155** 29 f.; **InsO § 221** 43; **InsO § 224** 6; **InsO § 302** 20 ff.; **CH** 401 ff.; **CZ** 636 ff., 671 ff.; **E** 1138 ff.; **Pl** 726, 1204 ff.
- streitige **InsO § 179** 1 ff.; **InsO § 256** 1 ff.; **E** 688 ff.
- Stundung **InsO § 4a** 24 ff.; **InsO § 224** 7 ff.

2413

Sachverzeichnis

- titulierte **InsO § 87** 20 ff.; **InsO § 179** 11 ff.; **InsO § 189** 4
- Tschechische Republik *siehe dort*
- Übergang **Pl** 652
- Umrechnung **InsO § 45** 1 ff.
- unbestrittene **InsO § 77** 5
- Uneinbringlichkeit **StR–USt** 135
- ungewisse **E** 687
- unpfändbare **InsO § 36** 8 f.
- Unterhalt **InsO § 36** 11; **InsO § 89** 34 ff.; **InsO § 302** 19 ff.
- Urheberrecht **InsO § 36** 18
- USA **US** 114 ff., 253 ff.
- Veränderung bei Feststellung **InsO § 201** 6
- Verhältnis, besonderes **E** 733 ff.
- Verjährung/-sfristen *siehe dort*
- verpfändete **InsO § 166** 40
- Versicherungen **InsO § 35** 20 ff.; **InsO § 36** 14 f.; **ImoV** 303 ff.
- Vertreter, gemeinsamer **InsO § 38** 36
- Verwertung **InsO § 166** 34 ff.; **A** 403 ff.
- Verzicht **StR–ESt** 165 ff.; **US** 253 ff.
- verzinsliche **InsO § 41** 31 f.
- Vollberücksichtigungsprinzip **InsO § 43** 2 ff.
- vollstreckbare **InsO § 257** 3 f.
- Vollstreckungsschutz **InsO § 259a** 2 f.
- von Bereinigung ausgenommene **InsO § 308** 17 ff.
- von Restschuldbefreiung ausgenommene **InsO § 302** 1 ff.
- Vorschuss **Pl** 651
- Währung, ausländische **InsO § 45** 21 ff.
- Wiederaufleben **InsO § 221** 46; **InsO § 255** 1 ff.; **InsO § 257** 10; **InsO § 308** 20 f.
- Zahlungsverbot **F** 389 ff.
- Zinsen *siehe dort*
- Zugewinnausgleich **InsO § 36** 8
- zukünftige **InsO § 41** 8 f.

Forderungsanmeldung InsO § 174 1 ff.
- Änderung/Ergänzung **InsO § 174** 42 ff.; **InsO § 177** 2 ff.
- Anmeldeempfänger **InsO § 174** 11 ff.
- Anwendungsbereich **InsO § 174** 1 ff.
- Aufforderung **InsO § 174** 31 f.; **B/ArR** 548 f.
- Aufrechnung **B/ArR** 556
- Aus-/Absonderungsrechte **InsO § 174** 2
- ausländische **InsO § 174** 4 f., 17
- Baurecht **B/ArR** 548 ff.
- Berechtigung **InsO § 174** 5 f.
- Bestimmtheitsanforderungen **InsO § 174** 22 ff.
- Bestreiten **EUInsVO 55** 17
- Bevollmächtigung Dritter **InsO § 174** 7 ff.
- Dokument, schriftliches/elektronisches **InsO § 174** 16 ff.
- Dokumentation Forderung **InsO § 174** 19 ff.
- Doppelanmeldung **InsO § 44** 1 ff.; **InsO § 174** 5
- Eigenverwaltung **InsO § 270f** 21 ff.
- Eröffnungsbeschluss **InsO § 28** 1 ff.
- Feststellungsklage **B/ArR** 558a f.
- Forderungen, nachrangige **InsO § 174** 31 ff.; **InsO § 221** 36
- Forderungen, streitige/bestrittene **InsO § 179** 1 ff.
- Form **InsO § 174** 5 ff.; **B/ArR** 550 ff.
- Frist *siehe dort*
- Inhalt **InsO § 174** 22 ff.
- Inkassounternehmen **InsO § 174** 8
- Insolvenzplan **InsO § 221** 35; **InsO § 256** 5 f.
- Kommunikationsmittel **EUInsVO 53** 1
- Korrektur **B/ArR** 559 f.
- Massegläubiger **InsO § 174** 3
- Mehrfachanmeldung **InsO § 341** 2 ff.; **InsO § 342** 9a ff.
- Mitteilung Sicherheiten **InsO § 28** 8 ff.
- nachträgliche **InsO § 44** 16 ff.; **InsO § 177** 1 ff.
- Nachweis **EUInsVO 55** 17
- Nichtanmeldung **InsO § 44** 12 ff.
- Planverfahren **InsO § 174** 52 f.
- Prüfung durch Gericht **InsO § 174** 41
- Prüfung durch Verwalter **InsO § 174** 36 ff.
- Recht auf **EUInsVO 53** 1 ff.
- Recht, anwendbares **EUInsVO 7** 47 ff.
- Recht, internationales **InsO § 174** 4 f., 17; **InsO § 341** 2 ff.; **A** 391 ff.; **CZ** 510; **E** 663 ff.; **EUInsVO 45** 1 ff.; **EUInsVO 53** 1 ff.; **EUInsVO 55** 1 ff.; **F** 410 ff., 488; **GB** 370 ff.; **Pl** 776 ff.
- Restschuldbefreiung **InsO § 174** 29; **InsO § 300a** 11
- Risikotragung **InsO § 174** 14
- Rücknahme **InsO § 174** 43 ff.
- Sachwalter **InsO aF § 270c** 5 ff.; **InsO § 270f** 21 ff.
- Sekundärverfahren **EUInsVO 45** 1 ff.
- Sprache **EUInsVO 55** 6
- Standardformular **EUInsVO 55** 1 ff.
- Unterbleiben **InsO § 174** 51 ff.
- Verjährung **InsO § 174** 46 ff.
- Vertretung **InsO § 174** 7 ff.; **F** 418 f.
- Verwalter **InsO § 341** 5 ff.
- Wirkung **InsO § 174** 45 ff.
- Zeitpunkt **InsO § 177** 1 ff.
- Zuständigkeit **InsO § 180** 1 ff.

Forderungsprüfung/-feststellung InsO § 174 1 ff.; **InsO § 178** 1 ff.
- Änderung Forderung **InsO § 201** 6
- Aufnahme Rechtsstreit **InsO § 180** 16 ff.
- Beitreibungslast **InsO § 184** 5 ff.
- Berichtigung **InsO § 178** 22
- Bestreiten **InsO § 178** 6; **InsO § 283** 7 f.
- Eigenverwaltung **InsO § 178** 6; **InsO § 283** 2 ff.
- Fehlerkorrektur **InsO § 181** 7 f.
- Feststellungsklage *siehe Prozessrecht*
- Forderung, geprüfte **InsO § 176** 8 f.
- Forderungen, nachrangige **InsO § 177** 18
- Forderungen, streitige/bestrittene **InsO § 179** 1 ff.; **InsO § 221** 23 ff.
- Forderungsabrechnung **InsO § 221** 28
- Forderungstabelle *siehe dort*
- Gläubiger, nachrangige **InsO § 178** 7
- Insolvenzplan **InsO § 256** 2 ff.
- Insolvenztabelle **InsO § 175** 1 ff.
- Klage gegen Widerspruch **InsO § 184** 1 ff.
- Prüfanspruch **InsO § 177** 1 ff.
- Prüfdokumentation **InsO § 178** 19 ff.
- Prüfergebnis **InsO § 176** 14 ff.
- Prüftermin **InsO § 176** 1 ff.; **InsO § 177** 12 ff.
- Prüfung **Pl** 780 ff.
- Prüfung, nachträgliche **InsO § 177** 11 ff.

2414

Sachverzeichnis

- Prüfungsablauf **InsO § 176** 10 ff.; **InsO § 177** 7 ff.
- Prüfverfahren **A** 396 ff.
- Rangfolge **CZ** 202, 221 ff.; **US** 114
- Recht, internationales **A** 396 ff.; **CH** 165 ff.; **E** 506 ff.
- Rechtsweg **InsO § 185** 4 ff.
- Schuldurkunden **InsO § 178** 23
- Streitwert **InsO § 182** 1 ff.
- Umfang **InsO § 181** 1 ff.
- Verfahren, ordentliches **InsO § 180** 1 ff.
- Voraussetzungen **InsO § 178** 2 f.
- Widerspruch *siehe dort*
- Wiedereinsetzung Schuldner **InsO § 186** 1 ff.
- Wirkung Feststellungsurteil **InsO § 183** 1 ff.
- Wirkungen **InsO § 178** 18, 24 ff.
- Zuständigkeit **InsO § 180** 1 ff.; **InsO § 185** 1 ff.

Forderungstabelle InsO § 175 1 ff.; **InsO § 178** 19 ff.
- Auslage/Einsicht **InsO § 175** 14 ff.
- Auszug/Mitteilung **InsO § 179** 20 f.
- Bedeutung **InsO § 175** 1 ff.
- Berichtigung **InsO § 183** 6 ff.; **InsO § 214** 9 ff.
- Bestreiten **InsO § 283** 7 f.
- Form/Inhalt **InsO § 175** 8 ff.
- Führung/Pflege **InsO § 175** 3 ff.
- Verbraucherinsolvenz **InsO § 305** 38 ff.
- Widerspruch **InsO § 283** 3 ff.

Fortbestehensprognose InsO § 19 10 ff.
Fortführungsprognose InsO § 320 26 ff.
Fracht/Spedition InsO § 47 117 ff.
Frankreich F 1 ff.
- Abgabe Angebote **F** 357 ff.
- Anfechtung **F** 537
- Antrag **F** 33 ff., 88, 102 ff., 137 ff., 171, 289 f., 425 f.
- Anwendungsbereich **F** 24 ff., 75 ff., 98, 131 ff.
- Arbeitnehmerforderungen **F** 415
- Arbeitnehmervertreter **F** 186
- Aufrechnung **F** 392 ff.
- Ausdehnung Verfahren **F** 298
- Auskunftsrechte Betriebsrat **F** 62
- Aussetzung Rechtsverfolgungsmaßnahme **F** 398 ff.
- Aussetzung Zinsen **F** 300
- Aussonderung **F** 476 ff.
- Ausweitung **F** 188 ff.
- Beendigung **F** 346 ff.
- Beendigung Schwierigkeiten, wirtschaftliche **F** 207
- Beobachtungsphase **F** 296 ff., 194 ff.
- Beschlagnahme **F** 54, 325 ff.
- Beschränkungen, insolvenzrechtliche **F** 389 ff.
- Beweislastvorschriften **F** 487
- borderau Daily **F** 517 ff.
- Bürgschaft **F** 452
- conciliation **F** 96 ff.
- Eigentumsvorbehalt **F** 456, 506 ff.
- Eigenverwaltung **F** 200 ff.
- Entlassungen **F** 233, 304 ff., 331 ff.
- Entwicklung, geschichtliche **F** 1 f.
- Eröffnung **F** 168 ff., 320 ff.
- Eröffnungsgrund **F** 168 ff.
- Eröffnungsurteil **F** 176 ff.
- faillite personelle **F** 622 ff.
- fiducie-sûreté **F** 521 ff., 537 ff.
- Forderungsabtretung, fiduziarische **F** 517 ff.
- Forderungsanmeldung **F** 410 ff., 488
- Forderungsprüfung **F** 430 ff.
- gage-espèces **F** 543
- Geldbußen **F** 31
- Geschichte/Chronik **G/C** 27 ff.
- Gesellschaftsvertrag **F** 217
- Gläubigerausschüsse **F** 187, 531
- Gläubigerkomitees **F** 256 ff.
- Gläubigervertreter **F** 182 ff.
- Grundlagen, gesetzliche **F** 1 ff.
- Gutgläubigkeit **F** 28 f.
- Haftung **F** 585 ff., 602 ff.
- Hypothek **F** 558 ff.
- Inhaber Schuldverschreibungen **F** 272
- Insolvenzfolgen, persönliche **F** 620 ff.
- Insolvenzplan **F** 448 f.
- interdiction de gérer **F** 626 ff.
- Ipso-Facto-Klauseln **F** 220 f.
- Kontrolleure **F** 185
- Kreditgewährung, fahrlässige **F** 585 ff.
- Leasing **F** 379, 538 ff.
- Liquidation (liquidation judicaire) **F** 318 ff., 457 ff., 534 ff.
- Lohnausfallversicherung **F** 468 ff.
- loi Petroplus **F** 298
- mandat ad hoc **F** 86 ff.
- Masseforderung **F** 436
- Massegläubiger **F** 434 ff.
- Masseschulden **F** 414, 447
- Mediation, staatliche **F** 64 ff.
- Mobilia, dinglich abgesicherte **F** 462
- Moratorium **F** 35 ff., 286
- Neutralität **F** 461
- Nichtigkeit Rechtshandlung **F** 561 ff.
- nullité de droit **F** 567 ff.
- nullité facultative **F** 579 ff.
- pacte commissoire **F** 395
- période suspecte **F** 561 ff.
- Pfandrecht Forderungen **F** 544 ff.
- Pfandrecht Gelddepot **F** 543
- Pfandrecht Zurückbehaltungsrecht **F** 546 ff.
- plan de cession **F** 353 ff.
- Prävention Schwierigkeiten, wirtschaftliche **F** 56 ff.
- Prépack-cession-Verfahren **F** 144 ff.
- prévention-détection **F** 56 ff.
- procédure dalerte **F** 56
- Rang Befriedigungsvorzugsrecht **F** 442 ff.
- Recht, materielles **F** 148 ff.
- Rechtsmittel **F** 48, 52, 179 f., 298, 370 ff., 431 ff.
- redressement judicaire **F** 281 ff.
- Regelverfahren **F** 168 ff.
- Restrukturierung **F** 43 ff., 82 ff., 168 ff., 532
- Restschuldbefreiung **F** 50 ff., 349 ff.
- rétablissement personnel **F** 50 ff.
- Richter, verfahrensleitender **F** 181
- Rolle Gericht **F** 163 ff.
- Rolle Verfahrensbeteiligte **F** 153 ff.
- Sanierung, übertragende **F** 293, 319, 353 ff., 450 ff.
- Sanierungsplan *siehe dort*
- Sanktionen **F** 600 f.
- sauvegarde (financière) accélérée (SA/SFA) **F** 127 ff., 477

2415

Sachverzeichnis

- Schicksal Verträge **F** 375 ff.
- Schuldenerlass **F** 47
- Sicherung, dingliche **F** 496 ff.
- Sicherungsrechte, publizierte **F** 413
- Sicherungsübereignung **F** 215, 409
- Sicherungsübertragung **F** 521 ff.
- Situation Gläubiger **F** 154 ff.
- Sonderregelungen, spezialgesetzliche **F** 16 ff.
- Sozialplan **F** 334
- Sperrkonto **F** 402
- Stellung Arbeitnehmer **F** 167, 463 ff.
- Stellung Gesamtschuldner/Garanten **F** 404, 429
- Stellung Gesellschafter **F** 312 ff., 617 ff.
- Stellung Gläubiger **F** 373, 386 ff., 448 ff., 496 ff.
- Stellung Leitungsorgane **F** 297, 309 ff.
- Stellung Staatsanwalt **F** 166 ff.
- Stellung Verwalter **F** 158 ff., 299
- Straftaten **F** 629 f.
- surrendettement des particuliers **F** 21 ff.
- Überblick **F** 70 ff.
- Überlegungen Gläubiger **F** 387 f.
- Übernahme Arbeitnehmer **F** 374
- Überschuldungskommission **F** 33 ff.
- Umwandlung Verfahren **F** 126, 205 ff., 295
- Unternehmensfortführung **F** 203 f., 301 ff., 324 ff.
- Unternehmensveräußerung **F** 459
- Unternehmensverpachtung **F** 383 ff.
- Verbot Eintragung Sicherungsrechte **F** 408
- Verbraucherinsolvenz **F** 21 ff.
- Verfahren **F** 21 ff., 148 ff., 281 ff., 342 ff., 403, 475
- Verjährungsunterbrechung **F** 423
- Verteilungsschlüssel Beträge, freie **F** 458
- Verträge, laufende **F** 208 ff.
- Vertragsstrafen **F** 441
- Verwalter **F** 158 ff., 182 ff., 360
- Verwertung **F** 44 ff., 213, 336 ff., 460
- Vorladung durch Präsident Gericht **F** 63
- Vorverfahren, präventives **F** 359
- Wertpapiere **F** 482
- Wirtschafts-/Sozialbilanz **F** 194
- Zahlungsunfähigkeit **F** 281 ff.
- Zahlungsverbot **F** 389 ff.
- Ziele **F** 174 f., 292 ff., 318 ff.
- Zinsen **F** 406 f.
- Zurückbehaltungsrecht **F** 455, 546 ff.
- Zuständigkeit **F** 172 f., 599
- Zwangsversteigerung **F** 46
- Zweckmäßigkeit **F** 438 ff.

Freigabe/Freiwerden InsO § 35 57 ff.; **InsO § 80** 23 ff.
- Arbeit, selbstständige **InsO § 35** 65 ff.
- Aufhebung Zubehöreigenschaft **ImoV** 935 ff.
- Beschlagnahme **ImoV** 444 ff.
- echte **InsO § 80** 24; **InsO § 165** 46
- Entfernung **ImoV** 935 ff.
- Ermessen, pflichtgemäße **InsO § 35** 58
- Fahrzeug **StR-NI** 68 ff.
- Folgen **ImoV** 183 ff.
- Geschäftsbetrieb **StR-USt** 48 ff.
- Immobilien **InsO § 165** 39 ff.; **ImoV** 180 ff., 442 ff.
- nach Beschlagnahme **ImoV** 938 f.
- Österreich **A** 315 ff.

- Pflichten, öffentlich-rechtliche **ImoV** 192
- Schuldverhältnisse **InsO § 103** 78
- Sicherungsgut **InsO § 35** 62
- Steuerrecht **InsO § 165** 46 f.; **ImoV** 188 ff.
- Tätigkeit, selbstständige **StR-USt** 95
- Umsatzsteuer **StR-USt** 48 ff., 95
- unechte **InsO § 35** 61; **InsO § 80** 24; **InsO § 165** 47
- Unternehmensfreigabe **InsO § 80** 29
- Veräußerung/Entfernung **ImoV** 442 ff., 940 ff.
- Vermögen, insolvenzfreies **InsO § 80** 28
- Verwalter, vorläufiger starker **InsO § 22** 14
- Verwertung, freihändige *siehe Verwertung*
- Willenserklärung, einseitige empfangsbedürftige **InsO § 80** 27 ff.
- Zeitpunkt **InsO § 35** 59

Frist
- Abänderung Stundungsentscheidung **InsO § 4b** 19
- Abtretung **InsO § 287** 21 ff.
- Anfechtung **InsO § 130** 28; **InsO § 131** 32a; **InsO § 134** 14 f.; **InsO § 135** 31 ff., 42 ff.; **InsO § 146** 6 ff.; **E** 780 f.
- Antrag **InsO § 15a** 20 ff.; **InsO § 212** 3; **InsO § 213** 3; **InsO aF § 270b** 20; **InsO § 290** 9 ff.; **A** 469 ff.
- Antragspflichtaussetzung **COVInsAG § 2** 16 f.
- Aufstellung Gläubigerverzeichnis **InsO § 152** 15 f.
- Aufstellung Vermögensübersicht **InsO § 153** 10 ff.
- Ausschlussfrist Insolvenzplan **InsO § 221** 18 ff.
- Ausschlussfristen, tarifliche **InsO § 123** 29
- Behebung Einwendungen **InsO § 194** 9 ff.
- Beschwerde, sofortige **InsO § 6** 14; **InsO § 34** 4; **InsO § 64** 12
- Einberufung Gläubigerversammlung **InsO § 74** 16 f.
- Erfüllungswahlrecht **InsO § 107** 40 ff.
- Eröffnungsantrag **InsO § 139** 1 ff.
- Finanzleistungen **InsO § 104** 32 f.
- Forderungsanmeldung **InsO § 28** 6 ff.; **InsO § 174** 15; **B/ArR** 557 f.; **EUInsVO 55** 15 f.; **F** 410 ff.
- Fristbestimmungsantrag **InsO aF § 270b** 20
- Inbesitznahme **InsO § 148** 11
- Insolvenzplan **InsO § 231** 18; **InsO § 232** 7; **InsO § 235** 20; **InsO § 241** 6; **InsO § 249** 9 f.; **InsO aF § 270b** 53 ff.
- Konkursvergleichsvorschlag **I** 332
- Masseverzeichnis **InsO § 151** 10 f.
- Österreich **A** 479 ff.
- Prozessunterbrechung **InsO § 85** 17 ff.
- Recht, internationales **InsO § 319** 15 ff.
- Rechtsbeschwerde **InsO § 6** 31
- Rechtsmittel **InsO § 9** 15 ff.
- Restschuldbefreiung **InsO § 290** 9 ff.; **InsO § 296** 5 f.; **InsO § 297** 7; **InsO § 300** 31 ff.
- Schuldenbereinigungsplan **InsO § 307** 19
- Schweiz **CH** 68
- Spanien **E** 16
- Sperrfristen **InsO § 287a** 13 ff.; **EUInsVO 3** 16
- Stellungnahme Gläubiger **InsO § 309** 19
- Terminsbestimmung **InsO § 29** 1 ff.
- Verbraucherinsolvenz **InsO § 306** 16 ff.

Sachverzeichnis

- Verjährung/-sfristen *siehe dort*
- Vermögensverzeichnis/-übersicht **InsO § 153** 10 ff.
- Versäumnis **InsO aF § 270b** 80
- Verteilungsverzeichnis **InsO § 189** 9 ff.
- Warentermingeschäfte **InsO § 104** 17

Garantie InsO § 35 16; **InsO § 43** 16
Geheimhaltungsvereinbarung US 38
Genehmigungen, behördliche InsO § 35 44 f.
Generalplaner/Generalunternehmer B/ArR 13, 341 ff.
Genossenschaft/VVaG InsO § 213 18; **InsO § 221** 11
Gesamtgut/Gütergemeinschaft InsO § 37 1 ff.; **InsO § 83** 24 ff.; **InsO § 331** 15 ff.; **InsO § 332** 1 ff.; **InsO § 333** 1 ff.; **ImoV** 160 ff.
Gesamthand ImoV 160 ff., 172 ff.
- Aussonderungsrecht **ImoV** 266
- Teilungsversteigerung **ImoV** 875 ff.
Gesamthypothek ImoV 314 ff.
Geschichte/Chronik G/C 1 ff.
- Code de Commerce Frankreich **G/C** 27 ff.
- Deutschland vor 1855 **G/C** 32 ff.
- Konkursordnung Preußen **G/C** 65 ff.
- Konkursrecht Spanien **G/C** 23 ff.
- Personalexekution **G/C** 3 ff.
- Realexekution **G/C** 7 ff.
- Reichskonkursordnung **G/C** 76 ff.
- Statuarrecht Italien **G/C** 18 ff.
Gesellschaft *siehe auch Unternehmen*
- Aktiengesellschaft (AG) *siehe dort*
- Amtsniederlegung/Abberufung Antragsteller **InsO § 15** 12 ff.
- Anhörung **InsO § 10** 21 ff.
- Anschaffungskosten, nachträgliche **StR-ESt** 52 ff.
- Antrag **InsO § 18** 3 ff.
- Antragsberechtigung **InsO § 15** 1 ff.
- Antragspflicht **InsO § 15a** 2 ff.
- Auseinandersetzung **InsO § 84** 1 ff.
- Auseinandersetzungsausschluss **InsO § 84** 22 ff.
- Ausfall Privatdarlehen **StR-ESt** 57
- ausländische **InsO § 11** 6 ff.; **InsO § 15** 9; **InsO § 19** 7; **InsO § 39** 55; **InsO § 135** 8
- Bedeutung, untergeordnete **InsO § 3a** 13 ff.
- Beendigung **EUInsVO 48** 1 f.
- Einkommensteuer **StR-ESt** 47 ff.
- Einstellung Verfahren **InsO § 207** 26 ff.
- England **GB** 6 ff., 225 f.
- führungslose **InsO § 10** 24 ff.; **InsO § 15** 4 ff.
- GbR **InsO § 221** 29; **ImoV** 160 ff.
- Genossenschaft/VVaG **InsO § 213** 18; **InsO § 221** 11
- Geschäftsführer **InsO § 15b** 8
- Geschäftsführerhaftung **I** 478 f.
- Gesellschafterdarlehen *siehe dort*
- Gesellschafterleistungen **InsO § 39** 39 ff.
- Gesellschaftsrecht **A** 267 ff.
- GmbH **InsO § 225a** 22a ff.; **Pl** 629 ff.
- Insolvenzfähigkeit **InsO § 11** 2 ff.
- Interessenmittelpunkt **InsO § 3e** 2 ff.
- Kapitalaufbringung/-erhaltung **CZ** 503 f.
- Kapitalschnitt **InsO § 225a** 4 ff.
- KG *siehe Kommanditgesellschaft (KG)*
- Konzern **InsO § 94** 36 ff.
- Liquidationsgesellschaft **InsO § 101** 3
- Maßnahmen, gesellschaftsrechtliche *siehe dort*
- ohne Rechtspersönlichkeit **InsO § 11** 5; **InsO § 15** 1 ff.; **InsO § 84** 8 ff.; **InsO § 93** 5 ff.; **InsO § 118** 1 ff.; **InsO § 230** 5 ff.; **InsO § 270** 29 ff.; **InsO aF § 270** 72 ff.
- Organschaft *siehe dort*
- Partnerschaftsgesellschaft **Pl** 625
- Personengesellschaften *siehe dort*
- Registereintragungen **InsO § 31** 1 ff.
- stille **InsO § 39** 65 ff.; **InsO § 84** 17 ff.; **InsO § 136** 1 ff.
- Übernahmegesellschaft **InsO § 260** 6
- Überschuldung **InsO § 19** 5 ff.
- Veräußerungserlös Auflösung **StR-ESt** 47 ff.
- WEG-Recht **InsO § 84** 26
- Zuständigkeit **EUInsVO 3** 7 ff.
Gesellschafter
- Aussonderung **InsO § 47** 19
- beteiligte **InsO § 138** 20 ff.
- Haftung *siehe dort*
- Insolvenz **InsO § 80** 48 f.
- Insolvenzplanvorlage **InsO § 218** 7 f.
- iSv Anteilseigner *siehe Insolvenzplan*
- Leistungen **InsO § 39** 39 ff.
- persönlich haftender **InsO § 138** 19 f., 19 ff.; **InsO § 227** 9 ff.
- Vermögen, pfändbares **InsO § 93** 14 f.
Gesellschafterdarlehen InsO § 44a 1 ff.; **InsO § 49** 18 ff.; **COVInsAG § 2** 6
- Anfechtung **InsO § 135** 1 ff.
- Art Finanzierungsleistung **InsO § 135** 12 f.
- Bargeschäftseinwand **InsO § 135** 88 ff.
- Beweislast **InsO § 135** 90
- Einkommensteuer **StR-ESt** 53 ff.
- Gerichtsstand **InsO § 135** 91 f.
- Gesellschafterleistungen **InsO § 39** 39 ff.
- Gläubigerbenachteiligung, mittelbare **InsO § 135** 4 ff.
- Konkurrenzen **InsO § 135** 86 ff.
- Kredite, privilegierte **InsO § 135** 93 ff.
- Recht, internationales **InsO § 135** 16a ff.
- Sachverhalt, grenzüberschreitender **InsO § 135** 16a ff.
- Übergangsrecht **InsO § 135** 13a ff.
Gewerbesteuer InsO § 38 33; **InsO § 55** 32; **CZ** 669 f.; **StR-Nl** 1 ff.
Gewerbeuntersagung Pl 1214 ff.
Glaubhaftmachung
- Antrag **InsO § 14** 9 ff.; **InsO § 290** 14 ff.
- Darlegungs-/Beweislast **InsO § 296** 7 ff.
- Forderungen **InsO § 14** 12 ff.
- Gegenglaubhaftmachung **InsO § 14** 19 ff.
- Insolvenzgrund **InsO § 14** 16 ff.; **InsO § 212** 5 f.
- Restschuldbefreiung **InsO § 290** 14 ff., 35; **InsO § 297** 8 f.
Gläubiger InsO § 53 1 ff.; **InsO § 174** 3; **InsO § 201** 9 f.; **InsO § 224** 1 ff.; **InsO § 289** 6 f. *siehe auch Länder*
- Absicherung **InsO § 165** 38
- Absonderung **InsO § 167** 1 ff.; **InsO § 222** 12
- Anleihe **InsO § 38** 36; **InsO § 222** 19 ff.
- Antrag *siehe dort*
- Auskunftspflicht **InsO § 97** 12 ff.

2417

Sachverzeichnis

- ausländische **EUInsVO 54** 1 ff.
- Ausschluss von Verteilung **InsO § 206** 1 ff.
- Ausübung Rechte **InsO § 341** 1 ff.; **EUInsVO 45** 1 ff.
- Baurecht **B/ArR** 8
- Befriedigung *siehe dort*
- Befriedigungsrecht, eingeschränktes **InsO § 206** 5 ff.
- Begriff **InsO § 38** 1 ff.; **EUInsVO 2** 31 ff.
- Begünstigung **GB** 359 ff.; **Pl** 1188 ff.
- Beitreibungslast **InsO § 179** 1 ff.
- Betreiben Zwangsversteigerung **InsO § 165** 17 ff.
- betroffene **InsO § 89** 5 ff.
- Deliktsgläubiger **InsO § 89** 34 ff.; **InsO § 221** 27; **InsO § 222** 26
- Durchsetzungsbefugnisse **InsO § 201** 1 ff.
- Eigenverwaltung **InsO § 270** 40; **InsO § 281** 1 ff.
- Eigenverwaltung, vorläufige **InsO § 270e** 16 ff.
- Eigenverwertung **InsO § 49** 39 f.
- Entlassung Verwalter **InsO § 59** 14a ff.
- Gefährdung Interessen **InsO § 3a** 27 ff.
- Gesamtschaden **InsO § 92** 1 ff.
- Gläubigerausschuss *siehe dort*
- Gläubigerinformationssystem **InsO § 5** 26 ff.; **InsO § 80** 35
- Großgläubiger **InsO § 75** 8
- Gruppen, besondere **InsO § 187** 13 ff.
- Gruppenbildung **InsO § 220** 21 ff.
- Gütergemeinschaft **InsO § 333** 21 f.
- Herausgabepflicht **InsO § 342** 5 ff.; **EUInsVO 23** 1 ff.
- Hinweismöglichkeit **InsO § 168** 18 ff.
- Immobilienverwertung **ImoV** 195 ff.
- Insolvenzplan *siehe dort*
- Italien *siehe dort*
- Kenntnis **InsO § 206** 3 f.
- Kleingläubiger **InsO § 22a** 48
- Kosten **InsO § 39** 21 ff., 126 f.
- kraft Umqualifizierung **InsO § 38** 40
- maßgeblich beteiligter **InsO § 162** 4
- Mehrheit **InsO § 309** 5 ff.
- Nachlassgläubiger **InsO § 317** 22 ff.
- nachrangige **InsO § 39** 1 ff.; **InsO § 49** 16 ff.; **InsO § 87** 23 ff.; **InsO § 165** 34 ff.; **InsO § 178** 1 ff; **InsO § 187** 25; **InsO § 217** 15; **InsO § 222** 14; **InsO § 223** 11; **InsO § 225** 1 ff.; **InsO § 246** 1 ff.; **InsO § 265** 1 ff.; **InsO § 266** 1 ff.; **ImoV** 204 f.
- Neugläubiger **InsO § 217** 16 ff.; **InsO § 265** 1 ff.; **InsO § 295** 14g
- Nichtgläubiger **InsO § 22a** 44
- persönlicher **InsO § 38** 4 ff.
- Pfandgläubiger **InsO § 50** 1 ff.
- Pflichten **ImoV** 225
- Pflichten Verwalter **InsO § 60** 32 ff.
- Rangordnung **InsO § 39** 7 ff.
- Recht nach Aufhebung Verfahren **InsO § 201** 9 ff.
- Recht, internationales **InsO § 341** 1 ff.; **§ 342** 5 ff.; **EUInsVO 23** 11 ff.
- Rechte **InsO § 201** 1 ff.; **InsO § 223** 9 ff.; **InsO § 224** 1 ff.; **InsO § 225** 1 ff.
- Rechtshandlung **InsO § 129** 28
- Restdurchsetzung **InsO § 201** 5 ff.

- Restschuldbefreiung *siehe dort*
- Schuldenbereinigungsplan **InsO § 307** 20 ff.
- Schutz vor Verzögerung **InsO § 169** 1 ff.
- Schutzverbände **A** 186 ff.
- Selbsteintritt **InsO § 168** 22 ff.
- Selbstverwaltung **InsO § 39** 130
- Stellung **InsO § 14** 1
- Stimmrecht **InsO § 237** 1 ff.
- Struktur **InsO § 220** 19
- Unterhaltsforderungen **InsO § 89** 34 ff.
- Unterhaltsgläubiger **InsO § 222** 13
- Unterrichtung **InsO § 281** 1 ff.; **EUInsVO 54** 1 ff.
- Vermögensanspruch, begründeter **InsO § 38** 7 ff.
- Verwertung **InsO § 170** 20 ff.; **InsO § 173** 1 ff.
- Verzeichnis **InsO § 152** 1 ff.; **InsO § 154** 1 ff.; **InsO § 281** 6; **InsO § 305** 38 ff.; **E** 681, 766 ff.
- Vorwegbefriedigung **InsO § 53** 3 ff.
- Zinsen **InsO § 39** 126 f.
- Zustimmung **InsO § 165** 29 ff.; **InsO § 213** 1 ff.; **EUInsVO 36** 9 ff.

Gläubigerausschuss
- Abschlagsverteilung **InsO § 195** 9 ff.
- Abstimmung **InsO § 72** 3
- Antrags- **InsO § 67** 6
- Antragsberechtigung **InsO § 75** 4
- Arbeitnehmervertreter **InsO § 269c** 20 ff.
- Arbeitsweise **InsO § 69** 2 ff.
- Aufgaben **InsO § 69** 1 ff.
- Außenwirkung **InsO § 69** 31
- Befähigung **InsO § 67** 15 ff.
- Befugnisse **InsO § 69** 17 ff.; **Pl** 477 ff.
- Bereitschaft **InsO § 67** 15 ff.
- Beschlüsse **InsO § 72** 12 ff.; **Pl** 484 ff.
- Bestellung **Pl** 471 f.
- Eigenverwaltung **InsO § 67** 21; **InsO aF § 270** 37 f.; **InsO § 276** 1 ff.
- Einer-Ausschuss **InsO § 67** 9a
- Einsetzung **InsO § 67** 1 ff.
- Entlassung **InsO § 70** 1 ff.
- Entlassung Verwalter **InsO § 59** 12 ff.
- Entsetzung **InsO § 269c** 15 ff.
- Erfüllungswahlrecht **InsO § 103** 50
- Ermessens- **InsO § 67** 6
- Eröffnungsverfahren **InsO § 67** 9; **InsO § 69** 29 ff.
- Formen **InsO § 67** 4 ff.
- Geschäftsordnung **InsO § 72** 7 ff.
- Gläubigerversammlung *siehe dort*
- Gruppen- **InsO § 269c** 5 ff.
- Haftung **InsO § 71** 1 ff.; **InsO § 269c** 35; **Pl** 487
- Insolvenzplan *siehe dort*
- Interessenkonflikt **InsO § 67** 18 ff.
- Interims- **InsO § 67** 5
- Kassenprüfer **InsO § 69** 10 ff.
- Mitglieder, entsandte **InsO § 73** 15
- Mitglieder, vermeintliche **InsO § 73** 16
- Mitgliedschaftsbeginn/-ende **InsO § 67** 19 ff.; **InsO § 68** 7 ff.
- Nach-/Umbesetzung **InsO § 67** 7
- Nicht-Gläubiger **InsO § 67** 11 ff.
- Öffentlichkeit **InsO § 69** 26
- Organisation **InsO § 269c** 24 f.

Sachverzeichnis

- Person, juristische **InsO § 67** 17 f.
- Pflicht- **InsO § 67** 6
- Pflichten **InsO § 269c** 25 ff.
- Planverfahren **InsO § 67** 23
- präsumtiver **InsO § 67** 5
- Protokolle **InsO § 72** 7 ff.
- Prüfung/Überwachung Geldverkehr/-bestand **InsO § 69** 5 ff.
- Recht, internationales **A** 180 ff.; **CH** 137 f.; **F** 187, 256 ff., 531; **GB** 240; **I** 206 ff., 363 ff.; **Pl** 471 ff., 989 ff.; **US** 142 ff., 166
- Rechte **InsO § 269c** 25 ff.
- Rechte Gläubigerversammlung **InsO § 68** 1 ff.; **InsO § 69** 28
- Rechtshandlungen, besonders bedeutsame **InsO § 160** 1 ff.
- Schuldnerhandeln, eigenmächtiges **InsO § 276** 10 f.
- Schutzschirmverfahren **InsO § 67** 22
- Sitzungen **Pl** 484 ff.
- Stellung **InsO § 69** 2 ff.
- Stimmverbote/Inhabilität **InsO § 72** 4 ff.
- Unternehmensgruppe **InsO § 269c** 1 ff.
- Untersagungen, vorläufige **InsO § 161** 1 ff.
- Vergütung *siehe dort*
- Verhältnis zu Gericht **InsO § 69** 27 f.
- Verschulden **InsO § 71** 8 ff.
- Verschwiegenheit **InsO § 69** 26
- Vertreter, gemeinsamer nach SchVG **InsO § 67** 12.1 ff.
- vorläufiger *siehe dort*
- Wahlvorgang **InsO § 68** 5 ff.
- Zusammenarbeit **InsO § 269c** 1 ff.
- Zusammensetzung **InsO § 67** 7 ff.; **InsO § 269c** 15 ff.; **Pl** 473 ff.
- Zustimmung **InsO § 160** 12 ff.; **InsO § 162** 6; **InsO § 164** 2

Gläubigerausschuss, vorläufiger InsO § 21 59 ff.
- Abberufung/Entlassung Mitglieder **InsO § 22a** 75
- Anhörung **InsO § 56a** 4 ff.; **InsO § 270b** 32 ff.; **InsO § 270e** 31 f.
- Antrag **InsO § 22a** 29 f.
- Antrags- **InsO § 22a** 12 ff., 33, 34
- Anwendungsbereich **InsO § 22a** 1 ff.
- Aufgaben **InsO § 21** 64; **InsO § 22a** 63 ff.
- Auskunftspflichtberechtigter **InsO § 101** 28
- Ausschlusstatbestände **InsO § 22a** 15 ff.
- beantragter **InsO § 56a** 18 f.
- Beendigung **InsO § 22a** 72 ff.
- Beschlussform **InsO § 56a** 8
- Bestellung **InsO § 22a** 1 ff.
- Beteiligung bei Bestellung **InsO § 56a** 1 ff.; **InsO § 56b** 28 f.
- Beteiligung, nachträgliche **InsO § 56a** 28 ff.
- Eigenverwaltung **InsO aF § 270** 42 ff.; **InsO § 270b** 32 ff.; **InsO § 270e** 10 f.; **InsO § 270f** 15 ff.
- Einsetzung **InsO § 22a** 6, 31 ff.
- Ermessens- **InsO § 21** 60; **InsO § 22a** 34
- Größe **InsO § 22a** 40 f.
- Haftung **InsO § 22a** 69
- Insolvenzplan **InsO § 284** 9 f.
- Kleingläubiger **InsO § 22a** 48
- Kontrolldichte **InsO § 56a** 33 f.
- Mehrheitserfordernisse **InsO § 56a** 22 ff.
- Mitgliederauswahl **InsO § 22a** 50 ff.
- Mitgliedschaft **InsO § 22a** 12 ff.
- Nichtgläubiger **InsO § 22a** 44
- obligatorischer **InsO § 56a** 20 f.
- Pflicht- **InsO § 22a** 7 ff., 32, 34
- Rechtsmittel **InsO § 22a** 59 ff.
- Rechtsschutz **InsO § 56a** 33 ff.
- Rechtsstellung **InsO § 22a** 62
- Schutzschirmverfahren **InsO aF § 270b** 67, 86
- Stellung **InsO § 21** 64
- Tschechische Republik **CZ** 317 ff.
- Unternehmensstilllegung **InsO § 22a** 17 ff.
- Verfahrensrecht **InsO § 22a** 26 ff.
- Vergütung **InsO § 22a** 70 f.; **InsVV § 17** 35 ff.
- Zeitpunkt Einsetzung **InsO § 22a** 35 ff.-
- Zusammensetzung **InsO § 21** 63; **InsO § 22a** 39 ff.

Gläubigerbenachteiligung InsO § 129 41 ff.; **InsO § 130** 4 f.; **InsO § 131** 1 ff.; **InsO § 132** 1 ff.; **ImoV** 81 ff.
- Abtretung Forderung, künftige **Pl** 739 f.
- Anfechtung **ImoV** 81 ff.
- Ausschluss **COVInsAG § 2** 2 ff.
- Bargeschäft **ImoV** 114
- Billigung **InsO § 131** 18 ff.
- Corona-Pandemie **InsO § 131** 10 f.
- COVInsAG **InsO § 132** 21a f.
- Darlegungs-/Beweislast *siehe dort*
- Deckung, inkongruente *siehe dort*
- Deckung, kongruente *siehe dort*
- Erwerb Grundpfandrecht **ImoV** 342 ff.
- Geltendmachung **EUInsVO 16** 14
- Gesellschaft, stille **InsO § 136** 8
- Gesellschafterdarlehen **InsO § 135** 4 ff.
- Immobilienverwertung **ImoV** 81 ff.
- Italien **I** 228 ff.
- mittelbare **InsO § 129** 53 ff.; **InsO § 130** 5; **InsO § 135** 4 ff.; **InsO § 309** 67 f.
- Nachlassinsolvenz **InsO § 322** 13 ff.
- Nachteil, besonderer **InsO § 132** 19 ff.
- objektive **B/ArR** 121 f.
- Polen **Pl** 321 ff., 727 ff., 896 ff., 1062 ff., 1170 ff.
- Postsperre **InsO § 99** 15 ff.
- Prognose **COVInsAG § 5** 38 ff.
- Recht, internationales **EUInsVO 16** 1 ff.
- Rechtshandlungen/-geschäfte **InsO § 99** 16; **InsO § 130** 4 f.; **InsO § 132** 6 ff. *siehe auch dort*
- Restschuldbefreiung **InsO § 296** 25 ff.
- Rückerstattung **Pl** 1072 ff.
- Sanierung **InsO § 131** 20.1 f.
- Schuldenbereinigungsplan **InsO § 309** 24 ff.
- Schweiz **CH** 319 f.
- Sicherheiten **ImoV** 84; **Pl** 753 ff., 1065 ff.
- Sicherung/Befriedigung Schuld **Pl** 736 ff.
- Sittenwidrigkeit **InsO § 131** 3 ff.
- Spanien **E** 633 ff.
- StaRUG **InsO § 132** 21a f.
- Strafrecht **Pl** 1170 ff.
- Tschechische Republik **CZ** 528 ff.
- Übertragungen, betrügerische **US** 185 ff.
- Übertragungen, bevorzugte **US** 189 f.
- unmittelbare **InsO § 129** 46 ff.; **InsO § 131** 40; **InsO § 132** 10 ff.; **InsO § 309** 25 f.; **ImoV** 90 ff.

Sachverzeichnis

- USA **US** 185 ff.
- Vergleich **B/ArR** 184 ff., 197 ff.
- Vergütung, unverhältnismäßige **Pl** 1068 ff.
- Vergütungsvereinbarung **Pl** 747 ff.
- Vertrag mit Person, nahestehender **ImoV** 113
- Vertragsstrafen **Pl** 756 ff.
- Voraussetzungen **EUInsVO** 16 3 ff.
- Vorgang, neutraler **InsO** § 129 47 ff.
- Vorsatz **InsO** § 131 1 ff.; **CH** 328 ff.; **ImoV** 110 ff.; **US** 186 ff.
- Zahlungserleichterungen **InsO** § 131 30 ff., 34c
- Zeitpunkt **InsO** § 131 21
- Zurechnungszusammenhang **InsO** § 129 61 ff.
- Zusammenhang, ursächlicher **InsO** § 129 55 ff.

Gläubigerversammlung InsO § 313 10 ff.
- Ablauf **Pl** 464 ff., 978 ff.
- Aufgaben **InsO** § 74 2 f.
- Auskunftsrecht **InsO** § 79 1 ff.
- Befugnisse **InsO** § 74 2 f.
- Berichtstermin **InsO** § 156 1 ff.
- Beschlüsse **InsO** § 76 2; **InsO** § 78 1 ff.; **Pl** 469 f., 982 f.
- Eigenverwaltung **InsO** § 271 3 ff.
- Einberufung **InsO** § 74 8 ff.; **InsO** § 75 1 ff.; **InsO** § 161 6; **InsO** § 176 1 f.; **Pl** 462 f., 976 f.
- Gläubigerausschuss **InsO** § 68 1 ff.; **InsO** § 69 28; **InsO** § 74 4 ff.
- Insolvenzplan **InsO** § 74 14 f.; **InsO** § 269i 8 f.; **InsO** § 284 9 f.
- Insolvenzplanvorlage **InsO** § 218 13 ff.
- Kassenprüfung **InsO** § 79 7
- Leitung **InsO** § 76 1 ff.
- Maßnahmen vor Berichtstermin **InsO** § 158 6 ff.
- Mehrheiten **InsO** § 76 3
- nach SchVG **InsO** § 74 7
- Österreich **A** 175 ff.
- Parteienlösung **InsO** § 77 7
- Polen **Pl** 462 ff., 552 f., 976 ff., 428a ff.
- Prüftermin **InsO** § 176 1 ff.; **InsO** § 177 12 ff.
- Rechtsmittel **InsO** § 75 18 f.; **InsO** § 77 10
- Restschuldbefreiung **InsO** § 292 29 ff.
- Schlusstermin **InsO** § 197 1 ff.
- Schweiz **CH** 136, 155 ff., 178 f., 354
- Sitzungsprotokoll **E** 878
- Spanien **E** 130 ff., 868 ff.
- Stimmrecht **InsO** § 76 4; **InsO** § 77 1 ff.; **Pl** 464 ff., 978 ff.
- Teilnahmeberechtigung **InsO** § 74 19 ff.
- Tschechische Republik **CZ** 105 ff., 299 ff., 582 ff.
- Unterhalt aus Masse **InsO** § 100 16 ff.
- Vergleich **E** 868 ff.; **Pl** 552 f., 984 ff.

Grundbucheintragungen siehe auch Registereintragungen
- Antrag **InsO** § 346 11 f.
- Eintragungsersuchen **InsO** § 346 13 f.
- Eröffnung **InsO** § 346 6 ff.
- Eröffnungsbeschluss **InsO** § 32 1 ff.
- Inhalt **InsO** § 346 18 f.
- Insolvenzvermerk **ImoV** 18 ff., 57 ff., 64 ff.
- Löschung **InsO** § 32 20 ff.; **InsO** § 346 19 ff.
- Rechtsmittel **InsO** § 346 21 ff.

- Verfahren **InsO** § 32 9 ff.
- Verfahren, ausländisches **InsO** § 346 1 ff.
- Verfügungsbeschränkungen **InsO** § 23 16 f.; **InsO** § 346 6 ff.
- Vollzug **InsO** § 32 17
- Wirkung **InsO** § 32 18 f.
- Zwangsverwaltungsvermerk **ImoV** 768

Grunderwerbsteuer InsO § 165 41, 43; **CZ** 646; **ImoV** 924; **StR-Nl** 24 ff.

Grundpfandrechte
- Absonderungsrecht **ImoV** 407 ff.
- Ansprüche Gläubiger, persönliche **ImoV** 398 ff.
- Baurecht **B/ArR** 376 ff., 421 ff.
- Bestellung **ImoV** 321 ff.
- Erledigung Sicherungszweck **ImoV** 325 ff.
- Ersatzabsonderung **ImoV** 413
- Erweiterung Haftungsumfang **ImoV** 370 ff.
- Erwerb siehe dort
- Frankreich **F** 558 ff.
- Gemeinschaftsanteil **ImoV** 416 ff.
- Grundpfandgläubiger **ImoV** 541 ff.
- Grundschuld **InsO** § 35 9; **ImoV** 378 ff., 538 f.
- Haftungsverband **ImoV** 463 ff.
- Hypothek **F** 558 ff.
- Lästigkeitsprämie **ImoV** 899 f.
- Löschungsanspruch nach § 1179a BGB **ImoV** 375 ff.
- Mietforderungen **ImoV** 458 ff.
- Miteigentumsanteil **ImoV** 414 f.
- Sachen, bewegliche **ImoV** 420 ff.
- Übertragung **ImoV** 363 ff.
- Valutierung **ImoV** 353 ff.
- Verfallabreden **ImoV** 410 ff.
- Verfügung, wirksame **ImoV** 336 ff., 353 ff., 365 ff., 370 ff.
- Verkaufsvollmacht **ImoV** 411
- Vormerkung **ImoV** 374
- WEG-Recht **ImoV** 404 ff.
- Zwangs-/Arresthypothek **InsO** § 321 13; **ImoV** 381 ff.
- Zwangsversteigerung siehe dort

Grundsteuer InsO § 38 35; **InsO** § 55 33; **ImoV** 142, 999; **StR-Nl** 36 ff.

Gruppenbildung InsO § 222 1 ff.; **InsO** § 225a 12; **InsO** § 226 2
- Insolvenzplan **InsO** § 210a 4; **InsO** § 220 21 ff.; **InsO** § 222 1 ff., 39 ff.; **InsO** § 231 6

Gutglaubensschutz InsO § 81 14 ff.; **ImoV** 60 f.
- Anfechtung **ImoV** 60 f.
- Darlegungs-/Beweislast **InsO** § 82 14 ff.
- Erwerber **InsO** § 81 14 ff.; **InsO** § 145 12.1; **ImoV** 18 ff., 54
- Frankreich **F** 28 f.
- Grundpfandrechte **ImoV** 358
- Leistungen **InsO** § 82 6 ff.
- Schutz Dritterwerber **EUInsVO** 17 1 ff.
- Unkenntnis Eröffnung **InsO** § 82 9 ff.

Haftung
- (vor-)vertragliche **InsO** § 60 83 ff.
- Absicherung **InsO** § 71 22 ff.
- Abtretungsempfänger **StR-USt** 221
- Amtspflichtverletzung **InsO** § 21 170 ff.
- Angestellte **InsO** § 276a 47

Sachverzeichnis

- Anspruchsgrundlagen **InsO § 60** 81 f.
- Antragspflicht **InsO § 15a** 29 ff.
- Antragspflichtiger **InsO § 15b** 16
- arbeitsrechtliche **InsO § 60** 100 ff.
- Aufsichtsrat **InsO § 15b** 10
- Ausfallhaftung **ImoV** 231 ff.
- Ausschluss aus Funktion **CZ** 515 ff.
- Außenhaftung, akzessorische **InsO § 93** 21 ff.
- bedingte **InsO § 43** 33
- Beispiele **InsO § 71** 21
- Beschränkung **InsO § 315** 13 ff.
- Buchführungs-/Rechnungslegungspflichten **InsO § 155** 31 f.
- Business Judgement Rule **US** 235 ff.
- cic **InsO § 15a** 39
- deliktische **InsO § 15a** 30 ff.; **InsO § 60** 87 ff.
- Differenzhaftung **InsO § 254** 8
- Dritter **E** 1189 ff.
- Durchgriff **A** 349
- Ehegatte **InsO § 334** 1 ff.
- Eigenverwaltung **InsO § 280** 1 ff.
- Entgeltherausgabe/Nachfüllung Passiva **CZ** 519 ff.
- Erbenhaftung **InsO § 315** 18 ff.; **InsO § 325** 24 ff.
- Erbschaftskauf **InsO § 330** 10 ff.
- Erwerberhaftung **InsO § 128** 29
- Exkulpation **InsO § 71** 18 ff.
- Freizeichnung **InsO § 61** 33
- Gegenansprüche **InsO § 71** 15 ff.
- Gehilfen **E** 993 ff., 1013
- Geltendmachung Haftungsanspruch **InsO § 60** 69 ff.
- Gesamthaftungsansprüche **CZ** 501 f.; **Pl** 699 ff.
- gesamtschuldnerische **InsO § 60** 78 f.
- Gesamtverantwortung **InsO § 15b** 5
- Geschäftsleitung **InsO § 60** 4a; **InsO § 276a** 38 ff.; **A** 350 ff.; **CZ** 505 ff.; **GB** 344 ff.; **Pl** 719 ff., 1269 ff.; **US** 224 ff.
- Gesellschafter **InsO § 15b** 9; **InsO § 43** 18 ff.; **InsO § 93** 1 ff.; **InsO § 276a** 51 ff.
- gestufte **InsO § 43** 29 ff.
- Gläubiger **F** 585 ff.
- Gläubigerausschuss **InsO § 22a** 69; **InsO § 71** 1 ff.; **InsO § 269c** 35; **Pl** 487
- Haftpflichtversicherer **B/ArR** 398 ff.
- Haftpflichtversicherung **InsVV § 4** 18 f.; **InsVV § 18** 10 ff.
- Haftungsverband *siehe Immobilienverwertung*
- Informationspflichtverletzung **InsO § 357** 9
- Insolvenz, schuldhafte **E** 966 ff.
- Insolvenzgericht **InsO § 58** 29 ff.
- Insolvenzplan **InsO § 217** 30; **InsO § 227** 1 ff.; **InsO § 229** 9 ff.; **InsO § 254** 8
- Kapitalaufbringung/-erhaltung **A** 339 ff.; **Pl** 702 ff.
- Kausalität **InsO § 60** 55 f.; **InsO § 61** 23 ff.
- Kenntnis **InsO § 82** 9 ff. *siehe dort*
- Konkursverschleppung **Pl** 712 ff.
- Kostenvorschuss **InsO § 15a** 40
- Leitungsorgane **F** 602 ff.
- Masse **InsO § 22** 123 f.; **InsO § 43** 1 ff.; **InsO § 60** 69 ff., 88; **InsO aF § 270a** 47; **ImoV** 674 ff.
- Masseverbindlichkeiten **InsO aF § 270a** 47

- mehrerer/Mithaftung **InsO § 43** 1 ff.; **InsO § 129** 87 f.
- mittelbare **InsO § 43** 33
- Nachforschungspflicht **InsO § 47** 139 f.
- Nachhaftung **A** 389
- Nachlassinsolvenz **InsO § 315** 13 ff.
- Nichterfüllung Masseverbindlichkeiten **InsO § 61** 2 ff.
- Normen **InsO § 276a** 48 ff.
- öffentlich-rechtliche **InsO § 60** 89 f.
- Organe **InsO § 270** 31; **InsO aF § 270** 74 ff.; ; **A** 350 ff., 453 f.; **Pl** 725a; **StR-Verf** 193 ff.
- Personenkreis **E** 989 ff.
- Pflichten, insolvenzspezifische **InsO § 22** 120 ff.; **InsO § 60** 13 ff.
- Prozessrecht **InsO § 60** 107 ff.
- Prüfpflicht **InsO § 47** 134 ff.
- Recht, internationales *siehe einzelne Länder*
- Ressortaufteilung **InsO § 276a** 45 f.
- Rücksichtnahmepflicht **InsO § 47** 134 ff.
- Sachverständiger **InsO § 60** 7
- Sachwalter **InsO § 60** 4; **InsO § 270c** 65; **InsO § 274** 8 ff.; **InsO § 280** 11 f.; **Pl** 949 ff.
- Sanierungsberater **InsO § 276a** 42 ff.
- Schaden **InsO § 60** 55 f., 74 ff.; **InsO § 61** 23 ff.; **StR-Verf** 217 ff.
- Schuldner **InsO § 43** 1 ff.; **InsO § 217** 30; **InsO § 227** 1 ff.; **InsO § 270** 28; **InsO aF § 270** 71
- Sonderinsolvenzverwalter **InsO § 60** 2
- Sorgfaltsmaßstab **InsO § 22** 116 ff.
- Sorgfaltspflicht **InsO § 47** 134 ff.; **CZ** 514
- sozialversicherungsrechtliche **InsO § 60** 104 ff.
- Staatshaftung **InsO § 58** 29 ff.
- steuerrechtliche **InsO § 60** 91 ff.; **E** 1179 ff.; **Pl** 726, 1269 ff.; **StR-USt** 229 ff.; **StR-Verf** 178 ff.
- strafrechtliche *siehe Strafrecht*
- Teilmithaftung **InsO § 43** 23 ff.
- Treuhänder **InsO § 60** 6; **InsO § 292** 6
- Umfang **InsO § 71** 15 ff.; **StR-Verf** 189 ff.
- unbeschränkte **InsO § 316** 10 ff.
- Unternehmenseinheiten **E** 1191 f.
- Verbraucherinsolvenzverfahren **InsO § 60** 5
- Verfahrenskosten **InsO § 26** 20 ff.
- Verfrühungsschaden **InsO § 113** 23 ff.
- Vergütung **InsVV § 17** 33
- Verjährung **InsO § 60** 80; **InsO § 62** 1 ff.; **InsO § 71** 20
- Vermögensseparierung **InsO § 315** 14 ff.
- Verschulden **InsO § 56** 55 f.; **InsO § 61** 25 ff.; **InsO § 71** 8 ff.; **StR-Verf** 220 ff.
- Vertreter **StR-Verf** 178 ff., 201 ff.
- Verwalter **InsO § 60** 1 ff.; **InsO § 164** 3 ff.; **CZ** 676; **E** 429 ff.; **Pl** 451 ff.
- Verwalter, vorläufiger **InsO § 22** 113 ff.; **InsO § 60** 3
- Verzicht **InsO § 15b** 39
- Voraussetzungen **InsO § 60** 2 ff.
- Zahlungen **InsO § 15a** 41 ff.
- zivilrechtliche **InsO § 60** 83 ff.
- Zuständigkeit **InsO § 60** 107 ff.; **F** 599

Hauptstichwort
- Unterstichwort **InsO §§/Art./Nr./VV** Rn f./ff. *Verweis*

Hausrat InsO § 36 32 ff.

Sachverzeichnis

Herausgabepflicht ImoV 888 f.
– Aussonderung **InsO** § 47 116a
– Gläubiger **InsO** § 342 5 ff.; **EUInsVO** 23 1 ff.
– Insolvenzmasse **InsO** § 35 79
– Insolvenzverwalter **InsO** § 58 24
– Recht, internationales **InsO** § 342 1 ff.; **EUInsVO** 23 1 ff.
– Vermögen, erworbenes **InsO** § 295 12 ff.
Hinterlegung InsO § 149 8 ff.; **InsO** § 198 7 ff.
Hinweispflicht
– Eigenverwaltung **InsO** aF § 270a 69 ff.
– Eigenverwaltung, vorläufige **InsO** § 270c 67 ff.
– Koordinator **EUInsVO** 71 13
– Restschuldbefreiung **InsO** § 20 56 ff.; **InsO** § 175 20 ff.
– Veräußerungsabsicht **InsO** § 168 1 ff.
Hypothek InsO § 35 9

Immaterialgüterrechte InsO § 47 65 ff.
– Internetdomain **InsO** § 35 37; **InsO** § 47 75 ff.
– Lizenzen/Nutzungsrechte **InsO** § 35 33 ff.; **InsO** § 47 64 ff.; **InsO** § 108 69 ff.
– Marken-/Patentrecht **EUInsVO** 15 1 ff.
– Recht am eigenen Bild **InsO** § 35 55
– Schutzrechte, gewerbliche **InsO** § 35 27 ff.; **InsO** § 47 71 ff.
– Software **InsO** § 35 36
– Urheberrechte **InsO** § 35 32 ff.; **InsO** § 36 18; **InsO** § 47 64 ff.
– Verwertung **InsO** § 166 48 f.
Immobilienverwertung InsO § 165 1 ff.; **ImoV** 1 ff.
– Abrechnungsspitze **ImoV** 243
– Absonderung **InsO** § 49 1 ff.; **ImoV** 211 ff., 220 ff.
– Anfechtung **ImoV** 76 ff.
– Ansprüche Gläubiger, persönliche **ImoV** 398 ff.
– Anteil Gesamthandsgemeinschaft **ImoV** 160 ff.
– Auseinandersetzung Gemeinschaft **ImoV** 150
– Aussonderung **ImoV** 206 ff., 257 ff.
– Befriedigung *siehe dort*
– Bestandserweiterung **ImoV** 313
– Bestandteile **ImoV** 301, 422 ff., 435 ff., 450 ff.
– Bruchteil **ImoV** 300
– Bruchteilsgemeinschaft **ImoV** 151 ff.
– Dauerwohnrecht **ImoV** 244 f.
– Dienstbarkeit, beschränkt persönliche **ImoV** 250 ff.
– Durchsetzung Rechte **ImoV** 225 ff.
– Eigenverwaltung **ImoV** 193 f.
– Einzug Forderungen **ImoV** 32 ff.
– England **GB** 318 ff.
– Erbbaurecht **ImoV** 176 ff.
– Erbengemeinschaft **ImoV** 160 ff.
– Erbfolge, vorweggenommene **ImoV** 101
– Erlöschen von Vollmachten **ImoV** 62 ff.
– Ertragssteuern **ImoV** 139 ff.
– Erwerb *siehe dort*
– Erzeugnisse **ImoV** 301, 422 ff., 436
– Freigabe **InsO** § 165 39 ff.; **ImoV** 180 ff., 442 ff.
– freihändige *siehe Verwertung*

– Gesamthypothek **ImoV** 314 ff.
– Geschäftsanteil Person, juristische **ImoV** 175
– Gesellschaft bürgerlichen Rechts (GbR) **ImoV** 160 ff.
– Gläubigerstellung **ImoV** 195 ff.
– Grundsteuer **ImoV** 142
– Grundstücksübertragung **ImoV** 267 ff.
– Gütergemeinschaft, eheliche **ImoV** 160 ff.
– Haftungsumfang **ImoV** 370 ff.
– Haftungsverband **ImoV** 301 ff., 463 ff., 883, 915 f., 931 ff.
– Herausgabeanspruch gegen Nutzer **ImoV** 888 f.
– Insolvenzantragsverfahren **ImoV** 1 ff.
– Insolvenzmasse **ImoV** 148 ff.
– Insolvenzvermerk **ImoV** 18 ff., 57 ff., 64 ff.
– Kommanditgesellschaft (KG) **ImoV** 160 ff.
– Leistung, wiederkehrende **ImoV** 310 ff.
– Löschungsanspruch nach § 1179a BGB **ImoV** 375 ff.
– Mängelrechte **ImoV** 925
– Massezugehörigkeit **InsO** § 165 9
– Miet-/Pachtverhältnisse *siehe dort*
– Nachlassinsolvenz **ImoV** 167 f.
– Nießbrauch **ImoV** 246 ff.
– oHG **ImoV** 160 ff.
– Pfändung/Verpfändung/ Sicherungsübereignung **ImoV** 450 ff.
– Pfändungsverbot **ImoV** 435 ff.
– Pflichten, öffentlich-rechtliche **ImoV** 143 ff., 192
– Rangklassen **ImoV** 691 ff.
– Recht, internationales **CH** 72 f.; **CZ** 644 f.; **E** 702 ff.; **F** 44 ff., 213, 337 f., 460; **Pl** 391 ff., 681
– Rechte/Pflichten Verwalter **ImoV** 125 ff.
– Rückauflassungsanspruch **ImoV** 291 ff.
– Rückgewähranspruch Grundschuld **ImoV** 378 ff.
– Sachen, bewegliche **ImoV** 420 ff.
– Steuerrecht **ImoV** 128 ff., 188 ff., 904 ff.; **StR-USt** 155 ff.
– Übertragung Grundpfandrechte **ImoV** 363 ff.
– Unterbindung Verfügungen **ImoV** 5 ff.
– Valutierung Grundpfandrechte **ImoV** 353 ff.
– Verbote **ImoV** 35 ff.
– Verbraucherinsolvenz **ImoV** 67
– Verein **ImoV** 160 ff.
– Verfügungen **InsO** § 349 1 ff.; **ImoV** 14 f.
– Verfügungsbeschränkungen **ImoV** 1 ff., 55 f., 64 ff.
– Verfügungsverbote **ImoV** 6 ff., 12, 39 f.
– Verfügungszeitpunkt **ImoV** 16 f.
– Verhaltensverantwortlichkeit **ImoV** 147
– Vermögen, erfasstes **ImoV** 13
– Vermögen, unbewegliches **InsO** § 165 8
– Versicherungsleistungen **ImoV** 303 ff.
– Vertrag nach § 133 Abs. 3 InsO **ImoV** 267 ff.
– Verwalter, vorläufiger **ImoV** 31 ff.
– Verwertungsvereinbarung **ImoV** 894 ff.
– Vollstreckungsmaßnahmen **ImoV** 24 ff., 67 ff., 499 ff.
– Vorkaufsrecht **ImoV** 255 f.
– Vormerkung **InsO** § 106 1 ff.; **ImoV** 282 ff.
– WEG-Recht **ImoV** 157 ff., 237 ff., 404 ff.
– Wirkungen Insolvenzverfahren **ImoV** 42 ff.
– Wohnungsrecht **ImoV** 253 f.

Sachverzeichnis

- Zubehör **InsO** § 165 10 f.; **ImoV** 428 ff.
- Zustellung **ImoV** 510 ff.
- Zustimmungsvorbehalt **ImoV** 9 ff.
- Zwangs-/Arresthypothek **ImoV** 381 ff.
- Zwangsversteigerung *siehe dort*
- Zwangsverwaltung *siehe dort*

Inbesitznahme InsO § 22 16 ff.
Informationsfreiheitsgesetze StR-Verf 68 ff.
Insider InsO § 162 3 ff.
Insolvenz(-ausfall-)geld InsO § 12 6; **InsO** § 22 83 ff.; **CZ** 465 ff.
Insolvenzfähigkeit InsO § 11 1 ff.; **InsO** § 12 1 ff.
- England **GB** 214 ff.
- Österreich **A** 99
- Recht, internationales **EUInsVO** 7 23 ff.
- Spanien **E** 188 ff.
- Tschechische Republik **CZ** 99 ff.

Insolvenzgeheimnis InsO § 97 27 ff.
Insolvenzgericht InsO § 348 6 ff.
- Abhilfe **InsO** § 6 17
- Abweisung mangels Masse **InsO** § 26 1 ff.
- Amtsermittlungsgrundsatz **InsO** § 5 1 ff.; **InsO** § 296 21 ff.
- Amtsgericht **InsO** § 2 1 ff.
- Angaben unvollständige/unrichtige **InsO** § 290 53 ff.
- Annexverfahren **InsO** § 2 6 f.
- Anordnung Anfechtbarkeit **InsO** § 6 3 ff.
- Anordnung Maßnahmen, vorläufige **InsO** § 21 1 ff.
- Anordnung Zustimmungsbedürftigkeit **InsO** § 277 12 ff.
- Anordnungsentscheidung **InsO aF** § 270 40 ff.; **InsO** § 270f 14 ff.; **InsO** § 271 12 ff.
- Aufhebung *siehe dort*
- Aufsicht **InsO** § 1 33 f.; **InsO** § 58 1 ff.
- Auskunftsanspruch **EUInsVO** 51 5
- Aussetzung Verwertung/Verteilung **InsO** § 233 14 f.
- Begriff **EUInsVO** 2 11 ff.
- Bekanntmachung **InsO** § 345 10 ff.
- Beschleunigungsgrundsatz **InsO** § 1 33 f.
- Bestellung Verwalter **InsO** § 56 42 f.
- Eignungsprüfung **InsO** § 57 7 ff.
- Einberufung Gläubigerversammlung **InsO** § 74 1 ff.; **InsO** § 75 15 ff.
- Einstellung *siehe dort*
- Einwendungen Verteilungsverzeichnis **InsO** § 194 12 ff.
- Entlassung Ausschussmitglieder **InsO** § 70 1 ff.
- Ermessen **InsO** § 56 34
- Erwerbsobliegenheit **InsO** § 295a 1 ff.
- Feststellungsbeschluss **InsO** § 308 4 ff.
- Gerichtskosten **InsO** § 54 3 ff.
- Gläubigerbeteiligung **InsO** § 56a 1 ff.
- Gläubigerversammlung **InsO** § 76 1
- Grundbucheintragung **InsO** § 32 9 ff.
- Gruppenfolgeverfahren **InsO** § 3c 1 ff.
- Haftung **InsO** § 58 29 ff.
- Insolvenzplan **InsO** § 261 8
- Koordinationsgericht **InsO** § 269d 1 ff.
- Koordinationsplan **InsO** § 269h 18 ff.
- Masseunzulänglichkeit **InsO** § 208 5
- Maßnahmen vor Berichtstermin **InsO** § 158 13 f.
- Mitteilungspflicht **EUInsVO** 63 1 ff.
- Pandemiebezug, fehlender **COVInsAG** § 5 30 ff.
- Polen **Pl** 102 ff., 250 ff.
- Prüfung Forderungsanmeldung **InsO** § 174 41
- Rechtsmittel *siehe dort*
- Rechtspflegerentscheidungen **InsO** § 6 8 ff.
- Restschuldbefreiung **InsO** § 175 20 ff.; **InsO** § 287a 1 ff.; **InsO** § 290 70 ff.; **InsO** § 292 29 ff.; **InsO** § 314 10 ff.
- Richterentscheidungen **InsO** § 6 2 ff.
- Schlussrechnung **InsO** § 211 11
- Schlussverteilung **InsO** § 196 10 ff.
- Schuldenbereinigungsplan **InsO** § 306 6 ff.
- Schweiz **CH** 139
- Spanien **E** 293 ff.
- Tabellen/Verzeichnisse **InsO** § 5 24 ff.
- Termine, virtuelle **InsO** § 4 16 ff.
- Treuhänder **InsO** § 292 5
- Tschechische Republik **CZ** 224 ff.
- Unternehmensveräußerung **InsO** § 163 4 ff.
- Unterrichtungspflicht **EUInsVO** 38 1 ff.
- Untersagung Maßnahmen **InsO** § 161 1 ff.
- Untersuchungsgrundsatz **InsO** § 5 8 ff.
- Urkundsbeamter **InsO** § 6 1
- Verbindung **InsO** § 29 11 f.
- Verfahrensgrundsätze **InsO** § 5 1 ff.
- Verfahrenskostenstundung **InsO** § 4a 21 ff.; **InsO** § 4b 9 ff., 20 ff.
- Vergütung *siehe dort*
- Verhältnis zu Verwalter **InsO** § 195 3 f.
- Verweisung **InsO** § 3c 5; **InsO** § 3d 1 ff.
- Verwertungsverbot **ImoV** 35 ff.
- Verzicht auf Verhandlung, mündliche **InsO** § 5 21 ff.
- Vollstreckungsgericht **InsO** § 2 8 ff.
- Vorgespräch **InsO** § 10a 1 ff.
- Wertbestimmung **InsO** § 295 14e f.
- Zurückweisung Insolvenzplan **InsO** § 231 19
- Zusammenarbeit **InsO** § 269b 1 ff.; **InsO** § 348 11 ff.; **EUInsVO** 42 1 ff.; **EUInsVO** 43 1 ff.; **EUInsVO** 57 1 ff.; **EUInsVO** 58 1 ff.
- Zuständigkeit *siehe dort*
- Zustimmungsersetzung **InsO** § 309 43 ff.
- Abstimmung **InsO** § 56b 13 ff.
- Aufhebung **InsO** § 78 5
- Stimmrechtsfeststellung **InsO** § 77 8

Insolvenzgrund
- Antrag **InsO** § 13 24 ff.
- Corona-Pandemie **COVInsAG** § 3 1 ff.
- England **GB** 193 ff.
- Eröffnung **InsO** § 16 1 ff.
- Glaubhaftmachung **InsO** § 14 16 ff.; **InsO** § 212 5 f.
- Gütergemeinschaft **InsO** § 333 5 f.
- Nachlassinsolvenz **InsO** § 320 1 ff.
- Österreich **A** 83 ff., 464 ff.
- Partikularverfahren **InsO** § 354 12 ff.
- Sekundärinsolvenzverfahren **EUInsVO** 34 15 ff.
- Spanien **E** 192 ff.
- Tschechische Republik **CZ** 83 ff.
- USA **US** 16 ff.
- Vorliegen **InsO** § 15a 18 f.
- Wegfall **InsO** § 212 1 ff.
- Zahlungsunfähigkeit **InsO** § 17 1 ff.

Insolvenzplan InsVV § 6 15 ff.
- Absonderung **InsO** § 217 10 ff.; **InsO** § 223 1 ff.; **InsO** § 237 7 f.; **InsO** § 238 1 ff.; **ImoV** 226 f.

2423

Sachverzeichnis

- Absonderungsgläubiger **InsO § 221** 9
- Abstimmung **InsO § 210a** 5 f.
- Abstimmungstermin **InsO § 241** 1 ff.; **InsO § 251** 6 ff.
- Abweichungen vom Verteilungsverfahren **InsO § 187** 12
- Abwicklung Verfahren **InsO § 217** 23 ff.
- Änderung **InsO § 240** 1 ff.
- Anfechtung **InsO § 129** 15; **InsO § 221** 10
- Anhörung **InsO § 248** 7; **InsO § 248a** 6
- Anlagen **InsO § 219** 5; **InsO § 230** 1 ff.
- Anleihen nach SchVG **InsO § 221** 11
- Anteilseigner **InsO § 221** 12; **InsO § 225a** 1 ff.; **InsO § 238a** 1 ff.; **InsO § 244** 9; **InsO § 245** 15 ff.; **InsO § 246a** 1 f.
- Anteilsübernahmeerklärung **InsO § 230** 9 ff.
- Arbeitnehmer **InsO § 220** 9 ff.; **InsO § 221** 13 ff.
- Arbeitnehmerforderungen **InsO § 224** 5
- Aufhebung Überwachung **InsO § 268** 1 ff.
- Aufhebung Verfahren **InsO § 221** 47; **InsO § 258** 1 ff.
- Aufrechnung **InsO § 94** 59 f.
- Aufstellung **InsO § 217** 1 ff.
- Ausarbeitung **InsO § 284** 7 ff.
- Ausfallforderungen **InsO § 256** 1 ff.
- Ausschlussfristen **InsO § 221** 18 ff.
- Aussetzung Verwertung/Verteilung **InsO § 233** 1 ff.
- Aussonderung **InsO § 217** 7 ff.; **InsO § 221** 22
- Baurecht **B/ArR** 52
- bedingter **InsO § 249** 1 ff.
- Befriedigungsaussicht **InsO § 220** 24 ff.
- Befriedigungsfiktion **InsO § 227** 2 ff.
- Bekanntmachung/-gabe, öffentliche *siehe dort*
- Berechtigung, fehlende **InsO § 231** 2 ff.
- Berichtigung **InsO § 248a** 1 ff.
- Berichtstermin **InsO § 157** 4
- Bestätigung, gerichtliche **InsO § 248** 1 ff.; **InsO § 248a** 1 ff.; **InsO § 252** 1 ff.
- Beteiligte **InsO § 221** 5 f.; **InsO § 254a** 4; **InsO § 254b** 1 ff.
- Beteiligung, stille **InsO § 221** 11
- Bindungswirkung **InsO § 269i** 10 ff.
- Bürgen **InsO § 221** 26
- Darlehen *siehe dort*
- Daten, personenbezogene **DS** 97
- Deliktsgläubiger **InsO § 221** 27
- Differenzhaftung **InsO § 254** 8
- Dispositionsrecht **InsO § 218** 23
- Drittsicherheiten **InsO § 217** 32 ff.
- Drittwirkung **InsO § 254** 5 ff.
- Eigenverwaltung **InsO § 269e** 17; **InsO § 270** 41; **InsO § 284** 19 ff.
- Einbeziehungsvereinbarung **InsO § 264** 10 ff.
- Eingriffsmöglichkeiten **InsO § 221** 7 ff.
- erfolglos vorgelegter **InsO § 231** 14 ff.
- Erfolgsaussichten, mangelnde **InsO § 231** 9 ff.
- Ergebnis-/Finanzplan **InsO § 229** 1 ff.
- Erklärungen Dritter **InsO § 230** 13 ff.
- Erlassfiktion **InsO § 225** 3 ff.
- Erlösauskehrung **InsO § 223** 7
- Erörterungs-/Abstimmungstermin **InsO § 235** 1 ff.
- Erträge, laufende **InsO § 229** 2 f.
- Eventualverbindlichkeiten **InsO § 229** 6 ff.

- Forderung, nicht angemeldete **InsO § 224** 9 f.
- Forderungen **InsO § 224** 3 ff.
- Forderungen, bestrittene **InsO § 221** 23 ff.
- Forderungen, streitige **InsO § 256** 1 ff.
- Forderungsabrechnung **InsO § 221** 28
- Forderungsanmeldung **InsO § 174** 52 f.
- Forderungsanmeldung, nachträgliche **InsO § 221** 35
- Forderungserlass **InsO § 224** 5 f.
- Forderungsfestsetzung **InsO § 256** 2 ff.
- Forderungskauf **InsO § 226** 5 ff.
- Forderungskürzung **InsO § 224** 3 ff.
- Fortführungserklärung **InsO § 230** 2 ff.
- Fragen, nicht regelbare **InsO § 217** 27 ff.
- Frist *siehe dort*
- GbR/ARGE **InsO § 221** 29
- Geldstrafen **InsO § 225** 7
- Genossenschaft **InsO § 221** 11
- Geschäfte, zustimmungsbedürftige **InsO § 263** 1 ff.
- Gesellschaftsrecht **InsO § 217** 31
- Gläubiger **InsO § 217** 13 ff.; **InsO § 221** 30; **InsO § 237** 1 ff.
- Gläubiger, nachrangige **InsO § 246** 1 ff.; **InsO § 265** 1 ff.; **InsO § 266** 1 ff.
- Gläubigerausschuss **InsO § 67** 23; **InsO § 218** 16 ff.; **InsO § 261** 7
- Gläubigerausschuss, vorläufiger **InsO § 284** 9 f.
- Gläubigerrechte **InsO § 223** 9 ff.; **InsO § 224** 1 ff.; **InsO § 225** 1 ff.
- Gläubigerstruktur **InsO § 220** 19
- Gläubigerversammlung **InsO § 74** 14 f.; **InsO § 218** 13 ff.; **InsO § 269i** 8 ff.; **InsO § 284** 9 f.
- Gleichbehandlung **InsO § 226** 1 ff.
- Gliederung **InsO § 219** 1 ff.
- Gruppenbildung **InsO § 210a** 4; **InsO § 220** 21 ff.; **InsO § 222** 1 ff., 39 ff.; **InsO § 225a** 12; **InsO § 231** 6
- Gruppen-Gläubigerausschuss **InsO § 269c** 5 ff.; **InsO § 269e** 12 ff.; **InsO § 269h** 15 ff.
- Gruppenmitglieder **InsO § 226** 2
- Gütergemeinschaft **InsO § 333** 24; **InsO § 334** 7 ff.
- Haftung **InsO § 217** 30; **InsO § 227** 1 ff.; **InsO § 254** 8
- Haftungsrisiko **InsO § 229** 9 ff.
- Heilung Mängel **InsO § 250** 12
- Inhalt **InsO § 269h** 5 ff.
- Inhalt, fehlerhafter **InsO § 231** 5 ff.
- Insolvenzgericht **InsO § 261** 8
- Kapitalmaßnahmen **InsO § 220** 27
- Kennzahlen, wirtschaftliche **InsO § 220** 14
- Koordinationsgericht **InsO § 269d** 1 ff.
- Koordinationsplan **InsO § 269h** 1 ff.; **InsO § 269i** 1 ff.; **EUInsVO § 70** 1 ff.
- Koordinator **InsO § 269e** 1 ff.; **InsO § 269f** 1 ff.; **InsO § 269g** 1 ff.
- Kosten **InsO § 218** 24 ff.; **InsO § 269** 1 ff.
- Kreditrahmen **InsO § 264** 1 ff.
- Ladung Beteiligte **InsO § 235** 6 ff.
- Mangel, behebbarer **InsO § 231** 8 f.
- Massegläubiger **InsO § 217** 16 ff.
- Massekosten **InsO § 221** 32
- Masseunzulänglichkeit **InsO § 210a** 1 ff.; **InsO § 225** 8
- Masseverbindlichkeiten **InsO § 221** 33

Sachverzeichnis

- Maßnahmen, gesellschaftsrechtliche **InsO** § 254a 4 f.
- Maßnahmen, sachenrechtliche **InsO** § 221 40
- Maßnahmen, umgesetzte **InsO** § 220 20
- mehrere **InsO** § 218 21
- Mehrheiten, erforderliche **InsO** § 244 1 ff.
- Minderheitenschutz **InsO** § 251 1 ff.
- Mitschuldner **InsO** § 221 26
- Nachbesserungsklausel **InsO** § 221 34
- Nachlassinsolvenz **InsO** § 315 59 ff.
- Nachrangforderungen **InsO** § 221 36
- Nachtragsverteilung **InsO** § 203 9
- Nachzahlung **InsO** § 256 10
- Nachzügler **InsO** § 254b 2 ff.
- Neugläubiger **InsO** § 217 16 ff.; **InsO** § 265 1 ff.; **InsO** § 266 1 ff.
- Neukredite **InsO** § 221 31
- Niederlegung **InsO** § 234 1 ff.
- Nießbrauchsberechtigte **InsO** § 244 8 f.
- Obstruktionsverbot **InsO** § 245 1 ff.
- Partikularverfahren **InsO** § 355 6 ff.
- Pensionssicherungsverein **InsO** § 220 13; **InsO** § 221 37
- Personen, natürliche **InsO** § 217 2; **InsO** § 230 2 ff.; **InsO** § 245a
- Pfandgläubiger **InsO** § 244 8 f.
- Quotenzahlung **InsO** § 221 39
- Rangrücktritt **InsO** § 224 8
- Rechnungslegung **InsO** § 217 25 f.
- Recht, internationales **InsO** § 355 6 ff.; **EUInsVO** 41 10; **F** 448 f.
- Rechtsänderungen **InsO** § 254a 3 ff.
- Rechtsfolgen Nichtbeachtung **InsO** § 221 52
- Rechtsmittel **InsO** § 248a 9; **InsO** § 253 1 ff.; **InsO** § 269h 26 ff.
- Registereintragungen **InsO** § 228 9 f.; **InsO** § 254a 6 ff.; **InsO** § 267 4 f.
- Rückgewähr Erlangtes **InsO** § 254 7 f.
- Rückstand Erfüllung **InsO** § 255 6 ff.
- Rückzahlung **InsO** § 256 11
- Salvatorische Klausel **InsO** § 221 41 f.
- Sanierung, vorinsolvenzliche **InsO** § 217 5 ff.
- Sanierungskonzept **InsO** § 220 28 ff.
- Schlechterstellungsverbot **InsO** § 245 1 ff.; **InsO** § 245a; **InsO** § 251 11 ff.
- Schlussrechnungslegung **InsO** § 221 42
- Schuldner *siehe dort*
- Schutzschirmverfahren **InsO** § 217 3 ff.
- Sicherheiten **InsO** § 220 33b; **InsO** § 223 8; **InsO** § 223a 1 ff.
- Sicherheiten Dritter **InsO** § 238b 1 f.; **InsO** § 245 14e
- Stellungnahme **InsO** § 232 1 ff.
- Steuerforderungen **InsO** § 221 43; **InsO** § 224 6
- Stimmabgabe **InsO** § 242 1 ff.; **InsO** § 243 1 ff.
- Stimmliste **InsO** § 239 1 ff.
- Stimmrecht **InsO** § 237 1 ff.; **InsO** § 238 1 ff.; **InsO** § 238a 1 ff.; **InsO** § 238b 1 f.; **InsO** § 244 8 ff.; **InsO** § 256 7 ff.
- Stundung **InsO** § 224 7 f.
- Tabelle **InsO** § 221 44
- Teil, darstellender **InsO** § 219 3; **InsO** § 220 1 ff.; **InsO** § 222 6 f.
- Teil, gestaltender **InsO** § 219 4; **InsO** § 221 1 ff.; **InsO** § 222 6 f.

- Übernahmegesellschaft **InsO** § 260 6
- Überwachung **InsO** § 221 38, 48; **InsO** § 259 6; **InsO** § 260 1 ff.; **InsO** § 261 1 ff.; **InsO** § 262 1 ff.; **InsO** § 267 1 ff.; **InsO** § 268 1 ff.; **InsO** § 284 23 ff.; **InsVV** § 6 15 ff.
- Umsetzungs-/Korrekturbevollmächtigung **InsO** § 221 49 ff.
- Unterhaltsberechtigte **InsO** § 221 45
- Unterlagen, notwendige **InsO** § 229 4 f.
- Unternehmensdaten **InsO** § 220 7 f.
- Unternehmensgruppe **InsO** § 269a 1 ff.; **InsO** § 269b 1 ff.; **InsO** § 269c 1 ff.; **InsO** § 269d 1 ff.; **InsO** § 269e 1 ff.; **InsO** § 269h 1 ff.; **InsO** § 269i 1 ff.
- Unterrichtung **InsO** § 269a 8 ff.
- Verbindung mit Prüftermin **InsO** § 236 1 ff.
- Verfahrensverstöße **InsO** § 250 1 ff.
- Verfügung, einstweilige **InsO** § 253 17 f.
- Vergleichsberechnung **InsO** § 220 24 ff.
- Vergütung *siehe dort*
- Verhältnisse, sachenrechtliche **InsO** § 228 1 ff.
- Verjährung **InsO** § 224 9 ff.; **InsO** § 259b 1 ff.
- Vermögenslage/-übersicht **InsO** § 220 15 ff.; **InsO** § 229 1 ff.
- Verpflichtungserklärungen **InsO** § 254a 8 f.
- Versagung Berichtigung **InsO** § 248a 7 f.
- Versagung Bestätigung **InsO** § 250 4 ff.
- Versagungsantrag **InsO** § 248 8
- Verteilung **InsO** § 217 22
- Vertragsanpassungen **InsO** § 221 46a
- Verwertung *siehe dort*
- Vollstreckung aus - **InsO** § 257 1 ff.
- Vorlage **InsO** § 218 1 ff.
- Vorlageberechtigung **InsO** § 269h 13 f.
- Vorprüfungsverfahren **InsO** § 232 8 f.
- Vorsorgeregelung **InsO** § 251 16 ff.
- Weiterleitung **InsO** § 232 2 ff.
- Wesentlichkeit **InsO** § 250 13
- Widerspruch **InsO** § 247 2 ff.; **InsO** § 251 6 ff.
- Wiederaufleben Forderungen **InsO** § 221 46
- Wiederauflebensklausel **InsO** § 255 1 ff.
- Wirkungen **InsO** § 254 1 ff.; **InsO** § 254b 1 ff.; **InsO** § 269h 22 ff.
- Ziel **InsO** § 220 6
- Zielsetzung **InsO** § 217 1 ff.
- Zurückweisung **InsO** § 231 1 ff.
- Zuständigkeit **InsO** § 231 18
- Zustimmung **InsO** § 269h 15 ff.
- Zustimmungsfiktion **InsO** § 247 2 ff.
- Zustimmungsvorbehalt **InsO** § 221 48
- Zweck **InsO** § 221 1 ff.

Internetdomain InsO § 35 37; **InsO** § 47 75 ff.

Ipso-Facto-Klauseln F 220 f.

Italien I 1 ff.
- Anfechtung **I** 295
- Anforderungen **I** 7 ff.
- Antrag **I** 131 ff., 353 ff.
- Antragsberechtigung **I** 170 ff.
- Aufrechnung **I** 223
- Auswirkungen **I** 69 ff., 155 ff., 249 ff.
- Bankrott **I** 439 ff.
- Befreiungstatbestände **I** 241
- Bescheinigung durch Sachverständigen **I** 53 ff.

Sachverzeichnis

- Bestellung Kontrollorgane **I** 480
- Bildung Passivbestand **I** 268 ff.
- Bürgschaft **I** 395
- Ehegatten **I** 245
- Eigentumsvorbehalt **I** 258
- Einführungsphase **I** 384 ff.
- Enteignung **I** 211
- Entschuldung **I** 535 ff.
- Entwicklung **I** 1 ff.
- Feststellungsurteil Konkurs **I** 182
- Frühwarnsysteme **I** 486 ff.
- Gerichtsbarkeit **I** 176 ff.
- Geschäftsführerverantwortung **I** 478 f.
- Geschäftsführungsmaßnahmen **I** 157
- Gesetzbuch Unternehmenskrise **I** 470 ff.
- Gläubiger, nicht existente **I** 453
- Gläubigerausschuss **I** 206 ff., 363 ff.
- Gläubigerbenachteiligung **I** 228 ff.
- Handelsunternehmer **I** 11 ff.
- Hinterlegung/Registrierung **I** 86 ff.
- Insolvenzbegriff **I** 17 ff.
- Klassifizierung Verbindlichkeiten **I** 211
- Konkurs **I** 4, 168 ff.
- Konkursabwendungsvergleich **I** 4, 124 ff., 244
- Konkursanfechtungsklage **I** 235 ff.
- Konkursbeendigung **I** 306 ff.
- Konkursgericht **I** 190 f.
- Konkursgläubiger **I** 214 ff., 340 ff., 371 ff., 392 ff.
- Konkursschuldner **I** 211 ff., 390 f.
- Konkurssteuerrecht **I** 460 ff.
- Konkursverfahren **I** 168 ff.
- Konkursvergleich **I** 4, 322 ff., 355 ff., 370, 384 ff., 398 ff., 412 f.
- Konkursverwalter **I** 194 ff., 319, 359 ff., 455
- Konkursverwaltung **I** 259 ff.
- Konkurswirkungen **I** 183
- Kontrolle, gerichtliche **I** 69 ff.
- Konzern **I** 43 ff.
- Kreditinanspruchnahme, missbräuchliche **I** 452
- Krise **I** 22 ff.
- Krisenbewältigungsvereinbarung **I** 420 ff.
- Kurzübersicht **I** 4 ff.
- Leitlinien Reform **I** 471 f.
- Liquidation **I** 5, 298 ff., 433 ff.
- Maßnahmen, außergewöhnliche **I** 237 ff.
- Mustervereinbarungen **I** 84 f.
- Organisationsstruktur Unternehmen **I** 474 ff.
- Pflichten Unternehmensleitung **I** 533 ff.
- Prognose Befriedigung, unzureichende **I** 297
- Prozessführungsbefugnis **I** 212
- Prüfungsphase **I** 278 ff.
- Rechtsmittel **I** 104 ff., 184 ff., 295 ff., 386 f.
- Rechtstreitigkeiten, anhängige **I** 397 ff.
- Reformnormen, sofort anwendbare **I** 473 ff.
- Restrukturierungsrahmen, präventiver **I** 497 ff.
- Restrukturierungsrichtlinie **I** 481 ff.
- Restrukturierungsvereinbarung **I** 4, 77 ff., 104 ff.
- Restschuldbefreiung **I** 436 ff.
- Richter, beauftragter **I** 192 f., 368 ff.
- Sanierungsplan **I** 4, 30 ff.
- Schwellenwerte, quantitative **I** 16
- Sonderbehandlung Steuern/Sozialversicherungen **I** 463 ff.
- Sondergesetze **I** 6

- Spezialregelungen Einzelverträge **I** 258
- Steuerforderungen **I** 461 ff.
- Stillhaltevereinbarung **I** 116 ff.
- Strafrecht **I** 438 ff.
- Teilvergleich **I** 350 ff.
- Überschuldung **I** 27 ff.
- Umschuldungsvereinbarung **I** 469
- Umstände, straferhöhende **I** 456
- Unternehmen **I** 318 ff.
- Unternehmensfortführung **I** 130, 298
- Unternehmenspacht **I** 299
- Unternehmer, ausgeschiedener/verstorbener **I** 179
- Untersuchungsphase **I** 355 ff.
- Verbraucherplan **I** 431 ff.
- Verfahren zur Überwindung Überschuldung **I** 6, 414 ff.
- Verfahrenseffizienzsteigerung **I** 540
- Verfahrensorgane **I** 189 ff.
- Vermögensverteilung **I** 306 ff.
- Verträge, laufende **I** 158 f., 258
- Verwaltung, außerordentliche **I** 6
- Vollstreckbarkeit **I** 292 ff.
- Voraussetzungen Konkurserklärung **I** 7 ff.
- Vorbereitungsphase **I** 275 ff.
- Vorkonkursverfahren **I** 180 f.
- Vorrechte, gesetzliche **I** 462 ff.
- Widerruf Zulassung Verfahren **I** 160
- Widersprüche **I** 386 f.
- Wiedereröffnung Konkurs **I** 407 ff.
- Zulassung Vergleich **I** 151 ff.
- Zuständigkeit **I** 88, 178
- Zwangsliquidation **I** 5

Jagd-/Fischereirechte InsO § 35 8

Kassenführung InsO § 275 15 ff.
Kassenprüfer InsO § 69 10 ff.
Kassenprüfung InsO § 79 7
Kenntnis
- Anfechtung **InsO § 145** 15 ff.
- bei Leistung **EUInsVO 31** 9 ff.
- Beweisanzeichen **InsO § 131** 27 ff.
- Darlegungs-/Beweislast **InsO § 130** 42 f.
- Deckung, inkongruente **InsO § 131** 27.3
- Entfallen **InsO § 130** 25 f.
- Gläubigerbenachteiligung **InsO § 132** 16
- Insolvenzrecht, internationales **EUInsVO 31** 9 ff.
- Irrtum **InsO § 131** 25 ff.
- Kenntnisvermutung **InsO § 145** 17
- Massegläubiger **InsO § 206** 3 f.
- Person, nahestehende **InsO § 145** 17
- positive **InsO § 131** 23 ff.
- Teil, anderer **InsO § 131** 22 ff.
- Unkenntnis **InsO § 115** 22 f.; **InsO § 116** 25; **InsO § 131** 24 f.
- Vermutung **InsO § 131** 28 ff.
- Vertreter/Repräsentanten **InsO § 130** 26 ff.
- von Eröffnung **InsO § 350** 14 ff.
- Zahlungsunfähigkeit **InsO § 130** 20 ff.; **InsO § 131** 19 ff.
- Zeitpunkt **InsO § 131** 23a

Kirchensteuer StR-Nl 50 ff.
Kleinbeteiligtenprivileg InsO § 39 75 ff.; **InsO § 135** 85 f.
Kleinverfahren InsO § 270 43; **A** 134; **CZ** 127 ff.

Sachverzeichnis

Kommanditgesellschaft (KG) InsO § 93 5 ff.
siehe auch Gesellschaft
– auf Aktien (KGaA) **Pl** 627 f.
– Auflösung **InsO § 118** 1 ff.
– Immobilienverwertung **ImoV** 160 ff.
– Nachlassinsolvenz **InsO § 315** 55 ff.
– Polen **Pl** 626
Koordinationsverfahren
– Abberufung Koordinator **EUInsVO 75** 1 ff.
– Antrag **EUInsVO 61** 1 ff.
– Aufgaben/Rechte Koordinator **EUInsVO 71** 1 ff.
– Eigenverwaltung **EUInsVO 76** 1 ff.
– Einwendungen **EUInsVO 64** 1 ff.; **EUInsVO 65** 1 ff.; **EUInsVO 67** 1 f.
– Eröffnungsentscheidung **EUInsVO 68** 1 ff.
– Gerichtsstandswahl **EUInsVO 66** 1 ff.
– Koordinationsplan **InsO § 269h** 1 ff.; **InsO § 269i** 1 ff.; **EUInsVO 70** 1 ff.
– Koordinator **InsO § 269e** 1 ff.; **InsO § 269f** 1 ff.; **InsO § 269g** 1 ff.
– Kosten **EUInsVO 77** 1 ff.
– Opt-In-Entscheidung **EUInsVO 69** 1 ff.
– Prioritätsregel **EUInsVO 62** 1 ff.
– Recht, internationales **EUInsVO 61** 1 ff.
– Sprache **EUInsVO 73** 1 ff.
– Zusammenarbeit **EUInsVO 74** 1 ff.
Körperschaftsteuer StR-ESt 152 ff.
– Besteuerungszeitraum **StR-ESt** 156 ff.
– Einkommensermittlung **StR-ESt** 155 ff.
– Einlagen, verdeckte **StR-ESt** 164 ff.
– Fortführung **StR-ESt** 176 ff.
– Insolvenzmasse **InsO § 38** 32
– Masseverwertung **Pl** 1234 ff.
– Organschaft **StR-ESt** 179 ff.
– Recht, internationales **A** 446 ff., 455 ff.; **E** 1172 ff.; **Pl** 1243 ff.
– Unternehmensfortführung **Pl** 1246 ff.
– Verlustabzug **StR-ESt** 173 ff.
– Verlustausgleich **StR-ESt** 168 ff.
– Verlustrückträge **StR-ESt** 172 f.
– Verlustvorträge **StR-ESt** 168 ff.
Kosten InsO § 38 38 f.; **InsO § 54** 1 ff.; **InsVV § 4** 12 ff.
– Absonderung **InsO § 171** 1 ff.
– Abweisung **InsO § 13** 43 f.; **InsO § 26** 29 f.
– Abweisung Antrag Pflichtverletzung **InsO § 101** 44 ff.
– Anschaffungskosten, nachträgliche **StR-ESt** 52 ff.
– Antrag *siehe dort*
– Anwendung ZPO **InsO § 4** 7 ff.
– Aufwendungen **InsO § 323** 1 ff.; **InsO § 324** 6 ff.
– Auskunfts-/Unterrichtungsrechte/-pflichten **InsO § 97** 42; **InsO § 167** 12 f.
– Auslagen **InsO § 54** 38 ff.
– Aussonderung **InsO § 47** 130
– Baurecht **B/ArR** 9
– Beerdigungskosten **InsO § 324** 15 ff.
– Befriedigung Massegläubiger **InsO § 209** 2
– Beiordnung **InsO § 4a** 33 f.; **InsO § 4c** 30
– Bekanntmachung/-gabe, öffentliche **InsO § 9** 5.1; **InsO § 345** 18
– besondere **InsVV § 4** 12 ff.
– Darlehen zur Deckung **InsO § 302** 23 ff.
– Deckung **InsO § 207** 2 ff.

– Deckung, fehlende/mangelnde **InsO § 26** 11 ff.; **A** 56 ff.; **CH** 206 ff.; **CZ** 52 ff.; **GB** 163 f., 384; **Pl** 146 ff., 275 ff., 372
– Durchführung Verfahren **InsO § 54** 22 ff.
– Eigenverwaltung **InsO § 270a** 19 ff.
– England **GB** 157 ff., 382
– Erfüllung **InsO § 14** 26 f.
– Erhaltungskosten **InsO § 171** 12 ff.
– Eröffnung **B/ArR** 594 ff.
– Erstattung **B/ArR** 9
– Fertigstellungsmehrkosten **B/ArR** 95 ff.
– Feststellungskosten **InsO § 171** 1 ff.; **InsO § 282** 9 ff.; **ImoV** 620 ff., 702 ff.
– Forderungsprüfung, nachträgliche **InsO § 177** 17 ff.
– Gerichtskosten **InsO § 54** 3 ff.
– Geschäftskosten **InsVV § 4** 1 ff.
– gestundete **InsO § 293** 13 ff.
– Gläubiger **InsO § 39** 21 ff., 126 f.
– Gläubiger, nachrangiger **InsO § 39** 126 f.
– Haftung **InsO § 15a** 40
– Hinterlegung **InsO § 198** 9
– Insolvenzplan **InsO § 218** 24 ff.; **InsO § 269** 1 ff.
– Koordinationsverfahren **EUInsVO 77** 1 ff.
– Kostenerstattungsanspruch **InsO § 35** 23a
– Kostenfestsetzungsverfahren **InsO § 210** 10 f.
– Mängelbeseitigungskosten **B/ArR** 98, 221
– Massearmut/-losigkeit **InsO § 207** 17
– Massekosten **InsO § 38** 38 f.; **InsO § 54** 1 ff.; **InsO § 221** 32
– Massekostenbeitrag **ImoV** 896
– Masseunzulänglichkeit **InsO § 208** 2 f.
– Mitwirkungspflicht **InsO § 97** 42
– Nachlassabwicklung **InsO § 324** 21 ff.
– Nachlassinsolvenz **InsO § 317** 36 ff.
– Nachtragsverteilung **InsO § 205** 6 ff.
– Nebenkosten **InsO § 108** 52 ff.; **InsO § 109** 33 ff.; **ImoV** 964 ff.
– Österreich **A** 56 ff.
– Partikularverfahren **InsO § 354** 16
– Polen **Pl** 146 ff., 275 ff., 372, 901 f.
– Prozesskosten **InsO § 183** 9 f.; **InsO § 317** 36 ff.; **B/ArR** 594 ff.; **ImoV** 522
– Prozesskostenhilfe **InsO § 80** 41.1 ff.; **InsO § 148** 23 ff.; **InsO § 317** 36 ff.
– Prozessunterbrechung **InsO § 85** 39 ff.
– Ratenzahlung **InsO § 4b** 10 f.
– Räumungs-/Wiederherstellungskosten **InsO § 108** 57
– Recht, anwendbares **EUInsVO 7** 61 ff.
– Rechtsmittel **InsO § 4d** 1 ff.; **InsO § 34** 21
– Registereintragungen **EUInsVO 30** 1 ff.
– Restschuldbefreiung **InsO § 290** 78; **InsO § 296** 29 f.
– Rückgriffsanspruch **InsO § 26** 20 ff.
– Schuldenbereinigungsplan **InsO § 310** 1 ff.
– Schweiz **CH** 206 ff.
– Sekundärverfahren **EUInsVO 40** 1 ff.; **EUInsVO 44** 1 f.
– Spanien **E** 744 ff.
– Steuerberaterkosten **StR-Verf** 95 ff.
– Stundung *siehe dort*
– Tschechische Republik **CZ** 52 ff.
– überschießende **InsO § 270b** 22 f.
– Überwachung Insolvenzplan **InsO § 269** 1 ff.
– Verfahrensteilnahme **InsO § 39** 21 ff.

2427

Sachverzeichnis

- Vergütung **InsO § 54** 36 ff.
- Verträge, gegenseitige/laufende **InsO § 105** 20 ff.
- Verwaltungsvereinbarung **ImoV** 988 f.
- Verwertung **InsO § 170** 1 ff.; **InsO § 171** 1 ff.; **InsO § 282** 8 ff.
- Vollstreckungskosten **StR-Nl** 105 ff.
- Vorführung, zwangsweise/Inhaftnahme **InsO § 98** 50
- Vorschuss **InsO § 15a** 40; **InsO § 26** 16 ff.; **InsO § 207** 10 ff.; **CZ** 216; **EUInsVO** 40 1 ff.
- Vorschusserstattung **InsO § 54** 35
- Widerruf **InsO § 303** 15 f.
- Zahlungsrückstand **InsO § 4c** 15 f.
- Zusammenarbeit **EUInsVO 59** 1 f.
- Zuständigkeit **InsO § 4b** 12
- Zwangsversteigerung **ImoV** 674
- Zwangsverwaltung **ImoV** 840

Kraftfahrzeugsteuer StR-Nl 53 ff.
Kredit-/Finanzdienstleistungsinstitute
- AGB-Pfandrecht KI **InsO § 50** 7
- Anfechtung **InsO § 129** 17
- Antragspflicht **InsO § 15a** 4
- Aufrechnung, privilegierte **InsO § 96** 44 ff.
- Aussonderung **InsO § 47** 116b
- England **GB** 412
- Finanzleistungen **InsO § 104** 1 ff.
- Finanzmarktstabilisierungsfonds **InsO § 43** 35
- Förderbanken, staatliche **InsO § 39** 98a ff.
- Forderung gegen - **InsO § 36** 20a
- Geschäftsbesorgungsvertrag **InsO § 116** 10 ff., 26 ff.
- Insolvenzrecht, internationales **InsO § 340** 1 ff.
- Märkte, organisierte **InsO § 340** 1 ff.
- Pensionsgeschäfte **InsO § 340** 1 ff.
- Polen **Pl** 398 ff.
- USA **US** 211 ff.
- Verrechnung im Clearingsystem **InsO § 147** 13
- Zahlungs-/Abwicklungssysteme **EUInsVO 12** 1 ff.

Kryptowährungen InsO § 35 37 a

Landwirt US 108 f.
Lasten, öffentliche
- Durchsetzung Rechte **ImoV** 739 ff.
- laufende rückständige **ImoV** 733 ff.
- Masseverbindlichkeiten **InsO § 55** 34
- Österreich **A** 318
- Rangordnung **ImoV** 739 ff.
- Rückstände, ältere als Klasse 3 **ImoV** 756 f.
- Übergang auf Erwerber **ImoV** 926 ff.
- Verwertung, freihändige **ImoV** 901 ff., 926 ff.
- Zwangsversteigerung **ImoV** 727 ff.

Lästigkeitsprämie InsO § 165 34 ff.; **ImoV** 899 f.
Leasing InsO § 47 96 ff.; **InsO § 108** 22 ff., 59 ff.; **F** 379, 538 ff.
Leistungen
- an Schuldner **InsO § 82** 1 ff.; **EUInsVO 31** 1 ff.
- an Sicherungszessionar **InsO § 82** 19 f.
- Anfechtung **InsO § 143** 36 ff.; **B/ArR** 200 ff.
- Austausch, fehlender **B/ArR** 329 ff.
- Baurecht *siehe dort*

- COVInsAG **InsO § 134** 4b f.
- Darlegungs--/Beweislast **InsO § 134** 18 ff.
- Drei-Personen-Verhältnis **InsO § 134** 11 ff.
- Entgeltvereinbarung **InsO § 134** 7 ff.
- Eröffnungsverfahren **InsO § 28** 14 ff.
- Gegenleistung **InsO § 142** 6 ff.
- Gelegenheitsgeschenk **InsO § 134** 15 ff.
- Gesellschafter **InsO § 39** 39 ff.
- Gleichstand **B/ArR** 334 ff.
- Gleichwertigkeit mit Gegenleistung **InsO § 142** 12 ff.
- Gutglaubensschutz **InsO § 82** 6 ff.
- Irrtum über Entgeltlichkeit **InsO § 134** 9 ff.
- Kenntnis **EUInsVO 31** 9 ff.
- Klageverbot **InsO § 210** 10 f.
- Nachrangigkeit **InsO § 39** 34 ff.
- nicht befreiende **InsO § 82** 17 ff.
- Schuldner *siehe dort*
- StaRUG **InsO § 134** 4 b.
- teilbare **InsO § 103** 82 ff.; **InsO § 105** 10 ff.
- Teilleistung, vorinsolvenzliche **InsO § 105** 23 ff.
- Überschuss **B/ArR** 338 ff.
- unentgeltliche **InsO § 39** 34 ff.; **InsO § 134** 5 ff.; **InsO § 143** 36 ff.; **B/ArR** 200 ff.
- Unmittelbarkeit Gegenleistung **InsO § 142** 17 ff.
- unteilbare **InsO § 105** 21 f.
- Verbot **InsO § 28** 14 ff.
- Verfügungsbeschränkungen **InsO § 24** 13 ff.
- von Mithaftenden nach Eröffnung **InsO § 44** 24 ff.
- Vorleistung **InsO § 105** 23 ff.
- Wertigkeit Gegenleistung **InsO § 134** 6 ff.
- wiederkehrende **InsO § 38** 21 ff.; **InsO § 46** 1 ff.; **ImoV** 310 ff., 750
- Zeitpunkt **InsO § 82** 4 f.

Liquidation
- England *siehe dort*
- Frankreich **F** 318 ff., 457 ff., 534 ff.
- freiwillige **GB** 65 ff.
- Italien **I** 5, 298 ff., 433 ff.
- Liquidationsausschuss **GB** 240
- Liquidationsvergleich **I** 129
- nachgeschaltete gesellschaftsrechtliche **A** 281
- Österreich **A** 281
- Polen **Pl** 35 ff., 490 ff.
- Tschechische Republik **CZ** 552 f.
- USA **US** 74 f., 241 f., 246 ff., 258 f.
- vorbereitende **Pl** 35 ff.
- vorbereitete **Pl** 490 ff.
- Zwangsliquidation **I** 5

Lizenzen/Nutzungsrechte InsO § 35 33 ff.; **InsO § 47** 64 ff.; **InsO § 108** 69 ff.
Lohnsteuer InsO § 38 34; **StR-ESt** 130 ff. *siehe auch Einkommensteuer*

Mängelrechte/Gewährleistungsansprüche B/ArR 98 ff., 160 ff., 221, 224 ff., 309 ff., 335 ff., 346 ff., 619 ff.; **ImoV** 925
Masse
- Absonderung *siehe dort*
- Anwartschaftsrecht **InsO § 35** 7
- arbeitsrechtliche **InsO § 35** 11 ff.
- Aufträge Schuldner **InsO § 115** 1 ff.
- Auslandsvermögen **InsO § 148** 5
- Aussonderung *siehe dort*

Sachverzeichnis

- Bargeld **InsO § 36** 41
- Begriff **InsO § 35** 1 ff.
- Beihilfe, europarechtswidrige **InsO § 38** 37
- Belastung, unverhältnismäßige **InsO § 22a** 21 ff.
- Belegenheitsort **EUInsVO 2** 17 ff.
- Berechnung **InsVV § 1** 15 ff.
- Beteiligungen **InsO § 35** 38 ff.
- Bezug **InsO § 88** 9 ff.
- Buchführungs-/Rechnungslegungspflichten **InsO § 155** 2 ff.
- Corona-Soforthilfe **InsO § 35** 15a, 25a
- Daten, personenbezogene **DS** 92 ff.
- Dauerschuldverhältnisse **InsO § 38** 21 ff.
- Eigentumsvorbehalt **InsO § 107** 20 ff.
- Erbschaft/Vermächtnis **InsO § 35** 18, 52
- Erstattungsansprüche, öffentlich-rechtliche **InsO § 38** 41
- Erwerbsverbot **InsO § 91** 1 ff.
- Feststellung **CH** 140 ff.
- Forderungen *siehe dort*
- Freigabe *siehe dort*
- Gegenstände *siehe Massegegenstände*
- Genehmigungen, behördliche **InsO § 35** 44 f.
- Gesamtgut/Gütergemeinschaft **InsO § 37** 1 ff.
- Gesellschafterdarlehen **InsO § 44a** 1 ff.
- Gesellschafterleistungen **InsO § 39** 39 ff.
- Gesellschaftsanteil **InsO § 84** 14 ff.
- Gläubiger **InsO § 53** 3 ff.
- Gläubigerausschuss, vorläufiger **InsO § 22a** 21 ff.
- große **InsVV § 3** 50 f.
- Grundstück **InsO § 35** 8 f.
- Gütergemeinschaft **InsO § 333** 13 ff.
- Haftung *siehe dort*
- Herausgabeklage **InsO § 35** 79
- Immaterialgüterrechte **InsO § 35** 27 ff.
- Immobilienverwertung **ImoV** 148 ff.
- Inbesitznahme **InsO § 148** 2
- Inbesitznahmefrist **InsO § 148** 11
- insolvenzfreie **InsO § 35** 54 ff.
- Inventar **E** 594, 761 ff.
- Inventarisierung **InsO § 22** 22 ff.
- Kosten *siehe dort*
- Kryptowährungen **InsO § 35** 37a
- Leistungen, wiederkehrende **InsO § 38** 21 ff.
- Marken-/Patentrecht **EUInsVO 15** 1 ff.
- Massearmut/-losigkeit **InsO § 26** 1 ff.; **InsO § 203** 6 ff.; **InsO § 207** 4 ff., 17; **InsO § 210** 9; **InsO § 324** 37
- Massebezug **InsO § 55** 39a f.; **InsO § 103** 18 ff.; **InsO § 116** 14
- Miet-/Pachtverhältnisse *siehe dort*
- Neuerwerb **InsO § 35** 46 ff.; **InsO § 148** 6
- Nutzung Sache für - **InsO § 172** 1 ff.
- Nutzungsentschädigung **ImoV** 962 ff.
- Personalsicherheiten **InsO § 35** 16
- Pflichten bei Verwaltung/Verwertung **InsO § 60** 15 ff.
- Prozessunterbrechung **InsO § 85** 7 ff.
- Ratenzahlungsanspruch **InsO § 35** 82
- Recht, internationales **CH** 140 ff., 214 ff.; **CZ** 470 ff.; **GB** 302 ff.; **Pl** 663 ff., 776 ff.; **US** 161 ff.
- Rechte Gesamtschuldner/Bürge **InsO § 44** 1 ff.
- Rechte, grundstücksgleiche **InsO § 35** 8 f.
- Rechte, höchstpersönliche **InsO § 35** 55 f.
- Rechtslage ab 2022 **InsO § 35** 83
- Restschuldbefreiung **StR-ESt** 26 ff.
- Rückgriffs-/Ausgleichsansprüche **InsO § 38** 25 f.
- Sachen, bewegliche **InsO § 35** 6 ff.
- Sachen, pfändbare **InsO § 36** 39 f.
- Schadenersatzansprüche **InsO § 38** 27 f.
- Schenkung **InsO § 35** 52
- Schiff/Flugzeug **InsO § 35** 7a
- Sicherung **InsO § 148** 1 ff.
- Software **InsO § 35** 36
- Sondermasse **InsVV § 1** 36 ff.
- Steuerrecht **InsO § 38** 29 ff., 30 f.; **StR-ESt** 80 ff.
- Streit über Zugehörigkeit **InsO § 35** 78 ff.
- Surrogation **InsO § 35** 53
- Treuhand **InsO § 35** 40 ff.
- Übergang Verwaltungs-/Verwertungsbefugnis **InsO § 148** 1
- Unterhalt *siehe dort*
- Unzulänglichkeit *siehe Massezulänglichkeit*
- Verbindlichkeiten *siehe Masseverbindlichkeiten*
- Vermögen, zu übernehmendes **InsO § 148** 3 ff.
- Vermögensübersicht **InsO § 153** 1 ff.
- Verteilung *siehe dort*
- Vertragsangebot **InsO § 35** 25
- Verwaltungs-/Verfügungsrecht **InsO § 80** 10 ff.; **InsO § 148** 14 ff.
- Verwaltungsvereinbarung **ImoV** 988 f.
- Verwertung *siehe dort*
- Verzeichnis **InsO § 151** 1 ff.; **InsO § 154** 1 ff.; **InsO § 281** 4 f.; **Pl** 667 ff.
- Vormerkung **InsO § 106** 33 ff.
- Zufluss **InsVV § 1** 10; **InsVV § 6** 4
- Zugehörigkeit **EUInsVO 7** 27 ff.
- **Massegegenstände InsO § 35** 5 ff.; **InsO § 91** 2 ff., 21 ff.; **InsO § 165** 9
- Ausgleichforderung **InsO § 314** 6
- Bewertung **InsO § 151** 14 ff.
- Daten, personenbezogene **DS** 92 ff.
- Herausgabevollstreckung **InsO § 148** 16 ff.
- Hinterlegung/Annahme **InsO § 149** 8 ff.
- körperliche **InsO § 148** 7 ff.
- Masseverzeichnis **InsO § 151** 1 ff.
- nicht betroffene **InsO § 314** 5
- Siegelung **InsO § 150** 1 ff.
- unkörperliche **InsO § 148** 10
- unpfändbare **InsO § 36** 1 ff.
- Wertgegenstände **InsO § 149** 1 ff.
- **Masseunzulänglichkeit InsO § 324** 35 f.
- Anzeige **InsO § 208** 1 ff.
- Baurecht **B/ArR** 69c
- Bekanntmachung, öffentliche **InsO § 208** 6
- Eigenverwaltung **InsO § 285** 1 ff.
- eingetretene **InsO § 208** 1 ff.
- Einstellung **InsO § 207** 1 ff.; **InsO § 208** 1 ff.; **InsO § 211** 1 ff.
- erneute **InsO § 208** 9 ff.
- Fristberechnung **InsO § 139** 13
- Gruppenbildung **InsO § 222** 37
- Insolvenzplan **InsO § 210a** 1 ff.; **InsO § 225** 8
- Nachtragsverteilung **InsO § 203** 6 ff.
- Prognoseentscheidung **InsO § 26** 8 ff.

2429

Sachverzeichnis

- Recht, internationales **A** 382 ff.; **CH** 144 ff.; **E** 314, 1043 ff.
- Rechtsfolgen **InsO § 26** 22 ff.
- Rechtsmittel **InsO § 26** 26 ff.
- Steuerberaterkosten **StR-Verf** 95 ff.
- Steuerforderungen **InsO § 155** 29 f.
- Verfahrenskosten **InsO § 26** 11 ff.; **InsO § 208** 2
- Vertragsspaltung **InsO § 105** 39
- Vollstreckungsverbot **InsO § 207** 25; **InsO § 208** 7; **InsO § 210** 1 ff.

Masseverbindlichkeiten InsO § 53 6 ff.; **InsO § 129** 44
- Abgrenzung zu Aussonderung **InsO § 47** 5 f.
- Abgrenzung zur Insolvenzforderung **StR-Verf** 99 ff.
- Absonderung **InsO § 49** 15a ff.
- Altlasten **InsO § 55** 35 ff.
- Antrag Begründungsbefugnis **InsO aF § 270b** 23 f.
- anzusetzende **InsO § 17** 5 ff.; **InsO § 18** 10 ff.
- Arbeitsrecht **InsO § 55** 49 ff.
- Befriedigung **InsO § 209** 1 ff.
- Begründung **InsO § 55** 25 ff.; **InsO § 61** 2 ff.; **InsO § 80** 30 ff.; **InsO § 209** 3 f., 13 f.; **InsO § 210** 6 ff.; **InsO § 270c** 20 ff.; **InsO § 270d** 55 f.; **InsO § 275** 3 ff.
- Bereicherung, ungerechtfertigte **InsO § 55** 59 ff.
- Dauerschuldverhältnisse **InsO § 209** 10 ff.
- Eigenverwaltung **InsO aF § 270a** 38 ff.
- Eigenverwaltung, vorläufige **InsO § 270c** 20 ff.
- Einkommensteuer **StR-ESt** 108 ff.
- Einordnung, fehlerhafte **InsO § 53** 8
- Erfüllungswahlrecht **InsO § 209** 5 ff.
- Eröffnungsverfahren **InsO aF § 270a** 38 ff.
- Ersatzanspruch **InsO § 115** 20 ff.; **InsO § 116** 19 ff.
- Eventualverbindlichkeiten **InsO § 229** 6 ff.
- Festsetzung **StR-Verf** 138
- Gegenleistung nach Anfechtung **InsO § 144** 15 ff.
- Geltendmachung **InsO § 53** 9 ff.
- gewillkürte **InsO § 90** 3 ff.
- Gläubigerverzeichnis **InsO § 152** 11 f.
- Haftung **InsO § 22** 123 f.; **InsO § 53** 12 ff.; **InsO aF § 270a** 47
- Hilfskräfte **InsO § 55** 14 ff.; **InsVV § 4** 4 ff.
- Insolvenzplan **InsO § 221** 33
- Lasten, öffentliche **InsO § 55** 34
- Massebezug **InsO § 55** 39a f.
- Miete **InsO § 55** 43 ff.
- Nachlassinsolvenz **InsO § 324** 1 ff.
- Nachlassverwaltung **InsO § 324** 28 ff.
- nicht erfüllte **InsO § 22** 123 f.
- Nichterfüllung **InsO § 61** 1 ff.
- oktroyierte **InsO § 55** 42 f.; **InsO § 90** 3 ff.
- Prozessrecht **InsO § 61** 38 ff.; **InsO § 86** 15 ff.
- Recht, internationales **CH** 279 ff.; **F** 414, 447
- Rechtsgeschäfte **InsO § 324** 24 ff.
- Schutzschirmverfahren **InsO aF § 270b** 68 ff.
- sonstige **InsO § 55** 1 ff.
- Sozialplanforderungen **InsO § 209** 16
- Steuerrecht **InsO § 55** 26 ff., 69 ff.
- streitbefangene **InsO § 18** 14 ff.
- Umsatzsteuer **InsO § 55** 29; **StR-USt** 39 ff.

- unangemessene **InsO § 295** 26 ff.
- Vergütung **InsVV § 1** 25 ff.; **InsVV § 17** 45
- Verträge, gegenseitige/laufende *siehe dort*
- Verwalter **InsO § 55** 5 ff., 63 ff.
- Verwalter, vorläufiger *siehe dort*
- Vollstreckungsverbote **InsO § 90** 1 ff.; **InsO § 210** 6 ff.

Maßnahmen, gesellschaftsrechtliche InsO § 80 46 ff.; **InsO § 101** 27; **InsO § 119** 35 f.; **InsO § 138** 34 ff.; **InsO § 166** 45 ff.; **InsO § 225a** 1 ff.; **InsO § 254a** 4 f.; **InsO aF § 270b** 76 ff.; **CZ** 446 ff.; **F** 217; **Pl** 620 ff., 1035 f.; **US** 193 ff.

Maßnahmen, vorläufige InsO § 21 1 ff.; **A** 139 ff.
- Anfechtbarkeit **InsO § 21** 147 ff.
- Anordnungsvoraussetzungen **InsO § 21** 4 ff.
- Aufenthaltsbeschränkungen **InsO § 21** 75 f.
- Aufrechnungsverbot **InsO § 21** 38
- Beschlagnahme/Durchsuchung **InsO § 21** 77 ff.
- Entscheidung **InsO § 21** 133 ff.
- Gegenstand **InsO § 21** 19 f.
- gegenüber Dritten **InsO § 21** 127 ff.
- Gehör, rechtliches **InsO § 21** 139 ff.
- Gläubigerausschuss, vorläufiger **InsO § 21** 59 ff.
- Haftung Amtspflichtverletzung **InsO § 21** 170 ff.
- Normzweck **InsO § 21** 1 ff.
- Postsperre, vorläufige **InsO § 21** 67 ff.
- Rechtsfolgen unzulässige/unverhältnismäßige **InsO § 21** 170 ff.
- Rechtsmittel/-behelfe **InsO § 21** 147 ff.
- Sicherungsmaßnahmen gegen Schuldner **InsO § 21** 66 ff.
- Verfahren **InsO § 21** 132 ff.
- Verfügungsverbote **InsO § 21** 34 ff.; **ImoV** 384
- Verhältnismäßigkeit **InsO § 21** 14 ff.
- Verpflichtungsvorbehalt **InsO § 21** 36
- Verwalter, vorläufiger **InsO § 21** 25 ff.
- Verwaltung, vorläufige **InsO § 21** 22 ff.
- Verwertungs-/Einziehungsverbote **InsO § 21** 102 ff.
- Vollstreckungsverboe **InsO § 21** 80 ff.
- Wirksamkeit/Wirksamwerden **InsO § 21** 144 ff.
- Zuständigkeit **InsO § 21** 133 ff.
- Zustimmungsvorbehalt **InsO § 21** 34 ff.
- Zwangsmaßnahmen **InsO § 21** 165 ff.

Miet-/Pachtverhältnisse InsO § 55 43 ff.
- Anfechtung **InsO § 110** 23
- Aufrechnung **InsO § 110** 17 ff.
- Aussonderung **InsO § 47** 48 ff.
- Beendigung **InsO § 108** 40 ff., 56 ff.
- Enthaftungserklärung **InsO § 109** 20 ff.
- Erfüllungswahlrecht **InsO § 108** 38 ff.
- Erklärungsaufforderung **InsO § 109** 44 f.
- Ersatzansprüche **InsO § 109** 18 ff.
- Fortbestand **InsO § 108** 38 ff.
- Gebrauchsgewährung **InsO § 108** 48 ff.
- Gegenstand **InsO § 112** 10 ff.
- Immobilienverwertung **InsO § 108** 4 ff.; **InsO § 109** 1 ff.; **InsO § 111** 1 ff.; **ImoV** 458 ff., 665 ff., 817 ff., 855 f., 949 ff., 1008

Sachverzeichnis

- Instandsetzung-/Schönheitsreparaturen **InsO** § 55 47
- Kaution **InsO** § 108 54 ff.; **InsO** § 109 35
- Kündigungssperre **InsO** § 112 1 ff.
- Masse **InsO** § 38 23
- Mietkaution **InsO** § 47 53
- Mietzahlung **InsO** § 108 48 ff.
- Nebenkosten/-abrechnungen **InsO** § 108 52 ff.; **InsO** § 109 33 ff.; **ImoV** 964 ff.
- Pfandrecht **InsO** § 50 17 ff.
- Rangfragen **InsO** § 108 43 ff.; **InsO** § 109 18 ff., 30 ff.; **InsO** § 111 14 ff.
- Räumungs-/Wiederherstellungskosten **InsO** § 108 57
- Rückgabeanspruch Vermieter **InsO** § 47 48 ff.; **InsO** § 55 44
- Rücktritt vor Überlassung **InsO** § 109 38 ff.
- Schuldner als Mieter/Pächter **InsO** § 109 1 ff.
- Schuldner als Vermieter **InsO** § 110 1 ff.
- Sicherheiten **InsO** § 108 54 ff.
- Sonderkündigungsrecht **InsO** § 109 6 ff.; **InsO** § 111 12 f.
- Tschechische Republik **CZ** 425 ff.
- Überlassung Mietsache **InsO** § 108 16 ff.
- Verhältnis zu Vorschriften, anderen **InsO** § 109 48 ff.
- Verschlechterung Vermögensverhältnisse **InsO** § 112 17 ff.
- Vertragseintritt Erwerber **InsO** § 111 8 ff.
- Vertragsspaltung **InsO** § 108 43 ff.
- Vertragstypologie **InsO** § 112 6 ff.
- Verwaltungsvereinbarung **ImoV** 992 f.
- Verwertung, freihändige **ImoV** 930
- Verzug vor Eröffnung **InsO** § 112 13 ff.
- Vorausverfügungen **InsO** § 110 4 ff.
- Wohnraum Schuldner **InsO** § 109 3, 20 ff.
- Zwangsversteigerung **ImoV** 665 ff.
- Zwangsverwaltung siehe dort

Minderheitenschutz InsO § 251 1 ff.; **InsO** § 271 7 f.

Mitteilungspflichten siehe *Auskunft/Unterrichtung/Mitteilung*

Mitwirkung
- Angestellte (ehemalige) **InsO** § 101 31 ff.
- Aussonderung **InsO** § 47 141 f.
- Baurecht **B/ArR** 271 f.
- Berechtigte **InsO** § 101 29
- Durchsetzung **InsO** § 20 46 ff.; **InsO** § 97 40 f.; **InsO** § 98 1 ff.; **InsO** § 101 35 ff.
- Eigenverwaltung, vorläufige **InsO** § 270c 58 ff.
- Eröffnungsverfahren **InsO** § 20 4 ff.
- Führungslosigkeit **InsO** § 101 17 ff.
- Grenzen **InsO** § 20 41 ff.
- Inhalt **InsO** § 20 34 ff.; **InsO** § 101 26
- Kosten **InsO** § 97 42
- Recht, internationales **CZ** 142, 340 ff.; **E** 462 ff.; **EUInsVO** 45 7; **US** 51 ff.
- Rechtsfolgen Verletzung **InsO** § 20 53 ff.
- Rechtsmittel **InsO** § 97 43
- Sachwalter **InsO** § 270 17; **InsO aF** § 270a 60 ff.
- Schuldner **InsO** § 97 31 ff.; **E** 462 ff.
- Unterhaltsgewährung **InsO** § 101 41 ff.
- Verfahrenseröffnung **B/ArR** 271 f.
- Verletzung **InsO** § 290 48 ff.
- Verpflichtete **InsO** § 20 14 ff.
- Vertreter, organschaftliche **InsO** § 101 7 ff.
- Vertreter, organschaftliche ehemalige **InsO** § 101 14 ff.
- Verwalter **EUInsVO** 45 7
- Verweigerung **InsO** § 98 23
- Zwangsmittel **InsO** § 101 35 f.

Moratorium
- England **GB** 115, 155 f., 28a ff.
- Frankreich **F** 35 ff., 286
- Italien **I** 116 ff.
- Restrukturierung **GB** 28a ff.
- Tschechische Republik **CZ** 104, 116 ff., 511
- vereinbartes **I** 116 ff.
- vorläufiges **GB** 155 f.

Nachbesserungsklausel InsO § 221 34
Nachlassinsolvenz InsO § 43 34
- Aktiva **InsO** § 315 37 ff.
- Anfechtung **InsO** § 129 18; **InsO** § 322 1 ff.
- Ansprüche Erben **InsO** § 326 1 ff.
- Ansprüche gegen Erblasser **InsO** § 326 3 f.
- Antrag **InsO** § 317 1 ff.; **InsO** § 318 1 ff.; **InsO** § 330 16 ff.
- Antragspflicht **InsO** § 317 26 ff.
- Aufgebotsverfahren **InsO** § 315 65
- Auflagen **InsO** § 327 12 ff.
- Aufrechnung **InsO** § 323 9 ff.; **InsO** § 327 19 ff.
- Aufwendungen **InsO** § 323 1 ff.; **InsO** § 324 6 ff.
- Beerdigungskosten **InsO** § 324 15 ff.
- Besonderheiten Aktiva **InsO** § 315 36 ff.
- Besonderheiten Passiva **InsO** § 315 46 ff.
- Eigenschulden Erbe **InsO** § 321 19 ff.
- Eigenverwaltung **InsO** § 315 59 ff.
- Einkommensteuer **StR-ESt** 146 ff.
- Einzelunternehmen **InsO** § 315 50 f.
- Erbenhaftung **InsO** § 315 18 ff.; **InsO** § 325 24 ff.
- Erbeninsolvenz, gleichzeitige **InsO** § 331 1 ff.
- Erbfallschulden **InsO** § 325 15 ff.
- Erblasserschulden **InsO** § 325 7 ff.
- Erbschaftsannahme, fehlende **InsO** § 316 7 ff.
- Erbschaftskauf **InsO** § 330 1 ff.
- Erbteil **InsO** § 316 17 ff.
- Erfüllung Verbindlichkeiten **InsO** § 326 5 ff.
- Eröffnungsgründe **InsO** § 320 1 ff.
- Eröffnungsverfahren **InsO** § 316 1 ff.
- Fortführungsprognose **InsO** § 320 26 ff.
- Gegenstände, zurückgewährte **InsO** § 328 1 ff.
- Gesamtgut **InsO** § 318 1 ff.
- Gläubigerbenachteiligung **InsO** § 322 13 ff.
- Grundlagen, zivilrechtliche **StR-ESt** 143 ff.
- Haftung, unbeschränkte **InsO** § 316 10 ff.
- Haftungsbeschränkung **InsO** § 315 13 ff.
- Immobilienverwertung **ImoV** 167 f.
- Insolvenzplan **InsO** § 315 59 ff.
- KG **InsO** § 315 55 ff.
- Kosten **InsO** § 317 36 ff.
- Masseunzulänglichkeit/-armut **InsO** § 324 35 ff.
- Masseverbindlichkeiten **InsO** § 324 1 ff.
- Mehrheit Erben **InsO** § 316 14 ff.
- Nacherbfolge **InsO** § 329 1 ff.
- Nachlasserbenschulden **InsO** § 325 21 ff.
- Nachlasspfleger/-verwalter **InsO** § 315 27 f., 28; **InsO** § 317 17 ff.; **InsO** § 325 19 f.

2431

Sachverzeichnis

- Nachlassverbindlichkeiten **InsO § 315** 13; **InsO § 321** 18; **InsO § 325** 1 ff.
- Passiva **InsO § 315** 46 ff.
- Personengesellschaft **InsO § 315** 52 ff.
- Pflichtteil **InsO § 327** 9 f.
- Pflichtteilsvermächtnis **InsO § 327** 11
- Postsperre **InsO § 99** 6
- Prozesskostenhilfe **InsO § 317** 36 ff.
- Recht, internationales **CH** 123 ff.; **E** 190, 279 ff.
- Rechtshandlung Erben **InsO § 322** 1 ff.
- Rechtsmittel **InsO § 317** 34 f.; **InsO § 318** 7 ff.
- Schuldner **InsO § 315** 24 ff.
- Steuerrecht **StR-ESt** 143 ff.; **StR-NL** 80 ff.
- Testamentsvollstrecker **InsO § 315** 29; **InsO § 317** 17 ff.
- Tod Schuldner **InsO § 315** 31
- Überblick **InsO § 315** 9 ff.
- Überschuldung **InsO § 320** 19 ff.
- Verbindlichkeiten, nachrangige **InsO § 327** 1 ff.
- Verfahrensüberblick **InsO § 315** 9 ff.
- Vermächtnisse **InsO § 327** 12 ff.
- Vermögensseparierung **InsO § 315** 14 ff.
- vom Erben Ersetztes **InsO § 328** 7a ff.
- Zahlungsunfähigkeit **InsO § 320** 6 ff.
- zugleich mit Erbeninsolvenz **InsO § 52** 21
- Zuständigkeit **InsO § 315** 1 ff.

Nachtragsverteilung InsO § 203 1 ff.; **InsO § 211** 12 ff.; **InsVV § 6** 1 ff.
- Ablehnung **InsO § 204** 4 ff.
- Anordnung **InsO § 203** 10 ff.; **InsO § 204** 7 f.
- Durchführung **InsO § 203** 20 ff.; **InsO § 205** 3 ff.
- Einstellung nach - **InsO § 211** 12 ff.
- Insolvenzplanverfahren **InsO § 203** 9
- Kosten **InsO § 205** 6 f.
- Massearmut/-losigkeit **InsO § 207** 7 ff.
- Masseunzulänglichkeit **InsO § 203** 6 ff.
- Rechnungslegung **InsO § 205** 6 ff.
- Rechtsmittel **InsO § 204** 1 ff.
- Vollzug **InsO § 205** 1 ff.
- Voraussetzungen **InsO § 203** 1 ff.
- Vorbehalt **InsO § 203** 16 ff.

Namensrecht InsO § 35 55
Nießbrauch InsO § 244 8 f.; **ImoV** 246 ff.
Notgeschäftsführung InsO § 115 15 ff.; **InsO § 116** 22 ff.; **InsO § 117** 14 ff.; **InsO § 118** 14
Nutzungsrecht InsO § 108 77
Nutzungsüberlassung InsO § 135 61 ff.

Offene Handelsgesellschaft (oHG) InsO § 36 5; **ImoV** 160 ff.; **Pl** 623 f. *siehe auch Gesellschaft*
Offenlegungspflicht InsO § 270b 25
Organschaft
- Auswirkungen, steuerliche **StR-ESt** 198 ff.
- Auswirkungen, zivilrechtliche **StR-ESt** 190
- Beherrschungsvertrag **StR-ESt** 193
- Doppelinsolvenz **StR-USt** 21 ff.
- Eingliederung, finanzielle **StR-ESt** 180 ff.
- Ende bei Eröffnung **StR-ESt** 191
- Ende/Auswirkungen Ende **StR-USt** 23 ff.
- gewerbesteuerliche **StR-Nl** 20 ff.
- Gewinnabführungsvertrag **StR-ESt** 183 ff.
- Insolvenz Organgesellschaft **StR-USt** 9 ff.
- Insolvenz Organträger **StR-USt** 17 ff.
- köperschaftssteuerliche **StR-ESt** 179 ff.
- Umsatzsteuer **InsO aF § 270** 77 a; **StR-USt** 8 ff.
- unerkannte **StR-USt** 31 ff.

Österreich A 1 ff.
- Abschöpfungsverfahren/Restschuldbefreiung **A** 411 ff.
- Akteneinsicht **A** 62 f.
- Anerkennung Verfahren im Ausland **A** 64 ff.
- Anerkennung Verfahren, ausländisches **A** 76 ff.
- Anfechtung **A** 355 ff., 477
- Angestellte, leitende **A** 439
- Antragsfrist **A** 469 ff.
- Antragspflicht/-recht **A** 32 ff.
- Anwendungsbereich **A** 83 ff.
- Anzeigepflicht Insolvenzgericht **A** 440
- Arbeitnehmer **A** 292
- Arten **A** 10, 100 ff.
- Aufhebung **A** 69 ff.
- Auflösung Gesellschaft **A** 267
- Aufrechnung **A** 250 ff.
- Aus-/Absonderungsrechte **A** 231, 319 ff.
- Ausgleich, außergerichtlicher **A** 18 ff.
- Aussonderung **A** 307 ff.
- Bankrottstraftaten **A** 425 ff.
- Beendigung **A** 69 ff.
- Beschlagnahmeumfang **A** 303 ff.
- Beteiligte **A** 141 ff.
- Betriebsänderung **A** 290 f.
- Bürgen **A** 329 ff.
- Eigenkapitalrecht **A** 478 f.
- Eigenverwaltung **A** 122 ff.
- Einkommensteuer **A** 446 ff.
- Entwicklung, historische **A** 1 ff.
- Erfüllungswahl **A** 242
- Eröffnungsverfahren **A** 193 ff.
- Eröffnungswirkungen **A** 228 ff.
- Exekutionssperre **A** 228 ff.
- Folgen, gesellschaftsrechtliche **A** 267 ff.
- Forderungen **A** 377 ff., 390 ff., 443 ff.
- Freigabe **A** 315 ff.
- Gesamthaftungsansprüche **A** 333 ff.
- Geschäftsführer **A** 350 ff.
- Gläubiger **A** 175 ff.
- Gläubigerausschuss **A** 180 ff.
- Gläubigerschutzverbände **A** 186 ff.
- Gläubigerversammlung **A** 175 ff.
- Gläubigerzugriff **A** 228 ff.
- Gründe **A** 83 ff., 464 ff.
- Grundsätze **A** 62 f.
- Gutachter **A** 184 f.
- Haftung **A** 333 ff., 453 f.
- In Empfangnahme von Leistungen **A** 235 f.
- Individualarbeitsrecht **A** 282 ff.
- Insolvenzausfallgeld **A** 293 ff.
- Insolvenzfähigkeit **A** 99
- Insolvenzgericht **A** 144 ff.
- Insolvenzverschleppung/-verursachung **A** 350 ff., 476
- Kapitalaufbringung/-erhaltung **A** 339 ff.
- Kollektivarbeitsrecht **A** 300 ff.
- Konkurs, geringfügiger **A** 134
- Konkursverfahren **A** 14 f., 103 ff.
- Körperschaftsteuer **A** 446 ff., 455 ff.
- Kosten **A** 56 ff.
- Kündigungsschutz **A** 283 ff.

Sachverzeichnis

– Leitbild **A** 9
– Liquidation **A** 281
– Masseunzulänglichkeit **A** 382 ff.
– Mitverpflichtete **A** 324 ff.
– Nachhaftung **A** 389
– Ordnungspflichten, öffentlich-rechtliche **A** 318
– Pandemiesituation **A** 460a ff.
– Privatinsolvenz **A** 135 ff.
– Prozess-/Exekutionssperre **A** 72, 262
– Rahmenbedingungen **A** 8 ff.
– Rechtshandlung **A** 359
– Rechtsmittel **A** 50
– Rechtsstreitigkeiten, anhängige **A** 262 ff.
– Reorganisationsverfahren **A** 21 ff.
– Restrukturierung **A** 18 ff., 31a ff., 31d, 31g ff.
– Rückschlagsperre **A** 229
– Sanierung **A** 11 ff., 110 ff., 196 ff., 218 ff., 446 ff.
– Sanierungsplan **A** 16, 196 ff., 215 ff., 329 ff., 483 ff., 489
– Schuldenregulierungsverfahren **A** 135 ff.
– Schuldner **A** 141 ff.
– Schuldnerberatungsstelle **A** 190 ff.
– Sicherheiten Dritter **A** 319 ff.
– Sozialversicherungsbetrug **A** 441 f.
– Steuerrecht **A** 443 ff.
– Strafrecht **A** 425 ff., 476
– Treuhänder **A** 418 ff.
– Überschuldung **A** 91 ff., 464 ff.
– Umsatzsteuer **A** 457 ff.
– Unternehmensfortführung **A** 215 ff.
– Veräußerung, kridamäßige **A** 314
– Verbrauchsteuern **A** 457 ff.
– Verfahrensöffentlichkeit **A** 53, 62 f.
– Verfahrensrecht **A** 32 ff.
– Verfolgungsrecht **A** 313
– Verfügungsbefugnis **A** 232 ff.
– Verletzung Antragspflicht **A** 431 ff.
– Verteilung **A** 376 ff., 403 ff.
– Verträge, laufende **A** 237 ff.
– Verwalter **A** 147 ff., 455 ff.
– Verwertung **A** 314 ff.
– Vorkehrungen, einstweilige **A** 193 ff.
– Vorstand **A** 350 ff.
– Vorverfahren **A** 17
– Wirkungen **A** 49 ff.
– Zahlungsplan **A** 222 ff., 485 ff.
– Zahlungsunfähigkeit **A** 87 ff., 354, 464 ff.
– Zuständigkeit **A** 41 ff.
– Zweck/Ziel **A** 94 ff.

Partikularverfahren
– Anerkennung **EUInsVO** 20 12 ff.
– Eröffnung **InsO § 354** 5 ff.
– Gläubigerantrag **InsO § 354** 17 f.
– Insolvenzgrund **InsO § 354** 12 ff.
– Insolvenzplan **InsO § 355** 6 ff.
– Niederlassung **InsO § 354** 8
– Recht, anwendbares **EUInsVO** 35 4
– Rechtsfolge **InsO § 354** 24 f.
– Restschuldbefreiung **InsO § 355** 4 f.
– Verfahrenskosten **InsO § 354** 16
– Voraussetzungen **InsO § 354** 1 ff.
– Zeitpunkt, maßgeblicher **InsO § 354** 11
– Zuständigkeit **InsO § 354** 23; **EUInsVO** 3 27 ff.

Patronatserklärung InsO § 35 16; **InsO § 43** 16
Pauschalvertrag B/ArR 85 ff., 304 ff.
Personen, juristische InsO § 60 10 f.
– Antrag **InsO § 13** 19
– Antragsberechtigung **InsO § 15** 1 ff.
– Eigenverwaltung **InsO § 270** 29 ff.; **InsO aF § 270** 72 ff.
– Gegenstände, unpfändbare **InsO § 36** 5
– Geschäftsanteil **ImoV** 175
– Gläubigerausschuss **InsO § 67** 17 f.
– Insolvenzfähigkeit **InsO § 11** 2 ff.; **InsO § 12** 1 ff.
– Person, nahestehende **InsO § 138** 13 ff.
– Recht, internationales **A** 99; **CZ** 25, 99; **E** 109 f., 191, 487 ff.; **US** 18
– Recht, öffentliches **InsO § 12** 1 ff.
– Registereintragungen **InsO § 31** 1 ff.
– Steuerrecht **StR-Verf** 94
– Zuständigkeit **EUInsVO** 3 7 ff.
Personen, nahestehende InsO § 138 1 ff.; **InsO § 162** 3
– Darlegungs-/Beweislast **InsO § 138** 33
– Ehegatte **InsO § 138** 4
– Gemeinschaft, häusliche **InsO § 138** 8 ff.
– Gesellschafter, persönlich haftender **InsO § 138** 19 ff.
– Gesellschaftsrecht **InsO § 138** 11 ff., 16 ff.
– Insider, gesellschaftsrechtliche **InsO § 138** 34 ff.
– Kenntnisvermutung **InsO § 145** 17
– Lebenspartner **InsO § 138** 5
– Person, juristische **InsO § 138** 13 ff.
– Verbindung, gesellschafts-/vertragsrechtliche **InsO § 138** 24 ff.
– Verschwiegenheitspflicht **InsO § 138** 37 ff.
– Vertretungs-/Aufsichtsorgane **InsO § 138** 16 ff.
– Verwandte **InsO § 138** 6 f.
Personen, natürliche
– Anhörung **InsO § 10** 12
– Antrag **InsO § 13** 16 ff.
– Ehegatten **InsO § 39** 70; **InsO § 138** 4; **CZ** 100; **Pl** 603 ff., 1007 f.
– England *siehe dort*
– Insolvenzfähigkeit **InsO § 11** 1
– Insolvenzplan **InsO § 217** 2; **InsO § 230** 2 ff.; **InsO § 245a**
– Italien **I** 179
– Lebenspartner **InsO § 138** 5
– Österreich **A** 99
– Person, nahestehende **InsO § 138** 1 ff.
– Polen **Pl** 865 ff.
– Restschuldbefreiung **InsO § 286** 1 ff.
– Spanien **E** 108 ff., 477 ff.
– Steuerrecht **StR-Verf** 89 ff.
– Tod Schuldner **CZ** 101
– Tschechische Republik **CZ** 99
– Unternehmer, ausgeschiedener/verstorbener **I** 179
– Verbraucherinsolvenz **InsO § 304** 4 f.
– Verwalter **InsO § 56** 15
– Zuständigkeit **EUInsVO** 3 23 ff.
Personengesellschaften InsO § 60 9
– Antrag **InsO § 13** 19; **InsO § 15a** 5 ff.; **InsO § 18** 3 ff.
– Eigenverwaltung **InsO § 276a** 25 ff., 36 f.

2433

Sachverzeichnis

- Einkommensteuer Beteiligung **StR-ESt** 27 ff.
- Insolvenz Gesellschaft **StR-ESt** 29 ff.
- Insolvenz Gesellschafter **StR-ESt** 35 ff.
- Nachfolgeklausel, qualifizierte **InsO § 315** 54
- Nachlassinsolvenz **InsO § 315** 52 ff.
- Steuerrecht **StR-Verf** 93
- USA **US** 18

Persönlichkeitsrechte InsO § 35 55; **InsO § 36** 42

Pfandrechte
- AGB-Pfandrecht **KI InsO § 50** 7
- Anfechtung **ImoV** 478 f.
- Befriedigung, abgesonderte **InsO § 50** 1 ff.
- Entstehung **InsO § 50** 2 ff.
- Gelddepot **F** 543
- gesetzliches **InsO § 50** 17 ff.
- Pfändungspfandrecht **InsO § 50** 8 ff.
- Recht, internationales **F** 543 ff.; **Pl** 683 ff.
- Registerpfand **Pl** 683 ff.
- Zurückbehaltungsrecht **F** 546 ff.

Pfändung/Verpfändung InsO § 80 76; **ImoV** 521
- Arbeitseinkommen **InsO § 287** 36 ff.
- Bestandteile **ImoV** 435 ff.
- Erzeugnisse **ImoV** 435 ff.
- Fahrzeug **StR-Nl** 66
- Gegenstände, unpfändbare **InsO § 36** 1 ff.
- Gesamthandanteile **ImoV** 521
- Miet-/Pachtverhältnisse **ImoV** 480 ff.
- Pfändungsschutz **InsO § 36** 21 ff.
- Pfändungsverbot **ImoV** 435 ff.
- Sachen, bewegliche auf Grundstück **ImoV** 450 ff.
- Schweiz **CH** 43 ff., 223 f., 416 f.
- Verstrickung, öffentlich-rechtliche **InsO § 88** 18 ff.
- Verzicht **InsO § 36** 21 ff.
- Vollstreckungsverbot **InsO § 21** 91.1
- Vorausabtretung **InsO § 103** 109
- Zubehör **ImoV** 435 ff.
- Zulässigkeit **ImoV** 486 f.

Planverfahren *siehe Insolvenzplan*
Polen
- Abfindung **Pl** 644 ff.
- Abtretung **Pl** 739 f.
- Abweisung Eröffnung **Pl** 106 ff., 254
- Akteneinsicht **Pl** 171 ff., 288 ff.
- Änderung Vergleich **Pl** 305 ff.
- Anerkennung im Ausland **Pl** 177 ff., 293 f.
- Anerkennung Verfahren, ausländische **Pl** 195 ff., 341 f.
- Anfechtung **Pl** 727 ff., 793 ff., 1081 ff.
- Anfechtungsklage, paulianische **Pl** 1081 ff.
- Anleiheemittenten **Pl** 423 ff., 930 ff.
- Annullierung/Auslaufen Vergleich **Pl** 311 ff.
- Antrag **Pl** 52 ff., 221 ff., 335 ff., 895
- Arbeits-/Sozialrecht **Pl** 634 ff., 1037 ff.
- Aufhebung **Pl** 124 ff., 183 ff., 295 ff.
- Aufrechnung **Pl** 558 f.
- Auslaufen Vergleich **Pl** 314
- Aussonderung **Pl** 671 ff.
- Bauträger **Pl** 389 ff., 922 ff.
- Bedeutung Konkurserklärung **Pl** 555 ff.
- Beendigung **Pl** 183 ff., 295 ff., 821 ff., 1153 f.
- Befriedigung Gläubiger **Pl** 403 f., 813 ff.
- Befugnisse **Pl** 993 ff.
- Begriffserklärung **Pl** 3 ff.

- Beschwerdeverfahren **Pl** 131 ff., 262 f.
- Bestellung **Pl** 989
- Beteiligte **Pl** 429 ff., 937 ff.
- COVID-19-Epidemie **Pl** 39b ff.
- Deckung, inkongruente **Pl** 731 ff., 1064
- Deckung, kongruente **Pl** 741 ff.
- Ehegatten **Pl** 1007 f.
- Eigenantrag **Pl** 66 f.
- Eigentumsvorbehalt **Pl** 570
- Einleitung **Pl** 103 ff.
- Einstellung **Pl** 109 ff., 317 ff.
- Entscheidungen Konkursgericht **Pl** 102 ff., 250 ff.
- Eröffnung Restrukturierung **Pl** 1001 ff.
- Folgen, gesellschaftsrechtliche **Pl** 620 ff., 1035 f.
- Forderungen **Pl** 555 ff., 688, 903 ff.
- Forderungen, steuerrechtliche **Pl** 726, 1204 ff.
- Forderungsanmeldung **Pl** 776 ff.
- Forderungsliste **Pl** 781 ff., 1083 ff.
- Forderungsübergang **Pl** 652
- Gerichtsverfahren, laufende **Pl** 609 ff., 1019 ff.
- Gesamthaftungsansprüche **Pl** 699 ff.
- Geschäftsführer **Pl** 1269 ff.
- Geschichte **Pl** 6 ff.
- Gewerbeuntersagung **Pl** 1214 ff.
- Gläubiger **Pl** 373, 440, 942
- Gläubigerausschuss **Pl** 471 ff., 989 ff.
- Gläubigerbenachteiligung *siehe dort*
- Gläubigerversammlung *siehe dort*
- Haftung **Pl** 699 ff., 1060 ff., 1155 ff., 1269 ff.
- Hilfe, staatliche **Pl** 39i
- Immobilienverwertung **Pl** 391 ff., 681
- Insolvenzrecht, materielles **Pl** 879 ff.
- Kapitalaufbringung/-erhaltung **Pl** 702 ff.
- Konkurrenz Konkurs/Restrukturierung **Pl** 76 ff., 235
- Konkurs-/Restrukturierungsregister **Pl** 36 ff., 175 f., 292
- Konkurserklärung **Pl** 96 ff.
- Konkursfähigkeit **Pl** 378 ff.
- Konkursrecht **Pl** 52 ff., 343 ff.
- Kreditinstitute **Pl** 398 ff.
- Liquidation, vorbereitende **Pl** 35 ff., 490 ff.
- Liquiditätsverlust **Pl** 353 ff., 886 ff.
- Masse **Pl** 663 ff., 776 ff.
- Masseverzeichnis **Pl** 667 ff.
- Person, natürliche **Pl** 865 ff.
- Pre-Pack **Pl** 490 ff.
- Rahmenbedingungen **Pl** 1 ff.
- Rechtsakte **Pl** 1 f.
- Rechtshandlung **Pl** 727 ff., 741 ff.
- Rechtsmittel **Pl** 127 ff., 258 ff.
- Registerpfand **Pl** 683 ff.
- Restrukturierung *siehe dort*
- Restschuldbefreiung **Pl** 826 ff.
- Rückzahlungsplan **Pl** 866 ff., 829a ff.
- Sache, bewegliche **Pl** 682
- Sachwalter/Verwalter **Pl** 943 ff.
- Sanierung, übertragende **Pl** 489 ff.
- Sanierungsmasse **Pl** 1055 ff.
- Sanierungsmöglichkeiten **Pl** 488 ff.
- Sanierungsverfahren **Pl** 231 ff., 267, 335 ff., 1022, 1025, 1031 ff., 1064 ff.
- Schuldner **Pl** 429 ff., 937 ff.
- Schuldnerregister **Pl** 36 ff., 175 f., 292
- Sicherheiten Dritter **Pl** 694 ff., 1057 ff.

2434

Sachverzeichnis

- Sicherheiten, dingliche **PI** 753 ff.
- Sicherung/Befriedigung Schuld **PI** 736 ff.
- Sicherungsübereignung **PI** 597
- Sicherungsverfahren **PI** 135 ff., 264 ff.
- Steuerrecht **PI** 1234 ff.
- Strafrecht **PI** 1155 ff.
- Tod Schuldner **PI** 386 ff.
- Überschuldung **PI** 362 ff., 890 ff.
- Umfang Beschlag **PI** 663 ff.
- Umwandlungsmaßnahmen **PI** 51
- Unternehmensfortführung **PI** 390 ff., 662, 1246 ff.
- Unternehmensübertragung **PI** 50
- Unternehmensveräußerung **PI** 50, 653 ff., 1045
- Verbraucherkonkurs **PI** 23 ff., 69 f., 193 f., 675, 689 f., 829 f., 428a ff.
- Vereinbarungen, bi-/multilaterale **PI** 49
- Verfahren **PI** 95 ff., 95, 139 ff., 245, 338 ff., 385 ff., 39c
- Verfahrensarten **PI** 381 ff., 915 ff.
- Verfahrenskosten *siehe Kosten*
- Verfahrensöffentlichkeit **PI** 171 ff., 288 ff.
- Verfahrensrecht **PI** 52 ff.
- Verfahrensziele **PI** 375 ff., 907 ff.
- Vergleichserfüllung **PI** 300 ff.
- Vergleichsmasse **PI** 1047 ff.
- Vergleichsverfahren **PI** 225 ff., 265 f., 300 ff., 542 ff., 1020 ff., 1047 ff., 1083 ff., 1103, 1108 ff., 1129 ff.
- Vergleichsverfahren, beschleunigtes **PI** 227 ff.
- Verjährungshemmung **PI** 779b
- Vermögen, geerbtes **PI** 599 ff., 1015 f.
- Vermögensbeziehungen, eheliche **PI** 603 ff.
- Versicherungs-/Rückversicherungsunternehmen **PI** 413 ff.
- Verteilungsplan **PI** 802 ff.
- Verträge, laufende **PI** 560 ff., 1005 ff.
- Vertragsstrafen **PI** 756 ff.
- Verwalter **PI** 21 ff., 443 ff., 1254 ff.
- Verwertung **PI** 548 ff., 676 ff., 688, 1234 ff.
- Wirkungen **PI** 1001 ff., 1153 f.
- Wohnbedürfnisse Schuldner **PI** 806a
- Zahlungsunfähigkeit **PI** 346 ff., 646, 882 ff.
- Zurückweisung Eröffnung **PI** 120 f.
- Zusammensetzung **PI** 990 ff.
- Zuständigkeit **PI** 82 ff., 236 ff.

Postsperre InsO § 21 67 ff.; **InsO** § 99 1 ff.; **InsO** § 101 1 ff.; **InsO aF** § 270a 34; **InsO** § 270c 15

Pre-Pack E 183, 314, 854, 941 ff.; **PI** 490 ff.

Privilegierung
- Aufrechnung **B/ArR** 252 ff.
- Sanierungsprivileg **InsO** § 39 73, 99 ff.; **InsO** § 135 85 f.
- Sicherheiten COVInsAG **InsO** § 44a 24 ff.; **COVInsAG** § 2 5 f.
- Widerspruch **InsO** § 184 20 ff.

Prognoseentscheidung InsO § 26 8 ff.; **InsO aF** § 270 26 ff.; **InsO** § 270b 18 ff.

Prozessrecht
- Abänderungsklage **B/ArR** 559 f.
- Ablehnung Aufnahme **InsO** § 85 43 ff.
- Absonderung **InsO** § 86 12 ff.
- Anerkenntnis. sofortiges **InsO** § 86 28 ff.
- Anfechtungsklage *siehe Anfechtung*
- Anhängigkeitszeitpunkt **InsO** § 352 13

- Aufnahme **InsO** § 85 29 ff.; **InsO** § 86 19 ff.; **InsO** § 160 10 f.; **InsO** § 180 16 ff.; **InsO** § 352 16 ff.
- Aussetzung *siehe dort*
- Aussonderung **InsO** § 35 81; **InsO** § 86 7 ff.
- Drittwiderspruchsklage **InsO** § 129 5a ff.; **InsO** § 143 51
- Einstellung **InsO** § 207 21 ff.; **InsO** § 215 6 f.
- Eröffnung **InsO** § 85 1 ff.
- Eröffnung im Ausland **InsO** § 352 1 ff.
- Feststellungsklage **InsO** § 85 26b f.; **InsO** § 180 5 ff.; **InsO** § 283 9 ff.; **B/ArR** 558a f.
- Feststellungsurteil **InsO** § 182 1 ff.
- Fortwirkung **ImoV** 857 f.
- Insolvenzgericht *siehe dort*
- Kostenfestsetzungsverfahren **InsO** § 210 10 f.
- Kündigungsschutzklage **InsO** § 127 1 ff.; **E** 574
- Leistungsklageverbot **InsO** § 210 10 f.
- Massebezug **InsO** § 352 11 f.
- Masseverbindlichkeiten **InsO** § 61 38 ff.; **InsO** § 86 15 ff.
- nach Einstellung **InsO** § 211 3
- neue **InsO** § 55 17 f.
- Parteibezeichnung **ImoV** 507 ff.
- Pfandklage **ImoV** 720 ff.
- Prozessführungsbefugnis **InsO** § 207 21 ff.; **ImoV** 797 f., 857 f.
- Prozesskosten *siehe Kosten*
- Prozessunterbrechung **InsO** § 85 2 ff.; **InsO** § 127 11 ff.; **InsO** § 352 1 ff.; **A** 262; **B/ArR** 562 ff., 568 f., 572 ff., 584 ff., 591 ff.
- Prozessvergleich **InsO** § 308 9 ff.
- Recht, internationales **A** 262 ff.; **CZ** 436 ff.; **E** 497 ff.; **EUInsVO** 7 68, 89; **EUInsVO** 18 1 ff.; **I** 212; **PI** 609 ff.; **US** 191 f.
- Schuldmassestreit **B/ArR** 584 ff.
- Schuldner **InsO** § 80 66 ff.
- Sicherungsmaßnahmen **InsO** § 352 19 f.
- Streitwert **InsO** § 182 1 ff.
- Verfahren, anhängige **InsO** § 55 19 ff.
- Verfügungsbeschränkungen **InsO** § 24 18 ff.
- Verwalter **InsO** § 22 102 ff.; **InsO** § 80 38 ff.
- Verzögerung Aufnahme **InsO** § 85 41 f.
- Vollstreckungsgegenklage **InsO** § 143 51
- Widerspruchsklage **InsO** § 184 1 ff.; **ImoV** 352
- Wiedereinsetzungsantrag **F** 425 f.
- Wirkung Feststellungsurteil **InsO** § 183 1 ff.
- Zuständigkeit *siehe dort*
- Zustimmung Gläubigerausschuss **InsO** § 160 10 f.
- Zwangsverwalter **ImoV** 797 ff.

Prüftermin InsO § 29 7 ff.; **InsO** § 186 1 ff.
- Forderungsfeststellung **InsO** § 176 1 ff.; **InsO** § 177 12 ff.
- Insolvenzplan **InsO** § 236 1 ff.
- Prüfungsverfahren **StR-Verf** 128 ff.
- Tschechische Republik **CZ** 577 ff.

Rangfolge
- Absonderungsberechtigte **InsO** § 49 35 f.
- Absonderungsrecht **ImoV** 223 f.
- Befriedigung **GB** 380 ff.
- Befriedigung Massegläubiger **InsO** § 209 1 ff.
- England **GB** 380 ff., 436 ff.
- Folgeinsolvenz **InsO** § 266 3

Sachverzeichnis

- Forderungen E 695 ff.; US 114
- Gläubiger InsO § 39 7 ff.
- Masseverbindlichkeiten I 212
- Massverbindlichkeiten InsO § 327 1 ff.
- Miet-/Pachtverhältnisse InsO § 108 43 ff.; InsO § 109 18 ff., 30 ff.; InsO § 111 14 ff.
- Polen Pl 813 ff.

Rangklassen
- Anmeldung ImoV 693 ff.
- Ansprüche aus Rechten, dinglichen ImoV 743 ff.
- Anspruchsinhaber/Rechtsbehelfe ImoV 693 ff.
- Ausgaben, bevorrechtigte ImoV 693 ff.
- Feststellungskosten Masse ImoV 702 ff.
- Immobilienverwertung ImoV 691 ff.
- Klasse 1 ImoV 693 ff.
- Klasse 1a ImoV 702 ff.
- Klasse 2 ImoV 705 ff.
- Klasse 3 ImoV 727 ff.
- Klasse 4 ImoV 743 ff.
- Lasten, öffentliche ImoV 727 ff.
- Recht, interntionales F 155
- Verfahrenskosten, allgemeine ImoV 692
- WEG-Recht/-Ansprüche ImoV 705 ff.
- Zwangsverwaltungsvorschüsse ImoV 693 ff.

Rangrücktrittsvereinbarung InsO § 39 107 ff.; InsO § 135 18; InsO § 224 8

Ratenzahlung InsO § 35 82; B/ArR 195

Rechnungslegung *siehe Buchführungs-/Rechnungslegungspflichten*

Recht am eigenen Bild InsO § 35 55

Recht, internationales
- Anerkennung D im Ausland A 64 ff.; CZ 61; GB 189 ff.; Pl 177 ff., 293 f.; US 69 ff.
- Anerkennung Entscheidungen InsO § 179 12.1; InsO § 343 18 ff.; CH 293 ff.; E 1212 ff.; EUInsVO 32 1 ff.; GB 172 f.
- Anerkennung Verfahren InsO § 343 1 ff.; InsO § 345 6 f.; InsO § 346 8 ff.; A 76 ff.; CH 284 ff.; CZ 77 ff.; EUInsVO 19 1 ff.; EUInsVO 20 1 ff.; GB 170 ff.; Pl 195 ff., 341 f.
- Anerkennungsfolgen InsO § 343 15 ff.
- Anerkennungshindernisse InsO § 343 9 ff.
- Anfechtung InsO § 339 1 ff.
- Anfechtungsklage InsO § 143 46 ff.
- Anhörung InsO § 10 13 ff.
- Anrechnung InsO § 342 1 ff.; EUInsVO 23 1 ff.
- Antrag *siehe dort*
- Anwendungsbereich InsO § 3 29; InsO § 335 6 ff.; InsO § 336 1 f.; EUInsVO 1 9 f.; EUInsVO 84 1 f.
- Arbeitsrecht InsO § 337 1 ff.; EUInsVO 13 1 ff.
- Aufhebung EuInsVO EUInsVO 91 1
- Aufrechnung InsO § 338 1 ff.; EUInsVO 9 1 ff.
- Auskunftsanspruch InsO § 342 13 ff.; EUInsVO 23 12
- Auslandsgesellschaft InsO § 11 6 ff.; InsO § 15 9; InsO § 19 7; InsO § 39 55; InsO § 135 8
- Auslandsvermögen InsO § 148 5
- Auslegung EUInsVO 1 5 ff.
- Ausschlussverfahren EUInsVO 89 1
- Ausübung Gläubigerrechte InsO § 341 1 ff.; EUInsVO 45 1 ff.
- Beendigung Wirkungen EUInsVO 48 1 f.
- Befugnisse Verwalter EUInsVO 21 1 ff.
- Begriffsbestimmungen EUInsVO 2 1 ff.
- Bekanntmachung/-gabe, öffentliche *siehe dort*
- Beschwerderecht InsO § 21 152
- Brexit GB 188
- Cross-Border Insolvency Regulations 2006 GB 177 ff.
- Datenschutz *siehe dort*
- Dienstleistungsrichtlinie InsO § 56 3 ff.
- Eigentumsvorbehalt EUInsVO 10 1 ff.
- Eigenverwaltung InsO § 270 45
- England GB 1 ff.
- Entsprechungstabelle/Synopse EUInsVO Anh. D
- Eröffnung InsO § 335 15 ff.
- EuInsVO EUInsVO 1 1 ff.; GB 187
- Exequaturverfahren E 1213 ff.
- Forderungsanmeldung *siehe dort*
- Frankreich F 1 ff.; G/C 27 ff.
- Fremdwährung InsO § 45 21 ff.; InsO § 95 35 ff.
- Fristbeginn InsO § 319 15 ff.
- Geltung, unmittelbare EUInsVO 1 4
- Gesellschafterdarlehen InsO § 135 16a ff.
- Gläubigerbenachteiligung EUInsVO 16 1 ff.
- Grundbucheintragungen InsO § 346 1 ff.
- Grundsatz InsO § 335 1 ff.
- Grundstücksverträge EUInsVO 11 1 ff.
- Gruppen-Koordinationsverfahren *siehe Koordinationsverfahren*
- Herausgabepflicht InsO § 342 1 ff.; EUInsVO 23 1 ff.
- Historie EUInsVO 1 1 f.
- Immobilienverfügungen InsO § 349 1 ff.
- Immobilienvertrag InsO § 336 1 ff.
- Inkrafttreten EuInsVO EUInsVO 92 1
- Insolvenzgericht *siehe dort*
- Insolvenzplan InsO § 355 6 ff.; EUInsVO 41 10; F 448 f.
- Insolvenzregister *siehe Registereintragungen*
- IPR-England E 1193 ff.
- Italien G/C 18 ff.; I 1 ff.
- Kollisionsregel EUInsVO 7 4 ff.
- Leistungen an Schuldner InsO § 350 1 ff.; EUInsVO 31 1 ff.
- Marken-/Patentrecht EUInsVO 15 1 ff.
- Märkte, organisierte InsO § 340 1 ff.
- materielles GB 192 ff.
- Nachweis Verwalterbestellung InsO § 347 4 ff.; EUInsVO 22 1 ff.
- Ordre-Public-Vorbehalt EUInsVO 33 1 ff.
- Österreich A 1 ff.
- Partikularverfahren *siehe dort*
- Pensionsgeschäfte InsO § 340 1 ff.
- Personen, juristische InsO § 276a 6
- Polen Pl 1 ff.
- Recht, anwendbares E 1199 ff.; EUInsVO 7 1 ff.; EUInsVO 35 1 ff.
- Rechte, dingliche InsO § 336 5 ff.; InsO § 351 1 ff.; EUInsVO 8 1 ff.
- Rechte, eintragungspflichtige EUInsVO 14 1 ff.
- Rechtsinformationsaustausch EUInsVO 86 1 ff.
- Registereintragungen *siehe dort*

Sachverzeichnis

- Registervernetzung **EUInsVO 87** 1
- Restschuldbefreiung **InsO § 286** 13 ff.; **InsO § 355** 4 f.
- Sanierungsplan *siehe dort*
- Sanierungsprüfung **EUInsVO 41** 10
- Schutz Dritterwerber **EUInsVO 17** 1 ff.
- Schweiz **CH** 1 ff.
- Sekundärverfahren *siehe dort*
- Sicherung *siehe dort*
- Spanien **E** 1 ff.; **G/C** 23 ff.
- Sprache **EUInsVO 55** 6; **EUInsVO 73** 1 ff.
- Staatsverträge Schweiz **CH** 311 ff.
- Standardformulare **EUInsVO 55** 1 ff.; **EUInsVO 88** 1
- Tschechische Republik **CZ** 1 ff.
- Überprüfungsklausel **EUInsVO 90** 1
- Unterbrechung Rechtsstreit im Inland **InsO § 352** 1 ff.
- Unternehmensgruppe
- Unterrichtungspflichten **InsO § 347** 14 ff.; **EUInsVO 54** 1 ff.
- USA **US** 1 ff.
- Verfahren, andere **EUInsVO 60** 1 ff.
- Verfahrensarten **EUInsVO Anh. A**
- Verfahrensbegriff **EUInsVO 1** 10 f.
- Verhältnis zu Übereinkünften, anderen **EUInsVO 85** 1
- Vermögen, ausländisches **InsO § 21** 20
- Verordnungen, aufgehobene **EUInsVO Anh. C**
- Versicherungs-/ Rückversicherungsunternehmen **Pl** 422
- Verwalter, vorläufiger **EUInsVO 52** 1 ff.
- Verwalterbezeichnungen **EUInsVO Anh. B**
- Verwertung **EUInsVO 41** 11; **EUInsVO 46** 1 ff.; **EUInsVO 60** 9 ff.
- Vollstreckbarkeit **InsO § 353** 1 ff.; **EUInsVO 32** 1 ff.
- Vormerkung **InsO § 349** 15 ff.
- Wirkung auf Prozesse/Rechtsstreitigkeiten **EUInsVO 18** 1 ff.
- Zahlungs-/Abwicklungssysteme **EUInsVO 12** 1 ff.
- Zusammenarbeit **InsO § 357** 1 ff.; **E** 1218 ff.; **GB** 174 ff. *siehe auch Koordinationsverfahren*
- Zusicherung **EUInsVO 36** 1 ff.; **EUInsVO 37** 10 f.; **EUInsVO 38** 2 f.
- Zuständigkeit *siehe dort*
- Zustellung **InsO § 8** 21 f.; **InsO § 307** 15

Rechte, dingliche
- Aus-/Absonderung **InsO § 47** 62 f.; **InsO § 351** 10 ff.
- Beschlagnahme **ImoV** 747 ff.
- beschränkte **InsO § 47** 62 f.
- Dritter im Inland **InsO § 351** 8 ff.
- Durchsetzung **ImoV** 752
- Eröffnungswirkung **EUInsVO 8** 1 ff.
- im Ausland **EUInsVO 8** 18 ff.
- Immobilie, inländische **InsO § 351** 15 ff.
- Leistungen, wiederkehrende **ImoV** 750
- nach Beschlagnahme eingetragene **ImoV** 755
- Nießbrauchsberechtigte **InsO § 244** 8 f.
- Recht, internationales **InsO § 336** 5 ff.; **InsO § 351** 1 ff.; **EUInsVO 8** 1 ff.
- Rechte, erfasste **ImoV** 744 ff.
- Reihenfolge Befriedigung **ImoV** 751
- Rückstände, ältere als Klasse 4 **ImoV** 758

- Sekundärverfahren **EUInsVO 8** 27
- Sicherheiten *siehe dort*
- Zwangsversteigerung **ImoV** 743 ff.

Rechte, grundstücksgleiche InsO § 35 8 f.
Rechte, höchstpersönliche InsO § 80 12 ff.
Rechtsbeschwerde InsO § 6 26 ff.
Rechtshandlungen/-geschäfte InsO § 132 17 ff.
- absichtlich kürzende **CZ** 537
- Abtretung Forderung, künftige **Pl** 739 f.
- Anfechtung **InsO § 129** 19 ff.
- Baurecht **B/ArR** 120, 138
- Bedingung/Befristung **InsO § 140** 25 ff.
- Befreiung von Gesellschaftersicherheit **InsO § 135** 51 ff.
- Befriedigung *siehe dort*
- Begriff **ImoV** 80
- begünstigte **CZ** 533 ff.
- besonders bedeutsame **InsO § 160** 1 ff.
- Bevollmächtigte **InsO § 129** 29 f.
- darlehensgleiche **InsO § 39** 88 ff.
- Dritte **InsO § 129** 28
- Dritter **InsO § 135** 52
- Eigenverwaltung **InsO § 129** 33; **InsO aF § 270a** 48 ff.; **InsO § 276** 2 ff.; **InsO § 277** 17 ff.
- Eigenverwaltung, vorläufige **InsO § 270c** 40 ff.
- Einzelfälle **InsO § 129** 19.1 ff.
- England *siehe dort*
- Erben **InsO § 322** 9 ff.
- Frankreich **F** 561 ff.
- Gegenstände, zurückgewährte **InsO § 328** 1 ff.
- Gläubiger **InsO § 129** 28
- Gläubigerbenachteiligung *siehe dort*
- Handelnder **InsO § 129** 28 ff.
- Immobilien **InsO § 349** 1 ff.
- nach Eröffnung **InsO § 147** 1 ff.
- Nichtigkeit **EUInsVO 7** 63 ff.; **F** 561 ff.
- Österreich **A** 359
- Polen **Pl** 727 ff., 741 ff.
- Recht, anwendbares **EUInsVO 7** 63 ff.
- Rechtsfolgen Unwirksamkeit **Pl** 767 ff.
- Rechtsvorgänger **InsO § 129** 30
- Schuldner **InsO § 131** 5 ff.; **InsO § 132** 6 ff.; **InsO § 270c** 40 ff.
- Schutzschirmverfahren **InsO § 129** 33
- Sicherung/Befriedigung Schuld **Pl** 736 ff.
- unentgeltlich/entgeltlich **ImoV** 341
- unentgeltliche **ImoV** 94 ff., 102
- ungültige **CZ** 529
- Unterlassen **InsO § 129** 34 ff.
- Untersagung, vorläufige **InsO § 161** 1 ff.; **InsO § 276** 8 f.
- unwirksame **InsO § 80** 18 ff.; **A** 232 ff.; **CZ** 538; **EUInsVO 7** 63 ff.
- Vertreter, gesetzlicher **InsO § 129** 29 f.
- Verwalter **InsO § 129** 31 ff.; **InsO § 164** 1
- Wirksamkeit **InsO § 164** 1 ff.
- Zeitpunkt *siehe dort*
- Zurechnungszusammenhang **InsO § 129** 61 ff.
- Zusammenhang, ursächlicher **InsO § 129** 55 ff.

Rechtsmittel
- Ablehnung Eröffnung **InsO § 34** 1 ff.
- Abweisung mangels Masse **InsO § 26** 26 ff.

2437

Sachverzeichnis

- Arbeitsrecht **InsO § 122** 24 ff.; **InsO § 126** 22
- Aufhebung **InsO § 270e** 29; **InsO § 272** 33 f.
- Aufsichtsmaßnahmen **InsO § 58** 25 ff.
- Auskunftspflicht **InsO § 97** 43
- Auswirkungen Insolvenzeröffnung **StR-Verf** 166 ff.
- Bekanntmachung **InsO § 345** 19 f.
- Beschlussaufhebung **InsO § 78** 6
- Beschwerde, sofortige **InsO § 6** 1 ff.
- Bestellung Verwalter **InsO § 26a** 9; **InsO § 56** 47; **InsO § 56a** 33 ff.
- Eigenverwaltung **InsO aF § 270** 55 ff.; **InsO § 271** 19
- Eigenverwaltung, vorläufige **InsO § 270b** 58 f.; **InsO § 270c** 34 f.
- Einberufung Gläubigerversammlung **InsO § 75** 18 f.
- Einstellung *siehe dort*
- England **GB** 81 ff., 144
- Entlassung Verwalter **InsO § 59** 21 ff.
- Eröffnung **InsO § 27** 19; **InsO § 34** 1 ff.; **EUInsVO 39** 1 ff.
- Feststellung Stimmrecht **InsO § 77** 10
- Forderung, bereits titulierte **StR-Verf** 170
- Forderung, noch nicht titulierte **StR-Verf** 173
- Frankreich *siehe dort*
- Frist **InsO § 9** 15 ff.; **InsO § 194** 20 f.
- Gläubiger **InsO § 14** 3 ff.
- Gläubigerausschuss, vorläufiger **InsO § 22a** 59 ff.
- Grundbucheintragungen **InsO § 346** 21 ff.
- Inbesitznahme **InsO § 148** 20 ff.
- Insolvenzantrag **StR-Verf** 174 ff.
- Insolvenzgericht **InsO § 272** 33 f.
- Insolvenzplan **InsO § 248a** 9; **InsO § 253** 1 ff.; **InsO § 269h** 26 ff.
- Italien *siehe dort*
- Listing/Delisting Insolvenzverwalter **InsO § 56** 26 ff.
- Maßnahmen, vorläufige **InsO § 21** 147 ff.
- Mitwirkungspflicht **InsO § 97** 43
- Nachlassinsolvenz **InsO § 317** 34 f.; **InsO § 318** 7 ff.
- Nachtragsverteilung **InsO § 204** 1 ff.
- Österreich **A** 50
- Polen **Pl** 127 ff., 258 ff.
- Recht, internationales **EUInsVO 39** 1 ff.
- Rechtsbeschwerde **InsO § 6** 26 ff.
- Restschuldbefreiung **InsO § 290** 76; **InsO § 296** 28
- Schuldenbereinigungsplan **InsO § 309** 45
- Sicherungsmaßnahmen **InsO § 344** 17
- Sonderfälle **InsO § 21** 112 ff.
- Spanien **E** 353 ff.
- Steuerrecht **StR-Verf** 166 ff.
- Tschechische Republik **CZ** 47 ff.
- Unternehmensveräußerung **InsO § 162** 7
- USA **US** 59 ff.
- Verfahrenskosten **InsO § 4** 1 ff.
- Vergütungsfestsetzung **InsO § 64** 9 ff.; **InsO § 73** 26; **InsVV § 8** 25 ff.; **InsVV § 9** 20 f.; **InsVV § 17** 17 f.
- Vermögensübersicht **InsO § 153** 24 f.
- Versicherung, eidesstattliche **InsO § 98** 17
- Verteilungsverzeichnis **InsO § 194** 20 f.
- Verwalter *siehe dort*
- Vollstreckungsmaßnahmen *siehe dort*
- Vollstreckungsverbote **InsO § 210** 12 f.; **InsO § 294** 7 b
- Vorführung, zwangsweise/Inhaftnahme **InsO § 98** 46 ff.
- Zuständigkeitsanfechtung **EUInsVO 5** 1 ff.

Registereintragungen InsO § 31 1 ff.; **EUInsVO 14** 1 ff. *siehe auch Grundbucheintragungen*
- Aufhebung **InsO § 200** 12 ff.
- Datenschutz **EUInsVO 27** 1; **EUInsVO 79** 1
- Eigenverwaltung **InsO aF § 270c** 7 f.
- Eröffnung **InsO § 31** 1 ff.; **InsO § 32** 1 ff.; **InsO § 346** 6 ff.
- Gesellschaft **InsO § 31** 1 ff.
- im Ausland **EUInsVO 29** 1 ff.
- Insolvenzplan **InsO § 228** 9 f.; **InsO § 254a** 6 ff.; **InsO § 267** 4 f.
- Insolvenzregister **CZ** 42, 57 ff.; **E** 272 f.; **EUInsVO 24** 1; **EUInsVO 25** 1; **EUInsVO 26** 1; **EUInsVO 27** 1; **EUInsVO 79** 1; **Pl** 36 ff., 175 f., 292
- Kosten **EUInsVO 30** 1 ff.
- Personen, juristische **InsO § 31** 1 ff.
- Registervernetzung **EUInsVO 87** 1
- Sachwalter **InsO aF § 270c** 7 f.
- Schiffe/Luftfahrtzeuge **InsO § 33** 1 ff.
- Schuldnerverzeichnis *siehe Schuldner*
- Zeitpunkt **InsO § 140** 14 ff.

Restabwicklungsvereinbarung B/ArR 598 ff., M 633

Restrukturierung US 36 ff.
- Abstimmung **US** 91
- Arbeitsrecht **Pl** 1037 ff.
- außerinsolvenzliche **CZ** 22 f.
- Baurecht **B/ArR** 34b
- Chapter 11-Verfahren **US** 27 ff.
- Daten, personenbezogene **DS** 94 ff.
- Durchführung **Pl** 1149 ff.
- einleitender **Pl** 1152
- England **GB** 27 ff., 381a, 40a ff.
- Entschuldung **I** 535 ff.
- Erfüllung **CZ** 411
- Erstellung **Pl** 1149 ff.
- Falschaussage **Pl** 1196 f.
- Frankreich **F** 43 ff., 82 ff., 168 ff., 532
- Frühwarnsysteme **I** 486 ff.
- Funktion/Inhalt **Pl** 1144 f.
- Italien **I** 4, 77 ff., 481 ff.
- Moratorium *siehe dort*
- Österreich **A** 18 ff., 31a ff., 31d, 31g ff.
- Pflichten Unternehmensleitung **I** 533 f.
- Polen **Pl** 29 ff., 221 ff., 268 ff., 1144 ff., 39d ff.
- Pre-Arranged **US** 33 ff.
- Rekonstruierungsache **InsO § 56** 39a f.
- Reorganisation **US** 22 ff.
- Reorganisationsplan **CZ** 348 f., 405 ff., 454, 512 f.; **US** 243 f.
- Reorganisationsverfahren **A** 21 ff.
- Restrukturierungsfähigkeit **Pl** 910 ff.
- Restrukturierungsgericht **InsO § 3a** 38
- Restrukturierungsordnung **A** 31a ff.
- Restrukturierungsplan **GB** 40a ff.; **US** 36 ff.
- Restrukturierungsrahmen, präventiver **E** 7 f.; **I** 497 ff.; **Pl** 40 ff.
- Restrukturierungsrichtlinie **I** 535 ff.
- Rückschlagsperre **InsO § 88** 8a ff.

2438

Sachverzeichnis

- Sanierungsmaßnahmen **Pl** 1146
- Schuldtitel außerhalb Verfahren **US** 22 ff.
- Spanien **E** 7 ff.
- Steuerforderungen **Pl** 1221 ff.
- Tschechische Republik **CZ** 22 f.
- USA **US** 22 ff.
- Vereinbarung **F** 116 ff., 121 ff.; **I** 4, 77 ff., 104 ff.
- Verfahrenseffizienzsteigerung **I** 540
- Vermögensverkauf **Pl** 1147
- vorinsolvenzliche **A** 18 ff.; **CZ** 22 f.; **E** 7 ff.; **GB** 27 ff.; **Pl** 40 ff.

Restrukturierung
- Arten **Pl** 915 ff.
- außerinsolvenzliche **CZ** 22 f.
- Möglichkeiten, sonstige **Pl** 48 ff.
- Polen **Pl** 879 ff.
- Reorganisation **CZ** 351, 512 f.; **US** 243 f.
- Reorganisationsplan **CZ** 348 f., 378 ff., 554; **US** 82 ff., 249 ff., 260 ff.
- Restrukturierungsplan **Pl** 1144 ff.
- Verfahren **Pl** 246 ff., 39 d ff.

Restschuldbefreiung InsO § 88 24 a f.
- Abtretungserklärung **InsO § 287** 17 ff.
- als Verfahrensfolge **InsO § 1** 14 a ff.
- Altverfahren **InsO § 287** 40 ff.
- Angaben unvollständige/unrichtige **InsO § 290** 53 ff.
- Anhörung **InsO § 287** 43 ff.; **InsO § 287a** 7; **InsO § 297** 10 f.; **InsO § 300** 19 ff.
- Anordnungen Insolvenzgericht **InsO § 292** 23 ff.
- Antrag siehe dort
- Anzeige-/Auskunfts-/Mitteilungspflichten **InsO § 295** 15 ff.
- Aufrechnung **InsO § 94** 58
- Aufrechnungsverbot **InsO § 294** 10 ff.
- aus Gläubigersicht **InsO § 286** 12
- Auskunfts-/Mitteilungspflicht **InsO § 303** 8 ff.
- Beendigung, vorzeitige **InsO § 299** 1 ff.
- Bekanntmachung **InsO § 290** 77
- Bestimmung Einkommensteile, abgetretene **InsO § 292** 18 ff.
- Bestimmung Treuhänder **InsO § 288** 1 ff.
- Betriebsaufgabe/-veräußerung **StR-ESt** 26 ff.
- Durchsetzung Pflichten Schuldner **InsO § 98** 4
- Eigenverwaltung **InsO § 270** 42
- Einkommensteuer **StR-ESt** 26 ff.
- Einstellung **InsO § 215** 8; **InsO § 289** 1 ff.
- England **GB** 145 ff.
- Entscheidung **InsO § 300** 1 ff.
- Entscheidungsbefugnis **InsO § 287a** 8 ff.
- Erbschaft/Vermächtnis **InsO § 83** 19 ff.
- Erwerbsobliegenheit **InsO § 4c** 17 ff.; **InsO § 287b** 1 ff.; **InsO § 295** 5 ff.; **InsO § 295a** 1 ff.
- Folgen Entscheidung **InsO § 290** 79
- Folgen Zurückweisung **InsO § 287a** 11 ff.
- Forderungen, ausgenommene **InsO § 302** 1 ff.
- Forderungsanmeldung **InsO § 174** 29; **InsO § 300a** 11
- Form **InsO § 290** 9 ff.
- Fortführung Verfahren **InsO § 300** 29 f.
- Fortwirkung Sicherungsrechte **InsO § 301** 5 ff.
- Frankreich **F** 50 ff., 349 ff.
- Frist siehe dort
- Gerichtsentscheidung **InsO § 290** 70 ff.
- Glaubhaftmachung **InsO § 290** 14 ff., 35; **InsO § 297** 8 f.
- Gläubigerbenachteiligung **InsO § 296** 25 ff.
- Gleichbehandlungsgrundsatz **InsO § 295** 22 ff.
- Grundsatz **InsO § 286** 1 ff.
- Herausgabe Vermögen, erworbenes **InsO § 295** 12 ff.
- Hinweispflicht **InsO § 20** 56 ff.; **InsO § 175** 20 ff.
- in der EU **InsO § 286** 13 ff.
- Inhalt **InsO § 290** 9 ff.
- Insolvenzgericht siehe dort
- Insolvenzstraftaten **InsO § 297** 1 ff.; **InsO § 303** 6 f.
- Italien **I** 436 f.
- Kosten **InsO § 290** 78; **InsO § 296** 29 f.
- Lebensstil, unangemessener **InsO § 290** 38 ff.
- Masse **StR-ESt** 26 ff.
- Neuerwerb **InsO § 300a** 1 ff.
- Neugläubiger **InsO § 295** 14 g
- Obliegenheiten Schuldner **InsO § 295** 1 ff.
- Obliegenheitsverletzung **InsO § 303** 1 ff.
- Österreich **A** 411 ff.
- Partikularverfahren **InsO § 355** 4 f.
- Personen, natürliche **InsO § 286** 1 ff.
- Polen **Pl** 826 ff.
- Prüfung Zulässigkeit **InsO § 287a** 1 ff.
- Rechtsmittel **InsO § 290** 76; **InsO § 296** 28
- Reformgesetz 2013 **InsO § 290** 46 f.
- Schuldenerlass **F** 47
- Spanien **E** 1069 ff.
- Sperrfristen **InsO § 287a** 13 ff.
- Steuerrecht **InsO § 301** 10 ff.
- Straftat **InsO § 290** 19 ff.
- Stundungsverlängerung **InsO § 4b** 1 ff.
- Treuhänder **InsO § 292** 1 ff.
- Tschechische Republik **CZ** 284 ff., 555 ff.
- Überwachung **InsO § 292** 29 ff.
- unmittelbare **E** 1078 ff.
- Verbindlichkeiten, nicht erfüllte **InsO § 286** 10 ff.
- Verbindlichkeiten, unangemessene **InsO § 295** 26 ff.
- Verbot von Sonderabkommen **InsO § 294** 8 ff.
- Verbraucherinsolvenz **InsO § 305** 25 ff.
- Verbraucherinsolvenzverfahren **InsO § 287** 5 f.
- Verfahren **InsO § 300** 16 ff.
- Verfahren vor 1.10.2020 **InsO § 300** 31 ff.
- Verfahren, eröffnetes **InsO § 286** 6 ff.
- Verfahrensaufhebung **InsO § 201** 17
- Verfahrensziele **InsO § 1** 14 ff.
- Verletzung Auskunfts-/Mitwirkungspflichten **InsO § 290** 48 ff.
- Verletzung Erwerbsobliegenheit **InsO § 290** 64 ff.
- Versagung **InsO § 4c** 24 f.; **InsO § 290** 1 ff.; **InsO § 295a** 15 ff.; **InsO § 296** 1 ff.; **InsO § 298** 3 ff.; **InsO § 314** 17 f.
- Versagungsgründe **InsO § 290** 19 ff.; **InsO § 295** 5 ff.; **InsO § 297a** 1 ff.; **InsO § 299** 1
- Vollstreckungsverbote **InsO § 294** 1 ff.; **InsO § 300a** 7 f.

Sachverzeichnis

- Vorausverfügungen Arbeitseinkommen **InsO § 287** 33 ff.
- vorzeitige **InsO § 35** 48
- Widerruf **InsO § 4c** 24 f.; **InsO § 287a** 18; **InsO § 303** 1 ff.
- Wirkungen **InsO § 301** 1 ff.; **CZ** 595 ff.
- Wohlverhaltensphase **InsO § 295** 1 ff.
- Zahlungsplan **E** 1083 ff.
- Zuständigkeit **InsO § 290** 75

Rückauflassungsanspruch ImoV 291 ff.

Rückschlagsperre InsO § 88 1 ff.; **InsO § 106** 44; **InsO § 110** 14; **InsO § 312** 5 f.; **A** 229; **ImoV** 221

Sachen, bewegliche
- Absonderung **InsO § 166** 1 ff.
- Aufhebung Zubehöreigenschaft **ImoV** 935 ff.
- Begriff **InsO § 166** 9 ff.
- Besitz **InsO § 166** 15 ff.
- Besitzschutz **InsO § 166** 22 ff.
- dinglich gesicherte **F** 462
- Eigentumsvorbehalt **InsO § 107** 13 f.
- Entfernung **ImoV** 935 ff.
- Gegenstände, unpfändbare **InsO § 36** 2 ff.
- Insolvenzmasse **InsO § 35** 6 ff.
- nicht vom Haftungsverband erfasste **ImoV** 943 ff.
- Polen **Pl** 682
- Schweiz **CH** 69 ff.
- Umsatzsteuer **InsO § 166** 30 ff.; **ImoV** 915 ff.
- Verkauf **ImoV** 940 ff.
- Verwertung **InsO § 166** 1 ff.; **InsO § 172** 1 ff.; **InsO § 173** 1 ff.; **F** 339 ff.; **ImoV** 931 ff.

Sachverständiger
- Antragsvoraussetzungen **InsO § 21** 10
- Auskunftspflichtberechtigter **InsO § 101** 28
- Bewertung Massegegenstände **InsO § 151** 21 f.
- Fortbestehensprognose **InsO § 19** 17
- Haftung **InsO § 60** 7
- Österreich **A** 184 f.
- Sachwalter, vorläufiger **InsVV § 12a** 28 ff.
- Tschechische Republik **CZ** 291 ff.
- USA **US** 154 ff.
- Verwalter, vorläufiger **InsO § 22** 81 ff.; **InsVV § 11** 40 ff.

Sachwalter InsO aF § 270 64 ff.; **InsO § 270f** 18 ff.; **InsO § 275** 1 ff.
- Abberufung/Neubestellung Geschäftsleitung **InsO § 276a** 28 ff.
- Abgrenzung zur Eigenverwaltung **InsO § 270** 12
- Anordnung Zustimmungsbedürftigkeit **InsO § 277** 1 ff.
- Anzeigepflicht **InsO aF § 270a** 58 f.; **InsO § 270c** 56 f.
- Aufgaben/Pflichten **InsO § 270** 17 ff.; **InsO aF § 270** 64 ff.; **InsO § 270c** 52 ff.; **InsO § 281** 9 ff.; **InsO § 283** 17 ff.
- Aufsicht **InsO aF § 270a** 65 f.; **InsO § 274** 7
- Auskunftsberechtigter **InsO § 101** 30
- Baurecht **B/ArR** 34 f.
- Beendigung, vorzeitige **InsVV § 12** 37 ff.
- Begründung Verbindlichkeiten **InsO § 61** 18 ff.; **InsO aF § 270a** 46
- Bestellung **InsO aF § 270c** 1 ff.; **InsO § 270f** 19 ff.; **InsO § 274** 4 ff.
- Eigenverwaltung **InsO aF § 270** 64 ff.; **InsO aF § 270c** 1 ff.; **InsO § 270f** 18 ff.; **InsO § 270g** 8 ff.
- Eigenverwaltung, vorläufige **InsO § 270c** 50 f.; **InsO § 270e** 10 f.
- Ergänzungspflicht Verzeichnisse **InsO § 281** 11 f.
- Forderungsanmeldung **InsO aF § 270c** 5 ff.; **InsO § 270f** 21 ff.
- Haftung *siehe dort*
- Insolvenzplanvorlage **InsO § 218** 3
- Kassenführung **InsO § 275** 15 ff.
- Masseunzulänglichkeit **InsO § 285** 1 ff.
- Mitwirkung **InsO aF § 270a** 60 ff.; **InsO § 275** 1 ff.
- Polen **Pl** 943 ff.
- Prüfung Verzeichnisse **InsO § 281** 9 f.
- Prüfung Wirtschaftslage/Geschäftsführung **InsO aF § 270a** 54 ff.
- Prüfungspflicht **InsO § 274** 21 ff.
- Rechtsstellung **InsO § 274** 1 ff.
- Registereintragungen **InsO aF § 270c** 7 f.
- Sachverständiger **InsVV § 12a** 28 ff.
- Schuldnerhandeln, eigenmächtiges **InsO § 275** 13 f.
- Schutzschirmverfahren **InsO aF § 270b** 56 ff.; **InsO § 270d** 47 ff.
- Stellung **InsO aF § 270d** 8 ff.; **InsO § 280** 4 ff.
- Steuerrecht **StR-USt** 7 f.; **StR-Verf** 43 f.
- Überprüfung Lage/Geschäftsführung **InsO § 274** 21 ff.
- Unternehmensgruppe **InsO aF § 270d** 1 ff.; **InsO § 270g** 8 ff.
- Unterrichtungspflicht **InsO § 274** 29 ff.
- Vergütung **InsO § 63** 19 f.; **InsO aF § 270a** 67 ff.; **InsO § 270c** 66; **InsO § 274** 14 ff.; **InsVV § 3** 38a ff.; **InsVV § 10** 6; **InsVV § 12** 1 ff.; **InsVV § 12a** 1 ff.
- vorläufiger **InsO § 63** 19 f.; **InsO § 218** 3; **InsO aF § 270a** 22 f., 53 ff.; **InsO § 270c** 7 ff., 50 f., 64 ff.; **InsO § 270e** 10 f.; **InsVV § 12** 3 ff., 37 ff.; **InsVV § 12a** 1 ff.; **Pl** 943 ff., 949 ff.; **StR-Verf** 43 f.
- Widerspruch **InsO § 275** 11 f.

Salvatorische Klausel InsO § 221 41 f.

Sanierung
- Anfechtung **InsO § 131** 33.1
- Aussichtslosigkeit **InsO aF § 270b** 82 ff.
- Berichtstermin **InsO § 156** 9 f.
- Eigenverwaltung **A** 122 ff.
- Gläubigerbenachteiligung **InsO § 131** 20.1 ff.
- Masse **Pl** 1055 f.
- Möglichkeiten **Pl** 488 ff.
- Österreich *siehe dort*
- Polen *siehe dort*
- Restrukturierung *siehe dort*
- Sanierung, vor-/außerinsolvenzliche **InsO § 1** 43 f.
- Sanierungsgewinne **A** 446 ff.; **CZ** 657; **StR-ESt** 70 ff.
- Sanierungskonzept **InsO § 220** 28 ff.; **CZ** 347
- Sanierungsmaßnahmen **Pl** 1146
- Sanierungsplan *siehe dort*
- Sanierungsprivileg **InsO § 39** 73, 99 ff.; **InsO § 135** 85 f.
- Sanierungsprüfung **EUInsVO 41** 10

Sachverzeichnis

- Schutzschirmverfahren *siehe dort*
- Schweiz **CH** 340 ff.
- Tschechische Republik **CZ** 347 ff., 350 ff., 657
- übertragende **F** 293, 319, 353 ff., 450 ff.; **PL** 489 ff.
- Vorbereitung **InsO § 217** 3 ff.
- vorinsolvenzliche **InsO § 217** 5 ff.

Sanierungsplan
- Abänderung **F** 279 f.
- Ablehnung **F** 278 ff.
- Auswirkungen **A** 329 f.; **I** 69 ff.
- Bestätigung, gerichtliche **F** 275 ff.
- Bürge **A** 329 ff.
- Drittwirkung **F** 307 f.
- Empfänger **F** 47
- erleichterter **A** 489
- Erstellung **I** 48
- Form **I** 49 ff.
- Frankreich **F** 44, 55, 142 f., 194, 234 ff., 473
- Inhalt **I** 49 ff.
- Italien **I** 4, 30 ff.
- Kontrolle, gerichtliche **I** 69 ff.
- Österreich *siehe dort*
- Pandemiesituation **A** 483 f.
- Sachverständiger **I** 53 ff.
- Sekundärverfahren **EUInsVO 47** 1 f.
- Spanien **E** 36 ff.
- Verbraucherplan **I** 431 ff.

Säumnis-/Verspätungszuschläge InsO § 39 18; **StR-Nl** 91 ff.

Schenkung
- Anfechtung **InsO § 134** 15 ff.; **CH** 321 ff.; **ImoV** 91 ff.
- Gelegenheitsgeschenk **InsO § 134** 15 ff.
- Herausgabepflicht **InsO § 295** 14a f.
- Masse **InsO § 35** 52
- Steuerrecht **StR-Nl** 80 ff.

Schiedsgerichtsvereinbarung B/ArR 560 f.

Schiffe/Luftfahrzeuge/Bahneinheiten InsO § 33 1 ff.; **InsO § 35** 7a; **InsO § 106** 25; **InsO § 336** 5 ff.; **ImoV** 299

Schlussverteilung InsO § 192 4 f.; **InsO § 196** 1 ff.; **InsO § 197** 1 ff., 4 ff.; **InsO § 198** 1 ff.; **InsO § 199** 1 ff.

Schuldenbereinigungsplan
- Abschriften **InsO § 306** 10 ff.; **InsO § 307** 1 ff.
- Änderung **InsO § 307** 27 ff.
- Änderung Schuldnerverhältnisse **InsO § 308** 21
- Anhörung **InsO § 309** 17 ff.
- Annahme **InsO § 308** 1 ff.
- Antragsteil **InsO § 305** 46 ff.
- Aussichtslosigkeit **InsO § 306** 9
- Beendigung Verfahren **InsO § 308** 8 f.
- Beiordnung **InsO § 309** 46
- Durchführungsentscheidung **InsO § 306** 6 ff.
- Einwendungen **InsO § 311** 2 ff.
- Entfallen Wirkungen **InsO § 308** 20 f.
- Entscheidung Gericht **InsO § 309** 43 f.
- Ersetzung Zustimmung **InsO § 309** 1 ff.
- Feststellungsbeschluss **InsO § 308** 4 ff.
- Forderungen, ausgenommene **InsO § 308** 17 ff.
- Frist **InsO § 307** 19
- Gläubigerbenachteiligung **InsO § 309** 24 ff.
- Hindernisse Zustimmungsersetzung **InsO § 309** 21 ff.
- Kosten **InsO § 310** 1 ff.
- Pattsituation **InsO § 309** 16
- Prozessvergleich **InsO § 308** 9 ff.
- Reaktion Gläubiger **InsO § 307** 20 f.
- Recht, internationales *siehe Restrukturierung, siehe auch Restrukturierungsplan*
- Rechtsmittel **InsO § 309** 45
- Refinanzierungsvereinbarungen *siehe Spanien*
- Regeln/Klauseln, besondere **InsO § 309** 37
- Rücknahmefiktion **InsO § 306** 14
- Rüge Mehrheitsverhältnisse **InsO § 309** 21 ff.
- Schlechterstellung ggü. Insolvenzverfahren **InsO § 309** 29 ff.
- Schuldenbereinigungsversuch **InsO § 305a** 1 ff.
- Schuldenregulierungsverfahren **A** 135 ff.
- Schweiz **CH** 340 ff., 370 f.
- Sicherheiten **InsO § 308** 15 f.
- Verbraucherinsolvenz **InsO § 305** 46 ff.
- Wesen **InsO § 308** 9 ff.
- Widerspruch **InsO § 307** 22 ff.
- Wiederaufleben Forderungen **InsO § 308** 20 f.
- Wirkung **InsO § 308** 9 ff.
- Zustellung **InsO § 307** 1 ff.

Schuldner
- Abwicklungsverhältnis **InsO § 215** 9
- als Mieter/Pächter **InsO § 109** 1 ff.
- Änderung Verhältnisse **InsO § 308** 21
- Anhörung *siehe dort*
- Aufenthalt, unbekannter **InsO § 10** 16
- Aufgaben in Verteilung **InsO § 283** 17 ff.
- Aufgaben/Pflichten Eigenverwaltung **InsO § 270** 13 ff.
- Aufstellung Masseverzeichnis **InsO § 151** 12 f.
- Auskunftspflicht **InsO § 97** 1 ff.; **InsO § 115** 1 ff.
- Aussonderung **InsO § 47** 20
- Baurecht **B/ArR** 6 f.
- Begriff **EUInsVO 2** 4 f.
- Behinderungshandlungen **InsO § 98** 25
- Bereitschaftspflicht **InsO § 97** 36 ff.
- Beschränkung Berufsausübung **InsO § 80** 70
- Bestreiten Forderungen **InsO § 87** 28 f.
- Bewilligung Vormerkung **InsO § 106** 21 ff.
- Buchführungs-/Rechnungslegungspflichten **InsO § 155** 25 ff.
- Ehegatten **InsO § 37** 1 ff.; **InsO § 83** 24 ff.; **InsO § 332** 1 ff.; **InsO § 333** 1 ff., 19 f.
- Eigenverwaltung **InsO § 270** 17 ff.; **InsO § 270** 59 ff.; **InsO aF § 270a** 37 ff.; **InsO aF § 270d** 3 ff.; **InsO § 270g** 3 ff.
- Eigenverwaltung, vorläufige **InsO § 270c** 40 ff.; **InsO § 270e** 13 ff.
- Entziehung/Vorbereitung Flucht **InsO § 98** 24
- Erklärungen **InsO § 4c** 8 ff.; **InsO § 270a** 21 ff.
- Erlöschen Vollmacht **InsO § 117** 1 ff.
- Erwerbsobliegenheit *siehe dort*
- Gegenglaubhaftmachung **InsO § 14** 19 ff.
- Geschäftsbesorgungsvertrag **InsO § 116** 1 ff.
- Gewerbeerlaubnis **InsO § 80** 71
- Gütergemeinschaft **InsO § 333** 19 f.
- Haftung *siehe dort*

2441

Sachverzeichnis

- Herausgabepflicht **InsO § 295** 12 ff.
- Informations-/Äußerungs-/Berücksichtigungsrecht **InsO § 10** 7
- Informationspflichtverletzung **InsO § 4c** 2
- Insolvenzplan **InsO § 247** 1 ff.; **InsO § 284** 15 ff.
- Insolvenzplanvorlage **InsO § 218** 4 ff.
- Kaufmannseigenschaft **InsO § 80** 69 f.
- Klage gegen Widerspruch **InsO § 184** 1 ff.
- Leistungen **InsO § 82** 1 f.; **InsO § 134** 4 ff.; **InsO § 314** 7; **InsO § 350** 1 ff.
- Mitteilungspflicht **InsO § 270c** 39
- Mittel zur Lebensführung **InsO § 278** 1 ff.
- Mitwirkungspflicht **InsO § 97** 31 ff.; **E** 462 ff.
- Nachlassinsolvenz **InsO § 315** 24 ff.
- Nachlasspfleger/-verwalter **InsO § 315** 27 f.
- Partei-/Prozessfähigkeit **InsO § 80** 66 ff.
- Pflichten Verwalter gegenüber - **InsO § 60** 28 ff.
- Polen **PL** 429 ff., 937 ff.
- Postsperre **InsO § 99** 1 ff.
- Rechtshandlungen/-geschäfte **InsO § 131** 5 ff.; **InsO § 132** 6 ff.; **InsO § 270c** 40 ff.; **InsO § 312** 6 ff.
- Restschuldbefreiung *siehe dort*
- Sanktionen gegen - **InsO § 279** 8 ff.
- Schuldnerberatungsstelle **A** 190 ff.
- Schuldnerhandeln, eigenmächtiges **InsO § 275** 13 f.; **InsO § 276** 10 f.
- Schuldnerverzeichnis **InsO § 26** 24 f.; **InsO § 31** 2 ff.; **InsO § 207** 24; **InsO § 303a** 1 ff.; **Pl** 36 ff., 175 f., 292
- Schweiz **CH** 237 ff.
- Spanien **E** 453 ff.
- Stellung **InsO § 80** 63 ff.; **InsO § 270c** 36 ff.
- Steuerpflicht **InsO § 270c** 43 ff.
- Testamentsvollstrecker **InsO § 315** 29
- Tod **InsO § 315** 31
- Überwachung **InsO § 278** 12 f.
- Unterhalt *siehe dort*
- Unterlassungspflicht **InsO § 97** 39 ff.
- Unternehmensgruppe *siehe dort*
- USA **US** 111
- Vergütung **InsVV § 14** 12 f.
- Vermieter/Verpächter **InsO § 110** 1 ff.
- Vermögensrecht, materielles **InsO § 80** 64 f.
- Vermögensübersicht **InsO § 153** 1 ff.
- Versicherung, eidesstattliche **InsO § 98** 8 ff.
- Verwertung **InsO § 282** 2 ff.
- Vorführung, zwangsweise/Inhaftnahme **InsO § 98** 18 ff.
- Vorgespräch **InsO § 10a** 1 ff.
- Wiedereinsetzung **InsO § 186** 1 ff.
- Zustimmung **InsO § 271** 9 ff.

Schuldübernahme InsO § 35 16
Schutzrechte, gewerbliche InsO § 35 27 ff.; **InsO § 47** 71 ff.
Schutzschirm
- Unternehmensgruppe **InsO aF § 270d** 1 ff.

Schutzschirmverfahren InsO aF § 270b 1 ff.; **InsO § 270d** 1 ff.
- Ablauf **InsO aF § 270b** 53 ff.; **InsO § 270d** 63 f.
- Anordnung **InsO § 270d** 57 ff.
- Antrag **InsO aF § 270b** 12 ff., 86 ff.; **InsO § 270d** 13 ff., 53 f.
- Aufhebung **InsO aF § 270b** 92 ff.

- Baurecht **B/ArR** 34a
- Beantragung **InsO § 270d** 12 ff.
- Beendigung **InsO aF § 270b** 81 ff.; **InsO § 270d** 68 ff.
- Begründung Masseverbindlichkeiten **InsO § 270d** 55 f.
- Bescheinigung **InsO aF § 270b** 25 ff.; **InsO § 270d** 21 ff.; **COVInsAG § 6** 6 ff.
- Eigenverwaltung **InsO aF § 270b** 1 ff.; **InsO § 270d** 18 f.
- Entstehung **InsO aF § 270b** 8 ff.; **InsO § 270d** 8 ff.
- Erfüllung **InsO § 103** 115
- Gesellschaftsrecht **InsO aF § 270b** 76 ff.
- Gesetzgebung **InsO aF § 270b** 8 ff.
- Gläubigerausschuss **InsO § 67** 22
- Gläubigerausschuss, vorläufiger **InsO aF § 270b** 67, 86
- Insolvenzplan **InsO § 217** 3 ff.; **InsO aF § 270b** 53 ff.
- Masseverbindlichkeiten **InsO aF § 270b** 68 ff.
- Prüfung durch Gericht **InsO aF § 270b** 51 f.
- Rechtshandlung **InsO § 129** 33
- Sachwalter **InsO aF § 270b** 56 ff.; **InsO § 270d** 47 ff.
- Sicherungsmaßnahmen **InsO aF § 270b** 62 ff.; **InsO § 270d** 53 f.
- Vergütung **COVInsAG § 6** 16
- Vorschlag Sachwalter **InsO § 270d** 47 ff.
- Zahlungsunfähigkeit **InsO aF § 270b** 90 f.; **InsO § 270d** 65 ff.; **COVInsAG § 6** 3 ff.
- Zugangserleichterung **COVInsAG § 6** 1 ff.
- Zulässigkeit **InsO aF § 270b** 12 ff.
- Zweck **InsO aF § 270b** 1 ff.; **InsO § 270d** 1 ff.

Schweiz CH 1 ff.
- Absichtsanfechtung **CH** 328 ff.
- Abtretung **CH** 185 ff., 359 f.
- Akteneinsicht **CH** 16 ff.
- Anerkennung Verfahren, ausländische **CH** 284 ff.
- Anfechtung, paulianische **CH** 316 ff.
- Anschlusskonkurs **CH** 289 ff.
- Anschlusspfändung **CH** 58 ff.
- Antrag **CH** 29 f., 106 ff.
- Aufsichts-/Gerichtsbehörden **CH** 139
- Aussonderung/Admassierung **CH** 161 ff., 227 ff.
- Beitreibung auf Konkurs **CH** 93 ff.
- Beitreibung auf Pfändung **CH** 43 ff.
- Beitreibung, fehlende **CH** 104 ff.
- Betreibungsbegehren/Antrag **CH** 29 f.
- Betreibungsort **CH** 27 f.
- Durchführung Pfändung **CH** 43 ff.
- Einleitungsverfahren **CH** 9 f., 27 ff.
- Forderungen **CH** 263 ff.
- Forderungsprüfung **CH** 165 ff.
- Fortsetzung Beitreibung **CH** 41 f.
- Frist **CH** 68
- Generalexekution **CH** 14 f., 88 ff.
- Gläubigerausschuss **CH** 137 f.
- Gläubigerschädigung **CH** 319 f.
- Gläubigerversammlung *siehe dort*
- Grundlagen, gesetzliche **CH** 1 ff.
- Immobilienverwertung **CH** 72 f.
- Kollokationsklage **CH** 172 ff.
- Kollokationsplan **CH** 77, 165 ff.

2442

Sachverzeichnis

- Konkursamt **CH** 131
- Konkursaufschub **CH** 343 ff.
- Konkursbeschlag **CH** 239
- Konkurseröffnung **CH** 88 ff.
- Konkursorgane **CH** 131 ff.
- Konkursverfahren **CH** 129 ff.
- Konkursverlustschein **CH** 193 ff.
- Konkursverwaltung, außerordentliche **CH** 132 ff.
- Liquidationsverfahren **CH** 363 ff.
- Mängel, gesellschaftsrechtliche **CH** 126 ff.
- Masse **CH** 140 ff., 214 ff.
- Masseunzulänglichkeit **CH** 144 ff.
- Masseverbindlichkeiten **CH** 279 ff.
- Nachlassinsolvenz **CH** 123 ff.
- Nachlassverfahren/-vertrag **CH** 346 ff.
- Öffentlichkeit **CH** 16 ff.
- Pfändung **CH** 223 ff., 416 f.
- Pfändungsverlustschein **CH** 78 f.
- Pfandverwertung **CH** 80 ff.
- Rechtsstellung Gläubiger **CH** 243 ff.
- Rechtsstellung Schuldner **CH** 237 ff.
- Rechtsvorschlag/Einstellung **CH** 33 ff.
- Reinerlös, ungenügender **CH** 76 f.
- Sachen, bewegliche **CH** 69 ff.
- Sanierung **CH** 340 ff.
- Schenkungsanfechtung **CH** 321 ff.
- Schuldenbereinigung, einvernehmliche **CH** 370 ff.
- Schuldenruf **CH** 153 f.
- Spezialexekution **CH** 11 ff.
- Staatsverträge **CH** 311 ff.
- Stellung Konkursverwalter **CH** 428 ff.
- Steuerrecht **CH** 395 f.
- Strafrecht **CH** 373 ff.
- Überschuldungsanfechtung **CH** 324 ff.
- Unternehmensfortführung **CH** 422 ff.
- Verfahren, summarisches **CH** 148 ff.
- Verfahrenskosten **CH** 206 ff.
- Verfahrensübersicht **CH** 5 ff.
- Vermögen, entdecktes **CH** 203 ff.
- Vermögen, neues **CH** 197 ff.
- Verrechnung **CH** 231 ff.
- Verteilung **CH** 74 ff., 190, 420 f.
- Verträge, laufende **CH** 244 ff.
- Verwertung **CH** 67 ff., 80 f., 182 ff., 420 f.
- Wechselbeitreibung **CH** 103
- Wechselexekution **CH** 14
- Widerruf Konkurs **CH** 282 ff.
- Widerspruchsverfahren **CH** 64 ff.
- Wiedereröffnung **CH** 203 ff.
- Zahlungsbefehl **CH** 31 f.
- Zuständigkeit **CH** 335 f.
- Zwangsvollstreckung **CH** 409 ff.

Sekundärverfahren InsO § 356 1 ff.; **EUInsVO** 19 9
- Antrag **InsO § 356** 15 ff.; **EUInsVO § 37** 1 ff.
- Ausübung Gläubigerrechte **EUInsVO** 45 1 ff.
- Eigenverwaltung **EUInsVO** 38 1 ff.; **EUInsVO** 41 12
- Eröffnung **InsO § 356** 4 ff.; **EUInsVO** 19 9; **EUInsVO** 34 1 ff.
- Eröffnung Hauptverfahren, nachträgliche **EUInsVO** 50 1 f.
- Eröffnungsentscheidung **EUInsVO** 38 1 ff.; **EUInsVO** 39 1 ff.
- Forderungsanmeldung **EUInsVO** 45 1 ff.
- Informationspflicht **InsO § 357** 4 ff.
- Konzeption **EUInsVO** 34 2 ff.
- Kosten **InsO § 356** 13; **EUInsVO** 40 1 ff.; **EUInsVO** 44 1 f.
- Planinitiativrecht **InsO § 357** 15 ff.
- Recht, anwendbares **EUInsVO** 35 1 ff.
- Recht, internationales **InsO § 356** 1 ff.; **E** 1205 ff.; **EUInsVO** 34 1 ff.
- Rechte, dingliche **EUInsVO** 8 27
- Sanierungsplan **EUInsVO** 47 1 f.
- Schlussverteilung **InsO § 358** 1 ff.
- Sicherungsmaßnahmen **InsO § 344** 13 ff.; **EUInsVO** 38 6 f.; **EUInsVO** 52 1 ff.
- Stellungnahme **InsO § 357** 15 ff.
- Teilnahmerecht **InsO § 357** 13 f.
- Überschuss **EUInsVO** 49 1 ff.
- Umwandlung **EUInsVO** 51 1 ff.
- Verteilung **InsO § 358** 1 ff.
- Verwalter **InsO § 357** 4 ff.; **EUInsVO** 28 f.; **EUInsVO** 41 1 ff.
- Verwertung **InsO § 357** 10 ff.; **EUInsVO** 46 1 ff.
- Voraussetzungen **InsO § 356** 8 ff.
- Vorschriften **InsO § 356** 5 ff.
- Wirkungen **InsO § 356** 20 ff.; **EUInsVO** 34 19 ff.
- Zulässigkeit **InsO § 356** 4
- Zusammenarbeit/Kommunikation **InsO § 357** 1 ff.; **EUInsVO** 41 1 ff.; **EUInsVO** 42 1 ff.; **EUInsVO** 43 1 ff.
- Zuständigkeit **InsO § 356** 14; **EUInsVO** 3 28 ff.

Selbstoffenbarungspflicht InsO § 97 24
Sicherheiten
- Abgaben, öffentliche **InsO § 51** 15
- Besicherung, privilegierte COVInsAG **InsO § 44a** 24 ff.; **COVInsAG § 2** 5 f.
- dingliche **E** 521 ff.; **F** 496 ff.; **GB** 320 ff., 381; **Pl** 753 ff.
- Doppelbesicherung **InsO § 44a** 20 ff.
- Drittdarlehen, gesellschafterbesicherte **InsO § 44a** 19; **InsO § 143** 41 ff.
- Dritter **A** 319 ff.; **CZ** 500; **Pl** 694 ff., 1057 ff.
- Dritter, gruppeninterner **InsO § 222** 15a; **InsO § 223a** 1 ff.; **InsO § 238b** 1 f.; **InsO § 245** 14e
- England **GB** 320 ff.
- Finanzsicherheiten **InsO § 104** 29 f.
- Forderungsanmeldung **InsO § 28** 8 ff.
- Fortwirkung **InsO § 301** 5 ff.
- Frankreich **F** 408
- Gesellschafterdarlehen *siehe dort*
- Gewährung/Ermöglichung **InsO § 130** 6 ff.; **InsO § 131** 7 ff.
- Inanspruchnahme **InsO § 44a** 12 ff.
- Insolvenzplan *siehe dort*
- Kreditsicherheiten **InsO § 143** 13.1
- Margensicherheiten **InsO § 130** 33 ff.
- nach Einstellung **InsO § 211** 4 f.
- Neuordnung **InsO § 223** 8
- Polen *siehe dort*
- publizierte **F** 413
- Recht, anwendbares **EUInsVO** 7 88
- Rückschlagsperre **InsO § 88** 14a ff.
- Schuldenbereinigungsplan **InsO § 308** 15 f.
- Sicherheitseinbehalt **B/ArR** 157 ff.

2443

Sachverzeichnis

- Sicherungsabtretung **InsO § 82** 19 f.; **B/ArR** 435 ff.; **ImoV** 33 f., 974
- Sicherungshypothek **InsO § 88** 22 ff.
- Sicherungsübereignung *siehe dort*
- Steuerforderungen **CH** 405 ff.
- Tschechische Republik **CZ** 500
- Unwirksamkeit, absolute schwebende **InsO § 88** 17 ff.
- Verstrickung, öffentlich-rechtliche **InsO § 88** 18 ff.
- Verträge, gegenseitige/laufende **InsO § 103** 112 f.
- Vormerkung **InsO § 106** 1 ff.

Sicherungsmaßnahmen
- Anordnung **InsO § 344** 15 ff.
- Antrag **InsO § 344** 8 ff.
- Aufhebung **InsO § 25** 1 ff.; **InsO § 344** 16 ff.
- Bekanntmachung **InsO § 345** 13 f.
- Eigenverwaltung, vorläufige **InsO § 270c** 14 ff.
- Mietforderungen **InsO § 110** 14
- Mitwirkung Überwachungsorgane **InsO § 276a** 54 ff.
- Recht, internationales **InsO § 344** 1 ff.; **InsO § 352** 19 f.; **InsO § 353** 10 f.; **EUInsVO 32** 13 ff.; **EUInsVO 52** 1 ff.
- Rechtsfolgen **InsO § 344** 15 ff.
- Rechtsmittel **InsO § 344** 17
- Rechtsstreit **InsO § 352** 19 f.
- Schutzschirmverfahren **InsO aF § 270b** 62 ff.; **InsO § 270d** 53 f.
- Sekundärverfahren **InsO § 344** 13 ff.; **EUInsVO 38** 6 f.; **EUInsVO 52** 1 ff.
- Verbraucherinsolvenz **InsO § 306** 5
- vor Hauptverfahren **InsO § 344** 11 f.
- Voraussetzungen **InsO § 344** 8 ff.
- Zuständigkeit **InsO § 344** 10

Sicherungsübereignung InsO § 108 29 ff.
- Absonderung **InsO § 51** 1 ff.
- Ausgleich Wertverlust **InsO § 172** 6 ff.
- Aussonderung **InsO § 47** 30 f.
- Bestandteile **ImoV** 450 ff.
- Doppelumsatz **StR-USt** 178
- Eigenverwaltung **StR-USt** 210 ff.
- Eigenverwaltung, vorläufige **StR-USt** 193 ff.
- Erzeugnisse **ImoV** 450 ff.
- Frankreich **F** 215, 409, 521 ff.
- Polen **Pl** 597
- Umsatzsteuer **StR-USt** 178 ff.
- Veräußerung nach Insolvenzeröffnung **StR-USt** 196 ff.
- Veräußerung vor Insolvenzeröffnung **StR-USt** 178 ff.
- Veräußerung während Insolvenzeröffnung **StR-USt** 185 ff.
- Verbindung/Vermischung/Verarbeitung **InsO § 172** 17 ff.
- Verbrauch **InsO § 172** 5
- Zubehör **ImoV** 450 ff.

Siegelung InsO § 150 1 ff.
Software InsO § 35 36
Sonderinsolvenzverwalter InsO § 56 51 ff.; **InsO § 56b** 23 ff.; **InsO § 59** 23; **InsO § 60** 2; **InsVV § 5** 11 ff.
Spanien E 1 ff.
- Abschlussbericht **E** 758 ff., 785 ff.
- Abschlussbericht, vorläufiger **E** 772 ff.

- Aktivinventar **E** 761 ff.
- Aktivmasse **E** 583 ff.
- Aktivmasseninventar **E** 594
- Amtsausübung Verwalter **E** 397 ff.
- Anerkennung Entscheidungen, ausländische **E** 1212 ff.
- Anfechtung **E** 93 ff., 633 ff.
- Anfechtung Inventar/Gläubigerliste **E** 181 f., 777 ff.
- Anfechtung Zahlungsvereinbarung **E** 153 ff.
- Annahme Vergleich **E** 824 ff.
- Antrag **E** 72 ff., 118 ff., 564 ff.
- Antragsberechtigung/-befugnis **E** 107 ff., 164 ff., 206 ff., 283 ff.
- Antragspflicht **E** 213 ff.
- Arbeitsrecht **E** 297 ff., 349 ff., 402, 558 ff.
- Aufrechnung **E** 530 ff.
- Auskunfts-/Mitwirkungspflichten **E** 462 ff.
- Auskunftsrechte **E** 960 ff.
- Auslandsbezug **E** 1205 ff.
- Aussonderung **E** 592 ff.
- Bankrott **E** 1109 ff.
- Beendigung **E** 313, 1024 ff.
- Beitritt **E** 825 ff.
- Bekanntmachung **E** 272 ff., 361 ff.
- Bewertung **E** 763 ff.
- Bindung Einstufung für Gerichte, ordentliche **E** 1015
- Buchhaltungsfälschung **E** 1130 ff.
- Bürgschaft **E** 691 ff.
- Durchführbarkeitsplan **E** 48; 63 f., 807
- Einstufung Insolvenz **E** 964 ff.
- Einstufungsverfahren **E** 998 ff.
- Entlassung/Rücktritt Verwalter **E** 442 ff.
- Entwicklung, historische **E** 3 ff., 9 ff.
- Erfüllung/Nichterfüllung Vergleich **E** 905 ff.
- Erfüllung/Nichterfüllung Zahlungsvereinbarung **E** 160 ff.
- Erhalt Aktivmasse **E** 601 ff.
- Ermächtigung, richterliche **E** 352
- Eröffnung **E** 453 ff.
- Eröffnung Einstufungsverfahren **E** 994 ff.
- Eröffnungsbeschluss **E** 269 ff.
- Eröffnungsverfahren **E** 187 ff., 313
- Exequaturverfahren **E** 1213 ff.
- Expressinsolvenzverfahren **E** 314, 1056 ff.
- Feststellungsverfahren **E** 506 ff.
- Forderungen **E** 529 ff., 681 ff., 695 ff., 736 ff.
- Forderungen, öffentlich-rechtliche **E** 161 ff.
- Forderungsanerkennung **E** 673 ff.
- Forderungsanmeldung **E** 663 ff.
- Geschichte/Chronik **G/C** 23 ff.
- Gläubiger **E** 65 ff., 110, 944 ff.
- Gläubiger, ausländische **E** 662 ff.
- Gläubigerbegünstigung, unrechtmäßige **E** 1125 ff.
- Gläubigerbenachteiligung **E** 633 ff.
- Gläubigerliste **E** 681, 766 ff.
- Gläubigerversammlung **E** 130 ff., 868 ff.
- Glossar **E** Anh.
- Haftung **E** 429 ff., 993 ff., 1013, 1179 ff.
- Hilfskräfte, bevollmächtigte **E** 393 ff.
- Insolvenz, schuldhafte **E** 966 ff.
- Insolvenzdelikte **E** 1107 ff., 1133 ff.
- Insolvenzeinstufung **E** 313
- Insolvenzfähigkeit **E** 188 ff.
- Insolvenzgründe **E** 192 ff.

Sachverzeichnis

- Insolvenzrecht, materielles **E** 187 ff.
- Insolvenzregister, öffentliches **E** 276 f.
- Koordination Verfahren, in-/ausländisches **E** 1218 ff.
- Körperschaftssteuer **E** 1172 ff.
- Masseforderungen **E** 736 ff.
- Masseunzulänglichkeit **E** 314, 1043 ff.
- Mediation, insolvenzrechtliche **E** 103 ff.
- Mediator **E** 123 ff.
- Mindestanzahl Passiva **E** 38 f.
- Mitteilung Eröffnung an Gläubiger **E** 657 ff.
- Nachlassinsolvenz **E** 190, 279 ff.
- Passivmasse **E** 654 ff.
- Personenkreis, haftender **E** 989 ff.
- Personenregister **E** 272 ff.
- Pflichten, buchhalterische **E** 492 ff.
- Pre-Pack **E** 183, 314, 854, 941 ff.
- Prozessfähigkeit ab Eröffnung **E** 497 ff.
- Rahmen, konzeptioneller **E** 1 f.
- Recht, anwendbares **E** 1199 ff.
- Recht, internationales **E** 1193 ff.
- Rechtsmittel **E** 353 ff.
- Refinanzierungsvereinbarung **E** 172
- Refinanzierungsvereinbarung, Anfechtung **E** 93 ff.
- Refinanzierungsvereinbarung, individuelle **E** 44 ff.
- Refinanzierungsvereinbarung, kollektive **E** 32 ff.
- Refinanzierungsvereinbarung, zugelassene **E** 58 ff.
- Refinanzierungsvereinbarungen **E** 29 ff.
- Refinanzierungsvereinbarungsinhalt **E** 81 ff.
- Restrukturierung **E** 7 ff.
- Restschuldbefreiung **E** 1069 ff.
- Sanierungsplan **E** 36 ff.
- Schudlhaftigkeitsvermutung **E** 170 ff.
- Schuldner **E** 453 ff.
- Schuldvermutung **E** 973 ff.
- Sekundärinsolvenzverfahren **E** 1205 ff.
- Sicherheiten, dingliche **E** 521 ff.
- Steuerforderungen **E** 1138 ff.
- Steuerrecht **E** 1137 ff.
- Strafrecht **E** 1088 ff.
- Übertragung Vermögenswerte/Rechte **E** 612 ff.
- Umsatzsteuer **E** 1159 ff., 1174
- Unternehmensfortführung **E** 595 ff.
- Veräußerung Unternehmenseinheiten **E** 622 ff.
- Verfahren **E** 164 ff., 187 ff., 313, 335 ff., 573
- Verfahren, freiwilliges **E** 217 ff.
- Verfahren, ordentliches **E** 319 ff.
- Verfahren, schriftliches **E** 881 ff.
- Verfahren, unfreiwilliges **E** 219 ff., 245 ff.
- Verfahren, verbundene **E** 371 f.
- Verfahren, verkürztes **E** 321 ff.
- Verfahrenshäufung **E** 328 ff.
- Verfahrenskosten **E** 744 ff.
- Verfahrensparteien **E** 315 f.
- Verfahrensregeln, allgemeine **E** 313 ff.
- Verfügungsbefugnis **E** 466 ff., 601 ff.
- Vergleich **E** 798 ff.
- Vergleich, ordentlicher **E** 855 ff.
- Vergleichsmaßnahmen **E** 808 ff.
- Vergleichsphase **E** 313 f.
- Vergleichsregeln **E** 802 ff.
- Vergleichsvorschlag, vorgezogener **E** 841 ff.
- Vergütung Verwalter (nach Phasen) **E** 407 ff.
- Verhältnis, besonderes **E** 733 ff.
- Verhandlung mit Gläubigern **E** 13 ff.
- Verjährungshemmung **E** 541 ff.
- Vermögensregister **E** 278 ff.
- Verträge, laufende **E** 544 ff., 580 ff.
- Verwalter *siehe dort*
- Verwertung **E** 313 f., 912 ff., 924 ff., 1027 ff.
- Vollstreckungsvereitelung **E** 1092 ff., 1133 ff.
- Vollstreckungsverfahren **E** 516 ff.
- Vorinsolvenzverfahren **E** 13 ff.
- Widerruf Eröffnung **E** 1029 ff.
- Widerspruch/Genehmigung **E** 885 ff.
- Wiederaufnahme **E** 1067 ff.
- Wiedereröffnung **E** 1062 ff.
- Wirkungen **E** 55 ff., 77 ff., 127 ff., 148 ff., 453 ff., 477 ff., 899 ff., 1006 ff., 1060 ff.
- Wirtschaftsprüfer **E** 38 f., 66 f.
- Zahlungen **E** 944 ff.
- Zahlungsplan **E** 807, 1083 ff.
- Zahlungsunfähigkeit **E** 33, 46, 192 ff.
- Zahlungsvereinbarung, außergerichtliche **E** 103 ff., 173, 180
- Zinsen **E** 947
- Zulassungsverbot Zahlungsvereinbarung **E** 111 ff.
- Zusammensetzung Aktivmasse **E** 584 ff.
- Zuständigkeit **E** 15, 116 f., 165, 293 ff., 331, 642, 1197 f.

Spielgewinn InsO § 295 14c f.

Steuerrecht
- Abgrenzung Insolvenzforderung/Masseverbindlichkeit **StR-Verf** 99 ff.
- Anspruchsdurchsetzung **StR-Verf** 145 ff.
- Anspruchsfestsetzung **StR-Verf** 125 ff.
- Anteilsrechte **InsO § 225a** 11 f.
- Antrag Finanzbehörde **StR-Verf** 174 ff.
- Auskunftsrechte/-pflichten **StR-Verf** 45 ff.
- Auswirkung Feststellungsbescheid **StR-Verf** 172
- Bausteuerrecht **B/ArR** 223a ff.
- Bekanntgabe **StR-Verf** 140 ff.
- Berichtigungspflichten **StR-Verf** 97 f.
- Bilanzierungsperiode **GB** 435
- Eigenverwaltung **InsO aF § 270a** 50 ff.; **StR-Verf** 42 ff.
- Eigenverwaltung, vorläufige **InsO § 270c** 43 ff.
- Einspruchsverfahren **StR-Verf** 171
- England **GB** 434 ff.
- Entrichtungspflicht **StR-Verf** 202 ff.
- Erbschaft-/Schenkungssteuer **StR-NI** 80 ff.
- Erhebungsverfahren **StR-USt** 87; **StR-Verf** 145 ff.
- Erklärungspflicht **StR-Verf** 80 ff., 213
- Eröffnung **StR-Verf** 81 ff.
- Ertragssteuerrecht *siehe dort*
- Festsetzungsbefugnis **StR-Verf** 126 f.
- Festsetzungsverfahren **StR-USt** 86
- Finanzbehörde **StR-Verf** 37 ff.
- Freigabe Immobilie **InsO § 165** 46 f.
- Freigabefolgen **ImoV** 188 ff.
- Geldbußen/-strafen **StR-NI** 111 f.
- Grunderwerbsteuer **StR-NI** 24 ff.
- Grundsteuer *siehe dort*
- Haftung *siehe dort*

Sachverzeichnis

- Haftungsschaden **StR-Verf** 217 ff.
- Immobilienverwertung **ImoV** 128 ff., 188 ff., 904 ff.; **StR-USt** 155 ff.
- Inhaltsadressat **StR-Verf** 141
- Insolvenzmasse **InsO § 38** 33
- Insolvenzverwaltervergütung **CZ** 669 f.
- Italien **I** 460 ff.
- Kfz-Steuer **InsO § 55** 31
- Kirchensteuer **StR-Nl** 50 ff.
- Körperschaftssteuer *siehe dort*
- Kraftfahrzeugsteuer **StR-Nl** 53 ff.
- Masseverbindlichkeiten **InsO § 55** 26 ff., 32, 69 ff.
- Mittelvorsorgepflicht **StR-Verf** 214 ff.
- Nachlassinsolvenz **StR-ESt** 143 ff.
- Österreich **A** 443 ff.
- Pflichten Insolvenz Verwalter **ImoV** 128 ff.
- Polen **Pl** 1204 ff.
- Prüfungsverfahren, insolvenzrechtliches **StR-Verf** 128 ff.
- Rangfolge Steuerforderungen **GB** 436 ff.
- Rangrücktrittsvereinbarung **InsO § 39** 125 f.
- Rechnungslegungspflichten **StR-Verf** 76 ff.
- Rechtsschutz **StR-Verf** 166 ff.
- Regelinsolvenzverfahren **StR-Verf** 13 ff.
- Restschuldbefreiung **InsO § 301** 10 ff.
- Sachwalter **StR-Verf** 43 f.
- Säumnis-/Verspätungszuschläge **StR-Nl** 91 ff.
- Schuldner **StR-Verf** 13 ff., 42
- Schweiz **CH** 395 ff.
- Sonderfall Zahlungsverbote **InsO § 15b** 26 ff.
- Spanien **E** 1137 ff.
- Stellung Beteiligte **StR-Verf** 13 ff.
- Steuerausfall **StR-Verf** 217 ff.
- Steuerberaterkosten **StR-Verf** 95 ff.
- Steuererlass **CH** 407 ff.
- Steuererstattungen **InsO § 95** 16 ff.
- Steuerforderungen *siehe Forderungen*
- Steuerhinterziehung **StR-Verf** 224 f.
- Steuersubjekte **StR-Verf** 89 ff.
- Strafrecht **Pl** 1204 ff.
- Tschechische Republik **CZ** 636 ff.
- Umfang Erklärungspflicht **StR-Verf** 84 ff.
- Umsatzsteuer *siehe dort*
- Unternehmensfortführung **CH** 422 ff.
- Veräußerung, freihändige **InsO § 165** 43 ff.
- Verbrauchsteuern **StR-Nl** 73 ff.
- Verfahrensrecht **StR-USt** 86 ff.; **StR-Verf** 1 ff.
- Vermögen, freigegebenes **StR-Verf** 139
- Verschulden **StR-Verf** 220 ff.
- Verwalter **InsO § 80** 56 ff.; **CH** 428 ff.; **StR-Verf** 26 ff.
- Verwalterpflichten **InsO § 80** 56 ff.; **CZ** 658 ff.; **E** 1175 ff., 1189; **ImoV** 128 ff.; **Pl** 1254 ff.; **StR-USt** 7 f.
- Vollstreckungskosten **StR-Nl** 105 ff.
- Vollstreckungsverfahren **StR-Verf** 160 ff.
- Wahl Lohnsteuerklasse **InsO § 287b** 10 f.
- Wirtschaftsjahr **GB** 435
- Zinsen **StR-Nl** 108 ff.
- Zölle **StR-Nl** 73 ff.
- Zuschlagswirkungen **ImoV** 664
- Zwangs-/Ordnungsgeld **StR-Nl** 111 ff.
- Zwangsversteigerung *siehe dort*
- Zwangsverwaltung *siehe dort*

Stilllegung Unternehmen *siehe Unternehmensstilllegung*
Stimmrecht
- Absonderung **InsO § 237** 7 f.; **InsO § 238** 1 ff.
- Feststellung, gerichtliche **InsO § 77** 8 ff.
- Gläubiger **InsO § 237** 1 ff.
- Gläubigerversammlung **InsO § 76** 4; **InsO § 77** 1 ff.; **Pl** 464 ff., 978 ff.
- Insolvenzplan *siehe dort*

Strafrecht
- Angestellte, leitende **A** 439
- Antragspflichtverletzung **InsO § 15a** 45 ff.; **Pl** 1200 ff.
- Arrest/Beschlagnahme **InsO § 50** 12a ff.
- Bankrott **A** 425 ff.; **CZ** 612 ff.; **E** 1109 ff.; **I** 439 ff.
- Bestechung **Pl** 1194 f.
- Bestrafung/Stigmatisierung Schuldner **InsO § 1** 49 f.
- Betrug **Pl** 1166 ff.
- Buchführungspflichten **Pl** 1191 ff.
- Buchhaltungsfälschung **E** 1130 ff.
- Dritte **I** 454
- England **GB** 390 ff.
- Erpressung/Nachrede **CZ** 629
- Falschaussage **Pl** 1196 f.
- Forderungsanmeldung, zu hohe **CZ** 510
- Frankreich **F** 629 f.
- Geldbußen/-strafen **F** 31; **StR-Nl** 111 f.
- Gläubigerbegünstigung **CZ** 618; **E** 1125 ff.; **Pl** 1188 ff.
- Gläubigerbenachteiligung **Pl** 1170 ff.
- Gläubigerschädigung **CZ** 615 ff.
- Herausgabe-/Auskunftspflichten **Pl** 1198 f.
- Herbeiführung Konkurs/Zahlungsunfähigkeit **Pl** 1183 ff.
- Insolvenzdelikte **E** 1107 ff., 1133 ff.
- Insolvenzverschleppung **InsO § 15a** 48; **InsO § 15b** 25; **InsO § 19** 60; **InsO § 135** 33; **A** 476; **CZ** 505 ff.
- Irrtum **InsO § 131** 25 ff.
- Italien **I** 438 ff.
- Kredit-/Leistungserschleichung/-vermeidung **InsO § 290** 25 ff.
- Kreditinanspruchnahme, missbräuchliche **I** 452
- Machenschaften **CZ** 623 ff.
- Missbildung Vermögenszustand **CZ** 627 f.
- Österreich **A** 425 ff., 476
- Pflichtverletzungen **A** 431 ff.; **CZ** 511 ff., 622, 625 f., 630
- Polen **Pl** 1155 ff.
- Restschuldbefreiung **InsO § 290** 19 ff.; **InsO § 297** 1 ff.; **InsO § 303** 6 f.
- Schaden Organisationseinheit, wirtschaftliche **Pl** 1155 ff.
- Schaffung Wirtschaftseinheit, neue **Pl** 1179 ff.
- Schweiz **CH** 373 ff.
- Sozialversicherungsbetrug **A** 441 f.; **CZ** 631 ff.; **Pl** 1213
- Spanien **E** 1088 ff.
- Steuerrecht **Pl** 1204 ff.
- Tschechische Republik **CZ** 505 ff., 612 ff.
- Umstände, straferhöhende **I** 456
- Versagung Restschuldbefreiung **InsO § 290** 36 f.

Sachverzeichnis

- Verschwiegenheitspflicht **InsO** § 80 60
- Verursachung Vermögensverfall **CZ** 619 ff.
- Verurteilung, einschlägige **InsO** § 290 19 ff.
- Verwalter **InsO** § 80 59 ff.
- Verwalter, vorläufiger **InsO** § 22 125 ff.
- Vollstreckungsvereitelung **E** 1092 ff., 1133 ff.
- Vorsatz **InsO** § 131 12 ff.

Stundung
- Aufhebung **InsO** § 4c 12 ff.
- Corona-Pandemie **COVInsAG** § 2 13 f.
- Forderung **InsO** § 224 7 f.
- Insolvenzplan **InsO** § 224 7 f.
- Stundungsvereinbarung **InsO** § 39 89 ff.
- Verfahrenskosten **InsO** § 4a 6 ff.; **InsO** § 4b 1 ff.; **InsO** § 4c 1 ff.; **InsO** § 26 19; **InsO** § 63 28; **InsO** § 207 17
- Vergütung **InsVV** § 17 33
- Verlängerung **InsO** § 4b 1 ff.
- Zahlungsunfähigkeit **InsO** § 17 9

Summenmehrheit InsO § 309 11 ff.
Surrogation, dingliche InsO § 36 31

Teilungsplan ImoV 634 ff.
Teilungsversteigerung ImoV 417, 866 ff. *siehe auch Zwangsversteigerung*
Tiere InsO § 36 7a
Treuhand InsO § 35 40 ff.; **InsO** § 47 106 ff.; **InsO** § 129 82 f.
Treuhänder InsO § 59 22; **InsO** § 314 1 ff.
- Aufgaben **InsO** § 292 9 ff.; **InsO** § 313 7 ff.
- Aufsicht **InsO** § 292 5
- Auskunftsrechte/-pflichten **StR-Verf** 54
- Bestimmung **InsO** § 288 1 ff.
- Haftung **InsO** § 60 6; **InsO** § 292 6
- Rechnungslegung **InsO** § 292 7 f.
- Recht, internationales **A** 418 ff.; **US** 146 ff., 166
- Sicherungsübertragung, treuhänderische **F** 521 ff.
- Stellung **InsO** § 292 1 ff.
- Umsatzsteuer **StR-USt** 7 f.
- Vergütung **InsO** § 293 1 ff.; **InsO** § 298 1 ff.; **InsO** § 313 1 ff.; **InsVV** § 14 1 ff.; **InsVV** § 15 1 ff.; **InsVV** § 16 1 ff.
- Verteilung **InsO** § 292 11 ff.

Tschechische Republik CZ 1 ff.
- Akteneinsicht **CZ** 55 ff.
- Anerkennung Verfahren **CZ** 61, 77 ff.
- Antrag **CZ** 24 f., 26, 29 f., 31 ff., 63, 66 f., 559 ff.
- Arbeits-/Sozialrecht **CZ** 450 ff.
- Arten **CZ** 103 ff.
- Aufrechnung **CZ** 433 ff.
- Auskunftspflicht **CZ** 340 ff.
- Ausschluss aus Funktion **CZ** 515 ff.
- Bankrottstraftaten **CZ** 612 ff.
- Beendigung **CZ** 62 ff., 219 f., 552 ff., 600 ff.
- Befreiung, quotale **CZ** 541 ff.
- Bereicherung, ungerechtfertigte **CZ** 529
- Beschlagnahme **CZ** 470 ff.
- Bestreiten Forderung **CZ** 212 ff.
- Beteiligte **CZ** 132 ff.
- Dritte **CZ** 671 ff.
- Ehegatten **CZ** 100, 204
- Eigentumsvorbehalt **CZ** 432
- Eigenverwaltung/Schutzschirm **CZ** 115 ff.
- Einkommensteuer **CZ** 642 f.
- Einstellung Verfahren **CZ** 74 ff.
- Entgeltherausgabe/Nachfüllung Passiva **CZ** 519 ff.
- Entwicklung, rechtliche **CZ** 1 ff.
- Erfüllung Reorganisationsplan **CZ** 411
- Eröffnungsverfahren **CZ** 335 ff.
- Erpressung/Nachrede **CZ** 629
- Ertragsteuern **CZ** 657
- Folgen, gesellschaftsrechtliche **CZ** 446 ff.
- Forderungen **CZ** 161 ff., 202, 221 ff., 510
- Geldwäsche **CZ** 170 ff.
- Gesamthaftungsansprüche **CZ** 501 f.
- Geschäftsführer/Vorstände **CZ** 505 ff., 671 ff.
- Gläubiger **CZ** 159 ff., 482 ff.
- Gläubigerausschuss (vorläufiger) **CZ** 317 ff.
- Gläubigerbegünstigung **CZ** 618
- Gläubigerbenachteiligung **CZ** 528 ff.
- Gläubigerschädigung **CZ** 615 ff.
- Gläubigerversammlung **CZ** 105 ff., 299 ff., 582 ff.
- Gläubigerzugriff **CZ** 414
- Gutachter **CZ** 291 ff.
- Haftung **CZ** 501 ff., 671 ff.
- Insolvenzfähigkeit **CZ** 99 ff.
- Insolvenzgeld **CZ** 465 ff.
- Insolvenzgericht **CZ** 224 ff.
- Insolvenzgesetz **CZ** 7 ff.
- Insolvenzgründe **CZ** 83 ff.
- Insolvenzregister **CZ** 42, 57 ff.
- Insolvenzverschleppung **CZ** 505 ff.
- Kapitalaufbringung/-erhaltung **CZ** 503 f.
- Kleinverfahren **CZ** 127 ff.
- Konkurs **CZ** 112 ff., 552 f.
- Konzern **CZ** 242
- Kostenvorschuss **CZ** 216
- Kreditfinanzierung **CZ** 153 ff.
- Liegenschaftserwerbsteuer **CZ** 646
- Liegenschaftssteuer **CZ** 644
- Liquidation **CZ** 552 f.
- Lösung Vermögensverfall **CZ** 364 ff.
- Machenschaften **CZ** 623 f.
- Masse **CZ** 470 ff., 540 ff.
- Masseforderungen **CZ** 196 ff.
- Mehrwertsteuer **CZ** 647 ff.
- Missbildung Vermögenszustand **CZ** 627 f.
- Mitwirkungspflicht **CZ** 142, 340 ff.
- Moratorium **CZ** 104, 116 ff., 511
- Pflichtverletzungen **CZ** 622, 625 f., 630
- Plan, vorvereinbarter **CZ** 412 f.
- Prüfungsverhandlung **CZ** 182 ff., 577 ff.
- Rechnungslegungspflichten **CZ** 661 ff.
- Recht, materielles **CZ** 83 ff.
- Rechte/Pflichten Beteiligte **CZ** 132 ff.
- Rechtsgeschäfte **CZ** 529 ff.
- Rechtsmittel **CZ** 47 ff.
- Rechtsprechung **CZ** 21
- Rechtsstreitige, anhängige **CZ** 436 ff.
- Regelverfahren **CZ** 103 ff.
- Reorganisation/Restrukturierung *siehe Restrukturierung*
- Restschuldbefreiung **CZ** 555 ff.
- Sachverhaltsermittlung **CZ** 335 ff.
- Sanierungsgewinne **CZ** 657
- Sanierungskonzept **CZ** 347
- Sanierungsmöglichkeiten **CZ** 350 ff.
- Schlussbericht **CZ** 109 f.
- Schuldbefreiung **CZ** 284 ff.

Sachverzeichnis

- Schuldner **CZ** 132 ff.
- Sicherheiten Dritter **CZ** 500
- Sicherung Insolvenzmasse **CZ** 343 ff.
- Sorgfalt Kaufmann, ordentlicher **CZ** 514
- Sozialversicherungsbetrug **CZ** 631 ff.
- Steuerrecht **CZ** 636 ff.
- Strafrecht **CZ** 505 ff., 612 ff.
- Straßensteuer **CZ** 645
- Tod Schuldner **CZ** 101
- Überschuldung **CZ** 92 ff.
- Umwandlung Reorganisation/Konkurs **CZ** 408 ff.
- Unbegründetheit/Missbrauch **CZ** 64 f.
- Unternehmensfortführung **CZ** 554, 655
- Urteil Unwirksamkeit **CZ** 539
- Verbrauchsteuer **CZ** 653 f.
- Verfahren **CZ** 24 ff.
- Verfahren, vorläufiges **CZ** 347 ff.
- Verfahrenskosten **CZ** 52 ff.
- Verfahrensöffentlichkeit **CZ** 55 ff.
- Verfahrensziele **CZ** 96 f.
- Verfügungsbefugnis **CZ** 136 ff., 415, 553
- Vermögensverfall **CZ** 567 ff., 619 ff.
- Verteilung **CZ** 540 ff.
- Verteilungsbeschluss **CZ** 111
- Verträge, laufende **CZ** 416 ff.
- Verwalter **CZ** 233 ff., 658 ff.
- Verwertung **CZ** 485 ff., 591, 656
- Vorrechte **CZ** 540
- Wirkungen **CZ** 205 ff., 414 ff., 595 ff.
- Wohlverhaltensphase **CZ** 592
- Zahlungsunfähigkeit **CZ** 84 ff.
- Zurückweisung Antrag **CZ** 68 ff.
- Zuständigkeit **CZ** 36 ff.

Überschuldung InsO § 19 1 ff.
- Abgrenzung zur Zahlungsunfähigkeit **InsO § 19** 4
- Aktivseite **InsO § 19** 20 ff.
- Ansatz **InsO § 19** 20 ff., 40 f.
- Anwendungsbereich **InsO § 19** 5 ff.
- Aussetzung Antragspflicht **COVInsAG § 1** 10 ff.
- Baurecht **B/ArR** 24 f.
- Begriff **InsO § 19** 2 ff.
- Beweislast **InsO § 19** 58 ff.
- Bewertung **InsO § 19** 20 ff., 40 f.
- Fallgruppen Aktivseite **InsO § 19** 23 ff.
- Fallgruppen Passivseite **InsO § 19** 42 ff.
- Fortbestehensprognose **InsO § 19** 10 ff.
- Historie **InsO § 19** 1
- Nachlassinsolvenz **InsO § 320** 19 ff.
- Passivseite **InsO § 19** 40 ff.
- Prognosezeitraum **COVInsAG § 4** 1 ff.
- Prüfung Tatbestand **InsO § 19** 8 f.
- rechnerische **InsO § 19** 18 ff.
- Recht, internationales **A** 91 ff., 464 ff.; **CZ** 92 ff.; **GB** 198 ff.; **I** 27 ff., 414 ff.; **Pl** 362 ff., 890 ff.
- Stichtagsprinzip **InsO § 19** 57
- Überschuldungsanfechtung **CH** 324 ff.
- Verfahren zur Überwindung Überschuldung **I** 414 ff.
- Verwertungsprognose **InsO § 19** 22
- Zahlungen **InsO § 15b** 1 ff.

Umsatzsteuer
- Abgrenzungsmerkmale **StR-USt** 36 ff.

- Anfechtung **StR-USt** 79, 223 ff.
- Aufrechnung *siehe dort*
- Besteller-Insolvenz **StR-USt** 149 ff.
- Besteuerungsart **StR-USt** 96 f.
- Besteuerungszeitraum **StR-USt** 103
- Doppelumsatz **InsO § 55** 30; **StR-USt** 178
- Dreifachumsatz **ImoV** 946 ff.
- Eigenverwaltung **InsO § 282** 12; **StR-USt** 71 ff., 80
- Einfuhrumsatzsteuer **StR-USt** 44
- Entstehungszeitpunkt **StR-USt** 100 ff.
- Erhebungsverfahren **StR-USt** 87
- Festsetzungsverfahren **StR-USt** 86
- Forderungseinzug **StR-USt** 64 ff.
- Freigabe Geschäftsbetrieb **StR-USt** 48
- Freigabe Tätigkeit **StR-USt** 95
- Haftungstatbestände **StR-USt** 229 ff.
- Immobilienverwertung **ImoV** 130 ff., 905 ff.; **StR-USt** 155 ff.
- Ist-Besteuerung **StR-USt** 61 ff.
- Lieferbeziehung **InsO § 171** 20 ff.
- Masse **InsO § 38** 30 f.
- Masseverbindlichkeiten **InsO § 55** 29 f.; **StR-USt** 39 ff.
- nach Eröffnung **StR-USt** 39 ff.
- Organschaft **InsO aF § 270** 77a; **StR-USt** 8 ff.
- Pflichten Insolvenzverwalter **ImoV** 130 ff.
- Rechnungserteilung **StR-USt** 104 ff.
- Recht, internationales **A** 457 ff.; **CH** 421, 423; **CZ** 647 ff.; **E** 1159 ff., 1174; **Pl** 1234 ff.
- Rechtsprechungsübersicht **StR-USt** 3
- Sachwalter **StR-USt** 7 f.
- Satz **InsVV § 7** 5 ff.
- Sicherungsübereignung **StR-USt** 178 ff.
- Soll-Besteuerung **StR-USt** 64 ff., 75 ff.
- Sonderumsatzsteuer **StR-Nl** 24
- Steuerausweis, unberechtigter **StR-USt** 117
- Steuerbetrag, unrichtiger **StR-USt** 114
- Steuerrecht **StR-USt** 1 ff.
- Teilleistungen **StR-USt** 143
- Treuhänder **StR-USt** 7 f.
- Uneinbringlichkeit Forderung **StR-USt** 135
- Unternehmensfortführung **Pl** 1246 ff.
- Unternehmereigenschaft **StR-USt** 4 ff.
- Veräußerung, freihändige **InsO § 165** 33 f., 44 f.
- Verfahren **StR-USt** 86 ff.
- Vergabe Steuernummer **StR-USt** 91 ff.
- Vergütung **InsO § 63** 10, 26; **InsO § 73** 18; **InsVV § 7** 1 ff.; **InsVV § 11** 27; **InsVV § 14** 14; **InsVV § 18** 13 ff.
- Verträge, beiderseitig nicht voll erfüllte **StR-USt** 142 f.
- Verwalter **Pl** 1267 f.; **StR-USt** 7 f.
- Verwalter, vorläufiger schwacher **StR-USt** 55 ff.
- Verwalter, vorläufiger starker **StR-USt** 51 ff.
- Verwaltungsvereinbarung **ImoV** 996 ff.
- Verwertung **InsO § 159** 18 f.; **InsO § 166** 30 ff.; **InsO § 170** 6; **InsO § 171** 18 ff.; **InsO § 282** 12; **ImoV** 904 ff., 945 ff.; **Pl** 1234 ff.; **StR-USt** 166 ff., 211 ff.
- Voranmeldungen **StR-USt** 90, 97 ff., 109, 127 ff.
- Vorsteuerberichtigung **StR-USt** 135 ff., 164 ff.

Sachverzeichnis

- Wahlrechtsausübung, geänderte **StR-USt** 119 ff.
- Werkunternehmer-Insolvenz **StR-USt** 144 ff.
- Wirtschaftsgüter, bewegliche **ImoV** 915 ff.
- Zölle **StR-USt** 45
- Zwangsversteigerung *siehe dort*
- Zwangsverwaltung **StR-USt** 171 ff.

Umwandlungsrecht *siehe auch Maßnahmen, gesellschaftsrechtliche*
- Daten, personenbezogene **DS** 99
- Sekundärverfahren **EUInsVO** 51 1 ff.
- Umwandlungsmaßnahmen **Pl** 51

Unterhalt InsO § 36 11; **InsO § 40** 1 ff.; **InsO § 100** 1 ff.
- Anfechtung **InsO § 100** 28
- Antrag **InsO § 100** 13 ff.
- Auskunft/Unterrichtung/Mitteilung **InsO § 101** 41 ff.
- Forderungen **InsO § 36** 11; **InsO § 89** 34 ff.; **InsO § 302** 19 ff.
- Gläubigerversammlung **InsO § 100** 16 ff.
- Gruppenbildung **InsO § 222** 13
- Insolvenzplan **InsO § 221** 45
- Mitwirkung bei Gewährung **InsO § 101** 41 ff.
- Unterhaltsberechtigte **InsO § 221** 45
- Verwalter, vorläufiger starker **InsO § 22** 15
- Verwaltungsvereinbarung **ImoV** 990 f.
- vorläufiger **InsO § 22** 15; **InsO § 100** 29 ff.
- Zuständigkeit **InsO § 100** 16 ff., 29 f.
- Zwangsverwaltung **ImoV** 837 ff., 972 f., 990 f.

Unterlassungspflicht InsO § 97 39 ff.; **InsO § 98** 1 ff.

Unternehmen *siehe auch Gesellschaft*
- Anteilseigner **InsO § 218** 7 f.; **InsO § 238a** 1 ff.
- ausländisches **InsO § 11** 6 ff.; **InsO § 15** 9; **InsO § 15a** 6, 15; **InsO § 19** 7; **InsO § 39** 55; **InsO § 135** 8
- Begriff **EUInsVO 2** 2 f.
- Beteiligung **InsO § 35** 38 ff.; **InsO § 221** 11
- Eigenbetrieb, staatlicher **InsO § 12** 5
- Fortführung *siehe Unternehmensfortführung*
- Geschäftsleiter **InsO § 60** 4a
- Insolvenz **InsO § 218** 7 f.
- Italien **I** 318 ff.
- Mithaftung **InsO § 43** 18 ff.
- Mutterunternehmen **EUInsVO 2** 36 ff.
- Niederlassung **EUInsVO 2** 26 ff.
- Personen, nahestehende **InsO § 138** 11 ff.
- Recht, anwendbares **EUInsVO 7** 69 ff.
- Staatsbeteiligung **InsO § 12** 5
- Stilllegung *siehe Unternehmensstilllegung*
- Unternehmensgruppe *siehe dort*
- Unternehmenspacht **I** 299
- Veräußerung *siehe Unternehmensveräußerung*
- Verbundenheit **InsO § 3e** 7 ff.
- Zweigniederlassung **EUInsVO 28** 10 ff.

Unternehmensfortführung
- Bauträger **Pl** 390 ff.
- Berichtstermin **InsO § 157** 2
- Betriebsänderungen **InsO § 121** 1 ff.; **InsO § 122** 1 ff.
- Bewertung Massegegenstände **InsO § 151** 18 ff.
- England **GB** 284 ff.
- Frankreich **F** 203 f., 301 ff., 324 ff.
- Gewinn **InsO § 63** 16a

- Italien **I** 130, 298
- Maßnahmen laut Insolvenzplan **InsO § 217** 31
- Maßnahmen vor Berichtstermin **InsO § 158** 3 ff.
- Mietvertrag **InsO § 112** 11
- Österreich **A** 215 ff.
- Polen **Pl** 390 ff., 662, 1246 ff.
- Schweiz **CH** 422 ff.
- Spanien **E** 595 ff.
- Tschechische Republik **CZ** 554, 655
- Vergütung **InsVV § 1** 28 ff.; **InsVV § 3** 23 ff.
- Verwalter, vorläufiger schwacher **InsO § 22** 63
- Verwalter, vorläufiger starker **InsO § 22** 31 ff.
- Zwangsverwaltung **ImoV** 824 ff.

Unternehmensgruppe EUInsVO 2 35; **EUInsVO 3** 17 ff.; **EUInsVO 56** 1 ff.
- Begriff **InsO § 3e** 1 ff.
- Eigenverwaltung **InsO § 269e** 17; **InsO aF § 270d** 1 ff.; **InsO § 270g** 1 ff.
- Gläubigerausschuss **InsO § 269c** 1 ff.
- Gruppengerichtsstand **InsO § 2** 30 ff.; **InsO § 3a** 1 ff.; **InsO § 3b** 1 ff.; **InsO § 3d** 1 ff.; **InsO § 13a** 1 ff.
- Insolvenzplan *siehe dort*
- Konzern **InsO § 39** 64; **EUInsVO 3** 17 ff.
- Koordinationsverfahren *siehe dort*
- Organschaft *siehe dort*
- Recht, internationales **EUInsVO 56** 1 ff.
- Sachwalter **InsO aF § 270d** 1 ff.; **InsO § 270g** 8 ff.
- Schuldner **InsO § 269a** 1 ff.; **InsO § 269b** 1 ff.; **InsO aF § 270d** 1 ff.; **InsO § 270g** 1 ff.; **EUInsVO 56** 1 ff.
- Schutzschirm **InsO aF § 270d** 1 ff.
- Sicherheiten, gruppeninterne **InsO § 222** 15a; **InsO § 223a** 1 ff.; **InsO § 238b** 1 f.; **InsO § 245** 14e
- Verwalter **InsO § 56b** 1 ff.
- Verwalterbestellung **InsO § 56b** 1 ff.
- Zusammenarbeit Gerichte **InsO § 269b** 1 ff.
- Zusammenarbeit Verwalter **InsO § 269a** 1 ff.
- Zuständigkeit **EUInsVO 3** 17 ff.

Unternehmensstilllegung
- Berichtstermin **InsO § 157** 3; **InsO § 158** 3 ff.
- Bewertung Massegegenstände **InsO § 151** 16 f.
- Einkommensteuer **StR-ESt** 21 ff.
- Gläubigerausschuss, vorläufiger **InsO § 22a** 17 ff.
- Verwalter, vorläufiger starker **InsO § 22** 31 ff., 48 ff.
- Zeitpunkt/Restschuldbefreiung **StR-ESt** 25 ff.

Unternehmensveräußerung InsO § 128 1 ff.; **InsO § 162** 1 ff.; **InsO § 163** 1 ff.; **E** 622 ff.; **F** 459; **Pl** 50; **PL** 653 ff.; **Pl** 1045; **StR-ESt** 21 ff.

Unterstützungspflicht InsO § 20 34 ff.

Untersuchungsgrundsatz InsO § 5 8 ff.

Urheberrechte InsO § 35 32 ff.; **InsO § 36** 18; **InsO § 47** 64 ff.

USA US 1 ff.
- Abfindungsansprüche **US** 202
- Abschlussverfahren **US** 257 ff.
- Abstimmungen **US** 91

2449

Sachverzeichnis

- Abweisung, strukturierte **US** 98 ff.
- Akteneinsicht **US** 65 ff.
- Änderungen/Reformen **US** 11 f.
- Anerkennung im Ausland **US** 69 ff.
- Anfechtung **US** 46, 182 ff.
- Antrag **US** 40 ff.
- Arbeits-/Sozialrecht **US** 196 ff.
- Aufrechnung **US** 179 ff.
- Auswirkungen, gesellschaftsrechtliche **US** 193 ff.
- Barsicherheiten **US** 220 f.
- Beendigung **US** 240 ff.
- Best-Interest-Test **US** 92
- Beteiligte **US** 111 ff.
- Beweisaufnahme **US** 63
- Bundesrecht **US** 13 ff.
- Business Judgement Rule **US** 235 ff.
- Chapter 11-Verfahren **US** 27 ff.
- Cramdown **US** 94
- Diskriminierung, unfaire **US** 95 f.
- Durchführbarkeit **US** 93
- Einleitung Verfahren **US** 40 ff.
- Entwicklung, historische **US** 7 ff., 213 ff.
- fair/gerecht **US** 97
- Forderungen **US** 114 ff., 253 ff.
- Geheimhaltungsvereinbarung **US** 38
- Geltendmachung Gläubigeransprüche **US** 239
- Gerichtshof, oberster **US** 140 f.
- Geschäftsleitung **US** 224 ff.
- Gläubiger **US** 112 ff.
- Gläubigerausschuss **US** 142 ff., 166
- Gläubigerbenachteiligung **US** 185 ff.
- Gutachter **US** 154 ff.
- Haftung **US** 224 ff.
- Informationspflicht **US** 51 ff.
- Informationsquellen **US** 21
- Insolvenzgericht **US** 128 ff.
- Insolvenzgründe **US** 16 ff.
- Kernverfahren **US** 56 ff.
- Kommunen (Chapter 9) **US** 105 ff.
- Kreditaufnahme Grundlagen, gesetzliche **US** 218 f.
- Kreditbeschaffung/DIP-Financing **US** 211 ff.
- Landwirte (Chapter 12) **US** 108 f.
- Liquidation (Chapter 7) **US** 74 f., 241 f., 246 ff., 258 f.
- loan-to-own/roll-up **US** 222 f.
- Loyalitätspflichten **US** 234
- Masse **US** 161 ff.
- Mitwirkungspflicht **US** 51 ff.
- Nutzung/Verkauf/Verpachtung **US** 168 ff.
- Office of the US Trustee **US** 157 ff.
- Pflichten, treuhänderische **US** 229 ff.
- Pre-Arranged **US** 33 ff.
- Pre-Pack **US** 29 ff.
- Rechtsbehelfe **US** 59 ff.
- Rechtsstreitigkeiten, anhängige **US** 191 f.
- Restrukturierung/Reorganisation *siehe Restrukturierung*
- Schuldbefreiung **US** 245 ff.
- Schuldner **US** 111
- Schutz, angemessener **US** 216 ff.
- Sicherstellung Vermögenswerte **US** 53
- Sorgfaltspflichten **US** 232 f.
- Treuhänder **US** 146 ff., 166
- Überblick **US** 1 ff.
- Übertragungen, betrügerische **US** 185 ff.
- Übertragungen, bevorzugte **US** 189 f.
- Unternehmen, kleine **US** 100 ff.
- Verbraucherinsolvenz (Chapter 13) **US** 110 f.
- Verfahrensabweisung (Dismissal) **US** 73 ff.
- Verfahrensarten **US** 59 ff., 61, 63, 79 ff., 104 ff.
- Verfahrensöffentlichkeit **US** 65 ff.
- Verfahrensziele **US** 19 f.
- Verfahrenszugang für Gläubiger **US** 165 ff.
- Verträge, laufende **US** 172 ff.
- Vorsorgeleistungen **US** 203 f.
- Zuständigkeit **US** 54 ff., 128 ff., 136 ff.

Verbraucherinsolvenz InsO § 304 1 ff.
- Abtretungserklärung **InsO § 305** 28 f.
- Altverfahren **InsVV § 13** 11 f.
- Anhörung **InsO § 306** 20 ff.
- Antrag **InsO § 304** 19 f.; **InsO § 305** 1 ff.; **InsO § 306** 15 ff.
- Anwendbarkeit **InsO § 304** 1 ff.
- Bescheinigung **InsO § 305** 15 ff., 21 ff.
- Eigenverwaltung **InsO § 270** 43
- Erfüllungswahlrecht **InsO § 103** 51.1
- Formulare, unvollständige **InsO § 305** 53 ff.
- Frankreich **F** 21 ff.
- Haftung **InsO § 60** 5
- Immobilienverwertung **ImoV** 67
- Italien **I** 431 ff.
- Massefeststellung **Pl** 675
- Maßnahmen, vorläufige **InsO § 21** 28
- Polen *siehe dort*
- Restschuldbefreiung *siehe dort*
- Ruhen Verfahren **InsO § 306** 1 ff.
- Schuldenbereinigungsplan *siehe dort*
- Schuldenbereinigungsversuch **InsO § 305** 15 ff.; **InsO § 305a** 1 ff.
- Schweiz **CH** 370 ff.
- Sicherungsmaßnahmen **InsO § 306** 5
- Unterhalt aus Masse **InsO § 100** 1 ff.
- USA (Chapter 13) **US** 110 f.
- Verfahren, asymmetrisches **InsVV § 13** 10
- Verfahrensablauf **InsO § 304** 29 ff.
- Vergütung **InsVV § 13** 1 ff.
- Vertretung Schuldner bei Antrag **InsO § 305** 15 ff.
- Verwalter, vorläufiger **InsO § 21** 28
- Verzeichnisse **InsO § 305** 30 ff.
- Vollstreckungsmaßnahmen **InsO § 80** 78

Verbrauchssteuern A 457 ff.; **StR-Nl** 73 ff.
Verein ImoV 160 ff.
Verfahren
- andere **EUInsVO 60** 1 ff.
- Annexverfahren **InsO § 2** 6 f.
- Anwendung ZPO **InsO § 4** 1 ff.
- Anzeige Masseunzulänglichkeit **InsO § 208** 1 ff.
- asymmetrisches **InsVV § 13** 10
- Aufhebung *siehe dort*
- Auseinandersetzung außerhalb - **InsO § 84** 1 ff.
- ausländisches **InsO § 343** 6 ff.
- Ausschlussverfahren **EUInsVO 89** 1
- Begriff **EUInsVO 1** 10 f.; **EUInsVO 2** 6
- Beschlussverfahren, arbeitsgerichtliches **InsO § 122** 19 ff.
- Beschwerdeverfahren **InsO § 4d** 12 ff.
- Effizienzsteigerung **I** 540

2450

Sachverzeichnis

- Eigenverwaltung *siehe dort*
- Eigenverwaltung, vorläufige **InsO § 270b** 31; **InsO § 270c** 1 ff.
- Eilbedürftigkeit **InsO § 4** 13
- Einheitsverfahren **InsO § 1** 42 ff.
- Einstellung *siehe dort*
- England *siehe dort*
- Entlassung Verwalter **InsO § 59** 7 ff.
- Entscheidung Fortgang **InsO § 157** 1 ff.
- eröffnetes **InsO § 5** 7 ff.; **InsO § 286** 6 ff.
- Eröffnung *siehe dort*
- Folgeinsolvenz **InsO § 266** 3
- Forderungsprüfung/-feststellung **InsO § 180** 1 ff.
- Frankreich *siehe dort*
- Gegenstand **InsO § 1** 35 ff.
- Gesamtverfahren **EUInsVO 2** 1
- Grundbucheintragung **InsO § 32** 9 ff.
- Grundsätze **InsO § 5** 1 ff.
- Gruppenfolgeverfahren **InsO § 3c** 1 ff.
- Gütergemeinschaft **InsO § 332** 1 ff.; **InsO § 333** 1 ff.; **InsO § 334** 1 ff.
- Koordinator **InsVV § 3** 54 f.
- laufendes **GB** 281 ff.
- Maßnahmen vor Berichtstermin **InsO § 158** 1 ff.
- Maßnahmen, vorläufige **InsO § 21** 132 ff.
- Mediation, insolvenzrechtliche **E** 103 ff.
- Mietvertrag **ImoV** 949 ff.
- Nachfolgeinsolvenzverfahren **InsO § 73** 17.1
- Nachlassinsolvenz **InsO § 315** 9 ff.
- Österreich **A** 32 ff.
- Partikularverfahren **EUInsVO 3** 27 ff.
- Polen *siehe dort*
- Prinzipien **InsO § 1** 22 ff.; **InsO § 4** 13
- Restschuldbefreiung *siehe dort*
- Ruhen **InsO § 306** 1 ff.
- schriftliches **InsO § 5** 20; **InsO § 176** 7
- Schutzschirmverfahren *siehe dort*
- Schweiz **CH** 129 ff.
- Sekundärverfahren *siehe dort*
- Sonderverfahren **InsO § 1** 45 ff.
- Spanien *siehe dort*
- Steuerrecht **StR-Ust** 86 ff.; **StR-Verf** 13 ff.
- Tschechische Republik *siehe dort*
- Umsatzsteuer **StR-USt** 86 ff.
- USA **US** 27 ff.
- Verfahrensarten **EUInsVO 3** 1; **EUInsVO Anh. A**
- Vermittlungsverfahren **InsO § 121** 1 ff.
- Versammlungen/Termine, virtuelle **InsO § 4** 16 ff.
- Verteilungsverfahren **InsO § 187** 4 ff.
- Vollstreckbarkeitserklärung **InsO § 353** 12 f.
- Vollstreckungsverfahren **StR-Verf** 160 ff.
- Vorgespräch **InsO § 10a** 1 ff.
- vorherige **InsO § 270a** 23
- vorläufiges **CZ** 347 ff.; **GB** 148 ff.
- Vorrang InsO **InsO § 4** 5 ff.
- WEG-Recht **ImoV** 237 ff.
- Widerruf **InsO § 303** 10 ff.
- Widerspruch **CH** 64 ff.
- Wiederaufnahme **B/ArR** 572 ff.; **CH** 203 ff.; **E** 1062 ff., 1067 ff.
- wirtschaftlich verbundene **InsO § 73** 17 f.
- Ziele **InsO § 1** 1 ff.
- Zulassungsverfahren **InsO § 5** 2 ff.
- Zustimmungsverfahren **InsO § 160** 12 ff.; **InsO § 162** 6

Verfallabrede ImoV 457, 495
Verfügung *siehe Rechtshandlungen/-geschäfte*
Verfügung, einstweilige InsO § 253 17 f.
Verfügungsbefugnisse
- Einstellung **InsO § 207** 20
- Schuldner **E** 466 ff.
- Spanien **E** 466 ff., 601 ff.
- Tschechische Republik **CZ** 136 ff., 415, 553
- Verfügungsbeschränkungen **InsO § 23** 1 ff.; **InsO § 24** 1 ff.; **InsO § 346** 6 ff.; **ImoV** 1 ff., 55 f., 64 ff., 221
- Verfügungsverbote *siehe dort*
- Verfügungszeitpunkt **ImoV** 16 f.
- Verwalter **CZ** 273

Verfügungsverbote ImoV 6 ff., 12, 39 f.
- absolute **InsO § 81** 1 ff.
- Anwendungsbereich **InsO § 81** 1 ff.
- Bezüge aus Dienstverhältnis **InsO § 81** 25 ff.
- Erwerb, gutgläubiger **InsO § 81** 14 ff.
- gegenständlich beschränkte **ImoV** 12
- isoliertes **InsO § 21** 53 ff.
- Maßnahmen, vorläufige **InsO § 21** 34 ff.; **ImoV** 384
- Rechtsfolge **InsO § 81** 10 ff.
- Rückgewähranspruch **InsO § 81** 18 ff.
- Veräußerungsverbote **InsO § 80** 72 ff.
- Verfügungsbegriff **InsO § 21** 35
- Verwalter, schwacher vorläufiger **InsO § 21** 50 ff.
- Verwalter, starker vorläufiger **InsO § 21** 43 ff.
- Verwertung nach - **ImoV** 39 f.
- Vorerbschaft **InsO § 83** 31 ff.
- Wirkungen **InsO § 21** 39 ff.
- Zeitpunkt Eingreifen **InsO § 81** 20 f.
- Zeitpunkt Verfügung **InsO § 81** 22 ff.
- Zwangs-/Arresthypothek **ImoV** 384

Vergleich
- Anfechtung **B/ArR** 182 ff., 190 ff., 206 ff.
- Annahme **E** 824 ff.
- Ausgleich, außergerichtlicher **A** 18 ff.
- Baurecht **B/ArR** 182 ff.
- Beitritt **E** 825 ff.
- Erfüllung/Nichterfüllung **E** 905 ff.
- Gestaltungsmöglichkeiten **B/ArR** 209 ff.
- Gläubigerversammlung **E** 868 ff.; **PL** 552 f., 984 ff.
- Insolvenzvergleich **E** 798 ff.
- Italien *siehe dort*
- Konkursvergleich **I** 322 ff.
- Liquidationsvergleich **I** 129
- Maßnahmen **E** 808 ff.
- ordentlicher **E** 855 ff.
- Polen *siehe dort*
- Ratenzahlung **B/ArR** 195
- Spanien *siehe dort*
- Vollzug **B/ArR** 194
- vorgezogener **E** 841 ff.
- Widerspruch/Genehmigung **E** 885 ff.
- Wirkungen **E** 899 ff.
- Zahlungsverbote **InsO § 15b** 40

Vergütung
- Abschläge **InsO § 63** 21 ff.; **InsVV § 3** 1 ff., 39 ff.; **InsVV § 11** 25; **InsVV § 12** 24; **InsVV § 12a** 12; **InsVV § 13** 9 f.
- Absonderung *siehe dort*

Sachverzeichnis

- Abzüge **InsO § 63** 8
- Allgemeines **InsO § 63** 1 ff.
- Angemessenheit **InsVV § 2** 1 ff.; **InsVV § 3** 1 ff.; **InsVV § 4** 17; **InsVV § 5** 2 ff.
- Anhörung **InsVV § 16** 5; **InsVV § 17** 12 f.
- Anrechnungen **InsVV § 12** 25
- Antrag *siehe dort*
- Arbeitsaufwand, erhöhter **InsVV § 3** 1 ff.
- Arbeitsrecht **InsVV § 3** 32 ff.
- Auslagen *siehe dort*
- Aussonderung *siehe dort*
- Bekanntgabe *siehe dort*
- Berechnung **InsO § 63** 6 ff.
- Berechnungsgrundlage **InsO § 63** 7 ff.; **InsVV § 1** 1 ff.; **InsVV § 11** 2 ff.; **InsVV § 12** 9a f.; **InsVV § 12a** 8 ff.; **InsVV § 14** 2 ff.
- Corona-Pandemie **InsVV § 2** 20; **InsVV § 11** 46; **InsVV § 12** 40; **InsVV § 19** 15
- Degressionsausgleich **InsVV § 3** 29 ff.
- Eigenverwaltung **COVInsAG § 5** 41
- Fallgruppen A-Z **InsVV § 3** 38 ff.; **InsVV § 11** 24
- Fälligkeit *siehe dort*
- Gegenstandswert **InsVV § 1** 49
- Gesamtwürdigung **InsVV § 3** 15 f.
- Geschäftskosten **InsVV § 4** 1 ff.
- Gläubigerausschuss **InsO § 22a** 70 ff.; **InsO § 54** 47; **InsO § 73** 1 ff.; **InsO § 269c** 29 f.; **InsVV § 17** 1 ff.
- Grundlagen **InsO § 73** 2
- Haftpflichtversicherung **InsVV § 4** 18 f.; **InsVV § 18** 10 ff.
- Haftung **InsVV § 17** 33
- Hausverwaltung **InsVV § 3** 27 f.
- Hilfskräfte **InsVV § 4** 4 ff.; **InsVV § 18** 8 f.
- Höhe **InsO § 73** 3 ff.
- Insolvenzplan **InsO § 217** 24 ff.; **InsO § 269g** 1 ff.; **InsVV § 3** 36 f.; **InsVV § 6** 15 ff.
- InsVV **InsVV § 1** 1 ff.
- Koordinator **EUInsVO 77** 1 ff.
- Kosten, besondere **InsVV § 4** 12 ff.
- Masseverbindlichkeiten **InsVV § 1** 25 ff.; **InsVV § 17** 45
- Mindestvergütung **InsO § 63** 20, 28; **InsVV § 2** 10 ff.; **InsVV § 12** 10a; **InsVV § 13** 4 ff.; **InsVV § 14** 8 ff.
- Mitglieder, entsandte **InsO § 73** 15
- nach InsVV **InsO § 63** 3
- Nachtragsverteilung **InsVV § 6** 1 ff.
- Nachweis Zeitaufwand **InsO § 73** 13
- Nebenarbeiten **InsVV § 73** 14
- Notwendigkeit **InsVV § 4** 8 ff.
- Pflichtverletzungen **InsO § 64** 14 f.
- Rechtsmittel *siehe dort*
- Regelung, abschließende **InsO § 63** 4
- Regelvergütung **InsO § 63** 18 ff.; **InsVV § 2** 1 ff.; **InsVV § 12a** 6 f.; **InsVV § 13** 4 ff.
- Restvergütungsanspruch **B/ArR** 365 ff.
- Sachkunde, besondere **InsVV § 1** 26 f.; **InsVV § 5** 1 ff.; **InsVV § 12** 11
- Sachwalter *siehe dort*
- Schätzung **InsVV § 1** 11 ff.
- Schuldner **InsVV § 14** 12 f.
- Schutzschirmverfahren **COVInsAG § 6** 16
- Sonderaufgaben **InsO § 63** 29
- Sonderinsolvenzverwalter **InsVV § 5** 11 ff.
- Sondermasse **InsVV § 1** 36 ff.
- Stundung **InsVV § 17** 33
- Treuhänder *siehe dort*
- Übergangsrecht **InsVV § 19** 1 ff.
- Umsatzsteuer *siehe dort*
- Unternehmensfortführung **InsVV § 1** 28 ff.; **InsVV § 3** 23 ff.
- Verbraucherinsolvenz **InsVV § 13** 1 ff.
- Verfahren, wirtschaftlich verbundene **InsO § 73** 17 f.
- Verfahrenskoordinator **InsO § 269g** 1 ff.; **InsVV § 3** 54 f.
- Verfahrenskosten **InsO § 54** 36 ff.
- Vergütungsfestsetzung **InsO § 64** 1 ff.; **InsO § 73** 22 ff.; **InsO § 293** 10 ff.; **EUInsVO 77** 5 ff.; **InsVV § 6** 22 ff.; **InsVV § 8** 1 ff.; **InsVV § 9** 16 f.; **InsVV § 11** 28 ff.; **InsVV § 12** 28 ff.; **InsVV § 12a** 15 ff.; **InsVV § 14** 15; **InsVV § 16** 1 ff.; **InsVV § 17** 14
- Vergütungsvereinbarung **InsO § 63** 5 ff.; **PI** 747 ff.
- Verjährung **InsO § 63** 17; **InsO § 73** 19; **InsVV § 8** 33 ff.; **InsVV § 11** 33; **InsVV § 12a** 23; **InsVV § 17** 48
- Vermögensverhältnisse, überschaubare **InsVV § 3** 52 f.
- Verordnungsermächtigung/InsVV) **InsO § 65** 1 ff.
- Verwalter **InsO § 54** 37; **InsO § 63** 1 ff.; **InsO § 300a** 9 f.; **CZ** 275 ff., 669 f.; **E** 407 ff.; **InsVV § 1** 1 ff.; **PI** 456 ff., 1263 ff.
- Verwalter, vorläufiger **InsO § 26a** 1 ff.; **InsO § 54** 43 ff.; **InsO § 63** 14 ff.; **InsVV § 3** 40 ff.; **InsVV § 10** 5 ff.; **InsVV § 11** 1 ff.
- Verwirkung **InsVV § 8** 28 ff.; **InsVV § 12a** 24
- Vorschuss **InsO § 63** 27; **InsO § 73** 20; **InsVV § 1** 34 f.; **InsVV § 9** 1 ff.; **InsVV § 11** 34; **InsVV § 12** 35 f.; **InsVV § 12a** 21; **InsVV § 14** 15; **InsVV § 16** 13 ff.; **InsVV § 17** 34; **InsVV § 18** 15 f.
- Wertermittlung **InsVV § 63** 15 ff.
- Zufluss, nachlaufender **InsVV § 1** 10
- zusätzliche **InsO § 63** 29
- Zuschläge **InsO § 63** 21 ff.; **InsVV § 3** 1 ff.; **InsVV § 11** 20 ff.; **InsVV § 12** 12 ff.; **InsVV § 12a** 11; **InsVV § 13** 6; **InsVV § 17** 32
- Zuschüsse **InsVV § 1** 34 f.
- Zustellung **InsVV § 8** 17 ff.

Verhältnismäßigkeit InsO § 21 14 ff.; **InsO § 98** 31 ff.; **InsO § 99** 19

Verjährung/-sfristen InsO § 62 1 ff.; **B/ArR** 51 ff.
- Anfechtung **InsO § 135** 36; **InsO § 146** 1 ff.; **B/ArR** 222 ff.
- Ausschluss **InsO § 146** 12
- Baurecht **B/ArR** 51 ff.
- Forderung, nicht angemeldete **InsO § 224** 9 f.
- Forderungsanmeldung **InsO § 174** 46 ff.
- Haftung **InsO § 60** 80; **InsO § 62** 1 ff.; **InsO § 71** 20
- Hemmung **InsO § 39** 129; **InsO § 62** 24; **InsO § 146** 10 f.; **InsO § 259b** 6; **E** 541 ff.; **PI** 779b
- Höchstfrist **InsO § 259b** 5
- Insolvenzplan **InsO § 224** 9 f.; **InsO § 259b** 1 ff.

Sachverzeichnis

- Neubeginn **InsO § 146** 10 f.
- Pflichtverletzung Verwalter **InsO § 62** 1 ff.
- Spanien **E** 541 ff.
- Unterbrechung **F** 423
- Vergütung *siehe dort*
- Verkürzung **B/ArR** 53
- Verzichtserklärung **B/ArR** 222 ff.
- Zahlungen **InsO § 15b** 41 f.

Vermächtnis InsO § 35 18; **InsO § 83** 1 ff.; **InsO § 327** 11 ff.

Vermögensverfall CZ 567 ff., 619 ff.

Vermögensverzeichnis/-übersicht InsO § 153 1 ff.
- Eigenverwaltung **InsO § 281** 7
- Form/Frist **InsO § 153** 10 ff.
- Inhalt **InsO § 153** 3 ff.
- Insolvenzplan **InsO § 220** 15 ff.; **InsO § 229** 1 ff.
- Niederlegung in Geschäftsstelle **InsO § 154** 1 ff.
- Rechts-/Zwangsmittel **InsO § 153** 24 f.
- Stichtag **InsO § 153** 8 f.
- Verbraucherinsolvenz **InsO § 305** 30 ff.
- Versicherung, eidesstattliche **InsO § 153** 13 ff.
- Zustellung **InsO § 307** 1 ff.

Verschwiegenheitspflicht InsO § 97 19, 27 ff.

Versicherung, eidesstattliche InsO § 98 8 ff.; **InsO § 153** 13 ff.

Versicherungsleistungen InsO § 35 20 ff.; **InsO § 36** 14 f.; **ImoV** 303 ff.

Verteilung InsO § 170 1 ff.; **InsO § 187** 1 ff.
- Abschlagsverteilung **InsO § 191** 3; **InsO § 195** 1 ff.
- Abweichungen durch Insolvenzplan **InsO § 187** 12
- anteilige **InsO § 269g** 3 ff.
- Aufgaben Sachwalter **InsO § 283** 17 ff.
- Aufgaben Schuldner **InsO § 283** 14 f.
- Ausführung **InsO § 187** 19 ff.
- Ausschluss von Massegläubigern **InsO § 206** 1 ff.
- Aussetzung **InsO § 233** 1 ff.
- Berücksichtigung, nachträgliche **InsO § 192** 1 ff.
- Beträge, zurückbehaltene **InsO § 198** 1 ff.
- Eigenverwaltung **InsO § 283** 13 ff.
- Einstellung nach **InsO § 211** 6 ff.
- Gegenstände, nicht verwertbare **InsO § 197** 12 f.
- Gläubiger, nachrangige **InsO § 187** 25
- Gläubigergruppen, besondere **InsO § 187** 13 ff.
- Hinterlegung **InsO § 198** 7 ff.
- Insolvenzplan **InsO § 217** 22
- Nachtragsverteilung *siehe dort*
- Recht, internationales **A** 376 ff.; **CH** 74 ff., 190, 420 f.; **CZ** 546 ff.; **EUInsVO** 7 51 ff.; **GB** 369 ff.; **Pl** 802 ff.
- Schlussrechnung **InsO § 197** 9 ff.
- Schlusstermin **InsO § 197** 1 ff.
- Schlussverteilung **InsO § 191** 4 f.; **InsO § 196** 1 ff.
- Sekundärverfahren **InsO § 358** 1 ff.
- Treuhänder **InsO § 292** 11 ff.
- Überschuss **InsO § 199** 1 ff.
- Verhältnis zum Prüf-/Feststellungsverfahren **InsO § 187** 1 ff.
- Verteilung, fehlerhafte **InsO § 187** 26 ff.
- Verteilungsarten **InsO § 187** 4 ff.
- Verteilungsverzeichnis **InsO § 187** 16 ff.; **InsO § 188** 1 ff.; **InsO § 189** 1 ff.; **InsO § 190** 1 ff.; **InsO § 191** 1 ff.; **InsO § 193** 1 ff.; **InsO § 194** 1 ff.
- Zuständigkeit **InsO § 187** 8 ff.
- Zwangsverwaltung **ImoV** 830 ff., 994

Verträge, gegenseitige/laufende InsO § 55 40 ff.
- Anfechtung **InsO § 131** 38 f.
- Anpassungen durch Insolvenzplan **InsO § 221** 46a
- arbeitsrechtliche *siehe Arbeitsrecht*
- atypische/gemischte **InsO § 103** 33 ff.
- Aufrechnung **InsO § 103** 107 ff.
- Aufträge Schuldner **InsO § 115** 1 ff.
- Aufwertung/Qualitätssprung **InsO § 103** 68 ff.
- Ausschluss/Beschränkung **§§ 103–118 InsO § 119** 8 ff.
- Begriff **InsO § 103** 24 ff.
- Beispiele **InsO § 103** 30 ff.
- Bindung an Vertrag, bestehenden **InsO § 103** 70 ff.
- Darlehen *siehe dort*
- Durchsetzbarkeit, suspendierte **InsO § 103** 72 ff.
- Eigentumsvorbehalt *siehe dort*
- Eigenverwaltung **InsO § 279** 1 ff.
- Entwicklung **InsO § 103** 5 ff.
- Erfüllung *siehe dort*
- Erfüllungswahl *siehe dort*
- Erlöschen **InsO § 103** 75 ff.
- Fortbestandsfiktion **InsO § 115** 22 ff.; **InsO § 116** 22 ff.
- Gegenpartei, zentrale **InsO § 104** 34 ff.
- gemischte **InsO § 105** 19 ff.
- Geschäftsbesorgung **InsO § 116** 1 ff.
- Grundstücksverträge **EUInsVO 11** 1 ff.
- Interessenausgleich Masse/Vertragspartner **InsO § 103** 1 ff.
- Leasingverträge **InsO § 108** 22 ff.
- Leihvertrag **CZ** 424
- Leistungen *siehe dort*
- Leistungsstörungsrecht **InsO § 103** 79 ff.
- Lizenzen **InsO § 35** 32 ff.; **InsO § 47** 64 ff.; **InsO § 108** 69 ff.
- Lösungsrechte, andere **InsO § 119** 39 ff.
- Massebezug Erfüllungspflicht **InsO § 103** 18 ff.
- Miet-/Pachtverhältnisse *siehe dort*
- Person, nahestehende **ImoV** 113
- Pflichten, synallagmatische **InsO § 103** 26 ff.
- Prozess-/Verfahrenskosten **InsO § 105** 20 ff.
- Rahmenvertrag **InsO § 104** 34 ff., 48
- Recht, internationales **A** 237 ff.; **CH** 244 ff.; **CZ** 416 ff., 423; **E** 544 ff., 580 ff.; **EUInsVO** 7 37 ff.; **GB** 268 ff.; **I** 158 f., 258; **Pl** 560 ff., 1005 ff.; **US** 172 ff.
- Restrukturierung **Pl** 1001 ff.
- Rückforderungsausschluss **InsO § 105** 34 ff.
- Rückgewährschuldverhältnisse **InsO § 103** 36
- Rückschlagsperre *siehe dort*
- Rücktritt **Pl** 562 ff.
- Spezialregelungen Einzelverträge **I** 258
- Spezialvorschriften, vorrangige **InsO § 103** 17
- Systematik **InsO § 103** 12 ff.

Sachverzeichnis

- Teilbarkeit **InsO** § 105 5 ff.
- Umsatzsteuer **StR-USt** 142 f.
- Vereinbarung, abweichende **InsO** § 104 49 ff.; **InsO** § 113 22 ff.; **InsO** § 119 1 ff.
- Verhältnis zu Vorschriften, anderen **InsO** § 103 116; **InsO** § 104 53 f.; **InsO** § 105 37 ff.; **InsO** § 106 43 ff.; **InsO** § 107 45 f.; **InsO** § 108 67 f.; **InsO** § 109 48 ff.; **InsO** § 119 39 ff.
- Vertragsspaltung **InsO** § 103 32, 67, 81.1 ff.; **InsO** § 105 27 ff.; **InsO** § 106 41 ff.; **InsO** § 107 10, 26 f.; **InsO** § 108 34, 43 ff.
- Vertragsstrafe **B/ArR** 102 ff.
- Verwahrvertrag **InsO** § 47 55
- VOB-Vertrag **B/ArR** 3 ff.
- Vorausabtretung **InsO** § 103 109 ff.
- Vorleistungen **InsO** § 103 81, 84, 87 ff.; **InsO** § 105 23 ff.
- Warentermingeschäfte/Finanzleistungen **InsO** § 104 1 ff.

Vertreter/Vertretung/Bevollmächtigung
- Antragspflicht **InsO** § 15a 7 ff.
- Anwendungsbereich, personeller **StR-Verf** 180 ff.
- Bevollmächtigte **InsO** § 129 29 f.
- Erlöschen **InsO** § 117 1 ff.; **ImoV** 62 f.
- Forderungsanmeldung **InsO** § 174 7 ff.; **F** 418 f.
- gemeinsamer **InsO** § 38 36
- Hilfskräfte Verwalter **E** 393 ff.; **InsVV** § 18 8 f.
- Immobilienverwertung **ImoV** 62 f.
- Kenntnis **InsO** § 130 26 f.
- Organträgerhaftung **StR-Verf** 193 ff.
- Pflichtverletzungen Vertreter **StR-Verf** 201 ff.
- Schuldner bei Antrag **InsO** § 305 7 ff.
- Steuerrecht **StR-Verf** 178 ff.
- Umfang **StR-Verf** 189 ff.
- Verkaufsvollmacht **ImoV** 411

Verwalter InsO § 1 40; **InsO** § 56 1 ff.
- abgewählter **InsO** § 57 11 ff.
- Ablehnung **InsO** § 56 49; **E** 390 ff.
- Abschlagsverteilung **InsO** § 195 1 ff.
- Abschlussbericht **E** 758 ff., 785 ff.
- Abwicklungsverhältnis **InsO** § 215 9
- Aktenführung **CZ** 360
- Anerkenntnis. sofortiges **InsO** § 86 28 ff.
- Anhörung **InsO** § 59 15 ff.
- Anwendungsbereich **InsO** § 56 7
- Anzeigepflicht **InsO** § 262 2 ff.
- Arbeitsrecht **InsO** § 80 45
- Aufgaben **B/ArR** 26 ff., 34; **E** 397 ff., 399 ff.
- Aufnahmekriterien für Liste **InsO** § 56 14 ff.
- Aufrechnung siehe dort
- Aufsicht **InsO** § 58 1 ff.
- Auskunft/Unterrichtung/Mitteilung **InsO** § 22 97 ff.; **InsO** § 47 139 f.; **InsO** § 79 4 f.; **InsO** § 97 15; **InsO** § 342 13 ff.; **StR-Verf** 49 ff.
- ausländischer **InsO** § 21 152; **InsO** § 347 14 ff.
- Ausscheiden **InsO** § 85 46 ff.
- Auswahl **InsO** § 56 8 ff., 33 ff.
- Beendigung Amt **InsO** § 56 48
- Befangenheit **CZ** 242
- Befugnisse **EUInsVO** 21 1 ff.; **EUInsVO** 56 10 f.; **EUInsVO** 60 1 ff.; **StR-Verf** 60 ff.

- Begriff **EUInsVO** 2 7 ff.
- Berichtigungspflichten **StR-Verf** 97 f.
- Berichtspflichten **InsO** § 80 34 ff.
- Besitz **InsO** § 166 15 ff.
- Bestellung siehe dort
- Bezeichnungen, internationale **EUInsVO Anh. B**
- Buchführungs-/Rechnungslegungspflichten siehe dort
- Datenschutz/Compliance **InsO** § 80 53.3; **DS** 106 ff.
- Delisting **InsO** § 56 29 ff.
- Eignung **InsO** § 56 16 ff.; **InsO** § 57 7 ff.
- Einstellung Verfahren **InsO** § 207 2; **ImoV** 773 ff.
- Einzeltätigkeit **InsO** § 56 50
- England siehe dort
- Entlassung **InsO** § 59 1 ff., 26 f.; **E** 442 ff.
- Entscheidung Listing **InsO** § 56 26 ff.
- Erfüllungswahl siehe dort
- Erklärungspflicht **StR-Verf** 80 ff., 213
- Ersetzungsbefugnis **InsO** § 167 10 f.
- Frankreich **F** 158 ff., 182 ff., 360
- Geltendmachung Haftungsanspruch **InsO** § 60 69 ff.
- Gesamtschaden **InsO** § 92 25 ff.
- Geschäftskundigkeit **InsO** § 56 17
- Gesellschafterhaftung **InsO** § 93 32 ff.
- Gesellschaftsrecht **InsO** § 80 46 ff.
- Gewerbesteuerpflicht **CZ** 669 f.
- Gläubigerbeteiligung **InsO** § 56a 1 ff.
- Gläubigerinformationssystem, elektronisches **InsO** § 5 26 ff.
- Grundbucheintragung **InsO** § 32 14 ff.
- Haftpflichtversicherung **CZ** 241
- Haftung siehe dort
- Handelsrecht **InsO** § 80 49 ff.
- Herausgabepflicht **InsO** § 58 24
- Hilfskräfte **E** 393 ff.; **InsVV** § 18 8 f.
- Höchstpersönlichkeit Amt **InsO** § 56 18 ff.
- Immobilienverwertung **ImoV** 1 ff.
- Inbesitznahmepflicht **InsO** § 148 7 ff.
- Informationspflicht **InsO** § 357 4 ff.
- In-sich-Geschäfte **InsO** § 80 37 ff.
- Insolvenzplanvorlage **InsO** § 218 2
- Italien siehe dort
- Leistungsverweigerungsrecht **InsO** § 146 17 ff.
- Liste **InsO** § 56 9 ff.
- Masseverbindlichkeiten **InsO** § 55 5 ff., 63 ff.
- Mitwirkungsrecht **EUInsVO** 45 7
- Nachweis Bestellung **InsO** § 347 4 ff.
- Neubestellung/Austausch **CZ** 246 ff.
- Opt-In-Entscheidung **EUInsVO** 69 1 ff.
- Österreich **A** 147 ff., 455 ff.
- Parteieigenschaft **InsO** § 60 110 f.
- Person, natürliche **InsO** § 56 15
- Pflicht zur Unterrichtung Gericht **InsO** § 347 14 ff.
- Pflichten **InsO** § 60 13 ff.; **InsO** § 80 60; **InsO** § 148 14 f.; **InsO** § 159 3 ff.; **ImoV** 125 ff., 143 ff.; **Pl** 446 ff.
- Pflichtverletzungen **InsO** § 64 14 f.
- Polen **Pl** 21 ff., 443 ff., 1254 ff.
- Prozesshandlungen **InsO** § 55 16 ff.
- Prozesskostenhilfe **InsO** § 148 23 ff.
- Prüf-/Sorgfalts-/Rücksichtnahmepflichten **InsO** § 47 134 ff.; **InsO** § 174 36 ff.

Sachverzeichnis

- Qualitätskriterien **InsO § 56** 24
- Rahmen, rechtlicher **InsO § 56** 3 ff.
- Rangstelle **ImoV** 600 f.
- Reaktion auf Zwangsversteigerung **ImoV** 557
- Recht, öffentliches **InsO § 80** 53 ff.
- Rechte **ImoV** 125 ff.; **Pl** 446 ff.
- Rechtshandlung **InsO § 129** 31 ff.; **InsO § 164** 1
- Rechtsmittel **InsO § 56** 26 ff., 47; **InsO § 58** 26 ff.; **InsO § 59** 21 ff.
- Rekonstruierungssache, vorherige **InsO § 56** 39a f.
- Reputationsverlust **DS** 123
- Rücktritt **E** 442 ff.
- Sachkunde, besondere **InsVV § 5** 1 ff.
- Schiedsgerichtsvereinbarung **B/ArR** 560 f.
- Sekundärverfahren **InsO § 357** 4 ff.; **EUInsVO 34** 28 f.; **EUInsVO 41** 1 ff.
- Sonderinsolvenzverwalter **InsO § 56** 51 ff.; **InsO § 56b** 23 ff.; **InsVV § 5** 11 ff.
- Spanien **E** 179 ff., 364 ff., 1175 ff., 1189
- Stellung **InsO § 80** 20 f., 20 ff., 38 ff.; **DS** 11 ff.
- Steuerrecht *siehe dort*
- Strafrecht **InsO § 80** 59 ff.
- Tätigkeiten, unvereinbare/Unvereinbarkeit **E** 380 ff.
- Tilgungsbestimmungsrecht **InsO § 170** 17
- Tschechische Republik **CZ** 233 ff., 658 ff.
- Überschuss **InsO § 199** 5 f.
- Überwachung Insolvenzplan **InsO § 261** 1 ff.; **InsO § 262** 1 ff.
- Unabhängigkeit **InsO § 56** 20, 36 ff.; **InsO § 56b** 17 ff.
- Unterhalt, vorläufiger aus Masse **InsO § 100** 29 ff.
- Unternehmensgruppe **InsO § 56b** 1 ff.
- Unterrichtungspflicht **InsO § 161** 1 f.; **InsO § 269a** 8 ff.
- Veranlagungswahl **StR-ESt** 64 ff., 96, 102 ff.
- Verfahrenskosten **InsO § 207** 2
- Verfügungen **InsO § 143** 8 ff.
- Verfügungsbefugnisse **CZ** 273
- Vergütung *siehe dort*
- Verhältnis zu Gericht **InsO § 195** 3 ff.
- Verschulden **InsO § 56** 55 f.; **InsO § 60** 57 ff.
- Versicherung **E** 435 ff.
- Verwertung *siehe dort*
- Voraussetzungen, organisatorische **InsO § 56** 21 ff.
- Vorauswahl **InsO § 56** 9 ff.
- vorläufiger *siehe Verwalter, vorläufiger*
- Vorschlagsrecht **InsO § 56** 40
- Wahl anderer **InsO § 57** 1 ff.
- Wettbewerbsrecht **InsO § 80** 62; **DS** 121 f.
- Wirksamkeit Handlungen **InsO § 164** 1 ff.
- Zahlungen Zwangsverwalter **ImoV** 859
- Zuleitungsempfänger **InsO § 99** 32 ff.
- Zusammenarbeit **InsO § 269a** 1 ff.; **InsO § 269f** 11 ff.; **InsO § 269h** 1 ff.; **InsO § 357** 1 ff.; **EUInsVO 41** 1 ff.; **EUInsVO 43** 1 ff.; **EUInsVO 56** 1 ff.; **EUInsVO 58** 1 ff.; **EUInsVO 74** 1 ff.
- Zusicherung **EUInsVO 36** 1 ff.; **EUInsVO 38** 2 f.
- Zwangsversteigerungsantrag **ImoV** 528 ff.
- Zwangsverwalter *siehe Zwangsverwaltung*
- Zwangsvollstreckungsantrag **ImoV** 782 f.

Verwalter, vorläufiger InsO § 21 22 ff., 25 ff.
- Auskunftspflichten **InsO § 22** 97 ff.
- Auskunftsrechte/-pflichten **StR-Verf** 55 f.
- Aussonderung **InsO § 47** 143 ff.
- Baurecht **B/ArR** 27 ff.
- Befugnisse **EUInsVO 52** 1 ff.
- Begründung Treuhand **InsO § 47** 114 ff.
- Bestellung **InsO § 21** 56 ff.; **InsO § 270e** 30
- Betretungsrecht **InsO § 22** 88 ff.
- Durchsuchung Geschäftsräume **InsO § 22** 88 ff.
- Einsichtsrecht Bücher/Geschäftspapiere **InsO § 22** 92 ff.
- England **GB** 149 ff., 159
- Erfüllungswahlrecht **InsO § 103** 52; **B/ArR** 33
- Forderungsanmeldung **InsO § 174** 12
- Haftung **InsO § 22** 113 ff.; **InsO § 60** 3
- Immobilienverwertung **ImoV** 31 ff.
- Insolvenzgeldvorfinanzierung **InsO § 22** 83 ff.
- Insolvenzplanvorlage **InsO § 218** 2
- Masseverbindlichkeiten **InsO § 61** 18 ff.; **B/ArR** 30
- Mitteilungspflichten **InsO § 22** 97 ff.
- Pflichten **InsO § 22** 78 ff.; **InsO § 49** 27 ff.; **InsO § 60** 48 ff.
- Polen **Pl** 461
- Prozessrecht **InsO § 22** 101 ff.
- Rechtshandlung **InsO § 129** 32 ff.
- Rechtsmittel **InsO § 22** 128 ff.; **InsO § 26a** 9
- Rechtsstellung **InsO § 22** 1 ff.
- Risiken Baurecht **B/ArR** 602 ff.
- Sachverständiger **InsO § 22** 81 ff.; **InsVV § 11** 40 ff.
- schwacher *siehe Verwalter, vorläufiger schwacher*
- Sicherungsmaßnahmen *siehe dort*
- Sicherungsübereignung *siehe dort*
- Sorgfaltsmaßstab **InsO § 22** 116 ff.
- starker *siehe Verwalter, vorläufiger starker*
- Steuerrecht **StR-USt** 7 f.; **StR-Verf** 32 ff.
- Strafrecht **InsO § 22** 105 ff.
- Tschechische Republik **CZ** 233 ff.
- Verfügungsverbote **InsO § 21** 43 ff., 50 ff.
- Vergütung *siehe dort*
- Verwaltung **InsO § 60** 48 ff.
- Zusammenarbeit **InsO § 269f** 11 ff.; **InsO § 269h** 1 ff.
- Zustimmung zu Zahlungen **B/ArR** 181
- Zustimmungsvorbehalt **InsO § 22** 65 ff.
- Zwangsbefugnisse **InsO § 22** 87 ff.

Verwalter, vorläufiger schwacher InsO § 22 52 ff.; **DS** 27 ff.; **StR-ESt** 16
- Abwicklung Verwaltung **InsO § 25** 10 ff.
- Arbeitsrecht **InsO § 22** 54
- Aussonderung **InsO § 47** 147
- Baurecht **B/ArR** 28 ff.
- Einzelermächtigungen **InsO § 22** 69 ff.
- Gewerbesteuer **StR-Nl** 8
- Lohnsteuer **StR-ESt** 137
- Masseverbindlichkeiten **InsO § 22** 55
- Pflichten **InsO § 22** 57 ff.
- Prozessrecht **InsO § 22** 107 ff.
- Umsatzsteuer **StR-USt** 55 ff.
- Unternehmensfortführung **InsO § 22** 63
- Verfügungsverbote **InsO § 21** 50 ff.
- Vertretung Schuldner **B/ArR** 31 f.

2455

Sachverzeichnis

Verwalter, vorläufiger starker B/ArR 562 ff.; **DS** 24 ff.
- Abwicklung Verwaltung **InsO § 25** 7 ff.
- Arbeitsrecht **InsO § 22** 37 f.; **InsO § 55** 54a
- Baurecht **B/ArR** 28 ff.
- Erhaltung Vermögen **InsO § 22** 26 f.
- Forderungseinzug **InsO § 22** 30 f.
- Freigabe **InsO § 22** 14
- Gläubiger, aus-/absonderungsberechtigte **InsO § 22** 40 ff.
- Inbesitznahme **InsO § 22** 16 ff.
- Inventarisierung **InsO § 22** 22 ff.
- Lohnsteuer **StR-ESt** 138
- Masseverbindlichkeiten **StR-USt** 51 ff.
- Massverbindlichkeiten **InsO § 22** 9
- Prozessrecht **InsO § 22** 102 ff.
- Rechtsstellung **InsO § 22** 6 ff.
- Schweigepflicht **InsO § 22** 12
- Umsatzsteuer **StR-USt** 51 ff.
- Unterhalt **InsO § 22** 15
- Unternehmensfortführung/-stillegung **InsO § 22** 31 ff., 48 ff.
- Verfügungsverbote **InsO § 21** 43 ff.
- Vermögenssicherung/-erhalt **InsO § 22** 13 ff.
- Verwaltungs-/Verfügungsrecht **InsO § 60** 15 ff., 48 ff.; **InsO § 80** 1 ff.; **InsO § 300a** 5 f.; **I** 6; **ImoV** 981 ff.
- Verwertung **InsO § 22** 28 ff.

Verwertung InsO § 159 1 ff.; **InsO § 217** 20 ff.; **InsO § 314** 1 ff.
- Abrechnung **InsO § 170** 11 ff.
- Abschluss **E** 963
- Absonderungsgegenstand **InsO § 49** 38 ff.
- Art/Weise **InsO § 166** 25 ff.
- Arten **InsO § 159** 6 ff.
- Aufgabendelegation **InsO § 157** 5
- Ausgleichsansprüche Gläubiger **InsO § 21** 122 ff.
- Auskunft **E** 960 ff.
- Ausschluss **InsO § 166** 52
- Aussetzung *siehe dort*
- Begriff **InsO § 159** 1 f.
- Daten, personenbezogene **DS** 94 ff.
- durch Schuldner **InsO § 282** 2 ff.
- durch Verwalter **InsO § 166** 27 ff.
- Durchführung **InsO § 166** 41 ff.; **InsO § 168** 26 ff.
- eigenmächtige **InsO § 170** 27 ff.
- Eigenverwaltung **InsO § 270** 39; **InsO § 282** 1 ff.
- Erhaltungskosten **InsO § 171** 12 ff.
- Erlösverteilung *siehe Verteilung*
- Eröffnungsverfahren **InsO § 170** 18 f.
- Forderungen **InsO § 166** 34 ff.; **A** 403 ff.
- fortgeschrittene **InsVV § 3** 44 f.
- Frankreich *siehe dort*
- freihändige **InsO § 49** 41 f.; **InsO § 165** 28 ff.; **ImoV** 882 ff., 901 ff., 925 ff., 943 ff., 1000 ff.; **StR-USt** 166 ff.
- Gegenstände mit Absonderungsrecht *siehe Absonderung*
- Gegenstände, unbewegliche *siehe Immobilienverwertung*
- Gläubiger **InsO § 170** 20 ff.; **InsO § 173** 1 ff.
- Immaterialgüterrechte *siehe dort*
- Insolvenzplan **InsO § 217** 20 ff.; **InsO § 223** 5 ff.; **InsO § 233** 1 ff.

- Kosten **InsO § 170** 1 ff.; **InsO § 171** 1 ff.; **InsO § 282** 8 ff.
- Nachweis **InsO § 190** 7 ff.
- Nutzung für Masse **InsO § 172** 1 ff.
- Österreich **A** 314 ff.
- Pflichten Insolvenzverwalter **InsO § 60** 15 ff.
- Polen *siehe dort*
- Prozessaufnahme **InsO § 160** 10 f.
- Recht, beschränktes **InsO § 313** 14 ff.
- Recht, internationales **EUInsVO 41** 11; **EUInsVO 46** 1 ff.; **EUInsVO 60** 9 ff.
- Rechte, sonstige **InsO § 166** 44 ff.
- Rechtsgrundlage **InsO § 166** 50 f.
- Rechtsnatur Auszahlungsanspruch **InsO § 170** 14 ff.
- Rechtsübergang **InsO § 173** 7 ff.
- Sachen, bewegliche *siehe dort*
- Schutz vor Verzögerung **InsO § 169** 1 ff.
- Schweiz *siehe dort*
- Sekundärverfahren **InsO § 357** 10 ff.; **EUInsVO 46** 1 ff.
- Selbsteintritt Gläubiger **InsO § 168** 22 ff.
- Sicherheiten **InsO § 135** 25
- Sicherungsgut **InsO § 282** 1 ff.
- Sonderfälle **InsO § 159** 9 ff.
- Spanien *siehe dort*
- Steuerrecht **Pl** 1234 ff.
- Tilgungsbestimmungsrecht **InsO § 170** 17
- Tschechische Republik **CZ** 485 ff., 591, 656
- Umsatzsteuer *siehe dort*
- Unternehmensbeteiligungen **InsO § 166** 45 ff.
- Veräußerung **InsO § 160** 6 f.; **InsO § 162** 1 ff.; **InsO § 163** 1 ff.
- Verfahren bei - durch Gläubiger **InsO § 49** 39 f.
- Verteilungsverzeichnis **InsO § 190** 7 ff.
- Verwalter **InsO § 22** 28 ff.; **InsO § 170** 4 ff.; **ImoV** 148 ff.
- Verwertungs-/Einziehungsverbote **InsO § 21** 104 ff.; **InsO § 97** 27 ff.; **ImoV** 35 ff.
- Verwertungspflicht **InsO § 159** 3 ff.
- Verwertungsplan **E** 924 ff.
- Verwertungsvereinbarung **ImoV** 894 ff.
- vor Eröffnung **InsO § 166** 25
- Vorschlagsrecht **InsO § 357** 10 ff.
- Wirksamkeit Handlungen **InsO § 164** 1 ff.
- Zinsen **InsO § 169** 1 ff.

Verzicht
- auf Verhandlung, mündliche **InsO § 5** 21 ff.
- Befriedigung, abgesonderte **InsO § 52** 16 ff.
- Restschuldbefreiung **InsO § 301** 3 ff.
- Verjährung **B/ArR** 222 ff.

Vollstreckungsmaßnahmen InsO § 80 76 ff.; **InsO § 89** 14 ff.; **InsO § 135** 52; **InsO § 210** 5
- Änderung Sachlage **InsO § 259a** 13
- Anfechtung **InsO § 80** 79 ff.; **InsO § 141** 8 ff.; **ImoV** 395 ff.
- Antrag nach § 30d ZVG **ImoV** 565 ff.
- Aufhebung Einstellungsantrag **ImoV** 578 f.
- Aufhebung/Untersagung **InsO § 259a** 2 ff.
- aus Insolvenzplan **InsO § 257** 1 ff.
- Beschlagnahme **InsO § 80** 76
- Einstellung **ImoV** 566 ff., 572
- Forderungsvollstreckung **InsO § 89** 30 ff.
- gegen Erben **InsO § 321** 22
- gegen Insolvenzplan **InsO § 259a** 1 ff.

Sachverzeichnis

- Gläubigerentschädigung **ImoV** 573 ff.
- Herausgabevollstreckung **InsO § 148** 16 ff.
- Immobilienverwertung **ImoV** 24 ff., 67 ff., 499 ff.
- in Vermögen, unbewegliches **ImoV** 517 f.
- in Vermögensrechte, andere **ImoV** 519 f.
- Klausel **ImoV** 506
- Kosten **StR-Nl** 105 ff.
- Mietforderungen **InsO § 110** 13 f.
- nach Aufhebung Verfahren **InsO § 201** 13 ff.
- nach Erbfall **InsO § 321** 1 ff.
- Parteibezeichnung **ImoV** 507 ff.
- Pfändung/Verpfändung *siehe dort*
- Prozesskostenhilfe **ImoV** 522
- Recht, internationales **CH** 409 ff.; **E** 516 ff.; **EUInsVO 32** 1 ff.
- Rechtsmittel **InsO § 88** 25 ff.; **InsO § 89** 36 ff.; **InsO § 259a** 12
- Rückschlagsperre **InsO § 88** 1 ff.
- Titel **ImoV** 504 f.
- Unterbindung **ImoV** 24 ff.
- Unwirksamkeit **ImoV** 67 ff.
- unzulässige **ImoV** 70 ff.
- Verbraucherinsolvenzverfahren **InsO § 80** 78
- Verfahren **StR-Verf** 160 ff.
- Vollstreckungsorgan, zuständiges **ImoV** 500 ff.
- Vollstreckungsschutz **InsO § 259a** 1 ff.; **InsO aF § 270b** 21 f.; **ImoV** 559 ff., 773 ff.
- Vollstreckungsverbote *siehe dort*
- Voraussetzungen **ImoV** 499 ff.
- Zumutbarkeit **ImoV** 571
- Zuständigkeit *siehe dort*
- Zustellung **ImoV** 510 ff.
- Zwangsversteigerung *siehe dort*
- Zwangsverwaltung *siehe dort*

Vollstreckungsverbote InsO § 89 1 ff.; **InsO § 90** 1 ff.; **InsO § 123** 26
- Absonderung **ImoV** 221
- Altmasseverbindlichkeit **InsO § 210** 4
- Einstellung **InsO § 207** 25; **InsO § 208** 7; **InsO § 210** 1 ff.
- Gläubiger, betroffene **InsO § 294** 1 ff.
- Masseunzulänglichkeit **InsO § 207** 25; **InsO § 208** 7; **InsO § 210** 1 ff.
- Maßnahmen, vorläufige **InsO § 21** 80 ff.
- Mietforderungen **ImoV** 487
- Neumasseverbindlichkeit **InsO § 210** 6 ff.
- Rechtsmittel **InsO § 210** 12 f.; **InsO § 294** 7b
- Reichweite **InsO § 21** 85 ff.
- Restschuldbefreiung **InsO § 294** 1 ff.; **InsO § 300a** 7 f.
- Titel/Bescheide **InsO § 210** 3
- Verstoß gegen - **InsO § 21** 96 ff.
- Vorpfändung **InsO § 21** 91.1
- Wirkungen **InsO § 21** 92 ff.; **InsO § 294** 7a

Vorführung, zwangsweise/Inhaftnahme InsO § 98 19 ff.

Vorgespräch InsO § 10a 1 ff.

Vorkaufsrechte InsO § 47 31; **InsO § 106** 29 ff.; **ImoV** 255 f.

Vormerkung InsO § 47 30; **InsO § 106** 1 ff.; **InsO § 349** 15 ff.; **ImoV** 282 ff., 374

Warentermingeschäfte InsO § 104 1 ff.

WEG-Recht
- Anmeldung Zwangsversteigerung **ImoV** 719
- Ansprüche gegen Erwerber **ImoV** 1006 f.
- Anspruchsgrenzen **ImoV** 712 ff.
- Beträge, fällige, laufende, rückständige **ImoV** 708 ff.
- Durchsetzung **ImoV** 1002 ff.
- Durchsetzung Ansprüche außerhalb Insolvenz **ImoV** 714 ff.
- Gesellschaft **InsO § 84** 26
- Grundpfandrechte **ImoV** 404 ff.
- Hausverwaltung **InsVV § 3** 27 f.
- Immobilienverwertung **ImoV** 237 ff., 404 ff.
- Insolvenz Wohneigentümer **ImoV** 717 f.
- Pfandklage **ImoV** 720 ff.
- Rangklasse 2 **ImoV** 705 ff.
- Verwertung, freihändige **ImoV** 1000 ff.
- Vorrecht Ansprüche **ImoV** 706 ff.
- Wohneigentum **ImoV** 157 ff.
- Zuschlagswirkungen **ImoV** 668 ff.
- Zwangsversteigerung **ImoV** 556

Wertpapiere
- Anleihegläubiger **InsO § 222** 19 ff.
- Aussonderung **InsO § 47** 116b; **F** 482
- Emittenten **Pl** 930 ff.
- Insolvenzplan **InsO § 221** 11
- Verwahrung **InsO § 47** 56

Wettbewerbsrecht InsO § 80 62; **DS** 121 f.

Widerruf
- Aussetzung Antrag **EUInsVO 38** 8 f.
- Konkurs **CH** 282 ff.
- Kosten **InsO § 303** 15 f.
- Restschuldbefreiung *siehe dort*
- Sozialplan **InsO § 124** 5 ff.
- Sperrfrist nach - **InsO § 287a** 18
- Verfahren **InsO § 303** 10 ff.
- Wirkungen **InsO § 303** 14

Widerspruch E 885 ff.
- Ausrichtung **InsO § 178** 11 ff.
- begründeter **InsO § 183** 1 ff.
- Begründung **InsO § 178** 10
- Berechtigung **InsO § 178** 4 ff.
- Beschränkung **InsO § 178** 13 f.
- Beseitigung **InsO § 178** 15 ff.
- Betriebsübergang **InsO § 128** 14
- Einstellung Verfahren **InsO § 214** 5 ff.
- Erhebung **InsO § 178** 8 ff.
- Forderungsprüfung/-feststellung **InsO § 176** 14 ff.; **InsO § 178** 3 ff.; **InsO § 283** 3 ff.
- formunwirksamer **InsO § 307** 22 ff.
- Insolvenzplan **InsO § 247** 2 ff.; **InsO § 251** 6 ff.
- Insolvenztabelle **InsO § 283** 3 ff.
- Klage gegen **InsO § 184** 1 ff.
- Privilegierung **InsO § 184** 20 ff.
- Sachwalter **InsO § 275** 11 f.
- Schuldenbereinigungsplan **InsO § 307** 22 ff.
- unbegründeter **InsO § 183** 4 f.
- Verfahren **CH** 64 ff.
- Verfolgung **InsO § 179** 16 ff.
- Vergleich **E** 885 ff.
- Vergütungsfestsetzung **EUInsVO 77** 5 ff.
- verspäteter **InsO § 178** 9; **InsO § 307** 22 ff.
- vorläufiger **InsO § 178** 14
- Widerspruchsklage **InsO § 184** 1 ff.; **ImoV** 352

Wohlverhaltensphase InsO § 83 19 ff.; **InsO § 289** 6 f.; **InsO § 295** 1 ff.; **CZ** 592; **F** 296 ff.

Wohnrecht InsO § 35 9; **ImoV** 244 f., 253 f., 813 ff., 834 ff.

2457

Sachverzeichnis

Zahlungen
- Abschlag **InsO § 123** 25; **B/ArR** 126, 612
- an Gesellschafter **InsO § 15b** 37 ff.
- an Gläubiger **E** 944 ff.
- Anfechtung *siehe dort*
- Begriff **InsO § 15b** 11 f.
- Einstellung **B/ArR** 69b
- Eröffnung **InsO § 15b** 23 f.
- Erstattungsanspruch **InsO § 15b** 27 ff.
- Geschäftsgang, ordentlicher **InsO § 15b** 13 ff.; **COVInsAG § 2** 1
- im Eröffnungsverfahren **InsO § 15b** 23 f.
- Insolvenzverschleppung **InsO § 15b** 25
- mit Zustimmung Verwalter **B/ArR** 181
- Neuregelung **InsO § 15b** 15
- privilegierte **InsO § 15b** 14 ff.
- Recht, internationales **A** 235 f.; **E** 619, 944 ff.
- Steuerzahlungen **InsO § 15b** 26 f.; **StR-ESt** 10 f.
- Stundung **A** 485 ff.
- überfällige **B/ArR** 144
- Überschuldung **InsO § 15b** 1 ff.
- Überzahlungen **InsO § 43** 43 f.; **StR-ESt** 13
- unter Druck **B/ArR** 145
- verbotene **InsO § 15a** 41 ff.
- Vereinbarung, außergerichtliche **E** 103 ff., 173, 180
- Verjährung **InsO § 15b** 41 f.
- Vermeidung Überzahlungen **InsO § 43** 40 ff.
- vor Antragstellung **InsO § 15b** 17 ff.
- Zahlungsplan **A** 222 ff., 485 ff.; **E** 807, 1083 ff.
- Zahlungsunfähigkeit *siehe dort*
- Zahlungsverbote *siehe dort*
- Zahlungsverkehr **B/ArR** 612
- Zeitpunkt **B/ArR** 137

Zahlungsunfähigkeit **B/ArR** 21 ff.
- Abgrenzung zur Stockung **InsO § 17** 13 f.
- Abgrenzung zur Unwilligkeit **InsO § 17** 15
- Anfechtung **InsO § 130** 17 ff.
- Anzeige **InsO § 270d** 65 ff.
- Baurecht **B/ArR** 21 f.
- Beruhen **COVInsAG § 1** 6
- Beseitigung eingetretener **InsO § 17** 28 f.
- Beseitigungsaussicht **COVInsAG § 1** 7 ff.
- Beweisanzeichen/Umstände **InsO § 131** 19 ff.
- Bugwelle **InsO § 17** 27
- Corona-Pandemie **COVInsAG § 1** 3 ff.
- Darlegungs-/Beweislast **InsO § 130** 39 ff.
- drohende **InsO § 18** 1 ff.; **InsO aF § 270a** 69 ff.; **InsO § 270c** 67 ff.; **InsO § 320** 16 ff.
- Eigenverwaltung **InsO aF § 270a** 69 ff.
- England **GB** 194 ff.
- Fälligkeitsbegriff **InsO § 17** 8 ff.
- Frankreich **F** 281 ff.
- Gläubigerbenachteiligung **InsO § 132** 16
- Herbeiführung **A** 354; **PI** 1183 ff.
- Illiquidität, materielle **InsO § 17** 16 ff.
- Insolvenzgrund **InsO § 17** 1 ff.
- Kenntnis **InsO § 130** 20 ff.; **InsO § 131** 19 ff.
- Nachlassinsolvenz **InsO § 320** 16 ff.
- Österreich **A** 87 ff., 354, 464 ff.
- Polen **PI** 346 ff., 646, 882 ff.
- Prognose **InsO § 17** 25; **InsO § 18** 21 ff.; **B/ArR** 25
- Schutzschirmverfahren *siehe dort*
- Spanien **E** 33, 46, 192 ff.

- Tschechische Republik **CZ** 84 ff.
- Überschuldung *siehe dort*
- Verbindlichkeiten, anzusetzende **InsO § 17** 5 ff.
- Verbindlichkeiten, streitbefangene **InsO § 18** 14 ff.
- Vermutung **InsO § 130** 27, 44
- Zahlungseinstellung **InsO § 17** 30 ff.
- Zahlungsmittel, anzusetzende **InsO § 18** 17 ff.
- Zahlungspflichten **InsO § 17** 4 ff.; **InsO § 18** 10 ff.

Zahlungsverbote **InsO § 15b** 1 ff.
- an Gesellschafter **InsO § 15b** 37 f.
- Anwendungsbereich, persönlicher **InsO § 15b** 3 ff.
- Anwendungsbereich, sachlicher **InsO § 15b** 1
- Aufsichtsratshaftung **InsO § 15b** 10
- Ausnahme **InsO § 15b** 13 ff.
- Erstattungsanspruch **InsO § 15b** 27 ff.
- Forderungen **F** 389 ff.
- Geltungsbereich, zeitlicher **InsO § 15b** 43 f.
- Gesamtverantwortung **InsO § 15b** 5
- Geschäftsführer, faktische **InsO § 15b** 8
- Gesellschafterhaftung **InsO § 15b** 9
- Haftungsverzicht **InsO § 15b** 39
- Legitimation durch Beschlussfassung **InsO § 15b** 36
- Organe, bestellte **InsO § 15b** 4, 7
- Ressortverteilung **InsO § 15b** 5
- Strohmann **InsO § 15b** 6
- Übergangsrecht **InsO § 15b** 43 f.
- Vergleich **InsO § 15b** 40
- Zahlungsbegriff **InsO § 15b** 11 f.
- Zahlungspflichten, steuerliche **InsO § 15b** 26 ff.

Zeitpunkt **InsO § 140** 2 ff.
- Anfechtung **InsO § 135** 31 ff., 42 ff.
- Anhängigkeit **InsO § 352** 13
- Bestellung Verwalter **InsO § 56** 41
- Eigenverwaltung **InsO aF § 270** 15 f.
- Entscheidung Restschuldbefreiung **InsO § 290** 73 f.; **InsO § 300** 1 ff.
- Erfüllung **InsO § 103** 43 f.
- Eröffnung **EUInsVO 2** 15 ff.
- Forderungsanmeldung **InsO § 177** 1 ff.
- Freigabe **InsO § 35** 59
- Insolvenzplanvorlage **InsO § 218** 9 ff.
- Kenntnis **InsO § 131** 23a
- Leistungen **InsO § 82** 4 f.
- Massezufluss **InsVV § 6** 4
- Nacherbfolge **InsO § 329** 6 ff.
- Partikularverfahren **InsO § 354** 11
- Prozessunterbrechung **InsO § 85** 24 ff.
- Prüfung Benachteiligung **InsO § 129** 52, 54
- Rechtshandlungen/-geschäfte **InsO § 81** 22 ff.; **InsO § 129** 38 ff.; **InsO § 132** 15; **InsO § 140** 1 ff.; **A** 374; **ImoV** 77 ff., 339, 361
- Registereintrag **InsO § 140** 14 ff.
- Restschuldbefreiung **InsO § 287a** 1 ff.
- Schlussverteilung **InsO § 196** 1 ff.
- Unterrichtung Interessenausgleich **InsO § 125** 15 f.
- Verfügungsverbote **InsO § 81** 20 ff.
- Vergütung **InsVV § 11** 3
- Vergütungsfestsetzung **InsVV § 8** 2 ff.
- Wirkung Insolvenzplan **InsO § 254** 2 ff.

Sachverzeichnis

- Zahlungen **B/ArR** 137
- Zuständigkeit **InsO** § 3 3, 11 ff.; **EUInsVO** 3 6 f.
- Zustellung **InsO** § 307 9 ff.
Zinsen InsO § 39 10 ff.; **InsO** § 135 19
- Abzinsung **InsO** § 41 24 ff.; **InsO** § 46 13 ff.
- Aussetzung **F** 300
- Forderungen **InsO** § 39 10 ff.; **InsO** § 41 24 ff.; **InsO** § 46 13 ff.
- Gläubiger, nachrangiger **InsO** § 39 126 f.
- Recht, internationales **E** 536 ff., 947; **F** 300, 406 f.; **Pl** 789
- Steuerrecht **StR-Nl** 108 ff.
- Verzögerung Verwertung **InsO** § 169 1 ff.
Zölle StR-Nl 73 ff.; **StR-USt** 45
Zubehör ImoV 428 ff., 435 ff., 450 ff.
Zurückbehaltungsrecht B/ArR 283 ff.; **F** 455
Zuschlag siehe *Zwangsversteigerung*
Zuständigkeit EUInsVO 3 3 ff.
- Anfechtung **InsO** § 143 46 ff.; **InsO** § 339 27 ff.; **CH** 335 f.
- Annahme **InsO** § 3 22
- Arbeitsrecht **EUInsVO** 13 14
- Ausübung Erfüllungswahlrecht **InsO** § 103 49 ff.
- Bekanntmachung **InsO** § 345 17
- Beschwerde, sofortige **InsO** § 34 3
- Bestellung Verwalter **InsO** § 56 44
- Betriebsrat **InsO** § 125 16 f.
- Eigenverwaltung **InsO aF** § 270 40 f.; **InsO** § 270b 31; **InsO** § 270f 14
- Einwendungen Verteilungsverzeichnis **InsO** § 194 12
- England **GB** 77 ff., 108, 133 ff.
- Entlassung Verwalter **InsO** § 59 18 ff.
- Eröffnung **InsO** § 27 3; **InsO** § 29 10
- Erschleichung **InsO** § 3 26 ff.
- Feststellungsklage **InsO** § 180 13 ff.
- Forderungsprüfung/-feststellung **InsO** § 180 1 ff.; **InsO** § 185 1 ff.
- Frankreich **F** 172 f., 599
- funktionelle **InsO** § 2 17 ff.; **InsO** § 4b 12; **InsO** § 27 3; **InsO** § 32 11
- Gegenstände, unpfändbare **InsO** § 36 35 f.
- Gerichtsentscheidungen **InsO** § 3 21 ff.
- Gerichtsstand **InsO** § 2 30 ff.; **InsO** § 3 4 ff.; **InsO** § 3a 1 ff.; **InsO** § 3b 1 ff.; **InsO** § 3c 1 ff.; **InsO** § 3d 1 ff.; **InsO** § 13a 1 ff.; **InsO** § 135 91 f.
- Gesellschaft **EUInsVO** 3 7 ff.
- Haftung **InsO** § 60 107 ff.; **F** 599
- Handelsrecht **InsO** § 80 51 ff.
- Insolvenzgericht **InsO** § 2 1 ff.; **InsO** § 348 6 ff.
- Insolvenzplan **InsO** § 231 18
- Italien **I** 88, 178
- Konkurs **I** 178
- Konzern **EUInsVO** 3 17 ff.
- Koordinationsgericht **InsO** § 269d 1 ff.
- Koordinationsverfahren **EUInsVO** 62 1 ff.; **EUInsVO** 66 1 ff.
- Landesermächtigung **InsO** § 2 27 ff.
- Maßnahmen, vorläufige **InsO** § 21 133 ff.
- mehrfache **InsO** § 3 17 ff.
- Nachlassinsolvenz **InsO** § 315 1 ff.
- örtliche **InsO** § 3 1 f.; **InsO** § 315 1 ff.
- Österreich **A** 41 ff.

- Partikularverfahren **InsO** § 354 23; **EUInsVO** 3 27 ff.
- Personen, juristische **EUInsVO** 3 7 ff.
- Personen, natürliche **EUInsVO** 3 23 ff.
- Polen **Pl** 82 ff., 236 ff.
- Postsperre **InsO** § 99 20
- Prioritätsregel **EUInsVO** 62 1 ff.
- Prozesse **EUInsVO** 6 1 ff.
- Prüfung von Amts wegen **InsO** § 2 13 ff.; **InsO** § 3 21
- Rechnungslegung **InsO** § 66 10 f.
- Recht, internationales **InsO** § 3 9 ff., 28 ff.; **InsO** § 315 5 ff.; **InsO** § 335 22 ff.; **InsO** § 339 27 ff.; **InsO** § 348 6 ff.; **EUInsVO** 3 1 ff.; **EUInsVO** 4 1 ff.; **EUInsVO** 5 1 ff.; **EUInsVO** 6 1 ff.; **EUInsVO** 62 1 ff.; **EUInsVO** 66 1 ff.
- Rechtspflegerzuständigkeit **InsO** § 2 22 ff.
- Restrukturierungsgericht **InsO** § 3 24a ff.; **InsO** § 3a 38; **I** 88
- Restschuldbefreiung **InsO** § 290 75
- Richterzuständigkeit **InsO** § 2 17 ff.
- sachliche **InsO** § 2 1 ff.; **InsO** § 315 8
- Schweiz **CH** 335 f.
- Sekundärverfahren **InsO** § 356 14; **EUInsVO** 3 28 ff.
- Sicherungsmaßnahmen **InsO** § 344 10
- Sitzverlegung **InsO** § 3 25 ff.
- Sonderanknüpfung COMI **InsO** § 3 9 ff.
- Spanien *siehe dort*
- Sperrfrist **EUInsVO** 3 16
- Tätigkeit, selbstständige wirtschaftliche **InsO** § 3 9 ff.
- Terminsbestimmung **InsO** § 29 10
- Tschechische Republik **CZ** 36 ff.
- Unterhalt **InsO** § 100 16 ff., 29 f.
- Unternehmensgruppe **EUInsVO** 3 17 ff.
- USA **US** 88 ff., 128 ff., 136 ff.
- Verfahrenskosten **InsO** § 4b 12
- Vergütungsfestsetzung **InsO** § 64 3; **InsVV** § 8 19 ff.
- Versicherung, eidesstattliche **InsO** § 98 9 f.
- Verteilungsverfahren **InsO** § 187 8 ff.
- Vertragsänderungen **EUInsVO** 11 16 f.
- Verweisung **InsO** § 3 23 f.
- Vollstreckungsmaßnahmen **InsO** § 2 8 ff.; **InsO** § 88 19, 25 ff.; **InsO** § 202 1 ff.; **ImoV** 500 ff.
- Vorführung, zwangsweise/Inhaftnahme **InsO** § 98 26
- Wahlgerichtsstand **InsO** § 3c 3 f.
- Zeitpunkt **InsO** § 3 3, 11 ff.; **EUInsVO** 3 6 f.
- Zurückweisung Insolvenzplan **InsO** § 231 18
- Zusammenhang **EUInsVO** 6 17
- Zuständigkeitskonzentration **InsO** § 3a 1 ff.; **InsO** § 348 14
- Zuweisung **InsO** § 270 20 ff.
- Zwangsmittel **InsO** § 101 35 f.
Zustellung InsO § 8 1 ff.
- Adressat **InsO** § 8 5 f.
- Art **InsO** § 8 8 ff.
- Aufenthalt, unbekannter **InsO** § 8 15 ff.
- Aufhebungsbeschluss **InsO** § 273 1 ff.
- Ausland **InsO** § 8 21 f.; **InsO** § 307 15
- Bekanntmachung, öffentliche **InsO** § 9 12 ff.; **InsO** § 23 9 ff.
- durch Aufgabe zur Post **InsO** § 8 9 ff.

2459

Sachverzeichnis

- durch Insolvenzverwalter **InsO § 8** 18 ff.
- Entlassung Verwalter **InsO § 59** 20
- Erforderlichkeit **InsO § 8** 1 ff.
- Erleichterungen **InsO § 307** 17 f.
- Eröffnungsbeschluss **InsO § 30** 9 f.
- Form **InsO § 307** 12 ff.
- förmliche **InsO § 8** 12 f.
- Heilung fehlerhafter **InsO § 8** 14
- Immobilienverwertung **ImoV** 510 ff.
- Nachweis **InsO § 9** 12 ff.
- Schriftstücke, zuzustellende **InsO § 8** 2 ff.
- Schuldenbereinigungsplan **InsO § 307** 1 ff.
- übertragene **InsVV § 8** 17 ff.
- Unmöglichkeit **InsO § 307** 16
- Verfügungsbeschränkungen **InsO § 23** 9 ff.
- Vergütung **InsVV § 8** 17 ff.
- Vermögensübersicht **InsO § 307** 1 ff.
- Verwalter, vorläufiger **InsO § 26a** 7 f.
- Vollstreckungsmaßnahmen **ImoV** 510 ff.
- von Amts wegen **InsO § 8** 8
- Vorführung, zwangsweise/Inhaftnahme **InsO § 98** 37 f.
- Wirkung **InsO § 8** 7
- Zeitpunkt **InsO § 307** 9 ff.

Zustimmung
- Anordnung **InsO § 277** 1 ff.
- Aufhebung **InsO § 277** 23
- Eigenverwaltung **InsO § 276a** 28 ff.; **COVInsAG § 5** 35 ff.
- Eigenverwaltung, vorläufige **InsO § 270c** 12 f.
- Ersetzung **InsO § 309** 1 ff.
- Geschäfte, zustimmungsbedürftige **InsO § 263** 1 ff.
- Gläubiger **InsO § 165** 29 ff.; **InsO § 213** 1 ff.; **EUInsVO 36** 9 ff.
- Gläubigerausschuss **InsO § 160** 8 ff.; **InsO § 162** 6; **InsO § 164** 2
- Immobilienverwertung **ImoV** 9 ff.
- Insolvenzgericht **InsO § 277** 12 ff.; **InsO § 309** 43 f.
- Insolvenzplan **InsO § 221** 48; **InsO § 247** 2 ff.; **InsO § 263** 1 ff.; **InsO § 269h** 15 ff.
- Maßnahmen, vorläufige **InsO § 21** 34 ff.
- Prozessrecht **InsO § 160** 10 f.
- Sachwalter **InsO § 276a** 28 ff.; **InsO § 277** 1 ff.
- Schuldenbereinigungsplan **InsO § 309** 21 ff.
- Schuldner **InsO § 271** 9 ff.
- Zahlungen **B/ArR** 181
- Zustimmung **InsO § 269h** 15 ff.
- Zustimmungsbedürftigkeit **InsO § 277** 1 ff.
- Zustimmungsersetzung **InsO § 309** 43 ff.
- Zustimmungsfiktion **InsO § 247** 2 ff.
- Zustimmungsvorbehalt **InsO § 21** 34 ff.; **InsO § 22** 65 ff.; **InsO § 221** 48; **InsO § 270c** 12 f.; **COVInsAG § 5** 35 ff.; **ImoV** 9 ff.

Zwangsmaßnahmen InsO § 98 18 ff.; **InsO § 155** 31 f.
- Eigenverwaltung **InsO aF § 270a** 34; **InsO § 270c** 16
- Vollstreckungsmaßnahmen siehe dort
- Vorlage Vermögensverzichnis **InsO § 153** 24 f.
- vorläufige **InsO § 21** 165 ff.
- Zwangs-/Arresthypothek **InsO § 321** 13; **ImoV** 381 ff.
- Zwangs-/Ordnungsgeld **InsO § 58** 18 ff.; **StR-NI** 111 f.

- Zwangsversteigerung siehe dort
- Zwangsvollstreckung siehe Vollstreckungsmaßnahmen

Zwangsversteigerung InsO § 165 1 ff.; **ImoV** 743 ff.
- Anordnung **ImoV** 580
- Ansprüche **ImoV** 675, 753 f., 758
- Antrag **ImoV** 524 f., 565 ff.
- auf Betreiben Gläubiger **InsO § 165** 17 ff.
- Aufhebung Einstellungsantrag **ImoV** 578 f.
- aus Eigentümergrundschuld **ImoV** 538 f.
- Ausgebot **ImoV** 596 ff.
- Beschlagnahme **ImoV** 581 ff.
- durch Insolvenzverwalter **InsO § 165** 12 ff.
- Einstellung **ImoV** 26 ff., 559 ff., 860 ff.
- Ertragsteuern **ImoV** 684 ff.
- Forderungen, nachrangige **ImoV** 759 f.
- Gefahrenübergang **ImoV** 661 ff.
- Gläubiger, persönlicher **ImoV** 552 f.
- Gläubigerentschädigung **ImoV** 573 ff.
- Grundpfandgläubiger **ImoV** 541 ff.
- Haftung Masse, weitergehende **ImoV** 674 ff.
- Lasten, öffentliche **ImoV** 756 f.
- Leistungen, wiederkehrende **ImoV** 750
- Massegläubiger **ImoV** 554 f.
- Mietforderungen **ImoV** 665 ff.
- Nutzungen/Lasten **ImoV** 661 ff.
- Rangklassen siehe dort
- Reaktion Insolvenzverwalter **ImoV** 557
- Reaktionsmöglichkeiten Gläubiger **ImoV** 540
- Rechte, dingliche **ImoV** 743 ff.
- Rücknahme Antrag **ImoV** 564
- Steuerrecht **InsO § 165** 41 f.; **ImoV** 664, 676 ff.; **StR-USt** 156 ff.
- Teilungsversteigerung **ImoV** 866 ff.
- Terminsbestimmung **ImoV** 590 ff.
- Übernahme Pflichten Ersteher **ImoV** 661 ff.
- Unwirksamkeit Vollstreckung **ImoV** 558
- Verbindlichkeiten ggü. Mietern **ImoV** 688
- Verkehrswertfestsetzung **ImoV** 587 ff.
- Versteigerungserlös **ImoV** 652 ff., 658 ff.
- Voraussetzungen **ImoV** 523 ff.
- Vormerkung **ImoV** 288
- Vorteile **ImoV** 689 f.
- WEG-Recht siehe dort
- Zumutbarkeit **ImoV** 571
- Zuschlag **ImoV** 618, 627 ff., 652 ff.

Zwangsverwaltung InsO § 165 21 ff.; **ImoV** 30, 763
- Antragsberechtigung **ImoV** 769 ff.
- Auszahlung an Gläubiger **ImoV** 848 ff.
- Beschlagnahme **ImoV** 786 ff.
- Besitz **ImoV** 798 ff.
- Eigenverwaltung **ImoV** 783
- Einstellung **ImoV** 30, 773 ff., 852 ff.
- Eintritt in Schuldnerrechte/-pflichten **ImoV** 808 ff.
- Erhaltung **ImoV** 962 f.
- Ertragsteuer **ImoV** 995
- Fortwirkung Prozessführungsbefugnis **ImoV** 857 f.
- Gebrauchsgewährung **ImoV** 962 f., 969 ff.
- Grundsätze **ImoV** 762 ff.
- Grundsteuer **ImoV** 999
- Immobilienverwertung **ImoV** 761 ff.
- kalte **InsO § 165** 24 ff.; **ImoV** 765, 976 ff.; **StR-USt** 175 ff.

Sachverzeichnis

- Kosten **ImoV** 840
- Miet-/Pachtverträge **ImoV** 761, 784, 817 ff., 855 f., 949 ff., 992 f.
- Objekte, mögliche **ImoV** 796
- Sondermasse **ImoV** 784 f.
- Steuern **ImoV** 841 ff., 996 ff.; **StR-USt** 171 ff.
- Unterhalt Schuldner **ImoV** 837 ff., 972 f., 990 f.
- Unternehmensfortführung **ImoV** 824 ff.
- Verfahren **InsO § 165** 22 f.; **ImoV** 831 ff.
- Verhältnis zum Insolvenzverfahren **ImoV** 769 ff.
- Verteilung Einnahmen **ImoV** 830 ff.
- Verteilung Erlös **ImoV** 994
- Verwalter **ImoV** 797 ff., 852 ff.
- Verwaltungsausgaben **ImoV** 831 ff.
- Verwaltungsvereinbarung **ImoV** 981 ff.
- Voraussetzungen **ImoV** 763
- Vorschüsse **ImoV** 693 ff.
- Wohngeld Schuldner **ImoV** 834 ff.
- Wohnrecht Schuldner **ImoV** 813 ff.
- Zahlungen Insolvenzverwalter **ImoV** 859
- Zwangsverwaltungsvermerk **ImoV** 768